Semler/Stengel
UmwG

Beck'sche Kurz-Kommentare

Band 56

Umwandlungsgesetz
mit Spruchverfahrensgesetz

Herausgegeben von

Prof. Dr. Dr. h.c. (TU Tiflis) Johannes Semler
Rechtsanwalt in Kronberg

Dr. Arndt Stengel
Rechtsanwalt in Frankfurt

Bearbeitet von

Dr. Michael Arnold
Rechtsanwalt in Stuttgart

Roman Bärwaldt
Rechtsanwalt und Notar in Berlin

Dipl.-Volksw. Martin Bonow
Rechtsanwalt in Neu Isenburg

Dr. Hans Diekmann
Rechtsanwalt in Düsseldorf

Dr. Florian Drinhausen
Rechtsanwalt in Frankfurt

Dr. Hans-Joachim Fonk
Rechtsanwalt in Tutzing

Christian Gehling
Rechtsanwalt in Frankfurt

Dr. Hans-Christoph Ihrig
Rechtsanwalt in Frankfurt

Univ.-Prof. Dr. Susanne Kalss
Wirtschaftsuniversität Wien

Dr. Ralf Katschinski
Notar in Hamburg

Rolf Koerfer
Rechtsanwalt in Düsseldorf

Prof. Dr. Friedrich Kübler
Rechtsanwalt in Frankfurt

Dr. Dr. h.c. Georg Maier-Reimer
Rechtsanwalt in Köln

Dr. Frank Moszka
Rechtsanwalt und Steuerberater, Fachanwalt für Steuerrecht in Stuttgart

Dr. Stefan Mutter
Rechtsanwalt in Stuttgart

Johannes Perlitt
Rechtsanwalt in Frankfurt

Dr. Jochem Reichert
Rechtsanwalt in Mannheim

Dr. Hansjörg Scheel
Rechtsanwalt in Stuttgart

Dr. Michael Schlitt
Rechtsanwalt in Frankfurt

Dr. Frank Scholderer
Rechtsanwalt in Frankfurt

Dr. Henning Schröer
Syndikus in Frankfurt

Dr. André Schwanna
Rechtsanwalt in Frankfurt

Prof. Dr. Dr. h.c. (TU Tiflis) Johannes Semler
Rechtsanwalt in Kronberg

Dr. Stefan Simon
Rechtsanwalt, Fachanwalt für Arbeitsrecht in Frankfurt

Dr. Arndt Stengel
Rechtsanwalt in Frankfurt

Dr. Jürgen Taschke
Rechtsanwalt in Frankfurt

Dr. Rüdiger Volhard
Rechtsanwalt und Notar a.D. in Frankfurt

Dipl.-Kfm. Gernot W. Zeidler,
Wirtschaftsprüfer und Steuerberater in Frankfurt

2. Auflage

Verlag C.H. Beck München 2007

Zitiervorschlag: Semler/Stengel-*Bearbeiter*, UmwG § ... Rn ...

Der Verlag im Internet:
beck.de

ISBN 978 3 406 55057 7

© 2007 Verlag C. H. Beck oHG
Wilhelmstraße 9, 80801 München

Druck: Kösel GmbH & Co. KG
Am Buchweg 1, 87452 Altusried-Krugzell

Satz: Cicero Computer GmbH
Mirecourtstraße 14, 53225 Bonn

Gedruckt auf säurefreiem, alterungsbeständigem Papier
(hergestellt aus chlorfrei gebleichtem Zellstoff)

Bearbeiterverzeichnis

Dr. Michael Arnold	§§ 238–241
Roman Bärwaldt	§§ 36, 135, 192–197, 210
Martin Bonow	§§ 147, 148, 251–271
Dr. Hans Diekmann	§§ 60–76, 141–146
Dr. Florian Drinhausen	Einleitung C, §§ 122 a bis 122 l
Dr. Hans-Joachim Fonk	§§ 174–189
Christian Gehling	§§ 8, 13–15, 32, 127
Dr. Hans-Christoph Ihrig	§§ 39–45 e, *Anhang* § 137, §§ 226–228, 230–237
Univ.-Prof. Dr. Susanne Kalss	§§ 23, 29, 31, 33, 34, 204, 207, 209, 211, 212
Dr. Ralf Katschinski	§§ 99–104 a, 105–108, 149, 150, 272–278, 280–286, 288–290
Rolf Koerfer	§§ 109–119, *Anhang* § 119, §§ 151, 291–296, 298–300
Prof. Dr. Friedrich Kübler	§§ 20, 21, 25–28, 131, 202, 205, 206
Dr. Georg Maier-Reimer	§§ 22, 120–122, 133, 134, 152–160
Dr. Frank Moszka	Einleitung B, § 24, *Anhang* UmwStG
Dr. Stefan Mutter	§§ 241–244
Johannes Perlitt	§§ 78, 168–173, 301–304, 317–319
Dr. Jochem Reichert	§§ 46–59, 138–140
Dr. Hansjörg Scheel	§§ 245–250
Dr. Michael Schlitt	*Anhang* § 173, §§ 214–225 c
Dr. Frank Scholderer	§§ 79–98
Dr. Henning Schröer	§§ 4–7, 37, 126, 128, 131, 136
Dr. André Schwanna	§§ 16–19, 35, 38, 123–125, 129, 130, 137, 190, 191, 198–201, 213, 316
Prof. Dr. Dr. h.c. (TU Tiflis) Johannes Semler	Einleitung A, § 1
Dr. Stefan Simon	§§ 5, 20, 126, 131, 203, 322–325
Dr. Arndt Stengel	Einleitung A, §§ 2, 3, *Anhang* § 122 l, §§ 123–125, 161–167, 190, 191
Dr. Jürgen Taschke	§§ 313–315
Dr. Rüdiger Volhard	*Anhang* SpruchG
Kathrin Vossen	§ 134
Dipl.-Kfm. Gernot W. Zeidler	§§ 9–12, 30, 208

Vorwort zur 2. Auflage

Die 1. Auflage wurde erfreulich positiv aufgenommen. Das ermöglicht es, nach recht kurzer Zeit ein jetzt wesentlich überarbeitetes Werk vorzulegen. Die bislang verstreuten Ausführungen zu internationalen Rechtsgrundlagen und Anwendungsgrenzen des Umwandlungsgesetzes wurden in einer neuen Einleitung C zusammengefasst, wesentlich ergänzt und aktualisiert. Dort wird auch auf die Umwandlung in Europäische Gesellschaft (SE) und Europäische Genossenschaft (SCE) eingegangen. An die Stelle der §§ 305 ff. UmwG ist eine Kommentierung des Spruchverfahrensgesetzes getreten.

Herr Dr. Haritz ist aus dem Bearbeiterkreis ausgeschieden; sein Beitrag wird nunmehr von Herrn Dr. Moszka verantwortet und weitergeführt. Für die Einleitung C und die neuen §§ 122 a–122 l zur grenzüberschreitenden Verschmelzung von Kapitalgesellschaften konnte Herr Dr. Drinhausen gewonnen werden. Insgesamt haben sich Herausgeber und Autoren um eine noch weitergehende Verzahnung der Kommentierung und Angleichung der Bearbeitungstiefe bemüht.

Die 2. Auflage beruht auf dem Stand der Gesetzgebung vom 1. Mai 2007. Rechtsprechung und Literatur sind bis Januar 2007, in Einzelfällen darüber hinaus verarbeitet.

Frankfurt am Main, im Juni 2007

Johannes Semler
Arndt Stengel

Aus dem Vorwort zur 1. Auflage

Das zum 1. Januar 1995 in Kraft getretene Umwandlungsgesetz besteht jetzt seit über sieben Jahren. In dieser Zeit konnte die Praxis von den zahlreichen Anwendungsfällen und der großen Flexibilität des Gesetzes vielfach Gebrauch machen. Das Gesetz ist heute aus der Unternehmenspraxis nicht mehr hinweg zu denken. Es hat seine Bewährungsprobe sowohl bei der Anwendung durch Großunternehmen als auch bei der Ausnutzung der verschiedensten Umwandlungsmöglichkeiten durch mittlere und kleine Unternehmen bestanden.

Eine Reihe von Praktikern aus rechts-, wirtschafts- und steuerberatenden Berufen hat sich zusammen gefunden, um unter eingehender Verwertung von praktischen Erfahrungen den Beck'schen Kurzkommentar zum Umwandlungsgesetz zu erarbeiten.

Das Gesetz verhält sich zu einer Vielzahl von Rechtsformen. Es greift über ins Arbeits-, Steuer- und Vertragsrecht. Um einen hohen Stand spezialisierter Bearbeitung zu gewährleisten, haben die Herausgeber den Stoff unter die Autoren so verteilt, dass gleichartige Problemkreise quer durch die Umwandlungsformen vom selben Autor erläutert werden. Dadurch konnten Interessen einheitlich gewertet und Probleme konsistent gelöst werden.

Inhaltsübersicht

Bearbeiterverzeichnis	V
Vorwort	VII
Inhaltsverzeichnis	XI
Abkürzungsverzeichnis	XV
Allgemeines Literaturverzeichnis	XXVII
Einleitung A	1
Einleitung B	19
Einleitung C	27
Erstes Buch. Möglichkeiten von Umwandlungen. § 1	49
Zweites Buch. Verschmelzung. §§ 2–122 l	67
Erster Teil. Allgemeine Vorschriften. §§ 2–38	67
Zweiter Teil. Besondere Vorschriften. §§ 39–122 l	474
Anhang § 119: Bestandsübertragung, aufsichtsrechtliche Genehmigungen und Gleichordnungskonzern	1018
Anhang § 122 l: Internationale Unternehmenszusammenführung	1126
Drittes Buch. Spaltung. §§ 123–173	1145
Erster Teil. Allgemeine Vorschriften. §§ 123–137	1145
Anhang § 137: Die Spaltung unter Beteiligung von Personenhandels- und Partnerschaftsgesellschaften	1317
Zweiter Teil. Besondere Vorschriften. §§ 138–173	1327
Anhang § 173: Einbringung im Wege der Einzelrechtsnachfolge	1501
Viertes Buch. Vermögensübertragung. §§ 174–189	1545
Erster Teil. Möglichkeit der Vermögensübertragung. §§ 174, 175	1545
Zweiter Teil. Übertragung des Vermögens oder von Vermögensteilen einer Kapitalgesellschaft auf die öffentliche Hand. §§ 176, 177	1558
Dritter Teil. Vermögensübertragung unter Versicherungsunternehmen. §§ 178–189	1572
Fünftes Buch. Formwechsel. §§ 190–304	1609
Erster Teil. Allgemeine Vorschriften. §§ 190–213	1609
Zweiter Teil. Besondere Vorschriften. §§ 214–304	1747
Sechstes Buch. Strafvorschriften und Zwangsgelder. §§ 313–316	2153
Siebentes Buch. Übergangs- und Schlußvorschriften. §§ 317–325	2199
Anhang UmwStG: Steuerliche Grundlagen des Umwandlungsrechts	2265
Anhang SpruchG: Gesetz über das gesellschaftsrechtliche Spruchverfahren	2415
Sachverzeichnis	2487

Inhaltsverzeichnis

Bearbeiterverzeichnis	V
Vorwort	VII
Inhaltsübersicht	IX
Abkürzungsverzeichnis	XV
Allgemeines Literaturverzeichnis	XXVII
Einleitung A	1
Einleitung B	19
Einleitung C	27
Erstes Buch. Möglichkeiten von Umwandlungen. § 1	49
Zweites Buch. Verschmelzung. §§ 2–122 l	67
Erster Teil. Allgemeine Vorschriften. §§ 2–38	67
Erster Abschnitt. Möglichkeit der Verschmelzung. §§ 2, 3	67
Zweiter Abschnitt. Verschmelzung durch Aufnahme. §§ 4–35	100
Dritter Abschnitt. Verschmelzung durch Neugründung. §§ 36–38	451
Zweiter Teil. Besondere Vorschriften. §§ 39–122 l	474
Erster Abschnitt. Verschmelzung unter Beteiligung von Personengesellschaften. §§ 39–45 e	474
Erster Unterabschnitt. Verschmelzung unter Beteiligung von Personenhandelsgesellschaften. §§ 39–45	474
Zweiter Unterabschnitt. Verschmelzung unter Beteiligung von Partnerschaftsgesellschaften. §§ 45 a–45 e	535
Zweiter Abschnitt. Verschmelzung unter Beteiligung von Gesellschaften mit beschränkter Haftung. §§ 46–59	554
Erster Unterabschnitt. Verschmelzung durch Aufnahme. §§ 46–55	554
Zweiter Unterabschnitt. Verschmelzung durch Neugründung. §§ 56–59	646
Dritter Abschnitt. Verschmelzung unter Beteiligung von Aktiengesellschaften. §§ 60–76	662
Erster Unterabschnitt. Verschmelzung durch Aufnahme. §§ 60–72	662
Zweiter Unterabschnitt. Verschmelzung durch Neugründung. §§ 73–76	736
Vierter Abschnitt. Verschmelzung unter Beteiligung von Kommanditgesellschaften auf Aktien. § 78	746
Fünfter Abschnitt. Verschmelzung unter Beteiligung eingetragener Genossenschaften. §§ 79–98	755
Erster Unterabschnitt. Verschmelzung durch Aufnahme. §§ 79–95	755
Zweiter Unterabschnitt. Verschmelzung durch Neugründung. §§ 96–98	898
Sechster Abschnitt. Verschmelzung unter Beteiligung rechtsfähiger Vereine. §§ 99–104 a	913
Siebenter Abschnitt. Verschmelzung genossenschaftlicher Prüfungsverbände. §§ 105–108	969
Achter Abschnitt. Verschmelzung von Versicherungsvereinen auf Gegenseitigkeit. §§ 109–119	976
Erster Unterabschnitt. Möglichkeit der Verschmelzung. § 109	976

Inhalt

    Zweiter Unterabschnitt. Verschmelzung durch Aufnahme. §§ 110–113 986
    Dritter Unterabschnitt. Verschmelzung durch Neugründung. §§ 114–117 1003
    Vierter Unterabschnitt. Verschmelzung kleinerer Vereine. §§ 118, 119 1014
    Anhang § 119: Bestandsübertragung, aufsichtsrechtliche Genehmigungen und Gleichordnungskonzern 1018
  Neunter Abschnitt. Verschmelzung von Kapitalgesellschaften mit dem Vermögen eines Alleingesellschafters. §§ 120–122 1044
  Zehnter Abschnitt. Grenzüberschreitende Verschmelzung von Kapitalgesellschaften. §§ 122 a–122 l 1066
    Anhang § 122 l: Internationale Unternehmenszusammenführung 1126

Drittes Buch. Spaltung. §§ 123–173 1145
  Erster Teil. Allgemeine Vorschriften. §§ 123–137 1145
    Erster Abschnitt. Möglichkeit der Spaltung. §§ 123–125 1145
    Zweiter Abschnitt. Spaltung zur Aufnahme. §§ 126–134 1164
    Dritter Abschnitt. Spaltung zur Neugründung. §§ 135–137 1299
    Anhang § 137: Die Spaltung unter Beteiligung von Personenhandels- und Partnerschaftsgesellschaften 1317
  Zweiter Teil. Besondere Vorschriften. §§ 138–173 1327
    Erster Abschnitt. Spaltung unter Beteiligung von Gesellschaften mit beschränkter Haftung. §§ 138–140 1327
    Zweiter Abschnitt. Spaltung unter Beteiligung von Aktiengesellschaften und Kommanditgesellschaften auf Aktien. §§ 141–146 1338
    Dritter Abschnitt. Spaltung unter Beteiligung eingetragener Genossenschaften. §§ 147, 148 1357
    Vierter Abschnitt. Spaltung unter Beteiligung rechtsfähiger Vereine. § 149 1367
    Fünfter Abschnitt. Spaltung unter Beteiligung genossenschaftlicher Prüfungsverbände. § 150 1372
    Sechster Abschnitt. Spaltung unter Beteiligung von Versicherungsvereinen auf Gegenseitigkeit. § 151 1375
    Siebenter Abschnitt. Ausgliederung aus dem Vermögen eines Einzelkaufmanns. §§ 152–160 1382
      Erster Unterabschnitt. Möglichkeit der Ausgliederung. § 152 1382
      Zweiter Unterabschnitt. Ausgliederung zur Aufnahme. §§ 153–157 1403
      Dritter Unterabschnitt. Ausgliederung zur Neugründung. §§ 158–160 1425
    Achter Abschnitt. Ausgliederung aus dem Vermögen rechtsfähiger Stiftungen. §§ 161–167 1438
    Neunter Abschnitt. Ausgliederung aus dem Vermögen von Gebietskörperschaften oder Zusammenschlüssen von Gebietskörperschaften. §§ 168–173 1457
    Anhang § 173: Einbringung im Wege der Einzelrechtsnachfolge 1501

Viertes Buch. Vermögensübertragung. §§ 174–189 1545
  Erster Teil. Möglichkeit der Vermögensübertragung. §§ 174, 175 1545
  Zweiter Teil. Übertragung des Vermögens oder von Vermögensteilen einer Kapitalgesellschaft auf die öffentliche Hand. §§ 176, 177 1558
    Erster Abschnitt. Vollübertragung. § 176 1558
    Zweiter Abschnitt. Teilübertragung. § 177 1567
  Dritter Teil. Vermögensübertragung unter Versicherungsunternehmen. §§ 178–189 1572

Erster Abschnitt. Übertragung des Vermögens einer Aktiengesellschaft auf Versicherungsvereine auf Gegenseitigkeit oder öffentlich-rechtliche Versicherungsunternehmen. §§ 178, 179 1572
    Erster Unterabschnitt. Vollübertragung. § 178 1572
    Zweiter Unterabschnitt. Teilübertragung. § 179 1579
Zweiter Abschnitt. Übertragung des Vermögens eines Versicherungsvereins auf Gegenseitigkeit auf Aktiengesellschaften oder öffentlich-rechtliche Versicherungsunternehmen. §§ 180–184 1582
    Erster Unterabschnitt. Vollübertragung. §§ 180–183 1582
    Zweiter Unterabschnitt. Teilübertragung. § 184 1594
Dritter Abschnitt. Übertragung des Vermögens eines kleineren Versicherungsvereins auf Gegenseitigkeit auf eine Aktiengesellschaft oder auf ein öffentlich-rechtliches Versicherungsunternehmen. §§ 185–187 1598
Vierter Abschnitt. Übertragung des Vermögens eines öffentlich-rechtlichen Versicherungsunternehmens auf Aktiengesellschaften oder Versicherungsvereine auf Gegenseitigkeit. §§ 188, 189 1602
    Erster Unterabschnitt. Vollübertragung. § 188 1602
    Zweiter Unterabschnitt. Teilübertragung. § 189 1605

Fünftes Buch. Formwechsel. §§ 190–304 1609
  Erster Teil. Allgemeine Vorschriften. §§ 190–213 1609
  Zweiter Teil. Besondere Vorschriften. §§ 214–304 1747
    Erster Abschnitt. Formwechsel von Personengesellschaften. §§ 214–225 c 1747
      Erster Unterabschnitt. Formwechsel von Personenhandelsgesellschaften. §§ 214–225 1747
      Zweiter Unterabschnitt. Formwechsel von Partnerschaftsgesellschaften. §§ 225 a–225 c 1847
    Zweiter Abschnitt. Formwechsel von Kapitalgesellschaften. §§ 226–257 1851
      Erster Unterabschnitt. Allgemeine Vorschriften. §§ 226, 227 1851
      Zweiter Unterabschnitt. Formwechsel in eine Personengesellschaft. §§ 228–237 1858
      Dritter Unterabschnitt. Formwechsel in eine Kapitalgesellschaft anderer Rechtsform. §§ 238–250 1918
      Vierter Unterabschnitt. Formwechsel in eine eingetragene Genossenschaft. §§ 251–257 2000
    Dritter Abschnitt. Formwechsel eingetragener Genossenschaften. §§ 258–271 2019
    Vierter Abschnitt. Formwechsel rechtsfähiger Vereine. §§ 272–290 2058
      Erster Unterabschnitt. Allgemeine Vorschriften. § 272 2058
      Zweiter Unterabschnitt. Formwechsel in eine Kapitalgesellschaft. §§ 273–282 .. 2062
      Dritter Unterabschnitt. Formwechsel in eine eingetragene Genossenschaft. §§ 283–290 2086
    Fünfter Abschnitt. Formwechsel von Versicherungsvereinen auf Gegenseitigkeit. §§ 291–300 2096
    Sechster Abschnitt. Formwechsel von Körperschaften und Anstalten des öffentlichen Rechts. §§ 301–304 2126

Sechstes Buch. Strafvorschriften und Zwangsgelder. §§ 313–316 2153

Siebentes Buch. Übergangs- und Schlußvorschriften. §§ 317–325 2199

Anhang UmwStG: Steuerliche Grundlagen des Umwandlungsrechts 2265

Anhang SpruchG: Gesetz über das gesellschaftsrechtliche Spruchverfahren 2415

Sachverzeichnis 2487

Abkürzungsverzeichnis

aA	anderer Ansicht
ABl.	Amtsblatt
abl.	ablehnend
ABl.EG	Amtsblatt der Europäischen Gemeinschaften
Abs.	Absatz; Absätze
abw.	abweichend
AC	Law Reports, Appeal Cases
AcP	Archiv für die civilistische Praxis (Zeitschrift)
ADHGB	Allgemeines Deutsches Handelsgesetzbuch
aE	am Ende
AEAO	Anwendungserlass zur Abgabenordnung
aF	alte Fassung
AfA	Absetzung für Abnutzung
AFG	Arbeitsförderungsgesetz
AG	Aktiengesellschaft; Die Aktiengesellschaft (Zeitschrift); Amtsgericht
AGB	Allgemeine Geschäftsbedingungen
AGBG	Gesetz zur Regelung des Rechts der Allgemeinen Geschäftsbedingungen (ehem.)
AktG	Aktiengesetz
allgM	allgemeine Meinung
Alt.	Alternative
aM	andere Meinung
amtl.	amtlich
Amtl. Begr.	Amtliche Begründung
Anh.	Anhang
anh.	anhängig
Anm.	Anmerkung(en)
AnwBl.	Anwaltsblatt (Zeitschrift)
AnzV	Anzeigenverordnung
AO	Abgabenordnung
AöR	Archiv des öffentlichen Rechts (Zeitschrift)
AP	Arbeitsrechtliche Praxis (Zeitschrift), Loseblattsammlung
ApothG	Gesetz über das Apothekerwesen
AR	Aufsichtsrat
ArbG	Arbeitsgericht
ArbGG	Arbeitsgerichtsgesetz
ArbN	Arbeitnehmer
ArbuR	Arbeit und Recht (Zeitschrift)
arg.	argumentum
Art.	Artikel
AT	Allgemeiner Teil
Aufl.	Auflage
AuR	Arbeit und Recht (Zeitschrift)
ausf.	ausführlich
AusfG	Ausführungsgesetz
AuslInvestmG	Auslandsinvestmentgesetz
AuslInvG	Auslandsinvestitionsgesetz
AusschussB	Ausschussbericht
AVG	Angestelltenversicherungsgesetz
AZ	Aktenzeichen

Abkürzungen

BABl.	Bundesarbeitsblatt
BaFin	Bundesanstalt für Finanzdienstleistungsaufsicht
BAG	Bundesarbeitsgericht; Gesetz über die Errichtung eines Bundesaufsichtsamts für das Versicherungswesen
BAGE	Entscheidungen des Bundesarbeitsgerichts
BAKred.	Bundesaufsichtsamt für das Kreditwesen
BAnz.	Bundesanzeiger
BAV	Bundesaufsichtsamt für das Versicherungswesen
Bay.	Bayern, bayerisch
BayObLG	Bayerisches Oberstes Landesgericht
BayObLGZ	Entscheidungen des Bayerischen Obersten Landesgerichts in Zivilsachen
BB	Der Betriebs-Berater (Zeitschrift)
Bbg.	Brandenburg
BBK	Buchführung, Bilanz, Kostenrechnung, Zeitschrift für das gesamte Rechnungswesen
BBodSchG	Bundesbodenschutzgesetz
Bd. (Bde.)	Band (Bände)
BDSchG	Bundesdatenschutzgesetz
Begr.	Begründung
BegrRegE	Begründung zum Regierungsentwurf
Beil.	Beilage
Bek.	Bekanntmachung
bes.	besondere(r), besonders
betr.	betreffen(d)
BetrAV	Betriebliche Altersversorgung (Zeitschrift)
BetrAVG	Gesetz zur Verbesserung der betrieblichen Altersversorgung (Betriebsrentengesetz)
BetrVG	Betriebsverfassungsgesetz
BeurkG	Beurkundungsgesetz
BewG	Bewertungsgesetz
BezG	Bezirksgericht
BFH	Bundesfinanzhof
BFH/NV	Sammlung amtlich nicht veröffentlichter Entscheidungen des Bundesfinanzhofs (Zeitschrift)
BFHE	Sammlung der Entscheidungen und Gutachten des Bundesfinanzhofs
BFM	Bundesfinanzminister(ium)
BGB	Bürgerliches Gesetzbuch
BGBl.	Bundesgesetzblatt
BGH	Bundesgerichtshof
BGHSt.	Entscheidungen des Bundesgerichtshofs in Strafsachen
BGHZ	Entscheidungen des Bundesgerichtshofs in Zivilsachen
BiRiLiG	Bilanzrichtliniengesetz
BlfG	Blätter für Genossenschaftswesen
Bln.	Berlin
BMA	Bundesminister(ium) für Arbeit und Sozialordnung
BMF	Bundesminister(ium) der Finanzen
BMJ	Bundesminister(ium) der Justiz
BNotO	Bundesnotarordnung
BPersVG	Bundespersonalvertretungsgesetz
BPG	Buchprüfungsgesellschaft
BR	Bundesrat
BRAGO	Bundesgebührenordnung für Rechtsanwälte
BRD	Bundesrepublik Deutschland
BR-Drucks.	Bundesrats-Drucksache
BReg.	Bundesregierung
Brem.	Bremen
BRRG	Beamtenrechtsrahmengesetz

Abkürzungen

Bsp.	Beispiel(e)
bspw.	beispielsweise
BStBl.	Bundessteuerblatt
BT	Bundestag
BT-Drucks.	Bundestags-Drucksache
Buchst.	Buchstabe
BuW	Betrieb und Wirtschaft (Zeitschrift)
BVerfG	Bundesverfassungsgericht
BVerfGE	Entscheidungen des Bundesverfassungsgerichts
BVerfGG	Bundesverfassungsgerichtsgesetz
BVerwG	Bundesverwaltungsgericht
BVerwGE	Entscheidungen des Bundesverwaltungsgerichts
BVR	Bundesverband der deutschen Volksbanken und Raiffeisenbanken
BvS	Bundesanstalt für vereinigungsbedingte Sonderaufgaben
BW	Baden-Württemberg
BWNotZ	Zeitschrift für das Notariat in Baden-Württemberg
bzgl.	bezüglich
bzw.	beziehungsweise
CC	Code Civil
cic	culpa in contrahendo
d. h.	das heißt
DAV	Deutscher Anwaltverein e. V.
DB	Der Betrieb (Zeitschrift)
DBA	Doppelbesteuerungsabkommen
DBW	Die Betriebswirtschaft (Zeitschrift)
DCF	Discounted Cash-flow
DDR	Deutsche Demokratische Republik
ders.	derselbe
dgl.	dergleiche(n)
DGRV	Deutscher Genossenschafts- und Raiffeisenverband e. V.
dies.	dieselbe(n)
DiskE	Diskussionsentwurf für ein Gesetz zur Bereinigung des Umwandlungsrechts, Beil. Nr. 214 a zum BAnz. vom 15. 11. 1988, Diskussionsentwurf
Diss.	Dissertation
DJ	Deutsche Justiz (Zeitschrift)
DJT	Deutscher Juristentag
DMBilG	D-Markbilanzgesetz
DNotI	Deutsches Notarinstitut
DNotZ	Deutsche Notar-Zeitschrift
DR	Deutsches Recht (Zeitschrift)
DrittelbG	Drittelbeteiligungsgesetz
DRiZ	Deutsche Richterzeitung (Zeitschrift)
DStBl.	Deutsches Steuerblatt (Zeitschrift)
DStJG	Deutsche Steuerjuristische Gesellschaft (Zeitschrift)
DStR	Deutsches Steuerrecht (Zeitschrift)
DStZ	Deutsche Steuer-Zeitung (Zeitschrift)
Dt.	Deutsche
DVBl.	Deutsches Verwaltungsblatt (Zeitschrift)
DWiR	Deutsche Zeitschrift für Wirtschaftsrecht
E	Entwurf
e. V.	eingetragener Verein
EBRG	Gesetz über Europäische Betriebsräte
EFG	Entscheidungen der Finanzgerichte (Zeitschrift)
EG	Europäische Gemeinschaften; Einführungsgesetz

Abkürzungen

eG	eingetragene Genossenschaft
EGAktG	Einführungsgesetz zum Aktiengesetz
EGBGB	Einführungsgesetz zum Bürgerlichen Gesetzbuch
EGHGB	Einführungsgesetz zum Handelsgesetzbuch
EGInsO	Einführungsgesetz zur Insolvenzordnung
EGMR	Europäischer Gerichtshof für Menschenrechte
EGV	Vertrag zur Gründung der Europäischen Gemeinschaft; Verwaltungsrechtliche Einführungsgesetze
EHUG	Gesetz über elektonische Handelsregister und Genossenschaftsregister sowie das Unternehmensregister vom 10.11.2006, BGBl. I S. 2553
Einf.	Einführung
Einl.	Einleitung
EK	Eigenkapital
EMRK	Europäische Menschenrechtskonvention
entspr.	entsprechen(d), entspricht
Entw.	Entwurf
ErbStG	Erbschaftsteuergesetz
ErgBd.	Ergänzungsband
Erl.	Erlass; Erläuterung(en)
EStDV	Einkommensteuer-Durchführungsverordnung
EStG	Einkommensteuergesetz
EStR	Einkommensteuer-Richtlinien
etc.	et cetera
EU	Europäische Union
EuGH	Europäischer Gerichtshof
EuGVÜ	Übereinkommen über die gerichtliche Zuständigkeit und die Vollstreckung gerichtlicher Entscheidungen in Zivil- und Handelssachen
EuGVVO	Verordnung über die gerichtliche Zuständigkeit und die Anerkennung und Vollstreckung von Entscheidungen in Zivil- und Handelssachen
EuroEG	Euro-Einführungsgesetz
EuZW	Europäische Zeitschrift für Wirtschaftsrecht
eV	eingetragener Verein
EV	Einigungsvertrag
evtl.	eventuell
EWG	Europäische Wirtschaftsgemeinschaft
EWGV	Vertrag zur Gründung der Europäischen Wirtschaftsgemeinschaft
EWiR	Entscheidungen zum Wirtschaftsrecht (Zeitschrift)
EWIV	Europäische Wirtschaftliche Interessenvereinigung
EWR	Europäischer Wirtschaftsraum
EWS	Europäisches Wirtschafts- und Steuerrecht
f., ff.	folgend(e)
FamRZ	Zeitschrift für das gesamte Familienrecht
FG	Finanzgericht; Freiwillige Gerichtsbarkeit
FGG	Gesetz über die Angelegenheiten der freiwilligen Gerichtsbarkeit
FGPraxis	Praxis der freiwilligen Gerichtsbarkeit (Zeitschrift)
FinDAG	Finanzdienstleistungsaufsichtsgesetz
FKVO	Fusionskontrollverordnung
FM	Finanzministerium
Fn	Fußnote(n)
FR	Finanz-Rundschau (Zeitschrift)
FS	Festschrift
GA	Goltdammer's Archiv für Strafrecht (Zeitschrift)
GastG	Gaststättengesetz
GBl.	Gesetzblatt (DDR)
GBO	Grundbuchordnung

Abkürzungen

GbR	Gesellschaft bürgerlichen Rechts
gem.	gemäß
GenG	Gesetz betreffend die Erwerbs- und Wirtschaftsgenossenschaften (Genossenschaftsgesetz)
GenRegVO	Verordnung über das Genossenschaftsregister
Ges.	Gesetz(e)
ges.	gesetzlich
GesR	Gesellschaftsrecht
GesRZ	Der Gesellschafter (Zeitschrift)
GewA	Gewerbearchiv (Zeitschrift)
GewO	Gewerbeordnung
GewStG	Gewerbesteuergesetz
GewStR	Gewerbesteuer-Richtlinien
GG	Grundgesetz
ggf.	gegebenenfalls
GK	Gemeinschaftskommentar
GmbH	Gesellschaft mit beschränkter Haftung
GmbHG	Gesetz betreffend die Gesellschaften mit beschränkter Haftung
GmbHR	GmbH-Rundschau (Zeitschrift)
GO	Gemeindeordnung
GoB	Grundsätze ordnungsmäßiger Buchführung
GrdstVG	Grundstücksverkehrsgesetz
GrErwStG	Grunderwerbsteuergesetz
GrS	Großer Senat
GRUR	Gewerblicher Rechtsschutz und Urheberrecht (Zeitschrift)
GuV	Gewinn- und Verlustrechnung
GVBl.	Gesetz- und Verordnungsblatt
GVG	Gerichtsverfassungsgesetz
GWB	Gesetz gegen Wettbewerbsbeschränkungen
H	Hessen
hA	herrschende Ansicht
Halbs.	Halbsatz
HansOLG	Hanseatisches Oberlandesgericht
Hdb.	Handbuch
HFA	Hauptfachausschuss des Instituts der Wirtschaftsprüfer in Deutschland e. V.
HGB	Handelsgesetzbuch
HGO	Hessische Gemeindeordnung
HGrG	Gesetz über die Grundsätze des Haushaltsrechts des Bundes und der Länder (Haushaltsgrundsätzegesetz)
hL	herrschende Lehre
hM	herrschende Meinung
HR	Handelsregister
HRA	Handelsrechtsausschuss des Deutschen Anwaltvereins e. V.
HRefG	Handelsrechtsreformgesetz
HRegGebNeuOG	Handelsregistergebühren-Neuordnungsgesetz
HRR	Höchstrichterliche Rechtsprechung
Hrsg.	Herausgeber
hrsg.	herausgegeben
HRV	Handelsregisterverfügung; Handelsregisterverordnung
HV	Hauptversammlung
HwO	Handwerksordnung
HypBankG	Gesetz über Hypothekenbanken
IAS	International Accounting Standards
IASB	International Accounting Standards Board
IASC	International Accounting Standards Committee

Abkürzungen

idF	in der Fassung
idR	in der Regel
IdW	Institut der Wirtschaftsprüfer
iE	im Ergebnis
IHK	Industrie- und Handelskammer
INF	Die Information über Steuer und Wirtschaft (Zeitschrift)
insbes.	insbesondere
insges.	insgesamt
InsO	Insolvenzordnung
InvG	Investmentgesetz
IPR	Internationales Privatrecht (Zeitschrift)
iRd.	im Rahmen des (der, dessen)
iSd.	im Sinne des (der)
IStR	Internationales Steuerrecht (Zeitschrift)
iSv.	im Sinne von
iVm.	in Verbindung mit
IWB	Internationale Wirtschaftsbriefe (Zeitschrift), Loseblattsammlung
iwS	im weiteren Sinne
iZw.	im Zweifel
Jb.	Jahrbuch
JBeitrO	Justizbeitreibungsordnung
JbFStR	Jahrbuch der Fachanwälte für Steuerrecht
JFG	Jahrbuch für Entscheidungen in Angelegenheiten der freiwilligen Gerichtsbarkeit und des Grundbuchrechts
JMBl.	Justizministerialblatt
JR	Juristische Rundschau (Zeitschrift)
JuS	Juristische Schulung (Zeitschrift)
JW	Juristische Wochenschrift (Zeitschrift)
JZ	Juristenzeitung (Zeitschrift)
KAG	Kapitalanlagegesellschaft
KAGG	Gesetz über Kapitalanlagegesellschaften
KapErhG	Kapitalerhöhungsgesetz
KapErhStG	Gesetz über steuerrechtliche Maßnahmen bei Erhöhung des Nennkapitals aus Gesellschaftsmitteln
KapGesR	Kapitalgesellschaftsrecht
KG	Kammergericht; Kommanditgesellschaft
KGaA	Kommanditgesellschaft auf Aktien
KÖSDI	Kölner Steuerdialog
KOM	Kommissionsdokumente
Komm.	Kommentar
KommZG	Gesetz über die kommunale Zusammenarbeit
KostO	Kostenordnung
krit.	kritisch
KSchG	Kündigungsschutzgesetz
KStG	Körperschaftsteuergesetz
KStR	Körperschaftsteuer-Richtlinien
KSVG	Kommunalselbstverwaltungsgesetz
KWG	Kreditwesengesetz
LAG	Landesarbeitsgericht
LAnpG	Landwirtschaftsanpassungsgesetz
Lfg.	Lieferung
LG	Landgericht
liSp.	linke Spalte
Lit.	Literatur

Abkürzungen

lit.	litera (Ziffer)
LM	Nachschlagewerk des Bundesgerichtshofs (Loseblatt-Ausgabe)
LOG	Landesorganisationsgesetz
Losebl.	Loseblattsammlung
LVwG	Landesverwaltungsgesetz
LZB	Landeszentralbank
MarkenG	Markengesetz
MBl.	Ministerialblatt
MDR	Monatsschrift für deutsches Recht (Zeitschrift)
mE	meines Erachtens
MgVG	Gesetz über die Mitbestimmung der Arbeitnehmer bei einer grenzüberschreitenden Verschmelzung
Mio.	Million(en)
MitbestBeiG	Mitbestimmungs-Beibehaltungsgesetz
MitbestErgG	Mitbestimmungsergänzungsgesetz
MitbestG	Mitbestimmungsgesetz
MittBayNot	Mitteilungen des Bayerischen Notarvereins, der Notarkasse und der Landesnotarkammer Bayern (Zeitschrift)
MittRhNotK	Mitteilungen der Rheinischen Notarkammer (Zeitschrift)
mN	mit Nachweisen
MontanMitbestErgG	Montanmitbestimmungsergänzungsgesetz
MoMiG	Regierungsentwurf eines Gesetzes zur Modernisierung des GmbH-Rechts und zur Bekämpfung von Missbräuchen
MontanMitbestG	Montanmitbestimmungsgesetz
Mrd.	Milliarde(n)
MV	Mecklenburg-Vorpommern
mwN	mit weiteren Nachweisen
n.rkr.	nicht rechtskräftig
n.v.	nicht veröffentlicht
NachhBG	Nachhaftungsbegrenzungsgesetz
Nachw.	Nachweis(e)
NB	Neue Betriebswirtschaft (Zeitschrift)
Nds.	Niedersachsen
nF	neue Fassung
NGO	Niedersächsische Gemeindeordnung
NJOZ	Neue Juristische Online-Zeitschrift
NJW	Neue Juristische Wochenschrift (Zeitschrift)
NJW-RR	NJW-Rechtsprechungs-Report Zivilrecht (Zeitschrift)
Nr.	Nummer
NStZ	Neue Zeitschrift für Strafrecht
NW	Nordrhein-Westphalen
NWB	Neue Wirtschaftsbriefe (Zeitschrift), Loseblattsammlung
NZ	Notariatszeitung (Österreich)
NZA	Neue Zeitschrift für Arbeitsrecht
NZG	Neue Zeitschrift für Gesellschaftsrecht
o.	oben
ö.	österreichisch
o.g.	oben genannt(e/n)
öAktG	österreichisches Aktiengesetz
OECD	Organisation für wirtschaftliche Zusammenarbeit und Entwicklung
OFD	Oberfinanzdirektion
OGAW	Organismen für gemeinsame Anlagen in Wertpapieren

Abkürzungen

OGH	(Österreichischer) Oberster Gerichtshof; auch oberster Gerichtshof für die Britische Zone
OHG	Offene Handelsgesellschaft
ÖJZ	Österreichische Juristen-Zeitung
OLG	Oberlandesgericht
OLGE/OLGR	Die Rechtsprechung der Oberlandesgerichte auf dem Gebiete des Zivilrechts
OLGZ	Entscheidungen der Oberlandesgerichte in Zivilsachen einschließlich der freiwilligen Gerichtsbarkeit
ÖstOGH	Österreichischer Oberster Gerichtshof
OVG	Oberverwaltungsgericht
ParteiG	Parteiengesetz
PartG	Partnerschaftsgesellschaft
PartGG	Partnerschaftsgesellschaftsgesetz
PBefG	Personenbeförderungsgesetz
PRV	Partnerschaftsregisterverordnung
PSV	Pensions-Sicherungs-Verein
RABer.	Bericht des Rechtsausschusses
RAusschuss	Rechtsausschuss
RdA	Recht der Arbeit (Zeitschrift)
Rdschr.	Rundschreiben
RdW	Recht der Wirtschaft (Zeitschrift)
RefE	Referentenentwurf für ein Gesetz zur Bereinigung des Umwandlungsrechts, Beil. zum BAnz. Nr. 112 a vom 20. 6. 1992
RegBegr.	Regierungsbegründung
RegE	Regierungsentwurf
reSp.	rechte Spalte
RG	Reichsgericht
RGBl.	Reichsgesetzblatt
RGZ	Entscheidungen des Reichsgerichts in Zivilsachen
RIW	Recht der internationalen Wirtschaft (Zeitschrift)
rkr.	rechtskräftig
RL	Richtlinie
Rn	Randnummer(n)
RpflG	Rechtspflegergesetz
Rpfleger	Rechtspfleger; Der deutsche Rechtspfleger (Zeitschrift)
Rs.	Rechtssache
Rspr.	Rechtsprechung
RStV	Rundfunkstaatsvertrag
S.	Seite
s.	siehe
s. o.	siehe oben
s. u.	siehe unten
SA	Sachsen-Anhalt
Saarl.	Saarland
SBV	Sonderbetriebsvermögen
SCE	Europäische Genossenschaft
Schr.	Schreiben
SchRegDV	Verordnung zur Durchführung der Schiffsregisterverordnung
SE	Europäische Gesellschaft
SEAG	SE-Ausführungsgesetz
SEBG	SE-Beteiligungsgesetz
SEEG	Einführungsgesetz zur Europäischen Gesellschaft (Societas Europaea)
SEStEG	Gesetz über steuerliche Begleitmaßnahmen zur Einführung der Europäischen Gesellschaft und zur Änderung weiterer steuerrechtlicher Vorschriften

Abkürzungen

SeuffA	Seufferts Archiv für Entscheidungen der obersten Gerichte in den deutschen Staaten (Zeitschrift)
SE-VO	Verordnung über das Statut der Europäischen Gesellschaft
SH	Schleswig-Holstein
Slg.	Sammlung
sog.	sogenannt
SpaltRL	Sechste Richtlinie des Rates vom 17. 12. 1982 gem. Art. 54 Abs. 3 Buchst. g) des Vertrages betreffend die Spaltung von Aktiengesellschaften (82/891/EWG), ABl. EG Nr. L 378 vom 31. 12. 1982, S. 47
SpG	Sparkassengesetz
SprAuG	Sprecherausschussgesetz
SpruchG	Spruchverfahrensgesetz
SpTrUG	Gesetz über die Spaltung der von der Treuhandanstalt verwalteten Unternehmen
SpuRt	Sport und Recht (Zeitschrift)
st.	ständig(e)
st. Rspr.	ständige Rechtsprechung
Stb	Steuerberater, Der Steuerberater (Zeitschrift)
StbG	Steuerberatungsgesetz
StEntlG	Steuerentlastungsgesetz
StGB	Strafgesetzbuch
StiftG	Stiftungsgesetz
stpfl.	steuerpflichtig
StPO	Strafprozessordnung
str.	streitig
StrRG	Gesetz zur Reform des Strafrechts
StSenkG	Steuersenkungsgesetz
StückAG	Stückaktiengesetz
StuW	Steuer und Wirtschaft (Zeitschrift)
StV	Strafverteidiger (Zeitschrift)
teilw.	teilweise
TreuhandG	Treuhandgesetz
TVG	Tarifvertragsgesetz
Tz.	Textziffer
TzBfG	Gesetz über Teilzeitarbeit und befristete Arbeitsverträge
u. a.	und andere; unter anderem
u. ä.	und ähnliche(s)
uE	unseres Erachtens
UMAG	Gesetz zur Unternehmensintegrität und Modernisierung des Anfechtungsrechts
UmwBerG	Gesetz zur Bereinigung des Umwandlungsrechts
UmwG	Umwandlungsgesetz vom 28. 10. 1994, BGBl. I 1994 S. 3210 (1995 S. 428; 2001 S. 1542), zuletzt geändert durch Gesetz vom 19. 4. 2007, BGBl. I S. 542
UmwStE	BMF-Schreiben zum UmwStG vom 25. 3. 1998, BStBl. I 1998 S. 268 ff.
UmwStG	Umwandlungssteuergesetz vom 7. 12. 2006, BGBl. I S. 2782
UmwStRÄndG	Gesetz zur Änderung des Umwandlungssteuerrechts vom 28. 10. 1994, BGBl. I 1994 S. 3267
unstr.	unstreitig
UrhG	Urheberrechtsgesetz
Urt.	Urteil
UStG	Umsatzsteuergesetz
UStR	Umsatzsteuer-Rundschau (Zeitschrift)
usw.	und so weiter
uU	unter Umständen
UWG	Gesetz gegen den unlauteren Wettbewerb

Abkürzungen

VAG	Gesetz über die Beaufsichtigung von Versicherungsunternehmen (Versicherungsaufsichtsgesetz)
VBl.	Verordnungsblatt; Verwaltungsblatt
vBP	vereidigte Buchprüfer
VerBAV	Veröffentlichungen des Bundesaufsichtsamts für das Versicherungswesen
VereinsG	Vereinsgesetz
Verf.	Verfasser
VerfGH	Verfassungsgerichtshof
Verschmelzungsrichtlinie	Richtlinie Nr. 2005/56/EG des Europäischen Parlaments und des Rates vom 26. 10. 2005 über die Verschmelzung von Kapitalgesellschaften aus verschiedenen Mitgliedstaaten, ABl. EG Nr. L 310 vom 25. 11. 2005, S. 1
VerschmG	Verschmelzungsgesetz
VerschmRL	Dritte Richtlinie des Rates vom 9. 10. 1978 gem. Art. 54 Abs. 3 Buchst. g) des Vertrages betreffend die Verschmelzung von Aktiengesellschaften (78/855/EWG), ABl.EG Nr. L 295 vom 20. 10. 1978, S. 36
VersR	Versicherungsrecht (Zeitschrift)
Vfg.	Verfügung
vGA	verdeckte Gewinnausschüttung
vgl.	vergleiche
VIZ	Zeitschrift für Vermögens- und Investitionsrecht
VO	Verordnung
Voraufl.	Vorauflage
Vorb.	Vorbemerkung(en)
VVaG	Versicherungsverein auf Gegenseitigkeit
VVG	Versicherungsvertragsgesetz
VW	Versicherungswirtschaft (Zeitschrift)
VwGO	Verwaltungsgerichtsordnung
VwVfG	Verwaltungsverfahrensgesetz
WG	Wechselgesetz
WiB	Wirtschaftsrechtliche Beratung (Zeitschrift)
WiR	Wirtschaftsrecht (Zeitschrift)
wistra	Zeitschrift für Wirtschafts- und Steuerstrafrecht
WM	Wertpapier-Mitteilungen (Zeitschrift)
WP	Wirtschaftsprüfer; Das Wertpapier (Zeitschrift)
WPg	Die Wirtschaftsprüfung (Zeitschrift)
WPG	Wirtschaftsprüfungsgesellschaft
WP-Hdb.	Wirtschaftsprüfer-Handbuch
WpHG	Wertpapierhandelsgesetz
WPK	Wirtschaftsprüferkammer
WPO	Wirtschaftsprüferordnung
WpPG	Wertpapierprospektgesetz
WpÜG	Gesetz zur Regelung von öffentlichen Angeboten zum Erwerb von Wertpapieren und von Unternehmensübernahmen
WpÜG-AngebotsVO	Verordnung über öffentliche Angebote zum Erwerb von Wertpapieren und über Unternehmensübernahmen
WRP	Wettbewerb in Recht und Praxis (Zeitschrift)
WuB	Entscheidungssammlung zum Wirtschafts- und Bankrecht (Zeitschrift), Loseblattsammlung
WuW	Wirtschaft und Wettbewerb (Zeitschrift)
WZG	Warenzeichengesetz
z. Zt.	zur Zeit
ZAP	Zeitschrift für die Anwaltspraxis
zB	zum Beispiel

Abkürzungen

ZBB	Zeitschrift für Bankrecht und Bankwirtschaft
ZEV	Zeitschrift für Erbrecht und Vermögensnachfolge
ZfA	Zeitschrift für Arbeitsrecht
ZfbF	Schmalenbachs Zeitschrift für betriebswirtschaftliche Forschung
ZfgG	Zeitschrift für das gesamte Genossenschaftswesen
ZfgK	Zeitschrift für das gesamte Kreditwesen
ZfIR	Zeitschrift für Immobilienrecht
ZfV	Zeitschrift für Versicherungswesen
ZGR	Zeitschrift für Unternehmens- und Gesellschaftsrecht
ZHR	Zeitschrift für das gesamte Handelsrecht und Wirtschaftsrecht
Ziff.	Ziffer(n)
ZIP	Zeitschrift für Wirtschaftsrecht
ZNotP	Zeitschrift für die Notarpraxis
ZPO	Zivilprozessordnung
ZRP	Zeitschrift für Rechtspolitik
ZSEG	Gesetz über die Entschädigung von Zeugen und Sachverständigen
zT	zum Teil
ZUR	Zeitschrift für Umweltrecht
zust.	zustimmend
zutr.	zutreffend
ZVersWiss	Zeitschrift für die gesamte Versicherungswissenschaft
ZVG	Gesetz über die Zwangsversteigerung und die Zwangsverwaltung
ZZP	Zeitschrift für Zivilprozess

Allgemeines Literaturverzeichnis*

Adler/Düring/Schmaltz	Rechnungslegung und Prüfung der Unternehmen, 6. Aufl. 1995 ff. (*zitiert: A/D/S*)
Baumbach/Hopt	Handelsgesetzbuch mit GmbH & Co., Handelsklauseln, Bank- und Börsenrecht, Transportrecht (ohne Seerecht), 32. Aufl. 2006 (*zitiert: Bearbeiter* in Baumbach/Hopt § ... HGB)
Baumbach/Hueck	GmbH-Gesetz, 18. Aufl. 2006 (*zitiert: Bearbeiter* in Baumbach/Hueck § ... GmbHG)
Baumbach/Lauterbach/Albers/ Hartmann	ZPO, Kommentar, 64. Aufl. 2006 (*zitiert: Bearbeiter* in Baumbach/Lauterbach/Albers/Hartmann)
Baums	Bericht der Regierungskommission Corporate Governance, 2001 (*zitiert: Baums*, Bericht der Regierungskommission Corporate Governance, S. ...)
Beck'scher Bilanz-Kommentar	Handels- und Steuerrecht – §§ 238 bis 339 HGB, 6. Aufl. 2005 (*zitiert: Bearbeiter* in BeckBil-Komm.)
Beck'sches Formularbuch zum Bürgerlichen, Handels- und Wirtschaftsrecht	9. Aufl. 2006 (*zitiert: Bearbeiter* in BeckForm-Buch)
Beck'sches Handbuch der GmbH	3. Aufl. 2002 (*zitiert:* BeckHdb. GmbH)
Beck'sches Handbuch der Personengesellschaften	2. Aufl. 2002 (*zitiert: Bearbeiter* in BeckHdb. Personengesellschaften)
Beck'sches Notar-Handbuch	4. Aufl. 2005 (*zitiert: Bearbeiter* in Beck'sches Notar-Hdb.)
Beuthien	Genossenschaftsgesetz mit Umwandlungs- und Kartellrecht sowie Statut der Europäischen Genossenschaft, Kurz-Kommentar, 14. Aufl. 2005 (*zitiert: Beuthien* § ... GenG)
Blumenberg/Schäfer	Das SEStEG, 2007;
Boos/Fischer	Kreditwesengesetz, Kommentar, 2. Aufl. 2004 (*zitiert: Bearbeiter* in Boos/Fischer § ... KWG)
Canaris	Handelsrecht, 24. Aufl. 2006 (*zitiert: Canaris* Handelsrecht)
Cronauge	Kommunale Unternehmen, 5. Aufl. 2005 (*zitiert: Cronauge*)
Das Bürgerliche Gesetzbuch	Kommentar mit besonderer Berücksichtigung der Rechtsprechung des Reichsgerichts und des Bundesgerichtshofs, hrsg. von Mitgliedern des Bundesgerichtshofs, 12. Aufl. 1974 ff. (*zitiert: Bearbeiter* in RGRK)
Dehmer	Umwandlungsgesetz – Umwandlungssteuergesetz, 3. Aufl. 2001 (Voraufl. von *Schmitt/Hörtnagl/Kratz*) (*zitiert: Dehmer*)
Deilmann/Lorenz	Die börsennotierte Aktiengesellschaft, 2005 (*zitiert: Bearbeiter* in Deilmann/Lorenz)
Deutsches Notarinstitut	Gutachten zum Umwandlungsrecht 1996/1997, Gutachten des Deutschen Notarinstituts, Bd. IV, 1998 (*zitiert: Deutsches Notarinstitut*, Gutachten zum Umwandlungsrecht)
Ebenroth/Boujong/Joost	HGB, Bde. 1 und 2, 2001, mit Ergänzungsband 2003 (*zitiert: Bearbeiter* in Ebenroth/Boujong/Joost)
Emmerich/Habersack	Aktien- und GmbH-Konzernrecht, 4. Aufl. 2005 (*zitiert: Bearbeiter* in Emmerich/Habersack AktKonzernR § ... AktG)
Emmerich/Habersack	Konzernrecht, 8. Aufl. 2005 *(zitiert: Emmerich/Habersack* KonzernR*)*

---

* zitiert ist jeweils die neueste Auflage, sofern nicht anders gekennzeichnet

Literatur

Engelmeyer	Die Spaltung der Aktiengesellschaft, 1995 *(zitiert: Engelmeyer)*
Engl	Formularbuch Umwandlungen, 2004 *(zitiert: Bearbeiter* in Engl)
Erfurter Kommentar zum Arbeitsrecht	7. Aufl. 2007 *(zitiert: Bearbeiter* in Erfurter Komm.)
Erichsen	Allgemeines Verwaltungsrecht, 13. Aufl. 2006 *(zitiert: Bearbeiter* in Erichsen)
Erman	Handkommentar zum BGB, 11. Aufl. 2004 *(zitiert: Bearbeiter* in Erman § . . . BGB)
Fahr/Kaulbach	Versicherungsaufsichtsgesetz, 3. Aufl. 2003 *(zitiert: Bearbeiter* in Fahr/Kaulbach)
Fitting/Engels/Schmidt/Trebinger/Linsenmaier	Betriebsverfassungsgesetz, Kommentar, 23. Aufl. 2006 *(zitiert: Fitting)*
Flume	Die Personengesellschaft, 1977 *(zitiert: Flume* Personengesellschaft)
Fritzsche/Dreier/Verfürth	SpruchG, 2004 (zitiert: *Fritzsche/Dreier/Verfürth)*
Ganske	Umwandlungsrecht, Textausgabe des Umwandlungsgesetzes und des Umwandlungssteuergesetzes, 2. Aufl. 1995 *(zitiert:* RegBegr. *Ganske* S. . . .)
Ganske	Gesetz zur Bereinigung des Umwandlungsrechts – Referentenentwurf (15. 4. 1992), Text mit Begründung, 1992 *(zitiert: Ganske* RefE)
Gemeinschaftskommentar zum Kündigungsschutzgesetz und zu sonstigen kündigungsschutzrechtlichen Vorschriften	8. Aufl. 2007 *(zitiert: Bearbeiter* in Gemeinschaftskomm. KSchG)
Gern	Deutsches Kommunalrecht, 3. Aufl. 2003 *(zitiert: Gern)*
Geßler/Hefermehl/Eckardt/Kropff	Aktiengesetz, Kommentar, 1974 ff. *(zitiert: Bearbeiter* in G/H/E/K § . . . AktG)
Glenk	Die eingetragene Genossenschaft, 1996 *(zitiert: Glenk)*
Goutier/Knopf/Tulloch	Kommentar zum Umwandlungsrecht, Umwandlungsgesetz – Umwandlungssteuergesetz, 1995 *(zitiert: Bearbeiter* in Goutier/Knopf/Tulloch § . . .)
Großkommentar zum Aktiengesetz	4. Aufl. 1992 ff. (soweit noch nicht erschienen 3. Aufl. 1970 ff.) *(zitiert: Bearbeiter* in Großkomm. § . . . AktG ★)
Großkommentar zum Handelsgesetzbuch	4. Aufl. 1983 ff. *(zitiert: Bearbeiter* in Großkomm. § . . . HGB ★)
Großkommentar zum Kündigungsrecht	2. Aufl. 2004 *(zitiert: Bearbeiter* in Großkomm. KündigungsR)
Habersack	Europäisches Gesellschaftsrecht, 3. Aufl. 2006 *(zitiert: Habersack* Europäisches GesR)
Habersack/Koch/Winter	Die Spaltung im neuen Umwandlungsrecht und ihre Rechtsfolgen, ZHR Beiheft 68, 1999 *(zitiert: Bearbeiter,* ZHR Beiheft 68, S. . . .)
Hachenburg	Gesetz betreffend die Gesellschaften mit beschränkter Haftung. Großkommentar, 8. Aufl. 1992/1997 *(zitiert: Bearbeiter* in Hachenburg § . . . GmbHG)
Haritz/Benkert	Umwandlungssteuergesetz, 2. Aufl. 2000 *(zitiert: Bearbeiter* in Haritz/Benkert)
Heckschen/Simon	Umwandlungsrecht, 2003 *(zitiert: Bearbeiter* in Heckschen/Simon*)*
Hennrichs	Formwechsel und Gesamtrechtsnachfolge bei Umwandlungen, 1995 *(zitiert: Hennrichs)*

Literatur

Hettrich/Pöhlmann/Gräser/Röhrich	Genossenschaftsgesetz, Kommentar zu dem Gesetz betreffend die Erwerbs- und Wirtschaftsgenossenschaften und zu umwandlungsrechtlichen Vorschriften für Genossenschaften, 2. Aufl. 2001 (*zitiert: Bearbeiter* in H/P/G/R § . . . GenG)
Heymann	Handelsgesetzbuch. Kommentar (ohne Seerecht), Bd. 1–4, 2. Aufl. 1995 ff. (*zitiert: Bearbeiter* in Heymann HGB)
Heymann/Emmerich	Handelsgesetzbuch, 2. Aufl. 1995 ff. (*zitiert: Bearbeiter* in Heymann/Emmerich)
Hopt	Vertrags- und Formularbuch zum Handels-, Gesellschafts-, Bank- und Transportrecht, 3. Aufl. 2007 (*zitiert: Bearbeiter* in Hopt, Vertrags- und Formularbuch)
Hüffer	Aktiengesetz, 7. Aufl. 2006 (*zitiert: Hüffer* § . . . AktG)
Jäger	Aktiengesellschaft, 2004 (*zitiert: Jäger*, Aktiengesellschaft)
Kallmeyer	Umwandlungsgesetz, 3. Aufl. 2005 (*zitiert: Bearbeiter* in Kallmeyer § . . .)
Kasseler Handbuch zum Arbeitsrecht	2. Aufl. 2000 (*zitiert: Bearbeiter* in Kasseler Hdb.)
Keidel/Kuntze/Winkler	Freiwillige Gerichtsbarkeit, Kommentar, 15. Aufl. 2003 mit Nachtrag 2005 (*zitiert: Bearbeiter* in Keidel/Kuntze/Winkler § . . . FGG)
Kölner Kommentar zum Aktiengesetz	3. Aufl. Bd. 5, 6, 2004; 2. Aufl. 1986 ff. (*zitiert: Bearbeiter* in Kölner Komm. § . . . AktG*)
Klöcker/Frowein	Spruchverfahrensgesetz, 2004 (*zitiert: Klöcker/Frowein*)
Kölner Kommentar zum Spruchverfahrensgesetz	2005 (zitiert: *Bearbeiter* in Kölner Komm. § ... SpruchG)
Korintenberg/Lappe/Bengel/Reimann ...	Kostenordnung, 16. Aufl. 2005 (*zitiert: Bearbeiter* in Korintenberg/Lappe/Bengel/Reimann)
Kübler/Assmann	Gesellschaftsrecht, 6. Aufl. 2006 (*zitiert: Kübler/Assmann* GesR)
Lang/Weidmüller	Genossenschaftsgesetz, Kommentar, 34. Aufl. 2005 (*zitiert: Bearbeiter* in Lang/Weidmüller § . . . GenG oder § . . . UmwG)
Limmer	Handbuch der Unternehmensumwandlung, 2. Aufl. von Neye/Frenz/Limmer/Harnacke, 2002 (*zitiert: Bearbeiter* in Limmer)
Lutter	Kommentar zum Umwandlungsgesetz, 3. Aufl. 2004 (*zitiert: Bearbeiter* in Lutter § . . .)
Lutter	Kölner Umwandlungsrechtstage, 1995 (*zitiert: Bearbeiter* in Lutter Umwandlungsrechtstage)
Lutter	Europäisches Unternehmensrecht, Grundlagen, Stand und Entwicklung nebst Texten und Materialien zur Rechtsangleichung, 4. Aufl. 1996 (*zitiert: Lutter* Europäisches Unternehmensrecht)
Lutter/Hommelhoff	GmbH-Gesetz. Kommentar, 16. Aufl 2004 (*zitiert: Lutter/Hommelhoff* § . . . GmbHG)
Maurer	Allgemeines Verwaltungsrecht, 16. Aufl. 2006 (*zitiert: Maurer*)
Michalski	Kommentar zum Gesetz betreffend die Gesellschaften mit beschränkter Haftung, 2002 (*zitiert: Bearbeiter* in *Michalski* § ... GmbHG)
Michalski/Römermann	Kommentar zum Partnerschaftsgesellschaftsgesetz, 3. Aufl. 2005 (*zitiert: Bearbeiter* in Michalski/Römermann)
Müller	Gesetz betreffend die Erwerbs- und Wirtschaftsgenossenschaften, Kommentar, 2. Aufl. 1991 bis 2000 (*zitiert: Müller* § . . . GenG)

Literatur

Münchener Handbuch des Gesellschaftsrechts	Band 1: BGB-Gesellschaft, OHG, PartG, Partenreederei, EWIV, 2. Aufl. 2004 (*zitiert: Bearbeiter* in MünchHdbGesR Bd. 1); Band 2: Kommanditgesellschaft, Stille Gesellschaft, 2. Aufl. 2004 (*zitiert: Bearbeiter* in MünchHdbGesR Bd. 2); Band 3: GmbH, 2. Aufl. 2003 (*zitiert: Bearbeiter* in MünchHdbGesR Bd. 3); Band 4: Aktiengesellschaft, 2. Aufl. 1999 (*zitiert: Bearbeiter* in MünchHdbGesR Bd. 4)
Münchener Handbuch zum Arbeitsrecht	2. Aufl. 2000 Bd. 1 Individualarbeitsrecht I Bd. 2 Individualarbeitsrecht II Bd. 3 Kollektives Arbeitsrecht III (*zitiert: Bearbeiter* in MünchHdbArbR)
Münchener Kommentar zum Aktiengesetz	2. Aufl. 2000 ff., 2. Aufl. von Geßler/Hefermehl/Eckardt/Kropff, Aktiengesetz, Kommentar, (*zitiert: Bearbeiter* in MünchKomm. § . . . AktG oder *Bearbeiter* in MünchKomm AktG)
Münchener Kommentar zum Bürgerlichen Gesetzbuch	5. Aufl. 2006 (*zitiert: Bearbeiter* in MünchKomm. § . . . BGB oder *Bearbeiter* in MünchKomm BGB*)
Münchener Kommentar zum HGB	1996 ff., 2. Aufl. 2002 ff. (*zitiert: Bearbeiter* in MünchKomm. § . . . HGB*)
Münchener Vertragshandbuch	Bd. 1 Gesellschaftsrecht, 6. Aufl. 2005 (*zitiert: Bearbeiter* in MünchVertrHdb.)
Neye	Umwandlungsgesetz/Umwandlungssteuergesetz, 2. Aufl. 1995 (*zitiert: Neye*)
Neye/Limmer/Frenz/Harnacke	Handbuch der Unternehmensumwandlung, 2. Aufl. 2001 (*zitiert: Bearbeiter* in Neye/Limmer/Frenz/Harnacke)
Ohlmeyer/Kuhn/Philipowski	Verschmelzung von Genossenschaften und andere Umwandlungsmöglichkeiten, 7. Aufl. 2004 (*zitiert: Ohlmeyer/Kuhn/Philipowski*)
Palandt	Bürgerliches Gesetzbuch, 66. Aufl. 2007 (*zitiert: Bearbeiter* in Palandt § . . . BGB)
Picot	Unternehmenskauf und Restrukturierung, 3. Aufl. 2004 (*zitiert: Bearbeiter* in Picot)
Prölss	Versicherungsaufsichtsgesetz, 12. Aufl. 2005 (*zitiert: Prölss* § . . . VAG*)
Raiser	Recht der Kapitalgesellschaften, 4. Aufl. 2006 (*zitiert: Raiser* KapGesR)
Röhricht/v. Westphalen	Handelsgesetzbuch, Kommentar zu Handelsstand, Handelsgesellschaften, Handelsgeschäften und besonderen Handelsverträgen, 2. Aufl. 2001 (*zitiert: Bearbeiter* in Röhricht/v. Westphalen)
Rowedder/Schmidt-Leithoff	Gesetz betreffend die Gesellschaften mit beschränkter Haftung, Kommentar, 4. Aufl. 2002 (*zitiert: Bearbeiter* in Rowedder § . . . GmbHG)
Sagasser/Bula/Brünger	Umwandlungen. Verschmelzung, Spaltung, Formwechsel, Vermögensübertragung. Zivil-, Handelsbilanz- und Steuerrecht. 3. Aufl. 2002 (*zitiert: Bearbeiter* in Sagasser/Bula/Brünger)
Sauter/Schweyer/Waldner	Der eingetragene Verein, 18. Aufl. 2006 (*zitiert: Sauter/Schweyer/Waldner*)
Schaub	Arbeitsrechts-Handbuch, 11. Aufl. 2004 (*zitiert: Schaub* Arbeitsrechts-Handbuch)

Literatur

Schaumburg/Rödder	Umwandlungsgesetz/Umwandlungssteuergesetz, strukturierte Textausgabe des UmwG und UmwStG mit Materialien und ergänzenden Hinweisen, 1995 (*zitiert: Bearbeiter* in Schaumburg/Rödder)
Schlarb	Die Verschmelzung eingetragener Genossenschaften, 1978 *(zitiert: Schlarb)*
Schlegelberger	Handelsgesetzbuch, Kommentar, 5. Aufl. 1973 ff. (noch lieferbar: Bd. III, 1. und 2. Halbbd.) (*zitiert: Bearbeiter* in Schlegelberger § . . . HGB)
Schlitt	Die Satzung der Kommanditgesellschaft auf Aktien, 1999 *(zitiert: Schlitt)*
Schmidt, K.	Gesellschaftsrecht, 4. Aufl. 2002 (*zitiert: K. Schmidt* GesR)
Schmidt, K.	Handelsrecht, 5. Aufl. 1999 (*zitiert: K. Schmidt* HandelsR)
Schmitt/Hörtnagl/Stratz	Umwandlungsgesetz – Umwandlungssteuergesetz, 4. Aufl. 2006 (*zitiert: Bearbeiter* in Schmitt/Hörtnagl/Stratz)
Schmitz/Riol	Der Formwechsel der eingetragenen Genossenschaft in die Kapitalgesellschaft, 1998
Scholz	Kommentar zum GmbH-Gesetz, 10. Aufl. 2006 (*zitiert: Bearbeiter* in Scholz § . . . GmbHG)
Schüppen/Schaub	Münchener Anwaltshandbuch Aktienrecht, 2005 (*zitiert: Bearbeiter* in Schüppen/Schaub, MAH AktR)
Schütz/Bürgers/Riotte	Die Kommanditgesellschaft auf Aktien, Handbuch, 2004 (zitiert *Schütz* KGaA-Handbuch)
Schwarz	Umwandlung mittelständischer Unternehmen im Handels- und Steuerrecht, 1995 (*zitiert: Schwarz*)
Schwedhelm	Die Unternehmensumwandlung, 5. Aufl. 2005 (*zitiert: Schwedhelm*)
Schwedhelm/Mack/Streck	Neues Umwandlungsrecht, 1994 (*zitiert: Bearbeiter* in Schwedhelm/Mack/Streck)
Semler/Volhard	Arbeitshandbuch für die Hauptversammlung, 2. Aufl. 2003 (*zitiert: Bearbeiter* in Semler/Volhard HV Hdb.)
Semler/Volhard	Arbeitshandbuch für Unternehmensübernahmen, Bd. 1 (2001), Bd. 2 (2003) (*zitiert: Bearbeiter* in Semler/Volhard ÜN Hdb.)
Simon	Spruchverfahrensgesetz, 2007 (*zitiert: Bearbeiter* in Simon)
Soergel	Kommentar zum Bürgerlichen Gesetzbuch, 13. Aufl. 1999 ff. (*zitiert: Bearbeiter* in Soergel BGB)
Staub	Handelsgesetzbuch. Großkommentar, 3. Aufl. 1967 ff.; 4. Aufl. 1982 ff. (*zitiert: Bearbeiter* in Großkomm. § . . . HGB ★)
Staudinger	Kommentar zum Bürgerlichen Gesetzbuch, 12. Aufl. 1978 ff.; 13. Bearb. 1993 ff.; Neubearb. 1998 ff. (*zitiert: Bearbeiter* in Staudinger § . . . BGB ★)
Stoye-Benk	Handbuch Umwandlungsrecht, 2005 (zitiert: *Stoye-Benk*)
Sudhoff	GmbH & Co. KG, 6. Aufl. 2005 *(zitiert: Sudhoff)*
Ulmer	Gesellschaft bürgerlichen Rechts und Partnerschaftsgesellschaft, Systematischer Kommentar, 4. Aufl. 2004 (*zitiert: Ulmer,* GbR und PartG, § ...)
v. Godin/Wilhelmi	Aktiengesetz. Kommentar, 4. Aufl. 1971 (*zitiert: v. Godin/Wilhelmi* § . . . AktG)
Widmann/Mayer	Kommentar zur Umwandlung von Unternehmen nach neuestem Handels- und Steuerrecht, 92. Lfg., Stand: Januar 2007 (*zitiert: Bearbeiter* in Widmann/Mayer § . . .)
Wiedemann	Gesellschaftsrecht. Bd. I: Grundlagen, 1980, Bd. II: Recht der Personengesellschaften, 2004, (*zitiert: Wiedemann* GesR Bd. I/II)

Literatur

Willemsen/Hohenstatt/Schweibert/Seibt Umstrukturierung und Übertragung von Unternehmen, 2. Aufl. 2003 *(zitiert: Bearbeiter in Willemsen/Hohenstatt/Schweibert/Seibt)*

Wolff/Bachof/Stober .... Verwaltungsrecht, Bd. II, 6. Aufl. 2000 *(zitiert: Wolff/Bachof/Stober)*

Einleitung A

Übersicht

	Rn		Rn
I. Umwandlung als unternehmerische Entscheidung	1	**IV. Änderungen des UmwG**	42
1. Terminologie	2	**V. Gesetzessystematik**	43
2. Betriebswirtschaftliche und rechtliche Gründe	4	1. Gesetzesaufbau	44
II. Umwandlungsrecht bis 1995	6	a) Umwandlungsarten	47
1. Historische Entwicklung des Umwandlungsrechts	6	aa) Mit Vermögensübertragung	48
2. Geltende Rechtslage bis 1995	11	bb) Ohne Vermögensübertragung	49
III. Gesetzgebungsverfahren	19	b) „Baukastenprinzip"	51
1. Reformgründe und -ziele	19	2. Wichtige Neuerungen	55
a) Rechtsbereinigung	20	a) Normierung der Spaltung	56
b) Schließung von Gesetzeslücken und Eröffnung von Umwandlungsmöglichkeiten	21	b) Übertragender Formwechsel entfallen	58
2. Schutzprinzipien des UmwG	23	**VI. Umwandlungsrecht und Übernahmerecht**	61
a) Gläubigerschutz	24	1. Übernahmerecht	63
b) Anlegerschutz	25	2. Konflikte zwischen Umwandlungsrecht und Übernahmerecht	66
c) Arbeitnehmerschutz	27	a) Kontrollerlangung als Schlüsselelement im Übernahmerecht	67
3. Entwicklung bis zum UmwG 1994	29	b) Verschmelzungen als Kontrollwechsel iSd. Übernahmerechts	69
a) GmbH-Novelle 1980 und Diskussionsentwurf	30	c) Schutzbedürftigkeit der Aktionäre in Umwandlungsfällen	74
b) Gesetzgebung aufgrund der deutschen Einheit	31	d) Stellungnahme	81
c) Referentenentwurf und Regierungsentwurf	35	**VII. Umstrukturierungen außerhalb des Anwendungsbereichs**	82
d) Veränderungen bis zur Ausfertigung und Verkündung	37		

Literatur: *Arbeitskreis Umwandlungsrecht*, Vorschläge zum Referentenentwurf eines Umwandlungsgesetzes, ZGR 1993, 34; *Doralt*, Übernahme, Verschmelzung, Konzern und der City Code, GesRZ 2000, 197; *Ganske*, Der Weg vom Diskussionsentwurf zum Referentenentwurf eines Gesetzes zur Bereinigung des Umwandlungsrechts, in IDW (Hrsg.), Reform des Umwandlungsrechts, Vorträge und Diskussionen – IDW-Umwandlungssymposion am 8./9. Oktober 1992, 1993, S. 15; *Grabe/Fett*, Pflichtangebot im Zuge von Verschmelzungen? – Zugleich ein Beitrag zur Schnittstelle von Kapitalmarkt- und Gesellschaftsrecht, NZG 2003, 755; *Kalss/Winner*, Umgründungs- und Übernahmerecht – Versuch einer Synthese, ÖBA 2000, 51; *Karollus/Geist*, Das österreichische Übernahmegesetz – (k)ein Papiertiger?! – eine Fallstudie, NZG 2000, 1145; *Nowotny*, Zur Auslegung des Übernahmegesetzes, RdW 2000, 330; *Weber-Rey/Schütz*, Zum Verhältnis von Übernahmerecht und Umwandlungsrecht, AG 2001, 325.

I. Umwandlung als unternehmerische Entscheidung

Änderungen der Unternehmensform wurden durch das Gesetz zur Bereinigung des Umwandlungsrechts vom 28. 10. 1994 neu geregelt oder systematisiert[1]. 1

---

[1] BGBl. I 1994 S. 3210.

Einleitung A 2–5

1. Terminologie

2 Der Begriff „**Umwandlung**" wird auf die vom UmwG erfassten Umstrukturierungen beschränkt. Damit können die Maßnahmen der Verschmelzung, der Spaltung, der Vermögensübertragung und des Formwechsels nach dem UmwG durch die Bezeichnung als Umwandlung von anderen, fortbestehenden Umstrukturierungsmaßnahmen abgegrenzt werden.

3 Die im vormaligen Recht verwendete **Terminologie** war uneinheitlich und reichte von einem umfassenden Begriffsverständnis sämtlicher Umstrukturierungsmaßnahmen – einschließlich solcher im Wege der Einzelrechtsnachfolge – bis zur Einschränkung auf Umwandlungen mit Gesamt- oder Sonderrechtsnachfolge. Durch den vom Gesetzgeber nun verwendeten **Oberbegriff „Umwandlung"** ist die Begriffszuordnung eindeutig[2]. Dafür, eine unternehmerische Entscheidung – über die Maßnahmen des UmwG hinaus – als Umwandlung zu definieren, ist deshalb kein Raum mehr[3]. Der Unternehmer hat bei der Entscheidung zur Änderung der Unternehmensform die Wahl zwischen einer Umwandlung iSd. UmwG oder einer anderen rechtlichen Umstrukturierungsmaßnahme[4] mit teilweise gleichem wirtschaftlichen Ergebnis.

2. Betriebswirtschaftliche und rechtliche Gründe

4 Die Gründe für eine Umwandlung sind vielfältig. Regelmäßig ist sie das Mittel, die **Unternehmensorganisation** an geschäftliche Erfordernisse anzupassen. Folgende Gesichtspunkte spielen häufig eine Rolle:
– Zusammenschluss von Unternehmen, nachdem sie in die Hand des gleichen Anteilseigners gefallen sind, insbesondere durch Zuerwerb eines Unternehmens zu einem bereits vorhandenen;
– Zerlegung von Unternehmen mit dem Ziel der Veräußerung von Teilunternehmen oder deren organisatorischer Verselbstständigung;
– Einführung oder Abschaffung einer Holding-Struktur;
– Ermöglichung des Zugangs zum Kapitalmarkt oder Abstandnahme vom Kapitalmarkt;
– Bilanzielle Gründe und Ziele der Gewinnzurechnung und -ausschüttung;
– steuerliche Gründe;
– Sanierung;
– Beendigung ohne die Mühen einer Liquidation;
– Separierung bestimmter Vermögensgegenstände (zB Grundstücke) vom operativen Geschäft;
– Organisationsänderung.

5 Das UmwG soll Unternehmen ermöglichen, auf betriebliche Notwendigkeiten durch **Organisationsänderungen** schnell zu reagieren und diese zügig rechtlich umzusetzen. Entscheidendes Merkmal einer Umwandlung nach dem UmwG ist die **Gesamtrechtsnachfolge**, die eine unternehmerische Entscheidung zur Umwandlung erleichtern soll. Das streng formalisierte Verfahren kann diesen Vorteil zunichte machen. Insofern ist immer im **Einzelfall** abzuwägen, ob eine Umwandlung nach dem UmwG sinnvoll ist oder eine andere Umstrukturierungsmaßnahme zweckmäßiger erscheint[5].

---

[2] Siehe § 1 Rn 9 ff.
[3] So aber *Schwarz* in Widmann/Mayer Einf. Rn 2.2.
[4] Dazu Rn 66 ff.
[5] Vgl. auch *Haritz/Bänwaldt* in BeckHdb. Personengesellschaft § 9 Rn 1 ff.

II. Umwandlungsrecht bis 1995

1. Historische Entwicklung des Umwandlungsrechts

Die Vorläuferregelungen des UmwG von 1995 waren auf **verschiedene Gesetze** verteilt. 6
Im Wesentlichen lassen sich folgende Schritte der umwandlungsrechtlichen Gesetzgebung aufzeigen:

Ihre Anfänge finden sich im **ADHGB von 1861.** In den Art. 215 Abs. 2, 247 wurde 7
erstmals die Verschmelzung von Aktiengesellschaften vorgesehen. Auf die Regelung eines Formwechsels wurde verzichtet. Durch das „Gesetz betreffend die Kommanditgesellschaften auf Aktien und die Aktiengesellschaften" von 1884 wurde der Formwechsel einer KGaA in eine AG möglich (Art. 206 a ADHGB), nicht aber in andere Rechtsformen[6]. Das **GmbHG von 1892** sah in den §§ 80 und 81 die Umwandlung einer AG in eine GmbH vor. Ziel dieser Vorschriften war, einer bereits gegründeten AG die neue Rechtsform der GmbH zu eröffnen[7]. In den §§ 80, 81 GmbHG 1892 war die Umwandlung ohne Liquidation durch Universalsukzession vorgesehen. Die Aktionäre mussten an der GmbH in Höhe ihres Aktienbesitzes beteiligt oder entsprechend abgefunden werden. Der Rechtsgedanke der übertragenden Umwandlung hat hier seinen Ursprung.

Weiter waren Bestandteil der Umwandlungsgesetzgebung: das **Genossenschaftsgesetz** 8
von 1922, durch welches Verschmelzungsregelungen eingefügt wurden (§§ 93 ff. GenG 1922); später das Gesetz über die Umwandlung von Kapitalgesellschaften von 1934, wonach – aus einer ideologisch begründeten Abneigung gegen Kapitalgesellschaften – diese in Personengesellschaften umgewandelt werden konnten[8]. Dementsprechend fand das Gesetz nach seinem § 1 Abs. 2 Satz 2 nur bei Umwandlungsbeschlüssen bis zum 31. 12. 1936 Anwendung.

Ein nächster Schritt war das **AktG 1937.** Neben der Verschmelzung von Kapitalgesell- 9
schaften (§§ 233 ff. AktG 1937) wurde eine umfassende Regelung zur formwechselnden Umwandlung von Kapitalgesellschaften geschaffen (§§ 257 ff. AktG 1937). Damit konnten die §§ 80, 81 GmbHG 1892 aufgehoben werden (§ 25 EGAktG 1937).

Im **UmwG 1956** wurden die Umwandlungsmöglichkeiten erweitert. Nunmehr war die 10
übertragende Umwandlung einer Kapitalgesellschaft in eine Personengesellschaft zeitlich unbeschränkt zulässig. Die Umwandlung in die andere Richtung – von einer Personengesellschaft in eine Kapitalgesellschaft – wurde allerdings erst im **UmwG 1969** normiert. Dieses war bis 1995 Teil der umwandlungsrechtlichen Gesetzessystematik.

2. Geltende Rechtslage bis 1995

Die Rechtslage bis 1995 beruhte auf der schrittweise und bruchstückhaft vollzogenen Ge- 11
setzgebung. Umwandlungsrechtliche Regelungen waren auf **fünf Gesetze** verteilt: UmwG 1969, AktG, KapErhG, GenG, VAG.

Das **UmwG 1969** ergänzte die Regelungen des UmwG 1956, insbesondere durch die 12
übertragende Umwandlung von einer Personengesellschaft in eine Kapitalgesellschaft.

---

[6] *Alexander-Katz/Dyhrenfurth,* Die Aktiengesellschaft unter dem neuen Aktiengesetz, Berlin 1899, S. 123, 124.

[7] Dazu *Hasenklever,* Die Umwandlung einer Aktiengesellschaft in eine Gesellschaft mit beschränkter Haftung aufgrund der §§ 80, 81 des Reichsgesetzes vom 20. April 1892, Diss. Leipzig, 1908; *K. Schmidt* GesR[3] S. 296.

[8] Vgl. Präambel „Gesetz über die Umwandlung von Kapitalgesellschaften vom 5. Juli 1934", RGBl. I S. 569.

Einleitung A 13–20

Neben späteren weiteren Änderungen wurden durch die **GmbH-Novelle** von 1980 die §§ 56 a ff. eingefügt, die dem Einzelkaufmann die Umwandlung in eine GmbH gestatten.

13 Im **AktG** waren die Verschmelzung (§§ 339 ff. AktG) und die formwechselnde Umwandlung (§§ 362 ff. AktG) von Kapitalgesellschaften in andere Kapitalgesellschaften geregelt.

14 Durch die **GmbH-Novelle** von 1980 wurden in das KapErhG umwandlungsrechtliche Regelungen eingefügt. Erstmals wurde die Verschmelzung zweier Gesellschaften mit beschränkter Haftung erlaubt (§§ 19 ff. KapErhG). Die Regelungen entsprachen der Systematik der Verschmelzung von Aktiengesellschaften im AktG 1965.

15 Auch das **GenG** sah umwandlungsrechtliche Regelungen vor. Die Verschmelzung von eingetragenen Genossenschaften war in §§ 93 a bis 93 s GenG normiert. §§ 63 e ff. GenG enthielten Vorschriften zur Verschmelzung von genossenschaftlichen Prüfungsverbänden. Durch die Aufnahme der eingetragenen Genossenschaften (§ 3 Abs. 1 Nr. 3) und der genossenschaftlichen Prüfungsverbände (§ 3 Abs. 1 Nr. 5) in den Kreis der verschmelzungsfähigen Rechtsträger sind die genossenschaftlichen Normen mit Änderungen im UmwG (§§ 79 ff., 105 ff.) aufgegangen.

16 Die §§ 44 a ff., 53 a **VAG** ermöglichten bisher die Verschmelzung von Versicherungsvereinen auf Gegenseitigkeit und die Vermögensübertragung unter Beteiligung von Versicherungsvereinen auf Gegenseitigkeit. Auch diese Vorschriften wurden in das UmwG (§§ 109 ff., 180 ff.) einbezogen und durch die Verschmelzungsmöglichkeit eines VVaG auf eine Versicherungs-AG erweitert (§ 109 Satz 2)[9].

17 Die Gesetzeslage bis 1995 zeigt ein unsystematisches, teilweise lückenhaftes Umwandlungsrecht. Die Verschmelzung von Personenhandelsgesellschaften war nicht möglich. Das Rechtsinstitut der **Spaltung** ist nur für einzelne Sachverhalte im Landwirtschaftsanpassungsgesetz (LAnpG) und im Gesetz über die Spaltung der von der Treuhandanstalt verwalteten Unternehmen (SpTrUG) normiert worden[10].

18 Die **Einzelfallregelungen** waren grundsätzlich nicht analogiefähig[11]. Das Umwandlungsrecht wurde dem Umwandlungsbedarf häufig nicht gerecht. Betriebswirtschaftliche Ziele mussten durch Umstrukturierungsalternativen auf dem Weg der Einzelrechtsübertragung verwirklicht werden.

III. Gesetzgebungsverfahren

1. Reformgründe und -ziele

19 Nach der Begründung des Regierungsentwurfs sind die Rechtsbereinigung und die Lückenschließung die wesentlichen **Gründe** und **Ziele** des Gesetzgebers. Dabei sollten Anleger-, Gläubiger- und Arbeitnehmerschutz beachtet werden[12].

20 a) **Rechtsbereinigung.** Eine Rechtsbereinigung wurde angestrebt, indem die bisher auf fünf Gesetze[13] zersplitterten **Regelungen zusammengefasst** wurden. Dabei versuchte der Gesetzgeber, sachlich nicht gerechtfertigte Unterschiede anzugleichen und, soweit möglich, übergreifend anwendbare Regelungen zu bündeln. Die bestehende **Verweisungstechnik** sollte eingeschränkt werden[14]. Überholte Vorschriften wurden aufgehoben[15]. Sein gestecktes

---

[9] Vermögensübertragung einer AG auf VVaG früher § 360 AktG, jetzt § 178.
[10] Zu LAnpG und SpTrUG siehe Rn 32 ff.
[11] Siehe Rn 21.
[12] RegBegr. *Ganske* S. 13, 20 ff.
[13] Siehe Rn 11.
[14] RegBegr. *Ganske* S. 16.
[15] U. a. betreffend die Kolonialgesellschaften und bergrechtlichen Gewerkschaften.

Ziel, sämtliche Möglichkeiten der Umstrukturierung und Reorganisation von Unternehmen zusammenzufassen, erreichte der Gesetzgeber allerdings nicht. Die rechtlichen Mittel zur Veränderung der Unternehmensform und Umstrukturierung gehen über die Regelungen des UmwG hinaus[16].

b) Schließung von Gesetzeslücken und Eröffnung von Umwandlungsmöglichkeiten. Die schrittweise vollzogene Gesetzgebung hatte Gesetzeslücken sowohl unter den Umwandlungsarten als auch für bestimmte Gesellschaftsformen verursacht. Die **Einzelfallregelungen** waren nicht analogiefähig[17]. Die Praxis hat in diesen Fällen zwar das wirtschaftliche Ziel durch andere Maßnahmen – häufig auf dem Weg der **Einzelrechtsübertragung** – erreicht. Dennoch musste Ziel des UmwG 1995 sein, die entstandenen Gesetzeslücken zu schließen und damit gleichzeitig **neue Umwandlungsmöglichkeiten** zu eröffnen. 21

Unter den erweiterten Umwandlungsformen sind hervorzuheben: **Personenhandelsgesellschaften** können untereinander verschmolzen werden. Die **identitätswahrende Umwandlung** von Kapitalgesellschaften in Personengesellschaften und umgekehrt ist nun vorgesehen. Weiterhin wurde als neue Art der Umwandlung die **Spaltung** in den Formen der Aufspaltung, der Abspaltung und der Ausgliederung normiert. Der Gesetzgeber wollte damit steuerrechtlich anerkannte Vorgänge zivilrechtlich umsetzen, der SpaltRL folgen und ein Gegengewicht zur möglichen Konzentration von Unternehmen schaffen[18]. 22

2. Schutzprinzipien des UmwG

Umwandlungen können die Interessen verschiedener Personengruppen gefährden. Das UmwG enthält deshalb Schutzprinzipien, um mögliche Beeinträchtigungen von Beteiligten zu verhindern. 23

a) Gläubigerschutz. In der Begründung des Regierungsentwurfs des UmwG ist der Gläubigerschutz als Leitziel festgehalten[19]. Erreicht wird er über verschiedene Instrumente: Wesentlich ist das Recht der Gläubiger, eine Sicherheitsleistung zu verlangen[20]. Dieses Recht wird bei der Spaltung ergänzt durch eine gesamtschuldnerische Haftung der beteiligten Rechtsträger[21]. Beim Formwechsel in eine Kapitalgesellschaft werden die Gläubiger zudem nach den Grundsätzen der Gründerhaftung geschützt[22]. Der Gläubigerschutz wird abgesichert durch eine Ersatzpflicht bei umwandlungsbedingter Schadensverursachung durch einen Verwaltungsträger[23]. 24

b) Anlegerschutz. Neben den Gläubigern will der Gesetzgeber auch die Anleger angemessen schützen. Die **Anteilseigner** müssen der Umwandlung mit mindestens Dreiviertelmehrheit zustimmen[24]. Teilweise werden Sonderbeschlüsse bestimmter Gesellschaftergruppen[25] und auch individuelle Zustimmungen verlangt[26]. Die notwendige Entscheidungsfindung erleichtern Informationsrechte[27]. Zusätzlich unterliegt der Anteilswert einer **Sach-** 25

---

[16] Siehe Rn 66 ff.; auch *Kallmeyer* ZIP 1994, 1746.
[17] *Niederleithinger* DStR 1991, 879, 880.
[18] RegBegr. *Ganske* S. 18, 19.
[19] RegBegr. *Ganske* S. 13.
[20] § 22, § 125 Satz 1 iVm. § 22, § 204 iVm. § 22.
[21] § 133, vgl. auch *Haritz/Bärwaldt* in BeckHdb. Personengesellschaften § 9 Rn 33.
[22] §§ 197, 219; vgl. *Haritz/Bärwaldt* in BeckHdb. Personengesellschaften § 9 Rn 34.
[23] § 25, § 125 iVm. § 25, § 205 iVm. § 25; vgl. *Raiser* KapGesR § 46 Rn 84.
[24] Die Mehrheitserfordernisse sind in §§ 43, 50, 65, 78, 84, 103, 106, 112, 118 geregelt.
[25] § 65 Abs. 2, § 125 Satz 1 iVm. § 65 Abs. 2, § 233 Abs. 2.
[26] U. a. § 13 Abs. 2, § 125 Satz 1 iVm. § 13 Abs. 2, § 193 Abs. 2.
[27] Zum Umwandlungsbericht §§ 8, 127, 192.

verständigenprüfung[28]. Ggf. kann der Anteilsinhaber eine **Barabfindung** in Anspruch nehmen[29]. Der Anteilswert oder die Barabfindung können im Rahmen eines **Spruchverfahrens**[30] überprüft werden. Gegen den Umwandlungsbeschluss besteht die Möglichkeit der Anfechtungsklage.

26   Auch die Inhaber von Sonderrechten werden geschützt. Ihnen müssen gleichwertige Rechte am übernehmenden Rechtsträger gewährt werden[31].

27   **c) Arbeitnehmerschutz.** Der Arbeitnehmerschutz stand als weiteres – wenn auch nicht ausdrückliches – Gesetzesziel im Mittelpunkt des gesetzgeberischen Interesses.

28   Der Umwandlungsvertrag muss Angaben über die Folgen der Umwandlung für die Arbeitnehmer und ihre Vertretungen enthalten[32]. Der Umwandlungsvertrag oder sein Entwurf sind dem Betriebsrat zuzuleiten[33]. Das ist bei der Anmeldung nachzuweisen[34]. Eine wesentliche Regelung ist auch § 324, der in den Fällen der Verschmelzung, Spaltung und Vermögensübertragung **§ 613 a Abs. 1 und 4 bis 6 BGB** für ausdrücklich anwendbar erklärt. Der Arbeitnehmer behält seine **kündigungsrechtliche Stellung** für die Dauer von zwei Jahren (§ 323). Weiterhin ist die **Mitbestimmungsbeibehaltung** bei Abspaltungen und Ausgliederungen (§ 325) neben der sonst mitbestimmungsneutralen Umwandlungsgesetzgebung zu nennen.

3. Entwicklung bis zum UmwG 1994

29   Das UmwG hat von der Anregung einer neuen Kodifikation 1980 bis zum Inkrafttreten am 1. 1. 1995 viele Stationen durchlaufen. **Diskussions- und Referentenentwurf** waren Gegenstand einer umfassenden politischen und wissenschaftlichen Auseinandersetzung. Bis zuletzt drohte das Gesetz an den unterschiedlichen Auffassungen zur betrieblichen Mitbestimmung zu scheitern.

30   **a) GmbH-Novelle 1980 und Diskussionsentwurf.** Ausgangspunkt der Reform des Umwandlungsrechts war die Beschlussempfehlung und der Bericht des Rechtsausschusses zur **GmbH-Novelle 1980**. Darin wurde angeregt, die Rechtsmaterie umfassend neu zu regeln und gleichzeitig sachlich zu überprüfen[35]. Eine Neuordnung konnte bei fristgerechter Umsetzung der VerschmRL nicht vorgenommen werden[36]. Dem Vorschlag folgten deshalb Reformarbeiten im Bundesjustizministerium. IE führten diese zum „**Diskussionsentwurf** für ein Gesetz zur Bereinigung des Umwandlungsrechts" (DiskE) vom 3. 8. 1988[37]. In der Zwischenzeit war auch die **SpaltRL** verabschiedet worden[38]. Der DiskE hat mit der umfassenden Regelung von Verschmelzung, Spaltung und Formwechsel die Grundlage für die heutige Kodifikation geschaffen.

31   **b) Gesetzgebung aufgrund der deutschen Einheit.** Die deutsche Einheit erhöhte die Anforderungen an den Gesetzgeber erheblich. Deshalb wurde zunächst vernachlässigt, den Referentenentwurf eines neuen Umwandlungsgesetzes zu erstellen.

---

[28] §§ 9 ff.
[29] §§ 15, 196. Siehe Anh. SpruchG.
[30] Ausf. siehe Anh. SpruchG.
[31] § 23, § 125 Satz 1 iVm. § 23, § 204 iVm. § 23; siehe auch *Haritz/Bärwaldt* in BeckHdb. Personengesellschaften § 9 Rn 30: „Verwässerungsschutz".
[32] §§ 5 Abs. 1 Nr. 9, 126 Abs. 1 Nr. 11, 194 Abs. 1 Nr. 7.
[33] §§ 5 Abs. 3, 126 Abs. 3, 194 Abs. 2.
[34] Vgl. § 17 Abs. 1.
[35] BT-Drucks. 8/3908 S. 77 zu Art. 1 Nr. 27.
[36] *Lutter* in Lutter Rn 8.
[37] Beilage zu Nr. 214 a zum BAnz. vom 15. 11. 1988.
[38] 82/891/EWG in ABl.EG Nr. L 378 vom 31. 12. 1982 S. 47.

Doch der DiskE fand Eingang bei den Gesetzgebungsverfahren zur Angleichung der **ost-** 32
deutschen Wirtschaft: Dem Landwirtschaftsanpassungsgesetz (LAnpG)[39], dem Treuhandgesetz[40] und dem „kleinen Spaltungsgesetz" (SpTrUG)[41].

Das **Landwirtschaftsanpassungsgesetz** enthält Regelungen zur Spaltung („Teilung", 33
§§ 4 bis 12 LAnpG), zum Formwechsel (§§ 23 bis 40 LAnpG) und zur Verschmelzung („Zusammenschluss", §§ 14 bis 22 LAnpG) von landwirtschaftlichen Produktionsgenossenschaften. Das Bundesjustizministerium stand dem Landwirtschaftsministerium der DDR bei der Fassung der Vorschriften beratend zur Seite[42]. Der DiskE war offensichtlich Grundlage für das LAnpG. Die Spaltung mit Sonderrechtsnachfolge wurde erstmalig normiert.

Das **Treuhandgesetz** legte die Umwandlung der volkseigenen Wirtschaftseinheiten in Aktiengesellschaften oder Gesellschaften mit beschränkter Haftung fest (§§ 11 ff. 34
TreuhandG). Durch das TreuhandG entstandene Kapitalgesellschaften konnten nach dem SpTrUG zur Neugründung auf- oder abgespalten werden. Dies sollte ihre Wettbewerbsfähigkeit erhöhen.

c) Referentenentwurf und Regierungsentwurf. Die weiteren Reformarbeiten mündeten in den „**Referentenentwurf** für ein Gesetz zur Bereinigung des Umwandlungsrechts" 35
(RefE) vom 14. 4. 1992[43]. In den DiskE waren zahlreiche Anregungen aus Wissenschaft und Praxis eingearbeitet worden[44]. Auch der Referentenentwurf wurde Gegenstand wissenschaftlicher Auseinandersetzung[45]. In den Mittelpunkt des Interesses traten individual- und kollektivarbeitsrechtliche Belange und Fragen der Unternehmensmitbestimmung. Besonders letztere wurden zur politischen Streitfrage und verzögerten den **Regierungsentwurf**. Ein Einvernehmen konnte schließlich durch eine vollständig mitbestimmungsneutrale Umwandlung erzielt werden[46]. So wurde der Regierungsentwurf im Januar 1994 vom Kabinett beschlossen[47].

Berücksichtigt wurden dabei die **Regelungsvorschläge des BMA**[48] zur Haftungsver- 36
schärfung für betriebsverfassungsrechtliche Arbeitnehmeransprüche nach §§ 111 ff. BetrVG (§ 134 Abs. 1 RegE), die Fortsetzungsvermutung eines Gemeinschaftsbetriebs (§ 322 RegE) und die zeitlich begrenzte Wahrung des Kündigungsschutzes (§ 323 RegE). Auch wurde festgelegt, die Umwandlungsfolgen für Arbeitnehmer und Vertretungen in den jeweiligen Vertrag aufzunehmen. Der **Regierungsentwurf**[49] wurde im Februar 1994 dem Bundesrat zugeleitet und in einer identischen Fassung als Gesetzentwurf der Koalitionsfraktionen[50] in den Bundestag eingebracht.

---

[39] GBl. DDR I Nr. 42, 642; fortgeltend nach Anlage II Kap. VI Sachgeb. A Abschn. II Nr. 1 EV, BGBl. II 1990 S. 885, 1204; neu bekannt gemacht am 3. 7. 1991, BGBl. I S. 1418, zuletzt geändert durch Art. 7 Abs. 45 des Gesetzes zur Neugliederung, Vereinfachung und Reform des Mietrechts vom 19.6.2001, BGBl. I S. 1149.
[40] GBl. DDR I Nr. 33, 300; fortgeltend nach Art. 25 EV, BGBl. II 1990 S. 885, 897; zuletzt geändert durch Achte Zuständigkeitsanpassungsverordnung vom 25.11.2003, BGBl. I S. 2304, 2336.
[41] Gesetz über die Spaltung der von der Treuhandanstalt verwalteten Unternehmen vom 5. 4. 1991, BGBl. I S. 854; zuletzt geändert durch Art. 8 Abs. 9 Bilanzrechtsreformgesetz vom 4.12.2004, BGBl. I S. 3166.
[42] *Schwarz* in Widmann/Mayer Einf. 1.3, Fn 4.
[43] Beilage Nr. 112 a zum BAnz. vom 20. 6. 1992.
[44] Vgl. 7. Symposium der ZGR: Die Reform von Umwandlung und Fusion, Beiträge ZGR 1990, 391 bis 611; *Ganske* in *IDW* (Hrsg.), Reform des Umwandlungsrechts, S. 15 ff. mwN.
[45] Verschiedene Beiträge in *IDW* (Hrsg.), Reform des Umwandlungsrechts, S. 15 ff.
[46] *Schwarz* in Widmann/Mayer Einf. 1.4.
[47] Vgl. zu den Änderungen auch *Neye* ZIP 1994, 165, 167 ff.
[48] Ergänzungsvorschläge zum RefE UmwBerG – III a 7–30 941 – 3 vom 9. 4. 1992.
[49] BR-Drucks. 75/94; BT-Drucks. 12/7265/Anlage 1.
[50] BT-Drucks. 12/6699.

37 d) **Veränderungen bis zur Ausfertigung und Verkündung.** Der Verzicht auf Regelungen zur **Mitbestimmungsbeibehaltung** belastete das weitere Gesetzgebungsverfahren. So waren diese Fragen auch ein wesentlicher Aspekt in der Stellungnahme des Bundesrats. Dieser wollte sicherstellen, dass durch eine Umwandlung die Unternehmensmitbestimmung nicht umgangen werden kann[51]. Die Bundesregierung ist in ihrer Gegenäußerung weitgehend auf die Vorschläge des Bundesrats eingegangen. Bei der Aufnahme mitbestimmungssichernder Vorschriften konnte allerdings keine Einigung erzielt werden[52]. Die Bundesregierung vertrat die Ansicht, dass Änderungen in der Unternehmensmitbestimmung auch nach altem Recht möglich gewesen seien.

38 Mit dieser Begründung hat auch der Rechtsausschuss des Deutschen Bundestags nach einer Sachverständigenanhörung[53] die Notwendigkeit mitbestimmungssichernder Regelungen in der Beschlussempfehlung und dem Bericht zu den Gesetzentwürfen verneint[54]. Die diesbezüglichen Anträge der Fraktion der SPD wurden mit den Stimmen der Koalitionsfraktionen abgelehnt[55]. Der Gesetzentwurf wurde daraufhin am 16. 6. 1994 vom Bundestag angenommen[56]. Die fehlenden Regelungen der Mitbestimmung verhinderten die Zustimmung des Bundesrats[57], so dass der **Vermittlungsausschuss** angerufen werden musste[58].

39 Dort einigte man sich auf den Vorschlag einer Regelung zur **Mitbestimmungsbeibehaltung** nach § 325[59]. Danach sollte bei der Abspaltung und der Ausgliederung die Mitbestimmung bei dem übertragenden Rechtsträger für die Dauer von fünf Jahren erhalten bleiben, es sei denn, die Arbeitnehmerzahl fällt unter ein Viertel der gesetzlichen Mindestzahl[60]. Bei der betrieblichen Mitbestimmung sollte die Fortgeltung der damit verbundenen Rechte durch Betriebsvereinbarung oder Tarifvertrag möglich sein.

40 Daneben wurden weitere arbeitsrechtliche Änderungen angeregt[61]: Das **Übergangsmandat** des Betriebsrats nach § 321 sollte auf sechs Monate verlängert werden. Es wurde vorgeschlagen, die in § 321 Abs. 3 des Entwurfs enthaltene Wettbewerbsklausel zur Beschränkung des Übergangsmandats zu streichen. Weiterhin sollte die **kündigungsrechtliche Stellung** nach § 323 Abs. 1 statt einem Jahr zwei Jahre erhalten bleiben. Der Kompromiss wurde von Bundestag und Bundesrat angenommen.

41 Das **Gesetz zur Bereinigung des Umwandlungsrechts**, in dessen Art. 1 das UmwG geregelt ist, wurde am 28. 10. 1994 ausgefertigt und am 8. 11. 1994 im Bundesgesetzblatt verkündet[62]. Am 1. 1. 1995 trat es in Kraft (Art. 7 UmwBerG). Zu dessen europarechtlichen Grundlagen siehe Einleitung C.

---

[51] BT-Drucks. 12/7265/Anlage 2.
[52] BT-Drucks. 12/7265/Anlage 3.
[53] Vgl. ZIP 1994, A 55, Nr. 152.
[54] BT-Drucks. 12/7850, Bericht der Abgeordneten Gres, Kleinert, Freiherr von Stetten, Stiegler, C. I.; vertiefend *Bartodziej* ZIP 1994, 580 ff.
[55] BT-Drucks. 12/7850, Bericht der Abgeordneten Gres, Kleinert, Freiherr von Stetten, Stiegler, C. II., 35.
[56] BR-Drucks. 599/94.
[57] BT-Drucks. 12/8275.
[58] BR-Drucks. 730/94.
[59] BT-Drucks. 12/8415.
[60] Rechtslage damals: § 1 Mitbestimmungsgesetz 1976 500 Arbeitnehmer; §§ 76, 77 BetrVG 1952 125 Arbeitnehmer; zu den Grenzfällen siehe § 325.
[61] BR-Drucks. 843/94.
[62] BGBl. I 1994 S. 3210.

IV. Änderungen des UmwG

Das UmwG[63] vom 28.10.1994 wurde bisher fünfzehn Mal geändert. Durch das PartGG[64] **42** wurde die Partnerschaftsgesellschaft geschaffen und durch ein Gesetz vom 22.7.1998[65] in den Kreis der umwandlungsfähigen Rechtsträger[66] aufgenommen. Die in AktG, FGG und UmwG verstreuten Vorschriften zum Spruch(stellen)verfahren wurden durch das Spruchverfahrensneuordnungsgesetz[67] vom 12.6.2003 im SpruchG[68] zusammengefügt[69]. Zudem wurde das UmwG insbesondere durch das StückAG[70], das EuroEG[71], das Handelsrechtsreform G[72], das NaStraG,[73] das Schuldrechtsmodernisierungs G[74], das SCE-Einführungs G[75] und das EHUG[76] abgeändert. Zuletzt führte das Zweite Gesetz zur Änderung des UmwG die Möglichkeit grenzüberschreitender Verschmelzungen von Kapitalgesellschaften in den §§ 122 a–122 l ein[77]. Der Regierungsentwurf des Gesetzes zur Modernisierung des GmbH-Rechts und zur Bekämpfung von Missbräuchen (MoMiG) sieht lediglich geringfügige Änderungen des UmwG vor.

V. Gesetzessystematik

Durch das UmwG werden **Umwandlungen** von Unternehmen neu kodifiziert, syste- **43** matisiert und weiter entwickelt. Der **Gesetzesaufbau** hat sich grundlegend verändert, die Regelungsbereiche wurden erweitert oder neu gefasst, teilweise wurden Strukturänderungen auch rechtlich anders gewertet. Die Neufassung bewirkt bei den vom Gesetz geregelten Vorgängen eine größere Übersichtlichkeit und Vollständigkeit.

1. Gesetzesaufbau

Das UmwG ist gekennzeichnet durch **Abstraktion**. Bisher wurde versucht – verteilt auf **44** verschiedene Gesetze –, einzelne Umstrukturierungen gesetzlich zu regeln. Dabei wurde

---

[63] Umwandlungsgesetz vom 28.10.1994, BGBl. I S. 3210, verkündet als Art. 1 Umwandlungsbereinigungsgesetz vom 28.10.1994, BGBl. I S. 3210, zuletzt geändert durch Art. 1 des Zweiten Gesetzes zur Änderung des Umwandlungsgesetzes vom 19.4.2007, BGBl. I S. 542.
[64] Gesetz über Partnerschaftsgesellschaften Angehöriger Freier Berufe vom 25.7.1994, BGBl. I S. 1747, zuletzt geändert durch Art. 4 Elektronisches Register- und JustizkostenG vom 10.12.2001, BGBl. I S. 3422.
[65] Art. 1 Gesetz zur Änderung des Umwandlungsgesetzes, des Partnerschaftsgesellschaftsgesetzes und anderer Gesetze vom 22.7.1998, BGBl. I S. 1878.
[66] § 3 Abs. 1 Nr. 1.
[67] Spruchverfahrensneuordnungsgesetz vom 12.6.2003, BGBl. I S. 838.
[68] Gesetz über das gesellschaftsrechtliche Spruchverfahren vom 12.6.2003, BGBl. I S. 838, geändert durch Art. 5 SE-EinführungsG vom 22.12.2004, BGBl. I S. 3675.
[69] Siehe hierzu Anh. SpruchG, insbes. Rn 1 ff. zur Entstehung des SpruchG.
[70] Art. 2 Gesetz über die Zulassung von Stückaktien vom 25.3.1998, BGBl. I S. 590.
[71] Art. 3 Gesetz zur Einführung des Euro vom 9.6.1998, BGBl. I S. 1242.
[72] Handelsrechtsreformgesetz vom 22.6.1998, BGBl. I S. 1474.
[73] Art. 5 Gesetz zur Namensaktie und zur Erleichterung der Stimmrechtsausübung vom 18.1.2001, BGBl. I S. 123.
[74] Art. 5 Abs. 17 Gesetz zur Modernisierung des Schuldrechts vom 26.11.2001, BGBl. I S. 3138.
[75] Art. 14 Gesetz zur Einführung der Europäischen Genossenschaft und zur Änderung des Genossenschaftsrechts vom 14.8.2006, BGBl. I S. 1911.
[76] Art. 8 Gesetz über elektronische Handelsregister und Genossenschaftsregister sowie das Unternehmensregister vom 10.11.2006, BGBl. I S. 2553.
[77] Art. 1 Zweites Gesetz zur Änderung des Umwandlungsgesetzes vom 19.4.2007, BGBl. I S. 542; siehe hierzu ausf. Einl. C Rn 18 ff. und §§ 122 a ff.

Einleitung A 45–51

jeweils auf die betreffende Maßnahme abgestellt und diese mit einzelnen Rechtsträgern verbunden. Die jetzt geltende Systematik wurde durch einen Gesetzesaufbau erreicht, der grob folgende Unterteilung zeigt:

45 Im Ersten Buch werden in einem Paragraphen die verschiedenen **Umwandlungsmöglichkeiten** aufgezeigt:
- Verschmelzung (§§ 2 bis 122);
- Spaltung in den Arten der Aufspaltung, Abspaltung und Ausgliederung (§§ 123 bis 173);
- Vermögensübertragung (§§ 174 bis 189);
- Formwechsel (§§ 190 bis 304).

Daneben werden **grundlegende Prinzipien** – wie das Analogieverbot – festgelegt, die für alle Umwandlungsarten gelten.

46 Im **Zweiten bis Fünften Buch** sind die einzelnen Umwandlungsvorgänge näher und abschließend geregelt. Die Bücher sind jeweils in einen **Allgemeinen** und einen **Besonderen Teil** aufgeteilt. Der Allgemeine Teil umfasst Vorschriften, die rechtsformunabhängig sind. Im Besonderen Teil werden abweichende und spezielle Regelungen normiert, die für die einzelnen Rechtsformen entscheidend sind. Die folgenden Bücher gelten wieder für alle Umwandlungen: Das Sechste Buch regelt die **Strafvorschriften und Zwangsgelder** und im Siebenten Buch sind die **Übergangs- und Schlussvorschriften** zusammengefasst. Das Spruchverfahren, das ursprünglich in den §§ 305 bis 312 geregelt war, wurde in das SpruchG ausgegliedert[78].

47 a) **Umwandlungsarten.** Die Umwandlungsarten unterscheiden sich grundlegend in ihrer **Wirkung** auf das Vermögen der beteiligten Rechtsträger.

48 aa) *Mit Vermögensübertragung*. Die Verschmelzung, die Spaltung und die Vermögensübertragung übertragen das Vermögen auf dem Weg der **Gesamtrechtsnachfolge oder Sonderrechtsnachfolge**. Dabei geht das gesamte Vermögen einschließlich der Verbindlichkeiten bei der Verschmelzung und Vermögensübertragung als Vollübertragung über. Durch die Universalsukzession entfällt die aufwändige Einzelübertragung der Vermögensgegenstände. Gleichzeitig erlischt der übertragende Rechtsträger. Dies gilt auch für die Rechtsträger bei der Aufspaltung. Für diese – wie die Spaltung insgesamt und die Teilübertragung – gilt die Sonderrechtsnachfolge. Aktiva und Passiva gehen über wie es im Spaltungsplan oder Spaltungsvertrag vereinbart wurde.

49 bb) *Ohne Vermögensübertragung*. Beim **Formwechsel** wird das Vermögen des Rechtsträgers nicht übertragen. Rechtlich und wirtschaftlich ändert sich die Identität des Rechtsträgers nicht. Vielmehr wechselt er nur in eine andere Rechtsform. Das Vermögen kann demnach nicht übergehen.

50 Den Formwechsel **ohne Vermögensübertragung** nimmt der Gesetzgeber jetzt auch zwischen **Personenhandelsgesellschaft und Kapitalgesellschaft** an. Die vormalige Rechtslage, wonach zwischen einem reinen Formwechsel und einem übertragenden Formwechsel unterschieden wurde, wird damit aufgegeben[79].

51 b) „**Baukastenprinzip**". Die umwandlungsfähigen Rechtsträger können sich – entsprechend dem **Typenzwang des Gesellschaftsrechts** – nach dem UmwG verschmelzen, spalten, ihr Vermögen übertragen oder die Form wechseln. Die Verschmelzung und die verschiedenen Arten der Spaltung sind jeweils durch Neugründung oder Aufnahme möglich, die Vermögensübertragung als Voll- oder Teilübertragung. Die vielen **Kombinationsmöglichkeiten**[80] konnten durch das „Baukastenprinzip" systematisiert werden[81]. Der Gesetzgeber

---

[78] Ausf. siehe Anh. SpruchG.
[79] Näher dazu Rn 58 ff.
[80] *Schwarz* in Widmann/Mayer Einf. Rn 10.3 nennt 270; ders. Rn 5.1 Fn 1 nennt 271, davon seien 210 neu; RegBegr. *Ganske* S. 20 nennt 75 neue Möglichkeiten zusätzlich zu den 44 bestehenden.
[81] Begriff der Gesetzesbegründung, vgl. RegBegr. *Ganske* S. 26.

hat die allgemeinen Grundsätze innerhalb des Gesetzes und innerhalb der Bücher vorangestellt. Daran schließen sich die jeweiligen besonderen Vorschriften für die Umwandlungsarten und die Rechtsträger an. Durch Verweisungen auf die allgemeinen Vorschriften wird die Anwendung des UmwG erleichtert. Zugleich folgt daraus, dass in einem Umwandlungsvorgang mit verschiedenen Rechtsformen die allgemeinen Vorschriften und die jeweiligen besonderen Vorschriften nebeneinander gelten.

So behandelt das **Zweite Buch** die Verschmelzung. Die Verschmelzung wird als Grundfall **52** einer Umwandlung angenommen. Für die weiteren Umwandlungsarten – mit Ausnahme des Formwechsels – wird auf das Verschmelzungsrecht[82] verwiesen. Innerhalb des Zweiten Buches muss der Rechtsanwender zunächst in den **Allgemeinen Vorschriften** (Erster Teil) zwischen der Verschmelzung durch Aufnahme (Zweiter Abschnitt) und der Verschmelzung durch Neugründung (Dritter Abschnitt) unterscheiden. Hat er die Umwandlungsart festgelegt, muss er in den **Besonderen Vorschriften** (Zweiter Teil) die Abschnitte den beteiligten Rechtsträgern zuordnen. Dabei haben die Vorschriften für die jeweiligen **Rechtsträger** in den Besonderen Vorschriften grundsätzlich die gleiche **Reihenfolge**. Soweit eine Besondere Vorschrift einer Allgemeinen Vorschrift widerspricht, wird sie vorrangig angewendet. Sonst werden die Regelungen kumulativ herangezogen.

Dieser Technik folgt der Gesetzgeber im Wesentlichen auch bei der **Vermögensübertra- 53 gung**. Aus dem beschränkten Kreis der möglichen Rechtsträger bei der Vermögensübertragung folgen einige **Abweichungen**.

Der **Formwechsel** unterliegt einer anderen Systematik. Da die Identität des Rechtsträgers **54** gewahrt wird, ist der Formwechsel mit den anderen Umwandlungsarten nicht vergleichbar. Dennoch wurde innerhalb des Fünftes Buches (Formwechsel) der Aufbau des UmwG beibehalten.

2. Wichtige Neuerungen

Erhebliche Neuerungen haben sich aus der gesetzgeberischen Zielsetzung ergeben, **55** Lücken im Umwandlungsrecht zu schließen. Dabei wurden Rechtsformen **neue Umwandlungsmöglichkeiten** eröffnet und Arten der Umwandlung erstmals oder ergänzend normiert. Besonders für Personenhandelsgesellschaften und Genossenschaften, aber auch für Vereine und Stiftungen, ergeben sich zahlreiche neue Wege[83].

a) Normierung der Spaltung. Bisher war das Rechtsinstitut der **Spaltung** nur für we- **56** nige Ausnahmefälle geregelt[84]. Nun wurde die Spaltung in Form der Aufspaltung, der Abspaltung und der Ausgliederung geschaffen. Schon in der Vergangenheit war es steuerrechtlich anerkannt, Unternehmen durch Hilfskonstruktionen zu teilen. Die gesellschaftsrechtliche Regelung im UmwG passt sich damit lediglich den faktischen Verhältnissen an. Daneben dient die Spaltung auch der europäischen Rechtsangleichung und damit der Wettbewerbsgleichheit für deutsche Unternehmen, da u. a. Frankreich und Großbritannien die Spaltung schon kannten[85].

Der Gesetzgeber regelt in den §§ 123 ff. sämtliche **Spaltungsarten** für fast alle Rechts- **57** formen. Dabei nimmt er an, dass die Spaltung 34 neue Wege eröffnet, ein Unternehmen umzuwandeln[86]. Allein die Anzahl[87] drückt die Bedeutung dieses Rechtsinstituts im UmwG aus.

---

[82] Vgl. u. a. §§ 125, 176, 184.
[83] Vgl. RegBegr. *Ganske* S. 16 ff.
[84] Errichtende Umwandlung aus dem Vermögen des Einzelkaufmanns oder der öffentlichen Hand; Teilung von Landwirtschaftlichen Produktionsgenossenschaften nach dem LAnpG und SpTrUG, Fundstellen siehe Rn 32 Fn 39 und 41.
[85] RegBegr. *Ganske* S. 19; siehe auch § 123 Rn 9.
[86] RegBegr. *Ganske* S. 18.
[87] Im Vergleich zu insgesamt 75 neuen Möglichkeiten.

Einleitung A 58–63

58 **b) Übertragender Formwechsel entfallen.** Der Formwechsel im UmwG geht grundsätzlich von der rechtlichen Identität des Rechtsträgers aus (§§ 190 Abs. 1, 202 Abs. 1 Nr. 1). Eine Vermögensübertragung wird auch bei Umwandlung einer Kapitalgesellschaft in eine Personengesellschaft nicht mehr angenommen. Bisher wurden diese Fälle nach dem UmwG 1969 als übertragende Umwandlungen mit Gesamtrechtsnachfolge auf einen neuen Rechtsträger angesehen. Die **formwechselnde Umwandlung**, die die Identität wahrt, war nur zwischen Kapitalgesellschaften möglich (§§ 362 ff. AktG aF). Damit hat der Gesetzgeber eine neue gesetzliche Wertung vorgenommen, die sich über das Umwandlungsrecht hinaus auf das Gesellschaftsrecht auswirkt.

59 Die **übertragende Umwandlung** war notwendig, da bei einer Personengesellschaft von einer Gesamthandsgemeinschaft ohne Rechtsträgerschaft ausgegangen wurde[88] und das Vermögen der AG demgegenüber dieser als juristischer Person unmittelbar zugeordnet ist. Eine Vermögensübertragung war demnach unabdingbar. Wurde zwischen Personen- und Kapitalgesellschaft die Rechtsform gewechselt, konnte die Identität des Rechtsträgers nicht beibehalten werden.

60 Nunmehr legt das Gesetz auch in diesen Fällen einen **identitätswahrenden Formwechsel** fest. Dies entspricht der modernen Auffassung von der Natur der Personengesellschaft[89].

VI. Umwandlungsrecht und Übernahmerecht

61 Die Diskussion um das Verhältnis von Umwandlungs- und Übernahmerecht wurde zunächst in Österreich durch die als Umwandlung ausgewiesene Integration der Bank Austria mit der Bayerischen HypoVereinsbank ausgelöst[90]. Hier wurden in einer mehrstufigen Transaktion Unternehmen und Aktionärskreise zusammengeführt und ein wirtschaftliches Ergebnis erzielt, das dem einer Unternehmensübernahme entsprach[91].

62 Zwar sind Umwandlung und Übernahme technisch unterschiedliche Rechtsvorgänge. Da die Umwandlung eines Rechtsträgers aber, wie die Übernahme eines Unternehmens, eine Maßnahme zur Umgestaltung von Unternehmensstruktur und -führung ist, liegt ein Regelungskonflikt zwischen den Rechtsmaterien nahe[92].

1. Übernahmerecht

63 Das **Wertpapiererwerbs- und Übernahmegesetz (WpÜG)**[93] hat in Deutschland rechtlich verbindliche Regelungen für Unternehmensübernahmen geschaffen[94].

---

[88] Zur Gesamthandsgemeinschaft allgemein *K. Schmidt* GesR3 § 8 III; *Kübler* GesR § 4 III.

[89] *RegBegr. Ganske* S. 209.

[90] Siehe *Doralt* GesRZ 2000, 197; *Fuchs* RdW 2000, 465; *Kalss/Winner* ÖBA 2000, 51; *Karollus/Geist* NZG 2000, 1145; *Nowotny* RdW 2000, 330; *Weber-Rey/Schütz* AG 2001, 325; siehe auch die Stellungnahme der österreichischen Übernahmekommission vom 12. 9. 2000, NZG 2001, 828 ff.

[91] Eine Darstellung des Sachverhalts findet sich bei *Weber-Rey/Schütz* AG 2001, 325 und in der Stellungnahme der österreichischen Übernahmekommission vom 12. 9. 2000, NZG 2001, 828 ff.

[92] *Lutter* in Lutter Rn 53 ff.; *Fleischer* NZG 2002, 545; *Grobbe/Fett* NZG 2003, 755.

[93] Gesetz zur Regelung von öffentlichen Angeboten zum Erwerb von Wertpapieren und von Unternehmensübernahmen vom 20.12.2001, BGBl. I S. 3822 ff., zuletzt geändert durch Art. 7 Abs. 13 Gesetz zur Stärkung der Selbstverwaltung der Rechtsanwaltschaft vom 26. 3. 2007, BGBl. I S. 358.

[94] Zum WpÜG: *Kropff/Semler* (Hrsg.), Münchener Kommentar zum Aktiengesetz, Bd. 9/1, 2. Aufl. 2004; *Haarmann/Schüppen* (Hrsg.), Frankfurter Kommentar zum WpÜG, 2. Aufl. 2005; *Hirte/von Bülow* (Hrsg.), Kölner Kommentar zum WpÜG, 2003; *Geibel/Süßmann* (Hrsg.), WpÜG, 2002; *Ehricke/Ekkenga/Oechsler*, WpÜG, 2003; *Assmann/Pötzsch/Schneider* (Hrsg.), WpÜG, 2005; *Baums/Thoma*, WpÜG, Losebl., Stand Mai 2004; *Steinmeyer/Häger*, WpÜG, 2. Aufl., 2007.

Die nationale Rechtslage wurde internationalen Standards bei Unternehmensübernah- **64** men angepasst. Das neue deutsche Übernahmerecht will die **Rechtssicherheit** für die an Übernahmen direkt Beteiligten und die Akteure an den Finanzmärkten erhöhen[95]. Durch Rahmenbedingungen, die den **Anforderungen der Globalisierung und der internationalen Finanzmärkte** Rechnung tragen, soll der Wirtschaftsstandort Deutschland gestärkt werden[96].

Das Übernahmegesetz legt Grundsätze für ein **faires und geordnetes Übernahmever-** **65** **fahren** fest[97]. Es verbessert die Transparenz und Information für die von anstehenden Unternehmensübernahmen betroffenen Arbeitnehmer und Aktionäre[98]. Insbesondere wird der **Schutz von Minderheitsaktionären** vor Ungleichbehandlung bei Unternehmensübernahmen verstärkt[99].

2. Konflikte zwischen Umwandlungsrecht und Übernahmerecht

Der Gesetzgeber hat die Konkurrenzfragen zwischen dem Übernahme- und dem Um- **66** wandlungsrecht bewusst ungeregelt gelassen. Er will zunächst die Ergebnisse der Anwendung der neuen Regelungen abwarten, um erforderliche Ergänzungen festzustellen[100].

a) Kontrollerlangung als Schlüsselelement im Übernahmerecht.
Das WpÜG ver- **67** pflichtet jeden Bieter[101], der die **Kontrolle** über eine börsennotierte AG oder KGaA mit Sitz im Inland[102] **erlangt**, den übrigen Aktionären ein Angebot zur Übernahme ihrer Anteile zu machen[103]. Der Anwendungsbereich des Übernahmegesetzes ist nach Erlangen einer Kontrolle eröffnet[104]. Eine Kontrollstellung ist erreicht, wenn der Bieter **mindestens 30%** der Stimmrechte an der Zielgesellschaft erlangt hat[105].

Minderheitsaktionäre haben im Fall eines Kontrollerwerbs, an dem sie als Aktionäre nicht **68** mitwirken konnten und dem kein öffentliches Übernahmeangebot[106] vorausgegangen ist, die Möglichkeit, ihre Anteile zu einem angemessenen Preis zu veräußern[107]. Der Anleger, der von einer veränderten Gesellschafterstruktur überrascht wird, kann gegen Barabfindung aus der Gesellschaft austreten. Die Pflicht zur Abgabe eines Angebots an alle Aktionäre fand sich bereits im Übernahmekodex der Börsensachverständigenkommission[108].

---

[95] Begr. RegE WpÜG BT-Drucks. 14/7034 S. 1.
[96] Begr. RegE WpÜG BT-Drucks. 14/7034 S. 1, 28.
[97] Begr. RegE WpÜG BT-Drucks. 14/7034 S. 1, 28.
[98] Begr. RegE WpÜG BT-Drucks. 14/7034 S. 1, 28.
[99] Begr. RegE WpÜG BT-Drucks. 14/7034 S. 28.
[100] Begr. RegE WpÜG BT-Drucks. 14/7034 S. 31.
[101] § 2 Abs. 4 WpÜG.
[102] § 2 Abs. 3 WpÜG; zur Problematik des Sitzes „im Inland" siehe Einl. C Rn 18 ff.
[103] §§ 35 Abs. 2 iVm. 14 Abs. 2 Satz 1 WpÜG; *Weber-Rey/Schütz* AG 2001, 325, 328.
[104] § 1 WpÜG bestimmt, dass das WpÜG auf Angebote zum Erwerb von Wertpapieren, die von einer Zielgesellschaft ausgegeben wurden und zum Handel an einem organisierten Markt zugelassen sind, Anwendung findet.
[105] § 29 Abs. 2 WpÜG.
[106] §§ 10 ff. WpÜG; hat der Erwerber die Kontrolle durch ein freiwilliges öffentliches Übernahmeangebot erlangt, ist er nach § 35 Abs. 3 WpÜG von der Pflicht zur Abgabe eines Angebots befreit.
[107] Begr. RegE WpÜG BT-Drucks. 14/7034 S. 59 f.
[108] Art. 16 des Übernahmekodexes der Börsensachverständigenkommission; Unterschiede zur alten Rechtslage finden sich aber in den Ausnahmeregelungen. Übernahmekodex der Börsensachverständigenkommission beim Bundesministerium der Finanzen vom 14. 7. 1995; abgedruckt in AG 1995, 572 und ZIP 1995, 1464 mit Anm. *Neye*; geändert durch Bekanntmachung vom 28. 11. 1997 mit Wirkung ab 1. 1. 1998; abgedruckt in AG 1998, 133, R 220. Der Übernahmekodex war nur von 755 börsennotierten Gesellschaften, darunter 86 Unternehmen des DAX-100, von den insgesamt 1016 börsennotierten inländischen Unternehmen (ohne Freiverkehr) bis April 2001 anerkannt worden, Begr. RegE WpÜG BT-Drucks. 14/7034 S. 27.

69 **b) Verschmelzungen als Kontrollwechsel iSd. Übernahmerechts.** Eine Regelungskonkurrenz zwischen Übernahmerecht und Umwandlungsrecht ist bei Umwandlungsvorgängen zur Aufnahme denkbar, bei denen die Eintragung der Umwandlung zu einem Besitz von mehr als 30% der Anteile des übernehmenden Rechtsträgers führt. Eine solche Umwandlung bewegt sich an der Schnittstelle zwischen Kapitalmarktrecht und Gesellschaftsrecht[109]. Hierin könnte man eine Kontrollerlangung iSd. Übernahmerechts sehen[110]. Wirtschaftlich gleicht das Ergebnis dem Ergebnis einer Unternehmensübernahme[111].

70 Das Gesetz spricht vom „Erlangen" des die Kontrolle begründenden Stimmrechtsanteils[112], ohne sich auf eine bestimmte Art des Erwerbs zu beschränken. Die Begründung des Regierungsentwurfs stellt lediglich klar, dass sowohl durch rechtsgeschäftlichen börslichen Erwerb von stimmberechtigten Aktien als auch durch den Erwerb von Todes wegen oder durch sonstige Verhaltensweisen, die zu einer Zurechnung von Stimmrechten[113] führen, die Kontrolle über ein Unternehmen erlangt werden kann[114].

71 Anders als der Bieter bei der Übernahme erlangt der übernehmende Rechtsträger bei einer Verschmelzung zur Aufnahme im Wege der Gesamtrechtsnachfolge[115] aber keine Beteiligung an der übertragenden Gesellschaft. Er erwirbt deren Vermögen[116]. Die Anteile der übertragenden Gesellschaft werden gegen Anteile der übernehmenden Gesellschaft eingetauscht und erlöschen[117]. Die übertragende Gesellschaft geht bei einer Verschmelzung zur Aufnahme durch die Eintragung der Umwandlung im Handelsregister unter[118].

72 Hieraus kann geschlossen werden, dass in einem solchen Fall ein Kontrollerwerb iSd. Übernahmerechts an der übertragenden Gesellschaft nicht stattfindet[119]. Eine untergegangene Gesellschaft kann man nicht kontrollieren. Eine Kollision zwischen der gesellschaftsrechtlichen Materie des Umwandlungsrechts und der kapitalmarktrechtlichen Materie des Übernahmerechts ist nach dieser Ansicht ausgeschlossen[120].

73 Das Gesetz spricht indessen von „Erlangen" der Kontrolle, nicht von Anteilserwerb. Dies deutet darauf hin, dass über den börslichen Erwerb hinaus alle Wege erfasst werden sollten, mit denen die Kontrolle über ein Unternehmen von einer Person erworben werden kann. Entscheidend für die Anwendung der übernahmerechtlichen Bestimmungen ist dann allein, dass sich die Minderheitsaktionäre einer börsennotierten Gesellschaft einer neuen Herrschaftsperson gegenüber sehen[121].

---

[109] *Mülbert* ZIP 2001, 1221, 1222; *Grabbe/Fett* NZG 2003, 755.
[110] *Kalss/Winner* ÖBA 2000, 51, 52; *Karollus/Geist* NZG 2000, 1145, 1146; *Seibt/Heiser* ZHR 165 (2001) 466 ff.
[111] Ein ähnliches Problem findet sich im amerikanischen Recht. Die Frage, ob die Zusammenführung von Gesellschaften eine Übernahme oder ein *merger* war, richtete sich in früheren Jahren nach der Theorie des *de facto merger*. (Siehe hierzu *Lirosi v. Elkins*, 89 A. D. 2 d 903, 453 N. Y. S. 2 d 718 (2 d Dep't 1982)). In neueren Entscheidungen tendieren die Gerichte zu einem Ansatz, der die Natur der Transaktion *de iure* bestimmt und somit weniger nach der faktischen Qualität des Vorgangs fragt. (Hierzu insbesondere *Terry v. Penn Central Corp.* 668 F. 2 d 188 (3rd Cir. 1981)).
[112] § 35 Abs. 1 WpÜG.
[113] § 30 WpÜG.
[114] Begr. RegE WpÜG BT-Drucks. 14/7034 S. 59.
[115] §§ 20 Abs. 1 Nr. 1, 131 Abs. 1 Nr. 1 Satz 1.
[116] § 20 Rn 8 ff.
[117] § 20 Abs. 1 Nr. 3; § 72 iVm. § 73 AktG.
[118] § 20 Abs. 1 Nr. 2; näher § 20 Rn 73.
[119] *Weber-Rey/Schütz* AG 2001, 325, 328; *Nowotny* RdW 2000, 330; *Doralt* GesRZ 2000, 197, 199 stellt auf die Erlangung der Kontrolle im betriebswirtschaftlichen Sinn bei dem entstandenen Unternehmen ab.
[120] *Weber-Rey/Schütz* AG 2001, 325, 328; *Nowotny* RdW 2000, 330, 331; aA *Kalss/Winner* ÖBA 2000, 51, 53 ff.; *Karollus/Geist* NZG 2000, 1145, 1447; *Seibt/Heiser* ZHR 165 (2001) 466, 468.
[121] *Seibt/Heiser* ZHR 165 (2001) 466, 479; *Doralt* GesRZ 2000, 197, 198; *Karollus/Geist* NZG 2000, 1145, 1146.

c) Schutzbedürftigkeit der Aktionäre in Umwandlungsfällen. Übernahme- und 74
Umwandlungsrecht schützen zwar im Wesentlichen die gleichen Interessen. Trotzdem unterscheiden sich die Verfahren, mit denen die Umstrukturierungen durchgeführt werden, erheblich. Schon diese unterschiedlichen Verfahren könnten eine Anwendung von Vorschriften des Übernahmegesetzes bei Umwandlungen erforderlich machen, wenn ansonsten die Schutzzwecke des Übernahmerechts, insbesondere der Gleichbehandlungsgrundsatz umgangen würden.

Das **Informationsinteresse der Aktionäre** befriedigt das Umwandlungsrecht umfassend durch die inhaltlichen Anforderungen an den Verschmelzungsvertrag[122], die Umwandlungsprüfung, den Umwandlungsprüfungsbericht[123] und die Erläuterungspflichten des Vorstands[124]. Im Übernahmerecht finden sich vergleichbare Regelungen durch die inhaltlichen Vorgaben an die Angebotsunterlage[125] und die begründete Stellungnahme des Vorstands der Zielgesellschaft[126]. Die Informationsinteressen der Anteilseigner werden somit von Umwandlungsrecht und Übernahmerecht gleich stark geschützt. 75

Das Umwandlungsgesetz gewährleistet die **Gleichbehandlung der Anteilsinhaber der** 76
übertragenden Rechtsträger. Ein festes Umtauschverhältnis, d. h. der Umfang der für das übertragene Vermögen zu gewährenden Aktien, wird durch Festschreibung im Umwandlungsvertrag gesichert[127]. Alle Inhaber von Aktien gleicher Gattung werden somit gleich behandelt[128]. Die Angemessenheit des Umtauschverhältnisses wird durch die Verschmelzungsprüfung garantiert[129]. Im Streitfall steht allen Anteilseignern das Spruchverfahren offen[130].

Der **Schutz der Minderheitsaktionäre** vor Ungleichbehandlung ist der dominierende 77
Schutzzweck **im Übernahmerecht**[131]. Das Pflichtangebot ist Ausfluss dieses Grundsatzes[132]. Ein Pflichtangebot ist also abzugeben, wenn die Minderheitsaktionäre aufgrund der neuen Situation nach der Umstrukturierung schutzbedürftig sind[133]. Dies dürfte immer dann der Fall sein, wenn nach der Umstrukturierung eine neue Person einen kontrollierenden Anteil an der Gesellschaft hält, an der die Minderheitsaktionäre beteiligt sind.

Das Pflichtangebot ist das Ergebnis der Bemühungen, den Kapitalmarkt für Anleger verlässlicher und damit attraktiver zu gestalten. Es steht grundsätzlich im Widerspruch zum aktienrechtlichen Grundgedanken von der freien Übertragbarkeit der Anteile[134]. Das Pflichtangebot könnte deshalb eine **nicht analogiefähige Ausnahmeregelung** darstellen. Die Notwendigkeit eines Pflichtangebots bei Umwandlungen könnte die unternehmerische Initiative beeinträchtigen[135]. Das Pflichtangebot würde dann den Zwecken des Umwandlungsrechts, das gerade unternehmerische Initiative fördern will, indem es Umstrukturierungen erleichtert, entgegenstehen[136]. 78

Auch das Umwandlungsrecht bietet dem Anteilseigner, der mit der Umstrukturierung 79
des Rechtsträgers nicht einverstanden ist, ein Austrittsrecht an[137]. Den Anteilsinhabern, die

---

[122] §§ 4 ff.; insbes. § 5.
[123] §§ 9 ff.
[124] § 8, § 125 Satz 1 iVm. § 8.
[125] § 11 WpÜG, § 2 WpÜG-VO.
[126] § 27 WpÜG.
[127] § 5 Rn 25 ff.; §§ 5 Abs. 1 Nr. 3, 126 Abs. 1 Nr. 3.
[128] *OLG Karlsruhe* AG 1992, 31; *Streck/Mack/Schwedhelm* GmbHR 1995, 161, 163; *Lutter* in Lutter § 5 Rn 18.
[129] § 9 Rn 30 ff.
[130] Siehe Anh. SpruchG.
[131] § 3 Abs. 1 WpÜG.
[132] *Seibt/Heiser* ZHR 165 (2001) 466, 477.
[133] Zu Einzelfällen siehe *Seibt/Heiser* ZHR 165 (2001) 466, 478 f.
[134] *Weber-Rey/Schütz* AG 2001, 325, 330.
[135] *Weber-Rey/Schütz* AG 2001, 325, 330.
[136] Zu den Gründen und Zielen des UmwG siehe Rn 19 ff.
[137] §§ 29 ff.

Einleitung A 80–83

gegen den Umwandlungsbeschluss des übertragenden Rechtsträgers stimmen und ihren Widerspruch zur Niederschrift erklären, ist der Erwerb ihrer Anteile gegen eine angemessene Barabfindung anzubieten[138]. Das Prinzip des Austrittsrechts ist dem UmwG also nicht fremd.

80 Ein Nebeneinander der Austrittsregelungen ist dogmatisch denkbar[139]. Sie kollidieren nur in den seltenen Fällen miteinander, in denen die Aktionäre einer übertragenden Gesellschaft **erstmals einer Kontrollposition** in der aufnehmenden Gesellschaft **unterworfen** werden und die iRd. Umwandlung ausgegebenen Aktien einer Verfügungsbeschränkung unterliegen[140]. Nur in diesen Fällen besteht bei einer gleichzeitigen Anwendung von Umwandlungs- und Übernahmerecht ein schutzwürdiges Interesse der Minderheitsaktionäre sowohl aus übernahmerechtlichen als auch aus umwandlungsrechtlichen Schutzerwägungen[141]. In allen übrigen Konstellationen sind möglicherweise entstehende Austrittsrechte eindeutig dem Umwandlungs- oder dem Übernahmerecht zuzuordnen.

81 d) **Stellungnahme.** Das Verhältnis zwischen Umwandlungs- und Übernahmerecht ist nicht vollständig geklärt. Der Gesetzgeber hat bewusst die weite Formulierung des „Erlangens" gewählt. Deshalb ist davon auszugehen, dass die Rechtsprechung sich im Sinne der weiten Auslegung entscheiden wird. Die BaFin vertritt als Regulierungsbehörde für Übernahmen ebenfalls diese Auffassung[142]. Für die Praxis empfiehlt sich somit stets zu prüfen, ob die Umwandlung zu einem Erwerb oder zu einem Wechsel der Kontrollposition über ein börsennotiertes Unternehmen führt. Ist dies der Fall, sind neben den umwandlungsrechtlichen auch die übernahmerechtlichen Vorschriften zu beachten. Allen Aktionären, die mit einer neuen Herrschaftsperson konfrontiert sind, ist ein Pflichtangebot zur Übernahme ihrer Anteile[143] zu erteilen. Das komplexe Verfahren kann zu teilweise sich inhaltlich überschneidenden Dokumentationspflichten führen[144].

VII. Umstrukturierungen außerhalb des Anwendungsbereichs

82 Umstrukturierungsmaßnahmen **außerhalb** des Anwendungsbereichs des UmwG sind weiterhin möglich. Aus § 1 Abs. 2 ist erkennbar, dass Unternehmen auch auf anderem Weg rechtlich neu gestaltet werden können. Das UmwG will lediglich verhindern, dass die **sukzessionsrechtlichen Vorteile** auf Vorgänge oder Rechtsträger übertragen werden, die das UmwG – und dessen Schutzvorschriften – nicht erfassen[145]. Falls die normierten Rechtsträger den **numerus clausus** der Umwandlungsmöglichkeiten nach dem UmwG anwenden, geht das Vermögen durch Gesamtrechtsnachfolge oder Sonderrechtsnachfolge über. Anderenfalls müssen Unternehmen zur gesellschaftlichen Strukturierung wirtschaftlich ähnliche Vorgänge heranziehen. Diese können im Einzelfall einfacher und kostengünstiger sein.

83 Umstrukturierungsmaßnahmen außerhalb des UmwG sind sowohl national als auch grenzüberschreitend möglich. § 1 Abs. 1 beschränkt die Anwendbarkeit des UmwG auf „Rechtsträger mit Sitz im Inland".

---

[138] Näher siehe § 29 Rn 25 f.
[139] Ausführlich *Seibt/Heiser* ZHR 165 (2001) 466, 478 ff.; zum Verhältnis zwischen umwandlungsrechtlichem und übernahmerechtlichem Austrittsrecht § 29 Rn 17 f.
[140] § 29 Rn 7 f.
[141] Siehe auch *Seibt/Heiser* ZHR 165 (2001) 466, 482, die das Nebeneinander der Austrittsrechte als misslich bezeichnen und ein Tätigwerden des Gesetzgebers für diesen Fall fordern.
[142] So statt vieler *Baums/Hecker* in Baums/Thoma, WpÜG, Stand Mai 2004, § 35 WpÜG Rn 108 ff.; *von Bülow* in Kölner Komm. WpÜG, 2003, § 35 WpÜG Rn 69 ff.
[143] § 35 Abs. 2 iVm. § 14 WpÜG.
[144] Die wesentlichen Schritte des Verfahrens sind dargestellt bei *Seibt/Heiser* ZHR 165 (2001) 466, 471 ff.
[145] Zum Analogieverbot nach § 1 Abs. 2 ausf. § 1 Rn 61 ff.

Der 10. Abschnitt des Zweiten Buches sieht nunmehr die grenzüberschreitende Verschmelzung von Kapitalgesellschaften vor. Weitere grenzüberschreitende Umwandlungen sind im UmwG nicht geregelt[146].

84 Umstrukturierungen mit einem wirtschaftlich gleichwertigem Ergebnis werden außerhalb des UmwG u. a. durch folgende Maßnahmen erreicht[147]:

85 Rechtsträger können fusionieren, indem nach einer Sachgründung oder Sachkapitalerhöhung durch **Einzelübertragung** das Vermögen in einen übernehmenden Rechtsträger gegen Gesellschaftsanteile des übernehmenden Rechtsträgers eingebracht wird. Falls die übertragende Gesellschaft anschließend liquidiert wird, kann zudem das Ergebnis einer Verschmelzung erzielt werden.

86 Eine Einbringung kann auch durch einen Tausch von **Gesellschaftsanteilen** vollzogen werden. Regelmäßig erfordert diese Maßnahme bei einer übernehmenden Kapitalgesellschaft eine Sachgründung oder Kapitalerhöhung.

87 Die Einzelübertragung kann auch dazu dienen, Vermögensteile eines Rechtsträgers wirtschaftlich zu spalten. So ist eine **Ausgliederung** bei kleinen Vermögenseinheiten wiederum durch Sachgründung oder Sachkapitalerhöhung und entsprechender Singularsukzession zu erreichen. Da das UmwG ein aufwändiges und formalisiertes Verfahren vorsieht, kann die Einzelübertragung zweckmäßig sein.

88 Neben der Möglichkeit der Einzelübertragung kann die **Anwachsung** nach §§ 105 Abs. 3, 161 Abs. 2 HGB, 738 BGB zur wirtschaftlichen und rechtlichen Umstrukturierung genutzt werden. Dabei scheiden alle Gesellschafter bis auf einen aus einer Personengesellschaft aus. Der verbleibende Gesellschafter wird zum „übernehmenden Rechtsträger". Ihm wächst das Gesellschaftsvermögen zu. Die Personengesellschaft erlischt ohne Liquidation. Alternativ können die ausscheidenden Gesellschafter ihre Anteile auch im Wege der Sachkapitalerhöhung bei dem verbleibenden Gesellschafter einbringen. Der verbleibende Gesellschafter kann eine natürliche oder eine juristische Person sein.

---

[146] Ausf. hierzu Einl. C Rn 18 ff. Siehe auch Anh. § 122 l zu sonstigen internationalen Unternehmenszusammenführungen.
[147] Siehe auch § 2 Rn 43 ff.

Einleitung B

Übersicht

	Rn		Rn
I. Steuerliches Reorganisationsrecht	1	V. UmwStG findet nur Anwendung im Ertragsteuerrecht	13
II. Steuerliche Umwandlungsmotive	4	VI. Praxisrelevante Aspekte der Anwendung des UmwStG	14
III. Dogmatischer Ausgangspunkt: Die Buchwertverknüpfung	7	VII. Weiterentwicklung des steuerlichen Reorganisationsrechts	18
IV. Strukturelle Unterschiede zwischen UmwG und UmwStG	9		

Literatur: Ausf. siehe Anh. UmwStG.

I. Steuerliches Reorganisationsrecht

Umstrukturierungen von Unternehmen sollen möglichst geringe Steuerbelastungen auslösen, denn bei Umstrukturierungen fließt den Unternehmern oder den Unternehmen – anders als bei Veräußerungen an Dritte – im Regelfall kein Entgelt zu. In Deutschland hatte sich in den vergangenen Jahrzehnten ein in sich nicht ganz stimmiges, aber historisch gewachsenes steuerliches Reorganisationsrecht herausgebildet. Es umfasste das UmwStG und daneben bewährte Institute des Ertragsteuerrechts wie den Mitunternehmererlass[1], die Betriebsaufspaltung, Realteilungsgrundsätze[2], das Tauschgutachten[3] sowie die Rücklagenbildung nach § 6 b EStG. **1**

Die relativ großzügigen Regelungen des UmwStG, das 1994 grundlegend novelliert wurde und zum 1. 1. 1995 in einer neuen Fassung in Kraft trat, sind in den Folgejahren systematisch eingeschränkt worden. Das ab 1. 1. 2001 geltende UmwStG behandelte zentrale Fragen der steuerneutralen Unternehmensumstrukturierung wesentlich restriktiver als dies in der ab 1. 1. 1995 geltenden Fassung des UmwStG der Fall war. Auch der Mitunternehmererlass und das Tauschgutachten wurden außer Kraft gesetzt. Reminiszenzen an diese Rechtsinstitute fanden sich zwischenzeitig noch in § 6 Abs. 3 bis 6 EStG bzw. in § 16 Abs. 3 Satz 2 EStG. Durch das Unternehmenssteuerfortentwicklungsgesetz vom 20. 12. 2001[4] wurden jedoch viele Mechanismen des Mitunternehmererlasses reaktiviert und erstmals gesetzlich geregelt. Auch Kapitalgesellschaften als Beteiligte an Mitunternehmerschaften (Personengesellschaften) kommen im Grundsatz in den Genuss der neuen gesetzlichen Regelungen; das Konzernreorganisationsrecht bleibt dennoch lückenhaft. **2**

Mit dem „Gesetz über steuerliche Begleitmaßnahmen zur Einführung der Europäischen Gesellschaft und Änderung weiterer steuerrechtlicher Vorschriften **(SEStEG)**"[5] hat der Gesetzgeber das deutsche Umwandlungssteuerrecht durchgreifend geändert[6]. Während das bisher geltende UmwStG 1995 rein inlandsbezogen war, umfasst dass neue UmwStG auch **3**

---

[1] BMF vom 20. 12. 1977, BStBl. I 1978, 8.
[2] Dazu zuletzt BMF-Schreiben vom 28.2.2006, BStBl. I 2006, 228.
[3] BFH-Gutachten vom 16. 12. 1958, BStBl. III 1959 S. 30.
[4] BGBl. I 2001 S. 3858.
[5] Gesetz vom 7.12.2006, BGBl. 2006 I S. 2782.
[6] Siehe Rn 22.

grenzüberschreitende Umwandlungen in der EU/im EWR-Bereich[7]. Wesentliche Teile des bisherigen UmwStG 1995[8] sind aber weiterhin bedeutsam[9]. Die steuerrechtlichen Erläuterungen in diesem Kommentarwerk konzentrieren sich auf das UmwStG. Zu weiteren, nicht im UmwStG behandelten Möglichkeiten steuerneutraler Reorganisation von Unternehmen wird auf die einschlägige Literatur verwiesen.

II. Steuerliche Umwandlungsmotive

4   Neben betriebswirtschaftlichen Überlegungen spielen regelmäßig auch steuerliche Motive für Umwandlungen eine wichtige Rolle. In steuerlicher Hinsicht geht es dabei regelmäßig um die Erzielung zukünftiger Vorteile. Erwähnt seien hier beispielhaft einige Motive, die vor allem mittelständische Unternehmer bewegen:
– Umwandlung von Personenunternehmen in Kapitalgesellschaften, um bei Thesaurierung von Gewinnen die laufende Steuerbelastung zu vermindern[10];
– Umwandlung von Personenunternehmen in Kapitalgesellschaften, um bei deren Veräußerung die Vorteile der Steuerfreiheit des § 8 b Abs. 2 KStG oder des Halbeinkünfteverfahrens nach § 3 Nr. 40 lit. a), b), c) EStG in Anspruch nehmen zu können[11];
– Umwandlung von Kapitalgesellschaften in Personenunternehmen, um die günstigere Bewertung für Zwecke der Erbschaft- und Schenkungsteuer ausnutzen zu können[12].

5   Bei großen Unternehmen stehen meist wirtschaftliche Ziele im Vordergrund. Anlässe zu Umwandlungsvorgängen ergeben sich hier vorrangig, wenn Unternehmen erworben oder (internationale) Konzerne restrukturiert werden[13].

6   Bei der Umsetzung einer Unternehmensreorganisationsmaßnahme oder eines Zusammenschlusses mehrerer Unternehmen wird die Frage nach dem steuerlich günstigsten Weg aber nicht außer Betracht bleiben. Dabei sind neben den ertragsteuerlichen Auswirkungen auch mögliche Belastungen durch Verkehrsteuern, insbesondere Grunderwerbsteuer und in manchen Fällen auch Umsatzsteuer, zu beachten.

---

[7] Vereinzelt auch Drittlandsfälle wie Drittstaatenverschmelzung oder im Einbringungsrecht, vgl. *Dötsch/Pung* DB 2006, 2704 Fn 12, 2705. Zur grenzüberschreitenden Verschmelzung siehe § 122 a ff. UmwG.

[8] Umwandlungssteuergesetz idF der Bekanntmachung vom 15.10.2002, BGBl. I S. 4133, zuletzt geändert durch Art. 3 SteuervergünstigungsabbauG vom 16.5.2003, BGBl. I S. 660; ausf. siehe Anh. UmwStG.

[9] Daher umfassen die steuerrechtlichen Erläuterungen in diesem Kommentarwerk auch weiterhin die Rechtsprechung und Literatur zu dieser Fassung des Gesetzes.

[10] Im Zuge der „Unternehmenssteuerreform 2008" hat der Gesetzgeber auch Personenunternehmen, die ihren Gewinn im Unternehmen stehen lassen, dadurch steuerlich begünstigt, dass für die nicht entnommenen Gewinne eine steuerliche Belastung vorliegt, die sich der steuerlichen Belastung von Kapitalgesellschaften annähert.

[11] Das Halbeinkünfteverfahren für Privatpersonen ist durch die Unternehmenssteuerreform 2008 mit Wirkung ab 2009 durch eine sog. Abgeltungsteuer in Höhe von 25 % ersetzt worden, wenn es sich um nicht wesentliche Beteiligungen im Privatvermögen handelt. Bei wesentlichen Beteiligungen oder Beteiligungen im Betriebsvermögen natürlicher Personen sollen 60 % des Gewinns steuerpflichtig werden (Teileinkünfteverfahren).

[12] Gesetzgeber und Finanzverwaltung arbeiten zurzeit an einer Reform des Bewertungs- und Erbschafts-/Schenkungsteuerrechts, nachdem das Bundesverfassungsgericht mit Beschluss vom 7.11.2006 (1 BvL 10/02) den Gesetzgeber verpflichtet hat, das bisherige Erbschaftsteuer- und Schenkungsteuergesetz spätestens zum 31.12.2008 neu zu regeln. Der Übergang vom betrieblichen Vermögen und qualifizierten Kapitalbeteiligungen soll auch künftig steuerlich begünstigt werden.

[13] Hierzu siehe Einl. A Rn 4 f.

III. Dogmatischer Ausgangspunkt: Die Buchwertverknüpfung

Die ertragsteuerliche Neutralität von Umwandlungsvorgängen wird vorrangig dadurch **7** gesichert, dass der steuerliche Buchwert von Wirtschaftsgütern durch den Umwandlungsvorgang unverändert bleibt[14]. Aus der Sicht der Unternehmen soll vermieden werden, dass durch einen steuerlichen Realisationsakt stille Reserven einschließlich eines Firmenwerts, der auf zukünftigen Ertragsaussichten beruht, aufgedeckt werden. Das UmwStG will hierzu im Grundsatz das rechtliche Instrumentarium bereitstellen. Jedoch ist die Ertragsteuerneutralität von Umwandlungen nicht durchgehend gesichert. Dem berechtigten Verlangen der Unternehmen nach einem flexiblen und schonenden steuerlichen Reorganisationsrecht wird mit teilweise unzureichenden Rechtsvorschriften Rechnung getragen. Hinzu kommt eine schon zwanghaft zu nennende Angst der Finanzverwaltung vor vermeintlichen Steuerumgehungen, die zu einer stark einengenden Auslegung der Vorschriften des UmwStG führt. Schließlich besteht beim deutschen Fiskus die Besorgnis, ihm könne auf Grund der fortschreitenden Internationalisierung der deutschen Wirtschaft das Steuersubstrat verloren gehen. Dies führt dazu, dass Sachverhalte mit Auslandsberührung besonders kritisch – und im Hinblick auf das EU-Recht teilweise rechtlich unhaltbar – gewürdigt werden.

Bei Umwandlungsvorgängen sind stets folgende Grundsatzfragen zu klären, die Einfluss **8** auf eine erwünschte Steuerneutralität haben können:
– Auf der Ebene des Rechtsträgers, dessen Wirtschaftsgüter durch eine Umwandlung auf einen anderen Rechtsträger übergehen[15], darf die Umwandlung nicht dazu führen, dass in der steuerlichen Schlussbilanz die übergehenden Wirtschaftsgüter mit anderen (höheren) Werten als den bisherigen Buchwerten angesetzt werden müssen.
– Auf der Ebene des übernehmenden Rechtsträgers muss gesichert sein, dass die auf ihn übergehenden Wirtschaftsgüter mit den Buchwerten des übertragenden Rechtsträgers angesetzt werden dürfen.
– Auf der Ebene der Gesellschafter des übertragenden (wie auch des übernehmenden) Rechtsträgers muss der Tauschvorgang – Hingabe einer Beteiligung am übertragenden Rechtsträger oder von Wirtschaftsgütern und Empfang einer Beteiligung am übernehmenden Rechtsträger – ohne ertragsteuerliche Auswirkungen bleiben.
– Das Besteuerungsrecht der Bundesrepublik Deutschland soll aufrechterhalten werden, um die zum Zeitpunkt der Umwandlung existenten stillen Reserven bei einer Auflösung auch in Zukunft einer inländischen Besteuerung unterwerfen zu können.

IV. Strukturelle Unterschiede zwischen UmwG und UmwStG

Das UmwG gliedert sich – vereinfacht dargestellt – nach den Hauptformen Verschmel- **9** zung, Spaltung einschließlich Ausgliederung sowie Formwechsel[16].

Das UmwStG hingegen zerfällt in zwei große Blöcke. Der erste Block (§§ 1 bis 19 **10** UmwStG) sieht als übertragenden Rechtsträger stets eine Körperschaft vor, also in den meisten Fällen eine Kapitalgesellschaft. §§ 1 bis 19 UmwStG sind nur auf Umwandlungen

---

[14] Dieses Konzept gilt auch weiter unter dem neuen UmwStG. Zwar sieht das Gesetz grundsätzlich den Ansatz des gemeinen Werts in Umwandlungsfällen vor, doch auf Antrag können die jeweils übergehenden Wirtschaftsgüter mit dem Buchwert angesetzt werden, soweit u.a. das inländische Besteuerungsrecht erhalten bleibt, vgl. zB § 3 Abs. 2, § 11 Abs. 2, § 20 Abs. 2 Satz 2, § 21 Abs. 2 Satz 2, § 24 Abs. 2 Satz 2 UmwStG.

[15] Auch bei einem Formwechsel gelten ertragsteuerlich die Wirtschaftsgüter als auf den Rechtsträger übertragen, der aus dem Formwechsel hervorgeht.

[16] Siehe Einl. A Rn 43 ff.

nach dem UmwG bzw. entsprechenden landesrechtlichen Vorschriften anzuwenden. Der zweite große Block des UmwStG betrifft Einbringungen (§§ 20 bis 24 UmwStG). Solche Einbringungen können Vorgänge nach dem UmwG sein, zwingend ist dies jedoch nicht.

11 Innerhalb der §§ 1 bis 19 UmwStG lassen sich wiederum zwei Hauptfälle unterscheiden:
– Übergang von einer Körperschaft (zumeist Kapitalgesellschaft) auf eine Personengesellschaft. Hierunter fallen die Verschmelzung von Körperschaften auf Personengesellschaften, die Auf- und Abspaltung von Körperschaften auf Personengesellschaften sowie der Formwechsel einer Körperschaft in eine Personengesellschaft.
– Übergang von einer Körperschaft auf eine andere Körperschaft. Hierunter fallen Verschmelzungen einer Körperschaft mit einer anderen sowie Auf- und Abspaltung von Vermögen einer Körperschaft auf eine oder mehrere andere Körperschaften.

12 Die Einbringungsvorschriften des UmwStG widersetzen sich einer durchgehenden Systematisierung. Es lassen sich vier Hauptanwendungsbereiche feststellen:
– Einbringung bestimmter qualifizierter Einbringungsgegenstände (Betrieb, Teilbetrieb oder ein Mitunternehmeranteil) in eine Kapitalgesellschaft gegen Gewährung von Gesellschaftsrechten[17]. Eine solche Einbringung kann in Form der zivilrechtlichen Einzelrechtsnachfolge vorgenommen werden. Es kann sich aber auch um einen umwandlungsrechtlichen Vorgang wie zB die Verschmelzung einer Personenhandelsgesellschaft mit einer Kapitalgesellschaft handeln.
– Einbringung bestimmter qualifizierter Einbringungsgegenstände (Betrieb, Teilbetrieb, Mitunternehmeranteil) in eine Mitunternehmerschaft gegen Gewährung von Gesellschaftsrechten an der Mitunternehmerschaft[18]. Auch hier kann sich die Einbringung im Wege der Einzelrechtsnachfolge sowie als Gesamtrechtsnachfolge nach den Regeln des UmwG – zB durch Verschmelzung einer Personenhandelsgesellschaft auf eine andere – darstellen.
– Einbringung von (mehrheitsvermittelnden) Anteilen in eine Kapitalgesellschaft[19]. Die Vorschriften unterscheiden sich von anderen Einbringungsmodellen im Wesentlichen dadurch, dass hier ein besonderer Einbringungsgegenstand gefordert wird, nämlich (mehrheitsvermittelnde) Anteile an Kapitalgesellschaften. Regelmäßig wird ein solcher Vorgang nicht nach den Vorschriften des UmwG erfolgen. Grundsätzlich ausgeschlossen ist dies aber nicht. Während das UmwG die grenzüberschreitende Verschmelzung von EU-/EWR-Kapitalgesellschaften zulässt[20], erfasst das UmwStG grundsätzlich alle grenzüberschreitenden Umwandlungsarten, soweit die ausländischen Vorschriften mit denen des UmwG vergleichbar sind, und daran EU-/EWR-Gesellschaften[21] beteiligt sind[22].

V. UmwStG findet nur Anwendung im Ertragsteuerrecht

13 Das UmwStG ist unmittelbar nur für Zwecke der Körperschaft-, Einkommen- und Gewerbesteuer von Bedeutung. Andere Steuerarten werden nicht erfasst. Das gilt insbesondere für die Umsatzsteuer, die Grunderwerbsteuer und die Erbschaftsteuer. Vor allem die

---

[17] § 20 Abs. 1 UmwStG. Bisher erfasste § 23 Abs. 1 bis 3 UmwStG aF die Einbringung in eine EU-Kapitalgesellschaft. Durch das SEStEG wurde der Anwendungsbereich des UmwStG auf EU-/EWR-Kapitalgesellschaften erweitert (vgl. § 1 Abs. 2 Nr. 1 UmwStG), sodass diese Vorschrift entfallen konnte.
[18] § 24 UmwStG.
[19] § 21 Abs. 1 UmwStG. Bisher in § 20 Abs. 1 Satz 2 UmwStG aF für inländische Einbringungen und § 23 Abs. 4 UmwStG aF für Einbringungen in EU-Kapitalgesellschaften geregelt. Da das SEStEG den Anwendungsbereich des UmwStG auf inländische und EU-/EWR-Kapitalgesellschaften erweitert hat (vgl. § 1 Abs. 2 Nr. 1 UmwStG), regelt künftig § 21 UmwStG diese Fälle.
[20] Vgl. § 122 a ff. UmwG.
[21] Vgl. § 1 Abs. 2 Nr. 1 UmwStG.
[22] Natürliche Personen müssen innerhalb der EU/EWR ansässig sein, § 1 Abs. 2 Nr. 2 UmwStG.

Grunderwerbsteuer, aber auch unter gewissen Voraussetzungen die Umsatzsteuer, können zu erheblichen steuerlichen Belastungen von Umstrukturierungsvorgängen führen. Die steuerlichen Rückwirkungen der §§ 2 und 20 Abs. 5, 6 UmwStG gelten nur ertragsteuerlich und nicht für Verkehrsteuern.

VI. Praxisrelevante Aspekte der Anwendung des UmwStG

Bis zum Ende des Jahres 2000 war die Umwandlung einer Kapitalgesellschaft in eine Personengesellschaft nach einem zuvor erfolgten Erwerb der umzuwandelnden Kapitalgesellschaft – entweder im Wege des Formwechsels oder durch Verschmelzung der Kapitalgesellschaft auf eine Personengesellschaft – eine der verbreitetsten Umwandlungsformen. Durch die Änderung des § 4 Abs. 4 bis 6 UmwStG aF nach dem StSenkG war dieser Weg steuerlich unattraktiv. Die Transformation von Anschaffungskosten für die Beteiligung an einer Kapitalgesellschaft in abschreibungsfähige Wirtschaftsgüter (sog. *step-up*) war und ist nicht mehr möglich. **14**

Große Bedeutung hat demgegenüber weiterhin die Verschmelzung von Kapitalgesellschaften untereinander[23]. Verschmelzungen sind auch eine der probaten Maßnahmen, um dem Verbot, Betriebsausgaben für Beteiligungen steuerlich geltend zu machen[24], entgegen zu wirken. **15**

Die praktische Bedeutung der Spaltungsvorschriften der §§ 15, 16 UmwStG war bisher eher begrenzt und wird es wohl auch in Zukunft bleiben. Die überzogenen Anforderungen des § 15 UmwStG – beginnend mit dem Teilbetriebserfordernis bis hin zu den in § 15 Abs. 2 UmwStG normierten Missbrauchsregelungen –, führen dazu, dass die Spaltungsregeln in praxi verkümmern. Die Regeln der §§ 15, 16 UmwStG sollten dringend novelliert und der neuen Struktur des KStG angepasst werden. **16**

Neben den Möglichkeiten des UmwStG wird auch die Vorschrift des § 8 b Abs. 2 KStG für steuerneutrale Umstrukturierungen genutzt. Die weitgehende Steuerbefreiung der Veräußerung von Anteilen an in- und ausländischen Kapitalgesellschaften, sofern der Veräußerer wiederum selbst eine Körperschaft (insbesondere eine Kapitalgesellschaft) ist, erlaubt es, in bestimmten Konstellationen auf das UmwStG zu verzichten. Der § 8 b Abs. 2 KStG ist zu einem zentralen Bestandteil des deutschen Unternehmensreorganisationsrechts geworden. Dabei ist zu beachten, dass aktuell nur 95% eines Veräußerungsgewinns wirtschaftlich betrachtet steuerfrei sind, denn 5% eines Veräußerungsgewinns gelten als steuerlich nicht abzugsfähige Betriebsausgabe[25]. Für Kredit- und Finanzdienstleistungsinstitute sowie Lebens- und Krankenversicherungsunternehmen ist die generelle Steuerbefreiung eingeschränkt[26]. **17**

VII. Weiterentwicklung des steuerlichen Reorganisationsrechts

Im April 2001 hatte das Bundesfinanzministerium dem Finanzausschuss des Deutschen Bundestags einen Bericht zur Fortentwicklung des Unternehmenssteuerrechts vorgelegt. Reformbedarf wurde vor allem in den Bereichen der steuerlichen Behandlung von Umstrukturierungen, der Besteuerung von verbundenen Unternehmen und der Besteuerung von Auslandsbeziehungen gesehen. **18**

---

[23] §§ 11 ff. UmwStG.
[24] § 3 c Abs. 1 EStG.
[25] § 8 b Abs. 3 Satz 1 KStG; Entsprechendes gilt für Dividendenbezüge, § 8 b Abs. 5 Satz 1 KStG. Näheres bei *Moszka* in EY, Steueränderungen 2003/2004, S. 261 ff.
[26] § 8 b Abs. 7 bis 9 KStG.

Einleitung B 19–21

19 Hinsichtlich des UmwStG bestand selbst nach Auffassung des BMF ein grundlegender Überarbeitungsbedarf, der sich unter anderem auf folgende Themen erstrecken sollte:
- Grenzüberschreitende Umwandlungsvorgänge;
- Maßgeblichkeit der Handelsbilanz für die Steuerbilanz;
- Verlustnutzung;
- Begriff des Teilbetriebs.

20 Eine der vordringlichsten Aufgaben für den Gesetzgeber war es, das bisher im Wesentlichen für innerdeutsche Umstrukturierungsvorgänge konzipierte UmwStG grundlegend zu überarbeiten. Der Druck dazu kam weniger durch den Gesetzgeber oder der Finanzverwaltung, sondern in erster Linie aus der Verpflichtung, europarechtliche Vorgaben umzusetzen. Die Europäische Gesellschaft (sowie die Europäische Genossenschaft[27]) ist als Rechtsform zugelassen und damit sind grenzüberschreitende Umstrukturierungen wie zB die grenzüberschreitende Verschmelzung von Aktiengesellschaften zur Gründung einer europäischen Gesellschaft[28] möglich[29]. Ferner wurde im Februar 2005 die sog. Fusionsrichtlinie[30] umfassend geändert, sodass zB steuerneutrale grenzüberschreitende Sitzverlegungen einer Europäischen Gesellschaft (SE) oder einer Europäischen Genossenschaft (SCE) möglich werden sollen. Nach Umsetzung der zehnten gesellschaftsrechtlichen Richtlinie der EU über die grenzüberschreitende Verschmelzung von Kapitalgesellschaften[31] sind internationale Verschmelzungen in der EU/EWR möglich. Schließlich ergibt sich auch aus der Rechtsprechung des Europäischen Gerichtshofes ein hoher Anpassungsbedarf[32].

21 Vor diesem Hintergrund arbeiteten Gesetzgeber und Finanzverwaltung an einem Gesetz, um grenzüberschreitende Umstrukturierungen steuerneutral zu ermöglichen und das steuerliche Reorganisationsrecht zumindest europarechtskonform auszugestalten. Mit Datum vom 7.12.2006 wurde schließlich das Gesetz über steuerliche Begleitmaßnahmen zur Einführung der Europäischen Gesellschaft und Änderung weiterer steuerrechtlicher Vorschriften (**SEStEG**) verabschiedet[33]. Ziel des Gesetzes ist es, die EU-rechtlichen Vorgaben umzusetzen und ein systematisch in sich geschlossenes zukunftsfähiges steuerliches Umstrukturierungsrecht zu schaffen[34]. Dabei wurde sowohl das UmwStG grundlegend überarbeitet, als auch andere steuerliche Vorschriften bezüglich (grenzüberschreitender) Strukturänderungen. Das neue UmwStG gilt erstmals für Umwandlungen und Einbringungen, bei denen die Anmeldung zur Eintragung in ein öffentliches Register nach dem 12. Dezember 2006 erfolgt[35], d.h. prinzipiell ab dem 13.12.2006.

---

[27] Vgl. Verordnung (EG) Nr. 1435/2003 des Rates vom 22.7.2003 über das Statut der Europäischen Genossenschaft (SCE). Ab dem 18.8.2006 kann eine Europäische Genossenschaft gegründet werden.

[28] Am 8.10.2004 trat die Verordnung über das Statut der Europäischen Gesellschaft (SE), die SE-VO, in Kraft, ABl. EG Nr. L 294/1 ff. vom 10.11.2001 dazu *Hirte* DStR 2005, 653, 700; *Hörtnagl* in Schmitt/Hörtnagl/Stratz, Vorbem. SE-VO mwN. Der deutsche Gesetzgeber hat die Verordnung mit dem Gesetz zur Einführung der Europäischen Gesellschaft (SEEG) vom 22.12.2004, BGBl. I S. 3675, in nationales Recht umgesetzt.

[29] Zu grenzüberschreitenden Umwandlungen siehe ausf. Einl. C.

[30] Richtlinie Nr. 90/434/EWG des Rates vom 23.7.1990, ABl.EG Nr. L225 S. 1 (sog. Fusionsrichtlinie).

[31] Richtlinie 2005/56/EG des Europäischen Parlamentes und Rates vom 26.10.2005, ABl. EG Nr. L 310 S. 1. Siehe §§ 122 a ff. UmwG.

[32] EuGH v. 13.12.2005 – Rs. C 411/03 („SEVIC Systems AG"), IStR 2006, 32 m. Anm. *Beul/Glatt* ebenda; *Dötsch/Pung*, Der Konzern 2006, 258; *Kessler* DStZ 2004, 813, 855; *van Lishaut* FR 2004, 1301.

[33] BGBl 2006 I S. 2782.

[34] Zu dem Gesetzesentwurf vom 21.4.2006 vgl. *Schönherr/Lemaitre* GmbHR 2006, 561; *Wassermeyer* DB 2006, 1176; *Hahn* GmbHR 2006, 617; *zu Hohenlohe/Rautenstrauch/Adrian* GmbHR 2006, 623; *Förster/Felchner* DB 2006, 1072; *Thiel* DB 2005, 2316 ff.; *Hahn* IStR 2005, 677 ff.

[35] § 27 Abs. 1 Satz 1 UmwStG.

22 Grundanliegen der Änderungen des Einkommensteuer-, Körperschaftsteuer- und Gewerbesteuergesetzes ist die Sicherstellung der Besteuerung stiller Reserven bei Wegfall des deutschen Besteuerungsrechts und die Schaffung einer gemeinschaftsrechtskonformen Regelung der Steuerfolgen einer Verschmelzung, Spaltung oder Sitzverlegung von Kapitalgesellschaften innerhalb der EU. Neben der Einführung eines Entstrickungs- und Verstrickungstatbestandes bei grenzüberschreitender Überführung eines Wirtschaftsguts wurde u. a. § 6 AStG, der die Wegzugsbesteuerung regelt, neu gefasst und die Einlagekonto-Verwendung (§ 27 KStG) vom Handelsrecht abgekoppelt.

23 Den Schwerpunkt des SEStEG bilden erhebliche Änderungen des Umwandlungsteuergesetzes[36]: So sind beispielsweise in sämtlichen Umstrukturierungsfällen die Wirtschaftsgüter gewinnrealisierend mit dem gemeinen Wert anzusetzen, auf Antrag aber mit dem Buchwert (oder Zwischenwert), wenn u.a. die Besteuerung der stillen Reserven in Deutschland sichergestellt ist, und zwar völlig unabhängig von dem Ansatz in der Handelsbilanz (keine Maßgeblichkeit der Handelsbilanz für die Steuerbilanz). Der Transfer von Verlustvorträgen wurde ausgeschlossen und das pauschale fünf prozentige Betriebsausgabenabzugsverbot[37] ist auf Übernahmegewinne ausgedehnt worden.

24 Ferner erfasst das UmwStG künftig nicht nur rein inlandsbezogene Sachverhalte, sondern auch grenzüberschreitende bzw. ausländische Vorgänge in der EU/im EWR-Bereich, wenn es sich dabei um Vorgänge handelt, die denen des UmwG vergleichbar sind und Rechtsträger beteiligt sind, die in der EU/im EWR-Bereich gegründet wurden und dort Sitz und Geschäftsleitung haben bzw. als natürliche Personen dort ansässig sind[38]. Darüber hinaus bringt das aktuelle UmwStG auch neue Konzepte für Einbringungen[39] und Vermögensübertragung von Körperschaften (Kapitalgesellschaften) auf Personengesellschaften[40]. So wird bei Einbringungen in Kapitalgesellschaften danach differenziert, ob ein Betrieb/Teilbetrieb/Mitunternehmeranteil eingebracht wird[41] oder (mehrheitsvermittelnde) Anteile an Kapitalgesellschaften[42]. Zudem wird es künftig keine neuen sog. einbringungsgeborenen Anteile iSv. § 21 UmwStG aF mehr geben[43]. An deren Stelle wird eine neue, überaus komplexe Regelung der nachträglichen Besteuerung eines ursprünglichen Einbringungsvorgangs gesetzt („Siebtelungsregelung")[44]. Neu ist u.a. bei Vermögensübergang einer Kapitalgesellschaft auf eine Personengesellschaft, dass nach neuem UmwStG[45] grundsätzlich alle offenen Rücklagen dem Anteilseigner der Personengesellschaft als Einkünfte aus Kapitalvermögen zuzurechnen sind, sodass es zu einer liquiditätsmäßigen Belastung und Besteuerung auf Ebene der Anteilseigner kommt[46].

25 Es bleibt abzuwarten, ob und wie der Gesetzgeber bzw. die Finanzverwaltung weitere Aufgaben lösen wird, beispielsweise die internationale Fortentwicklung des steuerlichen Reorganisationsrechts („Globalisierung") durch eine weitere Erfassung von Drittlandsfällen oder Änderungen im nationalen Bereich.

---

[36] BGBl. 2006 I S. 2782; dazu *Blumenberg/Schäfer*, Das SEStEG, S. 1 ff.; *Rödder/Schumacher* DStR 2007, 369; *Dötsch/Pung* DB 2006, 2704, 2763.
[37] § 8b Abs. 3, 5 KStG.
[38] Vgl. § 1 Abs. 1, 2 UmwStG; *Dötsch/Pung* DB 2006, 2704 („Europäisierung").
[39] §§ 20 bis 23 UmwStG.
[40] §§ 3 bis 8, 10 UmwStG.
[41] Dann eine sog. Sacheinlage nach § 20 UmwStG.
[42] Sog. (qualifizierter) Anteilstausch nach § 21 UmwStG.
[43] Ausn.: §§ 20 Abs. 3 Satz 4, 21 Abs. 2 Satz 6; ferner gelten „alte" einbringungsgeborene Anteile weiter, sodass zwei Besteuerungssysteme nebeneinander gelten, *Haritz* GmbHR 2007, 169.
[44] *Dötsch/Pung* DB 2006, 2763, 2765.
[45] § 7 UmwStG.
[46] Dazu *Dötsch/Pung* DB 2006, 2704, 2709 f.; nach bisherigem Recht trat diese Folge nur bei den Gesellschaftern ein, die nicht im Rahmen der Ermittlung des Übernahmeergebnisses beteiligt waren, also vor allem nicht wesentlich beteiligte Anteilseigner der Kapitalgesellschaft.

Einleitung B

26 So sollten zB die steuerlichen Spaltungsvorschriften der §§ 15 und 16 UmwStG überarbeitet werden[47]. Da beim Verkauf von Anteilen an Kapitalgesellschaften von Kapitalgesellschaften erzielte Veräußerungsgewinne – von Ausnahmen abgesehen – steuerfrei sind, ist die Regelung in § 15 Abs. 1 Satz 3 UmwStG zu eng, wonach allein die Beteiligung an einer Kapitalgesellschaft, die das gesamte Nennkapital der Gesellschaft umfasst, steuerbegünstigter Spaltungsgegenstand sein kann. Auch die Missbrauchsklauseln des § 15 Abs. 2 UmwStG sollten dringend abgemildert werden.

---

[47] Siehe Rn 16.

Einleitung C

Übersicht

	Rn		Rn
I. Einführung	1	bb) Deutsche Gesellschaft als übertragender Rechtsträger/ Hinausumwandlung	31
II. Bestimmung des anwendbaren Rechts	4	cc) Formwechsel	34
1. Bestimmung des Gesellschaftsstatuts nach deutschem IPR	7	e) Ergebnis	35
2. Anwendbares Recht bei Zusammentreffen mehrerer Gesellschaftsstatute	15	3. Sonderfälle der Umwandlung	41
		a) Verschmelzung mit dem Vermögen des Alleingesellschafters	42
III. Vereinbarkeit grenzüberschreitender Umwandlungen mit deutschem Sachrecht	18	b) Ausgliederung eines Unternehmens durch einen Einzelkaufmann	45
1. Bedeutung des „Sitzes" iSv. § 1	19	**IV. SE als Umwandlungsbeteiligte**	49
2. Verbot grenzüberschreitender Umwandlungen durch § 1 Abs. 1?	21	1. Überblick: Gründung einer SE	50
a) Meinungsstand	21	2. Gründung einer SE durch Umwandlung	52
b) Europarechtliche Einflüsse	24	a) Gründung durch Verschmelzung	53
c) Stellungnahme	26	b) Gründung durch Formwechsel	54
d) Einzelheiten	30	3. Umwandlungsfähigkeit der bestehenden SE	55
aa) Deutsche Gesellschaft als aufnehmender Rechtsträger/ Hereinumwandlung	30	a) Verschmelzungs- und Spaltungsfähigkeit	56
		b) Fähigkeit zum Formwechsel	62
		V. SCE als Umwandlungsbeteiligte	64
		VI. Richtlinienkonforme Auslegung	69

Literatur: *Behrens*, Die Umstrukturierung von Unternehmen durch Sitzverlegung oder Fusion über die Grenze im Licht der Niederlassungsfreiheit im Europäischen Binnenmarkt (Art. 52 und 58 EWGV), ZGR 1994, 1; *Bungert*, Grenzüberschreitende Verschmelzungsmobilität – Anmerkung zur Sevic-Entscheidung des EuGH, BB 2006, 53; *Dorr/Stukenborg*, „Going to the Chapel": Grenzüberschreitende Ehen im Gesellschaftsrecht – Die ersten transnationalen Verschmelzungen nach dem UmwG (1994), DB 2003, 647; *Eidenmüller* (Hrsg.), Ausländische Kapitalgesellschaften im deutschen Recht, 2004; *Gesell/Krömker*, Grenzüberschreitende Verschmelzungen nach SEVIC: Praxisbericht über die Verschmelzung einer niederländischen auf eine deutsche Kapitalgesellschaft, DB 2006, 2558; *dies.*, Anmerkung zur Entscheidung des Amtsgerichts (Kantongerecht) Amsterdam vom 29.1.2007, DB 2007, 679; *Geyrhalter/Weber*, Transnationale Verschmelzungen – im Spannungsfeld zwischen SEVIC Systems und der Verschmelzungsrichtlinie, DStR 2006, 146; *Gottschalk*, Anmerkung zur SEVIC-Entscheidung des EuGH, EuZW 2006, 83; *Haritz/v. Wolff*, Internationalisierung des deutschen Umwandlungsrechts. Zum Entwurf eines 2. Gesetzes zur Änderung des Umwandlungsgesetzes (UmwGE), GmbHR 2006, 340; *Hirte/Bücker* (Hrsg.), Grenzüberschreitende Gesellschaften, 2005; *Hoffmann*, Die Bildung der Aventis S.A. – ein Lehrstück des europäischen Gesellschaftsrechts, NZG 1999, 1077; *Jannott/Frodermann*, Handbuch der Europäischen Aktiengesellschaft – Societas Europaea –, 2005; *Kallmeyer/Kappes*, Grenzüberschreitende Verschmelzungen und Spaltungen nach SEVIC Systems und der EU-Verschmelzungsrichtlinie, AG 2006, 213; *Kappes*, Zulässigkeit grenzüberschreitender Verschmelzungen, NZG 2006, 101; *Kieninger*, Grenzüberschreitende Verschmelzungen in der EU – das SEVIC-Urteil des EuGH, EWS 2006, 49; *Krause/Kulpa*, Grenzüberschreitende Verschmelzungen, ZHR 171 (2007) 38; *Kronke*, Deutsches Gesellschaftsrecht und grenzüberschreitende Strukturänderungen, ZGR 1994, 26; *Kuntz*, Internationales Umwandlungsrecht – zugleich eine Besprechung des Urteils „Sevic Systems", IStR 2006, 224; *Kusserow/Prüm*, Die Gesamtrechtsnachfolge bei Umwandlungen mit Auslandsbezug, WM 2005, 633; *Lawall*, Umwandlungsrecht: Grenzüberschreitende Verschmelzungen innerhalb der Europäischen Wirtschaftsgemeinschaft, IStR 1998, 345; *Leible/Hoffmann*, Grenzüberschreitende Verschmelzungen im Binnenmarkt nach „Sevic", RIW 2006, 161; *Louven*, Umsetzung der Verschmelzungsrichtlinie, ZIP 2006, 2021; *Louven/Dettmeier/Pöschke/Weng*, Optionen grenzüberschreitender Verschmelzungen innerhalb der EU – gesellschafts- und steu-

Einleitung C 1–3

errechtliche Grundlagen, BB-Special 3 / 2006 (Heft 11 / 2006), 1; *Meilicke / Rabback*, Die EuGH-Entscheidung in der Rechtssache Sevic und die Folgen für das deutsche Umwandlungsrecht nach Handels- und Steuerrecht, GmbHR 2006, 123; *Oplustil / Schneider*, Zur Stellung der Europäischen Aktiengesellschaft im Umwandlungsrecht, NZG 2003, 13; *Schaumburg*, Grenzüberschreitende Umwandlungen, GmbHR 1996, 501; *Schulze*, Die Europäische Genossenschaft, NZG 2004, 792; *Schwarz*, Verordnung (EG) Nr. 2157 / 2001 des Rates über das Statut der Europäischen Gesellschaft (SE) – SE-VO, Kommentar, 2006; *Sedemund*, EU-weite Verschmelzungen: Gesellschaftsrechtliche Vorgaben und steuerliche Implikationen des SEVIC-Urteils des EuGH vom 13.12.2005, BB 2006, 519; *Siems*, SEVIC: Der letzte Mosaikstein im Internationalen Gesellschaftsrecht der EU?, EuZW 2006, 135; *Simon / Rubner*, Die Umsetzung der Richtlinie über grenzüberschreitende Verschmelzungen ins deutsche Recht, Der Konzern 2006, 835; *Spahlinger / Wegen*, Deutsche Gesellschaften in grenzüberschreitenden Umwandlungen nach „SEVIC" und der Verschmelzungsrichtlinie in der Praxis, NZG 2006, 721; *Teichmann*, Binnenmarktmobilität von Gesellschaften nach „Sevic", ZIP 2006, 355; *ders.*, Die Einführung der Europäischen Aktiengesellschaft, ZGR 2002, 383; *Triebel / v. Hase*, Wegzug und grenzüberschreitende Umwandlungen deutscher Gesellschaften nach „Überseering" und „Inspire Art", BB 2003, 2409; *Veil*, Kollisionsrechtliche und sachrechtliche Lösungen für eine Verschmelzung und eine Spaltung über die Grenze, Der Konzern 2007, 98; *Vetter*, Die Regelung der grenzüberschreitenden Verschmelzung im UmwG, AG 2006, 613; *Wenglorz*, Die grenzüberschreitende „Heraus"-Verschmelzung einer deutschen Kapitalgesellschaft: Und es geht doch!, BB 2004, 1061.

I. Einführung

1   Nach Umsetzung der Richtlinie zur Verschmelzung von Kapitalgesellschaften aus verschiedenen Mitgliedstaaten (Verschmelzungsrichtlinie)[1] enthält das UmwG mit den §§ 122 a bis l erstmals Vorschriften für Umwandlungen unter Beteiligung ausländischer Rechtsträger (grenzüberschreitende Umwandlungen).

2   Eine vollständige Lösung aller Arten von grenzüberschreitenden Umwandlungen stellen die §§ 122 a bis l jedoch nicht dar, weil sie lediglich Umwandlungen von Kapitalgesellschaften in Form der Verschmelzung betreffen. Für die übrigen Umwandlungsarten unter Beteiligung deutscher Rechtsträger sowie die Umwandlung anderer deutscher Rechtsträger bleibt es demgegenüber auch nach Einführung der §§ 122 a bis l bei der bisherigen – ungeklärten – Rechtslage.

3   Während grenzüberschreitende Umwandlungen seit der Geltung des UmwG von 1994[2] nach der bisher hM für unzulässig gehalten wurden[3], zwingt die neuere **Rechtsprechung des EuGH zur Niederlassungsfreiheit** in den Fällen „Centros"[4], „Überseering"[5], „Inspire Art"[6] und zuletzt „SEVIC"[7] jedenfalls in Bezug auf Sachverhalte innerhalb des Anwendungsbereichs der Art. 43, 48 des EG-Vertrags (EGV)[8] auch über die in den §§ 122 a bis l geregelte grenzüberschreitende Verschmelzung hinaus zum Umdenken. Trotz der

---

[1] Richtlinie 2005 / 56 / EG vom 26.10.2005, ABl. Nr. L 310 vom 25.11.2005, S. 1 ff.
[2] BGBl. I S. 3210.
[3] *Großfeld* AG 1996, 302; *ders.* in Staudinger, Internationales Gesellschaftsrecht, Rn 699; *Hoffmann* NZG 1999, 1077, 1078; *Sagasser* in Sagasser / Bula / Brünger Rn B 27; *Schaumburg* GmbHR 1996, 501 f.; *Schwarz* DStR 1994, 1694, 1698; *ders.* in Widmann / Mayer, Stand Juni 2002, § 1 Rn 29; *Semler / Stengel* in Voraufl. Einl. A Rn 112 ff.; *Stratz* in Schmitt / Hörtnagl / Stratz3 § 1 Rn 3 ff.
[4] *EuGH* vom 9.3.1999, NJW 1999, 2027.
[5] *EuGH* vom 5.11.2002, NJW 2002, 3614.
[6] *EuGH* vom 30.9.2003, BB 2003, 2195.
[7] *EuGH* vom 13.12.2005, BB 2006, 11 mit Anm. *Schmidt / Maul*; dazu auch *Behrens* EuZW 2006, 65; *Bungert* BB 2006, 53; *Gesell / Krömker* DB 2006, 2558; *Geyrhalter / Weber* DStR 2006, 146; *Gottschalk* EuZW 2006, 83; *Haritz* GmbHR 2006, 143; *Kappes* NZG 2006, 101; *Kieninger* EWS 2006, 49; *Krause / Kulpa* ZHR 171 (2007) 38, 40 ff.; *Kuntz* IStR 2006, 224; *Leible / Hoffmann* RIW 2006, 161; *Louven / Dettmeier / Pöschke / Weng* BB-Special 3 / 2006 (Heft 11 / 2006), 1; *Meilicke / Rabback* GmbHR 2006, 123; *Sedemund* BB 2006, 519; *Siems* EuZW 2006, 135; *Teichmann* ZIP 2006, 355.
[8] Vertrag zur Gründung der Europäischen Gemeinschaft idF vom 5.10.1997.

4–8 Einleitung C

gegenteiligen Ansicht des Gesetzgebers[9] sieht eine im Vordringen befindliche Ansicht daher grenzüberschreitende Umwandlungen innerhalb des Geltungsbereichs des EGV auch über die grenzüberschreitende Verschmelzung iSv. § 122 a Abs. 1 hinaus als mit dem UmwG vereinbar an[10].

II. Bestimmung des anwendbaren Rechts

4   Sind an einem Umwandlungsvorgang neben deutschen auch ausländische Rechtsträger beteiligt, stellt sich zuerst die Frage des **anwendbaren Rechts**. Da insoweit ein Sachverhalt mit **Auslandsbezug** vorliegt, muss zunächst gem. Art. 3 Abs. 1 Satz 1 EGBGB mit Hilfe der **Internationalen Privatrechte** ermittelt werden, welche der möglicherweise beteiligten Rechtsordnungen zur Anwendung kommen.

5   Im deutschen Internationalen Privatrecht (IPR) finden sich **keine Vorschriften** zu Umwandlungen mit Auslandsberührung. Insbesondere ist **§ 1 Abs. 1** nach richtiger und herrschender Ansicht **nicht als Kollisionsnorm**, sondern als selbstbeschränkte Sachnorm anzusehen, die die Anwendbarkeit deutschen Rechts nicht bestimmt, sondern voraussetzt.[11]

6   Das auf grenzüberschreitende Umwandlungen anwendbare Sachrecht folgt daher aus den im deutschen Internationalen Privatrecht nicht kodifizierten Regeln des Internationalen Gesellschaftsrechts. Fragen der Entstehung, Existenz und Auflösung[12] – und damit auch Strukturänderungen – von Gesellschaften werden vom jeweiligen **Gesellschaftsstatut** bestimmt[13]. Dabei ist seit jeher umstritten, ob sich dieses nach dem tatsächlichen **Verwaltungssitz** oder dem in der **Satzung** gewählten Inkorporationsrecht richtet.

1. Bestimmung des Gesellschaftsstatuts nach deutschem IPR

7   Vorherrschend war in Deutschland lange Zeit die sogenannte **Sitztheorie**, die das Gesellschaftsstatut an den Verwaltungssitz der Gesellschaft anknüpft[14]. Im Gegensatz dazu folgen die Rechtsordnungen vor allem der angloamerikanischen Staaten der **Gründungstheorie**, die als Gesellschaftsstatut das Recht des Staates ansieht, in dem sich der grundsätzlich frei wählbare Satzungssitz der Gesellschaft befindet.

8   Eine Änderung der bisher vorherrschenden Sichtweise wurde durch die neuere Rechtsprechung des **EuGH** zu der in Art. 43 Abs. 1 EGV für natürliche Personen und über Art. 48 EGV für Gesellschaften mit Satzungssitz, Hauptverwaltung oder Hauptniederlassung in einem Mitgliedstaat der Europäischen Union gewährleisteten **Niederlassungsfreiheit** erforderlich. Nach der Sitztheorie wechselt eine nach ausländischem Recht wirksam gegrün-

---

[9] RegBegr. zum UmwG 1994, BT-Drucks. 12/6699 S. 80.
[10] *Bungert* BB 2006, 53, 55 f.; *Gesell/Krömker* DB 2006, 2558; *Geyrhalter/Weber* DStR 2006, 146, 150; *Haritz/v. Wolff* GmbHR 2006, 340, 344; *Kallmeyer/Kappes* AG 2006, 224, 234; *Kieninger* EWS 2006, 49, 51; *Krause/Kulpa* ZHR 171 (2007) 38, 44 ff.; *Kuntz* IStR 2006, 224, 225 f.; *Louven* ZIP 2006, 2021, 2023; *Louven/Dettmeier/Pöschke/Weng* BB-Special 3/2006 (Heft 11/2006), 1, 4 f.; *Meilicke/Rabback* GmbHR 2006, 123, 125 f.; *Sedemund* BB 2006, 519, 520; *Siems* EuZW 2006, 135, 137 f.; *Simon/Rubner*, Der Konzern 2006, 835, 842; *Spahlinger/Wegen* NZG 2006, 721, 725; *Teichmann* ZIP 2006, 355, 358; *Veil*, Der Konzern 2007, 98, 99; *Vetter* AG 2006, 613, 615 f.; so auch schon *Dorr/Stukenborg* DB 2003, 647 ff.; *Hörtnagl* in Schmitt/Hörtnagl/Stratz § 1 Rn 22 und 43 ff.; *Kallmeyer* in Kallmeyer § 1 Rn 13; *Lawall* IStR 1998, 345 ff.; *Lutter/Drygala* in Lutter § 1 Rn 6 f.; *Triebel/v. Hase* BB 2003, 2409 ff.; *Wenglorz* BB 2004, 1061 ff. vor Einführung der §§ 122 a bis l.
[11] *Dorr/Stukenborg* DB 2003, 647, 648; *Kindler* in MünchKomm. BGB IntGesR Rn 655; *Kronke* ZGR 1994, 26, 35; *Siems* EuZW 2006, 135, 137.
[12] BGHZ 25, 134, 144.
[13] Zur Reichweite des Gesellschaftsstatuts vgl. auch *Kusserow/Prüm* WM 2005, 633, 634 f.
[14] Vgl. *Großfeld* in Staudinger, Internationales Gesellschaftsrecht, Rn 26 ff. mit umfangreichen Nachweisen.

Einleitung C 9–12

dete Gesellschaft, die ihren Verwaltungssitz nach Deutschland verlegt, notwendig ihr **Gesellschaftsstatut** vom bis dahin maßgeblichen Recht des ausländischen Staates hin zum deutschen Recht. Als Konsequenz ergab sich für sie die Notwendigkeit, sich nach deutschem Recht neu zu gründen. Tat sie das nicht, wurde ihr vom deutschen Recht die **Rechtsfähigkeit abgesprochen** oder sie wurde – mit entsprechenden Haftungsfolgen für die Gesellschafter – einer Gesellschaftsform deutschen Rechts unterstellt, deren Existenz keine Eintragung im Handelsregister voraussetzt, also derjenigen der OHG oder GbR[15]. Eine **Verlegung des Verwaltungssitzes** in die Bundesrepublik unter Beibehaltung der ausländischen Gesellschaftsform war somit nach deutschem Recht ausgeschlossen.

9 Während die wohl überwiegende Meinung die „Centros"-Entscheidung[16] des EuGH noch nicht zum Anlass nahm, von der Sitztheorie abzurücken[17], steht spätestens seit den Urteilen in Sachen „**Überseering**"[18] und „**Inspire Art**"[19] fest, dass die **Sitztheorie** im Anwendungsbereich der aus dem EGV folgenden Niederlassungsfreiheit **nicht** mehr haltbar ist, soweit dadurch die Niederlassungsfreiheit beeinträchtigt wird[20]:

10 In seiner „**Überseering**"-Entscheidung urteilte der EuGH, es verstoße gegen die Niederlassungsfreiheit, einer nach niederländischem Recht wirksam gegründeten Gesellschaft, die in Übereinstimmung mit niederländischem Recht ihren tatsächlichen, nicht aber ihren satzungsmäßigen Sitz nach Deutschland verlege, in Deutschland die Rechts- und Parteifähigkeit abzusprechen. Aufgrund der Niederlassungsfreiheit sei die Bundesrepublik als Zuzugsstaat verpflichtet, die Rechtsfähigkeit einer Gesellschaft, die dieser durch das Recht ihres Gründungsstaates zuerkannt werde, zu achten. Die Gesellschaft müsse daher weiterhin als Gesellschaft niederländischen Rechts behandelt werden, ohne dass ein Statutenwechsel stattfinde. Dies entspricht im Ergebnis der Gründungstheorie.

11 Mit dem Urteil zu „**Inspire Art**" wurde diese Rechtsprechung bestätigt und fortgeführt. Der EuGH entschied hier, dass die vom niederländischen Recht vorgesehene Verpflichtung für Gesellschaften ausländischen Rechts, bei Registrierung einer Zweigniederlassung in den Niederlanden der Firma einen Zusatz beizufügen, der sie als formal ausländische Gesellschaft ausweist, mit der Niederlassungsfreiheit nicht vereinbar und deshalb auf Gesellschaften aus anderen EU-Mitgliedstaaten nicht anwendbar sei.

12 Nicht vom Anwendungsbereich der Niederlassungsfreiheit erfasst sind nach bisheriger Ansicht des EuGH jedoch vom Gründungsstaat auferlegte **Wegzugsbeschränkungen**[21]. Die Entscheidungen „Überseering" und „Inspire Art" haben nicht zu einem Abrücken von dieser in der „Daily-Mail"-Entscheidung niedergelegten Einschränkung geführt[22].

---

[15] *BGH* NJW 1986, 2194, 2195; *BGH* NJW 2002, 3539; *OLG München* ZIP 2002, 2132.
[16] *EuGH* vom 9.3.1999, NJW 1999, 2027.
[17] Vgl. *Stengel* in Vorauf. Anh. § 77 Rn 14 ff.; *Stratz* in Schmitt/Hörtnagl/Stratz³ § 1 Rn 5; anders die österreichische Rechtsprechung, die bereits infolge der „Centros"-Entscheidung von der Sitztheorie Abstand nahm, vgl. ÖstOGH AG 2000, 333 ff.
[18] *EuGH* vom 5.11.2002, NJW 2002, 3614.
[19] *EuGH* vom 30.9.2003, BB 2003, 2195.
[20] *Graf/Bisle* IStR 2004, 873, 874; *Hüffer* § 1 AktG Rn 39; *Lutter/Drygala* in Lutter § 1 Rn 13; *Ulmer* NJW 2004, 1201.
[21] *EuGH* vom 27.9.1988, NJW 1989, 2186 „Daily Mail".
[22] Entgegen einer teilweise vertretenen Ansicht folgt ein Abrücken von den „Daily-Mail"-Grundsätzen auch nicht aus der im Jahr 2004 ergangenen Entscheidung in der Sache „de Lasteyrie du Saillant", *EuGH* EuZW 2004, 273 (so aber *Kleinert/Probst* DB 2003, 2217, 2218; in diese Richtung wohl auch *Geyrhalter/Weber* NZG 2005, 837, 838; *Knapp* DNotZ 2005, 723, 729). Der EuGH sah in diesem Fall die vom französischen Staat erhobene Wegzugsbesteuerung als Verstoß gegen die Niederlassungsfreiheit an, soweit sie beim Wegzug französischer Staatsangehöriger in einen anderen Mitgliedstaat erhoben wird. Die Niederlassungsfreiheit verbiete auch, „dass der Herkunftsmitgliedstaat die Niederlassung seiner Staatsangehörigen in einem anderen Mitgliedstaat behindert". Diese Entscheidung ist jedoch, trotz der grundsätzlichen Gleichstellung juristischer mit natürlichen Personen in Art. 48 EG, nicht auf juristische

13, 14 Einleitung C

Vielmehr unterscheidet der Gerichtshof bei der Sitzverlegung ausdrücklich zwischen **Wegzugs- und Zuzugsbeschränkungen**, wobei er erstere bislang für zulässig hält[23]. Weitere Klärung dürfte hier die Entscheidung des EuGH zu einem Vorlagebeschluss des ungarischen Regionalgerichts Szeed bringen: Das Gericht hat dem EuGH u. a. die Frage vorgelegt, ob Regelungen des nationalen Rechts, die einer Gesellschaft die Sitzverlegung in einen anderen EU-Mitgliedstaat verwehren, mit der Niederlassungsfreiheit vereinbar sind[24].

Das Gesellschaftsstatut einer nach dem Recht eines Mitgliedstaates der Europäischen Union gegründeten Gesellschaft, deren Verwaltungs- und Satzungssitz auseinanderfallen, richtet sich somit jedenfalls dann allein nach ihrem Satzungssitz, wenn der **Gründungsstaat** der Gründungstheorie[25] folgt. Gleiches gilt für Rechtsträger aus Drittstaaten, denen Niederlassungs- oder vergleichbare Rechte durch **staatsvertragliche Vereinbarungen** garantiert werden. Darunter fallen etwa Gesellschaften, die nach dem Recht eines **US-Bundesstaates** wirksam gegründet wurden und deren Status aufgrund des Freundschafts-, Handels- und Schifffahrtsvertrags[26] im Gebiet der Bundesrepublik anzuerkennen ist[27]. Das OLG Frankfurt am Main und nunmehr auch der BGH sprechen sich darüber hinaus für eine Ausdehnung der „Überseering"-Grundsätze auch auf die **EWR-Mitgliedstaaten** aus[28]. 13

Nur in den übrigen Fallkonstellationen, in denen weder die europarechtliche noch eine staatsvertraglich garantierte Niederlassungsfreiheit ein anderes Ergebnis gebietet, könnte die Sitztheorie weiterhin Geltung beanspruchen[29]. Ein Großteil der Literatur spricht sich in diesen Fällen auch **für ein Festhalten an der Sitztheorie** aus[30]. In diesem Sinne ist wohl auch eine nach dem Urteil des EuGH zu „Überseering" ergangene **Entscheidung des BGH** vom 14

Personen übertragbar. Denn das Hauptargument der „Daily Mail"-Entscheidung, nach dem Wegzugsbeschränkungen eines Staates für seinem Recht unterstehende juristische Personen zulässig sind, weil die Rechtsordnung, die die Entstehung der juristischen Person überhaupt erst ermöglicht, auch die Reichweite ihrer Existenzfähigkeit bestimmt, gilt für natürliche Personen gerade nicht.

[23] Vgl. *EuGH* NJW 2002, 3614, 3615 (Ziff. 65 ff. der Urteilsgründe) und *EuGH* BB 2003, 2195, 2198 (Ziff. CI ff. der Urteilsgründe).

[24] Der Vorlagebeschluss vom 20.4.2006 ist veröffentlicht in ZIP 2006, 1536 und EWiR 2006, 459 (mit Anm. *Neye*). Der EuGH führt das Verfahren unter dem Aktenzeichen C-210/06 („Cartesio").

[25] Der Gründungstheorie folgen innerhalb der Europäischen Union etwa die Rechtsordnungen Großbritanniens, der Niederlande und Italiens, vgl. *Großfeld* in Staudinger, Internationales Gesellschaftsrecht, Rn 154 ff.

[26] Vertrag vom 29.10.1954, BGBl. II 1956 S. 487, vgl. dazu *BGH* DNotZ 2005, 141 ff. mit Anm. *Thölke* sowie *BGH* ZIP 2003, 720, unter Aufhebung des Urteils der Vorinstanz, *OLG Hamm* GmbHR 2003, 302, die die entscheidende Vorschrift des Art. XXV Abs. 5 Satz 2 des Vertrags nicht als die Gründungstheorie festschreibende Kollisionsnorm angesehen hat, und *OLG Düsseldorf* ZIP 1995, 1009, 1011, wonach sich das Gesellschaftsstatut im Verhältnis zwischen der Bundesrepublik und den USA nach der Gründungstheorie richtet.

[27] Art. XXV Abs. 5 Satz 2 des Vertrags.

[28] *BGH* NJW 2005, 3351 f.; *OLG Frankfurt am Main* IPrax 2004, 56 f.

[29] Also zum einen in Bezug auf Rechtsträger, die nach dem Recht eines Staates außerhalb der EU gegründet sind, mit dem auch keine staatsvertragliche Niederlassungsfreiheit vereinbart ist; zum anderen für die Feststellung des Gesellschaftsstatuts von Rechtsträgern, die in der Bundesrepublik gegründet sind, da diesen eine Wegzugsfreiheit nicht zusteht, und schließlich in Bezug auf Rechtsträger, die nicht vom persönlichen Anwendungsbereich der Niederlassungsfreiheit umfasst sind, vgl. dazu *OLG Zweibrücken* NZG 2005, 1019 f., wonach die Sitztheorie zur Bestimmung des anwendbaren Rechts auf einen karitativen Verein angewendet wurde, der nach französischem Recht gegründet worden war (kritisch zu der Entscheidung *Thölke* DNotZ 2006, 145, 146).

[30] Etwa *Bayer* BB 2003, 2357, 2363 f.; *Graf v. Bernstorff* RIW 2004, 498, 500 f.; *Forsthoff* in Hirte/Bücker, Erster Abschnitt, § 2 Rn 86; *Geyrhalter/Gänßler* NZG 2003, 409, 414; *Großerichter* DStR 2003, 159, 168; *Hörtnagl* in Schmitt/Hörtnagl/Stratz § 1 Rn 41; *Horn* NJW 2004, 893, 897; *Hüffer* § 1 AktG Rn 32; *Kindler* in MünchKomm. BGB IntGesR Rn 338, 408; *Kuntz* IStR 2006, 224, 228; *Lutter/Drygala* in Lutter § 1 Rn 8 ff.; *Mankowski* RIW 2004, 481, 485; *Schaub* NZG 2000, 953, 955; *Weller/Kienle* DStR 2005, 1060, 1061.

Einleitung C 15, 16

29.1.2003[31] zur Rechtsfähigkeit einer nach dem Recht des US-Staates Florida gegründeten Gesellschaft nach Verlegung ihres Verwaltungssitzes nach Deutschland zu verstehen. Der BGH führt hier aus, dass nach ständiger Rechtsprechung „grundsätzlich entsprechend der Sitztheorie das Recht des Staates maßgeblich (sei), in dem die Gesellschaft ihren Verwaltungssitz" habe[32]. Eine grundsätzliche Beibehaltung der Sitztheorie nur für die Feststellung des Gesellschaftsstatuts von Gesellschaften, die außerhalb des Geltungsbereichs staatsvertraglich garantierter Niederlassungsfreiheiten gegründet wurden, dürfte sich jedoch als **unpraktikabel** erweisen. Zum einen würde diesen Fällen wohl nur eine untergeordnete praktische Bedeutung zukommen, zum anderen würde dies zu einer erheblichen **Komplizierung der Rechtsanwendung** führen, da das für Gesellschaften geltende Kollisionsrecht entsprechend aufgespalten werden müsste[33].

2. Anwendbares Recht bei Zusammentreffen mehrerer Gesellschaftsstatute

15 Unproblematisch ist das anwendbare Sachrecht, wenn an der Umwandlung nur **ein Rechtsträger** beteiligt ist (etwa im Fall des Formwechsels) oder alle beteiligten Rechtsträger dem **gleichen Gesellschaftsstatut** unterliegen: Anwendbar ist dann allein das durch dieses Gesellschaftsstatut bestimmte Sachrecht. Schwierigkeiten bereiten dagegen die Fälle **übertragender Umwandlungen** (also Verschmelzung, Spaltung und Vermögensübertragung), an denen mehrere Rechtsträger mit **unterschiedlichen Gesellschaftsstatuten** beteiligt sind. Hier stellt sich die Frage, ob einheitlich eine auf den gesamten Umwandlungsvorgang anzuwendende Rechtsordnung zu bestimmen ist oder alle beteiligten Rechtsordnungen Berücksichtigung finden müssen.

16 Herrschend ist heute die sog. (modifizierte) **Vereinigungstheorie**, nach der die Rechtsordnungen aller beteiligten Rechtsträger einzubeziehen sind[34]. Für die Umwandlung bedeutet dies: **Voraussetzungen und Verfahren** richten sich für jeden Rechtsträger nach seinem Gesellschaftsstatut[35]. Für einen Rechtsträger mit Sitz in der Bundesrepublik gilt insoweit also deutsches Umwandlungsrecht, für eine im Ausland ansässige Gesellschaft das Umwandlungsrecht ihres Sitzstaates. Die Umwandlung kann nur erfolgreich durchgeführt werden, wenn **alle beteiligten Rechtsordnungen** sie zulassen. Soweit hinsichtlich des Verfahrens eine Mitwirkung aller beteiligten Rechtsträger erforderlich ist oder die Umwandlung alle beteiligten Rechtsträger betrifft[36], sind die jeweiligen Rechtsordnungen **kumulativ** anzuwenden. Kommt es dabei zu Abweichungen, setzt sich die **strengste** Rechtsordnung durch[37]. Normwidersprüche sind durch das kollisionsrechtliche Institut der **Anpassung** zu lösen, also durch die Formulierung neuer, auf den jeweiligen internationalen Sachverhalt zugeschnittener materiell-rechtlicher Normen[38]. Ist eine Anpassung allerdings aufgrund unüberbrückba-

---

[31] *BGH* ZIP 2003, 720, 721.
[32] Vgl. auch *OLG Brandenburg* FGPrax 2005, 78, 79, wonach deutsches Internationales Privatrecht „von der Sitzanknüpfung ausgeht".
[33] Vgl. auch *Sandrock* BB 1999, 1337, 1341 f.
[34] *Kindler* in MünchKomm. BGB IntGesR Rn 850 mwN in Fn 49; vgl. dort auch Rn 843 ff. zu den früher vertretenen Einzeltheorien.
[35] *Kindler* in MünchKomm. BGB IntGesR Rn 852 ff.; vgl. auch Art. 4 der Verschmelzungsrichtlinie sowie § 122 a Rn 8.
[36] Zum Verschmelzungsverfahren gehören bspw. Abschluss und Prüfung des Verschmelzungsvertrags, Erstellung der Verschmelzungsberichte, Beschlussfassung über den Verschmelzungsvertrag, Offenlegung der Verschmelzung sowie der Gläubigerschutz (§§ 29 f., 133 f.).
[37] *Kindler* in MünchKomm. BGB IntGesR Rn 856 ff.
[38] *Behrens* ZGR 1994, 1, 14; *Engert* in Eidenmüller § 4 Rn 111; vgl. allgemein zur kollisionsrechtlichen Anpassung *Sonnenberger* in MünchKomm. BGB Einl. IPR Rn 593 ff.

rer Divergenzen der beteiligten Rechtsordnungen nicht möglich, kann die grenzüberschreitende Umwandlung nicht durchgeführt werden[39].

Hinsichtlich der **Wirkungen** der Umwandlung ist zu unterscheiden: Für den Vermögensübergang und das Erlöschen ist das Recht der übertragenden Rechtsträger maßgeblich, für die weiteren Folgen nach Erlöschen der übertragenden Rechtsträger dagegen grundsätzlich das Statut des übernehmenden Rechtsträgers[40]. Dies führt jedoch zum Erlöschen von Sonderrechten, soweit sie im Recht des übernehmenden Rechtsträgers nicht vorgesehen sind. Aus diesem Grund sind zum Schutz aller betroffenen Interessen insoweit die beteiligten Personalstatute zu kumulieren[41]. 17

III. Vereinbarkeit grenzüberschreitender Umwandlungen mit deutschem Sachrecht

Gelangt man auf kollisionsrechtlicher Ebene zur Anwendbarkeit deutschen Sachrechts auf einen der beteiligten Rechtsträger, richten sich die **Voraussetzungen** der Umwandlung für diesen nach dem **UmwG**. Er kann sich an der Umwandlung also nur dann beteiligen, wenn das UmwG dies zulässt. Mit Ausnahme der grenzüberschreitenden Verschmelzung iSd. §§ 122 a bis l, für die § 122 b eine Sonderregelung trifft, beschränkt § 1 Abs. 1 den Anwendungsbereich des UmwG auf „**Rechtsträger mit Sitz im Inland**". Diese Formulierung wirft mehrere Fragen auf. Zunächst ist zu klären, wann ein Rechtsträger seinen „Sitz im Inland" hat, ob also unter „Sitz" der tatsächliche **Verwaltungs-** oder der **Satzungssitz** der Gesellschaft zu verstehen ist. Dann stellt sich die Frage, ob die Umwandlung, sofern es sich nicht um eine grenzüberschreitende Verschmelzung gem. §§ 122 a bis l handelt, unter Beteiligung von Rechtsträgern mit Sitz außerhalb der Bundesrepublik nach dem UmwG möglich ist. 18

1. Bedeutung des „Sitzes" iSv. § 1

Hat der jeweilige Rechtsträger seinen Satzungs- und Verwaltungssitz in **demselben Staat**, ergeben sich keine Schwierigkeiten aus § 1 Abs. 1. Fallen Satzungs- und Verwaltungssitz jedoch **auseinander**, stellt sich die Frage, welcher Sitz für die Anwendbarkeit des UmwG maßgeblich ist. 19

Nach überzeugender und herrschender Auffassung ist unter Sitz in diesem Zusammenhang der **Satzungssitz** der Gesellschaft zu verstehen[42]. Dieses Ergebnis folgt einerseits aus der Gesetzessystematik, denn andere Vorschriften des UmwG, die sich auf den Sitz der Gesellschaft beziehen, meinen damit ebenfalls den Satzungssitz[43]. Mangels gegenteiliger Anhaltspunkte ist davon auszugehen, dass der Gesetzgeber den Begriff des Sitzes innerhalb des UmwG bedeutungsgleich verwenden wollte[44]. Die **Gegenauffassung**, die auf den Verwaltungssitz abstellt, geht zudem von einem anderen Ausgangspunkt als dem hier vertretenen aus. Sie sieht § 1 Abs. 1 als Kollisionsnorm an, die das anwendbare Recht bestimmt[45]. Auf 20

---

[39] *Behrens* ZGR 1994, 1, 14.
[40] *Kindler* in MünchKomm. BGB IntGesR Rn 860 ff.
[41] *Kindler* in MünchKomm. BGB IntGesR Rn 863 mwN.
[42] *Semler* in Vorauft. § 1 Rn 49 ff.; *Dötsch* BB 1998, 1029; *Heckschen* in Widmann / Mayer § 1 Rn 106; Kallmeyer in Kallmeyer § 1 Rn 11 (anders noch in 2. Aufl. § 1 Rn 14); *Kindler* in MünchKomm. BGB Int. GesR Rn 875; *Lutter / Drygala* in Lutter § 1 Rn 7; aA *Samson / Flindt* NZG 2006, 290, 292; *Schwarz* in Widmann / Mayer, Stand Juni 2002, § 1 Rn 29.2.
[43] Etwa §§ 16 Abs. 1, 19 Abs. 1, 26 Abs. 1, nach denen die Zuständigkeit des Registergerichts sich nach dem Sitz der Gesellschaft bestimmt. Mit Sitz in diesem Zusammenhang ist immer der Satzungssitz der Gesellschaft gemeint, vgl. *Dehmer* § 306 Rn 2; *Kusserow / Prüm* WM 2005, 633 Fn 7.
[44] *Semler* in Vorauft. § 1 Rn 51.
[45] Siehe Rn 5.

der Grundlage der Sitztheorie folgt sie daraus, dass mit „Sitz" nur der Verwaltungssitz des Rechtsträgers gemeint sein könne.

2. Verbot grenzüberschreitender Umwandlungen durch § 1 Abs. 1?

21 **a) Meinungsstand.** Aus der Formulierung des § 1 Abs. 1 wird von der hM geschlossen, das UmwG **klammere grenzüberschreitende** Umwandlungen – nach Einführung der §§ 122 a bis l mit Ausnahme der grenzüberschreitenden Verschmelzung iSv. § 122 a Abs. 1 – aus seinem Regelungsbereich **aus** und verlange, dass **alle** an der Umwandlung **beteiligten Rechtsträger** ihren **Sitz im Inland** haben[46]. Dies entspreche dem **Willen des Gesetzgebers**, der seinerzeit den Anwendungsbereich des UmwG auf Inlandsfälle beschränkt habe, um einer Regelung grenzüberschreitender Umwandlungen auf europäischer Ebene nicht vorzugreifen[47]. Verwiesen wird dabei auch auf **§ 3**, der als übertragende, übernehmende und neue Rechtsträger bei Verschmelzungen nur nach **deutschem Recht** errichtete Gesellschaftsformen nennt[48]. Nach Einführung der §§ 122 a bis l zur grenzüberschreitenden Verschmelzung kann diese Ansicht immer noch für die von diesen Vorschriften nicht erfassten grenzüberschreitenden Umwandlungen Geltung beanspruchen.

22 Nach **§ 1 Abs. 2** sind Umwandlungen außerhalb der vom UmwG erfassten Fälle nur möglich, wenn ein anderes Bundes- oder Landesgesetz sie vorsieht. Deshalb wären nach dem von der hM zugrunde gelegten Verständnis des § 1 Abs. 1 mit Ausnahme der grenzüberschreitenden Verschmelzung Umwandlungen inländischer Rechtsträger unter **Beteiligung** eines **ausländischen** Rechtsträgers **unzulässig**, weil nicht alle beteiligten Rechtsträger ihren Sitz im Inland haben und grenzüberschreitende Umwandlungen auch in keinem anderen deutschen Gesetz vorgesehen sind[49]. Dies hätte grundsätzlich die Unzulässigkeit grenzüberschreitender Umwandlungen mit Ausnahme der grenzüberschreitenden Verschmelzung iSv. § 122 a Abs. 1 zur Folge. Soweit dies zutrifft, wird stattdessen auf umwandlungsähnliche Hilfskonstruktionen verwiesen[50].

23 Eine **Gegenmeinung** legt den Wortlaut des § 1 Abs. 1 dahingehend aus, dass es ausreichend sei, wenn **einer** der Umwandlungsbeteiligten seinen **Sitz im Inland** habe. Durch die Beschränkung auf Rechtsträger mit Sitz im Inland werde lediglich zum Ausdruck gebracht, dass das UmwG auf ausländische Rechtsträger keine Anwendung finde, sondern seine Anwendbarkeit sich bei grenzüberschreitenden Umwandlungen auf den inländischen Rechtsträger beschränke. **Grenzüberschreitende Umwandlungen seien danach zulässig**[51].

24 **b) Europarechtliche Einflüsse.** Innerhalb des Anwendungsbereichs der **Art. 43, 48 EGV** wird in der dargestellten Beschränkung grenzüberschreitender Umwandlungen jedoch im Lichte der neueren Rechtsprechung des EuGH ein **Verstoß gegen höherrangiges eu-**

---

[46] *Großfeld* in Staudinger, Internationales Gesellschaftsrecht, Rn 699; *Kindler* in MünchKomm. BGB IntGesR Rn 872; *Schaumburg* GmbHR 1996, 501, 502; *Stratz* in Schmitt/Hörtnagl/Stratz3 § 1 Rn 3.
[47] RegBegr. BT-Drucks. 12/6699 S. 80; dort heißt es wörtlich: „Die Beschränkung der Umwandlungsmöglichkeiten auf Rechtsträger mit Sitz im Inland entspricht in fast allen Fällen dem geltenden Recht. Angesichts der Bemühungen der Europäischen Gemeinschaften um eine Regelung grenzüberschreitender Vorgänge, insbesondere der internationalen Fusion, sollte eine Regelung dieses Komplexes zurückgestellt werden. Überdies würde die Ausdehnung des Gesetzes auf internationale Fälle politisch wie rechtstechnisch erhebliche Probleme aufwerfen."
[48] *Schaumburg* GmbHR 1996, 501, 502.
[49] *Kronke* ZGR 1994, 26, 33; *Lutter/Drygala* in Lutter § 1 Rn 28.
[50] *Schaumburg* GmbHR 1996, 501, 502 ff.; zur Vorgehensweise vgl. *Hoffmann* NZG 1999, 1077 ff. (Aventis S.A.); *Walter* JuS 2003, 206 ff. (zur DaimlerChrysler AG) und allgemein *Lawall* IStR 1998, 345, 346.
[51] *Kraft/Bron* RIW 2005, 641; *Lawall* IStR 1998, 345, 347; diese Auffassung vertrat früher auch *Kallmeyer* in Kallmeyer2 § 1 Rn 13, der diese Ansicht aber in der 3. Aufl., § 1 Rn 10 ausdrücklich aufgegeben hat.

ropäisches Recht gesehen[52]. Aus der Gewährleistung der Verlegung des Verwaltungssitzes ohne Änderung der Rechtsform innerhalb des Anwendungsbereichs des EGV folge auch die Zulässigkeit grenzüberschreitender Umwandlungen[53]. Denn mit Umwandlungsvorgängen seien zwingend Ortsveränderungen bei der übertragenden Gesellschaft verbunden, da sie ihre Geschäfte künftig von einem anderen Ort aus führe. Die **grenzüberschreitende Umwandlung** einer Gesellschaft sei insoweit einer **Sitzverlegung vergleichbar**[54].

Dagegen wird angeführt, es komme bei einer Umwandlung gerade **nicht** zu einer Ortsveränderung, weil die übertragende Gesellschaft im Zuge der Umwandlung bereits in ihrem Sitzstaat erlösche[55]. Im Gegensatz zu einer bloßen Sitzverlegung, bei der sich das Gesellschaftsstatut nicht ändere, verlange eine im Wege der grenzüberschreitenden Umwandlung „zuziehende" Gesellschaft quasi ihre **Inkorporation** in das Recht des Zuzugsstaates. Ein Recht darauf könne schon deshalb nicht aus Art. 43, 48 EGV folgen, weil auch natürlichen Personen, denen Gesellschaften gem. Art. 48 EGV gleichgestellt werden, nur ein Recht auf tatsächliche Niederlassung, nicht aber auf Einbürgerung in einem Mitgliedstaat zustehe[56]. 25

c) Stellungnahme. Der Wortlaut des § 1 Abs. 1 lässt die Auslegung zu, dass es genügt, wenn ein beteiligter Rechtsträger seinen Sitz im Inland hat. Denn die Worte „Rechtsträger mit Sitz im Inland können umgewandelt werden" können als gleichbedeutend gelesen werden mit „ein Rechtsträger mit Sitz im Inland kann umgewandelt werden". Nach dieser Lesart würde § 1 nur die Voraussetzungen der Umwandlung hinsichtlich des deutschen Rechtsträgers und die dafür geltenden Regeln festlegen. Der Wille des historischen Gesetzgebers ist aber eindeutig. Die Einzelregelungen sind auch nicht ohne weiteres auf eine grenzüberschreitende Umwandlung anwendungsfähig. Deshalb ergibt eine autonome Auslegung des Gesetzes, dass in der Tat alle beteiligten Rechtsträger ihren Sitz im Inland haben müssen. Diese autonome Auslegung wird indessen überlagert durch das Erfordernis der gemeinschaftsrechtskonformen Auslegung. Diese ergibt, dass innerhalb der Europäischen Union eine grenzüberschreitende Umwandlung grundsätzlich zulässig ist. Dies hat der EuGH in seiner „SEVIC"-Entscheidung bestätigt[57]. § 1 Abs. 1 ist daher so zu verstehen, dass das Erfordernis des inländischen Sitzes bei Umwandlungen unter Beteiligung anderer europäischer Rechtsträger **nur für den beteiligten deutschen Rechtsträger** gilt. Dies führt zwar zu einer gespaltenen Auslegung der Vorschrift, je nachdem, ob der an der Umwandlung beteiligte ausländische Rechtsträger seinen (Satzungs-)Sitz im inner- oder außereuropäischen Ausland hat. Die Möglichkeit der gespaltenen Auslegung von Rechtsvorschriften ist jedoch auch in anderem Zusammenhang anerkannt[58]. 26

In der grenzüberschreitenden Umwandlung liegt regelmäßig eine **Ortsveränderung** der übertragenden Gesellschaft, die insoweit mit der Verlegung des Verwaltungssitzes vergleichbar ist, so dass auch die Erwägungen des EuGH zur Niederlassungsfreiheit auf grenzüberschreitende Umwandlungen übertragen werden können. Nicht überzeugend ist die Argumentation, die grenzüberschreitende Umwandlung verlange die Inkorporation der zuziehenden Gesellschaft. Eine Hereinumwandlung führt nicht zu einer „Inkorporation" der aus- 27

---

[52] *Lawall* IStR 1998, 345, 347; *Lutter / Drygala* in Lutter § 1 Rn 13 ff.; vgl. auch Schlussantrag des Generalanwalts *Tizzano* in der Rechtsache des EuGH C-411 / 03 (SEVIC Systems AG gegen Amtsgericht Neuwied) vom 7.7.2005, Ziff. 24 ff., Der Konzern 2005, 513 ff.
[53] *Lutter / Drygala* in Lutter § 1 Rn 15 ff.
[54] *Großfeld* in Staudinger, Internationales Gesellschaftsrecht, Rn 691 f.; *Lawall* IStR 1998, 345, 347; *Lutter / Drygala* in Lutter § 1 Rn 14 ; vgl. auch LG Koblenz ZIP 2003, 2210, 2211.
[55] *Kindler* in MünchKomm. BGB IntGesR Rn 878.
[56] *Triebel / v. Hase* BB 2003, 2409, 2415.
[57] *EuGH* vom 13.12.2005, BB 2006, 11 ff.
[58] Zur „überschießenden Umsetzung" von Richtlinien und den daraus folgenden Auslegungsschwierigkeiten siehe grundlegend *Drexl*, FS Heldrich, 2005, S. 67 ff. und *Habersack / Mayer* JZ 1999, 913 ff. sowie speziell zu Vorschriften des UmwG *Lutter* in Lutter Einl. Rn 31 ff.; *Schnorbus* WM 2000, 2321 ff.

ländischen Gesellschaft, die mit einer Einbürgerung vergleichbar wäre. Denn die ausländische Gesellschaft besteht nach der Umwandlung gerade nicht mehr in ihrer Ursprungsform fort, wird also **nicht** in die Rechtsordnung des Zuzugsstaates „**inkorporiert**", sondern erlischt und überträgt ihre Rechtsverhältnisse im Weg der Gesamtrechtsnachfolge auf die übernehmende Gesellschaft des Zuzugsstaates, deren Rechtsform davon unberührt bleibt. Die „Inkorporation" einer ausländischen Gesellschaftsform wird vom Zuzugsstaat daher nicht verlangt.

28 Soweit die grenzüberschreitende Verlegung des Verwaltungssitzes innerhalb der Europäischen Union aufgrund der Niederlassungsfreiheit gewährleistet ist, müssen daher auch **grenzüberschreitende Umwandlungen möglich** sein[59]. Diese Auffassung ist durch die „SEVIC"-Entscheidung des EuGH[60] bestätigt worden. Nach Ansicht des EuGH stellen „grenzüberschreitende Verschmelzungen ... wie andere Gesellschaftsumwandlungen ... besondere für das reibungslose Funktionieren des Binnenmarktes wichtige Modalitäten der Ausübung der Niederlassungsfreiheit dar..."[61]. Es verletze daher die Niederlassungsfreiheit, wenn in „einem Mitgliedstaat die Eintragung einer Verschmelzung durch Auflösung ohne Abwicklung einer Gesellschaft und durch Übertragung ihres Vermögens als Ganzes auf eine andere Gesellschaft in das nationale Handelsregister generell verweigert wird, wenn eine der Gesellschaften ihren Sitz in einem anderen Mitgliedstaat hat, während eine solche Eintragung, sofern bestimmte Voraussetzungen erfüllt sind, möglich ist, wenn alle an der Verschmelzung beteiligten Gesellschaften ihren Sitz im erstgenannten Mitgliedstaat haben"[62]. Der EuGH stützt seine Begründung weder auf eine Vergleichbarkeit grenzüberschreitender Verschmelzungen mit der Sitzverlegung des übertragenden Rechtsträgers, noch äußert er sich zu der Frage, wessen Niederlassungsfreiheit bei grenzüberschreitenden Verschmelzungen betroffen ist – die des übertragenden Rechtsträgers, die des übernehmenden Rechtsträgers oder die beider beteiligter Rechtsträger. Auch zitiert der EuGH an dieser Stelle nicht die Ausführungen des Generalanwalts *Tizzano*, der seinerseits zwischen übertragendem und übernehmendem Rechtsträger unterschieden und die Verletzung der Niederlassungsfreiheit für den übertragenden Rechtsträger mit der Freiheit zur Sitzverlegung und für den übernehmenden Rechtsträger mit der Freiheit zur Gründung einer Zweigniederlassung begründet hat[63].

29 Aus der „SEVIC"-Entscheidung des EuGH folgt jedenfalls, dass das deutsche Recht die Eintragung einer Verschmelzung von Rechtsträgern mit Sitz innerhalb der EU auf deutsche Rechtsträger als übernehmende Rechtsträger künftig nicht mehr generell verweigern darf. Dem ist der deutsche Gesetzgeber mit Einführung der §§ 122 a bis l nachgekommen. In den Urteilsgründen deutet das Gericht zudem an, dass auch andere Umwandlungsarten in den Anwendungsbereich der Niederlassungsfreiheit fallen. Dem ist zuzustimmen.

30 **d) Einzelheiten. aa)** *Deutsche Gesellschaft als aufnehmender Rechtsträger / Hereinumwandlung.* Die Niederlassungsfreiheit eines ausländischen Rechtsträgers wird jedenfalls beeinträchtigt, wenn das deutsche Recht ihm die nach seinem Heimatrecht zulässige Hereinumwandlung auf einen inländischen Rechtsträger versagt. Lässt mithin die **Rechtsordnung** des **übertragenden Rechtsträgers** die grenzüberschreitende Umwandlung zu, ist die **Rechtsordnung** des **aufnehmenden Rechtsträgers** verpflichtet, dies **anzuerkennen** und die grenzüber-

---

[59] Dasselbe könnte aufgrund des Freundschafts-, Handels- und Schiffahrtsvertrags in Bezug auf die Beteiligung von Rechtsträgern gelten, die nach dem Recht eines US-Bundesstaates gegründet wurden, sowie für solche aus dem EWR, vgl. dazu oben Rn 13; ferner *Drinhausen/Keinath* RIW 2006, 81, 87; *Forsthoff* in Hirte/Bücker § 2 Rn 29 ff.
[60] *EuGH* vom 13.12.2005, BB 2006, 11 ff.
[61] Ziff. 19 der Urteilsgründe, BB 2006, 11, 12.
[62] Urteilstenor, BB 2006, 11.
[63] Vgl. Ziff. 35 ff. und 45 der Schlussanträge, abgedruckt in Der Konzern 2005, 513 ff.

schreitende Umwandlung ebenfalls zuzulassen[64]. Dies schließt die Beteiligung des inländischen Rechtsträgers **notwendig** mit ein. Nach anfänglichem Zögern[65] wurden grenzüberschreitende Verschmelzungen auf deutsche Gesellschaften als übernehmende Rechtsträger von der Praxis bereits vor Einführung der §§ 122 a bis l überwiegend unproblematisch anerkannt[66]. Demgegenüber besteht in der Praxis eine erhebliche Zurückhaltung gegenüber der Anerkennung anderer Formen grenzüberschreitender Umwandlungen, insbesondere der Anerkennung grenzüberschreitender Spaltungen auf deutsche Gesellschaften als übernehmende Rechtsträger. Folgt man dem vom EuGH in der „SEVIC"-Entscheidung zum Ausdruck gebrachten Verständnis der Niederlassungsfreiheit, sind jedoch grenzüberschreitende Spaltungen ebenso wie grenzüberschreitende Verschmelzungen zulässig[67].

bb) Deutsche Gesellschaft als übertragender Rechtsträger / Hinausumwandlung. Weitgehend ungeklärt ist die Rechtslage bei der **Hinausumwandlung** eines deutschen Rechtsträgers ins Ausland, bei der die Niederlassungsfreiheit des ausländischen Rechtsträgers, wenn überhaupt, nur indirekt berührt ist.

Teilweise wird in der Verhinderung der Hinausumwandlung des deutschen Rechtsträgers zugleich das Verbot für den **ausländischen** gesehen, das Vermögen der deutschen Gesellschaft im Wege der (partiellen) Gesamtrechtsnachfolge zu erwerben[68]. Das sei eine nach der „Überseering"-Entscheidung **unzulässige Diskriminierung** aufgrund der ausländischen Rechtsform[69]. Diese Auffassung hat auch Generalanwalt *Tizzano* in seinem

---

[64] Zugelassen wird die Verschmelzung mit ausländischen Gesellschaften derzeit bspw. vom belgischen, französischen und italienischen Recht, vgl. *Widmann* in Widmann / Mayer Anh. 6 Rn 29 ff.

[65] Beispielsweise die ablehnende Entscheidung des AG Neuwied als Registergericht über den Antrag auf Eintragung der Verschmelzung einer luxemburgischen Gesellschaft auf die deutsche SEVIC Systems AG.

[66] Vgl. die Berichte von *Dorr / Stukenborg* DB 2003, 647 ff. über die Verschmelzung einer italienischen S.r.l. sowie einer französischen S.A. auf eine deutsche GmbH (im Zuge der Neustrukturierung eines internationalen Konzerns wurde die französische S.A. auf ihre deutsche Schwestergesellschaft, eine GmbH, verschmolzen. Zeitgleich wurde die italienische Tochtergesellschaft der GmbH auf diese verschmolzen), sowie *Gesell / Krömker* DB 2006, 2558 ff. über die Verschmelzung einer niederländischen BV auf eine deutsche GmbH. Zu letzterem siehe auch das Urteil des Amtsgerichts (Kantongerecht) Amsterdam DB 2007, 677 mit Anm. *Gesell / Krömker*.

[67] So die ganz hM: *Bungert* BB 2006, 53, 55 f.; *Gesell / Krömker* DB 2006, 2558; *Geyrhalter / Weber* DStR 2006, 146, 150; *Haritz / v. Wolff* GmbHR 2006, 340, 344; *Kallmeyer / Kappes* AG 2006, 224, 234; *Kieninger* EWS 2006, 49, 51; *Krause / Kulpa* ZHR 171 (2007) 38, 44 ff.; *Kuntz* IStR 2006, 224, 225 f.; *Louven* ZIP 2006, 2021, 2023; *Louven / Dettmeier / Pöschke / Weng* BB-Special 3 / 2006 (Heft 11 / 2006), 1, 4 f.; *Meilicke / Rabback* GmbHR 2006, 123, 125 f.; *Sedemund* BB 2006, 519, 520; *Siems* EuZW 2006, 135, 137 f.; *Simon / Rubner* Der Konzern 2006, 835, 842; *Spahlinger / Wegen* NZG 2006, 721, 725; *Teichmann* ZIP 2006, 355, 358; *Veil* Der Konzern 2007, 98, 99; *Vetter* AG 2006, 613, 615 f. Der deutsche Gesetzgeber hat dennoch ausdrücklich von einer Kodifizierung grenzüberschreitender Spaltungen und sonstiger Umwandlungsarten in den §§ 122 a bis l abgesehen und dies damit begründet, dass für andere Umwandlungsarten als die grenzüberschreitende Verschmelzung iSd. Verschmelzungsrichtlinie gemeinschaftsrechtliche Harmonisierungsregelungen fehlten und es angesichts der zahlreichen Kombinationsmöglichkeiten von Rechtsträgern und Umwandlungsarten unmöglich sei, diese mit der vom UmwG bekannten Regelungstiefe zu kodifizieren. Deshalb sollten die Grundprinzipien grenzüberschreitender Umstrukturierungen auf der Ebene des IPR normiert werden (BT-Drucks. 16 / 2919 S. 11). Vgl. dazu auch *Sonnenberger / Bauer* RIW 2006, Beilage zu Heft 4, S. 1.

[68] *Lutter / Drygala* in Lutter § 1 Rn 22; ebenso die Entscheidung des Amtsgerichts (Kantongerecht) Amsterdam vom 29.1.2007 zur Verschmelzung einer niederländischen BV auf eine deutsche GmbH, abgedruckt in DB 2007, 677 mit Anm. *Gesell / Krömker*.

[69] Auch diese Auffassung geht allerdings von der Unzulässigkeit grenzüberschreitender Hinausumwandlungen im Wege des Formwechsels aus, da ausländische Rechtsformen nicht als zulässige Zielrechtsform in der für den deutschen Rechtsträger maßgeblichen Vorschrift des § 191 genannt sind, *Lutter / Drygala* in Lutter § 1 Rn 26.

Schlussantrag zu der „SEVIC"-Entscheidung des EuGH vertreten[70]. Der „Überseering"-Entscheidung lässt sich allerdings nicht sicher entnehmen, dass die Niederlassungsfreiheit auch das Recht ausländischer Rechtsträger umfasst, unter den gleichen Bedingungen wie inländische Gesellschaften Vermögen zu erwerben. Die Mitgliedstaaten sind infolge der „Überseering"-Entscheidung nur verpflichtet, den **Zuzug** ausländischer Gesellschaften **nicht zu behindern** und die freie Wahl ihrer Niederlassung nicht dadurch zu beeinträchtigen, dass sie sie nach erfolgtem Zuzug gegenüber inländischen Gesellschaften aufgrund ihrer Rechtsform **benachteiligen**. Zugleich legt die Argumentation des EuGH in der „Überseering"-Entscheidung nahe, dass ein Mitgliedstaat für die nach seinem Recht gegründeten Rechtsträger die Regelungshoheit behält. In seiner „SEVIC"-Entscheidung ist der EuGH nicht ausdrücklich auf die Unterscheidung zwischen Hinaus- und Hereinverschmelzung eingegangen. Dies legt nahe, dass er auch Hinausumwandlungen dem Anwendungsbereich der Niederlassungsfreiheit zuordnet. Nach der „SEVIC"-Entscheidung spricht sich auch ein **Großteil der Literatur** für die Zulässigkeit grenzüberschreitender Hinausumwandlungen aus[71].

33 Dem ist vom Ergebnis her zuzustimmen. Allerdings ist fraglich, ob sich ein so uneingeschränktes Verständnis der Niederlassungsfreiheit mit den Ausführungen des EuGH in der „Daily-Mail"-Entscheidung in Einklang bringen lässt, von denen der EuGH bisher nicht ausdrücklich abgerückt ist. Bis zur endgültigen Klärung dieser Frage – die möglicherweise im Verfahren „Cartesio" (Rs. C-210/06)[72] erfolgen wird – verbleibt daher eine rechtliche Unsicherheit.

34 *cc) Formwechsel.* **Nicht möglich** ist jedenfalls ein **grenzüberschreitender Formwechsel**. Die für den deutschen Rechtsträger maßgebliche Vorschrift des § 191 enthält eine abschließende Aufzählung zulässiger Zielrechtsträger. Diese wird auf deutsche Rechtsformen beschränkt. Die Niederlassungsfreiheit gebietet insoweit kein anderes Ergebnis. Die Hereinumwandlung eines ausländischen Rechtsträgers im Wege des Formwechsels nach deutschem Umwandlungsrecht kommt nicht in Betracht, weil der Ausgangsrechtsträger aufgrund seines ausländischen Gesellschaftsstatuts deutschem Umwandlungsrecht von vornherein nicht unterliegt[73].

35 *e) Ergebnis.* Auf Basis der jüngsten Rechtsprechung des EuGH sind grenzüberschreitende **Herein- und Hinausumwandlungen** in Form der **Spaltung** unter Beteiligung deutscher und EU-ausländischer Rechtsträger zuzulassen, soweit die ausländischen Rechtsordnungen sie ebenfalls anerkennen. Dasselbe gilt für grenzüberschreitende Verschmelzungen unter Beteiligung von deutschen Personen- und Personenhandelsgesellschaften, die von den §§ 122 a bis l nicht erfasst sind. Für die **Praxis** stellt sich die **Rechtslage** infolge der unterschiedlichen Handhabung durch die Registergerichte gegenwärtig aber als **unsicher** dar. Dies gilt umso mehr, als die zur Durchführung von grenzüberschreitenden Spaltungen geltenden Regeln unklar sind.

36 Nach der Vereinigungstheorie sind für jeden an der Umwandlung beteiligten Rechtsträger die nach seinem **Gesellschaftsstatut** maßgeblichen Vorschriften anzuwenden[74]. Ungeklärt

---

[70] Vgl. Ziff. 45 der Schlussanträge, abgedruckt in Der Konzern 2005, 513 ff.

[71] *Bungert* BB 2006, 53, 56; *Drinhausen/Gesell* in Blumenberg/Schäfer SEStEG S. 1, 20; *Gesell/Krömker* DB 2006, 2558; *dies.* DB 2007, 679 f.; *Gottschalk* EuZW 2006, 83, 84; *Kieninger* EWS 2006, 49, 51; *Krause/Kulpa* ZHR 171 (2007) 38, 45 f.; *Louven/Dettmeier/Pöschke/Weng* BB-Special 3/2006 (Heft 11/2006), 1, 4 f.; *Meilicke/Rabback* GmbHR 2006, 123, 125; *Sedemund* BB 2006, 519, 520; *Siems* EuZW 2006, 135, 138; *Teichmann* ZIP 2006, 355, 358; aA *Kappes* NZG 2006, 101; *Leible/Hoffmann* RIW 2006, 161, 165 f.; *Oechsler* NJW 2006, 812, 813 jeweils unter Berufung auf die Grundsätze der „Daily-Mail"-Entscheidung des EuGH, siehe dazu Rn 12.

[72] Siehe dazu bereits Rn 12.

[73] Vgl. *Kuntz* IStR 2006, 224, 226; *Lawall* IStR 1998, 345, 347.

[74] Siehe Rn 16 f.

ist, wie diese Vorgaben bei der Beteiligung eines deutschen Rechtsträgers an einer grenzüberschreitenden Spaltung **praktisch umzusetzen** sind. Vorgeschlagen wird in diesem Zusammenhang, Regelungen aus „allgemeinen Grundsätzen für Strukturentscheidungen" sowie aus den Grundsätzen und Regeln der Dritten[75] und Sechsten[76] Richtlinie herzuleiten und diese anzuwenden[77].

Gegen diese Vorgehensweise wird zutreffend angeführt, sie sei lückenhaft, da die Richtlinien sich nur auf Aktiengesellschaften beziehen und auch keine vollständigen Regelungen enthalten, sondern den Mitgliedstaaten Ermessensspielräume bei der Umsetzung belassen[78]. Die Unbestimmtheit des Rückgriffs auf „allgemeine Grundsätze und Strukturentscheidungen" würde außerdem zu **erheblicher Rechtsunsicherheit** führen. Für umwandlungswillige Rechtsträger wäre nicht absehbar, welche Anforderungen die Rechtsprechung hinsichtlich der Wirksamkeit der Umwandlung daraus ableiten könnte[79]. 37

Vorzugswürdig ist deshalb die volle und **unmittelbare Anwendung** des UmwG nur auf den an der Umwandlung beteiligten deutschen Rechtsträger. Dies entspricht dem europarechtskonform ausgelegten Wortlaut des § 1 Abs. 1. 38

Mit einer ähnlichen Argumentation und aus praktischer Sicht gleichem Ergebnis lässt sich auch eine **entsprechende Anwendung** der Regelungen des UmwG auf den an einer grenzüberschreitenden Umwandlung innerhalb des Geltungsbereichs des EGV beteiligten deutschen Rechtsträger vertreten[80]. 39

Welche Vorschriften des UmwG im konkreten Fall maßgeblich sind, richtet sich nach der Umwandlungsart, wobei zweifelhaft ist, ob man die Regelungen der §§ 122 a bis l für grenzüberschreitende Spaltungen und außerhalb ihres Anwendungsbereichs liegende Verschmelzungen analog wird anwenden können[81]. Trotz der weitgehenden Angleichung der beteiligten Rechtsordnungen durch europäische Richtlinien werden in der praktischen Durchführung an vielen Stellen Schwierigkeiten auftreten, die sich häufig nur durch vorherige Abstimmung mit den zuständigen Registergerichten lösen lassen werden. 40

3. Sonderfälle der Umwandlung

Sonderfälle der Umwandlung sind die Verschmelzung einer Kapitalgesellschaft mit dem Vermögen ihres Alleingesellschafters, die § 120 ermöglicht, und die Ausgliederung des von einem Einzelkaufmann betriebenen Unternehmens auf einen anderen Rechtsträger durch Gesamtrechtsnachfolge gem. § 152. Auch hier stellt sich jeweils die Frage, inwieweit Umwandlungen mit Auslandsbezug zulässig sind. 41

a) Verschmelzung mit dem Vermögen des Alleingesellschafters. § 120 eröffnet die Möglichkeit der Verschmelzung einer Kapitalgesellschaft im Wege der Aufnahme mit dem Vermögen ihres Alleingesellschafters, wenn eine Verschmelzung nach den Vorschriften des Ersten bis Achten Abschnitts des Zweiten Teils des Zweiten Buches nicht durchführbar ist. Diese Form der Umwandlung wirft bei grenzüberschreitenden Sachverhalten keine besonderen Probleme auf. Unter dem Begriff „Kapitalgesellschaft" sind dabei GmbH, AG und 42

---

[75] Richtlinie 78/855/EWG betreffend die Verschmelzung von Aktiengesellschaften, ABl.EG Nr. L 295 vom 20.10.1978, S. 36 ff.
[76] Richtlinie 82/891/EWG betreffend die Spaltung von Aktiengesellschaften, ABl.EG Nr. L 378 vom 31.12.1982, S. 47 ff.
[77] *Lutter/Drygala* in Lutter § 1 Rn 28.
[78] *Lawall* IStR 1998, 345, 348; *Wenglorz* BB 2004, 1061, 1062.
[79] Kritisch dazu auch *Engert* in Eidenmüller § 4 Rn 75.
[80] *Dorr/Stukenborg* DB 2003, 647, 649. Die Lösung der Problematik über eine europarechtskonforme Auslegung des § 1 Abs. 1 erscheint demgegenüber jedoch vorzugswürdig, da sie – im Gegensatz zu einer Analogiebildung entgegen der Regelung des § 1 Abs. 2 – mit dem Wortlaut des Gesetzes jedenfalls in Einklang zu bringen ist.
[81] Vgl. dazu § 122 a Rn 6.

Einleitung C 43–47

KGaA zu verstehen (§ 3 Abs. 1 Nr. 2). Alleingesellschafter kann jedenfalls eine natürliche Person sein (§ 3 Abs. 2 Nr. 2)[82]. Besteht der einzige Auslandsbezug der Umwandlung in einem ausländischen Wohnsitz bzw. einer ausländischen Staatsangehörigkeit des Alleingesellschafters, mit dessen Vermögen verschmolzen werden soll, ist dies **kein** für die Verschmelzung selbst **relevanter Auslandsbezug**, der ein Zusammenwirken mit einer ausländischen Rechtsordnung erforderlich macht. Die gesamte Umwandlung richtet sich daher allein nach dem **Statut des übertragenden Rechtsträgers**[83]. Soweit das Vermögen im Ausland belegen ist, kann sich allenfalls die Frage stellen, ob die ausländische Rechtsordnung die Gesamtrechtsnachfolge gem. § 120 Abs. 1 anerkennt[84].

43 Ist Alleingesellschafterin eines übertragenden deutschen Rechtsträgers eine **ausländische Gesellschaft,** so ist die Verschmelzung mit deren Vermögen nur unter den Voraussetzungen der grenzüberschreitenden Verschmelzung nach den §§ 122 a bis l oder aufgrund einer ihr zustehenden Niederlassungsfreiheit möglich. Außerhalb dieser Möglichkeiten scheitert eine solche Verschmelzung auch mit dem Vermögen des Alleingesellschafters daran, dass die ausländische Gesellschaft für eine solche Verschmelzung mit ihrem Vermögen nicht die notwendige Verschmelzungsfähigkeit hat[85].

44 Die Verschmelzung einer **ausländischen Kapitalgesellschaft** als übertragendem Rechtsträger ist von der Regelung des § 120 nicht erfasst. Das bedeutet aber nicht, dass die Verschmelzung einer ausländischen Kapitalgesellschaft auf ihren deutschen Alleingesellschafter durch § 120 ausgeschlossen wäre. § 120 trifft nur keine Regelungen zur Verschmelzung des ausländischen Rechtsträgers. Die Zulässigkeit der Verschmelzung nach ausländischem Recht bleibt davon unberührt[86].

45 **b) Ausgliederung eines Unternehmens durch einen Einzelkaufmann.** § 152 ermöglicht einem Einzelkaufmann die **gesamte** oder **partielle** Ausgliederung seines Unternehmens in eine Personenhandelsgesellschaft, Kapitalgesellschaft oder eingetragene Genossenschaft im Wege der Gesamtrechtsnachfolge und stellt somit eine Alternative zur Einbringung im Wege der Einzelrechtsnachfolge dar.

46 Auch hier stellt sich die Frage, ob diese Möglichkeit auf **inländische Kaufleute** beschränkt ist. Das ist aus den oben genannten Gründen[87] zu **verneinen**: § 152 sieht die Umwandlung durch Ausgliederung für das durch den Kaufmann betriebene Unternehmen vor, nicht für den Kaufmann selbst. Auf seine **Staatsangehörigkeit und seinen Wohnsitz** kommt es daher ebenso wenig an, wie im Fall des § 120 Staatsangehörigkeit und Wohnsitz des Alleingesellschafters eine Rolle spielen können. Wie bei der Verschmelzung nach § 120 fehlt es auch im Fall der Ausgliederung gem. § 152 an einem **relevanten Auslandsbezug** des Umwandlungsvorgangs, wenn die einzige Auslandsberührung in der ausländischen Staatsangehörigkeit oder dem ausländischen Wohnsitz des Kaufmanns besteht. Erforderlich ist allerdings die bereits vom Gesetzeswortlaut des § 152 Satz 1 geforderte **Eintragung** des Einzelunternehmens im **deutschen Handelsregister**.

47 Im umgekehrten Fall, in dem der Wohnsitz des Kaufmanns im Inland liegt, das auszugliedernde und das aufnehmende Unternehmen aber ihren jeweiligen **Sitz im Ausland** haben,

---

[82] Streitig ist, ob Alleingesellschafter iSd. § 120 Abs. 1 nur eine natürliche Person sein kann oder auch ein anderer Rechtsträger, siehe dazu ausf. § 120 Rn 15 ff.
[83] Zum umgekehrten Fall der Verschmelzung einer österreichischen GmbH auf das Vermögen ihres deutschen Alleingesellschafters *ÖstOGH* ZIP 2003, 1086, 1089; kritisch dazu *Karollus* in Lutter § 120 Rn 18.
[84] Zur kollisionsrechtlichen Anknüpfung der Gesamtrechtsnachfolge im Zuge der Umwandlung an das Gesellschaftsstatut ausf. *Kusserow / Prüm* WM 2005, 633 ff.
[85] Im Einzelnen siehe § 120 Rn 19.
[86] So der *ÖstOGH* ZIP 2003, 1086 ff.
[87] Siehe Rn 42.

kommt allein ausländisches Umwandlungsrecht zur Anwendung. Die Anwendbarkeit deutschen Rechts scheidet dann bereits auf kollisionsrechtlicher Ebene aus.

Eine **kumulative Anwendung** aller beteiligten Rechtsordnungen ist dann und nur dann erforderlich, wenn das im Inland eingetragene Unternehmen auf einen ausländischen Rechtsträger ausgegliedert werden soll oder umgekehrt. Dies ist unter den oben dargelegten Voraussetzungen möglich[88].

IV. SE als Umwandlungsbeteiligte

Seit dem 8.10.2004 steht die Societas Europaea (SE) als neue Gesellschaftsform in den EU-Mitgliedstaaten zur Verfügung. Die Rechtsverhältnisse der SE werden vorrangig von der **SE-VO** und den nationalen Ausführungsgesetzen[89] bestimmt. Soweit die SE-VO keine oder nur partielle Regelungen trifft, wird die SE wie eine nach dem Recht ihres Sitzstaates gegründete AG behandelt[90]. Auf eine SE mit Sitz in Deutschland sind daher in den Bereichen, die von der SE-VO nicht geregelt werden, die für **Aktiengesellschaften** geltenden Normen anzuwenden.

1. Überblick: Gründung einer SE

Die SE-VO stellt insgesamt **vier Möglichkeiten** zur Gründung einer SE zur Verfügung. Gemeinsame Voraussetzung aller Gründungsformen ist, dass die Gründungsgesellschaften jeweils nach dem Recht eines EU- bzw. EWR-Mitgliedstaates[91] gegründet werden und ihren Sitz sowie ihre Hauptverwaltung in der EU oder einem anderen Vertragsstaat des EWR haben müssen. Zusätzlich müssen die Rechtsordnungen mindestens zweier EU- bzw. EWR-Mitgliedstaaten berührt sein.

Eine SE unter Beteiligung deutscher Gesellschaften kann auf folgende Weise gegründet werden:
– Gründung durch **Verschmelzung** von Aktiengesellschaften, von denen mindestens zwei dem Recht verschiedener EU-Mitgliedstaaten unterliegen[92];
– Umwandlung einer dem Recht eines EU-Mitgliedstaates unterstehenden Aktiengesellschaft, die seit mindestens zwei Jahren eine dem Recht eines anderen Mitgliedstaates unterliegende Tochtergesellschaft hat, im Wege des **Formwechsels**[93];
– Gründung einer **Holding-SE** durch zwei Aktiengesellschaften oder Gesellschaften mit beschränkter Haftung, von denen mindestens zwei entweder dem Recht verschiedener EU-Mitgliedstaaten unterliegen oder seit mindestens zwei Jahren eine dem Recht eines jeweils anderen Mitgliedstaates unterliegende Tochtergesellschaft oder eine Zweigniederlassung in einem anderen Mitgliedstaat haben[94];
– Gründung einer **Tochtergesellschaft** durch juristische Personen des privaten oder öffentlichen Rechts, von denen mindestens zwei entweder den Rechtsordnungen verschiedener EU-Mitgliedstaaten unterliegen oder seit mindestens zwei Jahren eine dem Recht eines jeweils anderen Mitgliedstaates unterliegende Tochtergesellschaft oder eine Zweigniederlassung in einem anderen Mitgliedstaat haben[95].

---

[88] Siehe Rn 30 ff.
[89] Für die SE mit Sitz in Deutschland gilt daher das SEAG.
[90] Art. 9 Abs. 1 lit. c (ii) SEVO und Art. 10 SE-VO.
[91] Zur Einbeziehung des EWR siehe *Schwarz* Art. 2 SE-VO Rn 40.
[92] Art. 2 Abs. 1 iVm. Art. 17 ff. SE-VO, näher Rn 53.
[93] Art. 2 Abs. 4 iVm. Art. 37 SE-VO, näher Rn 54.
[94] Art. 2 Abs. 2 iVm. Art. 32 ff. SE-VO.
[95] Art. 2 Abs. 3 iVm. Art. 35 f. SE-VO.

2. Gründung einer SE durch Umwandlung

52 Im Folgenden sollen die beiden Gründungsmöglichkeiten der SE im Wege der Umwandlung (Verschmelzung und Formwechsel) kurz skizziert werden[96].

53 **a) Gründung durch Verschmelzung.** Die Gründung einer SE im Wege der Verschmelzung ist größtenteils in der SE-VO selbst sowie im SEAG geregelt. Das Recht der Gründungsgesellschaften kommt nur ergänzend zur Anwendung, soweit die Verordnung für einen Bereich oder Teilbereich keine Regelungen trifft[97]. Ebenso wie die Verschmelzung nach nationalem Recht kann die Verschmelzung zur Gründung einer SE entweder durch **Aufnahme** oder durch **Neugründung** erfolgen. Auch das **Verschmelzungsverfahren** entspricht weitgehend dem des nationalen Rechts sowie dem von der Verschmelzungsrichtlinie vorgesehenen Verfahren: Gem. Art. 20 SE-VO haben die Leitungs- oder Verwaltungsorgane der sich verschmelzenden Gesellschaften einen gemeinsamen **Verschmelzungsplan** aufzustellen und zusammen mit den in Art. 21 SE-VO aufgelisteten Informationen[98] bekannt zu machen. Die darin enthaltenen Angaben sind weitgehend identisch mit den Vorgaben in § 5. Wie bei der grenzüberschreitenden Verschmelzung nach der Verschmelzungsrichtlinie ist der Verschmelzungsplan durch **Sachverständige zu prüfen**[99]. **Einberufung** und **Durchführung** der **Hauptversammlungen** der Gründungsgesellschaften, die dem Verschmelzungsplan gem. Art. 23 SE-VO zustimmen müssen, richten sich mangels entsprechender Regelungen in der SE-VO nach dem Aktienrecht der jeweiligen Gründungsgesellschaft[100]. Die anschließende zweistufige **Rechtmäßigkeitskontrolle** entspricht der in der Verschmelzungsrichtlinie vorgesehenen[101]. Mit **Eintragung** der SE wird die Verschmelzung wirksam und die SE erlangt Rechtspersönlichkeit[102]. Die **Wirkungen** der Verschmelzung gem. Art. 29 SE-VO entsprechen denen des § 20 für nationale Verschmelzungen.

54 **b) Gründung durch Formwechsel.** Für die Gründung durch Formwechsel gelten die Regelungen in Art. 37 SE-VO und ergänzend zur Schließung von Regelungslücken die Vorschriften der Rechtsordnung, der die Gründungsgesellschaft bzw. die aus der Umwandlung entstehende SE untersteht[103]. Das Leitungs- oder Verwaltungsorgan der Gründungsgesellschaft hat zunächst einen **Umwandlungsplan** zu erstellen und diesen mindestens einen Monat vor dem Tag der über den Formwechsel beschließenden Hauptversammlung **offen zu legen**. Der Inhalt des Umwandlungsplans ist in der SE-VO nicht vorgegeben[104]. Für die aufzunehmenden Angaben dürfte eine Orientierung an Art. 20 SE-VO (zum Verschmel-

---

[96] Ausführlich dazu etwa *Jannott* in Jannott/Frodermann Kap. 3 Rn 30 ff. (zur Verschmelzung) und 231 ff. (zum Formwechsel); *Marsch-Barner* in Kallmeyer Anh. Rn 16 ff. (zur Verschmelzung) und Rn 98 ff. (zum Formwechsel); *Schwarz* Art. 17 ff. SE-VO (zur Verschmelzung) und Art. 37 SE-VO (zum Formwechsel); *Teichmann* ZGR 2002, 383, 415 ff.
[97] Art. 18 SE-VO.
[98] Diese entsprechen den nach § 122 d offen zu legenden Informationen.
[99] Art. 21 SE-VO.
[100] Art. 18 SE-VO.
[101] Art. 25 und 26 SE-VO.
[102] Art. 27 und 16 SE-VO.
[103] Art. 37 SE-VO enthält – anders als Art. 18 SE-VO für die Verschmelzung – selbst keinen Verweis auf das auf die Gründungsgesellschaft ergänzend anwendbare Recht. In Betracht kommt somit eine analoge Anwendung von Art. 18 SE-VO, der hierzu auf das Recht der Gründungsgesellschaft verweist, so etwa *Schwarz* Art. 37 SE-VO Rn 10 und *Teichmann* ZGR 2002, 383, 440. Denkbar wäre auch ein Rückgriff auf Art. 15 SE-VO, der auf das Recht des Sitzstaates der entstehenden SE verweist. Da Art. 37 Abs. 3 SE-VO die Sitzverlegung in einen anderen Mitgliedstaat im Zuge des Formwechsels verbietet, sind diese Rechtsordnungen jedoch zwingend identisch, so dass auf die Frage, ob Art. 18 SE-VO analog oder Art. 15 SE-VO unmittelbar anzuwenden ist, nicht weiter eingegangen werden muss.
[104] Art. 37 Abs. 4 SE-VO.

zungsplan)[105] bzw. § 194[106] zu empfehlen sein. Zusätzlich ist ein **Umwandlungsbericht** zu verfassen, in dem die rechtlichen und wirtschaftlichen Aspekte der Umwandlung erläutert und begründet sowie die Auswirkungen der Umwandlung in eine SE für Aktionäre und Arbeitnehmer dargelegt werden[107]. Anstelle einer Prüfung des Umwandlungsplans ist beim Formwechsel in eine SE nur eine **Prüfung der Nettovermögenswerte** der formwechselnden Gesellschaft vorgeschrieben[108]. **Einberufung** und **Durchführung** der **Hauptversammlung**, die über den Formwechsel beschließt, richten sich nach dem Recht der Gründungsgesellschaft bzw. dem damit identischen Recht des Sitzstaates der zukünftigen SE. Neben der Zustimmung zum Umwandlungsplan schreibt Art. 37 Abs. 7 SE-VO ausdrücklich die **Genehmigung der Satzung** der SE durch die Hauptversammlung vor. Mit Eintragung der SE ist der Formwechsel wirksam und die SE als Rechtspersönlichkeit entstanden[109]. Der Formwechsel führt dabei weder zur Auflösung der Gründungsgesellschaft noch zum Entstehen einer neuen Rechtspersönlichkeit; vielmehr besteht **rechtliche Identität** zwischen der Gründungsgesellschaft und der SE[110].

3. Umwandlungsfähigkeit der bestehenden SE

Zur **Umwandlung** einer bestehenden SE enthält die SE-VO lediglich eine Regelung in Art. 66 SEVO[111], nach der ein Formwechsel der SE in eine AG ihres Sitzstaates erfolgen kann. Der Umwandlungsbeschluss darf erst zwei Jahre nach Gründung der SE oder nach Genehmigung des ersten Jahresabschlusses gefasst werden[112]. Verfahren und Wirkungen des Formwechsels gem. Art. 66 SE-VO entsprechen spiegelbildlich dem des Formwechsels einer AG in eine SE, so dass vollumfänglich auf die dortigen Ausführungen[113] verwiesen werden kann. **Umstritten** ist jedoch, ob der SE **neben** der in Art. 66 SE-VO vorgesehenen Umwandlung auch die **weiteren** Umwandlungsmöglichkeiten nach dem Umwandlungsrecht ihres jeweiligen Sitzstaates offen stehen. 55

a) **Verschmelzungs- und Spaltungsfähigkeit.** Teilweise werden die Regelungen des Art. 66 SE-VO als **abschließend** für die Umwandlungen einer **SE** gesehen mit der Folge, dass andere Umwandlungen als der dort vorgesehene Formwechsel in eine AG des Sitzstaates für die SE **nicht** zulässig wären[114]. Ein Rückgriff auf das Umwandlungsrecht des Sitzstaates wäre dann nicht möglich, weil die SE-VO diesen nur erlaubt, soweit sie einen Bereich selbst nicht geregelt hat[115]. Um eine Umwandlung unter Beteiligung einer SE durchzuführen, müsste diese somit zunächst gem. Art. 66 SE-VO in eine AG ihres Sitzstaates umgewandelt werden. Anschließend könnte diese AG sich an der gewünschten Umwandlung nach dem Umwandlungsrecht des jeweiligen Mitgliedstaates beteiligen. 56

Dieser Auffassung ist nicht zu folgen. Art. 66 SE-VO regelt allenfalls den Formwechsel abschließend. Der Begriff der Umwandlung in Art. 66 SE-VO ist gemeinschaftsrechtlich zu verstehen. Er kann nicht mit dem Begriff Umwandlung iSd. UmwG gleichgesetzt werden. Vielmehr ergibt der Vergleich mit der französischen und englischen Fassung der SE-VO, dass mit dem Wort „Umwandlung" (im Englischen „conversion" und im Französischen 57

---

[105] So *Marsch-Barner* in Kallmeyer Anh. Rn 104; *Schwarz* Art. 37 SE-VO Rn 17 ff.
[106] So *Jannott* in Jannott/Frodermann Kap. 3 Rn 233.
[107] Art. 37 Abs. 4 SE-VO.
[108] Art. 37 Abs. 6 SE-VO.
[109] Art. 16 Abs. 1 SE-VO.
[110] Art. 37 Abs. 2 SE-VO.
[111] Die Art. 17 bis 31 der SE-VO beziehen sich nur auf die Gründung einer SE durch Verschmelzung; sie enthalten keine Vorschriften bezüglich der Verschmelzung einer bestehenden SE.
[112] Art. 66 Abs. 1 Satz 2 SE-VO.
[113] Siehe Rn 54.
[114] So wohl *Hirte* NZG 2002, 1, 9 f.; *ders.* DStR 2005, 700, 704.
[115] Art. 9 Abs. 1 lit.c (ii) SE-VO.

„transformation") nur der Formwechsel gemeint ist. Dieselben Begriffe werden in Art. 2 Abs. 4, in der Überschrift des fünften Abschnitts und in Art. 37 der Verordnung verwendet. Hier ist nach dem Zusammenhang eindeutig nur von dem Formwechsel die Rede. Art. 66 betrifft deshalb nur den Formwechsel. Ein weitergehender **Regelungswille** des europäischen Gesetzgebers hinsichtlich der Umwandlungsmöglichkeiten einer SE, der zu einer Schlechterstellung der SE gegenüber nationalen Gesellschaftsformen führen würde, ist **nicht erkennbar**. Die übrigen Umwandlungsarten sind mithin von der Verordnung nicht geregelt mit der Folge, dass vom gesamten Komplex des Umwandlungsrechts nur ein Teilbereich, nämlich die formwechselnde Umwandlung, geregelt ist, während die Umwandlung durch Verschmelzung, Spaltung und Vermögensübertragung gem. Art. 9 Abs. 1 lit. c (ii) SE-VO den Rechtsvorschriften des Sitzstaates unterliegt[116].

58 Aufgrund des **Gleichbehandlungsgebots** des Art. 10 SE-VO ist die SE als Beteiligte einer Umwandlung ebenso zu behandeln wie eine nationale AG. Für eine SE mit Sitz in Deutschland bedeutet dies, dass ihr **dieselben Umwandlungsmöglichkeiten** offenstehen wie einer deutschen AG[117]. Die Vorschriften des UmwG müssen also unter Beachtung des Art. 10 SE-VO als Norm höherrangigen Rechts entsprechend angewendet werden[118].

59 Eine SE mit Sitz in Deutschland kann daher an einer Verschmelzung und an einer Spaltung wie eine deutsche AG sowohl als übertragender als auch als aufnehmender Rechtsträger beteiligt sein; dies gilt auch für grenzüberschreitende Verschmelzungen[119]. Sie kann jedoch bei einer Verschmelzung oder Spaltung zur Neugründung nicht der neue Rechtsträger nach den Vorschriften des UmwG sein; vielmehr regelt sich die Gründung der SE ausschließlich nach der SE-VO und dem SEAG. An einer Vermögensübertragung kann eine SE in derselben Weise beteiligt sein wie eine AG.

60 Hinsichtlich der Durchführung grenzüberschreitender Umwandlungen ergibt sich bei Beteiligung einer SE mit Sitz in Deutschland nur insoweit ein **Unterschied** gegenüber anderen deutschen Rechtsträgern, als der SE – im Gegensatz zu anderen deutschen Gesellschaftsformen – die **grenzüberschreitende Sitzverlegung** ausdrücklich gestattet ist[120]. Im Gegensatz zu anderen deutschen Gesellschaftsformen ist der SE daher zweifelsfrei auch eine **Hinausumwandlung** möglich. Ansonsten ist die SE mit Sitz in Deutschland hinsichtlich der Umwandlung einer nationalen AG gleichgestellt.

61 Soweit an einer grenzüberschreitenden Umwandlung eine SE mit Sitz in einem anderen Mitgliedstaat beteiligt ist, ist diese wie eine AG dieses Staates zu behandeln.

---

[116] So wohl *Veil* in Jannott/Frodermann Kap. 10 Rn 20.
[117] *Heckschen* in Widmann/Mayer Anh. 14 Rn 524; *Lutter/Drygala* in Lutter § 3 Rn 14; *Marsch-Barner* in Kallmeyer § 3 Rn 9 a; *Oplustil/Schneider* NZG 2003, 13, 16; *Schröder* in Manz/Mayer/Schröder, Europäische Aktiengesellschaft, 2005, Art. 66 SE-VO Rn 22; *Schwarz* Art. 3 SE-VO Rn 33 ff. und Art. 66 Rn 29 ff.; *Vossius* ZIP 2005, 471, 748. Einschränkend *Schäfer* in MünchKomm. AktG Art. 66 SE-VO Rn 1, 14 und *Veil* in Jannott/Frodermann Kap. 10 Rn 19: Danach soll die Verschmelzung einer SE nur mit einer anderen SE oder mit einer AG möglich sein, nicht aber mit einem anderen Rechtsträger. Dies überzeugt jedoch nicht, da das nationale Recht für Aktiengesellschaften keine solche Beschränkung kennt. Diese Behandlung der SE würde somit gegen das Gleichbehandlungsgebot des Art. 10 SE-VO verstoßen. Jedenfalls für den Fall, dass die SE aufnehmender Rechtsträger ist, lässt sich auch kein Bedürfnis für eine derartige Restriktion erkennen.
[118] Das Analogieverbot des § 1 Abs. 2 muss insoweit zurücktreten.
[119] *Drinhausen/Keinath* BB 2006, 725, 726; *Jannott* in Jannott/Frodermann Kap. 3 Rn 6, Fn 16; *Kallmeyer* AG 2003, 197, 199; einschränkend *Louven* ZIP 2006, 2021, 2024; *Oechsler* in MünchKomm. AktG, vor Art. 1 SE-VO Rn 19; *ders.* NZG 2006, 161 f.; *Simon/Rubner* Der Konzern 2006, 835, 836 f., die davon ausgehen, dass eine SE nicht Zielrechtsträger einer Umwandlung außerhalb der Vorschriften der SE-VO und folglich auch nicht als aufnehmender Rechtsträger an einer (grenzüberschreitenden) Verschmelzung beteiligt sein dürfe.
[120] Art. 8 SE-VO.

b) Fähigkeit zum Formwechsel. Zum Teil wird auch vertreten, dass die SE-VO nicht 62 einmal hinsichtlich des **Formwechsels** einer SE abschließend sei[121]. Diese Ansicht macht geltend, ein Verbot des unmittelbaren Formwechsels einer SE in eine andere nationale Gesellschaftsform sei unzweckmäßig, da die SE diesen im Ergebnis auch dadurch erreichen könne, dass sie sich zunächst in eine AG nationalen Rechts und anschließend in die gewünschte Form umwandele. Die teleologische Auslegung des Art. 66 SE-VO ergebe daher, dass der Formwechsel einer SE nach den nationalen Umwandlungsgesetzen neben dem von Art. 66 SE-VO vorgesehenen möglich sei. Art. 66 SE-VO enthalte nur eine Mindestvorgabe für die Umwandlungsmöglichkeiten einer SE, die deren Renationalisierung ermöglichen solle. Um den zwingenden Vorgaben der Verordnung Rechnung zu tragen, seien die Absätze 2 bis 6 des Art. 66 SE-VO auf Formwechsel in andere nationale Gesellschaftsformen analog anzuwenden.

Stellungnahme: Dieser Auffassung ist zuzugeben, dass es des Art. 66 der Verordnung je- 63 denfalls bedarf. Ohne ihn könnte eine SE nicht aufgrund der Gleichstellung mit einer nationalen AG in eine solche durch Formwechsel umgewandelt werden. Denn der Formwechsel einer AG in eine AG ist *per definitionem* unmöglich. Die Ermöglichung des Formwechsels in eine nationale AG könnte deshalb als zusätzliche Möglichkeit verstanden werden, deren Eröffnung nichts darüber sagt, ob die SE-VO den Formwechsel abschließend regeln will. Trotzdem ist dieser Auffassung nicht zu folgen. Sie sieht sich genötigt, die Absätze 2 bis 6 des Art. 66 auf den Formwechsel der SE in andere Rechtsformen entsprechend anzuwenden. Damit unterstellt sie aber, dass der Formwechsel in eine solche andere Rechtsform in den Regelungsbereich des Art. 66 fällt. Dafür, dass Art. 66 nur Teilaspekte des Bereichs Formwechsel habe regeln wollen, bestehen keine Anhaltspunkte. Zu berücksichtigen ist in diesem Zusammenhang auch, dass die SE-VO selbst den umgekehrten Fall des Formwechsels, nämlich die Gründung einer SE durch formwechselnde Umwandlung, ausdrücklich den Aktiengesellschaften nationalen Rechts vorbehält[122]. Das deutet darauf hin, dass nach der Verordnung auch eine „Rückumwandlung" in eine nationale Gesellschaft nur in Form einer AG gewollt ist.

V. SCE als Umwandlungsbeteiligte

Als weitere europäische Gesellschaftsform steht seit dem 18.8.2006 die Europäische Ge- 64 nossenschaft – **Societas Cooperativa Europaea** (SCE) – zur Verfügung[123]. Ihre Rechtsgrundlage findet sich hauptsächlich in der Verordnung (EG) Nr. 1435/2003 des Rates vom 22.7.2003 über das Statut der Europäischen Genossenschaft **(SCE-VO)**[124]. Die SCE-VO wird für die SCE mit Sitz in Deutschland durch die Vorschriften des Gesetzes zur Ausführung der Verordnung (EG) Nr. 1435/2003 des Rates vom 22.7.2003 über das Statut der Europäischen Genossenschaft (SCE) – **SCE-Ausführungsgesetz (SCEAG)** – ergänzt, das am 18.8.2006 in Kraft getreten ist[125]. Subsidiär bleiben – ähnlich wie bei der SE – die nationalen Vorschriften des Genossenschaftsrechts anwendbar[126]. Zusätzlich erließ der Rat der Europäischen Union die Richtlinie 2003/72/EG vom 22.7.2003 zur Regelung der Arbeit-

---

[121] *Oplustil/Schneider* NZG 2003, 13, 15 f.; *Vossius* in Widmann/Mayer § 20 Rn 423 ff.
[122] Art. 2 Abs. 4 SE-VO.
[123] Art. 80 SCE-VO. Eine Nichtigkeitsklage des Europäischen Parlaments gegen die SCE-VO wegen der fehlerhaften Rechtsgrundlage des Art. 308 EG (Rechtssache C-436/03) hat der EuGH mit Urteil vom 2.5.2006 abgewiesen, ABl.EU Nr. C 143 vom 17.6.2006, S. 4. Vgl. allgemein zur SCE *Blomeyer* BB 2000, 1741; *Schaffland/Korte* NZG 2006, 253; *Schulze* NZG 2004, 792.
[124] Veröffentlicht in ABl.EU Nr. L 207 vom 18.8.2003.
[125] Gesetzesbeschluss des Deutschen Bundestages vom 26.5.2006, BR-Drucks. 337/06; siehe auch Gesetzesentwurf der Bundesregierung vom 23.3.2006, BT-Drucks. 16/1025 S. 1 und 5.
[126] Vgl. Art. 8 Abs. 1 lit. c) ii) und Art. 17 Abs. 1 SCE-VO.

Einleitung C 65–68

nehmermitbestimmung in der SCE[127], die für Deutschland durch das Gesetz über die Beteiligung der Arbeitnehmer und Arbeitnehmerinnen in einer Europäischen Genossenschaft (**SCE-Beteiligungsgesetz – SCEBG**)[128] umgesetzt ist.

65 Mit der SCE hat der europäische Verordnungsgeber eine Gesellschaftsform geschaffen, die die grenzüberschreitende Zusammenarbeit von Genossenschaften erleichtern soll. Ihr Hauptzweck ist nach Abs. 10 der Präambel der SCE-VO, den Bedarf ihrer Mitglieder zu decken und/oder deren wirtschaftliche und/oder soziale Tätigkeiten zu fördern.

66 Im Gegensatz zur Gründung einer SE steht die Möglichkeit zur Gründung einer SCE gemäß Art. 2 SCE-VO sowohl **natürlichen Personen** als auch allen nationalen **Gesellschaften iSv. Art. 48 Abs. 2 EGV** offen. Soll eine SCE unter Beteiligung natürlicher Personen gegründet werden, muss die Zahl der Gründer insgesamt mindestens fünf betragen. Sind ausschließlich Gesellschaften an der Gründung beteiligt, genügen zwei Gründer[129]. Es muss aber in jedem Fall ein **gemeinschaftsrechtlicher Bezug** vorliegen: So müssen mindestens zwei der Gründer kraft Wohnsitzes oder Gesellschaftsstatuts verschiedenen Mitgliedstaaten der EU zuzuordnen sein. Genossenschaften, die dem Recht eines EU-Mitgliedstaats unterliegen und Satzungssitz und Hauptverwaltung in einem EU-Mitgliedstaat haben, steht zusätzlich die Gründung einer SCE im Wege der **formwechselnden Umwandlung**[130] oder der **Verschmelzung** durch Aufnahme oder durch Neugründung zur Verfügung. Der Gemeinschaftsbezug bei der formwechselnden Umwandlung wird dadurch gewahrt, dass die formwechselnde Genossenschaft seit mindestens zwei Jahren eine dem Recht eines anderen Mitgliedstaats unterliegende Tochtergesellschaft oder Niederlassung haben muss. Die Gründung einer SCE durch Verschmelzung setzt voraus, dass die Gründungsgenossenschaften dem Recht zweier verschiedener Mitgliedstaaten unterliegen.

67 Das **Gründungsverfahren** ist in den Art. 17 ff. SCE-VO geregelt, die allerdings weitgehend das für die Gründung von Genossenschaften im zukünftigen Sitzstaat der SCE geltende Recht für anwendbar erklären (Art. 17 Abs. 1 SCE-VO). Spezialvorschriften finden sich in der SCE-VO selbst lediglich für die Gründung durch Verschmelzung (Art. 19 bis 34) und die Gründung durch formwechselnde Umwandlung (Art. 35). Zusätzlich dazu finden gemäß Art. 20 SCE-VO die Vorschriften des UmwG über die Verschmelzung unter Beteiligung von Genossenschaften (§§ 79 ff.) und gemäß Art. 17 Abs. 1 SCE-VO die Vorschriften des UmwG über den Formwechsel von Genossenschaften (§§ 258 ff.) Anwendung.

68 Die **bestehende SCE** mit Sitz in Deutschland kann sich an nationalen wie auch grenzüberschreitenden Umwandlungsmaßnahmen grundsätzlich in gleichem Umfang beteiligen wie eine Genossenschaft deutschen Rechts, vgl. Art. 9 SCE-VO (Grundsatz der Nichtdiskriminierung)[131]. Ähnlich wie die SE ist der SCE auch die grenzüberschreitende Hinausumwandlung unproblematisch möglich, da sie, ebenso wie die SE, ihren Sitz aufgrund ausdrücklicher gesetzlicher Regelung ins Ausland verlegen kann, Art. 7 SCE-VO. Hinsichtlich der Zulässigkeit eines Formwechsels der bestehenden SCE ergeben sich allerdings Einschränkungen aus Art. 76 SCE-VO, der – ähnlich wie Art. 66 SE-VO für den Formwechsel einer SE – die Umwandlung einer SCE in eine Genossenschaft nationalen Rechts erst zwei Jahre nach Eintragung der SCE **und** Genehmigung der ersten beiden Jahresabschlüsse zulässt[132].

---

[127] Veröffentlicht in ABl.EU Nr. L 207 vom 18.8.2003.

[128] Gesetzesbeschluss des Deutschen Bundestages vom 26.5.2006, BR-Drucks. 337/06; siehe auch Gesetzesentwurf der Bundesregierung vom 23.3.2006, BT-Drucks. 16/1025 S. 11.

[129] Art. 2 Abs. 1 3. Spiegelstrich SCE-VO; vgl. *Beuthien* GenG Art. 2 SCE Rn 2.

[130] Das Verfahren ähnelt dem Formwechsel gem. §§ 190 ff. UmwG, vgl. *Schulze* NZG 2004, 792, 794.

[131] *Heckschen* in Widmann/Mayer, Stand Juli 2005, § 1 Rn 71.

[132] Im Unterschied zu Art. 66 SE-VO, der die formwechselnde Umwandlung alternativ nach Ablauf von zwei Jahren nach Eintragung *oder* Genehmigung der ersten beiden Jahresabschlüsse zulässt, verlangt Art. 76 Abs. 1 SCE-VO jedenfalls nach dem Wortlaut der deutschen und französischen Fassung das Vorliegen beider Voraussetzungen kumulativ. Die englische Fassung von Art. 76 Abs. 1 SCE-VO hingegen

Entsprechend den Ausführungen zur SE[133] ist daher davon auszugehen, dass Art. 76 SCE-VO hinsichtlich der formwechselnden Umwandlung einer SCE abschließend ist.

VI. Richtlinienkonforme Auslegung

Soweit Vorschriften des UmwG in Umsetzung europäischer Richtlinien erlassen wurden bzw. zukünftig erlassen werden, muss ihre Auslegung sich an Ziel und Inhalt der jeweiligen Richtlinie orientieren. Zu einer solchen richtlinienkonformen Auslegung ist jeder nationale Rechtsanwender, insbesondere auch der staatliche Richter, gem. Art. 10 EGV verpflichtet[134]. Bringt die wörtliche, historische, systematische und teleologische Auslegung der Richtlinie selbst kein eindeutiges Ergebnis, ist die Rechtsfrage dem EuGH in einem Vorabentscheidungsverfahren nach Art. 234 EGV vorzulegen[135]. **69**

Im UmwG beruhen die Vorschriften über Spaltungen und Verschmelzungen von **Aktiengesellschaften** auf den Vorgaben der Dritten bzw. Sechsten Gesellschaftsrechtlichen Richtlinie[136]; die Vorschriften über grenzüberschreitende Verschmelzungen beruhen auf den Vorgaben der Verschmelzungsrichtlinie[137]. Darüber hinaus hat auch ein Teil der **allgemeinen Vorschriften** des UmwG seinen Ursprung in den Vorgaben der Dritten und Sechsten Gesellschaftsrechtlichen Richtlinie. Dadurch wirken die Richtlinien sich mittelbar auch auf Rechtsformen und Umwandlungsvorgänge aus, die nicht Adressaten der europäischen Vorgaben waren[138]. Somit könnte eine europarechtskonforme Auslegung auch bei der Anwendung dieser Vorschriften auf andere Rechtsformen veranlasst sein[139]. Eine europarechtliche Pflicht hierzu besteht zwar nicht[140]. Die systematische Aufteilung des UmwG in einen Allgemeinen und einen Besonderen Teil ohne weitere Differenzierungen zwischen den einzelnen Gesellschaftsformen im Allgemeinen Teil spricht jedoch dafür, dass der Gesetzgeber eine einheitliche Auslegung der Normen gewollt hat[141]. Dies erscheint zur Vermeidung einer zwar nicht verbotenen, aber wenig zweckmäßigen und unübersichtlichen Rechtsspaltung auch sinnvoll. Die §§ 1–38 UmwG sind somit unabhängig von der im Einzelfall vorliegenden Gesellschaftsform grundsätzlich richtlinienkonform auszulegen. In Zweifelsfällen wird das mit der Auslegung befasste Gericht zur Vorlage an den EuGH berechtigt sein[142]. **70**

Insgesamt ist jedoch davon auszugehen, dass die Vorschriften des UmwG regelmäßig die Richtlinienbefehle beachten werden und ein Normenkonflikt durch Auslegung behoben werden kann. Es ist somit nicht ersichtlich, dass eine Vorschrift des UmwG aufgrund einer Richtliniennorm unanwendbar ist[143]. **71**

---

sieht ein Alternativverhältnis vor („No decision on conversion may be taken before two years have elapsed since its registration *or* before the first two sets of annual accounts have been approved.").

[133] Siehe Rn 99.

[134] Siehe Voraufl. Einl. A Rn 54 ff.

[135] Siehe zu den Voraussetzungen und dem grundsätzlichen Anwendungsvorrang des Europarechts Voraufl. Einl. A Rn 54 f.

[136] Richtlinie 78/855/EWG betreffend die Verschmelzung von Aktiengesellschaften, ABl.EG Nr. L 295 vom 20.10.1978 S. 36 ff. und Richtlinie 82/891/EWG betreffend die Spaltung von Aktiengesellschaften, ABl.EG Nr. L 378 vom 31.12.1982, S. 47 ff.

[137] Richtlinie 2005/56/EG vom 26.10.2005, ABl. Nr. L 310 vom 25.11.2005, S. 1 ff.

[138] Siehe Voraufl. Einl. A Rn 52. *Lutter* in Lutter Einl. Rn 22 spricht daher von „Mischlösung". Siehe auch Voraufl. Einl. A Rn 43.

[139] Dafür *Lutter* in Lutter Einl. Rn 32 mwN. Ablehnend *Marsch-Barner* in Kallmeyer § 8 Rn 37 und § 9 Rn 1. Kritisch differenzierend *Mayer/Schürnbrand* JZ 2004, 545, 548 ff.

[140] *EuGH* Rs. C-264/96 (ICI), Rn 34; *Lutter* in Lutter Einl. Rn 32.

[141] So auch *Lutter* in Lutter Einl. Rn 32; *H. Schmidt* in Lutter § 39 Rn 13 für die Verschmelzung; vgl. dazu auch *BGH* NJW 2002, 1881 „Heininger".

[142] Siehe dazu *EuGH* Rs. C-306/99 (BIAO) Rn 88 ff.

[143] Siehe Voraufl. Einl. A Rn 56.

Umwandlungsgesetz (UmwG)

Vom 28. Oktober 1994 (BGBl. I S. 3210, ber. 1995 I S. 428), zuletzt geändert durch Zweites Gesetz zur Änderung des Umwandlungsgesetzes vom 19.4.2007 (BGBl. I S. 542)

Erstes Buch. Möglichkeiten von Umwandlungen

§ 1 Arten der Umwandlung; gesetzliche Beschränkungen

(1) Rechtsträger mit Sitz im Inland können umgewandelt werden

1. durch Verschmelzung;
2. durch Spaltung (Aufspaltung, Abspaltung, Ausgliederung);
3. durch Vermögensübertragung;
4. durch Formwechsel.

(2) Eine Umwandlung im Sinne des Absatzes 1 ist außer in den in diesem Gesetz geregelten Fällen nur möglich, wenn sie durch ein anderes Bundesgesetz oder ein Landesgesetz ausdrücklich vorgesehen ist.

(3) Von den Vorschriften dieses Gesetzes kann nur abgewichen werden, wenn dies ausdrücklich zugelassen ist. Ergänzende Bestimmungen in Verträgen, Satzungen oder Willenserklärungen sind zulässig, es sei denn, daß dieses Gesetz eine abschließende Regelung enthält.

Übersicht

	Rn
I. Allgemeines	1
1. Sinn und Zweck der Norm	1
2. Entstehungsgeschichte	2
3. Rechtstatsachen	3
4. Reformvorhaben	8
II. Anwendungsbereich des UmwG (Abs. 1)	9
1. Begriff der Umwandlung	9
2. Rechtsträger	17
a) Begriff und Bedeutung	18
b) Umwandlungsfähige Rechtsträger	26
c) Rechtsträger mit eingeschränkter Umwandlungsfähigkeit	27
d) Rechtsträger mit gesetzlich festgelegter Umwandlungsfähigkeit	29
e) Rechtsträger ohne Umwandlungsfähigkeit	30
f) Erbengemeinschaften	31
g) Partenreedereien	37
3. Sitzabhängigkeit des Rechtsträgers	41
4. Geregelte Umwandlungsarten	43
a) Verschmelzung (Nr. 1)	44
b) Spaltung (Nr. 2)	47
aa) Aufspaltung	48
bb) Abspaltung	50
cc) Ausgliederung	51
c) Vermögensübertragung (Nr. 3)	52
d) Formwechsel (Nr. 4)	55
5. Strukturänderungen, die nicht im UmwG geregelt sind	57
III. Abschließende Erfassung der Umwandlungsfälle (Abs. 2)	58
1. Numerus clausus	58
2. Analogieverbot	61
a) Ausstrahlungswirkung des UmwG	63
b) Mischumwandlungen	69
IV. Zwingender Charakter der Umwandlungsvorschriften (Abs. 3)	80
1. Abweichungen (Abs. 3 Satz 1)	82
2. Ergänzungen (Abs. 3 Satz 2)	84

Literatur: *Arbeitskreis Umwandlungsrecht*, Vorschläge zum Referentenentwurf eines Umwandlungsgesetzes, ZGR 1993, 321; *Bartodziej*, Neukodifikation des deutschen Umwandlungsrechts, BuW 1994, 788; *Bayer*, 1000 Tage neues Umwandlungsrecht, ZIP 1997, 1613; *Bayer/Wirth*, Eintragung der Spaltung und Eintragung der neuen Rechtsträger, ZIP 1996, 817; *Bungert*, Ausgliederung durch Einzelrechtsübertragung und analoge Anwendung des Umwandlungsgesetzes, NZG 1998, 367; *Buyer*, Änderung der Unternehmensform, 7. Aufl. 1999; *Dissars/Dissars*, Die Partenreederei als Gesellschaftsform in handels- und steuerrechtlicher Hinsicht, RIW 1997, 754; *Dörrie*, Das neue Umwandlungsrecht, WiB 1995, 1; *Doralt*, Übernahme, Verschmelzung, Konzern und die City Code, GesRZ 2000, 197; *Ganske*, Reform des Umwandlungsrechts, WM 1993, 1117; *Geck*, Die Spaltung von Unternehmen nach dem neuen Umwandlungsrecht, DStR 1995, 416; *Großfeld*, Internationales Umwandlungsrecht, AG 1996, 302; *Heckschen*, Die Entwicklung des Umwandlungsrechts aus der Sicht der Rechtsprechung und Praxis, DB 1998, 1385; *Kallmeyer*, Kombination von Spaltungsarten nach dem neuen Umwandlungsgesetz, DB 1995, 81; *ders.*, Das neue Umwandlungsgesetz, ZIP 1994, 1746; *Kalss/Winner*, Umgründungs- und Übernahmerecht, ÖBA 2000, 51; *Karollus/Geist*, Das österreichische Übernahmegesetz – (k)ein Papiertiger?!, NZG 2000, 1145; *Kronke*, Deutsches Gesellschaftsrecht und grenzüberschreitende Strukturänderungen, ZGR 1994, 26; *Lüttge*, Das neue Umwandlungs- und Umwandlungssteuerrecht, NJW 1995, 417; *Lutter/Leinekugel*, Planmäßige Unterschiede im umwandlungsrechtlichen Minderheitenschutz?, ZIP 1999, 261; *D. Mayer*, Erste Zweifelsfragen bei der Unternehmensspaltung, DB 1995, 861; *Neye*, Das neue Umwandlungsrecht vor der Verabschiedung im Bundestag, ZIP 1994, 917; *ders.*, Der Regierungsentwurf zur Reform des Umwandlungsrechts, ZIP 1994, 165; *Nowotny*, Zur Auslegung des Übernahmegesetzes, RdW 2000, 330; *Pötzsch/Möller*, Das künftige Übernahmerecht, WM 2000, Sonderbeil. Nr. 2; *Priester*, Das Umwandlungsrecht aus notarieller Sicht, DNotZ 1995, 427; *Prüßmann/Rabe*, Seehandelsrecht, 4. Aufl. 2000; *K. Schmidt*, Einschränkung der umwandlungsrechtlichen Eintragungswirkungen durch den umwandlungsrechtlichen numerus clausus?, ZIP 1998, 181; *ders.*, Zum Analogieverbot des § 1 Abs. 2 UmwG, FS Kropff, 1997, S. 261; *ders.*, Universalsukzession kraft Rechtsgeschäfts, AcP 191 (1991) 495, *ders.*, Konzeption des neuen Umwandlungsgesetzes, ZGR 1990, 580; *Schnorbus*, Analogieverbot und Rechtsfortbildung im Umwandlungsrecht, DB 2001, 1654; *Schöne*, Das Aktienrecht als „Maß aller Dinge" im neuen Umwandlungsrecht?, GmbHR 1995, 325; *H.-D. Schwarz*, Das neue Umwandlungsrecht, DStR 1994, 1694; *Streck/Mack/Schwedhelm*, Verschmelzung und Formwechsel nach dem neuen Umwandlungsgesetz, GmbHR 1995, 161; *Trölitzsch*, Aktuelle Tendenzen im Umwandlungsrecht, DStR 1999, 764; *ders.*, Rechtsprechungsübersicht: Das Umwandlungsrecht seit 1995, WiB 1997, 795; *Weber-Rey/Schütz*, Zum Verhältnis von Übernahmerecht und Umwandlungsrecht, AG 2001, 325; *Wrenger*, Verschmelzung von Kapitalgesellschaften mit dem Vermögen eines Alleingesellschafters bei fehlender Eintragungsfähigkeit in das Handelsregister, BB 1997, 1905; *Zöllner*, Aktienrechtsreform in Permanenz, AG 1994, 336; *ders.*, Bemerkungen zu allgemeinen Fragen des Referentenentwurfs eines Umwandlungsgesetzes, ZGR 1993, 334.

I. Allgemeines

1. Sinn und Zweck der Norm

1 § 1 regelt den **Anwendungsbereich** des UmwG. Abs. 1 setzt ihn in sachlicher, persönlicher und räumlicher Hinsicht fest. Abs. 2 begrenzt den Anwendungsbereich zusätzlich, indem er einen *numerus clausus* der Umwandlungsarten des UmwG festschreibt. Zudem ist ihm ein **Analogieverbot** zu entnehmen. Abs. 3 bestimmt die Regeln des UmwG zu **zwingendem Recht** und beschränkt die Privatautonomie der an einer Umwandlung beteiligten Rechtsträger zum Schutz von Gläubigern und Minderheitsgesellschaftern sowie zur Erhöhung der Rechtssicherheit.

2. Entstehungsgeschichte

2 Die Vorschrift findet sich erstmals im geltenden UmwG. Sie hat in der Geschichte des Umwandlungsrechts kein Vorbild.

3. Rechtstatsachen

3 Die Gesetzesbegründung[1] nennt drei **Ziele**, die mit dem UmwG verwirklicht werden sollen: die **Zusammenfassung und Systematisierung** bereits vorher bestehender Um-

---

[1] RegBegr. *Ganske* S. 13; *Ganske* WM 1993, 1117.

wandlungsmöglichkeiten, die **Erweiterung der Möglichkeiten** zur Umstrukturierung sowie eine **Verbesserung des Anlegerschutzes**[2]. Diese Ziele hat das UmwG weitgehend verwirklicht[3].

Zwar scheint das UmwG mit seinen 325 Vorschriften durch die Verwendung einer **Vielzahl von Verweisungen** auf den ersten Blick unübersichtlich zu sein, tatsächlich folgt der Gesetzesaufbau jedoch einem klaren Baukastenprinzip[4]. Der Anwendungsbereich des UmwG erfasst keine alltäglichen Umstrukturierungsmaßnahmen[5]. Das UmwG ist seinem Zweck nach nur für **außergewöhnliche Umstrukturierungen** bestimmt, denen sich ein Rechtsträger nur selten und allenfalls in größeren zeitlichen Abständen unterzieht[6]. 4

Diese Zielrichtung des UmwG sowie die von ihm verfolgten Schutzzwecke und die Komplexität der in ihm geregelten Umstrukturierungsmaßnahmen stellen höchste Ansprüche an das Gesetz. Deren Erfüllung war nur durch ein umfassendes Werk mit detaillierten Reglungen und somit am Besten auf dem vom Gesetzgeber gewählten Weg zu sichern[7]. 5

Die vom UmwG angebotenen Wege zur Umstrukturierung sollten ausschließlich solchen Umwandlungsvorgängen vorbehalten bleiben, die der Gesetzgeber zu regeln beabsichtigt hat. Sie sollten nicht bei Umstrukturierungen mit geringem Ausmaß beschritten werden. Für solche Maßnahmen, die Aufgaben der täglichen Geschäftsführung gleichen, empfiehlt sich der idR kostengünstigere und flexiblere Weg der herkömmlichen Umstrukturierungsmethoden[8]. 6

Enttäuscht hat das UmwG in den Regelungen zur **Unternehmensspaltung**. Es bringt kaum Erleichterungen im Vergleich zu den zuvor üblichen Hilfskonstruktionen im Wege der Einzelrechtsnachfolge[9]. Ursache sind sehr viele Vorschriften zum Schutz von Gläubigern und Anteilseignern[10] sowie steuerrechtliche Hindernisse[11]. 7

4. Reformvorhaben

Während der Beratungen im Bundestag war vorgeschlagen worden, auch den nicht in das Handelsregister eingetragenen Einzelkaufmann als umwandlungsfähigen Rechtsträger vorzusehen[12]. Der Antrag wurde wegen mangelnden Bedürfnisses abgelehnt. Ein nicht eingetragener Einzelkaufmann kann sich durch Eintragung in das Handelsregister[13] zum umwandlungsfähigen Rechtsträger iSd. UmwG machen. 8

---

[2] Siehe Einl. A Rn 25 f.; *Neye* ZIP 1994, 165, 166.
[3] So auch *Trölitzsch* DStR 1999, 764, 769; trotz einiger Kritikpunkte im Ergebnis *Bayer* ZIP 1997, 1613, 1626; vgl. auch *Schwarz* DStR 1994, 1694, 1704, der das UmwG schon vor seinem Inkrafttreten als „großen Wurf" des Gesetzgebers bezeichnete.
[4] Vgl. *Bayer/Wirth* ZIP 1996, 817 ff.; *Zöllner* AG 1994, 336, 340; ausführlich zum „Baukastenprinzip" Einl. A Rn 51 ff.
[5] *K. Schmidt* ZGR 1990, 580, 583, 584 f.
[6] *K. Schmidt* GesR § 13 I 1 b.).
[7] *Neye* in Lutter Umwandlungsrechtstage S. 1, 10.
[8] *Kallmeyer* ZIP 1994, 1746, 1749; *Heermann* ZIP 1998, 1249, 1253 f.; *Lutter/Leinekugel* ZIP 1999, 261, 265; *dies.* ZIP 1998, 805, 806; siehe Einl. A Rn 82 ff.
[9] *Ganske* WM 1993, 1117, 1117; siehe auch *Bayer* ZIP 1997, 1613, 1613; *Heckschen* DB 1998, 1385, 1396; *Schwarz* DStR 1994, 1694, 1696, 1699; *Mayer* DB 1995, 861, 861.
[10] Insbesondere § 132 wurde von Teilen der Literatur kritisiert und sogar ausdrücklich als „Spaltungsbremse" bezeichnet; so *Mayer* GmbHR 1996, 403 ff.; ähnlich *Heidenhain* ZIP 1995, 801, 805; *ders.* EuZW 1995, 327, 330; aA *Teichmann* in Lutter § 132 Rn 12 ff. Das Zweite Gesetz zur Änderung des UmwG hat § 132 mittlerweile aufgehoben, vgl. RegBegr. BT-Drucks. 16/2919 S. 19.
[11] Siehe § 15 UmwStG; zum Umwandlungssteuerrecht siehe Anh. UmwStG.
[12] Siehe hierzu die Stellungnahme des Bundesrats und die Gegenäußerung der Bundesregierung, die auf die regelmäßig zu geringe Größe nicht eingetragener Einzelkaufleute hinweist, bei RegBegr. *Ganske* S. 42.
[13] Siehe *Karollus* in Lutter § 152 Rn 25; zur Eintragung ins Handelsregister §§ 1, 2, 3, 5, 8 ff. HGB.

II. Anwendungsbereich des UmwG (Abs. 1)

1. Begriff der Umwandlung[14]

9 Der Begriff der Umwandlung findet im UmwG keine ausdrückliche Definition. Fehlerhaft wäre es, ihn mit dem weiten vorgesetzlichen Umwandlungsbegriff gleichzusetzen, der nahezu jede Umstrukturierung von Unternehmen erfasste[15]. Aus Abs. 1 lässt sich entnehmen, dass der Umwandlungsbegriff des UmwG **Oberbegriff** für die im Gesetz geregelten Umwandlungsarten ist[16]. Eine Definition des Umwandlungsbegriffs lässt sich aus den **Gemeinsamkeiten der** vier im UmwG **geregelten Umwandlungsarten** ableiten[17].

10 Eine Umwandlung kann verstanden werden
– als Umstrukturierung von Unternehmen durch Übergang von Vermögen von einem oder mehreren übertragenden Rechtsträgern auf einen oder mehrere übernehmende Rechtsträger im Wege der **Gesamt- oder Sonderrechtsnachfolge** bei gleichzeitiger Übertragung von Anteilen an den übernehmenden Rechtsträgern auf die übertragenden Rechtsträger bzw. deren Gesellschafter und/oder Gewährung einer sonstigen Gegenleistung oder
– als Rechtsformänderung unter **Beibehaltung der Identität** des Rechtsträgers und ohne Vermögensübertragung[18].

11 Umwandlungen iSd. UmwG zeichnen sich dadurch aus, dass **keine Vermögensübertragung mit Einzelrechtsnachfolge** nach allgemeinen Vorschriften stattfindet. Das UmwG weicht somit vom allgemeinen Rechtsgrundsatz des deutschen Zivilrechts ab, dass Rechte und Verbindlichkeiten nur im Wege der Einzelrechtsnachfolge übertragen werden können[19].

12 Das UmwG ermöglicht eine **Gesamtrechtsnachfolge**[20]. Die Beteiligten können Vermögensgegenstände ohne die Zustimmung der betroffenen Gläubiger übertragen[21]. Dies ergibt sich für die übertragenden Umwandlungsarten aus der Formulierung „als Ganzes" in den sie definierenden Vorschriften sowie insbesondere aus den im Gesetz[22] geregelten Rechtsfolgen.

13 Beim Formwechsel ist dieses Prinzip trotz einer fehlenden Vermögensübertragung durch die Wahrung der **Identität des Rechtsträgers**[23] verankert.

14 Eine weitere Gemeinsamkeit finden alle Umwandlungsarten des UmwG in dem **Verzicht** auf die Durchführung einer **Liquidation** der erloschenen Rechtsträger[24]. Dieser Verzicht ergibt sich aus der Gesamtrechtsnachfolge.

15 Schließlich ist allen Umwandlungsarten das Phänomen der **Anteilskontinuität** gemeinsam. Beim Umwandlungsvorgang werden weder Anteile übertragen, noch findet eine Zeich-

---

[14] Siehe dazu auch Einl. A Rn 2 f.
[15] *Kallmeyer* in Kallmeyer Rn 1.
[16] *Schnorbus* DB 2001, 1654, 1656; *Schwarz* DStR 1994, 1694, 1695; irreführend ist hier die vom Gesetzgeber in den §§ 192, 193 gebrauchte Terminologie. Hier ist die Rede vom Umwandlungsbeschluss bzw. -bericht, gemeint sind jedoch Vorgänge innerhalb der Umwandlungsart Formwechsel; kritisch zur Begrifflichkeit *Zöllner* AG 1994, 336, 340.
[17] Ob die hier versuchte Definition – und andere Definitionsversuche – überhaupt rechtliche Bedeutung haben, bleibe dahingestellt.
[18] *Lutter/Leinekugel* ZIP 1999, 261, 261; *Hörtnagl* in Schmitt/Hörtnagl/Stratz Rn 1; anders *Heckschen* in Widmann/Mayer Rn 19, der sich mit dem Oberbegriff „Umwandlung" begnügt.
[19] *Schwarz* DStR 1994, 1694, 1697 f.; *Schaumburg/Rödder* Einf. UmwG Rn 15.
[20] Vgl. dazu *K. Schmid* GesR § 12 IV 3.
[21] Vgl. nur die Regelungen zur Schuldübernahme §§ 414 ff. BGB.
[22] §§ 20 Abs. 1 Nr. 1, 131 Abs. 1 Nr. 1 und 176 Abs. 3.
[23] Siehe insbes. § 202 Abs. 1 Nr. 1, sowie *K. Schmidt* GesR § 12 IV 2.
[24] *Kallmeyer* in Kallmeyer Rn 4 weist darauf hin, dass dies kein eindeutiges Abgrenzungskriterium zu sonstigen Arten von Änderungen an Rechtsträgern darstellt; auch bei der Anwachsung und der Realteilung finde keine Abwicklung statt.

nung neuer Anteile statt. Die Anteile am ursprünglichen Rechtsträger setzen sich nach der Umwandlung kraft Gesetzes in Anteilen am neuen, am übernehmenden oder an dem in seiner Rechtsform gewandelten Rechtsträger fort.

Zumeist zeichnen sich Umwandlungen iSd. UmwG durch die **Identität der Anteilsinhaber** vor und nach der Umwandlung aus[25]. Einen Ausnahmefall bildet ein Formwechsel, an dem eine KGaA beteiligt ist[26]. Mit der Umwandlung treten persönlich haftende Gesellschafter in die Gesellschaft ein oder aus der Gesellschaft aus.

2. Rechtsträger

Abs. 1 legt fest, dass nur Rechtsträger mit Sitz im Inland, die in späteren Vorschriften einzeln benannt werden[27], umgewandelt werden können.

a) Begriff und Bedeutung. Im Gegensatz zum Diskussionsentwurf[28] verwendet Abs. 1 zur Benennung der Umwandlungsobjekte nicht den Begriff des Unternehmens, sondern den des **Rechtsträgers**. Dieser weite Begriff wird dadurch relativiert, dass die vom Gesetz erfassten Rechtsträger zu den einzelnen Umwandlungsarten jeweils im Einzelnen in Spezialnormen festgelegt sind[29]. Der Gesetzgeber statuiert zugleich einen *numerus clausus* umwandlungsfähiger Rechtsträger für jede Umwandlungsart[30].

Durch die Verwendung des **Begriffs Rechtsträger** soll verdeutlicht werden, dass das Umwandlungsrecht weder personell noch sachlich das Unternehmen erfasst[31]. Subjekt der Umwandlung ist der Rechtsträger, das Vermögen ist Objekt der Umwandlung[32].

Rechtsträger ist jeder Vollinhaber eines Rechts[33], also jede Rechtseinheit, die **Träger von Rechten und Pflichten** sein kann, ohne Rücksicht darauf, ob sie rechtlich verselbstständigt ist oder nicht[34].

Ohne Bedeutung ist, ob der Rechtsträger ein **Unternehmen im betriebswirtschaftlichen oder rechtlichen Sinn** betreibt. Entscheidend ist allein, dass eine im Rechtsverkehr auftretende juristische Einheit, die einen Rechtsträger iSd. *numerus clausus* der jeweiligen Umwandlungsart darstellt, am Umwandlungsvorgang beteiligt ist[35].

Unbeachtlich für die Umwandlungsfähigkeit eines Rechtsträgers ist auch, ob er **selbst ein Unternehmen** betreibt oder ob der an der Umwandlung beteiligte Rechtsträger lediglich **Muttergesellschaft von Unternehmen** im betriebswirtschaftlichen Sinn ist[36]. In letzterem

---

[25] *Kallmeyer* GmbHR 1996, 80 ff.; vgl. *ders.* in Kallmeyer Rn 6.
[26] §§ 218 Abs. 2, 221 für den Formwechsel in eine KGaA sowie §§ 236, 233 Abs. 3 Satz 3, 247 Abs. 2, 255 Abs. 3 für den Fall der formwechselnden KGaA.
[27] Siehe Rn 26 f. und die Bestimmungen im Zweiten, Dritten, Vierten und Fünften Buch des Gesetzes.
[28] § 1 DiskE UmwBerG, Beilage Nr. 214 a zum BAnz. vom 15. 11. 1988; ZIP-aktuell 1988, A 117, Nr. 425; zusammenfassende Darstellung bei *Eder* GmbHR 1989, R 17 ff.; *K. Schmidt* GesR § 12 IV 1.
[29] *Lutter/Drygala* in Lutter Rn 4.
[30] *Sagasser* in Sagasser/Bula/Brünger B Rn 12.
[31] Siehe auch § 3 Rn 3; *Heckschen* in Widmann/Mayer Rn 32; *Hörtnagl* in Schmitt/Hörtnagl/Stratz Rn 2; unklar *Lutter/Drygala* in Lutter Rn 4.
[32] Siehe dazu auch § 3 Rn 3.
[33] RegBegr. *Ganske* S. 13.
[34] RegBegr. DStR 1994, 1694, 1695; *Hörtnagl* in Schmitt/Hörtnagl/Stratz Rn 2. Der Begriff knüpft also nicht an die juristische Terminologie der früheren DDR an, vgl. *Schaumburg/Rödder* Einf. UmwG Rn 6; *Stengel* in Haritz/Benkert Einf. Rn 10.
[35] RegBegr. *Ganske* S. 13; *Schwarz* DStR 1994, 1694, 1695; *Neye* in Lutter Umwandlungsrechtstage S. 1, 7, der darauf verweist, dass die Fälle, in denen ausnahmsweise tatsächlich ein Unternehmen betrieben werden muss, ausdrücklich im Gesetz geregelt sind; vgl. §§ 152, 161, 168; *Wertenbruch* ZIP 1995, 712, 714; *Sagasser* in Sagasser/Bula/Brünger B Rn 12; *Stengel* in Haritz/Benkert Einf. Rn 10.
[36] Insofern unverständlich, RegBegr. *Ganske* S. 13.

Fall kann die Umwandlung von Tochter- oder Muttergesellschaft Auswirkungen auf das Fortbestehen eines Unternehmensvertrags zwischen diesen beiden haben[37].

23 Rechtsträger können bei einer Umwandlung mit Vermögensübergang als übertragende und als übernehmende Rechtsträger beteiligt, also **in jeder Hinsicht umwandlungsfähig** sein. Die umwandlungsfähigen Rechtsträger sind im Gesetz einzeln aufgeführt[38]. Bei einer Umwandlung ohne Vermögensübergang (Formwechsel) schreibt das Gesetz ebenfalls vor, wer Rechtsträger eines solchen Vorgangs sein kann[39].

24 Andere Rechtsträger können entweder nur als übertragende oder nur als übernehmende Rechtsträger an einer Umwandlung beteiligt sein. Auch die **Rechtsträger mit eingeschränkter Umwandlungsfähigkeit** sind mit dem Umfang ihrer jeweiligen Umwandlungsfähigkeit im Gesetz aufgeführt[40].

25 Als **Rechtsträger** kommen in Betracht:
- **Personenhandelsgesellschaften:**
  - offene Handelsgesellschaften;
  - Kommanditgesellschaften;
  - Europäische wirtschaftliche Interessenvereinigung[41];
- **Partnerschaftsgesellschaften;**
- **Kapitalgesellschaften:**
  - Aktiengesellschaften
  - Europäische Gesellschaften (SE)[42];
  - Kommanditgesellschaften auf Aktien;
  - Gesellschaften mit beschränkter Haftung;
- **eingetragene Genossenschaften;**
- **Europäische Genossenschaften (SCE)**[43]
- **genossenschaftliche Prüfungsverbände;**
- **eingetragene Vereine;**
- **wirtschaftliche Vereine;**
- **Versicherungsvereine auf Gegenseitigkeit;**
- **natürliche Personen;**
- **Stiftungen;**
- **Körperschaften öffentlichen Rechts;**
- **Gesellschaften bürgerlichen Rechts;**
- **Erbengemeinschaften;**
- **Partenreedereien.**

26 b) **Umwandlungsfähige Rechtsträger.** An einer Umwandlung mit Vermögensübergang können sowohl als übertragende als auch als übernehmende oder als neue Rechtsträger beteiligt sein:
- **an einer Verschmelzung:**
  - Personenhandelsgesellschaften;

---

[37] Eine umfangreiche Bearbeitung dieses Problems findet sich bei *Emmerich/Habersack* § 297 AktG Rn 36 ff.; für Details siehe auch § 20 Rn 29.
[38] §§ 3 (Verschmelzung); 124 (Spaltung); 175 (Vermögensübertragung).
[39] § 191 (Formwechsel).
[40] §§ 3 Abs. 2, 3 (Verschmelzung); 124 Abs. 1, 2. Alt., 4. Alt., Abs. 2 (Spaltung); 191 Abs. 2 (Formwechsel).
[41] § 1 EWIV Ausführungsgesetz erklärt die Regeln der OHG für die EWIV für anwendbar; *Bayer* ZIP 1997, 1613, 1613; *H. Schmidt* in Lutter § 39 Rn 12 mwN; *Heckschen* DB 1998, 1385, 1385; *Sagasser* in Sagasser/Bula/Brünger B Rn 13; *Lutter/Drygala* in Lutter § 3 Rn 4; *Heckschen* in Widmann/Mayer Rn 60.
[42] Zur Europäischen Gesellschaft (SE) siehe Einl. C Rn 55 ff.
[43] Zur Europäischen Genossenschaft (SCE) siehe Einl. C Rn 64 ff.

- Partnerschaftsgesellschaften;
- Kapitalgesellschaften;
- eingetragene Genossenschaften;
- eingetragene Vereine[44];
- genossenschaftliche Prüfungsverbände;
- Versicherungsvereine auf Gegenseitigkeit;
- **an einer Spaltung:**
  - alle Rechtsträger, die an einer Verschmelzung als übertragende, übernehmende oder neue Rechtsträger beteiligt sein können[45];
- **an einem Formwechsel** können sowohl als formwechselnde Rechtsträger als auch als Rechtsträger neuer Rechtsform beteiligt sein:
  - Personenhandelsgesellschaften;
  - Partnerschaftsgesellschaften;
  - Kapitalgesellschaften;
  - eingetragene Genossenschaften.

c) **Rechtsträger mit eingeschränkter Umwandlungsfähigkeit.** Entweder nur als übertragende oder nur als übernehmende Rechtsträger können an einer Umwandlung mit Vermögensübergang beteiligt sein:
- **an einer Verschmelzung:**
  - als übertragende Rechtsträger:
    - wirtschaftliche Vereine[46];
  - als übernehmende Rechtsträger:
    - natürliche Personen, die als Alleingesellschafter einer Kapitalgesellschaft deren Vermögen übernehmen[47];
- **an einer Auf- oder Abspaltung:**
  - als übertragende Rechtsträger:
    - wirtschaftliche Vereine;
- **an einer Ausgliederung:**
  - als übertragende Rechtsträger:
    - wirtschaftliche Vereine;
    - Einzelkaufleute, die im Handelsregister eingetragen sind[48];
    - Stiftungen;
    - Gebietskörperschaften;
    - Zusammenschlüsse von Gebietskörperschaften, die nicht Gebietskörperschaften sind.
- **Rechtsträger eines Formwechsels mit eingeschränkter Umwandlungsfähigkeit können sein:**
  - als formwechselnde Rechtsträger:
    - rechtsfähige Vereine;
    - Versicherungsvereine auf Gegenseitigkeit;
    - Körperschaften und Anstalten des öffentlichen Rechts;
  - als Gesellschaft neuer Rechtsform:
    - Gesellschaften des bürgerlichen Rechts[49].

---

[44] § 21 BGB.
[45] § 125.
[46] § 22 BGB.
[47] Siehe auch § 120 Rn 15; *Neye* in Lutter Umwandlungsrechtstage S. 1, 9; *Streck/Mack/Schwedhelm* GmbHR 1995, 161, 170; *Heckschen* DB 1998, 1385, 1398.
[48] § 124 Abs. 1, § 152; siehe dazu § 152 Rn 19 ff.
[49] Vgl. § 191 Abs. 2 Nr. 1.

28 **Aufgelöste Rechtsträger** können an einer Verschmelzung als übertragende Rechtsträger, nicht aber als übernehmende Rechtsträger beteiligt sein[50].

29 **d) Rechtsträger mit gesetzlich festgelegter Umwandlungsfähigkeit.** Vermögensübertragungen und zwar als Vollübertragungen oder als Teilübertragungen sind nur in besonderen Fällen zwischen den im Gesetz genannten Rechtsträgern möglich[51]:
- von einer Kapitalgesellschaft auf den Bund, ein Land, eine Gebietskörperschaft oder einen Zusammenschluss von Gebietskörperschaften;
- innerhalb von Versicherungsunternehmen:
  - von einer Versicherungs-Aktiengesellschaft auf
    - Versicherungsvereine auf Gegenseitigkeit;
    - öffentlich-rechtliche Versicherungsunternehmen;
  - von einem Versicherungsverein auf Gegenseitigkeit auf
    - Versicherungs-Aktiengesellschaften;
    - öffentlich-rechtliche Versicherungsunternehmen;
  - von einem öffentlich-rechtlichen Versicherungsunternehmen auf
    - Versicherungs-Aktiengesellschaften;
    - Versicherungsvereine auf Gegenseitigkeit.

30 **e) Rechtsträger ohne Umwandlungsfähigkeit.** Nicht in den Anwendungsbereich des UmwG fallen nicht rechtsfähige Vereine, sowie nicht verselbstständigte Unternehmensteile wie Geschäftsbereiche, Zweigniederlassungen oder Betriebsstätten[52]. **Einzelkaufleute ohne Handelsregister-Eintragung** können nicht bei einer Umwandlung Rechtsträger sein. Auch wenn Einzelkaufleute zulässig übertragende Rechtsträger einer Ausgliederung sind, bedarf es vor Wirksamwerden der Ausgliederung der Eintragung des Einzelkaufmanns in das Handelsregister[53]; es ist ausreichend, wenn die Registeranmeldung gleichzeitig mit der Anmeldung der Ausgliederung erfolgt[54].

31 **f) Erbengemeinschaften.** Problematisch ist die Umwandlungsfähigkeit von **Erbengemeinschaften**. Diese sind im Umwandlungsgesetz nicht unter den umwandlungsfähigen Rechtsträgern genannt.

32 Erbengemeinschaften können nicht an einer **Verschmelzung** beteiligt sein[55].

33 Obwohl im Gesetzgebungsverfahren teilweise gefordert worden war, Erbengemeinschaften, die ein Unternehmen des Erblassers fortführen, die Möglichkeit einer Umwandlung nach Maßgabe des **Formwechsels** zu eröffnen[56], sind diese keine formwechselfähigen Rechtsträger. Dies folgt schon aus der Natur der Erbengemeinschaft, die lediglich eine für eine gewisse Übergangszeit bestehende Rechtsform für die gemeinschaftliche Innehabung eines Sondervermögens ist.

34 Die Möglichkeit eines Formwechsels brauchte für Erbengemeinschaften nicht eröffnet zu werden. Denn nach § 2033 BGB können die Miterben ihre Vermögensanteile als Nachlass simultan auf einen neu zu gründenden Rechtsträger übertragen, womit die Erbengemeinschaft endet, ohne dass die Erbenstellung der Miterben hiervon berührt wird[57].

---

[50] Vgl. § 3 Abs. 3; *Bayer*, Anm. zu *OLG Naumburg*, Beschluss vom 12. 2. 1997 EWiR § 3 UmwG 1/97, 807.

[51] § 175.

[52] Vgl. *Sagasser* in Sagasser/Bula/Brünger B Rn 12 ff.; *Heckschen* in Widmann/Mayer Rn 87.

[53] Siehe auch § 152 Rn 19 ff.; *Karollus* in Lutter § 152 Rn 25.

[54] *Karollus* in Lutter § 152 Rn 25.

[55] *Lutter/Drygala* in Lutter § 3 Rn 5; *Marsch-Barner* in Kallmeyer § 3 Rn 2; *Heckschen* in Widmann/Mayer A Rn 83, differenzierter *K. Schmidt*, FS Kropff, S. 261, 266.

[56] Stellungnahme des *Handelsrechtsausschusses des Deutschen Anwaltvereins e. V.* zum Referentenentwurf eines Gesetzes zur Bereinigung des Umwandlungsrechts, WM 1993, Sonderbeilage 2, Rn 131; *Schnorbus* DB 2001, 1654, 1657; siehe auch die Kritik von *K. Schmidt* ZGR 1990, 580, 592.

[57] *Edenhofer* in Palandt § 2033 BGB Rn 3, 6.

Arten der Umwandlung; gesetzliche Beschränkungen

Auch an einer **Spaltung** können Erbengemeinschaften nicht beteiligt sein. 35

Sinnvoll erscheint aber, Erbengemeinschaften, die einen Einzelkaufmann beerben, die 36 Möglichkeit der **Ausgliederung** zu eröffnen[58]. Erbengemeinschaften haben zwar zunächst nicht die vom Gesetz[59] geforderte Kaufmannsqualität[60]. Sie werden aber handelsrechtlich einem Einzelunternehmer gleichgestellt[61]. Sie sind als Rechtsnachfolger eines Einzelkaufmanns Rechtsträger eines vollkaufmännischen Unternehmens. Die Grundwertungen des Umwandlungsrechts, die jedenfalls allen vollkaufmännischen Rechtsträgern die Umwandlung ermöglichen, sprechen für eine Umwandlungsfähigkeit von Erbengemeinschaften[62]. Sofern die Erbengemeinschaft ein Unternehmen geerbt hat, ist sie iSd. § 152 als Einzelkaufmann anzusehen[63].

g) **Partenreedereien**[64]. Zweifelhaft ist, ob eine Partenreederei ein umwandlungsfähiger 37 Rechtsträger ist. Hiergegen spricht, dass Partenreedereien im *numerus clausus* der umwandlungsfähigen Rechtsträger für keine Umwandlungsform genannt sind[65].

Die Möglichkeiten der Umwandlung von Partenreedereien sind auf Grund tatsächlicher 38 Zwänge sehr beschränkt. Eine Umwandlung unter Beteiligung einer Partenreederei ist nur denkbar, wenn die Partenreederei ihr Schiff[66] im Wege der Verschmelzung auf einen Rechtsträger anderer Rechtsform übertragen will. Eine zweite denkbare Umwandlungsalternative für die Partenreederei stellt der Formwechsel in eine andere Rechtsform dar.

Die Partenreederei wird im Schrifttum vereinzelt als Handelsgesellschaft angesehen[67]. Sie 39 ist soweit rechtlich verselbstständigt, dass sie als Trägerin eines Unternehmens angesehen werden kann[68].

Einer Behandlung der Partenreederei als Handelsgesellschaft steht jedoch die eindeutige 40 gesetzliche Wertung des § 489 Abs. 2 HGB entgegen, der die Partenreederei den Handelsgesellschaften gegenüberstellt und damit klarstellt, dass die Partenreederei keine Handelsgesellschaft ist[69]. Demzufolge kommt die Umwandlung einer Partenreederei nicht in Betracht.

3. Sitzabhängigkeit des Rechtsträgers

Abs. 1 berechtigt ausschließlich Rechtsträger mit Sitz im Inland zur Umwandlung. In 41 Umsetzung der Verschmelzungsrichtlinie hat der Gesetzgeber nunmehr Kapitalgesellschaf-

---

[58] *K. Schmidt*, FS Kropff, S. 261, 267.
[59] § 152.
[60] *Mayer* in Widmann/Mayer § 152 Rn 32; *Hopt* § 1 HGB Anm. 6 b.
[61] BGH NJW 1985, 136, 137 mit Anm. *K. Schmidt*; *ders.* HandelsR § 5 I 3 b; andere sehen in der Erbengemeinschaft eine Personenhandelsgesellschaft, statt vieler *Fischer* ZHR 144 (1980) 1, 16.
[62] *Karollus* in Lutter § 152 Rn 16, *K. Schmidt* GesR § 13 I 3 c, Beispiel Nr. 3; *Karollus* in Lutter Umwandlungsrechtstage S. 157, 188 f.; so bereits *Damrau* NJW 1985, 2236, 2239 und bereits damals vorsichtig in dieselbe Richtung *K. Schmidt* NJW 1985, 2785, 2786; aA *Hörtnagl* in Schmitt/Hörtnagl/Stratz § 152 Rn 4; *Mayer* in Widmann/Mayer § 152 Rn 30.
[63] Siehe im Einzelnen § 152 Rn 24 ff.; *Karollus* in Lutter Umwandlungsrechtstage S. 157, 189; *ders.* in Lutter § 152 Rn 16; iE auch *K. Schmidt*, FS Kropff, S. 261, 268; dagegen *Mayer* in Widmann/Mayer § 152 Rn 32 f.; zum Analogieverbot siehe Rn 61 ff.
[64] Legaldefinition in § 489 Abs. 1 HGB; umfassend zu Partenreedereien *Bote* in MünchHdbGesR Bd. 1 §§ 87 bis 93, sowie *Prüßmann/Rabe* § 489 HGB.
[65] *K. Schmidt* ZGR 1990, 580, 591 vermutet die fehlende Registerpublizität als Grund für ihre Nichtbeachtung im UmwG.
[66] Die Partenreederei ist nach § 489 Abs. 1 HGB durch zwei Elemente geprägt, nämlich durch das mehreren Personen gemeinschaftlich gehörende Schiff und durch seine Widmung zum Seerecht.
[67] *K. Schmidt*, Die Partenreederei als Handelsgesellschaft, 1995, S. 124 ff.; *ders.* GesR § 65 I 3; aA *Wüstendörfer*, Neuzeitliches Seehandelsrecht, 2. Aufl. 1950, § 15 IV 4.
[68] *Bote* in MünchHdbGesR Bd. 1 § 87 Rn 30, *K. Schmidt* GesR § 64 I 3; *ders.* HandelsR § 5 I 3; *Dissars/Dissars* RIW 1997, 754, 754.
[69] *Prüßmann/Rabe* § 489 HGB B 1 b); *Dissars/Dissars* RIW 1997, 754, 754.

ten grenzüberschreitende Verschmelzungen ermöglicht (§§ 122 a–122 l)[70]. Andere Vorgänge sind nicht Gegenstand des Gesetzes. Das UmwG verbietet im Übrigen grenzüberschreitende Umwandlungen nicht, sondern klammert ihre Regelung lediglich aus.

42 **Inland** ist das Gebiet der Bundesrepublik Deutschland. Dies ist eindeutig. Dazu, wie sich der „Sitz" im Inland bestimmen soll, und zur Behandlung grenzüberschreitender Umwandlungen siehe Einl C[71].

4. Geregelte Umwandlungsarten

43 Abs. 1 zählt mit der Verschmelzung, Spaltung, Vermögensübertragung und dem Formwechsel abschließend die vier Arten der Umwandlung auf, die vom UmwG erfasst werden. Ausführlich dargestellt sind die Umwandlungsarten im Zweiten bis Fünften Buch. Es soll aber bereits hier ein kurzer Überblick über ihre Besonderheiten und Gemeinsamkeiten gegeben werden.

44 **a) Verschmelzung (Nr. 1).** Eine Verschmelzung iSd. UmwG setzt voraus, dass das gesamte Vermögen eines oder mehrerer Rechtsträger (übertragende Rechtsträger)
– auf einen anderen, bereits bestehenden Rechtsträger (Verschmelzung durch Aufnahme) oder
– auf einen neu gegründeten Rechtsträger (Verschmelzung durch Neugründung)
unter Auflösung ohne Abwicklung des übertragenden Rechtsträgers übergeht. Den Anteilsinhabern der übertragenden Rechtsträger werden zwingend Anteile an dem übernehmenden Rechtsträger gewährt.

45 Der Gesetzgeber eröffnet erstmalig die Möglichkeit der Verschmelzung von eingetragenen **Genossenschaften** mit Rechtsträgern anderer Rechtsformen[72].

46 Das Gesetz[73] beantwortet zugunsten der Verschmelzungsmöglichkeit die lange umstrittene Frage, ob bei einer Verschmelzung zur Aufnahme gleichzeitig mehrere **Rechtsträger auf einen Übernehmer** verschmelzen können, indem es ausdrücklich von einem oder mehreren Rechtsträgern spricht[74].

47 **b) Spaltung (Nr. 2).** Die Spaltung (Realteilung) stellt die bedeutendste **Neuregelung** des UmwG dar. Vor Erlass des UmwG konnten Abspaltungen von Vermögensteilen nur im Wege der Übertragung einzelner Gegenstände und der Überleitung einzelner Verbindlichkeiten erfolgen[75]. Die Spaltung ist im Gesetz nicht allgemein definiert, sie zerfällt in drei Unterarten[76]:
– Aufspaltung;
– Abspaltung;
– Ausgliederung.

48 *aa) Aufspaltung*[77]. Die Aufspaltung stellt das Gegenstück zur Verschmelzung dar. Bei ihr wird das **gesamte Vermögen** des Rechtsträgers ohne Liquidation in der Weise aufgelöst, dass die Vermögensteile im Wege einer Sonderrechtsnachfolge auf mindestens zwei bereits

---

[70] Zweites Gesetz zur Änderung des UmwG vom 19.4.2007, BGBl. I S. 542; siehe Einl. C Rn 18 ff. und §§ 122 a ff.
[71] Einl. C Rn 18 ff.
[72] Siehe § 79 Rn 1; *Neye* in Lutter Umwandlungsrechtstage S. 1, 2; *Ganske* WM 1993, 1117, 1117; *Schwarz* DStR 1994, 1694, 1695; *Streck/Mack/Schwedhelm* GmbHR 1995, 161, 170; *Lutter/Drygala* in Lutter § 3 Rn 23; *Fronhöfer* in Widmann/Mayer § 2 Rn 11 ff.
[73] § 2 Nr. 1.
[74] Zum alten Streitstand *Dehmer*[1] § 19 KapErhG Rn 4.
[75] RegBegr. *Ganske* S. 44; *Ganske* WM 1993, 1117, 1117; siehe auch *Bayer* ZIP 1997, 1613, 1613; *Heckschen* DB 1998, 1385, 1396; *Schwarz* DStR 1994, 1694, 1696, 1699.
[76] Siehe auch § 123 Rn 11 ff.
[77] Vgl. Art. 2 Abs. 1, 21 Abs. 1 SpaltRL.

bestehende oder neu gegründete Rechtsträger übergehen. Man kann mithin wie bei der Verschmelzung zwischen einer Aufspaltung durch Aufnahme und einer Aufspaltung durch Neugründung unterscheiden[78]. Die Anteilseigner bleiben identisch. Sie werden an den übernehmenden oder neu entstehenden Rechtsträgern beteiligt[79].

Dieser Vorgang hatte bereits als „**Teilung**" landwirtschaftlicher Produktionsgenossenschaften in den §§ 4 bis 12 des Landwirtschaftsanpassungsgesetzes[80] sowie als Aufspaltung zur Neugründung in dem Gesetz über die Spaltung der von der **Treuhandanstalt** verwalteten Unternehmen (SpTrUG)[81] für bestimmte Rechtsträger Eingang in das deutsche Recht gefunden[82]. **49**

bb) Abspaltung[83]. Bei der Abspaltung wird nicht das gesamte Vermögen des alten Rechtsträgers übertragen. Der alte **Rechtsträger bleibt bestehen** und überträgt im Wege einer Sonderrechtsnachfolge Teile seines Vermögens, idR einen Betrieb oder mehrere Betriebsteile[84], auf einen oder mehrere bereits bestehende oder neu gegründete Rechtsträger. Auch hier kann folglich zwischen einer Abspaltung zur Aufnahme und einer Abspaltung zur Neugründung unterschieden werden. Die Anteilseigner bleiben identisch. Auch dieser Vorgang war bereits als Abspaltung zur Neugründung im SpTrUG zugelassen worden. **50**

cc) Ausgliederung. Die Ausgliederung führt zu einer Mutter-Tochter-Beziehung oder zu einem Konzernverhältnis. Das Vorgehen entspricht dem Verfahren bei der Abspaltung[85]. Die Anteile an den übernehmenden oder an neu gegründeten Rechtsträgern fallen hier jedoch in das Vermögen des alten Rumpfrechtsträgers. Wie bei allen Arten der Spaltung kann auch hier zwischen Ausgliederung zur Neugründung und Ausgliederung zur Aufnahme unterschieden werden. **51**

c) Vermögensübertragung (Nr. 3). Bei der Vermögensübertragung ist zwischen einer Vollübertragung und einer Teilübertragung zu unterscheiden. Die Vollübertragung erfolgt nach den Regeln der Verschmelzung. Die Teilübertragung ist im Wesentlichen als Spaltungsvorgang ausgestaltet[86]. **52**

Die Vermögensübertragung unterscheidet sich von Verschmelzung und Spaltung entscheidend dadurch, dass die Anteilsinhaber des übertragenden Rechtsträgers **keine Gegenleistung** in Form einer Beteiligung an den übernehmenden oder neu gegründeten Rechtsträgern erhalten. Stattdessen wird ihr Interesse an der Gewährung adäquaten **Vermögensausgleichs in anderer Form**, meist durch eine Barleistung, befriedigt. **53**

Der Arbeitskreis Umwandlungsrecht hatte sich hier für eine Bezeichnung als **Vermögensüberleitung** ausgesprochen, um eine deutlichere Abgrenzung von der in § 179 a AktG geregelten Vermögensübertragung zu gewährleisten[87]. Der Gesetzgeber ist diesem Vorschlag nicht gefolgt. **54**

d) Formwechsel (Nr. 4). Der Formwechsel unterscheidet sich von den sonstigen Arten der Umwandlung dadurch, dass **keine Vermögensübertragung** stattfindet. Die wirtschaftliche und rechtliche Identität des umgewandelten Rechtsträgers als Verband bleibt unberührt, **55**

---

[78] Siehe auch graphische Darstellung § 24 Rn 83.
[79] *Neye* in Lutter Umwandlungsrechtstage S. 1, 9; *Ganske* WM 1993, 1117, 1118; *Sagasser* in Sagasser/Bula/Brünger B Rn 5.
[80] IdF der Bekanntmachung vom 3. 7. 1991, BGBl. I 1991 S. 1418; siehe Einl. A Rn 33.
[81] Gesetz vom 5. 4. 1991, BGBl. I 1991 S. 854; siehe Einl. A Rn 34.
[82] Siehe Einl. A Rn 32 ff.; *Schaumburg/Rödder* Einf. UmwG Rn 9.
[83] Die Abspaltung ist in der SpaltRL nicht vorgesehen.
[84] *Sagasser* in Sagasser/Bula/Brünger B Rn 6.
[85] *Stengel* in Haritz/Benkert Einf. Rn 32.
[86] *Ganske* WM 1993, 1117, 1119; *Schwarz* DStR 1994, 1694, 1699; *Stengel* in Haritz/Benkert Einf. Rn 46.
[87] *Arbeitskreis Umwandlungsrecht* ZGR 1993, 321, 321.

es ändert sich lediglich seine äußere Form. Beteiligt am Formwechsel ist also im Unterschied zu den anderen Umwandlungsarten immer nur ein Rechtsträger.

56 **Identisch** bleibt grundsätzlich auch der **Personenkreis**, der vor und nach dem Rechtsformwechsel an dem Rechtsträger beteiligt ist[88]. IRd. Formwechsels findet sich jedoch der einzige vom Gesetz ausdrücklich anerkannte **Fall fehlender Anteilsinhaberidentität**[89]. Beim Formwechsel einer KGaA oder in eine KGaA können die persönlich haftenden Gesellschafter der KGaA mit dem Wirksamwerden des Formwechsels ausscheiden bzw. eintreten[90].

5. Strukturänderungen, die nicht im UmwG geregelt sind

57 Auch künftig können eine Reihe bisheriger Formen angewendet werden[91]. So kommen zB in Betracht:
– Einzelübertragung;
– Anwachsung[92];
– Realteilungen, Vereinigung oder Umgründung von Rechtsträgern;
– Verschmelzungen nach anderen Bundesgesetzen oder nach Landesrecht, zB Sparkassen[93].
Im Einzelnen wird auf die Ausführungen in der Einleitung[94] verwiesen.

III. Abschließende Erfassung der Umwandlungsfälle (Abs. 2)

1. Numerus clausus

58 Abs. 2 ordnet an, dass eine Umwandlung mit den sukzessionsrechtlichen Vorteilen des UmwG nur in den ausdrücklich im Gesetz normierten Fällen zulässig ist. Es besteht ein *numerus clausus* der Umwandlungsmöglichkeiten nach dem UmwG[95]. Die Aufzählung ist entsprechend des im Gesellschaftsrecht geltenden **Typenzwangs** abschließend[96]. Dadurch soll eine entsprechende Anwendung der Normen des UmwG auf Rechtsträger, die das Gesetz bewusst aus dem Kreis der umwandlungsfähigen Rechtsträger ausgeschlossen hat, ebenso wie die Schaffung neuer Umwandlungsarten verhindert werden. Offen bleibt die Möglichkeit, neue Umwandlungsformen ausdrücklich in Bundes- oder Landesgesetzen zu regeln.

59 Abs. 2 schließt, wie aus der Formulierung „Umwandlungen im Sinne dieses Gesetzes" folgt, **Umwandlungen anderer Art** nicht aus[97].

60 Das UmwG stellt mithin **lediglich ein Angebot** des Gesetzgebers dar[98], das nicht wahrgenommen werden muss, dessen Inanspruchnahme jedoch in bestimmten Fällen ratsam ist. Wenn sich die beteiligten Rechtsträger der Vorteile bedienen wollen, die das Gesetz und die mit ihm verbundenen steuerrechtlichen Regelungen mit sich bringen[99], müssen die zwingenden Vorschriften des UmwG beachtet werden.

---

[88] § 194 Abs. 1 Nr. 3.
[89] Siehe Rn 16.
[90] Dies folgt aus §§ 233 Abs. 3, 236, 247 Abs. 3, 221, 245 Satz 1.
[91] *Neye* in Lutter Umwandlungsrechtstage S. 1, 7; RegBegr. *Ganske* S. 44.
[92] § 105 Abs. 2 HGB, § 738 BGB; RegBegr. *Ganske* S. 44.
[93] Siehe § 79 Rn 5.
[94] Einl. A Rn 82 ff.
[95] RegBegr. *Ganske* S. 43 f.
[96] *Schnorbus* DB 2001, 1654, 1656; *Stengel* in Haritz/Benkert Einf. Rn 8.
[97] Siehe Rn 57; Einl. A Rn 82 ff.
[98] *Neye* in Lutter Umwandlungsrechtstage S. 1, 6; *Schwarz* DStR 1994, 1694, 1697.
[99] RegBegr. *Ganske* S. 44; vgl. die interessante Entscheidung des *BGH* ZIP 1994, 2134 ff., in der der BGH den Grundsatz durchbricht, dass eingetragene Umwandlungen nicht durch Mängel des Umwandlungsvorgangs berührt werden; dazu *K. Schmidt* ZIP 1998, 181 ff.; *Heckschen* DB 1998, 1365, 1385; *Trölitzsch* DStR 1999, 765, 766.

Arten der Umwandlung; gesetzliche Beschränkungen   61–64 § 1

2. Analogieverbot[100]

Dem abschließenden Charakter der Regelungen des UmwG ist zu entnehmen, dass eine analoge Anwendung der Normen nur in eingeschränktem Maße möglich sein kann[101]. Das in Abs. 2 neben dem *numerus clausus* der Umwandlungsarten verankerte Analogieverbot[102] soll verhindern, dass wirtschaftliche Umwandlungen um umwandlungsgesetzliche Prinzipien ergänzt werden und so die Möglichkeit einer nicht gesetzlich, sondern **rechtsgeschäftlich veranlassten Gesamtrechtsnachfolge** entsteht. Der Inhalt des Analogieverbots entspricht dem Sinn und Zweck des *numerus clausus* der Umwandlungsarten. 61

Das **Analogieverbot** steht mit eigenständigem Inhalt als **zweites Element des Abs. 2** neben dem *numerus clausus*. Das Gesetz will durch die abschließende Aufzählung der Umwandlungsmöglichkeiten die Praxis daran hindern, neue Umwandlungsvarianten zu entwickeln. Zusätzlich möchte es durch das Analogieverbot auch der Rechtsprechung verwehren, die gesetzlichen Umwandlungsvarianten im Wege der Rechtsfortbildung durch Analogie zu ergänzen[103]. Die entsprechende Anwendung von Vorschriften innerhalb des UmwG ist damit aber nicht untersagt[104]. 62

a) Ausstrahlungswirkung des UmwG. Ausgehend von den Fällen der Ausgliederung wird versucht, das **Analogieverbot** auf die Gesamtrechtsnachfolge zu beschränken. Die **Schutzvorschriften** des UmwG sollen dagegen auf wirtschaftliche Umstrukturierungen übertragen werden können. Dafür wird angeführt, weder dem Gesetz noch der Begründung könne ein solches Analogieverbot entnommen werden[105]. Auch wird angenommen, es sei zwischen einem Analogieverbot im engeren Sinne und einem zulässigem **Wertungstransfer** zu unterscheiden, wonach Vorschriften des Minderheitenschutzes analog angewendet werden könnten[106]. Ein materielles Bedürfnis, umwandlungsrechtliche Regelungen nicht zu beachten, sei nicht vorhanden; das UmwG sei Teil des Gesamtsystems und auch die Entwicklungsgeschichte würde einen Wertungstransfer nicht verbieten. Deshalb stände § 1 Abs. 2 einer Ausstrahlungswirkung umwandlungsrechtlicher Schutzprinzipien nicht entgegen[107]. Ob es den Grundsätzen zulässiger Gesetzesauslegung entspricht, ein Analogieverbot für umwandlungsgesetzliche Regelungen anzunehmen[108] und dieses dann über einen Wertungstransfer zu entkräften, erscheint zumindest fraglich. 63

In der **Rechtsprechung** werden verschiedene Auffassungen vertreten. Das LG Karlsruhe („Badenwerk")[109] bejaht eine analoge Anwendung, da die wirtschaftliche „Ausgliederung" durch Einzelrechtsübertragung und die Ausgliederung nach dem UmwG vergleichbar seien und allein wegen Art. 3 GG **Schutzvorschriften übertragen** werden müssten. Dabei ver- 64

---

[100] Kritisch zum Analogieverbot an sich *K. Schmidt* ZIP 1998, 181, 185; *ders.*, FS Kropff, S. 261; *ders.* GesR § 13 I 3 b.); *Arbeitskreis Umwandlungsrecht* ZGR 1993, 321, 322.

[101] *Kallmeyer* in Kallmeyer Rn 23; *Schnorbus* DB 2001, 1654, 1657 weist darauf hin, dass die Vielzahl der Verweisungen, die sich im UmwG finden, nach den allgemeinen Regeln der Methodenlehre nichts anderes als gesetzlich angeordnete Analogien darstellen. Die Vorschriften des UmwG seien somit innerhalb des Gesetzes sehr wohl analogiefähig; dies sei jedoch streng von dem Analogieverbot des § 1 Abs. 2 zu unterscheiden.

[102] Zur klaren Trennung zwischen *numerus clausus* und Analogieverbot siehe *K. Schmidt,* FS Kropff, S. 261 sowie *ders.* GesR2 § 12 IV 1 und *Schnorbus* DB 2001, 1654, 1656.

[103] *Schnorbus* DB 2001, 1654, 1658; *K. Schmidt* GesR § 13 I 3 a.).

[104] *Heckschen* in Widmann/Mayer Rn 406; *K. Schmidt,* FS Kropff, S. 261; *Kallmeyer* in Kallmeyer Rn 23.

[105] *Reichert* ZHR Beiheft 68, 1999, S. 25, 36; *H. Schmidt* ZHR Beiheft 68, 1999, S. 36; *Priester* ZHR 163 (1999) 187, 191 f., der allerdings die planwidrige Regelungslücke verneint.

[106] *Lutter/Drygala* in Lutter Rn 39 f.; siehe auch § 47 Rn 18 ff.

[107] *Lutter* in Lutter Einl. A Rn 45 ff.; *Lutter/Drygala* in Lutter Rn 39; *Trölitzsch* DStZ 1999, 764, 765.

[108] *Lutter/Drygala* in Lutter Rn 39.

[109] *LG Karlsruhe* DB 1998, 120 = AG 1998, 99 = ZIP 1998, 385.

kennt das Landgericht den Regelungsinhalt des § 1 Abs. 2, die Gesetzesbegründung und die Interessenlage bei den beiden Formen der Ausgliederung[110]. Außerdem kann aufgrund der amtlichen Begründung gerade nicht angenommen werden, dass die unterschiedliche Behandlung willkürlich sei[111]. Ähnlich wie das LG Karlsruhe hat das LG Frankfurt („Altana/Milupa")[112] entschieden, das von einem erhöhten Informationsbedürfnis bei Strukturmaßnahmen („Holzmüller"-Grundsätze) ausgeht und deshalb eine Berichtspflicht annimmt[113].

65 Die **gegenteilige Ansicht** vertritt das LG Hamburg („Wünsche")[114]. Das Gericht folgt zwar der „Holzmüller"-Rechtsprechung und verlangt eine Zustimmung der Hauptversammlung nach § 119 Abs. 2 AktG. Gleichzeitig unterscheidet es aber zwischen der Umstrukturierung durch Einzelrechtsnachfolge und der Ausgliederung nach dem UmwG und lehnt mit der Gesetzesbegründung eine Berichtspflicht – und damit eine Analogie – ab.

66 Zu Recht zieht das LG Hamburg bei der Frage nach einer möglichen Analogie umwandlungsgesetzlicher Regelungen auf andere Umstrukturierungen zunächst die **amtliche Begründung** heran. Denn der Gesetzgeber geht davon aus, dass Rechtsträger die Vorschriften des UmwG nur beachten müssen, wenn sie die Vorteile des Gesetzes beanspruchen[115]. Sofern die beteiligten Unternehmen Umstrukturierungsmaßnahmen außerhalb des UmwG ergreifen, können sich Anteilseigner, Gläubiger oder Arbeitnehmer nicht auf Form- oder Schutzvorschriften des UmwG berufen. Dies würde dem ausdrücklichen Willen des Gesetzgebers widersprechen. Dieser Gegensatz kann auch nicht ausgeglichen werden, indem statt einer Analogie ein Wertungstransfer herangezogen wird.

67 Zudem fehlt es an einer **planwidrigen Regelungslücke**[116]. Durch das UmwBerG wurden die Eingliederung[117] und die Unternehmensverträge[118] dem umwandlungsgesetzlichen Verfahren angepasst. So zeigt nicht nur die amtliche Begründung, sondern auch dieser Umstand, dass der Gesetzgeber sich mit der Frage der Geltung von Schutzvorschriften bei anderen wirtschaftlichen Umstrukturierungen auseinander gesetzt hat. Auf die Regelung einer entsprechenden Geltung wurde bewusst – und nicht planwidrig – verzichtet[119].

68 Aus dem Analogieverbot nach § 1 Abs. 2 ergibt sich deshalb, dass auch eine **Ausstrahlungswirkung** umwandlungsgesetzlicher Vorschriften auf wirtschaftliche Umstrukturierungen ausgeschlossen ist[120].

69 **b) Mischumwandlungen.** Problematisch erscheinen die Auswirkungen des Analogieverbots auf die Möglichkeit der Durchführung von Mischumwandlungen. Hierunter ist die **Kombination verschiedener Elemente** von im UmwG vorgesehenen Umwandlungsarten zu einer neuen Umwandlungsform zu verstehen. Ein Verstoß gegen Abs. 2 kommt in Betracht, wenn der Gesetzgeber die neu entwickelte Umwandlungsform nicht ausdrücklich vorgesehen hat[121].

---

[110] Ausführliche Besprechung des Urteils *Bungert* NZG 1998, 367 ff.
[111] So auch *Priester* ZHR 163 (1999) 187, 191 f.
[112] *LG Frankfurt* ZIP 1997, 1698 ff., NZG 1998, 113, dazu Anm. *Zeidler* NZG 1998, 91, *Bungert* NZG 1998, 367, *Drygala* EWiR 1997, 919, *Trölitzsch* DStR 1999, 764.
[113] Ähnlich auch *OLG Frankfurt* DB 1999, 1004, 1005.
[114] *LG Hamburg* AG 1997, 238.
[115] RegBegr. *Ganske* S. 35.
[116] *Larenz/Canaris*, Methodenlehre der Rechtswissenschaft, 3. Aufl. 1995, S. 194 ff.
[117] §§ 320 ff. AktG.
[118] §§ 293 ff. AktG.
[119] So auch *Heckschen* DB 1998, 1385; *Kiem* in Hommelhoff/Röhricht, (Hrsg.), Gesellschaftsrecht, 1997, S. 105, 130; *Priester* ZHR 163 (1999) 187, 192; *Trölitzsch* DStR 1999, 764, 765.
[120] AA *Schlitt* Anh. § 173 Rn 10 und *Koerfer* Anh. § 119 Rn 9 ff.
[121] *Schnorbus* DB 2001, 1654, 1657 verneint ausdrücklich einen Verstoß gegen Abs. 2 im Fall einer Mischumwandlung.

Zu nennen sind hier zunächst Umwandlungen unter Beteiligung von **Rechtsträgern** 70
verschiedener Rechtsformen. Diese sind nach dem ausdrücklichen Wortlaut des Gesetzes
zulässig bei Verschmelzung und Spaltung[122]. Gleichzeitig mit Verschmelzung und Spaltung
tritt ein Formwechsel ein, ohne dass es der Anwendung der Vorschriften über den Formwechsel bedarf[123]. Da diese Umwandlungsformen vom Gesetzgeber vorgesehen sind, liegt
kein Verstoß gegen Abs. 2 vor.

Konflikte mit dem Analogieverbot des § 1 Abs. 2 können durch die **Kombination** 71
verschiedener Umwandlungsarten entstehen. Der Gesetzgeber wollte grundsätzlich
die Kombination unterschiedlicher Umwandlungsarten in einem Umwandlungsvorgang
ermöglichen[124]. Hierdurch sollte den Unternehmensträgern möglichst viel Spielraum
gewährt werden, um komplexe Umstrukturierungsvorhaben zu vereinfachen und zu beschleunigen[125]. Unklar ist, welche Kombinationsformen von dieser Vorgabe erfasst werden.

Unzweifelhaft zulässig ist die Kombination von Verschmelzung und Spaltung in Form der 72
Spaltung zur Aufnahme, die der Gesetzgeber ausdrücklich zugelassen hat[126].

Als unzulässig anzusehen ist dagegen die sog. **verschmelzende Spaltung**, d. h. die gleich- 73
zeitige Spaltung mehrerer übertragender Rechtsträger unter gleichzeitiger Verschmelzung
auf übernehmende Rechtsträger. Hierbei entstehen unüberwindbare verfahrensrechtliche
Probleme[127]. Der Gesetzgeber hat diese Variante der Umwandlung bewusst ungeregelt gelassen.

Der Referentenentwurf zum Gesetz zur Bereinigung des Umwandlungsrechts[128] sah die 74
verschmelzende Spaltung noch vor. Ein Bedürfnis für ihre Durchführung hatte sich insbesondere anlässlich der Umstrukturierung der **ehemaligen sozialistischen Wirtschaftseinheiten** in den neuen Bundesländern gezeigt[129].

Durch die Herausnahme der Regelung trotz Kenntnis ihrer praktischen Relevanz machte 75
der Gesetzgeber deutlich, dass diese Umwandlungsart seinem Willen widerspricht. Möglich
bleibt jedoch die normgemäße parallele Spaltung der übertragenden Rechtsträger bei anschließender Verschmelzung der entstandenen Rechtsträger in einem gesonderten Rechtsakt.

Problematischer erscheint die Frage nach der Kombinationsmöglichkeit **verschiedener** 76
Spaltungsformen. In Betracht kommt hier zunächst eine Verbindung von **Abspaltung**
und Ausgliederung dergestalt, dass ein Teil der Anteile an dem übernehmenden Rechtsträger an die Anteilseigner des übertragenden Rechtsträgers und ein Teil dem übertragenden
Rechtsträger selbst gewährt wird.

Eine solche Kombination verstößt **nicht** gegen das **Analogieverbot** des § 1 Abs. 2. Es 77
liegt keine Umgehung der gesetzlich normierten Umwandlungsarten vor. Abspaltung und
Ausgliederung entsprechen sich in Ihren Voraussetzungen weitgehend[130]. Es genügt, die im
Gesetz für die Abspaltung vorgesehenen zusätzlichen Vorschriften im Kombinationsfall auf
den Abspaltungsteil anzuwenden[131].

Durch die Kombination von Abspaltung und Ausgliederung tritt auch **keine Gefährdung** 78
von Anteilseigner- oder von Gläubigerinteressen ein. Die Anteilseigner sind durch die

---

[122] §§ 3 Abs. 4, 124 Abs. 2.
[123] *Kallmeyer* ZIP 1994, 1746, 1752; *ders.* DB 1995, 81, 81; *Stengel* in Haritz/Benkert Einf. Rn 11.
[124] RegBegr. *Ganske* S. 150; *Teichmann* in Lutter § 123 Rn 26.
[125] *Stengel* in Haritz/Benkert Einf. Rn 15.
[126] *Geck* DStR 1995, 416, 417; *Kallmeyer* DB 1995, 81, 81.
[127] *Mayer* DB 1995, 861, 862; *Marsch-Barner* in Kallmeyer § 3 Rn 26; *Stengel* in Haritz/Benkert Einf. Rn 16.
[128] Beilage Nr. 112 a zum BAnz. vom 20. 6. 1992.
[129] Vgl. hierzu *Rosener*, FS J. Semler, 1993, S. 593 ff.
[130] *Geck* DStR 1995, 416, 417; *Mayer* DB 1995, 861, 861; *Priester* DNotZ 1995, 427, 444; *Bermel* in Goutier/Knopf/Tulloch Rn 31; aA *Karollus* in Lutter Umwandlungsrechtstage S. 157, 162.
[131] *Kallmeyer* DB 1995, 81, 82.

Kombination mit der Abspaltung iE sogar besser gestellt als bei einer bloßen Ausgliederung. Die Anteilsinhaber des übertragenden Rechtsträgers erhalten einen Teil ihrer Beteiligung am übernehmenden Rechtsträger unmittelbar, bei der Ausgliederung hingegen sind sie nur mittelbar am übernehmenden Rechtsträger beteiligt[132]. Da der Gesetzgeber die reine Ausgliederung für zulässig erachtet, kann in der Kombination von Ausgliederung und Abspaltung kein Verstoß gegen das Analogieverbot liegen. Die Kombination ist zulässig.

79 Nicht zulässig ist die Kombination von **Aufspaltung und Ausgliederung**[133]. Die übertragende Gesellschaft erlischt bei der Aufspaltung, während iRd. Ausgliederung der übertragende Rechtsträger bestehen bleibt[134]. Beide Spaltungsarten unterscheiden sich grundlegend. Eine Kombination ist vom UmwG nicht vorgesehen.

IV. Zwingender Charakter der Umwandlungsvorschriften (Abs. 3)

80 Abs. 3 erklärt die Regeln des UmwG zu **nicht disponiblem Recht**. Er ist der Vorschrift über die aktienrechtliche Satzungsstrenge nachgebildet[135]. Abweichungen von den Regeln des UmwG sind nur zulässig, wenn dies ausdrücklich bestimmt ist. Ergänzungen sind nur erlaubt, soweit das Gesetz keine abschließende Regelung enthält.

81 Abs. 3 entzieht das im Gesetz festgelegte Verfahren der Disposition der Parteien und schreibt die gesetzlich vorgegebenen Mehrheitserfordernisse als Untergrenze fest. Diese **Einschränkung der Parteiautonomie** ist bei so einmaligen und für die betroffenen Unternehmen einschneidenden Vorgängen, wie es Umwandlungen sind, im Interesse der Klarheit und Sicherheit der Regelung erforderlich[136].

1. Abweichungen (Abs. 3 Satz 1)

82 Eine Abweichung liegt vor, wenn die Parteien in einer parteiautonomen Regelung den Regelungsgehalt einer gesetzlichen Norm verändern, ihn also inhaltlich ersetzen wollen[137]. Sie kann nur erfolgen, wenn sie im Gesetz **ausdrücklich zugelassen** ist. Das ist der Fall, wenn sich die Abweichungsbefugnis unmittelbar aus dem Wortlaut des Gesetzes, ggf. mit Hilfe der Auslegung erschließen lässt. Niemals begründet werden kann eine Abweichungsbefugnis durch das Schweigen des Gesetzes[138]. Zwingende Vorschriften ohne gesetzlich vorgesehene Einschränkungsmöglichkeiten sind insbesondere die Normen, die dem Minderheits- und Gläubigerschutz dienen[139]. Ist das Bestehen von Minderheiten ausgeschlossen, wie zB bei einer Einpersonen-Gesellschaft, setzt das Gesetz selbst die Entbehrlichkeit der entsprechenden Schutznormen fest[140].

83 Abweichungen sind insbesondere zulässig bei der **Zulassung von Mehrheitsentscheidungen**[141]. Von den Vorschriften des UmwG kann ferner zur Erhöhung der erforderli-

---

[132] *Kallmeyer* DB 1995, 81, 82.
[133] *Geck* DStR 1995, 416, 417; *Mayer* DB 1995, 861, 861; *Priester* DNotZ 1995, 427, 444; *Bermel* in Goutier/Knopf/Tulloch Rn 32.
[134] AA *Kallmeyer* DB 1995, 81, 82, der eine Kombination von Aufspaltung und Ausgliederung für zulässig hält. Er spricht hier jedoch nur vom Spezialfall einer Holding-Bildung; in diesem Fall erscheint seine Ansicht vertretbar.
[135] § 23 Abs. 5 AktG.
[136] RegBegr. *Ganske* S. 44; *Wrenger* BB 1997, 1905, 1908.
[137] *Bermel* in Goutier/Knopf/Tulloch Rn 74; *Hörtnagl* in Schmitt/Hörtnagl/Stratz Rn 65; *Hüffer* § 23 AktG Rn 35.
[138] *Hüffer* § 23 AktG Rn 35; aA *Hörtnagl* in Schmitt/Hörtnagl/Stratz Rn 66; aA für § 23 Abs. 5 AktG: *Mertens* in Kölner Komm. vor § 76 AktG Rn 11.
[139] *Hüffer* § 23 AktG Rn 36.
[140] Vgl. § 8 Abs. 3, § 9 Abs. 3, § 12 Abs. 3.
[141] So § 43 Abs. 2 Satz 1, § 78 Satz 3, § 217 Abs. 1 Satz 2, § 233 Abs. 3 Satz 2.

chen Majoritäten und Bestimmung weiterer Erfordernisse zur Fassung von Umwandlungsbeschlüssen abgewichen werden[142].

2. Ergänzungen (Abs. 3 Satz 2)

Eine Ergänzung iSd. Gesetzes[143] liegt vor, wenn das Gesetz entsprechende Regelungsinhalte nicht enthält[144] und die Parteien eine autonome Regelung treffen. Die ergänzende Regelung darf die Gedanken des Gesetzes nicht verändern. Sie darf diese nur zur **Lückenschließung** weiterführen[145]. Ergänzungen sind zulässig, wenn das Gesetz keine abschließende Regelung enthält. Mithin sind grundsätzlich alle zusätzlichen über die gesetzliche Regelung hinausgehenden und die Anforderungen an die Umwandlung „verschärfenden" Bestimmungen erlaubt, die sich in die *ratio* des bestehenden Normengefüges eingliedern[146].

Eine ausnahmsweise ausdrückliche Zulassung ergänzender Regelungen findet sich zum Verschmelzungsvertrag[147], zum Spaltungs- und Übernahmevertrag[148] sowie zum Umwandlungsbeschluss[149]. Hier werden jeweils die gesetzlichen Anforderungen zu Mindestanforderungen bestimmt. Ergänzungen, die die Anforderungen verschärfen, sind zulässig und vom Gesetzgeber gewünscht.

---

[142] Siehe § 50 Abs. 1 Satz 2, § 65 Abs. 1 Satz 2, § 84 Satz 2, § 103 Satz 2, § 112 Abs. 3 Satz 2, § 233 Abs. 2 Satz 2, § 240 Abs. 1 Satz 2, § 252 Abs. 2 Satz 2, § 262 Abs. 1 Satz 2, § 275 Abs. 2 Satz 2, § 284 Satz 2 iVm. § 275 Abs. 2 Satz 2, § 293 Satz 3. Aus anderen Gründen werden Abweichungen zugelassen in § 5 Abs. 2, § 8 Abs. 3, § 9 Abs. 2, § 192 Abs. 2, § 215.
[143] § 1 Abs. 3 Satz 2.
[144] *Kallmeyer* in Kallmeyer Rn 26; *Bermel* in Goutier/Knopf/Tulloch Rn 77; *Hüffer* § 23 AktG Rn 37.
[145] *Lutter/Drygala* in Lutter Rn 43.
[146] *Kallmeyer* in Kallmeyer Rn 26; *Hörtnagl* in Schmitt/Hörtnagl/Stratz Rn 66.
[147] § 5.
[148] § 126.
[149] § 194.

Zweites Buch. Verschmelzung

Erster Teil. Allgemeine Vorschriften

Erster Abschnitt. Möglichkeit der Verschmelzung

§ 2 Arten der Verschmelzung

Rechtsträger können unter Auflösung ohne Abwicklung verschmolzen werden
1. im Wege der Aufnahme durch Übertragung des Vermögens eines Rechtsträgers oder mehrerer Rechtsträger (übertragende Rechtsträger) als Ganzes auf einen anderen bestehenden Rechtsträger (übernehmender Rechtsträger) oder
2. im Wege der Neugründung durch Übertragung der Vermögen zweier oder mehrerer Rechtsträger (übertragende Rechtsträger) jeweils als Ganzes auf einen neuen, von ihnen dadurch gegründeten Rechtsträger

gegen Gewährung von Anteilen oder Mitgliedschaften des übernehmenden oder neuen Rechtsträgers an die Anteilsinhaber (Gesellschafter, Partner, Aktionäre oder Mitglieder) der übertragenden Rechtsträger.

Übersicht

	Rn		Rn
I. Allgemeines	1	2. Erlöschen des übertragenden Rechtsträgers	37
1. Sinn und Zweck der Norm/Anwendungsbereich	1	3. Keine Abwicklung der übertragenden Rechtsträger	38
a) Begriff der Verschmelzung	2	4. Gegenleistung durch Anteils- oder Mitgliedschaftsgewährung	40
b) Anteilsinhaber	4	V. Abgrenzung zu sonstigen Rechtsinstituten	43
2. Historische Entwicklung der Verschmelzung	5	1. Eingliederung nach §§ 319 ff. AktG	44
a) Aktiengesellschaften	6	2. Beherrschungs- und Gewinnabführungsvertrag nach § 291 AktG	46
b) Gesellschaften mit beschränkter Haftung	12	3. Vermögensübertragung	47
c) Eingetragene Genossenschaften	13	4. Übertragende Auflösung	49
d) Rechtsträger sonstiger Rechtsformen	15	5. Beteiligungserwerb	51
II. Gründe für eine Verschmelzung	19	6. Teilfusionen	53
1. Verschmelzung verbundener Rechtsträger	20	VI. Ablauf einer Verschmelzung	55
2. Verschmelzung unabhängiger Rechtsträger	21	1. Vorbereitung der Verschmelzungsbeschlüsse	56
III. Formen der Verschmelzung	22	2. Beschlussfassung durch die Anteilsinhaber der beteiligten Rechtsträger	59
1. Verschmelzung durch Aufnahme (Nr. 1)	23	3. Vollzug der Verschmelzung	66
2. Verschmelzung durch Neugründung (Nr. 2)	28	VII. Kartellrechtliche Verschmelzungskontrolle	69
IV. Merkmale einer Verschmelzung	34	1. Nationale Kontrolle	69
1. Vermögensübergang im Wege der Gesamtrechtsnachfolge	35	2. Internationale Kontrolle	75

	Rn		Rn
VIII. Kosten einer Verschmelzung	77	4. Kosten der Eintragung in das Handelsregister	81
1. Kosten des Verschmelzungsvertrags	77	5. Kosten einer erforderlichen Grundbuchberichtigung	83
2. Kosten für Verzichtserklärungen	78		
3. Kosten für Verschmelzungsbeschlüsse	79		

Literatur: *Ballreich/Hilbert,* Fallkommentar zum Umwandlungsrecht, 3. Aufl. 2005; *Bechtold,* Kartellgesetz, Gesetz gegen Wettbewerbsbeschränkungen, 3. Aufl. 2002; *ders.,* Die Grundzüge der neuen EWG-Fusionskontrolle, RIW 1990, 253; *Bechtold/Bosch/Brinker/Hirsbrunner,* EG-Kartellrecht, Kommentar, 2005; *Bechtold/Uhlig,* Die Entwicklung des deutschen Kartellrechts 1997–1999, NJW 1999, 3526; *Döss,* Die Auswirkungen von Mängeln einer Verschmelzung durch Aufnahme auf die rechtliche Stellung einer übertragenden Gesellschaft und ihrer Aktionäre, Diss. Mainz 1990; *Ganske,* Reform des Umwandlungsrechts, WM 1993, 1117; *ders.,* Änderungen des Verschmelzungsrechts, DB 1981, 1551; *Gerold,* Die Verschmelzung nach dem neuen Umwandlungsrecht, MittRhNotK 1997, 205; *Göttlich/Mümmler,* Kostenordnung, 13. Aufl. 1997; *Handelsrechtsausschuss des Deutschen Anwaltvereins e. V. (HRA),* Vorschläge zur Änderung des UmwG, NZG 2000, 802; *Hartmann,* Kostengesetze, Kommentar, 33. Aufl. 2004; *Heckschen,* Das Umwandlungsrecht unter Berücksichtigung registerrechtlicher Problembereiche, Rpfleger 1999, 357; *ders.,* Fusion von Kapitalgesellschaften im Spiegel der Rechtsprechung, WM 1990, 377; *ders.,* Verschmelzung von Kapitalgesellschaften, 1989; *Hoffmann-Becking,* Das neue Verschmelzungsrecht in der Praxis, FS Fleck, 1988, S. 105; *Ihrig,* Gläubigerschutz durch Kapitalaufbringung bei Verschmelzung und Spaltung nach neuem Umwandlungsrecht, GmbHR 1995, 622; *Immenga,* Unternehmensfusion und Aktionärsrechte, BB 1970, 629; *Immenga/Mestmäcker,* GWB, Kommentar zum Kartellgesetz, 3. Aufl. 2001; *Impelmann,* Die Verschmelzung und der Formwechsel von Unternehmen nach dem neuen Umwandlungsrecht, DStR 1995, 769; *Joost,* Arbeitsrechtliche Angaben im Umwandlungsvertrag, ZIP 1995, 976; *Kahlenberg,* Novelliertes deutsches Kartellrecht, BB 1998, 1593; *Kallmeyer,* Das neue Umwandlungsgesetz, ZIP 1994, 1746; *Leinekugel,* Die Ausstrahlungswirkungen des Umwandlungsgesetzes, 2000; *Lutter/Drygala,* Die übertragende Auflösung, FS Kropff, 1997, S. 191; *Maier-Reimer,* Vereinfachte Kapitalherabsetzung durch Verschmelzung, GmbHR 2004, 1128; *K. Mertens,* Zur Universalsukzession in einem neuen Umwandlungsrecht, AG 1994, 66; *Ossadnik/Maus,* Die Verschmelzung im neuen Umwandlungsrecht aus betriebswirtschaftlicher Sicht, DB 1995, 105; *Petersen,* Vereinfachte Kapitalherabsetzung durch Verschmelzung?, GmbHR 2004, 728; *Priester,* Das neue Umwandlungsrecht aus notarieller Sicht, DNotZ 1995, 427; *ders.,* Notwendige Kapitalerhöhung bei Verschmelzung von Schwestergesellschaften?, BB 1985, 363; *ders.,* Das neue Verschmelzungsrecht, NJW 1983, 1459; *Reimann,* Die kostenrechtlichen Auswirkungen des Umwandlungsgesetzes 1995, MittBayNot 1995, 1; *K. Schmidt,* Universalsukzession kraft Rechtsgeschäfts, AcP 191 (1991) 495; *Streck/Mack/Schwedhelm,* Verschmelzung und Formwechsel nach dem neuen Umwandlungsgesetz, GmbHR 1995, 161; *Tiedke,* Kostenrechtliche Behandlung von Umwandlungsvorgängen unter Berücksichtigung der Kostenrechtsänderung zum 27. 6. 1997, MittBayNot 1997, 209; *Tillmann,* Die Verschmelzung von Schwestergesellschaften unter Beteiligung von GmbH und GmbH & Co.KG, GmbHR 2003, 740; *Timm,* Minderheitenschutz im GmbH-Verschmelzungsrecht, AG 1982, 93; *Trölitzsch,* Aktuelle Tendenzen im Umwandlungsrecht, DStR 1999, 764; *ders.,* Rechtsprechungsbericht: Das Umwandlungsrecht seit 1995, WiB 1997, 795; *Tiedke,* Kostenrechtliche Behandlung von Umwandlungsvorgängen unter Berücksichtigung der Kostenrechtsänderung zum 27. 6. 1997, MittBayNot 1997, 209; *Wiedemann,* Handbuch des Kartellrechts, 1999; *Willemsen,* Arbeitsrecht im Umwandlungsgesetz, NZA 1996, 791; *Wlotzke,* Arbeitsrechtliche Aspekte des neuen Umwandlungsrechts, DB 1995, 40.

I. Allgemeines

1. Sinn und Zweck der Norm/Anwendungsbereich

1 Die Bestimmung definiert den umwandlungsrechtlichen **Verschmelzungsbegriff**. Dieser unterscheidet zwischen zwei unterschiedlichen Verschmelzungsarten, der Verschmelzung durch Aufnahme und der Verschmelzung durch Neugründung. Er statuiert damit die für die Gesetzessystematik entscheidende Unterteilung in zwei verschiedene Möglichkeiten der Verschmelzung von Rechtsträgern. Die Trennung zwischen diesen beiden Verschmelzungsvarianten durchzieht das gesamte Zweite Buch des UmwG. Sie wird im allgemeinen Teil der Verschmelzungsregeln aufrechterhalten, im besonderen Teil dort, wo es erforderlich ist. Am

Ende definiert die Norm den Begriff des „Anteilsinhabers" abschließend für die Anwendung des gesamten UmwG[1].

a) Begriff der Verschmelzung. Die Verschmelzung ist eine **Form der Umwandlung** von Rechtsträgern[2]. § 2 vereinheitlicht den bislang für die verschiedenen Rechtsträgerformen variierenden Verschmelzungsbegriff. Die Verschmelzung dient als **Grundtatbestand** der im UmwG geregelten Umwandlungsarten[3]. Die Regelungen für die sonstigen Umwandlungsformen bauen überwiegend auf ihr auf. In den folgenden Büchern des UmwG wird, soweit es möglich ist, auf die Bestimmungen zur Verschmelzung verwiesen.

Eine Verschmelzung iSd. UmwG ist die Vereinigung der Vermögen mehrerer Rechtsträger durch Gesamtrechtsnachfolge bei gleichzeitiger liquidationsloser Auflösung der übertragenden Rechtsträger. Den Anteilsinhabern der übertragenden Rechtsträger wird dabei im Wege des Anteilstauschs eine Beteiligung am übernehmenden Rechtsträger gewährt[4].

b) Anteilsinhaber. Am Ende enthält die Norm eine **Legaldefinition** des Begriffs des Anteilsinhabers. Hiernach fallen Aktionäre, Gesellschafter von Gesellschaften mit beschränkter Haftung und Personengesellschaften, Mitglieder von Genossenschaften, genossenschaftlichen Prüfungsverbänden, VVaG und rechtsfähigen Vereinen unter den Oberbegriff des Anteilsinhabers iSd. UmwG. Seit dem ersten Änderungsgesetz zum UmwG[5] gehören auch Partner als Mitglieder einer PartG zur Gruppe der Anteilsinhaber im gesetzestechnischen Sinn.

2. Historische Entwicklung der Verschmelzung

Regelungen zur Verschmelzung gibt es im deutschen Recht seit der Mitte des 19. Jahrhunderts. Die Entwicklung gestaltete sich je nach Rechtsform unterschiedlich[6].

a) Aktiengesellschaften[7]. Die ersten Verschmelzungsregelungen galten allein für Aktiengesellschaften. Die Art. 215 Abs. 2, 247 **ADHGB 1861** eröffneten die Möglichkeit, Aktiengesellschaften nach staatlicher Genehmigung durch „Übertragung ihres Vermögens und ihrer Schulden an eine andere Aktiengesellschaft gegen Gewährung von Aktien der letzteren" aufzulösen. Die Verschmelzung stellte nach dieser Regelung lediglich eine **vereinfachte Form der Liquidation** von Aktiengesellschaften dar[8].

Im Vordergrund stand hierbei der Gedanke des Gläubigerschutzes. Art. 247 ADHGB 1861 ordnete die Trennung der Vermögensmassen der beteiligten Rechtsträger während einer einjährigen Sperrfrist bis zur Befriedigung der Gläubiger an. Das Institut der Verschmelzung durch Neugründung war zu diesem Zeitpunkt noch unbekannt.

Das **HGB 1897** enthielt in seinen §§ 303 bis 307 Regelungen, die denen des ADHGB 1861 entsprachen. Die Möglichkeit einer Verschmelzung durch Neugründung war auch hier noch nicht vorgesehen.

Das Sperrjahr wurde durch das **AktG 1937** abgeschafft. Der Schutz der Gläubiger der übertragenden Gesellschaft wurde nunmehr – wie auch heute noch[9] – durch ein Recht auf Sicherheitsleistung gewährleistet. Das dritte Buch des AktG 1937 führte den technischen

---

[1] RegBegr. *Ganske* S. 46.
[2] *Ossadnik/Maus* DB 1995, 105, 105.
[3] Dazu auch Einl. A Rn 52; *Kallmeyer* ZIP 1994, 1746, 1746; *Priester* DNotZ 1995, 427, 430.
[4] Siehe Rn 40.
[5] Gesetz zur Änderung des Umwandlungsgesetzes, des Partnerschaftsgesellschaftsgesetzes und weiterer Gesetze vom 22. 7. 1998, BGBl. I 1998 S. 1878.
[6] Umfassend hierzu § 3; siehe auch Einl. A Rn 6 ff.
[7] Siehe §§ 60 bis 76. Zur Verschmelzungsfähigkeit der bestehenden SE siehe Einl. C Rn 55 ff.
[8] *Immenga* BB 1970, 629, 629; *K. Schmidt* AcP 191 (1991) 495, 503.
[9] Vgl. die Kommentierung zu § 22.

Begriff der Verschmelzung ein[10] und erweiterte den Kreis der übertragungsfähigen Rechtsträger. Neben AG und KGaA wurde die Möglichkeit der Verschmelzung für die GmbH und die bergrechtlichen Gewerkschaften begründet. Als weitere Neuerung wurde in § 233 Nr. 2 AktG 1937 das Institut der **Verschmelzung durch Neugründung** geschaffen.

10 Das **AktG 1965** brachte keine tiefgreifenden Änderungen des Verschmelzungsrechts. Der Gesetzgeber war der Ansicht, die Vorschriften des AktG 1937 hätten sich „im Großen und Ganzen bewährt"[11]. Der unmittelbar aus § 233 AktG 1937 hervorgegangene § 339 AktG 1965 entsprach dem heutigen § 2.

11 Die Verschmelzungsregelungen für Aktiengesellschaften änderten sich erst durch die **Umsetzung der Dritten gesellschaftsrechtlichen EG-Richtlinie (VerschmRL)**[12] in innerstaatliches Recht im Jahr 1982[13]. Hier wurden u. a. der heute in § 8 verankerte Verschmelzungsbericht[14], die in § 9 vorgesehene Prüfung[15] und die Verschmelzung durch gleichzeitige Aufnahme mehrerer Gesellschaften[16] eingeführt. § 2 beruht nicht auf der Umsetzung der EG-Richtlinie. Er lässt sich unmittelbar auf § 339 AktG 1965 zurückführen und entspricht diesem sachlich.

12 b) **Gesellschaften mit beschränkter Haftung**[17]. Die Verschmelzung von Gesellschaften mit beschränkter Haftung mit einer AG oder KGaA im Wege der **Aufnahme der GmbH** war bereits im **AktG 1937** vorgesehen. Regelungen über die Verschmelzung von Gesellschaften mit beschränkter Haftung in der Rolle des übernehmenden Rechtsträgers wurden demgegenüber erstmals 1980 iRd. GmbH-Novelle in den **§§ 19 ff. KapErhG** eingeführt[18]. Nicht vorgesehen war in den Vorschriften des KapErhG aber die Verschmelzung mehrerer Gesellschaften mit beschränkter Haftung auf denselben Rechtsträger. Diese Unterscheidung zwischen verschiedenen Arten von Kapitalgesellschaften wird durch die allgemeine Definition in § 2 beseitigt[19].

13 c) **Eingetragene Genossenschaften**[20]. Die Verschmelzung von Genossenschaften untereinander wurde erstmals durch die im Jahr 1922 eingeführten §§ 93 a bis 93 d GenG[21] gesetzlich geregelt. Diese Bestimmungen wurden 1943[22] durch die neuen §§ 93 a bis 93 r GenG ersetzt, die sich inhaltlich stark an den Bestimmungen des AktG 1937 anlehnten.

14 Die **Reform des GenG im Jahr 1973**[23] führte zu grundlegenden Änderungen des genossenschaftlichen Verschmelzungsrechts. U. a. wurde hier erstmals die Verschmelzung von

---

[10] *Immenga* BB 1970, 629, 629.
[11] BegrRegE AktG 1965, abgedruckt in RegBegr. *Kropff* S. 455.
[12] Hierzu auch *Ganske,* DB 1981, 1551, 1521 ff.
[13] Verschmelzungsrichtlinie-Gesetz vom 25.10.1982 BGBl. I 1982 S. 1425, in Kraft getreten zum 1.1.1983, dazu *Hoffmann-Becking,* FS Fleck, S. 105 ff.; *Priester* NJW 1983, 1459 ff.
[14] Vgl. hierzu § 340 a AktG aF und Art. 9 VerschmRL; *Priester* NJW 1983, 1459, 1461.
[15] Vgl. hierzu § 340 d Abs. 2 AktG aF und Art. 11 Abs. 1 VerschmRL.
[16] *Priester* NJW 1983, 1459, 1460.
[17] Siehe §§ 46 bis 59.
[18] Vgl. hierzu *OLG Celle* WM 1988, 1375; sowie den Auszug aus dem Bericht des Rechtsausschusses des Deutschen Bundestags bei *Timm* AG 1982, 93, 94; *Priester* DNotZ 1995, 427, 428; auch *Lutter/Hommelhoff* GmbHG[13] Anhang Verschmelzung.
[19] So bereits zuvor *LG München* GmbHR 1989, 165 = DNotZ 1988, 642 m. zust. Anm. *Roellenbleg*.
[20] Siehe §§ 79 bis 98. Zur Verschmelzungsfähigkeit der Europäischen Genossenschaft (SCE) siehe Einl. C Rn 64 ff.
[21] Eingeführt durch Gesetz zur Änderung des Gesetzes betreffend die Erwerbs- und Wirtschaftsgenossenschaften vom 1. 7. 1922, RGBl. I 1922 S. 567.
[22] Dritte Verordnung über Maßnahmen auf dem Gebiet des Genossenschaftsrechts vom 13. 4. 1943, RGBl. I 1943 S. 251; vgl. auch das handelsrechtliche Beseitigungsgesetz vom 18. 4. 1950, BGBl. I 1950 S. 90, dessen § 6 Abs. 1 die Fortgeltung dieser Vorschriften nach dem Zweiten Weltkrieg anordnete.
[23] Gesetz zur Änderung des Gesetzes betreffend die Erwerbs- und Wirtschaftsgenossenschaften vom 9.10.1973, BGBl. I 1973 S. 1451.

Genossenschaften zur Neugründung eingeführt. Erst das UmwG 1995 begründete die Möglichkeit der zuvor nicht geregelten Verschmelzung von Genossenschaften mit Rechtsträgern anderer Rechtsformen[24].

d) Rechtsträger sonstiger Rechtsformen. Die Verschmelzung von **VVaG**[25] war erstmalig 1969[26] in den §§ 44 a bis 44 c und § 53 a VAG aF vorgesehen[27]. Auch eine Verschmelzung **genossenschaftlicher Prüfungsverbände**[28] war bereits vor dem UmwG 1995 in den §§ 63 e ff. GenG 1943 gesetzlich geregelt. **Partnerschaftsgesellschaften**[29] gehören seit dem ersten Gesetz zur Änderung des Umwandlungsgesetzes von 1998[30] zu den verschmelzungsfähigen Rechtsträgern[31]. 15

Eine Verschmelzung von **Personenhandelsgesellschaften**[32] untereinander kannte das frühere Recht nicht. Nach den Regelungen des UmwG 1969 war lediglich die Verschmelzung von Kapitalgesellschaften auf bestehende oder neu errichtete Personengesellschaften möglich. 16

Das UmwG 1969 kannte die Institute der sog. **errichtenden Umwandlung** einer Personengesellschaft in eine AG, KGaA oder GmbH und der sog. **verschmelzenden Umwandlung** auf eine bestehende Personenhandelsgesellschaft, die zuvor Allein- oder Mehrheitsgesellschafterin des übertragenden Rechtsträgers war[33]. Der Sache nach entsprach keine der beiden Konstruktionen einer Verschmelzung im technischen Sinn des UmwG 1995. Die errichtende Umwandlung ähnelte einem Formwechsel iSd. UmwG 1995, die verschmelzende Umwandlung war eine reine Spezialregelung für konzerninterne Vorgänge[34]. 17

§ 2 übernimmt und vereinigt im Wesentlichen die **Begriffsbestimmungen**, die früher in § 339 Abs. 1 AktG, § 19 Abs. 1 KapErhG, §§ 93 a, 93 s GenG und § 44 a Abs. 1 VAG enthalten waren. Er dehnt darüber hinaus die Möglichkeiten der Verschmelzung gegenüber den zuvor bestehenden Verschmelzungsarten aus. § 2 ist rechtsformneutral und ermöglicht die früher auf Aktiengesellschaften beschränkte Verschmelzung im Wege gleichzeitiger Aufnahme mehrerer Rechtsträger für alle Formen verschmelzungsfähiger Rechtsträger. 18

II. Gründe für eine Verschmelzung

Die Beweggründe für eine Verschmelzung sind vielfältig, die folgende Aufzählung ist dafür beispielhaft[35]: 19

---

[24] Vgl. hierzu § 79.
[25] Siehe §§ 109 bis 119.
[26] Gesetz zur Ergänzung handelsrechtlicher Vorschriften über die Änderung der Unternehmensform vom 15. 8. 1969, BGBl. I 1969 S. 1171.
[27] Bereits zuvor für die Zulässigkeit der Verschmelzung von VVaG *BayObLG* NJW 1967, 52.
[28] Siehe §§ 105 bis 108.
[29] Siehe §§ 45 a bis 45 e.
[30] Erstes Gesetz zur Änderung des Umwandlungsgesetzes, des Partnerschaftsgesellschaftsgesetzes und weiterer Gesetze vom 22. 7. 1998, BGBl. I 1998 S. 1878; *Lutter/Drygala* in Lutter Rn 1.
[31] Vgl. hierzu *Wertenbruch* ZIP 1995, 712 ff., der vor Aufnahme der Partnerschaft deren Nichtberücksichtigung für verfassungswidrig hielt.
[32] Siehe §§ 39 bis 45; unter den Begriff der Personenhandelsgesellschaft iSd. UmwG fallen gem. § 3 Abs. 1 Nr. 1 nur OHG und KG, nicht die GbR; siehe auch § 3 Rn 5; auch *H. Schmidt* in Lutter Umwandlungsrechtstage S. 59, 60 f.
[33] Die errichtende Umwandlung (§§ 16 ff. UmwG 1969) und die verschmelzende Umwandlung (§§ 3 ff. UmwG 1969) stellten eine übertragende Umwandlung dar, die von der formwechselnden Umwandlung unterschieden werden musste, vgl. *Raiser* KapGesR² § 47 Rn 6, 7; dazu auch Einl. A Rn 58 ff.
[34] Vgl. *Raiser* KapGesR² § 47 Rn 6.
[35] Siehe auch Einl. A Rn 4.

1. Verschmelzung verbundener Rechtsträger

20 Fast alle Verschmelzungen spielen sich in Konzernen ab, d. h. die beteiligten Gesellschaften sind voneinander oder (ggf. mittelbar) von demselben dritten Unternehmen abhängig[36]:
– das in der Tochtergesellschaft betriebene Geschäft soll zukünftig von der Muttergesellschaft wahrgenommen werden: Verschmelzung der Tochter auf die Mutter *(upstream merger)*;
– die Muttergesellschaft, zB eine Zwischenholding, wird nicht mehr benötigt: Verschmelzung der Mutter auf die Tochter *(downstream merger)*;
– der Anlass für die Trennung des Geschäfts zweier Tochtergesellschaften besteht nicht mehr: Verschmelzung von Töchtern;
– Integration einer zugekauften Gesellschaft in die Unternehmensgruppe;
– steuerliche Optimierung, zB die Nutzung von Verlustvorträgen;
– Vereinfachung der Struktur der Unternehmensgruppe.

2. Verschmelzung unabhängiger Rechtsträger

21 Ein zahlenmäßig kleiner, aber ökonomisch bedeutender Anwendungsbereich ist die Zusammenführung unabhängiger Unternehmen, die oft je für sich die Obergesellschaft einer Unternehmensgruppe bilden. Hier soll nicht dargestellt werden, warum Unternehmen wachsen. Doch erscheint der Weg, dies durch Verschmelzung zu bewerkstelligen, komplexer als der Normalfall Unternehmenskauf. Folgende Gründe können eine Rolle spielen:
– Die beteiligten Unternehmen und ihre Anteilseigner streben einen „Zusammenschluss unter Gleichen" an, bei dem keiner den anderen übernimmt.
– Die Übernahme des einen Unternehmens durch das andere ist beabsichtigt und als Gegenleistung sollen Anteile des Übernehmers dienen. Dann ist die Verschmelzung häufig doch der einfachere Weg, wenn nämlich beide Unternehmen die gleiche Rechtsform haben (so dass kein Anspruch auf Barabfindung entsteht[37]), alle Anteilseigner sich einig sind (so dass Verschmelzungsbericht[38] und -prüfung[39] entfallen können) oder dissentierende Anteilseigner in den übernehmenden Rechtsträger gezwungen werden sollen. Deshalb dominiert beim Zusammenschluss von Publikumsgesellschaften die Verschmelzung in den Fällen, in denen als Gegenleistung Anteile (im Gegensatz zu Geld) geschuldet werden.

III. Formen der Verschmelzung

22 Wie schon § 339 AktG 1965 und entsprechend der Vorgaben für die Verschmelzung von Aktiengesellschaften in Art. 3 Abs. 1 und Art. 4 VerschmRL unterscheidet § 2 zwischen zwei Verschmelzungsformen: Der Verschmelzung durch Aufnahme und der Verschmelzung durch Neugründung[40].

1. Verschmelzung durch Aufnahme (Nr. 1)

23 Die Verschmelzung durch Aufnahme ist der gesetzliche **Regelfall der Verschmelzung**. Sie ist auch die in der Praxis überwiegende Form. § 2 ermöglicht im Gegensatz zum bisherigen Recht für alle Rechtsträgerformen auch eine Verschmelzung durch Aufnahme von mehr als zwei Rechtsträgern.

24 Bei der Verschmelzung durch Aufnahme wird das Vermögen eines oder mehrerer übertragender Rechtsträger mit dem Vermögen eines **bereits bestehenden Rechtsträgers** vereinigt. Das Vermögen der übertragenden Rechtsträger wird vom übernehmenden Rechtsträ-

---

[36] Siehe dazu *Bärwaldt* in Haritz/Benkert Vorb. §§ 11 bis 13 UmwStG Rn 3 ff.
[37] Vgl. § 29.
[38] Vgl. § 8 Abs. 3.
[39] Vgl. § 9 Abs. 3.
[40] *Ballreich* S. 7; *Stratz* in Schmitt/Hörtnagl/Stratz Rn 2; *Lutter/Drygala* in Lutter Rn 3.

ger im Wege der Gesamtrechtsnachfolge aufgenommen. Die Anteilsinhaber der übertragenden Rechtsträger erwerben gleichzeitig Anteile des übernehmenden Rechtsträgers. Der aus der Verschmelzung hervorgehende Rechtsträger ist folglich mit einem bereits vor der Verschmelzung bestehenden Rechtsträger identisch. Infolge des Verschmelzungsvorgangs vergrößert er lediglich sein Vermögen und seinen Anteilsinhaberkreis.

Da die Anteilsinhaber der untergehenden Rechtsträger durch Anteile des übernehmenden Rechtsträgers entschädigt werden, ist bei der Verschmelzung auf Kapitalgesellschaften regelmäßig eine **Kapitalerhöhung** erforderlich[41]. Eine Kapitalerhöhung ist aber keine zwingende Voraussetzung einer Verschmelzung durch Aufnahme[42].

Bei der Verschmelzung einer 100%-igen **Tochtergesellschaft auf ihre Muttergesellschaft** ist eine Kapitalerhöhung ausdrücklich ausgeschlossen[43]. Das Kapitalerhöhungsverbot entspricht dem Beteiligungsverhältnis („soweit")[44], so dass eine 100%-ige Beteiligung zu einem vollständigen Erhöhungsverbot führt. Sind keine externen Anteilsinhaber vorhanden, scheidet eine Kapitalerhöhung des übernehmenden Rechtsträgers und damit auch eine Anteilsgewährung an die Anteilseigner des übertragenden Rechtsträgers aus[45].

Werden **mehrere Rechtsträger** auf einen bereits bestehenden Rechtsträger verschmolzen, kann dies entweder durch gemeinsame Verschmelzung aller übertragenden Rechtsträger oder durch mehrere getrennte Einzelverschmelzungen erfolgen[46]. Bei der gemeinsamen Verschmelzung werden mit der Eintragung der Verschmelzung beim übernehmenden Rechtsträger alle Verschmelzungen zum selben Zeitpunkt wirksam[47]. Wird die Übertragung durch Einzelverschmelzungen durchgeführt, werden diese unabhängig von einander wirksam.

2. Verschmelzung durch Neugründung (Nr. 2)

Als zweite Variante stellt Ziff. 2 die Möglichkeit der Verschmelzung durch Neugründung zur Verfügung. Die Bestimmung ist der Terminologie des Art. 4 VerschmRL angepasst worden[48]. Ziff. 2 spricht nicht wie noch § 339 AktG 1965 von einer Verschmelzung durch Neubildung, sondern von der Verschmelzung durch Neugründung.

Bei der Verschmelzung durch Neugründung wird das gesamte Vermögen von mindestens zwei übertragenden Rechtsträgern auf einen gleichzeitig **neu entstehenden Rechtsträger** übertragen. Die Verschmelzung durch Neugründung unterscheidet sich von der Verschmelzung durch Aufnahme mithin grundlegend darin, dass der übernehmende Rechtsträger erst durch die Verschmelzung entsteht.

Ihren **Vorteil** soll die Verschmelzung durch Neugründung darin haben, dass sie in Fällen der Verschmelzung gleich starker Rechtsträger, in denen kein Beteiligter erlöschen möchte, eine Lösungsmöglichkeit bietet[49]. Nach altem Recht waren insbesondere die Interessen des übertragenden Rechtsträgers an der Fortführung seiner Firma nur durch Schaffung einer Zweigniederlassung oder durch einen Firmentausch zu wahren. Diese Interessen sind im UmwG durch § 18, der eine Firmenfortführung ausdrücklich zulässt, gewahrt[50]. Praxisrele-

---

[41] Vgl. §§ 55, 69.
[42] Vgl. §§ 54, 68.
[43] §§ 54 Abs. 1 Nr. 1, 68 Abs. 1 Nr. 1.
[44] §§ 54, 68.
[45] *BayObLG* DB 1984, 285; *BayObLG* DB 1984, 12; *Heckschen* S. 52; *K. Schmidt* GesR § 13 III 6 a); *Stengel* in Haritz/Benkert Einf. UmwStG Rn 139, 165. Zur umstrittenen Frage der Verschmelzung von Schwestergesellschaften siehe § 54 Rn 19 ff.
[46] *Marsch-Barner* in Kallmeyer Rn 4.
[47] *LG München* DNotZ 1988, 642 ff. mit Anm. *Roellenbleg*.
[48] Siehe auch Rn 2.
[49] *Priester* DNotZ 1995, 427, 437 Fn 53; *Lutter/Drygala* in Lutter Rn 19.
[50] *Streck/Mack/Schwedhelm* GmbHR 1995, 161, 163 f.; *Lutter/Drygala* in Lutter Rn 19; *Sagasser/Ködderitzsch* in Sagasser/Bula/Brünger I Rn 6; umfassend hierzu *Bockelmann* ZNotP 1998, 265 ff.; zur früheren Problematik siehe *Heckschen* S. 9.

vanz hat vor allem die Möglichkeit, zwei Rechtsträger zur Neugründung eines Rechtsträgers anderer Rechtsform zu verschmelzen und so die Verschmelzung mit einem Formwechsel zu kombinieren.

31 Der **Nachteil der Verschmelzung durch Neugründung** liegt vornehmlich in der Grunderwerbsteuer, da beide übertragende Rechtsträger ihren Grundbesitz auf den übernehmenden verlagern. Ferner gibt es eine Reihe von rechtlichen Verhältnissen, die auch durch Gesamtrechtsnachfolge nicht übergehen[51] und an deren Fortbestand ein Interesse bestehen könnte.

32 Zur Neugründung kann – anders als zur Aufnahme – nicht sukzessiv, sondern **nur einheitlich** mit einem gemeinsamen Verschmelzungsvertrag verschmolzen werden, dessen Parteien alle übertragende Rechtsträger sind[52].

33 Bei einer Verschmelzung durch Neugründung muss bereits im Verschmelzungsvertrag der unter Beachtung der jeweils einschlägigen Gründungsvorschriften aufgestellte **Gesellschaftsvertrag** über die Errichtung des entstehenden Rechtsträgers enthalten sein[53]. Diesem Gründungsvertrag müssen die Anteilsinhaber der übertragenden Rechtsträger zusammen mit dem Verschmelzungsvertrag zustimmen[54].

IV. Merkmale einer Verschmelzung

34 Eine Verschmelzung ist die Verbindung mehrerer Rechtsträger durch den Übergang des gesamten Vermögens mindestens eines kraft Gesetzes liquidationslos erlöschenden Rechtsträgers auf einen aufnehmenden oder neu entstehenden Rechtsträger unter gleichzeitiger Gewährung von Anteilen oder Mitgliedschaften an dem übernehmenden oder neuen Rechtsträger an die Anteilsinhaber der übertragenden Rechtsträger. Als wesentliche Merkmale der Verschmelzung kann man daher anführen[55]:

1. Vermögensübergang im Wege der Gesamtrechtsnachfolge[56]

35 Das Vermögen der erlöschenden Rechtsträger geht kraft Gesetzes „als Ganzes" auf den übernehmenden oder neu entstehenden Rechtsträger über[57]. Der Vermögensübergang tritt mit Eintragung der Verschmelzung in das Handelsregister am Sitz des übernehmenden Rechtsträgers ein[58]. Unter Vermögen versteht das Gesetz alle Aktiva und Passiva, unabhängig von ihrer Erfassung in der Bilanz[59]. Entgegen des zivilrechtlichen Grundsatzes, aber in Einklang mit anderen Fällen der Gesamtrechtsnachfolge, können die übertragenden Rechtsträger hier ohne Zustimmung der Gläubiger Verbindlichkeiten übertragen[60].

36 Da das Vermögen **„als Ganzes"** übertragen wird, ist es nicht möglich, einzelne Positionen von der Übertragung auszunehmen[61]. Treffen die beteiligten Rechtsträger Vereinbarungen

---

[51] Siehe § 20.
[52] *Marsch-Barner* in Kallmeyer Rn 6.
[53] § 37.
[54] § 37 iVm. §§ 13, 43, 50, 65, 76, 78; *Gerold* MittRhNotK 1997, 205, 222; *Lutter/Drygala* in Lutter Rn 27; *Marsch-Barner* in Kallmeyer § 37 Rn 3.
[55] Vgl. hierzu auch *Sagasser/Ködderitzsch* in Sagasser/Bula/Brünger J Rn 6; *Grunewald* in G/H/E/K Vorb. § 339 AktG Rn 8.
[56] Zu Begriff und Funktion der Gesamtrechtsnachfolge im System des Zivilrechts vgl. *K. Schmidt* AcP 191 (1991) 495, 496 ff.
[57] § 2.
[58] § 20 Abs. 1 Nr. 1.
[59] *K. Schmidt* AcP 191 (1991) 495, 499; *Marsch-Barner* in Kallmeyer Rn 9; *Hörtnagl* in Schmitt/Hörtnagl/Stratz Rn 5; *Stengel* in Haritz/Benkert Einf. Rn 136.
[60] *Marsch-Barner* in Kallmeyer Rn 9.
[61] *Lutter/Drygala* in Lutter Rn 21; *Marsch-Barner* in Kallmeyer Rn 9.

über die Herausnahme einzelner Posten aus der Übertragung, sind diese Vereinbarungen nichtig[62]. Einzelne Gegenstände können jedoch bis zur konstitutiven Eintragung der Verschmelzung ins Handelsregister rechtswirksam ausgeschieden werden[63]. Übertragung heißt **Vollrechtsübertragung**. Eine bloße Vermietung oder Verpachtung ist nicht ausreichend[64].

2. Erlöschen des übertragenden Rechtsträgers

Die übertragenden Rechtsträger werden **unter Auflösung** verschmolzen. Diese Formulierung folgt unmittelbar aus Art. 3 Abs. 1 und Art. 4 Abs. 1 VerschmRL. Sie macht deutlich, dass der Untergang der übertragenden Rechtsträger mit der Eintragung der Verschmelzung im Handelsregister der übernehmenden Gesellschaft **zwingende Folge** einer Verschmelzung ist[65]. Das Fortbestehen kann nicht wirksam vereinbart werden. 37

3. Keine Abwicklung der übertragenden Rechtsträger

Ein weiteres begriffsnotwendiges Merkmal der Verschmelzung ist das **Ausbleiben einer Abwicklung** der erlöschenden übertragenden Rechtsträger[66]. Dies folgt unmittelbar daraus, dass das Vermögen der übertragenden Rechtsträger vollständig auf den übernehmenden Rechtsträger übergeht und eine Abwicklung somit schon mangels Vermögensmasse ausscheidet. 38

Aus Klarstellungsgründen empfiehlt sich, in den Verschmelzungsvertrag deklaratorisch die Formulierung „unter Auflösung ohne Abwicklung" aufzunehmen[67]. Im Verschmelzungsbeschluss erübrigt sich eine solche Klarstellung. Denn die Anteilsinhaber beschließen nicht über den Verschmelzungsvorgang selbst, sondern lediglich über ihre Zustimmung zum Verschmelzungsvertrag[68]. 39

4. Gegenleistung durch Anteils- oder Mitgliedschaftsgewährung

Die Anteilsinhaber der erlöschenden Rechtsträger verlieren durch die Verschmelzung ihre Anteile bzw. Mitgliedschaften an den übertragenden und damit aufgelösten Rechtsträgern. Als Gegenleistung hierfür erhalten sie als **zwingendes Wesensmerkmal** der Verschmelzung[69] zeitgleich gleichwertige Anteile oder Mitgliedschaften an dem neu entstehenden oder überlebenden Rechtsträger[70]. Es gilt der Grundsatz der **Kontinuität der Mitgliedschaft**[71]. Die alte Beteiligung oder Mitgliedschaft wird durch die neue fortgesetzt[72]. Die Anteilsinhaber haben im neu begründeten Mitgliedschaftsverhältnis dieselben Rechte und Pflichten wie aus ihrer erloschenen Mitgliedschaft[73]. 40

Der Übergang der Anteile erfolgt kraft Gesetzes[74]. Es dürfen daneben grundsätzlich **keine anderen Gegenleistungen** gewährt werden[75]. Die Verschmelzung setzt dies begriffsnot- 41

---

[62] *Lutter/Drygala* in Lutter Rn 21; *Lutter/Hommelhoff* GmbHG[13] § 19 KapErhG Rn 8.
[63] *Lutter/Drygala* in Lutter Rn 21; *Marsch-Barner* in Kallmeyer Rn 9.
[64] *Marsch-Barner* in Kallmeyer Rn 9; *Kraft* in Kölner Komm. § 339 AktG Rn 47.
[65] *Heckschen* WM 1990, 377, 387; *Marsch-Barner* in Kallmeyer Rn 10; *Hörtnagl* in Schmitt/Hörtnagl/Stratz Rn 3, 6.
[66] OLG Celle WM 1988, 1375; *Stengel* in Haritz/Benkert Einf. Rn 138.
[67] *Marsch-Barner* in Kallmeyer Rn 10.
[68] *Marsch-Barner* in Kallmeyer Rn 10; aA *Bermel* in Goutier/Knopf/Tulloch Rn 12.
[69] *Gerold* MittRhNotK 1997, 205, 206; *Kallmeyer* ZIP 1994, 1746, 1747.
[70] Kritisch *K. Mertens* AG 1994, 66, 76 f.
[71] Siehe hierzu auch *Priester* DB 1997, 560 ff., insbes. 562 ff., der die Notwendigkeit der Identität des Gesellschafterkreises ablehnt.
[72] BayObLG BB 1984, 12; bereits *Schilling* AG 1958, 229 ff.; *Marsch-Barner* in Kallmeyer Rn 12.
[73] *Marsch-Barner* in Kallmeyer Rn 12.
[74] § 20 Abs. 1 Nr. 3.
[75] *Lutter/Drygala* in Lutter Rn 22.

wendig voraus („gegen Gewährung von Anteilen oder Mitgliedschaften"). In Fällen von Mischverschmelzungen oder bei Vinkulierung der zu gewährenden Anteile kommt neben der Anteilsgewährung ausnahmsweise die Gewährung einer **Barabfindung**[76] in Betracht. Ist der übertragende Rechtsträger eine Kapitalgesellschaft, kann den Anteilsinhabern zum Ausgleich von Unbilligkeiten eine **bare Zuzahlung**[77] in Höhe von maximal 10%[78] des Gesamtnennbetrags gewährt werden.

42 Wird durch Aufnahme verschmolzen, können die gewährten Anteilen sowohl neue Anteile als auch bereits vorhandene Anteile des übernehmenden Rechtsträgers sein[79]. Bei der Verschmelzung durch Neugründung hingegen sind die gewährten Anteile notwendig neue Anteile des neu entstehenden Rechtsträgers.

V. Abgrenzung zu sonstigen Rechtsinstituten

43 Die rechtlichen Besonderheiten der Verschmelzung, insbesondere die Rechtsfolgen der Universalsukzession und des liquidationslosen Untergangs der übertragenden Rechtsträger, sind der Verschmelzung nach dem UmwG vorbehalten. Andere Formen von Umstrukturierungen, die wirtschaftlich ähnliche Wirkungen im Wege der Einzelrechtsnachfolge erzeugen, werden vom UmwG nicht ausgeschlossen[80] und müssen von der umwandlungsrechtlichen Verschmelzung abgegrenzt werden.

1. Eingliederung nach §§ 319 ff. AktG[81]

44 Durch eine Eingliederung lassen sich für AG und KGaA strukturelle Veränderungen von Rechtsträgern vornehmen, die im wirtschaftlichen Ergebnis einer Verschmelzung weitgehend entsprechen. Voraussetzung der Eingliederung ist, dass die Hauptgesellschaft zu 95% an der einzugliedernden Gesellschaft beteiligt ist. Die Eingliederung bewirkt, dass die eingegliederte Gesellschaft der einheitlichen Leitung der Hauptgesellschaft unterstellt wird.

45 Eine Eingliederung entspricht hinsichtlich ihrer wirtschaftlichen Folgen einer Verschmelzung[82]. Folge der Eingliederung ist das Ausscheiden der Minderheitsaktionäre und deren Entschädigung in Aktien der Obergesellschaft oder durch eine Barabfindung[83]. Das gesamte wirtschaftliche Risiko geht auf die Hauptgesellschaft über[84]. Die einzugliedernde **Gesellschaft bleibt jedoch bestehen** und behält ihre rechtliche Selbstständigkeit[85]. Die Verbindung kann im Gegensatz zur Verschmelzung **jederzeit wieder gelöst** werden. Hierfür genügt die Weitergabe einer einzigen Aktie durch die Hauptgesellschaft an einen Dritten.[86]

2. Beherrschungs- und Gewinnabführungsvertrag nach § 291 AktG[87]

46 Eine der Verschmelzung ähnliche Verbindung von Aktiengesellschaften oder Kommanditgesellschaften auf Aktien kann auch durch Abschluss eines Beherrschungsvertrags, der meist

---

[76] §§ 29 ff.; *Heckschen* Rpfleger 1999, 357, 363; *Götz* DB 2000, 1165; *Grunewald* in Lutter Umwandlungsrechtstage S. 19, 24 f.; *Stengel* in Haritz/Benkert Einf. Rn 147 ff.
[77] §§ 15, 36.
[78] §§ 54 Abs. 4 (GmbH), 68 Abs. 3 (AG) und 78 iVm. 68 Abs. 3 (KGaA).
[79] *Gerold* MittRhNotK 1997, 205, 223.
[80] *Priester* DNotZ 1995, 427, 454; *Lutter/Drygala* in Lutter Rn 29; *Marsch-Barner* in Kallmeyer Rn 1; siehe Einl. A Rn 82 ff.
[81] Vgl. hierzu *K. Schmidt* GesR § 13 III.
[82] RegBegr. *Ganske* S. 301.
[83] Siehe hierzu § 320 b AktG und die entsprechende Kommentierung bei *Hüffer*.
[84] *Leinekugel* S. 27; gem. § 322 AktG entsteht ab dem Zeitpunkt der Eintragung der Eingliederung ein Gesamtschuldverhältnis zwischen Hauptgesellschaft und eingegliederter Gesellschaft.
[85] *Heckschen* WM 1990, 377, 378; *K. Schmidt* GesR § 30 III 1.
[86] *Heckschen* WM 1990, 377, 378; *Leinekugel* S. 27; *Lutter/Drygala* in Lutter Rn 31.
[87] *K. Schmidt* GesR § 30 IV 2.

mit einem Gewinnabführungsvertrag kombiniert wird, erreicht werden[88]. Die auf diesem Wege herbeigeführte Unternehmensverbindung ist iE weniger eng als die Eingliederung. Zwar geht auch hier das wirtschaftliche Risiko auf die Hauptgesellschaft über[89], und das beherrschte Unternehmen wird vollständig der Leitung der Hauptgesellschaft unterstellt[90]. Die Untergesellschaft bleibt jedoch als eigenständige Rechtsperson bestehen. Sie verpflichtet sich durch den meist angeschlossenen Gewinnabführungsvertrag jedoch idR zur Abführung ihres finanziellen Ergebnisses[91].

3. Vermögensübertragung

Ein Rechtsträger kann sein ganzes Vermögen im Wege der Einzelrechtsnachfolge verkaufen oder in einen anderen Rechtsträger als Sacheinlage einbringen. Der übertragende Rechtsträger wird nicht notwendigerweise aufgelöst, sondern besteht fort[92]. Das Vermögen geht nicht im Wege der Gesamtrechtsnachfolge über, sondern dem zivilrechtlichen Normalfall entsprechend durch **Einzelrechtsnachfolge**[93]. Es handelt sich um einen das ganze Vermögen des Rechtsträgers betreffenden reinen Veräußerungsvorgang und nicht um einen Umwandlungssachverhalt[94]. Mitunter wird in diesem Zusammenhang die Vermögensübertragung einer AG angeführt[95]. Deren Wirksamkeit wird von der Zustimmung der Hauptversammlung abhängig gemacht. Darin liegt kein Umstrukturierungstatbestand, sondern die Regelung, wie Entscheidungsbefugnisse und Verfügungsmacht in der AG abgegrenzt werden. 47

Es entsteht – im Gegensatz zur Eingliederung – **keine direkte Haftung der Obergesellschaft** für Verbindlichkeiten der übertragenden Gesellschaft. In der Tochtergesellschaft können **Minderheitsgesellschafter** verbleiben[96]. 48

4. Übertragende Auflösung

Die übertragende Auflösung ist ein **Sonderfall der Vermögensübertragung**. Es wird zunächst das gesamte Vermögen eines Rechtsträgers übertragen, im Anschluss daran wird der übertragende Rechtsträger liquidiert. 49

Die übertragende Auflösung entspricht im wirtschaftlichen Ergebnis der Verschmelzung[97]. Sie unterscheidet sich jedoch durch eine fehlende Anteilsinhaberkontinuität[98]. Die Minderheitsgesellschafter haben hier keine Möglichkeit, in der Gesellschaft zu verbleiben, die den bisherigen Geschäftsbetrieb fortführt[99]. Aus diesem Grund wurde bis vor kurzem die Zulässigkeit der übertragenden Auflösung diskutiert[100]. Durch eine neue Entscheidung des BVerfG ist der Streit iSd. Zulässigkeit der übertragenden Auflösung entschieden[101]. 50

---

[88] Siehe *Hüffer* § 291 AktG.
[89] *Leinekugel* S. 25; *Lutter/Drygala* in Lutter Rn 32.
[90] § 308 AktG; vgl. *Raiser* KapGesR⁴ § 54 Rn 1 ff., 35 ff.; *Hüffer* § 291 AktG Rn 11.
[91] *Leinekugel* S. 25; *Hüffer* § 291 AktG Rn 23.
[92] *Kallmeyer* ZIP 1994, 1746, 1747; *Leinekugel* S. 28; *Marsch-Barner* in Kallmeyer Rn 15; *Grunewald* in G/H/E/K Vorb. § 339 AktG Rn 10.
[93] *Hüffer* § 179 a AktG Rn 4 aE, 18.
[94] *Hüffer* § 179 a AktG Rn 1, 12 a.
[95] § 179 a AktG.
[96] *Leinekugel* S. 26.
[97] *Leinekugel* S. 29; *Lutter/Drygala,* FS Kropff, S. 191, 196.
[98] Siehe auch Rn 40.
[99] Vgl. hierzu die Bedenken von *Leinekugel* S. 29 f.; *Lutter/Drygala,* FS Kropff, S. 191, 201.
[100] Zum Streit siehe *OLG Stuttgart* ZIP 1995, 1515; *BayObLG* ZIP 1998, 2002; *Lutter/Drygala,* FS Kropff, S. 191 ff.; *Trölitzsch* DStR 1999, 764, 765 f.; *Lutter/Leinekugel* ZIP 1999, 261, 263; *Henze* ZIP 1995, 1473, 1477 ff.; *Wiedemann* ZGR 1999, 857, 867 ff.; *Land/Hasselbach* DB 2000, 557 ff.; *Lutter* in Lutter Einl. Rn 43; *Hüffer* § 179 a AktG Rn 6.
[101] *BVerfG* ZIP 2000, 1670 „Moto Meter"; siehe dazu *Raiser* KapGesR⁴ § 49 Rn 7 ff.

5. Beteiligungserwerb

51 Ein Rechtsträger kann am einfachsten die Möglichkeiten seiner Einflussnahme auf einen anderen Rechtsträger vergrößern, indem er Anteile an diesem erwirbt. Hierbei bleiben die Rechtsträger rechtlich eigenständig[102]. Die Pflicht zur Entschädigung der Aktionäre der übertragenden AG durch Gewährung von Anteilen an der übernehmenden Gesellschaft entsteht in diesem Fall nicht[103]. Der Schutz der Anteilsinhaber des Zielrechtsträgers wird durch die Grundsätze über den **faktischen Konzern** gewährleistet[104].

52 Erwirbt ein Rechtsträger „mindestens 30 Prozent" der Anteile an einem börsennotierten Unternehmen, ist der Anwendungsbereich des Übernahmerechts eröffnet[105]. Ungeklärt ist, ob durch eine Verschmelzung die Kontrolle über ein Zielunternehmen[106] erlangt werden kann und damit der übernehmende Rechtsträger zur Abgabe eines Angebots an alle Aktionäre zum Erwerb ihrer Anteile[107] verpflichtet ist. Nach dem Willen des Gesetzgebers ist davon auszugehen, dass sich Umwandlungs- und Übernahmerecht nicht ausschließen[108].

6. Teilfusionen

53 Oftmals ist die vollständige Verbindung der beteiligten Rechtsträger (noch) nicht Ziel einer gesellschaftsrechtlichen Umstrukturierung. Die beteiligten Unternehmen haben häufig nur ein Interesse daran, bestimmte Betriebszweige zu vereinen und ansonsten ihre rechtliche Unabhängigkeit zu bewahren.

54 Es liegt auf der Hand, dass ein solches Vorhaben nicht im Wege einer Verschmelzung zu verwirklichen ist. Möglich ist es jedoch, die zusammenzuführenden Unternehmensteile durch Einbringung zu verbinden[109]. In solchen Fällen stellt sich regelmäßig die Frage nach den Auswirkungen der „Holzmüller"-Entscheidungen des BGH[110].

VI. Ablauf einer Verschmelzung

55 Der Ablauf einer Verschmelzung lässt sich in drei Phasen einteilen: Vorbereitung der Verschmelzungsbeschlüsse, Beschlussfassung durch die Anteilsinhaber und Vollzug der Verschmelzung[111]. Entscheidendes zeitliches Kriterium ist dabei die aus § 17 Abs. 2 Satz 4 resultierende **Achtmonatsfrist**[112]. § 17 Abs. 2 Satz 4 bestimmt, dass der Anmeldung der Verschmelzung zur Eintragung in das Register am Sitz jedes der übertragenden Rechtsträger eine Bilanz beizufügen ist, die auf einen Stichtag datiert ist, der höchstens acht Monate vor der Anmeldung liegt[113].

---

[102] *OLG Celle* WM 1988.
[103] *Leinekugel* S. 24.
[104] BGHZ 122, 123 = DB 1993; BGHZ 95, 330 = NJW 1986, 188; *BGH* DB 1989, 816; 825; *BGH* NJW 1994, 446; *Altmeppen* DB 1994, 1912; *Mayer* MittBayNot 1994, 196 ff.; siehe §§ 311 bis 318 AktG.
[105] Gesetz zur Regelung von öffentlichen Angeboten zum Erwerb von Wertpapieren und von Unternehmensübernahmen, BGBl. I 2001 S. 3822 ff.
[106] § 29 Abs. 2 WpÜG.
[107] §§ 35 Abs. 2 iVm. 14 Abs. 2 Satz 1 WpÜG.
[108] Genauer hierzu Einl. A Rn 61 ff., 81.
[109] *Lutter/Drygala* in Lutter Rn 33.
[110] BGHZ 83, 122 = NJW 1982, 1703 „Holzmüller"; *BGH* NJW 2004, 1860 „Gelatine".
[111] *Gerold* MittRhNotK 1997, 205, 212; *Impelmann* DStR 1995, 769, 770; *Priester* DNotZ 1995, 427, 431; *Ganske* WM 1993, 1117, 1121; *Willemsen* NZA 1996, 791, 794; *Sagasser/Köderitzsch* in Sagasser/Bula/Brünger J Rn 9 ff.
[112] *Lutter/Drygala* in Lutter Rn 24; *Sagasser/Ködderitzsch* in Sagasser/Bula/Brünger J Rn 10.
[113] Zur Fristberechnung siehe § 17 Rn 17 ff.

1. Vorbereitung der Verschmelzungsbeschlüsse

In der ganz überwiegenden Zahl sind die Parteien sich einig, zB bei Verschmelzungen im Konzern. Sie verwenden als Schlussbilanz die Bilanz des letzten Jahresabschlusses. Ein Verschmelzungsvertrag wird entworfen und ggf. dem Betriebsrat zugeleitet. Mit den Beteiligten wird ein Beurkundungstermin abgestimmt. Die förmliche Einladung unterbleibt ebenso wie der Bericht. **56**

Im sehr seltenen Fall[114] der Verschmelzung unter Einhaltung auch der vom Gesetz für verzichtbar erklärten Regularien kommen hinzu: **57**
– Zeitplan, Einschaltung von Beratern;
– Bewertung für Umtauschverhältnis;
– Berichtsabfassung;
– Verschmelzungsprüfung;
– Einladung der Versammlungen der Anteilseigner;
– Vorbereitung auf Fragen in der Versammlung und auf den Auftritt von Berufsopponenten.

Muss der übernehmende Rechtsträger sein Kapital erhöhen, ist die **Kapitalerhöhung** parallel zur Verschmelzung vorzubereiten. Zu beachten sind auch die jeweils für die unterschiedlichen Rechtsformen geltenden Bestimmungen zur **Bekanntmachung von Verschmelzungsvertrag und Verschmelzungsbeschluss**[115]. Ist eine AG an der Verschmelzung beteiligt, ist der Verschmelzungsvertrag bzw. sein Entwurf[116] vor Einberufung der Hauptversammlung zum Handelsregister einzureichen. Das Gleiche gilt für einen VVaG[117]. Das Registergericht hat die Einreichung bekannt zu machen. Bei Publikumsgesellschaften sind ab dem Zeitpunkt der Einberufung der Hauptversammlung u. a. Verschmelzungsvertrag und -bericht sowie die letzten drei Jahresabschlüsse in dem Geschäftsraum der Gesellschaft zur Einsicht der Anteilsinhaber auszulegen[118]. **58**

2. Beschlussfassung durch die Anteilsinhaber der beteiligten Rechtsträger

In den Fällen allseitiger Zustimmung wird der Beschluss durch einen Beurkundungsvorgang gefasst, bei dem der Notar den Beschlusstext vorlegt. **59**

Im anderen Fall haben die zuständigen Organe bei Publikumsgesellschaften den Anteilseignern zunächst die Verschmelzung als solche, den Inhalt des Verschmelzungsvertrags sowie den Verschmelzungsbericht zu **erläutern**[119]. Während der Versammlung liegen bei Publikumsgesellschaften mindestens **Verschmelzungsvertrag und -bericht** sowie die Jahresabschlüsse und Lageberichte der letzten Jahre aus[120]. **60**

In den Fällen, in denen eine Kapitalerhöhung der aufnehmenden Gesellschaft erforderlich ist, haben die Anteilseigner auch einer solchen **Kapitalerhöhung zuzustimmen**[121]. Wird durch Neugründung verschmolzen, ist die **Zustimmung zum Gesellschaftsvertrag**, dem Partnerschaftsvertrag oder der Satzung des neu gegründeten Rechtsträgers erforderlich[122]. **61**

---

[114] Weniger als jede 20., vielleicht weniger als jede 50. Verschmelzung. Darstellungen, die allein auf diese Fälle Bezug nehmen, zB *Lutter/Drygala* in Lutter Rn 25 ff., machen nicht auf die geringe praktische Bedeutung vieler Regularien aufmerksam.
[115] Hierzu *Gerold* MittRhNotK 1997, 205, 219; *Impelmann* DStR 1995, 769, 771; *Winter* in Lutter Umwandlungsrechtstage S. 19, 32; *Fronhöfer* in Widmann/Mayer Rn 107 ff.
[116] § 61.
[117] § 111.
[118] §§ 63, 82, 101; zur GmbH vgl. §§ 47, 49 Abs. 2.
[119] §§ 64, 83, 102; zur GmbH vgl. § 49 Abs. 3.
[120] §§ 64 Abs. 1, 83 Abs. 1, 102.
[121] §§ 55, 69; *Lutter/Drygala* in Lutter Rn 27.
[122] Vgl. § 37; *Gerold* MittRhNotK 1997, 205, 222; *Lutter/Drygala* in Lutter Rn 27; *Marsch-Barner* in Kallmeyer § 37 Rn 3.

62 Eine **Dreiviertelmehrheit** des vertretenen Kapitals bzw. der erschienenen Gesellschafter ist idR ausreichend[123]. Teilweise müssen die Beschlüsse einstimmig ergehen. Dies kann sich aus Bestimmungen im Gesellschaftsvertrag ergeben und ist der gesetzliche Regelfall für den Verschmelzungsbeschluss bei Personengesellschaften[124]. Im Gesellschaftsvertrag der Personengesellschaft kann eine niedrigere Mehrheit bestimmt werden[125]. Grenze ist aber auch hier die Dreiviertelmehrheit[126].

63 § 51 Abs. 1 Satz 1 verlangt einen einstimmigen Zustimmungsbeschluss des übertragenden Rechtsträgers bei Verschmelzungen, an denen eine GmbH mit nicht voll erbrachten Stammeinlagen als übernehmender Rechtsträger beteiligt ist. Sofern in diesem Fall übertragender Rechtsträger eine Personenhandelsgesellschaft, eine PartG oder eine GmbH ist, wird auch die Zustimmung der nicht erschienenen Gesellschafter angeordnet[127]. Erhöhte Zustimmungserfordernisse werden auch gesetzt, falls bei der übertragenden GmbH die Geschäftsanteile nicht voll eingezahlt wurden[128].

64 Die Übertragung der Anteile des übertragenden Rechtsträgers kann von der Zustimmung bestimmter einzelner Anteilsinhaber abhängen[129]. Bei der AG werden gesonderte Abstimmungen nach stimmberechtigten Aktiengattungen vorausgesetzt[130].

65 Der Zustimmungsbeschluss und ggf. erforderliche Zustimmungserklärungen bedürfen ebenso wie der Verschmelzungsvertrag der **notariellen Beurkundung**[131].

3. Vollzug der Verschmelzung

66 Die **Verschmelzung** muss anschließend beim Handelsregister der Registergerichte an den Sitzen sämtlicher an der Verschmelzung beteiligter Rechtsträger angemeldet werden. Zuständig sind die Vertretungsorgane, bei der Verschmelzung zur Neugründung die der übertragenden Rechtsträger[132]. Bei der Anmeldung der Verschmelzung ist eine umfassende Erklärung abzugeben, ob eine Klage gegen die Wirksamkeit des Umwandlungsbeschlusses erhoben worden ist und ob diese Erfolg hatte[133].

67 Es folgt die **Eintragung der Verschmelzung** in den Handelsregistern am Sitz der beteiligten Rechtsträger. Die Eintragung erfolgt zunächst im Register der übertragenden und dann **konstitutiv im Register des übernehmenden Rechtsträgers**. Durch die Eintragung in das Register des übernehmenden Rechtsträgers treten die in § 20 geregelten Rechtsfolgen der Verschmelzung ein.

68 Ggf. ist vor der Eintragung der Verschmelzung zusätzlich die **Anmeldung und Eintragung der Kapitalerhöhung** erforderlich[134]. In diesem Fall sind bei Beteiligung von Aktiengesellschaften die an die Anteilseigner der übertragenden Rechtsträger zu übertragenden Aktien oder Anteile sowie eine eventuelle bare Zuzahlung vor Eintragung der Verschmel-

---

[123] *Impelmann* DStR 1995, 769, 771; *Sagasser/Ködderitzsch* in Sagasser/Bula/Brünger J Rn 21; *Hörtnagl* in Schmitt/Hörtnagl/Stratz Rn 11; *Ballreich* S. 12; vgl. hierzu auch die verfassungsrechtlichen Bedenken im Hinblick auf Art. 14 GG bei *Heckschen* WM 1990, 377, 378 f.; *Lutter/Drygala* in Lutter Rn 38.
[124] § 43 Abs. 1; *Priester* DNotZ 1995, 427, 440; *Streck/Mack/Schwedhelm* GmbHR 1995, 161, 19; *H. Schmidt* in Lutter Umwandlungsrechtstage S. 59, 79 f.
[125] § 43 Abs. 2.
[126] *Gerold* MittRhNotK 1997, 205, 221; *Priester* DNotZ 1995, 427, 440; *Heckschen* Rpfleger 1999, 357, 360; *Streck/Mack/Schwedhelm* GmbHR 1995, 161, 169.
[127] § 51 Abs. 1 Satz 2.
[128] § 51 Abs. 1 Satz 3; im Einzelnen § 51 Rn 20 f.
[129] § 13 Abs. 2; vgl. hierzu *Reichert* GmbHR 1995, 176 ff.
[130] § 65 Abs. 2.
[131] § 13 Abs. 3.
[132] §§ 16 Abs. 1, 38 Abs. 1 und 2.
[133] §§ 16 Abs. 2, 36 Abs. 1.
[134] §§ 53, 66.

zung an einen **Treuhänder** zu übergeben[135]. Der Treuhänder übergibt diese dann nach Eintragung der Verschmelzung an die ehemaligen Anteilsinhaber der übertragenden Rechtsträger[136]. Schließlich hat jeder Anteilsinhaber einen **Anspruch auf gerichtliche Kontrolle des Umtauschverhältnisses**[137].

VII. Kartellrechtliche Verschmelzungskontrolle

1. Nationale Kontrolle

Unternehmenszusammenschlüsse sind unter bestimmten Umständen dem **Bundeskartellamt** anzumelden[138]. Die früher bestehende Unterscheidung zwischen präventiver und nachträglicher Kontrolle ist weggefallen; nunmehr sind alle Verschmelzungen, die den gesetzlichen Tatbestand erfüllen, präventiv kontroll- bzw. anmeldepflichtig[139].

Eine **Pflicht zur Anmeldung** besteht grundsätzlich[140], wenn die an der Verschmelzung beteiligten Unternehmen im letzten Geschäftsjahr vor der Verschmelzung weltweit Umsatzerlöse[141] von insgesamt mindestens € 500 Mio. und mindestens ein beteiligtes Unternehmen im Inland Umsatzerlöse von mehr als € 25 Mio. erzielt haben[142].

Das Bundeskartellamt kann eine solche anmeldepflichtige Verschmelzung untersagen, sofern zu erwarten ist, dass durch sie eine **marktbeherrschende Stellung** entsteht oder verstärkt wird[143].

Ist dem Bundeskartellamt eine vollständige Anmeldung zugegangen, hat es **innerhalb eines Monats** zu entscheiden, ob die Verschmelzung einer näheren Prüfung im sog. **Hauptprüfverfahren** bedarf; erfolgt innerhalb dieses Monats keine Mitteilung an die anmeldenden Unternehmen, gilt der Zusammenschluss als unbeanstandet, und eine Untersagung darf nicht mehr erfolgen[144].

Tritt das Bundeskartellamt in das Hauptprüfverfahren ein, hat es innerhalb von **vier Monaten ab Zugang der vollständigen Anmeldung** durch Verfügung zu entscheiden. Mit Ablauf der Frist gilt die Verschmelzung als freigegeben[145].

Der Unternehmenszusammenschluss darf nicht vor Ablauf der Fristen für Eröffnung und Beendigung des Hauptprüfverfahrens vollzogen werden. Werden vor Ablauf der Frist entsprechende Rechtsgeschäfte vorgenommen, sind diese unwirksam[146] und können durch ein Bußgeld geahndet werden. Die Eintragung in das Handelsregister heilt einen Verstoß gegen das Vollzugsverbot. Die eingetragene Verschmelzung bleibt somit trotz Verstoßes gegen das Vollzugsverbot wirksam[147].

---

[135] § 71.
[136] *Gerold* MittRhNotK 1997, 205, 226.
[137] § 15 iVm. §§ 1 ff. SpruchG; ausf. siehe Anh. SpruchG.
[138] §§ 35 ff. GWB.
[139] *Bechtold/Uhlig* NJW 1999, 3526, 3529.
[140] Siehe zu den Ausnahmetatbeständen des § 35 Abs. 2 Nr. 1 und 2 GWB *Bechtold* § 35 GWB Rn 27 ff.; *Mestmäcker/Veelken* in Immenga/Mestmäcker § 35 GWB Rn 13 ff.
[141] Vgl. § 38 GWB zur Berechnung der Umsatzerlöse und Marktanteile.
[142] § 35 Abs. 1 Nr. 1 und 2 GWB. Zu den Umsatzschwellen *Bechtold* § 35 GWB Rn 21 ff.; *Mestmäcker/Veelken* in Immenga/Mestmäcker § 35 GWB Rn 5 ff.
[143] § 36 Abs. 1 GWB.
[144] § 40 Abs. 1 Satz 1 GWB. Zum Vorprüfverfahren *Bechtold* § 40 GWB Rn 4 ff.; *Mestmäcker/Veelken* in Immenga/Mestmäcker § 40 GWB Rn 12 ff.
[145] § 40 Abs. 2 Sätze 1 und 2 GWB. Zum Hauptprüfverfahren *Bechtold* § 40 GWB Rn 7 ff.; *Mestmäcker/Veelken* in Immenga/Mestmäcker § 40 GWB Rn 23 ff.
[146] § 41 Abs. 1 Satz 2 GWB. Zum Vollzugsverbot *Bechtold* § 41 GWB Rn 2 ff.; *Mestmäcker/Veelken* in Immenga/Mestmäcker § 41 GWB Rn 2 ff.
[147] § 41 Abs. 1 Satz 3 GWB. Hierzu *Bechtold* § 41 GWB Rn 4; *Mestmäcker/Veelken* in Immenga/Mestmäcker § 41 GWB Rn 12.

2. Internationale Kontrolle

75 Das sekundäre Gemeinschaftsrecht enthält eine Regelung für Verschmelzungen von EU-weiter Bedeutung in Form der **EG-Fusionskontrollverordnung**[148]. Diese verdrängt in ihrem Anwendungsbereich als abstrakt-generelle Regelung mit unmittelbarer Geltung das GWB[149]. Entscheidendes Kriterium für die Anwendbarkeit der EG-Fusionskontrollverordnung ist die Frage der **gemeinschaftsweiten Bedeutung** eines Zusammenschlusses[150].

76 Für die Beantwortung dieser Frage sind, ähnlich der Anmeldepflicht an das Bundeskartellamt, bestimmte **Umsatzschwellen** entscheidend[151]. Die EU-Kommission ist u.a.[152] dann für den sog. Kontrollerwerb, mithin die Kontrolle aller Verschmelzungen zuständig, wenn die beteiligten Unternehmen im letzten Geschäftsjahr zusammen einen weltweiten Gesamtumsatz von mehr als € 5 Mrd. hatten und mindestens zwei der beteiligten Unternehmen einen EU-weiten Umsatz von jeweils mehr als € 250 Mio. erzielt haben; die Umsätze innerhalb der EU dürfen dabei nicht zu mehr als zwei Dritteln in einem Mitgliedstaat erreicht worden sein[153].

VIII. Kosten einer Verschmelzung

1. Kosten des Verschmelzungsvertrags

77 Für die erforderliche[154] Beurkundung des Verschmelzungsvertrags fällt eine **doppelte Gebühr** aus dem Geschäftswert an[155]. Der Geschäftswert richtet sich nach dem **Wert des Aktivvermögens der übertragenden Rechtsträger**[156], wenn keine weiteren Gegenleistungen bestimmt sind[157]. Verbindlichkeiten sind dabei nicht abzugsfähig[158]. Der maximale Geschäftswert beträgt € 5 Mio.[159], so dass die Beurkundungsgebühr höchstens € 15 114 beträgt[160].

2. Kosten für Verzichtserklärungen

78 Verzichten die Anteilsinhaber einstimmig auf den von den Vertretungsorganen zu erstattenden Verschmelzungsbericht[161] oder auf den Prüfungsbericht, sind diese Vorgänge ebenso wie der Verschmelzungsvertrag notariell zu beurkunden[162]. Für diese Beurkundung fällt eine

---

[148] Verordnung (EG) Nr. 139/2004 des Rates vom 20.1.2004 über die Kontrolle von Unternehmenszusammenschlüssen (EG-Fusionskontrollverordnung), ABl. EG Nr. L 24/1 vom 29.1.2004.
[149] *Bechtold/Bosch/Brinker/Hirsbrunner* § 1 FKVO Rn 24; *Mestmäcker* in Immenga/Mestmäcker Vor § 35 GWB Rn 16.
[150] Art. 1 Abs. 1 FKVO.
[151] Art. 1 Abs. 2 und 3 FKVO.
[152] Zu den Einzelheiten der verschiedenen Schwellen *Bechtold/Bosch/Brinker/Hirsbrunner* § 1 FKVO.
[153] Art. 1 Abs. 2 FKVO, die noch weitere Umsatzschwellen enthält.
[154] § 6.
[155] §§ 36 Abs. 2, 141 KostO.
[156] § 39 Abs. 1 Satz 1 KostO. Hierzu *Bengel/Tiedtke* in Korintenberg/Lappe/Bengel/Reimann § 39 KostO Rn 67; *Hartmann* § 39 KostO Rn 19; *Lutter/Drygala* in Lutter § 2 Rn 40.
[157] § 39 Abs. 2 KostO. Hierzu: BayObLG DB 1997, 970; *Gerold* MittRhNotK 1997, 205, 229; *Heckschen* Rpfleger 1999, 357, 360.
[158] § 18 Abs. 3 KostO. Hierzu *Fronhöfer* in Widmann/Mayer Rn 83; *Hartmann* § 39 KostO Rn 19; *Lutter/Drygala* in Lutter Rn 40.
[159] § 39 Abs. 4 KostO. Hierzu *Fronhöfer* in Widmann/Mayer Rn 90; *Hartmann* § 39 KostO Rn 31; *Lutter/Drygala* in Lutter Rn 40.
[160] *Lutter/Drygala* in Lutter Rn 40.
[161] § 8 Abs. 3. Hierzu *Winter* in Lutter Umwandlungsrechtstage S. 19, 26.
[162] § 9 Abs. 3 iVm. § 12 Abs. 3. Hierzu *Tiedke* MittBayNot 1997, 209, 212; zum Verzicht *Gerold* MittRhNotK 1997, 205, 220; *Priester* DNotZ 1995, 427, 433; *Streck/Mack/Schwedhelm* GmbHR 1995, 161, 165.

volle Gebühr an[163], deren Wert nach freiem Ermessen zu bestimmen ist[164]. Als angemessen anzusehen ist hier ein Betrag in Höhe von **10% des Geschäftswerts**[165]. Bei Mitbeurkundung im Verschmelzungsvertrag sind die Verzichtserklärungen nicht zusätzlich zu bewerten, da Gegenstandsgleichheit vorliegt[166].

3. Kosten für Verschmelzungsbeschlüsse

Auch die Verschmelzungs-[167] und Kapitalerhöhungsbeschlüsse[168] der beteiligten Rechtsträger sind zu beurkunden. Hierbei fällt jeweils eine **doppelte Gebühr** an[169]. Der **Geschäftswert** für den Verschmelzungsbeschluss entspricht dem **Geschäftswert für die Beurkundung des Verschmelzungsvertrags**[170]; der Geschäftswert für den Kapitalerhöhungsbeschluss richtet sich nach der Erhöhungssumme[171]. Er ist mit dem Wert für die Zustimmungsbeschlüsse zusammen zu rechnen[172].

Die Zustimmungsbeschlüsse aller beteiligten Rechtsträger können zusammengefasst werden[173]. In diesem Fall sind sie gegenstandsgleich[174] und es fällt höchstens eine doppelte Gebühr in maximaler Höhe von € 5 000 an[175].

4. Kosten der Eintragung in das Handelsregister

Zunächst bedarf die **Registeranmeldung** der öffentlichen Beglaubigung[176]. Hierfür fällt eine **halbe Gebühr** an[177]. Der Geschäftswert hängt von der **Rechtsform** des übertragenden und des übernehmenden Rechtsträgers ab[178]. Die gleichzeitige Anmeldung eine Kapitalerhöhung ist gegenstandsverschieden und gesondert zu bewerten[179]. Für beide Geschäftswerte gilt der **Höchstwert von € 500 000**[180].

Für die eigentliche **Eintragung** in die Handelsregister der übertragenden und übernehmenden Rechtsträger fällt eine Gebühr nach dem Gebührenverzeichnis der **Handelsregistergebührenverordnung** nach § 79 a KostO[181] an.

---

[163] § 36 Abs. 1 KostO. Hierzu *Fronhöfer* in Widmann/Mayer Rn 99; *Lutter/Drygala* in Lutter Rn 41.
[164] § 30 Abs. 1 KostO.
[165] *Fronhöfer* in Widmann/Mayer Rn 99; *Lutter/Drygala* in Lutter Rn 41; *Gerold* MittRhNotK 1997, 205, 230 spricht von 10% bis 30%; *Reimann* MittBayNot 1995, 1, 3; *Tiedke* MittBayNot 1997, 209, 212.
[166] *Bengel/Tiedtke* in Korintenberg/Lappe/Bengel/Reimann § 39 KostO Rn 72.
[167] § 13 Abs. 3.
[168] §§ 55 Abs. 2, 69 Abs. 2.
[169] § 47 KostO.
[170] BayObLG DB 1992, 1923; *dass.* DB 1989, 2424; *Fronhöfer* in Widmann/Mayer Rn 103; *Lutter/Drygala* in Lutter Rn 42; *Gerold* MittRhNotK 1997, 205, 230; *Tiedke* MittBayNot 1997, 209, 209.
[171] *Fronhöfer* in Widmann/Mayer Rn 105; *Lutter/Drygala* in Lutter Rn 42.
[172] *Fronhöfer* in Widmann/Mayer Rn 105; *Lutter/Drygala* in Lutter Rn 42; *Tiedke* MittBayNot 1997, 209, 212; vgl. hierzu *EuGH* ZIP 1998, 206; *Schuck* DStR 1998, 820 ff.; *Sprockhoff* NZG 1999, 747.
[173] *Fronhöfer* in Widmann/Mayer Rn 102; *Lutter/Drygala* in Lutter Rn 42.
[174] § 44 Abs. 1 KostO. Hierzu *Tiedke* MittBayNot 1997, 209, 212.
[175] § 47 Satz 2 KostO. Hierzu BayObLG DB 1989, 2424; *Fronhöfer* in Widmann/Mayer Rn 106; *Lutter/Drygala* in Lutter Rn 42; *Gerold* MittRhNotK 1997, 205, 230; *Reimann* MitBayNotK 1995, 1, 3.
[176] § 12 Abs. 1 HGB.
[177] §§ 86, 38 Abs. 2 Nr. 7 KostO. Hierzu *Gerold* MittRhNotK 1997, 205, 230; *Göttlich/Mümmler* S. 1043. Anders *Lutter/Drygala* in Lutter Rn 43.
[178] § 41 a Abs. 4 Nr. 1 bis 4 KostO bzw. § 41 b iVm. § 41 a Abs. 4 Nr. 3 KostO.
[179] *Fronhöfer* in Widmann/Mayer Rn 112; *Lutter/Drygala* in Lutter Rn 43.
[180] § 39 Abs. 4 KostO.
[181] Gesetz zur Neuordnung der Gebühren in Handels-, Partnerschafts- und Genossenschaftsregistersachen vom 3.7.2004, BGBl. I 2004 S. 1410. Hierzu *Hartmann* Anh. § 79 a KostO; *Lappe* in Korintenberg/Lappe/Bengel/Reimann § 79 a KostO, insbes. Rn 41 ff.

5. Kosten einer erforderlichen Grundbuchberichtigung[182]

83 Grundsätzlich fällt bereits für die Beurkundung des Antrags auf Grundbuchberichtigung nach § 22 GBO eine **halbe Gebühr** an[183]. Diese Erklärung wird jedoch idR in den Verschmelzungsvertrag mit aufgenommen werden, so dass sie gegenstandsgleich mit diesem ist[184] und keine weiteren Gebühren neben den Gebühren für den Vertrag verursacht[185]. Bei getrennter Beurkundung ist ein **Geschäftswert gem. § 19 KostO** festzusetzen[186]. Eine **volle Gebühr** verursacht die **Eintragung ins Grundbuch**[187].

Der (formlose, schriftliche) Antrag auf Grundbuchberichtigung bedarf nicht der notariellen Beglaubigung. Beizufügen ist ein Nachweis der Unrichtigkeit des Grundbuchs in der Form des § 29 GBO, idR durch beglaubigten Handelsregisterauszug, aus dem sich die Wirksamkeit der Verschmelzung ergibt.

§ 3 Verschmelzungsfähige Rechtsträger

(1) An Verschmelzungen können als übertragende, übernehmende oder neue Rechtsträger beteiligt sein:
1. Personenhandelsgesellschaften (offene Handelsgesellschaften, Kommanditgesellschaften) und Partnerschaftsgesellschaften;
2. Kapitalgesellschaften (Gesellschaften mit beschränkter Haftung, Aktiengesellschaften, Kommanditgesellschaften auf Aktien);
3. eingetragene Genossenschaften;
4. eingetragene Vereine (§ 21 des Bürgerlichen Gesetzbuchs);
5. genossenschaftliche Prüfungsverbände;
6. Versicherungsvereine auf Gegenseitigkeit.

(2) An einer Verschmelzung können ferner beteiligt sein:
1. wirtschaftliche Vereine (§ 22 des Bürgerlichen Gesetzbuchs), soweit sie übertragender Rechtsträger sind;
2. natürliche Personen, die als Alleingesellschafter einer Kapitalgesellschaft deren Vermögen übernehmen.

(3) An der Verschmelzung können als übertragende Rechtsträger auch aufgelöste Rechtsträger beteiligt sein, wenn die Fortsetzung dieser Rechtsträger beschlossen werden könnte.

(4) Die Verschmelzung kann sowohl unter gleichzeitiger Beteiligung von Rechtsträgern derselben Rechtsform als auch von Rechtsträgern unterschiedlicher Rechtsform erfolgen, soweit nicht etwas anderes bestimmt ist.

Übersicht

	Rn		Rn
I. Allgemeines	1	b) Volle Verschmelzungsfähigkeit	4
1. Sinn und Zweck der Norm/Anwendungsbereich	1	c) Eingeschränkte Verschmelzungsfähigkeit	9
2. Verschmelzungsfähige Rechtsträger	2	3. Beteiligung aufgelöster Rechtsträger	11
a) Begriff des Rechtsträgers	3	4. Mischverschmelzungen	12

---

[182] Umfassend *Gärtner* DB 2000, 409 ff.
[183] § 38 Abs. 2 Nr. 5 KostO.
[184] § 44 Abs. 1 KostO.
[185] *Fronhöfer* in Widmann/Mayer Rn 119; *Lutter/Drygala* in Lutter Rn 45; *Gerold* MittRhNotK 1997, 205, 229; *Tiedke* MittBayNot 1997, 209, 216.
[186] § 19 Abs. 2 KostO. Hierzu *Hartmann* § 19 KostO.
[187] § 60 Abs. 1 KostO. Hierzu *Göttlich/Mümmler* S. 1044. Zu arbeitsrechtlichen Konsequenzen der Verschmelzung siehe § 20 Rn 34 ff.

II. Die verschmelzungsfähigen Rechtsträger im Einzelnen (Abs. 1 und 2) ... 13
1. Personenhandelsgesellschaften 14
2. Partnerschaftsgesellschaften 18
3. Kapitalgesellschaften 20
4. Eingetragene Genossenschaften 22
5. Eingetragene Vereine 24
6. Genossenschaftliche Prüfungsverbände .. 26
7. Versicherungsvereine auf Gegenseitigkeit 28
8. Wirtschaftliche Vereine 30
9. Natürliche Personen 32

III. Verschmelzung aufgelöster Rechtsträger (Abs. 3) 35

1. Aufgelöste Rechtsträger als übertragende Rechtsträger 36
2. Aufgelöste Rechtsträger als übernehmende Rechtsträger 45
3. Verschmelzung noch nicht entstandener Rechtsträger 48

IV. Verschmelzung von Rechtsträgern unterschiedlicher Rechtsform (Abs. 4) 51
1. Mehrfachverschmelzungen 52
2. Mischverschmelzungen 54

V. Übersicht über mögliche Verschmelzungsfälle 57

Literatur: *Bayer,* 1000 Tage neues Umwandlungsrecht, ZIP 1997, 1613; *de Weerth,* Die „Verschmelzung" von Personengesellschaften und das neue Umwandlungs(steuer)recht, WiB 1995, 625; *Dörrie,* Das neue Umwandlungsgesetz, WiB 1995, 1; *Handelsrechtsausschuß des Deutschen Anwaltvereins e. V. (HRA),* Vorschläge zur Änderung des Umwandlungsgesetzes, NZG 2000, 802; *Heckschen,* Das Umwandlungsrecht unter besonderer Berücksichtigung registerrechtlicher Problembereiche, Rpfleger 1999, 357; *ders.,* Die Entwicklung des Umwandlungsrechts aus Sicht der Rechtsprechung und Praxis, DB 1998, 1385; *ders.,* Fusion von Kapitalgesellschaften im Spiegel der Rechtsprechung, WM 1990, 377; *Kallmeyer,* Das neue Umwandlungsgesetz, ZIP 1994, 1746; *Lutter,* Die Reform von Umwandlung und Fusion, ZGR 1990, 392; *Michalski,* OHG-Recht, 2000; *Neumayer/Schulz,* Die Verschmelzung von rechtsfähigen Vereinen, DStR 1996, 872; *Neye,* Die Änderungen im Umwandlungsrecht nach den handels- und gesellschaftsrechtlichen Reformgesetzen in der 13. Legislaturperiode, DB 1998, 1649; *ders.,* Das Gesetz zur Änderung des Umwandlungsgesetzes, des Partnerschaftsgesellschaftsgesetzes und anderer Gesetze, ZAP Fach 15, 257; *ders.,* Partnerschaft und Umwandlung, ZIP 1997, 722; *Priester,* Das neue Umwandlungsrecht aus notarieller Sicht, DNotZ 1995, 427; *K.Schmidt,* Die Freiberufliche Partnerschaft, NJW 1995, 1; *ders.,* Universalsukzession kraft Rechtsgeschäfts, AcP 191 (1991) 495; *ders.,* Gesetzliche Gestaltung und dogmatisches Konzept eines neuen Umwandlungsgesetzes, ZGR 1990, 580; *ders.,* Verbandszweck und Rechtsfähigkeit im Vereinsrecht, 1984; *Streck/Mack/Schwedhelm,* Verschmelzung und Formwechsel nach dem neuen Umwandlungsgesetz, GmbHR 1995, 161; *Trölitzsch,* Rechtsprechungsübersicht: Das Umwandlungsrecht seit 1995, WiB 1997, 795; *Wegmann/Schmitz,* Die Fusion unter besonderer Berücksichtigung ertragsschwacher und insolventer Unternehmungen (Sanierungsfusion), WPg 1989, 189; *Wertenbruch,* Partnerschaftsgesellschaft und neues Umwandlungsrecht, ZIP 1995, 712; *Zöllner,* Bemerkungen zu allgemeinen Fragen des Referentenentwurfs eines Umwandlungsgesetzes, ZGR 1993, 334.

I. Allgemeines

1. Sinn und Zweck der Norm/Anwendungsbereich

Die Norm will Umwandlungen durch Verschmelzungen möglichst umfassend ermöglichen und unerwünschte Lücken im bisherigen System der Verschmelzungen schließen[1]. Sie behandelt drei unterschiedliche Fragenkomplexe, indem sie in Abs. 1 und 2 die verschmelzungsfähigen Rechtsträger abschließend aufzählt[2], in Abs. 3 aufgelöste Rechtsträger für teilweise verschmelzungsfähig erklärt und in Abs. 4 die grundsätzliche Zulässigkeit von Mischverschmelzungen statuiert.

2. Verschmelzungsfähige Rechtsträger

Im Vergleich zum früheren Recht erweitert die Bestimmung die Zahl der verschmelzungsfähigen Rechtsträger erheblich. Sie unterscheidet dabei zwischen uneingeschränkt und nur eingeschränkt verschmelzungsfähigen Rechtsträgern.

---

[1] RegBegr. *Ganske* S. 47.
[2] RegBegr. *Ganske* S. 47.

3 a) **Begriff des Rechtsträgers.** Das Gesetz benutzt den weiten Begriff des Rechtsträgers an Stelle der engeren Begriffe der juristischen Person oder des Unternehmens[3]. Unter Rechtsträger versteht das UmwG jede im Rechtsverkehr auftretende juristische Einheit[4]. Der Begriff soll klarstellen, dass Gegenstand des Übertragungsprozesses das Vermögen und nicht das Unternehmen selbst ist und sich Umwandlungen auf den Unternehmensträger als Rechtssubjekt beziehen[5]. Der Begriff „Rechtsträger" erinnert an die Begrifflichkeit des Rechts der früheren DDR. Er hat jedoch im UmwG eine andere Bedeutung und steht nicht in der Tradition der DDR-Rechtsterminologie[6].

4 b) **Volle Verschmelzungsfähigkeit.** In Abs. 1 und 2 zählt die Vorschrift **abschließend** die Rechtsträger auf, die an einer Verschmelzung beteiligt sein können[7]. Abs. 1 nennt die Rechtsträger, die **voll verschmelzungsfähig** sind und als übertragende, übernehmende oder neu gegründete Rechtsträger Teilnehmer einer Verschmelzung sein können. Hierzu zählen die OHG und die KG, die ausdrücklich unter dem Oberbegriff der **Personenhandelsgesellschaften** zusammengefasst werden[8]. Auch die GmbH & Co. KG gehört als KG zu den voll verschmelzungsfähigen Personenhandelsgesellschaften[9]. Die Europäische Wirtschaftliche Interessenvereinigung (EWIV) ist ebenfalls voll verschmelzungsfähig. § 1 des EWIV-Ausführungsgesetzes erklärt die Regeln der OHG für die EWIV anwendbar[10].

5 Die **GbR** ist keine verschmelzungsfähige Personenhandelsgesellschaft nach Abs. 1 Nr. 1[11]. Doch kann sich jede GbR, die ein Gewerbe betreibt, im Handelsregister eintragen lassen und auf diesem Weg zur OHG bzw. zur KG werden[12].

6 Die **PartG** ist seit ihrer Einführung in das UmwG durch das erste Gesetz zur Änderung des UmwG vom 22. 7. 1998[13] als voll verschmelzungsfähiger Rechtsträger vorgesehen[14]. Ebenso gehören **Kapitalgesellschaften,** zu denen das UmwG GmbH, AG und KGaA zählt, eingetragene Genossenschaften, eingetragene Vereine[15], genossenschaftliche Prüfungsverbände und Versicherungsvereine auf Gegenseitigkeit zu den voll verschmelzungsfähigen Rechtsträgern[16].

7 Abs. 1 darf jedoch nicht in der Weise verstanden werden, als sei die Verschmelzung für alle Rechtsträger der in der Vorschrift aufgeführten Rechtsformen sowohl miteinander, als auch

---

[3] Siehe dazu auch § 1 Rn 19.
[4] RegBegr. *Ganske* S. 13; *Lutter/Drygala* in Lutter Rn 3.
[5] RegBegr. *Ganske* S. 13; hierzu auch *K. Schmidt* AcP 191 (1991) 495, 502.
[6] RegBegr. *Ganske* S. 13; *Stengel* in Haritz/Benkert Einf. Rn 10.
[7] *H. Schmidt* in Lutter Umwandlungsrechtstage S. 59, 67.
[8] Dies wäre nicht erforderlich gewesen, da sich der Begriff der Personenhandelsgesellschaft nach allgemeinem Sprachgebrauch ohnehin nur auf die OHG und die KG erstreckt; vgl. *H. Schmidt* in Lutter Umwandlungsrechtstage S. 59, 67; *K. Schmidt* § 3 I 2 a).
[9] RegBegr. *Ganske* S. 92.
[10] Gesetz zur Ausführung der EWG-Verordnung über die Europäische wirtschaftliche Interessenvereinigung (EWIV-Ausführungsgesetz) vom 14. 4. 1988, BGBl. I 1988 S. 514.
[11] Hierzu kritisch *Zöllner* ZGR 1993, 334, 340; *Lutter* ZGR 1990, 392, 399; *Streck/Mack/Schwedhelm* GmbHR 1995, 161, 162; *Bayer* ZIP 1997, 1613, 1614; *H. Schmidt* in Lutter Umwandlungsrechtstage S. 59, 61, 67; die GbR ist gem. § 191 Abs. 2 Nr. 1 lediglich im Fall eines Formwechsels umwandlungsfähig.
[12] *Heckschen* Rpfleger 1999, 357, 358; *ders.* DB 1998, 1385, 1398; *Hopt* in Baumbach/Hopt § 105 HGB Rn 12; *Michalski* Einl. Rn 4; vgl. auch *K. Schmidt* GesR § 46 I 1 c).
[13] Gesetz zur Änderung des Umwandlungsgesetzes, des Partnerschaftsgesellschaftsgesetzes und anderer Gesetze vom 22. 7. 1998, BGBl. I 1998 S. 1878.
[14] Umfassend hierzu *Neye* DB 1998, 1649 ff.; *ders.* ZAP Fach 15, 257.
[15] Vgl. zur hierdurch begründeten Verschmelzungsfähigkeit von Gewerkschaften *Wiedemann/Thüsing* WM 1999, 2237 und 2277.
[16] Zur Verschmelzungsfähigkeit der Europäischen Gesellschaft siehe Einl. C Rn 56 ff.; siehe zur Europäischen Genossenschaft (SCE) Einl. C Rn 64 ff.; vgl. *Lutter/Drygala* § 3 Rn 12 ff.; *Marsch-Barner* in Kallmeyer § 3 Rn 90.

mit Rechtsträgern, die eine andere in Abs. 1 genannte Rechtsform haben, ohne Einschränkungen möglich[17]. Abs. 1 klärt **lediglich grundsätzlich die Verschmelzungsfähigkeit** bestimmter Rechtsträger. Die tatsächliche Fähigkeit, an einer bestimmten Verschmelzung teilzunehmen, kann erst in Verbindung mit den **Vorschriften des besonderen Teils** des Zweiten Buches, die die allgemeine Verschmelzungsfähigkeit aus Abs. 1 einschränken, beurteilt werden.

Die für die sonstigen Umwandlungsformen geltenden Vorschriften verweisen zur Bestimmung der jeweils umwandlungsfähigen Rechtsträger auf Abs. 1. Der Kreis der jeweils einbezogenen Rechtsträger variiert zwar je nach Umwandlungsart[18], trotzdem sind die umwandlungsfähigen Rechtsträger für alle Umwandlungsarten ähnlich.

c) **Eingeschränkte Verschmelzungsfähigkeit.** Abs. 2 regelt **zwei Sonderfälle** verschmelzungsfähiger Rechtsträger. Für die in ihm genannten Rechtsträgerformen ist eine Verschmelzung nur eingeschränkt möglich. Konzessionierte **wirtschaftliche Vereine** iSd. § 22 BGB können nur als übertragende Rechtsträger an einer Verschmelzung beteiligt sein[19]. Zudem ist eine Verschmelzung unter Beteiligung **natürlicher Personen** möglich, wenn die natürliche Person als Alleingesellschafter einer Kapitalgesellschaft deren Vermögen übernimmt[20].

Nicht zum Kreis der verschmelzungsfähigen Rechtsträgern gehört die **stille Gesellschaft**. Als reine Innengesellschaft nimmt sie nicht am Rechtsverkehr teil und kann somit keine Personenhandelsgesellschaft sein[21]. Eine entsprechende Anwendung der Regeln des UmwG auf diese Gesellschaftsform scheitert am **Analogieverbot des § 1 Abs. 2**[22]. Gleiches gilt für die schlichte Rechtsgemeinschaft, nicht rechtsfähige Vereine, Stiftungen oder Erbengemeinschaften[23]. Unbenommen bleiben in diesen Fällen jedoch stets die Möglichkeiten, das wirtschaftliche Ergebnis einer Verschmelzung auf eine andere Art und Weise zu errreichen[24].

3. Beteiligung aufgelöster Rechtsträger

Nach Abs. 3 können an einer Verschmelzung auch aufgelöste Rechtsträger als übertragende Rechtsträger beteiligt sein, soweit ihre Fortsetzung beschlossen werden könnte. Insoweit knüpft das UmwG zur **Erleichterung von Sanierungsfusionen** an die frühere Rechtslage an[25]. Die Bestimmung gilt entsprechend bei der Spaltung; für den Formwechsel findet sich eine parallele Regelung[26].

4. Mischverschmelzungen

Abs. 4 erklärt neben der Verschmelzung von Rechtsträgern derselben Rechtsform die sog. **Mischverschmelzung,** d. h. die Verschmelzung unter gleichzeitiger Beteiligung von Rechtsträgern verschiedener Rechtsformen, für **grundsätzlich zulässig.** Eine solche Verschmelzung bringt gleichzeitig einen Formwechsel des übertragenden Rechtsträgers mit sich[27].

---

[17] *Fronhöfer* in Widmann/Mayer Rn 6.
[18] Vgl. §§ 124 (für die Spaltung), 191 (für den Formwechsel) und 175 (für die Vermögensübertragung).
[19] § 3 Abs. 2 Nr. 1.
[20] § 3 Abs. 2 Nr. 2.
[21] *K. Schmidt* GesR § 62 II 1; *Marsch-Barner* in Kallmeyer Rn 5.
[22] *Streck/Mack/Schwedhelm* GmbHR 1995, 161, 162; *H. Schmidt* in Lutter Umwandlungsrechtstage S. 59, 63 f.; zum Analogieverbot siehe § 1 Rn 61 ff.
[23] Kritisch hinsichtlich der Nichtberücksichtigung der Erbengemeinschaft *Hecksen* Rpfleger 1999, 357, 357; siehe aber §§ 1 Rn 31 ff., 152 Rn 24 ff.
[24] § 2 Rn 43 ff.; Einl. A Rn 82 ff.
[25] RegBegr. *Ganske* S. 47.
[26] §§ 124 Abs. 2, 191 Abs. 3.
[27] *Stengel* in Haritz/Benkert Einf. Rn 11; *Bermel* in Goutier/Knopf/Tulloch Rn 21.

II. Die verschmelzungsfähigen Rechtsträger im Einzelnen (Abs. 1 und 2)

13 Die Abs. 1 und 2 zählen **abschließend** diejenigen Rechtsträger auf, die an einer Verschmelzung beteiligt sein können. Im Einzelnen handelt es sich dabei um Rechtsträger der folgenden Rechtsformen:

1. Personenhandelsgesellschaften[28]

14 Abs. 1 Nr. 1 bestimmt, dass Personenhandelsgesellschaften als übertragende, übernehmende oder neue Rechtsträger an Verschmelzungen beteiligt sein können. Die Besonderheiten für die Verschmelzung von Personenhandelsgesellschaften sind in **§§ 39 bis 45** normiert. Als Personenhandelsgesellschaft bezeichnet Abs. 1 Nr. 1 ausdrücklich die **OHG** und die **KG**[29]. Auch die **EWIV** wird von Abs. 1 Nr. 1 erfasst. Da die EWIV gem. § 1 EWIV-Ausführungsgesetz[30] *ipso iure* einer OHG gleichgestellt ist, steht das Analogieverbot des § 1 Abs. 2 nicht entgegen.

15 Für das Bestehen der Personenhandelsgesellschaft ist grundsätzlich das Vorliegen der objektiven Voraussetzungen, d. h. der **Betrieb eines Handelsgewerbes**[31] entscheidend[32]. Die Eintragung in das Handelsregister hat nur in den Fällen des § 105 Abs. 2 HGB, der **Kleinbetrieben** die Möglichkeit gibt, sich ins Handelsregister eintragen zu lassen und dadurch zur OHG zu werden, konstitutive Wirkung[33].

16 OHG und KG können ihre Verschmelzungsfähigkeit verlieren, wenn sie kein Handelsgewerbe iSd. §§ 1, 2 HGB mehr betreiben[34]. Die Personengesellschaft wandelt sich dann kraft Gesetzes in eine GbR und verliert somit automatisch ihre Verschmelzungsfähigkeit. Dies gilt aber nach der Neuregelung des HGB durch das Handelsrechtsreformgesetz[35] vom 22. 6. 1998 nicht, wenn die OHG oder KG im Handelsregister eingetragen ist. Die bisher hM[36], dass **„Schein-OHG"** und **„Schein-KG"** nicht verschmelzungsfähig seien[37], weil § 5 HGB aF nur zugunsten Dritter gelte und das Registergericht nicht binde, ist überholt. Die §§ 2 und 105 Abs. 2 HGB sowie § 161 Abs. 2 iVm. § 105 Abs. 2 HGB sehen ausdrücklich auch die Möglichkeit einer kleingewerblichen OHG und KG und darüber hinaus auch die Zulässigkeit der Rechtsform der OHG und KG für Rechtsträger vor, deren Betrieb ausschließlich

---

[28] Zur Verschmelzung von Personengesellschaften auch H. *Schmidt* in Lutter Umwandlungsrechtstage S. 59 ff.

[29] Dies wäre nicht erforderlich gewesen, da sich der Begriff der Personenhandelsgesellschaft nach allgemeinem Sprachgebrauch ohnehin nur auf die OHG und die KG erstreckt; vgl. H. *Schmidt* in Lutter Umwandlungsrechtstage S. 59, 67.

[30] Gesetz zur Ausführung der EWG-Verordnung über die Europäische wirtschaftliche Interessenvereinigung (EWIV-Ausführungsgesetz) BGBl. I 1988 S. 514.

[31] Hierzu *Canaris* Handelsrecht § 2 Rn 1 ff.; *Hopt* in Baumbach/Hopt § 105 HGB Rn 4.

[32] BGHZ 32, 307, 310; BGHZ 10, 91, 95 ff.; *Haritz/Bärwaldt* in BeckHdb. Personengesellschaft § 9 Rn 263; *Hopt* in Baumbach/Hopt § 105 HGB Rn 4.

[33] *K. Schmidt* GesR § 46 I 1 c); *Michalski* Einl. Rn 4; *Hopt* in Baumbach/Hopt § 105 HGB Rn 12.

[34] BGHZ 32, 312; *Marsch-Barner* in Kallmeyer Rn 7; *Lutter/Drygala* in Lutter Rn 21; auch *Hopt* in Baumbach/Hopt Einl. vor § 105 HGB Rn 21; aA *Bermel* in Goutier/Knopf/Tulloch Rn 8, der auch die Schein-OHG und die Schein-KG als verschmelzungsfähige Rechtsträger anerkennen will.

[35] BGBl. I 1998 S. 1474.

[36] *Lutter/Drygala* in Lutter Rn 21. Für die Verschmelzungsfähigkeit dagegen schon nach der Rechtslage vor dem HRefG *Bermel* in Goutier/Knopf/Tulloch § 3 Rn 20.

[37] *Bermel* in Goutier/Knopf/Tulloch § 3 Rn 20.

in der Vermögensverwaltung besteht[38]. Für diese Rechtsträger ist die Eintragung für den Erwerb der Rechtsform konstitutiv.

Liegt einer Personengesellschaft ein nichtiger oder anfechtbarer Gesellschaftsvertrag zu Grunde, ist die Gesellschaft aber dennoch mit Wirkung nach innen und/oder nach außen vollzogen worden, ist nach Invollzugsetzung nur eine Auflösung der Gesellschaft möglich, falls nicht anderweitige Schutzinteressen, insbesondere der Minderjährigenschutz, entgegenstehen. Bis zur Auflösung ist die in Vollzug gesetzte Gesellschaft als sog. **fehlerhafte Gesellschaft** wirksam[39] und damit verschmelzungsfähig. 17

2. Partnerschaftsgesellschaften

Für Partnerschaftsgesellschaften gelten die Vorschriften über die Verschmelzung von Personenhandelsgesellschaften gem. § 45 e entsprechend. Daneben existieren Spezialregelungen für Verschmelzungen von Partnerschaftsgesellschaften in **§§ 45 a bis 45 e**[40]. 18

Partner einer Partnerschaft können nur natürlichen Personen sein, die sich zur Ausübung eines **Freien Berufs** zusammengeschlossen haben[41]. Eine Verschmelzung auf eine PartG kann somit nur erfolgen, wenn alle Anteilsinhaber der übertragenden Rechtsträger natürliche Personen sind, die einen solchen Beruf ausüben. 19

3. Kapitalgesellschaften[42]

Das Gesetz fasst GmbH, AG, KGaA in Abs. 1 Nr. 2 unter dem Oberbegriff Kapitalgesellschaften zusammen[43]. Diese Definition knüpft an der Terminologie im handelsrechtlichen Bilanzrecht (§§ 264 ff. HGB) an[44]. Im besonderen Teil finden sich für die einzelnen Rechtsträgerformen Sondervorschriften in **§§ 46 bis 59** für die GmbH, in **§§ 60 bis 76** für die AG und in **§ 78** für die KGaA. Insbesondere ist vorgesehen, dass bei Verschmelzungen zur Aufnahme idR das Kapital erhöht werden muss und bei Verschmelzungen zur Neugründung die **Gründungsvorschriften** für den neuen Rechtsträger einzuhalten sind. 20

Anders als bei den Personenhandelsgesellschaften kommt es bei Kapitalgesellschaften für ihre Existenz entscheidend auf die **konstitutiv wirkende Eintragung** im Handelsregister an[45]. Die Kapitalgesellschaft erlangt ihre Rechtsfähigkeit – und damit auch ihre Verschmelzungsfähigkeit – auch dann durch die Eintragung, wenn sie nicht ordnungsgemäß errichtet oder angemeldet ist[46]. 21

4. Eingetragene Genossenschaften

Abs. 1 Nr. 3 erklärt eingetragene Genossenschaften zu voll verschmelzungsfähigen Rechtsträgern. Besondere Regeln über die Verschmelzung von eingetragenen Genossenschaften finden sich in den **§§ 79 bis 98**. 22

---

[38] RegBegr. Gesetz zur Neuregelung des Kaufmanns- und Firmenrechts und zur Änderung anderer Handels- und gesellschaftsrechtlicher Vorschriften (Handelsrechtsreformgesetz – HRefG), BT-Drucks. 13/8444; ZIP 1997, 942, 953.

[39] *Ulmer* GbR und PartG § 705 BGB Rn 323 ff. mwN.

[40] Hierzu auch *Neye* ZAP Fach 15, 257, 259; *ders.* DB 1998, 1649, 1651.

[41] § 1 Abs. 1 PartGG. Zur Definition des Freien Berufs vgl. den Bericht des Rechtsausschusses des deutschen Bundestags zum Regierungsentwurf des Partnerschaftsgesellschaftsgesetzes, BT-Drucks. 13/10 955 S. 12 f.; *K. Schmidt* GesR § 64 I 2 b).

[42] Zur Verschmelzung von Kapitalgesellschaften auch *Grunewald/Winter* in Lutter Umwandlungsrechtstage S. 19 ff.

[43] Zur Europäischen Gesellschaft siehe Einl. C Rn 49 ff.

[44] Vgl. auch die Kommentierung von *Merkt* in Baumbach/Hopt §§ 264 ff. HGB, insbes. § 264 HGB Rn 1.

[45] *K. Schmidt* GesR § 27 II 3 g), § 34 II 3 c); *Stratz* in Schmitt/Hörtnagl/Stratz Rn 23.

[46] *K. Schmidt* GesR § 27 II 3 c), § 34 II 3 c); *Lutter/Bayer* in Lutter/Hommelhoff § 10 GmbHG Rn 6; *Hueck/Fastrich* in Baumbach/Hueck § 9 c GmbHG Rn 13; *Hüffer* § 37 AktG Rn 19.

23 Die heutige Rechtslage entspricht weitgehend dem früheren Recht. Neu ist die Möglichkeit der **Verschmelzung von Genossenschaften untereinander** ohne Rücksicht auf die Haftart und die Höhe der Nachschusspflicht, die zuvor durch § 93 a GenG aF ausgeschlossen war[47].

5. Eingetragene Vereine

24 Auch eingetragene Vereine iSv. § 21 BGB sind nach dem Wortlaut des Abs. 1 Nr. 4 verschmelzungsfähig. Ihre Verschmelzungsfähigkeit wird jedoch **stark eingeschränkt**[48]. Eingetragene Vereine können im Wege der Verschmelzung durch Aufnahme nur andere Vereine aufnehmen. Der Idealverein kann ferner einen Rechtsträger anderer Rechtsform im Wege der Verschmelzung durch Neugründung nur mit einem anderen eingetragenen Verein gründen[49]. Möglich ist hingegen eine Verschmelzung durch Aufnahme mit einem Rechtsträger anderer Rechtsform, wenn der eingetragene Verein als übertragender Rechtsträger auftritt[50]. Die Verschmelzung setzt ferner voraus, dass die Satzung der beiden beteiligten Rechtsträger nicht entgegensteht. Weitere Bestimmungen, die die Verschmelzung von Vereinen regeln, finden sich in **§§ 100 bis 104 a**.

25 Abs. 1 Nr. 4 erfasst nur den **Idealverein**. Er gilt also nur für Vereine, deren Vereinszweck nicht auf einen wirtschaftlichen Geschäftsbetrieb gerichtet ist. Vom Regelungsbereich des Abs. 1 Nr. 4 nicht berührt wird der wirtschaftliche Verein nach § 22 BGB, dessen Verschmelzungsfähigkeit in Abs. 2 Nr. 1 geregelt ist. Entscheidend ist bei der Abgrenzung von nichtwirtschaftlichem und wirtschaftlichem Verein, ob der Verein tatsächlich auf einen wirtschaftlichen Geschäftsbetrieb ausgerichtet ist[51]. Dies ist nach hM der Fall, wenn ein Verein Leistungen am Markt anbietet und wie ein Unternehmer am Wirtschafts- und Rechtsverkehr teilnimmt[52]. Unbeachtlich für die Abgrenzung ist der Wortlaut der Satzung.

6. Genossenschaftliche Prüfungsverbände

26 Nach Abs. 1 Nr. 5 können genossenschaftliche Prüfungsverbände an Verschmelzungen als übertragende, übernehmende und neue Rechtsträger beteiligt sein. Genossenschaftliche Prüfungsverbände stellen nach § 63 b Abs. 1 GenG eine **Spezialform eines eingetragenen Vereins** dar.

27 Aus den für genossenschaftliche Prüfungsverbände geltenden Bestimmungen in den **§§ 105 ff.** ergibt sich einschränkend, dass eine **Verschmelzung durch Neugründung** für genossenschaftliche Prüfungsverbände **ausgeschlossen** ist. Auch im Wege der Aufnahme können genossenschaftliche Prüfungsverbände nur untereinander verschmolzen werden[53].

7. Versicherungsvereine auf Gegenseitigkeit

28 Versicherungsvereine auf Gegenseitigkeit iSv. §§ 15 ff. VAG sind nach der Bestimmung des Abs. 1 Nr. 6 voll verschmelzungsfähig. Auch die tatsächlichen Möglichkeiten der Ver-

---

[47] Siehe § 79 Rn 1. Zur Europäischen Genossenschaft siehe Einl. C Rn 64 ff.
[48] § 99 Abs. 2.
[49] *Neumayer/Schulz* DStR 1996, 872, 872; *Stengel* in Haritz/Benkert Einf. Rn 27; *Sagasser* in Sagasser/Bula/Brünger B Rn 17.
[50] RegBegr. *Ganske* S. 135; *Neye* ZAP Fach 15, 257, 263; *ders*. DB 1998, 1649, 1652; aA *Lutter* in Lutter Rn 17.
[51] *K. Schmidt* GesR § 23 II 2.); *Heinrichs* in Palandt § 21 BGB Rn 2 ff.; *Stratz* in Schmitt/Hörtnagl/Stratz Rn 31.
[52] *BayObLG* MDR 1978, 843; *BayObLG* Rpfleger 1985, 495; *OLG Düsseldorf* Rpfleger 1979, 259; stärker differenzierend *K. Schmidt* GesR § 23 III 3.).
[53] Hierzu die Kritik des *HRA* NZG 2000, 802, 802, der hier einen Widerspruch zwischen § 105 und § 3 Abs. 1 Nr. 5 sieht und zur Korrektur die Verschmelzung zweier genossenschaftlicher Prüfungsverbände durch Neugründung eines Verbands zulassen will.

schmelzung von Versicherungsvereinen auf Gegenseitigkeit werden entgegen dem unbegrenzten Wortlaut durch die **§§ 109 bis 119** erheblich eingeschränkt. Sie entsprechen der früheren Regelung in § 44 a VAG aF, nach der Versicherungsvereine auf Gegenseitigkeit **nur untereinander** verschmolzen werden konnten. Dies folgt nun aus § 109, der in Satz 2 aber auch die Verschmelzung **auf eine VersicherungsAG** zulässt.

Ein VVaG wird nur dann rechtsfähig und damit auch verschmelzungsfähig, wenn er eine **Erlaubnis der Versicherungsaufsichtsbehörde** erhält, Geschäfte als „Versicherungsverein auf Gegenseitigkeit" zu betreiben[54]. Die Aufsichtsbehörde muss jede Umwandlung, an der ein Versicherungsunternehmen beteiligt ist, genehmigen[55]. 29

8. Wirtschaftliche Vereine

Der wirtschaftliche Verein erwirbt seine Rechtsfähigkeit durch **staatliche Verleihung**[56]. Er ist nur eingeschränkt verschmelzungsfähig. Wirtschaftliche Vereine können nur als übertragende Rechtsträger an einer Verschmelzung beteiligt sein[57]. Grund hierfür ist, dass der Gesetzgeber den wirtschaftlichen Verein nur in Ausnahmefällen als geeigneten Träger eines Unternehmens ansieht. Für die unternehmerische Tätigkeit von Verbänden stellt die Rechtsordnung besondere Rechtsformen in Gestalt von Kapitalgesellschaften und Genossenschaften zur Verfügung, gegenüber denen der wirtschaftliche Verein grundsätzlich subsidiär ist[58]. Diese Rechtsträger hält der Gesetzgeber für besser geeignet, Träger von Unternehmen zu sein. 30

In der **Gesetzesbegründung** stützt der Gesetzgeber seine Ansicht auf vier Argumente. Die wesentlichen Unterschiede wirtschaftlicher Vereine zu handelsrechtlich bestimmten Gesellschaften lägen in der bei wirtschaftlichen Vereinen **fehlenden Pflicht zur Rechnungslegung**, dem gegenüber Handelsgesellschaften **fehlenden Garantiekapital**, der schwächeren Möglichkeiten der **Kontrolle über die Geschäftsführung des Vorstands** und den **fehlenden Mitbestimmungsregelungen** für die Arbeitnehmer[59]. Der Gesetzgeber möchte die Unternehmenstätigkeit durch Vereinigungen mit vereinsmäßiger Binnenstruktur auf Rechtsformen reduziert sehen, für die diese Schutzvorschriften Geltung haben. Deshalb beschränkt Abs. 2 Nr. 1 die Verschmelzungsfähigkeit wirtschaftlicher Vereine auf die Übertragung des Vermögens auf andere Rechtsträger und verhindert auf diese Weise die Vergrößerung oder Neugründung wirtschaftlicher Vereine durch Verschmelzungen. 31

9. Natürliche Personen

Natürliche Personen können als übernehmende Rechtsträger an einer Verschmelzung beteiligt sein, wenn sie als Alleingesellschafter einer Kapitalgesellschaft deren Vermögen übernehmen[60]. Hierbei handelt es sich um einen **Sonderfall der Konzernverschmelzung**, der bereits im früheren Recht geregelt war[61]. Im Gegensatz zum früheren Recht und auch zum DiskE[62] scheidet nun die Verschmelzung durch Aufnahme des Vermögens durch einen bloßen Mehrheitsgesellschafter aus. Verschmelzungsfähig sind nur natürliche Personen, die **Alleingesellschafter** der übertragenden Kapitalgesellschaft sind[63]. 32

---

[54] § 15 VAG; hierzu ausführlich *Weigel* in Prölss § 15 VAG Rn 19 ff.; *K. Schmidt* GesR § 42 II 1 a).
[55] § 14 a VAG; *Stratz* in Schmitt/Hörtnagl/Stratz Rn 36; vgl. zu den Versagungsgründen Anh. § 119 Rn 62 ff.
[56] § 22 BGB; BGHZ 45, 397; 85, 88.
[57] § 3 Abs. 2 Nr. 1.
[58] BVerwG NJW 1979, 2265; *K. Schmidt* GesR § 24 II 2 a); *Heinrichs* in Palandt § 22 BGB Rn 1.
[59] RegBegr. *Ganske* S. 47.
[60] Abs. 2 Nr. 2.
[61] §§ 1 Abs. 1 2. Alt., 15 Abs. 1 Satz 1 1. Alt. UmwG 1969; RegBegr. *Ganske* S. 47.
[62] § 1 DiskE UmwBerG, Beilage Nr. 214 a zum BAnz. vom 15. 11. 1988; ZIP-aktuell 1988, A 117, Nr. 425; zusammenfassende Darstellung bei *Eder* GmbHR 1989, R 17 ff.
[63] Siehe zum Wohnsitz der natürlichen Person § 120 Rn 21 ff.

33 Sonderregelungen für diesen Verschmelzungsvorgang finden sich in den **§§ 120 ff.** Der übernehmende Alleingesellschafter ist in das Handelsregister einzutragen, wenn die aufgelöste Kapitalgesellschaft ein Handelsgewerbe betrieb und er zuvor noch nicht im Handelsregister eingetragen war[64]. Der Übernehmer wird mit Übernahme des Vermögens der handelsgewerbetreibenden Kapitalgesellschaft automatisch Kaufmann und muss eine Firma bilden oder nach § 18 Abs. 1 die Firma der übertragenden Kapitalgesellschaft fortführen[65].

34 Die Vorschriften des Zweiten Buches finden Anwendung auf die verschmelzungsfähigen Rechtsträger wie folgt:

	Verschmelzung durch Aufnahme	Verschmelzung durch Neugründung
Allgemeine Vorschriften	§§ 2–35	§§ 2, 3, 4–15, 16 Abs. 2, 3, 17–26, 28–38
Besondere Vorschriften für		
Personenhandelsgesellschaft	§§ 39–45	§§ 39–45
PartG	§§ 45 a–45 e	§§ 45 a–45 e
GmbH	§§ 46–55	§§ 46–50, 52 Abs. 2, 54 Abs. 4, 56–59
AG/SE[66]	§§ 60–72	§§ 60–65, 68 Abs. 3, 70–76
KGaA	§§ 60–72, 78	§§ 60–65, 68 Abs. 3, 70–78
eG/SCE[66a]	§§ 79–95	§§ 79–98
e. V.	§§ 99, 100 Satz 2, 101–103, 104 a	§§ 99, 100 Satz 2, 103, 104 a
wirtschaftliche Vereine iSd. § 22 BGB	§§ 99 Abs. 1, 100 Satz 1, 101–104	§§ 99 Abs. 1, 100 Satz 1, 101–104
Genossenschaftlicher Prüfungsverband	§§ 105–108	
VVaG	§§ 109–113	§§ 109–117
natürliche Personen als Alleingesellschafter	§§ 120–122	

III. Verschmelzung aufgelöster Rechtsträger (Abs. 3)

35 Abs. 3 knüpft an die im früheren Recht in §§ 339 Abs. 2 AktG aF, 19 Abs. 2 KapErhG aF, 93 a Abs. 2 GenG aF, 2 Abs. 2 und 3 UmwG 1969 und 44 Abs. 3 VAG aF enthaltenen Regelungen an[67]. Er erklärt eine Verschmelzung unter Beteiligung aufgelöster Rechtsträger für möglich, wenn die aufgelösten Rechtsträger als übertragende Rechtsträger fungieren und ihre Fortsetzung beschlossen werden könnte.

---

[64] § 122 Abs. 1; siehe dazu im Einzelnen § 122 Rn 7 ff.
[65] Hierzu *OLG Düsseldorf* DB 1997, 2526; siehe § 122 Rn 17 ff.
[66] Zur Verschmelzungsfähigkeit der Europäischen Gesellschaft (SE) siehe Einl. C Rn 56 ff.
[66a] Zur Verschmelzungsfähigkeit der Europäischen Genossenschaft (SCE) siehe Einl. C Rn 64 ff.
[67] RegBegr. *Ganske* S. 47.

1. Aufgelöste Rechtsträger als übertragende Rechtsträger

Aus dem Wortlaut des Abs. 3 folgt unmittelbar, dass aufgelöste Rechtsträger unabhängig **36** von ihrer Rechtsform als übertragende Rechtsträger an einer Verschmelzung beteiligt sein können. Sinn dieser Regelung ist es, **Sanierungsfusionen** zu erleichtern[68].

Eine Verschmelzung unter Beteiligung aufgelöster Rechtsträger setzt voraus, dass die **37** **Fortsetzung des Rechtsträgers** beschlossen werden kann. Die Fortsetzung eines aufgelösten Rechtsträgers scheidet ersichtlich aus, wenn der Rechtsträger **vollbeendet** ist[69]. Für eine Vollbeendigung ist erforderlich, dass kein Vermögen des aufgelösten Rechtsträgers mehr vorhanden ist. Entsteht ein Rechtsträgers durch Eintragung in ein Register, muss diese Eintragung gelöscht werden, um die Vollbeendigung herbeizuführen. Nur die Löschung im Register ist in diesem Fall nicht ausreichend für die Vollbeendigung, sie begründet lediglich eine widerlegbare Vermutung hierfür[70].

Die Fortsetzung eines Rechtsträgers scheidet aus, wenn bereits mit der **Verteilung des** **38** **Vermögens** auf die Anteilsinhaber begonnen wurde[71]. Dies folgt für Aktiengesellschaften aus § 274 Abs. 1 AktG, der im Einklang mit Art. 3 Abs. 2 VerschmRL für Gesellschaften mit beschränkter Haftung entsprechend anwendbar ist[72]. Hierdurch soll das **Verbot der Anteilsrückgewähr** an die Anteilseigner zur Sicherung des Stammkapitals gesichert werden[73]. Entsprechende Regelungen finden sich für die KGaA, für die eG und für den VVaG[74].

Die Verschmelzung ist bei aufgelösten Rechtsträgern folglich zwingend ausgeschlossen, **39** sobald an einen Anteilsinhaber aus dem Liquidationserlös eine Ausschüttung auf seinen Anteil erfolgt. Die Verschmelzungsfähigkeit kann auch nicht dadurch wieder hergestellt werden, dass die Folgen der begonnenen Vermögensverteilung durch die Anteilsinhaber rückgängig gemacht werden[75]. Der Schutz der Gläubiger gebietet eine **strenge Anwendung** dieses Grundsatzes[76].

Die Möglichkeiten aufgelöster **Personenhandels- und Partnerschaftsgesellschaften** **40** als übertragende Rechtsträger an einer Verschmelzung beteiligt zu sein, werden durch § 39 bzw. § 39 iVm. § 45 e eingeschränkt. Danach darf der Gesellschaftsvertrag keine andere Art der Auseinandersetzung der Gesellschaft als die Liquidation oder die Verschmelzung vorsehen[77]. Haben die Gesellschafter als Art der Auseinandersetzung zB die Übernahme des Handelsgeschäfts durch einen Gesellschafter oder eine Realteilung des Gesellschaftsvermögens vereinbart, steht diese Vereinbarung der Verschmelzung entgegen. Diese Regelung stellt sicher, dass das gesamte Vermögen der aufgelösten Personenhandelsgesellschaft im Zeitpunkt des Verschmelzungsbeschlusses noch vorhanden ist und nicht auf anderem Wege verteilt wurde[78]. Die Vereinbarung über eine andere Art der Auseinandersetzung kann – auch durch den Verschmelzungsbeschluss – aufgehoben werden[79].

---

[68] RegBegr. *Ganske* S. 47.
[69] *K. Schmidt* GesR § 11 V 6; *Marsch-Barner* in Kallmeyer Rn 19.
[70] *K. Schmidt* GesR § 11 V 6 b).
[71] RegBegr. *Ganske* S. 47; *Kallmeyer* ZIP 1994, 1746, 1752; *Heckschen* Rpfleger 1999, 357, 358; *ders.* DB 1998, 1386, 1387; *K. Schmidt* GesR § 11 V 5; aA für den Verein *Katschinski* § 99 Rn 47.
[72] OLG *Düsseldorf* GmbHR 1979, 276, 277; *Streck/Mack/Schwedhelm* GmbHR 1995, 161, 162; *Lutter/Drygala* in Lutter Rn 15; *Marsch-Barner* in Kallmeyer Rn 19; *Stratz* in Schmitt/Hörtnagl/Stratz Rn 50.
[73] §§ 57 AktG, 30 GmbHG; *Lutter/Drygala* in Lutter Rn 15; *Hüffer* § 274 AktG Rn 4.
[74] § 278 Abs. 3 AktG iVm. § 274 AktG; § 79 a Abs. 1 Satz 1 GenG; § 49 a Abs. 1 Satz 1 VAG.
[75] *Heckschen* DB 1998, 1385, 1387; *Hüffer* § 274 AktG Rn 4.
[76] *K. Schmidt* GesR § 11 V 5; *Hüffer* § 274 AktG Rn 4; *Kraft* in Kölner Komm. § 274 AktG Rn 13.
[77] *Streck/Mack/Schwedhelm* GmbHR 1995, 161, 169.
[78] RegBegr. *Ganske* S. 92; *H. Schmidt* in Lutter Umwandlungsrechtstage S. 59, 69; *Lutter/Drygala* in Lutter Rn 18.
[79] Siehe § 39 Rn 18.

41 Die **Fortsetzung eines eingetragenen Vereins** ist nach allgemeinen Regeln und ggf. unter Beseitigung des Auflösungsgrunds möglich[80]. Voraussetzung der Fortsetzung ist neben dem Wegfall des Auflösungsgrunds ein satzungsändernder Beschluss der Mitgliederversammlung, der auf die Fortsetzung des Vereins gerichtet ist[81]. Eine Fortsetzung scheidet aus, wenn der Verein seine Rechtsfähigkeit durch Insolvenz oder Entzug verliert.

42 Eine **aufgelöste Genossenschaft** kann nach den Regeln des § 79 a GenG fortgesetzt werden, der im Wesentlichen § 274 AktG entspricht. Zusätzlich müssen hier jedoch die zuständigen Revisionsverbände im Interesse der Mitglieder Stellung zum Fortsetzungsbeschluss nehmen. Die Fortsetzung einer Genossenschaft kann nicht beschlossen werden, wenn ihre Mitglieder zu Zahlungen herangezogen worden sind[82].

43 Für die Verschmelzungsfähigkeit des aufgelösten Rechtsträgers ist ausreichend, dass dessen **Fortsetzung beschlossen werden könnte**. Nicht erforderlich ist, dass tatsächlich ein Fortsetzungsbeschluss gefasst wird[83]. Es wäre förmelnd, dies für einen übertragenden Rechtsträger zu verlangen, der beim Vollzug der Verschmelzung ohnehin aufgelöst wird[84]. Es genügt folglich der **Verschmelzungsbeschluss**, der den Beschluss zur Fortsetzung des Rechtsträgers konkludent enthält[85].

44 Liegt ein besonderer Auflösungsgrund vor, wird die Verschmelzung dadurch ermöglicht, dass er beseitigt wird[86]. Dies ist beispielsweise im Fall der Auflösung als Folge der **Überschuldung** oder Zahlungsunfähigkeit der Fall[87]. Ist ein **Insolvenzverfahren** über das Vermögen des übertragenden Rechtsträgers eröffnet worden, ist der Rechtsträger nicht verschmelzungsfähig, während das Verfahren läuft[88]. Der Zweck eines laufenden Insolvenzverfahrens steht der Fortsetzung des Rechtsträgers entgegen[89]. Das Insolvenzverfahren muss somit durch Einstellung oder Abschluss eines Insolvenzplans, der den Fortbestand der Gesellschaft vorsieht, beendet werden, bevor der Verschmelzungsvertrag geschlossen werden kann[90].

2. Aufgelöste Rechtsträger als übernehmende Rechtsträger

45 Abs. 3 trifft keine Aussage darüber, ob aufgelöste Rechtsträger auch als übernehmende oder neue Rechtsträger an einer Verschmelzung beteiligt sein können. Hieraus wird teilweise abgeleitet, dass nach Sinn und Zweck des Abs. 3 auch bei aufgelösten Rechtsträgern als übernehmenden Rechtsträgern eine solche Verschmelzung **zulässig** sein müsse, wenn die übernehmenden Rechtsträger fortsetzungsfähig sind und die Fortsetzung nicht kraft Gesetzes ausgeschlossen ist[91]. Gerade durch eine Verschmelzung auf einen sanierungsbedürftigen Rechts-

---

[80] *K. Schmidt* GesR § 24 VII 3 b; *Lutter/Drygala* in Lutter Rn 17.
[81] *Heinrichs* in Palandt § 41 BGB Rn 12.
[82] § 79 a Abs. 1 Satz 3 iVm. § 87 a Abs. 2 GenG.
[83] *Marsch-Barner* in Kallmeyer Rn 20; *Stratz* in Schmitt/Hörtnagl/Stratz Rn 51; *Fronhöfer* in Widmann/Mayer Rn 45; *Bermel* in Goutier/Knopf/Tulloch Rn 14.
[84] *Marsch-Barner* in Kallmeyer Rn 20.
[85] *Haritz/Bärwaldt* in BeckHdb. Personengesellschaft § 9 Rn 267; *Sagasser/Ködderitzsch* in Sagasser/Bula/Brünger J Rn 5; *Lutter/Drygala* in Lutter Rn 15; *Lutter/Hommelhoff* GmbHG[13] § 19 KapErhG Rn 11.
[86] *Heckschen* Rpfleger 1999, 357, 358; *ders.* DB 1998, 1386, 1387; *K. Schmidt* GesR § 11 V; *Lutter/Drygala* in Lutter Rn 15; *Marsch-Barner* in Kallmeyer Rn 19; für die OHG/KG *Hopt* in Baumbach/Hopt § 131 HGB Rn 30 ff.; für die GmbH *Lutter/Kleindiek* in Lutter/Hommelhoff § 60 GmbHG Rn 30 ff.
[87] *BayObLG* DB 1998, 1711; *Heckschen* Rpfleger 1999, 357, 358; *ders.* DB 1998, 1386, 1387; *K. Schmidt* GesR § 11 V; *Fronhöfer* in Widmann/Mayer Rn 51.
[88] *Fronhöfer* in Widmann/Mayer Rn 55.
[89] *Kraft* in Kölner Komm. § 339 AktG Rn 44; *Stratz* in Schmitt/Hörtnagl/Stratz Rn 57.
[90] *H. Schmidt* in Lutter Umwandlungsrechtstage S. 59, 70; *Fronhöfer* in Widmann/Mayer Rn 56; *Benkert/Menner* in BeckHdb. Personengesellschaft § 9 Rn 267.
[91] So *KG Berlin* DB 1998, 2409.

träger komme man dem Zweck der Sanierungserleichterung nach. Dem übernehmenden, sanierungsbedürftigen Rechtsträger würden auf diese Weise neue finanzielle, strukturelle und organisatorische Möglichkeiten eröffnet[92].

Dieser Ansicht steht jedoch entgegen, dass der **Gesetzgeber** trotz Kenntnis dieses Problemkreises beim Erlass des UmwG an die Regelungen des früheren Rechts anknüpfte[93]. Abs. 3 ist als Ausnahmevorschrift zu der Regel gedacht, dass grundsätzlich nur die Verschmelzung werbender Rechtsträger zulässig ist. Im Umkehrschluss aus Abs. 3 scheidet eine **Verschmelzung aufgelöster Rechtsträger als übernehmende Rechtsträger aus**[94]. Soll auf einen aufgelösten Rechtsträger verschmolzen werden, muss bei diesem spätestens gleichzeitig mit dem Verschmelzungsbeschluss seine Fortsetzung beschlossen werden[95]. Hierfür spricht auch die amtliche Begründung zu Abs. 3, die klarstellt, dass Abs. 3 Sanierungsfusionen, nicht aber Abwicklungsfusionen ermöglichen soll[96]. 46

Gegen die Verschmelzungsfähigkeit aufgelöster Rechtsträger als übernehmende Rechtsträger spricht insbesondere der Wortlaut von Art. 3 Abs. 2 VerschmRL[97]. Die Rechtsvorschriften der Mitgliedstaaten können nur vorsehen, dass sich bei einer Verschmelzung durch Aufnahme auch eine oder mehrere der übertragenden Gesellschaften in Abwicklung befinden. Diese Möglichkeit ist auf Gesellschaften zu beschränken, die noch nicht mit der Verteilung ihres Vermögens an ihre Aktionäre begonnen haben. Dem Gesetzgeber ist damit gemeinschaftsrechtlich die Möglichkeit genommen, einer aufgelösten AG die Beteiligung an einer Verschmelzung als übernehmender Rechtsträger zu gestatten. Aufgelöste Rechtsträger können unabhängig von ihrer Rechtsform nicht als übernehmende Gesellschaft an einer Verschmelzung beteiligt sein[98]. § 3 Abs. 3 ist als allgemeine Vorschrift **einheitlich auszulegen**. Eine richtlinienkonforme Auslegung für die AG und eine abweichende Auslegung für die Personenhandelsgesellschaften widerspräche dem mit dem Aufbau des Gesetzes verfolgten Ziel, für alle Rechtsformen einheitlich geltende Regelungen in einem allgemeinen Teil vor die Klammer zu ziehen[99]. 47

3. Verschmelzung noch nicht entstandener Rechtsträger

An einem Verschmelzungsvorgang können auch Rechtsträger beteiligt sein, bevor sie im jeweiligen Register eingetragen sind und dadurch Rechtsfähigkeit erlangt haben. Die Vertreter einer **Vorgesellschaft**[100] können schon vor Eintragung der Gesellschaft in das Handelsregister einen Verschmelzungsvertrag abschließen und die erforderlichen Zustimmungsbeschlüsse einholen[101]. Selbstverständlich muss vor der Eintragung der Verschmelzung ins 48

---

[92] So *Bayer* ZIP 1997, 1613, 1614; *Heckschen* DB 1998, 1385, 1387; *ders.* Rpfleger 1999, 357, 359; *H. Schmidt* in Lutter Umwandlungsrechtstage S. 59, 68 f.; *Marsch-Barner* in Kallmeyer Rn 22; differenzierend *Kraft* in Kölner Komm. § 339 AktG Rn 45.

[93] RegBegr. *Ganske* S. 82; *Lutter/Drygala* in Lutter Rn 19; *Sagasser/Ködderitzsch* in Sagasser/Bula/Brünger J Rn 5.

[94] So auch *AG Erfurt* Rpfleger 1996, 163; *OLG Naumburg* EWiR 1997, 807 mit abl. Anm. *Beyer*; *Trölitzsch* WiB 1997, 797, 798; *Stengel* in Haritz/Benkert Einf. Rn 13; *Lutter/Drygala* in Lutter Rn 19; sowie bereits *Lutter/Hommelhoff* GmbHG[13] § 19 KapErhG Rn 12; *Grunewald* in G/H/E/K § 339 AktG Rn 6.

[95] *AG Erfurt* Rpfleger 1996, 163; *OLG Naumburg* EWiR 1997, 807 mit abl. Anm. *Beyer*; *Heckschen* Rpfleger 1999, 357, 359.

[96] RegBegr. *Ganske* S. 47; *AG Erfurt* Rpfleger 1996, 163; *OLG Naumburg* EWiR 1997, 807 mit abl. Anm. *Beyer*; *Heckschen* Rpfleger 1999, 357, 359.

[97] So auch *OLG Naumburg* GmbHR 1997, 1152, 1155; *H. Schmidt* in Lutter § 39 Rn 17.

[98] *OLG Naumburg* GmbHR 1997, 1152, 1155.

[99] So auch *OLG Naumburg* GmbHR 1997, 1152, 1155; *H. Schmidt* in Lutter § 39 Rn 17; zur Gesetzessystematik siehe Einl. A Rn 43 ff.

[100] Dies gilt auch für Vertreter von Vor-Verein und Vor-Genossenschaft; zur Begrifflichkeit siehe *K. Schmidt* GesR § 11 II 2, § 34 III 3.

[101] *Streck/Mack/Schwedhelm* GmbHR 1995, 161, 162; *Heckschen* DB 1998, 1385, 1388.

Handelsregister **sowohl der übertragende als auch der übernehmende Rechtsträger eingetragen sein**, denn die Gesellschaft beginnt erst durch die Eintragung als juristische Person zu existieren[102]. Vor der Eintragung ins Handelsregister werden Vorgesellschaften weitgehend wie juristische Personen behandelt, ohne es zu sein[103].

49 Die Vorgründungsgesellschaft ist dagegen kein verschmelzungsfähiger Rechtsträger, da sie im Regelfall eine GbR ist[104].

50 Eine GbR oder ein nicht eingetragener Verein kann ein **Handelsgewerbe** aufnehmen[105] und damit **kraft Gesetzes zum verschmelzungsfähigen Rechtsträger** werden[106]. Soll eine Verschmelzung, an der eine solche GbR oder ein solcher Verein beteiligt ist, eingetragen werden, tragen sie im Eintragungsverfahren nach §§ 16 ff. die Beweislast für den Formwechsel in eine verschmelzungsfähige Rechtsträgerform[107].

IV. Verschmelzung von Rechtsträgern unterschiedlicher Rechtsform (Abs. 4)

51 Nach Abs. 4 sind neben Verschmelzungen mehrerer Rechtsträger der gleichen Rechtsform auch sog. Mischverschmelzungen, d. h. Verschmelzungen von Rechtsträgern unterschiedlicher Rechtsformen, allgemein zulässig. Ziel dieser Bestimmung ist es, verschmelzungswilligen Rechtsträgern möglichst **viele Verschmelzungsmöglichkeiten** zur Verfügung zu stellen[108]. Das frühere Recht sah die Möglichkeit einer sog. Mischverschmelzung nur in § 358 a AktG aF für Verschmelzungen auf eine AG oder KGaA vor.

1. Mehrfachverschmelzungen

52 Das Gesetz eröffnet ausdrücklich die Möglichkeit, **mehrere übertragende Rechtsträger auf einen übernehmenden Rechtsträger zu verschmelzen**[109].

53 Schwierigkeiten tatsächlicher Art ergeben sich bei Mehrfachverschmelzungen mit **zunehmender Zahl der übertragenden Rechtsträger**. Je mehr Rechtsträger beteiligt und somit auch im Verschmelzungsverfahren zu bewerten sind, desto schwieriger wird die Ermittlung und Festsetzung des Umtauschverhältnisses für die jeweiligen beteiligten Rechtsträger[110].

2. Mischverschmelzungen

54 Bei Mischverschmelzungen müssen die vom Gesetz vorgesehenen **Anforderungen für sämtliche beteiligte Rechtsträgerformen kumuliert werden**[111]. Für jeden beteiligten Rechtsträger sind die jeweils für ihn geltenden Regelungen des Besonderen und des Allgemeinen Teils anzuwenden[112].

---

[102] *Bärwaldt* in Haritz/Benkert Vorb. §§ 11 bis 13 Rn 28; *Streck/Mack/Schwedhelm* GmbHR 1995, 161, 162; *Heckschen* DB 1998, 1385, 1388; *Stengel* in Haritz/Benkert Einf. Rn 14; *Marsch-Barner* in Kallmeyer Rn 9; aA *Bayer* ZIP 1997, 1613, 1614.

[103] *Streck/Mack/Schwedhelm* GmbHR 1995, 161, 162; *K. Schmidt* GesR § 34 III 3 a).

[104] Vgl. Rn 5.

[105] § 1 Abs. 2 HGB.

[106] *K. Schmidt* GesR § 44 III 1; *Lutter/Drygala* in Lutter Rn 20; *Michalski* Einl. Rn 11; *Hopt* in Baumbach/Hopt Einl. Vor § 105 HGB Rn 21.

[107] *Lutter/Drygala* in Lutter Rn 20.

[108] RegBegr. *Ganske* S. 48.

[109] Vgl. die frühere Regelung in § 339 Abs. 1 Nr. 1 AktG aF; dazu für die GmbH *LG München* GmbHR 1989, 165 sowie *Lutter/Hommelhoff* GmbHG[13] § 19 KapErhG Rn 9.

[110] *Marsch-Barner* in Kallmeyer Rn 25; *Fronhöfer* in Widmann/Mayer Rn 83.

[111] *Lutter/Drygala* in Lutter Rn 28; *Streck/Mack/Schwedhelm* GmbHR 1995, 161, 170.

[112] *Fronhöfer* in Widmann/Mayer Rn 85; *Stratz* in Schmitt/Hörtnagl/Stratz Rn 59; *Marsch-Barner* in Kallmeyer Rn 25.

Bei einer Mischverschmelzung treten die gleichen praktischen Probleme auf wie bei einer Mehrfachverschmelzung. Auch hier wird die Durchführung der Verschmelzung mit **zunehmender Zahl beteiligter Rechtsträger** komplizierter. Als Alternative bietet sich an, mehrere Verschmelzungen nacheinander durchzuführen[113]. 55

Von der Mischverschmelzung ist die sog. Kettenverschmelzung zu unterscheiden. Dabei werden mindestens drei Rechtsträger verschmolzen. Bevor die erste Verschmelzung wirksam wird, schließt der übernehmende Rechtsträger – dann als übertragender Rechtsträger – einen weiteren Verschmelzungsvertrag mit einem anderen Rechtsträger[114]. 56

V. Übersicht über mögliche Verschmelzungsfälle

Die Vorschriften des Zweiten Buches ermöglichen Verschmelzungen in dem aus den folgenden Tabellen ersichtlichen Umfang. 57

Möglichkeiten der Verschmelzung durch Aufnahme

übertragender Rechtsträger	übernehmender Rechtsträger								
	OHG/ KG/ EWIV	PartG[1]	GmbH	AG/ KGaA/ SE[2]	eG/ SCE[3]	e. V.[4]	wirtsch. Verein	Gen. Prüfungsverband	VVaG[5]	natürliche Personen als Alleingesellschafter
OHG/ KG/ EWIV[6]	Ja § 3	Ja §§ 3, 45 a	Ja § 3	Ja § 3	Ja §§ 3, 79	Nein § 99 Abs. 2	Nein § 3 Abs. 2 Nr. 1	Nein § 105	Nein § 109	Nein § 3 Abs. 2 Nr. 2
PartG	Ja § 3	Ja §§ 3, 45 a	Ja § 3	Ja § 3	Ja §§ 3, 79	Nein § 99 Abs. 2	Nein § 3 Abs. 2 Nr. 1	Nein § 105	Nein § 109	Nein § 3 Abs. 2 Nr. 2
AG/ GmbH/ KGaA/ SE[2]	Ja § 3	Ja §§ 3, 45 a	Ja § 3	Ja § 3	Ja §§ 3, 79	Nein § 99 Abs. 2	Nein § 3 Abs. 2 Nr. 1	Nein § 105	Nein § 109	Ja § 3 Abs. 2 Nr. 2
eG/ SCE[3]	Ja § 3	Ja §§ 3, 45 a	Ja § 3	Ja § 3	Ja §§ 3, 79	Nein § 99 Abs. 2	Nein § 3 Abs. 2 Nr. 1	Nein § 105	Nein § 109	Nein § 3 Abs. 2 Nr. 2
e. V.	Ja § 3	Ja §§ 3, 45 a	Ja § 3	Ja § 3	Ja §§ 3, 79	Ja § 3	Nein § 3 Abs. 2 Nr. 1	Nein § 105	Nein § 109	Nein § 3 Abs. 2 Nr. 2
wirtsch. Verein	Ja § 3 Abs. 2 Nr. 1	Ja §§ 3 Abs. 2 Nr. 1, 45 a	Ja § 3 Abs. 2 Nr. 1	Ja § 3 Abs. 2 Nr. 1	Ja §§ 3 Abs. 2 Nr. 1, 79	Nein § 99 Abs. 2	Nein § 3 Abs. 2 Nr. 1	Nein § 105	Nein § 109	Nein § 3 Abs. 2 Nr. 2

---

[113] *Marsch-Barner* in Kallmeyer Rn 25.
[114] Siehe dazu § 5 Rn 117; § 120 Rn 42; *Sagasser/Ködderitzsch* in Sagasser/Bula/Brünger J Rn 167 ff.

übertragender Rechtsträger	übernehmender Rechtsträger									
	OHG/ KG/ EWIV	PartG¹⁾	GmbH	AG/ KGaA/ SE²⁾	eG/ SCE³⁾	e. V.⁴⁾	wirtsch. Verein	Gen. Prüfungsverband	VVaG⁵⁾	natürliche Personen als Alleingesellschafter
Gen. Prüfungsverband	Nein § 105	Nein § 105	Nein § 105	Nein § 105	Nein § 105	Nein § 99 Abs. 2, 105	Nein § 3 Abs. 2 Nr. 1	Ja⁷⁾ §§ 3, 105	Nein § 109	Nein § 3 Abs. 2 Nr. 1, 2
VVaG⁸⁾	Nein § 109	Nein § 109	Nein § 109	Ja⁸⁾ §§ 3, 109 Satz 2	Nein §§ 105, 109	Nein §§ 99 Abs. 2, 109	Nein § 3 Abs. 2 Nr. 1, 109	Nein §§ 105, 109	Ja §§ 3, 109	Nein §§ 3 Abs. 2 Nr. 2, 109
natürliche Personen als Alleingesellschafter	Nein § 3 Abs. 2 Nr. 2	Nein § 3 Abs. 2 Nr. 2	Nein § 3 Abs. 2 Nr. 2	Nein § 3 Abs. 2 Nr. 2	Nein § 3 Abs. 2 Nr. 2	Nein § 3 Abs. 2 Nr. 2	Nein § 3 Abs. 2 Nr. 1, 2	Nein §§ 3 Abs. 2 Nr. 2, 105	Nein §§ 3 Abs. 2 Nr. 2, 109	Nein § 3 Abs. 2 Nr. 2

Erläuterungen:

[1] Bei einer PartG als übernehmendem oder neuem Rechtsträger ist stets die Regelung des § 45 a zu beachten, nach der im Zeitpunkt des Wirksamwerdens der Verschmelzung alle Anteilsinhaber der übertragenden Rechtsträger natürliche Personen sein müssen, die Freie Berufe iSd. § 1 Abs. 1 und 2 PartGG ausüben. Die Verschmelzungsmöglichkeiten sind hierdurch in der Praxis stark eingeschränkt.

[2] Zur Verschmelzungsfähigkeit der Europäischen Gesellschaft (SE) siehe Einl. C Rn 55 ff.

[3] Für die Verschmelzung eines Rechtsträgers anderer Rechtsform auf eine eingetragene Genossenschaft im Weg der Aufnahme gilt § 79, der eine gleichzeitige Änderung der Satzung der Genossenschaft vorschreibt. Zur Europäischen Genossenschaft (SCE) siehe Einl. C Rn 64 ff.

[4] Die Verschmelzungsfähigkeit eingetragener Vereine kann gem. § 99 Abs. 1 durch die Satzung des Vereins oder durch Landesrecht ausgeschlossen werden.

[5] Die Regelungen, die für VVaG gelten, finden über § 118 Satz 1 auch Anwendung auf Kleinere Vereine iSd. § 53 VAG.

[6] Bei der Verschmelzung von Personenhandelsgesellschaften ist § 39 zu beachten, der § 3 Abs. 3 für aufgelöste Rechtsträger ergänzt.

[7] Genossenschaftliche Prüfungsverbände können nur zur Aufnahme mit einem anderen genossenschaftlichen Prüfungsverband verschmolzen werden.

[8] VVaG können mit einer AG nur durch Aufnahme durch eine Versicherungs-AG verschmolzen werden.

Verschmelzungsfähige Rechtsträger

Möglichkeiten der Verschmelzung durch Neugründung[1]

	OHG/ KG/ EWIV/ PartG	GmbH	AG/ KGaA/ SE[2]	eG/SCE [6]	e. V. [3]	wirtsch. Verein	VVaG
OHG/ KG/ EWIV/ PartG	Ja OHG KG EWIV PartG[4] GmbH AG KGaA eG	Ja OHG KG EWIV PartG[4] GmbH AG KGaA eG	Ja OHG KG EWIV PartG[4] GmbH AG KGaA eG	Ja OHG KG EWIV PartG[4] GmbH AG KGaA eG	Nein	Ja OHG KG EWIV PartG[4] GmbH AG KGaA eG	Nein
GmbH	Ja OHG KG EWIV PartG[4] GmbH AG KGaA eG	Ja OHG KG EWIV PartG[4] GmbH AG KGaA eG	Ja OHG KG EWIV PartG[4] GmbH AG KGaA eG	Ja OHG KG EWIV PartG[4] GmbH AG KGaA eG	Nein	Ja OHG KG EWIV PartG[4] GmbH AG KGaA eG	Nein
AG/ KGaA SE[2]	Ja OHG KG EWIV PartG[4] GmbH AG KGaA eG	Ja OHG KG EWIV PartG[4] GmbH AG KGaA eG	Ja OHG KG EWIV PartG[4] GmbH AG KGaA eG	Ja OHG KG EWIV PartG[4] GmbH AG KGaA eG	Nein	Ja OHG KG EWIV PartG[4] GmbH AG KGaA eG	Nein
eG/SCE [6]	Ja OHG KG EWIV PartG[4] GmbH AG KGaA eG	Ja OHG KG EWIV PartG[4] GmbH AG KGaA eG	Ja OHG KG EWIV PartG[4] GmbH AG KGaA eG	Ja OHG KG EWIV PartG[4] GmbH AG KGaA eG	Nein	Ja OHG KG EWIV PartG[4] GmbH AG KGaA eG	Nein
e. V.	Nein	Nein	Nein	Nein	Ja OHG KG EWIV PartG[4] GmbH AG KGaA eG e. V.	Nein	Nein

	OHG/ KG/ EWIV/ PartG	GmbH	AG/ KGaA/ SE[2)]	eG/SCE [6)]	e. V. [3)]	wirtsch. Verein	VVaG
wirtsch. Verein	Ja OHG KG EWIV PartG[4)] GmbH AG KGaA eG	Ja OHG KG EWIV PartG[4)] GmbH AG KGaA eG	Ja OHG KG EWIV PartG[4)] GmbH AG KGaA eG	Ja OHG KG EWIV PartG[4)] GmbH AG KGaA eG	Nein	Nein[5)]	Nein
VVaG	Nein	Nein	Nein	Nein	Nein	Nein	Ja VVaG

Erläuterungen:
[1)] Die Tabelle zeigt die vom Gesetz eingeräumten Möglichkeiten zur Verschmelzung zur Neugründung. Angegeben ist jeweils, ob zwei Rechtsträgerformen miteinander zur Neugründung verschmelzen können und welche Rechtsträgerformen daraus entstehen können.
[2)] Zur Verschmelzungsfähigkeit der Europäischen Gesellschaft (SE) siehe Einl. C Rn 56 ff.
[3)] Die Verschmelzungsfähigkeit von Vereinen kann gem. § 99 Abs. 1 durch die Satzung des Vereins oder durch Landesrecht ausgeschlossen werden. Die Auslegung von § 99 Abs. 2 ist dahingehend umstritten, ob eine Verschmelzung zur Neugründung auch unter Beteiligung von Rechtsträgern anderer Rechtsform und eingetragenen Vereinen möglich ist. Siehe dazu § 99 Rn 28 ff.
[4)] Bei einer PartG als neuem Rechtsträger müssen nach § 45 a im Zeitpunkt des Wirksamwerdens der Verschmelzung alle Anteilsinhaber der übertragenden Rechtsträger natürliche Personen sein, die Freie Berufe iSd. § 1 Abs. 1 und 2 PartGG ausüben. Die Verschmelzungsmöglichkeiten sind hierdurch in der Praxis stark eingeschränkt.
[5)] AA, wonach es auf die Rechtsform des entstehenden Rechtsträgers ankomme, *Fronhöfer* in Widmann/Mayer § 3 Rn 89.
[6)] Zur Europäischen Genossenschaft (SCE) siehe Einl. C Rn 64 ff.

Zweiter Abschnitt. Verschmelzung durch Aufnahme

§ 4 Verschmelzungsvertrag

(1) **Die Vertretungsorgane der an der Verschmelzung beteiligten Rechtsträger schließen einen Verschmelzungsvertrag. § 311 b Abs. 2 des Bürgerlichen Gesetzbuchs gilt für ihn nicht.**

(2) Soll der Vertrag nach einem der nach § 13 erforderlichen Beschlüsse geschlossen werden, so ist vor diesem Beschluß ein schriftlicher Entwurf des Vertrags aufzustellen.

Übersicht

	Rn		Rn
I. Allgemeines	1	IV. Vertragsschluss	8
II. Rechtsnatur des Verschmelzungsvertrags	3	1. Abschlusskompetenz	8
		2. Rechtsgeschäftliche Vertretung	9
III. Ausschluss des § 311 b Abs. 2 BGB (Abs. 1 Satz 2)	7	3. Genehmigung	13
		4. Nachgründung	17

Verschmelzungsvertrag 1–3 § 4

	Rn		Rn
5. Vertragsentwurf (Abs. 2)	18	3. Zeit nach Eintragung	36
V. Zustimmungserfordernisse	20	VIII. Mängel des Verschmelzungsvertrags	38
1. Anteilseigner	20	1. Nichtigkeit aufgrund von Inhaltsmängeln	38
2. Sonstige Gremien	23	2. Nichtigkeit aufgrund von Formmängeln	41
VI. Wirksamwerden des Vertrags	24	3. Anfechtung wegen Abschlussmängeln	42
VII. Aufhebung und Abänderung des Vertrags	27	IX. Rechtsfolgen des Verschmelzungsvertrags	45
1. Zeitraum bis zur Zustimmung der ersten Anteilseignerversammlung	28	1. Erfüllungsansprüche	45
2. Zeitraum zwischen erster Zustimmung einer Anteilseignerversammlung und Eintragung	29	2. Rücktritt	56
		3. Kündigung	58
		4. Haftung	60

Literatur: *Austmann/Frost*, Vorwirkungen von Verschmelzungen, ZHR 169 (2005), 431; *Döss*, Die Auswirkungen von Mängeln einer Verschmelzung durch Aufnahme auf die rechtliche Stellung einer übertragenden Gesellschaft und ihre Aktionäre, 1990; *Heckschen*, Verschmelzung von Kapitalgesellschaften, 1989; *Kiem*, Die Eintragung der angefochtenen Verschmelzung, 1991; *ders.*, Die schwebende Umwandlung, ZIP 1999, 173; *Körner/Rodewald*, Bedingungen, Befristungen, Rücktritts- und Kündigungsrechte in Verschmelzungs- und Spaltungsverträgen, BB 1999, 853; *Martens*, Kontinuität und Diskontinuität im Verschmelzungsrecht der Aktiengesellschaft, AG 1986, 57; *R. Meier*, Die Rechtsnatur des Fusionsvertrages, 1986; *Melchior*, Vollmachten bei Umwandlungsvorgängen, GmbHR 1999, 520; *Priester*, Strukturveränderungen – Beschlußvorbereitung und Beschlußfassung, ZGR 1990, 420.

I. Allgemeines

Der Verschmelzungsvertrag ist ein Vertrag zwischen den an der Verschmelzung beteiligten Rechtsträgern, dessen wichtigster Regelungsgegenstand die Übertragung des Vermögens vom übertragenden auf den übernehmenden Rechtsträger und die Festlegung der dafür den Anteilsinhabern des übertragenden Rechtsträgers zu gewährenden Anteile am übernehmenden Rechtsträger sind. Bei der Verschmelzung zur Neugründung enthält der Verschmelzungsvertrag auch den Gesellschaftsvertrag, die Satzung, den Partnerschaftsgesellschaftsvertrag oder das Statut[1] des neuen Rechtsträgers[2]. Der Vertrag bedarf zu seiner Wirksamkeit der notariellen Beurkundung und der Zustimmung der Anteilseignerversammlungen der beteiligten Rechtsträger. Letztere kann gem. Abs. 2 auch schon dann eingeholt werden, wenn ersteres noch nicht erfolgt ist. Die Verschmelzung selbst wird erst mit ihrer Eintragung im Register des übernehmenden Rechtsträgers wirksam. 1

Die Vorschrift geht über das **frühere Recht**[3] hinaus, indem sie für die verschmelzende Umwandlung[4] einen Verschmelzungsvertrag verlangt und in Abs. 2 auch die Beschlussfassung der Anteilseignerversammlung über einen Vertragsentwurf genügen lässt[5]. 2

II. Rechtsnatur des Verschmelzungsvertrags

Der Verschmelzungsvertrag ist wesentlicher Bestandteil des Verschmelzungsbeschlusses und wird erst durch diesen wirksam. Der Verschmelzungsvertrag wirkt in verschiedener Hinsicht: 3

---

[1] Im Folgenden zusammen als „das Statut" bezeichnet.
[2] § 37.
[3] § 340 Abs. 1 AktG aF, § 21 Abs. 1 KapErhG und § 44 a Abs. 3 VAG aF, die die Regelungen des heutigen Abs. 1 Satz 1 teilweise enthielten, und § 341 Abs. 1, 2 AktG aF, § 21 Abs. 4 KapErhG und § 44 a Abs. 3 VAG aF, die dem heutigen Abs. 1 Satz 2 entsprachen.
[4] § 3 2. Halbs. UmwG aF.
[5] Grundlage hierfür ist Art. 5 Abs. 1 VerschmRL.

4 – Schwerpunktmäßig wirkt er **organisationsrechtlich** insofern, als durch ihn die Strukturen der beteiligten Rechtsträger und die Rechtsverhältnisse der Anteilseigner untereinander und im Verhältnis zum übernehmenden Rechtsträger neu geordnet werden, indem das Umtauschverhältnis, der Beginn des Gewinnbezugsrechts und der Schutz der Inhaber von Sonderrechten geregelt werden. Dies geschieht außerhalb des Statuts der betroffenen Rechtsträger, ist im Hinblick auf die Eingriffsintensität aber mit statutarischen Regelungen vergleichbar. Gültig sind diese neuen Strukturen erst mit Wirksamwerden der Verschmelzung gem. § 20. Der Verschmelzungsvertrag allein reicht dafür noch nicht.

5 – Ferner wirkt der Verschmelzungsvertrag **schuldrechtlich**, und zwar dadurch, dass der übertragende Rechtsträger sich zur Einbringung seines ganzen Vermögens in den übernehmenden Rechtsträger gegen Gewährung von Anteilen am übernehmenden Rechtsträger an die Anteilseigner des übertragenden Rechtsträgers verpflichtet. Darüber hinaus ist auch der übernehmende Rechtsträger verpflichtet, die Eintragung der Verschmelzung im Handelsregister zu fördern. Es handelt sich um einen gegenseitigen Vertrag[6]. Die Anteilseigner der an der Verschmelzung beteiligten Rechtsträger[7] und außenstehende Dritte sind nicht Partei und nur in beschränktem Umfang[8] Begünstigte des Verschmelzungsvertrags.

6 – **Dinglich** wirkt der Verschmelzungsvertrag jedoch nicht, da der Übergang der Aktiva und Passiva des übertragenden Rechtsträgers auf den übernehmenden und der Erwerb der Anteile am übernehmenden Rechtsträger durch die Anteilsinhaber des übertragenden Rechtsträgers nicht aufgrund des Verschmelzungsvertrags erfolgen, sondern kraft Gesetzes mit Eintragung der Verschmelzung[9], für welche allerdings der Abschluss des Verschmelzungsvertrags vorausgesetzt ist.

III. Ausschluss des § 311 b Abs. 2 BGB (Abs. 1 Satz 2)

7 Ein Vertrag, der zur Übertragung von künftigem Vermögen verpflichtet, ist nichtig. Dies bestimmt § 311 b Abs. 2 BGB[10]. Der Abschluss eines Verschmelzungsvertrags kann partiell eine Verpflichtung zur Übertragung von künftigem Vermögen begründen. Der Zweck des § 311 b Abs. 2 BGB, nämlich der Schutz des Einzelnen vor einer übermäßigen Beschränkung seiner wirtschaftlichen Betätigungsfreiheit[11], passt bei der Verschmelzung aber nicht. Außerdem würde die Trennung von gegenwärtigem und künftigem Vermögen der sich verschmelzenden Rechtsträger schwer fallen. Deshalb schließt § 4 Abs. 1 Satz 2 diese Vorschrift im Hinblick auf Verschmelzungsverträge aus Gründen der Rechtssicherheit aus.

IV. Vertragsabschluss

1. Abschlusskompetenz

8 Wegen der besonderen Bedeutung des Verschmelzungsvertrags für die beteiligten Rechtsträger als Grundlagengeschäft kann er nur von ihren statutarisch vertretungsberechtigten **Or-**

---

[6] ISd. §§ 320 ff. BGB, siehe schon RGZ 124, 355, 361; *Mayer* in Widmann/Mayer Rn 26.
[7] *OLG München* BB 1993, 2040, 2041; *OLG Zweibrücken* ZIP 1990, 374, 375.
[8] Siehe dazu Rn 53 f.
[9] § 20 Abs. 1 Nr. 1, wie hier *Lutter/Drygala* in Lutter Rn 6; *Stratz* in Schmitt/Hörtnagl/Stratz Rn 8; *Mayer* in Widmann/Mayer Rn 31; aA *Limmer* in Peter/Crezelius, Gesellschaftsverträge und Unternehmensformen, 6. Aufl. 1995, Rn 2429.
[10] Vor dem Schuldrechtsmodernisierungsgesetz, BGBl. I 2001 S. 3138, war die Vorschrift wortgleich in § 310 BGB aF enthalten; die infolge der Neunummerierung erforderliche Anpassung der Bezugnahme in § 4 Abs. 1 Satz 2 wurde zunächst vergessen und erst mit dem 2. UmwGÄndG nachgeholt.
[11] *Heinrichs* in Palandt § 311 b BGB Rn 57.

ganen in vertretungsberechtigter Anzahl wirksam abgeschlossen werden[12]. Sofern das Statut eine **unechte Gesamtvertretung**, also die Vertretung des Rechtsträgers durch ein Organmitglied zusammen mit einem Prokuristen, vorsieht, kann der Verschmelzungsvertrag gemäß diesen Vorschriften ebenfalls wirksam abgeschlossen werden. Auch hierbei handelt es sich um eine organschaftliche Vertretung und nicht bloß um eine rechtsgeschäftliche[13]. Eine Vertretung des Rechtsträgers beim Abschluss des Verschmelzungsvertrags allein durch Prokuristen oder Handlungsbevollmächtigte genügt hingegen nicht, da diese Maßnahme von dem gesetzlichen Umfang dieser Vollmachten[14] nicht erfasst ist.

2. Rechtsgeschäftliche Vertretung

Prokuristen und Handlungsbevollmächtigte können aber – wie jeder andere Dritte auch – von den genannten Organen zum Abschluss des Verschmelzungsvertrags bevollmächtigt werden. Obwohl der Verschmelzungsvertrag selbst der notariellen Form bedarf[15], gilt dies für die Vollmacht zum Abschluss eines Verschmelzungsvertrags grundsätzlich nicht[16]. Sie sollte aber aus Gründen der Nachweisbarkeit schriftlich erteilt werden, weil sie zu den nach § 17 bei der Anmeldung zum Register beizufügenden Unterlagen gehört[17]. Für die Frage, ob die Vollmacht aus spezialgesetzlichen Gründen notariell zu beglaubigen ist, ist zu differenzieren: 9

– Bei der **Verschmelzung zur Aufnahme** ist dies auch dann nicht erforderlich, wenn die Erklärung zur Übernahme eines neuen Anteils im Rahmen einer Kapitalerhöhung notariell beglaubigt werden muss[18] und eine solche Kapitalerhöhung beim übernehmenden Rechtsträger zur Durchführung der Verschmelzung nötig ist[19]. Bei einer Kapitalerhöhung zur Durchführung der Verschmelzung bedarf es dann nämlich keiner Übernahmeerklärung[20]. 10

– Bei der **Verschmelzung zur Neugründung** einer Kapitalgesellschaft hingegen ist zumindest eine Beglaubigung der Unterschriften unter der Vollmacht zu verlangen, weil es hier zur Feststellung einer Satzung kommt und dafür spezialgesetzlich ein entsprechendes Formerfordernis für die Vollmacht besteht[21]. 11

Sind bei Vertragsabschluss auf beiden Seiten dieselben Personen tätig, ist eine **Befreiung von den Beschränkungen des § 181 BGB** erforderlich, welche auch noch iRd. Zustimmungsbeschlusses zum Verschmelzungsvertrag erteilt werden kann, sofern die Anteilseignerversammlung zuständig ist[22]. 12

---

[12] RegBegr. *Ganske* S. 48.
[13] *Lutter/Drygala* in Lutter Rn 8.
[14] § 49 Abs. 1, § 54 Abs. 1 HGB erfassen nur Geschäfte, die der Betrieb eines Handelsgewerbes (gewöhnlich) mit sich bringt; siehe auch *Melchior* GmbHR 1999, 520, 523.
[15] § 6.
[16] § 167 Abs. 2 BGB.
[17] *Melchior* GmbHR 1999, 520, 521; *Lutter/Drygala* in Lutter § 6 Rn 6; die Vollmacht zum Abschluss des Verschmelzungsvertrags ist zu unterscheiden von der Vollmacht zur Beschlussfassung über die Verschmelzung, die zB nach § 47 Abs. 3 GmbHG, § 135 AktG ohnehin schriftlich erteilt werden muss. Soweit für die Anmeldung zum Handelsregister eine Vollmacht zulässig ist, bedarf sie gem. § 12 Abs. 2 Satz 1 HGB der notariellen Beglaubigung.
[18] § 55 Abs. 1 GmbHG.
[19] So aber *Heckschen* in Widmann/Mayer § 6 Rn 35; *Mayer* in Widmann/Mayer Rn 41.
[20] So auch *Zimmermann* in Kallmeyer § 6 Rn 6; *Lutter/Drygala* in Lutter § 6 Rn 6; *Melchior* GmbHR 1999, 520, 521.
[21] Für die GmbH § 2 Abs. 2 GmbHG, für die AG § 23 Abs. 1 Satz 2 AktG und für die KGaA § 280 Abs. 1 Satz 3 AktG; siehe ebenso *Zimmermann* in Kallmeyer § 6 Rn 12; *Lutter/Drygala* in Lutter § 6 Rn 6; *Heckschen* in Widmann/Mayer § 6 Rn 35.
[22] Siehe ebenso für die Spaltung *Priester* in Lutter § 126 Rn 12.

3. Genehmigung

13 Wird anstelle des Vertretungsorgans ein **vollmachtloser Dritter** tätig, wird die Verschmelzung für den betreffenden Rechtsträger – auch wenn die Anteilseigner der Verschmelzung zustimmen – nur verbindlich, wenn auch das vertretungsberechtigte Organ sie genehmigt. Für die **Genehmigung** ist wie folgt zu differenzieren:

14 – Hat der vollmachtlose Vertreter nur einen **Vertragsentwurf** erstellt und die Anteilseignerversammlung diesen positiv beschieden, ist die notwendige Beteiligung des Vertretungsorgans gewährleistet, wenn dieses den Verschmelzungsvertrag abschließt[23]. Da zuvor noch keine Willenserklärung abgegeben wurde, ist dies dogmatisch keine Frage der Genehmigung. Dem vollmachtlosen Dritten stand es zwar schon nicht zu, die Initiative zu der Verschmelzung zu ergreifen. Das insofern bei dem Vertretungsorgan bestehende Defizit ist durch die mit dem Vertragsabschluss zum Ausdruck gekommene Billigung aber beseitigt.

15 – Hat ein vollmachtloser Vertreter einen **Vertrag über eine Verschmelzung zur Aufnahme** geschlossen, stellt sich die Frage nach der Genehmigung, die wie die Vollmacht grundsätzlich nicht der Form des Rechtsgeschäfts bedarf[24]. Sie kann sogar konkludent erfolgen, zB dadurch, dass das Vertretungsorgan die Anteilseignerversammlung einberuft, die über die Verschmelzung beschließen soll[25]. Wenn das Vertretungsorgan dabei nicht ausdrücklich gegen die Verschmelzung Stellung nimmt, hat es mit der Einberufung sein Einverständnis mit dem Verschmelzungsvertrag hinreichend deutlich zum Ausdruck gebracht, so dass auch Rechtsunsicherheiten nicht zu befürchten sind[26].

16 – Bei einem vollmachtlos abgeschlossenen **Vertrag über eine Verschmelzung zur Neugründung** gilt Gleiches[27]. Zwar muss dabei das Statut des neuen Rechtsträgers festgestellt werden und zum Teil fordern für diesen Fall rechtsformspezifische Vorschriften die notarielle Beurkundung der Vollmacht[28]. Wegen des eindeutigen Wortlauts von § 182 Abs. 2 BGB kann aber trotzdem nicht die gleiche Form für die Genehmigung verlangt werden[29]. Außerdem geht es bei der Gesellschaftsgründung um die Vollmacht des Gesellschaftervertreters beim Errichtungsgeschäft, das aus sich heraus konstitutiv wirkt. Dagegen ist hier die Bevollmächtigung des Organvertreters beim Abschluss eines Vertrags betroffen, dessen strukturändernde Auswirkungen erst durch den zustimmenden Beschluss der Gesellschafterversammlung bewirkt werden. Deswegen dürfte die Legitimation des die Einlage schuldenden Vertretenen hier auch weniger zweifelhaft sein als bei der Gründung der Kapitalgesellschaft[30].

4. Nachgründung

17 Sofern eine AG übernehmender Rechtsträger ist, die erst vor weniger als zwei Jahren gegründet oder in eine AG umgewandelt worden ist, kann die Wirksamkeit des Verschmelzungsvertrags noch davon abhängen, dass vor der Beschlussfassung des übernehmenden Rechtsträgers eine Nachgründung erfolgt[31].

---

[23] *Grunewald* in G/H/E/K § 340 AktG Rn 3; *Lutter/Drygala* in Lutter Rn 10.
[24] § 182 Abs. 2 BGB.
[25] *Lutter/Drygala* in Lutter Rn 10.
[26] Diese macht *Mayer* in Widmann/Mayer Rn 41 geltend.
[27] *Lutter/Drygala* in Lutter Rn 10; BGH NJW 1980, 1842 für die Genehmigung eines schwebend unwirksamen Beitritts zu einer GmbH; *Ulmer* in Hachenburg § 2 GmbHG Rn 27; *Kraft* in Kölner Komm. § 23 AktG Rn 23; *Mayer* in Widmann/Mayer Rn 41.
[28] § 2 Abs. 2 GmbHG, §§ 23 Abs. 1 Satz 2, 280 Abs. 1 Satz 3 AktG.
[29] BGHZ 125, 218, 220 ff.; BGH GmbHR 1996, 919, 920.
[30] IE ebenso *Lutter/Drygala* in Lutter Rn 10.
[31] § 67 UmwG iVm. § 52 AktG; das gilt nach den Grundsätzen über die wirtschaftliche Neugründung (dazu BGH NJW 2003, 892 und WM 2003, 1814) unabhängig vom Gründungsdatum einer Vorrats-AG auch für die ersten zwei Jahre nach der Beschlussfassung über ihre erstmalige Verwendung, siehe nur *Pentz* in MünchKomm. § 23 AktG Rn 102.

5. Vertragsentwurf (Abs. 2)

Ist die Zustimmung der Anteilseignerversammlung zum Verschmelzungsvertrag in der ausgehandelten Form oder generell zweifelhaft, kann zur Vermeidung unnötiger Beurkundungskosten auch lediglich ein Entwurf des Verschmelzungsvertrags zur Zustimmung vorgelegt werden. Inhaltlich muss dieser Entwurf vollständig sein[32]. Formal genügt, dass er von den zu seinem Abschluss zuständigen Organen schriftlich niedergelegt worden ist. Ist ein Vertragsentwurf von den Anteilseignerversammlungen aller beteiligten Rechtsträger mit den erforderlichen Mehrheiten beschlossen worden, sind die Vertretungsorgane der Rechtsträger aufgrund ihrer jeweiligen Dienstverträge verpflichtet, den Vertrag entsprechend notariell beurkunden zu lassen. Damit wird er sofort wirksam.

Die Anteilseignerversammlung kann dem vorgelegten Vertragsentwurf grundsätzlich entweder nur vollständig zustimmen oder ihn ganz ablehnen. Wird der Entwurf von den Anteilseignern in **abgeänderter Form** beschlossen, ist dieser Beschluss anfechtbar, wenn nicht alle Anteilseigner zur Anteilseignerversammlung erschienen sind und sich mit der Beschlussfassung über den geänderten Entwurf einverstanden erklärt haben[33]. Zulässig ist es auch, bereits in der Einladung zur Anteilseignerversammlung für besonders umstrittene Punkte Alternativformulierungen vorzuschlagen oder einen kompletten Alternativentwurf vorzulegen. Dann sind aber die Unterschiede zu erläutern. Scheidet das alles aus, ist eine neue Anteilseignerversammlung unter Bekanntmachung des abgeänderten Vertragsentwurfs einzuberufen. Ist ein wirksamer Beschluss über einen abgeänderten Vertragsentwurf zustande gekommen, liegt hierin ein neues Angebot dieses Rechtsträgers[34].

V. Zustimmungserfordernisse

1. Anteilseigner

Der Verschmelzungsvertrag wird für die an ihm beteiligten Rechtsträger erst wirksam, wenn deren **Anteilseignerversammlungen** ihm mit den erforderlichen Mehrheiten zugestimmt haben[35]. Die Zustimmung hat also Außenwirkung. Bevor die Zustimmung mit der gesetzlich vorgeschriebenen[36] oder gesellschaftsvertraglich zulässig festgelegten abweichenden Mehrheit in der vorgeschriebenen Form erteilt wurde, ist der Verschmelzungsvertrag schwebend unwirksam. Das Gleiche gilt, wenn die **Zustimmung einzelner Anteilseigner** für die Wirksamkeit des Verschmelzungsbeschlusses verlangt ist. Das kann der Fall sein, weil durch die Verschmelzung individuelle Rechte eines Gesellschafters entfallen[37] oder weil beim übertragenden Rechtsträger die Abtretung von Anteilen der Zustimmung einzelner Gesellschafter bedarf[38]. Darüber hinaus steht aber auch die Missachtung eines gesellschaftsvertraglich bestimmten individuellen Zustimmungserfordernisses für die Verschmelzung der Wirksamkeit des Verschmelzungsvertrags entgegen, da nicht ersichtlich ist, warum Vetorechte hinsichtlich Anteilsübertragungen über § 13 Abs. 2 bei der Verschmelzung einen größeren Schutz genießen sollten als solche gegen die Verschmelzung selbst.

---

[32] BGHZ 82, 188, 194 zum gleich gelagerten Fall der Vermögensübertragung nach § 361 AktG aF (heute § 179 a AktG).
[33] Rechtsgedanke aus §§ 245 Nr. 1 AktG, 51 Abs. 3 GmbHG.
[34] § 150 Abs. 2 BGB.
[35] § 13 Abs. 1.
[36] § 43 für Personengesellschaften, § 50 für GmbH, § 65 für AG, § 78 iVm. § 65 für KGaA, § 84 für eG, § 103 für rechtsfähige Vereine, § 106 iVm. § 103 für genossenschaftliche Prüfungsverbände und § 112 Abs. 3 für VVaG.
[37] Siehe zB § 65 Abs. 2.
[38] § 13 Abs. 2.

21 Haben die **Anteilseigner nur eines Rechtsträgers** dem notariell beurkundeten Verschmelzungsvertrag zugestimmt, liegt darin ein formwirksames Angebot, an das der Rechtsträger gebunden ist[39].

22 Die **Veräußerung von Anteilen** im Zeitraum zwischen der Beschlussfassung über den Verschmelzungsvertrag und dessen Wirksamwerden berührt die Verschmelzung nicht. Vielmehr tritt der Erwerber in die Rechtsstellung des Verkäufers unverändert ein[40].

2. Sonstige Gremien

23 Zustimmungsvorbehalte für sonstige Gremien (Aufsichtsrat, Beirat, Gesellschafterausschuss etc.) entfalten keine Außenwirkung[41]. Das Fehlen entsprechender Beschlussfassungen steht der Wirksamkeit des Verschmelzungsvertrags und der Eintragung der Verschmelzung ins Handelsregister also nicht entgegen. Das ergibt sich für AG und GmbH aus der Vorschrift des § 111 Abs. 4 Satz 3 AktG[42], weil die Gesellschafterversammlung durch den Verschmelzungsbeschluss von dem ihr durch diese Vorschrift eingeräumten Recht, die fehlende Zustimmung des Aufsichtsgremiums zu ersetzen, bereits Gebrauch gemacht hat. Dies kann auf andere Rechtsformen übertragen werden.

VI. Wirksamwerden des Vertrags

24 Das Wirksamwerden des Verschmelzungsvertrags ist vom Wirksamwerden der Verschmelzung zu trennen: Während letzteres erst mit Eintragung der Verschmelzung im Register des übernehmenden Rechtsträgers eintritt und wesentliche korporationsrechtliche Wirkungen herbeiführt, werden die beteiligten Rechtsträger durch ersteres unmittelbar nur schuldrechtlich gebunden[43]. Für den Zeitpunkt, an dem der Verschmelzungsvertrag für die an ihm beteiligten Rechtsträger verbindlich wird, ist zwischen den beiden Alternativen des § 4 zu unterscheiden[44]: Ist der **Vertrag bereits vor der Beschlussfassung der Anteilseigner notariell beurkundet** worden, wird er wirksam, sobald ihm die Anteilseignerversammlungen aller an ihm beteiligten Rechtsträger mit den erforderlichen Mehrheiten zugestimmt haben. Für die Wirksamkeit des Verschmelzungsvertrags muss der Zustimmungsbeschluss dem anderen Rechtsträger nicht mitgeteilt werden[45]. Wurde **über einen Vertragsentwurf abgestimmt**, wird der Verschmelzungsvertrag wirksam, wenn dieser Entwurf in unveränderter Form notariell beurkundet wird. Im Fall der sog. Sukzessivbeurkundung[46] kommt es insoweit auf den Zeitpunkt der Beurkundung der letzten Willenserklärung an.

25 Aber auch vor der Zustimmung durch alle Anteilseignerversammlungen entfaltet der Verschmelzungsvertrag schon Rechtswirkungen: Der Abschluss eines Verschmelzungsvertrags verpflichtet die Vertretungsorgane der beteiligten Rechtsträger, diesen ihren Anteilseignerversammlungen zur Beschlussfassung vorzulegen[47]. Der Zustimmungsbeschluss der Anteils-

---

[39] *Kraft* in Kölner Komm. § 340 AktG Rn 6; *Mayer* in Widmann/Mayer Rn 9; näher dazu Rn 29.

[40] *Streck/Mack/Schwedhelm* GmbHR 1995, 161, 164; *Lutter/Drygala* in Lutter Rn 29.

[41] *Lutter/Drygala* in Lutter Rn 12; *Mayer* in Widmann/Mayer Rn 41; aA wohl *Bermel* in Goutier/Knopf/Tulloch Rn 6.

[42] Über § 52 Abs. 1 GmbHG gilt diese Vorschrift auch für Aufsichtsgremien bei der GmbH, sofern die Satzung nicht ausdrücklich anderes bestimmt; im Übrigen kann auf § 37 Abs. 2 GmbHG zurückgegriffen werden, wonach Beschränkungen der Vertretungsmacht von Geschäftsführern Dritten gegenüber nicht wirken.

[43] Siehe dazu Rn 4 f.

[44] Wobei in beiden Fällen der Vertrag natürlich nur dann wirksam wird, wenn keine Nichtigkeitsgründe sowie keine aufschiebenden Bedingungen und Befristungen vorliegen.

[45] *Mayer* in Widmann/Mayer Rn 56.

[46] Siehe dazu § 6 Rn 14.

[47] *Kiem* ZIP 1999, 173.

eignerversammlung eines Rechtsträgers zum Verschmelzungsvertrag verpflichtet dessen Organe intern, ihn durchzuführen bzw., wenn nur über den Entwurf des Verschmelzungsvertrags beschlossen wurde, seinen Abschluss unverzüglich herbeizuführen[48].

Bei einer Verschmelzung zur Neugründung entsteht mit dem Wirksamwerden des Verschmelzungsvertrags, also wenn die Anteilseigner aller übertragenden Rechtsträger zugestimmt haben, eine **Vorgesellschaft**. Besondere Haftungsfolgen ergeben sich daraus im Regelfall allerdings nicht, da nicht im Namen dieser Vorgesellschaft gehandelt wird[49].

VII. Aufhebung und Abänderung des Vertrags

Für die Frage, unter welchen Voraussetzungen der Verschmelzungsvertrag aufgehoben oder abgeändert werden kann, ist in Abhängigkeit von der Zustimmung der Anteilseigner und der Eintragung der Verschmelzung im Handelsregister zwischen unterschiedlichen Zeiträumen zu unterscheiden. Hinsichtlich der Kompetenz zur Vertragsänderung oder -aufhebung gilt das Gleiche wie zum Abschluss des Vertrags[50].

1. Zeitraum bis zur Zustimmung der ersten Anteilseignerversammlung

Im Verhältnis zwischen den verschmelzenden Rechtsträgern wird der Verschmelzungsvertrag erst mit dem letzten Zustimmungsbeschluss der Anteilseigner der an der Verschmelzung beteiligten Rechtsträger wirksam. Vorher ist er schwebend unwirksam und kann von den zu seinem Abschluss zuständigen Organen aufgehoben und abgeändert werden[51]. Allerdings ergeben sich insoweit Einschränkungen aufgrund gesetzlicher oder satzungsmäßiger Vorschriften über die Bekanntgabe der Verschmelzungsdokumentation gegenüber den Anteilseignerversammlungen[52]. Außerdem muss sichergestellt sein, dass die Anteilseignerversammlungen der beteiligten Rechtsträger letztendlich über den gleichen Vertrag(sentwurf) abstimmen. Anderenfalls liegt keine Einigung vor.

2. Zeitraum zwischen erster Zustimmung einer Anteilseignerversammlung und Eintragung

Haben die Anteilseigner zumindest eines Rechtsträgers der Verschmelzung bereits zugestimmt, ist ein schon geschlossener und notariell beurkundeter Verschmelzungsvertrag noch schwebend unwirksam, solange nicht auch die Anteilseignerversammlungen der anderen Rechtsträger zugestimmt haben. Es ist hierin das formwirksame bindende Angebot zum Abschluss des Vertrags zu sehen, an das der Rechtsträger so lange gebunden ist, wie unter normalen Umständen mit einer Annahme des Angebots gerechnet werden kann[53]. In diesem Stadium kann der Rechtsträger sein Angebot nur ändern oder aufheben, wenn die übrigen Vertragsparteien damit einverstanden sind oder die Bindungsfrist abgelaufen ist. Die Dauer der Bindung richtet sich nach §§ 145 ff. BGB, insbesondere ist die Versagung der Zustimmung durch die andere Anteilseignerversammlung oder die Zustimmung zum Vertrag in abgeänderter Form als Ablehnung des Angebots aufzufassen, die den Rechtsträger von seinem Angebot frei werden lässt.

---

[48] *Zimmermann* in Kallmeyer § 13 Rn 17; *Kiem* ZIP 1999, 173; zur Reichweite dieser Verpflichtung siehe Rn 53.
[49] *Ihrig* GmbHR 1995, 622, 633 f.; *K. Schmidt* GmbHR 1987, 77, 79; *Lutter/Drygala* in Lutter Rn 17.
[50] Siehe Rn 8 ff.
[51] *Lutter/Drygala* in Lutter Rn 19; *Marsch-Barner* in Kallmeyer Rn 16; *Mayer* in Widmann/Mayer Rn 62, 64; *Bermel* in Goutier/Knopf/Tulloch § 7 Rn 8; *Grunewald* in G/H/E/K § 341 AktG Rn 10.
[52] § 124 Abs. 2 Satz 2 AktG, § 63 Abs. 1 und 3; *Schlitt* in Semler/Volhard HV Hdb. § 6 Rn 19; *Austmann/Frost* ZHR 169 (2005) 431, 453; siehe auch LG Nürnberg-Fürth AG 1995, 141, 142.
[53] *Barz* AG 1972, 1, 6; *Kraft* in Kölner Komm. § 340 AktG Rn 6.

30 Auch in diesem Schwebezustand kann der **Verschmelzungsvertrag** nur **geändert** werden, wenn die Anteilseignerversammlung über die geänderte Version erneut beschließt. Dieser Beschluss bedarf der gleichen Mehrheit, die auch der Ursprungsbeschluss verlangte[54], denn hierbei wird über einen neuen Vertrag entschieden. Ein Abänderungsvertrag muss die notarielle Form des § 6 beachten und dem Betriebsrat erneut gemäß § 5 Abs. 3 vorgelegt werden[55].

31 Ob das Vertretungsorgan den durch „seine" Anteilseignerversammlung einseitig beschlossenen **Verschmelzungsvertrag** auch ohne einen erneuten Beschluss der Anteilseigner nach Ablauf der Bindungsfrist oder mit Einverständnis der anderen Vertragsparteien **aufheben** darf, ist umstritten. Dafür wird angeführt, dass das Zustimmungserfordernis des § 13 Abs. 1 nur für den Abschluss des Verschmelzungsvertrags gelte, bei dessen Aufhebung also eine alleinige Vertretung durch das Vertretungsorgan möglich sei[56]. Dabei bleibt aber unberücksichtigt, dass der Verschmelzungsvertrag im Innenverhältnis die Vertretungsorgane gegenüber den Anteilseignern verpflichtet, die Verschmelzung zu vollziehen[57]. Da die Anteilseigner nicht Partei des Verschmelzungsvertrags sind und dieser auch nicht zu ihren Gunsten wirkt, kommt es nicht darauf an, dass der Verschmelzungsvertrag wirksam im Außenverhältnis zustande gekommen ist, sondern allein auf die Wirkungen des Zustimmungsbeschlusses der Anteilseigner. Wenn die Anteilseigner im Innenverhältnis die Umsetzung der Verschmelzung verlangen können, kann es dem Vertretungsorgan nicht freistehen, ohne deren Zustimmung seine für den Abschluss des Verschmelzungsvertrags erforderliche Willenserklärung wieder zurückzuziehen[58].

32 Für den Zustimmungsbeschluss der Anteilseigner zur Aufhebung des Verschmelzungsvertrags muss die **einfache Mehrheit** genügen[59]. Die qualifizierte Mehrheit ist erforderlich für die mit der Verschmelzung bewirkten Strukturentscheidungen, nicht aber für deren Unterlassen. Als Kontrollüberlegung mag dienen, dass auch schon die einfache Mehrheit genügen würde, um einen Beschluss der Anteilseignerversammlung zu verhindern, mit dem die interne Bindung der Vertretungsorgane an die von der Anteilseignerversammlung genehmigte Willenserklärung zur Verschmelzung durchgesetzt werden soll. Außerdem entspricht die vorliegende Situation der Aufhebung einer Satzungsänderung vor ihrer Eintragung ins Handelsregister. Auch hierfür genügt die einfache Mehrheit. Daher kann auch unter dem Gesichtspunkt des *actus contrarius* für den Zustimmungsbeschluss zur Aufhebung des Verschmelzungsvertrags keine qualifizierte Mehrheit gefordert werden[60].

33 Die Aufhebungserklärung oder -vereinbarung bedarf nicht der notariellen **Form**[61], weil § 6 diese nur für den Verschmelzungsvertrag selbst verlangt. Die geringe Komplexität der Aufhebungserklärung erfordert nicht die von der Formvorschrift hauptsächlich bezweckte materielle Richtigkeitsgewähr. Im Unterschied zur Abänderung müssen bei der Beschluss-

---

[54] *Lutter/Drygala* in Lutter Rn 19; *Marsch-Barner* in Kallmeyer Rn 17; *Mayer* in Widmann/Mayer Rn 64; *Grunewald* in G/H/E/K § 341 AktG Rn 11.
[55] *Marsch-Barner* in Kallmeyer Rn 18; *Mayer* in Widmann/Mayer Rn 65.
[56] *Grunewald* in G/H/E/K § 341 AktG Rn 11.
[57] Siehe dazu Rn 53.
[58] So iE auch *Lutter/Drygala* in Lutter Rn 19; *Marsch-Barner* in Kallmeyer Rn 16; *Mayer* in Widmann/Mayer Rn 62, 64; *Bermel* in Goutier/Knopf/Tulloch § 7 Rn 8; siehe auch *Schilling/Zutt* in Hachenburg § 77 GmbHG Anh. II § 21 VerschmG Rn 31.
[59] So auch *Lutter/Drygala* in Lutter Rn 20; *Bermel* in Goutier/Knopf/Tulloch § 7 Rn 9; *Grunewald* in G/H/E/K § 341 AktG Rn 12; *Schilling/Zutt* in Hachenburg[7] § 77 GmbHG Anh. II § 21 VerschmG Rn 31.
[60] So aber *Marsch-Barner* in Kallmeyer Rn 17; *Kraft* in Kölner Komm. § 341 AktG Rn 16; *Stratz* in Schmitt/Hörtnagl/Stratz § 7 Rn 16.
[61] *Marsch-Barner* in Kallmeyer Rn 18; *Zimmermann* in Kallmeyer § 6 Rn 9; *Engelmeyer* S. 64; aA *Mayer* in Widmann/Mayer Rn 63; *Heckschen* in Widmann/Mayer § 6 Rn 41; *Grunewald* in G/H/E/K § 341 AktG Rn 12; *Priester* in Scholz[7] § 21 KapErhG Rn 27.

fassung über die Aufhebung auch die besonderen gesetzlichen Bestimmungen über die **Beschlussvorbereitung**[62] nicht beachtet werden[63], die dazu dienen, die Anteilseigner mit der komplexen Materie des Verschmelzungsvertrags vertraut zu machen. Bei der Aufhebung des ihnen bereits bekannten Vertrags besteht nämlich ein entsprechender Informationsbedarf nicht mehr.

Diese Überlegungen gelten **unabhängig davon, ob eine oder alle Anteilseignerversammlungen der Verschmelzung zugestimmt haben**, weil sich die Notwendigkeit und die Voraussetzungen der Zustimmungsbeschlüsse allein aus dem Innenverhältnis von Anteilseignern und Vertretungsorgan bei jedem einzelnen Rechtsträger ergeben. Im Außenverhältnis muss lediglich entweder Einigkeit über die Änderung oder Aufhebung des Verschmelzungsvertrags oder zumindest auf einer Seite das Recht zur Aufhebung wegen Wegfalls der Bindung an das Angebot bestehen. Im Übrigen kann das Vertretungsorgan des einen Rechtsträgers einen im Entscheidungsprozess des anderen Rechtsträgers abgeänderten Vertragsentwurf nicht ohne erneute Zustimmung „seiner" Anteilseigner vereinbaren. 34

Wurde von den Anteilseignerversammlungen nur über einen **Entwurf des Verschmelzungsvertrags** beschlossen, gelten die dargestellten[64] Grundsätze entsprechend mit der Maßgabe, dass Änderungen von den Anteilseignerversammlungen aller beteiligten Rechtsträger gutgeheißen werden müssen. Auch hier gilt, dass die Rechtslage vor und nach Vertragsabschluss identisch ist. 35

3. Zeit nach Eintragung

Ist die Verschmelzung in das Register des übernehmenden Rechtsträgers eingetragen worden, ist sie wirksam[65]. Mit dem Vermögensübergang und dem Erlöschen des übertragenden Rechtsträgers hat der Verschmelzungsvertrag dann so endgültige Wirkung erlangt, dass er nicht mehr geändert werden kann[66]. Das wird neuerdings mit Blick auf § 20 Abs. 2 bezweifelt, sofern die Abänderung nicht auf eine Entschmelzung gerichtet ist, das Umtauschverhältnis gewahrt bleibt, keine schutzwürdigen Interessen des Rechtsverkehrs entgegenstehen und sowohl die ehemaligen als auch die jetzigen Gesellschafter an der Abänderung beteiligt werden[67]. Es erscheint jedoch fragwürdig, ob die dafür benötigte Fiktion des Fortbestehens des übertragenden Rechtsträgers tatsächlich über eine Analogie zu § 25 Abs. 2 Satz 1 erreicht werden kann. Zudem bestünde bei nachträglicher Abänderbarkeit eines Verschmelzungsvertrags nach Untergang der Gesellschafterversammlung und des Betriebsrats des übertragenden Rechtsträgers die Gefahr, dass im Hinblick darauf vor der Schaffung von irreversiblen Fakten bewusst manche Dinge zunächst in einer Form vereinbart werden, die diesen Organen die Zustimmung leichter machte, letztlich aber von vornherein die später über die Abänderung erlangte Fassung angestrebt war. 36

Ist hingegen erst die **Eintragung nur beim übertragenden Rechtsträger** erfolgt, sind noch keine Wirkungen erzeugt worden. Daher können sich die Parteien des Verschmelzungsvertrags dann auf der Grundlage entsprechender Beschlüsse ihrer Anteilseigner grundsätzlich noch über eine Aufhebung oder Änderung des Verschmelzungsvertrags einigen. Allerdings muss der Eintragung des Registergerichts die endgültige Vertragsversion zugrunde liegen[68]. Daher müssen die Parteien in einem solchen Fall beantragen, die frühere Handelsre- 37

---

62 §§ 42, 47, 63, 64, 82, 101, 106, 112; wohl aber sind die rechtsformspezifischen Vorschriften über die Einberufung der Anteilseignerversammlung zu beachten.
63 *Marsch-Barner* in Kallmeyer Rn 18; *Grunewald* in G/H/E/K § 341 AktG Rn 12.
64 Rn 29 ff.
65 § 20 Abs. 1.
66 *Lutter/Drygala* in Lutter Rn 19; *Mayer* in Widmann/Mayer Rn 64; *Stratz* in Schmitt/Hörtnagl/Stratz § 7 Rn 13; *Schilling/Zutt* in Hachenburg[7] § 77 GmbHG Anh. II § 21 VerschmG Rn 33.
67 *Lutter/Drygala* in Lutter Rn 21.
68 Deshalb will *Stratz* in Schmitt/Hörtnagl/Stratz Rn 13 eine Vertragsänderung nur bis zur ersten Eintragung zulassen.

gistereintragung zu löschen und die Verschmelzung aufgrund des geänderten Vertrags erneut einzutragen.

VIII. Mängel des Verschmelzungsvertrags

1. Nichtigkeit aufgrund von Inhaltsmängeln

38 Der Verschmelzungsvertrag kann nach allgemeinen zivilrechtlichen Regeln **wegen eines Verstoßes gegen Verbotsgesetze oder gegen die guten Sitten** nichtig sein[69]. Das ist auch anzunehmen, wenn entsprechende Regelungen nicht in den Verschmelzungsvertrag selbst aufgenommen, sondern außerhalb davon, jedoch im Zusammenhang mit der Verschmelzung, getroffen werden. Wäre der Verschmelzungsvertrag ohne diese nichtige Zusatzvereinbarung nicht geschlossen worden, kann deren Nichtigkeit den gesamten Vertrag erfassen[70].

39 Mängel dieser Art können **vor Eintragung** ins Register von den Parteien geltend gemacht werden und sind vom Registergericht im Rahmen seiner formellen und materiellen Prüfung von Amts wegen zu berücksichtigen. Wurde dabei ein Mangel übersehen und die **Verschmelzung eingetragen**, sind die formellen Mängel des Verschmelzungsvertrags geheilt. Auch materielle Mängel stellen die Wirksamkeit der Verschmelzung dann nicht in Frage. Sie können allenfalls zu Schadensersatzansprüchen führen[71]. Damit wird der allgemeinen Tendenz Rechnung getragen, gesellschaftsrechtliche Akte möglichst zu erhalten[72].

40 Nichtig ist der Verschmelzungsvertrag ferner, wenn ihm die *essentialia negotii* fehlen. Das ist bei einer Verschmelzung, bei der es zu einem Anteilstausch kommt[73], der Fall, wenn die Angaben nach § 5 Abs. 1 Nr. 1 bis 3 fehlen. In diesen Fällen führt auch die Eintragung nicht zu einer Heilung der Nichtigkeit[74].

2. Nichtigkeit aufgrund von Formmängeln

41 Sofern nicht alle nach dem Willen zumindest einer Partei für die Verschmelzung maßgeblichen Vereinbarungen gem. § 6 notariell beurkundet worden sind, ist der Verschmelzungsvertrag nach § 125 BGB nichtig. Allerdings werden Formmängel durch die Eintragung der Verschmelzung im Register des übernehmenden Rechtsträgers geheilt[75].

3. Anfechtung wegen Abschlussmängeln

42 Für die Anfechtung des Verschmelzungsvertrags kommt es auf einen **Willensmangel** des Vertretungsorgans an, nicht auf solche der Anteilseigner[76]. Maßgeblich sind die Anfechtungsfristen nach §§ 121, 124 BGB, nicht etwa die nach § 246 Abs. 1 AktG[77]. Allerdings kann ein beteiligter Rechtsträger noch nicht vor der Beschlussfassung seiner Anteilseigner anfechten, weil dann noch gar keine wirksame Willenserklärung vorliegt[78]. Ob nach der Eintragung der Verschmelzung beim übernehmenden Rechtsträger noch eine Anfechtung in Betracht kommt, ist umstritten[79]. Die Anfechtung wäre sinnlos, wenn sie in diesem Stadium keine

---

[69] §§ 134, 138 BGB; siehe auch *LG Mühlhausen* DB 1996, 1967.
[70] Siehe § 139 BGB; *Lutter/Drygala* in Lutter § 5 Rn 91; *Stratz* in Schmitt/Hörtnagl/Stratz § 6 Rn 5.
[71] § 20 Abs. 1 Nr. 4, Abs. 2; *Mayer* in Widmann/Mayer Rn 77 f.; iE wohl genauso *Lutter/Drygala* in Lutter § 5 Rn 105.
[72] Vgl. hierzu § 20 Rn 84 ff.
[73] Siehe zu den Fällen, wo dies nicht so ist, § 5 Rn 12 ff.
[74] Siehe hierzu noch § 5 Rn 126 f.
[75] § 20 Abs. 1 Nr. 4; siehe auch *Lutter/Drygala* in Lutter § 5 Rn 104.
[76] *Grunewald* in G/H/E/K § 341 AktG Rn 14.
[77] *Lutter/Drygala* in Lutter § 5 Rn 105.
[78] *Grunewald* in G/H/E/K § 341 AktG Rn 14; aA *Marsch-Barner* in Kallmeyer Rn 14.
[79] Dafür *Lutter/Drygala* in Lutter § 5 Rn 105; *Mayer* in Widmann/Mayer Rn 16 ff., 72; *Schmidt-Troschke* GmbHR 1992, 505, 506 (zu § 31 KapErhG); dagegen *Grunewald* in G/H/E/K § 341 AktG Rn 15.

Auswirkungen mehr hätte. Auch wenn die Verschmelzungswirkungen nach der Eintragung grundsätzlich nicht mehr beseitigt werden können[80], kommen doch noch Schadensersatzansprüche in Betracht, die – genauso wie die Anfechtung selbst – durch einen besonderen Vertreter geltend gemacht werden können[81]. Das rechtfertigt es, hier eine Anfechtung zuzulassen.

Ist der Verschmelzungsvertrag **wirksam angefochten** und wird die Verschmelzung dennoch ins Register eingetragen, ist der Nichtigkeitsmangel geheilt[82]. 43

Von der Anfechtung des Verschmelzungsvertrags durch die Vertretungsorgane eines Rechtsträgers ist die **Anfechtung des Verschmelzungsbeschlusses** durch die Anteilsinhaber eines Rechtsträgers zu unterscheiden. Sie kann u. a. auch darauf gegründet werden, dass der Verschmelzungsvertrag nicht die gesetzlich geforderten Mindestangaben nach § 5 enthält[83]. 44

IX. Rechtsfolgen des Verschmelzungsvertrags

1. Erfüllungsansprüche

Mit dem Wirksamwerden des Verschmelzungsvertrags erhält jeder an ihm beteiligte Rechtsträger einen vollstreckbaren Anspruch gegen den oder die jeweils anderen darauf, alle zur Durchführung der Verschmelzung erforderlichen Handlungen vorzunehmen. Zu den geschuldeten Erfüllungshandlungen gehören insbesondere die Folgenden: 45

– Grundsätzlich ist jeder Beteiligte verpflichtet, die **Eintragung** der Verschmelzung ins Handelsregister zu bewirken. Der Anspruch kann vollstreckt werden, indem die Anmeldung zum Handelsregister durch die Verurteilung zu ihrer Vornahme fingiert wird[84]. Dem übernehmenden Rechtsträger fehlt in einem solchen Prozess das Rechtsschutzbedürfnis, da er die Verschmelzung anstelle des übertragenden Rechtsträgers zu dessen Register auch selbst anmelden kann[85]. Entgegen dem Grundsatz des § 16 Abs. 1 HGB genügt wegen der gravierenden Folgen der Vollstreckung ein vorläufig vollstreckbares Urteil nicht[86]. 46

– Der übertragende Rechtsträger muss eine **Schlussbilanz** erstellen. Hierbei handelt es sich um eine unvertretbare Handlung, die mit Hilfe von Zwangsgeldern vollstreckt werden kann[87]. 47

– Gleiches gilt bei der Verschmelzung auf eine AG für die Pflicht des übertragenden Rechtsträgers zur **Bestellung eines Treuhänders**[88]. 48

– Diesem Treuhänder hat der übernehmende Rechtsträger **Aktien und bare Zuzahlungen** zu übertragen, was erforderlichenfalls mit Hilfe eines Gerichtsvollziehers vollstreckt werden kann[89]. 49

– Bei der Anmeldung muss dem Registergericht nachgewiesen werden, dass gegen die Verschmelzung keine Anfechtungsklage anhängig ist **(Negativattest)**[90]. Hierfür kann jede Partei von der anderen Auskunft verlangen. 50

---

[80] Wohl hM, zB *Stratz* in Schmitt/Hörtnagl/Stratz § 20 Rn 127; *Grunewald* in G/H/E/K § 352 a AktG Rn 19; dagegen *Martens* AG 1986, 57, 63 ff.; *K. Schmidt* DB 1996, 1859 f.; *ders.* ZGR 1991, 373, 391 f.; ausdrücklich offen gelassen in *BGH* DB 1996, 417; siehe ausf. bei § 20 Rn 84.
[81] §§ 26, 25; *Heckschen* in Widmann/Mayer § 7 Rn 45; *Martens* AG 1986, 57, 63.
[82] § 20 Abs. 2; *Marsch-Barner* in Kallmeyer Rn 13 ff.
[83] Hierzu § 14 Rn 12.
[84] Vollstreckung gem. § 894 Abs. 1 ZPO.
[85] § 16 Abs. 1 Satz 2.
[86] *Marsch-Barner* in Kallmeyer Rn 19; *Mayer* in Widmann/Mayer Rn 61; *Bermel* in Goutier/Knopf/Tulloch § 7 Rn 17; *Grunewald* in G/H/E/K § 341 AktG Rn 6; zurückhaltender *Lutter/Drygala* in Lutter Rn 27 Fn 4.
[87] § 888 Abs. 1 ZPO.
[88] § 71 Abs. 1 Satz 1.
[89] § 883 Abs. 1 ZPO.
[90] § 16 Abs. 2 Satz 1.

51 – Die beteiligten Rechtsträger sind im Übrigen dazu verpflichtet, **Verzögerungen aufgrund von Klagen** gegen den Verschmelzungsbeschluss möglichst gering zu halten und bei hinreichenden Erfolgsaussichten einen Beschluss des Prozessgerichts zu erwirken, dass die erhobene Klage der Eintragung der Verschmelzung nicht entgegensteht[91].

52 – Aus dem Verschmelzungsvertrag ergibt sich die **Treupflicht**, bis zur Eintragung der Verschmelzung nichts zu unternehmen, das dem späteren Zusammenwachsen der Unternehmen hinderlich sein könnte[92]. Fehlt nur noch die Eintragung der Verschmelzung, kann darüber hinaus bis zur Grenze eines etwa bestehenden fusionskontrollrechtlichen Vollzugsverbots sogar schon die Pflicht bestehen, bestimmte Entscheidungen im Hinblick auf das spätere Zusammengehen der Rechtsträger zu treffen. Dem ist jedoch zumindest dort eine Grenze gesetzt, wo diese Entscheidung für den Rechtsträger bei Fortbestand seiner Selbstständigkeit schädlich wäre.

53 **Anspruchsberechtigt** in diesem Sinne sind die am Verschmelzungsvertrag beteiligten Rechtsträger. Geltend gemacht wird der Anspruch durch deren Organe gegenüber den anderen Vertragsparteien. Hingegen gibt der Verschmelzungsvertrag den Anteilseignern eines Rechtsträgers selbst keinen Anspruch gegen den Vertragspartner[93] oder gegen das Vertretungsorgan ihres Beteiligungsunternehmens[94], die beschlossene Verschmelzung auch umzusetzen. Die Anteilseigner sind weder Partei des Vertrags noch wirkt dieser insofern zu ihren Gunsten unmittelbar drittschützend. Auch eine *actio pro socio* scheidet aus, weil es hier nicht um mitgliedschaftliche Ansprüche der Gesellschaft gegenüber Gesellschaftern geht. Die Anteilseigner sind daher auf die rechtsformspezifischen Möglichkeiten wie die Ausübung von Weisungsrechten oder die Drohung mit Schadensersatzansprüchen oder mit der Abberufung angewiesen, um die Vertretungsorgane dazu anzuhalten, den Verschmelzungsvertrag umzusetzen.

54 Eine **Anspruchsberechtigung Dritter** gibt es aber insofern, als die Anteilseigner des übertragenden Rechtsträgers aufgrund des Verschmelzungsvertrags Urkunden über ihre Anteile am übernehmenden Rechtsträger und ggf. eine bare Zuzahlung verlangen können[95]. Die Anteile selbst erhalten sie hingegen mit Wirksamwerden der Verschmelzung aufgrund Gesetzes. Auch die Arbeitnehmer der beteiligten Rechtsträger können gem. § 5 Abs. 1 Nr. 9 selbstständig bestimmte Informationen verlangen[96]. Insoweit ist der Verschmelzungsvertrag ein Vertrag zugunsten Dritter.

55 Die übertragenden Rechtsträger können eine für die Durchführung der Verschmelzung auf eine Kapitalgesellschaft notwendige **Kapitalerhöhung**[97] von den Anteilsinhabern des übernehmenden Rechtsträgers nur verlangen, wenn letztere sich hierzu schuldrechtlich verpflichtet haben.[98] Für die AG folgt das aus § 187 Abs. 2 AktG, wonach sie an Vereinbarungen über neue Aktien nicht gebunden ist, bevor der für ihre Entstehung erforderliche Kapitalerhöhungsbeschluss gefasst ist. Dieser kann daher nicht aufgrund des Verschmelzungsvertrags verlangt werden. Für die GmbH fehlt eine entsprechende ausdrückliche Regelung. Für beide Rechtsformen gilt gleichermaßen, dass die Anteilseigner nicht aufgrund vertraglicher Ab-

---

[91] Unbedenklichkeitsverfahren gem. § 16 Abs. 3; ebenso *Marsch-Barner* in Kallmeyer Rn 23.
[92] So iE auch *Marsch-Barner* in Kallmeyer Rn 23.
[93] *OLG München* BB 1993, 2040, 2041; *OLG Zweibrücken* ZIP 1990, 374, 375.
[94] *Lutter/Drygala* in Lutter Rn 28; *Marsch-Barner* in Kallmeyer Rn 22; aA *Kraft* in Kölner Komm. § 341 AktG Rn 28.
[95] § 328 Abs. 1 BGB; siehe *Grunewald* in G/H/E/K § 341 AktG Rn 2; aA *Kraft* in Kölner Komm. § 340 AktG Rn 10; *Schilling* in Großkomm.3 § 341 AktG Anm. 6.
[96] *Grunewald* in Lutter Umwandlungsrechtstage S. 24; *Marsch-Barner* in Kallmeyer Rn 3.
[97] Für die GmbH siehe §§ 53 und 55; für die AG und über § 78 für die KGaA siehe §§ 66 und 69.
[98] *Marsch-Barner* in Kallmeyer Rn 21; *Mayer* in Widmann/Mayer Rn 61; siehe ferner *Grunewald* in G/H/EK § 343 AktG Rn 12 und *Kraft* in Kölner Komm. § 341 AktG Rn 33, die mit Hinweis auf § 187 Abs. 2 AktG betonen, dass die Wirksamkeit des Verschmelzungsvertrags von der Fassung eines notwendigen Kapitalerhöhungsbeschlusses beim übernehmenden Rechtsträger abhängt.

reden der Geschäftsführungsorgane mit Dritten zu einer Kapitalerhöhung genötigt werden dürfen. Hat jedoch die Haupt- oder Gesellschafterversammlung einer übernehmenden AG oder GmbH einem Verschmelzungsvertrag zugestimmt, für dessen Vollzug es eines Kapitalerhöhungsbeschlusses bedarf, fehlt es an dieser Schutzbedürftigkeit der Eigentümer und muss auch die Beschlussfassung über die entsprechende Kapitalerhöhung verlangt werden können. Unbestritten kann die für die Durchführung der Verschmelzung benötigte Anzahl von Anteilen verlangt werden, wenn sie von dem übernehmenden Rechtsträger selbst oder einem hierzu verpflichteten Dritten zur Verfügung gestellt werden müssen.

2. Rücktritt

Bei Leistungsstörungen im Zusammenhang mit der Durchführung des Verschmelzungsvertrags gelten die allgemeinen zivilrechtlichen Regeln. Soweit sie Gestaltungsrechte einräumen, können diese **bis zum Wirksamwerden der Verschmelzung** von den Vertretungsorganen der beteiligten Rechtsträger ohne Zustimmung der Anteilseigner ausgeübt werden, weil es hierbei nicht mehr um den Abschluss des Verschmelzungsvertrags geht, sondern nur um dessen Abwicklung[99]. Anders als in den bereits behandelten[100] Fällen der Abänderung oder Aufhebung des Verschmelzungsvertrags durch die Vertretungsorgane aus freien Stücken reagiert das Vertretungsorgan hier nur auf Schwierigkeiten der Vertragsdurchführung, stellt diese selbst aber grundsätzlich nicht in Frage. Die Ausübung eines Gestaltungsrechts bedarf aber wie dort der Zustimmung der Anteilseignerversammlung, wenn damit von deren mit dem Verschmelzungsbeschluss geäußerten Willen in größerem Maß als zur Rechtsdurchsetzung unbedingt erforderlich abgewichen wird. Entsprechend wird man das Geschäftsführungsorgan auch nur mit Zustimmung seiner Anteilseignerversammlung als befugt ansehen können, vom Verschmelzungsvertrag – nach fruchtlosem Ablauf einer angemessenen Nachfrist – zurückzutreten, wenn der andere Verschmelzungspartner seinerseits nicht die Zustimmung seiner Anteilseignerversammlung einholt[101].

Nach der Eintragung der Verschmelzung beim übernehmenden Rechtsträger kann vom Vertrag nicht mehr zurückgetreten werden[102]. Der Vertrag ist dann erfüllt und die Wirkungen der Verschmelzung können nur noch durch eine Spaltung rückgängig gemacht werden.

3. Kündigung

Die gleichen Grundsätze gelten beim **Wegfall der Geschäftsgrundlage**. Rechtsfolge ist hier allerdings in erster Linie die Anpassung des Verschmelzungsvertrags an die veränderten Verhältnisse. Dem müssen die Anteilseignerversammlungen der beteiligten Rechtsträger unter Beachtung aller Informationsrechte erneut zustimmen. Erst wenn eine Anpassung des Vertrags nicht möglich ist oder sich die von den veränderten Umständen begünstigte Partei ihr treuwidrig verschließt, kommt eine Kündigung des Verschmelzungsvertrags in Betracht. Ein Wegfall der Geschäftsgrundlage kann sich aus der Erkenntnis ergeben, dass das Umtauschverhältnis aufgrund unvorhergesehener Umstände in erheblichem Maße falsch geworden oder von vornherein fehlerhaft ermittelt worden ist[103]. Damit sind nicht Vermögensveränderungen gemeint, die sich aus dem normalen Geschäftsgang des Unternehmens bis

---

[99] *Marsch-Barner* in Kallmeyer Rn 24; *Lutter/Drygala* in Lutter Rn 30; *Grunewald* in G/H/E/K § 341 AktG Rn 7; *Stratz* in Schmitt/Hörtnagl/Stratz § 7 Rn 27; aA *Mayer* in Widmann/Mayer Rn 61; *Heckschen* in Widmann/Mayer § 7 Rn 30 ff.; *ders.* WM 1990, 377, 388.

[100] Siehe Rn 27 ff.

[101] Siehe hierzu *Austmann/Frost* ZHR 169 (2005) 431, 443.

[102] *Körner/Rodewald* BB 1999, 853, 857; *Heckschen* in Widmann/Mayer § 7 Rn 25.

[103] *Lutter/Drygala* in Lutter Rn 31; *Mayer* in Widmann/Mayer Rn 28; *Grunewald* in G/H/E/K § 341 AktG Rn 8; siehe ferner für einen vergleichbaren Fall *BGH* ZIP 1995, 276.

zum planmäßigen Wirksamwerden der Verschmelzung ergeben[104], wohl aber solche, die aus unvorhergesehenen Ereignissen oder erheblichen Verzögerungen der Eintragung folgen.

59 Ob über das Institut des Wegfalls der Geschäftsgrundlage hinaus noch eine **Kündigung aus wichtigem Grund** in Betracht kommt, ist umstritten[105]. In Dauerschuldverhältnissen ist die Kündigung aus wichtigem Grund ohnehin ein Anwendungsfall des Wegfalls der Geschäftsgrundlage. In normalen Schuldverhältnissen kann der Wegfall der Geschäftsgrundlage ebenfalls die Vertragsauflösung rechtfertigen. Es wird dann aber meist von Rücktritt gesprochen[106]. Der Verschmelzungsvertrag ist zwar nicht auf die Begründung eines Dauerschuldverhältnisses ausgerichtet, andererseits kann es lange dauern, bis die von ihm angestrebten Rechtswirkungen eingetreten sind. Während dieser Zeit unterliegen die Parteien des Verschmelzungsvertrags bestimmten andauernden Pflichten, zB das Wirksamwerden der Verschmelzung zu fördern, das wirtschaftliche Auseinanderdriften der zu verschmelzenden Rechtsträger zu vermeiden etc. Daher kann der Verschmelzungsvertrag einem Dauerschuldverhältnis zumindest gleichgestellt werden[107]. Ein Recht zur Kündigung besteht also ganz allgemein, wenn einer Partei das Festhalten an dem Vertrag unzumutbar geworden ist.

4. Haftung

60 Eine Haftung auf Ersatz des Vertrauensschadens nach den Grundsätzen der *culpa in contrahendo*[108] kann sich zB ergeben, wenn ein am Verschmelzungsvertrag beteiligter Rechtsträger in der Verhandlungsphase bei einem anderen besondere Erwartungen hinsichtlich des Vertragsabschlusses geweckt hat, die er später ohne triftigen Grund enttäuscht[109]. Allerdings ist zu beachten, dass die Parteien grundsätzlich gerade vor dem Abschluss beurkundungsbedürftiger Verträge frei sind, die Vertragsverhandlungen abzubrechen[110].

§ 5 Inhalt des Verschmelzungsvertrags

(1) **Der Vertrag oder sein Entwurf muß mindestens folgende Angaben enthalten:**
1. den Namen oder die Firma und den Sitz der an der Verschmelzung beteiligten Rechtsträger;
2. die Vereinbarung über die Übertragung des Vermögens jedes übertragenden Rechtsträgers als Ganzes gegen Gewährung von Anteilen oder Mitgliedschaften an dem übernehmenden Rechtsträger;
3. das Umtauschverhältnis der Anteile und gegebenenfalls die Höhe der baren Zuzahlung oder Angaben über die Mitgliedschaft bei dem übernehmenden Rechtsträger;
4. die Einzelheiten für die Übertragung der Anteile des übernehmenden Rechtsträgers oder über den Erwerb der Mitgliedschaft bei dem übernehmenden Rechtsträger;
5. den Zeitpunkt, von dem an diese Anteile oder die Mitgliedschaften einen Anspruch auf einen Anteil am Bilanzgewinn gewähren, sowie alle Besonderheiten in bezug auf diesen Anspruch;
6. den Zeitpunkt, von dem an die Handlungen der übertragenden Rechtsträger als für Rechnung des übernehmenden Rechtsträgers vorgenommen gelten (Verschmelzungsstichtag);

---

[104] *Kraft* in Kölner Komm. § 340 AktG Rn 9.
[105] Dafür für den Fall, dass die Verschmelzung aufgrund des Vertrags zeitlich rausgeschoben wird, *Kraft* in Kölner Komm. § 341 AktG Rn 27 mwN; dagegen *Grunewald* in G/H/E/K § 341 AktG Rn 8.
[106] *Rieble* ZIP 1997, 301, 304 mwN.
[107] *Körner/Rodewald* BB 1999, 853, 855.
[108] § 280 Abs. 1 iVm § 311 Abs. 2 BGB nF.
[109] §§ 280 Abs. 1, 311 Abs. 2, 3 iVm. 241 BGB; *Lutter/Drygala* in Lutter Rn 32; *Mayer* in Widmann/Mayer Rn 60.
[110] *Heckschen* in Widmann/Mayer § 6 Rn 61.

7. die Rechte, die der übernehmende Rechtsträger einzelnen Anteilsinhabern sowie den Inhabern besonderer Rechte wie Anteile ohne Stimmrecht, Vorzugsaktien, Mehrstimmrechtsaktien, Schuldverschreibungen und Genußrechte gewährt, oder die für diese Personen vorgesehenen Maßnahmen;
8. jeden besonderen Vorteil, der einem Mitglied eines Vertretungsorgans oder eines Aufsichtsorgans der an der Verschmelzung beteiligten Rechtsträger, einem geschäftsführenden Gesellschafter, einem Partner, einem Abschlußprüfer oder einem Verschmelzungsprüfer gewährt wird;
9. die Folgen der Verschmelzung für die Arbeitnehmer und ihre Vertretungen sowie die insoweit vorgesehenen Maßnahmen.

(2) Befinden sich alle Anteile eines übertragenden Rechtsträgers in der Hand des übernehmenden Rechtsträgers, so entfallen die Angaben über den Umtausch der Anteile (Absatz 1 Nr. 2 bis 5), soweit sie die Aufnahme dieses Rechtsträgers betreffen.

(3) **Der Vertrag oder sein Entwurf ist spätestens einen Monat vor dem Tage der Versammlung der Anteilsinhaber jedes beteiligten Rechtsträgers, die gemäß § 13 Abs. 1 über die Zustimmung zum Verschmelzungsvertrag beschließen soll, dem zuständigen Betriebsrat dieses Rechtsträgers zuzuleiten.**

Übersicht

	Rn		Rn
A. Allgemeines	1	c) Inhalt und Umfang der notwendigen Angaben	81
I. Sinn und Zweck der Norm	1	d) Einzelfragen	85
II. Entstehungsgeschichte	2	aa) Folgen für die Arbeitsverhältnisse	86
B. Inhalt des Verschmelzungsvertrags	3	bb) Folgen für die Arbeitnehmervertretungen	87
I. Auslegung	4		
II. Mindestinhalt (Abs. 1)	5	cc) Weitergeltung von Tarifverträgen	89
1. Name/Firma und Sitz der beteiligten Rechtsträger (Nr. 1)	5	dd) Weitergeltung von Betriebsvereinbarungen	90
2. Vereinbarung der Vermögensübertragung gegen Anteile/Mitgliedschaften (Nr. 2)	6	ee) Folgen für die Mitbestimmung in den Unternehmensorganen	91
a) Vermögensübertragung	7	ff) Negativerklärungen	92
b) Anteilsgewährung	9	e) Entfallen der Angabepflicht	93
aa) Grundsatz der Mitgliederidentität	11	f) Rechtsfolgen	95
bb) Grundsatz der Quotenidentität	17	aa) Formelles Prüfungsrecht	95
cc) Grundsatz der Gattungsidentität	19	bb) Nichtigkeit, Anfechtbarkeit bei fehlenden, unvollständigen, unrichtigen Angaben	97
3. Umtauschverhältnis und bare Zuzahlung (Nr. 3)	25	cc) Schadensersatzanspruch	99
a) Umtauschverhältnis	26	dd) Kein Anspruch auf Unterlassung der Eintragung, kein Beschlussverfahren	100
b) Höhe der baren Zuzahlung	31		
c) Angaben über die Mitgliedschaft	34		
4. Einzelheiten der Anteilsübertragung oder des Mitgliedschaftserwerbs (Nr. 4)	35	III. Weitere zwingende Vorschriften im Verschmelzungsvertrag	102
5. Zeitpunkt der Gewinnberechtigung (Nr. 5)	42	1. Abfindungsangebot	102
		2. Verschmelzung zur Neugründung	103
6. Verschmelzungsstichtag (Nr. 6)	51	3. Rechtsformspezifische Sonderregelungen	104
7. Gewährung von Sonderrechten für Anteilseigner und Inhaber von besonderen Rechten (Nr. 7)	65	a) Benennung der neuen Anteilsinhaber des übernehmenden Rechtsträgers	105
8. Gewährung von Sondervorteilen für Amtsträger und Prüfer (Nr. 8)	70	b) Ausnahmen von Abs. 1 Nr. 1 bis 9	106
9. Folgen für Arbeitnehmer und ihre Vertretungen (Nr. 9)	76	IV. Fakultative Regelungen im Verschmelzungsvertrag	107
a) Sinn und Zweck der Regelung	76	1. Besondere Verpflichtungen gegenüber Dritten	108
b) Verhältnis zu sonstigen Rechten	79		

	Rn		Rn
2. Gewährleistungen	109	C. **Konzernverschmelzung (Abs. 2)**	128
3. Verpflichtung zur Satzungsänderung	110	I. *Upstream Merger*	128
4. Bedingung und Befristung	112	II. *Downstream Merger*	134
a) Aufschiebende Bedingungen und Befristungen	112	III. *Sidestep Merger*	137
b) Auflösende Bedingungen	113	IV. Enkelverschmelzung	139
c) Rechtsfolgen	116	D. **Zuleitung des Vertrags an den Betriebsrat (Abs. 3)**	140
d) Kettenverschmelzung	117	I. Vertragszuleitung	141
e) Kartellvorbehalt	118	II. Zuständiger Betriebsrat	142
5. Vertragliches Rücktrittsrecht	119	III. Zuleitungsfrist	144
6. Schadensersatz	120	IV. Verzicht auf (rechtzeitige) Zuleitung	145
7. Teileingezahlte Geschäftsanteile	122	V. Änderung des Vertrags nach der Zuleitung	147
8. Mehrere übertragene Rechtsträger	123	VI. Betriebe ohne Betriebsrat	148
9. Gleichstellungsklausel	124		
10. Kosten	125		
V. Unvollständigkeit des Verschmelzungsvertrags	126		

Literatur: Zu Abs. 1 und 2: *Aha,* Einzel- oder Gesamtrechtsnachfolge bei der Ausgliederung, AG 1997, 345; *Austmann/Frost,* Vorwirkungen von Verschmelzungen, ZHR 169 (2005) 431; *Barz,* Rechtliche Fragen zur Verschmelzung von Unternehmen, AG 1972, 1; *Baumann,* Kapitalerhöhung zur Durchführung der Verschmelzung von Schwestergesellschaften mbH im Konzern?, BB 1998, 2321; *Bayer,* 1000 Tage neues Umwandlungsrecht – eine Zwischenbilanz, ZIP 1997, 1613; *Bermel/Müller,* Vinkulierte Namensaktien und Verschmelzung, NZG 1998, 331; *Bitzer,* Probleme der Prüfung des Umtauschverhältnisses bei aktienrechtlichen Verschmelzungen, 1987; *Bonke,* Mangel der Verschmelzung von Aktiengesellschaften nach dem Aktiengesetz vom 6. September 1965, Diss. Hamburg 1970; *Engelmeyer,* Informationsrechte und Verzichtsmöglichkeiten im Umwandlungsgesetz, BB 1998, 330; *ders.,* Das Spaltungsverfahren bei der Spaltung von Aktiengesellschaften, AG 1996, 193; *Enneking/Heckschen,* Gesellschafterhaftung beim down-stream-merger, DB 2006, 1099; *Graef,* Nichtangabe von besonderen Vorteilen im Verschmelzungsvertrag gemäß § 5 Abs. 1 Nr. 8 UmwG – Unwirksamkeit der getroffenen Vereinbarungen?, GmbHR 2005, 908; *Günther,* Konzernverschmelzung und Schutz außenstehender Aktionäre, AG 1968, 98; *Hadding/Henrichs,* Zur Verschmelzung unter Beteiligung rechtsfähiger Vereine nach dem neuen Umwandlungsgesetz, FS Boujong, 1996, S. 203; *Heckschen,* Die Entwicklung des Umwandlungsrechts aus Sicht der Rechtsprechung und Praxis, DB 1998, 1385; *ders.,* Fusion von Kapitalgesellschaften im Spiegel der Rechtsprechung, WM 1990, 377; *Heidenhain,* Spaltungsvertrag und Spaltungsplan, NJW 1995, 2873; *Hennrichs,* Formwechsel und Gesamtrechtsnachfolge bei Umwandlungen, 1995; *Henze,* Die „zweistufige" Konzernverschmelzung, AG 1993, 341; *Hockemeier,* Die Auswirkungen der Verschmelzung von Kapitalgesellschaften auf die Anstellungsverhältnisse der Geschäftsleiter, 1990; *Hoffmann-Becking,* Das neue Verschmelzungsrecht in der Praxis, FS Fleck, 1988, S. 105; *Hüffer,* Der Schutz besonderer Rechte in der Verschmelzung, FS Lutter, 2000, S. 1227; *Hügel,* Verschmelzung und Einbringung, 1993; *Ihrig,* Verschmelzung und Spaltung ohne Gewährung neuer Anteile?, ZHR 160 (1996) 317; *ders.,* Gläubigerschutz durch Kapitalaufbringung bei Verschmelzung und Spaltung nach neuem Umwandlungsrecht, GmbHR 1995, 622; *Kallmeyer,* Der Ein- und Austritt der Komplementär-GmbH einer GmbH & Co. KG bei Verschmelzung, Spaltung und Formwechsel nach dem UmwG 1995, GmbHR 1996, 80; *ders.,* Das neue Umwandlungsrecht, ZIP 1994, 1746; *Katschinski,* Die Begründung eines Doppelsitzes bei der Verschmelzung, ZIP 1997, 620; *Kiem,* Die Eintragung der angefochtenen Verschmelzung, 1991; *ders.,* Die schwebende Verschmelzung, AG 1999, 173; *Körner/Rodewald,* Bedingungen, Befristungen, Rücktritts- und Kündigungsrechte in Verschmelzungs- und Spaltungsverträgen, BB 1999, 853; *Kowalski,* Kapitalerhöhung bei horizontaler Verschmelzung, GmbHR 1996, 158; *Lutter,* Aktienerwerb von Rechts wegen: Aber welche Aktien?, FS Mestmäcker, 1996, S. 943; *Martens,* Kontinuität und Diskontinuität im Verschmelzungsrecht der Aktiengesellschaft, AG 1986, 57; *Mertens,* Aktuelle Fragen zur Verschmelzung von Mutter- auf Tochtergesellschaften – down stream merger, AG 2005, 785; *W. Müller,* Zweifelsfragen zum Umwandlungsrecht, WPg 1996, 857; *Neye,* Die Änderungen im Umwandlungsrecht nach den handels- und gesellschaftsrechtlichen Reformgesetzen in der 13. Legislaturperiode, DB 1998, 1649; *ders.,* Partnerschaft und Umwandlung, ZIP 1997, 722; *Nonnenmacher,* Das Umtauschverhältnis bei einer Verschmelzung von Kapitalgesellschaften, AG 1982, 153; *Priester,* Mitgliederwechsel im Umwandlungszeitpunkt, DB 1997, 560; *ders.,* Das neue Umwandlungsrecht aus notarieller Sicht, DNotZ 1995, 427; *ders.,* Bilanzierung bei schwebender Verschmelzung, BB 1992, 1594; *ders.,* Notwendige Kapitalerhöhung bei der Verschmelzung von Schwestergesellschaften?, BB 1985, 363; *Reichert,* Die Folgen der Anteilsvinkulierung für Umstrukturierungen von Gesellschaften mit beschränkter Haftung und Aktiengesellschaften nach dem Umwandlungsgesetz 1995, GmbHR 1995, 176; *Schmidt-Troschke*, Rechtsbehelfe bei fehlerhafter Verschmelzung zweier GmbH, GmbHR 1992, 505; *Schütz/Fett*, Variable oder starre Stichtagsregelungen in Verschmelzungsverträgen?, DB 2002, 2696; *Scheel*, Befristete und bedingte Handelsregistereintragungen bei Umstrukturierungen von Kapitalgesellschaften, DB 2004, 2355; *Schwedhelm/Mack/Streck*, Verschmelzung und Formwechsel nach dem neuen Umwandlungsgesetz, GmbHR 1995, 161; *Sieger/Hasselbach*, Break-Fee-Vereinbarungen bei Unternehmenskäufen, BB 2000, 625; *Tillmann*, Die Verschmelzung von Schwestergesellschaften unter Beteiligung von GmbH und GmbH & Co. KG, GmbHR 2003, 740; *Timm/Schöne*, Abfindung in Aktien: Das Gebot der Gattungsgleichheit, FS Kropff, 1997, S. 315; *Treptow*, Die Wertermittlung im Umwandlungsfall, in IDW (Hrsg.), Reform des Umwandlungsrechts, 1993, S. 155; *Vetter*, Verpflichtung zur Schaffung von 1 Euro-Aktien?, AG 2000, 193; *ders.*, Zum Ausgleich von Spitzen(beträgen) bei der Abfindung in Aktien, AG 1997, 6; *Weipert*, Verschmelzung und Umwandlung von Kapitalgesellschaften und allgemeine Mitgliedsrechte, ZHR 110 (1944) 23; *M. Winter*, Die Anteilsgewährung – zwingendes Prinzip des Verschmelzungsrechts?, FS Lutter, 2000, S. 1279.

Ferner zu Abs. 1 Nr. 9 und Abs. 3: *Bachner*, Individualarbeits- und kollektivrechtliche Auswirkungen des neuen Umwandlungsgesetzes, NJW 1995, 2881; *Bachner/Köstler/Matthießen/Trittin*, Handbuch Arbeitsrecht bei Unternehmensumwandlung und Betriebsübergang, 2. Aufl. 2003; *Berg*, Die Monatsfrist in § 5 Abs. 3 UmwG – eine schwierige Berechnung?, WiB 1996, 932; *Blechmann*, Die Zuleistung des Umwandlungsvertrags an den Betriebsrat, NZA 2005, 1143; *Boecken*, Unternehmensumwandlungen und Arbeitsrecht, 1996; *Bungert*, Darstellungsweise und Überprüfbarkeit der Angaben über Arbeitnehmerfolgen im Umwandlungsvertrag, DB 1997, 2209; *Däubler*, Das Arbeitsrecht im neuen Umwandlungsgesetz, RdA 1995, 136; *Drygala*, Die Reichweite der arbeitsrechtlichen Angaben im Verschmelzungsvertrag, ZIP 1996, 1365; *Engelmeyer*, Die Informationsrechte des Betriebsrats und der Arbeitnehmer bei Strukturveränderungen, DB 1996, 2542; *B. Gaul*, Beteiligungsrechte von Wirtschaftsausschuss und Betriebsrat bei Umwandlung und Betriebsübergang, DB 1995, 2265; *Geck*, Die Spaltung von Unternehmen nach dem neuen Umwandlungsrecht, DStR 1995, 416; *Gerold*, Die Verschmelzung nach dem neuen Umwandlungsrecht, MittRhNotK 1997, 205; *Henssler*, Arbeitnehmerinformation bei Umwandlungen und ihre Folgen im Gesellschaftsrecht, FS Kraft, 1998, S. 219; *Herbst*, Arbeitsrecht im neuen Umwandlungsgesetz, AiB 1995, 5; *Hjort*, Der notwendige Inhalt eines Verschmelzungsvertrags aus arbeitsrechtlicher Sicht, NJW 1999, 750; *Hohenstatt/Schramm*, Arbeitsrechtliche Angaben im Umwandlungsvertrag – Eine Bestandsaufnahme, in: Festschrift zum 25-jährigen Bestehen der Arbeitsgemeinschaft Arbeitsrecht im Deutschen Anwaltverein, 2006, S. 629; *Joost*, Arbeitsrechtliche Angaben im Umwandlungsvertrag, ZIP 1995, 976; *H. Krause*, Wie lang ist ein Monat? – Fristberechnung am Beispiel des § 5 III UmwG, NJW 1999, 1448; *Kreßel*, Arbeitsrechtliche Aspekte des neuen Umwandlungsbereinigungsgesetzes, BB 1995, 925; *Melchior*, Die Beteiligung von Betriebsräten an Umwandlungsvorgängen aus Sicht des Handelsregisters, GmbHR 1996, 833; *Mengel*, Umwandlungen im Arbeitsrecht, Diss. Köln 1996; *K. J. Müller*, Die Zuleitung des Verschmelzungsvertrags an den Betriebsrat nach § 5 Abs. 3 Umwandlungsgesetz, DB 1997, 713; *Müller-Eising/Bert*, § 5 Abs. 3 UmwG: Eine Norm, eine Frist, drei Termine, DB 1996, 1398; *Pfaff*, Angaben zu den arbeitsrechtlichen Folgen einer Umwandlung sind auch bei fehlendem Betriebsrat erforderlich, DB 2002, 1604; *ders.*, Dispositität der Betriebsratsunterrichtung im Umwandlungsverfahren, DB 2002, 686; *Preis/Willemsen*, Kölner Tage des Arbeitsrechts: Umstrukturierung von Betrieb und Unternehmen im Arbeitsrecht, 1999; *O. Schwarz*, Einvernehmliche Verkürzung der Zuleitungsfrist gem. §§ 5 Abs. 3, 126 Abs. 3 und 194 Abs. 2 UmwG in der handelsregisterlichen Praxis, ZNotP 2001, 22; *Stohlmeier*, Zuleitung der Umwandlungsdokumentation und Einhaltung der Monatsfrist: Verzicht des Betriebsrats?, BB 1999, 1394; *Trölitzsch*, Aktuelle Tendenzen im Umwandlungsrecht, DStR 1999, 764; *Willemsen*, Die Beteiligung des Betriebsrats im Umwandlungsverfahren, RdA 1998, 23; *ders.*, Arbeitsrecht im Umwandlungsgesetz – Zehn Fragen aus Sicht der Praxis, NZA 1996, 791; *Wlotzke*, Arbeitsrechtliche Aspekte des neuen Umwandlungsrechts, DB 1995, 40.

A. Allgemeines

I. Sinn und Zweck der Norm

Der Verschmelzungsvertrag legt die Bedingungen verbindlich fest, unter denen die Verschmelzung stattfindet. Ob eine Verschmelzung zu diesen Bedingungen tatsächlich erfolgt, entscheiden die Anteilseignerversammlungen der beteiligten Rechtsträger im Verschmelzungsbeschluss[1]. Durch die Vorschriften des Abs. 1 über den zwingenden Inhalt des Ver-

---

[1] Siehe § 13.

schmelzungsvertrags will der Gesetzgeber erreichen, dass die Anteilsinhaber, aber auch die Arbeitnehmer und ihre Vertretungen, die notwendigen Informationen erhalten, um über die Verschmelzung entscheiden zu können[2]. Die Information der Anteilsinhaber wird sichergestellt, indem ihnen bei der Beschlussfassung über die Verschmelzung der Verschmelzungsvertrag oder sein Entwurf vorliegt. Die rechtzeitige Information der Arbeitnehmer wird durch die Pflicht zur fristgemäßen Zuleitung des Vertrags an die Betriebsräte der beteiligten Rechtsträger gewährleistet[3]. Bei der Verschmelzung durch Aufnahme eines 100%-igen Tochterunternehmens entfällt der sonst erforderliche Anteilstausch, weshalb Abs. 2 in diesen Fällen von der Angabe der sonst in diesem Zusammenhang zu erteilenden Informationen befreit[4].

II. Entstehungsgeschichte

2   Die Regelungen in Nr. 1 bis 8 von **Abs. 1** entsprechen weitestgehend § 340 Abs. 2 AktG aF und Art. 5 Abs. 2 VerschmRL bzw. Art. 23 Abs. 1 und 2 VerschmRL für die Verschmelzung zur Neugründung. Lediglich Abs. 1 Nr. 8 geht insofern über diese Vorschriften inhaltlich hinaus, als er auch die Angabe von besonderen Vorteilen für Verschmelzungsprüfer verlangt. Abs. 1 Nr. 9 ist ohne Vorbild. Mit **Abs. 2** wird Art. 24 Satz 2 VerschmRL umgesetzt. Eine fast wortgleiche Vorschrift enthielt zuvor § 352 b AktG aF. **Abs. 3** führt den Gedanken des § 2 Abs. 4 SpTrUG fort.

B. Inhalt des Verschmelzungsvertrags

3   Der Mindestinhalt des Verschmelzungsvertrags ergibt sich aus Abs. 1 Nr. 1 bis 9. Darüber hinaus sind weitere rechtsformspezifische Angaben nach §§ 40, 46, 80 und 110 erforderlich[5]. Der Vertrag kann auch aus mehreren Urkunden bestehen, wenn sie in ihrer Gesamtheit und wechselseitigen Bezugnahme ein vollständiges und richtiges Bild seines Inhalts ergeben[6].

I. Auslegung

4   Für die Auslegung des Verschmelzungsvertrags gelten die allgemeinen zivilrechtlichen Grundsätze[7]. Zu berücksichtigen ist jedoch, dass manche Regelungen des Vertrags nicht nur zwischen den beteiligten Rechtsträgern wirken, sondern auch Anteilseigner, Gläubiger, Arbeitnehmer etc. betreffen können. Solche Vorschriften sind objektiv, d. h. aus der Sicht eines verständigen Dritten auszulegen[8]. Im Übrigen bedarf der Verschmelzungsvertrag der notariellen Form und ist er die Grundlage für die Eintragung der Verschmelzung im Handelsregister. Daher muss eine Auslegung zu einem eindeutigen Ergebnis führen und kann es auf den Willen der Parteien insoweit nicht ankommen, wie dieser im Vertrag nicht zumindest ansatzweise Niederschlag gefunden hat[8a].

---

[2] *Lutter/Drygala* in Lutter Rn 2.
[3] § 5 Abs. 3; siehe Rn 141 ff.
[4] Siehe Rn 128.
[5] Muster für Verschmelzungsverträge finden sich zB bei *Kraus* in Engl, Formular A.1 a, A.2 a; *Henn*, Handbuch des Aktienrechts, 7. Aufl. 2002, Anhangsanlage 32, S. 981 ff.; *Hoffmann-Becking* in Münch-VertrHdb., Formulare XI. 1, 6 und 12.
[6] OLG *Naumburg* NZG 2004, 734; siehe auch *Lutter/Drygala* in Lutter Rn 3.
[7] §§ 133, 157 BGB.
[8] *Lutter/Drygala* in Lutter Rn 4; *Marsch-Barner* in Kallmeyer § 4 Rn 10; *Mayer* in Widmann/Mayer § 4 Rn 15.
[8a] *KG*, Der Konzern 2004, 759, 750.

II. Mindestinhalt (Abs. 1)

1. Name/Firma und Sitz der beteiligten Rechtsträger (Nr. 1)

Der Verschmelzungsvertrag muss den Namen bzw. die Firma[9] und den Sitz[10] der übertra- **5**
genden und übernehmenden Rechtsträger enthalten. Die Angaben müssen den Eintragungen im Register (Handels-, Vereins-, Genossenschaftsregister etc.) entsprechen. Sie dürfen der Wirklichkeit des Registers nicht vorauseilen, also zwar beschlossene, aber noch nicht eingetragene Verhältnisse zugrunde legen, was insbesondere bei der Kettenverschmelzung[10a] zu beachten ist[10b]. Bereits beschlossene, aber noch nicht eingetragene Änderungen sollten aber kenntlich gemacht werden. Auch Veränderungen beim Namen, der Firma oder dem Sitz des übernehmenden Rechtsträgers anlässlich der Verschmelzung sowie die entsprechenden Angaben des neuen Rechtsträgers bei der Verschmelzung zur Neugründung sind im Vertrag zu nennen. Gelegentlich wird aus Gründen des Proporzes für den übernehmenden Rechtsträger ein **Doppelsitz** vereinbart. Wenn dies ausnahmsweise zulässig ist[11], sind beide Sitze im Verschmelzungsvertrag zu nennen.

2. Vereinbarung der Vermögensübertragung gegen Anteile/Mitgliedschaften (Nr. 2)

Der Verschmelzungsvertrag darf keinen Zweifel darüber lassen, dass die übertragenden **6**
Rechtsträger ihr gesamtes Vermögen gegen die Gewährung von Anteilen oder Mitgliedschaften am übernehmenden Rechtsträger auf diesen übertragen. Am besten bedient man sich dazu der gesetzlichen Formulierung. Zwingend ist dies aber nicht. Es muss jedoch sichergestellt sein, dass sich bei objektiver Auslegung[12] kein Zweifel über das Gewollte ergibt. Auch die Begriffe „Verschmelzung zur Aufnahme" oder „Verschmelzung zur Neugründung" müssen nicht, sollten aber erwähnt werden[13].

a) Vermögensübertragung. Mit dem Begriff der „Vermögensübertragung als Ganzes" **7**
meint das Gesetz die Gesamtrechtsnachfolge[14]. Damit unvereinbar ist die **Ausnahme einzelner Vermögensgegenstände von der Vermögensübertragung**. Geschieht dies dennoch, ist der Verschmelzungsvertrag insoweit unwirksam[15]. Das kann sich auf die Angemessenheit des Umtauschverhältnisses auswirken[16], was wiederum ggf. die Geschäftsgrundlage für den Verschmelzungsvertrag entfallen lassen kann[17]. Dem Parteiwillen wird in diesen Fällen am ehesten dadurch entsprochen, dass die Abrede – sofern vertretbar – umgedeutet wird in eine schuldrechtliche Vereinbarung zur Übertragung der betroffenen Vermögensgegenstände auf einen Dritten, die vor Wirksamwerden der Verschmelzung durch den übertra-

---

[9] § 4 AktG, § 4 GmbHG, §§ 17, 19 HGB, § 3 GenG.
[10] § 5 AktG, § 3 Abs. 1 Nr. 1 GmbHG, § 106 HGB, § 6 Nr. 1 GenG, §§ 24, 57 BGB.
[10a] Dazu siehe § 5 Rn 117.
[10b] *OLG Hamm* GmbHR 2006, 255, 256.
[11] Siehe dazu *Lutter/Drygala* in Lutter Rn 6; ausf. zur Zulässigkeit von Doppelsitzen für die AG *Heider* in MünchKomm. § 5 AktG Rn 41 ff.; für die GmbH *Ulmer* in Hachenburg § 3 GmbHG Rn 13 ff.; für Personengesellschaften *Hüffer* in Großkomm. vor § 13 HGB Rn 25 f.; ablehnend *BayObLG* DB 1985, 1280; *AG Essen* AG 2001, 434 f.; deutlich weniger restriktiv *Katschinski* ZIP 1997, 620, 621 ff. mwN.
[12] Siehe dazu Rn 4.
[13] *Lutter/Drygala* in Lutter Rn 8; *Heckschen* WM 1990, 377, 380.
[14] Zur Gesamtrechtsnachfolge siehe § 20 Rn 8 ff.
[15] *Marsch-Barner* in Kallmeyer Rn 4; *Lutter/Drygala* in Lutter Rn 8; ob aus dieser Teilnichtigkeit die Nichtigkeit des gesamten Verschmelzungsvertrags folgt, richtet sich nach § 139 BGB.
[16] *Grunewald* in G/H/E/K § 340 AktG Rn 8; *Marsch-Barner* in Kallmeyer Rn 4.
[17] Siehe dazu § 4 Rn 58.

genden Rechtsträger und danach an seiner Stelle durch den übernehmenden Rechtsträger vorgenommen werden muss[18].

8 Die Vermögensübernahme gegen Gewährung von Anteilen führt beim übernehmenden Rechtsträger zu einer **Kapitalerhöhung gegen Sacheinlage**[19]. Da hierfür der Nominalbetrag der Kapitalerhöhung von den übertragenen Vermögenswerten gedeckt sein muss, scheidet ein überschuldetes Unternehmen als übertragender Rechtsträger grundsätzlich aus[20]. Im Rahmen einer Konzernverschmelzung, bei der es keiner Kapitalerhöhung bedarf[21], kann auch ein überschuldetes Unternehmen auf seine Mutter verschmolzen werden. Der umgekehrte Fall der Verschmelzung auf ein überschuldetes Unternehmen ist unter dem Gesichtspunkt der Sachkapitalerhöhung unproblematisch, jedoch dürfte es hier idR schwerfallen, ein angemessenes Umtauschverhältnis zu bestimmen. Denkbar ist hier eine Verschmelzung aber zB, wenn die überschuldete Gesellschaft über Vermögensgegenstände verfügt, die für den übertragenden Rechtsträger besonders wichtig sind und an die dieser anders als durch eine Verschmelzung nicht herankommt[22].

9 **b) Anteilsgewährung.** Der Verschmelzungsvertrag muss festlegen, dass den Anteilsinhabern der übertragenden Rechtsträger als Gegenleistung für die Vermögensübertragung Anteile am übernehmenden Rechtsträger eingeräumt werden. Etwaige mit diesen Anteilen verknüpfte besondere Rechte oder die Gattung der zu gewährenden Anteile müssen im Verschmelzungsvertrag ebenfalls angegeben werden.

10 Das Gesetz geht davon aus, dass grundsätzlich sämtliche Anteilseigner aller an der Verschmelzung beteiligten Rechtsträger nach der Verschmelzung an dem übernehmenden Rechtsträger beteiligt sind **(Mitgliederidentität)**, und zwar in dem quotalen Verhältnis, das sich aus ihrer Beteiligung an einem der beteiligten Rechtsträger vor der Verschmelzung unter Berücksichtigung von dessen Anteil am Vermögen des verschmolzenen Rechtsträgers ergibt **(Quotenidentität)**. Außerdem müssen die einem Anteilseigner am übernehmenden Rechtsträger eingeräumten Anteile möglichst weitgehend die gleichen Rechte verkörpern, die er am übertragenden Rechtsträger hatte, anderenfalls ist grundsätzlich seine individuelle Zustimmung erforderlich **(Gattungsidentität)**.

11 *aa) Grundsatz der Mitgliederidentität.* Grundsätzlich sollen alle Anteilseigner aller beteiligten Rechtsträger auch an dem aus der Verschmelzung hervorgegangenen Rechtsträger beteiligt sein können, allerdings nur diese und nicht auch zusätzliche Dritte[23]. Die Möglichkeit der „Fusion gegen Geld"[24] ist grundsätzlich auf die in §§ 174 ff. geregelte Vermögensübertragung beschränkt. Infolgedessen sind zB die Anteile an dem übernehmenden Rechtsträger aus Gründen der gesellschaftsrechtlichen Treupflicht so klein zu schneiden, dass möglichst viele der an den übertragenden Rechtsträgern nur geringfügig beteiligten Gesellschafter ihre Beteiligung in einen Anteil am übernehmenden Rechtsträger eintauschen können[25]. Das gilt allerdings nur, wenn die auszugebenden Anteile durch eine Kapitalerhöhung neu geschaffen

---

[18] *Marsch-Barner* in Kallmeyer Rn 4; *Mayer* in Widmann/Mayer Rn 14.
[19] *Lutter/Drygala* in Lutter Rn 8 a.
[20] *Heckschen* DB 1998, 1385, 1386; siehe hierzu näher Rn 128 ff.
[21] §§ 54 Abs. 1 Nr. 1, 68 Abs. 1 Nr. 1.
[22] Siehe dazu auch *Lutter/Drygala* in Lutter Rn 8 a und *Heckschen* DB 1998, 1385, 1387.
[23] § 123; der Grundsatz der Mitgliederidentität ist allerdings nicht unumstritten, siehe *Haritz/Bärwaldt* in BeckHdb. Personengesellschaft § 9 Rn 265 mwN; *Priester* DB 1997, 560, 562 ff.; zum Formwechsel ausführlich *K. Schmidt* GmbHR 1995, 469 ff.
[24] So *Ihrig* ZHR 160 (1996) 317, 319.
[25] *Winter*, FS Lutter, S. 1279, 1288 f.; der gleiche Gedanke war in BGH ZIP 1998, 692, 693 und BGH DB 1999, 1747 im Zusammenhang mit einer Kapitalherabsetzung entscheidend; zurückhaltend hinsichtlich der Übertragbarkeit auf die Verschmelzung *Vetter* AG 2000, 193. § 46 Abs. 1 Satz 3 setzt zu diesem Zweck für die GmbH sogar die grundsätzlich gem. § 5 Abs. 1, Abs. 3 Satz 2 GmbHG zu beachtenden Mindestanforderungen an die Größe von Geschäftsanteilen herab.

werden. Werden an die Anteilsinhaber der übertragenden Rechtsträger bereits bestehende Anteile des übernehmenden Rechtsträgers (eigene oder solche eines Anteilsinhabers) verteilt, besteht keine Pflicht, deren Nennwert zunächst bis zum zulässigen Minimum herabzusetzen.

Von dem Grundsatz der Mitgliederidentität gibt es allerdings einige **Ausnahmen:** 12

– Wird eine **100%-ige Tochtergesellschaft** auf die Muttergesellschaft verschmolzen *(upstream merger)*[26], erhält die Muttergesellschaft keine Anteile an sich selbst und ist daher nur an der Verschmelzung beteiligter Rechtsträger, nicht aber weiterhin Anteilsinhaber eines solchen Rechtsträgers. 13

– Auch ein **Verzicht auf die Anteilsgewährung** im Verschmelzungsvertrag wird überwiegend für zulässig gehalten[27]. Die Anteilsgewährung dient nämlich nur dem Schutz der Anteilsinhaber vor einem Verlust ihrer wirtschaftlichen Beteiligung am übernehmenden Rechtsträger. Der Gläubigerschutz ist hingegen auf andere Weise sichergestellt[28]. Infolgedessen müssen die Anteilseigner auf diesen Schutz auch verzichten können dürfen, zumal das Gesetz selbst Ausnahmen von der Anteilsgewährspflicht vorsieht[29]. Allerdings kann der Verzicht nicht durch Geldzahlungen o. ä. kompensiert werden, da diese im Verschmelzungsrecht nur als Barzuzahlungen oder als Abfindungszahlungen im Fall der Ablehnung der Verschmelzung vorgesehen sind und ansonsten auf die Regeln zur Vermögensübertragung[30] zurückzugreifen ist. Daher stellt sich die Frage nach einem Verzicht auf die Anteilsgewährung in der Praxis nur bei konzerninternen Verschmelzungen[31]. 14

– Ist ein Anteilseigner an einem übertragenden Rechtsträger in so geringem Umfang beteiligt, dass ihm angesichts der Umtauschverhältnisse am übernehmenden Rechtsträger kein Anteil in der von diesem zulässigerweise vorgehaltenen kleinsten Stückelung gewährt werden kann, kann sein **Zwerganteil** als Spitze abgefunden werden[32]. Das rechtfertigt sich daraus, dass den Inhabern solcher Zwerganteile ein Vetorecht gegen die Verschmelzung zukäme, wenn man wegen der ihnen zugemuteten Rechtsverschlechterung ihre individuelle Zustimmung zur Verschmelzung verlangte[33]. Die zum alten Recht noch herrschende Gegenauffassung[34] ist wertungswidersprüchlich insofern, als sonst für eine Verhinderung der Verschmelzung eine qualifizierte Minderheit von 25% erforderlich ist. Die Beschrän- 15

---

[26] § 20 Abs. 1 Nr. 3 Satz 1 2. Halbs. 1. Alt.; § 5 Abs. 2 erklärt dann die Angaben nach Abs. 1 Nr. 2 bis 5 für entbehrlich, siehe dazu Rn 128 ff.

[27] *Marsch-Barner* in Kallmeyer Rn 5; *Ihrig* ZHR 160 (1996) 317, 339 f.; *Katschinski* ZIP 1998, 1227, 1228; *Priester* DB 1997, 560, 562 ff.; siehe zum Verzicht allgemein *Winter* in Lutter § 54 Rn 16 ff. mwN; dagegen *Mayer* in Widmann/Mayer Rn 20.

[28] §§ 22, 25, 26; ausführlich und überzeugend hierzu *Ihrig* ZHR 160 (1996) 317, 320 ff.; *Priester* DB 1997, 560, 565.

[29] § 20 Abs. 1 Nr. 3 Satz 1 2. Halbs.; siehe auch § 54 Abs. 1 und § 68 Abs. 1.

[30] §§ 174 ff.

[31] Siehe dazu Rn 128 ff. und § 54 Rn 19 ff.

[32] *Winter* in Lutter Umwandlungsrechtstage S. 48 f. diskutiert auch die alternativen Lösungsmöglichkeiten (Bildung gemeinsamer Anteile, Zuweisung eines Mindestanteils, Änderung des Umtauschverhältnisses durch vorherige Gewinnausschüttung beim übernehmenden Rechtsträger, Auskauf der Inhaber von Zwerganteilen) mit dem Ergebnis, dass hierdurch die Inhaber von Zwerganteilen unangemessen bevorzugt würden.

[33] *Marsch-Barner* in Kallmeyer Rn 9; *Mayer* in Widmann/Mayer § 50 Rn 117; *Bermel* in Goutier/Knopf/Tulloch § 46 Rn 12; *Winter*, FS Lutter, S. 1279, 1287 ff.; *Schöne*, Die Spaltung unter Beteiligung von GmbH, 1996, S. 140 ff., der allerdings eine Barabfindung ablehnt und verlangt, dass den Anteilsinhabern mit Zwerganteilen gemeinschaftliche Anteile angeboten werden.

[34] *Priester* in Scholz[7] § 23 KapErhG Rn 12 mwN; *Schilling/Zutt* in Hachenburg[7] § 77 GmbHG Anh. II § 23 VerschmG Rn 14; zum neuen Recht ebenso *Kallmeyer* in Kallmeyer § 54 Rn 12, der eine Ausnahme nur zulässt, wenn der zu gewährende Anteil kleiner als die gesetzlich zulässige kleinste Stückelung wäre; *Bermel* in Goutier/Knopf/Tulloch § 54 Rn 25 (anders jedoch *ders.* bei § 46 Rn 12).

16 — Bei der Verschmelzung einer KG, deren **Komplementär nicht am Kapital beteiligt** ist, auf eine Kapitalgesellschaft scheidet der Komplementär mit Wirksamwerden der Verschmelzung aus, da es an Kapitalgesellschaften keine Beteiligung ohne Kapitalanteil gibt[36]. Auch wenn eine GmbH & Co. KG auf eine andere verschmolzen wird, muss einer Komplementär-GmbH ohne Kapitalanteil an der übertragenden KG ein Kapitalanteil an der übernehmenden KG nicht eingeräumt werden[37]. In diesen Fällen geht der Grundsatz der Quotenidentität dem Grundsatz der Mitgliederidentität vor, weil sich sonst eine nicht gerechtfertigte Vermögensverschiebung unter den Anteilsinhabern ergäbe. Allerdings muss die ausscheidende Komplementär-GmbH der Verschmelzung zustimmen, da sie sonst durch einfach qualifizierten Mehrheitsbeschluss aus der Gesellschaft herausgedrängt werden könnte, was ohne Vorliegen eines wichtigen Grundes grundsätzlich abzulehnen ist[38].

17 *bb) Grundsatz der Quotenidentität.* Eine Folge des Gleichbehandlungsgrundsatzes ist, dass das Verhältnis der Beteiligungen der Anteilseigner eines jeden Rechtsträgers zueinander vor und nach der Verschmelzung grundsätzlich gleich bleiben muss. Auch das Verhältnis der auf die Anteilseigner jedes der beteiligten Rechtsträger insgesamt entfallenden Anteile muss dem Wertverhältnis der jeweiligen Rechtsträger zueinander entsprechen[39]. Das gilt grundsätzlich auch bei **teileingezahlten Anteilen**. Sofern sie auch beim übernehmenden Rechtsträger zulässig sind, werden sie als teileingezahlte Anteile fortgeführt. Es besteht weder eine Pflicht zur Erbringung der Resteinlage noch wird die Teileinzahlung beim Umtauschverhältnis negativ berücksichtigt[40]. Nur wenn teileingezahlte Anteile beim übernehmenden Rechtsträger nicht zugelassen sind (zB Personenhandelsgesellschaft), müssen sie bei der Verschmelzung auf einem der beiden genannten Wege beseitigt werden.

18 **Ausnahmen** vom Grundsatz der Quotenidentität ergeben sich allein schon aus mathematischen Gründen, wenn vom Grundsatz der Mitgliederidentität abgewichen wird[41]. Darüber hinaus verschieben sich die Quoten der Anteilsinhaber, wenn ein übertragender Rechtsträger **eigene Anteile** hielt, weil diese ersatzlos untergehen[42]. Das Gleiche gilt, wenn ein übernehmender Rechtsträger Anteile an einem übertragenden hielt, weil hier der Anspruch auf die Gewährung von Anteilen am übernehmenden Rechtsträger wegen der gleichzeitig

---

[35] Man denke nur an die Freigabeverfahren nach § 246 a AktG oder § 16 Abs. 3 und die Regelungen zum *squeeze out* gem. §§ 327 a ff. AktG.
[36] *Kallmeyer* GmbHR 1996, 80, 81; *Marsch-Barner* in Kallmeyer Rn 5; *Lutter/Drygala* in Lutter Rn 15, der allerdings in diesem Phänomen gerade einen Ausdruck der Mitgliederidentität sieht, während tatsächlich die Quotenidentität hier die Mitgliederidentität überlagert; aA *Mayer* in Widmann/Mayer Rn 24.3, der die Anteilsgewährung für so zwingend hält, dass eine Quotenverschiebung zu tolerieren sei, wenn die Komplementär-GmbH nicht vor dem Wirksamwerden der Verschmelzung nach allgemeinen Grundsätzen ausgeschieden ist.
[37] *LG Saarbrücken* DNotI-Report 1999, 163; *Heckschen* in Heckschen/Simon § 3 Rn 41; aA *Mayer* in Widmann/Mayer Rn 24.3.
[38] *Kallmeyer* GmbHR 1996, 80, 82.
[39] *Priester* in Scholz[7] § 21 KapErhG Rn 17; *Marsch-Barner* in Kallmeyer Rn 7; die Existenz eines Gundsatzes der Quotenidentität ablehnend *Vetter* AG 2000, 193, 199.
[40] *Lutter/Drygala* in Lutter Rn 14; *Grunewald* in Lutter § 20 Rn 41 f.; *Kraft* in Kölner Komm. § 339 AktG Rn 55 f.; *K. Schmidt* ZIP 1995, 1385, 1389 f.
[41] Siehe Rn 12 ff.
[42] § 20 Abs. 1 Nr. 3 Satz 1 2. Halbs. 3. Alt.; siehe § 20 Rn 78. In diesen Fällen ist den Kapitalgesellschaften eine Kapitalerhöhung verboten, §§ 54 Abs. 1 Satz 1 Nr. 2, 68 Abs. 1 Satz 1 Nr. 2; siehe auch *Grunewald* in Lutter § 20 Rn 61; *Lutter/Drygala* in Lutter Rn 15.

bestehenden Pflicht zur Gewährung dieser Anteile durch Konfusion erlischt[43]. Abweichungen von der Quotenidentität gibt es auch dort, wo das Gesetz anstelle der Anteilsgewährung Barzahlungen zulässt[44].

cc) Grundsatz der Gattungsidentität. Das UmwG schließt eine Verschlechterung der Rechtsposition einzelner Anteilsinhaber durch die Verschmelzung nicht aus. Das würde sich zumindest im Fall der Verschmelzung zweier Rechtsträger unterschiedlicher Rechtsform (Mischverschmelzung) auch nicht durchhalten lassen. Vielmehr sind die Anteilseigner der übertragenden Rechtsträger vor Verschlechterungen ihrer Rechtsposition, die sie insgesamt treffen, dadurch geschützt, dass sie der Verschmelzung nicht zuzustimmen brauchen[45]. Der Verschlechterung von Rechtspositionen einzelner Anteilseigner sind aber durch das für den jeweiligen Rechtsträger geltende Recht Grenzen gesetzt, insbesondere durch den Gleichbehandlungsgrundsatz und den Grundsatz, dass eine Mehrheit von Anteilseignern die Rechtsposition einer Minderheit nicht ohne deren Zustimmung verschlechtern darf[46]. Daher müssen die einem Anteilseigner am übernehmenden Rechtsträger eingeräumten Anteile möglichst weitgehend die gleichen Rechte verkörpern, die er am übertragenden Rechtsträger hatte. Defizite sind anderweitig auszugleichen[47]. Sichergestellt wird dies auf unterschiedliche Weise: **19**

– Teilweise hängt die **materielle Rechtmäßigkeit des Verschmelzungsvertrags** davon ab, dass beim übernehmenden Rechtsträger gleichwertige Rechte eingeräumt werden. Positiv geregelt ist dies in § 23, wonach Inhabern von Bezugsrechten und von Anteilen am übertragenden Rechtsträger ohne Stimmrecht ebensolche Rechte am übernehmenden Rechtsträger zu gewähren sind. **20**

– Zum Teil wird ausnahmsweise eine „Fusion gegen Geld" zugelassen, also dem von einer Rechtsverschlechterung bedrohten Anteilseigner das **Ausscheiden gegen Abfindung** angeboten. Dies sieht § 29 Abs. 1 vor für die Fälle der Mischverschmelzung, der Geltung von Verfügungsbeschränkungen beim übernehmenden Rechtsträger, also insbesondere bei der Ausgabe von vinkulierten Namensaktien anstelle bisheriger nicht vinkulierter Aktien[48], und für die Fälle des rechtsformabhängigen Unvermögens des übernehmenden Rechtsträgers zum Erwerb eigener Anteile. **21**

– Schließlich erfolgt eine Absicherung dadurch, dass manche Rechtsverschlechterungen nur mit **Zustimmung jedes Einzelnen von ihr betroffenen Anteilseigners** zulässig sind. So können zB Anteile ohne Nebenverpflichtungen in solche mit Nebenverpflichtungen nur mit Zustimmung der betroffenen Anteilsinhaber umgetauscht werden[49]. Auch die Beschränkung satzungsmäßiger Minderheitsrechte in der GmbH, insbesondere hinsichtlich **22**

---

[43] § 20 Abs. 1 Nr. 3 Satz 1 2. Halbs. 1. Alt.; siehe § 20 Rn 76 f. In diesen Fällen ist den Kapitalgesellschaften eine Kapitalerhöhung verboten, §§ 54 Abs. 1 Satz 1 Nr. 1, 68 Abs. 1 Satz 1 Nr. 1; siehe auch *Kraft* in Kölner Komm. § 340 AktG Rn 23 und § 344 AktG Rn 3; *Stratz* in Schmitt/Hörtnagl/Stratz § 2 Rn 17; *Lutter/Drygala* in Lutter Rn 15.

[44] §§ 54 Abs. 4, 68 Abs. 3, die zur Vereinfachung des Umtauschverhältnisses Barzahlungen bis zu 10% zulassen; § 15, wonach ein zu niedrig bemessenes Umtauschverhältnis nur durch bare Zuzahlung verbessert werden kann.

[45] *Barz* AG 1972, 1, 6.

[46] Siehe zB für das Aktienrecht § 53 a AktG einerseits und § 180 AktG andererseits.

[47] *Lutter/Drygala* in Lutter Rn 10 spricht insofern von einem „Null-Summen-Spiel"; so auch *Bayer* ZIP 1997, 1613, 1616; iE ebenso *Marsch-Barner* in Kallmeyer Rn 6 ff.; *Bermel/Müller* NZG 1998, 331, 334 entnehmen dies den §§ 2, 5 Abs. 1 Nr. 5, 23 und dem der Verschmelzung innewohnenden Prinzip der Anteilsgewährung als Gegenleistung für die Vermögensübertragung.

[48] § 29 Abs. 1 Satz 2, der insoweit § 180 Abs. 2 AktG verdrängt: *Lutter/Drygala* in Lutter Rn 10; das gilt allerdings nur, wenn die Zuteilung der vinkulierten Namensaktien allein verschmelzungsbedingt ist und die Verfügungsbeschränkungen für die auszugebenden Anteile nicht extra anlässlich der Verschmelzung eingeführt werden, *Bermel/Müller* NZG 1998, 331, 334.

[49] *Marsch-Barner* in Kallmeyer Rn 12; aA *Mayer* in Widmann/Mayer Rn 75.2.

23 Diese Schutzmechanismen müssen allerdings nicht schon dann eingreifen, wenn **statt Inhaberaktien nicht vinkulierte Namensaktien** (oder umgekehrt) ausgegeben werden, da diese noch nicht einmal unterschiedlichen Gattungen angehören[52]. Generell wird man sagen können, dass verschmelzungsbedingte Veränderungen der Mitgliedschaftsrechte, die mit der für die Verschmelzung erforderlichen Mehrheit und unter Beachtung des Gleichbehandlungsgrundsatzes auch durch **Änderung des Gesellschaftsvertrags** beim übertragenden Rechtsträger hätten eingeführt werden können, die Mitgliedschaftsrechte der Anteilseigner der übertragenden Rechtsträger hinreichend wahren[53]. Es kann nämlich keinen Unterschied machen, ob diese Modifikationen unmittelbar vor oder inzident mit dem Verschmelzungsbeschluss beschlossen wurden. Auch wenn die Rechtsposition der Anteilseigner der übertragenden Rechtsträger im übernehmenden Rechtsträger verbessert wird, also zB **für stimmrechtslose Anteile stimmberechtigte** ausgegeben werden, ist eine Rechtsverschlechterung nicht zu befürchten. Dies gilt auch dann, wenn in einer übernehmenden AG Stammaktien für Vorzugsaktien gewährt werden, obwohl damit immerhin der Verlust des Gewinnvorzugs verbunden ist[54], da § 65 Abs. 2 nur die Zustimmung stimmberechtigter Aktionäre erfordert und der Schutz der Vorzugsaktionäre vor Benachteiligungen dadurch gewährleistet wird, dass ihnen im übernehmenden Rechtsträger gleichwertige Rechte zu gewähren sind[55].

24 **Stimmrechtslose Vorzugsaktien** der übernehmenden AG können, obwohl sich dadurch Mitgliedschaftsrechte verschlechtern, an bisher stimmberechtigte Aktionäre der übertragenden Rechtsträger auch ohne deren Zustimmung ausgegeben werden, wenn damit das Verhältnis von Vorzugs- zu Stammaktien aufrechterhalten werden soll[56]. Anderenfalls würden die Anteilsinhaber der übertragenden Rechtsträger ein gemessen an dem von ihnen eingebrachten Vermögen im Verhältnis zu den Aktionären der übernehmenden AG überproportionales Stimmengewicht erlangen. Dieser Zweck bringt es mit sich, dass neben den stimmrechtslosen auch stimmberechtigte Aktien ausgegeben werden, und zwar an alle Anteilseigner der übertragenden Rechtsträger im gleichen und der bisherigen Relation bei der übernehmenden AG entsprechenden Verhältnis. Soweit hingegen nicht die Relation der Gattungen zueinander gewahrt werden soll, können stimmrechtslose Vorzugsaktien an bisher stimmberechtigte Anteilsinhaber der übertragenden Rechtsträger nur mit der Zustimmung jedes Einzelnen von ihnen ausgegeben werden[57], weil Aktionären durch Mehrheitsbeschluss das Stimmrecht auch nicht mittels eines Aktienumtauschs im Rahmen einer Verschmelzung entzogen werden kann.

---

[50] § 50 Abs. 2.
[51] § 40 Abs. 2 Satz 2.
[52] *Lutter/Drygala* in Lutter Rn 11; *Marsch-Barner* in Kallmeyer Rn 13; *Grunewald* in G/H/E/K § 340 AktG Rn 9; *Kraft* in Kölner Komm. § 339 AktG Rn 52; *Bermel/Müller* NZG 1998, 331, 332.
[53] Dementsprechend sehen es zB *Lutter/Drygala* in Lutter Rn 13 und *Marsch-Barner* in Kallmeyer Rn 13 als unproblematisch an, wenn die Anteilsinhaber der übertragenden Rechtsträger als Anteilseigner des übernehmenden Rechtsträgers erstmals einem Höchststimmrecht unterliegen.
[54] *Grunewald* in Lutter § 65 Rn 8; siehe auch *Hüffer* § 305 AktG Rn 11; wie hier mit dem Hinweis darauf, dass der Vorzug nur mittelbar aufgehoben wird und ein Sonderbeschluss der Vorzugsaktionäre nur bei unmittelbaren Beeinträchtigungen des Vorzugs verlangt ist, *Lutter/Drygala* in Lutter Rn 13; siehe dazu *Hüffer* § 141 AktG Rn 4; aA *Kiem* ZIP 1997, 1627, 1628; *Timm/Schöne*, FS Kropff, S. 315, 328 ff.
[55] Siehe § 23.
[56] *Lutter/Drygala* in Lutter Rn 12; *Marsch-Barner* in Kallmeyer Rn 12; aA *Bayer* ZIP 1997, 1613, 1616.
[57] *Lutter/Drygala* in Lutter Rn 12; *Marsch-Barner* in Kallmeyer Rn 12; *Grunewald* in G/H/E/K § 340 AktG Rn 9; aA *Kraft* in Kölner Komm. § 339 AktG Rn 52 und wohl auch *Mayer* in Widmann/Mayer Rn 74, die lediglich prüfen, ob eine Ungleichbehandlung vorliegt.

3. Umtauschverhältnis und bare Zuzahlung (Nr. 3)

Zu den wichtigsten Pflichtangaben im Verschmelzungsvertrag gehört die Festlegung, in welchem Verhältnis jeder Anteilseigner der übertragenden Rechtsträger seine Anteile in solche am übernehmenden Rechtsträger eintauschen kann und welche Barzuzahlung er ggf. erhält. Die dem Anteilseigner gewährten Anteile sind keine Entschädigung für verlorene Mitgliedschaftsrechte, sondern die Gegenleistung für die Übertragung des Vermögens des übertragenden Rechtsträgers als Ganzes auf den übernehmenden Rechtsträger. An diesem setzen sich die Mitgliedschaften der Anteilseigner von übertragenden und übernehmenden Rechtsträger in dem Beteiligungsverhältnis fort, in dem die beiden Rechtsträger wertmäßig zueinander stehen[57a]. Der Verschmelzungsvertrag muss diese Parameter eindeutig bestimmen. Die Erläuterung der ihrer Ermittlung zugrunde liegenden Methoden und Überlegungen ist dem Verschmelzungsbericht vorbehalten[58]. Oft wird allerdings noch angegeben, welche Wirtschaftsprüfungsgesellschaft nach welchem Verfahren das Umtauschverhältnis ermittelt hat.

a) Umtauschverhältnis. Der Verschmelzungsvertrag muss eindeutig bestimmen, wie viele Anteile des übernehmenden Rechtsträgers jeder Anteilsinhaber iRd. Verschmelzung erhält. Bei **Kapitalgesellschaften** ist dies bezogen auf den Nennbetrag der Anteile in einem zahlenmäßigen Verhältnis (zB 1:2 oder 2:3) auszudrücken. Sofern übernehmender Rechtsträger eine GmbH ist, muss darüber hinaus für jeden Anteilsinhaber der übertragenden Rechtsträger (gleich welcher Rechtsform) individuell bestimmt werden, wie groß der ihm gewährte Geschäftsanteil bei der übernehmenden GmbH sein soll[59]. Dies macht es idR erforderlich, diese Anteilsinhaber namentlich zu nennen[60]. Bei einer sog. Mehrfachverschmelzung, also zB der Verschmelzung zweier Schwestergesellschaften auf eine dritte Schwester-GmbH, genügt aber die Angabe und Bildung eines einheitlichen Geschäftsanteils, weil die Übernahme je eines Geschäftsanteils pro übertragender Gesellschaft dem Verbot der Übernahme mehrerer Stammeinlagen zuwider liefe[61]. Bei girosammelverwahrten Aktien, deren Eigentümer nicht bekannt sind, reicht es auch aus, wenn die Stückelung der neuen Geschäftsanteile im Verhältnis zu den bisherigen Aktien genannt wird[62].

Soweit an der Verschmelzung **Personengesellschaften** beteiligt sind, fehlt es für das Umtauschverhältnis an dem Anknüpfungspunkt des Nennkapitals. Das Umtauschverhältnis kann daher nur anhand von Gesellschafterkonten bestimmt werden, für die sichergestellt sein muss, dass sie den wirtschaftlichen Anteil der Gesellschafter am Gesellschaftsvermögen angemessen zum Ausdruck bringen[63]. Der Verschmelzungsvertrag hat zu definieren, welche Beträge auf Gesellschafterkonten, ggf. unter Berücksichtigung weiterer Berechnungen wie etwa dem vorherigen Ausgleich eines Verlustkontos, in welchem Verhältnis Anteile an dem übernehmenden Rechtsträger vermitteln. Ist dieser eine Personengesellschaft, ist ebenfalls festzulegen, welche Beträge für jeden der Anteilseigner der übertragenden Rechtsträger auf welchem Konto zu verbuchen sind. Dies sollte auch in abstrakter Form eindeutig zu definieren sein, so dass eine namentliche Nennung der Anteilsinhaber nicht zwingend erforderlich sein dürfte[64].

Wenn der übernehmende Rechtsträger eine **Genossenschaft** ist, sind nach den näheren Bestimmungen des § 80 Abs. 1 für jeden Anteilseigner der übertragenden Rechtsträger An-

---

[57a] *OLG Stuttgart* DStR 2006, 626.
[58] § 8 Abs. 1; siehe hierzu deshalb § 8 Rn 22 ff.
[59] § 46 Abs. 1.
[60] *Schilling/Zutt* in Hachenburg[7] § 77 GmbHG Anh. II § 21 VerschmG Rn 9; *Müller* in Kallmeyer Rn 19.
[61] *LG Frankfurt am Main,* Der Konzern 2005, 602, 603; siehe auch noch Rn 38.
[62] *Kallmeyer* in Kallmeyer § 46 Rn 1.
[63] Siehe auch *Müller* in Kallmeyer Rn 20.
[64] AA *Müller* in Kallmeyer Rn 20 und *Mayer* in Widmann/Mayer Rn 94, die idR die namentliche Bezeichnung der Gesellschafter des übertragenden Rechtsträgers mit den ihnen zuzuordnenden Konten verlangen, obwohl eine Vorschrift wie der § 46 Abs. 1 für diese Fälle nicht gilt.

zahl und Betrag der Geschäftsanteile anzugeben, mit denen er an der Genossenschaft beteiligt wird. Sind an der Verschmelzung nur **VVaG** beteiligt, können Angaben zum Umtauschverhältnis entfallen[65].

29 Das Umtauschverhältnis ist nicht relevant für und wird auch nicht beeinflusst durch Anteile an übertragenden Rechtsträgern, die von diesen selbst oder vom übernehmenden Rechtsträger gehalten werden, weil hierfür keine Gegenleistung gewährt wird[66]. Umgekehrt werden für **eigene Anteile** des übernehmenden Rechtsträgers sowie Anteile von übertragenden Rechtsträgern am übernehmenden Rechtsträger durchaus Anteile gewährt. Es entfällt dann für AG und GmbH lediglich die Pflicht, eine Kapitalerhöhung durchzuführen, soweit diese bereits vorhandenen Anteile am übernehmenden Rechtsträger verteilt oder angerechnet werden können[67].

30 Wenn mit längeren **Verzögerungen des Wirksamwerdens der Verschmelzung** zu rechnen ist, kann es sich anbieten, im Verschmelzungsvertrag Vorsorge dafür zu treffen, dass sich die tatsächlichen Verhältnisse nicht zu weit von dem festgelegten Umtauschverhältnis fortentwickeln. Neben der Harmonisierung von Geschäftsführungs-[68] und/oder Gewinnverteilungsmaßnahmen[69] kommt hierfür insbesondere die auflösende Befristung[70] des Verschmelzungsvertrags in Betracht. Für den Fall des Fehlens solcher Bestimmungen wird vertreten, dass die Vertretungsorgane verpflichtet seien, ihre Anteilseignerversammlungen erneut mit der Verschmelzung zu befassen, wenn die Verschmelzung über einen gewissen Zeitraum nicht vollzogen wurde[71]. Angesichts der vertraglichen Bindung der Parteien ist das aber problematisch. Fehlt es an konkreten Kündigungsrechten, können sich die Parteien vom Vertrag nur unter dem Gesichtspunkt des Wegfalls der Geschäftsgrundlage lösen und dies auch nur, wenn eine Vertragsanpassung ausscheidet[72]. Wenn sich hierauf keine der Parteien beruft und die entsprechenden Tatbestandsvoraussetzungen nötigenfalls nachweist, besteht kein Grund, den Fortbestand des Verschmelzungsvertrags aufgrund nicht justitiabler Kriterien in Frage zu stellen.

31 **b) Höhe der baren Zuzahlung.** Einigen sich die Parteien etwa bei der Verschmelzung zweier Aktiengesellschaften aufgrund von deren Bewertung auf ein „krummes" Umtauschverhältnis von zB 1,4:1, könnte dies ohne bare Zuzahlungen nur abgewickelt werden, indem für je 14 Aktien des übertragenden Rechtsträgers zehn Aktien des übernehmenden Rechtsträgers gewährt werden. Da die wenigsten Aktionäre des übertragenden Rechtsträgers ein Vielfaches von 14 Aktien halten werden, müssten in erheblichem Umfang Teilrechte reguliert werden und es käme zum zwangsweisen Ausschluss all derjenigen Aktionäre, die weniger als 14 Aktien halten[73]. Daher empfiehlt es sich in solchen Fällen, das Umtauschverhältnis zu runden (im Beispiel auf 3:2) und die Rundungsdifferenz durch eine **bare Zuzahlung zugunsten der Aktionäre der übertragenden AG** auszugleichen. Hierbei ist der Gleichbehandlungsgrundsatz zu beachten. Bei GmbH, AG, KGaA und Genossenschaft dürfen die baren Zuzahlungen 10% des Nennbetrags bzw. anteiligen Grundkapitalbetrags der insgesamt gewährten Anteile des übernehmenden Rechtsträgers nicht übersteigen[74]. Bis zu

---

[65] § 110, der dann auch die Angaben nach Abs. 1 Nrn. 4, 5 und 7 für überflüssig erklärt.
[66] *Kraft* in Kölner Komm. § 340 AktG Rn 23; siehe dazu näher Rn 12 ff.
[67] Siehe § 54 Abs. 1 Satz 2 für die GmbH und § 68 Abs. 1 Satz 2 für die AG.
[68] Siehe dazu Rn 121.
[69] Siehe dazu Rn 47.
[70] Siehe dazu Rn 113 f.
[71] *Kiem* ZIP 1999, 173, 180; dagegen halten *Austmann/Frost* ZHR 169 (2005) 431, 447 den Vorstand der benachteiligten Gesellschaft nicht einmal für befugt, der Hauptversammlung den Verschmelzungsvertrag zur Zustimmung vorzulegen, wenn das Umtauschverhältnis erheblich falsch geworden ist.
[72] Siehe dazu § 4 Rn 58.
[73] Kritisch dazu im Zusammenhang mit einer Kapitalherabsetzung *BGH* DB 1999, 1747.
[74] § 54 Abs. 4 für die GmbH, § 68 Abs. 3 für die AG und über § 78 für die KGaA sowie § 87 Abs. 2 Satz 2 für die Genossenschaft.

dieser Grenze können bare Zuzahlungen aber auch dann vorgesehen werden, wenn sie nicht erforderlich sind, um das Umtauschverhältnis zu glätten[75]. Erhöht ein Gericht später die bare Zuzahlung oder setzt es sie neu fest, unterliegt dies nicht der 10%-Grenze[76].

Bietet sich aufgrund der Wertverhältnisse eine Rundung des Umtauschverhältnisses in die andere Richtung, zu Lasten der Anteilseigner des übernehmenden Rechtsträgers an (zB wenn das Umtauschverhältnis von 1,6:1 auf 3:2 gerundet wird), kann die Rundungsdifferenz mangels entsprechender gesetzlicher Regelung nicht durch eine **Barzahlung an die Aktionäre der übernehmenden AG** ausgeglichen werden. Barzahlungen sind nur zugunsten von Anteilseignern des übertragenden Rechtsträgers vorgesehen[77]. Ein Ausgleich muss vielmehr auf andere Weise geschaffen werden, etwa über eine Dividendenzahlung an die Anteilseigner des übernehmenden Rechtsträgers vor Wirksamwerden der Verschmelzung oder über eine verspätet einsetzende Gewinnberechtigung der den ursprünglichen Anteilseignern des übertragenden Rechtsträgers gewährten neuen Anteile am übernehmenden Rechtsträger. 32

Eine Barzahlung kann auch dann in Betracht kommen, wenn beim übertragenden Rechtsträger **Anteile mit unterschiedlichen Rechten** bestehen (insbesondere Stamm- und Vorzugsaktien), die sich auch in unterschiedlichen Werten auswirken, dennoch aber alle Anteilsinhaber des übertragenden Rechtsträgers unter Zugrundelegung desselben Umtauschverhältnisses einheitliche Anteile des übernehmenden Rechtsträgers erhalten sollen. Für diejenigen Anteilseigner, die die wertvolleren Anteile beim übertragenden Rechtsträger hielten, kann dann zusätzlich noch eine Barzahlung vorgesehen werden. 33

c) Angaben über die Mitgliedschaft. Ist ein **Verein** oder ein **VVaG** übernehmender Rechtsträger, müssen statt zum Umtauschverhältnis Angaben über die Mitgliedschaft in dem Verein gemacht werden. Dafür sind die satzungsmäßigen Rechte und Pflichten der Mitglieder des übernehmenden Vereins im Verschmelzungsvertrag zu nennen[78]. 34

4. Einzelheiten der Anteilsübertragung oder des Mitgliedschaftserwerbs (Nr. 4)

Der Verschmelzungsvertrag muss die Einzelheiten für den Erwerb der Anteile – oder bei Genossenschaft und Verein der Mitgliedschaften – am übernehmenden Rechtsträger durch die Anteilsinhaber der übertragenden Rechtsträger festlegen. Anzugeben ist, wie die Anteile übertragen werden sollen und wer dafür die Kosten zu tragen hat, nicht hingegen deren oft noch nicht feststehende Höhe[79]. Die Anteile gehen unmittelbar mit Wirksamwerden der Verschmelzung kraft Gesetzes über, müssen also nicht rechtsgeschäftlich übertragen werden. Was erst nach dem Anteilserwerb an weiteren Abwicklungsschritten geplant ist, muss nicht im Verschmelzungsvertrag aufgeführt werden[80]. Die weiteren zwingend zu berücksichtigenden Einzelheiten richten sich nach der **Rechtsform des übernehmenden Rechtsträgers**: 35

Unstreitig ist im Verschmelzungsvertrag darauf hinzuweisen, wenn eine übernehmende **Kapitalgesellschaft** ihr Kapital für die Durchführung der Verschmelzung nicht erhöhen darf oder will, weil sie bereits eigene Anteile besitzt oder dies anderenfalls die Folge der 36

---

[75] *Grunewald* in G/H/E/K § 344 AktG Rn 16; *Lutter/Drygala* in Lutter Rn 17; *Ihrig* GmbHR 1995, 622, 630 f., der die 10%-Grenze im Übrigen auch bei der Verschmelzung zur Neugründung einer Personenhandelsgesellschaft analog anwendet.

[76] RegBegr. *Ganske* S. 50.

[77] § 29 Abs. 1, § 1 Abs. 3 Satz 1.

[78] *Müller* in Kallmeyer Rn 21.

[79] Wie hier *Marsch-Barner* in Kallmeyer Rn 25; aA *Lutter/Drygala* in Lutter Rn 37, der auch die Angabe der Kostenhöhe verlangt, und *Mayer* in Widmann/Mayer Rn 139.1, demzufolge weder anzugeben ist, wie hoch die Kosten sind noch wer sie trägt.

[80] *Lutter/Drygala* in Lutter Rn 39; *Grunewald* in G/H/E/K § 340 AktG Rn 11.

Verschmelzung wäre[81]. Es sollte aber auch darauf hingewiesen werden, wenn durch eine Kapitalerhöhung neue Anteile geschaffen werden, weil zu den im Verschmelzungsvertrag festzulegenden Einzelheiten der Übertragung der Anteile auch die Beantwortung der Vorfrage gehört, woher diese Anteile kommen. Aufgrund des insoweit teilweise bestehenden Wahlrechts sollte in jedem Fall festgelegt werden, ob und inwieweit die zu übertragenden Anteile bereits bestehen oder erst neu geschaffen werden müssen[82]. Das erscheint auch deswegen angemessen, weil der Verschmelzungsvertrag an die Stelle der sonst erforderlichen Übernahme- bzw. Zeichnungserklärung[83] tritt. Außerdem wird damit der übernehmende Rechtsträger verpflichtet, die Anteile entsprechend dem Vertrag zu beschaffen[84].

37 Ist der übernehmende Rechtsträger eine **AG** oder **KGaA**, ist der Treuhänder zu bezeichnen, der für die Anteilseigner der übertragenden Rechtsträger die Aktien bzw. baren Zuzahlungen des übernehmenden Rechtsträgers in Empfang nimmt[85]. Das wird üblicherweise mit dem entsprechenden unwiderruflichen Auftrag an den Treuhänder verbunden, in dem dann auch die Modalitäten der Weitergabe des Treuguts an die Anteilseigner der übertragenden Rechtsträger geregelt werden. Da der Treuhänder jedoch nicht Partei des Verschmelzungsvertrags ist, muss dies mit ihm gesondert vereinbart werden. Aufzunehmen sind in den Vertrag neben der Bezeichnung der Person des Treuhänders der Weg, auf dem dieser die Aktien und baren Zuzahlungen erhält, und die Partei, die die mit dem Aktienerhalt verbundenen Kosten trägt[86]. Nicht in den Verschmelzungsvertrag gehören hingegen Vorgaben für die Einzelheiten des Umtauschverfahrens wie die Einreichung der alten Aktien und ihre Kraftloserklärung[87]. Gleiches gilt für die Absicht, die Aktien der Gesellschaft nach der Verschmelzung an der Börse einzuführen; diese ist aber im Verschmelzungsbericht zu erläutern[88].

38 Falls eine **GmbH** übernehmender Rechtsträger ist, sind Abweichungen in der Ausstattung der durch eine Kapitalerhöhung neu geschaffenen Geschäftsanteile zu erläutern. Bei der Abtretung bereits vorhandener Geschäftsanteile sind die Nennwerte dieser Geschäftsanteile sowie deren Empfänger namentlich zu benennen[89]. Eine Aktualisierung des Verschmelzungsvertrags infolge von Anteilseignerwechseln beim übertragenden Rechtsträger während des Verschmelzungsprozesses ist nicht erforderlich[90]. Werden im Rahmen einer konzerninternen Umstrukturierungsmaßnahme mehrere Tochtergesellschaften auf eine weitere Tochtergesellschaft verschmolzen (mehrfache Schwesterfusion), muss der Verschmelzungsvertrag nicht für jede übertragende Gesellschaft gesondert einen Geschäftsanteil vorsehen, da dies

---

[81] Fälle der § 54 Abs. 1 und 2 für die GmbH und § 68 Abs. 1 und 2 für die AG, letzterer über § 78 auch für KGaA.

[82] IE ebenso *KG* WM 1999, 323, 325; *Lutter/Drygala* in Lutter Rn 37; einschränkend *Mayer* in Widmann/Mayer Rn 139; aA *Marsch-Barner* in Kallmeyer Rn 16.

[83] Siehe § 55 Abs. 1 Satz 1, der § 55 Abs. 1 GmbHG, und § 69 Abs. 1 Satz 1, der § 185 Abs. 1 AktG für nicht anwendbar erklärt.

[84] *Marsch-Barner* in Kallmeyer Rn 16.

[85] Siehe §§ 71 Abs. 1 Satz 1, 78; ein Treuhänder muss nicht bestellt werden, wenn die Gesellschaft keine Aktienurkunden ausgegeben hat und bare Zuzahlungen erkennbar nicht geleistet werden; es empfiehlt sich dann aber, einen ausdrücklichen Verzicht in den Verschmelzungsvertrag oder zumindest in den Hauptversammlungsbeschluss aufzunehmen.

[86] *Grunewald* in G/H/E/K § 340 AktG Rn 11; *Vetter* AG 1997, 6, 16.

[87] *Marsch-Barner* in Kallmeyer Rn 24.

[88] LG Mannheim WM 1988, 775, 777; *Heckschen* WM 1990, 377, 380; *Lutter/Drygala* in Lutter Rn 39; *Marsch-Barner* in Kallmeyer Rn 24; *Mayer* in Widmann/Mayer Rn 139.1.

[89] Siehe § 46. Die namentliche Nennung der Empfänger ist nur verlangt, soweit sie angesichts der Rechtsform des übertragenden Rechtsträgers möglich ist; ansonsten siehe § 35 Satz 1, wonach namentlich nicht bekannte Aktionäre auch durch die Angabe ihrer Aktienurkunden bezeichnet werden können.

[90] *Mayer* in Widmann/Mayer Rn 91.

dem einheitlichen Charakter des Verschmelzungsvorgangs zuwider liefe und hierfür weder Gläubiger- noch Anteilseignerinteressen sprechen[91].

Ist der übernehmende Rechtsträger eine **Personenhandelsgesellschaft,** ist die Gesellschafterstellung der iRd. Verschmelzung neu hinzukommenden Gesellschafter einschließlich ihrer Beteiligung am Gesellschaftsvermögen zu regeln[92]. Insbesondere ist festzulegen, welche Gesellschafter unbeschränkt und welche nur beschränkt haften sollen. Falls ein Anteilseigner eines übertragenden Rechtsträgers bereits an der übernehmenden Personengesellschaft beteiligt war, kann ihm wegen des Verbots der Mehrfachbeteiligung nicht eine weitere Gesellschafterstellung eingeräumt, sondern die bestehende nur erhöht werden. Im Fall der Beteiligung einer KG muss bei Erhöhung der Festkapitalkonten nicht zwingend auch die ins Handelsregister einzutragende Haftungssumme angehoben werden[93], weil es nicht um Gläubigerschutz, sondern darum geht, den Gesellschaftern des übertragenden Rechtsträgers eine angemessene Beteiligung am übernehmenden Rechtsträger zu verschaffen. 39

Sind **Genossenschaft** oder **Verein** übernehmender Rechtsträger, werden mit Wirksamkeit der Verschmelzung keine Anteile, sondern Mitgliedschaften erworben. 40

Bei **Mischverschmelzungen,** also der Verschmelzung von Rechtsträgern unterschiedlicher Rechtsform, kann es zum Erwerb von Anteilen oder Mitgliedschaften kommen, die sich hinsichtlich der Einflussnahmemöglichkeiten, Nebenpflichten, Haftungsrisiken oder in anderen wesentlichen Punkten von den bisherigen Anteilen oder Mitgliedschaften unterscheiden. Diese Unterschiede lassen sich nicht eindeutig quantifizieren und iRd. Bestimmung des Umtauschverhältnisses nicht sicher kompensieren. Die Anteilseigner werden vor den deshalb nicht auszuschließenden Nachteilen dadurch geschützt, dass in bestimmten Fällen ihre ausdrückliche Zustimmung erforderlich ist[94] oder sie gegen Barabfindung austreten können[95]. Die Anteilseigner müssen über solche Nachteile informiert werden. Eine umfassendere Erläuterung dürfte aber eher im Verschmelzungsbericht als im Verschmelzungsvertrag zu erfolgen haben[96]. 41

5. Zeitpunkt der Gewinnberechtigung (Nr. 5)

Der Verschmelzungsvertrag muss den Zeitpunkt angeben, von dem an die den Anteilsinhabern der übertragenden Rechtsträger gewährten Anteile oder Mitgliedschaften gewinnberechtigt sind[97]. Keinesfalls ist damit eine Aussage darüber verlangt, wann der übernehmende Rechtsträger nach der Verschmelzung welche Dividenden auszuschütten gedenkt. Es empfiehlt sich, den Zeitpunkt der Gewinnberechtigung nicht von der Eintragung der Verschmelzung beim übertragenden Rechtsträger und dem damit bewirkten Wirksamwerden der Verschmelzung abhängig zu machen. Dies ist von den Parteien nur bedingt steuerbar. Vielmehr sollte dieser Zeitpunkt von den Parteien gestaltet werden: 42

– Meistens wird auf den **Beginn des Geschäftsjahrs** des übernehmenden Rechtsträgers abgestellt, das auf den Stichtag der letzten Jahresbilanz des übertragenden Rechtsträgers folgt[98], womit eine nahtlose Fortführung der Gewinnberechtigung sichergestellt ist, wenn beide Rechtsträger ein identisches Geschäftsjahr haben. 43

---

[91] *Heckschen* DB 1998, 1385, 1386 f.; *Mayer* in Widmann/Mayer Rn 56.7 ff.; *Neye* EWiR 1998, 517, 518; *Borges* WuB II N. § 46 UmwG 2.99; aA OLG Frankfurt am Main WM 1999, 322.
[92] Siehe hierzu § 40.
[93] *Mayer* in Widmann/Mayer Rn 139; *Bula/Schlösser* in Sagasser/Bula/Brünger J Rn 27.
[94] §§ 13 Abs. 2, 40 Abs. 2, 43 Abs. 2 und 51 Abs. 2.
[95] § 29.
[96] Wie hier *Mayer* in Widmann/Mayer Rn 143; nur auf den Verschmelzungsvertrag abstellend *Lutter/Drygala* in Lutter Rn 40; *Sagasser/Ködderitzsch* in Sagasser/Bula/Brünger J Rn 61.
[97] Zur Gewinnberechtigung siehe §§ 120 f., 167 HGB bei OHG und KG, § 29 GmbHG bei GmbH und §§ 58 ff., 174 AktG bei AG und KGaA.
[98] *Lutter/Drygala* in Lutter Rn 41; *Marsch-Barner* in Kallmeyer Rn 28; *Mayer* in Mayer/Widmann Rn 144.

44 – Weichen die Geschäftsjahre der beteiligten Rechtsträger voneinander ab, kann für die Gewinnberechtigung auch ein **unterjähriger Beginn** vereinbart werden (Geschäftsjahresmitte, Quartalsende), wenn auch in diesen Fällen die nahtlose Fortführung der Gewinnberechtigung für die Anteilseigner des übertragenden Rechtsträgers angestrebt wird[99].

45 – Zulässig ist auch ein **rückwirkender Beginn** der Gewinnberechtigung, etwa mit Beginn des bereits laufenden oder gerade abgeschlossenen Geschäftsjahrs des übernehmenden Rechtsträgers. Zum Zeitpunkt des Wirksamwerdens der Verschmelzung darf jedoch für Zeiträume, für die die Anteilsinhaber des übertragenden Rechtsträgers Anspruch auf den Gewinn des übernehmenden Rechtsträgers haben sollen, bei diesem noch kein Gewinnverwendungsbeschluss gefasst worden sein[100].

46 – Die Gewinnberechtigung kann auch erst **mit Wirkung zu einem späteren Zeitpunkt** vorgesehen werden mit der Folge, dass die Anteilsinhaber des übertragenden Rechtsträgers für eine Zwischenzeit ohne Gewinnanteilsanspruch sind. Das wird teilweise als Ausgleich für ein ansonsten für die Anteilsinhaber des übertragenden Rechtsträgers zu günstiges Umtauschverhältnis für zulässig gehalten[101]. Denn ein „krummes" Umtauschverhältnis zu Lasten der Anteilseigner des übernehmenden Rechtsträgers kann – anders als im umgekehrten Fall für die Anteilseigner des übertragenden Rechtsträgers – nicht durch eine bare Zuzahlung ausgeglichen werden[102]. Wenn praktisch durchführbar, erscheint auch eine erst nach dem dinglichen Vollzugsstichtag beginnende Gewinnberechtigung der Anteilsinhaber des übertragenden Rechtsträgers zulässig.

47 Anstelle dieser Formen des fixen ist auch ein **variabler Beginn der Gewinnberechtigung** möglich[103]. Falls etwa aufgrund von Anfechtungsklagen mit erheblichen Verzögerungen bei der Eintragung der Verschmelzung zu rechnen ist, kann vereinbart werden, dass sich der Beginn der Gewinnberechtigung um ein Jahr verschiebt, sofern die Verschmelzung nicht bis zur nächsten turnusmäßigen Beschlussfassung über die Gewinnverteilung beim übertragenden Rechtsträger ins Handelsregister des übernehmenden Rechtsträgers eingetragen worden ist. Das hat den Vorteil, dass diese Verzögerungen es nicht erforderlich machen, den Verschmelzungsvertrag nachträglich anzupassen.

48 Bis zur Wirksamkeit der Verschmelzung bilanzieren die Parteien des Verschmelzungsvertrags unabhängig voneinander und die jeweiligen Anteilseigner können den Gewinn ihrer Gesellschaft grundsätzlich nach ihrem eigenen Willen verteilen. Dies kann aber das vereinbarte Umtauschverhältnis unrichtig machen und im Extremfall die Geschäftsgrundlage für die Verschmelzung entfallen lassen[104]. Daher empfiehlt es sich, im Verschmelzungsvertrag festzulegen, dass während der Schwebezeit wichtige Geschäftsführungs- und Gewinnvertei-

---

[99] *Hoffmann-Becking,* FS Fleck, S. 105, 110; *Marsch-Barner* in Kallmeyer Rn 28; *Mayer* in Mayer/Widmann Rn 144; ablehnend *Lutter/Drygala* in Lutter Rn 41 mit dem Argument, dass eine Gewinnermittlung zu unterjährigen Stichtagen nicht erfolge. Das ist aber auch nicht erforderlich, wenn vereinbart wird, dass die übertragenen Anteile zB die Hälfte oder ein Viertel des auf die anderen Anteile entfallenden Gewinns beanspruchen können sollen.
[100] *Priester* BB 1992, 1594; *Bermel/Hannappel* in Goutier/Knopf/Tulloch Rn 48; *Mayer* in Mayer/Widmann Rn 145; *Marsch-Barner* in Kallmeyer Rn 28.
[101] *Barz* AG 1972, 1, 3; *Mayer* in Mayer/Widmann Rn 145; *Marsch-Barner* in Kallmeyer Rn 28; *Hoffmann-Becking,* FS Fleck, S. 105, 110.
[102] Siehe dazu Rn 32.
[103] *Martens* AG 1986, 57 Fn 1; *Hoffmann-Becking,* FS Fleck, S. 105, 119 f.; *Lutter/Drygala* in Lutter Rn 41; *Marsch-Barner* in Kallmeyer Rn 29; *Mayer* in Mayer/Widmann Rn 146; kritisch *Kiem* S. 63 ff.; *ders.* ZIP 1999, 173, 179 f.; Formulierungsvorschläge bei *Lutter/Drygala* in Lutter Rn 41 Fn 7 und *Mayer* in Widmann/Mayer Rn 146 und *Hoffmann-Becking* in MünchVertrHdb. Bd. 1 Formular X.1, dort § 7 Abs. 2.
[104] Siehe § 4 Rn 58.

lungsmaßnahmen aufeinander abzustimmen[105] bzw. Gewinne jeweils nur entsprechend der Umtauschwertrelation auszuschütten[106] sind. Eine solche Vereinbarung wird sich zwar auf dieser Grundlage nicht rechtlich durchsetzen lassen, weil sich die Entscheidungskompetenzen der Anteilseignerversammlungen auf diese Weise nur bedingt beschränken lassen. Die Vertretungsorgane der beteiligten Rechtsträger werden so aber zu einem in gewissem Maße abgestimmten Verhalten ermächtigt[107].

Kommt es zu erheblichen **Verzögerungen** bei der Eintragung der Verschmelzung und ist **kein variabler Beginn** der Gewinnberechtigung vereinbart, kann, sofern bei Wirksamwerden der Verschmelzung noch nicht über die Gewinnverwendung ab dem im Verschmelzungsvertrag vorgesehenen Zeitpunkt entschieden wurde, der Gewinn wie im Verschmelzungsvertrag vorgesehen verteilt werden – auch wenn ein abgeschlossenes Geschäftsjahr davon betroffen ist. Das gilt auch, wenn die den Anteilseignern des übertragenden Rechtsträgers gewährten Anteile des übernehmenden Rechtsträgers neu geschaffen wurden[108]. Anderenfalls dürfte die Verschmelzung nicht eingetragen werden, wenn der Vertrag nicht abgeändert wird. 49

Neben dem Zeitpunkt, ab dem eine Gewinnberechtigung besteht, müssen außerdem alle **Besonderheiten in Bezug auf den Gewinnanspruch** angegeben werden. Das bezieht sich auf den sich aus der Jahresbilanz des übernehmenden Rechtsträgers ergebenden Gewinnanspruch der einzelnen Anteilseigner, nicht hingegen auf schuldrechtliche Ansprüche, deren Höhe sich an dem Jahresgewinn ausrichtet, die aber in dessen Ermittlung einfließen[109]. Besserungsscheine müssen nicht angegeben werden, da durch sie lediglich ein schuldrechtlicher Anspruch, auf den verzichtet worden war, bei verbesserten wirtschaftlichen Bedingungen wieder auflebt, was nichts mit der Gewinnverteilung zu tun hat. 50

6. Verschmelzungsstichtag (Nr. 6)

Im Verschmelzungsvertrag muss der Verschmelzungsstichtag bestimmt werden, also der Zeitpunkt, von dem an die Handlungen der übertragenden Rechtsträger als für Rechnung des übernehmenden Rechtsträgers vorgenommen gelten. Dieser Tag ist identisch mit dem **Tag des Übergangs der Rechnungslegung** vom übertragenden Rechtsträger auf den übernehmenden[110]. Der Verschmelzungsstichtag sollte nicht an dem Zeitpunkt des dinglichen Vollzugs der Verschmelzung ausgerichtet werden, da die Parteien auf dessen Eintritt, für den es auf die Eintragung der Verschmelzung im Register des übernehmenden Rechtsträgers ankommt[111], nur begrenzt Einfluss haben. Er eignet sich deshalb als Anknüpfungspunkt für wirtschaftliche Folgen nicht. 51

---

[105] *Marsch-Barner* in Kallmeyer Rn 30; skeptisch *Kiem* ZIP 1999, 173, 180; noch zurückhaltender *Grunewald* in G/H/E/K § 340 AktG Rn 14 unter Hinweis darauf, dass es dem Interesse eines die rechtswidrige Verschmelzung verhindern wollenden Anfechtungsklägers widerspräche, wenn diese bereits Vorwirkungen entfalte.

[106] *Barz* AG 1972, 1, 4 will das sogar dem hierzu schweigenden Verschmelzungsvertrag durch ergänzende Auslegung entnehmen.

[107] Dabei sind allerdings auch die kartellrechtlichen Grenzen (Vollzugsverbot) zu beachten.

[108] Für die AG hinsichtlich durch Kapitalerhöhung neu geschaffener Aktien aA *Grunewald* in G/H/E/K § 340 AktG Rn 16 aufgrund der abzulehnenden Prämisse, dass junge Aktien nicht mit einer Dividendenberechtigung für ein bereits abgelaufenes Geschäftsjahr ausgestattet werden können; dagegen richtig *Hüffer* § 60 AktG Rn 10; *Lutter/Drygala* in Kölner Komm. § 60 AktG Rn 22; mit ausführlicheren Begründungen *Simon* AG 1960, 148 ff. und *Wündisch* AG 1960, 320 ff.

[109] *Marsch-Barner* in Kallmeyer Rn 27.

[110] Siehe dazu *Hoffmann-Becking*, FS Fleck, S. 105, 110 ff.; *Priester* BB 1992, 1594, 1595; *Schedlbauer* WPg 1984, 33, 41; kritisch *Müller* in Kallmeyer Rn 33.

[111] § 20 Abs. 1; siehe auch *BGH* DB 1992, 2432, wonach insofern keine Rückwirkung in Betracht kommt.

52 Den Verschmelzungsstichtag in Abgrenzung dazu als den Zeitpunkt zu bezeichnen, ab dem die Verschmelzung schuldrechtlich wirkt, ist jedoch verfehlt. Nach dem dinglichen Vollzug der Verschmelzung werden die Vermögensmassen der beteiligten Rechtsträger zusammengelegt. Damit muss der übernehmende Rechtsträger zwangsläufig allein für alle Verpflichtungen der beteiligten Rechtsträger einstehen, unabhängig davon, wann sie begründet wurden[112].

53 Die Parteien können den Verschmelzungsstichtag grundsätzlich **frei bestimmen** und orientieren sich dabei meist am Schluss des letzten Geschäftsjahrs des übertragenden Rechtsträgers. Der Verschmelzungsstichtag begründet lediglich die gesetzliche Fiktion, dass die Handlungen ab diesem Zeitpunkt im Innenverhältnis der beteiligten Rechtsträger als für Rechnung des übernehmenden Rechtsträgers geführt gelten und entfaltet keine dingliche Wirkung. Deshalb schadet es auch nicht, wenn der Verschmelzungsstichtag in der Vergangenheit liegt[112a]. Vor allem wenn mit Verzögerungen bis zur Eintragung der Verschmelzung zu rechnen ist, kann auch ein variabler[113] oder ein von vornherein auf einen Zeitpunkt nach der Beschlussfassung der Anteilseignerversammlungen terminierter Verschmelzungsstichtag vorgesehen werden[114]. Der Verschmelzungsstichtag kann nicht isoliert gesehen werden. Es sind folgende weitere Stichtage zu beachten, die bestimmte Rechtsfolgen nach sich ziehen und deren Terminierung teilweise durch die Festlegung des Verschmelzungsstichtags beeinflusst wird:

54 – Auf den **Schlussbilanzstichtag** wird die handelsrechtliche Schlussbilanz des übertragenden Rechtsträgers aufgestellt. Der Schlussbilanzstichtag darf nicht mehr als acht Monate vor dem Tag der Anmeldung der Verschmelzung zum Handelsregister des übertragenden Rechtsträgers liegen[115]. Da eine Sacheinlagenprüfung beim übernehmenden Rechtsträger entfällt, soll durch die geprüfte Schlussbilanz zeitnah sichergestellt werden, dass die in die nächste Jahresbilanz des übernehmenden Rechtsträgers eingehenden Werte des übertragenden Rechtsträgers tatsächlich vorhanden sind[116]. Wegen des Übergangs der Rechnungslegungspflicht am Verschmelzungsstichtag muss dieser unmittelbar auf den Schlussbilanzstichtag folgen[117]. Der übertragende Rechtsträger hat bis zu dem Zeitpunkt, ab dem die Geschäfte als für Rechnung des übernehmenden Rechtsträgers vorgenommen gelten (also nur bis unmittelbar vor Beginn des Verschmelzungsstichtags), noch selbst Rechnung zu legen, denn der übernehmende Rechtsträger kann es für ihn noch nicht tun[118]. Andererseits können die Geschäfte nur so lange auf seine Rechnung gehen, wie sie noch nicht als für Rechnung des übernehmenden Rechtsträgers vorgenommen gelten. Aus diesem Zusammenspiel von Verschmelzungs- und Schlussbilanzstichtag ergibt sich nicht zwingend, dass die Verschmelzung rückwirkend zu einem in der Vergangenheit

---

[112] *Barz* AG 1972, 1, 3; *Hoffmann-Becking*, FS Fleck, S. 105, 111; siehe auch *Priester* BB 1992, 1594, 1595.

[112a] *Ullrich/Böhle* GmbHR 2006, 644.

[113] Siehe Rn 62 ff.

[114] So auch *Hoffmann-Becking*, FS Fleck, S. 105, 117.

[115] § 17 Abs. 2 Satz 4.

[116] *KG* WM 1999, 323, 325; *Hoffmann-Becking*, FS Fleck, S. 105, 108.

[117] *Stratz* in Schmitt/Hörtnagl/Stratz Rn 65; *Aha* BB 1996, 2559. Von einer Identität von Schlussbilanzstichtag und Verschmelzungsstichtag sprechen *Lutter/Drygala* in Lutter Rn 31; *Grunewald* in G/H/E/K § 340 AktG Rn 20; *Hoffmann-Becking*, FS Fleck, S. 105, 112; *Kiem* ZIP 1999, 173, 177. *Budde/Foerschle*, Sonderbilanzen, 2. Aufl. 1999, F Rn 35 sehen in einem Auseinanderfallen beider Stichtage sogar ein vom Registerrichter zu beachtendes Eintragungshindernis. Hingegen halten *Mayer* in Widmann/Mayer Rn 159 f., *Müller* in Kallmeyer Rn 33 f. und *Slabon* in Haritz/Benkert § 2 UmwStG Rn 3 die Verknüpfung von Verschmelzungs- und Schlussbilanzstichtag zwar für zweckmäßig und üblich, nicht aber für zwingend. Ebenso wohl *BFH* GmbHR 1999, 1312, 1313, demzufolge beide Stichtage (nur) „meist" identisch sind.

[118] AA *Müller* WPg 1996, 857, 859, der sich hier auch eine Bilanzierung des übernehmenden Rechtsträgers für den übertragenden für fremde Rechnung vorstellen kann.

liegenden Zeitpunkt beschlossen wird, weil die Vorlage der Schlussbilanz in der über die Verschmelzung beschließenden Anteilseignerversammlung nirgends verlangt wird[119]. Beide Stichtage können den Verschmelzungsbeschlüssen vielmehr auch nachfolgen. Das empfiehlt sich sogar, wenn absehbar ist, dass sich die Verschmelzung nach der Beschlussfassung noch verzögern wird.

- Eine an der Verschmelzung beteiligte AG muss, wenn der **Stichtag der letzten Jahresbilanz** mehr als sechs Monate vor dem Abschluss des Verschmelzungsvertrags oder der Aufstellung seines Entwurfs liegt, eine Zwischenbilanz aufstellen, wobei der **Stichtag der Zwischenbilanz** wiederum nicht vor dem ersten Tag des dritten Monats liegen darf, der dem Abschluss oder der Aufstellung vorausgeht[120]. Die Zwischenbilanz dient – anders als die Schlussbilanz – nicht dem Registerrichter, sondern der zeitnahen Unterrichtung der Aktionäre[121]. **55**

- Bei einer Verschmelzung zur Neugründung ist der Verschmelzungsstichtag auch der **Eröffnungsbilanzstichtag**[122]. **56**

- Der **steuerliche Übertragungsstichtag** ist der Tag, zu dem steuerlich die Wirkungen der Verschmelzung eintreten, insbesondere die Vollbeendigung des übertragenden Rechtsträgers fingiert wird (auch wenn er zivilrechtlich noch fortbesteht). Der steuerliche Übertragungsstichtag ist zwingend identisch mit dem Schlussbilanzstichtag, abweichende Vereinbarungen im Verschmelzungsvertrag sind unwirksam[123]. Die Finanzverwaltung verlangt außerdem, dass er auf den Tag vor dem Verschmelzungsstichtag fallen muss[124]. Die Festlegung des Verschmelzungsstichtags auf den 1. 1. oder 2. 1. eines Jahrs entscheidet damit auch darüber, ob das Übertragungs- und Übernahmeergebnis aus der Verschmelzung dem Veranlagungszeitraum des Vorjahrs oder des laufenden Jahrs zuzurechnen ist[125]. **57**

- Den **Zeitpunkt des Beginns der Gewinnberechtigung**[126] wird man geeigneterweise mit dem Verschmelzungsstichtag zusammenlegen, da den Anteilseignern des übertragenden Rechtsträgers dann ein Anteil am Gewinn des übernehmenden Rechtsträgers gebührt, wenn der übertragende Rechtsträger für dessen Rechnung handelt. Zwingend ist dies aber nicht[127], sonst würde das Gesetz nicht die Nennung beider Zeitpunkte separat verlangen. Sichergestellt sein muss lediglich, dass der Verschmelzungsstichtag nicht dem Zeitpunkt vorangeht, bis zu dem eine Gewinnberechtigung beim übertragenden Rechtsträger vorgesehen ist, da dies voraussetzt, dass jener auch noch Rechnung legt[128]. Fallen **58**

---

[119] *Hoffmann-Becking,* FS Fleck, S. 105, 117; *Ihrig* GmbHR 1995, 622, 628; *Lutter/Drygala* in Lutter Rn 42; *Mayer* in Widmann/Mayer Rn 160.
[120] § 63 Abs. 1 Nr. 3.
[121] *Hoffmann-Becking,* FS Fleck, S. 105, 109.
[122] § 242 Abs. 1 HGB.
[123] § 2 Abs. 1 Satz 1 UmwStG; *BFH* GmbHR 1999, 1312, 1313; *Slabon* in Haritz/Benkert § 2 UmwStG Rn 40 ff.; *Hoffmann-Becking,* FS Fleck, S. 105, 113.
[124] BMF-Schreiben vom 25. 3. 1998, GmbHR 1998, 444, 454, Tz. 02.03; abweichend werden in der Literatur verbreitet steuerlicher Übertragungsstichtag und Verschmelzungsstichtag gleichgesetzt: *Bermel/Hannappel* in Goutier/Knopf/Tulloch Rn 52; *Schaumburg/Rödder* § 2 UmwStG Rn 7; *Heidenhain* NJW 1995, 2873, 2875.
[125] *Slabon* in Haritz/Benkert § 2 UmwStG Rn 47; *Fox* GmbHR 1999, 1314, 1315; siehe auch *Sommer* in Engl, Formular B.1, Rn 298 ff.
[126] § 5 Abs. 1 Nr. 5, siehe Rn 42 ff.
[127] *Priester* DNotZ 1995, 427, 438; *Heidenhain* NJW 1995, 2873, 2875; *Stratz* in Schmitt/Hörtnagl/Stratz Rn 61; *Lutter/Drygala* in Lutter Rn 42; *Müller* in Kallmeyer Rn 35; *Mayer* in Widmann/Mayer Rn 162.
[128] *Lutter/Drygala* in Lutter Rn 42; *Grunewald* in G/H/E/K § 340 AktG Rn 19, wobei anzumerken ist, dass die Pflicht des übertragenden Rechtsträgers zur Erstellung einer eigenen Bilanz selbstverständlich nicht mit dem Verschmelzungsstichtag endet, sofern nicht die Verschmelzung bis zu seinem nächsten regulären Bilanzstichtag auch wirksam geworden ist, da der übertragende Rechtsträger bis zu seinem Erlöschen natürlich gem. §§ 238 ff. HGB rechnungslegungspflichtig bleibt.

Verschmelzungsstichtag und Zeitpunkt der Gewinnberechtigung auseinander, wird dies im Regelfall aber nicht ohne Auswirkung auf das Umtauschverhältnis bleiben können.

59 – Zum **Bewertungsstichtag** werden die beteiligten Rechtsträger zum Zwecke der Ermittlung des Umtauschverhältnisses vergleichend bewertet. Der Bewertungsstichtag wird vom Gesetz nicht vorgeschrieben. § 30 Abs. 1 Satz 1 verlangt jedoch, dass die Barabfindung die Verhältnisse im Zeitpunkt der Beschlussfassung über die Verschmelzung berücksichtigt. Für Barabfindung und Umtauschverhältnis auf unterschiedliche Zeitpunkte abzustellen, ist fern liegend[129], weil die Barabfindung Substitut der Anteilsgewährung ist. Im Übrigen entspricht die Interessenlage hier derjenigen bei § 305 Abs. 3 Satz 2 AktG, wo die Bewertung auf den Tag der Beschlussfassung der Anteilseignerversammlung vorzunehmen ist[130]. In beiden Fällen müssen die Anteilseigner über die Abfindung beim Unternehmensvertrag vor dem Hintergrund der bei ihrer Beschlussfassung aktuellen Bewertungsverhältnisse entscheiden. Die Bewertung kann zwar auf dem letzten Jahresabschluss basieren, seitdem eingetretene bzw. absehbare Entwicklungen sind aber noch zu berücksichtigen. Demgegenüber wird teilweise vertreten, dass der Bewertungsstichtag auf den Stichtag der Verschmelzung bzw. der Schlussbilanz gelegt werden könne[131]. Jedenfalls wenn Verschmelzungs- und Schlussbilanzstichtag den Anteilseignerversammlungen erst nachfolgen, scheidet dies aus, weil rechtzeitig vor deren Abhaltung das Umtauschverhältnis feststehen muss. Aus dem gleichen Grund kann auch ein variabler Verschmelzungsstichtag nicht maßgebend für die Bewertung sein.

60 – Schließlich gibt es noch den **dinglichen Vollzugsstichtag**, der mit Eintragung der Verschmelzung im Register des übernehmenden Rechtsträgers eintritt und zu dem die übertragenden Rechtsträger erlöschen[132]. Der Stichtag kann von den Parteien nicht anderweitig festgelegt werden[133]. Sämtliche vorgenannten anderen Stichtage mit Ausnahme des Zeitpunkts des Beginns der Gewinnberechtigung müssen diesem Stichtag zeitlich vorangehen.

61 Schon um als Schlussbilanz[134] einen ohnehin zu erstellenden Jahresabschluss des übertragenden Rechtsträgers verwenden zu können, empfiehlt es sich, den Verschmelzungsstichtag am **Ende des Geschäftsjahrs des übertragenden Rechtsträgers** auszurichten. Der steuerliche Übertragungszeitpunkt ist dann zB der 31.12. um 24.00 Uhr, der Wirksamkeitszeitpunkt für die Verschmelzung der 1.1. um 0.00 Uhr. Das kann es rechtfertigen, bei Verschmelzungen, an denen mehrere übertragende Rechtsträger mit unterschiedlichen Geschäftsjahren beteiligt sind, verschiedene Verschmelzungsstichtage vorzusehen[135]. Aber auch wenn dies nicht geschieht oder die Geschäftsjahre des übertragenden und übernehmenden Rechtsträgers voneinander abweichen, braucht weder beim einen noch beim anderen ein Rumpfgeschäftsjahr gebildet zu werden; vielmehr werden die Bilanzansätze des übertragen-

---

[129] *Mayer* in Widmann/Mayer Rn 131; *Hoffmann-Becking* in MünchVertrHdb. Bd. 1 Formular X.1 Anm. 7; hiergegen wenden sich *Lutter/Drygala* in Lutter Rn 21 Fn 83 mit dem Hinweis darauf, dass die Notwendigkeit, spätere Veränderungen zu berücksichtigen, nicht zwingend erfordere, die Bewertung zu dem späteren Zeitpunkt vorzunehmen; für eine Differenzierung zwischen den Stichtagen für die Bestimmung des Umtauschverhältnisses und der Barabfindung auch *Stratz* in Schmitt/Hörtnagl/Stratz Rn 24.

[130] *Hoffmann-Becking*, FS Fleck, S. 105, 116; *Priester* BB 1992, 1594, 1596; *Engelmeyer* AG 1996, 193, 195.

[131] *Barz* AG 1972, 1, 4; nach *Lutter/Drygala* in Lutter Rn 21 kommt er „vor allem" in Betracht, ebenso *Bermel/Hannappel* in Goutier/Knopf/Tulloch Rn 25.

[132] § 20 Abs. 1.

[133] BGH DB 1992, 2432; *Heckschen* DB 1998, 1385, 1394; siehe aber auch § 14 UmwStG.

[134] Eine solche ist gem. § 17 Abs. 2 Satz 1 der Anmeldung der Verschmelzung zum Register des übertragenden Rechtsträgers beizufügen.

[135] *Müller* in Kallmeyer Rn 37; *Mayer* in Widmann/Mayer Rn 166; *Stratz* in Schmitt/Hörtnagl/Stratz Rn 70.

den Rechtsträgers gemäß Schlussbilanz in die nächste reguläre Bilanz des übernehmenden Rechtsträgers übernommen[136].

Der Verschmelzungsstichtag kann wie die Bestimmungen über die Gewinnberechtigung[137] durch Verzögerungen der Eintragung ins Handelsregister obsolet werden. Um dann nicht zu einer Änderung des Verschmelzungsvertrags gezwungen zu sein, empfiehlt sich auch hier die Vereinbarung einer **variablen Stichtagsregelung**, durch die sich der Verschmelzungsstichtag in Abhängigkeit von der Eintragung jahreweise verschiebt[138]. Allerdings kann die Verschiebung des Verschmelzungsstichtags um ein ganzes Jahr unangemessen sein, wenn die Eintragung nur kurz nach dem versäumten Stichtag erfolgt. Dem kann abgeholfen werden, indem die Verschiebung erst mit einiger Verzögerung vorgesehen wird[139] oder nicht jahreweise, sondern zB nur quartalsweise erfolgt.

Letzterem kann aber entgegenstehen, dass ein variabler Verschmelzungsstichtag konsequenterweise auch zu einem **variablen Schlussbilanzstichtag** führt[140]. Das ist auch materiell gerechtfertigt, weil durch die Verschiebung des Verschmelzungsstichtags weiterhin Geschäfte auf Rechnung des übertragenden Rechtsträgers abgewickelt werden. Weder unter dem Gesichtspunkt der Buchwertfortführung beim übernehmenden Rechtsträger noch unter dem der Sicherstellung der Kapitalaufbringung spricht etwas dagegen, anstatt auf die veraltete ursprüngliche Schlussbilanz auf eine aktuellere abzustellen. Auch Praktikabilitätserwägungen stehen dem nicht entgegen, weil der übertragende Rechtsträger bis zu seinem Erlöschen ohnehin zur Bilanzaufstellung verpflichtet und im Übrigen die Achtmonatsfrist des § 17 Abs. 2 Satz 4 auch durch die Einreichung einer aktualisierten Schlussbilanz gewahrt bleibt[141].

Die Vereinbarung eines variablen Verschmelzungsstichtags wird nur ausnahmsweise ohne **Auswirkung auf den Zeitpunkt des Beginns der Gewinnberechtigung**[142] bleiben. Im Regelfall stehen nämlich der Zeitpunkt, ab dem der übertragende Rechtsträger für Rechnung des übernehmenden handelt, und der Beginn der Gewinnbeteiligung der Anteilsinhaber des übertragenden Rechtsträgers am Gewinn des übernehmenden in einem wirtschaftlichen Zusammenhang.

7. Gewährung von Sonderrechten für Anteilseigner und Inhaber von besonderen Rechten (Nr. 7)

Der Verschmelzungsvertrag muss sämtliche Sonderrechte aufführen, die einzelnen Anteilseignern sowie dritten Personen mit besonderen Rechten gewährt werden. Anzugeben sind nur **mit den beteiligten Rechtsträgern vereinbarte Sonderrechte**, nicht solche, auf die sich einzelne Anteilseigner schuldrechtlich geeinigt haben wie zB Stimmbindungs-

---

[136] Ausführlich zur Bilanzierung der Verschmelzung *Priester* BB 1992, 1594, 1596 ff.
[137] Siehe dazu Rn 42 ff.
[138] *Lutter/Drygala* in Lutter Rn 43; *Mayer* in Widmann/Mayer Rn 164 f.; *Sommer* in Engl, Formular B.1, Rn 301 (jeweils auch mit Formulierungsvorschlägen); ähnlich *Hoffmann-Becking*, FS Fleck, S. 105, 119 f., jedoch auf Verzögerungen der Anmeldung abstellend; kritisch zu variablen Verschmelzungsstichtagen *Müller* WPg 1996, 857, 859; *Naraschewski* S. 101 ff.; *Schütz/Fett* DB 2002, 2696, 2697 ff.
[139] ZB Verschiebung des Verschmelzungsstichtags von einem Jahresende zum nächsten, wenn die Eintragung nicht bis zum Ende des ersten Quartals nach dem ursprünglichen Verschmelzungsstichtag erfolgt ist; siehe das Beispiel bei *Hoffmann-Becking* in MünchVertrHdb. Bd. 1 Formular XI.1, dort § 7 Abs. 1.
[140] *Kiem* ZIP 1999, 173, 177.
[141] *Bork* in Lutter § 17 Rn 7; *Grunewald* in G/H/E/K § 345 AktG Rn 13.
[142] § 5 Abs. 1 Nr. 5, siehe Rn 42 ff.; einen anderen Ansatz verfolgen *Schütz/Fett* DB 2002, 2696, 2697 ff., die die Variabilisierung der Stichtage ablehnen und stattdessen aus dem Verschmelzungsvertrag das nebenvertragliche Gebot an die Anteilseigner des übernehmenden Rechtsträgers ableiten, bis zum Wirksamwerden der Verschmelzung keine Gewinne auszuschütten.

vereinbarungen oder Optionsrechte. In Betracht kommen unter dieser Prämisse sowohl auf gesellschaftsrechtlicher als auch auf schuldrechtlicher Basis eingeräumte Rechte. Es kann sich um vermögensrechtliche Sonderrechte wie einen Vorzug bei der Verteilung des Gewinns oder Liquidationserlöses handeln, aber auch um solche, die bestimmte Mitverwaltungsrechte einräumen, wie Sonderstimmrechte, Bestellungsrechte oder Vorerwerbsrechte[143]. Es kommt nicht darauf an, dass die Sonderrechte anlässlich der Verschmelzung gewährt worden sind, weil sämtliche Sonderrechte einzelner Anteilseigner offen gelegt werden sollen, um den übrigen Anteilseignern die Prüfung zu ermöglichen, ob ihnen gegenüber der Gleichbehandlungsgrundsatz gewahrt ist[144]. Wohl aber müssen die Sonderrechte überhaupt von einem beteiligten Rechtsträger gewährt, also rechtsgeschäftlich eingeräumt worden sein; Sonderrechte kraft Gesetzes[145] oder von anderen Anteilsinhabern gewährte schuldrechtliche Sonderstellungen[146] müssen nicht angegeben werden. Außerdem sind die Sonderrechte nur zu nennen, wenn sie aufgrund der Stellung als Anteilseigner oder Sonderrechtsinhaber eingeräumt wurden. Gemäß dem Wortlaut der Vorschrift kommt es auf die Rechte an, die „der übernehmende Rechtsträger einzelnen Anteilsinhabern" einräumt. Daraus den Schluss zu ziehen, dass durch den übertragenden Rechtsträger gewährte Rechte nicht erfasst sind[147], erscheint trotzdem zu eng. Zum Zeitpunkt der Erfüllung der eingeräumten Rechte sind sie aufgrund der Gesamtrechtsnachfolge durch den übernehmenden Rechtsträger eingeräumt und zu erfüllen. Angesichts dessen ist es für das Informationsbedürfnis der Anteilseigner, dem die Angabe dienen soll, irrelevant, ob die Rechte formal zunächst durch den übertragenden Rechtsträger eingeräumt worden sind.

66 Eine Angabepflicht besteht hinsichtlich Sonderrechten, die einzelnen (nicht allen) **Anteilseignern** beim übernehmenden Rechtsträger eingeräumt werden. Dabei ist es unerheblich, ob es sich um einen Anteilseigner eines übertragenden Rechtsträgers handelte oder ob ein schon bisher am übernehmenden Rechtsträger beteiligter Anteilseigner sich zu seiner Zustimmung zu der Verschmelzung durch die Einräumung von Sonderrechten bewegen ließ[148]. Damit soll erkennbar gemacht werden, wenn einzelnen Anteilseignern in einem den Gleichheitsgrundsatz verletzenden Maß Sonderrechte gewährt werden.

67 Neben den Sonderrechten von Anteilseignern sind auch solche von anderen **Inhabern besonderer Rechte** aufzuführen. Soweit das Gesetz als Beispiel für solche besonderen Rechte Anteile ohne Stimmrecht, Vorzugsaktien und Mehrstimmrechtsaktien aufzählt, ist das nicht besonders erhellend, weil die Inhaber solcher Rechte auch immer Anteilsinhaber sind. Angegeben werden müssen auch Sonderrechte, die Inhabern von Schuldverschreibungen und Genussrechten eingeräumt werden. Hier kommen vorrangig Kompensationen für Inhaber von Options-, Wandel- oder Genussrechten[149] bei einer übertragenden AG in Betracht, die ihre Bezugsrechte auf Aktien der übertragenden AG mit deren Erlöschen verlieren. Zu denken ist auch an Begünstigte von Aktienoptionsprogrammen, unabhängig davon, ob die Optionen aus einem bedingten Kapital bedient werden sollen oder hierfür ein Aktienrückkauf oder ein bloßer Barausgleich vorgesehen ist. Auch bei anderen Rechtsformen kommen vom übertragenden Rechtsträger eingeräumte Optionen, gewinnabhängige Schuldverschreibungen oder Besserungsscheine vor, die entweder beim übernehmenden Rechtsträger fortgeführt werden müssen oder deren Inhabern ein Ersatz zu gewähren ist. Insgesamt wird man den Kreis der Inhaber von Sonderrechten hier genauso definieren können wie in § 23[150].

---

[143] *Lutter/Drygala* in Lutter Rn 45.
[144] *Lutter/Drygala* in Lutter Rn 44; *Marsch-Barner* in Kallmeyer Rn 40; *Mayer* in Widmann/Mayer Rn 167.
[145] *Marsch-Barner* in Kallmeyer Rn 40; siehe auch *Hüffer*, FS Lutter, S. 1227, 1238.
[146] *Lutter/Drygala* in Lutter Rn 45.
[147] So *OLG Hamburg* AG 2004, 619, 621.
[148] *Sagasser/Ködderitzsch* in Sagasser/Bula/Brünger J Rn 65.
[149] § 221 AktG.
[150] *Lutter/Drygala* in Lutter Rn 46; *Mayer* in Widmann/Mayer Rn 168; siehe § 23 Rn 4.

Der **Verstoß gegen die Pflicht** zur Nennung der Sonderrechte im Verschmelzungsvertrag macht die Zusage solcher Sonderrechte durch den übernehmenden Rechtsträger nicht unwirksam[151]. Der Verschmelzungsvertrag ist dann allerdings unvollständig, was seine Anfechtbarkeit begründet. Ferner ist dann der Registerrichter an der Eintragung der Verschmelzung gehindert. Andererseits erstreckt sich das Prüfungsrecht des Registerrichters nicht auf die Frage, ob die den Inhabern besonderer Rechte nach § 23 eingeräumten Sonderrechte einen angemessenen Ausgleich darstellen. Diese Frage ist von den betroffenen Rechtsinhabern nach Wirksamwerden der Verschmelzung selbst im Klagewege zu klären[152].

Eine **Negativaussage** dahin gehend, dass Sonderrechte iSd. Abs. 1 Nr. 7 nicht eingeräumt wurden, kann angesichts des Gesetzeswortlauts nicht verlangt werden, ist in der Praxis aber oft anzutreffen[153].

8. Gewährung von Sondervorteilen für Amtsträger und Prüfer (Nr. 8)

Sofern Mitgliedern eines Vertretungs- oder Aufsichtsorgans, geschäftsführenden Gesellschaftern, Partnern einer Partnerschaftsgesellschaft, Abschluss- oder Verschmelzungsprüfern besondere Vorteile gewährt werden, sind diese im Verschmelzungsvertrag anzugeben. **Aufsichtsorgan** in diesem Sinne sind neben obligatorischen und fakultativen Aufsichtsräten auch Beiräte, Gesellschafterausschüsse etc., die nicht bloß beratende, sondern zumindest auch überwachende Funktionen haben[154]. Unabhängig vom sonstigen Zuschnitt des Gremiums sind die seinen Mitgliedern gewährten Sondervorteile jedenfalls immer dann anzugeben, wenn seine Zustimmung zu der Verschmelzung statutarisch erforderlich ist. Sondervorteile zugunsten anderer **Personen** (zB Kommanditisten, nicht geschäftsführende voll haftende Gesellschafter, Sachverständige) müssen nicht aufgeführt werden.

Die Vorteilsgewährung muss **im Zusammenhang mit der Verschmelzung** stehen, also insbesondere als Ersatz dafür erfolgen, dass die genannten Personen als Folge der Verschmelzung ihr Amt bei oder ihre Geschäftsbeziehung mit einem der an der Verschmelzung beteiligten Rechtsträger verlieren. Die Anteilseigner sollen sich ein Bild davon machen können, in welchem Umfang die genannten Personen von der Verschmelzung profitieren und deshalb ggf. in ihrer Objektivität beeinträchtigt sind[155]. Daher sind alle diejenigen Sondervorteile anzugeben, die durch oder infolge der Umsetzung der Verschmelzung bei den betreffenden Personen anfallen, unabhängig davon, ob sie in zeitlicher Nähe zum Abschluss des Verschmelzungsvertrags vereinbart wurden oder schon vorher.

Sondervorteil im Sinne dieser Vorschrift ist zunächst jeder **finanzielle Vorteil**, der einer der genannten Personen zugesprochen wird, ohne dass dieser die angemessene Kompensation für geleistete Dienste ist oder ohne die Verschmelzung beansprucht werden könnte. Daher ist zB die vorzeitige Auszahlung einer erdienten Tantieme an ein Vertretungsorgan oder die Entlohnung für die Verschmelzungsprüfung kein anzugebender Vorteil. Mitgeteilt werden müssen aber Abfindungszahlungen an Mitglieder des genannten Personenkreises für die vorzeitige Auflösung von Dienst-, Geschäftsbesorgungs- und Beraterverträgen etc., soweit damit das Einverständnis zur Lösung dieser Vertragsverhältnisse erkauft oder dafür entschädigt werden soll, dass künftig aufgrund dieser Vertragsverhältnisse keine Dienste mehr geleistet werden können. Soweit dabei Organmitgliedern (meist der übertragenden Rechtsträger) eine abgezinste Vorwegentlohnung für die vertragsgemäße Restlaufzeit eines einvernehmlich aufgelösten Anstellungsverhältnisses gewährt wird, liegt darin eigentlich keine Vergünstigung,

---

[151] *Mayer* in Widmann/Mayer Rn 170; *Marsch-Barner* in Kallmeyer Rn 43.
[152] *Hüffer*, FS Lutter, S. 1227, 1244.
[153] *Kraus* in Engl, Formular A.1, Rn 281.
[154] H. *Schmidt* in Lutter Umwandlungsrechtstage S. 71 f.; *Lutter/Drygala* in Lutter Rn 47; *Marsch-Barner* in Kallmeyer Rn 45.
[155] *Lutter/Drygala* in Lutter Rn 47; *Mayer* in Widmann/Mayer Rn 171; *Graef* GmbHR 2005, 908, 909; *Stratz* in Schmitt/Hörtnagl/Stratz Rn 76 sieht darüber hinaus auch die Gläubiger geschützt.

die angabepflichtig ist. Trotzdem werden auch solche Zahlungen in der Praxis meist mitgeteilt, weil damit der Vorteil der Freistellung verbunden ist. Unzweifelhaft ist dies erforderlich, sofern darüber hinaus Zahlungen als Anreiz gewährt werden, den Verschmelzungsprozess zu fördern und anschließend der Auflösung des rechtlich (im Unterschied zur Organstellung) fortbestehenden Anstellungsverhältnisses überhaupt zuzustimmen. Das bloße Fortgelten von früher eingeräumten Optionen ist kein anlässlich der Verschmelzung erlangter Sondervorteil, die nachträglich vereinbarte vorzeitige Rückzahlung wegen der Verschmelzung aber schon. Ist eine solche vorzeitige Rückzahlung schon in den Optionsbedingungen vorgesehen, wird zwar nicht das Recht erst anlässlich der Verschmelzung gewährt, wohl aber die Zahlung. Angesichts des Zwecks der Vorschrift sollte auch insoweit eine Angabepflicht angenommen werden, weil – insbesondere wenn eine vorzeitige Rückzahlung über Tageswert oder ohne die Einhaltung einschränkender Bedingungen vorgesehen ist – hierin durchaus ein die Objektivität des Organs beeinflussender Sondervorteil liegen kann[156].

73 Daneben kommen auch Sondervorteile nicht finanzieller Art vor, etwa die **Zusage bestimmter Ämter** an bestimmte Personen. Solche Zusagen sind immer unverbindlich, wenn sie nicht durch das für die Bestellung zuständige Organ erfolgen. Aber selbst wenn die über den Verschmelzungsvertrag abstimmende Anteilseignerversammlung für die Wahl in das Amt zuständig ist, ist diese durch die Zustimmung zum Verschmelzungsvertrag weder inzident erfolgt, noch kann sie von den Vertretungsorganen oder den Anteilseignern eingefordert werden[157]. Nicht einmal eine Verpflichtung der Vertretungsorgane, sich für eine entsprechende Umsetzung der Zusage einzusetzen[158], lässt sich daraus ableiten, da durch den Verschmelzungsvertrag nicht diese, sondern die beteiligten Rechtsträger berechtigt und verpflichtet werden, und zwar im Außenverhältnis und nicht im Innenverhältnis gegenüber bisherigen oder potentiellen Amtsinhabern. Dementsprechend bestehen auch keine Schadensersatzansprüche, wenn die Zusagen nicht eingehalten werden. Man könnte also bezweifeln, ob derartige Zusagen überhaupt in den Vertrag aufgenommen werden müssen. IdR sind die Zusagen aber Ergebnis von informellen Absprachen unter zumindest teilweiser Einbeziehung der zuständigen Bestellungsorgane mit der Folge, dass sie letztlich auch umgesetzt werden. Die vom Gesetz angestrebte umfassende Information der Anteilseigner erfordert daher auch die Mitteilung solcher, wenn auch nicht rechtlich, so zumindest moralisch verpflichtender Zusagen, damit sich die Anteilseigner ein Bild davon machen können, welche Interessen die Entscheidung zur Verschmelzung beeinflusst haben könnten[159]. Erst recht besteht eine Angabepflicht, wenn unabhängig von der Beschlussfassung über den Verschmelzungsvertrag ein wirksamer (ggf. durch das Wirksamwerden der Verschmelzung aufschiebend bedingter oder befristeter) Beschluss des für die Bestellung für das Amt zuständigen Organs des übernehmenden Rechtsträgers vorliegt[160].

74 Der **Verstoß gegen die Pflicht**, Sondervorteile im Verschmelzungsvertrag aufzuführen, macht den Beschluss der Hauptversammlung, der auf dem Verschmelzungsvertrag beruht, anfechtbar[161], hindert die Eintragung, sofern der Registerrichter davon weiß, und kann Schadensersatzansprüche gegen das Vertretungsorgan auslösen. Erfolgt die Eintragung trotzdem, wird teilweise recht pragmatisch vertreten, dass dann auch der übernehmende

---

[156] AA insoweit wohl *OLG Hamburg* AG 2004, 619, 621.

[157] *Grunewald* in G/H/E/K § 340 AktG Rn 26; *Lutter/Drygala* in Lutter Rn 49.

[158] So *Barz* AG 1972, 1, 4; dagegen *Grunewald* in G/H/E/K § 340 AktG Rn 26.

[159] Zustimmend *Mayer* in Widmann/Mayer Rn 172; siehe auch *Hockemeier* S. 26 f.; aA *Marsch-Barner* in Kallmeyer Rn 44; *Lutter/Drygala* in Lutter Rn 49; *Stratz* in Schmitt/Hörtnagl/Stratz Rn 75.

[160] Siehe das Formulierungsbeispiel bei *Mayer* in Widmann/Mayer Rn 173, in dem angegeben wird, dass der Aufsichtsrat der übernehmenden AG einzelne Vorstandsmitglieder der übertragenden AG mit Wirkung ab einem bestimmten Zeitpunkt zu Vorstandsmitgliedern der übernehmenden AG bestellt hat.

[161] Siehe *OLG Hamburg* AG 2004, 619, 621, insbesondere auch zur Kausalität zwischen Mangel des Verschmelzungsvertrags und der Beschlussfassung.

Rechtsträger nicht an die Zusage der Sonderrechte gebunden sei, weil anderenfalls die Vorschrift keinen hinreichenden Druck zur Offenlegung solcher Tatsachen entfalte[162]. Es ist zwar richtig, dass die Registerkontrolle und die Anfechtbarkeit des Verschmelzungsbeschlusses eher theoretischer Natur sind, wenn Registerrichter und Aktionäre von den nicht angegebenen Sondervorteilen nichts wissen. Die behauptete Unwirksamkeit lässt sich zivilrechtlich aber nicht begründen[163]. Sie hätte vom Gesetzgeber angeordnet werden müssen[164]. § 26 Abs. 3 AktG kann über § 36 Abs. 2 nur bei der Verschmelzung zur Neugründung einer AG Anwendung finden[165].

Eine **Negativaussage** dahin gehend, dass Sondervorteile iSd. Abs. 1 Nr. 8 nicht gewährt wurden, kann angesichts des Gesetzeswortlauts nicht verlangt werden, ist in der Praxis aber üblich[166].

9. Folgen für Arbeitnehmer und ihre Vertretungen (Nr. 9)[167]

a) Sinn und Zweck der Regelung. Die Folgen der Verschmelzung für die Arbeitnehmer und ihre Vertretungen sowie die insoweit vorgesehenen Maßnahmen sind in den Verschmelzungsvertrag bzw. seinen Entwurf aufzunehmen[168]. Nach der Gesetzesbegründung sind die durch die Verschmelzung eintretenden individual- und kollektivrechtlichen Änderungen aufzuzeigen[169]. Hierdurch soll insbesondere der Betriebsrat möglichst frühzeitig über die Verschmelzung und die durch sie bewirkten Folgen für die Arbeitnehmer informiert werden, um bereits im Vorfeld eine möglichst sozialverträgliche Durchführung der Verschmelzung zu ermöglichen[170]. Richtiger Standort für die lediglich beschreibenden Angaben wäre an sich der Verschmelzungsbericht oder das BetrVG gewesen; insoweit stellen die Angaben im Verschmelzungsvertrag einen „Fremdkörper" dar[171].

Das gesellschaftsrechtlich ausgestaltete Informationsrecht ist eine materiell betriebsverfassungsrechtliche Regelung, die den Betriebsrat in die Lage versetzen soll, seine Mitwir-

---

[162] *Heckschen*, Verschmelzung von Kapitalgesellschaften, 1989, S. 18; *Grunewald* in G/H/E/K § 340 AktG Rn 27; *Mayer* in Widmann/Mayer Rn 175; *Lutter/Drygala* in Lutter Rn 48 Fn 9.

[163] Insbesondere auch nicht mit dem Argument der Formnichtigkeit (§ 125 BGB) wegen mangelnder Beurkundung im Verschmelzungsvertrag (so *LAG Nürnberg* ZIP 2005, 398 ff.), weil das Versprechen des Sondervorteils – formwirksam – außerhalb des Verschmelzungsvertrags erfolgt; siehe auch *Graef* EWiR § 5 UmwG 1/05.

[164] So jetzt auch *Marsch-Barner* in Kallmeyer Rn 46 a und mit ausführlicher Begründung *Graef* GmbHR 2005, 908, 909 ff.

[165] *Marsch-Barner* in Kallmeyer Rn 46 a.

[166] *Kraus* in Engl Formular A.1 Rn 282.

[167] Muster finden sich bei *Volhard* in Hopt, Vertrags- und Formularbuch, II. J. 2, 3, 4 und *Hoffmann-Becking* in MünchVertrHdb. XI sowie bei *Düwell* in Kasseler Hdb. 6.8 Rn 184 und *Lutter/Drygala* in Lutter Rn 73. Aus der Praxis: Verschmelzung der ProSieben Media AG/SAT.1 Holding GmbH/ProSieben-SAT.1 Media AG, BAnz. 2000, 13 583, 13 584; Verschmelzung der VEBA AG/VIAG AG, BAnz. 1999, 20 819, 20 820; Verschmelzung der Thyssen AG/Friedr. Krupp AG Hoesch-Krupp, BAnz. 1998, 15 234; Verschmelzung der Bayerische Hypotheken- und Wechsel-Bank AG/Bayerische Vereinsbank AG, BAnz. 1998, 5419, 5420; Verschmelzung der Metro AG/Kaufhof Holding AG, BAnz. 1996, 4833, 4834.

[168] Gleich lautende Bestimmungen finden sich in § 126 Abs. 1 Nr. 11 für die Spaltung, § 176 Abs. 1 iVm. § 5 Abs. 1 Nr. 9 bzw. § 177 Abs. 1 iVm. § 126 Abs. 1 Nr. 11 für die Vermögensübertragung und § 194 Abs. 1 Nr. 7 für den Formwechsel.

[169] RegBegr. *Ganske* S. 50.

[170] *OLG Düsseldorf* NZA 1998, 766, 767 = NZG 1998, 648; *Boecken* Rn 316; *Lutter/Drygala* in Lutter Rn 50; *Stohlmeier* BB 1999, 1394, 1395; *Willemsen* in Kallmeyer Rn 49; ähnlich *Joost* ZIP 1995, 976, 978.

[171] *Bungert* DB 1997, 2209; *Willemsen* in Kallmeyer Rn 47; *Düwell* in Kasseler Hdb. 6.8 Rn 37; iE ebenso *Lutter/Drygala* in Lutter Rn 50; dagegen wurde die arbeitsrechtliche Regelung des § 14 Abs. 1 Satz 4 VAG mit dem Argument des „Fremdkörpers" im System des Versicherungsaufsichtsrechts aufgehoben; BT-Drucks. 12/6959 S. 134.

kungsrechte auszuüben[172]. Die Angaben im Verschmelzungsvertrag haben damit eine **Hilfsfunktion** für die Ausübung mitbestimmungsrechtlicher Kompetenzen des Betriebsrats[173]. Der Gesetzesbegründung lässt sich weiter entnehmen, dass die Informationspflicht auch dem Schutz von Individualinteressen der von der Verschmelzung betroffenen Arbeitnehmer dient. Die Angaben nach Abs. 1 Nr. 9 können somit nicht auf solche Informationen beschränkt werden, in denen ein Mitgestaltungsspielraum des Betriebsrats besteht[174].

78 Die systematisch unglückliche Stellung im UmwG sowie der unklare Wortlaut der Vorschrift erschweren eine rechtssichere Gestaltung des Verschmelzungsvertrags. Die Vorschrift lässt offen, welche tatsächlichen und rechtlichen Folgen und insoweit vorgesehenen Maßnahmen notwendiger Inhalt des Verschmelzungsvertrags sind und wie ausführlich die Darstellung dieser Angaben sein muss. Das **Grundproblem der Vorschrift** ist der Widerspruch zwischen dem Informationsbedarf der Arbeitnehmer und der noch zumutbaren Belastung des Unternehmens durch die notwendigen Angaben[175]. Unklar sind auch die Rechtsfolgen im Fall fehlender, unzureichender und unrichtiger Angaben.

79 **b) Verhältnis zu sonstigen Rechten.** Die Angaben im Verschmelzungsvertrag haben reinen Berichtscharakter und können mangels Regelungsinhalt **keine Rechtsansprüche** der Arbeitnehmer oder ihrer Vertretungen begründen[176].

80 Die sonstigen Mitbestimmungs- und Informationsrechte der Arbeitnehmervertretungen[177] bleiben von dem Informationsrecht aus § 5 Abs. 1 Nr. 9 unberührt (sog. Trennungstheorie)[178]. Die beteiligten Rechtsträger haben insbesondere ihren **Wirtschaftsausschuss** rechtzeitig und umfassend über eine Verschmelzung zu unterrichten[179], und zwar so frühzeitig, dass der Wirtschaftsausschuss und der Betriebsrat noch Einfluss auf die Gesamtplanung und die einzelnen Vorhaben nehmen können[180]. Dies kann dazu führen, dass der Wirtschaftsausschuss bereits vor der Zuleitung des Verschmelzungsvertrags zu informieren ist[181]. Auch **die Unterrichtung der Arbeitnehmer** aus § 613 a Abs. 5 BGB bleibt von den umwandlungsrechtlichen Angaben unberührt.

81 **c) Inhalt und Umfang der notwendigen Angaben.** Das **zentrale Problem** bei der Anwendung des § 5 Abs. 1 Nr. 9 ist die Bestimmung des **notwendigen Inhalts** und **erforderlichen Umfangs** der Angaben. Die Angaben im Verschmelzungsvertrag sollen dem Betriebsrat bei der Ausübung seiner mitbestimmungsrechtlichen Kompetenzen helfen[182]. Es ist daher nicht erforderlich, die arbeitsrechtlichen Folgen in allen Einzelheiten darzustellen und rechtlich abschließend zu beurteilen[183]. Sonst würde der Inhalt des Verschmelzungsver-

---

[172] *Henssler*, FS Kraft, S. 219, 225; *Joost* ZIP 1995, 976, 984; *Willemsen* in Kallmeyer Rn 54; *Stratz* in Schmitt/Hörtnagl/Stratz Rn 81.
[173] *Joost* ZIP 1995, 976, 984; *Willemsen* in Kallmeyer Rn 54.
[174] *Henssler*, FS Kraft, S. 219, 225.
[175] *Henssler*, FS Kraft, S. 219, 223.
[176] Der Verschmelzungsvertrag ist kein Vertrag zugunsten Dritter. *Joost* ZIP 1995, 976, 985; *Willemsen* RdA 1998, 23, 31; *ders.* in Kallmeyer Rn 49; *Steffan* in Großkomm. KündigungsR § 126 Rn 41; *Hohenstatt/Schramm*, FS AG Arbeitsrecht, S. 629, 640.
[177] Vgl. §§ 80 Abs. 2, 92 ff., 99, 102, 106, 111 ff. BetrVG, §§ 31, 32 SprAuG.
[178] *Willemsen* RdA 1998, 23, 29; *ders.* in Kallmeyer Rn 48; *Joost* ZIP 1995, 976, 977; *Engelmeyer* DB 1996, 2542; *Boecken* Rn 342; *Düwell* in Kasseler Hdb. 6.8 Rn 68; *Steffan* in Großkomm. KündigungsR § 126 Rn 38; *Lutter/Drygala* in Lutter Rn 50; *Fitting* § 1 BetrVG Rn 168.
[179] § 106 Abs. 2 iVm. Abs. 3 Nr. 8 BetrVG.
[180] BAG AP BetrVG 1972 § 106 Nr. 9 = NZA 1991, 649; *Steffan* in Großkomm. KündigungsR § 126 Rn 39.
[181] *Boecken* Rn 346; *Steffan* in Großkomm. KündigungsR § 126 Rn 39.
[182] Siehe Rn 76.
[183] *Joost* ZIP 1995, 976, 984; *Henssler*, FS Kraft, S. 219, 224; *Steffan* in Großkomm. KündigungsR § 126 Rn 47; *Willemsen* in Kallmeyer Rn 54; *Hohenstatt/Schramm*, FS AG Arbeitsrecht, S. 629 ff. mwN.

trags sachwidrig von arbeitsrechtlichen Angaben überfrachtet[184]. Die Angaben im Umwandlungsvertrag müssen aber so ausführlich sein, dass sich der Betriebsrat auf ihrer Grundlage eine Meinung über die Änderungen für die Arbeitnehmer und ihre Vertretungen sowie das Bestehen von einschlägigen Mitbestimmungsrechten bilden kann[185]. Nicht ausreichend ist der Hinweis, dass sich die Folgen der Verschmelzung nach den Vorschriften des UmwG und nach § 613 a BGB richten[186]. Auch die Erklärung, die Verschmelzung habe für die Arbeitnehmer der beteiligten Gesellschaften individual-arbeitsrechtlich keine Nachteile, genügt nicht. Nach dem Gesetzeswortlaut ist zu den Folgen, nicht nur zu den Nachteilen für die Arbeitnehmer Stellung zu nehmen[187].

Jedenfalls sind sämtliche durch den gesellschaftsrechtlichen Vorgang der Verschmelzung beabsichtigten **unmittelbaren Änderungen bzw. unmittelbar eintretenden rechtlichen Folgen**[188] im Verschmelzungsvertrag anzugeben[189]. Zu den „insoweit vorgesehenen Maßnahmen" gehören zumindest diejenigen Maßnahmen, die die beteiligten Rechtsträger getroffen haben, um die sich aus dem Gesetz an sich ergebenden Folgen für die Arbeitnehmer (zB Wegfall der Tarifbindung) zu vermeiden oder abzuschwächen[190]. Im Übrigen ist umstritten, ob sich die Angaben auf die unmittelbaren rechtlichen Folgen (sog. **kleine Lösung**)[191] beschränken oder sich auch auf die mittelbaren tatsächlichen und rechtlichen Folgen[192], die sich aus dem Vollzug der Verschmelzung ergeben, erstrecken (sog. **große Lösung**)[193]. Auch in der Praxis lässt sich für Verschmelzungsverträge **kein einheitlicher Inhalt** finden[194]. Häufig sind die Angaben im Verschmelzungsvertrag ausführlicher, als dies

82

---

[184] Gerold MittRhNotK 1997, 205, 215; *Willemsen* in Kallmeyer Rn 54; iE ebenso *Lutter/Drygala* in Lutter Rn 67; *Drygala* ZIP 1996, 1365, 1366.

[185] *Joost* ZIP 1995, 976, 984; *Boecken* Rn 330 f.; *Mengel* S. 345; *Henssler*, FS Kraft, S. 219, 224; *Steffan* in Großkomm. zum KündigungsR § 126 Rn 47; ähnlich *Willemsen* in Kallmeyer Rn 54.

[186] OLG Düsseldorf NZA 1998, 766, 767; (insoweit zustimmend) *Bungert*, Anm. zum Beschluss des OLG Düsseldorf vom 15. 5. 1998, NZG 1998, 733; *Willemsen* in Kallmeyer Rn 58; *Steffan* in Großkomm. KündigungsR § 126 Rn 42.

[187] OLG Düsseldorf NZA 1998, 766, 767; (insoweit zustimmend) *Bungert*, Anm. zum Beschluss des OLG Düsseldorf vom 15. 5. 1998, NZG 1998, 733; *Steffan* in Großkomm. KündigungsR § 126 Rn 42.

[188] ZB Übergang der Arbeitsverhältnisse, Fortgeltung von Tarifverträgen und Betriebsvereinbarungen, Fortbestand oder Auflösung des Betriebsrats und mitbestimmten Aufsichtsrats.

[189] OLG Düsseldorf NZA 1998, 766, 767; *Lutter/Drygala* in Lutter Rn 51 mwN; *Joost* ZIP 1995, 976, 979.

[190] *Willemsen* in Kallmeyer Rn 53; *Lutter/Drygala* in Lutter Rn 72; *Steffan* in Großkomm. KündigungsR § 126 Rn 45.

[191] *Bungert* NZG 1998, 733, 734; *K. J. Müller* DB 1997, 713, 714; *Drygala* ZIP 1996, 1365, 1368 ff.; *B. Gaul* DB 1995, 2265, 2266; *Kreßel* BB 1995, 925, 926; *Lutter/Drygala* in Lutter Rn 65 ff.

[192] ZB Personalabbau, verlängerte Anfahrtswege für die Arbeitnehmer, Abfindungszahlung und ihre Höhe, Stilllegung oder Verlagerung von Betrieben.

[193] *Bachner* NJW 1995, 2881, 2886; *Blechmann* NZA 2005, 1143, 1147; *Däubler* RdA 1995, 136, 138; *Düwell* in Kasseler Hdb. 6.8 Rn 77 und 183; *Engelmeyer* DB 1996, 2542 f.; *Fitting* § 1 BetrVG Rn 169; *Hjort* NJW 1999, 750, 751; *Joost* ZIP 1995, 976, 979; *Mengel* S. 339 ff.; *Wlotzke* DB 1995, 40, 45; ausführlich dazu *Hohenstatt/Schramm*, FS AG Arbeitsrecht, S. 629, 630 ff.

[194] Beschränkung der Angaben auf die unmittelbaren Folgen: ZB bei der Verschmelzung der Nürnberger Hypothekenbank AG/Süddeutsche Bodencreditbank AG/Bayerische Handelsbank AG, BAnz. 2001, 9186, 9187, der Verschmelzung der KM Europa Metal AG/„Europa Metalli" Investitions-Beteiligungs-AG, BAnz. 2001, 8133, 8134 und der Verschmelzung der Datax AG mit der Securenta AG, BAnz. 1996, 5015 f.; ebenso bei der Ausgliederung von Teilen der AEG AG auf die EHG Elektro Holding GmbH und der nachfolgenden Verschmelzung der AEG auf die Daimler-Benz AG, BAnz. 1996, 4912; auch Angaben zu mittelbaren rechtlichen und tatsächlichen Folgen: bei der Verschmelzung der Dyckerhoff & Widmann AG/WALTER BAU AG, BAnz. 2001, 8427, 8428, der Verschmelzung der GZ-Bank AG/DG BANK Deutsche Genossenschaftsbank AG, BAnz. 2001, 14 403, 14 404, der Verschmelzung der Rheinboden Hypothekenbank AG/Allgemeine Hypothekenbank AG, BAnz. 2001, 5828, der Verschmelzung der Verwaltung SCHOLZ & FRIENDS AG/United Visions Entertain-

83 nach dem Zweck der Regelung erforderlich wäre, weil die Unternehmen von vornherein Streitigkeiten über Eintragungshindernisse vermeiden wollen.

83 Im Ergebnis ist einer vermittelnden Lösung zu folgen. Die Auslegung der Vorschrift ergibt, dass nur solche mittelbaren tatsächlichen und rechtlichen Folgen anzugeben sind, die in unmittelbarem Sachzusammenhang mit der Verschmelzung stehen und die betriebsverfassungsrechtlichen Strukturen betreffen oder konkrete Auswirkungen auf die Arbeitsverhältnisse haben[195]. Aus §§ 321 aF, 322 ff. folgt, dass der Gesetzgeber **Veränderungen der Betriebsstruktur im direkten zeitlichen und sachlichen Zusammenhang mit Unternehmensumwandlungen** für klärungsbedürftig gehalten hat. Sie sind deshalb im Verschmelzungsvertrag anzugeben[196]. Zu den erforderlichen Angaben gehören demnach **konkret geplante Änderungen** der betrieblichen Strukturen[197]. Demgegenüber gehören gesetzlich geforderte Verpflichtungen nicht zu den im Verschmelzungsvertrag anzugebenden Maßnahmen[198]. Auch die Gesetzesbegründung und der Zweck der Vorschrift sprechen dafür, bestimmte **tatsächliche Folgen der Umwandlung** anzugeben, weil die Arbeitnehmervertretungen sonst nicht auf eine sozialverträgliche Gestaltung der Verschmelzung hinwirken können. Eine reine Belehrung über die rechtlichen Folgen genügt dem Informationsbedürfnis der Arbeitnehmer und ihrer Vertretungen nicht[199], denn für letztere steht die Frage der Erhaltung der Arbeitsplätze im Vordergrund, die nur durch Angabe der tatsächlichen Folgen und Maßnahmen der Verschmelzung beantwortet werden kann. Daher sind konkret geplante **personelle Veränderungen wie etwa Umgruppierungen, Versetzungen, Zuweisung neuer Arbeitsplätze**[200] **oder Kündigungen** anzugeben.

84 Andererseits muss das Unternehmen vor einer unzumutbaren Belastung geschützt werden. Durch eine Beschränkung des Umfangs der Angaben kann die von Teilen des Schrifttums[201] zu Recht befürchtete systemwidrige Überfrachtung des Verschmelzungsvertrags und „Doppelinformation" vermieden werden. Es sind daher **keine detaillierten Angaben zu mittelbaren personellen und organisatorischen Folgewirkungen** erforderlich. Bei den mittelbaren Folgen und Maßnahmen ist die Angabe der Art der betrieblichen Umstrukturie-

---

ment AG, BAnz. 2001, 14 896 und der Verschmelzung der ProSieben Media AG/SAT.1 Holding GmbH/ProSiebenSAT.1 Media AG, BAnz. 2000, 13 583, 13 584; der Verschmelzung der Bayerische Hypotheken- und Wechsel-Bank AG/Bayerische Vereinsbank AG, BAnz. 1998, 5419, 5420, der Verschmelzung der Metro AG/Kaufhof Holding AG, BAnz. 1996, 4833, 4834 sowie der Verschmelzung der Metro AG/Deutsche SB-Kauf AG, BAnz. 1996, 4518; der Verschmelzung der Kaufhalle AG und der KCG Kaufcenter GmbH, BAnz. 1995, 5888; bei der Verschmelzung der RWE AG/VEW AG/RWE Gesellschaft für Beteiligungen mbH, BAnz. 2000, 8809, 8810, der VEBA AG/VIAG AG, BAnz. 1999, 20 819, 20 820 und der Thyssen AG/Friedr. Krupp AG Hoesch-Krupp, BAnz. 1998, 15 234 wurde im Verschmelzungsvertrag angekündigt, noch vor dem Wirksamwerden der Verschmelzung einen Interessenausgleich und Sozialplan zu vereinbaren.

[195] *Willemsen* RdA 1998, 23, 27 ff.; *Blechmann* NZA 2005, 1143, 1145; wohl auch *Gerold* MittRhNotK 1997, 205, 216.

[196] *Willemsen* RdA 1998, 23, 27; zu Kettenverschmelzungen siehe *Hohenstatt/Schramm*, FS AG Arbeitsrecht, S. 629, 638 f. mwN.

[197] ZB Zusammenlegung der Hauptverwaltungen, Spaltung und Zusammenlegung von Betrieben oder Betriebsteilen und sonstige Betriebsänderungen iSv. §§ 111 ff. BetrVG; *Willemsen* RdA 1998, 23, 28 f.; *Volhard* in Hopt, Vertrags- und Formularbuch, II. J. 2 Anm. 6; *Steffan* in Großkomm. KündigungsR § 126 Rn 45; *Mengel* S. 344 f.

[198] ZB sind Angaben über den Inhalt eines Sozialplans nicht erforderlich; *Willemsen* in Kallmeyer Rn 53; *Steffan* in Großkomm. KündigungsR § 126 Rn 45; aA *Joost* ZIP 1995, 976, 979; *Engelmeyer* DB 1996, 2542 f.; *Düwell* in Kasseler Hdb. 6.8 Rn 79.

[199] *Gerold* MittRhNotK 1997, 205, 216; *Steffan* in Großkomm. KündigungsR § 126 Rn 47; aA *Lutter/Drygala* in Lutter Rn 50.

[200] OLG *Düsseldorf* NZA 1998, 766, 767.

[201] *Lutter/Drygala* in Lutter UmwG Rn 68 f.; *Drygala* ZIP 1996, 1365, 1368; *Willemsen* in Kallmeyer Rn 51 ff.

Inhalt des Verschmelzungsvertrags 85, 86 § 5

rung und/oder die Art der Änderungen ausreichend[202], damit der Betriebsrat anschließend seine Rechte wahrnehmen kann. Es ist insbesondere nicht notwendig, einen möglichen Interessenausgleich oder Sozialplan inhaltlich vorwegzunehmen[203]. Dies widerspräche dem üblichen zeitlichen Ablauf bei Betriebsänderungen sowie der Hilfsfunktion des gesellschaftsrechtlich ausgestalteten Informationsrechts des Betriebsrats und würde zu einer systemwidrigen Verdopplung von Informationsrechten führen. Auch die unmittelbaren Folgen für die Arbeitnehmer sind wegen der Unterrichtungspflicht aus § 613 a Abs. 5 BGB knapp zu halten.

d) Einzelfragen. Nach der hier vertretenen vermittelnden Auffassung sind im Verschmelzungsvertrag insbesondere folgende Angaben aufzunehmen: 85

aa) Folgen für die Arbeitsverhältnisse. Anzugeben ist, dass die bestehenden Arbeitsverhältnisse vom übertragenden auf den übernehmenden bzw. neuen Rechtsträger übergehen, der gem. § 20 Abs. 1 Nr. 1 in alle Rechte und Pflichten aus dem Arbeitsverhältnis eintritt[204]. Auch konkret geplante Entlassungen, Versetzungen oder Umgruppierungen sind anzugeben[205]. Soweit eine Angleichung verschiedener Systeme der betrieblichen Altersversorgung im Zusammenhang mit der Verschmelzung vorgesehen ist, sind die hierzu eingeleiteten oder erforderlichen tatsächlichen und rechtlichen Maßnahmen und Folgen mitzuteilen[206]. Nicht empfehlenswert ist der in einigen Verschmelzungsverträgen enthaltene Hinweis, dass bisher beim übertragenden Rechtsträger erreichte Dienstzeiten als beim aufnehmenden Rechtsträger verbrachte Dienstzeiten gelten[207] und Versorgungsverpflichtungen der übertragenden Rechtsträger gegenüber aktiven und ausgeschiedenen Arbeitnehmern auf den übernehmenden Rechtsträger übergehen[208]. Entbehrlich sind Hinweise darauf, dass 86
– die Arbeitnehmer auch bei der Verschmelzung dem Übergang ihrer Arbeitsverhältnisse widersprechen können[209]. Der Widerspruch ist nicht unmittelbar mit der Verschmelzung

---

[202] IE ebenso *Mengel* S. 345 f.; *Willemsen* in Kallmeyer Rn 55, 60 a; *Hohenstatt/Schramm*, FS AG Arbeitsrecht, S. 629, 635. Aus der Praxis: Verschmelzungsvertrag der Rheinboden Hypothekenbank AG/Allgemeine Hypothekenbank AG, BAnz. 2001, 5828. Nur die Art der betrieblichen Umstrukturierung nennen der Verschmelzungsvertrag der Dyckerhoff & Widmann AG/WALTER BAU AG, BAnz. 2001, 8427, 8428; der Verschmelzungsvertrag der RWE AG/VEW AG/RWE Gesellschaft für Beteiligungen mbH, BAnz. 2000, 8809, 8810, der Verschmelzungsvertrag der VEBA AG/VIAG AG, BAnz. 1999, 20 819, 20 820 sowie der Verschmelzungsvertrag der Thyssen AG/Friedr. Krupp AG Hoesch-Krupp, BAnz. 1998, 15 234.

[203] *Willemsen* in Kallmeyer Rn 51; *Steffan* Großkomm. KündigungsR § 126 Rn 47.

[204] Ausf. § 20 Rn 34 ff.

[205] OLG Düsseldorf NZA 1998, 766, 767; *Joost* ZIP 1995, 976, 979.

[206] So geschehen im Verschmelzungsvertrag zwischen der Bayerische Hypotheken- und Wechsel-Bank AG und der Bayerische Vereinsbank AG, BAnz. 1998, 5420.

[207] Siehe Verschmelzung der GZ-Bank AG/DG BANK Deutsche Genossenschaftsbank AG, BAnz. 2001, 14 403, 14 404; Verschmelzung der ProSieben Media AG/SAT.1 Holding GmbH/ProSieben-SAT.1 Media AG, BAnz. 2000, 13 583, 13 584; Verschmelzung der VEBA AG/VIAG AG, BAnz. 1999, 20 819, 20 820; Verschmelzung der Thyssen AG/Friedr. Krupp AG Hoesch-Krupp, BAnz. 1998, 15 234; Verschmelzung der Bayerische Hypotheken- und Wechsel-Bank AG/Bayerische Vereinsbank AG, BAnz. 1998, 5419, 5420; Verschmelzung der Metro AG/Kaufhof Holding AG, BAnz. 1996, 4833, 4834; Verschmelzung der Metro AG/Deutsche SB-Kauf AG, BAnz. 1996, 4518.

[208] AA wohl *Hohenstatt/Schramm*, FS AG Arbeitsrecht S. 629, 635; siehe ferner Verschmelzung der Wüstenrot Bausparkasse AG/Leonberger Bausparkasse AG, BAnz. 2001, 10 570 und Verschmelzung der RWE AG/VEW AG/RWE Gesellschaft für Beteiligungen mbH, BAnz. 2000, 8809, 8810. Den Hinweis nur für ausgeschiedene Arbeitnehmer enthalten der Verschmelzungsvertrag der VEBA AG/VIAG AG, BAnz. 1999, 20 819, 20 820 sowie der Thyssen AG/Friedr. Krupp AG Hoesch-Krupp, BAnz. 1998, 15 234.

[209] So fehlt beispielsweise ein Hinweis auf das Widerspruchsrecht im Verschmelzungsvertrag von Thyssen AG/Friedr. Krupp AG Hoesch-Krupp, BAnz. 1998, 15 234 sowie von VEBA AG/VIAG AG, BAnz. 1999, 20 819, 20 820. Unklar *Lutter/Drygala* in Lutter, die zum einen in Rn 53 bei den

verknüpft und eine Information über das sachgerechte Verhalten des Arbeitnehmers ist vom Normzweck des Abs. 1 Nr. 9 nicht erfasst[210], was nunmehr mittelbar aus § 613 a Abs. 5 und 6 BGB folgt;
– die Arbeitsverhältnisse gem. § 324 UmwG iVm. § 613 a Abs. 4 BGB weder vom übernehmenden noch vom übertragenden Rechtsträger wegen des Betriebsübergangs gekündigt werden können[211], zumal eine Kündigung aus anderen Gründen zulässig ist[212] und Informationen über den Kündigungsschutz auch Gegenstand der Information gem. § 613 a Abs. 5 BGB sind;
– der übernehmende Rechtsträger für die Verbindlichkeiten des übertragenden Rechtsträgers haftet und eine zusätzliche Haftung des bisherigen Rechtsträgers gem. § 613 a Abs. 3 BGB entfällt[213].

87 *bb) Folgen für die Arbeitnehmervertretungen.* Die für den Bestand der Arbeitnehmervertretungen maßgeblichen **tatsächlichen Verhältnisse** und **rechtlichen Folgen** sind anzugeben[214]. Insbesondere ist darzustellen, welche Arbeitnehmervertretungen nach der Verschmelzung (nicht mehr) fortbestehen bzw. neu zusammenzusetzen sind. Es sind auch die Auswirkungen auf Konzern- und Gesamtbetriebsräte darzustellen[215]. Kommt es im sachlichen und zeitlichen Zusammenhang mit der Verschmelzung zu einer Betriebsänderung, ist hierauf hinzuweisen. Auch die Führung eines gemeinsamen Betriebs ist als Folge bzw. Maßnahme mitzuteilen[216]. Bei einer Standortverlagerung ist anzugeben, dass und wohin der Betrieb oder Betriebsteil verlagert werden soll[217]. Auf einen vor Wirksamwerden der Verschmelzung abgeschlossenen Interessenausgleich und Sozialplan kann zur Verringerung des Umfangs der Angaben im Verschmelzungsvertrag verwiesen werden[218]. Da gegenwärtig hinsichtlich der Reichweite der Angaben noch Rechtsunsicherheit besteht, kann es sich empfehlen, bereits

---

im Verschmelzungsvertrag erforderlichen Angaben das (ihrer Meinung nach bei der Verschmelzung nicht bestehende) Widerspruchsrecht erwähnen, zum anderen aber in ihrem Muster (Rn 73) keine entsprechenden Angaben machen. Den Hinweis enthält zB der Verschmelzungsvertrag der GZ-Bank AG/DG BANK Deutsche Genossenschaftsbank AG, BAnz. 2001, 14 403, 14 404, und der Verschmelzungsvertrag der Verwaltung SCHOLZ & FRIENDS AG/United Visions Entertainment AG, BAnz. 2001, 14 896.

[210] *Henssler*, FS Kraft, S. 219, 228.
[211] So fehlt zB ein derartiger Hinweis im Verschmelzungsvertrag der Bayerische Hypotheken- und Wechsel-Bank AG und der Bayerische Vereinsbank AG, obwohl dort in Folge der Verschmelzung personelle Veränderungen angekündigt werden, BAnz. 1998, 5417, 5420; ebenso im Verschmelzungsvertrag der Deutsche SB-Kauf AG mit der Metro AG, BAnz. 1996, 4518; aA *Joost* ZIP 1995, 976, 980 f.; *Lutter/Drygala* in Lutter Rn 54 und 73; *Mayer* in Widmann/Mayer Rn 190; *Bermel/Hannappel* in Goutier/Knopf/Tulloch Rn 72. Den Hinweis enthält zB der Verschmelzungsvertrag der GZ-Bank AG/DG BANK Deutsche Genossenschaftsbank AG, BAnz. 2001, 14 403, 14 404 und der Verschmelzungsvertrag der Wüstenrot Bausparkasse AG/Leonberger Bausparkasse AG, BAnz. 2001, 10 570.
[212] § 613 a Abs. 4 Satz 2 BGB iVm. § 324.
[213] So fehlt zB ein entsprechender Hinweis im Verschmelzungsvertrag der ProSieben Media AG/SAT.1 Holding GmbH/ProSiebenSAT.1 Media AG, BAnz. 2000, 13 583, 13 584 sowie der VEBA AG/VIAG AG, BAnz. 1999, 20 819, 20 820; iE ebenso *Willemsen* in Kallmeyer Rn 54, der es nicht für erforderlich hält, die sich bereits aus dem UmwG selbst direkt ergebenden Haftungsfolgen für Arbeitnehmeransprüche aufzuzeigen. AA *Joost* ZIP 1995, 976, 981; *Mayer* in Widmann/Mayer Rn 190; *Bermel/Hannappel* in Goutier/Knopf/Tulloch Rn 70 f. Wohl auch *Lutter/Drygala* in Lutter, deren Muster (Rn 73) keine entsprechenden Angaben enthält.
[214] *Steffan* in Großkomm. KündigungsR § 126 Rn 48.
[215] *Lutter/Drygala* in Lutter Rn 60 f. mwN.
[216] *Mengel* S. 344 f.; *Henssler*, FS Kraft, S. 219, 233 ff.; *Willemsen* RdA 1998, 23, 28; *Steffan* Großkomm. KündigungsR § 126 Rn 45.
[217] So etwa der Verschmelzungsvertrag der Thyssen AG und der Friedr. Krupp AG Hoesch-Krupp, BAnz. 1998, 15 234.
[218] *Willemsen* RdA 1998, 23, 36 mwN aus der Praxis.

im Vorfeld der Verschmelzung einen Interessenausgleich mit dem Betriebsrat über die mittelbaren Folgen zu vereinbaren[219].

Finden auf den übernehmenden Rechtsträger die Tendenzschutzregelungen[220] Anwendung, ist im Verschmelzungsvertrag darauf hinzuweisen[221]. Die Angaben zu den Arbeitnehmervertretungen können auf den (Konzern-, Gesamt-) Betriebsrat, den Wirtschaftsausschuss und den Sprecherausschuss beschränkt werden[222]. Ausführungen zu Jugend- und Auszubildendenvertretungen sind nicht erforderlich[223].

cc) Weitergeltung von Tarifverträgen. Anzugeben ist, ob und welche Tarifbindung des aufnehmenden oder neu zu gründenden Rechtsträgers vorliegt oder geplant ist und ob die bei dem übertragenden Rechtsträger geltenden Tarifverträge kollektivrechtlich oder individualrechtlich fortgelten bzw. ggf. abgelöst werden. Wegen der teilweise umstrittenen Rechtslage bei der Frage der Ablösung von Tarifvorschriften ist jedoch die Angabe von Einzelheiten nicht erforderlich[224]. Liegen die Voraussetzungen für eine kollektivrechtliche Fortgeltung oder eine Ablösung von Tarifverträgen nicht vor, genügt der Hinweis, dass die tarifvertraglichen Rechte und Pflichten nach §§ 613 a Abs. 1 Satz 2 bis 4 BGB iVm. § 324 fortgelten[225].

dd) Weitergeltung von Betriebsvereinbarungen. Für (Konzern-, Gesamt-) Betriebsvereinbarungen ist anzugeben, ob sie fortgelten. Da es aufgrund der Vielzahl von Betriebsvereinbarungen regelmäßig nicht möglich ist, für jede Regelung verbindlich festzustellen, ob sie kollektivrechtlich oder individualrechtlich weitergilt oder durch Regelungen des übernehmenden Rechtsträgers verdrängt wird, reicht der Hinweis, dass die Betriebsvereinbarungen des übertragenden Rechtsträgers fortgelten, soweit sie nicht im Einzelfall durch vorrangige Regelungen beim übernehmenden Rechtsträger abgelöst werden. Auch hier ist den praktischen Bedürfnissen Rechnung zu tragen, dass sich die rechtlichen und tatsächlichen Verhältnisse regelmäßig nicht in allen Einzelheiten darstellen lassen.

---

[219] *Lutter/Drygala* in Lutter Rn 71.
[220] § 118 BetrVG.
[221] So geschehen bei der Verschmelzung der ProSieben Media AG/SAT.1 Holding GmbH/ProSiebenSAT.1 Media AG, BAnz. 2000, 13 583, 13 584.
[222] Siehe Verschmelzungsvertrag der GZ-Bank AG/DG BANK Deutsche Genossenschaftsbank AG, BAnz. 2001, 14 403, 14 404; Verschmelzungsvertrag der Nürnberger Hypothekenbank AG/Süddeutsche Bodencreditbank AG/Bayerische Handelsbank AG, BAnz. 2001, 9186, 9187; Verschmelzungsvertrag der Bayerische Hypotheken- und Wechsel-Bank AG/Bayerische Vereinsbank AG, BAnz. 1998, 5420; Ausgliederungs- und Übernahmevertrag der HOCHTIEF AG/HOCHTIEF Construction AG, BAnz. 2001, 6996, 6998. Die Sprecherausschüsse erwähnen der Verschmelzungsvertrag der Hoechst AG/Gallus Vermögensverwaltungsgesellschaft mbH, BAnz. 2001, 7144, der Verschmelzungsvertrag der Rheinboden Hypothekenbank AG/Allgemeine Hypothekenbank AG, BAnz. 2001, 5828 und der Verschmelzungsvertrag der Metro AG/Kaufhof Holding AG, BAnz. 1996, 4833, 4834, die Wirtschaftsausschüsse der Verschmelzungsvertrag der RWE AG/VEW AG/RWE Gesellschaft für Beteiligungen mbH, BAnz. 2000, 8809, 8810 und der Verschmelzungsvertrag der ProSieben Media AG/SAT.1 Holding GmbH/ProSiebenSAT.1 Media AG, BAnz. 2000, 13 583, 13 584.
[223] AA *Blechmann* NZA 2005, 1143, 1147. Ausführungen zu den Jugend- und Auszubildendenvertretungen sowie den Schwerbehindertenvertretungen enthält der Verschmelzungsvertrag der Dyckerhoff & Widmann AG/WALTER BAU AG, BAnz. 2001, 8427, 8428 sowie der Verschmelzungsvertrag der KM Europa Metal AG/„Europa Metalli" Investitions-Beteiligungs-AG, BAnz. 2001, 8133, 8134.
[224] Ist zB wegen unterschiedlicher Gewerkschaftszugehörigkeit unklar, ob die beim übernehmenden Rechtsträger geltenden Tarifnormen diejenigen des übertragenden Rechtsträgers verdrängen, so reicht der Hinweis, dass beabsichtigt ist, die für den übernehmenden Rechtsträger geltenden Tarifverträge anzuwenden, soweit dies rechtlich zulässig ist.
[225] So zB im Verschmelzungsvertrag zwischen der ProSieben Media AG/SAT.1 Holding GmbH/ProSiebenSAT.1 Media AG, BAnz. 2000, 13 581, 13 583, 13 584. Entbehrlich ist demnach der Hinweis, dass die tarifvertraglichen Rechte und Pflichten nach § 613 a Abs. 1 Satz 2 BGB iVm. § 324 UmwG Inhalt der Arbeitsverhältnisse werden und einer Änderungssperre für ein Jahr bzw. die Laufzeit der Kollektivvereinbarung unterliegen; *Steffan* in Großkomm. KündigungsR § 126 Rn 48.

91 *ee) Folgen für die Mitbestimmung in den Unternehmensorganen.* Im Verschmelzungsvertrag ist anzugeben, dass ein beim übertragenden Rechtsträger bestehender mitbestimmter Aufsichtsrat mit Wirksamwerden der Verschmelzung erlischt und die Mandate der Aufsichtsratsmitglieder (auch der Arbeitnehmervertreter) automatisch enden. Ferner ist mitzuteilen, ob und nach welchem Mitbestimmungsstatut beim übernehmenden Rechtsträger ein mitbestimmter Aufsichtsrat zu bilden ist. Das Verfahren zur Bestellung des ersten Aufsichtsrats muss nicht näher beschrieben werden[226]. In der Praxis wird bei der Verschmelzung zur Aufnahme häufig darauf hingewiesen, dass die zuvor beim übertragenden Rechtsträger beschäftigten Arbeitnehmer bei den nächsten Wahlen zum Aufsichtsrat nach den jeweils gültigen Bestimmungen aktiv und passiv wahlberechtigt sind[227]. Finden auf den übernehmenden bzw. neuen Rechtsträger Tendenzschutzregelungen[228] Anwendung, ist im Verschmelzungsvertrag anzugeben, dass der Aufsichtsrat des übernehmenden Rechtsträgers nicht mitbestimmt ist[229].

92 *ff) Negativerklärungen.* Soweit durch die Verschmelzung keine Änderungen für die Arbeitnehmer und ihre Vertretungen eintreten, sind – entgegen der Entscheidung des *OLG Düsseldorf*[230] – grundsätzlich keine **Negativerklärungen** in den Verschmelzungsvertrag aufzunehmen. Der Verschmelzungsvertrag ist bei fehlenden Angaben zu einzelnen Auswirkungen dahin auszulegen, dass nach Auffassung der beteiligten Rechtsträger weder Änderungen eintreten noch Maßnahmen vorgesehen sind[231]. Wegen der umstrittenen Rechtslage empfiehlt es sich aber, das Fehlen von Folgen für die Arbeitnehmer und ihre Vertretungen vorsorglich ausdrücklich zu erwähnen. In eindeutigen Fällen ist der Hinweis ausreichend, dass die Arbeitsverhältnisse nach § 324 iVm. § 613a BGB und § 20 Abs. 1 Nr. 1 auf den neuen Rechtsträger übergehen und darüber hinaus keine weiteren Folgen für die Arbeitnehmer und ihre Vertretungen eintreten sowie auch keine Maßnahmen vorgesehen sind, weil die betriebliche Organisationsstruktur unverändert bleibt und der neue Rechtsträger auch in die bestehenden Tarifverträge und Betriebsvereinbarungen eintritt[232]. Hat ein Rechtsträger keine Arbeitnehmer, ist dies im Verschmelzungsvertrag anzugeben[233].

93 **e) Entfallen der Angabepflicht.** Die Pflichtangaben entfallen regelmäßig, wenn in sämtlichen an der Umwandlung beteiligten Rechtsträgern keine Arbeitnehmer beschäftigt sind[234]. Etwas anderes kann im Einzelfall für arbeitnehmerlose Holdinggesellschaften gelten,

---

[226] *Hohenstatt/Schramm*, FS AG Arbeitsrecht, S. 629, 637. Nähere Ausführungen zur Bestellung des ersten Aufsichtsrats wurden aber bei der Verschmelzung der Thyssen AG/Friedr. Krupp AG Hoesch-Krupp, BAnz. 1998, 15 234 gemacht.

[227] Siehe zB die Verschmelzung der VEBA AG/VIAG AG, BAnz. 1999, 20 819, 20 820; Verschmelzung der Bayerische Hypotheken- und Wechsel-Bank AG/Bayerische Vereinsbank AG, BAnz. 1998, 5419, 5420; Verschmelzung der Metro AG/Kaufhof Holding AG, BAnz. 1996, 4833, 4834; Verschmelzung der Metro AG/Deutsche SB-Kauf AG, BAnz. 1996, 4518.

[228] § 1 Abs. 2 DrittelbG, § 1 Abs. 4 MitbestG.

[229] So zB der Verschmelzungsvertrag der ProSieben Media AG/SAT.1 Holding GmbH/ProSiebenSAT.1 Media AG, BAnz. 2000, 13 583, 13 584.

[230] NZA 1998, 766, 767; dazu kritisch *Willemsen/Müller* EWiR 1998, 855, 856; *Bungert* NZG 1998, 733.

[231] *Willemsen* in Kallmeyer Rn 59; *Blechmann* NZA 2005, 1143, 1145.

[232] *Steffan* in Großkomm. KündigungsR § 126 Rn 46.

[233] So geschehen bei der Verschmelzung der Hoechst AG/Gallus Vermögensverwaltungsgesellschaft mbH, BAnz. 2001, 7144 im Hinblick auf Gallus, der Verschmelzung der Babcock Borsig AG/BDAG Balcke-Dürr AG, BAnz. 2001, 6838 im Hinblick auf BDAG, der Verschmelzung der Dresdner Bank AG/FGF Frankfurter Gesellschaft für Finanzwerte mbH, BAnz. 2001, 6286, 6287 im Hinblick auf FGF und bei der Verschmelzung der ProSieben Media AG/SAT.1 Holding GmbH/ProSiebenSAT.1 Media AG, BAnz. 2000, 13 583, 13 584 im Hinblick auf SAT.1.

[234] *OLG Düsseldorf* NZA 1998, 766, 767; *Düwell* in Kasseler Hdb. 6.8 Rn 37; *Hohenstatt/Schramm*, FS AG Arbeitsrecht, S. 629, 639; *LG Stuttgart* DNotZ 1996, 701, 702 hält Angaben nach § 5 Abs. 1 Nr. 9 bereits für entbehrlich, wenn der übertragene Rechtsträger keine Arbeitnehmer hat.

Inhalt des Verschmelzungsvertrags **94, 95 § 5**

zB wenn dort Arbeitnehmervertretungen (Konzernbetriebsrat, Aufsichtsrat) entfallen[235]. Es ist umstritten, ob die Angaben über die Folgen einer Verschmelzung für die Arbeitnehmer entbehrlich sind, wenn einer oder sämtliche an der Verschmelzung beteiligten Rechtsträger keine Betriebsräte haben[236]. Zwar kann das vorrangige Ziel der Angaben (Unterrichtung des Betriebsrats) nicht erreicht werden, wenn für keinen der beteiligten Rechtsträger ein Betriebsrat gebildet worden ist[237]. Gegen ein Entfallen der Angaben spricht aber, dass der zwingend vorgeschriebene Mindestinhalt des Verschmelzungsvertrags von der Zuleitungspflicht unabhängig ist[238]. Für die Praxis ist daher zu empfehlen, die arbeitsrechtlichen Angaben auch dann in den Verschmelzungsvertrag aufzunehmen, wenn einer oder sämtliche an der Verschmelzung beteiligten Rechtsträger keine Betriebsräte haben.

Wird ein **Betriebsübergang vor der Verschmelzung** vollzogen[239], treten die Rechtsfolgen aus § 613 a BGB bereits vor und unabhängig von den umwandlungsrechtlichen Vorschriften ein. In diesem Fall sind die Angaben im Verschmelzungsvertrag kurz zu halten und auf die **zusätzlich mit der Verschmelzung eintretenden Folgen und Maßnahmen** zu beschränken, weil die Mehrzahl der arbeitsrechtlichen Folgen (Übergang der Arbeitsverhältnisse usw.) bereits aufgrund der Einzelrechtsnachfolge nach § 613 a BGB eingetreten ist. **94**

f) Rechtsfolgen. *aa) Formelles Prüfungsrecht.* Bei der Anmeldung zur Eintragung der Verschmelzung in das Handelsregister ist der Verschmelzungsvertrag als Anlage beizufügen[240]. Der Registerrichter hat ein **formelles Prüfungsrecht**[241], ob die arbeitsrechtlichen Angaben im Verschmelzungsvertrag vorhanden und die rechtzeitige Zuleitung an den Betriebsrat nachgewiesen ist. Darüber hinaus sind die Verschmelzungsverträge auf ihre inhaltliche Vollständigkeit (zB im Hinblick auf § 5 Abs. 1 Nr. 9) und auf ihre Vereinbarkeit mit zwingenden Vorschriften des UmwG zu begutachten[242]. Der Registerrichter kann ein **völliges Fehlen der arbeitsrechtlichen Angaben** beanstanden[243]. Er kann die Eintragung ferner ablehnen, wenn die Angaben **offensichtlich unzureichend** sind, d. h. es an jeder nachvollziehbaren Darstellung der arbeitsrechtlichen Folgen fehlt[244]. **95**

---

[235] So wohl auch *Stratz* in Schmitt/Hörtnagl/Stratz Rn 89; *Hohenstatt/Schramm*, FS AG Arbeitsrecht, S. 629, 639.

[236] Bejahend LG Stuttgart DNotZ 1996, 701, 702 und WiB 1996, 994 (für den Fall, dass die Gesellschafter der übertragenden und der aufnehmende Gesellschaft identisch sind und beide über keinen Betriebsrat verfügen); *Joost* ZIP 1995, 976, 985; *Geck* DStR 1995, 416, 420; *Mayer* in Widmann/Mayer Rn 202; aA *K. J. Müller* DB 1997, 713, 716; *Engelmeyer* DB 1996, 2542, 2544; *Stohlmeier* BB 1999, 1394, 1396; *Pfaff* DB 2002, 1604, 1605 ff.; *Henssler*, FS Kraft, S. 219, 239 f.; *Boecken* Rn 336; *Düwell* in Kasseler Hdb. 6.8 Rn 37; *Willemsen* in Kallmeyer Rn 78; *Steffan* in Großkomm. KündigungsR § 126 Rn 58; *Stratz* in Schmitt/Hörtnagl/Stratz Rn 89; *Lutter/Drygala* in Lutter Rn 100; zurückhaltend *Decher* in Lutter § 194 Rn 32 (für § 194 Abs. 1 Nr. 7).

[237] *Joost* ZIP 1995, 976, 985.

[238] *K. J. Müller* DB 1997, 713, 716; *Stohlmeier* BB 1999, 1394, 1396; *Pfaff* DB 2002, 2604,1605 ff.; *Düwell* in Kasseler Hdb. 6.8 Rn 37; im Ergebnis auch *Hohenstatt/Schramm*, FS AG Arbeitsrecht, S. 629, 640.

[239] Dazu BAG ZIP 2000, 1630.

[240] § 17 Abs. 1.

[241] OLG Düsseldorf NZA 1998, 766, 767; *Willemsen* in Kallmeyer Rn 58; *Hohenstatt/Schramm*, FS AG Arbeitsrecht, S. 629, 641.

[242] *Melchior* GmbHR 1996, 833, 834.

[243] *Bungert* DB 1997, 2209, 2211; *Willemsen* RdA 1998, 23, 33; *Steffan* in Großkomm. KündigungsR § 126 Rn 49.

[244] OLG Düsseldorf NZA 1998, 766, 767; *Willemsen* in Kallmeyer Rn 58, 60; *Steffan* in Großkomm. KündigungsR § 126 Rn 49; einschränkend *Engelmeyer* DB 1996, 2542, 2544 (kein materielles Prüfungsrecht hinsichtlich der Unvollständigkeit); aA *Priester* in Lutter § 126 Rn 54.

96 Dem Registerrichter steht entgegen der wohl hA[245] kein materielles Prüfungsrecht des Inhalts zu, die Eintragung wegen **offensichtlich unrichtiger Angaben** zurückzuweisen[246]. Die Angaben haben keinen Regelungs-, sondern nur Informationscharakter[247]. Sind die Angaben unrichtig, ist allein das objektive Recht maßgeblich[248]. Mit der Einschränkung des Prüfungsrechts auf „offensichtlich" unrichtige Angaben ist in der Praxis auch wenig erreicht, weil der Registerrichter dennoch gezwungen wäre, die arbeitsrechtlichen Angaben materiell zu prüfen und tatsächliche oder vermeintliche Ungereimtheiten von Amts wegen aufzuklären, bevor er die Verschmelzung eintragen könnte[249].

97 *bb) Nichtigkeit, Anfechtbarkeit bei fehlenden, unvollständigen, unrichtigen Angaben.* Fehlende, unvollständige oder unrichtige arbeitsrechtliche Angaben im Verschmelzungsvertrag führen nicht zur **Nichtigkeit** des Verschmelzungsbeschlusses[250]. Der Verschmelzungsvertrag ist nur dann wegen fehlender Vertragsbestandteile unheilbar nichtig, wenn die Angaben nach Abs. 1 Nr. 1 bis 3 fehlen[251].

98 Von erheblicher praktischer Tragweite ist, ob fehlende, unvollständige oder unrichtige arbeitsrechtliche Angaben im Verschmelzungsvertrag einen **Anfechtungsgrund** für die Gesellschafter darstellen[252]. Dagegen spricht zunächst, dass die Angaben in erster Linie dem Schutz der Arbeitnehmerinteressen dienen[253]. Entscheidend für den Ausschluss der Anfechtbarkeit dürfte aber sein, dass den arbeitsrechtlichen Angaben im Verschmelzungsvertrag kein Regelungs-, sondern lediglich Berichtscharakter zukommt[254]. Einem **Betriebsrat** steht wegen fehlender oder unrichtiger Angaben im Verschmelzungsvertrag kein Anfechtungsrecht gegen den Verschmelzungsbeschluss zu[255].

99 *cc) Schadensersatzanspruch.* Arbeitnehmern steht kein **Schadensersatzanspruch** nach §§ 25, 26 zu, wenn ein Mitglied des Vertretungs- oder Aufsichtsorgans unter Nichtbeachtung der gebotenen Sorgfalt falsche arbeitsrechtliche Angaben im Verschmelzungsvertrag gemacht

---

[245] *Engelmeyer* DB 1996, 2542, 2544; *Joost* ZIP 1995, 976, 986; *Priester* in Lutter Umwandlungsrechtstage S. 99, 114; *ders.* in Lutter § 126 Rn 81; *Decher* in Lutter § 194 Rn 33; *Steffan* in Großkomm. KündigungsR § 126 Rn 49; *Bungert* DB 1997, 2209, 2211 und *Bermel/Hannappel* in Goutier/Knopf/Tulloch Rn 109 räumen dem Registerrichter ein Beanstandungsrecht ein, wenn die Angaben so offensichtlich unrichtig sind, dass dies dem Fehlen von Angaben gleichsteht.
[246] *Willemsen* RdA 1998, 23, 33; *Blechmann* NZA 2005, 1143, 1149; *Stratz* in Schmitt/Hörtnagl/Stratz Rn 87.
[247] *Bungert*, Anm. zum Beschluss des OLG Düsseldorf vom 15. 5. 1998, NZG 1998, 733; *Bermel/Hannappel* in Goutier/Knopf/Tulloch Rn 109.
[248] *Willemsen* NZA 1996, 791, 776; *ders.* in Kallmeyer Rn 49.
[249] *Willemsen* RdA 1998, 23, 33.
[250] *Bungert* DB 1997, 2209, 2213; *Drygala* ZIP 1996, 1365, 1367; *Grunewald* in Lutter Umwandlungsrechtstage S. 20, 23; *Lutter/Drygala* in Lutter Rn 107; *Marsch-Barner* in Kallmeyer Rn 64.
[251] *OLG Frankfurt am Main* WM 1999, 322, 323; *Drygala* ZIP 1996, 1365, 1367; *Lutter/Drygala* in Lutter Rn 107; *Marsch-Barner* in Kallmeyer Rn 63.
[252] Bejahend *Drygala* ZIP 1996, 1365, 1367; *Engelmeyer* DB 1996, 2542, 2544; *Grunewald* in Lutter Umwandlungsrechtstage S. 19, 22 f.; *Düwell* in Kasseler Hdb. 6.8 Rn 53; einschränkend *Bungert* DB 2209, 2212 ff. (Anfechtung kommt ausnahmsweise dann in Betracht, wenn die Angaben zu den Arbeitnehmerfolgen für die wirtschaftliche Begründung der Umwandlung offensichtlich von Bedeutung sind und im Umwandlungsbericht keine Erwähnung finden); ablehnend *Lutter/Drygala* in Lutter Rn 107; *Willemsen* in Kallmeyer Rn 57; *Bermel/Hannappel* in Goutier/Knopf/Tulloch Rn 109; *Priester* in Lutter § 126 Rn 79.
[253] *Steffan* in Großkomm. KündigungsR § 126 Rn 50.
[254] Dazu Rn 76 ff.; *Willemsen* in Kallmeyer Rn 57; *Steffan* in Großkomm. KündigungsR § 126 Rn 50.
[255] *OLG Naumburg* DB 1997, 466 (zu einem Formwechsel einer AG in eine GmbH) mit Anm. *Trölitzsch* WiB 1997, 868; *Bungert* DB 1997, 2209, 2212; *Bayer* ZIP 1997, 1613, 1618; *Henssler*, FS Kraft, S. 219, 245; *Stratz* in Schmitt/Hörtnagl/Stratz Rn 90; *Willemsen* in Kallmeyer Rn 57; *Lutter/Drygala* in Lutter Rn 107; *Mayer* in Widmann/Mayer Rn 265; *Hohenstatt/Schramm*, FS AG Arbeitsrecht, S. 629, 642.

hat[256]. Es fehlt bereits an einem kausal verursachten Schaden, weil die arbeitsrechtlichen Angaben gem. § 5 Abs. 1 Nr. 9 lediglich der Information dienen, d. h. den Angaben kein die materielle Rechtslage gestaltender Regelungscharakter zukommt[257].

dd) Kein Anspruch auf Unterlassung der Eintragung, kein Beschlussverfahren. Eine Umwandlung, die unmittelbar mit einer Betriebsänderung verbunden ist, darf eingetragen werden, bevor das **Interessenausgleichsverfahren** ordnungsgemäß abgeschlossen ist[258]. Der Betriebsrat kann die Eintragung der Verschmelzung durch eine Untersagungsverfügung nicht verhindern bzw. verzögern, weil ihm kein Unterlassungsanspruch gegen die Eintragung oder Durchführung der Umwandlung zusteht. Die Verschmelzung ist eine gesellschaftsrechtliche und unternehmerische Entscheidung, über die die Anteilseigner ohne Mitbestimmung des Betriebsrats entscheiden[259].

Der Betriebsrat kann das Informationsrecht nach Abs. 1 Nr. 9 nicht im **arbeitsgerichtlichen Beschlussverfahren** durchsetzen[260]: Das folgt bereits aus der **gesellschaftsrechtlichen Ausgestaltung des Informationsrechts**, deren Nichterfüllung das UmwG ausreichend sanktioniert[261]. Der Bußgeldtatbestand des § 121 BetrVG greift bei Verletzung der Informations- und Zuleitungspflicht gleichfalls nicht ein[262].

III. Weitere zwingende Vorschriften im Verschmelzungsvertrag

1. Abfindungsangebot

Bei der Verschmelzung von Rechtsträgern unterschiedlicher Rechtsformen (Mischverschmelzung)[263] und in dem Fall, dass beim übernehmenden Rechtsträger statutarische Verfügungsbeschränkungen über die Anteile bestehen, muss der Verschmelzungsvertrag ein konkretes und angemessenes Barabfindungsangebot enthalten[264]. Das gilt allerdings nicht, wenn mit einem Widerspruch gegen den Verschmelzungsbeschluss des übertragenden Rechtsträgers, der der Geltendmachung des Barabfindungsanspruchs vorausgehen muss, sicher nicht gerechnet werden kann, weil hierauf rechtswirksam und in notariell beurkundeter

---

[256] *Bungert* DB 1997, 2209, 2214; *Engelmeyer* DB 1996, 2542, 2544; *B.Gaul* DB 1995, 2265, 2266; *Hohenstatt/Schramm*, FS AG Arbeitsrecht, S. 629, 642.

[257] *Bungert* DB 1997, 2209, 2214; *Henssler*, FS Kraft, S. 219, 247; *Willemsen* RdA 1998, 23, 34; *Sagasser/Ködderitzsch* in Sagasser/Bula/Brünger J Rn 70; *Steffan* in Großkomm. KündigungsR § 126 Rn 51.

[258] *Willemsen* RdA 1998, 23, 30; *Henssler*, FS Kraft, S. 219, 246; *Düwell* in Kasseler Hdb. 6.8 Rn 73, 78; aA *Bachner* NJW 1995, 2881, 2886; *Bachner/Köstler/Matthießen/Trittin* S. 198 f. Der Betriebsrat kann im Fall eines noch nicht abgeschlossenen Interessenausgleichsverfahrens allenfalls die Durchführung einer im sachlichen und zeitlichen Zusammenhang mit der Verschmelzung geplanten Betriebsänderung verhindern. Ist für eine bereits vom übergehenden Rechtsträger eingeleitete Betriebsänderung vor der Umwandlung noch kein Interessenausgleich abgeschlossen worden, sind die Beratungen mit dem übernehmenden Rechtsträger fortzusetzen; *Düwell* in Kasseler Hdb. 6.8 Rn 78.

[259] *Drygala* ZIP 1996, 1365, 1371; *Düwell* in Kasseler Hdb. 6.8 Rn 78.

[260] *Willemsen* RdA 1998, 23, 34; *Henssler*, FS Kraft, S. 219, 245 f.; *Decher* in Lutter § 194 Rn 34; aA *Mengel* S. 347; *Herbst* AiB 1995, 5, 8; sofern die Voraussetzungen des § 23 Abs. 3 BetrVG vorliegen auch *Steffan* in Großkomm. KündigungsR § 126 Rn 49.

[261] Nichteintragung der Verschmelzung in das Handelsregister bei fehlender oder verspäteter Zuleitung an den Betriebsrat oder bei Fehlen der arbeitsrechtlichen Angaben; *Willemsen* RdA 1998, 23, 34; *Düwell* in Kasseler Hdb. 6.8 Rn 186.

[262] *Mengel* S. 347 f.; *Willemsen* RdA 1998, 23, 34; *B. Gaul* DB 1995, 2265, 2266; *Steffan* in Großkomm. KündigungsR § 126 Rn 49; *Düwell* in Kasseler Hdb. 6.8 Rn 186; aA *Herbst* AiB 1995, 5, 8.

[263] Vgl. § 1 Rn 69 f.

[264] § 29.

Form²⁶⁵ verzichtet worden ist oder – analog § 5 Abs. 2 – sich alle Anteile des übertragenden Rechtsträgers in der Hand des übernehmenden befinden²⁶⁶.

2. Verschmelzung zur Neugründung

103 Wird der übernehmende Rechtsträger im Zuge der Verschmelzung neu gegründet, muss der Verschmelzungsvertrag zumindest in einer Anlage das Statut des neuen Rechtsträgers enthalten²⁶⁷. Außerdem sind die rechtsformspezifischen Gründungsvorschriften einzuhalten, insbesondere die ersten Organe zu bestellen²⁶⁸.

3. Rechtsformspezifische Sonderregelungen

104 Neben den für alle Rechtsformen bestehenden Mindestanforderungen an den Inhalt des Verschmelzungsvertrags gibt es in Abhängigkeit von der Rechtsform der an der Verschmelzung beteiligten Rechtsträger weitere notwendige Vertragsbestandteile:

105 **a) Benennung der neuen Anteilsinhaber des übernehmenden Rechtsträgers.** Ist eine **Personenhandelsgesellschaft**²⁶⁹ oder eine **GmbH**²⁷⁰ übernehmender Rechtsträger, müssen die Anteilseigner der übertragenden Rechtsträger mit den ihnen beim übernehmenden Rechtsträger gewährten Anteilen im Verschmelzungsvertrag mit ihrem Namen aufgeführt werden. Bei einer **PartG** als übernehmendem Rechtsträger sind zusätzlich noch der in der Partnerschaftsgesellschaft ausgeübte Beruf und der Wohnort jedes Partners anzugeben²⁷¹. Wenn übertragender Rechtsträger eine **AG** oder **KGaA** ist, bei denen die Aktionäre normalerweise nicht namentlich bekannt sind, ist die Angabe ihrer Aktienurkunden ausreichend²⁷².

106 **b) Ausnahmen von Abs. 1 Nr. 1 bis 9.** § 110 befreit unter den dort genannten Voraussetzungen **VVaG** und **kleine Vereine nach VAG**²⁷³ von den Angaben nach Abs. 1 Nr. 3 bis 5 und Nr. 7. § 80 modifiziert die Angabepflichten nach Abs. 1 Nr. 3 für **Genossenschaften**.

IV. Fakultative Regelungen im Verschmelzungsvertrag

107 Neben den genannten zwingenden Vertragsbestandteilen kann der Verschmelzungsvertrag weitere regelungsbedürftig erscheinende Klauseln enthalten, sofern abschließende oder zwingende Vorschriften des Gesetzes nicht entgegenstehen²⁷⁴. Beispielhaft seien hier folgende Regelungsbereiche genannt:

1. Besondere Verpflichtungen gegenüber Dritten

108 Oft werden in Verschmelzungsverträgen auch bestimmte Verpflichtungen gegenüber Dritten übernommen, zB gegenüber den Arbeitnehmern der übertragenden Rechtsträger hinsichtlich eines Erhalts ihrer Arbeitsplätze oder einer sonstigen Besitzstandswahrung. Allerdings ist die Durchsetzung solcher Vereinbarungen selbst dann problematisch, wenn sie

---

²⁶⁵ Analog §§ 8 Abs. 3, 9 Abs. 3.
²⁶⁶ *Lutter/Drygala* in Lutter Rn 75; siehe entsprechend für die Spaltung *Heidenhain* NJW 1995, 2873, 2876; *Priester* in Lutter § 126 Rn 83; im Übrigen siehe § 29.
²⁶⁷ § 37.
²⁶⁸ § 36 Abs. 2 iVm. §§ 105 bis 108 HGB für die OHG, §§ 161 f. HGB für die KG, §§ 1 bis 11 GmbHG für die GmbH, §§ 1 bis 53 AktG für die AG und §§ 278 bis 288 AktG für die KGaA.
²⁶⁹ § 40 Abs. 1.
²⁷⁰ §§ 46 Abs. 1, 52 Abs. 2.
²⁷¹ § 45 b Abs. 1.
²⁷² § 35.
²⁷³ Über § 118 Satz 1.
²⁷⁴ § 1 Abs. 3 Satz 2.

als echter Vertrag zugunsten Dritter formuliert sind, weil die Begünstigten einen besonderen Vertreter finden müssen, der antragsbefugt zur Geltendmachung ihrer Ansprüche ist[275].

2. Gewährleistungen

Garantien oder Gewährleistungen für die Richtigkeit der Bewertungsgrundlagen seitens eines beteiligten Rechtsträgers haben rechtlich kaum einen Sinn, weil nach der Verschmelzung die potenziell aus solchen Regelungen Berechtigten und Verpflichteten zusammenfallen[276]. Auch für eine mögliche Haftung der handelnden Vertretungsorgane sind sie nicht direkt einschlägig. Gewährleistungen sind daher nur sinnvoll, wenn sie von Dritten, insbesondere den Anteilseignern der übertragenden Rechtsträger, übernommen werden. Das kann zB praktisch werden, wenn eine Konzerngesellschaft auf eine außerhalb des Konzerns stehende Gesellschaft verschmolzen werden soll und diese sowie deren Anteilseigner Garantien der Konzernmutter verlangen.

3. Verpflichtung zur Satzungsänderung

Während bei einer Verschmelzung zur Neugründung die beteiligten Rechtsträger mit dem Verschmelzungsvertrag auch eine Satzung vereinbaren müssen, gilt bei der Verschmelzung zur Aufnahme die Satzung des übernehmenden Rechtsträgers grundsätzlich fort. Wenn die Anteilseigner des übertragenden Rechtsträgers hier etwas zu ihren Gunsten ändern wollen, obwohl sie dafür beim übernehmenden Rechtsträger nach der Verschmelzung nicht die nötige Mehrheit haben, empfiehlt es sich, eine entsprechende Satzungsänderung im Verschmelzungsvertrag zu vereinbaren[277].

Durchsetzen lassen sich solche Klauseln jedoch nur, wenn sich die Anteilseigner des übernehmenden Rechtsträgers schuldrechtlich gegenüber denen des übertragenden Rechtsträgers zu einer entsprechenden Stimmabgabe verpflichtet haben oder indem der Verschmelzungsvertrag unter die aufschiebende Bedingung der Beschlussfassung über die vereinbarte Satzungsänderung gestellt wird. Der Verschmelzungsvertrag selbst bindet nur die an ihm beteiligten Rechtsträger, nicht deren Anteilseigner. Die Beschlussfassung über den zu einer Satzungsänderung verpflichtenden Verschmelzungsvertrag beinhaltet noch nicht den Beschluss über die Satzungsänderung selbst, weil der Verzicht auf Beschlussantrag und -feststellung Unklarheiten hinsichtlich der gültigen Beschlusslage nach sich ziehen würde[278].

4. Bedingung und Befristung

a) **Aufschiebende Bedingungen und Befristungen.** Der Verschmelzungsvertrag kann unter aufschiebenden und auflösenden Bedingungen und Befristungen geschlossen werden. Hinsichtlich der **aufschiebenden Bedingung** folgt das aus § 7[279]. Da der Übergang zwischen Bedingung und Zeitbestimmung fließend ist, müssen auch **aufschiebende Befristungen** zulässig sein[280]. Ob aufschiebende Bedingungen auch eintragungsfähig sind oder ob sie nur für den Zeitraum vor Anmeldung oder Eintragung im Handelsregister in Betracht kommen[281], ist umstritten. Der Eintragung aufschiebender Befristungen für einen über-

---

[275] *Grunewald* in G/H/E/K § 340 AktG Rn 30 und § 350 AktG Rn 10; *Lutter/Drygala* in Lutter Rn 89.
[276] *Barz* AG 1972, 1, 3; *Kraft* in Kölner Komm. § 340 AktG Rn 33.
[277] ZB hinsichtlich der Firma oder des Unternehmensgegenstands der verschmolzenen Gesellschaft oder bestimmter Minderheitsrechte.
[278] So auch – jedenfalls für die AG – *Zöllner* in Kölner Komm.1 § 133 AktG Rn 5; jetzt auch *Mayer* in Widmann/Mayer Rn 219.
[279] Siehe hierzu ausführlich § 7 Rn 3 ff.
[280] § 163 BGB; *Körner/Rodewald* BB 1999, 853, 854; *Marsch-Barner* in Kallmeyer § 4 Rn 11; siehe auch § 7 Rn 13.
[281] Im letzteren Sinne *Heckschen* in Widmann/Mayer § 7 Rn 14; *Grunewald* in G/H/E/K § 341 AktG Rn 13; *Körner/Rodewald* BB 1999, 853, 854 f.

schaubaren Zeitraum und aufschiebender Bedingungen, deren Eintritt sich aus dem Handelsregister selbst ergibt oder sonst offenkundig ist, dürften Aspekte der Rechtssicherheit jedoch eigentlich nicht entgegen stehen[282].

113 **b) Auflösende Bedingungen.** Es kann aber auch das Bedürfnis bestehen, in den Verschmelzungsvertrag eine auflösende Bedingung dahin gehend aufzunehmen, dass die Anteilseignerversammlungen der Vertragsparteien bis zu einem bestimmten Zeitpunkt einen Verschmelzungsbeschluss fassen[283]. Eine auflösende Bedingung kann auch in Frage kommen, wenn bei einem an der Verschmelzung beteiligten Rechtsträger in näherer Zukunft ein Ereignis absehbar ist, dass die Durchführung der Verschmelzung oder zumindest das für sie zugrunde gelegte Umtauschverhältnis in Frage stellen könnte.

114 Die **Zulässigkeit von auflösenden Bedingungen** kann nicht generell abgelehnt werden[284]. Der grundsätzlich zulässigen Vereinbarung von auflösenden Bedingungen[285] stehen bei der Verschmelzung keine zwingenden Gründe entgegen und für auflösende Bedingungen kann durchaus ein Bedürfnis bestehen[286].

115 Problematisch sind auflösende Bedingungen angesichts der Rechtswirkungen einer Verschmelzung nur dann, wenn sie erst nach Wirksamwerden der Verschmelzung eintreten. Solche auflösenden Bedingungen werden entweder für generell unzulässig[287] oder zwar für zulässig, aber nicht eintragungsfähig[288] oder für zulässig, aber wirkungslos[289] gehalten. Entscheidend ist, dass es zu einer Rückabwicklung der Verschmelzung aufgrund des Eintritts einer auflösenden Bedingung nicht kommen kann. Wenn Mängel der Verschmelzung die Wirkungen der Eintragung unberührt lassen[290], muss das auch hinsichtlich des nachträglichen Wegfalls des Verschmelzungsvertrags aufgrund einer auflösenden Bedingung gelten. Diese läuft daher leer und schadet insofern nicht. Trotzdem sollte man die Registereintragung durch eine solche Bedingung nicht gefährden, zumal es nicht schwer fällt, diese einschränkend so zu formulieren, dass sie mit Eintragung entfällt.

116 **c) Rechtsfolgen.** Rechtsfolge einer vor der Eintragung der Verschmelzung in das Register des übernehmenden Rechtsträgers eingetretenen auflösenden Bedingung oder Befristung ist die Unwirksamkeit des Verschmelzungsvertrags[291]. Die Verschmelzung darf dann nicht mehr ins Handelsregister eingetragen werden. Eine etwa schon erfolgte Eintragung bei einem übertragenden Rechtsträger ist rückgängig zu machen. Eine nach der Eintragung in das Register wirksam werdende auflösende Bedingung oder Befristung ist rechtlich irrelevant.

117 **d) Kettenverschmelzung.** Die Vereinbarung einer aufschiebenden Bedingung empfiehlt sich auch bei einer sog. Kettenverschmelzung. Das ist eine Verschmelzung von mindestens drei Rechtsträgern durch mindestens zwei Verschmelzungsvorgänge, wobei der übernehmende Rechtsträger der ersten Verschmelzung noch vor deren Wirksamwerden einen zweiten Verschmelzungsvertrag, dann als übertragender Rechtsträger, abschließt. Es bestehen keine Bedenken dagegen, den Verschmelzungsvertrag der zweiten Verschmelzung unter die aufschiebende Bedingung zu stellen, dass zunächst die erste Verschmelzung wirksam geworden sein muss, da dem Registergericht der Eintritt der Bedingung durch

---

[282] Ausführlich dazu *Scheel* DB 2004, 2355, 2357 ff. mwN.
[283] Zur Zulässigkeit von auflösenden Bedingungen *Körner/Rodewald* BB 1999, 853, 855.
[284] So aber noch *Baumbach/Hueck* § 341 AktG Rn 5; *v. Godin/Wilhelmi* § 341 AktG Anm. 2.
[285] §§ 177 ff. BGB.
[286] Siehe Rn 113.
[287] *Lutter/Drygala* in Lutter § 4 Rn 26; *Kraft* in Kölner Komm. § 341 AktG Rn 18.
[288] *Marsch-Barner* in Kallmeyer § 4 Rn 12.
[289] *Bermel* in Goutier/Knopf/Tulloch § 7 Rn 10; *Körner/Rodewald* BB 1999, 853, 856; wohl auch *Stratz* in Schmitt/Hörtnagl/Stratz § 7 Rn 4.
[290] § 20 Abs. 2.
[291] *Grunewald* in G/H/E/K § 341 AktG Rn 13.

die Vorlage des Handelsregisterauszugs nachgewiesen werden kann[292]. Über die zweite Verschmelzung können die Anteilseigner des übertragenden Rechtsträgers der ersten Verschmelzung nicht mitbeschließen, weil sie zum Zeitpunkt der Beschlussfassung noch nicht Anteilseigner eines an der zweiten Verschmelzung beteiligten Rechtsträgers sind[293]. Es besteht aber die Pflicht, sie bei der Beschlussfassung über die erste Verschmelzung über die geplante zweite Verschmelzung zu unterrichten[294]. Dies kann im Verschmelzungsvertrag oder Verschmelzungsbericht geschehen, während eine Information erst in der Anteilseignerversammlung bedenklich erscheint.

e) Kartellvorbehalt. Sofern es nicht um eine konzerninterne Verschmelzung geht und Unternehmen iSd. Fusionskontrollrechts beteiligt sind, wird der Verschmelzungsvertrag meist auch unter die aufschiebende Bedingung zu stellen sein, dass die zuständigen Kartellbehörden den Zusammenschluss nicht untersagen bzw. freigeben.

5. Vertragliches Rücktrittsrecht

Anstelle von Bedingungen können auch Rücktrittsrechte vereinbart werden, etwa für den Fall verzögerter Zustimmungsbeschlüsse oder bei Problemen mit dem Registereintrag[295]. Die Flexibilität der Parteien ist hierbei meist größer, da die Beendigung des Vertragsverhältnisses nicht automatisch eintritt, sondern erst nachdem das Rücktrittsrecht ausgeübt wurde. Ob das Vertretungsorgan hierzu die Zustimmung seiner Anteilseignerversammlung benötigt, hängt vom Einzelfall ab[296].

6. Schadenersatz

Für bestimmte Fallkonstellationen kann auch ein (pauschalierter) Schadensersatzanspruch festgeschrieben werden. Dessen Höhe darf jedoch keinen unangemessenen wirtschaftlichen Druck im Hinblick auf die Durchführung der Verschmelzung ausüben[297]. Ein Schadensersatzanspruch kommt umso dringender in Betracht, je eher das vereinbarte Umtauschverhältnis durch Verzögerungen der Eintragung unangemessen wird oder je größer die Beeinträchtigungen der beteiligten Rechtsträger während der Wartezeit bis zur Eintragung sind.

Solche Beeinträchtigungen der beteiligten Rechtsträger können sich aus Vereinbarungen zwischen ihnen ergeben, dass sie, solange sie noch getrennt agieren, dies abgestimmt und im

---

[292] *Zimmermann* in Kallmeyer § 13 Rn 8; *Mayer* in Widmann/Mayer Rn 213, 235.5; nicht zulässig ist hingegen eine Bedingungsklausel im Verschmelzungsvertrag der ersten Stufe, die diese wiederum von der Wirksamkeit der zweiten Verschmelzung abhängig macht.

[293] Siehe §§ 50, 65; ebenso *Zimmermann* in Kallmeyer § 13 Rn 4; *Sagasser/Ködderitzsch* in Sagasser/Bula/Brünger J Rn 169; *Grunewald* in Lutter § 65 Rn 3; aA *Mayer* in Widmann/Mayer Rn 235.5 f., der den von ihm grundsätzlich geforderten Beschluss der Anteilsinhaber des übertragenden Rechtsträgers der ersten Stufe hinsichtlich der Verschmelzung der zweiten Stufe nur für verzichtbar hält, wenn der Verschmelzungsvertrag der ersten Verschmelzung schon über die zweite informierte.

[294] So auch *Grunewald* in Lutter § 65 Rn 3; *Mayer* in Widmann/Mayer Rn 235.6; *Sagasser/Ködderitzsch* in Sagasser/Bula/Brünger J Rn 169, die das Informationsgebot aus einer sich aus dem ersten Verschmelzungsvertrag ergebenden Treupflicht ableiten, was aber problematisch ist, weil vor Wirksamwerden der ersten Verschmelzung die Organvertreter oder die Anteilseigner des übernehmenden Rechtsträgers gegenüber den Anteilseignern des übertragenden wohl keine Treupflichten haben. Richtigerweise dürfte eine vorvertragliche Sorgfaltspflicht die Organe des übernehmenden Rechtsträgers der ersten Stufe dazu verpflichten, das Vertretungsorgan des übertragenden Rechtsträgers der ersten Stufe über ihre weitergehenden Pläne zu unterrichten, wovon dieses wiederum gem. §§ 49 Abs. 3, 64, 83 Abs. 1 Satz 2, 102 Satz 2, 106, 112 Abs. 2 Satz 2 seine Anteilseigner zu informieren hat.

[295] Zur Zulässigkeit von Rücktrittsrechten bei Unternehmensverträgen siehe BGHZ 122, 211, 217 f.; *OLG München* WM 1991, 1843, 1847.

[296] Siehe dazu § 4 Rn 56.

[297] *Marsch-Barner* in Kallmeyer § 5 Rn 62; *Sieger/Hasselbach* BB 2000, 625, 628 halten eine Strafzahlung in Höhe von 1% des Unternehmenswerts für idR noch zulässig; siehe auch *Banerjea* DB 2003, 1489, 1497.

Hinblick auf die Erhaltung des Wertverhältnisses möglichst harmonisch tun. Entsprechende Vereinbarungen sind stets auf ihre Vereinbarkeit mit dem fusionskontrollrechtlichen Vollzugsverbot zu überprüfen[298]. Sie müssen im Übrigen außerhalb des Verschmelzungsvertrags getroffen werden, weil dieser vor der Zustimmung der Anteilseignerversammlungen nicht wirksam wird[299].

7. Teileingezahlte Geschäftsanteile

122 Sind bei einer übertragenden oder übernehmenden GmbH die Geschäftsanteile nicht voll eingezahlt, bedarf die Verschmelzung wegen des Haftungsrisikos aus § 24 GmbHG der Zustimmung aller bei der Beschlussfassung beim jeweils anderen Rechtsträger anwesenden Anteilseigner[300]. Zur Klarstellung der Mehrheitserfordernisse ist es sinnvoll, im Verschmelzungsvertrag auf die Voll- oder Teileinzahlung hinzuweisen. Zwingender Vertragsbestandteil ist dies aber weder in dem Regelfall, dass alle Geschäftsanteile voll eingezahlt sind, noch mangels gesetzlicher Anordnung, bei teileingezahlten Anteilen[301].

8. Mehrere übertragende Rechtsträger

123 Werden mehrere Rechtsträger gleichzeitig auf einen anderen verschmolzen, muss klargestellt werden, ob die verschiedenen Verschmelzungsvorgänge voneinander abhängig sein sollen oder ob bei endgültigem Fehlschlagen der Verschmelzung des einen übertragenden Rechtsträgers diejenige des anderen wirksam werden soll. Möglich ist auch, einen Rücktrittsvorbehalt für den Fall vorzusehen, dass sich die Verschmelzung eines übertragenden Rechtsträgers über einen bestimmten Zeitpunkt hinaus verzögert[302].

9. Gleichstellungsklausel

124 Häufig verpflichtet sich der übernehmende Rechtsträger für den Fall, dass im Rahmen eines Spruchverfahrens[303] rechtskräftig ein Ausgleich durch bare Zuzahlung angeordnet wird oder sich der übernehmende Rechtsträger in einem gerichtlichen oder außergerichtlichen Vergleich verpflichtet, iRd. rechtlich Zulässigen den übrigen Anteilsinhabern des übertragenden Rechtsträgers, die dort die gleichen Rechte hatten, einen entsprechenden Ausgleich zu zahlen, auch wenn sie keinen entsprechenden Antrag gestellt haben. Damit wird vermieden, dass Anteilseigner gezwungen sind, selbst ein Spruchverfahren zu betreiben.

10. Kosten

125 Eine Kostenregelung ist überflüssig, sofern die Verschmelzung erfolgreich umgesetzt wird, da dann die Kosten ohnehin von dem übernehmenden Rechtsträger getragen werden. Sinnvoll ist aber eine Kostenregelung für die Fälle des Scheiterns der Verschmelzung, etwa dahin gehend, dass die im Zusammenhang mit der Verschmelzung angefallenen Kosten zwischen den Rechtsträgern geteilt werden mit Ausnahme der Kosten der jeweils eigenen Anteilseignerversammlungen, die jeder Rechtsträger selbst trägt[304].

---

[298] Zu der Frage, inwieweit ein Vorstand bei Fehlen einer solchen Vereinbarung Geschäftschancen im Hinblick auf Wahrung der Verschmelzungswertrelation verstreichen lassen darf, siehe *Austmann/Frost* ZHR 169 (2005) 431, 446.
[299] Zur Beurkundungspflicht einer solchen Vereinbarung siehe § 6 Rn 7.
[300] § 51 Abs. 1, der eine Ausnahme von dem Mehrheitserfordernis des § 50 Abs. 1 macht.
[301] AA *Lutter/Drygala* in Lutter Rn 78.
[302] *Marsch-Barner* in Kallmeyer Rn 62; *Mayer* in Widmann/Mayer Rn 235.2.
[303] § 15 iVm. SpruchG.
[304] Siehe das Formulierungsbeispiel bei *Lutter/Drygala* in Lutter Rn 88; siehe ferner *LG Stuttgart* ZIP 1994, 631 = EWiR § 339 AktG 1/94 *Grunewald*; siehe ferner *OLG Stuttgart* WM 1995, 1355 ff., das in der vollen Kostenabwälzung auf den übernehmenden Rechtsträger keine die Anfechtung des Verschmelzungsbeschlusses rechtfertigende Treupflichtverletzung sah.

V. Unvollständigkeit des Verschmelzungsvertrags

Enthält der Verschmelzungsvertrag nicht die **Mindestangaben nach Abs. 1 oder anderen zwingenden Vorschriften** oder sind diese unrichtig oder offensichtlich unvollständig, darf der Registerrichter die Verschmelzung nicht eintragen[305]. Der Zustimmungsbeschluss der Anteileignerversammlung zu einem insofern mangelhaften Vertrag kann angefochten werden[306]. Ein Mangel kann auch durch allgemeine Feststellungsklage geltend gemacht werden[307]. Eine Klage wird jedoch keinen Erfolg haben, wenn nur solche Vertragsbestandteile fehlen, die lediglich der Information der Anteilseigner dienen und statt im Verschmelzungsvertrag im Verschmelzungsbericht enthalten sind[308]. Hier fehlt es an der Kausalität des Mangels für die Entscheidung der Anteilseignerversammlung. Im Übrigen werden Vertragsmängel mit der Eintragung der Verschmelzung geheilt[309].

Neben diesen grundsätzlichen Aussagen sind folgende Besonderheiten zu beachten:
- Fehlen **Angaben nach Abs. 1 Nr. 1 bis 3**, ist der Verschmelzungsvertrag nichtig, da ihm *essentialia negotii* fehlen. Deshalb kann dann die Nichtigkeit auch nicht durch die Eintragung geheilt werden[310]. Dies gilt selbstverständlich nur, sofern die Angaben nicht nach Abs. 2 (Konzernverschmelzung) oder §§ 80 und 110 entbehrlich sind.
- Für das Fehlen von **Angaben nach Abs. 1 Nr. 7 und 8** siehe Rn 68 und 74.
- Für das Fehlen der **Angaben nach Abs. 1 Nr. 9** siehe Rn 97 f.

C. Konzernverschmelzung (Abs. 2)

I. *Upstream Merger*

Werden Tochtergesellschaften auf ihre Mutter verschmolzen, können die den Anteilstausch betreffenden Angaben nach Abs. 1 Nr. 2 bis 5 entfallen, sofern es sich um 100%-ige Tochtergesellschaften handelt[311]. Die Angaben sind obsolet, weil kein Anteilseigner des übertragenden Rechtsträgers iRd. Verschmelzung Anteile am übernehmenden Rechtsträger erwirbt, wenn letzterer am übertragenden Rechtsträger allein beteiligt ist. Der Anspruch der Muttergesellschaft als Anteilseignerin des übertragenden Rechtsträgers auf Gewährung von Anteilen am übernehmenden Rechtsträger, d. h. an sich selbst, fällt nämlich mit der Verpflichtung, diese Anteile zu gewähren, zusammen und erlischt daher

---

[305] *Marsch-Barner* in Kallmeyer Rn 63; *Grunewald* in G/H/E/K § 340 AktG Rn 33; *Stratz* in Schmitt/Hörtnagl/Stratz § 4 Rn 14; *KG* WM 1999, 323, 325, das ausführt, dass ein Verschmelzungsvertrag, dem die nach § 5 Abs. 1 Nr. 2 bis 5 verlangten Angaben fehlen, unvollständig und nicht geeignet ist, die Frist des § 17 Abs. 2 Satz 4 zu wahren; siehe auch *OLG Karlsruhe* DB 2003, 31 und ZIP 2003, 78; aA *Kraft* in Kölner Komm. § 352 a AktG Rn 6, der dies nur in den Fällen von Abs. 1 Nr. 1 bis 3 annimmt.

[306] Siehe § 14; *Lutter/Drygala* in Lutter Rn 108; *Marsch-Barner* in Kallmeyer Rn 66; *Grunewald* in G/H/E/K § 340 AktG Rn 34.

[307] *OLG Karlsruhe* WM 1991, 1759, 1763.

[308] Siehe auch *Marsch-Barner* in Kallmeyer Rn 66.

[309] § 20 Abs. 1 Nr. 4, Abs. 2.

[310] *OLG Frankfurt am Main* WM 1999, 322, 323; *KG* WM 1999, 323; *Lutter/Drygala* in Lutter Rn 107; *Marsch-Barner* in Kallmeyer Rn 63.

[311] Ist diese Voraussetzung bei einer Verschmelzung mehrerer Tochtergesellschaften auf die Mutter nur für eine Tochter erfüllt, gelten die Erleichterungen nur für diese; ebenso *Marsch-Barner* in Kallmeyer Rn 67.

durch Konfusion[312]. Es kommt also in diesen Fällen zu **keinem Anteilstausch**, weshalb auch ein Verschmelzungsbericht und eine Verschmelzungsprüfung entbehrlich sind[313].

129 Ein Verschmelzungsvertrag, der sich die Erleichterungen des Abs. 2 zunutze macht, ist vollständig, wenn die Tochtergesellschaft zum **Zeitpunkt** der Eintragung der Verschmelzung ins Register zu 100 % ihrer Mutter gehört[314]. Der Registerrichter muss seiner Entscheidung über die Vollständigkeit der eingereichten Unterlagen die Verhältnisse zugrunde legen, die zum Zeitpunkt der Entscheidungsfindung, also der Eintragung, gelten.

130 In anderen Fällen des *upstream merger*, wenn die Anteile am übertragenden Rechtsträger zum Zeitpunkt des Vertragsabschlusses noch auf mehrere Anteilseigner verteilt sind oder eine Verschmelzung zur Neugründung vorliegt, muss das Kapital im Rahmen der Verschmelzung erhöht werden; soweit im Rahmen der Verschmelzung zur Aufnahme den (dritten) Gesellschaftern der übertragenden Tochtergesellschaft bereits vorhandene eigene Anteile der übernehmenden Mutter-Kapitalgesellschaft gewährt werden, ist eine Kapitalerhöhung fakultativ[315]. Der Vertrag kann bei Beteiligung mehrerer Gesellschafter ausnahmsweise trotzdem mit Hilfe der Erleichterungen des Abs. 2 abgeschlossen werden, wenn er die Bedingung enthält, dass die Verschmelzung nur eingetragen werden soll, sofern die Voraussetzungen der Konzernverschmelzung vorliegen. Das ist erforderlich, da anderenfalls die Vollständigkeit des Vertrags insbesondere von den über ihn Beschluss fassenden Anteilseignern nicht rechtzeitig zuverlässig festgestellt werden könnte. Die Bedingung stellt sicher, dass eine Verschmelzung nur in den Fällen erfolgt, in denen der Verschmelzungsvertrag den formalen Anforderungen genügt.

131 Weil es auf das Vorliegen der Voraussetzungen des Abs. 2 zum Zeitpunkt der Eintragung ankommt, kann auch bei der sog. **zweistufigen Konzernverschmelzung** auf die Angaben nach Abs. 1 Nr. 2 bis 5 verzichtet werden[316]. Hierbei erlangt die übernehmende Muttergesellschaft zunächst alle Anteile an der übertragenden Gesellschaft, indem sie ihr Kapital unter Ausschluss des Bezugsrechts gegen Sacheinlagen erhöht. Unmittelbar im Anschluss daran beschließt sie die Verschmelzung in der vereinfachten Form[317].

132 Grundsätzlich gilt die Erleichterung des Abs. 2 unabhängig von der **Rechtsform der beteiligten Rechtsträger**[318]. Bei Rechtsträgern, an denen eine alleinige Anteilseignerstellung nicht in Betracht kommt (zB Personengesellschaften), scheidet sie aber schon tatbestandlich aus. Dementsprechend kann bei einer Verschmelzung einer GmbH & Co. KG auf die Komplementär-GmbH als übernehmende Gesellschaft Abs. 2 nicht angewendet werden[319]. Im umgekehrten Fall, dass die KG sämtliche Anteile an der Komplementär-GmbH

---

[312] *Ihrig* ZHR 160 (1996) 317, 327; siehe auch § 20 Abs. 1 Nr. 3 2. Halbs. 1. Alt.
[313] §§ 8 Abs. 3 und 9 Abs. 2; siehe außerdem die Besonderheit des § 62 bei der Verschmelzung auf eine AG oder KGaA.
[314] So auch *Henze* AG 1993, 341, 344; *Marsch-Barner* in Kallmeyer Rn 70; *Mayer* in Widmann/Mayer Rn 213; *BayObLG* ZIP 2000, 230, 231 (beim Formwechsel); auf den Zeitpunkt der Beschlussfassung über die Verschmelzung abstellend *LG Mannheim* ZIP 1990, 992; *Lutter/Drygala* in Lutter Rn 96 verlangen den 100%-igen unmittelbaren Anteilsbesitz für den Zeitraum von Beschlussfassung bis Eintragung; auf den Zeitpunkt der Anmeldung zum Handelsregister abstellend *Bermel/Hannappel* in Goutier/Knopf/Tulloch Rn 117.
[315] §§ 54 Abs. 1 Satz 2 Nr. 1, 68 Abs. 2 Nr. 1.
[316] *Henze* AG 1993, 341, 345 f.; *Marsch-Barner* WuB A. § 183 AktG 1.83; *Bermel/Hannappel* in Goutier/Knopf/Tulloch Rn 115; aA OLG Karlsruhe WM 1991, 1759; *Bayer* ZIP 1997, 1613, 1615.
[317] Neben den nach § 5 Abs. 2 suspendierten Angaben kann auch gem. § 8 Abs. 3 auf den Verschmelzungsbericht und gem. § 9 Abs. 2 auf die Verschmelzungsprüfung verzichtet werden.
[318] Im Unterschied dazu kam sie vor Inkrafttreten des UmwG nur Aktiengesellschaften zugute, § 352 b Abs. 2 aF.
[319] Hier können aber durch eine Übertragung der Anteile aller Kommanditisten auf die Komplementär-GmbH, der dann als alleiniger Gesellschafterin der KG deren Vermögen anwächst, die angestrebten Rechtsfolgen unter noch weiter gehender Befreiung von den Formalanforderungen einer Verschmelzung erreicht werden (Anwachsungsmodell).

hält und letztere auf sie verschmolzen werden soll, ist hingegen eine Konzernverschmelzung iSv. Abs. 2 gegeben, während die bloße Identität der mehreren Gesellschafter von KG und GmbH hierfür nicht ausreichen würde[320].

Abs. 2 betrifft nur den Fall der Verschmelzung auf die Gesellschaft, der die Anteile an der Tochter selbst unmittelbar zu 100% gehören. Allerdings schadet es nicht, wenn die Tochtergesellschaft auch eigene Anteile hält, weil auch insoweit kein Anteilstausch stattfindet[321]. 133

II. Downstream Merger

Nicht von Abs. 2 erfasst ist der umgekehrte Fall, in dem die Muttergesellschaft auf die Tochter verschmolzen wird, weil in dessen Rahmen die Anteilsinhaber der Muttergesellschaft an Stelle ihrer bisherigen Anteile solche der Tochtergesellschaft erhalten, es also zu einem Anteilstausch kommt, der die Angaben nach Abs. 1 Nr. 2 bis 5 erfordert. Diese Form der Verschmelzung hat durch die Änderung des UmwStG, derzufolge die Übertragung von Verlustvorträgen von der Tochter- auf die Muttergesellschaft unter bestimmten Voraussetzungen möglich wurde, an Bedeutung verloren. Anders als beim *upstream merger* fällt hier aber keine Grunderwerbsteuer an. Der *downstream merger* kann sinnvoll sein, wenn die Börsennotierung der Tochtergesellschaft fortgeführt werden soll. Er kann aber zB auch dazu eingesetzt werden, unliebsam gewordene Anteilsinhaber der Muttergesellschaft mit einem attraktiven Abfindungsangebot nach § 29 zur Abgabe ihrer Anteile zu bewegen, wenn die Tochtergesellschaft eine andere Rechtsform hat[322]. 134

Der *downstream merger* wird aber insbesondere dann eingesetzt, wenn der Erwerb der Tochtergesellschaft mit deren Vermögenswerten oder zukünftigen Erträgen finanziert werden soll. Die zum Erwerb der Tochtergesellschaft aufgenommenen Darlehen gehen dann kraft Gesamtrechtsnachfolge auf diese über. Übersteigen die Schulden der Muttergesellschaft ihr Aktivvermögen, kann die Verschmelzung unter dem **Gesichtspunkt des Kapitalschutzes bei der Tochtergesellschaft** problematisch sein[323]. Die Verschmelzung der überschuldeten Muttergesellschaft auf die Tochter führt zu einer Verlagerung von Verbindlichkeiten der Mutter auf die Tochter außerhalb eines geordneten Liquidationsverfahrens, die gegen § 30 GmBHG verstößt, wenn dadurch eine Unterbilanz oder Überschuldung beim übernehmenden Rechtsträger in der Rechtsform der GmbH eintritt[324]. Eine verbotene Einlagenrückgewähr liegt hier nur dann nicht vor, wenn das freie Eigenkapital der übernehmenden Tochtergesellschaft das negative Vermögen der übertragenden Muttergesellschaft übersteigt. Dabei ist selbstverständlich der Zeitwert des von der Mutter auf die Tochter übergehenden Vermögens zu berücksichtigen, inklusive des derivativen Firmenwerts. Die Akquisitionsfinanzierung erhöht daher die Gefahr einer verbotenen Einlagenrückgewähr nur dann, wenn der Wert der Beteiligung der Mutter an der Tochter aufgrund außerplanmäßiger Abschreibungen zu einem Zeitwert führt, der durch die Akquisitionsverbindlichkeiten nicht voll abgedeckt ist[324a]. Reicht hingegen der Cash-Flow der Tochtergesellschaft nicht aus, um die Zins- 135

---

[320] *Lutter/Drygala* in Lutter Rn 94; *Marsch-Barner* in Kallmeyer Rn 68; *Mayer* in Widmann/Mayer Rn 208.1.

[321] Siehe auch *Marsch-Barner* in Kallmeyer Rn 69 mit dem Hinweis auf eine Analogie zu § 61 Abs. 1 Satz 2; ferner *Bermel/Hannappel* in Goutier/Knopf/Tulloch Rn 114.

[322] *Heckschen* in Heckschen/Simon § 3 Rn 22; *Mayer* in Widmann/Mayer Rn 36.

[323] *Priester* in Lutter § 24 Rn 62; *Mayer* in Widmann/Mayer Rn 40.1; *Müller* in Kallmeyer § 24 Rn 40; siehe auch § 24 Rn 48; dagegen – für die GmbH – *Bock* GmbHR 2005, 1027, 1029 f.

[324] *Priester* in Lutter § 24 Rn 62; *Mayer* in Widmann/Mayer Rn 40.1; aA *Enneking/Heckschen* DB 2006, 1099, 1100 mit dem Argument, dass es angesichts des Direkterwerbs der Beteiligung an der Tochter an einer „Auszahlung" iSd. § 30 GmbHG fehle, weil nur ein Anteilstausch auf Gesellschafterebene stattfinde.

[324a] *Enneking/Heckschen* DB 2006, 1099, 1100.

und Tilgungsleistungen für die übernommenen Verbindlichkeiten zu erbringen, kommt im Insolvenzfall sogar eine Haftung wegen existenzvernichtenden Eingriffs in Betracht[324b]. Ist die übernehmende Tochtergesellschaft eine AG, scheidet ein *downstream merger* sogar immer schon dann aus, wenn per Saldo negatives Vermögen übertragen wird, da § 57 AktG jegliche Leistung der AG an Aktionäre verbietet, die nicht aus dem Bilanzgewinn erfolgt oder ausnahmsweise gesetzlich zugelassen ist[325]. Eine solche Leistung würde hier den Gesellschaftern der Mutter aufgrund der Übernahme der Verbindlichkeiten durch die Tochter-AG gewährt, wenn nicht die übernehmende Tochter entweder eine angemessene Gegenleistung von den Gesellschaftern der Mutter erhält oder der Umtausch der Anteile nur in dem Maß erfolgt, wie es sich aus den tatsächlichen Wertverhältnissen der beteiligten Rechtsträger ergibt.

136 Eine **Kapitalerhöhung** ist in den Fällen des *downstream mergers* grundsätzlich möglich, aber nicht zwingend, soweit das Verhältnis von Mutter zu Tochter betroffen ist und die Anteile der Mutter an der Tochter voll eingezahlt sind[326]. Es werden dann die bisherigen Anteile der Mutter an der Tochter den Gesellschaftern der Mutter als Abfindung gewährt. Wird eine Kapitalerhöhung durchgeführt, erhalten die Gesellschafter der Muttergesellschaft die Anteile an der Tochtergesellschaft direkt und ohne Durchgangserwerb bei der Tochter, wie sich aus § 20 Abs. 1 Nr. 3 ergibt[327]. Soweit andere Gesellschafter an der Tochtergesellschaft beteiligt sind, muss bei dieser eine Kapitalerhöhung erfolgen[328].

III. Side Step Merger

137 Wenn zwei **Schwestergesellschaften** mit identischen Gesellschaftern miteinander verschmolzen werden, verlangte der Gesetzgeber lange Zeit zum Schutz der Gläubiger durch Kapitalerhaltung auch dann eine Kapitalerhöhung bei der übernehmenden Gesellschaft, wenn der Muttergesellschaft an beiden Gesellschaften sämtliche Anteile gehören[329]. Seit dem Zweiten Gesetz zur Änderung des UmwG[330] besteht die Möglichkeit auf die Kapitalerhöhung zu verzichten, wenn dem alle Anteilsinhaber eines übertragenden Rechtsträgers in notariell beurkundeter Form zustimmen. Das ist angemessen, weil die Kapitalerhöhung zur Durchführung der Verschmelzung nicht dem Kapitalschutz dient, wie sich schon daran zeigt, dass für sie auch keine bestimmte Höhe vorgeschrieben ist. Durch die Kapitalerhöhung sollen lediglich den Anteilsinhabern des übertragenden Rechtsträgers Anteile des übernehmenden Rechtsträgers zur Verfügung gestellt werden. Diese sollten hierauf aber verzichten können, insbesondere wenn die Mitglieder- und Quotenidentität gewährleistet ist[331].

[324b] *Enneking/Heckschen* DB 2006, 1099, 1101.

[325] *Mertens* AG 2005, 785, 786; *Mayer* in Widmann/Mayer Rn 40.1.

[326] Sind die Anteile der Muttergesellschaft an der Tochter, die Kapitalgesellschaft ist, voll eingezahlt, ist die Kapitalerhöhung bei der Tochter optional (§§ 54 Abs. 1 Satz 2 Nr. 2, 68 Abs. 1 Satz 2 Nr. 2); bei Teileinzahlung darf die Kapitalerhöhung bei der Tochter nicht erfolgen (§§ 54 Abs. 1 Satz 1 Nr. 3, 68 Abs. 1 Satz 1 Nr. 3).

[327] *Mayer* in Widmann/Mayer Rn 38; *Winter* in Lutter § 54 Rn 14; *Heckschen* in Heckschen/Simon § 3 Rn 15; *Bula/Schlösser* in Sagasser/Bula/Brünger K Rn 60; aA *Bärwaldt* in Haritz/Benkert vor §§ 11-13 UmwStG Rn 12 ff.

[328] *Mayer* in Widmann/Mayer Rn 38; *Bula/Schlösser* in Sagasser/Bula/Brünger K Rn 59; aA *Mertens* AG 2005, 785, 788 f.

[329] *OLG Frankfurt am Main* WM 1999, 322, 323; *KG* WM 1999, 323, 324; *OLG Hamm* NZG 2005, 1005; *Lutter/Drygala* in Lutter Rn 82; *Stratz* in Schmitt/Hörtnagl/Stratz § 2 Rn 23, jeweils der Rechtsprechung von *OLG Hamm* DB 1988, 1538 und *BayObLG* DB 1989, 1558 folgend.

[330] § 54 Abs. 1 Satz 3, eingefügt durch das Zweite Gesetz zur Änderung des UmwG, BGBl. I 2007 S. 542.

[331] So auch schon zum alten Recht *LG München I* WM 1999, 1683 f. mit zust. Anm. *Borges* WuB II N. § 46 UmwG 2.99; *Ihrig* ZHR 160 (1996) 317, 322 ff.; *Baumann* BB 1998, 2321, 2322; *Bayer* ZIP 1997, 1613, 1615; *Grunewald* in Lutter § 20 Rn 62; *Marsch-Barner* in Kallmeyer § 68 Rn 15; *Mayer* DB 1998, 913, 914 f.; *Winter*, FS Lutter, S. 1279, 1281 ff.; siehe auch bereits Rn 14 und ausführlich § 54 Rn 19 ff.

Das **Kapitalerhöhungserfordernis konnte allerdings auch schon nach früherem** 138
Recht umgangen werden, wenn die Muttergesellschaft zunächst der einen (später übernehmenden) Tochter die Anteile der anderen (später übertragenden) Tochter übertrug[332], damit bei der anschließenden Verschmelzung ein *upstream merger* vorlag mit den dafür geltenden Kapitalerhöhungsverboten[333]. Außerdem musste das Volumen der Kapitalerhöhung dort, wo sie erforderlich war, nach wohl hM nicht dem Kapital der übertragenden Gesellschaft entsprechen[334].

IV. Enkelverschmelzung

Wird die mittelbar über eine Tochtergesellschaft der Muttergesellschaft zu 100 % gehörende Enkelgesellschaft auf die Mutter verschmolzen, wird teilweise eine Kapitalerhöhung 139
ebenfalls für unzulässig gehalten, weil die Tochtergesellschaft hier **Dritter** iSd. § 54 Abs. 2 bzw. § 68 Abs. 2 sei und deshalb die gleichen Grundsätze wie beim *upstream merger* gelten müssten[335]. Das überdehnt jedoch den Begriff des Dritten. Dritter kann nur jemand sein, dem gegenüber der übernehmende Rechtsträger das mit der Verschmelzung verbundene finanzielle Risiko trägt[336]. Die Übernahme von Anteilen der Mutter durch die Tochter verstößt nicht gegen das **Verbot des Erwerbs eigener Anteile**[337].

D. Zuleitung des Vertrags an den Betriebsrat (Abs. 3)

Der Verschmelzungsvertrag oder sein Entwurf ist dem zuständigen Betriebsrat jedes be- 140
teiligten Rechtsträgers spätestens einen Monat vor dem Tag des beabsichtigten Verschmelzungsbeschlusses zuzuleiten[338]. Hierdurch sollen die mit Abs. 1 Nr. 9 verfolgten gesetzgeberischen Ziele erreicht werden[339]. Die zuständige Arbeitnehmervertretung soll die Möglichkeit haben, etwaige Einwendungen gegen die Verschmelzung rechtzeitig geltend zu machen und auf Änderungen hinzuwirken[340]. Die rechtzeitige Zuleitung ist dem Registergericht nachzuweisen[341]. Die Fristwahrung ist eine Eintragungsvoraussetzung für die Umwandlung[342].

---

[332] Dabei sind jedoch die Anzeige- und Mitteilungspflichten nach AktG und GmbHG zu beachten, damit die neue Anteilseignerin für den anschließenden Verschmelzungsbeschluss legitimiert ist.
[333] *Naraschewski* GmbHR 1998, 356, 358; *Heckschen* in Heckschen/Simon § 3 Rn 32; *Mayer* in Widmann/Mayer Rn 55; siehe auch *BayObLG* GmbHR 1990, 35, 38; *OLG Frankfurt* DB 1998, 917, 918.
[334] *Kowalski* GmbHR 1996, 158, 159; *Winter* in Lutter § 54 Rn 21; *Mayer* in Widmann/Mayer Rn 47 ff.; *Stratz* in Schmitt/Hörtnagl/Stratz § 2 Rn 23; *Heckschen* in Heckschen/Simon § 3 Rn 32; *Tillmann* GmbHR 2003, 740, 743 ff.; *Maier-Reimer* GmbHR 2004, 1128 ff. AA, d. h. eine Kapitalerhöhung mindestens um den Betrag des Stammkapitals der übertragenden Schwester verlangend *Priester* DNotZ 1995, 427, 441; *Bayer* ZIP 1997, 1615, Fn 39; siehe auch *Petersen* GmbHR 2004, 728.
[335] So *Heckschen* in Heckschen/Simon § 3 Rn 37.
[336] *Grunewald* in Lutter § 20 Rn 62; siehe auch *Mayer* in Widmann/Mayer Rn 56.
[337] § 71 d iVm § 71 Abs. 1 Nr. 5 AktG bzw. § 33 Abs. 3 GmbHG; so auch *Grunewald* in Lutter § 20 Rn 62; aA *Mayer* in Widmann/Mayer Rn 56.
[338] § 5 Abs. 3 (in Anlehnung an § 2 Abs. 4 SpTrUG).
[339] So RegBegr. *Ganske* S. 50.
[340] *Willemsen* in Kallmeyer Rn 74.
[341] § 17 Abs. 1.
[342] *Schwarz* in Widmann/Mayer Einf. UmwG Rn 17.3.; *Lutter/Drygala* in Lutter Rn 103.

I. Vertragszuleitung

141 Vorzulegen ist der gesamte Verschmelzungsvertrag und nicht nur die Angaben nach Abs. 1 Nr. 9[343]. Es ist allerdings nicht erforderlich, dass dem Entwurf des Verschmelzungsvertrags sämtliche Anlagen beigefügt werden; die Zuleitung muss nur gewährleisten, dass durch frühzeitige Unterrichtung des Betriebsrats über die Folgen der Umwandlung eine möglichst sozialverträgliche Durchführung der Umwandlung erleichtert wird[344]. Das gilt jedenfalls für Anlagen, die im Zeitpunkt der Zuleitung noch nicht vorliegen und – wie regelmäßig – keine Auswirkungen auf die Unternehmensstruktur oder die Arbeitnehmer haben[345]. Bei einer Verschmelzung durch Neugründung ist wegen § 37 auch der Gesellschaftsvertrag des neuen Rechtsträgers einzureichen[346]. Der umwandlungsrechtliche Begriff der „Zuleitung" ist als Zugang iSv. § 130 Abs. 1 Satz 1 BGB zu verstehen[347]. Der Nachweis der Zuleitung wird durch ein schriftliches und datiertes **Empfangsbekenntnis** des jeweiligen Betriebsratsvorsitzenden oder im Fall seiner Verhinderung seines Stellvertreters[348] erbracht[349]. Die Entgegennahme durch ein nicht zur Vertretung befugtes Betriebsratsmitglied genügt nicht[350]. Ein solches wird lediglich als Bote tätig, sodass der Verschmelzungsvertrag bzw. sein Entwurf erst zugeleitet ist, wenn er dem Vorsitzenden (ggf. seinem Stellvertreter) oder dem Betriebsrat als Gremium vorgelegt wird[351]. Etwas anderes gilt jedoch, wenn sowohl der Betriebsratsvorsitzende als auch sein Stellvertreter verhindert sind und der Betriebsrat es versäumt hat, für diesen Fall Vorkehrungen zu treffen[352]. Die Vorlage eines Übersendungsschreibens reicht für den Nachweis der Zuleitung im Zweifel nicht aus, da es auf den Zugang und nicht auf die Absendung des Verschmelzungsvertrags bzw. seines Entwurfs ankommt[353]. Verzichtet der Betriebsrat auf die Einhaltung der Frist, so ist dem Registergericht zum Nachweis des Fristverzichts wegen § 17 Abs. 1 eine vom Betriebsratsvorsitzenden unterzeichnete Verzichtserklärung vorzulegen[354].

---

[343] *OLG Naumburg* GmbHR 2003, 1433 („Alles, was Gegenstand der Anmeldung zur Eintragung sein muss und soll, ist dem Betriebsrat zuzuleiten."); *Joost* ZIP 1995, 976; *Willemsen* in Kallmeyer Rn 74; *Steffan* in Großkomm. KündigungsR § 126 Rn 53.

[344] *LG Essen* ZIP 2002, 893, 894 f. (für eine Abspaltung) mit zustimmender Anmerkung von *Kiem* EWiR 2002, 637 f.

[345] Insoweit gelten die gleichen Erwägungen wie bei der nachträglichen Änderung des Entwurfs; dazu *OLG Naumburg* DB 1997, 464, 467. So auch *Blechmann* NZA 2005, 1143, 1148.

[346] *Willemsen* in Kallmeyer Rn 74.

[347] *Stohlmeier* BB 1999, 1394, 1395 Fn. 12; *Boecken* Rn 338; iE auch *Joost* ZIP 1995, 976, 986.

[348] § 26 Abs. 3 Satz 2 BetrVG.

[349] *Engelmeyer* DB 1996, 2542, 2545; *K. J. Müller* DB 1997, 713, 717; *Willemsen* in Kallmeyer Rn 74; *Steffan* in Großkomm. KündigungsR § 126 Rn 53; *Schwarz* in Widmann/Mayer Einf. UmwG Rn 17.3.; *Lutter/Drygala* in Lutter Rn 103.

[350] Das ergibt sich im Umkehrschluss aus § 26 Abs. 3 Satz 2 BetrVG.

[351] *Boecken* Rn 339; *Fitting* § 26 BetrVG Rn 33; *Steffan* in Großkomm. KündigungsR § 126 Rn 53.

[352] *BAG* AP BetrVG 1972 § 102 Nr. 37; *K. J. Müller* DB 1997, 713, 717 f.; *Fitting* § 26 BetrVG Rn 34; *Steffan* in Großkomm. KündigungsR § 126 Rn 53; aA wohl *Düwell* in Kasseler Hdb. 6.8 Rn 47.

[353] *Joost* ZIP 1995, 976, 986; *Boecken* Rn 341; *Düwell* in Kasseler Hdb. 6.8 Rn 57; wohl auch *K. J. Müller* DB 1997, 713, 717; für das Übersendungsschreiben als Belegform RegBegr. *Ganske* S. 71; *Schwarz* in Widmann/Mayer Einf. UmwG Rn 17.3. (mit Hinweis auf eine möglicherweise schwächere Beweiskraft); *Lutter/Drygala* in Lutter Rn 103 (Übersendungsschreiben mit dem Nachweis der Aufgabe zur Post).

[354] *Stohlmeier* BB 1999, 1394, 1397; *Willemsen* in Kallmeyer Rn 76; *Steffan* in Großkomm. KündigungsR § 126 Rn 55.

II. Zuständiger Betriebsrat

Welcher Betriebsrat (Einzelbetriebsrat, Gesamtbetriebsrat, Konzernbetriebsrat) im Einzelfall zuständig ist, richtet sich nach den Vorschriften des BetrVG[355]. Besteht ein **Gesamtbetriebsrat**, ist der Verschmelzungsvertrag regelmäßig diesem zuzuleiten, da alle Umwandlungen unternehmensbezogen sind[356]. Hat ein beteiligter Rechtsträger keinen Gesamtbetriebsrat, ist der Vertrag jedem der bestehenden (Einzel-) Betriebsräte vorzulegen[357]. Ist ein **unternehmenseinheitlicher Betriebsrat**[358] errichtet worden, ist der Vertrag nur diesem Betriebsrat zuzuleiten. Der Verschmelzungsvertrag ist in der Regel nicht dem Konzernbetriebsrat zuzuleiten, wenn einer der beteiligten Rechtsträger ein abhängiges Konzernunternehmen ist[359]. Die einzelnen Konzernunternehmen sind jeweils eigene Rechtsträger, deren Anteilseigner der Umwandlung zustimmen müssen und deren zuständiger Betriebsrat der Gesamtbetriebsrat ist[360]. Da die Einzelunternehmen als eigenständige Rechtsträger zwangsläufig an der Umwandlung beteiligt sind, ist der Verschmelzungsvertrag bzw. dessen Entwurf an deren betriebsverfassungsrechtlich zuständige Organe und nicht an den Konzernbetriebsrat als Organ der Konzernmutter zuzuleiten[361]. Das gilt auch dann, wenn Unternehmen ein und derselben Unternehmensgruppe miteinander verschmolzen werden[362]. Ist das herrschende Unternehmen als übertragender Rechtsträger an der Verschmelzung beteiligt, kann – neben dem Gesamtbetriebsrat – auch der Konzernbetriebsrat zuständig sein[363].

Da die Zuleitung an einen unzuständigen Betriebsrat die Eintragung verhindern kann, empfiehlt es sich im Zweifel, den Verschmelzungsvertrag vorsorglich allen in Betracht kommenden Arbeitnehmervertretungen (Betriebsrat, Gesamtbetriebsrat und Konzernbetriebsrat) zuzuleiten[364]. Dies gilt insbesondere dann, wenn die Betriebsratsstrukturen betriebs- bzw. unternehmensübergreifend sind[365].

III. Zuleitungsfrist

Der Verschmelzungsvertrag bzw. dessen Entwurf ist dem Betriebsrat spätestens einen Monat vor dem Tag der Versammlung der Anteilsinhaber, die gem. § 13 Abs. 1 über die Zustimmung zum Verschmelzungsvertrag beschließen soll, zuzuleiten. Da es sich um eine gesetzliche Frist iSd. § 186 BGB handelt, gelten für die Berechnung der Monatsfrist die §§ 187 ff.

---

[355] §§ 50, 58 BetrVG; RegBegr. *Ganske* S. 50 und AusschussB *Ganske* S. 50.
[356] *Boecken* Rn 333; *Engelmeyer* DB 1996, 2542, 2545; *Wlotzke* DB 1995, 40, 45; *Däubler* RdA 1995, 136, 138; *Henssler*, FS Kraft, S. 219, 238; *Düwell* in Kasseler Hdb. 6.8 Rn 182; *Willemsen* in Kallmeyer Rn 75; *Steffan* in Großkomm. KündigungsR § 126 Rn 54.
[357] *Stratz* in Schmitt/Hörnagl/Stratz Rn 102.
[358] § 3 Abs. 1 Nr. 1 a BetrVG.
[359] *Boecken* Rn 334; *Blechmann* NZA 2005, 1143, 1148; *Düwell* in Kasseler Hdb. 6.8 Rn 182; *Stratz* in Schmitt/Hörtnagl/Stratz Rn 100; *Willemsen* in Kallmeyer Rn 75; *Steffan* in Großkomm. KündigungsR § 126 Rn 54; *Lutter/Drygala* in Lutter Rn 99; aA *Mayer* in Widmann/Mayer Rn 254; *Schwarz* in Widmann/Mayer Einf. UmwG Rn 17.4.3; wohl auch *Joost* ZIP 1995, 976, 985.
[360] *Steffan* in Großkomm. KündigungsR § 126 Rn 54.
[361] *K. J. Müller* DB 1997, 713, 715 („im Regelfall"); *Steffan* in Großkomm. KündigungsR § 126 Rn 54.
[362] *Willemsen* in Kallmeyer Rn 75.
[363] *K. J. Müller* DB 1997, 713, 715; *Steffan* in Großkomm. KündigungsR § 126 Rn 54.
[364] *Willemsen* in Kallmeyer Rn 75; *Steffan* in Großkomm. KündigungsR § 126 Rn 54.
[365] Dies kann etwa bei Spartenbetriebsräten (§ 3 Abs. 1 Nr. 2 BetrVG) der Fall sein.

BGB entsprechend³⁶⁶. Die Fristberechnung ist umstritten. Wer dem Streit aus dem Weg gehen will, leitet den Verschmelzungsvertrag vorsorglich einen Monat und zwei Werktage vor dem Tag der Versammlung der Anteilseigner zu. Nach richtiger Ansicht zählt der Tag der Beschlussfassung als Tag des fristauslösenden Ereignisses³⁶⁷ bei der Fristberechnung nicht mit³⁶⁸. Hierfür spricht der Wortlaut des § 5 Abs. 3. Entscheidend ist jeweils der Versammlungstermin des Rechtsträgers, an dessen Betriebsrat der Verschmelzungsvertrag zugeleitet werden soll³⁶⁹. Fehlt bei der Rückberechnung in dem Monat, in den zurückgerechnet wird, der Tag, der zahlenmäßig dem Tag des Versammlungsbeschlusses entspricht, so tritt der letzte Tag dieses Monats an seine Stelle. Der Vertrag ist daher **einen Monat und einen Werktag** vor dem Tag der Versammlung der Anteilsinhaber an den Betriebsrat zuzuleiten³⁷⁰.

IV. Verzicht auf (rechtzeitige) Zuleitung

145 Der Betriebsrat kann auf die Einhaltung der Monatsfrist verzichten³⁷¹, da sie ausschließlich seinem Schutz dient. In der Praxis haben zahlreiche Registergerichte zumindest gegen eine Verkürzung der Monatsfrist um zwei Wochen keine Bedenken³⁷². Die Zuleitung des Um-

---

³⁶⁶ Diese Vorschriften passen zwar vom Wortlaut nicht, da die Frist rückwärts zu berechnen ist, sie sind auf sog. Rückwärtsfristen aber entsprechend anzuwenden; *Heinrichs* in Palandt § 187 BGB Rn 4 (der § 5 Abs. 3 ausdrücklich als Anwendungsfall nennt); *Lutter/Drygala* in Lutter Rn 101; *Düwell* in Kasseler Hdb. 6.8 Rn 44.

³⁶⁷ § 187 Abs. 1 BGB.

³⁶⁸ *H. Krause* NJW 1999, 1448; *Müller-Eisig/Bert* DB 1996, 1398, 1399; *K. J. Müller* DB 1997, 713, 716; *Berg* WiB 1996, 932, 933; *Lutter/Drygala* in Lutter Rn 102; § 188 Abs. 3 BGB entsprechend; *K. J. Müller* DB 1997, 713, 717; *Stohlmeier* BB 1999, 1394, 1395 Fn 13; *Stratz* in Schmitt/Hörtnagl/Stratz Rn 104 f.; *Düwell* in Kasseler Hdb. 6.8 Rn 44; aA *Bermel/Hannappel* in Goutier/Knopf/Tulloch Rn 123 f.; *Mayer* in Widmann/Mayer Rn 256, die sowohl auf den Tag der Beschlussfassung als auch der Zuleitung abstellen wollen. Der Tag der Zuleitung kann nicht kumulativ zum Tag der Beschlussfassung als Tag des fristauslösenden Ereignisses angesehen werden. Denn die Zuleitung hat gerade innerhalb der Frist zu erfolgen. Stellt man weder auf den Tag der Zuleitung noch auf den Tag der Beschlussfassung ab, verstößt dies gegen die ausdrückliche Anweisung des § 187 Abs. 1 BGB und führt zu einer unnötigen Verkürzung der Zuleitungsfrist.

³⁶⁹ § 188 Abs. 3 BGB entsprechend; *K. J. Müller* DB 1997, 713, 717; *Stohlmeier* BB 1999, 1394, 1395 Fn 13; *Stratz* in Schmitt/Hörtnagl/Stratz Rn 104 f.

³⁷⁰ Beispiel: Findet die Versammlung der Anteilseigner am 31. 8. statt, ist zunächst nach § 188 Abs. 2 BGB der durch seine Zahl dem Tag der Versammlung entsprechende Tag (hier 31. 7.) zu ermitteln. Da hier rückwärts zu rechnen ist, muss allerdings spiegelbildlich zur gewohnten Fristberechnung verfahren werden; die Frist endet demnach nicht mit Ablauf (24.00 Uhr), sondern mit Beginn (0.00 Uhr) des Tags, der zahlenmäßig dem Tag der Versammlung entspricht. Der letzte Tag, an dem die Zuleitung an den Betriebsrat bewirkt werden kann, ist demnach der Tag des Vormonats, der seiner Zahl nach dem Tag vor der Versammlung entspricht. Fristende für die Zuleitung ist somit der 30. 7. um 24.00 Uhr. Fällt der 30. 7. im Fallbeispiel auf einen Sonntag, Feiertag oder Sonnabend, tritt an seine Stelle der letzte davor liegende Werktag. Ist der 30. 7. ein Sonntag, wäre der Verschmelzungsvertrag dem Betriebsrat spätestens am Freitag (28. 7.) zuzuleiten. Dafür spricht auch, dass der Betriebsratsvorsitzende oder im Verhinderungsfall sein Stellvertreter nicht verpflichtet sind, Erklärungen des Arbeitgebers außerhalb der Arbeitszeit und außerhalb der Betriebsräume entgegenzunehmen; tun sie dies dennoch widerspruchslos, geht die Erklärung mit der Entgegennahme zu. Vgl. umfassend zur Fristberechnung *Stohlmeier* BB 1999, 1394, 1395.

³⁷¹ *LG Gießen*, Der Konzern 2004, 622; *OLG Naumburg* GmbHR 2003, 1433; *LG Stuttgart* GmbHR 2000, 622 (mit zustimmender Anm. *Kinzelmann*); *Stohlmeier* BB 1999, 1394, 1397; *K. J. Müller* DB 1997, 713, 717; *Melchior* GmbHR 1996, 833, 836 f.; *Lutter/Drygala* in Lutter Rn 102; *Steffan* in Großkomm. KündigungsR § 126 Rn 55; *Willemsen* in Kallmeyer Rn 76; *Mayer* in Widmann/Mayer Rn 266; aA *Joost* in Preis/Willemsen C Rn 69; *Düwell* in Kasseler Hdb. 6.8 Rn 46.

³⁷² Dazu im Einzelnen O. *Schwarz* ZNotP 2001, 22; *LG Gießen*, Der Konzern 2004, 622 hat eine Verkürzung der Frist auf vier bzw. fünf Tage für zulässig erachtet.

Inhalt des Verschmelzungsvertrags **146, 147 § 5**

wandlungsvertrags dient der Wahrung und Sicherung des sozialen Friedens[373]. Diesem ist im Rahmen einer Umwandlung durch eine vertrauensvolle Zusammenarbeit der Betriebspartner mehr gedient als mit einer bloßen Information des Betriebsrats; demgegenüber hat die strickte Einhaltung der Monatsfrist zurückzutreten[374].

Der Betriebsrat kann auch auf die Zuleitung insgesamt verzichten[375]. Die Informationspflicht des Betriebsrats hat gesellschaftsrechtlichen Charakter, deshalb sind auch die gesellschaftsrechtlichen Grundsätze der Beurteilung eines Verstoßes gegen die Frist heranzuziehen, wonach Verletzungen von Informations- und Teilnahmerechten heilbar und verzichtbar sind[376]. Gegenteiliges ergibt sich auch nicht aus sonstigen fristgebundenen Informationsverpflichtungen des Arbeitgebers gegenüber dem Betriebsrat, von deren Erfüllung die Wirksamkeit zivilrechtlicher Gestaltungsakte abhängt. Auch das Anhörungsverfahren nach § 102 BetrVG ist beendet, wenn der Betriebsrat zu der Kündigungsabsicht des Arbeitgebers abschließend erklärt, dass er eine weitere Erörterung des Falls nicht mehr wünscht; sonst stellt das Anhörungsverfahren bloß noch eine „sinnlose Förmelei" dar[377]. Gleiches muss auch für die Zuleitung des Verschmelzungsvertrags nach Abs. 3 gelten. Ist der Betriebsrat der Auffassung, dass er (auch ohne den Verschmelzungsvertrag) hinreichend über die Verschmelzung informiert worden ist, etwa weil die Einzelheiten bereits im Zusammenhang mit einer gleichzeitig stattfindenden Betriebsänderung in einem Interessenausgleich und Sozialplan erörtert und geregelt worden sind, ist der nach der Vorschrift bezweckte soziale Frieden gesichert. Folglich ist nach dem Sinn und Zweck der Regelung eine Zuleitung des Verschmelzungsvertrags in diesem Fall nicht erforderlich und ein Verzicht möglich. Zudem weist *Stohlmeier* zutreffend darauf hin, dass ein Betriebsrat von sich aus nicht auf die Vertragszuleitung verzichten würde, wenn er noch nicht ausreichend über den Umwandlungsvorgang informiert wäre[378]. **146**

V. Änderung des Vertrags nach der Zuleitung

Wird der Verschmelzungsvertrag nach der Zuleitung an den Betriebsrat geändert, so löst dies nicht in jedem Fall eine erneute Zuleitungspflicht unter Einhaltung der Monatsfrist aus[379]. Der Vertrag ist nur dann erneut zuzuleiten, wenn die nachträglichen Änderungen Auswirkungen auf die Unternehmensstruktur oder die Belegschaft des Betriebs haben[380]. Unwesentliche (zB redaktionelle oder rein rechtstechnische) Änderungen des Verschmelzungsvertrags oder seines Entwurfs lösen keine erneute Zuleitungspflicht aus[381]. Eine erneute Zuleitung ist allerdings dann notwendig, wenn die Angaben nach Abs. 1 Nr. 9 geändert bzw. Belange der Arbeitnehmer und ihrer Vertretungen durch wesentliche Änderungen betroffen **147**

---

[373] So RegBegr. *Ganske* S. 50.
[374] *Steffan* in Großkomm. KündigungsR § 126 Rn 55.
[375] *Stohlmeier* BB 1999, 1394, 1396 f.; *Mayer* in Widmann/Mayer Rn 266; aA *Pfaff* DB 2002, 686; *Willemsen* RdA 1998, 23, 33; ders. in Kallmeyer Rn 76; *Lutter/Drygala* in Lutter Rn 102; *Steffan* in Großkomm. KündigungsR § 126 Rn 55; *Decher* in Lutter § 194 Rn 44; wohl auch *K. J. Müller* DB 1997, 713, 717 Fn 59.
[376] *LG Stuttgart* GmbHR 2000, 62.
[377] *BAG* NZA 1997, 1106, 1107.
[378] *Stohlmeier* BB 1999, 1394, 1397.
[379] Für eine uneingeschränkte Neuvorlagepflicht dagegen *Priester* in Lutter Umwandlungsrechtstage S. 99, S. 116 (für den Spaltungsvertrag); wohl auch *Düwell* in Kasseler Hdb. 6.8 Rn 46; einschränkend *Melchior* GmbHR 1996, 833, 836 (keine erneute Zuleitung bei rein redaktionellen Änderungen).
[380] *OLG Naumburg* DB 1997, 466, 467; *Willemsen* in Kallmeyer Rn 77.
[381] AusschussB *Ganske* S. 51; *Willemsen* in Kallmeyer Rn 77.

sind[382]. Die Praxis sollte den Verschmelzungsvertrag nach Möglichkeit vorsorglich erneut zuleiten und den Betriebsrat gegebenenfalls auf die Einhaltung der Zuleitungsfrist verzichten lassen.

VI. Betriebe ohne Betriebsrat

148 Die Zuleitungspflicht entfällt, wenn bei den betroffenen Rechtsträgern kein zuständiger Betriebsrat besteht[383]. Ein Betriebsrat besteht iSd. § 5 Abs. 3 auch dann, wenn er nach Ansicht des Arbeitgebers fehlerhaft besetzt oder gewählt ist und diesbezügliche Verfahren anhängig sind[384]. An die Stelle des Nachweises der rechtzeitigen Zuleitung an den Betriebsrat nach § 17 Abs. 1 tritt der Nachweis des Fehlens einer Arbeitnehmervertretung[385]. Das Schweigen zur Zuleitung an den Betriebsrat ist zwar inhaltlich richtig, stellt aber eine formale Unvollständigkeit der Anmeldung dar und reicht somit nicht aus[386]. Die Erklärung muss nach Ansicht des *AG Duisburg* durch **eidesstattliche Versicherung** der beteiligten gesetzlichen Vertreter in öffentlich beglaubigter Form gem. § 12 Abs. 1 HGB erbracht werden[387]. Diese Auffassung findet im Gesetz keine Stütze. Weder Abs. 3 noch § 17 Abs. 1 sehen eine formalisierte und strafbewehrte Erklärung vor[388]. Ausreichend ist eine einfache schriftliche Erklärung[389]. Besteht kein Betriebsrat, ist der Verschmelzungsvertrag nicht ersatzweise den Arbeitnehmern bekannt zu machen[390]. Dem Informationsbedürfnis der Arbeitnehmer trägt § 613 a Abs. 5 BGB bereits hinreichend Rechnung.

§ 6 Form des Verschmelzungsvertrags

Der Verschmelzungsvertrag muß notariell beurkundet werden.

Übersicht

	Rn		Rn
I. Allgemeines	1	IV. Beurkundung im Ausland	15
II. Gegenstand der Beurkundung	5	V. Gründung einer SE und einer SCE per Verschmelzung	18
1. Vertrag als Ganzes	5	VI. Fehlen oder Mängel der Beurkundung	19
2. Änderungen, Ergänzungen	9	VII. Kosten	20
3. Aufhebung	10	1. Verschmelzung zur Aufnahme	20
4. Vollmacht	11	2. Verschmelzung zur Neugründung	21
5. Genehmigung	12		
III. Zeitpunkt der Beurkundung	13		

---

[382] *K. J. Müller* DB 1997, 713 f.; *Joost* in Preis/Willemsen C Rn 70; *Steffan* in Großkomm. KündigungsR § 126 Rn 56; wohl auch *Willemsen* in Kallmeyer Rn 77.
[383] *Stohlmeier* BB 1999, 1394, 1395; *Lutter/Drygala* in Lutter Rn 100; *Stratz* in Schmitt/Hörtnagl/Stratz Rn 97 und § 194 Rn 12; *Willemsen* in Kallmeyer Rn 78; *Steffan* in Großkomm. KündigungsR § 126 Rn 57.
[384] *Melchior* GmbHR 1996, 833, 834; *Steffan* in Großkomm. KündigungsR § 126 Rn 57.
[385] *Willemsen* in Kallmeyer Rn 78; *Lutter/Drygala* in Lutter Rn 103; *Düwell* in Kasseler Hdb. 6.8 Rn 57.
[386] *Melchior* GmbHR 1996, 833, 834; *Steffan* in Großkomm. KündigungsR § 126 Rn 57.
[387] *AG Duisburg* GmbHR 1996, 372; aA *Melchior* GmbHR 1996, 833, 834; *Stohlmeier* BB 1999, 1394, 1396; *Stratz* in Schmitt/Hörtnagl/Stratz Rn 97; *Willemsen* in Kallmeyer Rn 78.
[388] *Stohlmeier* BB 1999, 1394, 1396.
[389] *Willemsen* in Kallmeyer Rn 78.
[390] *K. J. Müller* DB 1997, 713, 716; *Stohlmeier* BB 1999, 1394, 1396 Fn 26; *Pfaff* DB 2002, 1604, 1607 f.; *Stratz* in Schmitt/Hörtnagl/Stratz § 194 Rn 12; *Decher* in Lutter § 194 Rn 42.

Form des Verschmelzungsvertrags 1, 2 § 6

Literatur: *Bayer*, 1000 Tage neues Umwandlungsrecht – eine Zwischenbilanz, ZIP 1997, 1613; *Bredthauer*, Zur Wirksamkeit gesellschaftsrechtlicher Beurkundungen im Kanton Zürich, BB 1986, 1864; *Funke*, Der Geschäftswert für die Notargebühren bei der Beurkundung von Plänen und Verträgen nach dem Umwandlungsgesetz, DB 1997, 1120; *Goette*, Auslandsbeurkundungen im Kapitalgesellschaftsrecht, FS Boujong, 1996, S. 131; *Heckschen*, Die Entwicklung des Umwandlungsrechts aus Sicht der Rechtsprechung und Praxis, DB 1998, 1385; *ders.*, Auslandsbeurkundung und Richtigkeitsgewähr, DB 1990, 161; *ders.*, Fusion von Kapitalgesellschaften im Spiegel der Rechtsprechung, WM 1990, 377; *Hornung*, Änderungen des Kostenrechts durch Art. 33 JuMiG, Rechtspfleger 1997, 516; *Kanzleiter*, Der Umfang der Beurkundungsbedürftigkeit bei verbundenen Rechtsgeschäften, DNotZ 1994, 275; *Kröll*, Beurkundung gesellschaftsrechtlicher Vorgänge durch einen ausländischen Notar, ZGR 2000, 111; *Melchior*, Vollmachten bei Umwandlungsvorgängen, GmbHR 1999, 520; *Priester*, Das neue Umwandlungsrecht aus notarieller Sicht, DNotZ 1995, 427; *van Randenborgh/Kallmeyer*, Pro und Contra: Beurkundung gesellschaftsrechtlicher Rechtsgeschäfte durch ausländische Notare?, GmbHR 1996, 908; *Reuter*, Keine Auslandsbeurkundung im Gesellschaftsrecht?, BB 1998, 116; *Schervier*, Beurkundung GmbH-rechtlicher Vorgänge im Ausland, NJW 1992, 593.

I. Allgemeines

Unabhängig von der Rechtsform der beteiligten Rechtsträger bedarf der **Verschmelzungsvertrag** der **notariellen Beurkundung** nach den §§ 8 ff. BeurkG, d. h. dass eine Niederschrift mit der Feststellung der Beteiligten, ihrer Vertretungsbefugnis und ihren Erklärungen aufzunehmen und diese Niederschrift mit dem Verschmelzungsvertrag zu verlesen ist. Gedanklich zu trennen sind davon die notariellen Beurkundungen der Zustimmungsbeschlüsse der Anteilseignerversammlungen[1] sowie bestimmter Verzichtserklärungen von Anteilseignern[2]. Diese können jedoch mit dem Verschmelzungsvertrag in einer Urkunde zusammengefasst werden. Dies ist kostengünstiger, weil die Geschäftswerte dann zusammengerechnet werden und sich die Degression der Notargebühren bzw. die Höchstgrenze für den Geschäftswert[3] auswirkt. 1

Das **Formerfordernis dient vielfältigen Zwecken:** In der sog. „Supermarkt"-Entscheidung[4] betont der BGH, dass die Änderung eines Gesellschaftsvertrags und der Abschluss eines Unternehmensvertrags aus Beweissicherungs- und damit Rechtssicherheitsgründen der Beurkundungspflicht unterliegen. Außerdem diene die Beurkundung der materiellen Richtigkeitsgewähr und solle Prüfungs- und Belehrungsfunktionen wahrnehmen. Diese Entscheidung lässt sich für Formerfordernisse bei sämtlichen Strukturmaßnahmen verallgemeinern[5]. Auch wenn der BGH beim Unternehmensvertrag differenziert und die eigentliche und tragende Bedeutung für die strukturelle Veränderung dem Zustimmungsbeschluss der Gesellschafter und nicht dem Abschluss des Unternehmensvertrags zuerkennt[6], erscheint es gerechtfertigt, die genannten Zwecke auch beim Formerfordernis nach § 6 zu unterstellen, da hier im Unterschied zum Unternehmensvertrag sowohl für Vertragsabschluss als auch Gesellschafterbeschluss die notarielle Form verlangt wird und eine unterschiedliche Zwecksetzung in beiden Fällen fern liegt. Entsprechend stellt auch die Gesetzesbegründung in den Vordergrund, dass angesichts der weitgehenden Rechtsfolgen der Verschmelzung durch die Einschaltung des Notars die Gesetzmäßigkeit des Verfahrens sichergestellt wird[7]. 2

---

[1] § 13 Abs. 3 Satz 2.
[2] §§ 8 Abs. 3, 9 Abs. 3.
[3] § 39 Abs. 4 KostO.
[4] BGHZ 105, 338, 341 f.
[5] *Lutter/Drygala* in Lutter Rn 8; *Zimmermann* in Kallmeyer Rn 11; *Heckschen* in Widmann/Mayer Rn 52; siehe auch *Teichmann* ZGR 2002, 383, 421.
[6] BGHZ 105, 338, 342 mit dem Hinweis darauf, dass daher für den Unternehmensvertrag lediglich die Schriftform, hingegen für den Zustimmungsbeschluss die notarielle Beurkundung entsprechend § 53 Abs. 2 Satz 1 GmbHG verlangt werde.
[7] RegBegr. *Ganske* S. 51.

3 Entsprechend den allgemeinen Grundsätzen zur **Auslegung** formbedürftiger Erklärungen kann bei Unklarheiten im Verschmelzungsvertrag zur Auslegung grundsätzlich nur herangezogen werden, was in der Urkunde zumindest Anklang gefunden hat, ein dort auch nicht andeutungsweise zum Ausdruck gekommener Wille der Parteien hingegen in der Regel nicht[8].

4 Für AG, KGaA, GmbH und VVaG war auch schon nach dem **früheren Recht**[9] die notarielle Beurkundung des Verschmelzungsvertrags notwendig. Dagegen reichte vor Inkrafttreten des UmwG für Verschmelzungen von Genossenschaften und genossenschaftlichen Prüfungsverbänden in der Rechtsform des eingetragenen Vereins die einfache Schriftform[10].

II. Gegenstand der Beurkundung

1. Vertrag als Ganzes

5 Der gesamte Inhalt des Verschmelzungsvertrags muss notariell beurkundet werden. Das umfasst sämtliche Nebenabreden, die nach dem Willen zumindest einer Partei so wesentlich sind, dass diese ohne sie den Vertrag nicht abgeschlossen hätte[11]. Bei der Verschmelzung zur Neugründung muss daher der Gesellschaftsvertrag des übernehmenden Rechtsträgers auch dann als Anlage notariell mitbeurkundet und verlesen werden, wenn dies – wie bei der Personengesellschaft – nach allgemeinen Vorschriften nicht erforderlich ist[12].

6 Auch ein **Vorvertrag** ist beurkundungspflichtig, wenn er – nach Eintritt bestimmter Voraussetzungen – die Pflicht enthält, den Verschmelzungsvertrag abzuschließen[13]. Gleiches gilt hinsichtlich der Regelung einer **Vertragsstrafe** *(break fee),* die für den Fall fällig werden soll, dass eine vereinbarte Verschmelzung nicht zustande kommt, dann, wenn die *break fee* durch ein pönales Element das unternehmerische Erfolgsinteresse der berechtigten Partei absichern soll und damit über einen lediglich pauschalisierten Schadensersatz hinausgeht.[14] Damit kann nämlich Druck auf die Anteilsinhaber ausgeübt werden, einen Verschmelzungsbeschluss zu fassen[15]. Damit ist der Maßstab zwar strenger als bei § 15 Abs. 4 Satz 1 GmbHG[16], wo indirekt zur Abtretung zwingende Abreden nicht formbedürftig sind; das ist vor dem Hintergrund des anderen Schutzzwecks bei § 6 – hier Richtigkeitsgewähr und Beweisfunktion, dort Schutz vor spekulativem Handel mit Geschäftsanteilen – aber gerechtfertigt.

7 Werden neben dem Verschmelzungsvertrag **bestimmte Verhaltenspflichten der Beteiligten bis zum Vollzug der Verschmelzung** vereinbart, etwa um sicherzustellen, dass das vereinbarte Umtauschverhältnis gewahrt bleibt, besteht grundsätzlich kein die Beurkundungspflichtigkeit auslösender Zusammenhang, weil diese Pflichten auch dann und so lange gelten sollen, wenn/bis die Parteien von der Verschmelzung endgültig Abstand nehmen.

---

[8] *KG Berlin* GmbHR 2004, 1342, 1343; allgemein dazu und zu den Grenzen der sog. Andeutungstheorie *Heinrichs* in Palandt § 133 BGB Rn 19 mwN.

[9] Siehe §§ 341 Abs. 1 Satz 1, 354 Abs. 2 AktG aF, § 21 Abs. 4 Satz 1 KapErhG aF und § 44 a Abs. 3 VAG aF.

[10] §§ 63 e Abs. 2, 93 c GenG aF.

[11] BGHZ 82, 188, 194 (für den gleich gelagerten Fall der Vermögensübertragung); *Lutter/Drygala* in Lutter Rn 3; *Kanzleiter* DNotZ 1994, 275, 282; *Heckschen* WM 1990, 377, 381; zu den Kriterien der Abhängigkeit zweier Geschäfte voneinader *BGH* NJW 2000, 951 und *BGH* NJW 2001, 226, 227; siehe auch § 311 b Abs. 1 BGB und die Kommentierungen dazu.

[12] § 37; *H. Schmidt* in Lutter Umwandlungsrechtstage S. 59, 66; *Heckschen* in Widmann/Mayer Rn 57 f.

[13] *Lutter/Drygala* in Lutter Rn 3.

[14] *Lutter/Drygala* in Lutter Rn 3; ausf. *Guinomet*, Break fee-Vereinbarungen, 2003, S. 175 f.

[15] *LG Paderborn* NZG 2000, 899; siehe auch BGHZ 76, 43, 46.

[16] Auf dessen Maßstäbe wollen *Sieger/Hasselbach* BB 2000, 625, 627 und *Banerjea* DB 2003, 1489, 1497 auch für die Break fee-Vereinbarungen abstellen.

Anderes kann aber dann gelten, wenn die Pflichten auch in der Phase nach Wirksamwerden des Verschmelzungsvertrags bis zum Vollzug der Verschmelzung gelten sollen[17].

Hingegen ist der Sinn der durch § 4 Abs. 2 eingeräumten Möglichkeit, die Anteilseigner- 8 versammlungen nur über einen **Vertragsentwurf** abstimmen zu lassen, gerade die Ersparnis von unnötigen Notarkosten, so dass hier die notarielle Beurkundung erst dann erforderlich wird, wenn der Vertrag (bei Vorliegen der Zustimmungsbeschlüsse) tatsächlich abgeschlossen werden soll. Der Notar hat dabei aber darauf zu achten, dass die zu beurkundende Fassung mit der beschlossenen übereinstimmt und allenfalls offensichtliche Schreibfehler und Unrichtigkeiten korrigiert worden sind[18].

2. Änderungen, Ergänzungen

Wird der Verschmelzungsvertrag nachträglich geändert oder ergänzt, sind auch diese zu- 9 sätzlichen Vereinbarungen notariell zu beurkunden. Gehen sie über bloß redaktionelle Anpassungen hinaus, bedarf es auch eines (ggf. erneuten) Zustimmungsbeschlusses der Anteilseignerversammlungen[19].

3. Aufhebung

Soll ein bereits formgültig vereinbarter Verschmelzungsvertrag aufgehoben werden, bevor 10 die Verschmelzung wirksam geworden ist, muss hierbei die notarielle Form nicht beachtet werden[20]. Das wird für den Fall, dass die Anteilseignerversammlungen bereits dem Vertrag zugestimmt haben und nur noch die Registereintragung fehlt, mit dem Argument bestritten, dass für die Aufhebung das gleiche Beweissicherungs- und Rechtssicherheitsbedürfnis wie beim Vertragsabschluss bestehe und die materielle Richtigkeit auch hinsichtlich des Aufhebungsvertrags gewährleistet sein müsse[21]. Der Aufhebungsvertrag ist jedoch hinsichtlich seiner formellen und materiellen Anforderungen um so vieles weniger komplex als der Verschmelzungsvertrag, dass der Hauptgrund für die Formbedürftigkeit des Verschmelzungsvertrags, das Bedürfnis nach materieller Richtigkeitsgewähr, für ihn nicht eingreift.

4. Vollmacht

Da gem. § 167 Abs. 2 BGB die Vollmacht nicht der **Form** des Rechtsgeschäfts bedarf, ist 11 die Vollmacht zum Abschluss eines Verschmelzungsvertrags grundsätzlich nicht formbedürftig. Lediglich bei der Verschmelzung zur Neugründung müssen die Unterschriften unter der Vollmacht beglaubigt werden[22].

5. Genehmigung

Für die nachträgliche Genehmigung einer Willenserklärung zum Abschluss eines Ver- 12 schmelzungsvertrags durch einen vollmachtlosen Vertreter gelten grundsätzlich die gleichen Formerfordernisse wie für die Vollmacht, jedoch kann hier sogar bei der Verschmelzung zur Neugründung auf die Beglaubigung verzichtet werden[23]. Wenn der Verschmelzungsvertrag

---

[17] *Austmann/Frost* ZHR 169 (2005) 431, 449.
[18] *Heckschen* in Widmann/Mayer Rn 28.
[19] *Zimmermann* in Kallmeyer Rn 8.
[20] BGHZ 83, 398 (für Grundstückskaufvertrag); *Marsch-Barner* in Kallmeyer § 4 Rn 18; *Zimmermann* in Kallmeyer Rn 9; zur Zulässigkeit der Aufhebung und ihrer Zustimmungsbedürftigkeit durch die Anteilseigner siehe § 4 Rn 27 ff.
[21] *Heckschen* in Widmann/Mayer Rn 41; *Mayer* in Widmann/Mayer § 4 Rn 63; *Grunewald* in G/H/E/K § 341 AktG Rn 12.
[22] Siehe hierzu ausführlicher § 4 Rn 9.
[23] § 182 Abs. 2 BGB; siehe auch § 4 Rn 13.

Verzichtserklärungen[24] enthält, müssen diese in jeder Genehmigungserklärung wiederholt und notariell beurkundet (nicht nur beglaubigt) werden, weil die vollmachtlose Vertretung bei einseitigen Rechtsgeschäften unzulässig ist[25].

III. Zeitpunkt der Beurkundung

13   Gem. § 4 kann den Anteilseignerversammlungen der an der Verschmelzung beteiligten Rechtsträger ein abgeschlossener Verschmelzungsvertrag oder nur sein Entwurf vorgelegt werden. Dementsprechend kann die Beurkundung vor oder nach der Beschlussfassung erfolgen[26].

14   Wie sich aus § 128 BGB ergibt, ist auch die sog. **Sukzessivbeurkundung** zulässig, also die getrennte Beurkundung von Angebot und Annahme. Für den Verschmelzungsvertrag gilt nichts anderes. Er kommt in diesen Fällen mit der Beurkundung der Annahme zustande, ohne dass es des Zugangs der Erklärung bei der anderen Partei bedürfte[27]. § 925 BGB, der für die Auflassung von Grundstücken die gleichzeitige Anwesenheit beider Parteien fordert, steht dem auch dann nicht entgegen, wenn das Vermögen des übertragenden Rechtsträgers Grundstücke umfasst, weil eine Auflassung gar nicht erfolgt, sondern die Grundstücke im Wege der Gesamtrechtsnachfolge übergehen[28].

IV. Beurkundung im Ausland

15   Wegen der im Vergleich zum deutschen Recht im Ausland zum Teil erheblich geringeren Notargebühren sind in der Vergangenheit Verschmelzungsverträge oft im Ausland, insbesondere der deutschsprachigen Schweiz, beurkundet worden. Solange als Geschäftswert für die Notargebühren das Aktivvermögen der übertragenden Rechtsträger ohne Begrenzung maßgeblich war, war dies sehr oft eine lohnende Alternative. Seit 1997 ist der maßgebliche § 39 Abs. 4 KostO jedoch dahin gehend geändert worden, dass auch für die Beurkundung von Plänen und Verträgen nach dem UmwG die bei Gesellschaftsverträgen geltende Geschäftswertobergrenze von € 5 Mio. eingreift[29]. Da dadurch die Gebühr für die Beurkundung auf € 15 114 begrenzt ist, ist die Hauptmotivation für eine Auslandsbeurkundung entfallen[30].

16   Erleichterungen in den Formalien der Beurkundung sind mit einer Auslandsbeurkundung ohnehin nicht verbunden, weil für einen nach deutschem Recht im Ausland abgeschlossenen Verschmelzungsvertrag **nicht die ausländische Ortsform** gilt, sondern das Wirkungssta-

---

[24] ZB Verzicht auf den Verschmelzungsbericht gem. § 8 Abs. 3, auf die Verschmelzungsprüfung gem. § 9 Abs. 3 oder auf das Recht zur Klage gegen die Wirksamkeit des Verschmelzungsbeschlusses gem. § 16 Abs. 2 Satz 2.

[25] § 180 Satz 1 BGB; siehe dazu ausführlich *Melchior* GmbHR 1999, 520, 522.

[26] Das war früher umstritten, siehe *Zimmermann* in Rowedder Anh. § 77 GmbHG Rn 398 und *Lutter/Drygala* in Lutter Rn 4, jeweils mwN.

[27] *Lutter/Drygala* in Lutter Rn 5; *Mayer* in Widmann/Mayer § 4 Rn 55.

[28] *Zimmermann* in Kallmeyer Rn 4; *Kraft* in Kölner Komm. § 341 AktG Rn 3; *Heckschen* in Widmann/Mayer Rn 36.

[29] Änderung von § 39 Abs. 4 KostO durch Art. 33 Abs. 6 des Justizmitteilungsgesetzes und Gesetzes zur Änderung kostenrechtlicher Vorschriften und anderer Gesetze (JuMiG) vom 18. 6. 1997, BGBl. I S. 1430, 1443; siehe dazu auch *Funke* DB 1997, 1120.

[30] So auch *Heckschen* DB 1998, 1385, 1388; *Bayer* ZIP 1997, 1613, 1619; aA *Stratz* in Schmitt/Hörtnagl/Stratz Rn 13.

tut[31]. Art. 11 Abs. 1 EGBGB, der grundsätzlich die Ortsform genügen lässt, ist nämlich auf statusrelevante Akte, also solche, die die Verfassung der Gesellschaft betreffen, nicht anwendbar, weil hierbei nicht nur das Interesse der Beteiligten, sondern auch das öffentliche Interesse berührt ist. Bei der Verschmelzung kommt hinzu, dass hinsichtlich der mit ihr verbundenen Vermögensübertragung auf den aufnehmenden oder neuen Rechtsträger das Recht des Lageorts maßgeblich ist[32].

Das schließt ausländische Notare nicht generell von der Beurkundung solcher Vorgänge aus, jedoch muss dann die Auslandsbeurkundung **der nach deutschem Recht gleichwertig** sein. Dafür wird verlangt, dass der ausländische Notar hinsichtlich Ausbildung, Auswahl und Stellung einem deutschen Notar gleichwertig ist und das Beurkundungsverfahren den tragenden Grundsätzen des deutschen Rechts entspricht[33], wozu auch die Verlesung der Urkunde gehört[34]. Die Anforderungen an die Gleichwertigkeit sind nicht gering, da die notarielle Beurkundung sicherstellen soll, dass das materielle Recht eingehalten wird[35]. Der ausländische Notar muss zwar nicht die gleichen Kenntnisse des deutschen Rechts haben wie seine deutsche Kollegen, er muss aber wie diese unbegrenzt haften und damit die materielle Richtigkeit seiner Urkunde gewährleisten[36]. Hingegen ist es nicht sachgerecht, die Gleichwertigkeit von Auslandsbeurkundungen generell in Abrede zu stellen[37] oder sie unter Hinweis auf die Mitteilungspflichten deutscher Notare zu verneinen[38]. Es empfiehlt sich in jedem Fall die vorherige Abstimmung mit dem zuständigen Registerrichter, weil er die Verschmelzung bei Formfehlern nicht eintragen wird, andererseits die erfolgte Eintragung etwaige Formfehler heilt. **17**

V. Gründung einer SE und einer SCE per Verschmelzung

Art. 2 Abs. 1, 17 ff. SE-VO bzw. Art. 2 Abs. 1, 19 ff. SCE-VO sehen die Verschmelzungsgründung einer Europäischen Gesellschaft (SE) bzw. einer Europäischen Genossenschaft (SCE) vor. Ob der dafür erforderliche Verschmelzungsplan der notariellen Beurkundung bedarf, richtet sich wegen Art. 18 SE-VO bzw. Art. 20 SCE-VO nach deutschem Recht[39]. Die Interessenlage ist hier derjenigen der Beurkundung des Verschmelzungsver- **18**

---

[31] *LG Augsburg* DB 1996, 1666 mit zust. Anm. *Wilken* EWiR 1996, 937, 938; *LG Kiel* BB 1998, 120; *Kröll* ZGR 2000, 111, 122 ff.; *Lutter/Drygala* in Lutter Rn 7; *Schervier* NJW 1992, 593, 595; *Bredthauer* BB 1986, 1864, 1865; *Kraft* in Kölner Komm. § 341 AktG Rn 7.

[32] *Kröll* ZGR 2000, 111, 122; *Lutter/Drygala* in Lutter Rn 7.

[33] BGHZ 80, 76, 78; *LG Kiel* BB 1998, 1210; *Hüffer* § 23 AktG Rn 11; *Lutter/Drygala* in Lutter Rn 8.

[34] BGHZ 80, 76, 78.

[35] BGHZ 105, 338, 341 f.; hinsichtlich der Gleichwertigkeit sehr restriktiv: *LG Augsburg* DB 1996, 1666 mit zust. Anm. *Wilken* EWiR 1996, 937, 938; *Bredthauer* BB 1986, 1864, 1866 ff.; *Heckschen* DB 1998, 1385, 1389; *Zimmermann* in Kallmeyer Rn 11; toleranter hingegen: *Kröll* ZGR 2000, 111, 129 ff.; *Bayer* ZIP 1997, 1613, 1619; *Reuter* BB 1998, 116, 118; Gleichwertigkeit bejaht von: BGH ZIP 1989, 1052 (Abtretung eines Geschäftsanteils, Schweiz); *LG Köln* GmbHR 1990, 171 (Verschmelzungsvertrag, Zürich); *LG Nürnberg-Fürth* AG 1993, 45 (Verschmelzungsvertrag, Basel); *OLG München* BB 1998, 119 (Abtretung eines Geschäftsanteils, Basel); *LG Kiel* BB 1998, 120 (Verschmelzungsvertrag, Österreich); ausdrücklich zwischen Verschmelzungsbeschluss und -vertrag differenzierend *van Randenborgh/Kallmeyer* GmbHR 1996, 908, 911.

[36] *Schervier* NJW 1992, 593, 596; *Lutter/Drygala* in Lutter Rn 8; *Heckschen* in Widmann/Mayer Rn 54; *Bayer* ZIP 1997, 1613, 1619.

[37] So aber *Goette*, FS Boujong, S. 131, 142; *LG Augsburg* DB 1996, 1666 (für Beurkundung in Zürich) mit zust. Anm. *Wilken* EWiR 1996, 937, 938; *AG Kiel* GmbHR 1997, 506; *Priester* in Lutter § 126 Rn 13.

[38] So aber *Heckschen* in Widmann/Mayer Rn 55.

[39] *Heckschen* in Widmann/Mayer Rn 59.8; *Hirte* NZG 2002, 1, 3; aA *Schulz/Geismar* DStR 2001, 1078 mit dem angesichts von Art. 18 SE-VO fragwürdigen Argument, dass die SE-VO insoweit abschließend sei.

trags, wie von § 6 vorgeschrieben, vergleichbar, weshalb auch die Zwecke dieses Formerfordernisses zum Tragen kommen[40]. Andererseits könnte § 6 auf den Verschmelzungs*plan* nur analog angewendet werden. Es ist fraglich, ob das SEEG bzw. das SCEEG und § 6 insoweit tatsächlich eine planwidrige Regelungslücke enthalten. Trotzdem wird man aus Gründen der Rechtssicherheit der Praxis die Beurkundung auch des Verschmelzungsplans empfehlen müssen.

VI. Fehlen oder Mängel der Beurkundung

19 Genügt die Form des Verschmelzungsvertrags nicht den Anforderungen des § 6, ist der Vertrag grundsätzlich mit allen Nebenabreden nichtig[41]. Der Registerrichter darf deshalb die Verschmelzung nicht eintragen. Tut er es dennoch, wird die Nichtigkeit geheilt, auch hinsichtlich schriftlicher, aber nicht beurkundeter Nebenabreden[42].

VII. Kosten

1. Verschmelzung zur Aufnahme

20 Für die Beurkundung eines Verschmelzungsvertrags ist das Doppelte der vollen Gebühr anzusetzen[43], die sich grundsätzlich nach dem in der Schlussbilanz der übertragenden Rechtsträger ausgewiesenen Aktivvermögen richtet[44]. Wenn allerdings der Wert der den Anteilsinhaber der übertragenden Rechtsträger zu gewährenden Anteile am übernehmenden Rechtsträger höher ist, ist dieser maßgebend[45]. Echte Wertberichtigungen und Verlustbeiträge sind abzuziehen, nicht aber Verbindlichkeiten[46]. Der Wert ist insgesamt auf € 5 Mio. begrenzt[47], die Gebühr kann daher € 15 114 nicht übersteigen[48].

2. Verschmelzung zur Neugründung

21 Auch hier ist das Aktivvermögen aller übertragenden Rechtsträger maßgebend, begrenzt auf € 5 Mio. Die gleichzeitig erforderliche Feststellung des Statuts des neu errichteten Rechtsträgers sowie die Bestellung von Geschäftsführern, Aufsichtsratsmitgliedern und Abschlussprüfern sind nicht gesondert zu bewerten, da gegenstandsgleich[49].

§ 7 Kündigung des Verschmelzungsvertrags

Ist der Verschmelzungsvertrag unter einer Bedingung geschlossen worden und ist diese binnen fünf Jahren nach Abschluß des Vertrags nicht eingetreten, so kann jeder Teil den Vertrag nach fünf Jahren mit halbjähriger Frist kündigen; im Verschmelzungsvertrag kann eine kürzere Zeit als fünf Jahre vereinbart werden. Die Kündigung kann stets nur für den Schluß des Geschäftsjahres des Rechtsträgers, dem gegenüber sie erklärt wird, ausgesprochen werden.

---

[40] Deshalb befürworten *Lutter/Drygala* in Lutter Rn 11 eine Analogie; siehe auch *Teichmann* ZGR 2002, 383, 421.
[41] §§ 125 Satz 1, 139 BGB.
[42] § 20 Abs. 1 Nr. 4.
[43] § 36 Abs. 2 KostO.
[44] *BayObLG* DB 1997, 970, 971; *Zimmermann* in Kallmeyer Rn 13.
[45] § 39 Abs. 2 KostO; siehe auch *BayObLG* DB 1997, 970, 971.
[46] § 18 Abs. 3 KostO.
[47] § 39 Abs. 4 KostO.
[48] Siehe noch § 2 Rn 77 ff.
[49] *Zimmermann* in Kallmeyer Rn 14; *Reimann* in Korintenberg/Lappe/Bengel/Reimann § 44 KostO Rn 61, 65.

Übersicht

	Rn		Rn
I. Allgemeines	1	1. Einseitiges Vollzugsverlangen	11
II. Tatbestand	3	2. Einseitiger Anteilseignerbeschluss	12
1. Aufschiebende Bedingung	3	3. Befristung	13
2. Gesetzliches Kündigungsrecht	7	4. Auflösende Bedingung	14
III. Erweiterter Geltungsbereich	11		

Literatur: *Grunewald*, Rückverlagerung von Entscheidungskompetenzen der Hauptversammlung auf den Vorstand, AG 1990, 133; *Hoffmann-Becking*, Das neue Verschmelzungsrecht in der Praxis, FS Fleck, 1988, S. 105; *Körner/Rodewald*, Bedingungen, Befristungen, Rücktritts- und Kündigungsrechte in Verschmelzungs- und Spaltungsverträgen, BB 1999, 853.

I. Allgemeines

Die Vorschrift dient dem **Zweck**, bei einer unter einer Bedingung vereinbarten Verschmelzung nach Ablauf von fünf Jahren, in denen die Bedingung nicht eingetreten ist, einseitig Klarheit darüber schaffen zu können, dass die Verschmelzung endgültig nicht zustande kommt. Damit soll den Parteien ihre Dispositionsbefugnis wieder zurückzugeben werden. Dies rechtfertigt sich insbesondere daraus, dass nach so langer Zeit das vereinbarte Umtauschverhältnis nicht mehr angemessen ist, weil sich die Parteien wirtschaftlich unterschiedlich entwickelt haben[1]. Meist wird jedoch schon die Fünfjahresfrist vor diesem Hintergrund viel zu lang sein, weshalb es sich empfiehlt – wie von Satz 1, 2. Halbs. ausdrücklich vorgesehen –, kürzere Fristen zu vereinbaren[2]. Abgesehen davon, dass sich die Umtauschrelationen meist schon sehr viel kurzfristiger erheblich verschoben haben werden, muss der Anmeldung zum Register auch eine neue Schlussbilanz beigefügt werden, wenn diese bei Eintritt der Bedingung älter als acht Monate ist. Andererseits ist zu berücksichtigen, dass Bedingungen und Befristungen das Erpressungspotential von sog. „räuberischen Anfechtungsklägern" erhöhen[3], und dies umso mehr, je größer der Zeitdruck der Beteiligten aufgrund knapp bemessener Kündigungsfristen ist. 1

Nach dem **früheren Recht**[4] betrug die Frist in Satz 1 noch zehn Jahre. Die im 2. Halbs. vorgesehene Möglichkeit zur weiteren Verkürzung der Frist ist neu. Die im früheren Recht noch geregelte zusätzliche Kündigungsmöglichkeit für Verschmelzungsverträge, die erst nach zehn Jahren wirksam werden sollten, wurde mangels praktischer Bedeutung nicht in das UmwG übernommen. 2

II. Tatbestand

1. Aufschiebende Bedingung

Die Vorschrift behandelt unmittelbar nur aufschiebende Bedingungen für den Verschmelzungsvertrag. Ein Bedürfnis hierfür kann zB wegen eines Kartell- oder Gremienvorbehalts bestehen. Es kann aber auch die Wirksamkeit des Verschmelzungsvertrags zB davon abhängig gemacht werden, dass bis zu einem bestimmten Zeitpunkt die Anteilseignerversammlungen 3

---

[1] *Hoffmann-Becking*, FS Fleck, S. 105, 117 ff.; *Lutter/Drygala* in Lutter Rn 2; *Marsch-Barner* in Kallmeyer Rn 1.

[2] *Heckschen* in Widmann/Mayer Rn 4.

[3] *Hoffmann-Becking*, FS Fleck, S. 105, 119 f.; *Lutter/Drygala* in Lutter Rn 3; *Heckschen* in Widmann/Mayer Rn 12.

[4] § 341 Abs. 2 AktG aF; § 44 a Abs. 3 VAG aF, der für VVaG auf die aktienrechtliche Vorschrift verwies; Parallelvorschrift in § 21 Abs. 5 KapErhG.

aller beteiligten Rechtsträger der Verschmelzung zugestimmt haben oder die Verschmelzung im Register des übernehmenden Rechtsträgers eingetragen ist.

4 **Aufschiebende Bedingung** iSd. Vorschrift ist nur eine zwischen den Parteien wirksam vereinbarte Bedingung, nicht jedoch schon jede bloß tatsächliche Verzögerung[5]. Damit eine aufschiebende Bedingung überhaupt vorliegen kann, müssen die Anteilseignerversammlungen der beteiligten Rechtsträger dem Verschmelzungsvertrag zugestimmt haben, da anderenfalls der Vertrag gar nicht wirksam geworden ist[6].

5 Der Eintritt der vereinbarten Bedingung ist dem **Registerrichter** bei der Anmeldung nachzuweisen, damit dieser die Verschmelzung eintragen kann. Ist die Eintragung selbst die Bedingung, entfällt dieses Erfordernis natürlich. Erfolgt die Eintragung fälschlicherweise vorzeitig, gilt die Bedingung als eingetreten[7]. Denn Mängel der Verschmelzung, zu denen auch deren nur schwebende Unwirksamkeit gehört, werden durch die Eintragung geheilt[8].

6 Die Registerprüfung findet allerdings nur hinsichtlich echter Bedingungen statt, bei denen die Wirksamkeit des Vertrags von bestimmten ungewissen Ereignissen abhängt. Bei **unechten Bedingungen** werden die Vertretungsorgane angewiesen, bestimmte Dinge, insbesondere die Registeranmeldung[9], erst nach Eintritt festgelegter Voraussetzungen zu tun. Hierbei handelt es sich um eine Nebenpflicht aus dem Vertrag, die dessen Wirksamkeit nicht berührt. Dementsprechend prüft der Registerrichter ihre Beachtung nicht, weil Rechtsfolge eines Verstoßes allenfalls Schadensersatzansprüche sein können[10].

2. Gesetzliches Kündigungsrecht

7 Die **Fünfjahresfrist** beginnt mit dem wirksamen Abschluss des Verschmelzungsvertrags[11], nicht erst mit der Beschlussfassung der Anteilseignerversammlungen über die Verschmelzung, mit der der Verschmelzungsvertrag für die Parteien bindend wird[12]. Der frühere Zeitpunkt rechtfertigt sich daraus, dass dann das Umtauschverhältnis festgelegt wird und das Risiko, dass die dafür relevanten Umstände sich verändern, bereits ab dann besteht. Maßgeblich ist also das Datum der Urkunde, bei Sukzessivbeurkundung dasjenige der letzten Beurkundung.

8 Angesichts des Zwecks der Vorschrift kann die Fünfjahresfrist nur verkürzt, **nicht** aber **verlängert** werden. Erst recht kann das Kündigungsrecht nicht vertraglich beschränkt oder abbedungen werden[13]. Das würde der gesetzgeberischen Entscheidung zuwider laufen, den Parteien nach fünf Jahren eine Möglichkeit zur Loslösung von dem Vertrag zu geben.

9 Die **halbjährige Kündigungsfrist** für den Schluss des Geschäftsjahres desjenigen Rechtsträgers, gegenüber dem die Kündigung erklärt wird, muss nicht notwendigerweise erst nach Ablauf der Fünfjahresfrist beginnen, darf aber erst danach enden. Die Frist kann

---

[5] *Marsch-Barner* in Kallmeyer Rn 6; *Körner/Rodewald* BB 1999, 853, 854.
[6] *Lutter/Drygala* in Lutter Rn 4; *Kraft* in Kölner Komm. § 341 AktG Rn 21.
[7] *Marsch-Barner* in Kallmeyer § 4 Rn 11; *Grunewald* in G/H/E/K § 341 AktG Rn 13 mit § 352 a AktG Rn 14; aA *Kraft* in Kölner Komm. § 352 a AktG Rn 8, der für die Wirksamkeit der Verschmelzung dann noch den Eintritt der Bedingung oder Befristung verlangt.
[8] § 20 Abs. 2.
[9] Das ist nicht zu verwechseln mit einer bedingten Anmeldung zum Register, die Anmeldung ist als Verfahrenshandlung bedingungsfeindlich, siehe *BayObLG* DNotZ 1993, 197; *Körner/Rodewald* BB 1999, 853, 857.
[10] *Heckschen* in Widmann/Mayer Rn 23; zu Zulässigkeit und Grenzen unechter Hauptversammlungsbeschlüsse allgemein *Grunewald* AG 1990, 133, 137 ff.
[11] RegBegr. *Ganske* S. 52; *Lutter/Drygala* in Lutter Rn 6; *Marsch-Barner* in Kallmeyer Rn 2.
[12] So die hM zum alten Recht, siehe nur *Grunewald* in G/H/E/K § 341 AktG Rn 20; *Schilling* in Großkomm. § 341 AktG Anm. 16.
[13] *Lutter/Drygala* in Lutter Rn 8; *Heckschen* in Widmann/Mayer Rn 36; *Marsch-Barner* in Kallmeyer Rn 3; aA *Stratz* in Schmitt/Hörtnagl/Stratz Rn 9.

im Verschmelzungsvertrag abgekürzt oder abbedungen werden[14]. Während ihrer Dauer besteht das Vertragsverhältnis fort und kann die Bedingung auch noch eintreten. Wenn dies geschieht, wird die Kündigung gegenstandslos[15]. Wird die Verschmelzung dann ins Register des übernehmenden Rechtsträgers eingetragen, ist sie wirksam. Dies kann auch noch nach Ablauf der ursprünglichen Kündigungsfrist geschehen, nur die Bedingung muss vorher eingetreten sein.

Die **Ausübung des Kündigungsrechts** obliegt dem Vertretungsorgan des betreffenden Rechtsträgers. Eine Zustimmung der Anteilseignerversammlung ist dafür grundsätzlich nicht erforderlich[16], allerdings kann im Verschmelzungsvertrag ein Zustimmungserfordernis für den Aufsichtsrat oder ein anderes Organ bestimmt werden. Außerdem kann aufgrund statutarischer Bestimmungen im Innenverhältnis die Zustimmung bestimmter Organe verlangt sein. Die Kündigung muss nicht begründet werden[17]. **10**

III. Erweiterter Geltungsbereich

1. Einseitiges Vollzugsverlangen

Vereinbaren die Parteien wirksam das Recht einer Partei, den Vollzug der Verschmelzung zu einem ihr genehmen Zeitpunkt verlangen zu können, kann die andere den Verschmelzungsvertrag kündigen, wenn fünf Jahre lang der Vollzug nicht verlangt worden ist[18]. Das ergibt sich daraus, dass das Vollzugsverlangen hier eine aufschiebende Bedingung darstellt. **11**

2. Einseitiger Anteilseignerbeschluss

Gleiches gilt, wenn der Verschmelzungsvertrag ohne Bedingungen beurkundet, aber nur bei einem beteiligten Rechtsträger ein Verschmelzungsbeschluss gefasst wurde. Dann liegt ein bindendes Angebot von einer Seite vor, das aber wegen der Gleichheit der Interessenlage zu dem in § 7 geregelten Fall nicht mehr angenommen werden kann, wenn diese Vertragspartei nicht mehr am Vertrag festhalten möchte und sie ihn hätte kündigen können, falls die Abgabe der Annahmeerklärung als aufschiebende Bedingung konstruiert worden wäre[19]. Allerdings wird die Bindung an das Angebot meistens schon vor dem Fristablauf enden[20]. Andererseits rechtfertigt es die Analogie nicht, das Angebot in jedem Fall nach fünf Jahren für unverbindlich zu halten[21], weil auch iRd. § 7 eine Loslösung vom Vertrag nur im Fall der Kündigung gegeben ist, nicht aber schon immer nach Ablauf von fünf Jahren. **12**

3. Befristung

Da der Übergang zwischen Bedingung und Zeitbestimmung fließend ist, sind auch aufschiebende Befristungen zulässig[22]. Ist der Vertrag aufschiebend befristet über mehr als fünf Jahre, kann ebenfalls nach fünf Jahren gekündigt werden[23]. **13**

---

[14] *Heckschen* in Widmann/Mayer Rn 43.
[15] *Lutter/Drygala* in Lutter Rn 7; *Marsch-Barner* in Kallmeyer Rn 5; *Kraft* in Kölner Komm. § 341 AktG Rn 26.
[16] *Grunewald* in G/H/E/K § 341 AktG Rn 22; *Kraft* in Kölner Komm. § 341 AktG Rn 14; *Lutter/Drygala* in Lutter Rn 7; *Marsch-Barner* in Kallmeyer Rn 4; aA *Heckschen* in Widmann/Mayer Rn 28 ff., 41.
[17] *Kraft* in Kölner Komm. § 341 AktG Rn 20; *Lutter/Drygala* in Lutter Rn 7.
[18] *Kraft* in Kölner Komm. § 341 AktG Rn 22.
[19] Ähnlich *Lutter/Drygala* in Lutter Rn 5.
[20] Siehe hierzu § 4 Rn 21.
[21] So aber wohl *Lutter/Drygala* in Lutter Rn 5.
[22] § 163 BGB; *Körner/Rodewald* BB 1999, 853, 854; *Marsch-Barner* in Kallmeyer § 4 Rn 11.
[23] *Marsch-Barner* in Kallmeyer Rn 6.

§ 8 Verschmelzungsbericht

(1) Die Vertretungsorgane jedes der an der Verschmelzung beteiligten Rechtsträger haben einen ausführlichen schriftlichen Bericht zu erstatten, in dem die Verschmelzung, der Verschmelzungsvertrag oder sein Entwurf im einzelnen und insbesondere das Umtauschverhältnis der Anteile oder die Angaben über die Mitgliedschaft bei dem übernehmenden Rechtsträger sowie die Höhe einer anzubietenden Barabfindung rechtlich und wirtschaftlich erläutert und begründet werden (Verschmelzungsbericht); der Bericht kann von den Vertretungsorganen auch gemeinsam erstattet werden. Auf besondere Schwierigkeiten bei der Bewertung der Rechtsträger sowie auf die Folgen für die Beteiligung der Anteilsinhaber ist hinzuweisen. Ist ein an der Verschmelzung beteiligter Rechtsträger ein verbundenes Unternehmen im Sinne des § 15 des Aktiengesetzes, so sind in dem Bericht auch Angaben über alle für die Verschmelzung wesentlichen Angelegenheiten der anderen verbundenen Unternehmen zu machen. Auskunftspflichten der Vertretungsorgane erstrecken sich auch auf diese Angelegenheiten.

(2) In den Bericht brauchen Tatsachen nicht aufgenommen zu werden, deren Bekanntwerden geeignet ist, einem der beteiligten Rechtsträger oder einem verbundenen Unternehmen einen nicht unerheblichen Nachteil zuzufügen. In diesem Falle sind in dem Bericht die Gründe, aus denen die Tatsachen nicht aufgenommen worden sind, darzulegen.

(3) Der Bericht ist nicht erforderlich, wenn alle Anteilsinhaber aller beteiligten Rechtsträger auf seine Erstattung verzichten oder sich alle Anteile des übertragenden Rechtsträgers in der Hand des übernehmenden Rechtsträgers befinden. Die Verzichtserklärungen sind notariell zu beurkunden.

Übersicht

	Rn
I. Allgemeines	1
1. Sinn und Zweck der Norm/ Entstehungsgeschichte	1
2. Europäische Rechtsangleichung	3
II. Erstattung des Verschmelzungsberichts	5
1. Berichterstattung durch Vertretungsorgan	5
2. Gemeinsame Berichterstattung	6
3. Form	7
4. Mitwirkung des Aufsichtsorgans	8
5. Unterrichtung der Anteilsinhaber	10
III. Inhalt des Verschmelzungsberichts	11
1. Grundlagen der Berichterstattung	11
2. Erläuterung der Verschmelzung	15
a) Die beteiligten Unternehmen	16
b) Die wirtschaftliche Begründung der Verschmelzung	17
3. Erläuterung des Verschmelzungsvertrags	21
4. Erläuterung des Umtauschverhältnisses	22
a) Darstellung der Grundlagen für die Festsetzung des Umtauschverhältnisses	23
b) Methodische Grundlagen der Unternehmensbewertung	24
c) Erläuterung der Ermittlung des Unternehmenswerts	27
aa) Orientierung an den Unternehmensplanungen/Abgrenzung von Berichts- und Bewertungsrügen	28
bb) Erläuterung des Planverfahrens und der Planungsprämissen	31
cc) Ableitung aus den Vergangenheitszahlen	32
dd) Zahlenangaben zu den Ertragsplanungen	33
ee) Erläuterungen der Plandaten	37
d) Kapitalisierungszinssatz	38
e) Bewertung des nichtbetriebsnotwendigen Vermögens	40
f) Bewertungsergebnis	41
g) Sonderfragen bei der Bewertung von Unternehmensgruppen	42
h) Keine Unterrichtung über Rechtsmittel und Stellungnahmen Dritter	45
5. Angaben über die Mitgliedschaft bei dem übernehmenden Rechtsträger	46
6. Erläuterung der Höhe der anzubietenden Abfindung	49
7. Hinweis auf besondere Schwierigkeiten der Verschmelzung	50
8. Folgen für die Beteiligung der Anteilsinhaber	52
9. Angaben über verbundene Unternehmen	58
a) Unternehmen der nachgeordneten Konzernebenen	59

b) Unternehmen der übergeordneten Konzernebenen 61	3. Keine Berichtspflicht bei persönlich haftenden Gesellschaftern einer Personenhandelsgesellschaft 75
c) Auskunftspflicht des verbundenen Unternehmens 62	**VI. Fehlerhafte Berichte/Heilung** 76
10. Erweiterte Auskunftspflichten der beteiligten Rechtsträger untereinander? 64	1. Berichtsfehler 76
	2. Kausalität 77
IV. Grenzen der Berichtspflicht (Abs. 2) 65	3. Relevanz von Berichtsfehlern über das Umtauschverhältnis oder das Abfindungsangebot 80
V. Ausnahmen von der Berichtspflicht (Abs. 3) 65	
1. Verzicht 68	4. Ergänzende Erläuterungen in der Versammlung 82
2. Verschmelzung bei im alleinigen Anteilsbesitz stehenden Konzerngesellschaften 73	5. Nachträgliche Korrektur 83

Literatur: *Arbeitskreis Umwandlungsrecht,* Vorschläge zum Referentenentwurf eines Umwandlungsgesetzes, ZGR 1993, 321; *App,* Verschmelzung und Spaltung von Kapitalgesellschaften und ihre steuerliche Behandlung, DZWiR 2001, 56; *Bayer,* Verschmelzung und Minderheitenschutz, WM 1989, 121; *ders.,* Informationsrechte bei der Verschmelzung von Aktiengesellschaften, AG 1988, 323; *ders.,* 1000 Tage neues Umwandlungsrecht, ZIP 1997, 1613; *Binnewies,* Formelle und materielle Voraussetzungen von Umwandlungsbeschlüssen, GmbHR 1997, 727; *Bokelmann,* Eintragung eines Beschlusses: Prüfungskompetenz des Registergerichtes bei Nichtanfechtung, rechtsmissbräuchlicher Anfechtungsklage und bei Verschmelzung, DB 1994, 1341; *Bork,* Beschlußverfahren und Beschlußkontrolle nach dem Referentenentwurf eines Gesetzes zur Bereinigung des Umwandlungsrechts, ZGR 1993, 343; *Handelsrechtsausschusses des Deutschen Anwaltvereins e. V. (HRA),* Stellungnahme zum Referentenentwurf eines Gesetzes zur Bereinigung des Umwandlungsrechts, WM 1993, Sonderbeilage 2; *Dirrigl,* Neue Rechtsprechung zur Verschmelzung und die Verschmelzungsprüfung, WpG 1989, 617; *Dörrie,* Das neue Umwandlungsgesetz, WiB 1995, 1; *Ebenroth/Koos,* Die Verfassungsmäßigkeit des Auskunftsverweigerungsrechts gemäß § 131 Abs. 3 AktG bei Aktionärsanfragen bezüglich stiller Reserven, BB 1995, Beilage 8; *Engelmeyer,* Informationsrechte und Verzichtsmöglichkeiten im Umwandlungsgesetz, BB 1998, 330; *Fuhrmann,* Gesetzliche Formerfordernisse von Vorstandsberichten, AG 2004, 135; *Ganske,* Reform des Umwandlungsrechts, WM 1993, 1117; *ders.,* Berufsrelevante Regelungen für Wirtschaftsprüfer im neuen Umwandlungsrecht, WPg 1994, 157; *Heckschen,* Fusion von Kapitalgesellschaften im Spiegel der Rechtsprechung, WM 1990, 377; *ders.,* Das Verschmelzungsrecht auf dem Prüfstand, ZIP 1989, 1168; *ders.,* Verschmelzung von Kapitalgesellschaften, 1989; *Heermann,* Auswirkungen einer Behebbarkeit oder nachträglichen Korrektur von gerügten Verfahrensmängeln auf das Unbedenklichkeitsverfahren nach § 16 Abs. 3 UmwG, ZIP 1999, 1861; *Henze,* Höchstrichterliche Rechtsprechung zum Aktienrecht, 3. Aufl. 1997; *Hommelhoff,* Minderheitenschutz bei Umstrukturierungen, ZGR 1993, 452; *ders.,* Zur Kontrolle strukturverändernder Gesellschafterbeschlüsse, ZGR 1990, 447; *Hüffer,* Die gesetzliche Schriftform bei Berichten des Vorstands gegenüber der Hauptsammlung, FS Claussen, 1997, S. 171; *Hügel,* Verschmelzung und Einbringung, 1993; *Kallmeyer,* Das neue Umwandlungsgesetz, ZIP 1994, 1746; *ders.,* Die Auswirkungen des neuen Umwandlungsrechts auf die mittelständische GmbH, GmbHR 1993, 461; *Keil,* Der Verschmelzungsbericht nach § 340 a AktG, 1990; *Keil/Wagner,* Verschmelzungsrecht und Art. 177 EWG-Vertrag, ZIP 1989, 241; *Lüttge,* Das neue Umwandlungs- und Umwandlungssteuerrecht, NJW 1995, 417; *Mertens,* Umwandlung und Universalsukzession, 1993; *ders.,* Die Gestaltung von Verschmelzungs- und Verschmelzungsprüfungsbericht, AG 1990, 20; *Messer,* Die Kausalität von Mängeln des Verschmelzungsberichts als Voraussetzung für die Anfechtbarkeit des Verschmelzungsbeschlusses, FS Quack, 1991, S. 321; *Müller,* Unterzeichnung des Verschmelzungsberichts, NJW 2000, 2001; *Limmer,* Handbuch der Unternehmensumwandlung, 2. Aufl. 2001; *Ossadnik/Maus,* Die Verschmelzung im neuen Umwandlungsrecht aus betriebswirtschaftlicher Sicht, DB 1995, 105; *Preisenberger,* Die Heilbarkeit fehlerhafter Vorstandsberichte nach Aktien- und Umwandlungsrecht, Diss. Tübingen 1999; *Priester,* Strukturänderungen – Beschlussvorbereitung und Beschlußfassung, ZGR 1990, 420; *Rodewald,* Zur Ausgestaltung von Verschmelzungs- und Verschmelzungsprüfungsbericht, BB 1992, 237; *K. Schmidt,* Gläubigerschutz bei Umstrukturierungen, ZGR 1993, 366; *Schöne,* Das Aktienrecht als „Maß aller Dinge" im neuen Umwandlungsrecht?, GmbHR 1995, 325; *Schwarz,* Umwandlung mittelständischer Unternehmen im Handels- und Steuerrecht, 1995; *Streck/Mack/Schwedhelm,* Verschmelzung und Formwechsel nach dem neuen Umwandlungsgesetz, GmbHR 1995, 161; *Vossius,* Unternehmensvertrag und Umwandlung, FS Widmann, 2000, S. 133; *Wardenbach,* Aktiengesellschaften im Zielfeld räuberischer Aktionäre, BB 1991, 485; *Westermann,* Die Zweckmäßigkeit der Verschmelzung als Gegenstand des Verschmelzungsberichts, FS J. Semler, 1993, S. 651.

I. Allgemeines

1. Sinn und Zweck der Norm/Entstehungsgeschichte

1 Die Bestimmung geht auf § 340 a AktG aF zurück, der mit dem Gesetz zur Durchführung der Dritten Richtlinie des Rates der Europäischen Gemeinschaften zur Koordinierung des Gesellschaftsrechts vom 25. 10. 1982[1] in das AktG eingefügt worden ist. Während die Bestimmung des § 340 a AktG aF nur auf Verschmelzungen unter Beteiligung von Aktiengesellschaften und Kommanditgesellschaften auf Aktien anwendbar war, gilt § 8 rechtsformunabhängig. Die Gesetzesfassung von § 8 konkretisiert die Anforderungen an den Bericht gegenüber § 340 a AktG aF nur geringfügig.

2 Der Bericht des Vertretungsorgans soll den Anteilsinhabern ermöglichen, sich im Vorfeld der Versammlung der Anteilsinhaber mit den **wesentlichen Grundlagen** der Verschmelzung vertraut zu machen. Die Anteilsinhaber sollen bereits vor der Beschlussfassung in der Versammlung über eine zuverlässige Beurteilungsgrundlage verfügen[2] und sich ein Bild machen können, ob die Verschmelzung wirtschaftlich zweckmäßig ist und den gesetzlichen Anforderungen genügt[3]. Die Anteilsinhaber sollen über die Verschmelzung in Kenntnis aller Umstände sachgerecht abstimmen können[4]. Der Bericht ist darüber hinaus Informationsquelle, aber nicht Gegenstand der Prüfung durch die Verschmelzungsprüfer[5]. Der Schutz von Gläubigern oder Arbeitnehmern ist nicht bezweckt[6].

2. Europäische Rechtsangleichung

3 § 8 beruht auf Art. 9 VerschmRL. Die Richtlinie behandelt für das deutsche Recht lediglich die Verschmelzung von Aktiengesellschaften. § 8 ist dagegen auf alle verschmelzungsfähigen Rechtsträger anwendbar. Die Richtlinie ist auf der Grundlage von Art. 54 Abs. 3 g EWGV (jetzt Art. 44 Abs. 2 g EGV) erlassen worden und hat die Koordinierung des Verschmelzungsrechts der Mitgliedstaaten zum Ziel. Wesentliches Instrument der Koordinierung ist Art. 234 EGV. Danach **können** die Instanzgerichte und **müssen** die Gerichte, deren Entscheidungen selbst nicht mehr mit Rechtsmitteln des innerstaatlichen Rechts angefochten werden können, von einer eigenen Entscheidung absehen und die Frage dem EuGH zur Entscheidung vorlegen, wenn die richtige Anwendung oder Auslegung von Gemeinschaftsrecht in Rede steht[7]. Der EuGH ist das für die Auslegung von primärem und sekundärem Gemeinschaftsrecht zuständige Gericht; es entscheidet letztinstanzlich auch über die Auslegung von einzelstaatlichem Recht, mit dem eine Richtlinie in das nationale Recht umgesetzt worden ist. Dazu gehört auch § 8. Nicht abschließend geklärt ist, ob eine Vorabentscheidung des Europäischen Gerichtshof nach Art. 234 EGV nur bei Beteiligung von Aktiengesellschaf-

---

[1] BGBl. I S. 1425.
[2] *OLG Frankfurt* ZIP 2000, 1928, 1930 „Piper Generalvertretung Deutschland".
[3] BGHZ 107, 296, 302 = WM 1989, 1128, 1130 „Kochs Adler"; *BGH* WM 1990, 2071, 2074 „SEN"; *OLG Hamm* NZG 1999, 560, 561 „Krupp/Thyssen"; *Mertens* AG 1990, 20, 22.
[4] Vgl. Begründung zum Entwurf eines Gesetzes zur Durchführung der 3. Richtlinie des Rats der Europäischen Gemeinschaften zur Koordinierung des Gesellschaftsrechts vom 23. 11. 1981 (BT-Drucks. 9/1065, 14/15); *BGH* WM 1990, 2071, 2074 „SEN"; BGHZ 107, 296, 304 = WM 1989, 1128, 1131 „Kochs Adler"; *Westermann*, FS J. Semler, S. 651, 654; *Hommelhoff* ZGR 1993, 452, 463; *Mertens* AG 1990, 20, 22.
[5] So wohl auch *Kraft* in Kölner Komm.² § 340 a AktG Rn 3; näher § 9 Rn 18.
[6] *Lutter/Drygala* in Lutter Rn 5; *Dörrie* WiB 1995, 1, 5; *Ganske* WM 1993, 452, 454; *K. Schmidt* ZGR 1993, 366, 374 f.; *Schwarz* S. 90.
[7] Vgl. nur BGHZ 107, 296, 304 = WM 1989, 1128, 1131 „Kochs Adler".

ten an der Verschmelzung stattfindet oder auch bei Beteiligung von Rechtsträgern, die nicht in den Anwendungsbereich der VerschmRL fallen[8].

Nach der Rechtsprechung des EuGH entfällt die Vorlagepflicht, wenn die Rechtsfrage bereits durch die Rechtsprechung des EuGH geklärt ist oder wenn die Anwendung des Gemeinschaftsrechts derart offenkundig ist, dass keinerlei Raum für vernünftige Zweifel bleibt, und das Gericht davon überzeugt ist, dass auch für die Gerichte der übrigen Mitgliedstaaten und für den EuGH die gleiche Gewissheit bestünde[9]. 4

II. Erstattung des Verschmelzungsberichts

1. Berichterstattung durch Vertretungsorgan

Der Verschmelzungsbericht ist durch das Vertretungsorgan der Gesellschaft zu erstatten. Welches Organ das Vertretungsorgan ist, richtet sich nach dem Statut und den für die Gesellschaft geltenden gesetzlichen Regelungen. Der Bericht ist vom **Gesamtorgan**, also von allen Mitgliedern des Vertretungsorgans, zu erstatten[10]. Jedes Mitglied des Vertretungsorgans hat sein Wissen in den Grenzen von § 8 weiterzugeben und dies durch seine Unterschrift zu dokumentieren[11]. Die Unterzeichnung des Berichts durch eine (nur) vertretungsberechtigte Anzahl von Mitgliedern des Vertretungsorgans ist nicht ausreichend[12]. Sie ist Wissens- und nicht Willenserklärung. Auch die Geschäftsordnung des Vertretungsorgans kann nicht bestimmen, dass der Bericht nur von einzelnen Mitgliedern erstattet wird[13]. Die Vorbereitung des Berichts kann dagegen auf einzelne Mitglieder oder auf Mitarbeiter übertragen werden. Die Vertretung ist nicht zulässig[14]. Das Vertretungsorgan trägt in seiner Gesamtheit die Verantwortung für den Bericht. Es muss sich mit dem Bericht intensiv befassen und die Richtigkeit und Vollständigkeit des Berichts sicherstellen. Die Mitglieder des Vertretungsorgans sind aufgrund ihres Bestellungs- und Anstellungsverhältnisses zur Mitwirkung an dem Bericht verpflichtet, wenn die zuständigen Organe des beteiligten Rechtsträger den Beschluss gefasst haben, eine Verschmelzung vorzubereiten[15]; Inhalt und Grenzen der Mitwirkungspflicht sind in Schrifttum und Rechtsprechung bisher kaum erörtert. 5

---

[8] Vgl. zum Ganzen *Haberssack/Mayer* JZ 1999, 913; ablehnend hinsichtlich der Vorlage bei der überschießenden Umsetzung von Richtlinien *Lutter* in Lutter, Einl Rn 33, der allerdings eine einheitliche, an das europäische Recht angelehnte Auslegung des nationalen Rechts für notwendig hält.

[9] Vgl. *EuGH* vom 6. 10. 1982 „CILFIT", Slg. 1982, 3415, sog. acte-clair-Doktrin; *Lutter,* Europäisches Unternehmensrecht, S. 33 f.; *Grunewald* in G/H/E/K § 340 a AktG Rn 24; *Lutter/Drygala* in Lutter Rn 58; vgl. auch *Keil/Wagner* ZIP 1989, 214, 217.

[10] LG Berlin AG 2003, 646 „Vattenfall" mit zust. Anm. *Keil* EWiR Nr. 1/04 zu § 8 UmwG; *Marsch-Barner* in Kallmeyer Rn 2; *Grunewald* in G/H/E/K § 340 a AktG Rn 18; *Hüffer*, FS Claussen, S. 171, 177; *Limmer* in Limmer Rn 497; aA *Müller* NJW 2000, 2001 f.; *Mayer* in Widmann/Mayer Rn 13; KG ZIP 2005, 167, 168 „Vattenfall" mit zust. Anm. *Linnerz* und *Fonk* § 176 Rn 49. EWiR Nr. 1/05 zu § 8 UmwG (vertretungsberechtigte Zahl); auch *Fuhrmann* AG 2004, 135 ff.; anders auch *Fonk* § 176 Rn 18 (Fn 49).

[11] Zutreffend LG Berlin AG 2003, 646 „Vattenfall".

[12] *Lutter/Drygala* in Lutter Rn 8; *Kraft* in Kölner Komm. § 340 a AktG Rn 4 ff.; *Stratz* in Schmitt/Hörtnagl/Stratz Rn 5; *Keil* S. 31; zur Relevanz eines Unterschriftmangels siehe Rn 78.

[13] AA *Hüffer*, FS Claussen, S. 171, 184 f.

[14] *Stratz* in Schmitt/Hörtnagl/Stratz Rn 5; *Grunewald* in G/H/E/K § 340 a AktG Rn 18; *Kraft* in Kölner Komm. § 340 a AktG Rn 4 ff.; vgl. auch *Mayer* in Widmann/Mayer Rn 14 mit anderer Begründung.

[15] *Kraft* in Kölner Komm. § 340 a AktG Rn 6.

2. Gemeinsame Berichterstattung

6 Der Bericht kann von den Vertretungsorganen der an der Verschmelzung beteiligten Rechtsträger auch gemeinsam erstattet werden. Diese zu § 340 a AktG aF noch umstrittene Frage[16] ist durch § 8 nun positiv geregelt. In der Praxis börsennotierter Aktiengesellschaften ist die gemeinsame Berichterstattung die Regel.

3. Form

7 Das Vertretungsorgan hat den Bericht in schriftlicher Form vorzulegen[17]. Der Bericht ist daher von den Mitgliedern des Vertretungsorgans, und zwar von allen Mitgliedern,[18] eigenhändig durch Namensunterschrift oder mittels notariell beglaubigten Handzeichens zu unterzeichnen[19]. Nach allgemeiner Auffassung muss das Vertretungsorgan nur ein Berichtsexemplar schriftlich ausfertigen. Die Berichtsexemplare, die den Anteilsinhabern zur Verfügung gestellt werden, können mit einer Faksimileunterschrift oder einem Unterzeichnungshinweis („gez.") versehen werden[20].

4. Mitwirkung des Aufsichtsorgans

8 Das Aufsichtsorgan wirkt an der Berichterstattung nicht mit. Die Mitglieder des Aufsichtsorgans unterzeichnen den Bericht auch nicht. Für die Verschmelzung ist nicht erforderlich, dass der Aufsichtsrat den Bericht billigt oder ihm durch Beschluss zustimmt.

9 Von der Mitwirkung an der Berichterstattung ist die Überwachung einer ordnungsgemäßen Berichterstattung zu unterscheiden. Diese richtet sich nach den allgemeinen Regeln, die für den beteiligten Rechtsträger gelten[21]. Der Aufsichtsrat einer AG hat sich davon zu überzeugen, dass der Vorstand seine Berichtspflichten ordnungsgemäß erfüllt. Dazu ist nicht erforderlich, dass er den Bericht selbst auf seine Richtigkeit prüft. Er muss sich nur davon überzeugen, dass der Vorstand den Gegenstand und Umfang seiner Berichtspflicht kennt. Der Aufsichtsrat muss auch nicht prüfen, ob der vom Vorstand vorgelegte Bericht den gesetzlichen Anforderungen entspricht. Ausreichend ist, wenn er sich davon überzeugt, dass der Vorstand mit der gebotenen Sorgfalt sichergestellt hat, dass die gesetzlichen Anforderungen erfüllt sind.

5. Unterrichtung der Anteilsinhaber

10 Das UmwG regelt nach Rechtsform unterschiedlich, wie der Verschmelzungsbericht den Anteilsinhabern zugänglich zu machen ist. Bei einer Verschmelzung unter Beteiligung von Gesellschaften mit beschränkter Haftung ist der Verschmelzungsbericht allen Gesellschaftern zusammen mit der Einberufung der Gesellschafterversammlung zu übersenden[22]. Dasselbe gilt bei Personengesellschaften: Die von der Geschäftsführung ausgeschlossenen Gesellschafter erhalten den Verschmelzungsbericht mit der Einberufung der Gesellschafterversammlung[23]. Bei Verschmelzungen unter Beteiligung von Aktiengesellschaften ist der Verschmelzungsbericht ab Einberufung der Hauptversammlung in den Geschäftsräumen der Gesellschaft zur Einsicht der Aktionäre auszulegen und jedem Aktionär auf Verlangen unverzüg-

---

[16] Dagegen *OLG Karlsruhe* WM 1989, 1134, 1139 „SEN" und *Keil* S. 20 ff.; offen gelassen in *BGH* WM 1990, 1372, 1379; dafür *LG Frankenthal* WM 1989, 1854; *Heckschen* WM 1990, 377, 381; *Priester* ZGR 1990, 421, 425; *Mertens* AG 1990, 20; vgl. auch *Kraft* in Kölner Komm. § 340 a AktG Rn 8.
[17] Eingehend dazu *Hüffer*, FS Claussen, S. 171 ff.
[18] Siehe Rn 5.
[19] § 126 Abs. 1 BGB; vgl. *Limmer* in Limmer Rn 497; *Bermel* in Goutier/Knopf/Tulloch Rn 4; zur Berichterstattung nur durch eine vertretungsberechtigte Zahl von Mitgliedern siehe Rn 5; zur Relevanz eines Unterschriftsmangels siehe Rn 78.
[20] *Lutter/Drygala* in Lutter Rn 8; *Marsch-Barner* in Kallmeyer Rn 3; *Keil* S. 34.
[21] Siehe auch § 25 Rn 9.
[22] § 47.
[23] § 42.

lich und kostenlos eine Abschrift zu erteilen[24]. Er ist ferner in der Hauptversammlung zur Einsichtnahme auszulegen. Die selben Grundsätze wie für Aktiengesellschaften gelten für Kommanditgesellschaften auf Aktien und eingetragene Genossenschaften.

III. Inhalt des Verschmelzungsberichts

1. Grundlagen der Berichterstattung

Inhalt und Umfang der Berichterstattung lassen sich aus dem Gesetzeswortlaut von § 8 nicht abschließend entnehmen. Der Begriff des „ausführlichen Berichts" ist unbestimmt. Die Gesetzesformulierung regelt keinen festen Berichtsstandard, wie er etwa aufgrund gesetzlicher Bestimmungen und ergänzender Rechtsverordnungen für eine Angebotsunterlage nach § 11 WpÜG, einen Börsenzulassungsprospekt oder einen Verkaufsprospekt vorgesehen ist. Die Offenheit der gesetzlichen Regelung[25] erschwert die rechtssichere Anwendung[26]. Dies ist bei der Gesetzesauslegung zu berücksichtigen, zumal die wirtschaftlichen Folgen einer gescheiterten oder verzögerten Verschmelzung schwer wiegen. Aus der weiten, auf eine Vielzahl unterschiedlicher Sachverhalte zugeschnittenen Gesetzesformulierung folgt, dass dem Vertretungsorgan ein **Darstellungsspielraum** zusteht[27]. Der Bericht ist daher nur unzureichend und fehlerhaft, wenn er nach Art, Umfang und Tiefe der Darstellung bei einer Gesamtwürdigung aus Sicht eines verständigen Anteilsinhabers keine geeignete Informationsgrundlage mehr bietet. Besondere Bedeutung kommt den in der Praxis entwickelten Berichtsstandards zu, an denen sich ein ordentlicher und gewissenhafter Geschäftsmann bei der Vorbereitung des Berichts orientieren muss. Die Gerichte sollten die in der Unternehmenspraxis entwickelten Standards nicht ohne gewichtigen Grund verschärfen und bei der Kontrolle der Berichtspflicht zurückhaltend sein[28].

Der Bericht soll den Anteilsinhabern eine Grundlage zur Vorbereitung der Versammlung der Anteilsinhaber und ihrer Entscheidung bieten. Er hat daher über die Wesentlichen entscheidungsrelevanten Umstände und Sachverhalte aufzuklären. Die (aktive) Berichtspflicht des Vertretungsorgans im Vorfeld der Versammlung der Anteilsinhaber geht aber nicht so weit wie die (passive) Auskunftspflicht in der Versammlung der Anteilsinhaber[29]. Der Bericht soll die aus Sicht der **Gesamtheit** der Anteilsinhaber relevanten Entscheidungsgrundlagen darstellen. Er muss und kann nicht auf besondere Informationsbedürfnisse einzelner Anteilsinhaber Rücksicht nehmen. Der Bericht muss den Anteilsinhabern auch nicht die Möglichkeit bieten, die Entscheidungen des Geschäftsführungs- oder Vertretungsorgans wie ein Sachverständiger zu kontrollieren[30]. Ausreichend ist, wenn die für die Verschmelzung wesentlichen

---

[24] § 63 Abs. 1 und 3.
[25] So auch *Marsch-Barner* in Kallmeyer Rn 1; *Lutter/Drygala* in Lutter Rn 13; *Bork* ZGR 1993, 343, 350; *Hommelhoff* ZGR 1993, 463; *Dörrie* WiB 1995, 1, 3, 5 und zu § 340 a AktG aF auch *Mertens* AG 1990, 20, 21; *Grunewald* in G/H/E/K § 340 a AktG Rn 8 ff.
[26] Vgl. nur *OLG Frankfurt* ZIP 2006, 370, 375 „T-Online" *Priester* ZGR 1990, 420, 421; *Rodewald* BB 1992, 237, 238.
[27] Vgl. auch *Mertens* AG 1990, 20, 23 ff.
[28] So auch *Mertens* AG 1990, 20, 23.
[29] *LG Frankenthal* WM 1989, 1854, 1857 f. „Hypothekenbanken-Schwestern".
[30] So auch OLG Frankfurt ZIP 2006, 370, 376 „T-Online"; *OLG Hamm* NZG 1999, 560, 561 „Krupp/Thyssen"; *OLG Karlsruhe* WM 1989, 1134, 1138 „SEN"; *LG Frankenthal* WM 1989, 1854, 1857 „Hypothekenbanken-Schwestern"; *OLG Düsseldorf* ZIP 1999, 793; *LG München* AG 2000, 86 ff. „MHM Mode Holding"; *Grunewald* in G/H/E/K § 340 a AktG Rn 5; *Kraft* in Kölner Komm. § 340 a AktG Rn 15; *Keil* S. 76; *Mertens* AG 1990, 20, 22 f.; *Westermann,* FS J. Semler, S. 651, 654 f., zum neuen Recht auch *Stratz* in Schmitt/Hörtnagl/Stratz Rn 10; *Lutter/Drygala* in Lutter Rn 14; *Mayer* in Widmann/Mayer Rn 19.1; *Bayer* ZIP 1997, 1613, 1619.

Informationen mitgeteilt werden, also diejenigen, die ein verständiger Anteilsinhaber für die Entscheidung über die Zustimmung zum Verschmelzungsvertrag benötigt[31]. Die wesentlichen Vorteile und Risiken müssen so dargestellt werden, dass eine sachgerechte Beurteilung der Verschmelzung möglich ist.

13 Praxis und Rechtsprechung haben die Standards für die Berichterstattung vor allem im Zusammenhang mit der Verschmelzung von börsennotierten Aktiengesellschaften entwickelt. Die Maßstäbe der aktienrechtlichen Praxis sind in ihren Grundzügen, nicht aber uneingeschränkt auf nicht börsennotierte Aktiengesellschaften mit personalistischer Struktur und Rechtsträger anderer Rechtsform übertragbar. Verschmelzungen von Rechtsträgern mit personalistischer Struktur würden ansonsten mit einem ganz unangemessenen Vorbereitungsaufwand belastet, der weder unter dem Gesichtspunkt angemessener Entscheidungsvorbereitung noch unter dem Gesichtspunkt der Rechenschaft über die sorgfältige Vorbereitung der Verschmelzung durch die Leitungsorgane der beteiligten Rechtsträger zu rechtfertigen ist. Gerade bei Rechtsträgern mit wenigen an der Entscheidung beteiligten Anteilsinhabern muss den Auskunfts- und sonstigen Informationsrechten, die neben dem Berichtserfordernis bestehen, besondere Bedeutung zugemessen werden.

Bei der Verschmelzung börsennotierter Aktiengesellschaften waren die Berichte in der bisherigen Praxis oft umfassend und umfangreich. Sie gingen zum Teil über das Informationsbedürfnis der Mehrzahl der Anteilsinhaber weit hinaus. Die Gesellschaften haben daher oft neben dem Verschmelzungsbericht eine Kurzbroschüre vorgelegt, die eine Zusammenfassung der wesentlichen Gesichtspunkte der Verschmelzung enthielt. Dies ist rechtlich zulässig.

14 Der Bericht hat in entsprechender Anwendung von § 131 Abs. 2 AktG den Grundsätzen einer gewissenhaften und getreuen Rechenschaft zu entsprechen. Die für die Beurteilung der Verschmelzung wesentlichen Tatsachen und Sachverhalte müssen vollständig und richtig dargestellt werden[32]. Unternehmerische Bewertungen und Einschätzungen des Vertretungsorgans müssen zutreffend so wiedergegeben werden, wie sie der Auffassung des Vertretungsorgans entsprechen. Ein Berichtsfehler liegt allerdings noch nicht notwendig immer vor, wenn sie sich *ex post* als nicht zutreffend erweisen.

2. Erläuterung der Verschmelzung

15 Der Bericht muss zunächst die Verschmelzung rechtlich und wirtschaftlich erläutern und begründen.

16 **a) Die beteiligten Unternehmen.** Die Erläuterung und Begründung der Verschmelzung erfordert zunächst eine Darstellung der beteiligten Unternehmen und ihrer Geschäftstätigkeit[33]. Das Vertretungsorgan kann sich bei der Beschreibung des eigenen Unternehmens kurz fassen, muss dagegen das Unternehmen der anderen beteiligten Rechtsträger eingehender beschreiben[34]. Dies gilt insbesondere, wenn – wie vielfach bei Unternehmen mit personalistischer Struktur – nur wenige Unternehmensinformationen der anderen beteiligten Rechtsträger öffentlich zugänglich sind. In der Praxis börsennotierter Aktiengesellschaften werden meist die Struktur der beteiligten Unternehmen, die wesentlichen Geschäftsfelder (ggf. mit Wesentlichen wirtschaftlichen Kennzahlen), die mitbestimmungsrechtliche Verfassung, die Zahl der Mitarbeiter, die Organe der Gesellschaft und – soweit bekannt – die Struktur des Anteilseignerkreises dargestellt. Darüber hinaus wird vielfach (allerdings ohne rechtliche Notwendigkeit) eine kurze Zusammenfassung der jüngeren

---

[31] *Lutter/Drygala* in Lutter Rn 14.
[32] Näher *Decher* in Großkomm. § 131 AktG Rn 246.
[33] *Lutter/Drygala* in Lutter Rn 16; *Marsch-Barner* in Kallmeyer Rn 7.
[34] *Lutter/Drygala* in Lutter Rn 16 vertreten, dass eine Beschreibung des eigenen Unternehmens unterbleiben kann; aA *Grunewald* in G/H/E/K § 340 a AktG Rn 16.

Unternehmensgeschichte und der jüngsten Geschäftsentwicklung beigefügt. Die Darstellung der gegenwärtigen Situation umfasst häufig eine kurze Beschreibung des Markt- und Wettbewerbsumfelds sowie der Lage und Ausrichtung der beteiligten Unternehmen ohne die Verschmelzung.

b) Die wirtschaftliche Begründung der Verschmelzung. Bei der wirtschaftlichen Begründung sind – ausgehend von der gegenwärtigen wirtschaftlichen Situation der beteiligten Rechtsträger – die unternehmerischen **Chancen und Risiken** der Verschmelzung darzustellen[35]. Die Chancen und Risiken müssen durch konkrete Angaben belegt werden, also etwa eine Verbesserung der Marktposition, ein effektiverer Einsatz von Mitteln, ein besseres Standing am Kapitalmarkt, Synergie- und Kostenpotenziale, die Erzielung eines Steuervorteils usw. Es ist nicht erforderlich, in der Praxis börsennotierter Aktiengesellschaften aber verbreitet, dass die Angaben durch Zahlenschätzungen, etwa zu den Synergie- und Optimierungspotenzialen, unterlegt werden[36]. Eine grobe Schätzung und die Angabe der wesentlichen Maßnahmenfelder ist jedenfalls ausreichend[37]. Sind wesentliche Risiken oder Nachteile erkennbar, die die Umsetzung des unternehmerischen Konzepts und die Erreichung der wesentlichen Ziele ungesichert erscheinen lassen oder mit der Umsetzung voraussichtlich eintreten, sind diese anzugeben[38]. 17

Das Vertretungsorgan muss den Anteilsinhabern die von ihm geprüften und in seine Entscheidung einbezogenen **Alternativen** erläutern. Rechtlich erforderlich ist eine kurze Darstellung der maßgebenden Gesichtspunkte, die gegen eine verworfene Entscheidungsalternative sprechen[39]. Dabei sind allgemeine Ausführungen ohne Bezug zu der konkret zu beschließenden Verschmelzung zu vermeiden[40]. Nicht ausreichend ist der allgemeine, die maßgebenden Gesichtspunkte nicht angebende Hinweis, dass Alternativen erwogen worden sind[41]. Im Übrigen hat das Vertretungsorgan ein weites Darstellungsermessen. Es muss auch nur über die tatsächlich erwogenen Alternativen berichten, nicht über mögliche und hypothetische Szenarien. Nur wenn die nicht in Betracht gezogene Alternative insgesamt so gewichtig ist, dass sich das Vertretungsorgan mit der Alternative nach den Grundsätzen gewissenhafter und getreuer Rechenschaft hätte auseinander setzen müssen, kann in der fehlenden Befassung mit dieser Alternative zugleich ein Berichtsfehler liegen. 18

Zu einer ausführlichen Erläuterung der Verschmelzung gehören idR Ausführungen zur **Unternehmens- und Führungsstruktur** des verschmolzenen Unternehmens. Wenngleich die abschließenden Entscheidungen vielfach von den zuständigen Organen des übernehmenden Unternehmens getroffen werden, sollten etwaige Empfehlungen an die zuständigen Organe offen gelegt werden, insbesondere zur Besetzung des Vertretungs- und des Aufsichtsorgans des verschmolzenen Unternehmens, zur künftigen Unternehmensstruktur und zu vorgesehenen Vergütungsstrukturen für das verschmolzene Unternehmen. Liegen 19

---

[35] BGHZ 107, 296, 301 = WM 1989, 1128, 1130 „Kochs Adler"; *Lutter/Drygala* in Lutter Rn 17; *Grunewald* in G/H/E/K § 340 a AktG Rn 7; *Winter* S. 28; *Keil* S. 37 ff., 50; *Limmer* in Limmer Rn 502 ff.; *Bayer* ZIP 1997, 1613, 1619; *Bermel* in Goutier/Knopf/Tulloch Rn 8.

[36] OLG Düsseldorf NZG 1999, 565, 567 „Krupp/Thyssen"; *Marsch-Barner* in Kallmeyer Rn 17; *Lutter/Drygala* in Lutter Rn 23; *Mertens* AG 1992, 321, 330 ff.; *Seetzen* WM 1994, 45, 49.

[37] OLG Hamm NZG 1999, 560, 562 „Krupp/Thyssen"; *Marsch-Barner* in Kallmeyer Rn 17; *Lutter/Drygala* in Lutter Rn 17.

[38] *Lutter/Drygala* in Lutter Rn 17; *Westermann*, FS J. Semler, S. 651, 654; *Grunewald* in G/H/E/K, § 340 a AktG Rn 7; *Limmer* in Limmer Rn 504; *Winter* S. 28.

[39] Vgl. LG München AG 2000, 86, 87; *Bayer* AG 1988, 323, 327; *ders.* ZIP 1997, 1613, 1619; *Bermel* in Goutier/Knopf/Tulloch Rn 14; *Becker* AG 1988, 223, 225; *Keil* S. 56; zurückhaltend auch *Westermann*, FS J. Semler, S. 651, 655.

[40] Zu eng LG München AG 2000, 86, 87 „MHM Mode Holding".

[41] LG München AG 2000, 86, 87 „MHM Mode Holding".

Empfehlungen oder Entscheidungen zur künftigen Unternehmens- und Führungsstruktur noch nicht vor, sollte dies berichtet werden. Angaben zur Führungsstruktur unterhalb der Ebene des Geschäftsführungs- und Vertretungsorgans sind idR nicht erforderlich[42].

20 Im Bericht sind die **wesentlichen Auswirkungen** der Verschmelzung für die beteiligten Rechtsträger zu erläutern. Bei der Verschmelzung börsennotierter Aktiengesellschaften hat sich die Praxis etabliert, dass über die gesellschaftsrechtlichen, steuerlichen, bilanziellen und finanzwirtschaftlichen Auswirkungen berichtet wird.[43] Maßgebend für den Umfang der Berichtspflicht sind die Umstände der Verschmelzung im Einzelfall. In besonderen Fällen kann auch die Unterrichtung über die Auswirkungen auf die regulatorische Situation der beteiligten Unternehmen, die Auswirkung auf besonders wichtige Verträge oder Rechtsverhältnisse oder auf ausstehende Genehmigungen und Erlaubnisse (insbesondere kartellrechtliche Freigaben) erforderlich sein. Auch besondere Einzelrisiken können zu berichtspflichtigen Sachverhalten gehören, wenn sie nämlich für die Bewertung besondere Bedeutung haben[44]. Soweit dies bereits feststeht, ist auch über geplante Stilllegungen oder weit reichende Änderungen der Unternehmens- oder Betriebsstrukturen zu berichten, vorausgesetzt, dass sie für das Gesamtunternehmen wesentliche Bedeutung haben[45]. Wenn die Verschmelzung zu Änderungen bei der Verbriefung und dem Handel oder der Übertragbarkeit der Anteile führt, sind diese Änderungen zu erläutern[46]. Dasselbe gilt für Wesentliche andere Auswirkungen, etwa die Aufnahme in einen Börsenindex oder der Verlust einer Indexposition. Die Wesentlichen erkennbaren Veränderungen in der Struktur des Anteilsinhaberkreises sollten erläutert werden.

Die steuerlichen Auswirkungen werden in der Praxis zumeist getrennt nach den Auswirkungen für die beteiligten Unternehmen und ihre Anteilsinhaber[47] dargestellt. Es sind idR nur die Wesentlichen durch die Verschmelzung entstehenden einmaligen oder wiederkehrenden steuerlichen Belastungen oder Vorteile zu erläutern. Da die steuerlichen Auswirkungen bei den Anteilsinhabern von der individuellen steuerlichen Situation abhängen, kann sich der Bericht insoweit auf wenige generalisierende Angaben beschränken.

Die Auswirkungen für die Arbeitnehmer und ihre Vertretungen sind bereits im Verschmelzungsvertrag angegeben. In den Bericht können weitere erläuternde Ergänzungen aufgenommen werden.

3. Erläuterung des Verschmelzungsvertrags

21 Der Verschmelzungsvertrag ist „im einzelnen" zu erläutern und zu begünden. Die Berichtspflicht geht über die Darstellung des wesentlichen Inhalts hinaus. Die wesentlichen Regelungen des Verschmelzungsvertrags sind zusätzlich hinsichtlich des Inhalts und der Tragweite der Regelung zu erläutern. Die typischen Standardregelungen müssen allerdings nicht erklärt werden[48]. Dasselbe gilt insbesondere für deklaratorische Bestimmungen, wie den Hinweis auf die der Verschmelzung zugrunde gelegte Schlussbilanz oder die angestrebte Zulassung der zu gewährenden Aktien an einer Wertpapierbörse, Bestimmungen über die Gewinnberechtigung der vom übernehmenden Rechtsträger zu gewährenden Anteile, Kostenregelungen oder Rücktrittsregelungen. Auch die gesetzlichen Pflichtangaben im

---

[42] *OLG Hamm* NZG 1999, 560, 561 „Krupp/Thyssen"; *OLG Düsseldorf* NZG 1999, 565, 567 „Krupp/Thyssen".
[43] *Lutter/Drygala* in Lutter Rn 17.
[44] So auch *OLG Frankfurt* ZIP 2006, 370, 376 „T-Online"; zur Berichtstiefe siehe Rn 36.
[45] Ähnlich *Lutter/Drygala* in Lutter Rn 17.
[46] *Lutter/Drygala* in Lutter Rn 17.
[47] Siehe Rn 57.
[48] Wie hier auch *Marsch-Barner* in Kallmeyer Rn 9; weniger streng *Lutter/Drygala* in Lutter Rn 19: Beschränkung auf die Dinge, die aus Sicht des Laien erläuterungsbedürftig sind.

Verschmelzungsvertrag sind vielfach nicht erläuterungsbedürftig, etwa die Angaben zum Namen oder der Firma und dem Sitz der an der Verschmelzung beteiligten Unternehmen[49]. Es kann ferner vorausgesetzt werden, dass die Anteilsinhaber über den Gehalt der gesetzlichen Regelungen nicht im Einzelnen zu unterrichten sind. Daher ist etwa der Grund für die Kapitalerhöhung zur Durchführung der Verschmelzung oder die Funktion des Umtauschtreuhänders nicht notwendig zu erläutern. Die Teile des Verschmelzungsvertrags, die ihrerseits berichtenden Charakter haben, müssen nicht, können aber näher erläutert werden. Dazu gehören die Aufzählung der besonderen Vorteile nach § 5 Abs. 1 Satz 1 Nr. 8 oder die Rechte nach § 5 Abs. 1 Satz 1 Nr. 7, ferner die Folgen der Verschmelzung für die Arbeitnehmer und ihre Vertretungen sowie die insoweit vorgesehenen Maßnahmen. Der wesentliche Informationsgehalt muss bei diesen Bestimmungen bereits im Verschmelzungsvertrag selbst angegeben sein. Weitere Informationen im Verschmelzungsbericht können aber bei der Beurteilung der Vollständigkeit der Anteilsinhaberinformation berücksichtigt werden.

4. Erläuterung des Umtauschverhältnisses

Die Erläuterung des Umtauschverhältnisses gehört neben der wirtschaftlichen Begründung und der Darstellung der Auswirkungen der Verschmelzung zu den wesentlichen Berichtsteilen[50]. Eine lediglich verbale Darstellung der Bewertungsmethoden ist nicht ausreichend. Vielmehr hat das Leitungsorgan das Umtauschverhältnis rechtlich und wirtschaftlich ausführlich zu erläutern und zu begründen[51]. Das Umtauschverhältnis ist den Anteilsinhabern so zu erläutern, dass ihnen eine **Plausibilitätskontrolle** der Unternehmensbewertungen möglich ist, die der Festsetzung des Umtauschverhältnisses zugrunde gelegt worden sind[52]. Sie müssen, notfalls mit Hilfe eines Fachkundigen, die wesentlichen Bewertungsgrundlagen und die Stichhaltigkeit der Bewertung nachvollziehen können[53]. Ausreichend ist, wenn – unter Verzicht auf die Detaildarstellung – zusammenfassend die wesentlichen Bewertungsfaktoren mitgeteilt werden[54]. Dabei sollte sich die Darstellung an den üblichen Fachbegriffen orientieren[55]. Keineswegs müssen die Anteilsinhaber dagegen in die Lage versetzt werden, kraft eigener Sachkunde oder unter Hinzuziehung eines Sachverständigen eine eigene Unternehmensbewertung vorzunehmen[56].

a) Darstellung der Grundlagen für die Festsetzung des Umtauschverhältnisses. Zur Berichterstattung über die Festsetzung des Umtauschverhältnisses gehört idR die

---

[49] § 5 Abs. 1 Satz 1 Nr. 1.
[50] Vgl. *Bermel* in Goutier/Knopf/Tulloch Rn 17.
[51] BGHZ 107, 296, 302 = WM 1989, 1128, 1130 „Kochs Adler"; *BGH* WM 1990, 140, 141; *OLG Köln* WM 1988, 1391, 1392; *LG Köln* DB 1988, 542 „DAT/Altana II"; vgl. auch *Priester* ZGR 1990, 421, 422.
[52] *OLG Hamm* NZG 1999, 560, 561 „Krupp/Thyssen"; *OLG Köln* ZIP 1988, 1391; *OLG Karlsruhe* ZIP 1989, 988, 990 ff; *LG Frankenthal* WM 1990, 1854, 1857 „Hypothekenbanken-Schwestern": Stichhaltigkeitskontrolle; *LG München* AG 2000, 86, 87 „MHM Mode Holding"; *LG Mainz* ZIP 2001, 840, 842 „Schaerf"; *Lutter/Drygala* in Lutter Rn 20; *Bayer* ZIP 1997, 1613, 1619; *Limmer* in Limmer Rn 501; *Engelmeyer* BB 1998, 330, 333; *Bermel* in Goutier/Knopf/Tulloch Rn 8, 14.
[53] *OLG Hamm* DB 1988, 1842 „Kochs Adler"; *OLG Karlsruhe* WM 1989, 1134, 1137 „SEN"; *OLG Köln* WM 1988, 1791, 1793 f. „DAT/Altana II"; *OLG Frankfurt* ZIP 2000, 1928, 1930 „Piper Generalvertretung Deutschland"; *Lutter* in Lutter Rn 22; *Bayer* ZIP 1997, 1613, 1619; *Westermann*, FS J. Semler, S. 651, 654; *Wardenbach* BB 1991, 485, 486.
[54] *OLG Hamm* DB 1988, 1842, 1843 „Kochs Adler".
[55] Nach *LG München* AG 2000, 86, 87 „MHM Mode Holding" genügt dem die Ermittlung der „bewertungsrelevanten Überschüsse" nicht.
[56] *OLG Hamm* ZIP 1999, 798, 801 f. „ThyssenKrupp"; *LG Frankenthal* WM 1989, 1854, 1857 „Hypothekenbanken-Schwestern"; *LG Mainz* ZIP 2001, 840, 842 „Schaerf"; *Lutter/Drygala* in Lutter Rn 5; *Mertens* AG 1990, 20, 22.

Darstellung, auf welcher Grundlage die Festsetzung vorgenommen worden ist, ob also das Vertretungsorgan den Unternehmenswert auf der Grundlage eigener Feststellungen ermittelt oder sich – wie bei Verschmelzung von Aktiengesellschaften üblich – auf die Bewertungsgutachten von Wirtschaftsprüfern oder Dritten stützt. Wenngleich die Ermittlung des Umtauschverhältnisses in der Praxis idR auf das Bewertungsgutachten eines externen Wirtschaftsprüfers gestützt wird, ist dies rechtlich nicht geboten. Wenn die Bewertungsgutachten nicht in unmittelbarem zeitlichen Zusammenhang mit dem Bericht erstellt worden sind, ist darauf hinzuweisen. Sind die Unternehmensbewertungen durch Wirtschaftsprüfer nicht – wie in aller Regel – auf die vom Unternehmen erstellten Unternehmensplanungen gestützt, sondern auf eigene Ermittlungen der Bewertungsgutachter, sollte darüber ebenfalls aufgeklärt werden.

24 **b) Methodische Grundlagen der Unternehmensbewertung.** Das Vertretungsorgan hat über die Methode zu berichten, die zur Ermittlung des Umtauschverhältnisses angewendet worden ist[57]. Bei Verschmelzungen **börsennotierter Aktiengesellschaften** wird zumeist eine Unternehmensbewertung nach dem vom Hauptfachausschuss des Instituts der Wirtschaftsprüfer in Deutschland e. V. verabschiedeten IDW Standard S1 „Grundsätze zur Durchführung von Unternehmensbewertungen" (aktuelle Fassung vom 18. 10. 2005) vorgenommen. Eine bestimmte Bewertungsmethode ist durch das UmwG aber nicht vorgeschrieben. Die Methode muss zur Ermittlung des Umtauschverhältnisses lediglich angemessen sein[58]. Die von der Rechtsprechung entwickelten Grundsätze für die Ermittlung des Umtauschverhältnisses, insbesondere über die Berücksichtigung eines Börsenkurses[59], sind zu beachten. Das Vertretungsorgan hat bei der Auswahl der Bewertungsmethode ein Ermessen, das es pflichtgemäß ausüben muss. Wenn mehrere angemessene Methoden zur Verfügung stehen, bedeutet es keinen rechtlichen Mangel, wenn sich das Vertretungsorgan für eine Methode entscheidet. Es müssen nicht mehrere Methoden angewendet werden[60]. Möglich ist, dass innerhalb der Gesamtbewertung für die Bewertung einzelner Vermögensgegenstände unterschiedliche Methoden angewendet werden. Eine vollständige Ertragswertfeststellung ist häufig bei Minderheitsbeteiligungen nicht möglich, bei denen die für eine Unternehmensbewertung nach einem Ertragswertverfahren erforderlichen Unternehmensplanungen nicht zur Verfügung stehen, ferner bei der Bewertung des nicht betriebsnotwendigen Vermögens.

25 Die Angemessenheit der Bewertungsmethode ist kurz zu begründen. Bei der Unternehmensbewertung nach dem IDW Standard S1 „Grundsätze zur Durchführung von Unternehmensbewertungen" reicht der Hinweis aus, dass es sich um eine von dem Institut der Wirtschaftsprüfer in Deutschland e. V. vorgeschlagene Bewertungsmethode handelt[61]. IdR wird sich ein kurzer Hinweis empfehlen, warum ein Liquidations-, Substanz- oder Rekonstruktionswert nicht ermittelt worden ist. Wird eine Bewertungsmethode angewendet, die von den in der Praxis anerkannten Methoden abweicht, muss im Bericht kurz erläutert werden, warum die angewendete Methode ausgewählt worden ist. Die Erläuterungen zur angewendeten Bewertungsmethode können sich im Übrigen auf die wesentlichen Grundlagen beschränken[62].

---

[57] *Bermel* in Goutier/Knopf/Tulloch Rn 17.
[58] Arg. § 12 Abs. 2 Satz 2 Nr. 3; ferner LG Mannheim AG 1988, 248, 249; *Kraft* in Kölner Komm. § 340 a AktG Rn 17.
[59] Siehe Rn 26.
[60] Arg. § 12 Abs. 2 Satz 2 Nr. 3.
[61] *Lutter/Drygala* in Lutter Rn 21; *Marsch-Barner* in Kallmeyer Rn 13 jeweils mwN.
[62] Anschaulich BGHZ 107, 296, 301 = WM 1989, 1128, 1130 „Kochs Adler".

Nach der Rechtsprechung des BGH[63] ist für die Ermittlung der angemessenen Barabfindung und der Verschmelzungswertrelation bei **börsennotierten Aktiengesellschaften** im Fall eines Unternehmensvertrags grundsätzlich der Verkehrswert zugrunde zu legen. Als Verkehrswert wird der Wert verstanden, der durch die Verkehrsfähigkeit der Aktie geprägt wird und dem Betrag entspricht, den der Aktionär aufgrund der Möglichkeit, sie frei zu veräußern, auf dem dafür relevanten Markt zu erzielen vermag. Der Verkehrswert ist idR mit dem Börsenwert identisch. Ist dagegen der anhand anerkannter betriebswirtschaftlicher Methoden ermittelte Schätzwert höher, ist dieser zugrunde zu legen[64]. Die Übertragung dieser Grundsätze auf die Verschmelzung ist höchstrichterlich noch nicht entschieden; da das Umtauschverhältnisses aber wie bei einem Unternehmensvertrag mit einem variablen Umtauschverhältnis auf der Verschmelzungswertrelation der beteiligten Unternehmen beruht, liegt dies nahe. Im Bericht ist im Einzelnen zu begründen, warum der an der Börse gebildete Verkehrswert oder der gutachterliche Schätzwert zugrunde gelegt wird. Es muss plausibel nachvollziehbar sein, dass der nicht zu berücksichtigende Wert hinter dem relevanten Wert zurückbleibt. Wenn der Ertragswert zugrunde zu legen ist, müssen zu dem Umtauschverhältnis nach Börsenwerten keine weiteren Auswertungen gemacht werden[65].

c) Erläuterung der Ermittlung des Unternehmenswerts. Ein Bericht, der sich in der Erläuterung der methodischen Grundsätze der Unternehmensbewertung oder der Angabe des aggregierten Unternehmenswerts bzw. der Verschmelzungswertrelation erschöpft, ist unzureichend[66]. Im Bericht sind die wesentlichen Grundlagen darzustellen, die bei Anwendung der dargestellten Bewertungsmethode zu dem angegebenen Bewertungsergebnis führen.

aa) Orientierung an den Unternehmensplanungen/Abgrenzung von Berichts- und Bewertungsrügen. Die Berichterstattung über die zugrunde liegenden Unternehmensbewertungen hat, soweit sie methodisch aus den künftigen diskontierten Unternehmenserträgen oder Cash-flows entwickelt wird, von den tatsächlich zugrunde gelegten Unternehmensplanungen auszugehen. Wenn die beteiligten Unternehmen nach unterschiedlichen Methoden geplant haben, können die tatsächlich vorgelegten Planungen der Ermittlung der Verschmelzungswertrelation gleichwohl zugrunde gelegt werden. Es ist rechtlich nicht erforderlich, dass die Unternehmensplanungen zunächst auf eine einheitliche Planungsgrundlage und -methode umgestellt werden. Die Planungen können aber im Vorfeld für Zwecke der Bewertung angepasst und etwa durch Überleitung auf eine einheitliche Rechnungsgrundlage (US-GAAP, IAS, HGB) vereinheitlicht werden. Wenn **unterschiedliche Planungsmethoden** angewendet werden, ist zu erläutern, ob Plankorrekturen vorgenommen worden sind. Es ist aber nicht zu beanstanden, wenn etwa die Unternehmensplanung des einen beteiligten Unternehmens nach der Umsatzkostenmethode vorgenommen wurde, während das andere beteiligte Unternehmen nach der Gesamtkostenmethode geplant hat.

Gleiches gilt für den Berichtszeitraum. Wenn ein beteiligter Rechtsträger eine Mittelfrist-Planung für einen Zeitraum von fünf Jahren aufgestellt hat, während der andere Rechtsträger nur über eine Dreijahresplanung verfügt, können die unterschiedlichen Planungszeiträume zugrunde gelegt werden. Es bedarf nicht einer – oft in einem angemessenen Zeitrahmen gar nicht möglichen – Neuplanung über einen übereinstimmenden Planungszeitraum. Die

---

[63] *BGH* ZIP 2001, 734, 736 „DAT/Altana"; vgl. auch schon BVerfGE 100, 289, 305 f. „DAT/Altana".
[64] *BGH* ZIP 2001, 734, 736 reSp. „DAT/Altana".
[65] Weitergehend *OLG Frankfurt* ZIP 2006, 370, 377 „T-Online".
[66] BGHZ 107, 296, 303 = WM 1989, 1128, 1130 f. „Kochs Adler"; *BGH* WM 1990, 140 „DAT/Altana II"; *BGH* WM 1990, 2073, 2074 ff. „SEN"; *OLG Hamm* DB 1988, 1842, 1843 „Kochs Adler"; *OLG Frankfurt* ZIP 2000, 1928, 1930 „Piper Generalvertretung Deutschland"; *LG Köln* DB 1988, 542 „DAT/Altana II"; vgl. hierzu auch *Lutter/Drygala* in Lutter Rn 22.

Vertretungsorgane und die sie unterstützenden Bewertungsgutachter sollten aber mit besonderer Sorgfalt prüfen, dass die unterschiedlichen Planungsmethoden und -zeiträume nicht zu Bewertungsverzerrungen führen. Es ist zu berichten, wie etwaige Auswirkungen auf den Unternehmenswert durch korrigierende Bewertungsannahmen ausgeglichen worden sind.

30   Die Berichterstattung hat sich an der tatsächlich vorgenommenen Unternehmensbewertung zu orientieren, nicht umgekehrt die Bewertung an den Berichtserfordernissen. Wenn ein Anteilsinhaber geltend macht, die angewendete Bewertungsmethode sei unangemessen oder aus dem Bericht gehe ein Bewertungsfehler hervor, ist dies eine – unter Umständen ausgeschlossene – Bewertungsrüge, nicht aber eine Berichtsrüge. Nur in Ausnahmefällen kann die Bewertungsrüge zugleich einen Berichtsfehler darstellen, wenn nämlich die Darstellung über die Unternehmensbewertung keine Plausibilisierung der Unternehmensbewertungen mehr zulässt.

31   *bb) Erläuterung des Planungsverfahrens und der Planungsprämissen.* Der Bericht sollte idR kurz erläutern, in welcher Form die der Bewertung zugrunde gelegte Planung entwickelt wurde, also etwa welche Stellen im Unternehmen die Planung nach welchen Grundsätzen entwickelt haben, welche Bereichsplanungen zusammengeführt worden sind und in welcher Form dies geschehen ist. Wesentliche Planungsprämissen sind zu erläutern, insbesondere wenn sie zur Vereinheitlichung der Planungen der beiden Unternehmen unterstellt worden oder für die Branche der beiden Unternehmen ungewöhnlich sind. Im Einzelfall kann es sich empfehlen, auf **wesentliche Einzelplanungen**, wenn sie auf Ebene des Gesamtunternehmens geplant werden, hinzuweisen, also etwa auf gesonderte Investitions-, Entwicklungs-, Personal- oder Finanzplanung. Bei Unternehmensgruppen ist der Hinweis allerdings dann ohne Aussagewert, wenn die auf der Ebene der Einzelunternehmen erstellten Einzelplanungen nur in stark aggregierter Form in die Gesamtplanung einfließen.

32   *cc) Ableitung aus den Vergangenheitszahlen.* Die Ergebnisse der Vergangenheit fließen in eine Unternehmensbewertung nach der **Ertragswert- oder der DCF-Methode** nicht ein. Gleichwohl sind sie in aller Regel eine wesentliche Informationsgrundlage für die Anteilsinhaber. Sie dienen der Plausibilisierung der Unternehmensplanung[67], die idR eine wesentlich auch aus den Erkenntnissen der Vergangenheit gewonnene Einschätzung der zukünftigen Ertragsentwicklung des Unternehmens ist. Der Bericht hat offen zu legen, welche Vergangenheitszahlen zugrunde gelegt worden sind und welche Bereinigungen das Vertretungsorgan oder die Bewertungsgutachter vorgenommen haben (also etwa Eliminierung bestimmter außerordentlicher Aufwendungen/Erträge oder Anpassung periodenfremder Einflüsse)[68]. Dabei ist nicht jeder einzelne Korrekturschritt zu erläutern. Ausreichend ist eine Darstellung der wesentlichen Korrekturpositionen in nach Gruppen zusammengefasster Form. Eine bestimmte **Periode** für die Darstellung der Vergangenheitszahlen ist gesetzlich nicht vorgeschrieben. Aus § 63 Abs. 1 Nr. 2 und den kapitalmarktrechtlichen Vorschriften geht aber hervor, dass eine Abbildung der Vergangenheit im Regelfall die letzten drei Geschäftsjahre einschließen sollte.

33   *dd) Zahlenangaben zu den Ertragsplanungen.* Die hM verlangt die Angabe von Einzelplanzahlen[69]. Welche Planzahlen zu berichten sind, ist in Schrifttum und Rechtsprechung bisher nicht abschließend geklärt. Nach zutreffender Auffassung sind nur die für eine Plausibili-

---

[67] So auch *LG Mainz* ZIP 2001, 840, 842 „Schaerf"; vgl. außerdem *Grunewald* in G/H/E/K § 340 a AktG Rn 15; *Mertens* AG 1990, 20, 28 f.; *Decher* in Lutter § 192 Rn 40.
[68] *Bermel* in Goutier/Knopf/Tulloch Rn 18.
[69] *OLG Frankfurt* ZIP 2000, 1928, 1930 „Piper Generalvertretung Deutschland"; *LG Mainz* ZIP 2001, 840, 842 „Schaerf"; *Marsch-Barner* in Kallmeyer, Rn 16; *Lutter/Drygala* in Lutter Rn 23; *Winter* S. 30; ebenso zum alten Recht *OLG Karlsruhe* WM 1989, 1134, 1137 „SEN"; *Bayer* AG 1988, 323, 328; *ders.* ZIP 1997, 1613, 1619; *Priester* ZGR 1990, 420, 424; *Engelmeyer* BB 1998, 330, 333; *Kraft* in Kölner Komm. § 340 a AktG Rn 15.

sierung der Bewertungsergebnisse **wesentlichen Planzahlen** anzugeben[70]. Im Einzelnen gelten die folgenden Grundsätze:

Im Bericht mitzuteilen ist zunächst der Zeitraum, für den der Unternehmensbewertung konkrete Planungen zugrunde gelegt werden **(sog. erste Planungsphase)**. Davon gesondert sind die Zahlenangaben für den späteren Planungszeitraum anzugeben **(sog. zweite Planungsphase/Normjahr)**. Der konkret geplante Planungszeitraum liegt bei Unternehmensbewertungen nach den in Deutschland üblichen Bewertungsmethoden bei drei bis allenfalls fünf Jahren. Wenn im Einzelfall wegen der unabsehbaren Marktentwicklung oder der hohen Volatilität der zugrunde liegenden Einschätzungen ein Planungszeitraum von weniger als drei Jahren gewählt wird, ist die Planung für das Normjahr in besonderer Weise zu begründen und ggf. weitere Plausibilisierung und Absicherung des Bewertungsergebnisses durch alternative Bewertungsmethoden zu suchen. Bei einer Planung, die über einen Zeitraum von fünf Jahren hinausgeht, dürfte idR die Planungsgenauigkeit deutlich abnehmen. 34

Die Planzahlen müssen nur für die einzelnen Planjahre berichtet werden. Eine weitergehende Aufgliederung ist weder möglich noch erforderlich. Die Planzahlen sind daher in aller Regel Planzahlen für das gesamte geplante Geschäftsjahr[71]. Eine Zusammenfassung von mehreren Geschäftsjahren kann ausnahmsweise (etwa für einzelne Positionen) vorgenommen werden, etwa wenn eine bestimmte Aufwandsart völlig linear geplant worden ist. Die Berichterstattung über die Unternehmensplanung sollte sich idR an der Gliederung einer Gewinn- und Verlustrechnung orientieren[72]. Eine Stichhaltigkeitskontrolle dürfte nicht möglich sein, wenn in der Planungsperiode nur die geplanten Ergebnisse (also etwa das geplante Ergebnis der gewöhnlichen Geschäftstätigkeit oder der geplante Jahresüberschuss) mitgeteilt werden[73]. Im Regelfall ist es auch nicht ausreichend, wenn sich die Darstellung auf Zahlenangaben zu den geplanten Umsatzerlösen beschränkt. Möglich ist allerdings, mehrere Positionen der Plan-, Gewinn- und Verlustrechnung zusammenzufassen. Das ist jedenfalls dann zu empfehlen, wenn eine weitere Aufgliederung den Zugang zu den tragenden Bewertungsüberlegungen mehr erschwert als erleichtert oder eine weitere Aufgliederung konkrete Nachteile für das Unternehmen begründet; in letzterem Fall sind die Nachteile darzulegen[74]. Die Planzahlen sollten idR gesondert jedenfalls die Gesamtleistung, die Herstellungskosten, das Finanzergebnis und das Steuerergebnis[75] ausweisen. 35

In keinem Fall ist es erforderlich, das Zahlenmaterial der Betriebsbuchhaltung und deren Untergliederung (betriebliche Statistik, Kostenarten- und Kostenstellenrechnungen, Betriebsergebnisrechnungen und Planungsrechnungen) offen zu legen[76]. Nur in Ausnahmefällen, etwa bei besonderer Bedeutung für die Gesamtbewertung, ist auf Einzelsachverhalte und -risiken hinzuweisen. Da sie in der Regel aus der Gesamtbewertung nicht herausgelöst werden können, reicht die Berichtspflicht dann jedenfalls nicht über die Darstellung der wesentlichen Grundlagen des Einzelsachverhaltes oder -risikos hinaus[77]. 36

ee) Erläuterungen der Plandaten. Die im Bericht gezeigten Planzahlen sind zusätzlich zu erläutern. Die Erläuterung sollte zweckmäßigerweise (aber nicht rechtlich notwendig) aus den 37

---

[70] *OLG Karlsruhe* WM 1989, 1134, 1137 „SEN"; *LG Frankenthal* WM 1989, 1854, 1857 „Hypothekenbanken-Schwestern"; *Westermann,* FS J. Semler, S. 651, 654; *Bayer* AG 1988, 323, 328; *Keil,* S. 81.
[71] *Lutter/Drygala* in Lutter Rn 23; *Priester* ZGR 1990, 420, 424; *Mertens* AG 1990, 20, 28.
[72] *Keil* S. 82; *Engelmeyer* S. 81 f.
[73] So aber *Rodewald* BB 1992, 237, 239.
[74] § 8 Abs. 2 Satz 2.
[75] Nach *Lutter/Drygala* in Lutter Rn 25 ist das Steuerergebnis nicht mitzuteilen. Da es sich idR um stark aggregierte Zahlen handelt, ist dem nicht zuzustimmen.
[76] *BGH* WM 1990, 2073 „SEN"; *OLG Karlsruhe* WM 1989, 1134, 1138 „SEN"; *LG Mainz* ZIP 2001, 840, 842 „Schaerf"; *Lutter/Drygala* in Lutter Rn 22; *Mayer* in Widmann/Mayer Rn 25; *Kraft* in Kölner Komm. § 340 a AktG Rn 15.
[77] Weitergehend *OLG Frankfurt* ZIP 2006, 370, 376 „T-Online".

Vergangenheitszahlen entwickelt werden und die tragenden Planungsüberlegungen angeben. Umfang und Darstellungstiefe der verbalen Erläuterungen lassen sich nicht als Rechtssatz für alle Unternehmensbewertungen festlegen. Wenn die Planzahlen einzelne Positionen der Gewinn- und Verlustrechnung zusammenfassen, müssen (und können) die verbalen Erläuterungen dadurch auftretende Informationslücken schließen[78]. Wenn sich die Planzahlen im Wesentlichen als eine Fortschreibung der Vergangenheitszahlen darstellen, kann die verbale Erläuterung kurz sein. Wenn die Planung wesentliche Abweichungen gegenüber der Vergangenheitsentwicklung aufweist, sind diese zu erläutern.

38 d) **Kapitalisierungszinssatz.** Der Kapitalisierungszinssatz ist der Zinssatz, mit dem die ermittelten zukünftigen Erträge auf den Bewertungsstichtag abgezinst werden. Bei Anwendung der Ertragswertmethode nach dem IDW Standard S 1 wird der Kapitalisierungszinssatz[79] aus dem Basiszins, dem Zuschlag für das unternehmerische Risiko und einem Wachstumsabschlag ermittelt[80]. Diese Methode ist heute abgesichert. Andere Methoden zur Ermittlung des Kapitalisierungszinssatzes sind aber rechtlich denkbar. Für die Ermittlung der einzelnen Komponenten des Kapitalisierungszinssatzes gibt es ebenfalls keine abschließende Methode, die rechtlich zwingend vorgeschrieben ist. Insbesondere ist die Ermittlung des Zuschlags für das unternehmerische Risiko nicht notwendig anhand des in jüngerer Praxis angewendeten (Tax) *Capital Asset Pricing Models* zu ermitteln. Er kann auch durch eine Schätzung unter Berücksichtigung aller Umstände, insbesondere der Risikozuschläge bei Vergleichsbewertungen, festgestellt werden.

39 Über die Methode zur Ermittlung des Kapitalisierungszinssatzes entscheidet das Vertretungsorgan nach pflichtgemäßem Ermessen. Der Verschmelzungsbeschluss ist nur mangelhaft, wenn die gewählte Methode zur Ermittlung des Kapitalisierungszinssatzes unangemessen ist oder nachgewiesen wird, dass sich das Vertretungsorgan bei der Auswahl zwischen mehreren möglichen Ermittlungsmethoden und der Festsetzung des Kapitalisierungszinssatzes von sachfremden Erwägungen hat leiten lassen. Der Kapitalisierungszinssatz, der zu den wichtigsten Bewertungsgrundlagen gehört, ist im Bericht eingehend zu erläutern[81]. Ein Berichtsfehler liegt allerdings nur vor, wenn über die Feststellungen und Prüfungen zur Ermittlung des Kapitalisierungszinssatzes nicht richtig oder nicht ausreichend berichtet wird. Die materielle Richtigkeit des Kapitalisierungszinssatzes selbst kann dagegen nur Gegenstand einer Bewertungsrüge sein, die nach § 14 Abs. 2 in einer Klage gegen die Wirksamkeit des Verschmelzungsbeschlusses beim übertragenden Rechtsträger ausgeschlossen ist.

40 e) **Bewertung des nicht-betriebsnotwendigen Vermögens.** Das nicht-betriebsnotwendige Vermögen und seine Bewertung werden in der Praxis idR gesondert erläutert[82]. Die Angabe einer Quote des Unternehmenswerts erlaubt keine ausreichende

---

[78] Auch das *LG Frankenthal* WM 1989, 1854, 1857 „Hypothekenbanken-Schwestern" geht davon aus, dass bei zusammengefassten Planzahlen verbale Erläuterungen die erforderliche Berichterstattung gewährleisten können.
[79] Vgl. auch *Bayer* AG 1988, 323, 327 f.; *ders.* ZIP 1997, 1613, 1619; *BayObLG* WM 1996, 526 „Paulaner"; *Engelmeyer* BB 1998, 330, 333.
[80] Vgl. *Engelmeyer* BB 1998, 330, 333.
[81] *LG Mainz* ZIP 2001, 840, 842 „Schaerf"; *Lutter/Drygala* in Lutter Rn 27; *Marsch-Barner* in Kallmeyer Rn 18; *Grunewald* in G/H/E/K § 340 a AktG Rn 15; *Keil* S. 89 f.; dazu ausführlich *Engelmeyer* S. 82 mwN.
[82] *OLG Frankfurt* ZIP 2000, 1928, 1930 „Piper Generalvertretung Deutschland"; *OLG Karlsruhe* ZIP 1989, 988, 990; *LG Mannheim* AG 1988, 248, 249; *Lutter/Drygala* in Lutter Rn 26; *Marsch-Barner* in Kallmeyer Rn 19; *Bayer* AG 1988, 323, 328; *ders.* ZIP 1997, 1613, 1619; *Engelmeyer* BB 1998, 330, 333; *Bermel* in Goutier/Knopf/Tulloch Rn 20; so auch bereits *LG Frankenthal* WM 1989, 1854, 1857 „Hypothekenbanken-Schwestern"; *Grunewald* in G/H/E/K § 340 a AktG Rn 13; *Kraft* in Kölner Komm. § 340 a AktG Rn 15.

Stichhaltigkeitskontrolle[83]. Im Bericht ist in zusammenfassender Form jedenfalls kurz zu erläutern, auf welcher Bewertungsgrundlage und anhand welcher Methode der Wert des nicht-betriebsnotwendigen Vermögens ermittelt worden ist[84].

f) Bewertungsergebnis. Zu den erforderlichen Informationen gehört auch das Bewertungsergebnis, also der Unternehmenswert, der den beteiligten Unternehmen beigemessen worden ist. Eine bloße Relation oder der Hinweis darauf, dass nach gleichen Grundsätzen bewertet worden ist, reicht nicht aus[85].

g) Sonderfragen bei der Bewertung von Unternehmensgruppen. Wenn ein beteiligter Rechtsträger an anderen Unternehmen beteiligt ist, ist die Unternehmensbewertung nicht auf das Einzelunternehmen zu beschränken. Es ist die gesamte Unternehmensgruppe zu bewerten. Nicht ausreichend ist, die Buchwerte der Beteiligungen an den verbundenen Unternehmen anzusetzen. Wo Unternehmensplanungen der verbundenen Unternehmen vorliegen oder erhältlich sind, muss das Vertretungsorgan oder die von ihm eingeschalteten Bewertungsgutachter die vorhandenen Unternehmensdaten der verbundenen Unternehmen berücksichtigen und ggf. iRd. rechtlich und tatsächlich Möglichen Unternehmensdaten bei verbundenen Unternehmen erheben.

Von der Bewertung der Unternehmensgruppe selbst ist die **Berichterstattung** über den Wert der Unternehmensgruppe zu unterscheiden. Sie muss nicht die Planzahlen zu einzelnen Gesellschaften der Gruppe oder für einzelne Unternehmensbereiche gesondert angeben. Insbesondere lässt sich weder aus dem Gesetzeswortlaut noch aus dem Regelungszweck entnehmen, dass eine ordnungsgemäße Berichterstattung ab einer bestimmten Größenordnung oder Wesentlichkeit der Konzerngesellschaften die Angabe von gesonderten Planzahlen erfordert[86]. Ebenso wenig muss die Konzernplanung für mehrere Konzernstufen gesondert dargestellt werden. Bei Unternehmensgruppen mit unter Umständen mehreren hundert Gesellschaften ist eine Berichterstattung über einzelne Gesellschaften der Gruppe idR im Rahmen eines Verschmelzungsberichts auch gar nicht möglich. Eine Darstellung der einzelnen Gesellschaften oder ihrer wesentlichen Kennzahlen wäre auch nicht zweckmäßig, weil die Bewertung einer Unternehmensgruppe keine Addition der Kennzahlen einzelner Gesellschaften ist, sondern ein bewertender und auswertender Vorgang. Ausgehend von den Kennzahlen der Einzelunternehmen sind für die Konzernplanung Korrekturen, Konsolidierungen und Aggregierungen vorzunehmen. Neben einer Darstellung der Unternehmensdaten für das gesamte Unternehmen ist daher keine Darstellung erforderlich, die sich auf einzelne Beteiligungsgesellschaften oder Unternehmensbereiche bezieht. Einzelne Planreihen, etwa die Finanzplanung oder (bei einer auf steuerliche Organschaften aufbauenden Unternehmensstruktur) die Steuerplanung, sind vielfach ohnehin nur auf der Konzernebene geplant.

Bei großen Unternehmensgruppen mit einer Vielzahl von Konzerngesellschaften kann allerdings die Berichterstattung über die einzelnen Unternehmensbereiche mit gesonderten Planzahlen in besonderer Weise der Plausibilisierung der Gesamtplanung dienen und die verbalen Erläuterungen ergänzen. Sie ist in der Praxis zu empfehlen, um die Berichterstattung gegen rechtliche Angriffe abzusichern. Dies gilt insbesondere dann, wenn die Unternehmensbereiche in sehr unterschiedlichen Branchen tätig sind. Wenn das Vertretungsorgan neben den Gesamtzahlen eine Berichterstattung nach Unternehmensbereichen oder Segmenten tatsächlich vornimmt, reicht idR die Mitteilung von wesentlichen (auch zusammengefassten) Kennzahlen aus.

---

[83] *OLG Karlsruhe* WM 1989, 1134, 1138 „SEN"; *Grunewald* in G/H/E/K § 340 a AktG Rn 13; *Kraft* in Kölner Komm. § 340 a AktG Rn 15; *Keil* S. 65, 91; *Bayer* AG 1990, 323, 328.

[84] IE ebenso *Keil* S. 91.

[85] *OLG Frankfurt* ZIP 2000, 1928, 1930 „Piper Generalvertretung Deutschland"; *OLG Karlsruhe* WM 1989, 1134, 1137 „SEN"; *Keil*, S. 79; *Kraft* in Kölner Komm. § 340 a AktG Rn 15; *Dirrigl* WPg 1989, 413, 416; *Grunewald* in G/H/E/K § 340 a AktG Rn 14; *Marsch-Barner* in Kallmeyer Rn 20.

[86] So aber *Lutter/Drygala* in Lutter Rn 41; wie hier *OLG Frankfurt* ZIP 2006, 370, 376 „T-Online".

45 **h) Keine Unterrichtung über Rechtsmittel und Stellungnahmen Dritter.** Auf etwa bestehende Rechtsmittel oder Verbesserungsrechte, die den Anteilsinhabern nach dem Gesetz zustehen, muss im Verschmelzungsbericht nicht hingewiesen werden. Das gilt insbesondere für das Recht auf Verbesserung des Umtauschverhältnisses[87] oder Verfahrensrechte, wie das Recht zur Erhebung einer Klage gegen die Wirksamkeit des Verschmelzungsbeschlusses oder auf Einleitung eines Spruchverfahrens. Im Bericht ist ebenfalls nicht über die Stellungnahmen und Einschätzungen Dritter oder einzelner Mitglieder des Vertretungs- oder Aufsichtsorgans der beteiligten Rechtsträger zu berichten[88].

5. Angaben über die Mitgliedschaft bei dem übernehmenden Rechtsträger

46 Nach Abs. 1 Satz 1 sind im Bericht Angaben zum Umtauschverhältnis der Anteile oder Angaben über die Mitgliedschaft bei dem übernehmenden Rechtsträger aufzunehmen. Der Gesetzestext scheint zwischen den Angaben zum Umtauschverhältnis und den Angaben über die Mitgliedschaft bei dem übernehmenden Rechtsträger ein Alternativverhältnis anzunehmen. Ein Alternativverhältnis oder gar ein Wahlrecht besteht aber nicht[89]. Das ergibt sich schon daraus, dass nach Abs. 1 Satz 2 auf die Folgen der Verschmelzung für die Beteiligung der Anteilsinhaber hinzuweisen ist[90]. Dies erfordert auch, dass Angaben über die Mitgliedschaft bei dem übernehmenden Rechtsträger gemacht werden[91].

47 Hintergrund der Alternativformulierung ist, dass bei einigen verschmelzungsfähigen Rechtsträgern ihrer Rechtsform nach überhaupt kein Umtauschverhältnis festgesetzt werden muss, etwa bei der Verschmelzung von zwei Vereinen[92]. Angaben zum Umtauschverhältnis wären sinnlos[93]. Anstelle der Ausführungen über das Umtauschverhältnis treten die Angaben über die Mitgliedschaft beim übernehmenden Rechtsträger.

48 Der Umfang der Angaben über die Mitgliedschaft bei dem übernehmenden Rechtsträger richtet sich im Wesentlichen nach denselben Kriterien wie die Hinweise zu den Folgen der Verschmelzung für die Beteiligung[94].

6. Erläuterung der Höhe einer anzubietenden Abfindung

49 Wenn im Verschmelzungsvertrag oder seinem Entwurf eine Barabfindung[95] anzubieten ist, ist die Höhe im Verschmelzungsbericht zu erläutern und zu begründen. Die Erläuterung und Begründung umfasst die wirtschaftliche Angemessenheit der Abfindung und die Übereinstimmung des Angebots mit den gesetzlichen Vorschriften über die Barabfindung. Da die Barabfindung einen vollen Wertausgleich bieten muss, richtet sie sich nach dem objektivierten Unternehmenswert des übertragenden Rechtsträgers. Es gelten für die Erläuterung und Begründung im Wesentlichen dieselben Grundsätze wie bei der Erläuterung und Begründung des Umtauschverhältnisses[96]. Entgegen der Auffassung von *Stratz*[97] ist nicht notwendig anzugeben, warum eine Barabfindung angeboten wird.

---

[87] *OLG Hamm* NZG 1999, 560, 563 „Krupp/Thyssen"; *OLG Düsseldorf* NZG 1999, 565, 567 „Krupp/Thyssen".
[88] *OLG Hamm* NZG 1999, 560, 561 „Krupp/Thyssen".
[89] So auch *Schöne* GmbHR 1995, 330 f.; *Marsch-Barner* in Kallmeyer Rn 10; *Lutter/Drygala* in Lutter Rn 30.
[90] Siehe Rn 52 ff.
[91] So iE auch *Schöne* GmbHR 1995, 331; enger wohl *Marsch-Barner* in Kallmeyer Rn 10; *Lutter/Drygala* in Lutter Rn 30.
[92] RegBegr. *Ganske* S. 50.
[93] Zutreffend *Lutter/Drygala* in Lutter Rn 30.
[94] Siehe Rn 52 ff.
[95] § 29.
[96] *Marsch-Barner* in Kallmeyer Rn 23; *Lutter/Drygala* in Lutter Rn 27; RegBegr. *Ganske* S. 85.
[97] *Stratz* in Schmitt/Hörtnagl/Stratz Rn 19.

7. Hinweis auf besondere Schwierigkeiten der Verschmelzung

Wie schon nach § 340 a AktG aF muss das Vertretungsorgan auch nach § 8 im Bericht auf die besonderen Schwierigkeiten bei der Bewertung der beteiligten Rechtsträger hinweisen. Dies bedeutet nicht, dass die besonderen Schwierigkeiten in einem gesonderten Kapitel des Berichts oder in herausgehobener Form dargestellt werden müssen. Die Darstellung der besonderen Schwierigkeiten (und ihrer Behandlung in der Unternehmensbewertung) können vielmehr in die Erläuterungen zum Umtauschverhältnis einfließen. Der in vielen Berichten zu findende Hinweis, dass besondere Schwierigkeiten bei der Bewertung nicht aufgetreten sind, nützt nichts, wenn das Gericht einen Bewertungssachverhalt als besondere Schwierigkeit einschätzt, in den Bericht aber keine Erläuterungen dazu aufgenommen worden sind. Der Hinweis schadet aber auch nicht, wenn der Sachverhalt im Bericht dargestellt ist. Anders gewendet: Es bedeutet keinen Berichtsfehler, wenn der Sachverhalt nicht ausdrücklich als besondere Schwierigkeit der Bewertung ausgewiesen ist. Eine Rüge, dass ein im Übrigen ausreichend dargestellter Bewertungssachverhalt nicht als besondere Schwierigkeit ausgewiesen ist, gibt es nicht.

Nicht hinzuweisen ist auf die besonderen Schwierigkeiten, die jeder Unternehmensbewertung anhaften. Maßgebend sind die Schwierigkeiten, die bei der Verschmelzung, über die konkret berichtet wird, gegeben sind. Besondere Schwierigkeiten können sich etwa bei der Bewertung von Unternehmen oder Unternehmensteilen ergeben, wenn Sondersituationen vorliegen (junges Unternehmen oder Sanierungssituation) oder die üblichen ertragswert- oder *cash-flow*-orientierten Bewertungsmethoden keine ausreichende Grundlage für eine angemessene Wertfeststellung sind[98].

8. Folgen für die Beteiligung der Anteilsinhaber

Nach Abs. 1 Satz 2 ist auf die Folgen der Verschmelzung für die Beteiligung der Anteilsinhaber hinzuweisen. Den Anteilsinhabern ist zu erläutern, wie sich ihre Rechtsstellung und ihre Beteiligungsquote in dem verschmolzenen Unternehmen verändert[99]. Die Hinweise müssen idR über die Pflichtangaben im Verschmelzungsvertrag[100] hinausgehen.

Die Auswirkungen auf die Beteiligungsquote können und sollten bei personalistisch strukturierten Gesellschaften mit kleinem Anteilseignerkreis gesondert für jeden Anteilsinhaber dargestellt werden. Die Veränderungen in der Anteilseignerstruktur werden damit vollständig transparent. Bei Gesellschaften mit großem oder gar anonymem Anteilsinhaberkreis ist die Darstellung für jeden einzelnen Anteilsinhaber nicht möglich[101] und auch nicht zweckmäßig. Ausreichend ist in diesen Fällen, den Anteilsinhabern die Veränderungen der Beteiligungsquote so zu erläutern, dass jeder Anteilsinhaber seine Beteiligungsquote in dem neuen Unternehmen selbst bestimmen kann. Darüber hinaus ist, sofern die dafür erforderlichen Informationen zur Verfügung stehen, die Struktur und Zusammensetzung des Anteilsinhaberkreises des verschmolzenen Unternehmens zu erläutern[102]. Damit werden die Machtverhältnisse in dem neuen Unternehmen transparent gemacht. Bei börsennotierten Aktiengesellschaften ist es zweckmäßig, aber nicht erforderlich, alle Aktionäre zu benennen, die nach der Verschmelzung zu den nach §§ 21, 22 WpHG mitteilungspflichtigen Aktionären gehören. Besondere

---

[98] Zu weit *Stratz* in Schmitt/Hörtnagl/Stratz Rn 20, der bereits eine drohende politische Veränderung – etwa ein Verbot von Kernkraftwerken – oder eine Änderung eines Marktes – etwa durch Liberalisierungsbestrebungen – als besondere Schwierigkeit ansieht; richtigerweise sind diese Einflüsse iRd. Festsetzung des Zuschlags für das Unternehmensrisiko im Kapitalisierungszinssatz zu berücksichtigen; vgl. auch *Lutter* in Lutter Rn 29; *Grunewald* in G/H/E/K § 340 a AktG Rn 14.
[99] *Bayer* ZIP 1997, 1613, 1619.
[100] Benennung des Umtauschverhältnisses und die Angaben zur Mitgliedschaft, § 5 Abs. 1 Nr. 3, Sonderangaben bei Personengesellschaften und Gesellschaften mit beschränkter Haftung nach §§ 40 und 46.
[101] *Lutter/Drygala* in Lutter Rn 32; *Marsch-Barner* in Kallmeyer Rn 25; *Winter* S. 29.
[102] *Bayer* ZIP 1997, 1613, 1619.

Mehrheits- und Minderheitspositionen, die mit Sperrpositionen verbunden sind, sind offen zu legen. Wenn ein Aktionär aufgrund der Verschmelzung eine Kontrollbeteiligung an einer börsennotierten AG oder KGaA erlangt (§ 29 Abs. 2 WpÜG) und zur Veröffentlichung eines Erwerbsangebots an die übrigen Aktionäre verpflichtet ist, ist darauf im Bericht hinzuweisen.

54 Neben der Veränderung der Beteiligungsquote sind die Anteilsinhaber über die wesentlichen Änderungen ihrer Rechtsstellung im neuen Unternehmen zu unterrichten. Vor allem handelt es sich dabei um
– Rechtsformunterschiede[103];
– Änderungen, die aus dem neuen Gesellschaftsstatut resultieren;
– Änderungen in der Fungibilität der Anteile und
– Änderungen in der Besteuerung der Anteile.

55 Die Angaben betreffen idR vor allem die Anteilsinhaber des übertragenden Rechtsträgers, da die Änderungen ihrer Rechtsstellung im neuen Unternehmen im Regelfall weiter reichen. Die Anteilsinhaber des übernehmenden Rechtsträgers müssen aber ebenfalls darüber unterrichtet werden, wie sich die Ausgabe der neuen Anteile an die Anteilsinhaber des übertragenden Rechtsträgers auf ihre Rechtsstellung auswirkt[104].

56 Die Erläuterungen zu den Rechtsformunterschieden können sich auf eine Darstellung der wesentlichen strukturellen Unterschiede beschränken[105]. Die Anteilsinhaber können sich ggf. mit fachkundiger Beratung selbst über die neue Rechtsform unterrichten. In keinem Fall sind lehrbuchmäßige Erläuterungen zu Einzelfragen der neuen Rechtsform erforderlich. Die wesentlichen Änderungen, die aus dem neuen Gesellschaftsstatut resultieren, sind dagegen darzustellen. Das Gesetz sieht nicht ausdrücklich vor, dass die Satzung oder der Gesellschaftsvertrag des übernehmenden Rechtsträgers im Bericht vollständig abzudrucken sind. IdR gehört aber die Satzung oder der Gesellschaftsvertrag des übernehmenden Rechtsträgers zu den Informationen, die für die Anteilsinhaber des übertragenden Rechtsträgers von besonderer Bedeutung sind. Jedenfalls die für die Beurteilung der Rechtsstellung der Anteilsinhaber maßgebenden Bestimmungen sollten in ihrem Wesentlichen oder vollen Inhalt wiedergegeben werden; in der Praxis wird verbreitet der gesamte Text in den Bericht aufgenommen. Wenn die Satzung oder der Gesellschaftsvertrag des übertragenden und des übernehmenden Rechtsträgers im Wesentlichen dieselben Bestimmungen enthalten, kann sich die Erläuterung im Einzelfall auf eine Darstellung der Unterschiede beschränken. Wenn die Satzung bzw. Gesellschaftsvertrag in ihrem Text abgedruckt werden, sind sie zusätzlich zu erläutern[106]. Die Erläuterungen können sich auf Abweichungen vom gesetzlichen Normalstatut und wesentliche Unterschiede zur Satzung bzw. zum Gesellschaftsvertrag der übertragenden Rechtsträger beschränken[107].

57 Zu den besonderen Folgen für die Beteiligung gehören schließlich Angaben über eine Änderung der Fungibilität der Anteile. Der Bericht muss darauf hinweisen, wenn die Anteile des übernehmenden Rechtsträgers nicht an einer Börse zum Handel zugelassen sind, während die Anteile des übertragenden Rechtsträgers börsenmäßig gehandelt werden konnten. Wenn die Übertragung der Anteile (etwa durch Vinkulierungsbestimmungen) Beschränkungen unterliegen, ist dies ebenfalls offen zu legen. Steuerliche Auswirkungen auf die Rechtsstellung der Anteilsinhaber können nicht abschließend dargestellt werden, da sie von den persönlichen Verhältnissen der Anteilsinhaber abhängen. Ausreichend sind daher abstrakt typisierende Erläuterungen, die auch ohne Kenntnis der persönlichen Verhältnisse der Anteilsinhaber gegeben werden können[108].

---

[103] *Bayer* ZIP 1997, 1613, 1620.
[104] Wie hier auch *Lutter/Drygala* in Lutter Rn 32 f.; RegBegr. *Ganske* S. 54.
[105] *Lutter/Drygala* in Lutter Rn 35; *Marsch-Barner* in Kallmeyer Rn 26.
[106] Siehe auch Rn 21.
[107] *Lutter/Drygala* in Lutter Rn 36; *Marsch-Barner* in Kallmeyer Rn 26.
[108] Wie hier *Marsch-Barner* in Kallmeyer Rn 26; enger *Lutter/Drygala* in Lutter Rn 37.

9. Angaben über verbundene Unternehmen

Ist ein an der Verschmelzung beteiligter Rechtsträger ein verbundenes Unternehmen iSd. 58 § 15 AktG, sind im Bericht auch Angaben über alle für die Verschmelzung wesentlichen Angelegenheiten der anderen verbundenen Unternehmen zu machen. Auskunftspflichten der Vertretungsorgane, insbesondere in der Versammlung der Anteilsinhaber, erstrecken sich auch auf diese Angelegenheiten. Die Berichts- und Auskunftspflichten haben für verbundene Unternehmen der übergeordneten Konzernebenen allerdings eine andere Ausprägung als für verbundene Unternehmen der nachgeordneten Konzernebenen.

a) Unternehmen der nachgeordneten Konzernebenen. Für verbundene Unternehmen der nachgeordneten Konzernebenen bestätigt die Bestimmung in Abs. 1 Satz 3, dass sich der Verschmelzungsbericht nicht auf den einzelnen an der Verschmelzung beteiligten Rechtsträger beschränken kann, sondern über die gesamte Unternehmensgruppe unter Leitung des an der Verschmelzung beteiligten Rechtsträgers zu berichten hat. Bei der Darstellung der Geschäftstätigkeit des Unternehmens und bei der Erläuterung des Umtauschverhältnisses oder der Barabfindung steht nicht das Unternehmen des beteiligten Rechtsträgers, sondern die Unternehmensgruppe im Vordergrund. Die Wesentlichkeit für die Verschmelzung ist gleichzusetzen mit „Gruppenwesentlichkeit". Neben den Angaben zur Gruppe des an der Verschmelzung beteiligten Rechtsträgers sind weitere Angaben über einzelne Angelegenheiten der anderen, verbundenen Unternehmen erforderlich, soweit die Angelegenheiten für die Verschmelzung von wesentlicher Bedeutung sind. Das kann etwa bei (aus Gruppensicht) wesentlichen Minderheitsbeteiligungen der Fall sein, ferner bei bestehenden Beherrschungs- und Gewinnabführungsverträgen, wenn Anhaltspunkte dafür gegeben sind, dass die Inanspruchnahme aus der Verlustausgleichspflicht in Betracht kommt. Voraussetzung für die Berichtpflicht ist aber immer die Wesentlichkeit für die Verschmelzung. Eine Minderheitsbeteiligung oder ein Vertragskonzern auf nachgeordneten Konzernebenen wird nur in Ausnahmefällen die erforderliche Verschmelzungswesentlichkeit haben.

Anhand dieses Kriteriums ist auch zu beurteilen, ob ein verbundenes Unternehmen überhaupt im Bericht zu erwähnen ist. Daher ist es unzutreffend, wenn im Schrifttum angenommen wird, dass für alle verbundenen Unternehmen der nachgeordneten Konzernstufen die Beteiligungsverhältnisse und etwa bestehende Unternehmensverträge anzugeben sind[109]. Wenn ein verbundenes Unternehmen für die gesamte Gruppe selbst nicht von wesentlicher Bedeutung ist, kann auf die Erwähnung des Unternehmens insgesamt verzichtet werden. Der Verschmelzungsbericht muss keine Liste sämtlicher verbundener Unternehmen einschließen.

b) Unternehmen der übergeordneten Konzernebenen. Hinsichtlich der verbundenen Unternehmen der **übergeordneten Konzernebenen** ist nur über die Rechtsbeziehungen zu berichten, die **wesentliche Auswirkungen auf die Geschäftstätigkeit** des an der Verschmelzung beteiligten Rechtsträgers haben, also insbesondere das Beteiligungsverhältnis sowie Vertragsverhältnisse und Geschäftsbeziehungen mit wesentlichen Auswirkungen auf die Ertrags-, Vermögens- und Finanzlage des Rechtsträgers. Dazu gehören idR Unternehmensverträge iSd. §§ 291 f. AktG. Der Bericht hat auch Auskunft zu geben über wesentliche Änderungen, die durch die Verschmelzung bewirkt werden.

c) Auskunftspflicht des verbundenen Unternehmens. Mit der Berichtspflicht des Vertretungsorgans über die wesentlichen Angelegenheiten der anderen verbundenen Unternehmen korrespondiert ein entsprechendes Auskunftsrecht gegenüber den verbundenen Unternehmen. Das verbundene Unternehmen ist nach § 8 verpflichtet, dem herrschenden Unternehmen Auskunft zu erteilen. Das gilt nicht bei Vorliegen der Voraussetzungen von § 8

---

[109] So *Lutter/Drygala* in Lutter Rn 40; ähnlich wohl auch *Marsch-Barner* in Kallmeyer Rn 27, der allerdings einen Verweis auf die Verzeichnisse des Anteilsbesitzes nach §§ 285 Nr. 11, 287, 313 Abs. 2 HGB für möglich hält.

§ 8 63–65   Zweites Buch. Verschmelzung

Abs. 2 und auch nicht, wenn das verbundene Unternehmen in der Konzernhierarchie über dem beteiligten Rechtsträger steht.

63 Da die ordnungsgemäße Berichterstattung über die für die Verschmelzung wesentlichen Angelegenheiten der verbundenen Unternehmen idR nicht isoliert vorbereitet werden kann, sondern die Prüfung und Berücksichtigung einer Vielzahl von weiteren Informationen der verbundenen Unternehmen erfordert, sind die verbundenen Unternehmen darüber hinaus jedenfalls berechtigt, dem herrschenden Unternehmen weitere Informationen zur Vorbereitung der Verschmelzung zur Verfügung zu stellen. Die Informationen aus den Unternehmen müssen allerdings durch eine **Verschwiegenheitsvereinbarung** gegen unberechtigte Offenlegung gesichert werden. In der Verschwiegenheitsvereinbarung sollte der Kreis der Personen bezeichnet werden, der über die Mitglieder des Vertretungsorgans des herrschenden Unternehmen hinaus zu besonders sensiblen Unternehmensinformationen des verbundenen Unternehmens Zugang erhalten soll. Zudem ist klarzustellen, dass die Unternehmensinformationen ausschließlich zur Vorbereitung der Verschmelzung zu verwenden sind.

10. Erweiterte Auskunftspflichten der beteiligten Rechtsträger untereinander

64 Im Schrifttum wird teilweise angenommen, dass auch **zwischen den an der Verschmelzung beteiligten Rechtsträgern erweiterte Auskunftspflichten** bestehen[110]. Dem ist nur eingeschränkt zuzustimmen. Zutreffend ist, dass die Informationen, die den anderen beteiligten Rechtsträgern gegeben werden, zutreffend und vollständig sein müssen. Die anderen Rechtsträger können auf die Richtigkeit und Vollständigkeit der Informationen vertrauen. Ob das andere Unternehmen für die Vollständigkeit und Richtigkeit haftet, ist ungeklärt. Eine Haftung auf das negative Interesse ist denkbar. Der auf die Information vertrauende Rechtsträger ist beim Scheitern der Verschmelzung infolge des Informationsfehlers so zu stellen, wie er stehen würde, wenn er nicht auf das Wirksamwerden der Verschmelzung vertraut hätte. Ein Auskunftsanspruch – etwa aus einem vorvertraglichen Rechtsverhältnis – besteht dagegen nicht. Wenn ein beteiligter Rechtsträger über Sachverhalte, die nach Auffassung der übrigen Rechtsträger für die Vorbereitung der Verschmelzung bedeutsam sind, keine Auskunft geben möchte, ist der Verschmelzungsvorgang ggf. abzubrechen oder in dem Bericht ein ausdrücklicher Hinweis für die Anteilsinhaber aufzunehmen. Etwas anderes gilt, wenn das Vertretungsorgan durch rechtlich bindende Weisung zum Abschluss des Verschmelzungsvertrags und zur Durchführung der Verschmelzung angewiesen worden ist. Dann kann im Einzelfall eine Pflicht bestehen, dem anderen Rechtsträger die erforderlichen Informationen zu geben. Diese Pflicht besteht aber ausschließlich gegenüber dem eigenen Rechtsträger.

IV. Grenzen der Berichtspflicht (Abs. 2)

65 In den Bericht müssen Tatsachen nicht aufgenommen zu werden, deren Bekanntwerden geeignet ist, einem der beteiligten Rechtsträger oder einem verbundenen Unternehmen einen nicht unerheblichen Nachteil zuzufügen. Im Bericht sind die Gründe, aus denen die Tatsachen nicht aufgenommen worden sind, darzulegen. Es ist konkret zu begründen, warum nähere Einzelheiten – etwa konkrete Zahlenangaben – nicht mitgeteilt werden. Der Anteilsinhaber muss in die Lage versetzt werden, die Gründe, die das Vertretungsorgan zur Geheimhaltung näherer Angaben veranlassen, in plausibler Weise nachzuvollziehen und von sich aus zu beurteilen[111]. Nicht ausreichend ist, dass sich das Vertretungsorgan generell auf die

---

[110] Vgl. *Marsch-Barner* in Kallmeyer Rn 29.
[111] *OLG Hamm* DB 1988, 1842, 1843 „Kochs Adler"; ebenso *BGH* WM 1990, 2073, 2075 „SEN"; anders noch *OLG Karlsruhe* WM 1989, 1134, 1137 „SEN"; *Grunewald* in G/H/E/K § 340 a AktG Rn 12.

Schädlichkeit der Angaben im Bericht beruft[112]. Die Voraussetzungen sind im Einzelfall zu bestimmten Punkten darzulegen[113]. Wenn aus Sicht eines objektiv urteilenden Anteilsinhabers anzunehmen ist, dass die geheimhaltungsbedürftige Tatsache von großem Gewicht für die Entscheidung der Anteilsinhaber ist, ist bei der Begründung der Geheimhaltung besondere Sorgfalt anzuwenden.

66 Die Regelung lehnt sich an die ähnliche Regelung des § 131 Abs. 3 Nr. 1 AktG an[114]. Die zu dieser Bestimmung entwickelten Grundsätze sind entsprechend anwendbar. Wenn die gebotene Vertraulichkeit gewährleistet ist, ist die Grenze richterlich vollständig darauf nachprüfbar, ob das Vertretungsorgan bei vernünftiger kaufmännischer Beurteilung zutreffend zu dem Ergebnis gelangt ist, dass das Bekanntwerden der Tatsache geeignet ist, einem der beteiligten Rechtsträger oder einem verbundenen Unternehmen einen nicht unerheblichen Nachteil zuzufügen. Die Entscheidung ist im Einzelfall zu treffen und hat alle entscheidungsrelevanten Gesichtspunkte (einschließlich etwa der Rechtsform und der Struktur des Anteilsinhaberkreises) einzubeziehen. Es versteht sich von selbst, dass Mängel in der Verschmelzungsvorbereitung eine Geheimhaltung in keinem Fall rechtfertigen. Ebenso kann die Geheimhaltung nicht damit gerechtfertigt werden, dass die Anteilsinhaber bei Bekanntwerden der Tatsache möglicherweise die Zustimmung zur Verschmelzung verweigern.

67 Nicht abschließend geklärt ist, ob das **Vertretungsorgan des beteiligten Rechtsträgers** über Tatsachen, deren Bekanntwerden geeignet sind, einem der beteiligten Rechtsträger oder einem verbundenen Unternehmen einen nicht unerheblichen Nachteil zuzufügen, berichten darf. Nach dem Wortlaut von § 8 Abs. 2 „braucht" er nicht über solche Tatsachen berichten. Es ist nicht bestimmt, dass er über sie nicht berichten darf. Gleichwohl verstößt das Vertretungsorgan idR gegen seine Pflichten im Verhältnis zur Gesellschaft, wenn feststeht, dass die Berichterstattung geeignet ist, der Gesellschaft einen nicht unerheblichen Schaden zuzufügen. Wenn Zweifel verbleiben, wenn sich also nicht sicher sagen lässt, ob die nachträglich entscheidenden Gerichte die Entscheidung des Vertretungsorgans teilen, liegt es allerdings wegen der weit reichenden Auswirkungen eines Berichtsfehlers auch im pflichtgemäßen Ermessen des Vertretungsorgans, die Tatsache in den Bericht aufzunehmen.

V. Ausnahmen von der Berichtspflicht (Abs. 3)

1. Verzicht

68 Nach § 8 Abs. 3 Satz 1 ist ein Bericht nicht erforderlich, wenn **alle Anteilsinhaber aller beteiligten Rechtsträger** auf seine Erstattung verzichten. Die Verzichtserklärungen sind notariell zu beurkunden. Sie sind für eine konkrete Verschmelzung abzugeben. Ein **genereller Verzicht**, etwa bei Gründung der Gesellschaft, ist **nicht ausreichend**, eine Verzichtsbestimmung in der Satzung der Gesellschaft nicht zulässig[115]. Wenngleich der Verzicht in der Praxis zumeist zeitgleich mit dem Verschmelzungsvertrag beurkundet wird und die Anteilsinhaber vorher zu einer Verzichtserklärung idR auch nicht bereit sind, ist für den Verzicht nicht erforderlich, dass bereits der Verschmelzungsvertrag oder sein Entwurf vorliegt. Aus der Verzichtserklärung muss aber erkennbar sein, für welche Verschmelzung auf den Bericht verzichtet wird. Das bedeutet, dass zumindest die an der Verschmelzung beteiligten Rechtsträger angegeben werden müssen.

---

[112] BGHZ 107, 296, 306 = WM 1989, 1128, 1131 f. „Kochs Adler"; *BGH* WM 1990, 2073, 2075 „SEN"; *OLG Frankfurt* ZIP 2000, 1928, 1930 „Piper Generalvertretung Deutschland"; RegBegr. *Ganske* S. 54.

[113] *OLG Karlsruhe* WM 1989, 1134, 1138 „SEN"; *OLG Düsseldorf* DB 1999, 1153, 1154 „Krupp/Thyssen"; *OLG Frankfurt* ZIP 2000, 1928, 1930 „Piper Generalvertretung Deutschland"; *Winter* S. 31.

[114] *OLG Hamm* DB 1988, 1842, 1843 „Kochs Adler"; *BGH* WM 1990, 140, 142 „DAT/Altana II"; *Lutter/Drygala* in Lutter Rn 46; *Mertens* AG 1990, 20, 27; *Bermel* in Goutier/Knopf/Tulloch Rn 38.

[115] So auch *Lutter/Drygala* in Lutter Rn 51.

69 Die Verzichtserklärung begründet eine rechtliche Bindung. Die Anteilsinhaber können ihren Verzicht nicht frei widerrufen. Ungeklärt ist, wann der Verzicht seine Bindungswirkung verliert[116]. Möglich ist zunächst, den Verzicht zeitlich zu begrenzen. Die Verzichtswirkung entfällt dann bei Überschreiten der zeitlichen Grenze, ohne dass die Anteilsinhaber einen Verschmelzungsbeschluss gefasst haben. Die Verzichtswirkung entfällt aber auch ohne ausdrückliche zeitliche Begrenzung, wenn seit der Verzichtserklärung unerwartet lange Zeit verstrichen ist und die Vorbereitungen der Verschmelzung während dieser Zeit nicht fortgeführt worden sind. Dasselbe gilt, wenn die beteiligten Rechtsträger die Verhandlungen über eine Verschmelzung abbrechen und tatsächlich für längere Zeit nicht wieder aufnehmen. Die Berichtspflicht lebt dagegen nicht wieder auf, wenn sich die wirtschaftlichen Verhältnisse der beteiligten Rechtsträger zwischenzeitlich verändern. Der Anteilsinhaber, der den Verzicht erklärt hat, muss dann, sofern das Verschmelzungsvorhaben überhaupt fortgeführt werden kann, in der Versammlung der Anteilsinhaber von seinem Auskunftsrecht Gebrauch machen.

70 Es genügt nicht, wenn nur die Anteilsinhaber eines beteiligten Rechtsträgers auf den Bericht verzichten[117]. Der geltende Wortlaut von § 8 Abs. 3 Satz 1 ist eindeutig. *De lege ferenda* wäre aber wünschenswert, wenn der Bericht für einen an der Verschmelzung beteiligten Rechtsträger bereits entbehrlich ist, wenn sämtliche Anteilsinhaber nur dieses Rechtsträgers auf seine Erstattung verzichten[118] bzw. in der Person einzelner Anteilsinhaber andere Gründe vorliegen, die einen Bericht entbehrlich machen[119]. Auch ein einstimmiger Beschluss der Versammlung der Anteilsinhaber ersetzt die Verzichtserklärungen nicht[120]. Wenn die Anteilsinhaber einstimmig ihre Zustimmung zu dem Verschmelzungsvertrag beschließen, wirkt sich aber ein fehlender Verzicht nicht aus. Der Verschmelzungsbericht ist zwar der Anmeldung der Verschmelzung in Urschrift oder Abschrift beizufügen[121]. Ist ein Bericht aber nicht erstattet worden, kann und muss das Registergericht die Verschmelzung bei einem einstimmigen Zustimmungsbeschluss gleichwohl in das Handelsregister eintragen.

71 Das Erfordernis der **notariellen Beurkundung der einzelnen Verzichtserklärungen** ist Ausdruck des Schutzes der Anteilsinhaber, dem § 8 dient[122]. Die notarielle Beurkundung hat Hinweis-, Belehrungs- und Warnfunktion für den Anteilsinhaber, der den Verzicht erklärt. Der Notar hat Prüfungs- und Belehrungspflichten[123]. Insbesondere hat der Notar über die rechtliche Tragweite der Erklärung zu belehren. Die Beurkundung erfolgt nach den Vorschriften über die Beurkundung einer Willenserklärung[124]. Die Aufnahme in eine Niederschrift gemäß §§ 36 f. BeurkG über die Versammlung der Anteilsinhaber, in der über die Zustimmung zum Verschmelzungsvertrag abgestimmt wird, ist nicht ausreichend. Die notariell beurkundeten Verzichtserklärungen können aber in dieselbe Urkunde wie die notarielle Niederschrift über die Versammlung der Anteilsinhaber aufgenommen werden. Die Beurkundungspflicht gilt für die Verzichtserklärung selbst. Die Vollmacht zur Erklärung des Verzichts bedarf nicht der notariellen Form, § 167 Absatz 2 BGB. Bei Gesellschaften mit größerem Anteilseignerkreis ist die Verzichtsmöglichkeit praktisch vielfach ausgeschlossen[125].

---

[116] Vgl. auch *Lutter/Drygala* in Lutter Rn 51.
[117] So auch *Lutter/Drygala* in Lutter Rn 48; *Marsch-Barner* in Kallmeyer Rn 38.
[118] So auch *Lutter/Drygala* in Lutter Rn 48.
[119] Etwa die Stellung eines persönlich haftenden Gesellschafters in einer Personenhandelsgesellschaft, arg. § 41.
[120] *Marsch-Barner* in Kallmeyer Rn 38.
[121] § 17 Abs. 1.
[122] *Marsch-Barner* in Kallmeyer Rn 38; *Lutter/Drygala* in Lutter Rn 48.
[123] § 17 BeurkG.
[124] §§ 8 ff. BeurkG.
[125] Vgl. auch *App* DZWIR 2001, 56, 57; *Lutter/Drygala* in Lutter Rn 49; *Marsch-Barner* in Kallmeyer Rn 38.

Der Verzicht auf den Bericht ist mit der VerschmRL vereinbar. Die Bestimmungen über **72** den Verschmelzungsbericht sind nach Art. 24 VerschmRL zwar nur dann entbehrlich, wenn die Aktien sowie alle sonstigen Anteile des übertragenden Rechtsträgers dem übernehmenden Rechtsträger gehören. Eine individuelle Verzichtsregelung ist aber den allgemeinen Vorschriften des Gesellschaftsrechts und nicht dem Regelungsbereich der VerschmRL unterstellt[126].

2. Verschmelzung bei im alleinigen Anteilsbesitz stehenden Konzerngesellschaften

Nach § 8 Abs. 3 Satz 1 2. Alt. ist ein Bericht nicht erforderlich, wenn sich alle Anteile des **73** übertragenden Rechtsträgers „in der Hand" des übernehmenden Rechtsträgers befinden. Die Regelung gehört zu einer Reihe von Bestimmungen im UmwG, die die Konzernverschmelzung privilegieren. Eine ausführliche Berichterstattung wäre überzogen, da die Anteilsinhaber des übernehmenden Rechtsträgers das wirtschaftliche Risiko dieses Unternehmen ohnehin tragen. Bei der Entscheidung der Anteilsinhaber steht im Vordergrund, ob das Unternehmen der Konzerngesellschaft in einer rechtlich selbstständigen Gesellschaft, ggf. mit einem Haftungsschild, oder in einem einheitlichen Unternehmen des übernehmenden Rechtsträgers geführt werden soll. Die Entscheidung kann mit den übrigen Informationsrechten der Anteilsinhaber, insbesondere mit den Allgemeinen und besonderen Auskunftsrechten[127] und den Bestimmungen über die Auslage von Jahresabschlüssen und Lageberichten[128], angemessen vorbereitet werden.

Unter welchen Voraussetzungen sich die Anteile „in der Hand" des übernehmenden **74** Rechtsträgers befinden, ist im UmwG nicht definiert. Erforderlich ist, dass der übernehmende Rechtsträger selbst Inhaber sämtlicher Anteile des übertragenden Rechtsträgers ist[129]. Dies entspricht auch einem richtlinienkonformen Verständnis von § 8 Abs. 3. In Art. 24 VerschmRL wird den Mitgliedstaaten aufgegeben, den Sonderfall zu regeln, dass die Aktien sowie alle sonstigen Anteile des übertragenden Rechtsträgers dem übernehmenden Rechtsträger „gehören".

3. Keine Berichtspflicht bei persönlich haftenden Gesellschaftern einer Personenhandelsgesellschaft

Nach § 41 ist ein Verschmelzungsbericht für eine an der Verschmelzung beteiligte Per- **75** sonenhandelsgesellschaft nicht erforderlich, wenn alle Gesellschafter dieser Gesellschaft zur Geschäftsführung berechtigt sind. Die Regelung wird auf andere Gesellschaften mit vergleichbarer personalistischer Struktur, etwa eine GmbH, in der alle Gesellschafter zugleich Geschäftsführer sind, entsprechend angewendet[130].

VI. Fehlerhafte Berichte/Heilung

1. Berichtsfehler

Ein Bericht, der nicht den Anforderungen des § 8 genügt oder nicht den Anforderungen **76** einer gewissenhaften und getreuen Rechenschaft entspricht[131], verletzt das Gesetz. Erweist

---

[126] So iE auch *Lutter/Drygala* in Lutter Rn 49.
[127] Etwa §§ 49 Abs. 3, 64 Abs. 2.
[128] §§ 49 Abs. 2, 63 Abs. 1 Nr. 2.
[129] So auch *Marsch-Barner* in Kallmeyer Rn 40.
[130] Vgl. *Lutter/Drygala* in Lutter Rn 53; *Marsch-Barner* in Kallmeyer Rn 41; aA *Ihrig* § 41 Rn 3; *H. Schmidt* in Lutter § 41 Rn 4; *Bayer* ZIP 1997, 1613, 1620.
[131] § 131 Abs. 2 AktG.

sich die Darstellung im Bericht nur aus einer *ex post*-Betrachtung als unzutreffend, entspricht die Darstellung *ex ante* aber den Grundsätzen einer gewissenhaften und getreuen Rechenschaft, ist dagegen kein Berichtsfehler gegeben. Bestehen Zweifel über die Vereinbarkeit mit dem Grundsatz einer gewissenhaften und getreuen Rechenschaft, kann eine Verletzung der Berichtspflichten vermieden werden, wenn das Vertretungsorgan auf die Unsicherheit hinweist, etwa durch Darstellung der Informationsgrundlage oder durch den Hinweis, dass es sich um eine Einschätzung oder Beurteilung des Vertretungsorgans oder Dritter handelt.

2. Kausalität

77 Der Berichtsfehler begründet eine Klage gegen die Wirksamkeit des Verschmelzungsbeschlusses, wenn ein ursächlicher Zusammenhang zwischen dem Berichtsfehler und dem Verschmelzungsbeschluss besteht[132]. Dabei kann sich die Gesellschaft nicht auf die Erklärung der Versammlung der Anteilsinhaber oder von einzelnen Anteilsinhabern berufen, die fehlerhafte oder unzureichende Berichterstattung habe ihre Beschlussfassung bzw. Stimmabgabe nicht beeinflusst[133]. Maßgebend ist, ob ein objektiv urteilender Anteilsinhaber die unrichtige, unvollständige oder fehlende Information als wesentliche Voraussetzung für die sachgerechte Wahrnehmung seiner Teilnahme- und Mitgliedschaftsrechte angesehen hätte. Die auf den Beschlusszeitpunkt bezogene oder spätere subjektive Einstellung der Mehrheit der Anteilsinhaber ist nicht maßgebend.

78 Mit der Neufassung, die § 243 Abs. 4 AktG durch das Gesetz zur Unternehmensintegrität und Modernisierung des Anfechtungsrechts (UMAG) gefunden hat, folgt[134] das Gesetz der Rechtsprechung des BGH zur Kausalität von Informationsmängeln bei Beschlussfassung der Hauptversammlung[135]. Wenn der Verschmelzungsbericht den gesetzlichen Anforderungen offensichtlich nicht entspricht, wird ein objektiv urteilender Anteilsinhaber idR zu dem Ergebnis gelangen, dass die Bedeutung der rechtlichen und wirtschaftlichen Erläuterung des Verschmelzungsvertrags und des Umtauschverhältnisses der Gesellschaftsanteile es grundsätzlich nicht rechtfertigt, ihm diese Informationen vorzuenthalten. Er würde daher bei einer solchen Sachlage der Verschmelzung nicht zustimmen[136]. Nichts anderes gilt, wenn der Bericht nicht ordnungsgemäß unterzeichnet worden ist[137]. Anders ist dagegen zu urteilen, wenn die Gesellschaft – etwa durch Vorlage eines Beschlusses des Vertretungsorgans – nachweisen kann, dass sämtliche Mitglieder des Vertretungsorgans die Verantwortung für die Richtigkeit und Vollständigkeit des Berichts übernommen haben[138]. Die Kausalität fehlt ferner, wenn eine im Bericht fehlende Information den Anteilsinhabern mit anderen Unterlagen zugänglich gemacht wird, die ihnen in gleicher Weise wie der Bericht zur Verfügung stehen[139].

---

[132] *Preisenberger* S. 111 f.
[133] BGHZ 107, 296, 306 = WM 1989, 1128, 1131 f. „Kochs Adler"; *BGH* WM 1990, 140, 143 „DAT/Altana II"; *BGH* WM 1990, 2073, 2075 „SEN"; so wie hier auch *Stratz* in Schmitt/Hörtnagel/Stratz Rn 32; anders *Mayer* in Widmann/Mayer Rn 71; *Lutter/Drygala* in Lutter Rn 54; *Marsch-Barner* in Kallmeyer Rn 33 jeweils mwN.
[134] Vgl. BegrRegE UMAG, BT-Drucks. 15/5092 S. 26.
[135] BGHZ 107, 296, 307 = WM 1989, 1128, 1132 „Kochs Adler"; *BGH* WM 1990, 140, 143 „DAT/Altana II"; *BGH* WM 1990, 2073, 2075 „SEN"; vgl. auch *Stratz* in Schmitt/Hörtnagel/Stratz Rn 32.
[136] *BGH* WM 1990, 2073, 2075 „SEN"; *BGH* WM 1990, 140, 144 „DAT/Altana II"; wie die Rspr. *Stratz* in Schmitt/Hörtnagel/Stratz Rn 32; *Bermel* in Goutier/Knopf/Tulloch Rn 55.
[137] Zutreffend *LG Berlin* AG 2003, 646 „Vattenfall".
[138] So wohl auch *Fuhrmann* AG 2004, 135, 140 und iE auch *Keil* EWiR Nr. 1/04 zu § 8 UmwG; weiter *KG* ZIP 2005, 167, 168 „Vattenfall" mit zust. Anm. *Linnerz* EWiR Nr. 1/05 zu § 8 UmwG.
[139] *Marsch-Barner* in Kallmeyer Rn 33.

Erfüllt der Bericht dagegen seine Aufgabe und bietet er aus Sicht eines verständigen An- 79
teilsinhabers bei einer Gesamtwürdigung eine geeignete Informationsgrundlage, ist der Verschmelzungsbeschluss uU auch dann nicht angreifbar, wenn einzelne Informationen nicht den Anforderungen einer gewissenhaften und getreuen Rechenschaft entsprechen[140].

3. Relevanz von Berichtsfehlern über das Umtauschverhältnis oder das Abfindungsangebot

Bis zum Inkrafttreten des UMAG am 1.11.2005 war nicht geklärt, ob die Wirksamkeits- 80
klage gegen den Verschmelzungsbeschluss auf fehlende, unzureichende oder unzutreffende Berichterstattung über das Umtauschverhältnis gestützt werden kann, wenn Rügen gegen das Umtauschverhältnis selbst ausgeschlossen sind. Der BGH hat dies mit Entscheidungen vom 18. 12. 2000[141] und vom 29. 1. 2001[142] für Informationsmängel, die das Barabfindungsangebot im Rahmen eines Formwechsels betreffen, angenommen[143]. Dies folge aus §§ 210, 212 Satz 2, wonach eine Klage gegen die Wirksamkeit des Umwandlungsbeschlusses nicht darauf gestützt werden könne, dass eine Barabfindung nicht oder nicht ordnungsgemäß angeboten worden ist. Wenn schon das völlige Fehlen des Barabfindungsangebots nicht zur Anfechtung berechtige, so müsse dies erst recht für den Fall der weniger schwerwiegenden Verletzung des Informationsrechts der Aktionäre über die Barabfindung gelten. Die Kontrolle des Barabfindungsangebots sei insgesamt auf das Spruchverfahren verwiesen.

Mit der Neufassung von § 243 Abs. 4 Satz 2 AktG durch das UMAG ist die Fragestellung 81
für die Verschmelzung anders entschieden. § 243 Abs. 4 Satz 2 AktG schließt, wenn das Gesetz wie bei der Verschmelzung (§ 15 Abs. 1 UmwG) für Bewertungsrügen ein Spruchverfahren vorsieht, Rügen unrichtiger, unvollständiger oder unzureichender Information über Bewertungssachverhalte nur aus, wenn die Informationen in der Hauptversammlung zu geben waren. Die gesetzlich vorgeschriebenen Berichtspflichten, die vor und außerhalb der Hauptversammlung zu erfüllen sind, werden nicht erfasst[144].

Wenn die Anteilsinhaber des übertragenden Rechtsträgers die Wirksamkeitsklage darauf stützen, dass die Berichterstattung über das Abfindungsangebot nicht den Anforderungen von § 8 genügt, bleibt es dagegen bei dem Ergebnis, das der BGH für den Formwechsel aufgezeigt hat. Die Wirksamkeitsklage kann nicht auf Informationsmängel gestützt werden, und dazu rechnen auch Berichtsfehler[145].

4. Ergänzende Erläuterungen in der Versammlung

Der Bericht kann durch mündliche Erläuterungen in der Versammlung der Anteilsin- 82
haber ergänzt werden. Auskünfte und Erläuterungen außerhalb des Berichts, insbesondere in der Versammlung der Anteilsinhaber, ersetzen aber die Berichterstattung nicht[146]. Beide Informationspflichten stehen nebeneinander[147]. Sie sind darüber hinaus bei den Rechtsträgern unterschiedlicher Rechtsform gesetzlich unterschiedlich geregelt. Es besteht aber eine Wechselwirkung zwischen der Auskunftspflicht und der Berichtspflicht[148]. Die Erforder-

---

[140] So wohl auch *Lutter/Drygala* in Lutter Rn 54; *Mertens* AG 1990, 20, 31; einschränkend auch *Kraft* in Kölner Komm. § 340 a AktG Rn 19.
[141] BGHZ 146, 179 = *BGH* ZIP 2001, 199, 200 f. „MEZ".
[142] *BGH* ZIP 2001, 412, 413 f. „Aqua Butzke-Werke AG".
[143] Siehe auch § 210 Rn 5 und § 212 Rn 6 f.
[144] Vgl. BegrRegE UMAG, BT-Drucks. 15/5092 S. 26.
[145] Näher unter § 32 Rn 4 f.
[146] *BGH* WM 1990, 2071, 2074; *LG München* AG 2000, 86, 87 „MHM Mode Holding"; *LG Mainz* ZIP 2001, 840, 842 „Schaerf"; *LG Köln* DB 1988, 542 „DAT/Altana II"; *Marsch-Barner* in Kallmeyer Rn 35.
[147] *Groß* AG 1996, 111, 118; *Lutter*, FS Fleck, S. 169, 180; *Wilde* ZGR 1998, 423, 443.
[148] So auch *Decher* in Großkomm. § 131 AktG Rn 44.

lichkeit von Auskünften in der Versammlung der Anteilsinhaber ist idR etwa nach § 131 Abs. 1 AktG zu verneinen, wenn die Information bereits im Bericht enthalten ist[149]. Wenn der Bericht eine Plausiblitätskontrolle der vorgeschlagenen Verschmelzung ermöglicht, ist umgekehrt auch das individuelle Informationsrecht der Anteilsinhaber im Wesentlichen erschöpft. Das individuelle Informationsrecht des § 131 Abs. 1 AktG kann insbesondere nicht dazu genutzt werden, anhand von Fragenkatalogen eine Art Sachverständigenkontrolle oder ein „Durcharbeiten" der dem Bericht zugrunde liegenden Informationen vorzunehmen.

5. Nachträgliche Korrektur

83 Fehlerhafte oder unzureichende Berichte können in engen Grenzen nachträglich korrigiert werden[150]. Für Schreibfehler ist eine Korrektur idR nicht erforderlich, weil zumeist bereits die erforderliche Kausalität zwischen dem Schreibfehler und dem Verschmelzungsbeschluss fehlt. Sie können – auch noch in der Versammlung der Anteilsinhaber durch ausdrücklichen (auch mündlichen) Hinweis – korrigiert werden. Eine Korrektur oder Ergänzung ist darüber hinaus jedenfalls vor der durch Gesetz oder Satzung vorgesehenen Mindesteinladungsfrist möglich. Der beteiligte Rechtsträger muss den Anteilsinhabern, denen der Bericht bereits übersandt oder zur Einsichtnahme vorgelegt worden ist, eine korrigierte Fassung übersenden. Dabei muss er auf wesentliche Änderungen hinweisen. Dasselbe gilt für die Veröffentlichung auf der Internetseite der Gesellschaft. Nicht geklärt ist, ob eine Korrektur oder Ergänzung auch nach der Einberufung der Versammlung der Anteilsinhaber noch möglich ist[151]. Das ist anzunehmen, wenn dem Anteilsinhaber genügend Zeit bleibt, seine Entscheidung unter Berücksichtigung der Änderungen und Korrekturen angemessen vorzubereiten. Die Veröffentlichung des Korrektur- oder Ergänzungstexts in den Gesellschaftsblättern dürfte allerdings nicht ausreichend sein. Jeder Anteilsinhaber, der den Bericht erhalten hat, muss ein Korrekturexemplar erhalten. Ein weiteres Heilungsverfahren, wie von *Hommelhoff*[152] im Gesetzgebungsverfahren angeregt, ist – obwohl wünschenswert – nicht in das UmwG aufgenommen worden.

84 Ergänzende Angaben im Bericht des Verschmelzungsprüfers sind nicht ausreichend[153]. Die Prüfungen und der Bericht des Verschmelzungsprüfers stehen als ergänzende Maßnahmen des Anteilsinhaberschutzes neben der Berichtspflicht des Vertretungsorgans[154]. Die Berichtspflicht wird nicht durch die Prüfungen und den Bericht des Verschmelzungsprüfers erfüllt oder ersetzt. Die Anteilsinhaber haben ein Recht auf eine geschlossene Berichterstattung, für die das Vertretungsorgan die Verantwortung übernimmt.

§ 9 Prüfung der Verschmelzung

(1) **Soweit in diesem Gesetz vorgeschrieben, ist der Verschmelzungsvertrag oder sein Entwurf durch einen oder mehrere sachverständige Prüfer (Verschmelzungsprüfer) zu prüfen.**

---

[149] So auch *Decher* in Großkomm. § 131 AktG Rn 44.
[150] Grundlegend *Preisenberger* S. 118 ff.
[151] Restriktiv zu ergänzenden mündlichen Angaben in der Hauptversammlung *BGH* WM 1990, 2073 „SEN"; *OLG München* ZIP 1991, 727 „PWA".
[152] *Hommelhoff* ZGR 1993, 452, 467.
[153] BGHZ 107, 296, 303 = WM 1989, 1128, 1130 f. „Kochs Adler"; *BGH* WM 1990, 140, 141 „DAT/Altana II"; das *LG München* AG 2000, 86, 87 „MHM Mode Holding" hält eine Ergänzung durch den Verschmelzungsprüfungsbericht (nur) dann für möglich, wenn der Prüfungsbericht die fehlenden Erläuterungen oder Prüfungen enthält.
[154] BGHZ 107, 296, 303 = WM 1989, 1128, 1130 f. „Kochs Adler"; ebenso *BGH* WM 1990, 140, 142 „DAT/Altana II".

Prüfung der Verschmelzung § 9

(2) **Befinden sich alle Anteile eines übertragenden Rechtsträgers in der Hand des übernehmenden Rechtsträgers, so ist eine Verschmelzungsprüfung nach Absatz 1 nicht erforderlich, soweit sie die Aufnahme dieses Rechtsträgers betrifft.**
(3) **§ 8 Abs. 3 ist entsprechend anzuwenden.**

Übersicht

	Rn		Rn
I. Allgemeines	1	b) Bewertungsmethode	34
1. Sinn und Zweck der Norm	2	c) Festlegung des Bewertungsstichtags	40
2. Anwendungsbereich	6	d) Gleichbehandlung der Anteilsinhaber	43
3. Entstehungsgeschichte	13	e) Berücksichtigung von Synergieeffekten (Verbundvorteilen)	46
II. Prüfungsgegenstand	14		
III. Prüfungsumfang	25	IV. Entbehrlichkeit der Verschmelzungsprüfung	49
1. Vorbemerkung	25		
2. Vollständigkeit des Verschmelzungsvertrags	26	1. Aufnahme einer 100%-igen Tochtergesellschaft (Abs. 2)	49
3. Richtigkeit des Verschmelzungsvertrags	27	2. Notariell beurkundeter Verzicht aller Anteilsinhaber (Abs. 3)	51
4. Angemessenheit des Umtauschverhältnisses	30		
a) Allgemeines	30		

Literatur: *Bayer,* 1000 Tage neues Umwandlungsrecht, ZIP 1997, 1613; *Becker,* Die gerichtliche Kontrolle von Maßnahmen bei der Verschmelzung von Aktiengesellschaften, AG 1988, 223; *Büchel,* Neuordnung des Spruchverfahrens, NZG 2003, 793; *Bungert,* Umtauschverhältnis bei Verschmelzungen entspricht nicht den Börsenwerten, BB 2003, 699; *Decher,* Bedeutung und Grenzen des Börsenkurses bei Zusammenschlüssen zwischen unabhängigen Unternehmen, FS Wiedemann, 2002, 787; *Dörrie,* Das neue Umwandlungsgesetz, WiB 1995, 1; *Fleischer,* Die Barabfindung außenstehender Aktionäre nach den §§ 305 und 320 AktG, ZGR 1997, 368; *Ganske,* Berufsrelevante Regelungen für Wirtschaftsprüfer im neuen Umwandlungsrecht, WPg 1994, 157; *Großfeld,* Unternehmens- und Anteilsbewertung im Gesellschaftsrecht, Köln 2002; *Hauptfachausschuss des Instituts der Wirtschaftsprüfer (HFA) des IDW,* IDW Standard: Grundsätze zur Durchführung von Unternehmensbewertungen (IDW S1 idF vom 18.10.2005), WPg 2005, 1303; *ders.,* Stellungnahme 6/1988: Zur Verschmelzungsprüfung nach § 340 b Abs. 4 AktG, WPg 1989, 42; *Hoffmann-Becking,* Das neue Verschmelzungsrecht in der Praxis, FS Fleck, 1988, S. 105; *Institut der Wirtschaftsprüfer IDW* (Hrsg.), WP-Handbuch Bd. II, 2002; *Kahling,* Bilanzierung bei konzerninternen Verschmelzungen, Düsseldorf 1999; *Lamb/Schluck-Amend,* Die Neuregelung des Spruchverfahrens durch das Spruchverfahrensneuordnungsgesetz, DB 2003, 1259; *Land/Hennings,* Aktuelle Probleme von Spruchverfahren nach gesellschaftsrechtlichen Strukturmaßnahmen, AG 2005, 380; *Leuering,* Die parallele Angemessenheitsprüfung durch den gerichtlich bestellten Prüfer, NZG 2004, 606; *Martens,* Die Unternehmensbewertung nach dem Grundsatz der Methodengleichheit oder dem Grundsatz der Meistbegünstigung, AG 2003, 593; *ders.,* Verschmelzung, Spruchverfahren und Anfechtungsklage in Fällen eines unrichtigen Umtauschverhältnisses, AG 2000, 301; *Meyer zu Lösebeck,* Zur Verschmelzungsprüfung, WPg 1989, 499; *Moxter,* Grundsätze ordnungsmäßiger Unternehmensbewertung, 1983; *Müller,* Anteilswert oder anteiliger Unternehmenswert? – Zur Frage der Barabfindung bei der kapitalmarktorientierten Aktiengesellschaft, FS Röhricht, 2005, S. 1015; *Neuhaus,* Unternehmensbewertung und Abfindung, 1990; *Nonnenmacher,* Das Umtauschverhältnis bei der Verschmelzung von Kapitalgesellschaften, AG 1982, 153; *Ossadnik/Maus,* Die Verschmelzung im neuen Umwandlungsrecht aus betriebswirtschaftlicher Sicht, DB 1995, 105; *Paschos,* Die Maßgeblichkeit des Börsenkurses bei Verschmelzungen, ZIP 2003, 1017; *Piltz,* Unternehmensbewertung und Börsenkurs im aktienrechtlichen Spruchstellenverfahren, ZGR 2001,185; *ders.,* Die Unternehmensbewertung in der Rechtsprechung, 1994; *Priester,* Das neue Verschmelzungsrecht, NJW 1983, 1459; *Puszkajler,* Verschmelzungen zum Börsenkurs? – Verwirklichung der BVerfG-Rechtsprechung, BB 2003, 1692; *ders.,* Diagnose und Therapie von aktienrechtlichen Spruchverfahren, ZIP 2003, 518; *Riegger,* Der Börsenkurs als Untergrenze der Abfindung? DB 1999, 1889; *Schmitz,* Die Verschmelzungsprüfung gem. § 340 b AktG, 1993; *Sieben/Schildbach,* Zum Stand der Entwicklung der Lehre von der Bewertung ganzer Unternehmen, DStR 1979, 455; *Weiler/Meyer,* Heranziehung des Börsenkurses zur Unternehmensbewertung bei Verschmelzungen, ZIP 2001, 2153; *Wilm,* Abfindung zum Börsenkurs – Konsequenzen der Entscheidung des BVerfG, NZG 2000, 234; *Wilsing/Kruse,* Maßgeblichkeit der Börsenkurse bei umwandlungsrechtlichen Verschmelzungen?, DStR 2001, 991; *Zimmermann,* Verschmelzungsprüfung bei der GmbH-Verschmelzung, FS Brandner, 1996, S. 167.

I. Allgemeines

1 § 9 ist Bestandteil des allgemeinen Teils des Zweiten Buches[1] und regelt gemeinsam mit den §§ 10 bis 12 die Prüfung der Verschmelzung als Rechtsinstitut[2]. Nach Abs. 1 ist der Verschmelzungsvertrag oder sein Entwurf durch einen oder mehrere sachverständige Prüfer (Verschmelzungsprüfer) zu prüfen, soweit sich dies aus den Vorschriften des UmwG ergibt. In Abhängigkeit von der Rechtsform der an einer Verschmelzung beteiligten Rechtsträger ergibt sich die Pflicht zur Prüfung der Verschmelzung aus den rechtsformspezifischen Vorschriften des Zweiten Teils des Zweiten Buches[3]. Nach Abs. 2 ist eine Verschmelzungsprüfung nicht erforderlich, soweit sie die Aufnahme eines Rechtsträgers betrifft, dessen gesamte Anteile sich in der Hand des übernehmenden Rechtsträgers befinden. Zudem ist die Prüfung der Verschmelzung nicht erforderlich, wenn alle Anteilsinhaber aller beteiligten Rechtsträger auf die Prüfung verzichten[4]. Die Verzichtserklärungen der Anteilsinhaber sind notariell zu beurkunden.

1. Sinn und Zweck der Norm

2 Die Verschmelzungsprüfung dient dem **a-priori-Schutz der Anteilsinhaber** der an einer Verschmelzung beteiligten Rechtsträger[5]. Die Anteilsinhaber des übertragenden Rechtsträgers werden bei einer Verschmelzung durch einen Anteilstausch zu Anteilsinhabern des übernehmenden Rechtsträgers. Die Vertretungsorgane der an der Verschmelzung beteiligten Rechtsträger vereinbaren zu diesem Zweck ein Umtauschverhältnis, das angibt, für wie viele ihrer Anteile die Anteilsinhaber des übertragenden Rechtsträgers einen Anteil des übernehmenden Rechtsträgers erhalten[6]. Das Interesse der an der Verschmelzung beteiligten Anteilsinhaber richtet sich damit vor allem darauf, dass das von den Vertretungsorganen vereinbarte Umtauschverhältnis der Anteile angemessen ist[7]. Zur Information der Anteilsinhaber über die geplante Verschmelzung müssen die Vertretungsorgane der beteiligten Rechtsträger im Verschmelzungsbericht das Umtauschverhältnis der Anteile oder die Angaben über die Mitgliedschaft bei dem übernehmenden Rechtsträger rechtlich und wirtschaftlich erläutern und begründen[8]. Allerdings brauchen die Vertretungsorgane in den Verschmelzungsbericht keine Tatsachen aufzunehmen, deren Bekanntwerden geeignet ist, einem der beteiligten Rechtsträger oder einem verbundenen Unternehmen einen nicht unerheblichen Nachteil zuzufügen[9]. Die Prüfung der Verschmelzung durch unabhängige Sachverständige (Verschmelzungsprüfer) dient daher dem Schutz der Anteilsinhaber, wenn diese aufgrund der Schutzklausel[10] die Angemessenheit des Umtauschverhältnisses mit den Informationen des Verschmelzungsberichts nicht abschließend prüfen können. Die Verschmelzungsprüfer haben gegenüber den an der Verschmelzung beteiligten Rechtsträgern umfangreiche Auskunfts- und Einsichtsrechte, die für eine sorgfältige Prüfung notwendig sind[11]. Die Verschmelzungsprüfer berichten schließlich schriftlich über das Ergebnis der Prüfung und vor allem über die Ange-

---

[1] §§ 2 bis 38.
[2] Vgl. *Dörrie* WiB 1995, 5.
[3] §§ 44, 45 e, 48, 60, 78, 100. Vgl. RegBegr. *Ganske* S. 55.
[4] § 9 Abs. 3 iVm. § 8 Abs. 3.
[5] Vgl. *Nonnenmacher* AG 1982, 153, 157; *Priester* NJW 1983, 1459, 1460; *Ganske* WPg 1994, 157, 159; *Müller* in Kallmeyer Rn 2.
[6] Vgl. *IDW* (Hrsg.), WP-Handbuch Bd. II, S. 239.
[7] Vgl. RegBegr. *Ganske* S. 55.
[8] § 8 Abs. 1.
[9] § 8 Abs. 2 Satz 1.
[10] §§ 8 Abs. 2 Satz 1, 12 Abs. 3.
[11] § 11 Abs. 1 Satz 1.

messenheit des Umtauschverhältnisses. Der Prüfungsbericht der Verschmelzungsprüfer wird den Anteilsinhabern noch vor der Beschlussfassung über die Verschmelzung[12] zur Verfügung gestellt. Der a-priori-Schutz der Anteilsinhaber besteht damit letztlich in der Information über das Ergebnis der Verschmelzungsprüfung[13].

Der a-priori-Schutz der Anteilsinhaber durch die §§ 9 bis 12 wird ergänzt durch den **a-posteriori-Schutz der Anteilsinhaber des übertragenden Rechtsträgers** durch das Spruchverfahren. Die Anteilsinhaber des übertragenden Rechtsträgers können zwar die Anfechtung des Verschmelzungsbeschlusses nicht darauf stützen, dass sie durch das von den Vertretungsorganen im Verschmelzungsvertrag vereinbarte Umtauschverhältnis der Anteile benachteiligt werden[14]. Dafür haben sie allerdings bei einem aus ihrer Sicht unangemessenen Umtauschverhältnis die Möglichkeit, im Spruchverfahren vom übernehmenden Rechtsträger bare Zuzahlung zu verlangen[15]. Die **Anteilsinhaber des übernehmenden Rechtsträgers** haben dagegen nicht die Möglichkeit, bei einem aus ihrer Sicht unangemessenen Umtauschverhältnis im Spruchverfahren einen Ausgleich durch bare Zuzahlung zu verlangen[16]. Sie haben allerdings im Gegensatz zu den Anteilsinhabern des übertragenden Rechtsträgers das Recht, den Verschmelzungsbeschluss bei einem aus ihrer Sicht zu niedrig bemessenen Umtauschverhältnis anzufechten[17]. 3

Die Verschmelzungsprüfung ersetzt die in bestimmten Fällen vorgesehene **Sacheinlagenprüfung** nicht[18]. Beide Prüfungen unterscheiden sich bereits hinsichtlich ihres Normzwecks und der Mindestqualifikation von Verschmelzungsprüfer und Sacheinlagenprüfer[19]. Eine Sacheinlagenprüfung ist nach dem UmwG in den folgenden Fällen erforderlich: 4
– Gründungsprüfung bei Verschmelzung auf eine AG (KGaA) durch Neugründung, außer wenn der übertragende Rechtsträger eine Kapitalgesellschaft oder eingetragene Genossenschaft ist[20];
– Nachgründungsprüfung für den Fall, dass der aufnehmende Rechtsträger eine AG (KGaA) ist[21];
– Kapitalerhöhungsprüfung für den Fall, dass der aufnehmende Rechtsträger eine AG (KGaA) ist, sofern die Voraussetzungen des § 69 Abs. 1 2. Halbs., § 78 iVm. § 69 Abs. 1 2. Halbs. gegeben sind.

Ferner ist die Verschmelzungsprüfung von der Prüfung der **Schlussbilanz** zu differenzieren, für die die Vorschriften über die Jahresbilanz und deren Prüfung anzuwenden sind. Die Prüfung der Schlussbilanz und die Verschmelzungsprüfung sind zu trennen. Das gilt insbesondere dann, wenn der Verschmelzungsprüfer auch Prüfer der Schlussbilanz ist. 5

2. Anwendungsbereich

Ob eine Verschmelzungsprüfung nach dem UmwG erforderlich ist, richtet sich zunächst nach der Rechtsform der an der Verschmelzung beteiligten Rechtsträger[22]. Nicht erforderlich ist eine Verschmelzungsprüfung bei Verschmelzungen von genossenschaftlichen Prüfungsverbänden, Versicherungsvereinen auf Gegenseitigkeit und Kapitalgesellschaften, die mit dem Vermögen einer natürlichen Person als Alleingesellschafter verschmolzen werden[23]. 6

---

[12] § 13 Abs. 1.
[13] Vgl. *Nonnenmacher* AG 1982, 153, 157; *Zimmermann*, FS Brandner, S. 167, 176 f.
[14] § 14 Abs. 2.
[15] § 15 Abs. 1.
[16] Vgl. kritisch dazu *Martens* AG 2000, 301 ff.
[17] Vgl. *Müller* in Kallmeyer Rn 3.
[18] Vgl. *Müller* in Kallmeyer Rn 4.
[19] Vgl. dazu ausführlich *Müller* in Kallmeyer Rn 4.
[20] § 75 iVm. § 33 Abs. 2 AktG.
[21] §§ 67, 78 iVm. § 52 AktG.
[22] Vgl. RegBegr. *Ganske* S. 55; *Dörrie* WiB 1995, 5.
[23] Vgl. *IDW* (Hrsg.), WP-Handbuch Bd. II, S. 231 f.

Für die weiteren verschmelzungsfähigen Rechtsträger wird zwischen Antragsprüfungen und Pflichtprüfungen ohne bzw. mit Verzichtsmöglichkeit unterschieden[24].

7   Zu den **Antragsprüfungen** zählen Verschmelzungen unter Beteiligung von Personengesellschaften, Gesellschaften mit beschränkter Haftung und eingetragenen (nicht wirtschaftlichen) Vereinen. Bei **Personengesellschaften** bedarf der Verschmelzungsbeschluss grundsätzlich der Zustimmung aller Gesellschafter[25]. Eine Verschmelzungsprüfung ist in diesem Fall im UmwG nicht vorgesehen[26]. Der Gesellschaftsvertrag kann allerdings auch eine Mehrheitsentscheidung der Gesellschafter vorsehen. Der Verschmelzungsvertrag oder sein Entwurf sind in diesem Fall auf Verlangen eines ihrer Gesellschafter zu prüfen[27]. Bei der **GmbH** ist der Verschmelzungsvertrag oder sein Entwurf auf Verlangen eines ihrer Gesellschafter zu prüfen[28]. Bei einem **eingetragenen (nicht wirtschaftlichen) Verein** ist die Prüfung nur dann erforderlich, wenn mindestens 10% der Mitglieder sie schriftlich verlangen[29].

8   **Prüfungspflicht ohne Verzichtsmöglichkeit** besteht dagegen für grenzüberschreitende Verschmelzungen von Kapitalgesellschaften (§ 122 f) und für Verschmelzungen unter Beteiligung **eingetragener Genossenschaften**. Für jede an einer Verschmelzung beteiligte eG ist ein Prüfungsgutachten des genossenschaftlichen Prüfungsverbands einzuholen[30]. Eine Verschmelzungsprüfung nach §§ 9 bis 12 findet bei eingetragenen Genossenschaften allerdings nicht statt. Vielmehr hat der genossenschaftliche Prüfungsverband zu beurteilen, ob die Verschmelzung mit den Belangen der Mitglieder und der Gläubiger der Genossenschaften vereinbar ist.

9   **Pflichtprüfungen mit Verzichtsmöglichkeit** gelten für Verschmelzungen unter Beteiligung einer AG (KGaA). Grundsätzlich ist bei diesen Rechtsformen der Verschmelzungsvertrag oder sein Entwurf nach §§ 9 bis 12 zu prüfen[31]. Es besteht allerdings die Möglichkeit, dass alle Anteilsinhaber der beteiligten Rechtsträger auf die Verschmelzungsprüfung verzichten[32]. Die gleiche Regelung gilt für den **wirtschaftlichen Verein**[33]. Ferner besteht auch bei der Prüfung einer im Verschmelzungsvertrag angebotenen **Barabfindung** Prüfungspflicht mit Verzichtsmöglichkeit[34]. Auch eine Verschmelzung mit teilweiser Barabfindung unterliegt der Pflichtprüfung mit Verzichtsmöglichkeit.

10 Bei **Mischverschmelzungen** sind die Regelungen der jeweiligen Rechtsform der beteiligten Rechtsträger anzuwenden. Wird zB eine AG auf eine GmbH verschmolzen, gilt für die übertragende Gesellschaft die Prüfungsvorschrift nach § 60 Abs. 1, für die übernehmende Gesellschaft § 48.

11 Die Regelungen zur Verschmelzungsprüfung sind auch für andere Formen der Umwandlung anzuwenden. Uneingeschränkt gilt dies bei **Vermögensübertragungen**[35]; für die **Spaltung**[36] gelten die Erleichterungen des Abs. 2 jedoch ausdrücklich nicht. Eine Prüfung iSd. §§ 9 bis 12 findet trotz des in der Praxis insoweit empfundenen Regelungsmangels nach dem ausdrücklichen Gesetzeswortlaut bei der **Ausgliederung** nicht statt[37], da es hier zu keinem Anteilstausch kommt. Im Fall des **Formwechsels** sind (mit Einschränkungen) die für

---

[24] Vgl. *IDW* (Hrsg.), WP-Handbuch Bd. II, S. 230 sowie die tabellarische Übersicht S. 231 f.
[25] § 43 Abs. 1.
[26] § 43 Abs. 2.
[27] § 44; § 45 e bei Partnerschaftsgesellschaften.
[28] § 48.
[29] § 100 Satz 2.
[30] § 81 Abs. 1.
[31] §§ 60 Abs. 1, 78 iVm. 60 Abs. 1.
[32] § 9 Abs. 3 iVm. § 8 Abs. 3.
[33] § 100 Satz 1.
[34] Vgl. § 30 Rn 28 ff.
[35] §§ 176 ff.
[36] § 125.
[37] § 125 Satz 2.

die neue Rechtsform geltenden Gründungsvorschriften anzuwenden[38]. Eine Pflichtprüfung mit Verzichtsmöglichkeit ist in den Fällen gegeben, in denen iRd. Formwechsels eine Barabfindung anzubieten ist[39].

Über die gesetzlich normierten Regelungen hinaus kann eine Prüfung auf **freiwilliger Basis** erfolgen (zB bei einer Ausgliederung). In diesem Fall haben die bestellten Prüfer[40] grundsätzlich die gleichen Prüfungspflichten einzuhalten und Abweichungen zu begründen.

3. Entstehungsgeschichte

Die Regelung der Norm geht inhaltlich zurück auf die §§ 340 b Abs. 1, 352 b Abs. 2 und die Parallelvorschriften §§ 354 Abs. 2, 355 Abs. 2, 356 Abs. 2 AktG aF. Diese Vorschriften wurden durch das Verschmelzungsrichtlinie-Gesetz vom 25. 10. 1982 in das AktG eingeführt und setzten Art. 10 Abs. 1 Satz 1 und Art. 24 VerschmRL in deutsches Recht um. Der Anwendungsbereich der VerschmRL erstreckt sich gem. Art. 1 lediglich auf Verschmelzungen von Aktiengesellschaften. Die Vorschriften des AktG aF bezogen sich darüber hinaus auch auf Verschmelzungen unter Beteiligung von Kommanditgesellschaften auf Aktien. Für die Verschmelzung einer GmbH auf eine AG war eine Verschmelzungsprüfung zwingend, sofern ein Gesellschafter dies verlangte[41]. Für eine reine GmbH-Verschmelzung war im früheren Recht keine Verschmelzungsprüfung vorgesehen. Mit § 9 ist die Verschmelzungsprüfung auf alle rechtlich möglichen Formen der Verschmelzung ausgedehnt worden[42].

II. Prüfungsgegenstand

Gegenstand der Verschmelzungsprüfung ist nach Abs. 1 der **Verschmelzungsvertrag oder sein Entwurf**. Der Verschmelzungsvertrag wird von den Vertretungsorganen der an der Verschmelzung beteiligten Rechtsträgern geschlossen[43] und muss mindestens die in § 5 Abs. 1 aufgeführten Angaben enthalten. Darüber hinaus muss der Verschmelzungsvertrag bei Verschmelzungen unter Beteiligung von Personengesellschaften, Gesellschaften mit beschränkter Haftung und Genossenschaften weitere in den rechtsformspezifischen Vorschriften des Zweiten Teils des Zweiten Buches vorgesehene Pflichtangaben enthalten[44]. Diese Angaben sind als **Pflichtbestandteile** des Verschmelzungsvertrags Gegenstand der Verschmelzungsprüfung.

Teilweise werden auch auch diejenigen Angaben im Verschmelzungsvertrag zum Gegenstand der Verschmelzungsprüfung gezählt, die über den gesetzlichen Mindestinhalt hinausgehen **(freiwillige Bestandteile des Verschmelzungsvertrags)**[45]. Beispielhaft wird die Aufteilung der mit der Verschmelzung verbundenen Kosten zwischen den beteiligten Rechtsträgern genannt, da sich Vereinbarungen der Vertretungsorgane über die Verteilung der mit der Verschmelzung verbundenen Kosten auch auf das Umtauschverhältnis der Anteile auswirken könnten[46]. Dieser (zu weit gehenden) Ansicht ist bereits deshalb nicht zu folgen, weil die als Grundlage zur Ermittlung des Umtauschverhältnisses durchzuführenden Bewertungen regelmäßig auf *stand-alone*-Basis[47] durchgeführt werden, also gerade im Zusammenhang mit oder als Folge der Verschmelzung sich ergebende Wirkungen nicht berücksichtigen.

---

[38] § 197.
[39] § 207. Vgl. § 208 Rn 8.
[40] § 11 Abs. 1 iVm. § 319 Abs. 1 HGB.
[41] § 355 Abs. 2 Satz 2 2. Halbs. AktG aF.
[42] Siehe die tabellarischen Übersichten in § 3.
[43] § 4 Abs. 1 Satz 1.
[44] §§ 40, 45 b, 46, 80.
[45] Vgl. *Müller* in Kallmeyer Rn 11.
[46] Vgl. *Müller* in Kallmeyer Rn 11.
[47] Vgl. *IDW* (Hrsg.), WP-Handbuch Bd. II, S. 37.

16 Nach allgM ist die **Zweckmäßigkeit der Verschmelzung** nicht Gegenstand der Prüfung[48]. Diese Beurteilung obliegt allein den beteiligten Anteilsinhabern.

17 Ob neben den gesetzlich vorgeschriebenen und den freiwilligen Bestandteilen des Verschmelzungsvertrags oder seines Entwurfs auch der **Verschmelzungsbericht** der Vertretungsorgane Gegenstand der Verschmelzungsprüfung ist, ist umstritten. So wird die Auffassung vertreten, dass eine Verschmelzungsprüfung, die den Verschmelzungsbericht der Vertretungsorgane außer Acht lässt, dem vom Gesetzgeber bezweckten Minderheitenschutz nicht gerecht würde[49]. Die Richtigkeit der Angaben der Vertretungsorgane im Verschmelzungsbericht müsste angesichts der großen Bedeutung für den Verschmelzungsbeschluss der Anteilsinhaber Gegenstand der Verschmelzungsprüfung sein[50].

18 Der Wortlaut des Gesetzes ist bezüglich des Gegenstands der Verschmelzungsprüfung eindeutig. Zu prüfen ist gem. Abs. 1 der Verschmelzungsvertrag oder sein Entwurf[51]. Der Verschmelzungsbericht wird im Gesetz als Gegenstand der Prüfung nicht genannt. Auch aus den Unklarheiten aus dem abweichenden Wortlaut über den Gegenstand der Verschmelzungsprüfung nach der VerschmRL im Vergleich zu Abs. 1 kann kein anderer Schluss abgeleitet werden[52]. Nach dem Wortlaut von Art. 10 Abs. 1 VerschmRL prüfen unabhängige Sachverständige für jede sich verschmelzende Gesellschaft den Verschmelzungsplan, der allerdings den mangels Beschluss der Anteilsinhaber noch nicht verbindlichen Verschmelzungsvertrag bezeichnet[53]. Sowohl der Wortlaut von Abs. 1 und der der VerschmRL stellen somit klar, dass der Verschmelzungsbericht nicht Gegenstand der Prüfung ist.

19 Da Kernstück des Verschmelzungsberichts die ausführliche und schriftliche Erläuterung und Begründung des Umtauschverhältnisses (und einer ggf. zu gewährenden Barabfindung) ist, steht jedoch nichts entgegen, ihn iRd. Prüfungshandlungen mit heranzuziehen. Der Verschmelzungsprüfer wird und kann somit bei der Prüfung des Verschmelzungsvertrags auf den Verschmelzungsbericht zurückgreifen[54].

20 Sofern sich iRd. Prüfung Einwendungen oder Bedenken hinsichtlich des Verschmelzungsvertrags oder der Angemessenheit des Umtauschverhältnisses ergeben, spielt es keine Rolle, ob die beanstandeten Angaben im Verschmelzungsvertrag oder im Verschmelzungsbericht zu finden sind[55].

21 Liegt ein aussagefähiger Verschmelzungsbericht vor, genügt im Prüfungsbericht eine Bezugnahme, Ergänzung und wertende Feststellung eines so bestehenden tatsächlichen Informationsstands[56]. Einzelangaben aus dem Verschmelzungsbericht müssen im Regelfall im Prüfungsbericht nicht wiederholt werden.

22 Der Verschmelzungsbericht sollte daher zweckmäßigerweise vor der Erstellung des Prüfungsberichts vorliegen. Eine Verpflichtung besteht allerdings nicht. Eine **zeitliche Reihenfolge** lässt sich aus dem Gesetz nicht entnehmen[57].

23 Eine gesetzliche Regelung zur Verfahrensweise bei Änderungen des Verschmelzungsvertrags oder des Entwurfs nach Abschluss der Prüfung besteht nicht. Eine Nachtragsprüfung iSv. § 316 Abs. 3 HGB analog der Jahresabschlussprüfung ist vom Gesetz nicht vorgesehen.

---

[48] Vgl. *Lutter/Drygala* in Lutter Rn 12; *HFA des IDW* WPg 1989, 42, 43.
[49] Vgl. *Bayer* ZIP 1997, 1613, 1621.
[50] Vgl. *Bayer* ZIP 1997, 1613, 1621.
[51] Vgl. *HFA des IDW* WPg 1989, 42, 43; *Meyer zu Lösebeck* WPg 1989, 499; *Mayer* in Widmann/Mayer Rn 18; *Lutter/Drygala* in Lutter Rn 12.
[52] Vgl. dazu die Ausführungen bei *Lutter/Drygala* in Lutter Rn 12.
[53] Vgl. *Lutter/Drygala* in Lutter Rn 12; ebenso BT-Drucks. 9/1065 S. 15.
[54] Vgl. *Meyer zu Lösebeck* WPg 1989, 499 f.
[55] Vgl. *Meyer* WPg 1989, 499 f; *Lutter/Drygala* in Lutter Rn 13.
[56] *OLG Frankfurt* ZIP 2000, 1928, 1932.
[57] Vgl. *Lutter/Drygala* in Lutter Rn 14.

Wenn der Entwurf Gegenstand der Prüfung war, ist dieser dem Prüfungsbericht als Anlage beizufügen. Das Ergebnis der Prüfung steht entsprechend unter dem Vorbehalt, dass keine Änderungen zum Entwurf erfolgen.

Auch wenn keine gesetzliche Regelung besteht, wird man aus dem Schutzzweck der Prüfung folgern müssen, dass eine Prüfung der Änderungen des Vertrags oder dessen Entwurfs zumindest in den Fällen der Pflichtprüfung zu erfolgen hat[58], während bei Antragsprüfungen mit Zustimmung der Beteiligten darauf verzichtet werden kann.

III. Prüfungsumfang

1. Vorbemerkung

Der Umfang der Verschmelzungsprüfung ist im UmwG nicht explizit geregelt. Aus der Regierungsbegründung zum Verschmelzungsrichtlinie-Gesetz wird aber deutlich, dass sich der Umfang der Verschmelzungsprüfung aus deren Zielen ergibt[59]. So zielt die Prüfung der Verschmelzung auf „die Vollständigkeit des Verschmelzungsvertrags, die Richtigkeit der in ihm enthaltenen Angaben und – als Hauptaufgabe der Prüfung – die Angemessenheit des Umtauschverhältnisses der Aktien"[60]. Diese Ziele finden sich auch in der höchstrichterlichen Rechtsprechung wieder. Der *BGH* hat im „Kochs Adler"-Urteil die drei Prüfungsziele in dieser Form umschrieben[61]. Dem ist auch für das Umwandlungsrecht zu folgen. Ergänzend ist unter den Voraussetzungen des § 29 die Barabfindung unabhängig davon, ob eine Verschmelzungsprüfung für einen an der Verschmelzung beteiligten Rechtsträger erforderlich ist, stets zu prüfen.

2. Vollständigkeit des Verschmelzungsvertrags

Maßgeblich für die Prüfung der Vollständigkeit des Verschmelzungsvertrags sind die **gesetzlichen Mindestanforderungen** an den Inhalt des Verschmelzungsvertrags. Diese Anforderungen sind einerseits im allgemeinen Teil des Zweiten Buches[62], andererseits in den rechtsformspezifischen Teilen des Zweiten Buches[63] enthalten.

3. Richtigkeit des Verschmelzungsvertrags

Die Prüfung der Richtigkeit erstreckt sich einerseits auf die sachliche Richtigkeit und andererseits auf die Plausibilität der Angaben des Verschmelzungsvertrags[64]. Im Vordergrund stehen hier die Angaben zum Umtauschverhältnis und zur Höhe der baren Zuzahlung[65], zum Beginn des Gewinnbezugs[66] und zum Verschmelzungsstichtag[67]. Eine umfassende Prüfung aller Bestimmungen hinsichtlich Wirksamkeit und Rechtmäßigkeit ist nicht Gegenstand der Prüfung[68]. Die Grundsätze der Gründungsprüfung[69] sind hier entsprechend anzuwenden.

---

[58] Vgl. *Müller* in Kallmeyer Rn 15.
[59] BT-Drucks. 9/1065 S. 16.
[60] BT-Drucks. 9/1065 S. 16.
[61] *BGH* ZIP 1990, 168.
[62] §§ 5, 29 Abs. 1, 37.
[63] §§ 40, 45 b, 46, 80.
[64] Vgl. *Müller* in Kallmeyer Rn 19; *Bula/Schlösser* in Sagasser/Bula/Brünger J Rn 107.
[65] § 5 Abs. 1 Nr. 3.
[66] § 5 Abs. 1 Nr. 5.
[67] § 5 Abs. 1 Nr. 6.
[68] Vgl. *Müller* in Kallmeyer Rn 19.
[69] §§ 33, 34 AktG.

Insofern gelten für den Verschmelzungsprüfer **Warn- oder Hinweispflichten**, wenn sich während der Prüfungshandlung Einwendungen oder Bedenken hinsichtlich der Richtigkeit der Angaben im Verschmelzungsvertrag bzw. Entwurf ergeben.

28 Die **Prüfung der sachlichen Richtigkeit** erstreckt sich darauf, ob die Angaben im Verschmelzungsvertrag die zugrunde liegenden Sachverhalte zutreffend beschreiben. Zu diesem Zweck können die Verschmelzungsprüfer von allen an der Verschmelzung beteiligten Rechtsträgern und gegenüber dem Konzernunternehmen sowie abhängigen und herrschenden Unternehmen alle Aufklärungen und Nachweise verlangen, die für eine sorgfältige Prüfung notwendig sind[70].

29 Die **Prüfung der Plausibilität** erstreckt sich vor allem auf die der Ermittlung des Umtauschverhältnisses zugrunde liegenden Einschätzungen und Erwartungen bezüglich der künftigen wirtschaftlichen Entwicklung der beteiligten Rechtsträger. Wegen der Unsicherheit der künftigen Entwicklung können sie nicht exakt vorhergesagt werden. Sie sind allerdings vom Verschmelzungsprüfer hinsichtlich ihrer Verlässlichkeit und inhaltlich sachlich zutreffenden Ableitung kritisch zu hinterfragen[71]. Bei Beteiligung börsennotierter Unternehmen gilt dies auch bezüglich der Verlässlichkeit und Aussagekraft von Börsenkursen.

4. Angemessenheit des Umtauschverhältnisses

30 a) **Allgemeines.** Im Mittelpunkt der Verschmelzungsprüfung steht die Prüfung der Angemessenheit des Umtauschverhältnisses. Dies ergibt sich auch aus den Berichtspflichten der Verschmelzungsprüfer[72]. Danach haben die Verschmelzungsprüfer den Prüfungsbericht mit einer Erklärung darüber abzuschließen, ob das vorgeschlagene Umtauschverhältnis, ggf. die Höhe der baren Zuzahlung oder die Mitgliedschaft beim übernehmenden Rechtsträger als Gegenwert angemessen ist. Das Umtauschverhältnis ergibt sich idR als Ergebnis der Verhandlungen der Vertretungsorgane der an der Verschmelzung beteiligten Rechtsträger. Es kann allerdings auch auf einem Einigungsvorschlag eines unabhängigen Gutachters beruhen[73]. Durch den Verschmelzungsprüfer erfolgt selbst keine Feststellung des Unternehmenswerts, sondern die Prüfung der vorliegenden Bewertungen hinsichtlich vertretbarer Prognose- und Wertungsentscheidungen[74]. Unschädlich ist „die Einwirkung im Rahmen der Prüfungstätigkeit, um ein Testat erteilen zu können"[75]. Gelegentlich wird in dieser sog. Parallelprüfung eine Gefahr bezüglich der Unabhängigkeit der Verschmelzungsprüfer vermutet[76]. Die Parallelprüfung ist jedoch aufgrund terminlicher Restriktionen zwingend[77], um einerseits eine aktuelle Bewertung und andererseits eine zeitnahe Berichterstattung zu ermöglichen, und damit zulässig[78].

31 Die Prüfung der Angemessenheit des Umtauschverhältnisses durch den Verschmelzungsprüfer erfordert Kriterien, mit deren Hilfe sich die Angemessenheit des Umtauschverhältnisses beurteilen lässt. Das UmwG gibt allerdings keine konkreten Anhaltspunkte, nach welchen Kriterien die Verschmelzungsprüfer die Angemessenheit des Umtauschverhältnisses beurteilen sollen. Hinweise zur Prüfung der Angemessenheit lassen sich allerdings dem Normzweck der Vorschriften zur Verschmelzungsprüfung und zur gerichtlichen Nachprüfung des Um-

---

[70] § 11 Abs. 1 iVm. § 320 HGB.
[71] Vgl. *IDW* (Hrsg.), WP-Handbuch Bd. II, S. 59 f.
[72] § 12 Abs. 2 Satz 1. Vgl. *IDW* (Hrsg.), WP-Handbuch Bd. II, S. 234.
[73] Vgl. *Nonnenmacher* AG 1982, 153, 157.
[74] *HFA des IDW* WPg 1989, 42, 43; *Becker* AG 1988, 223, 226.
[75] *OLG Düsseldorf* DB 2005, 713, 715.
[76] Vgl. *Puszkajler* ZIP 2003, 518, 521; problematisierend *Lamb/Schluck-Amend* DB 2003, 1259, 1262; *Büchel* NZG 2003, 793, 801.
[77] Vgl. *Land/Hennings*, AG 2005, 380, 384 sowie *Leuering*, der über den Verweis auf § 320 HGB eine gesetzliche Anordnung der Parallelprüfung sieht, NZG 2004, 606, 608.
[78] *OLG Stuttgart* AG 2004, 105, 107; *OLG Düsseldorf* AG 2004, 207, 211; *OLG Hamburg* NZG 2005, 86, 87; *OLG Hamm* AG 2005, 361, 362; mit Einschränkungen *OLG Hamm* AG 2005, 773, 775.

tauschverhältnisses entnehmen[79]. Beide Rechtsinstitute dienen dem Schutz der Anteilsinhaber der an der Verschmelzung beteiligten Rechtsträger. Sowohl die Anteilsinhaber der übertragenden Rechtsträger als auch die Anteilsinhaber des übernehmenden Rechtsträgers sollen durch die Verschmelzung keine Nachteile erleiden[80]. Angemessen ist das Umtauschverhältnis demnach dann, wenn sich die Anteilsinhaber nach der Verschmelzung nicht schlechter stellen, als sie ohne die Verschmelzung stünden[81].

Die Frage, ob sich die Anteilsinhaber nach der Verschmelzung möglicherweise schlechter stellen, als sie ohne die Verschmelzung stünden, bedingt Wertermittlungen der an der Verschmelzung beteiligten Rechtsträger. Grundlage des von den Vertretungsorganen vereinbarten oder von einem Gutachter vorgeschlagenen Umtauschverhältnisses sind deshalb Unternehmensbewertungen der an der Verschmelzung beteiligten Rechtsträger[82]. Gegenstand der Prüfung der Angemessenheit des Umtauschverhältnisses sind die dem Umtauschverhältnis zugrunde liegenden Bewertungen. Zu den Fragestellungen, die bei der Beurteilung der Unternehmensbewertungen bedeutsam sind, zählen vor allem die Auswahl der Bewertungsmethode, die Festlegung des Bewertungsstichtags, die Berücksichtigung von Verbundeffekten und die Gleichbehandlung der Anteilsinhaber der an der Verschmelzung beteiligten Rechtsträger. Für die Bewertung wird dabei allein auf finanzielle Kriterien abgestellt. Mit der Erweiterung der verschmelzungsfähigen Rechtsträger um rechtsfähige Vereine bezieht sich die Prüfungspflicht auch auf die Angemessenheit des Gegenwerts der Mitgliedschaft, d. h. der mit der Mitgliedschaft verbundenen Rechte. Für die Verschmelzungsprüfung ist für diese Fälle die monetäre Äquivalenz nicht finanzieller Ziele von Bedeutung[83]. 32

Die Erweiterung des Umwandlungsrechts ermöglicht auch den Wechsel des Haftungsstatus der an der Verschmelzung beteiligten Gesellschaften. In der Literatur wird darauf hingewiesen, dass auf diese Weise die Bestimmung der Angemessenheit erschwert wird[84]. 33

b) Bewertungsmethode. Offen bleibt im UmwG, nach welcher Methode die an einer Verschmelzung beteiligten Rechtsträger zu bewerten sind[85]. Der Gesetzgeber begnügt sich damit, dass die Verschmelzungsprüfer im Prüfungsbericht anzugeben haben, nach welchen Methoden das vorgeschlagene Umtauschverhältnis ermittelt worden ist und aus welchen Gründen die Anwendung dieser Methoden angemessen ist[86]. Der Begriff „Methoden" im UmwG geht zurück auf Art. 10 Abs. 2 VerschmRL. Der Richtliniengeber verzichtete damals bewusst darauf, bestimmte Bewertungsmethoden verbindlich vorzuschreiben[87]. Auch der deutsche Gesetzgeber wollte einer Weiterentwicklung der Grundsätze ordnungsmäßiger Unternehmensbewertung nicht durch eine gesetzliche Festschreibung der Bewertungsmethode vorgreifen[88]. 34

In Deutschland hat sich in der Vergangenheit die Ertragswertmethode als maßgebliche, von Theorie, Praxis und Rechtsprechung anerkannte Methode zur Ermittlung von Unternehmenswerten etabliert[89]. Gegen diese Methode bestehen auch verfassungsrechtlich keine Bedenken[90]. Dabei stellt die Ertragswertmethode aber nicht die allein zulässige Bewertungs- 35

---

[79] Vgl. *Nonnenmacher* AG 1982, 153, 157.
[80] Vgl. *IDW* (Hrsg.), WP-Handbuch Bd. II, S. 239.
[81] Vgl. *Nonnenmacher* AG 1982, 153, 157.
[82] Vgl. *IDW* (Hrsg.), WP-Handbuch Bd. II, S. 240.
[83] Vgl. *Ossadnik/Maus* DB 1995, 105, 109.
[84] Vgl. *Ossadnik/Maus* DB 1995, 105, 109; auch *Müller* in Kallmeyer Rn 34.
[85] Siehe auch § 8 Rn 24.
[86] § 12 Abs. 2 Nr. 1 und 2.
[87] Vgl. *Engelmeyer*, Die Spaltung von Aktiengesellschaften nach dem neuen Umwandlungsrecht, Diss. Köln, 1995, S. 151; *Becker* AG 1988, 223, 226.
[88] Vgl. *Ganske* WPg 1994, 161.
[89] Seit *BGH* AG 1978, 196 st. Rspr.
[90] *BVerfG* AG 1999, 568.

methode dar[91]. Bei Vorliegen von Besonderheiten (zB Grundbesitzverwaltung – *net asset value*, Unternehmen mit Leistungserstellungscharakter – Substanzwert) können andere Verfahren eher zweckadäquat sein[92]. Nach Marktvergleichsverfahren oder steuerlichen Vorschriften ermittelte Werte (Einheitswert, gemeiner Wert) oder nur auf Kennzahlen beruhende Wertrelationen berücksichtigen die Verhältnisse der beteiligten Rechtsträger nur höchst unvollkommen und sind daher abzulehnen[93].

36 In der Literatur kontrovers diskutiert und bisher höchstrichterlich nicht entschieden ist die Frage, welche Bedeutung Börsenkursen im Rahmen von Verschmelzungen zukommt.

Zustimmung[94] und Ablehnung[95] einer Übertragbarkeit der BVerfG-Rechtsprechung[96] auf die Verschmelzung börsennotierter Rechtsträger halten sich in etwa die Waage, teilweise wird eine von den Umständen des Einzelfalls abhängige Lösung[97] oder Meistbegünstigung[98] vorgeschlagen. Weitestgehende Einigkeit (in der Rechtsprechung durchgängig) besteht lediglich darüber, dass für die Ermittlung eines Umtauschverhältnisses alle beteiligten Rechtsträger nach derselben Methode und gleichen Prämissen zu bewerten sind.

37 Neben den Feststellungen, nach welchen Bewertungsmethoden das Umtauschverhältnis ermittelt worden ist und aus welchen Gründen die verwendeten Bewertungsmethoden angemessen sind, erstreckt sich die Prüfung der Angemessenheit des Umtauschverhältnisses vor allem auf die den Bewertungen zugrunde liegenden Wertansätze. Sie haben die wesentliche Bedeutung für das Bewertungsergebnis und sind Voraussetzung für eine sachgerechte Bewertung der an der Verschmelzung beteiligten Rechtsträger.

38 Die Verschmelzungsprüfer haben bei der Prüfung der der Bewertung zugrunde liegenden Wertansätze vor allem zu beurteilen, ob
– der der detaillierten Planungsrechnung zugrunde liegende Planungshorizont sachgerecht ausgewählt wurde;
– sich die wirtschaftliche Lage am Ende des Detailplanungszeitraums im Beharrungszustand befindet und sich die künftigen finanziellen Überschüsse durch eine konstante oder eine konstant wachsende Größe erfassen lassen;
– die Unsicherheit bei der Planung der künftigen finanziellen Überschüsse bei den beteiligten Unternehmen in gleicher Weise berücksichtigt wird;
– die einzelnen Teilplanungen (Plan-Bilanzen, Plan-Gewinn- und Verlustrechnungen und Finanzplanungen) aufeinander abgestimmt sind und gleiche Sachverhalte bei den beteiligten Unternehmen gleich behandelt werden;
– die Plansätze und die diesen zugrunde liegenden Überlegungen nachvollziehbar und vertretbar sind.

39 Letztlich muss die Unternehmensbewertung unter Berücksichtigung rechtlicher Nebenbedingungen den Grundsätzen ordnungsmäßiger Unternehmensbewertung entsprechen[99].

---

[91] *BGH* ZIP 1993, 1162.
[92] Vgl. *Piltz* S. 54 ff.; *Großfeld* S. 215.
[93] AA *Müller* in *Kallmeyer* Rn 30.
[94] Vgl. *Weiler/Meyer* ZIP 2001, 2153; *Piltz* ZGR 2001, 185 (wenn beide Rechtsträger börsennotiert sind); *Puszkajler* BB 2003, 1692; *Paschos* ZIP 2003, 1017; *OLG Düsseldorf* DB 2003, 1941, 1942 f.; *LG Stuttgart* AG 2005, 450, 452.
[95] Vgl. *Bungert* BB 2003, 699; *Wilm* NZG 2000, 234; *Decher*, FS Wiedemann, S. 787, 801; *Riegger* DB 1999, 1889, 1890; *Müller*, FS Röhricht, S. 1015, 1029 f.; *BayObLG* ZIP 2003, 253, 255 jedenfalls für den Fall, dass kein beherrschender Einfluss besteht; *OLG Düsseldorf* AG 2003, 688, 693 und *OLG Düsseldorf* AG 2004, 212, 214 für den Fall, dass Ertragswerte über den Börsenwerten liegen, generell zweifelnd, ob Börsenkurs ein zuverlässiger Maßstab ist, *BGH* BB 2004, 621, 622.
[96] *BVerfG* AG 1999, 567 f.
[97] Vgl. *Wilsing/Kruse* DStR 2001, 991, 993.
[98] Vgl. *Martens* AG 2003, 593.
[99] Siehe dazu auch § 8 Rn 24.

Bei Beteiligung von börsennotierten Unternehmen sind Feststellungen zum Börsenwert erforderlich.

c) Festlegung des Bewertungsstichtags. Unternehmenswerte sind stichtagsbezogen. **40** Der Bewertungsstichtag legt fest, welche finanziellen Überschüsse bei der Bewertung zu berücksichtigen sind. Einen bestimmten Bewertungsstichtag legt das UmwG für die Bewertung der an der Verschmelzung beteiligten Rechtsträger nicht fest. In der Literatur haben sich zu diesem Problemkreis unterschiedliche Auffassungen herausgebildet. So wird als Bewertungsstichtag der Zeitpunkt der Eintragung der Verschmelzung in das Register des Sitzes des übernehmenden Rechtsträgers vorgeschlagen. Dafür spricht, dass erst mit der Eintragung der Verschmelzung das Vermögen des übertragenden Rechtsträgers auf den übernehmenden Rechtsträger übergeht[100] und die Anteilsinhaber des übertragenden Rechtsträgers zu Anteilsinhabern des übernehmenden Rechtsträgers werden[101].

Die Eintragung der Verschmelzung erfolgt allerdings erst nach den Versammlungen der **41** Anteilsinhaber, die über die geplante Verschmelzung beschließen. Dementsprechend wird als Bewertungsstichtag auch der Zeitpunkt der Versammlung der Anteilsinhaber des übertragenden Rechtsträgers vorgeschlagen. Auf diese Weise wird den Anteilsinhabern ermöglicht, auf der Basis einer zeitnahen Bewertung über die geplante Verschmelzung zu beschließen[102]. Darüber hinaus wird darauf verwiesen, dass auch bei der Bemessung der Barabfindung[103] auf den Zeitpunkt der Beschlussfassung der Anteilsinhaber des übertragenden Rechtsträgers abzustellen sei[104]. Mehrheitlich wird deshalb die Auffassung vertreten, dass der Bewertungsstichtag dem Zeitpunkt der Versammlung der Anteilsinhaber des übertragenden Rechtsträgers entspricht[105].

Beide Auffassungen vernachlässigen allerdings, dass das Umtauschverhältnis und ggf. die **42** Höhe der baren Zuzahlung bereits im Verschmelzungsvertrag oder dessen Entwurf festgelegt sein muss. Der Verschmelzungsvertrag und der Verschmelzungsbericht müssen wiederum den Anteilsinhabern mindestens einen Monat vor der Beschlussfassung der Anteilsinhaber über die geplante Verschmelzung zugesandt werden. Darüber hinaus liegt der Zeitpunkt, von dem an die Anteile einen Anspruch auf einen Anteil am Bilanzgewinn gewähren, regelmäßig vor dem Zeitpunkt der Beschlussfassung über die Verschmelzung. Dieser Zeitpunkt knüpft idR nahtlos an den Stichtag des letzten ordentlichen Jahresabschlusses des übertragenden Rechtsträgers an, der idR mit dem Schlussbilanzstichtag übereinstimmt[106]. Technischer Bewertungsstichtag ist somit idR der Stichtag der Schlussbilanz des übertragenden Rechtsträgers. Die Vertretungsorgane können den Zeitpunkt der Gewinnberechtigung allerdings auch auf einen späteren Zeitpunkt festlegen[107]. Dies ist dann bei der Bestimmung des Umtauschverhältnisses zu berücksichtigen. Faktisch erfolgt die Bewertung auf Basis des Kenntnisstands zu einem Zeitpunkt zwischen dem Schlussbilanzstichtag und dem Zeitpunkt der Beschlussfassung der Anteilsinhaber des übertragenden Rechtsträgers. Die Bewertungen berücksichtigen somit den Kenntnisstand zu diesem Zeitpunkt. Treten bis zum Zeitpunkt der Beschlussfassung der Anteilsinhaber über die geplante Verschmelzung wesentliche negative oder positive Entwicklungen ein, die ihren Ursprung in der Zeit zwischen Abschluss der Bewertungsarbeiten/Versand der relevanten Unterlagen und dem Tag der Beschlussfassung haben, sind diese Entwicklungen nachträglich bei der Ermittlung des Umtauschverhältnisses zu berücksichtigen[108]. Die Verschmelzungsprüfung hat festzustellen, ob außerordentliche

---

[100] § 20 Abs. 1 Nr. 1.
[101] § 20 Abs. 1 Nr. 1. Vgl. *Hoffmann-Becking*, FS Fleck, S. 105, 115.
[102] Vgl. *IDW* (Hrsg.), WP-Handbuch Bd. II, S. 241.
[103] § 30 Abs. 1.
[104] Vgl. *Mayer* in Widmann/Mayer § 5 Rn 131.
[105] Vgl. *IDW* (Hrsg.), WP-Handbuch Bd. II, S. 241.
[106] Vgl. *Kahling* S. 51.
[107] Vgl. *Kahling* S. 51.
[108] Vgl. *Hoffmann-Becking*, FS Fleck, S. 105, 117.

Entwicklungen bis zum Abschluss der Prüfungsarbeiten zu berücksichtigen sind[109]. In der Praxis hat sich hierzu die sog. Stichtagserklärung etabliert.

43 **d) Gleichbehandlung der Anteilsinhaber.** Mit der Ertragswertmethode und den Varianten der DCF-Verfahren lassen sich konzeptionell Entscheidungswerte, Schiedsspruchwerte und Argumentationswerte ermitteln[110]. Welche dieser Wertkonzeptionen bei der Unternehmensbewertung zur Anwendung kommt, richtet sich nach dem Bewertungszweck[111]. Dient die Unternehmensbewertung dem Zweck, zwischen Parteien mit divergierenden Interessen zu vermitteln, kommt die Vermittlungsfunktion der Unternehmensbewertung zum Tragen[112]. Angesichts der Schutzfunktion der Verschmelzungsprüfung wird die Unternehmensbewertung für Zwecke der Ermittlung eines angemessenen Umtauschverhältnisses deshalb zutreffend der Vermittlungsfunktion der Unternehmungsbewertungslehre zugewiesen[113].

44 Ausgangspunkt zur Ermittlung eines Schiedsspruchwerts sind grundsätzlich die Entscheidungswerte der beteiligten Personen[114]. Entscheidungswerte sind subjektive Größen und bedürfen deshalb der Kenntnis der Personen, an denen die Bewertung auszurichten ist. Der Verschmelzungsprüfer hätte streng genommen für jeden Anteilsinhaber einen individuellen Entscheidungswert zu bestimmen[115]. Sowohl rechtliche wie auch praktische Überlegungen sprechen allerdings gegen eine entscheidungswertbasierte, subjektive Bewertung der an der Verschmelzung beteiligten Rechtsträger. So sind die Anteilsinhaber, an deren Situation die Bewertung auszurichten wäre, idR nicht bekannt. Zudem ist kaum zu erwarten, dass die beteiligten Personen ihre Entscheidungswerte preisgeben werden. Vielmehr sind die beteiligten Personen aufgrund einer für sie günstigeren Preisfestsetzung daran interessiert, eine Offenbarung der subjektiven Wertvorstellungen zu vermeiden. Subjektiven Entscheidungswerten als Ausgangspunkt zur Ermittlung eines Schiedsspruchwertes kommt deshalb keine Bedeutung zu.

45 Angesichts der Schwierigkeiten, die sich bei der Berücksichtigung subjektiver Wertvorstellungen ergeben, hat sich in der Bewertungspraxis eine typisierende Betrachtungsweise subjektiver Bewertungsfaktoren etabliert[116]. Die Bewertungspraxis ermittelt deshalb einen objektivierten Unternehmenswert, „der sich bei Fortführung des Unternehmens in unverändertem Konzept und mit allen realistischen Zukunftserwartungen im Rahmen seiner Marktchancen und -risiken, finanziellen Möglichkeiten sowie sonstigen Einflussfaktoren nach den Grundsätzen betriebswirtschaftlicher Unternehmensbewertung bestimmen lässt"[117]. Zentral ist dabei, dass für die Bewertung der beteiligten Rechtsträger gleiche Chance-Risiko-Parameter gewählt werden.

46 **e) Berücksichtigung von Synergieeffekten (Verbundvorteilen).** Die Frage, ob und inwieweit Kooperationsvorteile bei der Ermittlung des Umtauschverhältnisses zu berücksichtigen sind, ist umstritten. Hier steht die Auffassung der Wirtschaftsprüfung in Übereinstimmung mit der Rechtsprechung und der herrschenden Literaturmeinung den zT auch gegenteiligen Ansichten vor allem in der betriebswirtschaftlichen Literatur gegenüber[118].

47 Nach allgM sind Synergieeffekte, die nicht allein mit dem vorhandenen Partner, sondern durch eine Kooperation mit einer fast beliebigen Anzahl von Partnern (innerhalb einer Branche) realisiert werden können (**unechte Synergieeffekte**), bei der Ermittlung des Unter-

---

[109] Vgl. *IDW* (Hrsg.), WP-Handbuch II, S. 241 f.
[110] Vgl. *HFA des IDW* WPg 2005, 1303, 1305.
[111] Vgl. *Moxter* S. 8.
[112] Vgl. *Neuhaus* S. 23.
[113] Vgl. *Schmitz* S. 216.
[114] Vgl. *Sieben/Schildbach* DStR 1979, 455, 457.
[115] Vgl. *Schmitz* S. 217.
[116] Vgl. *IDW* (Hrsg.), WP-Handbuch Bd. II, S. 13.
[117] *IDW* (Hrsg.), WP-Handbuch Bd. II, S. 11.
[118] Zum Meinungsstand die Übersicht bei *Fleischer* ZGR 1997, 368 ff.

nehmenswerts zu berücksichtigen[119]. Dies gilt vor allem für die Nutzung steuerlicher Verlustvorträge[120]. Verlustvorträge führen auch dann zu einer Erhöhung des Unternehmenswerts, wenn der übernehmende Rechtsträger nicht in der Lage ist, sie durch zukünftige eigene Gewinne auszunutzen[121]. Bei weiteren Vorteilen, die nicht allein aus der Kooperation mit dem individuellen Partner erzielt werden können, ist zu berücksichtigen, dass sie auch nur dann in die Unternehmensbewertung einfließen können, wenn zum Zeitpunkt der Bewertung bereits Maßnahmen zu deren Realisierung eingeleitet sind (Wurzeltheorie)[122].

Echte Synergieeffekte basieren allein auf subjektiven Wertfaktoren des speziellen Kooperationspartners[123]. Bei der Verschmelzung nehmen die Gesellschafter bzw. Mitglieder durch die Gewährung von Anteilen des aufnehmenden Rechtsträgers an den zukünftigen Kooperationsvorteilen entsprechend dem Umtauschverhältnis teil, so dass in diesem Fall auf einen expliziten Ansatz bei der Ermittlung der Verschmelzungswertrelation verzichtet werden kann. Eine andere Betrachtung kann die Barabfindung der ausscheidenden Anteilsinhaber erfordern[124]. **48**

Wird das **Umtauschverhältnis** anhand von Börsenkursen der beteiligten Rechtsträger bestimmt, stellt sich die Frage der gesonderten Berücksichtigung von Synergieeffekten ohnehin nicht, da diese idR bereits in den Kursen berücksichtigt sein dürften.

VI. Entbehrlichkeit der Verschmelzungsprüfung

1. Aufnahme einer 100%-igen Tochtergesellschaft (Abs. 2)

Befinden sich alle Anteile eines übertragenden Rechtsträgers in der Hand des übernehmenden Rechtsträgers, ist eine Verschmelzungsprüfung nicht erforderlich, soweit sie die Aufnahme dieses Rechtsträgers betrifft (Abs. 2). Diese Regelung stellt auf Konzernverschmelzungen ab. Wird eine 100%-ige **Tochtergesellschaft** auf die Muttergesellschaft verschmolzen, bedarf es eines a-priori-Schutzes der Anteilsinhaber nicht, da sich alle Anteile des übertragenden Rechtsträgers in der Hand des übernehmenden Rechtsträgers befinden[125]. Eine Verschmelzungsprüfung ist deshalb entbehrlich, sofern sie die Aufnahme von 100%-igen Tochtergesellschaften betrifft[126]. **49**

Eine gesetzliche Regelung findet sich indes nicht für die Verschmelzung zweier **Schwestergesellschaften**, die jeweils zu 100% einem übergeordneten Rechtsträger zuzuordnen sind. Obwohl in diesem Fall kein Minderheitenschutz erforderlich ist, liegt eine Sonderregelung hier nicht vor. Für den Fall der GmbH-Tochtergesellschaften oder bei Personengesellschaften wird die Muttergesellschaft, sofern der Gesellschaftsvertrag keine andere Regelung vorsieht, regelmäßig keine Prüfung verlangen. Bei der AG (KGaA) ist allerdings ein notarieller Verzicht der Muttergesellschaft nach Abs. 3 erforderlich. **50**

2. Notariell beurkundeter Verzicht aller Anteilsinhaber (Abs. 3)

Eine Prüfung der Verschmelzung ist nicht erforderlich, wenn alle Anteilsinhaber aller beteiligten Rechtsträger auf sie verzichten[127]. Die Verzichtserklärungen der Anteilsinhaber sind notariell zu beurkunden[128]. Bedeutung erlangt Abs. 3 allerdings nur für die AG (KGaA) und den wirtschaftlichen Verein. Sowohl bei Verschmelzungen unter Beteiligung einer AG **51**

---

[119] *BayObLG* AG 1996, 128; *IDW* (Hrsg.), WP-Handbuch Bd. II, S. 14 und S. 38.
[120] *OLG Düsseldorf* WM 1988, 1056, DB 1988, 1110; *IDW* (Hrsg.), WP-Handbuch Bd. II, S. 38.
[121] *OLG Düsseldorf* WM 1988, 1056, DB 1988, 1110.
[122] Vgl. *IDW* (Hrsg.), WP-Handbuch Bd. II, S. 38.
[123] Vgl. *IDW* (Hrsg.), WP-Handbuch Bd. II, S. 37.
[124] Vgl. hierzu § 30 Rn 15 bis 17.
[125] Vgl. *Lutter/Drygala* in Lutter Rn 15.
[126] Siehe auch § 8 Rn 73.
[127] § 9 Abs. 3 iVm. § 8 Abs. 3 Satz 1 1. Halbs.
[128] § 9 Abs. 3 iVm. § 8 Abs. 3 Satz 2.

§ 10 Zweites Buch. Verschmelzung

(KGaA) als auch bei Verschmelzungen unter Beteiligung eines wirtschaftlichen Vereins ist die Verschmelzungsprüfung grundsätzlich erforderlich. Gleiches gilt entsprechend für Mischverschmelzungen unter Beteiligung dieser Rechtsformen. Für die Genossenschaft ist keine Verzichtsmöglichkeit gegeben[129]. Bei allen weiteren Rechtsformen erfolgt die Verschmelzungsprüfung dagegen nur auf Verlangen der Anteilsinhaber, so dass hier zu erwarten ist, dass der Antrag auf Verschmelzungsprüfung erst gar nicht gestellt wird und eine Verzichtserklärung somit keine Bedeutung erlangt. Aus diesem Grund findet diese Vorschrift vor allem bei nicht börsengehandelten Gesellschaften mit kleinem Aktionärskreis Anwendung, insbesondere für die kleine AG, wenn mit der Verzichtserklärung der umfangreiche Prüfungsaufwand eingespart werden kann.

52 Durch Abs. 3 iVm. § 8 Abs. 3 Satz 2 2. Halbs. werden bereits durch § 9 Abs. 2 erfasste Sachverhalte ein weiteres Mal angesprochen. Unterschiedliche Folgen ergeben sich daraus nicht[130].

§ 10 Bestellung der Verschmelzungsprüfer

(1) Die Verschmelzungsprüfer werden auf Antrag des Vertretungsorgans vom Gericht ausgewählt und bestellt. Sie können auf gemeinsamen Antrag der Vertretungsorgane für mehrere oder alle beteiligten Rechtsträger gemeinsam bestellt werden. Für den Ersatz von Auslagen und für die Vergütung der vom Gericht bestellten Prüfer gilt § 318 Abs. 5 des Handelsgesetzbuchs.

(2) Zuständig ist jedes Landgericht, in dessen Bezirk ein übertragender Rechtsträger seinen Sitz hat. Ist bei dem Landgericht eine Kammer für Handelssachen gebildet, so entscheidet deren Vorsitzender an Stelle der Zivilkammer.

(3) Auf das Verfahren ist das Gesetz über die Angelegenheiten der freiwilligen Gerichtsbarkeit anzuwenden, soweit in den folgenden Absätzen nichts anderes bestimmt ist.

(4) Die Landesregierung kann die Entscheidung durch Rechtsverordnung für die Bezirke mehrerer Landgerichte einem der Landgerichte übertragen, wenn dies der Sicherung einer einheitlichen Rechtsprechung dient. Die Landesregierung kann die Ermächtigung auf die Landesjustizverwaltung übertragen.

(5) Gegen die Entscheidung findet die sofortige Beschwerde statt. Sie kann nur durch Einreichung einer von einem Rechtsanwalt unterzeichneten Beschwerdeschrift eingelegt werden.

(6) Über die Beschwerde entscheidet das Oberlandesgericht. § 28 Abs. 2 und 3 des Gesetzes über die Angelegenheiten der freiwilligen Gerichtsbarkeit gilt entsprechend. Die weitere Beschwerde ist ausgeschlossen.

(7) Die Landesregierung kann die Entscheidung über die Beschwerde durch Rechtsverordnung für die Bezirke mehrerer Oberlandesgerichte einem der Oberlandesgerichte oder dem Obersten Landgericht übertragen, wenn dies der Sicherung einer einheitlichen Rechtsprechung dient. Die Landesregierung kann die Ermächtigung auf die Landesjustizverwaltung übertragen.

Übersicht

	Rn		Rn
I. Allgemeines	1	II. Bestellung der Verschmelzungsprüfer	4
1. Sinn und Zweck der Norm	1	1. Auswahl der Verschmelzungsprüfer	4
2. Entstehungsgeschichte	2	2. Prüfungsvertrag	9

---

[129] § 81.
[130] Vgl. *Müller* in Kallmeyer Rn 40.

Bestellung der Verschmelzungsprüfer 1–3 § 10

	Rn		Rn
3. Gerichtliche Zuständigkeit	11	5. Vergütung	15
4. Rechtsmittel	13		

Literatur: *Brandes,* Cross Border Merger mittels der SE, AG 2005, 177; *Büchel,* Neuordnung des Spruchverfahrens, NZG 2003, 793; *Bungert,* Zuständigkeit des Landgerichts bei der Bestellung des Verschmelzungsprüfers im neuen Umwandlungsrecht, BB 1995, 1399; *Bungert/Mennicke,* BB-Gesetzgebungsreport: Das Spruchverfahrensneuordnungsgesetz, BB 2003, 2021; *Frey,* Bericht über die Diskussion: Der materielle Gesellschafterschutz: Abfindung und Spruchverfahren, ZGR 1990, 511; *Lamb/Schluck-Amend,* Die Neuregelung des Spruchverfahrens durch das Spruchverfahrensneuordnungsgesetz, DB 2003, 1259; *Land/Hennings,* Aktuelle Probleme von Spruchverfahren nach gesellschaftsrechtlichen Strukturmaßnahmen, AG 2005, 380; *Meilicke/Heidel,* Das neue Spruchverfahren in der gerichtlichen Praxis, DB 2003, 2267.

I. Allgemeines

1. Sinn und Zweck der Norm

§ 10 regelt die Bestellung der Verschmelzungsprüfer. Die Bestellung der Verschmelzungsprüfer erstreckt sich grundsätzlich auf die Auswahl der Verschmelzungsprüfer, deren rechtsgeschäftliche Beauftragung und die Annahme des Prüfungsauftrags. Nach Abs. 1 Satz 1 werden die Verschmelzungsprüfer auf Antrag des Vertretungsorgans vom Gericht ausgewählt und bestellt. Die Verschmelzungsprüfer können gem. Abs. 1 Satz 2 auf gemeinsamen Antrag der Vertretungsorgane auch für mehrere oder alle beteiligten Rechtsträger gemeinsam bestellt werden[1]. Für die Bestellung ist das Landgericht zuständig, in dessen Bezirk ein übertragender Rechtsträger seinen Sitz hat[2]. Die Landesregierung ist ermächtigt, durch Rechtsverordnung die gerichtliche Zuständigkeit für das Bestellungsverfahren für die Bezirke mehrerer Landgerichte einem der Landgerichte zu übertragen, wenn dies der Sicherung einer einheitlichen Rechtsprechung dient[3]. Auf das gerichtliche Bestellungsverfahren ist grundsätzlich das Gesetz über die Angelegenheiten der freiwilligen Gerichtsbarkeit anzuwenden, sofern nicht die verfahrensrechtlichen Vorschriften in Abs. 4 bis 7 anderweitige Regelungen umfassen[4]. 1

2. Entstehungsgeschichte

Die Vorschrift ist weitgehend auf die §§ 340 b Abs. 2, 354, 355 Abs. 2 Satz 1 AktG aF zurückzuführen. Erweitert wurden in der bisherigen Fassung des UmwG die gemeinsame Bestellung mehrerer Verschmelzungsprüfer durch die Vertretungsorgane und die gerichtliche Bestellung der Verschmelzungsprüfer. § 10 setzt wie bereits die §§ 340 b Abs. 2, 354 AktG aF, Art. 10 Abs. 1 VerschmRL in deutsches Recht um. 2

Die Vorschrift wurde durch die Novellierung des gesellschaftsrechtlichen Spruchverfahrens (Spruchverfahrensneuordnungsgesetz – SpruchG[5]) grundsätzlich mit Wirkung zum 1.9.2003[6] geändert. Mit Art. 4 wurden Abs. 1 und 3 neu gefasst sowie die Abs. 4 bis 7 ergänzt[7]. Die verfahrensrechtlichen Regelungen der Abs. 3 bis 7 ersetzen die bisherigen Verweise auf die aufgehobenen §§ 306 Abs. 3, 307 Abs. 1 sowie § 309, die sich noch in § 10 Abs. 3 aF fanden. Eine sachliche Änderung der verfahrensrechtlichen Vorschriften ergibt 3

---

[1] Das Anwendungsfeld erstreckt sich auch auf prüfungspflichtige Vorgänge im Zuge der Verschmelzung mit Beteiligung von Societas Europaea; vgl. *Brandes* AG 2005, 177, 183.
[2] § 10 Abs. 2 Satz 1.
[3] § 10 Abs. 4 Satz 1.
[4] § 10 Abs. 3.
[5] Ges. vom 12.6.2003, BGBl. I. S. 838; ausf. siehe Anh. SpruchG.
[6] BT-Drucks. 272/03 S. 11.
[7] BT-Drucks. 272/03 S. 9 f.

§ 10 4, 5   Zweites Buch. Verschmelzung

sich dadurch nicht[8]. Die Wesentliche materielle Änderung ist darin zu sehen, dass nunmehr für die Auswahl und Bestellung ausschließlich das Gericht zuständig ist.

II. Bestellung der Verschmelzungsprüfer

1. Auswahl der Verschmelzungsprüfer

4 Mit der Neufassung von Abs. 1 Satz 1 sind die Verschmelzungsprüfer auf Antrag des oder der Vertretungsorgans(e) nunmehr zwingend vom Gericht auszuwählen und zu bestellen. Die bisherige Regelung des Abs. 1 Satz 1 sah demgegenüber vor, dass eine Bestellung auch durch Vertretungsorgane erfolgen konnte. Vorbild für diese frühere Form der Ausgestaltung und Konzeption von Abs. 1 Satz 1 aF war § 340 b AktG aF, der für die Bestellung der Verschmelzungsprüfer bei Verschmelzungen unter Beteiligung von Aktiengesellschaften gültig war. Danach erstreckte sich das Recht der Vertretungsorgane, die Verschmelzungsprüfer zu bestellen, grundsätzlich auch auf die Auswahl der Verschmelzungsprüfer. Im Zuge der Neuregelung von prüfungspflichtigen gesellschaftsrechtlichen Strukturierungsmaßnahmen nach dem AktG obliegt nun analog auch nach dem UmwG die Auswahl und Bestellung des Verschmelzungsprüfers ausschließlich dem Gericht[9].

5 Die bisherige Regelung sah bereits die gerichtliche Bestellung als Wahlmöglichkeit vor. Diese Regelung ging über das AktG aF hinaus. Im AktG aF war die gerichtliche Bestellung der Verschmelzungsprüfer nur für den Fall vorgesehen, dass eine gemeinsame Prüfung aller beteiligten Rechtsträger erfolgte[10]. Sollten Verschmelzungsprüfer für die Prüfung nur eines an der Verschmelzung beteiligten Rechtsträgers bestellt werden, mussten die Verschmelzungsprüfer in jedem Fall von den Vertretungsorganen bestellt werden. Dabei stellte sich allerdings als nachteilig heraus, dass die von den Vertretungsorganen bestellten Verschmelzungsprüfer idR nicht die Akzeptanz der an der Verschmelzung beteiligten Anteilsinhaber fanden. Die Gerichte lehnten deshalb häufig die von den Vertretungsorganen bestellten Verschmelzungsprüfer als Sachverständige ab und gaben zeitraubende und kostspielige Bewertungsgutachten in Auftrag[11]. Die in der bisherigen Fassung des UmwG vorgesehene Erweiterung um die Möglichkeit der gerichtlichen Bestellung der Verschmelzungsprüfer gegenüber dem AktG aF sollte bereits spätere Streitigkeiten über den Prüfungsbericht vermeiden und der Erhöhung der Akzeptanz der vom Prüfer attestierten Angemessenheit des Umtauschverhältnisses dienlich sein[12]. Letztlich sollten durch die Ausweitung der gerichtlichen Bestellung der Verschmelzungsprüfer zeit- und kostenintensive Spruchverfahren vermieden werden. Die Praxis hat allerdings bisher gezeigt, dass dieses Ziel nicht erreicht wurde. Die Neuregelung setzt genau an dieser Stelle an. Vorrangiges Ziel der ausschließlichen Auswahl und Bestellung der Verschmelzungsprüfer durch das Gericht ist es, den Eindruck der Parteinähe der Verschmelzungsprüfer zu vermeiden und auf diese Weise die Akzeptanz der Prüfungsergebnisse insbesondere für die außenstehenden Aktionäre zu erhöhen[13]. Im Fall eines späteren Spruchverfahrens soll nach der Begründung des Regierungsentwurfs mit dieser Neuregelung ein Beschleunigungseffekt erzielt werden, wenn entweder ein weiteres Gutachten eines Sachverständigen, sog. Obergutachten[14], vermieden oder zumindest auf wenige Fragestellungen reduziert werden kann, die möglicherweise nach dem bisherigen Verschmelzungsprüfungsbericht als offen erachtet werden[15]. Ob mit dieser strikteren Neuregelung das Ziel verfah-

---

[8] BT-Drucks. 15/371 S. 19.
[9] BT-Drucks. 15/371 S. 19.
[10] § 340 b Satz 2 AktG aF.
[11] Vgl. *Frey* ZGR 1990, 514 f.
[12] Vgl. RegBegr. *Ganske* S. 57.
[13] BT-Drucks. 15/371 S. 18.
[14] Vgl. *Lutter/Drygala* in Lutter Rn 19.
[15] BT-Drucks. 15/371 S. 18.

rensökonomischer Spruchverfahren erreicht wird, bleibt abzuwarten[16]. Die Einholung von Obergutachten ist damit nicht ausgeschlossen[17].

Voraussetzung für die gerichtliche Bestellung der Verschmelzungsprüfer ist ein entsprechender **Antrag des Vertretungsorgans** desjenigen Rechtsträgers, für den der Verschmelzungsprüfer vom Gericht bestellt werden soll[18]. Hinsichtlich der Antragstellung finden grundsätzlich die Regeln der freiwilligen Gerichtsbarkeit Anwendung[19]. Der Antrag des Vertretungsorgans an das Gericht ist an keine besonderen Voraussetzungen gebunden. Schriftform und Unterzeichnung des Antrags empfehlen sich, sind aber nicht zwingend[20]. Der Antrag sollte den zugrunde liegenden Verschmelzungsfall in seinen Grundzügen beschreiben, damit das Gericht prüfen kann, ob die Voraussetzungen für die Anwendung von § 10 gegeben sind[21]. Als Grundlage für eine Auswahlentscheidung des Gerichts sind dem Antrag darüber hinaus Informationen über die Abschlussprüfer und Berater sowohl des übertragenden als auch des übernehmenden Rechtsträgers beizufügen[22] sowie ggf. eine Erklärung der vorgeschlagenen Verschmelzungsprüfer zur Unabhängigkeit und Bereitschaft, den Auftrag zu übernehmen. 6

Zulässig ist es allerdings auch, Verschmelzungsprüfer für mehrere oder alle an der Verschmelzung beteiligte Rechtsträger gemeinsam zu bestellen[23]. Die gemeinsame Bestellung der Verschmelzungsprüfer erfolgt ebenfalls durch das Gericht. Voraussetzung für die gemeinsame Bestellung durch das Gericht ist ein gemeinsamer Antrag der Vertretungsorgane der Rechtsträger, für die ein gemeinsamer Prüfer bestellt werden soll[24]. 7

Die gerichtliche Bestellung der Verschmelzungsprüfer erfasst zunächst das Recht zur **Auswahl der Verschmelzungsprüfer**. Der Antrag der Vertretungsorgane an das Gericht kann einen Vorschlag über bestimmte Verschmelzungsprüfer oder „eine Anregung zur Person des zu bestellenden Prüfers enthalten"[25]. Nach der Intention des Regierungsentwurfs sollten dem Gericht mehrere Vorschläge geeigneter Personen unterbreitet werden, um dem Gericht Wahlmöglichkeiten zu schaffen[26]. Das Gericht ist allerdings nicht an Vorschläge der Vertretungsorgane gebunden[27], sondern im Sinne der Vorschrift verpflichtet, die Unabhängigkeit des Prüfers einer kritischen Würdigung zu unterziehen und eine eigenständige Auswahlentscheidung zu treffen[28]. Sofern in der Person des Verschmelzungsprüfers kein Ausschlusstatbestand vorliegt[29], spricht jedoch nichts dagegen, dass das Gericht entsprechend der gängigen Praxis einen von den Vertretungsorganen vorgeschlagenen Verschmelzungsprüfer bestellt[30]. Dafür sprechen auch verfahrensökonomische Gründe, da die Vertretungsorgane idR bereits 8

---

[16] So auch *Müller* in Kallmeyer Rn 2; kritisch bereits *Meilicke/Heidel* DB 2003, 2267, 2272.
[17] Vgl. *Lutter/Drygala* in Lutter Rn 19 f.
[18] Vgl. *Fronhöfer* in Widmann/Mayer Rn 11.
[19] § 10 Abs. 3; vgl. zum Verfahren im Einzelnen ausführlich *Lutter/Drygala* in Lutter Rn 10 ff.; *Müller* in Kallmeyer Rn 9 ff.; *Stratz* in Schmitt/Hörtnagl/Stratz Rn 12 ff.
[20] Vgl. *Fronhöfer* in Widmann/Mayer Rn 11.6.
[21] Zu weitgehend und in diesem frühen Stadium praktisch nicht leistbar ist die Forderung nach Beifügung des Verschmelzungsvertrags oder dessen Entwurfs, vgl. *Lutter/Drygala* in Lutter Rn 12; *Fronhöfer* in Widmann/Mayer Rn 11.4.
[22] Vgl. *Müller* in Kallmeyer Rn 12.
[23] § 10 Abs. 1 Satz 2.
[24] § 10 Abs. 1 Satz 2.
[25] *Müller* in Kallmeyer Rn 13.
[26] BT-Drucks. 15/371 S. 18.
[27] BT-Drucks. 15/371 S. 18.
[28] Vgl. *Lutter/Drygala* in Lutter Rn 12.
[29] § 11 Abs. 1 iVm. § 319 HGB.
[30] Vgl. *Lutter/Drygala* in Lutter Rn 12; *Fronhöfer* in Widmann/Mayer Rn 11.5; *Land/Hennings* AG 2005, 380, 383; so auch OLG Hamburg NZG 2005, 86, 87; OLG Düsseldorf ZIP 2004, 359, 364; OLG Stuttgart ZIP 2003, 2363, 2365; OLG Düsseldorf DB 2005, 713, 715; aA *Lamb/Schluck-Amend* DB 2003, 1259, 1261.

vor Antragstellung Informationen über die Qualifikation und Erfahrung, Verfügbarkeit entsprechender Kapazitäten sowie die Bereitschaft zur Übernahme der Prüfung bezüglich der vorgeschlagenen Prüfer eingeholt haben.

2. Prüfungsvertrag

9   Die Auswahl und Bestellung der Verschmelzungsprüfer durch das Gericht ist jetzt zwingende Voraussetzung für eine ordnungsgemäße Prüfung. Eine Änderung der rechtsgeschäftlichen Beziehungen, die sich bereits bisher aus der Wahlmöglichkeit einer gerichtlichen Bestellung ergaben, ist mit der Neuregelung der Vorschrift nicht verbunden[31].

10   Insbesondere sind die bestellten Verschmelzungsprüfer frei, den Auftrag abzulehnen und Vereinbarungen mit dem Rechtsträger über die Höhe der Vergütung zu treffen. Wollen die bestellten Verschmelzungsprüfer den Prüfungsauftrag nicht annehmen, haben sie die Ablehnung des Auftrags unverzüglich gegenüber dem Gericht zu erklären[32]. Sie haben den Schaden zu ersetzen, der aus einer schuldhaften Verzögerung dieser Erklärung entsteht[33].

3. Gerichtliche Zuständigkeit

11   Die gerichtliche Zuständigkeit hat im Zuge der Neuregelung der Vorschrift keine Änderung erfahren. Zuständig ist das Landgericht, in dessen Bezirk ein übertragender Rechtsträger seinen Sitz hat[34]. Diese Konzentration bei den Landgerichten findet sich entsprechend auch in § 2 SpruchG, in dem die Zuständigkeit für möglicherweise später folgende Spruchverfahren geregelt ist und die Regelungen des nunmehr aufgehobenen § 306 Abs. 1 übernommen wurden. In den Fällen, in denen unterschiedliche Gerichte örtlich zuständig sein könnten, ist die Zuständigkeit eines Gerichts nach § 4 FGG zu bestimmen[35]. Danach ist unter mehreren zuständigen Gerichten demjenigen Gericht der Vorzug einzuräumen, welches zuerst in der Sache tätig geworden ist[36]. Eine solche Aufnahme der Tätigkeit im Sinne von § 4 FGG kann bereits in der Zustellung der Anträge auf Bestellung von Verschmelzungsprüfern gesehen werden[37]. Dies gilt auch für die Bestellung eines gemeinsamen Verschmelzungsprüfers für die beteiligten Rechtsträger[38]. Systematische und verfahrensökonomische Gründe sind letztlich ausschlaggebend dafür, dass für die Bestellung der gemeinsamen Verschmelzungsprüfer lediglich eines der Landgerichte zuständig sein sollte[39]. Kann ausnahmsweise die gerichtliche Zuständigkeit nicht bestimmt werden, gilt § 5 FGG[40].

12   Ziel dieser Regeln ist es, Doppelarbeiten und Widersprüche in Entscheidungen unterschiedlicher Gerichte zu vermeiden[41]. Diese könnten bei gesellschaftsrechtlichen Maßnahmen im Umwandlungsrecht auftreten, wenn beteiligte Rechtsträger ihren Sitz in unterschiedlichen Gerichtsbezirken haben oder bei Konzernierungsmaßnahmen Doppelsitze existieren bzw. mehrere Tochtergesellschaften in unterschiedlichen Gerichtsbezirken gleichzeitig von der Strukturierungsmaßnahme betroffen sind. Die Bewahrung der bisher geltenden Regeln dient dem obersten Ziel der Verkürzung der Verfahrensdauer, da sich die Konzentration bei den Landgerichten in der Praxis bewährt hat. Zwar weisen *Lutter/Drygala*[42] zutreffend darauf hin, dass die verfahrentechnische Regelung des Gesetzgebers

---

[31] Vgl. ausführlich *Lutter/Drygala* in Lutter Rn 16.
[32] § 51 Satz 1 WPO.
[33] § 51 Satz 2 WPO.
[34] § 10 Abs. 2 Satz 1.
[35] § 2 Abs. 1 Satz 2 SpruchG; ausf. siehe Anhang SpruchG.
[36] § 4 FGG.
[37] BT-Drucks. 15/371 S. 13.
[38] Vgl. *Lutter/Drygala* in Lutter Rn 7.
[39] Vgl. *Bungert* BB 1995, 1401.
[40] § 2 Abs. 1 Satz 3 SpruchG.
[41] BT-Drucks. 15/371, S. 12.
[42] *Lutter/Drygala* in Lutter Rn 19.

nicht dahin gehend interpretiert werden darf, „dass in einem nachfolgenden Spruchverfahren ein Bewertungsgutachten nicht mehr eingeholt werden dürfte oder regelmäßig nicht mehr eingeholt werden müsste". Die Konzentration bei den Landgerichten soll es jedoch ermöglichen, von der Bestellung eines weiteren Gutachters im nachfolgenden Spruchverfahren abzusehen, wenn die gerichtlich bestellten Verschmelzungsprüfer die ihnen obliegenden Pflichten[43] ordnungsgemäß erfüllt haben. Die Gerichte sind somit nicht gehalten, von vornherein einen weiteren gerichtlichen Gutachter einzusetzen[44]. Die „erhöhte Richtigkeitsgewähr"[45], die das Testat eines vom Gericht bestellten Verschmelzungsprüfers begründet, kann das Gericht im Rahmen des durchzuführenden Umfangs der Beweisaufnahme berücksichtigen[46]. Gerade in diesem Zusammenhang ist die Intention des Gesetzgebers zu sehen, mit der Regelung in § 8 Abs. 2 SpruchG die Rolle des sachverständigen Prüfers im Rahmen der mündlichen Verhandlung aufzuwerten[47] und für das Gericht die Möglichkeit zu schaffen, ihn zur Anhörung als sachverständigen Zeugen zur Aufklärung des Sachverhalts zu laden[48]. Durch diese frühe Einbindung des Verschmelzungsprüfers kann eine beschleunigte Abwicklung des Spruchverfahrens erzielt und eine zeit- und kostenintensive Neubewertung durch einen mit dem Sachverhalt nicht befassten sachverständigen Gutachter vermieden werden[49].

4. Rechtsmittel

Gegen die Entscheidung des Gerichts, einen bestimmten Verschmelzungsprüfer zu bestellen, findet die sofortige Beschwerde statt[50]. Zur Beschwerde berechtigt sind die antragstellenden Rechtsträger. Die Beschwerdefrist beträgt zwei Wochen[51]. Es besteht Anwaltszwang[52]. Für das Verfahren selbst besteht keine anwaltliche Mitwirkungspflicht[53]. Über die Beschwerde entscheidet das Oberlandesgericht[54]. Auf das Verfahren ist das Gesetz über die Angelegenheiten der freiwilligen Gerichtsbarkeit anzuwenden[55]. Eine weitere Beschwerde ist ausgeschlossen[56].

Die Landesregierung kann die Entscheidung über die Beschwerde durch Rechtsverordnung für die Bezirke mehrerer Oberlandesgerichte einem der Oberlandesgerichte oder dem obersten Landgericht übertragen, wenn dies der Sicherung einer einheitlichen Rechtsprechung dient[57].

5. Vergütung

Bezüglich der Ansprüche der gerichtlich bestellten Verschmelzungsprüfer wird auf § 318 Abs. 5 HGB verwiesen[58]. Danach hat der vom Gericht bestellte Verschmelzungsprüfer An-

---

[43] § 12.
[44] Vgl. *OLG Düsseldorf* BB 2000, 1108.
[45] *Lutter/Drygala* in Lutter Rn 21.
[46] Vgl. *Lutter/Drygala* in Lutter Rn 21.
[47] Vgl. *Bungert/Mennicke* BB 2003, 2021, 2028.
[48] Vgl. zur diesbezüglichen rechtlichen Problematik der Funktion als sachverständiger Zeuge *Büchel* NZG 2003, 793, 802.
[49] Vgl. *Bungert/Mennicke* BB 2003, 2021, 2028; *Land/Hennings* AG 2005, 380, 382 f.; aA *Meilicke/Heidel* DB 2003, 2267, 2272.
[50] § 10 Abs. 5 Satz 1.
[51] § 10 Abs. 3 iVm. § 22 Abs. 1 Satz 1 FGG.
[52] § 10 Abs. 5 Satz 2.
[53] Vgl. *Lutter/Drygala* in Lutter Rn 23.
[54] § 10 Abs. 6 Satz 1.
[55] § 10 Abs. 3.
[56] § 10 Abs. 6 Satz 3.
[57] § 10 Abs. 7 Satz 1.
[58] § 10 Abs. 1 Satz 3.

spruch auf Ersatz angemessener barer Auslagen und auf Vergütung für seine Tätigkeit. Die Auslagen und die Vergütung setzt das Gericht fest[59].

16 Die Festsetzung des Prüfungshonorars durch das Gericht erfolgt allerdings nur auf Antrag[60]. IdR werden sich die Vertretungsorgane der beteiligten Rechtsträger und die Verschmelzungsprüfer noch vor Annahme des Prüfungsauftrags durch die Verschmelzungsprüfer über das Prüfungshonorar einigen. Dies entspricht der bisher gängigen Praxis. Mit der Neuregelung der Vorschrift durch das SpruchG ist auch diese Vorgehensweise nicht ausgeschlossen worden, da der Gesetzgeber allein die Änderung des Bestellungsverfahrens zur Erzielung einer höheren Akzeptanz der Prüfungsergebnisse vorgenommen hat. Eine Änderung der Modalitäten, wie die Vergütung zwischen Verschmelzungsprüfer und antragstellendem Rechtsträger zu regeln ist, bleibt davon unberührt[61]. Die vertragliche Vereinbarung zwischen den Vertretungsorganen und den Verschmelzungsprüfern ist im Rahmen der gerichtlichen Bestellung der Verschmelzungsprüfer für das Gericht bindend[62]. Haben die Verschmelzungsprüfer und die prüfungspflichtigen Rechtsträger vor Abschluss des Prüfungsvertrags ausnahmsweise kein Honorar vereinbart und kommt es zu keiner Einigung über die Höhe der Vergütung, setzt das Gericht auf Antrag die Vergütung fest[63]. Dabei gilt es zu beachten, dass qualifizierte Prüfer für Unternehmensbewertungen nicht zu den Regel- und Höchstsätzen des Justizvergütungs- und -entschädigungsgesetzes (JVEG) bzw. bis 30.6.2004 ZSEG tätig werden[64].

17 Gegen die Entscheidung des Gerichts über die Höhe der Auslagen und der Vergütung ist die sofortige Beschwerde zulässig[65]. Die weitere Beschwerde ist ausgeschlossen[66]. Aus der rechtskräftigen Entscheidung findet die Zwangsvollstreckung nach der ZPO statt[67].

§ 11 Stellung und Verantwortlichkeit der Verschmelzungsprüfer

(1) Für die Auswahl und das Auskunftsrecht der Verschmelzungsprüfer gelten § 319 Abs. 1 bis 4, § 319 a Abs. 1, § 320 Abs. 1 Satz 2 und Abs. 2 Satz 1 und 2 des Handelsgesetzbuchs entsprechend. Soweit Rechtsträger betroffen sind, für die keine Pflicht zur Prüfung des Jahresabschlusses besteht, gilt Satz 1 entsprechend. Dabei findet § 267 Abs. 1 bis 3 des Handelsgesetzbuchs für die Umschreibung der Größenklassen entsprechende Anwendung. Das Auskunftsrecht besteht gegenüber allen an der Verschmelzung beteiligten Rechtsträgern und gegenüber einem Konzernunternehmen sowie einem abhängigen und einem herrschenden Unternehmen.

(2) Für die Verantwortlichkeit der Verschmelzungsprüfer, ihrer Gehilfen und der bei der Prüfung mitwirkenden gesetzlichen Vertreter einer Prüfungsgesellschaft gilt § 323 des Handelsgesetzbuchs entsprechend. Die Verantwortlichkeit besteht gegenüber den an der Verschmelzung beteiligten Rechtsträgern und deren Anteilsinhabern.

---

[59] § 318 Abs. 5 Satz 2 HGB iVm. § 10 Abs. 1 Satz 3.
[60] Vgl. *A/D/S* § 318 HGB Rn 430.
[61] Vgl. *Lutter/Drygala* in Lutter Rn 28.
[62] Vgl. *Müller* in Kallmeyer Rn 19.
[63] § 318 Abs. 5 Satz 2 HGB.
[64] Stellvertretend OLG *Stuttgart* AG 2001, 603, 604.
[65] § 318 Abs. 5 Satz 3 HGB iVm. § 10 Abs. 1 Satz 3.
[66] § 318 Abs. 5 Satz 4 HGB iVm. § 10 Abs. 1 Satz 3.
[67] § 318 Abs. 5 Satz 5 HGB iVm. § 10 Abs. 1 Satz 3.

Übersicht

	Rn		Rn
I. Allgemeines	1	III. Recht auf Auskunft	8
II. Auswahl der Verschmelzungsprüfer	2	IV. Verantwortlichkeit der Verschmelzungsprüfer	13
1. Zulässiger Personenkreis	2		
2. Ausschlussgründe	6		

Literatur: *Institut der Wirtschaftsprüfer IDW* (Hrsg.), WP-Handbuch Bd. I, 2000; *ders.*, WP-Handbuch Bd. II, 2002; *Schmitz*, Die Verschmelzungsprüfung gem. § 340 b AktG, 1993; *Baetge/Kirsch/Thiele*, Bilanzrecht, Losebl., Stand Januar 2006.

I. Allgemeines

§ 11 regelt die Auswahl, das Auskunftsrecht und die Verantwortlichkeit der Verschmelzungsprüfer[1]. Die Regelung entspricht im Wesentlichen § 340 b Abs. 3 und 5 AktG aF. Änderungen gegenüber dem AktG aF berücksichtigen redaktionelle Anpassungen, die vor allem durch die Ausweitung des Kreises verschmelzungsfähiger Rechtsträger im UmwG bedingt sind. Wie bereits § 340 b Abs. 3 und 5 AktG aF setzt § 11 Art. 10 Abs. 1 und 3 VerschmRL in deutsches Recht um. Mit dem Bilanzrechtsreformgesetz[2] wurden die Ausschlussgründe an die entsprechenden Vorschriften des HGB angepasst. 1

II. Auswahl der Verschmelzungsprüfer

1. Zulässiger Personenkreis

Bezüglich der Auswahl der Verschmelzungsprüfer wird zunächst danach unterschieden, ob die Jahresabschlüsse der an der Verschmelzung beteiligten Rechtsträger prüfungspflichtig sind[3] oder nicht[4]. Sind **Rechtsträger** an der Verschmelzung beteiligt, **deren Jahresabschlüsse prüfungspflichtig sind**, verweist Abs. 1 Satz 1 bezüglich der Auswahl der Verschmelzungsprüfer auf § 319 Abs. 1 bis 4 sowie § 319 a Abs. 1 HGB. Abschlussprüfer können Wirtschaftsprüfer (WP) und Wirtschaftsprüfungsgesellschaften (WPG) sein[5]. Abschlussprüfer von Jahresabschlüssen und Lageberichten mittelgroßer Gesellschaften mit beschränkter Haftung können auch vereidigte Buchprüfer (vBP) und Buchprüfungsgesellschaften (BPG) sein. Verschmelzungsprüfer bei Verschmelzungen von Rechtsträgern, deren Jahresabschlüsse prüfungspflichtig sind, können somit in jedem Fall WP und WPG sein[6]. Sind an der Verschmelzung mittelgroße Gesellschaften mit beschränkter Haftung beteiligt, können Verschmelzungsprüfer neben WP und WPG auch vBP und BPG sein. 2

Sind **Rechtsträger** an der Verschmelzung beteiligt, **deren Jahresabschlüsse nicht prüfungspflichtig sind**, gilt § 319 Abs. 1 bis 4 HGB entsprechend[7]. Dabei findet § 267 Abs. 1 bis 3 HGB für die Umschreibung der Größenklassen entsprechende Anwendung[8]. Der Wortlaut von Abs. 1 Satz 3 lässt allerdings offen, was mit „entsprechender Anwendung" von § 267 Abs. 1 bis 3 gemeint ist[9]. Dies kann sowohl die Anwendung der Regelungen für 3

---

[1] Vgl. RegBegr. *Ganske* S. 59.
[2] Ges. vom 4.12.2004, BGBl. I S. 3166.
[3] § 11 Abs. 1 Satz 1.
[4] § 11 Abs. 1 Satz 2.
[5] § 319 Abs. 1.
[6] Vgl. *IDW* (Hrsg.), WP-Handbuch Bd. II, S. 235.
[7] § 11 Abs. 1 Satz 2.
[8] § 11 Abs. 1 Satz 3.
[9] Vgl. *Müller* in Kallmeyer Rn 2.

Aktiengesellschaften als auch der für Gesellschaften mit beschränkter Haftung bedeuten[10]. *Lutter/Drygala* stellen bei der Auslegung des Begriffs „entsprechende Anwendung" auf die Strukturgleichheit der Rechtsträger, für die die Verschmelzungsprüfer bestellt werden, ab. Dementsprechend kommen sie zu dem Ergebnis, dass die AG, auch die kleine AG, nach § 319 stets von WP oder WPG geprüft werden muss[11]. Gleiches gilt für die Vereine, welche der Struktur nach den Aktiengesellschaften sehr ähnlich sind. Personengesellschaften und Vereine sind dagegen nach den für die GmbH gültigen Vorschriften zu prüfen. Dies bedeutet, dass Personengesellschaften und Vereine ebenso wie die kleine und mittelgroße GmbH auch von vBP und BPG geprüft werden können[12]. Wenngleich der Wortlaut von Abs. 1 Satz 3 auslegungsfähig ist, stellt der Rechtsausschuss in seiner Begründung jedoch klar, „dass der in § 319 Abs. 1 HGB benannte Personenkreis auch für solche kleinen oder mittelgroßen Rechtsträger als Umwandlungsprüfer tätig sein kann, für die eine Jahresabschlussprüfung gesetzlich nicht vorgeschrieben ist (insbesondere kleine Kapitalgesellschaften, Personenhandelsgesellschaften und Vereine)"[13]. Maßgeblich für die Auswahl der Verschmelzungsprüfer ist somit nicht die Strukturgleichheit der an der Verschmelzung beteiligten Rechtsträger, sondern die Größenklasse des § 267 HGB[14]. Demnach können Verschmelzungsprüfer bei Verschmelzungen unter Beteiligung von kleinen Aktiengesellschaften und kleinen Gesellschaften mit beschränkter Haftung, Personengesellschaften und Vereinen neben WP und WPG auch vBP und BPG sein.

4 Soweit eine **eG** an einer Verschmelzung beteiligt ist, können WP, WPG, vBP und BPG nicht Verschmelzungsprüfer sein[15]. Es gilt die Sonderregelung des § 81[16]. Danach ist für jede der an einer Verschmelzung beteiligten Genossenschaft eine gutachtliche Äußerung des genossenschaftlichen Prüfungsverbands einzuholen[17].

5 Wird die Verschmelzungsprüfung von Personen durchgeführt, die nicht zu dem nach Abs. 1 als Verschmelzungsprüfer zulässigen Personenkreis gehören, ist die Verschmelzungsprüfung nichtig[18]. Der Verschmelzungsbeschluss der Anteilsinhaber ist in diesem Fall anfechtbar. Eine ordnungsmäßige Verschmelzungsprüfung durch unabhängige Sachverständige hat nicht stattgefunden. Das Registergericht kann die Anmeldung der Verschmelzung zurückweisen. Die Wirksamkeit einer eingetragenen Verschmelzung wird durch eine Verletzung der Ausschlussgründe jedoch nicht berührt[19].

2. Ausschlussgründe

6 Die Auswahl der Verschmelzungsprüfer wird begrenzt durch § 319 Abs. 2 bis 4 sowie § 319 a Abs. 1 HGB[20].

7 Grundsätzlich kein Ausschlussgrund für die Auswahl der Verschmelzungsprüfer ist die Abschlussprüfung bei einem der an der Verschmelzung beteiligten Rechtsträger. Abschlussprüfer von Rechtsträgern, deren Anteile an einer US-amerikanischen Börse notiert sind, müssen im Hinblick auf ihre Unabhängigkeit *(accountants' independence)* entsprechend der jeweils einschlägigen Rules der amerikanischen Aufsichtsbehörde SEC ggf. prüfen, ob durch die Übernahme einer Verschmelzungsprüfung ihre Unabhängigkeit in Bezug auf den Jahresabschluss nach US-GAAP tangiert wird[21].

---

[10] *Vgl. Lutter/Drygala* in Lutter Rn 5.
[11] *Vgl. Lutter/Drygala* in Lutter Rn 5.
[12] *Vgl. Lutter/Drygala* in Lutter Rn 5.
[13] BT-Drucks. 12/7850 S. 142.
[14] Vgl. *Müller* in Kallmeyer Rn 2.
[15] Vgl. *IDW* (Hrsg.), WP-Handbuch Bd. II, S. 236.
[16] Vgl. *Mayer* in Widmann/Mayer Rn 9.
[17] Siehe näher § 81.
[18] Vgl. *Mayer* in Widmann/Mayer Rn 22.
[19] Vgl. *Lutter/Drygala in Lutter* § 10 Rn 17.
[20] Vgl. *Förschle/Schmidt* in BeckBil-Kommentar §§ 319, 319 a HGB.
[21] Vgl. *Mattheus* in Baetge/Kirsch/Thiele, Bilanzrecht, Losebl., § 319 HGB Rz 531 f.

III. Recht auf Auskunft

Bezüglich der Rechte der Verschmelzungsprüfer wird auf die Vorschriften des HGB verwiesen[22]. Abs. 1 iVm. § 320 Abs. 1 Satz 2 regelt das **Einsichtsrecht** der Verschmelzungsprüfer. Danach haben die Verschmelzungsprüfer das Recht, die Bücher und Schriften sowie die Vermögensgegenstände und Schulden, namentlich die Kasse und die Bestände an Wertpapieren und Waren zu prüfen. Die beispielhafte Aufzählung[23] bezieht sich auf die Jahresabschlussprüfung. Bei Verschmelzungen erstreckt sich das Einsichtsrecht vor allem auf den Verschmelzungsvertrag, den Verschmelzungsbericht, Planungsrechnungen und die bei der Ermittlung des Umtauschverhältnisses zugrunde liegenden Bewertungsgutachten[24] bzw. bei der Bestimmung des Umtauschverhältnisses auf der Grundlage von Börsenkursen auf geeignete Nachweise und Berechnungen hierzu.

Das Einsichtsrecht der Verschmelzungsprüfer wird ergänzt durch das **Auskunftsrecht**, das sich darauf erstreckt, von den gesetzlichen Vertretern alle Aufklärungen und Nachweise zu verlangen, die für eine sorgfältige Verschmelzungsprüfung notwendig sind[25]. Aufklärungen umfassen alle Auskünfte, Erklärungen, Hinweise und Begründungen, bei denen es idR ausreichend ist, wenn sie mündlich erteilt werden. Nachweise stellen alle Unterlagen dar, die als Beweis für die verlangten Aufklärungen erforderlich sind. Nachweise sind als Beweisunterlagen in Schriftform unverzichtbar.

Da Abschlussprüfer bei der Jahresabschlussprüfung regelmäßig nicht für alle Geschäftsvorfälle Nachweise ermitteln können, hat sich die Einholung einer **Vollständigkeitserklärung** etabliert. Die Vollständigkeitserklärung ist eine umfassende Versicherung der Vertretungsorgane der zu prüfenden Unternehmen über die Vollständigkeit und Richtigkeit der erteilten Aufklärungen und Nachweise[26]. Auch Verschmelzungsprüfer sind bei komplexen Verschmelzungsfällen regelmäßig nicht in der Lage, lückenlos sämtliche Angaben des Verschmelzungsvertrags und die Planansätze, die Grundlage für die Bestimmung des Umtauschverhältnisses sind, auf ihre Plausibilität und Richtigkeit zu prüfen. Im Fall der Verschmelzungsprüfung empfiehlt sich deshalb, ebenfalls eine Vollständigkeitserklärung einzuholen[27]. Eine Vollständigkeitserklärung entbindet die Verschmelzungsprüfer allerdings nicht davon, eigenverantwortlich über den Umfang der erforderlichen Prüfungshandlungen zu entscheiden. Sie stellt jedoch eine umfassende Versicherung der auskunftsverpflichteten Vertretungsorgane der beteiligten Rechtsträger über die Vollständigkeit und Richtigkeit der erteilten Auskünfte und Nachweise dar. Unrichtige Angaben gegenüber den Verschmelzungsprüfern können mit strafrechtlichen Konsequenzen verbunden sein[28].

Soweit es die Vorbereitung der Verschmelzungsprüfung erfordert, hat der Verschmelzungsprüfer das Auskunftsrecht auch schon vor Abschluss des Verschmelzungsvertrags bzw. vor Aufstellung des Entwurfs[29]. Ist der Verschmelzungsprüfer vor Abschluss des Verschmelzungsvertrags bzw. vor Aufstellung des Entwurfs bestellt worden, könnte er somit unmittelbar nach seiner Bestellung mit seinen Arbeiten beginnen[30].

Das Auskunftsrecht der Verschmelzungsprüfer besteht gegenüber allen an der Verschmelzung beteiligten Rechtsträgern und gegenüber einem Konzernunternehmen sowie einem

---

[22] § 11 Abs. 1 iVm. § 320 Abs. 1 Satz 2 und Abs. 2 Satz 1 und 2 HGB.
[23] § 320 Abs. 1 Satz 2.
[24] Vgl. *Schmitz* S. 187.
[25] § 11 Abs. 1 iVm. § 320 Abs. 2 Satz 1 HGB.
[26] Vgl. *IDW* (Hrsg.), WP-Handbuch Bd. I, S. 1443.
[27] Vgl. *Müller* in Kallmeyer Rn 11.
[28] § 313.
[29] § 11 Abs. 2 Satz 2.
[30] Vgl. *Mayer* in Widmann/Mayer Rn 26.

abhängigen und einem herrschenden Unternehmen[31]. Gehört ein an der Verschmelzung beteiligter Rechtsträger einem Konzern an[32], erstreckt sich das Auskunftsrecht demnach auch auf die Konzernunternehmen. Abhängige und herrschende Unternehmen werden durch das Auskunftsrecht erfasst, sofern ein an der Verschmelzung beteiligter Rechtsträger abhängig oder herrschend ist[33]. Das Auskunftsrecht der Verschmelzungsprüfer erstreckt sich allerdings nicht auf andere Formen der Unternehmensverbindung, zB wechselseitige Beteiligungen[34]. Zudem ist zu berücksichtigen, dass sich das Auskunftsrecht gegenüber Konzernunternehmen sowie abhängigen und herrschenden Unternehmen nicht auf das Einsichtsrecht[35] erstreckt[36].

IV. Verantwortlichkeit der Verschmelzungsprüfer

13   Für die Verantwortlichkeit der Verschmelzungsprüfer, ihrer Gehilfen und der bei der Prüfung mitwirkenden gesetzlichen Vertreter einer Prüfungsgesellschaft gilt § 323 HGB, der die Schadensersatzansprüche prüfungspflichtiger Kapitalgesellschaften regelt, entsprechend[37]. **Verantwortliche Verschmelzungsprüfer** sind diejenigen WP, vBP, WPG und BPG, die vom Vertretungsorgan oder vom Gericht als solche bestellt sind[38]. Ist eine WPG/BPG als Verschmelzungsprüfer bestellt, ist die WPG/BPG Verschmelzungsprüfer und nicht der bei ihr tätige oder der mit der Verschmelzungsprüfung betraute WP/vBP. **Gehilfen** sind Personen, die bei der Verschmelzungsprüfung mitwirken, ohne selbst Verschmelzungsprüfer oder gesetzlicher Vertreter einer Prüfungsgesellschaft zu sein. Dies sind vor allem Prüfungsleiter, Assistenten, Berichtskritiker und zur Prüfung hinzugezogene Sachverständige. **Gesetzliche Vertreter** der WPG/BPG haften nur, sofern sie an der Verschmelzungsprüfung mitgewirkt haben[39]. Mehrere Personen haften als Gesamtschuldner[40].

14   Die Verschmelzungsprüfer, ihre Gehilfen und die bei der Prüfung mitwirkenden gesetzlichen Vertreter einer Prüfungsgesellschaft sind zur gewissenhaften und unparteiischen Prüfung und zur Verschwiegenheit verpflichtet[41]. **Gewissenhaftigkeit** umfasst die Beachtung der Gesetze, Fachgutachten, Stellungnahmen und Standards einschlägiger Organisationen und die sachgerechte Ausfüllung von Ermessensspielräumen. Die **Pflicht zur unparteiischen Prüfung** kann als Grundsatz der Objektivität bezeichnet werden und ist eng mit der Besorgnis der Befangenheit verknüpft, die durch Abs. 1 iVm. § 319 Abs. 2 bis 3 HGB konkretisiert wird.

15   Die Verschmelzungsprüfer, ihre Gehilfen und die bei der Prüfung mitwirkenden gesetzlichen Vertreter dürfen nicht unbefugt Geschäfts- oder Betriebsgeheimnisse verwerten, die sie bei ihrer Tätigkeit erfahren haben[42]. Die **Pflicht zur Verschwiegenheit** erfordert zum einen, dass die Verschmelzungsprüfer Vorkehrungen treffen, damit die Kenntnis von Tatsachen und Umständen, die ihnen bei ihrer Berufsausübung anvertraut und bekannt werden, nicht Unbefugten bekannt werden[43]. Zum anderen dürfen die Verschmelzungsprüfer solche

---

[31] § 11 Abs. 1 Satz 2.
[32] § 18 AktG.
[33] § 17 AktG.
[34] Vgl. *Lutter/Drygala* in Lutter Rn 8.
[35] § 320 Abs. 1 Satz 2 HGB.
[36] Vgl. *Lutter/Drygala* in Lutter Rn 8.
[37] § 11 Abs. 2 Satz 1.
[38] Vgl. *Müller* in Kallmeyer Rn 14.
[39] Vgl. *Müller* in Kallmeyer Rn 14.
[40] § 323 Abs. 1 Satz 4 HGB.
[41] § 11 Abs. 2 iVm. § 323 Abs. 1 Satz 1 HGB.
[42] § 11 Abs. 2 iVm. § 323 Abs. 1 Satz 2 HGB.
[43] § 9 Abs. 2 Berufssatzung der WPK.

Tatsachen und Umstände nicht unbefugt offenbaren[44]. Die Anteilseigner haben keinen Anspruch auf Vorlage der Belege und Unterlagen, die dem Sachverständigen zur Wertermittlung gedient haben[45].

Die Verantwortlichkeit der Verschmelzungsprüfer, ihrer Gehilfen und der bei der Prüfung mitwirkenden gesetzlichen Vertreter besteht gegenüber den an der Verschmelzung beteiligten Rechtsträgern und deren Anteilsinhabern[46]. Der Wortlaut spricht von Anteilsinhabern. Sind allerdings mitgliedschaftlich organisierte Rechtsträger an der Verschmelzung beteiligt, haften die Verschmelzungsprüfer, ihre Gehilfen und die bei der Prüfung mitwirkenden gesetzlichen Vertreter auch gegenüber deren Mitgliedern[47]. Eine über die Haftung gegenüber den an der Verschmelzung beteiligten Rechtsträgern und deren Anteilsinhabern hinausgehende Haftung gegenüber Dritten besteht nicht. *Lutter/Drygala*[48] kritisieren in diesem Zusammenhang, dass verbundene Unternehmen nicht mit in den Haftungsbereich von Abs. 2 Satz 2 einbezogen werden. Schließlich erstreckt sich das Auskunftsrecht der Verschmelzungsprüfer auch auf Konzernunternehmen sowie auf abhängige und auf herrschende Unternehmen[49]. Denkbar ist bspw. eine Verletzung der Verschwiegenheitspflicht, indem durch Verschulden der Verschmelzungsprüfer Unbefugten Tatsachen über verbundene Unternehmen bekannt werden[50]. Der Wortlaut von Abs. 2 Satz 2 ist bezüglich des Haftungsbereichs allerdings eindeutig. Der Verschmelzungsprüfer haftet demnach nicht gegenüber verbundenen Unternehmen. Der Verschmelzungsprüfer haftet gegenüber Dritten allerdings weiterhin aus Haftungstatbeständen des BGB, soweit diese nicht durch § 323 HGB beschränkt werden.

Voraussetzung für die Haftung aus § 323 HGB ist, dass **Verschulden** vorliegt. Schuldhaft handelt, wer vorsätzlich oder fahrlässig seine Pflichten verletzt. Vorsätzlich handelt, wer mit Wissen und Wollen gegen seine Pflichten verstößt[51]. Die praktische Relevanz ist allerdings gering. Fahrlässig handelt, wer die im Verkehr erforderliche Sorgfalt außer Acht lässt[52]. Fahrlässigkeit ist zB gegeben, wenn der Verschmelzungsprüfer durch Missachtung von fachlichen Verlautbarungen zu Fehlurteilen gelangt.

Die **Ersatzpflicht** bei Fahrlässigkeit ist nach § 323 Abs. 2 Satz 1 HGB auf € 1 Mio. beschränkt. Bei Verschmelzungen unter Beteiligung einer AG, die Aktien mit amtlicher Notierung ausgegeben hat, erhöht sich die Ersatzpflicht auf € 4 Mio. Die Haftungsbegrenzungen gelten auch, wenn mehrere Personen an einer Prüfung beteiligt gewesen oder mehrere zum Ersatz verpflichtende Handlungen begangen worden sind. Bei Vorsatz haften die Verschmelzungsprüfer, ihre Gehilfen und die bei der Prüfung mitwirkenden gesetzlichen Vertreter unbeschränkt. Die Ersatzpflicht kann durch Vertrag weder ausgeschlossen noch beschränkt werden[53]. Ersatzansprüche verjähren in drei Jahren[54].

§ 12 Prüfungsbericht

(1) Die Verschmelzungsprüfer haben über das Ergebnis der Prüfung schriftlich zu berichten. Der Prüfungsbericht kann auch gemeinsam erstattet werden.

---

[44] § 9 Abs. 1 Berufssatzung der WPK.
[45] *OLG Zweibrücken* WM 1995, 983; *OLG Karlsruhe* AG 2006, 463, 464.
[46] § 11 Abs. 2 Satz 2.
[47] Vgl. *Müller* in Kallmeyer Rn 18.
[48] Vgl. *Lutter/Drygala* in Lutter Rn 10.
[49] § 11 Abs. 1 Satz 4.
[50] Vgl. *Lutter/Drygala* in Lutter Rn 10.
[51] Vgl. *Winkeljohann/Hellwege* in BeckBil-Komm. § 323 HGB Rn 109.
[52] § 276 Abs. 2 BGB.
[53] § 11 Abs. 2 iVm. § 323 Abs. 4 HGB.
[54] § 195 BGB.

(2) Der Prüfungsbericht ist mit einer Erklärung darüber abzuschließen, ob das vorgeschlagene Umtauschverhältnis der Anteile, gegebenenfalls die Höhe der baren Zuzahlung oder die Mitgliedschaft bei dem übernehmenden Rechtsträger als Gegenwert angemessen ist. Dabei ist anzugeben,
1. nach welchen Methoden das vorgeschlagene Umtauschverhältnis ermittelt worden ist;
2. aus welchen Gründen die Anwendung dieser Methoden angemessen ist;
3. welches Umtauschverhältnis oder welcher Gegenwert sich bei der Anwendung verschiedener Methoden, sofern mehrere angewandt worden sind, jeweils ergeben würde; zugleich ist darzulegen, welches Gewicht den verschiedenen Methoden bei der Bestimmung des vorgeschlagenen Umtauschverhältnisses oder des Gegenwerts und der ihnen zugrundeliegenden Werte beigemessen worden ist und welche besonderen Schwierigkeiten bei der Bewertung der Rechtsträger aufgetreten sind.
(3) § 8 Abs. 2 und 3 ist entsprechend anzuwenden.

Übersicht

	Rn		Rn
I. Allgemeines	1	4. Begrenzung der Berichtspflicht	12
1. Sinn und Zweck der Norm	1	5. Erklärung zum Umtauschverhältnis	13
2. Entstehungsgeschichte	4	6. Weitere Angaben	14
II. Form	5	IV. Unangemessenheit des Umtauschverhältnisses	15
III. Inhalt	6		
1. Ergebnisbericht	6	V. Aufbau	18
2. Angabe der Methoden	8	VI. Entbehrlichkeit	19
3. Angaben zu besonderen Schwierigkeiten	11		

Literatur: *Bayer*, Informationsrechte bei der Verschmelzung von Aktiengesellschaften, AG 1988, 323; *Breuer*, Handbuch Finanzierung, 2001; *Dirrigl*, Die Angemessenheit des Umtauschverhältnisses bei einer Verschmelzung als Problem der Verschmelzungsprüfung und der gerichtlichen Überprüfung (Teil I und II), WPg 1989, 413 und 454; *Hauptfachausschuss des Instituts der Wirtschaftsprüfer (HFA)*, IDW Standard: Grundsätze zur Durchführung von Unternehmensbewertungen (IDW S1 idF vom 18.10.2005), WPg 2005, 1303; *ders.*, Stellungnahme 6/1988: Zur Verschmelzungsprüfung nach § 340 b Abs. 4 AktG, WPg 1989, 42; *Hoffmann-Becking*, Das neue Verschmelzungsrecht in der Praxis, FS Fleck, 1988, S. 105; *Institut der Wirtschaftsprüfer IDW (Hrsg.)*, WP-Handbuch Bd. II, 2002; *Mertens*, Die Gestaltung von Verschmelzungs- und Verschmelzungsprüfungsbericht, AG 1990, 20; *Meyer zu Lösebeck*, Zur Verschmelzungsprüfung, WPg 1989, 499; *Seetzen*, Spruchverfahren und Unternehmensbewertung im Wandel, WM 1999, 565.

I. Allgemeines

1. Sinn und Zweck der Norm

1 Der Zweck des Prüfungsberichts besteht darin, die Anteilsinhaber der an der Verschmelzung beteiligten Rechtsträger über das **Ergebnis** der Verschmelzungsprüfung zu informieren. Der Prüfungsbericht der Verschmelzungsprüfer ergänzt den Verschmelzungsbericht der Vertretungsorgane[1]. Während die Verschmelzungsprüfer im Prüfungsbericht über das Ergebnis der Prüfung der Richtigkeit der Angaben im Verschmelzungsvertrag, der Vollständigkeit des Verschmelzungsvertrags und der Angemessenheit des Umtauschverhältnisses berichten, erläutern und begründen die Vertretungsorgane im Verschmelzungsbericht den Verschmelzungsvorgang, den Verschmelzungsvertrag und vor allem das Umtauschverhältnis der Anteile. Beide Instrumente stellen gemeinsam die wesentliche Informationsgrundlage für die

---

[1] *BGH* ZIP 1990, 169.

Anteilsinhaber dar, ihr Stimmrecht bei der Beschlussfassung über die Verschmelzung sachgerecht und verantwortlich auszuüben[2].

Angesichts der großen Bedeutung des Prüfungsberichts für die Beschlussfassung der Anteilsinhaber über die Verschmelzung ist er den Anteilsinhabern vor der Beschlussfassung über die geplante Verschmelzung zur Verfügung zu stellen. So ist der Prüfungsbericht bei Verschmelzungen unter Beteiligung von Aktiengesellschaften, eingetragenen Genossenschaften und rechtsfähigen Vereinen vor der Einberufung der Versammlung der Anteilsinhaber, die über die Zustimmung zum Verschmelzungsbeschluss beschließen soll[3], in den Geschäftsräumen der beteiligten Rechtsträger zur Einsicht auszulegen[4]. Darüber hinaus ist jedem Aktionär und Mitglied auf Verlangen unverzüglich und kostenlos eine Abschrift des Prüfungsberichts zu erteilen[5]. Für Verschmelzungen unter Beteiligung von Gesellschaften mit beschränkter Haftung und Personengesellschaften existiert eine derartige gesetzliche Regelung nicht. Angesichts der Bedeutung des Prüfungsberichts sollten die Vertretungsorgane den Prüfungsbericht allerdings gemeinsam mit dem Verschmelzungsvertrag und dem Verschmelzungsbericht den Gesellschaftern spätestens mit der Einberufung der Gesellschafterversammlung, die über den Verschmelzungsvertrag beschließen soll, zusenden[6].

Erstatten die Verschmelzungsprüfer keinen schriftlichen Bericht über das Ergebnis der Prüfung, obwohl ein Prüfungsbericht nach Abs. 1 geboten ist, oder ist der Prüfungsbericht der Verschmelzungsprüfer nicht ordnungsgemäß, d. h. nicht vollständig oder nicht richtig, ist eine sachgerechte und verantwortliche Ausübung des Stimmrechts bei der Beschlussfassung der Anteilsinhaber nicht möglich[7]. IdR kann nicht „angenommen werden .., dass die Anteilsinhaber in Kenntnis der wahren Sachlage der Verschmelzung zugestimmt hätten"[8]. Der Verschmelzungsbeschluss der Anteilsinhaber ist in diesem Fall bei Kapitalgesellschaften anfechtbar und bei Personengesellschaften nichtig[9].

2. Entstehungsgeschichte

Abs. 1 und 2 und Abs. 3 iVm. § 8 Abs. 2 entsprechen nahezu wörtlich den §§ 340 b Abs. 4 und 355 Abs. 2 Satz 1 AktG aF[10]. Veränderungen gegenüber dem Wortlaut des AktG aF resultieren lediglich aus der Ausweitung des Kreises verschmelzungsfähiger Rechtsträger im UmwG. Abs. 1 und 2 setzen wie bereits die Vorgängervorschriften im AktG aF Art. 10 Abs. 2 VerschmRL in deutsches Recht um. Das Recht, auf die Erstattung eines schriftlichen Prüfungsberichts zu verzichten, wenn sich alle Anteile des übertragenden Rechtsträgers in der Hand des übernehmenden Rechtsträgers befinden, geht zurück auf § 352 b Abs. 2 AktG aF. Neu eingeführt wurde im UmwG die Möglichkeit, dass alle Anteilsinhaber aller beteiligten Rechtsträger auf die Erstattung des Prüfungsberichts verzichten können.

II. Form

Der Prüfungsbericht ist in Schriftform zu erstatten. Grundsätzlich hat jeder Verschmelzungsprüfer einen eigenen Bericht zu verfassen[11]. Gem. Abs. 1 Satz 2 kann der Prüfungsbe-

---

[2] Vgl. *IDW* (Hrsg.), WP-Handbuch Bd. II, S. 230.
[3] § 13 Abs. 1.
[4] §§ 63 Abs. 1, 82 Abs. 1, 101 Abs. 1.
[5] §§ 63 Abs. 3, 82 Abs. 2, 101 Abs. 2.
[6] Siehe zu Personenhandelsgesellschaften § 42 Rn 6 f., zur GmbH § 47 Rn 8.
[7] Vgl. *Mertens* AG 1990, 32.
[8] *Lutter/Drygala* in Lutter Rn 17.
[9] Vgl. *Lutter/Drygala* in Lutter Rn 17.
[10] Vgl. RegBegr. *Ganske* S. 60.
[11] Vgl. *Mayer* in Widmann/Mayer Rn 9.

richt von den Verschmelzungsprüfern auch gemeinsam erstattet werden. Ob die Verschmelzungsprüfer den Prüfungsbericht gemeinsam erstatten, liegt in ihrem Ermessen[12]. Sind mehrere Prüfer bestellt, ist eine gemeinsame Berichterstattung zweckmäßig und entspricht der gängigen Praxis[13].

III. Inhalt

1. Ergebnisbericht

6   Ausgehend vom Gegenstand der Prüfung hat sich die Berichterstattung der Verschmelzungsprüfer darauf zu erstrecken, ob der Verschmelzungsvertrag vollständig ist, die im Verschmelzungsvertrag gemachten Angaben richtig sind und das im Verschmelzungsvertrag vereinbarte Umtauschverhältnis angemessen ist. Wird im Verschmelzungsvertrag eine Barabfindung angeboten[14], ist die Angemessenheit der Barabfindung stets durch Verschmelzungsprüfer zu prüfen[15]. Die Verschmelzungsprüfer haben im Prüfungsbericht auch über das Ergebnis der Prüfung der Barabfindung zu berichten[16].

7   Der Prüfungsbericht ist ein Ergebnisbericht, über den Verlauf der Prüfung ist nicht zu berichten. Da die Aktionäre in gewissem Umfang in die Lage versetzt werden sollen, sich selbst ein Bild über die Stichhaltigkeit des Ergebnisses zu machen, genügt es allerdings nicht, lediglich ein Testat über die Angemessenheit des Umtauschverhältnisses zu erteilen[17]. IdR ist mitzuteilen, aufgrund welcher Feststellungen die Prüfer zu ihrem Ergebnis gekommen sind. Hierzu sind auch konkrete Tatsachen und Zahlen im Prüfungsbericht wiederzugeben. Im Verschmelzungsbericht enthaltene Einzelangaben müssen idR nicht wiederholt werden. Es genügt im Prüfungsbericht eine Bezugnahme, ggf. eine Ergänzung. In jedem Fall ist eine Wertung des aus der Verbindung von Verschmelzungsbericht und Prüfungsbericht geschaffenen Informationsstands vorzunehmen.

2. Angabe der Methoden

8   Weiter ist im Prüfungsbericht anzugeben, nach welchen Methoden das vorgeschlagene Umtauschverhältnis ermittelt worden ist[18] und aus welchen Gründen die Anwendung dieser Methoden angemessen ist[19]. Fraglich ist, wie umfangreich die Verschmelzungsprüfer über die verwendeten Methoden und deren Angemessenheit zu berichten haben. Unterschiedliche Auffassungen zu dieser Frage resultieren aus verschiedenen Interpretationen dessen, was der Gesetzgeber mit „Methoden" meint. Einerseits wird die Auffassung vertreten, mit Methoden seien Methoden zur Ermittlung von Unternehmenswerten, zB Ertragswertmethode oder Liquidationswertmethode, gemeint[20]. Andererseits wird angeführt, dass sich der Begriff Methoden auch auf die der Bewertungsmethode zugrunde liegenden Wertansätze erstrecke[21]. Dieser Auffassung ist zuzustimmen, da vor allem die der Bewertung zugrunde liegenden Wertansätze entscheidende Bedeutung für das Bewertungsergebnis haben.

9   Ist das Umtauschverhältnis der Anteile auf Basis einer Unternehmensbewertung nach der Ertragswertmethode oder einer Variante der DCF-Verfahren ermittelt worden, genügt der Hinweis im Prüfungsbericht, dass die angewendete Bewertungsmethode im Einklang mit

---

[12] Vgl. *Müller* in Kallmeyer Rn 2.
[13] Vgl. *IDW* (Hrsg.), WP-Handbuch Bd. II, S. 250.
[14] § 29.
[15] § 30 Abs. 2 Satz 1.
[16] § 30 Abs. 2 Satz 2 iVm. § 12 Abs. 1 Satz 1.
[17] *OLG Frankfurt* ZIP 2000, 1928, 1932.
[18] § 12 Abs. 2 Nr. 1.
[19] § 12 Abs. 2 Nr. 2.
[20] Vgl. *IDW* (Hrsg.), WP-Handbuch Bd. II, S. 251.
[21] Vgl. *Dirrigl* WPg 1989, 454, 457 ff.

dem IDW Standard „Grundsätze zur Durchführung von Unternehmensbewertungen (IDW S 1)"[22] steht. Einer weiteren Begründung bedarf es in diesem Fall nicht. Der Schwerpunkt der Berichterstattung liegt darauf, dass die der Bewertung zugrunde liegenden Daten sachgerecht abgeleitet wurden und die Zukunftseinschätzungen plausibel erscheinen.

Basiert die Ermittlung des Umtauschverhältnisses auf der Anwendung verschiedener Bewertungsmethoden, haben die Verschmelzungsprüfer darüber zu berichten, welches Umtauschverhältnis oder welcher Gegenwert sich bei der Anwendung verschiedener Methoden jeweils ergeben würde[23]. Zugleich haben die Verschmelzungsprüfer darzulegen, welches Gewicht den verschiedenen Methoden bei der Bestimmung des vorgeschlagenen Umtauschverhältnisses oder des Gegenwerts und der ihnen zugrunde liegenden Werte beigemessen worden ist. Abs. 2 Nr. 3 geht nahezu wortgleich zurück auf § 340 b Abs. 4 Satz 4 Nr. 3 AktG aF. Bei Einführung von § 340 b Abs. 4 Satz 4 Nr. 3 kam neben der Ertragswertmethode häufig noch die Substanzwertmethode als gleichrangige Methode der Unternehmensbewertung zur Anwendung[24]. Mitunter wurde auch eine kombinierte Methode aus Ertrags- und Substanzwertmethode eingesetzt[25]. Nach heutigem Stand von Theorie, Praxis und Rechtsprechung kommt ein Einsatz der Substanzwertmethode oder ein kombinierter Einsatz verschiedener Bewertungsmethoden idR nicht mehr in Betracht. Ist das Umtauschverhältnis auf Basis der Ertragswertmethode oder einer Variante der DCF-Verfahren ermittelt worden, kommt der Verschmelzungsprüfer deshalb seiner Berichtspflicht bereits nach, wenn er erklärt, dass keine weiteren Bewertungsmethoden angewendet wurden[26]. Bei Beteiligung von börsennotierten Unternehmen hat sich der Verschmelzungsprüfer jedoch mit der Börsenkursrechtsprechung des BVerfG auseinander zu setzen und darzulegen, warum er von den verschiedenen in Literatur und Rechtsprechung diskutierten und angewandten Varianten[27] die im konkreten Verschmelzungsfall gewählte Vorgehensweise als angemessen betrachtet.

3. Angaben zu besonderen Schwierigkeiten

Über besondere Schwierigkeiten bei der Bewertung der Rechtsträger ist zu berichten, allgemeine Bewertungsschwierigkeiten brauchen nicht erwähnt zu werden. Unter „besondere Schwierigkeiten" sind solche Sachverhalte zu verstehen, die für das Umtauschverhältnis oder die Höhe der Barabfindung von wesentlicher Bedeutung sind, da entweder eine sichere Beurteilung nicht möglich ist (zB wegen unzulänglicher oder unzugänglicher Informationen) oder aufgrund des Sachverhalts je nach unterstellter Lösungsalternative eine erhebliche Beurteilungs- und damit Wertbandbreite besteht (zB Ausgang eines Rechtsstreits über ein bedeutendes Patent, Erhalt eines ungewöhnlichen Großauftrags)[28].

4. Begrenzung der Berichtspflicht

Begrenzt wird die Berichtspflicht der Verschmelzungsprüfer durch Abs. 3 iVm. § 8 Abs. 2 Satz 1[29]. Danach brauchen Tatsachen in den Prüfungsbericht nicht aufgenommen zu werden, deren Bekanntwerden geeignet ist, einem der beteiligten Rechtsträger oder einem verbundenen Unternehmen einen nicht unerheblichen Nachteil zuzufügen. Allerdings sind in diesem Fall die Gründe, aus denen die Tatsachen nicht aufgenommen worden sind, darzulegen[30]. Welche Angaben geheimhaltungsbedürftig sind, liegt im pflichtgemäßen Ermessen der Prü

---

[22] Vgl. *HFA des IDW* WPg 2005, 1303 ff.
[23] § 12 Abs. 2 Nr. 3.
[24] Vgl. *Lutter/Drygala* in Lutter Rn 8.
[25] Vgl. *Meyer zu Lösebeck* WPg 1989, 499, 500.
[26] Vgl. *Mayer* in Widmann/Mayer Rn 23.
[27] Siehe dazu auch § 9 Rn 34 ff.
[28] Vgl. *IDW* (Hrsg.), WP-Handbuch Bd. II, S. 252 f.
[29] Siehe auch § 8 Rn 65 bis 67.
[30] § 12 Abs. 3 iVm. § 8 Abs. 2 Satz 2.

fer, die die mit einer Offenlegung verbundenen Vor- und Nachteile unter kaufmännischen Gesichtspunkten sorgfältig abzuwägen haben. Sie sind an Entscheidungen der Vertretungsorgane hinsichtlich geheim zu haltender Tatsachen nicht gebunden[31]. Aufgrund der Verantwortlichkeit der Prüfer[32] kann eine Abweichung jedoch nur bei genügender Tragfähigkeit der Beurteilungsgrundlage erfolgen[33].

5. Erklärung zum Umtauschverhältnis

13   Der Prüfungsbericht endet mit einer Erklärung, ob das vorgeschlagene Umtauschverhältnis der Anteile, ggf. die Höhe der baren Zuzahlung oder die Mitgliedschaft bei dem übernehmenden Rechtsträger als Gegenwert angemessen ist[34]. Wird im Verschmelzungsvertrag eine Barabfindung[35] angeboten, haben die Verschmelzungsprüfer in der Erklärung auch anzugeben, ob die angebotene Barabfindung angemessen ist[36].

6. Weitere Angaben

14   Ob die Verschmelzungsprüfer über die in § 12 vorgeschriebenen Angaben hinaus weitere Berichtspflichten haben, ist umstritten. Einerseits wird die Auffassung vertreten, dass sich die Berichtspflicht der Verschmelzungsprüfer durch die Angaben nach § 12 erschöpfe[37]. Darüber hinaus erforderliche Angaben könnten die Anteilsinhaber dem Verschmelzungsvertrag oder dem Verschmelzungsbericht entnehmen. Diese Auffassung wird vor allem durch den Wortlaut gestützt, der den Inhalt des Prüfungsberichts im Einzelnen aufführt. Andererseits wird vertreten, dass die Verschmelzungsprüfer im Prüfungsbericht auch mitzuteilen hätten, „aufgrund welcher tatsächlich von ihnen getroffener Feststellungen sie zu der Überzeugung gelangt sind, dass die Umtauschrelation angemessen sei"[38]. Diese Auffassung wird regelmäßig aus dem Umkehrschluss von § 12 Abs. 3 iVm. § 8 Abs. 2 abgeleitet. Danach sind alle für die Beurteilung der Angemessenheit des Umtauschverhältnisses erforderlichen Angaben, d. h. auch konkrete Tatsachen und Zahlen, erforderlich, soweit deren Bekanntwerden nicht geeignet ist, einem der beteiligten Rechtsträger oder einem verbundenen Unternehmen einen nicht unerheblichen Nachteil zuzufügen[39]. Zutreffend kommen *Lutter/Drygala* zu der Erkenntnis, dass es nicht überzeugend ist, „aus einer Norm, die den Berichtsinhalt begrenzen soll, die Erweiterung des Mindestinhalts entgegen dem Wortlaut von § 340 b Abs. 4 AktG (jetzt § 12) abzuleiten"[40]. In der Rechtsprechung hat sich allerdings eine vom Wortlaut von § 12 abweichende Auffassung über den Umfang der Berichtspflichten der Verschmelzungsprüfer herausgebildet. So fordert der BGH mit Verweis auf den Sinn und Zweck der Verschmelzungsprüfung, den Prüfungsbericht der Verschmelzungsprüfer und den Verschmelzungsbericht der Vertretungsorgane gemeinsam zu betrachten[41]. Beide Berichte stellen bei der Information der Anteilsinhaber über die geplante Verschmelzung einander ergänzende Maßnahmen dar[42]. Der Prüfungsbericht kann deshalb grundsätzlich auf die Angabe von Tatsachen und Zahlen verzichten, sofern sie bereits im Verschmelzungsbericht der Vertretungsorgane enthalten sind[43]. Sind die Feststellungen der Verschmelzungsprüfer allerdings aus

---

[31] Vgl. *Mayer* in Widmann/Mayer Rn 29.
[32] § 11 Abs. 2.
[33] Vgl. *IDW* (Hrsg.), WP-Handbuch Bd. II, S. 254.
[34] § 12 Abs. 2 Satz 1.
[35] § 29.
[36] § 30 Abs. 2 Satz 2 iVm. § 12 Abs. 2 Satz 1.
[37] *OLG Hamm* ZIP 1988, 1054; *Hoffmann-Becking*, FS Fleck, S. 105, 123.
[38] *Bayer* AG 1988, 323, 328.
[39] Vgl. *Bayer* AG 1988, 323, 328.
[40] *Lutter/Drygala* in Lutter Rn 10.
[41] *BGH* ZIP 1990, 169.
[42] *BGH* ZIP 1990, 169.
[43] Vgl. *Müller* in Kallmeyer Rn 6.

dem Verschmelzungsbericht der Vertretungsorgane und einem Prüfungsbericht, der sich auf den Mindestinhalt nach § 12 beschränkt, nicht nachvollziehbar, müssen die Verschmelzungsprüfer Angaben in den Prüfungsbericht aufnehmen, mit deren Hilfe sich ihre Feststellungen nachvollziehen lassen[44]. § 12 Abs. 3 iVm. § 8 Abs. 2 bleibt davon unberührt.

IV. Unangemessenheit des Umtauschverhältnisses

Kommen die Verschmelzungsprüfer zu dem Ergebnis, dass das Umtauschverhältnis oder die Barabfindung unangemessen ist, haben sie dies in einer gesonderten Erklärung am Ende des Prüfungsberichts anzugeben. Fraglich ist, ob es zu einem derartigen Testat überhaupt kommen würde. Unmittelbare Rechtsfolgen ergäben sich daraus zunächst nicht[45]. Welche Konsequenzen dies allerdings für die Beschlussfassung der Anteilsinhaber über die geplante Verschmelzung hat, hängt davon ab, ob die Anteilsinhaber des übernehmenden oder die Anteilsinhaber der übertragenden Rechtsträger durch das unangemessene Umtauschverhältnis benachteiligt werden. Werden die **Anteilsinhaber des übernehmenden Rechtsträgers** benachteiligt, werden sie idR in der Versammlung der Anteilsinhaber gegen den Verschmelzungsbeschluss stimmen. Die Möglichkeit, für die Verschmelzung zu stimmen und anschließend im Spruchverfahren einen Ausgleich durch bare Zuzahlung zu verlangen, haben sie nicht. Werden dagegen die **Anteilsinhaber des übertragenden Rechtsträgers** benachteiligt, haben sie die Möglichkeit, dem Verschmelzungsbeschluss zuzustimmen und gleichzeitig von dem übernehmenden Rechtsträger im Spruchverfahren einen Ausgleich durch bare Zuzahlung zu verlangen. 15

Die Höhe der baren Zuzahlung wird durch das UmwG nicht begrenzt[46]. Für die Anteilsinhaber des aufnehmenden Rechtsträgers besteht allerdings das Risiko, dass der Wert ihrer Anteile durch die vom Gericht bestimmte Höhe der baren Zuzahlung verwässert wird. Letztlich können die Anteilsinhaber des aufnehmenden Rechtsträgers bei einem aus ihrer Sicht vorteilhaften Umtauschverhältnis die wirtschaftlichen Konsequenzen für den Wert ihrer Anteile nicht abschließend beurteilen. Zeichnet sich ab, dass die Verschmelzungsprüfer zu dem Ergebnis gelangen, dass das von den Vertretungsorganen im Verschmelzungsvertrag vereinbarte Umtauschverhältnis unangemessen ist, werden die Vertretungsorgane der beteiligten Rechtsträger in der Praxis entweder die geplante Verschmelzung abbrechen oder ein angemessenes Umtauschverhältnis vereinbaren. 16

Eine Besonderheit ist bei Konzernverschmelzungen zu berücksichtigen. Wird das Tochterunternehmen durch ein zu hohes Umtauschverhältnis benachteiligt und kann das Mutterunternehmen aufgrund seiner Mehrheitsbeteiligung die Verschmelzung auch ohne Zustimmung der Minderheitsgesellschafter durchsetzen, kann dies den Gedanken des Mehrheitsmissbrauchs nahe legen[47]. Bei Kapitalgesellschaften wäre die Anfechtbarkeit des Verschmelzungsbeschlusses, bei Personengesellschaften die Nichtigkeit des Verschmelzungsbeschlusses die Folge[48]. 17

V. Aufbau

Der Aufbau des Prüfungsberichts ist im Gesetz nicht geregelt. Vielmehr hat es der Gesetzgeber der Praxis überlassen, den Prüfungsbericht im Einzelnen auszugestalten[49]. Der Prü 18

---

[44] Vgl. *Müller* in Kallmeyer Rn 6.
[45] Vgl. *Müller* in Kallmeyer Rn 16.
[46] Vgl. *Seetzen* WM 1999, 565, 566.
[47] Vgl. *Lutter/Drygala* in Lutter Rn 17.
[48] Vgl. *Lutter/Drygala* in Lutter Rn 17.
[49] Vgl. *HFA des IDW* WPg 1989, 42, 43.

fungsbericht sollte so ausgestaltet sein, „dass der Leser einen Überblick über die vom Prüfer getroffenen wesentlichen Feststellungen und über das Prüfungsergebnis erlangen kann"[50].

VI. Entbehrlichkeit

19   Der Prüfungsbericht ist nicht erforderlich, wenn alle Anteilsinhaber aller beteiligten Rechtsträger auf seine Erstattung verzichten[51]. Die Verzichtserklärungen sind notariell zu beurkunden[52]. Die Verzichtsmöglichkeit der Anteilsinhaber zielt vor allem auf die Fälle ab, bei denen die Anteilsinhaber „nach Durchführung der Prüfung deren Ergebnis nach mündlicher Erörterung für richtig und den häufig kostenaufwendigen Bericht nicht mehr für erforderlich halten"[53].

20   Darüber hinaus ist der Prüfungsbericht nicht erforderlich, wenn sich alle Anteile des übertragenden Rechtsträgers in der Hand des übernehmenden Rechtsträgers befinden[54]. Dieser Regelung dürfte allerdings nur geringe praktische Bedeutung zukommen, da nach § 9 Abs. 2 bereits keine Verschmelzungsprüfung stattfinden wird.

21   Weicht die Hauptversammlung zulässigerweise auf Grund eines Gegenantrags von dem bekannt gemachten Entwurf eines Verschmelzungsvertrags ab, bedarf es keiner erneuten Berichterstattung und Prüfung[55].

§ 13 Beschlüsse über den Verschmelzungsvertrag

(1) **Der Verschmelzungsvertrag wird nur wirksam, wenn die Anteilsinhaber der beteiligten Rechtsträger ihm durch Beschluß (Verschmelzungsbeschluß) zustimmen. Der Beschluß kann nur in einer Versammlung der Anteilsinhaber gefaßt werden.**

(2) **Ist die Abtretung der Anteile eines übertragenden Rechtsträgers von der Genehmigung bestimmter einzelner Anteilsinhaber abhängig, so bedarf der Verschmelzungsbeschluß dieses Rechtsträgers zu seiner Wirksamkeit ihrer Zustimmung.**

(3) **Der Verschmelzungsbeschluß und die nach diesem Gesetz erforderlichen Zustimmungserklärungen einzelner Anteilsinhaber einschließlich der erforderlichen Zustimmungserklärungen nicht erschienener Anteilsinhaber müssen notariell beurkundet werden. Der Vertrag oder sein Entwurf ist dem Beschluß als Anlage beizufügen. Auf Verlangen hat der Rechtsträger jedem Anteilsinhaber auf dessen Kosten unverzüglich eine Abschrift des Vertrags oder seines Entwurfs und der Niederschrift des Beschlusses zu erteilen.**

Übersicht

	Rn		Rn
I. Allgemeines	1	1. Erfordernis der Beschlussfassung (Abs. 1 Satz 1)	8
1. Sinn und Zweck der Norm	1		
2. Entstehungsgeschichte und Anwendungsbereich	3	2. Beschlussfassung in einer Versammlung der Anteilsinhaber (Abs. 1 Satz 2)	14
II. Beschlussfassung der Anteilsinhaber	8	a) Versammlungszwang	14
		b) Beschlussfassung in der Versammlung	17

---

[50] *HFA des IDW* WPg 1989, 42, 43. Zur Mindestgliederung vgl. *IDW* (Hrsg.), WP-Handbuch Bd. II, S. 254.
[51] § 12 Abs. 2 iVm. § 8 Abs. 3 Satz 1 Alt. 1.
[52] § 12 Abs. 2 iVm. § 8 Abs. 3 Satz 1 Alt. 1.
[53] RegBegr. *Ganske* S. 60.
[54] § 12 Abs. 2 iVm. § 8 Abs. 3 Satz 1 Alt. 2.
[55] OLG Hamm AG 2005, 361, 363.

		Rn			Rn
	c) Keine sachliche Rechtfertigung. Treuepflicht	23		e) Zustimmung bei Verschmelzung im Konzern	50
	d) Stimmrecht	25	5.	Notarielle Beurkundung (Abs. 3 Satz 1 und 2)	51
3.	Gegenstand und Inhalt des Verschmelzungsbeschlusses	28		a) Schutzzweck	51
	a) Gegenstand des Beschlusses	28		b) Beurkundung durch Niederschrift. Beifügung des Verschmelzungsvertrags	52
	b) Inhalt des Beschlusses	32		c) Kosten der notariellen Beurkundung	56
4.	Zustimmungserfordernisse und Beteiligung Dritter	35		d) Auslandsbeurkundung	58
	a) Zustimmung bei Vinkulierung (Abs. 2)	35		e) Heilung	59
	b) Sonstige Zustimmungspflichten der Anteilsinhaber	41	6.	Übersendung des Verschmelzungsvertrags an die Anteilsinhaber (Abs. 3 Satz 3)	60
	c) Zustimmung bei Begründung von neuen Leistungspflichten und Beeinträchtigung von Sonderrechten	42	III.	Bindungswirkung des Beschlusses	61
			1.	Begründung der Bindungswirkung	61
	d) Wirksamwerden der Zustimmungen	47	2.	Beendigung der Bindungswirkung	68

Literatur: *Austmann/Frost,* Vorwirkungen der Verschmelzung, ZHR 169 (2005) 431; *Bayer,* Verschmelzung und Minderheitenschutz, WM 1989, 122; *Binnewies,* Formelle und materielle Voraussetzungen von Umwandlungsbeschlüssen, GmbHR 1997, 727; *Bork,* Beschlussverfahren und Beschlusskontrolle nach dem Referentenentwurf eines Gesetzes zur Bereinigung des Umwandlungsrechts, ZGR 1993, 343; *Erdmann,* Die Online-Versammlung im Vereins- und GmbH-Recht, MMR 2000, 526; *Feddersen/Kiem,* Die Ausgliederung zwischen „Holzmüller" und neuem Umwandlungsrecht, ZIP 1994, 1078; *Hofmann/Krolop,* Rückverschmelzung nach Börsengang: Der Fall T-Online, AG 2005, 866; *Hommelhoff,* Zur Kontrolle strukturändernder Gesellschafterbeschlüsse, ZGR 1990, 447; *ders.,* Minderheitenschutz bei Umstrukturierungen, ZGR 1993, 453; *Kallmeyer,* Die Auswirkungen des neuen Umwandlungsrechts auf die mittelständische GmbH, GmbHR 1993, 461; *Lutter,* Die entschlußschwache Hauptversammlung, FS Quack, 1991, S. 301; *Mayer,* Erste Zweifelsfragen bei der Unternehmensspaltung, DB 1995, 861; *Möller,* Der Aktienrechtliche Verschmelzungsbeschluß, 1991; *Priester,* Strukturänderungen – Beschlussvorbereitung und Beschlussfassung, ZGR 1990, 420; *Reichert,* Folgen der Anteilsvinkulierung für Umstrukturierungen von Gesellschaften mit beschränkter Haftung und Aktiengesellschaften nach dem Umwandlungsgesetz 1995, GmbHR 1995, 176; *Ross,* Materielle Kontrolle des Verschmelzungsbeschlusses bei der Verschmelzung von Aktiengesellschaften, 1997; *Schöne,* Das Aktienrecht als „Maß aller Dinge" im neuen Umwandlungsrecht?, GmbHR 1995, 323; *Timm,* Minderheitenschutz und unternehmerische Entscheidungsfreiheit im Mutterunternehmen, ZHR 153 (1989) 60; *Wiedemann,* Minderheitsrechte ernstgenommen, ZGR 1999, 857.

I. Allgemeines

1. Sinn und Zweck der Norm

Regelungszweck ist der Schutz der Anteilsinhaber[1]. Die Grundlagenentscheidung über die Verschmelzung soll den Anteilsinhabern vorbehalten bleiben. Die Vorschrift setzt für die AG zugleich Art. 7 VerschmRL in das deutsche Recht um. **1**

§ 13 enthält zwingende gesetzliche Bestimmungen, die ungeachtet der Rechtsform der beteiligten Rechtsträger gelten[2]. Sie werden durch rechtsformspezifische Regelungen über die Beschlussfassung ergänzt, die zum Teil im UmwG[3], zum Teil außerhalb des UmwG geregelt sind[4]. **2**

---

[1] *Lutter/Drygala* in Lutter Rn 4; hierzu auch *Heckschen* in Widmann/Mayer Rn 3; *Zimmermann* in Kallmeyer Rn 22.

[2] *Zimmermann* in Kallmeyer Rn 1.

[3] Siehe etwa die Bestimmungen über die Mehrheitserfordernisse in §§ 43, 45 c, 50, 65, 78 Satz 3, 84, 103, 106, 112 Abs. 3, 116.

[4] ZB §§ 118 ff. AktG; §§ 47 ff. GmbHG.

2. Entstehungsgeschichte und Anwendungsbereich

3   Die Vorschrift entspricht dem bereits vor Inkrafttreten des UmwG geltenden Recht, das jedoch in einer Vielzahl von Einzelvorschriften geregelt war[5]. Der Anwendungsbereich ist durch das UmwG auf die neu geschaffenen Verschmelzungsmöglichkeiten ausgedehnt worden[6]. Der Beschluss muss in einer Versammlung der Anteilsinhaber gefasst werden[7]. Auch der Versammlungszwang entspricht dem vor Inkrafttreten des UmwG geltenden Recht.

4   Abs. 1 ist auch auf Spaltungen und Vermögensübertragungen anwendbar[8]. Für den Formwechsel findet sich eine korrespondierende Vorschrift in § 193.

5   Abs. 2 regelt einen Sonderzustimmungstatbestand. Ist die Abtretung der Anteile des übertragenden Rechtsträgers von der Genehmigung bestimmter einzelner Anteilsinhaber abhängig, bedarf der Verschmelzungsbeschluss der Zustimmung dieser Anteilsinhaber. § 13 stellt die Verschmelzung damit *ex lege* der Abtretung von Anteilen gleich. Eine vergleichbare Regelung existierte bis zum Inkrafttreten des UmwG nur für die formwechselnde Umwandlung einer GmbH in eine AG[9]. Abs. 2 dehnt diesen Gedanken auf alle Verschmelzungen aus.

6   Die Regelung in Abs. 2 ist systematisch missglückt[10]. Es ist nicht einsichtig, warum allein die Abtretungshindernisse eine gesetzliche Sonderregelung erfahren, während ungeregelt bleibt, ob die Verschmelzung in andere Sonderrechte eingreifen oder neue Leistungspflichten begründen kann[11]. Gesetzessystematisch ist Abs. 2 nach der Gesetzesbegründung[12] Ausdruck des allgemeinen Rechtsgedankens, dass Sonderrechte eines Anteilsinhabers nicht ohne dessen Zustimmung beeinträchtigt werden dürfen.

7   Abs. 3 entspricht weitgehend dem früheren Recht. In drei Fällen geht er jedoch darüber hinaus: Beschlüsse der Generalversammlung einer Genossenschaft sowie der Mitgliederversammlung wirtschaftlicher Vereine und genossenschaftlicher Prüfungsverbände waren vor 1995 von der notariellen Beurkundungspflicht ausgenommen[13]. Abs. 3 Satz 2 dehnt die bereits zuvor existierende Verpflichtung zur Beifügung des Vertrags als Anlage zur notariellen Urkunde über den Verschmelzungsbeschluss ebenfalls auf die bislang ausgenommenen Rechtsformen aus. Das Recht der Anteilsinhaber, eine Abschrift des Vertrags und des Beschlusses verlangen zu können[14], hat keinen Vorläufer im alten Recht.

II. Beschlussfassung der Anteilsinhaber

1. Erfordernis der Beschlussfassung (Abs. 1 Satz 1)

8   Die Beschlussfassung der Anteilsinhaber aller beteiligten Rechtsträger ist notwendige Voraussetzung für die Wirksamkeit des Verschmelzungsvertrags[15]. Dies gilt nicht für Konzernverschmelzungen auf eine AG[16]: Befinden sich mindestens neun Zehntel des Stamm- oder Grundkapitals einer übertragenden Kapitalgesellschaft in der Hand einer übernehmenden AG, ist ein Verschmelzungsbeschluss der übernehmenden AG nicht erforderlich.

---

[5] Zum Referentenentwurf *Bork* ZGR 1993, 343 ff.
[6] RegBegr. *Ganske* S. 61.
[7] § 13 Abs. 1 Satz 2.
[8] §§ 125, 176 ff.; siehe hierzu die Tabelle in § 125 Rn 11 und § 176 Rn 21 ff.
[9] § 376 Abs. 2 Satz 2 AktG aF.
[10] Hierzu auch *Heckschen* in Widmann/Mayer Rn 3.
[11] Dazu näher Rn 35 ff.
[12] RegBegr. *Ganske* S. 61.
[13] RegBegr. *Ganske* S. 61 f.
[14] § 13 Abs. 3 Satz 3.
[15] Umfassend *Möller*, Der Aktienrechtliche Verschmelzungsbeschluß, 1991.
[16] Im Einzelnen § 62.

Ein gesonderter Verschmelzungsbeschluss des (alleinigen) Anteilsinhabers ist auch entbehrlich, wenn eine Kapitalgesellschaft mit dem Vermögen ihres alleinigen Anteilsinhabers verschmolzen wird. Der Verschmelzungsbeschluss der Kapitalgesellschaft ist dann ausreichend[17].

Abs. 1 Satz 1 ist zwingendes Recht[18]. Satzung, Gesellschaftsvertrag oder Partnerschaftsvertrag können keine abweichende Regelung treffen. Eine Verlagerung der Kompetenz auf andere Gesellschaftsorgane, etwa auf einen Beirat oder an ein sonstiges Vertretungsorgan der Anteilsinhaber, ist nicht möglich[19].

Der Beschluss über die Zustimmung zum Verschmelzungsvertrag kann vor oder nach Abschluss des Verschmelzungsvertrags gefasst werden[20]. Ist der Verschmelzungsvertrag noch nicht abgeschlossen, muss das Vertretungsorgan nach Vorliegen aller weiteren Voraussetzungen für den Abschluss des Verschmelzungsvertrags, wenn nicht besondere Gründe (etwa eine zulässige Weisung der Anteilsinhaber) vorliegen, den Verschmelzungsvertrag alsbald abschließen[21]. Bei einer Verschmelzung mit Kapitalerhöhung kann die Kapitalerhöhung zugleich mit dem Verschmelzungsbeschluss, ebenso aber auch in einer früheren oder späteren Versammlung der Anteilsinhaber beschlossen werden[22]. Bei einer GmbH und einer AG ist allerdings die Voreintragung der (Durchführung der) Kapitalerhöhung Voraussetzung für die Eintragung der Verschmelzung im Handelsregister der übernehmenden Gesellschaft[23].

Dem Verschmelzungsvertrag müssen, soweit nicht im UmwG ausdrücklich anders geregelt, die Anteilsinhaberversammlungen aller beteiligten Rechtsträger zustimmen. Bis der letzte Verschmelzungsbeschluss gefasst ist, ist der Verschmelzungsvertrag schwebend unwirksam[24].

Abs. 1 Satz 1 enthält keine abschließende Regelung über das Wirksamwerden des Verschmelzungsbeschlusses und der Verschmelzung. Neben dem Beschluss der Anteilsinhaber kann die Wirksamkeit des Verschmelzungsbeschlusses von Sonderbeschlüssen einzelner Gruppen oder Gattungen von Anteilsinhabern abhängen[25].

2. Beschlussfassung in einer Versammlung der Anteilsinhaber (Abs. 1 Satz 2)

a) **Versammlungszwang.** Der Verschmelzungsbeschluss wird in einer Versammlung der Anteilsinhaber gefasst[26]. Der Wortlaut stellt klar, dass andere Formen der Beschlussfassung nicht in Betracht kommen. Insbesondere ist eine Beschlussfassung im schriftlichen Umlaufverfahren nicht ausreichend[27]. Die für den Verschmelzungsbeschluss erforderliche Mehrheit

---

[17] Zur Übertragung des Vermögens einer Kapitalgesellschaft auf ihren Alleingesellschafter §§ 120 ff.; siehe auch *Zimmermann* in Kallmeyer Rn 5; *Karollus* in Lutter § 121 Rn 12; aA *LG Dresden* DB 1996, 1814.
[18] § 1 Abs. 3; siehe hierzu auch § 1 Rn 80 ff.
[19] *Zimmermann* in Kallmeyer Rn 3; *Lutter/Drygala* in Lutter Rn 4; *Stratz* in Schmitt/Hörtnagl/Stratz Rn 11; *Heckschen* in Widmann/Mayer Rn 42; *Limmer* in Limmer Rn 558.
[20] *Zimmermann* in Kallmeyer Rn 6; *Limmer* in Limmer Rn 559; *Lutter/Drygala* in Lutter Rn 17; *Stratz* in Schmitt/Hörtnagl/Stratz Rn 17.
[21] Siehe zB für Aktiengesellschaften § 83 Abs. 2 AktG.
[22] *Zimmermann* in Kallmeyer Rn 8; *H. Winter* in Lutter § 55 Rn 4; *Mayer* in Widmann/Mayer § 55 Rn 40.
[23] §§ 53, 66; näher hierzu § 53 Rn 11 ff. und § 66 Rn 5 ff.
[24] *Zimmermann* in Kallmeyer Rn 2; *Stratz* in Schmitt/Hörtnagl/Stratz Rn 8; *Lutter/Drygala* in Lutter Rn 8; siehe auch § 4 Rn 20 ff.
[25] Hierzu *Heckschen* in Widmann/Mayer Rn 61.
[26] § 13 Abs. 1 Satz 2.
[27] *Lutter/Drygala* in Lutter Rn 9; *Priester* ZGR 1990, 420, 436; *Zimmermann* in Kallmeyer Rn 3; *Heckschen* in Widmann/Mayer Rn 41; wie hier § 43 Rn 10 und § 45 d Rn 7.

muss in der Versammlung zustande kommen[28]. Außerhalb der Versammlung gegebene Zustimmungen werden nicht mitgerechnet[29]. Abs. 1 Satz 2 erlaubt nicht nur Versammlungen in physischer Präsenz. Sofern die für den Rechtsträger geltenden gesetzlichen Vorschriften und die statutarischen Bestimmungen des Rechtsträgers eine nicht-physische Teilnahme an der Versammlung im Wege einer Video- oder Telefonschaltung zulassen, ist dem Versammlungszwang genügt[30].

15 Die Vertretung von Anteilsinhabern oder die Zusendung von Stimmbotschaften ist durch Abs. 1 Satz 2 nicht ausgeschlossen. Durch Vertreter oder in Form einer Stimmbotschaft abgegebene Stimmen sind mitzuzählen, wenn die Erteilung von Stimmrechtsvollmachten oder Stimmbotschaften nach dem für den beteiligten Rechtsträger geltenden Bestimmungen zulässig ist. Das gilt auch für die Beschlussfassung durch Vertreter ohne Vertretungsmacht[31].

16 Nach dem Recht des beteiligten Rechtsträgers richtet sich auch die Form der Stimmrechtsvollmacht oder der Stimmbotschaft. Aus dem Gesetzeswortlaut von Abs. 1 Satz 2 ergibt sich nicht, dass eine notarielle Beurkundung oder Beglaubigung der Stimmrechtsvollmacht erforderlich ist[32]. Dasselbe gilt für Stimmbotschaften. Die gegenteilige Auffassung[33] geht, wenn man nur die Verschmelzung von börsennotierten Aktiengesellschaften in das Blickfeld nimmt, an den praktischen Notwendigkeiten vorbei und widerspricht § 167 Abs. 2 BGB.

17 **b) Beschlussfassung in der Versammlung.** Für die Beschlussfassung in der Versammlung der Anteilsinhaber gelten die Vorschriften, die nach Gesetz und Satzung/Gesellschaftsvertrag für den beteiligten Rechtsträger Anwendung finden. Das gilt sowohl für die Einberufung und Vorbereitung der Anteilsinhaberversammlung als auch für die Durchführung der Versammlung und die Ausübung der Stimmrechte[34]. § 13 enthält dazu mit Ausnahme der Beurkundungsvorschriften in Abs. 3 Satz 1 keine Regelung. Rechtsformübergreifend bestimmt § 29, dass ein Recht auf Abfindung nur hat, wer Widerspruch gegen den Verschmelzungsbeschluss zu Protokoll des beurkundenden Notars erklärt.

18 Ohne Bedeutung ist, in welcher Reihenfolge die Anteilsinhaber des übertragenden und des übernehmenden Rechtsträgers den Zustimmungsbeschluss fassen. Sofern zur Durchführung der Verschmelzung eine Kapitalerhöhung erforderlich ist, ist auch unerheblich, ob zunächst über die Kapitalerhöhung oder vorab über die Zustimmung zum Verschmelzungsvertrag Beschluss gefasst wird[35]. Kettenverschmelzungen sind zulässig[36].

19 Das UmwG enthält eine Reihe von rechtsformspezifischen Sonderregelungen für die Vorbereitung und Durchführung der Anteilsinhaberversammlung. Die Anteilsinhaberversammlung ist in der Regel durch Übersendung von Unterlagen oder ihre Auslegung in dem Geschäftsraum des beteiligten Rechtsträgers und in der Versammlung selbst vorzubereiten[37].

20 Zu den Unterlagen gehören mit rechtsformspezifischen Unterschieden vor allem:
– der Verschmelzungsvertrag oder sein Entwurf[38];
– der Verschmelzungsbericht[39];

---

[28] *Zimmermann* in Kallmeyer Rn 10; *Lutter/Drygala* in Lutter Rn 9; *Limmer* in Limmer Rn 565; *Mayer* in Widmann/Mayer § 50 Rn 32.
[29] *Zimmermann* in Kallmeyer Rn 10; *Lutter/Drygala* in Lutter Rn 10; *Limmer* in Limmer Rn 565.
[30] Enger *Erdmann* MMR 2000, 526, 529.
[31] *Lutter/Drygala* in Lutter Rn 9; *Zimmermann* in Kallmeyer Rn 13.
[32] So auch *Lutter/Drygala* in Lutter Rn 20; *Zimmermann* in Kallmeyer Rn 13; *H. Winter* in Lutter § 50 Rn 5.
[33] *Heckschen* in Widmann/Mayer Rn 114.
[34] *Lutter/Drygala* in Lutter Rn 5 f.; umfassend dazu *Heckschen* in Widmann/Mayer Rn 8 ff.
[35] *Zimmermann* in Kallmeyer Rn 8.
[36] *Zimmermann* in Kallmeyer Rn 8.
[37] Siehe §§ 42, 47, 49, 61, 63, 64, 82, 101 und die jeweiligen Kommentierungen sowie *Lutter/Drygala* in Lutter Rn 5; zur GmbH *Kallmeyer* GmbHR 1993, 463 f.
[38] ZB §§ 42, 63 Abs. 1 Nr. 1, 64 Abs. 1.
[39] ZB §§ 42, 63 Abs. 1 Nr. 4, 64 Abs. 1.

Beschlüsse über den Verschmelzungsvertrag   21–23 § 13

– der Verschmelzungsprüfungsbericht[40];
– die Jahresabschlüsse und Lageberichte der an der Verschmelzung beteiligten Rechtsträger für die letzten drei Geschäftsjahre[41];
– eine Zwischenbilanz[42].

Das UmwG regelt ferner die Mehrheitserfordernisse für die Verschmelzungsbeschlüsse der beteiligten Rechtsträger. Bei Personenhandelsgesellschaften und Partnerschaftsgesellschaften muss der Verschmelzungsbeschluss einstimmig von allen anwesenden Gesellschaftern bzw. Partnern gefasst werden[43]; die nicht erschienenen müssen nachträglich zustimmen. Im Übrigen reicht im Regelfall eine Mehrheit von drei Vierteln der abgegebenen Stimmen (GmbH[44], Genossenschaft[45]) bzw. des vertretenden Grundkapitals (AG[46]) bzw. der erschienenen Mitglieder (Verein[47])[48]. 21

Abs. 1 Satz 2 ist nach seinem Wortlaut nur auf den Beschluss der Anteilsinhaber über die Zustimmung zum Verschmelzungsvertrag anwendbar. Für besondere Zustimmungen einzelner Anteilsinhaber oder Sonderbeschlüsse von einzelnen Gattungen oder Gruppen von Anteilsinhabern findet er keine Anwendung. Sie können außerhalb der Versammlung der Anteilsinhaber, also vorher oder später, erteilt bzw. gefasst werden[49]. Für Sonderbeschlüsse gelten die Vorschriften des jeweiligen Rechtsträgers. 22

c) Keine sachliche Rechtfertigung. Treuepflicht. Die Beschlussfassung in der Anteilsinhaberversammlung folgt den allgemeinen Grundsätzen des für den jeweiligen Rechtsträger anwendbaren Rechts[50]. Der Verschmelzungsbeschluss unterliegt keiner materiellen Beschlusskontrolle, wie sie von der Rechtsprechung für die Beschlussfassung über den Ausschluss des gesetzlichen Bezugsrechts von Aktionären entwickelt worden ist[51]. Der Gesetzgeber hat die Frage der materiellen Beschlusskontrolle im Gesetzgebungsverfahren gesehen und sich bewusst gegen die Übertragung der zum Bezugsrechtsausschluss entwickelten Rechtsprechungsgrundsätze auf die Verschmelzung entschieden[52]. Ein ausreichender Minderheitenschutz wird durch die Mehrheitserfordernisse[53], den ausführlichen Verschmelzungsbericht[54], die Prüfung der Verschmelzung durch unabhängige Prüfer[55], das Recht zum Austritt gegen Barabfindung[56], das Recht auf Umwandlung in Kommanditistenstellung[57], durch die 23

---

[40] §§ 63 Abs. 1 Nr. 5, 64 Abs. 1.
[41] ZB §§ 63 Abs. 1 Nr. 2, 64 Abs. 1, 49 Abs. 2.
[42] ZB §§ 63 Abs. 1 Nr. 3, 64 Abs. 1.
[43] Zum Einstimmigkeitsgrundsatz § 43 Rn 15 ff. und § 45 d Rn 10 f.
[44] § 50 Abs. 1 Satz 1.
[45] § 84 Satz 1.
[46] § 65 Abs. 1 Satz 1.
[47] § 103 Satz 1.
[48] *Lutter/Drygala* in Lutter Rn 21.
[49] *Lutter/Drygala* in Lutter Rn 11; *Zimmermann* in Kallmeyer Rn 27.
[50] *Stratz* in Schmitt/Hörtnagl/Stratz Rn 21; *Lutter/Drygala* in Lutter Rn 7.
[51] Grundlegend BGHZ 71, 40 „Kali+Salz"; ferner *OLG Frankfurt* ZIP, 370, 372 „T-Online"; *Zimmermann* in Kallmeyer Rn 12; *Lutter/Drygala* in Lutter Rn 31 ff.; umfassend *Binnewies* GmbHR 1997, 727 ff. und *Ross*, Materielle Kontrolle des Verschmelzungsbeschlusses, 1997; hierzu auch *Feddersen/Kiem* ZIP 1994, 1078 ff.; *Hommelhoff* ZGR 1990, 460 f.
[52] RegBegr. *Ganske* S. 61; dagegen nehmen *Lutter/Drygala* in Lutter Rn 31 an, dass die Begründung nicht als Distanzierung von einem sachlichen Rechtfertigungszwang angesehen werden könne.
[53] Siehe Rn 21.
[54] Zu Sinn und Zweck des Verschmelzungsberichts § 8 Rn 2.
[55] Siehe §§ 9 Abs. 1, 44, 48, 60 Abs. 1; zur Schutzfunktion der Vorschriften im Einzelnen § 9 Rn 2 f., § 44 Rn 1, § 48 Rn 2 ff.
[56] § 29.
[57] § 43 Abs. 2 Satz 3.

gesetzlich geregelten Zustimmungserfordernisse[58] sowie durch die besonderen Informationsrechte bei Verschmelzung gewährleistet[59].

24 Die allgemeinen Regeln über die gesellschaftsrechtlichen Treupflichten und die Missbrauchskontrolle finden Anwendung[60], können aber nur in Ausnahmefällen die vollständige Beseitigung des Verschmelzungsbeschlusses begründen. Zwar obliegt jedem Anteilsinhaber, der mit seinem gesellschaftsrechtlichen Einfluss die Möglichkeit hat, die gesellschaftsbezogenen Interessen der übrigen Anteilsinhaber zu beeinträchtigen, als Gegengewicht die gesellschaftsrechtliche Pflicht, auf diese Interessen der übrigen Anteilsinhaber Rücksicht zu nehmen[61]. Die gesellschaftsrechtliche Treupflicht geht aber im Allgemeinen nicht so weit, dass die Anteilsinhaber, die die erforderliche Mehrheit auf sich vereinigen, von einer im UmwG ausdrücklich zugelassenen und nach ihrer Auffassung unternehmerisch sinnvollen Verschmelzung absehen müssten[62]. Auch obliegt den für die Verschmelzung stimmenden Anteilsinhaber nicht nachzuweisen, dass die angestrebte Verschmelzung unternehmerisch sinnvoll ist. Ebenso wenig gibt es einen Rechtssatz, dass für bestimmte Zeit nach einem Börsengang oder einer Kapitalerhöhung eine Verschmelzung ausgeschlossen ist[63]. Die Interessen der übrigen Anteilsinhaber werden in der Regel durch das Schutzsystem der umwandlungsrechtlichen Vorschriften (und flankierend durch kapitalmarktrechtliche Prospektansprüche) umfassend geschützt. Nur wenn die Verschmelzung bei verständiger Würdigung funktionswidrig eingesetzt wird, um die Rechtsstellung der übrigen Anteilsinhaber zu schmälern[64], folgt aus dem Gedanken der gesellschaftsrechtlichen Treupflicht ausnahmsweise ein Verschmelzungshindernis[65]. Der Verschmelzungsbeschluss kann wegen Verletzung der gesellschaftsrechtlichen Treupflicht mit einer Wirksamkeitsklage im Übrigen nur angegriffen werden, wenn keine andere Abhilfe zur Verfügung steht, mit der die gebotene Rücksichtnahme auf die Interessen der opponierenden Anteilsinhaber gewährleistet werden kann. Als Abhilfe kommt etwa in Betracht, wenn den opponierenden Anteilsinhabern nachträglich (in zulässiger Weise) eine Verbesserung ihrer Rechtsstellung, etwa eine Möglichkeit, gegen Abfindung aus der Gesellschaft auszuscheiden, angeboten wird[66].

---

[58] ZB §§ 13 Abs. 2, 50 Abs. 2, 51 Abs. 1 und 2.
[59] So auch *OLG Frankfurt* ZIP 206, 370, 372 „T-Online" *Zimmermann* in Kallmeyer Rn 12; *Stratz* in Schmitt/Hörtnagl/Stratz Rn 21; *Bermel* in Goutier/Knopf/Tulloch Rn 24 f.; *Heckschen* in Widmann/Mayer Rn 219 f.; differenzierend *Winter* in Lutter Umwandlungsrechtstage S. 19, 40 f.; *Lutter/Drygala* in Lutter Rn 31 ff.; zum Minderheitenschutz auch *Timm* ZHR 153 (1989) 60 ff.; *Hommelhoff* ZGR 1993, 453 ff.; *Wiedemann* ZGR 1999, 857 ff.; bei Verschmelzungen *Bayer* WM 1998, 122 ff.
[60] *OLG Frankfurt* ZIP 2006, 370, 372 „T-Online"; *Zimmermann* in Kallmeyer Rn 12; *Lutter/Drygala* in Lutter Rn 39.
[61] Zum Kapitalgesellschaftsrecht nur BGHZ 65, 15, 19 „ITT"; 103, 184, 195 „Linotype"; 129, 136, 144 „Girmes".
[62] Ebenso *OLG Frankfurt* ZIP 2006, 370, 373 „T-Online" – mit dem zutreffenden Hinweis, dass das Anteileigentum der Anteilsinhaber von vornherein mit der Möglichkeit belastet ist, dass die Mehrheit eine Verschmelzung beschließt.
[63] So aber offenbar *LG Darmstadt*, Beschluss vom 29.11.2005, 12 O 491/05, S. 27 „T-Online" sowie für den Squeeze-out *OLG Düsseldorf* WM 2004, 727, 728.
[64] Vgl. dazu auch *BGH*, Urt. vom 9.5.2005, II ZR 29/03 „Feldmühle", S. 9.
[65] Ähnlich *OLG Frankfurt* ZIP 2006, 370, 373 „T-Online" (wenn der Beschluss die Minderheitsaktionäre „in nicht erforderlicher oder unverhältnismäßiger Weise zu beeinträchtigen" sucht); zu weit *Lutter/Drygala* in Lutter Rn 38, die bei der Verschmelzung eine erhöhte Treubindung annehmen und eine besondere Rechtfertigung bei Abhängigkeitsbegründung oder in den Fällen annehmen, in denen bestimmte Minderheitsrechte durch die Verschmelzung beseitigt werden; zu weit auch *Hofmann/Krolop* AG 2005, 866, 876.
[66] Zu Wirksamkeitsangriffen wegen Verfolgung unzulässiger Sondervorteile oder unzulässiger Veranlassung durch die Konzernobergesellschaft durch § 14 Rn 15.

d) Stimmrecht. § 13 trifft keine Sonderregelungen über das Stimmrecht in der Versammlung der Anteilsinhaber[67]. Das Stimmrecht richtet sich nach den allgemeinen Bestimmungen für den jeweiligen Rechtsträger, die in den besonderen Teilen des UmwG für die Beschlussfassung über Umwandlungen zum Teil ergänzt sind[68]. 25

Bei einer Verschmelzung mit einer GmbH oder einem Verein könnte der andere Rechtsträger, wenn er an der GmbH beteiligt oder Vereinsmitglied ist, vom Stimmrecht ausgeschlossen sein[69]. Die RegBegr. geht aber ausdrücklich davon aus, dass § 47 Abs. 4 Satz 2 GmbHG nicht anwendbar ist[70]. Rechtsprechung und Schrifttum haben sich dem zum Teil angeschlossen[71]. Zur Begründung wird angeführt, dass die Stimmverbote in § 47 Abs. 4 GmbHG und § 34 BGB dem Schutz der übrigen Anteilsinhaber bei Interessenkollisionen dienen. Der Anteilsinhaber solle keinen Einfluss auf ein Rechtsgeschäft nehmen, das die Gesellschaft/der Verein mit ihm abschließt. Auf den Verschmelzungsvertrag treffe dieser Gedanke wegen seines organisationsrechtlichen Charakters nicht zu. Das UmwG enthalte einen umfassenden Schutz der Anteilsinhaber. Die Vorschriften zum Schutz der außenstehenden Anteilsinhaber seien abschließend. Der Gesetzgeber habe sich bewusst gegen weitere Formen des Anteilsinhaberschutzes und damit auch gegen die Stimmverbote nach § 47 Abs. 4 GmbHG und § 34 BGB entschieden[72]. 26

Die Gegenauffassung[73] weist darauf hin, dass die gesetzgeberische Entscheidung zur Einschränkung des Anwendungsbereichs von § 47 Abs. 4 GmbHG und § 34 BGB im Gesetz hätte geregelt werden müssen. 27

3. Gegenstand und Inhalt des Verschmelzungsbeschlusses

a) Gegenstand des Beschlusses. Der Verschmelzungsbeschluss muss sich auf einen konkreten Verschmelzungsvertrag beziehen[74]. Nicht ausreichend ist die Zustimmung der Versammlung der Anteilsinhaber zu einem bloß geplanten Verschmelzungsvorhaben. Nicht erforderlich ist, dass der Vertrag bei der Beschlussfassung der Anteilsinhaber bereits abgeschlossen ist. Soll der Vertrag nachträglich abgeschlossen werden, muss der Versammlung bei Beschlussfassung aber ein schriftlicher Entwurf in der endgültigen Fassung vorliegen[75]. Stimmt die Versammlung der Anteilsinhaber dem Verschmelzungsvertrag in der Entwurfsfassung zu, muss der Vertrag in vollständiger Übereinstimmung mit der Entwurfsfassung abgeschlossen werden[76]. Lediglich Schreibfehler und offensichtliche redaktionelle Mängel dürfen noch berichtigt werden. Das *OLG Frankfurt am Main*[77] nimmt zu Recht an, dass eine formwirksame Beurkundung des Verschmelzungsvertrags in keinem Fall Voraussetzung für die Rechtmäßigkeit des Verschmelzungsbeschlusses ist. Die Rüge eines Anteilsinhabers, der Verschmelzungsvertrag sei nicht oder nicht ordnungsgemäß beurkundet, begründet eine Wirksamkeitsklage daher nicht. 28

---

[67] *Lutter/Drygala* in Lutter Rn 20.
[68] Vgl. etwa § 65 Abs. 2.
[69] § 47 Abs. 4 GmbHG bzw. § 34 BGB.
[70] RegBegr *Ganske* S. 100.
[71] So auch *Lutter/Drygala* in Lutter Rn 20; *H. Winter* in Lutter § 50 Rn 9; *Heckschen* in Widmann/Mayer Rn 118; *Limmer* in Limmer Rn 586; *LG Arnsberg* ZIP 1994, 536.
[72] So auch § 50 Rn 15.
[73] Siehe insbes. *Hüffer* in Hachenburg § 47 GmbHG Rn 175; *Kraft* in Kölner Komm. § 355 AktG Rn 13, § 340 c Rn 21.
[74] *Zimmermann* in Kallmeyer Rn 7; *Lutter/Drygala* in Lutter Rn 17; *Heckschen* in Widmann/Mayer Rn 53.
[75] Arg. e contrario § 4 Abs. 2; siehe dazu auch § 4 Rn 18 f.
[76] *Zimmermann* in Kallmeyer Rn 7, *Lutter/Drygala* in Lutter Rn 17; hierzu auch *Heckschen* in Widmann/Mayer Rn 61 ff.
[77] *OLG Frankfurt* ZIP 2006, 370, 374 „T-Online".

29 Die Anteilsinhaber können das Vertretungsorgan nicht ermächtigen, offene Regelungspunkte auszufüllen[78]. Erst recht können sie dem Vertretungsorgan nicht die Ermächtigung erteilen, einen noch auszuhandelnden Verschmelzungsvertrag abzuschließen.

30 Von einem unvollständigen oder offenen Verschmelzungsvertrag, der nicht Gegenstand einer Zustimmung nach Abs. 1 sein kann, ist ein Verschmelzungsvertrag zu unterscheiden, der dem Vertretungsorgan in Einzelpunkten ein Entscheidungsermessen einräumt. Es gibt keinen Rechtsgrundsatz, dass der Vertrag alle Regelungsgegenstände endgültig und abschließend festlegen muss. Vielmehr ist im Einzelfall zu prüfen, ob das dem Vertretungsorgan eingeräumte Entscheidungsermessen zu einer unzulässigen Rückverlagerung von Entscheidungskompetenzen der Anteilsinhaber auf das Vertretungsorgan führt[79].

31 Zulässig ist daher zB eine Regelung, die dem Vertretungsorgan das Recht zum Rücktritt vom Verschmelzungsvertrag einräumt[80], etwa wenn die Anteilsinhaber des anderen beteiligten Rechtsträgers dem Verschmelzungsvertrag nicht bis zu einem bestimmten Zeitpunkt zugestimmt haben. Auch die Gewährung von besonderen Vorteilen[81] kann im Verschmelzungsvertrag, soweit im Grundsatz rechtlich zulässig, in das Ermessen des Vertretungsorgans gestellt werden. Dasselbe gilt für Regelungen über die Folgen der Verschmelzung für die Arbeitnehmer und ihre Vertretungen[82]. Dagegen kann der Verschmelzungsvertrag nicht vorsehen, dass das Vertretungsorgan über das Umtauschverhältnis[83], eine bare Zuzahlung[84], die Auswahl des Verschmelzungsstichtags[85] oder den Zeitpunkt der Gewinnberechtigung[86] bestimmt.

32 **b) Inhalt des Beschlusses.** Der Inhalt des Beschlusses ist die Zustimmung zum Verschmelzungsvertrag. Der Beschluss kann Nebenbestimmungen enthalten, etwa Bedingungen oder Befristungen[87]. Die Anteilsinhaber können etwa beschließen, dass der Verschmelzungsbeschluss erst wirksam wird, wenn die Anteilseignerversammlungen der anderen beteiligten Rechtsträger ihrerseits zugestimmt haben. Durch diese Bedingung kann die externe Bindung des Verschmelzungsbeschlusses vermieden werden[88]. Der Beschluss kann auch vorsehen, dass die erteilte Zustimmung außer Kraft tritt, wenn die weiteren Verschmelzungsbeschlüsse der anderen beteiligten Rechtsträger oder Zustimmungserklärungen einzelner Anteilsinhaber nicht bis zu einem bestimmten Datum vorliegen oder die Verschmelzung nicht bis zu einem festgelegten Datum in das Handelsregister eingetragen ist. Zulässig ist ferner eine Bestimmung, die regelt, dass der Verschmelzungsbeschluss mit Ablauf der nächsten Versammlung der Anteilsinhaber außer Kraft tritt, es sei denn, der Beschluss wird bestätigt oder die Verschmelzung vorher wirksam. Der Beschluss der Anteilsinhaber kann schließlich bestimmen, dass das Vertretungsorgan die Verschmelzung nur unter im Einzelnen festgelegten Voraussetzungen (etwa nach Voreintragung anderer Beschlüsse) zur Eintragung in das Handelsregister anmelden darf[89].

33 Die Eintragung der Verschmelzung in das Handelsregister ist dann nur möglich, wenn die Bedingungen eingetreten sind und der Beschluss nicht aufgrund einer Befristung vor Eintra-

---

[78] *Zimmermann* in Kallmeyer Rn 7; *Lutter/Drygala* in Lutter Rn 17.
[79] Vgl. dazu allgemein *Grunewald* AG 1990, 133, 139.
[80] Zum Rücktritt vom Verschmelzungsvertrag siehe § 4 Rn 56 ff.
[81] § 5 Abs. 1 Nr. 8.
[82] § 5 Abs. 1 Nr. 9.
[83] § 5 Abs. 1 Nr. 3.
[84] Zur baren Zuzahlung § 5 Rn 25 ff.
[85] § 5 Abs. 1 Nr. 6.
[86] § 5 Abs. 1 Nr. 5.
[87] Restriktiv *Lutter/Drygala* in Lutter Rn 17; *Bermel* in Goutier/Knopf/Tulloch Rn 16.
[88] Näher dazu Rn 61 ff.
[89] *Lutter*, FS Quack, S. 301, 310; *Grunewald* AG 1990, 133, 137; *Bermel* in Goutier/Knopf/Tulloch Rn 16.

gung der Verschmelzung wieder außer Kraft getreten ist. Das Registergericht muss sich davon überzeugen, dass eine wirksame Zustimmung der Anteilsinhaber vorliegt[90]. Nicht möglich ist, dass die Verschmelzung mit einer Nebenbestimmung, etwa mit einer Bedingung oder Befristung, in das Handelsregister eingetragen wird[91]. Nebenbestimmungen dürfen ferner nicht zu einer Verlagerung von Entscheidungskompetenzen auf das Vertretungsorgan führen[92]. Dem Vertretungsorgan darf durch Nebenbestimmungen – etwa eine Anmeldungsanweisung – kein eigener Entscheidungsspielraum darüber eröffnet werden, wann und unter welchen Voraussetzungen der Verschmelzungsbeschluss wirksam wird[93]. Die Nebenbestimmungen dürfen ferner nicht zu einem unangemessenen Publizitätsverlust führen. Das wäre aber der Fall, wenn durch Nebenbestimmungen die Möglichkeit eröffnet würde, dass das Wirksamwerden des Verschmelzungsbeschlusses für lange Zeit offen bleibt. Das Wirksamwerden des Verschmelzungsbeschlusses sollte deshalb regelmäßig längstens bis zum Ablauf der nächsten ordentlichen Versammlung der Anteilsinhaber offen bleiben[94].

Beschlüsse über Kapitalerhöhungen[95] oder sonstige Änderungen der Satzung, die für die Durchführung der Kapitalerhöhung erforderlich sind, sind keine Nebenbestimmungen zum Verschmelzungsbeschluss, sondern eigenständige Beschlüsse des übernehmenden Rechtsträgers[96]. § 13 ist auf sie nicht anwendbar. **34**

4. Zustimmungserfordernisse und Beteiligung Dritter

a) Zustimmung bei Vinkulierung (Abs. 2). Abs. 2 regelt ein besonderes Wirksamkeitserfordernis für den Verschmelzungsbeschluss: Ist die Abtretung der Anteile eines übertragenden Rechtsträgers von der Zustimmung einzelner Anteilsinhaber abhängig, bedarf auch ein Verschmelzungsbeschluss dieses Rechtsträgers zu seiner Wirksamkeit der Zustimmung dieser Anteilsinhaber. Bei Personenhandelsgesellschaften und Gesellschaften mit beschränkter Haftung hat die Vinkulierung von Anteilen und damit das Sonderzustimmungsrecht nach Abs. 2 erhebliche Bedeutung. Da im Aktienrecht die Übertragung nur an die Zustimmung von Vorstand, Aufsichtsrat oder Hauptversammlung, nicht aber an die Zustimmung einzelner Anteilsinhaber geknüpft werden kann[97], kann bei Aktiengesellschaften der Fall des Abs. 2 dagegen nicht eintreten[98]. **35**

Vereinbarungen, die das Vertretungsorgan der Gesellschaft mit Dritten abschließt, sind wie der Verschmelzungsvertrag selbst bis zur Zustimmung nach Abs. 1 Satz 1 unwirksam, wenn die Vereinbarung einen faktischen Zwang begründet, der Verschmelzung zuzustimmen[99]. Dagegen ist es dem Vertretungsorgan nicht untersagt, in einem sachlich und zeitlich angemessenen Rahmen Geschäftsführungs- und Unterlassungspflichten zu übernehmen, die darauf zielen, eine Beschlussfassung über die Verschmelzung der beiden Unternehmen mit einem im Wesentlichen unveränderten Geschäft zu ermöglichen und zu sichern (etwa Unterlassung von wesentlichen Strukturänderungen, kein Erwerb von Anteilen des anderen Unternehmens usw.)[100]. **36**

---

[90] Siehe § 19 Rn 5.
[91] So für Satzungsänderungen *Lutter*, FS Quack, S. 301, 308 ff.; *Grunewald* AG 1990, 133, 137 f. auch für die Zustimmung zu Unternehmensverträgen.
[92] Zur unzulässigen Rückverlagerung von Entscheidungskompetenzen der Hauptversammlung auf die Organe einer AG allgemein *Lutter*, FS Quack, S. 301; *Grunewald* AG 1990, 133.
[93] So auch *Lutter/Drygala* in Lutter Rn 17; *Bermel* in Goutier/Knopf/Tulloch Rn 16.
[94] Für die AG auch *Lutter*, FS Quack, S. 301, 316; *Grunewald* AG 1990, 133, 139.
[95] Siehe §§ 55, 69.
[96] So auch *Zimmermann* in Kallmeyer Rn 20; *Lutter/Drygala* in Lutter Rn 17.
[97] § 68 Abs. 2 AktG.
[98] *Zimmermann* in Kallmeyer Rn 23; *Lutter/Drygala* in Lutter Rn 22.
[99] So auch *Austmann/Frost*, ZHR 169 (2005) 431, 450 f.
[100] Enger wohl *Austmann/Frost* ZHR 169 (2005) 431, 450 f.; zu *break-up fees* siehe Rn 51.

37 Das Abtretungshindernis kann sich aus Gesetz, aber auch aus der Satzung bzw. dem Gesellschaftsvertrag ergeben. Eine ausdrückliche Regelung in der Satzung oder im Gesellschaftsvertrag ist nicht erforderlich. Ausreichend ist, wenn sich das Zustimmungserfordernis aus dem allgemein für den übertragenden Rechtsträger geltenden Recht ergibt[101]. Schuldrechtliche Vereinbarungen über Abtretungshindernisse[102] sind nicht ausreichend[103]. Unerheblich ist, ob das Zustimmungsrecht an die Person des Anteilsinhabers oder an den Anteil geknüpft ist[104]. In letzterem Fall muss der Inhaber des Anteils zustimmen.

38 Abs. 2 findet auch Anwendung, wenn die Zustimmung mehrerer Anteilsinhaber erforderlich ist[105]. Ist nach Gesetz oder Satzung/Gesellschaftsvertrag zur Abtretung der Anteile die Zustimmung aller (übrigen) Anteilsinhaber erforderlich, müssen auch dem Verschmelzungsbeschluss alle Anteilsinhaber zustimmen[106]. Hängt die Abtretung von der Mehrheitsentscheidung einzelner oder mehrerer Anteilsinhaber ab, gilt für die Entscheidung über die Zustimmung zur Verschmelzung nach Abs. 2 dasselbe Mehrheitserfordernis.

39 Abs. 2 ist nicht anwendbar, wenn die Wirksamkeit der Abtretung von der Zustimmung eines anderen Gesellschaftsorgans abhängt[107]. Hängt die Wirksamkeit der Abtretung von der Zustimmung der Anteilsinhaberversammlung ab, bedarf es neben dem Verschmelzungsbeschluss keines weiteren Sonderbeschlusses, es sei denn, der Zustimmungsbeschluss kann nur mit größerer Mehrheit als der Verschmelzungsbeschluss gefasst werden[108]. Abs. 2 ist auch dann anwendbar, wenn nur die Abtretung einzelner Anteile von der Zustimmung einzelner Anteilsinhaber abhängig ist.

40 Ist nach Satzung oder Gesellschaftsvertrag die Abtretung der Anteile insgesamt ausgeschlossen, ist die Abtretung der Anteile nur mit Zustimmung aller Anteilsinhaber[109] bzw. nach den Regeln einer Durchbrechung von Satzung oder Gesellschaftsvertrag möglich. Der Verschmelzungsbeschluss bedarf dann zu seiner Wirksamkeit der Zustimmung aller Anteilsinhaber des Rechtsträgers. Abs. 2 ist dagegen nicht anwendbar, wenn die Verschmelzung durch Mehrheitsbeschluss ausdrücklich zugelassen ist[110]. Die Bestimmung in der Satzung bzw. im Gesellschaftsvertrag geht dann Abs. 2 vor.

41 b) Sonstige Zustimmungspflichten der Anteilsinhaber. Bei der Verschmelzung unter Beteiligung einer Personenhandelsgesellschaft oder einer PartG ist nicht nur ein einstimmiger Beschluss der in der Versammlung anwesenden Anteilsinhaber erforderlich. Es müssen auch die nicht erschienenen Gesellschafter bzw. Partner zustimmen[111]. Bei Verschmelzung einer GmbH bestehen besondere Zustimmungstatbestände, wenn bestimmte Minderheitsrechte eines einzelnen Gesellschafters beeinträchtigt oder das Haftungsrisiko erhöht wird[112]. Der Verschmelzungsbeschluss einer AG mit mehreren Aktiengattungen bedarf der Zustimmung der stimmberechtigten Aktionäre jeder Aktiengattung durch Sonderbeschluss[113]. Der Verschmelzungsbeschluss einer KGaA bedarf der Zustimmung der persönlich haftenden Ge-

---

[101] *Zimmermann* in Kallmeyer Rn 22; *Lutter/Drygala* in Lutter Rn 23; *Schöne* GmbHR 1995, 332.
[102] ZB Poolverträge oder Vereinbarungen über die Führung eines Gemeinschaftsunternehmens.
[103] *Zimmermann* in Kallmeyer Rn 22.
[104] *Lutter/Drygala* in Lutter Rn 22; *Reichert* GmbHR 1995, 176, 179.
[105] *Zimmermann* in Kallmeyer Rn 23; *Lutter/Drygala* in Lutter Rn 22.
[106] *Zimmermann* in Kallmeyer Rn 23; *Lutter/Drygala* in Lutter Rn 23; *Heckschen* in Widmann/Mayer Rn 167; *Reichert* GmbHR 1995, 179.
[107] *Zimmermann* in Kallmeyer Rn 24; *Lutter /Drygala* in Lutter Rn 24; *Mayer* DB 1995, 865.
[108] *Lutter/Drygala* in Lutter Rn 24.
[109] Für analoge Anwendung *Lutter/Drygala* in Lutter Rn 27; aA *Bermel* in Goutier/Knopf/Tulloch Rn 55.
[110] So wohl auch *Heckschen* in Widmann/Mayer Rn 173; *H. Schmidt* in Lutter Umwandlungsrechtstage S. 59, 78; aA *Reichert* GmbHR 1995, 176, 181.
[111] §§ 43 Abs. 1 und 45 d Abs. 1.
[112] § 50 Abs. 2 und § 51.
[113] § 65 Abs. 2.

sellschafter, die bei einer entsprechenden Satzungsbestimmung durch Mehrheitsbeschluss der persönlich haftenden Gesellschafter herbeigeführt werden kann[114].

c) Zustimmung bei Begründung von neuen Leistungspflichten und Beeinträchtigung von Sonderrechten. Abs. 2 regelt das Zustimmungserfordernis ausschließlich für den Sonderfall, dass die Anteile des übertragenden Rechtsträgers nur mit Zustimmung einzelner oder mehrerer Anteilsinhaber abgetreten werden können. Ein genereller Zustimmungsvorbehalt zugunsten von Anteilsinhabern, deren Sonderrechte durch die Verschmelzung beeinträchtigt werden, ist dagegen in Abs. 2 nicht geregelt. Abs. 2 enthält auch keine Bestimmung für den Fall, dass einem Anteilsinhaber des übertragenden Rechtsträgers – etwa durch Bestimmung in der Satzung bzw. im Gesellschaftsvertrag des übernehmenden Rechtsträgers oder durch Ausgabe von nicht voll eingezahlten Anteilen – neue Leistungspflichten beim übernehmenden Rechtsträger auferlegt werden. Von einer gesetzlichen Regelung ist bewusst abgesehen worden[115]. In der RegBegr. wird ausgeführt, eine Übernahme der Rechtsgedanken des § 180 Abs. 1 AktG (Auferlegung von Nebenpflichten) und des § 53 Abs. 3 GmbHG (Vermehrung obliegender Leistungen) sei nicht zweckmäßig. Dadurch würden Verschmelzungen häufig verhindert. Solchen Besonderheiten könne bei der Bestimmung des Umtauschverhältnisses und dessen gerichtlicher Nachprüfung Rechnung getragen werden. 42

Offen ist, ob Abs. 2 die Fälle, in denen das Wirksamwerden des Verschmelzungsbeschlusses von der Zustimmung einzelner oder mehrererAnteilsinhaber abhängt, abschließend regelt oder daneben die allgemeinen verbandsrechtlichen Vorschriften, nach denen die Entziehung von Sonderrechten oder die Begründung neuer Leistungspflichten nur mit Zustimmung des betroffenen Anteilsinhabers möglich ist, anwendbar bleiben. 43

Für die Begründung neuer Leistungspflichten, wie Wettbewerbsverboten oder Nachschusspflichten im übernehmenden Rechtsträger, ist die Anwendung der allgemeinen verbandsrechtlichen Regeln[116] nicht ausgeschlossen[117]. Aus dem Wortlaut von § 13 ergibt sich kein Anhaltspunkt, dass das UmwG bei der Verschmelzung die Begründung von neuen Leistungspflichten durch Mehrheitsbeschluss zulassen will[118]. Der Gesetzeswortlaut lässt auch nicht erkennen, dass die Zustimmungstatbestände des UmwG abschließende Regelungen enthalten. Auch die Gesetzessystematik zwingt nicht zu diesem Schluss. Die RegBegr. beruht – wie *Lutter* zu Recht annimmt – auf einem Anschauungsfehler, der für die Auslegung des Gesetzes nicht maßgebend ist[119]. Die Annahme, dass viele Verschmelzungen verhindert würden, wenn die Anteilsinhaber je einzeln der Begründung neuer Leistungspflichten zustimmen müssten, ist schon empirisch nicht nachvollziehbar. Soll die Verschmelzung zu einer Erhöhung von Leistungspflichten führen, können die betroffenen Anteilsinhaber aber vor allem auch zu Recht erwarten, dass die Verschmelzung von ihrer Einzelzustimmung abhängt. Die allgemeinen verbandsrechtlichen Grundsätze, wonach neue Leistungspflichten idR nur mit Zustimmung der betroffenen Anteilsinhaber begründet werden können[120], sind auch bei Verschmelzungen anzuwenden[121]. Das Korrektiv bei Verweigerung der Zustimmung durch den Anteilsinhaber sind die gesellschaftsrechtlichen Treupflichten. Sind die Belastungen aus den neuen Leistungspflichten nur gering und wird – etwa durch zusätzliche 44

---

[114] § 78 Satz 3.
[115] RegBegr. *Ganske* S. 61.
[116] § 707 BGB, § 53 Abs. 3 GmbHG, § 180 Abs. 1 AktG.
[117] IE so auch *Lutter/Drygala* in Lutter Rn 29 f.; *H. Winter* in Lutter § 51 Rn 13 f.; aA *Heckschen* in Widmann/Mayer Rn 184 ff., der die Lösung aber *de lege ferenda* für wünschenswert hält.
[118] Das hält auch *Zimmermann* in Kallmeyer Rn 26 für „systemwidrig"; *Lutter/Drygala* in Lutter Rn 29 f.
[119] *Lutter/Drygala* in Lutter Rn 30.
[120] § 707 BGB, § 53 Abs. 3 GmbHG, § 180 Abs. 1 AktG.
[121] Hierzu auch *Lutter/Drygala* in Lutter Rn 30; *Priester* ZGR 1990, 420, 442.

Rechte im übernehmenden Rechtsträger oder ein angemessenes Barabfindungsangebot – eine angemessene Kompensation der Belastungen angeboten, kann die Verweigerung der Zustimmung treuwidrig und somit unbeachtlich sein[122]. Das Registergericht kann die Verschmelzung dann auch ohne die Zustimmung des betroffenen Anteilsinhabers eintragen.

45 Anders ist die Situation zu bewerten, wenn ein einzelner Anteilsinhaber im übertragenden Rechtsträger ein statutarisches Sonderrecht hat, ihm ein vergleichbares Recht aber beim übertragenden Rechtsträger nicht eingeräumt wird. Bei wertender Betrachtung sprechen zwar gewichtige Gründe dafür, die Beseitigung des Sonderrechts nicht ohne Zustimmung des Anteilsinhabers zuzulassen. Das folgt schon daraus, dass in vielen Fällen die Rollen des übertragenden und des übernehmenden Rechtsträgers austauschbar sind. In dem einen Fall wären dem Eingriff in Sonderrechte das Tor geöffnet, in dem anderen wäre die Beseitigung oder Änderung des Sonderrechts nicht ohne Einzelzustimmung des Anteilsinhabers möglich.

46 Die Gesetzessystematik spricht aber gegen einen generellen Zustimmungsvorbehalt für die Inhaber von statutarischen Sonderrechten. Das UmwG erlaubt den Anteilsinhabern, den übertragenden Rechtsträger durch Verschmelzung ohne Abwicklung zu beenden. Der übertragende Rechtsträger erlischt mit Wirksamwerden der Verschmelzung[123]. Mit ihm erlöschen auch die Sonderrechte einzelner Anteilsinhaber des Rechtsträgers. Wie bei jeder anderen Auflösung hängt die Beendigung der Gesellschaft nicht von der Zustimmung der Aktionäre ab, die Inhaber von statutarischen Sonderrechten sind. Ein Zustimmungsvorbehalt bei Verschmelzung müsste positiv gesetzlich geregelt werden. Dies ist für Verschmelzungen von GmbHs in gewissem Umfang geschehen[124]. Darüber hinaus trifft § 23 eine Sonderregelung für die Inhaber von Rechten, die kein Stimmrecht in der Versammlung der Anteilsinhaber haben[125]. Der Inhaber eines statutarischen Sonderrechts kann aber – außerhalb des Anwendungsbereichs von Sonderregelungen wie § 23 – nicht die Einräumung eines gleichwertigen Rechts beim übernehmenden Rechtsträger verlangen. Eine Barabfindungspflicht[126] besteht gegenüber den betroffenen Anteilsinhabern ebenfalls nicht. Der Eingriff in statutarische Sonderrechte einzelner Anteilsinhaber unterliegt nur der allgemeinen Missbrauchskontrolle sowie den Treupflichten im Verband. Ist die Beeinträchtigung der Rechtsstellung des betroffenen Anteilsinhabers unter Würdigung aller Umstände unzumutbar, besteht ferner ein Austrittsrecht aus wichtigem Grund[127].

47 **d) Wirksamwerden der Zustimmungen.** Die Zustimmung ist eine empfangsbedürftige Willenserklärung. Sie wird mit ihrem Zugang bei der Gesellschaft wirksam. Dieser wird durch den Zugang einer Ausfertigung der notariellen Urkunde[128] bewirkt. Die Gesellschaft kann Zugangsvertreter bestellen[129], etwa den beurkundenden Notar. Bis zum Zugang der Zustimmungserklärung ist der Beschluss schwebend unwirksam[130]. Die Zustimmung kann vor und nach der Versammlung der Anteilsinhaber erklärt werden. Für die Zustimmung gelten die allgemeinen Regeln für Rechtsgeschäfte, insbesondere für den Zugang und das (rückwirkende) Wirksamwerden, den Widerruf, die Auslegung und die Anfechtung nach §§ 119 ff. BGB[131]. Der Mangel der ggf. erforderlichen Zustimmungserklärungen einzelner Anteilsinhaber wird durch die notarielle Beurkundung der Eintragung der Verschmelzung in

---

[122] *Lutter/Drygala* in Lutter Rn 30.
[123] § 20 Abs. 1 Nr. 2 Satz 1; näher zum Erlöschen des übertragenden Rechtsträgers § 20 Rn 73.
[124] § 50 Abs. 2.
[125] Umfassend dazu siehe § 23 Rn 1.
[126] Hierzu § 29.
[127] So bei Vermehrung von Leistungspflichten auch *Grunewald* in Lutter Umwandlungsrechtstage S. 19, 47 f.
[128] § 47 BeurkG.
[129] *Zimmermann* in Kallmeyer Rn 27.
[130] *Stratz* in Schmitt/Hörtnagl/Stratz Rn 34.
[131] *Zimmermann* in Kallmeyer Rn 27; *Bermel* in Goutier/Knopf/Tulloch Rn 56.

das Handelsregister geheilt[132]. Kommt eine Heilung nicht in Betracht, führt der Mangel nach der Eintragung der Verschmelzung gleichwohl nicht zur Rückabwicklung der eingetragenen Verschmelzung[133].

Die Erklärung über die Zustimmung ist von der Stimmabgabe in der Versammlung der Anteilsinhaber zu unterscheiden. Gibt der Anteilsinhaber seine Stimme für den Verschmelzungsbeschluss ab, kann darin keine konkludente Erklärung über die Einzelzustimmung nach Abs. 2 gesehen werden[134]. Zwar ist das Erklärungsverhalten aus der Stimmabgabe zugleich Zustimmung zum Verschmelzungsvertrag. Die Zustimmung bedarf aber der notariellen Beurkundung[135]. Die Zustimmungserklärung ist durch Niederschrift der Verhandlung über die Zustimmungserklärung, also nach §§ 8 ff. BeurkG zu beurkunden. Die Aufnahme der notariellen Sitzungsniederschrift genügt dem nicht[136]. Es kann daher der Fall eintreten, dass der Zustimmungsberechtigte in der Versammlung der Anteilsinhaber für die Zustimmung zum Verschmelzungsvertrag stimmt, bei der anschließenden notariellen Beurkundung der Zustimmungserklärung aber die Unterzeichnung der Urkunde[137] verweigert. Die vorausgegangene Abstimmung begründet auch keine Pflicht zur Unterzeichnung der Verhandlungsniederschrift über die Zustimmung. Anderenfalls würde die mit dem Erfordernis der notariellen Beurkundung bezweckte Warnfunktion leer laufen. **48**

Umgekehrt ist es rechtlich möglich, wenngleich nicht nahe liegend, dass der zustimmungsberechtigte Anteilsinhaber in der Versammlung der Anteilsinhaber gegen die Zustimmung zum Verschmelzungsvertrag stimmt, aber, nachdem die erforderliche Mehrheit zustande gekommen ist, die notwendige Einzelzustimmung erteilt[138]. **49**

e) Zustimmung bei Verschmelzung im Konzern. Sind an einer Verschmelzung Konzerngesellschaften beteiligt, stellt sich die Frage, ob die Verschmelzung neben der Zustimmung der Anteilsinhaberversammlung zusätzlich der Zustimmung der Organe der Konzernobergesellschaft bedarf. Im UmwG sind solche Zustimmungserfordernisse nicht geregelt. Möglich ist aber, dass das Vertretungsorgan der Konzernobergesellschaft zur Stimmabgabe in der Anteilsinhaberversammlung des an der Verschmelzung beteiligten Konzernunternehmens seinerseits der Zustimmung weiterer Organe der Konzernobergesellschaft bedarf. Das ist etwa der Fall, wenn sich der Aufsichtsrat einer AG die Zustimmung zu Verschmelzungen unter Beteiligung von Konzerngesellschaften vorbehalten hat[139]. Die Hauptversammlung einer AG muss zustimmen, wenn die Verschmelzung, an der sie nicht selbst, wohl aber eine Konzerngesellschaft beteiligt ist, nach der Rechtsprechung des BGH zu ungeschriebenen Mitwirkungsbefugnissen der Hauptversammlung der Zustimmung der Hauptversammlung bedarf.[140] Die Zustimmung des Aufsichtsrats oder der Hauptversammlung der Konzernobergesellschaft ist aber kein Wirksamkeitserfordernis des Verschmelzungsbeschlusses der beteiligten Konzerngesellschaften. Ohne die Zustimmung fehlt es dem Vorstand im Innenverhältnis zwar an der erforderlichen Befugnis, für die Verschmelzung zu stimmen[141]. Das kann aber nur in Ausnahmefällen zur Unwirksamkeit der Stimmabgabe führen, wenn nämlich die Voraussetzungen für einen Missbrauch der Vertretungsmacht gegeben sind. **50**

---

[132] Näher zur Heilung von Beurkundungsmängeln § 20 Rn 82 f.
[133] Dazu *Zimmermann* in Kallmeyer Rn 30 und *H. Winter* in Lutter § 50 Rn 32.
[134] AA *Zimmermann* in Kallmeyer Rn 28; *H. Winter* in Lutter § 50 Rn 24.
[135] § 13 Abs. 3 Satz 1.
[136] Dazu Rn 53.
[137] § 13 BeurkG.
[138] *Zimmermann* in Kallmeyer Rn 32.
[139] § 111 Abs. 4 Satz 2 GmbHG.
[140] Grundlegend BGHZ 83, 120 „Holzmüller" sowie BGHZ 159, 30 „Gelatine"; hierzu auch *Lutter/Drygala* in Lutter Rn 40; *Bermel* in Goutier/Knopf/Tulloch Rn 27 ff.
[141] Hierzu *Heckschen* in Widmann/Mayer Rn 197.

5. Notarielle Beurkundung (Abs. 3 Satz 1 und 2)

51 **a) Schutzzweck.** Der Verschmelzungsbeschluss und die nach dem UmwG erforderlichen Zustimmungserklärungen einzelner Anteilsinhaber einschließlich der erforderlichen Zustimmungserklärungen nicht erschienener Anteilsinhaber müssen notariell beurkundet werden. Die notarielle Beurkundung dient der Rechtssicherheit[142]. Sie hat zugleich Beweisfunktion. Bei Zustimmungserklärungen einzelner Anteilsinhaber hat die notarielle Beurkundung darüber hinaus Warnfunktion[143]. Schließlich wird dem Registergericht die Prüfung erleichtert, ob alle Erfordernisse für die Eintragung der Verschmelzung gegeben sind[144]. Das Formerfordernis gilt nach *LG Paderborn* auch für verbindliche Absprachen über eine *break-up fee*[145]. Dem ist nicht zuzustimmen. Vereinbarungen von *break-up fees*, also einer Geldleistung für den Fall, dass der Verschmelzungsbeschluss nicht gefasst wird, sind keine Frage der Formbedürftigkeit nach § 13 Abs. 3, sondern einerseits des Formerfordernisses nach § 6[146], andererseits des Zustimmungserfordernisses nach Abs. 1 Satz 1[147]. Wenn die *break-up fee* zu einer faktischen Bindung der Anteilsinhaber führt, also die Entscheidungsfreiheit der Anteilsinhaber so beeinträchtigt wird, dass sie nicht mehr unabhängig und frei über die Zustimmung entscheiden können, ist die Absprache über die *break-up fee* auch ungeachtet notarieller Beurkundung unwirksam. Eine *break-up fee* in angemessenem Rahmen kann dagegen – und dann auch ohne die Notwendigkeit notarieller Beurkundung[148] – vereinbart werden. Angemessen ist eine *break-up fee*, die nach den Umständen im Wesentlichen auf den Ersatz der Aufwendungen der anderen Partei gerichtet ist. Das wird regelmäßig anzunehmen sein, wenn sie einen Rahmen von 1 bis 2 Prozent des Marktwerts des Unternehmens nicht überschreitet[149].

52 **b) Beurkundung durch Niederschrift. Beifügung des Verschmelzungsvertrags.** Die Beurkundung der Beschlussfassung wird idR durch Niederschrift der Wahrnehmungen des Notars über die Versammlung der Anteilsinhaber vorgenommen[150]. Für die AG ist die Protokollform zwingend vorgeschrieben[151]. Die Verlesung oder die Errichtung der Niederschrift nach den strengeren Vorschriften der §§ 8 ff. BeurkG ist aber auch möglich[152]. In die Niederschrift sollen Ort und Tag der Wahrnehmungen des Notars sowie Ort und Tag der Errichtung der Urkunde aufgenommen werden[153]. Ausreichend ist, wenn aus der Niederschrift hervorgeht, dass der Verschmelzungsbeschluss mit der erforderlichen Mehrheit gefasst worden ist. Schon aus Beweisgründen wird der Notar aber auch die weiteren für die Beurteilung der Wirksamkeit des Beschlusses und die Eintragungsfähigkeit wesentlichen Wahrnehmungen in die Niederschrift aufnehmen[154].

---

[142] RegBegr *Ganske* S. 61; *Limmer* in Limmer Rn 600; *Lutter* in Lutter Rn 12.
[143] RegBegr. *Ganske* S. 61.
[144] RegBegr. *Ganske* S. 61.
[145] *LG Paderborn* NZG 2000, 900; *Zimmermann* in Kallmeyer Rn 37; *Heckschen* in Widmann/Mayer Rn 231.1.
[146] Siehe § 6 Rn 4 mN; anders *Austmann/Frost* ZHR 169 (2005) 431, 450 f., die eine Beurkundungspflicht verneinen.
[147] So auch *Austmann/Frost* ZHR 169 (2005) 431, 450 f.
[148] So auch *Austmann/Frost* ZHR 169 (2005) 431, 450 f.
[149] Vgl. zu *break-up fees* nur *Drygala* WM 2004, 1413 und *Austmann/Frost* ZHR 169 (2005) 431, 450 f. jeweils mwN.
[150] *Limmer* in Limmer Rn 603; *Zimmermann* in Kallmeyer Rn 37.
[151] § 130 Abs. 1 AktG.
[152] *Limmer* in Limmer Rn 603; *Zimmermann* in Kallmeyer Rn 37.
[153] § 37 Abs. 2 BeurkG.
[154] ZB wer erschienen ist oder sich hat vertreten lassen, die Übernahme der Versammlungsleitung durch den Versammlungsleiter, die Hinweise und Bestimmungen des Versammlungsleiters, das Abstimmungsergebnis und die Feststellungen des Versammlungsleiters dazu, von Anteilsinhabern erklärte Widersprüche gegen den Verschmelzungsbeschluss oder Rügen von Anteilsinhabern, die die Ordnungsmäßigkeit der Beschlussfassung betreffen. Hierzu auch *Zimmermann* in Kallmeyer Rn 38.

Die Beurkundung von Zustimmungserklärungen einzelner Anteilsinhaber geschieht 53
durch Niederschrift der jeweiligen Erklärung durch den Notar[155]. Ein Vermerk in der
Niederschrift über die Versammlung der Anteilsinhaber, dass der Anteilsinhaber die Zustimmung
erklärt habe, ist nicht ausreichend. Möglich ist aber die Beurkundung in derselben
Urkunde, in der auch die Niederschrift über die Versammlung aufgenommen ist[156]. Dasselbe
gilt für Verzichtserklärungen[157].

Der notariellen Urkunde über den Verschmelzungsbeschluss ist der Verschmelzungsvertrag 54
oder sein Entwurf beizufügen[158]. Damit steht rechtssicher fest, auf welchen Verschmelzungsvertrag
sich der Verschmelzungsbeschluss bezieht. Ist der Verschmelzungsvertrag bereits
notariell beurkundet, kann eine Ausfertigung beigefügt werden[159]. Möglich ist aber auch,
dass eine einfache Abschrift des Verschmelzungsvertrags beigefügt wird. Das Registergericht
kann sich dann nachträglich davon überzeugen, dass die als Anlage beigefügte Abschrift
und die beurkundete Fassung des Verschmelzungsvertrags übereinstimmen. Der Vertrag muss
nicht verlesen werden[160]. Entgegen der Auffassung von *Heckschen*[161] muss die Abschrift nicht
beglaubigt sein[162].

Ist der Vertrag noch nicht notariell beurkundet, ist der Entwurf beizufügen. Die Beifügung 55
als Anlage ist nicht erforderlich, wenn der Verschmelzungsvertrag in derselben notariellen
Urkunde wie der Verschmelzungsbeschluss beurkundet wird. Wird der Vertrag nicht als Anlage
beigefügt, ist der Verschmelzungsbeschluss nicht unwirksam[163]. Der Nachweis, dass sich
der Verschmelzungsbeschluss auf den Verschmelzungsvertrag bezieht, der mit Anmeldung
der Verschmelzung zur Eintragung in das Handelsregister überreicht wird, kann auch anders
geführt werden, etwa dadurch, dass der Verschmelzungsbeschluss die Nummer der Urkundenrolle
des den Vertrag beurkundenden Notars bezeichnet[164].

c) Kosten der notariellen Beurkundung. Für die Beurkundung des Verschmelzungs- 56
beschlusses erhält der Notar das Doppelte der vollen Gebühr[165]. Geschäftswert ist das Aktivvermögen
des/der übertragenden Rechtsträger ohne Abzug der Verbindlichkeiten[166]. Hat
der Rechtsträger seinen Sitz in den neuen Bundesländern, ist ein Abschlag iHv. 20% zu
gewähren[167]. Die Gebühr ist auf € 5 000 begrenzt[168]. Verschmelzungsbeschlüsse mehrerer
Rechtsträger in einer Urkunde sind gegenstandsgleich[169].

Für die Beurkundung von Zustimmungserklärungen einzelner Anteilsinhaber fällt eine 57
volle Gebühr an[170]. Der Geschäftswert richtet sich nach dem Wert des Geschäfts, auf das
sich die Zustimmung bezieht, also nach dem Geschäftswert des Verschmelzungsbeschlusses.

---

[155] §§ 8 ff. BeurkG.
[156] *Zimmermann* in Kallmeyer Rn 41; *H. Winter* in Lutter § 50 Rn 24.
[157] Verzicht auf den Verschmelzungsbericht gem. § 8 Abs. 3; den Verzicht auf die Verschmelzungsprüfung
gem. § 9 Abs. 3 iVm. § 8 Abs. 3; und auf den Prüfungsbericht gem. § 12 Abs. 3 iVm. § 8 Abs. 3.
[158] § 13 Abs. 3 Satz 2.
[159] § 47 BeurkG.
[160] *Zimmermann* in Kallmeyer Rn 39; *Heckschen* in Widmann/Mayer Rn 227; *Limmer* in Limmer
Rn 603.
[161] *Heckschen* in Widmann/Mayer Rn 227.
[162] Wie hier *Zimmermann* in Kallmeyer Rn 39; *Bermel* in Goutier/Knopf/Tulloch Rn 62.
[163] *Zimmermann* in Kallmeyer Rn 39; *Lutter* in Lutter Rn 14.
[164] *Zimmermann* in Kallmeyer Rn 39.
[165] §§ 141, 47 KostO.
[166] §§ 141, 27 Abs. 2, 18 Abs. 3 KostO.
[167] Anh. I Kap. III Sachgebiet A Abschnitt. III Nr. 20 a des Einigungsvertrags; *Heckschen* in Widmann/Mayer
Rn 244.
[168] §§ 141, 47 Satz 2 KostO.
[169] §§ 27 Abs. 3, 44 KostO; *Stratz* in Schmitt/Hörtnagl/Stratz Rn 40 f.; *Heckschen* in Widmann/
Mayer Rn 246; *Lutter* in Lutter Rn 46; *Zimmermann* in Kallmeyer Rn 43.
[170] §§ 141, 36 Abs. 1 KostO.

Allerdings ist eine Ermäßigung auf den Anteil vorzunehmen, der der Beteiligung des zustimmungsberechtigten Anteilsinhabers entspricht[171]. Mehrere Zustimmungserklärungen sind – auch mit dem Verschmelzungsvertrag – gegenstandsgleich[172]. Die Kosten der Beurkundung der Zustimmungserklärungen trägt der Rechtsträger[173].

58 **d) Auslandsbeurkundung.** Für die Beurkundung im Ausland gelten dieselben Grundsätze wie bei der Beurkundung des Verschmelzungsvertrags[174]. Nach dem Recht der beteiligten Rechtsträger richtet sich, ob die Versammlung der Anteilsinhaber überhaupt im Ausland stattfinden kann[175] und von einem ausländischen Notar beurkundet werden kann. Ist dies – wie etwa bei der AG – nicht sicher geklärt, besteht das Risiko, dass ein Anteilsinhaber Klage gegen die Wirksamkeit des Verschmelzungsbeschlusses erhebt. Kostengründe rechtfertigen dann die Beurkundung der Verschmelzungsbeschlüsse im Ausland idR nicht mehr[176].

59 **e) Heilung.** Der Mangel der notariellen Beurkundung des Verschmelzungsvertrags und ggf. erforderlicher Zustimmungs- oder Verzichtserklärungen einzelner Anteilsinhaber, nicht aber des Zustimmungsbeschlusses nach Abs. 1 Satz 1 wird durch die Eintragung der Verschmelzung in das Register des übernehmenden Rechtsträgers geheilt[177].

6. Übersendung des Verschmelzungsvertrags an die Anteilsinhaber (Abs. 3 Satz 3)

60 Auf Verlangen hat der Rechtsträger jedem seiner Anteilsinhaber unverzüglich eine Abschrift des Vertrags oder seines Entwurfs und der Niederschrift des Beschlusses zu erteilen. Die Kosten trägt der Anteilsinhaber.

III. Bindungswirkung des Beschlusses

1. Begründung der Bindungswirkung

61 Nach allgemeiner Auffassung tritt mit der Zustimmung der Versammlung der Anteilsinhaber vertragliche Bindungswirkung ein[178].

62 Das bedeutet nicht, dass vor Zustimmung der Versammlung keinerlei Rechtsbeziehung zwischen den beteiligten Rechtsträgern besteht. Mit dem Abschluss des Verschmelzungsvertrags bzw. der Einigung auf die endgültige Entwurfsfassung entsteht vielmehr ein vorvertragliches (gesetzliches) Schuldverhältnis[179]. Die Vertretungsorgane sind – aufgrund der ihnen gegenüber dem eigenen Rechtsträger bestehenden Organpflichten, aber auch im Verhältnis zu den anderen beteiligten Rechtsträgern – zur Herbeiführung einer Entscheidung der Anteilsinhaber ihres Rechtsträgers über die Zustimmung zum Verschmelzungsvertrag verpflichtet[180].

---

[171] § 40 Abs. 2 Satz 2 KostO.
[172] §§ 27 Abs. 3, 44 KostO; *Stratz* in Schmitt/Hörtnagl/Stratz Rn 40 f.; *Zimmermann* in Kallmeyer Rn 44; für Zustimmungserklärungen in einer Urkunde auch *Heckschen* in Widmann/Mayer Rn 246.
[173] So auch *Heckschen* in Widmann/Mayer Rn 250.
[174] Siehe § 6 Rn 15 ff.; gegen die Zulässigkeit von Auslandsbeurkundungen *Limmer* in Limmer Rn 601; *Heckschen* in Widmann/Mayer Rn 230; aA *Lutter/Drygala* in Lutter Rn 13; *Bermel* in Goutier/Knopf/Tulloch Rn 60.
[175] Vgl. dazu *Raiser* KapGesR § 16 Rn 23 und *F. J. Semler* in MünchHdbGesR Bd. 4 § 35 Rn 33.
[176] So auch *Limmer* in Limmer Rn 601; *Heckschen* in Widmann/Mayer Rn 230; zu den Kosten der Beurkundung Rn 56 f.
[177] § 20 Abs. 1 Nr. 4; im Einzelnen § 20 Rn 82 f.
[178] *Zimmermann* in Kallmeyer Rn 2; *Lutter/Drygala* in Lutter Rn 18 f.; *Stratz* in Schmitt/Hörtnagl/Stratz Rn 7.
[179] Zu den Rechtsfolgen des Vertragsschlusses siehe § 4 Rn 45 ff.
[180] *Lutter/Drygala* in Lutter Rn 18; *Stratz* in Schmitt/Hörtnagl/Stratz Rn 7; *Austmann/Frost* ZHR 169 (2005) 431, 440 f.

Die Versammlung der Anteilsinhaber ist dagegen völlig frei, sich für oder gegen eine Zustimmung zum Verschmelzungsvertrag zu entscheiden[181]. Das Vertretungsorgan muss seine Pflicht, einen Beschluss der Anteilsinhaber herbeizuführen, soweit im Verschmelzungsvertrag nichts anderes geregelt ist, in einem angemessenen Zeitraum nach Abschluss des Vertrags oder Aufstellung des Entwurfs erfüllen[182]. Dasselbe gilt, wenn die Entscheidung von weiteren Organen, einzelnen Anteilsinhabern oder Dritten einzuholen ist.

Die zweite Stufe der Bindung wird mit Zustimmung der Versammlung der Anteilsinhaber erreicht. Ist der Verschmelzungsvertrag noch nicht abgeschlossen, ist das Vertretungsorgan nunmehr im Innenverhältnis verpflichtet, die weiteren Schritte zum Abschluss des Vertrags zu bewirken. Hierzu gehört auch die Pflicht, eine Entscheidung einzelner Anteilsinhaber oder Dritter über die Zustimmung zum Verschmelzungsbeschluss herbeizuführen, soweit die Wirksamkeit des Verschmelzungsvertrags davon abhängt. Diese sind in entsprechender Anwendung von §§ 108 Abs. 2 und 177 Abs. 2 BGB zur Erklärung innerhalb angemessener Frist aufzufordern[183].

Ist im Verschmelzungsvertrag nichts anderes geregelt, ist das Vertretungsorgan nach Abschluss des Vertrags zur Herbeiführung der Eintragung verpflichtet[184]. Sämtliche Pflichten des Vertretungsorgans gegenüber dem eigenen Rechtsträger stehen allerdings unter dem Vorbehalt, dass die weiteren Voraussetzungen für die Verschmelzung, insbesondere die Zustimmung der Anteilsinhaberversammlung der anderen beteiligten Rechtsträger, vorliegen.

Bei der Bindungswirkung des Verschmelzungsbeschlusses für die Anteilsinhaberversammlung ist zu unterscheiden[185]. Liegt bei Beschlussfassung nur ein Entwurf des Verschmelzungsvertrags vor, sind die Anteilsinhaber bis zum Vertragsschluss an ihre Beschlussfassung nicht gebunden. Nach den für ihren Rechtsträger geltenden Vorschriften können sie den Beschluss ändern oder aufheben[186]. Stimmen die Anteilsinhaber einem abgeschlossenen Verschmelzungsvertrag zu oder wird der Verschmelzungsvertrag nach der Zustimmung der Anteilsinhaberversammlung abgeschlossen, tritt dagegen mit dem Verschmelzungsbeschluss eine Bindungswirkung auch gegenüber den anderen beteiligten Rechtsträgern ein (externe Bindung)[187]. Der Verschmelzungsbeschluss der Anteilsinhaber kann nur noch aufgehoben werden, wenn die anderen beteiligten Rechtsträger dem durch eigenen Aufhebungsbeschluss oder in sonstiger Weise zustimmen bzw. dem Verschmelzungsvertrag nicht oder nicht rechtzeitig zustimmen.

Die dritte Stufe der Bindung wird mit der Eintragung der Verschmelzung in das Handelsregister erreicht. Mit der Eintragung in das Handelsregister des übernehmenden Rechtsträgers wird die Verschmelzung wirksam[188]. Die Wirkung der Eintragung kann auch durch übereinstimmenden Beschluss der Anteilsinhaber aller beteiligten Rechtsträger nicht mehr rückgängig gemacht werden. Bei einer Verschmelzung mit Kapitalerhöhung tritt eine erhöhte Bindungswirkung schon mit Wirksamwerden der Kapitalerhöhung ein, wenn wie bei der GmbH oder der AG eine Herabsetzung des Kapitals nur durch ein gesondertes Kapitalherabsetzungsverfahren bewirkt werden kann[189].

---

[181] Zur Zustimmungsverpflichtung aufgrund von Treupflichten *Zimmermann* in Kallmeyer Rn 31.
[182] *Zimmermann* in Kallmeyer Rn 6.
[183] *Zimmermann* in Kallmeyer Rn 29; aA *Vossius* in Widmann/Mayer § 43 Rn 57.
[184] Siehe § 4 Rn 45.
[185] So auch *Lutter/Drygala* in Lutter Rn 18; *Zimmermann* in Kallmeyer Rn 17; *Limmer* in Limmer Rn 562.
[186] Anders *Lutter/Drygala* in Lutter Rn 18; *Limmer* in Limmer Rn 562.
[187] So auch *Lutter/Drygala* in Lutter Rn 18; *Zimmermann* in Kallmeyer Rn 17; *Limmer* in Limmer Rn 562.
[188] Siehe § 20 Rn 5 ff.
[189] Hierzu auch § 55 Rn 3 ff. und § 69 Rn 4 ff.

2. Beendigung der Bindungswirkung

68 Die Bindungswirkung wird, soweit es nicht zur Eintragung der Verschmelzung gekommen ist, wieder beseitigt, wenn die Anteilsinhaberversammlungen der anderen beteiligten Rechtsträger die Zustimmung zum Verschmelzungsvertrag nicht innerhalb der Frist erklären, innerhalb derer die Entscheidung über die Zustimmung unter regelmäßigen Umständen erwartet werden darf. Ist im Verschmelzungsvertrag eine Frist bestimmt, gilt diese. Im Übrigen gelten die Rechtsgedanken der §§ 147 Abs. 2, 148 BGB. Die Bestimmungen der §§ 108 Abs. 2, 177 Abs. 2 und 1829 Abs. 2 BGB oder des § 323 Abs. 1 BGB[190] sind nicht entsprechend anzuwenden. Eine Fristsetzung gegenüber den anderen beteiligten Rechtsträgern ist daher nicht erforderlich[191]. Schadensersatzansprüche aus dem vorvertraglichen Schuldverhältnis (in der Regel beschränkt auf Ersatz nutzloser Aufwendungen) kommen nur in Betracht, wenn die andere Partei die Verschmelzung ohne sachlichen Grund abbricht[192].

69 Wie sich nachträgliche Veränderungen der Verschmelzungswertrelation auf die Pflicht der Vertretungsorgane auswirken, wird bisher nur in Ansätzen diskutiert[193].

70 Die Bindungswirkung endet ebenfalls, wenn Zustimmungen einzelner Anteilsinhaber oder Dritter, die zur Wirksamkeit des Verschmelzungsbeschlusses erforderlich sind, endgültig verweigert werden oder eine Erklärungsfrist fruchtlos verstreicht[194].

71 Schließlich besteht eine Bindungswirkung nicht mehr, wenn die Anteilsinhaberversammlungen sämtlicher beteiligter Rechtsträger ihre Zustimmungen zum Verschmelzungsvertrag aufheben oder einer Aufhebung zustimmen[195]. Eine zusätzliche Zustimmung der einzelzustimmungsberechtigten Anteilsinhaber oder Dritter zu der übereinstimmenden Aufhebung durch die Anteilsinhaberversammlungen sämtlicher beteiligter Rechtsträger ist nicht erforderlich.

§ 14 Befristung und Ausschluß von Klagen gegen den Verschmelzungsbeschluß

(1) Eine Klage gegen die Wirksamkeit eines Verschmelzungsbeschlusses muß binnen eines Monats nach der Beschlußfassung erhoben werden.

(2) Eine Klage gegen die Wirksamkeit des Verschmelzungsbeschlusses eines übertragenden Rechtsträgers kann nicht darauf gestützt werden, daß das Umtauschverhältnis der Anteile zu niedrig bemessen ist oder daß die Mitgliedschaft bei dem übernehmenden Rechtsträger kein ausreichender Gegenwert für die Anteile oder die Mitgliedschaft bei dem übertragenden Rechtsträger ist.

Übersicht

	Rn		Rn
I. Allgemeines	1	3. Sonderfall: Rüge der Anteilsinhaber des übernehmenden Rechtsträgers gegen die Angemessenheit des Umtauschverhältnisses	17
1. Sinn und Zweck der Norm	1		
2. Entstehungsgeschichte	4		
II. Beschlussmängel	5		
1. Formelle Beschlussmängel	7	a) Zulässigkeit von Rügen gegen das Umtauschverhältnis	17
2. Materielle Beschlussmängel	11		

---

[190] *Austmann/Frost* ZHR 169 (2005) 431, 443
[191] So aber wohl *Zimmermann* in Kallmeyer Rn 18; *Limmer* in Limmer Rn 561; *Stratz* in Schmitt/Hörtnagl/Stratz Rn 9.
[192] Weiter *Austmann/Frost* ZHR 169 (2005) 431, 444 mwN.
[193] Vgl. insbesondere *Austmann/Frost* ZHR 169 (2005) 431, 444 ff.
[194] *Zimmermann* in Kallmeyer Rn 19.
[195] *Stratz* in Schmitt/Hörtnagl/Stratz Rn 10.

	Rn		Rn
b) Beurteilungsmaßstab	18	IV. **Ausschluss von Rügen betreffend das Umtauschverhältnis**	30
c) Analoge Anwendung der Bestimmungen über das Spruchverfahren	21	1. Grundsatz	30
		2. Rügen gegen das Umtauschverhältnis	31
III. **Klagefrist**	22	3. Anwendung des Klageausschlusses auf Informations-, Berichts- und Auskunftsrügen?	32
1. Berechnung der Klagefrist	23		
2. Wahrung der Klagefrist	24		
3. Rechtsfolgen der Fristversäumnis	26	4. Rechtsfolgen einer unzulässigen Rüge	34
4. Konzentrationswirkung der Klagefrist	29	5. Rechtspolitische Kritik	35

Literatur: *Baums,* Empfiehlt sich eine Neuregelung des aktienrechtlichen Anfechtungs- und Organhaftungsrecht, insbesondere der Klagemöglichkeit von Aktionären?, Gutachten für den 63. DJT 2000, S. 125; *Bayer,* Aktionärsklage de lege lata und de lege ferenda, NJW 2000, 2609; *Bork,* Beschlussverfahren und Beschlusskontrolle nach dem Referentenentwurf eines Gesetzes zur Bereinigung des Umwandlungsrechts, ZGR 1993, 343; *Boujong,* Rechtsmißbräuchliche Aktionärsklagen vor dem Bundesgerichtshof, FS Kellermann 1990, S. 1; *Hoffmann-Becking,* Der materielle Gesellschafterschutz: Abfindung und Spruchverfahren, ZGR 1990, 482; *Hommelhoff,* Minderheitenschutz bei Umstrukturierungen, ZGR 1993, 452; *ders.,* Zur Kontrolle strukturändernder Gesellschafterbeschlüsse, ZGR 1990, 447; *Martens,* Verschmelzung, Spruchverfahren und Anfechtungsklage in Fällen eines unrichtigen Umtauschverhältnisses, AG 2000, 301; *Timm,* Zweifelsfragen zum neuen Umwandlungsrecht, ZGR 1996, 247; *Zöllner,* Zur Problematik der aktienrechtlichen Anfechtungsklage, AG 2000, 145.

I. Allgemeines

1. Sinn und Zweck der Norm

Bei Verschmelzungen kann das Recht der Anteilsinhaber, die Wirksamkeit des Verschmelzungsbeschlusses durch Gerichte überprüfen zu lassen, mit dem Interesse des Rechtsträgers am raschen Wirksamwerden der Verschmelzung in Widerstreit geraten. § 14 will zwischen diesen Interessen vermitteln. 1

Nach Abs. 1 muss jede **Klage gegen die Wirksamkeit** des Verschmelzungsbeschlusses binnen eines Monats nach der Beschlussfassung erhoben werden. Dies gilt unabhängig von der Rechtsform des Rechtsträgers, von seiner Beteiligung an der Verschmelzung (als übertragender oder übernehmender Rechtsträger) und der Art der Wirksamkeitsklage (Anfechtung oder Feststellung der Nichtigkeit bzw. Unwirksamkeit). Die Vorschrift stellt sicher, dass die Beteiligten nach der Beschlussfassung der Anteilsinhaber über die Verschmelzung rasch Klarheit gewinnen, ob und mit welchen Gründen Anteilsinhaber die Wirksamkeit des Verschmelzungsbeschlusses bestreiten. Abs. 1 ergänzt zugleich § 16 Abs. 2. Danach müssen die Vertretungsorgane aller an der Verschmelzung beteiligten Rechtsträger bei der Anmeldung der Verschmelzungseintragung in das Register erklären, dass eine Klage gegen die Wirksamkeit des Verschmelzungsbeschlusses nicht oder nicht fristgemäß erhoben oder eine solche Klage rechtskräftig abgewiesen oder zurückgenommen worden ist (sog. Negativerklärung). 2

Abs. 2 verweist die **Kontrolle des Umtauschverhältnisses** für die Anteilsinhaber des übertragenden Rechtsträgers in das Spruchverfahren[1]. Die Anteilsinhaber des übertragenden Rechtsträgers können Rügen gegen das Umtauschverhältnis oder die Gleichwertigkeit der Mitgliedschaft beim übernehmenden Rechtsträger nicht mit der Klage gegen die Wirksamkeit des Verschmelzungsbeschlusses geltend machen. Abs. 2 steht im engen gesetzessystematischen Zusammenhang mit § 32, der Rügen gegen das Abfindungsangebot nach § 29 von der Geltendmachung mit der Wirksamkeitsklage ausschließt. 3

---

[1] §§ 1 ff. SpruchG. Siehe ausf. Anh. SpruchG.

2. Entstehungsgeschichte

4   Abs. 1 ist § 246 Abs. 1 AktG nachgebildet[2]. Nach dieser Vorschrift muss eine Anfechtungsklage gegen Beschlüsse der Hauptversammlung einer AG innerhalb eines Monats nach der Beschlussfassung erhoben werden. Vergleichbare Beschränkungen der Klagefrist sind auch in §§ 51 Abs. 1 Satz 1 GenG und 36 Abs. 1 Satz 1 VAG enthalten. Eine Frist für die Erhebung einer Klage gegen die Wirksamkeit eines Verschmelzungsbeschlusses war bisher im deutschen Recht nicht allgemein vorgesehen[3]. Abs. 2 knüpft an die Regelungen in § 352 c Abs. 1 Satz 1 AktG und § 31 a Abs. 1 Satz 1 KapErhG an.

II. Beschlussmängel

5   Abgesehen von den beiden Spezialregelungen in § 14, richtet sich die Zulässigkeit und Begründetheit der Klagen gegen die Wirksamkeit des Verschmelzungsbeschlusses nach den allgemeinen Regeln der Beschlusskontrolle für den beteiligten Rechtsträger[4]. Abs. 2 wird für aktienrechtliche Verschmelzungen durch § 243 Abs. 4 Satz 2 AktG ergänzt. Danach kann eine Anfechtungsklage gegen den Verschmelzungsbeschluss nicht auf unrichtige, unvollständige oder unzureichende Informationen in der Hauptversammlung (nicht im Bericht nach § 8) über die Ermittlung, Höhe oder Angemessenheit des Umtauschverhältnisses gestützt werden.

6   Die **Zulässigkeit** der Klage gegen die Wirksamkeit des Verschmelzungsbeschlusses setzt in jedem Fall voraus, dass der Kläger bei Klageerhebung und im Zeitpunkt der letzten mündlichen Verhandlung Anteilseigner des beteiligten Rechtsträgers ist[5]. Je nach Rechtsform sind weitere Zulässigkeitsvoraussetzungen zu erfüllen[6]. Die Klage ist begründet, wenn der Verschmelzungsbeschluss inhaltlich oder aufgrund von Verfahrensmängeln das Gesetz oder die Satzung bzw. den Gesellschaftsvertrag verletzt und die gerügten Rechtsverletzungen nicht der Beschlusskontrolle durch die Wirksamkeitsklage entzogen sind[7]. Das Fehlen anderer Wirksamkeitsvoraussetzungen, etwa der Zustimmung einzelner Anteilseigner, begründet die Klage dagegen nicht. Im Folgenden wird ein Überblick über die wichtigsten Fehlerquellen gegeben:

1. Formelle Beschlussmängel

7   Beschlussmängel können sich aus dem Verfahren der Beschlussfassung und seiner Vorbereitung ergeben. Die Informations-, Berichts- und Auskunftsrechte nehmen in der Praxis, aber auch in der Rechtsprechung eine besondere Stellung ein[8].

8   Als **Mängel bei der Vorbereitung** der Versammlung der Anteilsinhaber kommen insbesondere in Betracht:
– Fehlen oder Vorlage eines fehlerhaften Verschmelzungsberichts[9];
– Fehlen der gebotenen Prüfung der Verschmelzung und der Berichterstattung darüber sowie uU auch Fehler in der Berichterstattung[10];

---

[2] Vgl. Begr. RegE, BT-Drucks. 12/6699 S. 87; *Marsch-Barner* in Kallmeyer Rn 2.
[3] Vgl. RegBegr. *Ganske* S. 63.
[4] *Stratz* in Schmitt/Hörtnagl/Stratz Rn 1; *Marsch-Barner* in Kallmeyer Rn 7; *Bork* in Lutter Rn 4.
[5] *Bork* in Lutter Rn 3.
[6] ZB die Erhebung eines Widerspruchs zur Niederschrift des Notars bei der aktienrechtlichen Anfechtungsklage; siehe § 245 AktG.
[7] Etwa zu §§ 14 Abs. 2, 20.
[8] Für aktienrechtliche Verschmelzungen führt die neue Vorschrift des § 243 Abs. 4 Satz 2 AktG (dazu bereits Rn 5) künftig voraussichtlich zu einer Akzentverschiebung.
[9] Zum Verschmelzungsbericht siehe § 8.
[10] Zur Verschmelzungsprüfung und zum Verschmelzungsprüfungsbericht siehe §§ 9, 12.

– fehlerhafte oder inhaltlich unzureichende Einladung;
– Versäumen von Formen und Fristen für die Einladung[11];
– fehlende Übersendung oder Auslegung von Unterlagen (insbesondere Verschmelzungsvertrag, Verschmelzungsbericht, Verschmelzungsprüfungsbericht, Jahresabschlüsse und Lageberichte der beteiligten Rechtsträger)[12];
– Verletzung von Unterrichtspflichten nach der Einladung der Versammlung.

Die wesentlichen Fehlerquellen im Zusammenhang mit der Durchführung der Versammlung der Anteilsinhaber sind:

– fehlerhafte Entscheidungen im Zusammenhang mit der Zulassung und Nichtzulassung von Anteilsinhabern oder Dritten zur Teilnahme an der Versammlung;
– fehlerhafte Organisation und Führung der Versammlung (einschließlich der Gleichbehandlung der Versammlungsteilnehmer);
– Nichtzulassung von Anteilsinhabern oder fehlerhafte Zulassung von Dritten zur Ausübung von Rede- und Informationsrechten (einschließlich des Rechts auf Einsicht in auszulegende Unterlagen und des Auskunftsrechts);
– Informationsfehler in der Versammlung der Anteilsinhaber;
– Nichtzulassung von Anteilsinhabern oder Zulassung Dritter zur Ausübung des Stimmrechts; fehlerhafte Beurteilung von Sachverhalten, die zu einem Stimmrechtsausschluss führen;
– Fehler bei der Durchführung der Abstimmung[13];
– Fehler bei der Auszählung und Feststellung des Beschlussergebnisses (einschließlich der Mehrheitserfordernisse und etwa erforderlicher Sonderbeschlüsse einzelner Anteilsinhabergruppen).

Für die formellen, das Beschlussverfahren betreffenden Mängel gilt der allgemeine Grundsatz, dass der von der Versammlung gefasste Beschluss auf dem Verfahrensfehler beruhen muss, um die Wirksamkeitsklage zu begründen[14].

2. Materielle Beschlussmängel

Die Klage gegen die Wirksamkeit des Verschmelzungsbeschlusses ist ferner begründet, wenn der Inhalt des Verschmelzungsbeschlusses gegen das Gesetz oder die Satzung bzw. den Gesellschaftsvertrag verstößt[15]. Die Gesetzesverstöße können sich aus Verstößen gegen die für den Rechtsträger geltenden allgemeinen Vorschriften ergeben, aber auch aus Verstößen gegen Vorschriften des UmwG.

An der Verschmelzung dürfen keine Rechtsträger beteiligt sein, die generell nicht an einer Verschmelzung[16] beteiligt sein können[17]. Ein Verschmelzungsbeschluss ist fehlerhaft, wenn nicht zuvor entweder der Verschmelzungsvertrag abgeschlossen oder ein schriftlicher Entwurf aufgestellt worden ist[18]. Der Verschmelzungsbeschluss darf sich nicht abstrakt auf ein Verschmelzungsvorhaben, sondern muss sich auf einen konkreten Verschmelzungsvertrag oder seinen Entwurf beziehen[19]. Der Verschmelzungsbeschluss muss sich auf einen Verschmelzungsvertrag beziehen, der weder Gesetz noch Satzung oder Gesellschaftsvertrag

---

[11] Vgl. zB §§ 121 ff. AktG für die AG.
[12] Siehe §§ 42, 45 c Satz 2, 47, 49, 63, 64, 82, 83, 101, 102, 106, 111, 112.
[13] Etwa Beschlussfassung außerhalb einer Versammlung der Anteilsinhaber; § 13 Abs. 1 Satz 2. Näher zur Versammlungspflicht § 13 Rn 14 ff.
[14] Übersichtlich zur Kausalitäts- und Relevanzlehre K. *Schmidt* in Großkomm. § 243 AktG Rn 22 ff.
[15] *Marsch-Barner* in Kallmeyer Rn 7.
[16] Siehe hierzu § 3, der die verschmelzungsfähigen Rechtsträger abschließend aufzählt.
[17] Siehe §§ 99 Abs. 2; 105, 109, 120, die die Möglichkeiten der Verschmelzung bestimmter Rechtsträger einschränken.
[18] § 4 Abs. 2; näher zum Vertragsentwurf § 4 Rn 18 ff.
[19] § 13 Abs. 1 Satz 1; siehe hierzu § 13 Rn 28.

verletzt[20]. Inhaltsfehler des Verschmelzungsvertrags begründen die Klage gegen die Wirksamkeit des Verschmelzungsbeschlusses, jedenfalls soweit die Mindestanforderungen des § 5 nicht erfüllt sind[21]. Soweit eine gesetzeskonforme Auslegung des Verschmelzungsvertrags möglich ist, geht diese allerdings vor. Wenn der Vertrag eine salvatorische Klausel enthält, ist die Wirksamkeitsklage ausgeschlossen, soweit die Anwendung der salvatorische Klausel den Mangel behebt – was bei einer Verletzung der Vorschriften über den gesetzlichen Mindestinhalt nicht der Fall ist[22].

13 Ein fehlerhafter Verschmelzungsvertrag liegt auch vor, wenn im Verschmelzungsvertrag kein Barabfindungsangebot unterbreitet wird[23]. § 32 schließt diesen Fehler bei der Klage gegen die Wirksamkeit des Verschmelzungsbeschlusses aber aus. Ist eine Kündigung auch unterjährig zugelassen[24], liegt die Annahme nahe, dass nur das Kündigungsrecht anzupassen ist, nicht aber eine Klage gegen die Wirksamkeit des Verschmelzungsbeschlusses begründet wäre.

14 Neben den Vorschriften des UmwG kann ein Verstoß gegen allgemeine Vorschriften die Klage gegen die Wirksamkeit des Verschmelzungsbeschlusses begründen[25]. Hierzu gehört auch die Verletzung ungeschriebener Rechtsgrundsätze, wie der **Treupflicht** zwischen den Anteilsinhabern oder im Verhältnis zu dem Rechtsträger, oder des Bestimmtheitsgrundsatzes im Personengesellschaftsrecht. Ein Verschmelzungshindernis lässt sich aus dem Gedanken der gesellschaftsrechtlichen Treupflicht aber nur begründen, wenn die Verschmelzung bei verständiger Würdigung funktionswidrig eingesetzt worden ist, um die Rechtsstellung der übrigen Anteilsinhaber zu schmälern[26].

15 Der Verschmelzungsbeschluss unterliegt dagegen keiner materiellen **Beschlusskontrolle**, wie sie für die Beschlussfassung über den Ausschluss des gesetzlichen Bezugsrechts von Aktionären entwickelt worden ist[27]. Die Beschlusskontrolle kann bei einer aktienrechtlichen Verschmelzung idR auch nicht mit einer Verletzung von § 311 AktG oder wegen unzulässigen Strebens nach Sondervorteilen (§ 243 Abs. 2 AktG) begründet werden[28]. Die Mitwirkung an einer zulässigen Verschmelzung kann nicht zugleich unzulässige Nachteilsveranlassung nach § 311 AktG sein[29]; die Schutzinstrumente des UmwG stellen darüber hinaus sicher, dass sich einzelne Anteilsinhaber keine rechtlichen Sondervorteile verschaffen[30].

16 Wenn eine börsennotierte AG auf einen nicht börsennotierten Rechtsträger verschmolzen wird, ist der Verschmelzungsbeschluss nicht nach § 243 Abs. 2 AktG angreifbar[31]. Die Verschmelzung auf einen nicht börsennotierten Rechtsträger ist auch nicht ausgeschlossen. Den Anteilsinhabern des übertragenden Rechtsträgers ist allerdings nach § 29 ein Abfindungsangebot zu unterbreiten[32].

---

[20] BGHZ 82, 188 zu § 361 AktG aF; *Lutter/Drygala* in Lutter § 5 Rn 108; *Marsch-Barner* in Kallmeyer § 5 Rn 66.

[21] Vgl. auch *OLG Hamburg* ZIP 2004, 906, 908.

[22] So zum Formwechsel auch *BGH*, Urt. vom 9.5.2005, II ZR 29/03, „Feldmühle".

[23] Zum Barabfindungsangebot umfassend § 29; *Grunewald* in Lutter § 29 Rn 17.

[24] Dies ist gem. § 7 Satz 2 nicht zulässig.

[25] ZB die Verletzung von § 243 Abs. 2 AktG bei dem Zustimmungsbeschluss der Hauptversammlung einer AG.

[26] Vgl. § 13 Rn. 24.

[27] Siehe § 13 Rn 23; *OLG Frankfurt* ZIP 2006, 370, 372 „T-Online" *Zimmermann* in Kallmeyer § 13 Rn 12; *Stratz* in Schmitt/Hörtnagl/Stratz § 13 Rn 23; differenzierend *Lutter/Drygala* in Lutter Rn 31 jeweils mwN.

[28] Anders zu § 243 Abs. 2 AktG *LG Hanau* DB 2002, 2261.

[29] IE so auch *OLG Frankfurt* ZIP 2006, 370, 374 „T-Online".

[30] Vgl. auch *OLG Frankfurt* ZIP 2006, 370, 374 „T-Online".

[31] So aber *LG Hanau* DB 2002, 2261.

[32] Vgl. Art. 1 Nr. 6 des Zweiten Gesetzes zur Änderung des Umwandlungsgesetzes vom 19.4.2007, BGBl. I S. 542.

3. Sonderfall: Rüge der Anteilsinhaber des übernehmenden Rechtsträgers gegen die Angemessenheit des Umtauschverhältnisses

a) Zulässigkeit von Rügen gegen das Umtauschverhältnis. Während die Anteilsinhaber des übertragenden Rechtsträgers bei Wirksamkeitsklagen von Rügen, die das Umtauschverhältnis betreffen, ausgeschlossen sind, können die Anteilsinhaber des übernehmenden Rechtsträgers eine Klage gegen die Wirksamkeit des Verschmelzungsbeschlusses auch darauf stützen, dass das Umtauschverhältnis der Anteile zu hoch bemessen ist oder den Anteilsinhabern des übertragenden Rechtsträgers für ihre Anteile oder Mitgliedschaften ein zu hoher Gegenwert gewährt wird[33]. Das ist zwar nicht ausdrücklich gesetzlich geregelt, folgt aber im Umkehrschluss aus Abs. 2.

b) Beurteilungsmaßstab. In Rechtsprechung und Schrifttum ist nicht abschließend geklärt, welchen Beurteilungsmaßstab die Gerichte bei Rügen gegen das Umtauschverhältnis anzuwenden haben, wann also ein Umtauschverhältnis zum Nachteil der Anteilsinhaber des übernehmenden Rechtsträgers zu hoch bemessen ist oder den Anteilsinhabern des übertragenden Rechtsträgers für ihre Anteile oder Mitgliedschaften ein zu hoher Gegenwert gewährt wird.

Rechtlich fehlerhaft ist der Verschmelzungsbeschluss in Anlehnung an § 255 Abs. 2 AktG nur, wenn das Umtauschverhältnis unangemessen hoch ist oder den Anteilsinhabern des übertragenden Rechtsträgers für ihre Anteile oder Mitgliedschaften ein unangemessen hoher Gegenwert gewährt wird. Das gilt unabhängig davon, ob zur Durchführung der Verschmelzung eine Kapitalerhöhung durchgeführt wird. Das Gericht hat bei seiner Entscheidung zu respektieren, dass die **Unternehmensbewertung** ebenso ein feststellender wie ein wertender Vorgang ist. Ein rechtlich relevanter Fehler ist daher erst gegeben, wenn durch den Beschluss der Versammlung der Anteilsinhaber die Grenze zur Unangemessenheit überschritten wird[34].

Die Mehrheit der Anteilsinhaber hat, sofern die Angemessenheit des Umtauschverhältnisses durch den Verschmelzungsprüfer bestätigt wird, ein weites Entscheidungsermessen. Sind keinerlei Anhaltspunkte dafür ersichtlich, dass die für die Verschmelzung stimmenden Anteilsinhaber ihre Entscheidung auf der Grundlage des Prüferberichts und des Berichts des Vertretungsorgans an anderen Kriterien als am Interesse der Gesellschaft und der Gesamtheit der Anteilsinhaber ausgerichtet haben, scheidet eine Überschreitung des Entscheidungsermessens idR aus. Ein Sachverständigengutachten zur Überprüfung der gesamten Unternehmensbewertung, die der Festsetzung des Umtauschverhältnisses zugrunde liegt, muss im Rechtsstreit über die Wirksamkeit des Verschmelzungsbeschlusses nur eingeholt werden, wenn begründeter Anlass besteht, dass die zugrunde liegenden Unternehmensbewertungen zu nicht mehr vertretbaren Ergebnissen führen.

c) Analoge Anwendung der Bestimmungen über das Spruchverfahren. In seiner Entscheidung vom 18. 12. 2000[35] hat der *BGH* in einem *obiter dictum* angenommen, der Schutz der Anteilsinhaber des übernehmenden Rechtsträgers gegen eine zu hohe Abfindung könne durch Einräumung einer Klagemöglichkeit gegen das Barabfindungsangebot oder eine analoge Anwendung der Bestimmungen über das Spruchverfahren gewährt werden. Ob und unter welchen Voraussetzungen das auch für die Klage der Anteilsinhaber des übernehmenden Rechtsträgers gegen das Umtauschverhältnis gilt und wie eine solche gesonderte Kontrolle stattfinden kann, ist offen. Sieht jedoch der Verschmelzungsvertrag eine Überprüfung des Umtauschverhältnisses zugunsten der Anteilsinhaber des übernehmenden Rechtsträgers in zulässiger Weise vor, die in ihrer Kontrolldichte an ein Spruchverfahren

---

[33] *Marsch-Barner* in Kallmeyer Rn 15; *Stratz* in Schmitt/Hörtnagl/Stratz Rn 20; *Bork* in Lutter Rn 14.
[34] Anders bei Spaltungen OLG Stuttgart AG 2003, 456, 458 „ ... wenn etwaige Fehlbewertungen die CM hätten veranlassen müssen, die Zustimmung zu verweigern."
[35] BGHZ 146, 179, 181 ff.

heranreicht, dürfte in aller Regel feststehen, dass das Umtauschverhältnis nicht unangemessen hoch ist bzw. den Anteilsinhabern des übertragenden Rechtsträgers für ihre Anteile oder Mitgliedschaften nicht ein unangemessen hoher Gegenwert gewährt wird.

III. Klagefrist

22 Abs. 1 bestimmt rechtsformübergreifend und für alle Arten von Klagen gegen die Wirksamkeit des Verschmelzungsbeschlusses, dass die Klage binnen eines Monats nach der Beschlussfassung erhoben werden muss[36]. Eine Veränderung der Frist durch Satzung oder Gesellschaftsvertrag ist nicht möglich[37]. Die Frist gilt nach dem Wortlaut von Abs. 1 nur für Klagen gegen die Wirksamkeit des Verschmelzungsbeschlusses und nicht für Klagen gegen einen Kapitalerhöhungsbeschluss oder andere Beschlüsse zur Durchführung der Verschmelzung[38]. Ist die Verschmelzung ohne die weiteren Beschlüsse nicht durchführbar und gilt für diese aufgrund anderer gesetzlicher Regelungen nicht ohnehin eine Monatsfrist, ist Abs. 1 auf solche Beschlüsse aber entsprechend anzuwenden[39]. Abs. 1 gilt nur für die Wirksamkeitsklagen eines Anteilsinhabers oder eines Organmitglieds des Rechtsträgers, nicht für die Klagen Dritter, soweit diese überhaupt statthaft sind[40]. Nach Ablauf der Frist des Abs. 1 sind auch Klagen, mit denen die Feststellung der Nichtigkeit oder Unwirksamkeit von Bestimmungen des Verschmelzungsvertrags begehrt wird, ausgeschlossen, vorausgesetzt die Feststellung der Nichtigkeit würde sich auf die Wirksamkeit der Verschmelzung auswirken[41].

1. Berechnung der Klagefrist

23 Die Berechnung der Klagefrist richtet sich nach den allgemeinen Vorschriften der §§ 186 ff. BGB über Fristen und Termine[42]. Die Frist beginnt (auch bei zweitägigen Versammlungen) mit der Beendigung der Versammlung der Anteilsinhaber. Da der Fristbeginn in den Lauf eines Tags fällt, wird der Tag der Versammlung bei der Berechnung der Frist nicht mitgerechnet[43]. Die **Monatsfrist** endet, falls für den Anfang einer Frist ein Ereignis oder ein in den Lauf eines Tags fallender Zeitpunkt maßgebend ist, mit Ablauf des Tags des der Anteilsinhaberversammlung nachfolgenden Monats, welcher durch seine Zahl dem Tag der Anteilsinhaberversammlung entspricht[44]. Findet die Anteilsinhaberversammlung am 26. 5. statt, endet die Frist zur Erhebung der Klage gegen die Wirksamkeit des Verschmelzungsbeschlusses am 26. 6. Für Sonn- und Feiertage sowie für Sonnabende gilt § 193 BGB. Wenn ein Feiertag in der Bundesrepublik nicht einheitlich gilt, ist die Rechtslage an dem Ort maßgebend, an dem die Klage zu erheben ist. Bei zweitägiger Versammlung der Anteilsinhaber beginnt die Klagefrist mit Beendigung der Versammlung, also am zweiten Versammlungstag[45].

---

[36] Vgl. Begr. RegE, BT-Drucks. 12/6699 S. 87; *Marsch-Barner* in Kallmeyer Rn 6.
[37] § 1 Abs. 3; zum Charakter der Vorschriften des UmwG als zwingendes Recht im Einzelnen § 1 Rn 80 ff.; vgl. auch *Marsch-Barner* in Kallmeyer Rn 2; *Bork* in Lutter Rn 7.
[38] *Marsch-Barner* in Kallmeyer Rn 8; *Bork* in Lutter Rn 6.
[39] Anders *Bork* in Lutter Rn 6; *Marsch-Barner* in Kallmeyer Rn 8.
[40] *Marsch-Barner* in Kallmeyer Rn 6; *Bork* in Lutter Rn 3.
[41] Auch KG FGPRax 2005, 175, 176; aA *Heckschen* in Widmann/Mayer Rn 18 f. mwN.
[42] *Bork* in Lutter Rn 7.
[43] § 187 Abs. 1 BGB; auch *OLG Hamburg* ZIP 2004, 906, 907; *Bork* in Lutter Rn 7.
[44] § 188 Abs. 2 BGB.
[45] *Bork* in Lutter Fn 6; *Marsch-Barner* in Kallmeyer Rn 3.

2. Wahrung der Klagefrist

Die Klagefrist wird durch Erhebung der Wirksamkeitsklage gewahrt. Es genügt nicht, einen Antrag auf Prozesskostenhilfe zu stellen[46]. Wollte man anders urteilen, hätte der Kläger die Möglichkeit bei der späteren Klageerhebung, also auch nach Ablauf der Klagefrist, noch neue Klagegründe nachzuschieben. Das will Abs. 1 jedoch gerade verhindern. Das Vertretungsorgan wird durch einen (isoliert gestellten) Antrag auf Prozesskostenhilfe nicht gehindert, die Negativerklärung[47] abzugeben. Die Klage kann aber zusammen mit einem ordnungsgemäßen Prozesskostenhilfeantrag anhängig gemacht werden.[48]

Die Klage muss innerhalb der Frist nach Abs. 1 anhängig gemacht werden, sie kann aber auch nach Ablauf der Klagefrist noch zugestellt werden. Dies ist in der Praxis die Regel. Fristgemäß ist die Klage in diesem Fall erhoben, wenn die **Zustellung** demnächst erfolgt[49]. Das setzt voraus, dass bei der Zustellungen keine Verzögerungen eintreten, die der Kläger zu vertreten hat[50]. Ein strenger Maßstab ist anzulegen, wenn die Klage bei einem unzuständigen Gericht eingereicht oder – den Fall eines begründeten Antrags auf Prozesskostenhilfe ausgenommen – der Prozesskostenvorschuss nicht unverzüglich[51] geleistet wird. Die Zustellung ist selbst dann noch möglich, wenn die Verschmelzung trotz fristgerecht eingereichter Klage zwischenzeitlich in das Handelsregister eingetragen worden ist[52]. Der Kläger kann nicht geltend machen, dass sich der betroffene Rechtsträger treuwidrig auf die Frist beruft und die Berufung auf die Fristversäumnis § 242 BGB widerspricht[53]. Das folgt schon aus dem zwingenden Charakter der Vorschriften des UmwG[54]. Im Übrigen sind keine praktischen Fälle denkbar, in denen die Berufung auf § 242 BGB überhaupt in Betracht kommt.

3. Rechtsfolgen der Fristversäumnis

Die Frist ist wie die Klagefrist des § 246 Abs. 1 AktG eine materiell-rechtliche Frist. Die verspätete Klage ist unbegründet, nicht unzulässig[55]. Das Gericht hat die Fristversäumnis von Amts wegen zu berücksichtigen. Die Bestimmungen der ZPO über Termine und Fristen[56] finden wie die Vorschriften über die Wiedereinsetzung in den vorigen Stand[57] und die Vorschriften über die Unterbrechung und Aussetzung des Verfahrens[58] keine Anwendung. Das Verstreichen der Frist hat Präklusionswirkung, keine Verjährungswirkung. Die Vorschriften der §§ 203 ff. BGB über Hemmung, Ablaufhemmung und Neubeginn der Verjährung sind daher ebenfalls nicht anzuwenden[59].

Das Verstreichen der Klagefrist hat keine Bindungswirkung für das Registergericht. Das Registergericht ist von Amts wegen verpflichtet, die Wirksamkeit des Verschmelzungsbeschlusses zu prüfen[60]. Das bedeutet allerdings nicht, dass das Registergericht der Fristversäumnis keine Beachtung schenken muss oder der Anteilsinhaber nach Versäumung der Frist

---

[46] Anders *Bork* in Lutter Rn 9 mwN.
[47] § 16 Abs. 2.
[48] So auch *Bork* in Lutter Rn 9.
[49] § 167 ZPO.
[50] *Bork* in Lutter Rn 9; zu § 246 AktG *OLG Frankfurt* NJW 1966, 838, 839; *K. Schmidt* in Großkomm. § 246 AktG Rn 20 f.; *Hüffer* § 246 AktG Rn 25.
[51] § 121 BGB.
[52] Vgl. näher dazu *OLG Hamburg* ZIP 2004, 906, 907.
[53] So aber *OLG Hamburg* ZIP 2004, 906, 907; *Bork* in Lutter Rn 9.
[54] § 1 Abs. 3; siehe § 1 Rn 80 ff.
[55] *Bork* in Lutter Rn 11; *Marsch-Barner* in Kallmeyer Rn 2.
[56] §§ 214 ff. ZPO.
[57] § 233 ZPO; *Marsch-Barner* in Kallmeyer Rn 2 .
[58] §§ 239 ff. ZPO.
[59] *Marsch-Barner* in Kallmeyer Rn 2; *Bork* in Lutter Rn 11.
[60] *Bork* in Lutter Rn 12; *Heckschen* in Widmann/Mayer Rn 30.

für eine Wirksamkeitsklage sein Begehren im Registerverfahren fortführen könnte[61]. Vielmehr hat es zu unterscheiden, wie sich am Beispiel der Klagen gegen den Verschmelzungsbeschluss der Hauptversammlung einer AG verdeutlichen lässt: Bei Vorliegen von Nichtigkeitsgründen[62] ist der Antrag auf Eintragung der Verschmelzung ungeachtet der Fristversäumnis zurückzuweisen. Ist der Verschmelzungsbeschluss dagegen nur anfechtbar, darf das Registergericht, wenn keine Anfechtungsklage erhoben worden ist, die Eintragung der Verschmelzung nicht ablehnen[63]. Ein anfechtbarer Beschluss der Versammlung ist nur nichtig, wenn er durch Urteil rechtskräftig für nichtig erklärt worden ist[64]. Ohne rechtskräftige Nichtigerklärung ist der Beschluss wirksam.

28 Die aktienrechtliche Unterscheidung zwischen **Nichtigkeit und Anfechtbarkeit** gilt analog auch für Klagen gegen die Wirksamkeit des Verschmelzungsbeschlusses der Rechtsträger anderer Rechtsform. Nach Ablauf der Klagefrist soll die Unsicherheit beseitigt sein, ob der Verschmelzungsbeschluss angegriffen wird. Die Parteien sollen sich darauf einstellen können, ob das Wirksamwerden der Verschmelzung durch einen Rechtsstreit verzögert wird. Das Ziel des Gesetzes würde vereitelt, wenn nach Ablauf der Frist nach Abs. 1 nunmehr das Registergericht in eine eingehende tatsächliche und rechtliche Prüfung des Sachverhalts eintreten müsste. Dafür besteht auch kein Bedürfnis. Rügt bspw. kein Anteilsinhaber durch Erhebung einer Klage, dass die Informationen im Verschmelzungsbericht unzureichend sind, besteht keine Veranlassung, dass die Registergerichte ihre eigene Prüfung an die Stelle der Entscheidung der Anteilsinhaber stellen[65]. Etwas anderes gilt, wenn die verletzten Vorschriften ausschließlich oder überwiegend dem Schutz der Gläubiger der Gesellschaft dienen oder sonst im öffentlichen Interessen gegeben sind oder wenn der Verschmelzungsbeschluss gegen die guten Sitten verstößt[66].

4. Konzentrationswirkung der Klagefrist

29 Die Klagefrist hat Konzentrationswirkung. Fristgerecht erhobene Klagen gegen die Wirksamkeit des Verschmelzungsbeschlusses sind auf die Klagegründe beschränkt, die innerhalb der Klagefrist, also idR allein in der Klageschrift, in ihrem Wesentlichen tatsächlichen Kern dargelegt werden. Entscheidend ist der Tatsachenvortrag: Es muss der maßgebliche **Lebenssachverhalt** innerhalb der Monatsfrist so vorgetragen worden sein, dass die wesentliche Angriffsrichtung deutlich wird[67]. Der Kläger ist mit nachgeschobenen Klagegründen ausgeschlossen[68]. Es gelten dieselben Grundsätze wie für eine insgesamt verspätete Klageerhebung.

IV. Ausschluss von Rügen betreffend das Umtauschverhältnis

1. Grundsatz

30 Abs. 2 beschränkt das Recht der Anteilsinhaber des übertragenden Rechtsträgers, die Wirksamkeit des Verschmelzungsbeschlusses durch Klage überprüfen zu lassen. Die Klage kann nicht darauf gestützt werden, dass das Umtauschverhältnis der Anteile zu niedrig bemes-

---

[61] Zutreffend *KG* FGPRax 2005, 175, 176.
[62] Siehe §§ 192 Abs. 4, 212, 217 Abs. 2, 228 Abs. 2, 234 Abs. 3, 235 Abs. 2 und insbes. 241 AktG.
[63] So auch *Heckschen* in Widmann/Mayer Rn 31 mwN; aA *Ulmer* in Hachenburg § 54 GmbHG Rn 47 bis 49 mwN.
[64] § 241 Nr. 5 AktG.
[65] AA *Timm* ZGR 1996, 247, 256 f.
[66] § 241 Nr. 3 und 4 AktG.
[67] Vgl. nur BGHZ 120, 141, 156 f.; 134, 364, 366; 137, 378, 386; 152, 1, 6; *BGH*, Urt. vom 15.3.2005, II ZR 153/03, ZIP 2005, 706, 708; *BGH*, Urt. vom 9.5. 2005, II ZR 29/03 „Feldmühle".
[68] *Bork* in Lutter Rn 10; *Heckschen* in Widmann/Mayer Rn 23; *Marsch-Barner* in Kallmeyer Rn 5; zur aktienrechtlichen Anfechtungsklage vgl. die Rechtsprechungsnachweise in Fn 67.

sen ist oder dass die Mitgliedschaft bei dem übernehmenden Rechtsträger kein ausreichender Gegenwert für die Anteile oder die Mitgliedschaft bei dem übertragenen Rechtsträger ist. Das Wirksamwerden der Verschmelzung wird durch den Rechtsstreit über das Umtauschverhältnis oder die Gleichwertigkeit der Mitgliedschaft bei dem übernehmenden Rechtsträger nicht gefährdet und nicht verzögert. Abs. 2 steht in einem engen rechtssystematischen Zusammenhang zu § 15 Abs. 1. Alle Rügen, die durch Abs. 2 ausgeschlossen werden, können im Spruchverfahren geltend gemacht werden[69].

2. Rügen gegen das Umtauschverhältnis

Abs. 2 ist weit auszulegen. Ausgeschlossen sind alle Rügen, mit denen geltend gemacht wird, das Umtauschverhältnis der Anteile sei zu niedrig bemessen oder die Mitgliedschaft bei dem übernehmenden Rechtsträger sei kein ausreichender Gegenwert für die Anteile oder die Mitgliedschaft bei dem übertragenen Rechtsträger. Abs. 2 strahlt darüber hinaus auf andere Rügen gegen die Wirksamkeit des Verschmelzungsbeschlusses aus. Haben bspw. die Anteilsinhaber des übertragenden Rechtsträgers unterschiedliche Rechte und ist dies bei der Festsetzung des Umtauschverhältnisses nicht oder nicht angemessen berücksichtigt worden, können die betroffenen Anteilsinhaber die Klage gegen die Wirksamkeit des Verschmelzungsbeschlusses nicht auf die Verletzung des Gleichbehandlungsgrundsatzes stützen, sondern müssen ihre Rechte im Spruchverfahren geltend machen. Dasselbe gilt, wenn durch die Verschmelzung in Sonderrechte einzelner Anteilsinhaber eingegriffen wird[70].

3. Anwendung des Klageausschlusses auf Informations-, Berichts- und Auskunftsrügen?

Der BGH hat in seinen Entscheidungen vom 18. 12. 2000[71] und vom 29. 1. 2001[72] für Informationsmängel, die das Barabfindungsangebot bei einem Formwechsel betreffen, angenommen, dass hierdurch eine Anfechtungsklage nicht begründet wird[73]. Dies folge aus §§ 210, 212 Satz 2, wonach eine Klage gegen die Wirksamkeit des Umwandlungsbeschlusses nicht darauf gestützt werden könne, dass eine Barabfindung nicht oder nicht ordnungsgemäß angeboten worden ist. Eine unzureichende Berichterstattung über die Barabfindung könne nicht anders behandelt werden als das völlige Ausbleiben eines (ordnungsgemäßen) Barabfindungsangebots. Die Kontrolle des Barabfindungsangebots sei insgesamt auf das Spruchverfahren verwiesen.

In den Fällen, in denen eine Überprüfung des Umtauschverhältnisses im Spruchverfahren den Rügen der Anteilsinhaber des übertragenden Rechtsträgers abhilft (wenn also das Umtauschverhältnis der Anteile zu niedrig bemessen oder die Mitgliedschaft bei dem übernehmenden Rechtsträger kein ausreichender Gegenwert für die Anteile oder die Mitgliedschaft bei dem übertragenen Rechtsträger sein soll), sprechen dieselben Wertungsgesichtspunkte wie beim Formwechsel für die Erstreckung des Klageausschlusses nach § 14 Abs. 2 auf **Informationsmängel** bei der Verschmelzung[74]. Die Ausweitung der für den Formwechsel entwickelten Grundsätze auf das Verschmelzungsrecht wäre im Grundsatz folgerichtig[75]. Im Verschmelzungsrecht fehlt aber eine §§ 210, 212 Satz 2 vergleichbare Regelung. Die Klage

---

[69] Siehe § 15 Rn 10; auch *Marsch-Barner* in Kallmeyer Rn 12; *Stratz* in Schmitt/Hörtnagl/Stratz Rn 21; *Bork* in Lutter Rn 13.
[70] Dazu § 13 Rn 45 f.
[71] BGHZ 146, 179 = BGH ZIP 2001, 199, 200 f. „MEZ".
[72] BGH ZIP 2001, 412, 413 f. „Aqua Butzke-Werke AG".
[73] Siehe auch § 210 Rn 4 ff. und § 212 Rn 6 f.; sowie *Decher* in Lutter § 210 Rn 34 und § 212 Rn 1 f.; aA *Bayer* ZGR 1995, 613, 617; *Hommelhoff* ZGR 1993, 452, 467.
[74] Dazu § 8 Rn 78.
[75] So auch *Marsch-Barner* in Kallmeyer Rn 14.

gegen die Wirksamkeit des Umwandlungsbeschlusses kann daher anders als beim Formwechsel auch darauf gestützt werden, dass das Umtauschverhältnis nicht oder nicht ordnungsgemäß angegeben worden ist. Damit fehlt zugleich das Argument, auch damit im Zusammenhang stehende Informationsrügen auszuschließen. Auch die Entstehungsgeschichte des UmwG deutet in diese Richtung. Der Bundesrat hat in seiner Stellungnahme zum Regierungsentwurf vorgeschlagen, in § 14 Abs. 2 ausdrücklich auch eine unzureichende Erläuterung des Umtauschverhältnisses als Grund für eine Wirksamkeitsklage aufzunehmen[76]. Dieser Vorschlag ist aber nach ablehnender Stellungnahme der Bundesregierung in das Gesetz nicht übernommen worden[77].

Für Anfechtungsklagen gegen einen aktienrechtlichen Verschmelzungsbeschluss regelt § 243 Abs. 4 Satz 2 AktG für den übertragenden Rechtsträger einen Ausschluss von Rügen, die bewertungsbezogene Informationsmängel in der Hauptversammlung betreffen[78].

4. Rechtsfolgen einer unzulässigen Rüge

34 Ist eine der Rügen gegen das Umtauschverhältnis oder die Gleichwertigkeit erhoben worden, ist die Klage als unbegründet abzuweisen. Abs. 2 schließt Rügen gegen das Umtauschverhältnis aus. Die Klage gegen die Wirksamkeit des Verschmelzungsbeschlusses ist nicht unzulässig, wenn die ausgeschlossenen Klagegründe geltend gemacht werden. Aufgrund anderer Rügen kann die Klage begründet sein[79].

5. Rechtspolitische Kritik

35 Schon vor In-Kraft-Treten des UmwG ist die Beschränkung des Abs. 2 auf die Anteilsinhaber des übertragenden Rechtsträgers als rechtspolitisch verfehlt kritisiert worden. Auch für Anteilsinhaber des übernehmenden Rechtsträgers müsse ein ausschließlicher Schutz durch ein Spruchverfahren geschaffen werden[80]. Der Gesetzgeber hat in § 16 Abs. 3 einen ausreichenden Schutz gegen Klagen gesehen, die von Anteilsinhabern des übernehmenden Rechtsträgers erhoben werden[81]. Der Ausschluss des Klagerechts auch der Anteilsinhaber des übernehmenden Rechtsträgers sei ein „zu tiefer Eingriff in das allgemeine Gesellschaftsrecht"[82]. Zahlreiche Stimmen im Schrifttum[83], der Deutsche Juristentag[84] und die Regierungskommission Corporate Governance[85] haben empfohlen, Abs. 2 auch für die Anteilsinhaber des übernehmenden Rechtsträgers für anwendbar zu erklären. Der BGH weist in seiner Entscheidung vom 18. 12. 2000 zu Recht darauf hin, dass eine Beteiligung der Anteilsinhaber des übernehmenden Rechtsträgers einen besseren Rechtsschutz gewährleistet als eine Klage gegen die Wirksamkeit des Verschmelzungsbeschlusses[86].

---

[76] RegBegr. *Ganske* S. 64 f.
[77] Die ablehnende Stellungnahme der BReg. findet sich bei RegBegr. *Ganske* S. 65.
[78] Dazu § 8 Rn 80 f.
[79] *Stratz* in Schmitt/Hörtnagl/Stratz Rn 26 f.
[80] Vgl. nur *Hoffmann-Becking* ZGR 1990, 482, 484 f.; *Boujong*, FS Kellermann, S. 1, 14; *Marsch-Barner* in Kallmeyer Rn 16; *Heckschen* in Widmann/Mayer Rn 49 ff.; *Zöllner* AG 2000, 145, 151; *Bork* ZGR 1993, 343, 354; *Hommelhoff* ZGR 1990, 447, 474; *ders*. ZGR 1993, 452, 470; *Baums*, Gutachten für den 63. DJT, S. 125, 130 ff.
[81] Zum Unbedenklichkeitsverfahren siehe § 16 Rn 21 ff.
[82] Vgl. RegBegr. *Ganske* S. 64.
[83] Vgl. nur *Martens* AG 2000, 301, 308 (mit konkretem Reformvorschlag); so auch *Stratz* in Schmitt/Hörtnagl/Stratz Rn 22; *Bayer* NJW 2000, 2609, 2618; *Baums*, Gutachten für den 63. DJT, S. 125, 130 ff.
[84] Vgl. Empfehlung des 63. DJT, Abteilung Wirtschaftsrecht, I 12.a.
[85] Vgl. *Baums*, Bericht der Regierungskommission Corporate Governance, D3.55, Rn 151.
[86] BGHZ 146, 179, 183; vgl. zur Kritik auch *Marsch-Barner* in Kallmeyer Rn 16; *Stratz* in Schmitt/Hörtnagl/Stratz Rn 22.

§ 15 Verbesserung des Umtauschverhältnisses

(1) Ist das Umtauschverhältnis der Anteile zu niedrig bemessen oder ist die Mitgliedschaft bei dem übernehmenden Rechtsträger kein ausreichender Gegenwert für den Anteil oder die Mitgliedschaft bei einem übertragenden Rechtsträger, so kann jeder Anteilsinhaber dieses übertragenden Rechtsträgers, dessen Recht, gegen die Wirksamkeit des Verschmelzungsbeschlusses Klage zu erheben, nach § 14 Abs. 2 ausgeschlossen ist, von dem übernehmenden Rechtsträger einen Ausgleich durch bare Zuzahlung verlangen; die Zuzahlungen können den zehnten Teil des auf die gewährten Anteile entfallenden Betrages des Grund- oder Stammkapitals übersteigen. Die angemessene Zuzahlung wird auf Antrag durch das Gericht nach den Vorschriften des Spruchverfahrensgesetzes bestimmt.

(2) **Die bare Zuzahlung ist nach Ablauf des Tages, an dem die Eintragung der Verschmelzung in das Register des Sitzes des übernehmenden Rechtsträgers nach § 19 Abs. 3 bekannt gemacht worden ist, mit jährlich zwei vom Hundert über dem jeweiligen Diskontsatz der Deutschen Bundesbank zu verzinsen. Die Geltendmachung eines weiteren Schadens ist nicht ausgeschlossen.**

Übersicht

	Rn		Rn
I. Allgemeines	1	4. Keine Beschränkung der Höhe der Zuzahlung	21
II. Recht auf bare Zuzahlung	6	5. Festsetzung der baren Zuzahlung im Spruchverfahren	24
1. Antragsberechtigung	6		
2. Schuldner der baren Zuzahlung	17	III. Verzinsung	28
3. Höhe der baren Zuzahlung	18	IV. Schadensersatz	30

Literatur: *van Aerssen*, Die Antragsbefugnis im Spruchstellenverfahren des Aktiengesetzes und im Spruchverfahren desa Umwandlungsgesetzes, AG 1999, 249; *Baums*, Verschmelzung mit Hilfe von Tochtergesellschaften, FS Zöller, 1999, S. 65; *Bork*, Beschlußverfahren und Beschlußkontrolle nach dem Referentenentwurf eines Gesetzes zur Bereinigung des Umwandlungsrechts, ZGR 1993, 343; *Handelsrechtsausschuss des DAV (HRA)*, Vorschläge zur Änderung des UmwG, NZG 2000, 802; *Heckschen*, Die Entwicklung des Umwandlungsrechts aus Sicht der Rechtsprechung und Praxis, DB 1998, 1385; *Hoffmann-Becking*, Der materielle Gesellschafterschutz: Abfindung und Spruchverfahren, ZGR 1990, 482; *Hommelhoff*, Minderheitenschutz bei Umstrukturierungen, ZGR 1993, 452; *Ihrig*, Verschmelzung und Spaltung ohne Gewährung neuer Anteile?, ZHR 160 (1996) 317; *ders.*, Gläubigerschutz durch Kapitalaufbringung bei Verschmelzung und Spaltung nach neuem Umwandlungsrecht, GmbHR 1995, 622; *Liebscher*, Einschränkung der Verzinslichkeit des Abfindungsanspruchs dissentierender Gesellschafter gemäß §§ 30 Abs. 1 S. 2, 208 UmwG; § 305 Abs. 3 S. 3, 1. Hs. AktG, AG 1996, 455; *Martens*, Verschmelzung, Spruchverfahren und Anfechtungsklage in Fällen eines unrichtigen Umtauschverhältnisses, AG 2000, 301; *Philipp*, Ist die Verschmelzung von Aktiengesellschaften nach dem neuen Umwandlungsrecht noch vertretbar?, AG 1998, 264; *Schulenberg*, Die Antragsberechtigung gem. §§ 15, 305 ff. UmwG und die „Informationslast" des Antragstellers im Spruchverfahren, AG 1998, 74; *Timm*, Zur Bedeutung des „Hoesch"-Urteils für die Fortentwicklung des Konzern- und Verschmelzungsrechts, JZ 1982, 403; *Wiesen*, Der materielle Gesellschafterschutz: Abfindung und Spruchverfahren, ZGR 1990, 503.

I. Allgemeines

Die Vorschrift eröffnet den Anteilsinhabern des übertragenden Rechtsträgers die Möglichkeit, im Spruchverfahren[1] überprüfen zu lassen, ob das Umtauschverhältnis der Anteile angemessen bemessen wurde bzw. die Mitgliedschaft beim übernehmenden Rechtsträger einen ausreichenden Gegenwert für den Anteil oder die Mitgliedschaft beim übertragenden

1

---

[1] § 1 Nr. 4 SpruchG.

Rechtsträger darstellt. Das Spruchverfahren wird durch die Vorschriften des SpruchG gesteuert[2].

2   Die Vorschrift hat materiell-rechtliche und prozessuale Funktion. Aus § 15 ergibt sich zum einen, wer Inhaber des Rechts auf bare Zuzahlung ist. Zum anderen bestimmt er, wer in dem Verfahren nach §§ 1 ff. SpruchG antragsberechtigt ist[3] sowie welchen Gegenstand die Entscheidung des zuständigen Gerichts im Spruchverfahren hat.

3   § 15 steht in engem systematischen Zusammenhang zu § 14 Abs. 2. Danach kann eine Klage gegen den Verschmelzungsbeschluss nicht darauf gestützt werden, dass das Umtauschverhältnis der Anteile zu niedrig bemessen ist oder die Mitgliedschaft bei einem übernehmenden Rechtsträger kein ausreichender Gegenwert für den Anteil oder die Mitgliedschaft bei einem übertragenden Rechtsträger ist. Die Eröffnung des Spruchverfahrens kompensiert die Beschränkung des Rechts zur Erhebung einer Klage gegen die Wirksamkeit des Verschmelzungsbeschlusses.

4   § 15 geht auf die früheren Regelungen der §§ 352 c AktG, 31 a KapErhG und §§ 15, 12, 13 UmwG 1969 zurück. Im Gegensatz zu diesen Bestimmungen hängt das Zuzahlungsrecht nicht mehr von einem Widerspruch gegen den Verschmelzungsbeschluss ab. Die Vorschrift ist durch das StückAG[4] geändert worden, um auch nennwertlose Stückaktien einbeziehen zu können.

5   Bei der Verschmelzung von Genossenschaften ist § 15 durch § 85 eingeschränkt[5].

II. Recht auf bare Zuzahlung

1. Antragsberechtigung

6   Das Verlangen auf bare Zuzahlung kann jeder Anteilsinhaber des übertragenden Rechtsträgers geltend machen. Die Berechtigung, eine bare Zuzahlung zu verlangen, knüpft ausschließlich an die Stellung als Anteilsinhaber **im Zeitpunkt des Wirksamwerdens der Verschmelzung** an. Anteilsinhaber ist auch, wer den Anteil als Treuhänder hält[6]. Inhaber dinglicher oder sonstiger Rechte an dem Anteil oder der Mitgliedschaft des übertragenden Rechtsträgers haben keine Verfahrensrechte im Spruchverfahren[7]. Ob sie ein Recht am Zuzahlungsanspruch haben, richtet sich nach dem Inhalt des dinglichen oder sonstigen Rechts am Anteil. Insolvenzverwalter und Testamentsvollstrecker sind als Partei kraft Amtes zur Geltendmachung des Rechts auf bare Zuzahlung im eigenen Namen berechtigt[8]. Bei Namensaktien sind ausschließlich die im Aktienregister eingetragenen Aktionäre berechtigt[9].

7   Die **Anteilsinhaber des übernehmenden Rechtsträgers** können keine bare Zuzahlung verlangen. Ist das Umtauschverhältnis der Anteile nach ihrer Auffassung zugunsten der Anteilsinhaber des übertragenden Rechtsträgers zu hoch bemessen oder bietet die Mitgliedschaft bei dem übernehmenden Rechtsträger in ihren Augen einen zu hohen Wert für den Anteil oder die Mitgliedschaft der Anteilsinhaber des übertragenden Rechtsträgers, müssen sie ggf. mit einer Klage gegen die Wirksamkeit des Verschmelzungsbeschlusses vorgehen[10].

---

[2] Ausf. siehe Anh. SpruchG.
[3] § 3 Satz 1 Nr. 3 SpruchG.
[4] Art. 2 Nr. 1 Gesetz über die Zulassung von Stückaktien vom 25. 3. 1998, BGBl. I S. 590.
[5] Umfassend dazu § 85 Rn 2 ff.
[6] *KG* ZIP 2000, 498, 500.
[7] *Stratz* in Schmitt/Hörtnagl/Stratz Rn 3.
[8] *Stratz* in Schmitt/Hörtnagl/Stratz Rn 3.
[9] § 67 Abs. 2 AktG; siehe *KG* ZIP 2000, 499, 500; *Marsch-Barner* in Kallmeyer Rn 3.
[10] *Bork* in Lutter § 14 Rn 28; *van Aerssen* AG 1999, 249, 254; *Heckschen* in Widmann/Mayer Rn 7; näher § 14 Rn 17 ff.

Anteilsinhaber des übertragenden und des übernehmenden Rechtsträgers wurden schon **8** nach § 352 c AktG aF unterschiedlich behandelt. Diese Ungleichbehandlung wurde damit begründet, dass nur die Aktionäre der übertragenden AG eine Leistung, nämlich die Übertragung des Vermögens der übertragenden Gesellschaft, erbringen[11]. Die Entscheidung des Gesetzgebers, nur den Anteilsinhaber des übertragenden Rechtsträgers den Zugang zum Spruchverfahren zu eröffnen, ist rechtspolitisch kritisiert worden[12]. Der Gesetzgeber hat sie gleichwohl in § 15 übernommen[13]. Eine Ansicht im Schrifttum[14] will die Anteilsinhaber des übernehmenden Rechtsträgers im Spruchverfahren *de lege ferenda* jedenfalls als Nebenintervenienten zulassen.

Das Gesetz hat die Entscheidung der Anteilsinhaber über die Verschmelzung vollständig **9** von der Geltendmachung des Anspruchs auf Zuzahlung abgekoppelt. Abweichend von der früheren gesetzlichen Regelung[15] ist die Geltendmachung des Zuzahlungsanspruchs unabhängig vom Abstimmungsverhalten in der Versammlung der Anteilsinhaber. Die Anteilsinhaber des übertragenden Rechtsträgers müssen auch nicht Widerspruch gegen die Beschlussfassung zu Protokoll erklären, um ihre Rechte im Spruchverfahren wahren zu können[16]. Die Anteilsinhaber des übertragenden Rechtsträgers können bei der Beschlussfassung über den Verschmelzungsvertrag[17] für die Verschmelzung stimmen, ohne ihren Anspruch auf bare Zuzahlung zu verlieren. Selbst wer an der Versammlung der Anteilsinhaber des übertragenden Rechtsträgers überhaupt nicht teilnimmt, kann die bare Zuzahlung verlangen.

Voraussetzung für das Recht auf bare Zuzahlung ist nach dem Gesetzeswortlaut allein, dass **10** das Recht des Anteilsinhabers gegen die Wirksamkeit des Verschmelzungsbeschlusses Klage zu erheben, nach § 14 Abs. 2 ausgeschlossen ist. Es handelt sich nicht um eine zusätzliche materielle Voraussetzung für die Geltendmachung des Zuzahlungsrechts, denn § 14 Abs. 2 schließt für alle Anteilsinhaber des übertragenden Rechtsträgers das Recht aus, eine Klage gegen die Wirksamkeit des Verschmelzungsbeschlusses darauf zu stützen, dass das Umtauschverhältnis der Anteile zu niedrig bemessen oder die Mitgliedschaft bei einem übernehmenden Rechtsträger kein ausreichender Gegenwert für den Anteil oder die Mitgliedschaft bei einem übertragenden Rechtsträger ist[18]. Der Verweis auf § 14 Abs. 2 soll lediglich den systematischen Zusammenhang zwischen dem Ausschluss des Klagerechts nach § 14 Abs. 2 und der Eröffnung des Spruchverfahrens verdeutlichen.

Nicht abschließend geklärt ist, wie sich die Übertragung der Anteile des übertragenden **11** Rechtsträgers während des Verschmelzungsverfahrens auf das Recht auswirkt, eine bare Zuzahlung zu verlangen. Unproblematisch ist die Rechtslage bei der Gesamtrechtsnachfolge: Das Recht auf Zuzahlung geht auf den Gesamtrechtsnachfolger über[19].

Uneinheitlich wird die Stellung des Einzelrechtsnachfolgers beurteilt. Zum Teil wird angenommen, dass die Antragsberechtigung mit Beschlussfassung der Versammlung der Anteilsinhaber des übertragenden Rechtsträgers entstehe. Wer vor Wirksamwerden der Ver- **12**

---

[11] RegBegr. Verschmelzungsrichtlinie-Gesetz, BT-Drucks. 9/1065 S. 22; *Kraft* in Kölner Komm. § 352 c AktG Rn 3.
[12] Vgl. *Timm* JZ 1982, 403, 410 f.; *Kraft* in Kölner Komm. § 352 c AktG Rn 3.
[13] *van Aerssen* AG 1999, 249, 255; zur Kritik der unterschiedlichen Behandlung der Anteilsinhaber des übertragenden und des übernehmenden Rechtsträgers im Gesetzgebungsverfahren vgl. nur *Heckschen* in Widmann/Mayer Rn 7 sowie *Marsch-Barner* in Kallmeyer Rn 3.
[14] *Heckschen* in Widmann/Mayer Rn 7.1
[15] §§ 352 c AktG aF und 31 a KapErhG.
[16] OLG *Düsseldorf* DB 1994, 419; RegBegr. *Ganske* S. 66; *Stratz* in Schmitt/Hörtnagl/Stratz Rn 6; *Bork* in Lutter Rn 4; *Neye* in Limmer Rn 735; *Hoffmann-Becking* ZGR 1990, 482, 483 f., 487; *Wiesen* ZGR 1990, 503 f.
[17] § 13 Abs. 1; siehe im Einzelnen § 13 Rn 8 ff.
[18] Dazu § 14 Rn 30 ff.; *Marsch-Barner* in Kallmeyer Rn 4.
[19] AllgM: *Marsch-Barner* in Kallmeyer Rn 3; *Bork* in Lutter Rn 2; *Stratz* in Schmitt/Hörtnagl/Stratz Rn 4; *Heckschen* in Widmann/Mayer Rn 7.2.

schmelzung die Anteile erwerbe, müsse, um eine bare Zuzahlung verlangen zu können, dieses Recht gesondert erwerben. Die Zuzahlungsberechtigung müsse im Zeitpunkt der letzten mündlichen Verhandlung bzw. der Entscheidung durch das zuständige Gericht gegeben sein[20]. Nach anderer Auffassung[21] kommt es darauf an, wer bei Wirksamwerden der Verschmelzung durch Eintragung in das Handelsregister des übernehmenden Rechtsträgers Inhaber des Anteils ist. Nach *Schulenberg* ist nur antragsberechtigt, wer bei Ablauf der Antragsfrist Anteilsinhaber ist[22].

13 Bei richtiger Sicht geht es um zwei unterschiedliche Fragestellungen, nämlich zum einen um die Frage, zu welchem Zeitpunkt das Recht auf bare Zuzahlung entsteht, und zum anderen um die davon zu unterscheidende Frage, ob und wie das Recht auf bare Zuzahlung auf einen Dritten übertragen werden kann. Das Recht auf bare Zuzahlung setzt voraus, dass die Verschmelzung wirksam wird. Vor Wirksamwerden der Verschmelzung kann eine Zuzahlung (noch) nicht verlangt werden[23]. Werden die Anteile vor Wirksamwerden der Verschmelzung übertragen, bedarf es daher keiner zusätzlichen Übertragung des Rechts auf bare Zuzahlung. Das Recht zur baren Zuzahlung entsteht vielmehr unmittelbar in der Person des Anteilsinhabers im Zeitpunkt des Wirksamwerdens der Verschmelzung[24]. Der Zeitpunkt der Beschlussfassung über die Verschmelzung spielt für das Recht auf bare Zuzahlung und die Antragsberechtigung im Spruchverfahren keine Rolle[25].

14 Das Recht auf bare Zuzahlung kann, sobald es entstanden ist, also ab Wirksamwerden der Verschmelzung, selbstständig an einen Dritten übertragen werden[26]. Aus dem Gesetzeswortlaut geht nicht hervor, dass das Recht auf bare Zuzahlung eine notwendige rechtliche Einheit mit den neuen Anteilen oder der neuen Mitgliedschaft bei dem übernehmenden Rechtsträger bildet, die der Anteilsinhaber des übertragenden Rechtsträgers im Umtausch für seine Anteile erhält. Das Recht auf bare Zuzahlung ist vielmehr rechtlich eigenständig und entwickelt sich unabhängig von den Anteilen am oder der Mitgliedschaft im übernehmenden Rechtsträger[27]. Sofern im Verschmelzungsvertrag keine Bestimmungen getroffen werden, wie die Ansprüche auf Zuzahlung ab Wirksamwerden der Verschmelzung übertragen werden, gelten mangels gesetzlicher Regelung die §§ 413, 398 BGB. Die Veräußerung oder Verfügung über die Anteile umfasst nicht automatisch den Zahlungsanspruch. Der gegenteiligen Ansicht von *Schulenberg*[28], der Ausgleichsanspruch sei mit den Anteilen oder der Mitgliedschaft im übernehmenden Rechtsträger unlösbar verbunden, ist nicht zu folgen. Ein Grund für eine Verknüpfung des Anspruchs auf bare Zuzahlung mit dem Mitgliedschaftsrecht beim übernehmenden Rechtsträger ergibt sich weder aus dem Wortlaut von § 15 noch aus Sinn und Zweck des Anspruchs. Der Anspruch auf bare Zuzahlung dient dem Ausgleich der wirtschaftlichen Schlechterstellung, die der Anteilsinhaber infolge des Verlusts seines Mitgliedschaftsrechts beim übertragenden Rechtsträger erleidet. Das Mitgliedschaftsrecht bei dem übertragenden Rechtsträger erlischt aber mit Eintragung der Verschmelzung.

15 Für börsennotierte Aktiengesellschaften bedeutet das zugleich, dass nicht zwei unterschiedliche Wertpapier-Kennnummern für Aktien mit und ohne Recht auf bare Zuzahlung geführt werden müssen. Die Geltendmachung des Rechts auf bare Zuzahlung nach § 15

---

[20] *Bork* in Lutter Rn 2.
[21] *Bermel* in Goutier/Knopf/Tulloch Rn 6.
[22] *Schulenberg* AG 1998, 74, 80.
[23] Ebenso *Schulenberg* AG 1998, 74, 78; *Marsch-Barner* in Kallmeyer Rn 4; *Heckschen* in Widmann/Mayer Rn 7.5; den Zeitpunkt der Beschlussfassung der Versammlung der Anteilsinhaber halten für maßgebend *Stratz* in Schmitt/Hörtnagl/Stratz Rn 4; *Bork* in Lutter Rn 2.
[24] Ebenso *van Aerssen* AG 1999, 249, 256; *Schulenberg* AG 1998, 74, 78; aA *Stratz* in Schmitt/Hörtnagl/Stratz Rn 4; *Bork* in Lutter Rn 2.
[25] So aber *Bork* in Lutter Rn 2.
[26] §§ 398, 414 BGB.
[27] So auch *Marsch-Barner* in Kallmeyer Rn 3; *Bork* in Lutter Rn 2.
[28] *Schulenberg* AG 1998, 74, 78; wohl auch *van Aerssen* AG 1999, 249, 256.

setzt auch nicht voraus, dass der Inhaber des Rechts noch Inhaber der Anteile oder Mitglied des übernehmenden Rechtsträgers ist. Das folgt schon aus dem Gesetzeswortlaut, nach dem das Recht auf bare Zuzahlung den Anteilsinhabern des übertragenden Rechtsträgers zusteht, der ja mit Verschmelzung erlischt. Wird das Recht auf bare Zuzahlung während des Spruchverfahrens an einen Dritten veräußert, gilt § 265 ZPO analog[29]. Das Verfahren wird vom Veräußerer als Prozessstandschafter fortgeführt. Bei börsennotierten Aktiengesellschaften empfiehlt sich, im Verschmelzungsvertrag vorsorglich zu regeln[30], wie die Berechtigten über Ansprüche auf Zuzahlungen verfügen können. Zweckmäßig ist es, die Ansprüche auf Zuzahlung ähnlich wie gesetzliche Bezugsrechte bei einer Kapitalerhöhung unter einer gesonderten Wertpapierkenn-Nummer zu verbuchen und wertpapiermäßig zu handeln. Damit steht zugleich die Identität der Zahlungsberechtigten und die Stellung des Berechtigten als Verfahrensbeteiligter fest. Ob ein wertpapiermäßiger Handel auch in Betracht kommt, wenn eine Regelung im Verschmelzungsvertrag fehlt, wird bisher, soweit ersichtlich, nicht erörtert.

Nach der materiellen Berechtigung auf bare Zuzahlung richtet sich zugleich die Antragsbefugnis im Spruchverfahren. Im Spruchverfahren ist antragsbefugt, wer Anteilsinhaber des übertragenden Rechtsträgers bei Wirksamwerden der Verschmelzung war und das Recht auf bare Zuzahlung nicht auf einen Dritten übertragen hat oder wer bis zum Ablauf der Antragsfrist das Recht auf bare Zuzahlung erwirbt. Nicht erforderlich ist, dass der Antragsteller im Zeitpunkt der Antragstellung Anteile oder Mitgliedschaften des übernehmenden Rechtsträgers hält. **16**

2. Schuldner der baren Zuzahlung

Schuldner der baren Zuzahlung ist der übernehmende Rechtsträger[31]. Dies ist folgerichtig, weil der übertragende Rechtsträger mit Wirksamwerden der Verschmelzung erlischt[32] und vorher ein Recht auf bare Zuzahlung nicht besteht[33]. **17**

3. Höhe der baren Zuzahlung

Ist das Umtauschverhältnis der Anteile zu niedrig bemessen oder die Mitgliedschaft bei einem übernehmenden Rechtsträger kein ausreichender Gegenwert für den Anteil oder die Mitgliedschaft bei einem übertragenden Rechtsträger, können die Anteilsinhaber des übertragenden Rechtsträgers einen Ausgleich durch bare Zuzahlung verlangen. **18**

Die Höhe des Ausgleichs ergibt sich aus einem Vergleich der tatsächlichen Vermögenslage der Anteilsinhaber des übertragenden Rechtsträgers mit der Vermögenslage, die gegeben wäre, wenn das Umtauschverhältnis der Anteile angemessen bemessen bzw. die Mitgliedschaft bei dem übernehmenden Rechtsträger ein ausreichender Gegenwert für den Anteil oder die Mitgliedschaft bei einem übertragenden Rechtsträger wäre. Eine im Verschmelzungsvertrag festgesetzte oder eine in sonstiger Weise gewährte bare Zuzahlung ist in den Wertvergleich einzubeziehen[34]. Maßgebend für die Höhe der baren Zuzahlung ist der Un- **19**

---

[29] *Jäntsch* S. 156 ff.; *Bork* in Lutter Rn 2.
[30] Das *OLG Jena* AG 2005, 619, 621 hat bei einem Unternehmensvertrag eine Beweislastumkehr zulasten des herrschenden Unternehmens angenommen, wenn das herrschende Unternehmen durch Ausgabe neuer Aktien ohne Separierung in verschiedenen Wertpapierkenn-Nummern den außenstehenden Aktionären den Beweis ihrer Ausgleichs- und/oder Abfindungsberechtigung unmöglich gemacht hat.
[31] Dieser ist auch Antragsgegner im Spruchverfahren; § 5 Nr. 4 SpruchG.
[32] § 20 Abs. 1 Nr. 2; im Einzelnen § 20 Rn 73.
[33] Siehe Rn 6; iE auch *Marsch-Barner* in Kallmeyer Rn 7; *Heckschen* in Widmann/Mayer Rn 8.3.
[34] Zu der für die Berechnung der baren Zuzahlung erforderlichen Unternehmensbewertung siehe im Einzelnen § 8 Rn 22 ff.

ternehmenswert am Bewertungsstichtag, also der Tag der Beschlussfassung der Anteilseigner des übertragenden Rechtsträgers über die Zustimmung zum Verschmelzungsvertrag[35].

20 § 15 regelt zwei Alternativfälle: Werden den Anteilsinhabern des übertragenen Rechtsträgers Anteile gewährt, kommt es allein darauf an, ob das Umtauschverhältnis der Anteile zu niedrig bemessen ist. Maßgeblich ist also, ob der Wert der verlorenen Anteile den Wert der erhaltenen Anteile wertmäßig vollständig kompensiert[36]. Bei der Bemessung des Umtauschverhältnisses sind wertbildende Faktoren, die sich aus der Ausstattung der gewährten Anteile ergeben, etwa Sonder- oder Vorzugsrechte, zu berücksichtigen. Werden die Anteilsinhaber des übertragenden Rechtsträgers Mitglieder in einem (übernehmenden) Verein, kann ein Umtauschverhältnis nicht festgesetzt werden. Es kommt dann darauf an, ob die Mitgliedschaft in dem Verein ein ausreichender Gegenwert für die Anteile oder die Mitgliedschaft in dem übertragenden Rechtsträger sind.

4. Keine Beschränkung der Höhe der Zuzahlung

21 Abs. 1 bestimmt ausdrücklich, dass die Zuzahlungen den zehnten Teil des auf die gewährten Anteile entfallenden Betrags des Grund- oder Stammkapitals übersteigen können. Wäre die Zuzahlung beschränkt, wäre damit zugleich die Kontrolle des Umtauschverhältnisses und der Werthaltigkeit der gewährten Anteile oder Mitgliedschaften bei einem übernehmenden Rechtsträger begrenzt. Die Regelung grenzt die bare Zuzahlung nach § 15 von den im Verschmelzungsvertrag festgesetzten baren Zuzahlungen ab, die bei der GmbH[37], der AG[38], der KGaA[39] und der eG[40] auf den zehnten Teil des auf die gewährten Anteile entfallenden Betrags des Grund- oder Stammkapitals beschränkt ist.

22 Im Schrifttum wird überwiegend angenommen, dass die bare Zuzahlung an die Anteilsinhaber des übertragenden Rechtsträgers nur aus vorhandenen und zur Auszahlung an die Anteilsinhaber zur Verfügung stehenden Mitteln der übernehmenden Gesellschaft möglich ist. Der Gläubigerschutz werde durch § 15 nicht außer Kraft gesetzt[41]. Der Anspruch auf bare Zuzahlung sei der Höhe nach auf das „freie" Vermögen beschränkt[42].

23 Aus dem Gesetzeswortlaut lässt sich diese Auffassung nicht begründen. Umgekehrt ist allerdings auch nicht erkennbar, dass durch § 15 die allgemeinen Kapitalaufbringungs- und -erhaltungsvorschriften eingeschränkt werden sollen[43]. Der Konflikt zwischen § 15 und den allgemeinen Kapitalaufbringungs- und -erhaltungsvorschriften ist im Gesetzgebungsverfahren offen geblieben. Richtigerweise ist anzunehmen, dass der Gläubigerschutz Vorrang vor dem internen Ausgleich zwischen den Anteilsinhabern des verschmolzenen Unternehmens hat. Die dem materiellen Schutz des Kapitals dienenden Bestimmungen werden durch § 15 nicht außer Kraft gesetzt. Welche Bestimmungen im Einzelnen dazu gehören, ist rechtsformspezifisch zu ermitteln. Bei Gesellschaften mit beschränkter Haftung ist das Stammkapi-

---

[35] Siehe zu Maßnahmen im Fall von Verzögerungen des Wirksamwerdens der Verschmelzung § 5 Rn 30 sowie zum Bewertungsstichtag § 5 Rn 59; *LG Dortmund* DB 1997, 1915; *LG Dortmund* DB 1996, 2221; *LG Düsseldorf* AG 1989, 136; *Marsch-Barner* in Kallmeyer Rn 2; *Bork* in Lutter Rn 3; *Baums*, FS Zöller, S. 65, 76; *Heckschen* DB 1998, 1385, 1393; *Grunewald* in G/H/E/K § 352 c AktG Rn 19; *Stratz* in Schmitt/Hörtnagl/Stratz Rn 11; aA noch *Dehmer*[2] Rn 10.
[36] *Bork* in Lutter Rn 3; *Grunewald* in G/H/E/K § 352 c AktG Rn 19.
[37] § 54 Abs. 4; hierzu § 54 Rn 40 ff.
[38] § 68 Abs. 3; siehe näher § 68 Rn 20 ff.
[39] § 78 Satz 1 iVm. § 68 Abs. 3.
[40] § 87 Abs. 2 Satz 2; hierzu § 87 Rn 50 f.
[41] *Marsch-Barner* in Kallmeyer Rn 2; *Bork* in Lutter Rn 5; aA *Stratz* in Schmitt/Hörtnagl/Stratz Rn 15.
[42] *Marsch-Barner* in Kallmeyer Rn 2; *Ihrig* ZHR 160 (1996) 317, 336; *ders.* GmbHR 1995, 622, 632; *Philipp* AG 1998, 264, 269 f.; *Bork* in Lutter Rn 5.
[43] So zu §§ 207 bis 212 ausdrücklich RegBegr. *Ganske* S. 231 f.

tal[44] geschützt. Bei Aktiengesellschaften kann die bare Zuzahlung nicht nur aus Bilanzgewinn gezahlt werden[45], sondern analog § 71 Abs. 2 Satz 2 AktG aus allen Mitteln, die für einen Rückerwerb von eigenen Aktien zur Verfügung stehen[46].

Der Anspruch auf Zuzahlung ist aber der Höhe nach nicht durch die im Zeitpunkt der letzten mündlichen Verhandlung im Spruchverfahren vorhandenen freien Mittel beschränkt[47]. Ist nicht genügend freies Vermögen vorhanden, ist die Bedienung des Anspruchs auf bare Zuzahlung nur so lange ausgeschlossen, bis wieder freie Mittel zur Verfügung stehen.

5. Festsetzung der baren Zuzahlung im Spruchverfahren

Der Anspruch auf bare Zuzahlung ist, soweit er besteht, im Spruchverfahren festzusetzen[48]. Er kann nicht unmittelbar im Wege einer Leistungsklage geltend gemacht werden. Die Festsetzung, ob und in welcher Höhe eine bare Zuzahlung zu leisten ist, ist vielmehr ausschließlich den für die Entscheidung im Spruchverfahren zuständigen Gerichten[49] vorbehalten. Erst wenn der übernehmende Rechtsträger nicht zahlt, obwohl er dazu nach dem Beschluss des für das Spruchverfahren zuständigen Gerichts verpflichtet ist, kann (und muss) der Anteilsinhaber Leistungsklage erheben[50]. Bis dahin ist eine Leistungsklage ebenso unstatthaft wie eine Stufenklage, gerichtet auf Auskunftserteilung über die Grundlagen der Unternehmensbewertung und Verurteilung zu Leistung[51].

§ 15 Abs. 1 bestimmt, dass das Gericht eine **bare** Zuzahlung festsetzt. Andere Festsetzungen können durch das Gericht nicht getroffen werden. Insbesondere kommt im Spruchverfahren keine Korrektur des Umtauschverhältnisses oder eine Änderung der Anteile oder Mitgliedschaften in Betracht, die die Anteilsinhaber des übertragenden Rechtsträgers bei der Verschmelzung erhalten[52].

Die bare Zuzahlung kann zu einer massiven Liquiditätsbelastung für das verschmolzene Unternehmen führen. Das ist rechtspolitisch nicht wünschenswert. Die Grundsätze für die Ermittlung der Verschmelzungswertrelation sind nicht so gesichert, dass bei sorgfältiger Vorbereitung die Festsetzung einer baren Zuzahlung mit hoher Sicherheit vermieden werden kann. *De lege ferenda* sollte daher erwogen werden, auch die Ausgabe von neuen Anteilen am übernehmenden Rechtsträger aus Gesellschaftsmitteln zuzulassen[53].

Im Spruchverfahren wird nur geprüft, ob das Umtauschverhältnis der Anteile zu niedrig bemessen oder die Mitgliedschaft bei einem übernehmenden Rechtsträger kein ausreichender Gegenwert für den Anteil oder die Mitgliedschaft bei einem übertragenden Rechtsträger ist[54]. Alle weiteren Rügen können von den Anteilsinhabern des übertragenden Rechtsträgers nur mit einer Klage gegen die Wirksamkeit des Verschmelzungsbeschlusses geltend gemacht werden[55]. Das Klageverfahren und das Spruchverfahren können, soweit es zu einer Eintragung und zum Wirksamwerden der Verschmelzung kommt, parallel laufen[56].

---

[44] § 30 Abs. 1 GmbHG.
[45] § 57 Abs. 3 AktG.
[46] Nach anderer Auffassung ist erforderlich und ausreichend, dass nach Auszahlung der baren Zuzahlung ein zur Deckung aller bestehenden Verbindlichkeiten ausreichendes Vermögen vorhanden ist; vgl. *Ihrig* ZHR 160 (1996) 317, 336; *Bork* in Lutter Rn 5.
[47] So aber *Bork* in Lutter Rn 5.
[48] Dazu § 15 Abs. 1 Satz 2 sowie §§ 1 ff. SpruchG.
[49] § 11 Abs. 1 SpruchG.
[50] § 16 SpruchG.
[51] Vgl. BGH NJW 1967, 45; *Stratz* in Schmitt/Hörtnagl/Stratz Rn 15; *Kraft* in Kölner Komm. § 352 c AktG Rn 17.
[52] *Stratz* in Schmitt/Hörtnagl/Stratz Rn 17; *Marsch-Barner* in Kallmeyer Rn 6.
[53] So auch *Marsch-Barner* in Kallmeyer Rn 6; *Philipp* AG 1998, 264, 271; *HRA* NZG 2000, 802, 803; *Martens* AG 2000, 301, 308.
[54] Siehe § 1 SpruchG.
[55] Siehe § 14 Rn 5 ff.
[56] *Marsch-Barner* in Kallmeyer Rn 4.

III. Verzinsung

28 Die bare Zuzahlung ist nach Ablauf des Tags, an dem die Eintragung der Verschmelzung in das Register des Sitzes des übernehmenden Rechtsträgers bekannt gemacht worden ist[57], mit jährlich 2% über dem jeweiligen Diskontsatz der Deutschen Bundesbank[58] zu verzinsen. Damit wird der Nachteil ausgeglichen, der sich daraus ergibt, dass erhebliche Zeit bis zur Entscheidung des Gerichts im Spruchverfahren vergehen kann. Nach der RegBegr. soll zugleich verhindert werden, dass der übernehmende Rechtsträger einen Anreiz hat, das Verfahren zur Festsetzung einer baren Zuzahlung hinauszuzögern und damit seine Zahlungspflicht hinauszuschieben[59].

29 Zum Teil wird die Auffassung vertreten, die Zinspflicht sei auf Grund einer teleologischen Reduktion nicht anzunehmen, solange der Anteilsinhaber noch seinen Gewinnanteil erhält[60]. Dem ist nicht zuzustimmen[61]. Der Anspruch auf bare Zuzahlung steht dem Anteilsinhaber des übertragenden Rechtsträgers gerade zusätzlich zu den Anteilen oder der Mitgliedschaft und den ihm daraus zufließenden Beteiligungserlösen zu.

IV. Schadensersatz

30 Die Geltendmachung eines weiteren Schadens ist durch die Verzinsungsbestimmung in Abs. 2 nicht ausgeschlossen. Das entspricht dem Rechtsgedanken des § 288 Abs. 4 BGB[62]. Der Anteilsinhaber ist ggf. für den weiteren Schaden darlegungs- und beweispflichtig[63]. Ein weiterer Schaden kann nicht im Spruchverfahren geltend gemacht werden. Er muss ggf. mit einer Leistungsklage geltend gemacht werden.

§ 16 Anmeldung der Verschmelzung

(1) **Die Vertretungsorgane jedes der an der Verschmelzung beteiligten Rechtsträger haben die Verschmelzung zur Eintragung in das Register (Handelsregister, Partnerschaftsregister, Genossenschaftsregister oder Vereinsregister) des Sitzes ihres Rechtsträgers anzumelden. Das Vertretungsorgan des übernehmenden Rechtsträgers ist berechtigt, die Verschmelzung auch zur Eintragung in das Register des Sitzes jedes der übertragenden Rechtsträger anzumelden.**

(2) **Bei der Anmeldung haben die Vertretungsorgane zu erklären, daß eine Klage gegen die Wirksamkeit eines Verschmelzungsbeschlusses nicht oder nicht fristgemäß er-**

---

[57] § 19 Abs. 3; siehe hierzu § 19 Rn 18 f.; zur Verfassungsmäßigkeit von § 15 Abs. 2 vgl. nur *OLG Düsseldorf* NJW-RR 2006, 541, 542.

[58] Nach § 1 Abs. 1 des Diskontsatzüberleitungsgesetzes vom 9. 6. 1998, BGBl. I S. 1242, ist an die Stelle des Diskontsatzes der Deutschen Bundesbank der jeweilige Basiszinssatz getreten, wie in § 1 Abs. 1 des Diskontsatzüberleitungsgesetzes definiert. Die ursprünglich im Gesetz vorgesehene Befristung der Regelung bis zum 31. 12. 2001 ist durch Art. 2 Abs. 3 des Gesetzes über Fernabsatzverträge und andere Fragen des Verbraucherrechts sowie zur Umstellung von Vorschriften auf Euro vom 27. 6. 2000 (BGBl. I S. 901) gestrichen worden.

[59] RegBegr. *Ganske* S. 66; vergleichbare Regelungen enthalten für die Verzinsung einer Abfindung die Bestimmungen in §§ 305 Abs. 3 Satz 3, 320 b Abs. 1 Satz 6, 327 b Abs. 2 AktG und § 30 Abs. 1 Satz 2 UmwG; siehe auch § 30 Rn 20 ff.

[60] Vgl. *BayObLG* WM 1995, 1580, 1585; *BayObLG* AG 1996, 127 131; *Marsch-Barner* in Kallmeyer Rn 9; *Liebscher* AG 1996, 455, 457 f.

[61] So auch *Stratz* in Schmitt/Hörtnagl/Stratz Rn 21.

[62] Zu § 288 Abs. 4 BGB siehe *Heinrichs* in Palandt § 288 BGB Rn 13 f.

[63] *BayObLG* DB 1983, 333; *Stratz* in Schmitt/Hörtnagl/Stratz Rn 19.

hoben oder eine solche Klage rechtskräftig abgewiesen oder zurückgenommen worden ist; hierüber haben die Vertretungsorgane dem Registergericht auch nach der Anmeldung Mitteilung zu machen. Liegt die Erklärung nicht vor, so darf die Verschmelzung nicht eingetragen werden, es sei denn, daß die klageberechtigten Anteilsinhaber durch notariell beurkundete Verzichtserklärung auf die Klage gegen die Wirksamkeit des Verschmelzungsbeschlusses verzichten.

(3) Der Erklärung nach Absatz 2 Satz 1 steht es gleich, wenn nach Erhebung einer Klage gegen die Wirksamkeit eines Verschmelzungsbeschlusses das für diese Klage zuständige Prozeßgericht auf Antrag des Rechtsträgers, gegen dessen Verschmelzungsbeschluß sich die Klage richtet, durch rechtskräftigen Beschluß festgestellt hat, daß die Erhebung der Klage der Eintragung nicht entgegensteht. Der Beschluß nach Satz 1 darf nur ergehen, wenn die Klage gegen die Wirksamkeit des Verschmelzungsbeschlusses unzulässig oder offensichtlich unbegründet ist oder wenn das alsbaldige Wirksamwerden der Verschmelzung nach freier Überzeugung des Gerichts unter Berücksichtigung der Schwere der mit der Klage geltend gemachten Rechtsverletzungen zur Abwendung der vom Antragsteller dargelegten wesentlichen Nachteile für die an der Verschmelzung beteiligten Rechtsträger und ihre Anteilsinhaber vorrangig erscheint. Der Beschluß kann in dringenden Fällen ohne mündliche Verhandlung ergehen. Der Beschluss soll spätestens drei Monate nach Antragstellung ergehen; Verzögerungen der Entscheidung sind durch unanfechtbaren Beschluss zu begründen. Die vorgebrachten Tatsachen, auf Grund derer der Beschluß nach Satz 2 ergehen kann, sind glaubhaft zu machen. Gegen den Beschluß findet die sofortige Beschwerde statt. Die Rechtsbeschwerde ist ausgeschlossen. Erweist sich die Klage als begründet, so ist der Rechtsträger, der den Beschluß erwirkt hat, verpflichtet, dem Antragsgegner den Schaden zu ersetzen, der ihm aus einer auf dem Beschluß beruhenden Eintragung der Verschmelzung entstanden ist; als Ersatz des Schadens kann nicht die Beseitigung der Wirkungen der Eintragung der Verschmelzung im Register des Sitzes des übernehmenden Rechtsträgers verlangt werden.

Übersicht

	Rn		Rn
I. Allgemeines	1	2. Zeitpunkt	16
II. Anmeldung (Abs. 1)	2	3. Registersperre und Entbehrlichkeit der Negativerklärung	19
1. Anmeldepflicht	2	IV. Unbedenklichkeitsverfahren (Abs. 3)	21
2. Inhalt	3	1. Bedeutung	21
3. Zeitpunkt	4	2. Verfahren	23
4. Form/Vertretung	7	3. Entscheidung	27
5. Gericht	8	a) Unzulässigkeit oder offensichtliche Unbegründetheit der Klage	27
6. Anmelderecht	9	b) Vorrangigkeit der Eintragung	32
7. Kosten der Anmeldung	11	4. Rechtsmittel	43
a) Beim übertragenden Rechtsträger	11	5. Bindung des Registerrichters	44
b) Beim übernehmenden Rechtsträger	12	6. Schadensersatzpflicht	49
III. Negativerklärung (Abs. 2)	13		
1. Inhalt	13		

Literatur: *Bayer,* Aktionärsklagen de lege lata und de lege ferenda, NJW 2000, 2609; *ders.,* Umwandlungsrecht – Rückschau und Entwicklungstendenzen nach drei Jahren Praxis, RWS-Forum 1997 Gesellschaftsrecht, S. 133; *ders.,* Kein Abschied vom Minderheitenschutz durch Information, ZGR 1995, 613; *Bokelmann,* Eintragung eines Beschlusses: Prüfungskompetenz des Registerrichters bei Nichtanfechtung, rechtsmißbräuchlicher Anfechtungsklage und bei Verschmelzung, DB 1994, 1341; *Bork,* Beschlußverfahren und Beschlußkontrolle nach dem Referentenentwurf eines Gesetzes zur Bereinigung des Umwandlungsrechts, ZGR 1993, 343; *Brandner/Bergmann,* Anfechtungsklage und Registersperre, FS Bezzenberger, 2000, S. 59; *Decher,* Die Überwindung der Registersperre nach § 16 Abs. 3 UmwG, AG 1997, 388; *Gustavus,* Handelsregister-Anmeldungen, 5. Aufl., 2001; *Halfmeier,* Sind die Erfolgsaussichten der Anfechtungsklage bei der Interessenabwägung im Freigabeverfahren der §§ 16 Abs. 3 UmwG, 246a AktG zu berücksichtigen?, WM 2006, 1465;

Heermann, Auswirkungen einer Behebbarkeit oder nachträglichen Korrektur von gerügten Verhaltensmängeln auf das Unbedenklichkeitsverfahren nach § 16 Abs. 3 UmwG, ZIP 1999, 1861; *Jaeger*, Die Registersperre im neuen Verschmelzungsrecht, RdW 1996, 157; *Keidel/Krafka/Willer*, Registerrecht, 6. Aufl. 2003; *Kiem*, Die schwebende Umwandlung, ZIP 1999, 173; *ders.*, Umwandlungsrecht – Rückschau und Entwicklungstendenzen nach drei Jahren Praxis, RWS-Forum 1997 Gesellschaftsrecht, S. 105; *Kösters*, Das Unbedenklichkeitsverfahren nach § 16 Abs. 3 UmwG, WM 2000, 192; *Kort*, Gesellschaftsrechtlicher und registerrechtlicher Bestandsschutz eingetragener fehlerhafter Umwandlungen und anderer Strukturänderungen, DStR 2004, 185; *Melchior*, Vollmachten bei Umwandlungsvorgängen – Vertretungshindernisse und Interessenkollisionen, GmbHR 1999, 520; *Noack*, Das Freigabeverfahren bei Umwandlungsbeschlüssen – Bewährung und Modell, ZHR 164 (2000) 274; *Paschos/Johannsen-Roth*, Freigabeverfahren und Bestandsschutz bei aktien- und umwandlungsrechtlichen Strukturmaßnahmen, NZG 2006, 327; *Rettmann*, Die Rechtmäßigkeitskontrolle von Verschmelzungsbeschlüssen, Diss. Hamburg 1998; *Rieckers*, Einfluss angefochtener Bestätigungsbeschlüsse auf anhängige und abgeschlossene Unbedenklichkeitsverfahren, BB 2005, 1348; *Riegger/Schockenhoff*, Das Unbedenklichkeitsverfahren zur Eintragung der Umwandlung in das Handelsregister, ZIP 1998, 2105; *Schmid*, Einstweiliger Rechtsschutz für Kapitalgesellschaften gegen die Blockade von Strukturentscheidungen durch Anfechtungsklagen, ZIP 1998, 1057; *ders.*, Das umwandlungsrechtliche Unbedenklichkeitsverfahren und die Reversibilität registrierter Verschmelzungsbeschlüsse, ZGR 1997, 493; *Schöne*, Das Aktienrecht als „Maß aller Dinge" im neuen Umwandlungsrecht?, GmbHR 1995, 325; *Sosnitza*, Das Unbedenklichkeitsverfahren nach § 16 Abs. 3 UmwG, NZG 1999, 965; *Timm/Schick*, Zwingende „Verschmelzungssperre" nach § 345 Abs. 2 S. 1 AktG bei anhängigen Anfechtungsverfahren?, DB 1990, 1221; *Veil*, Die Registersperre bei der Umwandlung einer AG in eine GmbH, ZIP 1996, 1065; *Volhard*, Ist die Rechtsbeschwerde im Verfahren nach § 16 III UmwG statthaft?, NZG 2006, 297; *ders.*, „Siemens/Nold": Die Quittung, AG 1998, 397.

I. Allgemeines

1   Abs. 1 normiert die Anmeldepflicht der Vertretungsorgane. Die Vorschrift entspricht inhaltlich den früheren Regelungen[1]. Die Verschmelzung darf ohne das Vorliegen der (sog. Negativ-) Erklärung, dass keine Klage gegen die Wirksamkeit eines Verschmelzungsbeschlusses schwebt[2], nicht eingetragen werden[3]. Diese „Registersperre" lässt sich durch einen sog. Unbedenklichkeitsbeschluss überwinden[4]. Neu ist die gesetzliche Regelung, dass der Beschluss gemäß § 16 Abs. 3 Satz 4 spätestens drei Monate nach Antragstellung ergehen soll.

II. Anmeldung (Abs. 1)

1. Anmeldepflicht

2   Die Organe **jedes der beteiligten Rechtsträger** sind diesem gegenüber verpflichtet, „die Verschmelzung" nach Vorliegen aller Voraussetzungen für die Wirksamkeit des Verschmelzungsvertrags und aller mit der Anmeldung einzureichenden Anlagen[5] zur Eintragung in das jeweils maßgebende Register anzumelden, damit die Verschmelzung als solche wirksam werden kann[6]. Bei Verletzung dieser Verpflichtung kommen Schadensersatzansprüche der beteiligten Rechtsträger und deren Mitglieder in Betracht[7].

---

[1] § 345 Abs. 1 AktG, § 24 Abs. 1 KapErhG, §§ 63 f. Abs. 1 Satz 1, 93 d Abs. 1 Satz 1 GenG, § 44 a Abs. 3 VAG, § 4 Abs. 1 Satz 1 UmwG 1969.
[2] § 16 Abs. 2 Satz 1.
[3] § 16 Abs. 2 Satz 2.
[4] § 16 Abs. 3.
[5] § 17.
[6] § 20; zu den Rechtsfolgen der Eintragung im Einzelnen § 20 Rn 5 ff.
[7] *Zimmermann* in Kallmeyer Rn 6.

2. Inhalt

Anzumelden ist nicht der Verschmelzungsvertrag (oder -beschluss), sondern **die Ver-** 3
schmelzung[8]. Bei der Anmeldung sind die beteiligten Rechtsträger sowie die Art der Verschmelzung (zur Aufnahme oder Neugründung) anzugeben. Aufzuführen ist auch, auf welcher Grundlage (Verschmelzungsvertrag, Verschmelzungsbeschlüsse) der Verschmelzungsvorgang beruht. Findet bei der übernehmenden Gesellschaft eine **Kapitalerhöhung** statt, ist es angezeigt, aber nicht zwingend, diese gleichzeitig anzumelden, da sie vor der Verschmelzung einzutragen ist[9]. Ferner muss die Negativerklärung abgegeben werden[10].

3. Zeitpunkt

Die Anmeldung der Verschmelzung ist grundsätzlich **unverzüglich**[11] vorzunehmen, 4
wenn der Verschmelzungsvertrag wirksam ist. Eine etwaige Anfechtung des Verschmelzungsbeschlusses hindert die Anmeldung nicht[12]. Die der Anmeldung beizufügenden Anlagen sind ggf. nachzureichen[13]. Soll – was bei mehreren beteiligten Rechtsträgern in Betracht kommt – erst **später** angemeldet werden, wenn zuvor andere Anmeldungen erledigt sind, müssen die Organe dazu im Verschmelzungsvertrag **angewiesen** werden; ein Ermessen darf ihnen dabei nicht eingeräumt werden[14].

Da die Verschmelzung nur eingetragen werden darf, wenn die **Schlussbilanz** der übertra- 5
genden Rechtsträger auf einen höchstens acht Monate vor der Anmeldung liegenden Stichtag aufgestellt ist[15], ergibt sich **für übertragende Rechtsträger**[16] eine **Anmeldefrist von acht Monaten** seit dem Bilanzstichtag.

Eine **Reihenfolge der einzelnen Anmeldungen ist nicht vorgeschrieben**. Sie kön- 6
nen gleichzeitig eingereicht werden oder in der vorgeschriebenen Reihenfolge der Eintragungen: Die Verschmelzung ist erst in das Register jedes übertragenden, danach in das des übernehmenden Rechtsträgers einzutragen[17]. Ist der übernehmende Rechtsträger eine GmbH oder eine AG (oder KGaA), die ihr Kapital erhöht, so ist zunächst die Kapitalerhöhung ins Register des übernehmenden Rechtsträgers einzutragen[18]. In der Praxis wird bei der Anmeldung der Kapitalerhöhung die Erteilung eines beglaubigten Handelsregisterauszugs erbeten, der der Anmeldung der Verschmelzung beim übertragenden Rechtsträger beigefügt oder nachgereicht wird. Ebenso wird beim Gericht des übertragenden Rechtsträgers ein beglaubigter Handelsregisterauszug erbeten, der dem Gericht des übernehmenden Rechtsträgers nachgereicht wird, damit dort die Verschmelzung eingetragen und schließlich wirksam werden kann. Das Gericht des übernehmenden Rechtsträgers teilt dem Gericht des übertragenden Rechtsträgers dann von Amts wegen mit, dass die Verschmelzung eingetragen wurde[19].

---

[8] § 16 Abs. 1 Satz 1; ebenso ist „die Spaltung" anzumelden, § 125 Satz 1 iVm. § 16 Abs. 1 Satz 1, bei der Verschmelzung durch Neugründung der neue Rechtsträger, § 38 Abs. 2, beim Formwechsel in eine GbR dieser, § 235 Abs. 1, sonst beim Formwechsel die neue Rechtsform des Rechtsträgers, § 198 Abs. 1.
[9] §§ 53, 66; vgl. *Bork* in Lutter Rn 4; aA: Hinweis auf die Kapitalerhöhung zwingend *Zimmermann* in Kallmeyer Rn 12 mit Hinweis auf *BGH* GmbHR 1987, 423; *Kraft* in Kölner Komm. § 345 AktG Rn 8.
[10] § 16 Abs. 2; siehe dazu Rn 13 ff.
[11] Zum Begriff *Heinrichs* in Palandt § 121 BGB Rn 3.
[12] BGHZ 112, 9, 23 f.; *Kiem* ZIP 1999, 173, 177.
[13] Siehe § 17 Rn 20.
[14] Vgl. *Hüffer* § 179 AktG Rn 25 und § 181 AktG Rn 5 mwN.
[15] § 17 Abs. 2 Satz 4; siehe § 17 Rn 16 ff.
[16] Nicht auch für den übernehmenden, vgl. *Zimmermann* in Kallmeyer Rn 11 mit Hinweis auf *LG Frankfurt* GmbHR 1996, 542, 543; *Bartovics* GmbHR 1996, 514.
[17] § 19 Abs. 1 Satz 1; zur Eintragungsreihenfolge § 19 Rn 8 ff.
[18] §§ 53, 66; zur Eintragung der Kapitalerhöhung § 53 Rn 11 ff. und § 66 Rn 5 ff.
[19] § 19 Abs. 2.

4. Form/Vertretung

7 Die Anmeldung ist von Organmitgliedern in vertretungsberechtigter Zahl zu unterzeichnen[20]. Die Unterschriften sind öffentlich (notariell, im Ausland auch durch ein deutsches Konsulat) zu **beglaubigen**[21]. Unechte Gesamtvertretung[22] ist, falls in dem Gesellschaftsvertrag/der Satzung vorgesehen, zulässig[23], ebenso rechtsgeschäftliche Vertretung bei der Anmeldung[24], wobei die Vollmacht dann ebenfalls der öffentlichen Beglaubigung bedarf[25]. Wird allerdings – wie in der Praxis häufig – die Negativerklärung in der Anmeldung abgegeben, scheidet rechtsgeschäftliche Vertretung insoweit aus.

5. Gericht

8 Zuständiges Gericht ist das **Amtsgericht**, in dessen Bezirk der betreffende Rechtsträger seinen **Sitz** hat. Das gilt auch, wenn der Rechtsträger gleichzeitig seinen Sitz verlegt[26]. Besteht ein Doppelsitz, ist bei beiden Gerichten anzumelden.

6. Anmelderecht

9 Das Vertretungsorgan des **übernehmenden Rechtsträgers** ist berechtigt, die Verschmelzung auch zur Eintragung in das Register jedes übertragenden Rechtsträgers anzumelden[27]. Der Zweck der Regelung liegt in der Verfahrensbeschleunigung. Der übernehmende Rechtsträger ist idR besonders an einer möglichst schnellen Registereintragung der Verschmelzung interessiert. Indes ist die praktische Bedeutung dieses Rechts eher gering, da sich der übernehmende Rechtsträger die Anlagen zur Anmeldung, insbesondere die Schlussbilanz des übertragenden Rechtsträgers[28], – ggf. im Wege der Klage und Vollstreckung nach § 888 ZPO – erst beschaffen muss[29].

10 Außerdem ist zur Anmeldung berechtigt der **Notar**, der die Anmeldung beglaubigt hat[30].

7. Kosten der Anmeldung[31]

11 **a) Beim übertragenden Rechtsträger.** Der **Geschäftswert** bestimmt sich grundsätzlich[32] nach den §§ 141, 41 a Abs. 4 KostO[33]. Für die Beglaubigung der Anmeldung erhebt der Notar nach den §§ 141, 45 Abs. 1 Satz 1 KostO ein Viertel der vollen Gebühr, maximal € 130. Entwirft der Notar die Anmeldung, erhält er nach §§ 141, 38 Abs. 2 Nr. 7 KostO eine halbe Gebühr. Der zugrunde liegende Geschäftswert beträgt maximal € 500 000[34].

---

[20] Trotz § 108 HGB auch bei der OHG/KG; § 16 ist gegenüber § 108 HGB insoweit *lex specialis*. So auch *Zimmermann* in Kallmeyer Rn 4; zweifelnd *Schöne* GmbHR 1995, 325, 332 f. für OHG/KG.
[21] §§ 12 Abs. 1 HGB, 129 BGB. Vgl. zur Einreichung der Anmeldung per Telefax *OLG Jena* NZG 2003, 43; *Berger* NotBZ 2003, 78.
[22] Zum Begriff § 4 Rn 8.
[23] *Zimmermann* in Kallmeyer Rn 4.
[24] *Fronhöfer* in Widmann/Mayer Rn 27.
[25] § 12 Abs. 2 HGB, § 129 BGB.
[26] Vgl. *OLG Oldenburg* GmbHR 1997, 657; *OLG Hamm* FGPraxis 1995, 43.
[27] § 16 Abs. 1 Satz 2. Die Regelung geht auf Art. 18 Abs. 2 VerschmRL zurück.
[28] § 17 Abs. 2.
[29] Vgl. *Marsch-Barner* in Kallmeyer § 4 Rn 19.
[30] § 129 FGG.
[31] Zu den Kosten der Eintragung vgl. § 19 Rn 13 ff.
[32] Vgl. bei Anmeldungen ins Genossenschafts- oder Vereinsregister §§ 29, 30 Abs. 2 KostO; vgl. auch *Fronhöfer* in Widmann/Mayer Rn 54; *Bengel/Tiedtke* in Korintenberg/Lappe/Bengel/Reimann § 41 a KostO Rn 3.
[33] Zur Neuordnung der Gebühren siehe § 19 Rn 13.
[34] § 39 Abs. 4 KostO.

b) **Beim übernehmenden Rechtsträger.** Wird beim übernehmenden Rechtsträger **gleichzeitig eine Kapitalerhöhung** angemeldet, ist dem Wert der Anmeldung der Verschmelzung der Betrag der **Kapitalerhöhung**[35] hinzuzurechnen. Auch bei gleichzeitiger Anmeldung einer Kapitalerhöhung ist der Wert maximal € 500 000[36]. 12

III. Negativerklärung (Abs. 2)

1. Inhalt

Der Inhalt der Erklärung ist vom Gesetz vorgegeben. Er hängt davon ab, ob im Zeitpunkt der Anmeldung eine Klage erhoben worden ist. 13
– Ist keine Klage erhoben, ist zu erklären, „dass eine Klage gegen die Wirksamkeit eines Verschmelzungsbeschlusses nicht erhoben worden ist."
– Ist Klage erhoben worden, aber nicht innerhalb der gesetzlichen Monatsfrist[37], ist zu erklären, „dass eine Klage gegen die Wirksamkeit eines Verschmelzungsbeschlusses nicht fristgemäß erhoben worden ist."
– Ist fristgemäß Klage erhoben worden, ist zu erklären, „dass die Klage gegen die Wirksamkeit eines Verschmelzungsbeschlusses[38] abgewiesen (oder: zurückgenommen) worden ist."

Die Erklärung muss sich auf Klagen gegen den **Verschmelzungsbeschluss** und nur auf diese beziehen[39]. Klagen gegen die Wirksamkeit des **Verschmelzungsvertrags**[40] sowie gegen die zur Durchführung der Verschmelzung beschlossene **Kapitalerhöhung**[41] können ebenso unerwähnt bleiben wie Klagen gegen sonstige die Verschmelzung begleitende Beschlüsse[42]. Allerdings kann der Registerrichter die Eintragung aussetzen[43]. Nach Eintragung der Kapitalerhöhung kann die Verschmelzung dann eingetragen werden[44]. 14

Klagen gegen die Wirksamkeit iSd. Vorschrift sind alle Klagen, die sich gegen den Beschluss richten[45], also die Nichtigkeitsklage[46] und die Anfechtungsklage[47], aber auch die von einem Anteilseigner oder Organmitglied erhobene Klage auf Feststellung der Nichtigkeit oder Unwirksamkeit des Verschmelzungsbeschlusses nach § 256 ZPO[48]. Die Negativerklärung hat sich nur darauf zu erstrecken, ob innerhalb der Monatsfrist des § 14 Abs. 1 eine Klage erhoben worden ist. 15

---

[35] §§ 141, 41 a Abs. 1 Nr. 3 bzw. 4 KostO.
[36] § 39 Abs. 4 KostO.
[37] § 14 Abs. 1; hierzu näher § 14 Rn 22 ff.
[38] „Eines" Verschmelzungsbeschlusses muss es heißen, wenn die Erklärung sich auf alle Verschmelzungsbeschlüsse beteiligter Rechtsträger bezieht; wird die Erklärung getrennt für die beteiligten Rechtsträger abgegeben, was genügt, kann es jeweils heißen „des" Verschmelzungsbeschlusses.
[39] Siehe auch Anh. § 119 Rn 102; bei § 14 a VAG ist es anders. Dort steht ein Widerspruch im Verwaltungsverfahren der Eintragung entgegen, bei § 16 nur Klagen gegen die Wirksamkeit des Beschlusses.
[40] *Marsch-Barner* in Kallmeyer Rn 24; nun auch *Fronhöfer* in Widmann/Mayer Rn 68.
[41] *Marsch-Barner* in Kallmeyer Rn 24; *Bork* in Lutter Rn 10 Fn 5; aA für die alte Rechtslage *Grunewald* in G/H/E/K § 345 AktG Rn 6; *Kraft* in Kölner Komm. § 345 AktG Rn 8.
[42] *Bork* in Lutter Rn 10.
[43] § 127 FGG.
[44] Bei der Verschmelzung durch Aufnahme § 53 für GmbH und § 66 für AG, bei der Verschmelzung durch Neugründung infolge der Verweisungen in §§ 56 und 73 und für die KGaA in § 78.
[45] Näher siehe § 14 Rn 5 ff.
[46] §§ 241, 249 AktG.
[47] §§ 243, 248 AktG.
[48] *Marsch-Barner* in Kallmeyer § 14 Rn 6; „alle Klagetypen, mit denen Mängel eines Verschmelzungsbeschlusses geltend gemacht werden können", RegBegr. *Ganske* S. 67.

2. Zeitpunkt

16 Die Negativerklärung ist „bei" der Anmeldung abzugeben, und zwar für alle beteiligten Rechtsträger[49]. Ihr Fehlen führt jedoch nicht zur Unwirksamkeit der Anmeldung; vielmehr ist die Anmeldung **unvollständig** und ihr kann (noch) nicht entsprochen werden. Die spätere Abgabe der Negativerklärung ist insbesondere dann zweckmäßig, wenn die Anmeldung der Verschmelzung unverzüglich nach wirksamer Beschlussfassung vor Ablauf der Monatsfrist eingereicht wird. In diesen Fällen wird das Registergericht durch Zwischenverfügung eine Frist zur Nachreichung der Erklärung nach Fristablauf einräumen[50].

17 Damit zusammen hängt die – vom Gesetz unglücklich ausgedrückte – Verpflichtung „Hierüber ... dem Registergericht auch nach der Anmeldung Mitteilung zu machen"[51]. Gemeint ist vor allem, dass dem Gericht mitzuteilen ist, wenn nach der Anmeldung eine Klage fristgemäß erhoben worden ist, um eine Eintragung bei anhängiger Klage zu vermeiden[52]. Nach der Anmeldung eingetretene Umstände, die der Eintragung nicht (mehr) entgegenstehen, zB die Beendigung des Prozesses, wird der Rechtsträger dem Gericht von sich aus mitteilen, ohne dass das Gesetz ihn dazu hätte verpflichten müssen.

18 Abzugeben ist die Erklärung von Vertretungsorganen in vertretungsberechtigter Zahl[53]. Vertretung ist dabei unzulässig[54].

3. Registersperre und Entbehrlichkeit der Negativerklärung

19 Wird dem Registergericht die Negativerklärung nicht vorgelegt, **darf** die Verschmelzung **nicht eingetragen werden**[55], es sei denn, die Negativerklärung ist ausnahmsweise entbehrlich[56]. Dies ist der Fall, wenn dem Amtsgericht stattdessen
– ein notariell beurkundeter **Verzicht** der „klageberechtigten Anteilsinhaber", (das sind sämtliche Anteilsinhaber aller beteiligten Rechtsträger, deren Klagerecht nicht ausgeschlossen ist[57]) auf die Klage gegen die Wirksamkeit des Verschmelzungsbeschlusses[58] oder
– ein rechtskräftiger **Beschluss** des Prozessgerichts[59]
vorgelegt wird[60].

---

[49] *Stratz* in Schmitt/Hörtnagl/Stratz Rn 18.
[50] Die Negativerklärung kann wirksam erst nach Ablauf der für Klagen bestimmten Monatsfrist abgegeben werden; so *BGH* NZG 2006, 956. Vgl. auch *Marsch-Barner* in Kallmeyer Rn 25; *Bork* in Lutter Rn 12; *Stratz* in Schmitt/Hörtnagl/Stratz Rn 22; *Fronhöfer* in Widmann/Mayer Rn 96; zum früheren Recht bereits *BGH* WM 1990, 1372, 1373.
[51] § 16 Abs. 2 Satz 1 2. Halbs. Krit. dazu *Rettmann* S. 86 f.
[52] *Marsch-Barner* in Kallmeyer Rn 26; *Rettmann* S. 85.
[53] *Bork* in Lutter Rn 9; aA *Bermel* in Goutier/Knopf/Tulloch Rn 22.
[54] *Melchior* GmbHR 1999, 520.
[55] § 16 Abs. 2 Satz 2 Alt. 1. Die trotzdem vorgenommene Eintragung ist gleichwohl nicht gem. §§ 142 Abs. 1, 144 Abs. 2 FGG zu löschen, *OLG Karlsruhe* DB 2001, 1483. Zur Haftung des Rechtspflegers, der vorzeitig einträgt, wegen Amtspflichtverletzung siehe *LG Dortmund* DB 2002, 783.
[56] In § 17 Abs. 1 nicht erwähnt, aber in diesem Fall der Anmeldung beizufügen, vgl. *Zimmermann* in Kallmeyer § 17 Rn 2.
[57] Vgl. dazu § 14 Rn 30 ff. Eine Verzichtserklärung der klagebefugten Organmitglieder ist nach dem Wortlaut weder erforderlich noch ausreichend.
[58] § 16 Abs. 2 Satz 2 2. Alt. Im Unterschied zur Negativerklärung kann sich der Anteilsinhaber bei der Verzichtserklärung vertreten lassen. Die Vollmacht bedarf nur der Schriftform (§ 167 Abs. 2 BGB; siehe auch § 13 Rn 16 sowie eingehend *Melchior* GmbHR 1999, 520, 521), auch wenn in der Gerichtspraxis zuweilen notariell beglaubigte Vollmachten verlangt werden. Die Vollmacht muss bei Verzichtserklärung vorliegen; eine nachträgliche Genehmigung ist wegen § 180 Satz 1 BGB nicht möglich.
[59] § 16 Abs. 3 Satz 1; dazu im Einzelnen Rn 27 ff.
[60] Eine Negativerklärung ist bei Gebietskörperschaften oder deren Zusammenschlüssen, bei sonstigen Körperschaften oder bei Anstalten des öffentlichen Rechts bezüglich des übertragenden Rechtsträgers nicht erforderlich, siehe § 171 Rn 6 und § 302 Rn 34.

Anmeldung der Verschmelzung

Eine Negativerklärung erübrigt sich darüber hinaus, wenn sämtliche Anteilsinhaber dem 20 Verschmelzungsbeschluss zugestimmt haben[61]. In der Praxis empfiehlt es sich jedoch, bei der Vorbereitung des Verschmelzungsbeschlusses gleichwohl eine ausdrückliche Verzichtserklärung vorzusehen[62].

IV. Unbedenklichkeitsverfahren (Abs. 3)

1. Bedeutung

Wird gegen einen Verschmelzungsbeschluss Nichtigkeits- oder Anfechtungsklage erhoben, blockiert dies infolge der durch Abs. 2 Satz 2 angeordneten **Registersperre**[63] das Wirksamwerden der Verschmelzung bis zum rechtskräftigen Abschluss des Prozesses. Das entsprach schon der früheren Rechtslage[64], doch fanden sich damals couragierte Registerrichter bereit, bei offensichtlich aussichtsloser Klage die Eintragung dennoch zu verfügen. Der BGH hatte dies jedenfalls für eindeutige Missbrauchsfälle gebilligt[65]. Das Unbedenklichkeitsverfahren soll die Eintragung der Verschmelzung trotz Klageerhebung erleichtern, und zwar nicht nur bei Aussichtslosigkeit der Klage[66], sondern auch in Fällen, in denen das Interesse der beteiligten Rechtsträger an der Eintragung überwiegt[67].

Die Registersperre und das Unbedenklichkeitsverfahren zu ihrer Überwindung gelten auch für die Eintragung einer Kapitalerhöhung zur Durchführung der Verschmelzung[68]. Das muss auch gelten, wenn nur der Kapitalerhöhungsbeschluss angefochten wird[69].

2. Verfahren

Das Verfahren wird durch einen **Antrag** des im Klageverfahren beklagten Rechtsträgers eingeleitet[70]. Die Anteilsinhaber, der Vorstand und der Aufsichtsrat[71] des beklagten Rechtsträgers oder sonstige beteiligte Rechtsträger sind nicht antragsbefugt. Der Antrag richtet sich gegen den Kläger des Klageverfahrens als **Antragsgegner**.

Zuständig ist das Prozessgericht der Hauptsache, also das **Landgericht** des Gesellschaftssitzes und bei diesem, soweit vorhanden, die Kammer für Handelssachen[72]. Für das Verfahren gilt die **ZPO**, insbesondere wie im einstweiligen Verfügungsverfahren das Prinzip der Glaubhaftmachung[73]. Eine wesentliche **Abweichung** vom einstweiligen Verfügungsverfahren ist, dass eine fehlende Glaubhaftmachung nicht durch Sicherheitsleistung ersetzt werden kann[74]. Die Entscheidung durch den Vorsitzenden in dringenden Fällen ist eben-

---

[61] Marsch-Barner in Kallmeyer Rn 29; Fronhöfer in Widmann/Mayer Rn 91.
[62] Der Verzicht ist nicht durch Versammlungsbeschluss, sondern durch die Anteilsinhaber selbst zu erklären, da nicht die Anteilseignerversammlung, sondern der einzelne Anteilsinhaber anfechtungsberechtigt bzw. aktivlegitimiert ist.
[63] Rn 19 f.
[64] § 345 Abs. 2 Satz 1 AktG aF und § 24 Abs. 2 KapErhG.
[65] BGHZ 112, 9, 13 f. „Hypothekenbank-Schwestern"; ebenso bei einer „zweifelsfrei völlig aussichtslosen" Klage OLG Hamm WM 1988, 943, 944 mit Anm. Emmerich WuB II A. § 345 AktG 2.88; vgl. Westermann/Biesinger DWiR 1992, 13, 21; Timm/Schick DB 1990, 1221.
[66] Siehe Rn 27 ff.
[67] Siehe Rn 32 ff.
[68] § 69 Rn 28 f.; Marsch-Barner in Kallmeyer Rn 55; Grunewald in Lutter § 69 Rn 22.
[69] § 69 Rn 29; Marsch-Barner in Kallmeyer Rn 69 Rn 23.
[70] § 16 Abs. 3 Satz 1.
[71] Anders als nach § 245 Nr. 5 AktG.
[72] Vgl. §§ 93 ff. GVG.
[73] § 16 Abs. 3 Satz 5 iVm. § 294 ZPO.
[74] Anders als nach § 921 ZPO.

falls nicht vorgesehen[75]. Die Übertragung auf den Einzelrichter nach §§ 348, 348 a ZPO ist ausgeschlossen[76]. In aller Regel ist mündlich zu verhandeln[77]. Das Gericht entscheidet auch nach mündlicher Verhandlung durch Beschluss[78], gegen den kein Widerspruch, sondern die sofortige Beschwerde stattfindet[79]. Es gibt keine Zustellung im Parteibetrieb, keine Aufhebung des Beschlusses wegen veränderter Umstände und keine Abwendungsbefugnis[80]. Die Verpflichtung des Antragstellers zum Schadensersatz ist speziell geregelt[81]. Der Beschluss soll nach dem neuen[81a] Abs. 3 Satz 4 spätestens drei Monate nach Antragstellung ergehen[81b]. Bei besonderen Schwierigkeiten rechtlicher oder tatsächlicher Art kann diese Frist angemessen verlängert werden[81c]; diese Verzögerung der Entscheidung ist jedoch durch unanfechtbaren Beschluss zu begründen.

25 Die **Antragsbefugnis** setzt voraus, dass eine Klage gegen die Wirksamkeit des Verschmelzungsbeschlusses fristgemäß erhoben wurde. Wurde keine Klage erhoben[82] oder die Klagefrist versäumt, fehlt dem Antrag das Rechtsschutzbedürfnis. Der Antragsteller kann dann die Negativerklärung abgeben, um die Eintragungssperre zu beseitigen[83].

26 Der Antragsteller hat die seinen Antrag stützenden Tatsachen darzulegen und **glaubhaft zu machen**. Zulässig sind alle Beweismittel einschließlich der eidesstattlichen Versicherung[84]. Berücksichtigt werden nur präsente Beweismittel, also solche, die dem **ohne mündliche Verhandlung** entscheidenden Gericht zusammen mit dem Antrag zur Verfügung gestellt[85] bzw. dem **aufgrund mündlicher Verhandlung** entscheidenden Gericht spätestens im Termin präsentiert werden[86]. Eine Beweisaufnahme, die nicht sofort möglich ist, ist unstatthaft[87]. Dies entspricht dem Verfahren der einstweiligen Verfügung und dient der Beschleunigung der Entscheidungsfindung[88].

3. Entscheidung

27 a) **Unzulässigkeit oder offensichtliche Unbegründetheit der Klage.** Unzulässig oder offensichtlich unbegründet ist die Klage, wenn für das Gericht aufgrund der unstreitigen oder glaubhaft gemachten Tatsachen **kein Zweifel** daran besteht, dass die Klage keinen Erfolg haben kann.

---

[75] Anders als nach § 944 ZPO.
[76] § 349 Abs. 4 ZPO; *Bork* in Lutter Rn 24.
[77] *Kösters* WM 2000, 1921, 1924.
[78] § 16 Abs. 3 Satz 3, anders § 922 ZPO.
[79] § 16 Abs. 3 Satz 6, anders § 924 ZPO.
[80] §§ 923, 939 ZPO.
[81] § 16 Abs. 3 Satz 8; § 945 ZPO ist nicht anwendbar.
[81a] Eingefügt durch das Zweite Gesetz zur Änderung des Umwandlungsgesetzes vom 19.4.2007, BGBl. I S. 542.
[81b] Diese Regelung ist dem aktienrechtlichen Freigabeverfahren des § 246a Abs. 3 Satz 5 AktG nachgebildet. Die Neuregelung begrüßen: *Handelsrechtsausschuss des DAV* NZG 2006, 737, 738; *Bayer/Schmidt* NZG 2006, 841, 844; *Drinhausen* BB 2006, 2313.
[81c] BegrRegE BT-Drucks. 16/2919 S. 12.
[82] Vgl. *Fronhöfer* in Widmann/Mayer Rn 125: Einem für den Fall der Klage „vorsorglich" gestellten Antrag fehlt das Rechtsschutzbedürfnis.
[83] *Bork* in Lutter Rn 19; *Rettmann* S. 107. Für den Fall einer Anfechtungsklage nur gegen die bei Verschmelzung durchgeführte Kapitalerhöhung siehe § 69 Rn 28 ff.
[84] § 294 Abs. 1 ZPO.
[85] Urkunden und eidesstattliche Versicherungen.
[86] Zusätzlich Stellung von Zeugen und/oder Sachverständigen.
[87] § 294 Abs. 2 ZPO; vgl. zum ganzen die Lit. zu § 294 ZPO, etwa *Hartmann* in Baumbach/Lauterbach/Albers/Hartmann § 294 ZPO Rn 9 ff.; *Prütting* in MünchKomm. § 294 ZPO Rn 22.
[88] RegBegr. *Ganske* S. 70; *Marsch-Barner* in Kallmeyer Rn 49.

Unzulässig ist die Klage, wenn sie beim unzuständigen Gericht eingereicht und kein **28** Verweisungsantrag[89] gestellt worden ist, wenn die Klageschrift nicht den Anforderungen des § 253 ZPO entspricht oder nicht von einem Anwalt unterzeichnet ist oder wenn eine sonstige Prozessvoraussetzung fehlt. Wurde die (materielle) Ausschlussfrist versäumt, ist die Klage hingegen unbegründet[90]. In diesem Fall fehlt dem Antrag nach Abs. 3 allerdings zugleich das Rechtsschutzbedürfnis[91], da die Registersperre schon durch die Abgabe der Negativerklärung überwunden werden kann[92].

Unbegründet ist die Klage, wenn keiner der geltend gemachten Anfechtungsgründe **29** durchgreift oder die Klageerhebung rechtsmissbräuchlich ist. **Rechtsmissbräuchlich**[93] ist die Klage, wenn sie allein mit dem Ziel erhoben ist, die Gesellschaft in grob eigennütziger Weise zu einer Leistung zu veranlassen, auf die der klagende Anteilsinhaber keinen Anspruch hat und auch billigerweise nicht erheben kann[94]. Dabei muss sich der Kläger bei Erhebung der Klage von der Vorstellung leiten lassen, die verklagte Gesellschaft werde – wegen ihres möglichen Erfolgs oder auch nur wegen der zeitlichen Verzögerung bis zur richterlichen Klärung – die Leistung in der Hoffnung erbringen, sie könne den Eintritt des klagebedingten Nachteils und Schäden dadurch vermeiden oder zumindest gering halten[95]. Das sind innere Tatsachen, deren Vorliegen aus Indizien, von denen idR mehrere zur Annahme der Rechtsmissbräuchlichkeit erforderlich sind, gefolgert werden muss[96].

Offensichtlich bedeutet nach verbreiteter Auffassung, dass die Unbegründetheit auf- **30** grund kursorischer Prüfung[97] in diesem summarischen Verfahren ohne weitere sachliche Ermittlungen und ohne schwierige rechtliche Überlegungen **ohne weiteres erkennbar** ist[98] und deshalb **„offen zutage liegt"**[99]. An offensichtlicher Unbegründetheit soll es fehlen bei „nicht eindeutiger Gesetzeslage", wenn „sich Parteien und Gericht ... erst intensiv mit der Gesetzeslage und dabei insbesondere auch mit der Systematik des Gesetzes auseinander setzen" müssen[100], oder „wenn die Beurteilung ihrer Erfolgsaussicht von nicht zweifelsfrei zu beantwortenden Rechtsfragen abhängt"[101]. Das soll gelten „wenn die betreffende Rechtsfrage weder höchstrichterlich entschieden noch sonst hinreichend geklärt ist"[102]; oder wenn „eine eingehende Überprüfung der Sach- und Rechtslage erforderlich" ist[103]; oder wenn die Entscheidung von einer Rechtsfrage abhängt, bei der zweifelhaft ist, wie sie im Instanzenzug abschließend beantwortet werden wird.

---

[89] § 281 Abs. 1 Satz 1 ZPO.
[90] Vgl. § 14 Rn 26.
[91] *Bork* in Lutter Rn 19; siehe auch Rn 25.
[92] Vgl. Rn 13 ff.
[93] Zum Missbrauch des Anfechtungsrechts vgl. *Hüffer* § 245 AktG Rn 22 ff.; *ders.* in MünchKomm. § 245 AktG Rn 47 ff.; *F.-J. Semler* in MünchHdbGesR Bd. 4 § 41 Rn 65 ff.; *Decher* AG 1997, 388, 390; *Baums*, Gutachten zum 63. DJT, 2000, F 149 ff.
[94] BGH ZIP 1990, 168, 171; BGH ZIP 1990, 1560, 1563; BGHZ 112, 9, 24; OLG Stuttgart AG 2001, 315, 316; OLG Frankfurt ZIP 1996, 379, 380; vgl. dazu Anm. *Bork* EWiR 1996, 187 sowie Anm. *Hirte/Schaal* WuB II N. § 16 UmwG 1.96.
[95] Zuletzt OLG Stuttgart AG 2001, 315, 316.
[96] BGH ZIP 1990, 168, 171 ff.; OLG Karlsruhe ZIP 1991, 925; Beispiele von Umständen mit Indizwirkung vgl. OLG Stuttgart AG 2001, 315, 316 ff.
[97] „Eingeschränkt summarischer Prüfung", *Decher* AG 1997, 388, 390.
[98] OLG Frankfurt AG 1997, 472, 473.
[99] LG Freiburg AG 1998, 536, 537.
[100] LG Hanau ZIP 1995, 1820, 1821 „Schwab/Otto"; LG Duisburg NZG 1999, 564 f.
[101] OLG *Düsseldorf* ZIP 1999, 793.
[102] OLG Karlsruhe mit Anm. *Bayer* EWiR 1998, 469; *Bork* in Lutter Rn 19 a.
[103] OLG Frankfurt ZIP 2000, 1928, 1930.

31 Demgegenüber hält die Gegenansicht mit Recht eine volle rechtliche Würdigung für notwendig[104], bei der **auch schwierige rechtliche Prüfungen durchzuführen** sind[105]. Maßgebend ist danach nicht, „wie zeitsparend das Gericht bei „offener", d. h. oberflächlicher Sicht, eine Unbegründetheit erkennt"[106], sondern „wie zweifelsfrei eine gefundene Wertung der Sach- und Rechtslage ist". Entscheidend ist mit anderen Worten die Eindeutigkeit der Rechtslage oder die Unvertretbarkeit einer anderen Beurteilung[107]. „Offensichtlich" ist **die zweifelsfreie Unbegründetheit** der Anfechtungsklage. **Auf leichte Erkennbarkeit kommt es nicht an**[108]. Lediglich bei der Tatsachenermittlung ist eine „kursorische" Prüfung insoweit erlaubt, als keine Beweiserhebung erforderlich ist. Es genügt, „wenn sich ohne weitere Aufklärung in der Sache die Überzeugung gewinnen lässt, die Klage biete keine Erfolgsaussicht"[109]. Allerdings wird das Gericht dabei, falls es aufgrund mündlicher Verhandlung entscheidet, wie bei Glaubhaftmachung auch sonst präsente Beweise zu erheben haben[110].

32 **b) Vorrangigkeit der Eintragung.** Ein Unbedenklichkeitsbeschluss kommt schließlich dann in Betracht, wenn das Interesse der beteiligten Rechtsträger und ihrer Anteilsinhaber an der Eintragung der Verschmelzung (Vollzugsinteresse) höher zu bewerten ist als das Interesse des Klägers, dass die Eintragung wegen der geltend gemachten Fehler unterbleibt (Aufschubinteresse). Dabei soll das Gericht die vom Kläger behaupteten, aber im summarischen Verfahren nicht ohne weiteres zu klärenden **Beschlussmängel als gegeben** unterstellen[111] und eine **Abwägung** zwischen den mit der Klage geltend gemachten Rechtsverletzungen einerseits und den **Nachteilen der Verzögerung** der Eintragung bis zum Abschluss des Klageverfahrens andererseits vornehmen.

33 Die **Vollzugsinteressen** ergeben sich in erster Linie aus den mit der **Verzögerung der Eintragung** einhergehenden **Nachteilen**[112], die den an der Verschmelzung beteiligten Rechtsträgern und ihren – nicht klagenden – Anteilsinhabern drohen[113]. Auf die Nachteile,

---

[104] Aus der Lit. *Stratz* in Schmitt/Hörtnagl/Stratz Rn 52 ff., 59; *Hüffer* § 319 AktG Rn 18; *Habersack* in Emmerich/Habersack AktKonzernR § 319 AktG Rn 35.

[105] *OLG Frankfurt* AG 1998, 428, 429 mit zust. Anm. *Bayer* EWiR 1998, 665; ähnlich *OLG Hamm* ZIP 1999, 798 mit zust. Anm. *Veil* EWiR 1999, 521; zust. auch *Brandner/Bergmann*, FS Bezzenberger, S. 59, 66 f.; *Hüffer* § 319 AktG Rn 18.

[106] *OLG Frankfurt* AG 1998, 428, 429; siehe auch *Veil* ZIP 1996, 1065, 1070.

[107] Ähnlich schon BGHZ 112, 9, 24 „Hypothekenbank-Schwestern" zu § 345 AktG aF.

[108] So vor allem (und ausdrücklich) die neuere Rspr.; vgl. *OLG Düsseldorf* ZIP 2007, 380; *OLG Köln* ZIP 2004, 760; *OLG Frankfurt* ZIP 2003, 1654, 1655; *OLG Hamburg* ZIP 2003, 1344, 1350; *OLG Hamburg* AG 2003, 696; *OLG Stuttgart* AG 2003, 456, 457. Nach *OLG Düsseldorf* ZIP 2004, 359, soll diese Auffassung „der ganz herrschenden Meinung" entsprechen. Hierzu bereits *OLG Frankfurt* AG 1998, 428, 429.

[109] *OLG Hamm* ZIP 1999, 798; *Stratz* in Schmitt/Hörtnagl/Stratz Rn 57 f.; *Hüffer* § 319 AktG Rn 18.

[110] § 294 Abs. 2 ZPO.

[111] *Bork* in Lutter Rn 20; *Marsch-Barner* in Kallmeyer Rn 44; *Bayer* EWiR 1998, 469. Zweifelhaft, siehe Rn 40.

[112] Diese Nachteile werden meist, müssen aber nicht nur wirtschaftlicher Natur sein, *Kösters* WM 2000, 1921, 1927.

[113] *Marsch-Barner* in Kallmeyer Rn 45; *Bork* in Lutter Rn 21; *Fronhöfer* in Widmann/Mayer Rn 159; *Bermel* in Goutier/Knopf/Tulloch Rn 43. Die Nachteile „drohen", wenn mit ihrem Eintreten zu rechnen ist, falls die Eintragung unterbleibt; ob man deswegen Nachteile, die bei Nichteintragung zu „drohen", für irrelevant halten muss, ist vielleicht eine terminologische Frage, erscheint aber jedenfalls zweifelhaft; so aber *Kösters* WM 2000, 1921, 1927. Das Gericht entscheidet nach seiner freien Überzeugung, darf sich aber „nicht mit Wahrscheinlichkeiten begnügen." Feststehen müssen die künftigen Eintragungsfolgen nicht, sie müssen aber „mehr oder weniger sicher erwartet werden können", außerdem glaubhaft gemacht werden, *Bork* in Lutter Rn 23.

die im Fall eines Erfolgs der Klage einträten, kommt es hingegen nicht an[114]. Von Bedeutung sind **nur wesentliche Nachteile**, d. h. solche, denen im Hinblick auf die durch die Verschmelzung beabsichtigten wirtschaftlichen Folgen einiges Gewicht zukommt[115]. Als rechtlich erhebliche Nachteile wurden eingestuft:
– Unmöglichkeit der späteren Vollziehung[116];
– ausbleibende Synergie- und Rationalisierungseffekte[117];
– Zinsmindererträge infolge Vertrauensverlusts[118];
– Verlustvorträge, die noch im laufenden Jahr steuerlich wirksam werden sollen[119];
– die Abwanderung qualifizierten Personals[120];
– die Verunsicherung von Geschäftspartnern[121];
– auch der zu erwartende Imageverlust im internationalen Wettbewerb[122].

Das besondere Vollzugsinteresse lässt sich mit der pauschalen Behauptung hoher Kosten oder eines hohen Arbeitsaufwands nicht rechtfertigen[123]. Der Antragsteller hat diese Nachteile konkret und substantiiert darzulegen[124] und glaubhaft zu machen[125]. An die Darlegungslast sind jedoch im Eilverfahren keine überzogenen Anforderungen zu stellen[126]. **34**

Auf der anderen Seite ist die Schwere der mit der Klage geltend gemachten Rechtsverletzung zu berücksichtigen. Als geltend gemacht sind alle Rechtsverletzungen anzusehen, die sich aus dem vorgegebenen Sachverhalt ergeben und deren (ausdrückliche) Rüge mit der erhobenen Klage zulässig ist[127]. Der Gesetzgeber hat bewusst darauf verzichtet, einen Katalog von Normen aufzustellen, deren Verletzung generell als geringfügige oder als schwerwiegende Rechtswidrigkeit zu werten ist und stattdessen die Beurteilung „der Einzelfallentscheidung der Rechtsprechung überlassen"[128]. Verallgemeinerungen verbieten sich daher[129]. **35**

Allerdings lassen sich die in Betracht kommenden Beschlussmängel nach der Bedeutung der verletzten Norm und dem Ausmaß der Normverletzung im Hinblick auf die Schwere der Rechtsverletzung systematisieren. Macht der Kläger etwa einen Nichtigkeitsgrund[130] oder die Verletzung einer dem Schutz öffentlicher Interessen dienenden Vorschrift geltend, handelt es sich idR um eine besonders schwere Rechtsverletzung[131]. Auf der anderen Seite wird ein Beschlussmangel aufgrund eines Verfahrensfehlers regelmäßig gegen eine schwere Rechtsverletzung sprechen. Dies gilt insbesondere, wenn sich der Mangel in der nächsten **36**

---

[114] *OLG Frankfurt* ZIP 2000, 1928.
[115] RegBegr. *Ganske* S. 70; *Marsch-Barner* in Kallmeyer Rn 46; *Bork* in Lutter Rn 21; *Rettmann* S. 135; vgl. auch *LG Wiesbaden* DB 1997, 671.
[116] *Bork* in Lutter Rn 21.
[117] *OLG Düsseldorf* ZIP 1999, 793, 798; *LG Essen* NZG 1999, 556, 558.
[118] *OLG Frankfurt* ZIP 1996, 379, 381.
[119] *OLG Frankfurt* ZIP 1996, 379, 381.
[120] Krit. dazu *Heermann* ZIP 1999, 1861, 1863.
[121] *OLG Stuttgart* ZIP 1997, 75, 77.
[122] *LG Duisburg* NZG 1999, 564.
[123] *OLG Frankfurt* ZIP 1997, 1291, 1292.
[124] *LG Hanau* ZIP 1995, 1820, 1821; *OLG Frankfurt* ZIP 1997, 1291, 1292.
[125] § 16 Abs. 3 Satz 5.
[126] *OLG Nürnberg* DB 1996, 973, 974; *OLG Stuttgart* ZIP 1997, 75, 77; *Bork* in Lutter Rn 21; *Decher* AG 1997, 388, 392 f.; *Veil* ZIP 1996, 1065, 1069 f.; *Fronhöfer* in Widmann/Mayer Rn 169.
[127] Nicht gerügte Mängel können nicht berücksichtigt werden, vgl. *OLG Stuttgart* ZIP 1997, 75, 77 f.
[128] RegBegr. *Ganske* S. 69.
[129] *Marsch-Barner* in Kallmeyer Rn 44; *Rettmann* S. 141; aA für Nichtigkeitsmängel *Bork* in Lutter Rn 22; wohl auch *Decher* AG 1997, 388, 391.
[130] § 241 AktG.
[131] *Bork* in Lutter Rn 22 a; *ders.* in Lutter Umwandlungsrechtstage S. 261, 271 f.; *Marsch-Barner* in Kallmeyer Rn 44; *Bermel* in Goutier/Knopf/Tulloch Rn 49; *Rieger/Schockenhoff* ZIP 1997, 2105, 2110; *Sosnitza* NZG 1999, 965, 970 f.

Hauptversammlung beheben lässt[132]. Das Gleiche gilt für die **unzureichende Erläuterung des Umtauschverhältnisses**[133]. Die Bedeutung von Informationsmängeln bestimmt sich danach, ob bei objektiver Betrachtung der Mängel eine eigenverantwortliche und unbeeinflusste Entscheidung eines jeden Anteilsinhabers noch möglich war[134]. Hätte der Anfechtungsgegner die Information in befriedigender Weise durch Nachfrage in der Hauptversammlung erlangen können, liegt regelmäßig ein leichter Verstoß vor[135]. Dagegen ist es ein gravierender Verstoß, wenn jede Information verweigert und dem Anteilsinhaber damit die sachgerechte Vorbereitung auf die Hauptversammlung erschwert wurde[136].

37 Bei der vom Gericht durchzuführenden **Interessenabwägung** besteht eine Wechselwirkung zwischen den voraussichtlichen Nachteilen und der Schwere der gerügten Mängel. Je gewichtiger die behaupteten Beschlussmängel sind, desto gravierender müssen die Nachteile der Verzögerung der Umwandlung für die beteiligten Rechtsträger und deren Anteilsinhaber sein, damit das Interesse an der Eintragung vorrangig erscheint[137]. Nach nahezu einheliger Auffassung soll bei der Abwägung der Umfang der Beteiligung der klagenden Anteilsinhaber außer Betracht bleiben[138]. Danach wäre irrelevant, ob der Anfechtungskläger **nur eine oder wenige Aktien** hält[139]. Dagegen ist zu prüfen, ob der Fehler nicht nur Individualinteressen des Klägers, sondern auch das **Unternehmensinteresse** oder die **Interessen der übrigen Anteilsinhaber** berührt. Benachteiligt bspw. die Gewährung von Sondervorteilen nicht nur den Klagenden, sondern auch die übrigen Anteilsinhaber, ist die Rechtsverletzung gravierender[140].

38 Denkbar ist, dass die Rechtsverletzung uU ausschließlich von einem oder wenigen Anteilsinhabern beanstandet, von allen oder der **großen Mehrzahl** der übrigen Anteilsinhaber dagegen hingenommen, jedenfalls nicht beanstandet, vielleicht sogar durch Zustimmung zu dem angefochtenen Beschluss ausdrücklich gutgeheißen wird[141]. Dieser Situation wird überwiegend bislang keine Bedeutung beigemessen. Offen ist daher die Frage, ob bei der

---

[132] *OLG Stuttgart* ZIP 1997, 75, 77; *Bork* in Lutter Rn 22 a; *Heermann* ZIP 1999, 1861, 1872; *Kiem* RWS-Forum Gesellschaftsrecht 1997, 105, 120; krit. *Riegger/Schockenhoff* ZIP 1997, 2105, 2110; *Decher* AG 1997, 388, 394; Anm. *Trölitzsch* WiB 1997, 921.

[133] RegBegr. *Ganske* S. 69; vgl. auch *OLG Düsseldorf* ZIP 1999, 793, 797 f.

[134] *LG Essen* NZG 1999, 556, 558; *OLG Frankfurt* DB 2003, 872; *Fronhöfer* in Widmann/Mayer Rn 179; *Bork* in Lutter Rn 22 a; *Decher* AG 1997, 388, 392; ähnlich *Sosnitza* NZG 1999, 965, 971; krit. *Bayer* ZGR 1995, 613, 623 ff.

[135] *Bork* in Lutter Rn 22 a; *Fronhöfer* in Widmann/Mayer Rn 179; *Decher* AG 1997, 388, 392.

[136] *Bork* in Lutter Rn 22 a; *Decher* AG 1997, 388, 392.

[137] *Fronhöfer* in Widmann/Mayer Rn 185; *Bermel* in Goutier/Knopf/Tulloch Rn 51; *Sosnitza* NZG 1999, 965, 970.

[138] Dass der Gesetzgeber die Anfechtungsbefugnis nicht von einer Mindestbeteiligung abhängig machte, spricht nicht dagegen, das Maß der Beteiligung bei der Abwägung zu berücksichtigen; so aber *Bayer* RWS-Forum 1997 Gesellschaftsrecht, S. 133, 135 mit Fn 8. Ähnlich *ders.* ZGR 1995, 613, 625: „Da sich das Gesetz zu Recht nicht der Überlegung angeschlossen hat, die individuelle Aktionärs-Anfechtungsklage gegen rechtswidrige Strukturänderungen von einem qualifizierten Anteilsbesitz abhängig zu machen, kann die regelmäßig vorliegende Tatsache, dass der Schaden des in seinen Rechten verletzten Anfechtungsklägers im Verhältnis zum behaupteten Nachteil für die Gesellschaft und die Gesellschaftermehrheit ungleich geringer ist, für sich allein generell keine Ausnahme von der Registersperre begründen."

[139] *Bork* in Lutter Rn 22 a; *Fronhöfer* in Widmann/Mayer Rn 184; *Bayer* ZGR 1995, 613, 625; *Decher* AG 1997, 388, 394; *Kösters* WM 2000, 1921, 1929; *Sosnitza* NZG 1999, 965, 972; aA zu Recht *LG Heilbronn* EWiR 1997, 43; mit krit. Anm. *Bayer/Schmitz-Riol*; zust. demgegenüber *Heckschen* RPfleger 1999, 357, 362.

[140] *Bork* in Lutter Rn 22 a.

[141] Vgl. *Martens* ZIP 1992, 1677, 1690; *Volhard* AG 1998, 397, 403 f. Vgl. auch RegBegr. *Ganske* S. 69: „Oft handelt der klagende Anteilseigner eben gerade nicht auch im Interesse aller übrigen Anteilseigner, sondern in Wirklichkeit zu deren Schaden."

Abwägung nicht richtigerweise nur die Beeinträchtigung von Rechten derjenigen Anteilsinhaber berücksichtigt werden sollte, die der Umwandlung nicht zugestimmt haben. Denkbar ist sogar, nur die Rechte derjenigen zu berücksichtigen, die Widerspruch zu Protokoll erklärt oder (noch einschränkender) selbst Anfechtungsklage erhoben haben[142].

Von besonderer Bedeutung ist ferner, ob und inwieweit das Individualinteresse des Klägers **anderweitig gewahrt** ist. Dies kann zB durch den vom Gesetz im Fall der Begründetheit der Klage zugebilligten Schadensersatz gewährleistet sein[143]. Dagegen wird eingewandt, dass durch Schadensersatz nur der Schaden des klagenden Anteilsinhabers kompensiert werde[144]. Doch bleibt es den übrigen Aktionären ja unbenommen, selbst Schadensersatzklage zu erheben oder sich der erhobenen Klage anzuschließen. Unterlassen sie dies, erscheint ihr Interesse weniger schutzwürdig[145].

Umstritten ist, ob bei der Abwägung die **Erfolgsaussichten der Klage** berücksichtigt werden müssen oder können. Nach wohl hA, die sich insbesondere auf die Gesetzesbegründung[146] beruft, ist das nicht der Fall. Vielmehr hat das Gericht die behaupteten, aber im summarischen Verfahren nicht ohne weiteres zu klärenden Beschlussmängel zu unterstellen[147]. Die Gegenauffassung möchte hingegen iRd. Gesamtabwägung („nach freier Überzeugung") nicht nur die Schwere der geltend gemachten Rechtsverletzung, sondern auch die Wahrscheinlichkeit für das tatsächliche Vorliegen des Mangels berücksichtigen[148]. Abs. 3 Satz 2 stellt klar, dass die offensichtliche Unbegründetheit der Klage jedenfalls zur Überwindung der Registersperre führt. Umgekehrt ist es bei Wahrscheinlichkeit des **Erfolgs der Klage**. Steht der Erfolg der gegen den Beschluss gerichteten Klage für das Gericht fest, muss der Erlass eines Unbedenklichkeitsbeschlusses nach Sinn und Zweck des Verfahrens ausscheiden[149].

Die Abwägung erfolgt **nach freier Überzeugung des Gerichts**. Hierdurch wird somit dem Prozessgericht im Interesse größtmöglicher Entscheidungsfreiheit ein weiter Beurteilungsspielraum eingeräumt[150]. Zur Überwindung der Registersperre muss das Vollzugsinte-

---

[142] So wohl auch *Marsch-Barner* in Kallmeyer Rn 45: „Dem Interesse des klagenden Anteilsinhabers sind auf der anderen Seite die wirtschaftlichen Interessen der an der Verschmelzung beteiligten Rechtsträger und ihrer – nicht klagenden – Anteilsinhaber gegenüberzustellen." Siehe auch *Noack* ZHR 164 (2000) 274, 285 mwN: „Hier ist überaus legitim, wie es das *LG Frankfurt* (DB 1999, 2304 f.) gemacht hat, die Quote der Mehrheitszustimmung in den Blick zu nehmen und festzulegen, dass sich der mit 99,9% ausgedrückte Wille durchsetzt. Auch die Einbeziehung des Aktienbesitzes des Klägers ist an dieser Stelle eine Abwägungskomponente für die freie Überzeugungsbildung." Ähnlich *Riegger/Schockenhoff* ZIP 1997, 2105, 2109: „Der klagende Anteilsinhaber kann im Rahmen des Unbedenklichkeitsverfahrens also nicht mehr die Interessen aller anderen, von dem behaupteten Verstoß betroffenen Anteilsinhaber für sich in Anspruch nehmen, sondern er muss sich sogar gefallen lassen, dass diese Interessen in die andere Waagschale gelegt werden und damit zur Begründung des überwiegenden Vollzugsinteresses beitragen."
[143] § 16 Abs. 3 Satz 8.
[144] *Rebmann*, Die Ausweitung des aktienrechtlichen Spruchverfahrens, 1995, S. 112; *Weiler*, Aktienrechtliches Anfechtungsrecht und Rechtsmissbrauch, Diss. Trier 1996, S. 179.
[145] So auch *Rettmann* S. 139.
[146] Siehe RegBegr. *Ganske* S. 69.
[147] *Bork* in Lutter Umwandlungsrechtstage S. 261, 269 f.; *Bermel* in Goutier/Knopf/Tulloch Rn 50; *Decher* AG 1997, 388, 390; vgl. auch *OLG Düsseldorf* ZIP 1999, 793, 797.
[148] *Grunewald* in MünchKomm. § 319 AktG Rn 38 f.; *Habersack* in Emmerich/Habersack § 319 AktG Rn 36; *Noack* ZHR 164 (2000) 274, 283; *Heermann* ZIP 1999, 1861, 1864 f.; differenzierend *Rettmann* S. 149 ff., 152 ff. Nach *OLG Düsseldorf* ZIP 1999, 793, und *OLG Frankfurt* ZIP 2003, 1654, 1655, sind diejenigen behaupteten Rechtsverletzungen von vornherein aus der Abwägung auszuscheiden, die offensichtlich nicht gegeben sind.
[149] *Rettmann* S. 146 ff.; ähnlich auch *Decher* AG 1997, 388, 390. Ebenso wohl auch *OLG Frankfurt* ZIP 2000, 1928, 1933, wonach das Bestehen eines vorrangigen Vollzugsinteresses zweifelhaft ist, wenn „die Anfechtungsklage Erfolg verspricht", denn in diesem Fall erscheine es unangemessen, den Kläger auf Schadensersatz gem. § 16 Abs. 3 Satz 6 [jetzt Satz 8] zu verweisen. AA *Kösters* WM 2000, 1921, 1929.
[150] RegBegr. *Ganske* S. 70.

resse das Aufschubinteresse **überwiegen**[151]. Da die Registersperre den gesetzlichen Regelfall darstellt, kommt dem Aufschubinteresse im Ausgangspunkt zwar **ein Vorrang** zu[152]. Daraus folgt allerdings nicht, dass Abs. 3 Satz 2 restriktiv auszulegen ist[153]. Ausreichend ist, dass das Gericht den Vorrang der Vollzugsinteressen für überwiegend wahrscheinlich hält[154].

42 Mit der Eintragung wird die Verschmelzung wirksam[155]. Die Rückgängigmachung, aber auch die nachträgliche Korrektur des Umtauschverhältnisses sind ausgeschlossen[156]. Die Kläger sind auf Schadensersatzansprüche verwiesen, falls der Klage später stattgegeben wird[157]. Wegen dieser Wirkung des Unbedenklichkeitsbeschlusses wird vorgeschlagen[158], die Abwägung bei Angriffen gegen die Angemessenheit des Umtauschverhältnisses nicht anzuwenden, falls nicht die geltend gemachte Unrichtigkeit „aus der Luft gegriffen" und die Klage offensichtlich unbegründet ist. Dazu fehlt es aber an einer Grundlage im Gesetz.

4. Rechtsmittel

43 Gegen den Beschluss des Prozessgerichts ist die sofortige Beschwerde statthaft, die binnen einer Notfrist von zwei Wochen ab Zustellung des Beschlusses beim Landgericht oder beim Oberlandesgericht als Beschwerdegericht einzulegen ist[159]. Die Rechtsbeschwerde ist kraft Gesetzes ausgeschlossen[160]. Für das Verfahren besteht Anwaltszwang.

5. Bindung des Registerrichters

44 Nahezu einhellig wird angenommen, dass der Registerrichter nur die formellen Voraussetzungen gem. Abs. 1 und 2 zu prüfen berechtigt und verpflichtet ist. Materiell soll ausschließlich die Entscheidung des Prozessgerichts im Unbedenklichkeitsverfahren maßgebend sein. Der Registerrichter hat deshalb, solange keine Negativerklärung oder keine Entscheidung des Prozessgerichts vorgelegt werden kann, die Eintragung abzulehnen oder das Verfahren auszusetzen[161].

45 Der Registerrichter darf die Eintragung nach Vorliegen eines positiven Unbedenklichkeitsbeschlusses nicht aus Gründen ablehnen, die in der Klage geltend gemacht wurden[162]; (nur) insoweit ist er gebunden[163]. Im Übrigen bleibt die **Prüfungskompetenz des Regis-**

---

[151] *Marsch-Barner* in Kallmeyer Rn 43.
[152] *Sosnitza* NZG 1999, 965, 971; *Bayer* ZGR 1995, 613, 625; *Bork* ZGR 1993, 343, 364 „widerlegliche Vermutung"; *Kiem* RWS-Forum Gesellschaftsrecht 1997, S. 105, 117.
[153] So aber *Sosnitza* NZG 1999, 965, 971; vgl. auch *Bayer* ZGR 1995, 613, 625.
[154] *Decher* AG 1997, 388, 394; *Bork* in Lutter Rn 23; zu restriktiv *LG Hanau* ZIP 1995, 1820, 1821 „kein Zweifel" an Vorrang der Interessen des Rechtsträgers.
[155] § 20 Abs. 2; ebenso die Spaltung, § 131 Abs. 2, und der Formwechsel, § 202 Abs. 3.
[156] Siehe auch § 20 Rn 84 ff.
[157] § 16 Abs. 3 Satz 8.
[158] *Martens* AG 2000, 301, 306: Der Schadensersatzanspruch des Aktionärs nach Abs. 3 Satz 6 [jetzt Satz 8] sei wegen der dem Kläger obliegenden Darlegungslast (insbes. zum Unternehmenswert) nicht „gleichwertig", auch das Individualverfahren Schadensersatzprozess funktionell etwas anderes als das Anfechtungsverfahren mit seiner *inter omnes*-Wirkung.
[159] § 16 Abs. 3 Satz 6; § 569 Abs. 1 ZPO.
[160] § 16 Abs. 3 Satz 7, der durch das Zweite Gesetz zur Änderung des UmwG vom 19.4.2007, BGBl. I S. 542 neu eingeführt wurde. Zuvor war dies streitig: wie jetzt *BGH* NZG 2006, 553; *Volhard* NZG 2006, 297; aA, wonach eine Rechtsbeschwerde statthaft sein soll, *OLG Frankfurt am Main* AG 2006, 249; *Bork* in Lutter Rn 28.
[161] *Marsch-Barner* in Kallmeyer Rn 33 ff., *Bork* in Lutter Umwandlungsrechtstage S. 261, 265 f.; *Decher* AG 1997, 388, 395; *Schmid* ZGR 1997, 493, 499; *Brandner/Bergmann*, FS Bezzenberger, S. 59 ff.; *Bokelmann* DB 1994, 1341, 1345 ff.
[162] *Bokelmann* DB 1994, 1341; *Decher* AG 1997, 388, 395; *Marsch-Barner* in Kallmeyer Rn 34.
[163] *Bork* in Lutter Rn 31; *ders.* in Lutter Umwandlungsrechtstage S. 261, 265; *Marsch-Barner* in Kallmeyer Rn 35; *Sosnitza* NZG 1999, 965, 973; *Noack* ZHR 164 (2000) 274, 287.

terrichters[164] unberührt[165]. Er hat insbesondere alle formellen Eintragungsvoraussetzungen zu prüfen[166]. Ferner kann er nach zutreffender Auffassung die Eintragung des Verschmelzungsbeschlusses ablehnen, wenn dieser wegen der Verletzung von Vorschriften, die öffentliche Interessen schützen sollen, oder aus sonstigen Gründen nichtig ist[167].

Dagegen soll der Registerrichter nicht mehr berechtigt sein, die Eintragung zu verfügen, wenn er selbst die Klagen als unzulässig oder materiell aussichtslos beurteilt. Abs. 2 Satz 2 besagt mit der Wendung, „Liegt die Erklärung nicht vor, so darf die Verschmelzung nicht eingetragen werden", jedoch nur, was auch schon früher galt[168]. Einer Eintragung in Fällen offensichtlicher Aussichtslosigkeit der erhobenen Klage[169] stand dies nicht entgegen[170]. Die strikte Bindung an die Registersperre bzw. ihre Überwindung durch das Prozessgericht erscheint ungereimt, weil durch das Unbedenklichkeitsverfahren die Eintragung erleichtert werden sollte[171]. Zwar ist die Möglichkeit, die Eintragung nunmehr ohne Beurteilung der Erfolgsaussichten wegen Vorrangigkeit des Eintragungsinteresses zuzulassen, auch eine gewisse Erleichterung[172]; doch wird den Beteiligten bei diesem Verständnis des Abs. 2 Satz 2 die Möglichkeit abgeschnitten, den Registerrichter davon zu überzeugen, dass die Klage aussichtslos ist, was in eindeutigen Fällen rascher gelingt, als wenn eine Entscheidung des Prozessgerichts eingeholt werden muss[173]. Indessen werden die Registerrichter der hA folgend angefochtene Beschlüsse künftig wohl nicht mehr eintragen, ehe ein Unbedenklichkeitsbeschluss des Prozessgerichts vorliegt.

46

Wird der Antrag nach Abs. 3 vom Prozessgericht zurückgewiesen, besteht die Registersperre bis zur Entscheidung in der Hauptsache fort. Mit endgültigem Scheitern der Verschmelzung verliert auch die zu ihrer Durchführung beschlossene Kapitalerhöhung ihre Wir-

47

---

[164] Dazu im Einzelnen § 19 Rn 3 ff.
[165] *Decher* AG 1997, 388, 395.
[166] Siehe § 19 Rn 4.
[167] *Marsch-Barner* in Kallmeyer Rn 35; *Bork* in Lutter Rn 30 f.; *ders.* in Lutter Umwandlungsrechtstage S. 261, 265; *Rettmann* S. 220 ff., 227; *Bokelmann* DB 1994, 1341, 1349; *Noack* ZHR 164 (2000) 274, 287.
[168] § 345 Abs. 2 AktG aF. Wie *Brandner/Bergmann*, FS Bezzenberger, S. 59, 62, zutreffend darlegen, handelt es sich bei der „Abweichung" von § 345 AktG aF nur um eine „Klarstellung"; auch schon nach altem Recht „durfte" die Verschmelzung ohne Negativerklärung nicht eingetragen werden, *Bokelmann* DB 1341, 1345 mwN.
[169] Siehe Rn 21.
[170] BGHZ 112, 9, 23 f.; siehe auch Fn 65.
[171] Vgl. RegBegr. *Ganske* S. 68: „Schon nach bislang geltendem Recht hatte daher die neuere höchstrichterliche Rechtsprechung die Möglichkeit bejaht, dass das Registergericht die Verschmelzung trotz einer anhängigen Klage im Handelsregister eintragen kann, wenn die Klage offensichtlich keine Aussicht auf Erfolg hat. Dieser richtige Grundsatz soll mit der Regelung von Abs. 3 fortgeführt und erweitert werden."; deshalb für verbleibende Prüfungskompetenz des Registerrichters *Volhard* AG 1998, 397, 401, dagegen *Brandner/Bergmann*, FS Bezzenberger, S. 59, 62.
[172] Siehe Rn 32 ff.
[173] *Marsch-Barner* in Kallmeyer 33. Siehe dazu *v. Schenck* in Semler/Volhard HV Hdb. § 45 Rn 29: „Nach wie vor gilt § 127 FGG für jede Anmeldung auch eines angefochtenen oder noch anfechtbaren Beschlusses mit den verschiedenen Entscheidungsmöglichkeiten des Registerrichters. Eine interessengerechte Auslegung der Vorschriften ergibt daher, dass die Prüfungskompetenz des Registerrichters neben dem neuen Unbedenklichkeitsverfahren fortbesteht. Die Gesellschaft kann, wenn der Beschluss angefochten oder noch anfechtbar ist, beim Prozessgericht einen Unbedenklichkeitsbeschluss beantragen, aber auch stattdessen oder daneben versuchen, den Registerrichter von der offensichtlichen Aussichtslosigkeit der Klage zu überzeugen. Die Gesellschaft wird nur dann allein auf das Unbedenklichkeitsverfahren angewiesen sein, wenn sie die Eintragung trotz guter Erfolgsaussichten der Klage durchsetzen will. Insoweit sind die Möglichkeiten der Gesellschaft tatsächlich durch das Umwandlungsbereinigungsgesetz erweitert worden, weil nun eine Überwindung der Registersperre auch dann möglich ist, falls das Interesse an der Eintragung die „Schwere der mit der Klage geltend gemachten Rechtsverletzungen" überwiegt."; ähnlich *Volhard* AG 1998, 397, 401.

kung[174]; ihre Eintragung ist dann unzulässig. Wurde der Kapitalerhöhungsbeschluss mit Erfolg angefochten oder der Antrag auf Aufhebung der Registersperre für die Eintragung der Kapitalerhöhung abgelehnt, ist auch die Verschmelzung nicht einzutragen[175].

48 Wird die Verschmelzung unter **Nichtbeachtung der Registersperre** eingetragen, ist die Eintragung wirksam und kann nicht von Amts wegen gelöscht werden[176]. „Mängel" der Umwandlung[177] lassen die Wirkungen der Eintragung unberührt[178]. Dazu zählen auch Mängel des Eintragungsverfahrens[179]. Die Wirkungen auch einer zu Unrecht vorgenommenen Eintragung können infolgedessen nicht rückgängig gemacht werden. Die Eintragung führt gleichwohl nicht automatisch zur Erledigung der Hauptsache[180].

6. Schadensersatzpflicht

49 Auch der stattgebende Beschluss des Prozessgerichts macht die anhängige Klage nicht unbegründet. Er hat nur zur Folge, dass die Verschmelzung eingetragen werden kann und trotz Erfolgs der gegen den übernehmenden Rechtsträger fortzuführenden Klage[181] später nicht mehr rückgängig zu machen ist[182]. Zum Ausgleich dafür gewährt das Gesetz dem erfolgreichen Kläger einen verschuldensunabhängigen Schadensersatzanspruch gegen den Rechtsträger, der den Beschluss erwirkt hat[183]. Ein übertragender Rechtsträger, der durch die Eintragung erloschen ist[184], gilt insoweit als fortbestehend[185]. Daneben kommt die Haftung seiner Organe in Betracht, nicht dagegen eine Haftung des übernehmenden Rechtsträgers[186].

50 **Ersatzfähiger Schaden** ist die dem Kläger durch die mit der Eintragung der Verschmelzung und die hiermit verbundene Rechtswirkung entstandene **Vermögenseinbuße**. Naturalrestitution kann nicht verlangt werden[187]. Die Mindermeinung, nach der bei erfolgreicher Klage die Beseitigung der Wirkungen der Eintragung verlangt werden kann mit der Folge, dass die Verschmelzung ggf. rückgängig zu machen ist[188], widerspricht dem Gesetz[189], das die Beseitigung der Wirkungen der Eintragung als Schadensersatz ausdrücklich ausschließt[190].

---

[174] Siehe § 69 Rn 31; § 55 Rn 27.

[175] Zur Anfechtung des Kapitalerhöhungsbeschlusses § 55 Rn 27 ff.; § 69 Rn 28 f.

[176] Oder auf Weisung des vorgeordneten Gerichts nach §§ 142, 143 FGG; *OLG Hamm* OLGZ 1994, 415 und DB 2001, 85, 86.

[177] §§ 20 Abs. 2, 131 Abs. 2, 176 Abs. 1, 177 Abs. 1, 202 Abs. 3; näher hierzu § 20 Rn 84 ff.; § 131 Rn 65 ff.; § 176 Rn 33; § 202 Rn 34 ff.

[178] *OLG Hamburg* NZG 2003, 981; *OLG Frankfurt* ZIP 2003, 1607.

[179] *OLG Hamm* DB 2001, 85, 86; *OLG Frankfurt* ZIP 2003, 1607.

[180] Vgl. *OLG Hamburg* ZIP 2004, 906; *Bork* in Lutter Rn 32; *Fronhöfer* in Widmann/Mayer Rn 208 bis 210.

[181] Siehe § 28.

[182] § 20 Abs. 2; ebenso für die Spaltung § 131 Abs. 2 und für den Formwechsel § 202 Abs. 3. Vgl. auch *OLG Stuttgart* DB 2004, 749.

[183] Wird die Registersperre übersehen und ohne Unbedenklichkeitsbeschluss eingetragen, gilt § 16 Abs. 3 Satz 8 analog; vgl. *OLG Hamburg* ZIP 2004, 906, 907 f.

[184] § 20 Abs. 1 Nr. 2.

[185] § 25 Abs. 2 Satz 1.

[186] § 25 Abs. 1; *Marsch-Barner* in Kallmeyer § 25 Rn 13.

[187] In Übereinstimmung mit § 20 Abs. 2.

[188] *Schmid* ZGR 1997, 493, 511 f.; *ders.* ZIP 1998, 1057, 1058; *Veil* ZIP 1998, 361, 365 f.

[189] § 16 Abs. 3 Satz 8; hM, *OLG Frankfurt* ZIP 2003, 1607, 1608; *Bork* in Lutter Rn 34; *Marsch-Barner* in Kallmeyer Rn 52; *Fronhöfer* in Widmann/Mayer Rn 212; *Bermel* in Goutier/Knopf/Tulloch Rn 72; *Sosnitza* NZG 1999, 965, 974, *Decher* AG 1997, 388, 395; *Rettmann* S. 181.

[190] Vgl. demgegenüber § 319 Abs. 6 Satz 6 AktG, der die Beseitigung der Eintragungswirkung nicht ausschließt; allerdings kann auch hier nach den Grundsätzen über die fehlerhafte Gesellschaft die Rückgängigmachung der Eingliederung nur für die Zukunft verlangt werden, vgl. näher *Krieger* in MünchHdbGesR Bd. 4 § 73 Rn 25; *Habersack* in Emmerich/Habersack AktKonzernR § 319 AktG Rn 40; *Hüffer* § 319 AktG Rn 21.

§ 17 Anlagen der Anmeldung

(1) Der Anmeldung sind in Ausfertigung oder öffentlich beglaubigter Abschrift oder, soweit sie nicht notariell zu beurkunden sind, in Urschrift oder Abschrift der Verschmelzungsvertrag, die Niederschriften der Verschmelzungsbeschlüsse, die nach diesem Gesetz erforderlichen Zustimmungserklärungen einzelner Anteilsinhaber einschließlich der Zustimmungserklärungen nicht erschienener Anteilsinhaber, der Verschmelzungsbericht, der Prüfungsbericht oder die Verzichtserklärungen nach § 8 Abs. 3, § 9 Abs. 3, § 12 Abs. 3, § 54 Abs. 1 Satz 3 oder § 68 Abs. 1 Satz 3 ein Nachweis über die rechtzeitige Zuleitung des Verschmelzungsvertrages oder seines Entwurfs an den zuständigen Betriebsrat sowie, wenn die Verschmelzung der staatlichen Genehmigung bedarf, die Genehmigungsurkunde beizufügen.

(2) Der Anmeldung zum Register des Sitzes jedes der übertragenden Rechtsträger ist ferner eine Bilanz dieses Rechtsträgers beizufügen (Schlußbilanz). Für diese Bilanz gelten die Vorschriften über die Jahresbilanz und deren Prüfung entsprechend. Sie braucht nicht bekanntgemacht zu werden. Das Registergericht darf die Verschmelzung nur eintragen, wenn die Bilanz auf einen höchstens acht Monate vor der Anmeldung liegenden Stichtag aufgestellt worden ist.

Übersicht

	Rn		Rn
I. Anlagen (Abs. 1)	1	d) Bei Anmeldung eines VVaG	9
1. Verschmelzung durch Aufnahme	1	II. Schlussbilanz der übertragenden Rechtsträger (Abs. 2)	13
2. Verschmelzung durch Neugründung	5	1. Zweck	13
a) Bei Anmeldung einer AG oder KGaA	6	2. Stichtag	16
b) Bei Anmeldung einer GmbH	7	3. Bilanzierungsgrundsätze	22
c) Bei Anmeldung einer Personenhandelsgesellschaft	8	4. Besonderheiten bei der Spaltung	23

Literatur: *Bartovics,* Die Ausschlußfrist gem. § 17 Abs. 2 UmwG, GmbHR 1996, 514; *Budde/Förschle,* Sonderbilanzen, 3. Aufl. 2002; *Germann,* Die Acht-Monats-Frist für die Einreichung der Schlußbilanz nach Verschmelzung und ihre Bedeutung für die Praxis, GmbHR 1999, 591; *Krause,* Wie lang ist ein Monat? – Fristberechnung am Beispiel des § 5 III UmwG, NJW 1999, 1448; *Nedden-Boeger,* Das neue Registerrecht, FG Prax 2007, 1; *Rettmann,* Die Rechtmäßigkeitskontrolle von Verschmelzungsbeschlüssen, Diss. Hamburg 1998; *Melchior,* Die Beteiligung von Betriebsräten an Umwandlungsvorgängen aus Sicht des Handelsregisters, GmbHR 1996, 833; *Seibert/Decker,* Das Gesetz über elektronische Handelsregister und Genossenschaftsregister sowie das Unternehmensregister (EHUG) – Der „Big Bang" im Recht der Unternehmenspublizität, DB 2006, 2446; *Stohlmeier,* Zuleitung der Umwandlungsdokumentation und Einhaltung der Monatsfrist: Verzicht des Betriebsrats?, BB 1999, 1394.

I. Anlagen (Abs. 1)

1. Verschmelzung durch Aufnahme

Die Vorschrift nennt die Anlagen, die bei der Verschmelzung durch Aufnahme mit der Anmeldung bei den Registergerichten aller beteiligten Rechtsträger einzureichen sind. Seit dem 1.1.2007[1] hat dies elektronisch zu erfolgen[2]. Notariell beurkundete Dokumente so-

---

[1] Gesetz über elektronische Handelsregister und Genossenschaftsregister sowie das Unternehmensregister (EHUG) vom 10.11.2006, BGBl. I S. 2553. Siehe hierzu: *Nedden/Boeger* FGPrax 2007, 1; *Seibert/Decker* DB 2006, 2446.

[2] § 12 Abs. 2 Satz 1 HGB. Von der Möglichkeit, nach Art. 61 Abs. 1 EGHGB Übergangsfristen für die Einreichung in Papierform vorzusehen, haben nur wenige Länder Gebrauch gemacht: Niedersachsen sieht eine Übergangsfrist bis zum 31.12.2007, Rheinland-Pfalz bis zum 30.6.2007 vor. Die Übergangsfristen von Sachsen-Anhalt (31.3.2007) und Berlin (31.1.2007) sind bereits abgelaufen. Vgl. www.handelsregister.de.

wie öffentlich beglaubigte Abschriften sind mit einem einfachen elektronischen Zeugnis im Sinne des § 39 a BeurkG an das elektronische Gerichtspostfach des Registergerichts zu übermitteln[3]. Ist eine Urschrift oder eine einfache Abschrift einzureichen oder ist für das Dokument die Schriftform bestimmt, genügt die Übermittlung einer elektronischen Aufzeichnung[4].

2 In **Ausfertigung** oder öffentlich (d.h. regelmäßig **notariell**) **beglaubigter Abschrift** sind einzureichen:
- der Verschmelzungsvertrag[5];
- die Niederschriften der Verschmelzungsbeschlüsse[6];
- etwa erforderliche Zustimmungserklärungen einzelner Anteilsinhaber[7];
- die Zustimmungserklärungen der bei der Beschlussfassung über die Verschmelzung nicht mitwirkender Anteilsinhaber[8];
- der Verzicht auf einen Verschmelzungsbericht[9], auf die Prüfung des Verschmelzungsvertrags[10], auf einen Verschmelzungsprüfungsbericht[11], auf die Gewährung von Geschäftsanteilen[12] bzw. Aktien[13] sowie
- ggf. – im Gesetz hier nicht genannt – der Verzicht auf die Klage gegen die Wirksamkeit des Verschmelzungsbeschlusses.

3 In **Urschrift oder einfacher Abschrift** sind einzureichen:
- der Verschmelzungsbericht[14] und der Verschmelzungsprüfungsbericht[15], falls nicht darauf verzichtet wurde oder sie entbehrlich sind[16];
- ein Nachweis über die rechtzeitige Zuleitung des Verschmelzungsvertrags oder seines Entwurfs an den zuständigen Betriebsrat[17];
- eine etwa erforderliche staatliche Genehmigung für die Verschmelzung[18];
- bei Beteiligung einer AG (oder KGaA) als übernehmende Gesellschaft die privatschriftliche Anzeige der von den übertragenden Rechtsträgern bestellten Treuhänder über den Empfang der Aktien und der im Verschmelzungsvertrag evtl. festgesetzten baren Zuzahlungen[19] sowie ggf. der Nachweis der Bekanntmachung der bevorstehenden Verschmelzung[20];
- bei den übertragenden Rechtsträgern außerdem deren **Schlussbilanz**[21]; ist ein übertragender Rechtsträger bislang nicht buchführungs- und jahresabschlusspflichtig, hat er statt

---

[3] § 12 Abs. 2 Satz 2 Alt. 2 HGB.
[4] § 12 Abs. 2 Satz 2 Alt. 1 HGB.
[5] § 4 Abs. 1. Werden der Vertrag und die Zustimmungen zusammen beurkundet, erübrigt sich dies ebenso, wie wenn der Vertrag dem Zustimmungsbeschluss gem. § 13 Abs. 3 Satz 2 beigefügt ist.
[6] § 13 Abs. 1.
[7] §§ 13 Abs. 2, 40 Abs. 2 Satz 2, 50 Abs. 2, 51 Abs. 2 und 78.
[8] §§ 43 Abs. 1, 45 d Abs. 1, 51 Abs. 1 Sätze 2 und 3; zur Zustimmungserklärung § 43 Rn 20 und § 51 Rn 6. Vgl. auch § 52 Abs. 1; siehe § 52 Rn 3 ff.
[9] § 8 Abs. 3.
[10] §§ 9 Abs. 3, 8 Abs. 3.
[11] §§ 12 Abs. 3, 8 Abs. 3.
[12] § 54 Abs. 1 Satz 3.
[13] § 68 Abs. 1 Satz 3. Die Verweise auf § 54 Abs. 1 Satz 3 und § 68 Abs. 1 Satz 3 werden durch das Zweite Gesetz zur Änderung des UmwG vom 10.4.2007 (BGBl. I S. 542) neu eingefügt.
[14] § 8.
[15] § 12.
[16] §§ 8 Abs. 3, 9 Abs. 2, 3.
[17] § 5 Abs. 3. Siehe hierzu Rn 10. Wird auf die Einhaltung der Monatsfrist gem. § 5 Abs. 3 verzichtet, ist auch die Verzichtserklärung in Urschrift oder einfacher Abschrift einzureichen.
[18] Siehe Rn 11.
[19] §§ 71 Abs. 1 Satz 2, 78; siehe hierzu auch § 71 Rn 16.
[20] §§ 62 Abs. 3, 78. Siehe auch § 62 Abs. 3 Satz 5 iVm. Abs. 2 Satz 1.
[21] § 17 Abs. 2, siehe Rn 13 ff.

dessen seine bisherigen Rechnungsunterlagen (Einnahmenüberschussrechnung, Vermögensverzeichnis und dgl.) einzureichen[22].

Weiter muss die **Negativerklärung**[23], falls sie nicht in der Anmeldung enthalten ist, als Anlage ein- oder nachgereicht werden[24]. Erhöht eine Kapitalgesellschaft als übernehmender Rechtsträger ihr Kapital, sind weitere Unterlagen einzureichen, wenn die Anmeldung der Verschmelzung mit der **Kapitalerhöhung** verbunden wird[25]. Steht der Verschmelzungsvertrag unter einer aufschiebenden oder auflösenden **Bedingung**, ist dem Handelsregister deren Eintritt bzw. Nichteintritt mitzuteilen und ggf. schriftlich nachzuweisen[26]. 4

2. Verschmelzung durch Neugründung

Der Anmeldung des **neu gegründeten** Rechtsträgers sind zusätzlich die Anlagen beizufügen, die das Gründungsrecht des betreffenden Rechtsträgers für die reguläre Gründung verlangt. Auf die Beifügung der Satzung bzw. des Gesellschaftsvertrags kann allerdings verzichtet werden, da sie zwingend im Verschmelzungsvertrag enthalten sind[27]. Im Einzelnen sind beizufügen: 5

a) Bei Anmeldung einer AG[28] oder KGaA
6
– Berechnung des Gründungsaufwands[29];
– Beschluss des Aufsichtsrats über die Bestellung des Vorstands[30], der privatschriftlich sein kann. Die Anteilseignervertreter im Aufsichtsrat werden im Verschmelzungsvertrag bestellt[31];
– eine Liste der Mitglieder des Aufsichtsrats, aus welcher Name, Vorname, ausgeübter Beruf und Wohnort des Mitglieds ersichtlich sind[32];
– notarielle Ausfertigung oder beglaubigte Abschrift der Urkunde über die Bestellung des Abschlussprüfers[33], falls nicht im Verschmelzungsvertrag enthalten;
– Gründungsbericht[34] und Gründungsprüfungsberichte[35] aller beteiligten Prüfungsorgane (jeweils privatschriftlich mit eigenhändiger Namensunterschrift[36]) nebst ihren urkundlichen Unterlagen[37];
– etwaige staatliche Genehmigungsurkunden für die Gründung[38];
– Versicherung der Mitglieder des Vorstands, dass keine Bestellungshindernisse vorliegen[39], in beglaubigter Form, falls diese außerhalb der Anmeldung abgegeben werden muss, weil die Anmeldung von Bevollmächtigten unterzeichnet wird;
– Schlussbilanzen aller übertragenden Rechtsträger zur Werthaltigkeitskontrolle[40];

---

[22] *Bork* in Lutter Rn 5.
[23] § 16 Abs. 2; umfassend hierzu § 16 Rn 13 ff.
[24] Siehe § 16 Rn 16. Wird die Erklärung nachgereicht, bedarf sie der beglaubigten Form.
[25] Für die GmbH siehe § 53 Rn 6 f. sowie die Kommentierung zu § 55, für die AG oder KGaA siehe § 66 Rn 7 ff. sowie die Kommentierung zu § 69.
[26] Vgl. zu den Bedingungen § 5 Rn 94 ff.; *Bork* in Lutter § 16 Rn 4.
[27] § 37; siehe § 37 Rn 3; vgl. *Marsch-Barner* in Kallmeyer § 37 Rn 2.
[28] Zur Europäischen Gesellschaft (SE) siehe Einl. C Rn 49 ff.
[29] § 37 Abs. 4 Nr. 2 AktG.
[30] § 37 Abs. 4 Nr. 3 AktG.
[31] § 76 Abs. 2 Satz 2.
[32] § 37 Abs. 4 Nr. 3a AktG.
[33] § 30 Abs. 1 AktG.
[34] § 32 AktG.
[35] § 34 Abs. 2 AktG.
[36] *Hüffer* § 32 AktG Rn 2 und § 34 AktG Rn 4.
[37] § 37 Abs. 4 Nr. 4 AktG.
[38] § 37 Abs. 4 Nr. 5 AktG.
[39] § 37 Abs. 2 AktG.
[40] § 38 Abs. 2 Satz 2 AktG. Vgl. hierzu *Zimmermann* in Kallmeyer § 38 Rn 15, 19, 21 f.

– bei Aktiengesellschaften als übertragenden Rechtsträgern: beglaubigte Registerauszüge zum Nachweis, dass sie bereits zwei Jahre im Register eingetragen sind[41].

7   b) Bei Anmeldung einer GmbH
– (privatschriftlicher) Beschluss der übertragenden Rechtsträger über die Bestellung der Geschäftsführer, falls diese nicht im Gesellschaftsvertrag oder Verschmelzungsvertrag bestellt sind[42];
– eine (privatschriftliche) Liste der Gesellschafter der neu gegründeten GmbH[43], die von den Geschäftsführern unterschrieben ist[44];
– (privatschriftlicher) Sachgründungsbericht[45], der von den übertragenden Rechtsträgern als Gründern[46] zu erstellen und von deren Vertretungsorganen in vertretungsberechtigter Zahl zu unterzeichnen ist[47]. Der Bericht ist entbehrlich, wenn übertragender Rechtsträger eine Kapitalgesellschaft oder eingetragene Genossenschaft ist[48];
– staatliche Genehmigungsurkunde bei genehmigungspflichtigem Unternehmensgegenstand[49];
– ggf. eine Urkunde über die Bestellung der Aufsichtsratsmitglieder, falls diese vor der Eintragung bestellt wurden[50] sowie eine Liste der Mitglieder des Aufsichtsrats, aus welcher Name, Vorname, ausgeübter Beruf und Wohnort der Mitglieder ersichtlich sind[51].
– Versicherung der Geschäftsführer, dass keine Bestellungshindernisse vorliegen[52], in beglaubigter Form, falls diese außerhalb der Anmeldung abgegeben werden muss, weil die Anmeldung von Bevollmächtigten unterzeichnet wird;
– Schlussbilanzen aller übertragenden Rechtsträger zur Werthaltigkeitskontrolle[53].

8   c) Bei Anmeldung einer Personenhandelsgesellschaft. Weitere Unterlagen, insbesondere etwa zum Nachweis der Werthaltigkeit der einzubringenden Unternehmen, sind nicht erforderlich.

9   d) Bei Anmeldung eines VVaG
– eine Urkunde über die Erlaubnis zum Geschäftsbetrieb[54];
– Urkunden über die Bestellung von Vorstand und Aufsichtsrat[55];
– Urkunden über die Bildung des Gründungsstocks und Erklärung von Vorstand und Aufsichtsrat über die freie Verfügbarkeit desselben[56].

10   Spätestens einen Monat vor der Beschlussfassung über die Zustimmung zum **Verschmelzungsvertrag** ist dieser oder sein Entwurf dem zuständigen **Betriebsrat** dieses Rechtsträ-

---

[41] § 76 Abs. 1; siehe § 76 Rn 6 f.
[42] §§ 6 Abs. 3 Satz 2, 46 Nr. 5, 47 ff. GmbHG.
[43] §§ 56, 52 Abs. 2.
[44] In vertretungsberechtigter Zahl oder in unechter Gesamtvertretung, *Zimmermann* in Kallmeyer § 52 Rn 9; siehe auch § 8 Abs. 1 Nr. 3 GmbHG sowie § 52 Rn 9.
[45] § 58 Abs. 1 UmwG iVm. § 5 Abs. 4 GmbHG.
[46] § 36 Abs. 2 Satz 2.
[47] Oder in unechter Gesamtvertretung. Bevollmächtigung ist wie bei regulärer Sachgründung nicht möglich, *Winter* in Scholz § 5 GmbHG Rn 100. Im Einzelnen § 58 Rn 4; dort wird die Möglichkeit der Unterzeichnung in vertretungsberechtigter Zahl entgegen der hM abgelehnt.
[48] § 58 Abs. 2; näher dazu § 58 Rn 11.
[49] § 8 Abs. 1 Nr. 6 GmbHG.
[50] § 52 Abs. 2 GmbHG iVm. § 37 Abs. 4 Nr. 3 AktG.
[51] § 52 Abs. 2 GmbHG iVm. § 37 Abs. 4 Nr. 3a AktG.
[52] § 8 Abs. 3 GmbHG.
[53] § 9 c Abs. 1 Satz 2 GmbHG; hierzu *Zimmermann* in Kallmeyer § 38 Rn 19, 21.
[54] § 31 Abs. 1 Nr. 1 VAG.
[55] § 31 Abs. 1 Nr. 3 VAG.
[56] § 31 Abs. 1 Nr. 4 VAG.

gers[57] **zuzuleiten**[58]. Da dem Gericht dies nachgewiesen werden muss, lässt man sich den Empfang zweckmäßigerweise durch Unterzeichnung des Betriebsratsvorsitzenden einer datierten Quittung (zB auf einer Kopie des Begleitbriefs) bestätigen. Ist kein Betriebsrat vorhanden, ist die Zuleitung und demzufolge auch der Nachweis unnötig. Das Gericht ist iRd. Amtsermittlung[59] zur Nachprüfung berechtigt, ob die Angabe, ein Betriebsrat sei nicht vorhanden, zutrifft. Ausreichend ist jedenfalls eine eidesstattliche Versicherung; ob sie erforderlich ist, mag man bezweifeln[60]. Der Betriebsrat kann auf die Einhaltung der Frist, nach umstrittener Auffassung sogar auf die Zuleitung überhaupt verzichten[61].

Eine staatliche Genehmigung ist nur vorzulegen, wenn sie – ausnahmsweise – zur Verschmelzung erforderlich ist[62]. **11**

Alle diese Anlagen können der Anmeldung auch – ggf. auf Zwischenverfügung – nachgereicht werden. Eine – allerdings zwingende – Frist gilt nur für die **Aufstellung** der Schlussbilanz[63]. **12**

II. Schlussbilanz der übertragenden Rechtsträger (Abs. 2)

1. Zweck

Die Schlussbilanz dient neben der Sicherstellung der Bilanzkontinuität (bei Wahl der Buchwertverknüpfung)[64] und der Ergebnisabgrenzung[65] den Gläubigern des übertragenden Rechtsträgers als Entscheidungshilfe dafür, ob sie Sicherheit verlangen sollen[66]. Für den Gesetzgeber rechtfertige die Vorlage der Schlussbilanz die Erleichterung der **Werthaltigkeitsprüfung** bei Kapitalerhöhung des übernehmenden Rechtsträgers[67]. **13**

Eine gesonderte Schlussbilanz[68] ist nur erforderlich, wenn die Bilanz des übertragenden Rechtsträgers[69] für das letzte Geschäftsjahr wegen des mehr als **acht Monate** zurückliegenden Stichtags nicht verwendet werden kann[70]. **14**

---

[57] *Schwarz* in Widmann/Mayer Rn 8.3; aA *Zimmermann* in Kallmeyer Rn 3, der Zuleitung an die Betriebsräte aller beteiligten Rechtsträger für erforderlich hält.

[58] Umfassend zur Zuleitung an den Betriebsrat § 5 Rn 140 ff.

[59] § 12 FGG; *Kayser* in Keidel/Kuntze/Winkler, FGG, 15. Aufl. 2002, § 12 FGG Rn 42 ff.

[60] Das *AG Duisburg* GmbHR 1996, 372 hielt sie für erforderlich und für nicht nachholbar, wenn die nach dem Stichtag (acht Monate nach dem Bilanzstichtag) in einer Zwischenverfügung gesetzte Frist verstrichen ist; aA *Bork* in Lutter Rn 2 Fn 4; *Zimmermann* in Kallmeyer Rn 3.

[61] Siehe hierzu § 5 Rn 145 f.; auch *Stohlmeier* BB 1999, 1394 mwN zum Meinungsstand.

[62] Dazu gehören Genehmigungen § 14 VAG, Art. 66 § 1 EGKS-Vertrag, nicht dagegen nach §§ 35 ff. GWB. Auch ausländische staatliche Genehmigungen sind keine Eintragungsvoraussetzungen. Siehe dazu *Zimmermann* in Kallmeyer Rn 3; *Hörtnagl* in Schmitt/Hörtnagl/Stratz Rn 6; *Schwarz* in Widmann/Mayer Rn 9; auch § 109 Rn 39, 42.

[63] Siehe Rn 20.

[64] Siehe § 24 Rn 26 ff. und *Müller* in Kallmeyer Rn 11.

[65] Im Hinblick auf § 5 Abs. 1 Nr. 6.

[66] § 22 Abs. 1; *Müller* in Kallmeyer Rn 11; *Hörtnagl* in Schmitt/Hörtnagl/Stratz Rn 11.

[67] § 69 Abs. 1; krit. insoweit *Hörtnagl* in Schmitt/Hörtnagl/Stratz Rn 12. Eine Pflicht zur Vorlage der Schlussbilanz beim übernehmenden Rechtsträger begründet § 17 Abs. 2 gleichwohl nicht; vgl. BayObLG ZIP 1999, 968.

[68] Ohne GuV, aber mit Anhang, § 268 HGB. Nach aA soll auch der Anhang entbehrlich sein, vgl. *IdW* Stellungnahme HFA 2/1997 Ziffer 112, WPg 1997, 235; *Budde/Zerwas* in Budde/Förschle F Rn 77; *Bork* in Lutter Rn 5 mwN. Allerdings sollen bei Nichteinreichung des Anhangs diejenigen Angaben, die wahlweise im Anhang oder in der Schlussbilanz gemacht werden können (Wahlpflichtangaben), in die Bilanz aufzunehmen sein; vgl. *IdW* Stellungnahme HFA 2/1997 Ziffer 112, WPg 1997, 235.

[69] Nicht auch des übernehmenden Rechtsträgers, *Bartovicz* GmbHR 1996, 514; *Germann* GmbHR 1999, 591.

[70] § 17 Abs. 2 Satz 4.

15 Für die Schlussbilanz gelten die Vorschriften über die Jahresbilanz[71] und deren Prüfung nur entsprechend[72]. Ein Rechtsträger, der keinen Jahresabschluss aufstellen muss, braucht dies auch nicht wegen § 17 Abs. 2 zu tun[73]. Eine Prüfung ist nur erforderlich, wenn der Jahresabschluss des übertragenden Rechtsträgers prüfungspflichtig ist, also nicht bei Personenhandelsgesellschaften, eingetragenen Vereinen und kleinen Kapitalgesellschaften[74].

2. Stichtag

16 Der Stichtag der Schlussbilanz[75] darf höchstens **acht Monate** vor Eingang der Anmeldung beim Gericht des übertragenden Rechtsträgers liegen. Anderenfalls darf die Verschmelzung nicht eingetragen werden.

17 Für die **Fristberechnung** gilt das BGB[76]. Da es sich um eine Frist mit festgelegtem Endzeitpunkt handelt, sind die Vorschriften aber nur entsprechend anzuwenden[77]. Die Achtmonatsfrist ist „rückwärts" zu berechnen. Das fristauslösende Ereignis ist die Anmeldung der Verschmelzung[78]. Daher ist der Tag, an dem die Anmeldung bei Gericht eingeht, bei der Fristberechnung nicht mitzurechnen. Das Ende der Frist fällt auf den Beginn des Tages, der durch seine Zahl dem Tag entspricht, auf den das fristauslösende Ereignis fällt[79]. Wenn also die Anmeldung am 31. 8. eines Jahres bei Gericht[80] eingeht, muss der Stichtag der Schlussbilanz nach dem Beginn (0.00 Uhr) des 31.12. des Vorjahres liegen; der in der Praxis übliche Stichtag 31.12. 24.00 Uhr wäre deshalb ausreichend. Die rückwärtige Berechnung der Frist führt dazu, dass es nicht auf den letzten Tag eines künftigen Monats, sondern auf den letzten Tag eines in der Vergangenheit liegenden Monats ankommt. Wird die Schlussbilanz am 28.2. aufgestellt, ist die Anmeldung bis zum Ablauf des 31.10. fristwahrend[81]. Dieser Tag ist allerdings auch maßgebend, wenn er auf einen Sonn- oder Feiertag fällt[82].

---

[71] Das sind die Vorschriften des HGB über den Jahresabschluss, soweit sie die Bilanz betreffen, *Müller* in Kallmeyer Rn 25. „In der Praxis wird der letzte Jahresabschluß nach den Vorschriften des HGB mit der auf den Umwandlungsstichtag zu erstellenden Schlußbilanz „identisch" sein", *Jorde/Wetzel* BB 1996, 1246, 1252.

[72] § 17 Abs. 2 Satz 2.

[73] *Zimmermann* in Kallmeyer Rn 4; *Bork* in Lutter Rn 5. Str., aA *Gerold* MittRhNotK 1997, 205, 227 mwN. Siehe dazu auch § 168 Rn 70 ff.

[74] §§ 316 Abs. 1, 267 Abs. 1 HGB. Über das Ergebnis der Prüfung ist entsprechend § 321 HGB schriftlich zu berichten. Hierauf kann nicht verzichtet werden. Entsprechend § 322 HGB ist ein Bestätigungsvermerk zu erteilen. Ein eingeschränkter oder versagter Bestätigungsvermerk kann nach richtiger Ansicht nicht zur Zurückweisung der Anmeldung führen. § 17 Abs. 2 Satz 2 verlangt nur eine ordnungsgemäß geprüfte, nicht eine ordnungsgemäß aufgestellte Schlussbilanz. Ein Eintragungshindernis bestünde hingegen dann, wenn die Prüfung nicht oder durch einen ungeeigneten Prüfer (§§ 318, 319 HGB) durchgeführt wurde; so auch *Hörtnagl* in Schmitt/Hörtnagl/Stratz Rn 23; *Müller* in Kallmeyer Rn 35. AA *Widmann* in Widmann/Mayer § 24 Rn 145; *Bula/Schlösser* in Sagasser/Bula/Brünger K Rn 20.

[75] Zum Schlussbilanzstichtag auch § 5 Rn 54.

[76] § 187 Abs. 1 iVm. § 188 Abs. 2 (ggf. Abs. 3) BGB.

[77] Vgl. *Heinrichs* in Palandt § 187 Rn 4; *Widmann* in Widmann/Mayer § 24 Rn 69.

[78] *Müller* in Kallmeyer Rn 24. AA *OLG Köln* GmbHR 1998, 1085, 1086. Zur Berechnung der Zuleitungsfrist nach § 5 Abs. 3 siehe § 5 Rn 144; *Lutter/Drygala* in Lutter § 5 Rn 101 f.; *Willemsen* in Kallmeyer § 5 Rn 76; *Krause* NJW 1999, 1448 (lesenswert); *Müller* DB 1997, 713, 716.

[79] Vgl. § 188 Abs. 2 BGB. Da die Frist rückwärts berechnet wird, endet die Frist nicht mit „dem Ablauf" des Tages, sondern mit „dem Beginn".

[80] Maßgeblich ist das Gericht beim übertragenden Rechtsträger, vgl. *LG Frankfurt* GmbHR 1996, 542, 543.

[81] So auch *Widmann* in Widmann/Mayer § 24 Rn 69. AA *OLG Köln* GmbHR 1998, 1085, 1086, das in seiner Entscheidung die Frist unrichtigerweise nicht rückwärts berechnet und deshalb den 28.10. als letztmöglichen Tag der Anmeldung ansieht. In der Praxis empfiehlt sich eine vorherige Abstimmung mit dem zuständigen Registerrichter.

[82] § 193 BGB ist nicht anwendbar, da am Stichtag keine Willenserklärung abzugeben und keine Leistung zu bewirken ist.

Die Praxis wählt aus sowohl steuerlichen wie auch Kosten- und Vereinfachungsgründen als **18** Stichtag der Schlussbilanz idR einen ordentlichen Bilanzstichtag[83]. Mangels abweichender Satzungsregelung ist die Bilanz von den Vertretungsorganen des übertragenden Rechtsträgers aufzustellen, ggf. zu prüfen und von deren Anteilsinhabern, ggf. von Vorstand und Aufsichtsrat[84], festzustellen. Anderenfalls ist von den Vertretungsorganen eine Zwischenbilanz als Schlussbilanz aufzustellen[85].

Ob der Stichtag der Schlussbilanz vom Verschmelzungsstichtag abhängt (und umgekehrt), **19** ist umstritten[86]. Ein einheitlicher Verschmelzungsstichtag scheidet bei mehreren übertragenden Rechtsträgern mit unterschiedlichen Rechtsformen aus. Folgt man der Ansicht, dass der Stichtag der Schlussbilanz nicht notwendig unmittelbar vor dem Verschmelzungsstichtag liegen muss[87], kann der Bilanzstichtag daher frei iRd. acht Monate[88] gewählt werden. **Zeitliche Unterschiede der Stichtage** können in der bis zur Wirksamkeit der Verschmelzung ohne hin fortzuführenden Rechnungslegung der übertragenden Rechtsträger erfasst werden[89]. Die Schlussbilanz braucht nicht bekannt gemacht zu werden[90].

Abs. 2 Satz 4 regelt nur den – spätesten – Stichtag der Aufstellung der Schlussbilanz, nicht **20** dagegen, wann sie **dem Gericht vorgelegt** werden muss[91]. Geschieht das nicht mit der Anmeldung, ist diese unvollständig. Die Schlussbilanz ist dann ggf. nach Zwischenverfügung[92] nachzureichen, ehe der Anmeldung entsprochen werden kann[93]. Ist die Bilanz prüfungspflichtig, die Prüfung aber noch nicht abgeschlossen, kann sie auch noch nach Ablauf der Achtmonatsfrist abgeschlossen und der Prüfungsvermerk nachgereicht werden[94].

Verschiebt sich nach dem Inhalt des Verschmelzungsvertrags der Verschmelzungsstichtag, **21** falls die Verschmelzung nicht bis zu einem bestimmten Termin wirksam geworden ist (**„variable Stichtagsregelung"**), kann eine neue Schlussbilanz aufgestellt, geprüft und eingereicht werden[95]; zwingend erscheint das allerdings nicht, da die Geschäftsvorgänge seit dem Bilanzstichtag ohne weiteres im Buchwerk festgeschrieben werden können. Das Umtauschverhältnis muss sich dadurch nicht ändern, falls Gewinnbezugsrechte und Bilanzierungsgrundsätze entsprechend geregelt werden[96].

3. Bilanzierungsgrundsätze

Für die Bilanzierung gelten die Vorschriften des HGB über den Jahresabschluss, soweit sie **22** die Bilanz betreffen, entsprechend[97]. Das sind für alle Rechtsträger die §§ 242 bis 256 HGB, und zusätzlich für

---

[83] *Müller* in Kallmeyer Rn 16.
[84] § 172 AktG.
[85] Siehe dazu im Einzelnen ausführlich *Müller* in Kallmeyer Rn 18.
[86] Siehe § 5 Rn 54 ff.
[87] Anders die hA, siehe *Hörtnagl* in Schmitt/Hörtnagl/Stratz Rn 38 mwN; auch § 5 Rn 54 ff.
[88] Siehe Rn 14.
[89] Siehe *Müller* in Kallmeyer § 5 Rn 33 ff. und *Kiem* ZIP 1999, 173, 178 f.
[90] § 17 Abs. 2 Satz 3.
[91] AA *LG Dresden* NotBZ 1997, 138; *KG* NJW-RR 1999, 186, 187.
[92] *Bork* in Lutter Rn 7; *Zimmermann* in Kallmeyer Rn 7.
[93] *OLG Jena* NotBZ 2003, 76 ff.; vgl. auch *OLG Zweibrücken* RNotZ 2002, 516; *Müller* in Kallmeyer Rn 24 mwN.
[94] *Müller* in Kallmeyer Rn 35.
[95] AA (der Registerrichter könne „die ohnehin aufzustellenden neuen Jahresbilanzen anfordern"), *Bork* in Lutter Rn 7; da der übertragende Rechtsträger während der schwebenden Umwandlung „von seiner Bilanzierungspflicht nicht suspendiert" sei, *Kiem* ZIP 1999, 173, 177 mwN; *Widmann* in Widmann/Mayer § 24 Rn 74 und wohl § 5 Rn 63; *Hörtnagl* in Schmitt/Hörtnagl/Stratz Rn 40 lehnt einen variablen Stichtag als solchen ab und verlangt deshalb ebenfalls keine neue Schlussbilanz.
[96] *Müller* in Kallmeyer § 5 Rn 36.
[97] § 17 Abs. 2 Satz 2.

- Kapitalgesellschaften die §§ 266 bis 274 a, 279 bis 283, 330 HGB;
- Versicherungsunternehmen die §§ 341 bis 341 h HGB;
- Kreditinstitute die §§ 340 bis 340 b, 340 d bis 340 h HGB und
- eingetragene Genossenschaften § 337 HGB[98].

4. Besonderheiten bei der Spaltung

23 Auch im Fall der Spaltung hat der übertragende Rechtsträger eine „Schlussbilanz" vorzulegen[99], obwohl bei der Abspaltung oder Ausgliederung der übertragende Rechtsträger nicht erlischt[100]. Umstritten ist, ob die „Schlussbilanz" hier eine Gesamtbilanz über das gesamte Vermögen des übertragenden Rechtsträgers sein muss, oder ob eine Teilbilanz über das abzuspaltende oder auszugliedernde Vermögen ergänzend oder alternativ möglich oder erforderlich ist[101]. Eine Teilbilanz sollte jedenfalls dann alternativ ausreichen, falls nur ein unwesentlicher Teil des (bilanziellen) Gesamtvermögens des übertragenden Rechtsträgers übergehen soll[102]. Die Erstellung und Prüfung einer Gesamtbilanz bedeutete in diesem Fall einen unverhältnismäßig hohen Aufwand[103], zumal zwingende Gründe für eine Gesamtbilanz nicht bestehen. In jedem Fall empfiehlt sich eine vorherige Abstimmung mit dem zuständigen Registerrichter.

§ 18 Firma oder Name des übernehmenden Rechtsträgers

(1) Der übernehmende Rechtsträger darf die Firma eines der übertragenden Rechtsträger, dessen Handelsgeschäft er durch die Verschmelzung erwirbt, mit oder ohne Beifügung eines das Nachfolgeverhältnis andeutenden Zusatzes fortführen.

(2) Ist an einem der übertragenden Rechtsträger eine natürliche Person beteiligt, die an dem übernehmenden Rechtsträger nicht beteiligt wird, so darf der übernehmende Rechtsträger den Namen dieses Anteilsinhabers nur dann in der nach Absatz 1 fortgeführten oder in der neu gebildeten Firma verwenden, wenn der betroffene Anteilsinhaber oder dessen Erben ausdrücklich in die Verwendung einwilligen.

(3) Ist eine Partnerschaftsgesellschaft an der Verschmelzung beteiligt, gelten für die Fortführung der Firma oder des Namens die Absätze 1 und 2 entsprechend. Eine Firma darf als Name einer Partnerschaftsgesellschaft nur unter den Voraussetzungen des § 2 Abs. 1 des Partnerschaftsgesellschaftsgesetzes fortgeführt werden. § 1 Abs. 3 und § 11 des Partnerschaftsgesellschaftsgesetzes sind entsprechend anzuwenden.

---

[98] Näher dazu *Müller* in Kallmeyer Rn 25 ff.
[99] § 125 Satz 1 iVm. § 17 Abs. 2. Siehe auch § 129 Rn 11 ff.
[100] Gleiches gilt für die Teilübertragung, §§ 177 Abs. 1, 179 Abs. 1, 189 Abs. 1 jeweils iVm. § 17 Abs. 2.
[101] Vgl. *Hörtnagl* in Schmitt/Hörtnagl/Stratz Rn 51; *Bula/Schlösser* in Sagasser/Bula/Brünger O Rn 4 (Gesamtbilanz zwingend); *Priester* in Lutter Anh. § 134 Rn 2; *Müller* WPg 1996, 857, 865 (Gesamtbilanz ausreichend, Teilbilanz ergänzend möglich); *IdW* Stellungnahme HFA 1/1998 Ziffer 11; *Kallmeyer* in Kallmeyer § 125 Rn 23; *Budde/Klingberg* in Budde/Förschle G Rn 301; *Sauter*, FS Widmann, 1999, S. 111, 115 f.; *Pfitzer* in WP-Handbuch Bd. II, 12. Aufl. 2002, E Rn 95 (Gesamtbilanz ausreichend, Teilbilanz alternativ möglich); *Widmann* in Widmann/Mayer § 24 Rn 163 (Teilbilanz zwingend).
[102] So vor allem *IdW* Stellungnahme HFA 1/1998 Ziffer 11; *Kallmeyer* in Kallmeyer § 125 Rn 23.
[103] Dies gilt jedenfalls dann, wenn – abweichend von der gesetzgeberischen Vorstellung – der Jahresabschluss (zB wegen Nichteinhaltung der Achtmonatsfrist) nicht als Schlussbilanz verwendet werden kann.

Firma oder Name des übernehmenden Rechtsträgers 1, 2 **§ 18**

Übersicht

	Rn		Rn
I. Allgemeines	1	3. §§ 18, 19 HGB	7
II. Zulässige Firmierung (Abs. 1)	2	**III. Einwilligung natürlicher Personen (Abs. 2)**	8
1. Fortführung	2		
2. § 22 HGB	6	**IV. Partnerschaftsgesellschaften (Abs. 3)**	9

Literatur: *Bokelmann,* Die Firma im Fall der Umwandlung, ZNotP 1998, 265; *Limmer,* Firmenrecht und Umwandlung nach dem Handelsrechtsreformgesetz, NotBZ 2000, 201.

I. Allgemeines

Die Vorschrift regelt die Firmenbildung beim übernehmenden Rechtsträger: Er darf **1** die Firma eines übertragenden Rechtsträgers, dessen **Handelsgeschäft**[1] er durch die Verschmelzung erwirbt, mit oder ohne Nachfolgezusatz fortführen[2]. Zur Aufnahme oder Fortführung des Namens einer an dem übertragenden, nicht jedoch dem übernehmenden Rechtsträger beteiligten natürlichen Person in die Firma des übernehmenden Rechtsträgers ist deren ausdrückliche Einwilligung oder die ihrer Erben erforderlich[3]. Für die PartG gilt das mit aus dem PartGG folgenden Besonderheiten entsprechend[4].

II. Zulässige Firmierung (Abs. 1)

1. Fortführung

Durch die Verschmelzung erlischt der übertragende Rechtsträger[5] und damit auch dessen **2** Firma[6]. Abweichend davon geht dessen im Zeitpunkt der Verschmelzung zulässig geführte Firma auf den übernehmenden Rechtsträger über, wenn dieser durch die Verschmelzung das Handelsgeschäft des übertragenden Rechtsträgers übernimmt und von dem Recht zur Firmenfortführung Gebrauch macht[7]. „**Fortführung**" bedeutet nach § 22 HGB[8], dass die Firma **im Wesentlichen unverändert** verwendet wird[9]. Das Bedürfnis, traditionsreiche und bekannte Firmen nicht untergehen zu lassen[10], kann bei mehreren übertragenden Rechtsträgern auch Kombinationen von Firmenbestandteilen rechtfertigen, sofern sie den Verkehr

---

[1] Der Begriff des Handelsgeschäfts bestimmt sich unabhängig von der Rechtsform nach §§ 1 ff. HGB.
[2] § 18 Abs. 1. Die im UmwG 1994 enthaltene Einschränkung, dass eine Personenhandelsgesellschaft die Firma nur fortführen darf, wenn diese den Namen einer natürlichen Person enthält (Abs. 1 Satz 2), und eine Genossenschaft nur, wenn die Firma den Namen von Genossen oder anderen Personen enthält (Abs. 1 Satz 2), ist durch das HRefG (BGBl. I 1998 S. 1474) aufgehoben worden. Ebenfalls aufgehoben wurde die in dem ursprünglichen Abs. 3 vorgesehene Genehmigung des Registergerichts zur von § 19 HGB abweichenden Aufnahme des in der Firma eines übertragenden Rechtsträgers enthaltenen Namens einer an der übernehmenden OHG nicht beteiligten natürlichen Person in deren Firma.
[3] § 18 Abs. 2; hierzu Rn 8.
[4] § 18 Abs. 3; dazu näher Rn 9 f.
[5] § 20 Abs. 1 Nr. 2; dazu § 20 Rn 73.
[6] Die Firma geht also nicht als immaterielles Rechtsgut auf den übernehmenden Rechtsträger über; vgl. auch *Bork* in Lutter Rn 2.
[7] Der übernehmende Rechtsträger kann aber auch seine bisherige Firma beibehalten, *Bokelmann* ZNotP 1998, 265, 266.
[8] *Hopt* § 22 HGB Rn 15 mwN.
[9] *Bork* in Lutter Rn 4.
[10] Vgl. RegBegr. *Ganske* S. 72.

Schwanna

nicht irreführen[11]. Wo diese Gefahr besteht, sind ohnehin Änderungen erforderlich[12]. Insbesondere müssen Rechtsformzusätze ggf. angepasst oder durch geeignete Nachfolgezusätze ergänzt werden[13].

3   Der Einwilligung des übertragenden Rechtsträgers bedarf die Firmenfortführung anders als nach § 22 HGB nicht. Da er durch die Verschmelzung erlischt, besteht kein schützenswertes Interesse an der weiteren Benutzung der Firma[14].

4   Der die Firma des übertragenden Rechtsträgers fortführende übernehmende Rechtsträger muss in seinem Gesellschaftsvertrag/seiner Satzung die Bestimmung über die **Firma ändern**[15].

5   Grundsätzlich kann eine Handelsgesellschaft nur eine Firma führen. Daher werden von der Firmenübernahme sämtliche **Zweigniederlassungen** des übernehmenden Rechtsträgers erfasst. Eine Beibehaltung der bisherigen Firma nur für die Zweigniederlassung ist nicht möglich. Führt der übernehmende Rechtsträger aber **den übertragenden Rechtsträger als Zweigniederlassung** fort, kann er seine bisherige Firma beibehalten und die Firma des übertragenden Rechtsträgers als Firmenzusatz der Zweigniederlassung benutzen[16]. Dabei ist allerdings darauf zu achten, dass die Verbindung beider als Haupt- und Zweigniederlassung erkennbar ist.

2. § 22 HGB

6   Daneben kann die Firma des das Handelsgeschäft übernehmenden Rechtsträgers nach § 22 HGB gebildet werden. Das ist von Bedeutung, weil nach § 22 HGB eine größere Freiheit als nach § 18 Abs. 1 besteht, namentlich bei der Bildung einer zusammengesetzten Firma[17].

3. §§ 18, 19 HGB

7   Dem übernehmenden Rechtsträger bleibt es schließlich unbenommen, bei Gelegenheit der Verschmelzung jede neue mit §§ 18, 19 HGB vereinbare Firma zu wählen. Das hat insbesondere Bedeutung in Fällen, in denen eine frühere, im Zeitpunkt der Verschmelzung nicht mehr geführte Firma eines übertragenden Rechtsträgers übernommen werden soll[18].

III. Einwilligung natürlicher Personen (Abs. 2)

8   Der Name einer an dem übertragenden Rechtsträger beteiligten natürlichen Person, die nicht am übernehmenden Rechtsträger beteiligt wird, darf nur mit deren Einwilligung (oder der ihrer Erben) in der fortgeführten oder der neu gebildeten Firma verwendet werden[19]. Abs. 2 dient damit dem Schutz des Namensrechts als Teil des Allgemeinen Persönlichkeits-

---

[11] *Bokelmann* ZNotP 1998, 265, 267; *Kögel* GmbHR 1996, 168, 169. AA *Stratz* in Schmitt/Hörtnagl/Stratz Rn 8.
[12] § 18 Abs. 2 HGB; *Marsch-Barner* in Kallmeyer Rn 8 mit Hinweis auf *Hopt* in Baumbach/Hopt § 22 HGB Rn 14 und *Emmerich* in Heymann § 22 HGB Rn 10.
[13] *Bork* in Lutter Rn 4; *Marsch-Barner* in Kallmeyer Rn 9.
[14] *Bork* in Lutter Rn 3.
[15] Siehe zB § 23 Abs. 3 Nr. 1 AktG; § 3 Abs. 1 Nr. 1 GmbHG.
[16] *Marsch-Barner* in Kallmeyer Rn 10; *Vollrath* in Widmann/Mayer Rn 23.
[17] *Hopt* § 22 HGB Rn 19.
[18] *Marsch-Barner* in Kallmeyer Rn 7.
[19] Nicht erforderlich ist, dass der Name der an dem übertragenden Rechtsträger beteiligten natürlichen Person auch Bestandteil der Firma des übertragenden Rechtsträgers ist. AA *Bork* in Lutter Rn 5.

rechts[20]. Daher kann die Einwilligung nur persönlich erteilt werden[21]. Sie bedarf zwar keiner besonderen Form, kann aber nach dem Wortlaut des Gesetzes nur **ausdrücklich**, also nicht stillschweigend erteilt werden[22]. Aus der Erklärung muss zweifelsfrei der Wille hervorgehen, die Verwendung des Namens zu gestatten. Die bloße Duldung der Namensverwendung genügt daher nicht[23]. Die Einwilligung muss spätestens zum Zeitpunkt der Eintragung der Firma vorliegen[24]. Ein Widerruf der Einwilligung ist grundsätzlich ausgeschlossen, es sei denn, der übernehmende Rechtsträger hätte die Firma zu unlauteren Geschäften missbraucht[25].

IV. Partnerschaftsgesellschaften (Abs. 3)

Für Partnerschaftsgesellschaften, die an einer Verschmelzung beteiligt sind, gelten die firmenrechtlichen Regelungen entsprechend. Der strikten personalistischen Struktur der PartG[26] wird in Abs. 3 Sätze 2 und 3 Rechnung getragen. Ist übernehmender oder neu gegründeter Rechtsträger eine PartG, hat die Firma auch bei der Namensfortführung den Namen mindestens einer **natürlichen Person**, den Rechtsformzusatz „und Partner" oder „Partnerschaft" und die Berufsbezeichnung aller in der Partnerschaft vertretenen Berufe zu enthalten[27]. Außerdem sind eventuelle berufsrechtliche Spezialregelungen[28] zu beachten, die uU enge Anforderungen an die Namensführung der Partnerschaft stellen. 9

Wird eine PartG auf eine Kapital- oder Personenhandelsgesellschaft verschmolzen, kann der Name der Partnerschaft als Firma der übernehmenden Gesellschaft fortgeführt werden[29], allerdings ohne den Zusatz „und Partner" oder „Partnerschaft"[30]. Ist die übernehmende Gesellschaft eine PartG, ist die Fortführung des Namens der übertragenden Partnerschaft nur zulässig, falls ein **Namensgeber** auch an der übernehmenden Partnerschaft beteiligt ist. 10

§ 19 Eintragung und Bekanntmachung der Verschmelzung

(1) **Die Verschmelzung darf in das Register des Sitzes des übernehmenden Rechtsträgers erst eingetragen werden, nachdem sie im Register des Sitzes jedes der übertragenden Rechtsträger eingetragen worden ist. Die Eintragung im Register des Sitzes jedes der übertragenden Rechtsträger ist mit dem Vermerk zu versehen, daß die Verschmelzung erst mit der Eintragung im Register des Sitzes des übernehmenden Rechtsträgers wirksam wird, sofern die Eintragungen in den Registern aller beteiligten Rechtsträger nicht am selben Tag erfolgen.**

(2) **Das Gericht des Sitzes des übernehmenden Rechtsträgers hat von Amts wegen dem Gericht des Sitzes jedes der übertragenden Rechtsträger den Tag der Eintragung der Verschmelzung mitzuteilen. Nach Eingang der Mitteilung hat das Gericht des Sit-**

---

[20] Art. 1 Abs. 1 iVm. Art. 2 Abs. 1 GG.
[21] Nicht vom Insolvenzverwalter, *Marsch-Barner* in Kallmeyer Rn 12, auch nicht vom Testamentsvollstrecker, Nachlassverwalter und dgl.
[22] AA *Marsch-Barner* in Kallmeyer Rn 13; *Bermel* in Goutier/Knopf/Tulloch Rn 25; *Stratz* in Schmitt/Hörtnagl/Stratz 17.
[23] *Bork* in Lutter Rn 5.
[24] Da der Registerrichter auch die Zulässigkeit der Firma des übernehmenden Rechtsträgers prüft (siehe § 19 Rn 5), sollte der Nachweis der Einwilligung bereits der Anmeldung beigefügt werden.
[25] *Stratz* in Schmitt/Hörtnagl/Stratz Rn 19 mwN; *Marsch-Barner* in Kallmeyer Rn 13.
[26] Vgl. § 1 Abs. 1 Satz 3 PartGG.
[27] Vgl. § 2 Abs. 1 PartGG.
[28] § 1 Abs. 3 PartGG.
[29] § 18 Abs. 3 Satz 1 iVm. § 18 Abs. 1 und 2.
[30] § 18 Abs. 3 Satz 3 UmwG iVm. § 11 Abs. 1 Satz 1 PartGG; *Vollrath* in Widmann/Mayer Rn 33; aA *Bork* in Lutter Rn 8.

zes jedes der übertragenden Rechtsträger von Amts wegen den Tag der Eintragung der Verschmelzung im Register des Sitzes des übernehmenden Rechtsträgers im Register des Sitzes des übertragenden Rechtsträgers zu vermerken und die bei ihm aufbewahrten Dokumente dem Gericht des Sitzes des übernehmenden Rechtsträgers zur Aufbewahrung zu übermitteln.

(3) Das Gericht des Sitzes jedes der an der Verschmelzung beteiligten Rechtsträger hat jeweils die von ihm vorgenommene Eintragung der Verschmelzung von Amts wegen nach § 10 des Handelsgesetzbuchs ihrem ganzen Inhalt nach bekanntzumachen.

Übersicht

	Rn		Rn
I. Allgemeines	1	V. Kosten der Eintragung	13
II. Prüfung des Registergerichts	3	VI. Zusammenarbeit der Registergerichte (Abs. 2)	17
III. Reihenfolge der Eintragungen (Abs. 1)	8	VII. Bekanntmachung (Abs. 3)	18
1. Übertragender Rechtsträger	8	1. Inhalt	18
2. Übernehmender Rechtsträger	9	2. Wirkung	19
IV. Rechtsmittel	11		

Literatur: Siehe Literaturverzeichnis zu § 16.

I. Allgemeines

1 Abs. 1 regelt die zeitliche Reihenfolge der Eintragungen der Verschmelzung durch Aufnahme und Neugründung für den übertragenden und den übernehmenden Rechtsträger. Abs. 2 betrifft das Zusammenwirken der beteiligten Registergerichte während des Eintragungsverfahrens. Abs. 3 regelt die Bekanntmachung der Verschmelzung.

2 Die jedem Registergericht obliegende Prüfung der Anmeldung sowie der Inhalt der hierauf ergehenden Entscheidung ist vom Gesetz nicht eigens geregelt. Es gelten die allgemeinen FGG-Grundsätze des Registerrechts[1].

II. Prüfung des Registergerichts

3 Das Gericht prüft die Voraussetzungen für die Eintragung in formeller und materieller Hinsicht[2]. Liegen alle Eintragungsvoraussetzungen vor, verfügt es die Eintragung. Weitere Prüfungen darf es nicht vornehmen, insbesondere nicht die Eintragung von sonstigen Voraussetzungen abhängig machen[3]. Über die Eintragung hat das Gericht **spätestens einen Monat** nach Eingang der Anmeldung zu entscheiden[4]. Liegen behebbare Eintragungshindernisse vor, hat das Gericht innerhalb derselben Frist eine **Zwischenverfügung** zu erlassen[5].

4 **Formell** prüft das Gericht
– seine sachliche und örtliche Zuständigkeit;
– das Vorliegen einer Anmeldung durch einen Anmeldeverpflichteten oder -berechtigten und dessen Vertretungsmacht;
– die Form der Anmeldung;

---

[1] Vgl. *Schwarz* in Widmann/Mayer Rn 1.
[2] *Bokelmann* DB 1994, 1341. Zuständig für die Eintragung ist bei einer Kapitalgesellschaft oder einem VVaG der Richter, im Übrigen der Rechtspfleger, §§ 3 Nr. 2 d, 17 Nr. 1 c RPflG.
[3] *Bokelmann* in MünchKomm. § 8 HGB Rn 59, 62.
[4] § 25 Abs. 1 Satz 2 HRV.
[5] § 25 Abs. 1 Satz 3 HRV.

– das Vorliegen einer rechtsgeschäftlichen Vollmacht in der gehörigen Form und die Vollständigkeit der vom Gesetz geforderten Anlagen;
– das Vorliegen der „bei" der Anmeldung abzugebenden Negativerklärung oder des ihr gleichstehenden Beschlusses im Unbedenklichkeitsverfahren[6].

Materiell prüft das Registergericht, ob die angemeldete Verschmelzung als Gesamtvorgang den hierfür im Gesetz aufgestellten Voraussetzungen genügt[7], also:
– die Verschmelzungsfähigkeit der Rechtsträger[8];
– die Rechtmäßigkeit und Wirksamkeit des Verschmelzungsvertrags[9], vor allem im Hinblick auf die inhaltlichen Vorgaben[10] und die vorgeschriebene Form[11] sowie die ordnungsgemäße Vertretung der beteiligten Rechtsträger; nicht dagegen die Richtigkeit der Feststellungen im Verschmelzungsvertrag[12];
– die Rechtmäßigkeit der Verschmelzungsbeschlüsse[13]. Der diesbezügliche Prüfungsumfang[14] ergibt sich indirekt aus § 144 Abs. 2 FGG. Da ein Beschluss als nichtig gelöscht werden kann, der durch seinen Inhalt zwingende Vorschriften des Gesetzes verletzt und dessen Beseitigung im öffentlichen Interesse erforderlich erscheint, hat das Registergericht bereits vor Eintragung des Beschlusses zu überprüfen, ob der Beschluss keine zwingenden Vorschriften des Gesetzes verletzt, die öffentliche Interessen schützen sollen[15];
– die Zulässigkeit der Firma des übernehmenden Rechtsträgers[16];
– die Ordnungsmäßigkeit der Schlussbilanz[17];
– die Wirksamkeit evtl. erforderlicher staatlicher Genehmigungen;
– die Bestandskraft der nach Abs. 1 Satz 1 notwendigen Voreintragung bei den übertragenden Rechtsträgern;
– besondere Eintragungsvoraussetzungen aus dem Zweiten Teil des Zweiten Buches, soweit einschlägig[18].

Hängt die Entscheidung des Gerichts von der Beurteilung eines streitigen Rechtsverhältnisses ab, kann es die Eintragung bis zum Abschluss des Rechtsstreits **aussetzen** oder, wenn noch kein Rechtsstreit anhängig ist, einem Beteiligten eine Frist zur Klageerhebung bestimmen[19].

Die materielle Wirksamkeit der Verschmelzung, falls für den übernehmenden und den übertragenden Rechtsträger **verschiedene Gerichte zuständig** sind[20], wird von jedem

---

[6] § 16 Abs. 2, 3; dazu umfassend § 16 Rn 13 ff.
[7] *Schwarz* in Widmann/Mayer Rn 3.2.
[8] OLG Naumburg NJW-RR 1998, 178, 179; hierzu auch § 39 Rn 22.
[9] Vgl. dazu OLG Hamm NJW 1997, 666 mit Anm. *Berg* WiB 1997, 363; Anm. *Neye* EWiR 1997, 319.
[10] § 5.
[11] Erforderlich ist die notarielle Beurkundung des Vertrags, § 6.
[12] *Schwarz* in Widmann/Mayer Rn 3.2.1.
[13] Nebst evtl. erforderlichen Sonderbeschlüssen. Regelungen zu Verschmelzungsbeschlüssen finden sich in § 13 (allgemeine Vorschrift); § 59 (Verschmelzung durch Neugründung einer GmbH); § 65 (Verschmelzung unter Beteiligung von AG); § 76 (Verschmelzung durch Neugründung einer AG); § 98 (Verschmelzung durch Neugründung einer eG); § 103 (Verschmelzung unter Beteiligung rechtsfähiger Vereine); § 112 (Verschmelzung durch Aufnahme eines VVaG).
[14] Vgl. dazu ausf. *Rettmann* S. 93 ff.
[15] *Bork* in Lutter § 16 Rn 5; *ders.* ZGR 1993, 343, 346; *ders.* in Lutter Umwandlungsrechtstage S. 261, 265; *Hüffer* in MünchKomm. § 241 AktG Rn 64; *Lübke* ZGR 1990, 657, 669; *Lutter* NJW 1969, 1873, 1878 f.; *Schmid* ZGR 1997, 493, 498; iE auch *Rettmann* S. 201 ff., 219.
[16] § 18.
[17] Zur Schlussbilanz § 17 Rn 13 ff.
[18] ZB §§ 51, 52, 78; vgl. im Einzelnen bei *Schwarz* in Widmann/Mayer Rn 3.2.2.
[19] § 127 FGG; zur Registersperre nach § 16 Abs. 2 siehe § 16 Rn 19 ff. und 44 ff.
[20] *Zimmermann* in Kallmeyer Rn 6; *Schwarz* in Widmann/Mayer Rn 2.

beteiligten Gericht **unabhängig** anhand der vorgelegten Unterlagen geprüft. Die Prüfung erstreckt sich auch auf eine anlässlich der Verschmelzung durchgeführte Kapitalerhöhung[21].

III. Reihenfolge der Eintragungen (Abs. 1)

1. Übertragender Rechtsträger

8   Die Verschmelzung ist zuerst im Handelsregister des **übertragenden Rechtsträgers** einzutragen. Diese Eintragung hat nur deklaratorische Bedeutung. Erst die Eintragung beim übernehmenden Rechtsträger wirkt konstitutiv[22]. Einzutragen ist „die Verschmelzung" unter Bezeichnung der beteiligten Rechtsträger, der Daten des Verschmelzungsvertrags und der Verschmelzungsbeschlüsse[23]. Ferner ist die Eintragung mit einem Vermerk zu versehen, dass die Verschmelzung erst mit der Eintragung im Register des übernehmenden Rechtsträgers wirksam wird[24]. Dieser Vorläufigkeitsvermerk ist nunmehr[25] entbehrlich, wenn sichergestellt ist, dass die Eintragungen in den Registern aller beteiligten Rechtsträger am selben Tag erfolgen.

2. Übernehmender Rechtsträger

9   Im Handelsregister des **übernehmenden Rechtsträgers** darf die Verschmelzung erst eingetragen werden, nachdem sie in das Register am Sitz des übertragenden Rechtsträgers eingetragen wurde. Ist übernehmender Rechtsträger eine Kapitalgesellschaft, die ihr Kapital zur Durchführung der Verschmelzung erhöht[26], muss die **Eintragung der Kapitalerhöhung** der Eintragung „der Verschmelzung" vorausgehen[27]. Nicht zwingend ist die übliche Praxis, die bloß deklaratorische Eintragung der Verschmelzung beim übertragenden Rechtsträger von der vorherigen Eintragung der Kapitalerhöhung beim übernehmenden abhängig zu machen[28]. Würde die Verschmelzung vor der Kapitalerhöhung eingetragen, bliebe der übernehmende Rechtsträger verpflichtet, den Anteilsinhabern des übertragenden Rechtsträgers die Anteile am übernehmenden ggf. durch nachträgliche Kapitalerhöhung zu beschaffen[29].

10   Wird die Verschmelzung beim übernehmenden Rechtsträger vor Eintragung beim übertragenden Rechtsträger eingetragen, ist dies unbedenklich[30]. Die Verschmelzung ist wirksam[31].

IV. Rechtsmittel

11   Rechtsmittel können nur gegen Verfügungen des Registergerichts eingelegt werden, die nicht den internen Geschäftsablauf des Gerichts betreffen, sondern auf eine Feststellung oder Änderung der Sach- und Rechtslage abzielen. Daher sind die Eintragung sowie die diese veranlassende innerdienstliche Eintragungsverfügung, sofern diese nicht vor der Eintragung

---

[21] Zur Kapitalerhöhung siehe §§ 55, 69.
[22] § 20 Rn 7; vgl. *OLG Naumburg* NJW-RR 1998, 178. Ausnahme: § 122 Abs. 2.
[23] Vgl. BGHZ 105, 324, 346 für Unternehmensverträge im GmbH-Recht.
[24] § 19 Abs. 1 Satz 2, „Vorläufigkeitsvermerk", *Zimmermann* in Kallmeyer Rn 9 f.
[25] Diese von der registergerichtlichen Praxis vorgeschlagene Erleichterung wurde durch das Zweite Gesetz zur Änderung des UmwG vom 19.4.2007, BGBl. I S. 542, eingeführt.
[26] §§ 55, 69.
[27] § 53 Rn 11 für die GmbH, § 66 Rn 5 für die AG.
[28] Siehe § 53 Rn 15 und § 66 Rn 5 ff; so auch *Zimmermann* in Kallmeyer § 53 Rn 18; *Bork* in Lutter Rn 2; *Stratz* in Schmitt/Hörtnagl/Stratz Rn 7. AA *Schwarz* in Widmann/Mayer Rn 13.1.
[29] § 53 Rn 14; *Marsch-Barner* in Kallmeyer § 20 Rn 42 ff.
[30] Vgl. dazu § 20 Rn 7.
[31] *Bork* in Lutter Rn 3; *Stratz* in Schmitt/Hörtnagl/Stratz Rn 8; *Zimmermann* in Kallmeyer Rn 8.

förmlich bekannt gemacht wurde[32], nicht anfechtbar[33]. In Betracht kommt allenfalls eine Umdeutung des eingelegten Rechtsmittels in eine Anregung auf Amtslöschung nach §§ 142, 143 FGG[34].

Gegen Ablehnungs- und Zwischenverfügungen des Registergerichts, auch gegen dessen förmliche Beanstandungen der Anmeldung findet die einfache **Beschwerde** statt[35]. Hilft das Registergericht der Beschwerde nicht ab, hat es diese dem LG[36] zur Entscheidung vorzulegen. Gegen die Entscheidung des LG ist die weitere Beschwerde zum OLG statthaft[37]. Beschwerdeberechtigt ist der Rechtsträger selbst[38]; denn die Anmeldung erfolgt in seinem Namen. Der Minderheitsgesellschafter, der nicht mit der Eintragung einverstanden ist, kann sie durch einstweilige Verfügung zu verhindern suchen, sofern er keine Unwirksamkeitsklage[39] erheben kann[40].

V. Kosten der Eintragung

Infolge der Rechtsprechung des EuGH, wonach aufwandsunabhängige Gebühren unzulässig sind[41], hat der Gesetzgeber die Gerichtskostenberechnung **in Handels-, Partnerschafts- und Genossenschaftsregistersachen** durch die Verordnung über Gebühren in Handels-, Partnerschafts- und Genossenschaftsregistersachen (Handelsregistergebührenverordnung – HRegGebV) vom 30.9.2004[42] neu geregelt. An die Stelle von Gebühren, die sich am Geschäftswert orientieren, sind Festbeträge getreten[43].

Für die Eintragung in das **Vereinsregister** fällt bei der Verschmelzung durch Aufnahme eine volle Gebühr an[44], bei der Verschmelzung durch Neugründung das Doppelte der vollen Gebühr[45]. Der Geschäftswert in Vereinsregistersachen wird nach § 29 KostO iVm. § 30 Abs. 2 KostO berechnet. Ein Abweichen[46] vom Regelwert nach unten kommt insbesondere bei kleineren Vereinen (Idealvereinen) in Betracht. Bei wirtschaftlich orientierten Vereinen (zB Postsparverein, Fußballverein im Profifußball), ist ein Abweichen nach oben bis maximal € 500 000 angebracht. Für den **Auslagenersatz** (einschließlich Bekanntmachungskosten) gelten die §§ 136 bis 139 KostO.

Wird mit der Verschmelzung **Grundbesitz übertragen**, fällt für die Berichtigung des Grundbuchs eine volle Gebühr an[47], die sich nach §§ 18, 19 KostO berechnet[48].

---

[32] *OLG Stuttgart* RPfleger 1970, 283; *Kahl* in Keidel/Kuntze/Winkler § 19 FGG Rn 5.
[33] BHGZ 104, 61; *Hopt* § 8 HGB Rn 10; *Stratz* in Schmitt/Hörtnagl/Stratz Rn 20.
[34] Allg. Ansicht vgl. u. a. *OLG Zweibrücken* WM 1988, 1826, 1827; *BayObLG* WM 1985, 480; *Winkler* in Keidel/Kuntze/Winkler § 142 FGG Rn 4 mwN.
[35] § 19 FGG.
[36] § 19 Abs. 2 FGG.
[37] §§ 27, 28 Abs. 1 FGG.
[38] *BGH* WM 1988, 1819; aA: anmeldender Geschäftsführer *BayObLG* GmbHR 1988, 71.
[39] Siehe § 14.
[40] Vgl. *Stratz* in Schmitt/Hörtnagl/Stratz Rn 24 mit Hinweis auf *LG Heilbronn* AG 1971, 372.
[41] *EuGH* ZIP 1998, 206; *BayObLG* RIW 1999, 301 mit Anm. *Demharter* EWiR 1999, 709; *OLG Köln* DB 2000, 868; *Gustavus* ZIP 1998, 502; siehe auch *Hartmann*, Kostengesetze, 31. Aufl. 2002, § 26 KostO Rn 1; *Begel/Tiedtke* in Korintenberg/Lappe/Bengel/Reimann § 41 a KostO Rn 1 ff.
[42] BGBl. I 2004 S. 2562 ff.; vgl. auch das Gesetz zur Neuordnung der Gebühren in Handels-, Partnerschafts- und Genossenschaftsregistersachen (HRegGebNeuOG) vom 3.7.2004, BGBl. I S. 1410.
[43] Näher hierzu *Lappe* in Korintenberg/Lappe/Bengel/Reimann § 79, 79 a HRegGebV.
[44] § 80 Abs. 1 Nr. 2 KostO.
[45] § 80 Abs. 1 Nr. 1 KostO.
[46] § 30 Abs. 2 Satz 2 KostO.
[47] § 60 Abs. 1 KostO.
[48] Zu den Einzelheiten vgl. *Lappe* in Korintenberg/Lappe/Bengel/Reimann § 60 KostO Rn 19 ff.

16 Gegen den Kostenansatz ist die Erinnerung beim Amtsgericht statthaft[49], gegen die Entscheidung des Amtsgerichts Beschwerde zum Landgericht[50]. Dessen Entscheidung ist endgültig, wenn es nicht wegen grundsätzlicher Bedeutung der Rechtsfrage die weitere Beschwerde zum Oberlandesgericht zugelassen hat[51].

VI. Zusammenarbeit der Registergerichte (Abs. 2)

17 Das Registergericht am Sitz des übernehmenden Rechtsträgers teilt dem Registergericht des übertragenden Rechtsträgers den Tag der Eintragung der Verschmelzung **von Amts wegen** mit[52]. Dieser für die Wirkung der Verschmelzung entscheidende – konstitutive – Zeitpunkt[53] wird anschließend im Register des übertragenden Rechtsträgers – deklaratorisch – vermerkt[54]. Anschließend werden alle beim Gericht des übertragenden Rechtsträgers aufbewahrten Dokumente, praktisch also die gesamten Akten, dem jetzt allein zuständigen Registergericht am Sitz des übernehmenden Rechtsträgers von Amts wegen übermittelt[55].

VII. Bekanntmachung (Abs. 3)

1. Inhalt

18 Abs. 3 regelt die Veröffentlichung der Verschmelzung. Jedes Registergericht, das die Verschmelzung für einen der beteiligten Rechtsträger einträgt, hat diese Eintragung von Amts wegen unverzüglich und ihrem gesamten Inhalt nach, d. h. in ihrem vollen Wortlaut nach § 10 HGB zu veröffentlichen[56]. In der Veröffentlichung sind die Gläubiger auf ihr Recht hinzuweisen, Sicherheitsleistung zu verlangen[57]. Der mangelnde Hinweis kann Amtshaftungsansprüche auslösen[58], macht die Bekanntmachung aber nicht unwirksam.

2. Wirkung

19 Die Bekanntmachung hat nur verlautbarende Wirkung. Für die Wirksamkeit der Verschmelzung ist sie ohne Bedeutung[59]. Der Zeitpunkt der Bekanntmachung hat aber Bedeutung für den Beginn verschiedener Fristen:
– die Zweimonatsfrist für die Annahme des Abfindungsangebots[60];
– die Dreimonatsfrist für den Antrag auf gerichtliche Entscheidung im Spruchverfahren[61];

---

[49] § 14 Abs. 2 KostO.
[50] § 14 Abs. 3 und 4 KostO.
[51] § 14 Abs. 5 KostO.
[52] § 19 Abs. 2 Satz 1.
[53] § 20 Abs. 1. Seltsamerweise sieht das Gesetz ein früheres Zusammenwirken der Gerichte nicht vor; siehe dazu § 16 Rn 6.
[54] Zu den Einzelheiten des Vermerks vgl. *Marsch-Barner* in Kallmeyer Rn 11.
[55] § 19 Abs. 2 Satz 2.
[56] Die Bundesländer haben eine gemeinsame Internetplattform für die Handelsregisterbekanntmachungen geschaffen: www.handelsregisterbekanntmachungen.de. Gem. Art. 61 Abs. 4 EGHGB sind die Eintragungen noch bis zum 31.12.2008 zusätzlich in einer Tageszeitung oder einem sonstigen Blatt bekannt zu machen. Diese neue Form der Bekanntmachung wurde durch das Gesetz über elektronische Handelsregister und Genossenschaftsregister sowie das Unternehmensregister (EHUG) vom 10.11.2006, BGBl. I S. 2553, eingeführt; siehe hierzu: *Nedden-Boeger* FGPrax 2007, 1; *Seibert/Decker* DB 2006, 2446.
[57] § 22 Abs. 1 Satz 3; siehe hierzu § 22 Rn 44.
[58] § 22 Rn 44.
[59] *Bork* in Lutter Rn 6; *Zimmermann* in Kallmeyer Rn 17.
[60] § 31.
[61] § 4 Abs. 1 Satz 1 Nr. 4 SpruchG. Siehe hierzu Anh. SpruchG § 4.

- die Sechsmonatsfrist für die Anmeldung der Gläubigeransprüche[62];
- die Fünfjahresfrist für die Geltendmachung von Schadensersatzansprüchen[63], für die Nachhaftung eines persönlich haftenden Gesellschafters[64] und für die Mithaftung für Altverbindlichkeiten des übertragenden Rechtsträgers[65].

§ 20 Wirkungen der Eintragung

(1) **Die Eintragung der Verschmelzung in das Register des Sitzes des übernehmenden Rechtsträgers hat folgende Wirkungen:**
1. **Das Vermögen der übertragenden Rechtsträger geht einschließlich der Verbindlichkeiten auf den übernehmenden Rechtsträger über.**
2. **Die übertragenden Rechtsträger erlöschen. Einer besonderen Löschung bedarf es nicht.**
3. **Die Anteilsinhaber der übertragenden Rechtsträger werden Anteilsinhaber des übernehmenden Rechtsträgers; dies gilt nicht, soweit der übernehmende Rechtsträger oder ein Dritter, der im eigenen Namen, jedoch für Rechnung dieses Rechtsträgers handelt, Anteilsinhaber des übertragenden Rechtsträgers ist oder der übertragende Rechtsträger eigene Anteile innehat oder ein Dritter, der im eigenen Namen, jedoch für Rechnung dieses Rechtsträgers handelt, dessen Anteilsinhaber ist. Rechte Dritter an den Anteilen oder Mitgliedschaften der übertragenden Rechtsträger bestehen an den an ihre Stelle tretenden Anteilen oder Mitgliedschaften des übernehmenden Rechtsträgers weiter.**
4. **Der Mangel der notariellen Beurkundung des Verschmelzungsvertrags und gegebenenfalls erforderlicher Zustimmungs- oder Verzichtserklärungen einzelner Anteilsinhaber wird geheilt.**

(2) **Mängel der Verschmelzung lassen die Wirkungen der Eintragung nach Absatz 1 unberührt.**

Übersicht

	Rn		Rn
I. Allgemeines	1	aa) Kapitalgesellschaften	22
1. Sinn und Zweck der Norm	1	bb) Personengesellschaften	23
2. Entstehungsgeschichte	3	cc) Vereine	27
3. Europäische Rechtsangleichung	4	dd) Genossenschaft	28
II. Eintragung der Verschmelzung	5	g) Unternehmensverträge	29
III. Vermögensübergang	8	h) Sonderregelung für bestimmte dingliche Rechte	32
1. Gesamtrechtsnachfolge (Abs. 1 Nr. 1)	8	3. Arbeitsrechtliche Auswirkungen der Gesamtrechtsnachfolge	34
a) Automatischer Rechtsübergang	8	a) Arbeitsverträge	35
b) Kein gutgläubiger Erwerb	9	b) Tarifverträge	38
c) Auslandsvermögen	10	aa) Firmentarifvertrag	40
d) Immaterialgüterrechte	11	bb) Verbandstarifverträge	41
2. Rechtsverhältnisse mit Dritten	11	cc) Rechtsfolgen der kollektivrechtlichen Fortgeltung	43
a) Schutz von Drittinteressen	12	dd) Überleitungstarifverträge	48
b) Forderungen	13	c) Betriebsvereinbarungen	49
c) Verbindlichkeiten	15	aa) Betriebsvereinbarungen	50
d) Auftrag und Vollmacht	16		
e) Organstellungen	20		
f) Beteiligungen	21		

---

[62] § 22 Abs. 1.
[63] §§ 25 Abs. 3, 27.
[64] § 45 Abs. 2.
[65] § 133 Abs. 4.

§ 20 Zweites Buch. Verschmelzung

	Rn		Rn
bb) Gesamtbetriebsvereinbarungen	51	2. Ausnahmen vom Grundsatz des Anteilserwerbs (Abs. 1 Nr. 3 Satz 1 2. Halbs.)	76
cc) Konzernbetriebsvereinbarungen	54	a) Anteile des übernehmenden am übertragenden Rechtsträger	76
dd) Kollision von Betriebsvereinbarungen	55	b) Eigene Anteile des übertragenden Rechtsträgers	78
d) Dienstverträge	56	c) Ausschluss im Verschmelzungsvertrag	79
4. Rechtsverhältnisse zwischen den beteiligten Rechtsträgern und ihren Anteilseignern	60	3. Rechte und Ansprüche Dritter (Abs. 1 Nr. 3 Satz 2)	80
a) Rechtsverhältnisse zwischen übertragendem und übernehmendem Rechtsträger	60	**VI. Mängel der Beurkundung (Abs. 1 Nr. 4)**	82
b) Rechtsverhältnisse zwischen dem übernehmenden Rechtsträger und seinen Anteilsinhabern	61	**VII. Sonstige Mängel der Verschmelzung (Abs. 2)**	84
c) Rechtsverhältnisse zwischen dem übertragenden Rechtsträger und seinen Anteilsinhabern	63	1. Zweck und Reichweite des § 20 Abs. 2	84
5. Anhängige Zivilprozesse	66	a) Zweck	84
6. Öffentlich-rechtliche Rechtsverhältnisse	67	b) Auslegung	85
a) Steuern	68	c) Eintragung	87
b) Sachbezogene Verwaltungsakte	69	d) Grenzen	89
c) Rechtsformgebundene Erlaubnisse	70	2. Behandlung einzelner Mängel nach Eintragung der Verschmelzung	90
IV. Erlöschen der übertragenden Rechtsträger (Abs. 1 Nr. 2)	73	a) Verschmelzungsvertrag	90
V. Anteilserwerb der bisherigen Anteilsinhaber der übertragenden Rechtsträger (Abs. 1 Nr. 3)	74	b) Verschmelzungsbeschlüsse	92
1. Der Grundsatz des automatischen Anteilserwerbs (Abs. 1 Nr. 3 Satz 2 1. Halbs.)	74	c) Sonderbeschlüsse und Zustimmungserklärungen	94
		d) Kapitalerhöhungsbeschlüsse	95
		3. Verschmelzungsbedingungen bei fehlerhafter Verschmelzung	99

Literatur: *Boecken,* Unternehmensumwandlungen und Arbeitsrecht, 1996; *Buchner/Schlobach,* Die Auswirkungen der Umwandlung von Gesellschaften auf die Rechtsstellung ihrer Organpersonen, GmbHR 2004, 1; *Bungert,* Grenzüberschreitendes Umwandlungsrecht; Gesamtrechtsnachfolge für im Ausland belegene Immobilien bei Verschmelzung deutscher Gesellschaften, FS Heldrich, 2005, S. 527; *Däubler,* Das Arbeitsrecht im neuen Umwandlungsgesetz, RdA 1995, 136; *Düwell,* Umwandlung von Unternehmen und arbeitsrechtliche Folgen, NZA 1996, 393; *Eusani,* Auswirkungen der Verschmelzung auf Bürgschaftsverpflichtungen, WM 2004, 866; *Frey,* Rechtsnachfolge in Vollmachtnehmer- und Vollmachtgeberstellung, 1997; *Gaiser,* Die Umwandlung und ihre Auswirkungen auf personenbezogene öffentlich-rechtliche Erlaubnisse. Ein unlösbarer Konflikt zwischen Umwandlungsrecht und Gewerberecht?, DB 2000, 361; *Gutheil,* Die Auswirkungen von Umwandlungen auf Unternehmensverträge nach §§ 291, 292 AktG und die Rechte außenstehender Aktionäre, 2001; *Heckschen,* Verschmelzung von Kapitalgesellschaften, 1989; *Hennrichs,* Formwechsel und Gesamtrechtsnachfolge bei Umwandlungen, 1995; *Henssler,* Unternehmensumstrukturierung und Tarifrecht, FS Schaub, 1998, S. 311; *Hockemeier,* Die Auswirkung der Verschmelzung von Kapitalgesellschaften auf die Anstellungsverhältnisse der Geschäftsleiter, Diss. Münster 1990; *Hoffmann-Becking,* Organnachfolge bei der Verschmelzung, FS Ulmer, 2003, S. 243; *Ihrig,* Verschmelzung und Spaltung ohne Gewährung neuer Anteile?, ZHR 160 (1999) 317; *Köhler,* Rückabwicklung fehlerhafter Unternehmenszusammenschlüsse, ZGR 1985, 307; *Kort,* Bestandschutz fehlerhafter Strukturveränderungen im Kapitalgesellschaftsrecht, 1998; *Martens,* Kontinuität und Diskontinuität im Verschmelzungsrecht der Aktiengesellschaft, AG 1986, 57; *Mengel,* Umwandlungen im Arbeitsrecht, Diss. Köln 1996; *C. Meyer,* Ablösung von Betriebs-, Gesamt- und Konzernbetriebsvereinbarungen beim Betriebsübergang, DB 2000, 1174; *K. Mertens,* Umwandlung und Universalsukzession, 1993; *K.J. Müller,* Auswirkungen von Umstrukturierungen nach dem Umwandlungsgesetz auf Beherrschungs- und Gewinnabführungsverträge, BB 2002, 157; *T. Müller,* Umwandlung des Unternehmensträgers und Betriebsvereinbarung, RdA 1996, 287; *Mutter/Stehle,* Exportfinanzierung in Gefahr – der drohende Verlust von Akkreditiven bei der Verschmelzung, ZIP 2002, 1829; *Petersen,* Der Gläubigerschutz im Umwandlungsrecht, 2001; *Preis/Richter,* Grenzen der normativen Fortgeltung von Betriebsvereinbarungen beim Betriebsübergang, ZIP 2004, 925; *Racky,* Die Behandlung von im Ausland belegenen Gesellschaftsvermögen bei Verschmelzungen, DB 2003, 923; *Rieble,* Verschmelzung und Spaltung von Unternehmen und ihre Folgen für Schuldverhältnisse mit Dritten, ZIP 1997, 301; *Riegger,* Zum Schicksal von Beteiligungen an Drittgesellschaften bei Verschmelzungen, FS Bezzenberger, 2000, S. 379; *Röder/Haußmann,* Die Geltung von Gesamtbetriebsvereinbarungen nach einer Umwandlung, DB 1999, 1754; *Röder/Lingemann,* Schicksal von Vorstand und Geschäftsführer bei Unternehmensumwandlungen, DB 1993, 1341; *Schaub,* Tarifverträge und Betriebsvereinbarungen beim Betriebsübergang und Umwandlung von Unternehmen, FS Wiese, 1998, S. 535; *K. Schmidt,* Einschränkungen der umwandlungsrechtlichen Eintragungswirkungen durch den umwandlungsrechtlichen numerus clausus?, ZIP 1998, 181; *ders.,* Universalsukzession kraft Gesellschaftsrechts, ZHR 191 (1991) 494; *ders.,* Fehlerhafte Verschmelzung und allgemeines Verbandsrecht, ZGR 1991, 372; *Teichmann,* Ausstrahlungen des Umwandlungsgesetzes auf den Nießbrauch an Unternehmen und an Gesellschaftsanteilen, FS Lutter, 2000, S. 2261; *Simon/Zerres,* Unternehmensspaltung und Arbeitsrecht, FS Leinemann, 2006, S. 229; *Stöber,* Die Auswirkungen einer Umwandlung nach dem Umwandlungsgestz auf einen laufenden Zivilprozess, NZG 2006, 574; *Thüsing,* Folgen einer Umstrukturierung für Betriebsrat und Betriebsvereinbarung, DB 2004, 2474; *Wahlig/Witteler,* Was wird aus Gesamtbetriebsvereinbarungen?, AuA 2004, 14; *Winter,* Die Rechtsstellung des stillen Gesellschafters in der Verschmelzung des Geschäftsinhabers, FS Peltzer, 2001, S. 645; *Zerres,* Arbeitsrechtliche Aspekte bei der Verschmelzung von Unternehmen, ZIP 2001, 359; siehe ferner die Angaben zu § 324.

I. Allgemeines

1. Sinn und Zweck der Norm

Die Vorschrift regelt die **Wirkungen der Eintragung** der Verschmelzung in das jeweils maßgebliche Register. Erfasst sind der Übergang des Vermögens der übertragenden auf den übernehmenden Rechtsträger, das Erlöschen der übertragenden Rechtsträger, der Erwerb von Anteilen am übernehmenden Rechtsträger durch die Anteilseigner des oder der übertragenden Rechtsträger/s sowie die Heilung von Mängeln der Verschmelzung. 1

Besonderes Gewicht hat Abs. 1 Nr. 1. Diese Bestimmung zählt zu den zentralen Vorschriften des Verschmelzungsrechts. Ihre Bedeutung ergibt sich aus der folgenden Überlegung: Auf ein besonderes Verschmelzungs- und Umwandlungsrecht könnte an sich verzichtet werden. Gesellschafter, die ihr Unternehmen mit einem anderen vereinigen oder in veränderter Rechtsform fortsetzen möchten, könnten ihre Gesellschaft auflösen und liquidieren und ihre Guthaben in eine neue Gesellschaft anderer Rechtsform und/oder mit anderen Gesellschaftern einbringen[1]. Dieses Verfahren ist freilich kompliziert und aufwendig. Denn es sind alle Gegenstände, die das Vermögen der bisherigen Gesellschaft ausmachen, nach den für sie jeweils maßgeblichen Bestimmungen zu übertragen: Für Grundstücke ist Auflassung und Eintragung[2], für bewegliche Sachen Einigung und Übergabe[3] erforderlich; Forderungen und andere Rechte müssen abgetreten werden[4]; Verbindlichkeiten können im Wege der Schuldübernahme den Schuldner wechseln[5]. Diese **Einzelrechtsnachfolge** (Singularsukzession) ist nicht nur mühselig, sie kann zudem die Auflösung stiller Reserven und damit zusätzliche Steuerlasten bewirken. Für die reine Umwandlung wird dieser Effekt vermieden, wenn sie von der Rechtsordnung als bloßer Wechsel der Rechtsform anerkannt wird, der die Identität und Kontinuität des Rechtsträgers unberührt lässt[6]. Bei der Verschmelzung ist das nicht möglich: Sie hat in jedem Fall das Erlöschen des oder der übertragenden Rechtsträger zur Folge. Deshalb lässt sich die Singularsukzession nur vermeiden, wenn das Gesetz **Gesamtrechtsnachfolge** (Universalsukzession) anordnet. Eben dies geschieht in § 20 Abs. 1 Satz 1. Sinn 2

---

[1] Dazu und zum Folgenden *K. Schmidt* ZHR 191 (1991) 494, 502 ff.
[2] §§ 873, 925 BGB.
[3] §§ 929 ff. BGB.
[4] §§ 398 ff., 413 BGB.
[5] §§ 414 f. BGB.
[6] *K. Schmidt* ZHR 191 (1991) 494, 507 f.

und Zweck dieser Vorschrift ist, Verschmelzungen generell – und nicht nur in bestimmten Einzelfällen – zu erleichtern[7].

2. Entstehungsgeschichte

3   Die Regelung des § 20 hat viele Vorläufer, die entsprechende Rechtsfolgen für besondere Verschmelzungsvorgänge anordneten. Für die Verschmelzung von Aktiengesellschaften hat schon das ADHGB von 1861 die Gesamtrechtsnachfolge zugelassen[8]. Zuletzt fanden sich entsprechende Bestimmungen in den §§ 346, 352 a AktG; 25 KapErhG; 63 f Abs. 2, 63 g Abs. 1; 93 e; 93 h GenG; 44 a Abs. 3 VAG; 5 UmwG von 1969. § 20 trifft nunmehr Regelungen, die grundsätzlich – und d. h. unabhängig von der Rechtsform – **für alle Verschmelzungsvorgänge gelten**.

3. Europäische Rechtsangleichung

4   § 20 dient zugleich der Umsetzung der VerschmRL in das deutsche Recht. Die Richtlinie behandelt nur die Verschmelzung von Aktiengesellschaften[9]. In dem von der Richtlinie geforderten Umfang ist die Substanz der Vorschriften des UmwG dem ändernden Zugriff der deutschen Gesetzgebung entzogen. Zugleich unterliegen sie insoweit dem **Gebot der richtlinienkonformen Auslegung**[10].

II. Eintragung der Verschmelzung

5   Die Eintragung der Verschmelzung im Register des Sitzes des übernehmenden Rechtsträgers ist die unabdingbare **Voraussetzung der in § 20 angeordneten Rechtsfolgen**. Maßgeblich für ihren Eintritt ist der Zeitpunkt, in dem die Eintragung erfolgt. Diese Regelung dient einem doppeltem Zweck. Sie trägt zur **Sicherheit des Rechtsverkehrs** bei, indem sie die Änderung der materiellen Rechtslage unmittelbar mit ihrer Publizität durch das Register verknüpft. Und sie unterwirft die Ordnungsmäßigkeit des Verschmelzungsvorgangs, der auf Verschmelzungsvertrag und Verschmelzungsbeschlüssen beruht, der **Prüfung durch den Registerrichter**; die Eintragung unterbleibt, wenn ein Rechtsverstoß festgestellt wird. Das gilt aber nur dann, wenn kein spezieller Rechtsbehelf zur Verfügung steht. Wenn das Umtauschverhältnis unrichtig bemessen wird oder wenn die Anteilseigner des übertragenden Rechtsträgers keinen ausreichenden Gegenwert erhalten, können sie gem. § 15 bare Zuzahlung verlangen und diesen Anspruch im Spruchverfahren geltend machen. Es bleibt ihnen überlassen, ob sie von dieser Möglichkeit Gebrauch machen wollen. Deshalb ist es nicht Aufgabe des Registerrichters, das Wertverhältnis der entzogenen und der gewährten Rechtspositionen auf seine Angemessenheit zu überprüfen[11].

6   Die Verknüpfung der in § 20 angeordneten Rechtsfolge mit dem **Zeitpunkt der Eintragung** ist **zwingend**. Die Vereinbarung eines anderen Zeitpunkts hat nur schuldrechtliche Wirkungen[12]. Die von den Parteien erstrebten Rechtswirkungen sind durch Auslegung zu ermitteln. IdR wird die Festlegung des Verschmelzungsstichtags[13] gewollt sein.

---

[7] *K. Schmidt* ZHR 191 (1991) 494, 503.

[8] Dazu näher und mwN *K. Schmidt* ZHR 191 (1991) 494, 503 f.; *Hennrichs* S. 27 ff.

[9] Art. 1 Abs. 1 VerschmRL. Insoweit beruhen Abs. 1 Nr. 1 auf Art. 19 Abs. 1 a, Abs. 1 Nr. 2 auf Art. 19 Abs. 1 c, Abs. 1 Nr. 3 auf Art. 19 Abs. 1 b und Abs. 1 Nr. 4 und Abs. 2 ansatz- und teilweise auf Art. 22.

[10] *Habersack*, Europäisches Gesellschaftsrecht, Rn 34 ff. und 211. Siehe auch Einl. C Rn 69 ff.

[11] *Grunewald* in Lutter Rn 6 mwN.

[12] *Grunewald* in Lutter Rn 5.

[13] § 5 Abs. 1 Nr. 6; näher hierzu § 5 Rn 51 ff.

Das Gesetz regelt die **Reihenfolge der Eintragungen**. Die Verschmelzung ist zunächst im Register des Sitzes jedes der übertragenden Rechtsträger und dann erst in dem des übernehmenden Rechtsträgers einzutragen[14]. Wird zur Durchführung der Verschmelzung das Kapital der übernehmenden Gesellschaft erhöht, ist zunächst der Erhöhungsbeschluss einzutragen[15]. Ein Verstoß gegen diese Bestimmungen ist aber unschädlich. Die Eintragung der Verschmelzung im Register des übernehmenden Rechtsträgers bewirkt die in § 20 angeordneten Rechtsfolgen auch dann, wenn die Eintragung im Register eines der übertragenden Rechtsträger oder die des Kapitalerhöhungsbeschlusses unterblieben ist[16]. Derartige Unterlassungen zählen zu den Mängeln, die durch die Eintragung geheilt werden[17]. 7

III. Vermögensübergang

1. Gesamtrechtsnachfolge (Abs. 1 Nr. 1)

a) **Automatischer Rechtsübergang.** Die Eintragung der Verschmelzung im Register des Sitzes des übernehmenden Rechtsträgers bewirkt den Übergang des Vermögens der übertragenden Rechtsträger auf den übernehmenden Rechtsträger. Abs. 1 Nr. 1 ordnet Gesamtrechtsnachfolge an. Sie vollzieht sich **automatisch**. Es bedarf keiner weiteren Rechtsakte[18]. Unerheblich ist auch, ob die Vermögensgegenstände bekannt und bilanziell erfasst waren[19]. Soweit das Vermögen der übertragenden Rechtsträger Grundbesitz umfasst, ist das **Grundbuch unrichtig** geworden. Es ist gem. § 894 BGB zu berichtigen[20]. Auch **Besitz und Besitzrechte** der übertragenden Rechtsträger wachsen dem übernehmenden Rechtsträger selbsttätig zu. Diese Regelung ist **zwingend**; im Verschmelzungsvertrag können keine abweichenden Vereinbarungen für einzelne Gegenstände des Vermögens der übertragenden Rechtsträger getroffen werden. Sollen sie von dem Übergang auf den aufnehmenden Rechtsträger ausgenommen werden, dann müssen sie vor dem Wirksamwerden der Verschmelzung[21] in der für das jeweilige Objekt verlangten Form auf Dritte übertragen werden. Ihnen können auch Ansprüche auf Übereignung oder Abtretung eingeräumt werden; mit der Eintragung geht diese Verpflichtung auf den übernehmenden Rechtsträger über[22]. 8

b) **Kein gutgläubiger Erwerb.** Die Gesamtrechtsnachfolge kraft Verschmelzung ermöglicht **keinen gutgläubigen Erwerb**[23]. Dieser wird im Sachenrecht grundsätzlich an die publizitätsträchtigen Vorgänge der Besitzübergabe oder der Umschreibung im Grundbuch geknüpft, die bei der Gesamtrechtsnachfolge entfallen. Zudem würden die Anteilseigner des übertragenden Rechtsträgers durch einen gutgläubigen Erwerb des übernehmenden Rechtsträgers bereichert. Dafür gibt es keine Berechtigung. 9

---

[14] § 19 Abs. 1.
[15] §§ 53 und 66, auf die in den §§ 56, 73 und 78 verwiesen wird.
[16] *Grunewald* in Lutter Rn 3; *Marsch-Barner* in Kallmeyer Rn 3.
[17] § 20 Abs. 2; vgl. Rn 84 ff.
[18] In der Literatur (*K. Schmidt* AcP 191 (1991) 495 ff.; *Rieble* ZIP 1997, 301, 303; *K. Mertens* AG 1994, 66, 67) wird die Gesamtrechtsnachfolge gelegentlich als „Universalsukzession kraft Rechtsgeschäft" bezeichnet. Diese Formulierung bezeichnet korrekt den Unterschied etwa zur gesetzlichen Erbfolge: Anders als dort wird die Gesamtrechtsnachfolge bei der Verschmelzung nicht durch ein faktisches Ereignis, sondern durch eine auf Rechtsgeschäften beruhende Registereintragung ausgelöst. Der Gebrauch der Formel wäre indes irreführend, wenn er den Eindruck erweckte, auch die Modalitäten (zum Zeitpunkt vgl. Rn 6) und der Umfang des Rechtsübergangs könnten frei vereinbart werden.
[19] *Marsch-Barner* in Kallmeyer Rn 4.
[20] *KG* HRR 1930, Nr. 1949. Der Übergang ist aber grundsteuerpflichtig, *Hess.FG* EFG 2006, 1091; und für die Berichtigung sind Grundbuchgebühren zu entrichten, *OLG München* 32 Wx 135/06 vom 21.09.2006 (zu § 131).
[21] Siehe Rn 5 und 6.
[22] *Grunewald* in Lutter Rn 8 mwN.
[23] *K. Schmidt* ZHR 191 (1991) 494, 520; *Marsch-Barner* in Kallmeyer Rn 4; *Grunewald* in Lutter Rn 10 mwN.

10 **c) Auslandsvermögen.** Die Gesamtrechtsnachfolge erfasst grundsätzlich auch das **im Ausland belegene Vermögen der übertragenden Rechtsträger**. Der Übergang der Rechte an beweglichen Sachen und Grundstücken vollzieht sich aber ebenso grundsätzlich nach dem am Ort der Belegenheit maßgeblichen Recht *(lex rei sitae)*. Ihm kommt jedenfalls dann Vorrang zu, wenn die fremde Rechtsordnung die Universalsukzession als Folge der Verschmelzung nicht kennt. Für die Mitgliedstaaten der EU ist das nicht anzunehmen, da sie durch die Verschmelzungsrichtlinie zur Anerkennung der Gesamtrechtsnachfolge verpflichtet worden sind[24]. Den Mitgliedstaaten ist es aber erlaubt, für die Übertragung bestimmter Vermögensgegenstände im Wege der Verschmelzung „besondere Förmlichkeiten" zu verlangen[25]; insoweit dürfen sie vom Prinzip der Universalsukzession abweichen und formgerechte Einzelübertragung anordnen[26]. In derartigen Fällen empfiehlt es sich, zusätzlich zu dem Verschmelzungsvertrag einen gesonderten Veräußerungs- und Übereignungsvertrag abzuschließen, der den Vorschriften des Ortsrechts genügt. Das sollte geschehen, bevor die Verschmelzung eingetragen wird, da diese den Untergang der übertragenden Rechtsträger bewirkt[27]. Ist die Übertragung unterblieben, ist zu ermitteln, wie das jeweilige Ortsrecht mit den dinglichen Berechtigungen untergegangener Rechtsträger verfährt. Bei EU-internen Verschmelzungen kann der übernehmende Rechtsträger besondere Formerfordernisse auch nachträglich erfüllen[28]. Lässt sich auf diese Weise keine Abhilfe schaffen, dann bleibt als *Ultima Ratio* der mühsame Weg, einen Nachtragsliquidator zu bestellen, der für den untergegangenen Rechtsträger zu handeln vermag[29].

11 **d) Immaterialgüterrechte.** Auch **Immaterialgüterrechte** werden von der Gesamtrechtsnachfolge erfasst: Patente, Marken, Gebrauchs- und Geschmacksmuster gehen auf den übernehmenden Rechtsträger über; Patentrolle[30], Markenregister[31], Gebrauchsmusterrolle[32] und Geschmacksmusterregister[33] sind zu berichten. Die Lizenzen über diese Rechte gehen grundsätzlich ebenfalls über. Hier sind aber die Besonderheiten zu beachten, die für Verträge gelten[34]. Der Übergang von Firma, Namen und sonstigen Geschäftsbezeichnungen ist in § 18 geregelt. Dagegen erfasst der Anwendungsbereich des § 20 auch das **Know how** einschließlich der Geschäftsgeheimnisse der übertragenden Rechtsträger. Soweit Dateien mit personenbezogenen Daten übergehen, ist der **Datenschutz** zu berücksichtigen[35]. Die Gesamtrechtsnachfolge bedeutet keine „Übermittlung von Daten" gemäß § 3 Abs. 4 Satz 2 Nr. 3 BDSchG[36] Da organisatorische Veränderungen beim Verarbeiter grundsätzlich von

---

[24] Art. 19 Abs. 1 lit. a der VerschmRL.
[25] Art. 19 Abs. 3 Satz 1 VerschmRL.
[26] *Bungert*, FS Heldrich, S. 527, 531.
[27] *Marsch-Barner* in Kallmeyer Rn 5; *Bungert*, FS Heldrich, S. 527, 533.
[28] § 19 Abs. 3 Satz 2 VerschmRL.
[29] Dazu näher *Racky*, DB 2003, 923, 926; *Bungert*, FS Heldrich, S. 527, 534 f.; zustimmend *Grunewald* in Lutter Rn 11.
[30] § 30 PatentG.
[31] §§ 32 ff. und 45 ff. MarkenG.
[32] §§ 7 ff. GebrauchsmusterG.
[33] §§ 7 ff. GeschmacksmusterG.
[34] Siehe § 21 Rn 3 ff.
[35] Dazu eingehend und mwN *Teichmann/Kiessling* ZGR 2001, 33 ff. *Wengert/Widmann/Wengert* NJW 2000, 1289; *Schaffland* NJW 2002, 1539 ff. sowie die iRd. „Expertenrunde zum Datenschutz" vorgetragenen Referate von *Marsch-Barner/Mackenthun* ZHR 165 (2001) 426 ff.; *Zöllner* ZHR 165 (2001) 440 ff. und *Simitis* ZHR 165 (2001) 453 ff.
[36] *Marsch-Barner/Mackenthun* ZHR 165 (2001) 426, 432 f.; *Simitis* ZHR 165 (2001) 453, 458; *Schaffland* NJW 2002, 1539, 1540 f.; aA *Grunewald* in Lutter Rn 39. Anders verhält es sich mit dem Einblick, der – etwa iRd. Due Diligence – vor der Fusion eröffnet wird; er dürfte im Regelfall durch § 28 BDSG legitimiert sein.

der Einwilligung des Betroffenen erfasst werden[37], bedarf die Weitergabe im Rahmen einer Verschmelzung solange keiner Zustimmung des Betroffenen, als der vereinbarte Verwendungszweck nicht verändert wird[38]; die Betroffenen werden durch die Möglichkeit der Kündigung hinreichend geschützt[39]. Unzulässig ist es hingegen, personenbezogene Daten ohne Zustimmung des Betroffenen für einen anderen als den vereinbarten Zweck zu verwenden[40].

2. Rechtsverhältnisse mit Dritten

a) **Schutz von Drittinteressen.** Gesamtrechtsnachfolge bedeutet, dass die Vermögen der übertragenden Rechtsträger mit allen Aktiva und Passiva auf den übernehmende Rechtsträger übergehen. Das schließt Rechtsbeziehungen mit Dritten, insbesondere Forderungen und Verbindlichkeiten ein. In diesen Fällen kann der automatische Übergang durch Universalsukzession **schutzwürdige Interessen dieser Dritten** berühren. Das UmwG trägt diesen Belangen in zwei Fällen explizit Rechnung. § 21 regelt die Störung von **gegenseitigen Verträgen,** die dadurch eintritt, dass ein Vertragspartner ausgewechselt wird. Der **Übergang von Verbindlichkeiten** hat zur Folge, dass dem Gläubiger ein neuer, möglicherweise weniger liquider Schuldner aufgedrängt wird. Aus diesem Grund erweitert § 22 den Gläubigerschutz. Diese Bestimmungen bilden zwar keine abschließende Regelung; sie bedürfen in vielen Fällen einer kontextspezifischen Ergänzung. Als Spezialvorschriften des Umwandlungsrechts wirken sie zugleich einschränkend auf andere Bestimmungen zurück, die dem Schutz von Drittinteressen dienen. Das lässt sich am Beispiel von **Miet- und Pachtverhältnissen** verdeutlichen. Findet die Verschmelzung auf der Vermieterseite statt, geht das Mietverhältnis schon deshalb auf den übernehmenden Rechtsträger über, weil diese Rechtsfolge auch bei Verkauf der Mietsache eintreten würde[41]. Weniger eindeutig ist die Rechtslage, wenn die Verschmelzung auf der Mieterseite stattfindet. Hier wird für den vergleichbaren Fall der Aufnahme eines Gesellschafters in das Unternehmen des Einzelkaufmanns entschieden, dass die Gesellschaft ohne die Zustimmung des Vermieters nicht zur Partei des Mietvertrags wird[42]. Diese – ohnehin umstrittene – Rechtsprechung lässt sich nicht auf den Fall übertragen, dass die mietende Gesellschaft auf einen anderen Rechtsträger verschmolzen wird. Hier lassen sich die dem Vermieter entstehenden finanziellen Risiken durch Sicherheitsleistung gemäß § 22 absichern. Ist der übernehmende Rechtsträger dem Vermieter aus anderen Gründen nicht zuzumuten, dann ist ihm das Recht zur außerordentlichen Kündigung zu gewähren[43]. Vielmehr dient der Übergang des Mietverhältnisses auch den Interessen des Vermieters, da er ohne diesen wegen des Erlöschens des übertragenden Rechtsträgers den Schuldner für seine Mietforderungen verlöre. Entsprechendes gilt für die Grundstückspacht: Die Verschmelzung ist keine dem Pächter gemäß § 589 Abs. 1 BGB untersagte Überlassung der Pachtsache an einen Dritten; selbst wenn der Pachtvertrag eine dieser Vorschrift nachgebildete Klausel enthält, ist der Verpächter nicht zur außerordentlichen Kündigung befugt[44].

---

[37] § 4 Abs. 1 BDSchG.
[38] Arg. § 29 Abs. 1 Nr. 1 BDSchG; das betrifft etwa den Fall des Übergangs der Konto- und/oder Kreditbeziehung bei der Verschmelzung von Kreditinstituten.
[39] *Simitis* ZHR 165 (2001) 453, 461; *Grunewald* in Lutter Rn 39.
[40] Das gilt etwa für die Verschmelzung eines Kreditinstituts mit einer Versicherung. Hier lässt sich die ungefragte Nutzung der personenbezogenen Daten des jeweils anderen Bereichs in aller Regel auch nicht durch eine Abwägung gem. § 28 Abs. 1 Nr. 2 BDSchG rechtfertigen.
[41] Das ergibt sich aus § 566 BGB.
[42] *BGH* NJW 1967, 821; *BGH* ZIP 2001, 1007, 1008, unter Berufung auf § 549 Abs. 1 (heute: § 553 Abs. 1) BGB, der es dem Mieter verbietet, den Gebrauch der gemieteten Sache ohne Zustimmung des Vermieters einem Dritten zu überlassen.
[43] Siehe § 21 Rn 11.
[44] *BGH* NJW 2002, 2168, 2169.

13 b) **Forderungen.** Forderungen des übertragenden Rechtsträgers gehen auf den übernehmenden Rechtsträger über. Ausgenommen sind Ansprüche des übertragenden Rechtsträgers auf Abdruck einer Gegendarstellung; sie gehen bei Verschmelzung mit diesem unter[45]. Der Grundsatz des automatischen Übergangs gilt aber auch für Forderungen, deren Abtretung gem. § 399 BGB durch Vereinbarung zwischen ursprünglichem Gläubiger und Schuldner ausgeschlossen worden ist. Für den häufigen Fall einer aus einem beiderseitigen Handelsgeschäft hervorgegangenen Geldforderung ergibt sich die Wirksamkeit des Übergangs aus § 354 a HGB. Alle anderen Forderungen gehen ebenfalls über[46]. Das gilt auch für die grundsätzlich nicht übertragbaren[47] Dokumentenakkreditive. Da sich die Bank durch Vorauszahlung des Auftraggebers sichern kann, ist sie in der Regel nicht schutzbedürftig, wenn der übernehmende Rechtsträger in die Position des Begünstigten einrückt. Zugleich würde der Untergang der Akkreditivforderung die Fusion exportierender Unternehmen mit nicht zu rechtfertigenden Risiken und Kosten belasten[48].

14 Aus § 412 BGB kann schon deshalb nicht auf das Gegenteil geschlossen werden, weil der Rechtsübergang bei der Verschmelzung durch den Verschmelzungsvertrag veranlasst ist[49]. Maßgeblich ist die Erwägung, dass die Anwendung des § 399 BGB den Untergang der Forderung mit dem übertragendem Rechtsträger als dem bisherigen Gläubiger zur Folge hätte[50]. Diesem Nachteil stehen in aller Regel keine gleichgewichtigen Belange des Schuldners gegenüber. Sollte der Gläubigerwechsel den Schuldner im Einzelfall schwerwiegend beeinträchtigen, ist eine Anpassung seiner Verpflichtung in Betracht zu ziehen[51]. Mit der Forderung gehen auch die vom Schuldner oder von Dritten für sie bestellten Sicherheiten auf den übernehmenden Rechtsträger über[52]. Der Umfang der Haftung beschränkt sich von nun an auf den Betrag der zu sichernden Forderung im Augenblick der Gesamtrechtsnachfolge[53]. Abweichende vertragliche Vereinbarungen sind möglich[54]. Zusätzliche Belastungen des Bürgens können aber nicht durch AGB auferlegt werden[55]. Wo die Ersetzung des alten durch den neuen Schuldner dem Sicherungsgeber nicht zumutbar ist, steht diesem ein Kündigungsrecht zu[56]. Das muss aber auch bei der Bürgschaft der Ausnahmefall bleiben. Ist der Hauptschuldner eine Kapitalgesellschaft, dann lässt ihr Wegfall die Wirksamkeit der Bürgschaft grundsätzlich unberührt[57]. Haben die Gesellschafter des übertragenden Rechtsträgers die Mithaftung für dessen Verbindlichkeiten übernommen, dann ist die von ihnen mitgetragene Verschmelzung kein hinreichender Grund, sich den daraus erwachsenden Verpflichtungen zu entziehen.

15 c) **Verbindlichkeiten.** IRd. Gesamtrechtsnachfolge gehen auch die **Verbindlichkeiten** der übertragenden Rechtsträger auf den übernehmenden Rechtsträger über. Das kann für den Gläubiger bedeuten, dass ihm ein nicht genehmer Schuldner aufgedrängt wird. Gegen

---

[45] *LG Hamburg* AfP 2002, 70.
[46] So schon RGZ 136, 313, 315 f.; heute ganz hM; *Hennrichs* S. 45 f.; *Grunewald* in Lutter Rn 31; *Marsch-Barner* in Kallmeyer Rn 8; alle mwN.
[47] Gemäß Art. 48 ERA (Einheitliche Richtlinien und Gebräuche für Dokumenten-Akkreditive) ist ein Akkreditiv nur dann übertragbar, wenn dies ausdrücklich vereinbart worden ist.
[48] Dazu und zu den aus dem Grundsatz der Dokumentenstrenge resultierenden Problemen *Mutter/Stehle* ZIP 2002, 1829 ff.
[49] So aber *Westermann* in Erman § 412 BGB Rn 2.
[50] *Grunewald* in Lutter Rn 31.
[51] So im Ansatz schon RGZ 136, 313, 318; zur Anwendung der Regeln über die Geschäftsgrundlage siehe § 21 Rn 8 f.
[52] Sinngemäß *BGH* NJW 1993, 1917, 1918: Bürgschaft überlebt Gesellschafterwechsel bei KG.
[53] *BGH* NJW 1993, 1917, 1918.
[54] *Grunewald* in Lutter Rn 33, aber einschränkend für AGB.
[55] *BGH* NJW 1993, 1919.
[56] Siehe § 21 Rn 8 f.
[57] *BGH* NJW 2003, 1250 ff.; *Habersack* in MünchKomm § 765 BGB Rn 51; *Eusani* WM 2004, 866, 868.

Wirkungen der Eintragung 16–19 § 20

die finanziellen Risiken soll die in § 22 vorgesehene Sicherheitsleistung schützen. In anderen Fällen der Unzumutbarkeit des Schuldübergangs, insbesondere bei vertrauensabhängigen Dauerschuldverhältnissen, kann dem Gläubiger ein Recht zur Kündigung aus wichtigem Grund erwachsen. Ist der übertragende Rechtsträger eine Personengesellschaft, dann können sich deren Gläubiger weiterhin an deren Gesellschafter halten[58]; ihr Einstehenmüssen wird aber durch die Nachhaftungsregelung[59] begrenzt.

d) Auftrag und Vollmacht. Für **Auftragsverhältnisse** und **Vollmachten** ist nach der Rolle des übertragenden Rechtsträgers zu unterscheiden. Hat dieser einen **Dritten beauftragt**, ist anzunehmen, dass die Verschmelzung den Auftrag nicht zum Erlöschen bringt, sondern auf den übernehmenden Rechtsträger übergehen lässt[60]. Das gilt auch für die Vollmacht, die aufgrund des Auftrags oder eines vergleichbaren Rechtsverhältnisses erteilt worden ist[61]. 16

Für **Handlungsvollmacht** und **Prokura** nimmt die wohl noch hM hingegen an, dass sie auch dann erlöschen, wenn das ihnen zugrunde liegende Rechtsverhältnis bestehen bleibt und übergeht[62]. Das ist schon deshalb wenig einleuchtend, weil der Tod des Inhabers eines Handelsgeschäfts die Prokura nicht zum Erlöschen bringt[63]. Vor allem bei der Verschmelzung größerer Unternehmen entsteht vermeidbarer Aufwand, wenn alle Prokuristen und Handlungsbevollmächtigten vom übernehmenden Rechtsträger erneut bestellt werden müssen. Es ist interessengerechter, dass auch die von den übertragenden Rechtsträgern erteilten Prokuren und Handlungsvollmachten von der Gesamtrechtsnachfolge erfasst werden und auf den übernehmenden Rechtsträger übergehen[64]. Die an der Verschmelzung beteiligten Rechtsträger werden dadurch nicht beeinträchtigt, da jede Prokura und jede Handlungsvollmacht im Zuge der Verschmelzung jederzeit widerrufen werden können[65]. 17

Für den Fall, dass ein **übertragender Rechtsträger beauftragt und bevollmächtigt** worden ist, könnte § 673 BGB den Schluss nahe legen, dass der Auftrag und mit ihm die Vollmacht erlöschen. Diese Rechtsfolge erweist sich auch hier als wenig sinnvoll, da die erforderliche Neubestellung des Vertreters erhebliche Schwierigkeiten und Kosten verursachen kann[66]. Nach richtiger und weithin akzeptierter Einsicht gehen Auftrag und Vertretungsmacht auch in diesem Fall im Zuge der Verschmelzung auf den übernehmenden Rechtsträger über[67]. 18

Auch in diesem Fall soll dies für **Prokura** und **Handlungsvollmacht** ausgeschlossen sein[68]. Das folgt jedoch nicht aus § 52 Abs. 2 HGB, der lediglich verhindern will, dass die Prokura ohne oder gegen den Willen des Prinzipals übertragen wird. Es bedarf auch hier keines besonderen Schutzes der beteiligten Rechtsträger, da sie jederzeit Handlungsvollmacht 19

---

[58] Zur Haftung an einem Kontokorrentkreditvertrag vgl. *OLG Köln* WM 2002, 176 ff.
[59] §§ 160 HGB und 736 Abs. 2 BGB; dazu BGHZ 117, 168, 174 ff.
[60] Gem. § 672 BGB erlischt der Auftrag „im Zweifel" nicht durch den Tod des Auftraggebers. Im Fall der Verschmelzung besteht für derartige Zweifel in aller Regel schon deshalb kein Raum, weil der Auftrag jederzeit – vor und nach Eintritt der Verschmelzungsfolgen – widerrufen werden kann.
[61] § 168 BGB; *Grunewald* in Lutter Rn 26; *Frey* S. 180 ff.
[62] *Kraft* in Kölner Komm. § 346 AktG Rn 40; *Grunewald* in G/H/E/K § 346 AktG Rn 41; *Vossius* in Widmann/Mayer Rn 304; *Schramm* in MünchKomm. § 168 BGB Rn 5; *Marsch-Barner* in Kallmeyer Rn 24.
[63] § 52 Abs. 3 HGB.
[64] *Schröder* in Schlegelberger § 52 HGB Rn 19; *Grunewald* in Lutter Rn 26; *Bermel* in Goutier/Knopf/Tulloch Rn 21; *Hennrichs* S. 77 f.; *Frey* S. 49 ff.
[65] § 52 Abs. 1 HGB, § 168 BGB.
[66] RGZ 150, 289, 292.
[67] RGZ 150, 291; *Grunewald* in Lutter Rn 25; *Marsch-Barner* in Kallmeyer Rn 24; *Schramm* in MünchKomm. § 168 BGB Rn 26.
[68] *Marsch-Barner* in Kallmeyer Rn 24; *Kraft* in Kölner Komm. § 346 AktG Rn 40; *Frey* S. 58.

und Prokura widerrufen können. Die Gesamtrechtsnachfolge erfasst grundsätzlich alle Formen der einem übertragendem Rechtsträger erteilten Vertretungsmacht[69].

20 **e) Organstellungen.** Organstellungen, d. h. Komplementär-, Geschäftsführer- oder Vorstandspositionen und Aufsichtsratsmandate, werden durch die Verschmelzung bei übernehmenden Rechtsträgern nicht berührt. Bei den übertragenden Rechtsträgern erlöschen sie. Damit endet auch die organschaftliche Vertretungsmacht. Da die übertragende Gesellschaft nicht mehr existiert, kann sie ihren früheren Organmitgliedern keine **Entlastung** erteilen. Eventuelle Haftungsansprüche kann nur noch der übernehmende Rechtsträger geltend machen; deshalb ist es nunmehr seine Sache, auch über die Entlastung zu entscheiden[70]. Die interne Zuständigkeit ergibt sich aus den für den übernehmenden Rechtsträger maßgeblichen Vorschriften[71]; das wird in der Regel die Gesellschafter- bzw. Hauptversammlung sein; für eine Gesellschaft, die vor der Verschmelzung im Alleinbesitz des übernehmenden Rechtsträgers stand, kann und sollte es bei der Zuständigkeit von dessen Geschäftsführungsorgan verbleiben[72]. Die für die Tätigkeit im Aufsichtsrat entrichtete Vergütung ist nicht länger geschuldet[73]. Für den übernehmenden Rechtsträger kann die Verschmelzung zur Folge haben, dass die Zusammensetzung seines Aufsichtsrats den gesetzlichen Bestimmungen nicht länger entspricht. In diesem Fall ist ein Statusverfahren einzuleiten[74]. Die Anstellungsverträge der Mitglieder des Vorstands und der Geschäftsführer gelten weiter[75]. Für ihre Änderung oder Aufhebung ist grundsätzlich das Aufsichtsorgan zuständig[76]; wo es ein solches nicht gibt, entscheidet die Gesellschafter- oder Mitgliederversammlung. Für den Verzicht auf Ersatzansprüche können die Restriktionen gemäß § 93 Abs. 4 Satz 3 AktG außer Betracht bleiben, da der für diese Vorschrift maßgebliche Interessenkonflikt gegenüber der Geschäftsleitung der übertragenden Gesellschaft nicht besteht[77].

21 **f) Beteiligungen. Beteiligungen des übernehmenden Rechtsträgers an anderen Vereinigungen,** insbesondere an Konzerntöchtern, werden durch die Verschmelzung grundsätzlich nicht berührt. Das kann sich dort anders verhalten, wo diese andere Gesellschaft einer in der Satzung oder im Gesellschaftsvertrag verankerten *change of control*-Klausel unterliegt, derzufolge ein Gesellschafter bei erheblicher Veränderung seiner Binnenstruktur verpflichtet ist, seine Anteile den Mitgesellschaftern zum Erwerb anzubieten[78]. Bei den **übertragenden Rechtsträgern** hängt ihre Behandlung von der **Rechtsform** des Zusammenschlusses ab, an dem die Beteiligung besteht.

22 *aa) Kapitalgesellschaften.* **Aktien** und **GmbH-Anteile** im Vermögen eines übertragenden Rechtsträgers gehen mit der Verschmelzung auf den übernehmenden Rechtsträger über. Das gilt auch dann, wenn es sich um Aktien der übernehmenden Gesellschaft handelt[79] und die

---

[69] Zutreffend *Grunewald* in Lutter Rn 26; aA *Marsch-Barner* in Kallmeyer Rn 24.
[70] *Martens* AG 1986, 57, 58 f.; *Marsch-Barner* in Kallmeyer Rn 17; *Hoffmann-Becking*, FS Ulmer, S. 243, 247 f.; anders *OLG München* AG 2001, 197, 198; *Grunewald* in Lutter Rn 29.
[71] Anders *Hoffmann-Becking*, FS Ulmer, S. 243, 260: analoge Anwendung der für die übertragende Gesellschaft maßgeblichen Bestimmungen.
[72] *Hoffmann-Becking*, FS Ulmer, S. 243, 261.
[73] RGZ 81, 153, 155.
[74] Vgl. §§ 97 ff. AktG.
[75] Zu den Arbeitsverhältnissen und Dienstverträgen siehe Rn 35 ff. und 56 ff.
[76] BGH ZIP 1997, 1674, 1675. 1998, 508 f.; *Hoffmann-Becking*, FS Ulmer, S. 243, 262.
[77] *Grunewald* in Lutter Rn 29; anders *Martens* AG 1986, 57, 59 und *Marsch-Barner* in Kallmeyer Rn 17; einschränkend *Hoffmann-Becking*, FS Ulmer, S. 243, 263: § 93 Abs. 4 Satz 3 AktG bleibt anwendbar, wo übertragender und aufnehmender Rechtsträger als AG inkorporiert sind.
[78] *Riegger*, FS Bezzenberger, S. 379, 390 f. Diese Situation kann auch beim übertragenden Rechtsträger eintreten.
[79] Für diesen Fall gestattet § 71 Abs. 1 Nr. 5 den Erwerb eigener Aktien ebenso wie den der auf sie bezogenen Derivate; *Weiss* AG 2004, 127, 129.

Übertragung dieser Beteiligungen durch **Vinkulierung** oder vergleichbare Vereinbarungen an die Zustimmung der Gesellschaft bzw. der Mitgesellschafter gebunden ist[80]. Auch ein Ausschluss des Übergangs im Verschmelzungsvertrag ist nicht möglich, da die Anteile mit dem Erlöschen des übertragenden Rechtsträgers herrenlos würden[81]. Wenn sich die Gesellschafter einer AG oder GmbH dagegen schützen wollen, dass ihnen im Wege der Verschmelzung ein unerwünschter Partner aufgezwungen wird, müssen sie in der Satzung der Kapitalgesellschaft eine Regelung vorsehen, die den als übertragenden Rechtsträger in eine Verschmelzung involvierten Mitgesellschafter entweder aus der Gesellschaft ausschließt oder dazu verpflichtet, seine Anteile auf die Mitgesellschafter zu übertragen. Es ist im Einzelfall durch Auslegung zu ermitteln, ob und inwieweit Vinkulierungs- und Ausschlussklauseln eine derartige Rechtsfolge entnommen werden kann[82].

bb) Personengesellschaften. Soweit es um die **Beteiligungen an Personengesellschaften** 23 geht, ist in dem Fall, dass ein übertragender Rechtsträger **Kommanditist** ist, § 177 HGB entsprechend anzuwenden. Wenn der Anteil beim Tod eines Kommanditisten – mangels abweichender Vereinbarung – vererbt werden kann, kann er auch im Wege der Gesamtrechtsnachfolge auf den übernehmenden Rechtsträger übergehen[83]. Dieser Übergang kann im Gesellschaftsvertrag ausgeschlossen werden. Ein solcher Ausschluss muss „klar und deutlich" formuliert sein[84]. Die Alternative zum Übergang des Kommanditanteils ist die Auflösung der KG oder das Ausscheiden des übernehmenden Rechtsträgers. Es liegt im Interesse aller Gesellschafter, dass über den Eintritt dieser Rechtsfolgen von vornherein Klarheit besteht[85]. Dasselbe gilt, wenn ein übertragender Rechtsträger als **stiller Gesellschafter** an einem Handelsgeschäft beteiligt ist. Es ist zwar durchaus möglich, dass die Verschmelzung der Zustimmung des Geschäftsinhabers bedarf; das dürfte für atypische Gestaltungen auch dann gelten, wenn dieser Vorbehalt nicht ausdrücklich vereinbart worden ist. Er betrifft aber nur das Innenverhältnis zwischen Geschäftsinhaber und stillem Gesellschafter; die Nichteinholung oder Verweigerung der Zustimmung kann den Vollzug der Verschmelzung nicht verhindern, dem Geschäftsinhaber jedoch das Recht zur außerordentlichen Kündigung der stillen Gesellschaft gewähren[86]. Dasselbe gilt, wenn die stille Gesellschaft am übertragenden Rechtsträger besteht; auch in diesem Fall kann eine dem stillen Gesellschafter vorbehaltene Zustimmung die Verschmelzung nicht verhindern und die stille Gesellschaft nicht automatisch beenden; es kommt aber wiederum ein – in diesem Fall dem stillen Gesellschafter zustehendes – Recht zur außerordentlichen Kündigung des Gesellschaftsverhältnisses in Betracht[87].

Ist ein übertragender Rechtsträger an einer **OHG** beteiligt oder **persönlich haftender** 24 **Gesellschafter einer KG**, gibt es zwei Möglichkeiten: Die Verschmelzung kann dem Fall des Todes eines Gesellschafters gleichgestellt werden; dann scheidet der übernehmende Rechtsträger gegen Abfindung aus der Gesellschaft aus[88]. Diese Rechtsfolge soll nicht eintreten, wenn der Gesellschaftsvertrag – wie häufig – die Fortsetzung mit den Erben

---

[80] *Hennrichs* S. 57 ff. und 106 f.; *Grunewald* in Lutter Rn 17; *Marsch-Barner* in Kallmeyer Rn 7; einschränkend *Stratz* in Schmitt/Hörtnagl/Stratz Rn 67 und *Seibt* NJW 1999, 126, 127.
[81] Dies folgt auch bereits aus § 5 Abs. 1 Nr. 2, vgl. § 5 Rn 6 f.
[82] *Grunewald* in Lutter Rn 17; *Riegger*, FS Bezzenberger S. 379, 381.
[83] RGZ 123, 289, 293; 150, 289, 296; *Grunewald* in Lutter Rn 20; *Bermel* in Goutier/Knopf/Tulloch Rn 15; *Marsch-Barner* in Kallmeyer Rn 7; im Ansatz abw. *Hennrichs* S. 66 ff.
[84] RGZ 150, 289, 297.
[85] *Hennrichs* S. 118 ff.
[86] Insoweit gilt § 234 Abs. 2 HGB. Das ist im Prinzip unbestritten; *Riegger*, FS Bezzenberger S. 379, 386 mwN; siehe auch § 53 Rn 7 und *Grunewald* in Lutter Rn 20.
[87] *Riegger*, FS Bezzenberger, S. 379, 382 f.; *Winter*, FS Peltzer, S. 645, 647 ff.
[88] Gem. § 131 Abs. 3 Nr. 1 HGB; *Marsch-Barner* in Kallmeyer Rn 7; *Grunewald* in Lutter Rn 19; *K. Schmidt* in Schlegelberger § 131 HGB Rn 34; so auch die Voraufl. Rn 24.

vorsieht oder wenn es sich bei dem übertragenden Rechtsträger um eine Kapitalgesellschaft handelt. Für die Gegenmeinung geht die Beteiligung im Wege der Gesamtrechtsnachfolge auf den übernehmenden Rechtsträger über[89]. Aber auch dies soll nur im Grundsatz gelten; der übernehmende Rechtsträger scheidet aus, wenn dem Gesellschaftsvertrag ein darauf abzielender Willen der Beteiligten zu entnehmen ist. Ist das nicht der Fall, die Fortsetzung des Gesellschaftsverhältnisses jedoch einem oder mehreren der Betroffenen nicht zumutbar, dann soll die Verschmelzung gemäß §§ 133, 140 HGB zur Kündigung der Gesellschaft oder zum Ausschluss des übernehmenden Rechtsträgers berechtigen.

25 Die praktische Bedeutung des Meinungsstreits erscheint gering[90]. Für beide Seiten entscheidet der Gesellschaftsvertrag bzw. dessen Auslegung. Sie kann das Gesellschaftsverhältnis mit Unsicherheiten belasten. Deshalb ist der Auffassung der Vorzug zu geben, die die Gesamtrechtsnachfolge grundsätzlich zulässt und die betroffenen Mitgesellschafter auf die Klage gemäß §§ 133, 140 HGB verweist: dann ist klargestellt, dass der übernehmende Rechtsträger bis zur Rechtskraft der Entscheidung in der OHG oder KG verblieben ist[91]. Aber auch dann sind Ungewissheiten nicht auszuschließen. Das gilt etwa dann, wenn der Eintritt des Erben an die Zustimmung der Mitgesellschafter geknüpft wird. Auch diese Vertragsklausel sollte auf den Fall der Verschmelzung entsprechend angewendet werden. Die grundlose Verweigerung der Zustimmung kann aber im Einzelfall wegen Verstoßes gegen die Treupflicht unwirksam sein[92].

26 Bei der **GbR** bewirkt der Tod eines Gesellschafters die Auflösung der Gesellschaft[93]. Hieraus lässt sich schließen, dass das durch die Verschmelzung bewirkte Erlöschen des übertragenden Rechtsträgers ebenso zu behandeln ist[94]. Angesichts der Vielfalt der unterschiedlichen Zwecke und Ausgestaltungen der GbR erscheint dies zu schematisch. Im Konflikt sollte vielmehr anhand der Umstände des Einzelfalls ermittelt werden, ob die Gesamtrechtsnachfolge angesichts des Gesellschaftszwecks den Mitgesellschaftern zuzumuten ist. Das wird zumindest dort der Fall sein, wo im Gesellschaftsvertrag die Fortsetzung der Gesellschaft mit den Erben oder einem anderen Rechtsnachfolger vereinbart ist. Umgekehrt steht es den Gesellschaftern frei, jeden Übergang des Gesellschaftsanteils durch Rechtsnachfolge im Gesellschaftsvertrag auszuschließen. Sie sind nicht schutzlos, wo dies nicht geschehen ist: Wo ihnen die Fortsetzung nicht zuzumuten ist, kann jeder von ihnen das Gesellschaftsverhältnis gemäß § 723 Abs. 1 BGB aus wichtigem Grund kündigen; gemeinsam können sie den übernehmenden Rechtsträger gemäß § 737 BGB aus der Gesellschaft ausschließen[95].

27 *cc) Verein.* Die Mitgliedschaft im **Verein** ist nicht übertragbar und nicht vererblich[96]. Sie kann deshalb auch nicht im Wege der Gesamtrechtsnachfolge von einem übertragenden auf den übernehmenden Rechtsträger übergehen. Das ist idR kein Problem, weil der übernehmende Rechtsträger – vor oder nach der Verschmelzung – dem Verein beitreten bzw. seine Aufnahme in den Verein beantragen kann. In der Satzung kann freilich eine abweichende Regelung getroffen werden[97]. Dann ist nach ihr zu verfahren, soweit der übernehmende Rechtsträger die Voraussetzungen der Mitgliedschaft erfüllt. Das kann aber nur für

---

[89] *Vossius* in Widmann/Mayer Rn 159 ff.; *Bermel* in Goutier/Knopf/Tulloch Rn 15; *Ulmer* in MünchKomm § 727 BGB Rn 5; *Baumbach/Hopt* § 131 HGB Rn 18; *Riegger*, FS Bezzenberger S. 379, 382 f.
[90] Das gilt verstärkt seit der Änderung des § 131 HGB durch das HRefG.
[91] Aus diesem Grund wird die in der Voraufl. vertretene Ansicht aufgegeben.
[92] BGHZ 44, 40, 41 f.; 64, 253, 257 f.; 68, 81, 82; 98, 276, 279.
[93] § 727 Abs. 1 BGB.
[94] *Grunewald* in Lutter Rn 18; *Marsch-Barner* in Kallmeyer Rn 7.
[95] *Riegger*, FS Bezzenberger, S. 379, 385.
[96] § 38 BGB. Für Arbeitgebervereinigungen siehe Rn 41.
[97] § 40 BGB. Für Arbeitgebervereinigungen siehe Rn 41 und Fn 154.

Wirkungen der Eintragung   28–30 § 20

den Fall der Gesamtrechtsnachfolge und nicht für die bloße Funktionsnachfolge einer Organisation in die Aufgaben und Befugnisse eines anderen Rechtsträgers gelten[98]. Und es reicht nicht aus, dass die Vereinssatzung die Mitgliedschaft juristischer Personen zulässt[99]. In der Literatur wird dafür plädiert, den Übergang „unternehmensbezogener" Mitgliedschaften in Unternehmens- und Wirtschaftsverbänden auch dann zuzulassen, wenn dies in der Satzung nicht vorgesehen ist[100]. Dazu besteht kein Bedarf, da der übernehmende Rechtsträger auch in diesen Fällen beitreten kann. Wo ihm dies aus sachwidrigen Gründen verweigert wird, ist die Vereinigung zu seiner Aufnahme verpflichtet[101].

dd) Genossenschaft. Für die Mitgliedschaft in einer **Genossenschaft** ist die Gesamtrechts- 28
nachfolge im Zuge einer Verschmelzung ausdrücklich geregelt[102]. Mit dem Erlöschen des übertragenden Rechtsträgers geht dessen Mitgliedschaft auf den übernehmenden Rechtsträger über. Sie endet aber mit dem Geschäftsjahr, in dem das Erlöschen des übertragenden Rechtsträgers wirksam geworden ist[103]. Will der übernehmende Rechtsträger Mitglied bleiben, muss er sich um Aufnahme in die Genossenschaft bemühen.

g) Unternehmensverträge. Für **Unternehmensverträge** ist danach zu unterscheiden, 29
ob sie vom übertragenden, vom aufnehmenden oder zwischen den beteiligten Rechtsträgern geschlossen worden sind. Unternehmensverträge, die der **übernehmende Rechtsträger mit einem dritten Unternehmen** abgeschlossen hat, bestehen fort[104]. Das gilt unabhängig davon, ob der übernehmende Rechtsträger **herrschendes** oder **abhängiges Unternehmen** ist. Ist er eine abhängige AG, der durch die Verschmelzung weitere außenstehende Aktionäre zuwachsen, dann erwerben auch diese den Anspruch auf Ausgleich gemäß § 304 AktG; eine Neuberechnung ist nicht erforderlich, da die wirtschaftliche Lage der fusionierten Rechtsträger bei der Festlegung des Umtauschverhältnisses berücksichtigt wird[105]. Vielfach wird angenommen, dass das dritte Unternehmen ein Recht zur fristlosen Kündigung des Unternehmensvertrags aus wichtigem Grund[106] erwirbt, wenn sich seine wirtschaftliche Lage durch die Verschmelzung verschlechtert[107]. Das ist für das herrschende Unternehmen schon deshalb fragwürdig, weil es die Verschmelzung veranlasst oder ihr zumindest zugestimmt und damit den wichtigen Grund selbst geschaffen hat. Für das abhängige Unternehmen ist auch insoweit davon auszugehen, dass die Festlegung des Umtauschverhältnisses gravierende Verschlechterungen der wirtschaftlichen Lage des aus der Verschmelzung hervorgehenden herrschenden Unternehmens ausschließt.

Hat der **übertragende Rechtsträger** einen Unternehmensvertrag abgeschlossen, ist wei- 30
ter zu unterscheiden. Fungiert er als **herrschendes Unternehmen**, geht der Unternehmensvertrag mit der Beteiligung an der abhängigen Gesellschaft im Wege der Gesamtrechtsnachfolge auf den übernehmenden Rechtsträger über[108]. Dadurch wird zwar der übertra-

---

[98] *BGH* NJW 1980, 2708 = LM Nr. 8 zu § 38 BGB.
[99] *AG Kaiserslautern* NZA-RR 2005, 319 f.
[100] *Hennrichs* S. 64; *Grunewald* in Lutter Rn 21. Zur entsprechenden Problematik bei der Spaltung vgl. § 131 Rn 23.
[101] § 20 Abs. 6 GWB.
[102] § 77 a GenG. Siehe zur Europäischen Genossenschaft (SCE) Einl. C Rn 64 ff.
[103] Beispiel in *OLG Stuttgart* ZIP 1989, 774, 775.
[104] *Koppensteiner* in Kölner Komm. § 291 AktG Rn 72 und § 297 AktG Rn 36; *Marsch-Barner* in Kallmeyer Rn 19; *Grunewald* in Lutter Rn 35 mwN; *K.J. Müller* BB 2002, 157, 158.
[105] *Marsch-Barner* in Kallmeyer Rn 19; *Grunewald* in Lutter Rn 35.
[106] § 297 Abs. 1 AktG.
[107] *Koppensteiner* in Kölner Komm. § 297 AktG Rn 36; *K.J. Müller* BB 2002, 157 und 158; *Marsch-Barner* in Kallmeyer Rn 19; *Grunewald* in Lutter Rn 35.
[108] *LG Mannheim* ZIP 1990, 379, 381; bestätigt durch *OLG Karlsruhe* ZIP 1991, 101, 104 „ABB"; *LG Bonn* GmbH-Recht 1996, 774; *Grunewald* in Lutter Rn 37; *Marsch-Barner* in Kallmeyer Rn 20; *Emmerich/Habersack* § 15 VI 6 c.

gende durch den aufnehmenden Rechtsträger in der Rolle des herrschenden Unternehmens ersetzt. Trotzdem liegt keine Änderung des Unternehmensvertrags vor, die der Zustimmung der Hauptversammlung der abhängigen Gesellschaft bedürfte[109]. Denn für die abhängige Gesellschaft wird es keinen Unterschied machen, ob das herrschende Unternehmen im Fall einer Verschmelzung die Rolle des aufnehmenden oder die des übertragenden Rechtsträgers übernimmt. Für Verlustübernahme, angemessenen Ausgleich oder Abfindung[110] steht in beiden Fällen exakt dieselbe Vermögensmasse zur Verfügung. Gefährdet die Verschmelzung die Erfüllung der Ansprüche der außenstehenden Aktionäre, können diese Sicherheit verlangen[111]; in Betracht kommt auch das – freilich allein dem Vorstand zustehende – Recht, den Unternehmensvertrag aus wichtigem Grund fristlos zu kündigen[112]. Deshalb besteht kein hinreichender Grund, die Wirksamkeit der Verschmelzung zwischen herrschendem Unternehmen und einem Dritten davon abhängig zu machen, dass ihr die Hauptversammlung der abhängigen Gesellschaft zustimmt[113]. Dadurch würde vielmehr die Entscheidungsautonomie des übertragenden und des übernehmenden Rechtsträgers weit über das gebotene Maß hinaus beeinträchtigt[114].

31 Ist der **übertragende Rechtsträger** die **abhängige Gesellschaft**, wird der **übernehmende Rechtsträger** in aller Regel **herrschendes Unternehmen** sein[115]. Es ist aus einer Reihe von Gründen unwahrscheinlich und nicht zu empfehlen, dass Unternehmen A, das die Gesellschaft B beherrscht und sie zum Abschluss von Beherrschungs- und Gewinnabführungsvertrag veranlasst hat, diese Kontrollposition an das Unternehmen C nicht durch Verkauf der Anteile, sondern dadurch veräußert, dass es der Verschmelzung von B auf C zustimmt. Möglich erscheint allenfalls, dass das herrschende Unternehmen die Verschmelzung der abhängigen Gesellschaft auf eine andere Konzerntochter veranlasst[116]. Für jeden dieser Fälle gilt, dass die Eintragung der Verschmelzung den Beherrschungs- und/oder Gewinnabführungsvertrag zum Erlöschen bringt[117]. Im Fall der Identität der Parteien von Unternehmens- und Verschmelzungsvertrag erfolgt dies durch Konfusion[118]. In den übrigen Fällen macht der Unternehmensvertrag keinen Sinn mehr. Wird er trotzdem gewünscht, bedarf es eines Neuabschlusses. Die außenstehenden Aktionäre behalten den Anspruch auf Ausgleich[119] bis zum Zeitpunkt der Eintragung der Verschmelzung. Dasselbe gilt für den Anspruch auf Abfindung[120], sofern sie ihn vor dem Vollzug der Verschmelzung geltend gemacht haben[121]. In beiden Fällen laufen anhängige Spruchverfahren weiter[122].

---

[109] § 295 Abs. 1 AktG; *LG Mannheim* ZIP 1990, 379, 381; *LG Bonn* GmbH-Recht 1996, 775; *Grunewald* in Lutter Rn 37 und *Marsch-Barner* in Kallmeyer Rn 20.
[110] §§ 300, 304 und 305 AktG.
[111] § 22.
[112] § 297 Abs. 1 AktG.
[113] § 295 AktG.
[114] *LG Bonn* GmbHR 1996, 775 f. IE ebenso *OLG Karlsruhe* ZIP 1994, 1529; *Krieger* ZGR 1990, 517, 540; *Grunewald* in Lutter Rn 37 und *Marsch-Barner* in Kallmeyer Rn 20, beide mwN.
[115] So der Sachverhalt im Fall „Glöckner/SEN", vgl. *LG Mannheim* AG 1994, 89; *OLG Karlsruhe* ZIP 1994, 1529 und *BVerfG* NJW 1999, 1699 (Kammerbeschluss).
[116] Vgl. etwa BGHZ 135, 374 ff. „Guano AG"; dort wurde aber die herrschende und nicht die abhängige Gesellschaft auf die Konzernmutter verschmolzen; *BVerfG* NJW 1999, 1701.
[117] *LG Mannheim* AG 1994, 89; *OLG Karlsruhe* ZIP 1994, 1529, 1531; insoweit zustimmend *BVerfG* NJW 1999, 1700. Das entspricht der ganz hM in der Literatur; siehe *Grunewald* in Lutter Rn 39 und *Marsch-Barner* in Kallmeyer Rn 21, beide mwN.
[118] *OLG Hamm* WM 1988, 1164, 1169; *Emmerich/Habersack* § 15 VI 6 c; *Grunewald* in Lutter Rn 40; *Marsch-Barner* in Kallmeyer Rn 18.
[119] § 304 AktG.
[120] § 305 AktG.
[121] BGHZ 135, 374, 377 „Guano AG"; *BVerfG* NJW 1999, 1699, 1700 „Klöckner/SEN".
[122] *BVerfG* NJW 1999, 1700; anders noch *OLG Zweibrücken* WM 1994, 1801, 1802.

Der Abfindungsanspruch wird nicht durch den Erwerb von Anteilen am übernehmenden Rechtsträger verdrängt, da er anders als dieser auch den möglichen Wertverlust berücksichtigt, der in der Zeit zwischen dem Abschluss des Unternehmensvertrags und dem Wirksamwerden der Verschmelzung eingetreten ist. Der Anspruch auf Abfindung muss vor der Eintragung der Verschmelzung geltend gemacht worden sein. Denn nach diesem Zeitpunkt sind die außenstehenden Aktionäre des übertragenden Rechtsträgers Gesellschafter des übernehmenden Rechtsträgers geworden. Der Abfindungsanspruch entfällt in dem Sonderfall, dass der Unternehmensvertrag nach dem – erfolglos angefochtenen – Verschmelzungsvertrag abgeschlossen wird. Denn hier ist das für die Verschmelzung maßgebliche Austauschverhältnis durch den Vollzug des Unternehmensvertrages nicht berührt worden[123]. Anderes gilt für die Gewinngemeinschafts-, Teilgewinnabführungs-, Betriebspacht- und Betriebsüberlassungsverträge gemäß § 292 AktG; sie bestehen als schuldrechtliche Verträge weiter[124]. Soweit die Verhältnisse durch die Verschmelzung erheblich modifiziert werden, kann ein Anspruch auf Anpassung oder das Recht zur Kündigung in Betracht kommen[125].

h) Sonderregelung für bestimmte dingliche Rechte. Die Gesamtrechtsnachfolge ist in Abs. 1 Satz 1 **zwingend** angeordnet. Sie kann durch Vereinbarungen im Verschmelzungsvertrag nicht für bestimmte Gegenstände ausgeschlossen werden[126]. Sollen sie statt auf den übernehmenden Rechtsträger auf einen Dritten übergehen, hat der übertragende Rechtsträger mit diesem die dafür notwendigen Vereinbarungen zu treffen. Dinglich wirksame Verfügungen zugunsten Dritter sind nicht zulässig. Es ist allenfalls möglich, dass im Verschmelzungsvertrag eine schuldrechtliche Verpflichtung des übernehmenden Rechtsträgers zugunsten eines Dritten vereinbart wird[127].

Das gilt aber nur im Grundsatz. Für Einzelne dingliche Rechte sieht das Gesetz eine **Sonderregelung** vor. Das gilt vor allem für den **Nießbrauch**. Obwohl Nießbrauch nicht übertragen werden kann[128], greift auch hier die allgemeine Regel, dass er auf den Rechtsnachfolger übergeht, wenn das Vermögen einer juristischen Person oder einer rechtsfähigen Personengesellschaft[129] im Wege der Gesamtrechtsnachfolge übertragen wird. Das Gesetz lässt es aber zu, dass der Übergang ausdrücklich ausgeschlossen wird[130]. Dieser Ausschluss kann nicht nur im Verschmelzungsvertrag, sondern auch bei Bestellung des Nießbrauchs vereinbart werden[131]. Denn der Eigentümer kann sich nur auf diese Weise wirksam dagegen schützen, dass der ihn belastende Nießbrauch absprachewidrig auf einen anderen Rechtsträger übergeht. Dieses Interesse hat Vorrang vor der Information der Anteilseigner der übernehmenden Rechtsträger, da sie im Verschmelzungsbericht über den Umfang von der Gesamtrechtsnachfolge erfassten Vermögen zu unterrichten sind. Zudem kann der Ausschluss des Übergangs im Grundbuch eingetragen werden[132]. Auch § 5 Abs. 1 Nr. 2 steht dem nicht entgegen: Diese Bestimmung verlangt nur, dass der Übergang des Vermögens der übertragen-

---

[123] Insoweit übereinstimmend *LG Mannheim* AG 1994, 89; *OLG Karlsruhe* ZIP 1994, 1529, 1531; *BVerfG* NJW 1999, 1699, 1701.
[124] *Koppensteiner* in Kölner Komm. § 297 AktG Rn 39; *Emmerich/Habersack* § 19 II 2; *Gutheil* S. 192 ff. und 206 ff.; *Grunewald* in Lutter Rn 36; *Marsch-Barner* in Kallmeyer Rn 22.
[125] *Koppensteiner* in Kölner Komm. § 297 AktG Rn 39.
[126] *Grunewald* in Lutter Rn 9; *Vossius* in Widmann/Mayer Rn 32; aA *Hennrichs* S. 117.
[127] *Grunewald* in Lutter Rn 9.
[128] § 1059 Satz 1 BGB; dazu *Teichmann*, FS Lutter, S. 2261, 2268.
[129] Dazu zählt nunmehr auch die GbR; *BGH* NJW 2001, 1056.
[130] § 1059 a Abs. 1 Nr. 1 und Abs. 2 BGB.
[131] AA *Grunewald* in Lutter Rn 14. Wie hier *Marsch-Barner* in Kallmeyer Rn 6; *Petzoldt* in MünchKomm. § 1059 a BGB Rn 3; *Promberger* in Staudinger, 12. Aufl. 1978 ff., § 1059 a BGB Rn 6; ihm folgend *Frank* in Staudinger, 13. Aufl. 1994, § 1059 a BGB Rn 7.
[132] *OLG Düsseldorf* MittRhNotK 1976, 641.

den Rechtsträger im Wege der Gesamtrechtsnachfolge gegen Gewährung von Anteilen am übernehmenden Rechtsträger im Verschmelzungsvertrag festgelegt wird. Es ist nicht erforderlich, dass die von der Gesamtrechtsnachfolge erfassten bzw. nicht erfassten Gegenstände einzeln aufgeführt werden[133]. Für die **beschränkte persönliche Dienstbarkeit**[134] und für das **dingliche Vorkaufsrecht**[135] wird auf diese Regelung verwiesen. Es gilt dasselbe wie für den Nießbrauch.

3. Arbeitsrechtliche Auswirkungen der Gesamtrechtsnachfolge

34   Der Anwendungsbereich von § 20 Abs. 1 Nr. 1 auf Arbeitsverhältnisse und Kollektivvereinbarungen (Tarifverträge, Betriebsvereinbarungen) ist vom Anwendungsbereich von § 613 a Abs. 1 BGB iVm. § 324 abzugrenzen[136]. Der Übergang der Dienstverträge von Organmitgliedern bestimmt sich hingegen allein nach § 20 Abs. 1 Nr. 1[137].

35   a) **Arbeitsverträge.** Die beim übertragenden Rechtsträger bestehenden Arbeitsverhältnisse gehen mit der Eintragung der Verschmelzung nach § 20 Abs. 1 Nr. 1 auf den übernehmenden Rechtsträger über[138]. Insoweit ist § 20 Abs. 1 Nr. 1 spezieller als § 613 a Abs. 1 Satz 1 BGB, wenn Betriebsübergang und Verschmelzung zusammenfallen[139]. Eigenständige Bedeutung hat § 613 a Abs. 1 Satz 1 BGB jedoch, wenn der Betriebsübergang schon vor der Eintragung der Verschmelzung vollzogen wird[140].

36   Der übernehmende Rechtsträger tritt gem. § 20 Abs. 1 Nr. 1 in sämtliche Rechte und Pflichten aus dem Arbeitsverhältnis[141] sowie auch in sämtliche **Rechte und Pflichten aus beendeten Arbeitsverhältnissen** ein[142]. Letzteres betrifft bspw. die Rechte und Pflichten aus einem nachvertraglichen Wettbewerbsverbot und einzelvertraglich eingeräumte **Ruhegeldansprüche** von Pensionären und Ansprüche ausgeschiedener Arbeitnehmer aus **unverfallbaren Anwartschaften** der betrieblichen Altersversorgung[143].

37   Bei der Verschmelzung gehen sämtliche Arbeitsverhältnisse daher auch dann über, wenn die Voraussetzungen für einen Betriebsübergang ausnahmsweise nicht vorliegen[144].

38   b) **Tarifverträge.** Tarifvertragsnormen gelten unmittelbar und zwingend zwischen dem tarifgebundenen Arbeitgeber und dem tarifgebundenen Arbeitnehmer **(normative Wirkung)**[145]. Bei der Verschmelzung stellt sich die Frage, ob die normative Wirkung auch

---

[133] Dies würde praktisch auf das Erfordernis hinauslaufen, den Ausschluss des Übergangs im Verschmelzungsvertrag zu vereinbaren.
[134] § 1092 Abs. 2 BGB; dazu *BayObLG* DB 1983, 1650.
[135] § 1098 Abs. 3 BGB; anders § 514 BGB für das obligatorische Vorkaufsrecht.
[136] § 324 Rn 1 f.
[137] Rn 56; § 324 Rn 19.
[138] *BAG* NZA 2003, 449, 450. Ob daneben wegen § 324 stets auch ein Übergang nach § 613 a Abs. 1 Satz 1 BGB stattfindet, hat das BAG offengelassen.
[139] Die gegenteilige Auffassung in der Voraufl. wird aufgegeben.
[140] Dazu *BAG* NZA 2000, 1115, 1117 = ZIP 2000, 1630, 1634; § 324 Rn 13.
[141] *BAG* NZA 2003, 449, 450.
[142] *Düwell* in Kasseler Hdb. 6.8 Rn 121 f.
[143] *Marsch-Barner* in Kallmeyer Rn 11.
[144] *Düwell* in Kasseler Hdb. 6.8 Rn 120 f. Dies ist bspw. der Fall, wenn die Arbeitnehmer des übertragenden Rechtsträgers zusammen mit den Arbeitnehmern anderer, nicht übertragener Unternehmen einen gemeinsamen Betrieb gebildet haben, die Arbeitnehmer des übertragenden Unternehmens nicht als Betriebsteil gem. § 613 a Abs. 1 Satz 1 BGB anzusehen und auch nicht einem Betrieb oder Betriebsteil des übertragenden Rechtsträgers zugeordnet worden sind. Vgl. zur Zuordnung § 323 Rn 25 ff. Die bloße Übernahme gemeinsamer Leitungsmacht im Rahmen eines gemeinsamen Betriebs reicht für die Anwendung des § 613 a BGB nicht aus, so *Hanau* in Erman § 613 a BGB Rn 7.
[145] § 4 Abs. 1 TVG.

gegenüber dem übernehmenden Rechtsträger erhalten bleibt (**kollektivrechtliche Fortgeltung**) oder die Rechtsnormen des Tarifvertrags gem. § 613 a Abs. 1 Satz 2 bis 4 BGB iVm. § 324 Inhalt des Arbeitsverhältnisses werden (**individualrechtliche Fortgeltung bzw. Transformation**).

§ 613 a Abs. 1 Satz 2 BGB, der die individualrechtliche Weitergeltung von Rechten und Pflichten aus dem Tarifvertrag anordnet, ist eine Auffangregelung für den Fall, dass ein Tarifvertrag nicht kollektivrechtlich für den neuen Rechtsträger gilt[146]. Er ist somit **gegenüber § 20 Abs. 1 Nr. 1 subsidiär**. Die kollektivrechtliche Fortgeltung von Tarifverträgen kann ferner auch unabhängig von der Bestimmung in § 20 Abs. 1 Nr. 1 eintreten und geht einer individualrechtlichen Fortgeltung nach § 613 a Abs. 1 Satz 2 bis 4 BGB vor (**Vorrang der kollektivrechtlichen Fortgeltung**). Bei der Prüfung der kollektivrechtlichen Fortgeltung von Tarifverträgen ist zu unterscheiden, ob beim übertragenden Rechtsträger ein Firmentarifvertrag oder ein Verbandstarifvertrag gilt. 39

aa) Firmentarifvertrag. Bei einem Firmentarifvertrag ist der Arbeitgeber (Rechtsträger) selbst Partei des Tarifvertrags[147]. Ein **Firmentarifvertrag gilt** im Fall der Verschmelzung **kollektivrechtlich weiter**. Der übernehmende Rechtsträger wird gem. § 20 Abs. 1 Nr. 1 Rechtsnachfolger des übertragenden Rechtsträgers und tritt in die Rechte und Pflichten des Firmentarifvertrags als (neue) Tarifvertragspartei gem. § 3 Abs. 1 TVG ein[148]. Der Firmentarifvertrag ist eine Verbindlichkeit iSd. § 20 Abs. 1 Nr. 1, die zum Vermögen des übertragenden Rechtsträgers zu zählen ist[149], wobei die Rechtsnachfolge nicht auf die Schuldnerstellung in isolierte Forderungen beschränkt ist, sondern die gesamte Stellung als Vertragspartei des Firmentarifvertrags umfasst[150]. Daher bleibt für die Anwendung von § 613 a Abs. 1 Satz 2 BGB iVm. § 324 kein Raum[151]. 40

bb) Verbandstarifverträge. Verbandstarifverträge werden zwischen Arbeitgebervereinigungen und der jeweils branchen- und gebietsmäßig zuständigen Gewerkschaft für die jeweiligen Mitglieder der Koalitionen abgeschlossen. Die Tarifbindung bei einem Verbandstarifvertrag beruht auf der Mitgliedschaft im tarifschließenden Arbeitgeberverband[152] und nicht auf der Stellung des Rechtsträgers als Partei des Tarifvertrags. Eine kollektivrechtliche Fortgeltung des Verbandstarifvertrags kommt daher nur in Betracht, wenn die Verbandsmitgliedschaft auf den Rechtsnachfolger übergeht. Das ist bei der Verschmelzung nicht der Fall, da die Ver- 41

---

[146] *BAG* NZA 1998, 1346, 1347 f. = EzA UmwG § 20 Nr. 1 mit zust. Anm. *Rieble*; *BAG* AP TVG § 1 Bezugnahme auf Tarifvertrag Nr. 17, 18; *Joost* in Lutter § 324 Rn 31; *Willemsen* in Kallmeyer § 324 Rn 24; *Preis* in Erfurter Komm. § 613 a BGB Rn 109.
[147] §§ 3 Abs. 1, 2 Abs. 1 TVG.
[148] *BAG* NZA 1998, 1346, 1347 (für die Verschmelzung durch Neugründung) = EzA UmwG § 20 Nr. 1 mit zust. Anm. *Rieble*; *LAG Köln* 27.1.2006 – 4 Sa 942/05; *Joost* in Lutter § 324 Rn 33; *Willemsen* in Kallmeyer § 324 Rn 24; *Bachner* NJW 1995, 2881, 2882; *Oetker* in Wiedemann § 3 TVG Rn 153 f. mwN; *Preis* in Erfurter Komm. § 613 a BGB Rn 183; *Zerres* ZIP 2001, 359, 366 mwN.
[149] *BAG* NZA 1998, 1346, 1347.
[150] *Rieble* Anm. zu BAG EzA UmwG § 20 Nr. 1.
[151] *BAG* AP TVG § 1 Bezugnahme auf Tarifvertrag Nr. 17; aA *Düwell* in Kasseler Hdb. 6.8 Rn 176; *B. Gaul* NZA 1995, 717, 722 ff.; *Preis* in Erfurter Komm. § 613 a BGB Rn 183, die Bindung des übernehmenden Rechtsträgers an den Firmentarifvertrag bei einer Verschmelzung durch Aufnahme ablehnen, weil sie eine Erstreckung des Firmentarifvertrags auf die Arbeitnehmer des übernehmenden Rechtsträgers befürchten. Sie verknüpfen jedoch sachwidrig die Frage des Übergangs der Rechtsstellung als Partei des Firmenvertrags mit der Frage des Geltungsbereichs des Firmenvertrags nach der Verschmelzung. So *Oetker* in Wiedemann § 3 TVG Rn 154; iE ebenso *Rieble* Anm. zu *BAG* EzA UmwG § 20 Nr. 1; *Zerres* ZIP 2001, 359, 366. Ausf. mit Beispielen *Hohenstatt* in Willemsen/Hohenstatt/Schweibert/Seibt E Rn 91 ff.
[152] § 3 Abs. 1 TVG.

bandsmitgliedschaft ein höchstpersönliches[153] und damit grundsätzlich nicht übertragbares Recht ist[154].

42   Eine kollektivrechtliche Fortgeltung des Verbandstarifvertrags kommt somit nur in Betracht, wenn der **übernehmende Rechtsträger demselben Arbeitgeberverband**, der den für den übertragenden Rechtsträger geltenden Tarifvertrag abgeschlossen hat, angehört oder ihm beitritt[155]. Ferner gilt ein Verbandstarifvertrag kollektivrechtlich weiter, wenn der Verbandstarifvertrag für **allgemeinverbindlich** erklärt worden ist und die an der Verschmelzung beteiligten Rechtsträger jeweils in den persönlichen, räumlichen und fachlichen Anwendungsbereich dieses Tarifvertrags fallen[156].

43   *cc) Rechtsfolgen der kollektivrechtlichen Fortgeltung.* Gilt ein Verbands- oder Firmentarifvertrag kollektivrechtlich weiter, finden seine Bestimmungen im Rahmen seines Geltungsbereichs grundsätzlich auf alle tarifgebundenen Arbeitnehmer Anwendung. Das gilt auch für die Betriebsnormen[157], die einer Transformation nach § 613 a Abs. 1 Satz 2 BGB nicht zugänglich sind.

44   Besondere Probleme bei der Verschmelzung können bei **konkurrierenden Tarifbindungen** entstehen, wenn für den übernehmenden Rechtsträger bereits ein Verbandstarifvertrag kraft Mitgliedschaft im Arbeitgeberverband oder ein mit der Gewerkschaft direkt verhandelter Firmentarifvertrag gilt. Es stellt sich die Frage, ob der Firmentarifvertrag des übertragenden Rechtsträgers nunmehr auch für die Arbeitnehmer des übernehmenden Rechtsträgers gilt. In Betracht kommt sowohl eine Bindung des Arbeitgebers an mehrere Tarifverträge (Tarifpluralität) als auch die Anwendung nur eines vorrangigen Tarifvertrags bei Tarifkonkurrenz.

45   IdR wird **Tarifpluralität** im übernehmenden Rechtsträger vorliegen. Das bedeutet, dass in den ehemaligen Betrieben des übertragenden Rechtsträgers der Firmentarifvertrag und in den Betrieben des übernehmenden Rechtsträgers die dort anwendbaren Tarifverträge gelten[158]. Davon ist jedenfalls auszugehen, wenn der Firmentarifvertrag des übertragenden Unternehmens mit einer anderen Gewerkschaft abgeschlossen worden ist als der für den übernehmenden Rechtsträger geltende Firmentarifvertrag[159]. Aber auch in Fällen, in denen die beteiligten Rechtsträger jeweils Firmentarifverträge mit derselben Gewerkschaft abgeschlossen haben, wird der Firmentarifvertrag des übertragenden Rechtsträgers idR dahin auszulegen sein, dass sich seine Geltung auf die zuvor beim übertragenden Unternehmen beschäftigten Arbeitnehmer beschränkt[160]. Zum einen beziehen sich Firmentarifverträge nicht

---

[153] § 38 BGB.
[154] *BAG* NZA 1998, 1346, 1347 f.; *Joost* in Lutter § 324 Rn 32; *Hohenstatt* in Willemsen/Hohenstatt/Schweibert/Seibt E Rn 90 mwN; *Oetker* in Wiedemann § 3 TVG Rn 19, 49, 162, 165, jeweils mwN; *Willemsen* in Kallmeyer § 324 Rn 24; *Zerres* ZIP 2001, 359, 364 mwN. Ein Übergang der Mitgliedschaft kommt in Betracht, wenn die Satzung des Arbeitgeberverbands eine Übertragung der Mitgliedschaft vorsieht (§ 40 BGB) und die Übertragung im Verschmelzungsvertrag vereinbart wird, so auch *Steffan* in Großkomm. KündigungsR § 324 Rn 12; *Mengel* S. 174 ff. Es reicht nicht aus, dass lediglich die Satzung eine Übertragung der Mitgliedschaft vorsieht, *LAG* Baden-Württemberg BB 2001, 257; *Mengel* S. 176.
[155] §§ 3 Abs. 1, 4 Abs. 1 TVG; *Joost* in Lutter § 324 Rn 32 mwN.
[156] § 5 TVG; *Joost* in Lutter § 324 Rn 32; *Oetker* in Wiedemann § 3 TVG Rn 165.
[157] § 3 Abs. 2 TVG.
[158] *Joost* in Lutter § 324 Rn 34; *Henssler*, FS Schaub, S. 311, 327; *Boecken* Rn 205; *Hohenstatt* in Willemsen/Hohenstatt/Schweibert/Seibt E Rn 94 ff.
[159] *BAG* AP TVG § 2 Tarifzuständigkeit Nr. 10; *Hohenstatt* in Willemsen/Hohenstatt/Schweibert/Seibt E Rn 95; *Zerres* ZIP 2001, 359, 366.
[160] *Joost* in Lutter § 324 Rn 34; *Henssler*, FS Schaub, S. 311, 327; *Boecken* Rn 205; *Oetker* in Wiedemann § 3 TVG Rn 154 mwN; *Zerres* ZIP 2001, 359, 366 mwN; aA *Rieble* Anm. zu BAG EzA UmwG § 20 Nr. 1, der von Tarifkonkurrenz ausgeht.

zwangsläufig auf alle Betriebe eines Unternehmens, zum anderen wird durch die Übernahme der Rechtsposition als Partei des Tarifvertrags der Geltungsbereich der Tarifnormen nicht erweitert[161]. Der Firmentarifvertrag des übernehmenden Rechtsträgers gilt jedoch auch für die Arbeitnehmer des übertragenden Rechtsträgers, wenn der Firmentarifvertrag schon unter Berücksichtigung der bevorstehenden Verschmelzung mit der auch für den übertragenden Rechtsträger zuständigen Gewerkschaft abgeschlossen worden ist.

Ein neben der Verschmelzung stattfindender Zusammenschluss betrieblicher Einheiten **46** kann als veränderte Geschäftsgrundlage eines Firmentarifvertrags dessen Weitergeltung nicht in Frage stellen, sondern allenfalls zur Kündigung des Tarifvertrags aus wichtigem Grund berechtigen[162]. Die normative Fortgeltung des Firmentarifvertrags hängt grundsätzlich nicht von der Existenz betrieblicher Organisationsstrukturen ab[163].

Die kollektive Fortgeltung eines Firmentarifvertrags kann auch zur **Tarifkonkurrenz** **47** führen, bspw. wenn der Firmentarifvertrag und der Verbandstarifvertrag beim übernehmenden Rechtsträger von derselben Gewerkschaft abgeschlossen wurden und die Arbeitnehmer Mitglied dieser Gewerkschaft sind. In diesem Fall hat der Firmentarifvertrag als der speziellere Tarifvertrag Vorrang vor dem Verbandstarifvertrag[164]. Ein Firmentarifvertrag geht einem Verbandstarifvertrag auch dann vor, wenn er Regelungen des Verbandstarifvertrags zu Lasten der Arbeitnehmer verdrängt[165]. Liegen ausnahmsweise konkurrierende Firmentarifverträge mit derselben Gewerkschaft vor, wird der Tarifvertrag des übertragenden Rechtsträgers durch denjenigen des übernehmenden Rechtsträgers abgelöst. Das folgt mittelbar aus § 613 a Abs. 1 Satz 3 BGB.

dd) Überleitungstarifverträge. **Für die Praxis** ist die kollektivrechtliche Fortgeltung von **48** Firmentarifverträgen von großer Bedeutung, insbesondere wenn der Firmentarifvertrag aus Arbeitnehmer- oder Arbeitgebersicht günstigere Regelungen enthält als der bei dem übernehmenden Rechtsträger geltende Tarifvertrag. Zur Vermeidung rechtlicher Auseinandersetzungen über die Anwendung des einen oder anderen Tarifvertrags können die beteiligten Rechtsträger und Gewerkschaften einen **Überleitungstarifvertrag** abschließen, der als (neuer) Firmentarifvertrag die nach der Verschmelzung geltenden Arbeitsbedingungen – ggf. nach bestimmten Übergangsfristen – für alle Arbeitnehmer einheitlich regelt.

c) Betriebsvereinbarungen. Da auch Betriebsvereinbarungen unmittelbar und zwin- **49** gend auf die Arbeitsverhältnisse einwirken[166], stellt sich auch bei ihnen die Frage nach einer kollektivrechtlichen Fortgeltung. Anders als der Firmentarifvertrag knüpfen Entstehung und Beendigung von Betriebsvereinbarungen an die zuständige Arbeitnehmervertretung bzw. den Fortbestand der betrieblichen Einheit an[167]. Daher führt die Verschmelzung nicht gene-

---

[161] *Joost* in Lutter § 324 Rn 34 mwN; *Zerres* ZIP 2001, 359, 366; aA *Rieble* Anm. zu BAG EzA UmwG § 20 Nr. 1.

[162] So auch *Rieble* Anm. zu BAG EzA UmwG § 20 Nr. 1 unter Hinweis auf *BAG* AP TVG § 1 Kündigung Nr. 3, aA *Henssler*, FS Schaub, S. 311, 327 f.; *Hohenstatt* in Willemsen/Hochstatt/Schweibert/Seibt E Rn 95; *Zerres* ZIP 2001, 359, 366.

[163] Ausnahmsweise gilt etwas anderes, wenn durch die Verschmelzung der fachliche oder räumliche Geltungsbereich des Firmentarifvertrags verlassen wird. Dann entfällt die normative Wirkung, die Tarifnormen wirken aber analog § 4 Abs. 5 TVG nach; vgl. *BAG* NZA 1998, 484 (für Herauswachsen aus dem fachlichen Geltungsbereich) und *Düwell* NZA 1996, 393, 395.

[164] *BAG* NZA 2005, 1003, 1004 mwN (einzelvertraglich vereinbarter Firmentarifvertrag verdrängt allgemeinverbindlichen Verbandstarifvertrag); *LAG Köln* 27.1.2006 – 4 Sa 942/05; *Zerres* ZIP 2001, 359, 366; ausführlich zur Tarifkonkurrenz *Oetker* in Wiedemann § 4 TVG Rn 264 ff., 289 ff. mwN sowie *Rieble* Anm. zu BAG EzA UmwG § 20 Nr. 1 zur Tarifkonkurrenz von Firmentarifverträgen.

[165] *BAG* NZA 2001, 312 = BB 2001, 1310.

[166] § 77 Abs. 4 BetrVG.

[167] *BAG* NZA 2003, 449, 450; *BAG* NZA 2003, 670, 673; *Thüsing* DB 2004, 2474, 2476 f.; *Mengel* S. 196.

rell zur kollektivrechtlichen Fortgeltung von Betriebsvereinbarungen gem. § 20 Abs. 1 Nr. 1 UmwG.

50 aa) *Betriebsvereinbarungen*. Die Betriebsvereinbarung gilt kollektivrechtlich fort, wenn der übergegangene Betrieb seine **Identität** wahrt[168]. Da der gesellschaftsrechtliche Vorgang der Verschmelzung die Identität der übergehenden Betriebe unberührt lässt, gelten die Betriebsvereinbarungen idR kollektivrechtlich weiter. Daneben muss der übernehmende Rechtsträger unter den Geltungsbereich des BetrVG fallen[169]. Werden die Betriebe oder Betriebsteile der übertragenden Rechtsträger hingegen bei der Verschmelzung ausnahmsweise organisatorisch mit anderen Betrieben zusammengefasst, geht die Betriebsidentität verloren[170] und § 613 a Abs. 1 Satz 2 bis 4 BGB iVm. § 324 finden Anwendung.

51 bb) *Gesamtbetriebsvereinbarungen*. Die Voraussetzungen für die kollektivrechtliche Fortgeltung von Gesamtbetriebsvereinbarungen sind umstritten[171]. Abzulehnen ist eine generelle kollektivrechtliche Fortgeltung nach § 20 Abs. 1 Nr. 1, weil bei der Gesamtbetriebsvereinbarung – wie auch bei der Betriebsvereinbarung – das Fortbestehen der betriebsverfassungsrechtlichen Identität maßgeblich ist[172]. Hierbei stellt sich die Frage, ob für die Identität auf das Unternehmen oder den oder die Betriebe abzustellen ist.

52 Hat der Gesamtbetriebsrat im Auftrag eines Betriebsrats eine Gesamtbetriebsvereinbarung abgeschlossen[173], handelt es sich der Sache nach um eine Einzelbetriebsvereinbarung[174]. Diese gilt kollektivrechtlich fort, wenn die Identität des beauftragenden Betriebs infolge der Verschmelzung unberührt bleibt[175]. Das ist der Regelfall.

53 Bei Gesamtbetriebsvereinbarungen im originären Zuständigkeitsbereich ist eine kollektivrechtliche Fortgeltung anzunehmen, wenn der ursprüngliche Bezugsrahmen für die Gesamtbetriebsvereinbarung auch noch nach der Umwandlung unverändert fortbesteht. Nach der Rechtsprechung des ersten Senats sind Bezugsobjekt und Regelungssubstrat von Gesamtbetriebsvereinbarungen nicht das Unternehmen, sondern die einzelnen Betriebe[176]. Hat der übernehmende Rechtsträger keine Betriebsräte, gilt danach Folgendes: Werden alle oder mehrere Betriebe vom übernehmenden Rechtsträger übernommen, gilt die Gesamtbetriebsvereinbarung kollektivrechtlich fort. Wird nur ein Betrieb übernommen, gilt die Gesamtbetriebsvereinbarung als Einzelbetriebsvereinbarung kollektivrechtlich weiter. Dies soll auch dann gelten, wenn lediglich ein Betriebsteil übertragen und dieser vom übernehmenden Rechtsträger als selbstständiger Betrieb fortgeführt wird[177]. Das BAG hat offen gelassen, ob diese Grundsätze gleichfalls anzuwenden sind, wenn der übernehmende

---

[168] *BAG* NZA 2003, 670, 673; *BAG* NZA 2003, 449, 450; *BAG* AP BGB § 613 a Nr. 89 = NZA 1991, 639; *BAG* AP BGB § 613 a Nr. 118 = NZA 1995, 222; *Müller* RdA 1996, 287, 291 ff.; *Joost* in Lutter § 324 Rn 39; *Preis* in Erfurter Komm. § 613 a BGB Rn 110 mwN; *Röder/Haußmann* DB 1999, 1754 mwN; *Wank* in MünchHdbArbR § 124 Rn 199, 223.

[169] *Schaub*, FS Wiese, S. 535, 539.

[170] Dazu *BAG* DB 2002, 48, 50.

[171] Ausf. zum Streitstand *BAG* NZA 2003, 670, 673 f. mwN; *Hohenstatt/Müller-Bonanni* NZA 2003, 766 ff.; *Thüsing* DB 2004, 2474, 2476 ff.; *Steffan* in Großkomm. KündigungsR § 613 a BGB Rn 115.

[172] *BAG* NZA 2003, 670, 673 ff.; *Hohenstatt/Müller-Bonanni* NZA 2003, 766 ff.; *Thüsing* DB 2004, 2474, 2476 ff.;

[173] § 50 Abs. 2 Satz 1 BetrVG.

[174] *BAG* NZA 2003, 670, 673; *Joost* in Lutter § 324 Rn 43.; *Fitting* § 50 BetrVG Rn 73; *Röder/Haußmann* DB 1999, 1754, 1755; *Steffan* in Großkomm. KündigungsR § 613 a BGB Rn 17; vgl. *BAG* AP BetrVG 1972 § 58 Nr. 2 = NZA 1998, 497, 498 (Beauftragung ist lediglich die Befugnis, anstelle des originär zuständigen Betriebsverfassungsorgans tätig zu werden).

[175] *Joost* in Lutter § 324 Rn 45; *Fitting* § 50 BetrVG Rn 77; *Röder/Haußmann* DB 1999, 1754, 1755

[176] *BAG* NZA 2003, 670, 673; *Fitting* § 77 BetrVG Rn 169.

[177] *BAG* NZA 2003, 670, 675; *Wahlig/Witteler* AuA 2004, 14 ff. mit Beispielen; *Fitting* § 50 BetrVG Rn 77, § 77 BetrVG Rn 169 mwN; aA *LAG Hamm* NZA-RR 2003, 369; *Preis/Richter* ZIP 2004, 925, 929 f.; *Thüsing* DB 2004, 2474, 2477, 2480; *Hohenstatt/Müller-Bonanni* NZA 2003, 766, 769 ff.

Rechtsträger bereits Betriebe und Betriebsräte hat; das Schrifttum wendet die Grundsätze des BAG auch auf diese Fälle an[178]. Die **weit reichende kollektivrechtliche Fortgeltung von Gesamtbetriebsvereinbarungen** erscheint dogmatisch nicht zwingend[179]. In jedem Fall dürfte eine kollektivrechtliche Fortgeltung von Gesamtbetriebsvereinbarungen aber anzunehmen sein, wenn sämtliche Betriebe auf einen übernehmenden Rechtsträger ohne eigene Betriebe und Betriebsräte übertragen werden[180]. Hat der übernehmende Rechtsträger einen Gesamtbetriebsrat und finden Gesamtbetriebsvereinbarungen Anwendung, kommt es zu einer Kollision von Betriebsvereinbarungen[181]. Werden mehrere Rechtsträger mit jeweils eigenständigen Gesamtbetriebsvereinbarungen auf einen übernehmenden Rechtsträger ohne eigene Betriebsräte verschmolzen, dürften die Gesamtbetriebsvereinbarungen in den für sie maßgeblichen Betrieben kollektivrechtlich weitergelten, ohne dass es zu einer Kollision kommt.

cc) Konzernbetriebsvereinbarungen. Konzernbetriebsvereinbarungen gelten im Fall der konzerninternen Verschmelzung abhängiger Rechtsträger kollektivrechtlich weiter[182]. Im Übrigen beurteilt sich die kollektivrechtliche Fortgeltung bei der Verschmelzung entsprechend den Grundsätzen für Gesamtbetriebsvereinbarungen[183]. Nach der Rechtsprechung des BAG ist danach im Zweifel von einer weit reichenden kollektivrechtlichen Fortgeltung von Konzernbetriebsvereinbarungen auszugehen, auch wenn dies dogmatisch nicht zwingend ist. **54**

dd) Kollision von Betriebsvereinbarungen. Gelten Betriebsvereinbarungen kollektivrechtlich fort, kann es zur **Kollision mit Betriebsvereinbarungen des übernehmenden Rechtsträgers** kommen[184]. Bei kollidierenden Gesamt- oder Konzernbetriebsvereinbarungen werden die Betriebsvereinbarungen des übertragenden Rechtsträgers verdrängt[185]. Ist den Gesamtbetriebsvereinbarungen des übernehmenden Rechtsträger keine Beschränkung des Geltungsbereichs zu entnehmen, erstrecken sie ihre normative Wirkung auch auf die Arbeitnehmer der neuen Betriebe des übertragenden Rechtsträgers, soweit die Arbeitnehmer durch Betriebsräte vertreten werden[186]. Das lässt sich aus dem in § 50 Abs. 1 Satz 1 BetrVG anerkannten unternehmensweiten Vereinheitlichungsinteresse und dem Rechtsgedanken des § 613 a Abs. 1 Satz 3 BGB ableiten[187]. Trotz Fortbestands der Identität des übernommenen Betriebs endet eine für den Betrieb abgeschlossene Betriebsvereinbarung daher, wenn in dem übernehmenden Unternehmen eine Gesamtbetriebsvereinbarung über denselben Gegenstand besteht, die für die einzelne Betriebsvereinbarung keinen Raum mehr lässt[188]. Voraussetzung für die Ablösung der (Konzern-, Gesamt-) Betriebsvereinbarungen der übertragenden Rechtsträger durch Betriebsvereinbarungen des übernehmenden Rechtsträgers ist, dass die Betriebsvereinbarungen des übernehmenden Rechtsträgers denselben Gegenstand regeln und sich auch auf dieselben Betriebe erstrecken. Das ist eine Auslegungsfrage. In der Praxis empfiehlt es sich daher, mit den zuständigen Betriebsräten vor der Verschmelzung **55**

---

[178] *Fitting* § 77 BetrVG Rn 169; *Wahlig/Witteler* AuA 2004, 14; 17 f.; aA *Joost* in Lutter § 324 Rn 44.
[179] Ausf. *Preis/Richter* ZIP 2004, 925 ff.; *Thüsing* DB 2004, 2474 ff.; *Joost* in Lutter § 324 Rn 45.
[180] *Preis/Richter* ZIP 2004, 925, 937 f.
[181] Siehe § 20 Rn 55.
[182] *Joost* in Lutter § 324 Rn 46 mwN.
[183] *Röder/Haußmann* DB 1999, 1754, 1759; *Mengel* S. 198 mwN.
[184] Ausf. *Meyer* DB 2000, 1174 ff.
[185] *BAG* AP BetrVG 1972 § 77 Nr. 14; ausführlich *Meyer* DB 2000, 1174 zu den Ablösungsmöglichkeiten bei Gesamt- und Konzernbetriebsvereinbarungen.
[186] *LAG München* DB 1989, 880; *Düwell* in Kasseler Hdb. 6.8 Rn 171. Dass dies auch für betriebsratslose Betriebe gilt, ist nach der Neufassung von §§ 50 Abs. 1 Satz 1 2. Halbs, 58 Abs. 1 Satz 1 2. Halbs. BetrVG naheliegend.
[187] *Düwell* in Kasseler Hdb. 6.8 Rn 172; *Röder/Haußmann* DB 1999, 1754, 1758; *Schaub*, FS Wiese, S. 535, 542.
[188] *BAG* AP BetrVG 1972 § 77 Nr. 14; *BAG* EzA § 50 BetrVG 1972 Nr. 10.

zu vereinbaren, welche Betriebsvereinbarungen fortgelten oder abgelöst werden sollen[189]. Besonderheiten bestehen zudem bei der Ablösung von Betriebsvereinbarungen, die die betriebliche Altersversorgung betreffen. Das BAG unterzieht die Ablösung und Neuregelung der betrieblichen Altersversorgung einer Billigkeitskontrolle unter Berücksichtigung des erworbenen Besitzstands der Arbeitnehmer[190].

56 **d) Dienstverträge.** Dienstverträge mit Organmitgliedern fallen grundsätzlich nicht unter § 613 a Abs. 1 Satz 1 BGB, weil es sich hierbei nicht um Arbeitsverträge handelt[191]. Die mit dem übertragenden Rechtsträger abgeschlossenen Dienstverträge gehen im Wege der Gesamtrechtsnachfolge auf den übernehmenden Rechtsträger über[192]. Die Dienstverträge mit Organmitgliedern enden im Fall der Verschmelzung selbst dann nicht automatisch, wenn die Dauer des Dienstvertrags an den Bestand der Organstellung gebunden ist[193]. Etwas anderes gilt, wenn im Dienstvertrag ausdrücklich vereinbart ist, dass dieser mit Wirksamwerden der Verschmelzung aufgelöst werden soll[194]. Auch die geschuldete Vergütung bleibt von der Verschmelzung grundsätzlich unberührt[195]. Umstritten ist, ob Regelungen über eine erfolgsabhängige Vergütung durch ergänzende Auslegung nach den Regeln über den Wegfall der Geschäftsgrundlage an die Situation nach der Verschmelzung anzupassen sind[196]. Das dürfte von der konkreten Regelung im Einzelfall abhängen. Für die Praxis ist zu empfehlen, die Tantieme in ihrer durchschnittlichen Höhe bis zum Abschluss einer Neuregelung weiter zu bezahlen. Kommt eine Einigung der Parteien nicht zustande, ist im Zweifel der Durchschnitt der bisher bezogenen Tantieme zugrunde zu legen.

57 Der Verlust der Organstellung infolge der Verschmelzung führt nicht zur **Umwandlung des Dienst- in ein Arbeitsverhältnis**[197]. Wird das Dienstverhältnis nach Beendigung der Organstellung jedoch mit einem anderen Dienstposten und nach Weisungen des übernehmenden Rechtsträgers fortgesetzt, wandelt sich das Dienst- in ein Arbeitsverhältnis um[198]. Dies gilt auch, wenn der andere Dienstposten die Organstellung bei einer abhängigen Gesellschaft beinhaltet[199].

58 Die Verschmelzung ist idR kein Grund für eine außerordentliche Kündigung des Anstellungsverhältnisses durch den übernehmenden Rechtsträger[200]. Von praktischer Bedeutung ist ferner, ob dem Organmitglied infolge des umwandlungsbedingten Verlusts der Organstellung ein **Recht zur außerordentlichen Kündigung**[201] zusteht. Das ist Tatfrage und hängt insbesondere vom Inhalt des Dienstvertrags ab, beispielsweise von der Restlaufzeit des

---

[189] *Röder/Haußmann* DB 1999, 1754, 1759.
[190] Dazu *BAG* AP BetrAVG § 1 Ablösung Nr. 1, 9; *BAG* NZA 2002, 520; *Gaul/Kühnreich* NZA 2002, 495 ff.
[191] § 324 Rn 15 f. auch zum Übergang eines ruhenden Arbeitsverhältnisses des Organmitglieds nach § 613 a BGB iVm § 324.
[192] § 20 Abs. 1 Nr. 1; *BAG* GmbHR 2003, 765, 767 = NZA 2003, 552, 553; *BGH* NJW 1995, 675, 676 (zur Verschmelzung nach KapErhG); *Buchner/Schlobach* GmbHR 2004, 1, 15; *Grunewald* in Lutter Rn 28 mwN; *Marsch-Barner* in Kallmeyer Rn 13; *Röder/Lingemann* DB 1993, 1341, 1344 f., 1350.
[193] *Röder/Lingemann* DB 1993, 1341, 1344; aA *Grunewald* in Lutter Rn 28.
[194] *Röder/Lingemann* DB 1993, 1341, 1344; wohl auch *Marsch-Barner* in Kallmeyer Rn 15.
[195] *Baums* ZHR 156 (1992) 248, 251 f.; *Grunewald* in Lutter Rn 28; *Marsch-Barner* in Kallmeyer Rn 13; aA *Hockemeier* S. 73 ff., 80, 135.
[196] Bejahend *Marsch-Barner* in Kallmeyer Rn 13; *Hockemeier* S. 123 f.; wohl auch *Stratz* in Schmitt/Hörtnagl/Stratz Rn 46; verneinend *Grunewald* in Lutter Rn 28; *Röder/Lingemann* DB 1993, 1341, 1347.
[197] *BAG* NZA 2003, 552, 555 mwN; *BGH* NZA 2000, 376, 377; *BGH* NJW 1995, 675, 676; *OLG Brandenburg* NZA-RR 1996, 405, 406.
[198] *BAG* NZA 2003, 552, 555; *OLG Frankfurt am Main* NZA-RR 2000, 385, 386 mwN; *Buchner/Schlobach* GmbHR 2004, 1, 17.
[199] *BAG* NZA 2003, 552, 555.
[200] *Marsch-Barner* in Kallmeyer Rn 14; ausführlich *Röder/Lingemann* DB 1993, 1341, 1345 ff.
[201] § 626 BGB.

Dienstvertrags. Eine außerordentliche Kündigung scheidet aus, wenn der Dienstvertrag vorsieht, dass das Organmitglied nach der Verschmelzung als leitender Angestellter oder in neuer Organfunktion (zB als Geschäftsführer einer GmbH statt als Vorstand einer AG) weiter tätig wird[202]. Sieht der Dienstvertrag hingegen ausschließlich eine Tätigkeit als Organ vor, kann die Fortsetzung des Dienstverhältnisses als Arbeitsverhältnis wegen des Entzugs der Organstellung im Einzelfall unzumutbar sein[203]. Wird eine **AG auf eine GmbH** verschmolzen und soll der Vorstand nunmehr als Geschäftsführer tätig werden, dürfte idR allein der Umstand, dass der Vorstand nunmehr Weisungen der Gesellschafter unterliegt, nicht zur Unzumutbarkeit der Fortsetzung des Dienstverhältnisses führen.

In der Praxis sollten die beteiligten Rechtsträger rechtzeitig vor der Verschmelzung mit den übergehenden Organmitgliedern klare Regelungen über die künftige Ausgestaltung des Dienstverhältnisses nach der Verschmelzung treffen. Dies gilt insbesondere dann, wenn der übernehmende Rechtsträger auf die Fortsetzung des bestehenden Dienstverhältnisses mit den Organmitgliedern des übertragenden Rechtsträgers Wert legt. Überdies lässt sich sonst nicht ausschließen, dass dem Organmitglied im Einzelfall **Schadensersatzansprüche** nach § 628 Abs. 2 BGB zustehen[204]. 59

4. Rechtsverhältnisse zwischen den beteiligten Rechtsträgern und ihren Anteilseignern

a) Rechtsverhältnisse zwischen übertragendem und übernehmendem Rechtsträger. Rechtsverhältnisse zwischen den beteiligten Rechtsträgern werden durch die Eintragung der Verschmelzung beendet. Das gilt auch für Unternehmensverträge[205] zwischen übertragendem und aufnehmendem Rechtsträger. **Forderungen** und **Verbindlichkeiten** erlöschen durch Konfusion[206]. 60

b) Rechtsverhältnisse zwischen dem übernehmenden Rechtsträger und seinen Anteilsinhabern. Bei den **Rechtsbeziehungen**, die zwischen **einem der beteiligten Rechtsträger** und **dessen Anteilsinhabern** bestehen, ist zwischen übertragendem und übernehmendem Rechtsträger zu unterscheiden. Für die **Beziehungen zwischen dem übernehmenden Rechtsträger und den an ihm Beteiligten** gilt grundsätzlich, dass sie durch die Verschmelzung nicht berührt werden. Ist dem Gesellschafter ein als **Eigenkapitalersatz** gebundenes Darlehen zurückgezahlt worden, kann die Erstattung auch nach dem Vollzug der Verschmelzung verlangt werden; das gilt auch dann, wenn das Gesellschaftsvermögen in der Zwischenzeit wieder über den Betrag des Stammkapitals hinaus angewachsen und die Unterbilanz dadurch entfallen ist[207]. Eine noch nicht beglichene **Einlageverbindlichkeit** bleibt ebenso bestehen wie die eventuelle Haftung der übrigen Gesellschafter hierfür[208]. Nach der Verschmelzung erstreckt sich diese Haftung auf die hinzugetretenen Gesellschafter. In diesem Fall kann jeder einzelne Gesellschafter des übertragenden Rechtsträgers den Verschmelzungsbeschluss dadurch zu Fall bringen, dass er seine Zustimmung verweigert[209]. 61

---

[202] *Röder/Lingemann* DB 1993, 1341, 1347; *Willemsen* in Willemsen/Hohenstatt/Schweibert/Seibt H Rn 159.
[203] Vgl. *OLG Karlsruhe* GmbHR 2003, 771, 772 f. mwN (zum ähnlichen Fall der Abberufung des Geschäftsführers); ausf. *Röder/Lindemann* DB 1993, 1341, 1347 mwN; *Willemsen* in Willemsen/Hohenstatt/Schweibert/Seibt H Rn 159; *Stratz* in Schmitt/Hörtnagl/Stratz Rn 48.
[204] Dazu *Röder/Lingemann* DB 1993, 1341, 1347 f.; *Marsch-Barner* in Kallmeyer Rn 14; *OLG Karlsruhe* GmbHR 2003, 771 (zur Abberufung des Geschäftsführers).
[205] Vgl. Rn 29.
[206] Zur Ausnahmeregelung des § 25 siehe dort Rn 25 ff.
[207] BGHZ 144, 336, 340; *Grunewald* in Lutter Rn 45.
[208] Siehe § 24 GmbHG.
[209] § 51 Abs. 1.

62 Auch die **Nebenverpflichtungen**, die der übernehmende Rechtsträger seinen Anteilseignern auferlegt, bleiben bestehen. Soweit sie für alle Anteilsigner gelten sollen, binden sie auch die durch die Verschmelzung Hinzutretenden. Diese können sich dadurch schützen, dass sie dem Verschmelzungsbeschluss des übertragenden Rechtsträgers widersprechen und von dem Angebot Gebrauch machen, ihre Beteiligung gegen eine angemessene Barabfindung abzugeben[210].

63 **c) Rechtsverhältnisse zwischen dem übertragenden Rechtsträger und seinen Anteilsinhabern.** Ansprüche des **übertragenden Rechtsträgers** gegen einen seiner Anteilseigner aus der unberechtigten Zurückzahlung als **Eigenkapitalersatz** gebundenen Vermögens gehen grundsätzlich auf den übernehmenden Rechtsträger über[211]. Sie bleiben bestehen, auch wenn die Verschmelzung ihre Voraussetzungen beseitigt. Das ist insbesondere dann der Fall, wenn die Unterbilanz durch die Vermögensausstattung des übernehmenden Rechtsträgers beseitigt wird[212]. Dasselbe gilt, wenn die Beteiligung des zur Erstattung verpflichteten Anteilseigners durch die Verschmelzung unter die für die jeweilige Rechtsform maßgebliche Schwelle absinkt[213].

64 Ansprüche des übertragenden Rechtsträgers auf Leistung der **Einlage** gehen mit der Verschmelzung auf den übernehmenden Rechtsträger über[214]. Das gilt auch soweit sich diese Ansprüche gegen Vormänner[215] oder auf die Mithaftung der übrigen Gesellschafter richten[216]. Die Gesamtrechtsnachfolge erstreckt diese Haftung auch im Fall der Verschmelzung zweier Gesellschaften mit beschränkter Haftung nicht auf die bisherigen Anteilseigner des übernehmenden Rechtsträgers[217]. Das Gegenteil ist auch § 51 nicht zu entnehmen, da dort ein Zustimmungsvorbehalt für die Anteilseigner nur des übertragenden und nicht des übernehmenden Rechtsträgers vorgesehen ist[218].

65 **Nebenverpflichtungen**, die die **Anteilseigner eines übertragenden Rechtsträgers** treffen, können auf den übernehmenden Rechtsträger übergehen[219]. Da sie in der Satzung oder im Gesellschaftsvertrag verankert sein müssen, setzt der Übergang voraus, dass sie in Satzung oder Gesellschaftsvertrag des übernehmenden Rechtsträgers aufgenommen werden[220]; sie entfallen, wo dies unterbleibt.

5. Anhängige Zivilprozesse

66 Anhängige **Zivilprozesse**, in die ein übertragender Rechtsträger verwickelt ist, werden mit dem übernehmenden Rechtsträger **fortgesetzt**. Höchstrichterliche Rechtsprechung[221] und hM[222] setzen die Verschmelzung mit dem Tod einer Partei gleich und

---

[210] §§ 29 ff.
[211] *Grunewald* in Lutter Rn 46.
[212] BGHZ 144, 336, 340.
[213] Sie beträgt für die GmbH 10% (§ 32 a Abs. 3 Satz 2 GmbHG), für die AG 25% (BGHZ 90, 381, 390).
[214] RGZ 136, 313, 316; RG JW 1933, 1012, 1014 mit Anm. *Flechtheim*; BGH DB 1990, 1707, 1708 für den vergleichbaren Fall einer nicht einbezahlten Kommanditeinlage nach Umwandlung in eine GmbH.
[215] § 65 AktG.
[216] § 24 GmbHG.
[217] Vgl. *Winter* in Lutter § 51 Rn 9 ff.
[218] Vgl. umfassend hierzu § 51 Rn 10 ff. Anders *Grunewald* in Lutter Rn 42.
[219] RGZ 136, 313, 316.
[220] *Grunewald* in Lutter Rn 48; *Marsch-Barner* in Kallmeyer Rn 8.
[221] RGZ 56, 331, 332; BGH NJW 1971, 1844; BGH ZIP 2004, 92, 93 für die Verschmelzung; ebenso BGH ZIP 2002, 614, 615; 2004, 1047, 1048; 2005, 854, 855 für den vergleichbaren Fall, dass eine zweigliedrige Personengesellschaft während des Prozesses durch Ausscheiden eines der Gesellschafter in ein einzelkaufmännisches Unternehmen überführt wird.
[222] *Kraft* in Kölner Komm. § 346 AktG Rn 26; *Marsch-Barner* in Kallmeyer Rn 25; *Vossius* in Widmann/Mayer Rn 258; *Bermel* in Goutier/Knopf/Tulloch Rn 26; *Hennrichs* S. 85; *Stöber* S. 574 f.

leiten daraus gemäß §§ 239, 241 ZPO grundsätzlich die Unterbrechung des Verfahrens ab. Das ist insofern fragwürdig, als der häufig überraschende Todesfall mit der planmäßig herbeigeführten Verschmelzung nicht gleichzusetzen ist: bei letzterer ist ein legitimer Bedarf für die das Verfahren verzögernde Unterbrechung in aller Regel nicht ersichtlich[223]. Im Regelfall des Anwaltsprozesses, für den eine Prozessvollmacht erteilt worden ist, bleibt der Unterschied zwischen diesen Auffassungen gering, weil die Prozessvollmacht gemäß § 86 ZPO den Tod einer Partei und damit auch die Umwandlung überdauert und in diesem Fall die Unterbrechung des Verfahrens gemäß § 246 Abs. 1 ZPO nicht erfolgt[224]; der einzige Unterschied besteht darin, dass das Prozessgericht auf Antrag die Aussetzung des Verfahrens anzuordnen hat; es ist bislang ungeklärt, ob dies auch für den Fall der Umwandlung gelten soll. Grundsätzlich gilt, dass das Verfahren ohne Unterbrechung fortgesetzt wird und der übernehmende Rechtsträger in das Prozessrechtsverhältnis eintritt. Ergeht ein rechtskräftiges Urteil, nachdem die Verschmelzung eingetragen ist, wirkt es für und gegen den übernehmenden Rechtsträger[225]. Für die Zwangsvollstreckung bedarf es der Umschreibung des Titels für bzw. gegen die Rechtsnachfolger[226]. In den übrigen Fällen genügt die Berichtigung des Rubrums[227]. Auch wenn die Klage gegen den übertragenden Rechtsträger gerichtet ist, ist sie nach Eintragung der Verschmelzung dem übernehmenden Rechtsträger zuzustellen[228]. Diese Regeln gelten entsprechend für die Verfahren vor den Arbeitsgerichten. Der Fortgang von Verfahren vor den Verwaltungsgerichten hängt von ihrem Streitgegenstand ab.

6. Öffentlich-rechtliche Rechtsverhältnisse

Die Gesamtrechtsnachfolge betrifft privatrechtlich zugeordnete Vermögenspositionen. Öffentlich-rechtliche Rechtsverhältnisse sind nicht automatisch einbezogen, vielmehr ist nach den **Zwecken** zu differenzieren, die den jeweiligen Regelungsmaterien zugrunde liegen.

a) Steuern. Steuerschulden und Ansprüche auf Steuererstattung der übertragenden Rechtsträger zählen trotz ihrer öffentlich-rechtlichen Natur zum (Aktiv- oder Passiv-) Vermögen und werden dadurch von der Gesamtrechtsnachfolge erfasst[229]. Soweit beim übertragenden Rechtsträger vor der Verschmelzung die Grundlagen für seine spätere Besteuerung eingetreten sind, werden sie nach der Verschmelzung dem übernehmenden Rechtsträger mit der Folge zugerechnet, dass sie nunmehr bei der Festlegung seiner Steuerlast zu berücksichtigen sind[230].

b) Sachbezogene Verwaltungsakte. Verwaltungsakte, die einzelne Gegenstände des Vermögens eines übertragenden Rechtsträgers **betreffen**, gehen mit diesen Gegenständen auf den übernehmenden Rechtsträger über. Das gilt etwa für Baugenehmigungen, aber auch für baupolizeiliche Beseitigungsanordnungen und Benutzungsuntersagungen[231] oder für die Pflicht, kontaminierte Grundstücke zu sanieren[232].

c) Rechtsformgebundene Erlaubnisse. Grundsätzlich anders verhält es sich mit **Erlaubnissen** oder **Zulassungen**, die sich auf bestimmte **Betätigungen** beziehen. Sie sind vielfach an bestimmte **Rechtsformen** gebunden:

---

[223] *Grunewald* in Lutter Rn 55.
[224] *BGH* ZIP 2004, 92, 93 und 1047, 1048; 2005, 854, 855.
[225] § 325 Abs. 1 ZPO.
[226] § 727 ZPO; *OLG München* DB 1989, 1918.
[227] § 319 ZPO; *BGH* ZIP 2004, 92, 93 = WM 2004, 127 f.; *Grunewald* in Lutter Rn 55.
[228] *OLG Hamburg* ZIP 2004, 906.
[229] § 45 AO; *BFH* NJW 1993, 1222, 1223.
[230] *BFH* GmbHR 2004, 263 f.
[231] *Hennrichs* S. 83.
[232] *BVerwG* NVwZ 2006, 928; *Marsch-Barner* in Kallmeyer Rn 26.

§ 20 71, 72 Zweites Buch. Verschmelzung

– Die Erlaubnis zur Ausübung des Gewerbes eines Versteigerers darf nur natürlichen Personen erteilt werden[233].
– Das Investmentgeschäft kann nur in der Form der AG oder GmbH betrieben werden[234].
– Hypothekenbanken sind nur als AG zulässig[235].
– Versicherungen bedürfen der Rechtsform der AG oder des VVaG[236].
– Das Geschäft der Bausparkassen kann wiederum nur als AG[237] und das Bankgeschäft nur von Handelsgesellschaften und nicht von Einzelkaufleuten betrieben werden[238].

In allen diesen Fällen bewirkt die Verschmelzung mit einem übernehmenden Rechtsträger, der diesen Anforderungen nicht entspricht, das Erlöschen der Genehmigung.

71 d) **Unternehmens- und personenbezogene Erlaubnisse.** Sie verfolgen generell den Zweck, die Ausübung bestimmter Tätigkeiten davon abhängig zu machen, dass konkreten Anforderungen – Kapitalisierung, Sachkunde, Zuverlässigkeit – Rechnung getragen wird. Soweit es sich um Erfordernisse handelt, die das Unternehmen betreffen, ist von dem Grundsatz auszugehen, dass sie von der Gesamtrechtsnachfolge nicht erfasst werden und deshalb nicht auf den übernehmenden Rechtsträger übergehen. Das ist eindeutig für die Zulassung zur Veranstaltung privaten Rundfunks: Sie kann nicht auf einen anderen Rechtsträger übergehen; dieser bedarf einer erneuten Zulassung; selbst ein bloßer Wechsel im Kreise der Gesellschafter bedarf der Bestätigung konzentrationsrechtlicher Unbedenklichkeit[239]. Die gewerberechtliche Erlaubnis wird bei Personengesellschaften deren Partnern und bei Kapitalgesellschaften der AG oder GmbH erteilt[240]. Daraus folgt zunächst, dass sie bei Verschmelzung auf einen Rechtsträger der jeweils anderen Kategorie in jedem Fall neu erteilt werden muss. Das sollte grundsätzlich aber auch für die übrigen Verschmelzungsfälle gelten[241]. Ausnahmen sind dort in Betracht zu ziehen, wo das Gesetz im Fall des Todes des Inhabers die Fortführung des erlaubten Betriebs durch die Erben zulässt[242]; hier ist die analoge Anwendung auf Verschmelzungen in Betracht zu ziehen, wo die geforderte Zuverlässigkeit schon deshalb gewährleistet ist, weil das dafür verantwortliche Personal seine Funktionen behält[243]. Zudem gilt die Erlaubnis fort, wo sie nicht dem Unternehmen, sondern einer Einzelperson, etwa dem Geschäftsleiter eines Kreditinstituts, erteilt worden ist; das gilt auch dann, wenn die übernehmende Bank einer neuen Lizenz bedarf.

72 e) **Vergabeverfahren.** Hat der übertragende Rechtsträger an einem vorgeschriebenen Vergabeverfahren teilgenommen und den Zuschlag erhalten, dann geht auch diese Rechtsposition im Wege der Gesamtrechtsnachfolge auf den übernehmenden Rechtsträger über. Anders verhält es sich, wenn die Umwandlung schon vor der Vergabe eingetragen worden ist. In diesem Fall wird das Bieterunternehmen während des Vergabeverfahrens ausgetauscht; das ist eine inhaltliche Änderung des Angebots, die die Transparenz des Verfahrens beeinträchtigt und deshalb den Ausschluss vom weiteren Verfahren zur Folge hat. Er lässt sich vermeiden, wenn der übernehmende Rechtsträger von vornherein als Bieterunternehmer auftritt.[244]

---

[233] § 34 b Abs. 3 GewO.
[234] § 1 Abs. 2 KAGG.
[235] § 2 HypBankG.
[236] § 7 Abs. 2 VAG.
[237] § 2 Abs. 1 BauspG.
[238] § 2 a KWG.
[239] Das ergibt sich aus den §§ 26 ff. RStV.
[240] *Gaiser* DB 2000, 361 f.
[241] *Gaiser* DB 2000, 361, 364; einschränkend *Marsch-Barner* in Kallmeyer Rn 26 und *Grunewald* in Lutter Rn 13.
[242] Derartige Regelungen finden sich etwa in §§ 46 GewO, 4 HwO, 34 Abs. 2 KWG, 19 PBefG und 10 GastG.
[243] AA *Gaiser* DB 2000, 361, 364.
[244] *OLG Düsseldorf* VergabeR 2007, 92.

IV. Erlöschen der übertragenden Rechtsträger (Abs. 1 Nr. 2)

Die Eintragung der Verschmelzung im Register des Sitzes des übernehmenden Rechts- 73 trägers bringt die übertragenden Rechtsträger automatisch, d. h. ohne weitere Rechtsakte oder Registereintragungen, zum Erlöschen[245]. Es bedarf auch keiner Abwicklung, da die Aktiva und Passiva auf den übernehmenden Rechtsträger übergegangen sind. Auch die Organe sind entfallen. Deshalb können keine Beschlüsse mehr gefasst werden. Beschlüsse, deren Wirksamkeit von ihrer Eintragung in ein Register abhängt, bleiben unwirksam, da ihre Eintragung nicht mehr möglich ist. Allein für Schadensersatzansprüche gegen Mitglieder des Vertretungs- oder des Aufsichtsorgans eines übertragenden Rechtsträgers wird dessen Fortbestand fingiert[246]. Auch die Anteile an den übertragenden Rechtsträgern gehen automatisch unter. Aber auch diese Wirkung tritt erst mit der Eintragung ein. Der Verschmelzungsvertrag bewirkt keine Verfügungsbeschränkungen; ist der übertragende Rechtsträger eine AG, dann können die Aktionäre ihre Aktien weiterhin wirksam veräußern. Die Erwerber werden mit der Eintragung zu Anteilseignern des übernehmenden Rechtsträgers[247].

V. Anteilserwerb der bisherigen Anteilsinhaber der übertragenden Rechtsträger (Abs. 1 Nr. 3)

1. Der Grundsatz des automatischen Anteilserwerbs (Abs. 1 Nr. 3 Satz 1 1. Halbs.)

Mit der Eintragung der Verschmelzung im Register des übernehmenden Rechtsträgers 74 erwerben die Anteilsinhaber des übertragenden Rechtsträgers Anteile am übernehmenden Rechtsträger[248]. Dieser **Erwerb** vollzieht sich **kraft Gesetzes**; es bedarf keiner besonderen Übertragungsakte oder Dokumentation. Unerheblich ist, ob die Anteile durch Kapitalerhöhung neu geschaffen worden sind, ob der übernehmende Rechtsträger sie als eigene Anteile gehalten hat oder ob sie sich im Vermögen eines der übertragenden Rechtsträger befanden. Im letzteren Fall vollzieht sich der Übergang unmittelbar zwischen dem übertragenden Rechtsträger und den neuen Anteilseignern. Es findet kein Durchgangserwerb beim übernehmenden Rechtsträger statt[249].

Im Verschmelzungsvertrag kann nicht wirksam vereinbart werden, dass die Anteilseigner 75 des übertragenden Rechtsträgers **Anteile an einem anderen als dem übertragenden Rechtsträger** erwerben. Es ist nur möglich, dass die Anteilseigner auf den Erwerb der Anteile am übernehmenden Rechtsträger verzichten und ihnen dafür im Verschmelzungsvertrag Ansprüche auf den Erwerb von Anteilsrechten an einem anderen Rechtsträger eingeräumt werden[250].

2. Ausnahmen vom Grundsatz des Anteilserwerbs (Abs. 1 Nr. 3 Satz 1 2. Halbs.)

a) **Anteile des übernehmenden am übertragenden Rechtsträger.** Der Erwerb ist 76 ausgeschlossen, soweit der **übernehmende Rechtsträger Anteile am übertragenden**

---

[245] § 20 Abs. 1 Nr. 2.
[246] § 25 Abs. 2.
[247] *BayObLG* NZG 2003, 829, 830 für den insoweit entsprechenden Fall einer formwechselnden Umwandlung.
[248] § 20 Abs. 1 Nr. 3 Satz 1 1. Halbs.
[249] *Marsch-Barner* in Kallmeyer Rn 29; *Grunewald* in Lutter Rn 57 mwN.
[250] *Grunewald* in Lutter Rn 58 aE. Zum Verzicht siehe Rn 79.

Rechtsträger hält[251]. Dadurch soll verhindert werden, dass der übernehmende Rechtsträger – unabhängig von seiner Rechtsform – Anteile an sich selbst erwirbt. Insoweit ist diesem Rechtsträger als AG oder GmbH auch eine Kapitalerhöhung zur Durchführung der Fusion untersagt[252], denn es sollen keine Anteile geschaffen werden, die dazu bestimmt wären, als eigene Aktien oder Gesellschaftsanteile im Vermögen der sie emittierenden AG oder GmbH zu enden.

77 Der Erwerb wird – wiederum unabhängig von der Rechtsform – auch ausgeschlossen für Dritte, die die Anteile an den übertragenden Rechtsträger im eigenen Namen, aber für Rechnung des übernehmenden Rechtsträgers halten[253]. Auch insoweit werden AG und GmbH Kapitalerhöhungen untersagt[254]. Ungeklärt ist, ob dieser Ausschluss auf eine vom übernehmenden Rechtsträger beherrschte Gesellschaft erstreckt werden soll, die Anteile am übertragenden Rechtsträger hält. Das bedeutete einen Vermögenstransfer von der Tochter, die die Anteile ohne Ausgleich verliert, auf die Mutter, die einen entsprechenden Wertzuwachs erfährt, der den außenstehenden Anteilseignern der Tochter nicht zugemutet werden kann. Deshalb wird ein Ausschluss des Anteilsübergangs nur für eine 100%-ige Tochter in Betracht gezogen[255]. Er ist auch in diesem Fall abzulehnen, da der Transfer zugunsten des herrschenden Rechtsträgers die Gläubiger der Tochter benachteiligen kann, die vom Schutz durch § 22 ausgeschlossen sind.

78 **b) Eigene Anteile des übertragenden Rechtsträgers.** Der Erwerb ist ebenfalls ausgeschlossen für die **eigenen Anteile des übertragenden Rechtsträgers**, da auch in diesem Fall eigene Anteile des übernehmenden Rechtsträgers entstünden[256]. Auch insoweit ist AG und GmbH der Weg über eine Kapitalerhöhung versperrt[257]; und auch hier wird der Ausschluss auf den **Dritten** erstreckt, der die Anteile am übertragenden Rechtsträger im eigenen Namen, aber **für dessen Rechnung** hält[258].

79 **c) Ausschluss im Verschmelzungsvertrag.** Schließlich kann der Erwerb der Anteile am übernehmenden Rechtsträger durch die Anteilseigner eines übertragenden Rechtsträgers **im Verschmelzungsvertrag ausgeschlossen** werden. Ein solcher **Verzicht** bedarf der Zustimmung aller betroffenen Anteilseigner, soweit er für sie Einbußen bewirkt. Das wird vor allem dort nicht der Fall sein, wo eine 100%-ige Tochter auf die Mutter übertragen oder zwei Rechtsträger mit völlig übereinstimmenden Beteiligungsverhältnissen fusioniert werden. Gründe des Gläubigerschutzes stehen dem Ausschluss der Gewährung neuer Anteile nicht entgegen[259]. Zwar werden die Gläubiger durch die Ausgabe weiterer Anteile begünstigt, weil dadurch das zu ihrem Schutz bestimmte Nennkapital steigt. Es ist indessen zweifelhaft, ob dies das Gläubigerrisiko effektiv zu minimieren vermag. Aber auch wenn es zuträfe, hätten die Gläubiger keinen Anspruch auf eine solche zusätzliche Sicherung, da sie durch § 22 hinreichend geschützt werden.

3. Rechte und Ansprüche Dritter (Abs. 1 Nr. 3 Satz 2)

80 Soweit Rechte Dritter an den Anteilen oder Mitgliedschaften des übertragenden Rechtsträgers bestehen, findet **dingliche Surrogation** statt. Diese Rechte setzen sich an den Anteilen am übernehmenden Rechtsträger fort, die an die Stelle der Anteile am über-

---

[251] § 20 Abs. 1 Nr. 3 Satz 1 2. Halbs.
[252] §§ 54 Abs. 1 Nr. 1 und 68 Abs. 1 Nr. 1.
[253] § 20 Abs. 1 Nr. 3 Satz 1 2. Halbs.; insoweit entspricht die Bestimmung § 71 d AktG.
[254] §§ 54 Abs. 2 und 68 Abs. 2.
[255] Ebenso *Grunewald* in Lutter Rn 62; abweichend *Marsch-Barner* in Kallmeyer Rn 30.
[256] § 20 Abs. 1 Nr. 3 Satz 1 2. Halbs.
[257] §§ 54 Abs. 1 Nr. 2 und 68 Abs. 1 Nr. 2.
[258] § 20 Abs. 1 Nr. 3 Satz 1 2. Halbs.
[259] *Ihrig* ZHR 160 (1996) 317, 333 ff.

tragenden Rechtsträger treten²⁶⁰. Die Rechte Dritter entfallen dort, wo der Erwerb der Anteile ausgeschlossen ist²⁶¹. Zugunsten der Dritten können dann Schadensersatzansprüche aus der Verletzung der Sicherungsabrede²⁶² oder Ansprüche wegen ungerechtfertigter Bereicherung²⁶³ in Betracht zu ziehen sein. Diese Ansprüche richten sich gegen die Anteilseigner, die das Pfandrecht oder den Nießbrauch eingeräumt haben, und nicht gegen den übernehmenden Rechtsträger²⁶⁴.

Die dingliche Surrogation tritt nur dort ein, wo die Anteile mit „dinglichen" Rechten wie Pfandrecht und Nießbrauch behaftet sind. Sind sie Gegenstand **schuldrechtlicher Abreden** (Vorkaufsrecht, Stimmbindungen, Unterbeteiligungen), ist durch Auslegung der Vereinbarung zu ermitteln, inwieweit sie auch die Anteile an dem übernehmenden Rechtsträger erfassen sollen bzw. ein Anspruch auf Abschluss einer entsprechenden Vereinbarung bezüglich dieser Anteile besteht. Diese Regeln sind auch auf **Treuhandverhältnisse** anzuwenden²⁶⁵. **81**

VI. Mängel der Beurkundung (Abs. 1 Nr. 4)

Durch die Eintragung der Verschmelzung im Register des übernehmenden Rechtsträgers werden **Mängel der Beurkundung des Verschmelzungsvertrags geheilt**²⁶⁶. Beispiele solcher Mängel sind: **82**
– fehlerhafte oder unvollständige Beurkundung;
– ihr völliges Fehlen, das angesichts der Mitwirkung des Registerrichters freilich wenig wahrscheinlich ist;
– die unzulässige Beurkundung im Ausland²⁶⁷.

Nach der Eintragung sind die Verschmelzungsbeschlüsse der Anteilsinhaber der beteiligten Rechtsträger maßgeblich für den Inhalt des Verschmelzungsvertrags²⁶⁸. Angesichts der Schwierigkeiten und der Kosten, die das Rückgängigmachen einer Verschmelzung bereitet, sind eventuelle Abweichungen und Widersprüche dieser Beschlüsse im Wege – auch ergänzender – Auslegung zu bereinigen²⁶⁹. Wo sich dies als nicht möglich erweist, ist der Verschmelzungsvertrag mangels Einigung unwirksam²⁷⁰. Geheilt werden auch die Mängel der Beurkundung erforderlicher **Zustimmungs- und Verzichtserklärungen einzelner Anteilsinhaber**²⁷¹. Alle anderen Mängel der Verschmelzung – auch die des völligen Fehlens erforderlicher Zustimmungen – sind nicht nach Abs. 1 Satz 4, sondern nach Abs. 2 zu beurteilen. **83**

---

²⁶⁰ § 20 Abs. 1 Nr. 3 Satz 2.
²⁶¹ Gem. § 20 Abs. 1 Nr. 3 Satz 1 2. Halbs.; vgl. Rn 76 bis 79. Zu den Einzelheiten vgl. § 120 Rn 36 f.
²⁶² *Grunewald* in Lutter Rn 63.
²⁶³ § 812 ff. BGB. Anders als bei gutgläubigem Erwerb von Nichtberechtigten werden diese Vorschriften nicht verdrängt, da § 20 nicht auf Kenntnis bzw. Kennenmüssen der Begünstigten abstellt.
²⁶⁴ Vgl. *Grunewald* in Lutter Rn 65.
²⁶⁵ Dazu näher *Teichmann* ZGR 1978, 36, 44 f.
²⁶⁶ § 20 Abs. 1 Nr. 4. Die notarielle Beurkundung des Verschmelzungsvertrags wird durch § 6 verlangt.
²⁶⁷ Vgl. § 6 Rn 15 ff.
²⁶⁸ *Grunewald* in Lutter Rn 68; *Marsch-Barner* in Kallmeyer Rn 32; *Vossius* in Widmann/Mayer Rn 369; *Bermel* in Goutier/Knopf/Tulloch Rn 50.
²⁶⁹ §§ 133, 140, 157 BGB.
²⁷⁰ §§ 154, 155 BGB.
²⁷¹ Beispiele solcher Erklärungen finden sich in §§ 8 Abs. 3, 9 Abs. 3, 12 Abs. 3, 13 Abs. 2, 16 Abs. 2 Satz 2, 50 Abs. 2, 51 Abs. 1 und 2.

VII. Sonstige Mängel der Verschmelzung (Abs. 2)

1. Zweck und Reichweite des Abs. 2

84 **a) Zweck.** Abs. 2 bestimmt, dass die in Abs. 1 angeordneten **Wirkungen der Eintragungen von Mängeln der Verschmelzung unberührt** bleiben. Das entspricht nicht nur der früheren aktienrechtlichen Verschmelzungsregelung[272], sondern auch dem Grundsatz des Gesellschaftsrechts, dass organisationsrechtliche Veränderungen nach ihrem Vollzug nicht mehr rückgängig gemacht werden sollen, weil dies im Zweifel alle Beteiligten mit übermäßigen Kosten belastet[273]. Die aus Mängeln erwachsenden Nachteile sollen möglichst in anderer Weise, etwa durch Haftung der Verantwortlichen, ausgeglichen werden. Verschmelzungen sind in aller Regel komplexe Transaktionen, deren Rückabwicklung durch „Entschmelzung" mit besonders gravierenden Schwierigkeiten und Aufwendungen behaftet wäre. Sie soll deshalb so weit wie möglich verhindert werden.

85 **b) Auslegung.** Dieser Regelungszweck bestimmt die **Auslegung** des Abs. 2. Im Vordergrund steht die Frage, ob sich die Bestimmung damit begnügt, die allgemein privatrechtlichen Rechtsfolgen der Unwirksamkeit der rechtlichen Grundlage einer Verschmelzung *(ex tunc)* durch eine gesellschaftsrechtliche Rückabwicklung *(ex nunc)* wie bei einer fehlerhaften Personengesellschaft zu ersetzen, oder ob sie den Bestand einer vollzogenen Verschmelzung gegen jede nachträgliche Beeinträchtigung schützen soll.

86 Die erste Auffassung lässt sich auf den abweichenden Wortlaut von Abs. 1 Nr. 4 (Beurkundungsmängel werden „geheilt") und Abs. 2 (Mängel lassen „die Wirkungen der Eintragung ... unberührt") stützen. Der Letztere legt den Eindruck nahe, dass Abs. 1 Nr. 4 den weiter gehenden Bestandsschutz gewährleisten soll[274]. Diese Auslegung lässt sich aber mit dem Zweck von Abs. 2 nicht vereinbaren. Die Mehrzahl der an der Verschmelzung Beteiligten, insbesondere die Anteilseigner, werden auch dann über Gebühr beeinträchtigt, wenn einem unter ihnen ein Anspruch auf nachträgliche rechtsgeschäftliche Entschmelzung, etwa im Wege der Spaltung[275], eingeräumt würde. Für dieses Ergebnis spricht nicht zuletzt § 16 Abs. 3 Satz 6, der die „Beseitigung der Wirkungen der Eintragung der Verschmelzung im Register des Sitzes des übernehmenden Rechtsträgers" sogar dann ausschließt, wenn die Verschmelzung trotz einer anhängigen Anfechtungsklage eingetragen worden ist und die Anfechtungsklage Erfolg hat[276]. Deshalb ordnet auch § 20 Abs. 2 die **Heilung** der der Verschmelzung anhaftenden Mängel an. Es sind weder die Gesamtrechtsnachfolge von den übertragenden auf den übernehmenden Rechtsträger noch das Erlöschen der übertragenden Rechtsträger noch der Anteilserwerb durch ihre Anteilsinhaber in irgendeiner Form rückgängig zu machen[277].

87 **c) Eintragung.** Ausschlaggebend ist die **Eintragung** der Verschmelzung im Register des übernehmenden Rechtsträgers. Ist sie noch nicht erfolgt, können die Mängel geltend gemacht, etwa die Beschlüsse der Anteilseigner nach den für sie maßgeblichen Bestimmungen

---

[272] § 352 a AktG aF.
[273] *Kübler/Assmann* GesR § 25 I.
[274] *Kiem,* Die Eintragung der angefochtenen Verschmelzung, 1991, S. 153 ff.; *Kreuznacht,* Wirkungen der Eintragungen fehlerhafter Verschmelzungen von Aktiengesellschaften und Gesellschaften mit beschränkter Haftung nach § 30 Abs. 2 UmwG, 1998, S. 48; *K. Schmidt* ZIP 1998, 181, 186 f.; *Schmid* ZGR 1997, 493, 505 ff., 515.
[275] §§ 123 ff.
[276] *Grunewald* in Lutter Rn 71.
[277] *Grunewald* in Lutter Rn 73; *Marsch-Barner* in Kallmeyer Rn 33; *Kort* S. 256; *Bermel* in Goutier/Knopf/Tulloch Rn 61; *Krieger* ZHR 158 (1994) 34, 46.

angefochten werden. Das kann auch zu dem Zweck geschehen, die Eintragung zu verhindern. Das **Registergericht** hat die Mängel der Verschmelzung **von Amts wegen** zu beachten und die Eintragung auch dann zu unterlassen, wenn dies von keinem der Betroffenen verlangt wird. Die Voraussetzungen für die Eintragungen können aber – unabhängig von § 20 Abs. 2 – durch Heilung des Mangels geschaffen werden. Hierzu zählt auch der Ablauf der Frist für eine Anfechtungsklage[278]. Wird die Verschmelzung schon vor der Eintragung ganz oder teilweise **faktisch vollzogen**, sind die **für eine fehlerhafte Gesellschaft maßgeblichen Grundsätze nicht anwendbar**[279]. Erst wenn die Eintragung – trotz oder in Unkenntnis des Mangels – erfolgt ist, werden ihre **Wirkungen irreversibel**.

Der Heilungseffekt erschöpft sich aber in dieser Irreversibilität der Verschmelzung. Er schließt weder **Ansprüche auf Schadensersatz**[280] gegen die jeweils Verantwortlichen noch **einvernehmliche Korrekturen** durch die Beteiligten aus. Letztere können die Verschmelzung aber nicht nachträglich durch Aufhebung des Verschmelzungsvertrags rückgängig machen; auch dies wäre mit dem Zweck von § 20 Abs. 2 nicht zu vereinbaren[281]. Die Rückkehr zum *status quo ante* lässt sich vielmehr durch einen formgültigen *actus contrarius*, etwa durch eine Auf- oder Abspaltung bewirken.

d) Grenzen. Rechtliche Grenzen der in Abs. 2 angeordneten Wirkung dürften für die Praxis irrelevant bleiben. Eine Verschmelzung findet nicht statt, wo es nie zum Abschluss eines – auch nur formlosen – Verschmelzungsvertrags gekommen ist[282] oder wo die Anteilseigner eines der beteiligten Rechtsträger in keiner Weise ihre Zustimmung bekundet haben[283]. Dasselbe wird dort zu gelten haben, wo die Verschmelzung – etwa wegen der ausschließlich kriminellen Ausrichtung der beteiligten Organisationen – eklatant und offensichtlich gegen den *ordre public,* d. h. gegen elementare Grundprinzipien der Rechtsordnung verstößt. Es ist schwer vorstellbar, dass es in derartigen Fällen je zur Eintragung kommen wird.

2. Behandlung einzelner Mängel nach Eintragung der Verschmelzung

a) Verschmelzungsvertrag. Praktisch (eventuell) relevante **Mängel des Verschmelzungsvertrags** können sein:
– seine Unvollständigkeit[284];
– Formfehler[285];
– Willensmangel eines der Beteiligten wie Irrtum[286] oder arglistige Täuschung[287];
– Dissens[288];
– der Verstoß gegen ein gesetzliches Verbot[289]. Dazu zählt grundsätzlich auch der Vollzug eines vom Bundeskartellamt nicht freigegebenen Zusammenschlusses[290]. Das gilt aber nicht für Verträge über die Umwandlung, Eingliederung oder Gründung von Unternehmen, sowie für Beherrschungs- und Gewinnabführungsverträge, sobald sie durch Eintragung in

---

[278] § 14 Abs. 1; *Marsch-Barner* in Kallmeyer Rn 35.
[279] *BGH* ZIP 1996, 225, 226 f.
[280] Das folgt aus §§ 25 bis 27 und aus § 16 Abs. 3 Satz 8; iE ebenso *Marsch-Barner* in Kallmeyer Rn 34 mwN.
[281] *OLG Frankfurt* NZG 2003, 236 f.
[282] *K. Schmidt* ZIP 1998, 181, 186; *Grunewald* in Lutter Rn 74.
[283] BGHZ 132, 353, 360; *Kort* S. 276; *Grunewald* in Lutter Rn 74.
[284] Siehe § 5 zum Mindestinhalt des Vertrags.
[285] § 6 schreibt notarielle Beurkundung vor.
[286] § 119 BGB.
[287] §§ 123 iVm. 141 BGB.
[288] § 155 BGB.
[289] § 134 BGB.
[290] § 41 Abs 1 Satz 1 und 2 GWB.

§ 20   91, 92   Zweites Buch. Verschmelzung

das zuständige Register rechtswirksam geworden sind[291]. Das ist auf Verschmelzungsverträge entsprechend anzuwenden. Auch für sie hat zu gelten, dass die automatische Unwirksamkeit durch das vom Bundeskartellamt bestimmte Auflösungsverfahren verdrängt wird[292].
– Sittenwidrigkeit[293];
– Mängel in der Vertretung von Beteiligten[294];
– Verletzung gesellschaftsrechtlicher Verhaltens- und Treuepflichten (Selbstkontrahieren, Benachteiligung der Minderheit)[295];
– Missachtung der Registersperre gemäß § 16 Abs. 2 (Eintragung trotz anhängiger Anfechtungsklagen)[296].

91 Nach Eintragung des Verschmelzungsvertrags wird die Wirksamkeit der Verschmelzung durch diese Mängel nicht mehr tangiert. Auch Ansprüche auf Rückabwicklung (Entschmelzung) sind ausgeschlossen[297]. Ebenso wenig kommt eine **Amtslöschung** in Betracht[298]. Die durch den Mangel Betroffenen können **Schadensersatz** von den für ihn Verantwortlichen verlangen[299]. Fraglich ist, ob zudem auf **Feststellung** des Mangels geklagt werden kann. Das wird grundsätzlich bejaht[300]. Es wird aber in aller Regel am **Rechtsschutzbedürfnis** für eine solche Klage fehlen, da Schadensersatz unmittelbar eingeklagt werden kann und auch die Feststellung des Mangels nicht zu einer Veränderung der vereinbarten Bedingungen der Verschmelzung führen würde[301]. Für die Überprüfung des Umtauschverhältnisses zwischen den Anteilen der übertragenden und denen des übernehmenden Rechtsträgers und einer eventuellen Barabfindung sind eigene Verfahren vorgesehen[302]. Auch insoweit bleibt für eine Feststellungsklage kein Raum.

92 **b) Verschmelzungsbeschlüsse. Verschmelzungsbeschlüsse** der Anteilseigner der beteiligten Rechtsträger können **nichtig** oder **anfechtbar** sein. Als Gründe hierfür kommen in Betracht:
– Mängel der Form[303];
– Unzulänglichkeiten des Verschmelzungsberichts und der Verschmelzungsprüfung[304];
– Nichtigkeit wegen Verstoßes gegen zwingende Vorschriften des Gesellschaftsrechts[305];
– Anfechtung wegen Rechtsverstoßes oder wegen Missbrauchs des Stimmrechts[306].

---

[291] § 41 Abs. 1 Satz 3.
[292] § 41 Abs. 2 bis 4 GWB; dazu näher *Mestmäcker/Veeken* in Immenga/Mestmäcker, GWB, 3. Aufl. 2000, § 41 Rn 57.
[293] § 138 BGB.
[294] *OLG Frankfurt* NZG 2003, 236 f.
[295] *OLG Frankfurt* ZIP 2003, 1607 f.
[296] *BayObLG* AG 2000, 130 f.; *OLG Hamm* ZIP 2001, 569 f.
[297] Siehe Rn 86.
[298] Für sie wird § 142 FGG durch die speziellere Bestimmung des § 144 Abs. 1 FGG verdrängt; *BayObLG* NZG 2000, 50, 51; *OLG Frankfurt*, Der Konzern 2003, 412, 413; *OLG Frankfurt* NZG 2003, 790, 791; *OLG Hamburg* NZG 2003, 981, 982 f.; siehe auch § 202 Rn 39; *Grunewald* in Lutter Rn 73.
[299] §§ 25 bis 27; es kann aber nicht Naturalrestitution verlangt werden; das wäre mit § 20 Abs. 2 unvereinbar.
[300] *Marsch-Barner* in Kallmeyer Rn 39.
[301] Im Fall Südzucker hat das *LG Mannheim* ZIP 1990, 992, 997, die Frage des Rechtsschutzbedürfnisses offen gelassen; *OLG Karlsruhe* ZIP 1991, 1145, 1149 = WM 1991, 1579, 1563 hat sie bejaht. Siehe auch *Grunewald* in Lutter Rn 76 mwN.
[302] §§ 15 und 34.
[303] § 13 Abs. 3 verlangt notarielle Beurkundung.
[304] §§ 12 und 13; dazu *Grunewald* in Lutter Rn 78.
[305] Für die AG vgl. § 241 f. AktG, die grundsätzlich auch auf die GmbH angewendet werden; BGHZ 11, 231, 235; 36, 207, 210 f.; 108, 21, 23.
[306] §§ 243 ff. AktG, die ebenfalls auf die GmbH angewendet werden.

Auch für diese Mängel gilt, dass sie nach Eintragung der Verschmelzung deren Wirkungen nicht mehr beeinträchtigen können[307]. Deshalb ist die Wiederholung oder Bestätigung eines fehlerhaften Beschlusses ausgeschlossen[308]. Stattdessen kommen auch hier Ansprüche auf **Schadensersatz**[309] und auf gerichtliche Überprüfung von Austauschverhältnis und Barabfindung[310] in Betracht, die wiederum in aller Regel dem für eine **Feststellungsklage** erforderlichen **Rechtsschutzbedürfnis** keinen Raum lassen.

c) Sonderbeschlüsse und Zustimmungserklärungen. In einigen Fällen hängt die Wirksamkeit des Verschmelzungsbeschlusses von **Sonderbeschlüssen** unterschiedlicher Kategorien der Anteilsberechtigung[311] oder **Zustimmungserklärungen** einzelner Anteilseigner[312] ab. Dann darf nicht eingetragen werden, bevor diese Voraussetzungen geschaffen sind. Wird trotzdem eingetragen, dann ist die Verschmelzung trotz ihres Fehlens wirksam. Ebenso werden Mängel geheilt, mit denen diese Beschlüsse oder Erklärungen behaftet sind.

d) Kapitalerhöhungsbeschlüsse. Vielfach bedarf die Verschmelzung eines **Kapitalerhöhungsbeschlusses beim übernehmenden Rechtsträger**, um die für die Anteilseigner der übertragenden Rechtsträger benötigten Anteilsrechte zu schaffen. Dann kann sich die Frage stellen, ob die **Eintragung der Verschmelzung** auch die **Kapitalerhöhung** trotz der ihr anhaftenden Mängel **unangreifbar** macht. Zum alten Recht der §§ 352 a ff. AktG wurde das überwiegend verneint: Auch nach Eintragung der Verschmelzung konnte die Anfechtung des Kapitalerhöhungsbeschlusses weiterverfolgt werden[313]. Das hatte die missliche Konsequenz, dass ein Erfolg dieses Verfahrens die Anteile vernichtet, die die Anteilseigner der übertragenden Rechtsträger für den Verlust ihrer bisherigen Beteiligungen entschädigen. Die nachträgliche Korrektur dieser Panne ist aufwendig und mit erheblichen Risiken behaftet. Deshalb geht die hM zum neuen Umwandlungsrecht zurecht davon aus, dass sich die Wirkungen der Eintragung der Verschmelzung auch auf die Kapitalerhöhung erstrecken, durch die der übernehmende Rechtsträger die zur Durchführung der Verschmelzung erforderlichen Anteile generiert[314]. Die Minderheitsanteilseigner des übernehmenden Rechtsträgers sind deshalb nicht schutzlos. Ihnen ist gegen die Verantwortlichen ein Anspruch auf Ersatz des ihnen entstandenen Schadens zu gewähren[315].

Die Eintragung der Verschmelzung heilt nicht nur die Nichtigkeit, Anfechtbarkeit oder schwebende Unwirksamkeit des Kapitalerhöhungsbeschlusses, sondern auch den **Mangel der Eintragung** einer beschlossenen Kapitalerhöhung[316]. Anders liegt der Fall, wenn die Kapitalerhöhung **überhaupt nicht oder nicht in ausreichender Höhe beschlossen** worden ist. Auch dann ist die Verschmelzung mit ihrer Eintragung wirksam geworden. Dasselbe kann aber nicht für die Entstehung der zu schaffenden Anteile gelten, soweit eine Kapitalerhöhung noch nicht einmal im Ansatz vorliegt. Hier können den Anteilseignern der übertragenden Rechtsträger lediglich **Ansprüche** gegen den übernehmenden Rechtsträger **auf**

---

[307] § 28 regelt einen Sonderfall; siehe § 28 Rn 1.
[308] *Marsch-Barner* in Kallmeyer Rn 41.
[309] §§ 25 bis 27.
[310] §§ 15 und 34.
[311] So § 65 Abs. 2 für unterschiedliche Aktiengattungen.
[312] So § 13 Abs. 2 für bestimmte Fälle der Vinkulierung.
[313] *LG Frankfurt* WM 1990, 592, 595; *OLG Karlsruhe* ZIP 1991, 1145, 1149 = WM 1991, 1759, 1763; *Kraft* in Kölner Komm. § 352 a AktG Rn 28; *Döss*, Die Auswirkungen von Mängeln einer Verschmelzung durch Aufnahme auf die rechtliche Stellung einer übertragenden Gesellschaft und ihrer Aktionäre, 1990, S. 76 ff.
[314] *Marsch-Barner* in Kallmeyer Rn 42; *Grunewald* in Lutter Rn 79; *Bermel* in Goutier/Knopf/Tulloch Rn 59; *Stratz* in Schmitt/Hörtnagl/Stratz Rn 133; *Kort* S. 210.
[315] Der Anspruch kann sich nicht nur gegen die in § 27 erwähnten Organmitglieder, sondern auch gegen die Mehrheit richten, die die Kapitalerhöhung beschlossen hat.
[316] *Marsch-Barner* in Kallmeyer Rn 45.

Schaffung und Übertragung der ihnen zustehenden Anteile erwachsen. Dieser Anspruch wird idR nicht durchsetzbar sein. Die Anteilseigner der übertragenden Rechtsträger sind in diesem Fall vom übernehmenden Rechtsträger in Geld zu entschädigen[317].

97 Es ist möglich, dass die Verschmelzung einer **Kapitalerhöhung** bei einem der **übertragenden Rechtsträger** bedarf[318] und diese mit einem ihre Nichtigkeit oder Anfechtbarkeit begründenden Mangel behaftet ist. In diesen Fällen bewirkt die Eintragung der Verschmelzung das Erlöschen der übertragenden Rechtsträger[319]. Damit werden nicht nur diese Mängel, sondern auch der Kapitalerhöhungsbeschluss gegenstandslos.

98 Ist es im Zuge des **Verschmelzungsverfahrens** zu **Fehlern** gekommen, dann werden auch diese durch § 20 Abs. 2 geheilt[320]; dazu zählt auch das Unterbleiben der Anzeige des Treuhänders, dass er im Besitz der Aktien und barer Zuzahlungen ist, die er vom übernehmenden Rechtsträger zu empfangen hat[321]. Den benachteiligten Anteilseignern bleiben Ansprüche auf Schadensersatz[322] oder auf Korrektur des Umtauschverhältnisses oder der Barabfindung[323].

3. Verschmelzungsbedingungen bei fehlerhafter Verschmelzung

99 Durch Eintragung im Register des übernehmenden Rechtsträgers wird die Verschmelzung auch dann wirksam, wenn der Verschmelzungsvertrag unvollständig oder teilweise oder zur Gänze nichtig ist. Dasselbe gilt dann, wenn die Verschmelzungsbeschlüsse der beteiligten Rechtsträger voneinander abweichen. In allen diesen Fällen kann es unklar sein, zu welchen Bedingungen die Verschmelzung zustande gekommen ist. Diese Unklarheiten und Lücken sind im Wege der **ergänzenden Vertragsauslegung** zu beseitigen[324]. Maßgeblich ist die Regelung, die die Parteien angesichts der in den wirksamen Elementen ihrer Vereinbarungen angelegten Zweckrichtung ihrer Transaktion als faire und konsistente Vertragspartner getroffen hätten, wenn ihnen die Unvollständigkeit ihrer Abmachungen bewusst gewesen wäre. Ist der Verschmelzungsvertrag unter einer **aufschiebenden Bedingung** abgeschlossen worden, darf vor ihrem Eintritt nicht eingetragen werden. Ist die Eintragung erfolgt, ist die Verschmelzung unbedingt wirksam geworden[325]. Denn anders könnte es Schwierigkeiten bereiten, den Zeitpunkt festzustellen, in dem die Wirkungen der Verschmelzung eingetreten sind. Die hieraus resultierende Unsicherheit des Rechtsverkehrs ist mit dem Zweck der gesetzlichen Regelung nicht zu vereinbaren[326].

§ 21 Wirkung auf gegenseitige Verträge

Treffen bei einer Verschmelzung aus gegenseitigen Verträgen, die zur Zeit der Verschmelzung von keiner Seite vollständig erfüllt sind, Abnahme-, Lieferungs- oder ähnliche Verpflichtungen zusammen, die miteinander unvereinbar sind oder die beide zu erfüllen eine schwere Unbilligkeit für den übernehmenden Rechtsträger bedeuten würde, so bestimmt sich der Umfang der Verpflichtungen nach Billigkeit unter Würdigung der vertraglichen Rechte aller Beteiligten.

---

[317] *Marsch-Barner* in Kallmeyer Rn 44; *Grunewald* in Lutter Rn 79 und 84.
[318] Etwa um die Verschmelzungsvoraussetzungen gem. § 62 zu schaffen.
[319] Siehe Rn 73.
[320] *Marsch-Barner* in Kallmeyer Rn 46.
[321] § 71 Abs. 1 Satz 2.
[322] §§ 25 bis 27.
[323] §§ 15 und 34.
[324] *Grunewald* in Lutter Rn 82; *Marsch-Barner* in Kallmeyer Rn 40.
[325] *Grunewald* in Lutter Rn 82; *Marsch-Barner* in Kallmeyer Rn 40.
[326] Vgl. Rn 86.

Übersicht

	Rn		Rn
I. Allgemeines	1	**II. Gesetzliche Voraussetzungen der Korrektur**	3
1. Sinn und Zweck der Norm	1	**III. Rechtsfolgen**	7
2. Entstehungsgeschichte	2	**IV. Vertragsanpassung in anderen Fällen**	8

Literatur: *K. Mertens,* Umwandlung und Universalsukzession, 1993; *Petersen,* Der Gläubigerschutz im Umwandlungsrecht, 2001; *Rieble,* Verschmelzung und Spaltung von Unternehmen und ihre Folgen für Schuldverhältnisse mit Dritten, ZIP 1997, 301.

I. Allgemeines

1. Sinn und Zweck der Norm

Die Vorschrift trifft eine Regelung für bestimmte noch nicht erfüllte gegenseitige Verträge, deren Abwicklung durch die Verschmelzung erheblich gestört wird. Die Vorschrift bezieht sich nicht auf Verträge zwischen übertragenden und übernehmenden Rechtsträgern. Diese erlöschen mit der Verschmelzung durch Konfusion. Es geht vielmehr um **Verträge zwischen den beteiligten Rechtsträgern und Dritten**. Die Regelung ist eng gefasst. Sie betrifft ausschließlich die **Schwierigkeiten eines übernehmenden Rechtsträgers**, dem durch die Verschmelzung Verpflichtungen eines übertragenden Rechtsträgers zugewachsen sind, die mit seinen eigenen Verbindlichkeiten konfligieren. Eine wirtschaftlich sinnvolle Verschmelzung soll nicht daran scheitern, dass sie punktuell schwerlich oder gar nicht vereinbare Pflichten zusammenkommen lässt. Die Vorschrift schließt die Rechtsbehelfe nicht aus, die das **allgemeine Zivilrecht** zur Milderung von Vertragsstörungen vorsieht und die als „Wegfall der Geschäftsgrundlage" bezeichnet werden[1]. 1

2. Entstehungsgeschichte

Entsprechende Regelungen fanden sich in §§ 346 Abs. 3 Satz 2 AktG, 25 Abs. 2 Satz 2 KapErhG und 44 a Abs. 3 VAG. § 21 ist an ihre Stelle getreten. 2

II. Gesetzliche Voraussetzungen der Korrektur

Die Vorschrift betrifft allein **gegenseitige Verträge**. Es ist aber nicht auszuschließen, dass auch andere Vertragsbeziehungen, etwa Gesellschaftsverhältnisse, durch eine Verschmelzung in rechtserheblichem Maße tangiert werden. Ein entsprechend § 21 zu lösender Fall liegt etwa dort vor, wo die Verschmelzung die Mitgliedschaft des übertragenden und des übernehmenden Rechtsträger in miteinander konkurrierenden Personengesellschaften nicht zum Erlöschen bringt und für die Partner beider Gesellschaften ein Wettbewerbsverbot gilt. 3

Die gesetzliche Regelung beschränkt sich auf Verträge, die **Abnahme-, Lieferungs- oder ähnliche Verpflichtungen** begründen. Das sind gewiss wichtige Fälle. Es ist aber kein Grund ersichtlich, warum nicht das Zusammentreffen auch anderer Verbindlichkeiten ihre Erfüllung mit erheblichen Schwierigkeiten belasten kann. Deshalb wird zu Recht verlangt, an die Ähnlichkeit keine hohen Anforderungen zu stellen[2]. 4

---

[1] Das ist unstreitig; vgl. insbes. *Grunewald* in Lutter Rn 2; *Marsch-Barner* in Kallmeyer Rn 1. Näher Rn 8 ff.
[2] *Grunewald* in Lutter Rn 4; *Marsch-Barner* in Kallmeyer Rn 4.

5 Die Norm setzt weiter voraus, dass die Verträge zur Zeit der Verschmelzung **von keiner Seite vollständig erfüllt** worden sind und deshalb **Verpflichtungen aufeinander treffen,** die miteinander **unvereinbar** sind oder die beide zu erfüllen den übernehmenden Rechtsträger **unbillig** belasten würde. Dabei ist an Fälle wie die unvereinbarer Ausschließlichkeitsbindungen gedacht: Die übertragende Firma darf nur Abnehmer A, die übernehmende nur B beliefern[3]. Auch insoweit erfasst § 21 nur einen engen Ausschnitt der nach allgemeinem Zivilrecht relevanten Fälle. Es sind Sachverhalte denkbar, wo Korrekturen auch dann erforderlich bleiben, wenn eine Seite erfüllt hat. Dafür kann nicht auf § 21 zurückgegriffen werden. § 21 ist erst recht nicht anwendbar, wenn alle konfligierenden Forderungen befriedigt worden sind.

6 § 21 legt die Messlatte zu Recht hoch. Denn neben der **Unvereinbarkeit** rechtfertigt nur die **schwere Unbilligkeit** des Verlangens nach Erfüllung der konfligierenden Verpflichtungen die im Gesetz vorgesehene Korrektur. Dabei handelt es sich um einen objektiven Maßstab. Wirtschaftliche Nachteile werden nicht schon deshalb schwer unbillig, weil sie ein finanziell schwaches Unternehmen besonders belasten[4].

III. Rechtsfolgen

7 Die Vorschrift erlaubt Modifikationen der miteinander konfligierenden Verpflichtungen. Dabei sind primär die für das jeweilige Vertragsverhältnis vorgesehenen Rechtsbehelfe wie Kündigungs- und Rücktrittsrechte und zudem die allgemeinen Regeln über Leistungsstörungen[5] in Betracht zu ziehen. Vor allem aber sind die **Belange der jeweils anderen Vertragspartei** zu schützen. Denn die negativen Auswirkungen einer Verschmelzung können nicht auf Dritte abgewälzt werden. Wo es dem übernehmenden Rechtsträger gestattet wird, sich einer vorbestehenden oder einer auf ihn übergegangenen Verpflichtung zu entziehen, kann der Gegenseite ein Anspruch auf Ausgleich der ihr dadurch entstehenden Nachteile erwachsen.

IV. Vertragsanpassung in anderen Fällen

8 Die Vorschrift schützt nur den übernehmenden Rechtsträger. Von den Folgen der Verschmelzung können aber auch die **Vertragspartner der beteiligten Rechtsträger betroffen sein.** Sie sind schon deshalb besonders schutzwürdig, weil sie in aller Regel nicht in der Lage sind, eine für sie nachteilige Verschmelzung zu verhindern. Andererseits zählen strukturelle Veränderungen beim Vertragspartner auch dort, wo sie als Überraschung empfunden werden, zu den allgemeinen und damit vorhersehbaren Risiken der Teilnahme am Rechtsverkehr. Aus diesem Grund ist vom Vorrang des Grundsatzes *pacta sunt servanda* auszugehen. Nicht jede Störung des Vertragsverhältnisses kann eine Änderung der übernommenen Pflichten bewirken[6].

9 Wo eine Korrektur ausnahmsweise in Betracht zu ziehen ist, sollte wiederum **von dem spezifischen Vertragsverhältnis** und den dafür **speziell vorgesehenen Regeln** ausgegangen werden[7].

10 Erzeugt die Verschmelzung einer Personengesellschaft Interessenkonflikte eines Partners, die mit der Treupflicht nicht vereinbar sind, verlangt eben diese fiduziarische Bindung, dass

---

[3] *Marsch-Barner* in Kallmeyer Rn 5 mwN.
[4] *Grunewald* in Lutter Rn 5.
[5] Zutreffend *Grunewald* in Lutter Rn 7.
[6] BGHZ 84, 1, 8 f.; *BGH* NJW 1958, 1772.
[7] Dazu generell *Esser/Schmidt*, Schuldrecht, Bd. I, Allg. Teil, Teilband 2, 7. Aufl. 1993, § 24 I 3.

zunächst die Modifikation des Gesellschaftsverhältnisses, etwa der Verzicht auf Geschäftsführungsbefugnis und Vertretungsmacht, in Betracht gezogen wird, bevor von den Möglichkeiten des Ausschlusses oder der Kündigung Gebrauch gemacht wird.

Besondere Risiken ergeben sich vielfach für den Gläubiger, dem durch die Verschmelzung ein „neuer" Schuldner aufgedrängt wird[8]. Soweit es um die Befriedigung von schuldrechtlichen Ansprüche geht, gewährt § 22 einen Anspruch auf Sicherheitsleistung. Das mag nicht in allen Fällen ausreichen. Dann ist ein Recht zur Kündigung in Betracht zu ziehen[9]. Es kann auch einem Sicherungsgeber einzuräumen sein, dessen Position durch die Verschmelzung erheblich verschlechtert wird[10]. In Ausnahmefällen kann auch der Wechsel in der Rolle des Gläubigers einen Anspruch auf Anpassung oder ein Kündigungsrecht begründen. Kündigt der Kreditnehmer den Darlehensvertrag, weil die kreditgebende Bank in einem anderen Unternehmen aufgegangen ist, wird ihn diese Verschmelzung seines Gläubigers nicht in jedem Fall von der Pflicht zur Zahlung der Vorfälligkeitsentschädigung befreien. Diese Befreiung ist aber nicht generell ausgeschlossen. Sie vermag einzutreten, wo die fristlose Kündigung des langjährigen Darlehensvertrags durch gewichtige Gründe veranlasst wird, deretwegen dem Darlehensnehmer die Fortsetzung der Beziehung mit dem übernehmenden Kreditinstitut nicht zumutbar ist. In derartigen Fällen muss die fristlose Kündigung in angemessener Frist erfolgen; eine Frist von mehr als zwei Monaten ist nicht mehr angemessen[11]. 11

§ 22 Gläubigerschutz

(1) Den Gläubigern der an der Verschmelzung beteiligten Rechtsträger ist, wenn sie binnen sechs Monaten nach dem Tag, an dem die Eintragung der Verschmelzung in das Register des Sitzes desjenigen Rechtsträgers, dessen Gläubiger sie sind, nach § 19 bekannt gemacht worden ist, ihren Anspruch nach Grund und Höhe schriftlich anmelden, Sicherheit zu leisten, soweit sie nicht Befriedigung verlangen können. Dieses Recht steht den Gläubigern jedoch nur zu, wenn sie glaubhaft machen, dass durch die Verschmelzung die Erfüllung ihrer Forderung gefährdet wird. Die Gläubiger sind in der Bekanntmachung der jeweiligen Eintragung auf dieses Recht hinzuweisen.

(2) Das Recht, Sicherheitsleistung zu verlangen, steht Gläubigern nicht zu, die im Falle der Insolvenz ein Recht auf vorzugsweise Befriedigung aus einer Deckungsmasse haben, die nach gesetzlicher Vorschrift zu ihrem Schutz errichtet und staatlich überwacht ist.

Übersicht

	Rn		Rn
I. Allgemeines	1	c) Maßgebender Zeitpunkt	12
1. Sinn und Zweck der Norm	1	3. Einzelheiten der Ansprüche	14
2. Anwendungsbereich	2	a) Vertragliche Ansprüche	15
3. Wesentlicher Inhalt	3	b) Bedingte, befristete Ansprüche	16
4. Gemeinschaftsrechtliche Vorgaben	4	c) Ansprüche aus unerlaubter Handlung, Gefährdungshaftung	17
5. Zurückhaltende Anwendung	5	d) Drittsicherungsgeber	18
II. Berechtigte Gläubiger	6	e) Dauerschuldverhältnisse	19
1. Art der Gläubigerrechte	6	III. Gefährdung der Gläubiger	20
2. Zeitliche Abgrenzung der Gläubigerrechte	8	1. Arten und Gründe der Gefährdung	20
a) Nur Altgläubiger	9	2. Faktische Gründe	21
b) Begründung des Anspruchs	10	a) Solventer/insolventer Rechtsträger	21

---

[8] Dazu *Rieble* ZIP 1997, 301, 304 f.
[9] Siehe hierzu § 20 Rn 15.
[10] Siehe hierzu § 20 Rn 15.
[11] OLG Karlsruhe WM 2001, 1803 ff. = WuB I E. 1.1.02 mit Anm. *Kleindieck*/Rottschäfer.

	Rn		Rn
b) Zeithorizont	22	2. Reichweite der zu sichernden Ansprüche	46
3. Abbau der Kapitalbindung	23	3. Höhe der Sicherheit	48
a) Gefährdungslagen	23	a) Voller Betrag des Risikos	48
b) Verschmelzung auf Kapitalgesellschaft	24	b) Begrenzung durch konkretes Schutzbedürfnis	50
c) Verschmelzung auf Personengesellschaft	26	4. Art der Sicherheit	52
4. Wegfall persönlicher Haftung	27	5. Durchsetzung	53
5. Substanzminderung durch Verschmelzung	29	a) Klage auf Sicherheitsleistung	53
		b) Schadensersatz	54
a) Barzuzahlungen/Abfindungen	30	c) Kündigung	55
b) Sicherheitsleistung	31	d) Ausschüttungssperre statt Sicherheit	56
6. Konkrete Gefährdung	32	VI. Ausschluss des Anspruchs	58
a) Maßstab	32	1. Deckungsmasse	58
b) Kriterien	33	2. Anderweitige Sicherheit	60
c) Kausalität	34	3. Wegfall der Gefährdung	64
7. Glaubhaftmachung	35	VII. Andere Rechtsbehelfe	66
IV. Weitere Voraussetzungen des Anspruchs auf Sicherheit	36	1. Amtshaftungsansprüche	66
		2. Schutzgesetz?	67
1. Betagung	36	3. Kündigung aus wichtigem Grund	69
2. Ausschlussfrist	38	VIII. Arbeitsverhältnisse und Versorgungsansprüche	70
a) Dauer der Frist	38		
b) Änderung der Frist	39	1. Vergütungsansprüche	70
c) Anmeldung der Forderung	41	2. Versorgungsansprüche	71
d) Fälligkeit/Erfüllung	42	a) Grundsatz	71
e) Hinweispflicht des Registergerichts	44	b) Einzelheiten	72
		3. Ansprüche des PSV	75
V. Adressat und Inhalt des Anspruchs	45	a) Wegen Versorgungsleistungen	75
1. Adressat	45	b) Wegen Beitragsforderungen	76

Literatur: *Habersack,* Der persönliche Schutzbereich des § 303 AktG, FS Koppensteiner, 2001, S. 31; *Höfer,* BetrAVG, Bd. I, Stand: September 2003; *Ihrig,* Verschmelzung und Spaltung ohne Gewährung neuer Anteile, ZHR 160 (1996) 317; *Jaeger,* Sicherheitsleistung für Ansprüche aus Dauerschuldverhältnissen bei Kapitalherabsetzung, Verschmelzung und Beendigung eines Unternehmensvertrages, DB 1996, 1069; *Krieger,* Sicherheitsleistung für Versorgungsrechte?, FS Nirk, 1992, S. 551; *Lutter,* Zur Reform von Umwandlung und Fusion. Das Konzept und seine Verwirklichung im Diskussionsentwurf, ZGR 1990, 392; *Maier-Reimer,* Vereinfachte Kapitalherabsetzung durch Verschmelzung?, Replik zu *Petersen* GmbHR 2004, 728, GmbHR 2004, 1128; *ders.,* Verbesserung des Umtauschverhältnisses in Spruchverfahren, ZHR 164 (2000) 563; *Musielak,* ZPO, Kommentar, 4. Aufl. 2005; *Naraschewski,* Gläubigerschutz bei der Verschmelzung von GmbH, GmbHR 1998, 356; *Petersen,* Vereinfachte Kapitalherabsetzung durch Verschmelzung, GmbHR 2004, 728; *ders.,* Der Gläubigerschutz im Umwandlungsrecht, 2001; *Rittner,* Die Sicherheitsleistung bei der Ordentlichen Kapitalherabsetzung, FS Oppenhoff, 1985, S. 317; *K. Schmidt,* Gläubigerschutz bei Umstrukturierungen – Zum Referentenentwurf eines Umwandlungsgesetzes –, ZGR 1993, 366; *Schöne,* Die Spaltung unter Beteiligung von GmbH gemäß §§ 123 ff. UmwG, 1998; *Th. Schröer,* Sicherheitsleistung für Ansprüche aus Dauerschuldverhältnissen bei Unternehmensumwandlung, DB 1999, 317; *Soldierer,* Die Höhe der Sicherheitsleistung im Umwandlungsgesetz, 2004; *Veil,* Umwandlung einer AG in eine GmbH, 1996; *Wiedemann/Küpper,* Die Rechte des Pensions-Sicherungs-Vereins als Träger der Insolvenzsicherung vor einem Konkursverfahren und bei einer Kapitalherabsetzung, FS Pleyer, 1987, S. 445.

I. Allgemeines

1. Sinn und Zweck der Norm

1 Die Verschmelzung kann zu einer Verschlechterung der Position der Gläubiger eines oder mehrerer der beteiligten Rechtsträger führen. Die Vorschrift will die Gläubiger gegen Gefährdungen ihrer Ansprüche schützen, die sich aus der Verschmelzung ergeben. In der sys-

tematischen Einteilung der Gläubigerschutzvorschriften in Vorschriften des institutionellen und des individuellen Gläubigerschutzes ist die Vorschrift eine Bestimmung des individuellen **Gläubigerschutzes**[1]. Diese Einteilung ist allerdings nicht durch das Gesetz angeordnet; sie ist systematisierender und didaktischer Art. Daher kann aus dieser Einteilung keine Argumentation für die Auslegung in dem einen oder anderen Sinne abgeleitet werden[2].

2. Anwendungsbereich

Unmittelbar gilt die Vorschrift für **alle Verschmelzungsfälle**. Aufgrund der Verweisung in anderen Vorschriften gilt sie auch für die Spaltung, den Formwechsel und die Vermögensübertragung[3]. Besonderheiten für die durch die Verweisungen erweiterten Anwendungsbereiche sind jeweils im dortigen Zusammenhang erläutert. Für die analoge Anwendung des § 22 im Fall der Geschäftsübertragung nach §§ 25, 26 HGB spricht sich *Canaris* aus[4], um verfassungsrechtlichen Bedenken gegen die dortige Enthaftung zu begegnen[5].

3. Wesentlicher Inhalt

Den Gläubigern der beteiligten Rechtsträger, die mangels Fälligkeit ihrer Ansprüche nicht sofort Befriedigung verlangen können und deren Ansprüche durch die Verschmelzung gefährdet sind, steht ein Anspruch auf **Sicherheitsleistung** zu.

4. Gemeinschaftsrechtliche Vorgaben

Gemeinschaftsrechtliche Vorgaben bestehen **nur für** die Verschmelzung von **Aktiengesellschaften** (VerschmRL)[6]. Diesen wird die Vorschrift gerecht[7].

5. Zurückhaltende Anwendung

In der Anwendung der Vorschrift ist **Zurückhaltung** geboten. Denn sonst würde das Erfordernis der Sicherheitsleistung genau die Probleme verursachen, gegen die sie schützen soll, nämlich die Insolvenz (infolge von Zahlungsunfähigkeit) durch übermäßige Bindung liquider Mittel oder potenzieller Kreditunterlagen. Zwar soll das UmwG „keine maroden Umwandlungsvorgänge" begünstigen[8]. Doch dürfen umgekehrt sinnvolle Umwandlungen nicht durch eine exzessive Anwendung des Erfordernisses der Sicherheitsleistung verhindert werden[9].

---

[1] *K. Schmidt* ZGR 1993, 366, 377 ff.
[2] Anders allerdings *Petersen* Gläubigerschutz S. 40.
[3] §§ 125, 204, 176; für die Teilübertragung kommt sie gem. § 177 Abs. 1 iVm. §§ 125 Satz 1, 133 Abs. 1 Satz 2 zur Anwendung.
[4] *Canaris* Handelsrecht § 7 Rn 49 ff.
[5] Zu den weiteren, gerade wegen § 22 unbegründeten Bedenken gegen die Enthaftungsmöglichkeit nach § 157 siehe noch § 157 Rn 4 und § 133 Rn 107.
[6] Zu gemeinschaftsrechtlichen Vorgaben für den durch Verweisung erweiterten Anwendungsbereich der Spaltung siehe § 133 Rn 6.
[7] *Grunewald* in Lutter Rn 1.
[8] *K. Schmidt* ZGR 1993, 366, 383.
[9] So schon bezüglich der Notwendigkeit der Glaubhaftmachung iRd. § 22: *Lutter* ZGR 1990, 392, 410 ff.; ähnlich wie hier auch *Th. Schröer* DB 1999, 317, 320.

II. Berechtigte Gläubiger

1. Art der Gläubigerrechte

6 In den Genuss der Vorschrift können **Gläubiger** aller Art kommen, gleich auf welchem Rechtsgrund ihr Gläubigerrecht beruht, jedoch mit einigen Ausnahmen. Die Vorschrift gilt nicht für Rechte aus dem Gesellschaftsverhältnis[10]. Verdichtet sich ein Gesellschafterrecht zu einem Gläubigerrecht, wie der Gewinnanspruch durch den Dividendenbeschluss, so gilt die Vorschrift aber auch für dieses aus dem Gesellschaftsverhältnis herrührende Gläubigerrecht[11]. Nicht erfasst sind Zahlungsansprüche aufgrund eines Spruchverfahrens gem. § 15 iVm. § 305 ff. Solche Ansprüche können durch die Verschmelzung nicht gefährdet werden, denn sie entstehen erst durch die Verschmelzung[12]. Die Vorschrift gilt auch nicht für die Inhaber von Sonderrechten gem. § 23[13]. Der Umfang der danach nicht erfassten Gläubigerrechte ergibt sich aus § 23[14]. Der Ausschluss gilt nur für den Teil der besonderen Rechte, der dem § 23 unterliegt. Die Inhaber von Wandelschuldverschreibungen beispielsweise können für ihren Zahlungsanspruch Sicherstellung gem. § 22 verlangen, nicht hingegen für ihr Wandlungsrecht[15].

7 Ob die Inhaber **dinglicher Ansprüche** als Gläubiger iSd. Vorschrift anzusehen sind, ist strittig[16]. Die Frage ist nur von geringer praktischer Relevanz. Dingliche Herausgabeansprüche sind idR sofort fällig. Sie sind im Übrigen durch das dingliche Recht selbst gesichert[17]. Ersatzansprüche wegen Beschädigung oder übermäßiger Fruchtziehung[18] sind keine dinglichen Ansprüche, sondern solche aus einem gesetzlichen Schuldverhältnis[19] und daher potenziell sicherungspflichtig[20]. Rechte auf Zahlung aus dem Grundstück (Grundschuld, Rentenschuld) sind ihrem Umfang nach auf das beschränkt, was aus dem Grundstück erzielbar ist. Sie können deshalb nicht durch die Verschmelzung gefährdet sein und sind demgemäß nicht sicherungspflichtig[21]. Ihre Sicherung würde ihren Gegenstand erweitern. Dinglich gesicherte Rechte unterliegen dagegen der Vorschrift zweifelsfrei. Der realisierbare Wert der dinglichen Sicherheit mindert aber das Sicherungsbedürfnis und damit die Höhe der zu leistenden Sicherheit[22].

---

[10] *Vossius* in Widmann/Mayer Rn 14; *Stratz* in Schmitt/Hörtnagl/Stratz Rn 4.

[11] *Lutter* in Kölner Komm. § 225 AktG Rn 6; *Marsch-Barner* in Kallmeyer Rn 2; aM *Grunewald* in Lutter Rn 5; wohl auch *Stratz* in Schmitt/Hörtnagl/Stratz Rn 4. Die Frage dürfte kaum je praktisch werden, denn Dividendenansprüche sind idR sofort fällig; die Berechtigten können deshalb Befriedigung verlangen. In der Personengesellschaft bleiben Gewinnansprüche auch nach Entstehung und Geltendmachung Sozialansprüche.

[12] Ebenso *Grunewald* in Lutter Rn 5; sind diese Ansprüche gefährdet, so mag dies ein Grund zur Anfechtung des Verschmelzungsbeschlusses sein; dazu *Maier-Reimer*, ZHR 164 (2000) 563, 572 f.

[13] *Grunewald* in Lutter Rn 6; ähnlich, aber nur für die stille Gesellschaft *Jung* ZIP 1996, 1734, 1738.

[14] Siehe § 23 Rn 4 ff.

[15] Ebenso *Grunewald* in Lutter Rn 6.

[16] Generell gegen die Sicherungspflichtigkeit dinglicher Ansprüche *Marsch-Barner* in Kallmeyer Rn 2; *Stratz* in Schmitt/Hörtnagl/Stratz Rn 5; *Geßler* in G/H/E/K § 303 AktG Rn 4; *Lutter* in Kölner Komm. § 225 AktG Rn 6, 21; *Koppensteiner* in Kölner Komm. § 303 AktG Rn 6; *Oechsler* in MünchKomm. § 225 AktG Rn 5; *Altmeppen* in MünchKomm. § 303 AktG Rn 13. AM für eine differenzierte Betrachtung *Habersack*, FS Koppensteiner, S. 31, 33 ff.; *Grunewald* in Lutter Rn 28; *Vossius* in Widmann/Mayer Rn 17; *Emmerich* in Emmerich/Habersack § 303 AktG Rn 9.

[17] So die hM, kritisch freilich *Habersack*, FS Koppensteiner, S. 31, 33 ff.

[18] Etwa §§ 993 Abs. 1, 1039; 989, 990 BGB.

[19] *Bassenge* in Palandt Vor § 987 BGB Rn 1.

[20] Zur Frage nach dem Zeitpunkt ihrer Begründung siehe § 133 Rn 19.

[21] Ähnlich *Grunewald* in Lutter Rn 28.

[22] Siehe Rn 59 ff.

2. Zeitliche Abgrenzung der Gläubigerrechte

Die Vorschrift sieht keine **zeitliche Abgrenzung** der geschützten Gläubiger vor. Sie spricht nur von den „Gläubigern der an der Verschmelzung beteiligten Rechtsträger". 8

a) Nur Altgläubiger. Die Erfüllung der Forderungen kann durch die Verschmelzung nur gefährdet werden, wenn die Gläubiger schon vor der Verschmelzung Gläubiger der beteiligten Rechtsträger waren. Damit ist noch nichts darüber gesagt, welches Stadium der Entstehung die Gläubigerrechte vor der Verschmelzung erreicht haben müssen. Andere Vorschriften, die eine Haftung[23] oder eine Verpflichtung zur Sicherheitsleistung[24] oder die zeitliche Begrenzung der früheren persönlichen Haftung[25] anordnen, knüpfen daran an, ob die Forderung oder die Verbindlichkeit im maßgebenden Zeitpunkt „begründet" war[26]. Hierin liegt keine Einschränkung der erfassten Gläubigerrechte, sondern vielmehr eine Erweiterung: Es genügt dafür, dass im maßgebenden Zeitpunkt der Rechtsgrund für die Forderung gelegt war[27], während es auf die Entstehung der Forderung vor diesem Zeitpunkt nicht ankommt[28]. Im Unterschied zu den anderen genannten Vorschriften stellt der Wortlaut des § 22 nicht ausdrücklich darauf ab, ob die Forderung im Zeitpunkt der Verschmelzung begründet war. Dennoch ist dies selbstverständliche Voraussetzung für den Anspruch und nach der zutreffenden hM[29] auch ausreichend. Der unterschiedliche Wortlaut des § 22 indiziert eine andere Abgrenzung als in den anderen Vorschriften nicht. Denn dieser Wortlaut ist in den Vorläuferbestimmungen seit dem AktG 1937 unverändert, und in der Auslegung ist bisher auf den abweichenden Wortlaut nicht abgestellt worden[30]. Praktisch erheblich ist die Frage vor allem dafür, ob künftige Ansprüche aus bestehenden Dauerschuldverhältnissen[31] und aufschiebend **bedingte Ansprüche** sicherungspflichtig sind[32]. 9

b) Begründung des Anspruchs. Die Auslegung hat sich am Schutzzweck zu orientieren. Schutzbedürftig sind alle Gläubiger, für deren Anspruch der **Rechtsgrund gelegt** ist. Deshalb genügt es, wenn der Anspruch im maßgebenden Zeitpunkt begründet ist. 10

Auf die **Wahrscheinlichkeit** der Entstehung des Anspruchs kommt es für die Abgrenzung zwischen Altschulden und Neuschulden nicht an[33]. Schutz gegen exorbitante Sicherungsbe- 11

---

[23] § 133 Abs. 1 Satz 1 UmwG, § 322 Abs. 1 AktG, § 25 Abs. 1 Satz 1 HGB.
[24] § 303 Abs. 1 Satz 1, § 321 Abs. 1 Satz 1 AktG.
[25] § 160 HGB.
[26] *K. Schmidt* in Schlegelberger § 128 HGB Rn 50; *Habersack* in Großkomm. § 128 HGB Rn 62.
[27] BGHZ 55, 267, 269 f.; (zu § 159 HGB) *Habersack* in Großkomm. § 128 HGB Rn 62 mwN; *Oechsler* in MünchKomm. § 225 AktG Rn 7; *Ulmer* in Hachenburg 58 GmbHG Rn 51 a; *Th. Schröer* DB 1999, 317, 319 f.
[28] *K. Schmidt* in Schlegelberger § 128 HGB Rn 50; *Habersack* in Großkomm. § 128 HGB Rn 62.
[29] *Grunewald* in Lutter Rn 7; *Marsch-Barner* in Kallmeyer Rn 3; jetzt auch *Stratz* in Schmitt/Hörtnagl/Stratz Rn 6; iE auch *Vossius* in Widmann/Mayer Rn 19 f., der auf die Entstehung des Schuldverhältnisses (gemeint: im weiteren Sinn) abstellt.
[30] Vgl. nur *Schilling* in Großkomm.³ § 347 AktG Anm. 3 unter Verweis auf die eigene Kommentierung in § 178 AktG Anm. 3 (gemeint ist die 2. Aufl.) entsprechend § 225 AktG Anm. 3 (3. Aufl.); *Grunewald* in G/H/E/K § 347 AktG Rn 3 unter Hinweis auf *Geßler* in G/H/E/K § 303 AktG Rn 7 f.
[31] Siehe Rn 19.
[32] Siehe Rn 11 f., 16.
[33] Ebenso *Grunewald* in Lutter Rn 7; *Vossius* in Widmann/Mayer Rn 20; *Soldierer* S. 39 f.; aM die Vorauflage Rn 10 sowie *Stratz* in Schmitt/Hörtnagl/Stratz Rn 7, der die Sicherungspflicht noch nicht entstandener Ansprüche generell verneint; *Marsch-Barner* in Kallmeyer Rn 3, der für aufschiebend bedingte Ansprüche eine „hinreichende Wahrscheinlichkeit" des Bedingungseintritts verlangt; ähnlich *Bermel* in Goutier/Knopf/Tulloch Rn 12; *Zimmermann* in Rowedder § 58 GmbHG Rn 27 („nicht unwahrscheinlich").

gehren bietet die Voraussetzung der glaubhaft gemachten Gefährdung des Anspruchs[34]. Die Sicherungspflicht gem. § 22 setzt demnach die überwiegende Wahrscheinlichkeit der Entstehung, und d.h. bei aufschiebend bedingten Ansprüchen des Bedingungseintritts, voraus[35].

12 c) **Maßgebender Zeitpunkt.** Zunächst kommt es darauf an, ob der Anspruch vor dem Wirksamwerden der Spaltung begründet wurde[36]. Die mit dem maßgebenden Zeitpunkt eingetretene Lage, also die Verschmelzung, kann, solange die Eintragung nicht bekannt gemacht ist, jedoch nach den allgemeinen Vorschriften über den **öffentlichen Glauben des Handelsregisters**[37] einem Dritten, der die Verschmelzung nicht kennt, nicht entgegengehalten werden[38]. Gläubiger, deren Forderungen nach der Eintragung, aber vor deren Bekanntmachung begründet wurden, haben deshalb den Schutz eines Altgläubigers, wenn sie im Zeitpunkt der Begründung ihrer Forderung[39] die Verschmelzung nicht kennen[40]. Ihnen kann deshalb auch nicht entgegengehalten werden, die Forderung habe gegen den übertragenden Rechtsträger gar nicht mehr entstehen können[41]. Zwar tritt die Gefährdung bereits mit der Eintragung der Verschmelzung ein[42]. Vor der Bekanntmachung der Eintragung muss der Gläubiger aber mit einer solchen Gefährdung nicht rechnen.

13 Für vertragliche Ansprüche gilt außerdem die **Schonfrist** des § 15 Abs. 2 Satz 2 HGB: Wer binnen zwei Wochen nach der Bekanntmachung ein rechtsgeschäftliches Schuldverhältnis mit einem der Verschmelzungsbeteiligten begründet oder zu begründen meint, kann

---

[34] Dieses Erfordernis besteht nicht bei anderen Fällen einer gebotenen Sicherheitsleistung. Die dazu unternommenen Versuche der Begrenzung der sicherungspflichtigen Ansprüche sind deshalb im vorliegenden Zusammenhang nicht einschlägig. Der Meinungsstand variiert im Einzelnen stark: *Krieger*, FS Nirk, S. 551, 555 (zu § 303 AktG: nicht völlig unwahrscheinlich); *Oechsler* in MünchKomm. § 225 AktG Rn 8 (absehbar, nicht bloß vage Aussicht); *Krieger* in MünchHdbGesR Bd. 4, § 60 Rn 36 (zu § 225 AktG: nicht, wenn der Bedingungseintritt so ungewiss ist, dass ein anerkennenswertes Schutzbedürfnis nicht besteht); *Ulmer* in Hachenburg § 58 GmbHG Rn 51 a (keine Sicherung, wenn Bedingungseintritt wenig wahrscheinlich). Für Sicherungspflicht aufschiebend bedingter Ansprüche ohne Rücksicht auf die Wahrscheinlichkeit des Bedingungseintritts: *Altmeppen* in MünchKomm. § 303 AktG Rn 16; *Koppensteiner* in Kölner Komm. § 303 AktG Rn 15; *Priester* in Scholz § 58 GmbHG Rn 56 (Bestehen gesicherter Anwartschaft).

[35] Im Einzelnen siehe Rn 35; die Voraufl. kam ohne Rückgriff auf die Voraussetzungen der Gefährdung zu dem Ergebnis, dass die „stärkeren Gründe für die Entstehung" sprechen müssen.

[36] So die hM *Grunewald* in Lutter Rn 7 mit Fn 5; *Stratz* in Schmitt/Hörtnagl/Stratz Rn 6; *Th. Schröer* DB 1999, 317; ferner schon *Lutter/Hommelhoff* GmbHG § 26 KapErhG Rn 4 sowie *Decher* in Lutter § 204 Rn 6; *Meister/Klöcker* in Kallmeyer § 204 Rn 4 f.; anders *Marsch-Barner* in Kallmeyer Rn 3, der auf den Beginn der Anmeldefrist und damit auf die Bekanntmachung der Eintragung bei dem übernehmenden Rechtsträger abstellt (für Gläubiger, die keine Kenntnis von der Verschmelzung haben, entspricht dies iE der hier vertretenen Auffassung); wieder anders *Vossius* in Widmann/Mayer Rn 19, der für Forderungen gegen die Übertragerin auf das Wirksamwerden der Spaltung, bei Forderungen gegen die Übernehmerin auf die Bekanntmachung durch das Register der Übernehmerin abstellt; wie hier *Soldierer* S. 52 ff., 54.

[37] § 15 Abs. 1 HGB.

[38] Der Rechtsschein belastet denjenigen, in dessen Angelegenheiten die Eintragung zu erfolgen hatte; das ist jeder, der durch eine Eintragung irgendwie entlastet wird oder einen Vorteil davon hat; *Hopt* in Baumbach/Hopt § 15 HGB Rn 6; *Gehrlein* in Ebenroth/Boujong/Roth § 15 Rn 9. Der Schutz gilt auch zu Lasten von Gesamtrechtsnachfolgern des Registerpflichtigen; *Hüffer* in Großkomm. § 15 HGB Rn 29. Er kann auch Reflexwirkungen zu Lasten Dritter haben; *Hüffer* in Großkomm. § 15 HGB Rn 30.

[39] *Hopt* in Baumbach/Hopt § 15 HGB Rn 10; *Gehrlein* in Ebenroth/Boujong/Roth § 15 HGB Rn 11.

[40] Ebenso *Grunewald* in Lutter Rn 7; aM *Karollus* in Lutter § 157 Rn 13 a zu der gleichliegenden Frage bei der Spaltungshaftung.

[41] So aber *Grunewald* in Lutter Rn 7 mit Fn 5 sowie *Stratz* in Schmitt/Hörtnagl/Stratz Rn 6.

[42] *Th. Schröer* DB 1999, 317 ff.

Gläubigerschutz 14–17 § 22

sich auf die bisherige Lage verlassen, wenn er die Verschmelzung weder kannte noch kennen musste[43].

3. Einzelheiten der Ansprüche

Die Anforderungen an die **Begründung eines Anspruchs** vor dem maßgebenden Zeitpunkt sind im Einzelnen bei § 133 erläutert. Weil die Gefährdung des Anspruchs nur glaubhaft sein kann, wenn seine Entstehung überwiegend wahrscheinlich ist[44], werden hier die Anforderungen an die Begründung des Anspruchs nur zusammenfassend dargestellt[45]. 14

a) Vertragliche Ansprüche. Die Sicherungspflicht erstreckt sich auf den vertraglichen Erfüllungsanspruch (Primäranspruch) und den im Fall seiner Verletzung entstehenden Anspruch auf **Schadensersatz** statt der Leistung. Auf die Wahrscheinlichkeit der Verletzung kommt es nicht an, denn die Sicherung des Erfüllungsanspruchs sichert gleichzeitig den Anspruch auf das Erfüllungsinteresse. Ansprüche aus der Verletzung von Nebenpflichten[46] sind demgegenüber erst mit der Verletzungshandlung begründet[47]. Liegt im maßgebenden Zeitpunkt erst ein Vertragsangebot des Gläubigers vor, so genügt dies[48]. Dagegen genügt ein Angebot des beteiligten Rechtsträgers, das der Gläubiger nach dem maßgebenden Zeitpunkt annimmt, nicht[49], sofern das Angebot nicht den Charakter einer dem Gläubiger eingeräumten Option hat[50]. 15

b) Bedingte, befristete Ansprüche. Aufschiebend oder auflösend befristete Ansprüche sind ohne weiteres **begründet**. Das Gleiche gilt für auflösend bedingte Ansprüche[51], die unter den sonstigen Voraussetzungen sicherungspflichtig sind. Aufschiebend bedingte Ansprüche sind ebenfalls begründet. Sie sind jedoch nur sicherungspflichtig, wenn die überwiegende Wahrscheinlichkeit für den Eintritt der Bedingung spricht[52]. 16

c) Ansprüche aus unerlaubter Handlung, Gefährdungshaftung. Der Anspruch ist begründet, wenn das **haftungsbegründende Verhalten** vor dem maßgebenden Zeitpunkt liegt[53]. Vor Eintritt einer Verletzung oder eines Schadens ist die Entstehung des Anspruchs jedoch nicht hinreichend wahrscheinlich[54]. 17

---

[43] Ebenso für die Fälle der §§ 25, 26, 128, 159, 160 HGB *Seibert* in Ebenroth/Boujong/Joost § 160 HGB Rn 10; *Habersack* in Großkomm. § 160 HGB Rn 9.

[44] Siehe Rn 35.

[45] Arbeitsverhältnisse, Versorgungsansprüche und -anwartschaften und Rechte des Pensionssicherungsvereins werden in Rn 70 ff. zusammenfassend behandelt.

[46] § 241 Abs. 2 BGB.

[47] Siehe § 133 Rn 13. Denn hier geht es nicht um das bereits spezifizierte Erfüllungs-, sondern um das allgemeine Integritätsinteresse des Vertragspartners.

[48] *Altmeppen* in MünchKomm. § 303 AktG Rn 16; *Geßler* in G/H/E/K § 303 AktG Rn 8.

[49] Näher § 133 Rn 14; *Habersack* in Großkomm. § 128 HGB Rn 63; siehe auch *K. Schmidt* in Schlegelberger § 128 HGB Rn 51; aM *Grunewald* in Lutter Rn 8.

[50] Auf die Sicherungspflicht wegen der Optionsnatur potestativ bedingter Rechtspositionen weist *Oechsler* in MünchKomm. § 225 AktG Rn 8 zutr. hin.

[51] Ganz hM, *Grunewald* in Lutter Rn 7; *Stratz* in Schmitt/Hörtnagl/Stratz Rn 7; *Marsch-Barner* in Kallmeyer Rn 3; *Vossius* in Widmann/Mayer Rn 20; *Altmeppen* in MünchKomm. AktG § 303 Rn 16; abw. offenbar *Th. Schröer* DB 1999, 317, 319.

[52] Siehe Rn 35. Anders *Grunewald* in Lutter Rn 7, die die Wahrscheinlichkeit des Bedingungseintritts bei der Höhe der Sicherheit nach dem Wert der Forderung berücksichtigen will; dazu siehe Rn 48. Bei der Kapitalherabsetzung – bei der es auf die Gefährdung und deren Wahrscheinlichkeit nicht ankommt – im gleichen Sinne *Ulmer* in Hachenburg § 58 GmbHG Rn 53; *Krieger* in MünchHdbGesR Bd. 4 § 60 Rn 36; *Lutter* in Kölner Komm. § 225 AktG Rn 10; dagegen *Priester* in Scholz § 58 GmbHG Rn 56; *Waldner* in Michalski § 58 GmbHG Rn 22.

[53] Näher § 133 Rn 18 mit Fn 56, str.: wie hier *K. Schmidt* in Schlegelberger § 128 HGB Rn 58; *Altmeppen* in MünchKomm. § 303 AktG Rn 16; aA etwa *Habersack* in Großkomm. § 128 HGB Rn 68 (Verletzungserfolg notwendig).

[54] Ähnlich *Altmeppen* in MünchKomm. § 303 AktG Rn 16 (Verletzung muss wahrscheinlich sein).

18 **d) Drittsicherungsgeber.** Hat ein Dritter vor dem maßgebenden Zeitpunkt im Auftrag des Hauptschuldners eine Sicherheit für die Schuld eines Verschmelzungsbeteiligten gestellt, so ist sein im Fall der Verwertung der Sicherheit bestehender **Rückgriffsanspruch** schon vor dem maßgebenden Zeitpunkt begründet[55]. Der Anspruch entsteht allerdings erst, wenn die Sicherheit in Anspruch genommen wird[56]. Dies ist dann hinreichend wahrscheinlich, wenn ohne die Sicherheit der Anspruch des Gläubigers und Sicherungsnehmers gefährdet wäre.

19 **e) Dauerschuldverhältnisse.** Besteht das Dauerschuldverhältnis im maßgebenden Zeitpunkt, so sind die aus ihm entstehenden künftigen Ansprüche im maßgebenden Zeitpunkt bereits begründet[57]. Innerhalb der noch zu erörternden **zeitlichen Grenzen**[58] sind sie daher sicherungspflichtig.

III. Gefährdung der Gläubiger

1. Arten und Gründe der Gefährdung

20 Voraussetzung des Sicherungsanspruchs ist, dass eine Gefährdung der Ansprüche der geschützten Gläubiger glaubhaft gemacht wird. Die Gefährdung muss **durch** die **Verschmelzung verursacht** sein. Sie kann auf rein faktischen Gründen, auf der neuen Rechtsform und Kapitalstruktur des übernehmenden Rechtsträgers oder unmittelbar auf den Rechtsfolgen der Verschmelzung beruhen.

2. Faktische Gründe.

21 **a) Solventer/insolventer Rechtsträger.** Die Verschmelzung führt zur Zusammenführung der Aktiva und Passiva der beteiligten Rechtsträger. Insgesamt wird die Stellung der Gläubiger dadurch also nicht verändert. Allerdings kann sich die Lage der Gläubiger des einen Rechtsträgers **verschlechtern**, so insbesondere, wenn ein solventer Rechtsträger mit einem insolventen Rechtsträger verschmolzen wird. Eine Gefährdung kann sich daraus nicht nur in dem Fall ergeben, dass der übernehmende Rechtsträger unmittelbar als Folge der Verschmelzung überschuldet oder zahlungsunfähig ist[59]. Ob eine Gefährdung eintritt, ist an den üblichen betriebswirtschaftlichen Kriterien zu messen, wie dem aktuellen oder prognostizierbaren Verhältnis vorhandener Liquidität zu fälligen Verbindlichkeiten[60], der Eigenkapitalquote, dem aktuellen oder prognostizierbaren Verhältnis erwirtschafteter Liquidität zu Kapitaldienst etc.[61]

22 **b) Zeithorizont.** Zum Teil wird die Auffassung vertreten, mit dem Ablauf von Zeit nehme die Gefährdung und damit das **Sicherungsbedürfnis** der Gläubiger ab[62]. Dem kann nicht gefolgt werden. Gewiss ist eine von vornherein bestehende oder für die nächste Zukunft prognostizierbare Lage der Überschuldung oder Illiquidität unmittelbarer greifbar als eine erst für die fernere Zukunft vorhersehbare Problemlage. Solche sofort bestehenden Problemlagen betreffen Gläubiger, deren Forderungen erst in vielen Jahren fällig werden, in glei-

---

[55] §§ 662, 667 BGB; näher § 133 Rn 17.
[56] S. aber auch §§ 669 sowie 775 BGB, dazu *Sprau* in Palandt § 775 BGB Rn 1.
[57] *Marsch-Barner* in Kallmeyer Rn 3; *Vossius* in Widmann/Mayer Rn 16; *Oechsler* in MünchKomm. § 225 AktG Rn 7 ff., 9; *Altmeppen* in MünchKomm. § 303 AktG Rn 17; *Stratz* in Schmitt/Hörtnagl/Stratz Rn 6; eingehend *Th. Schröer* DB 1999, 317, 318 ff.; aA zum alten Recht *Schilling* in Hachenburg GmbHG[7] § 77 § 7 UmwG Anl. Rn 3.
[58] Dazu Rn 46 f.
[59] Dies ist lediglich ein evidenter Fall einer Gefährdung: *Grunewald* in Lutter Rn 12, 13.
[60] Die Beeinträchtigung allein der Liquidität kann genügen: *Grunewald* in Lutter Rn 13; *Stratz* in Schmitt/Hörtnagl/Stratz Rn 13.
[61] Siehe näher Rn 32 ff.
[62] *Th. Schröer* DB 1999, 317, 321; *Grunewald* in Lutter Rn 23.

cher Weise wie solche, deren Forderungen alsbald fällig werden. Gläubiger, deren Forderungen erst nach längerer Zeit fällig werden, sind aber zusätzlich durch Problemlagen betroffen, die erst für einen späteren Zeitpunkt prognostizierbar sind.

3. Abbau der Kapitalbindung.

a) Gefährdungslagen. Die mit der Verschmelzung verbundenen Strukturveränderungen können einen **Abbau** des **„institutionellen Gläubigerschutzes"** der beteiligten Rechtsträger zur Folge haben, etwa dadurch, dass ein bisher bestehender Kapitalschutz wegfällt oder nur noch auf niedrigerem Niveau besteht. Beispiele dafür sind die Festlegung eines Stammkapitals, das niedriger ist als die Summe der bisherigen Kapitalien, die Verschmelzung einer AG auf eine GmbH, bei der die Kapitalbindung weniger stringent ausgestaltet ist als bei einer AG, oder schließlich die Verschmelzung einer Kapitalgesellschaft auf eine Personengesellschaft. 23

b) Verschmelzung auf Kapitalgesellschaft. Das Gesetz sieht nicht vor, dass bei der Verschmelzung von Kapitalgesellschaften die übernehmende Kapitalgesellschaft ein **Garantiekapital** mindestens in Höhe der Summe der bisherigen Garantiekapitalien haben müsse. Forderungen, das Gesetz in diesem Sinne korrigierend auszulegen[63], stoßen auf unüberwindliche Schwierigkeiten[64]. Ist eine AG übernehmender Rechtsträger, ergibt sich aus dem Ansatz eines niedrigeren Grundkapitals ohnehin kein Abbau des Kapitalschutzes, weil ein das anteilige Grundkapital übersteigender Nettowert des bei der Verschmelzung übergehenden Vermögens der Kapitalrücklage zuzuführen ist, die in der AG praktisch der gleichen Bindung unterliegt wie das Grundkapital[65]. Hat der übernehmende Rechtsträger die Rechtsform der AG, kann sich die Frage daher praktisch nicht stellen. 24

Ist dagegen eine GmbH der übernehmende Rechtsträger, kann durch die Verschmelzung bisher gebundenes **Kapital freigesetzt** werden mit der Folge, dass seine Ausschüttung zulässig wird[66]. Solange eine Ausschüttung tatsächlich nicht erfolgt, sind die Gläubiger jedoch durch die Möglichkeit der Ausschüttung nicht betroffen[67]. Allerdings können die Gläubiger auch nicht darauf verwiesen werden, erst einmal abzuwarten, ob eine Ausschüttung erfolgen wird. Denn sie müssen ihren Anspruch auf Sicherheitsleistung binnen sechs Monaten geltend machen[68]. Die Lösung kann nur in einer entsprechenden Anwendung der §§ 58 GmbHG, 225 AktG iVm. § 22 UmwG wie folgt liegen: Ist eine Gläubigergefährdung auch aufgrund der Annahme nicht festzustellen, dass das frei gewordene Kapital ausgeschüttet wird, ist Sicherheit nicht zu leisten. Werden dagegen die Ansprüche der Gläubiger im Fall einer durch die Verschmelzung zulässig gewordenen Ausschüttung gefährdet und melden sie innerhalb der Sechsmonatsfrist ihre Forderungen an, ist mangels konkreter Gefährdung die Rechtsfolge 25

---

[63] *Petersen* Gläubigerschutz S. 189 ff., 207 f.; *ders.*, Der Konzern 2004, 185, 188 ff.; *ders.* GmbHR 2004, 728 ff.

[64] *Maier-Reimer* GmbHR 2004, 1128, 1130 f.; dazu siehe § 54 Rn 27 ff.

[65] § 150 Abs. 4 AktG iVm. § 272 Abs. 2 Nr. 1 bis 3 HGB; dazu *Petersen* GmbHR 2004, 728, 729 und *Maier-Reimer* GmbHR 2004, 1128, 1131.

[66] RegBegr. *Ganske* S. 103 (5. Absatz zu § 54); *Ihrig* ZHR 160 (1996) 317, 322; *Naraschewski* GmbHR 1998, 356, 357; zur gesamten Problematik siehe *D. Mayer* DNotZ 1998 (Sonderheft) S. 159 ff. und die anschließende Diskussion.

[67] Es entsteht also keine „konkrete" Gefährdung, siehe Rn 32; insoweit auch *Veil* S. 242 f.; ähnlich *Lutter* ZGR 1990, 392, 412: „Man kann sehr zweifeln, ob schon das die künftige Gefährdung signalisiert."; zum Formwechsel AG/KGaA in GmbH auch *Happ* in Lutter § 249 Rn 4; anders wohl *Schöne* S. 127 mit Fn 42; *Decher* in Lutter Umwandlungsrechtstage S. 201, 221. IE bejaht *Veil* S. 242 f. freilich den Sicherungsanspruch, indem er iRd. entsprechenden Anwendung nach §§ 204, 22 eine abstrakte Gefahr durch die veränderte Kapitalbindung unter dem Vorbehalt ausreichen lassen will, dass die formwechselnde AG diese abstrakte Gefährdungsvermutung widerlegen könne.

[68] § 22 Abs. 1 Satz 1.

dahin zu modifizieren, dass die §§ 58 GmbHG, 225 AktG (je nach der Rechtsform der übertragenden Gesellschaften) entsprechend angewandt werden[69].

26 **c) Verschmelzung auf Personengesellschaft.** Dieselben Grundsätze müssen gelten, wenn Kapitalgesellschaften auf eine Personengesellschaft verschmolzen werden. Die persönliche Haftung ist für den Gläubigerschutz einer sonst bestehenden Kapitalbindung nicht gleichwertig[70]. Die **persönliche Haftung** einschließlich der Vermögensverhältnisse des Haftenden ist aber bei der Prüfung der konkreten Gefährdung und des Sicherungsbedürfnisses zu berücksichtigen. Deshalb kann auch die eingetragene Hafteinlage eines Kommanditisten nicht wie das Stammkapital einer GmbH berücksichtigt werden. Denn im Gegensatz zum Recht der Kapitalgesellschaften[71] besteht bei der KG kein Rückzahlungsverbot[72]. Die Rückzahlung führt lediglich zum Wiederaufleben der persönlichen Haftung[73]. Werden die Rechtsfolgen für die Gefährdung durch Freisetzung von Kapital entsprechend der hier vertretenen Auffassung modifiziert, kann das Verlangen nach Sicherheit jedoch eine Auszahlungssperre bewirken.

4. Wegfall persönlicher Haftung

27 Durch die Verschmelzung einer Personengesellschaft auf eine Kapitalgesellschaft entfällt mit der persönlichen Haftung einzelner Gesellschafter (nach Ablauf der Enthaftungsfrist) ein Element des individuellen Gläubigerschutzes[74]. Würde der Wegfall persönlicher Haftung als Gefährdungsgrund angesehen, könnte diese **Gefährdung erst durch die Enthaftung** mit dem Ablauf von fünf Jahren[75] eintreten. Daraus ergibt sich, dass diese Veränderung nicht spezifisch durch die Verschmelzung verursacht ist. Denn ein persönlich haftender Gesellschafter hätte auch ohne Verschmelzung mit der Folge der Enthaftung nach fünf Jahren ausscheiden können[76]. Der Wegfall der persönlichen Haftung als solcher ist daher nicht als Gefährdungsgrund anzuerkennen[77].

---

[69] Im Einzelnen siehe Rn 56 f. Im Ansatz ähnlich *Ihrig* ZHR 160 (1996) 317, 337, der § 225 Abs. 2 AktG analog heranziehen will, sofern die Nominalkapitalziffer des übernehmenden Rechtsträgers hinter derjenigen des übertragenden zurückbleibt. *Naraschewski* GmbHR 1998, 356, 360 will über die Analogie zu § 225 Abs. 2 AktG hinaus das gesamte frei gewordene Kapital binden, was zu weit geht, da es damit unabhängig von einer konkreten Gefährdung bis zur Sicherung sämtlicher Altgläubiger des übertragenden Rechtsträgers gebunden bliebe. Gegen jegliche Analogie zu § 225 Abs. 2 AktG dagegen nachdrücklich, aber nicht überzeugend, *Petersen* Gläubigerschutz S. 202 ff. u. a. mit dem Argument, der Schutz würde dann nur sechs Monate reichen. *Petersen* übersieht dabei, dass nach § 225 AktG Auszahlungen erst nach Sicherheitsleistung erfolgen dürfen und im Fall des § 58 GmbHG (den *Petersen* nicht erörtert) die Kapitalherabsetzung überhaupt erst nach Sicherheitsleistung angemeldet werden kann und bis dahin also § 30 GmbHG noch für das höhere Kapital gilt. Abl. ferner *Rodewald*, Vereinfachte „Kapitalherabsetzung" durch Verschmelzung von GmbH, GmbHR 1997, 19, 21.

[70] *K. Schmidt* GesR § 18 IV 2 c S. 542; anders *Petersen* Gläubigerschutz S. 33 ff. („Gleichachtung"); *Vossius* in Widmann/Mayer Rn 34, der § 22 für „in der Regel nicht anwendbar" hält, wenn Kapital durch Haftung substituiert wird.

[71] §§ 30 GmbHG, 57 AktG.

[72] *Arg. e contrario* § 172 Abs. 4 HGB.

[73] § 172 Abs. 4 HGB; *Hopt* in Baumbach/Hopt § 172 HGB Rn 4 ff.

[74] *K. Schmidt* ZGR 1993, 366, 377 f.

[75] § 45.

[76] § 160 HGB.

[77] Ebenso *Roewedder* GmbHG Anh. § 77 Rn 262 mit dem Argument, sonst werde der Zweck der Nachhaftungsbegrenzung unterlaufen; siehe dazu auch § 133 Rn 123. Nur im Grundsatz ebenso *K. Schmidt* ZGR 1993, 366, 382 f. (anders aber, wenn Gefährdung der Forderung durch Enthaftung bereits im Zeitpunkt des Formwechsels glaubhaft gemacht werden kann); ihm folgend *Zürbig*, Der Formwechsel einer Personengesellschaft in eine Kapitalgesellschaft, 1999, S. 127; aM *Vossius* in Widmann/Mayer Rn 28 ff. sowie § 204 Rn 19, der den Fortfall der Nachhaftung ohne nähere Begründung als möglichen Gefährdungsgrund nennt; ebenso *Grunewald* in Lutter Rn 12; *Meister/Klöcker* in Kallmeyer § 204 Rn 6; zurückhaltend *Decher* in Lutter § 204 Rn 14.

Allerdings verweist § 204 beim Formwechsel auch auf § 22. Wenn im Fall des **Form-** 28
wechsels eine Gefährdung nur durch den Wegfall persönlicher Haftung eintreten könnte
und der Wegfall dieser Haftung nicht als Gefährdungsgrund anerkannt würde, wäre die Verweisung gegenstandslos. Dem ist indessen nicht so. Denn der Formwechsel kann, außer
durch Wegfall persönlicher Haftung, die Gläubigerinteressen auch in anderer Weise berühren, nämlich durch Freisetzung von bisher gebundenem Kapital[78] und durch Abfindungszahlungen gem. § 207[79]. Es verbleibt demnach ein hinreichender Anwendungsbereich des § 22
für den Fall des Formwechsels, so dass die Verweisung in § 204 nicht gegen die hier vertretene
Auffassung spricht, der Wegfall der persönlichen Haftung sei als Gefährdungsgrund nicht
anzuerkennen.

5. Substanzminderung durch Verschmelzung

Die Rechtsfolgen der Verschmelzung nach dem UmwG können selbst zu einer **Ver-** 29
schlechterung der Lage der Gläubiger führen.

a) Barzuzahlungen Abfindungen. Barzuzahlungen und Abfindungen mindern die 30
Substanz und die Liquidität. Das gilt auch für weitere Barzuzahlungen oder erhöhte Barabfindungen, die aufgrund eines **Spruchverfahrens** zu leisten sind[80]. Mit Rücksicht auf die
gewöhnlich lange Dauer von Spruchverfahren[81] und der Offenheit des Ergebnisses bleibt die
Höhe solcher Zahlungen lange ungewiss. Deshalb werden die Gläubiger eine Gefährdung
ihrer Ansprüche aufgrund solcher Zahlungen nicht binnen der Sechsmonatsfrist glaubhaft
machen können. Gelingt dies jedoch, so können die Gläubiger aller beteiligten Rechtsträger
betroffen sein.

b) Sicherheitsleistung. Die gem. § 22 geschuldete **Sicherheitsleistung** selbst kann uU 31
erhebliche Mittel des übernehmenden Rechtsträgers binden und deshalb seine finanzielle
Lage und seine Fähigkeit, andere, bislang nicht gesicherte Gläubiger zu befriedigen, beeinträchtigen. Solche Gefährdungen sind nicht zu berücksichtigen[82]. Sie ergeben sich nicht (unmittelbar) aus der Verschmelzung. Ihre Anerkennung als Gefährdungsgrund würde erst die
Lage schaffen, für welche der Schutz gewährt werden soll.

6. Konkrete Gefährdung

a) Maßstab. Erforderlich für den Sicherungsanspruch ist eine konkrete Gefährdung[83]. Die 32
Gefährdung des Anspruchs bedeutet nicht die Gewissheit des Ausfalls. Umgekehrt genügt
eine bloße Verschlechterung der relevanten **betriebswirtschaftlichen Relationen** nicht.
Die Verschlechterung muss mindestens ein solches Ausmaß annehmen, dass das Unternehmen Kredite mit Laufzeiten, die den Fälligkeitsfristen der betroffenen Forderungen entspre-

---

[78] Siehe nur RegBegr. *Ganske* S. 230; *Decher* in Lutter § 204 Rn 13. In diesem Fall müssten dann ebenfalls die modifizierten Rechtsfolgen eintreten wie sie zu Rn 25 f. vertreten werden.
[79] *Veil* S. 242.
[80] Nach *Petersen* Gläubigerschutz S. 179 ff. sind Zahlungen im Spruchverfahren in der Weise begrenzt, dass sie nur aus freiem Vermögen geleistet werden können, ähnlich schon *Ihrig* ZHR 160 (1996) 314, 336 mwN in Fn 41. In Wahrheit geht es aber um das Verbot der Unterpari-Emission, das einen weiterreichenden Schutz gibt; näher dazu *Maier-Reimer* ZHR 164 (2000) 563, 568.
[81] Näher bei *Krieger* in Lutter Anh. I S. 3053 ff.
[82] *Marsch-Barner* in Kallmeyer Rn 7; *LG Köln*, Der Konzern 2004, 806, 808.
[83] *Marsch-Barner* in Kallmeyer Rn 7; *Jaeger* DB 1996, 1069, 1071; ebenso für den Formwechsel *Decher* in Lutter § 204 Rn 13; offen gelassen: BGH NJW 1996, 1539; dies ergibt sich schon aus dem Erfordernis der besonderen Glaubhaftmachung im Gegenschluss zu §§ 225, 303 AktG, die das abstrakte Sicherungsinteresse der Gläubiger infolge der verminderten Kapitalbindung ausreichen lassen, siehe *Oechsler* in MünchKomm. § 225 AktG Rn 22.

chen, am Markt nicht mehr erhalten würde oder im Fall noch ausstehender Gegenleistungen des Gläubigers, dass es einen entsprechenden Vertrag ohne Sicherheitsleistung am Markt nicht mehr abschließen könnte[84].

33   **b) Kriterien.** Ob die Forderung eines Gläubigers durch die Verschmelzung gefährdet wird, ist nicht nur aufgrund der Vermögenslage des übernehmenden Rechtsträgers, sondern auf der Grundlage seiner **Vermögens-, Finanz- und Ertragslage** sowie bereits bestehender Sicherheiten[85] zu beurteilen. Gerade für erst in fernerer Zukunft fällig werdende Ansprüche ist die Ertragskraft erheblich bedeutsamer als die gegenwärtige Vermögenslage.

34   **c) Kausalität.** Erforderlich ist, dass die Gefährdung sich gerade aus der Verschmelzung ergibt[86]. War die Lage vor der Verschmelzung nicht besser, ist die Gefährdung nicht durch die Verschmelzung verursacht[87]. Dagegen besteht der Anspruch auf Sicherheit, wenn sich eine schon gegebene Gefährdung weiter **erheblich** verschärft hat[88].

7. Glaubhaftmachung

35   Die Gefährdung ist glaubhaft zu machen[89]. Die die Gefährdung begründenden Tatsachen müssen überwiegend wahrscheinlich sein[90]. Dass der Anspruch begründet ist[91], muss demgegenüber voll bewiesen werden[92]. War der Anspruch begründet, aber noch nicht entstanden, so kann er nicht gefährdet sein, wenn er nicht entsteht. Für seine Entstehung ist deshalb dieselbe Wahrscheinlichkeit wie für die Gefährdung erforderlich, aber auch ausreichend. Es genügt demnach, wenn vor Ablauf der Anmeldefrist seine Entstehung, etwa durch Eintritt einer aufschiebenden Bedingung[93], überwiegend wahrscheinlich ist.

---

[84] Zustimmend *Grunewald* in Lutter Rn 12; *Marsch-Barner* in Kallmeyer Rn 7 wertet eine wesentliche Verschlechterung der Eigenkapitalquote oder Liquiditätslage als Indiz; Kasuistik bei *Stratz* in Schmitt/Hörtnagl/Stratz Rn 13 (etwa Unterpari-Emission; Beeinträchtigung der Liquidität) sowie *Vossius* in Widmann/Mayer Rn 27 ff.
[85] Siehe dazu Rn 60 ff.
[86] § 22 Abs. 1 Satz 2 2. Halbsatz.
[87] *Grunewald* in Lutter Rn 12.
[88] Ähnlich *Marsch-Barner* in Kallmeyer Rn 7, der eine wesentliche Verschlechterung von Liquidität oder Kapitalausstattung als Indiz wertet; großzügiger *Grunewald* in Lutter Rn 12, die eine Erhöhung der Gefährdung ohne Rücksicht auf den Grad der Erhöhung ausreichen lässt; ebenso *Stratz* in Schmitt/Hörtnagl/Stratz Rn 13.
[89] § 22 Abs. 1 Satz 2.
[90] *Stratz* in Schmitt/Hörtnagl/Stratz Rn 13, 15; *Decher* in Lutter § 204 Rn 12. Überwiegende Wahrscheinlichkeit ist das zur Glaubhaftmachung erforderliche Beweismaß; *Prütting* in MünchKomm. § 294 ZPO Rn 24; *Huber* in Musielak § 294 ZPO Rn 3; aA *Gottwald* in Rosenberg/Schwab/Gottwald, ZPO, 16. Aufl. 2004, § 112 II 2: „gute Möglichkeit" der Gefährdung erforderlich. Mit welchen Beweismitteln die überwiegende Wahrscheinlichkeit dargetan werden kann, richtet sich nach der jeweiligen Verfahrensart. Wird die Einräumung einer Sicherheit durch einstweilige Verfügung begehrt, so ist auch eine eidesstattliche Versicherung zuzulassen; §§ 294, 920 Abs. 2, 936 ZPO. Klagt der Gläubiger wegen unberechtigter Verweigerung der Sicherheit, so ist die eidesstattliche Versicherung kein zulässiges Beweismittel; zu der entsprechenden Auslegung materiellrechtlich vorausgesetzter Glaubhaftmachung siehe § 611 a Abs. 1 Satz 3 BGB und dazu *Müller-Glöge* in MünchKomm. BGB § 611 a Rn 80 f.
[91] Das genügt für die Einbeziehung in den Anwendungsbereich der Vorschrift, siehe Rn 10 f.
[92] Vollen Beweis für die Existenz des Anspruchs verlangen *Grunewald* in Lutter Rn 14; *Marsch-Barner* in Kallmeyer Rn 4; *Vossius* in Widmann/Mayer Rn 36.1; *Soldierer* S. 104; *Stratz* in Schmitt/Hörtnagl/Stratz Rn 14. Da alle Vorgenannten aber die grundsätzliche Sicherungspflicht für lediglich begründete Ansprüche annehmen (Nachweise siehe Fn 29), dürfte bei ihnen auch mit dem Beweis gemeint sein, dass der Anspruch begründet war.
[93] Dazu siehe auch Rn 11; zur Anmeldefrist siehe Rn 38.

IV. Weitere Voraussetzungen des Anspruchs auf Sicherheit

1. Betagung

Der Anspruch auf Sicherheit steht nur denjenigen Gläubigern zu, die noch keine Befriedigung verlangen können[94], deren Anspruch also noch **nicht fällig** ist[95]. Ist der Anspruch fällig, so kann (und soll) der Gläubiger auf Leistung klagen. Maßgebend ist die Fälligkeit des Anspruchs gegen den verschmelzungsbeteiligten Rechtsträger. Darauf, ob ein korrespondierender Anspruch gegen einen Dritten fällig ist, kommt es nicht an[96]. Ist die Fälligkeit von einer Kündigung seitens des Gläubigers abhängig und ist dem Gläubiger die Kündigung zuzumuten, besteht der Anspruch auf Sicherheit nur für die Zeit bis zu dem ersten möglichen Kündigungstermin[97]. Hängt die Fälligkeit nur von einer vom Gläubiger zu erbringenden fälligen Gegenleistung ab, kann der Gläubiger Befriedigung verlangen, nämlich in der vorgesehenen Form der Leistung Zug um Zug. Ein Anspruch auf Sicherheitsleistung besteht dann nicht[98].

Sicherheit kann auch für einen **streitigen Anspruch** verlangt werden[99]. Über das Bestehen des Anspruchs ist dann inzident zu entscheiden[100]. Ist die Fälligkeit streitig, kann der Gläubiger auf Erfüllung, hilfsweise auf Sicherheitsleistung klagen.

2. Ausschlussfrist

a) Dauer der Frist. Der Gläubiger hat den Anspruch auf die Sicherheitsleistung nur, wenn er seinen Anspruch binnen sechs Monaten **anmeldet**. Die Frist beginnt mit der Bekanntmachung der Eintragung der Verschmelzung im Register desjenigen Rechtsträgers, der Schuldner des jeweiligen Gläubigers ist[101]. Sie ist daher für jeden Rechtsträger gesondert zu berechnen. Maßgebend war bis zum 31.12.2006 die letzte vorgeschriebene Bekanntmachung[102].

b) Änderung der Frist. Die Frist ist eine **gesetzliche Ausschlussfrist**[103] und als solche unabdingbar[104]. Wenn der Verschmelzungsvertrag eine längere Frist vorsieht, wird damit im Verschmelzungsvertrag der gesetzliche Anspruch auf Sicherheit durch einen vertraglichen

---

[94] § 22 Abs. 1 Satz 1 aE.
[95] § 271 BGB.
[96] So auch *Grunewald* in Lutter Rn 9; aA *Stratz* in Schmitt/Hörtnagl/Stratz Rn 17; *Vossius* in Widmann/Mayer Rn 37.
[97] Ähnlich *Grunewald* in Lutter Rn 9.
[98] IE allgM *Grunewald* in Lutter Rn 9, auch *Vossius* in Widmann/Mayer Rn 39, den *Stratz* in Schmitt/Hörtnagl/Stratz Rn 17 lediglich missinterpretiert.
[99] Heute allgM, etwa *Stratz* in Schmitt/Hörtnagl/Stratz Rn 18; *Grunewald* in Lutter Rn 14; zur Begründung eingehend *OLG Celle* BB 1989, 868 f. (noch zu § 26 KapErhG), u. a. mit einem Gegenschluss zu § 272 Abs. 3 AktG.
[100] *Vossius* in Widmann/Mayer Rn 59. Denn das Bestehen der Forderung ist Voraussetzung des Besicherungsanspruchs, so auch *Stratz* in Schmitt/Hörtnagl/Stratz Rn 14. Insoweit reicht dann aber auch keine Glaubhaftmachung aus, sondern ist nach heute allgM voller Beweis erforderlich, *Vossius* in Widmann/Mayer Rn 60; *Stratz* in Schmitt/Hörtnagl/Stratz Rn 14; *Grunewald* in Lutter Rn 11, 14; *Marsch-Barner* in Kallmeyer Rn 4; siehe auch die überzeugende Argumentation des *OLG Celle* BB 1989, 868 f. zu § 26 KapErhG gegen die früher hM, welche die „nachgewiesene Wahrscheinlichkeit" des Bestehens der Forderung ausreichen lassen wollte, etwa *Priester* in Scholz GmbHG⁷ § 26 KapErhG Rn 5.
[101] § 22 Abs. 1 Satz 1 UmwG.
[102] § 22 Abs. 1 Satz 1 iVm. § 19 Abs. 3 Satz 2 aF. Auf die zusätzliche Bekanntmachung in einem Druckmedium gem. Art. 61 Abs. 4 EGHGB kommt es für § 22 nicht an.
[103] *Marsch-Barner* in Kallmeyer Rn 5; *Stratz* in Schmitt/Hörtnagl/Stratz Rn 8, 12.
[104] § 1 Abs. 3. Im Ausgangspunkt zutreffend *Stratz* in Schmitt/Hörtnagl/Stratz Rn 12.

Anspruch **(Vertrag zugunsten Dritter)** mit längerer Frist ergänzt[105]. Eine Verkürzung ist auf diesem Weg nicht möglich. Eine im Einzelfall mit einem Gläubiger vereinbarte Verkürzung der Frist lässt sich demgegenüber ohne weiteres bewirken. Der Gläubiger verzichtet damit auf seinen Sicherungsanspruch für den Fall, dass er die verkürzte Frist nicht wahrt[106]. Eine Verlängerung durch Einzelvereinbarung ist ebenfalls in derselben Weise wirksam. Der Abschluss einer solchen Verlängerungsvereinbarung wird aber im Regelfall für die Verwaltung des übernehmenden Rechtsträgers pflichtwidrig sein.

40 Zum Teil wird vertreten, die Frist verlängere sich für begründete, aber noch nicht entstandene Forderungen bis zur Entstehung des Anspruchs[107]. Das soll insbesondere für die Fälle gelten, in denen erst nach Ablauf der sechs Monate **Schäden** eintreten oder durch die Verschmelzung freigesetzte Kapitalien ausgezahlt werden[108]. Dieser Auffassung kann nicht gefolgt werden. Die Fristbestimmung der Vorschrift ist eindeutig[109]. Das Problem einer potenziellen Gefährdung durch Kapitalrückzahlungen ist in anderer Weise zu lösen[110]. Die Frage möglicher Spätschäden ist iRd. erforderlichen Wahrscheinlichkeitsbeurteilung und Quantifizierung der Sicherheit zu berücksichtigen.

41 **c) Anmeldung der Forderung.** Zur Anmeldung der Forderung innerhalb der Frist ist deren Bezeichnung in dem Maße erforderlich und ausreichend, dass der Anspruch eindeutig und der Höhe nach **bestimmt** wird[111]. Die Anmeldung vor Fristbeginn (d. h. vor der maßgebenden Bekanntmachung) genügt[112]. Die Bezeichnung der Höhe kann bei bereits entstandenen Schadensersatzansprüchen auf Schwierigkeiten stoßen, wenn die Schadenshöhe noch nicht feststeht[113]. Dazu hat der Gläubiger die Schadenshöhe ggf. zu schätzen oder einen Mindestbetrag anzugeben[114].

42 **d) Fälligkeit/Erfüllung.** Der Anspruch auf Sicherheit entsteht erst mit der Verschmelzung und wird dann **sofort fällig**[115]. Er gilt auch für Ansprüche, die in diesem Zeitpunkt noch nicht fällig sind, aber vor Ablauf der Sechsmonatsfrist fällig werden[116]. Kommt der Rechtsträger mit der Erfüllung eines unter diesen Voraussetzungen gestellten Sicherungs-

---

[105] § 328 BGB. IE ebenso *Grunewald* in Lutter Rn 18; *Marsch-Barner* in Kallmeyer Rn 5; aA *Stratz* in Schmitt/Hörtnagl/Stratz Rn 12.

[106] *Grunewald* in Lutter Rn 18; *Marsch-Barner* in Kallmeyer Rn 5.

[107] *Petersen* Gläubigerschutz S. 42.

[108] *Petersen* Gläubigerschutz S. 42 im Anschluss an *Canaris* Handelsrecht § 7 Rn 51 mit dem Argument, die Verfristung eines Anspruchs vor seiner Entstehung sei „dogmatisch ungereimt" bzw. „widersinnig"; entsprechende Bedenken zur Verjährung eines Anspruchs vor seiner Entstehung in BGH NJW 1999, 2884, 2886. Hiergegen mit Recht *Reinicke/Tiedtke* ZIP 1999, 1905, 1906 ff. mit Blick auf § 477 Abs. 1 BGB aF.

[109] Der Gesetzgeber hat damit nicht anders als bei den Enthaftungsvorschriften (§§ 45 Abs. 2, 133 Abs. 3, 224 Abs. 2) die Risiken iRd. ihm zustehenden Einschätzungsprärogative verteilt (zur Enthaftung ebenso *Petersen* Gläubigerschutz S. 45).

[110] Siehe Rn 56 f.

[111] § 22 Abs. 1 Satz 1.

[112] *Grunewald* in Lutter Rn 19; die Anmeldung kann also auch noch bei einem der übertragenden Rechtsträger erfolgen, solange diese noch existieren, *Stratz* in Schmitt/Hörtnagl/Stratz Rn 8, str.

[113] Das Sicherungsbegehren wird dadurch nicht unzulässig, *Stratz* in Schmitt/Hörtnagl/Stratz Rn 8; *Hüffer* § 225 AktG Rn 3.

[114] Die Anforderungen folgen nicht denselben Regeln wie diejenigen an die Bestimmtheit eines Zahlungsantrags im Prozess gem. § 253 ZPO; dazu *Foerster* in Musielak § 253 ZPO Rn 34.

[115] Ebenso *Grunewald* in Lutter Rn 21 f.; anders ausdrücklich *Stratz* in Schmitt/Hörtnagl/Stratz Rn 8: Anspruch entstehe mit Beginn der Ausschlussfrist, und damit zunächst gegenüber dem jeweiligen Rechtsträger mit der Eintragung in dessen Handelsregister; so auch *Vossius* in Widmann/Mayer Rn 26, 55.

[116] Dem Besicherungsanspruch ist nicht entgegen zu halten, der Gläubiger möge die nahe Fälligkeit der Forderung abwarten, *Oechsler* in MünchKomm. § 225 AktG Rn 25.

verlangens in Verzug, ist er schadensersatzpflichtig[117]. Der umstrittenen Annahme, die Vorschrift sei ein Schutzgesetz iSd. § 823 Abs. 2 BGB[118], bedarf es zur Begründung dieser Schadensersatzpflicht nicht. Erfüllt der Schuldner das Sicherungsverlangen und wird der Anspruch dann fällig, ist die bestellte Sicherheit nicht herauszugeben; dies widerspräche ihrem Zweck[119]. Mit der nachträglichen Fälligkeit entfällt der Anspruch auf die Sicherheit, auch wenn diese vorher verlangt war[120].

Ein berechtigtes Sicherheitsverlangen lange vor Ablauf der Sechsmonatsfrist stellt die Verwaltung allerdings vor ein Problem: Muss sie mit berechtigten Sicherheitsverlangen in einem solchen Umfang rechnen, dass das Unternehmen zur Leistung einer solchen Sicherheit nicht in der Lage ist, darf sie dem Sicherheitsverlangen nicht entsprechen. Sie würde damit einen einzelnen Gläubiger vor den übrigen **bevorzugen**. 43

e) **Hinweispflicht des Registergerichts.** Das Registergericht hat in der Bekanntmachung der Verschmelzung auf das Recht, Sicherheit zu verlangen, und die Frist hinzuweisen[121]. Eine Verletzung dieser Pflicht kann **Amtshaftungsansprüche** gem. § 839 BGB auslösen[122]. 44

V. Adressat und Inhalt des Anspruchs

1. Adressat

Der Anspruch richtet sich gegen den **übernehmenden**[123] **Rechtsträger**, nicht gegen seine Organe[124]. 45

2. Reichweite der zu sichernden Ansprüche

Bei Dauerschuldverhältnissen ergibt sich wie bei den Fällen der Nachhaftung die Frage, wie weit in die Zukunft die aus dem Dauerschuldverhältnis noch entstehenden Forderungen zu sichern sind[125]. Hierzu wird zum Teil die **Fünfjahresfrist** der Nachhaftungsregelungen[126] entsprechend herangezogen[127]. Diese Auffassung überzeugt nicht. Tatbestandliche Voraussetzungen und Rechtsfolgen der Vorschriften sind zu verschieden und erlauben daher die Übertragung eines Elements der Rechtsfolge aus einer Norm auf die andere nicht[128]. 46

Anzusetzen ist an dem berechtigten Schutzinteresse des Gläubigers[129]. Dieses ist in Anlehnung an die sog. **Kündigungstheorie** zur Nachhaftungsproblematik (die für diese durch das 47

---

[117] §§ 280, 286 BGB. Zur Berechnung des Schadens siehe Rn 54.
[118] Siehe Rn 67.
[119] *Oechsler* in MünchKomm. § 225 AktG Rn 24; *Hüffer* § 225 AktG Rn 9 mwN.
[120] HM, *Oechsler* in MünchKomm. § 225 AktG Rn 23; *Hüffer* § 225 AktG Rn 9 mwN, aA *Grunewald* in Lutter Rn 10.
[121] § 22 Abs. 1 Satz 3.
[122] *Marsch-Barner* in Kallmeyer Rn 6; *Stratz* in Schmitt/Hörtnagl/Stratz Rn 10; *Vossius* in Widmann/Mayer Rn 62.
[123] Das ergibt sich aus dem hier vertretenen Entstehungszeitpunkt, siehe Rn 42; wie hier *Grunewald* in Lutter Rn 22; *Marsch-Barner* in Kallmeyer Rn 11; im Grundsatz abw. *Stratz* in Schmitt/Hörtnagl/Stratz Rn 8; *Vossius* in Widmann/Mayer Rn 26, 55.
[124] *Petersen* Gläubigerschutz S. 241.
[125] *Jaeger* DB 1996, 1069 ff.; *Th. Schröer* DB 1999, 317 ff.; BGH NJW 1996, 1539 f.; zur Nachhaftungsproblematik statt vieler: *Honsell/Harrer* ZIP 1986, 341 ff.; *Moll/Hottgenroth* RdA 1994, 223 ff.
[126] §§ 26, 160 HGB, 45, 133, 224 UmwG.
[127] *Jaeger* DB 1996, 1069, 1070 ff. Dagegen mit Recht die hM, *Th. Schröer* DB 1999, 317, 322; *Grunewald* in Lutter Rn 23; *Stratz* in Schmitt/Hörtnagl/Stratz Rn 21.
[128] *Th. Schröer* DB 1999, 317, 322.
[129] BGH NJW 1996, 1539 f.; *Marsch-Barner* in Kallmeyer Rn 12; *Th. Schröer* DB 1999, 317, 321.

Nachhaftungsbegrenzungsgesetz überholt ist) zu begrenzen. Der Gläubiger hat kein schutzwürdiges Interesse an einer Sicherheit für Ansprüche, die erst für Zeiträume nach einem Termin entstehen, auf den sowohl er als auch der Schuldner das Dauerschuldverhältnis kündigen können[130]. Die Kündigungstheorie ist zwar durch das Nachhaftungsgesetz überholt[131], das steht aber der Anwendung entsprechender Gedanken auf die teilweise anders gelagerte und durch das Nachhaftungsbegrenzungsgesetz eben nicht geregelte Frage der Sicherheitsleistung nicht entgegen.

3. Höhe der Sicherheit

48 **a) Voller Betrag des Risikos.** Die Höhe der zu leistenden Sicherheit richtet sich nach dem Betrag der zu sichernden Forderung[132]. Denn sie soll die Befriedigung des Gläubigers sicherstellen[133]. Teilweise wird demgegenüber auf den Wert der Forderung abgestellt[134]. Das entspricht nicht dem Zweck der Sicherheitsleistung[135]. Der Anspruch auf Sicherheit wird aber durch das konkrete Schutzbedürfnis des Gläubigers begrenzt[136]. Die Sicherheit muss daher in der Höhe geleistet werden, wie es nach der Anschauung eines sorgfältigen und gewissenhaften Geschäftsmanns zur Befriedigung seiner Ansprüche erforderlich ist[137]. Für aufschiebend bedingte Ansprüche, deren Entstehung überwiegend wahrscheinlich ist, ist Sicherheit in voller Höhe zu leisten; ist der Bedingungseintritt nicht überwiegend wahrscheinlich, ist keine Sicherheit zu leisten[138].

49 Diese Bemessung der Sicherheit kann zur Folge haben, dass ein Gläubiger tatsächlich **besser gestellt** wird, als er vor der Verschmelzung stand[139]. Dies könnte nur vermieden werden, wenn die Sicherheit nach dem Maß der Gefahrerhöhung (und daher nach der Wertminderung) bemessen würde, die sich aus der Verschmelzung ergibt[140]. Eine solche Begrenzung der Sicherheit ist im Gesetz nicht vorgesehen. Sie wäre auch nicht praktikabel.

50 **b) Begrenzung durch konkretes Schutzbedürfnis.** Die Höhe der Sicherheit wird aber durch das **konkrete Schutzbedürfnis** des Gläubigers begrenzt[141]. Dabei geht es nicht darum, wie viel Sicherheit er braucht, um das frühere Maß an Sicherheit zu erhalten, sondern

---

[130] Ablehnend *Grunewald* in Lutter Rn 23 mit der Begründung, das Sicherungsinteresse bleibe bestehen, wenn keiner kündigt, und *Soldierer* S. 134 mit der Begründung, das UmwG wolle keinen faktischen Kündigungszwang auslösen. Im Ansatz ähnlich wie hier *Oechsler* in MünchKomm. § 225 AktG Rn 10, der jedoch lediglich auf die Kündigungsmöglichkeit des Vermieters, also des Gläubigers, abstellt; *Altmeppen* in MünchKomm. § 303 AktG Rn 31, der umgekehrt auf die Kündigungsmöglichkeit der abhängigen Gesellschaft, also des Schuldners, abstellt.

[131] BGHZ 142, 324.

[132] So auch *Stratz* in Schmitt/Hörtnagl/Stratz Rn 21.

[133] Maßgebend für die Höhe einer zu leistenden Sicherheit ist deren Zweck; *Fahse* in Soergel Vor § 232 BGB Rn 9; *Schmidt-Räntsch* in Erman Vor § 232 BGB Rn 2.

[134] *Grunewald* in Lutter Rn 7, 23; *Marsch-Barner* in Kallmeyer Rn 12; *Th. Schröer* DB 1999, 317, 321, der freilich iE auch vom Betrag der Forderung ausgeht.

[135] In der Kommentierung der §§ 232 BGB wird zwar meist auf den Wert des zu sichernden Rechts abgestellt, siehe nur *Fahse* in Soergel Vor § 232 BGB Rn 9; *Heinrichs* in Palandt Überbl. vor § 232 BGB Rn 1. Im Vordergrund steht aber auch bei diesen Autoren der Zweck der Sicherheitsleistung.

[136] Ausführlich hierzu *Soldierer* S. 124 ff.

[137] So die exaktere, zu § 26 KapErhG gängige Auffassung, *Lutter/Hommelhoff* GmbHG[13] § 26 KapErhG Rn 9; *Schilling/Zutt* in Hachenburg GmbHG[7] § 77 Anh. II § 26 VerschmG Rn 11; *Priester* in Scholz GmbHG[7] § 26 KapErhG Rn 12.

[138] Siehe Rn 16, 35; zu abweichenden Meinungen siehe Fn 52.

[139] Denn sein Sicherungsverlangen kann auch berechtigt sein, wenn seine Forderung vor der Verschmelzung nicht völlig sicher war.

[140] So *Grunewald* in Lutter Rn 23.

[141] BGH NJW 1996, 1539 f.; *Stratz* in Schmitt/Hörtnagl/Stratz Rn 21; *Marsch-Barner* in Kallmeyer Rn 12; mit sehr weitreichenden Folgerungen *Grunewald* in Lutter Rn 23.

vielmehr darum, wie viel Sicherheit er braucht, um voll abgesichert zu sein. Bei beiderseits nicht erfüllten gegenseitigen Verträgen ist insbesondere der realistisch erzielbare Wert der dem Gläubiger verbleibenden Gegenleistung zu berücksichtigen[142]. Den Wert der Gegenleistung hat der BGH in seiner Entscheidung zur Sicherheit für einen dreißigjährigen Mietvertrag implizit herangezogen: Sicherheit sei in dem Umfang zu leisten, wie es erforderlich sei, um die Zeit ab Zahlungsverzug bis zu einer Zwangsräumung des Objekts und dessen anderweitiger Vermietung zu vergleichbaren Konditionen abzudecken[143].

Ebenfalls zu berücksichtigen ist der Wert **anderweitiger** bestehender **Sicherheiten**[144]. **51**

4. Art der Sicherheit

Mit dem Anspruch auf **Sicherheitsleistung** ist eine Sicherheit in den Formen der **52** §§ 232 ff. BGB gemeint. In Betracht kommen also in erster Linie Sicherheit durch Hinterlegung von Geld[145], Hinterlegung von mündelsicheren börsennotierten Inhaberpapieren oder blanko-indossierten Orderpapieren[146] oder Schuldbuchforderungen gegen den Bund oder ein Bundesland[147], die Verpfändung beweglicher Sachen[148], mündelsichere Hypotheken, Grund- oder Rentenschulden[149] oder taugliche Bürgen[150]. Das Wahlrecht steht dem sicherungspflichtigen Rechtsträger zu[151]. In der Zwangsvollstreckung geht das Wahlrecht aber auf den Gläubiger über[152].

5. Durchsetzung

a) Klage auf Sicherheitsleistung. Anders als in den Bestimmungen über die Kapitalherabsetzung[153] ist das Erfordernis der Sicherheitsleistungen nicht Voraussetzung für die Zulässigkeit späterer Maßnahmen, sondern der Anspruch auf Sicherheitsleistung folgt der gefährdenden Maßnahme zeitlich nach. Daher ist der Gläubiger darauf angewiesen, den Anspruch auf Sicherheitsleistung ggf. durchzusetzen. Dies kann er durch **Klage auf Sicherheitsleistung**, ggf. auch mit einem Antrag auf einstweilige Verfügung. Da das Wahlrecht dem Schuldner zusteht, muss der Antrag dahin lauten, den Beklagten zur Sicherheitsleistung in bestimmter Höhe in einer der in § 232 BGB vorgeschriebenen Arten nach Wahl des Beklagten zu verurteilen[154]. **53**

b) Schadensersatz. Schadensersatzansprüche wegen Verletzung des Anspruchs auf Sicherheit ergeben sich im Fall des Verzugs aus §§ 280, 286 BGB. Sie führen jedoch nur in seltenen Fällen weiter: Wird der Anspruch ohne Sicherheitsleistung nach Fälligkeit erfüllt, ist idR **kein Schaden** entstanden. Wird er wegen Zahlungsunfähigkeit des Schuldners nicht erfüllt, so ist auch der Schadensersatzanspruch nicht durchsetzbar. Ein realisierbarer unmittelbarer Schaden entsteht nur, wenn der Gläubiger seine Forderung veräußern wollte und dies **54**

---

[142] *Grunewald* in Lutter Rn 23; *Marsch-Barner* in Kallmeyer Rn 12; *Schilling/Zutt* in Hachenburg GmbHG[7] § 77 Anh. II § 26 VerschmG Rn 11.
[143] *BGH* NJW 1996, 1539, 1540.
[144] *Grunewald* in Lutter Rn 26; *Marsch-Barner* in Kallmeyer Rn 12.
[145] §§ 232, 233 BGB.
[146] § 234 BGB.
[147] § 236 BGB.
[148] § 237 BGB – Sicherungsübereignung genügt nicht, weshalb Übergabe erforderlich ist.
[149] § 238 BGB.
[150] § 239 BGB.
[151] *Heinrichs* in Palandt § 232 BGB Rn 1; *Vossius* in Widmann/Mayer Rn 49.
[152] *Heinrichs* in Palandt § 232 BGB Rn 1; *Vossius* in Widmann/Mayer Rn 49.
[153] § 58 GmbHG (Anmeldung der Kapitalherabsetzung), § 225 Abs. 2 AktG (Auszahlungen); siehe auch § 13 Abs. 3 SEEG.
[154] *Fahse* in Soergel § 232 BGB Rn 16.

mangels der geschuldeten Sicherheitsleistung nicht oder nur zu ungünstigeren Bedingungen möglich war.

55 c) **Kündigung.** In vielen Fällen wird der Gläubiger ein Recht haben, das Rechtsverhältnis **außerordentlich** zu **kündigen** und dadurch eine vorzeitige Fälligkeit seiner Ansprüche, auch der Ansprüche auf Ersatz des durch die Kündigung entstandenen Schadens herbeizuführen[155]. Er kann dann auf Befriedigung klagen. Die Verletzung des Anspruchs auf Sicherheitsleistung gibt dem Gläubiger auch das Recht, die Kapitalabfindung einer Schadensersatzrente zu verlangen[156].

56 d) **Ausschüttungssperre statt Sicherheit.** Ergibt sich die Gefährdung aus der **Freisetzung von Kapital** in Verbindung mit der Annahme, dass nach der danach zulässig gewordenen Ausschüttung die Forderung gefährdet sei, sind die Rechtsfolgen durch entsprechende Anwendung der §§ 58 Abs. 1 Nr. 3, 30 GmbHG und § 225 AktG zu modifizieren. Für den übernehmenden Rechtsträger gilt das für ihn maßgebende System des Kapitalschutzes. Ein Gläubiger, der seine Forderungen nicht innerhalb der Sechsmonatsfrist anmeldet, muss danach zulässige Ausschüttungen hinnehmen. Meldet ein Gläubiger seinen Anspruch aber an, ist die Rechtsfolge durch Verbindung mit derjenigen der genannten Bestimmungen des AktG und des GmbHG zu modifizieren. Während § 22 einen Anspruch auf Sicherheitsleistung gibt, verbieten die §§ 58, 30 GmbHG[157] und § 225 AktG eine Ausschüttung, solange die Sicherheit an diejenigen Gläubiger, die ihre Forderungen angemeldet haben, nicht geleistet ist.

57 Diese Rechtsfolge ist auf den § 22 zu übertragen: Die Ausschüttung freigesetzten Kapitals darf nicht erfolgen, solange den Gläubigern, die ihre Forderungen angemeldet haben, keine Sicherheit geleistet ist. Die Anmeldung hat diese modifizierte Rechtsfolge nur dann, wenn sich die Gefährdung gerade aus der durch die Verschmelzung erweiterten Ausschüttungsmöglichkeit ergibt[158]. Ist der Anspruch auch bei Unterstellung der zulässig gewordenen Ausschüttung nicht gefährdet, tritt eine **Ausschüttungssperre** nicht ein. Der übernehmende Rechtsträger kann Klarheit hierüber durch Erhebung einer Feststellungsklage schaffen. Würde die Ausschüttung die Forderung gefährden, so hat der Gläubiger einen klagbaren Anspruch auf Unterlassung der Ausschüttung vor Sicherheitsleistung[159].

VI. Ausschluss des Anspruchs

1. Deckungsmasse

58 Der Anspruch ist ausgeschlossen, wenn der Gläubiger in der Insolvenz ein Recht auf **vorzugsweise Befriedigung** aus einer zum Schutze der Gläubiger errichteten und staatlich überwachten Deckungsmasse hat[160].

59 Gedacht ist dabei in erster Linie an den Deckungsstock von Versicherungsunternehmen und Hypothekenbanken oder Schiffspfandbriefbanken[161]. Nicht eindeutig geregelt ist, ob die Ansprüche auf Altersversorgung gegen den **PSV** als solche Deckungsmasse anzusehen sind.

---

[155] Gedanke der §§ 314, 490 BGB.
[156] § 843 Abs. 3 BGB.
[157] Durch das Erfordernis der Sicherheitsleistung vor Anmeldung der Kapitalherabsetzung.
[158] Ohne Thematisierung gerade dieser Lage gegen die Annahme einer Ausschüttungssperre *Marsch-Barner* in Kallmeyer Rn 12 und *Grunewald* in Lutter Rn 24.
[159] *Oechsler* in MünchKomm. § 225 AktG Rn 37; *Hüffer* § 225 AktG Rn 15; *Lutter* in Kölner Komm. § 225 AktG Rn 40.
[160] § 22 Abs. 2.
[161] §§ 77, 79 VAG; § 25 HypothekenbankG; § 36 Schiffsbankgesetz.

Die Regierungsbegründung und die heute hM nimmt dies an[162]. Dies ist zwar im Bereich der Parallelvorschriften[163] nicht unbestritten[164]. Auch wenn die Ansprüche gegen den PSV nicht unmittelbar unter diese Ausnahmevorschrift fallen, ist doch sicher, dass wegen der Eintrittspflicht des PSV die Ansprüche des Arbeitnehmers auf betriebliche Altersversorgung nicht gefährdet sind, soweit der PSV einzustehen hat[165]. Es bedarf also nicht des Rückgriffs auf die Ausnahmevorschriften des Abs. 2: Die Ansprüche gegen den PSV schließen einen Anspruch auf Sicherheitsleistung bereits aufgrund der Ausnahmevorschrift des Abs. 1 Satz 2 aus.

2. Anderweitige Sicherheit

60 Nach allgM besteht ein Anspruch auf Sicherheitsleistung nicht, wenn der Gläubiger bereits nach Art des § 232 BGB gesichert ist[166]. Das Gleiche soll nach hM gelten, wenn der Gläubiger über eine andere, wirtschaftlich **gleichwertige Sicherheit** verfügt[167]. Dieses Ergebnis wird unterschiedlich begründet. Zum Teil wird es durch entsprechende Anwendung von Abs. 2 gewonnen[168], zum Teil aus einer teleologischen Reduktion des Anspruchs auf Sicherheitsleistung[169] oder auch durch Rückgriff auf die Grundsätze von Treu und Glauben[170].

61 Anders als für die Fälle der Kapitalherabsetzung[171] bedarf die Frage für den § 22 keiner Entscheidung. Denn in dem Umfang der anderweitigen Sicherheit ist die Forderung nicht gefährdet[172].

62 Ist die **Sicherheit** von einem **Dritten** gestellt, ist im Umfang der dadurch wahrscheinlich gegebenen Sicherheit eine Gefährdung ebenfalls ausgeschlossen[173]. Der Anspruch auf Sicherheitsleistung soll die Vermögensinteressen des Gläubigers schützen. Wenn er sich entscheidet, die anderweitig bestellte Sicherheit nicht in Anspruch zu nehmen, hat er die Folgen davon selbst zu tragen.

63 Eine andere Frage ist allerdings, ob der **Dritte** als Sicherungsgeber seinerseits **als Gläubiger** angesehen werden und Sicherheitsleistung verlangen kann. Das ist dann anzunehmen,

---

[162] RegBegr. *Ganske* S. 77 (letzter Abs. zu § 22); *Grunewald* in Lutter Rn 25; *Marsch-Barner* in Kallmeyer Rn 10; *Vossius* in Widmann/Mayer Rn 42; iE auch *Stratz* in Schmitt/Hörtnagl/Stratz Rn 19.

[163] §§ 225 Abs. 1 Satz 3; auch § 58 Abs. 1 Nr. 2 GmbHG, wo die Vorschrift des § 58 d Abs. 2 Satz 3 GmbHG auch bei § 58 Abs. 1 Nr. 2 GmbHG analog gelten soll (*Zöllner* in Baumbach/Hueck § 58 GmbHG Rn 33); entsprechend § 303 Abs. 2 AktG.

[164] Die hM geht auch dort davon aus, dass die Sicherungspflicht entfällt, *BAG* ZIP 1997, 289 (zu § 374 AktG aF). Eingehend zum Meinungsstand, der teilweise mit der allgemeineren Streitfrage der anderweitigen Sicherheit verknüpft wird, *Oechsler* in MünchKomm. § 225 AktG Rn 28; gegen die hM *Rittner*, FS Oppenhoff, S. 327 f.; *Wiedemann/Küpper*, FS Pleyer, S. 445, 452 ff. unter Berufung auf den Ausnahmecharakter der Norm und die Erhöhung des Risikos für den PSV; auch *Zöllner* in Baumbach/Hueck § 58 GmbHG Rn 33: Die Insolvenzsicherung nach §§ 7 BetrAVG bezwecke sozialen Schutz, nicht die Erleichterung von Kapitalherabsetzungen; dagegen ausf. *BAG* ZIP 1997, 289, 292 ff.; 294 ff.

[165] IE allgM zu § 22.

[166] Siehe nur *Grunewald* in Lutter Rn 26; zum AktG *Rittner*, FS Oppenhoff, S. 317, 322.

[167] *Marsch-Barner* in Kallmeyer Rn 10; *Stratz* in Schmitt/Hörtnagl/Stratz Rn 19; *Vossius* in Widmann/Mayer Rn 43 ff.; zu den Parallelvorschriften etwa *Krieger*, FS Nirk, S. 551, 558; *Oechsler* in MünchKomm. § 225 AktG Rn 28; *Zöllner* in Baumbach/Hueck § 58 GmbHG Rn 33 sowie § 58 d Rn 12.

[168] *Marsch-Barner* in Kallmeyer Rn 10.

[169] *Oechsler* in MünchKomm. § 225 AktG Rn 28; offenbar auch, da auf den Zweck abhebend, *Stratz* in Schmitt/Hörtnagl/Stratz Rn 19; *Vossius* in Widmann/Mayer Rn 43 ff.

[170] *Lutter* in Kölner Komm. § 225 AktG Rn 23.

[171] Gegen einen Ausschluss des Anspruchs wegen anderweitiger Sicherheit *Rittner*, FS Oppenhoff, S. 317, 322 ff.

[172] In diesem Sinne auch *Grunewald* in Lutter Rn 26.

[173] AM *Grunewald* in Lutter Rn 27.

wenn der Dritte die Sicherheit im Auftrag des Schuldners übernommen hat und ohne die Sicherheit sein Regressanspruch gegen den Hauptschuldner gefährdet wäre[174].

3. Wegfall der Gefährdung

64 Da Sicherheit nur in dem Umfang zu leisten ist, wie der Anspruch des Gläubigers gefährdet ist, kann die Verpflichtung zur Sicherheitsleistung auch durch nachträgliche **Beseitigung der Gefährdung** vermieden werden. Eine bereits geleistete Sicherheit ist dann zurückzugewähren. Denn ihr Rechtsgrund ist weggefallen[175].

65 Entsprechendes muss gelten, wenn der Gläubiger nach der Verschmelzung **anderweitig Sicherheit** erhält. Zwar ist die Sicherheit gem. § 22 in den Formen des § 232 BGB zu leisten. Das ändert aber nichts daran, dass Sicherheit nur im Umfang der Gefährdung der Forderung zu leisten ist. Ist diese Gefährdung durch die Stellung einer nachträglichen Sicherheit beseitigt, fällt die Verpflichtung zur Sicherheitsleistung weg.

VII. Andere Rechtsbehelfe

1. Amtshaftungsansprüche

66 Verletzt das Registergericht die Verpflichtung, in der Bekanntmachung der Verschmelzung auf die Rechte aus § 22 hinzuweisen, kann sich daraus ein **Amtshaftungsanspruch** des § 839 BGB ergeben.

2. Schutzgesetz?

67 § 22 ist kein Schutzgesetz iSd. § 823 Abs. 2 BGB[176]. Der Verstoß gegen die Sicherungspflicht begründet deshalb keinen Schadensersatzanspruch des Gläubigers gegen die Verwaltungsträger. Schuldrechtliche Anspruchsnormen sind keine Schutzgesetze[177]. Dem entspricht die von der Rechtsprechung[178] vertretene Subsidiarität des § 823 Abs. 2 BGB. Jedenfalls sind die Voraussetzungen einer Eigenhaftung der Organe nicht erfüllt[179]. Wegen der Verletzung eines Schutzgesetzes kann ein Organ nur haften, wenn es selbst **Adressat** der Norm ist oder die Norm über eine Strafvorschrift[180] auf das Organ erstreckt wird. Adressat des Anspruchs aus § 22 ist ausschließlich der übernehmende Rechtsträger, nicht sein Organ[181]. Es kommt also nur eine Schadensersatzpflicht des Rechtsträgers selbst in Betracht. Diese ergibt sich bereits aus §§ 280, 286 BGB. Der Annahme, die Vorschrift sei Schutzgesetz, bedarf es dafür nicht.

---

[174] Im Einzelnen siehe Rn 18.
[175] § 812 Abs. 1 Satz 2 1. Alt BGB.
[176] *Grunewald* in Lutter Rn 30; *Petersen* Gläubigerschutz S. 239 ff.; *Th. Schröer* DB 1999, 317, 323; aM *Marsch-Barner* in Kallmeyer Rn 13; *Stratz* in Schmitt/Hörtnagl/Stratz Rn 22 und Rn 10; *Vossius* in Widmann/Mayer Rn 4 ff.
[177] Siehe nur die Liste der Vorschriften des BGB, die als Schutzgesetz verstanden werden bei *Hager* in Staudinger § 823 BGB Rn G 41 ff. und bei *Zeuner* in Soergel § 823 BGB Rn 296 ff.; wie hier *Th. Schöer* DB 1999, 317, 322.
[178] BGHZ 84, 312, 317; 116, 7, 14; 125, 366, 374; dazu *Hager* in Staudinger § 823 BGB Rn G 6.
[179] AM *Vossius* in Widmann/Mayer Rn 6, der der Frage nach dem Schutzgesetzcharakter geringe Bedeutung beimisst, weil ihre Bejahung „nur" zur Eigenschaft der Organe führe.
[180] § 14 StGB; auf diese Vorschrift stellt der BGH regelmäßig ab, BGHZ 133, 370, 375; 134, 304, 313; NJW 2001, 3622, 3623, ZIP 2002, 438; zur Eigenhaftung des Organs für die Verletzung von Schutzgesetzen siehe *Lutter/Hommelhoff* § 43 GmbHG Rn 57 und die Nachweise bei *Hager* in Staudinger § 823 BGB Rn G 33.
[181] Siehe Rn 45; *Grunewald* in Lutter Rn 22; *K. Schmidt* ZIP 1994, 837 ff.

Anderes gilt für die **Ausschüttungssperre**. Wird über die Vorschrift der Kapitalschutz des 68 früheren Rechtsträgers gewissermaßen perpetuiert und wird gegen die sich daraus ergebende Ausschüttungssperre verstoßen, ist das verantwortliche Organ hierfür persönlich haftbar[182]. Der Anspruch kann in der AG auch von Gläubigern geltend gemacht werden[183].

3. Kündigung aus wichtigem Grund

Im Fall der Verletzung der Sicherungspflicht kann dem Gläubiger das Recht zustehen, 69 seine Forderungen **vorzeitig fällig** zu stellen[184].

VIII. Arbeitsverhältnisse und Versorgungsansprüche

1. Vergütungsansprüche

Arbeitsverhältnisse, die im maßgebenden Zeitpunkt begründet sind, unterfallen der Vor- 70 schrift. Deshalb hat der Arbeitnehmer grundsätzlich auch Anspruch auf Sicherheitsleistung für künftige Vergütungsansprüche. Die Reichweite der zu sichernden Ansprüche beschränkt sich aber auf die Zeit bis zu dem ersten möglichen beiderseitigen Kündigungstermin. Bei langfristigen Arbeitsverhältnissen ist ein präsumtiver **Verdienst** aus **anderweitigem** Einsatz der Arbeitskraft abzusetzen. Es geht um die gleiche Frage wie bei der Berücksichtigung des Werts der (ersparten) Gegenleistung[185]. Bei Arbeitsverhältnissen wird es insoweit also auf die Arbeitsmarktlage, das Alter und die persönliche Qualifikation des Arbeitnehmers ankommen.

2. Versorgungsansprüche

a) Grundsatz. Bei Versorgungsansprüchen sind drei Fragen zu unterscheiden, nämlich 71 die Frage, ob ein sicherungsfähiger/-pflichtiger Anspruch überhaupt besteht oder mit hinreichender **Wahrscheinlichkeit** entsteht, die Frage nach seiner **Höhe** und schließlich die Frage, ob die Sicherungspflicht durch die Einstandspflicht des **PSV** ausgeschlossen wird. Die letztere Frage ist in dem Umfang zu bejahen, in dem der PSV einzustehen hat[186]. Die Frage nach der Sicherungspflicht von Versorgungsansprüchen und Anwartschaften kann sich daher nur noch insoweit stellen, als aufgrund vertraglicher Vereinbarungen Versorgungsleistungen zu erbringen sind, für die der PSV nicht einzustehen hat. Eine solche Differenz zwischen Leistungspflicht des Arbeitgebers und Einstandspflicht des PSV kann sich namentlich aus der Obergrenze der Leistungspflicht des PSV[187] ergeben und dann, wenn vertraglich eine frühere Unverfallbarkeit der Anwartschaften vorgesehen ist als nach dem Betriebsrentengesetz[188].

b) Einzelheiten. Sicherungspflichtig sind jedenfalls (vorbehaltlich des Ausschlusses der 72 Gefährdung durch die Einstandspflicht des PSV) die Ansprüche von **Rentnern** und von Personen mit **unverfallbaren Anwartschaften**[189]. Bei aktiven Arbeitnehmern, deren Anwart-

---

[182] §§ 43 Abs. 3 GmbHG, 93, 225 Abs. 2 AktG.
[183] § 93 Abs. 5 Satz 1 AktG; *Oechsler* in MünchKomm. § 225 AktG Rn 37.
[184] Siehe Rn 55.
[185] Siehe Rn 50.
[186] Siehe Rn 59.
[187] § 7 Abs. 3 BetrAVG.
[188] Zur Zulässigkeit vertraglicher Unverfallbarkeitsregelungen vgl. *Höfer* BetrAVG § 1 b Rn 2688 ff.
[189] *Krieger*, FS Nirk, S. 556; *Grunewald* in Lutter Rn 25; *Boecken*, Unternehmensumwandlungen und Arbeitsrecht, 1996, Rn 215; aA *Stratz* in Schmitt/Hörtnagl/Stratz Rn 7, der es jetzt zwar genügen lässt, wenn ein Anspruch begründet war (Rn 6), trotzdem aber eine Sicherheitsleistung für Versorgungsanwartschaften generell ausschließt; *Vossius* in Widmann/Mayer Rn 42, der Anwartschaften unabhängig von ihrer Un-/Verfallbarkeit aus dem Anwendungsbereich des § 22 mangels Anspruchsbegründung herausnehmen will, siehe aber auch ebenda Rn 19.

schaften noch verfallbar sind, lehnt die hM eine Sicherungspflicht mit Rücksicht darauf ab, dass die Entstehung des Anspruchs zu einer unverfallbaren Anwartschaft nicht hinreichend sicher sei[190]. Dem ist mit einer Einschränkung zuzustimmen: Wenn die Voraussetzungen für die Unverfallbarkeit in der Zeit bis zum ersten beiderseitigen Kündigungstermin erfüllt werden, ist die Entstehung des Anspruchs durch Unverfallbarkeit der Anwartschaft hinreichend wahrscheinlich. Ebenso wie Vergütungsansprüche für die Zeit bis zum ersten gemeinsamen Kündigungstermin sicherungspflichtig sind, ist in diesem Fall die noch verfallbare Anwartschaft sicherungspflichtig. Sofern nicht vertraglich geringere Anforderungen an die Unverfallbarkeit gestellt sind als nach dem Betriebsrentengesetz, wird jedoch auch in diesem Fall die Sicherungspflicht durch die Einstandspflicht des PSV ausgeschlossen: Wenn der Anspruch entsteht, hat auch der PSV einzustehen.

73 Die **Höhe** des ggf. zu sichernden Versorgungsanspruchs richtet sich nach dem Betrag der Rente, die der Arbeitnehmer bis zum ersten gemeinsamen Kündigungstermin auf der Grundlage der bis zum maßgebenden Zeitpunkt vereinbarten Berechnungsgrundlagen[191] „erdient" haben wird. Die Rente samt ihrer auf weiteren Dienstzeiten beruhenden Erhöhung in dieser Zeit stellt einen Teil des Entgelts für die Arbeitsleistung in der Zeit bis zum ersten Kündigungstermin dar[192]. Sie ist deshalb im Grundsatz ebenso sicherungspflichtig wie die Vergütungsansprüche für diese Zeit[193].

74 Ist die Versorgungsanwartschaft eines aktiven Arbeitnehmers zunächst deshalb sicherungspflichtig, weil sie bereits vertraglich unverfallbar ist oder in der Zeit bis zum ersten Kündigungstermin unverfallbar wird, während die Unverfallbarkeit nach dem Betriebsrentengesetz erst später eintritt, ist zunächst Sicherheit zu leisten. Die Gefährdung fällt aber mit der Einstandspflicht des PSV weg. Deshalb ist dann die Sicherheit **freizugeben**[194]. Genügen muss es auch, wenn der Rechtsträger eine Sicherheit unter der auflösenden Bedingung anbietet, dass die Voraussetzungen für die Unverfallbarkeit nach dem Betriebsrentengesetz eintreten.

3. Ansprüche des PSV

75 **a) Wegen Versorgungsleistungen.** Im Insolvenzfall gehen die Versorgungsansprüche des Arbeitnehmers auf den PSV über[195]. Einen eigenständigen Freistellungs- oder Erstattungsanspruch hat der PSV nicht. Die durch die Insolvenz aufschiebend **bedingte Inhaberschaft** der gegenwärtigen Versorgungsansprüche der Arbeitnehmer genügt für den Sicherungsanspruch nicht. Die bedingte Inhaberschaft eines unbedingten Anspruchs ist mit der (unbedingten) Inhaberschaft eines bedingten Anspruchs nicht gleich zu setzen[196]. Wegen der Versorgungsansprüche kann der PSV demnach keine Sicherheitsleistung beanspruchen[197].

---

[190] *Krieger*, FS Nirk, S. 556; *Boecken*, Unternehmensumwandlungen und Arbeitsrecht, 1996, Rn 215; aA *Grunewald* in Lutter Rn 8 unter Hinweis auf das identische Schutzbedürfnis der Gläubiger und die nach allgM anzunehmende Nachhaftung gem. §§ 128, 160 HGB auch für verfallbare Anwartschaften.

[191] Dazu § 133 Rn 25.

[192] *BAG* AP Nr. 156 zu § 242 BGB Ruhegehalt; *BAG* AP Nr. 8 zu § 1 BetrAVG Hinterbliebenenversorgung; *Höfer* BetrAVG ART Rn 57 mwN.

[193] Siehe dazu Rn 47.

[194] Siehe Rn 64 mit Fn 175.

[195] § 9 Abs. 2 BetrAVG.

[196] AA *Oechsler* in MünchKomm. § 225 AktG Rn 29.

[197] So auch *Grunewald* in Lutter Rn 25; iE ebenfalls *Krieger*, FS Nirk, S. 551, 564 ff. (zu § 303 AktG), außer bei konkreter Insolvenzgefahr; *Lutter* in Kölner Komm. § 225 AktG Rn 28 (kein Sicherungsbedürfnis mangels konkreten Risikos); *Oechsler* in MünchKomm. § 225 AktG Rn 29 (Bedingungseintritt zu unsicher); *Lutter/Hommelhoff* § 58 GmbHG Rn 19 (kein Widerspruchsrecht des PSV); anders *Wiedemann/Küpper*, FS Pleyer, S. 456 ff., 460: PSV als bedingter Inhaber der Versorgungsansprüche kann (nach § 58 GmbHG) Sicherstellung der Anwärter/Pensionäre verlangen.

b) Wegen Beitragsforderungen[198]. Beitragsforderungen für das laufende Jahr kann der PSV durch **Leistungsbescheid** einfordern und dafür auch Vorschüsse erheben[199]. Er ist daher berechtigt, Befriedigung zu verlangen. Aus diesem Grund kann er wegen der Beiträge des laufenden Jahrs keine Sicherheitsleistung verlangen. Auch die für künftige Jahre zu leistenden Beiträge sind nicht sicherungspflichtig. Denn mit der Insolvenz des übernehmenden Rechtsträgers würde auch seine Beitragspflicht entfallen.

76

§ 23 Schutz der Inhaber von Sonderrechten

Den Inhabern von Rechten in einem übertragenden Rechtsträger, die kein Stimmrecht gewähren, insbesondere den Inhabern von Anteilen ohne Stimmrecht, von Wandelschuldverschreibungen, von Gewinnschuldverschreibungen und von Genußrechten, sind gleichwertige Rechte in dem übernehmenden Rechtsträger zu gewähren.

Übersicht

	Rn		Rn
I. Allgemeines	1	7. Stimmrechtslose Vorzugsaktionäre	10
1. Sinn und Zweck der Norm	1	8. Reduktion des Geltungsbereichs	11
2. Entstehungsgeschichte und europäische Rechtsangleichung	2	III. Rechtsfolgen	12
		1. Gewährung gleichwertiger Rechte	12
3. Abweichung	3	2. Herstellung der Gleichwertigkeit	13
II. Anwendungsbereich	4	3. Umtausch- und Bezugsrechte	14
1. Inhaber von Sonderrechten	4	4. Mischverschmelzung, Verfügungsbeschränkung	15
2. Schuldverschreibungen und Optionen	5		
3. Genussrechte	6	5. Allgemeine zivilrechtliche Einordnung	16
4. Schuldrechtliche Beteiligte	7	IV. Durchsetzung	17
5. Vermögensrechte	8	1. Durchsetzung	17
6. Anteile ohne Stimmrecht	9	2. Spruchverfahren	18

Literatur: *Habersack/Mayer,* Die überschießende Umsetzung von Richtlinien, JZ 1999, 913; *Hüffer,* § 216 Abs. 3 AktG, FS Bezzenberger, 2000, S. 191; *Hüffer,* Der Schutz besonderer Rechte in der Verschmelzung, FS Lutter, 2000, S. 1227; *Jung,* Die stille Gesellschaft in der Spaltung, ZIP 1996, 1734; *Kalss,* Anlegerinteressen, 2001; *dies.,* Verschmelzung-Spaltung-Umwandlung, 1997; *Kiem,* Die Stellung der Vorzugsaktionäre bei Umwandlungsmaßnahmen, ZIP 1997, 1627; *Krejci/v. Husen,* Über Genussrechte, Gesellschafterähnlichkeit, stille Gesellschaften und partiarische Darlehen, GesRZ 2000, 54; *Krieger,* Vorzugsaktie und Umstrukturierung, FS Lutter, 2000, S. 497; *Lutter,* Aktienerwerb von Rechts wegen, FS Mestmäcker, 1996, S. 943; *Martens,* Die rechtliche Behandlung von Options- und Wandlungsrechten anlässlich der Eingliederung der verpflichteten Gesellschaft, AG 1992, 209; *Naraschewski,* Verschmelzung im Konzern, DB 1997, 1653; *Nowotny,* Wandelschuldverschreibungen und Optionsanleihen im österreichischen Recht, ZGR 1994, 195; *Petersen,* Der Gläubigerschutz im Umwandlungsrecht, 2001; *Reichert,* Folgen der Anteilsvinkulierung für Umstrukturierungen von Gesellschaften mit beschränkter Haftung und Aktiengesellschaften nach dem Umwandlungsgesetz 1995, GmbHR 1995, 176; *Schnorbus,* Grundlagen zur Auslegung des allgemeinen Teils des UmwG, WM 2000, 2321; *Stern,* Verschmelzung von Kapitalgesellschaften und stille Beteiligung, ÖJZ 1997, 87; *Winter,* Die Rechtsstellung des stillen Gesellschafters, FS Peltzer, 2001, S. 645; *Wünsch,* Der Genussschein iSd. § 174 AktG als Instrument der Verbriefung privatrechtlicher Ansprüche, FS Strasser, 1983, S. 871.

---

[198] Siehe dazu *Vossius* in Widmann/Mayer Rn 21 f.
[199] § 10 Abs. 2 Satz 3 BetrAVG.

I. Allgemeines

1. Sinn und Zweck der Norm

1   Tragender Rechtsgedanke der Norm ist die **Sicherung** von Inhabern von **Kapitalanlagen ohne Stimmrecht** durch Gewährung gleichwertiger Vermögensrechte, d. h. der **Verwässerungsschutz**[1]: Inhabern von Kapitalanlagen, die keine verbandsrechtliche Mitgliedschaft vermitteln, die aber partiarisch in dem Sinn ausgestattet sind, dass entweder die Rückzahlbarkeit oder die laufende Verzinsung vom wirtschaftlichen Erfolg des emittierenden Rechtsträgers abhängt[2], soll garantiert werden, dass ihnen nach dem verschmelzungsbedingten Untergang „ihrer" Gesellschaft gleichwertige Rechte in dem übernehmenden Rechtsträger gewährt werden. Da die Inhaber dieser Kapitalanlagen über kein Stimmrecht oder sonstige Mitwirkungsrechte in der übertragenden Gesellschaft verfügen, konzentriert sich der Schutz auf ihre Vermögensrechte. Mangels Mitwirkungsrechten können sie daher auch nicht über die Verschmelzung entscheiden, weshalb im Verwässerungsschutz gleichsam auch dafür ein Ausgleich gesehen werden kann (sog. **Ausgleichsfunktion**)[3]. Bezogen auf schuldrechtliche Kapitalanlagen ist § 23 eine Sonderregelung der allgemeinen Gläubigerschutzbestimmung von § 22.

2. Entstehungsgeschichte und europäische Rechtsangleichung

2   Die europarechtliche Grundlage bildet Art. 15 der VerschmRL[4], der unmittelbar zunächst durch § 347 a AktG aF[5] umgesetzt wurde[6]. Dessen Anwendungsbereich war entsprechend den europarechtlichen Vorgaben auf Inhaber von Sonderrechten bei Aktiengesellschaften beschränkt[7]. § 23 greift den Gedanken des Verwässerungsschutzes auf und erweitert diesen Schutz auf Verschmelzungen von Rechtsträgern sämtlicher Rechtsformen[8]. Die betreffenden umwandlungsrechtlichen Normen sind somit als Umsetzung der europarechtlichen Vorgaben zu verstehen. § 23 ist im Licht von Art. 15 VerschmRL auszulegen[9]. Während die Regelung für Aktiengesellschaften unmittelbar einer richtlinienkonformen Interpretation unterliegt, sind die anderen Rechtsformen iSd. sog. „überschießenden Umsetzung" von Richtlinien zu sehen und hängt die Auslegung des Maßstabs der Richtlinienkonformität vom Willen des nationalen Gesetzgebers ab[10].

---

[1] RegBegr. *Ganske* S. 77; *Grunewald* in Lutter Rn 2; für Österreich *Kalss*, Verschmelzung-Spaltung-Umwandlung, § 226 öAktG Rn 13; zu § 347 a AktG aF *Kraft* in Kölner Komm. § 347 a AktG Rn 5; *Grunewald* in G/H/E/K § 347 a AktG Rn 2.

[2] Siehe dazu *Kalss* Anlegerinteressen S. 69 f.

[3] RegBegr. *Ganske* S. 77.

[4] Zur Umsetzung der VerschmRL in das nationale Recht siehe RegBegr. *Ganske* S. 77; *Grunewald* in Lutter Rn 1; für Österreich *Kalss*, Verschmelzung-Spaltung-Umwandlung, § 226 öAktG Rn 13 f.

[5] RegBegr. *Ganske* S. 77.

[6] Siehe dazu *Habersack/Mayer* JZ 1999, 913; *Schnorbus* WM 2000, 2321.

[7] RegBegr. *Ganske* S. 77; weiterführend *Grunewald* in G/H/E/K § 347 a AktG Rn 1 f.

[8] RegBegr. *Ganske* S. 77; *Hüffer*, FS Lutter, S. 1227, 1235 („rechtsformneutrale Ausgestaltung des Sonderrechtsschutzes").

[9] *Habersack,* Europäisches GesR, S. 126 mwN.

[10] Siehe zur richtlinienkonformen Auslegung des UmwG Einl. C Rn 69 ff.; *Habersack,* Europäisches GesR, S. 126; *Schnorbus* WM 2000, 2321 ff.

3. Abweichung

Die Regelung und der daraus erfließende Anspruch sind **zwingend,** der Anspruch kann weder durch Satzung noch im Verschmelzungsvertrag abbedungen werden[11]. Das Fehlen einer Regelung im Verschmelzungsvertrag[12] beeinträchtigt den Anspruch als solchen nicht[13]. Eine die Umtauschmodalitäten betreffende Bestimmung – etwa in den Anleihebedingungen – ist zulässig, solange gleichwertige Rechte gewährt werden[14]. § 23 bildet generell einen Wertungsmaßstab für die Ausgestaltung der Anleihebedingungen. Eine zulässige Gestaltung wäre etwa ein beidseitig eingeräumtes Beendigungsrecht aus Anlass der Verschmelzung[15].

II. Anwendungsbereich

1. Inhaber von Sonderrechten

Schutzsubjekte sind Inhaber von Rechten in dem übertragenden Rechtsträger, die kein Stimmrecht gewähren. Auf eine wertpapiermäßige Verbriefung dieser Sonderrechte kommt es im Gegensatz zu Art. 15 VerschmRL nicht an[16]. Als potenziell betroffene Gläubiger werden demonstrativ Inhaber von Wandelschuld-, Gewinnschuldverschreibungen, von Genussrechten sowie Inhaber von Anteilen ohne Stimmrecht genannt. Sämtliche Personen sollen erfasst werden, die über eine mitgliedschaftsähnliche Rechtsposition in dem übertragenden Rechtsträger verfügen, welche über eine rein schuldrechtliche Gläubigerstellung hinausgeht, aber kein Stimmrecht vermittelt[17]. Die gemeinsame Klammer bildet das partiarische Element, d. h. die Abhängigkeit der Inhaber der Vermögensrechte (Kapitalanlagen) vom wirtschaftlichen Erfolg des Emittenten bzw. des Verpflichteten entweder bei der Abgeltung der Kapitalüberlassung (ertragsabhängige Verzinsung) oder bei der Rückzahlung im Konkurs[18]. Nur eines der beiden erfolgsabhängigen Elemente muss vorliegen.

2. Schuldverschreibungen und Optionen

Vom Gesetz werden Wandelschuldverschreibungen oder Optionsanleihen des übertragenden Rechtsträgers genannt, die den Gläubigern ein Bezugs- oder Umtauschrecht auf Anteile des übertragenden Rechtsträgers bzw. ein Recht auf Mitgliedschaft in demselben gewähren[19]. Nicht erfasst wird die schlichte Teilschuldverschreibung, die ein einfaches Gläubigerrecht ohne Ertragsabhängigkeit darstellt[20]. Rechte, die zum Bezug von Anteilen des übertragenden Rechtsträgers berechtigen, aber nicht von diesem, sondern von dritter Seite gewährt wurden, stellen keine derartigen Sonderrechte dar. Denn Schuldner dieses Anspruchs ist

---

[11] *Bermel* in Goutier/Knopf/Tulloch Rn 17; *Grunewald* in Lutter Rn 25 f.; *dies.* in G/H/E/K § 347 a AktG Rn 10; *Winter,* FS Peltzer, S. 647, 656; differenzierend und für Anleihen aA *Kraft* in Kölner Komm. § 347 a AktG Rn 8.
[12] § 5 Abs. 1 Nr. 7.
[13] Vgl. § 5 Rn 68.
[14] *Grunewald* in G/H/E/K § 347 a AktG Rn 11; *Bermel* in Goutier/Knopf/Tulloch Rn 17.
[15] Für freie Gestaltbarkeit hingegen *Stratz* in Schmitt/Hörtnagl/Stratz Rn 15; *Marsch-Barner* in Kallmeyer Rn 9.
[16] *Hüffer,* FS Lutter, S. 1227, 1234; für Österreich *Kalss,* Verschmelzung-Spaltung-Umwandlung, § 226 öAktG Rn 13; *Kalss* Anlegerinteressen S. 505.
[17] RegBegr. *Ganske* S. 77; *Grunewald* in Lutter Rn 2; *Hüffer,* FS Lutter, S. 1227, 1234.
[18] *Kalss* Anlegerinteressen S. 69 f.
[19] *Grunewald* in Lutter Rn 14 f.; *Kalss,* Verschmelzung-Spaltung-Umwandlung, § 226 öAktG Rn 13.
[20] *Grunewald* in Lutter Rn 4; *Petersen* S. 252.

nicht der übertragende Rechtsträger, sondern ein Dritter[21]. Die übertragende Gesellschaft muss aber nicht zugleich Emittentin der Sonderrechte sein. Es genügt ihre Schuldnerstellung. Auch Optionen, die zum Bezug von Anteilen eines anderen Rechtsträgers berechtigen[22], sowie Optionen auf Optionen stellen keine tatbestandsmäßigen Sonderrechte dar[23]. Vorkaufsrechte sind keine Sonderrechte iSv. § 23. Diese vermitteln keine Rechtsposition in dem übertragenden Rechtsträger[24]. Gewinnschuldverschreibungen fallen in den Anwendungsbereich der Bestimmung, da ihre Rechtsposition wegen der Ertragsabhängigkeit der Kapitalüberlassung über eine einfache Gläubigerstellung hinausgeht[25].

3. Genussrechte

6 § 23 bezieht sich auch auf Inhaber von **Genussrechten**. Auch wenn der Wortlaut des Gesetzes nicht differenziert, ist aus der in den (demonstrativen) Beispielsfällen hervorkommenden Wertung abzuleiten, dass das verschmelzungsspezifische Schutzbedürfnis nur besteht, wenn das Genussrecht aktienähnlich ausgestattet ist, d. h. wenn der Gestaltung ein partiarisches Element inne wohnt. Gewähren die Genussrechte hingegen ausschließlich „einfache" Gläubigerrechte (obligationsähnliche Gestaltung) wie etwa einen fixen Gewinnbezug oder überhaupt ein Recht zur Benutzung bestimmter Einrichtungen des übertragenden Rechtsträgers, vermitteln diese gerade keine mitgliedschaftsähnliche Rechtsposition[26]. Die von § 23 vorausgesetzte Gefahrensituation fehlt, da derartige Rechte regelmäßig auch nach der Verschmelzung gegenüber dem übernehmenden Rechtsträger durchgesetzt werden können. Ein umwandlungsrechtlicher Verwässerungsschutz ist bei derartigen Gestaltungen nicht erforderlich[27], so dass der Wortlaut von § 23 teleologisch zu reduzieren ist.

4. Schuldrechtliche Beteiligte

7 Auch sonstige **schuldrechtliche Beteiligungen** an einem übertragenden Rechtsträger, bei denen die Rechte eines (schuldrechtlichen) Gläubigers partiarisch ausgestaltet sind, d. h. mit Gewinnanteilen eines Gesellschafters vergleichbar oder damit verknüpft oder im Konkurs nachrangig gestellt werden, unterliegen § 23, worin sich die Idee der „rechtsformübergreifenden Ausgestaltung des Sonderrechtsschutzes" zeigt[28]. Die Erfolgsabhängigkeit muss nicht am Gewinn, sondern kann auch an sonstigen Kennzahlen des übertragenden Rechtsträgers anknüpfen, solange diese ihrem Inhaber eine Rechtsstellung vermitteln, die über eine rein schuldrechtliche hinausgeht[29]. Neben Wandel- und Gewinnschuldverschreibungen sowie bestimmten Genussrechten ist die Palette weiterer Anwendungsfälle nicht groß[30]. Nachrangiges Kapital sowie Ergänzungskapital iSv. § 10 Abs. 5 a KWG erfüllen mit Blick auf die verwehrte Gläubigerstellung im Konkurs die Voraussetzungen von § 23. In Betracht kommen auch (typische oder atypische) stille Beteiligungen an dem übertragenden Rechtsträ-

---

[21] Ähnlich *Grunewald* in Lutter Rn 4.
[22] *Nowotny* ZGR 1994, 195, 211.
[23] Vgl. *Kalss*, Verschmelzung-Spaltung-Umwandlung, § 226 öAktG Rn 13.
[24] *Grunewald* in Lutter Rn 2.
[25] *Hüffer*, FS Lutter, S. 1227, 1234; vgl. dazu § 221 Abs. 1 AktG; *Nowotny* ZGR 1994, 195, 211.
[26] Zur Differenzierung von „gesellschafterähnlichen" und „obligationenartigen" Genussrechten siehe *Krejci/v. Husen* GesRZ 2000, 57 f.; zu den Ausgestaltungsmöglichkeiten vgl. etwa *Wünsch*, FS Strasser, S. 871, 877 ff.; *Nowotny* ZGR 1994, 195, 211 f.
[27] *Grunewald* in Lutter Rn 19; so wohl auch *Bermel* in Goutier/Knopf/Tulloch Rn 8 f.
[28] *Hüffer*, FS Lutter, S. 1227, 1235.
[29] *Grunewald* in Lutter Rn 19, 23.
[30] *Grunewald* in Lutter Rn 23.

ger[31] sowie sonstige (partiarische) Rechtsverhältnisse[32], sofern durch diese eine partiarisch ausgestaltete Beziehung zum übertragenden Rechtsträger vermittelt wird[33].

5. Vermögensrechte

Nach dem Wortlaut erfasst § 23 sämtliche Sonderrechte in dem übertragenden Rechtsträger, unabhängig davon, ob diese vermögensrechtlicher Natur sind oder Herrschafts- bzw Kontrollrechte vermitteln. Der Zweck der Bestimmung spricht jedoch dafür, dass die Einbeziehung von Herrschafts- und Kontrollrechten nicht vom Gesetzgeber intendiert war, ist doch der **Verwässerungsschutz**[34] auf **Vermögensrechte** zugeschnitten[35]. Auch die Sonderbestimmungen für derartige Herrschafts- und Kontrollrechte[36] zeigen, dass § 23 auf solche nicht anzuwenden ist[37]. **8**

6. Anteile ohne Stimmrecht

Das Gesetz nennt auch die Inhaber von **Anteilen ohne Stimmrecht.** Damit sind Gesellschafter der GmbH[38] oder der Personengesellschaft[39], Aktionäre, Partner oder Mitglieder des übertragenden Rechtsträgers erfasst, denen ein Stimmrecht nicht zusteht. Nach der gesetzgeberischen Intention soll die Einbeziehung der Inhaber von Anteilen ohne Stimmrecht offenbar einen Ausgleich dafür schaffen, dass diese mangels Stimmrecht nicht über die Möglichkeit verfügen, über die Verschmelzung mitzuentscheiden bzw. diese zu verhindern[40]. Als Ausgleich sollen Inhaber solcher Anteile zumindest vor einer etwaigen verschmelzungsbedingten Verschlechterung ihrer Position durch den Anspruch auf gleichwertige Rechte in dem übernehmenden Rechtsträger geschützt werden. **9**

7. Stimmrechtslose Vorzugsaktionäre

Stimmrechtslose Vorzugsaktionäre der übertragenden Gesellschaft sind gem. Art. 15 VerschmRL und gem. § 347 a AktG aF explizit von deren Anwendungsbereich ausgenommen[41]. Europarechtlich wird daher der Schutz nach § 15 nahe gelegt, was durch folgende **10**

---

[31] *Jung* ZIP 1996, 1378; *Bermel* in Goutier/Knopf/Tulloch Rn 10; *Grunewald* in Lutter Rn 20; *Stratz* in Schmitt/Hörtnagl/Stratz Rn 5; *Winter*, FS Peltzer, S. 645 ff.; *Karollus* in G/H/E/K § 221 AktG Rn 279; LG Bonn AG 2001, 367, 372; für Österreich *Kalss* Anlegerinteressen S. 505; aA *Hüffer*, FS Lutter, S. 1227, 1237; *Petersen* S. 254 f. Neben den umwandlungsrechtlichen Regelungen sind interne Zustimmungsrechte der Stillen für maßgebliche Änderungen zu berücksichtigen, siehe nur *Winter*, FS Peltzer, S. 647 ff.; *Kalss* Anlegerinteressen S. 505 Fn 331; *Stern* ÖJZ 1997, 91.

[32] ZB Tantiemen aus Dienstverträgen.

[33] *Bermel* in Goutier/Knopf/Tulloch Rn 10; *Petersen* S. 253; vgl. aber *Hüffer*, FS Lutter, S. 1227, 1235 f.; *Grunewald* in Lutter Rn 20 f.; *Stratz* in Schmitt/Hörtnagl/Stratz Rn 8.

[34] Siehe Rn 1.

[35] *Grunewald* in Lutter Rn 2; *dies.* in Lutter Umwandlungsrechtstage S. 55; *Bermel* in Goutier/Knopf/Tulloch Rn 6 ff.; *Hüffer*, FS Lutter, S. 1227, 1233.

[36] § 50 Abs. 2 für besondere Rechte im Hinblick auf die Geschäftsführung in einer GmbH; § 13 Abs. 2 in Bezug auf Zustimmungsrechte für die Anteilsübertragung.

[37] *Grunewald* in Lutter Rn 2; *dies.* in Lutter Umwandlungsrechtstage S. 55; *Bermel* in Goutier/Knopf/Tulloch Rn 6; eingehend zur systematischen Argumentation *Hüffer*, FS Lutter, S. 1227, 1233 f.

[38] Zur Zulässigkeit des Stimmrechtsausschlusses kraft Gesellschaftsvertrag siehe *Lutter/Hommelhoff* § 3 GmbHG Rn 37; *Baumbach/Hueck* § 14 GmbHG Rn 4.

[39] Zur Zulässigkeit des Stimmrechtsausschlusses kraft Gesellschaftsvertrag siehe BGHZ 20, 363; BGHZ 14, 264.

[40] Zu den gesetzgeberischen Wertungsüberlegungen vgl. RegBegr. *Ganske* S. 77.

[41] *Kiem* ZIP 1997, 1631; *Bermel* in Goutier/Knopf/Tulloch Rn 5. Grundsätzlich zur Relevanz der VerschmRL für die Auslegung des UmwG vgl. BR-Drucks 599/94, 1; *Habersack*, Europäisches GesR, S. 126.

Überlegungen für die stimmrechtslosen Vorzugsaktien erhärtet wird: Stimmrechtslose Vorzugsaktien sind nicht absolut des Stimmrechts und der Mitwirkung entledigt. Jedenfalls lebt das Stimmrecht bei qualifizierter Nichtzahlung des Vorzugs auf. Bei Aktien dieser Gattung fehlt die von § 23 typischerweise vorausgesetzte Gefahrensituationen, da deren Inhaber gem. § 141 Abs. 1 AktG der Verschmelzung durch Sonderbeschluss zustimmen müssen, wenn ihnen in dem übernehmenden Rechtsträger kein oder ein schlechteres Vorzugsrecht gewährt wird[42]. Würde man die grundsätzliche Anwendung von § 23 auf stimmrechtslose Vorzugsaktien bejahen,[43] wäre jedenfalls die temporäre Nichtanwendung während der Phasen des gem. § 141 AktG erwachten Stimmrechts zu beachten.

8. Reduktion des Geltungsbereichs

11 Systematisch passt die Einbeziehung stimmrechtsloser Anteile in den Kreis der Sonderrechtsinhaber generell nicht: § 23 bezieht sich primär auf partiarische Gläubiger des übertragenden Rechtsträgers (Wandelschuld-, Gewinnverschreibungen, Genussrechte), denen aufgrund des Näheverhältnisses zum übertragenden Rechtsträger (mitgliedschaftsähnliche Position) ein besonderes Schutzbedürfnis zuerkannt wird[44]. Stimmrechtslose Anteilsinhaber sind hingegen keine Gläubiger, sondern Mitglieder des übertragenden Rechtsträgers. Diese werden ohnehin durch ihren Anspruch auf ein angemessenes Umtauschverhältnis vor einer verschmelzungsbedingten Auszehrung ihrer (Vermögens-)Rechte geschützt. Eine nicht angemessene Bemessung desselben berechtigt auch die stimmrechtslosen Anteilsinhaber, eine gerichtliche Überprüfung einzuleiten[45]. Für Inhaber von stimmrechtslosen Anteilen ohne Vorzugs- oder Sonderrechte sind die allgemeinen Schutzmechanismen des Verschmelzungsrechts (insbesondere Angemessenheit des Umtauschverhältnisses) ausreichend. Eines zusätzlichen und verdoppelnden Schutzes nach § 23 bedarf es nicht. Sie sind daher nicht von § 23 erfasst[46]. Stimmrechtslose **Anteile** des übertragenden Rechtsträgers **gehen** im Zuge der Verschmelzung **unter.** Für diese sind – gleich wie für stimmrechtstragende Anteile – nach Maßgabe des angemessenen Umtauschverhältnisses (andere) Anteile am übernehmenden Rechtsträger zu gewähren[47]. Primär sind dafür wieder stimmrechtslose Anteile im übernehmenden Rechtsträger einzuräumen[48]. Ein Umtausch in stimmberechtigte Anteile ist jedoch zulässig[49]. Verkörpern die stimmrechtslosen Anteile des übertragenden Rechtsträgers einen Vorzugsdividendenanspruch[50], muss auch im übernehmenden Rechtsträger ein materiell gleichwertiger bevorzugter Gewinnanspruch gewährt werden[51]. Eine verschmelzungsbedingte Schmälerung des Vorzugsdividendenanspruchs von stimmrechtslosen Vorzugsaktien

---

[42] *Kiem* ZIP 1997, 1629; *Bermel* in Goutier/Knopf/Tulloch § 65 Rn 24; vgl. aber *Hüffer* § 141 AktG Rn 6.

[43] So etwa *Grunewald* in Lutter Rn 10.

[44] Ähnlich *Reichert* GmbHR 1995, 184; vgl auch *Hüffer*, FS Lutter, S. 1227, 1232.

[45] Vgl. § 15 Rn 6, 16. Speziell zu stimmrechtslosen Vorzugsaktien *Kiem* ZIP 1997, 1633 mit weiterführenden Überlegungen zum Verhältnis § 23 und § 15; *Grunewald* in Lutter Rn 13.

[46] Wie hier *Hüffer*, FS Lutter, S. 1227, 1231; aA *Stratz* in Schmitt/Hörtnagl/Stratz Rn 6; *Kiem* ZIP 1997, 1632; *Grunewald* in Lutter Rn 10.

[47] *Bermel* in Goutier/Knopf/Tulloch Rn 13, 16; *Grunewald* in Lutter Rn 11.

[48] Siehe auch *Lutter*, FS Mestmäcker, S. 943, 947 ff.

[49] *Kiem* ZIP 1997, 1632; *Grunewald* in Lutter Rn 11; *Bermel* in Goutier/Knopf/Tulloch Rn 17.

[50] Nach *Naraschewski* DB 1997, 1656 f. ist § 23 ausnahmsweise auch auf stimmberechtigte Aktionäre des übertragenden Rechtsträgers anwendbar, wenn diese außenstehende Aktionäre eines Unternehmensvertrags sind, der infolge der Verschmelzung der übertragenden gewinnabführenden Gesellschaft auf den übernehmenden Rechtsträger erlischt.

[51] Nach *Kiem* ZIP 1997, 1632 f. bildet das Gleichwertigkeitsgebot von § 23 bereits einen „integralen Bestandteil des Grundsatzes der Angemessenheit des Umtauschverhältnisses"; aA *Krieger*, FS Lutter, S. 497, 512 f., nach welchem Vorzugsaktien und Stammaktien wirtschaftlich gleichwertig sind; vgl. auch *Hüffer*, FS Lutter, S. 1227, 1232.

setzt einen Sonderbeschluss der Aktionäre dieser Gattung voraus[52]. Die Gleichwertigkeit der Anteile kann nach § 15 überprüft werden und bezieht sich auf ein angemessenes Umtauschverhältnis[53]. Wenn die Anteilsinhaber stimmberechtigter Anteile nicht benachteiligt werden, ist eine Besserstellung in Form einer Stimmrechtsgewährung zulässig[54].

III. Rechtsfolgen

1. Gewährung gleichwertiger Rechte

Inhabern von Sonderrechten sind im übertragenden Rechtsträger gleichwertige Rechte zu gewähren.[55] Die schuldrechtlichen Kapitalanlagen (Sonderrechte) gehen als Bestandteil des Vermögens des übertragenden Rechtsträgers im Wege der Gesamtrechtsnachfolge auf den übernehmenden Rechtsträger über. Maßgeblich ist die inhaltliche Ausgestaltung bzw. Anpassung auf die durch die Verschmelzung herbeigeführte geänderte Situation, in der sich der Inhaber des Sonderrechts gegenüber seinem neuen Vertragspartner befindet. § 23 ist Ausdruck des allgemeinen zivilrechtlichen Grundsatzes notwendiger Vertragsanpassung[56] wegen einseitigen Eingriffs in ein spezifisches Dauerrechtsverhältnis[57]. Die wirtschaftlich gleichwertigen Rechte entstehen nicht kraft Gesetzes, sondern müssen neu gewährt werden. Im Verschmelzungsvertrag sind die zu gewährenden Rechte aufzuführen[58]. „Gleichwertig" ist nicht formal, sondern wirtschaftlich zu verstehen. Der Inhalt der Gläubigerrechte in dem übernehmenden Rechtsträger muss ökonomisch betrachtet mit jenem im übertragenden Rechtsträger identisch sein[59]. Die Gleichwertigkeit der zu gewährenden Rechte hängt davon ab, wie die Ertragsabhängigkeit der Sonderrechte im übertragenden Rechtsträger jeweils gestaltet ist, nämlich ob bloß die Kapitalüberlassung oder die Rückzahlung ertragsabhängig ist oder ob ein Bezugsrecht auf Mitgliedschaftsrechte besteht.

2. Herstellung der Gleichwertigkeit

Inhaltlich sind bei Sonderrechten, deren Ertragsabhängigkeit in der Höhe der Prämie für die Kapitalüberlassung liegt, die **erfolgsabhängigen** Komponenten (Rechte) ggf. anzupassen, so dass diese den ursprünglichen materiell gleichwertig sind. **Gewinnschuldverschreibungen** sind ebenfalls entsprechend dem Umtauschverhältnis dahin gehend zu modifizieren, dass diese nach der Verschmelzung inhaltlich gleichwertig sind. Bei **Genussrechten** und sonstigen **Sonderrechten** bestimmt sich der Anspruch auf Gewährung gleichwertiger Rechte jeweils nach der konkreten Ausgestaltung im übertragenden Rechtsträger[60]. Die Reihe der Gestaltungsmöglichkeiten ist vielfältig: Es kann u. a. notwendig sein, etwa wegen Branchenverschiedenheit oder unterschiedlicher Bilanzpolitik der an der Verschmelzung beteiligten

---

[52] *Kiem* ZIP 1997, 1632; *Bermel* in Goutier/Knopf/Tulloch § 65 Rn 24; aA *Krieger*, FS Lutter, S. 497, 513 f.
[53] Vgl. § 15 Rn 1.
[54] *Stratz* in Schmitt/Hörtnagl/Stratz Rn 10; *Grunewald* in Lutter Rn 11; *Kiem* ZIP 1997, 1627, 1632.
[55] Strenger, nämlich für die Gewährung von Rechten gleicher Art *Grunewald* in Lutter Rn 5.
[56] Siehe nur *Bermel* in Goutier/Knopf/Tulloch Rn 12 f.
[57] *Kalss* Anlegerinteressen S. 507; *Hüffer*, FS Bezzenberger, S. 191, 198.
[58] Siehe § 5 Rn 65 ff.
[59] *Bermel* in Goutier/Knopf/Tulloch Rn 13; *Grunewald* in Lutter Rn 11 ff.; *Naraschewski* DB 1997, 1657; für Österreich *Kalss*, Verschmelzung-Spaltung-Umwandlung, § 226 öAktG Rn 14; zu § 347 a AktG aF siehe nur *Kraft* in Kölner Komm. § 347 a AktG Rn 5; *Grunewald* in G/H/E/K § 347 a AktG Rn 5.
[60] *Grunewald* in Lutter Rn 24, 22; *Bermel* in Goutier/Knopf/Tulloch Rn 16; *Kraft* in Kölner Komm. § 347 a AktG Rn 4; *Kalss*, Verschmelzung-Spaltung-Umwandlung, § 226 öAktG Rn 14.

Rechtsträger, die Anknüpfungspunkte nicht schematisch zu übernehmen, sondern abgestimmt auf die bisherige Gestaltung neu zu formulieren.

3. Umtausch- und Bezugsrechte

14 Umtausch- und Bezugsrechte aus Wandelschuldverschreibungen, Optionsanleihen oder Genussrechten richten sich nach der Verschmelzung auf die Anteile des übernehmenden Rechtsträgers. Das im Verschmelzungsvertrag festgelegte Umtauschverhältnis ist im Regelfall dem Umtausch dieser Bezugs- bzw. Umwandlungsrechte zugrunde zu legen[61], d. h. der Bezugsrechtsanspruch ist im so bestimmten gleichwertigen Maß anzupassen. Dies bedeutet ggf., dass im übernehmenden Rechtsträger ein bedingtes Kapital zu schaffen ist oder ausreichend eigene Aktien zur Verfügung zu stellen sind. Da sich das Bezugsrecht auf Anteile der übernehmenden Gesellschaft richtet, ist für die Rechtsstellung des Sonderberechtigten auch die Ausgestaltung dieser Anteile als Bezugsobjekte im Verhältnis zu den Anteilen der übertragenden Gesellschaft von Bedeutung.

4. Mischverschmelzung, Verfügungsbeschränkung

15 Bei **Mischverschmelzungen**[62], bei denen der übernehmende Rechtsträger wegen seiner Rechtsform die Bezugsrechte nicht selbst bedienen (etwa Verschmelzung einer AG auf eine GmbH als übernehmende Gesellschaft, da dieser nicht die Möglichkeit einer bedingten Kapitalerhöhung zur Verfügung steht) und auch nicht auf andere Weise (zB Treuhandkonstruktion) das gewünschte Ergebnis erzielt werden kann[63], ist die Herstellung der Gleichwertigkeit durch schlichte anpassende Umstellung des Bezugsrechtsanspruchs nicht zu verwirklichen. Zwar ist § 29, der widersprechenden Gesellschaftern ein Austrittsrecht gewährt, nicht unmittelbar anwendbar, da dieser nur Anteilsinhabern iSv. § 2 und nicht Inhabern von sonstigen Sonderrechten zugute kommt. Eine analoge Anwendung ist aber nahe liegend: Jeder betroffene Sonderrechtsinhaber hat einen (mangels Stimmrecht und Teilnahmeberechtigung in der Gesellschafterversammlung) widerspruchsunabhängigen Anspruch auf Barabfindung, die im Verschmelzungsvertrag (Entwurf) vorzusehen ist[64]. Zu einem ähnlichen Ergebnis führt in diesen Konstellationen die Annahme einer sofortigen Fälligkeit der Bezugsrechte: Dem (nunmehrigen) Anteilsinhaber steht ein Abfindungsanspruch unter den Voraussetzungen des § 29 zu[65]. Der Gedanke der Inanspruchnahme eines analog zu § 29 zu begründenden Austrittsrechts ist auf Konstellationen zu übertragen, bei denen im übernehmenden Rechtsträger die Anteile nicht frei sind, sondern Verfügungsbeschränkungen unterliegen.

5. Allgemeine zivilrechtliche Einordnung

16 Das so begründete „Austrittsrecht" ist Ausdruck eines allgemeinen zivilrechtlichen Gedankens, nämlich der **vorzeitigen Beendigung** eines Dauerrechtsverhältnisses durch den Anleger bei Unzumutbarkeit der Fortführung des Rechtsverhältnisses[66]. Generell schließt die Anordnung der Vertragsanpassung die Beendigung des Dauerrechtsverhältnisses nicht aus, d. h. dem Inhaber des Sonderrechts steht bei mangelnder Herstellung der Gleichwertigkeit des Sonderrechtsverhältnisses als Rechtsbehelf die vorzeitige Beendigung zu[67].

---

[61] *Bermel* in Goutier/Knopf/Tulloch Rn 14; *Grunewald* in Lutter Rn 15; *dies.* in G/H/E/K § 347 a AktG Rn 6; *Kraft* in Kölner Komm. § 347 a AktG Rn 6; *Martens* AG 1992, 214; für Österreich *Kalss*, Verschmelzung-Spaltung-Umwandlung, § 226 öAktG Rn 14.

[62] Siehe zur Mischverschmelzung § 3 Rn 54 ff.

[63] Weiterführend *Grunewald* in Lutter Rn 17.

[64] § 29 Abs. 1; *Bermel* in Goutier/Knopf/Tulloch Rn 15.

[65] So *Grunewald* in Lutter Rn 17.

[66] Vgl. § 29 Rn 2, 8.

[67] Vgl. auch *Winter*, FS Peltzer, S. 647, 657, 658; *Bermel* in Goutier/Knopf/Tulloch § 29 Rn 15; für Österreich *Kalss* Anlegerinteressen S. 507; *Kalss*, Verschmelzung-Spaltung-Umwandlung, § 226 öAktG Rn 15.

IV. Durchsetzung

1. Durchsetzung

Der Inhaber eines Sonderrechts kann die Herstellung eines gleichwertigen Anlageverhältnisses mittels **Klage** durchsetzen, d. h. er hat den Zivilprozessweg zu beschreiten. Er hat dabei den übernehmenden Rechtsträger auf **Vertragsanpassung** bzw. -änderung zur Herstellung eines gleichwertigen Rechtsverhältnisses zu klagen[68]. Faktisch hat der klagende Sonderrechtsinhaber eine angepasste Vertragsfassung anzubieten, deren rechtsgeschäftliche Annahme auch durch ein stattgebendes Gerichtsurteil gem. § 894 ZPO ersetzt wird. Der Inhaber des Sonderrechts trägt damit die Beweislast des Klägers. Zudem trifft ihn das allgemeine zivilprozessuale Prozesskostenrisiko. Grundsätzlich ist ein **Schadensersatzanspruch** der Inhaber von Sonderrechten gegenüber den übernehmenden Rechtsträger zu bejahen. Im Regelfall fehlt es aber an einem Vermögensschaden, da der Sonderrechtsinhaber ohnehin einen Erfüllungsanspruch auf Vertragsanpassung hat[69].

17

2. Spruchverfahren

Nach geltender Rechtslage steht dem Inhaber eines Sonderrechts die Geltendmachung seines Anspruchs im **Spruchverfahren** nicht zu[70]. **De lege ferenda** ist angesichts der Parallelität der Fragestellung bei Ermittlung der Gleichwertigkeit der Rechte bzw. der Angemessenheit des Umtauschverhältnisses aber die Anwendbarkeit des Spruchverfahrens geboten[71]. Ein Sonderrechtsberechtigter ist weder berechtigt wegen Verletzung seines Anspruchs nach § 23 die Verschmelzung anzufechten,[72] noch kommt ihm im Verfahren zur Eintragung in das Handelsregister Parteistellung zu, noch kann er eine Eintragung mit einstweiliger Verfügung unterbinden[73].

18

§ 24 Wertansätze des übernehmenden Rechtsträgers

In den Jahresbilanzen des übernehmenden Rechtsträgers können als Anschaffungskosten im Sinne des § 253 Abs. 1 des Handelsgesetzbuchs auch die in der Schlussbilanz eines übertragenden Rechtsträgers angesetzten Werte angesetzt werden.

Übersicht

	Rn		Rn
I. Allgemeines	1	a) Schlussbilanz	8
1. Normzweck	1	b) Beendigung der Bilanzierungs-	
2. Rechtspolitische Überlegungen	4	pflichten	15
3. Besonderheiten der Anwendung	5	2. Übernehmender Rechtsträger	18
II. Bilanzen	8	a) Verschmelzung zur Neugründung	18
1. Übertragender Rechtsträger	8	b) Verschmelzung zur Aufnahme	19

---

[68] *Winter*, FS Peltzer, S. 647, 657; *Hüffer*, FS Lutter, S. 1227, 1242. Die Herstellung der gesellschaftsrechtlichen Voraussetzungen, nämlich die Einräumung bedingten Kapitals, ist faktisch nicht möglich.

[69] *Winter*, FS Peltzer, S. 647, 658.

[70] *Winter*, FS Peltzer, S. 647, 657.

[71] *Hüffer*, FS Lutter, S. 1227, 1242; für Österreich *Kalss* Anlegerinteressen S. 522 f.; aA *Winter*, FS Peltzer, S. 647, 658.

[72] So auch *Grunewald* in Lutter Rn 13.

[73] So ausdrücklich (österreichischer) OGH gegenüber einem Gläubiger: OGH vom 17. 1. 2001 ecolex 2001, 537.

	Rn		Rn
III. Ansatz	20	c) Personengesellschaften	73
1. Allgemeines	20	2. Einheitlichkeit der Ausübung	74
2. Methode der Neubewertung	22	3. Verteilung der Anschaffungskosten	75
3. Methode der Buchwertverknüpfung	26	4. Immanente Begrenzungen	78
IV. Bewertung	29	a) Zutreffender Ergebnisausweis	79
1. Allgemeines	29	b) Ausschüttungsinteressen	80
2. Neubewertung nach Anschaffungskosten	30	c) Kapitalaufbringung	81
a) Anschaffungskosten	30	VI. Entsprechende Anwendung auf andere Umwandlungsarten	82
b) Gewährung neuer Anteile	34	1. Spaltung	83
c) Ausgabe eigener (Alt-)Anteile	39	2. Vermögensübertragung	85
d) Zuzahlungen	42	3. Formwechsel	87
e) Abfindungen	43	4. Anwachsung	88
f) Fortfall einer beim übernehmenden Rechtsträger bestehenden Beteiligung am übertragenden Rechtsträger *(upstream merger)*	44	VII. Grundzüge der steuerlichen Bilanzierung	89
		1. Überblick	89
g) *Downstream Merger*	48	2. Verschmelzung von Kapitalgesellschaften	90
h) Mischfälle	52	a) Allgemeines	90
i) Verschmelzungsgewinne und -verluste	54	b) Personengesellschaft als übernehmender Rechtsträger	91
3. Buchwertfortführung	55	c) Kapitalgesellschaft als übernehmender Rechtsträger	95
a) Allgemeines	55	3. Verschmelzung von Personengesellschaften	99
b) Behandlung eines Verschmelzungsverlusts/-gewinns	58		
V. Ausübung des Wahlrechts	64	a) Personengesellschaft als übernehmernder Rechtsträger	100
1. Zuständigkeit	64	b) Kapitalgesellschaft als übernehmender Rechtsträger	102
a) GmbH	66		
b) AG	68		

Literatur: *Aha,* Ausgewählte Zweifelsfragen zur Rechnungslegung bei Verschmelzungen, BB 1996, 2559; *Budde/Förschle* (Hrsg.), Sonderbilanzen, 3. Aufl. 2002; *Gassner,* Ausgewählte handelsrechtliche und steuerrechtliche Bilanzierungsfragen bei Umwandlungen, FS Widmann, 2000, S. 343; *IDW,* Stellungnahme HFA 2/1997, WPg. 1997, 235; *Knop/Küting,* Anschaffungskosten im Umwandlungsrecht, BB 1995, 1023; *Krawitz/Klotzbach,* Anwendungsvoraussetzungen und Aussagefähigkeit der Fresh-Start-Methode bei der Bilanzierung von Unternehmenszusammenschlüssen, WPg. 2000, 1164; *Kutt,* Ende der Maßgeblichkeit bei Umwandlungen, BB 2004, 371; *Kußmaul/Richter,* Die Behandlung von Verschmelzungsdifferenzbeträgen nach UmwG und UmStG, GmbHR 2004, 701; *Müller,* Anschaffungskosten und Buchwertverknüpfung bei der Verschmelzung, FS Clemm, 1996, S. 243; *ders.,* Zweifelsfragen zum Umwandlungsrecht, WPg. 1997, 857; *Mujkanovic,* Zur Bewertung bei Verschmelzung am Beispiel von AG und GmbH, BB 1995, 1735; *Naumann,* Zur Anwendung von § 24 UmwG in Verschmelzungsfällen, FS Ludewig, 1996, S. 683; *Pohl,* Handelbilanzen bei der Verschmelzung von Kapitalgesellschaften, 1995; *Priester,* Kapitalaufbringung und Bilanzansatz, GmbHR 1999, 1273; *Scherrer,* Bilanzierung und Verschmelzung durch Aufnahme beim übernehmenden Rechtsträger, FS Claussen, 1997, S. 743; *Schulze-Osterloh,* Bilanzierung nach dem Referentenentwurf eines Gesetzes zur Bereinigung des Umwandlungsrechts, ZGR 1993, 420; *Tischer,* Der Übergang des wirtschaftlichen Eigentums bei schwebender Verschmelzung, WPg 1996, 745; *Weilep,* „bad will" bei Verschmelzungen, DB 1998, 2130.

I. Allgemeines

1. Normzweck

1 Die Vorschrift konkretisiert die allgemeinen Bilanzierungsvorschriften des HGB für die Verschmelzung. Nach ihrem Wortlaut betrifft sie in erster Linie die Bewertung des übergegangenen Vermögens auf der Ebene des übernehmenden Rechtsträgers, nämlich dessen **Anschaffungskosten** iSd. §§ 253 Abs. 1, 255 Abs. 1 HGB. Indirekt betrifft sie aber auch die logisch vor der Bewertung stehende Frage danach, ob und wie das übergehende Vermögen bei dem übernehmenden Rechtsträger anzusetzen ist. Damit wird auch Bezug genommen auf die Ansatzvorschriften der §§ 246 ff. HGB[1]. **Auf internationale Rechnungslegungsstandards** (IAS/IFRS) ist § 24 nicht anzuwenden. Die Vorschrift bezieht sich auf die „Jahresbilanzen", d.h. auf die nach dem HGB aufzustellenden Abschlüsse (§ 242 HGB)[2].

Eine Verschmelzung wird aus der Sicht des übernehmenden Rechtsträgers als **Erwerbsvorgang** und damit als Anschaffung des übergehenden Vermögens gesehen[3]. Eine Anschaffung liegt unabhängig davon vor, ob die Verschmelzung auf einen bestehenden Rechtsträger oder einen durch die Verschmelzung neu gegründeten Rechtsträger erfolgt. Ein Anschaffungsvorgang ist auch nicht davon abhängig, ob bereits vor der Verschmelzung eine Beteiligung des übernehmenden Rechtsträgers an dem übertragenden existierte. Es können sich insoweit nur Unterschiede hinsichtlich der Gegenleistung für die Anschaffung des übergehenden Vermögens ergeben. Bei der Verschmelzung auf einen bestehenden Rechtsträger bezieht sich der Anschaffungsvorgang aus der Sicht des übernehmenden Rechtsträgers nur auf das übergehende Vermögen des bzw. der übertragenden Rechtsträger, nicht aber auf das eigene Vermögen des übernehmenden Rechtsträgers. Für die in der betriebswirtschaftlichen Literatur diskutierte *freshstart*-Methode[4], nach der auch das Vermögen des übernehmenden Rechtsträgers als angeschafft betrachtet werden kann, findet sich in § 24 kein Anhaltspunkt.

Die Anschaffungskosten bestimmen sich im **Grundsatz** nach § 255 Abs. 1 HGB. Es handelt sich also dabei um die Aufwendungen, die von dem übernehmenden Rechtsträger geleistet werden, um einen Vermögensgegenstand zu erwerben und ihn in einen betriebsbereiten Zustand zu versetzen, soweit die Aufwendungen dem Vermögensgegenstand einzeln zugeordnet werden können. Abweichend von diesem Grundsatz können nach § 24 wahlweise auch die in der Schlussbilanz des übertragenden Rechtsträgers angesetzten Werte als Anschaffungskosten beim übernehmenden Rechtsträger angesetzt werden. Diese als Buchwertfortführung oder Buchwertverknüpfung bekannte Bewertungsmethode stellt eine gesetzlich ausdrücklich eingeräumte Möglichkeit der Durchbrechung des allgemeinen Grundsatzes dar, wonach die Anschaffungskosten anhand der Aufwendungen bestimmt werden.

2. Rechtspolitische Überlegungen

Das in § 24 normierte Anschaffungskostenprinzip ist eine Abwendung von der früheren Rechtslage. **Bis 1995** galt bei Verschmelzungen das Prinzip der **Buchwertverknüpfung** zwischen den Wertansätzen in der Schlussbilanz des übertragenden Rechtsträgers und den Wertansätzen bei der Bilanzierung beim übernehmenden Rechtsträger[5]. Dies führte in vielen Fällen zu Verschmelzungsverlusten[6] beim übernehmenden Rechtsträger, die zu einer handelsrechtlichen Ausschüttungssperre oder wenigstens zu einer deutlichen Verschlechterung des Eigenkapitalausweises führen konnten. Der Ausweis einer Bilanzierungshilfe, eines Geschäfts- oder Firmenwerts zur Kompensation eines Verschmelzungsverlusts war nur in den Fällen erlaubt, in denen neue Anteile an der übernehmenden Gesellschaft an die Anteilseigner des übertragenden Rechtsträgers ausgegeben wurden[7]. Der aktivierte Betrag musste zudem in höchstens fünf Jahren abgeschrieben werden, so dass sich negative Auswirkungen einer Verschmelzung auf das Bilanzbild und den Ertragsausweis nicht grundsätzlich vermeiden ließen.

---

[1] Siehe auch Rn 20 ff.
[2] *Müller* in Kallmeyer Rn 61.
[3] Vgl. § 20 Abs. 1 Nr. 1. Dazu *Hörtnagl* in Schmitt/Hörtnagl/Stratz Rn 10 ff. mwN.
[4] Vgl. hierzu *Krawitz/Klotzbach* WPg 2000, 1164 und *Telkamp/Bruns* WPg 2000, 744.
[5] § 348 Abs. 1 AktG, § 27 Abs. 1 KapErhG, § 93 GenG und § 44 a Abs. 3 VAG jeweils aF.
[6] Zur Begriffsbildung siehe Rn 58 ff.
[7] § 348 Abs. 2 AktG aF; § 27 Abs. 2 KapErhG aF.

3. Besonderheiten der Anwendung

5 Die Anwendung des § 24 ist rechtsformunabhängig. Weder der übernehmende noch der übertragende Rechtsträger müssen eine bestimmte Rechtsform haben. Dennoch hat die Norm nur Bedeutung für diejenigen übernehmenden Rechtsträger, die zur Bilanzierung nach dem HGB oder anderen Gesetzen verpflichtet sind. § 24 wirkt sich insbesondere nicht aus bei einer Verschmelzung auf
– eine **PartG**, diese ist nicht bilanzierungspflichtig[8];
– eine **natürliche Person**. Ist diese natürliche Person nicht gem. §§ 1 ff. HGB als Kaufmann in das Handelsregister eintragungsfähig, unterliegt sie auch keiner Bilanzierungspflicht.

Beispiel:
Verschmelzung einer vermögensverwaltenden GmbH, deren Vermögen nur in einem Grundstück besteht, auf den alleinigen Gesellschafter, der natürliche Person ist.

6 Partnerschaftsgesellschaften und natürliche Personen als Übernehmer werden aus steuerlichen Gründen dennoch Anschaffungskosten zu ermitteln haben. Diese steuerlichen Anschaffungskosten richten sich aber nicht nach § 24, sondern nach den Vorschriften des UmwStG.

7 Die Vorschrift gilt für Spaltungen[9] und für Vermögensübertragungen unter Versicherungsunternehmen in Form der Voll- und Teilübertragung[10]. Keine Anwendung findet § 24 hingegen beim **Formwechsel,** da hier kein Anschaffungsvorgang vorliegt. Durch den Formwechsel erhält der Rechtsträger nur eine andere Rechtsform, die Vermögenszuordnung ändert sich nicht.

II. Bilanzen

1. Übertragender Rechtsträger

8 **a) Schlussbilanz.** Eine **Schlussbilanz** des übertragenden Rechtsträgers ist bei der Anmeldung der Verschmelzung zum Register dieses Rechtsträgers einzureichen[11]. Für die Schlussbilanz gelten die Vorschriften über die Jahresbilanz und deren Prüfung entsprechend. Eine Antizipation der bevorstehenden Verschmelzung ist in der Schlussbilanz des übertragenden Rechtsträgers nur nach nachstehenden Maßgaben möglich.

9 Da die Vorschriften über die Jahresbilanz auch für die Schlussbilanz gelten[12], müssen die Ansatz- und Bewertungsmethoden beim übertragenden Rechtsträger im Grundsatz beibehalten werden. Da nach § 24 die Methode der Buchwertverknüpfung nur noch wahlweise Anwendung findet, ist die Bilanzierung beim übertragenden Rechtsträger – jedenfalls soweit keine Buchwertverknüpfung stattfindet – auch nicht präjudizierend für die Bilanzierung beim übernehmenden Rechtsträger. Deshalb besteht nur dann ein gerechtfertigtes Bedürfnis zur Anpassung der Bilanzierungsmethoden beim übertragenden Rechtsträger an die des übernehmenden, wenn die Methode der Buchwertverknüpfung angewandt wird; dann liegt ein begründeter Ausnahmefall iSv. § 252 Abs. 2 HGB vor[13]. Anwendbar ist aber jedenfalls § 280 HGB. Forderungen und Verbindlichkeiten zwischen den an der Verschmelzung beteiligten Rechtsträgern sowie Beteiligungen am übernehmenden Rechtsträger sind auszuweisen.

---

[8] Vgl. § 1 Abs. 1 Satz 2 PartGG.
[9] §§ 125, 135.
[10] §§ 178 ff. Dazu im Einzelnen Rn 82 ff.
[11] § 17 Abs. 2. Zu Einzelheiten siehe § 17.
[12] § 17 Abs. 2 Satz 2.
[13] *A/D/S*§ 348 AktG aF Rn 7; *Budde/Färber* in Budde/Försche Sonderbilanzen F 105; *IdW* HFA 2/1997 WPg 1997, 235.

Die handelsrechtliche Schlussbilanz war **nicht maßgeblich** für die steuerliche Schlussbilanz iSd. §§ 3, 11 Abs. 1 UmwStG aF. Dort wurde nämlich ausdrücklich das steuerliche Wahlrecht eröffnet, Buchwerte oder höhere Werte anzusetzen[14]. Die gegenteilige Ansicht der Finanzverwaltung[15] verkennt die Rechtslage und lässt die gesetzliche Anordnung der §§ 3, 11 UmwStG aF leer laufen[16]. Dies sah auch die Rechtsprechung einiger Finanzgerichte so, die sich gegen die Maßgeblichkeit der Handelsbilanz für die Steuerbilanz im Umwandlungssteuerrecht ausgesprochen hat[17]. Es bleibt weiter abzuwarten, wie der BFH entscheidet[18]. Im Zusammenhang mit dem „Gesetz über steuerliche Begleitmaßnahmen zur Einführung der Europäischen Gesellschaft und zur Änderung weiterer steuerlicher Vorschriften (SEStEG)", wurde das steuerliche Umwandlungsrecht grundlegend überarbeitet[19]. Im neuen UmwStG löst sich die Finanzverwaltung erstmals offenbar von dem Maßgeblichkeitsprinzip und bejaht eine eigenständige steuerliche Bilanzierung in Umwandlungsfällen[20]. 10

Der **Stichtag der Schlussbilanz** ist nach hM der Vortag des Verschmelzungsstichtags iSv. § 5 Abs. 1 Nr. 6[21]. 11

Beispiel:
Verschmelzungsstichtag 1. 1. 2007; Stichtag der Schlussbilanz 31. 12. 2006.

Diese Auffassung überinterpretiert die Reichweite der nach § 17 Abs. 2 der Anmeldung der Umwandlung beizufügenden Schlussbilanz. Deren Zweck besteht darin, die Prüfung der Werthaltigkeit einer Kapitalerhöhung zu substituieren[22] und den Gläubigern einen Anhaltspunkt dafür zu bieten, ob sie Sicherheitsleistung verlangen können[23]. Eine zeitliche Verknüpfung des Verschmelzungsstichtags und des Stichtags der Schlussbilanz ordnet das Gesetz hingegen nicht an[24]. Anderes gilt nur dann, wenn handelsrechtlich die Möglichkeit der 12

---

[14] *Haritz/Bärwaldt* in BeckHdb. Personengesellschaften § 9 Rn 323; *Brinkhaus* in Haritz/Benkert § 3 UmwStG Rn 50; *Bärwaldt* in Haritz/Benkert § 11 UmwStG Rn 9 jeweils mwN; *Schmitt* in Schmitt/Hörtnagl/Stratz § 20 UmwStG Rn 238 ff.

[15] *BMF* Umwandlungssteuererlass v. 25. 3. 1998, BStBl. I 1998, 268 Tz. 03.01 und 11.01, OFD Münster v. 28.8.2006, DB 2006, 2130.

[16] Wie hier *Gassner,* FS Widmann, S. 348. Zum Ganzen Anh UmwStG Rn 55 ff.

[17] *FG Baden Württemberg* vom 4.3.2004, EFG 2004, 858 mit Anm. *Haritz/Wisniewski* GmbHR 2004, 814; *FG München* vom 23.3.2004 zu §§ 25, 20 UmwStG, EFG 2004, 1334 und vom 5.10.2000, EFG 2001, 32. Vom BFH mit Urteil vom 19.10.2005 – I R 38/04, BStBl. II 2006 S. 568 (DB 2006, 364) zur formwechselnden Umwandlung einer Personengesellschaft in eine Kapitalgesellschaft bestätigt.

[18] Vom BFH mit Urteil vom 19.10.2005 (I R 34/04, BFH/NV 2006, 1099) im Ergebnis offen gelassen; inzwischen ist beim BFH unter Az. I R 97/06 ein weiteres Revisionsverfahren hinsichtlich des Maßgeblichkeitsgrundsatzes bei der Verschmelzung zweier Kapitalgesellschaften anhängig. Die Finanzverwaltung hält für das UmwStG aF, soweit ersichtlich, am Maßgeblichkeitsgrundsatz fest, lässt aber offene Verfahren gem. § 363 Abs. 3 Satz 2 AO ruhen, *OFD Rheinland* v. 15.1.2007, DB 2007, 491.

[19] Gesetz v. 7.12.2006, BGBl. 2006 I S. 2782; soweit nicht anders vermerkt, beziehen sich die nachfolgend zitierten Vorschriften des UmwStG auf diese Fassung; dazu Einl. B Rn. 21 ff. Vgl. nur *Dötsch/Pung* DB 2006, 2704, 2763.

[20] *Dötsch/Pung* DB 2006, 2704, 2706. *Thiel* DB 2005, 2316, 2319. *Schaflitzl/Widmayer* in Blumenberg/Schäfer SEStEG S. 113; *Benz/Rosenberg* in Blumenberg/Schäfer SEStEG S. 158; *Prinz* StuB 2007, 125.

[21] *IDW* HfA 2/1997 WPg 1997, 235; *Lutter* in Lutter § 5 Rn 42; *Priester* in Lutter Rn 13; *Bula/Schlösser* in Sagasser/Bula/Brünger K Rn 6; *BMF* Umwandlungssteuererlass vom 25. 3. 1998, BStBl. I 1998, 268 Tz. 02.02.

[22] Vgl. § 69 Abs. 1 Satz 1.

[23] *Müller* in Kallmeyer § 17 Rn 11. *Gassner,* FS Widmann, S. 345 sieht hingegen den Zweck der Schlussbilanz vor allem in der Ergebnisabgrenzung zwischen dem übertragenden und dem neuen Rechtsträger.

[24] *Budde/Zerwas* in Budde/Förschle Sonderbilanzen F 39; *Müller* in Kallmeyer § 17 Rn 13 und § 5 Rn 33; *Slabon* in Haritz/Benkert § 2 Anm. 3.

Buchwertverknüpfung gewählt wird. In diesem Fall zwingt die Festlegung des Verschmelzungsstichtags zu einer Bilanzierung auf den vorhergehenden Tag[25].

13 In der Praxis ist häufig der Stichtag der Schlussbilanz mit dem Stichtag eines Jahresabschlusses identisch. Dies ist aber nicht zwingend. Liegt zwischen dem Stichtag des Jahresabschlusses und der Anmeldung der Verschmelzung zum Handelsregister des übertragenden Rechtsträgers ein Zeitraum von mehr als acht Monaten, ist die Schlussbilanz auf einen vom Stichtag des Jahresabschlusses abweichenden Stichtag aufzustellen. Dies führt nicht zu einem Rumpfwirtschaftsjahr des übertragenden Rechtsträgers.

14 Eine Zwischenbilanz iSd. § 63 Abs. 1 Nr. 3, die bei Beteiligung von Aktiengesellschaften[26] an der Verschmelzung notwendig werden kann, ist keine Schlussbilanz iSd. § 17 Abs. 2.

15 **b) Beendigung der Bilanzierungspflichten.** Die Bilanzierungspflichten des übertragenden Rechtsträgers erlöschen nicht am Verschmelzungsstichtag iSd. § 5 Abs. 1 Nr. 6, sondern erst mit dem wirtschaftlichen Vollzug der Verschmelzung. Sachenrechtlich geht das Vermögen des übertragenden Rechtsträgers erst mit der Eintragung der Verschmelzung in das Handelsregister des übernehmenden Rechtsträgers über[27]. Die Pflicht des übertragenden Rechtsträgers, Jahresabschlüsse auf Stichtage aufzustellen, die dem Verschmelzungsstichtag nachfolgen, endet jedenfalls dann, wenn das **wirtschaftliche Eigentum** am Vermögen und an den Schulden als auf den übernehmenden Rechtsträger übergegangen gilt[28]. Dies soll zu dem Zeitpunkt der Fall sein, an dem die nachfolgenden Bedingungen kumulativ erfüllt sind[29]:
– Der Verschmelzungsvertrag zwischen den beteiligten Rechtsträgern ist formwirksam abgeschlossen.
– Die Zustimmungsbeschlüsse der Anteilseigner liegen formwirksam vor.
– Der Verschmelzungsstichtag iSd. § 5 Abs. 1 Nr. 6 liegt vor dem Abschlussstichtag des übertragenden Rechtsträgers oder fällt mit diesem zusammen.
– Die Verschmelzung muss bis zur Beendigung der Aufstellung des Jahresabschlusses eingetragen sein, oder es muss mit an Sicherheit grenzender Wahrscheinlichkeit davon ausgegangen werden können, dass die Eintragung erfolgt.[30]
– Es muss faktisch oder durch den Verschmelzungsvertrag gesichert sein, dass der übertragende Rechtsträger nur im Rahmen eines ordnungsgemäßen Geschäftsgangs oder mit Einwilligung des übernehmenden Rechtsträgers über Vermögensgegenstände verfügt.

16 Unabhängig von der Frage, ob der übertragende Rechtsträger noch einen Jahresabschluss auf einen Stichtag nach dem Verschmelzungsstichtag iSd. § 5 Abs. 1 Nr. 6 aufzustellen hat, ist Folgendes zu gewährleisten: **Aufwendungen und Erträge** sowie Änderungen im Vermögensbestand des übertragenden Rechtsträgers werden **nach dem Verschmelzungsstichtag** so erfasst, dass sie einzeln oder saldiert in das Buchwerk des übernehmenden Rechtsträgers übernommen werden können. Hierbei ist zu unterscheiden zwischen (1) Aufwendungen und Erträgen sowie Änderungen im Vermögensstand, die zwischen dem Verschmelzungsstichtag und dem Zeitpunkt des wirtschaftlichen Vermögensüberganges anfallen[31], und (2) Geschäftsvorfällen, die nach dem wirtschaftlichen Vermögensübergang stattfinden. Letztere lösen originäre Buchhaltungspflichten beim übernehmenden Rechtsträger aus. Die ersteren

---

[25] § 5 Abs. 1 Nr. 6; *IdW* HFA 2/1997, WPg 1997, 235 – umstritten; vgl. auch *Haritz/Bärwaldt* in BeckHdb. Personengesellschaften § 9 Rn 307 mwN.
[26] Gleiches gilt für Genossenschaften § 82 Abs. 1, eingetragene Vereine nach § 101 Abs. 1, genossenschaftliche Prüfungsverbände nach § 106 und VVaG nach § 112 Abs. 1.
[27] § 20 Abs. 1 Nr. 1.
[28] Differenzierend *Gassner*, FS Widmann, S. 355; *Tischer* WPg 1996, 745.
[29] *IdW* HFA 2/1997, Abschn. 21, WPg 1997, 236.
[30] Der Eintragung kann eine Anfechtung der Verschmelzung entgegenstehen, vgl. *OLG Hamm* DB 1992, 417.
[31] Siehe Rn 15.

können als aggregierte Werte aus der Buchhaltung des übertragenden Rechtsträgers in die des übernehmenden übernommen werden[32]. Es sind hierbei auch die Werte zu übernehmen, die beim übertragenden Rechtsträger noch in einem Jahresabschluss Niederschlag gefunden haben, soweit sie sich auf den Zeitraum zwischen dem Verschmelzungsstichtag und dem Stichtag des nach dem Verschmelzungsstichtag liegenden Jahresabschlusses beziehen. In der Praxis besteht meist kein Bedürfnis, den genauen Zeitpunkt zu ermitteln, zu dem der wirtschaftliche Vermögensübergang stattgefunden hat. Steht fest, dass das Vermögen dem Grunde nach wirtschaftlich übergegangen ist, werden zu einem praktikablen Stichtag das Buchwerk des übertragenden Rechtsträgers übernommen und die hierbei notwendigen Anpassungen vorgenommen. Denn iE spiegeln sich alle Geschäftsvorfälle des übertragenden Rechtsträgers ab dem Verschmelzungsstichtag im Buchwerk des übernehmenden wider.

Für Zwecke der **Umsatzsteuer** besteht die eigenständige Steuerpflicht des übertragenden Rechtsträgers im Grundsatz bis zum dinglichen Vermögensübergang fort. Die Rückwirkung[33] gilt nur für Ertragsteuern. Der übertragende Rechtsträger müsste daher die für die Umsatzsteuer relevanten Aufzeichnungen auch über den Zeitpunkt des wirtschaftlichen Vermögensübergangs hinaus fortführen. In der Praxis wird regelmäßig mit den Finanzbehörden verabredet, dass zu einem sinnvollen Zeitpunkt nur noch Umsatzsteuererklärungen des übernehmenden Rechtsträgers abgegeben werden. Die umsatzsteuerlichen Aufzeichnungspflichten und der wirtschaftliche Vermögensübergang können so zeitlich harmonisiert werden. **17**

2. Übernehmender Rechtsträger

a) **Verschmelzung zur Neugründung.** Wird der übernehmende Rechtsträger im Wege der Neugründung durch Übertragung des Vermögens zweier oder mehrerer Rechtsträger neu gegründet, besteht die Verpflichtung, eine **Eröffnungsbilanz** aufzustellen[34]. In dieser Eröffnungsbilanz ist von den Ansatz- und Bewertungswahlrechten des § 24 Gebrauch zu machen. Dinglich geht das Vermögen der übertragenden Rechtsträger erst mit Eintragung der Verschmelzung in das Register des übernehmenden (neuen) Rechtsträgers über[35]. Dennoch besteht die Bilanzierungspflicht bereits auf den Verschmelzungsstichtag iSd. § 5 Abs. 1 Nr. 6[36], von dem an die Handlungen des übertragenden Rechtsträgers als für Rechnung des übernehmenden vorgenommen gelten[37]. **18**

b) **Verschmelzung zur Aufnahme.** Die buchhalterische Erfassung des übergehenden Vermögens und der Verbindlichkeiten des übertragenden Rechtsträgers beim übernehmenden Rechtsträger stellt beim letzteren einen **Vorgang der laufenden Buchhaltung** dar und löst nicht die Verpflichtung zur Aufstellung einer (gesonderten) Bilanz aus[38]. In dem ersten Jahresabschluss des übernehmenden Rechtsträgers, der nach der Einbuchung des Vermögens des übertragenden Rechtsträgers aufzustellen ist, ist das Vermögen des übertragenden Rechtsträgers also automatisch miterfasst, und es bedarf insoweit keiner besonderen Regelung für eine Übernahmebilanz[39]. **19**

---

[32] Zu Einzelheiten siehe *IdW* HFA 2/1997, WPg 1997, 236 f.
[33] §§ 2 Abs. 1, 20 Abs. 7 und 8 UmwStG.
[34] § 242 Abs. 1 HGB.
[35] § 20 Abs. 1 Nr. 1.
[36] *Gassner,* FS Widmann, S. 349.
[37] Hinsichtlich des Zeitraums zwischen dem Verschmelzungsstichtag und dem wirtschaftlichen Vermögensübergang siehe Rn 16.
[38] AllgM, vgl. nur *Haritz/Bärwaldt* in BeckHdb. Personengesellschaften § 9 Rn 385.
[39] Hinsichtlich des Zeitpunkts des wirtschaftlichen Vermögensübergangs auf den übernehmenden Rechtsträger und hinsichtlich der Geschäftsvorfälle des übertragenden Rechtsträgers im Zeitraum zwischen dem Verschmelzungsstichtag und dem wirtschaftlichen Vermögensübergang siehe Rn 14.

III. Ansatz

1. Allgemeines

20 Der Wortlaut des § 24 nimmt nur Bezug auf § 253 Abs. 1 HGB und damit auf eine Bewertungsvorschrift. Nach allgemeiner Auffassung ist jedoch auch die Ansatzebene von § 24 mitumfasst[40]. Hierbei ist zu differenzieren zwischen den beiden Wahlmöglichkeiten, die § 24 eröffnet. Wird die Buchwertverknüpfung gewählt, ist der übernehmende Rechtsträger im Grundsatz an die Ansatzentscheidungen auf der Ebene des übertragenden Rechtsträgers gebunden. Liegt hingegen keine Buchwertverknüpfung vor, gelten die allgemeinen Ansatzvorschriften der §§ 246 ff. HGB, ergänzt um die Vorschriften der §§ 269 ff. HGB. Dem Vollständigkeitsgebot gem. § 246 Abs. 1 Satz 1 HGB ist dabei zu folgen[41].

21 In beiden Fällen ist davon auszugehen, dass der übernehmende Rechtsträger das Vermögen des übertragenden Rechtsträgers entgeltlich erwirbt. Die Gegenleistung hat Einfluss auf die Bewertung, nicht jedoch auf die Regelungen über den Ansatz. Wie sich die Gegenleistung zusammensetzt, ist ohne Bedeutung für die Frage, ob die Buchwertverknüpfung gewählt wird oder nicht. Eigene Anteile des übertragenden Rechtsträgers sowie Anteile des übernehmenden Rechtsträgers an dem Übertragenden sind nicht mehr anzusetzen. Gegenseitige Forderungen und Verbindlichkeiten der an der Verschmelzung beteiligten Rechtsträger gehen durch Konfusion unter.

2. Methode der Neubewertung

22 Der Grundsatz, dass die Verschmelzung ein entgeltlicher Erwerbsvorgang ist, führt dazu, dass alle übergehenden Vermögensgegenstände beim übernehmenden Rechtsträger anzusetzen sind. Dieses Erfordernis besteht auch insoweit, wie die übergehenden Vermögensgegenstände beim übertragenden Rechtsträger mangels derivativen Erwerbs nicht bilanziert wurden[42]. Insbesondere Lizenzen, gewerbliche Schutzrechte, Patente und ein Geschäfts- oder Firmenwert sind dabei beim übernehmenden Rechtsträger anzusetzen[43]. Gleiches gilt für Verbindlichkeiten.

23 Ebenso sind geringwertige Wirtschaftsgüter anzusetzen. Sie können jedoch umgehend wieder abgeschrieben werden.

24 Beim übertragenden Rechtsträger bisher angesetzte Bilanzierungshilfen, wie diejenigen für Aufwendungen für die Ingangsetzung und Erweiterung des Geschäftsbetriebs nach § 269 HGB, bisher bilanzierte Geschäfts- oder Firmenwerte nach § 255 Abs. 4 HGB und etwaig gebildete Verschmelzungsmehrwerte nach altem Recht[44] gehen unter. Sie werden regelmäßig iRd. Neubildung eines Geschäfts- oder Firmenwerts bei dem übernehmenden Rechtsträger aufgehen. Aktive Posten der Steuerabgrenzung gehen unter, während passive Steuerabgrenzungsposten neu zu bilden sind[45].

25 Rechnungsabgrenzungsposten mit Vermögens- oder Verbindlichkeitscharakter sind zu übernehmen[46]. Gehen Pensionsverpflichtungen über, ist eine Nichtbilanzierung unter Hinweis auf Art. 28 Abs. 1 EGHGB nicht zulässig, da die Übernahme der Verpflichtung

---

[40] *Priester* in Lutter Rn 38; *Müller* in Kallmeyer Rn 14.
[41] *Hörtnagl* in Schmitt/Hörtnagl/Stratz Rn 21; *Müller* in Kallmeyer Rn 7.
[42] Vgl. § 248 Abs. 2 HGB; *IDW* HFA 2/1997, WPg 1997, 238; *Hörtnagl* in Schmitt/Hörtnagl/Stratz Rn 26.
[43] Str., vgl. *Gassner*, FS Widmann, S. 350.
[44] § 348 Abs. 2 AktG aF, § 27 Abs. 2 KapErhG.
[45] *Förschle/Hoffmann* in Budde/Förschle Sonderbilanzen I 36 f.; teilweise aA (keine Bildung passiver Steuerabgrenzungsposten) *Hörtnagl* in Schmitt/Hörtnagl/Stratz Rn 25.
[46] *IDW* HFA 2/1997, WPg 1997, 238.

Teil der Gegenleistung und damit Entgelt ist[47]. Rückstellungen sind im Grundsatz neu zu bilden, regelmäßig wird jedoch der Umfang der Rückstellungen übernommen werden. Dies betrifft auch Aufwandsrückstellungen iSd. § 249 Abs. 2 HGB.

3. Methode der Buchwertverknüpfung

Der übernehmende Rechtsträger ist an die Ansatzentscheidungen der Schlussbilanz des übertragenden Rechtsträgers gebunden. Dies gilt auch für die Ausübung von Wahlrechten einschließlich der Aktivierung von Bilanzierungshilfen und die Entscheidung darüber, Pensionsrückstellungen nach Art. 28 Abs. 1 EGHGB nicht zu bilanzieren. Soweit die Rechtsnachfolge betreffende Sonderregelungen bestehen, sind diese zu beachten. So greift in Fällen des Vermögensübergangs von einem Rechtsträger, der unter das DMBilG fällt, § 36 Abs. 6 DMBilG ein. Die Anwendung der Vorschriften erfasst auch die Fortführung von Sonderposten wie des Sonderverlustkontos aus Rückstellungsbildung[48].

Immaterielle Vermögensgegenstände, die mangels derivativen Erwerbs beim übertragenden Rechtsträger nicht bilanziert werden durften[49], können wegen der Verknüpfung mit der Schlussbilanz bei Buchwertfortführung auch in der Bilanz des übernehmenden Rechtsträgers nicht aktiviert werden[50].

Ein bei gegenseitiger Beteiligung möglicherweise entstehender Übernahmeverlust – die Differenz zwischen übernommenen Buchwerten und höheren Anschaffungskosten – führt bei Buchwertverknüpfung zu einem in der Gewinn- und Verlustrechnung auszuweisenden Verlust. Eine Kompensation des Verlusts durch den Ausweis eines Firmenwerts ist nicht möglich[51].

IV. Bewertung

1. Allgemeines

Die Bewertung nach der Methode der Anschaffungskosten und die Bewertung nach der Methode der Buchwertverknüpfung unterscheiden sich grundsätzlich und haben keinen gemeinsamen methodischen Ansatz. Bei der Methode der Neubewertung nach den Anschaffungskosten ist die Höhe der Aufwendungen zu ermitteln, die für den Erwerb der übernommenen Vermögensgegenstände getätigt wurden[52]. Bei der Methode der Buchwertverknüpfung bestimmen die fortgeführten Buchwerte des übertragenden Rechtsträgers die Bewertung beim übernehmenden. Dieser grundlegende Unterschied kommt im Gesetzestext nicht deutlich zum Ausdruck. Denn das dort eingeräumte Wahlrecht – als Anschaffungskosten auch die fortgeführten Buchwerte des übertragenden Rechtsträgers anzusetzen – verstellt den Blick darauf, dass die fortgeführten Buchwerte nur fiktive Anschaffungskosten sind. Es wird hierbei keine Gegenleistung ermittelt, die den Wert des übernommenen Vermögens indiziert, sondern umgekehrt beeinflusst das übernommene Vermögen bei Buchwertverknüpfung direkt das Eigenkapital des übernehmenden Rechtsträgers.

2. Neubewertung nach Anschaffungskosten

a) Anschaffungskosten. Was Anschaffungskosten sind und wie sie zu ermitteln sind, wird nicht in § 24 normiert. Es ist vielmehr auf allgemeine Grundsätze zurückzugreifen.

---

[47] *IDW* HFA 2/1997, WPg 1997, 238.
[48] *Wisniewski* in Haritz/Benkert § 12 UmwStG Rn 49 f.
[49] § 248 Abs. 2 HGB.
[50] *Gassner,* FS Widmann, S. 352.
[51] Siehe auch Rn 58 ff.
[52] Siehe dazu im Einzelnen Rn 31 ff.

Anschaffungskosten sind die Aufwendungen, die geleistet werden, um einen Vermögensgegenstand zu erwerben und ihn in einen betriebsbereiten Zustand zu versetzen, soweit sie dem Vermögensgegenstand einzeln zugeordnet werden können[53]. Zu den Anschaffungskosten gehören auch die Nebenkosten und die nachträglichen Anschaffungskosten.

31 Zur Beantwortung der Frage, wie die übergehenden Vermögensgegenstände beim übernehmenden Rechtsträger bei den verschiedenen denkbaren Grundtypen von Verschmelzungen zu bewerten sind, ist also zu klären, welche **Aufwendungen** dem übernehmenden Rechtsträger anlässlich der Verschmelzung entstehen. Der übernehmende Rechtsträger gewährt den Gesellschaftern des übertragenden Rechtsträgers zunächst idR eine **Gegenleistung**. In der Literatur wird allgemein zutreffend davon ausgegangen, dass diese zu den Aufwendungen für den Erwerb der übergehenden Vermögensgegenstände zählt. Streit herrscht hier nur darüber, wie die Gegenleistung in den verschiedenen denkbaren Verschmelzungskonstellationen zu bewerten ist.

32 Häufig wird aber nicht hinreichend deutlich gemacht, dass für den übernehmenden Rechtsträger mit der Verschmelzung zwingend die **Übernahme der Verbindlichkeiten des übertragenden Rechtsträgers** verbunden ist[54]. Auch die dadurch eintretende Belastung des Vermögens des übernehmenden Rechtsträgers gehört zu dessen Aufwendungen für den Erwerb der übergehenden Vermögensgegenstände. Denn der übernehmende Rechtsträger ist im Gegenzug für den Erwerb der Vermögensgegenstände bereit, die Schulden des übertragenden Rechtsträgers durch Zahlung an dessen Gläubiger zu begleichen. Zudem können Nebenkosten durch die Verschmelzung wie etwa Vertragskosten oder Kosten der tatsächlichen Zusammenlegung der an der Verschmelzung beteiligten Unternehmen anfallen.

33 Die Bewertung der übernommenen Verbindlichkeiten ist unabhängig von den sonstigen Modalitäten der Verschmelzung und ruft keine größeren Probleme hervor. Sie hat idR zu Nominalwerten zu erfolgen[55]. Nebenkosten können zumindest insofern vernachlässigt werden, wie sie im Verhältnis zur Höhe der sonstigen Anschaffungskosten unbedeutend sind[56]. Unterschiede bestehen aber bei der anlässlich der Verschmelzung gewährten Gegenleistung und bei der Ermittlung von deren Wert, so dass zwischen verschiedenen Grundfällen unterschieden werden kann. Hierbei beeinflusst die Art der Gegenleistung deren Bewertung. Die wesentlichen Grundfälle unterscheiden sich also nach der Art der Gegenleistung:
– Gewährung neuer Anteile im Zuge der Verschmelzung[57];
– Ausgabe eigener (Alt-)Anteile[58];
– bare Zuzahlungen[59];
– Abfindung von Gesellschaftern des übertragenden Rechtsträgers[60];
– Fortfall einer beim übernehmenden Rechtsträger bestehenden Beteiligung am übertragenden Rechtsträger, (partieller) *upstream merger*[61];
– *downstream merger*[62].

34 **b) Gewährung neuer Anteile.** Bei der Verschmelzung zur Neugründung werden stets neue Anteile an dem übernehmenden Rechtsträger ausgegeben. Sofern nicht § 54 entgegensteht, werden bei einer Verschmelzung durch Aufnahme ebenfalls neue Anteile ausge-

---
[53] § 253 Abs. 1 Satz 1 iVm. § 255 Abs. 1 HGB.
[54] § 20 Abs. 1 Nr. 1.
[55] § 253 Abs. 1 Satz 2 HGB.
[56] *A/D/S* § 255 HGB Rn 21.
[57] Rn 34 ff.
[58] Rn 39 ff.
[59] Rn 42.
[60] Rn 43.
[61] Rn 44 ff.
[62] Rn 48 ff.

geben. Es kommt bei der Ermittlung der Aufwendungen in diesen Fällen somit maßgeblich darauf an, wie die iRd. Verschmelzung ausgegebenen neuen Anteile an dem übernehmenden Rechtsträger zu bewerten sind. Wenig aussagekräftig ist dabei der Nominalwert dieser Anteile, der idR nicht dem tatsächlichen Wert des übergehenden Unternehmens entspricht. Vielmehr wird er iRd. Verhandlungen über das Umtauschverhältnis so festgesetzt, dass das Beteiligungsverhältnis zwischen den (Alt)Gesellschaftern des übernehmenden Rechtsträgers und den neu aufgenommenen Gesellschaftern des übertragenden Rechtsträgers zutreffend wiedergegeben wird. Dabei werden die tatsächlichen Unternehmenswerte und ggf. festgesetzte sonstige Gegenleistungen an die Anteilseigner des übertragenden Rechtsträgers berücksichtigt.

In der Literatur wird dennoch vertreten, dass für die Bewertung der Gegenleistung der **Nennwert** der neu ausgegebenen Anteile **zuzüglich eines Aufgelds** maßgeblich sein solle[63]. Dies birgt aber die Gefahr einer **Tautologie** in sich. Das Aufgeld beschreibt nämlich nicht etwa den Wert der ausgegebenen Anteile, sondern ist sogar davon abhängig, welchen Wert die eingebrachten Vermögensgegenstände haben, deren Bewertung hier zu erörtern ist. Selbst wenn im Verschmelzungsvertrag ein Aufgeld ausdrücklich festgesetzt würde[64], würde dies nur bedeuten, dass ein entsprechender Betrag bilanztechnisch in die Kapitalrücklage einzustellen wäre[65]. Damit würde jedoch materiell nichts über den tatsächlichen Wert der durch die Kapitalerhöhung iRd. Verschmelzung entstandenen Anteile ausgesagt[66], der seinerseits nur durch eine Bewertung des durch die Verschmelzung entstandenen Gesamtunternehmens ermittelt werden kann. Vereinfacht dargestellt entspricht der Wert dieser Anteile nämlich dem, was der übernehmende Rechtsträger an Einnahmen erzielen könnte, wenn er die neuen Anteile nicht als Gegenleistung für den Erwerb des Unternehmens des übertragenden Rechtsträgers an dessen Gesellschafter ausgeben würde, sondern die neuen Anteile am Markt frei veräußern würde. 35

Es gibt auch den Ansatz, Zeitwerte der übergehenden Vermögensgegenstände zugrunde zu legen. Hierbei beruft man sich auf Bilanzierungsgrundsätze für Sacheinlagen[67]. Aber auch dieser Ansatz scheint auf den ersten Blick mit § 255 Abs. 1 HGB nur schwer vereinbar zu sein. Das Anschaffungskostenprinzip besagt im Grundsatz genau das Gegenteil dazu, nämlich dass nicht die Zeitwerte der erworbenen Vermögensgegenstände, sondern die für ihren Erwerb getätigten Aufwendungen anzusetzen sind. Jedenfalls besteht zwischen beiden Größen kein unmittelbarer Zusammenhang. Dennoch ist der Gedanke nicht abwegig, Zeitwerte des übergehenden Vermögens für die Bewertung der Anteile heran zu ziehen, die bei der Kapitalerhöhung entstanden sind. Dieser Gedanke beruht auf der zutreffenden Vorstellung, dass dem (für den Vermögenserwerb aufgewandten) Wert der neuen Anteile der Wertzuwachs zugrunde liegt, den der übernehmende Rechtsträger durch die Übernahme der Vermögensgegenstände erfährt[68]. Allerdings darf man den Wert, den die übernommenen Vermögensgegenstände für das aus der Verschmelzung hervorgehende Unternehmen haben, nicht losgelöst davon betrachten, dass sie einer **wirtschaftlichen Nutzung** zugeführt werden. Wird dies berücksichtigt, ist bei der Bewertung der neu ausgegebenen Anteile also nicht auf die Einzelveräußerungswerte der übergehenden Vermögensgegenstände abzustellen, sondern auf den auf diese entfallenden **Anteil am Ertragswert** des übernehmenden 36

---

[63] Dies ist eine noch immer häufig vertretene Auffassung, vgl. *Förschle/Hoffmann* in Budde/Förschle Sonderbilanzen I 44; *Müller*, FS Clemm, S. 243, 254; *Gassner*, FS Widmann, S. 350 f.
[64] So – zumindest als Wahlrecht – *Müller* in Kallmeyer Rn 23 ff.
[65] Siehe dazu Rn 62.
[66] So hinsichtlich der Bilanzierung von Sacheinlagen auch *Schulze-Osterloh* ZGR 1993, 420, 429: „Ergebnis einer rechnerischen Festsetzung, die über den inneren Wert der hingegebenen Anteile nichts sicheres aussagt".
[67] *Schulze-Osterloh* ZGR 1993, 420, 428; *Hörtnagl* in Schmitt/Hörtnagl/Stratz Rn 31 ff.
[68] *Schulze-Osterloh* ZGR 1993, 420, 429 f.

Rechtsträgers. Aus praktischen Gründen sollte jedoch bei der Ermittlung des Werts der als Gegenleistung gewährten neuen Anteile nicht eine erneute Unternehmensbewertung auf den Zeitpunkt der Verschmelzung durchgeführt werden, zu dem diese entstehen, sondern auf die Werte zurückgegriffen werden, die der Berechnung des Umtauschverhältnisses zugrunde gelegt wurden.

37 Dieser Wert – die Differenz zwischen Aktiva und übernommenen Verbindlichkeiten einschließlich Rückstellungen nach Neubewertung – muss mindestens den Nominalbetrag der neu ausgegebenen Anteile erreichen. Mangels Wertgehalts des eingebrachten Vermögens würde nämlich sonst die Eintragung der Verschmelzung spätestens bei der erforderlichen Prüfung[69] an den hier anwendbaren Vorschriften über Sacheinlagen scheitern. Ein höherer aggregierter Wert ist als Kapitalrücklage auszuweisen[70].

38 Der Wert der neuen Anteile ist nach Grundsätzen über die Unternehmensbewertung zu ermitteln. Die Werte der bei der Verschmelzung übernommenen Verbindlichkeiten stellen weitere Aufwendungen dar, die beim Erwerb der übernommenen Vermögensgegenstände des übertragenden Rechtsträgers anfallen. Diese Werte sind zum Wert der neuen Anteile hinzu zu rechnen. Nebenkosten der Verschmelzung können hingegen in den meisten Fällen vernachlässigt werden[71]. IE setzen sich die Anschaffungskosten für die übernommenen Vermögensgegenstände bei der Verschmelzung gegen Gewährung neuer Anteile aus dem **durch Unternehmensbewertung ermittelten Wert der neuen Anteile und dem Wert der übernommenen Verbindlichkeiten** zusammen.

39 **c) Ausgabe eigener (Alt-)Anteile.** Auch bei der Ausgabe eigener Anteile, die nur bei Kapitalgesellschaften und nur unter den engen gesetzlichen Voraussetzungen der §§ 71 AktG, 33 GmbHG möglich ist, stellt sich die Frage, wie diese zwecks Ermittlung der Anschaffungskosten für die übernommenen Vermögensgegenstände zu bewerten sind. Unter Berufung auf die hM wird hier mitunter eine Ähnlichkeit zum Tausch angenommen und die Übernahme eines dort angeblich bestehenden dreifachen Wahlrechts zwischen Buch-, Zeit- und Zwischenwerten der gewährten Anteile vorgeschlagen[72]. Dabei wird nicht genügend berücksichtigt, dass zur Substantiierung dieser Auslegungshypothese erstens die Vergleichbarkeit mit dem Tausch eines substantiierten Nachweises bedürfte und zweitens auch dort das Bestehen eines Wahlrechts durchaus nicht unumstritten[73] ist.

40 Die Anwendung der Tauschgrundsätze dürfte bereits daran scheitern, dass die Altanteile der übernehmenden Kapitalgesellschaft an die Anteilseigner des übertragenden Rechtsträgers und nicht an den übertragenden Rechtsträger als solchen ausgegeben werden. Sie ersetzen die bisherige Beteiligung der Anteilseigner des übertragenden Rechtsträgers an diesem. Außerdem entspricht die nicht auf ausdrücklicher gesetzlicher Grundlage basierende Gewährung eines Wahlrechts auch nicht den für die Auslegung des § 255 Abs. 1 HGB maßgeblichen Grundsätzen ordnungsmäßiger Buchführung[74].

41 Man muss deshalb auch bei Gewährung eigener Anteile als Gegenleistung von deren durch Bewertung zu ermittelnden Wert zum Zeitpunkt der Verschmelzung ausgehen[75]. Vereinfacht gesprochen entspricht dieser Wert auch hier dem, was der übernehmende Rechtsträger durch Veräußerung dieser Anteile am Markt hätte erzielen können. Dem Ertragswert der als

---

[69] § 69 Abs. 1 Satz 1 2. Halbs. 4. Fall.
[70] Vgl. auch Rn 62.
[71] Siehe Rn 31 f.
[72] *IDW* HFA 2/1997, WPg 1997, 239; *Gassner,* FS Widmann, S. 351; *Müller* in Kallmeyer Rn 31; einschränkend *Priester* in Lutter Rn 54.
[73] Vgl. *Schulze-Osterloh* ZGR 1993, 436 mwN.
[74] AA offenbar *Müller* in Kallmeyer Rn 31: „... tauschähnlicher Vorgang, der nach den GoB über den Tausch abzuwickeln ist".
[75] So auch *Schulze-Osterloh* ZGR 1993, 436 f.; *Hörtnagl* in Dehmer Rn 38 ff.

Gegenleistung gewährten Anteile ist der Wert der übernommenen Verbindlichkeiten hinzuzurechnen. IE wird diese Auslegung auch eher dem in § 242 HGB enthaltenen gesetzlichen Erfordernis eines möglichst zutreffenden Vermögensausweises durch den Kaufmann gerecht. Unzutreffend wäre in diesem Zusammenhang insbesondere die Einwendung, § 24 würde bei der Wahl der Buchwertfortführung ohnehin zu einem unzutreffenden Vermögensausweis führen, so dass Gleiches auch bei Bewertung zu Anschaffungskosten hingenommen werden könne. Entscheidet sich der Bilanzierende nämlich für eine Neubewertung zu Anschaffungskosten, ist die Frage der Bewertung ein Auslegungsproblem des § 255 Abs. 1 HGB, der in dem systematischen Zusammenhang des HGB einheitlich ausgelegt werden muss.

d) Zuzahlungen. Bare Zuzahlungen, die die übernehmende (Kapital-)Gesellschaft iRd. nach §§ 54 Abs. 4, 68 Abs. 3 zulässigen neben der Gewährung von Anteilen an die Gesellschafter der übertragenden Gesellschaft leistet, sind unproblematisch als Aufwendungen anzusehen und begründen keine Bewertungsschwierigkeiten. Sie sind in vollem Umfang als Anschaffungskosten für die übergegangenen Vermögensgegenstände anzusetzen[76]. Zuzahlungen unterscheiden sich von der Übernahme von Verbindlichkeiten des übertragenden Rechtsträgers.

e) Abfindungen. Soweit Gesellschafter des übertragenden Rechtsträgers von der in § 29 vorgesehenen Möglichkeit Gebrauch machen, gegen Barabfindung aus der übernehmenden Gesellschaft auszuscheiden, bestehen keine Besonderheiten gegenüber den bislang erörterten Fällen. Die Abfindung wird erst nach erfolgter Verschmelzung und nicht etwa in der Weise gewährt, dass der Gesellschafter zum Zeitpunkt der Verschmelzung ausscheidet. Er nimmt an dieser zunächst teil[77]. Sollte der Gesellschafter bereits vor der Verschmelzung aus dem übertragenden Rechtsträger ausscheiden und dafür eine Abfindung erhalten[78], ist der damit verbundene Kapitalabfluss bei der Bewertung des übertragenden Rechtsträgers[79] zu berücksichtigen. Darüber hinaus sind die Abfindungen nicht unmittelbar bei der Ermittlung der Anschaffungskosten für die übergehenden Vermögensgegenstände zu berücksichtigen.

f) Fortfall einer beim übernehmenden Rechtsträger bestehenden Beteiligung am übertragenden Rechtsträger *(upstream merger)*. Die Verschmelzung eines Rechtsträgers (Tochtergesellschaft), an dem der übernehmende Rechtsträger (Muttergesellschaft) beteiligt ist, unterscheidet sich von den bislang besprochenen Fällen insofern, als es an einer Gegenleistung für den Übergang des Vermögens fehlt. Würde nämlich die Muttergesellschaft als Gegenleistung für den Verlust der Anteile an der Tochtergesellschaft Anteile an sich selbst erwerben – was bei Kapitalgesellschaften zwar theoretisch, aber auch bei diesen nur in beschränktem Umfang möglich wäre –, würde sie nicht nur diese Anteile, sondern auch die Vermögensgegenstände erwerben und insofern doppelt von der Verschmelzung profitieren. Deshalb gehen die Anteile an der übertragenden Gesellschaft in diesem Fall im Gegenzug für die Übertragung der Vermögensgegenstände unter[80].

Auch für diesen Fall wird vorgeschlagen, den Vorgang wie einen Tausch der Anteile an der übertragenden Gesellschaft gegen deren Vermögensgegenstände zu behandeln und dementsprechend ein Wahlrecht zwischen Buch-, Zeit- und Zwischenwertansatz zu gewähren[81]. Ist

---

[76] *Schulze-Osterloh* ZGR 1993, 437; *Priester* in Lutter Rn 48.
[77] Siehe § 31 Rn 8; *Grunewald* in Lutter § 31 Rn 9; anders jedoch im Steuerrecht: §§ 5 Abs. 1, 12 Abs. 4 Satz 1 UmwStG fingieren für steuerliche Zwecke das Ausscheiden des abgefundenen Gesellschafters zum Übertragungsstichtag.
[78] Zu dieser Möglichkeit vgl. *Grunewald* in Lutter § 31 Rn 10.
[79] Siehe Rn 36 und 41.
[80] *Hörtnagl* in Schmitt/Hörtnagl/Stratz Rn 42.
[81] IDW HFA 2/1997, WPg 1997, 239; *Naumann*, FS Ludewig, S. 683, 692; *Priester* in Lutter Rn 55 mwN; *Förschle/Hoffmann* in Budde/Förschle Sonderbilanzen I 52 ff.

diese Vorgehensweise bereits bei der Gewährung eigener Altanteile in mehrfacher Hinsicht[82], so scheitert sie hier erst recht daran, dass der Vorgang mit einem Tausch von Vermögensgegenständen nicht zu vergleichen ist: Der übernehmende Rechtsträger tauscht seine Anteile nicht gegen die Vermögensgegenstände des verschmelzenden Rechtsträgers, sondern diese gehen durch den Verschmelzungsvorgang unter. Insofern wendet der übernehmende Rechtsträger iSd. Legaldefinition der Anschaffungskosten[83] die untergehenden Anteile an der Tochtergesellschaft auf, so dass es maßgeblich auf deren Wert ankommen muss.

46 Verkürzt wäre es dabei, nur auf deren Buchwert abzustellen[84]. Der Buchwert kann den Wert der Anteile an der Tochtergesellschaft und damit die mit der Verschmelzung verbundenen Aufwendungen für den übernehmenden Rechtsträger nicht zutreffend beschreiben. Insbesondere kann er dies nicht, wenn zwischen Anschaffung der Beteiligung und Verschmelzung ein längerer Zeitraum liegt. Dies wird besonders deutlich, wenn man bedenkt, dass dadurch in manchen Fällen die Vermögensgegenstände sogar unterhalb ihres Buchwerts aus der Bilanz des übertragenden Rechtsträgers anzusetzen wären[85].

47 Ergibt sich daraus, dass nicht die Anschaffungskosten der Beteiligung für den durch den Anteilsuntergang verursachten Aufwand iSd. § 255 Abs. 1 HGB maßgeblich sein können, stellt sich die Frage, wie dieser Aufwand stattdessen zu bestimmen ist. Dabei ist unter Beachtung des Vorsichtsprinzips[86] und unter Berücksichtigung der Tatsache, dass bei der Verschmelzung einer 100%-igen Tochtergesellschaft keine Verschmelzungsprüfung stattfindet[87], auch hier auf den tatsächlichen Wert der Anteile zum Zeitpunkt der Verschmelzung abzustellen[88]. Dies ist der durch Unternehmensbewertung – aufgrund des Fehlens eines Umsatzgeschäfts vorsichtig – ermittelte Zeitwert der Anteile[89]. Dem Zeitwert der Anteile ist der Wert der übernommenen Verbindlichkeiten hinzuzurechnen[90].

48 g) *Downstream Merger.* Der umgekehrte Fall der Verschmelzung einer Mutter- auf ihre Tochtergesellschaft ist als sog. *downstream merger* bekannt[91]. Dieser ist insbesondere bei einer Tochtergesellschaft in der Rechtsform einer Kapitalgesellschaft nur dann zulässig, wenn ein gerade bei dieser Konstellation häufig auftretender Verschmelzungsverlust nicht das gezeichnete Kapital der Tochtergesellschaft angreift[92]. Unabhängig von der Frage, ob man den *downstream merger* konstruktiv mit oder ohne Durchgangserwerb der Anteile an dem übernehmenden Rechtsträger durch diesen selbst versteht[93], sind in der Bilanz des übernehmenden Rechtsträgers nur diejenigen Vermögensgegenstände zu erfassen, die die Muttergesellschaft neben den Anteilen an der Tochtergesellschaft[94] inne hatte. Um die Anschaffungskosten der übernehmenden Tochtergesellschaft iSv. § 255 Abs. 1 HGB zu ermitteln, muss man sich zunächst die Frage stellen, welche Aufwendungen der Erwerb dieser Vermögensgegenstände verursacht.

---

[82] Siehe Rn 39 f.
[83] § 255 Abs. 1 Satz 1 HGB.
[84] So *Schulze-Osterloh* ZGR 1993, 420, 438; *Naumann*, FS Ludewig, S. 683, 693: jedenfalls bei 100%-iger Tochtergesellschaft.
[85] Vgl. *Förschle/Hoffmann* in Budde/Förschle Sonderbilanzen I 96, die darin allerdings kein Hindernis für den Ansatz von Buchwerten sehen.
[86] § 252 Abs. 1 Nr. 4 HGB.
[87] § 9 Abs. 2.
[88] *Priester* in Lutter Rn 58.
[89] *Hörtnagl* in Schmitt/Hörtnagl/Stratz Rn 44; IdW HFA 2/1997, WPg 1997, 239. Bei einem 100%-igen *upstream merger* entspricht dieser Wert dem Ertragswert des verschmelzenden Unternehmens.
[90] Siehe Rn 31 f.
[91] Zu den Gründen für eine derartige Umstrukturierung vgl. *Bärwaldt* in Haritz/Benkert Vorb. §§ 11–13 UmwStG Rn 8.
[92] *Priester* in Lutter Rn 62; *Müller* in Kallmeyer Rn 40; weitergehend *Förschle/Hoffmann* in Budde/Förschle Sonderbilanzen I 68: Bei AG Verstoß gegen Verbot der Einlagenrückgewähr.
[93] *Bärwaldt* in Haritz/Benkert Vorb. §§ 11–13 UmwStG Rn 9 ff.
[94] Diese fallen den Anteilsinhabern der Muttergesellschaft zu.

Wie beim *upstream merger* erbringt die übernehmende Gesellschaft beim *downstream merger* 49
keine Gegenleistung im eigentlichen Sinn für den Erwerb dieser Vermögensgegenstände. Da
die Anteile an der Tochtergesellschaft jedenfalls im wirtschaftlichen Ergebnis direkt von der
Muttergesellschaft als übertragendem Rechtsträger an deren Gesellschafter ausgekehrt werden, entstehen dem übernehmenden Rechtsträger auch keine Aufwendungen. Das Ergebnis
kann auch kein anderes sein, wenn man den *downstream merger* rechtlich mit Durchgangserwerb der Anteile durch den übernehmenden Rechtsträger konstruiert[95]. Denn selbst dann
kann man nicht die tatsächlichen wirtschaftlichen Abläufe[96] außer Acht lassen und folgern,
dass die von der Muttergesellschaft an ihre Gesellschafter ausgekehrten Anteile Aufwendungen der Tochtergesellschaft iSv. § 255 Abs. 1 HGB begründen. Denn das ist auch nicht das
vorrangige Ziel der These vom Durchgangserwerb, die in erster Linie der Beachtung von
Kapitalerhaltungsregeln dient.

Als Aufwand ist jedoch wie bei jedem Verschmelzungsvorgang die Übernahme der Verbindlichkeiten der Muttergesellschaft als Gegenleistung für die Übernahme der Vermögensgegenstände anzusehen[97]. Der in der Literatur auch hinsichtlich dieser Fallkonstellation gelegentlich vorzufindende Vorschlag, ein Wahlrecht zwischen Buch-, Zeit- und Zwischenwerten[98] zu gewähren, beruht hingegen nicht auf einer Auslegung des § 255 Abs. 1 HGB,
sondern bewegt sich auf der Ebene freier Rechtsfortbildung. 50

Werden die von der Muttergesellschaft übernommenen Vermögensgegenstände demnach 51
zu Anschaffungskosten mit dem Wert der übernommenen Verbindlichkeiten angesetzt, ist
die Verschmelzung zunächst erfolgsneutral. Insbesondere bei Muttergesellschaften mit einem
hohen Anteil an Fremdfinanzierung und geringen stillen Reserven in den übergehenden
Vermögensgegenständen werden jedoch sofort Abschreibungen auf den niedrigeren beizulegenden Wert (Zeitwert) der übernommenen Vermögensgegenstände erforderlich, die dann
die bereits angedeutete Frage der gesellschaftsrechtlichen Zulässigkeit derartiger Verschmelzungen aufwerfen, wenn die erforderlichen Abschreibungen zu Verlusten führen, die über
eine Minderung des nicht gebundenen Eigenkapitals hinausgehen[99].

h) Mischfälle. Wird die Verschmelzung unter Kombination der oben beschriebenen 52
Möglichkeiten[100] durchgeführt, bestehen die Aufwendungen des übernehmenden Rechtsträgers aus verschiedenen Bestandteilen. Soweit die Anschaffungskosten nach der hier
vorgestellten Konzeption nach den gleichen Kriterien berechnet werden – zB Ertragswertberechnung bei Verschmelzung durch Kapitalerhöhung unter gleichzeitiger Ausgabe
eigener Altanteile –, stellt die Mischverschmelzung keinen Sonderfall dar[101]. Treffen jedoch
verschiedene Berechnungsmethoden zusammen, ist die Höhe der Aufwendungen anteilig
nach den unterschiedlichen Methoden zu berechnen.

> **Beispiel:**
> Die X-GmbH wird auf die Y-AG verschmolzen. Die Anteilsinhaber der X-GmbH
> erhalten Anteile der Y-AG sowie ein bares Aufgeld.

Keinen relevanten Sonderfall stellt nach der hier vorgestellten Konzeption das Zusammen- 53
treffen von *upstream merger* und Verschmelzung durch Kapitalerhöhung dar, falls keine 100%-
ige Beteiligung vorliegt. In diesem Fall sind die Anschaffungskosten für die Vermögensgegenstände der übertragenden Gesellschaft insgesamt durch den auf das übergegangene Vermögen
entfallenden Anteil am Ertragswert des übernehmenden Unternehmens zu ermitteln.

---

[95] Vgl. zu dieser Streitfrage Fn 93.
[96] *Müller* WPg 1996, 857, 865.
[97] In diese Richtung offenbar *IdW* HFA 2/1997, WPg 1997, 239; *Müller* WPg 1996, 857, 865.
[98] *Priester* in Lutter Rn 61; enger *Hörtnagl* in Schmitt/Hörtnagl/Stratz Rn 50: zwingender Ansatz zu Zeitwerten.
[99] Vgl. Fn 92.
[100] Rn 34 bis Rn 51.
[101] Aufgrund der unterschiedlichen Bewertungsmethoden anders jedoch *Priester* in Lutter Rn 60.

54 i) Verschmelzungsgewinne und -verluste. Verschmelzungsgewinne und -verluste können bei der Neubewertung zu Anschaffungskosten dadurch auftreten, dass der Betrag der eingebuchten Vermögensgegenstände von der Summe der ausgebuchten Aktiva (zB als Gegenleistung ausgegebene eigene Anteile) und der eingebuchten Passiva (zB übernommene Verbindlichkeiten, neues Eigenkapital) abweicht[102].

3. Buchwertfortführung

55 a) Allgemeines. Wählt der übernehmende Rechtsträger die Methode der Buchwertverknüpfung, hat er die übergehenden Vermögensgegenstände mit den in der nach § 17 Abs. 2 Satz 1 aufzustellenden Schlussbilanz vorhandenen Buchwerten in seine Bilanz zu integrieren. Da die Verschmelzung für einen bestehenden übernehmenden Rechtsträger, der nicht erst durch die Verschmelzung gegründet wird (Verschmelzung zur Aufnahme), einen laufenden Geschäftsvorfall darstellt und es keiner gesonderten Übernahmebilanz bedarf[103], sind die aus der Schlussbilanz übernommenen Werte buchhalterisch bis zum nächsten Bilanzstichtag fortzuentwickeln. Erst in dem auf die Verschmelzung folgenden Jahresabschluss des übernehmenden Rechtsträgers werden die übernommenen Vermögensgegenstände erstmals bilanziell abgebildet[104]. Bei der Verschmelzung zur Neugründung hingegen sind die Buchwerte in der Eröffnungsbilanz des übernehmenden Rechtsträgers unverändert aus den Schlussbilanzen der übertragenden Rechtsträger zu übernehmen.

56 Die Buchwertfortführung hat vor allem Bedeutung hinsichtlich der Übernahme der Buchwerte zum Stichtag der Schlussbilanz. Für die Zukunft bindet sie den übernehmenden Rechtsträger nur insoweit, als die übernommenen Buchwerte als Anschaffungskosten gelten und damit den Höchstwert in der Bilanz darstellen[105]. Daher kann eine Kapitalgesellschaft auch nicht die auf § 253 Abs. 4 HGB beruhenden Abschreibungen der übertragenden Personengesellschaft korrigieren, obwohl sie selbst mit Rücksicht auf § 279 Abs. 1 Satz 1 HGB diese Abschreibungen nicht hätte vornehmen dürfen[106]. Auch können bei Buchwertfortführung anlässlich der Verschmelzung entstandene Kosten nicht aktiviert werden, sondern sind als Aufwand ergebnismindernd zu verbuchen.

57 Die Buchwertfortführung hindert den übernehmenden Rechtsträger jedoch nicht, die Bilanzierung der übernommenen Vermögensgegenstände im nächsten Jahresabschluss an seine Bilanzierungsmethoden anzupassen, solange die Grenze der Anschaffungskosten in § 253 Abs. 1 HGB beachtet wird. Insofern liegt für diese Vermögensgegenstände ein begründeter Ausnahmefall iSd. § 252 Abs. 2 HGB vor, insbesondere hinsichtlich des Grundsatzes der Bewertungsstetigkeit[107].

58 b) Behandlung eines Verschmelzungsverlusts/-gewinns. Vor der Frage, wie ein Verschmelzungsverlust oder -gewinn im Jahresabschluss zu behandeln ist, muss geklärt werden, was unter diesen Begriffen zu verstehen ist. M. E. treten Verschmelzungsgewinne und -verluste im engeren Sinne, d. h. solche mit Auswirkungen auf die Gewinn- und Verlustrechnung, nur bei (partiellem) *upstream* und (partiellem) *downstream merger* auf, also bei gegenseitiger Beteiligung der zu verschmelzenden Rechtsträger[108]. Auswirkungen auf das Eigenkapital der übernehmenden Gesellschaft in anderen als den genannten Fällen finden keinen

---

[102] Vgl. zu diesen Begriffen und zu deren Behandlung die entsprechend geltenden Ausführungen bei der Buchwertfortführung in Rn 58 ff.
[103] Siehe Rn 19.
[104] *Tischer* WPg 1996, 745.
[105] § 253 Abs. 1 Satz 1 HGB.
[106] *Naumann*, FS Ludewig, S. 683, 706.
[107] § 252 Abs. 1 Nr. 6 HGB; *Priester* in Lutter Rn 66.
[108] Vgl. auch *Müller* in Kallmeyer Rn 47 f., der ansonsten neutral von einem „Differenzbetrag" spricht.

Niederschlag in der Gewinn- und Verlustrechnung[109]. Sie sind direkt im Eigenkapital zu verrechnen[110]. Außerdem stellt sich die Frage, ob die Buchwertfortführung in diesen Fällen überhaupt zulässig ist[111].

Wenn bei einem *upstream merger* niedrige Buchwerte des übertragenden Rechtsträgers, die ein Indiz für stille Reserven sind, hohen Anschaffungskosten des übernehmenden Rechtsträgers für dessen Beteiligung an dem übertragenden Rechtsträger gegenüber stehen, wird insbesondere die Buchwertfortführung häufig zu einem Übernahmeverlust führen, der sich ergebnismindernd auf den Jahresabschluss der übernehmenden Gesellschaft auswirkt. Der Verschmelzungsverlust ist regelmäßig iRd. außerordentlichen Aufwendungen und Erträge in der Gewinn- und Verlustrechnung und bei Kapitalgesellschaften ggf. durch Erläuterungen im Anhang kenntlich zu machen[112]. 59

Eine Verschlechterung des Eigenkapitalausweises, ohne dass es zu einer Auswirkung in der Gewinn- und Verlustrechnung kommt, ist in dem folgenden Beispiel und in ähnlichen Fällen denkbar: 60

Beispiel:
Die A-GmbH mit einem niedrigen Stamm- und Eigenkapital, aber sehr hohen stillen Reserven, wird unter Buchwertfortführung auf die B-GmbH verschmolzen. Um die Wertrelationen zwischen den beiden Gesellschaften korrekt wiedergeben zu können, muss das Stammkapital bei der B-GmbH erheblich erhöht werden. Die Buchwerte des übergehenden Vermögens der A-GmbH liegen jedoch unter dem Nominalbetrag des neu gebildeten Stammkapitals zuzüglich der ebenfalls übernommenen Verbindlichkeiten. Es liegt wegen der übergehenden stillen Reserven keine Unterpari-Emission vor[113]. Die Differenz ist im Eigenkapital zu verbuchen. Eine solche Verschlechterung des Eigenkapitalausweises, die nicht auf einem Verschmelzungsverlust in dem hier gebrauchten Sinn beruht, muss im Anhang erläutert werden[114], da das schlechte Bilanzbild einen unzutreffenden Eindruck von der (materiellen) Eigenkapitalausstattung des Unternehmens hervorruft. Regelmäßig wird in solchen Fällen aber eine Neubewertung erfolgen, um einer Verschlechterung des Eigenkapitalausweises entgegenzuwirken.

Ein Interesse daran, sowohl einen Übernahmeverlust im engeren Sinne als auch die bei Buchwertfortführung häufig auftretende Verschlechterung des Eigenkapitalausweises zu vermeiden, war auch maßgeblich für die Einführung des Wahlrechts zwischen der nach früherer Rechtslage zwingend vorgeschriebenen Buchwertfortführung und der Neubewertung nach Anschaffungskosten[115]. Durch die Einführung des Bewertungswahlrechts ist die früher bestehende Möglichkeit der Aktivierung eines innerhalb von fünf Jahren abzuschreibenden Ausgleichspostens (Geschäfts- oder Firmenwert) nach §§ 348 Abs. 2 AktG, 27 Abs. 2 KapErhG jeweils aF entfallen[116]. 61

Entsteht hingegen ein Übernahmegewinn in der Weise, dass die fortgeführten Buchwerte den Nominalwert der ausgegebenen Anteile und der übernommenen Verbindlichkeiten übersteigen, ist wie folgt zu differenzieren: 62

---

[109] Dies ergibt sich aus § 275 HGB und wird in § 158 AktG ausdrücklich klargestellt. *Hüffer* § 158 AktG Rn 3; aA *IDW* HFA 2/1997, WPg 1997, 240: Nur bei Verschmelzung mit Kapitalerhöhung keine erfolgswirksame Verrechnung in der GuV.
[110] Vgl. Rn 62.
[111] Siehe dazu Rn 78 ff.
[112] § 264 Abs. 2 Satz 2 HGB; *IDW* HFA 2/1997, WPg 1997, 238.
[113] Siehe dazu Rn 81.
[114] § 264 Abs. 2 Satz 2 HGB.
[115] So die Begründung zum Gesetzentwurf der Bundesregierung, BT-Drucks. 75/94 S. 93.
[116] Vgl. *Priester* in Lutter Rn 2, 70.

– **Ausgabe neuer Anteile.** Für Kapitalgesellschaften ordnet § 272 Abs. 2 Nr. 1 HGB an, dass „der Betrag, der bei der Ausgabe von Anteilen ... über den Nennbetrag ... hinaus erzielt wird", als Kapitalrücklage auszuweisen ist. Wird also bei der Verschmelzung das Stamm- bzw. Grundkapital erhöht, ergibt sich unmittelbar aus dieser Norm, dass der den Nennbetrag übersteigende Betrag – man kann in diesem Fall auch von einem Übernahmegewinn oder einem Verschmelzungsgewinn im weiteren Sinn sprechen – als Kapitalrücklage auszuweisen ist[117].

– **Ausgabe eigener Anteile.** Werden hingegen eigene (Alt-)Anteile als Gegenleistung gewährt, greift § 272 Abs. 2 Nr. 1 HGB nicht, da diese Norm von der Ausgabe neuer Anteile ausgeht[118]. Allerdings sieht § 272 Abs. 2 Nr. 4 HGB auch für „sonstige Zuzahlungen" verpflichtend die Einstellung in die Kapitalrücklage vor, so dass auch ein bei der Ausgabe eigener Altanteile ggf. entstehender positiver Differenzbetrag als Kapitalrücklage ausgewiesen werden muss, wenn es sich dabei um eine sonstige Zuzahlung handelt[119]. Diese Ansicht hat wegen der Vergleichbarkeit beider Verschmelzungsarten[120] m. E. die größere Überzeugungskraft als der Hinweis, im Allgemeinen führe die Verwertung eigener Anteile zu einem erfolgswirksamen Ausweis[121]. Von der Behandlung des positiven Differenzbetrags zu unterscheiden ist allerdings die Auswirkung der mit der Verschmelzung einhergehenden Auflösung der Rücklage für eigene Anteile. Diese ist, da die Rücklage für eigene Anteile aus nicht gebundenen Mitteln, also in erster Linie aus thesaurierten Gewinnen zu bilden war[122], erfolgswirksam in der Gewinn- und Verlustrechnung zu berücksichtigen. Rechtspraktisch hat die Frage nach dem Ausweis dieses Differenzbetrages in der Kapitalrücklage oder in einer Gewinnrücklage ohnehin nur bei der AG und bei der Ausgabe neuer Aktien Bedeutung, da die in diesem Fall nach § 272 Abs. 2 Nr. 1 HGB zu bildende Kapitalrücklage der besonderen Bindung des § 150 AktG unterliegt. Bei der GmbH sowie bei der Ausgabe von Alt-Anteilen[123] hat die Unterscheidung keine rechtspraktische Bedeutung, so dass sich der Streit um die Behandlung des Verschmelzungsgewinns im weiteren Sinne bei Ausgabe von Alt-Anteilen deutlich relativiert.

– *Upstream/downstream merger.* Auch hinsichtlich eines etwaigen Verschmelzungsgewinns unterscheiden sich die Formen vertikaler Verschmelzung zwischen Mutter- und Tochtergesellschaft von den Verschmelzungsformen mit Ausgabe von Anteilen[124]. Da diese bei wirtschaftlicher Betrachtung eher einer Veräußerung von Vermögensgegenständen unter Realisierung stiller Reserven gleichen, sind hierbei auftretende Übernahmegewinne in eine Gewinnrücklage einzustellen[125].

– **Mischfälle.** Findet die Verschmelzung – was praktisch häufig der Fall sein dürfte – sowohl unter Ausgabe von Anteilen als auch partiell als *upstream* bzw. *downstream merger* statt, ist der dabei entstehende Verschmelzungsgewinn anteilig auf Kapital- und Gewinnrücklage zu verteilen.

– **Personengesellschaften.** Die zuvor diskutierten Probleme der Verteilung auf Kapital- oder Gewinnrücklage treten hingegen bei Personengesellschaften nicht auf, da das Recht

---

117 *IDW* HFA 2/1997, WPg 1997, 240; *Priester* in Lutter Rn 71.
118 *A/D/S* 5 § 272 HGB Rn 83.
119 So *Schulze-Osterloh* ZGR 1993, 720, 737; *Priester* in Lutter Rn 71 mwN.
120 *Priester* in Lutter Rn 71.
121 *IDW* HFA 2/1997, WPg 1997, 240; *A/D/S* 5 § 272 HGB Rn 83.
122 Vgl. § 33 Abs. 2 GmbHG, § 71 Abs. 2 Satz 2 AktG.
123 Die nach § 272 Abs. 2 Nr. 4 HGB gebildete Kapitalrücklage ist in § 150 AktG nicht erwähnt, vgl. hierzu auch *Schulze-Osterloh* ZGR 1993, 420, 437.
124 Zu den Unterschieden bei der Ermittlung der Anschaffungskosten für die übergehenden Vermögensgegenstände siehe Rn 44 ff.
125 Vgl. *Priester* in Lutter Rn 71; teilweise anders *Bula/Schlösser* in Sagasser/Bula/Brünger K Rn 84 und 87: bei *upstream merger* Einstellung in die Kapitalrücklage.

der Personengesellschaften diese Unterscheidung nicht kennt[126]. Ein Verschmelzungsgewinn ist in diesem Fall anteilig auf die Kapitalkonten der Gesellschafter zu verteilen[127] bzw. in die Rücklagen iSd. § 264 c Abs. 2 HGB einzustellen, wenn der Gesellschaftsvertrag Entsprechendes vorsieht oder die Gesellschafter dies beschließen.

Von Übernahmegewinnen sind **Übernahmefolgegewinne** zu unterscheiden. Letztere entstehen u. a. dann, wenn gegenseitige Forderungen und Verbindlichkeiten zwischen den an der Verschmelzung beteiligten Rechtsträgern existieren, die jedoch nicht in identischer Höhe ausgewiesen sind, weil der Forderungsinhaber in früherer Zeit Abschreibungen einer solchen Forderung auf den niedrigeren beizulegenden Wert vorgenommen hat. Übernahmefolgegewinne stellen laufenden Gewinn dar.

V. Ausübung des Wahlrechts

1. Zuständigkeit

Wer zur Ausübung des Wahlrechts befugt ist, bestimmt § 24 nicht ausdrücklich. Es ist daher auf die allgemeinen handels- und gesellschaftsrechtlichen Bestimmungen zurückzugreifen. Die Einbuchung des übergehenden Vermögens beim übernehmenden Rechtsträger ist bei einer Verschmelzung zur Neugründung in der ersten Eröffnungsbilanz abzubilden[128] und bei einer Verschmelzung zur Aufnahme im ersten nach dem Übergang des Vermögens aufzustellenden Jahresabschluss des übernehmenden Rechtsträgers, da es sich dabei um einen laufenden Geschäftsvorfall handelt[129]. Dieser Befund deckt sich auch mit der Formulierung des § 24, nach der als Anschaffungskosten auch die fortgeführten Buchwerte in „den Jahresbilanzen des übernehmenden Rechtsträgers" angesetzt werden können. Es kommt also auf den Zeitpunkt des ersten Jahresabschlusses bzw. der ersten Eröffnungsbilanz und nicht auf den – wie man meinen könnte – Zeitpunkt der buchhalterischen Erfassung bei dem übernehmenden Rechtsträger an.

Daraus ergibt sich für die Beantwortung der hier aufgeworfenen Frage nach der Zuständigkeit für die Ausübung des Wahlrechts, dass sich diese mit der Zuständigkeit für die verbindliche Aufstellung des ersten Jahresabschlusses nach Einbuchung des übergegangenen Vermögens (bzw. Eröffnungsbilanz) deckt. Verbindlich wird der Jahresabschluss nicht bereits mit der Aufstellung, sondern erst mit der Feststellung, so dass die Ausübung des Wahlrechts dem Organ obliegt, welches die Kompetenz zur Feststellung des Jahresabschlusses besitzt[130]. Deshalb muss nach der Rechtsform des übernehmenden Rechtsträgers differenziert werden:

a) GmbH. Bei der GmbH ist die Gesellschafterversammlung für die Feststellung des Jahresabschlusses zuständig[131]. Zwar stellen die Geschäftsführer den Jahresabschluss auf[132] und üben dabei faktisch zunächst in aller Regel das Wahlrecht aus, jedoch steht es den Gesellschaftern frei, den Entwurf des Jahresabschlusses bei der Feststellung iRd. gesetzlichen Vorgaben – zu denen u. a. auch § 24 zählt – zu ändern[133].

Auch im Fall der **Verschmelzung zur Neugründung** und der Abbildung des Vermögensübergangs in der Eröffnungsbilanz gilt die vorgenannte Aufstellungs- und Feststellungskompetenz. Die Eröffnungsbilanz wird von den Geschäftsführern aufgestellt und damit wird auch das Wahlrecht ausgeübt. Diese Bilanz ist wie der Jahresabschluss förmlich festzustel-

---

[126] § 272 HGB ist eine Sonderregelung für Kapitalgesellschaften.
[127] *Priester* in Lutter Rn 71.
[128] Rn 18.
[129] Rn 19.
[130] *Priester* in Lutter Rn 78 mwN.
[131] § 46 Nr. 1 GmbHG.
[132] § 41 GmbHG iVm. § 264 Abs. 1 HGB.
[133] *K. Schmidt* in Scholz § 46 GmbHG Rn 14.

len[134]. So ist sichergestellt, dass das in der Eröffnungsbilanz auszuübende Wahlrecht nicht allein den Geschäftsführern zusteht. Anderenfalls würde das Kompetenzgefüge zwischen Geschäftsführung und Gesellschaftern unangemessen zugunsten der Geschäftsführer verschoben. In diesen Fällen sind die Geschäftsführer verpflichtet, bereits die Eröffnungsbilanz den Gesellschaftern zur Feststellung zuzuleiten[135] oder die Weisung der Gesellschafter über die Ausübung des Wahlrechts einzuholen[136]. Denn die Eröffnungsbilanz ist unter den Gesellschaftern rechtlich verbindlich. Die für den Jahresabschluss geltenden Vorschriften sind entsprechend anzuwenden, § 242 Abs. 1 Satz 2 HGB, damit gilt auch das Feststellungsrecht der Gesellschafter (§ 46 Nr. 1 GmbHG) entsprechend. Enthält bereits der Verschmelzungsvertrag eine entsprechende Regelung über die Ausübung des Wahlrechts (in der Praxis nicht selten) oder geben die Gesellschafter in ihrem Zustimmungsbeschluss zum Verschmelzungsstichtag eine entsprechende Weisung, so sind die Geschäftsführer daran gebunden.[137]

68   b) **AG.** Die Kompetenzverteilung hinsichtlich der Feststellung des Jahresabschlusses in der AG ergibt sich aus den §§ 172, 173 AktG und weicht von der Regelung im GmbHG erheblich ab. Nach § 172 AktG ist der Jahresabschluss festgestellt, wenn der Aufsichtsrat den vom Vorstand in Erfüllung seiner aus § 264 Abs. 1 HGB folgenden Pflicht aufgestellten Jahresabschluss billigt, so dass bei der AG zumindest im Regelfall Vorstand und Aufsichtsrat gemeinsam für die Feststellung des Jahresabschlusses zuständig sind[138]. Davon abweichend besteht jedoch eine Zuständigkeit der Hauptversammlung, wenn Vorstand und Aufsichtsrat dieses gemeinsam beschließen oder der Aufsichtsrat den Jahresabschluss nicht billigt[139]. Würde man diese Kompetenzverteilung auf die Ausübung des Wahlrechts aus § 24 übertragen, hieße dies für den Regelfall, dass die Kompetenz für die Ausübung des Wahlrechts bei Vorstand und Aufsichtsrat und nur ausnahmsweise bei der Hauptversammlung läge.

69   Gegen diese Kompetenzverteilung wird zT eingewandt, sie würde bei Verschmelzungen mit Kapitalerhöhung und Buchwertfortführung – die idR zu Verschmelzungsverlusten führen – die Entscheidung über die Gewinnverwendung berühren, die gem. §§ 119 Abs. 1 Nr. 2, 174 Abs. 1 Satz 1 AktG der Hauptversammlung obliege. Daraus wird im Anschluss gefolgert, dass die Ausübung des Wahlrechts – ggf. als **Annexkompetenz** zu § 13 Abs. 1 Satz 1 – der Hauptversammlung zukommen müsse, um deren Kompetenz zur Entscheidung über die Gewinnverwendung zu wahren[140]. Die Konstruktion einer Annexkompetenz zu § 13 Abs. 1 Satz 1 stößt jedoch auf grundsätzliche **methodische Bedenken.** Sie wäre allenfalls im Wege der Analogie dann zulässig, wenn eine Regelungslücke bestünde. Wie bereits festgestellt wurde[141], richtet sich die Ausübung des Wahlrechts mangels ausdrücklicher Regelung in § 24 nach allgemeinen Grundsätzen, so dass die Vorschriften über den Jahresabschluss in Bezug genommen werden. Insofern ist gesetzlich hinreichend bestimmt, welche Organe für die Ausübung des Wahlrechts zuständig sind. Nimmt man nun eine beliebige Norm – hier § 13 Abs. 1 Satz 1 –, um daran anknüpfend zu einer Durchbrechung des gesetzlich angelegten Grundprinzips zu gelangen, liegt darin eine unzulässige freie Rechtsfortbildung *contra legem*. Außerdem ist auch der Hinweis auf eine mögliche Beeinträchtigung der Hauptversammlungskompetenz zur Entscheidung über die Gewinnverwendung insofern nicht stich-

---

[134] *Schulze-Osterloh* in Baumbach/Hueck § 41 GmbHG Rn 61; *Förschle/Kropp* in Budde/Förschle Sonderbilanzen E Rn 253.

[135] *Winnefeldt* Bilanzhandbuch, 3. Auflage 2002, N Rn 101 unter Hinweis auf Praktikabilitätsgründe und späterer Streitvermeidung über Ansätze und Bewertungen.

[136] Zum Weisungsrecht *Schulze-Osterloh* in Baumbach/Hueck § 41 GmbHG Rn 68.

[137] *Hörtnagl* in Schmitt/Hörtnagl/Stratz Rn 84; *Priester* in Lutter Rn 81.

[138] Vgl. nur *Hüffer* § 172 AktG Rn 1.

[139] § 173 Abs. 1 AktG.

[140] So *Priester* in Lutter Rn 80; für Beschränkungen der Wahlrechtsausübung durch das zur Feststellung des Jahresabschlusses befugte Organ auch *Müller* WPg 1996, 857, 864.

[141] Rn 64.

haltig, als diese ausweislich der ausdrücklichen Regelung des § 174 Abs. 1 Satz 2 AktG auf den festgestellten Jahresabschluss beschränkt ist. IE muss es also auch bei der AG dabei bleiben, dass die zur Feststellung des Jahresabschlusses berufenen Organe, also im Regelfall Vorstand und Aufsichtsrat, über die Ausübung des Wahlrechts befinden.

Allenfalls kann erwogen werden, in seltenen Ausnahmefällen in Anlehnung an die Grundsätze der sog. **„Holzmüller"**-Entscheidung des BGH[142] eine Pflicht des Vorstands zur Herbeiführung einer Entscheidung der Hauptversammlung gem. § 119 Abs. 2 AktG über die Aufstellung des Jahresabschlusses[143] anzunehmen, wenn die Ausübung des Wahlrechts in die eine oder andere Richtung zu schwerwiegenden Eingriffen in die Rechte und Interessen der Aktionäre führen würde. Wollen die Aktionäre des übernehmenden Rechtsträgers mehrheitlich sicherstellen, dass das Wahlrecht in einer bestimmten Weise ausgeübt wird, bietet sich überdies an, die nach § 13 Abs. 1 Satz 1 erforderliche Zustimmung zum Verschmelzungsvertrag an die Festlegung einer bestimmten Wahlrechtsausübung in diesem selbst[144] zu knüpfen. 70

Bei **Verschmelzungen mit Kapitalerhöhung** bei der übernehmenden AG ist eine derartige Festlegung sogar zwingend erforderlich, weil von der Art der Wahlrechtsausübung abhängt, ob das Registergericht vor Eintragung der Verschmelzung eine Gründungsprüfung veranlassen muss[145]. Dann muss über die Ausübung des Wahlrechts bereits vor Eintragung der Verschmelzung entschieden werden. An die vertraglich verbindlich vereinbarte Modalität der Wahlrechtsausübung sind die den Jahresabschluss feststellenden Organe dann gebunden. Aus alledem folgt, dass die oben angedeutete Verschiebung der Kompetenz zur Wahlrechtsausübung durch Konstruktion einer Annexkompetenz nicht nur methodisch überaus fragwürdig, sondern auch praktisch nicht erforderlich ist. 71

Im Fall der **Verschmelzung zur Neugründung** und Aufstellung einer Eröffnungsbilanz stellt der Vorstand die Eröffnungsbilanz auf, ist aber angehalten, diese Eröffnungsbilanz ggf. dem Aufsichtsrat zur Billigung zuzuleiten, es sei denn, die Ausübung des Wahlrechts ist bereits im Verschmelzungsvertrag oder im Zustimmungsbeschluss vorgezeichnet[146]. 72

c) **Personengesellschaften.** Auch für Personengesellschaften gilt die bereits mehrfach angesprochene Regel, dass über die Ausübung des Wahlrechts das zur Feststellung des Jahresabschlusses berufene Organ entscheidet. Dies ist idR die Gesellschafterversammlung[147]. 73

2. Einheitlichkeit der Ausübung

Von dem durch § 24 gewährten Wahlrecht ist einheitlich Gebrauch zu machen[148]. Das bedeutet, dass alle übergehenden Vermögensgegenstände entweder mit den fortgeführten Buchwerten oder mit den nach den oben dargestellten Grundsätzen ermittelten Anschaffungskosten zu bewerten sind. Eine Bewertung einiger Vermögensgegenstände mit den übernommenen Buchwerten und anderer Vermögensgegenstände zu Anschaffungskosten wäre 74

---

[142] Vom 25. 2. 1982 – II ZR 174/80, BGHZ 83, 122. Fortgeführt vom BGH in den Entscheidungen vom 26.4.2004, II ZR 155/02 und II ZR 154/02 („Gelatine"), AG 2004, 384; siehe auch *BGH* vom 22.11.2002, II ZR 133/04 („Macrotron"), BGHZ 153, 47.

[143] Die Aufstellung des Jahresabschlusses ist eine Geschäftsführungsmaßnahme, vgl. *BGH* vom 29. 3. 1996 – II ZR 263/94, BGHZ 132, 263.

[144] Die Zulässigkeit einer solchen zusätzlichen Festlegung im Verschmelzungsvertrag ergibt sich aus § 1 Abs. 3 Satz 2 und wird u. a. auch von *Priester* in Lutter Rn 81 vorausgesetzt.

[145] Vgl. § 69, 3. Var.: „....; eine Prüfung der Sacheinlage gem. § 183 Abs. 3 des Aktiengesetzes findet nur statt, ... wenn die in einer Schlussbilanz angesetzten Werte nicht als Anschaffungskosten in den Jahresbilanzen der übernehmenden Gesellschaft angesetzt werden ...."

[146] Siehe Rn 67 zur GmbH.

[147] *BGH* vom 29. 3. 1996 – II ZR 263/94, BGHZ 132, 263; *K. Schmidt* GesR S. 1382, 1538; *Priester* in Lutter Rn 78.

[148] AllgM, vgl. *Priester* in Lutter Rn 77 mwN; *Hörtnagl* in Schmitt/Hörtnagl/Stratz Rn 81; *Bula/Schlösser* in Sagasser/Bula/Brünger K Rn 31.

zwar möglicherweise noch mit dem Wortlaut des § 24 vereinbar. Sie wäre aber einerseits wohl kaum durchführbar[149], und andererseits würde die damit verbundene zusätzliche Verringerung der Aussagekraft der Bilanzen des übernehmenden Rechtsträgers eine so starke Durchbrechung der Grundsätze ordnungsmäßiger Buchführung bedeuten, dass eine solche Auslegung von § 24 nicht dem Willen des Gesetzgebers entsprechen kann.

3. Verteilung der Anschaffungskosten

75 Entscheidet sich der übernehmende Rechtsträger für die Neubewertung zu Anschaffungskosten[150], stellt sich die Frage, wie die pauschal ermittelten Anschaffungskosten auf die einzelnen Vermögensgegenstände – einschließlich der nunmehr zu aktivierenden immateriellen Vermögensgegenstände – zu verteilen sind. Als Ausgangspunkt der Überlegungen zu diesem Problem kann dabei zunächst von den Zeitwerten der einzelnen Vermögensgegenstände als Obergrenze für deren Bewertung ausgegangen werden[151]. Eine andere Sichtweise würde zu dem kaum nachvollziehbaren Ergebnis führen, dass bei den übernommenen Vermögensgegenständen umgehend wieder Abschreibungen vorgenommen werden müssten[152].

76 Bleibt die Summe der Zeitwerte aller in Ansatz zu bringenden Vermögensgegenstände hinter den Anschaffungskosten zurück, kann ein **Geschäfts- oder Firmenwert** in Höhe des Differenzbetrags angesetzt werden[153]. Da § 255 Abs. 4 HGB ausdrücklich nur ein Ansatzwahlrecht gewährt, ist jedoch auch eine sofortige Verrechnung der Differenz als Aufwand möglich[154].

77 Sind umgekehrt die Anschaffungskosten niedriger als der (Zeit-)Wert des übernommenen Vermögens, muss geklärt werden, nach welchem Schlüssel die Anschaffungskosten auf die einzelnen Vermögensgegenstände verteilt werden. Dem Gesetz sind diesbezüglich keine konkreten Vorgaben zu entnehmen, so dass der Bilanzierende hier iRd. stets geltenden Grundsätze ordnungsmäßiger Buchführung jedes sachgerechte[155] Verteilungsverfahren anwenden kann. So können zB ausgehend von den jeweiligen Zeitwerten diese im Verhältnis des Differenzbetrages zur Summe aller Zeitwerte anteilig herabgesetzt werden. Denkbar ist auch ein Rückgriff auf die im Steuerrecht als sog. Stufentheorie entwickelten Grundsätze des BFH[156], die eine Verteilung der Anschaffungskosten vorrangig auf die bereits beim übertragenden Rechtsträger bilanzierten Vermögensgegenstände und erst bei Erreichen von deren Zeitwerten auf bislang nicht bilanzierte immaterielle Vermögensgegenstände vorsehen[157]. Bei Kapitalgesellschaften ist die gewählte Bewertungsmethode im Anhang zum Jahresabschluss zu erläutern[158].

---

[149] Zu den praktischen Schwierigkeiten bei einer solchen Auslegung *Pohl* S. 124.
[150] Bei Buchwertfortführung stellt sich das im Folgenden behandelte Problem nicht; Ansätze und Bewertung der Vermögensgegenstände werden aus der Schlussbilanz des übertragenden Rechtsträgers übernommen.
[151] *IDW* HFA 2/1997, WPg 1997, 240; *Naumann*, FS Ludewig, S. 683, 698; aA *Scherrer*, FS Claussen, S. 743, 767.
[152] § 253 Abs. 2 Satz 3 2. Halbs., Abs. 3 HGB.
[153] § 255 Abs. 4 HGB.
[154] *IDW* HFA 2/1997, WPg 1997, 240; *Priester* in Lutter Rn 37.
[155] So *IDW* HFA 2/1997, WPg 1997, 240; *Müller* in Kallmeyer Rn 37; vgl. auch *Naumann*, FS Ludewig, S. 683, 698.
[156] *BFH* v. 12. 6. 1975 – IV R 129/71, BStBl. II 1975, 807; *Herzig* DB 1990, 133, 134.
[157] *Benkert* in Haritz/Benkert § 4 UmwStG Rn 200.
[158] § 284 Abs. 2 Nr. 1 HGB.

4. Immanente Begrenzungen

78 § 24 gewährt das Wahlrecht zwischen Buchwertfortführung und Neubewertung zu Anschaffungskosten seinem Wortlaut nach ohne Unterschied für alle denkbaren Arten der Verschmelzung[159]. Dagegen sind unter verschiedenen Gesichtspunkten in der Literatur Einwendungen erhoben worden und eine Beschränkung des Wahlrechts auf eine seiner beiden Alternativen, namentlich auf die Neubewertung zu Anschaffungskosten[160], gefordert worden. Daher muss erörtert werden, ob und in welchem Umfang das Wahlrecht des § 24 ggf. aufgrund anderer – bilanz- oder gesellschaftsrechtlicher – Normen einer teleologischen Reduktion bedarf.

79 **a) Zutreffender Ergebnisausweis.** Die Notwendigkeit einer Beschränkung des Wahlrechts wird zT damit begründet, dass die Abbildung der Vermögens- und Ertragslage des Unternehmens durch den Jahresabschluss bei Buchwertfortführung entgegen **§ 264 Abs. 2 Satz 1 HGB** und der dahinter stehenden 4. gesellschaftsrechtlichen EG-Richtlinie regelmäßig nicht den tatsächlichen Verhältnissen entspreche[161]. Eine darauf gestützte Beschränkung des Wahlrechts setzt jedoch voraus, dass § 264 Abs. 2 Satz 1 HGB allen anderen Vorschriften unabdingbar vorgehen würde. Dass dies nicht der Fall ist[162], belegt jedoch gerade die zeitlich der Schaffung des § 264 Abs. 2 Satz 1 HGB nachfolgende Einführung des § 24 als *lex specialis* gegenüber dieser Norm. Zudem geht das UmwG auch an anderer Stelle, wie zB in dem bereits in anderem Zusammenhang zitierten § 69[163], davon aus, dass bei Aktiengesellschaften[164] als übernehmendem Rechtsträger eine Buchwertfortführung möglich ist. Insofern bietet das Gesetz auch nach seiner Systematik keinen Anhaltspunkt für eine generelle Einschränkung des Wahlrechts.

80 **b) Ausschüttungsinteressen.** Eine andere Frage ist, ob die Buchwertfortführung im Einzelfall deshalb unzulässig ist, weil durch den Verschmelzungsverlust bzw. die Verschlechterung des Eigenkapitalausweises[165] faktisch eine Ausschüttungssperre eintreten kann. Soweit jedoch durch den Verschmelzungsverlust keine Kapitalerhaltungsvorschriften verletzt werden[166] und nur der laufende Gewinn gemindert wird, ist dies wie die Verfälschung des Kapitalausweises als durch das Gesetz bewusst in Kauf genommene Folge des Wahlrechts hinzunehmen. Dies gilt, zumal die geringere Gewinnausschüttung aufgrund des Verschmelzungsverlusts zu höheren Erträgen in der Zukunft führt, es also nur zu einer zeitlichen Verlagerung der Gewinnausschüttung kommt[167]. Zudem dürfte in der Praxis bei vernünftiger wirtschaftlicher Gestaltung bereits durch den Verschmelzungsvertrag die Buchwertfortführung ausgeschlossen werden[168], wenn diese zu einer nicht nur unerheblichen Verschlechterung des Eigenkapitalausweises führen würde.

81 **c) Kapitalaufbringung.** Gesellschaftsrechtlich wird zudem für Verschmelzungen mit Kapitalgesellschaften als übernehmendem Rechtsträger erwogen, die Buchwertfortführung für die Fälle auszuschließen, in denen ein das gebundene Kapital angreifender (Buch-)

---

[159] *IDW* HFA 2/1997, WPg 1997, 238; *Priester* GmbHR 1004, 1273, 1274.
[160] *Priester* GmbHR 1994, 1273, 1274 f. mit umfangreichen Nachweisen.
[161] *Schulze-Osterloh* ZGR 1993, 420, 425 ff. äußerte diese Kritik *de lege ferenda* bereits vor Erlass der geltenden Fassung des UmwG und schlug daher vor, anstelle des Wahlrechts einen Zwang zur Neubewertung einzuführen.
[162] So auch *Mujkanovic* DB 1995, 1735, 1738: § 264 Abs. 2 Satz 1 HGB enthält kein „overriding principle"; *Naumann*, FS Ludewig, S. 684, 711; *Scherrer*, FS Claussen, S. 743, 747.
[163] Hier insbes. die 3. Variante: „... eine Prüfung der Sacheinlage gem. § 183 Abs. 3 des Aktiengesetzes findet nur statt, ... wenn die in einer Schlussbilanz angesetzten Werte nicht als Anschaffungskosten in den Jahresbilanzen der übernehmenden Gesellschaft angesetzt werden ...".
[164] § 264 HGB ist wie § 69 eine Sonderregelung für Kapitalgesellschaften.
[165] Zum Begriff siehe Rn 58 ff.
[166] Siehe dazu Rn 81.
[167] So auch *Mujkanovic* BB 1995, 1735, 1738; kritisch *Müller* in Kallmeyer Rn 51.
[168] Zu dieser Möglichkeit siehe Rn 67.

Verlust auftritt. Denn der Saldo der eingebuchten Vermögensgegenstände vermag nicht die übernommenen Verbindlichkeiten und den Nennwert ggf. neu ausgegebener Anteile zu decken[169]. Gleichwohl ist ein auf diese Weise entstehender Fehlbetrag nur formeller Art. Die Kapitalaufbringungsregeln tragen nämlich mit der – bei Buchwertfortführung nach § 69 allerdings eingeschränkten – Pflicht zur Prüfung der Sacheinlage durch das Registergericht und der ersatzweise greifenden Differenzhaftung dafür Sorge, dass den Gläubigern der Gesellschaft das aus dem Handelsregister hervorgehende Schuldendeckungspotential zum Zeitpunkt der Eintragung der Verschmelzung zur Verfügung steht. Dass die Bilanz ein anderes Bild ausweist, kommt den Gläubigern letztlich sogar in der Weise zugute, dass dadurch eine Ausschüttungssperre bewirkt wird, bis der formelle Fehlbetrag durch Bilanzgewinne wieder ausgeglichen wurde[170]. Also ergeben sich auch aus diesen Erwägungen heraus keine Einschränkungen für die Ausübung des Wahlrechts[171].

VI. Entsprechende Anwendung auf andere Umwandlungsarten

82 § 24 kommt unmittelbar nur bei der Verschmelzung zur Anwendung. Das UmwG ordnet jedoch im Wege der gesetzlichen Analogie die entsprechende Anwendung dieser Norm auf solche Umwandlungsarten an, die wirtschaftlich und in ihrem rechtlichen Erscheinungsbild mit der Verschmelzung vergleichbar sind.

1. Spaltung

83 Hauptfall einer entsprechenden Anwendung des § 24 ist die Spaltung einschließlich der Abspaltung und Ausgliederung sowie der Spaltung zur Neugründung[172]. Die Spaltung lässt sich auch als partielle Verschmelzung deuten (vgl. die folgenden Beispiele), so dass der Grund für die entsprechende Anwendbarkeit auf der Hand liegt.

Beispiele für die Deutung der Spaltung als partielle Verschmelzung:

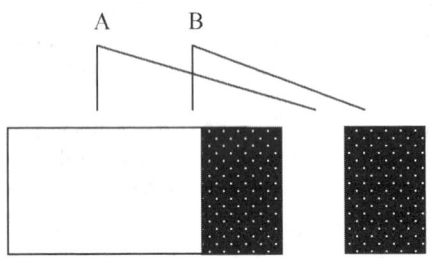

Beispiel 1: Spaltung zur Neugründung als partielle Verschmelzung zur Neugründung

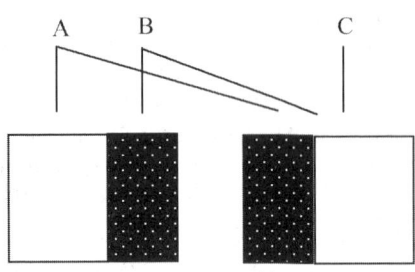

Beispiel 2: Spaltung zur Aufnahme als partielle Verschmelzung zur Aufnahme

---

[169] *Müller* WPg 1996, 857, 864; *ders.* FS Clemm, S. 243, 253 f.; *ders.* in Kallmeyer Rn 52 mwN; siehe dazu auch *Priester* in Lutter Rn 87 ff.
[170] *Priester* GmbHR 1999, 1277.
[171] Wie hier *Hörtnagl* in Schmitt/Hörtnagl/Stratz Rn 71 und 85 mwN.
[172] §§ 125, 135; *Teichmann* in Lutter § 125 Rn 6 aE, 8, 10 aE.

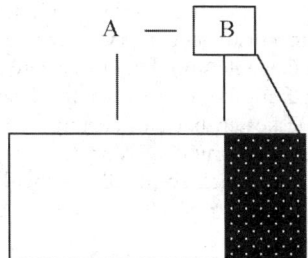

Beispiel 3: Spaltung als partieller *upstream merger*

Aus dieser konstruktiven Ähnlichkeit von Verschmelzung und Spaltung folgt auch, dass die Ausführungen zur Berechnung der Anschaffungskosten bei der Neubewertung[173] ohne größere Schwierigkeiten auf die Fälle der Spaltung übertragbar sind[174]. Gleiches gilt für die Ausgliederung, die sich von der Spaltung nur dadurch unterscheidet, dass die als Gegenleistung gewährten Anteile an dem übernehmenden Rechtsträger bei der Ausgliederung dem übertragenden Rechtsträger und nicht dessen Gesellschaftern zustehen[175]. 84

2. Vermögensübertragung

Bei der im Vierten Buch des UmwG geregelten Vermögensübertragung ist zwischen der Vermögensübertragung auf die öffentliche Hand[176] und der Vermögensübertragung unter Versicherungsunternehmen[177] zu unterscheiden. Bei letzterer kann auch eine AG oder ein VVaG[178] übernehmender Rechtsträger sein[179]. Während bei der Vermögensübertragung auf die öffentliche Hand Verschmelzungs- bzw. Spaltungsvorschriften nur beim übertragenden Rechtsträger zur Anwendung kommen[180] und auf den übernehmenden Rechtsträger ausschließlich die für ihn geltenden (öffentlich-rechtlichen) Vorschriften Anwendung finden[181], bestimmen die §§ 178 Abs. 1, 179 Abs. 1, 180 Abs. 1, 184 Abs. 1, 188 Abs. 1 und 189 Abs. 1 die entsprechende Anwendung der Verschmelzungs- bzw. Spaltungsvorschriften auf die „beteiligten Rechtsträger", also auch auf den übernehmenden Rechtsträger. Der in den genannten Vorschriften stets auch enthaltene Verweis auf die entsprechende Anwendbarkeit des § 176 Abs. 4[182] kann insofern nur zu einer Anwendbarkeit der für den übernehmenden Rechtsträger geltenden allgemeinen Normen[183] neben denen des Verschmelzungsrechts führen. Demzufolge findet § 24 auf diese Formen der Vermögensübertragung grundsätzlich Anwendung und eröffnet das Wahlrecht zwischen Buchwertfortführung und Neubewertung zu Anschaffungskosten für die übergehenden Vermögensgegenstände. 85

---

[173] Siehe Rn 30 ff.
[174] Vgl. auch *Hörtnagl* in Schmitt/Hörtnagl/Stratz Rn 89.
[175] § 123 Abs. 3.
[176] § 175 Nr. 1.
[177] § 175 Nr. 2.
[178] Der VVaG ist gem. § 16 VAG weitgehend einem Kaufmann gleichgestellt; für die Rechnungslegung gelten gem. Satz 2 die §§ 341 bis 341 o HGB (Zweiter Unterabschnitt des Vierten Abschnitts des Dritten Buches des HGB) iVm. den allgemeinen Rechnungslegungsvorschriften für Kaufleute und Kapitalgesellschaften (Erster und Zweiter Abschnitt des Dritten Buches des HGB). Siehe auch *Weigel* in Prölss § 16 VAG Rn 4.
[179] § 175 Nr. 2.
[180] §§ 176 Abs. 1, 177 Abs. 1.
[181] § 176 Abs. 4; *H. Schmidt* in Lutter § 176 Rn 13; siehe auch § 176 Rn 5.
[182] Vgl. §§ 178 Abs. 2, 179 Abs. 2, 180 Abs. 2, 184 Abs. 2, 188 Abs. 2 und 189 Abs. 2.
[183] Damit dürften in erster Linie Normen des Kapitalaufbringungs- und Gründungsrechts in Bezug genommen sein.

86 Die Vermögensübertragung ist die teilweise oder vollständige Übertragung des Vermögens durch den übertragenden Rechtsträger gegen Gewährung einer „nicht in Anteilen oder Mitgliedschaften" bestehenden Gegenleistung[184]. Daher treten bei Neubewertung des übergehenden Vermögens zu Anschaffungskosten die oben beschriebenen[185] Schwierigkeiten bei der Ermittlung der Anschaffungskosten bei Gewährung von Anteilen nicht auf. Die Anschaffungskosten sind im Wesentlichen mit dem Wert der – regelmäßig in einer Geldleistung bestehenden[186] – Gegenleistung zuzüglich eventueller Nebenkosten[187] anzusetzen.

3. Formwechsel

87 Keine Anwendung findet § 24 hingegen auf den Formwechsel[188], da bei diesem kein Vermögensübergang stattfindet, sondern nur ein im Übrigen fortbestehender Rechtsträger seine Rechtsform wechselt[189].

4. Anwachsung

88 Ob § 24 auch im Rahmen einer Anwachsung des Vermögens eines Rechtsträgers (Personengesellschaft) auf einen allein verbleibenden Gesellschafter angewendet werden kann, ist in der Literatur umstritten. Die gestaltende Praxis wendet den Vermögensübergang im Wege der Anwachsung insbesondere alternativ zur Verschmelzung nach dem UmwG an, um die gleichen Wirkungen (Übergang aller Aktiva und Passiva *uno actu* ohne Liquidation) zu erzielen ohne die aufwendigeren Vorschriften einer Verschmelzung nach dem UmwG einhalten zu müssen. Durch eine Anwachsung geht das Vermögen einer Personengesellschaft (GmbH & Co. KG) auf den allein verbleibenden Gesellschafter (Kommanditisten) oder durch Einbringung aller Kommanditanteile in die Komplementär-GmbH im Rahmen einer Kapitalerhöhung auf diese über. Wirtschaftlich gesehen entspricht die Anwachsung einer Verschmelzung nach dem UmwG, da das Vermögen einschließlich aller Verbindlichkeiten im Wege der Gesamtrechtsnachfolge auf den verbleibenden Alleingesellschafter der Personengesellschaft übergeht[190]. Da keine Verschmelzung nach dem UmwG vorliegt, ist § 24 unmittelbar nicht einschlägig. Teile der Literatur bejahen jedoch eine entsprechende Anwendung von § 24[191]. Teilweise wird die entsprechende Anwendung in den Fällen bejaht, in denen die Gesellschafter im Zuge der Anwachsung Anteile der übernehmenden Rechtsträgerin erhalten. Andere lehnen dagegen eine entsprechende Anwendung ab und behandeln die Anwachsung als eine Anschaffung, die nach §§ 253, 255 Abs. 1 HGB mit den effektiven Anschaffungskosten anzusetzen sei[192]. Dabei werden die effektiven Anschaffungskosten in Höhe des Werts der untergehenden Gesellschaftsanteile zuzüglich der Summe der übernommenen Verpflichtungen bemessen[193]. Zu bejahen ist es, § 24 entsprechend auf die Fälle der Anwachsung anzuwenden. Der übernehmende Rechtsträger hat die Wahl zwischen der

---

[184] § 174.
[185] Rn 34 ff.
[186] *H. Schmidt* in Lutter § 174 Rn 8; *Hübner* in Lutter § 181 Rn 8; siehe auch § 174 Rn 10, § 181 Rn 5.
[187] § 255 Abs. 1 Satz 2 HGB.
[188] *Kilger* DB 2001, 230; siehe Rn 7.
[189] Zur Rechtsnatur des Formwechsels *Haritz/Bärwaldt* in BeckHdb. Personengesellschaften § 9 Rn 60 f.; siehe auch § 197 Rn 1 ff.
[190] Zur Anwachsung § 214 Rn 32 bis 35; *Orth* DStR 1999, 1011, 1053; st.Rspr. BGH (Auswahl): BGH vom 19.5.1960, BGHZ 32, 307; BGH vom 22.9.1993, NJW-RR 1993, 1443; BGH vom 13.7.1967, BGHZ 48, 203.
[191] Siehe *Küting/Knop* in Küting/Weber Handbuch Rechnungslegung, Stand November 2003, § 255 Rn 97; A/D/S § 255 HGB Rn 101; *Förster/Ernst* DB 1997, 241.
[192] *Förschle/Kropp* in Budde/Förschle Sonderbilanzen B 110.
[193] *Förschle/Kropp* in Budde/Förschle Sonderbilanzen B 110.

Neubewertung des Vermögens zu effektiven Anschaffungskosten[194] oder die Fortführung der Buchwerte. Die Anwachsung entspricht in ihren rechtlichen Wirkungen der Verschmelzung nach dem UmwG, sodass es angemessen ist, diese Fälle bilanziell gleich zu behandeln und sich dabei an der Vorschrift des § 24 zu orientieren. Es sind keine durchgreifenden bilanziellen Gründe ersichtlich, die eine abweichende Bilanzierung als zwingend erforderlich erscheinen lassen.

VII. Grundzüge der steuerlichen Bilanzierung

1. Überblick

§ 24 enthält keine Regelungen über die steuerrechtliche Behandlung von Verschmelzungsfällen. Dies gilt auch angesichts von § 5 Abs. 1 Satz 1 EStG insofern, als das Steuerrecht in den §§ 3 ff., 11 ff., 20, 21 und 24 UmwStG detaillierte Spezialregelungen enthält, die den Grundsatz der Maßgeblichkeit durchbrechen[195]. Das UmwStG differenziert die Bilanzierung der Wirtschaftsgüter in den Bilanzen des übernehmenden Rechtsträgers nach den Rechtsformen der an der Verschmelzung beteiligten Rechtsträger. Für die Verschmelzung von Kapitalgesellschaften gelten die §§ 2 bis 19 UmwStG[196], wohingegen die steuerbilanzielle Behandlung der Verschmelzung von Personengesellschaften in den §§ 20, 21 und 24 UmwStG geregelt ist.

2. Verschmelzung von Kapitalgesellschaften

a) Allgemeines. Die Bilanzierung bei der Verschmelzung von Kapitalgesellschaften als übertragender Rechtsträger nach dem UmwStG unterscheidet sich bei der Regelungstechnik insofern signifikant von der handelsrechtlichen Rechtslage nach den §§ 17 und 24, als das Steuerrecht in der steuerlichen Schlussbilanz des übertragenden Rechtsträgers grundsätzlich den Ansatz des gemeinen Werts vorschreibt[197]; auf Antrag können die übergehenden Wirtschaftsgüter in der steuerlichen Schlussbilanz jedoch mit dem Buchwert oder einem höheren (Zwischen-)Wert angesetzt werden, wenn u.a. das inländische Besteuerungsrecht gesichert ist[198]. Dagegen ist der übernehmende Rechtsträger an die Ansätze in der Schlussbilanz des übertragenden Rechtsträgers gebunden[199]. Dieser Unterschied zum Handelsrecht beruht auf der steuerrechtlichen Notwendigkeit, eine Realisierung stiller Reserven zu vermeiden, indem die Kontinuität der Bilanzierung der übergehenden Wirtschaftsgüter bei übertragendem und übernehmendem Rechtsträger sichergestellt wird.

b) Personengesellschaft als übernehmender Rechtsträger. Bei der Verschmelzung der Kapitalgesellschaft auf eine Personengesellschaft gewährte § 3 UmwStG aF in der steuerlichen **Schlussbilanz** der Kapitalgesellschaft ein Bewertungswahlrecht zwischen dem bei fortwährender Anwendung der Vorschriften über die Gewinnermittlung anzusetzenden Buchwert, dem Teilwert und einem Zwischenwert[200]. Nach § 3 Abs. 1 UmwStG nF sind dagegen in der steuerlichen Schlussbilanz der übertragenden Körperschaft die gemeinen

---

[194] Wert der untergehenden bzw. neu ausgegebenen Anteile zuzüglich der übernommenen Verbindlichkeiten.
[195] AA *BMF* Umwandlungssteuererlass v. 25. 3. 1998, BStBl. I 1998, 268 Tz. 03.02; OFD Münster v. 28.8.2006 DB 2006, 2430; vgl. auch *Haritz/Paetzold* FR 1998, 352 ff.; siehe Rn 10 mwN aus Lit. und Rspr.
[196] § 1 Abs. 1 UmwStG.
[197] Vgl. §§ 3 Abs. 1, 11 Abs. 1 UmwStG.
[198] §§ 3 Abs. 2, 11 Abs. 2 UmwStG.
[199] §§ 4 Abs. 1, 12 Abs. 1 Satz 1 UmwStG.
[200] Zu Einzelheiten vgl. *Brinkhaus* in Haritz/Benkert § 3 UmwStG Rn 38 ff.

§ 24 92–95 Zweites Buch. Verschmelzung

Werte (statt Teilwerte) anzusetzen. **Auf Antrag** können die übergehenden Wirtschaftsgüter jedoch abweichend davon einheitlich mit dem Buchwert oder einem höheren Wert (Zwischenwert) angesetzt werden, soweit sie Betriebsvermögen der übernehmenden Personengesellschaft/natürlichen Person werden und sichergestellt ist, dass sie später der Einkommensteuer oder Körperschaftsteuer unterliegen, das deutsche Besteuerungsrecht nicht ausgeschlossen oder beschränkt wird und eine Gegenleistung nicht gewährt wird oder in Gesellschaftsrechten besteht, § 3 Abs. 2 UmwStG. Hierbei besteht keine Maßgeblichkeit der nach § 17 Abs. 2 Satz 1 aufzustellenden handelsrechtlichen Schlussbilanz[201].

92 Fraglich ist, ob das steuerliche Wahlrecht auch die Ansatzebene in der Weise erfasst, dass bislang nicht bilanzierte immaterielle Wirtschaftsgüter und ein originärer Geschäfts- oder Firmenwert in der Schlussbilanz der übertragenden Gesellschaft angesetzt werden können. Dafür spricht vor allem der Wortlaut von § 3 Satz 1 UmwStG aF bzw. § 3 Abs. 2 UmwStG nF („können ... angesetzt werden"), der – in Abkehr von der Fassung des UmwStG 1977, das noch ein ausdrückliches Verbot des Ansatzes originärer immaterieller Wirtschaftsgüter enthielt – für den Ansatz solcher Wirtschaftsgüter zu ihrem Teilwert offen ist[202]. Von praktischer Bedeutung ist diesbezüglich vor allem der Ansatz von wertvollen, bislang nicht bilanzierten immateriellen Wirtschaftsgütern (Patenten etc.) zur Ausnutzung eines sonst untergehenden Verlustvortrags.

93 Entsteht in Folge der Neubewertung ein Gewinn bei der übertragenden Kapitalgesellschaft (sog. „Übertragungsgewinn"), ist dieser nach allgemeinen Grundsätzen zu besteuern. Dies gilt sowohl für die Körperschaft- als auch für die Gewerbesteuer[203].

94 Die **übernehmende Personengesellschaft** hat die auf sie übergegangenen Wirtschaftsgüter mit dem Wert aus der (steuerlichen) Schlussbilanz zu übernehmen[204] und fortzuschreiben[205]. Die Behandlung eines Übernahmegewinns, der dann entsteht, wenn der in Ansatz zu bringende Wert des übergehenden Vermögens die Buchwerte der – ggf. fiktiven[206] – Beteiligung des übernehmenden Rechtsträgers an dem übertragenden Rechtsträger übersteigt, ist in § 4 Abs. 4, 5 und 7 geregelt[207]. Ein Übernahmeverlust bleibt grundsätzlich außer Ansatz[208]. § 6 UmwStG enthält eine Sonderregelung für Übernahmefolgegewinne, die durch Konfusion gegenseitiger Forderungen und Verbindlichkeiten entstehen, die in den Bilanzen der an der Verschmelzung beteiligten Rechtsträger unterschiedlich bewertet sind[209]. In diesem Fall darf der übernehmende Rechtsträger eine gewinnmindernde Rücklage bilden.

95 **c) Kapitalgesellschaft als übernehmender Rechtsträger.** Ist der übernehmende Rechtsträger ebenfalls eine Kapitalgesellschaft, ist für die **Schlussbilanz** des übertragenden Rechtsträgers § 11 UmwStG maßgeblich. Nach § 11 Abs. 2 UmwStG darf die übertragende Körperschaft auf Antrag die fortgeschriebenen Buchwerte (nur) ansetzen, soweit

---

[201] Siehe Rn 10. Zum neuen UmwStG vgl. nur *Dötsch/Pung* DB 2006, 2704.
[202] Sehr umstritten; wie hier *Brinkhaus* in Haritz/Benkert § 3 UmwStG Rn 99 ff. mwN; aA *BMF* Umwandlungssteuererlass vom 25. 3. 1998, BStBl. I 1998, 268 Tz. 03.07.; vermittelnd nun *FG Baden-Württemberg* vom 4.3.2004, EFG 2004, 858 für ein Bewertungswahlrecht (§ 11 Abs. 1 Satz 2 UmwStG aF), aber gegen ein Ansatzwahlrecht; dazu Anm. *Haritz/Wisniewski* GmbHR 2004, 814. Offen gelassen von *BFH* v. 19.10.2005, BStBl. 2006 II S. 568.
[203] *Brinkhaus* in Haritz/Benkert § 3 UmwStG Rn 124.
[204] § 4 Abs. 1 UmwStG nF.
[205] § 4 Abs. 2 und 3 UmwStG.
[206] Vgl. *Haritz/Bärwaldt* in BeckHdb. Personengesellschaften § 9 Rn 326 ff.
[207] Zu Einzelheiten *Haritz/Bärwaldt* in BeckHdb. Personengesellschaften § 9 Rn 335 ff., 132 ff.
[208] § 4 Abs. 6 UmwStG. Während § 4 Abs. 6 UmwStG aF das in allen Fällen vorsah, differenziert die neue Fassung stärker und lässt einen Übernahmeverlust teilweise eingeschränkt zu, zB in Fällen der §§ 8b Abs. 7, 8 KStG zu oder teilweise bei wesentlich beteiligten natürlichen Personen unter bestimmten Voraussetzungen.
[209] Zu deren handelsrechtlicher Behandlung vgl. Rn 63.

die spätere Besteuerung der aus der Schlussbilanz übernommenen stillen Reserven bei der übernehmenden Kapitalgesellschaft sicher gestellt ist[210], das deutsche Besteuerungsrecht nicht ausgeschlossen oder beschränkt wird und „eine Gegenleistung nicht gewährt wird oder in Gesellschaftsrechten besteht". Daneben ist auch der Ansatz von Zwischenwerten zulässig[211]. Liegen die Voraussetzungen des Abs. 2 nicht vor, ordnet § 11 Abs. 1 UmwStG einen Ansatz der übergehenden Wirtschaftsgüter mit dem gemeinen Wert an[212].

96 Eine Gegenleistung, die nicht in Gesellschaftsrechten besteht, liegt zB bei den bereits behandelten[213] baren Zuzahlungen des übernehmenden Rechtsträgers an die Gesellschafter des übertragenden Rechtsträgers vor. Da diese regelmäßig neben der Gewährung von Anteilen gewährt werden, stellt sich die Frage, ob dann die Anwendung von § 11 Abs. 2 UmwStG in vollem Umfang ausgeschlossen ist oder nur anteilig Anwendung findet. Für die letztgenannte Auffassung spricht indes bereits der Wortlaut von § 11 Abs. 1 UmwStG aF bzw. § 11 Abs. 2 Satz 1 UmwStG nF („soweit")[214].

97 Auch bei § 11 UmwStG stellt sich die Frage, ob bislang nicht bilanzierte **immaterielle Wirtschaftsgüter** und ein ggf. vorhandener Geschäfts- oder Firmenwert aktivierbar sind[215], also ob das Wahlrecht auch die Ansatzebene umfasste. Allerdings war die Frage bei § 11 UmwStG aF differenziert zu beantworten: Soweit die Norm gar kein Wahlrecht gewährte, sondern den Ansatz der übergegangenen Wirtschaftsgüter zum Wert der Gegenleistung vorschrieb[216], waren auch immaterielle, nunmehr derivativ erworbene Wirtschaftsgüter sowie – falls der Wert der Gegenleistung die Summe aller Teilwerte überschreitet – auch ein Geschäfts- oder Firmenwert zwingend anzusetzen[217]. Gleiches galt bereits nach dem Wortlaut auch für die Fälle des § 11 Abs. 2 Satz 2 UmwStG aF. Hinsichtlich des eigentlichen Wahlrechts[218] kann auf die Ausführungen zu § 3 UmwStG verwiesen werden[219].

98 Auf der Ebene des **übernehmenden Rechtsträgers** ordnet § 12 Abs. 1 Satz 1 iVm. § 4 Abs. 1 Satz 2, 3 UmwStG grundsätzlich einen Zwang zur Fortführung der Werte aus der Schlussbilanz des übertragenden Rechtsträgers an. Die weitere Fortschreibung der übernommenen Wirtschaftsgüter ist in § 12 Abs. 3 und 4 UmwStG geregelt[220]. Ein Übernahmegewinn bzw. –verlust bleibt grundsätzlich außer Ansatz[221].

3. Verschmelzung von Personengesellschaften

99 Die Verschmelzung einer Personengesellschaft wird umwandlungssteuerrechtlich als Einbringungsvorgang behandelt. Für die Verschmelzung auf eine Kapitalgesellschaft gelten daher die §§ 20 bis 23 UmwStG, wohingegen die Verschmelzung auf eine andere Personengesellschaft sich nach § 24 UmwStG richtet.

---

[210] Vgl. *Bärwaldt* in Haritz/Benkert § 11 UmwStG Rn 16 ff.
[211] § 11 Abs. 2 UmwStG nF („Buchwert oder einem höheren Wert").
[212] Weitere Einzelheiten zu § 11 UmwStG nF *Dötsch/Pung* DB 2006, 2704, 2713.
[213] Siehe Rn 42.
[214] Zum UmwStG aF *Bärwaldt* in Haritz/Benkert § 11 UmwStG Rn 35 mit Nachweisen auch zur Gegenansicht.
[215] Zur vergleichbaren Problematik bei § 3 UmwStG siehe Rn 89.
[216] § 11 Abs. 2 Satz 1 UmwStG.
[217] *Bärwaldt* in Haritz/Benkert § 11 UmwStG Rn 13; so auch *BMF* Umwandlungssteuererlass v. 25. 3. 1998, BStBl. I 1998, 268 Tz. 11.20.
[218] § 11 Abs. 1 Satz 2 UmwStG.
[219] Siehe Rn 91; vgl. auch *Bärwaldt* in Haritz/Benkert § 11 UmwStG Rn 13 f. mit Nachweisen zur Gegenansicht.
[220] Zu Einzelheiten *Wisniewski* in Haritz/Benkert § 12 UmwStG Rn 39 ff.
[221] § 12 Abs. 2 UmwStG; vgl. zu Ausnahmen *Wisniewski* in Haritz/Benkert § 12 UmwStG Rn 29 ff. Bei einem Übernahmegewinn sind jedoch 5 % als nichtabzugsfähige steuerpflichtige Betriebsausgaben zu behandeln, § 12 Abs. 2 Satz 2 UmwStG iVm. § 8b Abs. 3 Satz 1 KStG.

100 **a) Personengesellschaft als übernehmender Rechtsträger.** § 24 UmwStG kommt nur dann zur Anwendung, wenn der übertragende Rechtsträger bereits Betriebsvermögen hatte. In diesem Fall hat der übernehmende Rechtsträger das eingebrachte Betriebsvermögen in seiner Bilanz einschließlich der Ergänzungsbilanzen für seine Gesellschafter mit dem gemeinen Wert anzusetzen[222]. Abweichend davon kann auf **Antrag** das übernommene Betriebsvermögen mit dem Buchwert oder einem höheren Wert angesetzt werden, soweit das deutsche Besteuerungsrecht nicht ausgeschlossen oder beschränkt wird[223]. Der Ansatz der eingebrachten Wirtschaftsgüter zu anderen als den bisherigen Buchwerten führt dazu, dass die stillen Reserven aufgedeckt und die Gesellschafter zu versteuernde Einkünfte aus Betriebsveräußerung haben[224]. Daher sollte bereits im Verschmelzungsvertrag vereinbart werden, wie das Wahlrecht durch die übernehmende Gesellschaft ausgeübt wird[225]. Wurde der Teilwert (jetzt: gemeiner Wert) angesetzt, waren nach Auffassung der Finanzverwaltung bislang nicht bilanzierte immaterielle Wirtschaftsgüter sowie ein ggf. vorhandener Geschäfts- oder Firmenwert anzusetzen[226]. Für die weitere Fortschreibung der übergegangenen Vermögensgegenstände in den Bilanzen des übernehmenden Rechtsträgers verweist § 24 Abs. 4 UmwStG über § 23 UmwStG auf die entsprechenden Vorschriften in den §§ 4 und 12 UmwStG[227].

101 Ein steuerlicher Gewinn lässt sich bei der steuerlich als Einbringung anzusehenden Verschmelzung einer Personengesellschaft auf eine andere jedoch dadurch verhindern, dass handelsbilanziell zwar von der Möglichkeit der Neubewertung Gebrauch gemacht wird, aber steuerlich die handelsbilanziellen Buchwerte durch sog. negative Ergänzungsbilanzen korrigiert werden. Dies führt dazu, dass für die Gesellschafter der übertragenden Personengesellschaft ihre bisherigen steuerlichen Buchwerte fortgesetzt werden können.

102 **b) Kapitalgesellschaft als übernehmender Rechtsträger.** Bei der Einbringung einer Personengesellschaft in eine Kapitalgesellschaft ist nach § 20 Abs. 2 Satz 1 UmwStG grundsätzlich das eingebrachte Betriebsvermögen mit dem gemeinen Wert anzusetzen. Abweichend davon kann auf **Antrag** das Betriebsvermögen einheitlich mit dem Buchwert oder einem höheren Wert angesetzt werden, soweit sichergestellt ist, dass es später bei der übernehmenden Körperschaft der Besteuerung unterliegt, die Passivposten des eingebrachten Betriebsvermögens die Aktivposten nicht übersteigen und das deutsche Besteuerungsrecht weder ausgeschlossen noch beschränkt wird[228]. Hinsichtlich immaterieller Vermögensgegenstände und einem ggf. vorhandenen Geschäfts- oder Firmenwert gilt das oben zu § 24 UmwStG Gesagte[229]. Aufgrund der Verweisungen in § 23 UmwStG gelten die §§ 4 bzw. 12 UmwStG bei der Fortführung der Werte in weiteren Jahresabschlüssen des übernehmenden Rechtsträgers teilweise entsprechend.

103 Werden höhere Werte als die Buchwerte angesetzt, entsteht ein zu versteuernder Veräußerungsgewinn[230]. Eine Besonderheit bei der Verschmelzung von Personen- auf Kapitalgesellschaften war bisher die Entstehung sog. „einbringungsgeborener" Anteile[231], die eine

---

[222] § 24 Abs. 2 Satz 1 UmwStG.
[223] § 24 Abs. 2 Satz 2 UmwStG.
[224] § 24 Abs. 3 UmwStG iVm. § 16 EStG.
[225] *Haritz/Bärwaldt* in BeckHdb. Personengesellschaften § 9 Rn 386.
[226] *BMF* Umwandlungssteuererlass v. 25. 3. 1998, BStBl. I 1998, 268 Tz. 24.04 iVm. Tz. 22.11.
[227] Zu Einzelheiten *Schlößer* in Haritz/Benkert § 24 UmwStG Rn 166 ff.
[228] § 20 Abs. 2 Satz 2 UmwStG.
[229] Siehe Rn 100.
[230] § 20 Abs. 4 UmwStG iVm. § 16 EStG.
[231] § 21 UmwStG aF; siehe dazu *Haritz/Bärwaldt* in BeckHdb. Personengesellschaften § 9 Rn 232; zum neuen Recht in § 22 UmwStG Dötsch/Pung DB 2006, 2763 – dort auch zum Nebeneinander von neuem und altem Recht.

weitere Steuerverstrickung auch solcher Anteile an der übernehmenden Kapitalgesellschaft bewirkt, deren Veräußerung nicht nach § 17 EStG zu besteuern wäre. Durch das SEStEG wurde die Rechtsfigur der „einbringungsgeborenen Anteile" aufgegeben und nach § 22 UmwStG ein neues Konzept der nachträglichen Besteuerung des zugrundeliegenden Einbringungsvorgangs eingeführt („Siebtelungsregelung")[232].

§ 25 Schadenersatzpflicht der Verwaltungsträger der übertragenden Rechtsträger

(1) **Die Mitglieder des Vertretungsorgans und, wenn ein Aufsichtsorgan vorhanden ist, des Aufsichtsorgans eines übertragenden Rechtsträgers sind als Gesamtschuldner zum Ersatz des Schadens verpflichtet, den dieser Rechtsträger, seine Anteilsinhaber oder seine Gläubiger durch die Verschmelzung erleiden. Mitglieder der Organe, die bei der Prüfung der Vermögenslage der Rechtsträger und beim Abschluß des Verschmelzungsvertrags ihre Sorgfaltspflicht beobachtet haben, sind von der Ersatzpflicht befreit.**

(2) **Für diese Ansprüche sowie weitere Ansprüche, die sich für und gegen den übertragenden Rechtsträger nach den allgemeinen Vorschriften auf Grund der Verschmelzung ergeben, gilt dieser Rechtsträger als fortbestehend. Forderungen und Verbindlichkeiten vereinigen sich insoweit durch die Verschmelzung nicht.**

(3) **Die Ansprüche aus Absatz 1 verjähren in fünf Jahren seit dem Tage, an dem die Eintragung der Verschmelzung in das Register des Sitzes des übernehmenden Rechtsträgers nach § 19 Abs. 3 bekannt gemacht worden ist.**

Übersicht

	Rn		Rn
I. Allgemeines	1	b) Anteilsinhaber	14
1. Sinn und Zweck der Norm	1	c) Gläubiger	15
2. Entstehungsgeschichte	2	4. Schaden	17
II. Die Schadensersatzpflicht (Abs. 1)	3	5. Ausschluss der Haftung	18
1. Die Ersatzpflichtigen	3	6. Verhältnis zu anderen Bestimmungen	22
a) Mitglieder des Vertretungsorgans	4	a) Verhältnis zum SpruchG	23
b) Mitglieder des Aufsichtsorgans	5	b) Verhältnis zu § 22	24
c) Zeitpunkt der Organzugehörigkeit	6	III. Fiktion des Fortbestehens des übertragenden Rechtsträgers (Abs. 2)	25
d) Haftung als Gesamtschuldner	7	1. Die Legalfiktion	25
2. Haftungsgrund	8	a) Ansprüche gegen den übernehmenden Rechtsträger	26
a) Prüfung der Vermögenslage	9	b) Verbindlichkeiten des übertragenden Rechtsträgers	28
b) Abschluss des Verschmelzungsvertrags	10	2. Rechtsfolge	30
c) Verschulden	11	IV. Verjährung (Abs. 3)	31
3. Ersatzberechtigte	12		
a) Ansprüche des übertragenden Rechtsträgers	13		

Literatur: *Clemm/Dürrschmidt*, Überlegungen zu den Sorgfaltspflichten für Vertretungs- und Aufsichtsorgane bei der Verschmelzung von Unternehmen gem. § 25 und § 27 UmwG, FS Widmann, 2001, S. 3; *Goette*, Zur Verteilung der Darlegungs- und Beweislast der objektiven Pflichtwidrigkeit bei der Organhaftung, ZGR 1995, 648; *Martens*, Kontinuität und Diskontinuität im Verschmelzungsrecht, AG 1987, 57; *Schnorbus*, Grundlage der persönlichen Haftung von Organmitgliedern nach § 25 Abs. 1 UmwG, ZHR 167 (2003) 666.

---

[232] *Dötsch/Pung* DB 2006, 2763; *Haritz* GmbHR 2007, 169 zur Langlebigkeit alter einbringungsgeborener Anteile.

I. Allgemeines

1. Sinn und Zweck der Norm

1 Die Vorschrift statuiert Schadensersatzpflichten der Organmitglieder des übertragenden Rechtsträgers zugunsten dieses Rechtsträgers, seiner Anteilsinhaber und seiner Gläubiger. In diesem Punkt weicht sie – rechtspolitisch nicht überzeugend – von den allgemeinen Regeln des Gesellschaftsrechts ab[1]. Für diese Ansprüche ordnet Abs. 2 den Fortbestand des (durch die Verschmelzung erloschenen) übertragenden Rechtsträgers an. Ohne diese Fiktion wäre der Ersatz an den übernehmenden Rechtsträger zu leisten und käme zugleich dessen Anteilseignern und Gläubigern zugute. Abs. 3 vereinheitlicht die Verjährung der Ersatzansprüche.

2. Entstehungsgeschichte

2 Entsprechende Regelungen fanden sich in § 28 KapErhG, § 93 n GenG, § 44 a Abs. 3 VAG und vor allem in § 349 AktG, durch den Art. 20 VerschmRL in deutsches Recht umgesetzt worden war. § 25 ist an die Stelle dieser Vorschriften getreten.

II. Die Schadensersatzpflicht (Abs. 1)

1. Die Ersatzpflichtigen

3 Zum Ersatz der aus der Verschmelzung resultierenden Schäden sind die **Mitglieder des Vertretungsorgans** und – soweit vorhanden – die **Mitglieder des Aufsichtsorgans** eines übertragenden Rechtsträgers verpflichtet.

4 **a) Mitglieder des Vertretungsorgans** sind bei AG, Genossenschaft und Verein die Mitglieder des Vorstands, bei der GmbH die Geschäftsführer und bei den Personenhandelsgesellschaften sowie bei der KGaA die nicht von der Geschäftsführung und/oder Vertretung ausgeschlossenen persönlich haftenden Gesellschafter. Die hM stellt für diesen Personenkreis allein auf die Vertretungsmacht ab[2]. Das wird dem Zweck der Vorschrift nicht gerecht: Die Einbeziehung des Aufsichtsorgans zeigt, dass es um die Befugnis geht, über die Verwaltung fremden Vermögens zu entscheiden. Deshalb sind nicht nur die vertretungsberechtigten, sondern auch die nur geschäftsführungsbefugten Gesellschafter in den Kreis der potentiell Haftenden einzubeziehen.

5 **b) Mitglieder des Aufsichtsorgans** sind die in den Aufsichtsrat gewählten Vertreter der Anteilseigner wie der Arbeitnehmer, und zwar ohne Rücksicht darauf, ob dieses Gremium gesetzlich vorgeschrieben[3] oder im Gesellschaftsvertrag der GmbH vorgesehen[4] ist. Auch andere freiwillig gebildete Gremien wie Beiräte, Verwaltungsräte und Gesellschafterausschüsse können den Aufsichtsorganen zuzurechnen sein. Das gilt aber nur dann, wenn ihnen Entscheidungsbefugnisse eingeräumt worden sind. Gremien mit ausschließlich beratender Funktion sind keine Aufsichtsorgane[5].

---

[1] *Grunewald* in Lutter Rn 3.
[2] *Grunewald* in Lutter Rn 4; *Marsch-Barner* in Kallmeyer Rn 3 für die Personenhandelsgesellschaft; letzterer anders für die KGaA: Dort soll jeder Komplementär haften.
[3] Vgl. §§ 95 ff. AktG, 76 ff. BetrVG 1952, 1 ff. MitBestG.
[4] § 52 GmbHG.
[5] So die ganz hM; vgl etwa *Marsch-Barner* in Kallmeyer Rn 4; *Stratz* in Schmitt/Hörtnagl/Stratz Rn 7; *Priester* in Scholz GmbHG7 § 28 KapErhG Rn 3; *Zimmermann* in Rowedder § 77 GmbHG Anh. Rn 381; aA *Grunewald* in Lutter Rn 5.

c) **Zeitpunkt der Organzugehörigkeit.** Für den **Zeitpunkt der Organzugehörig-** 6
keit kommt es allein auf das pflichtwidrige und schädigende Verhalten an. Die Haftung wird nur durch Handlungen begründet, die von einem Mitglied des Vertretungs- oder Aufsichtsorgans begangen oder pflichtwidrig unterlassen worden sind. Nicht erforderlich ist, dass die in Anspruch genommene Person auch später, etwa bei Wirksamwerden der Verschmelzung, noch Mitglied des Gremiums war[6].

d) **Haftung als Gesamtschuldner.** Mehrere Verpflichteten haften als **Gesamtschuld-** 7
ner. Der Geschädigte kann von jedem vollen Ersatz verlangen. Soweit einer geleistet hat, werden die übrigen Verpflichteten frei[7]. Diese sind im Zweifel dem Leistenden zum Ausgleich verpflichtet[8]. Ersatzpflichtig ist auch der übertragende Rechtsträger, soweit er gemäß § 31 BGB für die unerlaubten Handlungen seiner Organmitglieder haftet[9]. Die daraus resultierenden Verbindlichkeiten gehen gemäß § 20 Abs. 1 mit der Eintragung auf den übernehmenden Rechtsträger über.

2. Haftungsgrund

ist die **Verletzung der Sorgfaltspflicht** bei der Prüfung der Vermögenslage der Rechts- 8
träger und beim Abschluss des Verschmelzungsvertrags. Andere Pflichtverletzungen werden nicht erfasst[10]. Die Gesetzesfassung lässt keinen Zweifel daran, dass die **Beweislast** insoweit den potentiell Ersatzpflichtigen aufgebürdet wird. Sie haben sich durch den Nachweis zu entlasten, dass sie ihrer Sorgfaltspflicht genügt haben[11].

a) **Prüfung der Vermögenslage.** Der Umfang der bei der **Prüfung der Vermögens-** 9
lage der beteiligten Rechtsträger geforderten Sorgfaltspflicht ist wenig klar. Sie umfasst die überlegte Auswahl der Verschmelzungsprüfer[12]. Sie ist umgekehrt nicht schon dann verletzt, wenn sich nachträglich herausstellt, dass die Bewertung der beteiligten Rechtsträger der Korrektur bedarf. Die Organmitglieder sind zu umsichtiger Ermittlung und Prüfung der relevanten Fragen verpflichtet. Soweit sie nicht persönlich interessiert sind, stehen ihnen aber breite Spielräume eigenverantwortlicher Einschätzung und Beurteilung offen[13]. Die Sorgfaltspflicht ist nicht schon deshalb verletzt, weil die Unterlagen des übernehmenden Rechtsträgers unvollständig oder unzulänglich sind[14]. Die Organmitglieder haben bei der Entscheidung auch andere Umstände, etwa das Interesse der Anteilsinhaber der übertragenden Rechtsträger an einem raschen Vollzug der Verschmelzung, in Betracht zu ziehen.[15]

---

[6] *Bermel* in Goutier/Knopf/Tulloch Rn 8; *Stratz* in Schmitt/Hörtnagl/Stratz Rn 9; *Vossius* in Widmann/Mayer Rn 16; *Marsch-Barner* in Kallmeyer Rn 5; *Grunewald* in Lutter Rn 6 mwN.
[7] § 25 Abs. 1 S. 1; § 421 BGB.
[8] § 426 BGB.
[9] *Grunewald* in Lutter Rn 7.
[10] *Marsch-Barner* in Kallmeyer Rn 6; *Grunewald* in Lutter Rn 9.
[11] *Goette* ZGR 1995, 648, 671; *Schnorbus* ZHR 167 (2003) 666, 679 f.; *Marsch-Barner* in Kallmeyer Rn 6; *Grunewald* in Lutter Rn 13 mwN; unklar *Vossius* in Widmann/Mayer Rn 29 (Gläubiger muss „objektive Pflichtverletzung" darlegen und beweisen) und Rn 30 (Schuldner obliegt „Entlastungsbeweis" bezüglich der Sorgfaltspflicht).
[12] *Grunewald* in Lutter Rn 10; *Marsch-Barner* in Kallmeyer Rn 6.
[13] BGHZ 135, 244, 251 ff. „ARAG/Garmenbeck"; das entspricht weitgehend der amerikanischen „Business Judgement Rule", die den Richtern die nachträgliche Beurteilung der Qualität der für andere getroffenen unternehmerischen Entscheidungen verwehrt. Vgl. Bayer v. Beran, 49 NYS. 2 d 2 (NY Sup.Ct. 1944) und Kahn v. Sullivan; Del.Supr., 594 A 2 d 48 (1991).
[14] So aber *Lutter/Hommelhoff* GmbHG § 28 KapErhG Rn 6; *Priester* in Scholz Rn 5; zutreffend *Grunewald* in Lutter Rn 10.
[15] Das kann nicht bedeuten, dass „Angaben ins Blaue hinein" gemacht werden dürfen, vgl. *Schnorbus* ZHR 167 (2003) 666, 685; es geht nur darum, dass Prüfungsintensität und Zeitaufwand in einem nach der (primär von den Organmitgliedern einzuschätzenden) Lage der Dinge in einem vertretbaren Zusammenhang stehen müssen.

10 **b) Abschluss des Verschmelzungsvertrags.** Die Sorgfaltspflicht, die sich auf den **Abschluss des Verschmelzungsvertrags** bezieht, betrifft zunächst die korrekte Berücksichtigung der rechtlichen Voraussetzungen der Verschmelzung. Dazu zählen die zu beobachtenden Formvorschriften und die besonderen Zustimmungserfordernisse[16] ebenso wie die vorschriftsmäßige Berichterstattung und Auskunftserteilung gegenüber den Anteilsinhabern, ohne deren Zustimmung der Verschmelzungsvertrag nicht zustande kommt[17]. Im Übrigen verfügen die Organträger auch hier über beträchtliche Spielräume der Einschätzung und Beurteilung[18].

11 **c) Verschulden.** Die Haftung der Organmitglieder setzt neben der objektiven Pflichtwidrigkeit individuelles **Verschulden** voraus. Auch dafür gilt die erwähnte Beweislastumkehr[19]. Es ist Sache der Organmitglieder, sich zu exkulpieren. Für die Ersatzpflicht genügt jede Fahrlässigkeit. Das gilt auch für die von Gläubigern geltend gemachten Ansprüche[20].

3. Ersatzberechtigt

12 Ersatzberechtigt, d. h. potentielle Gläubiger des Anspruchs auf Schadensausgleich, sind der übertragende Rechtsträger, dessen Anteilsinhaber und dessen Gläubiger. Schäden des übernehmenden Rechtsträgers sowie seiner Anteilseigner und Gläubiger werden von § 25 nicht erfasst. Insoweit bewendet es bei den allgemeinen Vorschriften.

13 **a) Ansprüche des übertragenden Rechtsträgers.** Zurecht wird angenommen, dass **Ansprüche des übertragenden Rechtsträgers** selten sein werden. Als Beispiele werden Rufschädigungen und die Offenbarung von Geschäftsgeheimnissen genannt[21]. Ein die Anteilsinhaber des übertragenden Rechtsträgers benachteiligendes Umtauschverhältnis betrifft nur diese, den Rechtsträger selber lässt es unberührt. Dem übertragenden Rechtsträger erwächst ein Anspruch auf Schadensersatz nur dann, wenn der Wert seines Unternehmens durch Verletzungen der Sorgfaltspflicht vor der Festsetzung des Umtauschverhältnisses gemindert worden ist. Der Anspruch wird sich wohl kaum darauf stützen lassen, dass die Verschmelzung keinem wirtschaftlich sinnvollen Ziel dient[22]. Angesichts des den Organmitgliedern eingeräumten Ermessensspielraums dürfte ihnen der Entlastungsbeweis nicht schwer fallen. Wenn sie die Verschmelzung aus eigensüchtigen Gründen, etwa wegen ihnen versprochener Zuwendungen, betrieben haben, ist nicht die Sorgfaltspflicht *(duty of care)*, sondern die Treuepflicht im engeren Sinne *(duty of loyalty)* verletzt worden. Derartige Verstöße werden nicht von § 25 erfasst. Auf sie sind die allgemeinen Vorschriften anzuwenden.

14 **b) Anteilsinhaber.** Soweit dem übertragenden Rechtsträger Schadensersatzforderungen zustehen, haben die **Anteilsinhaber** keinen Anspruch auf Ausgleich des ihnen durch die Minderung des Werts ihrer Beteiligung entstandenen Reflexschadens, da anders die Gefahr einer doppelten Inanspruchnahme der Schädiger drohte[23]. Den Anteilsinhabern erwächst ein originärer Schaden vor allem aus einem für sie nachteiligen Umtauschverhältnis, das auf der nicht hinreichend sorgfältigen Prüfung der Vermögenslage der beteiligten Rechtsträger

---

[16] *Grunewald* in Lutter Rn 11.
[17] *Grunewald* in Lutter Rn 11; *Marsch-Barner* in Kallmeyer Rn 6.
[18] So *LG Stuttgart* ZIP 1994, 631, 632 f. (für die völlige Übernahme der Verschmelzungskosten durch einen der beteiligten Rechtsträger).
[19] Siehe Rn 8.
[20] Insoweit weicht die Regelung von § 93 Abs. 1 AktG ab, der auf die Sorgfalt eines ordentlichen und gewissenhaften Geschäftsleiters abstellt; dazu *Marsch-Barner* in Kallmeyer Rn 7.
[21] *Grunewald* in Lutter Rn 14; *Marsch-Barner* in Kallmeyer Rn 9. Weitergehend *Schnorbus* ZHR 167 (2003) 666, 694 f., nach dem der übertragende Rechtsträger nicht zu den Anspruchsberechtigten zählen soll. Das ist mit dem Wortlaut von § 25 Abs. 1 und 2 schwerlich zu vereinbaren.
[22] Vgl. aber *Bermel* in Goutier/Knopf/Tulloch Rn 15.
[23] *Grunewald* in Lutter Rn 14 und 15 mwN.

beruht[24]. Für diesen Fall wird den Anteilsinhabern ein weiterer Rechtsbehelf eingeräumt: Sie können im Spruchstellenverfahren Ausgleich von dem übernehmenden Rechtsträger verlangen[25].

c) Gläubiger. Für die **Gläubiger** des übertragenden Rechtsträgers spielen die Bewertung des Vermögens der beteiligten Rechtsträger und das auf ihnen beruhende Umtauschverhältnis keine Rolle, da sie den allen Gläubigern haftenden Bestand des Vermögens des übernehmenden Rechtsträgers nach Vollzug der Verschmelzung nicht berühren. Schon deshalb können ihnen aus Sorgfaltspflichtverletzungen bei der Prüfung der Vermögenslage der beteiligten Rechtsträger keine Ansprüche erwachsen. Verschlechtert sich ihre Position durch einen dem Rechtsträger zugefügten Schaden, dann stehen ihnen keine eigenen Ansprüche zu. Insoweit gilt für sie dasselbe wie für die Anteilsinhaber[26].

Sie sind vor allem dann betroffen, wenn die Vermögenslage des übernehmenden Rechtsträgers als ihrem neuen Schuldner hinter der des übertragenden als ihrem bisherigen Schuldner zurückbleibt. Diese Erhöhung des Gläubigerrisikos wird durch § 22 neutralisiert. Aus diesem Grunde ist nicht anzunehmen, dass sie in den Schutzbereich des § 25 fällt[27]. Eine Haftung der Organmitglieder des übertragenden Rechtsträgers für eine Verschmelzung, die den Interessen der Anteilsinhaber entspricht und zugleich das Gläubigerrisiko erhöht, scheidet aus. Es ist auch nicht einzusehen, dass die Organmitglieder den Gläubigern für die ordnungsgemäße Prüfung der Vermögenslage des übernehmenden Rechtsträgers haften[28].

4. Schaden

Der **zu ersetzende Schaden** erfasst nicht alle negativen Folgen der Verschmelzung, sondern nur die Beeinträchtigungen, die **auf der Pflichtverletzung beruhen**[29]. Der Ersatzanspruch setzt voraus, dass die Verschmelzung vollzogen worden ist. Er richtet sich allein auf finanziellen Ausgleich. Eine Naturalrestitution durch Rückgängigmachung der Verschmelzung ist ausgeschlossen[30].

5. Ausschluss der Haftung

Wenig klar ist, in welcher Weise die **Haftung durch Beschlussfassung der Anteilseigner ausgeschlossen** werden kann. Der gem. § 13 erforderliche Verschmelzungsbeschluss kann diesen Effekt schon deshalb nicht auslösen, weil § 25 damit zumindest für den übertragenden Rechtsträger und seine Anteilsinhaber leer laufen würde[31].

Aus eben diesem Grund kann bei der AG auch § 93 Abs. 4 Satz 1 AktG keine Anwendung finden[32], es sei denn, dass die Hauptversammlung im Rahmen ihrer Zuständigkeit spezifische Verhaltensweisen der Organträger verlangt oder billigt. Ein nachträglicher Anspruchsverzicht[33] scheitert daran, dass es drei Jahre nach Vollzug der Verschmelzung keine Hauptversammlung des übertragenden Rechtsträgers geben kann. Dieser Umstand wird auch durch die Fiktion des Fortbestehens des übertragenden Rechtsträgers gem. § 25 Abs. 2 nicht behoben.

---

[24] Zu der Frage, inwieweit dabei auf den Börsenkurs abzustellen ist, vgl. *BayObLG* ZIP 2003, 253 und *Schnorbus* ZHR 167 (2003) 666, 686 f.
[25] § 15, §§ 1 ff. SpruchG; zum Verhältnis der Ansprüche Rn 23.
[26] Siehe Rn 14.
[27] Zutreffend *Grunewald* in Lutter Rn 16.
[28] Anders die hM; vgl. etwa *Schnorbus* ZHR 167 (2003) 666, 697 f.; *Grunewald* in Lutter Rn 16 und *Marsch-Barner* in Kallmeyer Rn 9. Wie hier noch *Grunewald* in G/H/E/K § 349 AktG Rn 12.
[29] *Grunewald* in Lutter Rn 17; *Marsch-Barner* in Kallmeyer Rn 8.
[30] Das folgt aus § 20 Abs. 2 und ist heute – soweit ersichtlich – unbestritten; vgl. *Schnorbus* ZHR 167 (2003) 666, 691; *Grunewald* in Lutter Rn 17, beide mwN.
[31] *Grunewald* in Lutter Rn 19 mwN.
[32] *Marsch-Barner* in Kallmeyer Rn 7.
[33] § 93 Abs. 4 Satz 3 AktG.

20 Ein Beschluss durch die Hauptversammlung des übernehmenden Rechtsträgers kommt schon deshalb nicht in Betracht, weil dies den Verzicht gegen den Willen der Anteilsinhaber der übertragenden Rechtsträger ermöglichen würde.

21 Anders als bei der GmbH kann die Entlastung der Verwaltungsorgane durch die Gesellschafter- oder Hauptversammlung bei der AG keinen Verzicht auf Ersatzansprüche bewirken[34]. Soweit die Anteilsinhaber danach überhaupt in der Lage sind, auf Ansprüche zu verzichten, haben ihre Beschlüsse keine Wirkung auf den Bestand der Ersatzpflicht gegenüber den Gläubigern[35].

6. Verhältnis zu anderen Bestimmungen

22 Auch das **Verhältnis** des § 25 Abs. 1 **zu anderen Bestimmungen** ist wenig übersichtlich. Generell hat zu gelten, dass andere Anspruchsgrundlagen durch diese Vorschrift nicht verdrängt und ausgeschlossen werden. Das gilt insbesondere für Ansprüche gegen den übernehmenden Rechtsträger und seine Organe. Sind die Vertreter des übertragenden Rechtsträgers im Zuge der Verschmelzungsverhandlung durch die des übernehmenden Rechtsträgers arglistig getäuscht worden, entstehen Schadensersatzansprüche nach allgemeinem Deliktsrecht, die sich nicht nur gegen die Handelnden, sondern auch gegen den übernehmenden Rechtsträger richten[36].

23 **a) Verhältnis zum SpruchG.** Werden die **Anteilsinhaber** des übertragenden Rechtsträgers durch ein pflichtwidrig ermitteltes Umtauschverhältnis benachteiligt, können sie nicht nur Schadensersatz, sondern auch die Verbesserung des Ausgleichs im Spruchverfahren verlangen[37]. Die Säumnis, von dieser Möglichkeit Gebrauch zu machen, begründet ein Mitverschulden, das dem Ersatzanspruch gem. § 254 Abs. 2 BGB entgegengehalten werden kann[38]. Das Spruchverfahren muss gem. § 4 Abs. 1 SpruchG binnen drei Monaten nach Bekanntmachung der Eintragung der Verschmelzung beantragt werden. Ein Mitverschulden setzt voraus, dass dem Geschädigten schon vor Ablauf dieser Frist Umstände bekannt waren, die geeignet sind, Zweifel an der Angemessenheit des Umtauschverhältnisses zu wecken.

24 **b) Verhältnis zu § 22.** Den durch die Verschmelzung gefährdeten **Gläubigern** eröffnet § 22 die Möglichkeit, binnen sechs Monaten nach Bekanntmachung der Eintragung der Verschmelzung Sicherheit zu verlangen. Die Gläubiger sind in der Bekanntmachung auf dieses Recht hinzuweisen. Auch hier begründet das Versäumnis, von diesem Behelf Gebrauch zu machen, ein die Haftung minderndes oder ausschließendes **Mitverschulden**. Dadurch wird die für die Gläubiger ohnehin geringe Bedeutung des § 25 Abs. 1 weiter geschmälert.

III. Fiktion des Fortbestehens des übertragenden Rechtsträgers (Abs. 2)

1. Die Legalfiktion

25 Mit Eintragung der Verschmelzung in das Register des übernehmenden Rechtsträgers erlöschen die übertragenden Rechtsträger[39]: Gläubiger ihrer Forderungen und Schuldner

---

[34] § 120 Abs. 2 Satz 2 AktG; dazu *Marsch-Barner* in Kallmeyer Rn 7.
[35] Das ergibt sich für die AG aus § 93 Abs. 5 Satz 3; diese Norm ist auf Rechtsträger anderer Rechtsform entsprechend anzuwenden.
[36] § 31 BGB; vgl BGHZ 110, 323, 327 „Schärenkreuzer"; *Grunewald* in Lutter Rn 7 mwN.
[37] § 1 Nr. 4 SpruchG.
[38] *Marsch-Barner* in Kallmeyer Rn 11; *Grunewald* in Lutter Rn 15.
[39] § 20 Abs. 1 Nr. 2.

ihrer Verbindlichkeiten ist nunmehr der übernehmende Rechtsträger. Um diesen Effekt zu verhindern, ordnet § 25 Abs. 2 Satz 1 für gewisse Fälle an, dass **der übertragende Rechtsträger als fortbestehend gilt**. Diese Legalfiktion greift nicht nur für die Rechte, die einem übertragenden Rechtsträger aus § 25 Abs. 1 erwachsen, sondern für alle Ansprüche, die sich auch kraft anderer Vorschriften aufgrund der Verschmelzung für oder gegen ihn ergeben. Insoweit ist die Konfusion der Forderungen und Verbindlichkeiten zwischen übertragendem und übernehmendem Rechtsträger ausgeschlossen. Die Fiktion erstreckt sich aber nicht auf die Organe des übertragenden Rechtsträgers. Sie sind definitiv entfallen; an ihre Stelle tritt bei Bedarf der besondere Vertreter gemäß § 26.

a) Ansprüche gegen den übernehmenden Rechtsträger. Die Fiktion des Fortbestehens gilt zunächst für die Ansprüche der übertragenden **gegen den übernehmenden Rechtsträger**. Für sie ist der Ausschluss der Konfusion von Bedeutung. Solche Forderungen können sich aus dem Verschmelzungsvertrag ergeben, etwa wenn sich der übernehmende Rechtsträger zu einer Kapitalerhöhung, zur Fortführung eines Betriebs oder zu Barzahlungen an die Anteilsinhaber eines übertragenden Rechtsträgers verpflichtet hat. Der übernehmende Rechtsträger kann aber auch wegen Fehlverhaltens bei Abschluss oder Durchführung der Verschmelzung, etwa wegen arglistiger Täuschung, zum Schadensersatz verpflichtet sein.

Die Legalfiktion kann schließlich zum Zuge kommen, wenn es um **Ansprüche** des übertragenden Rechtsträgers **gegen Dritte** geht. Das gilt indessen nur für solche Forderungen, die allein dem übertragenden und nicht auch dem übernehmenden Rechtsträger zustehen. Hat ein Steuerberater seine Pflicht, die beteiligten Unternehmen über die steuerlich günstigste Form der Verschmelzung aufzuklären, schuldhaft verletzt, ist der übernehmende Rechtsträger ebenso betroffen wie der übertragende. Deshalb ist der Ersatzanspruch von ihm geltend zu machen. Die Fortbestehensfiktion kommt nicht zum Zuge[40].

b) Verbindlichkeiten des übertragenden Rechtsträgers. Nach dem Wortlaut des § 25 Abs. 2 soll die Legalfiktion auch für **Verbindlichkeiten des übertragenden Rechtsträgers** gelten. Das macht im Regelfall wenig Sinn, weil der als fortbestehend fingierte Rechtsträger über keinerlei Vermögen verfügt, da dies im Wege der Gesamtrechtsnachfolge auf den übernehmenden Rechtsträger übergegangen ist. Deshalb können sich Dritte als Gläubiger allein an diesen halten.

Ist der übernehmende Rechtsträger selbst der Gläubiger, hilft ihm die Fortbestehensfiktion nur dann, wenn der übertragende Rechtsträger Ansprüche geltend macht, gegen die der übernehmende Rechtsträger aufrechnen oder ein Zurückbehaltungsrecht geltend machen kann[41]. Ist der übernehmende von einem übertragenden Rechtsträger beim Abschluss des Verschmelzungsvertrags in einer das Umtauschverhältnis beeinflussenden Weise getäuscht worden, kann er sich nur an die dafür verantwortlichen Organmitglieder halten. Der den Anteilsinhabern des übertragenden Rechtsträgers zugeflossene unerwartete Gewinn kann auch nicht über das Spruchverfahren zurückverlangt werden[42].

2. Rechtsfolge

des § 25 Abs. 2 ist die **Fiktion, dass der übertragende Rechtsträger fortbesteht** und zugleich der Ausschluss der Konfusion von Ansprüchen und Verbindlichkeiten zwischen übertragendem und übernehmendem Rechtsträger. Das gilt aber nur insoweit, als die dargelegten Voraussetzungen[43] vorliegen. Für die von ihnen erfassten Forderungen und Schulden findet die Gesamtrechtsnachfolge gem. § 20 Abs. 1 Nr. 1 nicht statt. Sie verbleiben bei dem als weiterhin existent geltenden übertragenden Rechtsträger. Er hat freilich keine Organe mehr. Für diese wird auch kein Fortbestand fingiert. Vielmehr ist gem. § 26 Abs. 1 für den

---

[40] *BGH* ZIP 1997, 322, 324.
[41] *Grunewald* in Lutter Rn 26 mwN.
[42] § 15, §§ 1 ff. SpruchG.
[43] Siehe Rn 25 ff.

als fortbestehend geltenden übertragenden Rechtsträger ein **besonderer Vertreter** zu bestellen.

IV. Verjährung (Abs. 3)

31 Die in Abs. 1 erwähnten Ansprüche **verjähren in fünf Jahren**[44]. Die Verjährungsfrist beginnt mit dem Tag, an dem die Eintragung der Verschmelzung in das Register des Sitzes des übernehmenden Rechtsträgers bekannt gemacht worden ist. Maßgeblich ist die Eintragung in das elektronische Handelsregister gemäß § 10 HBG[45]. Es kommt nicht darauf an, ob der Ersatzberechtigte seine Beeinträchtigung kannte oder erkennen konnte. Für die übrigen der in Abs. 2 erwähnten Ansprüche gelten die Verjährungsbestimmungen des BGB.

§ 26 Geltendmachung des Schadenersatzanspruchs

(1) **Die Ansprüche nach § 25 Abs. 1 und 2 können nur durch einen besonderen Vertreter geltend gemacht werden.** Das Gericht des Sitzes eines übertragenden Rechtsträgers hat einen solchen Vertreter auf Antrag eines Anteilsinhabers oder eines Gläubigers dieses Rechtsträgers zu bestellen. Gläubiger sind nur antragsberechtigt, wenn sie von dem übernehmenden Rechtsträger keine Befriedigung erlangen können. Gegen die Entscheidung findet die sofortige Beschwerde statt.

(2) Der Vertreter hat unter Hinweis auf den Zweck seiner Bestellung die Anteilsinhaber und Gläubiger des betroffenen übertragenden Rechtsträgers aufzufordern, die Ansprüche nach § 25 Abs. 1 und 2 binnen einer angemessenen Frist, die mindestens einen Monat betragen soll, anzumelden. Die Aufforderung ist im elektronischen Bundesanzeiger und, wenn der Gesellschaftsvertrag, der Partnerschaftsvertrag oder die Satzung andere Blätter für die öffentlichen Bekanntmachungen des übertragenden Rechtsträgers bestimmt hatte, auch in diesen Blättern bekanntzumachen.

(3) Der Vertreter hat den Betrag, der aus der Geltendmachung der Ansprüche eines übertragenden Rechtsträgers erzielt wird, zur Befriedigung der Gläubiger dieses Rechtsträgers zu verwenden, soweit die Gläubiger nicht durch den übernehmenden Rechtsträger befriedigt oder sichergestellt sind. Für die Verteilung gelten die Vorschriften über die Verteilung, die im Falle der Abwicklung eines Rechtsträgers in der Rechtsform des übertragenden Rechtsträgers anzuwenden sind, entsprechend. Gläubiger und Anteilsinhaber, die sich nicht fristgemäß gemeldet haben, werden bei der Verteilung nicht berücksichtigt.

(4) Der Vertreter hat Anspruch auf Ersatz angemessener barer Auslagen und auf Vergütung für seine Tätigkeit. Die Auslagen und die Vergütung setzt das Gericht fest. Es bestimmt nach den gesamten Verhältnissen des einzelnen Falles nach freiem Ermessen, in welchem Umfange die Auslagen und die Vergütung von beteiligten Anteilsinhabern und Gläubigern zu tragen sind. Gegen die Entscheidung findet die sofortige Beschwerde statt; die weitere Beschwerde ist ausgeschlossen. Aus der rechtskräftigen Entscheidung findet die Zwangsvollstreckung nach der Zivilprozeßordnung statt.

Übersicht

	Rn		Rn
I. Allgemeines	1	1. Funktion	3
1. Sinn und Zweck der Norm	1	2. Bestellung	4
2. Entstehungsgeschichte	2	3. Antragsberechtigung	5
II. Der besondere Vertreter	3	a) Anteilsinhaber	5

---

[44] § 25 Abs. 3.
[45] § 19 Abs. 3.

	Rn		Rn
b) Gläubiger	6	**III. Verfahren**	12
c) Übernehmender Rechtsträger	7	1. Aufforderung	12
d) Andere Personen	9	2. Anmeldung	13
4. Rechtsstellung des besonderen Vertreters	9	3. Einziehung	14
		4. Verteilung	15
a) Partei kraft Amtes	9	a) Ansprüche der Anteilsinhaber und Gläubiger	15
b) Auslagen und Vergütung	10		
c) Haftung	11	b) Ansprüche des übertragenden Rechtsträgers	16

I. Allgemeines

1. Sinn und Zweck der Norm

Die Vorschrift sieht für die Geltendmachung der von § 25 erfassten Ansprüche ein besonderes Verfahren vor. Die Geltendmachung dieser Ansprüche obliegt einem gerichtlich bestellten **besonderen Vertreter**. Dieser handelt nicht nur für den als fortbestehend fingierten übertragenden Rechtsträger, sondern auch für dessen Anteilsinhaber und Gläubiger. Dadurch soll ein Wettlauf zwischen diesen (möglicherweise) Berechtigten unterbunden, die Abwicklung durch einen einzigen Prozess ermöglicht und eine dem Liquidationsverfahren entsprechende Verteilung des Erlöses gewährleistet werden.

2. Entstehungsgeschichte

Die Vorschrift entspricht §§ 350 AktG, 29 KapErhG und 44 a Abs. 3 VAG. Sie ist an die Stelle dieser Bestimmungen getreten.

II. Der besondere Vertreter

1. Funktion

Die Geltendmachung und Durchsetzung der in § 25 Abs. 1 und 2 geregelten Ansprüche ist einem besonderen Vertreter vorbehalten. Der als fortbestehend fingierte Rechtsträger hat keine Organe mehr[1]. Er kann nur durch den besonderen Vertreter handeln. Anteilsinhaber und Gläubiger sind von der gerichtlichen Geltendmachung ihrer Ansprüche ausgeschlossen. Erheben sie **Klage**, dann ist diese **als unzulässig abzuweisen**[2]. Sie können jedoch einem von dem besonderen Vertreter geführten Prozess als Nebenintervenient beitreten[3]. § 26 hat aber nicht nur prozessuale, sondern **auch materiellrechtliche Bedeutung**. Deshalb ist es einem von dem übernehmenden Rechtsträger in Anspruch genommenen Anteilsinhaber oder Gläubiger verwehrt, mit einer der von § 25 Abs. 1 und 2 erfassten Forderungen aufzurechnen[4]. Über den Wortlaut des Abs. 1 Satz 1 hinaus ist der besondere Vertreter auch zur

---

[1] Vgl. § 25 Rn 25.
[2] *Marsch-Barner* in Kallmeyer Rn 2; *Grunewald* in Lutter Rn 4 mwN.
[3] § 66 ZPO; *Grunewald* in Lutter Rn 4; *Marsch-Barner* in Kallmeyer Rn 2; aA *Vossius* in Widmann/Mayer Rn 8.
[4] *Vossius* in Widmann/Mayer Rn 9 und 10; anders *Grunewald* in Lutter Rn 4. Für die hier vertretene Auffassung spricht der mit § 26 verfolgte Zweck einer dem Liquidationsverfahren entsprechenden Abwicklung und Verteilung; siehe Rn 1. Dieser Zweck schließt die Aufrechnung durch den übernehmenden Rechtsträger nicht aus.

passiven Vertretung des übertragenden Rechtsträgers berufen. So ist die Aufrechnungserklärung des übernehmenden Rechtsträgers an ihn zu richten[5].

2. Bestellung

4 Der besondere Vertreter wird auf Antrag durch das **Amtsgericht** am Sitz des übertragenden Rechtsträgers bestellt[6]. Das Gericht hat außer der Antragsberechtigung[7] zu prüfen, ob es ein **sachliches Bedürfnis** für die Bestellung gibt. Dazu hat der Antragsteller **glaubhaft** zu machen, dass die Voraussetzungen des § 25 Abs. 1 oder 2 vorliegen[8]. Die Auswahl der Person steht im Ermessen des Gerichts. Der Antragsteller kann unverbindliche Vorschläge machen. Es kann auch eine (Personen- oder Kapital-)Gesellschaft (Anwaltssozietät, Steuerberatungs- oder Wirtschaftsprüfungsgesellschaft) bestellt werden. Gegen die Entscheidung des Amtsgerichts kann sofortige Beschwerde erhoben werden[9]. Die darauf ergehende Entscheidung kann mit der weiteren Beschwerde angefochten werden[10].

3. Antragsberechtigung

5 a) **Anteilsinhaber.** Antragsberechtigt ist jeder **Anteilsinhaber** des übertragenden Rechtsträgers, der diese Rechtsposition im Augenblick der Verschmelzung inne hatte. Es ist unschädlich, wenn der Anteil später im Wege der **Einzelrechtsnachfolge** übertragen worden ist. Auch dann bleibt die Antragsberechtigung bei dem ursprünglichen Inhaber. Anders als der Anspruch auf Beteiligung an dem Erlös gem. Abs. 3 kann die Antragsberechtigung nicht abgetreten werden. Sie geht allein im Wege der **Gesamtrechtsnachfolge**, etwa durch Vererbung, über[11].

6 b) **Gläubiger.** Gem. Abs. 1 Satz 2 sind auch die **Gläubiger** des übertragenden Rechtsträgers antragsberechtigt. Dies gilt jedoch nur dann, wenn sie von dem übernehmenden Rechtsträger oder aus einer ihnen gem. § 22 eingeräumten Sicherheit keine Befriedigung erlangen können. Diese Voraussetzung haben sie glaubhaft zu machen. Der Versuch einer Zwangsvollstreckung ist nicht erforderlich[12]. Als Gläubiger kann auch der **übernehmende Rechtsträger** antragsberechtigt sein.

7 c) **Übernehmender Rechtsträger.** Im Anschluss an eine Entscheidung des *OLG Hamm*[13] nimmt die ganz hM an, dass der **übernehmende Rechtsträger** auch dann antragsberechtigt ist, wenn er den Verschmelzungsvertrag **anfechten** will[14]. Anders als in dem dort entschiedenen Fall kann die mit der Anfechtung bezweckte Vernichtung des Vertrags wegen § 20 Abs. 2 heute nicht mehr erzielt werden. Deshalb machen weder die Anfechtung noch die auf sie gestützte Antragsberechtigung einen Sinn. Die **Aufrechnung** gegen eine Forderung des übertragenden Rechtsträgers kommt erst in Betracht, wenn diese durch einen besonderen Vertreter geltend gemacht werden kann.

8 d) **Andere Personen** als die Anteilsinhaber und Gläubiger des übertragenden Rechtsträgers sind **nicht antragsberechtigt**. Dafür besteht auch kein Bedarf[15]. Zusagen, die den Arbeitnehmern des übertragenden Rechtsträgers gem. § 5 Abs. 1 Nr. 9 im Verschmelzungs-

---

[5] § 164 Abs. 3 BGB. So *OLG Hamm* DB 1991, 2535 f. für den Fall der Anfechtung, die aber nunmehr gem. § 20 Abs. 2 ohne Wirkung bleibt.
[6] § 26 Abs. 1 Satz 2 iVm. § 145 FGG.
[7] Siehe dazu Rn 5 ff.
[8] *OLG Hamm* DB 1991, 2535 f. für den Schaden gem. § 25 Abs. 1; *Grunewald* in Lutter Rn 12 mwN.
[9] § 26 Abs. 1 Satz 4 iVm. § 22 FGG.
[10] § 27 FGG; *Vossius* in Widmann/Mayer Rn 29; *Marsch-Barner* in Kallmeyer Rn 10.
[11] *Grunewald* in Lutter Rn 6 und 7; *Marsch-Barner* in Kallmeyer Rn 6.
[12] *Marsch-Barner* in Kallmeyer Rn 8; *Grunewald* in Lutter Rn 8.
[13] *OLG Hamm* DB 1991, 2535 f.; siehe Rn 4.
[14] § 119, 123 BGB. *Marsch-Barner* in Kallmeyer Rn 3; *Grunewald* in Lutter Rn 10 mwN.
[15] Teilweise anders *Grunewald* in Lutter Rn 9 und *Marsch-Barner* in Kallmeyer Rn 9.

vertrag gemacht worden sind, binden auch den übernehmenden Rechtsträger und können gegen ihn geltend gemacht werden. Andere Verpflichtungen, die der übertragende Rechtsträger eingegangen ist, gehen gem. § 20 Abs. 1 Nr. 1 mit der Eintragung der Verschmelzung auf den übernehmenden Rechtsträger über.

4. Rechtsstellung des besonderen Vertreters

a) Partei kraft Amtes. Entgegen der Bezeichnung im Gesetz handelt der besondere Vertreter nicht in fremdem, sondern in **eigenem Namen**. Er ist nicht Vertreter des als fortbestehend fingierten Rechtsträgers oder der Antragsberechtigten, sondern **Partei kraft Amtes**[16]. Er ist an Weisungen der antragsberechtigten Anteilsinhaber und/oder Gläubiger nicht gebunden. Er ist nicht verpflichtet, das ihm angetragene Amt anzunehmen, und kann es jederzeit niederlegen. Geschieht dies zur Unzeit, kann er zu Schadenersatz verpflichtet sein[17]. 9

b) Auslagen und Vergütung. Der besondere Vertreter hat **Anspruch auf Vergütung** und auf **Ersatz seiner Aufwendungen**. Die Höhe dieser Entschädigung kann mit den Antragsberechtigten vereinbart werden[18]. Ist dies nicht geschehen, wird sie vom Gericht festgesetzt. Ist der besondere Vertreter Rechtsanwalt, kann die Vergütung nach der BRAGO bestimmt werden[19]. Das Gericht kann dem besonderen Vertreter **Vorschüsse** auf Vergütung und Aufwendungen gewähren[20]. Nach Beendigung der Tätigkeit werden Vergütung und Aufwendungsersatz dem von dem besonderen Vertreter erzielten Erlös entnommen. Reicht er nicht aus, bestimmt das Gericht nach freiem Ermessen, wie die Kosten von den beteiligten Anteilsinhabern und Gläubigern zu tragen sind. Diese Entscheidung kann mit der sofortigen Beschwerde angefochten werden. Die weitere Beschwerde ist ausgeschlossen. Der rechtskräftige Beschluss ist ein Titel, aus dem der besondere Vertreter die Zwangsvollstreckung betreiben kann. 10

c) Haftung. Der besondere Vertreter hat sein Amt uneigennützig und mit der gebotenen Sorgfalt wahrzunehmen. Verletzt er diese Pflichten, ist er den Anspruchsberechtigten zum **Schadenersatz** verpflichtet. Die Rechtsgrundlage dieses Anspruchs ist streitig[21]. Am besten passen die Regeln und Grundsätze, die für Liquidatoren der Rechtsform des übertragenden Rechtsträgers gelten[22], da in Abs. 3 Satz 2 für die Verteilung des erzielten Erlöses auf die rechtsformspezifischen Abwicklungsvorschriften verwiesen wird. 11

III. Verfahren

1. Aufforderung

Der besondere Vertreter hat die **Anteilsinhaber** und die **Gläubiger** des übertragenden Rechtsträgers **aufzufordern**, ihre Ansprüche aus § 25 Abs. 1 und 2 anzumelden. Dieser Aufruf ist im elektronischen Bundesanzeiger und – soweit in Satzung oder Gesellschaftsvertrag vorgesehen – in weiteren Blättern bekannt zu machen. Der Vertreter hat dabei auf den 12

---

[16] *Marsch-Barner* in Kallmeyer Rn 11; *Grunewald* in Lutter Rn 15 mwN; aA *Vossius* in Widmann/Mayer Rn 41 f., der im besonderen Vertreter einen „Prozeßgeschäftsführer kraft persönlicher Bestellung" sieht; offen gelassen von OLG Hamm DB 1991, 2535 f.
[17] § 671 Abs. 2 BGB; *Marsch-Barner* in Kallmeyer Rn 11.
[18] Ganz hM; vgl. *Grunewald* in Lutter Rn 17 mwN.
[19] So OLG Düsseldorf DB 1984, 2188 f. für den vergleichbaren Fall des gemeinsamen Vertreters der außenstehenden Aktionäre gem. § 306 Abs. 4 Satz 7 AktG.
[20] *Marsch-Barner* in Kallmeyer Rn 13 mwN.
[21] Vgl. etwa *Grunewald* in Lutter Rn 16 (analoge Anwendung der Vorschriften für Vormund, Pfleger und Konkursverwalter) mit *Marsch-Barner* in Kallmeyer Rn 12 (Delikts- und Auftragsrecht).
[22] So *Marsch-Barner* in Kallmeyer Rn 11 für die AG.

Zweck seiner Bestellung hinzuweisen: Er muss präzise mitteilen, aufgrund welchen Sachverhalts welche Ansprüche gegen wen geltend gemacht werden sollen. Diese Angaben sind erforderlich, damit Anteilsinhaber und Gläubiger informiert darüber entscheiden können, ob sie sich melden und damit an dem Kostenrisiko beteiligen wollen. Der Aufruf sollte auch auf die **Folgen des Unterlassens der Anmeldung** aufmerksam machen. Er ist aber auch ohne diesen Hinweis wirksam[23]. Schließlich hat die Aufforderung den Anteilsinhabern und den Gläubigern eine **angemessene Frist** für ihre Anmeldung zu setzen. Sie **soll** mindestens einen Monat betragen, kann mithin auch kürzer sein, wenn dies aufgrund der Umstände des Einzelfalls, etwa wegen drohender Verjährung, angemessen ist[24]. Ist die Frist unangemessen kurz, können sich Anteilsinhaber und Gläubiger auch nach ihrem Ablauf anmelden.

2. Anmeldung

13   Für die **Anmeldung** ist keine besondere Form vorgeschrieben. Die Anteilsinhaber und Gläubiger haben dem Vertreter die Auskünfte zu erteilen, deren er für die Geltendmachung und Durchsetzung der Ansprüche bedarf. Vor der Erlösverteilung ist die Anteilsinhaber- bzw. Gläubigerstellung nachzuweisen.

3. Einziehung

14   Der besondere Vertreter hat die von seiner Bestellung erfassten Ansprüche **geltend zu machen und beizutreiben**. Dabei stehen ihm weite Entscheidungsspielräume offen: Er befindet nach pflichtgemäßem Ermessen, ob Klage erhoben, Rechtsmittel eingelegt und/oder Vergleiche abgeschlossen werden[25].

4. Die Verteilung des Erlöses

15   a) **Ansprüche der Anteilsinhaber und Gläubiger.** Hat der besondere Vertreter **Ansprüche von Anteilsinhabern oder von Gläubigern** geltend gemacht, steht der erlangte Betrag, nach Abzug der dem Vertreter gebührenden Auslagen und Vergütung, dem jeweiligen Inhaber des Anspruchs zu, für den er gehandelt hat[26]. Sind mehrere berechtigt und deckt der Erlös die Summe der Ansprüche nicht, sind diese anteilig (*pro rata*) zu befriedigen. Auch an diesem Verteilverfahren partizipiert nur, wer seine Forderung fristgemäß angemeldet hat.

16   b) **Ansprüche des übertragenden Rechtsträgers.** Die Erlöse, die der besondere Vertreter aus der Verfolgung der **Ansprüche des übertragenden Rechtsträgers** erlangt hat, sind nach den in Abs. 3 statuierten Regeln zu verteilen. Vorab sind die Auslagen und die Vergütung des besonderen Vertreters zu begleichen. Dann sind die **Gläubiger zu befriedigen**, soweit sie sich nicht an den übernehmenden Rechtsträger und die von ihm gestellten Sicherheiten halten können. Reicht der erlangte Betrag nicht aus, sind die Gläubiger anteilig (*pro rata*) zu befriedigen. Bleibt ein Überschuss, werden die Forderungen der **Anteilsinhaber** erfüllt. Wenn dies nicht in vollem Umfang möglich ist, ist auch hier anteilig zu verfahren. Dafür wird auf die Abwicklungsvorschriften verwiesen, die für die jeweilige Rechtsform des übertragenden Rechtsträgers gelten[27]. Bei der Verteilung werden nur diejenigen Anteilsinhaber und Gläubiger berücksichtigt, die ihre Ansprüche fristgemäß angemeldet haben. Die übrigen sind aber nicht gehindert, Ansprüche zu verfolgen, die im Zuge der Verschmelzung auf den übernehmenden Rechtsträger übergegangen sind.

---

[23] *Grunewald* in Lutter Rn 21 mwN.
[24] *Grunewald* in Lutter Rn 22; *Marsch-Barner* in Kallmeyer Rn 16; aA *Vossius* in Widmann/Mayer Rn 32.
[25] *Marsch-Barner* in Kallmeyer Rn 19.
[26] *Grunewald* in Lutter Rn 25; *Marsch-Barner* in Kallmeyer Rn 20.
[27] § 26 Abs. 3 Satz 2; vgl. etwa §§ 264 ff. AktG, §§ 66 ff. GmbHG, §§ 145 ff. HGB.

§ 27 Schadenersatzpflicht der Verwaltungsträger des übernehmenden Rechtsträgers

Ansprüche auf Schadenersatz, die sich auf Grund der Verschmelzung gegen ein Mitglied des Vertretungsorgans oder, wenn ein Aufsichtsorgan vorhanden ist, des Aufsichtsorgans des übernehmenden Rechtsträgers ergeben, verjähren in fünf Jahren seit dem Tage, an dem die Eintragung der Verschmelzung in das Register des Sitzes des übernehmenden Rechtsträgers nach § 19 Abs. 3 bekannt gemacht worden ist.

Übersicht

	Rn		Rn
I. Allgemeines	1	1. Die traditionell erfassten Rechtsformen	3
1. Sinn und Zweck der Norm	1	2. Personenhandelsgesellschaft und Verein	4
2. Entstehungsgeschichte	2	3. Bezug zur Verschmelzung	5
II. Die in Bezug genommenen Haftungsregeln	3	III. Die Verjährungsregelung	6

I. Allgemeines

1. Sinn und Zweck der Norm

Anders als § 25 ist § 27 keine anspruchsbegründende Vorschrift. Sie knüpft an bestehende Haftungsnormen an und trifft eine **einheitliche Regelung für den Beginn und die Dauer der Verjährung**. 1

2. Entstehungsgeschichte

Die Vorschrift beruht auf § 351 AktG, § 30 KapErhG, § 930 GenG und § 44 a Abs. 3 VAG, die schon bislang die Verjährung mit der Eintragung der Verschmelzung in das Register des Sitzes der übernehmenden Gesellschaft beginnen ließen. Neu ist, dass auch die Länge der Verjährungsfrist im Umwandlungsrecht festgelegt wird. In der Sache wurde damit keine Rechtsänderung beabsichtigt, da die meisten der einschlägigen Vorschriften schon bislang eine fünfjährige Frist vorsahen. 2

II. Die in Bezug genommenen Haftungsregeln

1. Die traditionell erfassten Rechtsformen

§ 27 knüpft an die Bestimmungen an, aus denen sich **Schadensersatzansprüche gegen Mitglieder des Vertretungsorgans** und – soweit vorhanden – **des Aufsichtsorgans des übernehmenden Rechtsträgers** ergeben können. Die Begriffe Vertretungs- und Aufsichtsorgan haben dieselbe Bedeutung wie in § 25[1]. Die wichtigsten der einschlägigen Vorschriften sind in den aufgeführten Vorläufernormen erwähnt[2]. Auf die aktienrechtlichen Bestimmungen wird zudem in §§ 278 Abs. 3 und 283 AktG (für die KGaA) und in § 25 Abs. 1 Nr. 2 MitbestG verwiesen. Insoweit ist es bei der fünfjährigen Verjährungsfrist geblieben. Sie gilt auch für vertragliche Ansprüche gegen die Mitglieder der Vertretungs- und Aufsichtsorgane[3]. 3

---

[1] Siehe hierzu § 25 Rn 4 f.
[2] §§ 93, 116, 117, 309, 310, 317, 318 AktG, §§ 43 und 52 GmbHG sowie §§ 34 und 41 GenG.
[3] *BGH* WM 1989, 1335, 1337.

2. Personenhandelsgesellschaft und Verein

4   Für die Verschmelzung von **Personenhandelsgesellschaften** und **Vereinen** gab es bis zum Inkrafttreten des UmwG keine Sonderbestimmungen. Insoweit galt für alle vertraglichen Ansprüche die allgemeine Verjährungsfrist von 30 Jahren[4]. Da der Wortlaut des § 27 auch diese Rechtsformen erfasst, gilt nunmehr auch für sie die fünfjährige Frist seit Eintragung der Verschmelzung[5]. Dass es in allen nicht verschmelzungsbezogenen Fällen bei der dreißigjährigen Frist bleiben sollte, war rechtspolitisch wenig einleuchtend[6]. Es ist aber ebensowenig einzusehen, warum die Ansprüche gegen den Vorstand einer AG nach fünf und die gegen den Vorstand eines Vereins erst wesentlich später verjähren sollen. Ausschlaggebend ist der Zweck des UmwG, eine übergreifende, d. h. für alle Rechtsformen in gleichem Maße verbindliche Regelung zu schaffen. Zudem hat sich die Diskrepanz durch die im Zuge der Schuldrechtsreform erfolgte Neuregelung der Verjährung verkleinert[7].

3. Bezug zur Verschmelzung

5   § 27 bezieht sich nur auf Schadensersatzansprüche, „**die sich auf Grund der Verschmelzung . . . ergeben**". Das die Haftung auslösende Fehlverhalten muss in sachlichem Zusammenhang mit der Verschmelzung stehen[8]. Insoweit ist § 27 weiter als § 25 Abs. 1. Er erfasst nicht nur die **Sorgfaltspflicht** der Organmitglieder, die auch hier durch weite Beurteilungs- und Spielräume gemildert wird[9]. Die Verjährungsregelung gilt auch für Verletzungen der **Treupflicht im engeren Sinne** *(duty of loyalty),* die den Mitgliedern der Vertretungs- und Aufsichtsgremien die Verfolgung eigensüchtiger Ziele zum Nachteil der Anteilsinhaber verbietet. Ausgenommen sind aber die **Ansprüche aus unerlaubter Handlung**. Es besteht Konsens, dass es für sie bei der besser passenden Verjährungsregelung des § 852 BGB verbleibt[10].

III. Die Verjährungsregelung

6   Die von § 27 erfassten Ansprüche verjähren in fünf Jahren seit dem Tage, an dem die Eintragung der Verschmelzung in das Register des Sitzes des übernehmenden Rechtsträgers bekannt gemacht worden ist. Die Bekanntmachung erfolgt nach § 10 HGB[11]. Es kommt allein auf dieses Datum und nicht darauf an, wann der Geschädigte von den haftungsbegründenden Umständen Kenntnis erlangt hat oder wann Ersatzansprüche geltend gemacht werden können[12].

§ 28 Unwirksamkeit des Verschmelzungsbeschlusses eines übertragenden Rechtsträgers

Nach Eintragung der Verschmelzung in das Register des Sitzes des übernehmenden Rechtsträgers ist eine Klage gegen die Wirksamkeit des Verschmelzungsbeschlusses eines übertragenden Rechtsträgers gegen den übernehmenden Rechtsträger zu richten.

---

[4] § 195 BGB.
[5] So für die Personenhandelsgesellschaften auch *Marsch-Barner* in Kallmeyer Rn 3.
[6] *Grunewald* in Lutter Rn 3 will es deshalb und mit Rücksicht auf die Motive bei der Verjährung gem. § 195 BGB belassen.
[7] Vgl. insbes. §§ 195 und 199 BGB.
[8] *Grunewald* in Lutter Rn 6; *Marsch-Barner* in Kallmeyer Rn 2.
[9] Dazu § 25 Rn 9 mwN.
[10] *Marsch-Barner* in Kallmeyer Rn 4; *Grunewald* in Lutter Rn 5 mwN.
[11] § 19 Abs. 3. Siehe § 19 Rn 18.
[12] *Marsch-Barner* in Kallmeyer Rn 6.

Übersicht

	Rn		Rn
I. Allgemeines	1	2. Vor Eintragung	5
1. Sinn und Zweck der Norm	1	**III. Andere Klagen gegen den übertragenden Rechtsträger**	6
2. Entstehungsgeschichte	3	1. Vor Eintragung	7
II. Klagen gegen die Wirksamkeit des Verschmelzungsbeschlusses des übertragenden Rechtsträgers	4	2. Nach Eintragung	8
1. Nach Eintragung	4	**IV. Klagen gegen den übernehmenden Rechtsträger**	9

Literatur: *Hoffmann-Becking*, Organnachfolge bei der Verschmelzung, FS Ulmer, 2003, S. 243; *Kreuznacht*, Wirkungen der Eintragung fehlerhafter Verschmelzungen von Aktiengesellschaften und Gesellschaften mit beschränkter Haftung nach § 20 Abs. 2 UmwG, 1998; *Martens*, Kontinuität und Diskontinuität im Verschmelzungsrecht, AG 1986, 57.

I. Allgemeines

1. Sinn und Zweck der Norm

Die Vorschrift regelt den wenig wahrscheinlichen Fall, dass nach Eintragung und Wirksamwerden der Verschmelzung Nichtigkeits- oder Anfechtungsklage gegen den Verschmelzungsbeschluss des übertragenden Rechtsträgers erhoben wird. Sie betrifft einen engen Ausschnitt des sehr viel breiteren Problems, wie gerichtliche Verfahren abzuwickeln sind, in die der übertragende Rechtsträger aktiv oder passiv involviert ist[1]. 1

Soweit sie überhaupt Sinn macht, ist sie überflüssig, da sich ihr Regelungsgehalt schon aus dem richtig verstandenen § 20 ergibt: Nach Wirksamwerden der Verschmelzung kann – wenn man von § 25 absieht – nur noch der übernehmende Rechtsträger verklagt werden. 2

2. Entstehungsgeschichte

Die Regelung hat ihre Tradition im Umwandlungsrecht. Sie fand sich schon in § 308 der ursprünglichen Fassung des HGB und in § 246 AktG 1937. § 28 ist an die Stelle der § 352 AktG, § 31 KapErhG, § 93 q GenG und § 44 a Abs. 3 VAG getreten, die sich nur auf die Anfechtungs- und nicht auch auf die Nichtigkeitsklage bezogen. 3

II. Klagen gegen die Wirksamkeit des Verschmelzungsbeschlusses des übertragenden Rechtsträgers

1. Nach Eintragung

Der Wortlaut des § 28 erfasst allein solche **Klagen, die nach Eintragung** der Verschmelzung in das Register des Sitzes des übernehmenden Rechtsträgers, d. h. **nach Wirksamwerden der Verschmelzung** erhoben werden. Dieser Fall ist aus mehreren Gründen wenig wahrscheinlich. Zunächst muss die Klage, die sich gegen die Wirksamkeit eines Verschmelzungsbeschlusses richtet, binnen eines Monats erhoben werden[2]. Bei Ablauf dieser Frist ist in aller Regel noch nicht eingetragen. Sollte es ausnahmsweise doch schon zur Eintragung gekommen sein, ist die Klage sehr wahrscheinlich nicht mehr begründet, weil der Mangel, auf den sie gestützt wird, gem. § 20 Abs. 1 Satz 4 oder Abs. 2 geheilt worden ist[3]. Zwar gibt 4

---

[1] Dazu generell § 20 Rn 66.
[2] § 14 Abs. 1.
[3] Vgl. § 20 Rn 82 ff. mwN.

es Mängel, die so gravierend sind, dass sie nicht geheilt werden[4]. Falls es zu einem solchen Fall je kommen sollte, ist wiederum nicht vorstellbar, dass ein Registerrichter eine so eklatant fragwürdige Verschmelzung eintragen wird. Für eine Feststellungsklage wird es am Rechtsschutzbedürfnis fehlen[5]. Das hat zumindest dort zu gelten, wo auf Schadensersatz geklagt werden kann.

2. Vor Eintragung

5   Wesentlich interessanter ist der Fall, dass der Verschmelzungsbeschluss des übertragenden Rechtsträgers **vor der Eintragung** der Verschmelzung klageweise angefochten wird. In diesem Fall ist die Klage gegen den – noch bestehenden – übertragenden Rechtsträger zu richten. Sie hat regelmäßig zur Folge, dass die Verschmelzung nicht eingetragen wird[6]. Wird gem. § 16 Abs. 3 Satz 1 gerichtlich festgestellt, dass die Erhebung der Klage der Eintragung nicht entgegensteht, und wird deshalb eingetragen, erlischt der übertragende Rechtsträger. Das Verfahren ist nunmehr **gegen den übernehmenden Rechtsträger fortzusetzen**. Dafür besteht ein **Rechtsschutzinteresse**, da die Begründetheit der Klage den übernehmenden Rechtsträger zum Schadensersatz verpflichtet[7].

III. Andere Klagen gegen den übertragenden Rechtsträger

6   Ein in ein Verschmelzungsverfahren involvierter Rechtsträger kann sich mit anderen Klagen seiner Anteilsinhaber konfrontiert sehen. In Betracht kommen u. a. die Auskunftserzwingung gem. § 132 AktG[8], die Klage auf Feststellung der Nichtigkeit eines Jahresabschlusses[9] oder die Anfechtungsklage gegen den für die Durchführung des Verschmelzungsvorhabens notwendigen Kapitalerhöhungsbeschluss[10]. Auch in diesen Fällen, die vom Wortlaut des § 28 nicht erfasst werden, ist danach zu unterscheiden, ob die Klage vor oder nach Wirksamwerden der Verschmelzung erhoben wird.

1. Vor Eintragung

7   Ist die **Eintragung der Verschmelzung** im Register am Sitz des übernehmenden Rechtsträgers **noch nicht erfolgt**, ist die Klage gegen den übertragenden Rechtsträger zu richten. Mit Eintragung der Verschmelzung tritt an seine Stelle der übernehmende Rechtsträger[11]. Das Verfahren kann gegen ihn fortgesetzt werden. Insoweit wird auch ein Rechtsschutzbedürfnis vielfach zu bejahen sein[12].

2. Nach Eintragung

8   Ist die **Verschmelzung durch Eintragung vollzogen**, dann kann nur noch gegen den übernehmenden Rechtsträger Klage erhoben werden. Für das Rechtsschutzinteresse ist das ohne Bedeutung: Wo es für die Fortsetzung des Rechtsstreits gegen den übernehmenden

---

[4] Vgl. § 20 Rn 89.
[5] *Grunewald* in Lutter Rn 6.
[6] § 16 Abs. 2 Satz 2.
[7] *OLG Stuttgart* NZG 2004, 463, 464; *Grunewald* in Lutter Rn 3; *Marsch-Barner* in Kallmeyer Rn 2.
[8] *OLG Düsseldorf* AG 1957, 279; *LG München* NZG 1999, 674; *Grunewald* in Lutter Rn 5.
[9] *OLG Hamm* AG 1973, 206; *BGH* NJW 1976, 241 (Berufungs- und Revisionsurteil im selben Fall).
[10] *Marsch-Barner* in Kallmeyer Rn 1.
[11] *BGH* NJW 1976, 241 begründet dies auch mit § 352 AktG, einem der Vorläufer von § 28.
[12] Dazu *LG München* NZG 1999, 674, 675: in *BGH* NJW 1976, 241 „wird wohl das Fortbestehen des Rechtsschutzinteresses unterstellt"; und: für „einen objektiv denkenden Durchschnittsaktionär ... ist es grundsätzlich bedeutsam, wie die Verwaltung mit dem in ihrem Unternehmen investierten Kapital umgegangen ist". Das Rechtsschutzinteresse für den Regelfall bejahend: *Martens* AG 1986, 57, 66; verneinend: *Grunewald* in Lutter Rn 4 und 5; einschränkend *Marsch-Barner* in Kallmeyer Rn 4.

Rechtsträger zu bejahen ist, legitimiert es auch die gegen ihn gerichtete Klage. Für die Klage ist weiterhin das Landgericht am Sitz des übertragenden Rechtsträgers zuständig[13].

IV. Klagen gegen den übernehmenden Rechtsträger

Sie sind **nicht Gegenstand des § 28**. Das gilt auch für die Klagen, die die Anteilsinhaber des übernehmenden Rechtsträgers gegen die Wirksamkeit des Verschmelzungsbeschlusses erheben. Im Übrigen gilt weitgehend dasselbe wie für die entsprechenden Klagen der Anteilsinhaber des übertragenden Rechtsträgers[14]. Mit Klagen nach der Eintragung ist auch hier nicht zu rechnen. Klagen vor Wirksamwerden der Verschmelzung verhindern die Eintragung[15]. Wird gem. § 16 Abs. 3 Satz 1 eingetragen, ist das Verfahren wegen der Möglichkeit von Schadensersatzanspruch gem. § 16 Abs. 3 Satz 8 fortzusetzen. 9

§ 29 Abfindungsangebot im Verschmelzungsvertrag

(1) **Bei der Verschmelzung eines Rechtsträgers im Wege der Aufnahme durch einen Rechtsträger anderer Rechtsform oder bei der Verschmelzung einer börsennotierten Aktiengesellschaft auf eine nicht börsennotierte Aktiengesellschaft hat der übernehmende Rechtsträger im Verschmelzungsvertrag oder in seinem Entwurf jedem Anteilsinhaber, der gegen den Verschmelzungsbeschluß des übertragenden Rechtsträgers Widerspruch zur Niederschrift erklärt, den Erwerb seiner Anteile oder Mitgliedschaften gegen eine angemessene Barabfindung anzubieten; § 71 Abs. 4 Satz 2 des Aktiengesetzes und § 33 Abs. 2 Satz 3 zweiter Halbsatz erste Alternative des Gesetzes betreffend die Gesellschaften mit beschränkter Haftung sind insoweit nicht anzuwenden. Das gleiche gilt, wenn bei einer Verschmelzung von Rechtsträgern derselben Rechtsform die Anteile oder Mitgliedschaften an dem übernehmenden Rechtsträger Verfügungsbeschränkungen unterworfen sind. Kann der übernehmende Rechtsträger auf Grund seiner Rechtsform eigene Anteile oder Mitgliedschaften nicht erwerben, so ist die Barabfindung für den Fall anzubieten, daß der Anteilsinhaber sein Ausscheiden aus dem Rechtsträger erklärt. Eine erforderliche Bekanntmachung des Verschmelzungsvertrags oder seines Entwurfs als Gegenstand der Beschlußfassung muß den Wortlaut dieses Angebots enthalten. Der übernehmende Rechtsträger hat die Kosten für eine Übertragung zu tragen.**

(2) **Dem Widerspruch zur Niederschrift im Sinne des Absatzes 1 steht es gleich, wenn ein nicht erschienener Anteilsinhaber zu der Versammlung der Anteilsinhaber zu Unrecht nicht zugelassen worden ist oder die Versammlung nicht ordnungsgemäß einberufen oder der Gegenstand der Beschlußfassung nicht ordnungsgemäß bekanntgemacht worden ist.**

Übersicht

	Rn		Rn
I. Allgemeines	1	II. Mischverschmelzung	6
1. Sinn und Zweck der Norm	1	III. Verfügungsbeschränkungen	7
2. Entstehungsgeschichte und europäische Rechtsangleichung	2	1. Verfügungsbeschränkungen beim übernehmenden Rechtsträger	7
3. Parallelvorschriften und Verweisungstechnik im UmwG	5	2. Besondere vertragliche Gestaltungen	9
		3. Gesetzliche Beschränkung	10

---

[13] OLG Düsseldorf AG 1957, 279 f.
[14] Siehe Rn 6 ff.
[15] § 16 Abs. 2 Satz 2.

Rn		Rn
4. Relevanz bisheriger Verfügungsbeschränkungen ... 11		5. Berücksichtigung des Börsenkurses ... 26
5. Andere Beeinträchtigungen? ... 15		VII. Durchführung des Austritts ... 27
IV. Notierungsbeendigung ... 16		1. Verzicht auf Abfindung ... 27
V. Verhältnis zu anderen Austrittsrechten ... 16		2. Ausübung des Austrittsrechts ... 28
1. Übernahmerecht – Austrittsrecht ... 17		3. Teilweiser Austritt ... 29
2. Europäische AG – Austrittsrecht ... 19		4. Verzinsung ... 30
3. Allgemeines Austrittsrecht ... 20		5. Fälligkeit des Anspruchs ... 31
VI. Voraussetzungen des Austrittsrechts ... 21		6. Erwerb der Anteile ... 32
1. Widerspruch ... 21		7. Eigene Aktien – Kapitalerhaltung ... 33
2. Abfindungsangebot ... 23		8. Erwerb eigener GmbH-Anteile ... 34
3. Barabfindung ... 24		9. Kosten ... 35
4. Angemessenheit der Barabfindung ... 25		10. Ausscheiden des Anteilsinhabers ... 36

Literatur: *Adolff/Tieves*, Über den rechten Umgang mit einem unentschlossenen Gesetzgeber, BB 2003, 797; *Doralt*, Übernahme, Verschmelzung, Konzern und der City Code, GesRZ 2000, 197; *Gruber*, Aktienrechtliche Ordnungsfragen des Delisting, GesRZ 2005, 107; *Grunewald*, Die Auswirkungen der Macrotron-Entscheidung auf das kalte Delisting, ZIP 2004, 542; *dies.*, Austrittsrechte als Folge von Mischverschmelzungen und Verfügungsbeschränkungen, FS Boujong, 1996, S. 175; *Habersack*, Beendigung der Börsenzulassung, in Habersack/Mülbert/Schlitt (Hrsg.), Unternehmensfinanzierung am Kapitalmarkt, 2005, S. 870; *Hoffmann-Becking*, Der materielle Gesellschafterschutz, Abfindung und Spruchverfahren, ZGR 1990, 482; *Kalss*, Das Austrittsrecht als modernes Instrument des Kapitalgesellschaftsrechts, wbl 2001, 366; *dies.*, Anlegerinteressen, 2001; *dies.*, Verschmelzung-Spaltung-Umwandlung, 1997; *Kalss/Oppitz/Zollner*, Kapitalmarktrecht (I) – System, 2005; *Kalss/Winner*, Umgründungs- und Übernahmerecht, ÖBA 2000, 51; *Koppensteiner*, Abfindung bei Aktiengesellschaften und Verfassungsrecht, wbl 2003, 707; *Krämer/Theiß*, Delisting nach der Macrotron-Entscheidung des BGH, AG 2003, 225; *Liebscher*, Einschränkung der Verzinslichkeit des Abfindungsanspruchs dissentierender Gesellschafter gemäß §§ 30, 208 UmwG, § 305 AktG, AG 1996, 455; *Lutter*, Gesellschaftsrecht und Kapitalmarkt, FS Zöllner, 1998, S. 363; *Lutter/Hommelhoff*, Die Europäische Gesellschaft, 2005; *Manz/Meyer/Schröder* (Hrsg.), Europäische Aktiengesellschaft, 2005; *Neye*, Die Änderungen des Umwandlungsrechts nach den handels- und gesellschaftsrechtlichen Reformgesetzen in der 13. Legislaturperiode, DB 1998, 1649; *ders.*, Partnerschaft und Umwandlung, ZIP 1997, 722; *Nowotny*, Übernahmen durch Umgründung, wbl 2001, 379; *Reichert*, Folgen der Anteilsvinkulierung für Umstrukturierungen von Gesellschaften mit beschränkter Haftung und Aktiengesellschaften nach dem Umwandlungsgesetz 1995, GmbHR 1995, 176; *Schaub*, Das Abfindungsangebot nach § 29 UmwG, NZG 1998, 626; *Schindler*, Das Austrittsrecht in Kapitalgesellschaften, 1999; *K. Schmidt*, Delisting nach der Macrotron-Entscheidung des BGH, NZG 2003, 601; *Schön*, Der Aktionär im Verfassungsrecht, FS Ulmer, 2003, S. 1359; *Schöne*, Das Aktienrecht als Maß aller Dinge im neuen Umwandlungsrecht?, GmbHR 1995, 325; *Seibt/Heiser*, Regelungskonkurrenz zwischen neuem Übernahmerecht und Umwandlungsrecht, ZHR 2001, 466; *Weber-Rey/Schütz*, Zum Verhältnis von Übernahmerecht und Umwandlungsrecht, AG 2001, 325; *Vollrath*, Grenzen des Minderheitenschutzes bei der verschmelzungsbedingten Realisierung einer Gesellschaftsbeteiligung, FS Widmann, 2000, S. 117; *Zollner*, Einbahnstraße Börsenotierung – Delisting nach österreichischem Recht Teil I, GeS 2004, 140, Teil II, GeS 2004, 208.

I. Allgemeines

1. Sinn und Zweck der Norm

1 § 29 soll den Minderheitenschutz ausdehnen und die Voraussetzungen für die korrespondierenden Änderungen von § 71 Abs. 1 Nr. 3 AktG und § 33 Abs. 3 GmbHG bilden. Die Abfindungsregeln dienen nur dem Schutz des Anteilsinhabers[1]. Der Abfindungsanspruch ist Ausfluss des Mitgliedschaftsrechts bzw. der Anteilsinhaberschaft. Er wird daher nach den Regelungen von §§ 29 ff. geschützt und nicht nach der allgemeinen Gläubigerschutzregelung gem. § 22. Der Abfindungsanspruch ist übertragbar und vererblich.

---

[1] *OLG Düsseldorf* vom 6. 12. 2000, DB 2001, 189.

Gegenstand der Regelung ist die Geltendmachung vermögensrechtlicher Ansprüche, die 2
dem Gesellschafter zur Kompensation seiner durch den Gesellschafterbeschluss verursachten
wirtschaftlichen Schlechterstellung gewährt werden sollen. Das Gesetz geht bei den Umwandlungsfällen (Strukturänderungen) vom Prinzip der Barabfindung aus. Das Austrittsrecht
gegen Barabfindung soll gerade die Alternative zum Wechsel in eine grundlegend veränderte
Mitgliedschaftsposition durch den Anteilstausch darstellen[2]. Darin liegt ein grundlegender
Unterschied zu den typisierten Austrittsrechten des Konzernrechts nach §§ 305, 320 d AktG,
bei denen eine differenzierende Regelung neben der Barabfindung uU einen Aktientausch
und damit als Tauschwährung andere Anteile vorschreibt. Das Gesetz regelt zwei Fälle: Den
Austritt gegen Übertragung des Anteils an den übernehmenden Rechtsträger und den Austritt gegen Abfindung, da eine Übertragung mangels Übernahmemöglichkeit des übernehmenden Rechtsträgers nicht möglich ist. § 29 Abs. 1 Satz 3 regelt den Fall, dass es dem
übernehmenden Rechtsträger wegen seiner Rechtsform verwehrt ist, eigene Anteile oder
Mitgliedschaften zu erwerben.

2. Entstehungsgeschichte und europäische Rechtsangleichung

Die europarechtlichen Richtlinien enthalten keine unmittelbare Vorbildbestimmung, al- 3
lerdings sieht Art. 20 der Kapitalrichtlinie[3] die Möglichkeit des Rückerwerbs eigener Aktien
zur Abfindung von Minderheiten aus bestimmten Anlässen, insbesondere bei Rechtsformwechsel oder Vinkulierung, vor.

Die Norm führt die Regelungen der formwechselnden Umwandlung gem. § 369 AktG 4
aF und § 375 AktG aF fort. Im Rahmen der übertragenden Umwandlung sah § 12 UmwG
aF einen Anspruch auf angemessene Barabfindung unter bestimmten Voraussetzungen vor.

3. Parallelvorschriften und Verweistechnik im UmwG

§§ 29 ff. sind Minderheitenschutzvorschriften und nach § 1 Abs. 3 zwingend[4]. Zudem 5
sind folgende Vorschriften zu beachten:
- § 43 Abs. 3 räumt einem persönlich haftenden Gesellschafter einer übernehmenden oder
  übertragenden Personenhandelsgesellschaft bei einem Widerspruch gegen den Verschmelzungsbeschluss das Recht ein, in die Stellung des Kommanditisten zu wechseln. Dieses
  Recht besteht neben jenem des § 29.
- §§ 90 ff. schließen für die Mitglieder von übertragenden Genossenschaften die Anwendung von § 29 aus. An dessen Stelle tritt ein Ausschlagungsrecht mit anschließender Auseinandersetzung.
- Nach § 104 a wird § 29 für gemeinnützige Vereine ausgeschlossen.
- Gem. § 125 gelten die Regelungen nach §§ 29 ff. für die Auf- und Abspaltung. Bei der
  Ausgliederung besteht kein Anwendungsbereich, da eigentlich eine „Umbuchung" von
  Real- und Nominalwerten vorgenommen wird.
- Bei der Vermögensübertragung gilt für die Vollübertragung jeweils das Verschmelzungsrecht nach §§ 176 Abs. 1, 178 Abs. 1, 186 Abs. 1, 188 Abs. 1. Für die Teilübertragung
  gilt das Recht der jeweils entsprechenden Spaltungsform[5]. Bei der Vermögensübertragung
  haben §§ 29, 30 und 34 einen weiteren Anwendungsbereich, da sie nicht nur für den
  Barabfindungsanspruch ausscheidender Anteilseigner zur Anwendung kommen, sondern
  auch für den Barabfindungsanspruch der Inhaber von Sonderrechten gem. § 23 Abs. 4.
- Beim Formwechsel gelten vergleichbare Vorschriften gem. §§ 207 ff., wobei teilweise auf
  § 29 verwiesen wird.

---

[2] *Schindler* S. 100.
[3] Zweite gesellschaftsrechtliche Richtlinie vom 13. 12. 1976, 77/91/EWG, ABl. EG Nr. L 26 vom
31. 1. 1977, S. 1 ff.
[4] *Vollrath* in Widmann/Mayer Rn 10; *Bermel* in Goutier/Knopf/Tulloch Rn 47.
[5] §§ 177 Abs. 1, 179 Abs. 1, 184 Abs. 1 und 189 Abs. 1.

II. Mischverschmelzung

6 § 29 kann von jedem Mitglied eines in § 3 aufgezählten Rechtsträgers, der auf eine GmbH, AG oder KGaA verschmolzen wird, sowie umgekehrt von einem Aktionär oder GmbH-Gesellschafter bei der Verschmelzung einer Kapitalgesellschaft auf einen der dort bezeichneten Rechtsträger in Anspruch genommen werden **(mangelnde Rechtsformkongruenz)**[6]. Die Verschmelzung von AG auf GmbH und umgekehrt fällt daher in den Anwendungsbereich von § 29. Auch die Verschmelzung einer OHG in eine KG oder umgekehrt führt zur Anwendung von § 29, da die beiden Gesellschaftsformen sich strukturell stärker als nur in der beschränkten Haftung des Kommanditisten unterscheiden[7]. Das Austrittsrecht besteht unabhängig davon, ob die Verschmelzung durch Aufnahme oder durch Neugründung vollzogen wird[8]. § 29 kommt gem. § 78 Abs. 4 nicht bei einer Verschmelzung zwischen AG und KGaA zur Anwendung, weil sich – nach Auffassung des Gesetzgebers – die Rechtstellung der Aktionäre – abgesehen von einer Verfügungsbeschränkung gem. § 68 Abs. 2 AktG – kaum verändert[9]. Zwar lässt sich auch die Vermeidung der unerwünschten Bildung eigener Aktien[10] in der aufnehmenden AG oder KGaA ins Treffen führen[11], dennoch erscheint dieser Ausschluss überschießend, da die Rechtsstellung von Kommanditaktionären nicht in dem Maß schwächer ist als von Aktionären und zudem nicht in dem Maß durch zwingendes Recht abgesichert ist[12]. Da aber der Gesetzesbefehl eindeutig ist, lässt sich das Austrittsrecht nur nach den allgemeinen Bestimmungen begründen, wobei gerade auf die konkrete Satzungsgestaltung genau Bedacht zu nehmen ist[13]. § 29 Abs. 1 Satz 1 wurde durch das Zweite Gesetz zur Änderung des UmwG dahingehend geändert, dass auch bei Verschmelzungen von börsennotierten Aktiengesellschaften auf nicht börsennotierte Rechtsträger ein Austrittsrecht besteht. Damit wird ein verschmelzungsbedingtes Delisting einer rechtsformübergreifenden Verschmelzung gleichgestellt, was wegen der aus dem Delisting resultierenden erschwerten Veräußerbarkeit der Anteile gerechtfertigt ist.

III. Verfügungsbeschränkungen

1. Verfügungsbeschränkung beim übernehmenden Rechtsträger

7 Das Austrittsrecht besteht auch bei rechtsform-kongruenten Verschmelzungen, d. h. Verschmelzungen von Rechtsträgern gleicher Rechtsform, wenn die Anteile an den übertragenden Rechtsträgern durch Anteile an den übernehmenden Rechtsträgern ersetzt werden, die durch Gesellschaftsvertrag, Satzung oder Gesetz Verfügungsbeschränkungen unterworfen sind. Der Normzweck des Austrittsrechts bei Verfügungsbeschränkungen in der aufnehmenden Gesellschaft besteht im Schutz der Minderheitsgesellschafter vor dem Eingriff in ihre Verfügungsbefugnis[14] durch die Verschmelzung. § 29 ist eine absichtliche Durchbrechung des in § 180 Abs. 2 AktG festgelegten Grundsatzes, nach dem die Veräußerlichkeit der Aktie

---

[6] *Bermel* in Goutier/Knopf/Tulloch Rn 6; *Stratz* in Schmitt/Hörtnagl/Stratz Rn 5; *Schindler* S. 117.
[7] *Grunewald*, FS Boujong, S. 175, 176; *Grunewald* in Lutter Rn 2; aA *Bermel* in Goutier/Knopf/Tulloch Rn 7.
[8] § 36.
[9] *Schindler* S. 117.
[10] § 71 Abs. 1 AktG.
[11] RegBegr. *Ganske* S. 118, 119, 105; *Schindler* S. 117.
[12] § 78 Rn 36.
[13] Rn 20.
[14] *Grunewald*, FS Boujong, S. 175, 177; *Bermel* in Goutier/Knopf/Tulloch Rn 10; *Schindler* S. 118.

als relativ unentziehbares Mitgliedschaftsrecht ausgestaltet ist[15], um die gesamte Verschmelzung nicht an der mangelnden Zustimmung Einzelner scheitern zu lassen. Zum Schutz der Gesellschafter mit Blick auf die Übertragbarkeit der Mitgliedschaft wäre auch das Erfordernis der Einstimmigkeit denkbar, die aber sinnvolle Umwandlungen unmöglich oder jedenfalls unrealistisch macht.

Das Austrittsrecht kann daher als gelungener **Interessenaustausch** zwischen bestmöglichem Schutz des Einzelnen und dem Interesse der Gesellschaft an der Durchführung bestimmter Maßnahmen gesehen werden. Es hat „Ventilfunktion"[16] und zeigt sich als Ausprägung des allgemeinen Wechselspiels von *exit* und *voice*. Aus dem Normzweck der Sicherung des Einzelnen ist abzuleiten, dass der Gesellschafter ein Austrittsrecht nur hat, wenn er durch die Verfügungsbeschränkung in der aufnehmenden Gesellschaft in seiner Rechtsposition verschlechtert wird[17]. Erfasst werden damit im Bereich der Kapitalgesellschaften vor allem die Vinkulierung der Aktie oder des Geschäftsanteils[18]. In der GmbH lösen auch andere dinglich wirkenden Erwerbsbeschränkungen gem. § 15 Abs. 5 GmbHG das Austrittsrecht aus, zB Vorerwerbs- oder Vorverkaufsrechte, wenn sie nicht nur eine die Übertragung nicht hindernde Erwerbsoption verkörpern[19]. Verfügungsbeschränkung bedeutet eine dingliche Wirkung der Übertragungsschranke. Bloß schuldvertragliche Bindungen in der aufnehmenden Gesellschaft, die die Zustimmungspflichten bei der Anteilsübertragung bewirken, lösen ein Austrittsrecht grundsätzlich nicht aus[20]. Ein Austrittsrecht ist aber anzunehmen, wenn die Verfügungsbeschränkung Gegenstand eines sog. kooperationsgleichen schuldrechtlichen Vertrags (Poolvertrags) unter den Gesellschaftern der aufnehmenden Gesellschaft ist, d. h. wenn dem schuldrechtlichen Vertrag Drittwirkung zukommt[21]. In diesem Fall sind alle Gesellschafter an den schuldrechtlichen Vertrag gebunden und dieser hat satzungsgleiche Wirkung.

2. Besondere vertragliche Gestaltungen

Eine gesellschaftsrechtlich vorgesehene Beschränkung muss nicht alle Anteile erfassen. Bei partieller Geltung haben nur die belasteten Anteilsinhaber ein Austrittsrecht[22]. Jede Art von Verfügungsbeschränkung löst die Angebotspflicht aus, auch ein nur eingeschränkt geltender Ausschluss der Übertragbarkeit des Anteils[23], etwa die Einbeziehung nur von bestimmten Übertragungsvorgängen[24]. Verfügungsbeschränkung bedeutet die Zustimmung des übernehmenden Rechtsträgers bzw. eines seiner Organe oder eines Anteilseigners bzw. eines Dritten. Die Beschränkung ist auch anzunehmen, wenn nur Personen, die bestimmte Eigenschaften aufweisen[25], oder bei Vorschreibung bestimmter Pflichten[26] oder die Anerkennung bestimmer Vorkaufs-, Vorschlags- und Vorerwerbspflichten vorgesehen sind[27]. Die Verfügungsbeschränkung deckt auch den Fall der Zwangseinziehung eines

---

[15] *Schindler* S. 118.
[16] Siehe dazu *Kalss* wbl 2001, 366, 368 f.
[17] *Schindler* S. 118.
[18] *Bermel* in Goutier/Knopf/Tulloch Rn 11; *Stratz* in Schmitt/Hörtnagl/Stratz Rn 9; *Grunewald* in Lutter Rn 3; *Grunewald*, FS Boujong, S. 175, 178 f.; *Reichert* GmbHR 1995, 176, 187.
[19] *Bermel* in Goutier/Knopf/Tulloch Rn 13; *Reichert* GmbHR 1995, 176, 188; *Schindler* S. 117.
[20] *Grunewald* in Lutter Rn 7; *Bermel* in Goutier/Knopf/Tulloch Rn 14; *Grunewald*, FS Boujong, S. 181.
[21] *Noack*, Schuldrechtliche Vereinbarungen (passim); OGH RdW 1999, 721; zum österreichischen Recht siehe *Tichy*, Syndikatsverträge bei Kapitalgesellschaften, 2000, S. 101 ff.
[22] *Grunewald* in Lutter Rn 3; *Schaub* NZG 1998, 626, 627.
[23] *Marsch-Barner* in Kallmeyer Rn 5; *Reichert* GmbHR 1995, 276, 188 f.
[24] *Stratz* in Schmitt/Hörtnagl/Stratz Rn 9; *Marsch-Barner* in Kallmeyer Rn 7.
[25] Zugehörigkeit zu Berufstand oder Familie.
[26] ZB Beitritt zu belastendem schuldrechtlichen Vertrag.
[27] *Marsch-Barner* in Kallmeyer Rn 7.

Anteils bei Vorliegen bestimmter Umstände, zB die Einleitung eines Insolvenzverfahrens. Nicht als Verfügungsbeschränkung können Ausschlussklauseln oder Einschränkungen der Vererblichkeit angesehen werden, weil sich die Verfügungsbeschränkung nur auf die Übertragung unter Lebenden bezieht. Ebenso wenig erfasst werden die Regelungen gem. § 8 Abs. 5 AktG, § 17 Abs. 1 GmbHG über die Teilung von Anteilen[28].

3. Gesetzliche Beschränkung

10 Die ursprüngliche Beschränkung auf vertragliche Verfügungsbeschränkungen wurde durch die Novelle 1998[29] beseitigt. Ein Barabfindungsangebot ist daher zu stellen, wenn der Gesellschaftsvertrag des übernehmenden Rechtsträgers eine Verfügungsbeschränkung für die Anteile enthält. Seit 1998 lösen auch gesetzliche Beschränkungen, zB Zustimmung aller anderen Gesellschafter einer Personenhandelsgesellschaft bei Übertragung eines Gesellschaftsanteils[30], die Pflicht zum Abfindungsangebot aus[31].

4. Relevanz bisheriger Verfügungsbeschränkungen

11 Der übertragende Rechtsträger ist jedenfalls zum Angebot einer Barabfindung verpflichtet, sofern im übernehmenden Rechtsträger eine Verfügungsbeschränkung besteht; nach dem Wortlaut unabhängig davon, ob im übertragenden Rechtsträger ebenfalls eine Verfügungsbeschränkung bestanden hat[32]. Dafür spricht der Gesetzeswortlaut und der Umstand, dass Verfügungsbeschränkungen in zwei unterschiedlichen Rechtsträgern selten tatsächlich übereinstimmen.

12 Allerdings besteht, wenn die Verfügungsbeschränkung im übertragenden vollkommen gleich wie im übernehmenden Rechtsträger ausgestaltet ist, **kein Schutzbedarf** zugunsten der Anteilsinhaber des übertragenden Rechtsträgers, so dass sich in diesem Fall eine reduzierende Auslegung anbietet und daher in einem derartigen völlig kongruenten Fall die Abfindungspflicht abzulehnen ist[33]. Der Wegfall der Abfindungspflicht, umgekehrt des Austrittsrechts, kann auch mit dem Verbot der missbräuchlichen oder treuwidrigen Rechtsausübung begründet werden[34]. Gegen eine graduelle Abstufung und eine pauschale Analogie spricht zwar die mangelnde Rechtssicherheit und Abgrenzbarkeit. Allerdings lässt sich der Zweck der Regelung, der Ausgleich einer verschmelzungsbedingten Belastung, jedenfalls für eine differenzierende Anwendung und eine die betroffenen Interessen gebührend berücksichtigende Regelung anführen. Nur die eng begrenzten Fälle des Gleichbleibens oder einer **schlichten Erleichterung** und nicht die einer Andersregelung werden erfasst. Beispiele dafür bilden etwa die Vinkulierungsklauseln in einer AG, in der die Aktienübertragung zunächst generell der Zustimmung des Vorstands unterworfen ist, in der aufnehmenden Gesellschaft aber nur die Übertragung an ausländische Erwerber oder gesellschaftsfremde Dritter der Zustimmung des Vorstands unterliegen, d. h. der Kreis der zustimmungspflichtigen Geschäfte wird geringer.

---

[28] *Stratz* in Schmitt/Hörtnagl/Stratz Rn 2; *Vollrath*, FS Widmann, S. 131 f.
[29] BGBl. I S. 1878.
[30] §§ 717, 719 BGB.
[31] *Grunewald* in Lutter Rn 4; *Marsch-Barner* in Kallmeyer Rn 5; *Stratz* in Schmitt/Hörtnagl/Stratz Rn 2; ferner *Neye* ZIP 1997, 722, 724.
[32] *Grunewald*, FS Boujong, S. 175, 179 f.; *Grunewald* in Lutter Rn 5; *Grunewald* in Lutter Umwandlungsrechtstage S. 24; *Vollrath* in Widmann/Mayer Rn 13; *Marsch-Barner* in Kallmeyer Rn 9; *Stratz* in Schmitt/Hörtnagl/Stratz Rn 2, 8; *Bermel* in Goutier/Knopf/Tulloch Rn 16; *Reichert* GmbHR 1995, 176, 187 f.; *Schindler* S. 118.
[33] *Grunewald* in Lutter Rn 6; *Reichert* GmbHR 1995, 176, 188; *Schindler* S. 118; aA *Bermel* in Goutier/Knopf/Tulloch Rn 16; zurückhaltender *Reichert* GmbHR 1995, 176, 188.
[34] *Marsch-Barner* in Kallmeyer Rn 10.

Als **Erschwerung** bzw. Andersregelung und damit als zustimmungspflichtig ist hingegen 13 eine Erhöhung der Mehrheit für die Zustimmung anzusehen oder die Zustimmung eines anderen Organs (Vorstand – Aufsichtsrat). Keine Erschwerung liegt aber darin, wenn sich die Mehrheitsstruktur faktisch verschiebt oder das Organ anders besetzt wird, da generell die Verwässerung des Beteiligungsbesitzes, d. h. die relative Beteiligungshöhe des einzelnen Gesellschafters und die Umbesetzung eines Organs, im Verschmelzungsvorgang nicht geschützt werden[35].

Umgekehrt besteht das Austrittsrecht nicht, wenn die Verfügungsfreiheit durch den Erwerb der neuen Mitgliedschaft erhöht wird **(Befreiung der Anteile)**[36], d. h. wenn aus einer geschlossenen Gesellschaft eine offene wird. Bei einer völligen Änderung der bisherigen Ausrichtung ist aber ein Austrittsrecht der belasteten Gesellschafter kraft allgemeinen Austrittsrechts zu bejahen[37].

5. Andere Beeinträchtigungen?

Der übertragende Rechtsträger ist bei sonstigen Beeinträchtigungen der Mitgliedschafts- 15 rechte beim übernehmenden Rechtsträger nicht verpflichtet ein Abfindungsangebot zu stellen (zB Nebenleistungspflichten, gesellschaftsvertragliche Nachschusspflichten, Wettbewerbsverbote, Vorschlagsrechte)[38]. Eine Erschwerung aus einer Formvorschrift wird von § 29 nicht erfasst[39].

IV. Notierungsbeendigung

Beim regulären Delisting ist nach den Grundsätzen der „Macrotron"-Entscheidung des 16 BGH den Aktionären die Barabfindung ihrer Anteile anzubieten[40]. Ist die Beendigung der Börsennotierung Ergebnis einer Verschmelzung einer notierten Gesellschaft auf eine nicht börsennotierte Gesellschaft (kaltes *delisting*)[41], ist § 29 nach der ausdrücklichen neuen Regelung anzuwenden; das Zweite Gesetz zur Änderung des UmwG dehnte § 29 ausdrücklich auf solche Vorgänge aus. Eine Analogie ist auch für wirkungsgleiche Vorgänge, wie etwa (verhältniswahrende) Aufspaltung einer kapitalmarktorientierten Gesellschaft unter Wegfall der Börsennotierung[42] geboten. Die Angemessenheit der Barabfindung unterliegt der Überprüfung im Spruchverfahren[43].

---

[35] *Schindler* S. 119.
[36] *Schindler* S. 119.
[37] Vgl. zum Börsengang *Wiedemann* in Großkomm. § 186 AktG Rn 159; *Lutter*, FS Zöllner, S. 363, 379.
[38] *Grunewald* in Lutter Umwandlungsrechtstage S. 47; *Reichert* GmbHR 1995, 176, 198; aA *H. Schmidt* in Lutter Umwandlungsrechtstage S. 84.
[39] *Marsch-Barner* in Kallmeyer Rn 6.
[40] *BGH* ZIP 2003, 387 = BB 2003, 806.
[41] *Steck* AG 1998, 462; *Kalss* Anlegerinteressen S. 500 f.; *OLG Düsseldorf* vom 11.8.2006, ZBB 2007, 66.
[42] So auch *OLG Düsseldorf* NZG 2005, 317 = AG 2005, 252; *Kalss* Anlegerinteressen S. 500 f.; *dies.* wbl 2001, 366, 374, 500; *Lutter*, FS Zöllner, S. 363, 381; *Vollmer/Grupp* ZGR 1995, 475; *Schwark/Geiser* ZHR 1997, 764; aA *Mülbert* ZHR 2001, 104, 137 ff.; *Seibt/Heiser* ZHR 2001, 466; *Marsch-Barner* in Kallmeyer Rn 6.
[43] *OLG Düsseldorf* NZG 2005, 317 = AG 2005, 252.

V. Verhältnis zu anderen Austrittsrechten

1. Übernahmerecht – Austrittsrecht

17 Die Übernahme der Anteile eines Rechtsträgers durch einen anderen, der damit zur Verknappung der Anteile und faktischen Erschwerung der Übertragung führt, löst das übernahmerechtliche Austrittsrecht nicht automatisch aus. Das Gesetz lässt die Frage der parallelen Anwendbarkeit von WpÜG und Umwandlungsrecht ausdrücklich offen und ist nach den Schutzzielen des übernahmerechtlichen Austrittsrechts zu prüfen: Führt die Verschmelzung in der börsennotierten AG zu einem Kontrollwechsel oder Kontrollerwerb gem. § 29 Abs. 2 WpÜG in der übernehmenden Gesellschaft, hat der kontrollierende Rechtsträger den bisher freien oder unter anderer Kontrolle stehenden Aktionären ein Pflichtangebot gem. § 35 WpÜG zu unterbreiten[44]. Das Angebot ist je nach Konstellation den Anteilsinhabern der übertragenden oder der übernehmenden Gesellschaft zu machen, d. h. sie haben ein übernahmerechtlich bedingtes Austrittsrecht[45]. Werden Mutterunternehmen von börsennotierten Tochtergesellschaften verschmolzen, zwingt ein dadurch herbeigeführter Kontrollwechsel ebenfalls zur Abgabe eines Pflichtangebots und damit zur Einräumung des Austrittsrechts zugunsten der neu kontrollierten Anteilsinhaber[46]. Bei Verschmelzung einer börsennotieren AG auf einen kapitalmarktfernen Rechtsträger ist das WpÜG unmittelbar nicht anwendbar[47], da mit Wirksamwerden der Transaktion die Börsennotierung verloren geht; die für das kalte Delisting geltenden Regelungen sind aber jedenfalls einzuhalten[48].

18 Eine andere Frage liegt darin, ob eine Verschmelzung, die dazu dient, die **Kontrolle** über eine andere Gesellschaft zu **erlangen**, ebenfalls den Regelungen des WpÜG, insbesondere § 29 ff. WpÜG, über das Übernahmeangebot unterliegt. Darin liegt die grundlegende Frage der parallelen Anwendung von Umwandlungs- und Übernahmerecht bei Verschmelzungen und sonstigen Umwandlungen (insbesondere Spaltungen), was das Gesetz ausdrücklich offen lässt[49] und daher durch Auslegung (allenfalls im Weg der Analogie) ermittelt werden muss. Trotz der wirtschaftlichen Gleichwertigkeit sind die Schutzkonzepte von Umwandlungs- und Übernahmerecht unterschiedlich ausgestaltet, was der pauschalen Anwendung des WpÜG jedenfalls entgegensteht[50].

2. Europäische AG – Austrittsrecht

19 Die Gründung einer SE durch Verschmelzung oder durch Holding-Bildung berechtigt die Gesellschafter der Gründungsgesellschaft per se nicht zum Austritt aus der Gesellschaft. Wird eine SE durch Verschmelzung gegründet, die ihren Sitz im Ausland haben soll, so ist gem § 7 Abs. 1 SEAG allen Gesellschaftern der (deutschen) übertragenden Gesellschaft, die gegen den Verschmelzungsbeschluss Widerspruch zur Niederschrift erhoben hat, der Erwerb ihrer

---

[44] *Hommelhoff/Witt* in Haarman/Riehmer/Schüppen, Öffentliche Übernahmeangebote § 35 Rz 26.
[45] *Von Bülow* in Kölner Komm WpÜG § 35 Rz 77 f.; *Seibt/Heiser* ZHR 2001, 466; zum österreichischen Recht *Kalss/Winner* ÖBA 2000, 51 ff.; *Doralt* GesRZ 2000, 1999; *Österreichische Übernahmekommission* GesRZ 2000, 253 ff.; aA *Weber-Rey/Schütz* AG 2001, 325; zum österreichischen Recht auch *Nowotny* wbl 2001, 379 ff.
[46] *Kalss/Winner* ÖBA 2000, 51 ff.
[47] Für eine analoge Anwendung im österreichischen Recht *Kalss/Winner* ÖBA 2000, 51 ff.; *Doralt* GesRZ 2000, 1999; *Österreichische Übernahmekommission* GesRZ 2000, 253 ff.
[48] Vgl. Rn 16.
[49] BR-Drucks. 574/01 S. 73.
[50] Näher hierzu Einl. A Rn 61 ff., 101 f.; für eine analoge Anwendung einzelner Bestimmungen *Österreichische Übernahmekommission* GesRZ 2000, 253 ff.; *Doralt* GesRZ 2000, 199 ff.; aA *Weber-Rey/Schütz* AG 2001, 325; zum österreichischen Recht *Nowotny* wbl 2001, 379 ff.

Anteile gegen eine angemessene Barabfindung anzubieten[51]. Diese Pflicht zur Abfindung gilt gem § 9 SEAG auch für die Gründung einer Holding-SE, sofern diese entweder ihren Sitz im Ausland haben soll oder abhängig iSd § 17 AktG ist[52]. Generell ist bei der Sitzverlegung einer SE ins Ausland den widersprechenden Aktionären die Abfindung ihrer Anteile anzubieten[53].

3. Allgemeines Austrittsrecht

Geht man davon aus, dass ein Austritt die Folge eines auf einer Rechtspflicht beruhenden, gegen den Verband oder einen Dritten gerichtetes Verlangen des Gesellschafters darstellt, freiwillig aufgrund bestimmter Umstände aus dem Verband auszuscheiden ohne den Fortbestand der übrigen Mitgliedsverhältnisse zu berühren[54], zeigt sich § 29 als wichtiges Element einer Rechtsanalogie, die dem Gesellschafter ein Austrittsrecht unter Aufrechterhaltung eines Anspruchs einer angemessenen Abfindung einräumt. Damit kommt die Wertung zum Ausdruck, dass ein Gesellschafter bei **Unzumutbarkeit** der Fortführung das Mitgliedschaftsverhältnis **(Dauerschuldverhältnis)** bei einem gravierenden Eingriff beenden können muss. Dabei ist eine Abwägung zu anderen Interessen, nämlich dem Bestandsinteresse der Gesellschaft und dem Liquiditätsinteresse der Gläubiger, vorzunehmen[55].

VI. Voraussetzungen des Austrittsrechts

1. Widerspruch

Nur die Anteilsinhaber, die gegen den Verschmelzungsbeschluss des übertragenden Rechtsträgers Widerspruch zur Niederschrift des Notars erklärt haben, sind zum Austritt berechtigt. Der Austrittsberechtigte muss **aktiv** werden, um sein Recht zu wahren. Der Widerspruch konstituiert die materielle Berechtigung zum Austritt. Der Aufwand des Widerspruchs und die besondere Voraussetzung zu Lasten des Anteilsinhabers sind gerechtfertigt, weil er neben dem Anspruch auf Anteile[56] einen zusätzlichen, nämlich auf Barabfindung, erwirbt. Der Widerspruch gibt dem übernehmenden Rechtsträger Auskunft darüber, mit wie vielen Austritten und mit welchem Liquiditätsabfluss er zu rechnen hat. Der Widerspruch muss nicht konkretisiert werden. Der Anteilsinhaber bringt mit dem Widerspruch zum Ausdruck, dass er nicht Beteiligter des übernehmenden Rechtsträgers werden will und er sich die Geltendmachung der Barabfindung vorbehält. Er kann aber auch bedeuten, dass der Anteilsinhaber allenfalls Klage gegen die Wirksamkeit des Verschmelzungsbeschlusses erheben wird oder dass er seinen Anteil ohne Einhaltung der Verfügungsbeschränkungen veräußern will[57].

---

[51] *Vetter* in Lutter/Hommelhoff, Die Europäische Gesellschaft, S. 143 ff.; *Schröder* in Manz/Meyer/Schröder, Europäische Aktiengesellschaft, Art. 24 Rn 60 f.
[52] *Vetter* in Lutter/Hommelhoff, Die Europäische Gesellschaft, S. 158 ff.; *Schröder* in Manz/Meyer/Schröder, Europäische Aktiengesellschaft, Art. 24 Rn 60 f.
[53] *Vetter* in Lutter/Hommelhoff, Die Europäische Gesellschaft, S. 163 ff.; *Schröder* in Manz/Meyer/Schröder, Europäische Aktiengesellschaft, Art. 8 Rn 145 ff.
[54] *Schindler* S. 6.
[55] *Wiedemann* GesR Bd. I, S. 401; *Grunewald*, FS Boujong, S. 179, 199; *Grunewald* in Lutter Rn 32; *Grunewald*, FS Claussen, 1997, S. 103, 112; *Schindler* S. 81; *Kalss* Anlegerinteressen S. 500 f.; *Kalss* wbl 2001, 366 ff.; aA *Lutter* in Kölner Komm. § 68 AktG Rn 23; *Mülbert*, Aktiengesellschaft, Kapitalmarkt und Unternehmensgruppe, 1995, S. 456.
[56] § 15.
[57] § 33.

22 Der Widerspruch muss in der Versammlung der Anteilsinhaber, die über die Verschmelzung beschließt, **zur Niederschrift erklärt** werden. Der Widerspruch kann weder im Voraus abgegeben noch nachträglich eingereicht werden[58]. Abgesehen von der Abgabe des Widerspruchs muss der Anteilsinhaber gegen den Verschmelzungsbeschluss stimmen[59]. Der Widerspruch ist ausnahmsweise nicht erforderlich, wenn der Anteilsinhaber zu Unrecht nicht an der Haupt- oder sonstigen Gesellschafterversammlung teilnehmen konnte, nämlich wenn er in rechtswidriger Weise an der Teilnahme gehindert (nicht zugelassen) wurde, wenn die Hauptversammlung nicht ordnungsgemäß einberufen oder die Tagesordnung nicht ordnungsgemäß bekannt gemacht worden ist[60].

2. Abfindungsangebot

23 Das Barabfindungsangebot ist Teil des Verschmelzungsvertrags bzw. dessen Entwurfs. Das Angebot richtet sich auf den Abschluss eines schuldrechtlichen Geschäfts über die Leistung der Barabfindung Zug um Zug gegen Abtretung der Anteile oder Mitgliedschaften an dem Rechtsträger oder die Erklärung des Austritts aus dem Rechtsträger. Das Angebot muss inhaltlich bestimmt sein, so dass zum Entstehen des Anspruchs nur mehr eine Annahmeerklärung des Anteilsinhabers erforderlich ist. Wird das Angebot geändert oder nachgereicht, müssen die Anteilsinhaber als Ergänzung des Verschmelzungsvertrags[61] zustimmen. Abgesehen von der Festlegung der berechtigten Anteilsinhaber hat es die konkrete Höhe anzugeben sowie die Angabe zu enthalten, dass die Abfindung gegen Übertragung der Anteile oder Ausscheiden aus dem übernehmenden Rechtsträger bezahlt wird[62]. Bei Übertragung einer 100%-Tochter auf die Mutter bedarf es eines Abfindungsangebots nicht, da ohnehin kein Anteilsumtausch vorgenommen und kein Umtauschverhältnis festgelegt wird[63]. Wird der Verschmelzungsvertrag als Gegenstand der Beschlussfassung bekannt gemacht, muss diese Bekanntmachung auch den Wortlaut des Barabfindungsangebots enthalten (AG und KGaA, ferner bei gesellschaftsvertraglicher Verpflichtung)[64]. Das zu niedrige Barangebot ebenso wie das fehlende oder nicht ordnungsgemäße setzen den Verschmelzungsbeschluss nicht einer Unwirksamkeitsklage aus, vielmehr sind diese Mängel im Spruchverfahren[65] geltend zu machen.

3. Barabfindung

24 Das Angebot der Abfindung muss bar vorgenommen werden. Eine andere Leistung ist nur schuldbefreiend, wenn sie der Anspruchsberechtigte an Erfüllung statt annimmt[66]. Werden sonst Anteile angeboten, ist dies nur alternativ, nicht anstelle der Barabfindung zulässig[67].

---

[58] *Marsch-Barner* in Kallmeyer Rn 12; *Bermel* in Goutier/Knopf/Tulloch Rn 20.
[59] *Grunewald* in Lutter Rn 10; *Schindler* S. 138; *Bermel* in Goutier/Knopf/Tulloch Rn 17; *Stratz* in Schmitt/Hörtnagl/Stratz Rn 13; *Vollrath* in Widmann/Mayer Rn 24; *Schaub* NZG 1998, 626, 628; aA *Marsch-Barner* in Kallmeyer Rn 13; *Meister-Klöcker* in Kallmeyer § 207 Rn 15.
[60] § 29 Abs. 2.
[61] § 13.
[62] *Stratz* in Schmitt/Hörtnagl/Stratz Rn 18.
[63] *Grunewald* in Lutter Rn 19; *Marsch-Barner* in Kallmeyer Rn 17; *Schaub* NZG 1998, 626, 628.
[64] *Stratz* in Schmitt/Hörtnagl/Stratz Rn 18; *Marsch-Barner* in Kallmeyer Rn 14.
[65] §§ 32, 34.
[66] § 364 BGB.
[67] *Marsch-Barner* in Kallmeyer Rn 18.

4. Angemessenheit der Barabfindung[68]

Der Umfang des mit dem Austrittsrecht verbundenen Schutzes ergibt sich aus der Höhe **25** der den austretenden Gesellschaftern zu gewährenden Abfindung. Aus dem Gesetz ergeben sich nur die maßgeblichen Bewertungsmaßstäbe, zumal das Gesetz auf die Verschmelzungswertrelation verweist und für die Barabfindung eine angemessene Abfindung unter Berücksichtigung der Verhältnisse der Gesellschaft anordnet. Die Festlegung des Abfindungswerts steht nicht im Ermessen der Sachverständigen oder liegt in der Hand des Spruchverfahrens, sondern ist aus der Zweckgebundenheit des Austrittsrechts und der Abfindung normativ zu ermitteln[69]. Aus der Zweckgebundenheit ergibt sich, dass die Abfindung zum vollen wirtschaftlichen Wert der Anteilsrechte bzw. Mitgliedschaften des ausscheidenden Gesellschafters vorgenommen werden muss[70]. Der Minderheitsgesellschafter, der eine Veränderung seiner Mitgliedschaftsrechte durch Mehrheitsbeschluss oder sonstigen Eingriff hinnehmen muss, soll durch sein Ausscheiden keinen vermögensmäßigen Nachteil erleiden, weshalb er eine volle Entschädigung für die Aufgabe der Mitgliedschaft erhält. Das Abfindungsangebot ist als angemessen anzusehen, wenn dem Anteilsinhaber der Verkehrswert seiner Beteiligung angeboten wird. Die Regelung erfährt durch § 30 eine Konkretisierung, indem normiert wird, dass die Verhältnisse des übertragenden Rechtsträgers im Zeitpunkt der Beschlussfassung über die Verschmelzung zu berücksichtigen sind. Maßgeblicher Bewertungsstichpunkt ist der Zeitpunkt der Beschlussfassung und nicht der des Verschmelzungsstichtags oder sonstigen Bewertungsstichtags.

5. Berücksichtigung des Börsenkurses

Während lange Zeit in Lehre und Rechtsprechung der Börsenkurs bei der Ermittlung des **26** für die Abfindung maßgeblichen Beteiligungswerts außer Betracht geblieben ist, weil der Börsenkurs zu aleatorisch zustande komme und keine Aussage über den wahren Wert der Aktien enthalte[71], hat sich in den letzten Jahren bereits in der Literatur eine starke Meinung herausgebildet, dass der Börsenkurs jedenfalls zu berücksichtigen sei[72]. In einer grundlegenden Entscheidung hat das BVerfG[73] ausdrücklich die Beachtung des Börsenkurses anerkannt, da die Verkehrsfähigkeit eine besondere Eigenschaft des Aktieneigentums sei, die bei Ermittlung der Abfindung zu berücksichtigen ist. Die Erkenntnis des Verfassungsgerichts bezog sich auf eine Eingliederung, ist aber zweckgebunden auch auf andere Fälle des Austritts und der damit verbundenen Abfindung zu übertragen[74].

VII. Durchführung des Austritts

1. Verzicht auf Abfindung

Selbst wenn das Gesetz nicht ausdrücklich eine Verzichtsmöglichkeit der Anteilsinhaber **27** auf Abgabe eines Barabfindungsangebots vorsieht, ist ein Verzicht durch jeden einzelnen Anteilsinhaber möglich. Kommt es zu einem einstimmigen Verzicht, der nicht gleichzeitig von allen Anteilsinhabern abgegeben werden muss, kann von einem Barabfindungsangebot im

---

[68] Siehe hierzu auch § 30 Rn 4 ff.
[69] *Schindler* S. 124; *Kalss* Anlegerinteressen S. 516 ff.
[70] BVerfGE 14, 263, 284; BGH NJW 1967, 1464; BGHZ 7151, BayOLG DB 1996, 127; *Stratz* in Schmitt/Hörtnagl/Stratz § 30 Rn 10; *Bermel* in Goutier/Knopf/Tulloch Rn 6.
[71] OLG *Düsseldorf* AG 1995, 85, 86; *BayOLG* AG 1995, 5; *BGH* WM 1967, 479; *Decher* in Lutter § 208 Rn 9; *Hüffer*3 § 305 AktG Rn 20.
[72] Siehe etwa *Götz* DB 1996, 259, 260 ff.
[73] *BVerfG* ZIP 1999, 1436 ff.
[74] Vgl. ausf. § 30 Rn 8 ff.

Verschmelzungsvertrag tatsächlich abgesehen werden[75]. Umgekehrt kann der Abfindungsanspruch im Verschmelzungsvertrag, im Beschluss oder im Gesellschaftsvertrag des übernehmenden Rechtsträgers weder generell noch für Einzelfälle ausgeschlossen oder eingeschränkt werden[76].

2. Ausübung des Austrittsrechts

28 Das Austrittsrecht wird durch Annahme des vertraglich begründeten Abfindungsangebots des berechtigten Gesellschafters vollzogen. Adressat dieser Willenserklärung ist der jeweils zur Abfindung Verpflichtete (der übernehmende Rechtsträger), zwischen dem und dem ausscheidenden Gesellschafter unmittelbar ein Kaufvertrag über die betroffenen Mitgliedschaftsrechte zustande kommt[77]. Die Annahmefrist beträgt zwei Monate nach Bekanntmachung der konstitutiven Eintragung in das Handelsregister. Im Fall der Einleitung eines Spruchverfahrens verlängert sich die Frist bis zwei Monate nach Bekanntmachung der Entscheidung im elektronischen Bundesanzeiger[78]. Das Austrittsrecht kann daher bis lange nach Eintragung der Strukturänderung bestehen[79] und die beteiligten Rechtsträger finanziell belasten. Der Vorstand hat aufgrund seiner Sorgfaltspflicht dafür – unter Berücksichtigung der Gläubigerinteressen – Vorsorge zu treffen[80].

3. Teilweiser Austritt

29 Ein Anteilsinhaber, der Widerspruch erhoben hat, muss nicht unbedingt mit all seinen Anteilen aus dem übertragenden Rechtsträger austreten, vielmehr steht es ihm frei, sein Austrittsrecht ganz oder nur teilweise wahrzunehmen. Es dient seinem Schutz, den er zur Gänze oder nur partiell in Anspruch nehmen kann[81].

4. Verzinsung

30 Die Barabfindung ist ab Bekanntmachung des Wirksamwerdens der Verschmelzung mit 2% über dem jeweiligen Basiszinssatz zu verzinsen[82]. In den Genuss der Verzinsung der Barabfindung kommen nur die Anteilsinhaber, die das Angebot bereits angenommen haben und schon ausgetreten sind[83]. Noch nicht ausgetretene Aktionäre können noch ihre Aktionärsrechte geltend machen, insbesondere den Anspruch auf die ertragsabhängige Dividende, so dass die Verzinsung für sie nicht notwendig ist, widrigenfalls sie eine doppelte Abgeltung der Überlassung des Anteils erhielten[84]. Der Anspruch auf Barabfindung verjährt gem. § 195 BGB nach 3 Jahren.

5. Fälligkeit des Anspruchs

31 Das Gesetz enthält keine explizite Regelung über die Fälligkeit des Anspruchs. Der Anspruch entsteht mit dem Zugang der Annahmeerklärung des Anteilsinhabers an dem übernehmenden Rechtsträger. Fällig wird die Abfindung aber erst mit der rechtsgeschäftlichen Übertragung der Anteile des Austrittsberechtigten auf den übernehmenden Rechtsträger,

---

[75] *Grunewald* in Lutter Rn 17 f.; *Marsch-Barner* in Kallmeyer Rn 17.
[76] *Grunewald* in Lutter Rn 17 f.; *Marsch-Barner* in Kallmeyer Rn 20; *Schöne* GmbHR 1995, 325, 329 f.
[77] *Bermel* in Goutier/Knopf/Tulloch Rn 27.
[78] Vgl. § 31.
[79] Vgl. *Götz* DB 1996, 259 Fn 2: 14 Jahre.
[80] Vgl. dazu allgemein *Kalss* wbl 2001, 366 ff.
[81] *OLG Düsseldorf* ZIP 2001, 158; *Marsch-Barner* in Kallmeyer Rn 19; aA *Bermel* in Goutier/Knopf/Tulloch Rn 35.
[82] §§ 15, 30; DiskontsatzüberleitungsG 1998, BGBl. I S. 1242; siehe auch § 30 Rn 20 ff.
[83] *Grunewald* in Lutter § 30 Rn 3; *Marsch-Barner* in Kallmeyer § 30 Rn 22; *Liebscher* AG 1996, 455, 457.
[84] *BayObLG* WM 1995, 1580, 1585; *Marsch-Barner* in Kallmeyer Rn 22; *Liebscher* AG 1996, 455; ergänzend hierzu § 30 Rn 22 ff.

allenfalls eines Treuhänders. Wenn der übernehmende Rechtsträger die Anteile nicht erwerben kann, bildet die Barabfindung die Gegenleistung für das Ausscheiden. Der Barabfindungsanspruch ist in einer derartigen Konstellation bereits mit Zugang der Annahme des Angebots fällig. Der Anspruch auf Erfüllung des Vertrags kann durch Leistungsklage durchgesetzt werden[85].

6. Erwerb der Anteile

Kann die aufnehmende Gesellschaft eigene Anteile erwerben, gliedert sich die Abwicklung der Barabfindung, deren Anspruch der widersprechende Anteilsinhaber durch Eintragung in das Handelsregister erworben hat, in zwei Schritte, nämlich in die Annahme des Abfindungsangebots und in die Übertragung der Anteile. Für die Rückübertragung sind die allgemeinen Formvorschriften einzuhalten, zB die notarielle Abtretung gem. § 15 Abs. 3 GmbHG.

7. Eigene Aktien – Kapitalerhaltung

Ist der aufnehmende Rechtsträger eine AG (KGaA), berechtigt § 71 Abs. 1 Nr. 3 AktG zum Erwerb eigener Aktien zum Zweck der Abfindung von Aktionären und zwar auch dann, wenn sie nicht voll eingezahlt sind. § 71 Abs. 2 Satz 3 AktG steht dem Erwerb nicht entgegen. Die allgemeinen Grenzen des Erwerbs eigener Aktien wie das maximale Gesamtvolumen von 10% des Grundkapitals gem. § 71 Abs. 2 Satz 1 AktG dürfen nicht überschritten werden. Zudem ist der Erwerb nur zulässig, wenn die AG im Zeitpunkt des Erwerbs in der Lage ist, für die eigenen Aktien gem. § 272 Abs. 4 HGB eine Rücklage zu bilden, ohne dadurch das Grundkapital oder eine kraft Gesetzes oder Satzung zu bildende Rücklage zu mildern, die nicht an die Aktionäre ausgeschüttet werden darf. Tatsächlich gebildet werden muss die Rücklage aber erst im Jahresabschluss. Ein Verstoß gegen die Regelungen des Aktienerwerbs macht aber weder das sachenrechtliche Geschäft[86] noch nach der ausdrücklichen Regelung in Abs. 1 Satz 1 Halbs. 2 das schuldrechtliche Geschäft unwirksam. Deshalb ist auch eine Zurückhaltung und Rückabwicklung der Abfindungszahlung[87] nicht zulässig[88]. Generell wird aber die Regelung von § 57 AktG zur Erhaltung des Grundkapitals nicht ausgeschlossen, sondern die Barabfindung unterliegt den allgemeinen Schranken (Angemessenheit; Verbot zu hoher Abfindung). Ist bereits im Zeitpunkt des Verschmelzungsbeschlusses erkennbar, dass die Wahrnehmung des Austrittsrechts zu einem unzulässigen Erwerb der Aktien führt, ist der Verschmelzungsbeschluss rechtswidrig. Dieser darf nicht eingetragen werden und ist anfechtbar[89].

8. Erwerb eigener GmbH-Anteile

Ist die aufnehmende Gesellschaft eine GmbH, erleichtert § 33 Abs. 3 GmbHG ähnlich wie das Aktienrecht den Erwerb eigener Anteile. Der Erwerb ist innerhalb einer Frist von sechs Monaten zulässig, wenn die Gesellschaft die Rücklage für eigene Anteile gem. § 272 Abs. 4 HGB im Zeitpunkt des Erwerbs bilden kann, ohne dass das Stammkapital oder eine kraft Gesellschaftsvertrag zu bildende Rücklage, die nicht zur Ausschüttung an die Gesellschafter verwendet werden darf, gemindert wird. Gleich wie nach Aktienrecht ist der Erwerb eigener Anteile zulässig, wenn sie nicht voll eingezahlt sind. Ein Verstoß gegen die Regelungen über

---

[85] *Meister/Klöcker* in Kallmeyer § 207 Rn 42.
[86] § 71 Abs. 4 Satz 1 AktG.
[87] § 57 Abs. 1 Satz 1 AktG und § 62 Abs. 1 Satz 1 AktG.
[88] *Meister/Klöcker* in Kallmeyer § 207 Rn 34; *Decher* in Lutter § 207 Rn 19.
[89] *Decher* in Lutter § 207 Rn 18; *Grunewald* in Lutter Rn 24; *Meister/Klöcker* in Kallmeyer § 207 Rn 35.

den Erwerb eigener Anteile macht das dingliche Geschäft nicht unwirksam. Nach der Neuregelung durch das Zweite Gesetz zur Änderung des Umwandlungsgesetzes[90] ist nunmehr auch das schuldrechtliche Geschäft nicht unwirksam. Die bisherige Wertungsdiskrepanz[91] zwischen GmbH und AG besteht damit nicht mehr.

9. Kosten

35　Die Kosten der Anteilsübertragung hat der übernehmende Rechtsträger zu tragen. Die Regelung bezieht sich allein auf das Verhältnis zwischen dem übernehmenden Rechtsträger und dem ausscheidenden Anteilsinhaber, nicht hingegen gegenüber Dritten, zB Rechsanwälten und dem Notar[92].

10. Ausscheiden des Anteilsinhabers

36　Kann ein Rechtsträger wegen seiner Rechtsform eigene Anteile oder Mitgliedschaften nicht erwerben und erklärt ein Anteilsinhaber seinen Austritt, ist ihm die Barabfindung ohne Übernahme des Anteils anzubieten. Der Anteilsinhaber wird zum Anteilsinhaber des Rechtsträgers neuer Rechtsform und kann seinen Austritt gegen Barabfindung erklären[93]. Beispiele bilden die Gesellschaft bürgerlichen Rechts, Personenhandelsgesellschaften, die PartG, die eG und der e.V. Die Austrittserklärung folgt den Regelungen der jeweiligen Rechtsform. Bei der GbR, den Personengesellschaften und der PartG führt der Austritt zum Erlöschen der Beteiligung und zum Anwachsen des Anteils am Vermögen des Rechtsträgers bei den übrigen Anteilsinhabern[94].

§ 30 Inhalt des Anspruchs auf Barabfindung und Prüfung der Barabfindung

(1) Die Barabfindung muss die Verhältnisse des übertragenden Rechtsträgers im Zeitpunkt der Beschlussfassung über die Verschmelzung berücksichtigen. § 15 Abs. 2 ist auf die Barabfindung entsprechend anzuwenden.

(2) Die Angemessenheit einer anzubietenden Barabfindung ist stets durch Verschmelzungsprüfer zu prüfen. Die §§ 10 bis 12 sind entsprechend anzuwenden. Die Berechtigten können auf die Prüfung oder den Prüfungsbericht verzichten; die Verzichtserklärungen sind notariell zu beurkunden.

Übersicht

	Rn		Rn
I. Allgemeines	1	schlussfassung über die Verschmelzung	18
II. Anspruch auf Barabfindung	3	4. Verzinslichkeit der Barabfindung und weiterer Schaden	20
1. Allgemeines	3		
2. Angemessenheit der Barabfindung	4		
3. Verhältnisse des übertragenden Rechtsträgers im Zeitpunkt der Be-		III. Prüfung der Barabfindung	26
		1. Prüfung durch Verschmelzungsprüfer	26
		2. Verzicht auf die Prüfung	28

---

[90] Zweites Gesetz zur Änderung des Umwandlungsgesetzes vom 19.4.2007, BGBl. I S. 542.
[91] Siehe Vorauflage Rn 34.
[92] *Marsch-Barner* in Kallmeyer Rn 29.
[93] *Meister/Klöcker* in Kallmeyer § 207 Rn 41; *Grunewald* in Lutter Rn 23.
[94] § 738 BGB und § 138 HGB.

Literatur: *Bungert/Eckert,* Unternehmensbewertung nach Börsenwert: Zivilgerichtliche Umsetzung der BVerfG-Rechtsprechung, BB 2000, 1845; *Institut der Wirtschaftsprüfer IDW* (Hrsg.), WP-Handbuch Bd. II, 2002; *Hüttemann,* Börsenkurs und Unternehmensbewertung, ZGR 2001, 454; *Krieger,* Squeeze-Out nach neuem Recht: Überblick und Zweifelsfragen, BB 2002, 53; *Liebscher,* Einschränkung der Verzinslichkeit des Abfindungsanspruchs dissentierender Gesellschafter, AG 1996, 455; *Ossadnik,* Die „angemessene" Synergieverteilung bei der Verschmelzung, DB 1997, 885; *Puszkajler,* Verschmelzungen zum Börsenkurs? – Verwirklichung der BVerfG-Rechtsprechung, BB 2003, 1692; *Seetzen,* Spruchverfahren und Unternehmensbewertung im Wandel, WM 1999, 565; *Vetter,* Die Verzinsung der Barabfindung nach § 305 Abs. 3 Satz 3 AktG und die Ausgleichszahlung nach § 304 AktG, AG 2002, 383; *Vetter,* Börsenkurs und Unternehmensbewertung, DB 2001, 1347.

I. Allgemeines

In bestimmten Fällen hat der übernehmende Rechtsträger den Anteilsinhabern des übertragenden Rechtsträgers, die gegen den Verschmelzungsbeschluss Widerspruch zur Niederschrift erklären, im Verschmelzungsvertrag eine angemessene Barabfindung anzubieten[1]. Die anzubietende Barabfindung muss die Verhältnisse des übertragenden Rechtsträgers im Zeitpunkt der Beschlussfassung über die Verschmelzung berücksichtigen[2]. Abs. 1 Satz 1 geht im Wesentlichen zurück auf §§ 375 Abs. 1 Satz 1 AktG aF und 12 Abs. 1 UmwG 1969. Die Barabfindung ist nach Ablauf des Tages, an dem die Eintragung der Verschmelzung in das Register des Sitzes des übernehmenden Rechtsträgers als bekannt gemacht gilt[3], zu verzinsen[4]. Die Geltendmachung eines weiteren Schadens ist nicht ausgeschlossen[5]. Abs. 1 Satz 2 basiert im Wesentlichen auf §§ 12 Abs. 1 UmwG 1969, 375 Abs. 1 Satz 1 AktG aF iVm. § 320 Abs. 5 Satz 6 AktG aF. Anstelle der festen Verzinsung in Höhe von 5% im AktG aF trat eine Verzinsung von jährlich 2% über dem jeweiligen Diskontsatz der Deutschen Bundesbank, nach Inkrafttreten des VersKapAG[6] tritt ab 4. 4. 2002 an die Stelle des Diskontsatzes der Deutschen Bundesbank der Basiszins nach § 247 BGB.

Neu durch das UmwBerG eingeführt wurde die nach Abs. 2 Satz 1 erforderliche Prüfung 2 der Angemessenheit einer im Verschmelzungsvertrag anzubietenden Barabfindung. Die Prüfung der Barabfindung hat, anders als die nur unter bestimmten Voraussetzungen erforderliche Verschmelzungsprüfung, stets stattzufinden. Dabei sind die §§ 10 bis 12 entsprechend anzuwenden[7]. Die zum Bezug einer Barabfindung berechtigten Anteilsinhaber können allerdings auf die Prüfung oder den Prüfungsbericht verzichten[8]. Die Verzichtserklärungen sind notariell zu beurkunden[9].

II. Anspruch auf Barabfindung

1. Allgemeines

Sind die Voraussetzungen des § 29 Abs. 1 erfüllt, können die zum Bezug der Barabfindung berechtigten Anteilsinhaber zwei Monate nach dem Tag, an dem die Eintragung der 3

---

[1] § 29 Abs. 1.
[2] § 20 Abs. 1 Satz 1.
[3] § 19 Abs. 3.
[4] § 30 Abs. 1 Satz 2 iVm. § 15 Abs. 2.
[5] § 30 Abs. 1 Satz 2 iVm. § 15 Abs. 2 Satz 2.
[6] Vgl. Art. 4 § 2 Abs. 2 des Gesetzes zur Änderung von Vorschriften über die Bewertung der Kapitalanlagen von Versicherungsunternehmen und zur Aufhebung des Diskontsatz-Überleitungs-Gesetzes (Versicherungskapitalanlagen-Bewertungsgesetz – VersKapAG) vom 26. 3. 2002, BGBl. I S. 1219.
[7] § 30 Abs. 2 Satz 2.
[8] § 30 Abs. 2 Satz 3 1. Halbs.
[9] § 30 Abs. 2 Satz 3 2. Halbs.

§ 30 4–6 Zweites Buch. Verschmelzung

Verschmelzung in das Register des Sitzes des übernehmenden Rechtsträgers als bekannt gemacht gilt[10], ihre durch die Eintragung der Verschmelzung erworbenen Anteile an dem übernehmenden Rechtsträger gegen eine angemessene Barabfindung auf den übernehmenden Rechtsträger übertragen[11].

2. Angemessenheit der Barabfindung

4   Die anzubietende Barabfindung hat angemessen zu sein[12]. Sie muss die Verhältnisse des übertragenden Rechtsträgers im Zeitpunkt der Beschlussfassung über die Verschmelzung berücksichtigen. Mit den Formulierungen „angemessen" und „Verhältnisse" verwendet das Gesetz unbestimmte Rechtsbegriffe, die der Konkretisierung bedürfen. Der Bundesrat bat deshalb bei den Beratungen zum Entwurf eines Gesetzes zur Bereinigung des Umwandlungsrechts darum, „im weiteren Gesetzgebungsverfahren zu prüfen, ob nicht der Begriff „angemessene Barabfindung" durch eine konkretere Formulierung ersetzt werden kann"[13]. Die Bundesregierung hielt allerdings an dem Begriff „angemessene Barabfindung" fest[14]. Sie verwies darauf, dass es sich bei dem Begriff „angemessene Barabfindung" um einen im Gesellschaftsrecht eingeführten Begriff handele[15].

5   Neben den Vorschriften des UmwG stellen auch die aktienrechtlichen Vorschriften über verbundene Unternehmen[16] auf den Begriff der „angemessenen Barabfindung" ab. So muss ein Beherrschungs- oder ein Gewinnabführungsvertrag die Verpflichtung des anderen Vertragsteils enthalten, auf Verlangen eines außenstehenden Aktionärs dessen Aktien gegen eine im Vertrag bestimmte angemessene Abfindung zu erwerben[17]. Entsprechende Regelungen existieren in § 320 b AktG für die Abfindung ausgeschiedener Aktionäre bei eingegliederten Gesellschaften und § 327 a AktG für den Ausschluss von Minderheitsaktionären. Auch die Vorläuferregelungen des UmwG[18] stellten bereits auf den Begriff „angemessene Barabfindung" ab.

6   Eine Konkretisierung der Angemessenheit erfolgte in der Vergangenheit insbesondere durch die Rechtsprechung zu den §§ 305 und 320 Abs. 5 AktG, vor allem durch den Beschluss des *BVerfG* vom 7. 8. 1962 („Feldmühle"-Urteil)[19]. Das *BVerfG* entschied, dass bei Mehrheitsumwandlungen das zwangsweise Ausscheiden von Minderheitsaktionären wegen übergeordneter Unternehmensinteressen zulässig sei, wenn den Minderheitsaktionären ein entsprechender Schutz gewährt wird[20]. Dazu zählen neben wirksamen Rechtsbehelfen gegen Missbrauch der wirtschaftlichen Macht vor allem Vorkehrungen, die sicherstellen, dass die ausscheidenden Minderheitsaktionäre „für den Verlust ihrer Rechtsposition wirtschaftlich voll entschädigt" werden[21]. Das *BVerfG* spricht in diesem Zusammenhang von einer vollen Abfindung[22]. Der ausscheidende Aktionär solle eine Abfindung erhalten, die wertmäßig seiner bisherigen Beteiligung an dem Unternehmen entspricht[23].

---

[10] § 19 Abs. 3.
[11] Siehe im Einzelnen § 29 Rn 28.
[12] § 29 Abs. 1 Satz 1; vgl. auch § 29 Rn 25.
[13] RegBegr. *Ganske* S. 84.
[14] Vgl. RegBegr. *Ganske* S. 84.
[15] Vgl. RegBegr. *Ganske* S. 84.
[16] §§ 291 bis 337 AktG.
[17] § 305 Abs. 1 Satz 1 AktG.
[18] §§ 369 Abs. 4, 375 Abs. 1 AktG aF.
[19] *BVerfG* NJW 1962, 1667.
[20] *BVerfG* NJW 1962, 1668 f.
[21] *BVerfG* NJW 1962, 1668 f.
[22] *BVerfG* NJW 1962, 1669.
[23] *BVerfG* NJW 1962, 1669.

Offen ließ das *BVerfG* im „Feldmühle"-Urteil allerdings, wie der Wert der Anteile der ausscheidenden Anteilsinhaber zu bestimmen ist[24]. Nach Auffassung der Rechtsprechung lässt sich eine Abfindung nur als „volle" bezeichnen, wenn sie den „wahren" Wert der Anteile widerspiegelt[25]. Dies ist der Wert der Anteile, wie er sich unter Einschluss aller stillen Reserven und des Geschäfts- oder Firmenwerts ergibt. Grundlage der Ermittlung einer vollen Abfindung ist deshalb regelmäßig eine Bewertung des übertragenden Rechtsträgers. Dabei sind die in Theorie, Praxis und Rechtsprechung allgemein anerkannten Grundsätze ordnungsmäßiger Unternehmensbewertung zu beachten[26]. In der Praxis hat sich zur Bestimmung der angemessenen Abfindung die Ertragswertmethode durchgesetzt[27], in der Rechtsprechung findet sie praktisch allein Anwendung. Verfassungsrechtliche Bedenken bestehen gegen die Anwendung dieser Methode nicht[28]. 7

Mit Beschluss vom 27. 4. 1999 zur angemessenen Barabfindung nach §§ 305, 320 b AktG hat das *BVerfG* unter Änderung der höchstrichterlichen Rechtsprechung den Begriffsinhalt der angemessenen Abfindung erweitert[29]. Als weiteres zu beachtendes Kriterium sieht das Gericht den Vermögensverlust, den der Minderheitsaktionär durch die gesellschaftsrechtliche Maßnahme erleidet. Der Vermögensverlust stellt sich für den Minderheitsaktionär bei börsennotierten Unternehmen als Verkehrswert der Aktie dar, der nach Ansicht des Gerichts regelmäßig mit dem Börsenkurs der Aktie identisch ist[30]. Da der Verkehrswert die Untergrenze der „wirtschaftlich vollen Entschädigung" bildet, steht es mit Art. 14 Abs. 1 GG grundsätzlich nicht in Einklang, eine Barabfindung festzusetzen, die niedriger als der Börsenkurs ist. 8

Das Gebot, bei der Festsetzung der angemessenen Barabfindung den Börsenkurs zu berücksichtigen, bedeutet jedoch nach Ansicht des *BVerfG* nicht, dass er stets allein maßgeblich sein müsse. Eine Überschreitung ist verfassungsrechtlich unbedenklich, eine Unterschreitung kommt in Betracht, wenn der Börsenkurs ausnahmsweise nicht den Verkehrswert der Aktie widerspiegelt, etwa weil aufgrund einer bestehenden Marktenge der Minderheitsaktionär zu dem Börsenkurs tatsächlich nicht hätte verkaufen können oder weil längere Zeit praktisch überhaupt kein Handel stattgefunden hat oder der Kurs durch Missbrauch einer Seite beeinflusst ist. 9

Wie der maßgebliche Börsenkurs festzusetzen ist, gibt das *BVerfG* nicht vor. Entscheidend ist allein, dass durch die Wahl eines entsprechenden Referenzkurses einem Missbrauch von beiden Seiten vorgebeugt wird. Da die gesellschaftsrechtliche Maßnahme den Marktteilnehmern zumindest während der Einberufungsfrist zur Hauptversammlung bekannt ist, kann der Börsenkurs am Tag der Hauptversammlung nicht als Referenzkurs dienen. Zwar muss die angemessene Barabfindung die Verhältnisse im Zeitpunkt der Beschlussfassung der Hauptversammlung berücksichtigen, hierzu gehört aber nach Ansicht des *BVerfG* nicht nur der Tages-, sondern ein Durchschnittskurs. 10

Mit Beschluss vom 12. 3. 2001 hat der *BGH*[31] das Postulat des *BVerfG* dahin gehend konkretisiert, dass 11
– auf einen Durchschnittskurs in größtmöglicher Nähe zur Hauptversammlung abzustellen ist;
– außergewöhnliche Tagesausschläge oder sprunghafte Entwicklungen unberücksichtigt bleiben müssen;
– ein Zeitraum von drei Monaten unmittelbar vor der Hauptversammlung erforderlich, aber auch ausreichend ist.

---

[24] *BVerfG* AG 1999, 567.
[25] *BVerfG* AG 1999, 568.
[26] Vgl. *Müller* in Kallmeyer Rn 4.
[27] Zulässig sind nach IDW S1 auch Varianten der DCF-Verfahren, vgl. dazu § 9 Rn 35.
[28] *BVerfG* AG 1999, 568.
[29] *BVerfG* AG 1999, 566.
[30] *BVerfG* AG 1999, 568.
[31] BGH ZIP 2001, 734.

12 Die Wahl eines Referenzzeitraums bis unmittelbar vor der Hauptversammlung statt bis vor Bekanntgabe der beabsichtigten gesellschaftsrechtlichen Maßnahme ist im Schrifttum[32] zu Recht kritisiert worden. So wird argumentiert, dass in der Zeit zwischen der Bekanntgabe des gesellschaftsrechtlichen Vorhabens und dem Tag der Hauptversammlung Interessenten die Möglichkeit nutzen können, den Börsenkurs zu manipulieren, wie dies auch das *BVerfG* betont hat. Nach Ansicht des überwiegenden Schrifttums ist es sachgerechter, den dreimonatigen Referenzzeitraum bis zum Tag der Bekanntgabe der gesellschaftsrechtlichen Maßnahme zu begrenzen.

13 In diesem Sinne ist das *OLG Stuttgart* zu dem Ergebnis gekommen, dass es zur Ermittlung eines Durchschnittskurses auf den Zeitraum bis zum Abschluss des Vertrags ankommt, „weil die durch das Bekanntwerden des Gewinnabführungsvertrags eingetretenen spekulativen Kursgewinne im Rahmen einer Unternehmensbewertung keine Berücksichtigung finden dürfen, eine Berücksichtigung jedenfalls von Verfassung wegen nicht geboten ist"[33].

14 Weiterhin sieht auch § 5 WpÜG-AngebotsVO vor, dass für die Ermittlung des Mindestwerts des Angebots durchschnittliche Börsenkurse der Aktien während der letzten drei Monate vor der Veröffentlichung der Entscheidung des Bieters zur Abgabe eines Angebots maßgeblich sind.

15 Umstritten ist bei der Bemessung der angemessenen Barabfindung, ob und inwieweit Verbundvorteile, die sich in der Zukunft durch die Kooperation mit dem individuellen Partner ergeben sollen (echte Synergieeffekte), zu berücksichtigen sind[34]. Die hier auftretenden gegensätzlichen Ansichten spiegeln die Frage wider, ob der Grenzpreis des ausscheidenden Gesellschafters mit dem wahren Wert gleichzusetzen ist und damit die Gesellschaft ohne Abschluss der Umwandlung zu beurteilen gewesen wäre[35].

16 Nach der in der Rechtsprechung[36] in Übereinstimmung mit der in der Wirtschaftsprüfung[37] und der herrschenden Literatur vertretenen Auffassung sind echte, nachvertragliche Synergieeffekte nicht zu berücksichtigen[38], da es sich insoweit um nachvertragliche Einflüsse auf den Unternehmenswert handelt. Die Realisierung von Verbundeffekten bei der herrschenden oder beherrschten Gesellschaft ist vom anderen Vertragspartner und damit der herrschenden Gesellschaft abhängig[39]. Der Anspruch auf volle Entschädigung verbietet zwar die Schlechterstellung der abgefundenen Anteilsinhaber durch die Verschmelzung, doch ist kein Anspruch auf Beteiligung an Vorteilen begründet, die sich ohne die Verschmelzung gar nicht ergeben würden[40]. Daher beinhaltet der Anspruch auf angemessene Abfindung keine

---

[32] Vgl. *Krieger* BB 2002, 53, 56; *Hüttemann* ZGR 2001, 454, 461; *Vetter* DB 2001, 1347, 1348; *Bungert/Eckert* BB 2000, 1845, 1848; lt. *Puszkajler* BB 2003, 1692, 1694 Fn 14 soll ein ehemaliges Mitglied des II. Senats anlässlich des rws-forum Gesellschaftsrecht 2003 mitgeteilt haben, dass man die Korrekturbedürftigkeit dieser Rechtsprechung eingesehen habe.

[33] *OLG Stuttgart* DB 2000, 709, 710; nachdem mehrere andere Oberlandesgerichte im Sinne des *BGH* entschieden haben, hat das *OLG Stuttgart* mit ausführlich begründetem Vorlagebeschluss v. 12.2.2007, AG 2007, 209, 210 ff. dem BGH die Frage zur abschließenden Behandlung vorgelegt. Zuvor hatte das *BVerfG* im Beschluss v. 29.11.2006, ZIP 2017, 175 klargestellt, dass es verfassungsrechtlich keinen Bedenken begegnen würde, auf einen Durchschnittskurs im Vorfeld der Bekanntgabe der Maßnahme zurückzugreifen.

[34] Vgl. dazu § 9 Rn 46 bis 48.

[35] *LG Dortmund* DB 1996, 2221.

[36] *BGH* AG 1998, 287; *OLG Düsseldorf* AG 2000, 429; *OLG Stuttgart* NZG 2000, 745; *OLG Düsseldorf* AG 2000, 323; *OLG Celle* AG 1999, 130; *OLG Düsseldorf* AG 1998, 38; *BayObLG* AG 1996, 128; *OLG Frankfurt* AG 1989, 443; *OLG Düsseldorf* WM 1984, 734; *OLG Hamburg* AG 1980, 165; *OLG Celle* AG 1979, 233.

[37] Vgl. *IDW* (Hrsg.), WP-Handbuch Bd. II, S. 14.

[38] Vgl. *Seetzen* WM 1999, 572 f.; *Ossadnik* DB 1997, 885 ff.

[39] *BGH* AG 1998, 287.

[40] Vgl. *IDW* (Hrsg.), WP-Handbuch Bd. II, S. 37.

Beteiligung an Entwicklungen, die ohne den Unternehmensvertrag gar nicht eingetreten wären (*stand-alone*-Prinzip)[41]. Zur Ermittlung der Barabfindung hat daher eine Bewertung auf Basis des *stand-alone*-Prinzips zu erfolgen. Grundlage für die Ermittlung der angemessenen Barabfindung ist der Gedanke der Weiterführung ohne Unternehmensvertrag, so dass nachvertragliche Verbundeffekte nicht zu berücksichtigen sind[42].

Bereits mit dem anderen Vertragsteil in der Vergangenheit realisierte unechte Synergieeffekte (zB aus Einkaufsgemeinschaften, Cash Management u. ä.) sind dagegen zu berücksichtigen. Da sie regelmäßig über die Planansätze der sich bei unveränderter Fortführung ergebenden Erlös- und Kostenpositionen implizit in die Bewertung einfließen, bedarf es keiner gesonderten Quantifizierung. 17

3. Verhältnisse des übertragenden Rechtsträgers im Zeitpunkt der Beschlussfassung über die Verschmelzung

Ein weiterer Anhaltspunkt zur Konkretisierung des Anspruchs auf Barabfindung ist Abs. 1 Satz 1 zu entnehmen. Danach hat die Barabfindung die Verhältnisse des übertragenden Rechtsträgers im Zeitpunkt der Beschlussfassung über die Verschmelzung zu berücksichtigen. Abs. 1 Satz 1 geht zurück auf § 375 Abs. 1 Satz 1 AktG aF. Dieser regelte, dass die Barabfindung die Vermögens- und Ertragslage der Gesellschaft im Zeitpunkt der Beschlussfassung ihrer Hauptversammlung über die Umwandlung berücksichtigen muss. Gegenüber § 375 Abs. 1 Satz 1 AktG aF hat der Gesetzgeber in Abs. 1 Satz 1 lediglich die Worte „Vermögens- und Ertragslage" durch das Wort „Verhältnisse" ersetzt. Zu dieser Anpassung sah sich der Gesetzgeber veranlasst, da sich nach seiner Einschätzung der Normzweck der alten Fassung, bestimmte Bewertungsmethoden vorzuschreiben, in der Vergangenheit nicht bewährt habe[43]. Dem angepassten Wortlaut von Abs. 1 Satz 1 kommt allerdings nur klarstellende Bedeutung zu, da die Bewertungspraxis bereits vor der Einführung des UmwG bei der Ermittlung von Unternehmenswerten ausschließlich auf die Ertragswertmethode abstellte[44]. 18

Abs. 1 Satz 1 legt den für die Bemessung der Barabfindung maßgeblichen Bewertungszeitpunkt fest[45]. Grundlage für die Ermittlung der Barabfindung ist idR der für die Ermittlung des Umtauschverhältnisses bestimmte Unternehmenswert des übertragenden Rechtsträgers. Für den Fall, dass das Umtauschverhältnis nicht auf den Zeitpunkt der Beschlussfassung bezogen ermittelt wurde, ist eine idR finanzmathematische Fortrechnung des Unternehmenswerts des übertragenden Rechtsträgers erforderlich. 19

4. Verzinslichkeit der Barabfindung und weiterer Schaden

Abs. 1 Satz 2 regelt die Verzinslichkeit der Barabfindung sowie die Geltendmachung eines weiteren Schadens und verweist diesbezüglich auf § 15 Abs. 2 über die Verzinslichkeit der baren Zuzahlung zur Verbesserung des Umtauschverhältnisses. Danach ist die angebotene Barabfindung bzw. die ggf. im Spruchverfahren vom Gericht festgesetzte (höhere) angemessene Barabfindung nach Ablauf des Tages, an dem die Eintragung der Verschmelzung in das Register des Sitzes des übernehmenden Rechtsträgers als bekannt gemacht gilt[46], variabel mit jährlich 2% über dem jeweiligen Basiszins nach § 247 BGB zu verzinsen. 20

Der Anspruch auf Verzinslichkeit der Barabfindung dient dem Schutz der zum Bezug der Barabfindung berechtigten Anteilsinhaber des übertragenden Rechtsträgers. Die Anteilsin- 21

---

[41] *BGH* AG 1998, 287; *OLG Düsseldorf* AG 2000, 323; vgl. *IDW* (Hrsg.), WP-Handbuch Bd. II, S. 37.
[42] *OLG Celle* AG 1999, 130.
[43] Vgl. RegBegr. *Ganske* S. 85.
[44] Vgl. *Müller* in Kallmeyer Rn 1.
[45] Vgl. RegBegr. *Ganske* S. 85.
[46] § 19 Abs. 3.

haber des übertragenden Rechtsträgers werden mit Eintragung der Verschmelzung Anteilsinhaber des übernehmenden Rechtsträgers. Mitgliedschaftsrechte, vor allem Dividenden- und Gewinnansprüche, der ehemaligen Anteilsinhaber des übertragenden Rechtsträgers bestehen ab der Eintragung der Verschmelzung nur noch gegenüber dem übernehmenden Rechtsträger. Binnen zwei Monaten nach dem Tag, an dem die Eintragung der Verschmelzung in das Register des übernehmenden Rechtsträgers als bekannt gemacht gilt[47], können die zum Bezug der Barabfindung Berechtigten das Angebot nach § 29 annehmen. Stellen Anteilsinhaber allerdings nach § 34 einen Antrag auf gerichtliche Bestimmung der angemessenen Barabfindung, kann das Angebot bis zu zwei Monaten nach dem Tage angenommen werden, an dem die Entscheidung im Bundesanzeiger bekannt gemacht worden ist[48]. Der Zweck des Verzinsungsanspruchs besteht somit darin, diejenigen Anteilsinhaber, die das Barabfindungsangebot angenommen haben, allerdings noch einen Antrag auf Bestimmung der Barabfindung durch das Gericht gestellt haben, vor Verzögerungen des Spruchverfahrens durch den übernehmenden Rechtsträger zu schützen[49].

22 Der Verzinsungsanspruch nach Abs. 1 Satz 2 iVm. § 15 Abs. 2 Satz 1 besteht nach dem Wortlaut der Vorschrift unabhängig vom Zeitpunkt der Annahme des Barabfindungsangebots[50]. Diese Regelung wird allerdings als missglückt angesehen, da es zu einer Kumulation von Dividendenzahlungen und verzinstem Barabfindungsanspruch kommen kann[51], wenn es zB aufgrund eines Spruchverfahrens zwischen Eintragung der Verschmelzung und Annahme des Barabfindungsangebots zu Dividendenzahlungen kommt.[52]

23 In der Rechtsprechung zu §§ 304, 305 AktG bestand zwar Einigkeit darüber, dass der Schutz der außenstehenden Aktionäre nicht verlangt, dass Ausgleich und Zinsen kumulativ zuzubilligen sind. Über die konkrete Anrechnung der Ausgleichszahlungen auf Abfindung und Zinsen bestand jedoch keine einheitliche Meinung. Mit Urteil vom 16.9.2002 hat der BGH entschieden, dass der gezahlte Ausgleich nur mit den Zinsen zu verrechnen ist, so dass er den Aktionären insoweit verbleibt wie er die Zinsen übersteigt[53].

24 Die Entscheidung überzeugt nicht, da sie den die Entscheidung hinauszögernden Aktionär gegenüber dem Aktionär, der das Angebot sofort annimmt, bevorzugt und ein Anreiz geschaffen wird, Spruchverfahren mit Blick auf einen zu erzielenden zusätzlichen Vorteil hinauszuzögern[54].

25 Die Geltendmachung eines weiteren Schadens ist nicht ausgeschlossen[55].

III. Prüfung der Barabfindung

1. Prüfung durch Verschmelzungsprüfer

26 Die Pflicht zur Prüfung der Barabfindung ergibt sich bereits aus § 9, soweit nach den Vorschriften des UmwG für die an einer Verschmelzung beteiligten Rechtsträger eine Verschmelzungsprüfung erforderlich ist. Gegenstand der Verschmelzungsprüfung ist der Verschmelzungsvertrag oder sein Entwurf[56]. Bestandteil des Verschmelzungsvertrags ist auch

---

[47] § 19 Abs. 3.
[48] § 31; vgl. § 29 Rn 28.
[49] Vgl. *Liebscher* AG 1996, 455, 456.
[50] Vgl. *Vollrath* in Widmann/Mayer Rn 29.
[51] Vgl. *Liebscher* AG 1996, 455, 457.
[52] Vgl. *Liebscher* AG 1996, 455, 460 f.; siehe auch § 29 Rn 30.
[53] *BGH* DB 2002, 2261, 2262 einschließlich des bis dato vertretenen Meinungsstands.
[54] Einen überzeugenden Lösungsansatz bot *OLG Hamburg* DB 2002, 522; zustimmend ebenfalls *Vetter* AG 2002, 383, 385.
[55] § 30 Abs. 1 Satz 2 iVm. § 15 Abs. 2 Satz 2; siehe auch § 15 Rn 30.
[56] § 9.

eine in bestimmten Fällen anzubietende Barabfindung[57]. Ist der Verschmelzungsvertrag oder sein Entwurf durch einen oder mehrere Verschmelzungsprüfer zu prüfen, erstreckt sich die Verschmelzungsprüfung deshalb grundsätzlich auch auf die Prüfung der Barabfindung. Nach dem Willen des Gesetzgebers soll die Barabfindung allerdings unabhängig davon, ob eine Verschmelzungsprüfung nach § 9 erforderlich ist, stets geprüft werden, da der Austritt aus einem Unternehmen für den Anteilsinhaber ein besonders weit reichender Vorgang ist. Die Pflicht zur Prüfung der Barabfindung ist deshalb in § 30 Abs. 2 Satz 1 gesondert geregelt.

Bei der Prüfung der Barabfindung sind die §§ 10 bis 12 entsprechend anzuwenden[58]. Ist der Verschmelzungsvertrag oder sein Entwurf durch einen oder mehrere Verschmelzungsprüfer zu prüfen, erstreckt sich die Verschmelzungsprüfung grundsätzlich auch auf die Prüfung der Barabfindung. Eine gesonderte Bestellung von Verschmelzungsprüfern für die Prüfung der Barabfindung ist in diesem Fall nicht erforderlich. Findet dagegen keine Verschmelzungsprüfung nach § 9 statt, haben die Vertretungsorgane Verschmelzungsprüfer für die Prüfung der Barabfindung zu bestellen. Dabei ist zu beachten, dass sich die Prüfung lediglich auf die Prüfung der Angemessenheit der im Verschmelzungsvertrag angebotenen Barabfindung beschränkt[59]. Eine darüber hinausgehende Prüfung der Verschmelzung ist in diesem Fall nicht erforderlich.

2. Verzicht auf die Prüfung

Die zum Bezug der Barabfindung berechtigten Anteilsinhaber können auf die Prüfung der Barabfindung oder den Prüfungsbericht verzichten[60]. Berechtigt sind diejenigen Anteilsinhaber, die gegen den Verschmelzungsbeschluss des übertragenden Rechtsträgers Widerspruch zur Niederschrift erklärt haben[61]. Damit zählt für die Verzichtserklärungen bezüglich der Prüfung der Barabfindung anders als für die Verzichtserklärungen bezüglich des Verschmelzungsberichts und der Verschmelzungsprüfung nur der Wille derjenigen Anteilsinhaber, „die aus dem Unternehmen ausscheiden wollen, weil die quotenmäßige Beteiligung anderer Anteilsinhaber am Rechtsträger durch das Ausscheiden nicht vermindert werden kann"[62].

Die Möglichkeit, auf die Prüfung der Barabfindung verzichten zu können[63], wird in der Praxis keine große Bedeutung erlangen. Wer zum Bezug der Barabfindung berechtigt ist und damit letztlich auf die Prüfung der Barabfindung verzichten könnte, entscheidet sich erst in der Versammlung der Anteilsinhaber des übertragenden Rechtsträgers. Die Vertretungsorgane müssen daher im Ergebnis das im Verschmelzungsvertrag gemachte Barabfindungsangebot präventiv prüfen lassen, da regelmäßig bei der Vorbereitung der Verschmelzung nicht absehbar ist, ob Anteilsinhaber des übertragenden Rechtsträgers gegen den Verschmelzungsbeschluss Widerspruch zur Niederschrift erklären[64] und damit eine Prüfungspflicht auslösen. Um Anfechtungsklagen zu vermeiden, müssten die Vertretungsorgane dann die Beschlussfassung der Anteilsinhaber des übertragenden Rechtsträgers über die Verschmelzung bis zur Vorlage des Prüfungsberichts durch die Verschmelzungsprüfer verschieben[65]. Der Verzicht auf die Prüfung der Barabfindung ist nur dann empfehlenswert, wenn alle Anteilsinhaber zuvor notariell auf die Prüfung verzichtet haben.

---

[57] § 29.
[58] § 30 Abs. 2 Satz 2.
[59] Vgl. *Müller* in Kallmeyer Rn 17.
[60] § 30 Abs. 2 Satz 3 1. Halbs.
[61] Vgl. IDW (Hrsg.), WP-Handbuch Bd. II, S. 232.
[62] RegBegr. *Ganske* S. 85.
[63] § 30 Abs. 2 Satz 3.
[64] Vgl. IDW (Hrsg.), WP-Handbuch Bd. II, S. 232; *Müller* in Kallmeyer Rn 20; *Lutter/Drygala* in Lutter § 9 Rn 7.
[65] Vgl. *Müller* in Kallmeyer Rn 20.

30 Die Verzichtserklärungen der zum Bezug der Barabfindung berechtigten Anteilsinhaber sind notariell zu beurkunden[66].

31 Ist die Prüfung der Barabfindung unterblieben, obwohl sie nach § 30 geboten gewesen wäre, gelten die gleichen Rechtsfolgen wie bei einer unterlassenen Verschmelzungsprüfung[67].

§ 31 Annahme des Angebots

Das Angebot nach § 29 kann nur binnen zwei Monaten nach dem Tage angenommen werden, an dem die Eintragung der Verschmelzung in das Register des Sitzes des übernehmenden Rechtsträgers nach § 19 Abs. 3 bekannt gemacht worden ist. Ist nach § 34 ein Antrag auf Bestimmung der Barabfindung durch das Gericht gestellt worden, so kann das Angebot binnen zwei Monaten nach dem Tage angenommen werden, an dem die Entscheidung im elektronischen Bundesanzeiger bekanntgemacht worden ist.

Übersicht

	Rn		Rn
I. Allgemeines	1	2. Form und Vertretung des Austritts	5
1. Anwendungsbereich und Entstehungsgeschichte	1	3. Durchführung des Austritts	6
2. Gewöhnlicher Verlauf	2	**III. Abfindung**	7
3. Gerichtliche Entscheidung	3	1. Belastungsfreie Abfindung	7
II. Ausübung des Austritts	4	2. Mitgliedschaft im übernehmenden Rechtsträger	8
1. Teilweiser Austritt	4	3. Fälligkeit	9

Literatur: Grunewald, Probleme bei der Aufbringung der Abfindung für ausgetretene GmbH-Gesellschafter, GmbHR 1991, 185.

I. Allgemeines

1. Anwendungsbereich und Entstehungsgeschichte

1 Vorbildregelung ist § 375 Abs. 1 Satz 3 AktG aF. Die Regelung bestimmt die Frist, innerhalb derer das Barabfindungsangebot nach § 29 angenommen werden kann. Das Gesetz unterscheidet **zwei Fristen,** nämlich jene für die „schlichte Durchführung" der Verschmelzung und jene, bei der das Barabfindungsangebot einer gerichtlichen Überprüfung unterzogen wird. Die zuletzt genannte Frist kann sehr spät, uU erst nach Ablauf der ersten Frist beginnen[1].

2. Gewöhnlicher Verlauf

2 Das Angebot nach § 29 kann nur innerhalb von zwei Monaten nach dem Tag angenommen werden, an dem die Eintragung der Verschmelzung in das Register des Sitzes des übernehmenden Rechtsträgers nach § 19 Abs. 3 bekannt gemacht worden ist. Die konkrete Dauer der Frist hängt daher von der Zeitspanne zwischen Eintragung (Wirksamwerden) und Bekanntmachung, verlängert um die Zweimonatsfrist ab dem Bekanntmachungszeitpunkt ab. Für die Berechnung der Zweimonatsfrist gelten die allgemeinen zivilrechtlichen

---

[66] § 30 Abs. 2 Satz 3 2. Halbs.
[67] Vgl. hierzu § 12 Rn 3.
[1] Siehe § 29 Rn 28.

Regelungen². Die Frist ist eine materiell rechtliche **Ausschlussfrist:** Läuft die Frist ab, erlischt der Anspruch auf Barabfindung. Eine Wiedereinsetzung in den vorigen Stand oder ein sonstiger Rechtsbehelf ist bei einem Fristversäumnis nicht möglich³. Der Austritt ist gem. § 130 BGB nur rechtzeitig, wenn er dem übernehmenden Rechtsträger zugeht. Wie nach allgemeinem Zivilrecht kann sie als einseitige Erklärung bis zum Zugang ohne weiteres widerrufen werden. Ab dem Zugang kann sie nunmehr unter Einhaltung der allgemeinen schuldrechtlichen Regelungen aufgehoben werden (zB Irrtum). § 31 Satz 1 gilt für die Anteilsinhaber, die sich zum Angebot der übernehmenden Gesellschaft noch überhaupt nicht geäußert haben.

3. Gerichtliche Entscheidung

Hat irgendein Anteilsinhaber gem. § 34 iVm. § 305 ff. eine gerichtliche Entscheidung über die Angemessenheit der Barabfindung eingeleitet, setzt die Bekanntmachung (elektronischer Bundesanzeiger) der das Verfahren abschließenden Entscheidung des Gerichts die Frist zur Annahme des uU geänderten Barabfindungsangebots noch einmal in Lauf. Die zweite Frist beträgt konstant zwei Monate. Die beiden Fristen nach Satz 1 (schlichte Eintragung der Verschmelzung) und Satz 2 (gerichtliche Entscheidung über die Barabfindung) sind voneinander unabhängig. Wer den Antrag zur Überprüfung der Angemessenheit der Barabfindung gestellt hat, ist für die Auslösung des nochmaligen Fristenlaufs und für die nochmalige Berechtigung des Austrittsrechts unerheblich⁴. Es muss daher nicht der Austretende sein. Damit der Austritt aber überhaupt erklärt werden kann, muss der jeweilige Anteilsinhaber gem. § 29 Widerspruch in der Haupt- oder sonstigen Gesellschafterversammlung erhoben haben⁵. Die Frist läuft mit der Bekanntmachung der Entscheidung, unabhängig davon, ob das Barangebot tatsächlich erhöht wurde oder gleich geblieben ist⁶. Wird das gerichtliche Verfahren nicht durch Entscheidung, sondern auf andere Weise beendet, etwa durch Vergleich der Anteilsinhaber, läuft die Frist ab Abschluss des Vergleiches⁷ oder – wenn vorgenommen – ab der Bekanntmachung der Beendigung im elektronischen Bundesanzeiger⁸. Von der allfälligen Erhöhung der Barabfindung durch eine gerichtliche Entscheidung profitieren auch die Anteilsinhaber, die bereits vorher ausgetreten sind. Sie brauchen keine zusätzliche Annahmeerklärung abgeben⁹.

II. Ausübung des Austritts

1. Teilweiser Austritt

Hat ein Anteilsinhaber im übertragenden Rechtsträger mehrere Anteile, steht es ihm frei, mit allen Anteilen oder nur mit einem Teil seiner Anteile den Austritt zu erklären¹⁰. Ein teil-

---

² § 187 Abs. 2 Satz 1 und § 188 Abs. 2 BGB.
³ *Grunewald* in Lutter Rn 2; *Marsch-Barner* in Kallmeyer Rn 3; *Stratz* in Schmitt/Hörtnagl/Stratz § 29 Rn 3.
⁴ Grunewald in Lutter Rn 3.
⁵ Siehe § 29 Rn 21; *Grunewald* in Lutter § 29 Rn 10.
⁶ *Stratz* in Schmitt/Hörtnagl/Stratz § 207 Rn 6.
⁷ Vgl. *Marsch-Barner* in Kallmeyer Rn 9; *Stratz* in Schmitt/Hörtnagl/Stratz Rn 7; *Grunewald* in Lutter Rn 2.
⁸ Vgl. aber *Grunewald* in Lutter Rn 2: Die Frist beginnt nicht zu laufen, wenn nicht bekannt gemacht wurde.
⁹ *Stratz* in Schmitt/Hörtnagl/Stratz Rn 6.
¹⁰ Vgl. § 29 Rn 29; *Grunewald* in Lutter Rn 4; *Marsch-Barner* in Kallmeyer § 29 Rn 19; OLG Düsseldorf ZIP 2001, 158, 159; aA *Bermel* in Goutier/Knopf/Tulloch § 29 Rn 35.

weiser Austritt ist auch möglich, wenn die Anteilsinhaber im übernehmenden Rechtsträger jeweils nur über einen Anteil verfügen. Maßgeblich ist seine Rechtsstellung im ehemaligen übertragenden Rechtsträger. Der bloß teilweise Austritt muss rechtstechnisch möglich sein wie etwa in der Personengesellschaft durch Teilabfindung.

2. Form und Vertretung des Austritts

5   Die Austrittserklärung ist **formfrei**. Sie muss nicht unbedingt schriftlich sein. Es genügt eine konkludente Erklärung, die das Verhalten deutlich erkennen lässt[11]. Ist die Durchführung des Austritts mit einer Anteilsübertragung verbunden, hängt die Formpflicht der Übertragung von der Rechtsform ab. Die Übertragung folgt den Regelungen für die jeweilige Rechtsform, zB durch notarielle Beurkundung für die Übertragung von GmbH-Anteilen. Der Austritt muss **nicht persönlich,** sondern kann auch von einem Vertreter gem. § 164 BGB erklärt werden. Die Erklärung ist wegen der Einseitigkeit bedingungsfeindlich.

3. Durchführung des Austritts

6   Der Austritt wird **Zug um Zug** gegen die Gewährung der Abfindung erklärt. Der Anteilsinhaber ist verpflichtet, seinen Anteil dem übernehmenden Rechtsträger zu übertragen.[12] Solange der Anteilsinhaber an der Übertragung nicht mitwirkt, kann ihm der übernehmende Rechtsträger die Bezahlung der Barabfindung gem. § 273 BGB verweigern[13].

III. Abfindung

1. Belastungsfreie Abfindung

7   Die Barabfindung iRd. Verschmelzung muss so gestaltet sein, dass sie der austrittswillige Gesellschafter jedenfalls behalten kann und für ihn keine zusätzlichen Belastungen damit verbunden sind. Während bei einer AG dem Aktionär bei Auszahlung der Abfindung keine Haftung droht, könnte dies bei der GmbH eintreten, wenn ihm die Barabfindung entgegen § 30 GmbHG aus dem gebundenen Vermögen erbracht wird. Dies stellt keine ordnungsgemäße Erfüllung der Abnahmeverpflichtung des übernehmenden Rechtsträgers dar, bildet zugleich einen Sorgfaltsverstoß der Organmitglieder und führt dazu, dass die Verschmelzung nicht ins Handelsregister eingetragen werden darf. Bis zur ordnungsgemäßen Erfüllung der Barabfindung kann der Gesellschafter die Barabfindung seines Geschäftsanteils verweigern, ohne seinen Anspruch auf Bezahlung zu verlieren, wenn er nur rechtzeitig seinen Austritt erklärt hat. Hat er den Anteil bereits übertragen, kann er Zug um Zug gegen Rückzahlung der Abfindung die Rückübertragung des Anteils verlangen[14]. Wenn der Anteilsinhaber den Austritt rechtzeitig erklärt hat, verfällt der Abfindungsanspruch nicht und er kann ihn ab der erstmaligen Möglichkeit der Abfindungsleistung aus dem ungebundenen Vermögen realisieren, ohne unbedingt den Weg der Auflösung beschreiten zu müssen. Es reicht eine Sistierung des Anspruchs[15].

---

[11] *Marsch-Barner* in Kallmeyer Rn 4; *Stratz* in Schmitt/Hörtnagl/Stratz Rn 4.
[12] *Grunewald* in Lutter Rn 5 ff.
[13] *Grunewald* in Lutter Rn 4; *Marsch-Barner* in Kallmeyer Rn 6.
[14] *Grunewald* in Lutter Rn 8; *Marsch-Barner* in Kallmeyer Rn 7.
[15] Vgl. *Grunewald* in Lutter Rn 8 (für eine Auflösung).

2. Mitgliedschaft im übernehmenden Rechtsträger

Der Fristenlauf nach § 31 geht davon aus, dass die Austrittserklärung erst nach Wirksamkeit der Verschmelzung erklärt wird, der austrittswillige Anteilsinhaber daher Mitglied des übernehmenden Rechtsträgers wird. Er kann dort auch seine Mitgliedschaftsrechte ausüben. Anteilsinhaber haben bis zum Ablauf der Fristen, in der sie das Abfindungsangebot annehmen können, alle Rechte im übernehmenden Rechtsträger und können ihr Stimmrecht ebenso wie sonstige Rechte wahrnehmen. Hat ein austrittswilliger Anteilsinhaber sein Austrittsvorhaben bereits erklärt, ist von ihm im Rahmen seiner gesellschaftsrechtlichen Treuepflicht zu erwarten, dass er in Ausübung seiner Rechte Zurückhaltung übt.

3. Fälligkeit

Das Gesetz verzichtet auf eine besondere Regelung für die Fälligkeit der Barabfindung; vielmehr ist sie sofort, nämlich Zug um Zug gegen Übertragung der Anteile (Austrittserklärung) zu leisten.

§ 32 Ausschluß von Klagen gegen den Verschmelzungsbeschluß

Eine Klage gegen die Wirksamkeit des Verschmelzungsbeschlusses eines übertragenden Rechtsträgers kann nicht darauf gestützt werden, daß das Angebot nach § 29 zu niedrig bemessen oder daß die Barabfindung im Verschmelzungsvertrag nicht oder nicht ordnungsgemäß angeboten worden ist.

Übersicht

	Rn		Rn
I. Allgemeines	1	III. Kein Ausschluss von Unwirksamkeitsklagen beim übernehmenden Rechtsträger	8
II. Ausschluss von Unwirksamkeitsklagen beim übertragenden Rechtsträger	3		

I. Allgemeines

Die Vorschrift erweitert den Klageausschluss des § 14 Abs. 2[1]: Eine Wirksamkeitsklage gegen den Verschmelzungsbeschluss kann neben den Ausschlussgründen des § 14 Abs. 2 auch nicht darauf gestützt werden, dass das Barabfindungsangebot nach § 29 zu niedrig bemessen oder dass die Barabfindung im Verschmelzungsvertrag nicht oder nicht ordnungsgemäß angeboten worden ist. Die angebotene Barabfindung wird nach § 34 ausschließlich im Spruchverfahren nach den Vorschriften des Spruchverfahrensgesetzes überprüft[2]. Der Verschmelzungsvorgang soll nicht durch den Streit verzögert oder verhindert werden, ob eine Barabfindung anzubieten war, ob das Angebot ordnungsgemäß unterbreitet und richtig bemessen worden ist. Der Durchführung der Verschmelzung wird in zeitlicher Hinsicht Vorrang vor der Überprüfung der Ordnungsmäßigkeit und Höhe des Barabfindungsangebots eingeräumt[3].

Die Vorgängervorschriften sind §§ 375 Abs. 2 Satz 1 AktG aF, 33 Abs. 3 KapErhG und 15 Abs. 1, 13 UmwG 1969. § 32 geht aber über § 375 Abs. 2 Satz 3 aF insoweit hinaus, als eine

---

[1] Dazu § 14 Rn 30 ff.
[2] Ausf. Anh. SpruchG.
[3] So zum Formwechsel auch *BGH* WM 2001, 307, 308.

Klage gegen die Unwirksamkeit des Verschmelzungsbeschlusses nicht darauf gestützt werden kann, dass die Barabfindung überhaupt nicht oder nicht ordnungsgemäß angeboten worden ist[4]. Die sachlich übereinstimmende Parallelvorschrift für die formwechselnde Umwandlung ist § 210. In der Struktur ähnlich sind die Regelungen in § 320 b AktG für die Eingliederung und in § 327 f AktG für den Übertragungsbeschluss.

II. Ausschluss von Unwirksamkeitsklagen beim übertragenden Rechtsträger

3   Die Vorschrift schließt bei Klagen von Anteilsinhabern des übertragenden Rechtsträgers gegen die Wirksamkeit des Verschmelzungsbeschlusses drei Rügen aus:
– dass ein Barabfindungsangebot überhaupt nicht unterbreitet worden sei, obwohl dies nach § 29 erforderlich war;
– dass das Barabfindungsangebot nicht ordnungsgemäß sei;
– dass die Barabfindung zu niedrig bemessen sei.

4   § 32 gilt einheitlich für alle Rechtsformen und alle Formen der Verschmelzung, allerdings (unmittelbar) nur für die Anteilsinhaber des übertragenden Rechtsträgers. Der Klageausschluss soll alle Rügen ausschließen, die mit dem Barabfindungsangebot zusammenhängen. Die Vorschrift unterscheidet nicht nach der Art der Wirksamkeitsklage. Ist das Barabfindungsangebot unklar oder nicht so formuliert, dass es ohne weiteres angenommen werden kann, ist das Angebot nicht ordnungsgemäß. Gleichwohl kann dieser Mangel in einem Rechtsstreit über die Wirksamkeit des Verschmelzungsbeschlusses nicht geltend gemacht werden. Dasselbe gilt, wenn im Barabfindungsangebot entgegen § 29 Abs. 1 Satz 3 nicht bestimmt ist, dass zugleich mit der Annahme der Barabfindung das Ausscheiden aus dem Rechtsträger erklärt werden muss. Auch eine unzureichende Bekanntmachung[5] kann die Klage gegen die Wirksamkeit des Verschmelzungsbeschlusses nicht begründen[6]. Schließlich sind allgemeine Unwirksamkeitsgründe ausgeschlossen[7].

5   Nach der Rechtsprechung des BGH[8] zum Formwechsel erfasst der mit § 32 sachlich übereinstimmende Klageausschluss nach § 210 UmwG auch eine Verletzung von Informations-, Auskunfts- oder Berichtspflichten im Zusammenhang mit der Barabfindung. Die Abfindung ist dann im Wort- wie im Rechtssinne nicht ordnungsgemäß angeboten worden. Es ist kein Grund ersichtlich, die Rechtsprechung des BGH auf den Formwechsel zu beschränken. Sie ist auf § 32 übertragbar[9]. Die Neuregelung in § 243 Abs. 4 Satz 2 AktG idF des am 1.11.2005 in Kraft getretenen UMAG führt zu keinem anderen Ergebnis. Die gesetzliche Neuregelung zum Ausschluss von Bewertungsrügen bei unrichtiger, unvollständiger oder unzureichender Information in der Hauptversammlung ist nicht abschließend. § 32 regelt einen eigenen und weiter gehenden Ausschluss von Wirksamkeitsrügen.

---

[4] *Grunewald* in Lutter Rn 1.
[5] § 29 Abs. 1 Satz 4.
[6] *Vollrath* in Widmann/Mayer Rn 4; aA *Grunewald* in Lutter Rn 4.
[7] Etwa ein Verstoß gegen § 243 Abs. 2 AktG oder die Verletzung des Gleichbehandlungsgrundsatzes (auch des Grundsatzes der gebotenen Ungleichbehandlung, wenn die Anteilsinhaber des übertragenden Rechtsträgers unterschiedliche Anteilsrechte haben).
[8] BGHZ 146, 179, 181; zuvor schon OLG Karlsruhe NZG 1999, 604, 605 mit zust. Anm. *Bungert*; anders noch KG NZG 1999, 508, 509 f. mit zust. Anm. *Zeidler*.
[9] *Stratz* in Schmitt/Hörtnagl/Stratz Rn 2; wohl auch *Vollrath* in Widmann/Mayer Rn 4; *Hüffer* § 243 AktG Rn 18 b; *Sinewe* DB 2001, 690 f.; *Witt* WuB II Nr. 2.01 zu § 210 UmwG; aA *Marsch-Barner* in Kallmeyer Rn 2.

Die Klage, die entgegen § 32 darauf gestützt wird, die angebotene Barabfindung nach § 29 **6** sei zu niedrig bemessen oder die Barabfindung sei im Verschmelzungsvertrag überhaupt nicht oder nicht ordnungsgemäß angeboten worden, ist nicht unzulässig, sondern unbegründet[10].

§ 32 bindet auch die Registergerichte, und zwar am Sitz der übernehmenden wie der **7** übertragenden Rechtsträger. Die Registergerichte können die Eintragung der Verschmelzung nicht mit dem Hinweis ablehnen, dass die angebotene Barabfindung nach § 29 zu niedrig bemessen ist oder dass die Barabfindung im Verschmelzungsvertrag überhaupt nicht oder nicht ordnungsgemäß angeboten worden ist[11]. Es würde dem Regelungszweck des Gesetzes widersprechen und wäre insbesondere nach Durchführung eines Freigabeverfahrens gemäß § 16 Abs. 3 nicht gerechtfertigt, einerseits in weitem Umfang das Klagerecht auszuschließen, andererseits dem Registergericht eine Prüfungskompetenz (und damit wohl auch eine Prüfungspflicht) zu geben. Aus § 32 folgt auch, dass der Verschmelzungsvertrag nicht mangels ordnungsgemäßen und ausreichenden Barabfindungsangebots unwirksam ist[12].

III. Kein Ausschluss von Unwirksamkeitsklagen beim übernehmenden Rechtsträger

§ 32 beschränkt nur das Recht der Anteilsinhaber des übertragenden Rechtsträgers, die **8** Wirksamkeit des Verschmelzungsbeschlusses anzugreifen. Die Rechtskontrolle durch Anteilsinhaber des *übernehmenden* Rechtsträgers wird durch § 32 nicht berührt[13]. Soweit ein zu hohes Barabfindungsangebot ihre Rechtsstellung beeinträchtigt, können sie dies mit einer Wirksamkeitsklage geltend machen[14]. Der BGH[15] weist in der „MEZ"-Entscheidung darauf hin, dass die Wirksamkeitsklage zu Rechtsschutzlücken führen kann. Werde nämlich die Abfindung ausscheidender Anteilseigner erst im Spruchverfahren heraufgesetzt oder erstmals zu hoch festgesetzt und sei dann wegen Ablaufs der Anfechtungsfrist die Anfechtungsklage für die betroffenen, im Unternehmen verbliebenen Anteilseigner nicht mehr möglich, so stünde ihnen – vom Gesetzgeber offenbar nicht bedacht – kein Rechtsbehelf zur Verfügung, mit dessen Hilfe sie auf eine zutreffende Festsetzung der Abfindung hinwirken könnten. Deshalb könnte es von Verfassungs wegen geboten sein, ihnen ebenfalls Rechtsschutz im Spruchverfahren zu eröffnen, weil sie ansonsten einen Vermögensverlust erleiden müssten, der möglicherweise auf eine verfassungswidrige Beeinträchtigung ihres durch Art. 14 GG geschützten Mitgliedschaftsrechts hinausliefe. Dem ist nicht zu folgen[16]. Die in dem übernehmenden Rechtsträger verbliebenen Aktionären müssen damit rechnen, dass die Abfindung auf Antrag im Spruchverfahren erhöht wird. Es geschieht ihnen kein Unrecht, wenn die Abfindung auf die angemessene und von vornherein geschuldete Höhe festgesetzt wird. Die Interessen der Anteilsinhaber des übernehmenden Rechtsträgers werden im Spruchverfahren durch diesen wahrgenommen.

---

[10] AA *Marsch-Barner* in Kallmeyer Rn 3.
[11] BGHZ 146, 179, 184 „MEZ"; siehe § 210 Rn 4; aA *Vollrath* in Widmann/Mayer Rn 4; *Marsch-Barner* in Kallmeyer Rn 2 (Registergericht ist berechtigt, die Eintragung zu verweigern); *Grunewald* in Lutter Rn 3; zu weit *Decher* in Lutter Rn 3, der annimmt, dass bei Wirksamkeitsklagen, mit denen ausschließlich nach § 32 oder anderen Vorschriften ausgeschlossene Rügen geltend gemacht werden, auch ein Freigabeverfahren nach § 16 Abs. 3 nicht mehr durchgeführt werden müsse.
[12] *Grunewald* in Lutter § 29 Rn 22.
[13] *Stratz* in Schmitt/Hörtnagl/Stratz Rn 4.
[14] Vgl. zum Formwechsel auch BGHZ 146, 179, 183 „MEZ".
[15] BGHZ 146, 179, 189 „MEZ".
[16] So auch *Hoffmann-Becking*, Rechtsschutz bei Informationsmängeln im Unternehmensvertrags- und Umwandlungsrecht, in Henze/Hoffmann-Becking (Hrsg.), Gesellschaftsrecht 2001, S. 55, 69 sowie *Grunewald* in Lutter Rn 2.

9 Die Rügen, die den Anteilsinhabern des übertragenden Rechtsträgers gewährte Abfindung sei zu hoch bemessen, begründet die Wirksamkeitsklage gegen den Verschmelzungsbeschluss des übernehmenden Rechtsträgeres nicht in jedem Fall. Rechtlich fehlerhaft ist der Verschmelzungsbeschluss in Anlehnung an § 255 Abs. 2 AktG nur, wenn das Barabfindungsangebot unangemessen hoch ist[17] oder wenn eine Barabfindung ohne rechtliche Grundlage angeboten wird.

§ 33 Anderweitige Veräußerung

Einer anderweitigen Veräußerung des Anteils durch den Anteilsinhaber stehen nach Fassung des Verschmelzungsbeschlusses bis zum Ablauf der in § 31 bestimmten Frist Verfügungsbeschränkungen bei den beteiligten Rechtsträgern nicht entgegen.

Übersicht

	Rn		Rn
I. Allgemeines	1	3. Übertragung	8
1. Sinn und Zweck der Norm; Anwendungsbereich	1	**III. Durchführung der sonstigen Übertragung**	9
2. Entstehungsgeschichte und europäische Rechtsangleichung	3	1. Ausübung des Rechts	9
3. Preisabgaberecht	4	2. Verfügungsbeschränkung im übernehmenden Rechtsträger	10
II. Voraussetzungen der Veräußerung	5		
1. Veräußerbare Beteiligung	5	3. Frist für die Geltendmachung	11
2. Verfügungsbeschränkung	6	4. Widerspruch	12

Literatur: *Grunewald,* Austrittsrechte als Folge von Mischverschmelzungen und Verfügungsbeschränkungen, FS Boujong, 1996, S. 175; *Neye,* Partnerschaft und Umwandlung, ZIP 1997, 722; *Reichert,* Folgen der Anteilsvinkulierung für Umstrukturierungen von Gesellschaften mit beschränkter Haftung und Aktiengesellschaften nach dem Umwandlungsgesetz 1995, GmbHR 1995, 176.

I. Allgemeines

1. Sinn und Zweck der Norm; Anwendungsbereich

1 In Ergänzung zu § 29, der dem Austrittsberechtigten den Anspruch gegenüber dem übernehmenden Rechtsträger auf Übernahme seines Anteils einräumt, steht es dem Austrittsberechtigten auch zu, seinen Anteil einem anderen beliebigen Dritten zu veräußern.

2 Die Regelung verstärkt den Minderheitenschutz im Fall von Veräußerungsbeschränkungen und kann nicht abbedungen werden. Die Veräußerung an einen Dritten dämmt den Liquidationsabfluss beim übernehmenden Rechtsträger ein. Zugleich bietet sie dem Anteilsinhaber – unter Eingehung des Marktrisikos – die Chance, einen höheren Übertragungspreis als die Abfindung zu lukrieren[1]. Die Frage der Kostentragung hängt von der Vereinbarung ab, da die Regelung gem. § 29 Abs. 1 letzter Satz nicht greift. Beide Regelungen wollen sicherstellen, dass der Austrittsberechtigte nicht gezwungen wird, die Mitgliedschaft in dem übernehmenden Rechtsträger zu erwerben, oder er sie zumindest nach kurzer Zeit beenden kann. Die Regelung ist zwingend. Bestehen keine Verfügungsbeschränkungen, bedarf es der

---

[17] Siehe auch § 14 Rn 19.

[1] Vgl. *Stratz* in Schmitt/Hörtnagl/Stratz Rn 2; *Meister/Klöcker* in Kallmeyer § 211 Rn 10.

Anwendung der erleichternden Sonderregel nicht, da die Inhaber die Anteile ohnehin einfach übertragen können.

2. Entstehungsgeschichte und europäische Rechtsangleichung

Die VerschmRL sieht keine spezielle Bestimmung vor. Vorläufer der vorliegenden Bestimmung ist § 375 Abs. 4 AktG aF. Die Regelung wurde 1998 neu gefasst[2]. Nach der Novelle stehen Verfügungsbeschränkungen aller beteiligten Rechtsträger der Veräußerung nicht entgegen[3].

3. Preisgaberecht

Das erleichterte Übertragungsrecht nach § 33 ist vom sog. Preisgaberecht (Abandonrecht) zu unterscheiden, für das § 27 GmbHG, § 510 HGB gilt und gem. § 383 AktG aF früher bei der formwechselnden Umwandlung bestanden hat[4]. Dabei stellte der austrittswillige Gesellschafter seinen Anteil der Gesellschaft zur Verfügung, die sich zu bemühen hatte, den Anteil zu veräußern. Einen Rechtsanspruch auf Veräußerung hatte der Gesellschafter aber nicht[5]. Die Veräußerung findet auf dem Markt statt, nämlich entweder freihändig bei Bestehen eines Börsenpreises oder im Rahmen einer Versteigerung. Während § 33 nur eine Ergänzung zu § 29 bildet und dem Gesellschafter eine **zusätzliche Handlungsvariante** bietet, würde das Preisgaberecht das Risiko der Übertragbarkeit vollständig auf den Gesellschafter zurückverlagern[6].

II. Voraussetzungen der Veräußerung

1. Veräußerbare Beteiligung

Die vorliegende Bestimmung setzt eine Veräußerung des Anteils voraus und verlangt dessen Veräußerbarkeit, d. h. Übertragbarkeit. Die Regelung ist daher eine Spezialbestimmung, die die Beeinträchtigungen der Übertragbarkeit für den konkreten Fall der Verschmelzung und sonstiger Umwandlungen partiell außer Kraft setzt. Die Übertragbarkeit einer Beteiligung hängt von der Rechtsform ebenso ab wie vom jeweiligen Gesellschaftsvertrag[7]. Erfasst werden jedenfalls Aktien und GmbH-Anteile, es sei denn, es ist im Gesellschaftsvertrag ausnahmsweise etwas anderes bestimmt, d. h. die GmbH-Anteile werden unübertragbar gestellt[8]. Unter die Bestimmung fallen auch Personengesellschaftsbeteiligungen, deren Anteile zwar grundsätzlich nicht übertragbar sind, die aber durch den Gesellschaftsvertrag übertragbar gestellt werden können[9]. Dasselbe gilt gem. § 38 und § 40 BGB für den e.V. Auf Genossenschaften ist § 33 gem. § 90 Abs. 1 nicht anzuwenden.

2. Verfügungsbeschränkung

Jede Einschränkung der Übertragbarkeit oder sonstigen Verfügung fällt unter die Bestimmung. Das sind allgemeine Vinkulierungsbestimmungen wie die Zustimmung der anderen oder Einzelner anderer Anteilsinhaber oder eines Vertretungs-, Aufsichts- oder sonstigen Organs oder eines gesellschaftsfremden Dritten. Verfügungsbeschränkungen müssen auf das

---

[2] Gesetz zur Änderung des Umwandlungsgesetzes, des Partnerschaftsgesetzes und anderer Gesetze, BGBl. I 1998 S 1878.
[3] *Neye* ZIP 1997, 722, 725.
[4] Vgl. auch § 207 Rn 6.
[5] *Schindler*, Das Austrittsrecht in Kapitalgesellschaften, 1999, S. 7 f.; *Kalss* Anlegerinteressen S. 497; *Wiedemann* ZGR 1978, 485; *Wiedemann* GesR Bd. I S. 471.
[6] *Kalss* Anlegerinteressen S. 497.
[7] *Marsch-Barner* in Kallmeyer Rn 4; *Grunewald* in Lutter Rn 3; aA *Reichert* GmbHR 1995, 176, 190.
[8] *Lutter/Hommelhoff* § 15 GmbHG Rn 39.
[9] *Hopt* in Baumbach/Hopt § 105 HGB Rn 69 ff.

dingliche Rechtsgeschäft zielen, bei deren Nichtbeachtung das Geschäft unwirksam ist. Bestehen derartige gesellschaftsvertragliche oder statutenmäßige Regelungen (Beschränkungen im Kapitalgesellschaftsrecht, Ermächtigungen im Personengesellschaftsrecht), ist § 33 anzuwenden[10]. Ist die Beteiligung überhaupt nicht veräußerbar, greift § 33 ebenso wenig[11] wie im Fall einer schuldrechtlichen Vereinbarung, etwa eines Vorkaufsrechts[12]. Formvorschriften (zB notarielle Beurkundung) sind nicht als Verfügungsbeschränkungen iSd vorliegenden Bestimmung anzusehen und fallen nicht in den Anwendungsbereich von § 33. Wenn der Gesellschaftsvertrag oder das Statut im Grundsatz die Übertragbarkeit anerkennt, soll dies auch im Sonderfall der Verschmelzung möglich sein.

7 **Zweck** der Regelung: Aus der gesellschaftsvertraglichen Öffnung ist die Ablehnung der vollkommenen Abschottung gegen neue Anteilsinhaber zu ersehen, weshalb die Handlungsmöglichkeiten der Übertragung des Anteils für den jeweils Berechtigten nicht allein auf das Recht nach § 29 eingeschränkt sein soll. Bei nicht übertragbaren Mitgliedschaften ist § 33 nicht anzuwenden, da der Sonderfall der Verschmelzung nicht dazu führen soll, dass ein unerwünschtes Eindringen von dritter Seite geöffnet wird[13]. § 33 will das Einschleusen von Außenstehenden durch einzelne Anteilsinhaber auch für den Fall der Verschmelzung verhindern. Die „neuen" Anteilsinhaber der übernehmenden Gesellschaft oder des sonstigen Rechtsträgers werden hingegen jedenfalls akzeptiert – anders als die individuell beigebrachten – und sind im Regelfall auch bekannt. Deren „Hinzukommen" ist in der Verschmelzung geradezu intendiert, im Verschmelzungsvertrag niedergelegt und von allen Beteiligten des übertragenden Rechtsträgers im Verschmelzungsbeschluss sanktioniert.

3. Übertragung

8 **Veräußerung** iSv. § 33 meint nicht nur entgeltliche Kauf- oder Tauschgeschäfte oder schuldrechtliche Verträge im Allgemeinen. Maßgeblich ist vielmehr die Übertragung, somit das Verfügungsgeschäft (Modus), da auf sie die jeweilige Verfügungsbeschränkung zielt. Die Qualifikation des zugrunde liegenden schuldrechtlichen Vertrags ist für die Anwendbarkeit von § 33 unerheblich[14]. Die Übertragung erfasst jeden Anteilstransfer an eine vom übernehmenden Rechtsträger verschiedene Person, d. h. Außenstehende ebenso wie andere Anteilsinhaber[15].

III. Durchführung der sonstigen Übertragung

1. Ausübung des Rechts

9 Berechtigt zur Übertragung sind nur Anteilsinhaber des übertragenden Rechtsträgers, nicht des übernehmenden, da auch das Austrittsrecht nach § 29 nur den Anteilsinhabern des übertragenden Rechtsträgers zusteht. Ein Anteilsinhaber des übernehmenden Rechtsträgers kann die Verschmelzung nicht zum (willkommenen) Anlass nehmen, eine bestehende Übertragungsbeschränkung zu überwinden.

2. Verfügungsbeschränkung im übernehmenden Rechtsträger

10 Nach dem Gesetz ist es unerheblich, ob die Verfügungsbeschränkung im übertragenen Rechtsträger oder bloß im übernehmenden Rechtsträger besteht[16], was zu einem Wertungsbruch mit § 29 führt, da dieser nur auf die Beschränkung im übernehmenden Rechtsträger

---

[10] *Marsch-Barner* in Kallmeyer Rn 4; aA *Bermel* in Goutier/Knopf/Tulloch Rn 4; *Vollrath* in Widmann/Mayer Rn 9.
[11] *Grunewald* in Lutter Rn 4.
[12] *Grunewald* in Lutter Rn 10; *Vollrath* in Widmann/Mayer Rn 7.
[13] *Grunewald* in Lutter Rn 4.
[14] *Grunewald* in Lutter Rn 7; *Stratz* in Schmitt/Hörtnagl/Stratz Rn 5.
[15] *Meister/Klöcker* in Kallmeyer § 211 Rn 10.
[16] *Grunewald* in Lutter Rn 11.

abstellt und nur gegen diese neue Belastung einen Rechtsbehelf gewährt. Trotz der nicht vorgenommenen Sanierung durch die Novelle 1998 ist es nicht angebracht, diesem Nichthandeln des Gesetzgebers zu hohe Bedeutung beizumessen und es ist daher geboten, die ergänzende Bestimmung von § 33 iSd Hauptregelung von § 29 auszulegen und daher das Recht nur einer Verfügungsbeschränkung im übernehmenden Rechtsträger anzuerkennen. Das Recht kann nach dem Gesetz bereits vor Eintragung des Verschmelzungsbeschlusses bzw. der Wirksamkeit der Verschmelzung ausgeübt werden, gerade um den Anteilsinhaber seine Marktchancen nützen zu lassen[17].

3. Frist für die Geltendmachung

Die nach § 33 „privilegierte" Form der Veräußerung muss innerhalb des Zeitraums zwischen der Fassung des Verschmelzungsbeschlusses und dem Ablauf der in § 31 bestimmten Frist vorgenommen werden[18]. Maßgeblich ist der Verschmelzungsbeschluss, der mit ausreichender Mehrheit beschlossen wird und die Wirksamkeit des Verschmelzungsvertrags herbeiführt. Das ist nicht unbedingt jener, der in der eigenen Gesellschaft gefasst wird. Es ist auch jener der übernehmenden Gesellschaft, wenn dieser zeitlich nachfolgt, zu beachten[19]. Eine Unwirksamkeitsklage hindert den Beginn des Fristlaufs nicht. Wird eine Veräußerung bereits vor diesem Zeitpunkt oder überhaupt vor der Beschlussfassung in der eigenen Gesellschaft vorgenommen (weil jedenfalls mit dem Verschmelzungsbeschluss zu rechnen ist), ist § 33 nicht anzuwenden, vielmehr die beschränkende Regelung einzuhalten und ggf. die notwendige Zustimmung einzuholen. Ist die Frist nach § 33 erst einmal in Gang gesetzt worden, endet sie mit Ablauf der in § 31 bestimmten Zeitspanne. Das Recht kann daher u. U. noch lange nach Eintragung der Verschmelzung wahrgenommen werden und der übernehmende Rechtsträger muss das Hinzukommen neuer Gesellschafter in diesem Zeitraum trotz einer Vinkulierung akzeptieren[20].

4. Widerspruch

Obwohl eine ausdrückliche Regelung in § 33 nicht vorgesehen ist, bedarf es zur Inanspruchnahme des erleichterten Übertragungsrechts des Widerspruchs in der Haupt- oder sonstigen Gesellschafterversammlung[21]. Dies ergibt sich aus dem systematischen Zusammenhang von § 29, der das Austrittsrecht ausdrücklich an den Widerspruch bindet, und § 33, der nur eine Variante der erleichterten Aufgabe der Mitgliedschaft normiert. Das Widerspruchserfordernis ist auch zweckgerecht, da sich der übernehmende Rechtsträger und die weiterhin beteiligten Gesellschafter ein Bild machen können sollen, ob bestimmte Anteilseigner in der übernehmenden Gesellschaft nicht mehr weiterhin Teilhaber sein wollen und ob sie mit neuen Gesellschaftern zu rechnen haben, deren Einstieg sie nicht verhindern können. Das Widerspruchserfordernis ist auch nicht zu belastend, da es jedenfalls auch für die Inanspruchnahme des Austrittsrechts bzw. die Erhebung der Anfechtungsklage erforderlich ist. Nach § 29 wird wegen des Liquiditätsabflusses die übernehmende Gesellschaft selbst belastet und es liegt daher in ihrem Interesse und mittelbar in dem ihrer Anteilsinhaber zu wissen, ob bestimmte Anteilsinhaber ihre Mitgliedschaft aufgeben wollen. Mindestens ebenso bedeutsam ist aber der Neuzugang von uU nicht erwünschten Gesellschaftern. Die vorzeitige Unterrichtung gibt der übernehmenden Gesellschaft und ihren Anteilsinhabern Gelegenheit, sich darauf einzurichten[22].

---

[17] In diese Richtung *Stratz* in Schmitt/Hörtnagl/Stratz Rn 4, 6; vgl. aber *Grunewald* in Lutter Rn 11.
[18] § 31.
[19] Siehe auch *Grunewald* in Lutter Rn 9.
[20] Kritisch *Stratz* in Schmitt/Hörtnagl/Stratz Rn 4.
[21] *Grunewald* in Lutter Rn 6 f.; *Marsch-Barner* in Kallmeyer Rn 5; *Bermel* in Goutier/Knopf/Tulloch Rn 6; ferner *Reichert* GmbHR 1995, 176, 198.
[22] *Grunewald* in Lutter Rn 6.

13 Der Widerspruch nach § 29 und jener nach § 33 muss gleich wie der zur Erhebung einer Unwirksamkeitsklage weder spezifiziert noch begründet werden. Es genügt einfach die **Erklärung des Widerspruchs**. Der Anteilsinhaber muss damit im Zeitpunkt der Beschlussfassung implizit kundgeben, ob er eines seiner Rechte gem. § 29 oder nach § 33 wahrzunehmen oder eine Unwirksamkeitsklage zu erheben gedenkt. Er kann – trotz des Widerspruchs – auch in der übernehmenden Gesellschaft verbleiben. Nur Anteilsinhaber, die das Recht nach § 29 wahrnehmen können, sind auch zum erleichterten Übertragungsrecht nach § 33 berechtigt, so dass sich auch daraus das Widerspruchserfordernis ableitet. Die Erhebung des Widerspruchs ist nur unter den Voraussetzungen von § 29 Abs. 2 nicht erforderlich[23]. Droht wirklich die Gefahr, dass eine unerwünschte Person Gesellschafter des übernehmenden Rechtsträgers werden soll, könnte der Verschmelzungsbeschluss wieder aufgehoben werden. Jedenfalls könnten Gesellschafter der übernehmenden Gesellschaft oder die Gesellschaft selbst versuchen, den Anteil zu erwerben[24].

§ 34 Gerichtliche Nachprüfung der Abfindung

Macht ein Anteilsinhaber geltend, daß eine im Verschmelzungsvertrag oder in seinem Entwurf bestimmte Barabfindung, die ihm nach § 29 anzubieten war, zu niedrig bemessen sei, so hat auf seinen Antrag das Gericht die angemessene Barabfindung zu bestimmen. Das gleiche gilt, wenn die Barabfindung nicht oder nicht ordnungsgemäß angeboten worden ist.

Übersicht

	Rn		Rn
I. Allgemeines	1	b) Nicht ordnungsgemäßes Angebot	8
1. Sinn und Zweck der Norm	1	4. Informationsmängel im Allgemeinen	10
2. Entstehungsgeschichte und europäische Rechtsangleichung	3	III. Voraussetzungen der Nachbesserung	11
II. Einzelne Fälle der Nachprüfung	4	1. Berechtigte	11
1. Fallvarianten	4	2. Antrag	12
2. Zu niedriges Abfindungsangebot	5	3. Erwerb nach Beschlussfassung	13
3. Fehlendes oder nicht ordnungsgemäßes Angebot	6	IV. Schutzkreis	14
a) Fehlendes Angebot	7	1. Teilweise Annahme	14
		2. Teilnahme an Erhöhung	15

Literatur: *Bachner*, Bewertungskontrolle bei Fusionen, 2000; *Götz*, Gerichtliche Bestimmung der angemessenen Barabfindung bei Verschmelzung, DB 2000, 1165; *Kalss*, Verschmelzung-Spaltung-Umwandlung, 1997; *Luttermann*, Verlust der Antragsbefugnis im Spruchstellenverfahren nach Annahme des Barabfindungsangebots, EWiR 2001, 291; *v. Aerssen*, Die Antragsbefugnis im Spruchstellenverfahren des Aktiengesetzes und im Spruchstellenverfahren des UmwG, AG 1999, 249.

I. Allgemeines

1. Sinn und Zweck der Norm

1 Gleich wie nach § 32 soll sichergestellt werden, dass einerseits die Verschmelzung nicht durch eine Unwirksamkeitsklage blockiert wird, um Vorhersehbarkeit und Planungssicherheit sowie die rechtliche und wirtschaftliche Durchführbarkeit einer Verschmelzung zu erhö-

---

[23] Siehe § 29 Rn 22.
[24] *Grunewald*, FS Boujong, S. 175, 197 f.; *Grunewald* in Lutter Rn 6.

hen[1], andererseits die vermögenswerten Interessen der austrittswilligen Anleger gebührend in einem gerichtlichen Verfahren berücksichtigt werden. Parallele Regelungsanliegen finden sich in § 15 und in §§ 210, 212.

Die Regelung bildet die Komplementärbestimmung zu § 32, der die Unwirksamkeitsklage ausschließt. § 34 sieht in Ergänzung dazu die rechtliche Grundlage für die gerichtliche Überprüfung der Angemessenheit der Barabfindung vor. Die konkrete Ausgestaltung des gerichtlichen Verfahrens ist §§ 1 ff. SpruchG geregelt.

2. Entstehungsgeschichte und europäische Rechtsangleichung

Mangels Anordnung einer Abfindung sieht die VerschmRL keine Bestimmung vor. Die Regelung geht auf § 33 Abs. 3 KapErhG, § 375 Abs. 1 Satz 3, Abs. 2 und 3 AktG aF zurück.

II. Einzelne Fälle der Nachprüfung

1. Fallvarianten

§ 34 erfasst als Pendant zu § 32 die Fälle der zu niedrigen Festlegung der Abfindung im Verschmelzungsvertrag, des völligen Fehlens einer Festlegung im Verschmelzungsvertrag sowie der nicht ordnungsgemäßen Festlegung. Nach den Grundsätzen der „Macrotron"-Entscheidung ist diese Regelung sowohl auf das reguläre als auch das kalte Delisting anzuwenden[2].

2. Zu niedriges Abfindungsangebot

Ergänzend zu § 14 Abs. 2 schließt die vorliegende Bestimmung die Erhebung einer Unwirksamkeitsklage gegen die Verschmelzung bei Festlegung eines zu niedrigen Umtauschverhältnisses (d. h. zu Lasten der Anteilsinhaber des übertragenden Rechtsträgers) aus[3]. Ausdrücklich wird gleich wie nach § 14 die Anfechtung nur bei einem zu niedrigen Barabfindungsangebot ausgeschlossen. Ist die Abfindung hingegen zu hoch bemessen, ist eine Anfechtung durch die Anteilseigner der übernehmenden Gesellschaft, die durch den erhöhten Vermögensabfluss eine Beeinträchtigung erleiden können, zulässig[4], da sie sonst ungleich behandelt werden und ihnen dagegen sonst kein Rechtsbehelf zusteht. Unwirksamkeitsklagen – auch von Gesellschaftern der übertragenden Gesellschaft – wegen anderer Gründe, u. a. wegen Verfahrensmängeln, wegen Nichteinhaltung des Gleichbehandlungsgebots, wegen Verletzung der Treuepflicht etc., werden durch die Bestimmung nicht ausgeschlossen[5].

3. Fehlendes oder nicht ordnungsgemäßes Angebot

Der Ausschluss in § 32 ist weiter als jener in § 14 Abs. 2, da die vorliegende Bestimmung Unwirksamkeitsklagen auch ausschließt, wenn im Verschmelzungsvertrag die Barabfindung

---

[1] Vgl. zum österreichischen Recht *Kalss*, Verschmelzung-Spaltung-Umwandlung, § 225 b öAktG Rn 2.
[2] *OLG Düsseldorf* ZIP 2005, 300 = AG 2005, 252.
[3] Vgl. § 14 Rn 1.
[4] *BGH* vom 29. 1. 2001 II ZR 368/98, WM 2001, 467; *Grunewald* in Lutter § 32 Rn 2; *Stratz* in Schmitt/Hörtnagl/Stratz § 32 Rn 4; aA *Marsch-Barner* in Kallmeyer § 32 Rn 3; *v. Aerssen* AG 1999, 249, 254; nach dem österreichischen Recht sind die Anteilsinhaber der übernehmenden Gesellschaft ebenfalls im Überprüfungsverfahren gem. §§ 225 öAktG antragslegitimiert, weshalb auch ihnen die Aktivlegitimation für eine Anfechtung genommen ist. Vgl. hierzu *Bachner* in Kalss, Verschmelzung-Spaltung-Umwandlung, § 225 c öAktG Rn 5; *Bachner* S. 104 ff.
[5] Vgl. *Schöne*, Die Spaltung unter Beteiligung von GmbH gem. §§ 123 UmWG, 1998, S. 134 ff.; zum österreichischen Recht *Kalss*, Verschmelzung-Spaltung-Umwandlung, § 225 b öAktG Rn 5.

nicht angeboten wird. § 32 und § 14 verfolgen ebenso wie §§ 210 und 212 – für den Rechtsformwechsel – das Ziel, zu einem angemessenen Ausgleich der Interessen der Gesellschaft und der ihr auch künftig angehörenden Gesellschafter einerseits und der aus Anlass der Verschmelzung ausscheidenden Gesellschafter andererseits beizutragen. Um das berechtigte Unternehmensinteresse abzusichern und die beschlossene Strukturmaßnahme zügig durchführen zu können, beschränkt § 32 ebenso wie § 210 den Umfang der Eintragungssperre, die § 16 Abs. 2 und 3 für die Erhebung einer Unwirksamkeitsklage anordnet und die unter Umständen die Gesellschaft wirtschaftlich hart treffen kann. Den schutzwürdigen Interessen der Anteilsinhaber, die sich für einen Austritt entscheiden, wird dadurch Rechnung getragen, dass die Höhe der ihnen nach § 29 zustehenden Abfindung im gerichtlichen Spruchverfahren gem. §§ 1 ff. SpruchG überprüft und festgesetzt wird. Das Verfahren soll sicherstellen, dass die durch den Austritt aufgegebene Beteiligung mit einem vollen Wertausgleich korreliert[6].

7 **a) Fehlendes Angebot.** Obwohl das gänzliche Fehlen des Angebots im Verschmelzungsvertrag den gravierendsten Mangel zu Lasten der ausscheidewilligen Anteilsinhaber darstellt und unterschiedliche Regelungen die Information gegenüber den Anlegern sicherstellen wollen, sieht das Gesetz in § 32 ausdrücklich für das fehlende oder das nicht ordnungsgemäße Abfindungsangebot den Ausschluss der Unwirksamkeitsklage vor. § 34 verlagert die Entscheidung über das Angebot in das Spruchverfahren[7]. Fehlt das Barabfindungsangebot zur Gänze, sind sämtliche damit verbundenen im UmwG für die Verschmelzung angeordneten Informationspflichten und Rechte der Anteilsinhaber berührt. Mangels Angebots wird es im Umwandlungsbericht nicht erläutert, bezieht sich die Prüfung nicht darauf und werden die Informationen den Anteilsinhabern nicht vorweg zur Verfügung gestellt. Aber selbst in diesem Fall des äußersten Informationsdefizits sieht das Gesetz ausdrücklich die Überweisung der gerichtlichen Überprüfung vom streitigen Verfahren über die Unwirksamkeit (insbesondere Anfechtung) in das Spruchverfahren vor[8].

8 **b) Nicht ordnungsgemäßes Angebot.** Neben dem niedrigen und dem fehlenden Angebot sieht das Gesetz als Tatbestand für die Ausschließung der Unwirksamkeitsklage ausdrücklich auch das nicht ordnungsgemäße Angebot vor. Damit sind zunächst unklare, widersprüchliche oder in unverständlicher Formulierung angebotene Barabfindungen erfasst[9]. Die Judikatur macht aber nun einen entscheidenden Schritt und bezieht in das nicht ordnungsgemäß angebotene Barabfindungsangebot auch **sämtliche Verstöße** ein, die einzeln oder kombiniert gegen die zu Gunsten der Anteilsinhaber angeordneten **Informations- und Mitteilungspflichten der Gesellschaft** zum Barabfindungsangebot bestehen, insbesondere das Fehlen oder unzureichende Erläuterungen im Verschmelzungsbericht, das Fehlen oder unzureichende Auseinandersetzung im Verschmelzungsprüfungsbericht, die fehlende oder mangelhafte vorzeitige Information durch Auslegung der Unterlagen am Sitz der Gesellschaft sowie die fehlende bzw. mangelhafte mündliche Auskunft in der Hauptversammlung. Bei derartigen Informationsrechtsverstößen ist die Barabfindung im Verschmelzungsbeschluss bzw. Verschmelzungsvertrag nicht ordnungsgemäß angeboten worden[10].

9 **Rechtsfolge:** Derartige Informationsmängel können nicht durch Unwirksamkeitsklage, sondern nur im Spruchverfahren relevient werden. Derartige Mängel und deren Bekämpfung können daher eine Verschmelzung nicht blockieren, da beim Spruchverfahren kein Eintragungsaufschub angeordnet wird. Die Anteilseigner haben über die Verschmelzung zu befinden, obwohl sie eigentlich nicht genau über ihr zustehendes Recht eines möglichen Austritts aufgeklärt werden, und sind über die konkreten wirtschaftlichen Rahmenbedingungen auf

---

[6] BGH vom 29. 1. 2001 II ZR 368/98, WM 2001, 467; BGH vom 18. 12. 2000 II ZR 1/99.
[7] BGH WM 2001, 467 (zur formwechselnden Umwandlung).
[8] BGH WM 2001, 467 (zur formwechselnden Umwandlung).
[9] *Grunewald* in Lutter § 32 Rn 5; *Marsch-Barner* in Kallmeyer § 32 Rn 2; BGH WM 2001, 467.
[10] BGH WM 2001, 467; kritisch *Wenger* EWiR 2001, 331 f.

das Spruchverfahren verwiesen. Die Rüge eines Aktionärs gegen die Angemessenheit des Barabfindungsangebots berechtigt nicht zur Anfechtung des Verschmelzungsbeschlusses. Eine derartige Rüge muss im Spruchverfahren geltend gemacht werden. Nicht zureichend[11] beantwortete Fragen im Zusammenhang mit dem Barabfindungsangebot oder im Prüfbericht berechtigen nicht zur Erhebung der Unwirksamkeitsklage, sondern sind ebenso im Spruchverfahren geltend zu machen[12]. Die Judikatur nimmt diese Minderung der Rechtsposition des Anteilsinhabers in Kauf[13].

4. Informationsmängel im Allgemeinen

Die Judikatur vollzieht damit einen Schwenk hin zur Einschränkung der Unwirksamkeitsklage, die für die Verschmelzung oder sonstige Strukturmaßnahmen ein scharfes Instrument des Aktionärs darstellt, die Maßnahme, wenn schon nicht zu verhindern, jedenfalls zu blockieren und der Gesellschaft einen wirtschaftlichen Nachteil zuzufügen. Die Judikatur steht mit ihrer Entscheidung im Einklang mit einem Großteil der Literatur[14] und wird nun auch durch einen Vorschlag der Kommission für *corporate governance* vom 10. 7. 2001 unterstützt[15].

III. Voraussetzungen der Nachbesserung

1. Berechtigte

Antragsberechtigt sind nur Gesellschafter, deren Mitgliedschaft aus der übertragenden Gesellschaft in der übernehmenden Gesellschaft fortbesteht[16]. Sobald ein Gesellschafter die Barabfindung bezüglich aller Anteile angenommen hat und er aus dem Rechtsträger ausgeschieden ist, erlischt seine Antragsberechtigung, die Angemessenheit der Abfindung gerichtlich überprüfen zu lassen. § 3 Satz 2 SpruchG sagt ausdrücklich, dass die Antragsberechtigung nur gegeben ist, wenn der Antragsteller zum Zeitpunkt der Antragstellung Anteilsinhaber ist. Die Antragsberechtigung ist aber durch die Annahme des Barabfindungsangebots erloschen.

2. Antrag

Das Verfahren wird nicht von Amts wegen geführt, sondern nur auf Antrag von Anteilsinhabern. Antragsberechtigt sind jene Anteilsinhaber, die nach § 29 einen Anspruch auf Abfindung haben. Die Berechtigung setzt somit voraus, dass der Anteilsinhaber in der Haupt- oder sonstigen Eigentümerversammlung Widerspruch zur Niederschrift erklärt hat, sofern nicht ausnahmsweise nach § 29 ein Widerspruch nicht erforderlich ist[17]. Ebenso wie nach § 29 muss der Antragsberechtigte nicht nur Widerspruch erheben, sondern muss auch gegen die Verschmelzung stimmen, um das Ausmaß des maximalen Liquiditätsabflusses in einem für den übernehmenden Rechtsträger verkraftbaren Ausmaß zu halten[18].

---

[11] *OLG Karlsruhe* vom 13. 11. 1998, 14 u 24/98, NZG 1999, 604, 605 *(Bungert)*.
[12] *OLG Karlsruhe* vom 13. 11. 1998, 14 u 24/98 NZG 1999, 604, 605 *(Bungert)*.
[13] *BGH* WM 2001, 467.
[14] ZB *Zöllner* in Doralt/Druey/Hommelhoff/Semler, Reformbedarf im Aktienrecht, 1994, S. 156 f.; *Zöllner* AG 1994, 339; *Baums*, Gutachten zum 62. DJT in Leipzig F 125; kritisch *Wenger* EWiR 2001, 331 f.
[15] *Baums* (Hrsg.), Bericht der Regierungskommission Corporate Governance, 2001, S. 165.
[16] *OLG Düsseldorf* vom 6. 12. 2000, DB 2001, 189; *Grunewald* in Lutter Rn 3; *Marsch-Barner* in Kallmeyer Rn 3; *Krieger* in MünchHdbGesR Bd. 4 § 70 Rn 84. Siehe Anh. SpruchG § 3 SpruchG Rn 8.
[17] Vgl. § 29 Rn 21 f.; RegBegr. *Ganske* S. 87; *Marsch-Barner* in Kallmeyer Rn 1; *Grunewald* in Lutter Rn 3.
[18] Siehe § 29 Rn 21; *Grunewald* in Lutter § 29 Rn 10; *Stratz* in Schmitt/Hörtnagl/Stratz § 29 Rn 13; *Schaub* NZ 1998, 626, 628; aA *Marsch-Barner* in Kallmeyer § 29 Rn 13; *v. Aerssen* AG 1999, 249, 255.

3. Erwerb nach Beschlussfassung

13 Wer die Anteile des übertragenden Rechtsträgers erst nach dessen Beschlussfassung erwirbt, ist nicht antragsberechtigt, da er nicht Widerspruch zur Niederschrift erklärt hat[19]. Allein beim Anteilserwerb kraft Gesamtrechtsnachfolge kommt dem Erwerber der vom Vorbesitzer erhobene Widerspruch zugute und wird die Antragsberechtigung aufrechterhalten[20]. Beim Erwerb kraft Einzelrechtsnachfolge muss der Rechtsnachfolger iRd. Erwerbsgeschäfts gegenüber dem Veräußerer seine vertraglichen Rechte für einen entsprechenden Ausgleich nützen.

IV. Schutzkreis

1. Teilweise Annahme

14 Bei nur teilweiser Annahme des Barabfindungsgebots von Inhabern mehrerer Anteile bleibt die Antragsbefugnis erhalten[21]. Stellt er einen Antrag auf Überprüfung der Abfindung, ist die Zulässigkeit nach den allgemeinen Grundsätzen missbräuchlicher Rechtsanwendung zu beurteilen.

2. Teilnahme an Erhöhung

15 Hat ein Anteilsinhaber das Angebot schon zur Gänze angenommen, kann er selbst nicht mehr den Antrag auf gerichtliche Überprüfung stellen. Hat aber ein anderer Anteilsinhaber von seinem Recht Gebrauch gemacht und kommt das Gericht tatsächlich zur Auffassung, dass die Abfindung nicht angemessen war und daher erhöht werden müsse, wird auch ein Anteilsinhaber, der bereits die Abfindung angenommen hat, von der *erga omnes*-Wirkung der gerichtlichen Entscheidung erfasst und hat Anspruch auf Nachzahlung der vom Gericht festgestellten Differenz[22].

§ 35 Bezeichnung unbekannter Aktionäre; Ruhen des Stimmrechts

Unbekannte Aktionäre einer übertragenden Aktiengesellschaft oder Kommanditgesellschaft auf Aktien sind im Verschmelzungsvertrag, bei Anmeldungen zur Eintragung in ein Register oder bei der Eintragung in eine Liste von Anteilsinhabern durch die Angabe des insgesamt auf sie entfallenden Teils des Grundkapitals der Gesellschaft und der auf sie nach der Verschmelzung entfallenden Anteils zu bezeichnen, soweit eine Benennung der Anteilsinhaber für den übernehmenden Rechtsträger gesetzlich vorgeschrieben ist; eine Bezeichnung in dieser Form ist nur zulässig für Anteilsinhaber, deren Anteile zusammen den zwanzigsten Teil des Grundkapitals der übertragenden Gesellschaft nicht überschreiten. Werden solche Anteilsinhaber später bekannt, so sind Register oder Listen von Amts wegen zu berichtigen. Bis zu diesem Zeitpunkt kann das Stimmrecht aus den betreffenden Anteilen in dem übernehmenden Rechtsträger nicht ausgeübt werden.

---

[19] *v. Aerssen* AG 1999, 249, 255.
[20] *Krieger* in Lutter Umwandlungsrechtstage S. 279.
[21] *Luttermann* EWiR 2001, 291.
[22] Siehe § 31 Rn 3; *OLG Celle* WM 1979, 1031, 1033; *Meister/Klöcker* in Kallmeyer § 311 Rn 4; *v. Aerssen* AG 1999, 249, 255; *Luttermann* EWiR 2001, 291.

Übersicht

	Rn		Rn
I. Allgemeines	1	b) Übernehmender Rechtsträger	3
1. Sinn und Zweck der Norm	1	**II. Unbekannte Aktionäre**	7
2. Anwendungsbereich	2	**III. Spätere Berichtigung**	10
a) Übertragender Rechtsträger	2		

Literatur: *Bandehzadeh*, Zur Zulässigkeit gesellschaftsvertraglicher Handelsregistervollmachten bei Personenhandelsgesellschaften – Speziell bei durch Umwandlung entstehenden (Publikums-)Kommanditgesellschaften, DB 2003, 1663; *Bayer/Schmidt*, Der Regierungsentwurf zur Änderung des Umwandlungsgesetzes – Eine kritische Stellungnahme, NZG 2006, 841; *HRA des DAV*, Stellungnahme zum Regierungsentwurf eines Zweiten Gesetzes zur Änderung des Umwandlungsgesetzes, NZG 2006, 737; *Meyer-Landrut/Kiem*, Der Formwechsel einer Publikumsaktiengesellschaft, Teil II, WM 1997, 1413.

I. Allgemeines

1. Sinn und Zweck der Norm

Die Vorschrift soll die Verschmelzung in Fällen ermöglichen, in denen Anteilsinhaber einer übertragenden AG (oder KGaA) als Anteilsinhaber des übernehmenden Rechtsträgers namentlich bezeichnet werden müssen. Wegen der kapitalistischen Struktur der Gesellschaft sind diese häufig nicht bekannt. Es genügt dann, sie durch die Angabe des insgesamt auf sie entfallenden Teils des Grundkapitals der Gesellschaft und der auf sie nach der Verschmelzung entfallenden Anteile zu bezeichnen; eine derartige Bezeichnung ist nur für Anteilsinhaber zulässig, deren Aktien maximal 5 % des Grundkapitals der übertragenden Gesellschaft umfassen[1]. Werden solche Anteilsinhaber bekannt, sind die Register und Listen von Amts wegen entsprechend zu berichtigen; das Stimmrecht aus den betreffenden Anteilen ruht bis zu Klärung der Identität der Anteilsinhaber[2]. — 1

2. Anwendungsbereich

a) Übertragender Rechtsträger. Die Erleichterung gilt nur für die AG oder KGaA als übertragende Rechtsträger. Eine entsprechende Anwendung der Norm auf andere Rechtsträger, bei denen Probleme bei der Bezeichnung der Anteilsinhaber auftreten (zB Verein, Publikums-KG), würde dem Willen des Gesetzgebers widersprechen[3] und scheidet daher aus[4]. — 2

b) Übernehmender Rechtsträger. Die Benennung der Anteilsinhaber des übertragenden Rechtsträgers muss für den übernehmenden Rechtsträger gesetzlich vorgeschrieben sein. Wird eine AG oder KGaA auf eine **GmbH** verschmolzen, muss im Verschmelzungsvertrag für jeden Anteilsinhaber des übertragenden Rechtsträgers der Nennbetrag des Geschäftsanteils bestimmt werden, den ihm die GmbH zu gewähren hat[5]. In der der Anmeldung — 3

---

[1] § 35 Satz 1.
[2] § 35 Sätze 2 und 3.
[3] *Vollrath* in Widmann/Mayer Rn 7.
[4] AA *Grunewald* in Lutter Rn 3: andere Bezeichnung der Anteilsinhaber als Namensnennung möglich, soweit Individualisierung des Berechtigten eindeutig erfolgen kann.
[5] § 46 Abs. 1.

beizufügenden berichtigten Liste der Gesellschafter sind die bisherigen Anteilsinhaber und die neuen Anteilsinhaber des übernehmenden Rechtsträgers zu benennen[6].

4   Bei Verschmelzung eines Rechtsträgers, der keine Genossenschaft ist, auf eine **Genossenschaft** sind im Verschmelzungsvertrag für jeden Anteilsinhaber des übertragenden Rechtsträgers der Betrag des Geschäftsanteils und die Zahl der Geschäftsanteile anzugeben, mit denen er an der Genossenschaft beteiligt wird[7].

5   Bei der Verschmelzung auf eine Personenhandelsgesellschaft muss der Verschmelzungsvertrag für jeden Anteilsinhaber des übertragenden Rechtsträgers bestimmen, ob er Komplementär oder Kommanditist des neuen Rechtsträgers wird[8].

6   Bei der Verschmelzung auf eine **PartG** gilt die Erleichterung nicht[9].

II. Unbekannte Aktionäre

7   Die Aktionäre müssen **unbekannt** geblieben sein. Bevor die übertragende Gesellschaft nach § 35 vorgehen darf, wird sie versuchen müssen, die Identität der unbekannten Aktionäre zu ermitteln[10]. Wie intensiv das zu geschehen hat, ist allerdings umstritten. Nach der Rechtsprechung des *BayObLG*[11] muss die übertragende Gesellschaft zwar nicht im Einzelnen darlegen, welche Ermittlungsmaßnahmen sie unternommen hat[12]. Das Gericht empfiehlt aber, schon in der Einladung zur beschlussfassenden Hauptversammlung einen Aufruf in den Gesellschaftsblättern zu veröffentlichen, in dem die Aktionäre aufgefordert werden, ihren Aktienbesitz offen zu legen[13]. Ob eine solche Aufforderung, wenn sie überhaupt befolgt wird, zu sicheren Angaben führt, mag bezweifelt werden, zumal sich der Kreis der Aktionäre zwischen dem Zeitpunkt der Identitätspreisgabe und der Verschmelzung noch ändern kann[14]. Im Übrigen widerspricht diese Auffassung der Intention des Gesetzgebers, Umwandlungen zwischen den diversen Rechtsformen – einschließlich der AG – durch Mehrheitsbeschlüsse zuzulassen[15]. Bis zur weiteren Klärung der Rechtslage sollte aber dieser Empfehlung entsprochen werden. Diejenigen Aktionäre, die zur Hauptversammlung erschienen sind, gelten in jedem Fall als bekannt, da sich deren Identität über die namentlich ausgestellten Eintritts- und Stimmkarten ermitteln lässt[16].

8   Zur **Bezeichnung unbekannter Aktionäre** der übertragenden AG oder KGaA genügt die Angabe des insgesamt auf sie entfallenden Teils des Grundkapitals der Gesellschaft und der auf sie nach der Verschmelzung entfallenden Anteile[17]. Die bislang gesetzlich vorgesehene Bezeichnung unbekannter Aktionäre durch die Angabe ihrer Aktienurkunden bereitete in der Praxis erhebliche Schwierigkeiten, wenn sich die Aktien – wie häufig – in Girosammelverwahrung ohne Einzelverbriefung befanden oder der Verbriefungsanspruch gem. § 10 Abs. 5 AktG ausgeschlossen war. Die Änderung der Vorschrift durch das Zweite Gesetz zur

---

[6] § 52 Abs. 2; *Zimmermann* in Kallmeyer § 52 Rn 9.
[7] § 80 Abs. 1 Satz 2. Zur Europäischen Genossenschaft (SCE) Einl. C Rn 64 ff.
[8] § 40 Abs. 1.
[9] § 45 b Abs. 2.
[10] Zur Frage, ob eine Ermittlungspflicht besteht, siehe § 234 Rn 10 ff. und *Happ* in Lutter § 234 Rn 21.
[11] *BayObLG* ZIP 1996, 1467.
[12] So die Vorinstanz *LG Augsburg* ZIP 1996, 1011, 1012; krit. dazu Anm. von *Schöne* EWiR § 213 UmwG 1/96, 619.
[13] *BayObLG* ZIP 1996, 1467, 1469; zust. Anm. von *Neye* EWiR § 213 UmwG 2/96, 762; *Vollrath* in Widmann/Mayer Rn 19; abl. *Happ* in Lutter § 234 Rn 21.
[14] *Marsch-Barner* in Kallmeyer Rn 4.
[15] Vgl. *Meyer-Landrut/Kiem* WM 1997, 1413, 1414.
[16] *BayObLG* ZIP 1996, 1467, 1468.
[17] § 35 Satz 1 1. Halbsatz.

Änderung des Umwandlungsgesetzes vom 19.4.2007 ist daher zu begrüßen[18]. Zur Vermeidung von Missbräuchen[19] ist eine derartige Bezeichnung allerdings nur für Anteilsinhaber zulässig, deren Anteil **zusammen 5 % des Grundkapitals** der übertragenden Gesellschaft nicht überschreiten[20].

Das **Stimmrecht** aus den betreffenden Anteilen **ruht**, bis die Identität der Anteilsinhaber geklärt ist[21]. Mit dieser Regelung sollen Probleme vermieden werden, die sich nach der Verschmelzung beim Vorhandensein unbekannter Anteilsinhaber für die Wirksamkeit von Gesellschafterbeschlüssen ergeben[22]. 9

III. Spätere Berichtigung

Die Register oder Listen sind von **Amts wegen** zu berichtigen, sobald die Namen nach Satz 1 bezeichneter Aktionäre später bekannt werden[23]. Das Registergericht wird davon allerdings nur mehr oder weniger zufällig Kenntnis erlangen. Deshalb sind die gesetzlichen Vertreter des übernehmenden Rechtsträgers verpflichtet, nach Wirksamwerden der Umwandlung bekannt gewordene Aktionäre auch nachträglich zur Eintragung im Handelsregister mitzuteilen. Zur Erfüllung dieser Verpflichtung kann das Gericht sie durch Zwangsgeld anhalten[24]. 10

Dritter Abschnitt. Verschmelzung durch Neugründung

§ 36 Anzuwendende Vorschriften

(1) **Auf die Verschmelzung durch Neugründung sind die Vorschriften des Zweiten Abschnitts mit Ausnahme des § 16 Abs. 1 und des § 27 entsprechend anzuwenden. An die Stelle des übernehmenden Rechtsträgers tritt der neue Rechtsträger, an die Stelle der Eintragung der Verschmelzung in das Register des Sitzes des übernehmenden Rechtsträgers tritt die Eintragung des neuen Rechtsträgers in das Register.**

(2) **Auf die Gründung des neuen Rechtsträgers sind die für dessen Rechtsform geltenden Gründungsvorschriften anzuwenden, soweit sich aus diesem Buch nichts anderes ergibt. Den Gründern stehen die übertragenden Rechtsträger gleich. Vorschriften, die für die Gründung eine Mindestzahl der Gründer vorschreiben, sind nicht anzuwenden.**

Übersicht

	Rn		Rn
I. Allgemeines	1	II. Verweis auf die Verschmelzung durch	
1. Sinn und Zweck der Norm	1	Aufnahme (Abs. 1)	5
2. Entstehungsgeschichte	4	1. Allgemeines	5

---

[18] Zweites Gesetz zur Änderung des Umwandlungsgesetzes vom 19.4.2007, BGBl. I S. 542. Vgl. RegBegr. BT-Drucks. 16/2919 S. 13; *Bayer/Schmidt* NZG 2006, 841, 845; *HRA* NZG 2006, 737, 739.
[19] RegBegr. BT-Drucks. 16/2919 S. 13.
[20] § 35 Satz 1 2. Halbs. Ein Teil der Literatur hätte in Anlehnung an §§ 71 Abs. 1 Satz 1 Nr. 8, 186 Abs. 3 Satz 4 AktG eine 10 %-Schwelle bevorzugt, *Bayer/Schmidt* NZG 2006, 841, 845; *Kallmeyer* GmbHR 2006, 418, 419. Andere halten die gesetzliche Regelung für sachgerecht, *HRA* NZG 2006, 737, 739.
[21] § 35 Satz 3.
[22] RegBegr. BT-Drucks. 16/2919 S. 13.
[23] § 35 Satz 2; *Schmittmann* AG 1998, 514.
[24] § 14 HGB; *Stratz* in Schmitt/Hörtnagl/Stratz Rn 5.

	Rn		Rn
2. Ablauf der Verschmelzung durch Neugründung	10	e) Anlagen der Anmeldung	41
a) Verschmelzungsvertrag	11	f) Haftung	42
b) Verschmelzungsbericht	13	5. AG	44
c) Verschmelzungsprüfung	15	a) Satzung	45
d) Verschmelzungsbeschluss	16	b) Bestellung der Organe und des Abschlussprüfers	50
e) Anmeldung und Eintragung	17	c) Gründungsbericht und Gründungsprüfung	51
III. Verweis auf die Gründungsvorschriften (Abs. 2 Satz 1)	18	d) Anmeldung und Eintragung	53
1. Allgemeines	18	e) Anlagen der Anmeldung	55
2. Personenhandelsgesellschaften	19	f) Haftung	56
a) OHG	21	6. SE	56a
b) KG	25	7. KGaA	57
c) EWIV	27	8. Eingetragene Genossenschaft	59
3. PartG	28	9. Europäische Genossenschaft (SCE)	61a
4. GmbH	29	10. Eingetragener Verein	62
a) Gesellschaftsvertrag	30	11. Genossenschaftlicher Prüfungsverband	64
b) Bestellung der Geschäftsführer	36	12. VVaG	65
c) Gründungsbericht	38	**IV. Gründer (Abs. 2 Sätze 2 und 3)**	68
d) Anmeldung und Eintragung	40		

Literatur: *Bayer*, 1000 Tage neues Umwandlungsrecht, ZIP 1997, 1613; *Gerold*, Die Verschmelzung nach dem neuen Umwandlungsrecht, MittRhNotK 1997, 205; *Hadding/Hennrichs*, Zur Verschmelzung unter Beteiligung rechtsfähiger Vereine nach dem neuen Umwandlungsgesetz, FS Boujong, 1996, S. 203; *Ihrig*, Verschmelzung und Spaltung ohne Gewährung neuer Anteile?, ZHR 160 (1996) 317; *ders.*, Gläubigerschutz durch Kapitalaufbringung bei Verschmelzung und Spaltung nach dem neuen Umwandlungsrecht, GmbHR 1995, 622; *Kallmeyer*, Der Ein- und Austritt der Komplementär-GmbH einer GmbH & Co. KG bei Verschmelzung, Spaltung und Formwechsel nach dem UmwG 1995, GmbHR 1996, 80; *Katschinski*, Die Verschmelzung von Vereinen, 1998; *Kiem*, Die schwebende Umwandlung, ZIP 1999, 173; *König*, Doppelsitz einer Kapitalgesellschaft – Gesetzliches Verbot oder zulässiges Mittel der Gestaltung einer Fusion?, AG 2000, 18; *Limmer*, Anteilsgewährung und Kapitalschutz bei Verschmelzung und Spaltung nach dem neuen Umwandlungsrecht, FS Schippel, 1996, S. 415; *Mayer*, Anteilsgewährung bei der Verschmelzung mehrerer übertragender Rechtsträger, DB 1998, 913; *Priester*, Mitgliederwechsel im Umwandlungszeitpunkt, DB 1997, 560; *Reimann*, Die kostenrechtlichen Auswirkungen des Umwandlungsgesetzes 1995, MittBayNotK 1995, 1; *Schulze zur Wiesche*, Die GmbH & Co. KG im neuen Umwandlungssteuerrecht, DB 1996, 1539; *Streck/Mack/Schwedhelm*, Verschmelzung und Formwechsel nach dem neuen Umwandlungsgesetz, GmbHR 1995, 161.

I. Allgemeines

1. Sinn und Zweck der Norm

1 Die §§ 36 bis 38 regeln die Verschmelzung durch Neugründung, indem sie auf die Verschmelzung durch Aufnahme als Grundfall verweisen. Diese Regelungstechnik entspricht der **geringeren Bedeutung** der Verschmelzung durch Neugründung in der Praxis. Diese geringere Bedeutung beruht nicht zuletzt darauf, dass die Verschmelzung durch Neugründung höhere Kosten als die Verschmelzung durch Aufnahme verursacht[1]. Der Hauptunterschied zur Verschmelzung durch Aufnahme besteht in der Neugründung eines Rechtsträgers, der erst mit der Verschmelzung entsteht und auf den die Ausgangsrechtsträger ihr Vermögen übertragen. Damit liegt der **Schwerpunkt** des Verfahrens der Verschmelzung durch Neugründung nicht auf dem Verschmelzungs-, sondern auf dem Gründungsvorgang.

---

[1] Allgemein zur Kostenberechnung bei Umwandlungen *Stoye-Benk*, Hdb. Umwandlungsrecht, B Rn 63 ff.

Der **Vorteil** dieser Variante der Verschmelzung liegt darin, dass sich ein uU entstehender Streit, welcher von zweien oder mehreren verschmelzungswilligen Rechtsträgern übertragender, welcher übernehmender Rechtsträger sein soll, elegant umgehen lässt. Sie ist auch geeignet, steuerlichen Bewertungsdifferenzen zwischen dem Vermögen des übertragenden und dem des übernehmenden Rechtsträgers aus dem Weg zu gehen[2]. Ein möglicher **Nachteil** können höhere Beurkundungskosten sein, da sich der Geschäftswert einer Verschmelzung nach dem addierten Aktivvermögen aller übertragenden Rechtsträger berechnet und bei einer Verschmelzung durch Neugründung ein übertragender Rechtsträger mehr in die Berechnung mit einzubeziehen ist; die Erweiterung der Berechnungsgrundlage für die Ermittlung des Geschäftswerts wirkt sich allerdings dann nicht aus, wenn das Aktivvermögen des oder der übertragenden Rechtsträger schon bei der Verschmelzung durch Aufnahme die gesetzliche Kappungsgrenze übersteigt[3]. Die Verschmelzung durch Neugründung bietet sich deshalb vor allem dann an, wenn der neu zu gründende Rechtsträger eine andere Rechtsform als die übertragenden Rechtsträger erhalten soll, so dass die Verschmelzung faktisch eine Synthese aus Verschmelzung und Formwechsel darstellt.

§ 36 stellt die Grundvorschrift der Verschmelzung durch Neugründung dar, die rechtsformspezifisch in den Paragraphen des Zweiten Teils des Zweiten Buches ergänzt wird[4].

2. Entstehungsgeschichte

Die Verschmelzung durch Neugründung war vor Inkrafttreten des UmwG am 1. 1. 1995 als Verschmelzung durch Neubildung in §§ 353 Abs. 1, Abs. 4 Satz 1 AktG aF, 32 Abs. 1, Abs. 3 Satz 1 KapErhG, 93 s Abs. 3 Satz 6 GenG, 44 a Abs. 4 VAG geregelt und wurde inhaltlich an deren Aussagen angelehnt. Bei der Neuregelung hat der Gesetzgeber die bisher größtenteils gewählte Technik der Einzelverweisung zu Gunsten von **Generalverweisungen** aufgegeben. Die Einzelverweisungen stammten methodisch noch aus dem AktG 1937, hatten sich aber nicht bewährt[5], da sie nicht vollständig waren und so vor allem im Bereich des Gründungsrechts zu Gesetzeslücken und Unklarheiten führten.

II. Verweis auf die Verschmelzung durch Aufnahme (Abs. 1)

1. Allgemeines

Gemäß Abs. 1 sind die §§ 4 bis 35 auf die Verschmelzung durch Neugründung entsprechend anwendbar. Dabei tritt an die Stelle des übernehmenden Rechtsträgers der neu zu gründende Rechtsträger („neuer Rechtsträger"), und anstatt der Eintragung der Verschmelzung in das Register des übernehmenden Rechtsträgers erfolgt die Eintragung in das Register am beabsichtigten Sitz des neuen Rechtsträgers. Ausgenommen von dem Verweis werden lediglich § 16 Abs. 1 (Anmeldung der Verschmelzung), der durch § 38 ersetzt wird, und § 27 (Schadensersatzpflicht der Verwaltungsträger des übernehmenden Rechtsträgers)[6].

---

[2] *Haritz/Bärwaldt* in BeckHdb. Personengesellschaften § 9 Rn 268.
[3] Beim Verschmelzungsvertrag wird der Geschäftswert auf € 5 Mio. begrenzt, § 39 Abs. 4 KostO, bei jedem Verschmelzungsbeschluss beträgt die höchstmögliche Gebühr € 5.000, §§ 41 c Abs. 2, 47 Satz 2 KostO.
[4] Für die Personenhandelsgesellschaften in §§ 39 ff., die PartG in §§ 45 a ff., die GmbH in §§ 56 ff., die AG und die KGaA in §§ 73 ff., 78, die eG in §§ 96 ff., den rechtsfähigen Verein in §§ 99 ff. und den VVaG in §§ 114 ff.
[5] RegBegr. *Ganske* S. 89.
[6] Eine solche kann bei der Verschmelzung durch Neugründung *per definitionem* nicht entstehen. Im Übrigen sind die ausdrücklich erwähnten Ausnahmen des Gesetzgebers unvollständig: Weitere Vorschriften der Verschmelzung durch Aufnahme wie § 8 Abs. 3 Satz 1 2. Fall und § 9 Abs. 2 sind ebenfalls nicht anwendbar.

6 Als neue Rechtsträger kommen dabei alle in § 3 Abs. 1 genannten in Betracht mit Ausnahme des genossenschaftlichen Prüfungsverbands. Zwar erklärt § 3 Abs. 1 ausdrücklich, dass der genossenschaftliche Prüfungsverband neuer Rechtsträger im Rahmen einer Verschmelzung sein kann; dem steht jedoch § 105 als *lex specialis* entgegen, der dessen Verschmelzungsfähigkeit auf die Verschmelzung durch Aufnahme beschränkt[7].

7 Zulässig ist auch eine sog. **Mischverschmelzung,** bei der die übertragenden Rechtsträger untereinander und/oder im Verhältnis zum neuen Rechtsträger eine andere Rechtsform haben[8].

8 Darüber hinaus ist eine Verschmelzung durch Neugründung nur möglich, wenn sich **mindestens zwei** übertragende Rechtsträger beteiligen[9]. Dahinter scheint die Ansicht des Gesetzgebers zu stehen, bei einer Verschmelzung zur Neugründung nur eines übertragenden Rechtsträgers liege ein Formwechsel vor[10]. Dies ist aber nicht zwangsläufig der Fall: Beim Formwechsel gibt es anders als bei der Verschmelzung keine Vermögensübertragung. Zudem können im Gegensatz zum Formwechsel bei der Verschmelzung die Buchwerte aufgestockt werden[11]. Diese Unterschiede erscheinen aber erheblich genug und von hinreichend praktischer Bedeutung, um de lege ferenda über die Zulassung der Verschmelzung *eines* Rechtsträgers durch Neugründung nachzudenken und so aufwendige Umgehungsvorgänge zu vermeiden[12].

9 Ebenfalls **nicht zulässig** ist die Kombination anderer Umwandlungsformen mit der Verschmelzung durch Neugründung, wie zB eine verschmelzende Auf- oder Abspaltung[13].

2. Ablauf der Verschmelzung durch Neugründung

10 Beteiligte der Verschmelzung durch Neugründung sind nur die übertragenden Rechtsträger, da der neue Rechtsträger z. Zt. des Abschlusses des Verschmelzungsvertrags noch nicht existiert.

11 **a) Verschmelzungsvertrag.** Der Verschmelzungsvertrag[14] wird durch die Vertretungsorgane der beteiligten Rechtsträger geschlossen. Dabei muss der Inhalt den Anforderungen des § 5 genügen. Zusätzlich hat der Verschmelzungsvertrag den Gesellschaftsvertrag, den Partnerschaftsgesellschaftsvertrag, die Satzung oder das Statut des neuen Rechtsträgers zu enthalten[15]. Der Vertrag ist notariell zu beurkunden[16].

12 Das **Umtauschverhältnis** bestimmt sich nach dem Verhältnis der Unternehmenswerte der sich verschmelzenden Rechtsträger. Die Anteile am neuen Rechtsträger stellen die **Gegenleistung** für die Übertragung des Vermögens im Wege der Gesamtrechtsnachfolge dar. Der neue Rechtsträger kann auch zu baren Zuzahlungen verpflichtet werden, die aber bei Kapitalgesellschaften und Genossenschaften 10% des Gesamtnennbetrags der gewährten An-

---

[7] Vgl. Rn 64.
[8] Vgl. § 3 Abs. 4 2. Fall.
[9] § 2 Nr. 2; *Grunewald* in Lutter Rn 16; *Marsch-Barner* in Kallmeyer Rn 8.
[10] So auch *Grunewald* in Lutter Rn 16.
[11] Vgl. § 24 – Wahlrecht zwischen Buchwertfortführung und Aufstockung.
[12] *Haritz/Bärwaldt* in BeckHdb. Personengesellschaften § 9 Rn 268.
[13] Vgl. § 1 Rn 73 f.; *Lutter* in Lutter § 3 Rn 26; *Marsch-Barner* in Kallmeyer § 3 Rn 26; Verschmelzungs- und Spaltungsvorgang können zwar nicht rechtlich, aber faktisch verbunden werden, indem sie im Wege einer sog. Kettenumwandlung nacheinander durchgeführt werden, vgl. auch *Fronhöfer* in Widmann/Mayer § 3 Rn 84.
[14] § 4.
[15] § 37. Urkundenstechnisch erfolgt die Einbeziehung des Gesellschaftsvertrags etc. dadurch, dass dieser dem Verschmelzungsvertrag als Anlage beigefügt wird, auf die der Verschmelzungsvertrag verweist; vgl. hierzu bspw. *Kraus/Traßl* in Engl A.5 Rn 144.
[16] Vgl. § 6.

Anzuwendende Vorschriften 13–17 § 36

teile nicht übersteigen dürfen[17]. Diese Beschränkung gilt nicht für bare Zuzahlungen, die das Gericht auf Grund von § 15 erst erhöht oder festgelegt hat[18].

b) Verschmelzungsbericht[19]. Die Vertretungsorgane der übertragenden Rechtsträger **13** haben jeweils einen ausführlichen schriftlichen Verschmelzungsbericht abzugeben. Er ist **entbehrlich,** wenn
– alle Anteilsinhaber aller beteiligten Rechtsträger auf seine Erstattung verzichten[20];
– bei einer Personenhandelsgesellschaft oder einer PartG alle Gesellschafter bzw. Partner zur Geschäftsführung berechtigt sind[21].
Der Verschmelzungsbericht kann auch für alle übertragenden Rechtsträger gemeinsam **14** erstattet werden[22].

c) Verschmelzungsprüfung[23]. Die **Notwendigkeit** einer Verschmelzungsprüfung **15** richtet sich nach der Rechtsform des übertragenden Rechtsträgers. **Zwingend** vorgeschrieben ist sie für die AG, die KGaA und den wirtschaftlichen Verein[24]. Handelt es sich um eine GmbH, eine Personenhandelsgesellschaft oder eine PartG, ist sie **nur erforderlich,** wenn mindestens einer der Gesellschafter auf ihrer Durchführung besteht und – im Falle einer Personenhandelsgesellschaft oder einer PartG – der Gesellschaftsvertrag eine Mehrheitsentscheidung hinsichtlich des Verschmelzungsbeschlusses zulässt[25]. Bei einem e. V. oder einem genossenschaftlichen Prüfungsverband (idR ein e. V.[26]) müssen mindestens 10% seiner Mitglieder die Prüfung verlangen[27]. Für die eG ersetzt das Gutachten des genossenschaftlichen Prüfungsverbands[28] die Verschmelzungsprüfung. **Entbehrlich** ist die Verschmelzungsprüfung
– bei der Verschmelzung auf einen VVaG[29];
– wenn alle Anteilsinhaber aller beteiligten Rechtsträger auf seine Erstattung verzichten[30].

d) Verschmelzungsbeschluss. Dem Verschmelzungsvertrag bzw. dessen Entwurf muss **16** die Anteilsinhaberversammlung jedes übertragenden Rechtsträgers durch Beschluss zustimmen. §§ 13 bis 15, 28 und 32 gelten entsprechend.

e) Anmeldung und Eintragung. Die jeweiligen Vertretungsorgane der übertragenden **17** Rechtsträger **melden** die Verschmelzung **an**[31]. **Eintragung und Bekanntmachung** richten sich nach § 19. Als **Rechtsfolge** der Eintragung des neuen Rechtsträgers im Register geht das Vermögen der übertragenden Rechtsträger auf ihn über[32]; die übertragenden Rechtsträger erlöschen. Die Anteilsinhaber der übertragenden Rechtsträger werden Anteils-

---

[17] Vgl. §§ 56, 54 Abs. 4; §§ 73, 68 Abs. 3; § 78 iVm. §§ 73, 68 Abs. 3, 87 Abs. 2 Satz 2.
[18] *Schwarz,* Umwandlung mittelständischer Unternehmen im Handels- und Steuerrecht, 1995, Rn 184.
[19] § 8.
[20] § 8 Abs. 3 Satz 1 1. Fall.
[21] § 41 bzw. § 45 c Satz 1.
[22] Vgl. § 8 Abs. 1 Satz 1 aE.
[23] §§ 9 bis 12.
[24] §§ 73, 60; §§ 78, 60 bzw. § 100 Satz 1.
[25] § 44 Satz 1 iVm. § 43 Abs. 2; § 45 e Satz 1 iVm. § 44 Satz 1 iVm. § 43 Abs. 2; §§ 56, 48 Satz 1.
[26] Vgl. § 63 b Abs. 1 GenG.
[27] § 100 Satz 2.
[28] Gem. § 96 iVm. § 81 Abs. 1 Satz 1, Abs. 2.
[29] *Arg. ex contrario* §§ 112 Abs. 2 Satz 1, 109, da nicht – wie in § 9 vorgesehen – ausdrücklich angeordnet; vgl. auch *Vossius* in Widmann/Mayer § 109 Rn 103 ff.
[30] § 9 Abs. 3 iVm. § 8 Abs. 3 Satz 1 1. Fall.
[31] §§ 16 Abs. 2, 38.
[32] § 20 Abs. 1 Nr. 1.

§ 36 18–21

inhaber des neuen Rechtsträgers[33]. Formmängel des Verschmelzungsvorgangs werden **geheilt**[34]. Sonstige Mängel der Verschmelzung[35] lassen die Wirkungen derselben unberührt[36].

III. Verweis auf die Gründungsvorschriften (Abs. 2 Satz 1)

1. Allgemeines

18 Abs. 2 verweist für die Gründung des neuen Rechtsträgers zunächst generell auf das jeweilige Gründungsrecht der gewählten Zielrechtsform. Die §§ 39 ff. enthalten allerdings rechtsformspezifische Abweichungen. Als **Gründer** des neuen Rechtsträgers gelten die übertragenden Rechtsträger. Bei der Neugründung sind, soweit einschlägig, die **Kapitalaufbringungsgrundsätze** zu beachten: Das übergehende Nettovermögen muss ein gesetzliches Mindestkapital decken. Keineswegs muss aber das neue Nennkapital der Summe der Nennkapitalien der übertragenden Rechtsträger entsprechen[37]. Die Neugründung darf aber nicht zu einer Unterpari-Emission führen, der Wert des Vermögens des oder der übertragenden Rechtsträger muss dem anteiligen Nennkapital des neuen Rechtsträgers entsprechen. Für **Gründungsmängel** gilt das jeweilige Gründungsrecht; selbst beim Vorliegen schwerer Gründungsmängel ist eine Rückabwicklung („Entschmelzung") idR[38] jedoch ausgeschlossen[39]. Bei der Gründung eines neuen Rechtsträgers sind je nach Rechtsform die nachstehend aufgeführten Besonderheiten zu beachten:

2. Personenhandelsgesellschaften

19 Handelt es sich bei der Zielgesellschaft um eine **Personenhandelsgesellschaft**, ergeben sich für deren Gründung nur geringfügige Modifikationen im Vergleich zur Gründung außerhalb eines Umwandlungsvorgangs. Insbesondere enthalten die Besonderen Vorschriften[40] keine das Gründungsrecht modifizierenden Regelungen.

20 Das UmwG versteht unter Personenhandelsgesellschaften zunächst die OHG und die KG[41]. Daneben tritt die **EWIV**[42], deren Verschmelzungsfähigkeit auf der Tatsache beruht, dass § 1 des EWIV-Ausführungsgesetzes[43] sie als Handelsgesellschaft bezeichnet und daher die Regeln über die OHG – und mithin auch das für diese geltende Umwandlungsrecht – entsprechend anzuwenden sind. Einen Ausschluss der EWIV aus dem Kreis der möglichen Zielrechtsträger ordnet das UmwG weder ausdrücklich noch konkludent an.

21 **a) OHG.** Der **Gesellschaftsvertrag** bedarf der notariellen Beurkundung[44]. Wegen dieser im Vergleich zur normalen Gründung einer OHG höheren Formanforderung ist es in der

---

[33] § 20 Abs. 1 Nr. 3 Satz 1.
[34] § 20 Abs. 1 Nr. 4.
[35] ZB nicht beurkundete Nebenabreden, die von der Heilung des § 20 Abs. 1 Nr. 4 nicht erfasst werden.
[36] § 20 Abs. 2. Siehe dazu auch § 20 Rn 84 ff.
[37] Ganz hM, vgl. auch *Stratz* in Schmitt/Hörtnagl/Stratz Rn 8; *Marsch-Barner* in Kallmeyer Rn 9; *Mayer* in Widmann/Mayer Rn 58.
[38] Siehe § 20 Rn 84 ff.
[39] § 20 Abs. 2.
[40] §§ 39 bis 45 für die Personenhandelsgesellschaften und §§ 45 a bis 45 e für die PartG.
[41] Vgl. § 3 Abs. 1 Nr. 1.
[42] Europäische Wirtschaftliche Interessenvereinigung; allgM: *Bärwaldt* in BeckHdb Personengesellschaften § 19 Rn 89; *Bayer* ZIP 1997, 1613; *H. Schmidt* in Lutter § 39 Rn 12; *K. Schmidt* NJW 1995, 7; *Marsch-Barner* in Kallmeyer § 3 Rn 4; *Stratz* in Schmitt/Hörtnagl/Stratz § 3 Rn 13; *Sagasser* in Sagasser/Bula/Brünger B Rn 13; aA *Vossius* in Widmann/Mayer Vorb. § 39 Rn 17.
[43] Gesetz zur Ausführung der EWG-Verordnung über die Europäische Wirtschaftliche Interessenvereinigung vom 14. 4. 1988, BGBl. I 1988 S. 514.
[44] §§ 37, 6.

Praxis üblich (obwohl eigentlich nicht erforderlich), in den Gesellschaftsvertrag eine Regelung aufzunehmen, die für künftige Vertragsänderungen oder -ergänzungen die einfache Schriftform genügen lässt.

Die **Anmeldung zum Handelsregister**[45] erfolgt durch die Vertretungsorgane aller 22 übertragenden Rechtsträger als Gründer[46]. Falls es sich bei einem übertragenden Rechtsträger um eine AG oder KGaA handelt, gilt für ihn beim Inhalt der Anmeldung[47] eine Erleichterung hinsichtlich der Bezeichnung unbekannter Aktionäre[48].

Die OHG kann, soweit sie ein Handelsgewerbe betreibt, nach Wirksamwerden des Ver- 23 schmelzungsvertrags mit dem Beginn ihrer Geschäfte auch schon **vor ihrer Eintragung in das Handelsregister** entstehen[49]. Der Vermögensübergang iRd. Verschmelzung erfolgt gemäß § 20 Abs. 1 Nr. 1 erst mit der Eintragung der Gesellschaft. Der zwingende Charakter der Koppelung des Vermögensübergangs an die Registereintragung der Verschmelzung wird durch das frühere Wirksamwerden der Gesellschaft nicht unterlaufen. Für eine Verdrängung des § 123 Abs. 2 HGB besteht kein Anlass, da dieser nicht mit Vorschriften des UmwG kollidiert. Dabei ist für die übertragenden Rechtsträger zu beachten, dass mit der Entstehung einer Personengesellschaft auch schon vor der Eintragung der Verschmelzung die künftigen Gesellschafter insofern persönlich haften, als sie für den neuen Rechtsträger handeln.

Die Fähigkeit, **Anteilsinhaber** am neuen Rechtsträger zu sein, richtet sich ebenfalls nach 24 OHG-Recht. Vor allem bei **Gesellschaften bürgerlichen Rechts**, die an einer übertragenden AG[50] oder einer GmbH[51] beteiligt sind, stellt sich die Frage, ob die Verschmelzung deren vorherige Auseinandersetzung erzwingt[52]. Dies ist nach zutreffender Ansicht nicht der Fall. Zwar konnte die GbR nach der früher wohl vorherrschenden Meinung[53] nicht Gesellschafterin einer OHG sein. Die Entwicklung der Rechtsprechung bezüglich der Stellung und Rechtsfähigkeit der GbR[54] führte konsequenterweise jedoch nicht nur dazu, dass sie als beschränkt haftende[55], sondern auch als unbeschränkt haftende Gesellschafterin einer Personenhandelsgesellschaft anerkannt wurde[56]. Probleme im Zusammenhang mit der Publizität der OHG/KG können durch die sekundäre Eintragungspflicht der GbR gelöst werden[57].

b) KG. Für die Gründung einer KG gilt, auch in Bezug auf ihr Entstehen vor ihrer 25 Eintragung in das Handelsregister, das zur OHG Gesagte entsprechend. Die **Anmeldung**

---

[45] § 106 Abs. 2 HGB.
[46] §§ 36 Abs. 2 Satz 2, 38 Abs. 2, § 108 Abs. 2 HGB.
[47] § 106 Abs. 2 HGB.
[48] § 35.
[49] § 123 Abs. 2 HGB; aA *Vollrath* in Widmann/Mayer Rn 210 und *Zimmermann* in Kallmeyer § 38 Rn 7, die § 123 Abs. 2 HGB als *lex generalis* von den §§ 19 ff. verdrängt sehen.
[50] BGHZ 118, 83 = NJW 1992, 2222.
[51] BGHZ 78, 311 = NJW 1981, 682; BGHZ 116, 86 = NJW 1992, 449; *OLG Hamm* NJW-RR 1996, 482.
[52] So *Vossius* in Widmann/Mayer Vorb. §§ 39 ff. Rn 111.
[53] *BGH* NJW-RR 1990, 798, 799; *Hopt* in Baumbach/Hopt[30] § 105 HGB Rn 29; *Happ/Bruckhorst* in MünchHdbGesR Bd. 1 § 5 Rn 21; einschränkend *Emmerich* in Heymann § 105 HGB Rn 46 („trotz unübersehbarer Bedenken").
[54] Insbes. *BGH* NJW 1998, 376 (GbR als Gesellschafterin an einer GbR); BGHZ 146, 341 = NJW 2001, 1056 ([Teil-]Rechts- und Parteifähigkeit der [Außen-]GbR); *LG Berlin* NZG 2003, 580 (GbR als Komplementärin einer KG).
[55] BGHZ 148, 291 = NJW 2001, 3121 (GbR als Kommanditistin einer KG), durch den Gesetzgeber in § 162 Abs. 1 Satz 2 HGB bestätigt.
[56] *LG Berlin* NZG 2003, 580, 581 (zur KG); *Schmidt/Bierly* NJW 2004, 1210; *Hopt* in Baumbach/Hopt § 105 HGB Rn 28; schon früher *K. Schmidt* in Schlegelberger § 105 HGB Rn 71; *von Gerkan* in Röhricht/v. Westphalen § 105 HGB Rn 64 a; *Breuninger*, Die BGB-Gesellschaft als Rechtssubjekt im Wirtschaftsverkehr, Diss. Tübingen 1990, S. 60 f.; *Brodersen*, Die Beteiligung der BGB-Gesellschaft an den Personenhandelsgesellschaften, 1988, S. 15 ff.
[57] *LG Berlin* NZG 2003, 580, 581; *Schmidt/Bierly* NJW 2004, 1210, 1211.

§ 36 26, 27   Zweites Buch. Verschmelzung

zum Handelsregister richtet sich neben dem UmwG auch nach dem HGB[58], so dass zusätzlich die Kommanditisten und der Betrag ihrer jeweiligen (Haft-)Einlage zu benennen sind. Dabei ist zu beachten, dass bei einer überbewerteten Sacheinlage des Kommanditisten dieser in Höhe der Differenz zur vorgesehenen Haftsumme weiterhin persönlich haftet[59].

26   Bei der Gründung einer **GmbH & Co. KG** ergeben sich keine Besonderheiten, wenn die künftige Komplementär-GmbH schon existiert und Anteilsinhaber eines der übertragenden Rechtsträger ist. Muss diese erst gegründet werden, soll sie aber an der KG nicht kapitalmäßig beteiligt sein, wird im Allgemeinen unter Berufung auf das personelle Identitätsprinzip eine Treuhandlösung vorgeschlagen. Bei einer solchen erwirbt die Komplementär-GmbH einen geringen (Kapital-)Anteil an der Ausgangsgesellschaft und überträgt diesen nach der Eintragung der Verschmelzung an die treugebenden Gesellschafter zurück[60]. Solche umständlichen Umgehungsversuche sind überflüssig, wenn man richtigerweise den Ein- und Austritt von Komplementären ohne Kapitalanteil im Moment der Verschmelzung zulässt[61]. Auch eine **GbR** kann als Gesellschafter beteiligt sein[62].

27   c) **EWIV**[63]. Die Gründung einer EWIV richtet sich nach der EWIV-VO[64] und dem EWIV-AusfG[65], subsidiär nach dem HGB. **Erforderlich** ist der Abschluss eines Gesellschaftsvertrags sowie die Eintragung in das Handelsregister[66]. Der Gesellschaftsvertrag ist dabei notariell zu beurkunden[67]. Der Inhalt des Gesellschaftsvertrags richtet sich nach der EWIV-VO, für die Firma gilt § 18 HGB. Der Sitz der EWIV kann grundsätzlich frei innerhalb der EG gewählt werden[68]. Damit das UmwG (direkt) Anwendung findet, muss die neu gegründete EWIV jedoch ihren **Sitz in Deutschland** haben[69]. Voraussetzung für die Eintragung einer EWIV in das Handelsregister ist, dass ihre Mitglieder[70] in **mindestens zwei verschiedenen Mitgliedstaaten der EG** tätig sind. Zusammen mit § 1 Abs. 1, der (nach seinem Wortlaut) nur die Teilnahme von Rechtsträgern mit Sitz im Inland zulässt, bedeutet dies, dass bei den nationalen übertragenden Rechtsträgern mindestens ein Anteilsinhaber aus einem anderen Mitgliedstaat stammen muss; dieser wird dann nach der Verschmelzung Gesellschafter der EWIV. Die Eintragung der EWIV ist konstitutiv für deren Entstehung[71].

---

[58] §§ 106 Abs. 2, 162 Abs. 1 HGB.
[59] *Neubauer* in MünchHdbGesR Bd. 2 § 27 Rn 32; BGHZ 39, 319.
[60] *H. Schmidt* in Lutter § 40 Rn 11; *Schulze zur Wiesche* DB 1996, 1539; zum Formwechsel mit der gleichen Problemstellung: *Vossius* in Widmann/Mayer § 228 Rn 98 f.; *Eilers/Müller-Eising* WiB 1995, 449, 450.
[61] *Haritz/Bärwaldt* in BeckHdb. Personengesellschaften § 9 Rn 265, 350; *Kallmeyer* in Kallmeyer § 40 Rn 8; *Kallmeyer* GmbHR 1996, 80; *Priester* DB 1997, 560; nunmehr iE auch *Decher* in Lutter § 202 Rn 15.
[62] Siehe Rn 24.
[63] Zur EWIV § 3 Rn 14; allgemein vgl. *Bärwaldt* in BeckHdb. Personengesellschaften § 19; zur Bedeutung der EWIV *Schlüter* EuZW 2002, 589; grundlegend *Ganske*, Das Recht der Europäischen Wirtschaftlichen Interessenvereinigung (EWIV), 1988; *Meyer-Landrut* Die Europäische wirtschaftliche Interessenvereinigung, 1988.
[64] VO vom 25. 7. 1985; ABl.EG vom 31. 7. 1985 Nr. L 199 S. 1 ff.
[65] Gesetz zur Ausführung der EWG-Verordnung über die Europäische wirtschaftliche Interessenvereinigung – EWIV-Ausführungsgesetz – vom 14. 4. 1988, BGBl. I 1988 S. 514.
[66] Art. 1 Abs. 1, Art. 6 EWIV-VO. Die EWIV ist in Abteilung A des Handelsregisters am künftigen im Gesellschaftsvertrag festgelegten Sitz der Gesellschaft einzutragen.
[67] Entgegen Art. 7 EWIV-VO; vgl. § 37 Rn 3 ff.
[68] Art. 12 Satz 1 EWIV-VO.
[69] Siehe zu grenzüberschreitenden Umwandlungen Einl. C.
[70] Gemäß Art. 4 Abs. 1 der EWIV-VO sind dies natürliche Personen, soweit sie eine gewerbliche, kaufmännische, handwerkliche, landwirtschaftliche oder freiberufliche Tätigkeit ausüben (nicht also bloße Privatpersonen) und juristische Personen.
[71] *Ganske*, Das Recht der Europäischen Wirtschaftlichen Interessenvereinigung (EWIV), 1988, S. 41.

Ab dem Wirksamwerden des Verschmelzungsvertrags besteht die EWIV jedoch bereits als Vor-EWIV, auf die das Recht der OHG anwendbar ist[72].

3. PartG[73]

Gemäß § 45 a müssen zum Zeitpunkt des Wirksamwerdens der Verschmelzung alle Anteilsinhaber der übertragenden Rechtsträger natürliche Personen sein, die einen Freien Beruf iSd § 1 Abs. 2 PartGG ausüben. Die Gründungsvorschriften des PartGG werden zum Teil durch die umwandlungsspezifischen Vorschriften überlagert. Der Partnerschaftsgesellschaftsvertrag muss abweichend vom PartGG[74] **notariell beurkundet** werden[75]. Die **Anmeldung** beim Partnerschaftsregister erfolgt nicht[76] durch sämtliche Partner, sondern durch die Vertretungsorgane der übertragenden Rechtsträger[77]. Der Inhalt der Anmeldung richtet sich dabei nach §§ 16, 17 iVm. § 4 Abs. 1 Satz 2 PartGG und den Sollvorschriften der Partnerschaftsregisterverordnung (PRV). Das **Namensrecht** des § 2 PartGG wird durch § 18 Abs. 3 (Fortführung einer Firma oder eines Namens) modifiziert. Die PartG ist zwischen dem Wirksamwerden des Verschmelzungsvertrags und ihrer Eintragung in das Partnerschaftsregister eine GbR, die parallel zu den übertragenden Rechtsträgern existiert. Bei einem Handeln für die neue Gesellschaft vor deren Eintragung ist deshalb zu beachten, dass die Haftungsbegrenzung des § 8 Abs. 2 PartGG noch nicht eingreift.

28

4. GmbH

Für die Gründung einer neuen GmbH gelten die §§ 1 bis 11 GmbHG. Diese werden durch die Besonderheiten einer Verschmelzung zum Teil erheblich modifiziert. Gründer der neuen GmbH sind auch hier die sich verschmelzenden Rechtsträger und nicht deren Gesellschafter.

29

a) Gesellschaftsvertrag. Der Gesellschaftsvertrag ist notariell zu beurkunden. Der Formzwang ergibt sich bereits aus §§ 37, 6. § 2 Abs. 1 Satz 1 GmbHG wird verdrängt. Die notarielle Form wird aber durch Mitbeurkundung als Anlage des Verschmelzungsvertrags gewahrt[78]. § 2 Abs. 1 Satz 2 GmbHG (Unterzeichnung durch sämtliche Gesellschafter) wird verdrängt, da die GmbH durch die übertragenden Rechtsträger als Gründer errichtet wird[79], so dass die Vertretungsorgane der übertragenden Rechtsträger und nicht die künftigen Gesellschafter (also nicht die Gesellschafter der übertragenden Rechtsträger) den Gesellschaftsvertrag abschließen und unterzeichnen. Eine Vollmacht zum Abschluss des Verschmelzungsvertrags bedarf gemäß § 2 Abs. 2 GmbHG der notariellen Form.

30

Für den Inhalt des Gesellschaftsvertrags ist § 3 GmbHG entsprechend anwendbar.

31

Die Möglichkeiten der **Firmierung der neuen GmbH** gemäß § 4 GmbHG werden durch § 18 dahin gehend erweitert, dass bei Fortführung des Unternehmens auch die Firma eines der übertragenden Rechtsträger übernommen werden kann.

32

Die Regelung über das **Stammkapital** und die **Stammeinlagen** in § 5 GmbHG wird durch das UmwG in weiten Teilen modifiziert. Unverändert fordert § 5 Abs. 1 GmbHG das Vorhandensein eines Mindeststammkapitals von € 25.000 (*de lege ferenda* voraussichtlich € 10.000). Es besteht aber keine Pflicht, das Stammkapital auf den Betrag der Summe der

33

---

[72] Vgl. *Bärwaldt* in BeckHdb. Personengesellschaften § 19 Rn 7 zur Entstehung der EWIV außerhalb eines Umwandlungsvorgangs.
[73] Allgemein zur PartG vgl. *Bärwaldt* in BeckHdb. Personengesellschaften § 18.
[74] § 3 Abs. 1 PartGG.
[75] §§ 37, 6.
[76] Wie grundsätzlich gem. § 4 Abs. 1 PartGG iVm. §§ 106, 108 HGB vorgesehen.
[77] § 38 Abs. 2.
[78] Vgl. § 9 Abs. 1 Satz 2 BeurkG; so auch *M. Winter* in Lutter § 56 Rn 5; siehe auch Rn 27.
[79] Vgl. § 36 Abs. 2 Satz 2.

Nennkapitalien der übertragenden Rechtsträger festzusetzen[80]. § 46 verdrängt die entsprechenden Regelungen in § 5 GmbHG: Der Mindestnennbetrag pro Geschäftsanteil verringert sich von € 100 auf € 50 und muss nicht durch 50, sondern nur durch 10 teilbar sein[81].

34 Das **Verbot** für einen Gesellschafter, **mehrere Stammeinlagen** zu übernehmen[82], gilt auch im Umwandlungsrecht. Hat ein Anteilsinhaber bei einem übertragenden Rechtsträger mehrere Anteile inne, kann er diese nach der Verschmelzung *de lege lata* nicht beanspruchen[83], sondern erhält nur einen ggf. größeren Anteil am neuen Rechtsträger. Für eine Verdrängung des entsprechend anwendbaren § 5 Abs. 2 GmbHG finden sich im UmwG keine Anhaltspunkte[84]. Aus dem Wesensmerkmal der Verschmelzung, dass die Gegenleistung in gleichwertigen Anteilen bestehen muss[85], folgt nicht die Pflicht zu ebenso vielen Geschäftsanteilen.

35 Die Angaben, die bei einer Sachgründung im Gesellschaftsvertrag gemacht werden müssen[86], beschränken sich bei der Verschmelzung durch Neugründung auf den Umstand, dass das Stammkapital durch Übertragung des Vermögens der Ausgangsrechtsträger erlangt wurde. Zusätzlich sind der Gegenstand der Sacheinlage und der Betrag der Stammeinlage, auf den sich die Sacheinlage bezieht, in den Gesellschaftsvertrag aufzunehmen[87].

36 b) **Bestellung der Geschäftsführer.** Die Bestellung der Geschäftsführer erfolgt nach § 6 GmbHG. Dabei ist § 59 Satz 2 analog anzuwenden[88], so dass für die Geschäftsführerbestellung stets die Zustimmung der Anteilsinhaber der Ausgangsrechtsträger nötig ist. Die Bestellung durch die Anteilsinhaber hat vor Eintragung der Gesellschaft zu erfolgen, da sonst eine GmbH ohne Vertretungsorgan entstünde, die vorläufig handlungsunfähig wäre[89]. Zwar sind es die Vertretungsorgane der Ausgangsrechtsträger, die die GmbH (ohne Mitwirkung der neuen Geschäftsführer) anmelden[90], es ergibt sich aber aus den §§ 6 Abs. 1, 10 Abs. 1 GmbHG, dass das Registergericht eine handlungsunfähige Gesellschaft nicht eintragen darf.

37 Wenn für die neue GmbH die Bestellung eines fakultativen **Aufsichtsrats**[91] durch die Anteilsinhaber der übertragenden Rechtsträger vorgesehen ist, müssen diese der Wahl durch den Verschmelzungsbeschluss zustimmen[92]. Dabei muss eine Dreiviertelmehrheit erreicht werden[93]. Dieses Zustimmungserfordernis greift aber dann nicht ein, wenn der künftige Aufsichtsrat nach dem Gesellschaftsvertrag auf andere Weise zu wählen ist. Hat die neue GmbH auf Grund mitbestimmungsrechtlicher Vorschriften einen Aufsichtsrat zu bestellen, ist § 59 nicht anwendbar[94].

38 c) **Gründungsbericht.** Der Sachgründungsbericht[95] ist **entbehrlich,** wenn der übertragende Rechtsträger
– eine Kapitalgesellschaft oder
– eine eG ist[96].

---

[80] AllgM: ZB *Stratz* in Schmitt/Hörtnagl/Stratz Rn 8; *Marsch-Barner* in Kallmeyer Rn 9.
[81] Allerdings sollen diese Vorschriften durch das MoMiG einheitlich so geändert werden, dass jeder Geschäftsanteil lediglich auf volle Euro lauten muss; eine bestimmte Teilbarkeit soll gänzlich wegfallen.
[82] § 5 Abs. 2 GmbHG, der allerdings im Zuge der bevorstehenden GmbH-Rechts-Reform gestrichen werden soll.
[83] AA *Mayer* in Widmann/Mayer Rn 72; *M. Winter* in Lutter § 56 Rn 22.
[84] AA *Reichert* § 56 Rn 14.
[85] Vgl. § 2 Rn 40.
[86] § 5 Abs. 4 Satz 1 GmbHG.
[87] § 5 Abs. 4 Satz 1 GmbHG.
[88] *M. Winter* in Lutter § 56 Rn 23.
[89] So auch *M. Winter* in Lutter § 56 Rn 23 und § 59 Rn 6; aA *Mayer* in Widmann/Mayer Rn 77.
[90] § 38 Abs. 2.
[91] Vgl. § 52 GmbHG.
[92] § 59 Satz 2.
[93] §§ 56, 50.
[94] *M. Winter* in Lutter § 59 Rn 5; *Mayer* in Widmann/Mayer Rn 81.
[95] § 5 Abs. 4 Satz 2 GmbHG.
[96] Vgl. § 58 Abs. 2.

In den übrigen Fällen sind im **Sachgründungsbericht** zusätzlich zu den nach § 5 Abs. 4 **39** Satz 2 GmbHG erforderlichen Angaben noch der Geschäftsverlauf und die Lage der übertragenden Gesellschaften darzustellen[97]. Der Sachgründungsbericht ist schriftlich zu verfassen und von den Vertretungsorganen der Ausgangsrechtsträger zu unterschreiben.

d) Anmeldung und Eintragung. Die **Anmeldung** zum Handelsregister erfolgt durch **40** die Vertretungsorgane der Ausgangsrechtsträger[98]. §§ 7 Abs. 1, 78 GmbHG (Anmeldung der GmbH durch sämtliche Geschäftsführer) werden verdrängt. Auch die Bestimmungen des § 7 Abs. 2, 3 GmbHG (Bewirkung einer Einlage auf die Stammeinlage vor Eintragung der Gesellschaft) passen nicht zu der spezifischen Verschmelzungssituation und sind daher nicht anwendbar. Die Leistung der Einlage wird durch die *ipso iure* erfolgende Gesamtrechtsnachfolge bei Eintragung ersetzt. Aus demselben Grund ist es auch nicht erforderlich, dass die Anmeldenden eine Versicherung über die Bewirkung der Stammeinlage und die freie Verfügbarkeit der Leistungen abgeben[99].

e) Anlagen der Anmeldung. Bezüglich der **Anlagen zur Anmeldung** wird § 8 Abs. 1 **41** Nrn. 4 und 5[100] GmbHG durch das UmwG verdrängt, Nr. 1 ist nur im Fall der Vertretung anwendbar und wird ansonsten durch §§ 17, 37 verdrängt. Anwendbar ist dagegen § 8 Abs. 1 Nrn. 2, 3 (Legitimation der Geschäftsführer[101], unterschriebene Gesellschafterliste) und § 6 (Genehmigungsurkunde für Gegenstand des Unternehmens) GmbHG, da sich die Regelung in § 17 Abs. 1 nur auf staatliche Genehmigungen für den Verschmelzungsvorgang bezieht, sowie § 8 Abs. 3 bis 5 GmbHG. Wegen der einzureichenden Anlagen[102] siehe die Checkliste in § 17 Rn 7.

f) Haftung. Die **Differenzhaftung** der Gesellschafter[103] greift zur Sicherung der Ka- **42** pitalaufbringung und zum Schutz der Gläubiger auch bei der Verschmelzung durch Neugründung ein. Eine **Haftung für falsche Angaben** der Mitglieder der Vertretungs- bzw. Aufsichtsorgane anlässlich der Verschmelzung durch Neugründung richtet sich nach § 9 a GmbHG. Die **Wirksamkeit eines Verzichts** hierauf sowie die **Verjährung** des Anspruchs bestimmt sich nach § 9 b GmbHG. Mit der Eintragung gem. § 10 GmbHG entsteht die neue GmbH, und das Vermögen der übertragenden Rechtsträger geht auf sie über[104]. Grundsätzlich anwendbar ist auch § 11 Abs. 1 GmbHG, wonach die neue GmbH vor der Eintragung als solche nicht besteht. Spätestens ab dem Wirksamwerden des Verschmelzungsvertrags entsteht jedoch eine **Vor-GmbH** wie bei einer regulären Gründung auch[105]. Diese Vor-GmbH existiert damit zeitgleich neben den übertragenden Rechtsträgern bis zur Eintragung des neuen Rechtsträgers in das Handelsregister.

Die **Haftung** für ein **Handeln für die GmbH vor deren Eintragung** trifft die Han- **43** delnden persönlich und solidarisch[106]. Dabei ist jedoch zu beachten, dass Geschäfte auch nach dem Verschmelzungsbeschluss grundsätzlich noch vom übertragenden Rechtsträger getätigt werden. Somit kommt es idR nicht zu einem Handeln im Namen der (Vor-)GmbH. Eine Handelndenhaftung scheidet damit aus. Geschäfte nach der Fassung des Verschmelzungsbeschlusses begründen Rechte und Pflichten für den übertragenden Rechtsträger, wenn nicht ausdrücklich im Namen der künftigen GmbH gehandelt wird. Im Übrigen erlischt die Han-

---

[97] Vgl. § 58.
[98] § 38 Abs. 1.
[99] § 8 Abs. 2 GmbHG wird durch das UmwG verdrängt.
[100] Die Notwendigkeit der Überprüfung der Kapitalausstattung der neuen GmbH entfällt durch die Gesamtrechtsnachfolge.
[101] Zur Notwendigkeit der Bestellung vor Eintragung siehe Rn 36.
[102] §§ 36 Abs. 1 Satz 1, 17 Abs. 1 iVm. § 37 AktG.
[103] § 9 GmbHG.
[104] § 20 Abs. 1 Nr. 1.
[105] Siehe bspw. *Lutter/Drygala* in Lutter § 4 Rn 17 mwN.
[106] § 11 Abs. 2 GmbHG, ebenso *Rieger* in Widmann/Mayer Rn 130.

delndenhaftung, wenn die Verbindlichkeit bei Entstehung der GmbH mit der Eintragung auf diese übergeht[107].

5. AG[108]

44 Der Verweis auf das Gründungsrecht der AG bezieht sich nicht allein auf die Vorschriften der §§ 23 bis 53 AktG (Gründung der Gesellschaft), sondern auf alle für die Gründung einer AG relevanten Vorschriften des AktG. Das UmwG modifiziert diese Vorschriften jedoch durch die §§ 73 bis 77.

45 Abweichend von § 28 AktG sind die **Gründer** im Fall der Verschmelzung nicht mit den Erstaktionären identisch: Gründer iSd UmwG sind die übertragenden Rechtsträger, Erstaktionäre dagegen deren Anteilsinhaber[109].

46 a) Satzung. Die Satzung bedarf der **notariellen Beurkundung**. Der Formzwang ergibt sich bereits aus §§ 37, 6. § 23 Abs. 1 Satz 1 AktG wird verdrängt. Die notarielle Form wird aber durch Mitbeurkundung als Anlage des Verschmelzungsvertrags gewahrt[110].

47 Eine Vollmacht zum Abschluss des Verschmelzungsvertrags bedarf gemäß § 23 Abs. 1 Satz 2 AktG der notariellen Form.

48 Der notwendige **Inhalt der Satzung** ergibt sich aus § 23 Abs. 3 bis 5 AktG. Zusätzlich sind Festsetzungen über Sondervorteile, Gründungsaufwand, Sacheinlagen und Sachübernahmen aus den Gesellschaftsverträgen der Ausgangsrechtsträger zu **übernehmen**[111], da sonst kein Anspruch mehr auf diese Sondervorteile besteht. Dabei sind die Fristen nach § 26 Abs. 4, 5 AktG zu beachten. Ebenso sind bei der Verschmelzung neu begründete Sondervorteile und die in der Verschmelzung liegende Sacheinlage in die Satzung aufzunehmen. Auf Sacheinlagen ist entgegen der hM[112] zum bisherigen Recht auch § 27 AktG[113] anwendbar, da § 36 Abs. 2 allgemein auf das Gründungsrecht verweist und § 27 nicht wie im bisherigen Recht ausgenommen ist[114].

49 Die neue AG muss mindestens ein **Grundkapital von € 50.000** haben. Es besteht jedoch keine Pflicht, das Grundkapital auf den Betrag der Summe der Nennkapitalien der übertragenden Rechtsträger festzusetzen[115].

50 b) **Bestellung der Organe und des Abschlussprüfers.** Auf die Bestellung von Vorstand, Aufsichtsrat und Abschlussprüfer der neuen AG finden die §§ 30, 31 AktG Anwendung. Die Bestellung erfolgt demnach durch die Vertretungsorgane der übertragenden Rechtsträger. Dabei ist allerdings zu beachten, dass die **Anteilsinhaber** der übertragenden Rechtsträger der Bestellung mit dem Verschmelzungsbeschluss **zustimmen müssen,** soweit die Wahl des Aufsichtsrats nach § 31 AktG (Bestellung bei Sachgründung) durchgeführt wird[116]. Da aber jede Gründung einer AG im Rahmen einer Verschmelzung durch Neugründung eine Sachgründung darstellt[117], müssen die Anteilsinhaber der Bestellung des Aufsichtsrats in dieser Variante immer zustimmen. Der mit dem Wort „soweit" eingeleitete Halbsatz in § 76 Abs. 2 Satz 2 ist daher überflüssig. Die Bestellung bedarf der notariellen

---

[107] Vgl. *Hueck/Fastrich* in Baumbach/Hueck § 11 GmbHG Rn 53.
[108] Zur Europäischen Gesellschaft (SE) und zu ihrer Gründung siehe Einl. C Rn 49 ff.
[109] Vgl. § 36 Abs. 2 Satz 2.
[110] Vgl. § 9 Abs. 1 Satz 2 BeurkG.
[111] § 74 Satz 1.
[112] Vgl. *Kraft* in Kölner Komm. § 353 AktG Rn 13.
[113] Insbes. gem. Abs. 1 die Notwendigkeit der Bezeichnung des Gegenstands der Sacheinlage, der Person, von der dieser erworben wird, und des Nennbetrags der gewährten Aktien.
[114] *Rieger* in Widmann/Mayer § 74 Rn 3; *Stratz* in Schmitt/Hörtnagl/Stratz Rn 18; aA *Grunewald* in Lutter § 74 Rn 6.
[115] Ganz allgM, *Stratz* in Schmitt/Hörtnagl/Stratz Rn 8; *Marsch-Barner* in Kallmeyer Rn 9.
[116] § 76 Abs. 2 Satz 2.
[117] *Ihrig* GmbHR 1995, 622, 624; *Stratz* in Schmitt/Hörtnagl/Stratz § 73 Rn 8.

Beurkundung[118]. Die Bestellung wird erst mit der Feststellung der Satzung wirksam, falls die Verschmelzungsbeschlüsse sich lediglich auf einen Entwurf des Verschmelzungsvertrags und der Satzung beziehen[119].

c) Gründungsbericht und Gründungsprüfung. Durch die Generalverweisung des 51 § 36 Abs. 2 Satz 1 sind auch die §§ 33 bis 35 AktG über den Gründungsbericht und die Gründungsprüfung anwendbar. Die Gründer der neuen AG haben schriftlich Bericht über den Hergang der Gründung **(Gründungsbericht)** zu erstatten[120]. In diesem Bericht müssen neben den Erfordernissen des § 32 Abs. 2 und 3 AktG auch der bisherige Geschäftsverlauf und die Lage der übertragenden Rechtsträger dargelegt werden[121]. Die Erstellung des Gründungsberichts und die Gründungsprüfung (nicht aber die Prüfung durch Mitglieder des Vorstands und des Aufsichtsrats[122]) sind **entbehrlich**[123], wenn
– der übertragende Rechtsträger eine Kapitalgesellschaft oder
– eine eG ist.

Da die Verschmelzung durch Neugründung immer eine Sachgründung darstellt, haben die 52 Mitglieder des Vorstands und des Aufsichtsrats[124] sowie die Gründungsprüfer[125] die Gründungsprüfung durchzuführen.

d) Anmeldung und Eintragung. Die **Anmeldung** beim Handelsregister am künftigen 53 Sitz der neuen AG richtet sich grundsätzlich nach den §§ 36, 37 AktG. Sie ist jedoch durch die Vertretungsorgane aller übertragenden Rechtsträger vorzunehmen[126]. Darüber hinaus sind bei der Anmeldung und für deren Anlagen die §§ 16, 17 zu berücksichtigen. Die freie Verfügbarkeit der Einlagen ist nicht gem. § 37 Abs. 1 Satz 2 AktG nachzuweisen, da an die Stelle der Einlageleistung die Gesamtrechtsnachfolge tritt.

Die **Eintragung** richtet sich nach § 19 iVm. §§ 39, 40 AktG. Dabei ist der Hinweis einzu- 54 tragen, dass die AG durch Verschmelzung entstanden ist[127]. Die Angaben in der Bekanntmachung[128] sind dahin gehend anzupassen, dass anstatt des Namens und Wohnorts der Gründer Firma und Sitz der übertragenden Rechtsträger als Gründer anzugeben sind[129].

e) Anlagen der Anmeldung. Zu den Anlagen vgl. die Checkliste in § 17 Rn 6. 55

f) Haftung. Mit dem Wirksamwerden des Verschmelzungsvertrags und der damit einher- 56 gehenden Feststellung der Satzung entsteht eine **Vor-AG**. Ab diesem Zeitpunkt greift auch die **Handelndenhaftung** nach § 41 AktG ein. Dabei ist jedoch zu beachten, dass Geschäfte auch nach dem Verschmelzungsbeschluss grundsätzlich noch vom übertragenden Rechtsträger getätigt werden. Es kommt somit idR nicht zu einem Handeln im Namen der bis zur Eintragung parallel bestehenden Vor-AG. Ebenfalls anwendbar sind die Haftungsnormen der **§§ 47 bis 51 AktG**. Keine Anwendung findet dagegen § 46 AktG **(Gründerhaftung)**. Gründer der neuen AG sind die übertragenden Rechtsträger, diese gehen mit der Eintragung der AG unter und stehen als Haftende nicht mehr zur Verfügung. Eine Haftung der

---

[118] § 30 Abs. 1 Satz 2 AktG.
[119] *Grunewald* in Lutter § 76 Rn 8; vgl. auch *Hüffer* § 30 AktG Rn 3; aA *Rieger* in Widmann/Mayer § 76 Rn 13.
[120] § 32 Abs. 1 AktG.
[121] § 75 Abs. 1.
[122] § 33 Abs. 1 AktG.
[123] § 75 Abs. 2 Satz 2.
[124] § 33 Abs. 1 AktG.
[125] § 33 Abs. 2 Nr. 4 AktG.
[126] § 38 Abs. 2.
[127] *Kraft* in Kölner Komm. § 353 AktG Rn 25; *Grunewald* in G/H/E/K § 353 AktG Rn 31.
[128] § 40 Abs. 1 Nr. 3 AktG.
[129] § 77, nach dem weitere Bestimmungen des Verschmelzungsvertrages in die Bekanntmachung aufzunehmen waren, wurde durch das EHUG aufgehoben.

Erstaktionäre für falsche Angaben der Gründer erscheint aber nicht geboten, da sie auf die Angaben idR keinen Einfluss nehmen können[130]. Falls die neue AG trotz eines Verstoßes gegen das Verbot der Unterpari-Emission eingetragen wird, entsteht analog die Frage nach einer **Differenzhaftung** der Aktionäre[131]. Auch hier scheidet eine Haftung der Gründer aus, da diese mit der Verschmelzung untergegangen sind. Es verbleibt allein die Möglichkeit der Haftung der Anteilsinhaber[132]. Deren Haftung erscheint aus eben genannten Gründen jedoch unbillig. Die Anteilsinhaber nehmen uU nicht freiwillig am Verschmelzungsprozess teil. Der Anteilsinhaber könnte ansonsten allenfalls gegen eine Barabfindung aus der Gesellschaft ausscheiden, um die Haftung zu vermeiden. Dies kann aber von ihm einzig im Hinblick auf eine eventuelle Überbewertung des übergehenden Vermögens nicht verlangt werden. Eine Ausnahme ist jedoch dann zu machen[133], wenn der Anteilsinhaber durch eine Sperrminorität die Bewertung des Vermögens beeinflussen kann.

6. SE

56a Die SE ist nach dem Willen des europäischen Gesetzgebers den nationalen Aktiengesellschaften vorbehaltlich der Bestimmungen der SE-VO gleichzustellen: Regelt die SE-VO einen Bereich nicht oder nicht abschließend, kommt das für die nationalen Aktiengesellschaften geltende Recht zur Anwendung[133a], insbesondere also das AktG, aber auch das UmwG. Somit kommt die SE zwar als übertragender Rechtsträger einer Verschmelzung durch Neugründung in Betracht, kann aber nicht neuer Rechtsträger iSd. § 36 sein; die Gründung einer SE durch Verschmelzung ist in Artt. 2 Abs. 1, 17 ff. SE-VO iVm. §§ 5 ff. SE-AG abschließend geregelt[133b]. Die Frage nach den anzuwendenden Gründungsvorschriften stellt sich insoweit für die SE nicht.

7. KGaA

57 Für die KGaA gilt das zur Neugründung einer AG Gesagte entsprechend[134]. Dabei treten an die Stelle der AG die KGaA und an die Stelle des Vorstands die zur Vertretung ermächtigten persönlich haftenden Gesellschafter.

58 Bei der **Gründung der KGaA** sind die §§ 279 bis 283 AktG anwendbar. Die Vorschrift über eine **Mindestzahl von Gründern**[135] wird von § 36 Abs. 2 Satz 3 verdrängt, so dass auch zwei übertragende Rechtsträger als Gründer auftreten können. An der **Feststellung der Satzung** müssen auch die künftigen persönlich haftenden Gesellschafter beteiligt werden[136]. § 280 Abs. 2 Satz 1 AktG ergänzt damit § 78 Satz 3, der lediglich die persönlich haftenden Gesellschafter der Ausgangsrechtsträger betrifft. **§ 280 Abs. 2 Satz 2 AktG** wird durch die Regelung der §§ 78 Satz 1, 76 Abs. 2 Satz 1 verdrängt, die eine Zustimmung aller Anteilseigner der übertragenden Rechtsträger und damit auch der künftigen Kommanditaktionäre erfordert. Die Regelung, wonach die die Satzung festsetzenden Gesellschafter die

---

[130] So auch *Rieger* in Widmann/Mayer Rn 160; *Grunewald* in Lutter § 74 Rn 5.
[131] § 9 GmbHG. Dieses Problem war zum alten Verschmelzungsrecht vor allem für die GmbH umstritten, für eine Differenzhaftung der Anteilsinhaber *Priester* in Scholz[7] GmbHG Anh. Umw § 22 KapErhG Rn 11; *Lutter/Hommelhoff*[13] GmbHG § 22 KapErhG Rn 6; gegen eine Haftung *Grunewald* in G/H/E/K § 353 AktG Rn 9 iVm. § 343 AktG Rn 20; *Zimmermann* in Rowedder[2] GmbHG Anh. nach § 77 Rn 429; *Meyer-Landrut* in Meyer-Landrut/Miller/Niehus GmbH-Gesetz, 1987, § 22 KapErhG Rn 5.
[132] Vgl. auch *Rieger* in Widmann/Mayer Rn 167 ff.
[133] Dieser Fall dürfte sogar die Regel sein.
[133a] Artt. 9 Abs. 1 lit. c) ii), 10 SE-VO.
[133b] Siehe auch Einl. C Rn 49 ff.
[134] Vgl. §§ 78 UmwG, 278 Abs. 3 AktG.
[135] § 280 Abs. 1 Satz 1 AktG.
[136] § 280 Abs. 2 Satz 1 AktG.

Gründer sind[137], wird von § 36 Abs. 2 Satz 2 verdrängt. Gründer sind die Ausgangsrechtsträger. Die Vorschriften über den Inhalt der Satzung, die Eintragung der persönlich haftenden Gesellschafter und die Vorstandsfunktionen derselben[138] sind dagegen uneingeschränkt auf die Gründung einer KGaA im Wege der Verschmelzung anwendbar. Bei der **Anmeldung** der neuen KGaA ist zu beachten, dass § 37 AktG dahin gehend auszulegen ist, dass die Komplementäre der neuen Gesellschaft statt des Vorstands mitwirken müssen.

8. Eingetragene Genossenschaft

Auf die Gründung einer übernehmenden eG sind die §§ 1 bis 16 GenG grundsätzlich anwendbar. Gründer sind nicht die Anteilsinhaber der übertragenden Rechtsträger, sondern die Rechtsträger selbst. Die vom Gründungsrecht vorgeschriebene Mindestzahl von drei Mitgliedern der Genossenschaft[139] wird während der Gründungsphase von § 36 Abs. 2 Satz 2 als speziellerem Gesetz verdrängt. Zwei übertragende Rechtsträger als Gründer reichen deshalb aus. **59**

Die **Satzung** richtet sich in ihrem **Inhalt** nach §§ 6, 7 GenG, die unverändert anzuwenden sind. Allerdings muss die Satzung wegen §§ 37, 6 abweichend von § 5 GenG mit dem Verschmelzungsvertrag notariell beurkundet werden[140]. § 97 Abs. 1 verlangt zudem, dass sämtliche Mitglieder des Vertretungsorgans jedes übertragenden Rechtsträgers die Satzung aufzustellen und zu unterzeichnen haben. Damit ist bei der Weigerung auch nur eines Mitglieds eines Vertretungsorgans die Satzung nicht ordnungsgemäß errichtet[141]. Die Bestellung des **Vorstands und des Aufsichtsrats**[142] wird von den **Vertretungsorganen der Ausgangsrechtsträger** vorgenommen[143] (eine Ausnahme für den Vorstand bildet § 97 Abs. 2 Satz 2) und muss von den Anteilsinhabern der Ausgangsrechtsträger im Verschmelzungsbeschluss gebilligt werden. **60**

Bezüglich der **Anmeldung** der eG ist § 11 GenG anwendbar. Die beizufügenden Anlagen richten sich nach §§ 17, 96 iVm. § 86. Eine eventuelle Nachschusspflicht der vormaligen Mitglieder einer übertragenden eG bei Insolvenz der neuen eG richtet sich nach § 95 iVm. §§ 105 bis 115 a GenG. Mit dem Wirksamwerden des Verschmelzungsvertrags und der damit einhergehenden Feststellung des Statuts der künftigen eG entsteht diese als nicht rechtsfähige Vor-Genossenschaft[144]. Für die Verbindlichkeiten der Vor-Genossenschaft gilt die Haftungsbeschränkung des § 2 GenG nicht, die Mitglieder der Vor-Genossenschaft haften vielmehr persönlich[145]. **61**

9. Europäische Genossenschaft (SCE)

Wie die SE kann auch die SCE allenfalls übertragender, nicht aber neuer Rechtsträger iSd. § 36 sein. Zwar kann eine SCE durch Verschmelzung gegründet werden, aber nur und abschließend nach den Artt. 2 Abs. 1 Spiegelstrich 4, 19 ff. SCE-VO iVm. §§ 5 ff. SCE-AG[145a]. Für eine parallele Anwendung des für (deutsche) Genossenschaften geltenden **61a**

---

[137] § 280 Abs. 3 AktG.
[138] §§ 281 bis 283 AktG.
[139] § 4 GenG. Zur Europäischen Genossenschaft (SCE) siehe Einl. C Rn 64 ff.
[140] Dabei ist die Beurkundung als Anlage iSv. § 9 Abs. 1 Satz 2 BeurkG ausreichend.
[141] Das Mitglied kann zur Abgabe der Unterschrift auch nicht gezwungen werden; entsprechende gesellschaftsvertragliche Regelungen werden durch § 97 Abs. 1 verdrängt.
[142] § 9 GenG.
[143] §§ 97 Abs. 2, 98 Satz 2.
[144] BGHZ 20, 281; *Beuthien* § 13 GenG Rn 4.
[145] *Beuthien* § 13 GenG Rn 6 ff.
[145a] Siehe auch Einl. C Rn 64 ff.

UmwG ist daher kein Raum[145b]. Die Frage des anzuwendenden Gründungsrechts stellt sich insoweit nicht.

10. Eingetragener Verein

62 **Rechtsfähige Vereine iSd. UmwG** sind der e.V.[146] und der wirtschaftliche Verein[147]. Eine Verschmelzung durch Neugründung mit einem e. V. als Zielrechtsträger (der wirtschaftliche Verein kann nicht als übernehmender Rechtsträger fungieren[148]) ist nur durch zwei oder mehrere e.V. iSd § 21 BGB als übertragende Rechtsträger möglich[149]. Auch eine Verschmelzung eines Idealvereins mit einem wirtschaftlichen Verein oder anderen Rechtsträgern auf einen neu zu gründenden Idealverein ist nicht zulässig[150]. Die Gründungsvorschriften des BGB werden durch das UmwG nur unerheblich modifiziert. Die vorgeschriebene Mindestgründerzahl von sieben Mitgliedern[151] wird für den Gründungsvorgang durch § 36 Abs. 2 Satz 3 verdrängt[152], so dass die Gründung bereits durch zwei übertragende Rechtsträger erfolgen kann.

63 Das UmwG enthält keine speziellen Vorschriften über die **Bestellung des Vorstands** des neuen Vereins. § 27 BGB ist somit grundsätzlich anwendbar. Die Bestellung erfolgt dann durch Wahl in der Mitgliederversammlung. § 27 BGB ist jedoch disponibel[153], so dass auch eine **Bestellung durch die Vertretungsorgane der übertragenden Rechtsträger** denkbar ist[154]. Die **Anmeldung** des neuen Vereins erfolgt durch die Vorstandsmitglieder der übertragenden Rechtsträger und richtet sich nach den §§ 16, 17 sowie den §§ 59 Abs. 1 und 2, 60 ff. BGB. Für die **Bekanntmachung** gelten neben § 19 auch die §§ 64 bis 66 BGB. Mit dem Wirksamwerden des Verschmelzungsvertrags und der damit einhergehenden Feststellung der Satzung entsteht ein **Vor-Verein** in Form eines nicht rechtsfähigen Vereins. Ein Handeln für den Vor-Verein löst eine persönliche Haftung der Handelnden aus[155].

11. Genossenschaftlicher Prüfungsverband

64 Genossenschaftliche Prüfungsverbände können an einer Verschmelzung durch Neugründung weder als übertragende Rechtsträger noch als neu zu gründende Rechtsträger beteiligt sein. Sie können allein im Wege der Aufnahme eines Verbands durch einen anderen Verband verschmolzen werden[156].

12. VVaG

65 Versicherungsvereine auf Gegenseitigkeit können im Wege der Verschmelzung durch Neugründung nur auf einen VVaG oder trotz des etwas missverständlichen Wortlauts[157] auf

---

[145b] Vgl. Artt. 8 Abs. 1 lit c) ii), 9 SCE-VO. Zur parallelen Problematik bei der SE siehe Rn 56a mwN.
[146] § 21 BGB.
[147] § 22 BGB.
[148] § 3 Abs. 2 Nr. 1.
[149] § 99 Abs. 2.
[150] Vgl. § 99 Rn 28 ff.; *Vossius* in Widmann/Mayer § 99 Rn 34 ff.
[151] § 56 BGB.
[152] § 36 Abs. 2 Satz 3 begründet jedoch keinen Bestandsschutz für Vereine, die nach der Gründung weniger als drei Mitglieder haben, denn die Vorschrift bezieht sich nur auf den verschmelzungsspezifischen Umstand, dass die Gründer die übertragenden Rechtsträger und nicht deren Anteilsinhaber sind, vgl. auch *Katschinski* S. 185.
[153] § 40 BGB.
[154] *Katschinski* S. 187.
[155] § 54 Satz 2 BGB.
[156] Vgl. § 105.
[157] §§ 114, 109.

eine neue Versicherungs-AG verschmolzen werden[158]. Jede Umwandlung eines Versicherungsunternehmens bedarf der Genehmigung der Aufsichtsbehörde[159]. Dabei sind auf die Gründung des neuen VVaG die §§ 114 bis 117, 109 ff. sowie §§ 15 ff. VAG anwendbar. Nur bei der Anmeldung und Bekanntmachung sowie der Bestellung des ersten Aufsichtsrats und Abschlussprüfers des neuen VVaG entstehen Besonderheiten durch den Verschmelzungsvorgang.

Der **erste Aufsichtsrat** und der **Abschlussprüfer** werden durch die Vorstände der Ausgangsrechtsträger bestellt[160]. Die **Anmeldung** des neuen VVaG erfolgt abweichend von § 30 VAG durch die Vertretungsorgane[161], also die Vorstände[162], der übertragenden Rechtsträger. § 117 verdrängt als speziellere Umwandlungsnorm die Regelung über die Rechtsfähigkeit des VVaG gem. § 15 VAG[163]. Der VVaG entsteht somit erst mit der Eintragung in das Register. Damit entfällt auch die Frage nach der Haftung für Verbindlichkeiten einer Vorgesellschaft.

In der **Bekanntmachung** mussten bisher neben den nach § 33 VAG erforderlichen noch die von § 117 Abs. 2 geforderten Angaben enthalten sein. Durch das EHUG wurde § 117 Abs. 2 zum 1.1.2007 aufgehoben. Wegen der **Anlagen** vgl. die Checkliste in § 17 Rn 9.

IV. Gründer (Abs. 2 Sätze 2 und 3)

Gemäß § 36 Abs. 2 Satz 2 sind **Gründer des neuen Rechtsträgers** die übertragenden Rechtsträger und nicht deren Anteilsinhaber. Diese Vorschrift dient der Verfahrenserleichterung[164]. Da diese Regelung bei Rechtsträgern, deren Gründungsrecht eine **Mindestzahl von Gründern** vorsieht[165], problematisch sein kann, erklärt § 36 Abs. 2 Satz 3 konsequenterweise die Regelungen über die Mindestzahl von Gründern für nicht anwendbar[166]. Das Gründungsrecht wird durch diese Verschiebung idR faktisch nicht berührt, weil gerade bei Rechtsträgern, bei denen das Gründungsrecht eigentlich eine Mindestzahl von Gründern vorschreibt, die Zahl der späteren Anteilsinhaber die Zahl der übertragenden Rechtsträger und damit die Zahl der Gründer deutlich übersteigen wird. Allerdings ist es auch – vor allem bei der Neugründung von Personengesellschaften – denkbar, dass die Zahl der späteren Anteilsinhaber unter der für die Existenz des neuen Rechtsträgers erforderlichen Mindestzahl von Anteilsinhabern liegt (zB zwei Schwester-GmbHs mit demselben einzigen Gesellschafter verschmelzen sich zu einer dadurch entstehenden Personengesellschaft; eine Personengesellschaft setzt jedoch mindestens zwei Gesellschafter voraus). In solch einem Fall ist der Kreis der Anteilsinhaber der übertragenden Rechtsträger vor der Verschmelzung oder – nach der hier vertretenen Auffassung[167] – im Verschmelzungsvertrag zu erweitern.

Das durch Satz 3 gewährte Vorrecht erstreckt sich aber nur auf die Gründungsphase. Es bietet keinen Bestandsschutz für Rechtsträger, die die gesetzlich geforderte Anteilsinhaberzahl dauerhaft unterschreiten. Bei andauerndem Unterschreiten der Mindestzahl kann deshalb zB eine eG von Amts wegen aufgelöst[168] bzw. einem Verein die Rechtsfähigkeit entzogen werden[169].

---

[158] RegBegr. *Ganske* S. 143.
[159] § 14 VAG.
[160] § 115.
[161] §§ 16, 38.
[162] *Weigel* in Prölss Vorb. § 15 VAG Rn 138 d.
[163] *Weigel* in Prölss Vorb. § 15 VAG Rn 138 i.
[164] RegBegr. *Ganske* S. 89.
[165] Vgl. § 56 BGB, § 4 GenG, § 280 AktG.
[166] § 36 Abs. 2 Satz 3.
[167] Siehe Rn 70.
[168] § 80 GenG; vgl. auch *Beuthien* §§ 2 ff. UmwG Rn 137.
[169] § 73 BGB; vgl. *Katschinski* S. 185.

70 Im Gesetz nicht ausdrücklich vorgesehen ist der **Beitritt weiterer Personen als Gründer**. Deren Eintritt in eine Gesellschaft als allgemeines Gestaltungsmittel des Gesellschaftsrechts wird jedoch durch das UmwG nicht ausgeschlossen[170]. Der dagegen vorgebrachte Grundsatz der Identität der Gesellschafter mag zwar Vorstellung des Gesetzgebers gewesen sein[171], er kommt im Gesetz aber nicht zum Ausdruck[172]. Vielmehr findet sich eine Vielzahl von Durchbrechungen, wie zB bei der Verschmelzung einer Tochtergesellschaft auf die Muttergesellschaft *(upstream merger)*[173]. Auch das Prinzip der Anteilsgewährung steht dem nicht entgegen. Dieses dient zuvörderst dem Schutz der Gesellschafter der übertragenden Gesellschaft[174] und steht daher zu deren Disposition. Dafür spricht in der Praxis auch die Vermeidung der Herstellung unnötiger Urkunden durch einen Beitritt kurz vor bzw. unmittelbar nach der Umwandlung, wie sie von der Gegenmeinung zur Umgehung des Problems vorgeschlagen wird. Eine solche Erweiterung des Gesellschafterkreises ist auch hinnehmbar, da keine Interessen Dritter, insbesondere auch nicht der Gläubiger, verletzt werden. Die Belange der übertragenden Gesellschafter bleiben gewahrt, da diese einer Beteiligung Dritter durch den Verschmelzungsbeschluss (mit der jeweils erforderlichen Mehrheit[175]) zustimmen. Vom beitretenden Dritten ist eine Zustimmung in notariell beurkundeter Form[176] abzugeben[177].

§ 37 Inhalt des Verschmelzungsvertrags

In dem Verschmelzungsvertrag muß der Gesellschaftsvertrag, der Partnerschaftsvertrag oder die Satzung des neuen Rechtsträgers enthalten sein oder festgestellt werden.

Übersicht

	Rn		Rn
I. Allgemeines	1	2. Entstehungsgeschichte	2
1. Sinn und Zweck der Norm	1	II. Einzelerläuterungen	3

I. Allgemeines

1. Sinn und Zweck der Norm

1 Bei der **Verschmelzung zur Neugründung** wird von den übertragenden Rechtsträgern als Gründern ein neuer Rechtsträger errichtet. Da die Gründung mit Wirksamwerden der Verschmelzung erfolgt, müssen die gesellschaftsrechtlichen Grundlagen des neuen übernehmenden Rechtsträgers zusammen mit der Verschmelzung beschlossen werden. Das wird erreicht, indem der Verschmelzungsvertrag den Gesellschaftsvertrag, den Partnerschaftsgesell-

---

[170] *Grunewald* in Lutter Rn 15; *Haritz/Bärwaldt* in BeckHdb. Personengesellschaften § 9 Rn 265, 353; *Kallmeyer* GmbHR 1996, 80; *Priester* DB 1997, 560; *K. Schmidt* GmbHR 1995, 693; aA *Rieger* in Widmann/Mayer Rn 181; *Marsch-Barner* in Kallmeyer Rn 14; zum alten Recht auch *Kraft* in Kölner Komm. § 353 AktG Rn 14; *Lutter/Hommelhoff*13 § 32 KapErhG Rn 8; *Schilling/Zutt* in Hachenburg⁷ § 32 VerschmG Rn 15.
[171] RegBegr. *Ganske* S. 209, 217, 218.
[172] Vgl. zum identischen Problem beim Formwechsel *Bärwaldt/Schabacker* ZIP 1998, 1293; *Priester* DB 1997, 560, 561.
[173] Vgl. §§ 5 Abs. 2, 54 Abs. 1 Satz 1 Nr. 1, 62 Abs. 1; vgl. ebenso die Regelungen der §§ 15 und 29.
[174] BGH ZIP 1995, 422; *Priester* DB 1997, 560, 564; *Bayer* ZIP 1997, 1613, 1617.
[175] Unter Aufgabe der in der Voraufl. vertretenen Auffassung, es sei stets die Zustimmung aller Anteilsinhaber erforderlich. Ebenso *Grunewald* in Lutter § 36 Rn 15.
[176] § 13 Abs. 3.
[177] *Priester* DB 1997, 560, 566.

schaftsvertrag oder die Satzung des neuen Rechtsträgers (im Folgenden zusammenfassend als Satzung bezeichnet) mit enthält. In dieser Feststellung erschöpft sich der Regelungsgehalt der Norm. Die Vorschrift ist praktisch eine Ergänzung von § 5 für den Spezialfall der Verschmelzung zur Neugründung[1]. Vorgaben zum Inhalt der Satzung werden nicht gemacht[2].

2. Entstehungsgeschichte

Die Vorschrift ist im **früheren Recht** ohne Vorbild. Durch das Umwandlungsrechtsbereinigungsgesetz[3] wurde die Aufzählung der Satzungen durch den Partnerschaftsgesellschaftsvertrag ergänzt.

II. Einzelerläuterungen

Die Satzung muss mit ihrem **vollständigen Wortlaut** Gegenstand des Verschmelzungsvertrags werden[4]. Sie braucht allerdings nicht in den Verschmelzungsvertrag aufgenommen zu werden, sondern kann auch als **Anlage** dazu mit beurkundet werden. Die Anlage ist dann aber bei der Beurkundung vollständig zu verlesen und von den Beteiligten zu genehmigen[5]. Der Verschmelzungsvertrag muss in der Form des § 9 Abs. 1 Satz 2 BeurkG auf die Anlage verweisen. Dazu sollten die Beteiligten erklären, dass sie die Satzung inhaltlich kennen und anerkennen.

Die Beurkundungspflicht hinsichtlich der Satzung ergibt sich daraus, dass dieses Bestandteil des gem. § 6 zu beurkundenden Verschmelzungsvertrags ist. Folglich besteht für **spätere Änderungen der Satzung** keine Beurkundungspflicht, wenn sich diese nicht aus spezialgesetzlichen Normen ergibt[6].

Auch bei der Verschmelzung zur Neugründung kann von den Anteilseignerversammlungen der beteiligten Rechtsträger zunächst nur ein **Entwurf des Verschmelzungsvertrags** beschlossen werden, der erst später beurkundet wird[7]. Dementsprechend muss bei der Beschlussfassung der Anteilseignerversammlungen dann auch nur ein Entwurf der Satzung vorliegen. Dieser darf dann aber anschließend allenfalls noch redaktionell geändert werden.

Das bei Gründung einer AG oder GmbH ins Handelsregister einzutragende **Datum der Satzungsfeststellung**[8] ist bei der Verschmelzung zur Neugründung einer AG oder GmbH das Datum des Verschmelzungsbeschlusses.

§ 38 Anmeldung der Verschmelzung und des neuen Rechtsträgers

(1) **Die Vertretungsorgane jedes der übertragenden Rechtsträger haben die Verschmelzung zur Eintragung in das Register des Sitzes ihres Rechtsträgers anzumelden.**

---

[1] Ähnlich *Marsch-Barner* in Kallmeyer Rn 2
[2] Sie ergeben sich aus den spezialgesetzlichen Vorschriften der §§ 705 ff. BGB, §§ 109 ff., 161 Abs. 2 HGB, § 3 PartGG, § 3 GmbHG, §§ 23, 278 Abs. 2 AktG, §§ 57, 58 BGB und § 6 ff. GenG sowie aus spezifischen umwandlungsrechtlichen Vorschriften wie §§ 40, 45 b, 46, 57 und 74 UmwG.
[3] Gesetz vom 22. 7. 1998, BGBl. I S. 1878.
[4] *Marsch-Barner* in Kallmeyer Rn 2; *Grunewald* in G/H/E/K § 353 AktG Rn 14; *Kraft* in Kölner Komm. § 353 AktG Rn 10.
[5] § 13 Abs. 1 Satz 1 BeurkG.
[6] *Grunewald* in Lutter Rn 5; *Marsch-Barner* in Kallmeyer Rn 2; *Stratz* in Schmitt/Hörtnagl/Stratz Rn 3.
[7] § 4 Abs. 2.
[8] §§ 39 Abs. 1 AktG, 10 Abs. 1 GmbHG.

(2) **Die Vertretungsorgane aller übertragenden Rechtsträger haben den neuen Rechtsträger bei dem Gericht, in dessen Bezirk er seinen Sitz haben soll, zur Eintragung in das Register anzumelden.**

Übersicht

	Rn		Rn
I. Allgemeines	1	IV. Registerverfahren	9
II. Anmeldung bei den übertragenden Rechtsträgern (Abs. 1)	2	1. Prüfung der Verschmelzung	9
		2. Prüfung der Neugründung	10
III. Anmeldung des neuen Rechtsträgers (Abs. 2)	3	a) GmbH	11
		b) AG, KGaA	12
1. Inhalt	4	3. Inhalt der Eintragung	13
a) AG, KGaA	5	4. Reihenfolge der Eintragungen	14
b) GmbH	6	5. Bekanntmachung	15
c) Personenhandelsgesellschaft	7	6. Rechtsmittel	16
2. Anlagen	8	7. Kosten	17

I. Allgemeines

1   Die Vorschrift tritt bei der Verschmelzung durch Neugründung an die Stelle des § 16 Abs. 1. Sie bestimmt, wer die Verschmelzung[1] und wer den neuen Rechtsträger[2] zur Eintragung anzumelden hat.

II. Anmeldung bei den übertragenden Rechtsträgern (Abs. 1)

2   Die Vertretungsorgane jedes der übertragenden Rechtsträger haben **die Verschmelzung** elektronisch in öffentlich beglaubigter Form[3] anzumelden. Zuständig ist das für den jeweiligen Rechtsträger zuständige Registergericht. Nicht zur Anmeldung der Verschmelzung berechtigt ist das Vertretungsorgan des – noch nicht existierenden – neuen Rechtsträgers[4]. Im Übrigen gelten für die Anmeldung der Verschmelzung durch Neugründung die gleichen Regelungen wie für die Anmeldung der Verschmelzung durch Aufnahme[5]; insbesondere genügt Anmeldung in vertretungsberechtigter Zahl oder in unechter Gesamtvertretung[6].

III. Anmeldung des neuen Rechtsträgers (Abs. 2)

3   Die Vertretungsorgane jedes der übertragenden Rechtsträger (nicht deren Gesellschafter) haben auch **den neuen Rechtsträger** bei dem Registergericht, in dessen Bezirk er seinen Sitz haben soll, anzumelden[7]. Auch hier genügt Anmeldung in vertretungsberechtigter Zahl

---

[1] § 38 Abs. 1.
[2] § 38 Abs. 2.
[3] § 12 Abs. 1 HGB, § 129 BGB. Seit dem 1.1.2007 sind die Anmeldungen zur Eintragung ins Handelsregister elektronisch einzureichen. Siehe hierzu § 17 Rn 1.
[4] § 36 Abs. 1.
[5] Insbes. §§ 16 Abs. 2, 17, 19.
[6] *Zimmermann* in Kallmeyer Rn 2.
[7] Anmeldung auf getrennten (gleichlautenden) Schriftstücken reicht aus; vgl. *Zimmermann* in Kallmeyer Rn 4.

(oder in unechter Gesamtvertretung)[8]. Bei der zulässigen Vertretung durch Bevollmächtigte ist die Vollmacht öffentlich zu beglaubigen[9]. Allerdings kann der Bevollmächtigte nicht die Negativerklärung[10], die eine Wissenserklärung ist, abgeben[11].

1. Inhalt

Anzumelden ist der neue Rechtsträger, nicht die Verschmelzung. Der Anmeldung sind die erforderlichen Anlagen beizufügen[12]; außerdem ist die Negativerklärung abzugeben[13]. Aus den für den betreffenden neuen Rechtsträger geltenden Gründungsvorschriften[14] ergibt sich, welche weiteren Angaben bei der Anmeldung erforderlich sind. Die allgemeinen Vorschriften gelten jedoch nur, soweit sie nicht durch rechtsformspezifische Sonderregelungen verdrängt werden[15]. 4

a) AG[16], KGaA. Die bei der regulären Sachgründung erforderliche Erklärung, dass die Einlage geleistet ist und endgültig zur freien Verfügung des Vorstands steht[17], ist bei der Verschmelzung zur Neugründung nicht nötig[18]. Denn das Verschmelzungsrecht sieht keine Einlageleistung vor der Anmeldung vor. Die Sacheinlagen, d. h. die einzubringenden Unternehmen, werden erst mit der Eintragung der neuen Gesellschaft geleistet. Die Sicherung der Einlageleistung liegt in der kraft Gesetzes mit der Eintragung eintretenden Gesamtrechtsnachfolge[19]. Im Übrigen sind aber die sich aus dem Gründungsrecht ergebenden Erfordernisse zu beachten. Insbesondere müssen die Vorstandsmitglieder persönlich versichern, dass ihrer Bestellung keine Hindernisse entgegenstehen[20]. Sie müssen angeben, welche Vertretungsbefugnis sie haben[21], und ihre Namensunterschrift zur Aufbewahrung bei Gericht zeichnen[22]. 5

b) GmbH. Bei der GmbH brauchen die Geschäftsführer ebenfalls keine Versicherung über die Leistung der Einlagen[23] abzugeben[24]. Wie die Vorstandsmitglieder einer neu gegründeten AG[25] müssen sie versichern, dass ihrer Bestellung keine Hindernisse entgegenste- 6

---

[8] *Zimmermann* in Kallmeyer Rn 4; aA *Bermel* in Goutier/Knopf/Tulloch Rn 5: alle Vertretungsberechtigten.
[9] § 12 Abs. 2 HGB, § 129 BGB.
[10] § 16 Abs. 2; siehe § 16 Rn 13 ff.
[11] *Zimmermann* in Kallmeyer Rn 4.
[12] Siehe für die einzelnen Rechtsträger § 17 Rn 5 ff.
[13] § 16 Abs. 2; *Zimmermann* in Kallmeyer Rn 6.
[14] ZB § 8 GmbHG; §§ 36 ff. AktG.
[15] § 36 Abs. 2 Satz 1.
[16] Zur Europäischen Gesellschaft (SE) siehe ausf. Einl. C Rn 49 ff.
[17] § 37 Abs. 1 Satz 1 UmwG iVm. § 36 Abs. 2 Satz 1 AktG.
[18] *Zimmermann* in Kallmeyer Rn 10; *Grunewald* in Lutter § 73 Rn 4; ausf. *Ihrig* GmbHR 1995, 622, 624.
[19] *Ihrig* GmbHR 1995, 622, 629 f.; *Zimmermann* in Kallmeyer Rn 10, 8.
[20] § 37 Abs. 2 Satz 1 AktG iVm. § 76 Abs. 3 Satz 3 und 4 AktG. Diese Versicherung kann in und außerhalb der Anmeldung erfolgen; siehe § 17 Rn 6.
[21] § 37 Abs. 3 AktG.
[22] § 37 Abs. 5 AktG. Die Zeichung der Namensunterschrift kann in und außerhalb der Anmeldung erfolgen; siehe § 17 Rn 6.
[23] § 8 Abs. 2 Satz 1 GmbHG.
[24] *Winter* in Lutter § 56 Rn 25; *Priester* in Scholz GmbHG[7] Anh. UmwG 1969 § 49 Rn 7; *Zimmermann* in Kallmeyer Rn 8; *Ihrig* GmbHR 1995, 622, 629; aA *Zimmermann* in Rowedder Anh. § 77 GmbHG Rn 313 für den Fall, dass anlässlich der Umwandlung zusätzliche Bar- oder Sacheinlagen geleistet werden.
[25] Siehe Rn 5.

hen²⁶, angeben, welche Vertretungsbefugnis sie haben²⁷, und ihre Namensunterschrift zeichnen²⁸.

7 **c) Personenhandelsgesellschaft.** In der Anmeldung einer OHG oder KG sind Namen, Vornamen, Beruf und Wohnort jedes Gesellschafters, die Firma der Gesellschaft, der Sitz, evtl. Beschränkungen der Vertretungsmacht²⁹ sowie bei der KG der Betrag der Kommanditeinlage(n) anzugeben³⁰. Da die Gesellschaft erst mit Eintragung im Handelsregister entsteht³¹, braucht der Zeitpunkt, zu dem sie begonnen hat, nicht angegeben zu werden³².

2. Anlagen

8 Der Anmeldung der Verschmelzung bei den **übertragenden** Rechtsträgern sind die in § 17 genannten Anlagen beizufügen³³.

IV. Registerverfahren

1. Prüfung der Verschmelzung

9 Die Prüfung der Verschmelzung obliegt den Registergerichten am Sitz der übertragenden Rechtsträger³⁴.

2. Prüfung der Neugründung

10 Die Prüfung der Neugründung obliegt allein dem Registergericht am Sitz des neuen Rechtsträgers³⁵, das neben der Ordnungsmäßigkeit der Verschmelzung den gesamten Gründungsvorgang prüft. Stellt das Gericht behebbare Gründungsmängel fest, erlässt es vor der Ablehnung der Eintragung eine Zwischenverfügung, um Gelegenheit zur Abhilfe zu geben. Der Umfang der Prüfung richtet sich nach dem Gründungsrecht des angemeldeten neuen Rechtsträgers. Daher beschränkt sich bei der **Personengesellschaft** die Prüfung auf das Vorliegen der formellen Eintragungsvoraussetzungen. Bei der GmbH und AG (oder KGaA) kommt mit Rücksicht auf die Sicherung der Kapitalaufbringung die Prüfung der Werthaltigkeit der als Sacheinlagen übertragenen Unternehmen hinzu (Verbot der **Unterpari-Emission**)³⁶.

11 **a) GmbH.** Der Wert des übertragenen Unternehmens muss den Nennwert der dem betreffenden übertragenden Rechtsträger dafür gewährten Stammeinlage erreichen³⁷. Anderenfalls ist der Fehlbetrag durch bare Zuzahlung auszugleichen³⁸ und die Zahlung gegenüber dem Registergericht zu versichern³⁹. Zum Nachweis der Werthaltigkeit reichen idR die Schlussbilanzen⁴⁰ der übertragenden Rechtsträger aus. Das Gericht hat eigene Ermitt-

---

[26] § 8 Abs. 3 GmbHG iVm. § 6 Abs. 2 Satz 3 und 4 GmbHG.
[27] § 8 Abs. 4 GmbHG.
[28] § 8 Abs. 5 GmbHG.
[29] § 106 Abs. 2 HGB.
[30] § 162 HGB.
[31] §§ 36 Abs. 1 Satz 2, 20 Abs. 1; *Zimmermann* in Kallmeyer Rn 7.
[32] Im Übrigen ist § 106 Abs. 2 Nr. 3 HGB aufgehoben durch das Gesetz vom 24.8.2004, BGBl. I S. 2198.
[33] Vgl. § 17 Rn 2 ff.
[34] § 38 Abs. 1. Zum Umfang der Prüfung siehe § 19 Rn 3 ff.
[35] § 38 Abs. 2.
[36] Zum Verbot der Unterpari-Emission siehe auch § 55 Rn 8 ff., § 68 Rn 24, § 220 Rn 7 ff. und § 245 Rn 36 ff.
[37] Näher *Winter* in Scholz § 9 c GmbHG Rn 32 ff.
[38] § 9 GmbHG.
[39] § 8 Abs. 2 GmbHG.
[40] Siehe § 58 Rn 7.

lungen anzustellen[41], etwa durch Anforderung von Sachverständigengutachten, wenn die Nettobuchwerte der Schlussbilanzen den Nennwert der übernommenen Stammeinlage unterschreiten[42].

b) AG, KGaA. Der Wert des übertragenden Unternehmens darf „nicht unwesentlich" hinter dem geringsten Ausgabebetrag (dem Nennbetrag oder – bei Stückaktien – dem anteiligen Betrag des Grundkapitals[43]) der dafür gewährten Aktien zurückbleiben[44]. Anderenfalls kann das Gericht die Eintragung der neuen Gesellschaft ablehnen. Die Wertdifferenz ist durch Barzahlung auszugleichen, und die Zahlung ist gegenüber dem Registergericht zu versichern[45] sowie – anders als bei der GmbH – zusätzlich durch Bankbestätigung nachzuweisen[46]. Für die Werthaltigkeitsprüfung gilt das gleiche wie bei der GmbH[47]. Ist allerdings ein übertragender Rechtsträger keine Kapitalgesellschaft oder eingetragene Genossenschaft, hat eine externe Gründungsprüfung stattzufinden[48].

3. Inhalt der Eintragung

Die Eintragung des **neuen Rechtsträgers**[49] (nicht der Verschmelzung[50]) richtet sich wie bei der regulären Gründung nach dem jeweiligen Gründungsrecht[51]. Zusätzlich ist in Spalte 5 (HRA) bzw. Spalte 6 (HRB) des Handelsregisters unter Bezeichnung der übertragenden Rechtsträger sowie des Datums des Verschmelzungsvertrags und der Verschmelzungsbeschlüsse einzutragen, dass die Gesellschaft durch Verschmelzung neu gegründet wurde.

4. Reihenfolge der Eintragungen

Die Verschmelzung ist zunächst im Register am Sitz aller übertragenden Rechtsträger einzutragen. Die Eintragung muss den Vermerk enthalten, dass die Verschmelzung erst mit der Eintragung des neu gegründeten Rechtsträgers wirksam wird, sofern die Eintragungen in den Registern aller beteiligten Rechtsträger nicht am selben Tag erfolgen[52]. Danach wird der neue Rechtsträger mit konstitutiver Wirkung eingetragen.

5. Bekanntmachung

In der Bekanntmachung der Eintragung bei den **übertragenden Rechtsträgern**[53] ist darauf hinzuweisen, dass eine Verschmelzung durch Neugründung erfolgt ist und der neue Rechtsträger bekannt gemacht wird. Nicht die Verschmelzung, sondern die Eintragung des durch Verschmelzung neu entstandenen Rechtsträgers ist vom Registergericht des **neuen Rechtsträgers** bekannt zu machen[54]. Inhaltlich entspricht die Bekanntmachung derjenigen bei der regulären Gründung[55]. Zusätzlich ist auf die Verschmelzung als Grund des Entstehens

---

[41] § 12 FGG.
[42] *Zimmermann* in Kallmeyer Rn 19.
[43] § 9 Abs. 1 AktG.
[44] § 38 Abs. 2 Satz 2 AktG.
[45] § 37 Abs. 1 Satz 1 AktG.
[46] § 37 Abs. 1 Satz 3 AktG.
[47] Siehe Rn 11.
[48] § 75 Abs. 2 UmwG iVm. § 33 Abs. 2 AktG.
[49] Zur Eintragung der Verschmelzung bei den übertragenden Rechtsträgern siehe § 19 Rn 8.
[50] § 36 Abs. 1 Satz 2.
[51] Etwa §§ 10 GmbHG, 39 AktG.
[52] §§ 19 Abs. 1 Satz 2, 36 Abs. 1 Satz 2; siehe dazu § 19 Rn 8.
[53] Zu den Einzelheiten siehe § 19 Rn 18 f.
[54] §§ 36 Abs. 1 Satz 2, 19 Abs. 3; zur Wirkung der Bekanntmachung siehe § 19 Rn 19.
[55] Etwa §§ 10 Abs. 3 GmbHG, 40 AktG.

der Gesellschaft hinzuweisen[56]. Bei der AG (und KGaA) sind außerdem die Bestimmungen des Verschmelzungsvertrags über die Zahl, ggf. die Gattung der als Gegenleistung gewährten Aktien, sowie die Art und der Zeitpunkt der Zuteilung dieser Aktien bekannt zu machen[57]. Die Bekanntmachungen der Eintragung sowohl bei den übertragenden Rechtsträgern als auch beim neuen Rechtsträger müssen einen Hinweis auf das Recht der Gläubiger, Sicherheitsleistung zu verlangen, enthalten[58].

6. Rechtsmittel

16 Lehnt das Gericht die Eintragung ab oder erlässt es eine Zwischenverfügung, ist hiergegen fristlose Beschwerde zum LG statthaft[59], danach weitere Beschwerde zum OLG[60]. Gegen die Eintragung gibt es kein Rechtsmittel[61].

7. Kosten[62]

17 Für die Berechnung der Gerichtskosten gilt grundsätzlich das Gleiche wie bei der Verschmelzung durch Aufnahme[63].

Zweiter Teil. Besondere Vorschriften

Erster Abschnitt. Verschmelzung unter Beteiligung von Personengesellschaften

Erster Unterabschnitt. Verschmelzung unter Beteiligung von Personenhandelsgesellschaften

§ 39 Ausschluß der Verschmelzung

Eine aufgelöste Personenhandelsgesellschaft kann sich nicht als übertragender Rechtsträger an einer Verschmelzung beteiligen, wenn die Gesellschafter nach § 145 des Handelsgesetzbuchs eine andere Art der Auseinandersetzung als die Abwicklung oder als die Verschmelzung vereinbart haben.

Übersicht

	Rn		Rn
I. Allgemeines	1	II. Einzelerläuterungen	8
1. Sinn und Zweck der Norm	1	1. Aufgelöste Personenhandelsgesellschaft als übertragender Rechtsträger	8
2. Anwendungsbereich	3		
3. Verhältnis zu § 3 Abs. 3	5	a) Ausschluss der Verschmelzungsmöglichkeit	8
4. Entstehungsgeschichte	7		

---

[56] Vgl. *Zimmermann* in Kallmeyer Rn 28.
[57] § 77.
[58] § 22 Abs. 1 Satz 3.
[59] § 19 Abs. 1 FGG.
[60] §§ 27, 28 FGG.
[61] Siehe § 19 Rn 11.
[62] Zu den anfallenden Notarkosten siehe § 16 Rn 11 f.
[63] Siehe § 19 Rn 13 ff.; zum Verein siehe § 19 Rn 14.

Ausschluß der Verschmelzung 1 § 39

	Rn		Rn
b) Aufgelöste Personenhandelsgesellschaft	10	3. Rechtsfolgen bei Verstoß	21
c) Andere Art der Auseinandersetzung	16	**III. Verfahrens- und Parallelvorschriften**	22
d) Aufhebung der Vereinbarung	18	1. Prüfung durch das Registergericht	22
2. Aufgelöste Personenhandelsgesellschaft als übernehmender Rechtsträger	19	2. Parallelvorschriften	23

Literatur: *Altmeppen,* Zur Enthaftung des ausscheidenden Personengesellschafters, NJW 2000, 2529; *Bayer,* 1000 Tage neues Umwandlungsrecht – eine Zwischenbilanz, ZIP 1997, 1613; *Binnewies,* Formelle und materielle Voraussetzungen von Umwandlungsbeschlüssen, GmbHR 1997, 727; *Caspers,* Das Gesetz zur Ergänzung der handelsrechtlichen Vorschriften über die Änderung der Unternehmensform, WM 1969, Sonderheft 3, S. 3; *Hermanns,* Bestimmtheitsgrundsatz und Kernbereichslehre – Mehrheit und Minderheit in der Personengesellschaft, ZGR 1996, 103; *Kallmeyer,* Die GmbH & Co. KG im Umwandlungsrecht, GmbHR 2000, 418; *Kort,* Zulässigkeit und Grenzen von Mehrheitsentscheidungen bei Kommanditgesellschaften, DStR 1993, 401 und 438; *Lutter,* Die überschießende Umsetzung von Richtlinien, Gedächtnisschrift Heinze, 2004, S. 571; *Luttermann,* Das Kapitalgesellschaften- und Co. Richtliniengesetz, ZIP 2000, 517; *Mazza,* Die Haftung des neu eintretenden Partners für Alt-Verbindlichkeiten der Partnerschaft aus Schäden wegen fehlerhafter Berufsausübung, BB 1997, 746; *Melchior,* Vollmachten bei Umwandlungsvorgängen – Vertretungshindernisse und Interessenkollisionen, GmbHR 1999, 520; *Michalski,* Bestimmtheitsgrundsatz und Mehrheitsprinzip, WiB 1997, 1; *Milatz,* Verschmelzende Umwandlung einer GmbH auf eine GmbH & Co. KG, GmbHR 1994, 610; *Neye,* Die Änderungen im Umwandlungsrecht nach den handels- und gesellschaftsrechtlichen Reformgesetzen in der 13. Legislaturperiode, DB 1998, 1649; *ders.,* Partnerschaft und Umwandlung, ZIP 1997, 722; *Reichold,* Das neue Nachhaftungsbegrenzungsgesetz, NJW 1994, 1617; *K. Schmidt,* Die Freiberufliche Partnerschaft, NJW 1995, 1; *Schöne,* Das Aktienrecht als „Maß aller Dinge" im neuen Umwandlungsrecht?, GmbHR 1995, 325; *Sigel,* Von der GmbH in die GmbH & Co. KG, GmbHR 1998, 1208; *Steinbeck,* Das Nachhaftungsbegrenzungsgesetz, WM 1996, 2041; *Streck/Mack/Schwedhelm,* Verschmelzung und Formwechsel nach dem neuen Umwandlungsgesetz, GmbHR 1995, 161; *Schwarz,* Das neue Umwandlungsrecht, DStR 1994, 1694; *Werner/Kindermann,* Umwandlung mittelständischer Unternehmen in eine Aktiengesellschaft: Gesellschaftsrechtliche Vor- und Nachteile und Verfahren, ZGR 1981, 17.

I. Allgemeines

1. Sinn und Zweck der Norm

Aufgelöste Personenhandelsgesellschaften können an einer Verschmelzung als übertragende Rechtsträger nur beteiligt sein, wenn die Gesellschafter nicht nach § 145 HGB die mit der Auflösung an sich verbundene Abwicklung durch eine andere Art der Auseinandersetzung ersetzt haben. Die Vorschrift ergänzt die allgemeine Regelung[1], die für Verschmelzungen aufgelöster Rechtsträger voraussetzt, dass deren Fortsetzung beschlossen werden kann. Gesetzgeberisches Ziel der Regelung ist es, Verschmelzungen zu verhindern, wenn den Gesellschaftern das Vermögen der aufgelösten Gesellschaft aufgrund der anderen Art der Auseinandersetzung zufließt[2]. Die Regelung stimmt damit mit dem Grundgedanken von § 3 Abs. 3 überein[3]. Hiernach soll eine Verschmelzung nur zulässig sein, wenn das **Vermögen der aufgelösten Gesellschaft als Gegenstand der Verschmelzung noch vorhanden** ist[4]. Grund hierfür ist die Funktion und das Wesen der Verschmelzung, das gesamte Vermögen des aufgelösten Rechtsträgers zu übertragen[5]. Dies setzt das Vorhan- 1

---

[1] § 3 Abs. 3.
[2] RegBegr. *Ganske* S. 92.
[3] So ausdrücklich RegBegr. *Ganske* S. 92.
[4] Siehe § 3 Rn 37.
[5] Zutr. *H. Schmidt* in Lutter Rn 8; *Stratz* in Schmitt/Hörtnagl/Stratz Rn 3; vgl. auch *Werner/Kindermann* ZGR 1981, 17, 43 zu § 40 Abs. 2 UmwG 1969. AA *Meyer-Ladewig* BB 1969, 1006 f.; *ders.* GmbHR 1969, 232.

densein dieses Vermögens voraus. Ausreichend ist, dass zumindest das nach Befriedigung der Gläubiger verbliebene Reinvermögen noch vorhanden ist[6]. Die Vorschrift gewährleistet aber nicht nur, dass eine umzuwandelnde Personenhandelsgesellschaft der Substanz nach noch vorhanden ist. Sie verhilft mittelbar auch dem übernehmenden Rechtsträger zu seiner **Kapitalgrundlage**[7]. Der Umstand, dass der Gesetzgeber mit § 3 Abs. 3 auch Sanierungsfusionen erleichtern wollte[8], steht dem nicht entgegen. Er verdeutlicht aber, dass es sich nicht um das eigentliche Ziel der Vorschrift, sondern bloß um eine rein tatsächliche Auswirkung handelt.

2 Enthält der Gesellschaftsvertrag für die Verschmelzung eine Mehrheitsklausel[9], werden **überstimmte Minderheitsgesellschafter durch § 39 geschützt.** Die durch den Auflösungsbeschluss iVm. der Auseinandersetzungsvereinbarung[10] entstandenen Anrechte auf das Gesellschaftsvermögen können ihnen nicht mehr gegen ihren Willen entzogen werden[11]. Dies gilt nicht, wenn der Gesellschaftsvertrag für die Vereinbarung einer anderen Art der Auseinandersetzung einen Mehrheitsbeschluss ausreichen lässt. In diesem Fall ist die Rechtsposition der Minderheitsgesellschafter von Anfang an nicht gesichert.

2. Anwendungsbereich

3 Die Vorschrift gilt sowohl für die Verschmelzung durch Aufnahme, als auch für die Verschmelzung durch Neugründung. Sie gilt für **Personenhandelsgesellschaften iSv. § 3 Abs. 1 Nr. 1** als übertragende Rechtsträger[12]. Im Fall einer Verschmelzung unter Beteiligung einer PartG als übertragender Rechtsträger ist die Regelung entsprechend anzuwenden[13].

4 Sie gilt auch für Spaltungen zur Aufnahme oder zur Neugründung, soweit an der Spaltung Personenhandelsgesellschaften als übertragender Rechtsträger beteiligt sind[14]. Bei der Vermögensübertragung gilt die Vorschrift dagegen nicht, da eine Personenhandelsgesellschaft nicht an einer Vermögensübertragung beteiligt sein kann[15].

3. Verhältnis zu § 3 Abs. 3

5 Aufgelöste Rechtsträger können als übertragende Rechtsträger an einer Verschmelzung beteiligt sein, wenn die Fortsetzung dieser Rechtsträger beschlossen werden könnte[16]. Insoweit setzt die allgemeine Regelung Art. 3 Abs. 2 VerschmRL um. Sie gilt über den Anwendungsbereich der VerschmRL hinaus rechtsformunabhängig für alle verschmelzungsfähigen Rechtsträgerformen.

6 Die Gesellschafter einer Personenhandelsgesellschaft können indessen nach allgemeinem Gesellschaftsrecht bis zur Vollbeendigung jederzeit die **Fortsetzung** der aufgelösten Personenhandelsgesellschaft beschließen und damit die Liquidationsgesellschaft wieder in eine werbende Gesellschaft umwandeln[17]. Die allgemeine Regelung selbst erfasst damit nur spezielle Fälle der Verschmelzung einer aufgelösten Personenhandelsgesellschaft, in denen eine Fortsetzung ausnahmsweise nicht wirksam beschlossen werden kann. Dies ist der Fall, wenn

---

[6] *H. Schmidt* in Lutter Rn 8.
[7] Hierauf abstellend *Vossius* in Widmann/Mayer Rn 2.
[8] RegBegr. *Ganske* S. 47.
[9] § 43 Abs. 2 Satz 1.
[10] § 145 HGB.
[11] *Kallmeyer* in Kallmeyer Rn 2.
[12] Siehe § 3 Rn 14.
[13] § 45 e Satz 1.
[14] §§ 125 Satz 1 und 135 Abs. 1 Satz 1.
[15] § 175.
[16] § 3 Abs. 3.
[17] AllgM, statt vieler *BGH* WM 1995, 1536, 1537.

die Gesellschaft durch die **Eröffnung des Insolvenzverfahrens** aufgelöst ist. Dann können die Gesellschafter eine Fortsetzung der Gesellschaft nur beschließen, wenn das Verfahren auf Antrag des Schuldners eingestellt oder nach der Bestätigung des Insolvenzplans, der den Fortbestand der Gesellschaft vorsieht, aufgehoben wird[18]. Entsprechendes gilt für die Auflösung der Gesellschaft durch **Gläubigerkündigung oder Gesellschafterinsolvenz,** soweit der Gesellschaftsvertrag hierfür die Auflösung vorsehen sollte[19]. Die Fortsetzung der Gesellschaft bedarf dann noch der Zustimmung des Gläubigers bzw. des Insolvenzverwalters[20]. Ein Fortsetzungsbeschluss ist auch dann nicht möglich, wenn die Gesellschaft aufgrund gerichtlicher[21] oder behördlicher Entscheidung aufgelöst wird[22]. Ist die aufgelöste Personenhandelsgesellschaft bereits voll beendet, ist ebenfalls kein Fortsetzungsbeschluss, sondern nur noch eine Neugründung möglich[23]. Von diesen Fällen abgesehen wäre trotz der allgemeinen Vorschrift die Verschmelzungsfähigkeit der aufgelösten Personengesellschaft als übertragender Rechtsträger stets gegeben, und zwar selbst dann, wenn mit der Verteilung des Liquidationserlöses bereits begonnen wurde[24]. Hier liegt der funktionale Anwendungsbereich von § 39, der die allgemeine Regelung insoweit ergänzt. Beide Regelungen sind somit nebeneinander anzuwenden[25].

4. Entstehungsgeschichte

Die Regelung ist wortgleich mit § 39 RefE und stimmt inhaltlich mit § 37 DiskE über- 7 ein. Sie entspricht inhaltlich der bereits in § 40 Abs. 2 UmwG 1969 enthaltenen Regelung. Dagegen wurde die Regelung in § 40 Abs. 2 Satz 1 UmwG 1969, nach der eine Personenhandelsgesellschaft nicht mit einer Kapitalgesellschaft & Co. verschmolzen werden konnte, nicht aufrechterhalten. Dies wurde damit begründet, dass dieses **Umwandlungsverbot** in der Praxis leicht umgangen werden kann und sich in der Vergangenheit als wirkungslos erwiesen hat[26].

II. Einzelerläuterungen

1. Aufgelöste Personenhandelsgesellschaft als übertragender Rechtsträger

a) Ausschluss der Verschmelzungsmöglichkeit. Die Vorschrift schränkt die Fähigkeit 8 von Personenhandelsgesellschaften ein, sich als übertragender Rechtsträger an einer Verschmelzung zu beteiligen. Die Beteiligung an der Verschmelzung als übertragender Rechtsträger ist danach nur dann zulässig, wenn
– der Gesellschaftsvertrag für den Fall der Auflösung ausdrücklich die **Liquidation**[27] oder die Verschmelzung vorsieht oder
– wenn der Gesellschaftsvertrag hierzu keine Regelung enthält[28].

---

[18] § 144 Abs. 1 HGB.
[19] Vgl. § 131 Abs. 3 HGB.
[20] § 145 Abs. 2 HGB.
[21] § 133 HGB.
[22] *H. Schmidt* in Lutter Rn 10.
[23] *Hopt* § 131 HGB Rn 33.
[24] *H. Schmidt* in Lutter Rn 10.
[25] AllgM, *H. Schmidt* in Lutter Rn 9 mwN.
[26] RegBegr. *Ganske* S. 92.
[27] §§ 146 ff. HGB.
[28] § 145 Abs. 1 HGB.

9 Voraussetzung ist aber in allen Fällen, dass die Gesellschafter nicht nach erfolgter Auflösung wirksam eine andere Art der Auseinandersetzung beschließen. Die praktischen Auswirkungen der Vorschrift sind im Übrigen sehr stark von der Gestaltung des Gesellschaftsvertrags abhängig.

10 **b) Aufgelöste Personenhandelsgesellschaft.** Die Auflösungsgründe für die OHG und die KG sind, abgesehen von den Vollbeendigungsgründen nach allgemeinem Personengesellschaftsrecht und Auflösungsgründen in Sondergesetzen, abschließend in § 131 HGB geregelt[29].

11 Die Vorschrift bezieht sich nur auf solche Auflösungstatbestände, bei denen die Gesellschafter die Art der Auseinandersetzung gesellschaftsvertraglich oder durch Gesellschafterbeschluss autonom regeln können[30]. Nicht anwendbar ist die Vorschrift daher auf den Fall der **insolvenzbedingten Auflösung.** Auch im Fall der Gesellschafterinsolvenz und der Gläubigerkündigung findet sie keine Anwendung, sofern der Gesellschaftsvertrag abweichend von § 131 Abs. 3 Satz 1 Nr. 2 bzw. Nr. 4 HGB eine Auflösung der Gesellschaft in diesen Fällen vorsieht und der Insolvenzverwalter bzw. Gläubiger einer Fortsetzung nicht zustimmt[31]. Wird die Zustimmung erteilt, richtet sich die Zulässigkeit der Verschmelzung dagegen im Übrigen nach § 39[32].

12 Beschließen die Gesellschafter einer aufgelösten Personenhandelsgesellschaft wirksam die Fortsetzung der Gesellschaft, wird diese wieder zur werbenden Gesellschaft. Sie kann sich dann wie jede werbende Gesellschaft als übertragender Rechtsträger an einer Verschmelzung beteiligen. Der **Fortsetzungsbeschluss** kann auch formlos oder stillschweigend gefasst werden. Er ist im Zweifel einstimmig zu fassen. Der Gesellschaftsvertrag kann aber einen Mehrheitsbeschluss genügen lassen. Eine entsprechende Klausel im Gesellschaftsvertrag muss sich aber wegen des Bestimmtheitsgrundsatzes speziell auf den Fortsetzungsbeschluss beziehen[33]. Die Fortsetzung ist zur Eintragung in das Handelsregister anzumelden[34], die Eintragung wirkt aber nur deklaratorisch. Die Fortsetzung der aufgelösten Personenhandelsgesellschaft kann nur in wenigen Ausnahmefällen nicht oder nur unter bestimmten Voraussetzungen wirksam beschlossen werden[35]. In diesen Fällen scheidet eine Verschmelzungsfähigkeit schon nach der allgemeinen Regelung aus[36].

13 Fraglich ist, ob nach der Auflösung zunächst die **Fortsetzung** und daraufhin die Verschmelzung beschlossen werden kann und, wenn man dies bejaht, ob der Verschmelzungsbeschluss zugleich als Fortsetzungsbeschluss ausgelegt werden kann. Die Frage wird relevant, wenn der Gesellschaftsvertrag für den Beschluss über eine andere Art der Auseinandersetzung eine Mehrheitsentscheidung nicht ausreichen lässt, für den Fortsetzungsbeschluss und für den Verschmelzungsbeschluss aber eine Mehrheitsklausel enthält.

14 Richtigerweise ist es zulässig, dass die Gesellschafter zunächst die Fortsetzung der Gesellschaft und dann deren Verschmelzung beschließen[37]. Der Auflösungsbeschluss hat für den Minderheitsgesellschafter noch kein unentziehbares Recht auf Auskehrung des Gesellschafts-

---

[29] HM, BGHZ 75, 179; 82, 326; *BGH* WM 1973, 864; *Hopt* § 131 HGB Rn 6. Für die EWIV ergeben sich die Auflösungsgründe aus Art. 31 f. Verordnung (EWG) Nr. 2137/85 des Rats vom 25. 7. 1985 über die Schaffung einer Europäischen wirtschaftlichen Interessenvereinigung (EWIV), ABl. L 199 vom 31. 7. 1985 S. 1 ff.; zu den Auflösungsgründen bei der EWIV ausführlich *Schwarz*, Europäisches Gesellschaftsrecht, 2000, Rn 1077 ff.; *Habersack* Europäisches GesR Rn 388.
[30] *H. Schmidt* in Lutter Rn 15.
[31] *H. Schmidt* in Lutter Rn 15; *Vossius* in Widmann/Mayer Rn 43. Vgl. § 145 Abs. 2 HGB.
[32] *H. Schmidt* in Lutter Rn 15; *Vossius* in Widmann/Mayer Rn 43.
[33] *Hopt* § 131 HGB Rn 31.
[34] Arg. aus § 144 Abs. 2; *Hopt* § 131 HGB Rn 31.
[35] Zu den Einzelheiten siehe Rn 6.
[36] Siehe Rn 6.
[37] Zutr. *H. Schmidt* in Lutter Rn 14 a.

vermögens begründet[38]. Deshalb kann ihm das Anrecht auch durch einen Fortsetzungsbeschluss, bei dem er überstimmt wird, wieder genommen werden[39]. Nach dem Fortsetzungsbeschluss kann wie bei jeder anderen werbenden Gesellschaft auch die Verschmelzung beschlossen werden, ohne dass § 39 entgegensteht. Anderes gilt, wenn eine **Umgehung des § 39** vorliegt. Davon ist auszugehen, wenn die Fortsetzung der Gesellschaft allein der Verschmelzung wegen beschlossen wird und der Gesellschaftsvertrag eine mehrheitliche Abänderung der Abwicklungsart nicht zulässt.

Ausgeschlossen ist es aber, einen nur mehrheitlich gefassten Verschmelzungsbeschluss zugleich als Fortsetzungsbeschluss auszulegen, wenn der Gesellschaftsvertrag für den Beschluss über eine abweichende Art der Auseinandersetzung eine Mehrheitsentscheidung nicht ausreichen lässt. In diesem Fall bedarf die Entscheidung für die Verschmelzung als andere Art der Auseinandersetzung der Zustimmung aller Gesellschafter[40].

c) Andere Art der Auseinandersetzung. Nach der Auflösung der Gesellschaft findet die Liquidation statt, wenn die Gesellschafter keine andere Art der Auseinandersetzung vereinbart haben oder über das Gesellschaftsvermögen das Insolvenzverfahren eröffnet ist[41]. Für die Anwendung des § 39 ist unerheblich, welche andere Art der Auseinandersetzung vereinbart ist[42]. Andere Arten der Auseinandersetzung können frei vereinbart werden. Die **Gestaltungsmöglichkeiten** sind vielfältig[43]. In Betracht kommen u. a.
– die Übernahme des Handelsgeschäfts durch einen Gesellschafter durch Erwerb aller Gesellschaftsanteile oder durch den Austritt aller Mitgesellschafter;
– die Einbringung des Handelsgeschäfts im Wege der Einzelrechtsübertragung außerhalb des UmwG in eine andere Kapitalgesellschaft, die zu diesem Zweck gegründet wird oder schon besteht und dafür Anteile ausgibt;
– die Übertragung aller Anteile auf einen Nichtgesellschafter;
– die Realteilung;
– die Übertragung des Gesamtvermögens auf Treuhänder im Rahmen eines Liquidationsvergleichs und Ausgleich unter den Gesellschaftern.

Die andere Art der Auseinandersetzung kann bereits im Gründungsvertrag vereinbart sein oder später in den Gesellschaftsvertrag aufgenommen werden. Sie kann auch bei oder nach der Auflösung im Wege einer Änderung des Gesellschaftsvertrags bestimmt werden. Die Vereinbarung muss nicht formell Bestandteil des Gesellschaftsvertrags sein, sondern kann auch *ad hoc* beschlossen werden. Sie kann mit Mehrheit beschlossen werden, wenn der Gesellschaftsvertrag eine **Mehrheitsklausel** enthält, die sich dem Bestimmtheitsgrundsatz genügend auf den Beschluss über die Art der Auseinandersetzung bezieht[44]. Eine Mehrheitsklausel für den Beschluss über die Auflösung der Gesellschaft deckt nur Auflösungsbeschlüsse mit gewöhnlicher Liquidationsfolge. Hiervon nicht gedeckt sind andere Arten der Auseinandersetzung ohne Liquidation, wie zB der Übergang des Gesellschaftsvermögens auf einen Gesellschafter[45]. Enthält der Gesellschaftsvertrag keine Regelung und treffen die Gesellschafter auch sonst keine Vereinbarung, so erfolgt, abgesehen vom Fall der Insolvenz, die Liquidation der Gesellschaft nach §§ 146 ff. HGB.

d) Aufhebung der Vereinbarung. Die im Gesellschaftsvertrag oder durch Gesellschafterbeschluss vereinbarte andere Art der Auseinandersetzung kann auch nach Auflösung der Gesellschaft durch einen Gesellschafterbeschluss wieder aufgehoben werden. Die

---

[38] *Kallmeyer* in Kallmeyer Rn 3.
[39] *Kallmeyer* in Kallmeyer Rn 3.
[40] *H. Schmidt* in Lutter Rn 14 a.
[41] § 145 Abs. 1 HGB.
[42] *H. Schmidt* in Lutter Rn 16.
[43] *Hopt* § 145 HGB Rn 10.
[44] *Kallmeyer* in Kallmeyer Rn 5.
[45] *Sonnenschein* in Heymann § 145 HGB Rn 16; *Kallmeyer* in Kallmeyer Rn 5.

Verschmelzungsfähigkeit kann so wieder **hergestellt** werden, indem stattdessen die Liquidation oder die Verschmelzung beschlossen wird. Der Beschluss ist einstimmig zu fassen, wenn nicht der Gesellschaftsvertrag eine Mehrheitsentscheidung ausreichen lässt. Wird ein einstimmiger Verschmelzungsbeschluss gefasst, liegt darin immer zugleich die Aufhebung der Vereinbarung über eine andere Art der Auseinandersetzung[46]. Eine aufgrund einer gesellschaftsvertraglichen Mehrheitsklausel[47] mit Dreiviertelmehrheit beschlossene Verschmelzung führt nur dann zu einer Aufhebung einer abweichenden Vereinbarung iSd § 145 Abs. 1 HGB, wenn der Gesellschaftsvertrag hierfür ebenfalls eine entsprechende Mehrheitsklausel enthält[48].

2. Aufgelöste Personenhandelsgesellschaft als übernehmender Rechtsträger

19 Soll die Verschmelzung der erleichterten gemeinsamen Abwicklung der beteiligten Gesellschaften dienen, kann ein praktisches Bedürfnis an einer Verschmelzung auf eine aufgelöste Personenhandelsgesellschaft bestehen[49]. Der übernehmende Rechtsträger wird von der Vorschrift nicht erfasst[50]. Jedoch ergibt sich im Umkehrschluss aus § 3 Abs. 3, dass ein aufgelöster Rechtsträger nicht als übernehmender Rechtsträger an einer Verschmelzung beteiligt sein kann[51].

20 Nach ihrer Auflösung kann sich eine Personenhandelsgesellschaft als übernehmender Rechtsträger an der Verschmelzung deshalb nur dann beteiligen, wenn die Gesellschafterversammlung zunächst einen wirksamen **Fortsetzungsbeschluss** gefasst hat[52]. Genügt hierfür nach dem Gesellschaftsvertrag eine Mehrheit oder wird der Verschmelzungsbeschluss einstimmig gefasst, ist im Regelfall der Verschmelzungsbeschluss zugleich als Fortsetzungsbeschluss auszulegen[53]. Die Eintragung des Fortsetzungsbeschlusses im Handelsregister ist nicht erforderlich; sie wirkt nur deklaratorisch[54].

3. Rechtsfolgen bei Verstoß

21 Bei einem Verstoß gegen die Norm sind sowohl der Verschmelzungsvertrag als auch der Verschmelzungsbeschluss **nichtig**[55]. Der Registerrichter darf in diesem Fall die Verschmelzung nicht eintragen[56]. Wird indessen auf die Beanstandung des Registerrichters hin die Vereinbarung über die andere Art der Auseinandersetzung nachträglich aufgehoben, so wird die Nichtigkeit geheilt[57]. Die Vorschrift stellt auf die Beteiligung an der Verschmelzung als solcher ab und nicht auf den Verschmelzungsvertrag oder den Verschmelzungsbeschluss. Die Verschmelzung wird aber erst mit Eintragung im Handelsregister wirksam[58], so dass bis zur

---

[46] AllgM, *H. Schmidt* in Lutter Rn 14 a.
[47] § 43 Abs. 2 UmwG.
[48] AllgM, *H. Schmidt* in Lutter Rn 14 a.
[49] *Bayer* ZIP 1997, 1614; so lag auch der Fall in *OLG Naumburg* GmbHR 1997, 1152, 1154.
[50] *H. Schmidt* in Lutter Rn 17.
[51] § 3 Rn 46.
[52] *OLG Naumburg* GmbHR 1997, 1152, 1155; *H. Schmidt* in Lutter Rn 17; *Kallmeyer* in Kallmeyer Rn 7.
[53] *OLG Naumburg* GmbHR 1997, 1152, 1155; *H. Schmidt* in Lutter Rn 17; *H. Schmidt* in Lutter Umwandlungsrechtstage S. 59, 69; aA *Bayer* ZIP 1997, 1614; *Bayer* in Lutter § 79 UmwG Rn 15 für den Fall der aufgelösten übernehmenden eG; siehe Rn 13 f.
[54] Vgl. *Hopt* § 131 HGB Rn 31.
[55] *OLG Naumburg* GmbHR 1997, 1152, 1153 (zum Vertrag); *H. Schmidt* in Lutter Rn 19; *Kallmeyer* in Kallmeyer Rn 6 (für den Beschluss).
[56] Zum Prüfungsrecht siehe Rn 22.
[57] *Kallmeyer* in Kallmeyer Rn 6.
[58] § 20 Abs. 1; genauer siehe § 20 Rn 5.

Eintragung die Möglichkeit der Heilung besteht, soweit es sich um Mängel handelt, die nachträglich noch beseitigt werden können. Trägt der Registerrichter trotz Nichtigkeit von Verschmelzungsvertrag und -beschluss ein, etwa weil er die Vereinbarung über die andere Art der Auseinandersetzung nicht kennt, treten die Wirkungen der Verschmelzung ein. Der **Mangel wird mit der Eintragung geheilt**[59]. Eine zuvor vereinbarte andere Art der Auseinandersetzung kann so vereitelt werden. Den Minderheitsgesellschaftern verbleiben dann gegen die in diesem Fall regelmäßig treupflichtwidrig handelnden Mehrheitsgesellschafter nur **Ansprüche auf Ersatz des Vermögensschadens**[60]. Eine Klage gegen die Wirksamkeit des Verschmelzungsbeschlusses zur Vorbereitung einer Schadensersatzklage ist nach Eintragung der Verschmelzung in das Register des Sitzes des übernehmenden Rechtsträgers gegen den übernehmenden bzw. den neuen Rechtsträger zu richten[61].

III. Verfahrens- und Parallelvorschriften

1. Prüfung durch das Registergericht

Das Registergericht muss neben den formellen Voraussetzungen der Eintragung auch feststellen, ob der der Anmeldung zugrunde liegende Verschmelzungsvertrag die gesetzlichen Mindestfestlegungen trifft und die Zustimmungen der Inhaber der beteiligten Rechtsträger mit den erforderlichen Mehrheiten vorliegen. Darüber hinaus hat es im Interesse der Richtigkeit des Handelsregisters auch zu prüfen, ob der Verschmelzungsvertrag geeignet ist, die Rechtsfolgen der Verschmelzung herbeizuführen[62]. Das Registergericht hat daher festzustellen, ob der Verschmelzungsvertrag von verschmelzungsfähigen Rechtsträgern abgeschlossen wurde[63]. Die Verschmelzungsfähigkeit ist also **Gegenstand der registerrichterlichen Eintragungsprüfung**[64]. Dies gilt auch für die Einschränkung der Verschmelzungsfähigkeit nach § 39[65]. Da die Wirksamkeit des Verschmelzungsvertrags davon abhängt, dass sowohl der übertragende als auch der übernehmende Rechtsträger verschmelzungsfähig sind, hat das jeweilige Registergericht auch die Verschmelzungsfähigkeit des beteiligten Rechtsträgers zu untersuchen, der nicht in dem bei ihm geführten Register eingetragen ist[66]. Anderenfalls bestünde die Gefahr, dass der Registerrichter trotz einer ersichtlichen Unwirksamkeit des Verschmelzungsvertrags gezwungen wäre, die Verschmelzung in das Register einzutragen, nur weil der Mangel einem Rechtsträger anhaftet, der im Handelsregister eines anderen Gerichts eingetragen ist[67].

2. Parallelvorschriften

Für den Formwechsel einer Personenhandelsgesellschaft enthält § 214 Abs. 2 eine § 39 entsprechende Vorschrift. Danach kann eine aufgelöste Personenhandelsgesellschaft die Rechtsform nicht wechseln, wenn die Gesellschafter eine andere Art der Auseinandersetzung als die Abwicklung oder den Formwechsel vereinbart haben.

---

[59] § 20 Abs. 2; siehe § 20 Rn 90 ff.
[60] *Kallmeyer* in Kallmeyer Rn 6.
[61] § 28.
[62] Siehe § 20 Rn 5.
[63] So *OLG Naumburg* GmbHR 1997, 1152, 1153.
[64] *OLG Naumburg* GmbHR 1997, 1152, 1153; *H. Schmidt* in Lutter Rn 19; ebenso, ohne dies ausdrücklich klarzustellen, *Kallmeyer* in Kallmeyer Rn 6.
[65] *H. Schmidt* in Lutter Rn 19; so wohl auch *Kallmeyer* in Kallmeyer Rn 6.
[66] *OLG Naumburg* GmbHR 1997, 1152, 1153.
[67] So zutr. *OLG Naumburg* GmbHR 1997, 1152, 1153.

§ 40 Inhalt des Verschmelzungsvertrags

(1) Der Verschmelzungsvertrag oder sein Entwurf hat zusätzlich für jeden Anteilsinhaber eines übertragenden Rechtsträgers zu bestimmen, ob ihm in der übernehmenden oder der neuen Personenhandelsgesellschaft die Stellung eines persönlich haftenden Gesellschafters oder eines Kommanditisten gewährt wird. Dabei ist der Betrag der Einlage jedes Gesellschafters festzusetzen.

(2) Anteilsinhabern eines übertragenden Rechtsträgers, die für dessen Verbindlichkeiten nicht als Gesamtschuldner persönlich unbeschränkt haften, ist die Stellung eines Kommanditisten zu gewähren. Abweichende Bestimmungen sind nur wirksam, wenn die betroffenen Anteilsinhaber dem Verschmelzungsbeschluß des übertragenden Rechtsträgers zustimmen.

Übersicht

	Rn		Rn
I. Allgemeines	1	a) Geschützte Anteilsinhaber	12
1. Sinn und Zweck der Norm	2	b) Höhe der Haftsumme	13
2. Anwendungsbereich	3	c) Formwechsel und Erhöhung des Kommanditkapitals als Folge der Verschmelzung	16
3. Entstehungsgeschichte	5		
II. Einzelerläuterungen	6		
1. Notwendiger Inhalt des Verschmelzungsvertrags (Abs. 1)	6	d) Notwendiger Beitritt eines Dritten	18
a) Grundlagen	6	3. Keine Übernahme persönlicher Haftung ohne Zustimmung (Abs. 2 Satz 2)	21
b) Bestimmung der Gesellschafterstellung	7	a) Erfordernis der Zustimmung	21
		b) Form der Zustimmung	23
c) Festsetzung des Betrags der Einlage	9	c) Fehlen der Zustimmung	25
d) Entfallen der Angaben	11	III. Verfahrens- und Parallelvorschriften	27
2. Gewährung der Stellung eines Kommanditisten (Abs. 2 Satz 1)	12	1. Anmeldung zum Handelsregister	27
		2. Parallelvorschriften	31

Literatur: *Ihrig,* Verschmelzung und Spaltung ohne Gewähr neuer Anteile?, ZHR 160 (1996) 317; *Naraschewski,* Haftung bei der Spaltung von Kommanditgesellschaften, DB 1995, 1265; *Priester,* Personengesellschaften im Umwandlungsrecht, DStR 2005, 788; *ders.,* Mitgliederwechsel im Umwandlungszeitpunkt, DB 1997, 560; *K. Schmidt,* Formwechsel zwischen GmbH und GmbH & Co. KG, GmbHR 1995, 693; *Tillmann,* Die Verschmelzung von Schwestergesellschaften unter Beteiligung von GmbH und GmbH & Co. KG, GmbHR 2003, 740.

I. Allgemeines

1. Sinn und Zweck der Norm

1 Abs. 1 regelt für den Fall einer Verschmelzung auf eine bestehende oder neue Personenhandelsgesellschaft die Notwendigkeit weiterer, über die allgemeinen Anforderungen[1] hinausgehender **Angaben im Verschmelzungsvertrag** bzw. in dessen Entwurf. Die Vorschrift trägt den Möglichkeiten der Ausgestaltung der Gesellschafterhaftung bei Personenhandelsgesellschaften Rechnung. Danach ist für jeden Anteilsinhaber eines übertragenden Rechtsträgers zu bestimmen, ob ihm in der übernehmenden oder neu zu gründenden Personenhandelsgesellschaft die Stellung eines persönlich haftenden Gesellschafters oder eines Kommanditisten gewährt wird. Zudem ist der für die einzelnen Gesellschafterrechte maßgebliche Kapitalanteil jedes Gesellschafters in der übernehmenden oder der neuen Personenhandelsgesellschaft und die jeweilige Hafteinlage der Kommanditisten

---

[1] Siehe § 5 Abs. 1.

Inhalt des Verschmelzungsvertrags 2–5 § 40

festzusetzen[2]. Abs. 1 ist damit Ausdruck der den verschmelzenden Rechtsträgern und deren Anteilsinhabern eingeräumten **Gestaltungsfreiheit**. Die Beteiligten können sich auf die von ihnen gewünschte Gestaltung des neuen Rechtsträgers einigen und dies im Verschmelzungsvertrag ausdrücklich festhalten[3]. Zugleich gewährleistet die Bestimmung, dass für jeden Anteilseigner der künftige Haftungsumfang im Verschmelzungsvertrag oder dessen Entwurf festgelegt werden muss und insoweit Gegenstand des Verschmelzungsbeschlusses wird. Der Haftungsumfang steht damit zur Disposition der Beteiligten. Das gilt auch für Komplementäre einer übertragenden OHG oder Mitglieder einer übertragenden EWIV, die in der übertragenden Gesellschaft der persönlichen unbeschränkten Haftung unterliegen[4].

Wird ein Rechtsträger, dessen Anteilsinhaber nicht persönlich unbeschränkt haften, auf eine Personenhandelsgesellschaft verschmolzen, kann eine zusätzliche **Gefährdung des Vermögens** dieser Anteilsinhaber eintreten. Werden sie Komplementäre des übernehmenden oder neuen Rechtsträgers, haften sie gem. §§ 130, 128 HGB unbeschränkt persönlich. Abs. 2 gewährleistet, dass die Übernahme dieser Haftung nur mit Zustimmung des betreffenden Anteilsinhabers geschehen kann[5]. 2

2. Anwendungsbereich

Die Vorschrift findet Anwendung, wenn an der Verschmelzung eine Personenhandelsgesellschaft[6] **als übernehmender Rechtsträger** beteiligt ist. Dabei gilt die Vorschrift sowohl für die Verschmelzung durch Aufnahme als auch für die Verschmelzung durch Neugründung. Übertragender Rechtsträger kann jeder andere verschmelzungsfähige Rechtsträger sein. Die Beteiligung einer OHG oder einer EWIV als übertragender Rechtsträger schließt aufgrund des Schutzzwecks der Vorschrift ihre Anwendung nicht aus[7]. Zwar haften die Anteilsinhaber hier bereits in der übertragenden Gesellschaft persönlich und unbeschränkt[8]. Die Beteiligung als persönlich haftender Gesellschafter an der übernehmenden oder neuen Personenhandelsgesellschaft kann aber die Haftungsrisiken dieser Anteilsinhaber erhöhen, weil sie in die Haftung für die Verbindlichkeiten des aufnehmenden Rechtsträgers eintreten. Abs. 2 gilt dagegen nur für Anteilsinhaber des übertragenden Rechtsträgers, die nicht persönlich unbeschränkt haften. Bei einer OHG oder EWIV als übertragender Rechtsträger kann er somit nicht zur Anwendung kommen. 3

Die Vorschrift gilt auch für **Spaltungen** zur Aufnahme oder zur Neugründung, soweit an der Spaltung Personenhandelsgesellschaften als übertragende Rechtsträger beteiligt sind[9]. Bei der Vermögensübertragung ist sie dagegen nicht einschlägig, weil eine Personenhandelsgesellschaft nicht an einer Vermögensübertragung beteiligt sein kann[10]. 4

3. Entstehungsgeschichte

Die heutige Regelung entspricht § 40 RefE. Sie war im Wesentlichen bereits in § 38 DiskE vorgesehen. § 38 Abs. 1 DiskE enthielt darüber hinaus noch eine Regelung für die Verfahrensweise bei unbekannten Aktionären im Fall der Verschmelzung einer übertragen- 5

---

[2] § 41 Abs. 1 Satz 2.
[3] RegBegr. *Ganske* S. 93.
[4] §§ 128 HGB; Art. 24 Abs. 1 Satz 1 Verordnung (EWG) Nr. 2137/85 des Rats vom 25. 7. 1985 über die Schaffung einer Europäischen wirtschaftlichen Interessenvereinigung (EWIV), ABl. L 199 vom 31. 7. 1985, S. 1 ff.
[5] RegBegr. *Ganske* S. 92.
[6] § 3 Rn 14.
[7] Für die OHG *H. Schmidt* in Lutter Rn 5.
[8] §§ 128 HGB; Art. 24 Abs. 1 Satz 1 Verordnung (EWG) Nr. 2137/85, siehe Fn 4.
[9] §§ 125 Satz 1 und 135 Abs. 1 Satz 1.
[10] § 175.

den AG oder KGaA[11]. Diese wurde in den allgemeinen Teil des Verschmelzungsrechts übernommen[12]. Im früheren Umwandlungsrecht bestand für eine entsprechende Regelung kein Bedürfnis[13].

II. Einzelerläuterungen

1. Notwendiger Inhalt des Verschmelzungsvertrags (Abs. 1)

6 **a) Grundlagen.** Der notwendige Inhalt des Verschmelzungsvertrags wird, auch soweit Personenhandelsgesellschaften an der Verschmelzung beteiligt sind, zunächst durch die Allgemeinen Vorschriften bestimmt[14]. Zusätzlich zu den dort geforderten Angaben ist im Verschmelzungsvertrag für **jeden Anteilsinhaber** des übertragenden Rechtsträgers die Gesellschafterstellung in der übernehmenden oder neuen Personenhandelsgesellschaft zu bestimmen und dabei der Betrag der Einlage festzusetzen. Der Begriff Anteilsinhaber ist nicht im engen Wortsinn, sondern umfassend zu verstehen. Anteilsinhaber können Aktionäre, GmbH-Gesellschafter, Mitglieder von Genossenschaften und Vereinen sowie Kommanditisten sein[15]. Auch Komplementäre einer OHG und Mitglieder einer EWIV sind darunter zu verstehen.

7 **b) Bestimmung der Gesellschafterstellung.** Die Bestimmung der Gesellschafterstellung muss für jeden Anteilsinhaber ohne weitere Auslegungshilfen aus dem Verschmelzungsvertrag möglich sein. Jeder bisherige Anteilsinhaber ist individuell, also seinem Namen oder seiner Firma nach, aufzuführen. Zur Vereinfachung können, insbesondere bei der Beteiligung einer KG oder KGaA mit umfangreichem Gesellschafterbestand, Anteilsinhaber im Verschmelzungsvertrag zusammengefasst oder gattungsmäßig beschrieben und in einer Anlage zum Vertrag ihrem Namen oder ihrer Firma nach einzeln aufgeführt werden[16]. Sind Aktionäre einer AG oder KGaA unbekannt, können diese im Verschmelzungsvertrag durch die Angabe ihrer Aktienurkunden sowie erforderlichenfalls des auf die Aktien entfallenden Anteils bezeichnet werden[17].

8 Für Verschmelzungen im Wege der Neugründung ergibt sich die Pflicht zur individuellen, namentlichen Bezeichnung aus dem Erfordernis, dass der Gesellschaftsvertrag des neuen Rechtsträgers im Verschmelzungsvertrag enthalten sein oder festgestellt werden muss[18], der die Namen der Gesellschafter und bei einer KG die Gesellschafterstellung[19] aufführen muss[20]. Die namentliche Benennung der Anteilsinhaber ist auch deshalb erforderlich, weil die Gesellschafter einer Personenhandelsgesellschaft und, soweit es sich um Kommanditisten handelt, die Höhe ihrer Einlage in das Handelsregister einzutragen sind[21].

9 **c) Festsetzung des Betrags der Einlage.** Im Verschmelzungsvertrag ist der Betrag der Einlage für jeden einzelnen Gesellschafter festzusetzen[22]. Innerhalb eines zusammengefassten

---

[11] § 38 Abs. 1 Satz 3 DiskE vom 14. 4. 1992.
[12] Siehe § 35.
[13] Näher dazu *H. Schmidt* in Lutter Rn 1.
[14] § 5 Abs. 1; zu den Besonderheiten bei Beteiligung einer Personengesellschaft siehe § 5 Rn 27, 39.
[15] RegBegr. *Ganske* S. 92.
[16] So *H. Schmidt* in Lutter Rn 6.
[17] Hierzu § 35 Rn 4.
[18] § 37.
[19] Diese ist Mindestbestandteil des Gesellschaftsvertrags einer KG; *Happ* in MünchHdbGesR Bd. 2 § 2 Rn 84.
[20] Allgemein zum Abschluss und Mindestinhalt des Gesellschaftsvertrags: *Sauter* in BeckHdb. Personengesellschaften § 2 Rn 11 ff.
[21] §§ 106 Abs. 2, 162 Abs. 1 HGB.
[22] § 40 Abs. 1 Satz 2.

Personenkreises[23] kann der Einlagebetrag pro Gesellschafter festgesetzt werden, soweit die Bestimmung der Einlage für jeden einzelnen Gesellschafter möglich ist. Es ist jeweils der bezifferte Einlagebetrag anzugeben. Die bloße Bestimmbarkeit sowie die Bestimmung des Betrags durch einen Dritten genügen nicht[24]. Für die persönlich haftenden Gesellschafter ist deren **Kapitalanteil** festzusetzen. Hierbei handelt es sich um den Betrag des festen Kapitalkontos, wenn ein solches vorhanden ist. Für die Kommanditisten ist die Kommanditeinlage im Sinne der **Pflichteinlage** zu bestimmen[25]. Bei Kommanditisten kann die Höhe der im Handelsregister eingetragenen Hafteinlage von der Pflichteinlage abweichen. In einem solchen Fall ist zusätzlich auch der Betrag der **Hafteinlage**[26] im Verschmelzungsvertrag festzusetzen[27].

Die Höhe der zu leistenden Einlage richtet sich nach dem im Verschmelzungsvertrag festzusetzenden **Umtauschverhältnis**[28]. Bei der Verschmelzung zur Aufnahme kann eine Erhöhung der Gesamtsumme der bisher beim übernehmenden Rechtsträger gebildeten Kapitalanteile erfolgen. Möglich ist aber auch eine Neuverteilung der Anteile unter Beibehaltung der Gesamtkapitalgröße[29]. Zulässig ist auch die Stellung als persönlich haftender Gesellschafter ohne Kapitalanteil. Dann ist auch kein Einlagebetrag festzusetzen[30]. 10

d) Entfallen der Angaben. Ist die übernehmende Personenhandelsgesellschaft selbst an dem übertragenden Rechtsträger beteiligt, entfallen insoweit die Angaben nach Abs. 1, weil eine Personenhandelsgesellschaft keine eigenen Anteile halten kann. 11

2. Gewährung der Stellung eines Kommanditisten (Abs. 2 Satz 1)

a) Geschützte Anteilsinhaber. Anteilsinhabern des übertragenden Rechtsträgers, die bisher nicht gesamtschuldnerisch persönlich unbeschränkt haften, ist in der übernehmenden oder neuen Personenhandelsgesellschaft idR die Stellung eines Kommanditisten zu gewähren[31]. Soll ihnen die Stellung eines persönlich haftenden Gesellschafters eingeräumt werden oder sollen sie Mitglied einer EWIV werden, müssen die betroffenen Anteilsinhaber zustimmen. Die Stellung eines persönlich haftenden Gesellschafters in der übernehmenden Personenhandelsgesellschaft kann ohne Zustimmung nur persönlich haftenden Gesellschaftern einer OHG, Mitgliedern einer EWIV, Partnern einer PartG, Komplementären einer KG oder persönlich haftenden Gesellschaftern einer KGaA eingeräumt werden. Aktionäre und Kommanditaktionäre, GmbH-Gesellschafter, Mitglieder einer Genossenschaft oder eines Vereins, auch eines genossenschaftlichen Prüfungsverbands, Mitglieder eines VVaG und Kommanditisten einer KG haften nicht gesamtschuldnerisch persönlich und unbeschränkt iSd. Vorschrift. Ihnen kann in der übernehmenden Personenhandelsgesellschaft ohne ihre Zustimmung nur die Stellung eines Kommanditisten eingeräumt werden. Dies gilt aufgrund des Schutzzwecks des Abs. 2 Satz 1 auch für **Kommanditisten**, die für die vor Eintragung 12

---

[23] Siehe Rn 7.
[24] *H. Schmidt* in Lutter Rn 12; aA *Vossius* in Widmann/Mayer Rn 11.
[25] So auch *H. Schmidt* in Lutter Rn 13; *Kallmeyer* in Kallmeyer Rn 3; *Bermel* in Goutier/Knopf/Tulloch Rn 19; aA, nur für die Festsetzung der Hafteinlage, *Naraschewski* DB 1995, 1265, 1266; wohl auch *Stratz* in Schmitt/Hörtnagl/Stratz Rn 6.
[26] § 172 HGB.
[27] *H. Schmidt* in Lutter Rn 16; *Kallmeyer* in Kallmeyer Rn 3; *Bermel* in Goutier/Knopf/Tulloch Rn 19; nur für die Festsetzung der Hafteinlage *Naraschewski* DB 1995, 1265, 1266.
[28] *H. Schmidt* in Lutter Rn 12; iE auch *Kallmeyer* in Kallmeyer Rn 3.
[29] *H. Schmidt* in Lutter Rn 12; *Vossius* in Widmann/Mayer Rn 13; *Frenz* in Neye/Limmer/Frenz/Harnacke Rn 576 f.
[30] *H. Schmidt* in Lutter Rn 16.
[31] § 40 Abs. 2 Satz 1.

der Gesellschaft begründeten Verbindlichkeiten unbeschränkt haften[32], da diese Haftung den Kommanditisten regelmäßig ohne seinen Willen trifft[33]. Keine unbeschränkte Haftung ist auch die Haftung des Kommanditisten wegen einer noch nicht erbrachten oder zurückgezahlten Einlage[34]. Das Gleiche gilt für eine rechtsgeschäftlich begründete Haftung für Verbindlichkeiten des übertragenden Rechtsträgers sowie für die persönliche Haftung in Form der Gründer-, Differenz- oder Durchgriffshaftung oder nach Deliktsrecht. Widerspricht ein nicht persönlich unbeschränkt haftender Anteilsinhaber des übertragenden Rechtsträgers der Verschmelzung, ist ihm nach § 43 Abs. 2 Satz 3 in der übernehmenden oder neuen Personenhandelsgesellschaft die Stellung eines Kommanditisten zu gewähren[35].

13 **b) Höhe der Haftsumme.** Abs. 2 schützt die Anteilsinhaber, die bisher für Verbindlichkeiten des übertragenden Rechtsträgers nicht persönlich unbeschränkt gehaftet haben, davor, nach der Verschmelzung ohne ihre Zustimmung einer persönlichen unbeschränkten Haftung und damit verbundenen Gefährdung ihres Privatvermögens ausgesetzt zu werden.

14 Eine vergleichbare Vermögensgefährdung tritt ein, wenn den betroffenen Anteilsinhabern zwar die Kommanditistenstellung eingeräumt wird, der Wert ihrer Beteiligung, also der Verkehrswert ihres jeweiligen Anteils am Vermögen des übertragenden Rechtsträgers, den Wert der für sie festgesetzten Hafteinlage nicht deckt. Es kommt dann nämlich in Höhe der Deckungslücke zur persönlichen Haftung des Kommanditisten[36]. Die bisher hM will Abs. 2 deshalb, wenn der Beteiligungswert die festgesetzte Haftsumme nicht abdeckt, entsprechend anwenden[37]. Nach aA bedarf es einer Zustimmung dann nicht[38].

15 Richtigerweise muss man unterscheiden: Sieht der Verschmelzungsvertrag ausdrücklich vor oder ist ihm offensichtlich zu entnehmen, dass die Haftsumme höher sein soll als der auf den Gesellschafter entfallende objektive Beteiligungswert, bedarf es einer Zustimmung der betroffenen Anteilsinhaber. Liegt dagegen eine fehlerhafte, überhöhte Anteilsbewertung vor, ist **dieses umwandlungstypische Risiko** von den betroffenen Anteilsinhabern zu tragen, da Abs. 2 allein auf die Gesellschafterstellung abstellt. Ansonsten würde die Frage nach dem Erfordernis der Zustimmung zugleich zu einer Frage der richtigen Bewertung des Vermögens des übertragenden Rechtsträgers mit der Folge, dass weder für die beteiligten Rechtsträger und Anteilsinhaber noch für das Registergericht ersichtlich wäre, ob eine Zustimmung erforderlich ist oder nicht. Den betroffenen Anteilseignern steht stattdessen ggf. ein Schadensersatzanspruch zu[39].

16 **c) Formwechsel und Erhöhung des Kommanditkapitals als Folge der Verschmelzung.** Stimmen nicht alle Anteilsinhaber des übertragenden Rechtsträgers, die für dessen Verbindlichkeiten nicht gesamtschuldnerisch persönlich unbeschränkt haften, der Übernahme der persönlichen Haftung in der übernehmenden oder neuen Gesellschaft zu, kann Zielrechtsträger nur eine KG sein. Entsprechendes gilt im Fall eines Widerspruchs[40]. Bei einer **Verschmelzung im Wege der Aufnahme durch eine OHG** kommt es somit zu einem Formwechsel der OHG in eine KG. Neben der Verschmelzung bedarf es keiner gesonderter, auf die Änderung der Rechtsform und des Gesellschaftsvertrags gerichteter

---

[32] § 176 HGB.
[33] *Vossius* in Widmann/Mayer Rn 41.
[34] AllgM, *H. Schmidt* in Lutter Rn 7; *Priester* DStR 2005, 788, 790.
[35] Ausführlicher hierzu § 43 Rn 35 ff.
[36] § 171 Abs. 1 HGB.
[37] *Stratz* in Schmitt/Hörtnagl/Stratz Rn 7; *Bermel* in Goutier/Knopf/Tulloch Rn 13; *Vossius* in Widmann/Mayer Rn 46; so auch noch *Kallmeyer* in Kallmeyer[1] Rn 5.
[38] *H. Schmidt* in Lutter Rn 8; ihm folgend jetzt auch *Kallmeyer* in Kallmeyer Rn 7.
[39] Siehe § 25 Rn 8.
[40] § 43 Abs. 2 Satz 3.

Beschlüsse[41]. Der Formwechsel in die KG ist nicht Voraussetzung, sondern Rechtsfolge der Verschmelzung und wird mit dieser wirksam[42]. Es bedarf auch nicht der Eintragung der KG vor Eintragung der Verschmelzung[43].

Auch im Fall der **Verschmelzung im Wege der Aufnahme durch eine KG** ist die mit der Vergrößerung der Zahl der Kommanditisten verbundene Erhöhung des Kommanditkapitals Rechtsfolge der Verschmelzung und wird mit dieser wirksam[44].

d) Notwendiger Beitritt eines Dritten. Voraussetzung für die Verschmelzung auf eine Personenhandelsgesellschaft ist, dass zumindest ein Anteilsinhaber der beteiligten Rechtsträger bereit ist, die Stellung des persönlich haftenden Gesellschafters zu übernehmen oder beizubehalten. Stimmt keiner der beschränkt haftenden Anteilsinhaber der übertragenden Rechtsträger der Übernahme der persönlichen unbeschränkten Haftung zu und widersprechen sämtliche persönlich, unbeschränkt haftenden Gesellschafter aller übertragenden und der übernehmenden Personenhandelsgesellschaft der Verschmelzung[45], ist der Beitritt eines Dritten erforderlich, **der die Stellung eines persönlich unbeschränkt haftenden Gesellschafters** in der übernehmenden oder neuen Personenhandelsgesellschaft **übernimmt**. Vor dem Verschmelzungsbeschluss ist der Beitritt des Dritten in einen der beteiligten Rechtsträger nach allgemeinen Regeln ohne weiteres zulässig[46]. In der Literatur wurde teilweise angenommen, dass ein Beitritt eines Dritten als Bestandteil des Verschmelzungsvorgangs unzulässig sei[47]. Zur Begründung wurde insbesondere angeführt, der Gesetzgeber habe ausweislich der Gesetzesbegründung[48] nur im Fall der KGaA die Erweiterung des Personenkreises der Anteilsinhaber ausnahmsweise durch Beitritt persönlich unbeschränkt haftender Gesellschafter zugelassen[49]. Die Praxis hat sich namentlich für den Fall der **Verschmelzung auf eine GmbH & Co. KG** damit beholfen, dass zumindest eine logische Sekunde vor der Verschmelzung die künftige Komplementärgesellschaft zunächst mit einem – meist minimalen – Geschäftsanteil/Aktie an dem übertragenden Rechtsträger treuhänderisch[50] eintritt. Im Verschmelzungsvertrag wird dann bestimmt, dass der abtretende Anteilsinhaber den Nennbetrag des an die spätere Komplementärgesellschaft abgetretenen Anteils als Teil seiner Kommanditeinlage mit Eintragung der Verschmelzung zurückerhält, während in der KG für die Komplementärgesellschaft ein Kapitalkonto nicht festgesetzt wird[51].

Richtigerweise ist es aber zulässig, dass der Beitritt im Verschmelzungsvertrag vorgesehen und von dem Dritten **auf den Zeitpunkt des Wirksamwerdens der Verschmelzung** erklärt werden kann und dann den Wirkungen der Eintragung unterliegt[52]. Die von der Praxis angewandten Hilfskonstruktionen sind umständlich und entsprechen nicht dem Zweck des

---

[41] *H. Schmidt* in Lutter Rn 10; *Kallmeyer* in Kallmeyer Rn 8; *Bermel* in Goutier/Knopf/Tulloch Rn 22; aA noch *Kallmeyer* in Kallmeyer¹ Rn 6.
[42] *H. Schmidt* in Lutter Rn 10; aA, Formwechsel außerhalb des UmwG, noch *Kallmeyer* in Kallmeyer¹ Rn 6.
[43] Siehe unten Rn 28.
[44] *H. Schmidt* in Lutter Rn 10; *Kallmeyer* in Kallmeyer Rn 9; aA noch *Kallmeyer* in Kallmeyer¹ Rn 6.
[45] § 43 Abs. 2 Satz 3.
[46] *H. Schmidt* in Lutter Rn 11; *Priester* DB 1997, 560, 561.
[47] *H. Schmidt* in Lutter² Rn 11.
[48] RegBegr. *Ganske* S. 240.
[49] *H. Schmidt* in Lutter² Rn 11; jetzt ausdrücklich aufgegeben, *H. Schmidt* in Lutter Rn 11.
[50] Unter steuerrechtlichen Gesichtspunkten wird die Durchführbarkeit des Treuhandverhältnisses teilweise angezweifelt, *Sagasser/Sickinger* in Sagasser/Bula/Brünger R Rn 106 aE.
[51] Vgl. *Priester* DB 1997, 560, 561 f.; *Ihrig* in Sudhoff § 55 Rn 68. Zum Formwechsel vgl. *Bärwaldt/Schabacker* ZIP 1998, 1293, 1294 f.; *Ihrig* ZHR 160 (1996) 317, 340; *K. Schmidt* GmbHR 1995, 693 ff.; *Happ* in Lutter § 228 Rn 27.
[52] Ebenso *H. Schmidt* in Lutter Rn 11; implizit auch *Kallmeyer* in Kallmeyer Rn 10; *Priester* DB 1997, 560, 561; tendenziell auch *BGH* WM 1999, 1508, 1510 (zum Formwechsel).

UmwG, Umstrukturierungen zu erleichtern[53]. Dem UmwG ist der Beitritt eines persönlich haftenden Gesellschafters auf den Zeitpunkt des Wirksamwerdens der Umwandlung nicht fremd[54]. Das Prinzip der Identität des Mitgliederkreises im Zeitpunkt der Verschmelzung steht dem Beitritt eines Dritten im Zuge der Verschmelzung nicht entgegen[55]. Es verbietet es vorbehaltlich gesetzlicher Ausnahmen nur, allein durch den Verschmelzungsbeschluss einen Wechsel im Gesellschafterkreis des Rechtsträgers herbeizuführen[56]. Das umwandlungsrechtliche Analogiegebot[57] schließt aber eine Verbindung von **Umwandlungsmaßnahme und Gesellschafterwechsel** nicht aus[58]. Auch der Grundsatz der Anteilsgewährung[59] steht dem Beitritt eines Dritten auf den Zeitpunkt der Verschmelzung nicht entgegen. Zum einen kann der Beitretende als Komplementär ohne Kapitalanteil in den Gesellschafterkreis der übernehmenden (aufnehmenden oder neuen) Personenhandelsgesellschaft aufgenommen werden. Zum anderen ist der Grundsatz der Anteilsgewährung dispositiv. Die Gesellschafter können auf einen Anteilserwerb bei der Verschmelzung verzichten[60]. Erst recht ist es zulässig, dass Anteile an der übernehmenden (aufnehmenden oder neuen) Gesellschaft im Verschmelzungsvertrag auch einem Dritten zugeteilt werden. Erforderlich ist aber eine rechtsgeschäftliche, auf den Beitritt gerichtete Erklärung des beitretenden Dritten, die der Beurkundung bedarf[61].

20 Angesichts des kontroversen Meinungsstands empfiehlt es sich, die vorgesehene Gestaltung vorab mit dem **Registergericht** abzustimmen. Verbleiben Zweifel, sollte der Dritte vor der Verschmelzung an dem übertragenden Rechtsträger beteiligt werden.

3. Keine Übernahme persönlicher Haftung ohne Zustimmung (Abs. 2 Satz 2)

21 **a) Erfordernis der Zustimmung.** Sieht der Verschmelzungsvertrag vor, dass Anteilsinhaber des übertragenden Rechtsträgers, die nicht persönlich und unbeschränkt haften, in der übernehmenden Personenhandelsgesellschaft die Stellung als OHG-Gesellschafter, Komplementär einer KG oder Mitglied einer EWIV eingeräumt wird, sind diese **Bestimmungen unwirksam**, solange die betroffenen Anteilsinhaber nicht zustimmen. Die Zustimmung der Betroffenen ist eine empfangsbedürftige Willenserklärung. Sie ist gegenüber dem Vertretungsorgan des übertragenden Rechtsträgers abzugeben[62] und von der Abgabe einer Ja-Stimme in der Versammlung der Anteilsinhaber zu unterscheiden[63]. Die Zustimmungserklärung kann auch im Voraus erteilt werden[64].

22 Auf die **Höhe der Haftsumme** in der übernehmenden Gesellschaft haben die nicht persönlich unbeschränkt haftenden Gesellschafter keinen Einfluss[65]. Sie ergibt sich aus dem

---

[53] So für den Formwechsel auch *Happ* in Lutter § 228 Rn 27; zu den Zielen des UmwG Einl. A Rn 19 ff.
[54] Siehe §§ 194 Abs. 1 Nr. 4 2. Alt. und 218 Abs. 2.
[55] Vgl. für den Formwechsel *BGH* WM 1999, 1508, 1510; *K. Schmidt* GmbHR 1995, 693, 695 f.; *ders.* ZIP 1998, 181, 186; *Kallmeyer* GmbHR 1996, 80, 82; *Bayer*, Privatisierung und Restrukturierung volkseigener und genossenschaftlicher Unternehmen durch Umwandlung, in Hommelhoff, Hagen und Röhricht (Hrsg.), Gesellschafts- und Umwandlungsrecht in der Bewährung, ZGR Sonderheft 14, 1998, 22, 41; *Ihrig* in Sudhoff § 55 Rn 68; zur Aufnahme eines GmbH-Gesellschafters *BGH* ZIP 1995, 422, 425.
[56] In diesem Sinn für den Formwechsel *K. Schmidt* GmbHR 1995, 693, 695.
[57] § 1 Rn 61 ff.
[58] *Ihrig* ZHR 160 (1996) 317, 340; *Priester* DB 1997, 560, 563.
[59] § 2 Rn 40 ff. sowie insbes. § 20 Rn 74.
[60] *Ihrig* ZHR 160 (1996) 317, 339 ff.; *Priester* DB 1997, 560, 563 ff.
[61] *Priester* DB 1997, 560, 566.
[62] *H. Schmidt* in Lutter Rn 8; *Kallmeyer* in Kallmeyer Rn 12.
[63] AA *H. Schmidt* in Lutter Rn 8; wie hier *Vossius* in Widmann/Mayer Rn 50.
[64] *Kallmeyer* in Kallmeyer Rn 12.
[65] *Kallmeyer* in Kallmeyer Rn 11.

Gesamtkommanditkapital der übernehmenden Gesellschaft. Einer Zustimmung zum Verschmelzungsbeschluss bedarf es im Hinblick auf die Haftsumme nur dann, wenn im Verschmelzungsvertrag vorgesehen ist, dass die Haftsumme den objektiven Einlagewert übersteigen soll[66].

b) Form der Zustimmung. Die Zustimmungserklärung bedarf der notariellen Beurkundung[67]. Dazu reicht es nicht aus, dass der betroffene Anteilsinhaber bei der Beschlussfassung über den Verschmelzungsbeschluss mit Ja gestimmt hat und der Verschmelzungsbeschluss protokolliert wurde[68]. Erforderlich ist vielmehr eine Beurkundung nach den Vorschriften über die **Beurkundung von Willenserklärungen**[69]. Anders als die Beurkundung des Verschmelzungsbeschlusses dient die Beurkundung der Zustimmungserklärung nicht nur der Rechtssicherheit durch die Kontrolle des Notars. Sie übernimmt darüber hinaus auch eine Warnfunktion zum Schutz der Anteilsinhaber[70]. 23

Die Zustimmungserklärung kann zusammen mit dem Verschmelzungsbeschluss in eine notarielle Urkunde aufgenommen werden, wenn auch der Verschmelzungsbeschluss nach den Vorschriften über die Beurkundung von Willenserklärungen beurkundet wird[71]. 24

c) Fehlen der Zustimmung. Solange die Zustimmung nicht erteilt ist, ist der gefasste Verschmelzungsbeschluss schwebend unwirksam. Wird die Zustimmung endgültig verweigert, ist der Verschmelzungsvertrag zu ändern und in einer neuen Versammlung der Anteilsinhaber erneut zur Abstimmung zu stellen. Möglich ist es auch, in derselben Versammlung einen geänderten Verschmelzungsvertrag als Entwurf zur Abstimmung zu stellen. Fehlt die Zustimmung, darf die Verschmelzung **nicht eingetragen** werden. Wird dennoch eingetragen, lässt das Fehlen der Zustimmung die **Wirkungen der Eintragung** unberührt[72]. Die Anteilsinhaber des übertragenden Rechtsträgers werden zu den in dem Verschmelzungsvertrag enthaltenen Bedingungen Anteilsinhaber des übernehmenden Rechtsträgers[73]. Ist im Verschmelzungsvertrag vorgesehen, dass Anteilsinhaber des übertragenden Rechtsträgers, die für dessen Verbindlichkeiten nicht als Gesamtschuldner persönlich unbeschränkt haften, in der übernehmenden Personenhandelsgesellschaft die Stellung eines persönlich unbeschränkt haftenden Gesellschafters eingeräumt wird, erlangen sie diese Stellung mit der Eintragung der Verschmelzung, obwohl sie dem Verschmelzungsbeschluss nicht zugestimmt haben. Die Mitgesellschafter sind dann aufgrund ihrer Treupflicht verpflichtet, an einer **Änderung des Gesellschaftsvertrags** mitzuwirken, die dem betroffenen Gesellschafter die Stellung eines Kommanditisten einräumt[74]. Kommt eine solche Änderung des Gesellschaftsvertrags nicht zustande, ist dem betroffenen Anteilsinhaber ein **Recht auf Ausscheiden** gegen angemessene Abfindung zuzubilligen[75]. Grundlage dieses Anspruch ist ebenfalls die Treupflicht der übrigen Gesellschafter[76]. 25

Wird der betroffene Anteilsinhaber aus seiner persönlichen Haftung in Anspruch genommen, kommen **Schadensersatzansprüche** gegen die Mitglieder des Vertretungsorgans 26

---

[66] Siehe Rn 13 bis 15.
[67] § 13 Abs. 3 Satz 1.
[68] §§ 36, 37 BeurkG.
[69] *Kallmeyer* in Kallmeyer Rn 10; *Vossius* in Widmann/Mayer Rn 50; aA *H. Schmidt* in Lutter Rn 8.
[70] RegBegr. *Ganske* S. 62.
[71] *Kallmeyer* in Kallmeyer Rn 12.
[72] § 20 Rn 94.
[73] § 20 Rn 74.
[74] Vgl. zur möglichen Verpflichtung, an einer Änderung des Gesellschaftsvertrags mitzuwirken, *Ulmer*, GbR und PartG, § 705 BGB Rn 231 ff.
[75] Weitergehend *H. Schmidt* in Lutter Rn 9, der einen Anspruch auf Ausscheiden bereits dann zubilligen will, wenn die Mitgesellschafter nicht zur Änderung des Gesellschaftsvertrags bereit sind.
[76] *H. Schmidt* in Lutter Rn 9.

III. Verfahrens- und Parallelvorschriften

1. Anmeldung zum Handelsregister[79]

27 Der Anmeldung sind die Zustimmungserklärungen nach Abs. 2 Satz 2 beizufügen[80]. Fehlt die Zustimmung oder die erforderliche notarielle Beurkundung, stellt dies ein Eintragungshindernis dar[81]. Das Registergericht wird dann dazu auffordern, die Zustimmung nachzureichen[82]. Erfolgt die **Eintragung**, lässt die fehlende Zustimmung die Wirkungen der Eintragung, insbesondere die Erlangung der Stellung eines persönlich unbeschränkt haftenden Gesellschafters, unberührt[83].

28 **Ändert sich die Rechtsform** einer übernehmenden OHG durch die Verschmelzung in eine KG[84], bedarf es keiner besonderen Anmeldung des Formwechsels und der damit verbundenen Änderung der Firma und des Gesellschafterbestands. Insbesondere bedarf es nicht der vorherigen Eintragung der KG im Handelsregister[85]. Der Formwechsel von der OHG in die KG ist Rechtsfolge der Verschmelzung und wird mit dieser wirksam[86]. Die Änderungen sind als Folge der Verschmelzung einzutragen[87]. Dennoch erscheint es zweckmäßig, diese Änderungen zusammen mit der Verschmelzung ausdrücklich mit anzumelden[88]. Entsprechendes gilt für den Fall, dass bei einer übernehmenden KG aufgrund des Beitritts weiterer Kommanditisten eine Erhöhung des Kommanditkapitals erfolgt[89]. Die neuen Kommanditisten sind mit ihrer Hafteinlage aufgrund der Anmeldung der Verschmelzung mit dieser einzutragen. Dies gilt auch für eine vorgesehene Erhöhung der Hafteinlagen vorhandener Kommanditisten.

29 Die Verschmelzung ist von den **Vertretungsorganen** der beteiligten Rechtsträger **anzumelden**[90]. Die Anmeldung durch eine übernehmende OHG oder KG erfolgt ohne Mitwirkung von Kommanditisten durch die persönlich haftenden Gesellschafter in vertretungsberechtigter Zahl[91]. Sieht das HGB für die Anmeldung zum Handelsregister die Mitwirkung sämtlicher Gesellschafter vor, geht § 16 als speziellere Regelung vor[92].

---

[77] *H. Schmidt* in Lutter Rn 9.
[78] *H. Schmidt* in Lutter Rn 9.
[79] Allgemein zur Anmeldung siehe §§ 16 und 17.
[80] § 17 Abs. 1.
[81] *H. Schmidt* in Lutter Rn 8.
[82] *Vossius* in Widmann/Mayer Rn 56.
[83] § 20 Abs. 1 Nr. 4, näher siehe § 20 Rn 94.
[84] Siehe Rn 16.
[85] *H. Schmidt* in Lutter Rn 18.
[86] Rn 16.
[87] *H. Schmidt* in Lutter Rn 18.
[88] So auch *H. Schmidt* in Lutter Rn 18.
[89] *H. Schmidt* in Lutter Rn 18.
[90] § 16 Abs. 1 Satz 1. Das Erfordernis, unter Angabe der Firma eine Namenszeichung der vertretungsberechtigten persönlich haftenden Gesellschafter beim Handelsregister einzureichen, wurde durch das EHUG vom 10.11.2006, BGBl. I S. 2553, aufgehoben.
[91] HM, *H. Schmidt* in Lutter Rn 18; *Stratz* in Schmitt/Hörtnagl/Stratz § 16 Rn 12; *Zimmermann* in Kallmeyer § 16 Rn 4; *Frenz* in Neye/Limmer/Frenz/Harnacke Rn 655.
[92] *H. Schmidt* in Lutter Rn 18; *Zimmermann* in Kallmeyer § 16 Rn 4.

2. Parallelvorschriften

Für den Formwechsel in eine OHG, KG, GbR, PartG, EWIV oder KGaA gewährleistet 30
§ 233 Abs. 1, Abs. 2 Satz 3 und Abs. 3 Satz 1 einen entsprechenden Schutz derjenigen Anteilsinhaber, denen im neuen Rechtsträger die Stellung eines persönlich haftenden Gesellschafters zukommen soll.

§ 41 Verschmelzungsbericht

Ein Verschmelzungsbericht ist für eine an der Verschmelzung beteiligte Personenhandelsgesellschaft nicht erforderlich, wenn alle Gesellschafter dieser Gesellschaft zur Geschäftsführung berechtigt sind.

Übersicht

	Rn		Rn
I. Allgemeines	1	a) Tatsächliche Geschäftsführungsbefugnis	8
1. Sinn und Zweck der Norm	1	b) GmbH & Co. KG	10
2. Anwendungsbereich	2	c) EWIV	11
3. Verhältnis zu § 8 Abs. 3	5	2. Rechtsfolge bei Verstoß	12
4. Entstehungsgeschichte	7	III. Parallelvorschriften	13
II. Einzelerläuterung	8		
1. Geschäftsführungsberechtigung aller Gesellschafter	8		

I. Allgemeines

1. Sinn und Zweck der Norm

Grundsätzlich ist auch für eine an der Verschmelzung beteiligte Personenhandelsgesell- 1
schaft ein Verschmelzungsbericht erforderlich[1]. Eine Ausnahme von der Berichtspflicht besteht, wenn alle Anteilsinhaber aller beteiligten Rechtsträger auf den Bericht in notarieller Form verzichten oder wenn der übernehmende Rechtsträger alleiniger Gesellschafter des übertragenden Rechtsträgers ist[2]. Der zweite Fall ist nur bei der Verschmelzung unter Beteiligung einer Personenhandelsgesellschaft als übernehmendem Rechtsträger denkbar. Die Vorschrift ergänzt diese Erleichterungen. Der Verschmelzungsbericht dient der Unterrichtung derjenigen Anteilsinhaber, denen es nicht möglich ist, an der Geschäftsführung teilzunehmen und sich damit selbst über die Vorgänge, insbesondere über den Wert der verschmelzungsbereiten Rechtsträger, zu unterrichten[3]. Sind alle Gesellschafter geschäftsführungsbefugt und haben sie deshalb die Möglichkeit, alle Unterlagen einzusehen und bei der Vorbereitung der Verschmelzung mitzuwirken, ist ein Bericht dementsprechend entbehrlich[4]. Aufgrund derselben Erwägungen sieht § 42 für die von der Geschäftsführung ausgeschlossenen Gesellschafter einer Personenhandelsgesellschaft besondere Informationsrechte vor[5].

---

[1] § 8 Abs. 1 Satz 1.
[2] § 8 Abs. 3; näher hierzu § 8 Rn 68 ff.
[3] RegBegr. *Ganske* S. 93.
[4] RegBegr. *Ganske* S. 93.
[5] § 42 Rn 1.

2. Anwendungsbereich

2 Die Vorschrift findet Anwendung, wenn an der Verschmelzung eine Personenhandelsgesellschaft[6] als übertragender oder übernehmender Rechtsträger beteiligt ist. Dabei gilt die Vorschrift sowohl für die Verschmelzung durch Aufnahme als auch für die Verschmelzung durch Neugründung.

3 Die Vorschrift ist bei Beteiligung anderer personalistisch strukturierter Rechtsträger nicht entsprechend anwendbar. Das gilt auch für eine GmbH mit ausschließlich geschäftsführenden Gesellschaftern[7]. Einer analogen Anwendung stehen der klare Wortlaut des Gesetzes und der Ausnahmecharakter der Norm entgegen[8]. Zudem ist die Person eines GmbH-Gesellschafters regelmäßig nicht aus dem Gesellschaftsvertrag ersichtlich. Auch aus Gründen der Rechtssicherheit ist deshalb ein notariell erklärter Verzicht auf den Verschmelzungsbericht[9] selbst dann zu verlangen, wenn alle Gesellschafter zu Geschäftsführern bestellt sind[10].

4 Die Vorschrift gilt auch für Spaltungen zur Aufnahme oder Neugründung, soweit an der Spaltung eine Personenhandelsgesellschaft als übertragender oder übernehmender Rechtsträger beteiligt ist[11]. Für die Vermögensübertragung hat die Norm keine Relevanz[12].

3. Verhältnis zu § 8 Abs. 3

5 Nach § 8 Abs. 3 Satz 1 1. Alt. Satz 2 ist ein Verschmelzungsbericht nicht erforderlich, wenn alle Anteilsinhaber aller beteiligten Rechtsträger durch notariell beurkundete Verzichtserklärungen auf seine Erstattung verzichten. Die Vorschrift ist neben § 41 anwendbar[13]. Für Personenhandelsgesellschaften hat sie nur dann Bedeutung, wenn nicht alle Gesellschafter geschäftsführungsbefugt sind.

6 Sind mehrere Personenhandelsgesellschaften beteiligt, kann für diejenigen, für die die Voraussetzungen des § 41 nicht vorliegen, ein Verschmelzungsbericht nur nach Maßgabe von § 8 Abs. 3 entbehrlich sein. Auch die Anteilsinhaber der Personenhandelsgesellschaft, bei der die Voraussetzungen des § 41 vorliegen[14], müssen in diesem Fall auf einen Verschmelzungsbericht verzichten. § 41 lässt es auch diesen Anteilsinhabern unbenommen, einen Verschmelzungsbericht zu verlangen. Eine kombinierte Anwendung der Vorschriften mit dem Ergebnis, dass es nur eines Verzichts der nicht geschäftsführungsbefugten Gesellschafter der beteiligten Personenhandelsgesellschaften und Anteilsinhaber sonstiger beteiligter Rechtsträger bedürfte und im Übrigen § 41 zur Anwendung käme, ist mit dem Wortlaut der Vorschriften nicht vereinbar[15].

4. Entstehungsgeschichte

7 Die Vorschrift entspricht wortgleich § 41 RefE und § 40 DiskE. Sie weicht vom alten Umwandlungsrecht ab. Danach war, soweit für Personengesellschaften die Möglichkeit bestand, an einer Umwandlung beteiligt zu sein, ein Umwandlungsbericht nicht vorgesehen[16].

---

[6] § 3 Rn 14.
[7] *Bayer* ZIP 1997, 1613, 1620; *H. Schmidt* in Lutter Rn 4; aA *Lutter* in Lutter § 8 Rn 53.
[8] Anders demgegenüber § 8 Rn 75 (*Gehling*); *Lutter/Drygala* in Lutter § 8 Rn 53; *Marsch-Barner* in Kallmeyer § 8 Rn 41.
[9] § 8 Abs 3.
[10] Siehe § 8 Rn 70 f.
[11] §§ 125 Satz 1 und 135 Abs. 1 Satz 1.
[12] § 175.
[13] *H. Schmidt* in Lutter Rn 7.
[14] *H. Schmidt* in Lutter Rn 7; aA *Vossius* in Widmann/Mayer Rn 12 ff.
[15] So aber *Vossius* in Widmann/Mayer Rn 12 ff.; wie hier *H. Schmidt* in Lutter Rn 7.
[16] Siehe § 8 Rn 1.

II. Einzelerläuterungen

1. Geschäftsführungsberechtigung aller Gesellschafter

a) Tatsächliche Geschäftsführungsbefugnis. Für eine an der Verschmelzung beteiligte Personenhandelsgesellschaft muss kein Verschmelzungsbericht erstattet werden, wenn alle Gesellschafter zur Geschäftsführung berechtigt sind. In erster Linie ist hierfür auf die gesellschaftsvertragliche Regelung der Geschäftsführungsbefugnis abzustellen[17]. Enthält der Gesellschaftsvertrag keine Bestimmungen zur Geschäftsführungsbefugnis, ist auf die **gesetzlichen Regelungen** zurück zu greifen. Danach sind bei der **OHG** im gesetzlichen Regelfall sämtliche Gesellschafter geschäftsführungsbefugt[18], so dass § 41 eingreift. Bei der **KG** sind hingegen die Kommanditisten von der Führung der Geschäfte ausgeschlossen[19]. Die Geschäfte der **EWIV**[20] werden von einer oder mehreren natürlichen Personen geführt, die durch den Gründungsvertrag oder durch Beschluss der Mitglieder bestellt werden. Die Vorschrift ist bei Beteiligung einer EWIV deshalb nur dann einschlägig, wenn alle Mitglieder zu Geschäftsführern bestellt sind.

Durch **gesellschaftsvertragliche Regelung** kann auch bei einer **OHG** die Geschäftsführungsbefugnis nur einzelnen Gesellschaftern eingeräumt werden[21]. Umgekehrt können in der KG auch die Kommanditisten aufgrund des Gesellschaftsvertrags zur Geschäftsführung berechtigt sein[22]. Von der Geschäftsführungsbefugnis zu unterscheiden ist die Befugnis zur Vertretung der Gesellschaft. Sie ist für die Anwendung von § 41 ohne Bedeutung[23].

b) GmbH & Co. KG. Die Vorschrift ist auch dann anwendbar, wenn alle Kommanditisten einer GmbH & Co. KG Geschäftsführer der Komplementär-GmbH sind[24]. Zwar bestehen insoweit im Ausgangspunkt dieselben Bedenken wie gegen eine entsprechende Anwendung der Vorschrift auf eine GmbH, in der sämtliche Gesellschafter zugleich Geschäftsführer sind[25]. Hier steht aber der zwingende Charakter der Umwandlungsvorschriften[26] nicht entgegen. Der **Wortlaut** der Vorschrift lässt eine Anwendung auf die GmbH & Co. KG zu[27]. Auch die Gesetzesbegründung schließt eine Anwendung der Vorschrift nicht aus, wenn die Geschäftsführungsbefugnis den geschäftsführungsberechtigten Personen nur mittelbar über eine Komplementärgesellschaft und nicht unmittelbar durch ihre Stellung als Anteilsinhaber zukommt. Entscheidend ist, dass Anteilsinhaber und geschäftsführende natürliche Personen dieselben Personen sind. Aus Gründen der Vorsicht empfiehlt es sich aber, in diesem Fall eine Vorabstimmung mit dem Handelsregister vorzunehmen.

---

[17] AllgM, *H. Schmidt* in Lutter Rn 2.
[18] § 114 Abs. 1 HGB.
[19] § 164 Satz 1 1. Halbs.
[20] § 19 Abs. 1 der 7. Verordnung (EWG) Nr. 2137/85 des Rats vom 25. 7. 1985, ABl. L 199 V vom 31. 7. 1985, S. 1 ff. über die Schaffung einer Europäischen wirtschaftlichen Interessenvereinigung (EWIV).
[21] § 114 Abs. 2 HGB.
[22] *Hopt* § 164 HGB Rn 7; vgl. § 163 HGB.
[23] *H. Schmidt* in Lutter Rn 5.
[24] *Stratz* in Schmitt/Hörtnagl/Stratz Rn 3; aA *H. Schmidt* in Lutter Rn 6; *Kallmeyer* in Kallmeyer Rn 2.
[25] Siehe Rn 3.
[26] Siehe § 1 Rn 80.
[27] AA *H. Schmidt* in Lutter Rn 6.

11 c) **EWIV.** Bei der EWIV können durch den Gründungsvertrag oder durch Beschluss der Mitglieder alle Mitglieder zu Geschäftsführern bestellt werden[28]. In diesem Fall findet die Vorschrift Anwendung.

2. Rechtsfolge bei Verstoß

12 Liegen weder die Voraussetzungen des § 41 noch des § 8 Abs. 3 vor und wird trotzdem für eine Personenhandelsgesellschaft kein Verschmelzungsbericht erstattet, ist der Verschmelzungsbeschluss fehlerhaft und damit nichtig[29], da das Recht der Personenhandelsgesellschaften keine anfechtbaren Beschlüsse kennt[30], wenn nicht der Gesellschaftsvertrag die Möglichkeit der bloßen Anfechtbarkeit vorsieht[31]. Der Beschluss kann dennoch ins Handelsregister eingetragen werden, wenn keiner der Gesellschafter innerhalb der Monatsfrist nach § 14 Abs. 1 Klage erhebt. Mit der Eintragung der Verschmelzung ins Handelsregister am Sitz des übernehmenden Rechtsträgers wird auch der Mangel einer fehlenden Berichterstattung geheilt[32].

III. Parallelvorschriften

13 Für den Formwechsel einer Personenhandelsgesellschaft in eine Kapitalgesellschaft oder eG enthält **§ 215** eine entsprechende Ausnahme von der Pflicht zur Erstellung eines Umwandlungsberichts[33].

§ 42 Unterrichtung der Gesellschafter

Der Verschmelzungsvertrag oder sein Entwurf und der Verschmelzungsbericht sind den Gesellschaftern, die von der Geschäftsführung ausgeschlossen sind, spätestens zusammen mit der Einberufung der Gesellschafterversammlung, die gemäß § 13 Abs. 1 über die Zustimmung zum Verschmelzungsvertrag beschließen soll, zu übersenden.

Übersicht

	Rn		Rn
I. Allgemeines	1	c) Frist	12
1. Sinn und Zweck der Norm	1	d) Kein Zugang	13
2. Anwendungsbereich	2	4. Verzicht	14
3. Entstehungsgeschichte	4	5. Rechtsfolgen bei Verstoß	15
II. Einzelerläuterung	5	6. Weitergehende Informations- und Auskunftsrechte	17
1. Erfasste Unterlagen	5	III. Verfahrens- und Parallelvorschriften	18
2. Empfänger	8	1. Anmeldung zum Handelsregister	18
3. Übersendung	10	2. Parallelvorschriften	19
a) Verpflichteter	10		
b) Form	11		

Literatur: *Hommelhoff,* Minderheitenschutz bei Umstrukturierungen, ZGR 1993, 452.

---

[28] § 19 Abs. 1 der 7. Verordnung (EWG) Nr. 2137/85 des Rats vom 25. 7. 1985, ABl. L 199 V vom 31. 7. 1985, S. 1 ff. über die Schaffung einer Europäischen wirtschaftlichen Interessenvereinigung (EWIV).
[29] *Lutter* § 8 Rn 57.
[30] St. Rspr., zuletzt *BGH* NJW 1999, 3113; *BGH* BB 1995, 692; *Hopt* § 119 HGB Rn 31; aA *K. Schmidt,* FS Stimpel, 1985, S. 217 ff.
[31] *BGH* NJW 1999, 3113; *Hopt* § 119 HGB Rn 31.
[32] § 20 Abs. 2; siehe § 20 Rn 92.
[33] § 192.

I. Allgemeines

1. Sinn und Zweck der Norm

Die Vorschrift schützt die Minderheitsgesellschafter, indem sie eine frühzeitige Information über die geplante Verschmelzung gewährleistet. Ein von der Geschäftsführung ausgeschlossener Gesellschafter einer OHG hat ein gesetzliches Informations- und Kontrollrecht[1]. Die Vorschrift konkretisiert dieses Recht[2]. Das allgemeine Informations- und Kontrollrecht eines Kommanditisten einer KG[3] beschränkt sich auf den Jahresabschluss und die zu dessen Überprüfung notwendigen Bücher und Papiere[4]. Für die Kommanditisten schafft die Vorschrift ein selbstständiges Auskunftsrecht über die Verschmelzung, das ihre Stellung stärken und ihnen die Informationsgrundlage für ihre Entscheidung geben soll[5].

2. Anwendungsbereich

Die Vorschrift findet Anwendung, wenn an der Verschmelzung eine **Personenhandelsgesellschaft**[6] **als übertragender oder übernehmender Rechtsträger** beteiligt ist. Dabei gilt die Vorschrift sowohl für die Verschmelzung durch Aufnahme als auch für die Verschmelzung durch Neugründung.

Sie gilt auch für **Spaltungen** zur Aufnahme oder Neugründung[7], soweit an der Spaltung eine Personenhandelsgesellschaft als übertragender oder übernehmender Rechtsträger beteiligt ist. Für die Vermögensübertragung hat sie keine Relevanz[8].

3. Entstehungsgeschichte

Die Norm entspricht § 42 RefE und § 41 DiskE. Eine entsprechende Regelung war im alten Umwandlungsrecht nicht enthalten.

II. Einzelerläuterungen

1. Erfasste Unterlagen

Der Verschmelzungsvertrag oder sein Entwurf und der Verschmelzungsbericht sind zu übersenden. Bestandteil des **Verschmelzungsvertrags bzw. dessen Entwurfs** sind die in ihm genannten Anlagen[9]. Ebenfalls dazu gehören Nebenabreden, die nach dem Willen der Verschmelzungspartner mit dem Vertrag bzw. Vertragsentwurf eine Einheit bilden und deshalb der Beschlussfassung der Gesellschafterversammlung unterliegen[10]. Der übersandte Verschmelzungsvertrag bzw. Entwurf muss die in der allgemeinen Vorschrift genannten Angaben[11] und die in besonderen Vorschriften[12] für einzelne Rechtsträger vorgesehenen Anga-

---

[1] § 118.
[2] RegBegr. *Ganske* S. 93.
[3] §§ 161 Abs. 2, 166 HGB.
[4] § 166 Abs. 2 HGB.
[5] RegBegr. *Ganske* S. 93.
[6] § 3 Rn 14.
[7] §§ 125 Satz 1 und 135 Abs. 1 Satz 1.
[8] § 175.
[9] AllgM, vgl. *H. Schmidt* in Lutter Rn 5
[10] *Bermel* in Goutier/Knopf/Tulloch Rn 5.
[11] Vgl. § 5.
[12] ZB §§ 37, 40, 46, 80.

ben enthalten[13]. Auch der zu übersendende **Verschmelzungsbericht** muss inhaltlich den gesetzlichen Anforderungen[14] genügen. Eine Übersendung des Verschmelzungsberichts entfällt, wenn kein Verschmelzungsbericht erstellt wurde[15].

6 Auch wenn der Wortlaut der Vorschrift dies nicht anordnet[16], ist auch ein bereits vorhandener **Prüfungsbericht** zu übersenden[17]. Ist eine Verschmelzungsprüfung erforderlich, verlangt dies der Schutzcharakter des § 44[18]. Aber auch wenn ein Prüfungsbericht nur auf Veranlassung der Geschäftsführung erstellt wurde, ist dieser zu übersenden[19].

7 Ist **vor der Einberufung** der Gesellschafterversammlung ein **Prüfungsverlangen** nach § 44 gestellt worden, darf erst einberufen werden, wenn der Prüfungsbericht vorliegt[20]. Wird die Prüfung erst **nach der Einberufung** verlangt, ist die Übersendung des Prüfungsberichts nachzuholen, sobald der Bericht vorliegt. Dem Empfänger muss bis zur Gesellschafterversammlung jedoch ausreichend Zeit verbleiben, um den Prüfungsbericht auszuwerten[21]. Als Untergrenze ist dafür eine Woche anzusetzen[22]. Wird das Prüfungsverlangen erst **in der Gesellschafterversammlung** gestellt, muss die Beschlussfassung vertagt werden. Der Prüfungsbericht ist dann spätestens mit der Einberufung der neuen Gesellschafterversammlung zu übersenden[23].

2. Empfänger

8 Die Informationen sind an jeden **von der Geschäftsführung ausgeschlossenen Gesellschafter** zu übersenden. Für die Frage, welche Gesellschafter von der Geschäftsführung ausgeschlossen sind, ist vorrangig die gesellschaftsvertragliche Ausgestaltung maßgeblich. Falls der Gesellschaftsvertrag keine Regelung enthält, kommt es auf die gesetzliche Regelung an[24].

9 Ist nach dem Gesellschaftsvertrag die Ausübung der Gesellschafterrechte einem gemeinsamen Vertreter mehrerer Gesellschafter oder einem Stammesbevollmächtigten übertragen (**obligatorische Gruppenvertretung**)[25], sind die Verschmelzungsunterlagen dem Gruppenvertreter zu übersenden, wenn er aufgrund der ihm erteilten Vollmacht das Stimmrecht auch bei der Beschlussfassung über die Verschmelzung ausübt[26]. Dies entspricht dem Grundsatz, dass derjenige zu informieren ist, der über die Verschmelzung beschließt[27]. Zusätzlich sind auch den vertretenen Gesellschaftern die Unterlagen zu übersenden[28]. Das folgt aus dem zwingenden Charakter[29] der Umwandlungsvorschriften[30].

---

[13] *Vossius* in Widmann/Mayer Rn 8.
[14] § 8 Abs. 1 und 2.
[15] Vgl. § 8 Abs. 3; siehe § 8 Rn 68 ff.
[16] Nach *Hommelhoff* ZGR 1993, 452, 462 Fn 23 handelt es sich um ein Redaktionsversehen.
[17] *H. Schmidt* in Lutter Rn 5; *Bermel* in Goutier/Knopf/Tulloch Rn 5; bezogen auf einen nach § 44 zu erstellenden Prüfungsbericht auch *Kallmeyer* in Kallmeyer Rn 3; *Vossius* in Widmann/Mayer Rn 29.
[18] *H. Schmidt* in Lutter Rn 5; siehe § 44 Rn 2.
[19] So auch *H. Schmidt* in Lutter Rn 5; *Bermel* in Goutier/Knopf/Tulloch Rn 5.
[20] *H. Schmidt* in Lutter Rn 5.
[21] *H. Schmidt* in Lutter Rn 5.
[22] *H. Schmidt* in Lutter Rn 5.
[23] *H. Schmidt* in Lutter Rn 5; näher zur Verschmelzungsprüfung siehe § 44 Rn 17; § 9 Rn 14 ff.
[24] Zu den Einzelheiten siehe § 41 Rn 8.
[25] Allgemein zur obligatorischen Gruppenvertretung *K. Schmidt* ZHR 146 (1982) 525 ff.; zuletzt *Schörnig* ZEV 2002, 343 ff.
[26] *H. Schmidt* in Lutter Rn 6.
[27] *H. Schmidt* in Lutter Rn 6.
[28] AA *H. Schmidt* in Lutter Rn 6.
[29] § 1 Rn 80.
[30] AA *H. Schmidt* in Lutter Rn 6.

3. Übersendung

a) Verpflichteter. Zur Übersendung verpflichtet ist die Gesellschaft[31]. Zuständig sind deren Geschäftsführer. Die Kosten gehen zu Lasten der Gesellschaft[32]. Dies folgt aus dem Schutzzweck der Vorschrift sowie daraus, dass anders als bei der allgemeinen Pflicht zur Erteilung einer Abschrift des Vertrags oder der Niederschrift des Beschlusses[33] eine Kostentragungspflicht zu Lasten der Anteilsinhaber nicht vorgesehen ist.

b) Form. Zu übersenden ist der vollständige Text der Unterlagen in einfacher Abschrift oder Kopie[34]. Eine Übersendung von beglaubigten Abschriften ist nicht erforderlich. Abschriften des Verschmelzungsvertrags werden nur auf Verlangen des Anteilsinhabers und auf dessen Kosten erteilt[35]. Zulässig ist auch die Übersendung per Telefax[36]. Auch die **persönliche Aushändigung** der Verschmelzungsunterlagen an den Empfänger genügt. Nur wenn die Verschmelzungsunterlagen zusammen mit der Einberufung übersandt werden, ist die **Form der Einberufung** auch für die Übersendung der Unterlagen maßgeblich[37].

c) Frist. Die Verschmelzungsunterlagen sind spätestens zusammen mit der Einberufung der Gesellschafterversammlung, die über die Verschmelzung beschließen soll, zu übersenden. „Zusammen" bedeutet, dass die Unterlagen spätestens zeitgleich mit der Einberufung zu übersenden sind. Für die Einberufung der Gesellschafterversammlung einer Personenhandelsgesellschaft gibt es keine gesetzliche Frist. Der Gesetzgeber hat deshalb davon abgesehen, eine bestimmte Frist für die Übersendung der Verschmelzungsunterlagen festzusetzen[38]. Sieht der Gesellschaftsvertrag eine Frist für die Einberufung der Gesellschafterversammlung vor, ist diese auch für die Übersendung der Verschmelzungsunterlagen zu beachten. Die Übersendung muss aber in jedem Fall so rechtzeitig erfolgen, dass die von der Geschäftsführung ausgeschlossenen Gesellschafter die Verschmelzungsunterlagen auswerten und sich für die Stimmabgabe bei der Beschlussfassung über die Verschmelzung eine Meinung bilden können[39]. Die Mindestfrist dafür wird man bei einer Woche ansetzen müssen[40]. Da auch die Einberufung so rechtzeitig erfolgen muss, dass eine ordnungsgemäße Vorbereitung auf die Gesellschafterversammlung möglich ist, sind die Verschmelzungsunterlagen idR nicht vor der Einberufung zu übersenden. Denn auch für die Einberufung ist regelmäßig von einer Mindestfrist von einer Woche auszugehen[41]. Wenn und soweit Gesellschafter binnen Wochenfrist nach Erhalt der Unterlagen eine Verschmelzungsprüfung verlangen können, empfiehlt es sich, eine entsprechend längere Frist zu wählen, um eine kurzfristige Vertagung der Gesellschafterversammlung zu vermeiden[42].

d) Kein Zugang. Die Verschmelzungsunterlagen sind an die der Gesellschaft vom Gesellschafter zuletzt bekannt gegebene Adresse zu übersenden. Ist der Gesellschaft bei Übersendung bekannt, dass die Unterlagen den Gesellschafter nicht unter der genannten, wohl aber unter einer anderen Adresse erreichen können, sind sie an letztere zu übersenden[43]. Die

---

[31] *Bermel* in Goutier/Knopf/Tulloch Rn 6.
[32] *H. Schmidt* in Lutter Rn 8; *Bermel* in Goutier/Knopf/Tulloch Rn 6.
[33] § 13 Abs. 3 Satz 3; siehe § 13 Rn 52.
[34] AllgM, *H. Schmidt* in Lutter Rn 8.
[35] § 13 Abs. 3 Satz 3; *Kallmeyer* in Kallmeyer Rn 4.
[36] *H. Schmidt* in Lutter Rn 8; aA *Vossius* in Widmann/Mayer Rn 13.
[37] AA *H. Schmidt* in Lutter Rn 8.
[38] RegBegr. *Ganske* S. 93.
[39] So auch *H. Schmidt* in Lutter Rn 7.
[40] In Anlehnung an § 51 Abs. 1 Satz 2 GmbHG. Vgl. *H. Schmidt* in Lutter Rn 7; *Bermel* in Goutier/Knopf/Tulloch Rn 10; weiter, ausgehend von einer Monatsfrist entsprechend § 123 AktG, die indessen auf eine Woche verkürzt werden könne, *Stratz* in Schmitt/Hörtnagl/Stratz Rn 3.
[41] *Bermel* in Goutier/Knopf/Tulloch Rn 10.
[42] Näher dazu § 44 Rn 9 ff., 13 ff.
[43] *H. Schmidt* in Lutter Rn 9.

Verschmelzungsunterlagen **müssen den Gesellschaftern nicht zugehen**. Das Risiko des Zugangs der Unterlagen[44] trägt der jeweilige Gesellschafter, wenn die Gesellschaft die ordnungsgemäße Übersendung sichergestellt hat[45]. Wie bei der Einberufung der Gesellschafterversammlung ist ein Zugang nicht erforderlich[46]. In der Praxis empfiehlt es sich gleichwohl, den Zugang wenn möglich sicherzustellen und in geeigneter Weise – Zustellungsurkunde, Empfangsbekenntnis, Überbringen durch Boten – zu dokumentieren[47].

4. Verzicht

14 Der **Gesellschaftsvertrag** kann das Recht der Gesellschafter auf Übersendung der Verschmelzungsunterlagen wegen des zwingenden Charakters der Umwandlungsvorschriften[48] nicht ausschließen oder einschränken[49]. Eine nach § 118 Abs. 2 HGB zulässige Einschränkung der Informationsrechte des persönlich haftenden Gesellschafters im Gesellschaftsvertrag ist für § 42 unbeachtlich[50]. Weder die Gesellschaftergesamtheit noch ein einzelner Gesellschafter kann **vor der Gesellschafterversammlung**, die über die Zustimmung zum Verschmelzungsvertrag beschließt, mit Bindungswirkung auf die Übersendung der Verschmelzungsunterlagen verzichten. Erklärt der betroffene Gesellschafter einen Verzicht, kann und darf ihn das nicht daran hindern, später doch noch die Übersendung der Unterlagen fordern zu können, etwa weil er sich nach einer veränderten Einschätzung der Verschmelzungssituation doch noch umfassender informieren will. Der **Gesellschaftergesamtheit** bleibt es dagegen unbenommen, **nachträglich auf die Übersendung zu verzichten** und den Verschmelzungsbeschluss unter ausdrücklichem Verzicht auf die Übersendung zu fassen[51]. Auch der **einzelne Gesellschafter kann** im Einzelfall nachträglich, insbesondere in der Gesellschafterversammlung, auf die Übersendung verzichten[52]. Ein Verzicht ist auch ohne ausdrückliche Verzichtserklärung anzunehmen, wenn der betroffene Gesellschafter in der Gesellschafterversammlung erscheint, die unterbliebene oder fehlerhafte Übersendung der Verschmelzungsunterlagen nicht rügt und den Mangel auch nicht im Wege einer Klage gegen den Verschmelzungsbeschluss geltend macht[53]. Es empfiehlt sich allerdings, den Verzicht in der Gesellschafterversammlung zu erklären und vom Notar in der Niederschrift über den Verschmelzungsbeschluss protokollieren zu lassen[54].

5. Rechtsfolgen bei Verstoß

15 Die fehlende oder verspätete Übersendung der Verschmelzungsunterlagen an die von der Geschäftsführung ausgeschlossenen Gesellschafter oder Einzelne von ihnen stellt, falls insoweit kein wirksamer Verzicht vorliegt, einen Beschlussmangel dar[55]. Dieser führt zur **Nichtigkeit des Verschmelzungsbeschlusses**, wenn die fehlerhafte Übersendung für das Be-

---

[44] Zum Zugang *Heinrichs* in Palandt § 130 BGB Rn 5 ff.
[45] IE wohl auch *H. Schmidt* in Lutter Rn 9.
[46] So *H. Schmidt* in Lutter Rn 9; auf eine entsprechende gesellschaftsvertragliche Regelung abstellend *Vossius* in Widmann/Mayer Rn 12.
[47] *Vossius* in Widmann/Mayer Rn 15.
[48] § 1 Rn 80.
[49] *H. Schmidt* in Lutter Rn 3; *Bermel* in Goutier/Knopf/Tulloch Rn 7; einschränkend *Vossius* in Widmann/Mayer Rn 17.
[50] *H. Schmidt* in Lutter Rn 3.
[51] *H. Schmidt* in Lutter Rn 3.
[52] *H. Schmidt* in Lutter Rn 3; *Vossius* in Widmann/Mayer Rn 19.
[53] *H. Schmidt* in Lutter Rn 3, der die Nichterhebung der Klage gegen den Verschmelzungsbeschluss ausreichen lässt; *Vossius* in Widmann/Mayer Rn 19, der es ausreichen lässt, dass der berechtigte Gesellschafter die unterbliebene Übersendung nicht rügt.
[54] Vgl. *Vossius* in Widmann/Mayer Rn 21.
[55] *H. Schmidt* in Lutter Rn 10; *Vossius* in Widmann/Mayer Rn 22 ff.

schlussergebnis relevant kausal war. Aufgrund des Informationszwecks der Regelung[56] ist grundsätzlich von einer **Relevanz** auszugehen[57]. Die Information soll den nicht geschäftsführenden Gesellschaftern auch ermöglichen, in der Gesellschafterversammlung Gegenargumente vorzubringen[58] und auf das Abstimmungsverhalten anderer Einfluss nehmen zu können. Die Gesellschaft kann aber den Gegenbeweis antreten, dass die fehlende oder fehlerhafte Übersendung ohne Einfluss auf das Beschlussergebnis war[59]. Hierfür genügt nicht, dass die Stimme des betroffenen Gesellschafters für das Beschlussergebnis unerheblich war[60].

Der Beschlussmangel ist binnen eines Monats nach der Beschlussfassung gerichtlich geltend zu machen[61]. Wird die Verschmelzung beim Register des Sitzes des übernehmenden Rechtsträgers eingetragen, wird der **Übersendungsmangel geheilt**[62]. Möglich bleibt dann ein **Schadensersatzanspruch** gegen die geschäftsführenden Gesellschafter[63]. 16

6. Weitergehende Informations- und Auskunftsrechte

Die von der Geschäftsführung ausgeschlossenen Gesellschafter haben aus allgemeinen Grundsätzen des Personengesellschaftsrechts einen **Anspruch auf Auskunftserteilung.** Sie können vor und in der Gesellschafterversammlung Informationen zur Verschmelzung, insbesondere zum Verschmelzungsvertrag und zum Verschmelzungsbericht, verlangen, wenn diese zur sachgerechten Beurteilung der Verschmelzung erforderlich sind und sich nicht aus den überlassenen Unterlagen entnehmen lassen[64]. Das gilt auch für alle für die Verschmelzung wesentlichen Angelegenheiten der anderen beteiligten Rechtsträger[65]. Einer Gesamtanalogie zu den Vorschriften, die eine solche Auskunftspflicht ausdrücklich vorsehen, bedarf es nicht[66]. Eine generelle Verpflichtung zur **Erläuterung** des Verschmelzungsberichts, wie bei der Beteiligung einer AG[67], besteht nicht[68]. Auch sind Verschmelzungsvertrag, Verschmelzungsbericht und Prüfungsbericht **nicht auszulegen**[69]. 17

III. Verfahrens- und Parallelvorschriften

1. Anmeldung zum Handelsregister

Ein Nachweis über die Übersendung von Verschmelzungsvertrag und Verschmelzungsbericht muss der Anmeldung nicht beigefügt werden[70]; er ist **keine formelle Eintragungsvoraussetzung**[71]. Da die fehlende oder fehlerhafte Übersendung der Verschmelzungsunter- 18

---

[56] Dazu allgemein *BGH* WM 1995, 701, 706.
[57] *H. Schmidt* in Lutter Rn 10; allgemein zur Relevanz von Auskunftspflichtverletzungen BGHZ 160, 385, 392 mwN.
[58] *H. Schmidt* in Lutter Rn 10.
[59] *BGH* NJW 1987, 1262, 1263.
[60] AA *Vossius* in Widmann/Mayer Rn 25.
[61] § 14 Abs. 1.
[62] § 20 Abs. 2; näher zur Heilung durch Eintragung der Verschmelzung § 20 Rn 84 ff.
[63] § 25.
[64] *H. Schmidt* in Lutter Rn 12; *Limmer* in Neye/Limmer/Frenz/Harnacke Rn 635; *Stratz* in Schmitt/Hörtnagl/Stratz Rn 4.
[65] *H. Schmidt* in Lutter Rn 12; *Stratz* in Schmitt/Hörtnagl/Stratz Rn 4.
[66] §§ 49 Abs. 3, 64 Abs. 2, 78, 83 Abs. 1 Satz 3, 102 Satz 2 und 112 Abs. 2 Satz 2.
[67] Siehe § 64 Rn 9 ff.
[68] *H. Schmidt* in Lutter Rn 12; vgl. auch die Kritik zum RefE von *Hommelhoff* ZGR 1993, 452, 462 Fn 24.
[69] Anders bei der AG, siehe § 64 Rn 4 ff.; zur GmbH siehe § 49 Rn 6 ff.; *H. Schmidt* in Lutter Rn 12; vgl. auch die Kritik zum RefE von *Hommelhoff* ZGR 1993, 452, 462 Fn 23.
[70] Siehe § 17 Rn 2 ff.
[71] *H. Schmidt* in Lutter Rn 11.

lagen bei Kausalität für das Beschlussergebnis zur Nichtigkeit des Verschmelzungsbeschlusses führt[72], können Übersendungsmängel aber für das Vorliegen der **materiellen Eintragungsvoraussetzungen** Bedeutung haben. Die Übersendung der Verschmelzungsunterlagen kann deshalb im Interesse der Richtigkeit des Handelsregisters Gegenstand der Eintragungsprüfung durch das Registergericht sein[73]. Es empfiehlt sich deshalb, sogleich mit der Anmeldung einen entsprechenden Nachweis zu erbringen. Dieser kann am besten durch die Aufnahme einer Empfangsbestätigung aller nicht geschäftsführenden Gesellschafter in das notarielle Versammlungsprotokoll[74] gewährleistet werden. Die Abgabe einer **Negativerklärung**[75] oder eines Klageverzichts[76] machen den Nachweis nach richtiger Ansicht entbehrlich[77].

2. Parallelvorschriften

19 Für die Verschmelzung unter Beteiligung einer GmbH enthält § 47 eine nahezu wortgleiche Regelung. Für den Formwechsel einer Personenhandelsgesellschaft in eine Kapitalgesellschaft oder eG enthält § 216 eine entsprechende Regelung für den Umwandlungsbericht[78] und das Abfindungsangebot[79].

§ 43 Beschluß der Gesellschafterversammlung

(1) **Der Verschmelzungsbeschluß der Gesellschafterversammlung bedarf der Zustimmung aller anwesenden Gesellschafter; ihm müssen auch die nicht erschienenen Gesellschafter zustimmen.**

(2) **Der Gesellschaftsvertrag kann eine Mehrheitsentscheidung der Gesellschafter vorsehen. Die Mehrheit muß mindestens drei Viertel der abgegebenen Stimmen betragen. Widerspricht ein Anteilsinhaber eines übertragenden Rechtsträgers, der für dessen Verbindlichkeiten persönlich unbeschränkt haftet, der Verschmelzung, so ist ihm in der übernehmenden oder der neuen Personenhandelsgesellschaft die Stellung eines Kommanditisten zu gewähren; das gleiche gilt für einen Anteilsinhaber der übernehmenden Personenhandelsgesellschaft, der für deren Verbindlichkeiten persönlich unbeschränkt haftet, wenn er der Verschmelzung widerspricht.**

Übersicht

	Rn		Rn
I. Allgemeines	1	b) Beschlussfassung in Gesellschafterversammlung	10
1. Sinn und Zweck der Norm	1	c) Notarielle Form	14
2. Anwendungsbereich	4	2. Einstimmigkeitsgrundsatz	15
3. Entstehungsgeschichte und Neufassung von § 43 Abs. 2 Satz 2	5	a) Gesetzlicher Regelfall	15
II. Einzelerläuterungen	9	b) Stimmenthaltung, ungültige Stimmabgabe, Stimmrechtsausschluss	16
1. Verschmelzungsbeschluss	9		
a) Beschlussgegenstand	9	c) Zustimmung zum Beschluss	20

---

[72] Siehe Rn 15.
[73] Vgl. *OLG Naumburg* GmbHR 1997, 1152, 1153.
[74] *Kallmeyer* in Kallmeyer Rn 7; vgl. auch *Vossius* in Widmann/Mayer Rn 21.
[75] § 16 Abs. 2 Satz 1.
[76] § 16 Abs. 2 Satz 2.
[77] So auch *H. Schmidt* in Lutter Rn 11.
[78] § 192.
[79] § 207.

	Rn		Rn
d) Zeitpunkt von Beschluss und Zustimmungen	22	a) Anwendungsbereich	35
e) Rechtsfolge bei ausstehender Zustimmung	23	b) Widerspruch	37
		c) Rechtsfolge bei Widerspruch	40
3. Zulassung der Mehrheitsentscheidung im Gesellschaftsvertrag	27	5. Sonstige Zustimmungserfordernisse	43
a) Zulässigkeit und Gestaltungsgrenzen	27	a) Allgemeines	43
b) Qualifiziertes Mehrheitserfordernis	29	b) Gesellschaftsvertrag	44
c) Beschlussfähigkeit	30	c) Nicht voll eingezahlte GmbH-Anteile	45
d) Bestimmtheit der gesellschaftsvertraglichen Regelung	31	d) Übernahme der persönlichen Haftung	46
e) Publikumsgesellschaften	34	e) Vinkulierung der Beteiligung	47
4. Widersprechender Vollhaftender	35	**III. Parallelvorschriften**	48

Literatur: *Bayer,* 1000 Tage neues Umwandlungsrecht, ZIP 1997, 1613; *Bork,* Beschlußverfahren und Beschlußkontrolle nach dem Referentenentwurf eines Gesetzes zur Bereinigung des Umwandlungsrechts, ZGR 1993, 343; *Dörrie,* Das neue Umwandlungsgesetz, WiB 1995, 1; *Lüttge,* Das neue Umwandlungs- und Umwandlungssteuerrecht, NJW 1995, 417; *Mecke,* Von der Personen- zur Kapitalgesellschaft, ZHR 153 (1989) 35; *Priester,* Strukturänderungen – Beschlußvorbereitung und Beschlussfassung, ZGR 1990, 420; *Reichert,* Folgen der Anteilsvinkulierung für Umstrukturierungen von Gesellschaften mit beschränkter Haftung und Aktiengesellschaften nach dem Umwandlungsgesetz 1995, GmbHR 1995, 176; *H. Schmidt,* Mehrheitsklauseln für Umwandlungsbeschlüsse in Gesellschaftsverträgen von Personenhandelsgesellschaften nach neuem Umwandlungsrecht, FS Brandner, 1996, S. 133; *K. Schmidt,* Die obligatorische Gruppenvertretung im Recht der Personengesellschaften und der GmbH, ZHR 146 (1982) 525; *Schöne,* Das Aktienrecht als „Maß aller Dinge" im neuen Umwandlungsrecht?, GmbHR 1995, 325; *Streck/Mack/Schwedhelm,* Verschmelzung und Formwechsel nach dem neuen Umwandlungsgesetz, GmbHR 1995, 161; *Werner/Kindermann,* Umwandlung mittelständischer Unternehmen in eine Aktiengesellschaft: Gesellschaftsrechtliche Vor- und Nachteile und Verfahren, ZGR 1981, 17; *Priester,* Personengesellschaften im Umwandlungsrecht, DStR 2005, 788; *H. Westermann,* Die Umwandlung einer Personenhandelsgesellschaft aufgrund eines Mehrheitsbeschlusses in eine Kapitalgesellschaft, Freundesgabe für Hengeler, 1972, S. 240; siehe auch Literaturverzeichnis zu § 39.

I. Allgemeines

1. Sinn und Zweck der Norm

Ein Verschmelzungsvertrag wird nach § 13 Abs. 1 nur wirksam, wenn die Anteilsinhaber **1** der beteiligten Rechtsträger ihm durch Verschmelzungsbeschluss zustimmen[1]. Die Vorschrift regelt die **Mehrheitserfordernisse** für die Beschlussfassung der Gesellschafter der beteiligten Personenhandelsgesellschaften und ergänzt insoweit die allgemeine Regelung. Wie bei allen Grundlagenentscheidungen im Recht der Personenhandelsgesellschaften ist auch für den Verschmelzungsbeschluss Einstimmigkeit die gesetzliche Regel. Die Gesetzesbegründung zieht für die übertragende Personenhandelsgesellschaft die Parallele zur Auflösung[2]. Ist eine Personenhandelsgesellschaft übernehmender Rechtsträger, folgt das Erfordernis der Einstimmigkeit aus dem verstärkten Haftungsrisiko infolge der Übernahme der Verbindlichkeiten des übertragenden Rechtsträgers[3]. Darüber hinaus ist die Einstimmigkeit insbesondere in einer konzernverbundenen Personenhandelsgesellschaft das wirksamste, oft auch das einzige Mittel zum Schutz der Minderheitsgesellschafter[4].

Abs. 2 Satz 1 lässt zu, dass der Gesellschaftsvertrag eine Mehrheitsentscheidung vorsieht. **2** Abs. 2 Satz 2 legt hierfür eine Mindestgrenze von drei Vierteln der abgegebenen Stimmen

---

[1] § 13 Abs. 1.
[2] RegBegr. *Ganske* S. 94.
[3] RegBegr. *Ganske* S. 94.
[4] RegBegr. *Ganske* S. 94.

fest. Es entspricht dem Mindestquorum bei den verschmelzungsfähigen Rechtsträgern anderer Rechtsformen[5].

3 Die verschiedenen Regelungen der Vorschrift bezwecken den **Schutz des einzelnen Gesellschafters**[6]. Dies gilt auch für Abs. 2 Satz 3, der die schon bisher persönlich und unbeschränkt haftenden Anteilsinhaber, die bei der Mehrheitsentscheidung überstimmt worden sind, vor einem ungewollten, durch die Verschmelzung **verstärkten Haftungsrisiko** schützen will. Zu diesem Zweck räumt er ihnen die Möglichkeit ein, in die Kommanditistenstellung zu wechseln[7].

2. Anwendungsbereich

4 Die Vorschrift findet Anwendung, wenn an der Verschmelzung eine Personenhandelsgesellschaft[8] **als übertragender oder übernehmender Rechtsträger** beteiligt ist. Dabei gilt die Vorschrift sowohl für die Verschmelzung durch Aufnahme als auch für die Verschmelzung durch Neugründung. Während Abs. 1 und Abs. 2 Satz 1 und 2 nur für die an der Verschmelzung beteiligten Personenhandelsgesellschaften gelten, gilt Abs. 2 Satz 3 auch für Anteilseigner beteiligter Rechtsträger mit anderer Rechtsform. Er ist aber nur anwendbar, wenn der übernehmende Rechtsträger eine Personenhandelsgesellschaft ist. Die Vorschrift gilt auch für Spaltungen zur Aufnahme oder Neugründung[9]. Bei der Vermögensübertragung ist sie nicht relevant[10].

3. Entstehungsgeschichte und Neufassung von § 43 Abs. 2 Satz 2

5 Abs. 1 entspricht §§ 42 Abs. 1 Satz 1 und 48 Abs. 1 Satz 1 UmwG 1969, die die errichtende Umwandlung einer Personenhandelsgesellschaft in eine GmbH bzw. AG und KGaA regeln. In Abweichung von der zuvor geltenden Rechtslage lässt Abs. 2 es ausdrücklich zu, dass der Gesellschaftsvertrag anstelle der gesetzlich vorgesehenen Zustimmung aller Gesellschafter eine Mehrheitsentscheidung vorsieht. Die in Abs. 2 Satz 2 enthaltene Mindestgrenze von drei Vierteln der abgegebenen Stimmen entspricht dem zum alten Recht ergangenen „Freudenberg"-Urteil[11] des BGH. Darin hat der BGH die Frage, ob das gesetzliche Einstimmigkeitsprinzip des § 43 UmwG 1969 dispositiv ist, zugunsten der Zulässigkeit einer gesellschaftsvertraglichen Mehrheitsklausel entschieden.

6 Bereits § 42 DiskE und § 43 RefE sahen als Regelfall das Einstimmigkeitsprinzip vor und regelten die Schranken der gesellschaftsvertraglichen Mehrheitsklauseln iSd geltenden Rechts. Allerdings stellte § 43 DiskE für die **Berechnung der Mehrheit** noch auf die Zahl der Gesellschafter ab. Die nachfolgenden Entwürfe stellen dagegen in Übereinstimmung mit der Vertragspraxis bei Personenhandelsgesellschaften auf die Anzahl der Stimmen ab[12].

7 Entgegen § 42 DiskE sieht die Vorschrift für den Fall einer Mehrheitsentscheidung in Abs. 2 Satz 3 vor, dass einem persönlich haftenden Anteilsinhaber eines beteiligten Rechtsträgers die Stellung eines **Kommanditisten** zu gewähren ist, wenn er der Verschmelzung widerspricht. Diese im RefE erstmals vorgesehene Bestimmung wurde damit begründet, dass es nicht möglich sein soll, einen bisher persönlich unbeschränkt haftenden Anteilsinhaber eines übertragenden Rechtsträgers, der bei einer Mehrheitsentscheidung überstimmt wird, zu zwingen, für Verbindlichkeiten des übernehmenden Rechtsträgers weiterhin persönlich

---

[5] Siehe zB §§ 45 d, 50 Abs. 1, 65 Abs. 1 Satz 1, 84; RegBegr. *Ganske* S. 94.
[6] *H. Schmidt* in Lutter Rn 3.
[7] RegBegr. *Ganske* S. 94.
[8] § 3 Rn 14.
[9] §§ 125 Satz 1 und 135 Abs. 1 Satz 1.
[10] § 175.
[11] BGHZ 85, 351.
[12] Begr. § 43 RefE in *Ganske* RefE; RegBegr. *Ganske* S. 94.

unbeschränkt zu haften, wenn ihm die Schuldenlast oder die Erfolgsaussichten des übernehmenden Rechtsträgers nach der Fusion bedenklich erscheinen[13]. Aufgrund der vergleichbaren Interessenlage[14] sah § 43 RegE erstmals auch die Anwendbarkeit dieser Regelung auf unbeschränkt haftende Gesellschafter der übernehmenden Personenhandelsgesellschaft vor.

§ 43 aF ließ nur gesellschaftsvertragliche Mehrheitsklauseln zu, die mindestens die Mehrheit von drei Vierteln der Stimmen der Gesellschafter vorsahen. Deshalb war umstritten, ob diese Voraussetzung auch bei einer Klausel erfüllt war, die eine Mehrheit von drei Vierteln der abgegebenen Stimmen genügen ließ, oder ob die Mehrheit bezogen auf die Stimmen aller Gesellschafter zu bestimmen war[15]. Zur Ausräumung dieser Auslegungszweifel[16] erfolgte eine Klarstellung[17]. Nunmehr sind wie bei den anderen Rechtsformen Mehrheitsklauseln zulässig, die mindestens eine Mehrheit von drei Vierteln der **abgegebenen Stimmen** vorsehen[18].

II. Einzelerläuterungen

1. Verschmelzungsbeschluss

a) **Beschlussgegenstand.** Gegenstand der Beschlussfassung ist der vollständige **Verschmelzungsvertrag oder sein Entwurf.** Dazu gehören auch alle **Nebenabreden,** die mit der Verschmelzung in untrennbarem Zusammenhang stehen[19]. Bei der Verschmelzung durch Neugründung ist insbesondere auch das **Statut des neu gegründeten Rechtsträgers** Beschlussgegenstand[20]. Der Verschmelzungsbeschluss ist Wirksamkeitsvoraussetzung für den Verschmelzungsvertrag[21]. Den geschäftsführenden Gesellschaftern steht ohne den Verschmelzungsbeschluss keine Vertretungsbefugnis zu[22]. Wird der Vertrag oder der Entwurf nach dem Beschluss geändert, ist ein erneuter Verschmelzungsbeschluss erforderlich[23].

b) **Beschlussfassung in Gesellschafterversammlung.** § 13 Abs. 1 Satz 2 schreibt für alle Rechtsformen **zwingend** vor, dass der Verschmelzungsbeschluss in einer Versammlung der Anteilsinhaber gefasst werden muss. Der Gesellschaftsvertrag kann hiervon nicht abweichen. Damit scheidet insbesondere ein schriftliches Umlaufverfahren für die Beschlussfassung über die Verschmelzung aus[24].

Lässt der Gesellschaftsvertrag nach Abs. 2 eine Mehrheitsentscheidung zu, muss die **erforderliche Mehrheit bereits in der Versammlung** zustande kommen. Eine Mehrheit, die

---

[13] Begr. § 43 RefE in *Ganske* RefE; RegBegr. *Ganske* S. 94.
[14] So RegBegr. *Ganske* S. 94.
[15] Umfassend zu diesem Meinungsstreit *H. Schmidt,* FS Brandner, S. 133 ff.; *H. Schmidt* in Lutter¹ Rn 12 ff.
[16] Begr. zum Gesetz zur Änderung des Umwandlungsgesetzes, des Partnerschaftsgesellschaftsgesetzes und anderer Gesetze vom 22. 7. 1998 (BGBl. I 1998 S. 1878), BT-Drucks. 13/8808 S. 12.
[17] Neufassung des § 43 Abs. 2 Satz 2 durch Art. 1 Nr. 12 des Gesetzes zur Änderung des Umwandlungsgesetzes, des Partnerschaftsgesellschaftsgesetzes und anderer Gesetze vom 22. 7. 1998 (BGBl. I 1998 S. 1878); siehe auch die Begr. zu diesem Gesetz, BT-Drucks. 13/8808 S. 12.
[18] Vor der Neufassung des Gesetzes mit gesellschaftsvertraglich vorgesehener Dreiviertelmehrheit der abgegebenen Stimmen gefasste Verschmelzungsbeschlüsse waren wirksam, da sich an der tatsächlichen Rechtslage durch die klarstellende Neufassung nichts geändert hat; zutr. *H. Schmidt* in Lutter² Rn 4 b.
[19] Siehe § 13 Rn 28 ff.; *Vossius* in Widmann/Mayer Rn 9; *Zimmermann* in Kallmeyer Rn 4.
[20] §§ 37, 36 Abs. 1, 13.
[21] Siehe § 13 Rn 8.
[22] *Zimmermann* in Kallmeyer Rn 4.
[23] *Zimmermann* in Kallmeyer Rn 4.
[24] Siehe § 13 Rn 14.

erst unter Berücksichtigung von Zustimmungen nicht erschienener Gesellschafter zustande kommt, reicht nicht aus[25]. Wird in der Gesellschafterversammlung die erforderliche Mehrheit nicht erreicht, dann kommt bereits kein zustimmender Beschluss zustande, so dass eine **nachträgliche Zustimmung** ins Leere geht[26]. Aus Abs. 1 2. Halbs., der bei Einstimmigkeitserfordernis die Zustimmung der nicht erschienenen Anteilsinhaber verlangt, kann nicht entnommen werden, dass bei der Mehrheitsentscheidung zur Ermittlung des Beschlussergebnisses auch die nachträglichen Zustimmungen einbezogen werden könnten. Die Bestimmung stellt vielmehr gegenüber § 13 Abs. 1 ein zusätzliches Erfordernis iRd. Einstimmigkeitsprinzips auf. Sie lässt aber den Grundsatz, dass der zustimmende Beschluss als solcher nach § 13 Abs. 1 allein in der Versammlung der Anteilsinhaber gefasst werden kann, unberührt[27].

12 Eine **schriftliche Stimmabgabe** ohne Teilnahme des Gesellschafters in der Versammlung ist nicht möglich[28]. Der Wortlaut des § 13 lässt eine Mischform von Versammlung und schriftlichem Verfahren nicht zu. Der Versammlungszwang soll gerade die Information und Diskussion der Gesellschafter vor der Beschlussfassung ermöglichen[29]. Eine schriftliche Stimmabgabe ist daher allenfalls als vorherige Zustimmung zum Verschmelzungsbeschluss anzusehen, die für das Beschlussergebnis der Versammlung unerheblich ist[30].

13 **Stellvertretung** ist nach den für Personenhandelsgesellschaften geltenden Grundsätzen zulässig[31]. Die Stimmabgabe durch Bevollmächtigte muss im Gesellschaftsvertrag zugelassen sein oder die Mitgesellschafter müssen ihr *ad hoc* zustimmen[32]. Für die Erteilung der Vollmacht ist, vorbehaltlich einer gesellschaftsvertraglichen Regelung, keine besondere **Form** erforderlich[33].

14 c) **Notarielle Form.** Wie der **Verschmelzungsbeschluss**[34] bedürfen die nach dem Gesetz erforderlichen **Zustimmungserklärungen** der notariellen Beurkundung[35]. Hierzu gehören auch die nach Abs. 1 2. Halbs. erforderlichen Zustimmungserklärungen der nicht erschienenen Gesellschafter. Durch Eintragung der Verschmelzung im Handelsregister am Sitz des übernehmenden Rechtsträgers werden evtl. Formmängel geheilt[36].

2. Einstimmigkeitsgrundsatz

15 a) **Gesetzlicher Regelfall.** Abs. 1 ist Ausfluss des personengesellschaftsrechtlichen **Grundsatzes der Einstimmigkeit bei der Beschlussfassung**[37]. Enthält der Gesellschaftsvertrag keine Mehrheitsklausel für den Verschmelzungsbeschluss, müssen dem Ver-

---

[25] *Lutter* § 13 Rn 10; *Zimmermann* in Kallmeyer Rn 14; so jetzt auch *H. Schmidt* in Lutter Rn 5; zu § 50 auch *Mayer* in Widmann/Mayer § 50 Rn 32; *Bermel* in Goutier/Knopf/Tulloch § 50 Rn 4; aA *Bermel* in Goutier/Knopf/Tulloch Rn 16; *Limmer* in Neye/Limmer/Frenz/Harnacke Rn 1674.

[26] Siehe § 13 Rn 14; *H. Schmidt* in Lutter Rn 5; *Lutter* § 13 Rn 10.

[27] So jetzt auch *H. Schmidt* in Lutter Rn 5; anders noch *ders.* in Lutter¹ Rn 5; *ders.* in Lutter Umwandlungsrechtstage S. 59, 77 f.

[28] AA *H. Schmidt* in Lutter Rn 5 a.

[29] Vgl. *Priester* ZGR 1990, 420, 436; in diesem Sinne auch *Vossius* in Widmann/Mayer Rn 17.

[30] Siehe Rn 20.

[31] AllgM, § 13 Rn 15.

[32] Zu den Voraussetzungen für eine Stimmabgabe durch Bevollmächtigte bei Personengesellschaften *Ulmer*, GbR und PartG, § 709 BGB Rn 77; *Hopt* § 119 HGB Rn 21.

[33] *Melchior* GmbHR 1999, 521; *H. Schmidt* in Lutter Rn 6; *Zimmermann* in Kallmeyer Rn 17; *Bermel* in Goutier/Knopf/Tulloch Rn 9; aA *Stratz* in Schmitt/Hörtnagl/Stratz Rn 8; *Vossius* in Widmann/Mayer Rn 32 (notarielle Beglaubigung); tendenziell für notarielle Beurkundung *Deutsches Notarinstitut* (Hrsg.), Gutachten zum Umwandlungsrecht, 1996/97, S. 20.

[34] § 13 Abs. 3 Satz 1.

[35] § 13 Abs. 3.

[36] Siehe § 20 Rn 92 f.

[37] § 119 Abs. 1 HGB.

schmelzungsbeschluss alle an der Gesellschafterversammlung teilnehmenden und alle nicht erschienenen Gesellschafter zustimmen.

b) Stimmenthaltung, ungültige Stimmabgabe, Stimmrechtsausschluss. Erforderlich ist die Zustimmung aller vorhandenen Gesellschafter. Daran fehlt es bereits, wenn sich nur ein einziger Gesellschafter der **Stimme enthält** oder eine **Stimmabgabe unwirksam** ist[38].

Erforderlich ist auch die Zustimmung derjenigen Gesellschafter, deren **Stimmrecht im Gesellschaftsvertrag ausgeschlossen** ist[39]. Der grundsätzlich zulässige gesellschaftsvertragliche Stimmrechtsausschluss[40] findet dort seine Grenze, wo der Kernbereich der Gesellschafterrechte betroffen ist[41]. Bei der Verschmelzung gibt der Gesellschafter eines übertragenden Rechtsträgers seine Beteiligung am übertragenden Rechtsträger auf und erhält eine andere Beteiligung am aufnehmenden oder neuen Rechtsträger[42]. Der Gesellschafter eines übernehmenden Rechtsträgers ist betroffen, weil neue Beteiligungsverhältnisse entstehen. Daraus können neue Haftungsrisiken drohen. Diesen trägt das UmwG durch die Gleichstellung der Gesellschafter des übernehmenden mit denen des übertragenden Rechtsträgers in Abs. 2 Satz 3 2. Halbs. Rechnung[43].

Diese Grundsätze gelten auch, wenn der Gesellschaftsvertrag die Stimmrechtsausübung durch einen gemeinsamen Vertreter oder Stammesbevollmächtigten **(obligatorische Gruppenvertretung)** vorsieht[44]. Die aufgrund obligatorischer Gruppenvertretung grundsätzlich nicht stimmberechtigten Gesellschafter müssen daher ebenfalls zustimmen. Sie können aber für die Beschlussfassung über die Verschmelzung den Gruppenvertreter zur Stimmabgabe bevollmächtigen[45]. Die gesellschaftsvertragliche Klausel über die Gruppenvertretung umfasst auch die Bevollmächtigung des Gruppenvertreters zur Stimmabgabe, wenn sich aus der gesellschaftsvertraglichen Regelung nichts Gegenteiliges ergibt[46].

Die Zustimmung der Komplementär-GmbH einer personenidentischen GmbH & Co. KG zum Verschmelzungsbeschluss ist nicht erforderlich, wenn der Gesellschaftsvertrag für diese das Stimmrecht ausgeschlossen hat[47].

c) Zustimmung zum Beschluss. Wird der Verschmelzungsbeschluss in der Versammlung einstimmig gefasst, bedarf er zu seiner Wirksamkeit zusätzlich der Zustimmung aller nicht erschienenen Gesellschafter. Die Zustimmung des nicht erschienenen Gesellschafters ist eine einseitige empfangsbedürftige Willenserklärung. Sie ist **nicht Bestandteil des Ver-**

---

[38] *H. Schmidt* in Lutter Rn 8.
[39] *H. Schmidt* in Lutter Rn 9; *Stratz* in Schmitt/Hörtnagl/Stratz Rn 5; *Vossius* in Widmann/Mayer Rn 81.
[40] *Ulmer*, GbR und PartG, § 709 BGB Rn 63; *Hopt* § 119 HGB Rn 13; *K. Schmidt* GesR § 21 II 1 e); *Lutter* AcP 180 (1980) 147; BGHZ 20, 363, 368 f. (bezüglich Kommanditisten); *BGH* NJW 1993, 2001 (GmbH in der GmbH & Co. KG). AA, Zulässigkeit beschränkt auf Kommanditisten, u.a. *Wiedemann* GesR I § 7 II 1 a; *Emmerich* in Heymann § 119 HGB Rn 25.
[41] BGHZ 20, 363, 368 f.; *BGH* NJW 1993, 2001; *Ulmer*, GbR und PartG, § 709 BGB Rn 63; *Hopt* § 119 HGB Rn 13.
[42] § 20 Rn 74 ff.; *Vossius* in Widmann/Mayer Rn 117 im Zusammenhang mit dem Bestimmtheitsgrundsatz; *H. Schmidt* in Lutter Rn 9; allgemein für Umwandlungen *H. Schmidt*, FS Brandner, S. 133, 144; *Priester* ZGR 1990, 420, 439.
[43] IE wohl auch *H. Schmidt* in Lutter Rn 9, der aber in seiner Begründung nur auf die Gesellschafter des übertragenden Rechtsträgers abstellt; *Vossius* in Widmann/Mayer Rn 117 mit der Einschränkung, dass zumindest idR der Kernbereich der Mitgliedschaft berührt sei; allgemein für Umwandlungen *H. Schmidt*, FS Brandner, S. 133, 144; *Priester* ZGR 1990, 420, 439.
[44] *K. Schmidt* ZHR 146 (1982) 525, 533 mwN; *Hopt* § 119 HGB Rn 13, 36; *Emmerich* in Heymann § 114 HGB Rn 42; offen gelassen von BGHZ 46, 291, 295.
[45] *H. Schmidt* in Lutter Rn 9.
[46] Vgl. *H. Schmidt* in Lutter Rn 9 Fn 3.
[47] *BGH* DB 1993, 1664; *H. Schmidt* in Lutter Rn 9; *Bermel* in Goutier/Knopf/Tulloch Rn 6.

schmelzungsbeschlusses, sondern setzt dessen Zustandekommen voraus. Zur Wirksamkeit der Zustimmungserklärung bedarf es ihrer **notariellen Beurkundung nach §§ 8 ff. BeurkG**[48].

21 Eine Verpflichtung, der Verschmelzung zuzustimmen, besteht im Regelfall nicht. Sie kommt in Betracht, wenn sich der Gesellschafter einer Stimmbindungsabrede unterworfen hat. Eine positive Stimmpflicht kann sich in besonders gelagerten Fällen ausnahmsweise auch aus der Allgemeinen gesellschaftsrechtlichen Treupflicht ergeben[49]. Die Verweigerung der Zustimmung ist treuwidrig, wenn den mit der Verschmelzung verbundenen Vorteilen für die Gesellschaft und die übrigen Gesellschafter keine nennenswerten Nachteile des die Zustimmung verweigernden Gesellschafters gegenüber stehen. Besteht unter diesen Gesichtspunkten eine Zustimmungspflicht, wird die Durchsetzung der positiven Stimmpflicht als das mildere Mittel gegenüber einem Ausschluss des Gesellschafters aus wichtigem Grund vorrangig zu verfolgen sein[50].

22 **d) Zeitpunkt von Beschluss und Zustimmungen.** Der **Verschmelzungsbeschluss** kann vor, bei oder nach Abschluss des Verschmelzungsvertrags gefasst werden. Wird er vor dem Vertragsabschluss gefasst, ist ein endgültiger Entwurf des Verschmelzungsvertrags als Gegenstand der Beschlussfassung unerlässlich. Die **Zustimmung der nicht erschienenen Gesellschafter** kann sowohl vor als auch nach der Beschlussfassung erfolgen[51]. Sie muss den Beschluss, dem zugestimmt werden soll, hinreichend konkretisieren. Dies ist bei einer vor Beschlussfassung abgegebenen Zustimmungserklärung nur möglich, wenn zuvor der gesamte zur Entscheidung stehende Beschlussinhalt vollständig mitgeteilt wurde. Der zur Entscheidung stehende Verschmelzungsvertrag bzw. sein Entwurf sowie der Wortlaut des Verschmelzungsbeschlusses sollten daher der vor der Beschlussfassung erklärten Zustimmung als Anlage beigefügt werden.

23 **e) Rechtsfolge bei ausstehender Zustimmung.** Stimmen nicht alle in der Versammlung erschienenen Gesellschafter dem Beschluss zu, ist dieser, wenn der Gesellschaftsvertrag keine Mehrheitsentscheidung zulässt, endgültig nicht zustande gekommen. Wird dagegen der Beschluss in der Gesellschafterversammlung einstimmig gefasst, bleibt er solange **schwebend unwirksam**, bis der letzte nicht in der Versammlung erschienene Gesellschafter seine Zustimmung zum Beschluss wirksam erteilt hat. Wird die Zustimmung auch nur von einem Gesellschafter endgültig verweigert, ist der Beschluss endgültig unwirksam.

24 Den nicht erschienenen Gesellschaftern kann für ihre Zustimmung eine angemessene **Frist** gesetzt werden mit der Maßgabe, dass nach Ablauf der Frist eine unterbliebene Zustimmung als Ablehnung behandelt wird[52]. In der Praxis dürfte es sinnvoll sein, dass die erschienenen Gesellschafter im Verschmelzungsbeschluss dessen Hinfälligkeit für den Fall vorsehen, dass nicht alle erforderlichen Zustimmungserklärungen bis zu einem bestimmten Zeitpunkt vorliegen[53].

25 Die in der Versammlung zustimmenden Gesellschafter und die dem Beschluss **nachträglich** außerhalb der Versammlung zustimmenden nicht erschienenen Gesellschafter sind bis zur endgültigen Wirksamkeit oder Unwirksamkeit des Beschlusses **an ihre Zustimmungs-**

---

[48] § 13 Abs. 3 Satz 1.
[49] *Joost* in Lutter § 217 Rn 7; *Stratz* in Schmitt/Hörtnagl/Stratz Rn 7; allgemein zur Stimmpflicht kraft Treubindung BGHZ 44, 40, 41; 64, 253, 2547; *BGH* NJW 1998, 974, *Ulmer*, GbR und PartG, § 705 BGB Rn 226 ff.
[50] Dazu auch *Stratz* in Schmitt/Hörtnagl/Stratz Rn 7, der von einem Nebeneinander von Ausschlussrecht und positiver Stimmpflicht auszugehen scheint.
[51] Siehe auch Rn 20; *H. Schmidt* in Lutter Rn 8; *Zimmermann* in Kallmeyer § 13 Rn 27; *Bermel* in Goutier/Knopf/Tulloch § 13 Rn 56.
[52] Dafür auch *H. Schmidt* in Lutter Rn 8.
[53] Für die Zulässigkeit einer solchen Klausel im Verschmelzungsbeschluss offensichtlich *H. Schmidt* in Lutter Rn 9.

erklärung gebunden[54]; diese ist nicht widerruflich[55]. Die Zustimmung der **in der Versammlung zustimmenden Gesellschafter** ist Teil des gesellschaftsinternen Willensbildungsprozesses. Mit Zustandekommen des Beschlusses kann die einzelne Stimmabgabe als solche nicht mehr beseitigt werden[56]. Dies gilt auch dann, wenn der Beschluss mangels erfolgter Zustimmung der nicht erschienenen Gesellschafter noch schwebend unwirksam ist[57]. Die Zustimmung der nicht erschienenen Gesellschafter zu dem in der Versammlung gefassten Beschluss wird als einseitige empfangsbedürftige Willenserklärung mit Zugang wirksam.

Die **vor der Beschlussfassung erteilte Zustimmung** ist bis zum Zustandekommen des Beschlusses, also bis zum Abschluss der Abstimmung in der Versammlung, widerruflich[58]. Dies ergibt sich aus einer zumindest entsprechenden Anwendung des § 183 Satz 1 BGB. Zustimmungserklärungen können auch unter einer Bedingung abgegeben werden, sofern es sich bei der Bedingung nicht um eine Änderung, Erweiterung oder Einschränkung des Beschlusses handelt.

3. Zulassung der Mehrheitsentscheidung im Gesellschaftsvertrag

a) Zulässigkeit und Gestaltungsgrenzen. Nach Abs. 2 Satz 1 kann der Gesellschaftsvertrag für den in der Versammlung der Gesellschafter zu fassenden Verschmelzungsbeschluss eine Mehrheitsentscheidung ausreichen lassen. Die Freiheit, durch Vertrag Mehrheitsentscheidungen zuzulassen, ist fester Bestandteil des Rechts der Personenhandelsgesellschaften[59]. Abs. 2 Satz 2 legt allerdings als Mindestanforderung an den Gesellschaftsvertrag eine Untergrenze für die erforderliche Mehrheit von **mindestens drei Viertel der in der Versammlung abgegebenen Stimmen** fest. Der Gesellschaftsvertrag darf keine geringere Mehrheit ausreichen lassen[60].

Eine Zustimmung der nicht in der Versammlung erschienenen Gesellschafter wird bei Bestehen einer gesellschaftsvertraglichen Mehrheitsklausel vom Gesetz nicht gefordert. Zulässig sind weiter gehende Erfordernisse wie das Erfordernis einer höheren Mehrheit der abgegebenen Stimmen oder die Zustimmung in der Versammlung mit drei Vierteln der Stimmen der vorhandenen Gesellschafter mit der Folge, dass ein Fernbleiben von der Versammlung die Wirkung einer Nein-Stimme hat. Sieht der Gesellschaftsvertrag allgemein für Vertragsänderungen besondere Erfordernisse vor, gelten diese im Zweifel auch für den Verschmelzungsbeschluss[61].

b) Qualifiziertes Mehrheitserfordernis. Die im Gesellschaftsvertrag vorgesehene Mehrheit muss mindestens drei Viertel der abgegebenen Stimmen betragen[62]. Die **Mehrheit ist nach der Zahl der Stimmen**, nicht nach Köpfen, zu berechnen, wenn sich aus dem Gesellschaftsvertrag zweifelsfrei ergibt, dass für die Berechnung der Mehrheit nicht auf die Zahl der Gesellschafter, sondern auf eine davon abweichende Stimmenzahl und/oder Vertei-

---

[54] *H. Schmidt* in Lutter Rn 8, der allerdings nicht zwischen der vor und nach dem Verschmelzungsbeschluss erteilten Zustimmung differenziert.
[55] Umkehrschluss aus § 183 BGB. So auch *H. Schmidt* in Lutter Rn 8.
[56] BGHZ 48, 172. Anderes ergibt sich auch nicht aus *BGH* WM 1990, 586, 588, da es in dem dort entschiedenen Fall gerade um das Zustandekommen des Beschlusses selbst, nicht aber um eine Zustimmung zu einem bereits gefassten – wenn auch noch nicht wirksamen – Beschluss ging.
[57] So auch *H. Schmidt* in Lutter Rn 8.
[58] AA offensichtlich *H. Schmidt* in Lutter Rn 8, der die erteilte Zustimmung für bindend hält, ohne zwischen der vor und der nach dem Verschmelzungsbeschluss erteilten Zustimmung zu differenzieren.
[59] BGHZ 85, 351, 359.
[60] Anderenfalls ist von Nichtigkeit der Vertragsklausel auszugehen, sofern sich nicht aus einer entsprechenden salvatorischen Klausel oder sonst im Wege der Auslegung die Möglichkeit einer geltungserhaltenden Reduktion ergibt; dazu *Zimmermann* in Kallmeyer Rn 10.
[61] *H. Schmidt* in Lutter Rn 10.
[62] § 43 Abs. 2 Satz 2.

lung abzustellen ist[63]. Ist das Stimmrecht nach dem Gesellschaftsvertrag an den Kapitalanteil geknüpft, ist dessen Verhältnis maßgebend[64]. Auch gesellschaftsvertragliche Regelungen über Mehrstimmrechte und unterschiedliche Stimmgewichtungen wirken sich voll aus[65]. Enthält der Gesellschaftsvertrag keine Regelung, ist **nach Köpfen** abzustimmen[66]. Bei der Berechnung der Mehrheit sind nach dem vom Gesetz unterstellten Normalfall **nur die Ja- und Nein-Stimmen mitzuzählen**[67]. Enthält der Gesellschaftsvertrag keine abweichende Regelung, werden Enthaltungen nach den allgemeinen Grundsätzen nicht berücksichtigt[68].

30   c) **Beschlussfähigkeit.** Weder Abs. 2 noch das allgemeine Gesetzesrecht enthalten **Mindestanforderungen** an die Beschlussfähigkeit. Maßgeblich sind daher – soweit vorhanden – die gesellschaftsvertraglichen Regelungen[69]. Sofern gesellschaftsvertragliche Regelungen nichts abweichendes bestimmen, ist **auch eine Gesellschafterversammlung mit nur einem Gesellschafter** oder einem einzigen Vertreter eines oder mehrerer Gesellschafter als beschlussfähig anzusehen[70].

31   d) **Bestimmtheit der gesellschaftsvertraglichen Regelung.** Die Mehrheitsklausel im Gesellschaftsvertrag muss sich ausdrücklich auf den Beschluss über die Verschmelzung beziehen[71]. Dies folgt aus dem von der Rechtsprechung für das Personengesellschaftsrecht entwickelten **Bestimmtheitsgrundsatz**[72]. Hiernach sind Beschlüsse mit einem außergewöhnlichen Inhalt nur dann wirksam, wenn die Mehrheitsklausel den Beschlussgegenstand unzweideutig beschreibt[73]. Trotz des engen Wortlauts der Gesetzesbegründung muss die Mehrheitsklausel die jeweilige Umwandlungsart, namentlich die Verschmelzung, aber nicht explizit aufführen[74]. Eine Mehrheitsklausel, die sich ausdrücklich auf Umwandlungen bezieht, wird dem Bestimmtheitsgrundsatz jedenfalls dann gerecht[75], wenn die Klausel aus der Zeit nach Inkrafttreten des UmwG stammt. Aufgrund der Legaldefinition der Umwandlung[76] ist für den Gesellschafter, der einer solchen Klausel seine Zustimmung erteilt, klar erkennbar, dass hiervon auch Verschmelzungen erfasst werden[77].

32   Einschränkungen gelten bei **Mehrheitsklauseln, die aus der Zeit vor Inkrafttreten des UmwG stammen**. Diese erfassen mit dem Begriff der Umwandlung nur die Umwandlungsarten des UmwG 1969. Sie sind nur dann als zulässige Mehrheitsklausel iSd. Abs. 2 Satz 1 anzusehen, wenn ihre Auslegung ergibt, dass sie nach dem Willen der Gesellschafter auch die Verschmelzung mit erfassen sollten[78].

33   Ist die **Mehrheitsklausel dagegen allgemein gefasst** und umfasst sie auch weniger einschneidende Maßnahmen, wie zB alle Arten von Satzungsänderungen, genügt sie nicht

---

[63] § 119 Abs. 2 HGB; *Zimmermann* in Kallmeyer Rn 12.
[64] *Bermel* in Goutier/Knopf/Tulloch Rn 17. Vgl. BGHZ 85, 350, 352 f.
[65] *H. Schmidt* in Lutter Rn 10; *Bermel* in Goutier/Knopf/Tulloch Rn 17.
[66] § 119 Abs. 2 HGB.
[67] *H. Schmidt* in Lutter Rn 11; *Stratz* in Schmitt/Hörtnagl/Stratz Rn 11; *Bermel* in Goutier/Knopf/Tulloch Rn 18.
[68] BGHZ 83, 35, 36 f.; 106, 179, 183 f.
[69] *H. Schmidt* in Lutter Rn 11.
[70] AllgM, *Stratz* in Schmitt/Hörtnagl/Stratz Rn 4; *Caspers* WM 1969, Sonderbeilage 3, S. 8.
[71] RegBegr. *Ganske* S. 94.
[72] Vgl. zum Bestimmtheitsgrundsatz *Hopt* § 119 HGB Rn 37 ff.
[73] St. Rspr., zB BGHZ 85, 351, 355 f. mwN.
[74] So aber *Picot/Müller-Eising* in Picot S. 396, Rn 279; *Streck/Mack/Schwedhelm* GmbHR 1995, 161, 169; so schon zum DiskE *Priester* ZGR 1990, 420, 439.
[75] *H. Schmidt* in Lutter Rn 12; *Stratz* in Schmitt/Hörtnagl/Stratz Rn 9; *Zimmermann* in Kallmeyer Rn 9; *Vossius* in Widmann/Mayer Rn 114; *Bermel* in Goutier/Knopf/Tulloch Rn 14; *Priester* in Lutter Umwandlungsrechtstage S. 99, 115; *Priester* DStR 2005, 788, 790 f.
[76] § 1 Abs. 1; § 1 Rn 9.
[77] So auch *H. Schmidt* in Lutter Rn 12.
[78] *H. Schmidt* in Lutter Rn 13; *Zimmermann* in Kallmeyer Rn 9.

den Anforderungen des Abs. 2 Satz 1. Bei der Verschmelzung handelt es sich um einen Eingriff in den Kernbereich der Mitgliedschaft[79]. Mehrheitsklauseln, die sich auf derartige Eingriffe beziehen sollen, müssen dies eindeutig zum Ausdruck bringen[80].

e) Publikumsgesellschaften. Der Bestimmtheitsgrundsatz findet für Publikumsgesellschaften keine Anwendung[81]. Mehrheitsbeschlüsse sind hier erforderlich, um die Gesellschaft flexibler auszugestalten und so eine vernünftige Fortentwicklung der Gesellschaft zu erleichtern[82]. Diese Grundsätze gelten auch für Abs. 2. Der Gesetzgeber hat bewusst davon abgesehen, umwandlungsrechtliche Sonderregelungen für Publikumsgesellschaften zu schaffen[83]. Bei Publikumsgesellschaften oder körperschaftlich strukturierten Personenhandelsgesellschaften genügt deshalb eine **Mehrheitsklausel**, die allgemein für Vertragsänderungen eine Dreiviertelmehrheit vorsieht, ohne die Umwandlung explizit aufzuführen, den Anforderungen des Abs. 2 Satz 1[84]. 34

4. Widersprechender Vollhaftender

a) Anwendungsbereich. Ist der übernehmende Rechtsträger eine Personenhandelsgesellschaft, ist den Anteilsinhabern eines übertragenden Rechtsträgers, die für dessen Verbindlichkeiten persönlich unbeschränkt haften, in der übernehmenden Gesellschaft die Stellung eines Kommanditisten einzuräumen, wenn sie der Verschmelzung widersprechen[85]. Dies betrifft die persönlich haftenden **Gesellschafter einer OHG, KG oder KGaA und die Mitglieder einer EWIV.** 35

Auch den persönlich haftenden Gesellschaftern der übernehmenden Personenhandelsgesellschaft ist die Stellung eines Kommanditisten einzuräumen, wenn sie der Verschmelzung widersprechen[86]. Dies betrifft die **persönlich haftenden Gesellschafter einer OHG oder KG.** Geschäftsführende Kommanditisten[87] oder ein Kommanditist, der ausnahmsweise wegen nicht geleisteter Einlage oder wegen einer Einlagenrückgewähr persönlich haftet[88], können nicht widersprechen. 36

b) Widerspruch. Eine Mehrheitsentscheidung soll nicht dazu führen, dass ein bisher persönlich unbeschränkt haftender Anteilsinhaber, der bei der Beschlussfassung überstimmt worden ist, gegen oder ohne seinen Willen für die Verbindlichkeiten des übernehmenden Rechtsträgers persönlich unbeschränkt haftet[89]. Das Widerspruchsrecht ist ein **individuelles Schutzrecht.** Drittinteressen, namentlich das Interesse der Gesellschaft, sind deshalb grundsätzlich unbeachtlich[90]. 37

Der Widerspruch nach Abs. 2 Satz 3 ist eine **empfangsbedürftige Willenserklärung**[91]. Er ist den vertretungsberechtigten Gesellschaftern oder dem Leiter der Gesellschafterver- 38

---

[79] Siehe auch Rn 17; *H. Schmidt*, FS Brandner, S. 133, 144; *Priester* ZGR 1990, 420, 439; *H. Schmidt* in Lutter Rn 9; *Vossius* in Widmann/Mayer Rn 117.
[80] *Priester* ZGR 1990, 420, 439.
[81] BGHZ 71, 53, 58 f.; *Hadding* ZGR 1979, 636; *Wiedemann* JZ 1978, 612; *K. Schmidt* ZHR 158 (1994) 205; *Hopt* Anh. § 177 a HGB Rn 69 a.
[82] BGHZ 71, 53, 58 f.; 85, 351, 358 f.
[83] RegBegr. *Ganske* S. 91.
[84] *H. Schmidt* in Lutter Rn 14; *Zimmermann* in Kallmeyer Rn 9; *Vossius* in Widmann/Mayer Rn 126 ff.; aA *Bermel* in Goutier/Knopf/Tulloch Rn 14; *H. Schmidt* in Lutter Umwandlungsrechtstage S. 59, 67, 80.
[85] § 43 Abs. 2 Satz 3 1. Halbs.
[86] § 43 Abs. 2 Satz 3 2. Halbs.
[87] *Vossius* in Widmann/Mayer Rn 134; *Zimmermann* in Kallmeyer Rn 23.
[88] *H. Schmidt* in Lutter Rn 15.
[89] RegBegr. *Ganske* S. 94.
[90] *Zimmermann* in Kallmeyer Rn 23; zur ausnahmsweise denkbaren Zustimmungspflicht kraft Treupflicht siehe Rn 21.
[91] § 182 BGB.

sammlung gegenüber zu erklären[92]. Die Erklärung gegenüber einem der zur Mitwirkung bei der Vertretung der Gesellschaft befugten Gesellschafter ist ausreichend[93]. Der Widerspruch **bedarf nicht der Wiedergabe im Protokoll**[94]. Dies folgt aus einem Umkehrschluss aus § 29, der als Voraussetzung eines Abfindungsangebots einer Verschmelzung durch Aufnahme im Gegensatz zu Abs. 2 Satz 3 ausdrücklich die Erklärung des Widerspruchs zur Niederschrift fordert. **Der Widerspruch bedarf auch keiner sonstigen Form**[95]. Er muss nicht einmal als solcher erklärt werden. Als Widerspruch kann jedes die Verschmelzung ablehnende Verhalten ausgelegt werden[96]. Ausreichend ist, dass der Gesellschafter gegen die Verschmelzung stimmt[97]. Eine Enthaltung genügt dagegen nicht[98]. Eine Zustimmung verbraucht das Widerspruchsrecht[99]. Der Widerspruch kann auch durch einen Vertreter erklärt werden[100].

39 Fraglich ist, bis zu welchem **Zeitpunkt** der Widerspruch erklärt sein muss. Unzweifelhaft kann der Widerspruch bereits vor der über die Verschmelzung beschließenden Versammlung erklärt werden. Der Widerspruch sollte durch einen in der Versammlung anwesenden Gesellschafter spätestens bis zur Beendigung der Gesellschafterversammlung, die über die Verschmelzung beschließt, erklärt werden[101], um einen ordnungsgemäßen Ablauf der Verschmelzung zu gewährleisten. Dies gilt auch für den bei der Beschlussfassung nicht anwesenden Gesellschafter, wenn dieser ordnungsgemäß geladen war[102]. Fehlt es an einer ordnungsgemäßen Ladung und ist der Gesellschafter nicht in der Versammlung erschienen, wird man einen unverzüglich nach Kenntnis vom Beschluss erklärten Widerspruch als rechtzeitig erachten müssen[103].

40 c) **Rechtsfolge bei Widerspruch.** Legt ein Gesellschafter Widerspruch ein, kann die Verschmelzung in der vorgesehenen Form nicht durchgeführt werden. Statt dessen ist dem widersprechenden Gesellschafter die Stellung eines Kommanditisten zu gewähren.

41 Macht ein Gesellschafter seinen Anspruch auf Einräumung der Kommanditistenstellung geltend, ist der **Verschmelzungsvertrag** oder sein Entwurf entsprechend **zu ändern**[104]. Hat die Gesellschafterversammlung bereits über den Verschmelzungsvertrag bzw. dessen Entwurf beschlossen, ist über die geänderte Fassung erneut zu beschließen[105]. Ist die Beurkundung des Verschmelzungsvertrags bereits erfolgt, ist eine **Nachtragsbeurkundung** erforderlich[106]. Die Ansicht, die Einräumung der Kommanditistenstellung sei nicht die Folge eines abweichenden Parteiwillens, sondern Folge des gesetzlichen Widerspruchsrechts

---

[92] *Zimmermann* in Kallmeyer Rn 25.
[93] § 125 Abs. 2 Satz 3 HGB.
[94] So auch *Zimmermann* in Kallmeyer Rn 24; *H. Schmidt* in Lutter Rn 15. AA *Vossius* in Widmann/Mayer Rn 135, für den Fall, dass der widersprechende Gesellschafter in der Versammlung anwesend ist.
[95] *Zimmermann* in Kallmeyer Rn 24; *H. Schmidt* in Lutter Rn 15.
[96] Ähnlich *Zimmermann* in Kallmeyer Rn 24.
[97] *Zimmermann* in Kallmeyer Rn 24; *H. Schmidt* in Lutter Rn 15.
[98] *H. Schmidt* in Lutter Rn 15.
[99] *Zimmermann* in Kallmeyer Rn 24.
[100] *Vossius* in Widmann/Mayer Rn 135; *Zimmermann* in Kallmeyer Rn 24.
[101] *H. Schmidt* in Lutter Rn 15; ähnlich *Vossius* in Widmann/Mayer Rn 135, der die unverzügliche Erklärung in der Versammlung fordert.
[102] *H. Schmidt* in Lutter Rn 15; ähnlich *Zimmermann* in Kallmeyer Rn 26. AA *Vossius* in Widmann/Mayer Rn 135.
[103] *H. Schmidt* in Lutter Rn 15; *Vossius* in Widmann/Mayer Rn 135.
[104] *Zimmermann* in Kallmeyer Rn 27; *Vossius* in Widmann/Mayer Rn 141 ff. AA *H. Schmidt* in Lutter Rn 16.
[105] *Vossius* in Widmann/Mayer Rn 141 ff.; *H. Schmidt* in Lutter Rn 16.
[106] *Vossius* in Widmann/Mayer Rn 141 ff.; *H. Schmidt* in Lutter Rn 16.

und mache daher weder die Änderung des Verschmelzungsvertrags oder seines Entwurfs noch eine erneute Beschlussfassung erforderlich[107], trägt dem Schutzbedürfnis der übrigen Gesellschafter nicht ausreichend Rechnung. Wird der Widerspruch von einem Gesellschafter der übernehmenden Personenhandelsgesellschaft erklärt, ergibt sich die Notwendigkeit der Änderung des Verschmelzungsvertrags oder seines Entwurfs daraus, dass die Übernahme der Kommanditistenstellung und die damit verbundene Festsetzung der Einlage eine Änderung des Gesellschaftsvertrags der übernehmenden Personenhandelsgesellschaft darstellt, die wegen ihrer grundsätzlichen Bedeutung auch für die Gesellschafter der übertragenden Gesellschaft ihren Niederschlag im Verschmelzungsvertrag oder dessen Entwurf finden muss. Die Herabstufung eines persönlich haftenden Gesellschafters zum Kommanditisten verändert die Haftungsrisiken der übrigen Gesellschafter und kann auch Einfluss auf das Umtauschverhältnis haben[108]. Wird der Widerspruch von einem Anteilsinhaber des übertragenden Rechtsträgers erklärt, ergibt sich die Notwendigkeit der Änderung des Verschmelzungsvertrags oder seines Entwurfs bereits aus § 40 Abs. 1 Satz 1, wonach im Gesellschaftsvertrag oder dessen Entwurf für jeden Gesellschafter des übertragenden Rechtsträgers anzugeben ist, ob ihm in der übernehmenden (aufnehmenden oder neuen) Personenhandelsgesellschaft die Stellung eines persönlich haftenden Gesellschafters oder eines Kommanditisten eingeräumt wird[109].

Um eine Änderung des Verschmelzungsvertrags bzw. seines Entwurfs und eine erneute Beschlussfassung zu vermeiden, ist es empfehlenswert, sich rechtzeitig darüber Klarheit zu verschaffen, ob Gesellschafter Widerspruch erklären wollen. In dem Verschmelzungsvertrag können dann **alternative Gestaltungsmöglichkeiten** für den Fall eines Widerspruchs aufgenommen werden[110].

5. Sonstige Zustimmungserfordernisse

a) **Allgemeines.** Müssen bestimmte Gesellschafter der Verschmelzung aus sonstigen Gründen zustimmen, hat dies nur Bedeutung, wenn der Gesellschaftsvertrag eine Verschmelzung durch Mehrheitsbeschluss zulässt. Die Zustimmung ist notariell zu beurkunden[111].

b) **Gesellschaftsvertrag.** Der Gesellschaftsvertrag kann für die Verschmelzung die Zustimmung bestimmter Gesellschafter verlangen. Ein allgemeines Zustimmungserfordernis für Änderungen des Gesellschaftsvertrags erfasst im Zweifel auch Verschmelzungsbeschlüsse, da eine Verschmelzung als strukturändernde Maßnahme einer Vertragsänderung gleichsteht[112].

c) **Nicht voll eingezahlte GmbH-Anteile.** Sind bei einer aufnehmenden GmbH nicht alle Geschäftsanteile voll eingezahlt, müssen sämtliche Gesellschafter der Personenhandelsgesellschaft, auch die nicht in der Versammlung erschienenen, der Verschmelzung zustimmen[113]. Grund hierfür ist der Schutz der Gesellschafter vor der Ausfallhaftung[114]. Dasselbe gilt, wenn eine Personenhandelsgesellschaft neben einer GmbH, bei der nicht alle Geschäftsanteile voll eingezahlt sind, von einer GmbH durch Verschmelzung aufgenommen wird[115].

d) **Übernahme der persönlichen Haftung.** Anteilsinhabern eines übertragenden Rechtsträgers, die für dessen Verbindlichkeiten bisher nicht als Gesamtschuldner persönlich unbeschränkt haften, kann im Verschmelzungsvertrag die Stellung persönlich haftender Gesellschafter in der übernehmenden Personenhandelsgesellschaft nur zugewiesen werden,

---

[107] So bisher *H. Schmidt* in Lutter² Rn 20 a.
[108] *Vossius* in Widmann/Mayer Rn 141.
[109] Näher hierzu siehe § 40 Rn 7 f.
[110] *Vossius* in Widmann/Mayer Rn 139; *H. Schmidt* in Lutter Rn 16.
[111] § 13 Abs. 3 Satz 1; zu den Einzelheiten der Zustimmung siehe § 13 Rn 47 ff.
[112] *Limmer* in Neye/Limmer/Frenz/Harnacke Rn 346; *H. Schmidt* in Lutter Rn 22; *Bermel* in Goutier/Knopf/Tulloch Rn 21. So auch für die GmbH *Reichert* GmbHR 1995, 185.
[113] § 51 Abs. 1 Satz 1 und 2; siehe § 51 Rn 10.
[114] § 24 GmbHG; RegBegr. *Ganske* S. 101.
[115] § 51 Abs. 1 Satz 3; siehe § 51 Rn 22 f.

wenn sie dem Verschmelzungsbeschluss des übertragenden Rechtsträgers **zustimmen**[116]. Sieht der Verschmelzungsbeschluss einer übernehmenden Personenhandelsgesellschaft vor, dass Kommanditisten der übernehmenden Personenhandelsgesellschaft die Komplementärstellung zugewiesen werden soll, bedarf der Verschmelzungsbeschluss der Zustimmung der hiervon betroffenen Kommanditisten.

47   e) **Vinkulierung der Beteiligung.** Ist die Abtretung der Anteile eines übertragenden Rechtsträgers von der Genehmigung bestimmter einzelner Anteilsinhaber abhängig, bedarf der Verschmelzungsbeschluss zu seiner Wirksamkeit ihrer Zustimmung[117]. Sonderrechte einzelner Anteilsinhaber dürfen nicht ohne deren Zustimmung beeinträchtigt werden[118]. § 13 Abs. 2 greift zunächst dann ein, wenn der Gesellschaftsvertrag die Zustimmung Einzelner namentlich benannter oder sonst spezifizierter Gesellschafter verlangt[119]. Darüber hinaus ist er auch dann anzuwenden, wenn der Gesellschaftsvertrag für die Wirksamkeit einer Anteilsübertragung ausdrücklich die Zustimmung sämtlicher Gesellschafter verlangt[120]. In diesem Fall handelt es sich zwar genau genommen nicht mehr um ein Sonderrecht. Vielmehr liegt eine besondere Zuerkennung dieses Rechts an jeden Gesellschafter durch den Gesellschaftsvertrag vor. Eine solche gesellschaftsvertragliche Regelung will aber regelmäßig jedem Gesellschafter dieses Recht wie ein Sonderrecht zuerkennen. § 13 Abs. 2 ist daher aufgrund seines Schutzzwecks anwendbar. Er greift demgegenüber dann nicht ein, wenn der Gesellschaftsvertrag keine Regelungen zur Übertragung von Gesellschaftsanteilen enthält, aber nach allgemeinen Grundsätzen die Zustimmung aller Gesellschafter erforderlich ist[121]. Er findet auch dann keine Anwendung, wenn der Gesellschaftsvertrag, ohne eine echte Vinkulierungsklausel zu enthalten, für die Zulässigkeit der Anteilsübertragung einen Mehrheitsbeschluss[122] oder einen einstimmigen Beschluss der Gesellschafterversammlung fordert, weil es in diesen Fällen an einem Sonderrecht einzelner Gesellschafter fehlt[123].

III. Parallelvorschriften

48   Eine entsprechende Regelung enthält § 217 für den **Formwechsel** einer Personenhandelsgesellschaft in eine Kapitalgesellschaft oder eG und § 233 für den Formwechsel einer Kapitalgesellschaft in eine Personenhandelsgesellschaft.

§ 44 Prüfung der Verschmelzung

Im Falle des § 43 Abs. 2 ist der Verschmelzungsvertrag oder sein Entwurf für eine Personenhandelsgesellschaft nach den §§ 9 bis 12 zu prüfen, wenn dies einer ihrer Gesellschafter innerhalb einer Frist von einer Woche verlangt, nachdem er die in § 42 genannten Unterlagen erhalten hat. Die Kosten der Prüfung trägt die Gesellschaft.

---

[116] § 40 Abs. 2 Satz 2; siehe § 40 Rn 21.
[117] § 13 Abs. 2.
[118] RegBegr. *Ganske* S. 61.
[119] *Zimmermann* in Kallmeyer Rn 32; *H. Schmidt* in Lutter Rn 19; vgl. auch zur GmbH *Reichert* GmbHR 1995, 176, 179; *Schöne* GmbHR 1995, 325, 331.
[120] *H. Schmidt* in Lutter Rn 20; *Zimmermann* in Kallmeyer Rn 33; für die GmbH *Winter* in Lutter Umwandlungsrechtstage S. 19, 42; *Reichert* GmbHR 1995, 176, 179. AA *Schöne* GmbHR 1995, 325, 332.
[121] *H. Schmidt* in Lutter Rn 19; *Schöne* GmbHR 1995, 325, 332.
[122] *H. Schmidt* in Lutter Rn 19; für die GmbH *Schöne*, Die Spaltung unter Beteiligung von GmbH, 1998, S. 181; *Reichert* GmbHR 1995, 180; *Winter* in Lutter Umwandlungsrechtstage S. 19, 42; zu Einzelheiten siehe § 13 Rn 21 ff., insbes. zu Fragen der Zustimmungspflicht Dritter Rn 50.
[123] *H. Schmidt* in Lutter Rn 19; für die GmbH *Reichert* GmbHR 1995, 180; tendenziell auch *Winter* in Lutter Umwandlungsrechtstage S. 19, 42.

Übersicht

	Rn		Rn
I. Allgemeines	1	f) Weiteres Prüfungsverlangen, Prüfungsverlangen neben freiwilliger Prüfung	16
1. Sinn und Zweck der Norm	1		
2. Anwendungsbereich	3		
3. Entstehungsgeschichte	6	3. Folgen für den Verschmelzungsbeschluss	17
II. Einzelerläuterungen	7	4. Durchführung der Verschmelzungsprüfung	18
1. Fehlende Prüfungspflicht als Regelfall	7		
2. Verpflichtung zur Verschmelzungsprüfung	9	5. Kosten der Prüfung (Satz 2)	20
		6. Ausschluss im Gesellschaftsvertrag, Verzicht	21
a) Gesellschaftsvertragliche Mehrheitsklausel	9	7. Rechtsfolgen bei Verstoß	22
b) Antragsberechtigte Gesellschafter	10	8. Prüfung der Barabfindung nach § 30	24
c) Erklärung des Prüfungsverlangens	11	**III. Verfahrens- und Parallelvorschriften**	25
d) Form	12	1. Anmeldung zum Handelsregister	25
e) Frist	13	2. Parallelvorschriften	26

Literatur: *Bayer/J. Schmidt*, Der Regierungsentwurf zur Änderung des Umwandlungsgesetzes, NZG 2006, 841; *DAV-Handelsrechtsausschuss*, Stellungnahme zum Regierungsentwurf eines Zweiten Gesetzes zur Änderung des Umwandlungsgesetzes, NZG 2006, 737; *Hadding/Hennrichs*, Zur Verschmelzung unter Beteiligung rechtsfähiger Vereine nach dem neuen Umwandlungsgesetz, FS Boujong, 1996, S. 203; *Schöne*, Die Spaltung unter Beteiligung von GmbH, 1998; *Zimmermann*, Verschmelzungsprüfung bei der GmbH-Verschmelzung, FS Brandner, 1996, S. 167.

I. Allgemeines

1. Sinn und Zweck der Norm

Die Vorschrift dient dem **Minderheitenschutz**. Sie bezweckt eine Verbesserung der Information der Minderheitsgesellschafter. Die Einzelheiten der Verschmelzungsprüfung sind in den allgemeinen Vorschriften der §§ 9 bis 12 geregelt, auf die die Bestimmung verweist. Die besonderen rechtsträgerspezifischen Verschmelzungsvorschriften bestimmen dagegen, ob und unter welchen Voraussetzungen eine Prüfung der Verschmelzung stattfinden muss. Für den Fall, dass für den Verschmelzungsbeschluss das Einstimmigkeitsprinzip gilt[1], ist eine gesetzliche Regelung der Verschmelzungsprüfung nicht erforderlich, da jeder Gesellschafter seine Zustimmung von der Durchführung einer Verschmelzungsprüfung abhängig machen kann[2]. Die Möglichkeit, die Verschmelzung auch mit Mehrheit zu beschließen[3], kann indessen für die Minderheitsgesellschafter Nachteile mit sich bringen. Deren **Information** soll daher in diesen Fällen verbessert werden[4]. Den Gesellschaftern soll die Möglichkeit eröffnet werden, die Verschmelzung, insbesondere das Umtauschverhältnis der Anteile, durch unabhängige Sachverständige prüfen zu lassen. Durch den Prüfungsbericht erhalten sie weitere Informationen über die Verschmelzung, die ihnen als Grundlage für die Beschlussfassung über die Verschmelzung dienen können[5]. Die Vorschrift schützt insbesondere Kommanditisten in der Publikums-KG[6].

Die Verpflichtung der Gesellschaft, die **Kosten** einer Verschmelzungsprüfung zu tragen, soll dazu beitragen, dass schon bei der Vorbereitung der Verschmelzung durch den Ver-

---

[1] § 43 Abs. 1.
[2] *Müller* in Kallmeyer Rn 1.
[3] § 43 Abs. 2.
[4] RegBegr. *Ganske* S. 95.
[5] RegBegr. *Ganske* S. 95.
[6] RegBegr. *Ganske* S. 95.

schmelzungsbericht der Geschäftsführer allen Gesellschaftern möglichst umfassende und überzeugende Informationen gegeben werden, die eine Verschmelzungsprüfung überflüssig machen[7].

2. Anwendungsbereich

3   Die Vorschrift findet Anwendung, wenn an der Verschmelzung eine Personenhandelsgesellschaft[8] **als übertragender oder übernehmender Rechtsträger** beteiligt ist. Dabei gilt die Vorschrift sowohl für die Verschmelzung durch Aufnahme als auch für die Verschmelzung durch Neugründung. Sie ist auch bei Mischverschmelzungen anwendbar, gilt aber ausschließlich für die an der Verschmelzung **beteiligte Personenhandelsgesellschaft**. Die Vorschrift greift nur ein, wenn der Gesellschaftsvertrag eine Mehrheitsentscheidung für den Verschmelzungsbeschluss vorsieht[9].

4   Die Bestimmung ist auch auf eine an der Verschmelzung beteiligte **PartG** entsprechend anwendbar, wenn deren Partnerschaftsgesellschaftsvertrag für den Verschmelzungsbeschluss eine Mehrheitsentscheidung vorsieht[10].

5   Die Norm gilt außerdem für **Aufspaltungen und Abspaltungen** zur Aufnahme oder Neugründung[11]. Gem. § 125 Satz 2 findet sie keine Anwendung auf die Ausgliederung. Bei dieser findet eine Prüfung generell nicht statt. Bei der Vermögensübertragung gilt die Bestimmung nicht, da eine Personenhandelsgesellschaft nicht an einer Vermögensübertragung beteiligt sein kann[12].

3. Entstehungsgeschichte

6   Eine entsprechende Regelung sah das UmwG 1969 nicht vor. Da ein Verschmelzungsbeschluss nicht durch Mehrheitsentscheidung gefasst werden konnte, war eine entsprechende Regelung entbehrlich. Die Gesetz gewordene Regelung des § 44 ist nahezu wortgleich mit § 44 RefE und § 43 DiskE. Durch das Zweite Gesetz zur Änderung des Umwandlungsgesetzes wurde die Befristung des Prüfungsverlangens eingeführt.

II. Einzelerläuterungen

1. Fehlende Prüfungspflicht als Regelfall

7   Aus der Vorschrift folgt im Umkehrschluss, dass für eine Verschmelzung, an der eine Personenhandelsgesellschaft beteiligt ist, grundsätzlich keine Prüfungspflicht besteht[13]. Bedarf es der Zustimmung sämtlicher – auch der nicht in der Versammlung erschienenen – Gesellschafter zum Verschmelzungsbeschluss[14], ist keine Prüfung durchzuführen, doch kann jeder Gesellschafter seine Zustimmung von der Durchführung einer Prüfung nach den §§ 9 bis 12 abhängig machen[15].

8   Sieht der Gesellschaftsvertrag einen Mehrheitsbeschluss vor[16], ist eine Verschmelzungsprüfung erforderlich, wenn ein Gesellschafter diese innerhalb der Wochenfrist verlangt. Die Geschäftsführung kann im Übrigen stets auch **freiwillig eine Verschmelzungsprüfung** nach den §§ 9 bis 12 durchführen lassen. Eine solche freiwillige Prüfung kann geboten sein,

---

[7] RegBegr. *Ganske* S. 99.
[8] § 3 Rn 14.
[9] Vgl. § 43 Abs. 2.
[10] § 45 e Satz 1 iVm. § 44.
[11] §§ 125 Satz 1 und 135 Abs. 1 Satz 1.
[12] § 175.
[13] Zur Ausnahme Rn 9.
[14] § 43 Abs. 1; umfassend § 43 Rn 15.
[15] *Müller* in Kallmeyer Rn 1; *H. Schmidt* in Lutter Rn 4.
[16] § 43 Abs. 2.

um überraschende Verzögerungen, die durch ein Prüfungsverlangen eintreten können, auszuschließen[17]. Ist bei einem anderen der an der Verschmelzung beteiligten Rechtsträger eine Prüfung – wie etwa bei der AG[18] – obligatorisch, kann es zweckmäßig sein, von vornherein gemeinsame Verschmelzungsprüfer zu bestellen[19].

2. Verpflichtung zur Verschmelzungsprüfung

a) Gesellschaftsvertragliche Mehrheitsklausel. Ein Prüfungsverlangen kann nur gestellt werden, wenn der Gesellschaftsvertrag eine Mehrheitsklausel enthält, die für den Verschmelzungsbeschluss eine Mehrheit von drei Vierteln der abgegebenen Stimmen oder mehr ausreichen lässt[20].

b) Antragsberechtigte Gesellschafter. Enthält der Gesellschaftsvertrag eine Mehrheitsklausel, kann **jeder einzelne Gesellschafter**, unabhängig davon, ob es sich um einen Minderheits- oder um einen Mehrheitsgesellschafter handelt[21], die Verschmelzungsprüfung verlangen. Die **Ausgestaltung der Gesellschafterstellung**, die Größe des Kapitalanteils, auch die Frage, ob der Gesellschafter überhaupt einen Kapitalanteil hat, sowie die Stimmberechtigung sind für das Antragsrecht unerheblich[22]. Unbeachtlich ist auch, ob der Gesellschafter der Verschmelzung bereits zugestimmt oder ihr widersprochen hat[23]. Die **Gesellschaftereigenschaft** muss **im Zeitpunkt des Prüfungsverlangens** bestehen[24]. Da das Antragsrecht Mitgliedschaftsrecht ist, geht nach Antragstellung die Rechtsposition auf den Rechtsnachfolger über[25]. An der Antragsberechtigung fehlt es, wenn zuvor sämtliche Anteilsinhaber aller beteiligten Rechtsträger in notarieller Form **auf die Prüfung verzichtet** haben[26].

c) Erklärung des Prüfungsverlangens. Das Prüfungsverlangen ist an die Gesellschaft zu richten[27]. Die Erklärung muss den zur Vertretung der Gesellschaft befugten Gesellschaftern zugehen. Der **Zugang** der Erklärung bei einem der zur Mitwirkung bei der Vertretung der Gesellschaft befugten Gesellschafter ist ausreichend[28]. Ausreichend ist auch, das Prüfungsverlangen in der Gesellschafterversammlung gegenüber dem Versammlungsleiter zu erklären[29]. Stellvertretung ist möglich, wenn der Gesellschaftsvertrag diese zulässt oder keiner der Mitgesellschafter widerspricht[30].

d) Form. Das **Prüfungsverlangen bedarf keiner besonderen Form**. Es kann schriftlich, mündlich oder zu Protokoll der Gesellschafterversammlung erklärt werden[31]. Das Prüfungsverlangen kann auch durch schlüssiges Verhalten erklärt werden[32]. Es empfiehlt sich, das Prüfungsverlangen zu dokumentieren und insbesondere bei Erklärungen außerhalb der Gesellschafterversammlung den Nachweis des Zugangs des Verlangens sicherzustellen[33].

---

[17] *H. Schmidt* in Lutter Rn 5.
[18] § 60 Abs. 1; näher hierzu § 60 Rn 1 f.
[19] § 10 Abs. 1 Satz 2; siehe hierzu § 10 Rn 1.
[20] § 43 Abs. 2; zur Mehrheitsklausel umfassend § 43 Rn 32 ff.
[21] *Müller* in Kallmeyer Rn 5; *H. Schmidt* in Lutter Rn 5.
[22] *Bermel* in Goutier/Knopf/Tulloch Rn 7; *Müller* in Kallmeyer Rn 6.
[23] *Müller* in Kallmeyer Rn 6.
[24] *Bermel* in Goutier/Knopf/Tulloch Rn 7; *Müller* in Kallmeyer Rn 6.
[25] *Bermel* in Goutier/Knopf/Tulloch Rn 7; *Müller* in Kallmeyer Rn 6.
[26] § 9 Abs. 3 iVm. § 8 Abs. 3; siehe auch Rn 21.
[27] *Müller* in Kallmeyer Rn 5.
[28] § 125 Abs. 2 Satz 3 HGB; so auch *Müller* in Kallmeyer Rn 7; *H. Schmidt* in Lutter Rn 5.
[29] Für den Widerspruch nach § 43 Abs. 2 Satz 3 *Zimmermann* in Kallmeyer § 43 UmwG Rn 25.
[30] *Müller* in Kallmeyer Rn 5.
[31] *H. Schmidt* in Lutter Rn 5; *Müller* in Kallmeyer Rn 5; *Vossius* in Widmann/Mayer Rn 13.
[32] So zu recht *Vossius* in Widmann/Mayer Rn 13.
[33] *Vossius* in Widmann/Mayer Rn 15.

13 **e) Frist.** Das Prüfungsverlangen kann und muss nach der Neufassung von Satz 1 durch das Zweite Gesetz zur Änderung des Umwandlungsgesetzes innerhalb einer Frist von **einer Woche** nach Erhalt der Verschmelzungsunterlagen[34] gestellt werden[35]. Die Befristung wurde eingeführt, um zu vermeiden, dass Gesellschafter noch in der Gesellschafterversammlung, die den Verschmelzungsbeschluss fassen soll, eine Prüfung durch Sachverständige[36] verlangen[37]. Ein solches kurz vor oder in der Gesellschafterversammlung gestelltes Prüfungsverlangen war nach früherer Rechtslage grundsätzlich weder als ein Verstoß gegen die Treupflicht noch als rechtsmissbräuchlich anzusehen[38].

Vor der Gesetzesänderung galt als **frühester Zeitpunkt** für das Prüfungsverlangen die Kenntniserlangung des Gesellschafters von dem Verschmelzungsvorhaben[39]. Der jetzige Gesetzeswortlaut lässt auch die Auslegung zu, dass Prüfungsverlangen erst nach dem Erhalt der Verschmelzungsunterlagen wirksam gestellt werden können. Eine solche Auslegung findet allerdings keine Stütze in der Gesetzesbegründung[40]. Deshalb ist auch weiterhin davon auszugehen, dass ein Prüfungsverlangen schon vor dem Erhalt der Verschmelzungsunterlagen gestellt werden kann und auch zu diesem Zeitpunkt nicht lediglich als rechtlich unverbindliche Ankündigung eines Prüfungsverlangens zu verstehen ist. Allerdings wird ein unverbindliches Verlangen regelmäßig dazu führen, dass die geschäftsführenden Gesellschafter freiwillig eine Prüfung nach Maßgabe der §§ 9 bis 12 in Auftrag geben, um eine spätere Verzögerung der Verschmelzung von vornherein zu vermeiden[41].

Die Wochenfrist beginnt erst mit dem Erhalt der Verschmelzungsunterlagen. Anders als bei der Unterrichtung der Gesellschafter[42], bei der der jeweilige Gesellschafter das Risiko des Zugangs der Unterlagen trägt, wenn die Gesellschaft die ordnungsgemäße Übersendung sichergestellt hat[43], und bei der Bekanntmachung der Einberufung der Gesellschafterversammlung, stellt das Gesetz damit auf den jeweiligen **tatsächlichen Zugang** der Unterlagen[44] beim einzelnen Gesellschafter ab[45]. Für die Praxis ist es deshalb dringend zu empfehlen, den Zugang unbedingt sicherzustellen und in geeigneter Weise – Zustellungsurkunde, Empfangsbekenntnis, Überbringen durch Boten – zu dokumentieren. Die Fristberechnung richtet sich nach den §§ 187 Abs. 1, 188 Abs. 2 BGB.

14 Die Wochenfrist stellt zudem sicher, dass das Prüfungsverlangen regelmäßig schon aufgrund des voraussichtlichen Fristablaufs **nach der Beschlussfassung** über die Verschmelzung grundsätzlich nicht mehr gestellt werden kann. Für Personenhandelsgesellschaften kann eine Verschmelzungsprüfung nach Fassung des Verschmelzungsbeschlusses ohnehin nicht

---

[34] § 42.
[35] *Bayer/J. Schmidt* NZG 2006, 841, 845; *HRA* NZG 2006, 737, 739. Zur früheren Rechtslage ausführlich Voraufl. Rn 13 ff.
[36] §§ 9 bis 12.
[37] BegrRegE zum Zweiten Gesetz zur Änderung des Umwandlungsgesetzes, BT-Drucks. 16/2919 S. 13.
[38] Zu den Gründen *H. Schmidt* in Lutter Rn 6; für die GmbH *Zimmermann*, FS Brandner, S. 167, 172; *Winter* in Lutter § 48 Rn 6.
[39] *H. Schmidt* in Lutter Rn 6.
[40] BegrRegE zum Zweiten Gesetz zur Änderung des Umwandlungsgesetzes, BT-Drucks. 16/2919 S. 13.
[41] Näher dazu Rn 16.
[42] § 42.
[43] Vgl. § 42 Rn 13.
[44] Zum Zugang *Heinrichs* in Palandt § 130 BGB Rn 5 ff.
[45] Zu Recht kritisch *HRA* NZG 2006, 737, 739, der während des Gesetzgebungsverfahrens für den Lauf der Wochenfrist in Anlehnung an § 51 Abs. 1 Satz 2 GmbHG auf den unter normalen Umständen zu erwartenden Zugang eintrat.

mehr gefordert werden[46]. Die Verschmelzungsprüfung soll nämlich mit dem Prüfungsbericht den Gesellschaftern eine verbesserte Information als Grundlage für ihre Entscheidung geben[47]. Dieses Ziel kann nur erreicht werden, wenn das Prüfungsverlangen und daran anschließend die Prüfung und die Vorlage des Prüfungsergebnisses noch vor der Beschlussfassung erfolgen. Auch die Vorschriften, die eine generelle Pflichtprüfung anordnen[48], sehen vor, dass der Prüfungsbericht vor der Beschlussfassung über die Verschmelzung vorliegen und in der Versammlung zur Einsichtnahme der Anteilsinhaber ausliegen muss. Beim eingetragenen Verein ist im Fall der Prüfung auf Verlangen einer Minderheit der Prüfungsbericht vor der Mitgliederversammlung in dem Geschäftsraum auszulegen[49]. Hieraus kann kein Umkehrschluss gezogen werden, denn die Regelung erfasst auch den wirtschaftlichen Verein, für den eine generelle Prüfungspflicht besteht[50]. Etwas anderes nach der Neuregelung gilt auch nicht mehr für das Prüfungsverlangen des Gesellschafters, dessen (notwendige) Zustimmung zum Verschmelzungsbeschluss noch aussteht. Auch er kann lediglich bis zum Ablauf der Wochenfrist eine Prüfung verlangen. Allerdings werden die geschäftsführenden Gesellschafter eine „freiwillige" Prüfung dann in den Fällen anordnen, in denen anderenfalls die Zustimmung zur Verschmelzung verweigert würde und auch zulässigerweise verweigert werden dürfte.

Wird das Prüfungsverlangen innerhalb der Wochenfrist gestellt, muss die Beschlussfassung über die Verschmelzung **vertagt** werden. Die Einberufung einer Gesellschafterversammlung, die über die Verschmelzung entscheiden soll, kann erst erfolgen, wenn der Prüfungsbericht vorliegt[51]. In der Praxis empfiehlt es sich deshalb, die Gesellschafterversammlung erst nach dem ereignislosen Ablauf der Wochenfrist einzuberufen. Die nach dem früheren Recht umstrittenen Fragen zu Voraussetzungen und Rechtsfolge einer angemessenen Fristsetzung für die Geltendmachung des Prüfungsverlangens gegenüber den Gesellschaftern in der Einberufung der Gesellschafterversammlung[52] haben sich durch die Neuregelung erledigt.

f) Weiteres Prüfungsverlangen, Prüfungsverlangen neben freiwilliger Prüfung. Hat bereits ein **anderer Gesellschafter ein Prüfungsverlangen gestellt** und ist daraufhin eine Prüfung in Auftrag gegeben worden, ist damit zugleich auch einem neuen Prüfungsverlangen entsprochen[53]. Es genügt eine Prüfung[54]. Haben die geschäftsführenden Gesellschafter bereits **freiwillig eine Prüfung nach Maßgabe der §§ 9 bis 12 in Auftrag gegeben**, ist damit ebenfalls einem späteren Prüfungsverlangen entsprochen[55]. Ein späteres Prüfungsverlangen hat aber auch im Falle einer freiwilligen Prüfung eigenständige Bedeutung, weil es eine Rücknahme des Prüfungsauftrags ausschließt[56]. Entsprechendes gilt, wenn ein zunächst gestelltes Prüfungsverlangen zurückgenommen wird. Auch hier bleibt das später gestellte Prüfungsverlangen relevant.

---

[46] H. Schmidt in Lutter Rn 7; ders. in Lutter Umwandlungsrechtstage S. 59, 76; für die GmbH Schöne S. 415 f.; Zimmermann, FS Brandner, S. 167, 172; aA Stratz in Schmitt/Hörtnagl/Stratz Rn 4; Vossius in Widmann/Mayer Rn 17; diff. Müller in Kallmeyer Rn 8.
[47] Siehe Rn 1.
[48] § 63 Abs. 1 Nr. 5 für die AG und § 101 Abs. 1 Satz 1 für den wirtschaftlichen Verein.
[49] § 101 Abs. 1 Satz 1.
[50] § 100 Satz 1.
[51] Siehe Rn 17.
[52] Ausführlich dazu Voraufl. Rn 15.
[53] Nach H. Schmidt in Lutter Rn 5 soll sogar die Antragsberechtigung entfallen.
[54] H. Schmidt in Lutter Rn 5.
[55] H. Schmidt in Lutter Rn 5, nach dem in einem solchen Fall die Antragsberechtigung entfallen soll.
[56] AA wohl H. Schmidt in Lutter Rn 5.

3. Folgen für den Verschmelzungsbeschluss

17 Ist ein **Prüfungsverlangen vor der Einberufung** der Gesellschafterversammlung gestellt worden, darf die Gesellschafterversammlung erst einberufen werden, wenn der Prüfungsbericht vorliegt[57]. Ein bereits vorhandener Prüfungsbericht ist spätestens mit der Einberufung zu übersenden[58], weil dem Gesellschafter mit dem Prüfungsbericht eine verbesserte Entscheidungsgrundlage gegeben werden soll. Dem dient auch die Übersendung des Verschmelzungsvertrags bzw. dessen Entwurfs und des Verschmelzungsberichts[59]. Weil alle drei Dokumente demselben Ziel dienen, gibt es keinen sachlichen Grund, sie zu unterschiedlichen Zeitpunkten zu übersenden. Erfolgt das Prüfungsverlangen **nach der Einberufung**, ist die Übersendung des Prüfungsberichts nachzuholen. Den Empfängern – also den von der Geschäftsführung ausgeschlossenen Gesellschaftern[60] – muss dann aber bis zur Gesellschafterversammlung noch ausreichend Zeit verbleiben, um den Prüfungsbericht auszuwerten[61]. Als Untergrenze ist hier eine Woche anzusehen[62]. Wird das Prüfungsverlangen etwa aufgrund eines verzögerten Zugangs der Verschmelzungsunterlagen zulässig erst **in der Gesellschafterversammlung** gestellt, muss die Beschlussfassung über die Verschmelzung ausgesetzt und die Versammlung vertagt werden, bis die Verschmelzungsprüfung durchgeführt ist[63].

4. Durchführung der Verschmelzungsprüfung[64]

18 Wird das Prüfungsverlangen fristgerecht gestellt, ist die Verschmelzungsprüfung nach den allgemeinen Vorschriften durchzuführen. Die Verschmelzungsprüfer werden **auf Antrag des Vertretungsorgans** vom Gericht bestellt[65]. Vertretungsorgan der Personenhandelsgesellschaft sind die vertretungsberechtigten Gesellschafter[66]. Ein Beschluss der Gesellschafterversammlung über die Auswahl der Verschmelzungsprüfer ist nicht erforderlich, da es sich dabei nicht um ein Grundlagengeschäft handelt[67]. Für den Fall, dass bei einem anderen an der Verschmelzung beteiligten Rechtsträger die Verschmelzungsprüfung obligatorisch ist, ebenfalls ein Prüfungsverlangen gestellt wurde oder freiwillig ein Prüfungsauftrag erteilt werden soll, können **gemeinsame Verschmelzungsprüfer**[68] bestellt werden[69].

19 Der **Prüfungsbericht** ist allen Gesellschaftern des betroffenen Rechtsträgers, die von der Geschäftsführung ausgeschlossen sind, zu **übersenden**[70]. Dies folgt aus einer entsprechenden Anwendung der Regelung des § 42 über die Unterrichtung der Gesellschafter[71].

---

[57] Siehe § 42 Rn 7; *H. Schmidt* in Lutter § 42 Rn 5.
[58] Siehe § 42 Rn 7; *H. Schmidt* in Lutter § 42 Rn 5; *Bermel* in Goutier/Knopf/Tulloch § 42 Rn 5; bezogen auf einen nach § 44 zu erstellenden Prüfungsbericht auch *Kallmeyer* in Kallmeyer § 42 Rn 3; *Vossius* in Widmann/Mayer Rn 29.
[59] Siehe § 42 Rn 1.
[60] Siehe Rn 19.
[61] *H. Schmidt* in Lutter § 42 Rn 5.
[62] *H. Schmidt* in Lutter § 42 Rn 5.
[63] *H. Schmidt* in Lutter Rn 8, § 42 Rn 5; *Müller* in Kallmeyer Rn 8; für die GmbH *Zimmermann*, FS Brandner, S. 167, 173.
[64] Zu den Einzelheiten siehe §§ 9 bis 12.
[65] § 10 Abs. 1 Satz 1; siehe § 10 Rn 1.
[66] Siehe §§ 125, 170 HGB.
[67] So auch *H. Schmidt* in Lutter Rn 9; *Lutter* in Lutter § 10 Rn 5, 11; *Schwarz* in Widmann/Mayer § 10 Rn 2.2. AA *Bermel* in Goutier/Knopf/Tulloch Rn 10; *Müller* in Kallmeyer Rn 11.
[68] § 10 Abs. 1 Satz 2.
[69] *Müller* in Kallmeyer Rn 11.
[70] So zu Recht *H. Schmidt* in Lutter Rn 10. AA *Vossius* in Widmann/Mayer Rn 29, der die Übersendung an die Gesellschafter, die eine Prüfung verlangen, ausreichen lässt.
[71] *H. Schmidt* in Lutter Rn 10.

5. Kosten der Prüfung (Satz 2)

Die Kosten der Prüfung trägt die Gesellschaft. Weder durch den Gesellschaftsvertrag noch 20 durch einen entsprechenden Gesellschafterbeschluss kann die Kostenlast dem die Prüfung verlangenden Gesellschafter auferlegt werden[72]. Dem steht der zwingende Charakter der Umwandlungsvorschriften[73] entgegen. Das UmwG sieht keine Ausnahmen von der Kostentragungspflicht aus Billigkeitserwägungen nach dem Vorbild des § 306 Abs. 7 Satz 8 AktG vor[74].

6. Ausschluss im Gesellschaftsvertrag, Verzicht

Der Gesellschaftsvertrag kann das Recht auf Prüfung nicht ausschließen[75]. Die Vorschrift 21 räumt dem einzelnen Gesellschafter ein **unabdingbares Kontrollrecht** ein[76]. Einer abweichenden gesellschaftsvertraglichen Regelung steht der zwingende Charakter der Umwandlungsvorschriften[77] entgegen. Ein vorheriger Verzicht auf das Recht, eine Verschmelzungsprüfung zu verlangen, bedeutet iE einen Verzicht auf die Prüfung selbst[78]. Der Verzicht auf die Verschmelzungsprüfung bedarf aber der notariell beurkundeten Verzichtserklärung aller Anteilsinhaber aller beteiligten Rechtsträger[79]. Verzichtet ein Gesellschafter im Voraus auf das Recht, eine Verschmelzungsprüfung zu verlangen, steht einem späteren Verlangen nach einer Verschmelzungsprüfung im Regelfall der Rechtsmissbrauchseinwand entgegen. Er kann sich dann nur ausnahmsweise[80] auf sein Antragsrecht berufen[81]. Erklärt der betroffene Gesellschafter einen Verzicht, kann und darf ihn das aber nicht daran hindern, später doch noch die Prüfung fordern zu können, sofern ihm bisher nicht bekannte Tatsachen bekannt werden[82]. Entsprechendes gilt für einen Verzicht auf den Prüfungsbericht[83].

7. Rechtsfolgen bei Verstoß

Wird die Verschmelzungsprüfung trotz eines Verlangens nicht oder nicht ordnungsge- 22 mäß durchgeführt oder wird, obwohl ein Prüfungsverlangen gestellt wurde, der Verschmelzungsbeschluss vor dem Vorliegen des Prüfungsberichts gefasst, stellt dies, falls insoweit kein **wirksamer Verzicht vorliegt** oder das Prüfungsverlangen ausnahmsweise treuwidrig oder rechtsmissbräuchlich ist, einen Beschlussmangel dar. Dieser führt zur **Nichtigkeit des Verschmelzungsbeschlusses**, wenn er für das Beschlussergebnis relevant kausal war. Aufgrund des Informationszwecks der Regelung ist im Regelfall von einer **Relevanz** auszugehen. Der Gesellschaft bleibt nur der – kaum mögliche – Nachweis, dass die fehlende oder fehlerhafte Verschmelzungsprüfung ohne Einfluss auf das Beschlussergebnis war[84]. Die Gesellschaft muss die Möglichkeit eines Ursachenzusammenhangs zwischen dem Mangel und dem Beschlussergebnis ausräumen. Dazu genügt es nicht, dass die Stimme des Gesellschafters, der die Verschmelzungsprüfung verlangt hat, für das Beschlussergebnis unerheblich war.

---

[72] *Müller* in Kallmeyer Rn 12.
[73] Siehe § 1 Rn 92.
[74] Für eine Kostentragungspflicht des betreffenden Gesellschafters im Fall des Rechtsmissbrauchs aber *Vossius* in Widmann/Mayer Rn 31.
[75] *Müller* in Kallmeyer Rn 3.
[76] *Müller* in Kallmeyer Rn 3.
[77] § 1 Rn 92.
[78] *Vossius* in Widmann/Mayer Rn 25.
[79] § 9 Abs. 3 iVm. § 8 Abs. 3; siehe § 9 Rn 51 f.
[80] Siehe Rn 10.
[81] Siehe auch § 48 Rn 11.
[82] Zur entsprechenden Situation bei der Unterrichtung § 42 Rn 14.
[83] § 12 Abs. 3 iVm. § 8 Abs. 3.
[84] BGH NJW 1987, 1262, 1263.

23 Wird die Verschmelzung beim Register des Sitzes des übernehmenden Rechtsträgers eingetragen, wird der **Mangel geheilt**[85]. Es kann sich aber eine **Schadensersatzpflicht** der geschäftsführenden Gesellschafter ergeben[86].

8. Prüfung der Barabfindung nach § 30

24 Ist im Verschmelzungsvertrag oder seinem Entwurf eine Barabfindung anzubieten[87], ist deren Angemessenheit **stets zu prüfen**[88]. Beide Prüfungen sind unabhängig voneinander und betreffen unterschiedliche Gegenstände. Die Prüfung nach § 44 betrifft den Verschmelzungsvertrag, während sich die Prüfung nach § 30 allein auf die Angemessenheit der Barabfindung bezieht. Zulässig ist es allerdings, für beide Prüfungen einen gemeinsamen Bericht zu erstellen[89].

III. Verfahrens- und Parallelvorschriften

1. Anmeldung zum Handelsregister

25 Wird eine Prüfung infolge eines Prüfungsverlangens durchgeführt, ist der Prüfungsbericht mit der Handelsregisteranmeldung einzureichen[90]. Wird kein Verlangen auf Verschmelzungsprüfung gestellt, sollte – um die Registereintragung nicht zu verzögern – eine entsprechende **Negativerklärung** abgegeben werden[91].

2. Parallelvorschriften

26 Für die Verschmelzung unter Beteiligung einer GmbH, bei der § 50 Abs. 1 auf Seiten der GmbH als gesetzlichen – wenn auch dispositiven – Regelfall einen Mehrheitsbeschluss ausreichen lässt, enthält § 48 eine entsprechende Regelung.

§ 45 Zeitliche Begrenzung der Haftung persönlich haftender Gesellschafter

(1) **Überträgt eine Personenhandelsgesellschaft ihr Vermögen durch Verschmelzung auf einen Rechtsträger anderer Rechtsform, dessen Anteilsinhaber für die Verbindlichkeiten dieses Rechtsträgers nicht unbeschränkt haften, so haftet ein Gesellschafter der Personenhandelsgesellschaft für ihre Verbindlichkeiten, wenn sie vor Ablauf von fünf Jahren nach der Verschmelzung fällig und daraus Ansprüche gegen ihn in einer in § 197 Abs. 1 Nr. 3 bis 5 des Bürgerlichen Gesetzbuchs bezeichneten Art festgestellt sind oder eine gerichtliche oder behördliche Vollstreckungshandlung vorgenommen oder beantragt wird; bei öffentlich-rechtlichen Verbindlichkeiten genügt der Erlass eines Verwaltungsakts.**

(2) **Die Frist beginnt mit dem Tage, an dem die Eintragung der Verschmelzung in das Register des Sitzes des übernehmenden Rechtsträgers nach § 19 Abs. 3 bekannt gemacht worden ist. Die für die Verjährung geltenden §§ 204, 206, 210, 211 und 212 Abs. 2 und 3 des Bürgerlichen Gesetzbuchs sind entsprechend anzuwenden.**

---

[85] § 20 Abs. 2; siehe § 20 Rn 92 f.
[86] § 25.
[87] § 29.
[88] § 30 Abs. 2 Satz 1.
[89] Zu Einzelheiten siehe § 30 Rn 27.
[90] § 17 Abs. 1; siehe § 17 sowie zum Nachweis der Übersendung des Verschmelzungsberichts § 42 Rn 18.
[91] *H. Schmidt* in Lutter Umwandlungsrechtstage S. 59, 76; *Müller* in Kallmeyer Rn 9.

(3) **Einer Feststellung in einer in § 197 Abs. 1 Nr. 3 bis 5 des Bürgerlichen Gesetzbuchs bezeichneten Art bedarf es nicht, soweit der Gesellschafter den Anspruch schriftlich anerkannt hat.**

(4) **Die Absätze 1 bis 3 sind auch anzuwenden, wenn der Gesellschafter in dem Rechtsträger anderer Rechtsform geschäftsführend tätig wird.**

Übersicht

	Rn		Rn
I. Allgemeines	1	a) Fristbeginn (Abs. 2 Satz 1)	35
1. Sinn und Zweck der Norm	1	b) Fristende	36
2. Anwendungsbereich	2	c) Fristhemmung und wirkungslose Vollstreckungshandlung (Abs. 2 Satz 2)	37
a) Verschmelzungsarten	2		
b) Beteiligte Rechtsträger	3		
c) Persönlicher Anwendungsbereich	6	d) Einwand unzulässiger Rechtsausübung	42
d) Zeitlicher Anwendungsbereich	10		
e) Anwendung aufgrund Verweisung	11	5. Feststellung der Verbindlichkeit, Vollstreckungshandlung, behördliche Geltendmachung	43
3. Entstehungsgeschichte	12		
4. Verhältnis zu Haftungs- und Verjährungsregelungen	16	a) Feststellung	43
		b) Vollstreckungshandlung	48
5. Regelungstechnik	19	c) Behördliche Geltendmachung	51
II. Einzelerläuterungen	20	6. Schriftliches Anerkenntnis (Abs. 3)	52
1. Enthaftung	20	7. Geschäftsführender Gesellschafter (Abs. 4)	55
a) Wirkung der Enthaftung	20		
b) Eintritt der Enthaftung	21	8. Rechtsfolgen bei Fristwahrung	56
c) Erfasste Haftungstatbestände	24	9. Abweichende Vereinbarungen	60
2. Einbezogene Verbindlichkeiten	26	III. Parallelvorschriften	61
3. Fälligkeit der Verbindlichkeiten	30		
4. Fünfjahresfrist	35		

Literatur: *Caspers*, Das Gesetz zur Ergänzung der handelsrechtlichen Vorschriften über die Änderung der Unternehmensform, WM 1969, Sonderheft 3, S. 3; *Funke*, Der Regierungsentwurf eines Nachhaftungsbegrenzungsgesetzes, DB 1992, 2177; *Kainz*, Das Nachhaftungsbegrenzungsgesetz (NachBG), DStR 1994, 620; *Kollbach*, Die Neuregelung der Nachhaftung ausgeschiedener persönlich haftender Gesellschafter, GmbHR 1994, 164; *Leverenz*, Enthält § 160 dispositives Recht?, ZHR 160 (1996) 75; *Lieb*, Zum Entwurf eines Nachhaftungsbegrenzungsgesetzes, GmbHR 1992, 561; *Mayer*, Die Haftung des Personengesellschafters nach seinem Ausscheiden aus der Gesellschaft und bei Unternehmensumstrukturierungen, DNotZ 1990, 3; *Naraschewski*, Haftung bei der Spaltung von Kommanditgesellschaften, DB 1995, 1265; *Nitsche*, Das neue Nachhaftungsbegrenzungsgesetz – Vertragsübergang kraft Gesetzes?, ZIP 1994, 1919; *Reichold*, Das neue Nachhaftungsbegrenzungsgesetz, NJW 1994, 1617; *K. Schmidt*, Das neue Nachhaftungsbegrenzungsrecht, ZIP 1994, 243; *ders.*, Gesellschaftsrechtliche Grundlagen eines Nachhaftungsbegrenzungsgesetzes, DB 1990, 2357; *K. Schmidt/C. Schneider*, Haftungserhaltende Gläubigerstrategien beim Ausscheiden von Gesellschaftern bei Unternehmensübertragung, Umwandlung und Auflösung, BB 2003, 1961; *Seibert*, Nachhaftungsbegrenzungsgesetz – Haftungsklarheit für den Mittelstand, DB 1994, 461; *Ulmer*, Die zeitliche Begrenzung der Haftung von Gesellschaftern beim Ausscheiden aus einer Personenhandelsgesellschaft sowie bei der Umwandlung zu einer Kapitalgesellschaft, BB 1983, 1865; *Ulmer/Timmann*, Die Enthaftung ausgeschiedener Gesellschafter, ZIP 1992, 1; *Waldner*, Das neue Nachhaftungsbegrenzungsgesetz, WiB 1994, 297.

I. Allgemeines

1. Sinn und Zweck der Norm

Der Gesellschafter einer an der Verschmelzung als übertragender Rechtsträger beteiligten Personenhandelsgesellschaft soll, wenn er in dem übernehmenden Rechtsträger nicht mehr persönlich unbeschränkt haftet, nicht über einen unabsehbaren Zeitraum und damit in unzumutbarer Weise für die Verbindlichkeiten der übertragenden Personenhandelsgesellschaft haften[1]. Ziel der Vorschrift ist es, die Forthaftung des Gesellschafters des übertragenden Rechtsträgers **zeitlich zu begrenzen**, sofern er nicht ohnedies für die Verbindlichkeiten des übernehmenden Rechtsträgers und damit über den Umweg der Rechtsnachfolge[2] auch für die Verbindlichkeiten des übertragenden Rechtsträgers weiterhin unbeschränkt haftet. Die Norm ordnet deshalb nach Ablauf einer Frist von fünf Jahren eine Enthaftung an. Sie **begründet keine Haftung**[3], sondern setzt diese voraus[4]. Sie entspricht in ihrer Funktion der Bestimmung des § 160 Abs. 1 und 2 HGB, der eine zeitliche Begrenzung der Haftung des persönlich haftenden Gesellschafters im Fall seines Ausscheidens vorsieht. Sie übernimmt die zeitliche Begrenzung der Nachhaftung des § 160 Abs. 1 und 2 HGB und vermeidet damit Wertungswidersprüche zum allgemeinen Recht der Personenhandelsgesellschaften. Wer nach der Verschmelzung im übernehmenden Rechtsträger nicht mehr unbeschränkt haftet, steht damit einem ausgeschiedenen persönlich haftenden Gesellschafter gleich.

2. Anwendungsbereich

2 a) **Verschmelzungsarten.** Die Vorschrift gilt sowohl für die Verschmelzung zur Aufnahme als auch für die Verschmelzung zur Neugründung. Die Anwendung auf die Verschmelzung zur Neugründung folgt aus dem Sinn und Zweck der Vorschrift, da auch dort ein Bedürfnis für eine Nachhaftungsbegrenzung besteht[5].

3 b) **Beteiligte Rechtsträger.** Die Vorschrift ist anwendbar, wenn der übertragende Rechtsträger eine Personenhandelsgesellschaft ist und der übernehmende Rechtsträger ein Rechtsträger anderer Rechtsform, dessen Anteilsinhaber für die Verbindlichkeiten dieses Rechtsträgers nicht unbeschränkt haften. Nach ihrem Wortlaut ist sie damit anwendbar, wenn der **übertragende Rechtsträger** eine OHG, KG – auch GmbH & Co. KG – oder eine EWIV[6] ist und der **übernehmende Rechtsträger** die Rechtsform einer AG, GmbH oder eG hat. Erfasst werden als übernehmende Rechtsträger aber über den Wortlaut hinaus auch Rechtsträger, bei denen nicht alle Anteilsinhaber unbeschränkt haften[7]. Übernehmender Rechtsträger kann daher auch eine KG oder KGaA sein[8]. Nicht erfasst ist die Verschmelzung einer OHG, KG oder EWIV auf eine OHG, auf eine EWIV oder auf eine PartG[9].

4 Nach Sinn und Zweck der Vorschrift ist sie trotz ihres Wortlauts auch auf eine Verschmelzung einer KG auf eine andere KG anwendbar[10]. Die Vorschrift soll die Fortdauer der Haftung nach § 128 HGB zeitlich begrenzen, wenn der Gesellschafter im übernehmenden Rechtsträger nicht mehr unbeschränkt haftet[11]. Wird eine KG auf eine andere KG verschmolzen und nimmt dabei ein bisher persönlich haftender Gesellschafter der

---

[1] RegBegr. Gesetz zur zeitlichen Begrenzung der Nachhaftung von Gesellschaftern, BT-Drucks. 12/1868 S. 7.
[2] § 20 Abs. 1 Nr. 1; siehe § 20 Rn 8.
[3] Dies tun insbes. §§ 128, 161 Abs. 2 HGB.
[4] *H. Schmidt* in Lutter Rn 2.
[5] *Kallmeyer* in Kallmeyer Rn 1.
[6] Siehe § 3 Rn 4 und 14.
[7] *H. Schmidt* in Lutter Rn 8; *Vossius* in Widmann/Mayer Rn 20; *Kallmeyer* in Kallmeyer Rn 3.
[8] *H. Schmidt* in Lutter Rn 8; *Vossius* in Widmann/Mayer Rn 20; *Kallmeyer* in Kallmeyer Rn 3.
[9] Eine Anwendung von § 45 im Fall einer PartG als übernehmendem Rechtsträger ist zwar nicht völlig ausgeschlossen, da § 8 Abs. 2 PartGG eine Haftungskonzentration auf einen Partner und § 8 Abs. 3 PartGG gesetzliche Haftungsbeschränkungen zulässt; § 8 Abs. 1 PartGG sieht aber als Grundsatz eine persönliche unbeschränkte Haftung aller Partner für Verbindlichkeiten der PartG vor; *Michalski/Römermann* § 8 PartGG Rn 14 ff.
[10] *H. Schmidt* in Lutter Rn 8; *Kallmeyer* in Kallmeyer Rn 3; *Vossius* in Widmann/Mayer Rn 20; aA *Bermel* in Goutier/Knopf/Tulloch Rn 3.
[11] Siehe Rn 1.

übertragenden KG in der übernehmenden KG nur noch eine Kommanditistenstellung ein, ist die von der Norm nach ihrer Zielsetzung ins Auge gefasste Schutzbedürftigkeit des bisher persönlich haftenden Gesellschafters gegeben. Eine andere Auslegung würde zudem zu Wertungswidersprüchen zu der nach § 160 Abs. 3 HGB für den Wechsel von der Komplementärin die Kommanditistenstellung bestehenden Rechtslage führen[12]. Dies gilt entsprechend für den etwa aufgrund nicht oder nicht vollständig geleisteter Einlage haftenden Kommanditisten[13].

Auf die Haftung des Komplementärs einer **übertragenden KGaA** ist die Vorschrift analog anzuwenden[14]. § 160 HGB, der die zeitliche Haftungsbegrenzung bei Ausscheiden eines Gesellschafters regelt, ist nicht anwendbar[15]. Die Verschmelzung führt zur Auflösung der Gesellschaft[16] und damit zur Anwendbarkeit von § 159 HGB[17]. Dieser enthält nur eine Verjährungsregelung, die weniger Schutz gewährt als die Enthaftungsregelung des § 45[18]. Da das UmwG für die übertragende KGaA trotz vergleichbarer Interessenlage keine dem § 45 entsprechende Regelung enthält und es sich dabei offensichtlich um eine unbeabsichtigte Regelungslücke handelt[19], ist eine analoge Anwendung der Norm geboten[20].

c) Persönlicher Anwendungsbereich. Die Norm gilt nur für Gesellschafter des **übertragenden Rechtsträgers**. Wechselt im Zuge der Verschmelzung ein Komplementär einer übernehmenden KG[21] in die Kommanditistenstellung, findet nicht § 45, sondern § 160 Abs. 3 HGB Anwendung. Die Vorschrift gilt für **persönlich haftende Gesellschafter** der übertragenden Personenhandelsgesellschaft[22]. Dies sind die Gesellschafter einer **OHG**, die Komplementäre einer KG – einschließlich der Komplementär-GmbH einer GmbH & Co. KG[23] – die Mitglieder einer EWIV sowie die persönlich haftenden Gesellschafter einer KGaA[24].

Die Vorschrift ist auch auf den **Kommanditisten einer übertragenden KG**, der aufgrund seiner Kommanditistenstellung persönlich haftet, anwendbar[25]. Trotz der insoweit missverständlichen amtlichen Überschrift wollte der Gesetzgeber diese bereits zu § 45 UmwG 1969 bestehende Rechtslage[26] nicht ändern[27]. Die Vorschrift selbst spricht allgemein von der Haftung eines Gesellschafters. Ihre Anwendung auf Kommanditisten vermeidet zudem Wertungswidersprüche zu § 160 HGB, der die zeitliche Begrenzung der Haftung ausscheidender Kommanditisten regelt[28]. Die **persönliche Haftung des Kommanditisten** kann sich ergeben aus

---

[12] *H. Schmidt* in Lutter Rn 8.
[13] Siehe Rn 7.
[14] So zu Recht *H. Schmidt* in Lutter Rn 8 a; aA *Vossius* in Widmann/Mayer Rn 12.
[15] So aber *Vossius* in Widmann/Mayer Rn 12.
[16] § 2 Rn 37.
[17] *H. Schmidt* in Lutter Rn 8 a, Fn 5 (S. 689).
[18] Nach § 159 Abs. 3 HGB beginnt bei einem erst nach der Eintragung der Auflösung fällig werdenden Anspruch die Verjährung erst mit dem Zeitpunkt der Fälligkeit.
[19] Eine ausführliche Begründung der analogen Anwendbarkeit findet sich bei *H. Schmidt* in Lutter Rn 8 a, der von einem Redaktionsversehen spricht.
[20] Ebenso § 78 Rn 30 ff.
[21] Zur Anwendbarkeit des § 45 auch im Fall der Verschmelzung auf eine KG siehe Rn 3 f.
[22] So die amtliche Überschrift, die in ihrer jetzigen, vom Rechtsausschuss vorgeschlagenen Fassung der Klarstellung dienen soll, dass die Vorschrift der Begrenzung der Haftung der persönlich haftenden Gesellschafter dient; Rn 14.
[23] *H. Schmidt* in Lutter Rn 9.
[24] Zur analogen Anwendung von § 45 auf den Komplementär der KGaA siehe Rn 5.
[25] AllgM; *H. Schmidt* in Lutter Rn 9; ders. in Lutter Umwandlungsrechtstage S. 59, 86; *Bermel* in Goutier/Knopf/Tulloch Rn 3; *Kallmeyer* in Kallmeyer Rn 2; *Vossius* in Widmann/Mayer Rn 241.
[26] *Dehmel* Anm. 5; *Caspers* WM 1969, Sonderheft 3, S. 10.
[27] RegBegr. *Ganske* S. 9.
[28] *Habersack* in Großkomm. § 160 HGB Rn 8; *Hopt* § 160 HGB Rn 1.

- vor Eintragung der KG ins Handelsregister begründeten Verbindlichkeiten[29];
- Verbindlichkeiten zwischen Eintritt des Kommanditisten in die Gesellschaft und dessen Eintragung[30];
- einer nicht oder nicht vollständig geleisteten Einlage[31];
- einer Einlagenrückgewähr[32];
- einer Entnahme trotz unzureichenden Kapitalanteils bei oder aufgrund der Entnahme[33];
- sowie aufgrund einer Herabsetzung der Einlage hinsichtlich der vorher begründeten Verbindlichkeiten[34].

8 Im Erwerb der Beteiligung an dem übernehmenden Rechtsträger liegt keine Einlagenrückgewähr, sondern ein bloßer Anteilstausch[35]. Ebenso wenig liegt im Fall des Ausscheidens gegen Barabfindung[36] nach Wirksamwerden der Verschmelzung eine Einlagenrückgewähr vor. Nach Wirksamwerden der Verschmelzung ist die Kommanditistenstellung im übertragenden Rechtsträger beendet und mithin für eine Einlagenrückgewähr kein Raum mehr[37].

9 Die Vorschrift ist nur auf Gesellschafter, die **im übernehmenden Rechtsträger** für dessen Verbindlichkeiten nicht unbeschränkt haften, anwendbar. Beachtlich ist hierfür allein die Haftung aufgrund der gesellschaftsrechtlichen Stellung[38]. Die Übernahme einer Bürgschaft oder ein Schuldbeitritt hindert die Anwendbarkeit der Vorschrift nicht. Sie ist demnach anwendbar, wenn der Gesellschafter im übernehmenden Rechtsträger die Stellung als Aktionär, Kommanditaktionär, GmbH-Gesellschafter, Kommanditist oder als Mitglied einer Genossenschaft einnimmt. Auf einen persönlich haftenden Kommanditisten des übertragenden Rechtsträgers[39] kann sie angewendet werden, wenn dieser im übernehmenden Rechtsträger weder Kommanditist noch Komplementär ist. Wird der Betrag seiner Hafteinlage bei der Verschmelzung herabgesetzt, kommt die Vorschrift insoweit zur Anwendung, als die Hafteinlage verringert wird.

10 **d) Zeitlicher Anwendungsbereich.** Die Vorschrift gilt uneingeschränkt für **nach dem 31. 12. 1994 entstandene Verbindlichkeiten**[40]. Auf vor dem 1. 1. 1995 entstandene Verbindlichkeiten findet sie nur Anwendung, wenn die Umwandlung nach diesem Zeitpunkt ins Handelsregister eingetragen worden ist und die Verbindlichkeiten nicht später als vier Jahre nach der Bekanntmachung der Eintragung der Verschmelzung im Bundesanzeiger fällig werden oder wenn die Verbindlichkeiten nach dem 26. 3. 1994[41] begründet worden sind[42].

11 **e) Anwendung aufgrund Verweisung.** Die Norm gilt auch für Spaltungen zur Aufnahme oder Neugründung, soweit an der Spaltung eine Personenhandelsgesellschaft als übertragender Rechtsträger beteiligt ist[43]. Für die Ausgliederung aus dem Vermögen eines Ein-

---

[29] § 176 Abs. 1 HGB.
[30] § 176 Abs. 2 HGB.
[31] § 171 Abs. 1 HGB.
[32] § 172 Abs. 4 Satz 1 HGB.
[33] § 172 Abs. 4 Satz 2 HGB.
[34] § 174 HGB.
[35] *H. Schmidt* in Lutter Rn 9; *Vossius* in Widmann/Mayer Rn 247. AA *Naraschewski* DB 1995, 1265, 1266.
[36] § 29.
[37] *H. Schmidt* in Lutter Rn 9. AA *Vossius* in Widmann/Mayer Rn 244.
[38] So offenbar auch *H. Schmidt* in Lutter Rn 10.
[39] Zur persönlichen Haftung eines Kommanditisten siehe Rn 7.
[40] § 319.
[41] Tag des Inkrafttretens des Gesetzes zur zeitlichen Begrenzung der Nachhaftung von Gesellschaftern (Nachhaftungsbegrenzungsgesetz) BGBl. 1994 I S. 560.
[42] Für Einzelheiten siehe § 319 Rn 5 ff.
[43] §§ 125 Satz 1 und 135 Abs. 1 Satz 1.

zelkaufmanns enthält § 157 eine Sonderregelung. Bei der Vermögensübertragung gilt die Vorschrift dagegen nicht, da eine Personenhandelsgesellschaft nicht an einer Vermögensübertragung beteiligt sein kann[44].

3. Entstehungsgeschichte

Eine vergleichbare Regelung enthielt bereits § 45 UmwG 1969[45] für die errichtende Umwandlung[46]. Das UmwG 1995 hat diese Regelung teilweise wörtlich übernommen. Allerdings wird für den Fristbeginn nach Abs. 2 Satz 1 entsprechend dem System des UmwG an die Bekanntmachung der Verschmelzung[47] angeknüpft.

§ 45 DiskE enthielt eine abweichende Regelung. Diese stand jedoch von vornherein unter dem Vorbehalt einer künftigen Gesetzesänderung. Das Nachhaftungsbegrenzungsgesetz wurde erst nach dem DiskE verabschiedet und konnte daher in diesem nicht mehr berücksichtigt werden.

Um Missverständnisse zu vermeiden, stellt die Überschrift ausdrücklich klar, dass die Vorschrift die Begrenzung der Haftung der **persönlich haftenden Gesellschafter** betrifft[48]. Dies schließt allerdings ihre Anwendung auf Kommanditisten nicht aus[49].

Das am 1. 1. 2002 in Kraft getretene Gesetz zur Modernisierung des Schuldrechts[50] hat § 45 an die neuen schuldrechtlichen Vorschriften des BGB angepasst. Im Rahmen der Einführung des elektronischen Handelsregisters durch das EHUG[51] wurde Abs. 2 Satz 1 entsprechend an die neuen Bekanntmachungsvorschriften angepasst.

4. Verhältnis zu Haftungs- und Verjährungsregelungen

Die Gesellschafter haften für Verbindlichkeiten des übertragenden Rechtsträgers auch nach dem Wirksamwerden der Verschmelzung[52]. Die Vorschrift setzt diese Haftung voraus und begrenzt sie in zeitlicher Hinsicht. Der Gesellschafter kann daher auch nach der Verschmelzung alle haftungshindernden **Einwendungen und Einreden**, die in seiner Person begründet sind, sowie die Einwendungen und Einreden, die der Gesellschaft möglich sind[53], erheben. Dies gilt nicht nur für Einwendungen und Einreden, die der übernehmende Rechtsträger durch die Rechtsnachfolge[54] erworben hat, sondern für sämtliche Einwendungen und Einreden, die dem übernehmenden Rechtsträger gegen die Forderung zustehen[55]. Der Gesellschafter kann die Leistung auch verweigern, wenn dem übernehmenden Rechtsträger die rechtsvernichtenden Einwendungen der Anfechtung[56] oder

---

[44] § 175.
[45] IdF des Gesetzes zur zeitlichen Begrenzung der Nachhaftung von Gesellschaftern (Nachhaftungsbegrenzungsgesetz) vom 18. 3. 1994.
[46] Zur Entwicklung hin zu dieser Vorschrift: BGHZ 70, 132, 136; *Ulmer/Wiesner* ZHR 144 (1980) 393; BGHZ 87, 286 ff.; *BGH* NJW 1983, 2940 ff.; BGHZ 78, 114, 118; ebenso *BAG* NJW 1983, 2283 f.; *Kainz* DStR 1994, 620; *Ulmer* DB 1983, 1865, 1866.
[47] § 19 Abs. 3.
[48] RAusschussB *Ganske* S. 95.
[49] Vgl. Rn 7.
[50] BGBl. I 2001 S. 3138.
[51] BGBl. I 2006 S. 2553.
[52] § 128 HGB (OHG-Gesellschafter); §§ 128, 161 Abs. 2 (Komplementär der KG); Art. 24 Abs. 1 EWIV-VO (Mitglieder einer EWIV); §§ 171, 172, 174, 176 HGB (Kommanditist der KG) und § 278 Abs. 2 AktG iVm. § 128 HGB (persönlich haftender Gesellschafter der KGaA).
[53] § 129 Abs. 1.
[54] § 20 Abs. 1 Nr. 1; § 20 Rn 8.
[55] So auch *Vossius* in Widmann/Mayer Rn 82.
[56] §§ 119 ff. BGB iVm. § 129 Abs. 2 HGB iVm. § 20 Abs. 1 Nr. 1 UmwG. So auch *Vossius* in Widmann/Mayer Rn 87.

§ 45 17–20   Zweites Buch. Verschmelzung

der Aufrechnung[57] zustehen. Die Ausübung dieser Rechte obliegt dem übernehmenden Rechtsträger. Dasselbe gilt für **den Rücktritt**[58].

17   Der Gesellschafter kann insbesondere die Einrede der **Verjährung** geltend machen, wenn die Verjährungsfrist vor dem Ablauf der Fünfjahresfrist endet[59]. Seine Haftung scheidet dann unabhängig von § 45 aus. **Verjährungsunterbrechende Maßnahmen** gegenüber der übertragenden Personenhandelsgesellschaft wirken auch zulasten des Gesellschafters[60]. Verjährungsunterbrechende Maßnahmen gegenüber dem übernehmenden Rechtsträger verlängern dagegen die Verjährungsfrist nicht[61].

18   Bei Dauerschuldverhältnissen kann auch aus der von der Rechtsprechung entwickelten **Kündigungstheorie**[62] keine kürzere Nachhaftungsdauer hergeleitet werden[63]. § 45 enthält eine einheitliche Regelung der Nachhaftung für alle Verbindlichkeiten gleich welcher Herkunft[64]. Für einen weiter gehenden Schutz des Gesellschafters bei Dauerschuldverhältnissen durch Anwendung der Kündigungstheorie besteht kein sachliches Bedürfnis[65].

5. Regelungstechnik

19   Dass es sich bei § 45 um eine die Haftung voraussetzende Enthaftungsvorschrift handelt, ist zwar aus der Überschrift, nicht aber aus dem Wortlaut der Bestimmung unmittelbar ersichtlich. Die Vorschrift ist positiv formuliert und besagt, in welchen Fällen es zu einer Haftung des Gesellschafters kommt. Wann eine Enthaftung eintritt, ist nur aus einem Umkehrschluss zu entnehmen. Gleichwohl ist mit Recht anerkannt, dass § 45 die Haftung voraussetzt, nicht aber haftungsbegründend wirkt.

II. Einzelerläuterungen

1. Enthaftung

20   **a) Wirkung der Enthaftung.** Die Norm ist keine Verjährungsvorschrift, sondern enthält eine Ausschlussfrist[66]. Dies folgt auch aus der Wortwahl des Abs. 2 Satz 2, der bestimmte für die Verjährung geltende Vorschriften für entsprechend anwendbar erklärt[67]. Die Haftung der persönlich haftenden Gesellschafter[68] erlischt, sobald die Voraussetzungen der Enthaftung eintreten[69]. Die Enthaftung muss nicht als rechtshindernde Einrede geltend gemacht werden.

---

[57] § 387 ff. BGB iVm. § 129 Abs. 3 HGB iVm. § 20 Abs. 1 Nr. 1 UmwG. So auch *Vossius* in Widmann/Mayer Rn 87.

[58] *Hopt* § 129 HGB Rn 5, 10.

[59] *H. Schmidt* in Lutter Rn 6; *Vossius* in Widmann/Mayer Rn 83; zur vergleichbaren Regelung des § 160 HGB *Kainz* DStR 1994, 620, 621; *Seibert* DB 1994, 461; *Hopt* § 160 HGB Rn 3.

[60] § 129 Abs. 1.

[61] *H. Schmidt* in Lutter Rn 6; zu § 160 HGB *Hopt* § 160 HGB Rn 2 f.; *von Gerkan* in Röhricht/von Westphalen § 160 HGB Rn 11 ff.

[62] BGHZ 70, 132, 136.

[63] *H. Schmidt* in Lutter Rn 7; so zu § 160 HGB auch *BGH* ZIP 1999, 1967, 1969; *OLG Dresden* ZIP 1996, 1868, 1870; *Habersack* in Großkomm. § 160 HGB Rn 34; *Seibert* DB 1994, 461; tendenziell auch *Ulmer/Timmann* ZIP 1992, 1, 3.

[64] Zu § 160 HGB siehe Begr. zu Art. 1 Nr. 3 RegE Gesetz zur zeitlichen Begrenzung der Nachhaftung von Gesellschaftern, BT-Drucks. 12/1868 S. 8; *Kainz* DStR 1994, 620, 621; *Reichold* NJW 1617, 1620; *Ulmer/Timmann* ZIP 1992, 1, 3.

[65] So zu Recht *H. Schmidt* in Lutter Rn 7.

[66] *H. Schmidt* in Lutter, Rn 4; *Vossius* in Widmann/Mayer Rn 276; *Picot/Müller-Eising* in Picot S. 397 Rn 281.

[67] So auch *H. Schmidt* in Lutter Rn 4.

[68] §§ 128, 161, 171, 172, 174, 176 HGB, § 278 AktG und Art. 24 EWIV-VO.

[69] *H. Schmidt* in Lutter Rn 4; zu § 160 HGB *Reichold* NJW 1994, 1617, 1619; auch allgemein zur Ausschlussfrist BGHZ 43, 235, 237.

Sie begründet eine **rechtsvernichtende Einwendung**[70], die im Prozess von Amts wegen zu beachten ist.

b) Eintritt der Enthaftung. Wird ein Anspruch erst fünf Jahre nach Bekanntmachung der Verschmelzung fällig, haftet der Gesellschafter hierfür von vornherein nicht[71]. Auch eine gerichtliche Geltendmachung vor Fristablauf – etwa durch eine Klage auf zukünftige Leistung[72] oder eine Feststellungsklage[73] – ändert daran nichts. Eine solche Klage ist wegen der vor der Fälligkeit eintretenden Enthaftung als unbegründet abzuweisen[74]. Hiervon betroffen sind auch einzelne Ansprüche aus vor der Verschmelzung begründeten Dauerschuldverhältnissen, die erst nach Ablauf der Fünfjahresfrist fällig werden[75].

Für vor Ablauf der Fünfjahresfrist fällig werdende **zivilrechtliche Ansprüche** erlischt mit Ablauf der Fünfjahresfrist die Haftung, sofern die Ansprüche weder vor Ablauf der Fünfjahresfrist gegenüber dem Gesellschafter in einer in § 197 Abs. 1 Nr. 3 bis 5 BGB bezeichneten Art festgestellt sind noch eine gerichtliche oder behördliche Vollstreckungshandlung vorgenommen oder beantragt wurde, und der Gesellschafter den Anspruch auch nicht schriftlich anerkannt hat[76]. Im Fall von **öffentlich-rechtlichen Verbindlichkeiten**[77] erlischt mit Ablauf der Fünfjahresfrist die Haftung, sofern die Ansprüche zuvor weder durch Verwaltungsakt noch gerichtlich gegenüber dem Gesellschafter geltend gemacht werden und der Gesellschafter den Anspruch nicht schriftlich anerkannt hat[78].

Bei **mehreren Gesellschaftern** ist die Enthaftung für jeden einzeln zu prüfen. Die Abwendung der Enthaftung bei einem Gesellschafter – etwa durch rechtskräftige Verurteilung vor Ablauf der Fünfjahresfrist – ist ohne Einfluss auf die Enthaftung der übrigen Gesellschafter[79]. Die Enthaftung eines Gesellschafters führt weder zur Enthaftung anderer Gesellschafter noch zur Enthaftung des übernehmenden Rechtsträgers[80].

c) Erfasste Haftungstatbestände. Die Enthaftung erfasst nur die auf der **Gesellschafterstellung** beruhende Haftung für Gesellschaftsverbindlichkeiten[81]. Andere vom Gesellschafter selbst gesetzten Haftungsgründe werden nicht erfasst[82]. Hierunter fallen
– die Übernahme einer Bürgschaft oder die Stellung anderer Sicherheiten für Verbindlichkeiten der Gesellschaft;
– der Schuldbeitritt zu einer Gesellschaftsschuld und Wechselverpflichtungen;
– die Haftung aufgrund einer auch der Gesellschaft zurechenbaren unerlaubten Handlung des Gesellschafters[83];
– eine Konzernausfallhaftung[84].

---

[70] *H. Schmidt* in Lutter Rn 4; zu 160 HGB *Kainz* DStR 1994, 620, 621; *K. Schmidt* DB 1990, 2357, 2359; *Reichold* NJW 1994, 1617, 1619; *Habersack* in Großkomm. § 160 HGB Rn 1.
[71] *Bermel* in Goutier/Knopf/Tulloch Rn 6; *H. Schmidt* in Lutter Rn 13; so zu § 160 HGB Begr. zu Art. 1 Nr. 3 RegE Gesetz zur zeitlichen Begrenzung von Gesellschaftern BT-Drucks. 12/1868 S. 8; *Seibert* DB 1994, 461; auch *Lieb* GmbHR 1992, 561, 564.
[72] §§ 257 bis 259 ZPO.
[73] § 256 ZPO.
[74] *H. Schmidt* in Lutter Rn 18.
[75] *Bermel* in Goutier/Knopf/Tulloch Rn 6.
[76] § 45 Abs. 3.
[77] IdR handelt es sich hierbei um Steuerverbindlichkeiten.
[78] Siehe Rn 52 ff.
[79] *H. Schmidt* in Lutter Rn 13.
[80] *H. Schmidt* in Lutter Rn 13.
[81] §§ 128, 161, 171, 172, 174, 176 HGB, § 278 AktG und Art. 24 EWIV-VO.
[82] *Bermel* in Goutier/Knopf/Tulloch Rn 5; *H. Schmidt* in Lutter Rn 14; *Vossius* in Widmann/Mayer Rn 63.
[83] *Bermel* in Goutier/Knopf/Tulloch Rn 5; *H. Schmidt* in Lutter Rn 14; *Vossius* in Widmann/Mayer, Rn 63.
[84] *Bermel* in Goutier/Knopf/Tulloch Rn 5.

25 Ist der Gesellschafter aufgrund der aus seiner Gesellschafterstellung resultierenden Haftung vor Wirksamwerden der Verschmelzung **rechtskräftig verurteilt** worden, tritt keine Enthaftung ein. Aufgrund der rechtskräftigen Verurteilung ist der Anspruch wie ein Anspruch gegen den Gesellschafter zu behandeln, der von der Enthaftungsregelung nicht erfasst ist und für den die 30-jährige Verjährungsfrist[85] gilt.

2. Einbezogene Verbindlichkeiten

26 Die Vorschrift erfasst Verbindlichkeiten der übertragenden Personenhandelsgesellschaft. Sie betrifft Ansprüche aus persönlicher Haftung für **Gesellschaftsverbindlichkeiten**, nicht dagegen die Haftung für Verbindlichkeiten aus Gründen, die der Gesellschafter selbst gesetzt hat[86]. Erfasst sind alle Arten von Verbindlichkeiten der Gesellschaft[87]. Dabei kann es sich um rechtsgeschäftlich begründete Verbindlichkeiten oder um solche aus gesetzlichen Schuldverhältnissen, insbesondere aus unerlaubter Handlung[88], handeln. Die Verbindlichkeiten können sowohl zivilrechtlicher als auch öffentlich-rechtlicher Natur sein. Es kann sich um einfache Verbindlichkeiten oder um Dauerschuldverhältnisse handeln[89]. Erfasst sind auch Sekundäransprüche, wie Ansprüche aus Unmöglichkeit und Verzug.

27 Die **Verbindlichkeiten** müssen vor Wirksamwerden der Verschmelzung begründet worden sein. Zwar stellt die Vorschrift anders als § 160 Abs. 1 Satz 1 HGB nicht ausdrücklich auf den Zeitpunkt der Begründung der Verbindlichkeit ab. Es kann bei § 45 aber nichts anderes gelten[90]. Der Rechtsgrund der Verbindlichkeit muss also vor Wirksamwerden der Verschmelzung entstanden sein[91]. Geht es um rechtsgeschäftlich begründete Verbindlichkeiten, kommt es auf den Zeitpunkt des Vertragsschlusses an[92]. Einzelverbindlichkeiten aus einem **Dauerschuldverhältnis** sind regelmäßig bereits mit Abschluss des Vertrags begründet. Bei Verpflichtungen des übertragenden Rechtsträgers aus Miet-/Pacht- oder Leasingverträgen ist somit eine persönliche Haftung für die Miet-/Pachtzinsen oder Leasingraten auch für Zeiträume, die nach Wirksamwerden der Verschmelzung liegen, bereits mit Vertragsschluss begründet[93]. Entsprechendes gilt für Pensions- und Versorgungszahlungen. Unerheblich ist, ob die Einzelverbindlichkeit aus dem Dauerschuldverhältnis zum Zeitpunkt des Wirksamwerdens der Verschmelzung bereits fällig war.

28 Bei **Kontokorrentverbindlichkeiten** besteht die Haftung grundsätzlich in Höhe des zum Zeitpunkt des Wirksamwerdens der Verschmelzung bestehenden Kontokorrentsaldos fort, allerdings in der Höhe begrenzt auf den niedrigsten späteren Rechnungsabschluss-Saldo[94]. Werden vor dem Wirksamwerden der Verschmelzung begründete Verbindlichkeiten nach dem Wirksamwerden der Verschmelzung in das Kontokorrent eingestellt, bezieht sich die Haftung auch hierauf. Die Haftung erlischt, sobald sich zu einem späteren Zeitpunkt ein

---

[85] § 197 Abs. 1 Nr. 3 BGB; siehe Rn 22.
[86] Siehe Rn 24 f.
[87] *Bermel* in Goutier/Knopf/Tulloch Rn 6; *H. Schmidt* in Lutter Rn 11; *Vossius* in Widmann/Mayer Rn 24 ff.; zu § 160 HGB *Kainz* DStR 1994, 620, 621; *Hopt* § 160 HGB Rn 2.
[88] Zu § 160 HGB ausdrücklich Begr. zu Art. 1 Nr. 3 RegE Gesetz zur zeitlichen Begrenzung der Nachhaftung von Gesellschaftern, BT-Drucks. 12/1868 S. 8.
[89] Zu § 160 HGB Begr. zu Art. 1 Nr. 3 RegE Gesetz zur zeitlichen Begrenzung der Nachhaftung von Gesellschaftern, BT-Drucks. 12/1868 S. 8; *Kainz* DStR 1994, 620, 621; *Reichold* NJW 1994, 1617, 1620; *Ulmer/Timmann* ZIP 1992, 1, 3.
[90] So zu Recht *H. Schmidt* in Lutter Rn 11.
[91] *H. Schmidt* in Lutter Rn 11; *Vossius* in Widmann/Mayer Rn 23; grundlegend zu § 159 HGB BGHZ 55, 267, 269 f.; auch *BGH* NJW 1986, 1690 f.; *BGH* ZIP 1999, 1967, 1968.
[92] Dazu eingehend *K. Schmidt* in Schlegelberger § 128 HGB Rn 51.
[93] BGHZ 36, 224, 228; *BGH* NJW 1985, 1899.
[94] BGHZ 50, 277; *OLG Köln* NZG 2001, 1044.

positiver Rechnungsabschluss-Saldo ergibt[95]. Bei **Kreditverträgen** ist entscheidend, ob vor Wirksamwerden der Verschmelzung der Kreditbetrag bereits valutiert worden ist.

Bei Ansprüchen aus **gesetzlichen Schuldverhältnissen** kommt es entscheidend darauf an, ob der anspruchsbegründende Tatbestand bei Wirksamwerden der Verschmelzung bereits erfüllt ist. Demgemäß ist etwa ein Aufwendungsersatzanspruch aus Geschäftsführung ohne Auftrag mit Übernahme der Geschäftsführung begründet[96]. Bei Ansprüchen aus Delikt kommt es auf die Vollendung der Verletzungshandlung an[97]. Die fortdauernde Haftung umfasst auch **Sekundärverpflichtungen** aus Vertragsverhältnissen, die bei Wirksamwerden der Verschmelzung bereits begründet sind. Hierzu zählt zB die Schadensersatzpflicht wegen einer nach der Verschmelzung eingetretenen Unmöglichkeit der Erfüllung einer Leistungspflicht[98] aus einem vor der Verschmelzung von der Personenhandelsgesellschaft geschlossenen Vertrag.

3. Fälligkeit der Verbindlichkeiten

Wird die Verbindlichkeit erst nach Ablauf der Fünfjahresfrist fällig, ist der Gesellschafter von der Haftung frei[99]. Die Vorschrift enthält eine **Einheitslösung**[100]. Der Zeitpunkt, bis zu dem die Forderung fällig werden muss, damit eine Forthaftung überhaupt gegeben ist, und der Zeitpunkt des Ablaufs der Ausschlussfrist, bis zu dem der Gläubiger seinen Anspruch geltend gemacht haben muss, fallen zusammen[101]. **Voraussetzung für eine Haftung** ist, dass die **Fälligkeit vor Ablauf der Fünfjahresfrist** eintritt. Unerheblich ist, ob die Fälligkeit vor oder nach der Verschmelzung eintritt[102].

Eine Forderung ist grundsätzlich sofort fällig[103]. **Vereinbarungen zwischen der übertragenden Personenhandelsgesellschaft und dem Gläubiger**, die – wie die **Stundung**[104] – den Zeitpunkt der Fälligkeit hinausschieben, oder die die Geltendmachung der Forderung trotz Fälligkeit ausschließen[105], wirken auch zugunsten des Gesellschafters[106]. Umgekehrt wirken Vereinbarungen zwischen der übertragenden Personenhandelsgesellschaft und dem Gläubiger, die nachträglich den Fälligkeitszeitpunkt vorverlegen, zulasten des Gesellschafters.

Vereinbarungen zwischen dem übernehmenden Rechtsträger und dem Gläubiger nach Wirksamwerden der Verschmelzung, die den Zeitpunkt der Fälligkeit hinausschieben, wirken auch zugunsten des Gesellschafters[107]. Der Gesellschafter soll allein aufgrund seiner Gesellschafterstellung nicht weiter gehend in Anspruch genommen werden als die Gesellschaft selbst oder deren Rechtsnachfolger. Vereinbarungen zwischen dem übernehmenden Rechtsträger und dem Gläubiger, die nachträglich den Fälligkeitszeitpunkt vorverlegen,

---

[95] OLG Köln NZG 2001, 1044; BGH WM 1972, 284; *K. Schmidt* in Schlegelberger § 128 HGB Rn 56 f.; *K. Schmidt*, in MünchKomm. § 128 HGB Rn 55 f.
[96] BGH NJW 1986, 1690.
[97] *K. Schmidt* in Schlegelberger § 128 HGB Rn 58.
[98] §§ 283, 275 iVm. § 280 Abs. 1 BGB.
[99] *Bermel* in Goutier/Knopf/Tulloch Rn 6; *H. Schmidt* in Lutter Rn 13; so zu § 160 HGB Begr. zu Art. 1 Nr. 3 RegE Gesetz zur zeitlichen Begrenzung der Nachhaftung von Gesellschaftern, BT-Drucks. 12/1868 S. 8; *Seibert* DB 1994, 461; auch *Lieb* GmbHR 1992, 561, 564.
[100] *Ulmer/Timmann* ZIP 1992, 1, 9.
[101] Kritisch zu dieser Lösung *K. Schmidt* DB 1990, 2357, 2359.
[102] Insbesondere zu Fragen bei Dauerschuldverhältnissen; Rn 27.
[103] § 271 Abs. 1.
[104] Zur Stundung *Heinrichs* in Palandt § 271 BGB Rn 12 ff.
[105] Sog. *pactum de non petendo* siehe *Heinrichs* in Palandt § 205 BGB Rn 2.
[106] § 129 Abs. 1 HGB; *H. Schmidt* in Lutter Rn 15; *Vossius* in Widmann/Mayer Rn 77 f.; zu § 160 HGB *Habersack* in Großkomm. § 160 HGB Rn 25.
[107] § 129 Abs. 1 HGB; so für Vereinbarungen der Gesellschaft mit dem Gläubiger nach Ausscheiden des Gesellschafters *Habersack* in Großkomm. § 160 HGB Rn 24. AA offenbar *H. Schmidt* in Lutter Rn 15.

wirken dagegen nicht zulasten des Gesellschafters[108]. Der Gläubiger schließt diese Vereinbarung zu einem Zeitpunkt ab, in dem die eingetretene Beschränkung der Haftung bereits bekannt gemacht ist.

33 Nach Wirksamwerden der Verschmelzung kommt es grundsätzlich nur noch auf die Fälligkeit der Forderung gegenüber dem Gesellschafter an[109]. **Vereinbarungen zwischen Gesellschafter und Gläubiger**, die den Zeitpunkt der Fälligkeit über die Fünfjahresfrist hinausschieben, führen zur Enthaftung[110]. Vereinbaren sie eine Vorverlegung des Fälligkeitszeitpunkts unter die Grenze der Fünfjahresfrist, führt dies dazu, dass eine nach § 45 erloschene Haftung wieder auflebt.

34 Die **Einheitslösung** führt dazu, dass uU eine Forderung derart kurz vor dem Ablauf der Fünfjahresfrist fällig wird, dass eine anschließende gerichtliche Geltendmachung und rechtskräftige Verurteilung innerhalb der Ausschlussfrist kaum mehr möglich ist[111]. Der Gläubiger kann indessen bereits vor Fälligkeit Leistungsklage erheben und müsste nur dann wegen mangelnder Fälligkeit mit einer Abweisung als unbegründet rechnen, wenn die Fälligkeit auch noch zum Zeitpunkt der letzten mündlichen Verhandlung nicht eingetreten ist[112]. Durch die Klageerhebung verlängert sich dann die Fünfjahresfrist[113], so dass das die Enthaftung verhindernde rechtskräftige Urteil noch vor deren Eintritt vorliegt. Der Gläubiger kann sich auch dadurch behelfen, dass er Klage auf zukünftige Leistung erhebt[114]. Ein Urteil, das dieser Klage stattgibt und vor Ablauf der Fünfjahresfrist rechtskräftig wird, ist zur Abwendung der Enthaftung ausreichend[115].

4. Fünfjahresfrist

35 **a) Fristbeginn (Abs. 2 Satz 1).** In Übereinstimmung mit dem System des UmwG[116] beginnt die Frist mit dem Tag, an dem die Eintragung der **Verschmelzung** in das Register des Sitzes des übernehmenden Rechtsträgers **bekannt gemacht** worden ist[117]. Die Bekanntmachung geschieht in dem von der Landesjustizverwaltung bestimmten elektronischen Informations- und Kommunikationssystem in der zeitlichen Folge ihrer Eintragung nach Tagen geordnet[118]. Bei der Berechnung der Frist wird der Tag der Bekanntgabe nicht mitgerechnet[119].

36 **b) Fristende.** Die Fünfjahresfrist endet mit dem Ablauf des Tags, der nach seinem Datum dem Tag der Bekanntgabe entspricht[120]. Fällt das Fristende auf einen Samstag, Sonntag oder Feiertag, kann die Geltendmachung eines vor Ablauf der Fünfjahresfrist fällig gewordenen Anspruchs auch noch am nächsten Werktag erfolgen[121].

---

[108] *H. Schmidt* in Lutter Rn 15.
[109] *Habersack* in Großkomm. § 160 HGB Rn 24.
[110] Zu § 160 HGB *Habersack* in Großkomm. § 160 HGB Rn 24.
[111] Kritisch zur Einheitslösung daher *K. Schmidt* DB 1990, 2357, 2359.
[112] *Ulmer/Timmann* ZIP 1992, 1, 9; *Habersack* in Großkomm. § 160 HGB Rn 28.
[113] § 45 Abs. 2 Satz 2 iVm. § 204 BGB.
[114] §§ 257 bis 259 ZPO.
[115] Zu dieser Möglichkeit unter Geltung der bisherigen Rechtslage *Vossius* in Widmann/Mayer Rn 118; zu § 160 HGB *Kainz* DStR 1994, 620, 621; *Ulmer/Timmann* ZIP 1992, 1, 9; *Hopt* § 160 HGB Rn 3.
[116] ZB § 25 Abs. 3, § 27, § 31 Satz 1.
[117] § 45 Abs. 2 Satz 1; zur Bekanntmachung siehe § 19 Rn 19.
[118] § 19 Abs. 3 iVm. § 10 Satz 1 HGB; § 19 Rn 18.
[119] So iE auch *H. Schmidt* in Lutter Rn 22, der aber auf § 187 Abs. 2 Satz 1 BGB abstellen will, obwohl § 45 Abs. 2 Satz 1 eine davon abweichende speziellere Regelung enthält.
[120] § 188 Abs. 2 BGB; unzutr. *Bermel* in Goutier/Knopf/Tulloch Rn 12, der auf den Tag der Eintragung abstellt.
[121] §§ 186, 193 BGB; *H. Schmidt* in Lutter Rn 22; *Vossius* in Widmann/Mayer Rn 280.

c) Fristhemmung und wirkungslose Vollstreckungshandlung (Abs. 2 Satz 2). Die 37
wesensmäßigen Unterschiede zwischen Verjährungsfristen und Ausschlussfristen lassen keine
generelle Übertragung der **für Verjährungsfristen geltenden Bestimmungen** auf Ausschlussfristen zu. Sie erfordern eine nach Sinn und Zweck der Einzelvorschriften differenzierte Entscheidung[122]. Abs. 2 Satz 2 beseitigt damit verbundene Rechtsunsicherheiten, indem er die für die Verjährung geltenden §§ 204, 206, 210, 211 und 212 Abs. 2 und 3 BGB für entsprechend anwendbar erklärt. Diese Vorschriften sind nur anwendbar, wenn innerhalb der Fünfjahresfrist der Anspruch nicht rechtskräftig festgestellt und eine Vollstreckungshandlung weder durchgeführt noch beantragt wurde. Ihre Anwendung führt grundsätzlich nicht dazu, dass eine Haftung aus einem erst nach Ablauf von fünf Jahren fällig werdenden Anspruch entstehen kann. Etwas anderes kann sich in Ausnahmefällen bei Anwendung von §§ 210, 211 BGB ergeben[123].

§ 204 BGB betrifft die **Hemmung durch Rechtsverfolgung**[124]. Sie endet sechs Monate nach der rechtskräftigen Entscheidung oder anderweitigen Beendigung des eingeleiteten Verfahrens[125]. Gerät das Verfahren dadurch in Stillstand, dass die Parteien es nicht betreiben, tritt an die Stelle der Beendigung des Verfahrens die letzte Verfahrenshandlung der Parteien, des Gerichts oder der sonst mit dem Verfahren befassten Stelle. Die Hemmung beginnt dann erneut, wenn eine der Parteien das Verfahren weiter betreibt[126]. Der Zeitraum, während dessen ein Hemmungstatbestand vorliegt, wird in die Ausschlussfrist nicht mit eingerechnet[127]. Diese Rechtsfolge ergibt sich schon aus der Anwendbarkeit der Vorschriften über die Hemmung. Aus der fehlenden Verweisung auf § 209 BGB in Abs. 2 Satz 2 nach der Änderung der Vorschrift durch das Schuldrechtsmodernisierungsgesetz ergibt sich also nichts anderes. Obwohl zur Erhaltung der Haftung eine rechtskräftige Feststellung des Anspruchs erforderlich ist, reichen iE die Erhebung der Klage oder der Klage gleichstehende Maßnahmen vor Ablauf von fünf Jahren zur Verhinderung der Enthaftung aus. 38

§ 206 BGB betrifft die **Hemmung der Verjährung** bei **höherer Gewalt**. Der Zeitraum, 39
in dem der Gläubiger innerhalb der letzten sechs Monate der Verjährungsfrist durch höhere Gewalt an der Rechtsverfolgung gehindert ist, wird also nicht in die Fünfjahresfrist eingerechnet.

§§ 210 und 211 BGB regeln eine **Ablaufhemmung** für die Verjährung von Ansprüchen 40
eines nicht voll Geschäftsfähigen ohne gesetzlichen Vertreter und von Ansprüchen, die zu einem Nachlass gehören, solange die Erbschaft noch nicht angenommen ist oder der Anspruch aus anderen Gründen nicht geltend gemacht werden kann. Auch in diesen Fällen verlängert sich die fünfjährige Ausschlussfrist. Auch die Verweisung auf die §§ 210 und 211 BGB führt grundsätzlich nicht dazu, dass eine Haftung aus einem erst nach Ablauf von fünf Jahren fällig werdenden Anspruch bestehen kann[128]. Hängt jedoch die Fälligkeit eines Anspruchs von einer Kündigung oder sonstigen Maßnahme des Gläubigers ab, gebietet es der Sinn und Zweck der §§ 210, 211 BGB, dass deren Anwendbarkeit auch zu einer Hemmung der Fünfjahresfrist hinsichtlich der Fälligkeit führt. Eine Enthaftung kann in diesem Fall auch dann verhindert werden, wenn der Anspruch zwar nach Ablauf der regulären Fünfjahresfrist, aber vor dem durch §§ 210, 211 BGB hinausgeschobenen Fristende fällig wird[129].

Abs. 2 Satz 2 verweist auch auf § 212 Abs. 2 und 3 BGB. Diese Verweisung betrifft die 41
Haftungsalternative der **fehlenden gerichtlichen oder behördlichen Vollstreckungs-**

---

[122] BGHZ 73, 99. 101 f.; 53, 270, 272; 43, 235, 237; siehe auch § 224 Rn 32 f.
[123] Siehe Rn 40; siehe auch § 224 Rn 32.
[124] Siehe im Einzelnen die in § 204 Abs. 1 BGB aufgelisteten Tatbestände.
[125] § 204 Abs. 2 Satz 1 BGB.
[126] § 204 Abs. 2 Satz 2 und 3 BGB.
[127] *H. Schmidt* in Lutter Rn 23; *Vossius* in Widmann/Mayer Rn 287.
[128] Siehe Rn 37.
[129] In diesem Sinne auch § 224 Rn 32.

handlung. Nach § 212 Abs. 2 BGB gilt der erneute Beginn der Verjährung infolge einer Vollstreckungshandlung als nicht eingetreten, wenn die Vollstreckungshandlung auf Antrag des Gläubigers oder wegen Mangels der gesetzlichen Voraussetzungen aufgehoben wird. Eine gerichtliche oder behördliche Vollstreckungshandlung ist unter diesen Voraussetzungen für den Eintritt der Enthaftung ohne Bedeutung. Nach § 212 Abs. 3 BGB gilt der erneute Beginn der Verjährung durch den Antrag auf Vornahme einer Vollstreckungshandlung als nicht eingetreten, wenn dem Antrag nicht stattgegeben oder der Antrag vor der Vollstreckungshandlung zurückgenommen oder die erwirkte Vollstreckungshandlung nach § 212 Abs. 2 BGB aufgehoben wird. Unter denselben Voraussetzungen tritt folglich trotz eines Antrags auf Vornahme einer Vollstreckungshandlung nach Ablauf der Fünfjahresfrist die Enthaftung ein[130].

42   **d) Einwand unzulässiger Rechtsausübung.** In seltenen Ausnahmefällen kann dem Gesellschafter der Einwand einer gegen **Treu und Glauben** verstoßenden Geltendmachung des Ablaufs der Ausschlussfrist entgegen gehalten werden[131]. Dies gilt etwa dann, wenn der Gesellschafter den Gläubiger bewusst an der rechtzeitigen Geltendmachung des Anspruchs gehindert hat. Die Anwendung des § 242 ist aber äußerst restriktiv zu handhaben[132].

5. Feststellung der Verbindlichkeit, Vollstreckungshandlung, behördliche Geltendmachung

43   **a) Feststellung.** Zur Wahrung der Ausschlussfrist muss der Anspruch in einer in § 197 Abs. 1 Nr. 3 bis 5 BGB bezeichneten Weise **gegen den Gesellschafter** festgestellt worden sein. Eine Feststellung gegenüber der übertragenden Personenhandelsgesellschaft oder dem übernehmenden Rechtsträger reicht zur Abwendung der Enthaftung nicht aus[133]. Feststellung in einer in § 197 Abs. 1 Nr. 3 bis 5 BGB bezeichneten Art bedeutet die rechtskräftige Feststellung des Anspruchs, der Abschluss eines vollstreckbaren Vergleichs oder die Errichtung einer vollstreckbaren Urkunde sowie die Feststellung des Anspruchs im Rahmen des Insolvenzverfahrens.

44   Ist der Gesellschafter bereits vor dem Wirksamwerden der Verschmelzung rechtskräftig verurteilt, scheidet eine Enthaftung nach § 45 aus. Dasselbe gilt, wenn vor Wirksamwerden der Verschmelzung ein vollstreckbarer Vergleich über den Anspruch mit dem Gesellschafter geschlossen, eine vollstreckbare Urkunde erstellt oder der Anspruch gegen den Gesellschafter vor Wirksamwerden der Verschmelzung im Insolvenzverfahren vollstreckbar festgestellt wurde. Auch § 197 Abs. 1 BGB behandelt diese Vollstreckungstitel hinsichtlich ihrer Verjährung wie einen rechtskräftig festgestellten Anspruch.

45   Zwar ist durch das Schuldrechtsmodernisierungsgesetz für die Verhinderung der Enthaftung das Erlangen eines rechtskräftigen Urteils erforderlich. Aufgrund des Verweises in Abs. 2 Satz 2 auf § 204 BGB führt jedoch bereits die Rechtsverfolgung zur Hemmung der Ausschlussfrist[134]. Damit kommt es iE nach wie vor darauf an, dass der Gläubiger vor Ablauf der Fünfjahresfrist Klage erhebt[135].

46   Der Regelfall der klageweisen Geltendmachung ist die **Leistungsklage.** Der Gläubiger kann bereits vor Fälligkeit Leistungsklage erheben und muss nur dann mit einer Abweisung

---

[130] Siehe § 224 Rn 33.
[131] Allgemein zur Möglichkeit dieses Einwands bei Ausschlussfristen *BGH* NJW 1960, 194, 196; *Walter* in Soergel vor § 194 BGB Rn 13.
[132] *BGH* NJW 1960, 194, 196; *Walter* in Soergel Vor § 194 BGB Rn 13.
[133] *H. Schmidt* in Lutter Rn 16; zu § 160 HGB Begr. zu Art. 1 Nr. 3 RegE Gesetz zur zeitlichen Begrenzung der Nachhaftung von Gesellschaftern, BT-Drucks. 12/1868 S. 8; *Reichold* NJW 1994, 1617, 1620.
[134] Siehe Rn 38.
[135] Siehe auch § 224 Rn 21.

Zeitliche Begrenzung der Haftung persönlich haftender Gesellschafter **47–52 § 45**

als unbegründet wegen mangelnder Fälligkeit rechnen, wenn die Fälligkeit auch noch zum Zeitpunkt der letzten mündlichen Verhandlung nicht eingetreten ist[136]. Für die fristwahrende Geltendmachung ausreichend ist aber auch die **Klage auf zukünftige Leistung**[137] sowie die **positive Feststellungsklage**[138], einschließlich der **Zwischenfeststellungsklage**[139]. Nicht ausreichend ist es, wenn der Gläubiger nur die Abweisung einer negativen Feststellungsklage mit der Begründung beantragt, ihm stünde der Anspruch zu[140].

Wird die Verbindlichkeit nur teilweise geltend gemacht und erlangt der Gläubiger nur insoweit ein rechtskräftiges Urteil, wird die Enthaftung des Gesellschafters nur hinsichtlich des geltend gemachten Teils abgewendet[141]. **47**

b) Vollstreckungshandlung. Die Ausschlussfrist kann auch durch eine auf den Anspruch bezogene gerichtliche oder behördliche Vollstreckungshandlung oder einen Antrag des Gläubigers auf eine solche gewahrt werden. Die Vornahme einer Vollstreckungshandlung setzt einen vollstreckbaren Titel voraus. Ein Antrag auf Vollstreckungshandlungen ohne vollstreckbaren Titel verhindert die Enthaftung nicht. **48**

Welche Fälle der Gesetzgeber bei Einfügung dieses Enthaftungshemmnisses vor Augen hatte, ist unklar. Eine selbstständige Bedeutung hätte diese Alternative nur, wenn die Feststellung des Anspruchs durch Titel vor dem Wirksamwerden der Verschmelzung die Enthaftung nicht verhindern würde[142]. **49**

Die Enthaftung wird nicht verhindert, wenn dem Antrag des Gläubigers nicht stattgegeben, der Antrag vor der Vollstreckungshandlung zurückgenommen oder die Vollstreckungshandlung auf Antrag des Gläubigers oder wegen Mangels der gesetzlichen Voraussetzungen aufgehoben wird[143]. **50**

c) Behördliche Geltendmachung. Im Fall von öffentlich-rechtlichen Verbindlichkeiten ist statt der gerichtlichen Geltendmachung der Erlass eines Verwaltungsakts – namentlich auch eines Steuerbescheids – zur Fristwahrung ausreichend[144]. Der **Verwaltungsakt** muss gegenüber dem Gesellschafter erlassen werden. Der Erlass setzt **Bekanntgabe an den Betroffenen** voraus[145]. **51**

6. Schriftliches Anerkenntnis (Abs. 3)

Keine Enthaftung tritt ein, wenn der Gesellschafter einen Anspruch, der vor Ablauf der Verschmelzung fällig wird, schriftlich anerkannt hat[146]. Dies gilt auch für **öffentlich-rechtliche Verbindlichkeiten**[147]. Wird der Anspruch erst nach Ablauf der Fünfjahresfrist fällig oder das Anerkenntnis erst nach Ablauf der Fünfjahresfrist erteilt, kann auch das **52**

---

[136] *Ulmer/Timmann* ZIP 1992, 1, 9; *Habersack* in Großkomm. § 160 HGB Rn 28.
[137] Siehe Rn 34; §§ 257 bis 259 ZPO; *H. Schmidt* in Lutter Rn 18; *Vossius* in Widmann/Mayer Rn 118; zu § 160 HGB *Kainz* DStR 1994, 620, 621; *Ulmer/Timmann* ZIP 1992, 1, 9; *Hopt* § 160 HGB Rn 3.
[138] § 256 ZPO.
[139] Siehe Rn 21; *H. Schmidt* in Lutter Rn 18; *Vossius* in Widmann/Mayer Rn 120; zu § 160 HGB: *Habersack* in Großkomm. § 160 HGB Rn 28; *Hopt* § 160 HGB Rn 3.
[140] *Vossius* in Widmann/Mayer Rn 119.
[141] *H. Schmidt* in Lutter Rn 16; *Vossius* in Widmann/Mayer Rn 173; zu § 160 HGB *Habersack* in Großkomm. § 160 HGB Rn 26.
[142] Siehe aber Rn 44; hierzu auch § 224 Rn 28.
[143] Rn 41; § 224 Rn 29.
[144] § 45 Abs. 1 2. Halbs.
[145] § 43 Abs. 1 VwVfG; *H. Schmidt* in Lutter Rn 19.
[146] § 45 Abs. 3.
[147] Siehe auch Rn 22; *H. Schmidt* in Lutter Rn 16, 20; *Vossius* in Widmann/Mayer Rn 238; *Bermel* in Goutier/Knopf/Tulloch Rn 9.

Anerkenntnis die Enthaftung nicht abwenden. Das Anerkenntnis kann aber eine neue Verbindlichkeit des Gesellschafters begründen[148].

53 Das Anerkenntnis ist eine einseitige empfangsbedürftige Willenserklärung. Es muss vom Gesellschafter oder seinem Vertreter gegenüber dem Gläubiger oder dessen Vertreter erklärt werden[149]. Für die **Schriftform** gilt § 126 BGB[150]. Erforderlich ist eigenhändige Unterzeichnung der Urkunde durch den Gesellschafter oder dessen Vertreter. Notarielle Beurkundung ersetzt die Schriftform[151]. Ein Anerkenntnis durch tatsächliche Handlungen[152] wie Abschlagszahlungen, Zinszahlungen oder Sicherheitsleistungen ist nicht ausreichend[153]. Ein konstitutives Schuldanerkenntnis iSv. § 781 BGB ist nicht erforderlich[154].

54 Das **Anerkenntnis** muss sich auf den Anspruch beziehen. Der Gesellschafter muss nicht ausdrücklich seine persönliche Haftung anerkennen[155]. Die Anerkennung der Gesellschaftsverbindlichkeit ist ausreichend, wenn der Gesellschafter seine persönliche Haftung nicht bestreitet[156]. Ein Teilanerkenntnis schließt die Enthaftung nur im anerkannten Umfang aus[157].

7. Geschäftsführender Gesellschafter (Abs. 4)

55 Die Regelung über die Enthaftung gilt auch dann, wenn der Gesellschafter in dem übernehmenden Rechtsträger geschäftsführend tätig wird[158]. Dies betrifft den Gesellschafter, der in einer übernehmenden AG, Genossenschaft oder GmbH als deren Vorstand oder Geschäftsführer tätig wird, sowie denjenigen, der in einer übernehmenden KG als Kommanditist aufgrund gesellschaftsvertraglicher Regelung[159] geschäftsführend tätig wird[160]. Die Enthaftung des Gesellschafters, der im übernehmenden Rechtsträger geschäftsführend tätig wird, folgt bereits aus Abs. 1. Abs. 4 dient allein der **Klarstellung** und der Vermeidung eines Umkehrschlusses aus § 160 Abs. 3 Satz 2 HGB[161].

8. Rechtsfolgen bei Fristwahrung

56 Wahrt der Gläubiger die Ausschlussfrist, dauert die Haftung des betroffenen Gesellschafters fort. Durch die Feststellung des Anspruchs oder ein Anerkenntnis wird hingegen keine neue Ausschlussfrist in Gang gesetzt[162]. Für den Anspruch des Gläubigers gelten die allgemeinen Verjährungsregeln. Ein gegenüber dem Gesellschafter gerichtlich geltend gemachter und daraufhin rechtskräftig festgestellter Anspruch verjährt in 30 Jahren[163].

57 Wird ein Gesellschafter nach Maßgabe von § 45 in Anspruch genommen, steht ihm **gegenüber dem übernehmenden Rechtsträger** ein **Regressanspruch** zu[164]. Zudem geht

---

[148] *H. Schmidt* in Lutter Rn 20; auch *Hopt* § 160 HGB Rn 6, 8.
[149] *Vossius* in Widmann/Mayer Rn 221 f.
[150] *H. Schmidt* in Lutter Rn 21; *Vossius* in Widmann/Mayer Rn 227.
[151] § 126 Abs. 4 BGB. Da sich aus dem Gesetz nichts anderes ergibt, kann die schriftliche Form gemäß § 126 Abs. 3 BGB auch durch die elektronische Form iSv. § 126a Abs. 1 BGB ersetzt werden.
[152] § 208 BGB.
[153] *H. Schmidt* in Lutter Rn 21; *Vossius* in Widmann/Rn 220.
[154] *H. Schmidt* in Lutter Rn 21.
[155] *Vossius* in Widmann/Mayer Rn 224.
[156] *Vossius* in Widmann/Mayer Rn 224.
[157] Zu § 160 HGB *Habersack* in Großkomm. § 160 HGB Rn 31.
[158] § 45 Abs. 4.
[159] §§ 163, 164 Satz 1 HGB.
[160] *H. Schmidt* in Lutter Rn 25; zur entsprechenden Anwendbarkeit von § 45, wenn sowohl der übertragende als auch der übernehmende Rechtsträger die Rechtsform der KG hat, Rn 4.
[161] Gegenäußerung der Bundesregierung, BT-Drucks. 12/7265 S. 11.
[162] *H. Schmidt* in Lutter Rn 26; *Vossius* in Widmann/Mayer Rn 206 f.; zu § 160 HGB *Ulmer/Timmann* ZIP 1992, 1, 9; *Habersack* in Großkomm. § 160 HGB Rn 19.
[163] *H. Schmidt* in Lutter Rn 26; *Vossius* in Widmann/Mayer Rn 63; zu § 160 HGB *Kainz* DStR 1994, 620, 621; *Ulmer/Timmann* ZIP 1992, 1, 9; auch *BGH* NJW 1981, 2579; Rn 25.
[164] § 670 BGB; *H. Schmidt* in Lutter Rn 27.

Möglichkeit der Verschmelzung § 45 a

der Anspruch des Gläubigers gegen die Gesellschaft im Wege der *cessio legis* auf ihn über[165]. Ist der übernehmende Rechtsträger eine KG, kann der in Anspruch genommene Gesellschafter auch deren **Komplementäre** in Regress nehmen. Hatten diese bereits in der übertragenden Personenhandelsgesellschaft die Stellung eines persönlich haftenden Gesellschafters inne, kann der Anspruch entweder auf die gesamtschuldnerische Ausgleichspflicht[166] gestützt werden oder auf den übergegangenen Anspruch des Gläubigers[167].

Der nach Maßgabe von § 45 in Anspruch genommene Gesellschafter kann auch bei einem **anderen Gesellschafter**, der dem Anwendungsbereich des § 45 unterfällt[168], Regress nehmen. Sobald für den anderen Gesellschafter Enthaftung eingetreten ist, kann allerdings gegen ihn der übergegangene Anspruch[169] des Gläubigers nicht mehr geltend gemacht werden. 58

Der Ausgleichsanspruch[170] kann gegen den anderen Gesellschafter nur geltend gemacht werden, wenn der Gesellschafter nach § 45 in Anspruch genommen wird, bevor für den anderen Gesellschafter Enthaftung eingetreten ist. In diesem Fall gelten die allgemeinen Verjährungsregeln. Wird der Gesellschafter vom Gläubiger erst in Anspruch genommen, nachdem für den anderen Gesellschafter Enthaftung nach § 45 eingetreten ist, ist ein Rückgriff nach § 426 Abs. 1 BGB nicht möglich. Mit der Enthaftung ist auch das Gesamtschuldverhältnis zwischen den beiden Gesellschaftern erloschen. 59

9. Abweichende Vereinbarungen

Die Vorschrift ist nicht dispositiv. Dies ergibt sich aus dem zwingenden Charakter der Umandlungsvorschriften[171]. Die fünfjährige Ausschlussfrist kann weder verlängert noch verkürzt werden. Eine solche Regelung stellt keine ergänzende, sondern eine abweichende Vereinbarung dar[172]. Der betroffene Gesellschafter und der Gläubiger können aber unabhängig hiervon **vertragliche Vereinbarungen** treffen, die iE einer Verlängerung oder Verkürzung der Ausschlussfrist des § 45 gleich kommen. 60

III. Parallelvorschriften

Für den Formwechsel einer Personenhandelsgesellschaft in eine Kapitalgesellschaft oder eG enthält **§ 224 Abs. 2 bis 5** eine entsprechende Regelung. Für den Mithafter bei der Spaltung enthalten die §§ 133 und 157 entsprechende Regelungen. 61

Zweiter Unterabschnitt. Verschmelzung unter Beteiligung von Partnerschaftsgesellschaften

§ 45 a Möglichkeit der Verschmelzung

Eine Verschmelzung auf eine Partnerschaftsgesellschaft ist nur möglich, wenn im Zeitpunkt ihres Wirksamwerdens alle Anteilsinhaber übertragender Rechtsträger na-

---

[165] Zu § 160 HGB *Habersack* in Großkomm. § 160 HGB Rn 37.
[166] § 426 Abs. 1 BGB.
[167] § 426 Abs. 2 Satz 1 BGB.
[168] Siehe Rn 6.
[169] § 426 Abs. 2 BGB.
[170] § 426 Abs. 1 BGB.
[171] Siehe § 1 Rn 80.
[172] So zu Recht *H. Schmidt* in Lutter Rn 24; zu § 160 HGB *Habersack* in Großkomm. § 160 HGB Rn 7; *Leverenz* ZHR 160 (1996) 75, 83; für Unverlängerbarkeit gesetzlicher Ausschlussfristen auch *OLG München* WM 1975, 652, 654; aA *Vossius* in Widmann/Mayer Rn 281; *Bermel* in Goutier/Knopf/Tulloch Rn 13; zu § 160 HGB u. a. *Hopt* § 160 HGB Rn 8.

§ 45 a 1–3

türliche Personen sind, die einen Freien Beruf ausüben (§ 1 Abs. 1 und 2 des Partnerschaftsgesellschaftsgesetzes). § 1 Abs. 3 des Partnerschaftsgesellschaftsgesetzes bleibt unberührt.

Übersicht

	Rn		Rn
I. Allgemeines	1	3. Notwendiges Ausscheiden eines Anteilsinhabers	14
1. Sinn und Zweck der Norm	1	4. Rechtsfolgen bei Verstoß	17
2. Anwendungsbereich	2	III. Verfahrens- und Parallelvorschriften	24
3. Entstehungsgeschichte	4	1. Verfahrensvorschriften	24
II. Einzelerläuterungen	5	a) Anmeldung zum Partnerschafts-	
1. Ausübung eines Freien Berufs (Satz 1)	5	register	24
a) Einbezogene Berufsgruppen	5	b) Prüfung durch das Registergericht	27
b) Ausübung	7	2. Parallelvorschriften	29
c) Maßgeblicher Zeitpunkt	10		
2. Vorrang berufsrechtlicher Regelungen (Satz 2)	11		

Literatur: *Henssler*, Partnerschaftsgesellschaftsgesetz, 1995; *Knoll/Schüppen*, Die Partnerschaftsgesellschaft – Handlungszwang, Handlungsalternative oder Schubladenmodell?, DStR 1995, 608, 646; *Neye*, Die Änderungen im Umwandlungsrecht nach den handels- und gesellschaftsrechtlichen Reformgesetzen in der 13. Legislaturperiode, DB 1998, 1649; *ders.*, Partnerschaft und Umwandlung, ZIP 1997, 722; *Römermann*, Neues im Recht der Partnerschaftsgesellschaft, NZG 1998, 675; *K. Schmidt*, Formwechsel zwischen GmbH und GmbH & Co. KG, GmbHR 1995, 693.

I. Allgemeines

1. Sinn und Zweck der Norm

1   Die Vorschrift schränkt die allgemeine Regelung über die Verschmelzungsfähigkeit von Rechtsträgern[1] ein. Sie will das Vorliegen der Voraussetzungen für eine PartG[2] sowie die Beachtung bestehender berufsrechtlicher Schranken sicherstellen. Die PartG ist ein Zusammenschluss zur Ausübung Freier Berufe[3]. Eine Verschmelzung auf eine PartG soll daher nur erfolgen, wenn alle Anteilsinhaber aller übertragenden Rechtsträger natürliche Personen sind, die einen solchen Beruf ausüben[4]. Durch die Verweisung auf § 1 Abs. 3 PartGG soll klargestellt werden, dass Einschränkungen des Berufsrechts auch bei der Verschmelzung beachtet werden müssen[5]. Sie können ggf. einer Verschmelzung entgegen stehen.

2. Anwendungsbereich

2   Die Vorschrift gilt sowohl für die **Verschmelzung durch Aufnahme** als auch für die **Verschmelzung durch Neugründung**. Sie gilt nur für Verschmelzungen mit einer PartG als **übernehmendem Rechtsträger**. Ihre Voraussetzungen gelten nur für die übertragenden Rechtsträger.

3   Die Norm gilt auch für Aufspaltungen und Abspaltungen zur Aufnahme oder Neugründung[6]. Eine Ausgliederung auf eine PartG ist dagegen nicht möglich, weil die Anteile an der

---

[1] Siehe § 3 Rn 2 ff. und 13 ff.
[2] § 1 PartGG.
[3] § 1 Abs. 1 und 2 PartGG.
[4] RegBegr. BT-Drucks. 13/8808 S. 12.
[5] RegBegr. BT-Drucks. 13/8808 S. 12.
[6] §§ 125 Satz 1 und 135 Abs. 1 Satz 1.

Personengesellschaft von Freiberuflern gehalten werden müssen[7]. Bei einer Vermögensübertragung gilt die Vorschrift ebenfalls nicht, da eine PartG nicht an einer Vermögensübertragung beteiligt sein kann[8].

3. Entstehungsgeschichte

Die Vorschrift wurde durch das Gesetz zur Änderung des Umwandlungsgesetzes, des Partnerschaftsgesellschaftsgesetzes und anderer Gesetze vom 22. 7. 1998[9] – in Kraft getreten am 1. 8. 1998 – in das UmwG eingefügt. Der Gesetzgeber hatte zunächst bewusst darauf verzichtet, die PartG in den Kreis der verschmelzungsfähigen Rechtsträger einzubeziehen. Es sollten zunächst Erfahrungen darüber gesammelt werden, in welchem Umfang die junge Rechtsform der PartG praktische Bedeutung erlangen würde[10]. Aufgrund der in der zunehmenden Verbreitung der PartG zum Ausdruck kommenden **Akzeptanz** dieser Rechtsform für die Ausübung einer freiberuflichen Tätigkeit, aber auch wegen der zunehmenden Öffnung der GmbH als Gesellschaftsform freiberuflicher Tätigkeit wurde bereits rund zwei Jahre nach Inkrafttreten des UmwG ein Bedürfnis für die Einbeziehung der PartG in das UmwG anerkannt. Im März 1997 wurde ein RefE vorgelegt[11]. Die Vorschriften über die Verschmelzung von Partnerschaftsgesellschaften lehnen sich an den Regelungen zur Verschmelzung von Personenhandelsgesellschaften an. Die Vorschrift entspricht wörtlich § 45 a RefE und § 45 a RegE.

II. Einzelerläuterungen

1. Ausübung eines Freien Berufs (Satz 1)

a) Einbezogene Berufsgruppen. Voraussetzung einer Verschmelzung auf eine PartG ist, dass im Zeitpunkt des Wirksamwerdens der Verschmelzung alle Anteilsinhaber aller übertragenden Rechtsträger **natürliche Personen** sind, die einen **Freien Beruf** ausüben[12]. Freie Berufe haben im Allgemeinen auf der Grundlage besonderer beruflicher Qualifikation oder schöpferischer Begabung die persönliche, eigenverantwortliche und fachlich unabhängige Erbringung von Dienstleistungen höherer Art im Interesse der Auftraggeber und der Allgemeinheit zum Inhalt[13]. Diese **Typenbeschreibung** ist **nicht abschließend**[14].

§ 1 Abs. 2 Satz 2 PartGG stellt einen **Katalog** Freier Berufe auf. Eine solche Tätigkeit stellt immer einen Freien Beruf dar, wenn sie selbstständig ausgeübt wird[15]. Die Aufzählung ist **nicht abschließend**. Zu den Freien Berufen zählen auch die den Katalogberufen ähnlichen Berufe[16].

b) Ausübung. Das PartGG geht von einer aktiven Berufstätigkeit, also von einer tatsächlichen Mitarbeit aller Partner der PartG aus[17]. Darin liegt der wesentlicher Beitrag der

---

[7] § 1 Abs. 1 PartGG; *Neye* DB 1998, 1649, 1650; *Teichmann* in Lutter § 124 Rn 9.
[8] § 175.
[9] BGBl. I 1998 S. 1878; dazu *Neye* DB 1998, 1649.
[10] RegBegr. BT-Drucks. 13/8808 S. 8; *Neye* ZIP 1997, 722; *H. Schmidt* in Lutter Rn 1.
[11] Zum RefE *Neye* ZIP 1997, 722.
[12] § 45 a Satz 1.
[13] § 1 Abs. 2 Satz 1 PartGG.
[14] *H. Schmidt* in Lutter Rn 9; vgl. auch *Römermann* NZG 1998, 675, 676 f.
[15] Zur Abgrenzung gegenüber der unselbstständigen Tätigkeit vgl. *Ulmer*, GbR und PartG, § 1 PartGG Rn 45.
[16] Zu Katalogberufen ähnlichen Berufen *Michalski/Römermann* § 1 PartGG Rn 83 ff.; *Ulmer*, GbR und PartG, § 1 PartGG Rn 64 ff.; Beispiele hierfür sind Bauingenieur, Baustatiker, Insolvenzverwalter, EDV-Berater wissenschaftlicher Ausbildung, zB als Diplom-Informatiker, Umweltgutachter.
[17] RegBegr. PartGG BT-Drucks. 12/6152 S. 9; *Ulmer*, GbR und PartG, § 1 PartGG Rn 11.

Partner zur Förderung des gemeinsamen Zwecks. Personen, die sich ohne eigene freiberufliche Tätigkeit darauf beschränken wollen, Kapital oder sonstige Gegenstände als Beiträge zu erbringen, können nicht die Stellung eines Partners einnehmen[18]. Dies gilt jedenfalls für die Gründung und für den späteren Beitritt zur PartG[19].

8 Die Vorschrift will diese Voraussetzungen der PartG für die Verschmelzung sicherstellen. Bei der **Verschmelzung durch Neugründung** sind bereits nach § 36 Abs. 2 Satz 1 die Gründungsvorschriften anzuwenden[20]. Die Vorschrift bestätigt dies. Sie erlaubt eine Verschmelzung durch Neugründung nur, wenn sich kein Anteilsinhaber eines übertragenden Rechtsträgers von vornherein auf eine Beteiligung ohne aktive Berufsausübung beschränkt hat. Eine Verschmelzung durch Neugründung scheidet auch aus, wenn ein Anteilsinhaber eines übertragenden Rechtsträgers seine Berufsausübung dauerhaft eingestellt hat oder an der Berufsausübung nicht nur kurzfristig und für absehbare Zeit verhindert ist[21].

9 Die Voraussetzungen der **Beibehaltung der Mitgliedschaft** in der PartG sind geringer als diejenigen für die Beteiligung an der Gründung oder für den Beitritt[22]. Nur wenn ein Partner eine erforderliche Zulassung verliert, scheidet er automatisch aus. In anderen Fällen der vorübergehenden Verhinderung und der dauerhaften Einstellung der aktiven Tätigkeit bleibt es den Partnern bzw. einer partnerschaftsgesellschaftsvertraglichen Regelung überlassen, wie und wann der betroffene Partner ausscheidet[23]. Bei der **Verschmelzung durch Aufnahme** sind die Voraussetzungen für die Beibehaltung der weiteren Mitgliedschaft entscheidend. Die Vorschrift will die Freiberufler-Qualität nur in dem Umfang sichern, in dem sie das PartGG fordert[24]. Eine Verschmelzung durch Aufnahme beinhaltet gerade keine Neugründung einer PartG. Es können deshalb nicht dieselben Anforderungen an die Freiberufler-Qualität wie im Fall der Neugründung gestellt werden. Die Vorschrift ist dementsprechend einschränkend auszulegen.

10 c) **Maßgeblicher Zeitpunkt.** Der Freie Beruf muss zum Zeitpunkt des **Wirksamwerdens der Verschmelzung** ausgeübt werden[25]. Liegt die Freiberufler-Qualität im Zeitpunkt des Verschmelzungsbeschlusses oder des Abschlusses des Verschmelzungsvertrags noch nicht vor, ist sie aber zum Zeitpunkt der Eintragung gegeben, reicht dies für die Verschmelzungsfähigkeit aus[26].

2. Vorrang berufsrechtlicher Regelungen (Satz 2)

11 Die Berufsausübung in der Rechtsform der PartG kann in Vorschriften über einzelne Berufe ausgeschlossen oder von weiteren Voraussetzungen abhängig gemacht werden[27]. Der Vorrang des Berufsrechts gilt auch für die Verschmelzung auf eine PartG[28]. Die Verschmelzung auf eine PartG steht also unter dem Vorbehalt, dass das für einzelne Berufe geltende Berufsrecht die Verwendung der Rechtsform der PartG nicht ausschließt oder von

---

[18] RegBegr. PartGG BT-Drucks. 12/6152 S. 9; *Ulmer*, GbR und PartG, § 1 PartGG Rn 11.
[19] HM; *Ulmer*, GbR und PartG, § 1 PartGG Rn 11 mwN; *Henssler* § 1 PartGG Rn 47; aA *Michalski/Römermann* § 1 PartGG; *Feddersen/Meyer-Landrut*, PartGG, 1997, § 1 PartGG Rn 5.
[20] Umfassend hierzu § 36 Rn 28.
[21] *H. Schmidt* in Lutter Rn 11; auch *Ulmer*, GbR und PartG, § 1 PartGG Rn 11.
[22] *Ulmer*, GbR und PartG, § 1 PartGG Rn 13 mwN.
[23] HM; *Ulmer*, GbR und PartG, § 1 PartGG Rn 13 f. mwN.
[24] So auch *H. Schmidt* in Lutter Rn 11.
[25] § 45 a Satz 1; zum Wirksamwerden der Verschmelzung siehe § 20 Rn 5 f.; auch § 36 Rn 28.
[26] AA offenbar *H. Schmidt* in Lutter Rn 18, der, allerdings in Widerspruch zu seiner Feststellung in Rn 12, auf den Vertragsabschluss abstellt. Diesen versucht er dadurch zu vermeiden, dass der Verschmelzungsvertrag den Erwerb der Freiberufler-Qualifikation oder das Ausscheiden vorsehen muss.
[27] § 1 Abs. 3 PartGG.
[28] § 45 a Satz 2.

weiteren Voraussetzungen abhängig macht. Die gesetzliche Regelung hat insofern rein klarstellenden Charakter[29].

Für die Katalogberufe sowie die Tätigkeitsfelder der Wissenschaftler, Künstler, Schriftsteller, Lehrer und Erzieher besteht in berufsrechtlichen Regelungen **kein genereller Ausschluss** der Berufsausübung in der Rechtsform der PartG[30]. **Nach Berufsrecht ausgeschlossen** ist der Zusammenschluss von Apothekern sowie von Nur-Notaren zu einer PartG[31]. Anwaltsnotare dürfen nur bezogen auf ihre anwaltliche Berufsausübung eine PartG eingehen[32]. Ebenfalls von der Ausübung ihres Berufs in einer PartG ausgeschlossen sind öffentlich bestellte Vermessungsingenieure, soweit sie Träger eines öffentlichen Amts als Organ des öffentlichen Vermessungswesens sind[33]. Diese Berufe sind daher bewusst nicht in den Katalog des § 1 Abs. 3 PartGG aufgenommen worden[34].

Das Berufsrecht begrenzt ansonsten insbesondere die gemeinsame Berufsausübung verschiedener Berufsgruppen. Das gilt u. a. für Rechtsanwälte, Patentanwälte, Steuerberater und Wirtschaftsprüfer sowie für Ärzte[35]. Zusätzliche Anforderungen können aber auch zB für den Namen der PartG oder den Inhalt des Partnerschaftsgesellschaftsvertrags bestehen[36].

3. Notwendiges Ausscheiden eines Anteilsinhabers

Mitglieder in einer PartG können nur natürliche Personen sein, die Freiberufler[37] sind und deren Beteiligung an einer PartG nicht durch berufsrechtliche Regelungen ausgeschlossen ist[38]. Erfüllt ein Anteilsinhaber eines übertragenden Rechtsträgers eine dieser folgenden Voraussetzungen nicht, kann sein Ausscheiden im Verschmelzungsvertrag und -beschluss **auf den Zeitpunkt des Wirksamwerdens** der Verschmelzung vorgesehen werden, um die Verschmelzung zu ermöglichen[39]. Das Ausscheiden bedarf der **Zustimmung** des ausscheidenden Anteilsinhabers.

Das Prinzip der Identität des Mitgliederkreises[40] steht dem Ausscheiden eines Anteilsinhabers des übertragenden Rechtsträgers im Zuge der Verschmelzung nicht entgegen[41]. Es verbietet nur, allein im Verschmelzungsbeschluss einen nach seinem Gesellschafterkreis abweichenden Rechtsträger herbeizuführen[42]. Der zwingende Charakter der Umwandlungsvorschriften[43] dient dem Gläubiger- und Minderheitenschutz. Das schließt eine Verbindung von Umwandlungsmaßnahme und Gesellschafterwechsel also nicht aus[44].

---

[29] *Ulmer*, GbR und PartG, § 1 PartGG Rn 77.
[30] *H. Schmidt* in Lutter Rn 13.
[31] RegBegr. PartGG BT-Drucks. 12/6152 S. 10; jetzt im Hinblick auf die Beteiligung von Notaren aA *Ulmer*, GbR und PartG, § 1 PartGG Rn 79 f.
[32] RegBegr. PartGG BT-Drucks. 12/6152 S. 10; aA *Ulmer*, GbR und PartG, § 1 PartGG Rn 80, 83.
[33] RegBegr. PartGG BT-Drucks. 12/6152 S. 10; *Henssler* § 1 PartGG Rn 184.
[34] RegBegr. PartGG BT-Drucks. 12/6152 S. 10.
[35] RegBegr. PartGG BT-Drucks. 12/6152 S. 10; *Ulmer*, GbR und PartG, § 1 PartGG Rn 84.
[36] RegBegr. PartGG BT-Drucks. 12/6152 S. 10; *Ulmer*, GbR und PartG, § 1 PartGG Rn 85 f.
[37] § 1 Abs. 2 PartGG.
[38] Rn 11 f.
[39] Für den Formwechsel in eine PartG *Happ* in Lutter § 228 Rn 32. Zum umgekehrten Problem des Beitritts eines Dritten § 40 Rn 18.
[40] § 2 Rn 40.
[41] Für den Formwechsel *BGH* WM 1999, 1508, 1510; *K. Schmidt* GmbHR 1995, 693, 695 f.; *ders.* ZIP 1998, 181, 186; *Kallmeyer* GmbHR 1996, 80, 82; *Bayer* ZGR Sonderheft 14, 1988, 22, 41; zur Aufnahme eines GmbH-Gesellschafters *BGH* WM 1995, 434.
[42] In diesem Sinn für den Formwechsel *K. Schmidt* GmbHR 1995, 693, 695.
[43] § 1 Rn 80.
[44] *Ihrig* ZHR 160 (1996) 317, 340; *Priester* DB 1997, 560, 563.

16 Angesichts des unklaren Meinungsstands empfiehlt es sich aber, die vorgesehene Gestaltung vorab **mit dem Registergericht abzustimmen**. Verbleiben Zweifel, sollte der betroffene Anteilsinhaber zunächst aus dem übertragenden Rechtsträger ausscheiden.

4. Rechtsfolgen bei Verstoß

17 Ist ein Anteilsinhaber eines übertragenden Rechtsträgers **keine natürliche Person** und sehen Verschmelzungsbeschluss und -vertrag das Ausscheiden dieses Anteilsinhabers vor dem Wirksamwerden der Verschmelzung nicht vor, sind **Verschmelzungsbeschluss** und **Verschmelzungsvertrag nichtig**[45].

18 Ist ein Anteilsinhaber eines übertragenden Rechtsträgers kein **Freiberufler**, ergibt sich folgendes Problem: Der für die Verschmelzung maßgebliche Zeitpunkt der Ausübung eines Freien Berufs ist der Zeitpunkt des Wirksamwerdens der Verschmelzung[46]. Die Verschmelzung wird mit Eintragung in das Partnerschaftsregister am Sitz der übernehmenden PartG wirksam. Mit der Eintragung der Verschmelzung werden jedoch auch etwaige Mängel der Verschmelzung geheilt[47]. Eine fehlende Freiberufler-Qualität würde also in dem Zeitpunkt geheilt, in dem sie maßgeblich wird. In diesen Fällen ist wie folgt zu differenzieren:

19 Besteht die Freiberufler-Qualität zum Zeitpunkt des Abschlusses des Verschmelzungsvertrags noch nicht, soll der betroffene Anteilsinhaber aber nach dem Verschmelzungsvertrag eine freiberufliche Tätigkeit als Beitrag zur Förderung des Zwecks der PartG ausüben, sind Verschmelzungsvertrag und -beschluss wirksam. Die Verschmelzung darf aber erst eingetragen werden, nachdem der betroffene Anteilsinhaber die Freiberufler-Qualität erlangt hat[48]. Vorher besteht ein **Eintragungshindernis**.

20 Bestimmt der Verschmelzungsvertrag, dass sich ein Anteilsinhaber eines übertragenden Rechtsträgers in der übernehmenden PartG darauf beschränken soll, Kapital oder sonstige Gegenstände als Beiträge zu erbringen, sind Verschmelzungsvertrag und -beschluss **nichtig**.

21 Liegt die Freiberufler-Qualität zum Zeitpunkt des Abschlusses des Verschmelzungsvertrags vor, fällt sie aber vor Eintragung weg, ist zwar der Verschmelzungsvertrag nicht nichtig, die fehlende Freiberufler-Qualifikation stellt aber ein **Eintragungshindernis** dar[49].

22 Die Rechtsfolge eines Verstoßes gegen **berufsrechtliche Regelungen** ist in erster Linie den berufsrechtlichen Regelungen selbst zu entnehmen[50]. Im Fall von Verbotsgesetzen führt ein Verstoß zur Nichtigkeit[51], falls sich aus dem Verbotsgesetz selbst nichts anderes ergibt. Verstöße gegen berufsrechtliche Regelungen stellen in jedem Fall ein **Eintragungshindernis** dar.

23 Trägt der Registerrichter die Verschmelzung ein, treten die Wirkungen der Verschmelzung trotz bestehender Mängel ein. Die **Mängel der Verschmelzung** werden **geheilt**[52]. Dies betrifft nur die Mängel der Verschmelzung selbst, also etwa den nichtigen Verschmelzungsvertrag. Die Eigenschaft als natürliche Person oder die Freiberufler-Qualität werden durch Eintragung der Verschmelzung nicht herbeigeführt. Mit Wirksamwerden der Verschmelzung finden dann die gesellschaftsrechtlichen Regelungen Anwendung. Verfügt zB ein Anteilsinhabers eines übertragenden Rechtsträgers nicht über die erforderliche Zulassung, scheidet dieser mit Wirksamwerden der Verschmelzung automatisch aus[53]. Fällt die

---

[45] *H. Schmidt* in Lutter Rn 18.
[46] Rn 10.
[47] § 20 Abs. 2; § 20 Rn 84 ff.
[48] *H. Schmidt* in Lutter Rn 18.
[49] So zu Recht *H. Schmidt* in Lutter Rn 18.
[50] Ohne Differenzierung für generelle Nichtigkeit dagegen *H. Schmidt* in Lutter Rn 18.
[51] § 134 BGB.
[52] § 20 Abs. 2.
[53] § 9 Abs. 3 PartGG.

Möglichkeit der Verschmelzung 24–26 § 45 a

Freiberufler-Qualität aus anderen Gründen weg[54], ergibt sich die Rechtsfolge mangels Regelung im PartGG nach den sonst anwendbaren gesellschaftsrechtlichen Regelungen. In Betracht kommen ein Ausschluss aus wichtigem Grund[55] und eine Amtslöschung der so nach § 142 FGG[56].

III. Verfahrens- und Parallelvorschriften

1. Verfahrensvorschriften

a) **Anmeldung zum Partnerschaftsregister.** Bei einer Verschmelzung zur Aufnahme durch eine PartG haben die Partner dieser PartG die Verschmelzung in vertretungsberechtigter Zahl zur Eintragung in das Partnerschaftsregister am Sitz der PartG anzumelden[57]. Ist im Partnerschaftsgesellschaftsvertrag nichts anderes geregelt, ist jeder Partner alleinvertretungsbefugt und kann die Anmeldung durchführen[58]. Die Anmeldung muss den Namen, den Vornamen sowie den in der PartG ausgeübten Beruf und den Wohnort jedes durch die Verschmelzung neu hinzukommenden Partners[59] sowie die Angaben zur Berufszugehörigkeit[60] enthalten[61]. Die Notwendigkeit dieser Angaben entspringt zwar dem Gründungsrecht, das bei einer Verschmelzung durch Aufnahme keine Anwendung findet. Änderungen im Partnerkreis sind jedoch auch eintragungspflichtig[62]. Dies muss auch für Änderungen aufgrund einer Verschmelzung gelten[63]. 24

Bei einer **Verschmelzung durch Neugründung** muss die Verschmelzung von den Vertretungsorganen der übertragenden Rechtsträger zur Eintragung in die Register an den Sitzen der übertragenden Rechtsträger angemeldet werden[64]. Die neue PartG ist von den Vertretungsorganen aller übertragenden Rechtsträger bei dem Partnerschaftsregister, in dessen Bezirk die neue PartG ihren Sitz haben soll, anzumelden[65]. Sind die übertragenden Rechtsträger Partnerschaftsgesellschaften, ist auch hier eine Anmeldung in vertretungsberechtigter Zahl ausreichend[66]. Der Inhalt der Anmeldung bestimmt sich nach den Vorschriften über die Gründung der neuen PartG[67]. Die Anmeldung der neuen PartG muss Namen und Sitz der PartG, Namen, Vornamen, den in der PartG ausgeübten Beruf und den Wohnort jedes Partners sowie den Gegenstand der PartG enthalten[68]. Die Zugehörigkeit jedes Partners zu dem Freien Beruf, den er in der PartG ausübt, ist in der Anmeldung anzugeben[69]. 25

Weitere Einzelheiten der Anmeldung der Eintragung in das Partnerschaftsregister regelt die **Partnerschaftsregisterverordnung**[70]. Sie bestimmt weitere Angaben, die die Anmel- 26

---

[54] Rn 9.
[55] *Ulmer*, GbR und PartG, § 1 PartGG Rn 14.
[56] *H. Schmidt* in Lutter Rn 18.
[57] § 16 Abs. 1; siehe zur ursprünglichen Anmeldung der PartG § 4 Abs. 1 Satz 1 PartGG iVm. § 108 HGB. Hiernach ist das Handeln aller Gesellschafter erforderlich.
[58] § 7 Abs. 1 PartGG iVm. § 125 Abs. 1 HGB.
[59] § 4 Abs. 1 Satz 2 PartGG iVm. § 3 Abs. 2 Nr. 2 PartGG.
[60] § 4 Abs. 2 Satz 1 PartGG.
[61] *H. Schmidt* in Lutter Rn 15.
[62] § 4 Abs. 1 Satz 3 PartGG; *Ulmer*, GbR und PartG, §§ 4, 5 PartGG Rn 5.
[63] *H. Schmidt* in Lutter Rn 16.
[64] § 38 Abs. 1.
[65] § 38 Abs. 2.
[66] *H. Schmidt* in Lutter Rn 14.
[67] § 36 Abs. 2 Satz 1.
[68] §§ 4 Abs. 1 Satz 2 iVm. 3 Abs. 2 PartGG.
[69] §§ 4 Abs. 1 Satz 2 iVm. 3 Abs. 2 PartGG.
[70] Verordnung über die Einrichtung und Führung des Partnerschaftsregisters vom 16. 6. 1995, BGBl. I 1995 S. 808 f.

§ 45 b

dung enthalten soll. Bedarf die Berufsausübung der staatlichen Zulassung, soll die Urkunde über die Zulassung oder das Zeugnis über die Befähigung zu diesem Beruf in Urschrift, Ausfertigung oder beglaubigter Abschrift vorgelegt werden[71]. Die anmeldenden Partner sollen eine Erklärung darüber abgeben, dass Vorschriften über einzelne Berufe einer Eintragung nicht entgegen stehen[72]. Bedarf die PartG aufgrund von Vorschriften über einzelne Berufe der staatlichen Zulassung, ist die Bestätigung der zuständigen Behörde, dass eine solche Zulassung erfolgen kann, vorzulegen[73]. Bestehen für die so ausgeübten Berufe Berufskammern, sollen diese dem Gericht mit der Anmeldung unter Angabe ihrer Anschriften mitgeteilt werden[74]. Obwohl es sich nur um Sollvorschriften handelt, sollten die geforderten Angaben gemacht bzw. die Nachweise mit eingereicht werden, um Eintragungsverzögerungen durch Zwischenverfügungen über die Einforderung der in Frage stehenden Angaben und Nachweise zu vermeiden[75].

27 **b) Prüfung durch das Registergericht.** Das Registergericht untersucht, ob der Verschmelzungsvertrag die Verschmelzungsfolgen herbeiführen kann. Es prüft, ob der Verschmelzungsvertrag nichtig ist, weil ein Anteilsinhaber des übertragenden Rechtsträgers **keine natürliche Person** ist oder sein Beitrag in der übernehmenden so ein anderer sein soll als die Ausübung einer **freiberuflichen Tätigkeit**. Es prüft auch, ob nicht trotz wirksamen Verschmelzungsvertrags die fehlende Freiberufler-Qualität eines Anteilsinhabers eines übertragenden Rechtsträgers oder berufsrechtliche Regelungen der Eintragung entgegen stehen.

28 Es gilt der **Amtsermittlungsgrundsatz**[76]. Hat das Registergericht begründete Zweifel an der Richtigkeit der Erklärungen anmeldepflichtiger Personen, hat es Nachweise über die Eintragungsvoraussetzungen zu verlangen. Der Amtsermittlungsgrundsatz ist bezogen auf die Zugehörigkeit der Partner zu einem in der PartG ausgeübten Freien Beruf eingeschränkt. Der Registerrichter muss bei der Eintragung die diesbezüglichen Angaben der Partner zugrunde legen, wenn ihm nicht deren Unrichtigkeit bekannt ist[77]. Diese Einschränkung gilt sowohl für Verschmelzungen durch Neugründung als auch für Verschmelzungen durch Aufnahme[78]. Insofern entfällt aber lediglich die Prüfungspflicht, nicht aber das Recht, bei berechtigten Zweifeln zu prüfen und ggf. Nachweise zu verlangen[79]. Diese Ansicht bestätigt § 3 Abs. 3 iVm. Abs. 1 und 2 PRV, der eine Sollvorschrift über die Einreichung entsprechender Nachweise enthält[80].

2. Parallelvorschriften

29 Für den Formwechsel einer Kapitalgesellschaft in eine PartG enthält **§ 228 Abs. 2** eine dem § 45 a entsprechende Regelung.

§ 45 b Inhalt des Verschmelzungsvertrages

(1) **Der Verschmelzungsvertrag oder sein Entwurf hat zusätzlich für jeden Anteilsinhaber eines übertragenden Rechtsträgers den Namen und den Vornamen sowie den**

---

[71] § 3 Abs. 1 Satz 2 PRV.
[72] § 3 Abs. 2 PRV.
[73] § 3 Abs. 3 PRV.
[74] § 4 Satz 2 PRV.
[75] H. *Schmidt* in Lutter Rn 15.
[76] § 12 FGG.
[77] § 4 Abs. 2 Satz 2 PartGG.
[78] Zu Recht H. *Schmidt* in Lutter Rn 16.
[79] *Ulmer*, GbR und PartG, §§ 4, 5 PartGG Rn 15.
[80] Kritisch gegenüber dieser Vorschrift H. *Schmidt* in Lutter Rn 17.

in der übernehmenden Partnerschaftsgesellschaft ausgeübten Beruf und den Wohnort jedes Partners zu enthalten.
(2) § 35 ist nicht anzuwenden.

Übersicht

	Rn		Rn
I. Allgemeines	1	II. Einzelerläuterungen	7
1. Sinn und Zweck der Norm	1	1. Notwendiger Inhalt des Verschmelzungsvertrags (Abs. 1)	7
2. Anwendungsbereich	3		
3. Entstehungsgeschichte	6	2. Ausschluss von § 35 (Abs. 2)	10

Literatur: *Neye*, Die Änderungen im Umwandlungsrecht nach den handels- und gesellschaftsrechtlichen Reformgesetzen in der 13. Legislaturperiode, DB 1998, 1649; *ders.*, Partnerschaft und Umwandlung, ZIP 1997, 722.

I. Allgemeines

1. Sinn und Zweck der Norm

Die Vorschrift soll sicherstellen, dass bei einer Verschmelzung auf eine PartG alle Anteils- 1 inhaber aller übertragenden Rechtsträger die Freiberufler-Qualität zum Zeitpunkt des Wirksamwerdens der Verschmelzung aufweisen[1]. **Abs. 1 ergänzt** zu diesem Zweck die **allgemeine Regelung** über die Pflichtangaben im Verschmelzungsvertrag[2]. Er ordnet zusätzliche Angaben an, die den Pflichtangaben im Partnerschaftsgesellschaftsvertrag entsprechen[3]. Bei einer **Verschmelzung durch Neugründung** folgt die Pflicht, diese Angaben zu machen, unmittelbar aus den partnerschaftsgesellschaftsrechtlichen Regelungen[4]. Der Partnerschaftsgesellschaftsvertrag der neuen PartG muss schon im Verschmelzungsvertrag enthalten sein[5]. Die Gründung der neuen PartG richtet sich nach dem PartGG[6].

In der PartG können Personen, die keine Freiberufler sind, keine Mitglieder sein. Es muss 2 folglich Klarheit über die Identität der Gesellschafter bestehen. Die allgemeine Regelung über die Bezeichnung unbekannter Aktionäre einer übertragenden AG oder KGaA[7] kann bei einer Verschmelzung auf eine PartG somit keine Anwendung finden. Deshalb schließt Abs. 2 die Anwendbarkeit des § 35 insofern aus.

2. Anwendungsbereich

Die Vorschrift findet Anwendung, wenn eine **PartG als übernehmender Rechtsträger** 3 an einer Verschmelzung beteiligt ist. Dies folgt für Abs. 1 aus dessen Wortlaut. Dasselbe gilt aber auch für Abs. 2. Der dort geregelte Ausschluss der Vorschrift über die Bezeichnung

---

[1] RegBegr. BT-Drucks. 13/8808 S. 12; *Neye* DB 1998, 1649, 1651; *H. Schmidt* in Lutter Rn 1; siehe auch § 45 a Rn 5.
[2] Siehe § 5 Rn 5 ff.
[3] § 3 Abs. 2 Nr. 2 PartGG; RegBegr. BT-Drucks. 13/8808 S. 12; *Neye* DB 1998, 1649, 1651; *H. Schmidt* in Lutter Rn 1.
[4] § 3 Abs. 2 Nr. 2 PartGG.
[5] § 37.
[6] § 36 Abs. 2; RegBegr. BT-Drucks. 13/8808 S. 12; *Neye* DB 1998, 1649, 1651; *H. Schmidt* in Lutter Rn 1.
[7] § 35.

unbekannter Aktionäre ist nach Sinn und Zweck der Vorschrift[8] nur erforderlich, wenn der übernehmende Rechtsträger eine PartG ist.

4   Die gesamte Vorschrift gilt sowohl für die Verschmelzung durch Aufnahme, als auch für die Verschmelzung durch Neugründung. Als übertragende Rechtsträger kommen OHG, KG, EWIV, GmbH, AG, KGaA, eG, e.V. und wirtschaftlicher Verein sowie eine PartG in Betracht[9].

5   Die Norm gilt auch für **Aufspaltungen und Abspaltungen** zur Aufnahme oder Neugründung[10]. Sie ist auf eine Ausgliederung nicht anwendbar, da eine Ausgliederung auf eine PartG nicht möglich ist[11]. Bei einer Vermögensübertragung gilt sie ebenfalls nicht, da eine PartG nicht an einer Vermögensübertragung beteiligt sein kann[12].

3. Entstehungsgeschichte

6   Die Vorschrift wurde durch das Gesetz zur Änderung des Umwandlungsgesetzes, des Partnerschaftsgesellschaftsgesetzes und anderer Gesetze vom 22. 7. 1998[13] – in Kraft getreten am 1. 8. 1998 – in das UmwG eingefügt. § 45 b entspricht wörtlich § 45 b RefE und § 45 b RegE[14].

II. Einzelerläuterungen

1. Notwendiger Inhalt des Verschmelzungsvertrags (Abs. 1)

7   Im Verschmelzungsvertrag oder dessen Entwurf sind für jeden Anteilsinhaber der übertragenden Rechtsträger **Name** und **Vorname** sowie der **Beruf**, der in der übernehmenden PartG ausgeübt werden soll, anzugeben. Der Beruf muss ein Freier Beruf sein[15]. Die Angabe des in der PartG auszuübenden Freien Berufs dokumentiert die Beteiligungsfähigkeit des Anteilsinhabers. Darüber hinaus konkretisiert sie die Tätigkeitspflichten, die den Anteilsinhaber als Teil seiner Beitragsleistung in der PartG treffen[16]. Kann ein Anteilsinhaber eines übertragenden Rechtsträgers **mehrere Freie Berufe** ausüben, ist es Sache der Beteiligten, sich darüber zu einigen, welche Freien Berufe er in der PartG ausüben soll[17]. Nur diese sind im Verschmelzungsvertrag anzugeben.

8   Für jeden Anteilsinhaber ist der Wohnort anzugeben. Die Straßenbezeichnung ist nicht erforderlich[18]. Entscheidend ist der Ort des tatsächlichen dauernden Aufenthalts des Partners, nicht der hiervon uU abweichende Wohnsitz[19].

9   **Veränderungen** des Namens oder des Wohnorts nach Abschluss des Verschmelzungsvertrags oder nach dem Verschmelzungsbeschluss sind **unschädlich**. Der Abschluss eines neuen Verschmelzungsvertrags oder ein neuer Verschmelzungsbeschluss sind nicht erforderlich[20].

---

[8] Rn 1 f.
[9] Siehe die Tabelle in § 3 Rn 64.
[10] § 125 Satz 1 und § 135 Abs. 1 Satz 1.
[11] *Neye* DB 1998, 1649, 1650; *Teichmann* in Lutter § 124 Rn 9.
[12] § 175.
[13] BGBl. I 1998 S. 1878. Vgl. dazu *Neye* DB 1998, 1649.
[14] Näher zur Entstehungsgeschichte § 45 a Rn 4.
[15] § 1 Abs. 1 und 2 PartGG; zu den Freien Berufen § 45 a Rn 5 ff.
[16] *Ulmer*, GbR und PartG, § 3 PartGG Rn 21.
[17] *Ulmer*, GbR und PartG, § 3 PartGG Rn 21.
[18] *H. Schmidt* in Lutter Rn 3.
[19] *Ulmer*, GbR und PartG, § 3 PartGG Rn 20; zum Wohnsitz siehe § 7 BGB.
[20] *H. Schmidt* in Lutter Rn 3.

2. Ausschluss von § 35 (Abs. 2)

Unbekannte Aktionäre einer übertragenden AG oder KGaA sind im Verschmelzungsvertrag, bei Anmeldung zur Eintragung in ein Register und bei der Eintragung in eine Liste von Anteilsinhabern durch die Angabe ihrer Aktienurkunden sowie erforderlichenfalls des auf die Aktie entfallenden Anteils zu bezeichnen, soweit eine Nennung der Anteilsinhaber für den übernehmenden Rechtsträger gesetzlich vorgeschrieben ist[21]. Bei einer Verschmelzung auf eine übernehmende PartG müssen alle Anteilsinhaber im Verschmelzungsvertrag sowie bei der Anmeldung[22] der Verschmelzung zum Partnerschaftsregister der übernehmenden PartG benannt werden[23]. Eine Benennung durch Angabe der Aktienurkunde ist nicht möglich. Allein aus der Angabe der Aktienurkunde kann nicht entnommen werden, ob der betreffende Anteilsinhaber des übertragenden Rechtsträgers ein Freiberufler ist. Eine **Verschmelzung** auf eine PartG setzt also voraus, dass alle Gesellschafter bekannt sind.

Die Anteilsinhaber einer übertragenden AG oder KGaA müssen bei einer Verschmelzung auf eine PartG ohnehin stets alle die Freiberufler-Qualität aufweisen[24]. In einer derartigen Freiberuflergesellschaft werden aber regelmäßig alle Anteilsinhaber bekannt sein. Die erschwerende Wirkung von Abs. 2 in der Praxis ist folglich gering[25].

§ 45 c Verschmelzungsbericht und Unterrichtung der Partner

Ein Verschmelzungsbericht ist für eine an der Verschmelzung beteiligte Partnerschaftsgesellschaft nur erforderlich, wenn ein Partner gemäß § 6 Abs. 2 des Partnerschaftsgesellschaftsgesetzes von der Geschäftsführung ausgeschlossen ist. Von der Geschäftsführung ausgeschlossene Partner sind entsprechend § 42 zu unterrichten.

Übersicht

	Rn		Rn
I. Allgemeines	1	b) Verhältnis zu § 8 Abs. 3	7
1. Sinn und Zweck der Norm	1	2. Unterrichtung nach § 42 (Satz 2)	8
2. Anwendungsbereich	2	3. Rechtsfolgen bei Verstoß	9
3. Entstehungsgeschichte	4	4. Weitergehende Informations-	
II. Einzelerläuterungen	5	und Auskunftsrechte	10
1. Verschmelzungsbericht (Satz 1)	5	III. Verfahrens- und Parallelvorschriften	11
a) Von der Geschäftsführung ausgeschlossene Partner	5	1. Anmeldung zum Handelsregister	11
		2. Parallelvorschriften	12

Literatur: *Neye,* Die Änderungen im Umwandlungsrecht nach den handels- und gesellschaftsrechtlichen Reformgesetzen in der 13. Legislaturperiode, DB 1998, 1649; *ders.,* Partnerschaft und Umwandlung, ZIP 1997, 722.

I. Allgemeines

1. Sinn und Zweck der Norm

Der Verschmelzungsbericht[1] dient der Unterrichtung der Anteilsinhaber, die nicht an der Geschäftsführung teilnehmen und sich deshalb nicht selbst über alle Einzelheiten der

---

[21] § 35.
[22] § 45 a Rn 24.
[23] §§ 36, 45 b Abs. 1 und §§ 3 bis 5 PartGG.
[24] § 45 a Rn 5.
[25] *H. Schmidt* in Lutter Rn 4.
[1] Umfassend siehe § 8.

Verschmelzung informieren können. Bei einer PartG ist ein Verschmelzungsbericht deshalb nur erforderlich, wenn ein Partner **von der Geschäftsführung ausgeschlossen** ist[2]. Satz 2 ordnet die Unterrichtung dieser Partner an. Er stellt die Information der unterrichtungsbedürftigen Partner sicher[3].

2. Anwendungsbereich

2   Die Vorschrift findet Anwendung auf Verschmelzungen, an denen eine PartG als **übertragender oder übernehmender Rechtsträger** beteiligt ist. Sie gilt für die beteiligte PartG sowohl bei Verschmelzungen durch Aufnahme als auch bei Verschmelzungen durch Neugründung.

3   Die Vorschrift findet auch auf **Aufspaltungen und Abspaltungen** zur Aufnahme oder Neugründung Anwendung[4]. Bei **Ausgliederungen** ist sie nur auf Ausgliederungen zur Aufnahme oder zur Neugründung von einer PartG auf einen anderen Rechtsträger anwendbar. Nicht möglich ist dagegen eine Ausgliederung auf eine PartG, weil die Anteile von Freiberuflern gehalten werden müssen[5]. Bei einer Vermögensübertragung gilt sie ebenfalls nicht, da eine PartG nicht an einer Vermögensübertragung beteiligt sein kann[6].

3. Entstehungsgeschichte

4   Die Vorschrift wurde durch das Gesetz zur Änderung des Umwandlungsgesetzes, des Partnerschaftsgesellschaftsgesetzes und anderer Gesetze vom 22. 7. 1998[7] – in Kraft getreten am 1. 8. 1998 – in das UmwG eingefügt. § 45 c entspricht wörtlich § 45 c RefE und § 45 c RegE[8].

II. Einzelerläuterungen

1. Verschmelzungsbericht (Satz 1)[9]

5   **a) Von der Geschäftsführung ausgeschlossene Partner.** Die Vorschrift schränkt das Erfordernis zur Erstellung eines Verschmelzungsberichts[10] ein. Für eine an einer Verschmelzung beteiligte PartG ist ein Verschmelzungsbericht nur zu erstatten, wenn ein Partner im **Partnerschaftsgesellschaftsvertrag** von der Geschäftsführung ausgeschlossen wird[11]. Enthält der Partnerschaftsgesellschaftsvertrag keine Bestimmung zur Geschäftsführung, sind alle Partner zur Führung der Geschäfte befugt[12]. In diesem Fall ist ein Verschmelzungsbericht nicht erforderlich.

6   Der Partnerschaftsgesellschaftsvertrag kann Partner von der Führung der **sonstigen Geschäfte** ausschließen[13]. Hierzu zählen die Geschäfte, die der Schaffung und Aufrechterhaltung des organisatorischen Rahmens zur Erbringung der freiberuflichen Tätigkeit die-

---

2   § 6 Abs. 2 PartGG; RegBegr. BT-Drucks. 13/8808 S. 12.
3   *H. Schmidt* in Lutter Rn 1.
4   §§ 125 Satz 1 und 135 Abs. 1 Satz 1.
5   § 1 Abs. 1 PartGG; *Neye* DB 1998, 1649, 1650; *Teichmann* in Lutter § 124 Rn 9.
6   § 175.
7   BGBl. I 1998 S. 1878; dazu *Neye* DB 1998, 1649.
8   Näher zur Entstehungsgeschichte § 45 a Rn 4.
9   Satz 1 entspricht inhaltlich weitgehend dem für Personenhandelsgesellschaften geltenden § 41; siehe deshalb auch dort Rn 5 ff.
10 Zum Verschmelzungsbericht siehe § 8.
11 § 6 Abs. 2 PartGG.
12 § 6 Abs. 3 Satz 2 PartGG iVm. § 114 Abs. 1 HGB.
13 § 6 Abs. 2 PartGG.

nen[14]. Nicht ausgeschlossen werden kann die Geschäftsführung im **freiberuflichen Bereich**[15]. Diese umfasst in erster Linie die Begründung und Abwicklung von Verträgen über freiberufliche Leistungen einschließlich der dazu erforderlichen Hilfsgeschäfte wie Korrespondenz, Dienstreisen und Rechnungserstellung[16]. Die Vorschrift geht davon aus, dass die Verschmelzung ein sonstiges Geschäft darstellt. Schließt der Partnerschaftsgesellschaftsvertrag einen Partner allgemein von den sonstigen Geschäften aus, betrifft dies auch die Verschmelzung mit der Folge, dass ein Verschmelzungsbericht erforderlich ist.

b) Verhältnis zu § 8 Abs. 3. Ein Verschmelzungsbericht ist nicht erforderlich, wenn alle Anteilsinhaber aller beteiligten Rechtsträger durch notariell beurkundete **Verzichtserklärung** auf seine Erstattung verzichten[17]. Die Regelung ist neben § 45 c anwendbar[18].

2. Unterrichtung nach § 42 (Satz 2)

Die von der Geschäftsführung[19] ausgeschlossenen Partner sind entsprechend § 42 zu unterrichten. Ihnen ist folglich der **Verschmelzungsvertrag** oder sein Entwurf, der **Verschmelzungsbericht** sowie ein vorhandener **Prüfungsbericht**[20] auf Kosten der PartG zu übersenden.[21]

3. Rechtsfolgen bei Verstoß

Wird für die PartG kein Verschmelzungsbericht erstattet, obwohl dieser erforderlich war, führt dies, sofern der Partnerschaftsvertrag nicht eine bloße Anfechtbarkeit von Beschlüssen zulässt, zur **Nichtigkeit** des Verschmelzungsbeschlusses[22]. Die fehlende oder verspätete Übersendung der Verschmelzungsunterlagen an die von der sonstigen Geschäftsführung ausgeschlossenen Partner oder Einzelne von ihnen stellt ebenfalls einen **Beschlussmangel** dar, falls insoweit kein wirksamer Verzicht vorliegt. Der Beschlussmangel führt zur Nichtigkeit des Verschmelzungsbeschlusses, wenn er für das Beschlussergebnis relevant kausal war[23].

4. Weitergehende Informations- und Auskunftsrechte

Das UmwG enthält für die PartG keine Regelung einer Auskunftspflicht über die für die Verschmelzung wesentlichen Angelegenheiten. Die von der Führung der sonstigen Geschäfte ausgeschlossenen Partner haben aber aus Allgemeinen personengesellschaftsrechtlichen Grundsätzen einen **Anspruch auf Auskunftserteilung**. Sie können vor und in der Gesellschafterversammlung Informationen zur Verschmelzung, insbesondere zum Verschmelzungsvertrag und dem Verschmelzungsbericht, verlangen, wenn diese zur sachgerechten Beurteilung der Verschmelzung erforderlich sind und sich nicht aus den überlassenen Unterlagen entnehmen lassen[24].

---

[14] *Ulmer*, GbR und PartG, § 6 PartGG Rn 10; auch *Römermann*, Entwicklung und Tendenzen bei Anwaltsgesellschaften, 1995, S. 39 ff. Sonstige Geschäfte sind zB der Erwerb oder das Anmieten von Geschäftsräumen, die Einstellung und Entlassung von Personal oder die Anschaffung und Verwaltung der Büroausstattung.
[15] *Ulmer*, GbR und PartG, § 6 PartGG Rn 14.
[16] *Ulmer*, GbR und PartG, § 6 PartGG Rn 12.
[17] § 8 Abs. 3 Satz 1 1. Alt. Satz 2.
[18] Siehe im Einzelnen § 41 Rn 5.
[19] Zum Begriff siehe Rn 5.
[20] Ein solcher kann aufgrund einer Prüfungspflicht nach § 45 e iVm. §§ 45 d Abs. 2, 44 oder aufgrund einer freiwilligen Prüfung erstellt werden.
[21] Siehe im Einzelnen, insbesondere auch zum Verzicht, § 42 Rn 14.
[22] Zu den Einzelheiten siehe § 41 Rn 12.
[23] Zu den Einzelheiten siehe § 42 Rn 15 f.
[24] *H. Schmidt* in Lutter Rn 8; auch *Ulmer*, GbR und PartG, § 6 PartGG Rn 33 ff.; zur Personenhandelsgesellschaft *H. Schmidt* in Lutter § 42 Rn 12; *Limmer* in Neye/Limmer/Frenz/Harnacke Rn 635; *Stratz* in Schmitt/Hörtnagl/Stratz § 42 Rn 4; zur Vermeidung von Wiederholungen wird hier auf § 42 Rn 17 verwiesen.

III. Verfahrens- und Parallelvorschriften

1. Anmeldung zum Handelsregister

11 Der Nachweis der Übersendung von Verschmelzungsvertrag und Verschmelzungsbericht ist zwar **keine formelle Eintragungsvoraussetzung**[25]. Da die Übersendung der Verschmelzungsunterlagen Gegenstand der Prüfung durch das Registergericht sein kann[26], ist es aber stets zweckmäßig, mit der Anmeldung einen entsprechenden Nachweis zu erbringen[27]. Die Abgabe einer Negativerklärung[28] oder eines Klageverzichts[29] machen den Nachweis nach richtiger Ansicht entbehrlich[30].

2. Parallelvorschriften

12 Für den Formwechsel einer PartG in eine Kapitalgesellschaft oder eine eG enthält § 225 b eine entsprechende Regelung.

§ 45 d Beschluß der Gesellschafterversammlung

(1) Der Verschmelzungsbeschluß der Gesellschafterversammlung bedarf der Zustimmung aller anwesenden Partner; ihm müssen auch die nicht erschienenen Partner zustimmen.

(2) Der Partnerschaftsvertrag kann eine Mehrheitsentscheidung der Partner vorsehen. Die Mehrheit muß mindestens drei Viertel der abgegebenen Stimmen betragen.

Übersicht

	Rn		Rn
I. Allgemeines	1	2. Einstimmigkeitsgrundsatz	10
1. Sinn und Zweck der Norm	1	3. Zulassung der Mehrheitsentscheidung	
2. Anwendungsbereich	4	im Partnerschaftsgesellschaftsvertrag	12
3. Entstehungsgeschichte	6	4. Sonstige Zustimmungserfordernisse	13
II. Einzelerläuterungen	7	III. Parallelvorschriften	17
1. Verschmelzungsbeschluss	7		

Literatur: *Neye,* Die Änderungen im Umwandlungsrecht nach den handels- und gesellschaftsrechtlichen Reformgesetzen in der 13. Legislaturperiode, DB 1998, 1649; *ders.,* Partnerschaft und Umwandlung, ZIP 1997, 722.

I. Allgemeines

1. Sinn und Zweck der Norm

1 Die Vorschrift dient dem **Minderheitenschutz**. Ein Verschmelzungsvertrag wird nur wirksam, wenn die Anteilsinhaber der beteiligten Rechtsträger ihm durch Verschmelzungs-

---

[25] *H. Schmidt* in Lutter § 45 c Rn 7.
[26] *OLG Naumburg* GmbHR 1997, 1152, 1153.
[27] Näher siehe § 42 Rn 18.
[28] § 16 Abs. 2 Satz 1.
[29] § 16 Abs. 2 Satz 2.
[30] So zu § 42 auch *H. Schmidt* in Lutter § 42 Rn 11.

beschluss zustimmen[1]. Die Vorschrift regelt die **Mehrheitserfordernisse** für die Beschlussfassung der Partner der beteiligten PartG und **ergänzt insoweit die allgemeine Regelung**. Wie bei allen Grundlagenentscheidungen im Recht der Personengesellschaften ist auch für den Verschmelzungsbeschluss das Einstimmigkeitserfordernis die gesetzliche Regel[2]. Ist eine PartG übertragender Rechtsträger, bedarf dies keiner näheren Begründung. Ist eine PartG übernehmender Rechtsträger, folgt das Erfordernis der Einstimmigkeit aus dem verstärkten Haftungsrisiko aufgrund der Übernahme der Verbindlichkeiten des übertragenden Rechtsträgers.

Im **Partnerschaftsgesellschaftsvertrag** kann die gesetzliche Regel abbedungen und eine Mehrheitsentscheidung vorgesehen werden[3]. Abs. 2 Satz 2 legt insofern eine Mindestgrenze von **drei Vierteln der abgegebenen Stimmen**[4] fest, die derjenigen bei den anderen Rechtsträgern entspricht[5]. Hierdurch wird der besonderen Bedeutung des Vorgangs Rechnung getragen.

Der **Schutz widersprechender Minderheitsgesellschafter** kann – anders als bei Personenhandelsgesellschaften[6] – nicht durch Gewährung einer Kommanditistenstellung erfolgen. Eine vergleichbare Position gibt es bei der PartG nicht[7]. Der Minderheitenschutz wird hier auch bei der Verschmelzung kraft Mehrheitsentscheidung allein durch die allgemeinen Vorschriften, insbesondere das Austrittsrecht nach § 29 und das Veräußerungsrecht nach § 33[8], gewährleistet[9].

2. Anwendungsbereich

Die Vorschrift findet Anwendung auf Verschmelzungen, bei denen eine PartG als **übertragender oder übernehmender Rechtsträger** beteiligt ist. Dabei gilt die Vorschrift sowohl für Verschmelzungen durch Aufnahme als auch für Verschmelzungen durch Neugründung.

Die Regelung gilt auch für **Aufspaltungen** und **Abspaltungen** zur Aufnahme oder Neugründung[10]. Bei **Ausgliederungen** ist sie nur auf Ausgliederungen zur Aufnahme oder zur Neugründung von einer PartG auf einen anderen Rechtsträger anwendbar. Nicht möglich ist dagegen eine Ausgliederung auf eine PartG, weil die Anteile von Freiberuflern gehalten werden müssen[11]. Bei einer Vermögensübertragung gilt sie ebenfalls nicht, da eine PartG nicht an einer Vermögensübertragung beteiligt sein kann[12].

3. Entstehungsgeschichte

Die Vorschrift wurde durch das Gesetz zur Änderung des Umwandlungsgesetzes, des Partnerschaftsgesellschaftsgesetzes und anderer Gesetze vom 22. 7. 1998[13] – in Kraft getreten am 1. 8. 1998 – in das UmwG eingefügt. § 45 d entspricht wörtlich § 45 d RefE und § 45 d RegE[14].

---

[1] § 13 Abs. 1 Satz 1.
[2] RegBegr. BT-Drucks. 13/8808 S. 13; *Neye* DB 1998, 1649, 1651.
[3] § 45 d Abs. 2 Satz 1.
[4] Näher hierzu Rn 12.
[5] RegBegr. BT-Drucks. 13/8808 S. 13; *Neye* DB 1998, 1649, 1651.
[6] § 43 Abs. 2 Satz 3; siehe § 43 Rn 3.
[7] RegBegr. BT-Drucks. 13/8808 S. 13; *Neye* DB 1998, 1649, 1651.
[8] Umfassend hierzu siehe § 29 Rn 1 und 21 ff. und § 33 Rn 2 und 5 ff.
[9] RegBegr. BT-Drucks. 13/8808 S. 13; *Neye* DB 1998, 1649, 1651.
[10] §§ 125 Satz 1 und 135 Abs. 1 Satz 1.
[11] § 1 Abs. 1 PartGG; *Neye* DB 1998, 1649, 1650; *Teichmann* in Lutter § 124 Rn 9.
[12] § 175.
[13] BGBl. I 1998 S. 1878. dazu *Neye* DB 1998, 1649.
[14] Näher zur Entstehungsgeschichte § 45 a Rn 4.

II. Einzelerläuterungen

1. Verschmelzungsbeschluss

7 Gegenstand der Beschlussfassung ist der vollständige Verschmelzungsvertrag oder sein Entwurf[15]. Der Verschmelzungsbeschluss muss in einer **Versammlung** der Partner gefasst werden[16]. Der Partnerschaftsgesellschaftsvertrag kann hiervon nicht abweichen. Damit scheidet insbesondere ein schriftliches Umlaufverfahren für die Beschlussfassung über die Verschmelzung aus[17].

8 Lässt der Partnerschaftsgesellschaftsvertrag eine Mehrheitsentscheidung zu, muss die erforderliche Mehrheit bereits **in der Versammlung** zustande kommen. Eine Mehrheit, die erst unter Berücksichtigung von späteren Zustimmungen nicht erschienener Gesellschafter zustande kommt, reicht nicht aus[18]. Wird in der Gesellschafterversammlung die erforderliche Mehrheit nicht erreicht, kommt schon kein zustimmender Beschluss zustande, so dass die nachträgliche Zustimmung nicht erschienener Gesellschafter ins Leere geht. Aus Abs. 1 2. Halbs., der bei Einstimmigkeitserfordernis die Zustimmung der nicht erschienenen Partner verlangt, kann nicht entnommen werden, dass bei der Mehrheitsentscheidung zur Ermittlung des Beschlussergebnisses auch nachträgliche Zustimmungen einbezogen werden könnten. Die genannte Bestimmung stellt vielmehr ein zusätzliches Erfordernis iRd. Einstimmigkeitsprinzips auf, lässt aber den Grundsatz, dass der zustimmende Beschluss als solcher allein in der Versammlung der Anteilsinhaber gefasst werden kann, unberührt[19].

9 Nicht möglich ist die **schriftliche Stimmabgabe** ohne Teilnahme des Gesellschafters an der Versammlung[20]. **Stellvertretung** ist zulässig[21]. Der **Verschmelzungsbeschluss** bedarf ebenso wie die nach dem Gesetz erforderlichen **Zustimmungserklärungen**, insbesondere auch die erforderlichen Zustimmungserklärungen der nicht erschienenen Partner, im Fall des Einstimmigkeitserfordernisses[22] der notariellen Beurkundung[23]. Durch Eintragung der Verschmelzung im Register am Sitz des übernehmenden Rechtsträgers werden Formmängel geheilt[24].

2. Einstimmigkeitsgrundsatz

10 Abs. 1 führt den partnerschaftsgesellschaftsrechtlichen **Grundsatz der Einstimmigkeit bei der Beschlussfassung**[25] im Umwandlungsrecht fort. Enthält der Partnerschaftsgesellschaftsvertrag keine Mehrheitsklausel für den Verschmelzungsbeschluss, müssen dem Verschmelzungsbeschluss alle an der Gesellschafterversammlung teilnehmenden und alle nicht erschienenen Partner zustimmen. An der erforderlichen Zustimmung aller Partner fehlt es bereits, wenn sich nur ein einziger Partner der **Stimme enthält** oder eine **Stimmabgabe unwirksam** ist[26]. Erforderlich ist auch die Zustimmung derjenigen Partner, deren **Stimmrecht im Partnerschaftsgesellschaftsvertrag ausgeschlossen** ist[27].

---

[15] Zu den Einzelheiten siehe § 43 Rn 9, sowie insbesondere § 13 Rn 28.
[16] § 13 Abs. 1 Satz 2.
[17] Näher siehe § 43 Rn 10 und insbesondere § 13 Rn 14.
[18] Siehe § 43 Rn 11.
[19] Siehe zur entsprechenden Regelung § 43 Rn 11.
[20] Näher § 43 Rn 12; aA *H. Schmidt* in Lutter Rn 3.
[21] AllgM, § 13 Rn 15 und § 43 Rn 13.
[22] § 45 d Abs. 1 2. Halbs.
[23] § 13 Abs. 3 Satz 1.
[24] Siehe § 20 Rn 92.
[25] § 6 Abs. 3 Satz 2 PartGG iVm. § 119 Abs. 1 HGB.
[26] Näher siehe § 43 Rn 16.
[27] Näher siehe § 43 Rn 17.

Der **Verschmelzungsbeschluss** kann vor, bei und nach Abschluss des Verschmelzungsvertrags gefasst werden. Wird er vor dem Vertragsabschluss gefasst, ist ein endgültiger Entwurf des Verschmelzungsvertrags als Gegenstand der Beschlussfassung unerlässlich. Wird der Verschmelzungsbeschluss in der Versammlung einstimmig gefasst, bedarf er zu seiner Wirksamkeit zusätzlich der Zustimmung aller nicht erschienenen Partner. Die **Zustimmung der nicht erschienenen Partner** kann vor oder nach der Beschlussfassung erklärt werden[28]. 11

3. Zulassung der Mehrheitsentscheidung im Partnerschaftsgesellschaftsvertrag

Der Partnerschaftsgesellschaftsvertrag kann für den in der Versammlung der Partner zu fassenden Verschmelzungsbeschluss eine Mehrheitsentscheidung vorsehen[29]. Die vorgesehene Mehrheit muss **mindestens drei Viertel** der abgegebenen Stimmen betragen[30]. Die **Mehrheit ist nach der Zahl der Köpfe**, nicht nach Stimmen zu berechnen. Etwas anderes gilt nur, wenn sich aus dem Partnerschaftsgesellschaftsvertrag zweifelsfrei ergibt, dass für die Berechnung der Mehrheit nicht auf die Zahl der Gesellschafter, sondern eine davon abweichende Stimmenzahl und/oder Verteilung abzustellen ist[31]. Bei der Berechnung der Mehrheit sind nach dem vom Gesetz unterstellten Normalfall **nur die Ja- und Nein-Stimmen mitzuzählen**[32]. Die partnerschaftsgesellschaftsvertragliche Mehrheitsklausel muss sich eindeutig auf den Beschluss über die Verschmelzung beziehen[33]. Sieht der Partnerschaftsgesellschaftsvertrag allgemein für Vertragsänderungen besondere Erfordernisse vor, gelten diese im Zweifel auch für den Verschmelzungsbeschluss[34]. 12

4. Sonstige Zustimmungserfordernisse

Müssen bestimmte Partner der Verschmelzung aus sonstigen Gründen zustimmen, haben diese Zustimmungserfordernisse nur Bedeutung, wenn der Partnerschaftsvertrag eine Verschmelzung durch **Mehrheitsbeschluss** zulässt. Die Zustimmung ist notariell zu beurkunden[35]. 13

Der **Partnerschaftsgesellschaftsvertrag** kann für die Verschmelzung die Zustimmung bestimmter Partner verlangen. Stellt der Partnerschaftsgesellschaftsvertrag ein solches Zustimmungserfordernis allgemein für Änderungen des Partnerschaftsgesellschaftsvertrags auf, erfasst dieses im Zweifel auch Verschmelzungsbeschlüsse, da es sich um eine strukturändernde Maßnahme handelt[36]. 14

Sind bei einer **aufnehmenden GmbH** nicht alle Geschäftsanteile voll eingezahlt, müssen sämtliche Partner der PartG der Verschmelzung zustimmen[37]. Dasselbe gilt, wenn eine PartG neben einer GmbH, bei der nicht alle Geschäftsanteile voll eingezahlt sind, von einer GmbH durch Verschmelzung aufgenommen wird[38]. 15

Ist die Abtretung der Anteile eines übertragenden Rechtsträgers von der **Genehmigung bestimmter Partner** abhängig, bedarf es deren Zustimmung zum Verschmelzungsbeschluss[39]. 16

---

[28] Näher siehe § 43 Rn 22; zur Fristsetzung für die Abgabe der Zustimmungserklärung § 43 Rn 24; zur Bindung an die Stimmabgabe und an die Zustimmungserklärung § 43 Rn 25.
[29] § 45 d Abs. 2 Satz 1.
[30] § 45 d Abs. 2 Satz 2.
[31] § 6 Abs. 3 Satz 2 PartGG iVm. § 119 Abs. 2 HGB; näher siehe § 43 Rn 29.
[32] § 43 Rn 29.
[33] Zum Bestimmtheitsgrundsatz näher § 43 Rn 31.
[34] *H. Schmidt* in Lutter Rn 5, wenn Mehrheitsklausel für Umwandlungen enthalten; zur Beschlussfähigkeit enthält § 45 d keine Regelung; siehe dazu § 43 Rn 30.
[35] § 13 Abs. 3 Satz 1; zu den Einzelheiten der Zustimmung siehe auch § 13 Rn 35 ff.
[36] *H. Schmidt* in Lutter Rn 6; siehe § 43 Rn 44.
[37] § 51 Abs. 1 Satz 1 und 2.
[38] § 51 Abs. 1 Satz 3; zu den Einzelheiten siehe § 51 Rn 22 f.
[39] Zu den Einzelheiten siehe § 43 Rn 47 sowie § 13 Rn 47.

III. Parallelvorschriften

17 Eine entsprechende Regelung enthält § 43 für den Gesellschafterbeschluss einer an einer Verschmelzung beteiligten **Personenhandelsgesellschaft**. Für den **Formwechsel** einer PartG verweist § 225 c auf die entsprechende, für den Formwechsel einer Personenhandelsgesellschaft in eine Kapitalgesellschaft oder eG geltende Vorschrift des § 217.

§ 45 e Anzuwendende Vorschriften

Die §§ 39 und 45 sind entsprechend anzuwenden. In den Fällen des § 45 d Abs. 2 ist auch § 44 entsprechend anzuwenden.

Übersicht

	Rn		Rn
I. Allgemeines	1	1. Ausschluss der Verschmelzung entsprechend § 39	7
1. Sinn und Zweck der Norm	1		
2. Anwendungsbereich	4	2. Verschmelzungsprüfung entsprechend § 44	9
3. Entstehungsgeschichte	6		
II. Einzelerläuterungen	7	3. Nachhaftungsbegrenzung entsprechend § 45	10

Literatur: *Neye,* Die Änderungen im Umwandlungsrecht nach den handels- und gesellschaftsrechtlichen Reformgesetzen in der 13. Legislaturperiode, DB 1998, 1649; *ders.,* Partnerschaft und Umwandlung, ZIP 1997, 722.

I. Allgemeines

1. Sinn und Zweck der Norm

1 Die Vorschrift ordnet die entsprechende Anwendung einiger für die Personenhandelsgesellschaften geltender Verschmelzungsbestimmungen auf die Verschmelzung unter Beteiligung einer PartG an. Sie verweist u. a. auf die Regelung über die Beteiligung einer aufgelösten Personenhandelsgesellschaft als übertragender Rechtsträger an einer Verschmelzung[1]. Die dort in Bezug genommene Regelung des § 145 HGB ist schon nach allgemeinem Recht der Partnerschaftsgesellschaften[2] auf diese entsprechend anwendbar. Eine aufgelöste PartG kann sich daher wie eine aufgelöste Personenhandelsgesellschaft an einer Verschmelzung nur beteiligen, wenn die Partner als Art der Auseinandersetzung die Abwicklung oder die Verschmelzung vereinbart haben[3].

2 Sieht der Partnerschaftsgesellschaftsvertrag für den Verschmelzungsbeschluss eine Mehrheitsentscheidung vor, kann jeder Partner verlangen, dass der Verschmelzungsvertrag oder sein Entwurf durch sachverständige Prüfer geprüft werden[4].

3 Schließlich verweist die Vorschrift noch auf die Regelung über die zeitliche Begrenzung der Haftung der Gesellschafter. Die Verweisung auf §§ 159 und 160 HGB im PartGG[5] recht-

---

[1] § 39
[2] § 10 Abs. 1 PartGG.
[3] RegBegr. BT-Drucks. 13/8808 S. 13; zu Sinn und Zweck des § 39 siehe § 39 Rn 1 f.
[4] § 45 e iVm. § 44; RegBegr. BT-Drucks. 13/8808 S. 13; zu Sinn und Zweck des § 44 siehe § 44 Rn 1.
[5] § 10 Abs. 2 PartGG.

fertigt es, für Verschmelzungen unter Beteiligung einer PartG als übertragender Rechtsträger die Nachhaftungsregelung für Personenhandelsgesellschaften[6] entsprechend anzuwenden[7].

2. Anwendungsbereich

Die Vorschrift findet Anwendung auf Verschmelzungen, bei denen eine PartG **als übertragender oder übernehmender Rechtsträger** beteiligt ist. Dabei gilt die Vorschrift sowohl für die Verschmelzung durch Aufnahme als auch für die Verschmelzung durch Neugründung.

Sie gilt auch für **Aufspaltungen und Abspaltungen** zur Aufnahme oder Neugründung[8]. Bei **Ausgliederungen** ist sie nur auf Ausgliederungen zur Aufnahme oder zur Neugründung von einer PartG auf einen Rechtsträger anderer Rechtsform anwendbar. Nicht möglich ist dagegen eine Ausgliederung auf eine PartG, weil alle Anteile an der PartG von Freiberuflern gehalten werden müssen[9]. Bei einer Vermögensübertragung gilt sie ebenfalls nicht, da eine PartG nicht an einer Vermögensübertragung beteiligt sein kann[10].

3. Entstehungsgeschichte

Die Vorschrift wurde durch das Gesetz zur Änderung des Umwandlungsgesetzes, des Partnerschaftsgesellschaftsgesetzes und anderer Gesetze vom 22. 7. 1998[11] – in Kraft getreten am 1. 8. 1998 – in das UmwG eingefügt. § 45 e entspricht wörtlich § 45 e RefE und § 45 e RegE[12].

II. Einzelerläuterungen

1. Ausschluss der Verschmelzung entsprechend § 39

Die Beteiligung einer aufgelösten PartG als übertragender Rechtsträger bei einer Verschmelzung ist ausgeschlossen, wenn die Partner eine andere Art der Auseinandersetzung vereinbart haben als die **Abwicklung** nach §§ 145 ff. HGB oder die **Verschmelzung**[13]. Die Vereinbarung kann von Anfang an im Partnerschaftsgesellschaftsvertrag enthalten sein oder erst später, insbesondere im Zusammenhang mit der Auflösung, beschlossen werden[14]. Die Verschmelzung einer aufgelösten PartG ist daher in den folgenden Fällen zulässig:
– Der Partnerschaftsgesellschaftsvertrag sieht für den Fall der Auflösung ausdrücklich die Abwicklung oder die Verschmelzung vor.
– Der Partnerschaftsgesellschaftsvertrag enthält keine Regelung und die Abwicklung findet daher nach §§ 145 ff. HGB statt.

Für das Ausscheiden eines Partners und die Auflösung der Gesellschaft verweist das PartGG[15] auf die allgemeinen Regeln für Personenhandelsgesellschaften[16]. Die Auflösungsgründe des § 131 Abs. 1 HGB gelten daher für die PartG entsprechend. § 131 Abs. 2 HGB ist nicht entsprechend anwendbar, da Partner einer PartG nur natürliche Personen sein können. Der Verlust der Berufszulassung führt zum automatischen Ausscheiden des Partners[17], nicht dagegen zur Auflösung der PartG[18].

---

[6] § 45.
[7] RegBegr. BT-Drucks. 13/8808 S. 13; zu Sinn und Zweck des § 45 siehe § 45 Rn 1.
[8] §§ 125 Satz 1 und 135 Abs. 1 Satz 1.
[9] § 1 Abs. 1 PartGG; *Neye* DB 1998, 1649, 1650; *Teichmann* in Lutter § 124 Rn 9.
[10] § 175.
[11] BGBl. I 1998 S. 1878; dazu *Neye* DB 1998, 1649.
[12] Näher zur Entstehungsgeschichte siehe § 45 a Rn 4.
[13] § 45 e Satz 1 iVm. § 39; § 10 Abs. 1 PartGG iVm. § 145 Abs. 1 HGB.
[14] Näher siehe § 39 Rn 17.
[15] § 9 Abs. 1 PartGG.
[16] §§ 131 bis 144 HGB.
[17] § 9 Abs. 3 PartGG.
[18] Siehe im Einzelnen § 39 Rn 10 ff.

§ 46

2. Verschmelzungsprüfung entsprechend § 44

9 Sieht der Partnerschaftsgesellschaftsvertrag für den Verschmelzungsbeschluss eine Mehrheitsentscheidung vor[19], ist der Verschmelzungsvertrag oder sein Entwurf für die PartG auf fristgerechtes Verlangen eines ihrer Partner auf Kosten der Partnerschaft zu prüfen[20].

3. Nachhaftungsbegrenzung entsprechend § 45

10 Die Verschmelzung als solche hat keinen Einfluss auf die Haftung der Partner. Diese haften auch nach der Verschmelzung fort. Die Nachhaftung ist jedoch zeitlich begrenzt[21]. Verschmilzt eine PartG mit einem Rechtsträger anderer Rechtsform, dessen Anteilsinhaber für die Verbindlichkeiten dieses Rechtsträgers nicht unbeschränkt haften, haftet ein Partner der PartG für deren Verbindlichkeiten nur, wenn
– sie vor Ablauf von fünf Jahren nach der Verschmelzung fällig werden und daraus Ansprüche gegen ihn in einer in § 197 Abs. 1 Nr. 3 bis 5 BGB bezeichneten Art festgestellt sind oder
– diesbezüglich eine gerichtliche oder behördliche Vollstreckungshandlung vorgenommen oder beantragt ist oder
– im Fall öffentlich-rechtlicher Ansprüche die Ansprüche gegen ihn durch Verwaltungsakt geltend gemacht sind.

11 Im Übrigen tritt Enthaftung ein. Die Enthaftungsregelung ist auch entsprechend anzuwenden, wenn es sich um eine summenmäßig beschränkte Haftung[22] oder um eine Haftungskonzentration[23] handelt. Insoweit gelten keine Besonderheiten[24].

12 Da es in der PartG keine der Kommanditistenstellung vergleichbare Partnerstellung mit beschränkter Haftung gibt, kommt eine Enthaftung bei der **Verschmelzung einer PartG auf eine andere PartG** nicht in Betracht[25].

Zweiter Abschnitt. Verschmelzung unter Beteiligung von Gesellschaften mit beschränkter Haftung.

Erster Unterabschnitt. Verschmelzung durch Aufnahme

§ 46 Inhalt des Verschmelzungsvertrags

(1) Der Verschmelzungsvertrag oder sein Entwurf hat zusätzlich für jeden Anteilsinhaber eines übertragenden Rechtsträgers den Nennbetrag des Geschäftsanteils zu bestimmen, den die übernehmende Gesellschaft mit beschränkter Haftung ihm zu gewähren hat. Der Nennbetrag kann abweichend von dem Betrag festgesetzt werden, der auf die Aktien einer übertragenden Aktiengesellschaft oder Kommanditgesellschaft auf Ak-

---

[19] § 45 d Abs. 2.
[20] § 45 e Satz 2 iVm. § 44; Einzelheiten siehe § 44 Rn 9; zur Übersendung des Prüfungsberichts siehe auch § 45 c Rn 8.
[21] § 45 e Satz 1 iVm. § 45.
[22] § 8 Abs. 3 PartGG; *H. Schmidt* in Lutter Rn 5; zur summenmäßig beschränkten Haftung *Ulmer*, GbR und PartG, § 8 PartGG Rn 28 ff.
[23] § 8 Abs. 2 PartGG; zur Haftungskonzentration *Ulmer*, GbR und PartG, § 8 PartGG Rn 14 ff.
[24] Zum entsprechenden § 160 HGB *Ulmer*, GbR und PartG, § 10 PartGG Rn 19; zu den Einzelheiten siehe § 45 Rn 7.
[25] Die Frage der Enthaftung beim Wechsel von der Komplementärstellung in die Kommanditistenstellung kann sich jedoch bei der Verschmelzung zweier Personenhandelsgesellschaften gleicher Rechtsform stellen; siehe § 45 Rn 4.

Inhalt des Verschmelzungsvertrags **1 § 46**

tien als anteiliger Betrag ihres Grundkapitals entfällt. Er muß mindestens fünfzig Euro betragen und durch zehn teilbar sein.

(2) Sollen die zu gewährenden Geschäftsanteile im Wege der Kapitalerhöhung geschaffen und mit anderen Rechten und Pflichten als sonstige Geschäftsanteile der übernehmenden Gesellschaft mit beschränkter Haftung ausgestattet werden, so sind auch die Abweichungen im Verschmelzungsvertrag oder in seinem Entwurf festzusetzen.

(3) Sollen Anteilsinhaber eines übertragenden Rechtsträgers schon vorhandene Geschäftsanteile der übernehmenden Gesellschaft erhalten, so müssen die Anteilsinhaber und die Nennbeträge der Geschäftsanteile, die sie erhalten sollen, im Verschmelzungsvertrag oder in seinem Entwurf besonders bestimmt werden.

Übersicht

	Rn		Rn
I. Allgemeines	1	4. Erfordernis der Festsetzung barer Zuzahlungen	15
II. Die zu gewährenden Geschäftsanteile	2	5. Erfordernis der Regelung der Kapitalerhöhung zur Durchführung	16
1. Namentliche Zuordnung	2		
a) Grundsatz	2	III. Abweichende Ausstattung der neuen Geschäftsanteile einer übernehmenden GmbH	17
b) Änderungen im Gesellschafterbestand	4		
2. Festsetzung des Nennbetrags	6	1. Beispiele	17
a) Abweichende Festsetzung	6	2. Festsetzungen im Verschmelzungsvertrag	18
b) Mindestnennbetrag und Teilbarkeit	7	3. Umsetzung durch Satzungsänderung	20
c) Anspruch auf Gewährung mehrerer Geschäftsanteile	9	4. Auswirkungen auf erforderliche Beschlussmehrheit	21
3. Anteilsstückelung bei Mischverschmelzungen	10	a) Sonderrechte	21
a) Zulässigkeit	10	b) Sonderpflichten	23
b) Zustimmungserfordernis	13	IV. Gewährung vorhandener Anteile	25

Literatur: *Barz*, Rechtliche Fragen zur Verschmelzung von Unternehmen, AG 1972, 1; *Bayer*, 1000 Tage neues Umwandlungsrecht – eine Zwischenbilanz, ZIP 1997, 1613; *Heckschen*, Die Entwicklung des Umwandlungsrechts aus Sicht der Rechtsprechung und Praxis, DB 1998, 1385; *Heckschen/Simon*, Umwandlungsrecht, 2003; *Impelmann*, Die Verschmelzung und der Formwechsel von Unternehmen nach dem neuen Umwandlungsrecht, DStR 1995, 769; *Lüttge*, Das neue Umwandlungs- und Umwandlungssteuerrecht, NJW 1995, 417; *Mayer*, Anteilsgewährung bei der Verschmelzung mehrerer übertragender Rechtsträger, DB 1998, 913; *Neye*, Die Änderungen im Umwandlungsrecht nach den handels- und gesellschaftsrechtlichen Reformgesetzen in der 13. Legislaturperiode, DB 1998, 1649; *Priester*, Das neue Umwandlungsrecht aus notarieller Sicht, DNotZ 1995, 325; *Reichert*, Zulässigkeit der nachträglichen Einführung oder Aufhebung von Vinkulierungsklauseln in der Satzung der GmbH, BB 1985, 1469; *U. H. Schneider*, Die Anpassung des GmbH-Rechts bei Einführung des Euro, NJW 1998, 3158; *Schöne*, Die Spaltung unter Beteiligung von GmbH gem. §§ 123 ff. UmwG, 1998; *ders.*, Das Aktienrecht als Maß aller Dinge im neuen Umwandlungsrecht?, GmbHR 1995, 325; *Streck/Mack/Schwedhelm*, Verschmelzung und Formwechsel nach dem neuen Umwandlungsgesetz, GmbHR 1995, 161.

I. Allgemeines

Die Norm, die Regelungen des bereits vor der Umwandlungsrechtsnovelle geltenden **1** Rechts übernimmt[1], ergänzt § 5 und erweitert den zwingenden Mindestinhalt des Verschmelzungsvertrags in solchen Fällen, in denen eine GmbH als übernehmende Gesellschaft fungiert. Abs. 1 Satz 1 ist eine Sondervorschrift zu § 5 Abs. 1 Nr. 3. Über die Angabe des Umtauschverhältnisses der Anteile und ggf. der Höhe der baren Zuzahlung sowie die Angaben über die Mitgliedschaft bei dem übernehmenden Rechtsträger hinaus muss

---

[1] *Winter* in Lutter Rn 1.

der Verschmelzungsvertrag weiter angeben, welche nach ihrem Nennbetrag bezeichneten Geschäftsanteile jeder bestimmte Anteilsinhaber eines übertragenden Rechtsträgers erhält. Diese Festsetzungen sind zwingend. Fehlen sie, darf das Registergericht die Verschmelzung nicht eintragen. Durch Abs. 1 Satz 1 soll die jedem Anteilsinhaber des übertragenden Rechtsträgers zustehende Gegenleistung verlautbart und ihm nach Wirksamwerden der Verschmelzung der Nachweis seiner Beteiligung an der übernehmenden GmbH ermöglicht werden[2]. Ist die übertragende Gesellschaft eine AG oder KGaA, normiert Abs. 1 Satz 2 eine Sonderregelung über die Festsetzung des Nennbetrags der den Gesellschaftern der übertragenden AG/KGaA zu gewährenden Geschäftsanteile. Abs. 1 Satz 3 enthält eine Sonderregelung zu § 5 GmbHG und setzt die nach dieser Vorschrift geltenden Anforderungen an den Mindestnennbetrag der Geschäftsanteile und seine Teilbarkeit herab. Dadurch soll eine möglichst umfassende Beteiligung der Anteilsinhaber des übertragenden Rechtsträgers an der übernehmenden GmbH ermöglicht und die Entstehung von nicht verteidigungsfähigen Spitzen so weit wie möglich verhindert werden. Sollen die zu gewährenden Geschäftsanteile im Wege einer Kapitalerhöhung geschaffen und mit anderen Rechten und Pflichten als sonstige Geschäftsanteile der übernehmenden Gesellschaft ausgestattet werden, sind gem. Abs. 2 im Verschmelzungsvertrag oder in seinem Entwurf auch die Abweichungen festzusetzen. Wegen der von derartigen Geschäftsanteilen ausgehenden Verletzung des Gleichheitsgrundsatzes kommt dieser Festsetzung im Vertrag eine Warnfunktion zu[3]. Abs. 3 enthält eine klarstellende Regelung, dass auch dann, wenn Anteilsinhaber eines übertragenden Rechtsträgers schon vorhandene Geschäftsanteile der übernehmenden Gesellschaft erhalten sollen, die Gesellschafter und die Nennbeträge der Geschäftsanteile, die sie erhalten sollen, im Verschmelzungsvertrag oder in seinem Entwurf besonders bestimmt werden.

II. Die zu gewährenden Geschäftsanteile

1. Namentliche Zuordnung

a) Grundsatz. Nach § 5 Abs. 1 Nr. 3 hat der Verschmelzungsvertrag oder sein Entwurf zwingend die Angabe des Umtauschverhältnisses der Anteile und ggf. der Höhe der baren Zuzahlung oder Angaben über die Mitgliedschaft bei dem übernehmenden Rechtsträger zu enthalten. Ist der übernehmende Rechtsträger eine GmbH, verlangt das Gesetz zusätzlich für jeden Anteilsinhaber eines übertragenden Rechtsträgers die Bestimmung des Nennbetrags des Geschäftsanteils, den die übernehmende Gesellschaft ihm zu gewähren hat[4]. Der Vertrag (bzw. sein Entwurf) darf sich also nicht mit der bloßen Angabe des Umtauschverhältnisses begnügen[5]. Der Grund für die Bestimmung liegt darin, dass anders als bei einem übernehmenden Rechtsträger in der Rechtsform der AG, wo § 71 die Bestellung eines Treuhänders verlangt, hier kein Treuhänder zu bestellen ist, der in Zweifelsfällen vor Ausgabe der Anteile an die Anteilsinhaber des übertragenden Rechtsträgers weitere Ermittlungen durchführen könnte. Daher muss sich die Zuordnung der Anteile im Zeitpunkt des Wirksamwerdens der Verschmelzung zweifelsfrei aus dem Verschmelzungsvertrag selbst ergeben[6]. Sämtliche **Anteilsinhaber des übertragenden Rechtsträgers** müssen im Verschmelzungsvertrag grundsätzlich **namentlich aufgeführt** werden. Jedem von ihnen muss der oder die

---

[2] Vgl. BegrRegE zur GmbH-Novelle 1980 bei *Deutler,* Das neue GmbH-Recht: GmbH-Novelle, 1980, S. 137 (zu § 21 KapErhG).
[3] *Mayer* in Widmann/Mayer Rn 16; *Winter* in Lutter Rn 2.
[4] § 46 Abs. 1 Satz 1.
[5] AllgM; vgl. nur *Kallmeyer* in Kallmeyer Rn 1; *Winter* in Lutter Rn 3; *Stratz* in Schmitt/Hörtnagl/Stratz Rn 15.
[6] *Winter* in Lutter Rn 3.

ihnen im Zuge der Verschmelzung zu gewährenden Geschäftsanteile zugeordnet werden[7]. Diesem Erfordernis wird in aller Regel ohne größere Schwierigkeiten Rechnung getragen werden können, soweit der übertragende Rechtsträger eine Rechtsform hat, bei der die Gesellschafter namentlich bekannt sind. Dies ist insbesondere bei Personengesellschaften, im Hinblick auf § 16 GmbHG regelmäßig auch bei der GmbH, bei Aktiengesellschaften allerdings nur bei Ausgabe vinkulierter Namensaktien der Fall. Bei einer AG mit Inhaberaktien ist eine namentliche Zuordnung indes häufig nicht möglich, weil der übertragenden Gesellschaft nicht alle Aktionäre bekannt sind. Damit die Verschmelzung in solchen Fällen gleichwohl möglich bleibt, sieht § 35 Satz 1 vor, dass die nicht namentlich bekannten Aktionäre durch Angabe ihrer Aktienurkunden bezeichnet werden. An die Stelle der namentlichen Benennung der Anteilsinhaber im Verschmelzungsvertrag treten also Angaben, die die Aktien der Anteilsinhaber individualisieren (insbesondere durch Angabe der Nummern der Aktienurkunden). Ferner sind die jeweils auf diese Aktien entfallenden Geschäftsanteile aufzuführen[8]. Soweit ausnahmsweise auch einmal bei einer Personengesellschaft oder einer GmbH eine namentliche Zuordnung nicht möglich sein sollte, dürfte – um die Verschmelzung nicht an diesem technischen Hindernis scheitern zu lassen – eine analoge Anwendung von § 35 angezeigt sein.

3 Das *OLG Frankfurt*[9] schließt aus Abs. 1 Nr. 1, bei der Mehrfachverschmelzung müsse für jede untergehende Beteiligung an jeden übertragenden Rechtsträger zwingend ein Geschäftsanteil an der aufnehmenden GmbH gewährt werden. Die Gewährung eines einheitlichen Geschäftsanteils als Gegenleistung für die Übertragung des Vermögens mehrerer Rechtsträger sei unzulässig. Dies gelte auch bei Identität der Anteilsinhaber mehrerer übertragender Rechtsträger, also auch für den Fall, dass innerhalb eines Konzerns mehrere Schwestergesellschaften auf eine weitere Schwestergesellschaft in der Rechtsform der GmbH verschmolzen werden. Auch in diesem Fall müssten dem identischen Alleingesellschafter aller übertragenden Rechtsträger zwingend ebenso viele Geschäftsanteile gewährt werden, wie übertragende Rechtsträger an der Verschmelzung beteiligt sind. Diese Entscheidung ist weder im Hinblick auf Abs. 1 Satz 1 und auf das Verbot der Unterpari-Emission noch auf das Gebot der realen Kapitalaufbringung überzeugend, und daher in der Literatur zu Recht auf einhellige Ablehnung gestoßen[10]. **Zweck des Prinzips der namentlichen Zuordnung ist die eindeutige Identifizierung der künftigen Anteilsinhaber der aufnehmenden GmbH.** Dem wird indes auch Rechnung getragen, wenn dem Anteilsinhaber mehrerer übertragender Rechtsträger als Gegenleistung für den Verlust einer Mehrzahl von Beteiligungspositionen mit seiner Zustimmung lediglich ein einheitlicher Geschäftsanteil an der übernehmenden GmbH zugewiesen wird. Dies gilt insbesondere, aber nicht ausschließlich, für den Fall, dass die Anteilsinhaber mehrerer übertragender Rechtsträger ganz oder teilweise personenidentisch sind. Maßgeblich für die Zulässigkeit der Gestaltung ist die Zustimmung sämtlicher betroffener Anteilsinhaber aller übertragender Rechtsträger. Insbesondere ist nicht überzeugend, wenn angenommen wird, ein vermögensloser oder bilanziell überschuldeter Rechtsträger könne sich auch an einer Mehrfachverschmelzung selbst bei Anteilsinhaberidentität nicht beteiligen, weil das Verbot der realen Kapitalaufbringung hinsichtlich des als Gegenleistung für die Übertragung des Vermögens dieses Rechtsträgers zu gewährenden Geschäftsanteils nicht erfüllt werden könne und eine Saldierung der Vermögen aller an der Fusion beteiligten Rechtsträger ausgeschlossen sei.

4 b) Änderungen im Gesellschafterbestand. Abs. 1 Satz 1 steht der **Veräußerung des Anteils** des namentlich erwähnten Anteilsinhabers des übertragenden Rechtsträgers nach Abschluss des Verschmelzungsvertrags, aber vor Eintragung der Verschmelzung in das Han-

---

[7] *Kallmeyer* in Kallmeyer Rn 1; *Winter* in Lutter Rn 4.
[8] *Winter* in Lutter Rn 4; *Mayer* in Widmann/Mayer Rn 21; *Bermel* in Goutier/Knopf/Tulloch Rn 7.
[9] ZIP 1998, 1191, 1192.
[10] *Winter* in Lutter Rn 5; *Stratz* in Schmitt/Hörtnagl/Stratz Rn 8; *Mayer* in Widmann/Mayer Rn 9.

delsregister nicht entgegen. Auch eine nachträgliche Änderung des Verschmelzungsvertrags ist in derartigen Fällen nicht erforderlich[11]. Mit Eintragung der Verschmelzung wird der Anteilserwerber Gesellschafter der übernehmenden Gesellschaft, auch wenn er im Verschmelzungsvertrag nicht namentlich genannt ist. Dies gilt auch, wenn die Veräußerung bereits vor Abschluss des Verschmelzungsvertrags erfolgte, die Anmeldung bei der Gesellschaft gem. § 16 GmbHG aber erst danach[12]. Gleiches gilt für den Fall, dass die Abtretung des Geschäftsanteils mit einer Teilung desselben einhergeht. Auch wenn hierdurch Geschäftsanteile entstehen, die – anders als im Verschmelzungsvertrag niedergelegt – nicht einem, sondern mehreren Gesellschaftern zustehen, kann dies gleichwohl nicht zu einer anderen Bewertung führen, weil die neuen Geschäftsanteile in ihrer Gemeinschaft mit dem im Verschmelzungsvertrag erwähnten übereinstimmen.

5 Im Zeitraum zwischen dem Abschluss des Verschmelzungsvertrags und der Eintragung der Verschmelzung bleiben auch der **Ausschluss** des Anteilsinhabers aus dem übertragenden Rechtsträger bzw. – sofern es sich bei dem übertragenden Rechtsträger um eine GmbH handelt – die **Einziehung** des Geschäftsanteils möglich[13]. Ausschluss bzw. Einziehung führen allerdings dazu, dass die vom Ausschluss bzw. der Einziehung betroffenen Anteilsinhaber im Wege der Anwachsung Geschäftsanteile erhalten, deren Nennbeträge entsprechend dem Umtauschverhältnis und dem Nennbetrag des Anteils des ausgeschlossenen Anteilsinhabers erhöht werden. Es tritt also eine Diskrepanz zwischen der im Verschmelzungsvertrag verlautbarten und der mit Eintragung der Verschmelzung tatsächlich entstehenden Zuordnung der Geschäftsanteile der übernehmenden GmbH ein[14]. Nach § 40 Abs. 1 Satz 1 GmbHG sind die Geschäftsführer der übernehmenden Gesellschaft in diesem Fall ebenso wie bei zwischenzeitlichen Veräußerungen verpflichtet, die nach § 52 Abs. 2 zum Handelsregister einzureichende Gesellschafterliste unverzüglich zu berichtigen[15].

2. Festsetzung des Nennbetrags

6 **a) Abweichende Festsetzung.** Der Nennbetrag der im Zuge der Verschmelzung zu gewährenden Geschäftsanteile kann **abweichend vom Nennbetrag** der Anteile am übertragenden Rechtsträger bzw. vom Betrag, der auf die Aktien einer übertragenden AG oder KGaA als anteiliger Betrag ihres Grundkapitals entfällt, festgelegt werden. Die auf die Verschmelzung einer AG (oder KGaA) auf eine GmbH bezogene Vorschrift des Abs. 1 Satz 2 hat insoweit lediglich klarstellende Bedeutung[16]. Diese Vorschrift lässt also nicht den Gegenschluss zu, bei einer reinen GmbH-Verschmelzung müsse sich der Gesamtnennbetrag der gewährten Geschäftsanteile mit dem Stammkapital der übertragenden GmbH decken[17]. Anderenfalls würden Fusionen ohne Sachgrund erschwert und der Verschmelzungsbeschluss jedenfalls beim übertragenden Rechtsträger letztlich von der Zustimmung aller Anteilsinhaber abhängig gemacht.

7 **b) Mindestnennbetrag und Teilbarkeit.** Im Gegensatz zum allgemeinen GmbH-Recht müssen die nach dem Verschmelzungsvertrag an die Anteilsinhaber des übertragenden Rechtsträgers auszugebenden Geschäftsanteile einen Nennbetrag von lediglich € 50 aufweisen und nur durch zehn teilbar sein. Nach allgemeinem GmbH-Recht ist ein **Nennbetrag** von € 100 und eine **Teilbarkeit** durch 50 erforderlich[18]. Die erweiterten Möglichkeiten in § 46 Abs. 1 Satz 3 entsprechen §§ 55 Abs. 1 Satz 3 Halbs. 2, 54 Abs. 3 Satz 1 Halbs. 2,

---

[11] *Streck/Mack/Schwedhelm* GmbHR 1995, 161, 164; *Winter* in Lutter Rn 6.
[12] *Winter* in Lutter Rn 6; *Schilling/Zutt* in Hachenburg[7] § 21 KapErhG Rn 10.
[13] *Winter* in Lutter Rn 7; *Priester* in Scholz[7] § 21 KapErhG Rn 16.
[14] Vgl. *Winter* in Lutter Rn 7; *Priester* in Scholz[7] § 21 KapErhG Rn 16.
[15] *Winter* in Lutter Rn 7.
[16] *Winter* in Lutter Rn 8.
[17] *Kallmeyer* in Kallmeyer Rn 3.
[18] § 5 GmbHG.

die für im Wege der Kapitalerhöhung geschaffene neue Anteile bzw. die Teilung bereits vorhandener Anteile der übernehmenden GmbH entsprechende Stückelungs- bzw. Teilbarkeitserleichterungen vorsehen.

Bei **nach dem 1. 1. 2002 angemeldeten Verschmelzungen**[19] müssen die neuen Stückelungsvorschriften jedenfalls beachtet werden, wenn zur Durchführung der Verschmelzung zugleich eine Kapitalerhöhung erforderlich ist. Die Registersperre nach Maßgabe von § 86 Abs. 1 Satz 4 GmbHG gilt nämlich auch für Kapitalerhöhungen zur Durchführung einer Verschmelzung. Anders stellt sich die Rechtslage demgegenüber bei der Verschmelzung zur Neugründung dar.

Bei Durchführung der Kapitalerhöhung muss die übernehmende GmbH, soweit dies noch nicht erfolgt ist, ihr Stammkapital in Euro umstellen. Im Zuge der Verschmelzung müssen zugleich die in Euro berechneten Nennbeträge der Geschäftsanteile unter Berücksichtigung der neuen Stückelungs- und Teilungsvorschriften geglättet werden[20].

c) Anspruch auf Gewährung mehrerer Geschäftsanteile. § 5 Abs. 2 GmbHG, demzufolge ein Gesellschafter im Zuge der GmbH-Gründung nur einen einheitlichen Anteil übernehmen kann, findet bei der Verschmelzung keine Anwendung. Gehören dem Anteilsinhaber des übertragenen Rechtsträgers somit **mehrere Anteile**, ist ihm die gleiche Anzahl von Geschäftsanteilen an der übernehmenden GmbH zu gewähren[21]. Anderenfalls würde schon im Hinblick auf § 17 GmbHG die Fungibilität des Anteilsbesitzes erheblich eingeschränkt. Eine solche Zusammenlegung ist daher grundsätzlich nur mit Zustimmung des betroffenen Gesellschafters möglich[22]. Eine Ausnahme von dieser Regel gilt indes für den Fall, dass der Anteilsinhaber nur infolge einer Zusammenlegung den gesetzlich vorgesehenen Mindestnennbetrag von € 50 erreicht. Hält ein Anteilsinhaber eines übertragenden Rechtsträgers bereits vor Durchführung der Verschmelzung einen Geschäftsanteil an der übernehmenden GmbH, kann die Anteilsgewährung mit seiner ausdrücklichen Zustimmung durch Erhöhung des Nennbetrags des vorhandenen Geschäftsanteils erfolgen (sog. Aufstockung)[23].

3. Anteilsstückelung bei Mischverschmelzungen

a) Zulässigkeit. Gem. Abs. 1 Satz 2 muss im Fall von **Mischverschmelzungen** (AG/KGaA auf GmbH) der Betrag der im Zuge der Verschmelzung gewährten Geschäftsanteile der übernehmenden GmbH nicht mit dem Betrag übereinstimmen, der auf die Aktien der (Kommandit-)Aktionäre der übertragenden Gesellschaft als anteiliger Betrag ihres Grundkapitals entfällt. Diese Vorschrift besitzt indes lediglich klarstellenden Charakter. Auch bei reinen GmbH-Verschmelzungen braucht sich der Nennbetrag der gewährten Geschäftsanteile an der übernehmenden GmbH nicht mit dem Nennbetrag seines Geschäftsanteils an der übertragenden GmbH zu decken. Anderenfalls würden Verschmelzungen ohne sachliche Rechtfertigung erheblich erschwert. Der Verschmelzungsbeschluss beim übertragenden Rechtsträger bedürfte regelmäßig der Zustimmung aller Anteilsinhaber. Das Postulat der Nennbetragsidentität würde nämlich vor dem Hintergrund des Umstands,

---

[19] Bis zum 31.12.2001 waren die Bestimmungen über die Anteilsstückelungen und die Teilbarkeit durch Euro bei Verschmelzungen nur zwingend zu beachten, wenn die übernehmende GmbH bereits vor der Verschmelzung ihr Kapital auf Euro umgestellt und die in Euro berechneten Nennbeträge der Geschäftsanteile unter Berücksichtigung der neuen Stückelungs- und Teilbarkeitsregeln geglättet hatte, vgl. *U. H. Schneider* NJW 1998, 3158, 3159.
[20] *Winter* in Lutter Rn 10; *U. H. Schneider* NJW 1998, 3158, 3159.
[21] *Kallmeyer* in Kallmeyer Rn 2; *Bermel* in Goutier/Knopf/Tulloch § 46 Rn 9; *Winter* in Lutter Rn 11 mwN.
[22] *Winter* in Lutter Rn 11; *Lutter/Hommelhoff*[13] § 33 KapErhG Rn 8; *Schilling/Zutt* in Hachenburg[7] § 21 KapErhG Rn 12.
[23] *Winter* in Lutter Rn 11 mwN; *Bermel* in Goutier/Knopf/Tulloch Rn 1; *Stratz* in Schmitt/Hörtnagl/Stratz Rn 7.

dass das für die Ermittlung des Nennbetrags des Anteils am übernehmenden Rechtsträger maßgebliche Umtauschverhältnis sowohl von der Unternehmenswertrelation als auch vom Nennkapital der übertragenden und der übernehmenden Gesellschaft abhängt, erhebliche Komplikationen auslösen[24].

11 Auch im Fall von Mischverschmelzungen erhält der Aktionär bzw. Kommanditaktionär einer AG bzw. KGaA – es sei denn, er stimmt der Zusammenlegung der Geschäftsanteile zu – **so viele Geschäftsanteile, wie er Aktien** inne hatte. Dies ist im Fall der Mischverschmelzung auch deshalb gerechtfertigt, weil die iRd. Verschmelzung gewährten Geschäftsanteile regelmäßig wesentlich weniger fungibel sind als die Aktien, die der Aktionär bzw. Kommanditaktionär vor der Verschmelzung besaß. Eine Zusammenlegung würde somit zu einer nicht gerechtfertigten weiteren Fungibilitätseinbuße führen[25]. Eine Zusammenlegung der Geschäftsanteile zum Zwecke der Erfüllung der gesetzlichen Mindestanforderungen kann gegen den Willen des betroffenen Aktionärs vorgenommen werden, wenn die Anwendung der zuvor erwähnten Grundsätze dazu führen würde, dass Geschäftsanteile ausgegeben werden, die den gesetzlichen Mindestnennbetrag nicht erreichen.

12 Die von Abs. 1 Satz 3 angeordneten Erleichterungen gelten auch in Fällen der Mischverschmelzung. Gleichwohl sind diese Schwellen noch immer so hoch bemessen, dass Kleinaktionären vielfach keine neuen, den gesetzlichen Mindestanforderungen genügende Geschäftsanteile gewährt werden können. Die Inhaber derartiger Kleinstbeteiligungen haben insoweit mit der nunmehr hM gleichwohl **kein Veto-Recht**[26].

13 **b) Zustimmungserfordernis.** Wird der Nennbetrag iSv. Abs. 1 Satz 2 abweichend festgesetzt, kann dies zur Folge haben, dass sich Aktionäre im Fall von Mischverschmelzungen nicht mit ihrem gesamten Anteilsbesitz an der übernehmenden GmbH beteiligen können. Dies kann seine Ursache darin haben, dass aufgrund des vereinbarten Umtauschverhältnisses der im Verschmelzungsvertrag festgesetzte Mindestnennbetrag der Geschäftsanteile nicht erreicht wird, oder auch auf der Entstehung nicht verteilungsfähiger Spitzen beruhen, die durch eine bare Zuzahlung auszugleichen wären. In diesen Fällen bedarf der Zustimmungsbeschluss zum Verschmelzungsvertrag nach § 51 Abs. 2 grundsätzlich der **Zustimmung** des oder der betroffenen Aktionäre. Die Zustimmung ist nicht erforderlich, wenn bei Anwendung des vereinbarten Umtauschverhältnisses für einzelne (Kommandit-)Aktionäre solche Geschäftsanteile gebildet werden müssten, die nicht den zwingenden Bestimmungen des Abs. 1 Satz 3 entsprechen würden. In diesen Fällen muss sich der Aktionär auf eine bare Zuzahlung verweisen lassen[27].

14 Entgegen der ganz hM zum alten Recht[28] ist insoweit mit *Winter*[29] anzunehmen, dass die vorstehenden Ausführungen Gültigkeit nicht nur beim Ausfall sog. Spitzen, sondern auch dann besitzen, wenn bei Anwendung des vereinbarten Umtauschverhältnisses der einem Aktionär zu gewährende Geschäftsanteil den **Mindestnennbetrag** von € 50 **nicht erreicht**. Aus dem „Wesen" der Verschmelzung folgt nichts Gegenteiliges. Eine Einschränkung besteht

---

[24] *Kallmeyer* in Kallmeyer Rn 3; *Winter* in Lutter Rn 15.
[25] *Winter* in Lutter Rn 16; *Schilling/Zutt* in Hachenburg[7] § 33 KapErhG Rn 7.
[26] Siehe § 51 Rn 30, § 54 Rn 44 f.; *Kallmeyer* in Kallmeyer Rn 3 a; *Mayer* in Widmann/Mayer Rn 20; *Winter*, FS Lutter, 2000, S. 1279, 1289; *Winter* in Lutter Rn 17, § 54 Rn 36 ff.; aA noch zum früher geltenden Recht *Priester* in Scholz[7] § 23 KapErhG Rn 12; *Lutter/Hommelhoff*[13] § 23 KapErhG Rn 5; *Schilling/Zutt* in Hachenburg[7] § 23 KapErhG Rn 14.
[27] *Winter* in Lutter Rn 18; *Mayer* in Widmann/Mayer Rn 18; *Kallmeyer* in Kallmeyer Rn 3 a, § 54 Rn 12; *Zöllner* in Kölner Komm.[7] § 369 AktG Rn 89; *Schilling/Zutt* in Hachenburg[7] § 33 KapErhG Rn 7.
[28] *Priester* in Scholz[7] § 23 KapErhG Rn 12; *Lutter/Hommelhoff*[13] § 23 KapErhG Rn 5; *Schilling/Zutt* in Hachenburg[7] § 23 KapErhG Rn 14.
[29] Winter in Lutter Rn 20.

Inhalt des Verschmelzungsvertrags **15, 16 § 46**

allerdings insofern, als die im Verschmelzungsvertrag vorgesehenen baren Zuzahlungen 10% des Nennbetrags der an die Anteilsinhaber des übertragenen Rechtsträgers zu gewährenden Anteile nicht übersteigen dürfen[30].

4. Erfordernis der Festsetzung barer Zuzahlungen

Aus § 5 Abs. 1 Nr. 3 ergibt sich, dass ggf. die **Höhe der baren Zuzahlung** im Verschmelzungsvertrag bzw. seinem Entwurf **festgesetzt** werden muss. Die zum früheren Recht der GmbH-Verschmelzung streitige Frage ist somit vom Gesetzgeber entschieden[31]. Nicht explizit gesetzlich geregelt ist hingegen die Frage, ob für jeden Anteilsinhaber des übertragenden Rechtsträgers eine diesem etwa zu gewährende bare Zuzahlung betragsmäßig aufgeführt werden muss. Im Hinblick auf den Zweck von § 46 Abs. 1 Satz 1, die Gegenleistung für jeden einzelnen Anteilsinhaber des übertragenden Rechtsträgers zu dokumentieren, ist diese Frage indes zu bejahen[32]. 15

5. Erfordernis der Regelung der Kapitalerhöhung zur Durchführung

Bereits zum früheren Recht war streitig, ob der Verschmelzungsvertrag Bestimmungen enthalten musste, die regeln, dass und in welcher Höhe zur Durchführung der Verschmelzung eine **Kapitalerhöhung** erforderlich ist und wie die hierdurch geschaffenen neuen Geschäftsanteile auf die Anteilsinhaber des übertragenden Rechtsträgers verteilt werden. Die hM bejahte dies[33]. Der Umwandlungsgesetzgeber hat sich einer ausdrücklichen Regelung dieser Frage enthalten. Abs. 2 regelt lediglich den Fall, dass im Zuge einer Kapitalerhöhung Anteile mit Sonderrechten oder Sonderpflichten für die Anteilsinhaber des übertragenden Rechtsträgers geschaffen werden. Der Wortlaut von Abs. 3 erfasst nur die namentliche Zuordnung bereits bestehender Geschäftsanteile[34]. Für die Erforderlichkeit einer derartigen Festsetzung lässt sich anführen, dass iRd. verschmelzungsdurchführenden Kapitalerhöhung keine Übernahmeerklärungen iSv. § 55 GmbHG abgegeben werden, sie folglich auch nicht der Handelsregisteranmeldung beizufügen sind. Stattdessen ist jedoch die Beifügung des Verschmelzungsvertrags erforderlich[35]. Aus diesem Grund mag man für die Notwendigkeit der vorgenannten Festsetzung plädieren, um im Verschmelzungsvertrag die Zuordnung der jungen Anteile zu den einzelnen Anteilsinhabern des übertragenden Rechtsträgers zu verlautbaren[36]. Da dieser Zweck indes bereits durch Abs. 3 erreicht wird, wonach schon vorhandene Geschäftsanteile der übernehmenden Gesellschaft, die die Anteilsinhaber des übertragenden Rechtsträgers erhalten sollen, im Verschmelzungsvertrag oder in seinem Entwurf gesondert festzusetzen sind und woraus sich somit die aus einer Kapitalerhöhung resultierenden Anteile errechnen lassen[37], sprechen die besseren Argumente für den Gegenstandpunkt[38]. 16

---

[30] § 54 Abs. 4.
[31] *Winter* in Lutter Rn 12.
[32] *Bermel* in Goutier/Knopf/Tulloch Rn 7; *Winter* in Lutter Rn 12.
[33] *Schilling/Zutt* in Hachenburg[7] § 21 KapErhG Rn 17; *Lutter/Hommelhoff*[7] § 21 KapErhG Rn 4; aA *Priester* in Scholz[7] § 21 KapErhG Rn 20, 24; *Zimmermann* in Rowedder Anh. § 77 GmbHG Rn 402.
[34] *Winter* in Lutter Rn 13.
[35] § 55 Abs. 2; vgl. auch *OLH Hamm* DB 2002, 1314.
[36] So *Winter* in Lutter Rn 13; wohl auch *Mayer* in Widmann/Mayer Rn 9.
[37] *Priester* in Scholz[7] § 21 KapErhG Rn 20.
[38] IE ebenso *Stratz* in Schmitt/Hörtnagl/Stratz Rn 4; *Bermel* in Goutier/Knopf/Tulloch Rn 8; *Kallmeyer* in Kallmeyer Rn 7.

III. Abweichende Ausstattung der neuen Geschäftsanteile einer übernehmenden GmbH

1. Beispiele

17 Die zu gewährenden und im Wege der Kapitalerhöhung geschaffenen Geschäftsanteile können mit anderen Rechten und Pflichten als sonstige Geschäftsanteile der übernehmenden Gesellschaft ausgestattet werden. Denken lässt sich in diesem Zusammenhang etwa an Ernennungs- oder Entsendungsrechte für die Besetzung von Gesellschaftsorganen[39], Bevorzugungen oder Benachteiligungen hinsichtlich der Dividendenausschüttung[40], Veränderungen des Stimmrechts[41] oder besondere Vorerwerbs- oder Andienungsrechte[42]. Derartige Sonderrechte werden in Verschmelzungsfällen vielfach dann gewährt werden, wenn die Anteilsinhaber des übertragenden Rechtsträgers, der mit Eintragung der Verschmelzung untergeht, über entsprechende Sonderrechte verfügten.

2. Festsetzungen im Verschmelzungsvertrag

18 Der von Abs. 2 geforderten Festsetzung der Sonderrechte bzw. Sonderpflichten im Verschmelzungsvertrag oder seinem Entwurf kommt eine **Warnfunktion** zu[43]. Hinsichtlich der Zielrichtung dieser Warnfunktion ist zwischen den Fällen der Sonderrechte und der Sonderpflichten zu unterscheiden. Sollen den Anteilsinhabern des übertragenden Rechtsträgers Sonderrechte gewährt werden, richtet sich die Warnfunktion im Hinblick auf die rechtliche Schlechterstellung der Gesellschafter der übernehmenden Gesellschaft primär an diese. Sollen den Anteilsinhabern des übertragenden Rechtsträgers hingegen Sonderpflichten auferlegt werden, gilt die Warnung primär ihnen.

19 Eine analoge Anwendung von Abs. 2 gebietet die Festsetzung der Sonderrechte bzw. Sonderpflichten im Verschmelzungsvertrag bzw. in seinem Entwurf auch dann, wenn es sich nicht um aus einer Kapitalerhöhung hervorgehende neue Anteile, sondern um bereits bestehende Anteile handelt, die im Zuge der Verschmelzung durch Satzungsänderung mit Sonderrechten bzw. Sonderpflichten ausgestattet werden sollen[44].

3. Umsetzung durch Satzungsänderung

20 Zur Umsetzung der im Verschmelzungsvertrag enthaltenen Sonderrechte bzw. Sonderpflichten bedarf es bei der übernehmenden GmbH neben dem eigentlichen Kapitalerhöhungsbeschluss einer weiter gehenden **Satzungsänderung**[45]. Diese wird erst mit Eintragung in das Handelsregister wirksam[46]. Die Wirksamkeit der gem. Abs. 2 festgesetzten Sonderrechte und Sonderpflichten tritt also nicht bereits mit Abschluss des Verschmelzungsvertrags oder mit der Fassung der Zustimmungsbeschlüsse ein. In der Praxis werden der Zustimmungsbeschluss der übernehmenden Gesellschaft zum Verschmelzungsvertrag, der Kapitalerhöhungs- und der Satzungsänderungsbeschluss vielfach gemeinsam gefasst. Rechtlich sind sie indes zu unterscheiden, da dem Zustimmungsbeschluss kein satzungsändernder Charakter innewohnt.

---

[39] Vgl. *BGH* WM 1983, 1295; *OLG Stuttgart* GmbHR 1999, 537, 538.
[40] Hierzu *Emmerich* in Scholz § 29 GmbHG Rn 30 f.
[41] Vgl. hierzu etwa *Schäfer*, Der stimmrechtslose GmbH-Geschäftsanteil, 1997.
[42] *Reichert* BB 1985, 1496, 1500; *U. Jasper* in MünchHdbGesR Bd. 3 § 24 Rn 209 ff.
[43] *Winter* in Lutter Rn 21; *Mayer* in Widmann/Mayer Rn 16; *Priester* in Scholz[7] § 21 KapErhG Rn 27.
[44] *Winter* in Lutter Rn 22; *Mayer* in Widmann/Mayer Rn 16; *Stratz* in Schmitt/Hörtnagl/Stratz Rn 18; *Kallmeyer* in Kallmeyer Rn 6.
[45] *Winter* in Lutter Rn 23; *Mayer* in Widmann/Mayer Rn 28; *Priester* in Scholz[7] § 21 KapErhG Rn 27.
[46] § 54 Abs. 3 GmbHG.

4. Auswirkungen auf erforderliche Beschlussmehrheit

a) Sonderrechte. Für den Zustimmungsbeschluss beim übertragenden Rechtsträger gelten keine Besonderheiten, wenn die **Sonderrechte** für sämtliche Anteilsinhaber des übertragenden Rechtsträgers vorgesehen sind. Sollen hingegen nur einzelne Anteilsinhaber des übertragenden Rechtsträgers die Sonderrechte erlangen, setzt der Zustimmungsbeschluss zum Verschmelzungsvertrag wegen der ihm innewohnenden Abweichung vom Gleichbehandlungsgrundsatz die Zustimmung sämtlicher nicht selbst begünstigter Anteilsinhaber des übertragenden Rechtsträgers voraus[47]. Eine Ausnahme gilt nur für den Fall, dass die begünstigten Gesellschafter bereits im Statut des übertragenden Rechtsträgers über entsprechende Sonderrechte verfügten. Das Fehlen der Zustimmung der nicht begünstigten Anteilsinhaber führt indes lediglich zu einer Anfechtbarkeit des Zustimmungsbeschlusses, nicht zur Unwirksamkeit oder Nichtigkeit[48].

Auch gegenüber den Gesellschaftern der übernehmenden GmbH bedeutet die Schaffung von neuen, mit Sonderrechten verbundenen Geschäftsanteilen eine Verletzung des **Gleichbehandlungsgrundsatzes**. Dieser gilt im Verschmelzungsrecht nicht nur zwischen den Anteilsinhabern der übertragenden und der übernehmenden Gesellschaft, sondern auch im Verhältnis der Gesellschafter beider Gesellschaften untereinander[49]. Hinsichtlich des Zustimmungsbeschlusses zum Verschmelzungsvertrag, der keinen satzungsändernden Charakter besitzt, gelten auch in den Fällen des Abs. 2 die allgemeinen Regeln. Die Zustimmung sämtlicher Gesellschafter der übernehmenden Gesellschaft ist hingegen für den eigentlichen Satzungsänderungsbeschluss erforderlich, dessen Zustandekommen indes Voraussetzung für die Wirksamkeit des Verschmelzungsvertrags ist[50].

b) Sonderpflichten. Werden allen oder einzelnen Anteilsinhabern des übertragenden Rechtsträgers iRd. verschmelzungsdurchführenden Kapitalerhöhung Geschäftsanteile mit **Sonderpflichten** gewährt, ist für den Zustimmungsbeschluss zum Verschmelzungsvertrag die Zustimmung sämtlicher hiervon betroffener Anteilsinhaber des übertragenden Rechtsträgers erforderlich. Dies ergibt sich aus § 53 Abs. 3 GmbHG[51]. Der denkbare formale Gegeneinwand, die Anteilsinhaber des übertragenden Rechtsträgers würden erst nach Wirksamwerden der Satzungsänderung Gesellschafter, vermag nicht zu überzeugen. Schließlich werden die Anteilsinhaber des übertragenden Rechtsträgers iRd. Verschmelzungsvorgangs selbst Gesellschafter der übernehmenden Gesellschaft, oftmals nur eine logische Sekunde nach dem Wirksamwerden der Satzungsänderung[52]. Hiervon zu unterscheiden ist der Fall, in dem die Satzung der übernehmenden GmbH sämtlichen Gesellschaftern Nebenleistungspflichten auferlegt[53].

Da die Gesellschafter der übernehmenden Gesellschaft durch die Schaffung von Sonderpflichten zu Lasten der Anteilsinhaber des übertragenden Rechtsträgers nicht nachteilig betroffen werden, verbleibt es hinsichtlich der **Beschlussfassung** der Gesellschaft der übernehmenden GmbH bei den allgemeinen Grundsätzen[54].

---

[47] *Winter* in Lutter Rn 25; *Priester* in Scholz § 53 GmbHG Rn 155; *Ulmer* in Hachenburg § 53 GmbHG Rn 120.
[48] *Winter* in Lutter Rn 25; *Priester* in Scholz § 53 GmbHG Rn 155; *Ulmer* in Hachenburg § 53 GmbHG Rn 120.
[49] *Mayer* in Widmann/Mayer Rn 24; *Winter* in Lutter Rn 26; *Schilling/Zutt* in Hachenburg[7] § 21 KapErhG Rn 7; *Priester* in Scholz[7] § 21 KapErhG Rn 13.
[50] *Winter* in Lutter Rn 26; *Kallmeyer* in Kallmeyer Rn 5; aA *Mayer* in Widmann/Mayer Rn 28.
[51] *Winter* in Lutter Rn 27; *Ulmer* in Hachenburg § 53 GmbHG Rn 122; *Priester* in Scholz § 53 GmbHG Rn 50 ff.
[52] Zutreffend *Winter* in Lutter Rn 27.
[53] Siehe dazu § 51 Rn 15.
[54] *Winter* in Lutter Rn 28.

IV. Gewährung vorhandener Anteile

25 Abs. 3 erfordert, dass in dem Fall, in dem die Anteilsinhaber eines übertragenden Rechtsträgers bereits **vorhandene Geschäftsanteile** der übernehmenden Gesellschaft erhalten, die Anteilsinhaber und die Nennbeträge der Geschäftsanteile, die sie erhalten sollen, im Verschmelzungsvertrag oder in seinem Entwurf besonders bestimmt werden. Die Norm ist auch insofern von Relevanz, als sich aus den von ihr geforderten Festsetzungen mittelbar ergibt, welche Anteile aus einer Kapitalerhöhung resultieren[55]. Abs. 3 möchte die Prüfung ermöglichen, dass die den Anteilsinhabern des übertragenden Rechtsträgers zu gewährenden Anteile tatsächlich zur Verfügung stehen. Insbesondere sollen Zweifel darüber vermieden werden, wem im Zeitpunkt des Wirksamwerdens der Verschmelzung eigene oder vom übertragenden Rechtsträger gehaltene Geschäftsanteile an der übernehmenden Gesellschaft zustehen[56]. Im Verschmelzungsvertrag ist auch darzulegen, ob es sich bei den Anteilen, die zum Anteiltausch verwendet werden, um eigene Anteile der übernehmenden GmbH, um vom übertragenden Rechtsträger gehaltene Anteile oder um von einem Dritten bereit gestellte Geschäftsanteile handelt[57].

§ 47 Unterrichtung der Gesellschafter

Der Verschmelzungsvertrag oder sein Entwurf und der Verschmelzungsbericht sind den Gesellschaftern spätestens zusammen mit der Einberufung der Gesellschafterversammlung, die gemäß § 13 Abs. 1 über die Zustimmung beschließen soll, zu übersenden.

Übersicht

	Rn		Rn
I. Allgemeines	1	1. Adressaten	9
1. Verhältnis zum früheren Recht	1	2. Form	12
2. Inhalt und Zweck der Norm	2	IV. Frist	14
3. Zwingender Mindestinhalt	5	1. Geltung statutarischer Frist	14
II. Gegenstand der Übersendung	6	2. Bedeutung der Mindestfrist	15
1. Verschmelzungsvertrag	6	3. Fristberechnung	16
2. Verschmelzungsbericht	7	V. Bedeutung der Vorschrift für Umstrukturierung der GmbH außerhalb des UmwG	18
3. Verschmelzungsprüfungsbericht	8		
III. Adressaten und Form	9		

Literatur: *Aha*, Einzel- oder Gesamtrechtsnachfolge bei der Ausgliederung?, AG 1997, 345; *Bungert*, Ausgliederung durch Einzelrechtsübertragung und analoge Anwendung des Umwandlungsgesetzes, NZG 1998, 367; *Groß*, Vorbereitung und Durchführung von Hauptversammlungsbeschlüssen zu Erwerb oder Veräußerung von Unternehmensbeteiligungen, AG 1996, 111; *Heckschen*, Die Entwicklung des Umwandlungsrechts aus Sicht der Rechtsprechung und Praxis, DB 1998, 1385; *Hommelhoff*, Minderheitenschutz bei Umstrukturierungen, ZGR 1993, 452; *Lutter/Leinekugel*, Planmäßige Unterschiede im umwandlungsrechtlichen Minderheitenschutz?, ZIP 1999, 261; *Priester*, Die klassische Ausgliederung – ein Opfer des Umwandlungsgesetzes 1994?, ZHR 163 (1999) 187; *Reichert*, Mitwirkungsrechte und Rechtsschutz der Aktionäre nach Macrotron und Gelatine, AG 2005, 150; *ders.*, Ausstrahlungswirkungen der Ausgliederungsvoraussetzungen nach UmwG auf andere Strukturänderungen, ZHR Beiheft 68, 1999, S. 25; *Schöne*, Die Spaltung unter Beteiligung von GmbH gem. §§ 123 UmwG ff., 1998; *Veil*, Aktuelle Probleme im Ausgliederungsrecht, ZIP 1998, 361.

---

[55] Siehe Rn 16.
[56] *Mayer* in Widmann/Mayer Rn 14; *Winter* in Lutter Rn 14.
[57] *Mayer* in Widmann/Mayer Rn 14 f.; *Winter* in Lutter Rn 14.

I. Allgemeines

1. Verhältnis zum früheren Recht

Der Regelungsgehalt der inhaltlich neu gefassten Vorschrift umfasst alle Verschmelzungen, an denen eine GmbH als übertragender oder übernehmender bzw. neu gebildeter Rechtsträger beteiligt ist. Während das frühere Recht spezielle Unterrichtungspflichten, die über die allgemeinen Informationspflichten hinausgingen, nur für den Sonderfall einer übertragenden Mehrheitsumwandlung einer GmbH auf ihren Hauptgesellschafter vorgesehen hat[1], trifft § 47 nun eine **umfassende Regelung** für alle Verschmelzungen unter Beteiligung einer GmbH.

2. Inhalt und Zweck der Norm

Die Vorschrift soll sicherstellen, dass den Gesellschaftern alle Unterlagen rechtzeitig vor Beschlussfassung über den Verschmelzungsvertrag zur Verfügung stehen, die für eine sachgerechte Beurteilung des Verschmelzungsvorhabens und eine Zustimmungserteilung zur Verschmelzung erforderlich sind. Die Norm konkretisiert das allgemeine Auskunfts- und Einsichtsrecht des Gesellschafters nach § 51 a GmbHG[2], das daneben weiterhin bestehen bleibt[3]. Dieses allgemeine Recht jedes Gesellschafters auf Information, das stets eines konkreten Verlangens bedarf, wird in § 47 um eine Pflicht der Gesellschaft zur **unaufgeforderten Informationsgewährung** erweitert.

Verpflichtet wird die **Gesellschaft** und damit die Geschäftsführung als zuständiges Leitungsorgan. Die Versendung der Verschmelzungsunterlagen erfolgt auf Kosten der Gesellschaft (arg. aus § 48 Satz 2)[4].

Die Kenntnis des Verschmelzungsvertrags oder dessen Entwurfs sowie des Verschmelzungsberichts ist für die Zustimmungserteilung der Gesellschafter, insbesondere im Interesse von Minderheitsgesellschaftern, von solch entscheidender Bedeutung, dass eine **rechtzeitige Vorabinformation** hierüber stattfinden muss[5]. Vor dem Hintergrund der weiterhin bestehenden allgemeinen Auskunfts- und Einsichtsrechte der GmbH-Gesellschafter ist eine frühe Übersendung, spätestens mit der Einberufung der Gesellschafterversammlung, auch im Interesse einer reibungslosen und zügigen Abwicklung der Verschmelzungsversammlung geboten. Denn anderenfalls ist erst in der Versammlung selbst mit der Geltendmachung von umfangreichen Informationsansprüchen durch die Gesellschafter zu rechnen, was zu Verzögerungen oder – im Fall der Verletzung von Informationspflichten – zur Anfechtbarkeit einer Beschlussfassung führen kann[6].

3. Zwingender Mindestinhalt

In jedem Fall ist der Verschmelzungsvertrag[7] oder dessen Entwurf sowie der Verschmelzungsbericht[8], soweit ein solcher aufzustellen ist[9], in vollständiger Fassung zu übermitteln. Mit dieser zwingenden Bestimmung trägt der Gesetzgeber der besonderen Bedeutung dieser

---

[1] § 24 Abs. 2 UmwG aF v. 1969.
[2] Siehe hierzu RegBegr. *Ganske* S. 98.
[3] *Kallmeyer* in Kallmeyer Rn 2; *Winter* in Lutter Rn 2; *Bermel* in Goutier/Knopf/Tulloch Rn 8.
[4] *Mayer* in Widmann/Mayer Rn 5; *Bermel* in Goutier/Knopf/Tulloch Rn 4.
[5] RegBegr. *Ganske* S. 98; *Winter* in Lutter Rn 3; *ders.* in Lutter Umwandlungsrechtstage S. 19, 36.
[6] *Kallmeyer* in Kallmeyer Rn 2; *Lutter/Hommelhoff*[13] § 20 KapErhG Rn 14.
[7] § 4 und 5.
[8] § 8.
[9] Vgl. zur Entbehrlichkeit § 8 Abs. 3.

Materialien für die Entscheidung der Gesellschafter über eine Zustimmungserteilung vor dem Hintergrund Rechnung, dass im GmbH-Recht, anders als im Aktienrecht, inhaltliche Gesetzesvorgaben für die Ankündigung der Tagesordnung fehlen[10]. In der Satzung der GmbH kann das Recht auf Übersendung für Fälle späterer Verschmelzungen nicht ausgeschlossen werden. Allerdings kann der Verschmelzungsbeschluss unter Verzicht auf alle gesetzlichen und statutarischen Regelungen über Formen und Fristen wirksam gefasst und auf diese Weise auf die Einhaltung der Übermittlungsvorschriften **verzichtet** werden; der allseitige Verzicht sollte allerdings im notariellen Protokoll über die Verschmelzungsversammlung ausdrücklich festgehalten werden[11]. Unterbleibt die Übermittlung oder erfolgt eine nicht vollständige Übersendung der Unterlagen, hat dies eine Anfechtbarkeit des Verschmelzungsbeschlusses zur Folge[12].

II. Gegenstand der Übersendung

1. Verschmelzungsvertrag

6 Übermittlungsgegenstand ist der Verschmelzungsvertrag oder der Vertragsentwurf, soweit den Anteilsinhabern nur dieser zur Beschlussfassung vorgelegt werden kann[13]. Zum Inhalt des Verschmelzungsvertrags enthält § 5 Abs. 1 einen Katalog von Mindestangaben, der dem Informationsbedürfnis der Anteilseigner Rechnung trägt und daher **zwingend** einzuhalten ist.

2. Verschmelzungsbericht

7 Weiterhin ist der Verschmelzungsbericht zu übermitteln, sofern er nicht ausnahmsweise entbehrlich[14] ist. Er ist vom Vertretungsorgan der Gesellschaft, im Fall der GmbH also von sämtlichen Geschäftsführern, schriftlich zu erstatten[15]. Da es sich um eine Wissenserklärung handelt, ist keine Stellvertretung möglich[16]. Er dient der vorbereitenden und ausführlichen Unterrichtung der Anteilsinhaber und soll diesen eine sachgerechte Abstimmung über die Verschmelzung ermöglichen[17]. Wann das Erfordernis der **„Ausführlichkeit"** des Berichts erfüllt ist, kann im Einzelfall zu erheblichen Unsicherheiten führen[18]

3. Verschmelzungsprüfungsbericht

8 Ob neben dem Verschmelzungsvertrag und dem Verschmelzungsbericht auch ein eventuell erforderlicher Verschmelzungsprüfungsbericht Gegenstand der Übersendungspflicht ist, kann dem Wortlaut der Vorschrift nicht entnommen werden. Ist auf Verlangen eines Gesellschafters ein Prüfungsbericht bereits erstellt worden[19], ist dieser auch mit den übrigen

---

[10] *Winter* in Lutter Rn 3; vgl. zu den inhaltlichen Anforderungen, die von der Literatur gefordert werden, *Hüffer* in Hachenburg § 51 GmbHG Rn 21, 24 f.; *K. Schmidt* in Scholz § 51 GmbHG Rn 19; *Zöllner* in Baumbach/Hueck § 51 GmbHG Rn 22 f.
[11] *Winter* in Lutter Rn 5 mit dem Hinweis, dass § 1 Abs. 3 nicht entgegensteht; *Mayer* in Widmann/Mayer Vorb. §§ 46 bis 59 Rn 57.
[12] § 243 AktG analog; *Mayer* in Widmann/Mayer Rn 9; *K. Schmidt* in Scholz § 51 GmbHG Rn 34.
[13] §§ 4 Abs. 2, 13.
[14] Gem. § 8 Abs. 3.
[15] Gem. § 8. Nach *KG Berlin* ZIP 2005, 167 = WM 2005, 41 (zur AG) ist die eigenhändige Unterzeichnung des Verschmelzungsberichts durch alle Organmitglieder nicht erforderlich. Zustimmend *Linnerz* EWiR § 8 UmwG 1/05, 135; aA *Lutter/Drygala* in Lutter § 8 Rn 8 mwN.
[16] *Lutter* in Lutter § 8 Rn 9.
[17] *Marsch-Barner* in Kallmeyer § 8 Rn 1; *Bermel* in Goutier/Knopf/Tulloch § 8 Rn 2.
[18] Vgl. § 8 Rn 11 ff.
[19] Vgl. § 48.

Verschmelzungsunterlagen **zu übermitteln**[20]. Liegt ein solcher noch nicht vor, ist richtigerweise davon auszugehen, dass das nicht fristgebundene Verlangen nach einem Prüfungsbericht noch in der Verschmelzungsversammlung selbst gestellt werden kann[21]. Dies hat zur Folge, dass eine Übermittlung des nun zu erstellenden Berichts mit der Einberufung der neuerlich notwendigen Gesellschafterversammlung erfolgen muss[22].

III. Adressaten und Form

1. Adressaten

Die Verschmelzungsunterlagen sind **sämtlichen Gesellschaftern** unabhängig von deren Stimmberechtigung zu übersenden[23]. Als besondere Ausformung des allgemeinen Rechts auf Information, welches wie das Recht auf Teilnahme nach allgemeiner Ansicht auch nicht stimmrechtsberechtigten Gesellschaftern zusteht[24], muss eine Übermittlung auch an solche Gesellschafter stattfinden, die auf die Verschmelzung nicht durch Ausübung eines Stimmrechts Einfluss nehmen können[25]. Dies gebietet schon der Schutz der Inhaber von stimmrechtslosen Sonderrechten[26], für die das Umtauschverhältnis im Verschmelzungsvertrag anzugeben ist[27], sowie die unter bestimmten Voraussetzungen gegebene Möglichkeit einer Barabfindung für Anteilsinhaber[28], die ebenfalls nicht an Stimmrechte gekoppelt ist[29].

Grundsätzlich ist an den einzelnen Gesellschafter **persönlich** zu übermitteln und damit an die Gründer, an im Rahmen einer Kapitalerhöhung neu hinzugekommene Gesellschafter oder an deren bei der Gesellschaft angemeldete Rechtsnachfolger[30]. Bei minderjährigen Gesellschaftern oder unter Betreuung Gestellten ist der gesetzliche Vertreter bzw. der Betreuer Adressat[31]. Maßgeblich für die Übermittlung ist stets die vom Gesellschafter zuletzt mitgeteilte Anschrift[32]. Es liegt grundsätzlich in der Verantwortungssphäre des Gesellschafters, eine Adressänderung offiziell mitzuteilen und eine erfolgreiche Übersendung damit zu ermöglichen, es sei denn, der Gesellschaft ist dessen neue tatsächliche Adresse bekannt[33]. Kommt es unter dieser neuen, auf sonstige Weise bekannt gewordenen Anschrift jedoch nicht zu einem Übermittlungserfolg, trägt die Gefahr des Scheiterns wieder die Gesellschaft. Dies gilt jeden-

---

[20] *Kallmeyer* in Kallmeyer Rn 1; *Winter* in Lutter Rn 7; *Bermel* in Goutier/Knopf/Tulloch Rn 3; *Stratz* in Schmitt/Hörtnagl/Stratz Rn 1; *H. Schmidt* in Lutter Umwandlungsrechtstage S. 59, 76 f. zur Personengesellschaft; *Hommelhoff* ZGR 1993, 452, 462 Fn 23; *Zimmermann*, FS Brandner, 1996, S. 176 f.; aA *Mayer* in Widmann/Mayer Rn 4 mit Hinweis auf den Wortlaut der §§ 47 und 48 UmwG.
[21] Vgl. § 48 Rn 12.
[22] Vgl. hierzu § 48; *Winter* in Lutter Rn 7; *Mayer* in Widmann/Mayer Rn 8.1.
[23] *Winter* in Lutter Rn 8; *Mayer* in Widmann/Mayer Rn 5; *Bermel* in Goutier/Knopf/Tulloch Rn 6; *Schöne* S. 269.
[24] Vgl. BGH GmbHR 1985, 256, 257; *Hüffer* in Hachenburg § 51 GmbHG Rn 5; *K. Schmidt* in Scholz § 51 GmbHG Rn 6; *Lutter/Hommelhoff* in Lutter/Hommelhoff § 51 GmbHG Rn 3.
[25] *Winter* in Lutter Rn 8; *Mayer* in Widmann/Mayer Rn 5; *Bermel* in Goutier/Knopf/Tulloch Rn 6; *Schöne* S. 269.
[26] Vgl. § 23.
[27] § 5 Abs. 1 Nr. 7 und 3.
[28] Vgl. § 29.
[29] Zustimmend *Winter* in Lutter Rn 8.
[30] § 16 GmbHG.
[31] *Zöllner* in Baumbach/Hueck § 51 GmbHG Rn 7 mit dem Hinweis, dass eine Übermittlung grundsätzlich an den unter Betreuung gestellten Gesellschafter und den Betreuer erfolgen muss, sofern der Gesellschafter nicht geschäftsunfähig ist und daher ausnahmsweise nur an den Betreuer zu übermitteln ist.
[32] *K. Schmidt* in Scholz § 51 GmbHG Rn 6; *Zöllner* in Baumbach/Hueck § 51 GmbHG Rn 4.
[33] So auch *Winter* in Lutter Rn 9; vgl. *Hüffer* in Hachenburg § 51 GmbHG Rn 5; *K. Schmidt* in Scholz § 51 GmbHG Rn 6.

11 Falls bei ungeteilter Mitberechtigung an einem Gesellschaftsanteil kein gemeinsamer Vertreter der Berechtigten bestellt ist, reicht es aus, die Übermittlung nur gegenüber einem **Mitberechtigten** vorzunehmen[36]. Von dieser Möglichkeit sollte – soweit mit der Übermittlung an die übrigen Berechtigten keine unzumutbaren Mühen verbunden sind – nur sehr zurückhaltend Gebrauch gemacht werden[37]. Mit Anerkennung der Rechtsfähigkeit der Außen-GbR durch den BGH[38] steht nunmehr fest, dass die Übersendung der Unterlagen an eine für die Gesellschaft vertretungsbefugte Person unabhängig von § 18 Abs. 3 GmbHG zur Wirksamkeit der Übermittlung führt, da die GbR selbst als Inhaberin des Mitgliedschaftsrechts anzusehen ist[39].

2. Form

12 Für die Form der Übersendung wird trotz einer fehlenden ausdrücklichen gesetzlichen Regelung in der Literatur überwiegend vertreten, es bedürfe stets einer Übermittlung durch **eingeschriebenen Brief**[40]. Dies wird damit begründet, dass ganz allgemein in § 47 die Übersendung der Materialien an die Gesellschafter an die Einberufung zur Verschmelzungsversammlung gekoppelt werde[41]. Dies soll gelten, obwohl die Norm lediglich eine Übermittlung spätestens zusammen mit der Einberufung der Gesellschaftsversammlung vorsieht, also weder eine besondere Form statuiert noch einen zwingenden Gleichlauf von Einberufung und Unterlagenübersendung bestimmt. Rechtfertigen mag man dies mit der besonderen Bedeutung der Verschmelzungsunterlagen für die Willensbildung der Gesellschafter und dem fehlenden Bedürfnis für eine Übersendungserleichterung im Vergleich zur Einberufung der Gesellschafterversammlung[42].

13 Die weitgehende Koppelung der Form der Unterlagenübermittlung an die Form der Einberufung lässt **Modifikationen** bei der Übersendung der Unterlagen in begrenztem Umfang zu, wie zB Erleichterungen mit Hilfe moderner elektronischer Kommunikationsmittel[43]. Zulässige statutarische Erleichterungen, die die Einberufung der Gesellschafterversammlung betreffen, schlagen aufgrund der Koppelung der Übermittlung der Verschmelzungsunterlagen mit der Einberufung der Gesellschafterversammlung auf die Form der Übermittlung auch ohne ausdrückliche Nennung in der Satzung durch[44]. Wie bei der Einberufung ist der tatsächliche Zugang der Verschmelzungsunterlagen auch keine notwendige Wirksamkeitsvoraussetzung für eine ordnungsgemäße Übersendung[45].

---

[34] *Hüffer* in Hachenburg § 51 GmbHG Rn 6; *K. Schmidt* in Scholz § 51 GmbHG Rn 10; gegen eine solche Pflicht der Gesellschaft bei der Ladung vgl. *Zöllner* in Baumbach/Hueck § 51 GmbHG Rn 4.
[35] Vgl. im Einzelnen *Hüffer* in Hachenburg § 51 GmbHG Rn 7; *K. Schmidt* in Scholz § 51 GmbHG Rn 11; wiederum gegen eine Pflicht bei der Ladung vgl. *Zöllner* in Baumbach/Hueck § 51 GmbHG Rn 4.
[36] § 18 Abs. 3 GmbHG.
[37] Vgl. für Einladungen zu Gesellschafterversammlungen allgemein *K. Schmidt* in Scholz § 51 GmbHG Rn 8.
[38] *BGH* NJW 2001, 1056.
[39] *Winter* in Lutter Rn 10.
[40] Vgl. hierzu *Winter* in Lutter Rn 11; *Bermel* in Goutier/Knopf/Tulloch Rn 5.
[41] Vgl. RegBegr. *Ganske* S. 98; *Winter* in Lutter Rn 11.
[42] *Winter* in Lutter Rn 11.
[43] *Zöllner* in Baumbach/Hueck § 51 GmbHG Rn 39.
[44] *Winter* in Lutter Rn 12. Zur Einberufung vgl. *K. Schmidt* in Scholz § 51 GmbHG Rn 13 ff.
[45] *Winter* in Lutter Rn 13; anders noch die hM zu § 24 UmwG aF, statt vieler *Schilling* in Hachenburg[7] § 24 UmwG Rn 4.

IV. Frist

1. Geltung statutarischer Frist

Die Verschmelzungsunterlagen müssen spätestens mit der Einberufung der Verschmel- 14
zungsversammlung übersandt werden. Die Mindestfrist für die Einberufung der Gesellschafterversammlung beträgt eine Woche[46]. Die Übersendungsfrist orientiert sich damit im Grundsatz an der **Einberufungsfrist**. Eine frühere Unterrichtung ist zulässig und aufgrund der recht knapp bemessenen Wochenfrist meist auch geboten, um ein eventuelles Prüfungsverlangen nach § 48 rechtzeitig bedenken und mitteilen zu können[47]. Bestimmt die Satzung eine längere Frist, geht diese Bestimmung der gesetzlichen Regelung vor[48].

2. Bedeutung der Mindestfrist

Eine Abkürzung der Mindestfrist in der Satzung ist unzulässig. Die von einem Teil der 15
Literatur allgemein zur Einberufungsfrist vertretene Auffassung, eine kürzere Frist sei bei besonderen Verhältnissen zulässig, zB wenn alle Gesellschafter am Versammlungsort wohnen und persönlich verständigt werden können, überzeugt nicht[49]. Davon zu unterscheiden ist die Frage, ob die Wochenfrist generell ausreicht oder nicht ggf. längere Fristen einzuhalten sind, weil es der Gesellschaft wegen der Komplexität der Materie nicht zumutbar ist, sich binnen Wochenfrist ausreichend vorzubereiten[50]. Generell gilt, dass selbst bei Einhaltung der statutarischen Fristen eine Informationspflichtverletzung und damit Anfechtung in Betracht kommen kann, wenn trotz Einhaltung der geltenden Mindestfristen keine ausreichende Zeit für die Gesellschafter bestand, sich über den Gegenstand der Beschlussfassung ein hinreichendes Bild zu verschaffen[51]. Gleichwohl ist bei der Annahme solcher **Ausnahmen** Zurückhaltung geboten. Bei den Verschmelzungsunterlagen handelt es sich regelmäßig um sehr komplexe Unterlagen. Wenn der Gesetzgeber gleichwohl eine Wochenfrist für ausreichend hält, hat er insoweit eine Wertung getroffen, die möglicherweise sogar Restriktionen der allgemeinen Auffassung, die gesetzlichen und statutarischen Mindestfristen würden bei komplexen Vorgängen nicht ausreichen, gebietet. Demgegenüber müssten besonders außergewöhnliche Umstände vorliegen, wenn die trotz der grundsätzlichen Komplexität auf eine Woche begrenzte Mindestfrist als nicht ausreichend eingestuft werden sollte[52].

3. Fristberechnung

Ist die Einberufung bzw. Unterlagenübermittlung mit einer Frist von mindestens einer 16
Woche zu bewirken, ist neben der einwöchigen Dispositionsfrist zusätzlich die üblicherweise für Einschreiben zu erwartende Zustellungszeit zu berücksichtigen[53]. Die einwöchige

---

[46] Vgl. § 51 Abs. 1 GmbHG, RegBegr. *Ganske* S. 98.
[47] Zutreffend *Kallmeyer* in Kallmeyer Rn 3.
[48] *Winter* in Lutter Rn 15; *Bermel* in Goutier/Knopf/Tulloch Rn 5; *Mayer* in Widmann/Mayer Rn 6.
[49] So noch *Zöllner* in Baumbach/Hueck[16] § 51 GmbHG Rn 29, wobei sich dieser in *Baumbach/Hueck* § 51 GmbHG Rn 29 unter zutreffendem Verweis auf *OLG Naumburg* NZG 2000, 44 der Gegenauffassung anschließt und die Abkürzung der gesetzlichen Einberufungsfrist für nicht zulässig erachtet; aA auch *Lutter/Hommelhoff* in Lutter/Hommelhoff § 51 GmbHG Rn 2; *Winter* in Lutter Rn 15 Fn 21 mwN für Wochenfrist als zwingendes Recht.
[50] Aus diesem Grund wird die Wochenfrist zum Teil sogar für unzureichend erklärt, *Kallmeyer* in Kallmeyer Rn 3.
[51] *Hüffer* in Hachenburg § 51 GmbHG Rn 20; *K. Schmidt* in Scholz § 51 GmbHG Rn 21; *Winter* in Lutter Rn 15.
[52] Zutreffend *Winter* in Lutter Rn 15.
[53] BGHZ 100, 264, 267 f.; *Bermel* in Goutier/Knopf/Tulloch Rn 5; ebenso *Hüffer* in Hachenburg § 51 GmbHG Rn 15; *K. Schmidt* in Scholz § 51 GmbHG Rn 15; *Zöllner* in Baumbach/Hueck § 51 GmbHG Rn 19; *Lutter/Hommelhoff* in Lutter/Hommelhoff § 51 GmbHG Rn 9. Die

Übersendungsfrist beginnt damit erst an dem Tag, an dem der Zugang des Einschreibens mit den Unterlagen unter normalen Umständen zu erwarten ist. Dies ist bei Inlandszustellungen zwei Tage nach der Einlieferung, bei Postzustellungen im Ausland nach mindestens vier Tagen der Fall[54]. Die Aufgabe der Verschmelzungsunterlagen bei der Post sieben Tage vor der Gesellschafterversammlung genügt in keinem Fall. Vor diesem Hintergrund wird regelmäßig anzuraten sein, die Verschmelzungsunterlagen gleichzeitig an sämtliche Gesellschafter so abzuschicken, dass die Frist auch für den entferntesten Gesellschafter gewahrt bleibt.

17   Die Frist wird entsprechend den §§ 187 Abs. 1, 188 Abs. 2, 193 BGB berechnet[55]. Danach läuft die Frist an dem selben Wochentag ab, an dem die Unterlagenübermittlung in der Vorwoche zu erwarten ist[56]. Die Gesellschafterversammlung darf **frühestens** am Folgetag stattfinden. Fällt der Fristablauf auf einen Samstag, Sonntag oder gesetzlichen Feiertag, tritt an dessen Stelle der nächste Werktag[57].

V. Bedeutung der Vorschrift für Umstrukturierungen der GmbH außerhalb des UmwG

18   Die Vorschrift bezieht sich in ihrem unmittelbaren Geltungsbereich nur auf Verschmelzungen sowie auf Spaltungen nach dem UmwG unter Beteiligung von Gesellschaften mit beschränkter Haftung[58]. Es stellt sich aber die Frage, ob eine **Ausstrahlungswirkung** der im UmwG getroffenen Regelungen, insbesondere des § 47, auf die Behandlung anderer, die Struktur einer Gesellschaft ebenfalls verändernde Maßnahmen besteht[59]. Solche Maßnahmen, die dem UmwG nicht direkt unterfallen, wie etwa Anwachsungen nach § 738 BGB oder Einzelrechtsübertragungen[60], können Ausgliederungsvorhaben mit erheblichen strukturändernden Auswirkungen[61], die Veräußerung von unternehmerischen Kernaktivitäten[62], der Erwerb von Tochtergesellschaften[63] oder die Aufgabe von Betrieben, Teilbetrieben und Tätigkeitsbereichen[64] sein[65].

19   Die Reichweite ungeschriebener Mitwirkungsbefugnisse der Haupt- bzw. Gesellschafterversammlung ist im Schrifttum nicht abschließend geklärt. In der „Gelatine"-Entscheidung vom 26.4.2004[66] hat der BGH nunmehr für die AG klargestellt, dass eine im Gesetz nicht ausdrücklich vorgesehene Mitwirkung der Hauptversammlung **nur ausnahmsweise und**

---

[54] *Hüffer* in Hachenburg § 51 GmbHG Rn 15; *Lutter/Hommelhoff* in Lutter/Hommelhoff § 51 GmbHG Rn 9 mit Einschränkung auf Zustellungen innerhalb Westeuropas.
[55] *Winter* in Lutter Rn 17; *Mayer* in Widmann/Mayer Rn 7.
[56] *K. Schmidt* in Scholz § 51 GmbHG Rn 14; *Hüffer* in Hachenburg § 51 GmbHG Rn 14; *Lutter/Hommelhoff* in Lutter/Hommelhoff § 51 GmbHG Rn 8.
[57] Nachweise in Fn 55.
[58] Vgl. die Verweisungsvorschriften in § 56 und § 125 Satz 1.
[59] Vgl. hierzu die grundlegende „Holzmüller"-Entscheidung des BGH zur ungeschriebenen Zuständigkeit der Hauptversammlung für grundlegende Strukturentscheidungen einer AG und deren Folgen, BGHZ 83, 122.
[60] Vgl. *Lutter* in Lutter Einl. Rn 45; ferner *LG Hamburg* DB 1997, 516; *LG Karlsruhe* ZIP 1998, 385; *Schwarz* in Widmann/Mayer § 1 Rn 38; *Kallmeyer* in Kallmeyer § 1 Rn 21; *Heckschen* DB 1998, 1385; *Priester* ZHR 163 (1999) 187, 190; *Leinekugel* S. 17 ff.
[61] Vgl. *Reichert* ZHR Beiheft 68, S. 25, 60 ff.
[62] *LG Frankfurt* NZG 1998, 113, 116; *Groß* AG 1996, 111, 116; kritisch *Reichert* AG 2005, 150, 155.
[63] *Habersack* in Emmerich/Habersack Vorb. § 311 AktG Rn 19; grundsätzlich ablehnend *Reichert* in Semler/Volhard HV Hdb. § 5 Rn 84 f.; *ders*. AG 2005, 150, 156 f.
[64] *Reichert* ZHR Beiheft 68, S. 25, 70.
[65] Eingehend *Reichert* in Semler/Volhard HV Hdb. § 5 Rn 81 ff.; *ders*. AG 2005, 150 ff., zu weiterhin möglichen, bereits vor dem UmwG bekannten Umstrukturierungen außerhalb des UmwG vgl. Reg-Begr. *Ganske* S. 43 f.; *Reichert* ZHR Beiheft 68, S. 25, 27; *Lutter* in Lutter Einl. Rn 40.
[66] *BGH* AG 2004, 384 ff.

in engen Grenzen, nämlich dann in Betracht komme, wenn sie an der Kernkompetenz der Hautversammlung, über die Verfassung der Gesellschaft zu bestimmen, rühren und in ihren Auswirkungen einem Zustand entsprechen, der allein durch eine Satzungsänderung herbeigeführt werden könne. Nach Auffassung des Senats kann die Überschreitung der im Schrifttum in diesem Zusammenhang genannten Schwellenwerte – sie beziehen sich auf unterschiedliche Parameter und schwanken zwischen 10 % und 50 %[67] – insoweit nicht ausreichen. Eine ungeschriebene Mitwirkungsbefugnis komme vielmehr erst dann in Betracht, wenn der Bereich, auf den sich die fragliche Maßnahme erstrecke, in seiner Bedeutung für die Gesellschaft die Ausmaße der „Holzmüller"-Entscheidung erreiche, welche bekanntlich die Ausgliederung des wertvollsten, 80 % des Gesellschaftsvermögens ausmachenden Betriebsteils betraf[68].

Ist eine Maßnahme nach den oben genannten Grundsätzen zustimmungspflichtig, so kommt als „Ausstrahlungswirkung" nicht etwa nur die analoge Anwendung des UmwG auf Umstrukturierungsmaßnahmen außerhalb des UmwG in Betracht; es geht vielmehr – allgemein – um die Frage nach beschlussbegleitenden Minderheitsschutzrechten, wie sie im UmwG sehr weitgehend enthalten sind[69]. Grundsätzliche Einwände gegen einen Wertungstransfer aus dem UmwG existieren dabei nicht[70]. Doch bedarf die Übertragung wesentlicher Vorschriften einer genauen Einzelfallprüfung[71].

Eine Pflicht der Gesellschafterversammlung, auch in Fällen sonstiger Strukturänderungen die vertraglichen Grundlagen vorzulegen, setzt zunächst voraus, dass es einer Befassung der Gesellschafterversammlung bedarf[72]. Entscheidend für ein Abstellen auf die Wertungen des UmwG ist dabei die **Differenzierung** von Geschäftsführungsmaßnahmen einerseits und Strukturentscheidungen andererseits[73]. Ist die Schwelle zu einer Strukturveränderung überschritten, erfolgt eine Orientierung an dem gesetzlichen Leitbild, wie es im UmwG und insbesondere in § 47 Ausdruck gefunden hat[74]. Dies bedeutet, dass sowohl eine Berichtspflicht wie auch eine gesetzliche Verpflichtung zur Übersendung des wesentlichen Inhalts von Verträgen zwischen den beteiligten Rechtsträgern bestehen kann, auch wenn es an einer ausdrücklichen gesetzlichen Normierung fehlt[75]. Informationen sind bereits vor der Gesellschafterversammlung zugänglich zu machen, damit die Gesellschafter sachgerecht in voller Kenntnis der Tragweite ihrer Entscheidung ihr Stimmrecht ausüben können[76]. Der Schutz der Gesellschafter setzt allerdings keine deckungsgleiche Abbildung der Schutznormen des UmwG voraus. Es ist im Übrigen regelmäßig möglich, anstelle der Einholung der Zustim-

---

[67] Vgl. zu den im Anschluss an die „Holzmüller"-Entscheidung entwickelten Schwellenwerten *Reichert* in Semler/Volhard HV Hdb. § 5 Rn 77, 95; zu den Auswirkungen der „Gelatine"-Entscheidung vgl. *Reichert* AG 2005, 150, 155.
[68] BGH AG 2004, 384 ff.; vgl. hierzu *Reichert* AG 2005, 150, 153.
[69] So zutreffend *Lutter* in Lutter Einl. Rn 48.
[70] Vgl. *OLG Frankfurt* am Main DB 1999, 1004, 1005; *Reichert* ZHR Beiheft 68, S. 25, 36; *Lutter* in Lutter Einl. Rn 42; *Lutter/Leinekugel* ZIP 1999, 261, 265; *Veil* ZIP 1998, 361, 367 Fn 56. AA *Kallmeyer* in Kallmeyer § 1 Rn 24; *Aha* AG 1997, 345, 356; *Bungert* NZG 1998, 367, 370; *Heckschen* DB 1998, 1385, 1386; siehe § 1 Rn 68.
[71] Hierzu *Reichert* ZHR Beiheft 68, S. 25, 62 f.
[72] Hinsichtlich einer Hauptversammlungszuständigkeit vgl. *Reichert* in Semler/Volhard HV Hdb. § 5 Rn 70.
[73] Vgl. *Lutter* in Lutter Einl. Rn 44.
[74] Diese Grundsätze gelten nicht nur für Aktiengesellschaften, sondern auch für die GmbH, obwohl sich die Sonderregelungen des UmwG nicht in gleicher Weise ins GmbH-Recht einfügen wie in das Aktienrecht, vgl. *Reichert* ZHR Beiheft 68, S. 25, 62 f.
[75] *Reichert* in Semler/Volhard § 5 Rn 30; *ders.* AG 2005, 150, 158 f.; *Lutter*, FS Fleck, 1988, S. 169, 176; vgl. auch *Groß* AG 1996, 111, 116 f. mit Beschränkung der Versendungspflicht bei einer AG auf den Vorstandsbericht.
[76] *Reichert* ZHR Beiheft 68, S. 25, 60.

mung zu einem bestimmten Vertrag nur einen sog. Rahmenbeschluss herbeizuführen. Dann genügt es, wenn die Essentialia der vorgesehenen Maßnahme im Zeitpunkt des Beschlusses feststehen bzw. der Ermächtigungsbeschluss entsprechend determiniert ist[77]. Auch in solchen Fällen sind die strukturändernden Maßnahmen zu erläutern und zu begründen[78]. Allerdings kann auf die Erstattung des Berichts wie auch auf dessen Übersendung durch die Anteilsinhaber der beteiligten Rechtsträger verzichtet werden, wozu es – anders als bei formpflichtigen Maßnahmen nach dem UmwG – keiner notariellen Form bedarf[79]; gleichwohl empfiehlt sich die Einhaltung der notariellen Form in der Praxis, um Risiken zu vermeiden[80].

22 Die Unterrichtung hat sich bei strukturändernden Maßnahmen außerhalb des UmwG mithin zwar am Inhalt des UmwG zu orientieren, **ohne** dass es aber notwendig der im UmwG vorgesehenen **Formalisierung** bedarf. Entscheidend ist, dass jeder Gesellschafter ohne Rückfrage erkennen kann, worüber verhandelt und Beschluss gefasst werden soll, und zwar so genau, dass ihm eine sinnvolle Vorbereitung ermöglicht wird[81]. Wird unter Umgehung der Partizipations- und Informationsrechte der Anteilsinhaber ein Beschluss herbeigeführt, kann gegen diesen im Wege der Anfechtungsklage vorgegangen werden[82]. Hält aber bereits das UmwG in bestimmten Situationen solche Informationsrechte nicht für erforderlich[83], sind diese auch bei anderweitigen Umstrukturierungen außerhalb des UmwG entbehrlich[84]. Hinsichtlich der Bemessung der Übermittlungsfrist kann man sich an den gesetzlichen Mindestfristen, mithin der Wochenfrist, sowie an etwaigen längeren, im Gesellschaftsvertrag für die Ankündigung der Tagesordnung vorgesehenen Fristen orientieren[85].

§ 48 Prüfung der Verschmelzung

Der Verschmelzungsvertrag oder sein Entwurf ist für eine Gesellschaft mit beschränkter Haftung nach den §§ 9 bis 12 zu prüfen, wenn dies einer ihrer Gesellschafter innerhalb einer Frist von einer Woche verlangt, nachdem er die in § 47 genannten Unterlagen erhalten hat. Die Kosten der Prüfung trägt die Gesellschaft.

Übersicht

	Rn		Rn
I. Allgemeines	1	1. Beteiligung einer GmbH	6
1. Verhältnis zum früheren Recht	1	2. Verlangen eines Gesellschafters	7
2. Inhalt und Zweck der Norm	3	3. Frist	12
II. Voraussetzungen der Verschmelzungsprüfung	6	III. Bestellung des Verschmelzungsprüfers	17
		IV. Kosten	21

Literatur: *Schöne*, Die Spaltung unter Beteiligung von GmbH gem. §§ 123 ff. UmwG, 1998; *ders.*, Das Aktienrecht als Maß aller Dinge im neuen Umwandlungsrecht?, GmbHR 1995, 325; *Zimmermann*, Verschmelzungsprüfung bei der GmbH-Verschmelzung, FS Brandner, 1996, S. 167.

---

[77] *Reichert* ZHR Beiheft 68, S. 25, 59.
[78] *Reichert* ZHR Beiheft 68, S. 25, 61.
[79] *Reichert* ZHR Beiheft 68, S. 25, 61; *Reichert* in Semler/Volhard HV Hdb. § 5 Rn 80.
[80] Vgl. *Reichert* in Semler/Volhard HV Hdb. § 5 Rn 80.
[81] *Hüffer* in Hachenburg § 51 GmbHG Rn 21; *Zöllner* in Baumbach/Hueck § 51 GmbHG Rn 21; *Reichert* ZHR Beiheft 68, S. 25, 62.
[82] *Lutter* in Lutter Einl. Rn 49.
[83] Vgl. die §§ 8 Abs. 2, 3; 9 Abs. 2, 3.
[84] *Lutter* in Lutter Einl. Rn 45.
[85] *Reichert* ZHR Beiheft 68, S. 25, 63.

I. Allgemeines

1. Verhältnis zum früheren Recht

Die Bestimmung hebt die Differenzierung nach altem Recht auf, wonach eine Verschmelzungsprüfung bei einer GmbH von der Rechtsform der anderen beteiligten Rechtsträger abhängig gemacht wurde. Durch die Norm werden **sämtliche Fälle** der Verschmelzung unter Beteiligung einer GmbH auf Verlangen eines Anteilsinhabers einer Verschmelzungsprüfung zugänglich gemacht. Die Beschränkung des Prüfungsverfahrens auf den Fall der Verschmelzung einer GmbH auf eine AG oder KGaA wurde aufgehoben. Damit wird der auch in den anderen Fällen einer Verschmelzung unter GmbH-Beteiligung identischen Interessenlage Rechnung getragen, in denen die Gesellschafter ebenfalls ein berechtigtes Interesse an der Prüfung des Verschmelzungsvertrags und des Umtauschverhältnisses ihrer Anteile haben können[1].

Durch das Zweite Gesetz zur Änderung des Umwandlungsgesetzes wurde **§ 48 neu gefasst**[2]. Ausweislich der Gesetzesbegründung soll durch die Neuregelung verhindert werden, dass ein Gesellschafter erst in der Gesellschafterversammlung, die den Verschmelzungsbeschluss fassen soll, die Prüfung des Verschmelzungsvertrags oder des Entwurfs verlangt und die Beschlussfassung daher vertagt werden muss. Es handelt sich dabei um eine Parallelregelung zur Neufassung des § 44.

2. Inhalt und Zweck der Norm

Jedem GmbH-Gesellschafter soll mit der Vorschrift das Recht eingeräumt werden, eine Verschmelzungsprüfung nach den §§ 9 bis 12 in Gang setzen zu können und damit Zweifel über die Rechtmäßigkeit der Verschmelzung und insbesondere die angemessene Berücksichtigung der eigenen wirtschaftlichen und rechtlichen Stellung überprüfen zu lassen[3]. Auf Verlangen eines Gesellschafters ist der Verschmelzungsvertrag oder sein Entwurf und damit auch die Angemessenheit des Umtauschverhältnisses der Anteile durch unabhängige Sachverständige zu prüfen[4]. Der Verschmelzungsbericht ist zwar nicht selbst Gegenstand der Prüfung, aber zumindest Bezugspunkt des Prüfungsberichts[5].

Eine etwaige Kostenlast soll der Möglichkeit, entsprechend dem anerkannten Schutzbedürfnis eine Prüfung zu begehren, nicht entgegenstehen. Deshalb sind in Satz 2 die Prüfungskosten zwingend der Gesellschaft auferlegt worden[6]. Zugleich soll mit dieser **Kostenregelung** die Gesellschaft angehalten werden, im Vorfeld umfassend zu informieren und auf diese Weise eine Verschmelzungsprüfung ggf. entbehrlich zu machen[7].

Eine Verschmelzungsprüfung ist, da es an einem ein entsprechendes Schutzbedürfnis auslösenden Anteilstausch fehlt, nicht erforderlich, soweit sich sämtliche Anteile des übertragen-

---

[1] RegBegr. *Ganske* S. 98; *Zimmermann*, FS Brandner, S. 167, 169.
[2] BGBl. I 2007 S. 542; zum RefE vgl. etwa Kiem WM 2006, 1091; *Müller* NZG 2006, 286; *Neye/Timm* DB 2006, 488; *Drinhausen/Keinath* BB 2006, 725; *Forsthoff* DStR 2006, 613; *Harlitz/v. Wolf* GmbHR 2006, 340; zum RegE *Drinhausen* BB 2006, 2313.
[3] RegBegr. *Ganske* S. 99; *Mayer* in Widmann/Mayer Rn 4.
[4] RegBegr. *Ganske* S. 98; *Mayer* in Widmann/Mayer Rn 3. Häufig wird die Prüfung zeitlich parallel zur Ermittlung des Umtauschverhältnisses und ggf. der Barabfindung durchgeführt. Eine Parallelprüfung spricht nicht gegen die Unabhängigkeit derselben, selbst wenn die Prüfung hierbei auf die Ermittlung des Unternehmenswertes Einfluss nimmt, da eine frühzeitige Fehlerkorrektur vom Prüfungszweck erfasst wird; vgl. OLG Stuttgart DB 2004, 60 (zum Squeeze Out).
[5] Siehe § 12; *Zimmermann*, FS Brandner, S. 167, 181.
[6] *Zimmermann*, FS Brandner, S. 167, 169.
[7] RegBegr. *Ganske* S. 99; *Müller* in Kallmeyer Rn 1.

den Rechtsträgers in der Hand des übernehmenden Rechtsträgers befinden[8]. Auch darüber hinaus ist ein **Verzicht** auf eine Verschmelzungsprüfung möglich. Dieser ist indessen von sämtlichen Anteilsinhabern in notarieller Form zu erklären und schließt mithin das Recht aus, eine Verschmelzungsprüfung zu verlangen[9]. Erklärt nur ein Gesellschafter einen solchen notariellen Verzicht, nicht aber die übrigen, wird dessen Recht auf Prüfung zwar nicht wirksam ausgeschlossen. Ein späterer Antrag auf Durchführung der Verschmelzung wird jedoch im Allgemeinen rechtsmissbräuchlich sein[10].

II. Voraussetzungen der Verschmelzungsprüfung

1. Beteiligung einer GmbH

6   Die Vorschrift findet auf jeden Fusionsvorgang unter Beteiligung einer GmbH Anwendung, unabhängig von deren Rolle als übertragender oder übernehmender bzw. neu gebildeter Rechtsträger. Die Norm regelt aber lediglich die Voraussetzungen für eine Prüfungspflicht bei einer an der Verschmelzung beteiligten GmbH (sog. **Prüfungsbefehl**), nicht aber die Erfordernisse einer Prüfung bei beteiligten Rechtsträgern mit anderer Rechtsform[11].

2. Verlangen eines Gesellschafters

7   Die Prüfung für eine an der Verschmelzung beteiligte GmbH hat auf Verlangen eines ihrer Gesellschafter zu erfolgen. Das Verlangen ist weder an einen bestimmten Wortlaut noch an eine bestimmte Form gebunden[12]. Wird es in **mündlicher Form** vorgebracht, empfiehlt sich indessen, es zu dokumentieren[13]. Die Erklärung des Gesellschafters, die als empfangsbedürftige Willenserklärung nach § 133 BGB auslegungsfähig ist, muss erkennen lassen, dass eine sachverständige Prüfung der Verschmelzung gewollt ist. Adressat des Verlangens ist die Gesellschaft, wobei die Geltendmachung gegenüber einem Geschäftsführer genügt[14].

8   Das **Antragsrecht** steht jedem Gesellschafter unabhängig von der Größe seines Geschäftsanteils und dessen Ausstattung zu. Gesellschafter ohne Stimmrecht können ebenso das Verlangen auf Prüfung stellen wie auch von der Abstimmung nach § 47 Abs. 4 GmbHG ausgeschlossene Gesellschafter[15]. Für diese Anteilsinhaber ist die Prüfung der Verschmelzung wegen ihrer beschränkten Einflussnahmemöglichkeit als **Schutzmechanismus** in besonderer Weise bedeutsam. Ein Recht des die Prüfung beantragenden Gesellschafters, auf die Person des Prüfers Einfluss zu nehmen, besteht hingegen nicht[16]. Vielmehr erfolgen Auswahl und Bestellung der Verschmelzungsprüfer nach der Neufassung des § 10 Abs. 1 durch das Gesetz zur Neuordnung des gesellschaftsrechtlichen Spruchverfahrens (SpruchG)[17] durch das zuständige Landgericht[18].

---

[8] § 9 Abs. 2.
[9] § 9 Abs. 3 iVm. § 8 Abs. 3.
[10] Siehe Rn 11.
[11] *Winter* in Lutter Rn 3.
[12] *Müller* in Kallmeyer Rn 2; *Bermel* in Goutier/Knopf/Tulloch Rn 5; *Mayer* in Widmann/Mayer Rn 17; *Stratz* in Schmitt/Hörtnagl/Stratz Rn 3.
[13] So *Müller* in Kallmeyer Rn 2.
[14] § 35 Abs. 2 Satz 3 GmbHG.
[15] Nicht antragsberechtigt sind demgegenüber – mangels Gesellschafterstellung – Inhaber von Wandelschuldverschreibungen, Genussrechtsinhaber und ähnliche Personen; vgl. *Winter* in Lutter Rn 4; *Müller* in Kallmeyer Rn 3; *Bermel* in Goutier/Knopf/Tulloch Rn 4; *Mayer* in Widmann/Mayer Rn 7; *Schöne* S. 404.
[16] *Schöne* GmbHR 1995, 325, 335; siehe auch Rn 18 ff.
[17] BGBl. I S. 838.
[18] Dazu Rn 17 ff.; ferner Kallmeyer Rn 6.

Prüfung der Verschmelzung 9–14 § 48

Da das Antragsrecht als **Teil des allgemeinen Mitgliedschaftsrechts** zu qualifizieren ist, muss der Antragsteller im Zeitpunkt seines Verlangens Gesellschafter sein[19]. Der zulässige Antrag eines früheren Gesellschafters gilt bei seinem Ausscheiden zugunsten seines Rechtsnachfolgers. Die Anmeldung eines Gesellschafters bei der Gesellschaft begründet eine unwiderlegliche Vermutung für die Gesellschaftereigenschaft[20].

Eines gesonderten Antrags auf Prüfung bedarf es ausnahmsweise nicht, wenn zugunsten der Gesellschafter der übertragenden GmbH ein Barabfindungsangebot im Verschmelzungsvertrag enthalten sein muss[21]. Die Angemessenheit einer solchen **Barabfindung** ist immer zu prüfen[22]. Allerdings ist die Pflichtprüfung auch hierauf beschränkt. Sie kann die umfangreichere Verschmelzungsprüfung nach den §§ 9 bis 12 nicht in ihrer gesamten Breite ersetzen[23].

Hat ein Gesellschafter in notarieller Form auf die Durchführung der Verschmelzungsprüfung einmal **verzichtet**, ist aber eine Prüfung wegen fehlender Verzichtserklärungen aller Gesellschafter nicht ausgeschlossen[24], wird sich sein individuelles Verlangen im Allgemeinen als rechtsmissbräuchlich darstellen und nicht zu einer Prüfungspflicht der Gesellschaft aufgrund seines konkreten Antrags führen[25].

3. Frist

Nach **bisheriger Rechtslage** konnte jeder Gesellschafter das Prüfungsverlangen noch in der Gesellschafterversammlung stellen, in der über die Verschmelzung Beschluss gefasst werden sollte. Kam es zu einem Prüfungsverlangen im nahen Vorfeld der Verschmelzungsversammlung oder in der Versammlung selbst, lag der Prüfungsbericht mit anderen Worten in der Versammlung noch nicht vor[26], war eine Beschlussfassung über die Verschmelzung nicht möglich[27], da anderenfalls der Zweck der Prüfung, nämlich die Vorabinformation der Gesellschafter zu gewährleisten, vereitelt und die Prüfung überflüssig gewesen wäre. Die Versammlung musste in einem solchen Fall auf den Zeitpunkt neu einberufen werden, zu dem die Prüfung abgeschlossen und der Prüfungsbericht[28] fristgerecht an die Gesellschafter übermittelt wurde. Geschah dies nicht, war ein dennoch gefasster Zustimmungsbeschluss anfechtbar[29].

Um dieses Ergebnis zu vermeiden, wurde § 48 durch das Zweite Gesetz zur Änderung des Umwandlungsgesetzes[30] dahin geändert, dass die Prüfung der Verschmelzung nunmehr **innerhalb einer Frist von einer Woche** nach Übersendung des Verschmelzungsvertrags und des Verschmelzungsberichts an die Gesellschafter zu verlangen ist.

Diese Regelung ist zu begrüßen. Allerdings bleibt abzuwarten, welche Erleichterungen sie in der Praxis bringen wird. Denn die Durchführung der Verschmelzung, einschließlich gerichtlicher Bestellung des Verschmelzungsprüfers, wird idR mehr Zeit erfordern als zwischen

---

[19] *Müller* in Kallmeyer Rn 3.
[20] Vgl. § 16 GmbHG.
[21] § 29.
[22] § 30 Abs. 2 Satz 1; zur Möglichkeit des Verzichts vgl. § 30 Abs. 2 Satz 3.
[23] *Winter* in Lutter Rn 5; *Schöne* S. 234 ff.
[24] § 9 Abs. 3 iVm. § 8 Abs. 3.
[25] *Mayer* in Widmann/Mayer Rn 18; *Stratz* in Schmitt/Hörtnagl/Stratz Rn 3.
[26] Der Prüfungsbericht ist grundsätzlich der Gesellschaft vorzulegen, wobei diese wiederum eine Übermittlung an die Gesellschafter vorzunehmen hat, siehe § 47.
[27] *Winter* in Lutter Rn 8; *ders.* in Lutter Umwandlungsrechtstage S. 19, 33 ff.; *H. Schmidt* in Lutter Umwandlungsrechtstage S. 59, 76; *Mayer* in Widmann/Mayer Rn 10; *Zimmermann*, FS Brandner, S. 172 f.
[28] Entsprechend § 47.
[29] *Winter* in Lutter Rn 8 und 9; *Mayer* in Widmann/Mayer Rn 10.
[30] BGBl. I 2007 S. 542; zum RefE vgl. etwa *Kiem* WM 2006, 1091; *Müller* NZG 2006, 286; *Neye/Timm* DB 2006, 488; *Drinhausen/Keinath* BB 2006, 725; *Forsthoff* DStR 2006, 613; *Haritz/v. Wolf* GmbHR 2006, 340; zum RegE *Drinhausen* BB 2006, 2313.

Ablauf der Wochenfrist für die Stellung des Antrags und dem Datum der Gesellschafterversammlung zur Verfügung steht[31].

15 Sollen **Verzögerungen von vornherein vermieden werden**, bieten sich hierzu künftig mehrere Wege an. Zunächst können notariell beurkundete Erklärungen aller Gesellschafter eingeholt werden, in denen diese auf eine Verschmelzungsprüfung verzichten[32]. Des Weiteren lässt sich dieses Problem, soweit dies gesellschaftsvertraglich zulässig ist, durch eine **hinreichende Verlängerung der Einberufungsfrist** entschärfen[33]. Alternativ besteht die Möglichkeit, die Durchführung einer Verschmelzungsprüfung weitestgehend vorzubereiten, um im Fall eines entsprechenden Antrags die Verschmelzungsprüfung in der verbleibenden Zeit durchführen zu können[34]. Schließlich hat die Gesellschaft die Möglichkeit, im Vorfeld der Beschlussfassung selbst eine Prüfung der Verschmelzung unabhängig vom Willen eines Gesellschafters zu initiieren[35]. Dieses Vorgehen bietet sich insbesondere in den Fällen an, in denen im Hinblick auf einen anderen in der Verschmelzung beteiligten Rechtsträger ohnehin eine Prüfung notwendig ist[36]. Bei solchen Konstellationen kommt die Bestellung eines gemeinsamen Verschmelzungsprüfers in Betracht[37]. Auch soweit die Angemessenheit eines Barabfindungsangebots einer Prüfung zu unterziehen ist[38], ist von vornherein eine Erweiterung des Prüfungsgegenstands auf die Verschmelzung iSd. § 48 vorzusehen[39].

16 Die in der Norm vorgesehene Wochenfrist stellt eine Ausschlussfrist dar. Wird ein Prüfungsantrag nicht fristgerecht gestellt, führt dies zum Ausschluss des Prüfungsrechts. Die Fristberechnung erfolgt gemäß §§ 187 Abs. 1, 188 Abs. 2 BGB. Die Wochenfrist stellt eine gesetzliche Mindestfrist dar; eine Abkürzung der Wochenfrist ist daher unzulässig.

III. Bestellung des Verschmelzungsprüfers

17 Seit Inkrafttreten des Gesetzes zur Neuordnung des gesellschaftsrechtlichen Spruchverfahrens (SpruchG) am 1.9.2003[40] werden die Verschmelzungsprüfer auf Antrag des Vertretungsorgans nur noch durch das zuständige Landgericht bestellt[41]. Die Verschmelzungsprüfer können auf gemeinsamen Antrag der Vertretungsorgane für mehrere oder alle beteiligten Rechtsträger gemeinsam bestellt werden[42]. Im Gegensatz zur früheren Rechtslage ist eine Bestellung durch das Vertretungsorgan nunmehr ausgeschlossen.

18 Durch die – zwingende – Neuregelung soll die Unabhängigkeit der Prüfer gestärkt und jedem Eindruck der Parteinähe von vornherein entgegengewirkt werden. Hierdurch soll die Akzeptanz der Prüfungsergebnisse verbessert werden, um die Prüfungsberichte in einem etwaigen Spruchverfahren verstärkt heranziehen und zeitaufwändige Zweitgutachten vermeiden zu können.

19 Die beteiligten Rechtsträger können dem Gericht einen Prüfer zur Bestellung vorschlagen. Das Gericht ist an einen solchen Vorschlag nicht gebunden, sondern umgekehrt sogar verpflichtet, die Unabhängigkeit der Prüfung – etwa auch unter dem Gesichtspunkt von

---

[31] Kritisch auch *Drinhausen* BB 2006, 2313, 2314.
[32] § 9 Abs. 3 iVm. § 8 Abs. 3.
[33] Vgl. *Drinhausen* BB 2006, 2313, 2314.
[34] Vgl. *Drinhausen* BB 2006, 2313, 2314.
[35] Zu einem solchen Vorgehen *Müller* in Kallmeyer Rn 1; *Winter* in Lutter Rn 10; *H. Schmidt* in Lutter Umwandlungsrechtstage S. 59, 76.
[36] ZB bei einer AG nach § 60 Abs. 1.
[37] § 10 Abs. 1 Satz 2.
[38] § 29; zum Verzicht auf die Prüfung vgl. § 30 Abs. 2.
[39] So auch *Mayer* in Widmann/Mayer Rn 16; *Winter* in Lutter Umwandlungsrechtstage S. 19, 34; *Bermel* in Goutier/Knopf/Tulloch Rn 6.
[40] BGBl. I S. 838.
[41] § 10 Abs. 1; vgl *Müller* in Kallmeyer Rn. 6.
[42] § 10 Abs. 1 Satz 2.

Beratungstätigkeiten, die für das zu prüfende Unternehmen erbracht werden oder wurden – besonders kritisch zu würdigen.

Die Entscheidung des Gerichts kann mit der sofortigen Beschwerde beim zuständigen OLG angefochten werden[43]. 20

IV. Kosten

Die Kosten der Verschmelzungsprüfung trägt die **Gesellschaft**[44]. Damit soll dem Schutzbedürfnis des einzelnen Gesellschafters Rechnung getragen und eine umfassende Informationsgewährung durch die Gesellschaft, die die Chance erhöht, dass keine Verschmelzungsprüfung verlangt wird, sichergestellt werden[45]. 21

§ 49 Vorbereitung der Gesellschafterversammlung

(1) Die Geschäftsführer haben in der Einberufung der Gesellschafterversammlung, die gemäß § 13 Abs. 1 über die Zustimmung zum Verschmelzungsvertrag beschließen soll, die Verschmelzung als Gegenstand der Beschlußfassung anzukündigen.

(2) Von der Einberufung an sind in dem Geschäftsraum der Gesellschaft die Jahresabschlüsse und die Lageberichte der an der Verschmelzung beteiligten Rechtsträger für die letzten drei Geschäftsjahre zur Einsicht durch die Gesellschafter auszulegen.

(3) Die Geschäftsführer haben jedem Gesellschafter auf Verlangen jederzeit Auskunft auch über alle für die Verschmelzung wesentlichen Angelegenheiten der anderen beteiligten Rechtsträger zu geben.

Übersicht

	Rn		Rn
I. Allgemeines	1	Rechtsträger für die letzten drei Geschäftsjahre	6
1. Verhältnis zum früheren Recht	1	IV. Auskunftsrechte	9
2. Inhalt und Zweck der Norm	2	1. Eigene Angelegenheiten (§ 51 a GmbHG)	9
3. Zwingende Mindesterfordernisse	3	2. Für die Verschmelzung wesentliche Angelegenheiten anderer beteiligter Rechtsträger	13
II. Ankündigung zur Beschlussfassung	4		
III. Auslegung der Jahresabschlüsse und Lageberichte der an der Verschmelzung beteiligten		V. Anfechtungsrisiken	18

Literatur: *Barz,* Rechtliche Fragen zur Verschmelzung von Unternehmungen, AG 1972, 1; *Deutler,* Das neue GmbH-Recht – GmbH-Novelle 1980, 1980; *Krieger,* Der Konzern in Fusion und Umwandlung, ZGR 1990, 517; *Schöne,* Das Aktienrecht als „Maß aller Dinge" im neuen Umwandlungsrecht?, GmbHR 1995, 325; *Spitze/Diekmann,* Verbundene Unternehmen als Gegenstand des Interesses von Aktionären, ZHR 158 (1994) 447; *Vetter,* Auslegung der Jahresabschlüsse für das letzte Geschäftsjahr zur Vorbereitung von Strukturbeschlüssen der Gesellschafter, NZG 1999, 925.

I. Allgemeines

1. Verhältnis zum früheren Recht

Die neue Regelung in **Abs. 1** verlangt die explizite Ankündigung der Verschmelzung als Beschlussgegenstand bereits in der Einberufung der Gesellschafterversammlung und ergänzt 1

---

[43] § 10 Abs. 5.
[44] § 48 Satz 2.
[45] RegBegr. *Ganske* S. 99.

damit die Sollvorschrift des § 51 Abs. 2 GmbHG. **Abs. 2** erweitert den Anwendungsbereich der nach früherem Recht[1] ausdrücklich nicht für die Verschmelzung einer GmbH mit einer AG geltenden Regelung, dass die Jahresabschlüsse und Lageberichte der letzten drei Geschäftsjahre im Zeitraum zwischen Einberufung und Durchführung der Gesellschafterversammlung zur Einsicht der Gesellschafter auszulegen sind, auf jede an einer Verschmelzung beteiligte GmbH[2]. Mit Ausnahme von einigen redaktionellen Änderungen gleicht **Abs. 3** den Regelungen der bisher geltenden §§ 20 Abs. 5 KapErhG (GmbH-Verschmelzung) und 340 d Abs. 6 AktG (AG-Verschmelzung).

2. Inhalt und Zweck der Norm

2   Die Vorschrift soll im Zusammenspiel mit § 47 sicherstellen, dass alle Gesellschafter rechtzeitig[3] und umfassend[4] von der geplanten Verschmelzung Kenntnis erlangen[5]. Dazu legt **Abs. 1** wegen der besonderen Bedeutung der Verschmelzung den Zeitpunkt der Kenntniserlangung zwingend auf die Einberufung der über den Verschmelzungsbeschluss abstimmenden Gesellschafterversammlung fest[6]. Das allgemeine Informationsrecht von § 51 a GmbHG wird in **Abs. 2** dahin gehend konkretisiert, dass die Abschlüsse aller beteiligten Rechtsträger für die letzten drei Jahre auszulegen sind. Hingegen erweitert **Abs. 3** dieses Informationsrecht derart, dass sich das Auskunftsrecht der Gesellschafter auch auf die wesentlichen Angelegenheiten der anderen beteiligten Rechtsträger erstreckt[7].

3. Zwingende Mindesterfordernisse

3   **Abs. 1** ist entgegen der Sollvorschrift des § 51 Abs. 2 GmbHG zwingend. Auch **Abs. 2** ist nicht durch entsprechende gesellschaftsvertragliche Regelung abdingbar. Jedoch kann die Gesellschaftergesamtheit mittels *ad hoc*-Verzicht die Anwendbarkeit beider Absätze ausschließen[8]. Das den Gesellschaftern im Hinblick auf die anderen beteiligten Rechtsträger nach Abs. 3 zugebilligte Informationsrecht kann mit Blick auf § 51 a Abs. 3 GmbHG ebenfalls nicht statutarisch abbedungen werden[9]. Einen *ad hoc*-Verzicht schließt dies naturgemäß nicht aus[10].

---

[1] §§ 355 Abs. 2 Satz 2 iVm. § 340 d Abs. 2 Nr. 2 AktG aF. Siehe zB *Grunewald* in G/H/E/K § 355 AktG Rn 8 ff.

[2] Entsprechend der BegrRegE zur GmbH-Novelle 1980 – abgedruckt bei *Deutler*, Das neue GmbH-Recht – GmbH-Novelle 1980, S. 136 – wurde eine der aktienrechtlichen Regelung entsprechende Bestimmung für die GmbH-Verschmelzung im Hinblick auf das allgemeine Auskunfts- und Einsichtsrecht sowie das Recht, eine Vertragsabschrift verlangen zu können, für nicht erforderlich gehalten.

[3] § 49 Abs. 1.

[4] § 49 Abs. 2, 3.

[5] RegBegr. *Ganske* S. 99; *Mayer* in Widmann/Mayer Rn 4.

[6] *Winter* in Lutter Rn 2.

[7] Zu einer eventuellen Strafbarkeit wegen unrichtiger Darstellungen siehe § 313 Abs. 1 Nr. 1. Der Tatbestand des § 313 Abs. 1 Nr. 1 umfasst nur solche unrichtigen Angaben, die die Verhältnisse des durch den Täter repräsentierten Rechtsträgers betreffen. Mithin wird § 49 Abs. 3 hiervon nicht erfasst. Hingegen käme eine Strafbarkeit iVm. Abs. 2 in Betracht, wobei die Subsidiarität zu § 331 Nr. 1 HGB zu beachten ist.

[8] *Mayer* in Widmann/Mayer Rn 20 (für Abs. 2), Rn 38 (für § 49); *ders.* in Widmann/Mayer Vorb. §§ 46 bis 59 Rn 57; *Winter* in Lutter Rn 3 mit dem Hinweis, dass § 1 Abs. 3 nicht entgegensteht; näher dazu *ders.* in Lutter § 47 Rn 5; auch allg. *K. Schmidt* in Scholz § 49 GmbHG Rn 36.

[9] So *Winter* in Lutter Rn 3.

[10] *Mayer* in Widmann/Mayer Rn 38; *ders.* in Widmann/Mayer Vorb. §§ 46 bis 59 Rn 57. Zu den Rechtsfolgen unzureichender Beachtung dieser gesetzlichen Vorgaben, insbes. zur Anfechtbarkeit des Verschmelzungsbeschlusses siehe näher Rn 18.

II. Ankündigung zur Beschlussfassung

Durch Abs. 1 wird die Regelung des § 51 Abs. 2 GmbHG, wonach der Zweck der Gesellschafterversammlung (die einzelnen Verhandlungsgegenstände[11]) bei der Einberufung angegeben werden soll, zu einer **Pflicht zur Ankündigung der anstehenden Beschlussfassung über die Verschmelzung** konkretisiert. Die allgM[12] zu § 51 Abs. 2 GmbHG geht davon aus, dass sich eine Anfechtbarkeit des Gesellschafterbeschlusses nur vermeiden lässt, wenn die Ankündigung so deutlich ist, dass jeder Gesellschafter ohne Rückfrage erkennen kann, worüber verhandelt und Beschluss gefasst werden soll. Die Verschmelzung muss wegen ihrer besonderen Bedeutung ausdrücklich form- und fristgerecht[13] angekündigt werden[14]. Nicht erforderlich, aber empfehlenswert ist die Aufführung der einzelnen beteiligten Rechtsträger. Ein weiteres Informationsbedürfnis wird durch die Pflicht zur Übersendung von Verschmelzungsvertrag und -bericht nach § 47 sowie die Prüfungsmöglichkeit nach § 48 ausreichend gedeckt[15].

Die Fassung eines Verschmelzungsbeschlusses ist zulässigerweise nur möglich, wenn die Ankündigung der Verschmelzung im Einberufungsschreiben erfolgt. Unzureichend ist also auch die fristgemäße, aber mittels separatem Schreiben erfolgte Ankündigung[16]. Damit findet § 51 Abs. 4 GmbHG, der es ermöglicht, Beschlüsse – bei rügeloser Anwesenheit aller Gesellschafter – auch zu fassen, wenn die Verhandlungsgegenstände mindestens drei Tage vor der Versammlung angekündigt worden sind, auf Verschmelzungsbeschlüsse keine Anwendung. Das **Fehlen einer ordnungsgemäßen Ankündigung** führt, soweit nicht alle Gesellschafter anwesend sind und auf die Einhaltung der einberufungsrelevanten Formalien verzichten[17], zur Notwendigkeit einer erneuten, gesetzmäßigen Einberufung[18].

III. Auslegung der Jahresabschlüsse und Lageberichte der an der Verschmelzung beteiligten Rechtsträger für die letzten drei Geschäftsjahre

Vom Zeitpunkt der Einberufung der Gesellschafterversammlung sind in dem Geschäftsraum der GmbH bis zum Versammlungsende[19] die Jahresabschlüsse und Lageberichte aller an

---

[11] In der Kommentarliteratur (zB *Lutter/Hommelhoff* in Lutter/Hommelhoff § 51 GmbHG Rn 6; *Zöllner* in Baumbach/Hueck § 51 GmbHG Rn 21 f.) wird terminologisch häufig auf „die Tagesordnung" abgestellt; jedoch ist lediglich die Aufführung der einzelnen Verhandlungsgegenstände ohne Einhaltung der in einer Tagesordnung bestehenden zeitlichen Reihenfolge erforderlich – so auch *Hüffer* in Hachenburg § 51 GmbHG Rn 17 mwN.
[12] RGJW 1908, 674 f.; RGZ 86, 21, 22; BGH NJW 1960, 1861; 1962, 393; OLG Karlsruhe DB 1988, 1845; *Hüffer* in Hachenburg § 51 GmbHG Rn 21; *K. Schmidt* in Scholz § 51 GmbHG Rn 19; *Zöllner* in Baumbach/Hueck § 51 GmbHG Rn 24; *Lutter/Hommelhoff* in Lutter/Hommelhoff § 51 GmbHG Rn 6.
[13] Eingeschriebener Brief, § 51 Abs. 1 Satz 1 GmbHG; abgesehen von einer fristverlängernden Satzungsbestimmung, mindestens eine Woche vor der Gesellschafterversammlung, § 51 Abs. 1 Satz 2 GmbHG.
[14] *Stratz* in Schmitt/Hörtnagl/Stratz Rn 6.
[15] So auch *Stratz* in Schmitt/Hörtnagl/Stratz Rn 5; aA *Mayer* in Widmann/Mayer Rn 6; unklar *Kallmeyer* in Kallmeyer Rn 1.
[16] *Winter* in Lutter Rn 5; *Stratz* in Schmitt/Hörtnagl/Stratz Rn 5.
[17] § 51 Abs. 3 GmbHG. Anwesend sind nur solche Gesellschafter, die rügelos anwesend sind, *K. Schmidt* in Scholz § 51 GmbHG Rn 43.
[18] *Winter* in Lutter Rn 5; *Kallmeyer* in Kallmeyer Rn 1; *Mayer* in Widmann/Mayer Rn 10.
[19] *Mayer* in Widmann/Mayer Rn 16; *Bermel* in Goutier/Knopf/Tulloch Rn 9.

der Verschmelzung beteiligten Rechtsträger für die letzten drei **Geschäftsjahre zur Einsicht durch die Gesellschafter auszulegen**[20].

7 Wie bei vergleichbaren Regelungen[21] stellt sich die Frage, wie zu verfahren ist, wenn für das abgelaufene Geschäftsjahr **noch keine festgestellten Jahresabschlüsse mit Lageberichten vorliegen**. Denkbar ist die Annahme, dass in diesem Fall eine Einladung zur Gesellschafterversammlung unterbleiben muss, da entsprechende Beschlüsse anfechtbar wären[22]. Die alternativ denkbare Möglichkeit geht dahin, die Vorlage des Jahresabschlusses und Geschäftsberichts für das vorangegangene Geschäftsjahr für entbehrlich zu halten, wenn die Jahresabschlüsse und Lageberichte nach den handelsrechtlichen Vorschriften für den vorangegangenen Jahresabschluss noch nicht zu erstellen waren[23]. Einerseits spricht einiges dafür, den Gesellschaftern für ihre Entscheidung den Jahresabschluss für das vorausgegangene Geschäftsjahr nicht vorzuenthalten. Andererseits würde die sich daraus ergebende Zeitverzögerung eine zeitnahe Nutzung der durch Verschmelzungen entstehenden Synergien vereiteln und damit der wirtschaftlichen Dispositionsfreiheit entziehen. Hinzu kommt, dass der Gesetzgeber auf eine dem Recht auf besonders zeitnahe Information entsprechende Pflicht zur Erstellung von Zwischenbilanzen für die GmbH-Verschmelzung verzichtet hat[24]. Dies spricht letztlich dafür, soweit der Jahresabschluss für das vorausgegangene Geschäftsjahr nach den handelsrechtlichen Vorschriften zum Zeitpunkt der Einberufung der Gesellschafterversammlung noch nicht erstellt war, von einer Auslegungspflicht abzusehen. Die drei vorausgegangenen Geschäftsjahre sind dann ohne Berücksichtigung des Geschäftsjahrs, für das der Jahresabschluss noch nicht aufzustellen war, zu ermitteln[25].

8 Sofern für einen beteiligten Rechtsträger **keine Jahresabschlüsse zu erstellen sind**, müssen diese auch nicht speziell für die Verschmelzung angefertigt werden[26]. Dies trifft zB für einen eingetragenen Verein und – was den Lagebericht anbelangt – für eine kleine GmbH[27] zu. **Zwischenbilanzen** sind anders als bei Beteiligung einer AG nicht zu erstellen[28]. Existiert ein beteiligter Rechtsträger weniger als drei Jahre, genügen die entsprechenden Unterlagen für die seit der Gründung abgeschlossenen Geschäftsjahre bzw. **Rumpfgeschäftsjahre**[29]. Sollen die Gesellschafter durch die ausgelegten Jahresabschlüsse/Lagepläne eine ausreichende Beurteilungsgrundlage der wirtschaftlichen Verfassung des jeweiligen beteiligten Rechtsträgers erhalten[30], muss deren Auslegung auch erfolgen, wenn der Verschmelzungsbericht, wie bei der Verschmelzung einer 100%-igen Tochter- auf

---

[20] Abs. 2.
[21] § 63 Abs. 1 Nr. 2; §§ 293 f. Abs. 1 Nr. 2, 319 Abs. 3 Nr. 2 AktG.
[22] Diese von *Winter* noch in der Vorauf. vertretene Auffassung wurde nunmehr ausdrücklich aufgegeben; siehe *Winter* in Lutter Rn 6.
[23] So mit Unterschieden im Detail *Vetter* NZG 1999, 925, 927, der auf die Möglichkeit verweist, dass bei einer Beteiligung von drei Rechtsträgern eine Verschmelzung ohne Änderung des Geschäftsjahreszeitraums zumindest eines Rechtsträgers nicht durchsetzbar wäre; *Marsch-Barner* in Kallmeyer § 63 Rn 3; *Rieger* in Widmann/Mayer § 63 Rn 13; *Winter* in Lutter Rn 6.
[24] So mit Unterschieden im Detail *Grunewald* in Lutter § 63 Rn 3. Durch das gänzliche Außerachtlassen des letzten Geschäftsjahrs ohne jegliche Differenzierung zu weitgehend *Vetter* NZG 1999, 925, 927, der auf die Möglichkeit verweist, dass bei einer Beteiligung von drei Rechtsträgern eine Verschmelzung ohne Änderung des Geschäftsjahreszeitraums zumindest eines Rechtsträgers nicht durchsetzbar wäre; *Marsch-Barner* in Kallmeyer § 63 Rn 3; *Rieger* in Widmann/Mayer § 63 Rn 13; für die Parallelvorschrift des § 327 c Abs. 3 AktG ebenso *OLG Hamburg* AG 2003, 441, 442 f.
[25] Siehe auch § 63 Rn 12.
[26] *Kallmeyer* in Kallmeyer Rn 2; *Winter* in Lutter Rn 6 a; *Mayer* in Widmann/Mayer Rn 14.
[27] ISv. § 267 Abs. 1 HGB.
[28] § 63 Abs. 1 Nr. 3, Abs. 2; *Winter* in Lutter Rn 6 a; *Mayer* in Widmann/Mayer Rn 14; *Bermel* in Goutier/Knopf/Tulloch Rn 7.
[29] *Kallmeyer* in Kallmeyer Rn 2; *Winter* in Lutter Rn 6; *Mayer* in Widmann/Mayer Rn 14.
[30] RegBegr. *Ganske* S. 99.

die Muttergesellschaft[31], nicht erforderlich ist. Dieser Bericht beinhaltet im Wesentlichen die Erläuterung des Umtauschverhältnisses, während die auszulegenden – die wirtschaftlichen Bestandsaufnahmen enthaltenden – Unterlagen wegen des mit der Verschmelzung verbundenen Übergangs sämtlicher Verbindlichkeiten auf den übernehmenden Rechtsträger für die Gesellschafter dieses Rechtsträgers von immanenter Bedeutung sind[32]. Wegen des Fehlens einer § 63 Abs. 3 entsprechenden Regelung im GmbH-Verschmelzungsrecht ergibt sich im Umkehrschluss, dass die Gesellschafter keinen Anspruch auf die **Übersendung einer (kostenlosen) Abschrift** der auszulegenden Unterlagen haben. Jedoch ist ihnen das Recht unbenommen, diese auf eigene Kosten zu kopieren[33].

IV. Auskunftsrechte

1. Eigene Angelegenheiten (§ 51 a GmbHG)

Neben dem Anspruch auf Erstellung[34] und Übersendung[35] des Verschmelzungsberichts haben die Gesellschafter einer beteiligten GmbH auch iRd. Verschmelzung ein gegenüber den Geschäftsführern der eigenen GmbH geltend zu machendes **Recht auf Auskunft** über die Angelegenheiten der Gesellschaft und Einsicht in deren geschäftliche Unterlagen[36].

Dabei werden vom Auskunftsanspruch auch solche Informationen umfasst, die aus dem Verschmelzungsbericht nicht ersichtlich sind[37]. Fraglich ist jedoch, ob dem Auskunftsanspruch seitens der Geschäftsführer ein **Auskunftsverweigerungsrecht**[38] entgegengehalten werden kann. Dieses setzt lediglich die objektive Möglichkeit der Schadenszufügung zu Ungunsten der Gesellschaft durch die offen zu legenden Tatsachen voraus[39], während das Recht zur Verweigerung der Auskunft nach § 51 a Abs. 2 GmbHG darauf beruht, dass von dem Auskunft begehrenden Gesellschafter selbst eine Schadenszufügung zu besorgen ist[40]. Die aktienrechtliche Regelung, die sowohl für die GmbH- als auch die AG-Verschmelzung der allgemein geltenden Bestimmung des § 8 Abs. 2 zugrunde liegt, beruht auf der Gefährdung der Interessen der AG durch die zwangsläufige Veröffentlichung der erteilten Auskunft in der Hauptversammlung. Im Gegensatz dazu erfolgt die Informationserteilung in der GmbH nur gesellschaftsintern[41]. In Anbetracht dessen kann dem GmbH-Gesellschafter im Rahmen einer Verschmelzung eine Auskunft oder Einsicht, die er in anderem Zusammenhang jederzeit verlangen könnte, nicht verweigert werden. Damit ergeben sich die **Grenzen des**

---

[31] § 8 Abs. 3.
[32] So iE auch *Winter* in Lutter Rn 7; *ders.* in Lutter Umwandlungsrechtstage S. 19, 26; *Mayer* in Widmann/Mayer Rn 20; *Kallmeyer* in Kallmeyer Rn 2.
[33] *Hüffer* in Hachenburg § 51 a GmbHG Rn 43; *Mayer* in Widmann/Mayer Rn 15; *Winter* in Lutter Rn 7; *Kallmeyer* in Kallmeyer Rn 2; *Bermel* in Goutier/Knopf/Tulloch Rn 8; aA *Stratz* in Schmitt/Hörtnagl/Stratz Rn 6. Zur Möglichkeit des Verzichts auf die Auslegung siehe Rn 3.
[34] § 8.
[35] § 47.
[36] § 51 a GmbHG. Näher zum Anspruch aus § 51 a GmbHG *K. Schmidt* in Scholz § 51 a GmbHG Rn 12 ff.; *Hüffer* in Hachenburg § 51 a GmbHG Rn 12 ff.; *Zöllner* in Baumbach/Hueck § 51 a GmbHG Rn 4 ff.; *Lutter/Hommelhoff* in Lutter/Hommelhoff § 51 a GmbHG Rn 2 ff.
[37] *Winter* in Lutter Rn 8; *Mayer* in Widmann/Mayer Rn 23; *Bermel* in Goutier/Knopf/Tulloch Rn 15.
[38] Gem. § 8 Abs. 2.
[39] In Anlehnung an § 131 Abs. 3 Nr. 1 AktG.
[40] BegrRegE zur GmbH-Novelle 1980 bei *Deutler*, Das neue GmbH-Recht – GmbH-Novelle 1980, S. 95.
[41] Siehe nur *Deutler*, Das neue GmbH-Recht – GmbH-Novelle 1980, S. 95.

Informationsrechts des GmbH-Gesellschafters lediglich aus § 51 a Abs. 2 GmbHG oder aus allgemeinen Treuwidrigkeitsgesichtspunkten[42].

11 Aus dem Recht auf Auskunft oder Einsicht lässt sich grundsätzlich[43] **keine Verpflichtung** der Geschäftsführer herleiten, den Verschmelzungsvertrag auch ohne ausdrückliches Verlangen eines betroffenen Gesellschafters vor der Beschlussfassung in der Versammlung **zu erläutern**, wenngleich dies idR empfehlenswert ist[44]. Ein solches Erfordernis lässt sich auch nicht aus einer Analogie zu § 64 Abs. 1 Satz 2 ableiten[45]. Es fehlt nämlich an einer Regelungslücke. Den Gesellschaftern steht ein Verschmelzungsbericht zur Verfügung, der ihrem Informationsbedürfnis Rechnung trägt. Sie haben das Recht, anhand dieses schriftlichen Berichts Fragen zu stellen. Eine mündliche Erläuterung erscheint daher, sofern sie nicht verlangt wird, entbehrlich.

12 Das Auskunftsverlangen kann **formlos** innerhalb oder außerhalb der Gesellschafterversammlung gestellt werden[46].

2. Für die Verschmelzung wesentliche Angelegenheiten anderer beteiligter Rechtsträger

13 Abs. 3 erweitert das in § 51 a GmbHG enthaltene **Informationsrecht** der Gesellschafter: Der Auskunftsanspruch richtet sich nicht lediglich auf die Belange der eigenen Gesellschaft, sondern auch auf alle für die Verschmelzung wesentlichen Angelegenheiten der anderen beteiligten Rechtsträger[47]. Eine vergleichbare Regelung für die AG-Verschmelzung findet sich in § 64 Abs. 2, der das Informationsrecht aus § 131 Abs. 1 AktG entsprechend erweitert[48]. **Begründet** wird diese Ausdehnung damit, dass die zu verschmelzenden Gesellschaften zukünftig ein gemeinsames Schicksal teilen sollen und sich mithin das Informationsbedürfnis der Gesellschafter auch auf die wesentlichen Belange der beteiligten Rechtsträger erstreckt[49].

14 Der Anspruch umfasst neben den wirtschaftlichen auch die gesellschaftsrechtlichen Verhältnisse aller anderen Verschmelzungsteilnehmer, weil hiervon u. a. die späteren Mehrheitsverhältnisse und eine eventuelle Haftung der Gesellschafter der übertragenden GmbH nach § 24 GmbHG abhängen[50]. **Wirtschaftlich relevant** sind bspw. die letzten Jahresabschlüsse und Geschäftsberichte, die Berechnungsmethode und Zahlen des Unternehmenswerts, besonders wertmindernde oder -erhöhende Faktoren sowie die Zukunftsaussichten der anderen Rechtsträger. **Gesellschaftsrechtlich** interessieren die Zusammensetzung des Kreises der Anteilsinhaber und deren Beteiligung, die volle Bewirkung der Einlagen, evtl.

---

[42] So iE auch *Winter* in Lutter Rn 10; näher zur Treubindung *Winter*, Mitgliedschaftliche Treubindungen im GmbH-Recht, 1988, S. 121 ff.; *Hüffer* in Hachenburg § 51 a GmbHG Rn 60; *K. Schmidt* in Scholz § 51 a GmbHG Rn 8; *Zöllner* in Baumbach/Hueck § 51 a GmbHG Rn 27.

[43] Anderes gilt, wenn zwischen Erstellung des Verschmelzungsberichts und der Abhaltung der Gesellschafterversammlung eine Änderung der für die Bewertung der anstehenden Verschmelzung wesentlichen Umstände eintritt – *Winter* in Lutter Rn 8; solches ergibt sich bereits aus der aus dem kollektiven Informationsrecht der Gesellschafter in ihrer Verbundenheit als Gesellschaftsorgan herzuleitenden Berichtspflicht der Geschäftsführer. Dazu *K. Schmidt* in Scholz § 46 GmbHG Rn 114, § 51 a GmbHG Rn 4.

[44] So aber *Mayer* in Widmann/Mayer Rn 22.

[45] IE wie hier *Winter* in Lutter Rn 8.

[46] Zur Frage, ob Mängel infolge unzureichender Information durch das „rechtzeitige" Nachschieben vor oder in der Gesellschafterversammlung geheilt werden können, siehe § 8 Rn 76 ff.

[47] Siehe Kommentierungen zum alten Recht (§ 20 Abs. 5 KapErhG) *Schilling/Zutt* in Hachenburg[7] Anh. II § 77 GmbHG, § 20 KapErhG Rn 36 f.; *Priester* in Scholz[7] § 20 KapErhG Rn 16 f.; *Lutter/Hommelhoff*[13] § 20 KapErhG Rn 13 f.; *Dehmer*[1] § 20 KapErhG Anm. 9 b.

[48] Näher § 64 Abs. 2 Rn 15 ff.

[49] *Winter* in Lutter Rn 11; *Stratz* in Schmitt/Hörtnagl/Stratz Rn 8; auch *Mayer* in Widmann/Mayer Rn 27.

[50] *Dehmer*[1] § 20 KapErhG Anm. 9 b.

geplante Kapitalerhöhungen, die Bewertung von Sacheinlagen und die Verbindungen zu anderen Rechtsträgern unabhängig von deren rechtlicher oder geschäftlicher Natur[51]. Insbesondere sind die Geschäftsführer auch über verschmelzungsrelevante Angelegenheiten von Rechtsträgern auskunftspflichtig, die sich zu einem der Verschmelzungsteilnehmer in einem **Abhängigkeitsverhältnis** iSv. §§ 15 ff. AktG befinden[52] (Rechtsgedanke aus § 8 Abs. 1 Satz 3, 4).

Der Auskunftsanspruch besteht nach allgM nicht gegenüber dem Vertretungsorgan der anderen Rechtsträger, sondern **nur gegen die Geschäftsführer der eigenen Gesellschaft**[53]. Verfügen diese, wie im Regelfall, nicht über hinreichende Informationen über die Angelegenheiten der anderen Beteiligten, müssen sie ihrerseits Auskünfte hierüber von den Verschmelzungsteilnehmern einholen. **Rechtlich** basiert dieses Verlangen auf dem vorvertraglichen Schuldverhältnis auf Grundlage der Verhandlungen über den Verschmelzungsvertrag bzw. auf dem bereits abgeschlossenen, aber mangels positiven Verschmelzungsbeschlusses noch schwebend unwirksamen Verschmelzungsvertrag[54]. **Inhaltlich** umfasst es alle Informationen, über die die Gesellschafter gem. § 49 Abs. 3 von ihren Geschäftsführern Auskunft verlangen können[55]. Aus Gründen der Zweckmäßigkeit wird jedoch als sinnvoll erachtet, dass die Geschäftsleitung der anderen Verschmelzungsteilnehmer an der Gesellschafterversammlung teilnimmt, die über die Verschmelzung beschließt. Die jeweilige Geschäftsleitung kann die erforderlichen Auskünfte über ihre Gesellschaft genauer erteilen. Ihre Aussagen sind dann gegenüber den Gesellschaftern nicht als eigene, sondern den auskunftspflichtigen Geschäftsführern zuzurechnende Auskünfte anzusehen. Den Geschäftsführern verbleibt auch hier das Recht zur Auskunftsverweigerung[56]. Entsprechend dem ausdrücklichen Wortlaut von Abs. 3 besteht der Anspruch nur, sofern Gesellschafter die Informationen verlangen. Ansonsten obliegt den Geschäftsführern keine **Pflicht zur Auskunftserteilung**[57]. Sich aus der organschaftlichen Treupflicht der Geschäftsführer ergebende Auskunftspflichten bleiben hiervon unbenommen.

Der Auskunftsanspruch findet seine Grenze, wenn sich die Geschäftsführung trotz aller pflichtgemäßen Bemühungen außerstande sieht, die relevanten Informationen[58] von einem Verschmelzungsteilnehmer zu erhalten. Aufgrund dieser Unmöglichkeit sind dann die Geschäftsführer **von ihrer Auskunftspflicht befreit**[59]. Es wird vertreten, dass sie den Gesellschaftern trotzdem die Zustimmung zum Verschmelzungsvertrag empfehlen dürfen, wenn sie die zur Erstellung eines ordnungsgemäßen Verschmelzungsberichts erforderlichen Informa-

---

[51] *Schilling/Zutt* in Hachenburg[7] Anh. II § 77 GmbHG, § 20 KapErhG Rn 36 f.; *Lutter/Hommelhoff*[13] § 20 KapErhG Rn 13 f.; *Dehmer*[1] § 20 KapErhG Anm. 9 b; *Mayer* in Widmann/Mayer Rn 33 ff.; *Winter* in Lutter Rn 11.
[52] *Krieger* ZGR 1990, 517, 526; für den GmbH-Auskunftsanspruch *Hüffer* in Hachenburg § 51 a GmbHG Rn 30; ausführlich für den Auskunftsanspruch bei einer AG (zu § 131 AktG) *Spitze/Diekmann* ZHR 158 (1994) 447 ff.; *Winter* in Lutter Rn 11.
[53] Mayer in Widmann/Mayer Rn 29; *Winter* in Lutter Rn 12; *Stratz* in Schmitt/Hörtnagl/Stratz Rn 9; *Bermel* in Goutier/Knopf/Tulloch Rn 11.
[54] *Stratz* in Schmitt/Hörtnagl/Stratz Rn 9; *Winter* in Lutter Rn 12; *Mayer* in Widmann/Mayer Rn 30.
[55] So auch *Mayer* in Widmann/Mayer Rn 30.
[56] *Barz* AG 1972, 1, 6; *Winter* in Lutter Rn 12; *Grunewald* in Kölner Komm. § 340 d AktG Rn 16. Zur Auskunftsverweigerung siehe Rn 17.
[57] Siehe sinngemäß Rn 11. *Mayer* in Widmann/Mayer Rn 27; *Bermel* in Goutier/Knopf/Tulloch Rn 13; aA noch zum alten Recht *Priester* in Scholz[7] § 20 KapErhG Rn 17.
[58] Gem. § 49 Abs. 3.
[59] § 275 BGB. Zum vergleichbaren Problem bei § 293 g Abs. 3 AktG *Hüffer* § 293 g AktG Rn 4; *Emmerich* in Emmerich/Habersack § 293 g AktG Rn 18.

tionen erhalten haben[60]. Diese Ansicht ist trotz der Erwägung nicht unbedenklich, dass die Gesellschafter aufgrund der Pflicht zur Auslage der Geschäftsabschlüsse/Lageberichte[61] hinreichend über die wirtschaftliche Lage der beteiligten Rechtsträger informiert werden[62]. Unzugänglich bleiben jedoch die – in Ergänzung zum Verschmelzungsbericht[63] – von § 49 Abs. 3 miterfassten gesellschaftsrechtlichen Verhältnisse des Verschmelzungsteilnehmers.

17 Ebenso wie beim Auskunftsrecht in eigenen Angelegenheiten[64] stellt sich hier die Frage nach möglichen **Auskunftsverweigerungsrechten** der Geschäftsführer. Anders als dort, wo der Schutzzweck eine über die Möglichkeit individueller Schadenszufügung hinausgehende Schranke nicht erfordert, kann vorliegend die Gefahr eines Scheiterns der Verschmelzung nicht unberücksichtigt bleiben. Damit sind die Interessen der anderen beteiligten Rechtsträger und deren Anteilsinhaber an der Geheimhaltung potentiell unternehmensschädlicher Informationen in besonderer Weise zu berücksichtigen. Entgegen der zur Vorgängervorschrift hM[65] kann die Auskunftsverweigerung über § 51 a Abs. 2 GmbHG hinaus in analoger Anwendung des Rechtsgedankens der § 8 Abs. 2 UmwG iVm. § 131 Abs. 3 Nr. 1 AktG auf die objektive Möglichkeit der Schadenszufügung gestützt werden. Anders als im Verhältnis zwischen GmbH und deren Gesellschaftern, das idealtypisch eine Interessenparallelität voraussetzt[66], sind hier naturgemäß Drittinteressen zu berücksichtigen[67].

V. Anfechtungsrisiken[68]

18 Verstöße gegen die sich aus der Norm ergebenden Pflichten führen, soweit sie nicht geheilt wurden oder seitens der Gesellschafter auf deren Erfüllung verzichtet wurde[69], vorbehaltlich etwaiger Einschränkungen bei abfindungswertbezogenen Informationsmängeln[70] zur **Anfechtbarkeit des Verschmelzungsbeschlusses**[71].

19 Bei Gesellschaften mit wenigen Anteilsinhabern kann es vorteilhaft sein, wenn alle klageberechtigten Gesellschafter eine notariell beurkundete Verzichtserklärung abgeben, um

---

[60] *Winter* in Lutter Rn 13 unter Berufung auf *Hüffer* § 293 g AktG Rn 4; aA *Emmerich* in Emmerich/Habersack § 293 g AktG Rn 18 mwN; differenzierend *Koppensteiner* in Kölner Komm. § 293 AktG Rn 26, der verallgemeinernd darauf abstellt, dass, vorausgesetzt die wesentlichen verschmelzungsrelevanten Daten sind vorhanden, zwischen dem Gesellschaftsinteresse an der Verschmelzung und der Vollständigkeit verschmelzungsrelevanter Informationen abzugrenzen sei.

[61] Gem. § 49 Abs. 2.

[62] Siehe Rn 8 (zur Verschmelzung mit einer 100%-igen Tochter).

[63] § 8.

[64] Siehe Rn 10.

[65] *Schilling/Zutt* in Hachenburg[7] Anh. II § 77 GmbHG, § 20 KapErhG Rn 38; *Priester* in Scholz[7] § 20 KapErhG Rn 17; *Lutter/Hommelhoff*[13] § 20 KapErhG Rn 13 aE; *Dehmer*[1] § 20 KapErhG Anm. 9 b.

[66] Siehe nur BegrRegE zur GmbH-Novelle 1980 bei *Deutler*, Das neue GmbH-Recht – GmbH-Novelle 1980, S. 95.

[67] So insgesamt auch *Winter* in Lutter Rn 14; *Mayer* in Widmann/Mayer Rn 26; unklar *Stratz* in Schmitt/Hörtnagl/Stratz Rn 10, der wohl nur im Einzelfall auch den Maßstab des § 8 Abs. 2 heranziehen will; aA *Lutter/Drygala* in Lutter § 8 Rn 46.

[68] Siehe Rn 4, 7, 12.

[69] Dazu allg. *Hüffer* in Hachenburg § 51 GmbHG Rn 27 ff., 32; *K. Schmidt* in Scholz § 49 GmbHG Rn 36, § 51 GmbHG Rn 34; *Lutter/Hommelhoff* in Lutter/Hommelhoff Anh. § 47 GmbHG Rn 57 ff.

[70] Dazu § 14 Rn 28 f.; ferner *Marsch-Barner* in Kallmeyer § 14 Rn 14; *Stratz* in Schmitt/Hörtnagl/Stratz § 14 Rn 24 ff.

[71] *Winter* in Lutter Rn 15 (für Abs. 3); *Kallmeyer* in Kallmeyer Rn 4 (für Abs. 1, 2, 3); *Stratz* in Schmitt/Hörtnagl/Stratz Rn 11 (für Abs. 1, 2, 3); *Mayer* in Widmann/Mayer Rn 11 (für Abs. 1), Rn 17 (für Abs. 2), Rn 36 (für Abs. 3); *Bermel* in Goutier/Knopf/Tulloch Rn 6 (für Abs. 1).

ohne den Zeitverlust durch die Anfechtungsfrist die Eintragung und damit den Vollzug[72] der Verschmelzung zu betreiben[73].

§ 50 Beschluß der Gesellschafterversammlung

(1) Der Verschmelzungsbeschluß der Gesellschafterversammlung bedarf einer Mehrheit von mindestens drei Vierteln der abgegebenen Stimmen. Der Gesellschaftsvertrag kann eine größere Mehrheit und weitere Erfordernisse bestimmen.

(2) Werden durch die Verschmelzung auf dem Gesellschaftsvertrag beruhende Minderheitsrechte eines einzelnen Gesellschafters einer übertragenden Gesellschaft oder die einzelnen Gesellschaftern einer solchen Gesellschaft nach dem Gesellschaftsvertrag zustehenden besonderen Rechte in der Geschäftsführung der Gesellschaft, bei der Bestellung der Geschäftsführer oder hinsichtlich eines Vorschlagsrechts für die Geschäftsführung beeinträchtigt, so bedarf der Verschmelzungsbeschluß dieser übertragenden Gesellschaft der Zustimmung dieser Gesellschafter.

Übersicht

	Rn		Rn
I. Allgemeines	1	5. Beurkundung	22
1. Verhältnis zum früheren Recht	1	6. Widerspruch zur Niederschrift	23
2. Inhalt und Zweck der Norm	2	V. Erfordernis der Zustimmung einzelner Gesellschafter der übertragenden Gesellschaft bei Beeinträchtigung statutarischer Sonderrechte (Abs. 2)	24
II. Notwendigkeit der Gesellschafterversammlung	4		
III. Einberufung und Vorbereitung der Gesellschafterversammlung	5	1. Inhalt und Zweck der Norm	24
IV. Beschlussfassung der Gesellschafterversammlung	5	2. Ergänzung aufgrund statutarischer Anforderungen an satzungsändernde Beschlüsse	25
1. Gegenstand der Beschlussfassung	5	3. Auf dem Gesellschaftsvertrag beruhende Minderheitsrechte einzelner Gesellschafter (Alt. 1)	26
2. Zeitpunkt, Reihenfolge	7		
3. Mehrheitserfordernis	8	a) Tatbestandliche Voraussetzungen des Zustimmungsrechts	26
a) Erfordernis der Dreiviertelmehrheit	8	aa) Rechte aus Gesellschaftsvertrag	27
b) Weitergehende Anforderungen durch Satzung	9	bb) Individualrechte	28
c) Bedeutung statutarischer Bestimmungen über die Mehrheit für Satzungsänderungen	10	cc) Minderheitsrechte	30
		b) Abgrenzung zu vermögensrechtlichen Beteiligungselementen	31
d) Berechnung der Mehrheit	13	c) Vorkaufs- und Vorerwerbsrechte	32
e) Stimmverbote	15	d) Behandlung vinkulierter Geschäftsanteile	34
f) Stimmrechtsvollmachten	16		
g) Anwendung des § 181 BGB	17	aa) Zustimmungserfordernis gem. § 13 Abs. 2	35
h) Vertretungsbeschränkungen bei gesetzlicher Vertretung	18	bb) Weitergehendes Zustimmungserfordernis gem. § 50 Abs. 2?	37
4. Inhaltskontrolle	20		
a) Kein Erfordernis sachlicher Rechtfertigung	20		
b) Treupflicht, Gleichheitsgrundsatz	21		

---

[72] §§ 20, 19.
[73] § 16 Abs. 2 Satz 2; *Kallmeyer* in Kallmeyer Rn 4; siehe § 16 Rn 19 ff.; zur Frage der Heilung von Beschlussmängeln durch das nachträgliche (mündliche) Erteilen von Informationen, die im Verschmelzungsbericht zunächst rechtswidrig fehlen, *Winter* in Lutter Rn 15; allg. für die AG *Grunewald* in G/H/E/K § 340 a AktG Rn 22; *Hommelhoff* ZGR 1993, 452, 467; unter Ausschluss von geringen Mängeln ebenso *Hüffer* in G/H/E/K § 243 AktG Rn 35; *Kraft* in Kölner Komm. § 340 a AktG Rn 20; aA *Bermel* in Goutier/Knopf/Tulloch Rn 15 aE; *Schöne* GmbHR 1995, 325, 334; allg. für die AG *Bayer* AG 1988, 323, 330; *Mertens* AG 1990, 20, 29 f. Siehe ausf. § 8 Rn 68 ff.

Rn		Rn
cc) Weitere Zustimmungserfordernisse aufgrund Satzungsauslegung	38	dd) Bestellungs- und Vorschlagsrechte betreffend anderer Organe 45
dd) Sonderfall: Statutarischer Ausschluss der Anteilsabtretung ..	39	b) Wegfall des Zustimmungserfordernisses im Fall der Einräumung gleichwertiger Rechte im übernehmenden Rechtsträger 46
e) Wegfall des Zustimmungserfordernisses im Fall der Einräumung gleichwertiger Rechte durch den übernehmenden Rechtsträger	40	5. Erteilung der Zustimmung 47
4. Einzelnen Gesellschaftern nach dem Gesellschaftsvertrag zustehende besondere Rechte in der Geschäftsführung, bei der Bestellung der Geschäftsführer oder hinsichtlich eines Vorschlagsrechts für die Geschäftsführer (Alt. 2)	41	a) Form und Frist 47
		b) Beteiligung Dritter 48
		c) Folgen fehlender Zustimmung 49
		6. Kosten 50
		7. Anwendung auf Verschmelzung durch Neugründung 51
a) Voraussetzungen	41	VI. Beschlussmängel und ihre Folgen 52
aa) Sonderrechte auf Geschäftsführung	42	1. Nichtige Zustimmungsbeschlüsse 53
bb) Bestellungsrechte	43	2. Anfechtbare Zustimmungsbeschlüsse 54
cc) Vorschlags- und Benennungsrechte	44	3. Unwirksame Zustimmungsbeschlüsse ... 55
		4. Heilung infolge unterlassener Nichtigkeits-/Anfechtungsklage (§ 14 Abs. 1) 56
		5. Heilung durch Eintragung (§ 20 Abs. 2) 57

Literatur: *Bayer,* 1000 Tage neues Umwandlungsrecht – eine Zwischenbilanz, ZIP 1997, 1613; *ders.,* Verschmelzung und Minderheitenschutz, WM 1989, 121; *Beuthien/Gätsch,* Vereinsautonomie und Satzungsrechte Dritter, ZHR 156 (1992) 459; *Binnewies,* Formelle und materielle Voraussetzungen von Umwandlungsbeschlüssen, GmbHR 1997, 727; *Bork,* Beschlussverfahren und Beschlusskontrolle nach dem Referentenentwurf des Gesetzes zur Bereinigung des Umwandlungsrechts, ZGR 1993, 343; *Heckschen,* Die Verschmelzung von Kapitalgesellschaften, 1989; *Hommelhoff,* Minderheitenschutz bei Umstrukturierungen, ZGR 1993, 452; *ders.,* Zur Kontrolle strukturändernder Gesellschafterbeschlüsse, ZGR 1990, 477; *Priester,* Strukturänderungen, Beschlussvorbereitung und Beschlussfassung, ZGR 1990, 420; *Reichert,* Folgen der Anteilsvinkulierung für Umstrukturierungen von Gesellschaften mit beschränkter Haftung und Aktiengesellschaften nach dem Umwandlungsgesetz 1995, GmbHR 1995, 176; *ders.,* Zulässigkeit der nachträglichen Einführung oder Aufhebung von Vinkulierungsklauseln in der Satzung der GmbH, BB 1985, 1496; *Schäfer,* Der stimmrechtslose GmbH-Geschäftsanteil, 1997; *Schöne,* Die Klagefrist des § 14 Abs. 1 UmwG: teils Rechtsfortschritt, teils „Aufforderung zu sanktionslosen Geheimbeschlüssen"?, DB 1995, 325; *ders.,* Das Aktienrecht als „Maß aller Dinge" im neuen Umwandlungsrecht?, GmbHR 1995, 1319; *Timm,* Minderheitenschutz im GmbH-Verschmelzungsrecht, AG 1982, 93; *Weipert,* Verschmelzung und Umwandlung von Kapitalgesellschaften und allgemeines Mitgliedsrecht, ZHR 110 (1994) 23; *Willman,* Entwicklungen im Kapitalgesellschaftsrecht, DB 1993, 141; *Winter,* Mitgliedschaftliche Treubindungen im GmbH-Recht, 1986.

I. Allgemeines

1. Verhältnis zum früheren Recht

1 Die Regelung von **Abs. 1** Satz 1 und 2 entspricht weitgehend § 20 Abs. 2 Satz 1 und 2 KapErhG. Parallelvorschriften fanden sich in § 355 Abs. 3 Satz 1 und 2 AktG aF sowie § 33 Abs. 2 Satz 1 KapErhG. Im Gegensatz dazu kannte das „alte" Recht keine Entsprechung zu **Abs. 2**. Trotzdem ging bereits vor Geltung des § 50 Abs. 2 die herrschende Literaturmeinung[1] von einer erforderlichen Individualzustimmung aller Sonderrechtsinhaber bei der übertragenden GmbH aus.

---

[1] *Schilling/Zutt* in Hachenburg[7] § 20 KapErhG Rn 16; *Priester* in Scholz[7] § 20 KapErhG Rn 8; *Lutter/Hommelhoff*[13] § 20 KapErhG Rn 8; *Dehmer*[5] § 20 KapErhG Anm. 4 d; *Timm* AG 1982, 105.

Beschluß der Gesellschafterversammlung   2–5 § 50

2. Inhalt und Zweck der Norm

In Ergänzung zur Generalnorm des § 13 **Abs. 1** trifft Abs. 1 spezielle Regelungen hinsichtlich der Mehrheitserfordernisse bei der Beschlussfassung in der Gesellschafterversammlung. Es wird ein Zustimmungserfordernis von drei Vierteln der Stimmen vorgeschrieben, welches für eine an der Verschmelzung beteiligte GmbH sowohl im Fall ihrer Beteiligung als übertragende Gesellschaft als auch im Fall ihrer Beteiligung als übernehmende Gesellschaft gilt. Dieses Erfordernis kann durch gesellschaftsvertragliche Bestimmung verschärft werden, indem etwa ein weiter gehendes Mehrheitserfordernis, Einstimmigkeit oder besondere Zustimmungserfordernisse statuiert werden. Eine Herabsetzung der Erfordernisse ist hingegen unzulässig. **2**

Abs. 2 schützt bestimmte einzelne Gesellschafter einer übertragenden GmbH, deren Rechtsstellung durch eine Verschmelzung besonders beeinträchtigt werden kann, durch ein individuelles Zustimmungserfordernis[2]. **3**

II. Notwendigkeit der Gesellschafterversammlung

Die Beschlussfassung der jeweiligen Anteilsinhaber der an der Verschmelzung beteiligten GmbH muss **zwingend in einer Gesellschafterversammlung** erfolgen[3]. Nach dem ausdrücklichen Wortlaut von § 13 Abs. 1 Satz 2 kann ein solcher Zustimmungsbeschluss nicht im schriftlichen Verfahren nach § 48 Abs. 2 GmbHG erfolgen[4]. Auch ist eine statutarische Übertragung der Befugnis zur Beschlussfassung auf andere Gremien (zB Gesellschafterausschüsse, Aufsichtsrat, Beirat) nicht möglich[5]. **4**

III. Einberufung und Vorbereitung der Gesellschafterversammlung

Hinsichtlich der Vorbereitung der Gesellschafterversammlung gelten die **allgemeinen Regeln** der §§ 46 bis 49, 51 GmbHG. Zu beachten ist, dass den Gesellschaftern zwingend bestimmte **Vorabinformationen** zu erteilen sind. So sind den Gesellschaftern der Verschmelzungsvertrag (oder -entwurf) spätestens zusammen mit Einberufung der Gesellschafterversammlung, die über die Zustimmung zur Verschmelzung beschließen soll[6], zu übersenden[7]. Weiterhin ist die Verschmelzung als Gegenstand der Beschlussfassung bereits in der Einberufung der Gesellschafterversammlung **anzukündigen**[8]. Ebenso bestehen **Einsichtsrechte** in die Jahresabschlüsse der beteiligten Gesellschaften und **Auskunftsrechte** gegenüber den Geschäftsführern[9]. **5**

---

[2] RegBegr. *Ganske* S. 100.
[3] § 13 Abs. 1 Satz 2; RegBegr. *Ganske* S. 61.
[4] Die Streitfrage nach altem Recht, wonach sich für die Zulässigkeit *Priester* in Scholz[7] § 20 KapErhG Rn 5; *Dehmer*[1] § 20 KapErhG Anm. 4 a aussprachen; dagegen jedoch *Schilling/Zutt* in Hachenburg[7] § 20 KapErhG Rn 14; *Lutter/Hommelhoff*[13] § 20 KapErhG Rn 4; *Zimmermann* in Rowedder[2] Anh. § 77 GmbH Rn 409, ist mithin obsolet.
[5] *Winter* in Lutter Rn 3, 6 mwN; *Stratz* in Schmitt/Hörtnagl/Stratz Rn 2; *Zimmermann* in Kallmeyer Rn 3.
[6] Gem. § 13 Abs. 1.
[7] Siehe § 47 Rn 6.
[8] Siehe § 49 Rn 4 f.
[9] Siehe § 49 Rn 6 ff., 9 ff.

IV. Beschlussfassung der Gesellschafterversammlung

1. Gegenstand der Beschlussfassung

6 Inhaltlich betrifft der Beschluss den von den beteiligten Rechtsträgern vereinbarten **Verschmelzungsvertrag bzw. dessen Entwurf**. Letzterer ist dann ausreichend, sofern bei Beschlussfassung die endgültige Fassung vorliegt und sämtliche Abreden enthalten sind[10]. Werden spätere, nicht lediglich redaktionelle[11], Änderungen an Vertrag oder Entwurf vorgenommen, so ist aufgrund der ausschließlichen Kompetenz der Anteilsinhaber[12] eine erneute Zustimmung erforderlich[13]. Dem Gesellschaftsvertretungsorgan steht damit kein Ermessen beim Vertragsabschluss zu. Ein solches kann ihm auch nicht durch die Anteilsinhaber eingeräumt werden[14].

2. Zeitpunkt, Reihenfolge

7 Der Verschmelzungsbeschluss muss nicht notwendig beim Vertragsabschluss, sondern kann ebenso als vorherige Einwilligung oder nachträgliche Genehmigung gefasst werden[15]. Unerheblich ist, in welcher **Reihenfolge** die Beschlüsse der übertragenden und übernehmenden Gesellschaft erfolgen[16]. Auch eine notwendige Abfolge eines eventuell erforderlichen Kapitalerhöhungsbeschlusses[17] zum Verschmelzungsbeschluss besteht nicht[18].

3. Mehrheitserfordernis

8 **a) Erfordernis der Dreiviertelmehrheit.** Unabhängig davon, ob es sich bei der an der Verschmelzung beteiligten GmbH um eine übertragende oder übernehmende Gesellschaft handelt, bedarf es zur Wirksamkeit des Verschmelzungsbeschlusses einer Mehrheit der in der Gesellschafterversammlung abgegebenen Stimmen von **mindestens drei Vierteln**[19], sofern sich nicht aufgrund statutarischer Bestimmungen ein höheres Mehrheitserfordernis oder sonstige weitere Erfordernisse ergeben.

9 **b) Weitergehende Anforderungen durch Satzung.** Die gesetzliche Regelung ist zwar insoweit zwingend, als eine statutarische Erleichterung des Mehrheitserfordernisses unzulässig ist; der Gesellschaftsvertrag kann jedoch **höhere Mehrheiten** festlegen oder sonstige **zusätzliche Erfordernisse** bestimmen (zB notwendige Kapitalmehrheit[20] und weitere Beschlussfähigkeitsregelungen oder die Zustimmung einiger oder aller Gesellschafter)[21]. Die Bindung der Verschmelzung an die **Mitwirkung anderer Organe** oder die **Zustimmung**

---

[10] BGHZ 82, 189, 196.
[11] ZB Berichtigung augenscheinlicher orthografischer oder grammatikalischer Fehler.
[12] § 13 Abs. 1 Satz 1.
[13] *Zimmermann* in Kallmeyer § 13 Rn 7 und § 50 Rn 5; *Heckschen* in Widmann/Mayer § 13 Rn 63, 66; *Lutter/Drygala* in Lutter § 13 Rn 19.
[14] *Lutter/Drygala* in Lutter § 13 Rn 17 mwN; *Zimmermann* in Kallmeyer § 13 Rn 7; *Stratz* in Schmitt/Hörtnagl/Stratz § 13 Rn 13.
[15] §§ 182, 184 BGB; siehe § 13 Rn 11; *Lutter/Drygala* in Lutter § 13 Rn 8 mwN; *Zimmermann* in Kallmeyer § 13 Rn 7 und § 50 Rn 6.
[16] *Lutter/Drygala* in Lutter § 13 Rn 8 mwN; *Zimmermann* in Kallmeyer Rn 6 und § 13 Rn 8.
[17] § 55.
[18] *Zimmermann* in Kallmeyer Rn 6 und § 13 Rn 8; *Winter* in Lutter § 55 Rn 4 mwN, der darauf hinweist, dass ein zeitlich vorgehender Kapitalerhöhungsbeschluss für den Fall des Scheiterns der Verschmelzung per se wirkungslos ist.
[19] § 50 Abs. 1 Satz 1.
[20] Siehe Rn 13.
[21] *Winter* in Lutter Rn 6; *Zimmermann* in Kallmeyer Rn 8; *Stratz* in Schmitt/Hörtnagl/Stratz Rn 3.

Dritter ist nach den für Satzungsänderungen allgemein anerkannten Grundsätzen zu beurteilen und somit unzulässig[22]. Dies gilt jedoch nicht für Bestimmungen, die zwar Zustimmungserfordernisse anderer Organe vorsehen, letztlich aber die Satzungs- bzw. Verschmelzungsautonomie unberührt lassen[23]. Zulässig sind daher zB Bestimmungen, wonach es entweder der Dreiviertelmehrheit zuzüglich der Zustimmung eines sonstigen Organs oder der Zustimmung jedes einzelnen Gesellschafters bedarf; entscheidend ist, dass das Letztentscheidungsrecht bei den Gesellschaftern verbleibt.

c) Bedeutung statutarischer Bestimmungen über die Mehrheit für Satzungsänderungen. Bereits nach altem Recht war umstritten, ob es zur **Qualifizierung des Mehrheitserfordernisses** ausreicht, dass die Satzung zwar nicht ausdrücklich für die Verschmelzung, jedoch allgemein für Satzungsänderungen eine höhere, also über drei Viertel hinausgehende Beschlussmehrheit vorschreibt. Die besseren Gründe sprechen dafür, mit der hM[24] in der Satzung allgemein für Satzungsänderungen vorgesehene höhere Beschlussmehrheiten oder sonstige weitergehende Erfordernisse auch auf Verschmelzungsbeschlüsse anzuwenden. Bei einer Verschmelzung handelt es sich zwar nicht um eine Satzungsänderung. Sofern eine Bestimmung Satzungsänderungen über die bei einer GmbH als Untergrenze zwingende Dreiviertelmehrheit hinaus erschwert, bringen die Gesellschafter jedoch zum Ausdruck, einschneidende Strukturänderungen einem höheren Quorum unterwerfen zu wollen. Zu solchen grundlegenden Strukturänderungen zählt auch eine Verschmelzung. Daher ist die statutarische Anordnung höherer Beschlussmehrheiten für Satzungsänderungen regelmäßig dahin auszulegen, dass sie auch den Fall der Verschmelzung erfasst. Anderes gilt indessen, wenn die Satzung für die Verschmelzung besondere Bestimmungen enthält und dort die für Satzungsänderungen geltenden besonderen Qualifikationen gerade nicht anordnet[25]; in solchen Fällen wird man die Regelungen über die Verschmelzung als *leges speciales* anzusehen haben.

Ist bei der aufnehmenden Gesellschaft eine **Kapitalerhöhung** vorgesehen, gelten weiter gehende Qualifizierungen für Satzungsänderungen bereits für die erforderliche Kapitalerhöhung, so dass eine etwaige Verschmelzung von den Minderheitsgesellschaftern schon von daher blockiert werden könnte.

Eine denkbare Satzungsklausel, wonach Verschmelzungen unzulässig sind, wäre wohl nicht wirksam. Sie wäre jedoch dahin gehend umzudeuten, dass die Verschmelzung der Zustimmung jedes einzelnen Gesellschafters bedürfte, was im Ergebnis auf den gleichen **Schutz vor „unerwünschten" Verschmelzungen** hinausliefe[26].

d) Berechnung der Mehrheit. Bei der Mehrheitsberechnung werden in Übereinstimmung mit den **allgemeinen Grundsätzen** des GmbH-Rechts nur die gültig abgegebenen zustimmenden oder ablehnenden Voten, nicht jedoch die Stimmenthaltungen berück-

---

[22] *Winter* in Lutter Rn 6 mwN; *Stratz* in Schmitt/Hörtnagl/Stratz Rn 2; *Ulmer* in Hachenburg § 53 GmbHG Rn 84.
[23] So auch *Beuthien/Gätsch* ZHR 156 (1992) 459, 477 f.; aA die wohl hM *Ulmer* in Hachenburg § 53 GmbHG Rn 84; *Lutter/Hommelhoff* in Lutter/Hommlehoff § 53 GmbHG Rn 7; *Priester* in Scholz § 53 GmbHG Rn 62 f.
[24] *Winter* in Lutter Rn 6; *ders.* in Lutter Umwandlungsrechtstage S. 25, 37 f.; *Zimmermann* in Kallmeyer § 13 Rn 9; *Stratz* in Schmitt/Hörtnagl/Stratz Rn 7, § 65 Rn 12; *Bermel* in Goutier/Knopf/Tulloch Rn 10; *Heckschen*, Die Verschmelzung von Kapitalgesellschaften, S. 29; *Reichert* GmbHR 1995, 176, 185; bereits zum alten Recht: *Schilling/Zutt* in Hachenburg[7] § 20 KapErhG Rn 8; *Priester* in Scholz[7] § 20 KapErhG Rn 5; *Lutter/Hommelhoff*[13] § 20 KapErhG Rn 6; aA *Sagasser/Ködderitzsch* in Sagasser/Bula/Brünger J Rn 122; aA für die AG: *Grunewald* in Lutter § 65 Rn 6; zutreffend dagegen *Lutter/Drygala in* Lutter § 13 Rn 21 mwN.
[25] *Reichert* GmbHR 1995, 176, 185.
[26] Ebenso *Mayer* in Widmann/Mayer Rn 44; *Winter* in Lutter, Rn 8 sowie bereits *Schilling/Zutt* in Hachenburg[7] § 20 KapErhG Rn 9; *Priester* in Scholz[7] § 20 KapErhG Rn 5.

sichtigt[27]. Im Gegensatz zu der für Aktiengesellschaften normierten Mindestkapitalmehrheit[28] besteht ein solches Erfordernis für eine beteiligte GmbH gerade nicht. Soll es neben der Stimmenmehrheit auf eine ggf. abweichende Kapitalmehrheit ankommen, bedarf es einer entsprechenden Regelung im Gesellschaftsvertrag.

14 Zum alten Recht wurde verbreitet angenommen[29], dass es bei Verschmelzungsbeschlüssen grundsätzlich der Zustimmung der Inhaber **stimmrechtsloser Geschäftsanteile** bedarf. Dem steht nunmehr jedoch § 23 entgegen. Dieser enthält zugunsten der Inhaber stimmrechtsloser Geschäftsanteile einen abschließenden Schutz[30]. Da es keinen allgemeinen Grundsatz gibt, wonach den Inhabern stimmrechtsloser Anteile für den Fall wesentlicher Strukturänderungen ein Stimmrecht zusteht, kann für den stimmrechtslosen GmbH-Geschäftsanteil nichts anderes gelten[31]. Hiervon sind solche Fälle abzugrenzen, in denen sich die Notwendigkeit einer Individualzustimmung[32] aller Gesellschafter ergibt, die unabhängig von der Stimmberechtigung besteht. Solches gilt für die in §§ 50 Abs. 2, 51 geregelten Fälle sowie für den Fall, dass im Gesellschaftsvertrag des übernehmenden Rechtsträgers statutarische Nebenpflichten angeordnet sind, die in der übertragenden Gesellschaft nicht bestanden[33].

15 **e) Stimmverbote.** Bereits zum früheren Recht wurde von der ganz überwiegenden Auffassung[34] zu Recht anerkannt, dass das Stimmverbot des **§ 47 Abs. 4 Satz 2 GmbHG** auf Verschmelzungsbeschlüsse keine Anwendung findet. Die frühere Mindermeinung[35] ist heute vollends obsolet. Bekräftigt durch die ausdrückliche Regierungsbegründung[36] ist es heute allgM, dass kein Stimmverbot nach § 47 Abs. 4 Satz 2 GmbHG besteht[37]. Die besondere Relevanz dieser Frage ergibt sich daraus, dass die zu verschmelzenden Rechtsträger häufig untereinander beteiligt sind. Zwar kann es in solchen Fällen zu dem von § 47 Abs. 4 Satz 2 erfassten Interessenkonflikt kommen; die Annahme eines Stimmverbots kommt jedoch auch unabhängig von der eindeutigen Festlegung in der Regierungsbegründung nicht in Betracht. Gegen die Annahme eines Stimmrechtsausschlusses spricht bereits die besondere Einordnung des Verschmelzungsvertrags als Organisationsakt. Ferner steht ihr der allgemeine Grundsatz, wonach gesetzliche Stimmverbote nicht gelten, wenn es um Entscheidungen über Angelegenheiten des innergesellschaftlichen Lebens geht, entgegen. Von besonderem Gewicht ist schließlich, dass die Rechte der Minderheitsgesellschafter ausreichend durch ein abgeschlossenes System von verschmelzungsspezifischen Schutzkautelen geschützt sind (zB Informationsrechte, Verschmelzungsbericht und -prüfung, Recht auf Prüfung der Angemessenheit

---

[27] BGHZ 83, 35; BGH ZIP 1987, 635, 636; *Winter* in Lutter Rn 8 mwN.
[28] § 65.
[29] *Zimmermann* in Rowedder[2] Anh. § 77 GmbHG Rn 412; *Dehmer*[1] § 20 KapErhG Anm. 4 c.
[30] Vgl. zu stimmrechtslosen Vorzugsaktien § 65 Abs. 2.
[31] *Winter* in Lutter Rn 8; *Zimmermann* in Kallmeyer Rn 7; *Stratz* in Schmitt/Hörtnagl/Stratz Rn 4; *Mayer* in Widmann/Mayer Rn 35.
[32] Dazu, dass solche Zustimmungserfordernisse auch bei stimmrechtslosen GmbH-Anteilen gelten, vgl. *Schäfer*, Der stimmrechtslose GmbH-Geschäftsanteil, S. 35 ff., 153 ff.
[33] Siehe nachfolgend § 51 Rn 15 f.; sowie *Winter* in Lutter § 51 Rn 12 ff.; *Reichert* GmbHR 1995, 176, 189.
[34] *LG Arnsberg* ZIP 1994, 536; *Schilling/Zutt* in Hachenburg[7] § 20 KapErhG Rn 10; *Priester* in Scholz[7] § 20 KapErhG Rn 6; *Lutter/Hommelhoff*[13] § 20 KapErhG Rn 7; *Dehmer*[1] § 20 KapErhG Anm. 4 c.
[35] Dafür *Hüffer* in Hachenburg § 47 GmbHG Rn 174 f.; *Zöllner*, Die Schranken mitgliedschaftlicher Stimmrechtsmacht bei den privatrechtlichen Personenverbänden, 1963, S. 253; *Zöllner* in Baumbach/Hueck § 47 GmbHG Rn 90; *Kraft* in Kölner Komm. § 355 AktG Rn 8; *Immenga*, Die personalistische Kapitalgesellschaft, 1970, S. 244 f.; ders., Unternehmensfusion und Aktionärsrechte, BB 1970, 629, 630 f.
[36] RegBegr. *Ganske* S. 100.
[37] *Winter* in Lutter Rn 9; *Mayer* in Widmann/Mayer Rn 38; *Zimmermann* in Kallmeyer Rn 14; *Lutter/Hommelhoff* in Lutter/Hommelhoff § 47 GmbHG Rn 24.

Beschluß der Gesellschafterversammlung 16, 17 § 50

des Umtauschverhältnisses). Deshalb soll ihnen nicht das Letztentscheidungsrecht zukommen[38].

f) Stimmrechtsvollmachten. Die Zuweisung der allgemeinen Kompetenz an die Gesellschafter zur Fassung des Verschmelzungsbeschlusses ändert nichts daran, dass – vorbehaltlich abweichender statutarischer Regelungen – eine **Vertretung** durch Bevollmächtigte grundsätzlich zulässig ist. Für die Vollmachtserteilung genügt die Textform[39] des § 47 Abs. 3 GmbHG[40]. Fraglich ist in diesem Zusammenhang, ob die Gültigkeit der Vollmacht, wie es die wohl hM annimmt[41], von der Einhaltung der Form abhängt oder ob dieser nur eine Legitimationswirkung in dem Sinne zukommt, dass ein nur mündlich Bevollmächtigter seitens des Versammlungsleiters von der Stimmabgabe ausgeschlossen werden kann[42]. Geht man von letzterem aus, kann der Beschluss, sofern der Versammlungsleiter nicht einschreitet und kein Gesellschafter Widerspruch erhebt, trotz fehlender Schriftform gefasst werden[43]. Eine Anfechtungsbefugnis ergibt sich nicht, da nach allgemeiner Auffassung die Stimmabgabe eines formlos Bevollmächtigten weder einen Verfahrens- noch einen sonstigen Beschlussmangel darstellt[44].

g) Anwendung des § 181 BGB. § 181 BGB findet auf Beschlussfassungen, die die Änderung einer GmbH-Satzung zum Inhalt haben, anerkanntermaßen Anwendung[45]. Aufgrund der mit einer Satzungsänderung vergleichbaren strukturändernden Wirkung des Verschmelzungsbeschlusses muss dies auch hier gelten[46]. Die Vertretung eines Mitgesellschafters durch einen Gesellschafter oder Vertretung von zwei oder mehreren Gesellschaftern durch einen Dritten ist nur möglich, wenn Befreiung vom **Verbot des Selbstkontrahierens**[47] erteilt ist. Sofern die Befreiung vom Selbstkontrahierungsverbot nicht ausdrücklich erfolgt ist, kann man häufig von einer konkludenten Befreiung ausgehen. Eine solche wird regelmäßig anzunehmen sein, wenn ein Mitgesellschafter zur Stimmabgabe bei der Verschmelzung bevollmächtigt wird[48]. Soweit der Gesellschafter seinerseits durch Organe handelt, die die Befreiung von § 181 BGB zugunsten des Vertreters ausgesprochen haben, ist darauf zu achten, dass diese ihrerseits von § 181 BGB befreit sind[49].

---

[38] *Winter* in Lutter Rn 9; *ders.* in Lutter Umwandlungsrechtstage S. 25, 38 f.; *Stratz* in Schmitt/Hörtnagl/Stratz Rn 5; *Mayer* in Widmann/Mayer Rn 38.
[39] Die 2001 geänderte Formvorschrift des § 47 Abs. 3 GmbHG lässt nunmehr Textform gem. § 126 b BGB genügen.
[40] So bereits zum früheren Recht *Schilling/Zutt* in Hachenburg[7] § 20 KapErhG Rn 11; *Winter* in Lutter Rn 5; *Zimmermann* in Kallmeyer Rn 11; *Mayer* in Widmann/Mayer Rn 12; aA *Priester* in Scholz[7] § 20 KapErhG Rn 10 (Erfordernis der notariellen Beglaubigung).
[41] BGHZ 48, 183, 194; *Hüffer* in Hachenburg § 47 GmbHG Rn 97; *Lutter/Hommelhoff* in Lutter/Hommelhoff § 47 GmbHG Rn 9; *Zöllner* in Baumbach/Hueck § 47 GmbHG Rn 51.
[42] *K. Schmidt* in Scholz § 47 GmbHG Rn 85; *Ulmer* in Hachenburg § 53 GmbHG Rn 48; *Bärwaldt/Günzel* GmbHR 2002, 1114.
[43] Siehe LG Berlin NZG 2000, 787; vgl. ferner *Lutter/Hommelhoff* in Lutter/Hommelhoff § 47 Rn 9.
[44] *Winter* in Lutter Rn 5 mwN.
[45] BGH ZIP 1988, 1047; *Ulmer* in Hachenburg § 53 Rn 54; *K. Schmidt* in Scholz § 47 GmbHG Rn 180; *Priester* in Scholz § 53 GmbHG Rn 101; *Lutter/Hommelhoff* in Lutter/Hommelhoff § 53 GmbHG Rn 9; *Kirstgen* GmbHR 1989, 406; nunmehr auch *Zöllner* in Baumbach/Hueck § 47 GmbHG Rn 60 f.
[46] *Winter* in Lutter Rn 10; *Zimmermann* in Kallmeyer Rn 13; *Bermel* in Goutier/Knopf/Tulloch Rn 12; *Mayer* in Widmann/Mayer Rn 15 f.; *Schilling/Zutt* in Hachenburg[7] § 20 KapErhG Rn 15; *Priester* in Scholz[7] § 20 KapErhG Rn 6.
[47] § 181 BGB.
[48] Vgl. BGH NJW 1976, 958, 959; 1538, 1539; *Winter* in Lutter Rn 10; *Zimmermann* in Kallmeyer Rn 13; *Bermel* in Goutier/Knopf/Tulloch Rn 12; *Mayer* in Widmann/Mayer Rn 15 f.; *Ulmer* in Hachenburg § 53 GmbHG Rn 55; *Priester* in Scholz § 53 GmbHG Rn 102; *Schilling/Zutt* in Hachenburg[7] § 20 KapErhG Rn 15.
[49] Siehe Rn 18.

18 h) **Vertretungsbeschränkung bei gesetzlicher Vertretung.** Soweit **Personengesellschaften** oder **Gesellschaften mit beschränkter Haftung** als Gesellschafter an einem der verschmelzenden Rechtsträger beteiligt sind, können deren organschaftliche Vertreter im Gesellschaftsvertrag oder durch Gesellschafterbeschluss von den Beschränkungen des § 181 BGB befreit werden[50]. Für den **Vorstand der AG** ist eine Freistellung vom Verbot der Mehrfachvertretung der AG zulässig[51]; ein „Selbstkontrahieren" kommt insoweit nicht in Betracht, da die AG gegenüber dem Vorstand grundsätzlich durch den Aufsichtsrat vertreten wird[52].

19 Die Möglichkeit des Insichgeschäfts bzw. der Mehrfachvertretung scheidet indessen für andere Fälle der gesetzlichen Vertretung in der Verschmelzungsversammlung, etwa bei **minderjährigen Gesellschaftern**[53], aus. Hier ist es erforderlich, einen Ergänzungspfleger zu bestellen[54]. Die Vertreter minderjähriger Gesellschafter sind bei der Stimmabgabe den Beschränkungen der §§ 1629 Abs. 2, 1795 Abs. 1 BGB unterworfen[55]. Sofern an der Verschmelzung eine GmbH, deren Einlagen noch nicht vollständig geleistet sind, als Rechtsträger beteiligt ist, ist wegen der auch den minderjährigen Gesellschafter treffenden Gefahr einer Ausfallhaftung für noch nicht erbrachte Einlageforderungen des anderen Rechtsträgers nach § 24 GmbHG eine vormundschaftliche Genehmigung nach § 1822 Nr. 10 BGB erforderlich[56]. Hingegen findet § 1822 Nr. 3 BGB, anders als bei der Verschmelzung durch Neubildung[57], im Fall der Verschmelzung durch Aufnahme keine Anwendung[58].

4. Inhaltskontrolle

20 a) **Kein Erfordernis sachlicher Rechtfertigung.** Das zum **Schutz der überstimmten Minderheit** für strukturändernde Beschlüsse geltende Kontrollkriterium, wonach der Beschluss im Interesse der Gesellschaft liegen, zur Verfolgung des Unternehmensgegenstands erforderlich und das angemessene Mittel sein müsse, wurde vom Gesetzgeber nicht in das GmbH-Verschmelzungsrecht eingeführt. Damit hat der Gesetzgeber die Frage jedoch nicht etwa eindeutig zugunsten eines Verzichts auf eine sachliche Rechtfertigung entschieden. Das **Erfordernis einer solchen sachlichen Rechtfertigung** für Verschmelzungsbeschlüsse wird vom Gesetz vielmehr bewusst offen gelassen, da die Grundsatzfrage nach einer sachlichen Rechtfertigung für bestimmte Beschlüsse generell und nicht für Verschmelzungen isoliert geregelt werden müsse[59]. Die Klärung dieser Frage bei Verschmelzungen wurde somit zumindest vorerst Rechtsprechung und Literatur überlassen. Dabei ist zu berücksichtigen, dass nach zutreffender Ansicht nicht sämtliche strukturändernde Beschlüsse einer sachlichen Rechtfertigung bedürfen[60]. Wird ein spezieller Minderheitenschutz gewährleistet, spricht

---

[50] *Winter* in Lutter Rn 11.
[51] *Hüffer* § 78 AktG Rn 6 f.; *Winter* in Lutter Rn 11; *Mayer* in Widmann/Mayer Rn 18; *Melchior*, Vollmachten bei Umwandlungsvorgängen – Vertretungshindernisse und Interessenkollisionen, GmbHR 1999, 520, 525 f.
[52] § 112 AktG.
[53] §§ 1629 Abs. 2, 1795 Abs. 2 BGB.
[54] § 1909 BGB; *Winter* in Lutter Rn 11; *Bermel* in Goutier/Knopf/Tulloch Rn 12; *Mayer* in Widmann/Mayer Rn 39.
[55] *Schilling/Zutt* in Hachenburg[7] § 20 KapErhG Rn 15; *Priester* in Scholz[7] § 20 KapErhG Rn 6; *Winter* in Lutter Rn 11; *Mayer* in Widmann/Mayer Rn 39.
[56] Siehe näher § 51 Rn 10 ff.; *Winter* in Lutter Rn 11 mwN; *Zimmermann* in Kallmeyer Rn 12.
[57] Siehe näher § 59 Rn 5 aE.
[58] *Winter* in Lutter Rn 11 mwN.
[59] Ausdrücklich RegBegr. *Ganske* S. 61.
[60] *Lutter/Drygala* in Lutter § 13 Rn 33; *Winter*, Mitgliedschaftliche Treubindungen im GmbH-Recht, S. 141 ff.; *Ulmer* in Hachenburg § 53 GmbHG Rn 69; *Raiser* in Hachenburg Anh. § 47 GmbHG Rn 126 ff.; *Hüffer* in G/H/E/K § 243 AktG Rn 55; ähnlich auch der *BGH* (Auflösungsbeschluss) BGHZ 70, 117 121; BGHZ 103, 184, 190 ff.; aA *Martens* GmbHR 1984, 265, 269 f.; *Wiedemann* DB 1993, 141, 144.

Beschluß der Gesellschafterversammlung **21, 22 § 50**

dies gegen das Erfordernis einer materiellen Kontrolle bezüglich seiner sachlichen Rechtfertigung. Im Hinblick auf Verschmelzungen **gilt Folgendes**: Der Verschmelzungsbeschluss der übertragenden Gesellschaft bedarf keinesfalls einer sachlichen Rechtfertigung, da er mit einem Auflösungsbeschluss vergleichbar ist, welcher gerade nicht dem Bedürfnis einer sachlichen Rechtfertigung unterliegt[61]. Aber auch der Beschluss der übernehmenden Gesellschaft bedarf regelmäßig keiner sachlichen Rechtfertigung, da neben der Notwendigkeit einer qualifizierten Mehrheit weitere Schutzvorkehrungen, wie zB der Verschmelzungsbericht[62], die Verschmelzungsprüfung[63], die Möglichkeit des Austritts gegen Abfindung[64] und besondere Zustimmungserfordernisse[65] bestehen, so dass ein ausreichender Minderheitenschutz gesichert ist[66].

b) Treupflicht, Gleichheitsgrundsatz. Zwar bedarf der Verschmelzungsbeschluss keiner sachlichen Rechtfertigung, eine **inhaltliche Kontrolle** erfolgt jedoch unter den Gesichtspunkten des Ermessensmissbrauchs und der Ungleichbehandlung[67]. Der Verschmelzungsbeschluss unterliegt den heute allgemein anerkannten Schranken des Gleichbehandlungsgrundsatzes und der Treupflicht[68]. 21

5. Beurkundung

Zur Wirksamkeit des Verschmelzungsbeschlusses jedes beteiligten Rechtsträgers ist **zwingend und ausnahmslos** dessen notarielle Beurkundung erforderlich[69]. Ein wirksamer Verzicht hierauf ist auch nicht durch sämtliche Gesellschafter der beteiligten GmbH oder den Alleingesellschafter einer Einpersonen-GmbH möglich[70]. Für die Beurkundung gelten die gleichen Voraussetzungen wie bei einer Satzungsänderung[71], also die §§ 36 ff. BeurkG[72]. Daraus ergibt sich, dass die Urkunde des beurkundenden Notars den Bericht über seine Wahrnehmungen in Bezug auf den zu beurkundenden Beschluss sowie eine eigenständige Unterschrift beinhalten muss[73]. Im Gegensatz zum Aktienrecht[74] sind die Gegenstände des 22

---

[61] BGHZ 103, 183, 190 ff.; siehe auch § 65 Rn 20; *Heckschen* in Widmann/Mayer § 13 Rn 219; *Winter* in Lutter Umwandlungsrechtstage S. 25, 39 f.; *Bayer,* ZIP 1997, 1613, 1624 f.
[62] § 8.
[63] §§ 9 Abs. 1, 44, 48, 60 Abs. 1.
[64] § 29.
[65] §§ 13 Abs. 2, 50 Abs. 2, 51.
[66] Wie hier: § 65 Rn 20; *Lutter/Drygala* in Lutter § 13 Rn 31 ff.; *Heckschen* in Widmann/Mayer § 13 Rn 220; *Zimmermann* in Kallmeyer § 13 Rn 12; *ders.* in Kallmeyer Rn 10; *Binnewies* GmbHR 1997, 727 ff.; aA *Winter* in Lutter Umwandlungsrechtstage S. 25, 39 f.; *Bayer* ZIP 1997, 1613, 1624 f., die für den Beschluss der übernehmenden Gesellschaft wegen der Vergleichbarkeit mit einem Kapitalerhöhungsbeschluss eine sachliche Rechtfertigung fordern; zur Ausnahme bei erstmaliger Begründung einer Abhängigkeit vgl. *Binnewies* GmbHR 1997, 727, 730 f.; *Lutter/Drygala* in Lutter § 13 Rn 38.
[67] *Lutter/Drygala* in Lutter § 13 Rn 32; *Winter* in Lutter Rn 12; *Zimmermann* in Kallmeyer § 13 Rn 12.
[68] Ausf. Darstellung dazu bei *Ulmer* in Hachenburg § 53 GmbHG Rn 62 ff.; *Priester* in Scholz § 53 GmbHG Rn 55 ff.; *Lutter/Drygala* in Lutter § 17 Rn 39; vgl. auch *Meilicke/Heidel* BB 2003, 1805.
[69] § 13 Abs. 3 Satz 1. Zur Beurkundung im Ausland siehe eingehend § 6 Rn 15 ff. Insoweit ist die Ortsform iSd Art. 11 Abs. 1 2. Halbs. EGBGB nicht ausreichend; maßgeblich ist vielmehr das Wirkungsstatut (Geschäftsstatut), Art. 11 Abs. 1 1. Halbs., Art. 11 Abs. 5 EGBGB, so dass die im Ausland vorgenommene Beurkundung bei einem Verschmelzungsvertrag, der deutschem Recht unterliegt, der deutschen Beurkundung gleichwertig sein muss; vgl. *LG Kiel* BB 1998, 120; siehe auch *Dignas* GmbHR 2005, 39 ff.
[70] *Winter* in Lutter Rn 4; *ders.* in Lutter Umwandlungsrechtstage S. 25, 37.
[71] § 53 GmbHG.
[72] *Winter* in Lutter Rn 4; *Zimmermann* in Kallmeyer Rn 15; *Bermel* in Goutier/Knopf/Tulloch Rn 5.
[73] § 37 Abs. 1, 3 BeurkG.
[74] § 130 AktG.

durch den Notar nach § 37 BeurkG zu erstellenden Berichts im GmbH-Recht nicht gesetzlich geregelt. Der **Berichtsinhalt** ergibt sich hier aus einer Gesamtschau von § 13 iVm. § 50. Festzuhalten sind die Verschmelzung als Beschlussgegenstand[75], die an der Beschlussfassung teilnehmenden Stimmen sowie das Abstimmungsergebnis[76]. Weiter sind Ort und Tag der Beschlussfassung sowie der Errichtung der Urkunde anzugeben[77]. Aus einem **Verstoß** gegen § 37 Abs. 2 BeurkG ergibt sich nicht die Formunwirksamkeit der Urkunde[78]. Einer **Verlesung und Unterzeichnung** der Urkunde bedarf es nur, soweit in der Niederschrift zugleich formbedürftige Willenserklärungen einzelner Anteilsinhaber enthalten sind[79]. Dies gilt etwa für Verzichtserklärungen[80] oder für Zustimmungserklärungen der Inhaber stimmrechtsloser Geschäftsanteile[81], sofern deren Abgabe in der Gesellschafterversammlung erfolgt. **Universalversammlungen** finden zulässigerweise meist unter freiwilliger Einhaltung der §§ 6 ff., 13 statt. Der Verschmelzungsvertrag (oder sein Entwurf) sind dem Beschlussprotokoll als Anlage beizufügen[82].

6. Widerspruch zur Niederschrift

23   Sofern ein Gesellschafter, um nicht die Ansprüche nach § 29 Abs. 1 zu verlieren, gegen den Verschmelzungsbeschluss Widerspruch zur Niederschrift erklärt, muss dieser in die notarielle Niederschrift aufgenommen werden[83].

V. Erfordernis der Zustimmung einzelner Gesellschafter der übertragenden Gesellschaft bei Beeinträchtigung statutarischer Sonderrechte (Abs. 2)

1. Inhalt und Zweck der Norm

24   In GmbH-Satzungen sind bisweilen statutarische Regelungen enthalten, die dem **einzelnen Gesellschafter bestimmte Sonderrechte zubilligen**, wie zB Mehrstimmrechte in der Gesellschafterversammlung[84], Individualzustimmungserfordernisse zu einzelnen Gesellschafterbeschlüssen, Vetorechte gegen einzelne Gesellschafterbeschlüsse[85], Weisungsrechte gegenüber Geschäftsführern, das Recht, ein oder mehrere Mitglieder eines Aufsichtsrats, Beirats oder der Geschäftsführung zu bestimmen oder diese Position selbst einzunehmen[86], statutarische Vorverkaufs- oder Vorerwerbsrechte[87] oder auch Zustimmungsvorbehalte bei der Übertragung von Geschäftsanteilen. Sofern der Verschmelzungsvertrag nicht ausdrücklich etwas anderes vorsieht, gehen solche Vorzugsrechte, die einem Gesellschafter der übertragenden Gesellschaft zustehen oder mit einem Geschäftsanteil der übertragenden Gesell-

---

[75] Wobei hier auf den der Niederschrift beizufügenden Verschmelzungsvertrag Bezug zu nehmen ist.
[76] *Ulmer* in Hachenburg § 53 GmbHG Rn 44; *Priester* in Scholz § 53 GmbHG Rn 69; *Winter* in Lutter Rn 4; *Bermel* in Goutier/Knopf/Tulloch Rn 5.
[77] § 37 Abs. 2 BeurkG.
[78] *Winter* in Lutter Rn 4; *Bermel* in Goutier/Knopf/Tulloch Rn 5.
[79] *Ulmer* in Hachenburg § 53 GmbHG Rn 45; *Priester* in Scholz § 53 GmbHG Rn 70; *Winter* in Lutter Rn 4.
[80] §§ 8 Abs. 3, 9 Abs. 3.
[81] §§ 50 Abs. 2, 51.
[82] *Winter* in Lutter Rn 4; *Bermel* in Goutier/Knopf/Tulloch Rn 5.
[83] *Zimmermann* in Kallmeyer Rn 18.
[84] *Raiser* in Hachenburg § 14 GmbHG Rn 19; *H. Winter* in Scholz § 14 GmbHG Rn 21.
[85] RGZ 169, 65, 80 f.
[86] *Raiser* in Hachenburg § 14 GmbHG Rn 19 mwN; *H. Winter* in Scholz § 14 GmbHG Rn 21.
[87] Ausführlich Rn 32.

schaft verbunden sind, mit der Verschmelzung unter[88]. Die hierdurch eintretende Benachteiligung der betroffenen Gesellschafter lässt sich dadurch aufheben, dass diesen im Zuge der Verschmelzung entsprechende Rechte im Gesellschaftsvertrag der übernehmenden Gesellschaft zugebilligt werden. Fehlt es hieran, erfolgt ein **Entzug der Vorzugsrechte**. Bereits zum alten Recht ging die hM daher davon aus, dass eine solche Beeinträchtigung von den Betroffenen **nicht ohne ihre Zustimmung** hingenommen werden muss[89]. Nach dem neuen Recht werden derartige Sonderrechte – neben § 13 Abs. 2 – durch Abs. 2 geschützt. Abs. 2 **beschränkt** das Zustimmungserfordernis dabei jedoch auf statutarische Minderheitsrechte sowie besondere Geschäftsführungs-, Geschäftsführungsbestellungs- und -vorschlagsrechte.

2. Ergänzung aufgrund statutarischer Anforderungen an satzungsändernde Beschlüsse

Es bestehen dennoch **Schutzlücken**, bei denen sich weder aus § 13 Abs. 2 noch aus 25 § 50 Abs. 2 ein Zustimmungsvorbehalt ergibt. In solchen Fällen ist **Folgendes zu beachten**: Nach zutreffender Auffassung sind statutarische Bestimmungen, die das Erfordernis einer Dreiviertelmehrheit für Satzungsänderungen zB durch ein höheres Mehrheitserfordernis oder in sonstiger Weise qualifizieren, regelmäßig auch auf die Fassung des Verschmelzungsbeschlusses anzuwenden. Dieser Grundsatz gilt jedenfalls dann, wenn die Satzung für Verschmelzungen keine besondere Regelung enthält[90]. Außerdem kann sich aus einer teleologischen Auslegung von Satzungsklauseln, welche in bestimmten Fällen besondere Anforderungen an die Beschlussfassung stellen (zB Mehrheits- oder Zustimmungserfordernisse), ergeben, dass solche Bestimmungen auch nur unter Beachtung dieser besonderen Anforderungen geändert werden können[91]. Eine Bestimmung, wonach eine Übertragung von Anteilen einer Beschlussmehrheit von 90% bedarf, wird regelmäßig nur mit einer solchen Mehrheit aufgehoben werden können. Aus dem **Zusammenspiel dieser beiden Grundsätze** ergibt sich, dass immer, wenn besondere statutarische Regelungen, welche für die Beschlussfassung spezielle Anforderungen aufstellen, durch die Verschmelzung entfallen, der Verschmelzungsbeschluss diesen Anforderungen entsprechen muss[92].

3. Auf dem Gesellschaftsvertrag beruhende Minderheitsrechte einzelner Gesellschafter (Alt. 1)

a) Tatbestandliche Voraussetzungen des Zustimmungsrechts. § 50 Abs. 2 Alt. 1 26 schützt, wie der Wortlaut besagt, Minderheitsrechte einzelner Gesellschafter, welche auf dem Gesellschaftsvertrag beruhen.

aa) Rechte aus Gesellschaftsvertrag. Der Gesetzgeber hat mit dem Erfordernis des Beruhens 27 auf einer statutarischen Regelung den Erkenntnissen aus der Diskussion des Referentenentwurfs Rechnung getragen, dass anderenfalls auch solchen Betroffenen, bei welchen allein die Verringerung ihrer Beteiligung den Verlust besonderer, an eine bestimmte Beteiligungsquote geknüpfter Minderheitsrechte zur Folge gehabt hätte, ein Vetorecht zustehen würde[93]. Nach

---

[88] *Schilling/Zutt* in Hachenburg[7] § 20 KapErhG Rn 16; *Priester* in Scholz[7] § 20 KapErhG Rn 8; *Lutter/Hommelhoff*[13] § 20 KapErhG Rn 8.
[89] So die hM zum alten Recht, *Schilling/Zutt* in Hachenburg[7] § 20 KapErhG Rn 16; *Priester* in Scholz[7] § 20 KapErhG Rn 8; *Lutter/Hommelhoff*[13] § 20 KapErhG Rn 8.
[90] Vgl. Rn 10 und insbes. die Nachweise bei Fn 24.
[91] *Ulmer* in Hachenburg § 53 GmbHG Rn 87; *Priester* in Scholz § 53 GmbHG Rn 84; *Reichert* BB 1985, 1496, 1498; so auch BGHZ 76, 191, 196.
[92] *Reichert* GmbHR 1995, 176, 185; wohl auch *Winter* in Lutter Rn 16; aA *Lutter/Drygala* in Lutter § 13 Rn 25, der die Übertragung der erhöhten Mehrheitserfordernisse auf den Verschmelzungsbeschluss ablehnt und sich an Stelle dessen für eine Kontrolle über eine mögliche Treupflichtverletzung ausspricht.
[93] *Reichert* GmbHR 1995, 176, 182; unter Bezugnahme auf die Kritik im Schrifttum, vgl. *Priester* ZGR 1990, 420, 441; *Hommelhoff* ZGR 1993, 452, 461.

der Regierungsbegründung[94] sollen damit insbesondere **gesetzliche Minderheitsrechte**, die an eine bestimmte Beteiligungsquote anknüpfen[95], als **Anwendungsfall** von Abs. 2 ausscheiden.

28 *bb) Individualrechte.* Es muss sich um Rechte einzelner Gesellschafter handeln. Daraus ergibt sich, dass nur solche statutarischen Minderheitsrechte erfasst sein sollen, die **nicht auf einer bestimmten Beteiligungsquote beruhen**, sondern dem betreffenden Gesellschafter als Individualrecht zustehen. Der Wortlaut, wonach es sich um Rechte „eines einzelnen Gesellschafters" handeln muss, bestätigt den Willen des historischen Gesetzgebers. Danach soll der Minderheitsgesellschafter gerade nicht davor geschützt werden, dass er durch eine Verwässerung seiner Beteiligung den Schutz solcher Satzungsregelungen verliert, welche für bestimmte Beschlüsse höhere Beschlussquoten anordnen und ihm damit die Möglichkeit geben, die Beschlussfassung zu verhindern[96]. Allein der Umstand, dass der betroffene Gesellschafter im Hinblick auf die Verschmelzung eine Verwässerung seiner Beteiligung erfährt und bestimmte Beschlussfassungen nicht mehr – wie bisher – herbeiführen oder unterbinden kann, führt nicht zu einem Zustimmungserfordernis nach Abs. 2[97]. Konnte also etwa ein mit 10% beteiligter Gesellschafter bisher bestimmte Investitionsentscheidungen verhindern, weil sie einer 95%-Mehrheit bedurften, während dieses Recht – sei es wegen des Fehlens einer solchen Klausel, sei es wegen der Veränderung der Beteiligungsverhältnisse – nun nicht mehr besteht, fehlt es an den tatbestandlichen Voraussetzungen von Abs. 2.

29 Anderes gilt, wenn zugunsten des Minderheitsgesellschafters oder zugunsten der Inhaber bestimmter Anteile in der Satzung ein **Vetorecht** gegen bestimmte Investitionsvorhaben begründet ist. In diesen Fällen ergibt sich ein Minderheitsrecht nicht allein aufgrund der Mehrheitsverhältnisse, sondern aus der Satzung. Dabei ist es unerheblich, ob das statutarische Minderheitsrecht einem Gesellschafter *ad personam* zusteht oder dem Inhaber eines bestimmten Geschäftsanteils zugewiesen ist[98]. Entscheidend ist auch nicht, ob das Vetorecht nur einem oder mehreren Gesellschaftern individuell, sondern – wie bei einem Zustimmungserfordernis jedes einzelnen Gesellschafters – allen Gesellschaftern zusteht. Der Telos der Norm rechtfertigt keine abweichende Behandlung[99].

30 *cc) Minderheitsrechte.* Das Tatbestandsmerkmal „Minderheitsrecht" darf nicht dahin gehend missinterpretiert werden, dass nur solche Rechte erfasst werden, die ausschließlich minderheitenschützende Wirkung haben. Eine solche restriktive Interpretation würde dem Sinn und Zweck des Abs. 2 widersprechen. Richtigerweise umfasst der Anwendungsbereich alle Rechte, die – **jedenfalls auch – den Minderheitsgesellschafter schützen**[100]. Typische Beispiele sind Vorerwerbs- oder Andienungsrechte, die nicht ausschließlich, aber auch dem Minderheitsgesellschafter zustehen. Zwar sollen hierdurch alle Gesellschafter geschützt werden, jedoch haben diese Rechte, soweit sie einem Minderheitsgesellschafter zustehen, eine minderheitenschützende Funktion.

31 **b) Abgrenzung zu vermögensrechtlichen Beteiligungselementen.** Entgegen § 23 soll § 50 Abs. 2 gerade nicht dem Schutz von Vermögensrechten dienen. Der Regierungsbegründung[101] lässt sich zwar entnehmen, dass es sich bei den nicht erfassten Vermögensrechten um solche Beteiligungselemente handeln soll, welche bei der Bemessung des Umtauschver-

---

[94] RegBegr. *Ganske* S. 100.
[95] Wie zB §§ 50, 61, 66 GmbHG.
[96] *Reichert* GmbHR 1995, 176, 182.
[97] *Winter* in Lutter Rn 16; *ders.* in Lutter Umwandlungsrechtstage S. 19, 43 f.
[98] *Reichert* GmbHR 1995, 176, 179; *Winter* in Lutter Rn 16.
[99] *Reichert* GmbHR 1995, 176, 179; *Winter* in Lutter Rn 16 unter Verweis auf die hM zu § 376 AktG aF, vgl. *Zöllner* in Kölner Komm. § 376 AktG Rn 26; *Grunewald* in G/H/E/K § 376 AktG Rn 20.
[100] Ausführlich *Reichert* GmbHR 1995, 176, 182; *Winter* in Lutter Rn 17.
[101] RegBegr. *Ganske* S. 100.

hältnisses zu berücksichtigen sind, wie zB Gewinnvorzüge. Die Entwicklung der Abgrenzung im Einzelnen wurde jedoch der Rechtsprechung und dem Schrifttum überlassen. Ausgehend von der – auch in der Regierungsbegründung – zum Ausdruck gebrachten *ratio legis* wird man davon auszugehen haben, dass entscheidend ist, ob ein Ausgleich für das in Rede stehende Recht iRd. Anpassung des Umtauschverhältnisses möglich ist. Neben den in der Regierungsbegründung ausdrücklich genannten **Gewinnvorzügen** ist dies etwa für einen **erhöhten Anteil am Liquidationserlös** zu bejahen[102]. Für persönliche Einfluss- oder Verwaltungsrechte scheidet demgegenüber der Verweis auf eine solche Form der Kompensation aus, so dass sie – liegen die übrigen Voraussetzungen vor – unter Abs. 2 zu subsumieren sind[103].

c) Vorkaufs- und Vorerwerbsrechte. Vorkaufs- und Vorerwerbsrechte sind unter Abs. 2 zu subsumieren, soweit es sich um **materielle Satzungsbestandteile** handelt und sie als unentziehbare Individualrechte ausgestaltet sind. Dies trifft sowohl für den Fall der Begünstigung einzelner als auch regelmäßig für den Fall der Begünstigung aller Gesellschafter zu[104]. Anderes gilt jedoch, wenn die Satzung ein Vorerwerbsrecht lediglich zugunsten der Gesellschaft selbst vorsieht[105].

Sofern Vorkaufs- und Vorerwerbsrechte **lediglich schuldrechtlich** außerhalb der Satzung vereinbart oder – ohne materielle Satzungsbestandteile zu sein – **nur deklaratorisch** in die Satzung aufgenommen werden, ist im Einzelfall durch Auslegung zu bestimmen, ob solche schuldrechtlichen Bindungen einer Umstrukturierung entgegenstehen sollen; idR wird dies zu verneinen sein[106].

d) Behandlung vinkulierter Geschäftsanteile. In Gesellschaften mit beschränkter Haftung sind Bestimmungen, die im Gegensatz zur gesetzlichen Ausgangslage[107] die freie Übertragbarkeit der Geschäftsanteile einschränken, die Regel. Die häufigste Form solcher Vinkulierungsklauseln sind **Zustimmungsvorbehalte**. Je nach Ausgestaltung können sie bei Verschmelzungen ein Zustimmungserfordernis auslösen.

aa) Zustimmungserfordernis gem. § 13 Abs. 2. Für bestimmte Formen der Vinkulierung ergibt sich bereits aus § 13 Abs. 2 ein Zustimmungserfordernis[108]. Für ein zusätzliches Zustimmungserfordernis gem. Abs. 2 besteht mithin kein Bedürfnis. Sieht die Satzung vor, dass die Abtretung von Geschäftsanteilen der Zustimmung eines bestimmten Einzelnen, mehrerer Einzelner oder einer bestimmten Gruppe von Anteilsinhabern bedarf, entspricht dies klar dem Wortlaut von § 13 Abs. 2. Unklar ist der Wortlaut hinsichtlich einer Vinkulierungsbestimmung, die die **Zustimmung aller** – nicht also nur die Zustimmung einzelner – **Gesellschafter** verlangt. Im Rahmen einer erweiternden Auslegung ist hier im Einklang mit der schon nach altem Recht hA[109] davon auszugehen, dass Rechte, die allen Anteilsinhabern zustehen, auch jedem einzelnen Gesellschafter zustehen[110].

Im Gegensatz hierzu besteht eindeutig **kein Zustimmungserfordernis** nach § 13 Abs. 2, wenn die Abtretung von Geschäftsanteilen nicht von der Zustimmung der Gesellschafter, sondern von der Zustimmung der Gesellschaft selbst abhängig gemacht wird[111].

---

[102] *Raiser* in Hachenburg § 14 GmbHG Rn 19.
[103] *Winter* in Lutter Rn 18 mwN.
[104] *Reichert* GmbHR 1995, 176, 184.
[105] *Reichert* BB 1985, 1496, 1501.
[106] *Reichert* GmbHR 1995, 176, 183.
[107] Gem. § 15 Abs. 1 GmbHG.
[108] Siehe § 13 Rn 35 ff.
[109] Zu § 376 AktG: *Grunewald* in G/H/E/K § 376 AktG Rn 20; *Zöllner* in Kölner Komm. § 376 AktG Rn 26; *Meyer-Landrut* in Großkomm. § 376 AktG Anm. 3.
[110] *Reichert* GmbHR 1995, 176, 179; *Winter* in Lutter Umwandlungsrechtstage S. 19, 42.
[111] Ausdrücklich RegBegr. *Ganske* S. 61.

Gleiches gilt für den Fall, dass eine Zustimmung durch ein Gesellschaftsorgan – zB Gesellschafterversammlung, Beirat oder Aufsichtsrat – gefordert wird; dies gilt auch dann, wenn hierbei ein Beschluss der Gesellschafterversammlung mit 100% der abgegeben Stimmen vorgeschrieben ist, weil es in diesen Fällen an der Begründung eines Sonderrechts Einzelner oder aller Gesellschafter fehlt[112]. Verlangt die Satzungsbestimmung hingegen die **Zustimmung sämtlicher vorhandener Stimmen**, besteht ein Zustimmungsbedürfnis nach § 13 Abs. 2: In diesem Fall ist nämlich die Zustimmungserklärung jedes einzelnen Gesellschafters erforderlich, auch wenn sie im Rahmen eines Gesellschafterbeschlusses abzugeben ist[113].

37 bb) *Weitergehendes Zustimmungserfordernis gem. § 50 Abs. 2?* § 13 Abs. 2 enthält keine abschließende Regelung, so dass eine ergänzende Anwendung des § 50 Abs. 2 nicht ausgeschlossen wäre. Die durch § 13 Abs. 2 nicht geschützten Klauseln **unterfallen** jedoch **nicht dem Tatbestand** des § 50 Abs. 2. Es handelt sich nämlich nicht um Individualrechte. So verliert ein Gesellschafter, dessen Beteiligung durch die Verschmelzung von 90% auf 80% sinkt, seine durch ein Zustimmungserfordernis, das eine Stimmenmehrheit von 90% verlangt, begründete Position nicht durch Wegfall eines Sonderrechts. Grund ist lediglich eine Verwässerung der Beteiligungshöhe, woraus sich nach Abs. 2 indessen gerade kein Zustimmungserfordernis ergeben soll.

38 cc) *Weitere Zustimmungserfordernisse aufgrund Satzungsauslegung.* Wie ausgeführt, kann sich ein Zustimmungserfordernis für Zustimmungsklauseln, die weder durch § 13 Abs. 2 noch durch § 50 Abs. 2 geschützt sind, unter folgendem Aspekt ergeben: Verlangt eine solche Klausel eine **die für die Satzungsänderung erforderliche Mehrheit übersteigende Mehrheit**, wird regelmäßig anzunehmen sein, dass sie auch nur mit einer solchen Mehrheit geändert werden kann. Diese Mehrheit muss daher – in gleicher Weise wie erhöhte Mehrheitserfordernisse, wie sie für Satzungsänderungen gelten – beim Verschmelzungsbeschluss beachtet werden[114].

39 dd) *Sonderfall: Statutarischer Ausschluss der Anteilsabtretung.* Streitig ist der Fall, dass die Anteilsabtretung nicht zustimmungsgebunden, sondern statutarisch generell ausgeschlossen ist. Wegen der gleichrangigen Schutzbedürftigkeit dieser Gesellschafter im Vergleich zur Abtretbarkeit nur mit Zustimmung jedes Gesellschafters kommt eine **analoge Anwendung des § 13 Abs. 2** in Betracht[115]. Eine solche setzt jedoch voraus, dass sich der Satzung entnehmen lässt, dass jeder einzelne Anteilsinhaber eine Aufhebung des Abtretungsausschlusses mittels Satzungsänderung verhindern kann. Nur dann besteht eine mit einem Zustimmungsvorbehalt vergleichbare Situation. Gerade in diesen Fällen ist jedoch eine Analogie nach hier vertretener Auffassung **entbehrlich,** da sich das Schutzinteresse der Gesellschafter auch auf anderem Wege verwirklichen lässt. Richtigerweise muss nämlich der Verschmelzungsbeschluss – unabhängig von § 13 Abs. 2 oder § 50 Abs. 2 – diesen zusätzlichen Anforderungen genügen.

40 e) **Wegfall des Zustimmungserfordernisses im Fall der Einräumung gleichwertiger Rechte durch den übernehmenden Rechtsträger.** Das Erfordernis der Zustimmung der betroffenen Gesellschafter[116] entfällt, soweit diese in der Satzung der übernehmenden Gesellschaft durch eine funktional äquivalente Bestimmung mit gleichen Rechten ausgestattet werden[117]. Soweit es sich um eine **reine GmbH-Verschmelzung** handelt, sind die

---

[112] *Reichert* GmbHR 1995, 176, 180; *Lutter/Drygala* in Lutter § 13 Rn 26.
[113] *Reichert* GmbHR 1995, 176, 180; *Winter* in Lutter Umwandlungsrechtstage S. 19, 42.
[114] Siehe Rn 25, insbes. Fn 92 mit Hinweis auf die Gegenansicht von Lutter.
[115] So *Lutter/Drygala* in Lutter § 13 Rn 27.
[116] Gem. Abs. 2.
[117] *Reichert* GmbHR 1995, 176, 181; *Winter* in Lutter Rn 21; *Zimmermann* in Kallmeyer Rn 23; *Stratz* in Schmitt/Hörtnagl/Stratz Rn 10; *Bermel* in Goutier/Knopf/Tulloch Rn 26.

Beschluß der Gesellschafterversammlung 41–44 § 50

den Gesellschaftern der übertragenden Gesellschaft bei der übernehmenden Gesellschaft einzuräumenden Sonderrechte im Verschmelzungsvertrag oder dessen Entwurf festzusetzen[118]. Der zur Einräumung dieser Rechte bei der übernehmenden Gesellschaft erforderliche Satzungsbeschluss bedarf regelmäßig der Zustimmung aller Gesellschafter[119]. Ist die übernehmende Gesellschaft eine **GmbH, die dem MitbestG 1976 unterliegt, eine AG oder eine KGaA**, steht der statutarischen Verankerung von Bestellungsrechten hinsichtlich der Geschäftsführung die zwingende Personalkompetenz des Aufsichtsrats entgegen[120].

4. Einzelnen Gesellschaftern nach dem Gesellschaftsvertrag zustehende besondere Rechte in der Geschäftsführung der Gesellschaft, bei der Bestellung der Geschäftsführer oder hinsichtlich eines Vorschlagsrechts für die Geschäftsführung (Alt. 2).

a) Voraussetzungen. § 50 Abs. 2, 2. Alternative erfasst die Beeinträchtigungen von Sonderrechten auf Geschäftsführung, auf Bestellung der Geschäftsführer oder bzgl. eines Vorschlagsrechts für die Geschäftsführung. 41

aa) Sonderrechte auf Geschäftsführung. Ein Sonderrecht auf Geschäftsführung liegt vor, wenn einem Gesellschafter das Recht, als Geschäftsführer tätig zu sein, eingeräumt wurde und eine **Abberufung** für die vorgesehene Dauer des Sonderrechts **nur aus wichtigem Grunde** zulässig ist[121]. Enthält die Satzung nur den Hinweis, dass der Gesellschafter X die Geschäftsführung übernimmt oder inne hat, begründet dies regelmäßig kein Sonderrecht auf Geschäftsführung. Die Satzung muss vielmehr – soweit das Abberufungsrecht nicht ausdrücklich ausgeschlossen ist – deutliche Ansatzpunkte dafür bieten, dass ein nur aus wichtigem Grund entziehbares Sonderrecht begründet werden soll[122]. 42

bb) Bestellungsrechte. Erfasst ist weiterhin der Fall, dass einem Gesellschafter das **Sonderrecht** auf Bestellung aller Geschäftsführer, eines Geschäftsführers für ein bestimmtes Ressort oder auch die Bestellung seines Nachfolgers als Gesellschaftergeschäftsführer zugewiesen ist[123]. 43

cc) Vorschlags- und Benennungsrechte. Ein allgemeines **Vorschlagsrecht** hinsichtlich der Geschäftsführungsbestellung, wie es einem Gesellschafter grundsätzlich zusteht, das die anderen Gesellschafter jedoch bei der Stimmabgabe nicht bindet[124], vermag kein Zustimmungserfordernis[125] zu begründen[126]. Anderes gilt für ein **Benennungsrecht**, das die Gesellschafter zu einer entsprechenden Stimmabgabe verpflichtet, sofern sie ihre Zustimmung nicht aus sachlichen, im Gesellschaftsinteresse liegenden Gründen ausnahmsweise verweigern können[127]. Diese Voraussetzung ist zB erfüllt, falls die Gesellschafter nur dann verweigern kön- 44

---

[118] § 46 Abs. 2.
[119] *Winter* in Lutter Umwandlungsrechtstage S. 19, 44; *ders.* in Lutter Rn 21; *Zimmermann* in Kallmeyer Rn 23.
[120] § 23 Abs. 5 iVm. § 84 Abs. 1 Satz 1 AktG – siehe auch Verweise in Fn 119.
[121] *Schneider* in Scholz § 6 GmbHG Rn 30 a.
[122] *Schneider* in Scholz § 6 GmbHG Rn 31 mwN; *Ulmer* in Hachenburg § 6 GmbHG Rn 18; *Baumbach/Hueck* § 6 GmbHG Rn 15.
[123] *Lutter/Hommelhoff* in Lutter/Hommelhoff § 46 GmbHG Rn 11 f.; auch *Baums*, Der Geschäftsleitervertrag, 1987, S. 81 ff.
[124] OLG Hamm ZIP 1986, 1188, 1194; *Lutter/Hommelhoff* in Lutter/Hommelhoff § 46 GmbHG Rn 12.
[125] Nach § 50 Abs. 2.
[126] So auch *Winter* in Lutter Rn 20.
[127] BGH WM 1989, 252; OLG Hamm ZIP 1986, 1188; zB nicht hinreichende Befähigung, fehlendes Einvernehmen unter den Geschäftsführern – *Lutter/Hommelhoff* in Lutter/Hommelhoff § 46 GmbHG Rn 12.

nen, wenn die Bestellung zum Geschäftsführer aus wichtigem Grunde sofort widerrufbar wäre[128]. Ein sachlicher, einer Bestellung aufgrund eines Benennungsrechts entgegenstehender Grund kann aber zB auch in der unzureichenden Befähigung oder dem fehlenden Einvernehmen unter den Geschäftsführern liegen[129].

45 *dd) Bestellungs- und Vorschlagsrechte betreffend anderer Organe.* Bestellungs- bzw. Vorschlagsrechte **für den Aufsichtsrat oder einen Beirat**[130] werden bereits von Alt. 1 erfasst.

46 **b) Wegfall des Zustimmungserfordernisses im Fall der Einräumung gleichwertiger Rechte im übernehmenden Rechtsträger.** Das Zustimmungserfordernis[131] entfällt, wenn im übernehmenden Rechtsträger gleichwertige Rechte eingeräumt werden[132].

5. Erteilung der Zustimmung.

47 **a) Form und Frist.** Die erforderliche Zustimmung[133] ist eine gegenüber der Gesellschaft[134] abzugebende, empfangsbedürftige Willenserklärung[135]. Grundsätzlich tritt diese als zusätzliche Wirksamkeitsvoraussetzung des Verschmelzungsbeschlusses neben die qualifizierten Mehrheitserfordernisse des § 50 Abs. 1[136]. Jedoch stellt die – **in der Gesellschafterversammlung** abgegebene – Zustimmung des betroffenen Gesellschafters zum Verschmelzungsbeschluss zugleich die nach § 50 Abs. 2 erforderliche Zustimmung dar[137]. Daraus resultiert auch der zulässige Verzicht auf eine gesonderte Protokollierung der sonst individuell beurkundungspflichtigen Zustimmungserklärung[138]. Wird die Zustimmungserklärung **außerhalb der Gesellschafterversammlung** abgegeben, bleibt es bei der Pflicht zur gesonderten notariellen Beurkundung[139]. Sind **stimmrechtslose Gesellschafter** nach § 50 Abs. 2 zustimmungsberechtigt, so ist deren – für die Wirksamkeit des Verschmelzungsbeschlusses ebenso erforderliche – Zustimmungserklärung[140] unabhängig davon, ob sie in oder außerhalb der Gesellschafterversammlung abgegeben wird, gesondert notariell zu beurkunden[141]. Letztmöglicher **Zeitpunkt** für die – vor, bei oder nach dem Verschmelzungsbeschluss zulässige[142] – Abgabe der Zustimmungserklärung ist jedenfalls vor der Anmeldung der Verschmelzung zum Handelsregister[143]. Die Gesellschaft kann, vertreten durch ihre Geschäftsführer, die betroffenen Gesellschafter unter **Fristsetzung** zur Abgabe der Zustimmung auffordern. Lässt der betroffene Gesellschafter die Frist verstreichen, gilt seine Zustimmung als

---

[128] § 38 Abs. 2 GmbHG; *BGH* WM 1989, 252; *OLG Hamm* ZIP 1986, 1188; *Lutter/Hommelhoff* in Lutter/Hommelhoff § 46 GmbHG Rn 12.
[129] *Lutter/Hommelhoff* in Lutter/Hommelhoff § 46 GmbHG Rn 12.
[130] Siehe Fn 86.
[131] Gem. § 50 Abs. 2.
[132] Siehe Rn 40.
[133] Gem. § 50 Abs. 2.
[134] Zur Frage, wem gegenüber auf Seiten der Gesellschaft die Erklärung abzugeben ist – richtigerweise gegenüber den Geschäftsführern – *Mayer* in Widmann/Mayer Rn 70 mwN; so auch *Winter* in Lutter Rn 24.
[135] *Priester* in Scholz § 53 GmbHG Rn 94; *Zöllner* in Baumbach/Hueck § 53 GmbHG Rn 83; *Mayer* in Widmann/Mayer Rn 67.
[136] *Ulmer* in Hachenburg § 53 GmbHG Rn 93; *Zöllner* in Baumbach/Hueck § 53 GmbHG Rn 83.
[137] *Winter* in Lutter Rn 24.
[138] Zur notariellen Beurkundung siehe auch Rn 22.
[139] § 13 Abs. 3 Satz 1; siehe § 13 Rn 51 ff.
[140] *Priester* in Scholz⁷ § 20 KapErhG Rn 9; *Bermel* in Goutier/Knopf/Tulloch Rn 25; *Winter* in Lutter Rn 24.
[141] *Winter* in Lutter Rn 24.
[142] So auch *Mayer* in Widmann/Mayer Rn 73.
[143] Rechtsgedanke aus §§ 52 Abs. 1 aE, 17 Abs. 1.

Beschluß der Gesellschafterversammlung 48, 49 § 50

versagt[144]. Stimmt der Gesellschafter innerhalb der Frist der Verschmelzung zu, wird der zunächst schwebend unwirksame Verschmelzungsbeschluss mit Zugang der Zustimmungserklärung rückwirkend wirksam[145].

b) Beteiligung Dritter. Neben den Zustimmungserfordernissen aus §§ 13, 50 können Zustimmungserfordernisse zugunsten von Pfandgläubigern, Nießbrauchern, Testamentsvollstreckern, Ehegatten im gesetzlichen Güterstand[146] oder das Erfordernis einer behördlichen oder gerichtlichen Genehmigung bestehen[147]. **Dinglich Berechtigte** (Nießbraucher, Pfandgläubiger) müssen jedoch grundsätzlich nicht zustimmen, da ihre Rechte an den neuen Geschäftsanteilen fortbestehen[148]. Fehlt es an einer Ausgabe neuer, die alten Beteiligungen ersetzenden Geschäftsanteile, entfallen die Rechte der dinglich berechtigten Dritten[149]. Unterliegt die Beteiligung der Testamentsvollstreckung, ist davon auszugehen, dass es wegen der mit der Umwandlung verbundenen wesentlichen Strukturänderungen[150], die in den Kernbereich der Mitgliedschaft eingreifen, auch der Zustimmung des **Erben** bedarf[151]. Unter bestimmten Voraussetzungen[152] ist auch bei **Verheirateten** im gesetzlichen Güterstand der Zugewinngemeinschaft eine Individualzustimmung erforderlich[153]. Bei der **Verwaltungstreuhand** ist nur der Treuhänder, dem der Treugeber den Geschäftsanteil überträgt, der Gesellschaft gegenüber Gesellschafter[154] und damit bei Vorliegen von Sonderrechten nur als solcher, nicht aber als Dritter zustimmungspflichtig. 48

c) Folgen fehlender Zustimmung. Fehlt eine nach Abs. 2 erforderliche Zustimmung, wird der Beschluss zunächst **schwebend unwirksam**, nicht jedoch anfechtbar[155]. Wird die Eintragung des Verschmelzungsbeschlusses ohne vorherige Zustimmung betrieben, ist hinsichtlich der Folgen der Verschmelzung die **Unwirksamkeit** des Beschlusses **unbeachtlich**[156]. 49

---

[144] Entsprechend §§ 108 Abs. 2, 177 Abs. 2 BGB; *Priester* in Scholz § 53 GmbHG Rn 95; *Mayer* in Widmann/Mayer § 51 Rn 19; *Zimmermann* in Kallmeyer § 13 Rn 29; *Schilling/Zutt* in Hachenburg[7] § 20 KapErhG Rn 8; aA *Vossius* in Widmann/Mayer § 43 Rn 57, der §§ 108 Abs. 2, 177 Abs. 2 BGB für unanwendbar hält und deshalb als einzige Möglichkeit eine Kündigung des Verschmelzungsvertrags nach § 7 ansieht.
[145] *Zimmermann* in Kallmeyer § 13 Rn 29; *Winter* in Lutter Rn 30; *Mayer* in Widmann/Mayer Rn 72.
[146] § 1365 BGB.
[147] *Mayer* in Widmann/Mayer Rn 40.
[148] Nach § 20 Abs. 1 Nr. 3 Satz 2; *Zimmermann* in Kallmeyer Rn 28; zu Ausnahmen siehe *K. Schmidt* in Scholz § 47 GmbHG Rn 18.
[149] Siehe § 20 Rn 80; *Grunewald* in Lutter § 20 Rn 63 mwN; *Marsch-Barner* in Kallmeyer § 20 Rn 31; jeweils unter Hinweis auf einen dadurch entstehenden Schadensersatzanspruch.
[150] Siehe dazu Rn 17.
[151] *K. Schmidt* GesR[3] S. 482 mwN; so auch *Zimmermann* in Kallmeyer § 13 Rn 34; aA wohl *Emmerich* in Scholz § 2 GmbHG Rn 48.
[152] § 1365 BGB.
[153] *Vossius* in Widmann/Mayer § 43 Rn 91 ff.; *Heckschen* in Widmann/Mayer § 13 Rn 133 ff.; *Zimmermann* in Kallmeyer Rn 28, § 13 Rn 33; zur str. Frage, ob dies auch für die Verschmelzung auf den Alleingesellschafter gem. § 120 gilt: dafür *Zimmermann* in Kallmeyer § 13 Rn 33, aA *Heckschen* in Widmann/Mayer § 13 Rn 137.
[154] *Emmerich* in Scholz § 2 GmbHG Rn 55 ff., 58.
[155] *Winter* in Lutter Rn 26; *Bermel* in Goutier/Knopf/Tulloch Rn 34; so noch zum alten Recht *Priester* in Scholz[7] § 20 KapErhG Rn 8, 13; *Lutter/Hommelhoff*[13] § 20 KapErhG Rn 8; *Dehmer*[1] § 20 KapErhG Anm. 4 d; aA *Schilling/Zutt* in Hachenburg[7] § 20 KapErhG Rn 16 (für Anfechtbarkeit).
[156] Siehe § 20 Rn 94 und Rn 55.

6. Kosten

50 Es sind die Kosten für die **notarielle Beurkundung** des Verschmelzungsbeschlusses und, soweit diese separat erfolgen, der Zustimmungserklärungen zu veranschlagen[157]. Der Geschäftswert der notariell zu fassenden Verschmelzungsbeschlüsse bestimmt sich nach dem Wert des Aktivvermögens des übertragenden Rechtsträgers[158]. Für den Beschluss beträgt die Höchstgebühr € 5 000[159]. Werden mehrere Beschlüsse in einer Verhandlung beurkundet, wird die Gebühr nur einmal berechnet[160]. Der für die Zustimmungserklärung zugrunde zu legende Geschäftswert bestimmt sich nach dem Wert der Beteiligung des zustimmenden Gesellschafters[161]. Sofern Zustimmungserklärung und Verschmelzungsbeschluss gleichzeitig beurkundet werden, fällt die Gebühr auch hier nur einmal an[162]. Grundsätzlich ist **Kostenträger** die betroffene Gesellschaft[163]; zulässig ist die Übernahme der bei der übertragenden Gesellschaft anfallenden Kosten durch die übernehmende Gesellschaft[164].

7. Anwendung auf Verschmelzung durch Neugründung

51 Auf die Verschmelzung durch Neugründung ist die Norm **entsprechend anzuwenden**[165]. Der Verschmelzungsbeschluss muss dabei neben der Zustimmung zum Verschmelzungsvertrag nicht noch eine gesonderte Zustimmung zum Gesellschaftsvertrag der neuen Gesellschaft enthalten, da dieser zwangsläufig Inhalt des Verschmelzungsvertrags ist[166]. Der **Zustimmung der Anteilseigner** der übertragenden Rechtsträger bedarf darüber hinaus auch die Bestellung der Aufsichtsratsmitglieder der neu zu gründenden Gesellschaft[167], soweit die Vertreter der Anteilseigner bereits vor der Eintragung der neuen Gesellschaft bestellt werden, sowie die Bestellung der ersten Geschäftsführer[168].

VI. Beschlussmängel und ihre Folgen

52 Auf fehlerhafte Gesellschafterbeschlüsse einer GmbH werden nach ganz hM die **aktienrechtlichen Vorschriften**[169] **entsprechend** angewendet[170]. Demzufolge muss zwischen solchen Beschlussmängeln, die zur Nichtigkeit des Beschlusses führen, und solchen, die den Beschluss nur anfechtbar machen, unterschieden werden. Dies gilt grundsätzlich auch für die Zustimmungsbeschlüsse einer an einer Verschmelzung beteiligten GmbH. Dabei ergeben sich jedoch gewisse **umwandlungsrechtliche Besonderheiten**[171].

---

[157] §§ 141, 47 KostO (für Beschlüsse von Gesellschaftsorganen – das Doppelte der vollen Gebühr), § 36 Abs. 1 KostO (für einseitige Erklärungen – die volle Gebühr).

[158] § 41 c KostO in der ab dem 1.12.2004 geltenden durch das HRegGebNeuOG geänderten Fassung.

[159] § 47 Satz 2 KostO.

[160] §§ 41 c Abs. 3, 44 KostO – zB Beurkundung der Zustimmungsbeschlüsse der übertragenden und übernehmenden Gesellschaft oder des Satzungsänderungs- und des Verschmelzungsbeschlusses in einer Urkunde, vgl. *BayObLG* MittBayNot 1990, 64; *Reimann* MittBayNot 1995, 1, 2; *Zimmermann* in Kallmeyer § 13 Rn 43; ausführlich auch *Heckschen* in Widmann/Mayer § 13 Rn 246.

[161] § 40 Abs. 2 Satz 2 KostO; *Zimmermann* in Kallmeyer § 13 Rn 44.

[162] *Heckschen* in Widmann/Mayer § 13 Rn 248, wegen der Gegenstandsgleichheit iSv. § 44 Abs. 1.

[163] *Heckschen* in Widmann/Mayer § 13 Rn 250; *Stratz* in Schmitt/Hörtnagl/Stratz Rn 13.

[164] *OLG Stuttgart* ZIP 1995, 837, 838 f; *Zimmermann* in Kallmeyer Rn 30.

[165] § 56; siehe § 56 Rn 5.

[166] Gem. § 37; *Zimmermann* in Kallmeyer Rn 31; *Winter* in Lutter § 59 Rn 4.

[167] Gem. § 59 Abs. 2.

[168] *Winter* in Lutter § 59 Rn 5 f.; *Mayer* in Widmann/Mayer § 59 Rn 17, 12.

[169] § 241 ff. AktG.

[170] Allg. zu Beschlussmängeln *Ulmer* in Hachenburg § 53 GmbHG Rn 88 ff.; *Priester* in Scholz § 54 GmbHG Rn 38 ff.

[171] Gem. § 14 Abs. 1 und § 20 Abs. 1 Nr. 4, Abs. 2.

1. Nichtige Zustimmungsbeschlüsse

Eine **fehlerhafte Einberufung** der Gesellschafterversammlung führt nur zur Nichtigkeit 53 des Beschlusses, wenn nicht alle Gesellschafter eingeladen worden sind, die Einladung nicht schriftlich erfolgt ist oder keine Angaben über Ort und Zeit der Versammlung enthielt[172]. Ebenso ist der Zustimmungsbeschluss nichtig[173], wenn die erforderliche **notarielle Beurkundung**[174] unterblieben ist. In Analogie zu § 241 Nr. 3 und 4 AktG können auch **inhaltliche Mängel** zur Nichtigkeit des Zustimmungsbeschlusses führen. Hierzu müssen entweder Gläubigerschutzvorschriften bzw. Bestimmungen, die dem Schutz öffentlicher Interessen zu dienen bestimmt sind, verletzt sein oder der Beschluss muss mit dem Wesen einer GmbH nicht vereinbar sein oder gegen die guten Sitten verstoßen[175]. Hier ist insbesondere **§ 54** als gläubigerschützende Vorschrift von praktischer Relevanz. Ein Verstoß gegen das Kapitalerhöhungsverbot des § 54 Abs. 1 Satz 1, Abs. 2 führt daher ebenso zur Nichtigkeit des Beschlusses wie die Festsetzung von baren Zuzahlungen, die gegen § 54 Abs. 4 verstößt[176].

2. Anfechtbare Zustimmungsbeschlüsse

Verfahrensfehler machen einen Beschluss, soweit sie nicht bereits zu seiner Nichtigkeit 54 führen[177], anfechtbar. Dies gilt insbesondere für Einberufungsmängel, Nichteinhaltung der Ladungsfrist, Nichtbeachtung der verschmelzungsspezifischen Anforderungen der §§ 47, 49 Abs. 1 und 2 sowie für die Verletzung satzungsrechtlicher Zusatzerfordernisse für Einberufung und Beschlussfassung. Anfechtbar sind Zustimmungsbeschlüsse auch, wenn das Erreichen der gesetzlich oder statutarisch vorgesehenen Mehrheit vom Versammlungsleiter zu Unrecht festgestellt bzw. fälschlicherweise notariell beurkundet wurde[178]. Wegen **inhaltlicher Mängel** ist der Zustimmungsbeschluss anfechtbar, wenn er gegen den Gleichbehandlungsgrundsatz oder die Treupflicht verstößt[179].

3. Unwirksame Zustimmungsbeschlüsse

Das Fehlen einer erforderlichen Zustimmung[180] führt zunächst zur schwebenden Unwirk- 55 samkeit des Beschlusses. Die ernsthafte und endgültige **Verweigerung** der Zustimmung sowie das **Verstreichenlassen** einer hierfür gesetzten Frist haben die endgültige Unwirksamkeit zur Folge[181].

4. Heilung infolge unterlassener Nichtigkeits-/Anfechtungsklage (§ 14 Abs. 1)

Grundsätzlich ist streng zwischen nichtigen und anfechtbaren Beschlüssen zu unterschei- 56 den. Während Mängel, die zur Anfechtbarkeit des Beschlusses führen, geheilt werden, wenn sie nicht innerhalb eines Monats durch Klageerhebung geltend gemacht werden[182], tritt die Heilung nichtiger Beschlüsse zumeist erst drei Jahre nach Eintragung des Beschlusses ein. Bei Verschmelzungsbeschlüssen wird diese Unterscheidung durch § 14 Abs. 1 eingeschränkt. Nach § 14 Abs. 1 können alle Mängel eines Verschmelzungsbeschlusses **nur innerhalb eines**

---

[172] Entsprechend § 241 Nr. 1 AktG; *Bermel* in Goutier/Knopf/Tulloch Rn 36; *Winter* in Lutter Rn 28; *Ulmer* in Hachenburg § 53 GmbHG Rn 93.
[173] Analog § 241 Nr. 2 AktG.
[174] Gem. § 13 Abs. 3 Satz 1.
[175] Ausführlich *Priester* in Scholz § 54 GmbHG Rn 43 ff.
[176] Siehe § 54 Rn 46, Rn 50, insbes. auch die Möglichkeiten einer Heilung durch Eintragung.
[177] Siehe Rn 56.
[178] *Winter* in Lutter Rn 29; *Ulmer* in Hachenburg § 53 GmbHG Rn 90.
[179] Siehe Rn 21.
[180] Nach Abs. 2 oder § 51.
[181] Siehe Rn 49.
[182] Gem. § 246 Abs. 1 AktG.

Monats nach Beschlussfassung und **nur durch Erhebung einer Klage** geltend gemacht werden. Nach Ablauf dieser Monatsfrist hat eine Klage auch dann keinen Erfolg, wenn sie auf solche Fehler gestützt ist, die grundsätzlich zur Nichtigkeit des Beschlusses führen würden[183]. Unabhängig davon, dass die Wirksamkeit eines Beschlusses nach Fristablauf nicht mehr klageweise geltend gemacht werden kann, darf das **Registergericht** einen solchen Beschluss jedoch nicht in das Handelsregister eintragen[184].

5. Heilung durch Eintragung (§ 20 Abs. 2)

57   Wird ein Verschmelzungsbeschluss eingetragen, obwohl zu seiner Wirksamkeit die erforderliche Zustimmung[185] eines betroffenen Gesellschafters noch fehlt oder endgültig verweigert wurde, wird die Unwirksamkeit **durch die Eintragung nicht geheilt**. Die Eintragung der Verschmelzung führt jedoch dazu, dass der Mangel insofern unerheblich ist, als er nicht mehr zur Unwirksamkeit des Beschlusses führt und deshalb die **Verschmelzung auch nicht rückgängig** gemacht werden muss[186]. Dies gilt auch im Fall einer fristgerecht erhobenen Klage[187], wenn das Gericht die Eintragung zulässt[188]. Nach § 16 Abs. 3 Satz 8 kann auch in solchen Fällen nicht die Rückgängigmachung der Verschmelzung verlangt werden. Ein betroffener Anteilsinhaber hat keinen Anspruch auf Entschmelzung; ihm verbleiben vielmehr **Schadensersatzansprüche** nach den §§ 25 ff.[189].

§ 51 Zustimmungserfordernisse in Sonderfällen

(1) Ist an der Verschmelzung eine Gesellschaft mit beschränkter Haftung, auf deren Geschäftsanteile nicht alle zu leistenden Einlagen in voller Höhe bewirkt sind, als übernehmender Rechtsträger beteiligt, so bedarf der Verschmelzungsbeschluß eines übertragenden Rechtsträgers der Zustimmung aller bei der Beschlußfassung anwesenden Anteilsinhaber dieses Rechtsträgers. Ist der übertragende Rechtsträger eine Personenhandelsgesellschaft, eine Partnerschaftsgesellschaft oder eine Gesellschaft mit beschränkter Haftung, so bedarf der Verschmelzungsbeschluß auch der Zustimmung der nicht erschienenen Gesellschafter. Wird eine Gesellschaft mit beschränkter Haftung, auf deren Geschäftsanteile nicht alle zu leistenden Einlagen in voller Höhe bewirkt sind, von einer Gesellschaft mit beschränkter Haftung durch Verschmelzung aufgenommen, bedarf der Verschmelzungsbeschluss der Zustimmung aller Gesellschafter der übernehmenden Gesellschaft.

(2) Ist im Falle des § 46 Abs. 1 Satz 2 die abweichende Festsetzung des Nennbetrages nicht durch § 46 Abs. 1 Satz 3 bedingt, so bedarf sie der Zustimmung jedes Aktionärs, der sich nicht mit seinem gesamten Anteil beteiligen kann.

Übersicht

	Rn		Rn
I. Allgemeines	1	II. Zustimmungserfordernis im Fall offener Einlagen bei der übernehmenden GmbH (Abs. 1 Satz 1)	10
1. Verhältnis zum früheren Recht	1		
2. Inhalt und Zweck der Norm	4		

---

[183] Nach Ablauf dieser materiell-rechtlichen Ausschlussfrist ist eine verspätete Klage deswegen als unbegründet abzuweisen, *Schöne* GmbHR 1995, 1319 f.; *Bork* ZGR 1993, 343, 354 f.
[184] *Bermel* in Goutier/Knopf/Tulloch Rn 34; *Winter* in Lutter Rn 30; *Schöne* DB 1995, 1319 f.
[185] Nach Abs. 2.
[186] *Winter* in Lutter Rn 32; *Heckschen* in Widmann/Mayer § 13 Rn 241.
[187] Gem. § 14 Abs. 1.
[188] Gem. § 16 Abs. 3.
[189] Vgl. *Winter* in Lutter Rn 32.

Zustimmungserfordernisse in Sonderfällen 1, 2 § 51

	Rn		Rn
1. Der gesetzliche Anwendungsfall	10	IV. **Besondere Zustimmungserfordernisse von Aktionären bei abweichenden Nennbeträgen (Abs. 2)**	24
2. Ergänzung durch § 53 Abs. 3 GmbHG?	15		
III. **Offene Einlagen bei der übertragenden GmbH (Abs. 1 Satz 3)**	20	1. Zustimmungserfordernis	24
1. Der unmittelbare Anwendungsfall	20	2. Ausnahmen	28
2. Analogie im Fall von Mischverschmelzung?	22	3. Analoge Anwendung auf andere übertragende Rechtsträger als AG/KGaA?	32

Literatur: *Bayer,* 1000 Tage neues Umwandlungsrecht – eine Zwischenbilanz, ZIP 1997, 1613; *Ihrig,* Gläubigerschutz in der Kapitalaufbringung bei Verschmelzung und Spaltung nach neuem Umwandlungsrecht, GmbHR 1995, 622; *Impelmann,* Die Verschmelzung und der Formwechsel von Unternehmen nach dem neuen Umwandlungsrecht, DStR 1995, 769; *Melchior,* Vollmachten bei Umwandlungsvorgängen, GmbHR 1999, 520; *Neye,* Die Änderungen im Umwandlungsrecht nach den handels- und gesellschaftsrechtlichen Reformgesetzen in der 13. Legislaturperiode, DB 1998, 1649; *Priester,* Strukturänderungen – Beschlussvorbereitung und Beschlussfassung, ZGR 1990, 420; *Reichert,* Folgen der Anteilsvinkulierung für Umstrukturierungen von Gesellschaften mit beschränkter Haftung und Aktiengesellschaften nach dem Umwandlungsgesetz 1995, GmbHR 1995, 176; *Reichert/Harbarth,* Statuarische Schiedsklauseln – Einführung, Aufhebung und umwandlungsrechtliche Behandlung, NZG 2003, 379; *Robrecht,* Haftung der Gesellschafter für nicht eingezahlte Stammeinlagen im Konkurs der GmbH, GmbHR 1995, 809; *Schöne,* Die Spaltung unter Beteiligung von GmbH gem. §§ 123 ff. UmwG, 1998; *Timm,* Minderheitenschutz im GmbH-Verschmelzungsrecht, AG 1982, 93; *Veil,* Umwandlungen einer Aktiengesellschaft in eine Gesellschaft mit beschränkter Haftung, 1996.

I. Allgemeines

1. Verhältnis zum früheren Recht

Die Vorschrift basiert im Wesentlichen auf **§§ 20 Abs. 2 Satz 3, 33 Abs. 3 KapErhG und § 369 Abs. 6 AktG aF**[1], dehnt aber den Anwendungsbereich in nicht unerheblichem Maße aus. 1

Nach dem alten Recht wurden die Anteilsinhaber einer übertragenden GmbH oder AG bei einer Verschmelzung mit einer GmbH, auf deren Geschäftsanteile noch nicht alle Leistungen erbracht waren, durch das **Erfordernis der Zustimmung** aller Gesellschafter geschützt. Dieser Schutz wird durch Abs. 1 Satz 1 und 2 auf weitere Mischverschmelzungen und durch Abs. 1 Satz 3 auf den Fall einer reinen GmbH-Verschmelzung, bei der auf die Geschäftsanteile der übertragenden Gesellschaft die Einlagen noch nicht vollständig erbracht wurden, ausgedehnt[2]. Die nach dem alten Recht nicht geregelte und deshalb umstrittene Frage, ob in diesem Fall ein Zustimmungserfordernis besteht, wird nunmehr also durch Abs. 1 Satz 3 iSd. bereits früher hM[3] bejaht.

Abs. 2 behält den bereits im alten Recht nach § 33 Abs. 3 KapErhG iVm. § 369 Abs. 6 AktG aF durch das Zustimmungserfordernis bestehenden **Schutz für die Aktionäre** grundsätzlich bei, jedoch nur noch, wenn die abweichende Festsetzung nicht durch § 46 Abs. 1 Satz 3 bedingt ist[4]. Durch die Einführung der nennbetraglosen Aktien durch das Stückaktiengesetz vom 25. 3. 1998 wurde der Anwendungsbereich der Vorschrift erweitert, da jetzt auch Gesellschaften mit nennwertlosen Aktien als übertragende Rechtsträger an Umwandlungen 2

---

[1] *Mayer* in Widmann/Mayer Rn 1; *Bermel* in Goutier/Knopf/Tulloch Rn 1 und 2.
[2] RegBegr. *Ganske* S. 101; *Limmer* in Limmer Rn 1104.
[3] *Lutter/Hommelhoff*[13] § 20 KapErhG Rn 9; *Priester* in Scholz[7] § 20 KapErhG Rn 7; *Schilling* in Großkomm. § 339 AktG Rn 34; *Priester* ZGR 1990, 420, 441; aA *Dehmer*[1] § 20 KapErhG Anm. 4 f.
[4] *Stratz* in Schmitt/Hörtnagl/Stratz Rn 2.

beteiligt sein können[5].

3   Durch das Zweite Gesetz zur Änderung des Umwandlungsgesetzes[6] wurde **§ 51 Abs. 1 Satz 3 neu gefasst**. Nach der Gesetzesbegründung sollen durch die Neuregelung Missverständnisse hinsichtlich der Beschlussmehrheit durch die im früheren Satz 3 angeordnete entsprechende Anwendung der Sätze 1 und 2 ausgeräumt und klargestellt werden, dass dem Verschmelzungsbeschluss alle Gesellschafter der übernehmenden Gesellschaft zustimmen müssen.

2. Inhalt und Zweck der Norm

4   Abs. 1 schreibt in Abweichung zu der in § 50 Abs. 1 Satz 1 vorgeschriebenen Dreiviertelmehrheit in bestimmten Fällen einer nicht vollständig erfüllten Einlagenpflicht eine **einstimmige Beschlussfassung** vor. Die Vorschrift gilt für Verschmelzungen durch Aufnahme und verdrängt bei Mischverschmelzungen die für die übertragenden Rechtsträger ansonsten nach dem UmwG vorgeschriebenen Mehrheitserfordernisse. Bei Verschmelzung durch Neugründung ist sie nach § 56 nicht anwendbar, was jedoch bezüglich Abs. 1 Satz 3 rechtspolitisch als verfehlt anzusehen ist[7]. Über § 125 Satz 1 findet Abs. 1 auch auf die Umwandlung durch Spaltung Anwendung[8].

5   Abs. 1 Satz 1 ordnet an, dass im Fall einer Verschmelzung auf eine übernehmende GmbH mit **nicht vollständig einbezahlten Geschäftsanteilen die Zustimmung aller bei der Beschlussfassung anwesenden Anteilsinhaber** des übertragenden Rechtsträgers erforderlich ist. Dies gilt nunmehr für alle übertragenden Rechtsträger, unabhängig von ihrer Gesellschaftsform – wobei zu beachten ist, dass § 3 den Kreis der verschmelzungsfähigen Rechtsträger gegenüber dem alten Recht erweitert hat[9] – solange der übernehmende Rechtsträger eine GmbH ist.

6   Abs. 1 Satz 2 verlangt darüber hinaus auch die **Zustimmung aller nicht bei der Beschlussfassung anwesenden Anteilsinhaber,** wenn der übertragende Rechtsträger eine Personenhandelsgesellschaft, eine Partnergesellschaft oder eine GmbH ist.

7   Abs. 1 Satz 3 – der im DiskE zum UmwBerG noch nicht enthalten war[10] – betrifft demgegenüber ausschließlich **reine GmbH-Verschmelzungen** und bestimmt die entsprechende Anwendung von Satz 1 und 2 für die Aufnahme einer GmbH, deren Einlagen noch nicht vollständig erbracht worden sind.

8   Sinn und Zweck des Abs. 1 ist der **Schutz der Anteilsinhaber** des übertragenden Rechtsträgers – bzw. bei Satz 3 des übernehmenden Rechtsträgers – vor einer möglichen Ausfallhaftung für nicht geleistete Stammeinlagen nach § 24 GmbHG[11]. Denn alle Anteilsinhaber der an der Verschmelzung beteiligten Gesellschaften haften für nicht erbrachte

---

[5] BGBl. I 1998 S. 590; *Winter* in Lutter Rn 1; *Neye* DB 1998, 1649, 1654.

[6] BGBl. I 2007 S. 542; zum RefE vgl. etwa *Kiem* WM 2006, 1091; *Müller* NZG 2006, 286; *Neye/Timm* DB 2006, 488; *Drinhausen/Keinath* BB 2006, 725; *Forsthoff* DStR 2006, 613; *Haritz/v. Wolf* GmbHR 2006, 340; zum RegE *Drinhausen* BB 2006, 2313.

[7] Siehe § 56 Rn 11; *Winter* in Lutter § 56 Rn 14; *Kallmeyer* in Kallmeyer § 56 Rn 3 hält die §§ 51 Abs. 1 Satz 3 und Abs. 2 deshalb sogar gegen den Wortlaut des § 56 für anwendbar.

[8] Siehe § 125 Rn 6, 8, 10; *Mayer* in Widmann/Mayer Rn 7; *Schöne* S. 51; *Teichmann* in Lutter § 125 Rn 7, 9, 11; teilw. abw. *Kallmeyer* in Kallmeyer § 125 Rn 53, der Satz 3 nur bezüglich einer Aufspaltung für anwendbar hält. Weitere Einzelheiten bzgl. der verschiedenen Spaltungsmöglichkeiten bei *Schöne,* S. 208 ff.

[9] RegBegr. *Ganske* S. 47; *Lutter/Drygala* in Lutter § 3 Rn 1; *Ihrig* GmbHR 1995, 622, 624; *Impelmann* DStR 1995, 769, 770; *Picot/Müller-Eising* in Picot Teil II Rn 225.

[10] *Priester* ZGR 1990, 420, 440.

[11] RegBegr. *Ganske* S. 101; *Mayer* in Widmann/Mayer Rn 8, 9; *Winter* in Lutter Rn 2; *ders.* in Lutter Umwandlungsrechtstage S. 19, 44 f.

Einlagen, unabhängig davon, ob dies bei dem übernehmenden oder bei dem übertragenden Rechtsträger der Fall ist[12].

Abs. 2 beschränkt sich auf die Verschmelzung einer AG bzw. KGaA auf eine GmbH. Danach ist die Zustimmung jedes Aktionärs bzw. Kommanditaktionärs des übertragenden Rechtsträgers erforderlich, wenn diese sich infolge der **abweichenden Festsetzung** des Nennbetrags der zu gewährenden Anteile nicht entsprechend dem Gesamtbetrag ihrer Aktien an der übernehmenden GmbH beteiligen können und die abweichende Festsetzung nicht durch § 46 Abs. 1 Satz 3 bedingt ist. **9**

II. Zustimmungserfordernis im Fall offener Einlagen bei der übernehmenden GmbH (Abs. 1 Satz 1)

1. Der gesetzliche Anwendungsfall

Sind bei der übernehmenden GmbH noch nicht für alle Geschäftsanteile die Einlagen voll eingezahlt worden, besteht nach Abs. 1 Satz 1 und 2 ein besonderes **Zustimmungserfordernis** für die Anteilsinhaber der übertragenden Rechtsträger. Dadurch soll dem Umstand Rechnung getragen werden, dass sie durch die Verschmelzung die Ausfallhaftung für nicht erbrachte Einlagen nach § 24 GmbHG trifft[13]. **10**

Voraussetzung des Zustimmungserfordernisses nach Abs. 1 Satz 1 ist, dass bei der übernehmenden GmbH **nicht alle Einlagen erbracht** worden sind. Dabei greift die Vorschrift nicht nur, wenn zu leistende Bareinlagen nicht erbracht worden sind, sondern auch, wenn die zu leistenden Sacheinlagen hinter dem Wert der gewährten Geschäftsanteile zurück bleiben[14]. Denn auch neben der Differenzhaftung des Sacheinlegers[15] besteht eine subsidiäre Haftung sämtlicher Mitgesellschafter für die Aufbringung des Differenzbetrags nach § 24 GmbHG[16]. Voraussetzung ist dabei aber, dass derjenige Anteilsinhaber, der ein Zustimmungserfordernis geltend macht, konkrete Umstände darlegt, welche die Werthaltigkeit der erbrachten Sacheinlage zumindest zweifelhaft erscheinen lassen[17]. Ein Zustimmungserfordernis gem. Abs. 1 Satz 1 und 2 besteht desweiteren auch im Fall verschleierter Sachgründung oder einer Unterbilanzhaftung[18]. **11**

Besteht einer der genannten Gründe für ein Zustimmungserfordernis, müssen zunächst alle bei der Beschlussfassung **anwesenden Anteilsinhaber zustimmen**. Der Verschmelzungsbeschluss bedarf neben der Einstimmigkeit bei der Abstimmung in der Versammlung der Anteilsinhaber auch der gesonderten Zustimmung der bei der Versammlung anwesenden Inhaber stimmrechtsloser Aktien[19]. Diese Zustimmung der stimmlosen Anteilsinhaber muss **12**

---

[12] § 24 GmbHG; *Bermel* in Goutier/Knopf/Tulloch Rn 5; *Winter* in Lutter Umwandlungsrechtstage S. 19, 44 f.; *Ihrig* GmbHR 1995, 622, 636, 642; zum alten Recht *Schilling/Zutt* in Hachenburg[7] § 20 KapErhG Rn 13; *Lutter/Hommelhoff*[13] § 20 GmbHG Rn 9; *Timm* AG 1982, 93, 96; zu den Voraussetzungen der Haftung nach § 24 GmbHG allgemein *Lutter/Bayer* in Lutter/Hommelhoff § 24 Rn 2; *Robrecht* GmbHR 1995, 809, 811.

[13] RegBegr. *Ganske* S. 101; *Winter* in Lutter Rn 4; *Bermel* in Goutier/Knopf/Tulloch Rn 5.

[14] *Mayer* in Widmann/Mayer Rn 10; *Zimmermann* in Kallmeyer Rn 8; *Winter* in Lutter Rn 5.

[15] § 9 GmbHG.

[16] *Ulmer* in Hachenburg § 9 GmbHG Rn 4; *Winter* in Scholz § 9 GmbHG Rn 3; *Lutter/Bayer* in Lutter/Hommelhoff § 9 GmbHG Rn 9; *Hueck* in Baumbach/Hueck § 9 GmbHG Rn 4.

[17] So zutreffend *Winter* in Lutter Rn 5; zu weit gehend *Priester* in Scholz[7] § 20 KapErhG Rn 7, der alleine wegen noch laufender Frist für eine mögliche Differenzhaftung ein Zustimmungserfordernis annimmt.

[18] *Bermel* in Goutier/Knopf/Tulloch Rn 6; *Mayer* in Widmann/Mayer Rn 10; *Zimmermann* in Kallmeyer Rn 8; ausführlich zum Ganzen *Schöne* S. 216 ff.

[19] *Winter* in Lutter Rn 6; *Zimmermann* in Kallmeyer Rn 2; zum alten Recht bereits *Priester* in Scholz[7] § 20 KapErhG Rn 9.

nicht innerhalb der Gesellschafterversammlung erfolgen[20]. Es muss insofern zwischen der Stimmabgabe iRd. Beschlussfassung gem. § 13 Abs. 1 und der Zustimmung zu dem gefassten Beschluss iSv. § 13 Abs. 3 unterschieden werden[21]. Die stimmrechtslosen Anteilinhaber können gerade nicht bei der Abstimmung mitwirken[22], so dass ihre Zustimmung als Zustimmung zu dem von den stimmberechtigten Anteilinhabern gefassten Beschluss iSv. § 13 Abs. 3 anzusehen ist. Eine solche Zustimmung muss aber nach richtiger Auffassung nicht zwangsläufig in der Versammlung der Anteilinhaber erklärt werden[23].

13 Ist der übertragende Rechtsträger eine Personenhandelsgesellschaft, eine Partnerschaftsgesellschaft oder eine GmbH, müssen gem. Abs. 1 Satz 2 zusätzlich auch alle Anteilinhaber dem Beschluss zustimmen, die nicht an der Versammlung teilgenommen haben. Dies gilt gleichermaßen für Inhaber stimmrechtsloser Anteile. Demzufolge müssen in diesem Fall stets sämtliche Anteilinhaber dem Verschmelzungsbeschluss zustimmen. Die **Zustimmung der nicht** in der Gesellschafterversammlung **anwesenden Gesellschafter** bedarf der notariellen Beurkundung[24]. Sie ist gegenüber dem übertragenden Rechtsträger abzugeben und muss bis zur Anmeldung der Verschmelzung zum Handelsregister erteilt werden[25]. Wird eine erforderliche Zustimmung nicht erteilt, ist der Verschmelzungsbeschluss unwirksam und kann angefochten werden[26].

14 Im Gegensatz zu den genannten Gesellschaftsformen sieht das Gesetz bei einer **AG als übertragendem Rechtsträger** kein entsprechendes Zustimmungserfordernis der abwesenden Anteilinhaber vor. Der Gesetzgeber hat sich für diese Regelung entschieden, obwohl die Aktionäre kein geringeres Haftungsrisiko trifft[27]. Der Grund für diese Differenzierung sind pragmatische Gesichtspunkte: Da bei einer AG zumeist nicht alle Aktionäre namentlich bekannt sind, würde ein Zustimmungserfordernis auch der nicht bei der Aktionärsversammlung erschienenen Aktionäre eine Verschmelzung nach Abs. 1 unverhältnismäßig erschweren[28].

2. Ergänzung durch § 53 Abs. 3 GmbHG?

15 Das UmwG schützt Anteilinhaber vor den Gefahren einer Ausfallhaftung[29] und vor dem Verlust von Minderheitsrechten und anderen besonderen Rechten[30] durch ein besonderes Zustimmungserfordernis. Dagegen ist kein Schutz vor einer **Vermehrung der Leistungspflichten** bei einer Verschmelzung mit einer GmbH, deren Satzung Nebenleistungspflichten, zB ein Wettbewerbsverbot oder Nachschusspflichten, enthält, vorgesehen. Zum alten Recht wurde ganz überwiegend auch in solchen Fällen eine besondere Zustimmung für

---

[20] So aber *Bermel* in Goutier/Knopf/Tulloch Rn 7, jedoch ohne nähere Begründung.
[21] *Winter* in Lutter § 50 Rn 8; *Heckschen* in Mayer/Widmann § 13 Rn 208; *Zimmermann* in Kallmeyer § 13 Rn 27; *Veil*, S. 48 ff.; *Melchior* GmbHR 1999, 520, 522; auch die BegrRegE geht davon aus, dass es sich bei der Zustimmung nach § 51 Abs. 1 um eine mit der Zustimmung in § 13 Abs. 2 gleichzustellende Erklärung handelt, vgl. RegBegr. *Ganske* S. 62.
[22] *Zimmermann* in Kallmeyer § 13 Rn 4; *Winter* in Lutter § 50 Rn 8 mwN zu einer gegenteiligen Ansicht zum früheren Recht.
[23] *Lutter/Drygala* in Lutter § 13 Rn 11; ebenso *Heckschen* in Widmann/Mayer § 13 Rn 205, 208; *Mayer* in Widmann/Mayer § 50 Rn 66; *Zimmermann* in Kallmeyer § 13 Rn 27; zum vergleichbaren Zustimmungserfordernis bei § 53 Abs. 3 GmbHG auch *Lutter/Hommelhoff* in Lutter/Hommelhoff § 53 GmbHG Rn 17; zum alten Recht *Dehmer*[1] § 20 KapErhG Anm. 4 c; *Priester* in Scholz[7] § 20 KapErhG; *Zimmermann* in Rowedder[2] Anh. § 77 GmbHG Rn 265, 412.
[24] § 13 Abs. 3 Satz 1; *Winter* in Lutter Rn 8; *Mayer* in Widmann/Mayer Rn 13.
[25] Arg. §§ 17, 52.
[26] Gem. § 14 Abs. 1; *Mayer* in Widmann/Mayer Rn 21; *Zimmermann* in Kallmeyer Rn 4.
[27] *Winter* in Lutter Rn 7; *Timm* AG 1982, 93, 96.
[28] *Winter* in Lutter Rn 7; *Schöne* S. 205.
[29] § 51 Abs. 1 Satz 1 und 2.
[30] § 50 Abs. 2.

erforderlich gehalten und aus § 53 Abs. 3 GmbHG abgeleitet[31]. Der Übertragung dieser zum alten Recht hM auf das UmwG steht *prima facie* entgegen, dass die Übernahme dieses Rechtsgedankens in der Regierungsbegründung explizit abgelehnt wird[32]. Der Gesetzgeber war der Ansicht, dass ein Zustimmungserfordernis häufig Verschmelzungen verhindern würde und dass die Besonderheiten zusätzlicher Nebenpflichten bei der Bestimmung des Umtauschverhältnisses und dessen gerichtlicher Nachprüfung ausreichend berücksichtigt werden könnten[33]. Da dies ganz überwiegend als verfehlt angesehen wird, werden verschiedene Möglichkeiten vorgeschlagen, wie dem Schutzbedürfnis der Anteilsinhaber bei statutarischen Nebenleistungspflichten Rechnung getragen werden kann. Eine Ansicht fordert eine Verpflichtung zur Unterbreitung eines Barabfindungsangebots[34]. Eine weitere Ansicht sieht in solch einem Fall ein Austrittsrecht aus wichtigem Grund gegeben, wenn die Nebenleistungspflicht die Anteilsinhaber unzumutbar belastet[35]. Eine dritte Ansicht bejaht in Analogie zu § 53 Abs. 3 GmbHG das Erfordernis der Zustimmung aller Gesellschafter der übertragenden Gesellschaften[36].

Dieser dritten Ansicht ist zuzustimmen, da nur sie der Tatsache Rechnung trägt, dass eine Nebenleistungspflicht uU ebenso belastend sein kann wie der Verlust von Sonderrechten und die Haftung für offene Einlageverpflichtungen. Diese Belastungen kann der Anteilsinhaber aber verhindern[37], indem er dem Beschluss nicht zustimmt. Da die Situation bei statutarischen Nebenpflichten vergleichbar ist, erscheint es richtig, wenn man auch hier dem einzelnen Gesellschafter die Möglichkeit gibt, eine solche Verschlechterung seiner Gesellschafterstellung zu verhindern. Die analoge Anwendung des § 53 Abs. 3 GmbHG widerspricht zwar dem Wortlaut der Gesetzesbegründung, die einen Ausgleich der zusätzlichen Leistungspflichten bei der Bestimmung des Umtauschverhältnisses herbeiführen will. Die Gesetzesbegründung führt indessen nicht zu einem generellen Ausschluss einer Analogie[38]. Der Gesetzgeber hat nämlich zumindest solche Nebenleistungspflichten nicht bedacht, die iRd. Bestimmung des Umtauschverhältnisses nicht ausgeglichen werden können. Dies gilt zB für solche Leistungspflichten, die an den Umfang der Beteiligung anknüpfen und mithin im Fall einer Erhöhung der Beteiligung ebenfalls weiter anwachsen[39]. Aber auch bei nicht an den Beteiligungsumfang anknüpfenden Nebenleistungspflichten ist eine **analoge Anwendung des § 53 Abs. 3 GmbHG sachgerecht**. Ein Austrittsrecht oder ein Barabfindungsanspruch schützen den Anteilsinhaber nicht in angemessener Weise. Daher ist ein Zustimmungserfordernis aller Gesellschafter der übertragenden Rechtsträger zu bejahen[40], wenn beim übernehmenden Rechtsträger neue Nebenleistungspflichten begründet werden

---

[31] *Lutter/Hommelhoff*[13] § 20 KapErhG Rn 8; *Schilling/Zutt* in Hachenburg[7] § 20 KapErhG Rn 18; *Priester* in Scholz[7] § 20 KapErhG Rn 8; *Zimmermann* in Rowedder[2] Anh. § 77 GmbHG Rn 411; *Dehmer*[1] § 20 KapErhG Anm. 4 d; *Priester* GmbHR 1990, 420, 442; *Timm* AG 1982, 93, 105, 106; siehe auch *Limmer* in Limmer Rn 657.

[32] RegBegr. *Ganske*, S. 61; dem folgend jeglichen zusätzlichen Schutz ablehnend *Heckschen* in Widmann/Mayer § 13 Rn 184 f.; *Mayer* in Widmann/Mayer § 50 Rn 115 f.

[33] RegBegr. *Ganske* S. 61.

[34] Analog § 29; *Schmidt* in Lutter Umwandlungsrechtstage S. 59, 84 f.; ihm folgend *Mayer* in MünchHdbGesR Bd. 4 § 76 Rn 42; *Bermel* in Goutier/Knopf/Tulloch § 50 Rn 33; für eine dahingehende Gesetzesänderung *Heckschen* in Widmann/Mayer § 13 Rn 186.

[35] *Grunewald* in Lutter Umwandlungsrechtstage S. 19, 24.

[36] *Lutter/Drygala* in Lutter § 13 Rn 30; *Winter* in Lutter Rn 14; *ders.* in Lutter Umwandlungsrechtstage S. 19, 46 ff.; *Schöne* S. 190; *Bayer* ZIP 1997, 1613, 1623; *Priester* ZGR 1990, 420, 442 (zum RefE); zur übereinstimmenden hM zum alten Recht siehe Fn 31.

[37] §§ 50 Abs. 2, 51 Abs. 1.

[38] Ebenso *Reichert* GmbHR 1995, 176, 189; *Winter* in Lutter Umwandlungsrechtstage S. 19, 46 ff.

[39] *Lutter/Drygala* in Lutter § 13 Rn 29; *Bayer* ZIP 1997, 1613, 1623.

[40] Analog § 53 Abs. 2 GmbHG.

sollen[41]. Gleiches gilt, wenn die Gesellschafter bereits beim übertragenden Rechtsträger bestimmten Nebenleistungsverpflichtungen unterlagen, diese aber durch die Verschmelzung erweitert oder ergänzt werden[42].

17 Die vorstehend dargelegten Grundsätze gelten für den Fall, dass ein Rechtsträger, dessen Satzung bzw. Gesellschaftsvertrag keine Schiedsklausel enthält, auf eine GmbH mit statutarischer Schiedsklausel verschmolzen wird[43]. Die nachträgliche Einführung einer statutarischen Schiedsklausel setzt als unmittelbarer Eingriff in den mitgliedschaftlichen Kernbereich die Zustimmung sämtlicher Gesellschafter voraus[44]. Dieses aus der Kernbereichslehre abgeleitete Zustimmungserfordernis kann nicht durch eine Verschmelzung auf eine GmbH mit statutarischer Schiedsklausel ausgehebelt werden[45].

18 Enthält bei Verschmelzungen lediglich die Satzung der übernehmenden Gesellschaft, nicht hingegen jene der übertragenden Gesellschaft eine statutarische Schiedsklausel, bedarf der Verschmelzungsbeschluss daher zu seiner Wirksamkeit der Zustimmung jedes einzelnen Gesellschafters der übertragenden GmbH. Hinsichtlich der der Verschmelzung zustimmenden Gesellschafter liegt die Zustimmung in ihrem Votum im Rahmen des Verschmelzungsbeschlusses; bei den übrigen Gesellschaftern bedarf es einer notariell zu beurkundenden Erklärung. Das Zustimmungserfordernis der Gesellschafter der übertragenden Gesellschaft kann durch die Aufhebung der statutarischen Schiedsklausel in der übernehmenden GmbH vermieden werden; dies ist mit Dreiviertelmehrheit innerhalb der übernehmenden GmbH möglich[46].

19 Enthalten sowohl der Gesellschaftsvertrag der übertragenden GmbH als auch jener der übernehmenden GmbH statutarische Schiedsklauseln, besteht – sofern die schiedsgerichtliche Zuständigkeit in der übernehmenden Gesellschaft nicht über jene der übertragenden Gesellschaft hinausreicht – kein Zustimmungsrecht; der Verschmelzungsbeschluss ist indes anhand der Grundsätze über eine materielle Beschlusskontrolle überprüfbar[47]. Existiert eine statutarische Schiedsklausel nur in der übertragenden GmbH, besteht kein gesondertes Erfordernis der Zustimmung ihrer einzelnen Gesellschafter, weil ein etwaiger Anspruch auf Beibehaltung einer statutarischen Schiedsklausel nicht zum mitgliedschaftlichen Kernbereich gehört.

III. Offene Einlagen bei der übertragenden GmbH (Abs. 1 Satz 3)

1. Der unmittelbare Anwendungsfall

20 Mit der Schaffung des Abs. 1 Satz 3 hat der Gesetzgeber die früher umstrittene Frage eines **Zustimmungserfordernisses** für eine **reine GmbH-Verschmelzung** im Fall offener Einlagen bei der übertragenden Gesellschaft geregelt[48]. Grund dafür ist, dass auch in diesem Fall die Gefahr einer Ausfallhaftung[49] entsteht, und zwar auch auf Seiten der Anteilsinhaber des übernehmenden Rechtsträgers[50]. Nunmehr unterliegt auch der Verschmelzungsbe-

---

[41] So auch die inzwischen hM, siehe Fn 36; insbes. *Winter* in Lutter Umwandlungsrechtstage S. 19, 46 ff.; *Lutter/Drygala* in Lutter § 13 Rn 29 ff.
[42] *Schöne* S. 191.
[43] *Reichert/Harbarth* NZG 2003, 379, 381 ff.; zustimmend *Winter* in Lutter Rn 14 a.
[44] HM; vgl. *Reichert/Harbarth* NZG 2003, 379, 380 Fn 19 mit zahlreichen Nachweisen.
[45] *Winter* in Lutter Rn 14 a.
[46] *Reichert/Harbarth* NZG 2003, 379, 385, *Winter* in Lutter Rn 14 a.
[47] *Reichert/Harbarth* NZG 2003, 379, 384.
[48] Siehe hierzu die Nachweise Fn 3.
[49] § 24 GmbHG.
[50] RegBegr. *Ganske* S. 101; *Winter* in Lutter Rn 9; *Bermel* in Goutier/Knopf/Tulloch Rn 9; *Limmer* in Limmer Rn 686; *Schöne* S. 206; aA *Stratz* in Schmitt/Hörtnagl/Stratz Rn 8 f., der annimmt, dass die Gesellschafter der übernehmenden GmbH nicht haften und § 51 Abs. 1 Satz 3 deshalb für „sinnlos" hält.

schluss im Fall nicht vollständig erbrachter Einlagen bei einer übertragenden GmbH einem Zustimmungserfordernis. Dabei gilt bezüglich der noch offenen Einlagen das zu Abs. 1 Satz 1 und 2 Gesagte[51].

Die Neuregelung des § 51 Abs. 1 Satz 3 durch das Zweite Gesetz zur Änderung des Umwandlungsgesetzes räumt durch die im bisherigen Satz 3 angeordnete entsprechende Anwendung der Sätze 1 und 2 entstandene Missverständnisse aus und stellt ausdrücklich klar, dass der Verschmelzungsbeschluss der **Zustimmung aller Gesellschafter** des übernehmenden – und nicht etwa auch des übertragenden – Rechtsträgers bedarf[52]. Folglich müssen alle in der Gesellschafterversammlung anwesenden Stimmberechtigten die Verschmelzung einstimmig beschließen[53] und zudem die Inhaber stimmrechtsloser Anteile sowie alle abwesenden Gesellschafter dem Beschluss gesondert zustimmen[54]. Die gesonderten Zustimmungen bedürfen wiederum der notariellen Beurkundung[55]. 21

2. Analogie im Fall von Mischverschmelzungen?

Abs. 1 Satz 3 beschränkt das Zustimmungserfordernis im Fall noch offener Einlageverpflichtungen bei dem übertragenden Rechtsträger auf reine GmbH-Verschmelzungen, ohne dass ein sachlicher Grund für eine **Ungleichbehandlung von Mischverschmelzungen** ersichtlich wäre. Der Gesetzgeber hat auch keinerlei Begründung für diese Differenzierung gegeben. Deshalb stellt sich die Frage, ob Abs. 1 Satz 3 auf Mischverschmelzungen analog angewendet werden kann. Dies wird teilweise unter Hinweis auf das Bestehen einer planwidrigen Gesetzeslücke angenommen[56]. Eine andere Meinung lehnt hingegen eine Analogie wegen der eindeutigen Gesetzesformulierung und der Erklärungspflicht der Geschäftsführer nach § 52 Abs. 1 und der diesbezüglichen Strafbewehrtheit falscher Versicherungen gem. § 313 Abs. 2 ab[57]. 22

Der Hinweis auf die eindeutige Gesetzesformulierung kann nicht überzeugen: Auch bei der analogen Anwendung des § 53 Abs. 3 GmbHG stehen der eindeutige Wortlaut und eine ausdrückliche Erklärung in der Gesetzesbegründung nach zutreffender Auffassung einer Analogie nicht zwingend entgegen[58]. Einleuchtender erscheint dagegen zunächst der Hinweis auf die **Strafbewehrtheit falscher Versicherungen** bei der Anmeldung gem. §§ 52 Abs. 1, 313 Abs. 2. Eine Analogie könnte folglich zu einer möglichen Strafbarkeit der Vertretungsorgane führen, die so nicht aus dem Gesetz ersichtlich ist, was gegen den in Art. 103 Abs. 2 GG, § 1 StGB festgelegten Grundsatz *nulla poena sine lege* verstoßen würde. Allerdings wird dadurch nicht zwangsläufig ein zivilrechtliches Zustimmungserfordernis aus analoger Anwendung des Abs. 1 Satz 3 ausgeschlossen. Vielmehr besteht ein Analogieverbot nur aus strafrechtlicher Sicht, weshalb lediglich die Strafbewehrtheit einer falschen Versicherung gem. §§ 52 Abs. 1, 313 Abs. 2 im Fall eines aus einer Analogie entwickelten Zustimmungserfordernisses verfassungswidrig wäre. Dies kann aber auch durch eine verfassungskonforme 23

---

[51] Siehe Rn 11.
[52] Zur Neuregelung siehe auch Rn 3. Bereits vor der Neufassung ein Zustimmungserfordernis der Gesellschafter der übertragenden Gesellschaft mit überzeugender Begründung ablehnend *Mayer* in Widmann/Mayer Rn 24 f.; *Bermel* in Goutier/Knopf/Tulloch Rn 9; *Winter* in Lutter Umwandlungsrechtstage S. 19, 45; *Schöne* S. 206 f.; aA *Stratz* in Schmitt/Hörtnagl/Stratz Rn 10, der die Zustimmung der Gesellschafter der übertragenden GmbH für erforderlich hält.
[53] Satz 1.
[54] Satz 2.
[55] § 13 Abs. 3.
[56] *Bayer* ZIP 1997, 1613, 1623.
[57] *Winter* in Lutter Rn 11; ihm folgend *Mayer* in Widmann/Mayer Rn 22; *Schöne* S. 205.
[58] Siehe Rn 16; u. a. *Reichert* GmbHR 1995, 176, 189; *Lutter/Drygala* in Lutter § 13 Rn 30; insbes. aber auch *Winter* in Lutter Umwandlungsrechtstage S. 19, 46 ff.; *ders.* in Lutter Rn 14, der dort eine Analogie zulässt, hier jedoch u. a. wegen des eindeutigen Gesetzeswortlauts ablehnt.

Auslegung des § 313 Abs. 2 dahin gehend umgangen werden, dass die Strafbarkeit nur für die im Gesetz ausdrücklich genannten Zustimmungserfordernisse besteht. Eine Analogie scheitert folglich weder am Gesetzeswortlaut noch an verfassungsrechtlichen Grundsätzen. Unter Hinweis darauf, dass die Ungleichbehandlung von Mischverschmelzungen gegenüber reinen GmbH-Verschmelzungen einstimmig als grundlos und nicht sachgerecht angesehen wird[59], erscheint eine analoge Anwendung des Abs. 1 Satz 3 auf Mischverschmelzungen als vorzugswürdig. Zumindest rein vorsorglich sollte daher auch bei einer Mischverschmelzung im Fall nicht vollständig erbrachter Einlagen bei dem übertragenden Rechtsträger die Zustimmung sämtlicher Anteilsinhaber eingeholt werden.

IV. Besondere Zustimmungserfordernisse von Aktionären bei abweichenden Nennbeträgen (Abs. 2)

1. Zustimmungserfordernis

24 Im Fall der Verschmelzung einer AG/KGaA auf eine GmbH im Wege der Aufnahme, bei welcher die Höhe des festgesetzten Nennbetrags der zu gewährenden Anteile vom anteiligen Betrag des Grundkapitals abweicht[60], verlangt Abs. 2 grundsätzlich die **Zustimmung aller Aktionäre**, die sich nicht mit ihrem gesamten Anteil an der aufnehmenden Gesellschaft beteiligen können. Dieses Zustimmungserfordernis bestand gem. § 33 Abs. 3 KapErhG und § 369 Abs. 6 AktG aF schon nach der alten Rechtslage. Zwar wurde die Regelung teilweise als bedeutungslos und ihre Anwendung im Verschmelzungsrecht als verfehlt angesehen[61]. Dennoch hat der Gesetzgeber sie im Wesentlichen in Abs. 2 übernommen.

25 Voraussetzung des Zustimmungserfordernisses ist zunächst eine abweichende **Festsetzung des Nennbetrags** der zu gewährenden Geschäftsanteile von dem auf die Aktien des übertragenden Rechtsträgers anteilig entfallenden Betrag. Dies hat zur Folge, dass die Aktionäre des übertragenden Rechtsträgers nicht für ihren gesamten Aktienbesitz Anteile an der aufnehmenden GmbH erhalten, also einen Beteiligungsverlust erleiden[62]. Dabei besteht das Zustimmungserfordernis nicht nur, wenn der Aktionär schon den festgesetzten Mindestbetrag nicht erreicht und folglich überhaupt keine Geschäftsanteile erhält, sondern auch, wenn er nur mit sog. Spitzen, also nur einem gewissen Teil seiner Beteiligung am übertragenden Rechtsträger, ausfällt[63].

26 Auch bei Abs. 2 wird nicht nur die Zustimmung der stimmberechtigten Aktionäre, sondern auch die Zustimmung der **Inhaber stimmrechtsloser Aktien** gefordert. Dabei handelt es sich wiederum um eine Individualzustimmung, die auch außerhalb der Hauptversammlung erfolgen kann, dann aber der notariellen Beurkundung bedarf[64].

27 Zuzustimmen ist dabei nach dem Wortlaut von Abs. 2 der abweichenden Festsetzung des Nennbetrags. Es genügt jedoch die **Zustimmung zum Verschmelzungsbeschluss** der Hauptversammlung, da dieser die Festsetzung des Nennbetrags mitumfasst[65].

---

[59] *Bayer* ZIP 1997, 1613, 1623; *Winter* in Lutter Rn 11.
[60] § 46 Abs. 1 Satz 2.
[61] RegBegr. *Ganske* S. 112.
[62] *Winter* in Lutter Rn 15; *Zimmermann* in Kallmeyer Rn 9; *Bermel* in Goutier/Knopf/Tulloch Rn 10.
[63] *Zöllner* in Kölner Komm. § 369 AktG Rn 88; *Zimmermann* in Kallmeyer Rn 9; *Winter* in Lutter § 46 Rn 19, § 51 Rn 16.
[64] § 13 Abs. 3; *Winter* in Lutter Rn 17, 20; *Mayer* in Widmann/Mayer Rn 29.
[65] Wie hier *Winter* in Lutter § 46 Rn 18, § 51 Rn 17; aA *Zimmermann* in Kallmeyer Rn 11, der eine Zustimmung zum Verschmelzungsbeschluss nicht gelten lässt, sich jedoch insofern widerspricht, als er eine erneute Zustimmung für entbehrlich hält, wenn der Aktionär in der Hauptversammlung dem Verschmelzungsbeschluss zugestimmt hat; ihm folgend *Mayer* in Widmann/Mayer Rn 29.

2. Ausnahmen

Die Zustimmung der Aktionäre ist aber trotz abweichender Festsetzung entbehrlich, wenn 28 eine solche **Nennbetragsfestsetzung erforderlich** war, weil die Geschäftsanteile sonst unter den Mindestnennbetrag von € 50 fallen würden oder nicht durch zehn teilbar wären, was unzulässig wäre[66]. In diesen Fällen, in denen trotz eines Beteiligungsausfalls kein Zustimmungserfordernis besteht, muss sich der Aktionär mit einer baren Zuzahlung in Höhe seines Beteiligungsverlusts abfinden lassen[67].

Nicht entbehrlich ist die Zustimmung aber, wenn sich die Aktionäre nur deshalb nicht 29 im vollen Umfang ihres Aktienpakets an der übernehmenden GmbH beteiligen können, weil – abweichend von der Stückelungserleichterung in §§ 46 Abs. 1, 54 Abs. 3, 55 Abs. 1 – **höhere als die gesetzlich vorgeschriebenen Mindestnennbeträge** festgesetzt werden[68]. In diesem Fall ist die abweichende Festsetzung eben nicht durch § 46 Abs. 1 Satz 3 bedingt.

Ein Zustimmungserfordernis einzelner Aktionäre besteht auch nicht, wenn die abwei- 30 chende Festsetzung dazu führt, dass diese überhaupt keine Geschäftsanteile erhalten, weil ihre Beteiligung an der übertragenden Gesellschaft so gering war, dass der zu gewährende Geschäftsanteil den Mindestnennbetrag von € 50 nicht erreichen würde. Die früher hM hielt demgegenüber lediglich Zuzahlungen für zulässig. Ein Ausscheiden eines Aktionärs gegen eine reine Barabfindung wurde überwiegend als mit dem Wesen einer Verschmelzung unvereinbar und daher unzulässig angesehen[69]. Dies würde aber Verschmelzungen unverhältnismäßig erschweren[70], da jeder **Kleinstaktionär** sogar mit einer Beteiligung von € 1[71] die Verschmelzung verhindern könnte. Richtigerweise ist in diesem Fall ein Zustimmungserfordernis zu verneinen und lediglich ein Anspruch auf Barabfindung zu bejahen[72].

Zu beachten ist bei jeder **Barzahlung** – egal ob als Zuzahlung oder als Barabfindung – 31 stets, dass die Barzahlungen insgesamt nicht 10% des Gesamtnennbetrags aller gewährten Anteile überschreiten darf[73].

3. Analoge Anwendung auf andere übertragende Rechtsträger als AG/KGaA?

Der Fall eines Beteiligungsverlusts einzelner Anteilsinhaber bei der Verschmelzung eines 32 **anderen Rechtsträgers als einer AG/KGaA** ist gesetzlich nicht geregelt. Ein solcher Beteiligungsverlust kann dadurch entstehen, dass bei der Festsetzung die durch das UmwG geschaffene Erleichterung[74] hinsichtlich des Mindestnennbetrags und der Teilbarkeit nicht genützt wurden. Für diesen Fall käme eine analoge Anwendung von Abs. 2 in Betracht. Die Anteilsinhaber unterliegen bei der Festsetzung der Nennbeträge jedoch ohnehin gewissen Schranken aus den Grundsätzen der Verhältnismäßigkeit und der Gleichbehandlung.

---

[66] § 46 Abs. 1 Satz 3.
[67] *Winter* in Lutter § 46 Rn 18.
[68] *Winter* in Lutter Umwandlungsrechtstage S. 19, 50; *Mayer* in Widmann/Mayer Rn 28, mit falschem Hinweis auf eine aA von *Winter* in Lutter[1] Rn 21, der sich dort ausschließlich mit Verschmelzungen anderer Rechtsträger als AG/KGaA befasst, so jetzt ausdrücklich *Winter* in Lutter[2] Rn 21.
[69] *Schilling/Zutt* in Hachenburg[7] § 23 KapErhG Rn 14; *Lutter/Hommelhoff*[13] § 23 KapErhG Rn 5; *Priester* in Scholz[7] § 23 KapErhG Rn 12; aA schon zum alten Recht *Grunewald* in G/H/E/K § 344 AktG Rn 16.
[70] Was dem Willen des Gesetzgebers widerspricht, vgl. RegBegr. *Ganske* S. 60, 61.
[71] § 8 Abs. 2 AktG.
[72] *Winter* in Lutter Rn 19; *ders.* in Lutter Umwandlungsrechtstage S. 19, 50; *Bermel* in Goutier/Knopf/Tulloch § 46 Rn 12; *Heckschen* in Widmann/Mayer § 13 Rn 194 ff.; *Mayer* in Widmann/Mayer §§ 46 Rn 19, 50 Rn 118; aA wohl *Bermel* in Goutier/Knopf/Tulloch § 54 Rn 25, der sich aber selber widerspricht (vgl. *ders.* § 46 Rn 12).
[73] § 54 Abs. 4.
[74] §§ 46 Abs. 1, 54 Abs. 3, 55 Abs. 1.

Die Festsetzung eines höheren als des gesetzlichen Mindestnennbetrags bedeutet regelmäßig einen unverhältnismäßigen Eingriff in die Rechte der Anteilsinhaber, welche infolgedessen einen Beteiligungsverlust erleiden, und berechtigt diese zur Anfechtung des Beschlusses[75]. Durch die Möglichkeit der Anfechtung des Verschmelzungsbeschlusses sind die betroffenen Anteilsinhaber hinreichend geschützt, so dass es eines Zustimmungserfordernisses[76] nicht bedarf[77]. Die in der Entscheidung des *BGH* vom 5.7.1999[78] zum Ausdruck gebrachte Wertung, wonach es treuwidrig ist, bei Kapitalerhöhungen im Anschluss an eine Herabsetzung des Stammkapitals auf Null Anteile zu einem höheren als dem gesetzlichen Mindestnennbetrag auszugeben, gilt entsprechend auch für Verschmelzungen[79].

§ 52 Anmeldung der Verschmelzung

(1) ¹Bei der Anmeldung der Verschmelzung zur Eintragung in das Register haben die Vertretungsorgane der an der Verschmelzung beteiligten Rechtsträger im Falle des § 51 Abs. 1 auch zu erklären, daß dem Verschmelzungsbeschluß jedes der übertragenden Rechtsträger alle bei der Beschlußfassung anwesenden Anteilsinhaber dieses Rechtsträgers und, sofern der übertragende Rechtsträger eine Personenhandelsgesellschaft, eine Partnerschaftsgesellschaft oder eine Gesellschaft mit beschränkter Haftung ist, auch die nicht erschienenen Gesellschafter dieser Gesellschaft zugestimmt haben. ²Wird eine Gesellschaft mit beschränkter Haftung, auf deren Geschäftsanteile nicht alle zu leistenden Einlagen in voller Höhe bewirkt sind, von einer Gesellschaft mit beschränkter Haftung durch Verschmelzung aufgenommen, so ist auch zu erklären, dass alle Gesellschafter dieser Gesellschaft dem Verschmelzungsbeschluss zugestimmt haben.

(2) Der Anmeldung zum Register des Sitzes der übernehmenden Gesellschaft ist eine von den Geschäftsführern dieser Gesellschaft unterschriebene berichtigte Gesellschafterliste beizufügen.

Übersicht

	Rn		Rn
I. Allgemeines	1	III. Vorlage der Zustimmungsbeschlüsse	7
1. Verhältnis zum früheren Recht	1	IV. Folgen fehlender Erklärung	8
2. Ergänzung zu § 16	2	V. Liste der Gesellschafter	9
II. Erklärung über Gesellschafterzustimmung (Abs. 1)	3		

I. Allgemeines

1. Verhältnis zum früheren Recht

1 Die Vorschrift ist an § 24 Abs. 2 Satz 2, Abs. 4 KapErhG **angelehnt** und entspricht im Wesentlichen dem bereits vor der Novellierung geltenden Recht[1].

---

[75] *Zöllner* in Kölner Komm. § 369 AktG Rn 92, 98; *Semler/Grunewald* in G/H/E/K § 369 AktG Rn 55.
[76] Analog § 51 Abs. 2.
[77] So auch *Winter* in Lutter Rn 21.
[78] BGH ZIP 1999, 1444 f. „Hilgers".
[79] *Winter* in Lutter Rn 21.
[1] BGBl. I 2007 S. 542; zum RefE vgl. etwa *Kiem* WM 2006, 1091; *Müller* NZG 2006, 286; *Neye/Timm* DB 2006, 488; *Drinhausen/Keinath* BB 2006, 725; *Forsthoff* DStR 2006, 613; *Haritz/v. Wolf* GmbHR 2006, 340; zum RegE *Drinhausen* BB 2006, 2313.

Durch das Zweite Gesetz zur Änderung des Umwandlungsgesetzes wurde § 52 Abs. 1 Satz 2 angefügt. Diese Ergänzung dient ausweislich der Gesetzesbegründung der Beseitigung eines Redaktionsversehens.

2. Ergänzung zu § 16

Die Norm beinhaltet eine Ergänzung zu den allgemeinen Vorschriften der §§ 16 und 17, in denen die Anmeldungsmodalitäten der Verschmelzung beim Handelsregister festgeschrieben sind. Während die gem. § 313 Abs. 2 strafbewehrte Norm des Abs. 1, die für den Fall des § 51 Abs. 1 **weitere Erklärungen** der Vertretungsorgane über die Erfüllung von Zustimmungserfordernissen vorsieht, den Schutz der neuen Gesellschafter vor einer Ausfallhaftung erhöhen will und die Erleichterung der Prüfung der Verschmelzung durch das Registergericht im Blick hat[2], dient Abs. 2 mit seiner Pflicht zur Beifügung einer aktuellen Gesellschafterliste der Publizität der Beteiligungsverhältnisse[3].

II. Erklärung über Gesellschafterzustimmung (Abs. 1)

Das **Vertretungsorgan** jedes der an der Verschmelzung beteiligten Rechtsträger hat bei der Verschmelzungsanmeldung zu erklären, dass sämtliche Gesellschafterzustimmungen vorliegen, die erforderlich sind, weil an der Verschmelzung eine GmbH beteiligt ist, bei der die Einlagen nicht voll geleistet sind[4], und daher für die neu hinzukommen Gesellschafter die Gefahr einer Ausfallhaftung besteht[5].

Sind bei einer übernehmenden GmbH **nicht alle Geschäftsanteile in voller Höhe eingezahlt,** bedarf es der Zustimmung aller in der Verschmelzungsversammlung anwesenden Anteilsinhaber des übertragenden Rechtsträgers[6]. Soweit es sich dabei um eine Personenhandelsgesellschaft, Partnerschaftsgesellschaft oder GmbH handelt, müssen zusätzlich auch alle nicht erschienenen Anteilsinhaber zustimmen[7]. Bei reinen GmbH-Verschmelzungen ist die Zustimmung sämtlicher Gesellschafter der übernehmenden GmbH erforderlich, falls auf die Gesellschaftsanteile der übertragenden GmbH nicht alle Einlagen vollständig erbracht sind[8].

Der Wortlaut von Abs. 1 verlangte bisher eine Erklärung der Vertretungsorgane über eine nach § 51 Abs. 1 erforderliche Zustimmungserteilung der Gesellschafter eines übertragenden Rechtsträgers, nicht aber über eine ggf. erforderliche Gesellschafterzustimmung bei einer übernehmenden GmbH[9]. Der durch das Zweite Gesetz zur Änderung des Umwandlungsgesetzes neu angefügte Satz 2 stellt nunmehr mit Blick auf die in § 51 Abs. 1 Satz 3 getroffene Regelung klar, dass bei Verschmelzung einer GmbH, deren Einlagen nicht in voller Höhe bewirkt sind, auf eine übernehmende GmbH von den Vertretungsorgangen auch zu erklären ist, dass **alle Gesellschafter der übernehmenden Gesellschaft dem Verschmelzungsbeschluss zugestimmt** haben[10]. Die Ergänzung dient ausweislich der Gesetzesbegründung der Beseitigung eines Redaktionsversehens[11]. Bereits vor der Neuregelung durch das Zweite

---

[2] Zimmermann in Kallmeyer Rn 1, 4; vgl. auch Winter in Lutter Rn 3 mit einer kritischen Analyse des Normzwecks.
[3] Zimmermann in Kallmeyer Rn 10.
[4] § 51 Abs. 1.
[5] § 24 GmbHG.
[6] § 51 Abs. 1 Satz 1.
[7] § 51 Abs. 1 Satz 2.
[8] § 51 Abs. 1 Satz 3.
[9] Zimmermann in Kallmeyer Rn 3; Winter in Lutter Rn 6.
[10] Zur Neuregelung siehe Rn 1.
[11] Vgl. BT-Drucks. 16/2919; ebenso bereits Winter in Lutter Rn 6.

Gesetz zur Änderung des Umwandlungsgesetzes[12] entsprach das Erfordernis einer entsprechenden Erklärung der Vertretungsorgane der wohl hM im Schrifttum[13].

6   Die nicht formgebundene Erklärung über eine erfolgte Zustimmungserteilung hat bei Anmeldung der Verschmelzung zur Eintragung in das Handelsregister zu erfolgen, nicht unbedingt in der Anmeldung selbst[14]. Die Erklärung muss von den Vertretungsorganen der beteiligten Rechtsträger abgegeben werden, wobei die Verpflichtung zur Abgabe der Erklärung **alle Organmitglieder** trifft[15]. Dies ergibt sich bereits aus dem Umstand, dass falsche Erklärungen strafbewehrt sind[16]. Die Erklärung hat **höchstpersönlich** durch die Organmitglieder zu erfolgen, eine Stellvertretung scheidet daher aus[17].

III. Vorlage der Zustimmungsbeschlüsse

7   Die notwendige Erklärung tritt neben die Pflicht zur Vorlage des Verschmelzungsvertrags, der Verschmelzungsbeschlüsse und der gesonderten Zustimmungserklärungen der Gesellschafter nach § 51[18]. Die Erklärung ist **entbehrlich,** wenn alle betroffenen Gesellschafter des übertragenden Rechtsträgers in einer Universalversammlung der Verschmelzung zugestimmt haben. Ebenso ist sie im Fall der Verschmelzung einer 100%-igen Tochtergesellschaft auf deren Mutter entbehrlich, da eine Ausfallhaftung insoweit ausgeschlossen ist[19].

IV. Folgen fehlender Erklärung

8   Eine fehlende Erklärung hindert die Registereintragung der Verschmelzung[20]. Auf ein Fehlen hat der Registerrichter durch **Zwischenverfügung** hinzuweisen[21]. Dahingegen hat die verspätete Abgabe der Erklärung keine Auswirkung auf die Achtmonatsfrist des § 17 Abs. 2 Satz 4[22]. Eine trotz Fehlens der Erklärung fälschlicherweise eingetragene Verschmelzung wird in ihrer Wirksamkeit nicht berührt[23].

V. Liste der Gesellschafter

9   Nach Abs. 2 ist bei der Anmeldung zum Register der übernehmenden Gesellschaft eine berichtigende Gesellschafterliste **beizufügen,** die von den Geschäftsführern in vertretungs-

---

[12] Siehe bereits die Vorschläge des HRA zur Änderung des UmwG, NZG 2000, 802, 803.

[13] Vgl. *Winter* in Lutter Rn 6; *Bermel* in Goutier/Knopf/Tulloch Rn 7; *Zimmermann* in Kallmeyer Rn 3; aA *Mayer* in Widmann/Mayer, der eine Analogie des § 52 mit dem Hinweis auf die Strafbewehrung der Erklärung in § 313 Abs. 2 ablehnt.

[14] *Zimmermann* in Kallmeyer Rn 5; *Mayer* in Widmann/Mayer Rn 4; *Bermel* in Goutier/Knopf/Tulloch Rn 6.

[15] *Bermel* in Goutier/Knopf/Tulloch Rn 6; *Mayer* in Widmann/Mayer Rn 4; wohl auch *Zimmermann* in Kallmeyer Rn 5; nunmehr auch *Winter* in Lutter Rn 4.

[16] § 313 Abs. 2; zutreffend *Zimmermann* in Kallmeyer Rn 5; *Mayer* in Widmann/Mayer Rn 4; *Bermel* in Goutier/Knopf/Tulloch Rn 6.

[17] *Winter* in Lutter Rn 4; *Mayer* in Widmann/Mayer Rn 4; *Stratz* in Schmitt/Hörtnagl/Stratz Rn 2; *Zimmermann* in Kallmeyer Rn 5.

[18] § 17 Abs. 1; *Zimmermann* in Kallmeyer Rn 4; *Bermel* in Goutier/Knopf/Tulloch Rn 5; *Winter* in Lutter Rn 3; *Mayer* in Widmann/Mayer Rn 4.

[19] *Mayer* in Widmann/Mayer Rn 6; *Zimmermann* in Kallmeyer Rn 7; *Melchior* GmbHR 1999, 520, 523.

[20] *Zimmermann* in Kallmeyer Rn 6; *Mayer* in Widmann/Mayer Rn 6.

[21] *Zimmermann* in Kallmeyer Rn 6; *Mayer* in Widmann/Mayer Rn 7.

[22] Siehe die Nachweise in Fn 21.

[23] Vgl. § 20 Abs. 2; *Mayer* in Widmann/Mayer Rn 7.

berechtigter Anzahl unterschrieben ist[24]. In der Liste sind alle bisherigen und neuen Anteilsinhaber aufzunehmen, die im Zeitpunkt des Wirksamwerdens der Verschmelzung Gesellschafter der übernehmenden GmbH sind.

Die berichtigende Liste ist **neben** der notwendig zu erstellenden Liste der Übernehmer bei einer Erhöhung des Stammkapitals der übernehmenden GmbH einzureichen. Sie macht diese also nicht etwa überflüssig[25].

§ 40 GmbHG bestimmt im Einzelnen, welche Angaben in der Liste zu den Gesellschaftern gemacht werden müssen. Diese umfassen Namen, Vornamen, Geburtsdaten und Wohnorte der Gesellschafter. Aufgrund der neuen Rechtsprechung zur Rechtsfähigkeit der GbR ist bei dieser als Gesellschafter, wie schon bei OHG und KG, die Auflistung der Namen aller Mitglieder nicht mehr erforderlich, soweit auch ohne diese die Gesellschaft eindeutig bezeichnet werden kann[26]. Bei einer AG oder KGaA als übertragendem Rechtsträger können unbekannte Aktionäre zudem durch Angabe ihrer Aktienurkunden sowie Zuordnung des auf die jeweilige Aktie entfallenden Anteils individualisiert werden[27].

Die Liste soll dem Registergericht wie auch jedem das Register einsehenden Dritten zutreffende Auskunft über die Beteiligungsverhältnisse bei der übernehmenden Gesellschaft geben, wobei das Registergericht lediglich die Erfüllung der formellen Voraussetzungen prüft und nicht die materielle Richtigkeit der Liste[28]. Fehlt es an einem Berichtigungsbedarf, bedarf es keiner solchen Gesellschafterliste. Dies gilt bei Verschmelzung einer 100%-igen Tochtergesellschaft auf die Muttergesellschaft[29]. In diesem Fall genügt eine **Fehlanzeigemeldung** gegenüber dem Gericht[30].

§ 53 Eintragung bei Erhöhung des Stammkapitals

Erhöht die übernehmende Gesellschaft zur Durchführung der Verschmelzung ihr Stammkapital, so darf die Verschmelzung erst eingetragen werden, nachdem die Erhöhung des Stammkapitals im Register eingetragen worden ist.

Übersicht

	Rn		Rn
I. Allgemeines	1	III. Registergerichtliche Prüfung	8
1. Verhältnis zum früheren Recht	1	IV. Eintragung	11
2. Inhalt und Zweck der Norm	2	1. Reihenfolge	11
II. Anmeldung	4	2. Wirksamkeit	12
1. Inhalt	4	V. Bekanntmachung	17
2. Beizufügende Unterlagen	6	VI. Kosten	18

Literatur: *Ihrig,* Gläubigerschutz in der Kapitalaufbringung bei Verschmelzung und Spaltung nach neuem Umwandlungsrecht, GmbHR 1995, 622.

---

[24] *Winter* in Lutter Rn 7; *Zimmermann* in Kallmeyer Rn 9, der auch unechte Gesamtvertretung zulassen will.
[25] Vgl. § 55 Abs. 1 iVm. § 57 Abs. 3 Nr. 2; *Mayer* in Widmann/Mayer Rn 10; *Zimmermann* in Kallmeyer Rn 12.
[26] Vgl. hierzu BGH NJW 2001, 1056; *K. Schmidt,* Die BGB-Außengesellschaft – rechts- und parteifähig, NJW 2001, 993, 999.
[27] Siehe § 35; *Winter* in Lutter Rn 7; *Bermel* in Goutier/Knopf/Tulloch Rn 8; *Mayer* in Widmann/Mayer Rn 12.
[28] *Zimmermann* in Kallmeyer Rn 10.
[29] *Winter* in Lutter Rn 7; *Zimmermann* in Kallmeyer Rn 11; *Mayer* in Widmann/Mayer Rn 11; *Bermel* in Goutier/Knopf/Tulloch Rn 9.
[30] *Winter* in Lutter Rn 7; *Zimmermann* in Kallmeyer Rn 11.

I. Allgemeines

1. Verhältnis zum früheren Recht

1 Die Vorschrift **entspricht** dem früher geltenden § 25 Abs. 1 Satz 2 KapErhG.

2. Inhalt und Zweck der Norm

2 Die Norm regelt die Reihenfolge der Eintragungen in das Handelsregister, wenn die übernehmende GmbH zur Durchführung der Verschmelzung ihr Stammkapital erhöht. In Ergänzung zu § 19 Abs. 1, der die **Reihenfolge** der Eintragungen der Verschmelzung in das Register der beteiligten Rechtsträger zum Gegenstand hat, wird die vorrangige Eintragungspflicht einer zur Durchführung der Verschmelzung erforderlichen Kapitalerhöhung statuiert. Abgesichert werden soll damit die Existenz derjenigen Geschäftsanteile, die im Zeitpunkt des Wirksamwerdens der Verschmelzung[1] den Anteilsinhabern des übertragenden Rechtsträgers zu gewähren sind[2].

3 Der Regelungsgegenstand der Norm ist auf Kapitalerhöhungen **beschränkt**, die zur Durchführung der Verschmelzung erfolgen. Nicht umfasst werden Fälle der Kapitalerhöhung aus anderen Gründen, die lediglich iRd. Verschmelzung beschlossen werden[3].

II. Anmeldung

1. Inhalt

4 Die Kapitalerhöhung ist bei dem für die übernehmende GmbH **zuständigen Handelsregister** zur Eintragung von sämtlichen Geschäftsführern mit deren öffentlich beglaubigter Unterschrift anzumelden[4]. Aufgrund der getroffenen Strafbarkeitsregelung für die Geschäftsführer[5] scheidet sowohl unechte Gesamtvertretung wie auch Bevollmächtigung bei der Anmeldung aus[6].

5 Neben der Kapitalerhöhung zur Durchführung der Verschmelzung ist die wegen der Änderung des Stammkapitalbetrags notwendige **Satzungsänderung** anzumelden[7]. Einer gesonderten Versicherung, dass die Einlagen auf das neue Stammkapital bewirkt sind und sich endgültig zur freien Verfügung der Geschäftsführer befinden, bedarf es nicht[8].

2. Beizufügende Unterlagen

6 Der Anmeldung der Kapitalerhöhung beim Registergericht der übernehmenden GmbH, die mit der Anmeldung der Verschmelzung zusammengefasst werden kann, müssen folgende Unterlagen **beigefügt** werden[9]:
– die notarielle Niederschrift über den Erhöhungsbeschluss und der Beschluss über die Änderung der Stammkapitalziffer der Satzung in Ausfertigung oder beglaubigter Abschrift,

---

[1] § 20 Abs. 1.
[2] *Winter* in Lutter Rn 2; *Mayer* in Widmann/Mayer Rn 3; *Bermel* in Goutier/Knopf/Tulloch Rn 3.
[3] § 54; *Mayer* in Widmann/Mayer Rn 4.
[4] Vgl. §§ 55, 78 GmbHG; *Zimmermann* in Kallmeyer Rn 3.
[5] § 82 Abs. 1 Nr. 3 GmbHG.
[6] *Zimmermann* in Kallmeyer Rn 3.
[7] *Zimmermann* in Kallmeyer Rn 5.
[8] Vgl. § 55 Abs. 1 UmwG iVm. § 57 Abs. 2 GmbHG.
[9] Siehe hierzu detailliert *Zimmermann* in Kallmeyer Rn 6 ff.

wobei der Beschluss in derselben notariellen Urkunde wie der Verschmelzungsbeschluss enthalten sein kann;
- die notarielle Niederschrift des Verschmelzungsvertrags und der Verschmelzungsbeschlüsse bzw. Zustimmungserklärungen in Ausfertigung oder beglaubigter Abschrift[10];
- eine Liste der Übernehmer der neuen Stammeinlagen[11] und zusätzlich für die Anmeldung der Verschmelzung die berichtigte Gesellschafterliste[12];
- der vollständige Wortlaut des Gesellschaftsvertrags in neuester Fassung mit notarieller Bestätigung[13];
- der Nachweis der Werthaltigkeit, der idR durch die Verschmelzungsbilanz erbracht wird.

Ein **Sacherhöhungsbericht** ist hingegen idR nicht erforderlich, kann aber uU vom Registergericht angefordert werden[14].

III. Registergerichtliche Prüfung

Die Prüfung durch das zuständige Registergericht bezieht sich auf die formelle Ordnungsmäßigkeit der Anmeldung, die Wirksamkeit des Erhöhungsbeschlusses und der Satzungsänderung sowie auf die Wirksamkeit der Verschmelzung als **konstitutives Element** der Kapitalerhöhung[15].

Im Rahmen einer zusätzlichen **Werthaltigkeitsprüfung** muss das Registergericht klären, ob das auf den übernehmenden Rechtsträger übertragene Vermögen wertmäßig dem Nominalbetrag der dafür aus der Kapitalerhöhung gewährten Anteile entspricht. Diese Prüfung erfolgt regelmäßig durch Heranziehung der Schlussbilanz der übertragenden Gesellschaft[16]. Reicht dies zur Überzeugung des Registerrichters nicht aus, können weitere Nachweise verlangt werden, wie etwa die Beibringung eines Sachverständigengutachtens[17]. Solange nicht derart erhebliche Zweifel an der Werthaltigkeit bestehen, dass diese nur durch eine geprüfte Bilanz ausgeräumt werden können, kann eine durch einen unabhängigen Prüfer geprüfte und testierte Bilanz jedenfalls bei kleinen Gesellschaften[18], die bisher allgemeiner Prüfungspflicht unterliegen, nicht verlangt werden[19].

Die Werthaltigkeit muss im Zeitpunkt der Eintragung der Verschmelzung bei der übernehmenden Gesellschaft gegeben sein, da das Bewirken der Leistung durch die übertragende Gesellschaft erst hierdurch erfolgt[20]. Bis dahin hat das Registergericht etwaige ihm zur Kenntnisnahme gelangende **Wertveränderungen** zu beachten und darauf zu reagie-

---

[10] § 55 Abs. 2.
[11] § 57 Abs. 3 Nr. 2 GmbHG; *Zimmermann* in Kallmeyer Rn 9; *Mayer* in Widmann/Mayer § 55 Rn 91 mwN; aA *Winter* in Lutter § 55 Rn 20 und *Stratz* in Schmitt/Hörtnagl/Stratz § 55 Rn 33, die aufgrund der einzureichenden sonstigen Verschmelzungsunterlagen für eine Entbehrlichkeit eintreten.
[12] § 52 Abs. 2.
[13] § 54 Abs. 1 Satz 2 GmbHG.
[14] *OLG Stuttgart* GmbHR 1982, 109, 110; *Mayer* in Widmann/Mayer § 55 Rn 57; aA *LG München* AG 2005, 623; *Zimmermann* in Kallmeyer Rn 12; *Priester* in Scholz § 56 GmbHG Rn 81 f.; *Lutter/Hommelhoff* in Lutter/Hommelhoff § 57 a GmbHG Rn 2.
[15] *Winter* in Lutter Rn 4; *Zimmermann* in Kallmeyer Rn 13.
[16] *Winter* in Lutter § 55 Rn 21; *Zimmermann* in Kallmeyer Rn 14; *Mayer* in Widmann/Mayer § 55 Rn 102.
[17] *OLG Düsseldorf* GmbHR 1995, 592; *Zimmermann* in Kallmeyer Rn 14; *Mayer* in Widmann/Mayer § 55 Rn 102.
[18] § 267 Abs. 1 HGB.
[19] *OLG Düsseldorf* GmbHR 1995, 592, 593; *Zimmermann* in Kallmeyer Rn 15; *Mayer* in Widmann/Mayer § 55 Rn 79.
[20] *Mayer* in Widmann/Mayer § 55 Rn 73; *Zimmermann* in Kallmeyer Rn 16.

ren[21]. Im Fall einer Unterdeckung der zu gewährenden Geschäftsanteile muss zunächst durch Zwischenverfügung Gelegenheit zur Einzahlung des Differenzbetrags in bar gegeben werden, bevor die Eintragung abgelehnt werden kann[22]. Erfolgt auf die Zwischenverfügung die Zahlung, haben die Geschäftsführer diese entsprechend § 55 Abs. 2 iVm. § 8 Abs. 2 GmbHG zu versichern[23].

IV. Eintragung

1. Reihenfolge

11 Die Erhöhung des Stammkapitals der übernehmenden Gesellschaft in Anwendung des § 55 ist vor der Verschmelzung einzutragen[24]. **Nachfolgend** sind die Eintragungen der Verschmelzung beim übertragenden und übernehmenden Rechtsträger zu bewirken. Dabei muss zunächst die Eintragung beim übertragenden Rechtsträger erfolgen[25] und mit dem Vermerk versehen werden, dass die Verschmelzung erst mit der Eintragung beim übernehmenden Rechtsträger wirksam wird[26]. Diese wird dann zuletzt bewirkt.

2. Wirksamkeit

12 Soweit es sich um die Eintragungen bei der übernehmenden GmbH handelt, muss die Reihenfolge der Eintragung der Kapitalerhöhung vor der Eintragung der Verschmelzung eingehalten werden, da der Verschmelzungseintragung bei der übernehmenden GmbH konstitutive Wirkung für die Wirksamkeit von Kapitalerhöhung und Verschmelzung zukommt[27]. Damit wird abweichend von § 54 Abs. 3 GmbHG für die Wirksamkeit der Kapitalerhöhung nicht auf deren Eintragung abgestellt, sondern eine **konditionale Verknüpfung** mit der Eintragung der Verschmelzung hergestellt, um sicherzustellen, dass bei Wirksamwerden der Verschmelzung und dem damit zwangsläufig verbundenen Untergang der Anteile an dem übertragenden Rechtsträger die durch die Kapitalerhöhung geschaffenen neuen Geschäftsanteile den Anteilsinhabern des übertragenden Rechtsträgers zur Verfügung stehen[28]. Der Erwerb der neuen Anteile erfolgt nach Maßgabe des § 20 Abs. 1 Nr. 3 erst mit der Eintragung der Verschmelzung bei der übernehmenden GmbH. Auf diese Weise wird auch erreicht, dass die Anteilsinhaber der übertragenden Gesellschaft nicht schon an der GmbH beteiligt werden, bevor die Verschmelzung durchgeführt ist und damit das Vermögen des übertragenden Rechtsträgers nach § 20 Abs. 1 Nr. 1 auf die übertragende GmbH übergegangen ist[29].

13 Für den Fall, dass die Eintragung der Verschmelzung endgültig scheitert, ist die Kapitalerhöhung nach § 144 Abs. 2 FGG von Amts wegen zu **löschen**[30]. Eine bereits eingetragene

---

[21] BGHZ 80, 136 f.; *Bermel* in Goutier/Knopf/Tulloch § 55 Rn 28; *Ihrig* GmbHR 1995, 622, 640 mwN; *Mayer* in Widmann/Mayer § 55 Rn 73; *Zimmermann* in Kallmeyer Rn 16.
[22] *Zimmermann* in Kallmeyer Rn 17.
[23] *Mayer* in Widmann/Mayer § 55 Rn 79.1; *Zimmermann* in Kallmeyer Rn 17; *H. Winter* in Scholz § 9 c GmbHG Rn 35.
[24] Handelt es sich bei der übernehmenden Gesellschaft nicht um eine GmbH, sondern um eine AG, findet § 53 seine Entsprechung in § 66.
[25] § 19 Abs. 1 Satz 1.
[26] § 19 Abs. 1 Satz 2.
[27] *Winter* in Lutter Rn 3; *Bermel* in Goutier/Knopf/Tulloch Rn 4; *Zimmermann* in Kallmeyer Rn 18; *Mayer* in Widmann/Mayer Rn 6.
[28] Vgl. zur konditionalen Verknüpfung *Winter* in Lutter Rn 4.
[29] *Mayer* in Widmann/Mayer Rn 6.
[30] *Winter* in Lutter Rn 4 mwN; *Mayer* in Widmann/Mayer Rn 6; *Zimmermann* in Kallmeyer Rn 19; *Stratz* in Schmitt/Hörtnagl/Stratz Rn 1.

Kapitalerhöhung erlangt keine Wirksamkeit[31]. Umgekehrt wird eine nach allgemeinen Regeln nichtige Kapitalerhöhung entsprechend § 20 Abs. 2 mit Eintragung der Verschmelzung **geheilt**[32].

Wird die gesetzlich vorgeschriebene **Eintragungsreihenfolge nicht eingehalten** und die Kapitalerhöhung erst nach der Verschmelzung bei der übernehmenden GmbH eingetragen, führt dies nicht zur Unwirksamkeit. Die Verschmelzung wird allerdings abweichend von § 20 Abs. 1 erst mit Eintragung der Kapitalerhöhung als letztem Teilakt der gesamten Verschmelzungsdurchführung wirksam. Zuvor fehlt es an der erforderlichen Anteilsgewährung[33]. Die Eintragung der Verschmelzung muss nicht wiederholt werden[34]. Aus der ins Handelsregister eingetragenen Kapitalerhöhung ergibt sich der genaue Zeitpunkt des Wirksamwerdens der Verschmelzung eindeutig. Gleichwohl ist es möglich und zweckmäßig, einen **berichtigenden Vermerk** ins Register aufzunehmen.

Dagegen bezieht sich die Vorschrift nicht auf die Eintragung der Verschmelzung beim übertragenden Rechtsträger. Die – ohnedies nur deklaratorische – Eintragung der Verschmelzung beim übertragenden Rechtsträger kann deshalb auch **vor** der Eintragung der Kapitalerhöhung bei der übernehmenden GmbH erfolgen[35]. Gleichwohl ist insoweit eine vorherige Abstimmung mit dem Registergericht anzuraten.

Unschädlich ist es schließlich auch, wenn die Eintragung der Verschmelzung beim übertragenden Rechtsträger entgegen § 19 Abs. 1 Satz 1 zeitlich nach der Eintragung der Verschmelzung beim Übernehmer durchgeführt wird[36]. Die Verschmelzungswirkung tritt in diesem Fall bereits mit Registereintrag bei der übernehmenden Gesellschaft ein[37].

V. Bekanntmachung

In der Bekanntmachung der Kapitalerhöhung, die im **Bundesanzeiger** und mindestens einem **weiteren Blatt** zu erfolgen hat[38], ist anzugeben, dass die Kapitalerhöhung zur Durchführung der Verschmelzung erfolgt[39]. Daneben muss der Betrag des neuen Stammkapitals, der Tag der Eintragung sowie der Inhalt der Satzungsänderung veröffentlicht werden[40]. Im Übrigen reicht die Bezugnahme auf die beim Gericht eingereichten Urkunden aus[41].

IV. Kosten

Für die Beurkundung der Beschlüsse fällt das Doppelte der vollen Gebühr an, wobei der Höchstbetrag der Gebühr € 5 000 beträgt[42]. Der Kapitalerhöhungsbeschluss ist neben dem

---

[31] Vgl. hierzu näher *Winter* in Lutter Rn 4.
[32] Siehe auch § 20 Rn 86 ff.; *Winter* in Lutter Rn 4.
[33] *Winter* in Lutter Rn 5; *Zimmermann* in Kallmeyer Rn 19; zutreffend auch *Mayer* in Widmann/Mayer Rn 12; aA *Bermel* in Goutier/Knopf/Tulloch Rn 5, der als Wirkungszeitpunkt der Verschmelzung deren Eintragung beim übernehmenden Rechtsträger entsprechend § 20 Abs. 2 sehen möchte.
[34] So aber *Mayer* in Widmann/Mayer Rn 12, der der erneuten Verschmelzungseintragung allerdings nur deklaratorische Bedeutung beimisst.
[35] Siehe § 19 Rn 9. Ebenso *Mayer* in Widmann/Mayer Rn 12; aA *Winter* in Lutter Rn 3.
[36] Siehe § 19 Rn 9; *Zimmermann* in Kallmeyer Rn 18; *Winter* in Lutter Rn 6; *Schwarz* in Widmann/Mayer § 19 Rn 13.2.
[37] Zustimmend *Winter* in Lutter Rn 6; *Zimmermann* in Kallmeyer § 19 Rn 8; aA *Mayer* in Widmann/Mayer Rn 13, der die Verschmelzungswirkungen erst mit einer zeitlich später erfolgten Eintragung der Verschmelzung beim übertragenden Rechtsträger zulassen will.
[38] §§ 10, 11 HGB.
[39] Vgl. § 57 b GmbHG.
[40] Vgl. *Zöllner* in Baumbach/Hueck § 57 b GmbHG Rn 2.
[41] § 57 b Satz 2 GmbHG.
[42] § 47 Satz 1 und 2 KostO.

Verschmelzungsbeschluss gesondert zu bewerten. Sind die Beschlüsse in einer Urkunde enthalten, werden die Werte zusammengerechnet[43]. Die Gebühr für die Beurkundung der Anmeldung beträgt die Hälfte der vollen Gebühr[44]. Der Geschäftswert ergibt sich grundsätzlich aus § 41 a KostO in der ab dem 1.12.2004 durch das HRegGebNeuOG geänderten Fassung. Der Höchstwert beträgt, auch wenn mehrere Anmeldungen in einer Urkunde zusammengefasst werden, € 500.000[45].

19 Die Kosten für die Handelsregistereintragung wurden zum 1.12.2004 neu geregelt[46]. Die neuen aufwandsbezogenen Gebühren ergeben sich aus der HRegGebVO[47]. Danach kostet die Eintragung der Erhöhung des Stammkapitals durch Sacheinlage oder der Erhöhung des Stammkapitals zum Zwecke der Umwandlung nach dem Umwandlungsgesetz 140 €, die Eintragung einer Umwandlung nach dem UmwG in das Register des übertragenden sowie in das Register des übernehmenden Rechtsträgers jeweils 160 €.

§ 54 Verschmelzung ohne Kapitalerhöhung

(1) **Die übernehmende Gesellschaft darf zur Durchführung der Verschmelzung ihr Stammkapital nicht erhöhen, soweit**
1. sie Anteile eines übertragenden Rechtsträgers innehat;
2. ein übertragender Rechtsträger eigene Anteile innehat oder
3. ein übertragender Rechtsträger Geschäftsanteile dieser Gesellschaft innehat, auf welche die Einlagen nicht in voller Höhe bewirkt sind.

Die übernehmende Gesellschaft braucht ihr Stammkapital nicht zu erhöhen, soweit
1. sie eigene Geschäftsanteile innehat oder
2. ein übertragender Rechtsträger Geschäftsanteile dieser Gesellschaft innehat, auf welche die Einlagen bereits in voller Höhe bewirkt sind.

Die übernehmende Gesellschaft darf von der Gewährung von Geschäftsanteilen absehen, wenn alle Anteilsinhaber eines übertragenden Rechtsträgers darauf verzichten; die Verzichtserklärungen sind notariell zu beurkunden.

(2) Absatz 1 gilt entsprechend, wenn Inhaber der dort bezeichneten Anteile ein Dritter ist, der im eigenen Namen, jedoch in einem Fall des Absatzes 1 Satz 1 Nr. 1 oder des Absatzes 1 Satz 2 Nr. 1 für Rechnung der übernehmenden Gesellschaft oder in einem der anderen Fälle des Absatzes 1 für Rechnung des übertragenden Rechtsträgers handelt.

(3) Soweit zur Durchführung der Verschmelzung Geschäftsanteile der übernehmenden Gesellschaft, die sie selbst oder ein übertragender Rechtsträger innehat, geteilt werden müssen, um sie den Anteilsinhabern eines übertragenden Rechtsträgers gewähren zu können, sind Bestimmungen des Gesellschaftsvertrags, welche die Teilung der Geschäftsanteile der übernehmenden Gesellschaft ausschließen oder erschweren, sowie § 5 Abs. 1 zweiter Halbsatz und Abs. 3 Satz 2 des Gesetzes betreffend die Gesellschaften mit beschränkter Haftung nicht anzuwenden; jedoch muß der Nennbetrag jedes Teils der Geschäftsanteile mindestens fünfzig Euro betragen und durch zehn teilbar sein. Satz 1 gilt entsprechend, wenn Inhaber der Geschäftsanteile ein Dritter ist, der im eigenen Namen, jedoch für Rechnung der übernehmenden Gesellschaft oder eines übertragenden Rechtsträgers handelt.

---

[43] § 44 Abs. 2 a KostO.
[44] § 38 Abs. 2 Nr. 7 KostO.
[45] § 39 Abs. 4 KostO.
[46] Das bisherige System, bei dem sich die Höhe der Gebühren am Wert des zugrunde liegenden Geschäfts orientierte, wurde vom EuGH für nicht vereinbar mit der EG-Gesellschaftssteuer-Richtlinie erklärt; die Gebühren müssen sich vielmehr nach den tatsächlich für die Eintragung getätigten Personal- und Sachaufwendungen richten; vgl. *EuGH* EUZB 1998, 172.
[47] § 79 a KostO in der durch das HRegGebNeuOG geänderten Fassung.

(4) **Im Verschmelzungsvertrag festgesetzte bare Zuzahlungen dürfen nicht den zehnten Teil des Gesamtnennbetrags der gewährten Geschäftsanteile der übernehmenden Gesellschaft übersteigen.**

Übersicht

	Rn		Rn
I. Allgemeines	1	voll eingezahlte Anteile an der übernehmenden GmbH)	14
1. Verhältnis zum früheren Recht	1	3. Weitere Fälle	17
2. Inhalt und Zweck der Norm	3	a) Gewährung von Geschäftsanteilen durch Dritte	18
3. Zwingendes Recht	4	b) Verzicht durch Anteilsinhaber der übertragenden Gesellschaft?	19
II. Unzulässigkeit einer Kapitalerhöhung (Abs. 1 Satz 1)	5	IV. Entsprechende Anwendung auf von Dritten gehaltene Anteile (Abs. 2)	33
1. Fall des Abs. 1 Satz 1 Nr. 1 (übernehmender Rechtsträger besitzt Anteile des übertragenden Rechtsträgers)	5	1. Treuhandverhältnisse	33
2. Fall des Abs. 1 Satz 1 Nr. 2 (übertragender Rechtsträger hat eigene Anteile)	7	2. Keine Anwendung auf abhängige Unternehmen und gemeinschaftliche Anteile	34
3. Fall des Abs. 1 Satz 1 Nr. 3 (übertragender Rechtsträger hält nicht voll einbezahlte Geschäftsanteile an der übernehmenden GmbH)	8	V. Sonderregelungen über Stückelung und Teilung vorhandener Geschäftsanteile (Abs. 3)	37
a) Reichweite des Verbots	9	VI. Bare Zuzahlungen (Abs. 4)	40
b) Ergänzung durch § 33 Abs. 1 GmbHG?	11	1. Unmittelbarer Anwendungsbereich	40
		2. Behandlung von Splitterbeteiligungen	44
III. Kapitalerhöhungswahlrecht (Abs. 1 Satz 2)	12	VII. Beschlussmängel	46
1. Fall des Abs. 1 Satz 2 Nr. 1 (übernehmende GmbH hat eigene Anteile)	13	1. Verstoß gegen Kapitalerhöhungsverbote	46
2. Fall des Abs. 1 Satz 2 Nr. 2 (übertragender Rechtsträger hält		2. Anfechtbarkeit im Fall des Verstoßes gegen Abs. 3	49
		3. Anfechtbarkeit im Fall des Verstoßes gegen Abs. 4	50

Literatur: *Baumann*, Kapitalerhöhung zur Durchführung einer Verschmelzung von Schwestergesellschaften im Konzern?, BB 1998, 2321; *Bayer*, 1000 Tage neues Umwandlungsrecht – eine Zwischenbilanz, ZIP 1997, 1613; *Heckschen*, Anmerkung zu BayObLG, Beschluss vom 24. 5. 1989, DB 1989, 1560; *Ihrig*, Verschmelzung und Spaltung ohne Gewährung neuer Anteile?, ZHR 160 (1996) 317; *Knott*, Gläubigerschutz bei horizontaler und vertikaler Konzernverschmelzung, DB 1996, 2423; *Kowalski*, Kapitalerhöhung bei horizontaler Verschmelzung, GmbHR 1996, 158; *Krieger*, Der Konzern in Fusion und Umwandlung, ZGR 1990, 517; *Lutter*, Mindestumfang der Kapitalerhöhung bei der Verschmelzung zur Aufnahme oder Neugründung in Aktiengesellschaften?, FS Wiedemann, 2002, S. 1097; *Mayer*, Erste Zweifelsfragen bei der Unternehmensspaltung, DB 1995, 861; *Mayer-Reimer*, Vereinfachte Kapitalherabsetzung durch Verschmelzung?, GmbHR 2004, 1128; *Naraschewski*, Gläubigerschutz bei der Verschmelzung von GmbH, GmbHR 1998, 356; *Neye*, Die Änderung im Umwandlungsrecht nach den handels- und gesellschaftsrechtlichen Reformgesetzen in der 13. Legislaturperiode, DB 1998, 1649; *Petersen*, Vereinfachte Kapitalherabsetzung durch Verschmelzung, GmbHR 2004, 728; *ders,*. Der Gläubigerschutz im System des Umwandlungsrechts, Konzern 2004, 185; *ders.*, Der Gläubigerschutz im Umwandlungsrecht, 2001; *Priester*, Das neue Umwandlungsrecht aus notarieller Sicht, DNotZ 1995, 427; *ders.*, Notwendige Kapitalerhöhung bei Verschmelzung von Schwestergesellschaften?, BB 1985, 363; *Schöne*, Die Spaltung unter Beteiligung von GmbH gem. §§ 123 ff. UmwG, GmbHR 1998; *Simon*, Gläubigerschutz im Umwandlungsrecht, Konzern 2004, 191; *Trölitzsch*, Aktuelle Tendenzen im Umwandlungsrecht, DNotZ 1999, 764; *Winter*, Die Anteilsgewährung – zwingendes Prinzip des Verschmelzungsrechts?, FS Lutter, 2000, S. 1279.

I. Allgemeines

1. Verhältnis zum früheren Recht

1   Die Norm übernimmt in Abs. 1 die Regelung des **§ 23 Abs. 1 KapErhG** mit lediglich redaktionellen Änderungen, in Abs. 3 Satz 1 die Regelung des **§ 23 Abs. 3 KapErhG** sinngemäß und in Abs. 4 wiederum fast wörtlich den § 23 Abs. 2 KapErhG. Abs. 2 und Abs. 3 hingegen wurden **§ 344 Abs. 1 Satz 4 AktG** aF nachgebildet[1].

2   Durch das Zweite Gesetz zur Änderung des Umwandlungsgesetzes wurde **§ 54 Abs. 1 Satz 3 angefügt**[2]. Diese Neuregelung stellt klar, dass eine Ausnahme von der grundsätzlichen Anteilsgewährpflicht durch Verzicht aller Anteilsinhaber möglich ist. Der Gesetzgeber schließt sich damit der wohl hM im Schrifttum an. Der unter Rn 19 ff. dargestellte Meinungsstreit dürfte sich daher für die Praxis erledigt haben.

2. Inhalt und Zweck der Norm

3   Die Vorschrift betrifft alle Verschmelzungen durch Aufnahme, bei denen eine **GmbH aufnehmender Rechtsträger** ist. Für die Verschmelzung durch Neugründung ist zwar Abs. 4, nicht aber Abs. 1 bis 3 anwendbar (§ 56)[3]. Abs. 1 enthält für Verschmelzungen unter bestimmten Voraussetzungen ein Kapitalerhöhungsverbot (Satz 1) bzw. ein Kapitalerhöhungswahlrecht (Satz 2). Abs. 2 erstreckt dieses Verbot auf den Fall der verdeckten Anteilsinhaberschaft. Abs. 3 stellt demgegenüber eine Erleichterung für die Anteilsgewährung dar, indem er in Satz 1 Teilungserschwerungen auf Seiten der übernehmenden Gesellschaft ausschließt, was gem. Satz 3 wiederum auch für eine verdeckte Anteilsinhaberschaft gilt. Zudem werden durch Satz 2 wie in §§ 46 Abs. 1 Satz 3, 55 Abs. 1 Satz 2 die Stückelungsanforderungen des § 5 GmbHG herabgesetzt. Abs. 4 begrenzt bare Zuzahlungen auf 10% aller zu gewährenden Geschäftsanteile der übernehmenden Gesellschaft.

Sinn des Abs. 1 ist es, durch das Kapitalerhöhungsverbot das **Entstehen eigener Anteile** der übernehmenden Gesellschaft zu verhindern und, ergänzend hierzu, mittels eines Kapitalerhöhungswahlrechts den Abbau bereits vorhandener eigener Anteile zu ermöglichen, indem diese als zu gewährende Anteile für die Anteilsinhaber des übertragenden Rechtsträgers genutzt werden können[4]. Durch Abs. 3 Satz 1 soll dabei eine in diesem Fall erforderliche Teilung der bereits vorhandenen eigenen Anteile erleichtert werden. Zweck des Abs. 2 und Abs. 3 Satz 2 ist, die verdeckte Anteilsinhaberschaft der offenen gleichzustellen, um eine Umgehung des § 54 zu verhindern[5]. Abs. 4 soll dafür sorgen, dass den Anteilsinhabern regelmäßig Anteile gewährt werden, indem er bare Zuzahlungen zwar zulässt, jedoch nur in einem bestimmten Umfang.

3. Zwingendes Recht

4   Alle Regelungen, die die Vorschrift trifft, sind **unabdingbar**. Auch mit Zustimmung aller Anteilsinhaber kann von ihnen nicht abgewichen werden[6].

---

[1] RegBegr. *Ganske* S. 102 f.
[2] BGBl. I 2007 S. 542; zum RefE vgl. etwa *Kiem* WM 2006, 1091; *Müller* NZG 2006, 286; *Neye/Timm* DB 2006, 488; *Drinhausen/Keinath* BB 2006, 725; *Forsthoff* DStR 2006, 613; *Haritz/v. Wolf* GmbHR 2006, 340; zum RegE *Drinhausen* BB 2006, 2313.
[3] Dazu § 56 Rn 12.
[4] *Winter* in Lutter Rn 2; *Mayer* in Widmann/Mayer Rn 9; zum alten Recht *Schilling/Zutt* in Hachenburg[7] § 23 KapErhG Rn 1; *Priester* in Scholz[7] § 23 KapErhG Rn 1, 5.
[5] RegBegr. *Ganske* S. 103; *Mayer* in Widmann/Mayer Rn 69.
[6] *Winter* in Lutter Rn 4.

II. Unzulässigkeit einer Kapitalerhöhung (Abs. 1 Satz 1)

1. Fall des Abs. 1 Satz 1 Nr. 1 (übernehmender Rechtsträger besitzt Anteile des übertragenden Rechtsträgers)

§ 20 Abs. 1 Nr. 3 Satz 1, der ebenfalls das Entstehen eigener Anteile verhindern soll, bestimmt, dass, soweit die übernehmende Gesellschaft Anteile an einem übertragenden Rechtsträger hält, keine Anteilsgewährung erfolgt. Ein Recht auf Anteilsgewährung seitens der übernehmenden Gesellschaft kann schon deshalb nicht bestehen, weil die Verpflichtete ebenfalls die übernehmende Gesellschaft wäre. Eine solche Selbstverpflichtung der Gesellschaft ist aber rechtlich nicht möglich[7]. Da in diesem Fall kein Anteilserwerb erfolgt, bedarf die übernehmende Gesellschaft insoweit auch keiner neu geschaffenen Anteile. Eine dennoch durchgeführte Kapitalerhöhung würde zur Entstehung eigener Anteile führen, was gerade verhindert werden soll[8]. Aus diesem Grund verbietet Abs. 1 Satz 1 Nr. 1 für solche Fälle eine Kapitalerhöhung. Das **Kapitalerhöhungsverbot** des Abs. 1 Satz 1 Nr. 1 besteht in dem Umfang, in welchem die übernehmende Gesellschaft Anteile an dem übertragenden Rechtsträger hält[9].

Häufigster Anwendungsfall des Abs. 1 Satz 1 Nr. 1 sind **Verschmelzungen innerhalb eines Konzerns**. Dabei muss bei der Verschmelzung einer Tochtergesellschaft auf die Muttergesellschaft, die 100% der Anteile der Tochtergesellschaft besitzt *(upstream merger)*, weder eine Kapitalerhöhung noch eine Anteilsgewährung erfolgen[10]. Nicht vom Kapitalerhöhungsverbot umfasst sind demgegenüber Schwestergesellschaften, da hier keine Gefahr besteht, dass eigene Anteile entstehen[11].

2. Fall des Abs. 1 Satz 1 Nr. 2 (übertragender Rechtsträger hat eigene Anteile)

Ein Anteilstausch erfolgt gem. § 20 Abs. 1 Nr. 3 Satz 1 auch nicht, wenn der übertragende Rechtsträger eigene Anteile hält. Eine Anteilsgewährungspflicht könnte hier zwar entstehen, würde aber mit dem Wirksamwerden der Verschmelzung durch Konfusion erlöschen[12]. Auch in diesem Fall würde die übernehmende GmbH als Gesamtrechtsnachfolgerin des übertragenden Rechtsträgers durch eine Anteilsgewährung letztendlich eigene Anteile erhalten. Um dies zu verhindern, besteht insoweit ebenfalls ein entsprechendes **Kapitalerhöhungsverbot**[13], und zwar sowohl bei vollständig erbrachten Einlagen als auch bei noch nicht voll eingezahlten Geschäftsanteilen[14].

---

[7] *Winter* in Lutter Rn 5; gleicher Rechtsgedanke bei *Ulmer* in Hachenburg § 55 GmbHG Rn 57; auch wenn zunächst eine Anteilsgewährungspflicht bestehen sollte, erlischt diese jedenfalls durch Konfusion, *Stratz* in Schmitt/Hörtnagl/Stratz Rn 3; *Mayer* in Widmann/Mayer Rn 13; *Bermel* in Goutier/Knopf/Tulloch Rn 9; bereits zum alten Recht *Zimmermann* in Rowedder[2] Anh. § 77 GmbHG Rn 403; *Lutter/Hommelhoff*[13] § 23 KapErhG Rn 2; *Priester* in Scholz[7] § 23 KapErhG Rn 1.
[8] *Grunewald* in G/H/E/K § 344 AktG Rn 4; *Zimmermann* in Rowedder[2] Anh. § 77 GmbHG Rn 403.
[9] *Mayer* in Widmann/Mayer Rn 14; *Bermel* in Goutier/Knopf/Tulloch Rn 9.
[10] BayObLG DB 1984, 285; BGH DB 1983, 2675; *Winter* in Lutter Rn 6; *Kallmeyer* in Kallmeyer Rn 5; *Mayer* in Widmann/Mayer § 5 Rn 25 ff.; *Bayer* ZIP 1997, 1613, 1615; *Ihrig* ZHR 160 (1996) 317, 320; *Naraschewski* GmbHR 1998, 356; zum früheren Recht *Priester* in Scholz[7] § 23 KapErhG Rn 2.
[11] *Kallmeyer* in Kallmeyer Rn 5. Zur Frage, ob in diesem Fall eine Kapitalerhöhung entbehrlich ist, siehe Rn 19 ff.
[12] *Winter* in Lutter Rn 7; *Kallmeyer* in Kallmeyer Rn 6.
[13] § 54 Abs. 1 Satz 1 Nr. 2.
[14] *Mayer* in Widmann/Mayer Rn 22; *Bermel* in Goutier/Knopf/Tulloch Rn 10; *Winter* in Lutter Rn 7.

3. Fall des Abs. 1 Satz 1 Nr. 3 (übertragender Rechtsträger hält nicht voll einbezahlte Geschäftsanteile an der übernehmenden GmbH)

8 Auch wenn ein übertragender Rechtsträger nicht voll eingezahlte Geschäftsanteile an der übernehmenden Gesellschaft hält, darf in diesem Umfang **keine Kapitalerhöhung** erfolgen. Im Unterschied zu Nr. 1 und Nr. 2 liegt der Grund hierfür aber nicht in § 20 Abs. 1 Nr. 3 Satz 1, da dieser für solche Fälle keine Ausnahme von der Anteilsgewährungspflicht vorsieht. Vielmehr soll dem Verbot des Erwerbs nicht voll eingezahlter eigener Anteile des § 33 Abs. 1 GmbHG Genüge getan werden. Die Einlageforderung der übernehmenden GmbH würde durch den Erwerb der nicht voll eingezahlten Anteile seitens der übernehmenden GmbH durch Konfusion erlöschen[15]. Die übernehmende GmbH würde folglich eigene Anteile erhalten, auf welche die Einlage weder vollständig erbracht worden ist noch zukünftig erbracht werden muss. Das würde gegen § 33 Abs. 1 GmbHG verstoßen.

9 **a) Reichweite des Verbots.** Das Kapitalerhöhungsverbot des Abs. 1 Satz 1 Nr. 3 stellt nicht nur klar, dass es nicht erforderlich ist, durch eine Kapitalerhöhung neue Geschäftsanteile zu schaffen, sondern schreibt darüber hinaus auch vor, dass die vorhandenen, nicht voll eingezahlten Geschäftsanteile **zum Anteilstausch genutzt** werden müssen[16]. Durch die Verwendung dieser Anteile zum Anteilstausch kann das Erlöschen der Einlageforderung verhindert werden.

10 Da Anteilseignern des übertragenden Rechtsträgers grundsätzlich voll eingezahlte Anteile der übernehmenden Gesellschaft übertragen werden müssen, kann eine Verschmelzung in diesem Fall regelmäßig erst durchgeführt werden, wenn entweder die **rückständigen Einlagen erbracht** oder die **Anteile veräußert** worden sind[17]. Lediglich wenn bereits die Einlage für die Anteile, die ein Anteilsinhaber des übertragenden Rechtsträgers an diesem inne hatte, nicht vollständig geleistet worden sind, können ihm beim Anteilstausch insoweit die nicht voll einbezahlten Anteile gewährt werden[18]. Sonst ist eine Verschmelzung nur möglich, wenn vorher die offen stehenden Einlagen vollständig erbracht werden. Dies führt zu einem Wahlrecht gem. Abs. 1 Satz 2 Nr. 2. Auch können die nicht voll eingezahlten Anteile vor der Verschmelzung veräußert werden, wodurch wiederum eine Verpflichtung zu einer Kapitalerhöhung entsteht[19]

11 **b) Ergänzung durch § 33 Abs. 1 GmbHG?** Verfügt die übernehmende Gesellschaft bereits vor der Verschmelzung über genügend eigene Anteile, so dass eine Verschmelzung ohne Kapitalerhöhung gem. Abs. 1 Satz 2 Nr. 1 möglich wäre, geht das Kapitalerhöhungsverbot des Abs. 1 Satz 1 Nr. 3 ins Leere. Eine Verschmelzung ist aber auch in diesem Fall **erst nach Leistung der offen stehenden Einlage** bzw. Veräußerung der Anteile möglich. § 33 Abs. 1 GmbHG verbietet den Erwerb nicht voll einbezahlter eigener Anteile auch im Wege der Gesamtrechtsnachfolge, folglich auch im Wege einer Verschmelzung[20].

---

[15] *Winter* in Lutter Rn 8; *Mayer* in Widmann/Mayer Rn 24; *Stratz* in Schmitt/Hörtnagl/Stratz Rn 5; *Schilling/Zutt* in Hachenburg[7] § 23 KapErhG Rn 3; *Dehmer*[1] § 23 KapErhG Anm. 5; *Naraschewski* GmbHR 1998, 356, 357; aA für die AG *Diekmann* § 68 Rn 10.

[16] *Bermel* in Goutier/Knopf/Tulloch Rn 13; *Grunewald* in G/H/E/K § 344 AktG Rn 9.

[17] *Kallmeyer* in Kallmeyer Rn 7; *Mayer* in Widmann/Mayer Rn 7 Rn 25; *Winter* in Lutter Rn 9; *Priester* in Scholz[7] § 23 KapErhG Rn 4; *Lutter/Hommelhoff*[13] § 23 KapErhG Rn 2; *Naraschewski* GmbHR 1998, 356, 357.

[18] *Winter* in Lutter Rn 9; *Grunewald* in G/H/E/K § 346 AktG Rn 34; *dies.* in Lutter § 20 Rn 43 (mit der Beschränkung auf Verschmelzungen rechtsformidentischer Rechtsträger).

[19] *Mayer* in Widmann/Mayer Rn 25; *Winter* in Lutter Rn 9; *Kallmeyer* in Kallmeyer Rn 7; *Stratz* in Schmitt/Hörtnagl/Stratz Rn 5.

[20] *Hohner* in Hachenburg § 33 GmbHG Rn 93; *Winter* in Lutter Rn 10; *Kallmeyer* in Kallmeyer Rn 7; *Mayer* in Widmann/Mayer Rn 24; *Petersen*, Der Konzern 2004, 185, 187 f.; aA aber wohl *ders.* in Widmann/Mayer § 5 Rn 38.

III. Kapitalerhöhungswahlrecht (Abs. 1 Satz 2)

Während Abs. 1 Satz 1 eine Kapitalerhöhung bei bestimmten Verschmelzungen verbietet, gewährt Abs. 1 Satz 2 die Möglichkeit einer Verschmelzung ohne Kapitalerhöhung, falls die übernehmende Gesellschaft bereits über **ausreichend eigene Anteile** verfügt, um den Anteilsinhabern der übertragenden Rechtsträger ihre Anteile zu gewähren. Dies ist der Fall, soweit die übernehmende GmbH bereits über eigene Anteile verfügt[21] oder ein übertragender Rechtsträger voll eingezahlte Geschäftsanteile der übernehmenden GmbH besitzt[22]. Die Gesellschaft hat ggf. ein Wahlrecht, ob sie zur Durchführung der Verschmelzung ihr Stammkapital erhöht oder nicht[23].

1. Fall des Abs. 1 Satz 2 Nr. 1 (übernehmende GmbH hat eigene Anteile)

Das **Kapitalerhöhungswahlrecht** steht der GmbH zu, wenn sie zulässigerweise bereits über eigene Anteile verfügt. Die GmbH kann entweder die eigenen Anteile behalten und eine Kapitalerhöhung durchführen oder die eigenen Anteile zur Anteilsgewährung verwenden und ihr Stammkapital nicht erhöhen. Soweit die eigenen Anteile zur Gewährung an die Anteilsinhaber nicht ausreichen, muss zusätzlich eine Kapitalerhöhung durchgeführt werden[24].

2. Fall des Abs. 1 Satz 2 Nr. 2 (übertragender Rechtsträger hält voll eingezahlte Anteile an der übernehmenden GmbH)

Ein Kapitalerhöhungswahlrecht besteht auch, wenn ein **übertragender Rechtsträger** voll eingezahlte **Geschäftsanteile der übernehmenden GmbH besitzt**. Auch in diesem Fall kann die übernehmende GmbH frei wählen, ob sie diese Anteile iRd. Anteilstauschs den Anteilsinhabern des übertragenden Rechtsträgers gewährt und ihr Stammkapital nicht erhöht oder ob sie die Anteile einbehält und zum Zwecke der Anteilsgewährung eine Kapitalerhöhung durchführt. Letzteres ist jedoch wegen § 33 Abs. 1 GmbHG nur möglich, wenn die Einlagen für die Anteile voll einbezahlt sind[25].

Die Geschäftsanteile, welche die übertragenden Rechtsträger an der übernehmenden GmbH gehalten haben, gehen grundsätzlich durch die Verschmelzung gem. § 20 Abs. 1 Nr. 1 auf die übernehmende GmbH über. Sollen jedoch die übergehenden Anteile den Anteilseignern der übertragenden Rechtsträger im Zuge des Anteilstauschs gewährt werden, gehen sie auf diese über, ohne dass auf Seiten der übernehmenden GmbH ein **Durchgangserwerb** stattfindet[26].

Ein typischer Fall für den Abs. 1 Satz 2 Nr. 2 ist die Verschmelzung einer Muttergesellschaft auf ihre Tochter-GmbH *(downstream merger)*. Vor der Verschmelzung hatte die Muttergesellschaft als übertragender Rechtsträger Anteile an der übernehmenden Tochter-GmbH, die nunmehr an die Anteilseigner der Muttergesellschaft ausgegeben werden können. Eine solche Umwandlung ohne Durchführung einer Kapitalerhöhung ist auch nicht deshalb unmöglich, weil eine Keinpersonen-GmbH entstehen würde. Die Anteile

---

[21] § 54 Abs. 1 Satz 2 Nr. 1.
[22] § 54 Abs. 1 Satz 2 Nr. 2.
[23] *Mayer* in Widmann/Mayer Rn 29; so schon zum alten Recht *Schilling/Zutt* in Hachenburg[7] § 23 KapErhG Rn 6; *Priester* in Scholz[7] § 23 KapErhG Rn 5; *Zimmermann* in Rowedder[2] Anh. § 77 GmbHG Rn 403.
[24] *Stratz* in Schmitt/Hörtnagl/Stratz Rn 10; *Winter* in Lutter Rn 11.
[25] Siehe Rn 11.
[26] *Marsch-Barner* in Kallmeyer § 20 Rn 29; *Grunewald* in Lutter § 20 Rn 55; 8; *Schilling/Zutt* in Hachenburg[7] § 25 KapErhG Rn 52; *Lutter/Hommelhoff*[13] § 25 KapErhG Rn 20; aA *Zimmermann* in Rowedder[2] Anh. § 77 GmbHG Rn 402.

gehen ohne Durchgangserwerb auf die Anteilsinhaber der übertragenden Muttergesellschaft über, so dass zu keinem Zeitpunkt eine Keinpersonen-GmbH besteht[27].

3. Weitere Fälle

17 Neben den beiden ausdrücklich in Abs. 1 Satz 2 genannten gibt es weitere Fälle, in denen nach hM zur Durchführung einer Verschmelzung **keine Kapitalerhöhung erforderlich** ist.

18 **a) Gewährung von Geschäftsanteilen durch Dritte.** Stellt ein **Dritter** der übernehmenden GmbH seine Geschäftsanteile zur Gewährung an die Anteilsinhaber des übertragenden Rechtsträgers zur Verfügung, besteht ebenfalls kein Bedürfnis für eine Kapitalerhöhung[28]. Die zum alten Recht hM forderte, dass die Anteile spätestens im Moment der Verschmelzung auf eine der beteiligten Gesellschaften übertragen werden, da nur so ein Anteilserwerb gem. § 20 Abs. 1 Nr. 3 möglich sei[29]. Nach zutreffender Ansicht genügt aber auch die Vereinbarung eines Treuhandverhältnisses zwischen der Gesellschaft und dem Dritten oder die durch die Eintragung der Verschmelzung aufschiebend bedingte, **unmittelbare Übertragung** der Anteile auf die Anteilseigner des übertragenden Rechtsträgers[30]. Werden die Anteile von dem Dritten auf die Gesellschaft übertragen, muss es sich außerdem wegen § 31 Abs. 1 GmbHG um voll eingezahlte Anteile handeln und bei einem entgeltlichen Erwerb muss ausreichend freies Vermögen iSv. § 33 Abs. 2 GmbH vorhanden sein[31].

19 **b) Verzicht durch Anteilsinhaber der übertragenden Gesellschaft?** Bis zu der nunmehr erfolgen Klarstellung in Abs. 1 Satz 3 durch das Zweite Gesetz zur Änderung des Umwandlungsgesetzes war umstritten, ob die Anteilsinhaber des übertragenden Rechtsträgers auf die Gewährung von Anteilen an dem übertragenden Rechtsträger verzichten können und sich hierdurch eine Kapitalerhöhung bei dem übertragenden Rechtsträger erübrigt, oder ob die Anteilsgewährung als Wesensmerkmal der Verschmelzung unverzichtbar ist. Praktisch relevant wird diese Frage insbesondere bei der Verschmelzung **beteiligungsidentischer Schwestergesellschaften**. Da der innere Wert der Anteile des übernehmenden Rechtsträgers nach der Verschmelzung der Summe der inneren Werte der Anteile am übertragenden Rechtsträger und am übernehmenden Rechtsträger vor der Verschmelzung entspricht, ist eine Anteilsgewährung aus Sicht der Anteilsinhaber des übertragenden Rechtsträgers in diesem Fall nicht nur entbehrlich, sondern wegen der damit verbundenen Kosten und Verzögerungen des Eintragungsverfahrens regelmäßig auch unerwünscht.

20 Gleichwohl hielt die Rechtsprechung[32] zum alten Umwandlungsrecht das Erfordernis einer Kapitalerhöhung für unverzichtbar. Demgegenüber betrachtete die überwiegende Literatur[33] die Durchführung einer Kapitalerhöhung als entbehrlich. Letztere diene dazu, den

---

[27] *Winter* in Lutter Rn 14; *Mayer* in Widmann/Mayer Rn 37 ff.; *Stratz* in Schmitt/Hörtnagl/Stratz Rn 11; *Sagasser/Ködderitzsch* in Sagasser/Bula/Brünger J Rn 157.
[28] *Bermel* in Goutier/Knopf/Tulloch Rn 18; *Kallmeyer* in Kallmeyer Rn 8 b.
[29] *Priester* in Scholz[7] § 23 KapErhG Rn 6; *Schilling/Zutt* in Hachenburg[7] § 23 KapErhG Rn 10; *Lutter/Hommelhoff*[13] § 23 KapErhG Rn 3; so auch zum neuen Recht *Bermel* in Goutier/Knopf/Tulloch Rn 18.
[30] So die inzwischen hM, *Winter* in Lutter Rn 15; *Kallmeyer* in Kallmeyer Rn 8 b; *Mayer* in Widmann/Mayer Rn 28, 47.
[31] *Kallmeyer* in Kallmeyer Rn 8 b; *Bermel* in Goutier/Knopf/Tulloch Rn 18; *Schilling/Zutt* in Hachenburg[7] § 23 KapErhG Rn 10; *Priester* in Scholz[7] § 23 KapErhG Rn 6; *Petersen* S. 185; aA *Goutier/Seydel* § 23 KapErhG Rn 3 b, die nur unentgeltlichen Erwerb für zulässig halten.
[32] *OLG Hamm* DB 1988, 1538 = GmbHR 1988, 395; *BayObLG* DB 1989, 1558 = GmbHR 1990, 35; ausf. zum Ganzen *Priester* BB 1985, 363 ff.
[33] *Heckschen* DB 1989, 1560, 1561; *Krieger* ZGR 1990, 517, 522; *Priester* BB 1985, 363 ff.; *ders.* in Scholz[7] § 23 KapErhG Rn 7; *Lutter/Hommelhoff* 13 § 23 KapErhG Rn 3; *Zimmermann* in Rowedder Anh. § 77 GmbHG Rn 487; *Kraft* in Kölner Komm. § 339 AktG Rn 38; *Grunewald* in G/H/E/K § 344 AktG Rn 13; *Krieger* ZGR 1990, 522.

Anteilsinhabern des übertragenden Rechtsträgers als Gegenleistung für die Verschmelzung eine Mitgliedschaft an der übernehmenden Gesellschaft zu verschaffen. Die Anteilsgewährung stelle kein **zwingendes Wesensmerkmal** der Verschmelzung dar, sondern diene den Interessen der Anteilsinhaber und werde folgerichtig von deren privatautonomer Dispositionsbefugnis umfasst; das Bedürfnis für eine Kapitalerhöhung entfalle daher, soweit die Anteilsinhaber des übertragenden Rechtsträgers hierauf verzichteten.

Auch durch das UmwG 1994 konnte die **Frage nicht zweifelsfrei geklärt** worden. Zwar hatten Vertreter von Großunternehmen eine Lösung iSd bisher hM gefordert. Gleichwohl schloss sich die **Regierungsbegründung** der von Gläubigerschutzerwägungen getragenen Rechtsprechung zum alten Umwandlungsrecht ausdrücklich an und erklärt eine Anteilsgewährung als Gegenleistung für die Vermögensübertragung und damit einhergehend eine Kapitalerhöhung bei der übernehmenden Gesellschaft für zwingend erforderlich[34].

Die **Rechtsprechung seit Inkrafttreten des UmwG 1994** gab sich uneinheitlich. Während das *LG München*[35] das Erfordernis einer Anteilsgewährung ablehnte, hielten das *Kammergericht*[36] und (*obiter*) das *OLG Frankfurt*[37] die Durchführung einer Kapitalerhöhung bei der übernehmenden GmbH für zwingend erforderlich. Der letztgenannten Auffassung hat sich – unter Hinweis auf die eindeutige Willenskundgabe des Gesetzgebers – auch das *OLG Hamm*[38] (gleichfalls im Rahmen eines *obiter dictum*) angeschlossen. Das jüngere **Schrifttum** verfolgte keine einheitliche Linie: Die wohl hM hielt an der Ablehnung einer Pflicht zur Anteilsgewährung fest, da die Auffassung der Regierungsbegründung im Gesetz selbst keinen Niederschlag gefunden habe[39]. Demgegenüber gingen namhafte Stimmen davon aus, dass eine Kapitalerhöhungspflicht bei der Verschmelzung von Schwestergesellschaften zwar konzeptionell verfehlt sei, infolge des Gesetzestextes bzw. der bisherigen Rechtsprechung gleichwohl beachtet werden müsse[40].

Noch weitergehend verurteilte *Petersen* jeglichen Versuch, die Notwendigkeit einer Kapitalerhöhung in Abrede zu stellen: Die Gesetzesbegründung treffe insoweit eine eindeutige Aussage[41]. § 54 stelle nicht die Pflicht zur Anteilsgewährung, sondern die Pflicht zur Kapitalerhöhung in den Vordergrund, welche auch dem **Gläubigerschutz** zuzuordnen sei und kein bloßes Mittel zum Zweck der Anteilsgewährung darstelle[42]. Auch der Hinweis auf § 22 lasse keine andere Auslegung zu, da dieser nur dem individuellen Gläubigerschutz dienen würde, daneben aber noch ein institutioneller Gläubigerschutz – hier durch eine Kapitalerhöhungspflicht in § 54 gewährleistet – erforderlich sei. Eine analoge Anwendung des § 225 Abs. 2 AktG sei mangels planwidriger Gesetzeslücke unzulässig[43].

Mit Einfügung des neuen Abs. 1 Satz 3 durch das Zweite Gesetz zur Änderung des Umwandlungsgesetzes hat sich **der Gesetzgeber der bislang hM im Schrifttum angeschlos-**

---

[34] RegBegr. *Ganske* S. 103. Zu beachten ist indes der durch das zweite Gesetz zur Änderung des Umwandlungsgesetzes neu eingefügte § 51 Abs. 1 Satz 3, durch den sich der Gesetzgeber der wohl hM im Schrifttum angeschlossen haben dürfte. Vgl. hierzu die Ausführungen unter Rn 2.
[35] *LG München* GmbHR 1999, 36 = BB 1998, 2331.
[36] *KG* DB 1998, 2511 ff. = NJW-RR 1999, 186.
[37] *OLG Frankfurt* ZIP 1998, 1191 = NJW-RR 1999, 185.
[38] *OLG Hamm* ZIP 2005, 662 = GmbHR 2004, 1533.
[39] *Winter* in Lutter Rn 16 ff.; *ders.*, FS Lutter, S. 1281 ff.; *Kallmeyer* in Kallmeyer Rn 10; *Marsch-Barner* in Kallmeyer Rn 10; *Stratz* in Schmitt/Hörtnagl/Stratz Rn 13; *Baumann* BB 1998, 2321, 2322; *Bayer* ZIP 1997, 1613, 1615; *Ihrig* ZHR 160 (1996) 317, 318 ff.; *Knott* DB 1996, 2423, 2424; *Naraschewski* GmbHR 1998, 356, 357; *Trölitzsch* DStR 1999, 764, 767; *Maier-Raimer* GmbHR 2004, 1128.
[40] *Lutter/Drygala* in Lutter § 5 Rn 9; *Mayer* in: Widmann/Mayer § 5 Rn 41 ff.; *Kowalski* GmbHR 1996, 158, 159; *Schwedhelm* S. 209; *Bermel* in Goutier/Knopf/Tulloch Rn 7; *Sagasser/Ködderitzsch* in Sagasser/Bula/Brünger J Rn 159; *Picot/Müller-Eising* in Picot Teil II Rn 288; iE wohl auch *Grunewald* in Lutter Umwandlungsrechtstage S. 19, 53.
[41] *Petersen* S. 190 ff.
[42] *Petersen* S. 215, 216.
[43] *Petersen* S. 195 ff.

sen. Abs. 1 Satz 3 stellt klar, dass eine Ausnahme von der allgemeinen Anteilsgewährpflicht nach § 2 zulässig ist, wenn alle Anteilsinhaber einen übertragenden Rechtsträgers, denen Anteile zu gewähren wären, in notariell beurkundeter Form darauf verzichten. Der vorstehend dargelegte Meinungsstreit hat sich damit erledigt[44]. Diese Neuregelung ist in dogmatischer wie in praktischer Hinsicht zu begrüßen. Zweck der Kapitalerhöhung ist allein die Zurverfügungstellung der an die Anteilsinhaber des übertragenden Rechtsträgers auszugebenden Geschäftsanteile. Wo der Anteiltausch infolge eines Verzichts der Anteilsinhaber entbehrlich ist, entfällt auch die Notwendigkeit einer Kapitalerhöhung[45]. Der bei Durchführung der Verschmelzung gebotene Gläubigerschutz wird nach der Konzeption des UmwG nicht durch eine zwingende Pflicht zur Anteilsgewährung, sondern vielmehr durch den Anspruch auf Sicherheitsleistung gem. § 22 gewährleistet[46]. Die Unstimmigkeit der von der Gesetzesbegründung des UmwG 1994 vertretenen Auffassung wird besonders deutlich, wenn man sich vor Augen hält, mit welch einfachen Mitteln das Erfordernis einer Kapitalerhöhung vermieden werden kann: Wird die Beteiligung an der einen Gesellschaft zunächst in die andere eingebracht und sodann die zur Tochter gewordene bisherige Schwestergesellschaft mit ihrer neuen Muttergesellschaft verschmolzen, so hat dies gem. § 54 Abs. 1 Nr. 1 zur Folge, dass die vor dieser Einbringung aus Gründen des Gläubigerschutzes angeblich zwingend notwendige Kapitalerhöhung nunmehr aus Gründen des Kapitalschutzes und der Kapitalerhaltung unzulässig ist[47].

25 Die in Abs. 1 Satz 3 getroffene Klarstellung, wonach ein Verzicht auf die Anteilsgewährung durch die Anteilsinhaber der übertragenden Gesellschaft zulässig ist, kann die Durchführung von Konzernverschmelzungen **in praxi erheblich vereinfachen** und ist daher sehr zu begrüßen[48].

26 Hielt man eine Kapitalerhöhung trotz Verzichts aller Anteilsinhaber des übertragenden Rechtsträgers für erforderlich, so stellte sich bislang regelmäßig die Folgefrage, ob zur Erfüllung dieser Pflicht jede auch nur geringfügige Kapitalerhöhung ausreichend ist, oder ob die Erhöhung **mindestens um den Betrag des Stammkapitals des übertragenden Rechtsträger** erfolgen muss. Nach Klarstellung der Zulässigkeit eines Verzichts auf die Anteilsgewährung durch Abs. 1 Satz 3 hat diese Frage nunmehr an Bedeutung verloren. In bestimmten Fällen kann die Frage nach dem Mindestumfang des Kapitalerhöhungsbetrags indes auch künftig relevant werden. Namentlich *Petersen* hat sich wiederholt entschieden dafür ausgesprochen, dass das gezeichnete Kapital des übernehmenden Rechtsträgers zwingend mindestens um den Nennbetrag des gezeichneten Kapitals des übertragenden Rechtsträgers erhöht werden müsse, so dass das Garantiekapital des übernehmenden Rechtsträgers nach Durchführung der Kapitalerhöhung zur Verschmelzung die **Summe** des Grundkapitals bzw. Stammkapitals von übertragendem und übernehmendem Rechtsträger erreiche[49].

27 Die hM im Schrifttum ist dieser Auffassung zu Recht entgegengetreten[50]. Der **Mindestumfang des Kapitalerhöhungsbetrages** ist weder im Gesetz geregelt noch verhält sich die

---

[44] BGBl. I 2007 S. 542; zum RefE vgl. etwa *Kiem* WM 2006, 1091; *Müller* NZG 2006, 286; *Neye/Timm* DB 2006, 488; *Drinhausen/Keinath* BB 2006, 725; *Forsthoff* DStR 2006, 613; *Haritz/v. Wolf* GmbHR 2006, 340; zum RegE *Drinhausen* BB 2006, 2313.

[45] Vgl. *Winter* in Lutter Rn 18.

[46] *Winter* in Lutter Rn 18; *Ihrig* ZHR 160 (1996) 333 ff.; *Knott* DB 1996, 2425.

[47] *Heckschen/Simon* § 3 Rn 32; *Naraschewski* GmbHR 1998, 356; *Knott* DB 1996, 2423; *Winter* in Lutter Rn 18.

[48] *Petersen* S. 116 ff., seine Begründung für die unterschiedliche Gewichtung der Regierungsbegründung auf S. 191 f. reicht mE hierfür nicht aus.

[49] *Petersen* S. 206 ff.; *ders.* GmbHR 2004, 728 ff.; vgl. auch *Priester* DNotZ 1995, 441.

[50] *Winter* in Lutter Rn 21 f.; *ders.*, FS Lutter, S. 1283 f.; *Lutter*, FS Wiedemann, S. 1097, 1103 f.; *Mayer* in Widmann/Mayer § 5 Rn 46 ff.; *Kallmeyer* in Kallmeyer Rn 11; *Stratz* in Schmitt/Hörtnagl/Stratz § 2 Rn 22; *Maier-Reimer* GmbHR 2004, 1128; *Kowalski* GmbHR 1996, 158, 161; *Ihrig* ZHR 160 (1996) 317, 320; *Limmer* Rn 254, 271; *ders.*, FS Schippel, 1996, S. 415; *Tillmann* GmbHR 2003, 740, 743 ff.

Regierungsbegründung zu dieser Frage. Auch die instanzgerichtliche Rechtsprechung hat sich – soweit sie eine Kapitalerhöhung überhaupt für erforderlich hält – bislang nicht zum notwendigen Maß derselben geäußert[51]. Der von *Petersen* für den Fall einer das Nominalkapital des übertragenden Rechtsträgers unterschreitenden Kapitalerhöhung erhobene Vorwurf einer „Umgehung des gesetzlichen Gläubigerschutzes" erweist sich bereits aus diesem Grund als haltlos[52].

Nicht nur, dass der von *Petersen* postulierte **Summengrundsatz** im geltenden UmwG auch bei großzügiger Auslegung keine Stütze findet, ist er mit Text und Telos der umwandlungsrechtlichen Regelung schlechthin unvereinbar. Maßgeblich für die Bemessung des Kapitalerhöhungsbetrags ist nach der gesetzlichen Systematik nicht der Nennbetrag des gebundenen Kapitals des übertragenden Rechtsträgers, sondern das aus **den Unternehmenswerten der beteiligten Rechtsträger entwickelte Umtauschverhältnis**[53]. Auch die von *Petersen* wiederholt angeführte Entscheidung des BayObLG berechnet – obiter – das Maß der erforderlichen Kapitalerhöhung allein nach der Verschmelzungswertrelation und kommt dabei, je nach dem gewählten Zahlenbeispiel, zu Erhöhungsbeträgen, die zum Teil deutlich unter der Stammkapitalziffer des übertragenden Rechtsträgers, zum Teil deutlich darüber und teilweise auch über dem Wert des übertragenden Rechtsträgers liegen[54].

Ist das Verhältnis von Unternehmenswert zum Nennkapital bei dem übertragenden Rechtsträger niedriger als beim übernehmenden Rechtsträger, würde die Erhöhung um den Betrag des Nennkapitals des übertragenden Rechtsträgers mehr Anteile schaffen als zur Gewährung eines angemessenen Umtauschverhältnisses an die Anteilseigner des übertragenden Rechtsträgers erforderlich sind[55]. In diesen Fällen will *Petersen* die gebotene „wertproportionale Anteilsgewährung" dadurch sicherstellen, dass die *„überschüssigen Anteile ganz einfach an die Gesellschafter bzw. Anteilseigner des übernehmenden und übertragenden Rechtsträgers"* verteilt werden[56]. Indes ist ein solcher Weg nicht gangbar. Er verstößt gegen den allgemein anerkannten Grundsatz, dass die Kapitalerhöhung zur Durchführung der Verschmelzung keinesfalls dazu benutzt werden darf, auch den Gesellschaftern der übernehmenden GmbH zu einer Erhöhung ihres Anteilsbesitzes zu verhelfen, und dass der Nennbetrag der verschmelzungsdurchführenden Kapitalerhöhung den Nennbetrag der den Anteilsinhabern des übertragenden Rechtsträgers zu gewährenden Anteile keinesfalls überschreiten darf[57]. Die von *Petersen* vorgeschlagene Lösung ist daher nicht „einfach", sondern unzulässig[58].

Das Postulat der zwingenden Identität des Kapitalerhöhungsbetrags bei der übernehmenden GmbH mit dem Nominalkapital des übertragenden Rechtsträgers kann auch nicht *praeter legem* aus Aspekten des Gläubigerschutzes entwickelt werden[59]. Der gebotene Gläubigerschutz wird nach der Konzeption des UmwG weder durch eine Kapitalerhöhungspflicht noch durch Festschreibung eines Mindesterhöhungsbetrags verwirklicht, sondern auf anderem Wege, nämlich durch den Anspruch der Gläubiger auf Sicherheitsleistung gem. § 22 gewährleistet[60].

---

[51] *OLG Frankfurt* ZIP 1998, 1191 = NJW-RR 1999, 185; *KG* GmbHR 1998, 1230; *OLG Hamm* ZIP 2005, 662 = GmbHR 2004, 1533.
[52] So auch *Winter* in Lutter Rn 21; *Mayer* in Widmann/Mayer § 5 Rn 46; *Maier-Reimer* GmbHR 2004, 1128, 1130.
[53] *Winter* in Lutter Rn 21; *Mayer* in Widmann/Mayer § 5 Rn 46; *Maier-Reimer* GmbHR 2004, 1128, 1130.
[54] *BayObLG* DB 1989, 1558 = GmbHR 1990, 35.
[55] *Maier-Reimer* GmbHR 2004, 1128, 1130.
[56] *Petersen* GmbHR 2004, 728, 729.
[57] *Winter* in Lutter Rn 21 a.
[58] So zutreffend *Maier-Reimer* GmbHR 2004, 1128, 1130.
[59] *Mayer-Reimer* GmbHR 2004, 1128, 1130.
[60] *Mayer* in Widmann/Mayer § 5 Rn 55; *Mayer-Reimer* GmbHR 2004, 1128, 1131.

31 Schließlich hätte die Annahme eines Mindesterhöhungsbetrags zur Folge, dass eine Gesellschaft mit Unterbilanz und ohne stille Reserven überhaupt nicht mehr als übertragender Rechtsträger an einer Verschmelzung beteiligt werden könnte, weil das Vermögen dieser Gesellschaft nicht mehr den Nennwert der erforderlichen Kapitalerhöhung beim übertragenden Rechtsträger erreichen würde[61]. Die hieraus Folgende nachhaltige Einschränkung der Möglichkeit von Verschmelzungen ist vom Gesetzgeber nicht gewollt.

32 Der Erhöhungsbetrag kann daher nach zutreffender hM von den beteiligten Rechtsträgern **nach freiem Ermessen** festgelegt werden[62]. Ein ausreichendes Korrektiv erfolgt durch die Gläubigerschutzregeln der §§ 22, 25, 26.

IV. Entsprechende Anwendung auf von Dritten gehaltene Anteile (Abs. 2)

1. Treuhandverhältnisse

33 Abs. 2 der Norm erweitert den Geltungsbereich des Abs. 1 u. a. auf die Fälle, in denen zwar ein Dritter rechtlicher Inhaber der Anteile ist, diese aber für Rechnung eines an der Verschmelzung beteiligten Rechtsträgers hält, so dass wirtschaftlich eine mit den in Abs. 1 geregelten Fällen vergleichbare Situation gegeben ist. Für Rechnung einer Gesellschaft handelt, wer als **Treuhänder oder mittelbarer Stellvertreter** anzusehen ist[63]. Folglich besteht auch dann ein Kapitalerhöhungsverbot, wenn der Dritte als Treuhänder für die übernehmende GmbH Anteile eines übertragenden Rechtsträgers hält[64], bzw. ein Wahlrecht, wenn der Dritte Anteile der übernehmenden GmbH treuhänderisch für diese hält[65]. Ebenso besteht ein Kapitalerhöhungsverbot, wenn der Dritte für Rechnung eines übertragenden Rechtsträgers Anteile dieses Rechtsträgers[66] oder aber Anteile der übernehmenden GmbH, auf welche die Einlage nicht in voller Höhe erbracht ist[67], inne hat. Wurde im letzten Fall die Einlage vollständig erbracht, besteht auch im Fall eines Treuhandverhältnisses ein Kapitalerhöhungswahlrecht[68].

2. Keine Anwendung auf abhängige Unternehmen und gemeinschaftliche Anteile

34 § 71 d AktG, der ebenfalls den Erwerb von Aktien durch Dritte in bestimmten Fällen dem Erwerb der Aktien durch die Gesellschaft selber gleichstellt, bezieht u. a. auch **abhängige Unternehmen** ausdrücklich mit ein. Demgegenüber hat der Gesetzgeber in § 54 Abs. 2 weder abhängige noch im Mehrheitsbesitz eines an der Verschmelzung beteiligten Rechtsträgers stehende Unternehmen aufgeführt. Folglich ist davon auszugehen, dass Abs. 2 auf solche Unternehmen nicht anwendbar ist[69].

---

[61] *Winter* in Lutter Rn 21.
[62] *Winter* in Lutter Rn 21 f.; *ders.*, FS Lutter, S. 1279, 1283 f.; *Lutter*, FS Wiedemann, 1097, 1103 f.; *Mayer* in Widmann/Mayer § 5 Rn 46 ff.; *Kallmeyer* in Kallmeyer Rn 11; *Stratz* in Schmitt/Hörtnagl/Stratz § 2 Rn 22; *Maier-Reimer* GmbHR 2004, 1128; *Kowalski* GmbHR 1996, 158, 161; *Ihrig* ZHR 160 (1996) 317, 320; *Limmer* Rn 254, 271; *ders.*, FS Schippel, 1996, S. 415; *Tillmann* GmbHR 2003, 740, 743 ff.
[63] *Stratz* in Schmitt/Hörtnagl/Stratz Rn 12 mwN; zu § 344 AktG aF *Grunewald* in G/H/E/K § 344 AktG Rn 5; vgl. auch *Hüffer* § 71 a AktG Rn 7.
[64] § 54 Abs. 1 Satz 1 Nr. 1.
[65] § 54 Abs. 1 Satz 2 Nr. 1.
[66] § 54 Abs. 1 Satz 1 Nr. 2.
[67] § 54 Abs. 1 Satz 1 Nr. 3.
[68] § 54 Abs. 1 Satz 2 Nr. 2.
[69] *Winter* in Lutter Rn 23; *Stratz* in Schmitt/Hörtnagl/Stratz Rn 12; *Mayer* in Widmann/Mayer Rn 70; *Grunewald* in G/H/E/K § 344 AktG Rn 5.

Gleichwohl wollte die bislang hM im Schrifttum 100%-ige Tochtergesellschaften in den 35
Anwendungsbereich des § 54 Abs. 2 einbeziehen, um auf diesem Weg eine Verschmelzung
einer Enkelgesellschaft auf die Muttergesellschaft ohne Kapitalerhöhung zu ermöglichen[70].
Diese Auffassung hat in jüngerer Zeit zu Recht Kritik erfahren[71]. In der Tat passt der Analogieschluss schon deswegen nicht, weil § 54 Abs. 2 lediglich solche Fälle erfasst, in denen
zwar ein Dritter rechtlicher Inhaber der Anteile ist, diese aber für Rechnung eines an der
Verschmelzung beteiligten Rechtsträgers hält, wohingegen auch die 100%-ige Tochtergesellschaft ihr Anteilsvermögen im eigenen Namen für eigene Rechnung hält[72]. Auch widerspräche ein Analogieschluss dem Willen des Gesetzgebers, der abhängige oder im Mehrheitsbesitz stehende Unternehmen gerade nicht in den Anwendungsbereich des § 54 Abs. 2
einbeziehen wollte. Da das UmwG mithin weder ein Verbot der Anteilsgewährung noch
ein Verbot der Kapitalerhöhung anordnet, bleibe es im Umkehrschluss auch für den Fall
der 100%-igen Tochtergesellschaft – unter Aufgabe der in der Vorauflage vertretenen Auffassung – beim Grundsatz der Anteilsgewährpflicht[73].

Ebenfalls keine Anwendung findet Abs. 2 bei **gemeinschaftlichen Anteilen** iSv. § 18 36
GmbHG, da ebenfalls ein schutzbedürftiges Interesse der Mitberechtigten besteht[74].

V. Sonderregelungen über Stückelung und Teilung vorhandener Geschäftsanteile (Abs. 3)

Wie bereits dargelegt, soll das Kapitalerhöhungswahlrecht[75] u. a. den Abbau bereits vor- 37
handener eigener Anteile fördern, indem es ermöglicht, diese Anteile an die Anteilsinhaber
des übertragenden Rechtsträgers zu gewähren. Um dieses Ziel zu erreichen, enthält Abs. 3
Satz 1 verschiedene Regelungen, welche die **Durchführung der Anteilsgewährung** erleichtern, falls von der Möglichkeit einer Verschmelzung ohne Kapitalerhöhung[76] Gebrauch gemacht wird. Enthält die Satzung Bestimmungen, die eine Teilung der Geschäftsanteile
der übernehmenden GmbH ausschließen oder erschweren, wie sie nach § 17 Abs. 6 Satz 2
GmbHG möglich sind, finden diese keine Anwendung. Gleiches gilt für Regelungen, die nur
mittelbar eine Teilungserschwerung darstellen, wie zB Vorerwerbsrechte von Gesellschaftern
der übernehmenden Gesellschaft, soweit diese eigene Anteile erfassen[77]. Auch § 17 Abs. 5
GmbHG, der die gleichzeitige Gewährung mehrerer Anteile an denselben Erwerber untersagt, wird von Abs. 3 Satz 1 verdrängt, da jedem Anteilsinhaber eines übertragenden Rechtsträgers, der an diesem mehrere Geschäftsanteile inne hat, die gleiche Anzahl Anteile an dem
übernehmenden Rechtsträger zu gewähren ist[78]. Die Frage der Anwendung der §§ 17 Abs. 1

---

[70] Vgl. Voraufl. § 54 Rn 26. Ebenso *Grunewald* in Lutter[2] § 20 Rn 60; *Winter* in Lutter[2] Rn 23; offen gelassen von *Stratz* in Schmitt/Hörtnagl/Stratz Rn 12.
[71] *Winter* in Lutter Rn 32 a; *Grunewald* in Lutter § 20 Rn 62; *Mayer* in Widmann/Mayer § 5 Rn 56.
[72] *Winter* in Lutter Rn 23 a.
[73] *Winter* in Lutter Rn 23 a; siehe auch *Mayer* in Widmann/Mayer Rn § 5 Rn 56, der zutreffend darauf hinweist, dass die umwandlungsrechtlichen Vorgaben insoweit zu einer Ausnahme von dem allgemeinen Grundsatz zwingen, wonach die Tochtergesellschaft bei ihrer Mutter keine Anteile aus Kapitalerhöhung übernehmen darf.
[74] *Mayer* in Widmann/Mayer Rn 15 f.; *Winter* in Lutter Rn 24; *Priester* in Scholz[7] § 23 KapErhG Rn 1; *Lutter/Hommelhoff*[13] § 23 KapErhG Rn 2; *Schilling/Zutt* in Hachenburg[7] § 23 KapErhG Rn 2.
[75] § 54 Abs. 1 Satz 2.
[76] Gem. § 54 Abs. 1 Satz 2.
[77] *Bermel* in Goutier/Knopf/Tulloch Rn 19; *Winter* in Lutter Rn 26; *Schilling/Zutt* in Hachenburg[7] § 23 KapErhG Rn 8; *Zimmermann* in Rowedder[2] Anh. § 77 GmbHG Rn 414; *Priester* in Scholz[7] § 23 KapErhG Rn 8.
[78] *Stratz* in Schmitt/Hörtnagl/Stratz Rn 15; *Priester* in Scholz[7] § 23 KapErhG Rn 9; *Schilling/Zutt* in Hachenburg[7] § 23 KapErhG Rn 9.

bis 3 GmbHG ist demgegenüber ohne praktische Bedeutung, da der Zustimmungsbeschluss gem. § 50 ohnehin die geforderte Genehmigung der Gesellschaft sowie eventuell bestehender statutarischer Zustimmungserfordernisse beinhaltet[79].

38 Darüber hinaus ermöglicht Abs. 3 Satz 1 ebenso wie §§ 46 Abs. 1, 55 Abs. 1[80] die Bildung kleinerer Anteile als sie gem. § 5 Abs. 1 2. Halbs., Abs. 3 Satz 1 GmbHG möglich wären. Der Mindestnennbetrag der einzelnen Anteile muss nicht € 100 sondern nur € 50 betragen, anstelle einer Teilbarkeit durch 50 genügt eine Teilbarkeit durch 10. Bei Verschmelzungen, die nach dem 31.12.2001 zur Eintragung in das Handelsregister angemeldet wurden, sind die durch das Euro-Einführungsgesetz novellierten Bestimmungen über die Stückelung und Teilbarkeit der an die Anteilsinhaber der übertragenen Rechtsträger auszugebenden vorhandenen Anteile zwingend zu beachten[81]. Insbesondere ist im Zuge der Verschmelzung regelmäßig auch dann die Euro-Umstellung des Stammkapitals der übernehmenden GmbH und die Glättung der Nennbeträge der Geschäftsanteile erforderlich, wenn eine Kapitalerhöhung unterbleibt[82].

39 Abs. 3 Satz 2 stellt klar, dass die Teilungs- und Stückelungserleichterungen des Abs. 3 Satz 1 auch dann gelten, wenn ein **Dritter treuhänderisch Anteile** für eine beteiligte Gesellschaft hält und folglich Abs. 2 eingreift. Stellt ein Dritter seine Anteile zur Anteilsgewährung zur Verfügung[83], findet Abs. 3 Satz 1 ebenfalls Anwendung[84].

VI. Bare Zuzahlungen (Abs. 4)

1. Unmittelbarer Anwendungsbereich

40 Bei einer Verschmelzung durch Aufnahme sind jedem Anteilsinhaber eines übertragenden Rechtsträgers grundsätzlich Anteile an der übernehmenden GmbH zu gewähren. Daneben sind aber auch bare Zuzahlungen zulässig und auch erforderlich, um **Spitzenbeträge,** die entstehen, falls einem Anteilseigner wegen der Beachtung des Mindestnennbetrags nicht in vollem Umfang seiner früheren Beteiligung Geschäftsanteile zugeteilt werden können, auszugleichen[85]. Bare Zuzahlungen dienen aber nicht nur zum Ausgleich von Spitzenbeträgen, sondern auch zu anderen Zwecken, wenn dies unter den Anteilseignern vereinbart worden ist und der Gleichbehandlungsgrundsatz beachtet wird[86].

41 Bare Zuzahlungen sind dabei nicht nur zulässig, wenn die Anteilsgewährung gem. Abs. 1 durch vorhandene Anteile erfolgt, sondern auch im Fall einer **Kapitalerhöhung**[87]. Daraus, dass § 56 den Abs. 4 nicht ausdrücklich für unanwendbar erklärt, ergibt sich zudem, dass dieser, anders als die Abs. 1 bis 3, auch bei einer Verschmelzung durch Neugründung anwendbar ist.

---

[79] *Winter* in Lutter Rn 27; *Mayer* in Widmann/Mayer Rn 34; *Lutter/Hommelhoff*[13] § 23 KapErhG Rn 4.

[80] Siehe § 46 Rn 7 und § 55 Rn 16.

[81] Bei einer Anmeldung der Verschmelzung vor dem 31. 12. 2001 konnten, wenn die Gesellschaft ihr Kapital noch nicht auf Euro umgestellt hatte, auch noch Anteile ausgegeben werden, die auf DM lauteten und für die dann die bis zum 31. 12. 1998 geltende Gesetzesfassung maßgeblich war; vgl. *Neye* DB 1998, 1649, 1655.

[82] *Winter* in Lutter Rn 28

[83] Siehe Rn 18.

[84] *Winter* in Lutter Rn 28; *Schilling/Zutt* in Hachenburg[7] § 23 KapErhG Rn 11.

[85] *Kallmeyer* in Kallmeyer Rn 12; *Winter* in Lutter Rn 29; *Schilling/Zutt* in Hachenburg[7] § 21 KapErhG Rn 21.

[86] *Priester* in Scholz[7] § 23 KapErhG Rn 10; *Lutter/Hommelhoff*[13] § 23 KapErhG Rn 5; *Zimmermann* in Rowedder[7] Anh. § 77 GmbHG Rn 414.

[87] *Stratz* in Schmitt/Hörtnagl/Stratz Rn 16; *Mayer* in Widmann/Mayer Rn 55; *Kallmeyer* in Kallmeyer Rn 12; *Winter* in Lutter Rn 30.

Zulässig sind ausschließlich bare Zuzahlungen, nicht auch **Sachleistungen** oder die Gewährung eines **Darlehens**[88]. Die Höhe der Zuzahlungen wird auf höchstens 10% des Gesamtnennbetrags aller von der übernehmenden GmbH an die Anteilsinhaber der übertragenden Rechtsträger gewährten Anteile begrenzt. Maßgebend sind dabei nur die Geschäftsanteile – unabhängig davon, ob es durch eine Kapitalerhöhung geschaffene oder bereits vorhandene sind –, welche tatsächlich zur Anteilsgewährung verwendet werden[89]. Die Beschränkung auf 10% der gewährten Geschäftsanteile gilt jedoch nur für bare Zuzahlungen, die bereits im Verschmelzungsvertrag festgesetzt worden sind, nicht auch für spätere Erhöhungen oder Neufestsetzungen durch ein Gericht im Spruchverfahren gem. § 15[90]. Auch für Barabfindungen gem. § 29 gilt die Begrenzung nicht, obwohl diese Zahlungen ihre Grundlage im Verschmelzungsvertrag finden[91]. 42

In keinem Fall dürfen bare Zuzahlungen gewährt werden, wenn der Wert des übertragenden Unternehmens nur dem Gesamtnennbetrag der hierfür gewährten Anteile entspricht. Gleiches gilt, wenn die bare Zuzahlung höher ist als die Differenz zwischen dem **Unternehmenswert** und dem Gesamtnennbetrag. In beiden Fällen würde es nämlich zu einer verdeckten Unterpari-Emission kommen[92]. 43

2. Behandlung von Splitterbeteiligungen

Grundsätzlich sind bare Zahlungen nur als Zuzahlung neben der Gewährung von Geschäftsanteilen zulässig. Problematisch wird dieser Grundsatz, wenn eine Anteilsgewährung wegen den Bestimmungen über den gesetzlichen Mindestnennbetrag nicht möglich ist, weil die Beteiligung eines Anteilseigners so gering ist, dass er nicht einmal einen Anteil in Höhe des Mindestnennbetrags erhalten würde. Die hM zum alten Recht[93] hielt in diesem Fall eine Verschmelzung gegen den Willen dieses Anteilsinhabers für unzulässig, da eine Anteilsgewährung zum Wesen der Verschmelzung gehöre. Das Ausscheiden eines Anteilsinhabers gegen eine Barabfindung sei hiermit nicht vereinbar. Die Inhaber von solchen **Splitterbeteiligungen** hatten folglich im Fall einer Verschmelzung ein **Vetorecht**, es sei denn, ihre Beteiligung konnte durch Bildung gemeinsamer Anteile gem. § 18 GmbHG erfolgen. 44

Nach geltendem Recht wird mittlerweile die Möglichkeit einer derartigen **Ausbezahlung** bei Inhabern von Kleinstbeteiligungen ganz überwiegend für möglich gehalten[94]. Zwar soll grundsätzlich jeder Anteilsinhaber einen Anspruch auf Gewährung von Geschäftsanteilen haben; dies gilt jedoch nicht, wenn seine Beteiligung an dem übertragenden Rechtsträger so gering ist, dass er trotz der Stückelungserleichterungen des UmwG nicht einmal einen Anteil an der übernehmenden GmbH erhalten würde. Dem ist zuzustimmen, da sonst Verschmelzungen entgegen der Intention des Gesetzgebers übermäßig erschwert würden[95]. 45

---

[88] *Winter* in Lutter Rn 31; *Mayer* in Widmann/Mayer Rn 64; vgl. auch *Mayer* DB 1995, 861, 863.
[89] *Schilling/Zutt* in Hachenburg[7] § 23 KapErhG Rn 15; *Priester* in Scholz[7] § 23 KapErhG Rn 10.
[90] RegBegr. *Ganske* S. 103; *Stratz* in Schmitt/Hörtnagl/Stratz Rn 18; *Kallmeyer* in Kallmeyer Rn 13.
[91] *Winter* in Lutter Rn 32; *Bermel* in Goutier/Knopf/Tulloch Rn 22.
[92] *Mayer* in Widmann/Mayer Rn 66; *Stratz* in Schmitt/Hörtnagl/Stratz Rn 19; *Bermel* in Goutier/Knopf/Tulloch Rn 26; *Winter* in Lutter Rn 35.
[93] *Schilling/Zutt* in Hachenburg[7] § 23 KapErhG Rn 14; *Lutter/Hommelhoff*[13] § 23 KapErhG Rn 5; *Priester* in Scholz[7] § 23 KapErhG Rn 12; *Zimmermann* in Rowedder[2] Anh. § 77 GmbHG Rn 414; aA bereits zum alten Recht *Grunewald* in G/H/E/K § 344 AktG Rn 16.
[94] *Winter* in Lutter Rn 37; *ders.* in Lutter Umwandlungsrechtstage S. 19, 48 ff.; *ders.*, FS Lutter, S. 1279, 1289; *Kallmeyer* in Kallmeyer § 46 Rn 3 a, § 54 Rn 12; *Heckschen* in Widmann/Mayer § 13 Rn 194 ff.; so jetzt auch *Stratz* in Schmitt/Hörtnagl/Stratz Rn 17 unter ausdrücklicher Aufgabe der noch gegenteiligen Ansicht in der Vorauflage (*Dehmer*[1] Rn 17); aA *Schöne* S. 140 ff.; offenbar auch *Bermel* in Goutier/Knopf/Tulloch Rn 25, der aber unter § 46 Rn 12 ein Ausscheiden gegen Barabfindung gem. § 29 für möglich hält.
[95] RegBegr. *Ganske* S. 60, 61; siehe auch § 51 Rn 27.

VII. Beschlussmängel

1. Verstoß gegen Kapitalerhöhungsverbote

46 Besteht ein Kapitalerhöhungsverbot gem. Abs. 1 Satz 1, Abs. 2 und wird dennoch eine Kapitalerhöhung durchgeführt, ist der Kapitalerhöhungsbeschluss **nichtig**[96]. Hierbei bedarf es zwischen den einzelnen Kapitalerhöhungsverboten des Abs. 1 Satz 1 keiner Unterscheidung[97]. Auch der Verweis auf § 241 Nr. 3 AktG führt zu keiner anderen Bewertung: Nach dieser Vorschrift ist ein Beschluss nichtig, wenn er gegen Vorschriften verstößt, die dem Gläubigerschutz oder dem öffentlichen Interesse dienen. Unstreitig dient Abs. 1 Satz 1 Nr. 3 dem Gläubigerschutz. Er soll die gem. § 33 Abs. 1 GmbHG unzulässige Entstehung nicht voll eingezahlter eigener Anteile verhindern, da anderenfalls die Einlageforderung durch Konfusion erlöschen würde. Aber auch Abs. 1 Satz 1 Nr. 1 und Nr. 2 dienen dem Gläubigerschutz insofern, als sie eine ordnungsgemäße Kapitalaufbringung und Kapitalerhaltung sicherstellen[98].

47 Grundsätzlich gilt, dass im Fall eines Verstoßes gegen § 54 weder die Kapitalerhöhung noch die Verschmelzung vom Registergericht eingetragen werden darf[99]. Werden Verschmelzung und Kapitalerhöhung eingetragen, obwohl sie wegen Verstoßes gegen § 54 nicht hätten eingetragen werden dürfen, führt dies zu einer **Heilung** des Verschmelzungs- und des Kapitalerhöhungsvorgangs[100]. Die GmbH erwirbt folglich eigene Anteile aus der Kapitalerhöhung. Für den vergleichbaren Fall des § 56 Abs. 2 AktG, der auf die GmbH analog anzuwenden ist, besteht eine Verpflichtung zur unmittelbaren Veräußerung der eigenen Aktien analog § 71 c iVm. § 71 d Satz 2, 4[101]. Gleiches muss bei einer unzulässigen, aber wirksamen Kapitalerhöhung im Rahmen einer Verschmelzung gelten. Für die eigenen Anteile besteht daher eine unverzügliche Veräußerungspflicht[102].

48 Maßgeblicher Zeitpunkt für die Zulässigkeit einer Kapitalerhöhung ist dabei der **Zeitpunkt der Beschlussfassung** über die Kapitalerhöhung. Entfallen nachträglich aber die Voraussetzungen des Kapitalerhöhungsverbots, ist eine Eintragung vorzunehmen. Treten diese Voraussetzungen nachträglich ein, muss sie unterbleiben[103].

2. Anfechtbarkeit im Fall des Verstoßes gegen Abs. 3

49 Die Festsetzung des Nennbetrags der Geschäftsanteile erfolgt gem. § 46 Abs. 1 im Verschmelzungsvertrag. Verstößt diese Bestimmung gegen die Regelungen über den Mindestnennbetrag (€ 50) oder die Teilbarkeit (durch 10) in Abs. 3 Satz 1, ist sie nichtig[104] und der Zustimmungsbeschluss zum Verschmelzungsvertrag wird **anfechtbar**. Die Verschmelzung darf nicht eingetragen werden. Erfolgt die Eintragung dennoch, wird der Mangel geheilt[105].

---

[96] *Stratz* in Schmitt/Hörtnagl/Stratz Rn 22; *Winter* in Lutter Rn 39.
[97] So aber *Mayer* in Widmann/Mayer Rn 73; *Stratz* in Schmitt/Hörtnagl/Stratz Rn 23; *Priester* in Scholz[7] § 23 KapErhG Rn 14; *Schilling/Zutt* in Hachenburg[7] § 23 KapErhG Rn 17.
[98] Wie hier *Winter* in Lutter Rn 39.
[99] *Mayer* in Widmann/Mayer Rn 71; *Lutter/Hommelhoff*[13] § 23 KapErhG Rn 6.
[100] *Mayer* in Widmann/Mayer Rn 73; iE wohl auch *Winter* in Lutter Rn 41 mit dem Hinweis, die Frage erscheine nicht ausreichend diskutiert.
[101] *Hüffer* § 56 AktG Rn 5 f., 11.
[102] So auch *Mayer* in Widmann/Mayer Rn 73.
[103] *Winter* in Lutter Rn 40.
[104] Gem. § 134 BGB; *Stratz* in Schmitt/Hörtnagl/Stratz Rn 24; *Mayer* in Widmann/Mayer Rn 74; *Priester* in Scholz[7] § 23 KapErhG Rn 15.
[105] *Winter* in Lutter Rn 42; *Mayer* in Widmann/Mayer Rn 74.

3. Anfechtbarkeit im Fall eines Verstoßes gegen Abs. 4

Sollen nach dem Verschmelzungsvertrag bare Zuzahlungen erfolgen, die mehr als 10% 50 des Nennbetrags aller tatsächlich gewährten Anteile betragen, liegt darin ein Verstoß gegen Abs. 4, der zur Nichtigkeit der Bestimmung führt. Nach § 139 ist in diesem Fall regelmäßig der gesamte **Verschmelzungsvertrag nichtig**[106]. Auch in diesem Fall darf eine Eintragung nicht erfolgen, führt aber gleichfalls zur Heilung. Gleiches gilt im Fall eines Verstoßes gegen das Verbot der Unterpari-Emission. Trotz der Heilung durch eine fälschlicherweise erfolgte Eintragung besteht in diesem Fall eine Differenzhaftung der Anteilsinhaber in Höhe des Betrags, um den der Wert des Unternehmens des übertragenden Rechtsträgers den Gesamtnennbetrag der gewährten Anteile zuzüglich barer Zuzahlungen unterschreitet[107].

§ 55 Verschmelzung mit Kapitalerhöhung

(1) Erhöht die übernehmende Gesellschaft zur Durchführung der Verschmelzung ihr Stammkapital, so sind § 55 Abs. 1, §§ 56 a, 57 Abs. 2, Abs. 3 Nr. 1 des Gesetzes betreffend die Gesellschaften mit beschränkter Haftung nicht anzuwenden. Auf die neuen Geschäftsanteile ist § 5 Abs. 1 zweiter Halbsatz und Abs. 3 Satz 2 des Gesetzes betreffend die Gesellschaften mit beschränkter Haftung nicht anzuwenden; jedoch muß der Betrag jeder neuen Stammeinlage mindestens fünfzig Euro betragen und durch zehn teilbar sein.

(2) Der Anmeldung der Kapitalerhöhung zum Register sind außer den in § 57 Abs. 3 Nr. 2 und 3 des Gesetzes betreffend die Gesellschaften mit beschränkter Haftung bezeichneten Schriftstücken der Verschmelzungsvertrag und die Niederschriften der Verschmelzungsbeschlüsse in Ausfertigung oder öffentlich beglaubigter Abschrift beizufügen.

Übersicht

	Rn		Rn
I. Allgemeines	1	1. Entfallen der Übernahmeerklärung	14
1. Verhältnis zum früheren Recht	1	2. Entfallen der Einlagen und entsprechender Versicherung	15
2. Inhalt und Zweck der Norm	2	3. Sondervorschriften über Stückelung	16
II. Anzuwendende Vorschriften des GmbHG	3	4. Entfallen eines Bezugsrechts	20
1. Kapitalerhöhungsbeschluss	3	IV. Anmeldung der Kapitalerhöhung	21
2. Voraussetzungen der Kapitaldeckung	7	1. Unterlagen	21
a) Allgemeines	7	2. Werthaltigkeitsprüfung	24
b) Verbot der Unterpari-Emission	8	3. Bekanntmachung	26
c) Differenzhaftung	11	V. Beschlussmängel	27
III. Nicht anwendbare Vorschriften des GmbHG	14	1. Anfechtung	27
		2. Heilung	28

Literatur: *Heckschen,* Die Entwicklung des Umwandlungsrechts aus Sicht der Rechtsprechung und Praxis, DB 1998, 1385; *Ihrig,* Gläubigerschutz durch Kapitalaufbringung bei Verschmelzung und Spaltung nach neuem Umwandlungsrecht, GmbHR 1995, 622; *Kort,* Aktien aus vernichteten Kapitalerhöhung, ZGR 1994, 291; *Mayer,* Anteilsgewährung bei der Verschmelzung mehrerer übertragender Rechtsträger, DB 1998, 913; *Neye,* Die Änderung im Umwandlungsrecht nach den handels- und gesellschaftsrechtlichen Reformgesetzen in der 13. Legislaturperiode, DB 1998, 1649; *Schneider,* Die Anpassung des GmbH-Rechts bei Einführung des Euro, NJW 1998, 3158; *Wegmann/Schmitz,* Die Fusion unter besonderer Berücksichtigung ertragsschwacher und insolventer Unternehmen (Sanierungsfusion), WPg 1989, 189; *Zöllner,* Folgen der Nichtigerklärung

---

[106] *Mayer* in Widmann/Mayer Rn 75; *Schilling/Zutt* in Hachenburg[7] § 23 KapErhG Rn 20; *Priester* in Scholz[7] § 23 KapErhG Rn 15.

[107] § 56 Abs. 2 iVm. § 9 GmbHG; *Winter* in Lutter Rn 43 mwN.

durchgeführter Kapitalerhöhungsbeschlüsse, AG 1993, 68; *Zöllner/M. Winter*, Folgen der Nichtigerklärung durchgeführter Kapitalerhöhungsbeschlüsse, ZHR 158 (1994) 59.

I. Allgemeines

1. Verhältnis zum früheren Recht

1 Die Norm stimmt in ihrem Wortlaut mit § 22 KapErhG überein. Die Bestimmung über die Anteilsstückelung wurde iRd. EuroEG modifiziert. Der **Mindestnennbetrag** eines im Zuge einer verschmelzungsdurchführenden Kapitalerhöhung ausgegebenen neuen Geschäftsanteils muss nunmehr € 50 betragen. Er muss – wie zuvor – durch 10 teilbar sein.

2. Inhalt und Zweck der Norm

2 IRd. Verschmelzung zur Aufnahme bedarf es regelmäßig einer Kapitalerhöhung bei der übernehmenden GmbH, um den Anteilsinhabern der übertragenden Rechtsträger Geschäftsanteile an der übernehmenden GmbH gewähren zu können. Auf eine solche Kapitalerhöhung finden grundsätzlich die Vorschriften der §§ 55 ff. GmbHG Anwendung. Im Unterschied zur regulären Kapitalerhöhung erfolgt bei der Kapitalerhöhung zur Verschmelzungsdurchführung keine Übernahme der Stammeinlagen durch die künftigen Gesellschafter. Die als Gegenleistung für die neuen Anteile zu erbringende Einlage wird nicht von den künftigen Gesellschaftern, sondern vom übertragenden Rechtsträger erbracht. Vor diesem Hintergrund ist die Vorschrift von Abs. 1 Satz 1 zu sehen, der bestimmte für die Kapitalerhöhung zur Verschmelzungsdurchführung **unpassende Vorschriften** des allgemeinen GmbH-Rechts für **unanwendbar** erklärt. Abs. 1 Satz 2 ordnet hinsichtlich der Stückelung der neu geschaffenen Anteile Abweichungen vom allgemeinen GmbH-Recht an. Abs. 2 enthält eine Sonderregelung bezüglich der Handelsregisteranmeldung.

II. Anzuwendende Vorschriften des GmbHG

1. Kapitalerhöhungsbeschluss

3 Auf die Kapitalerhöhung zur Durchführung der Verschmelzung finden grundsätzlich die Vorschriften des GmbHG für Sachkapitalerhöhungen Anwendung. Insbesondere ist ein **Kapitalerhöhungsbeschluss** der bisherigen Anteilsinhaber der übernehmenden GmbH erforderlich[1]. Der Kapitalerhöhungsbeschluss kann zeitlich vor dem Verschmelzungsbeschluss gefasst werden. Regelmäßig wird er indes mit dem Zustimmungsbeschluss zum Verschmelzungsvertrag der übernehmenden GmbH verbunden, ist mit ihm rechtlich jedoch nicht identisch[2]. Der Kapitalerhöhungsbeschluss bedarf der notariellen Beurkundung sowie einer Mehrheit von mindestens drei Vierteln der abgegebenen Stimmen[3]. Der GmbH-Vertrag kann höhere, nicht aber geringere Mehrheiten vorsehen.

4 Zentraler Gegenstand des Kapitalerhöhungsbeschlusses ist der Betrag, um den das Stammkapital der übernehmenden GmbH erhöht werden soll. Selbst wenn der Wert des Unternehmens des übertragenden Rechtsträgers den **Erhöhungsbetrag** übersteigt, muss dies im Kapitalerhöhungsbeschluss nicht als Agio ausgewiesen werden. Dies gilt auch, wenn bei der

---

[1] Gem. § 53 GmbHG; *Kallmeyer* in Kallmeyer Rn 2; *Winter* in Lutter Rn 6; *Schilling/Zutt* in Hachenburg[7] § 22 KapErhG Rn 3; *Priester* in Scholz[7] § 22 KapErhG Rn 2; *Lutter/Hommelhoff*[13] § 22 KapErhG Rn 1.

[2] *Kallmeyer* in Kallmeyer Rn 2; *Winter* in Lutter Rn 6; *Mayer* in Widmann/Mayer Rn 21; *Priester* in Scholz[7] § 22 KapErhG Rn 9.

[3] § 53 GmbHG.

Ermittlung des Umtauschverhältnisses ein Unternehmenswert zugrunde gelegt wird, der den Nennbetrag der Kapitalerhöhung übersteigt. Denn auch ohne eine derartige Festsetzung ist die Differenz zwischen dem Kapitalerhöhungsbetrag und dem Nettovermögen des übertragenden Rechtsträgers in die Kapitalrücklage einzustellen[4]. Für die Ermittlung des Nettovermögens maßgeblich ist die Schlussbilanz des übertragenden Rechtsträgers[5], soweit die übernehmende GmbH nicht von ihrem Aufstockungsrecht nach § 24 Gebrauch macht.

Bei der regulären Kapitalerhöhung gegen Einlagen ist es zulässig, das Stammkapital bis zu einer **bestimmten Höchstziffer** zu erhöhen und den endgültigen Betrag der Kapitalerhöhung von dem Umfang abhängig zu machen, in dem Anteile aus der Kapitalerhöhung benötigt werden[6]. Diese Möglichkeit besteht auch bei der Kapitalerhöhung zur Durchführung einer Verschmelzung[7], bspw. wenn vor Durchführung der Kapitalerhöhung den Anteilsinhabern des übertragenden Rechtsträgers durch die übernehmende GmbH ein Erwerbsangebot unterbreitet wurde, dessen Ergebnis im Zeitpunkt der Beschlussfassung noch nicht feststeht. Soweit dieses Angebot vor Anmeldung der Kapitalerhöhung angenommen und Anteile am übertragenden Rechtsträger an die übernehmende GmbH abgetreten werden, darf die Kapitalerhöhung nicht durchgeführt werden[8]. Eine derartige Gestaltung wurde etwa im Fall der Verschmelzung der Daimler-Benz AG auf die Daimler-Chrysler AG gewählt, ist aber auch im Fall einer GmbH denkbar. Im Kapitalerhöhungsbeschluss muss dies durch eine entsprechende Formulierung (zB „bis zu") seinen Niederschlag finden. 5

Die **endgültige Festsetzung des Kapitalerhöhungsbetrags** innerhalb der durch den Beschluss gezogenen Grenzen wird dadurch bewirkt, dass derjenige Betrag angemeldet und eingetragen wird, der zur Durchführung der Verschmelzung und zur Gewährung von Anteilen an die im Zeitpunkt der Handelsregisteranmeldung noch beteiligten Anteilsinhaber des übertragenden Rechtsträgers benötigt wird. In dem Umfang, in dem Anteile am übertragenen Rechtsträger vor Handelsregisteranmeldung an die übernehmende GmbH übertragen wurden, unterbleibt der im Verschmelzungsvertrag vorgesehene Anteiltausch. Einer Änderung des Verschmelzungsvertrags bedarf es insoweit nicht. Indes ist in einem derartigen Fall, sobald die endgültige Zusammensetzung des Gesellschafterkreises feststeht, unverzüglich eine berichtigte Gesellschafterliste beim Handelsregister einzureichen[9]. 6

2. Voraussetzungen der Kapitaldeckung

a) **Allgemeines.** Bei der verschmelzungsdurchführenden Kapitalerhöhung handelt es sich um eine **Sachkapitalerhöhung**. Gegenstand der Einlage sind sämtliche Aktiva und Passiva des übertragenden Rechtsträgers[10]. § 56 GmbHG als allgemein GmbH-rechtliche Vorschrift über Kapitalerhöhungen mit Sacheinlagen findet grundsätzlich entsprechende Anwendung. Bei der verschmelzungsdurchführenden Kapitalerhöhung bedarf es indes keiner näheren Angabe des Gegenstands der Sacheinlage, weil sich dieser aus dem Verschmelzungsvertrag ergibt[11]. Als Konsequenz hieraus verlangt Abs. 2, dass der Anmeldung der verschmelzungsdurchführenden Kapitalerhöhung der Verschmelzungsvertrag beizufügen ist. In der Praxis 7

---

[4] Gem. § 272 Abs. 2 Nr. 1 HGB; *Winter* in Lutter Rn 7; vgl. auch *Bermel* in Goutier/Knopf/Tulloch Rn 22; *Mayer* in Widmann/Mayer Rn 36.
[5] Gem. § 17 Abs. 2.
[6] *Ulmer* in Hachenburg[8] § 55 GmbHG Rn 13; *Priester* in Scholz[8] § 55 GmbHG Rn 20; *Lutter/Hommelhoff* § 55 GmbHG Rn 16; *Zöllner* in Baumbach/Hueck § 55 GmbHG Rn 11.
[7] *Winter* in Lutter Rn 8; aA *Mayer* in Widmann/Mayer Rn 32; *Stratz* in Schmitt/Hörtnagl/Stratz Rn 12, die nur, wenn das Umtauschverhältnis noch nicht feststeht, ein Offenlassen des genauen Betrags zulassen.
[8] § 54 Abs. 1 Satz 1 Nr. 1; vgl. auch *Winter* in Lutter Rn 8.
[9] *Winter* in Lutter Rn 8.
[10] *Winter* in Lutter Rn 9; *Stratz* in Schmitt/Hörtnagl/Stratz Rn 3; aA offenbar *Mayer* in Widmann/Mayer Rn 12; *Priester* in Scholz[7] § 22 KapErhG Rn 9.
[11] *Winter* in Lutter Rn 9; *Hoffmann-Becking* in MünchVertrHdb. X.10 Anm. 7.

wird üblicherweise im Kapitalerhöhungsbeschluss festgehalten, dass die durch die Kapitalerhöhung geschaffenen Anteile den Anteilsinhabern des übertragenden Rechtsträgers „als Gegenleistung für die Übertragung dessen gesamten Vermögens im Wege der Verschmelzung zur Aufnahme gewährt" werden[12]. Werden indes der Kapitalerhöhungsbeschluss und der Zustimmungsbeschluss ausnahmsweise in gesonderten Urkunden gefasst, sollte im Kapitalerhöhungsbeschluss ein ausdrücklicher Hinweis auf den Verschmelzungsvertrag erfolgen[13].

8 b) Verbot der Unterpari-Emission. Das Registergericht des Sitzes der übernehmenden GmbH hat nach §§ 57 a, 9 c Abs. 1 Satz 2 GmbHG die **Kapitaldeckung** zu prüfen. Dies bedeutet zum einen, dass der Gesamtnennbetrag der Kapitalerhöhung zuzüglich barer Zuzahlungen den Wert des Vermögens des übertragenden Rechtsträgers (bzw. bei Mehrfachverschmelzung den saldierten Wert des Vermögens der übertragenden Rechtsträger) nicht übersteigen darf. Zum anderen darf der Nennbetrag des oder der Geschäftsanteile, die dem Anteilsinhaber eines übertragenden Rechtsträgers gewährt werden, zuzüglich barer Zuzahlungen den nach Maßgabe der Beteiligungsquote auf den betreffenden Anteilsinhaber entfallenden anteiligen Vermögenswert des oder der übertragenden Rechtsträger nicht übersteigen[14]. Der maßgebliche Zeitpunkt ist insoweit der Tag der Eintragung der Verschmelzung in das Handelsregister der übernehmenden GmbH[15].

9 Im Näheren ist zwischen den Fällen der **Einzelverschmelzung** und den Fällen der **Mehrfachverschmelzung** zu differenzieren. Bei der Einzelverschmelzung kann ein vermögensloser oder überschuldeter Rechtsträger nicht als übertragender Rechtsträger fungieren, wenn es zur Durchführung der Verschmelzung einer Kapitalerhöhung bedarf[16]. Der Mindestnennbetrag der Kapitalerhöhung muss vielmehr durch den Wert des Vermögens des übertragenden Rechtsträgers gedeckt sein. Dies sind € 50 für jeden Anteilsinhaber, der Anspruch auf einen Geschäftsanteil an der übernehmenden GmbH hat. Anderenfalls muss vor Durchführung der Verschmelzung ein entsprechendes Vermögen hergestellt werden. Dies kann etwa durch die Zahlung eines verlorenen Zuschusses oder durch eine sanierende Kapitalherabsetzung mit anschließender Kapitalerhöhung geschehen[17]. Im Fall der Mehrfachverschmelzung ist die Beteiligung eines vermögenslosen oder gar überschuldeten Rechtsträgers unbedenklich, wenn das saldierte Gesamtvermögen aller übertragenen Rechtsträger den Gesamtbetrag der Kapitalerhöhung und der rechnerisch auf den einzelnen Anteilsinhaber entfallende saldierte Wert des Gesamtvermögens den Nennbetrag des ihm gewährten Geschäftsanteils mindestens erreicht. Wenn das *OLG Frankfurt*[18] aus dem Verbot der Unterpari-Emission und aus § 46 das generelle Verbot der Beteiligung eines solchen Rechtsträgers an einer Mehrfachverschmelzung zur Aufnahme ableiten möchte, kann dies nicht überzeugen. Zutreffend wird vielmehr auch darauf hingewiesen, der gesetzliche Ansatz des UmwG, wonach die Mehrfachverschmelzung als einheitlicher Vorgang zu bewerten sei, verlange es, als maßgebliches Kriterium auf die Gesamtsaldierung des Vermögens aller beteiligten Rechtsträger abzustellen und schließe die Aufspaltung des als einheitlich konzipierten Verschmelzungsvorgangs in mehrere Teilverschmelzungen aus[19]. Dies ist für die

---

[12] Vgl. *Hoffmann-Becking* in MünchVertrHdb. X.10 § 2.

[13] *Winter* in Lutter Rn 9; *Kallmeyer* in Kallmeyer Rn 2; *Priester* in Scholz[7] § 22 KapErhG Rn 9.

[14] *Ihrig* GmbHR 1995, 622, 631, 635 ff.; *Winter* in Lutter 10.

[15] *Ihrig* GmbHR 1995, 622, 640 f.; *Bermel* in Goutier/Knopf/Tulloch Rn 28; *Mayer* in Widmann/Mayer Rn 71 f.; *Winter* in Lutter Rn 10.

[16] *Winter* in Lutter Rn 10 mwN; *Mayer* in Widmann/Mayer Rn 83.6 f.; *Heckschen* DB 1998, 1385, 1386 f.; *Limmer*, Kölner Schrift zur Insolvenzordnung, 1997, S. 929 ff., 938 f.

[17] *Limmer*, Kölner Schrift zur Insolvenzordnung, 1997, S. 929 ff., 938 f.; *Mayer* in Widmann/Mayer Rn 83.8 und 83.9; *Bermel* in Goutier/Knopf/Tulloch Rn 36; *Winter* in Lutter Rn 10 mwN.

[18] ZIP 1998, 1191, 1192; vgl. hierzu auch *Neye* EWiR § 46 UmwG 1/98, 517; *Mayer* DB 1998, 913 ff.; *Heckschen* DB 1998, 1385, 1387, 1389; *Winter* in Lutter Rn 10.

[19] *Mayer* DB 1998, 913, 914 ff.; *Heckschen* DB 1998, 1385, 1387; *Neye* EWiR § 46 UmwG 1/98, 517, 518; *Winter* in Lutter Rn 10.

Praxis insofern von Bedeutung, als nach der hier vertretenen Ansicht insbesondere bei der Verschmelzung von Schwestergesellschaften mit identischen Anteilsinhabern vermögenslose Rechtsträger an der Mehrfachverschmelzung beteiligt werden können.

Bei der Frage der Kapitaldeckung kommt es auf den **wirklichen Wert des Vermögens** 10 des übertragenden Rechtsträgers an, nicht auf bilanzielle Buchwerte. Im Fall der Einbringung eines Unternehmens bedarf es somit einer Unternehmensbewertung nach allgemeinen Grundsätzen. Hierbei ist grundsätzlich auf den Ertragswert zzgl. des Verkehrswerts des nicht betriebsnotwendigen Vermögens abzustellen[20].

c) Differenzhaftung. Auch die Vorschriften über die **Differenzhaftung** sind gem. § 55 11 iVm. § 56 Abs. 2, § 9 GmbHG auf die verschmelzungsdurchführende Kapitalerhöhung anwendbar[21]. Die Anteilsinhaber des übertragenden Rechtsträgers haften also, falls der Wert des Unternehmens des übertragenden Rechtsträgers hinter dem Gesamtnennwert der dessen Anteilsinhabern gewährten neuen Geschäftsanteile zzgl. etwaiger barer Zuzahlungen zurückbleibt[22]. Die Gegenauffassung argumentiert, die Sacheinlagen würden bei der verschmelzungsdurchführenden Kapitalerhöhung nur vom übertragenden Rechtsträger, nicht von seinen Anteilsinhabern erbracht[23]. Diese Ansicht berücksichtigt indessen nicht hinreichend, dass die Anteilsinhaber des übertragenden Rechtsträgers als Gegenleistung für die Vermögensübertragung die neuen Geschäftsanteile erhalten und es somit auch gerechtfertigt ist, ihnen die Kapitalaufbringungsverantwortung zuzuweisen[24]. Auch aus dem Argument, die Situation derjenigen Anteilinhaber, die gegen die Verschmelzung gestimmt hätten, sei nicht mit derjenigen vergleichbar, dass ein Gesellschafter willentlich an einer ordentlichen Kapitalerhöhung teilnehme und eine Übernahmeerklärung abgebe, ergibt sich nichts Gegenteiliges. Man könnte zwar erwägen, lediglich diejenigen Anteilsinhaber haften zu lassen, die für die Verschmelzung gestimmt haben. Überzeugender dürfte es indes sein, alle Gesellschafter *pro rata* ihrer Beteiligung der Haftung zu unterwerfen und den Gesellschaftern, die gegen die Verschmelzung gestimmt haben, im Innenverhältnis einen Ausgleichsanspruch gegen ihre Mitgesellschafter einzuräumen[25].

Im Fall der **Mehrfachverschmelzung** ist der auszugleichende Fehlbetrag getrennt für 12 die einzelnen übertragenden Rechtsträger zu ermitteln[26]. Ist ein Anteilsinhaber an mehreren übertragenden Rechtsträgern beteiligt, sind die auf ihn entfallenden Vermögensanteile zu saldieren. Nur wenn der Gesamtsaldo geringer ist als der Nennbetrag der gewährten Anteile an der übernehmenden GmbH, kommt eine Differenzhaftung in Betracht[27]. Diejenigen Anteilsinhaber eines Rechtsträgers, dessen Vermögen den Nennbetrag der seinen Anteilsinhabern gewährten Geschäftsanteile deckt, haften ebenso wenig nach § 9 GmbHG wie die Gesellschafter der übernehmenden GmbH. Sie können allenfalls gem. § 24 GmbHG haften.

Sonderfragen werden aufgeworfen, wenn neben neuen Anteilen, die durch die Kapital- 13 erhöhung geschaffen wurden, **auch bereits vorhandene Geschäftsanteile** der übernehmenden GmbH zum Zwecke des Anteilstauschs **eingesetzt** werden. Fraglich ist, ob für

---

[20] *Winter* in Lutter Rn 11 mwN.
[21] *Kallmeyer* in Kallmeyer Rn 5; *Stratz* in Schmitt/Hörtnagl/Stratz Rn 5; zum alten Recht umstritten, wie hier *Lutter/Hommelhoff*[13] § 22 KapErhG Rn 6; *Priester* in Scholz[7] § 22 KapErhG Rn 11; aA *Schilling/Zutt* in Hachenburg[7] § 22 KapErhG Rn 11; *Zimmermann* in Rowedder[7] Anh. § 77 GmbHG Rn 429.
[22] *Winter* in Lutter Rn 12; *Bermel* in Goutier/Knopf/Tulloch Rn 35; *Ihrig* GmbHR 1995, 622, 633 ff.; *Mayer* in Widmann/Mayer Rn 80 ff.
[23] *Schilling/Zutt* in Hachenburg[7] § 22 KapErhG Rn 11; *Zimmermann* in Rowedder[7] Anh. § 77 GmbHG Rn 429.
[24] *Ihrig* GmbHR 1995, 622, 633 ff., 642 f.; *Winter* in Lutter Rn 12.
[25] Vgl. *Ihrig* GmbHR 1995, 622, 635 f.; *Winter* in Lutter Rn 12; gegen einen Ausgleichsanspruch *Stratz* in Schmitt/Hörtnagl/Stratz Rn 6.
[26] *Ihrig* GmbHR 1995, 622, 630, 636; *Winter* in Lutter Rn 13; *Mayer* in Widmann/Mayer Rn 81.
[27] Vgl. *Mayer* DB 1998, 915 f.; *Mayer* in Widmann/Mayer Rn 80 ff.; *Neye* EWiR 1998, 517, 518.

den absoluten Betrag der Differenzhaftung der Gesamtnominalbetrag der ausgegebenen Geschäftsanteile oder der Nominalbetrag der Kapitalerhöhung maßgeblich ist. Die überwiegende Auffassung bejaht letzteres, weil der Rechtsverkehr nur insoweit auf eine reale Kapitalzufuhr vertrauen darf[28]. Des Weiteren fragt sich, ob eine Haftung nur bei denjenigen Anteilsinhabern eintritt, die iRd. Verschmelzung Geschäftsanteile aus der Kapitalerhöhung erhalten haben, oder bei sämtlichen Anteilsinhabern. Wertungsmäßig zutreffend erscheint es indes, die Kapitalaufbringungsverantwortung sämtlichen Anteilsinhabern zuzuweisen, weil es regelmäßig eher von Zufällen abhängen dürfte, welcher Anteilsinhaber bereits vorhandene und welcher durch Kapitalerhöhung neu geschaffene Anteile erhält[29]. Die Anteilsinhaber des übertragenden Rechtsträgers haften also *pro rata* ihrer Beteiligung am Gesamtnennbetrag sämtlicher bei der Verschmelzung gewährter Anteile.

III. Nicht anwendbare Vorschriften des GmbHG

1. Entfallen der Übernahmeerklärung

14 Aufgrund der in Abs. 1 Satz 1 angeordneten Unanwendbarkeit von § 55 Abs. 1 GmbHG brauchen die Anteilsinhaber des übertragenden Rechtsträgers **keine Übernahmeerklärungen** abzugeben. Die im Fall der Kapitalerhöhung normalerweise erforderliche Erklärung des Übernehmers ist hier deshalb entbehrlich, weil der Verschmelzungsvertrag, der die Zuordnung der neuen Anteile regelt und die Zustimmungsbeschlüsse die benötigte Grundlage des Anteilserwerbs darstellen. Einer gesonderten rechtsgeschäftlichen Erklärung des Anteilsinhabers bedarf es daher nicht[30]. Die von Abs. 1 Satz 1 angeordnete Unanwendbarkeit von § 57 Abs. 3 Nr. 1 GmbHG ist konsequent, weil in Ermangelung einer Erklärung gem. § 55 Abs. 1 GmbHG eine solche auch nicht der Handelsregisteranmeldung beigefügt werden kann. Statt dessen ist der Verschmelzungsvertrag beizufügen.

2. Entfallen der Einlagen und entsprechender Versicherung

15 Das erhöhte Stammkapital wird – anders als im normalen Kapitalerhöhungsfall – nicht durch Einlagen, sondern durch den **Übergang des gesamten Vermögens** des übertragenden Rechtsträgers auf die übernehmende GmbH im Wege der Verschmelzung gedeckt. Aus diesem Grund erklärt Abs. 1 auch die Bestimmungen über die Erbringung der Einlage[31] und die Versicherung über die Bewirkung der Einlagen[32] für unanwendbar. Eine Versicherung gem. § 57 Abs. 2 GmbHG als Eintragungsvoraussetzung für die Kapitalerhöhung käme vorliegend schon deshalb nicht in Betracht, da der Übergang des Vermögens des übertragenden Rechtsträgers erst mit Eintragung der Verschmelzung auf die übernehmende Gesellschaft erfolgt und die Eintragung der Verschmelzung der Eintragung der Kapitalerhöhung zeitlich nachfolgt[33]. Die Deckung der Stammeinlagen wird dadurch sichergestellt, dass das Gesetz die Eintragung des Kapitalerhöhungsbeschlusses von der Vorlage des Verschmelzungsvertrags und der Zustimmungsbeschlüsse abhängig macht, die Durchführung der Verschmelzung im Zeitpunkt der Eintragung der Kapitalerhöhung also ausreichend gesichert ist[34].

---

[28] *Ihrig* GmbHR 1995, 622, 642 Fn 13, 22 bis 25; *Winter* in Lutter Rn 15.
[29] *Ihrig* GmbHR 1995, 622, 642 Fn 13, 22 bis 25; *Winter* in Lutter Rn 16.
[30] *Winter* in Lutter Rn 17; *Kallmeyer* in Kallmeyer Rn 2; *Bermel* in Goutier/Knopf/Tulloch Rn 5; *Schilling/Zutt* in Hachenburg[7] § 22 KapErhG Rn 5; ausdrücklich zustimmend *OLG Hamm* NZG 2002, 396, 397.
[31] § 56 a GmbHG.
[32] § 57 Abs. 2 GmbHG.
[33] Gem. § 53; *Winter* in Lutter Rn 18; *Stratz* in Schmitt/Hörtnagl/Stratz Rn 9; *Mayer* in Widmann/Mayer Rn 87.
[34] *Winter* in Lutter Rn 18.

3. Sondervorschriften über Stückelung

Während nach allgemeinem GmbH-Recht die **Stammeinlage** jedes Gesellschafters mindestens € 100 betragen muss, wird dieser Betrag durch Abs. 1 Satz 2 für die im Zuge der verschmelzungsdurchführenden Kapitalerhöhung geschaffenen Geschäftsanteile auf € 50 abgesenkt. An die Stelle der für das allgemeine GmbH-Recht geforderten Teilbarkeit durch 50[35] tritt die Teilbarkeit durch 10[36]. Hierdurch soll es ermöglicht werden, möglichst jedem Gesellschafter des übertragenen Rechtsträgers die Möglichkeit zur Beteiligung an der übernehmenden GmbH zu geben und nicht verteilungsfähige Spitzen weitgehend zu vermeiden[37]. Die Norm entspricht inhaltlich § 54 Abs. 3, der die Fälle der Verschmelzung ohne Kapitalerhöhung erfasst. 16

Aus diesen Bestimmungen, die durch das EuroEG neu gefasst wurden, ergibt sich, dass der Nennbetrag der Kapitalerhöhung zur Durchführung der Verschmelzung **in Euro festzusetzen** ist. Zu den für die Zeit vom 1.1.1999 bis 31.12.2001 geltenden Übergangsvorschriften vgl. Vorauft. Rn 17. 17

Verschmelzungsdurchführende Kapitalerhöhungen, die nach dem 1. 1. 2002 zur Eintragung in das Handelsregister angemeldet werden, müssen zwingend auf Euro lauten und die neuen Stückelungsvorschriften beachten; anderenfalls greift die auch diesen Fall erfassende Registersperre ein[38]. Soweit noch nicht geschehen, müssen im Zuge der Verschmelzung zugleich die Euro-Umstellung bei der übernehmenden GmbH vorgenommen und die in Euro berechneten Nennbeträge der Geschäftsanteile unter Berücksichtigung der neuen Stückelungs- und Teilbarkeitsvorschriften geglättet werden[39]. 18

Nicht explizit angeordnet wird von § 55 die **Unanwendbarkeit von § 55 Abs. 4 GmbHG iVm. § 5 Abs. 2 GmbHG.** Gleichwohl kann das Verbot der Übernahme mehrerer Geschäftsanteile durch einen Gesellschafter für den Fall der verschmelzungsdurchführenden Kapitalerhöhung keine Geltung beanspruchen. Es widerspräche nämlich dem verschmelzungsspezifischen Grundsatz, dass der Anteilsinhaber des übertragenen Rechtsträgers grundsätzlich die gleiche Zahl an Geschäftsanteilen an der übernehmenden GmbH erhalten muss, wie er Anteile am übertragenen Rechtsträger besaß[40]. 19

4. Entfallen eines Bezugsrechts

Während hinsichtlich der ordentlichen Kapitalerhöhung in der GmbH streitig ist, ob ein gesetzliches **Bezugsrecht**[41] besteht[42], existiert ein solches Bezugsrecht im Fall der verschmelzungsdurchführenden Kapitalerhöhung unstreitig nicht[43]. Aus dem Umstand, dass eine Kapitalerhöhung im Fall der verschmelzungsdurchführenden Kapitalerhöhung nur insoweit zulässig ist, als die neuen Anteile zur Gewährung an die Anteilsinhaber des übertragenen Rechtsträgers benötigt werden, folgt ein immanenter Bezugsrechtsausschluss[44]. 20

---

[35] § 5 Abs. 3 Satz 2 GmbHG.
[36] § 55 Abs. 1 Satz 2.
[37] *Winter* in Lutter Rn 19; *Schilling/Zutt* in Hachenburg[7] § 22 KapErhG Rn 6; *Lutter/Hommelhoff*[13] § 22 KapErhG Rn 2.
[38] Gem. § 86 Abs. 1 Satz 4 GmbHG; vgl. zum Ganzen auch *Winter* in Lutter Rn 20; *Mayer* in Widmann/Mayer Rn 44 ff.
[39] Vgl. *Winter* in Lutter Rn 20.
[40] *Winter* in Lutter Rn 21; *Priester* in Scholz[7] § 21 KapErhG Rn 15.
[41] Entsprechend § 186 Abs. 3 AktG.
[42] Für ein Bezugsrecht *Lutter/Hommelhoff* in Lutter/Hommelhoff § 55 GmbHG Rn 17; *Priester* in Scholz § 55 GmbHG Rn 41 ff.; *Zöllner* in Baumbach/Hueck § 55 GmbHG Rn 20; dagegen *Ulmer* in Hachenburg § 55 GmbHG Rn 39 ff.; *Zimmermann* in Rowedder § 55 GmbHG Rn 30.
[43] *Winter* in Lutter Rn 22; *Mayer* in Widmann/Mayer Rn 51; *Stratz* in Schmitt/Hörtnagl/Stratz Rn 11.
[44] *Winter* in Lutter Rn 22.

IV. Anmeldung der Kapitalerhöhung

1. Unterlagen

21　Nicht beizufügen sind der Handelsregisteranmeldung im Fall der verschmelzungsdurchführenden Kapitalerhöhung die Versicherung über die Bewirkung der Einlagen sowie die Übernahmeerklärungen[45]. Neben den nach § 57 Abs. 3 Nr. 2 und Nr. 3 GmbHG **erforderlichen Dokumenten** (Liste der Übernehmer sowie bei Sachkapitalerhöhung die der Sacheinlagenfestsetzung zugrunde liegenden oder zur Ausführung geschlossenen Verträge) ordnet Abs. 2 die Beifügung des Verschmelzungsvertrags und der Niederschriften der Verschmelzungsbeschlüsse in Ausfertigung oder öffentlich beglaubigter Abschrift an. Hierdurch soll gewährleistet werden, dass die Eintragung der Kapitalerhöhung nur erfolgt, wenn auch die Eintragung der Verschmelzung und damit der Übergang des Vermögens des übertragenden Rechtsträgers auf die übernehmende Gesellschaft, der seinerseits zur Deckung der Stammeinlagen erforderlich ist, hinreichend gesichert ist[46]. Dies hat zur Konsequenz, dass die Anmeldung der Kapitalerhöhung erst nach Zustimmung der Anteilsinhaber sämtlicher an der Fusion beteiligter Rechtsträger möglich ist.

22　Die Beifügung der **Liste der Übernehmer**[47] erscheint – zumindest rechtspolitisch – nicht erforderlich, weil die im Zuge der verschmelzungsdurchführenden Kapitalerhöhung geschaffenen neuen Geschäftsanteile den jeweiligen Anteilsinhabern des übertragenden Rechtsträgers bereits im Verschmelzungsvertrag namentlich zugeordnet werden müssen[48]. Da die Registergerichte im Regelfall auf einer derartigen Liste bestehen, sollte sie in der Praxis gleichwohl beigefügt werden. Die Beifügung der Einbringungsverträge[49] lässt sich bei der verschmelzungsdurchführenden Kapitalerhöhung gleichfalls nicht realisieren, weil der Vermögensübergang allein aufgrund des Verschmelzungsvertrags und der Zustimmungsbeschlüsse erfolgt, ohne dass es eines Einbringungsvertrags bedürfte[50]. Beizufügen ist aufgrund des satzungsändernden Charakters der Kapitalerhöhung ferner der vollständige Wortlaut des Gesellschaftsvertrags mit der Notarbescheinigung[51].

23　Die Kapitalerhöhung ist durch sämtliche Geschäftsführer der übernehmenden GmbH zur Eintragung in das Handelsregister anzumelden[52]. Unechte Gesamtvertretung wie auch rechtsgeschäftliche Vertretung kommen bei der Anmeldung nicht in Betracht. Wird sie – was vielfach zweckmäßig ist – mit der Anmeldung der Verschmelzung verbunden, müssen an der verbundenen **Anmeldung** sämtliche Geschäftsführer mitwirken[53].

2. Werthaltigkeitsprüfung

24　Die **Werthaltigkeit der Sacheinlagen** ist durch den Registerrichter gem. § 57 a iVm. § 9 c Abs. 1 Satz 2 GmbHG zu prüfen. Im Fall der Überbewertung ist die Eintragung abzulehnen. Zum Werthaltigkeitsnachweis genügt regelmäßig die Schlussbilanz des übertrage-

---

[45] Gem. § 55 Abs. 1 Satz 1 GmbHG; siehe Rn 14.
[46] *Winter* in Lutter Rn 24.
[47] Gem. § 57 Abs. 3 Nr. 2 GmbHG.
[48] *Winter* in Lutter Rn 25; *Stratz* in Schmitt/Hörtnagl/Stratz Rn 33; *Schilling/Zutt* in Hachenburg[7] § 22 KapErhG Rn 10; aA *Bermel* in Goutier/Knopf/Tulloch Rn 26; *Zimmermann* in Kallmeyer § 53 Rn 9; *Mayer* in Widmann/Mayer Rn 91.
[49] Gem. § 57 Abs. 3 Nr. 3 GmbHG.
[50] *Winter* in Lutter Rn 25; *Zimmermann* in Rowedder[7] Anh. § 77 GmbHG Rn 428; *Priester* in Scholz[7] § 22 KapErhG Rn 7.
[51] § 54 Abs. 1 GmbHG; *Winter* in Lutter Rn 25; *Bermel* in Goutier/Knopf/Tulloch Rn 29.
[52] §§ 57 Abs. 1, 78 GmbHG.
[53] In Abweichung von § 16 Abs. 1, der für die Anmeldung der Verschmelzung die Mitwirkung von Geschäftsführern in vertretungsberechtigter Anzahl genügen lässt.

nen Rechtsträgers. Dies gilt jedenfalls, wenn das Reinvermögen des übertragenen Rechtsträgers zu Netto-Buchwerten den Gesamtnennbetrag der den Anteilsinhabern des übertragenen Rechtsträgers zu gewährenden Geschäftsanteile (zzgl. etwaiger barer Zuzahlung) deckt[54]. Das Gesagte muss jedenfalls Gültigkeit besitzen, wenn die Schlussbilanz von einem Abschlussprüfer geprüft ist. Demgegenüber sollte bei Rechtsträgern, die nicht kraft Gesetzes prüfungspflichtig sind, regelmäßig eine Werthaltigkeitsbescheinigung genügen, die nicht notwendig von einem Wirtschaftsprüfer erstellt sein muss[55].

Hat das Registergericht Anhaltspunkte dafür, dass das Unternehmen des übertragenen Rechtsträgers nicht werthaltig ist, darf es eine **Prüfung durch unabhängige Prüfer**[56] verlangen. Ohne derartigen Anhaltspunkt darf eine solche Prüfung nicht pauschal gefordert werden[57]. Intensivere Ermittlungen des Registergerichts sind vonnöten, wenn der Netto-Buchwert des zu übertragenden Vermögens, wie er in der Schlussbilanz ausgewiesen ist, den Nennbetrag der Kapitalerhöhung (zzgl. etwaiger barer Zuzahlungen) nicht erreicht[58]. In diesen Fällen wird regelmäßig die Einholung eines Sachverständigengutachtens zur Feststellung darüber unvermeidlich sein, ob der Wert des Unternehmens, insbesondere sein Vertragswert, den Nennbetrag der Kapitalerhöhung erreicht.

3. Bekanntmachung

In der erforderlichen **Bekanntmachung** der eingetragenen Kapitalerhöhung wird im Fall der verschmelzungsdurchführenden Kapitalerhöhung die im Gesetz enthaltene Bezugnahme auf die Festsetzung über Sacheinlagen durch die Angabe, dass das Kapital zur Durchführung einer Verschmelzung durch Aufnahme erhöht wurde sowie die Bezugnahme auf den Verschmelzungsvertrag ersetzt[59].

V. Beschlussmängel

1. Anfechtung

Mängel der Kapitalerhöhung können von den Gesellschaftern der übernehmenden GmbH bis zur Eintragung der Verschmelzung durch **Nichtigkeits- oder Anfechtungsklagen** geltend gemacht werden, ohne dass insoweit verschmelzungsspezifische Besonderheiten bestünden[60]. In materieller Hinsicht kann eine Kapitalerhöhung bei der übernehmenden GmbH nach allgemeinen Grundsätzen nichtig, anfechtbar oder unwirksam sein. Die Gesellschafter der übernehmenden GmbH können den Kapitalerhöhungsbeschluss auch im Fall der verschmelzungsdurchführenden Kapitalerhöhung mit der Begründung anfechten, das Umtauschverhältnis sei zu ihren Ungunsten unrichtig[61]. Eine Anfechtung des Kapitalerhöhungsbeschlusses ist jedoch regelmäßig nicht vonnöten. Eine erfolgreiche Anfechtung des Verschmelzungsbeschlusses durch die Gesellschafter der übernehmenden GmbH verhindert auch das Wirksamwerden der Kapitalerhöhung, weil deren Wirksamkeit die Eintragung der Verschmelzung voraussetzt[62].

---

[54] *Winter* in Lutter Rn 26; *Mayer* in Widmann/Mayer Rn 75 ff., 102; *Zimmermann* in Kallmeyer § 53 Rn 14.
[55] *Winter* in Lutter Rn 26; *Zimmermann* in Kallmeyer § 53 Rn 15; *Schilling/Zutt* in Hachenburg[7] § 22 KapErhG Rn 10.
[56] § 319 HGB.
[57] *Winter* in Lutter Rn 26; *Mayer* in Widmann/Mayer Rn 79; *OLG Düsseldorf* GmbHR 1995, 593.
[58] *Winter* in Lutter Rn 26; *Stratz* in Schmitt/Hörtnagl/Stratz Rn 34; *Priester* in Scholz[7] § 22 KapErhG Rn 10.
[59] *Winter* in Lutter Rn 27; *Mayer* in Widmann/Mayer Rn 103; *Schilling/Zutt* in Hachenburg[7] § 22 KapErhG Rn 13.
[60] *Winter* in Lutter Rn 28.
[61] *Winter* in Lutter Rn 28; *Mayer* in Widmann/Mayer Rn 10 (unter ausdrücklicher Aufgabe seiner aA in der Voraufl.); *OLG Hamm* WM 1988, 1164 ff.; *LG Frankfurt* WM 1990, 592 ff.
[62] *Winter* in Lutter Rn 28; *Mayer* in Widmann/Mayer Rn 108 ff.

2. Heilung

28 Während im Fall der Anfechtung des regulären Kapitalerhöhungsbeschlusses der Registerrichter nach pflichtgemäßem Ermessen entscheidet, ob er die Kapitalerhöhung einträgt oder das Eintragungsverfahren aussetzt[63], hat das Prozessgericht gem. § 16 Abs. 3, wonach es zur Eintragung der Verschmelzung trotz anhängiger Anfechtungsklage befugt ist, auch die **Möglichkeit der Eintragung der Kapitalerhöhung**. Dies gilt auch, wenn nur gegen den Kapitalerhöhungsbeschluss, nicht jedoch gegen den Verschmelzungsbeschluss im Wege der Anfechtungsklage vorgegangen wird[64]. Anderenfalls könnte im Hinblick darauf, dass die Eintragung der Verschmelzung zwingend die Eintragung der Kapitalerhöhung voraussetzt[65], die Verschmelzung auch blockiert werden, wenn die beteiligten Rechtsträger das Verfahren nach § 16 Abs. 3 erfolgreich durchlaufen haben. Dem Ziel des Gesetzgebers, die Entscheidung über die Eintragung trotz anhängiger Anfechtungsklage beim Prozessgericht zu konzentrieren und gegenläufige Entscheidungen zu verhindern, würde dies nicht gerecht[66].

29 In analoger Anwendung von § 20 Abs. 2 werden mit Wirksamwerden der Verschmelzung durch Eintragung ins Handelsregister des übernehmenden Rechtsträgers grundsätzlich[67] auch **sämtliche Mängel des Kapitalerhöhungsbeschlusses geheilt**[68]. Auch eine begründete Nichtigkeits- oder Anfechtungsklage führt nicht – auch nicht mit Wirkung *ex nunc* – zur Vernichtung des Kapitalerhöhungsbeschlusses[69]. Das anderenfalls eintretende Resultat, den Anteilsinhabern des irreversibel untergegangenen[70] übertragenen Rechtsträgers die durch die Kapitalerhöhung erlangten Anteile zu entziehen und sie auf mögliche Schadensersatzansprüche zu verweisen, erschiene wertungsmäßig nicht gerechtfertigt[71].

Zweiter Unterabschnitt. Verschmelzung durch Neugründung

§ 56 Anzuwendende Vorschriften

Auf die Verschmelzung durch Neugründung sind die Vorschriften des Ersten Unterabschnitts mit Ausnahme der §§ 51, 52 Abs. 1, §§ 53, 54 Abs. 1 bis 3 sowie des § 55 entsprechend anzuwenden.

Übersicht

	Rn		Rn
I. Allgemeines	1	II. Anwendbare Vorschriften des UmwG	5
1. Verhältnis zum früheren Recht	1	1. Anwendung von Vorschriften auf eine	
2. Inhalt und Zweck der Norm	2	übertragende GmbH	5

---

[63] § 127 FGG.
[64] *Winter* in Lutter Rn 29; *Marsch-Barner* in Kallmeyer § 16 Rn 55.
[65] § 53.
[66] Zur Erweiterung des Anwendungsbereichs des § 16 Abs. 3 *de lege ferenda* vgl. *Winter*, FS Ulmer, 2003, S. 699 ff.; *Winter*, RWS Forum Gesellschaftsrecht 2003, S. 457, 488 ff. Das Gesetz zur Unternehmensintegrität und die Modernisierung des Anfechtungsrechts (UMAG) vom 22.9.2005 (BGBl. I S. 2802 ff.) sieht für die AG in § 246 a AktG ein Freigabeverfahren für Kapitalmaßnahmen (§§ 182 – 240 AktG) und Unternehmensverträge (§§ 291 – 307 AktG) vor.
[67] Vgl. zu Ausnahmen § 20 Rn 96.
[68] Siehe § 20 Rn 95.
[69] *Winter* in Lutter Rn 30; *Bermel* in Goutier/Knopf/Tulloch Rn 33.
[70] Vgl. zuletzt *OLG Frankfurt* ZIP 2003, 1607.
[71] *Winter* in Lutter Rn 30; *Marsch-Barner* in Kallmeyer § 20 Rn 42; *Krieger* ZHR 158 (1994) 35, 49 f.

	Rn		Rn
2. Anwendung von Vorschriften auf die neue GmbH	6	IV. Entsprechende Anwendung des GmbH-Gründungsrechts	13
a) Inhalt des Verschmelzungsvertrags	7	1. Stammkapital und Stammeinlage	14
b) Die Gesellschafterliste	9	2. Geschäftsführerbestellung und Anmeldungsvoraussetzungen	16
c) Bare Zuzahlungen	10	3. Haftung vor Eintragung	17
III. Nicht anwendbare Vorschriften des UmwG	11		

Literatur: *Ihrig,* Gläubigerschutz in der Kapitalaufbringung bei Verschmelzung und Spaltung nach neuem Umwandlungsrecht, GmbHR 1995, 622; *D. Mayer,* Erste Zweifelsfragen bei der Unternehmensspaltung, DB 1995, 861.

I. Allgemeines

1. Verhältnis zum früheren Recht

Die Norm regelt die Verschmelzung durch Neugründung unter Beteiligung mindestens 1
einer GmbH sowie die Verschmelzung von Rechtsträgern beliebiger Rechtsform zur Errichtung einer GmbH. Die Norm verweist auf die Vorschriften des Ersten Unterabschnitts, also §§ 46 ff. (mit Ausnahme der §§ 51, 52 Abs. 1, 53, 54 Abs. 1 bis 3 sowie von § 55). Funktional entspricht die Norm § 32 Abs. 1 KapErhG. Das System der Einzelverweisung wurde insoweit durch eine **Generalverweisung** ersetzt. Ist die Zielgesellschaft eine GmbH, gilt ergänzend das Gründungsrecht der GmbH.

2. Inhalt und Zweck der Norm

§§ **36 bis 38** normieren für alle vom UmwG erfassten Rechtsträger einen **allgemeinen** 2
Teil über die Verschmelzung durch Neugründung. § 56 enthält insoweit eine ergänzende Regelung für Verschmelzungen durch Neugründung unter Beteiligung von GmbH. Die Regelungstechnik ist an § 36 angelehnt: § 36 verweist für die Verschmelzung durch Neugründung allgemein auf die Vorschriften des Zweiten Abschnitts, also die Bestimmungen über die Verschmelzung durch Aufnahme und macht hiervon enumerativ Ausnahmen. § 56 verweist gleichfalls auf die Vorschriften des Ersten Unterabschnitts, somit die Bestimmungen über Verschmelzungen durch Aufnahme unter Beteiligung von GmbH[1], und nimmt hiervon Einzelne ausdrücklich erwähnte Normen aus.

Die für die GmbH als Überträgerin geltenden Normen der §§ **46 bis 55** greifen auch im 3
Fall der Verschmelzung durch Neugründung für alle hieran beteiligten GmbH ein, soweit § 56 die Normen nicht ausdrücklich für unanwendbar erklärt. Auch wenn keiner der an der Verschmelzung beteiligten alten Rechtsträger in der Rechtsform der GmbH verfasst ist, sind die für eine GmbH als übernehmende Gesellschaft geltenden und kraft der Verweisung gem. § 56 anzuwendenden Vorschriften entsprechend heranzuziehen, falls die bei der Verschmelzung durch Neugründung errichtete Zielgesellschaft eine GmbH ist. Dies ergibt sich aus § 36 Abs. 1 Satz 2, wonach iRd. Anwendung der Vorschriften über die Verschmelzung durch Aufnahme der neue Rechtsträger an die Stelle des übernehmenden Rechtsträgers tritt.

§ 36 Abs. 2 ordnet ferner an, dass auf die Gründung des neuen Rechtsträgers die für des- 4
sen Rechtsform geltenden **Gründungsvorschriften anzuwenden** sind, soweit sich aus dem Gesetz nichts Gegenteiliges ergibt. Den Gründern stehen insoweit die übertragenden Rechtsträger gleich. Vorschriften, die für die Gründung eine Mindestzahl der Gründer vorschreiben, sind nicht anzuwenden. In diesem Zusammenhang sind auch die Vorschriften der

---

[1] §§ 46 bis 55.

II. Anwendbare Vorschriften des UmwG

1. Anwendung von Vorschriften auf eine übertragende GmbH

5 Ist eine **GmbH übertragende Rechtsträgerin**, finden die Vorschriften des § 47 (Übersendung der Verschmelzungsunterlagen), § 48 (Verschmelzungsprüfung auf Antrag eines Gesellschafters), § 49 (Einberufung der Gesellschafterversammlung, Auslegung von Bilanzunterlagen und erweitertes Auskunftsrecht) und § 50 (Mehrheitserfordernis beim Verschmelzungsbeschluss, Erfordernis der Individualzustimmung von betroffenen Sonderrechtsinhabern) entsprechende Anwendung[2].

2. Anwendung von Vorschriften auf die neue GmbH

6 Handelt es sich bei der **Zielgesellschaft** um eine **GmbH**, sind die folgenden Vorschriften des Ersten Unterabschnitts selbst dann anwendbar, wenn keiner der übertragenden Rechtsträger als GmbH verfasst ist.

7 **a) Inhalt des Verschmelzungsvertrags.** Nach dem Wortlaut der Norm ist § 46 uneingeschränkt anwendbar. Indes kann § 46 Abs. 3 im Fall der Verschmelzung durch Neugründung schon deshalb nicht eingreifen, weil es in dieser Konstellation keine schon vorhandenen Geschäftsanteile der übernehmenden Gesellschafter geben kann. § 46 ist somit nur hinsichtlich seiner Absätze 1 und 2 entsprechend anwendbar[3].

8 Aus der entsprechenden Anwendung von § 46 Abs. 1 folgt, dass der Verschmelzungsvertrag oder sein Entwurf für jeden Anteilsinhaber eines übertragenden Rechtsträgers den Nennbetrag des Geschäftsanteils zu bestimmen hat, den die neue GmbH ihm zu gewähren hat. Soweit § 35 nicht eingreift, ist eine **namentliche Zuordnung** erforderlich[4]. Auch insoweit kann der Nennbetrag der Geschäftsanteile der neuen GmbH abweichend vom Nennbetrag der Anteile am übertragenden Rechtsträger bzw. dem rechnerisch auf die (Kommandit-)Aktien entfallenden Anteil am Grundkapital einer übertragenden AG bzw. KGaA bemessen werden. § 46 Abs. 1 Satz 2 hat lediglich klarstellenden Charakter und kann nicht als Basis für einen Umkehrschluss herangezogen werden[5]. Auch im Fall der Verschmelzung durch Neugründung muss der Nennbetrag des Geschäftsanteils nur € 50 betragen und lediglich durch 10 teilbar sein. Die durch § 46 Abs. 1 Satz 3 normierten Erleichterungen gegenüber den allgemeinen GmbH-rechtlichen Vorschriften greifen also auch im Fall der Verschmelzung durch Neugründung ein. Ferner gilt auch im Fall der Verschmelzung durch Neugründung der verschmelzungsspezifische Grundsatz, dem zufolge Anteilsinhaber, die an einem übertragenden Rechtsträger mit mehreren Anteilen beteiligt waren, eine entsprechende Anzahl von Geschäftsanteilen erhalten müssen[6]. § 46 Abs. 2 ist im Fall der Verschmelzung durch Neugründung nur sinngemäß anwendbar, weil die zu gewährenden Geschäftsanteile nicht im Wege der Kapitalerhöhung geschaffen werden. Diese sinngemäße Anwendung bedeutet, dass Sonderrechte und Sonderpflichten für einzelne Gesellschafter der durch Verschmelzung errichteten GmbH, die nicht für alle Anteilsinhaber der übertragenden Rechtsträger in gleicher

---

[2] *Winter* in Lutter Rn 9; *Mayer* in Widmann/Mayer Rn 7; *Kallmeyer* in Kallmeyer Rn 1.
[3] *Winter* in Lutter Rn 11; *Kallmeyer* in Kallmeyer Rn 2; *Mayer* in Widmann/Mayer Rn 7.
[4] Siehe § 46 Rn 2; zum alten Recht *Dehmer*[1] § 21 KapErhG Rn 7.
[5] *Winter* in Lutter Rn 11; *Kallmeyer* in Kallmeyer § 46 Rn 3; siehe § 46 Rn 6.
[6] *Winter* in Lutter Rn 11; *Mayer* in Widmann/Mayer § 36 Rn 72; siehe § 46 Rn 9.

Weise gelten, nicht nur der Verankerung in der Satzung, sondern auch der ausdrücklichen Festlegung im Verschmelzungsvertrag bedürfen[7].

b) Die Gesellschafterliste. Der Anmeldung der neuen Gesellschaft ist eine **Gesellschafterliste** beizufügen, in der sämtliche Anteilsinhaber der übertragenden Rechtsträger aufzuführen sind, die mit Eintragung in das Register der neuen Gesellschaft deren Gesellschafter werden[8]. Bei einer Verschmelzung durch Neugründung handelt es sich jedoch nicht um eine berichtigte Gesellschafterliste gem. § 40 GmbHG, da für die neu gegründete Gesellschaft noch keine Gesellschafterliste besteht. § 52 Abs. 2 UmwG ist daher bei einer Verschmelzung durch Neugründung so zu verstehen, dass eine Gesellschafterliste gem. § 36 Abs. 2 Satz 1 iVm. § 8 Abs. 1 Nr. 3 GmbHG eingereicht werden muss[9].

c) Bare Zuzahlungen. Aus der entsprechenden Anwendbarkeit von § 54 Abs. 4 folgt, dass auch im Fall der Verschmelzung durch Neugründung **bare Zuzahlungen** im Verschmelzungsvertrag festgesetzt werden dürfen. Aus dem auch hierbei zu beachtenden Verbot der Unterpari-Emission folgt, dass das Stammkapital der neuen Gesellschaft zzgl. etwaiger barer Zuzahlungen das Reinvermögen aller übertragenden Rechtsträger nicht übersteigen darf. Die grundsätzlich zulässigen Zuzahlungen sind insoweit beschränkt, als sie 10% des Stammkapitals der neuen Gesellschaft und 10% des Gesamtnennbetrags der den Anteilsinhabern jedes einzelnen übertragenden Rechtsträgers gewährten Geschäftsanteile nicht übersteigen dürfen[10].

III. Nicht anwendbare Vorschriften des UmwG

§ 56 erklärt u. a. **§ 51** für nicht anwendbar. Für Abs. 1 Satz 1 und 2 überzeugt dies, weil die Zielgesellschaft durch die Verschmelzung neu gegründet wird und die auf ihr Kapital zu leistenden Einlagen durch den Vermögensübergang bewirkt werden. Daher kann es im Zeitpunkt der Beschlussfassung über die Verschmelzung idR keine offenen Einlageforderungen der übernehmenden Gesellschaft geben. Rechtspolitisch kaum überzeugen kann hingegen die Nichtanwendung von § 51 Abs. 1 Satz 3. Etwa bestehende Einlageforderungen der übertragenden GmbH gehen auf die neue GmbH über. Für diese Einlagen haften alle Gesellschafter der neuen Gesellschaft[11]. Im Fall der Verschmelzung durch Aufnahme führt diese Ausfallhaftung zu einem Zustimmungserfordernis. Es ist daher nicht einsichtig, weshalb ein solches Zustimmungserfordernis im Fall der Verschmelzung durch Neugründung nicht bestehen soll[12]. Auch die Nichtanwendung von § 51 Abs. 2 vermag nicht vollauf zu überzeugen: Es ist kaum einsichtig, weshalb ein Zustimmungserfordernis des Aktionärs nur im Fall der Verschmelzung durch Aufnahme, nicht aber im Fall der Verschmelzung durch Neugründung gegeben sein soll.

Rechtspolitisch überzeugend ist hingegen die Nichtanwendung der §§ 53, 54 Abs. 1 bis 3 und 55, da eine Kapitalerhöhung, wie sie Gegenstand dieser Regelungen ist, im Fall der Verschmelzung durch Neugründung unterbleibt.

---

[7] *Winter* in Lutter Rn 11.
[8] Gem. § 52 Abs. 2; *Winter* in Lutter Rn 12.
[9] So auch *Mayer* in Widmann/Mayer Rn 7 und *Kallmeyer* in Kallmeyer Rn 4.
[10] *Winter* in Lutter Rn 13; *Kallmeyer* in Kallmeyer Rn 5; *Mayer* in Widmann/Mayer Rn 7; vgl. zum alten Recht: *Schilling/Zutt* in Hachenburg⁷ Anh. II zu § 77 GmbHG, § 32 VerschmG Rn 12.
[11] Gem. § 24 GmbHG.
[12] Zutreffend *Winter* in Lutter Rn 14; *Kallmeyer* in Kallmeyer Rn 3 hält die §§ 51 Abs. 1 Satz 3 und Abs. 2 deshalb sogar gegen den Wortlaut des § 56 für anwendbar.

IV. Entsprechende Anwendung des GmbH-Gründungsrechts

13 § 36 Abs. 2 ordnet die ergänzende Anwendung der GmbH-rechtlichen Gründungsvorschriften an, soweit sich aus dem UmwG nichts Gegenteiliges ergibt[13]. An dieser Stelle sollen nur einige von obiger Kommentierung abweichende bzw. ergänzende Anmerkungen gemacht werden:

1. Stammkapital und Stammeinlage

14 § 5 Abs. 2 GmbHG wird von dem verschmelzungsspezifischen Grundsatz verdrängt, wonach grundsätzlich jeder Anteilsinhaber des übertragenden Rechtsträgers ebenso viele Geschäftsanteile erhalten muss, wie er Anteile am übertragenden Rechtsträger besaß[14].

15 § 5 Abs. 3 GmbHG ist in Satz 1 und 3 entsprechend anwendbar. Der Betrag der Stammeinlagen kann für die einzelnen übertragenden Rechtsträger somit verschieden bestimmt werden[15]. Der Gesamtbetrag der Stammeinlagen muss mit dem Stammkapital übereinstimmen[16].

2. Geschäftsführerbestellung und Anmeldungsvoraussetzungen

16 § 6 GmbHG ist grundsätzlich entsprechend anwendbar. Allerdings wird eine im Verschmelzungsvertrag vorgenommene **Geschäftsführerbestellung** nur mit Zustimmung der Anteilsinhaber aller übertragenden Rechtsträger wirksam[17]. Die zum alten Recht überwiegend vertretene Meinung[18], die Geschäftsführerbestellung könne auch nach Eintragung der neuen GmbH durch deren Gesellschafter erfolgen[19], vermag deshalb nicht zu überzeugen, weil der Registerrichter eine GmbH, die mangels eines gesetzlichen Vertretungsorgans handlungsunfähig ist, nicht durch Eintragung zur Entstehung bringen darf. Auch bei der Verschmelzung durch Neugründung ist die Geschäftsführerbestellung deshalb Eintragungsvoraussetzung[20]. Folgt man dieser Auffassung, so ist auch § 8 Abs. 1 Nr. 2 und Abs. 3 bis 5 GmbHG anwendbar[21]. Eine entsprechende Anwendung von § 8 Abs. 1 Nr. 1, 3, 5 und 6 GmbHG scheitert hingegen an der Verdrängung durch verschmelzungsspezifische Spezialregeln[22].

3. Haftung vor Eintragung[23]

17 Wenig diskutiert ist die Frage, ob die Gesellschafter der neuen GmbH eine **Unterbilanzhaftung** treffen kann, wenn im „Gründungsstadium" Verluste angelaufen sind, aufgrund derer das Reinvermögen der Gesellschaft im Zeitpunkt der Eintragung den Betrag des sta-

---

[13] Vgl. ausf. § 36 Rn 29 ff.
[14] *Winter* in Lutter Rn 22; aA *Bärwaldt* § 36 Rn 34 und offenbar *Mayer* DB 1995, 861, 863 bezogen auf die Spaltung zur Neugründung, allerdings unter Hinweis auf § 128; jetzt wie hier: *ders.* in Widmann/Mayer § 36 Rn 72; vgl. zum alten Recht *Schilling/Zutt* in Hachenburg[7] § 32 VerschmG Rn 21.
[15] § 5 Abs. 3 Satz 1 GmbHG.
[16] § 5 Abs. 3 Satz 3 GmbHG.
[17] § 59 Satz 2 analog.
[18] *Schilling/Zutt* in Hachenburg[7] § 32 KapErhG Rn 23; *Dehmer*[1] § 32 KapErhG Anm. 8.
[19] *Schilling/Zutt* in Hachenburg[7] § 32 KapErhG Rn 23; *Zimmermann* in Rowedder Anh. § 77 GmbHG Rn 83; *Dehmer*[1] § 32 KapErhG Anm. 8.
[20] Siehe § 59 Rn 9 f.; § 36 Rn 36; *Winter* in Lutter Rn 23; *Winter* in Lutter § 59 Rn 6; *Zimmermann* in Kallmeyer § 59 Rn 8.
[21] *Winter* in Lutter § 56 Rn 25.
[22] § 17 Abs. 1, § 52 Abs. 2; aA bzgl. § 8 Abs. 1 Nr. 3 und 6: *Bärwaldt* § 36 Rn 41: Nr. 3 und 6 anwendbar.
[23] Zur Haftung für den Zeitraum bis zur Eintragung und zur entsprechenden Anwendung von § 11 GmbHG vgl. § 36 Rn 42.

tutarischen Stammkapitals unterschreitet[24]. Denkbar ist diese Situation, wenn von der neuen GmbH in deren Namen vor der Eintragung Rechtsgeschäfte abgeschlossen wurden und daraus Verluste resultieren, die nicht durch stille Reserven im Vermögen der übertragenden Gesellschaft kompensiert werden[25]. In diesem Fall spricht nichts dagegen, die allgemeinen Grundsätze der Unterbilanzhaftung auch auf die Verschmelzung durch Neugründung anzuwenden[26]. Fraglich ist nur, ob die unbeschränkte Innenhaftung (pro rata) die nach § 36 Abs. 2 Satz 2 als Gründer auftretenden übertragenden Rechtsträger trifft[27] oder ob nicht die an den Rechtsträgern beteiligten Gesellschafter haften sollen. Letzteres ist anzunehmen: Wer Anteile an einer Kapitalgesellschaft erwirbt, tritt in die mit dem Anteil verbundene Haftung auf Kapitaldeckung ein, gleich, ob man den Fall der Verschmelzung als originären Anteilserwerb sieht oder als derivativen Erwerb von dem jeweils als Gründer auftretenden übertragenden Rechtsträger[28]. Auch Ansprüche aus Unterbilanzhaftung gehören zu den rückständigen Leistungen iSv. § 16 Abs. 3 GmbHG[29].

§ 57 Inhalt des Gesellschaftsvertrags

In den Gesellschaftsvertrag sind Festsetzungen über Sondervorteile, Gründungsaufwand, Sacheinlagen und Sachübernahmen, die in den Gesellschaftsverträgen, Partnerschaftsverträgen oder Satzungen übertragender Rechtsträger enthalten waren, zu übernehmen.

Übersicht

	Rn		Rn
I. Allgemeines	1	1. AG als übertragender Rechtsträger	5
1. Verhältnis zum früheren Recht	1	2. GmbH	8
2. Inhalt und Zweck	2	3. Sonstige Rechtsträger	11
II. Zu übernehmende Festsetzungen	5	III. Rechtsfolgen eines Verstoßes	12

I. Allgemeines

1. Verhältnis zum früheren Recht

Die Vorschrift **entspricht** inhaltlich dem bereits vor der Novelle geltenden § 32 Abs. 3 Satz 2 KapErhG. **1**

2. Inhalt und Zweck der Norm

Ursprüngliche Festsetzungen über Sondervorteile, Gründungsaufwand, Sacheinlagen und Sachübernahmen, die in Gesellschaftsverträgen oder Satzungen der übertragenden Rechtsträger enthalten waren, sind in der Satzung der neu zu gründenden GmbH zu wiederholen. Aufgenommen werden müssen **nur historische Festsetzungen**, die für die Statuten **2**

---

[24] Vgl. hierzu *Ihrig* GmbHR 1995, 622; *Winter* in Lutter Rn 30; *K. Schmidt* in Scholz § 11 GmbHG Rn 125.
[25] AA *Ihrig* GmbHR 1995, 622, 636 mit dem Hinweis, dass die bereits vor Eintragung der neuen Gesellschaft bestellten Organe mangels jeglichen Handlungsauftrags und mangels jeglicher Handlungsnotwendigkeit keine Vertretungsmacht für die (Vor-)Gesellschaft hätten; wie hier: *Winter* in Lutter Rn 30.
[26] *Mayer/Rieger* in Widmann/Mayer § 36 Rn 131.2.
[27] So *Mayer/Rieger* in Widmann/Mayer § 36 Rn 131.2.
[28] So auch *Ihrig* GmbHR 1995, 622, 634.
[29] *Lutter/Bayer* in Lutter/Hommelhoff § 16 GmbHG Rn 17.

der übertragenden Rechtsträger obligatorisch waren[1]. Vom Anwendungsbereich der Norm nicht umfasst sind Neuregelungen über Sondervorteile, Gründungsaufwand, Sacheinlagen und Sachübernahmen, die anlässlich der Verschmelzung durch Neugründung einer GmbH getroffen werden und sich damit nur auf die neue Gesellschaft beziehen[2]. Insoweit enthält § 36 Abs. 2 Satz 1 für eine GmbH als Übernehmer eine pauschale Verweisung auf die geltenden Gründungsvorschriften nach dem GmbH-Gesetz, soweit sich nicht aus den besonderen Vorschriften der §§ 2 bis 38 sowie 46 bis 59 UmwG etwas anderes ergibt[3].

3   Zu beachten ist, dass mit dem Verweis auf § 5 Abs. 4 Satz 1 GmbHG das Vermögen der übertragenden Rechtsträger als Sacheinlage in die Satzung der neuen GmbH aufzunehmen ist, da eine Verschmelzung durch Neugründung als **Sachgründung** behandelt wird[4]. Die Bestimmung verlangt für den Satzungsinhalt der neu gegründeten GmbH neben der Erfüllung der allgemeinen Gründungserfordernisse für die GmbH zusätzlich die Aufnahme der genannten besonderen Festsetzungen. Mit deren Übernahme soll gewährleistet werden, dass sich aus den Festsetzungen ergebende Rechte erhalten und in gleichem Maße offen gelegt bleiben, wie es auch ohne Verschmelzung der übertragenden Rechtsträger der Fall wäre[5]. Die Norm bezieht sich daher im Grundsatz auf übertragende Rechtsträger aller Rechtsformen[6].

4   Um Klarheit im Rechtsverkehr zu schaffen, sind die zu übernehmenden Festsetzungen üblicherweise in den Schlussbestimmungen der Satzung der neuen GmbH unter dem Titel „Weitergeltende Satzungsbestimmungen der sich vereinigenden Rechtsträger" zusammenzufassen[7]. Die Aufnahme von Festsetzungen in die Satzung der neuen GmbH ist **überflüssig**, wenn die für den übertragenden Rechtsträger geltenden Beibehaltungsfristen im Zeitpunkt der Verschmelzungseintragung bereits abgelaufen sind[8]. Der Lauf der Beibehaltungsfrist beginnt mit dem Zeitpunkt der Eintragung des übertragenden Rechtsträgers in das für ihn zuständige Register[9]. Besteht die Fortschreibungspflicht nach dem für die übertragenden Rechtsträger geltenden Recht nicht mehr, entfällt die Gefahr einer Umgehung dieser Vorschriften im Zuge einer Verschmelzung durch Neubildung[10]. Besteht die Pflicht fort, geht mit der in § 57 vorgeschriebenen Übernahme in die Satzung der neuen GmbH auch die Frist auf den Übernehmer über. Die Beibehaltungsfristen laufen mithin nicht neu an, es bleibt vielmehr bei dem bisherigen Fristende[11].

II. Zu übernehmende Festsetzungen

1. AG als übertragender Rechtsträger

5   In der **Satzung** einer übertragenden AG bedarf es nach dem für sie geltenden Gründungsrecht der Angabe von aus Anlass der Gründung eingeräumten Sondervorteilen[12], einer er-

---

[1] *Kallmeyer* in Kallmeyer Rn 1.
[2] Vgl. *Winter* in Lutter Rn 1; *Bermel* in Goutier/Knopf/Tulloch Rn 5.
[3] *Mayer* in Widmann/Mayer Rn 4.
[4] Vgl. *Bermel* in Goutier/Knopf/Tulloch Rn 5.
[5] Vgl. hierzu auch *Winter* in Lutter Rn 1; *Mayer* in Widmann/Mayer Rn 3; *Bermel* in Goutier/Knopf/Tulloch Rn 2.
[6] Zutreffend *Mayer* in Widmann/Mayer Rn 6.
[7] Vgl. *Winter* in Lutter Rn 5; *Mayer* in Widmann/Mayer Rn 9.1.
[8] *Winter* in Lutter Rn 6.
[9] *Winter* in Lutter Rn 1; für die AG vgl. *Grunewald* in G/H/E/K § 353 AktG Rn 15; *Kraft* in Kölner Komm. § 353 AktG Rn 13; für die GmbH vgl. *Hueck/Fastrich* in Baumbach/Hueck § 5 GmbHG Rn 49 mwN.
[10] *Winter* in Lutter Rn 1.
[11] *Winter* in Lutter Rn 6.
[12] Vgl. § 26 Abs. 1 Satz 1 AktG.

folgten Übernahme des Gründungsaufwands durch die Gesellschaft[13] sowie von vereinbarten Sacheinlagen[14] und Sachübernahmen[15].

Die Festsetzungen in der Satzung der AG können, auch wenn sie vollzogen bzw. gegenstandslos geworden sind, erst gelöscht werden, wenn 30 Jahre nach Eintragung der AG ins Handelsregister und zusätzlich mindestens fünf Jahre seit dem Wegfall der aus den Festsetzungen resultierenden Verpflichtungen verstrichen sind[16]. Sind diese **Löschungsvoraussetzungen** erfüllt, erübrigt sich auch die Übernahme in die Satzung der neuen GmbH.

Mit der Fortschreibung nur noch historischer Festsetzungen, wie sie die §§ 26 Abs. 4 und 5, 27 Abs. 5 AktG vorsehen, sollen Gläubiger und Aktionäre durch Information vor potenziell gefährlichen Abreden geschützt werden[17]. Die Vorschriften gelten bei der neuen GmbH für die übernommenen Satzungsfestsetzungen weiter[18]. § 57 dient damit dem Schutz vor einer Aushebelung und Umgehung dieser **aktienrechtlichen Schutzvorschriften** durch Verschmelzung auf einen neuen Rechtsträger.

2. GmbH

Auch bei einer GmbH müssen Festsetzungen über Sondervorteile, die Übernahme des Gründungsaufwands sowie Sacheinlagen und Sachübernahmen in der Satzung verlautbart werden[19]. Dies ergibt sich für Sacheinlagen ausdrücklich aus § 5 Abs. 1 Satz 4 GmbHG[20], wobei GmbH-rechtliche Sachübernahmen entsprechend behandelt werden[21]. Fehlt eine solche gesetzliche Regelung auch für eingeräumte Sondervorteile und von der Gesellschaft übernommenen Gründungsaufwand, müssen dennoch nach allgM solche Festsetzungen ebenfalls in der Satzung der GmbH angegeben werden[22]. Insoweit kann für zugesagte Sondervorteile analog auf § 26 Abs. 1 AktG[23] sowie für den Gründungsaufwand auf die entsprechende Anwendung des § 26 Abs. 2 AktG[24] zurückgegriffen werden.

Die **Beibehaltungsfrist** für Festsetzungen über Sacheinlagen sowie Sachübernahmen und die Übernahme von Gründungsaufwand durch die GmbH beträgt fünf Jahre ab Eintragung der Gesellschaft im Handelsregister[25]. Entsprechende Bestimmungen müssen

---

[13] § 26 Abs. 2 AktG.
[14] Vgl. § 27 Abs. 1 Satz 1 1. Fall AktG.
[15] Vgl. § 27 Abs. 1 Satz 1 2. Fall AktG.
[16] Vgl. § 26 Abs. 5 und § 27 Abs. 5 AktG; für Änderungen, die keine Beseitigung bedeuten, gilt eine Sperrfrist von fünf Jahren seit Eintragung der AG im Handelsregister, vgl. §§ 26 Abs. 4, 27 Abs. 4 AktG; vgl. zur Abgrenzung *Hüffer* § 26 AktG Rn 9 und 10.
[17] *Hüffer* § 26 AktG Rn 1, 10; *Winter* in Lutter Rn 2.
[18] *Kallmeyer* in Kallmeyer Rn 1.
[19] *Winter* in Lutter Rn 3; vgl. auch BGHZ 107, 1; *Hueck/Fastrich* in Baumbach/Hueck § 5 GmbHG Rn 57 mwN; aA *Kallmeyer* in Kallmeyer Rn 2, der hinsichtlich Sondervorteilen von der Möglichkeit einer Gewährung solcher auch ohne Festsetzung in der Satzung ausgeht.
[20] Vgl. *Ulmer* in Hachenburg § 5 GmbHG Rn 112 ff.; *H. Winter* in Scholz § 5 GmbHG Rn 86 ff.
[21] Zur Unterscheidung des aktienrechtlichen und des GmbH-rechtlichen Begriffs der Sachübernahme vgl. BGHZ 28, 314, 318 f.; *Hüffer* § 27 AktG Rn 5; *Ulmer* in Hachenburg § 5 GmbHG Rn 97; *Hueck/Fastrich* in Baumbach/Hueck § 5 GmbHG Rn 16.
[22] Vgl. *Ulmer* in Hachenburg § 5 GmbHG Rn 178 für Sondervorteile sowie Rn 185 für Gründungsaufwand; *Hueck/Fastrich* in Baumbach/Hueck § 5 GmbHG Rn 57 mwN.
[23] *Ulmer* in Hachenburg § 5 GmbHG Rn 178.
[24] BGH ZIP 1989, 448, 450.
[25] Diese zeitliche Begrenzung gilt nach allgM trotz Fehlens einer ausdrücklichen gesetzlichen Regelung, vgl. *Winter* in Lutter Rn 3; *Mayer* in Widmann/Mayer Rn 8; *Ulmer* in Hachenburg § 5 GmbHG Rn 114; *H. Winter* in Scholz § 5 GmbHG Rn 86; *Hueck/Fastrich* in Baumbach/Hueck § 5 GmbHG Rn 49 mwN; aA für eine analoge Anwendung der §§ 26 Abs. 5, 27 Abs. 5 AktG, *Emmerich* in Scholz § 3 GmbHG Rn 31; *LG Hamburg* GmbHR 1968, 207, 208; vgl. auch *Bermel* in Goutier/Knopf/Tulloch § 57 Rn 4.

nach Ablauf dieser Frist nicht mehr in die Satzung der neuen GmbH übernommen werden. Festsetzungen über Sondervorteile können bereits mit deren Wegfall gelöscht werden und sind insofern nicht an starre Fristen gebunden[26].

10 Stets **zu unterscheiden** ist zwischen der Übernahme alter Festsetzungen einer übertragenden GmbH einerseits und solchen Festsetzungen, die anlässlich der Verschmelzung bei der neuen GmbH originär begründete Rechte und getroffene Vereinbarungen über Sachvorteile, Gründungsaufwand, Sacheinlagen und -übernahmen betreffen. Diese richten sich nach allgemeinen Grundsätzen des GmbH-Rechts[27].

3. Sonstige Rechtsträger

11 Da das geltende Recht für andere Rechtsträger, wie etwa Genossenschaften, Personengesellschaften, Partnerschaftsgesellschaften sowie eingetragene Vereinen keine statutarische Verlautbarung von Sacheinlagen und -übernahmen, Sondervorteilen und Gründungsaufwand vorsieht, kommt § 57 **insoweit** nicht zur Anwendung. Dies bedeutet nicht, dass die Norm auf andere Rechtsträger im Grundsatz nicht anwendbar wäre[28]. Er ist indes für andere Rechtsträger, in deren Statuten die in § 57 abschließend genannten Festsetzungen nicht zwingend festzuschreiben sind, nicht relevant[29].

III. Rechtsfolgen eines Verstoßes

12 Werden einzelne Feststellungen aus den Statuten der übertragenden Rechtsträger entgegen § 57 nicht in die Satzung der neuen GmbH übernommen, ist dies durch das Registergericht zu beanstanden[30]. Kommt es dennoch zu einer Eintragung ohne Übernahme der Festsetzungen, bleiben **noch nicht erfüllte Verpflichtungen** aus der Übernahme des Gründungsaufwands sowie Ansprüche auf Leistung der Sacheinlage weiterhin bestehen. Sie gehen auf die neue GmbH über[31]. Die Gesellschafter der neuen Gesellschaft trifft mithin dieser gegenüber die Verpflichtung zum Ersatz ausstehender Gründungskosten des übertragenden Rechtsträgers und die Verpflichtung zur Erfüllung unerledigter Sacheinlageversprechen[32]. Werden alte Sondervorteile in der Satzung der neuen GmbH nicht aufgenommen, gehen die für Anteilsinhaber oder Dritte begründeten Rechte beim übertragenden Rechtsträger unter[33]. Handelt es sich hingegen um nur noch historische Festsetzungen, die aufgrund der Erfüllung von Ansprüchen auf Übernahme des Gründungsaufwands oder auf Leistung der Sacheinlage bzw. -übernahme gegenstandslos sind, zieht die Nichtberücksichtigung in der neuen Satzung keine zivilrechtlichen Folgewirkungen nach sich[34].

---

[26] *Ulmer* in Hachenburg § 5 GmbHG Rn 182; *Winter* in Lutter Rn 3.
[27] *Mayer* in Widmann/Mayer Rn 8.
[28] Zutreffend *Mayer* in Widmann/Mayer Rn 13; aA *Kallmeyer* in Kallmeyer Rn 3.
[29] Vgl. *Winter* in Lutter Rn 4 mit Hinweis auf die fehlende Sacheinlagenmöglichkeit bei Genossenschaften; siehe auch *Kallmeyer* in Kallmeyer Rn 3, der auf die fehlende Bedeutung für Personenhandelsgesellschaften hinweist.
[30] Vgl. *Mayer* in Widmann/Mayer Rn 19; für eine sofortige Ablehnung der Eintragung und gegen den Erlass einer Zwischenverfügung *Winter* in Lutter Rn 8.
[31] *Mayer* in Widmann/Mayer Rn 20.
[32] Vgl. *Mayer* in Widmann/Mayer Rn 20.
[33] Vgl. *Mayer* in Widmann/Mayer Rn 14; *Stratz* in Schmitt/Hörtnagl/Stratz Rn 2; siehe auch *Winter* in Lutter Rn 8, der lediglich noch nicht vollständig erfüllte schuldrechtliche Vereinbarungen, die zur Einräumung der in der Satzung lediglich verlautbarten Sondervorteile beschlossen wurden, mit Wirkung *ex nunc* unwirksam werden lassen möchte, mit Hinweis auf die zu § 32 Abs. 2 Satz 3 KapErhG überwiegend vertretene Ansicht, dass auf den Bestimmungen beruhende Ansprüche von Gesellschaftern oder Dritten ohne Aufnahme in die neue Satzung untergehen. AA *Bermel* in Goutier/Knopf/Tulloch Rn 3, der die Erhaltung von Sondervorteilen annimmt.
[34] Vgl. *Winter* in Lutter Rn 8; *Mayer* in Widmann/Mayer Rn 20; *Stratz* in Schmitt/Hörtnagl/Stratz Rn 2.

Enthalten bereits die ursprünglichen Bestimmungen in den Statuten der übertragenden Rechtsträger Mängel, sei es weil sie unvollständig oder unzutreffend sind, kann auch eine nun erfolgende Aufnahme in die Satzung der neuen GmbH **keine Heilung** der Mängel herbeiführen. Fehlen Angaben über beabsichtigte bzw. getätigte Sacheinlagen oder über die Übernahme von Gründungsaufwand durch die Gesellschaft, bleiben die Gesellschafter auch trotz Aufnahme der entsprechenden Vereinbarung in die Satzung der neuen GmbH zur Geldleistung weiterhin verpflichtet[35]. Ursprünglich nicht ordnungsgemäß verlautbarte Sondervorteile können hingegen durch Aufnahme in die Satzung der neuen GmbH mit Wirkung für die Zukunft im Verhältnis zu der neuen Gesellschaft wirksam begründet werden[36]. 13

§ 58 Sachgründungsbericht

(1) In dem Sachgründungsbericht (§ 5 Abs. 4 des Gesetzes betreffend die Gesellschaften mit beschränkter Haftung) sind auch der Geschäftsverlauf und die Lage der übertragenden Rechtsträger darzulegen.

(2) Ein Sachgründungsbericht ist nicht erforderlich, soweit eine Kapitalgesellschaft oder eine eingetragene Genossenschaft übertragender Rechtsträger ist.

Übersicht

	Rn		Rn
I. Allgemeines	1	1. Berichtspflichtige Personen	4
1. Verhältnis zum früheren Recht	1	2. Berichtsinhalt	6
2. Inhalt und Zweck der Norm	2	III. Entbehrlichkeit des Sachgründungsberichts (Abs. 2)	11
II. Erfordernis des Sachgründungsberichts (Abs. 1)	4		

Literatur: *Ihrig*, Gläubigerschutz in der Kapitalaufbringung bei Verschmelzung und Spaltung nach neuem Umwandlungsrecht, GmbHR 1995, 622; *Mayer*, Erste Zweifelsfragen bei der Unternehmensspaltung, DB 1995, 861.

I. Allgemeines

1. Verhältnis zum früheren Recht

Die Vorschrift ist neu eingefügt. Sie orientiert sich inhaltlich am Vorbild des § 56 d UmwG aF, der allerdings nur die Umwandlung eines einzelkaufmännischen Unternehmens in eine GmbH betraf[1]. 1

2. Inhalt und Zweck der Norm

Abs. 1 enthält zusätzliche Anforderungen für den Inhalt eines Sachgründungsberichts, der für den bei einer Verschmelzung neu zu gründenden Rechtsträger aufzustellen ist. Das Erfordernis eines Sachgründungsberichts ergibt sich bei einer Verschmelzung durch Neugründung einer GmbH aus der Verweisung des § 36 Abs. 2 Satz 1 auf § 5 Abs. 4 Satz 2 GmbHG. Ergänzend zu den dort genannten obligatorischen Angaben verlangt Abs. 1 die Darlegung des Geschäftsverlaufs und die Lage der übertragenden Rechtsträger. 2

---

[35] Vgl. *Ulmer* in Hachenburg § 5 GmbHG Rn 84, 131, 134; *H. Winter* in Scholz § 5 GmbHG Rn 97 a; *Lutter/Bayer* in Lutter/Hommelhoff § 5 GmbHG Rn 31; *Winter* in Lutter Rn 7.
[36] *Winter* in Lutter Rn 7; *Mayer* in Widmann/Mayer Rn 9.1.
[1] Vgl. RegBegr. *Ganske* S. 105.

§ 58 3–6

3 Nach Abs. 2 ist ein Sachgründungsbericht allerdings entbehrlich, wenn eine Kapitalgesellschaft oder eine eingetragene Genossenschaft übertragender Rechtsträger ist. Damit wird dem Umstand Rechnung getragen, dass das Organisationsrecht dieser Rechtsträger eine Sicherung der Kapitalaufbringung durch gerichtliche oder sachverständige Prüfung vorsieht. Die Werthaltigkeit der in Form des Vermögens der übertragenden Rechtsträger in die neue GmbH eingebrachten Sacheinlagen erscheint mit den für diese Rechtsträger existierenden Kapitalaufbringungs- und Kapitalerhaltungsvorschriften hinreichend gesichert[2]. Ist die Aufbringung und Erhaltung des Kapitals beim übertragenden Rechtsträger nicht in gleicher Weise gesetzlich vorgesehen, wie etwa bei Personenhandelsgesellschaften und eingetragenen Vereinen, muss ein Sachgründungsbericht mit dem erweiterten Inhalt nach Abs. 1 zur Sicherung der Werthaltigkeit der Sacheinlage in Form des Vermögens des übertragenden Rechtsträgers aufgestellt werden. Der umfassende Sachgründungsbericht soll dem Gericht die Prüfung der Werthaltigkeit des übertragenen Vermögens erleichtern und einen angemessenen Gläubigerschutz gewährleisten[3].

II. Erfordernis des Sachgründungsberichts (Abs. 1)

1. Berichtspflichtige Personen

4 Bei einer Verschmelzung zur Neugründung einer GmbH trifft die Berichtspflicht entgegen § 5 Abs. 4 Satz 2 GmbHG, der sämtliche Gründungsgesellschafter zur Erstattung eines Sachgründungsberichts verpflichtet[4], wegen § 36 Abs. 2 Satz 2 die übertragenden Rechtsträger selbst, die insoweit den Gründern gleichgestellt werden. Mitzuwirken haben sämtliche Mitglieder der Vertretungsorgane der beteiligten Rechtsträger[5]. Es reicht nicht aus, dass der Bericht lediglich durch Organmitglieder in vertretungsberechtigter Zahl unterzeichnet wird[6]. Dem steht die Strafbarkeitsregelung des § 82 Abs. 1 Nr. 2 GmbHG entgegen[7].

5 Der Sachgründungsbericht ist der Anmeldung der neuen GmbH zum Handelsregister beizufügen[8]. Er muss schriftlich erstellt[9] und von allen Organmitgliedern unterzeichnet werden. Da der Bericht weder Bestandteil des Gesellschaftsvertrags noch des Verschmelzungsvertrags oder Verschmelzungsbeschlusses ist, unterliegt er keinen weiteren Formerfordernissen[10]. Er bedarf zu seiner Erstellung auch keiner Mitwirkung der Geschäftsführer der neu gegründeten GmbH[11].

2. Berichtsinhalt

6 Gegenstand des Sachgründungsberichts sind alle Umstände, die für die Beurteilung der Werthaltigkeit des im Zuge der Gesamtrechtsnachfolge als Sacheinlage übergehenden Vermögens der übertragenden Rechtsträger von Bedeutung sind. Bei einer Verschmelzung zur Neugründung einer GmbH verlangt § 5 Abs. 4 Satz 2 GmbHG, der über die Verweisung

---

[2] Vgl. RegBegr. *Ganske* S. 105.
[3] Vgl. *Mayer* in Widmann/Mayer Rn 4.
[4] *Hueck/Fastrich* in Baumbach/Hueck § 5 GmbHG Rn 54; *H. Winter* in Scholz § 5 GmbHG Rn 99; *Ulmer* in Hachenburg § 8 GmbHG Rn 11.
[5] *Winter* in Lutter Rn 3.
[6] So aber *Mayer* in Widmann/Mayer Rn 5; *Kallmeyer* in Kallmeyer Rn 1; *Bermel* in Goutier/Knopf/Tulloch Rn 4.
[7] Vgl. zur Organhaftung bei einer juristischen Person als Gesellschafter *Kohlmann* in Hachenburg Vorb. § 82 GmbHG Rn 49.
[8] Vgl. § 36 Abs. 2 UmwG iVm. § 8 Abs. 1 Nr. 4 GmbHG.
[9] Vgl. hierzu § 126 Abs. 1 BGB; *Lutter* DB 1980, 1317, 1319; *Mayer* in Widmann/Mayer Rn 5; *Bermel* in Goutier/Knopf/Tulloch Rn 4.
[10] *Mayer* in Widmann/Mayer Rn 5.
[11] *Hueck/Fastrich* in Baumbach/Hueck § 5 GmbHG Rn 54; *Priester* DNotZ 1980, 515, 520; *Mayer* in Widmann/Mayer Rn 5.

des § 36 Abs. 2 UmwG Anwendung findet, daher auch, die für die Angemessenheit der Leistungen für Sacheinlagen wesentlichen Umstände darzulegen[12].

Wird ein Unternehmen in die neu gegründete GmbH eingebracht, was bei Verschmelzungen zur Neugründung regelmäßig der Fall ist, sind die Jahresergebnisse der übertragenden Rechtsträger für die beiden letzten vollen Geschäftsjahre mitzuteilen. Dies bedeutet, dass die jeweiligen Jahresüberschüsse oder Jahresfehlbeträge iSd §§ 266 Abs. 3 A V, 275 Abs. 2 Nr. 20 und Abs. 3 Nr. 19 HGB darzulegen sind[13]. Da der Bericht die Lage des Unternehmens bzw. den Zeitwert des Sacheinlagegegenstands[14] im Zeitpunkt der Anmeldung der neuen Gesellschaft zum Inhalt hat[15], sind länger zurückliegende Zeiträume aufgrund zu geringer Aussagekraft nicht mit einzubeziehen. Maßgeblicher Zeitpunkt für die Fristberechnung ist der Tag der Anmeldung der neuen GmbH[16]. Besteht das Unternehmen zu diesem Zeitpunkt noch keine zwei vollen Geschäftsjahre, sind die bisher erzielten Unternehmensergebnisse anzugeben[17], auf Zeiträume von weniger als einem vollen Geschäftsjahr ist hingegen wegen ihrer geringeren Aussagekraft nicht zurückzugreifen[18]. 7

Ergänzend zu diesen allgemeinen Anforderungen sieht Abs. 1 die Darstellung des Geschäftsverlaufs und der Lage der übertragenden Rechtsträger vor. Trotz Fehlens einer ausdrücklichen Fristenregelung wie in § 5 Abs. 4 Satz 2 GmbHG ist auch hier davon auszugehen, dass sich diese Angaben nur auf die beiden letzten Geschäftsjahre beziehen müssen[19]. Ein Rückgriff auf länger zurückliegende Zeiträume wäre nicht gerechtfertigt, da es um eine Werthaltigkeitskontrolle des Unternehmens des übertragenden Rechtsträger zum gegenwärtigen Zeitpunkt geht. Die Werthaltigkeit wird maßgeblich durch den nachhaltig erzielbaren Zukunftsertrag bestimmt[20]. Den Vergangenheitsergebnissen kommt indizielle Bedeutung iRd. Plausibilisierung des geplanten Zukunftserfolgs zu. Je weiter die Vergangenheitsergebnisse zurückliegen, desto weniger vermögen sie zur Plausibilisierung des erwarteten Zukunftserfolgs beizutragen. 8

Es ist demgegenüber auch sachlich geboten, weitere für die Beurteilung eines solchen Zukunftsertrags bedeutende Informationen, wie sie in § 289 Abs. 3 HGB für den für Kapitalgesellschaften zu erstellenden Lagebericht genannt sind, auch für einen Sachgründungsbericht zu fordern[21], zumal die in Abs. 1 genannten Begriffe „Geschäftsverlauf" und „Lage des Unternehmens" auch für die nähere Bezeichnung des Lageberichts in § 289 HGB Anwendung finden[22]. Daher ist auch auf die voraussichtliche Entwicklung des Unternehmens des übertragenden Rechtsträgers sowie auf Vorgänge von besonderer Bedeutung, die nach dem Schluss des Geschäftsjahrs eingetreten sind, einzugehen[23]. Die genannten Angaben müssen letztendlich ein den tatsächlichen Verhältnissen entsprechendes Bild vermitteln[24]. 9

---

[12] Vgl. hierzu näher *Ulmer* in Hachenburg § 5 GmbHG Rn 140; *H. Winter* in Scholz § 5 GmbHG Rn 104; *Hueck/Fastrich* in Baumbach/Hueck § 5 GmbHG Rn 55.
[13] *Lutter/Bayer* in Lutter/Hommelhoff § 5 GmbHG Rn 32; *Winter* in Lutter Rn 4; *Mayer* in Widmann/Mayer Rn 12.
[14] *H. Winter* in Scholz § 5 GmbHG Rn 57 ff.
[15] *Kallmeyer* in Kallmeyer Rn 2.
[16] *Ulmer* in Hachenburg § 5 GmbHG Rn 141.
[17] *H. Winter* in Scholz § 5 GmbHG Rn 105; *Ulmer* in Hachenburg § 5 GmbHG Rn 141; *Hueck/Fastrich* in Baumbach/Hueck § 5 GmbHG Rn 55.
[18] *Winter* in Lutter Rn 4; *Mayer* in Widmann/Mayer Rn 11; *Ulmer* in Hachenburg § 5 GmbHG Rn 141; *H. Winter* in Scholz § 5 GmbHG Rn 105.
[19] Zutreffend *Winter* in Lutter Rn 5, der auch auf die ehemals hM zu § 56 d UmwG aF hinweist, die ebenfalls eine Darstellung für zwei Geschäftsjahre forderte; *Mayer* in Widmann/Mayer Rn 15; *Bermel* in Goutier/Knopf/Tulloch Rn 5.
[20] So *Winter* in Lutter Rn 5; *Kallmeyer* in Kallmeyer Rn 2; *Mayer* in Widmann/Mayer Rn 15.
[21] Vgl. *Winter* in Lutter Rn 6; *Mayer* in Widmann/Mayer Rn 15; *Kallmeyer* in Kallmeyer Rn 2.
[22] Vgl. *Winter* in Lutter Rn 6.
[23] Entsprechend § 289 Abs. 2 Nr. 1 und 2 HGB.
[24] *Kallmeyer* in Kallmeyer Rn 2.

10 Ist der Sachgründungsbericht unvollständig, so dass vom Registergericht eine Werthaltigkeitsprüfung der Sacheinlage nicht durchgeführt werden kann, führt dies wie auch im Fall des gänzlichen Fehlens eines Berichts zur Zurückweisung der Anmeldung[25]. Der Registerrichter hat jederzeit die Möglichkeit, weitere Unterlagen und Erklärungen zu verlangen sowie ggf. einen Sachverständigen zu beauftragen, um Klarheit über die Belegung des Nennkapitals durch das übergehende Vermögen zu erhalten[26].

III. Entbehrlichkeit des Sachgründungsberichts (Abs. 2)

11 Ein Sachgründungsbericht ist entbehrlich, soweit Kapitalgesellschaften oder eingetragene Genossenschaften übertragende Rechtsträger sind. Dies wird damit gerechtfertigt, dass spezielle gesetzliche Sicherungen zur Aufbringung und Erhaltung des Kapitals die Substanzerhaltung der Sacheinlage „Vermögen des übertragenden Rechtsträgers" gewährleisten[27]. Falls ausschließlich Kapitalgesellschaften oder eingetragene Genossenschaften die übertragenden Rechtsträger sind, entfällt der Sachprüfungsbericht vollständig, anderenfalls erstreckt sich die Berichtspflicht nur auf das Vermögen und das Unternehmen der übertragenden Personenhandelsgesellschaft oder des übertragenden Vereins[28].

12 Der Verzicht auf einen Sachgründungsbericht bei Kapitalgesellschaften unter der vorgenannten Begründung stößt indes in der Literatur auf berechtigte Kritik, da trotz Einhaltung der Vorschriften über Kapitalaufbringung und Kapitalerhaltung eine Werthaltigkeit des eingebrachten Unternehmens im Zeitpunkt der Anmeldung der neuen GmbH aufgrund von möglichen zwischenzeitlichen Verlusten keinesfalls gesichert erscheint. Allerdings kann davon ausgegangen werden, dass sich die Werthaltigkeit an der bei der Anmeldung zum Register der übertragenden Rechtsträger vorzulegenden Schlussbilanz[29] überprüfen lässt, soweit diese Bilanz selbst geprüft und damit geeignet ist, ein zuverlässiges Bild zu vermitteln[30]. Handelt es sich um kleine Kapitalgesellschaften, deren Bilanz keiner Prüfungspflicht unterliegt, kann der Registerrichter im Zweifel weitere Nachweise und sogar eine Testierung der Bilanz verlangen[31].

§ 59 Verschmelzungsbeschlüsse

Der Gesellschaftsvertrag der neuen Gesellschaft wird nur wirksam, wenn ihm die Anteilsinhaber jedes der übertragenden Rechtsträger durch Verschmelzungsbeschluß zustimmen. Dies gilt entsprechend für die Bestellung der Geschäftsführer und der Mitglieder des Aufsichtsrats der neuen Gesellschaft, soweit sie von den Anteilsinhabern der übertragenden Rechtsträger zu wählen sind.

Übersicht

	Rn		Rn
I. Allgemeines	1	III. Bestellung der Aufsichtsratsmitglieder (Satz 2)	7
1. Verhältnis zum früheren Recht	1		
2. Inhalt und Zweck der Norm	3	IV. Bestellung der ersten Geschäftsführer	9
II. Der Zustimmungsbeschluss	4		

---

[25] *Bermel* in Goutier/Knopf/Tulloch Rn 3; *Mayer* in Widmann/Mayer Rn 9.
[26] *Bermel* in Goutier/Knopf/Tulloch Rn 3; *Mayer* in Widmann/Mayer Rn 10.
[27] RegBegr. *Ganske* S. 105.
[28] *Winter* in Lutter Rn 8; *Kallmeyer* in Kallmeyer Rn 2; *Bermel* in Goutier/Knopf/Tulloch Rn 7.
[29] § 17 Abs. 2 Satz 1.
[30] So zutreffend *Winter* in Lutter Rn 7.
[31] *Winter* in Lutter Rn 7.

Literatur: *Ihrig*, Gläubigerschutz in der Kapitalaufbringung bei Verschmelzung und Spaltung nach neuem Umwandlungsrecht, GmbHR 1995, 622.

I. Allgemeines

1. Verhältnis zum früheren Recht

Die Norm **entspricht** § 32 Abs. 2 KapErhG und übernimmt damit bereits zuvor geltendes Recht.

Durch das Zweite Gesetz zur Änderung des Umwandlungsgesetzes wurde **§ 59 Satz 2 neu gefasst**[1]. Damit soll ausweislich der Gesetzesbegründung klargestellt werden, dass bei der Verschmelzung durch Neugründung einer GmbH die Bestellung deren Geschäftsführung nur mit Zustimmung der Gesellschafter der übertragenden Rechtsträger erfolgen kann.

2. Inhalt und Zweck der Norm

Satz 1 regelt **zusätzliche Wirksamkeitserfordernisse** für den Gesellschaftsvertrag der neuen Gesellschaft. Danach bedarf es zur Wirksamkeit der Satzung der neu entstehenden GmbH bei einer Verschmelzung zur Neugründung der Zustimmung der Anteilsinhaber jedes der übertragenden Rechtsträger durch Verschmelzungsbeschluss. Damit wird dem Umstand Rechnung getragen, dass der Gesellschaftsvertrag der neuen GmbH, der als fester Bestandteil in den Verschmelzungsvertrag aufzunehmen ist (siehe § 37), nicht von den Anteilsinhabern, sondern von den Vertretungsorganen der übertragenden Rechtsträger abgeschlossen wird[2]. Gleichwohl werden aber in erster Linie die Anteilsinhaber der sich vereinigenden Rechtsträger als künftige Gesellschafter der GmbH durch die Satzung gebunden. Um trotz dieser fehlenden Personenidentität von Gründern und Gesellschaftern der neuen Gesellschaft den Einfluss der künftigen GmbH-Gesellschafter auf die Festsetzungen in der Satzung zu gewährleisten, bedarf es der notwendigen Mitwirkung der Anteilsinhaber der übertragenden Rechtsträger durch Zustimmung zur Satzung.

Nach Satz 2 gilt Entsprechendes für die Bestellung der Mitglieder des Aufsichtsrats der Anteilseignerseite, falls diese bereits vor Eintragung der Gesellschaft im Handelsregister erfolgen soll, sowie trotz fehlender ausdrücklicher gesetzlicher Regelung für die erstmalige Bestellung der **Geschäftsführer** der neuen GmbH, die zwingend vor Anmeldung und Eintragung der neuen Gesellschaft zu geschehen hat.

II. Der Zustimmungsbeschluss

Für die Wirksamkeit der Satzung bedarf es der Zustimmung der Anteilsinhaber aller übertragenden Rechtsträger durch Verschmelzungsbeschluss. Da der neue Gesellschaftsvertrag gem. § 37 zwingend im Verschmelzungsvertrag enthalten ist, wird auf einen gesonderten Zustimmungsbeschluss zur Feststellung der Satzung außerhalb des Verschmelzungsbeschlusses verzichtet[3]. Insoweit decken sich Verschmelzungs- und Zustimmungsbeschluss[4], die beide von den künftigen Gesellschaftern gefasst werden müssen[5], so dass **im Zweifel** eine zum Ver-

---

[1] BGBl. I 2007 S. 542; zum RefE vgl. etwa *Kiem* WM 2006, 1091; *Müller* NZG 2006, 286; *Neye/Timm* DB 2006, 488; *Drinhausen/Keinath* BB 2006, 725; *Forsthoff* DStR 2006, 613; *Haritz/v. Wolf* GmbHR 2006, 340; zum RegE *Drinhausen* BB 2006, 2313.

[2] § 4 Abs. 1 Satz 1 und § 36 Abs. 2 Satz 2.

[3] *Zimmermann* in Kallmeyer Rn 1; *Winter* in Lutter Rn 4.

[4] Vgl. *Winter* in Lutter Rn 4, der auf die abweichende Ansicht der früher hM zu § 32 KapErhG hinweist.

[5] Vgl. zum Verschmelzungsbeschluss § 13 Abs. 1 Satz 1.

schmelzungsvertrag gegebene Zustimmung auch die Zustimmung zur Satzung mitumfasst[6]. Schließlich setzt die Zustimmung zur Verschmelzung die Zustimmung zum Gesellschaftsvertrag der neuen Gesellschaft notwendig voraus[7].

5 Für den Zustimmungsbeschluss gilt § 13 und damit die Pflicht zur **notariellen Beurkundung**[8]. Die Rechtsform der an der Verschmelzung beteiligten übertragenden Rechtsträger bestimmt darüber hinaus, welche Regelungen im besonderen Teil des Verschmelzungsrechts Anwendung finden. Handelt es sich um eine GmbH als übertragende Gesellschaft, gilt insbesondere § 50[9], wonach grundsätzlich die Beschlussmehrheit von mindestens drei Vierteln der abgegebenen Stimmen zu beachten ist, es sei denn, der Gesellschaftsvertrag sieht eine größere Mehrheit vor oder qualifizierte Zustimmungserfordernisse greifen ein. Das Stimmrecht kann auch durch Bevollmächtigte ausgeübt werden, wobei für die Vollmachterteilung die Textform genügt[10]. Die gesetzlichen Vertreter eines minderjährigen Anteilsinhabers bedürfen zur Stimmabgabe der vormundschaftsgerichtlichen Genehmigung, soweit der Zweck der neuen GmbH auf den Betrieb eines Erwerbsgeschäfts gerichtet ist[11].

6 Wird dem Zustimmungsbeschluss der Anteilseigner nur der Entwurf des Verschmelzungsvertrags zugrunde gelegt, erlangt die Satzung erst mit Beurkundung des Verschmelzungsvertrags Wirksamkeit[12]. Sobald der Verschmelzungsvertrag wirksam wird, entsteht die neu zu gründende GmbH als **Vorgesellschaft**[13].

III. Bestellung der Aufsichtsratsmitglieder (Satz 2)

7 Die Bestellung von Aufsichtsratsmitgliedern der Anteilseignerseite für die neue GmbH ist nach allgemeinen Grundsätzen Sache der Gesellschafter. Das GmbH-Recht verlangt hierfür grundsätzlich nur eine formlose Bestellung mit einfacher Mehrheit durch Beschluss[14]. Soll aber bei der durch Verschmelzung entstehenden neuen GmbH bereits **vor Eintragung der GmbH** im Handelsregister anlässlich des Abschlusses des Verschmelzungsvertrags ein Aufsichtsrat bestellt werden, was jedenfalls nicht zwingend erforderlich ist[15], hängt die Wirksamkeit der Bestellung davon ab, dass die Anteilseigner sämtlicher übertragender Rechtsträger durch Verschmelzungsbeschluss zustimmen[16]. Hierdurch soll der Einfluss der künftigen Gesellschafter auf die Zusammensetzung des von den Anteilseignern zu bestellenden Aufsichtsrats sichergestellt werden, da die Anteilseignervertreter vor der Eintragung der neuen Gesellschaft nicht durch die späteren GmbH-Gesellschafter, sondern durch die Vertretungsorgane der sich vereinigenden Rechtsträger bestellt werden[17]. Der Beschluss bedarf mindes-

---

[6] So *Mayer* in Widmann/Mayer Rn 5.
[7] *Winter* in Lutter Rn 4.
[8] § 13 Abs. 3 Satz 1.
[9] § 56 enthält insoweit die zutreffende Verweisungsnorm; vgl. für Personengesellschaften § 43, für Aktiengesellschaften § 65 iVm. § 73, für eingetragene Genossenschaften § 84 iVm. § 96 sowie für rechtsfähige Vereine § 103; vgl. zu den Anforderungen im Einzelnen *Mayer* in Widmann/Mayer Rn 8 ff.
[10] Vgl. § 47 Abs. 3 GmbHG; *Zimmermann* in Kallmeyer Rn 4.
[11] Gem. § 1822 Nr. 3 BGB; zutreffend *Winter* in Lutter Rn 4; näher *Ulmer* in Hachenburg § 2 GmbHG Rn 72 mwN; vgl. auch *Zimmermann* in Kallmeyer Rn 5, der das vormundschaftsgerichtliche Genehmigungserfordernis mit Hinweis auf eine mögliche Differenzhaftung nach § 9 GmbHG auf § 1822 Nr. 10 BGB stützt.
[12] § 2 Abs. 1 Satz 1 GmbHG iVm. § 36 Abs. 2 Satz 1 UmwG.
[13] *Zimmermann* in Kallmeyer Rn 3; *Ihrig* GmbHR 1995, 622, 633; *K. Schmidt* in Scholz § 11 GmbHG Rn 22.
[14] § 52 Abs. 2 GmbHG.
[15] Vgl. *Winter* in Lutter Rn 5; *Stratz* in Schmitt/Hörtnagl/Stratz Rn 2.
[16] § 59 Satz 2.
[17] *Winter* in Lutter Rn 5; *Zimmermann* in Kallmeyer Rn 6; *Stratz* in Schmitt/Hörtnagl/Stratz Rn 2.

tens einer Dreiviertelmehrheit der Stimmen in der Verschmelzungsversammlung jedes der übertragenden Rechtsträger, da die Bestellung Bestandteil des Verschmelzungsvertrags ist[18]. Eines besonderen Beschlusses zusätzlich zum Verschmelzungsbeschluss bedarf es nicht.

Nach Eintragung der Verschmelzung liegt die Bestellungskompetenz bei der Gesellschafterversammlung der neuen GmbH. Die Vorschrift von Satz 2 gilt nur für die Bestellung eines **fakultativen Aufsichtsrats**[19]. Die Bildung eines mitbestimmten Aufsichtsrats erfolgt erst nach der Eintragung der neuen GmbH[20]. Ebenso gilt Satz 2 nicht für eine Aufsichtsratsbestellung durch Dritte[21].

IV. Bestellung der ersten Geschäftsführer

Die Bestellung der ersten Geschäftsführer ist **notwendige Voraussetzung** für die Anmeldung der GmbH[22]. Dies folgt aus der Verweisung des § 36 Abs. 2 Satz 1 auf die GmbH-Gründungsvorschriften der §§ 6, 10 Abs. 1 GmbHG, wonach eine mangels Vertretungsorgan handlungsunfähige Gesellschaft nicht ins Handelsregister eingetragen werden darf. Wie für die Anmeldung zum Handelsregister sind für die Bestellung der Geschäftsführer die Vertretungsorgane der sich vereinigenden Rechtsträger zuständig[23].

Nach Ergänzung durch das Zweite Gesetz zur Änderung des Umwandlungsgesetzes stellt § 59 Satz 2 nunmehr ausdrücklich klar, dass bei der Verschmelzung durch Neugründung einer GmbH die **Bestellung deren Geschäftsführung nur mit Zustimmung der Gesellschafter** der übertragenden Rechtsträger erfolgen kann[24]. Solange diese Zustimmung nicht vorliegt, darf die neue Gesellschaft nicht eingetragen werden. Aus diesem Grund bietet es sich an, die Geschäftsführer bereits im Zusammenhang mit der Beurkundung des Verschmelzungsvertrags und der Satzung der neuen GmbH zu bestellen. Zu beachten ist jedoch, dass eine Bestellung der Geschäftsführer im Verschmelzungsvertrag erst wirksam wird, wenn die Anteilsinhaber ihre Zustimmung zum Verschmelzungsvertrag im Verschmelzungsbeschluss gegeben haben, da erst dann eine Vor-GmbH entstanden ist und diese notwendige Voraussetzung für eine wirksame Geschäftsführerbestellung ist[25].

Die **designierten Gesellschafter** der neuen GmbH sind trotz der Bestellungskompetenz der Vertretungsorgane der übertragenden Rechtsträger jedenfalls nicht daran gehindert, die Bestellung der ersten Geschäftsführer durch einen mit einfacher Mehrheit zu fassenden Beschluss[26] selbst vorzunehmen[27].

---

[18] Zutreffend *Winter* in Lutter Rn 5; *Mayer* in Widmann/Mayer Rn 17; *Zimmermann* in Kallmeyer Rn 6.

[19] So *Mayer* in Widmann/Mayer Rn 17; *Zimmermann* in Kallmeyer Rn 7; *Bermel* in Goutier/Knopf/Tulloch Rn 4.

[20] Vgl. *Mayer* in Widmann/Mayer Rn 19; zu den besonderen Erfordernissen falls die neu zu errichtende GmbH ständig mehr als 2000 Arbeitnehmer beschäftigt, vgl. *Winter* in Lutter Rn 5.

[21] *Mayer* in Widmann/Mayer Rn 19; *Bermel* in Goutier/Knopf/Tulloch Rn 4.

[22] Vgl. *Winter* in Lutter Rn 6 mit Nachweis der gegenteiligen hA zu § 32 Abs. 2 KapErhG.

[23] § 36 Abs. 2 Satz 1 und 2.

[24] Vgl. auch Rn 1 a. Bereits vor der Klarstellung durch das Zweite Gesetz zur Änderung des Umwandlungsgesetzes entsprach ein Zustimmungserfordernis der Anteilsinhaber in entsprechender Anwendung des § 59 Satz 2 der ganz hM; siehe etwa *Winter* in Lutter Rn 6.

[25] Zutreffend *Mayer* in Widmann/Mayer Rn 12; siehe auch für die Spaltung *Mayer* DB 1995, 861, 863.

[26] Vgl. §§ 46 Nr. 5, 47 Abs. 1 GmbHG; *Hueck/Fastrich* in Baumbach/Hueck § 6 GmbHG Rn 17 mwN.

[27] *Mayer* in Widmann/Mayer Rn 12; *Zimmermann* in Kallmeyer Rn 8.

Dritter Abschnitt. Verschmelzung unter Beteiligung von Aktiengesellschaften.

Erster Unterabschnitt. Verschmelzung durch Aufnahme

§ 60 Prüfung der Verschmelzung; Bestellung der Verschmelzungsprüfer

Der Verschmelzungsvertrag oder sein Entwurf ist für jede Aktiengesellschaft nach den §§ 9 bis 12 zu prüfen.

Übersicht

	Rn		Rn
I. Allgemeines	1	a) Verschmelzung einer 100%-igen Tochtergesellschaft auf die Muttergesellschaft	4
1. Sinn und Zweck der Norm	1		
2. Ausnahmen von der Erforderlichkeit der Prüfung	4	b) Verzicht durch alle Anteilsinhaber	5
		II. Einzelerläuterungen	7

Literatur: *Engelmeyer*, Informationsrechte und Verzichtsmöglichkeiten im Umwandlungsgesetz, BB 1998, 330; *Heckschen*, Verschmelzung von Kapitalgesellschaften, 1989; *Henze*, Die „zweistufige" Konzernverschmelzung, AG 1993, 341; *Hoffmann-Becking*, Das neue Verschmelzungsrecht in der Praxis, FS Fleck, 1988, S. 105; *Keil*, Der Verschmelzungsbericht nach § 340 a AktG, 1990; *Krieger*, Der Konzern in Fusion und Umwandlung, ZGR 1990, 17; *Lutter*, Die Verschmelzung von Kapitalgesellschaften, 1996; *Priester*, Das neue Verschmelzungsrecht, NJW 1983, 1459.

I. Allgemeines

1. Sinn und Zweck der Norm

1 Die Prüfung der Verschmelzung ist grundsätzlich in den §§ 9 bis 12 geregelt. Diese Vorschriften sind auch iRd. Verschmelzung unter Beteiligung von Aktiengesellschaften anwendbar. Danach ist der Verschmelzungsvertrag durch einen auf Antrag des Vertretungsorgans vom Gericht auszuwählenden und zu bestellenden Verschmelzungsprüfer zu prüfen. Auch kann auf gemeinsamen Antrag der beteiligten Gesellschaften ein gemeinsamer Prüfer bestellt werden. Dieser hat über die Prüfung einen Bericht abzugeben. Diese Regelung in § 10 ist durch das SpruchG[1] geschaffen worden, das – anders als bisher – eine alternative Bestellung durch die Vertretungsorgane nicht mehr zulässt. Die bisherigen Absätze 2 und 3 des § 60, die für Aktiengesellschaften einen gemeinsamen Verschmelzungsprüfer der beteiligten Gesellschaften nur bei gerichtlicher Bestellung vorsahen, sind damit überflüssig und deshalb gestrichen worden.

---

[1] Ges. vom 12.6.2003, BGBl. I S. 838; ausf. siehe Anhang SpruchG.

Die obligatorische Verschmelzungsprüfung dient nicht dem Schutz der Gläubiger der 2
Gesellschaften, sondern ausschließlich dem Schutz der Aktionäre[2]. Zwar könnte auch daran
gedacht werden, die Prüfung zum Schutz der Gläubiger der Gesellschaft zu fordern. Dagegen
spricht jedoch, dass die Aktionäre auf die Prüfung verzichten können[3]. Dem entspricht
auch der Verzicht auf die Prüfung, wenn der übernehmende Rechtsträger alle Anteile des
übertragenden Rechtsträgers hält[4].

Die Prüfung des Verschmelzungsvertrags oder des Entwurfs muss nicht von einem Ak- 3
tionär verlangt werden[5], sie ist grundsätzlich für jede an der Verschmelzung beteiligte AG
durchzuführen.

2. Ausnahmen von der Erforderlichkeit der Prüfung

a) Verschmelzung einer 100%-igen Tochtergesellschaft auf die Muttergesell- 4
schaft. Eine Prüfung ist ausnahmsweise entbehrlich, wenn eine 100%-ige Tochtergesellschaft
auf ihre Muttergesellschaft verschmolzen wird[6]. Diese Ausnahme vom Grundsatz der
Verschmelzungsprüfung steht im Einklang mit der VerschmRL[7]. Schutzbedürftige außenstehende Anteilsinhaber sind in diesem Fall nicht vorhanden. Die gesetzliche Prüfungspflicht
entfällt jedoch nicht, wenn Schwestergesellschaften verschmolzen werden[8], und auch dann
nicht, wenn die Muttergesellschaft auf die Tochtergesellschaft verschmolzen wird *(downstream
merger)*[9]. In diesen Fällen könnte es außenstehende Aktionäre geben, die schutzbedürftig sind.

b) Verzicht durch alle Anteilsinhaber. Eine Verschmelzungsprüfung ist auch dann 5
nicht erforderlich, wenn alle Anteilsinhaber aller beteiligten Rechtsträger notariell beurkundet auf die Prüfung verzichten[10]. Die VerschmRL sieht einen solchen Verzicht nicht
vor[11]. Trotz formalen Verstoßes gegen die VerschmRL muss der notarielle Verzicht aller
Anteilsinhaber auf die Prüfung der Verschmelzung aber möglich sein[12]. Dies folgt aus dem
Schutzzweck der Norm, die die Anteilsinhaber und nicht die Gläubiger schützen soll[13]. Die
VerschmRL enthält insoweit eine Regelungslücke. Für eine Verzichtsmöglichkeit spricht
auch, dass die SpaltRL[14] einen Verzicht auf die Prüfung vorsieht. Der formelle Verstoß des
deutschen Rechts gegen die VerschmRL ist daher hinnehmbar.[15]

---

[2] Vgl. BegrRegE Verschmelzungsrichtlinie-Gesetz BT-Drucks. 9/1065 S. 15; *Lutter* in Lutter § 8 Rn 48; *Rieger* in Widmann/Mayer Rn 4; *BGH* ZIP 1989, 980; vgl. auch *OLG Düsseldorf* NZG 2000, 1071.
[3] §§ 9 Abs. 3, 8 Abs. 3.
[4] §§ 9 Abs. 3, 8 Abs. 3.
[5] Siehe § 44 Rn 10, § 48 Rn 6 ff. für die Verschmelzung von Personengesellschaft und GmbH.
[6] Siehe § 9 Rn 49 ff.; § 60 Abs. 1 iVm. § 9 Abs. 2; hierzu auch *Krieger* ZGR 1990, 517, 519 ff., *Stratz* in Schmitt/Hörtnagl/Stratz Rn 2.
[7] Vgl. Art. 24 VerschmRL.
[8] Siehe § 9 Rn 50; *Lutter* in Lutter § 9 Rn 16; zu Umwandlungsmaßnahmen zwischen Schwestergesellschaften auch *Krieger* ZGR 1990, 517, 522 f.
[9] Siehe § 9 Rn 49.
[10] §§ 60 Abs. 1, 9 Abs. 3; *Müller* in Kallmeyer Rn 2.
[11] Vgl. Art. 10 VerschmRL.
[12] Siehe die hM: *Müller* in Kallmeyer Rn 2; *Grunewald* in Lutter Rn 2; *Rieger* in Widmann/Mayer Rn 7.
[13] Siehe § 9 Rn 2 ff.; *Grunewald* in Lutter Rn 2 mwN; *Rieger* in Widmann/Mayer Rn 7; *Stratz* in Schmitt/Hörtnagl/Stratz Rn 2; § 9 Rn 10 unter Verweis auf eine lückenfüllende Auslegung des Art. 10 VerschmRL.
[14] Art. 10 SpaltRL.
[15] *Engelmeyer* BB 1998, 330, 334.

II. Einzelerläuterungen

6 Gegenstand der Verschmelzungsprüfung ist der Verschmelzungsvertrag bzw. dessen Entwurf. Die Prüfung geschieht grundsätzlich gesondert für jede an der Verschmelzung beteiligte AG. Kernstück ist die Beurteilung des vorgeschlagenen Umtauschverhältnisses[16].

§ 61 Bekanntmachung des Verschmelzungsvertrags

Der Verschmelzungsvertrag oder sein Entwurf ist vor der Einberufung der Hauptversammlung, die gemäß § 13 Abs. 1 über die Zustimmung beschließen soll, zum Register einzureichen. Das Gericht hat in der Bekanntmachung nach § 10 des Handelsgesetzbuchs einen Hinweis darauf bekanntzumachen, daß der Vertrag oder sein Entwurf beim Handelsregister eingereicht worden ist.

Übersicht

	Rn		Rn
I. Allgemeines	1	d) Form der Einreichung	16
1. Entstehungsgeschichte	1	e) Verzicht auf Einreichung	17
2. Sinn und Zweck der Norm	3	2. Bekanntmachung durch das Gericht	
3. Anwendungsbereich	8	(Satz 2)	18
II. Erläuterungen	9	III. Rechtsfolgen bei fehlender oder	
1. Einreichung zum Register (Satz 1)	9	unzureichender Einreichung oder	
a) Zuständiges Gericht	9	Bekanntmachung	19
b) Gegenstand der Einreichung	10	1. Keine oder unzureichende Einreichung	19
c) Zeitpunkt der Einreichung	12	2. Verspätete Einreichung	21
aa) Vor Bekanntmachung in den		3. Keine, verspätete oder unzureichende	
Gesellschaftsblättern	13	Bekanntmachung	22
bb) Vollversammlung	15		

Literatur: *Engelmeyer,* Informationsrechte und Verzichtsmöglichkeiten im Umwandlungsgesetz, BB 1998, 330; *Heckschen,* Verschmelzung von Kapitalgesellschaften, 1989; *Henze,* Die „zweistufige" Konzernverschmelzung, AG 1993, 341; *Hoffmann-Becking,* Das neue Verschmelzungsrecht in der Praxis, FS Fleck, 1988, S. 105; *Keil,* Der Verschmelzungsbericht nach § 340 a AktG, 1990; *Krieger,* Der Konzern in Fusion und Umwandlung, ZGR 1990, 17; *Lutter,* Die Verschmelzung von Kapitalgesellschaften, 1996; *Priester,* Das neue Verschmelzungsrecht, NJW 1983, 1459.

I. Allgemeines

1. Entstehungsgeschichte

1 Satz 1 entspricht § 340 d Abs. 1 AktG aF, der seinerseits auf Art. 6 VerschmRL iVm. Art. 3 der Ersten gesellschaftsrechtlichen EG-Richtlinie[1] beruht. Satz 2 ist zurückzuführen auf § 352 b Abs. 1 Satz 4 AktG aF.

2 Nach der Regelung in der **VerschmRL** ist für jede der zu verschmelzenden Gesellschaften ein Verschmelzungsplan mindestens einen Monat vor dem Tag der Hauptversammlung, die über den Verschmelzungsplan zu beschließen hat, nach den Rechtsvorschriften der einzelnen

---

[16] Zu den Einzelheiten der Prüfung siehe §§ 9 bis 12.

[1] Erste Richtlinie des Rates der Europäischen Gemeinschaften zur Koordinierung des Gesellschaftsrechts vom 14. 3. 1968, ABl. EG Nr. L 65 S. 8 ff.

Mitgliedstaaten offen zu legen. Gläubigern soll Schutz für Forderungen gewährt werden, die vor der Bekanntmachung des Verschmelzungsplans entstanden sind[2]. Nach deutschem Recht muss der Anspruch gegen einen übertragenden oder übernehmenden Rechtsträger im Zeitpunkt der Eintragung der Verschmelzung im Handelsregister begründet sein, also erst zu einem späteren Zeitpunkt[3]. Die Hinweisbekanntmachung zur Einreichung des Verschmelzungsvertrags zum zuständigen Handelsregister begründet keinen Ausschluss für bis zur Eintragung der Verschmelzung begründete Forderungen. Insofern geht die gläubigerschützende Wirkung des § 61 weiter als die der dem § 61 zugrunde liegende Vorschrift des Art. 6 VerschmRL.

2. Sinn und Zweck der Norm

Neben der Einreichung des Verschmelzungsvertrags zum Handelsregister werden die Aktionäre dadurch informiert, dass der wesentliche Inhalt des Vertrags in der Einladung zur Hauptversammlung abzudrucken ist[4]. Um Anfechtungsrisiken und Streit darüber zu vermeiden, was wesentlicher Vertragsbestandteil ist, empfiehlt es sich, mit der Einladung den gesamten Vertrag abzudrucken. Darüber hinaus hat der Vertrag (bzw. der Entwurf des Vertrags) von der Einberufung der Hauptversammlung an in dem Geschäftsraum der Gesellschaft auszuliegen[5]. Jedem Aktionär ist auf Verlangen eine Kopie des Vertrags zuzusenden[6]. Schließlich ist der Vertrag als Anlage mit der Anmeldung der Verschmelzung zur Eintragung im Handelsregister einzureichen[7].

Demzufolge stellt sich die Frage, ob es vor Einberufung der Hauptversammlung einer Hinterlegung des Verschmelzungsvertrags mit einer entsprechenden Hinweisbekanntmachung durch das Gericht überhaupt bedarf. Zwar mag aufgrund der Regelung in der VerschmRL eine entsprechende Regelung im deutschen Recht notwendig sein. In der VerschmRL dient diese Regelung jedoch dem Ausschluss des Gläubigerschutzes für später begründete Forderungen. Dies ist im deutschen Recht nicht der Fall. Hiernach werden Forderungen erst dann ausgeschlossen, wenn sie nach **Eintragung** der Verschmelzung begründet worden sind[8].

§ 61 dient daher der Information der Aktionäre über die bevorstehende Einladung zur Hauptversammlung. Er ermöglicht den Aktionären und anderen Interessenten sich ohne Mitwirkung der Gesellschaft durch Einsichtnahme beim Register über den Inhalt des Verschmelzungsvertrags zu informieren. Ein darüber hinaus gehender Schutz weiterer Interessen außenstehender Dritter, zB der Gläubiger und der Öffentlichkeit, ist insbesondere im Hinblick auf die Nichtrelevanz der Hinweisbekanntmachung zur Hinterlegung des Verschmelzungsvertrags im deutschen Recht für den Gläubigerschutz nicht gegeben.

Durch die Einreichung erhält das Registergericht die Möglichkeit, Beanstandungen zu erheben, so dass der Vertrag ggf. noch bis zur Einladung der Hauptversammlung geändert werden kann.

Im systematischen Zusammenhang mit der Einreichung des Vertrags zum Register ist das Informationsrecht des Betriebsrats zu sehen, dem spätestens einen Monat vor dem Tag der Versammlung der Anteilsinhaber der Vertrag bzw. der Vertragsentwurf zuzuleiten ist[9].

---

[2] Art. 13 VerschmRL.
[3] Siehe § 22 Rn 12 f.
[4] Vgl. § 124 Abs. 2 Satz 2 AktG.
[5] § 63 Abs. 1 Nr. 1.
[6] Siehe § 63 Rn 19 ff.
[7] Siehe § 17 Rn 2.
[8] Siehe § 22 Rn 12.
[9] § 5 Abs. 3.

3. Anwendungsbereich

8 § 61 ist für jede AG anwendbar, die an einer Verschmelzung durch Aufnahme oder durch Neugründung beteiligt ist. Er gilt darüber hinaus für jede AG, die an einer Spaltung beteiligt ist[10]. Bei Rechtsträgern anderer Rechtsform wird der Vertrag grundsätzlich jedem Gesellschafter mit der Einberufung der Gesellschafterversammlung übersandt[11].

II. Erläuterungen

1. Einreichung zum Register (Satz 1)

9 a) **Zuständiges Gericht.** Der Vertrag bzw. der Vertragsentwurf ist beim zuständigen Amtsgericht am Sitz der Gesellschaft einzureichen[12]. Sofern die Gesellschaft einen Doppelsitz hat, ist beiden Amtsgerichten der Vertrag bzw. der Vertragsentwurf zuzuleiten.

10 b) **Gegenstand der Einreichung.** Einzureichen ist der Verschmelzungsvertrag oder der Entwurf des Vertrags mit sämtlichen Anlagen[13]. Als Anlage zum Vertrag und damit als Vertragsbestandteil kommt insbesondere eine oftmals sog. Grundsatzvereinbarung in Betracht. Diese kann vor Abschluss des Verschmelzungsvertrags getroffen werden, um insbesondere das Verfahren[14] bis zum Abschluss bzw. bis zur Aufstellung des Verschmelzungsvertrags zu regeln. Weitere Unterlagen sind nicht einzureichen.

11 Werden Änderungen zum Vertrag bzw. zum Vertragsentwurf vorgenommen, müssen diese unverzüglich auch beim zuständigen Handelsregister eingereicht werden. Dies gilt allerdings nicht für Berichtigung offensichtlicher Unrichtigkeiten[15], da dies keine Änderung darstellt. Dies muss grundsätzlich vor Einberufung der Hauptversammlung geschehen, es sei denn, die Änderungen beruhen auf Tatsachen, die nach der Einberufung der Hauptversammlung entstanden sind[16].

12 c) **Zeitpunkt der Einreichung.** Nach dem Gesetzeswortlaut hat die Einreichung **vor** Einberufung der Hauptversammlung zu erfolgen. Der Zeitpunkt der Einberufung ist die Bekanntmachung in den Gesellschaftsblättern[17]. Ausnahmsweise kann durch eingeschriebenen Brief einberufen werden[18], so dass in diesem Fall der Tag der Absendung der Briefe als Zeitpunkt der Einberufung der Hauptversammlung anzusehen ist.

13 *aa) Vor Bekanntmachung in den Gesellschaftsblättern.* Der Verschmelzungsvertrag ist beim Register vor dem Erscheinen der Einladung in den Gesellschaftsblättern bzw. der Absendung der eingeschriebenen Briefe einzureichen. Es genügt eine kurze Zeitspanne zwischen dem Einreichen der Unterlagen und der Einberufung der Hauptversammlung[19].

14 Erfolgt die Bekanntmachung in den verschiedenen Gesellschaftsblättern zu verschiedenen Zeitpunkten, ist das erste Erscheinen in einem Gesellschaftsblatt maßgebend. Teilweise wird vertreten, dass die Einreichung bei Gericht am Tag des Erscheinens der Einladung in den

---

[10] *Rieger* in Widmann/Mayer Rn 2 unter Verweis auf § 125 Satz 1 bzw. § 135 Abs. 1 Satz 1.
[11] Siehe auch *Marsch-Barner* in Kallmeyer Rn 6.
[12] Vgl. §§ 14, 36 ff. AktG.
[13] *Marsch-Barner* in Kallmeyer Rn 1; *Rieger* in Widmann/Mayer Rn 4.
[14] ZB u. a. *due diligence*, Verfahren zur Festlegung der Bewertung, gegenseitige Informationsrechte sowie Zustimmungsvorbehalte und Rücktrittsrechte; zum Verschmelzungsvertrag siehe im Übrigen §§ 4, 5.
[15] § 44 a Abs. 2 BeurkG.
[16] Vgl. § 63 Rn 6 f.
[17] Vgl. § 121 Abs. 3 Satz 1 AktG.
[18] § 121 Abs. 4 Satz 1 AktG.
[19] Vgl. *Grunewald* in Lutter Umwandlungsrechtstage S. 51; *Stratz* in Schmitt/Hörtnagl/Stratz Rn 2 mwN.

Gesellschaftsblättern noch rechtzeitig sei, wenn am Tag vor der Einberufung kein Parteiverkehr beim Handelsregister stattfände[20]. Dem kann nicht gefolgt werden, da der Wortlaut des Gesetzes klar und unmissverständlich von einer Einreichung **vor** der Einberufung spricht[21]. Erfolgt die Einladung zunächst im elektronischen Bundesanzeiger[22], reicht eine Einreichung bei Gericht am Vormittag des Erscheinungstages aus, da der elektronische Bundesanzeiger am Nachmittag eines Tages erscheint. Sofern die Einladung in einer in Papierform erscheinenden Zeitung erstmals veröffentlicht wird, ist die Einladung am Tag vor der Veröffentlichung bei Gericht einzureichen.

bb) Vollversammlung. Ist die Einberufung der Hauptversammlung entbehrlich, weil eine Vollversammlung durchgeführt wird[23], genügt es, wenn der Vertrag vor Abhalten der Hauptversammlung zum Handelsregister eingereicht wird; nicht erforderlich ist, dass er vor Einberufung der Hauptversammlung eingereicht wird[24]. Das Interesse der Aktionäre, rechtzeitig vor der Hauptversammlung informiert zu werden, entfällt. Ein Interesse der Öffentlichkeit bzw. der Gläubiger ist aufgrund des gegenüber der VerschmRL im deutschen Recht veränderten Gläubigerschutzes auch insofern nicht zu bejahen[25]. Es besteht folglich kein berechtigtes Interesse von Nichtaktionären, bis zu einem bestimmten Zeitpunkt vor der Hauptversammlung informiert zu werden, das über die Regelungen zur Information des Betriebsrats[26] hinaus geht[27].

d) Form der Einreichung. Eine bestimmte Form der Einreichung ist nicht vorgesehen. Entscheidend ist, dass der Interessierte sich beim Handelsregister durch Einsicht in den Inhalt des Verschmelzungsvertrags informieren kann.

e) Verzicht auf Einreichung. Die Einreichung des Vertrags bzw. des Entwurfs zum Register dient aus deutscher Sicht nicht dem Gläubigerschutz. Deshalb kann sowohl auf die Einreichung[28] als auch auf die Frist verzichtet werden. Der Verzicht ist durch alle Aktionäre zu erklären und notariell zu beurkunden, sollte aber vorab mit dem Registergericht abgestimmt werden.

2. Bekanntmachung durch das Gericht (Satz 2)

Das Registergericht hat einen Hinweis auf die Tatsache der Einreichung des Verschmelzungsvertrags bzw. des Entwurfs bekannt zu machen. Der Vertrag bzw. der Entwurf selbst wird nicht bekannt gemacht[29]. Der Hinweis ist im Bundesanzeiger und in mindestens einem anderen Blatt bekannt zu machen[30].

---

[20] *Rieger* in Widmann/Mayer Rn 7.
[21] Wie hier *Grunewald* in Lutter Rn 2 Fn 5; *Marsch-Barner* in Kallmeyer Rn 2; *Stratz* in Schmitt/Hörtnagl/Stratz Rn 2.
[22] § 25 AktG.
[23] Vgl. § 121 Abs. 6 AktG.
[24] Noch weitergehend *Grunewald* in Lutter Rn 2, wonach die Einreichung in diesem Fall entfallen kann; *Rieger* in Widmann/Mayer Rn 7.1.
[25] Siehe Rn 3 ff.
[26] Vgl. § 5 Abs. 3.
[27] So auch *Rieger* in Widmann/Mayer Rn 7.
[28] *Marsch-Barner* in Kallmeyer Rn 1; aA *Rieger* in Widmann/Mayer Rn 10.1.
[29] *Rieger* in Widmann/Mayer Rn 11; *Stratz* in Schmitt/Hörtnagl/Stratz Rn 3.
[30] § 10 Abs. 1 Satz 1 HGB; *Marsch-Barner* in Kallmeyer Rn 5; *Rieger* in Widmann/Mayer Rn 12 f. mit dem Hinweis auf die irreführende Gesetzesbegründung; *Stratz* in Schmitt/Hörtnagl/Stratz Rn 3 mit Verweis auf RegEBegr BR-Drucks. 75/94 zu § 61, worin die Bekanntmachung in allen übrigen Gesetzesblättern vorgesehen war.

III. Rechtsfolgen bei fehlender oder unzureichender Einreichung oder Bekanntmachung

1. Keine oder unzureichende Einreichung

19　Wird der Vertrag nicht zum Handelsregister eingereicht, ist dies ein Eintragungshindernis, sofern ein wirksamer Verzicht auf die Einreichung zum Handelsregister nicht vorliegt[31]. Darüber hinaus ist ein in der Hauptversammlung gefasster Verschmelzungsbeschluss grundsätzlich anfechtbar[32], sofern die Einreichung nicht oder nicht ordnungsgemäß (zB unvollständig) erfolgt und der Verschmelzungsbeschluss auf diesem Mangel beruht. Dies wird idR nicht der Fall sein[33]. Eine Anfechtung des Beschlusses scheidet insbesondere dann aus, wenn der Verschmelzungsvertrag mit der Einladung versandt wurde oder der Verschmelzungsvertrag auch bei der Gesellschaft zur Einsicht ausliegt und der Aktionär sich eine Abschrift des Verschmelzungsvertrags von der Gesellschaft zukommen lassen kann[34].

20　Der Vorstand kann zur Einreichung des Vertrags bzw. des Entwurfs durch Festsetzung eines Zwangsgelds angehalten werden[35].

2. Verspätete Einreichung

21　Eine verspätete, aber noch vor der Hauptversammlung erfolgte Einreichung begründet kein Eintragungshindernis. Die Einhaltung der Vorfrist ist ausschließlich im Interesse der Aktionäre gelegen. Diese können sich gegen den Beschluss im Wege der Anfechtungsklage wenden. Auch hier wird es aber regelmäßig an der Kausalität mangeln[36].

3. Keine, verspätete oder unzureichende Bekanntmachung

22　Eine mangelhafte oder fehlende Bekanntmachung stellt einen Verfahrensfehler dar, der zur Anfechtung des Verschmelzungsbeschlusses berechtigt. Auch hier fehlt es regelmäßig an der Kausalität des Mangels. Die Aktionäre erfahren über die Tagesordnung sowie über das Ausliegen der Unterlagen von der geplanten Verschmelzung.

§ 62 Hauptversammlung in besonderen Fällen

(1) Befinden sich mindestens neun Zehntel des Stammkapitals oder des Grundkapitals einer übertragenden Kapitalgesellschaft in der Hand einer übernehmenden Aktiengesellschaft, so ist ein Verschmelzungsbeschluss der übernehmenden Aktiengesellschaft zur Aufnahme dieser übertragenden Gesellschaft nicht erforderlich. Eigene Anteile der

---

[31] Zum Verzicht siehe Rn 17.

[32] *Marsch-Barner* in Kallmeyer Rn 3; *Rieger* in Widmann/Mayer Rn 15; *Stratz* in Schmitt/Hörtnagl/Stratz Rn 4 in Bezug auf die verspätete Einreichung.

[33] *Schmidt* im Großkomm. § 243 AktG Rn 36 ff. zur potenziellen Kausalität; vgl. auch *Hüffer* § 243 AktG Rn 12 ff.; *Rieger* in Widmann/Mayer Rn 15 mwN; *Marsch-Barner* in Kallmeyer Rn 3; *Grunewald* in Lutter Rn 5; zum Ursachenzusammenhang verweist *Stratz* in Schmitt/Hörtnagl/Stratz Rn 4 auf *BGH* DB 2002, 196.

[34] Siehe auch *Marsch-Barner* in Kallmeyer Rn 3 mit dem Hinweis, dass der Versand genügt; *Grunewald* in Lutter Rn 5. *Stratz* in Schmitt/Hörtnagl/Stratz Rn 4.

[35] Vgl. *Marsch-Barner* in Kallmeyer Rn 4, der allerdings noch auf § 407 Abs. 1 Satz 1 AktG verweist; *Rieger* in Widmann/Mayer Rn 14 mit Hinweis darauf, dass § 14 HGB Anwendung findet; *Stratz* in Schmitt/Hörtnagl/Stratz Rn 1 mit Verweis auf § 407 Abs. 1 Satz 1 AktG.

[36] Siehe Rn 19.

übertragenden Gesellschaft und Anteile, die einem anderen für Rechnung dieser Gesellschaft gehören, sind vom Stammkapital oder Grundkapital abzusetzen.

(2) Absatz 1 gilt nicht, wenn Aktionäre der übernehmenden Gesellschaft, deren Anteile zusammen den zwanzigsten Teil des Grundkapitals dieser Gesellschaft erreichen, die Einberufung einer Hauptversammlung verlangen, in der über die Zustimmung zu der Verschmelzung beschlossen wird. Die Satzung kann das Recht, die Einberufung der Hauptversammlung zu verlangen, an den Besitz eines geringeren Teils am Grundkapital der übernehmenden Gesellschaft knüpfen.

(3) Einen Monat vor dem Tage der Gesellschafterversammlung oder der Hauptversammlung der übertragenden Gesellschaft, die gemäß § 13 Abs. 1 über die Zustimmung zum Verschmelzungsvertrag beschließen soll, sind in dem Geschäftsraum der übernehmenden Gesellschaft zur Einsicht der Aktionäre die in § 63 Abs. 1 bezeichneten Unterlagen auszulegen. Gleichzeitig hat der Vorstand der übernehmenden Gesellschaft einen Hinweis auf die bevorstehende Verschmelzung in den Gesellschaftsblättern der übernehmenden Gesellschaft bekanntzumachen und den Verschmelzungsvertrag oder seinen Entwurf zum Register der übernehmenden Gesellschaft einzureichen; § 61 Satz 2 ist entsprechend anzuwenden. Die Aktionäre sind in der Bekanntmachung nach Satz 2 erster Halbsatz auf ihr Recht nach Absatz 2 hinzuweisen. Der Anmeldung der Verschmelzung zur Eintragung in das Handelsregister ist der Nachweis der Bekanntmachung beizufügen. Der Vorstand hat bei der Anmeldung zu erklären, ob ein Antrag nach Absatz 2 gestellt worden ist. Auf Verlangen ist jedem Aktionär der übernehmenden Gesellschaft unverzüglich und kostenlos eine Abschrift der in Satz 1 bezeichneten Unterlagen zu erteilen.

Übersicht

	Rn		Rn
I. Allgemeines	1	b) Bekanntmachung der Verschmelzung und Einreichung des Entwurfs zum Handelsregister (Abs. 3 Satz 2 und 3)	22
1. Sinn und Zweck der Norm	1		
2. Entstehungsgeschichte	2		
3. Anwendungsbereich	4	c) Fristberechnung	23
a) Verschmelzung mit einer oder mehreren Kapitalgesellschaften	4	d) Aushändigung von Abschriften (Abs. 3 Satz 6)	25
b) Verschmelzung mit 100%-igen Tochtergesellschaften	7	3. Verlangen auf Einberufung einer Hauptversammlung (Abs. 2)	26
II. Einzelerläuterungen	8	a) Notwendiges Quorum (Abs. 2 Satz 1)	26
1. Entbehrlichkeit des Verschmelzungsbeschlusses (Abs. 1)	8	aa) Berechnung des Quorums	27
a) Notwendige Beteiligungsquote (Abs. 1 Satz 1) und Quotenberechnung	8	bb) Abweichende Quotenregelung durch Satzungsregelung (Abs. 2 Satz 2)	28
aa) Berechnung der $\frac{9}{10}$	9	cc) Nachweis des Quorums	29
bb) Erfordernis der unmittelbaren Beteiligung	11	b) Form und Frist des Verlangens	30
cc) Keine Unterscheidung zwischen stimmberechtigten und stimmrechtslosen Anteilen	12	c) Rücknahme/Verzicht auf das Verlangen	31
dd) Gleichzeitige Verschmelzung von mehreren Rechtsträgern	13	4. Besondere Anforderungen an die Anmeldung zum Handelsregister (Abs. 3 Satz 4 und 5)	32
ee) Zweistufige Konzernverschmelzung	14	III. Rechtsfolge von Verfahrensverstößen	33
b) Maßgeblicher Zeitpunkt des Besitzes	19	1. Falschberechnung der Anteilsquote	33
2. Anforderungen im Fall der Entbehrlichkeit einer Hauptversammlung	21	2. Verstoß gegen die Einberufungspflicht bei Minderheitsverlangen	35
a) Auslage der in § 63 Abs. 1 bezeichneten Unterlagen (Abs. 3 Satz 1)	21	3. Formfehler beim Verfahrensablauf nach Abs. 3	36

Literatur: *Arbeitskreis Umwandlungsrecht,* Vorschläge zum Referentenentwurf eines Umwandlungsgesetzes, ZGR 1993, 321; *Habersack,* Umwandlung der AG ohne Mitwirkung der Hauptversammlung – Eine Studie zu § 62 UmwG –, FS Horn, 2006, S. 337. *Handelsrechtsausschuss des Deutschen Anwaltvereins (HRA),* Vorschläge zur Änderung des UmwG, NZG 2000, 802; *Henze,* Die zweistufige Konzernverschmelzung, AG 1993, 341; *Hoffmann-Becking* in IDW (Hrsg.), Reform des Umwandlungsrechts, S. 58; *Krieger,* Der Konzern in Fusion und Umwandlung, ZGR 1990, 517; *Lehmann,* Kummer mit dem Verschmelzungsrichtlinien-Gesetz, DB 1984, 333; *Priester,* Strukturänderungen – Beschlussvorbereitung und Beschlussfassung, ZGR 1990, 420; *Schmahl,* Zur Informationspflicht des Vorstands der Aktiengesellschaft bei der vereinfachten Konzernverschmelzung, NJW 1991, 2610.

I. Allgemeines

1. Sinn und Zweck der Norm

1 Abs. 1 erleichtert die Verschmelzung von Gesellschaften, an denen die übernehmende Gesellschaft eine hohe Beteiligung hält. Diese Verschmelzungen werden auch als Konzernverschmelzungen bezeichnet. Die Vorschrift stellt eine Ausnahme vom Grundsatz des Zustimmungserfordernisses[1] auf. Die übernehmende Gesellschaft, die mindestens neun Zehntel des Grund- bzw. Stammkapitals der übertragenden Gesellschaft hält, muss ihre Hauptversammlung nicht um Zustimmung zum Verschmelzungsvertrag fragen. Um trotzdem einen angemessenen Minderheitenschutz zu gewährleisten, sind Aktionäre, die mindestens 5% des Grundkapitals der Gesellschaft halten, berechtigt, eine Beschlussfassung der Hauptversammlung über die Verschmelzung zu verlangen[2]. Damit die Aktionäre der übernehmenden Gesellschaft vorab über die anstehende Verschmelzung informiert werden, erweitert Abs. 3 die Informationspflichten.

2. Entstehungsgeschichte

2 Abs. 1, Abs. 2 sowie Abs. 3 Satz 1 und 6 entsprechen inhaltlich dem § 352 b Abs. 1 AktG aF, der primär der Umsetzung des Art. 27 VerschmRL diente. Die Sätze 2 bis 5 des Abs. 3 haben keinen Vorläufer im alten Recht.

3 Der Regierungsentwurf sah einen Verzicht auf den Verschmelzungsbeschluss nur dann vor, wenn die übernehmende AG als herrschendes Unternehmen iSv. § 17 AktG für alle Verbindlichkeiten der übertragenden Gesellschaft gehaftet hätte[3]. Danach hätten praktisch nur eingegliederte oder im Rahmen eines Unternehmensvertrags verbundene Gesellschaften ohne Hauptversammlungsbeschluss verschmolzen werden können. Auf Empfehlung des Rechtsausschusses wurden die für die Konzernverschmelzung geschaffenen Erleichterungen des § 352 b Abs. 1 AktG aF dann doch in das UmwG übernommen[4]. Die Vereinfachungen bei Konzernverschmelzungen gelten auch für die Spaltung zur Aufnahme[5].

3. Anwendungsbereich

4 **a) Verschmelzung mit einer oder mehreren Kapitalgesellschaften.** Die Vorschrift gilt nur für Aktiengesellschaften, die als übernehmende Rechtsträger an einer Verschmelzung zur Aufnahme einer Kapitalgesellschaft beteiligt sind[6]. Sofern eine Verschmelzung von mehreren Kapitalgesellschaften auf eine AG vorliegt, müssen die Voraussetzungen für die vereinfachte Konzernverschmelzung für alle übertragenden Rechtsträger erfüllt sein[7]. Im Übrigen

---

[1] § 13 Abs. 1 Satz 1.
[2] § 62 Abs. 2 Satz 1.
[3] RegBegr. *Ganske* S. 108.
[4] RABer. *Ganske* S. 109 f.
[5] Siehe § 125 Rn 5.
[6] *Marsch-Barner* in Kallmeyer Rn 10; *Rieger* in Widmann/Mayer Rn 1, 5, 15.
[7] *Marsch-Barner* in Kallmeyer Rn 10; *Rieger* in Widmann/Mayer Rn 15 f.; *Grunewald* in Lutter Rn 8.

ist iRd. vereinfachten Konzernverschmelzung nur der Zustimmungsbeschluss der übernehmenden AG entbehrlich. Nicht entbehrlich sind die weiteren Voraussetzungen für eine Verschmelzung. Auf diese kann aber nach den sonstigen Vorschriften verzichtet werden[8]. Nicht entbehrlich ist auch der ggf. zur Durchführung der Verschmelzung bei der übernehmenden AG erforderliche Kapitalerhöhungsbeschluss. Zur Fassung dieses Beschlusses sind der Verschmelzungsvertrag und ggf. die Verschmelzungs- und Prüfungsberichte vorzulegen. Um eine Kapitalerhöhung zu vermeiden, kann der übernehmende Rechtsträger eigene Aktien erwerben[9].

Die Vereinfachung der Konzernverschmelzung stellt keine abschließende Regelung dar[10], so dass insbesondere die Grundsätze der „Holzmüller"-Doktrin[11] grundsätzlich anwendbar bleiben. Allerdings ist äußerst fraglich, ob die „Holzmüller"-Doktrin auf den Erwerb einer Gesellschaft iRd. Verschmelzung anwendbar ist[12]. Unter Berücksichtigung der „Gelatine"-Rechtsprechung zur „Holzmüller"-Doktrin ist davon auszugehen, dass die Verschmelzung einer zumindest zu 90% gehaltenen Tochtergesellschaft auf die Muttergesellschaft einen „Holzmüller"-Fall nicht darstellt[13]. Unbeschadet der „Holzmüller"-Doktrin ist der Vorstand der übernehmenden AG jedoch berechtigt, die Verschmelzung der Hauptversammlung zur Zustimmung vorzulegen[14].

Zu beachten ist, dass ggf. der satzungsmäßige Unternehmensgegenstand der übernehmenden AG zu ändern ist, sofern er vorsieht, dass das Geschäft der Tochtergesellschaft ausschließlich durch Beteiligungen betrieben werden darf. Dann ist – unabhängig von der Vereinfachung der Konzernverschmelzung nach Abs. 1 – ein Hauptversammlungsbeschluss zur Änderung der Satzung erforderlich. Fehlt dieser, führt dies jedoch nicht zur Unwirksamkeit der Verschmelzung. Die *ultra vires*-Lehre[15] ist im deutschen Recht nicht anwendbar.

b) Verschmelzung mit 100%-igen Tochtergesellschaften. Bei Verschmelzungen mit 100%-igen Tochtergesellschaften greifen weitere Erleichterungen ein. Ein Verschmelzungsbericht ist nicht zu erstellen und eine Prüfung der Verschmelzung nicht erforderlich. Auch ist eine Schlussbilanz des aufnehmenden Rechtsträgers nicht zu erstellen. Neue Anteile werden bei dieser Verschmelzung nicht ausgegeben, so dass auch eine Information der Aktionäre der übernehmenden Rechtsträger mit einer Schlussbilanz nicht erforderlich ist. Der Vertrag oder sein Entwurf muss aber dem zuständigen Betriebsrat des übernehmenden Rechtsträgers zugeleitet werden[16].

II. Einzelerläuterungen

1. Entbehrlichkeit des Verschmelzungsbeschlusses (Abs. 1)

a) Notwendige Beteiligungsquote (Abs. 1 Satz 1) und Quotenberechnung. Abs. 1 Satz 1 verlangt eine Beteiligung der übernehmenden AG am Nennkapital der übertragenden Kapitalgesellschaft von mindestens $\frac{9}{10}$.

---

[8] Siehe §§ 12 Rn 19 f., 8 Rn 68 ff.
[9] § 71 Abs. 1 Nr. 3 AktG; *Marsch-Barner* in Kallmeyer Rn 5.
[10] In diesem Sinne aber *Grunewald* in Lutter Rn. 6.
[11] BGHZ 83, 122 ff.; BGH ZIP 2004, 993, 1001; vgl. auch *F. J. Semler* in MünchHdbGesR Bd. 4 § 34 Rn 37 ff.
[12] Anders *OLG Köln* WM 1993, 644; *Marsch-Barner* in Kallmeyer Rn 3; dazu auch *Timm* ZIP 1993, 114, 116 ff.; *Habersack*, FS Horn, S. 337, 342 f.
[13] Siehe *Marsch-Barner* in Kallmeyer Rn 3; *Habersack*, FS Horn, S. 337, 343.
[14] § 119 Abs. 2 AktG.
[15] Zur *ultra vires*-Lehre siehe *Ashbury Railway Carriage & Iron Co. v. Riche* 33 N. S. Law Times Rep. 450 (1875).
[16] Vgl. § 5 Rn 140 ff.

9 aa) *Berechnung der $\frac{9}{10}$.* Zur Berechnung der erforderlichen Quote ist vom Nennkapital der übertragenden Gesellschaft auszugehen. Abzustellen ist auf Anteile, die im Eigentum der übernehmenden AG stehen[17].

10 Vom Grund-/Stammkapital werden alle eigenen Anteile, also Anteile, die der übertragende Rechtsträger selbst hält, abgezogen. Darüber hinaus sind Anteile abzuziehen, die nicht von dem übertragenden Rechtsträger selbst, sondern von einem Dritten für diesen Rechtsträger gehalten werden[18]. Dies entspricht der Regelung in § 16 Abs. 2 AktG. Nicht abzuziehen sind Anteile, die von einer Konzerngesellschaft des übertragenden Rechtsträgers gehalten werden, obwohl der übertragende Rechtsträger einen Anspruch auf Übertragung dieser Anteile hat[19]. Auch Anteile, die Tochtergesellschaften des übertragenden Rechtsträgers gehören, sind nicht abzuziehen[20]. Dies dient der Klarheit, wann eine vereinfachte Konzernverschmelzung ohne Zustimmungsbeschluss des übernehmenden Rechtsträgers möglich ist. Es entspricht aber auch dem Wortlaut des Gesetzes, der nur dann Abzüge vom Kapital des übertragenden Rechtsträgers vorsieht, sofern dieser eigene Anteile hält oder Anteile für Rechnung der Gesellschaft von Dritten gehalten werden.

11 bb) *Erfordernis der unmittelbaren Beteiligung.* Bei Feststellung der erforderlichen Quote sind nur Anteile zu berücksichtigen, die die übernehmende AG an dem übertragenden Rechtsträger unmittelbar hält[21]. Mittelbare Beteiligungen, insbesondere solche über 100%-ige Tochtergesellschaften, werden aus Gründen der Rechtssicherheit nicht mitgerechnet[22]. Es könnte gegenläufige Interessen der Tochtergesellschaft geben, so dass deshalb eine Hinzurechnung von Anteilen, die durch Tochtergesellschaften gehalten werden, nicht angebracht ist. Eine Zurechnung von Anteilen, wie sie das WpHG kennt[23], kommt daher auch nicht in Betracht. Anteile, die gemeinsam mit einem Dritten im Rahmen einer Stimmrechtsvereinbarung gebündelt sind oder für die ein Optionsrecht zum Erwerb besteht, werden dementsprechend auch nicht zugerechnet. Für die Berechnung der 90%-Anteilsquote ist allein entscheidend, ob diese Anteile bereits an die AG übertragen worden sind.[24] Diese am Wortlaut des § 62 orientierte Auslegung dient der Rechtsklarheit und dem Zweck der Vorschrift. Die Vorschrift soll einerseits eine Konzernverschmelzung erleichtern, andererseits stellt sie aber einen gewissen Minderheitenschutz dar. Dieser Minderheitenschutz würde ausgehöhlt, wenn durch die Zurechnung von Anteilen, die nicht von der Gesellschaft gehalten werden, die 90%-Quote erreicht werden könnte.

12 cc) *Keine Unterscheidung zwischen stimmberechtigten und stimmrechtslosen Anteilen.* Abs. 1 Satz 1 stellt ausschließlich auf die Beteiligung am Kapital und nicht auf Stimmrechte ab[25]. Dies folgt aus dem Sinn und Zweck der vereinfachten Konzernverschmelzung. Diese soll möglich sein, wenn die kapitalmäßige Verflechtung bereits entsprechend hoch ist.

13 dd) *Gleichzeitige Verschmelzung von mehreren Rechtsträgern.* Bei Beteiligung mehrerer übertragender Rechtsträger muss für alle übertragenden Rechtsträger die Voraussetzung der verein-

---

[17] *Grunewald* in Lutter Rn 2; *Marsch-Barner* in Kallmeyer Rn 8; *Stratz* in Schmitt/Hörtnagl/Stratz Rn 4; *Bermel* in Goutier/Knopf/Tulloch Rn 7.
[18] § 62 Abs. 1 Satz 2.
[19] § 71 d AktG; *Bermel* in Goutier/Knopf/Tulloch Rn 7; *Stratz* in Schmitt/Hörtnagl/Stratz Rn 5; *Grunewald* in Lutter Rn 3; *Marsch-Barner* in Kallmeyer Rn 9; *Rieger* in Widmann/Mayer Rn 9.
[20] LG Mannheim ZIP 1990, 1992, 1993; *Henze* AG 1993, 341, 349; *Grunewald* in Lutter Rn 3; siehe auch *Habersack*, FS Horn, S. 337, 349 f.
[21] § 71 d AktG; *Bermel* in Goutier/Knopf/Tulloch Rn 7; *Grunewald* in Lutter Rn 2; *Rieger* in Widmann/Mayer Rn 11 f.
[22] Der *HRA* NZG 2000, 802, 803, hat dies kritisiert und eine Gesetzesänderung vorgeschlagen.
[23] § 22 Abs. 1 und 2 WpHG.
[24] Vgl. hierzu *Habersack*, FS Horn, S. 337, 348 f.
[25] *Grunewald* in Lutter Rn 2; *Marsch-Barner* in Kallmeyer Rn 11; *Rieger* in Widmann/Mayer Rn 13 f.

fachten Konzernverschmelzung erfüllt sein. § 62 ist nicht anwendbar, wenn die Beteiligungsquote bei einem Rechtsträger nicht erfüllt ist oder ein Rechtsträger nicht in der Rechtsform einer Kapitalgesellschaft besteht[26]. Dann ist ein Zustimmungsbeschluss der aufnehmenden AG für den Verschmelzungsvertrag mit allen Rechtsträgern erforderlich. Im Rahmen einer Sternverschmelzung kann der Zustimmungsbeschluss der übernehmenden AG nicht auf die Verschmelzung mit dem Rechtsträger beschränkt werden, der die Voraussetzungen für die vereinfachte Konzernverschmelzung nicht erfüllt[27]. Denn bei gleichzeitiger Verschmelzung von mehreren Rechtsträgern handelt es sich um *einen* Verschmelzungsvorgang, der nicht in mehrere Verschmelzungsvorgänge aufgeteilt werden kann.

ee) Zweistufige Konzernverschmelzung. Eine zweistufige Konzernverschmelzung setzt voraus, **14** dass zunächst eine Gesellschaft gegen Ausgabe von Aktien der zukünftigen Obergesellschaft erworben wird und es damit zu einer Mehrheitsbeteiligung der Obergesellschaft mit einem Anteil an der erworbenen Gesellschaft von ggf. über 90% kommt. Dies geschieht, indem zunächst die Obergesellschaft ihr Kapital gegen Sacheinlage unter Ausschluss des Bezugsrechts ihrer Aktionäre erhöht. Unmittelbar im Anschluss daran, nachdem die Anteile an der erworbenen Gesellschaft bei der Obergesellschaft eingelegt worden sind und die Anteilsinhaber der erworbenen Gesellschaft Aktien der Obergesellschaft erworben haben, wird die neue Tochtergesellschaft, an der die AG nunmehr mehr als 90 % der Anteile hält, auf die AG verschmolzen[28].

Hierbei wird vertreten, dass die auf der sog. ersten Stufe durchgeführte Sachkapitalerhöhung gesetzwidrig sei. Es handele sich tatsächlich um eine Verschmelzung. Eine Verschmelzungsprüfung und ein Verschmelzungsbericht, die insbesondere dem Schutz der Aktionäre der übernehmenden AG dienen[29], seien erforderlich. **15**

Dem ist entgegenzuhalten, dass es im Belieben der Gesellschaft und ihrer Gesellschafter **16** steht, auch anderweitige Transaktionsstrukturen zu verwenden. Zwar schützen Verschmelzungsbericht und Verschmelzungsprüfung die außenstehenden Aktionäre. Der Vorstand hat aber auch bei einer Sachkapitalerhöhung unter Ausschluss des Bezugsrechts einen Bericht an die Hauptversammlung abzugeben[30]. Er hat den Ausschluss des Bezugsrechts und die Höhe des Ausgabepreises der neuen Aktien zu erläutern. Beabsichtigt der Vorstand im Anschluss an die Durchführung der Sachkapitalerhöhung eine Konzernverschmelzung, hat er im Rahmen des Berichts an die Hauptversammlung nicht nur die Sachkapitalerhöhung, sondern auch die sich anschließende Konzernverschmelzung zu erläutern. Damit ist eine Information der außenstehenden Aktionäre gewährleistet.

Dem kann man nun noch entgegenhalten, dass es eine der Verschmelzungsprüfung vergleichbare Prüfung bei der Sachkapitalerhöhung nicht gibt. Zwar ist ein Prüfer vom Gericht zu bestellen; dieser hat die Werthaltigkeit der Sacheinlage zu prüfen. Diese Werthaltigkeitsprüfung bezieht sich jedoch nach vorzugswürdiger Ansicht nur auf den Nennbetrag bzw. anteiligen Betrag am Grundkapital der auszugebenden neuen Aktien[31]. Sie entspricht daher nicht einer Prüfung des Umtauschverhältnisses, wie sie der Verschmelzungsprüfer vornimmt. Allerdings ist auch hier iRd. Berichterstattung des Vorstands zum Bezugsrechtsausschluss zu fordern, dass der Vorstand den Wert der Sacheinlage nicht nur darlegt, sondern seine Ar- **17**

---

[26] HM, vgl. *Grunewald* in Lutter Rn 8; *Marsch-Barner* in Kallmeyer Rn 10; *Rieger* in Widmann/Mayer Rn 15 f.; aA *Stratz* in Schmitt/Hörtnagl/Stratz Rn 6; Stellungnahme dazu *Rieger* in Widmann/Mayer Rn 16 Fn 2.
[27] So aber wohl *Stratz* in Schmitt/Hörtnagl/Stratz Rn 6.
[28] Vgl. zur zweistufigen Konzernverschmelzung auch *Henze* AG 1993, 341 ff.
[29] Vgl. OLG Karlsruhe ZIP 1991, 1145 ff. mit Anm. *Hirte* EWiR § 352 b AktG 1/91, 1153. Anders die hM, vgl. *Rieger* in Widmann/Mayer Rn 21 f.; *Marsch-Barner* in Kallmeyer Rn 7; *Stratz* in Schmitt/Hörtnagl/Stratz Rn 7.
[30] § 186 Abs. 4 Satz 2 AktG.
[31] Vgl. § 183 Abs. 3 Satz 3 AktG.

gumentation durch das Gutachten eines Wirtschaftsprüfers unterstützt. Aktionäre der übernehmenden Gesellschaft erhalten so bei einer Sachkapitalerhöhung eine Information zum Umtauschverhältnis, die mit der Verschmelzungsprüfung vergleichbar ist.

18 Sofern die Kapitalerhöhung iRd. Ausnutzung eines genehmigten Kapitals erfolgt, hat sich der Vorstand zu vergewissern, dass der Ausgabepreis der neuen Aktien gerechtfertigt ist[32]. Er wird daher idR im Rahmen seiner Pflichten als ordentlicher und gewissenhafter Geschäftsleiter ein Gutachten einholen.

19 **b) Maßgeblicher Zeitpunkt des Besitzes.** Zu welchem Zeitpunkt der Anteilsbesitz von mindestens 90 % vorliegen muss, ist gesetzlich nicht festgelegt. In Betracht kommt der Zeitpunkt der Fassung des Verschmelzungsbeschlusses bei der übertragenden Gesellschaft, wenn eine Zustimmung der Hauptversammlung der übernehmenden AG nicht erforderlich ist[33]. Maßgeblicher Zeitpunkt kann auch die Anmeldung der Verschmelzung zur Eintragung im Handelsregister sein. Dies ist dann der Fall, wenn man die vereinfachte Konzernverschmelzung als Ausnahmeregelung zum sonst erforderlichen Zustimmungsbeschluss der Hauptversammlung und damit als Wirksamkeitsvoraussetzung für den Verschmelzungsvertrag ansieht[34].

20 Da die Konzernverschmelzung aufgrund der kapitalmäßigen Verflechtung von mindestens 90% zwischen der Obergesellschaft und der Tochtergesellschaft möglich ist, muss die 90%-Beteiligung im Zeitpunkt des Wirksamwerdens der Verschmelzung gegeben sein[35]. Ansonsten könnte das Privileg der vereinfachten Konzernverschmelzung missbraucht werden, indem kurzfristig ein 90%-Anteil erreicht wird, der unmittelbar nach Fassung des Verschmelzungsbeschlusses bei der übertragenden Gesellschaft, jedoch vor Wirksamwerden der Verschmelzung, reduziert wird[36].

2. Anforderungen im Fall der Entbehrlichkeit einer Hauptversammlung

21 **a) Auslage der in § 63 Abs. 1 bezeichneten Unterlagen (Abs. 3 Satz 1).** Zur Information der Aktionäre des übernehmenden Rechtsträgers sind die in § 63 Abs. 1 genannten Unterlagen zur Einsicht der Aktionäre auszulegen[37], und zwar spätestens einen Monat vor dem Tag der Gesellschafter- oder der Hauptversammlung der übertragenden Gesellschaft, die den Verschmelzungsbeschluss fassen soll[38].

22 **b) Bekanntmachung der Verschmelzung und Einreichung des Entwurfs zum Handelsregister (Abs. 3 Satz 2 und 3).** Zur Information der Aktionäre der übernehmenden AG über die Auslegung hat der Vorstand der übernehmenden AG mit Auslage der Unterlagen einen Hinweis auf die bevorstehende Verschmelzung in den Gesellschaftsblättern der übernehmenden AG, also zumindest im elektronischen Bundesanzeiger[39], bekannt zu machen. Die Bekanntmachung hat auf die Verschmelzung und die Möglichkeit eines Minderheitsverlangens zur Herbeiführung eines Verschmelzungsbeschlusses der übernehmenden

---

[32] *BGH* NJW 1997, 2815 „Siemens/Nold".
[33] *LG Mannheim* ZIP 1990, 992 ff.; *Stratz* in Schmitt/Hörtnagl/Stratz Rn 7; *Grunewald* in Lutter Rn 6.
[34] *Rieger* in Widmann/Mayer Rn 23 ff.; *Marsch-Barner* in Kallmeyer Rn 7; *Henze* AG 1993, 341, 344; *Bermel* in Goutier/Knopf/Tulloch Rn Nr. 8; *Bungert* NZG 2000, 16 ff. unter Heranziehung des *BayObLG* vom 4. 11. 1999 (unveröffentlicht), wonach es genügt, wenn die Voraussetzung für einen Formwechsel zum Zeitpunkt der Eintragung vorliegen; abweichend *Grunewald* in Lutter Rn 6 (Zeitpunkt des Verschmelzungsbeschlusses).
[35] *Grunewald* in Lutter Rn 6; ausf. Begründung *Habersack*, FS Horn, S. 337, 345.
[36] *Habersack*, FS Horn, S. 337, 345 ff. zu dem Problem des Nacherwerbs durch den übernehmenden Rechtsträger.
[37] Zu Einzelheiten siehe § 63 Rn 10 ff.
[38] Zur Auslegung siehe § 63 Rn 6 f.
[39] Vgl. § 25 AktG.

AG hinzuweisen. Nicht bekannt zu machen ist die Auslage der Unterlagen zur Einsicht der Aktionäre der übernehmenden Gesellschaft. Der Hinweis auf die Verschmelzung hat nicht gesondert zu erfolgen[40]. Er kann auch Bestandteil einer anderen Bekanntmachung sein[41]. Gleichzeitig mit der Hinweisbekanntmachung hat der Vorstand den Verschmelzungsvertrag oder seinen Entwurf zum Handelsregister der übernehmenden Gesellschaft einzureichen[42].

c) Fristberechnung. Für die Berechnung der Monatsfrist zur Auslage der Unterlagen und zur Hinweisbekanntmachung gelten die §§ 187 Abs. 1, 188 Abs. 2 BGB. Nicht zu beachten ist allerdings § 193 BGB, der bei Fristenregelungen Sonn- und Feiertage sowie Sonnabende berücksichtigt[43]. Die Einberufung ist weder eine Willenserklärung, noch stellt sie eine Leistung dar, was § 193 BGB verlangt.

Die Frage, ob bei der Fristberechnung der Tag der Einberufung mitzuzählen ist, spielt hier keine Rolle[44]. Entscheidend ist lediglich, dass einen Monat vor Beschlussfassung eine entsprechende Bekanntmachung erfolgt.

d) Aushändigung von Abschriften (Abs. 3 Satz 6). Jeder Aktionär hat das Recht, eine Abschrift der auszulegenden Unterlagen zu verlangen[45], wie dies auch iRd. Vorbereitung der Hauptversammlung zur Beschlussfassung verlangt werden kann[46].

3. Verlangen auf Einberufung einer Hauptversammlung (Abs. 2)

a) Notwendiges Quorum (Abs. 2 Satz 1). Aktionäre, die mindestens fünf vom Hundert des Grundkapitals der übernehmenden AG halten, können verlangen, dass trotz der Erfüllung der Voraussetzung der vereinfachten Konzernverschmelzung ein Zustimmungsbeschluss der Hauptversammlung der übernehmenden AG zur Verschmelzung herbeizuführen ist.

aa) Berechnung des Quorums. Das Quorum kann durch Aktien aller Art erreicht werden. Es gelten die gleichen Grundsätze zur Berechnung wie bei § 122 Abs. 1 Satz 1 AktG. Aktien, die die Gesellschaft selbst hält, sind für die Berechnung der 5% nicht abzusetzen[47]. Die Aktien müssen gehalten werden, bis der Vorstand die Hauptversammlung einberuft oder eine gerichtliche Ermächtigung ausgesprochen wird[48]. Anders als beim Minderheitsverlangen nach § 122 AktG wird eine Mindesthaltedauer der Aktien vor Abgabe des Verlangens nicht verlangt[49].

bb) Abweichende Quotenregelung durch Satzungsregelung (Abs. 2 Satz 2). Die Satzung kann ein geringeres, nicht aber ein höheres Quorum als 5% vorsehen[50], so dass auf jeden Fall 5% des Grundkapitals zur Geltendmachung des Minderheitsverlangens ausreichen. Zusätzliche Voraussetzungen zur Geltendmachung des Minderheitsverlangens kann die Satzung nicht

---

[40] *Rieger*, in Widmann/Mayer Rn 38 f.
[41] *Marsch-Barner* in Kallmeyer Rn 21.
[42] § 62 Abs. 3 Satz 2.
[43] Wie hier *Marsch-Barner* in Kallmeyer Rn 20; *Rieger* in Widmann/Mayer Rn 56; anders aber *Bermel* in Goutier/Knopf/Tulloch Rn 25 sowie *Grunewald* in Lutter Rn. 9.
[44] So auch *Rieger* in Widmann/Mayer Rn 56; ausf. zum Streitstand *Hüffer* § 123 AktG Rn 3.
[45] § 62 Abs. 3 Satz 6; *Stratz* in Schmitt/Hörtnagl/Stratz Rn 12 verweist unter Zitierung von *Diekmann* darauf, dass dies unabhängig davon gilt, ob ein Minderheitsverlangen nach Abs. 2 ausgesprochen wurde oder nicht.
[46] § 63 Abs. 3; näher siehe § 63 Rn 19.
[47] *Hüffer* § 122 AktG Rn 3; *Zöllner* in Kölner Komm. § 122 AktG Rn 10.
[48] Streitig, vgl. *Hüffer* § 122 AktG Rn 3 a; *Zöllner* in Kölner Komm. § 122 AktG Rn 16; *Marsch-Barner* in Kallmeyer Rn 14; *Bermel* in Goutier/Knopf/Tulloch Rn 17.
[49] Vgl. §§ 122 Abs. 1 Satz 3, 147 Abs. 1 Satz 2 und 3 AktG.
[50] *Grunewald* in Lutter Rn. 16; *Marsch-Barner* in Kallmeyer Rn. 15; *Stratz* in Schmitt/Hörtnagl/Stratz Rn 9.

aufstellen[51]. Ansonsten könnte der Minderheitenschutz durch eine Satzungsänderung, die mit qualifizierter und ggf. mit einfacher Mehrheit gefasst werden kann[52], umgangen werden.

29 *cc) Nachweis des Quorums.* Das Quorum muss dem Vorstand in geeigneter Weise nachgewiesen werden, zB durch Vorlage der Aktienurkunde oder durch Vorlage von Depotbescheinigungen. Die Bescheinigungen müssen darlegen, dass eine entsprechende Anzahl von Aktien im Depot des Aktionärs verbucht ist und zunächst gesperrt bleibt, um zu sichern, dass auch zum Zeitpunkt der Einberufung der Hauptversammlung das Quorum noch besteht. Nicht ausreichend ist eine reine Glaubhaftmachung[53]. Schwierigkeiten ergeben sich, wenn keine Aktienurkunden (auch nicht in Form einer Globalurkunde) ausgegeben worden sind und eine bankmäßige Verbuchung der Aktien nicht erfolgt ist. In diesen Fällen ist grundsätzlich der Aktienerwerb bis zum zeichnenden Aktionär nachzuweisen, der im Rahmen einer Kapitalerhöhung die Aktien erworben hat. Privatschriftliche Verträge reichen aus. Hat der Vorstand konkrete Anhaltspunkte dafür, dass diese privatschriftlichen Urkunden nicht ordnungsgemäß ausgestellt worden sind, kann er das Minderheitsverlangen ablehnen. Der Vorstand trägt dafür jedoch die Beweislast.

30 **b) Form und Frist des Verlangens.** Das Einberufungsverlangen kann an den Vorstand, aber auch allgemein an die Gesellschaft gerichtet sein[54]. Es ist formlos, sollte jedoch aus Beweisgründen schriftlich gestellt werden, und bedarf keiner Begründung[55]. Auch sieht das Gesetz für das Einberufungsverlangen eine Frist nicht vor. Es muss jedoch spätestens bis zum Zeitpunkt der Anmeldung der Verschmelzung gestellt sein[56]. Da diese frühestens nach Ablauf eines Monats nach Bekanntmachung des Verschmelzungsverlangens erfolgen kann, kann die Gesellschaft den Hinweis auf das mögliche Minderheitsverlangen[57] mit einer Frist von einem Monat verbinden[58]. Eine kürzere Frist ist nicht angemessen. Das Minderheitsverlangen ist verspätet, wenn es nach Anmeldung der Verschmelzung durch den übernehmenden Rechtsträger zum Handelsregister eingeht[59].

31 **c) Rücknahme/Verzicht auf das Verlangen.** Ein gestelltes Minderheitsverlangen kann jederzeit durch Rücknahme bzw. Verzicht erledigt werden. Sofern die Hauptversammlung schon einberufen sein sollte, ist der Vorstand berechtigt, die Hauptversammlung durch Bekanntmachung in den Gesellschaftsblättern abzusagen. Sofern die Hauptversammlung noch nicht einberufen sein sollte, kann der Vorstand die Einberufung unterlassen[60].

4. Besondere Anforderungen an die Anmeldung zum Handelsregister (Abs. 3 Satz 4 und 5)

32 Mit der Anmeldung der Verschmelzung zur Eintragung in das Handelsregister ist nachzuweisen, dass eine Bekanntmachung der bevorstehenden Verschmelzung mit dem Hinweis, dass ihre Aktionäre ein Minderheitsverlangen ausüben können, erfolgt ist. Dieser Nachweis erfolgt durch Einreichung eines Belegexemplars des Gesellschaftsblatts (also mindestens des elektronischen Bundesanzeigers) zum Handelsregister. Darüber hinaus hat der Vorstand der

---

[51] *Rieger* in Widmann/Mayer Rn 29; *Marsch-Barner* in Kallmeyer Rn 15; *Grunewald* in Lutter Rn 17.
[52] Vgl. § 179 AktG.
[53] *Marsch-Barner* in Kallmeyer Rn 14.
[54] *Grunewald* in Lutter Rn 14.
[55] *Grunewald* in Lutter Rn 14; *Marsch-Barner* in Kallmeyer § 62 Rn 12; *Rieger* in Widmann/Mayer Rn 30; *Stratz* in Schmitt/Hörtnagl/Stratz Rn 9.
[56] *Grunewald* in Lutter Rn 13; *Marsch-Barner* in Kallmeyer Rn 18; ausf. *Rieger* in Widmann/Mayer Rn 29.1.
[57] § 62 Abs. 3 Satz 2.
[58] *Grunewald* in Lutter Rn 13; *Marsch-Barner* in Kallmeyer Rn 18.
[59] Vgl. *Marsch-Barner* in Kallmeyer Rn 18.
[60] *Grunewald* in Lutter Rn 15; *Rieger* in Widmann/Mayer Rn 30.1.

übernehmenden AG zu erklären, ob ein Minderheitsverlangen ausgeübt worden ist. Die Erklärung ist durch die Mitglieder des Vorstands in vertretungsberechtigter Zahl abzugeben.

III. Rechtsfolgen von Verfahrenverstößen

1. Falschberechnung der Anteilsquote

Besteht kein 90%-iger Anteilsbesitz, wäre ein Verschmelzungsbeschluss der übernehmenden AG erforderlich gewesen[61]. Der Verschmelzungsvertrag ist nicht wirksam, da die Anteilsinhaber der beteiligten Rechtsträger ihm nicht durch Beschluss zugestimmt haben[62]. 33

Wird die Verschmelzung trotzdem in das Handelsregister eingetragen, ist die Verschmelzung nicht durchgeführt[63], da es an einem notwendigen Beschluss fehlt und somit die Grenzen des § 20 Abs. 2 überschritten sind. 34

2. Verstoß gegen die Einberufungspflicht bei Minderheitsverlangen

Sofern der Vorstand einem Minderheitsverlangen zur Einberufung der Hauptversammlung und Beschlussfassung über den Verschmelzungsvertrag nicht nachkommt, kann gemäß § 122 Abs. 3 AktG analog ein Gericht die Aktionäre ermächtigen[64], die Hauptversammlung einzuberufen und den Gegenstand der Tagesordnung bekannt zu machen. Die beim Gericht antragstellenden Aktionäre müssen zusammen das Quorum des Abs. 2 bzw. das geringere satzungsgemäß verlangte Quorum erfüllen. Sofern der Antrag nur von einigen Aktionären gestellt wird, müssen diese von den anderen Aktionären ordnungsgemäß bevollmächtigt sein. Das Rechtsschutzbedürfnis für einen Antrag nach § 122 Abs. 3 AktG fehlt, wenn der Vorstand die geplante Verschmelzung nach Erhebung eines Minderheitsverlangens zur Beschlussfassung über den Verschmelzungsvertrag durch die Hauptversammlung nicht weiter verfolgen will und deshalb eine Hauptversammlung nicht einberufen hat[65]. 35

3. Formfehler beim Verfahrensablauf nach Abs. 3

Sofern die erforderlichen Unterlagen nicht ordnungsgemäß ausgelegt oder die Verschmelzung nicht mit dem Hinweis auf die Möglichkeit eines Minderheitsverlangens in den Gesellschaftsblättern der übernehmenden AG bekannt gemacht wurde, ist die Verschmelzung nicht einzutragen. Die Informationspflichten sind Eintragungsvoraussetzung und damit Wirksamkeitsvoraussetzungen zur Durchführung der Verschmelzung. Dies gilt nicht, wenn der Verschmelzungsvertrag verspätet zum Handelsregister eingereicht wird. 36

Wird die Verschmelzung trotzdem eingetragen, ist sie wirksam. Der Vorstand der übernehmenden AG kann sich schadensersatzpflichtig machen, sofern er seine Informationspflicht verletzt hat[66]. 37

§ 63 Vorbereitung der Hauptversammlung

(1) **Von der Einberufung der Hauptversammlung an, die gemäß § 13 Abs. 1 über die Zustimmung zum Verschmelzungsvertrag beschließen soll, sind in dem Geschäftsraum der Gesellschaft zur Einsicht der Aktionäre auszulegen**

---

[61] § 13 Abs. 1.
[62] Siehe § 13 Rn 8 ff.
[63] Vgl. § 20 Rn 89.
[64] *Stratz* in Schmitt/Hörtnagl/Stratz Rn 9; *Bermel* in Goutier/Knopf/Tulloch Rn 20; *Marsch-Barner* in Kallmeyer Rn 13; *Grunewald* in Lutter Rn 16; *Rieger* in Widmann/Mayer Rn 31.
[65] Ebenso *Marsch-Barner* in Kallmeyer Rn 13; *Grunewald* in Lutter Rn 16.
[66] § 93 AktG.

§ 63

1. der Verschmelzungsvertrag oder sein Entwurf;
2. die Jahresabschlüsse und die Lageberichte der an der Verschmelzung beteiligten Rechtsträger für die letzten drei Geschäftsjahre;
3. falls sich der letzte Jahresabschluß auf ein Geschäftsjahr bezieht, das mehr als sechs Monate vor dem Abschluß des Verschmelzungsvertrags oder der Aufstellung des Entwurfs abgelaufen ist, eine Bilanz auf einen Stichtag, der nicht vor dem ersten Tag des dritten Monats liegt, der dem Abschluß oder der Aufstellung vorausgeht (Zwischenbilanz);
4. die nach § 8 erstatteten Verschmelzungsberichte;
5. die nach § 60 in Verbindung mit § 12 erstatteten Prüfungsberichte.

(2) Die Zwischenbilanz (Absatz 1 Nr. 3) ist nach den Vorschriften aufzustellen, die auf die letzte Jahresbilanz des Rechtsträgers angewendet worden sind. Eine körperliche Bestandsaufnahme ist nicht erforderlich. Die Wertansätze der letzten Jahresbilanz dürfen übernommen werden. Dabei sind jedoch Abschreibungen, Wertberichtigungen und Rückstellungen sowie wesentliche, aus den Büchern nicht ersichtliche Veränderungen der wirklichen Werte von Vermögensgegenständen bis zum Stichtag der Zwischenbilanz zu berücksichtigen.

(3) **Auf Verlangen ist jedem Aktionär unverzüglich und kostenlos eine Abschrift der in Absatz 1 bezeichneten Unterlagen zu erteilen.**

Übersicht

	Rn		Rn
I. Allgemeines	1	**III. Recht des Aktionärs auf Erteilung einer Abschrift (Abs. 3)**	19
1. Sinn und Zweck der Norm	1	1. Allgemeines	19
2. Entstehungsgeschichte	2	2. Form des Verlangens und Nachweis der Aktionärsstellung	20
3. Anwendungsbereich	3	3. Art und Form der Zusendung	21
II. Einzelerläuterungen	6	4. Anspruch auf weitere Unterlagen	23
1. Maßgeblicher Zeitpunkt	6	5. Kosten	24
2. Ort der Auslegung	9	**IV. Rechtsfolge von Verfahrensverstößen**	25
3. Auszulegende Unterlagen (Abs. 1 Nr. 1 bis 5)	10	1. Zwangsgeld	25
4. Aufstellung Zwischenbilanz (Abs. 2)	13	2. Fehler in der Auslage der Unterlagen	26
a) Voraussetzung Zwischenbilanz (Abs. 2)	13	3. Fehlen von Abschlüssen bzw. fehlerhafte Abschlüsse	27
b) Inhaltliche Anforderungen	16	4. Fehler bei der Erteilung von Abschriften	28
aa) Allgemeines (Abs. 2 Satz 1)	16	**V. Ausfertigung weiterer Dokumente aus Kapitalmarktsicht**	29
bb) Erleichterung bei der Aufstellung der Zwischenbilanz	17		
cc) Testierung der Zwischenbilanz	18		

Literatur: *Becker,* Die gerichtliche Kontrolle von Maßnahmen bei der Verschmelzung von AG, AG 1988, 223; *Bungert,* Ausgliederung durch Einzelrechtsübertragung und analoge Anwendung des Umwandlungsgesetzes, NZG 1998, 367; *Hoffmann-Becking,* Das neue Verschmelzungsrecht in der Praxis, FS Fleck, 1988, S. 105; *Hommelhoff,* Zur Kontrolle strukturverändernder Gesellschafterbeschlüsse, ZGR 1990, 447; *Leuering,* Die Erteilung von Abschriften an Aktionäre, ZIP 2000, 2053; *Schmidt,* § 123 Abs. 1 AktG i.d.F. des UMAG und §§ 61 Satz 1, 63 Abs. 1 UmwG – ein unbeabsichtigter Richtlinienverstoß, DB 2006, 375; *Vetter,* Auslegung der Jahresabschlüsse für das letzte Geschäftsjahr zur Vorbereitung von Strukturbeschlüssen der Gesellschafter, NZG 1999, 925; *Wendt,* Die Auslegung des letzten Jahresabschlusses zur Vorbereitung der Hauptversammlung – Strukturmaßnahmen als Saisongeschäft, DB 2003, 191; *Wilde,* Informationsrechte und Informationspflichten im Gefüge der Gesellschaftsorgane, ZGR 1998, 423.

I. Allgemeines

1. Sinn und Zweck der Norm

Die Vorschrift ergänzt die Einberufungsvorschriften des AktG[1] für die Hauptversammlung, die über die Verschmelzung beschließt. Ziel ist die Vorabunterrichtung der Aktionäre. Diese sollen in Kenntnis aller wesentlichen Informationen über die Verschmelzung entscheiden können.

2. Entstehungsgeschichte

Die Regelung entspricht § 340 d Abs. 2 bis 4 AktG aF und dient der Umsetzung von Art. 11 VerschmRL. Die Vorschrift war während des Gesetzgebungsverfahrens nicht umstritten.

3. Anwendungsbereich

Die Regelung gilt für jede AG, die als übertragender oder übernehmender Rechtsträger an einer Verschmelzung zur Aufnahme oder zur Neugründung beteiligt ist. Über § 125 Satz 1 ist sie auch anwendbar für Spaltungen jeglicher Art. Im Rahmen von Vollversammlungen ist § 63 nicht anzuwenden[2]. Die Aktionäre können im Übrigen auch auf die von § 63 geforderten Informationsrechte verzichten[3].

Streitig ist, ob die Auslegungspflicht auch für Umstrukturierungen durch Einzelrechtsübertragung[4], für die das UmwG grundsätzlich nicht anwendbar ist, gelten soll. Dies wird vertreten, da im Fall einer Ausgliederung durch Einzelrechtsübertragung die Interessenslage vergleichbar sei[5]. Maßnahmen nach dem UmwG sind jedoch von Maßnahmen nach herkömmlichem Gesellschaftsrecht/Schuldrecht zu unterscheiden[6]. § 1 Abs. 2 verbietet Analogien[7]. Auch eine Ausstrahlungswirkung kommt nicht in Betracht[8]. Das UmwG kennt den *numerus clausus* der Umwandlungsarten und die Unterscheidungsmerkmale der Ausgliederungsarten. § 63 ist deshalb für Einzelrechtsübertragungen nicht anwendbar[9].

Auch im Rahmen von Einzelrechtsübertragungen sind selbstverständlich die allgemeinen Informationspflichten der Aktionäre zu berücksichtigen. So ist iRd. Zustimmung zu einem Vertrag gem. § 124 Abs. 2 Satz 2 AktG der wesentliche Inhalt des Vertrags bekannt zu machen.

II. Einzelerläuterungen

1. Maßgeblicher Zeitpunkt

Die Unterlagen sind gleichzeitig mit der Einladung zur Hauptversammlung auszulegen, d. h. ab dem Tag der Bekanntmachung in den Gesellschaftsblättern[10]. Sofern der elektronische Bundesanzeiger das einzige Gesellschaftsblatt ist, reicht die Auslage mit Veröffentlichung der Tagesordnung im elektronischen Bundesanzeiger. Die Unterlagen sind darüber hinaus

---

[1] §§ 122 ff. AktG.
[2] Vgl. auch *Grunewald* in Lutter Rn 2; *Marsch-Barner* in Kallmeyer Rn 2.
[3] Analog § 8 Abs. 3; vgl. auch *Grunewald* in Lutter Rn 7.
[4] Näher hierzu § 1 Rn 57.
[5] *LG Karlsruhe* EWiR § 125 UmwG 1/97, 1147 ff. „Badenwerk" mit Anm. *Bork* EWiR § 125 UmwG 1/97, 1147 ff.
[6] *Bungert* NZG 1998, 367 ff.
[7] Siehe § 1 Rn 61 f.; *LG Hamburg* AG 1997, 238 „Wünsche AG".
[8] Näher hierzu § 1 Rn 63 ff.
[9] IE wie hier *Bungert* NZG 1998, 367 ff.
[10] § 121 Abs. 3 Satz 1 AktG; *Schmidt* DB 2006, 375.

auf der Internet-Seite der Gesellschaft zugänglich zu machen, sofern – wie in der Regel der Fall – die Gesellschaft dem Deutschen Corporate Governance Kodex folgt[11]. In der Tagesordnung zur Hauptversammlung ist der wesentliche Inhalt des Vertrags bekannt zu machen[12]. Die Unterlagen sind während der Zeit vor der Hauptversammlung auf dem aktuellsten Stand zu halten[13].

7 Da die Auslegungspflicht zur Vorbereitung der Aktionäre auf die Hauptversammlung dient, endet sie richtigerweise mit Beginn der Hauptversammlung[14] und nicht mit Ende der Hauptversammlung. Die Information während der Hauptversammlung gewährleistet § 64.

8 Die Auslage hat während der üblichen Geschäftszeiten der Gesellschaft zu erfolgen. Sofern die üblichen Geschäftszeiten der Gesellschaft von den ansonsten im Geschäftsverkehr üblichen Zeiten abweichen, ist hierauf ausdrücklich in der Einladung zur Hauptversammlung hinzuweisen. Allerdings kann dies grundsätzlich nicht zu einer Einschränkung des Informationsrechts der Aktionäre führen. IdR hat daher jede Gesellschaft dafür Sorge zu tragen, dass die Unterlagen zu den nicht für die auslegungspflichtige Gesellschaft, sondern zu sonst im Geschäftsverkehr üblichen Zeiten ausgelegt werden können.

2. Ort der Auslegung

9 Die Unterlagen sind in dem Geschäftsraum der AG auszulegen. Hierunter ist ein Geschäftsraum am Sitz der Gesellschaft zu verstehen[15]. Sofern die Gesellschaft einen Doppelsitz hat, ist die Auslegung an beiden in der Satzung der Gesellschaft aufgeführten Sitzen durchzuführen. Aus Gründen der Rechtsklarheit ist grundsätzlich nicht auf die Hauptverwaltung[16] oder auf den Ort abzustellen, an dem der Vorstand Geschäftsräume hat[17]. Ausschlaggebend ist allein der Sitz der Gesellschaft, wie er in der Satzung der Gesellschaft niedergelegt ist und damit auch der Publizität des Handelsregisters unterliegt. Sofern sich an diesem Sitz Geschäftsräume der Gesellschaft an mehreren Orten befinden, ist auf die Hauptverwaltung abzustellen. Dies ist der Ort, an dem der Vorstand Geschäftsräume unterhält bzw. an dem die Mehrzahl der Vorstandsmitglieder ihre Büros unterhalten.

3. Auszulegende Unterlagen (Abs. 1 Nr. 1 bis 5)

10 Der notariell beurkundete Verschmelzungsvertrag[18] oder sein Entwurf ist auszulegen. Sofern ein Entwurf ausgelegt wird, sollte zwischen den Parteien Einigkeit über diesen bestehen. Diesem Entwurf soll die Hauptversammlung zustimmen[19]. Der Entwurf muss den wesentlichen Inhalt des später abgeschlossenen Vertrags enthalten. Ansonsten fehlt es an einem wirksamen Zustimmungsbeschluss[20]. Es empfiehlt sich, den Entwurf durch die Vertretungsorgane der Vertragsparteien zu paraphieren[21].

11 Darüber hinaus sind Jahresabschlüsse und Lageberichte der letzten drei Geschäftsjahre für alle beteiligten Rechtsträger auszulegen. Die formalen und inhaltlichen Anforderungen für diese Dokumente richten sich nach den Regeln des HGB[22]. Ist ein Jahresabschluss für einen beteiligten Rechtsträger nicht zu erstellen, muss auch nichts ausgelegt werden. Das gilt ins-

---

[11] Ziff. 2.3 des Deutschen Corporate Governance Kodex.
[12] Zur Einladung mit dem Vertragstext siehe § 61 Rn 3.
[13] Siehe § 64 Rn 11; aA *Grunewald* in Lutter Rn 3.
[14] *Grunewald* in Lutter Rn 2.
[15] Art. 11 VerschmRL; aA *Rieger* in Widmann/Mayer Rn 23.
[16] So aber *Rieger* in Widmann/Mayer Rn 23; *Hüffer* § 175 AktG Rn 5.
[17] So *Gleichenstein/Stallbaum* AG 1970, 217, 218 zu § 175 Abs. 2 AktG.
[18] Zur Beurkundung siehe § 6.
[19] Siehe § 13 Rn 28.
[20] Siehe § 13 Rn 28 und § 65 Rn 5.
[21] Zur Paraphierung siehe auch Rn 14.
[22] §§ 242 ff., 264 ff. HGB.

besondere, wenn ein Rechtsträger noch nicht drei Jahre existiert und es Jahresabschlüsse für die letzten drei Jahre deshalb nicht gibt[23]. Nach dem Wortlaut des Gesetzes ist nur der Jahresabschluss und nicht der Konzernabschluss auszulegen[24]. Im Einzelfall kann es allerdings geboten sein, auch Konzernabschlüsse auszulegen, sofern diese wesentlich mehr Informationen enthalten als die Jahresabschlüsse. Dies kommt insbesondere in Betracht, wenn über die Obergesellschaft ein Konzern an der Verschmelzung beteiligt ist. Ein Hinweis auf die Auslage ist in der Einladung zur Hauptversammlung nicht erforderlich[25].

Es genügt, wenn der beteiligte Rechtsträger vor Einberufung der Hauptversammlung sämtliche Jahresabschlüsse und Lageberichte der letzten drei Geschäftsjahre auslegt, die **zum Zeitpunkt der Einberufung der Hauptversammlung** aufgestellt sind[26]. Sofern dies nicht der Fall ist, kann auf die Auslage nur dann verzichtet werden, wenn eine Aufstellung nach den handelsrechtlichen Regelungen zum Zeitpunkt der Einberufung der Hauptversammlung noch nicht erforderlich ist[27]. Werden die Abschlüsse nach Einberufung, aber vor dem Tag der Hauptversammlung aufgestellt, reicht eine Auslage auf der Hauptversammlung aus[28]. Wird die Hauptversammlung daher innerhalb der ersten drei Monate nach Geschäftsjahresende einberufen, sind die Jahresabschlüsse für das gerade abgeschlossene Geschäftsjahr nicht auszulegen[29]. Dies kann dazu führen, dass – unter Zugrundelegung einer Einberufungsfrist von rund sechs Wochen – der letzte den Aktionären bekannte Jahresabschluss unmittelbar vor Abhaltung der Hauptversammlung knapp 15 Monate alt ist. Bedenken hinsichtlich des Alters des Jahresabschlusses wird dadurch Rechnung getragen, dass Zwischenbilanzen aufzustellen sind, die ein aktuelleres Bild der Gesellschaft zeichnen[30]. Auszulegen sind weiter die Verschmelzungsberichte[31] und die Prüfungsberichte.

4. Aufstellung der Zwischenbilanz (Abs. 2)

a) Voraussetzung für die Aufstellung. Zwischenbilanzen sind erforderlich, wenn sich der letzte Jahresabschluss einer beteiligten Gesellschaft auf ein Geschäftsjahr bezieht, das mehr als sechs Monate vor dem Abschluss des Verschmelzungsvertrags oder der Aufstellung des Entwurfs abgelaufen ist. Mit der Zwischenbilanz soll die Unterrichtung der Aktionäre über den aktuellen Vermögensstand der beteiligten Rechtsträger sichergestellt werden. Zur Berechnung der Sechsmonatsfrist ist auf das ordentliche Geschäftsjahr der beteiligten Rechtsträger abzustellen. Ohne Bedeutung ist der Verschmelzungsstichtag oder der Stichtag der Bilanz, die der übertragende Rechtsträger zur Eintragung der Verschmelzung in das Handelsregister einzureichen hat[32].

Zur Berechnung der Sechsmonatsfrist gelten grundsätzlich die §§ 187 Abs. 1, 188 Abs. 2 BGB. Wird der Verschmelzungsvertrag bzw. der Entwurf spätestens am 30. 6. aufgestellt, genügt der Jahresabschluss zum 31. 12. des vorangegangenen Jahres. Bei späterer Aufstellung

---

[23] *Grunewald* in Lutter Rn 3; *Marsch-Barner* in Kallmeyer Rn 3 mwN in Fn 7.
[24] *OLG Düsseldorf* WM 2005, 650, 653; *OLG Hamburg* AG 2003, 696, 697; *Marsch-Barner* in Kallmeyer Rn 3.
[25] *Marsch-Barner* in Kallmeyer Rn 3.
[26] Nach *Marsch-Barner* in Kallmeyer Rn 3 muss der Abschluss festgestellt sein.
[27] Vgl. für die GmbH § 49 Rn 7 f.; *OLG Hamburg* DB 2003, 1499, 1501; *Grunewald* in Lutter Rn 3; *Marsch-Barner* in Kallmeyer Rn 3; *Rieger* in Widmann/Mayer Rn 13; *Vetter* NZG 1999, 925, 928; *Wendt* DB 2003, 191 ff.
[28] *Vetter* NZG 1999, 925, 929; aA *Grunewald* in Lutter Rn 3, die eine Auslage zwischenzeitlich fertiggestellter Abschlüsse ablehnt.
[29] § 264 Abs. 1 Satz 2 HGB, für Versicherungsunternehmen gilt eine viermonatige Frist, § 341 a Abs. 1 HGB.
[30] Siehe Rn 13 ff.; vgl. aber auch *Rieger* in Widmann/Mayer Rn 13, dass die Zwischenbilanzen diese Bedenken nicht abfangen können.
[31] § 8.
[32] § 17 Abs. 2.

muss eine Zwischenbilanz erstellt werden. Gemäß dem Wortlaut der Vorschrift ist dabei rückwärts zu rechnen[33]. Die zeitgerechte Aufstellung muss dokumentiert werden. IRd. Verschmelzungsvertrags geschieht dies durch die notarielle Beurkundung. IRd. Entwurfs sollte eine Paraphierung mit Datumskennzeichnung erfolgen[34]. Vergeht nach der Aufstellung des Verschmelzungsvertrags oder des Entwurfs mehr als ein Monat bis die Hauptversammlung einberufen wird, so muss diese Verzögerung durch sachliche Gründe gerechtfertigt sein. Ansonsten ist trotz der formal rechtzeitigen Aufstellung des Verschmelzungsvertrags oder seines Entwurfs eine Zwischenbilanz zu fertigen.

15 Die Zwischenbilanz muss auf einen Stichtag lauten, der nicht vor dem ersten Tag des dritten Monats liegt, der dem Abschluss oder der Aufstellung vorausgeht. Wird also der Verschmelzungsvertrag oder sein Entwurf am 15. 7. aufgestellt, muss die Zwischenbilanz zum 1.4. oder zu einem späteren Datum erstellt werden.

16 **b) Inhaltliche Anforderungen.** *aa) Allgemeines (Abs. 2 Satz 1).* Die Zwischenbilanz ist grundsätzlich nach den Vorschriften aufzustellen, die auf die letzte Jahresbilanz angewandt worden sind. Die Bewertungsmethoden sind fortzuführen und Wahlrechte so wie im Vorausgegangenen Jahresabschluss auszuüben. Aufzustellen ist nur eine Bilanz, also weder eine Gewinn- und Verlustrechnung noch ein Lagebericht[35]. Ein Anhang ist nicht erforderlich. Wie die Gewinn- und Verlustrechnung gehört er nicht zur Bilanz und ist somit nicht erforderlich[36]. Er stellt keine Einheit mit der Bilanz dar[37], sondern ist ein dritter zusätzlicher Bestandteil des Jahresabschlusses.

17 *bb) Erleichterung bei der Aufstellung der Zwischenbilanz.* Eine körperliche Bestandsaufnahme, d. h. eine Inventur[38], ist zur Aufstellung der Zwischenbilanz nicht erforderlich. Es dürfen Wertansätze der letzten Jahresbilanz übernommen werden. Sie müssen jedoch aktualisiert werden, so dass Abschreibungen, Wertberichtigungen, Rückstellungen und wesentliche aus den Büchern nicht ersichtliche Veränderungen der wirklichen Werte von Vermögensgegenständen zu berücksichtigen sind[39]. Diese Fortschreibungen sind sorgfältig durchzuführen, da fehlerhafte und unzureichende Informationen über Wertansätze zur Anfechtbarkeit des Verschmelzungsbeschlusses führen können[40].

18 *cc) Testierung der Zwischenbilanz.* Der Wortlaut des Gesetzes spricht von der Aufstellung einer Zwischenbilanz nach den Vorschriften der letzten Jahresbilanz. Die Aufstellung einer Bilanz verlangt nicht ihre Testierung. Deshalb ist nach dem Wortlaut des Gesetzes eine Testierung der Zwischenbilanz nicht erforderlich[41]. Dies folgt auch aus dem Sinn und Zweck der Norm, die eine zeitnahe Information der Aktionäre sicherstellen, aber nicht zusätzliche Prüfungspflichten auferlegen will. Auch lässt sich aus dem Verzicht auf eine Inventur schließen, dass die Zwischenbilanz die Vorgaben an eine Jahresbilanz nicht im Detail zu erfüllen hat und damit auch nicht testiert sein muss. Der Aktionär ist im Übrigen ausreichend dadurch

---

[33] Zur Aufstellung von Bilanzen bei Verschmelzungen siehe § 24.
[34] Vgl. auch *Grunewald* in Lutter Rn 4; *Müller* in Kallmeyer Rn 5.
[35] *Müller* in Kallmeyer Rn 6; *Stratz* in Schmitt/Hörnagl/Stratz Rn 5; *Rieger* in Widmann/Mayer Rn 18; *Grunewald* in Lutter Rn 6.
[36] *Rieger* in Widmann/Mayer Rn 18; *Müller* in Kallmeyer Rn 6; *Stratz* in Schmitt/Hörnagl/Stratz Rn 5.
[37] So aber die bisher hM; vgl. *Müller* in Kallmeyer Rn 6; *Grunewald* in Lutter Rn 6, die deshalb die Aufstellung eines zumindest reduzierten Anhangs fordern.
[38] § 240 HGB.
[39] § 63 Abs. 2 Satz 4.
[40] *BGH* ZIP 1995, 1256 ff.
[41] So auch BegrRegE Verschmelzungsrichtlinie-Gesetz, BT-Drucks. 9/1065 S. 18; ebenso *Rieger* in Widmann/Mayer Rn 20; *Hoffmann-Becking*, FS Fleck, S. 105, 109.

geschützt, dass die Schlussbilanz im Zeitpunkt der Anmeldung der Verschmelzung nicht älter als acht Monate sein darf[42].

III. Recht des Aktionärs auf Erteilung einer Abschrift (Abs. 3)

1. Allgemeines

Jeder Aktionär kann verlangen, dass ihm die Gesellschaft unverzüglich Abschriften der nach Abs. 1 auszulegenden Unterlagen übersendet. Unverzüglich bedeutet ohne schuldhaftes Zögern[43]. Die Verpflichtung zur Unverzüglichkeit beginnt mit der Einberufung nach Abs. 1. Zweck der Vorschrift ist es, den Aktionären eine Kenntnisnahme der Unterlagen zu ermöglichen, ohne dass diese den Geschäftsraum der AG aufsuchen müssen.

2. Form des Verlangens und Nachweis der Aktionärsstellung

Das Verlangen kann formlos gestellt werden. Möglich sind insbesondere auch Nachrichten per Telefon oder Telefax oder Anforderungen auf elektronischem Wege, zB per e-mail. Der Aktionär kann bereits vor Bekanntmachung der Einladung zur Hauptversammlung die Erteilung von Abschriften verlangen. Diese müssen allerdings erst nach Einladung zur Hauptversammlung versandt werden[44]. Der Aktionär hat sich gegenüber der Gesellschaft zu legitimieren. Dies kann er sowohl durch Vorlage einer Hinterlegungs- oder Depotbescheinigung über seine Aktien als auch durch Vorlage von Aktienurkunden durchführen. Die Hinterlegungs- oder Depotbescheinigung muss klarstellen, dass zumindest eine Aktie der Gesellschaft bis zur Hauptversammlung bei der Bank gesperrt gehalten wird. Ansonsten ist ein Informationsbedürfnis abzulehnen. Der Nachweis der Aktionärsstellung kann auch durch Eintragung des Aktionärs im Aktienregister geführt werden. Den Nachweis hat der Aktionär in diesem Fall allerdings nicht selbst zu erbringen, da das Aktienregister von der Gesellschaft geführt wird.

3. Art und Form der Zusendung

Die Gesellschaft muss für die Zusendung einen im Geschäftsverkehr üblichen Weg wählen. Ausreichend ist die Zusendung mit normaler Post. Auch Zusendungen aufgrund von Verlangen, die kurz vor der Hauptversammlung gestellt werden, sind nicht per Express oder mit einer schnelleren Versandart auf den Weg zu bringen. Sofern die Anforderungen des Aktionärs per e-mail erfolgen, gilt die Vermutung, dass der Aktionär auch mit einer Rückantwort per e-mail, d. h. mit einem elektronischen Versand der Unterlagen, einverstanden ist. Diese Vermutung kann allerdings durch den Aktionär widerlegt werden, indem er ausdrücklich eine andere Form der Übermittlung der Unterlagen verlangt.

Die Gesellschaft trifft nur die Pflicht des Erstellens und Versendens einer Abschrift. Das Transportrisiko liegt beim Aktionär. Die Erteilung einer Abschrift ist weder als Bring- noch als Schickschuld ausdrücklich geregelt, so dass Ort der Leistung der Wohnsitz bzw. die Niederlassung des Schuldners ist[45], also hier der AG. Die Gesellschaft erfüllt ihre Pflicht mit der Absendung der Unterlagen. Diese hat sie ordnungsgemäß zu dokumentieren und dies ggf. nachzuweisen. Sie verletzt ihre Pflichten aber nicht, sofern die Unterlagen nach Absendung dem Aktionär – aus welchen Gründen auch immer – nicht zugehen[46].

---

[42] Vgl. § 17 Abs. 2 Satz 4.
[43] § 121 Abs. 1 Satz 1 BGB.
[44] *Bermel* in Goutier/Knopf/Tulloch Rn 14; *Rieger* in Widmann/Mayer Rn 31 mwN; aA *A/D/S* § 145 AktG Rn 14.
[45] § 269 Abs. 1 BGB.
[46] Vgl. *Leuering* ZIP 2000, 2053, 2056; *Marsch-Barner* in Kallmeyer Rn 8.

4. Anspruch auf weitere Unterlagen

23 Der Aktionär hat nur Anspruch auf die Unterlagen, die gem. Abs. 1 auszulegen sind[47]. Zwischenzeitlich aktualisierte Unterlagen sind ihm ohne weiteres Verlangen zur Verfügung zu stellen[48]. Auf sonstige Unterlagen hat der Aktionär keinen Anspruch. Es besteht auch kein Anspruch auf Einsichtnahme in zusätzliche Unterlagen, die iRd. Verschmelzung von Interesse sein könnten. Das Informationsbedürfnis des Aktionärs ist insoweit durch den Verschmelzungsbericht abgedeckt, in dem diese Unterlagen beschrieben und erläutert sein müssen.

5. Kosten

24 Die Kosten der Anfertigung der Abschriften und ihrer Versendung hat die auslegende Gesellschaft als Schuldnerin zu tragen[49].

IV. Rechtsfolge von Verfahrensverstößen

1. Zwangsgeld

25 Die durch die Vorschrift begründeten Pflichten können nicht mit Hilfe eines Zwangsgelds erzwungen werden[50]. Ob dies gesetzgeberische Absicht war, mag dahingestellt bleiben. Die früher vorgesehene Zwangsgeldfestsetzung spielte in der Praxis keine bedeutende Rolle.

2. Fehler in der Auslage der Unterlagen

26 Erfolgt die Auslage der Unterlagen verspätet oder gar nicht, ist der Verschmelzungsbeschluss grundsätzlich anfechtbar[51], wobei ein Verstoß gegen die durch den Deutschen Corporate Governance Kodex verlangte Veröffentlichung auf der Internet-Seite[52] nicht zur Anfechtbarkeit führt. Die Anfechtbarkeit bei Verstoß gegen die Auslage ist jedoch nur dann gegeben, wenn ein objektiv urteilender Aktionär die Information als Voraussetzung für die Wahrnehmung seiner Teilnahme- und Mitgliedschaftsrechte angesehen hätte[53]. Im Ergebnis ist daher zu prüfen, wie relevant der Verstoß gegen das Auslagegebot ist. Eine Anfechtbarkeit ist danach zu verneinen, wenn kein Aktionär von seinem Einsichtsrecht Gebrauch gemacht hat[54]. Auch ist die Relevanz zu verneinen, wenn am Sitz der Gesellschaft zur Einsichtnahme erscheinenden Aktionären die Unterlagen unverzüglich nachgeschickt werden.

3. Fehlen von Abschlüssen bzw. fehlerhafte Abschlüsse

27 Das Fehlen von Jahresabschlüssen oder deren Fehlerhaftigkeit führt grundsätzlich zur Anfechtbarkeit des Verschmelzungsbeschlusses[55]. Auch hier hängt die Relevanz des Gesetzesverstoßes und damit letztendlich die Begründetheit der Anfechtungsklage jedoch vom konkreten Einzelfall ab. Schreibfehler oder Unrichtigkeiten, die keine Auswirkungen auf die Finanzlage der Gesellschaften haben, sind unwesentlich, so dass der Gesetzesverstoß nicht relevant ist und daher nicht zur Anfechtbarkeit des Verschmelzungsbeschlusses führt.

---

[47] *Marsch-Barner* in Kallmeyer Rn 8; *Rieger* in Widmann/Mayer Rn 3.1.
[48] Vgl. § 64 Rn 12.
[49] *Rieger* in Widmann/Mayer Rn 32; *Leuering* ZIP 2000, 2053, 2057; *Marsch-Barner* in Kallmeyer Rn 8; *Grunewald* in Lutter Rn 9; *Stratz* in Schmitt/Hörnagl/Stratz Rn 7; *Bermel* in Goutier/Knopf/Tulloch Rn 14.
[50] Anders nach altem Recht, vgl. § 407 Abs. 1 AktG aF.
[51] § 243 Abs. 1 AktG.
[52] Siehe Rn 6.
[53] § 243 Abs. 4 Satz 1 AktG.
[54] Vgl. *Grunewald* in Lutter Rn 8; *Marsch-Barner* in Kallmeyer Rn 9; *Rieger* in Widmann/Mayer Rn 34.
[55] § 243 Abs. 1 AktG: Vgl. auch zur Aktualisierung der Unterlagen § 64 Rn 12.

4. Fehler bei der Erteilung von Abschriften

Sofern Abschriften nach Abs. 3 nicht erteilt werden, kann dies klageweise geltend gemacht werden. Wird dem Anspruch nicht rechtzeitig nachgekommen, kann dies ebenfalls zur Anfechtbarkeit des Verschmelzungsbeschlusses führen[56]. Die Anfechtbarkeit ist allerdings nur dann zu bejahen, wenn es auf die Stimmen des betroffenen Aktionärs ankam[57]. Dies ist idR nicht der Fall, so dass es faktisch nie zur Anfechtung kommt[58]. § 63 soll aber ohnehin nicht uneingeschränkt Anfechtungsmöglichkeiten eröffnen. Die Möglichkeit zur Anfechtung ist nur dann zu bejahen, wenn ein Gesetzesverstoß vorliegt, der relevant für die Fassung des Verschmelzungsbeschlusses ist[59].

V. Ausfertigung weiterer Dokumente aus Kapitalmarktsicht

Da in der Regel im Rahmen der Verschmelzung Wertpapiere öffentlich angeboten werden, ist ein Prospekt zu erstellen[60]. Dies gilt jedoch im Rahmen des deutschen Kapitalmarktrechts nicht für eine Verschmelzung, sofern ein Dokument verfügbar ist, dessen Angaben denen des Prospekts gleichwertig sind[61]. Dabei ist ein Verschmelzungsbericht grundsätzlich als gleichwertig anzusehen. Insoweit ist ein Prospekt nach deutschem Recht nicht zu veröffentlichen. Sofern börsennotierte Gesellschaften involviert sind, ist allerdings bei Ausgabe neuer Aktien für diese grundsätzlich die Börsenzulassung zu beantragen. Hierfür kann die Erstellung eines Börsenzulassungsprospekts erforderlich sein, sofern der Verschmelzungsbericht nicht als gleichwertig akzeptiert wird[62] oder sofern innerhalb eines Zeitraums von 12 Monaten Aktien ausgegeben werden, die insgesamt weniger als 10 % der Zahl der Aktien derselben Gattung ausmachen, die bereits zum Handel an demselben organisierten Markt zugelassen sind[63].

Im Übrigen ist nach ausländischen Jurisdiktionen ggf. ein Kapitalmarktdokument zu erstellen. In Betracht kommt insbesondere, wenn mehr als 10 % der außenstehenden Aktien des übertragenden Rechtsträgers durch U.S.-amerikanische Aktionäre gehalten werden, ein so genanntes *Form F-4*, nach dem *United States Securities Act of 1933*, das bei der *United States Securities and Exchange Commission* zur Billigung einzureichen ist.

§ 64 Durchführung der Hauptversammlung

(1) In der Hauptversammlung sind die in § 63 Abs. 1 bezeichneten Unterlagen auszulegen. Der Vorstand hat den Verschmelzungsvertrag oder seinen Entwurf zu Beginn der Verhandlung mündlich zu erläutern.

(2) Jedem Aktionär ist auf Verlangen in der Hauptversammlung Auskunft auch über alle für die Verschmelzung wesentlichen Angelegenheiten der anderen beteiligten Rechtsträger zu geben.

---

[56] Vgl. § 243 Abs. 1 AktG.
[57] Vgl. *Rieger* in Widmann/Mayer Rn 35.
[58] Vgl. *Grunewald* in Lutter Rn 9 Fn 7 zur Relevanz bei nicht ordnungsgemäßer Auslegung. Gegen das Erfordernis eines strengen Kausalitätsnachweises auch *Leuering* ZIP 2000, 2053, 2058. Entscheidend sei vielmehr die Relevanz des Verstoßes, die bei einem Eingriff in das Partizipationsrecht des Aktionärs regelmäßig zu bejahen sei.
[59] Vgl. auch *OLG Hamm*, Der Konzern 2005, 374, 377; *Marsch-Barner* in Kallmeyer Rn 9.
[60] § 3 Abs. 1 Satz 1 WpPG.
[61] § 4 Abs. 1 Nr. 3 WpPG.
[62] § 4 Abs. 2 Nr. 4 WpPG.
[63] Vgl. § 4 Abs. 2 Nr. 1 WpPG.

Übersicht

	Rn		Rn
I. Allgemeines	1	a) Umfang des Auskunftsrechts	15
1. Sinn und Zweck der Norm	1	aa) Allgemeines	15
2. Entstehungsgeschichte	2	bb) Auskunft über während der *due*	
3. Anwendungsbereich	3	*diligence* gewonnene bzw. erteilte	
II. Einzelerläuterungen	4	Informationen	17
1. Auslage von Unterlagen (Abs. 1 Satz 1) .	4	cc) Auskunft über die andere	
2. Erläuterungspflicht des Vorstands	9	Vertragspartei	18
a) Umfang der Erläuterungspflicht	9	b) Recht des Vorstands auf	
b) Aktualisierung des Berichts	10	Auskunftsverweigerung	20
c) Rechtsfolgen bei Verstoß	13	c) Rechtsfolge bei Verstoß gegen die	
aa) Anfechtbarkeit des Hauptver-		Auskunftspflicht	23
sammlungsbeschlusses	13	aa) Anfechtbarkeit des Hauptver-	
bb) Strafbarkeit der Mitglieder des		sammlungsbeschlusses	23
Vorstands	14	bb) Strafbarkeit der Mitglieder des	
3. Auskunftsrecht des Aktionärs (Abs. 2) ...	15	Vorstands	24

Literatur: *Austmann/Frost,* Vorwirkungen von Verschmelzungen, ZHR 169 (2005) 431; *Bayer,* Informationsrechte bei der Verschmelzung von AG, AG 1988, 323; *Decher,* Information im Konzern und Auskunftsrecht der Aktionäre gem. § 131 Abs. 4 AktG, ZHR 158 (1994) 473; *Duden,* Gleichbehandlung von Auskünften an Aktionäre, FS v. Caemmerer, 1988, S. 499; *Engelmeyer,* Informationsrechte und Verzichtsmöglichkeiten im Umwandlungsgesetz, BB 1998, 330; *Hommelhoff,* Zur Kontrolle strukturändernder Gesellschafterbeschlüsse, ZGR 1990, 447; *Kort,* Das Informationsrecht des Gesellschafters der Konzernobergesellschaft, ZGR 1987, 46; *Krieger,* Der Konzern in Fusion und Umwandlung, ZGR 1990, 517; *Priester,* Strukturänderungen – Beschlußvorbereitung und Beschlußfassung, ZGR 1990, 420; *Wilde,* Informationsrechte und Informationspflichten im Gefüge der Gesellschaftsorgane, ZGR 1998, 423; *Windbichler,* Die Rechte der Hauptversammlung bei Unternehmenszusammenschlüssen durch Vermögensübertragung, AG 1981, 169.

I. Allgemeines

1. Sinn und Zweck der Norm

1   Abs. 1 Satz 1 dient der Information der Aktionäre und ergänzt daher die Pflicht zur Auslegung von Unterlagen und der Erteilung von Abschriften[1] für die Dauer der Hauptversammlung. Darüber hinaus erweitert Abs. 2 den Auskunftsanspruch des Aktionärs. Dieser hat auf der Hauptversammlung Anspruch auf Auskunft über alle wesentlichen Angelegenheiten, die auf der Tagesordnung stehen und seine Gesellschaft betreffen[2]. Abs. 2 gibt ihm darüber hinaus Anspruch auf Auskunft über alle wesentlichen Angelegenheiten der anderen an der Verschmelzung beteiligten Rechtsträger. Hierdurch soll sich der Aktionär ein Bild über alle an der Verschmelzung beteiligten Rechtsträger machen können, bevor er über die Verschmelzung abstimmt.

2. Entstehungsgeschichte

2   Die Vorschrift entspricht § 340 d Abs. 5 Satz 1 und 2 und Abs. 6 AktG aF und ist nicht in der VerschmRL begründet[3].

---

[1] § 63 Abs. 1 und 3.
[2] § 131 Abs. 1 Satz 1 AktG.
[3] Vgl. Übersicht bei *Mayer* in Widmann/Mayer vor § 60 bis 77 Rn 2.

3. Anwendungsbereich

Die Norm gilt für Aktiengesellschaften als übernehmende oder übertragende Rechtsträ- **3**
ger, die an einer Verschmelzung durch Aufnahme oder Neugründung beteiligt sind. Über
§ 125 Abs. 1 gilt die Vorschrift auch für jede Form der Spaltung, an der eine AG beteiligt
ist.

II. Einzelerläuterungen

1. Auslage von Unterlagen (Abs. 1 Satz 1)

Die in § 63 Abs. 1 bezeichneten Unterlagen[4] sind in der Hauptversammlung auszulegen. **4**
Die Auslage der Unterlagen hat in den Versammlungsräumen der Hauptversammlung zu
erfolgen, d. h. im sog. Präsenzbereich der Hauptversammlung. Die Unterlagen sind bis
zum Abschluss der Hauptversammlung auszulegen. Die Auslage kann nicht mit Fassung des
Verschmelzungsbeschlusses beendet werden[5]. Zum einen verlangt der Wortlaut des § 64
Abs. 1 Satz 1 die Auslage während der Hauptversammlung und damit bis zur Beendigung
der Hauptversammlung[6]. Zum anderen kann bis zum Abschluss der Hauptversammlung
Widerspruch zu Protokoll gegeben werden. Es besteht also bis zum Abschluss der Hauptversammlung
ein potentielles Informationsinteresse des Aktionärs, der möglicherweise erst nach
nochmaliger Einsicht der Unterlagen entscheiden möchte, ob er Widerspruch zu Protokoll
gibt und sich damit das Recht zur Anfechtung des Hauptversammlungsbeschlusses wahrt.

Die Unterlagen und – bei hoher Teilnehmerzahl an der Hauptversammlung ggf. auch **5**
mehrere Abschriften[7] – sind auszulegen[8]. Die Unterlagen müssen ohne Schwierigkeiten einsehbar
sein. Auch müssen die Unterlagen in ausreichender Zahl vorhanden sein, um den
Aktionären Abschriften gem. § 63 Abs. 3 erteilen zu können[9]. Die Unterlagen müssen spätestens
zu Beginn der Hauptversammlung ausliegen. Eine Pflicht zur vorzeitigen Auslegung
besteht nicht, kann aber ratsam sein, damit die Aktionäre nicht von der Möglichkeit Gebrauch
machen müssen, Abschriften nach § 63 Abs. 3 zu verlangen[10].

Die Auslage weiterer Unterlagen können die Aktionäre nicht verlangen[11]. Über diese Un- **6**
terlagen kann jedoch ggf. Auskunft begehrt werden. Der Vorstand hat grundsätzlich mündlich
zu berichten[12]. Sofern im Einzelfall dem Vorstand die mündliche Berichterstattung unzumutbar
ist, weil zB Zahlenreihen schriftlich besser vorgelegt als mündlich vorgetragen werden
können, kann der Vorstand die Aktionäre auf eine Einsichtnahme in diese Dokumente
verweisen. Er erfüllt damit seine Auskunftspflicht.

Werden andere als die in § 63 genannten Unterlagen freiwillig in einer Kurzfassung vorge- **7**
legt, begründet dies keinen Anspruch auf Vorlage oder Einsichtnahme in die vollständigen
Unterlagen[13]. Auch hier hat der Vorstand grundsätzlich nur eine Pflicht zur mündlichen
Darlegung dieser Unterlagen.

---

[4] Siehe § 63 Rn 10.
[5] So aber *Grunewald* in Lutter Rn 2.
[6] Wie hier *Bermel* in Goutier/Knopf/Tulloch Rn 5; *Marsch-Barner* in Kallmeyer Rn 1; *Rieger* in Widmann/Mayer Rn 3; aA *Grunewald* in Lutter Rn 2 (bis zur Fassung des Verschmelzungsbeschlusses).
[7] *Grunewald* in Lutter Rn 2.
[8] Originale sind nicht auszulegen. Die Ansicht der Voraufl. wurde aufgegeben.
[9] *Stratz* in Schmitt/Hörtnagl/Stratz Rn 2; *Rieger* in Widmann/Mayer Rn 4; etwas anders *Marsch-Barner* in Kallmeyer Rn 1; aA *Grunewald* in Lutter Rn 2.
[10] Wie hier *Mayer* in Widmann/Mayer Rn 3.
[11] *Marsch-Barner* in Kallmeyer Rn 2.
[12] *Hüffer* § 131 AktG Rn 22 mwN.
[13] *Marsch-Barner* in Kallmeyer Rn 2.

8 Die Verletzung der Auslegungspflicht führt grundsätzlich zur Anfechtbarkeit des Verschmelzungsbeschlusses[14]. An einer Relevanz des Verstoßes, die die Anfechtung begründet, fehlt es aber bei einer nur geringfügig verspäteten Auslage der Unterlagen oder wenn dem anfechtenden Aktionär auf der Hauptversammlung keine Abschrift gem. § 63 Abs. 3 erteilt worden ist. Stellt die Gesellschaft den Aktionären jedoch grundsätzlich keine Abschriften zur Verfügung, ist der Verstoß relevant und der Beschluss anfechtbar. Das gilt auch dann, wenn die Aktionäre eine andere Möglichkeit zur Einsichtnahme haben.

2. Erläuterungspflicht des Vorstands

9 **a) Umfang der Erläuterungspflicht.** Zur Erläuterung des Verschmelzungsvertrags bzw. des Entwurfs hat der Vorstand den Verschmelzungsbericht zu Beginn der Verhandlungen der Hauptversammlung über den Tagesordnungspunkt zur Zustimmung zum Verschmelzungsvertrag zusammenfassend darzustellen[15]. Hierdurch sollen insbesondere Aktionäre informiert werden, die den Verschmelzungsbericht nicht eingesehen haben. So hat der Vorstand den wesentlichen Vertragsinhalt darzulegen, die Gründe für die Verschmelzung und ihre wesentlichen rechtlichen und wirtschaftlichen Folgen, insbesondere mit Blick auf die Gesellschaft, zu nennen. Darlegungen zum relativen Wertverhältnis genügen, wenn der Verschmelzungsbericht im Übrigen ausreichende Informationen zu den absoluten Wertverhältnissen enthält[16]. Für den Aktionär kommt es darauf an, wie viele Aktien ausgegeben werden bzw. wie viele Aktien er im Verhältnis zu der Beteiligung anderer erhält.

10 **b) Aktualisierung des Berichts.** Der Verschmelzungsbericht ist spätestens zum Tag der Einberufung der Hauptversammlung aufzustellen[17]. Da zwischen der Einberufung zur Hauptversammlung und der Hauptversammlung selbst einige Wochen liegen, muss er ggf. aktualisiert werden. Dies hat der Vorstand in der Hauptversammlung mündlich auszuführen[18]. Insbesondere gilt dies für die Berechnung des Umtauschverhältnisses[19], für die der Tag der Beschlussfassung des übertragenden Rechtsträgers entscheidend ist[20]. Dies ergibt sich aus einer analogen Anwendung des § 305 Abs. 3 Satz 2 AktG, der iRd. Barabfindung und Ausgleichszahlung beim Abschluss von Unternehmensverträgen auf den Zeitpunkt der Beschlussfassung abstellt. Anderenfalls würden Bewertungszeitpunkt und Entscheidungszeitpunkt auseinander fallen.

11 Unterlagen, die ab der Einladung zur Hauptversammlung zur Einsichtnahme der Aktionäre auszulegen sind[21], müssen evtl. aktualisiert werden. Die Aktualisierung ist deutlich zu machen. Sie begründet weder ein Anfechtungsrecht noch eine Verpflichtung des Vorstands zur Neueinladung einer Hauptversammlung. Sind die Aktualisierungen nicht aufgrund neuer Tatsachen, die nach Einberufung der Hauptversammlung eingetreten sind, er-

---

[14] § 243 Abs. 1 AktG; vgl. *Rieger* in Widmann/Mayer Rn 8 f.; *Bermel* in Goutier/Knopf/Tulloch Rn 8.

[15] AA *Marsch-Barner* in Kallmeyer Rn 3, der eine zusammenfassende Darstellung nicht für erforderlich hält.

[16] *Grunewald* in Lutter Rn 3; *Stratz* in Schmitt/Hörtnagl/Stratz Rn 4; *Marsch-Barner* in Kallmeyer Rn 3; *Rieger* in Widmann/Mayer Rn 6; aA ohne weitere Begründung *Kraft* in Kölner Komm. § 64 AktG Rn 14 mit Hinweis auf *BayObLG* WM 1974, 669, 670.

[17] §§ 8, 63 Abs. 1 Nr. 4.

[18] Zum Umfang der Aktualisierungspflicht vgl. *Bermel* in Goutier/Knopf/Tulloch Rn 8; *Stratz* in Schmitt/Hörtnagl/Stratz Rn 3; *Marsch-Barner* in Kallmeyer Rn 4; *Grunewald* in Lutter Rn 4; *Rieger* in Widmann/Mayer Rn 7.

[19] Zur Änderung des Verschmelzungsvertrags aufgrund Änderung des Umtauschverhältnisses siehe § 65 Rn 8.

[20] § 12 Abs. 2; siehe auch § 9 Rn 40 ff.

[21] § 63 Abs. 1.

Durchführung der Hauptversammlung 12–15 § 64

folgt, waren die auszulegenden Unterlagen von Anfang an unrichtig, was grundsätzlich – jedoch abhängig von der Relevanz der Unrichtigkeit – ein Recht zur Anfechtung begründet.

Eine Aktualisierung der Unterlagen muss schon vor der Hauptversammlung während der Dauer der Auslagepflicht[22] vorgenommen werden, sofern es sich um wesentliche Änderungen handelt. Dem wird entgegengehalten, dass jede wesentliche Änderung die Prüfungszeit der Aktionäre verkürzen würde und Änderungen daher nicht vorgenommen werden dürften[23]. Im Ergebnis dient eine Aktualisierung der Unterlagen jedoch der Information der Aktionäre. Auch kann nicht davon ausgegangen werden, dass – sofern man der gegenteiligen Auffassung folgt – die Hauptversammlung neu einberufen werden müsste. Die Aktionäre müssen sich vielmehr darauf einstellen, dass ihnen als Prüfzeit für neuere Informationen nicht die gesamte Einberufungsfrist zur Verfügung steht. Im Übrigen hat der Verschmelzungsbericht einem Prospekt gleichwertig zu sein[24]. Für Prospekte ist aber bei wichtigen neuen Umständen ein Nachtrag zu erstellen[25]. Der Vorstand hat auf Änderungen durch eine Bekanntmachung in den Gesellschaftsblättern hinzuweisen. Aktionären, die eine Abschrift verlangt haben, ist ohne weiteres Verlangen die aktualisierte Fassung zur Verfügung zu stellen. 12

c) Rechtsfolgen bei Verstoß. *aa) Anfechtbarkeit des Hauptversammlungsbeschlusses.* Bei unzureichender Erläuterung des Verschmelzungsvertrags durch den Vorstand auf der Hauptversammlung ist der Zustimmungsbeschluss anfechtbar[26]. Der Mangel ist regelmäßig relevant für den Verschmelzungsbeschluss, da eine unzureichende Erläuterung durch den Vorstand zu einem falschen Meinungsbild der Aktionäre und damit zu einer Stimmabgabe führen könnte, die so nicht erfolgt wäre, wenn der Vorstand seinen Erläuterungspflichten nachgekommen wäre. Dies gilt auch dann, wenn die schriftlichen Informationen ausreichend waren. Anderenfalls wäre die Erläuterungspflicht des Vorstands auf der Hauptversammlung – unabhängig von der Aktualisierungspflicht – überflüssig. Der Informationsanspruch dient darüber hinaus auch der Vorbereitung der Geltendmachung eines Anspruchs auf bare Zuzahlung. 13

bb) Strafbarkeit der Mitglieder des Vorstands. Die Erläuterungspflicht des Vorstands[27] ist strafbewehrt mit einer Freiheitsstrafe von bis zu drei Jahren[28]. Tathandlung ist die unrichtige Widergabe oder Verschleierung von Verhältnissen des Rechtsträgers gegenüber den Anteilseignern. 14

3. Auskunftsrecht des Aktionärs (Abs. 2)

a) Umfang des Auskunftsrechts. *aa) Allgemeines.* Abs. 2 erweitert die allgemeine Auskunftspflicht des Vorstands auf der Hauptversammlung[29]. Der Vorstand hat auch über die wesentlichen Angelegenheiten anderer beteiligter Rechtsträger Auskunft zu erteilen. Damit soll der Aktionär zur Vorbereitung seiner Entscheidung über die geplante Verschmelzung umfassend informiert werden[30]. Auskunftspflichtig ist allein der Vorstand der Gesellschaft, die die Hauptversammlung abhält. Er kann sich jedoch Hilfspersonen bedienen und diese bitten, Auskünfte direkt zu erteilen[31]. Der Umfang der Auskunftspflicht richtet sich nach 15

---

[22] § 63.
[23] *Grunewald* in Lutter Rn 2; *Austmann/Frost* ZHR 1969 (2005) 431, 453; vgl. auch *Schlitt* in Semler/Volhard HV Hdb. § 6 Rn 19; *Butzke* in Obermüller/Werner/Winden, Die Hauptversammlung der Aktiengesellschaft, 4. Aufl. 2001, B 94, S. 47; *Lutter/Drygala* in Lutter § 8 Rn 28.
[24] Siehe oben § 63 Rn 29.
[25] § 16 Abs. 1 Satz 1 WpPG.
[26] Vgl. *Marsch-Barner* in Kallmeyer Rn 8; *Rieger* in Widmann/Mayer Rn 8 f.; *Stratz* in Schmitt/Hörtnagl/Stratz Rn 7; *Bermel* in Goutier/Knopf/Tulloch Rn 8.
[27] § 63 Abs. 1 Satz 1.
[28] § 313 Abs. 1 Nr. 1.
[29] § 131 AktG.
[30] Zur Information von Anteilsinhabern einer GmbH siehe § 49 Rn 9 ff.
[31] *Marsch-Barner* in Kallmeyer Rn 7.

§ 131 Abs. 2 AktG. Die Auskunft hat den Grundsätzen einer gewissenhaften und getreuen Rechenschaft zu entsprechen.

16 Die Auskunftspflicht erstreckt sich auch auf die anderen an der Verschmelzung beteiligten Rechtsträger und auf die mit diesen verbundenen Unternehmen[32]. Der Vorstand kann deshalb Auskünfte nicht mit dem Hinweis verweigern, dass es sich um Angelegenheiten eines anderen beteiligten Rechtsträgers handelt.

17 *bb) Auskunft über während der due diligence gewonnene bzw. erteilte Informationen.* Im Vorfeld des Abschlusses und der Vereinbarung eines Verschmelzungsvertrags werden oftmals gegenseitige sog. *due diligence* Verfahren, d. h. Unternehmensprüfungen in finanzieller und rechtlicher Hinsicht durchgeführt, um entsprechende Risiken gegenseitig aufzuzeigen. Es stellt sich die Frage, ob diese Informationen auf Nachfrage auch den Aktionären auf der Hauptversammlung zugänglich zu machen sind, um ihnen eine ausreichende Informationsgrundlage für ihre Entscheidung zur Verschmelzung zu geben[33]. Ein Anknüpfungspunkt für einen solchen Auskunftsanspruch könnte sich aus § 131 Abs. 4 AktG ergeben. Dieser erweitert den Auskunftsanspruch des Aktionärs aus Gründen des Gebots der Gleichbehandlung aller Aktionäre. Für die hier zu beurteilende Konstellation kann aus dieser Vorschrift jedoch nichts hergeleitet werden. Denn Auskünfte im Rahmen einer *due diligence* werden dem potenziellen Erwerber, nicht aber einem Aktionär erteilt[34]. Dies gilt auch, wenn der potenzielle Erwerber bereits über Aktien an der Gesellschaft verfügt, da ihm Auskünfte im Rahmen einer *due diligence* nicht wegen seiner Eigenschaft als Aktionär erteilt werden.

18 *cc) Auskunft über die andere Vertragspartei.* Zur Auskunftserteilung über die andere Vertragspartei hat sich der Vorstand vorzubereiten[35]. Er hat Vorstandsmitglieder bzw. Vertreter der anderen an der Verschmelzung beteiligten Rechtsträger zur Hauptversammlung hinzuzuziehen, wenn dies zur Beantwortung entsprechender Fragen notwendig sein könnte. Als Nebenpflicht aus dem Abschluss des Verschmelzungsvertrags lässt sich eine Pflicht der Organe der anderen beteiligten Rechtsträger herleiten, dem Vorstand der AG insoweit Auskünfte auch über die anderen beteiligten Rechtsträger zu erteilen.[36]. Das gilt allerdings stets vorbehaltlich des Auskunftsverweigerungsrechts, das sich insbesondere bei Wettbewerbssituationen ergeben kann[37].

19 Die Auskünfte sind trotz etwaiger Vorbereitung durch Dritte ausschließlich dem Vorstand der die Hauptversammlung abhaltenden Gesellschaft zuzurechnen[38]. Nur dieser ist zur Auskunft verpflichtet. Sofern er eine unzutreffende Auskunft über andere an der Verschmelzung beteiligte Rechtsträger aufgrund der Mitteilung durch die Geschäftsführungsorgane der anderen Rechtsträger erteilt, kommt ein Schadensersatzanspruch gegen diesen Rechtsträger wegen Verletzung der Pflichten aus dem Verschmelzungsvertrag[39] in Betracht.

20 **b) Recht des Vorstands auf Auskunftsverweigerung.** Gegenstand des Auskunftsrechts können nur Informationen sein, die der Vorstand auch beschaffen kann[40]. Ein Vorstand, der trotz angemessener Vorbereitung Fragen nicht beantworten kann, verletzt damit grundsätz-

---

[32] *Marsch-Barner* in Kallmeyer Rn 6; *Rieger* in Widmann/Mayer Rn 12; *Krieger* ZGR 1990, 517, 526.
[33] Zum Auskunftsverweigerungsrecht siehe Rn 20 ff.
[34] *Grunewald* in Lutter Rn 9; *Decher* in Großkomm. § 131 AktG Rn 340 und 350; vgl. so nun auch zur *due diligence Rieger* in Widmann/Mayer Rn 13.1.
[35] *Grunewald* in Lutter Rn 7; *Rieger* in Widmann/Mayer Rn 13.
[36] Vgl. *Stratz* in Schmitt/Hörtnagl/Stratz Rn 6
[37] Vgl. zum vorvertraglichen Vertrauensverhältnis *Grunewald* in Lutter Rn 7; *Engelmeyer* BB 1998, 330, 335.
[38] *Grunewald* in Lutter Rn 7.
[39] Zu den Informationspflichten siehe Rn 18.
[40] *Rieger* in Widmann/Mayer Rn 14; iE ebenso, jedoch mit dem Hinweis darauf, dass Informationen dann nicht geschuldet sind *Grunewald* in Lutter Rn 7.

lich nicht die Auskunftspflicht. Allerdings ist dies nur der Fall, wenn er mit einer Frage in dieser Form nicht rechnen musste[41].

Die Auskunftsverweigerungsrechte folgen den allgemeinen aktienrechtlichen Regelungen[42]. Auskünfte können insbesondere dann verweigert werden, wenn eine nicht unerhebliche Nachteilszufügung droht[43]. Dies kann insbesondere iRd. Verschmelzung von Konkurrenzunternehmen gegeben sein. Die Konkurrenten werden grundsätzlich nur eingeschränkt bereit sein, insbesondere vertrauliche Informationen über ihr Geschäft den Aktionären des anderen beteiligten Rechtsträgers zu offenbaren. 21

Die Frage, ob auch im Fall eines erweiterten Auskunftsanspruchs wegen zuvor durchgeführter *due diligence* auf der Grundlage von § 131 Abs. 4 AktG eine Auskunftsverweigerung auf § 131 Abs. 3 Satz 1 Nr. 5 AktG gestützt werden könnte[44], stellt sich nach hier vertretener Auffassung nicht. Es fehlt schon an den tatbestandlichen Voraussetzungen des § 131 Abs. 4 AktG, weil Auskünfte über im Rahmen einer *due diligence* erlangte Informationen regelmäßig nicht einem Aktionär erteilt werden müssen[45]. 22

c) Rechtsfolge bei Verstoß gegen die Auskunftspflicht. *aa) Anfechtbarkeit des Hauptversammlungsbeschlusses.* Bei Verletzung des Auskunftsanspruchs nach Abs. 2 ist der gefasste Verschmelzungsbeschluss grundsätzlich anfechtbar[46]. Das Anfechtungsrecht besteht bei der übertragenden Gesellschaft jedoch nicht hinsichtlich der etwaigen Verletzung der Auskunftspflicht[47]. Im Übrigen muss die Verletzung der Auskunftspflicht eine Information treffen, die wesentlich ist[48]. 23

bb) Strafbarkeit der Mitglieder des Vorstands. Bei verschleiernden oder unrichtigen Auskünften gilt der Straftatbestand des § 313 Abs. 1[49]. 24

§ 65 Beschluß der Hauptversammlung

(1) Der Verschmelzungsbeschluß der Hauptversammlung bedarf einer Mehrheit, die mindestens drei Viertel des bei der Beschlußfassung vertretenen Grundkapitals umfaßt. Die Satzung kann eine größere Kapitalmehrheit und weitere Erfordernisse bestimmen.

(2) Sind mehrere Gattungen von Aktien vorhanden, so bedarf der Beschluß der Hauptversammlung zu seiner Wirksamkeit der Zustimmung der stimmberechtigten Aktionäre jeder Gattung. Über die Zustimmung haben die Aktionäre jeder Gattung einen Sonderbeschluß zu fassen. Für diesen gilt Absatz 1.

Übersicht

	Rn		Rn
I. Allgemeines	1	2. Entstehungsgeschichte	2
1. Sinn und Zweck der Norm	1	3. Anwendungsbereich	3

---

[41] *OLG Hamm* ZIP 1999, 798, 804 „Thyssen Krupp"; *Grunewald* in Lutter Rn 7.
[42] § 131 Abs. 3 Nr. 1 bis 6 AktG; weitere Auskunftsverweigerungsrechte werden von § 131 Abs. 3 Satz 2 AktG ausdrücklich ausgeschlossen.
[43] Vgl. § 131 Abs. 3 Nr. 1 AktG, § 8 Abs. 2; *OLG Hamm* WM 1988, 1164, 1168.
[44] Vgl. *Cramer* in Assmann/Schneider § 14 WpHG Rn 52; *Roschmann/Frey* AG 1996, 449, 454; *Ziemons* AG 1999, 492, 498; *Schroeder* DB 1997, 2161, 2166. Kritisch hierzu *Decher* in Großkomm. § 131 AktG Rn 368.
[45] Siehe Rn 17.
[46] *Bermel* in Goutier/Knopf/Tulloch Rn 7; *Grunewald* in Lutter Rn 10; *Rieger* in Widmann/Mayer Rn 16; *Marsch-Barner* in Kallmeyer Rn 8.
[47] § 243 Abs. 4 Satz 2 AktG nF in Folge der Rechtsprechung des *BGH* WM 2001, 467.
[48] Vgl. § 243 Abs. 4 Satz 1 AktG.
[49] Siehe § 313 Rn 43 ff.

§ 65 1–3 Zweites Buch. Verschmelzung

	Rn		Rn
II. Einzelerläuterungen	5	6. Wirksamkeitserfordernis bei verschiedenen Aktiengattungen (Abs. 2)	22
1. Gegenstand der Beschlussfassung	5	a) Zustimmung der Aktionäre jeder Gattung (Abs. 2 Satz 1)	22
a) Vertrag	5	aa) Gattungen iSd Abs. 2 Satz 1	22
b) Grundsatzvereinbarung	6	bb) Vorzugsaktien ohne Stimmrecht	24
c) Änderungen des Vertrags nach Einberufung der Hauptversammlung	7	b) Sonderbeschluss (Abs. 2 Satz 2 und 3)	25
d) Bedingungen zum Wirksamwerden des Vertrags	10	aa) Mehrheitserfordernisse	25
2. Mehrheitserfordernisse bezüglich des Verschmelzungsbeschlusses (Abs. 1)	11	bb) Gesonderte Abstimmung oder gesonderte Versammlung	26
a) Gesetzliches Mehrheitserfordernis	11	c) Rechtsfolge bei Fehlen des Sonderbeschlusses	27
b) Berechnungsgrundlage	12	7. Sonstige Zustimmungserfordernisse betroffener Aktionäre	28
c) Abweichende Satzungsregelung (Abs. 1 Satz 2)	13	a) Vinkulierte Namensaktie	28
aa) Abweichende Mehrheitserfordernisse	13	b) Abweichende Nennbeträge	29
bb) Auslegung von Satzungsregeln	14	c) Statutarische Nebenpflichten	30
cc) Grenzen der Satzungsautonomie	16	d) Zustimmung bei der KGaA	31
3. Ausübung des Stimmrechts	18	8. Anfechtung des Zustimmungsbeschlusses	32
4. Rechtfertigung des Beschlusses	20		
5. Stimmverbote	21		

Literatur: *Heckschen,* Die Zustimmung zur Umwandlung durch Verschmelzung, NotBZ 1997, 1, 4; *ders.,* Verschmelzung von Kapitalgesellschaften, 1989; *Joost,* „Holzmüller 2000" vor dem Hintergrund des Umwandlungsgesetzes, ZHR 163 (1999) 164; *Kiem,* Die Stellung der Vorzugsaktionäre bei Umwandlungsmaßnahmen, ZIP 1997, 1627; *Lutter,* Zur Reform von Umwandlung und Fusion, ZGR 1990, 392; *ders.* Organzuständigkeiten im Konzern, FS Stimpel, 1985, S. 825; *Reichert,* Folgen der Anteilsvinkulierung für Umstrukturierungen von GmbH und AG nach dem Umwandlungsgesetz 1995, GmbHR 1995, 176; *Steck,* „Going private" über das UmwG, AG 1998, 460; *Weber-Rey/Schütz,* Zum Verhältnis von Übernahmerecht und Umwandlungsrecht, AG 2001, 325.

I. Allgemeines

1. Sinn und Zweck der Norm

1   Die Vorschrift regelt die Mehrheitserfordernisse für den Zustimmungsbeschluss der Hauptversammlung einer an der Verschmelzung beteiligten AG. Sie gilt ergänzend zu den allgemeinen Regeln über Verschmelzungsbeschlüsse[1].

2. Entstehungsgeschichte

2   Die Norm entspricht weitgehend § 340 c Abs. 2 AktG aF, der aber nur für die Verschmelzung einer AG mit einer anderen AG galt und zusammen mit seinem Abs. 3 der Umsetzung des Art. 7 VerschmRL diente. Abweichend von § 340 c AktG aF ist das Wort „stimmberechtigten" in Abs. 2 Satz 1 eingefügt worden. Dadurch wird klargestellt, dass Vorzugsaktionäre ohne Stimmrecht auch bei der Beschlussfassung über die Verschmelzung kein Stimmrecht haben.

3. Anwendungsbereich

3   Die Vorschrift ist anwendbar für Verschmelzungen zur Aufnahme und zur Neugründung, an denen eine AG als übertragender oder übernehmender Rechtsträger beteiligt ist. Über § 125 Satz 1 iVm. § 135 Abs. 1 Satz 1 ist die Vorschrift auch für jede Art der Spaltung an-

---

[1] §§ 13, 61 bis 64, 67.

Beschluß der Hauptversammlung 4–8 § 65

wendbar. Die Norm gilt für die Verschmelzung zwischen Aktiengesellschaften, Kommanditgesellschaften auf Aktien und für jede Art von Mischverschmelzungen.

Zwar wird in Rechtsprechung und Schrifttum diskutiert, ob die umwandlungsrechtliche 4 Interessenbewertung auf das allgemeine Aktienrecht ausstrahlt[2]. Aus § 65 kann aber nicht geschlossen werden, dass Beschlüsse über Strukturmaßnahmen einer Mehrheit von drei Vierteln des auf der Hauptversammlung vertretenen stimmberechtigten Grundkapitals bedürfen[3].

II. Einzelerläuterungen

1. Gegenstand der Beschlussfassung

a) **Vertrag.** Gegenstand der Beschlussfassung ist der von den beteiligten Rechtsträgern 5 vereinbarte Verschmelzungsvertrag oder dessen Entwurf. Der Zustimmungsbeschluss muss den gesamten Vertragsinhalt umfassen. Sofern einem Entwurf des Vertrags zugestimmt wird, ist der Vorstand an diesen Entwurf gebunden. Änderungen redaktioneller Art, wie zB die Korrektur von Schreibfehlern und anderen offensichtlichen Unrichtigkeiten, sind zulässig. Sofern weitere Änderungen vorgenommen werden, bedarf der Vertrag oder der Entwurf der erneuten Zustimmung der Hauptversammlung. Ansonsten würde die Zuständigkeit der Hauptversammlung umgangen[4].

b) **Grundsatzvereinbarung.** Oft wird im Vorfeld des Abschlusses eines Verschmelzungs- 6 vertrags bzw. des Entwurfs eines Verschmelzungsvertrags eine Grundsatzvereinbarung abgeschlossen. In diese Grundsatzvereinbarung werden zur Vorbereitung der Verschmelzung die bisher zwischen den Rechtsträgern getroffenen Vereinbarungen festgehalten. Obwohl der Inhalt der Grundsatzvereinbarung sich idR im Verschmelzungsvertrag bzw. in dessen Entwurf widerspiegelt, sind Grundsatzvereinbarungen Nebenabreden, die nach dem Willen der Verschmelzungspartner ein einheitliches Ganzes iSv. § 139 BGB bilden. Sie sind daher als Anlage zum Verschmelzungsvertrag bzw. zu dessen Entwurf zu nehmen und unterliegen mit dem Verschmelzungsvertrag bzw. dessen Entwurf damit auch der Zustimmung der Hauptversammlung.

c) **Änderungen des Vertrags nach Einberufung der Hauptversammlung.** Grund- 7 sätzlich kann die Hauptversammlung dem Verschmelzungsvertrag nur zustimmen oder ihn ablehnen[5]. Die Änderungsbefugnis richtet sich nach den Allgemeinen aktienrechtlichen Regeln und hier insbesondere nach § 124 Abs. 4 Satz 2 AktG. Danach ist eine Bekanntmachung und somit auch eine erneute Einberufung der Hauptversammlung nicht erforderlich, sofern Anträge zu Gegenständen der Tagesordnung gestellt werden. Deshalb kann auf der Hauptversammlung auf Antrag der Aktionäre, aber auch indem die Verwaltung ihren Vorschlag ändert, der Verschmelzungsvertrag geändert werden. Der Vorstand ist dann verpflichtet, bei Zustimmung des Vertragspartners den Verschmelzungsvertrag mit dem geänderten Inhalt abzuschließen[6]. Der ursprünglich ggf. abgeschlossene Verschmelzungsvertrag ist nicht wirksam geworden.

Eine Änderung bzw. Aktualisierung des Vertrags kommt insbesondere dann in Betracht, 8 wenn sich das Umtauschverhältnis der zu gewährenden Aktien zwischen dem Abschluss des

---

[2] Hierzu im Einzelnen § 1 Rn 61 ff.
[3] *LG Hamburg* DB 1997, 516 ff. „Wünsche AG"; *BayObLG* ZIP 1998, 120 ff. „Badenwerk"; *Lutter/Leinekugel* ZIP 1999, 264 ff.; *LG Frankfurt am Main* ZIP 1997, 1698 „Altana/Milupa"; *LG Karlsruhe* DB 1998, 120 ff.; dazu abl. *Bungert* NZG 1998, 367 ff. hinsichtlich der Folgen eines Struktur- bzw. Spaltungsberichts.
[4] Zur Änderung des Vertrags nach Einberufung der Hauptversammlung siehe Rn 7 ff.
[5] *Bermel* in Goutier/Knopf/Tulloch Rn 8.
[6] § 83 Abs. 1 Satz 2 AktG.

Verschmelzungsvertrags bzw. der Aufstellung des Entwurfs und der Abhaltung der Hauptversammlung geändert haben sollte. Dies ist zB der Fall, wenn neue Tatsachen auftreten, die zu einer anderen Verschmelzungswertrelation führen und diese insbesondere auch durch den Verschmelzungsprüfer im Rahmen seines auf den Tag der Hauptversammlung zu aktualisierenden Prüfungsberichts berücksichtigt werden müssen.

9   Die Hauptversammlung kann den Vertrag nicht nur ändern; eine erneute Hauptversammlung kann den Vertrag auch aufheben, sofern die Verschmelzung noch nicht durch Eintragung in das Handelsregister wirksam geworden ist.

10   **d) Bedingungen zum Wirksamwerden des Vertrags.** Eine bedingte Beschlussfassung ist nur zulässig, wenn dem Vorstand dadurch eine eigene Entscheidungsbefugnis nicht eingeräumt wird[7]. Ansonsten würde die vom Gesetz vorgegebene Kompetenz der Hauptversammlung zur Zustimmung zum Verschmelzungsvertrag auf den Vorstand verlagert. Die Hauptversammlung kann folglich den Vorstand auch nicht ermächtigen, einen Verschmelzungsvertrag abzuschließen. Zulässig sind dagegen unechte Bedingungen, zB die Anweisung des Vorstands, die Verschmelzung erst im Fall des Eintritts eines ungewissen künftigen Ereignisses zur Eintragung in das Handelsregister anzumelden[8].

2. Mehrheitserfordernisse bezüglich des Verschmelzungsbeschlusses (Abs. 1)

11   **a) Gesetzliches Mehrheitserfordernis.** Der Verschmelzungsbeschluss bedarf einer Kapitalmehrheit von drei Vierteln des bei der Beschlussfassung vertretenen Grundkapitals sowie darüber hinaus der einfachen Mehrheit der abgegebenen Stimmen[9]. Das vertretene Grundkapital ist die Summe der abgegebenen Ja- und Nein-Stimmen. Die Enthaltungen werden dabei – ebenso wie nicht stimmberechtigte Vorzugsaktien – nicht berücksichtigt. Ein bestimmtes Quorum in Form einer Mindestbeteiligung der Aktionäre, die bei der Hauptversammlung anwesend sind und mitstimmen, wird gesetzlich nicht verlangt.

12   **b) Berechnungsgrundlage.** Die Kapitalmehrheit berechnet sich nach den jeweiligen Nennbeträgen bzw. anteiligen Beträgen am Grundkapital der Gesellschaft. Stimmrechtlose Vorzugsaktien sowie Aktien, aus denen Stimmrechte nicht ausgeübt werden können oder deren Stimmrechte ruhen, sind nicht zu berücksichtigen.

13   **c) Abweichende Satzungsregelung (Abs. 1 Satz 2).** *aa) Abweichende Mehrheitserfordernisse.* Die Satzung kann strengere Anforderungen an die Mehrheitserfordernisse stellen[10]. So kann zB Einstimmigkeit – sowohl der abstimmenden als auch der anwesenden Aktionäre – verlangt werden. Gefordert werden kann auch ein Beschlussquorum, d. h. die Voraussetzung der Anwesenheit eines bestimmten Bruchteils des gesamten Grundkapitals der Gesellschaft. Sofern die Satzung zum Quorum keine weitere Regelung vorsieht, gilt das Quorum für jede Hauptversammlung, d. h. auch für eine weitere Hauptversammlung, nachdem in der ersten Hauptversammlung das Quorum nicht erreicht sein sollte.

14   *bb) Auslegung von Satzungsregeln.* Sofern für Satzungsänderungen erhöhte Mehrheitserfordernisse in der Satzung vorgesehen sind, ist fraglich, ob diese erhöhten Mehrheitserfordernisse auch für die Verschmelzung gelten. Dagegen spricht, dass die Verschmelzung gerade keine Satzungsänderung ist und aus Sicht der übertragenden und der übernehmenden AG qualitativ auch nicht mit dieser gleichzustellen ist[11]. Andererseits ist zu bedenken, dass die Aktionäre durch die höheren Anforderungen an Satzungsänderungen zu erkennen gege-

---

[7] *Bermel* in Goutier/Knopf/Tulloch Rn 10.
[8] Vgl. *Grunewald* AG 1990, 133, 139; *Lutter,* FS Quack, 1991, S. 301, 314 ff.
[9] § 133 Abs. 1 AktG.
[10] Beispiele bei *Rieger* in Widmann/Mayer Rn 6; *Bermel* in Goutier/Knopf/Tulloch Rn 14.
[11] *Grunewald* in Lutter Rn 6; *Kraft* in Kölner Komm. § 340 c AktG Rn 8.

ben haben, dass sie für Strukturentscheidungen grundsätzlich erhöhte Mehrheitserfordernisse einführen wollten. Außerdem ist zumindest für die Aktionäre der übertragenden AG mit der Verschmelzung mittelbar eine Satzungsänderung verbunden, weil für sie nach der Verschmelzung die Satzung des neuen Rechtsträgers gilt. Da Satzungsänderungen darüber hinaus mit Strukturentscheidungen wie der Verschmelzung vergleichbar sind, müssen erhöhte Mehrheitsanforderungen für Satzungsänderungen auch für Verschmelzungsbeschlüsse beachtet werden[12].

Umstritten ist weiter, ob Satzungsbestimmungen über die Auflösung der Gesellschaft auch auf den Fall der Verschmelzung anwendbar sind. Hierfür spricht zunächst, dass die Verschmelzung für die übertragende Gesellschaft zugleich die Auflösung bedeutet. Dagegen wird eingewandt, dass dies im Einzelfall durch Auslegung zu prüfen sei. IE sind satzungsmäßige Erfordernisse zur Auflösung der Gesellschaft nicht für die Verschmelzung anwendbar[13]. Zwar könnte dies auf den ersten Blick für den übertragenden Rechtsträger zutreffen, da er sich durch Verschmelzung auflöst. IE bleiben jedoch die Gesellschafter an einem aktiv tätigen Rechtsträger beteiligt, so dass der Verschmelzungsbeschluss in diesem Sinn nicht mit dem Auflösungsbeschluss vergleichbar ist.

cc) Grenzen der Satzungsautonomie. Die Satzung kann grundsätzlich die Hauptversammlung nicht in der Weise beschränken, dass Verschmelzungen an sich nicht zulässig sind[14]. Dies folgt aus der Formstrenge des AktG[15]. Eine Satzungsbestimmung, die die Verschmelzung ausschließt, kann jedoch dahin gehend umgedeutet werden, dass der Verschmelzungsbeschluss nur einstimmig durch alle Aktionäre gefasst werden kann[16].

Auch die Zustimmung des Aufsichtsrats zum Verschmelzungsbeschluss kann nicht in der Satzung angeordnet werden[17]. Nach dem UmwG steht die Zustimmung zum Verschmelzungsvertrag ausschließlich der Hauptversammlung zu. Allerdings ist der Beschlussvorschlag an die Hauptversammlung, dem Verschmelzungsvertrag zuzustimmen, dem Aufsichtsrat vorzulegen, damit er den von ihm geforderten Vorschlag unterbreiten kann[18].

3. Ausübung des Stimmrechts

Für die Ausübung des Stimmrechts auf der Hauptversammlung gelten die allgemeinen Regeln. Danach ist eine Vollmacht grundsätzlich schriftlich zu erteilen[19]. Eine familiengerichtliche Genehmigung der Abstimmung durch die Eltern bei Kindern ist nicht erforderlich. Etwas anderes gilt allerdings bei einer übertragenden AG wegen möglicher Differenzhaftung bei Kapitalerhöhungen[20].

§ 181 BGB ist anwendbar[21]. Bevollmächtigte, die das Stimmrecht für mehrere Aktionäre ausüben, sind deshalb von den Beschränkungen des § 181 BGB zu befreien. Die Vollmacht

---

[12] *Stratz* in Schmitt/Hörtnagl/Stratz Rn 12; *Rieger* in Widmann/Mayer Rn 10; *Bermel* in Goutier/Knopf/Tulloch Rn 15; *Heckschen* NotBZ 1997, 1, 29; *Zimmermann* in Kallmeyer Rn 7; *Reichert* GmbHR 1995, 176, 185; aA *Grunewald* in Lutter Rn 6.
[13] So aber *Grunewald* in Lutter Rn 6; *Stratz* in Schmitt/Hörtnagl/Stratz Rn 12; differenzierend *Rieger* in Widmann/Mayer Rn 9.
[14] HM vgl. *Rieger* in Widmann/Mayer Rn 7; *Grunewald* in Lutter Rn 7; *Bermel* in Goutier/Knopf/Tulloch Rn 16; *Stratz* in Schmitt/Hörtnagl/Stratz Rn 11.
[15] § 23 Abs. 5 AktG.
[16] *Grunewald* in Lutter Rn 7 mwN; *Bermel* in Goutier/Knopf/Tulloch Rn 16; *Stratz* in Schmitt/Hörtnagl/Stratz Rn 11; *Rieger* in Widmann/Mayer Rn 7.
[17] *Rieger* in Widmann/Mayer Rn 8; *Grunewald* in Lutter Rn 4; *Bermel* in Goutier/Knopf/Tulloch Rn 14.
[18] § 124 Abs. 3 AktG.
[19] § 134 Abs. 3 Satz 2 AktG.
[20] Siehe auch § 50 Rn 11.
[21] Zur GmbH § 50 Rn 17 sowie *Winter* in Lutter § 50 Rn 9; *Mayer* in Widmann/Mayer § 50 Rn 15; zur AG *Zimmermann* in Kallmeyer Rn 11; aA *Hüffer* § 133 AktG Rn 4.

eines Mitaktionärs enthält eine konkludente Befreiung²². Sofern Eltern minderjähriger Aktionäre ebenfalls Aktionäre sind, sind sie von der Vertretung ausgeschlossen. Ein Pfleger ist zu bestellen²³.

4. Rechtfertigung des Beschlusses

20 Der Verschmelzungsbericht bedarf keiner sachlichen Rechtfertigung, wie dies für den Ausschluss des Bezugsrechts nach § 186 AktG angenommen wird²⁴. Die Beschlussfassung der übertragenden Gesellschaft kommt einem Auflösungsbeschluss gleich. Für diesen hat der BGH entschieden, dass er keiner besonderen sachlichen Rechtfertigung bedarf²⁵. Für die Beschlussfassung der übernehmenden Gesellschaft wird teilweise eine sachliche Rechtfertigung gefordert²⁶. Der Gesetzgeber hat aber mit den zusätzlichen Informationsrechten, den erhöhten Mehrheitserfordernissen und der Prüfungspflicht dem Minderheitenschutz genügend Rechnung getragen. Eine sachliche Rechtfertigung der Verschmelzung ist daher nicht erforderlich. Etwas anderes folgt auch nicht aus dem Wortlaut des Gesetzes.

5. Stimmverbote

21 Die Stimmberechtigung bei der Abstimmung über den Verschmelzungsbeschluss richtet sich nach den allgemeinen Regeln. Dabei sind alle Aktionäre stimmberechtigt, ausgenommen die Inhaber stimmrechtloser Vorzugsaktien²⁷. Auch beteiligte Rechtsträger, die stimmberechtigte Aktien an der AG halten, sind stimmberechtigt. Das Stimmverbot des § 47 Abs. 4 Satz 2 GmbHG gilt nicht, sofern die AG oder die KGaA Gesellschafter einer übertragenden GmbH sind²⁸. Entsprechendes gilt auch für den Zustimmungsbeschluss einer übertragenden Personenhandelsgesellschaft oder PartG.

6. Wirksamkeitserfordernis bei verschiedenen Aktiengattungen (Abs. 2)

22 a) *Zustimmung der Aktionäre jeder Gattung (Abs. 2 Satz 1). aa) Gattungen iSd Abs. 2 Satz 1.* Abs. 2 Satz 1 geht bezüglich des Erfordernisses eines Sonderbeschlusses über die Anforderungen der VerschmRL²⁹ hinaus. Er verlangt einen Sonderbeschluss jeder Aktiengattung, unabhängig davon, ob die Rechte der Aktionäre einer Gattung durch die Verschmelzung beeinträchtigt werden oder nicht³⁰. Dies geht im Übrigen auch über die Sonderbeschlussanforderungen des § 179 Abs. 3 AktG hinaus.

23 Aktien mit gleichen Rechten bilden in Anwendung des § 11 Satz 2 AktG eine Gattung iSv. Abs. 2 Satz 1. Unerheblich ist, ob unterschiedliche Rechte und Pflichten von Anfang an bestanden haben oder erst nachträglich begründet werden³¹.

24 *bb) Vorzugsaktien ohne Stimmrecht.* Inhabern von Vorzugsaktien ohne Stimmrecht steht bei der Beschlussfassung über eine Verschmelzung kein Stimmrecht zu³². Ihr Schutz ist in § 23 abschließend geregelt. Der Wortlaut des Abs. 2 Satz 1 lässt hingegen offen, ob ein Sonder-

---

²² *Zimmermann* in Kallmeyer Rn 11.
²³ §§ 1909, 1629 Abs. 2, 1795 Abs. 2 BGB.
²⁴ *Zimmermann* in Kallmeyer Rn 8; zum Bezugsrechtsausschluss vgl. BGHZ 71, 40, 46; 83, 319, 321; 125, 239, 241.
²⁵ BGHZ 76, 352 ff.; BGHZ 103, 184 ff.
²⁶ Vgl. *Winter* in Lutter Umwandlungsrechtstage S. 41; *Krieger* in MünchHdbGesR Bd. 4 § 56 Rn 74.
²⁷ Siehe Rn 24.
²⁸ *Zimmermann* in Kallmeyer Rn 13; *Rieger* in Widmann/Mayer Rn 12; vgl. auch *K. Schmidt* in Scholz § 47 GmbHG Rn 14; aA *Kraft* in Kölner Komm. § 355 AktG Rn 13.
²⁹ Art. 7 Abs. 2 VerschmRL.
³⁰ *Zimmermann* in Kallmeyer Rn 23.
³¹ *Hüffer* § 11 AktG Rn 7.
³² *Grunewald* in Lutter Rn 8.

beschluss der Stammaktionäre erforderlich ist, wenn neben Stammaktien nur Vorzugsaktien ohne Stimmrecht bestehen. Ein Sonderbeschluss könnte deshalb erforderlich sein, da formal zwei Aktiengattungen vorhanden sind. Er wäre aber eine überflüssige Formalie, wenn neben Stamm- und nicht stimmberechtigten Vorzugsaktien keine weitere Aktiengattung existiert. Stimmberechtigt für den Sonderbeschluss wären nur die Aktionäre, die den Beschluss der Hauptversammlung an sich auch fassen. Deshalb ist ein Sonderbeschluss in diesem Fall nicht erforderlich[33]. Dies gilt auch dann, wenn Vorzugsaktien beseitigt oder aufgehoben werden oder auch neue Vorzugsaktien ausgegeben werden, die Vorrang oder Gleichrang zu alten Vorzugsaktien haben[34]. § 65 Abs. 2 ist diesbezüglich *lex specialis* zur allgemeinen Regelung des § 141 AktG[35]. Allerdings ist zu berücksichtigen, dass ggf. iRd. zur Verschmelzung erforderlichen Kapitalerhöhung zur Schaffung von Vorzugsaktien ein Sonderbeschluss nach § 141 AktG erforderlich sein könnte.

b) Sonderbeschluss (Abs. 2 Satz 2 und 3). *aa) Mehrheitserfordernisse.* Auch für Sonderbeschlüsse ist neben der einfachen Stimmenmehrheit[36] eine Mehrheit von drei Vierteln des auf der Hauptversammlung vertretenen Grundkapitals erforderlich. Auch hier können Satzungsbestimmungen bestehen, die erhöhte Beschlusserfordernisse aufstellen[37]. Ein Sonderbeschluss ist auch dann erforderlich, wenn der Verschmelzungsbeschluss in der Hauptversammlung mit den Stimmen aller Aktionäre gefasst wird. Jeder Aktionär soll das Recht haben, seine Ansicht zur geplanten Verschmelzung nochmals zu überdenken[38].

bb) Gesonderte Abstimmung oder gesonderte Versammlung. Ob für die Fassung des Sonderbeschlusses eine gesonderte Abstimmung oder eine gesonderte Versammlung erforderlich ist, richtet sich analog[39] nach § 138 AktG. Danach steht es grundsätzlich im Ermessen des Vorstands, ob er eine Sonderversammlung einberuft. Aktionäre, die an der Abstimmung über den Sonderbeschluss teilnehmen, können aber die Einberufung einer gesonderten Versammlung verlangen, sofern sie insgesamt 10% der Anteile erreichen, aus denen bei der Abstimmung über den Sonderbeschluss das Stimmrecht ausgeübt werden kann[40]. Darüber hinaus können Aktionäre, die 5 % des Grundkapitals repräsentieren, die Einberufung einer gesonderten Versammlung verlangen[41]. Die gesonderte Versammlung sollte grundsätzlich mit der Hauptversammlung einberufen werden und unmittelbar im Anschluss an die Hauptversammlung stattfinden.

c) Rechtsfolge bei Fehlen des Sonderbeschlusses. Solange der Sonderbeschluss nicht gefasst wird, bleibt der Verschmelzungsvertrag schwebend unwirksam. Die Verschmelzung kann nicht angemeldet werden[42]. Wird kein Sonderbeschluss gefasst, der der Verschmelzung zustimmt, wird der Beschluss über die Verschmelzung unwirksam. Die Verschmelzung kann nicht im Handelsregister eingetragen werden.

---

[33] Vgl. *Rieger* in Widmann/Mayer Rn 15; *Kiem* ZIP 1997, 1627, 1628; zur AG *Zimmermann* in Kallmeyer Rn 22; *Bermel* in Goutier/Knopf/Tulloch Rn 19; ebenso *Hüffer* § 182 AktG Rn 19.
[34] *Grunewald* in Lutter Rn 8; aA *Kiem* ZIP 1997, 1627, 1628.
[35] *Volhard/Goldschmidt*, FS Lutter, S. 779, 784.
[36] § 133 Abs. 2 AktG.
[37] Siehe Rn 13.
[38] LG Hamburg AG 1996, 281 ff.; *Timm* EWiR § 65 UmwG 1/96, 377, 378; siehe aber auch Rn 24, sofern nur eine stimmberechtigte Aktiengattung vorhanden ist.
[39] *Rieger* in Widmann/Mayer Rn 19 ff.; *Stratz* in Schmitt/Hörtnagl/Stratz Rn 13; *Zimmermann* in Kallmeyer Rn 24; vgl. auch *Grunewald* in Lutter Rn 9.
[40] § 138 Abs. 3 AktG.
[41] §§ 138 Satz 2, 122 Abs. 1 AktG.
[42] *Zimmermann* in Kallmeyer Rn 27; *Grunewald* in Lutter Rn 10; *Bermel* in Goutier/Knopf/Tulloch Rn 28.

7. Sonstige Zustimmungserfordernisse betroffener Aktionäre

28 **a) Vinkulierte Namensaktie.** Die Vinkulierung der Namensaktie begründet kein Recht auf Zustimmung zum Verschmelzungsbeschluss. Die Übertragung der Aktie ist nicht iSv. § 13 Abs. 2 von der Genehmigung bestimmter einzelner Aktionäre abhängig, sondern von der Zustimmung der AG[43]. Die Einführung der Vinkulierung von Aktien der übernehmenden AG bedarf jedoch der Zustimmung aller betroffenen Aktionäre[44]. Dies gilt, wenn anlässlich der Verschmelzung vinkulierte Namensaktien eingeführt werden. Sofern dagegen die Anteilsinhaber des übertragenden Rechtsträgers vinkulierte Anteile erhalten, bedarf dies nicht der Zustimmung aller betroffenen Anteilsinhaber. Den Anteilsinhabern des übertragenden Rechtsträgers steht allerdings ein Barabfindungsrecht zu[45].

29 **b) Abweichende Nennbeträge.** Erleidet ein Aktionär einen Beteiligungsverlust dadurch, dass die ihm von der aufnehmenden GmbH zu gewährenden Geschäftsanteile nicht dem Mindestbetrag von EUR 50,- entsprechen und durch zehn teilbar sind, bedarf es seiner Zustimmung zum Verschmelzungsbeschluss[46]. Die Zustimmung muss notariell beurkundet werden[47]. Sie ist gegenüber der übertragenden Gesellschaft zu erklären und kann vor, bei oder nach der Hauptversammlung abgegeben werden[48].

30 **c) Statutarische Nebenpflichten.** Alle Aktionäre müssen zustimmen, wenn die Satzung oder Statuten des übernehmenden Rechtsträgers den Aktionären des übertragenden Rechtsträgers bisher nicht bestehende Nebenpflichten auferlegen[49].

31 **d) Zustimmung bei der KGaA.** Der Beschluss der Hauptversammlung der Kommanditaktionäre wird nur wirksam, wenn ihm auch die persönlich haftenden Gesellschafter zugestimmt haben[50].

8. Anfechtung des Zustimmungsbeschlusses[51]

32 Der Verschmelzungsbeschluss ist grundsätzlich unter den gleichen Voraussetzungen anfechtbar wie andere Hauptversammlungsbeschlüsse[52]. Der Verschmelzungsbeschluss eines übertragenden Rechtsträgers kann jedoch nicht mit der Begründung angefochten werden, dass das Umtauschverhältnis zu niedrig bemessen sei[53]. Die Anfechtung des Verschmelzungsbeschlusses eines übernehmenden Rechtsträgers kann jedoch auch auf ein zu niedrig bemessenes Umtauschverhältnis nicht gestützt werden.

33 Mit der Anmeldung der Eintragung der Verschmelzung ist zu erklären, ob eine Anfechtungsklage erhoben worden ist. Die Erhebung einer Anfechtungsklage führt grundsätzlich zur Registersperre, d. h. die Verschmelzung wird zunächst nicht eingetragen und damit nicht wirksam[54].

---

[43] Siehe auch *Reichert* GmbHR 1995, 176, 191.
[44] § 180 Abs. 2 AktG.
[45] § 29; siehe § 29 Rn 24.
[46] §§ 51 Abs. 2, 46 Abs. 1. Siehe auch § 51 Rn 24 ff.
[47] § 13 Abs. 3 Satz 1.
[48] Zu Einzelheiten siehe § 13 Rn 47.
[49] Analog § 180 AktG; *Zimmermann* in Kallmeyer Rn 19; abl. *Bermel* in Goutier/Knopf/Tulloch Rn 29 ff.; *Grunewald* in Lutter Umwandlungsrechtstage S. 24 ff.; siehe auch § 13.
[50] § 78 Satz 3; Einzelheiten siehe § 78 Rn 13 ff.
[51] Zur Anfechtung wegen der Verletzung von Auslage- und Informationspflichten zur Vorbereitung der Hauptversammlung siehe § 63 Rn 26 ff. und § 64 Rn 23 ff.
[52] Vgl. §§ 241 ff. AktG.
[53] § 14 Abs. 2.
[54] Siehe § 16 Rn 21 ff.

§ 66 Eintragung bei Erhöhung des Grundkapitals

Erhöht die übernehmende Gesellschaft zur Durchführung der Verschmelzung ihr Grundkapital, so darf die Verschmelzung erst eingetragen werden, nachdem die Durchführung der Erhöhung des Grundkapitals im Register eingetragen worden ist.

Übersicht

	Rn		Rn
I. Allgemeines	1	2. Anmeldung des Kapitalerhöhungsbeschlusses und Prüfung durch das Registergericht	5
1. Sinn und Zweck der Norm	1		
2. Entstehungsgeschichte	2		
3. Anwendungsbereich	3	3. Wirksamwerden der Kapitalerhöhung	11
II. Einzelerläuterungen	4	4. Besonderheiten bei bedingter Kapitalerhöhung	13
1. Eintragungsreihenfolge	4	5. Rechtsfolge bei Nichtbeachtung der vorgeschriebenen Reihenfolge	14

Literatur: *Heckschen,* Die Zustimmung zur Umwandlung durch Verschmelzung, NotBZ 1997, 1, 4; *ders.,* Verschmelzung von Kapitalgesellschaften, 1989; *Joost,* „Holzmüller 2000" vor dem Hintergrund des Umwandlungsgesetzes, ZHR 163 (1999) 164; *Kiem,* Die Stellung der Vorzugsaktionäre bei Umwandlungsmaßnahmen, ZIP 1997, 1627; *Lutter,* Zur Reform von Umwandlung und Fusion, ZGR 1990, 392; *ders.,* Organzuständigkeiten im Konzern, FS Stimpel, 1985, S. 825; *Reichert,* Folgen der Anteilsvinkulierung für Umstrukturierungen von GmbH und AG nach dem Umwandlungsgesetz 1995, GmbHR 1995, 176; *Steck,* „Going private" über das UmwG, AG 1998, 460; *Weber-Rey/Schütz,* Zum Verhältnis von Übernahmerecht und Umwandlungsrecht, AG 2001, 325.

I. Allgemeines

1. Sinn und Zweck der Norm

Die Vorschrift regelt das Zusammentreffen der Eintragung der Verschmelzung mit der Eintragung einer Kapitalerhöhung, die zur Durchführung der Verschmelzung erfolgt. Die Vorschrift entspricht inhaltlich der Regelung der Stammkapitalerhöhung bei der GmbH[1]. Sie soll sicherstellen, dass die den Anteilsinhabern zu gewährenden Aktien als Gegenleistung für die Durchführung der Verschmelzung auch zur Verfügung stehen. 1

2. Entstehungsgeschichte

Die Vorschrift entspricht § 346 Abs. 1 Satz 2 AktG aF, der Text der Vorschrift dem Regierungsentwurf zum UmwG. 2

3. Anwendungsbereich

Die Vorschrift bezieht sich ausschließlich auf die Eintragung im Register einer AG oder KGaA als übernehmendem Rechtsträger. Die Norm ist nur auf die Verschmelzung durch Aufnahme anwendbar, da nur dann die Kapitalerhöhung bei der übernehmenden AG bzw. KGaA ggf. erforderlich ist. Über § 125 Satz 1 ist sie auch anwendbar auf Spaltungen zur Aufnahme. 3

II. Einzelerläuterungen

1. Eintragungsreihenfolge

Bei der Verschmelzung durch Aufnahme gibt es mindestens zwei Handelsregistereintragungen: beim übertragenden und sodann beim übernehmenden Rechtsträger. Werden beim 4

---

[1] § 53.

übernehmenden Rechtsträger neue Aktien ausgegeben, kann die Eintragung der Verschmelzung bei dem übernehmenden Rechtsträger erst nach der Eintragung der zur Durchführung der Verschmelzung beschlossenen Kapitalerhöhung geschehen. Unbedenklich ist es, wenn die Kapitalerhöhung nach Eintragung der Verschmelzung bei dem übertragenden Rechtsträger eingetragen wird, da die Eintragung dort lediglich verlautbarenden Charakter hat[2].

2. Anmeldung des Kapitalerhöhungsbeschlusses und Prüfung durch das Registergericht

5 Sowohl der Erhöhungsbeschluss als auch die Durchführung der Kapitalerhöhung sind zur Eintragung in das Handelsregister anzumelden[3]. Die Anmeldung zum Handelsregister ist vom Vorstand in vertretungsberechtigter Zahl und vom Vorsitzenden des Aufsichtsrats (bzw. des Stellvertreters bei dessen Verhinderung) zu unterzeichnen[4]. Eine sog. unechte Gesamtvertretung oder eine Anmeldung durch Bevollmächtigte ist wegen der strafrechtlichen Sanktion falscher Angaben[5] bei der Anmeldung nicht zulässig[6]. Die Anmeldung hat in öffentlich beglaubigter Form zu erfolgen[7]. Die Anmeldenden können auf getrennten Schriftstücken unterzeichnen[8].

6 Der Anmeldung des Erhöhungsbeschlusses sind folgende Unterlagen beizufügen[9]:
– notarielle Niederschrift des Beschlusses über die Erhöhung des Grundkapitals in Ausfertigung oder beglaubigter Abschrift[10];
– notarielle Niederschrift etwaiger Sonderbeschlüsse in Ausfertigung oder beglaubigter Abschrift;
– Schlussbilanz des übertragenden Rechtsträgers bzw. Wertgutachten, um dem Registergericht die Prüfung zu ermöglichen, ob der Wert der Sacheinlagen den geringsten Ausgabebetrag der dafür zu gewährenden Aktien erreicht[11];
– ggf. Berichte über die Prüfung von Sacheinlagen, sofern erforderlich[12].

7 Mit der Anmeldung der Kapitalerhöhung zum Register sind auch der Verschmelzungsvertrag und die Niederschriften der Verschmelzungsbeschlüsse einzureichen[13]. Dies hat mit der Anmeldung der Durchführung der Kapitalerhöhung und nicht bereits mit der Anmeldung des Erhöhungsbeschlusses zu geschehen, da die Erhöhung des Grundkapitals der Verschmelzung dient[14].

8 Die Anmeldung der Durchführung der Kapitalerhöhung wird zulässigerweise regelmäßig mit der Anmeldung des Kapitalerhöhungsbeschlusses verbunden[15]. Sie erfolgt durch den Vorstand in vertretungsberechtigter Zahl sowie durch den Vorsitzenden des Aufsichtsrats[16]. Die Kapitalerhöhung zum Zweck der Verschmelzung ist durchgeführt, wenn der Verschmelzungsvertrag wirksam ist, d. h. die erforderlichen Zustimmungen der betreffenden Gesell-

---

[2] *Zimmermann* in Kallmeyer Rn 20; *Rieger* in Widmann/Mayer Rn 2.
[3] §§ 184, 188 AktG, § 69.
[4] § 184 Abs. 1 Satz 1 AktG, für KGaA vgl. § 283 AktG.
[5] § 399 AktG.
[6] *Zimmermann* in Kallmeyer Rn 3; aA *Hüffer* § 184 AktG Rn 3.
[7] § 12 HGB, § 129 BGB, §§ 39, 40 BeurkG.
[8] *Zimmermann* in Kallmeyer Rn 5.
[9] Vgl. *Zimmermann* in Kallmeyer Rn 7.
[10] § 130 Abs. 1 Satz 1 AktG.
[11] Vgl. § 69 Abs. 1.
[12] §§ 183 Abs. 3, 184 Abs. 1 Satz 2 AktG, § 69 Abs. 1.
[13] § 69 Abs. 2.
[14] IE so auch *Zimmermann* in Kallmeyer Rn 8; *Grunewald* in Lutter § 69 Rn 21; aA: Für die Erforderlichkeit der Beifügung bei der Anmeldung des Kapitalerhöhungsbeschlusses *Stratz* in Schmitt/Hörtnagl/Stratz § 69 Rn 24; *Rieger* in Widmann/Mayer § 69 Rn 41 ff.
[15] *Zimmermann* in Kallmeyer Rn 15, der auf § 188 Abs. 4 AktG verweist.
[16] *Zimmermann* in Kallmeyer Rn 9.

schafterversammlungen eingeholt sind[17]. Vorher kann die Durchführung der Kapitalerhöhung nicht angemeldet werden. Anzumelden ist, dass und in welcher Höhe die Kapitalerhöhung durchgeführt ist, sowie die Änderung der Satzung hinsichtlich der Grundkapitalziffer unter schlagwortartiger Bezeichnung der entsprechenden Satzungsbestimmung[18]. Nicht beizufügen sind Zeichnungsscheine sowie ein Verzeichnis der Zeichner[19].

Ausschließlich zuständig für die Prüfung sowohl des Kapitalerhöhungsbeschlusses als auch der Durchführung der Kapitalerhöhung ist das Registergericht des Sitzes der übernehmenden Gesellschaft, das die Ordnungsmäßigkeit der Anmeldung überprüft. Dies beinhaltet insbesondere die örtliche und sachliche Zuständigkeit des Gerichts, die Vertretungsbefugnis der Anmeldenden, die Form, die Vollständigkeit sowie die Ordnungsmäßigkeit der eingereichten Unterlagen. Darüber hinaus nimmt das Gericht eine formelle und materielle Prüfung der Wirksamkeit des Gesamterhöhungsvorgangs vor.

Bei Nichtigkeit des Kapitalerhöhungsbeschlusses hat das Gericht die Eintragung abzulehnen. Der Kapitalerhöhungsbeschluss ist zu wiederholen. Besteht ein Grund zur Anfechtung des Kapitalerhöhungsbeschlusses, ist der Beschluss einzutragen, sofern der Gesetzesverstoß nur die Interessen der Aktionäre betrifft[20]. Diese haben sich mit der Anfechtungsklage zu wehren. Nur wenn ausnahmsweise Drittinteressen betroffen sind, hat das Gericht vor Ablehnung der Eintragung durch Zwischenverfügung Gelegenheit zur Beseitigung des Mangels zu geben[21]. Das Registergericht hat bei der Sachkapitalerhöhung zusätzlich zu prüfen, ob ein Verstoß gegen das Verbot der Unterpari-Emission vorliegt[22]. Bei Zweifeln kann das Gericht eine Prüfung durch unabhängige Prüfer anordnen[23]. Es muss die Eintragung der Kapitalerhöhung ablehnen, wenn der Wert der Einlage nicht unwesentlich hinter dem Nennbetrag der dafür zugewiesenen Aktien zurückbleibt[24]. Die eingereichten Schriftstücke werden beim Registergericht in Urschrift, Ausfertigung oder beglaubigter Abschrift aufbewahrt[25].

3. Wirksamwerden der Kapitalerhöhung

Die Kapitalerhöhung wird erst wirksam mit Eintragung der Verschmelzung[26]. Kapitalerhöhung und Verschmelzung sind insoweit konditional verknüpft[27]. Wird die Verschmelzung nicht durchgeführt, ist die Kapitalerhöhung unwirksam. Die Eintragung der Kapitalerhöhung ist dann von Amts wegen zu löschen[28]. Dies gilt ebenso für die iRd. Kapitalerhöhung erfolgte Satzungsänderung hinsichtlich der Kapitalziffer[29].

Ist der Kapitalerhöhungsbeschluss nichtig bzw. wirksam angefochten, bleibt eine bereits im Register eingetragene Verschmelzung bestehen. Mängel sind gem. § 20 Abs. 2 geheilt[30]. Dies betrifft auch die Kapitalerhöhung, da Zweck des § 20 Abs. 2 ist, Mängel der Verschmelzung insgesamt zu heilen[31]. Ist die Verschmelzung jedoch noch nicht eingetragen, ist die Kapitalerhöhung ebenfalls noch nicht wirksam[32] und Nichtigkeit und Anfechtungsgründe

---

[17] *Grunewald* in Lutter § 69 Rn 22; *Zimmermann* in Kallmeyer Rn 10.
[18] BGH NJW 1987, 319 ff.; *Hüffer* § 188 AktG Rn 3, 11; *Zimmermann* in Kallmeyer Rn 11.
[19] § 69 Abs. 1 Satz 1, der § 188 Abs. 3 Nr. 1 AktG für nicht anwendbar erklärt.
[20] So die hM: *Zimmermann* in Kallmeyer Rn 17; *Hüffer* § 184 AktG Rn 6.
[21] Vgl. § 26 Satz 2 HRV; *Hüffer* § 184 AktG Rn 6; *Zimmermann* in Kallmeyer Rn 17.
[22] Siehe § 69 Rn 26 ff.
[23] § 183 Abs. 2 AktG iVm. § 69 Abs. 1 Satz 1 2. Halbs.
[24] § 183 Abs. 3 Satz 3 AktG. *Rieger* in Widmann/Mayer § 69 Rn 34.
[25] Vgl. § 188 Abs. 5 AktG.
[26] *Rieger* in Widmann/Mayer § 69 Rn 43; *Zimmermann* in Kallmeyer Rn 22.
[27] *Winter* in Lutter § 55 Rn 3 f.; *Zimmermann* in Kallmeyer Rn 22.
[28] § 144 Abs. 2 FGG.
[29] OLG *Karlsruhe* AG 1986, 167 f.; *Zimmermann* in Kallmeyer Rn 22.
[30] *Winter* in Lutter § 53 Rn 4.
[31] Siehe § 20 Rn 84 ff.
[32] *Stratz* in Schmitt/Hörtnagl/Stratz § 69 Rn 26; *Zimmermann* in Kallmeyer Rn 23.

können ggf. noch vorgebracht werden. Bekannt zu machen ist die Eintragung der Durchführung der Kapitalerhöhung zum Zwecke der Verschmelzung nebst Satzungsänderung, nicht jedoch der Kapitalerhöhungsbeschluss[33]. Die Bekanntmachung erfolgt im Bundesanzeiger und in einem weiteren Blatt[34]. Ferner sind der Ausgabebetrag der Aktien und die bei einer Kapitalerhöhung mit Sacheinlagen vorgesehenen Festsetzungen mit einem Hinweis auf den Bericht über die Prüfung von Sacheinlagen bekannt zu machen[35].

4. Besonderheiten bei bedingter Kapitalerhöhung

13 Bei einer bedingten Kapitalerhöhung muss die Kapitalerhöhung bei Eintragung der Verschmelzung nicht eingetragen sein. Die Aktien entstehen erst mit ihrer Ausgabe und nicht mit ihrer Eintragung im Handelsregister[36]. Erforderlich ist jedoch die Voreintragung des Kapitalerhöhungsbeschlusses[37].

5. Rechtsfolge bei Nichtbeachtung der vorgeschriebenen Reihenfolge

14 Wird die Verschmelzung vor Eintragung der Durchführung der Kapitalerhöhung in das Handelsregister der übernehmenden Gesellschaft eingetragen, ist dies unbeachtlich[38]. Da die Kapitalerhöhung letztlich eingetragen ist, ist dem Schutzbedürfnis der Anteilsinhaber der übertragenden Rechtsträger und damit dem Zweck des § 66 Rechnung getragen. Die Lieferung von Aktien an die Aktionäre des übertragenden Rechtsträgers ist gesichert. Wirksam wird die Verschmelzung in diesem Fall aber erst mit Eintragung der Durchführung der Kapitalerhöhung[39].

§ 67 Anwendung der Vorschriften über die Nachgründung

Wird der Verschmelzungsvertrag in den ersten zwei Jahren seit Eintragung der übernehmenden Gesellschaft in das Register geschlossen, so ist § 52 Abs. 3, 4, 6 bis 9 des Aktiengesetzes über die Nachgründung entsprechend anzuwenden. Dies gilt nicht, wenn auf die zu gewährenden Aktien nicht mehr als der zehnte Teil des Grundkapitals dieser Gesellschaft entfällt oder wenn diese Gesellschaft ihre Rechtsform durch Formwechsel einer Gesellschaft mit beschränkter Haftung erlangt hat, die zuvor seit mindestens zwei Jahren im Handelsregister eingetragen war. Wird zur Durchführung der Verschmelzung das Grundkapital erhöht, so ist der Berechnung das erhöhte Grundkapital zugrunde zu legen.

Übersicht

	Rn		Rn
I. Allgemeines	1	1. Maßgeblicher Zeitpunkt des Vertragsschlusses (Satz 1)	6
1. Sinn und Zweck der Norm	1		
2. Entstehungsgeschichte	3	2. Keine Anwendung bei Gewährung von Aktien bis 10% des Grundkapitals	8
3. Anwendungsbereich	4		
II. Einzelerläuterungen	6	a) Zweck des Ausschlusses	8

---

[33] *Zimmermann* in Kallmeyer Rn 25.
[34] §§ 10, 11 HGB.
[35] § 190 AktG.
[36] § 200 AktG.
[37] Vgl. § 195 AktG. *Stratz* in Schmitt/Hörtnagl/Stratz Rn 3; näher zur bedingten Kapitalerhöhung siehe § 69 Rn 20 ff.
[38] *Stratz* in Schmitt/Hörtnagl/Stratz Rn 4; *Bermel* in Goutier/Knopf/Tulloch § 53 Rn 5; *Rieger* in Widmann/Mayer Rn 10.
[39] *Winter* in Lutter § 53 Rn 5; *Zimmermann* in Kallmeyer Rn 21.

	Rn		Rn
b) Berechnung der 10%-Quote	9	dd) Rechtsfolgen bei Verstoß	22
c) Bestimmung der zu gewährenden Aktien	11	c) § 52 Abs. 6 bis 9 AktG	23
3. Entsprechend anzuwendende Regeln des § 52 AktG (Satz 1)	14	aa) Eintragung des Verschmelzungsvertrags im Handelsregister (§ 52 Abs. 6 AktG)	23
a) Nachgründungsbericht des Aufsichtsrats gem. § 52 Abs. 3 AktG	14	bb) Umfang der Prüfung durch das Registergericht (§ 52 Abs. 7 AktG)	24
aa) Inhalt des Berichts	14		
bb) Rechtsfolgen bei Verstoß	16	cc) Inhalt und Reihenfolge der Eintragungen (§ 52 Abs. 8 AktG)	26
b) Nachgründungsprüfung des Nachgründungsprüfers gem. § 52 Abs. 4 AktG	17	dd) Keine Anwendung der Nachgründungsvorschriften (§ 52 Abs. 9 AktG)	27
aa) Zeitpunkt der Prüfung	17		
bb) Bestellung der Prüfer	18		
cc) Umfang der Prüfung	21	4. Rechtsfolgen bei Verstoß gegen § 67	28

Literatur: *Bröcker*, Die aktienrechtliche Nachgründung, ZIP 1999, 1029; *Diekmann*, Die Nachgründung der Aktiengesellschaft, ZIP 1996, 2149; *Dormann/Fromholzer*, Offene Fragen der Nachgründung nach dem NaStraG, AG 2001, 242; *Krieger*, Zur Reichweite des § 52 AktG, FS Claussen, 1997, S. 223; *Lutter/Ziemons*, Die unverhoffte Renaissance der Nachgründung, ZGR 1999, 479; *Pentz*, Zur beabsichtigten Änderung des § 52 AktG im RefE des Gesetzes zur Namensaktie und zur Erleichterung der Stimmrechtsausübung, NZG 2000, 225; *Handelsrechtsausschuss des Deutschen Anwaltvereins e. V. (HRA)*, Vorschläge zur Änderung des UmwG, NZG 2000, 802; *Werner*, Nachgründung und Börsengang, NZG 2000, 231.

I. Allgemeines

1. Sinn und Zweck der Norm

Die Vorschrift soll sicherstellen, dass eine Verschmelzung nicht dazu genutzt wird, die Regeln der Nachgründung und damit auch die Regeln zur Sachgründung in § 27 AktG[1] zu umgehen[2]. Sie dient damit der Sicherung der Kapitalaufbringung und -erhaltung der übernehmenden AG[3]. 1

Gegen die Norm wird eingewandt, dass bereits über § 69 iVm. § 183 Abs. 3 AktG eine Prüfung der auszugebenden Aktien erfolge. Deshalb sei eine weitere Überprüfung iRd. Nachgründung entbehrlich. Dies solle auch dann gelten, wenn eine Prüfung nach § 69 nicht erforderlich sei, weil der übertragende Rechtsträger selbst den Vorschriften über die Kapitalaufbringung unterliege[4]. Die Vorschrift ist aber auch dann anwendbar, wenn eine Kapitalerhöhung nicht erfolgt und eigene Aktien der AG als Gegenleistung übergehen. Auch in diesem Fall soll die Gegenleistung für die zu gewährenden Aktien nach § 52 AktG überprüft werden[5]. 2

2. Entstehungsgeschichte

Die Vorschrift entspricht inhaltlich § 342 AktG aF. 3

---

[1] *Bermel* in Goutier/Knopf/Tulloch Rn 2.
[2] *Grunewald* in Lutter Rn 1 a; *Marsch-Barner* in Kallmeyer Rn 1.
[3] *Grunewald* in Lutter Rn 1 a; *Rieger* in Widmann/Mayer Rn 3; vgl. zum Regelungszweck des § 52 AktG nach hM *Hüffer* § 52 AktG Rn 1; *Diekmann* ZIP 1996, 2149 ff.; *Krieger*, FS Claussen, S. 223, 225; kritisch zum Regelungszweck des § 52 AktG *Bröcker* ZIP 1999, 1029, 1035, nach dem es sich um eine überflüssige Vorschrift zur Kapitalerhaltung handelt.
[4] *Rieger* in Widmann/Mayer Rn 4.
[5] *Grunewald* in Lutter Rn 1 a.

3. Anwendungsbereich

4 Die Vorschrift ist anwendbar, wenn übernehmender Rechtsträger eine AG ist. Sie ist auch dann anwendbar, wenn eine Kapitalerhöhung nicht erfolgt[6]. Ist die AG übertragender Rechtsträger, besteht keine Gefahr der Aushöhlung des Grundkapitals während der ersten zwei Jahre nach Gründung der Gesellschaft[7].

5 Durch das NaStraG[8] sind die Abs. 1 und 9 des § 52 AktG geändert worden. Die Nachgründungsvorschriften galten in der Praxis als hinderlich[9]. Da § 67 nicht auf § 52 Abs. 1 AktG verweist, ist die Einschränkung der Nachgründung iRd. Verschmelzung nicht maßgeblich. Insoweit hatten die Änderungen des AktG durch das NaStraG keine Auswirkungen auf § 67[10]. Der ausdrückliche Ausschluss der Nachgründung bei Erwerb der Vermögensgegenstände iRd. laufenden Geschäfte der Gesellschaft in § 52 Abs. 9 AktG betrifft ebenfalls nicht die Verschmelzung. Die Verschmelzung ist nicht als laufendes Geschäft der Gesellschaft anzusehen, es sei denn, der Erwerb und das Halten von Unternehmensbeteiligungen stellen gerade den Unternehmensgegenstand der Gesellschaft dar[11]. Durch das Zweite Gesetz zur Änderung des Umwandlungsgesetzes sind Gesellschaften mit beschränkter Haftung von den Nachgründungsvorschriften befreit worden, wenn sie vor dem Formwechsel in eine AG schon mindestens zwei Jahre im Handelsregister eingetragen waren. Darüber hinaus ist in Satz 1 der Verweis auf § 52 AktG erweitert worden, indem nunmehr auch auf § 52 Abs. 6 AktG verwiesen wird.

II. Einzelerläuterungen

1. Maßgeblicher Zeitpunkt des Vertragsschlusses (Satz 1)

6 Die Zweijahresfrist[12] beginnt mit der Eintragung der übernehmenden Gesellschaft in das Handelsregister. Ist die Gesellschaft aus einem Formwechsel einer anderen Rechtsform hervorgegangen, läuft die Zweijahresfrist erst ab Eintragung der AG bzw. KGaA im Rahmen des Formwechsels. Nach einem Formwechsel von einer KGaA in eine AG wird die Zeit als KGaA jedoch angerechnet[13].

7 Maßgeblich zur Bestimmung, ob die Zweijahresfrist überschritten oder unterschritten ist, ist der Zeitpunkt der notariellen Beurkundung des Verschmelzungsvertrags[14]. Dies folgt aus dem Wortlaut der Vorschrift und aus dem Sinn und Zweck. Mit Abschluss des Vertrags entsteht eine Vermögensgefährdung. Es ist daher weder auf den Zeitpunkt des Zustimmungsbeschlusses der Gesellschafter zur Verschmelzung[15] abzustellen, noch auf den Stichtag, auf den sich die Verschmelzung wirtschaftlich bezieht[16].

---

[6] Siehe auch *Marsch-Barner* in Kallmeyer Rn 1; *Grunewald* in Lutter Rn 1 a.

[7] *Grunewald* in Lutter Rn 2; vgl. aber das in § 76 verankerte Verbot iRd. Verschmelzung zur Neugründung.

[8] Gesetz zur Namensaktie und zur Erleichterung der Stimmrechtsausübung vom 18.1.2001, BGBl. I 2001 S. 123.

[9] *Bröcker* ZIP 1999, 1029, 1039, 1041; *Lutter/Ziemons* ZGR 1999, 479, 494 f., 497; *Seibert* ZIP 2001, 53, 54 mwN.

[10] *Marsch-Barner* in Kallmeyer Rn 2; *Reichert* ZGR 2001, 554, 581; *Stratz* in Schmitt/Hörtnagl/Stratz Rn 1; aA *Grunewald* in Lutter Rn 3.

[11] Siehe Rn 27.

[12] § 67 Satz 1.

[13] *Grunewald* in Lutter Rn 4; *Marsch-Barner* in Kallmeyer Rn 2; *Rieger* in Widmann/Mayer Rn 7 ff.; *Stratz* in Schmitt/Hörtnagl/Stratz Rn 2.

[14] *Marsch-Barner* in Kallmeyer Rn 3; *Grunewald* in Lutter Rn 4; *Bermel* in Goutier/Knopf/Tulloch Rn 3; *Stratz* in Schmitt/Hörtnagl/Stratz Rn 3.

[15] *Bermel* in Goutier/Knopf/Tulloch Rn 3; *Grunewald* in Lutter Rn 4.

[16] Vgl. *Rieger* in Widmann/Mayer Rn 5.

2. Keine Anwendung bei Gewährung von Aktien bis 10% des Grundkapitals (Satz 2 und 3)

a) Zweck des Ausschlusses. Satz 2 stellt eine unwiderlegbare gesetzliche Vermutung auf. Eine Gefährdung des Grundkapitals der übernehmenden AG ist ausgeschlossen, sofern der Nennbetrag bzw. anteilige Betrag am Grundkapital der zur Durchführung der Verschmelzung zu gewährenden Aktien nicht mehr als 10% des Grundkapitals der übernehmenden AG ausmacht[17]. Die Vorschrift knüpft an § 52 Abs. 1 Satz 1 AktG an, der eine Nachgründung nur dann verlangt, wenn eine Vergütung gewährt wird, die mehr als 10% des Grundkapitals der Gesellschaft ausmacht.

b) Berechnung der 10%-Quote. Maßgeblich ist die Höhe des Grundkapitals im Zeitpunkt der Eintragung der Verschmelzung[18]. Aufgrund der Eintragungsreihenfolge ist eine iRd. Verschmelzung durchzuführende Kapitalerhöhung somit zu berücksichtigen[19].

Die 10% sind daher anhand des Grundkapitals nach einer zur Verschmelzung durchzuführenden Kapitalerhöhung zu berechnen[20]. Dabei wird das Grundkapital weder um eigene Aktien noch um Aktien reduziert, die der übertragende Rechtsträger an der übernehmenden AG hält[21]. Unerheblich ist auch die Einteilung des Grundkapitals in Stamm- oder Vorzugsaktien mit oder ohne Stimmrecht. Bedingtes Kapital ist zu berücksichtigen, wenn Bezugsaktien ausgegeben worden sind, auch wenn dies noch nicht im Handelsregister eingetragen worden ist[22], da im Rahmen von bedingten Kapitalerhöhungen die Eintragung der Kapitalerhöhung im Handelsregister nur deklaratorischen und keinen konstitutiven Charakter hat.

c) Bestimmung der zu gewährenden Aktien. Bei der Berechnung der als Gegenleistung zu gewährenden Aktien sind alle Aktien zu berücksichtigen, die an die Anteilseigner des übertragenden Rechtsträgers als Gegenleistung gewährt werden. Unbeachtlich ist, ob es sich um Aktien aus einer Kapitalerhöhung zur Durchführung der Verschmelzung oder um schon bestehende Aktien handelt, die die übernehmende AG anderweitig zur Verfügung stellt[23].

Die übernehmende AG kann die Höhe der Kapitalerhöhung reduzieren, indem sie vorab Anteile des übertragenden Rechtsträgers aufkauft. Dies kann dazu führen, dass nach Aufkauf von Anteilen die 10%-Schwelle zur Anwendung der Nachgründungsvorschriften unterschritten wird. Das Verfahren ist zulässig, obwohl es nur der Nichtanwendung der Nachgründungsvorschriften dient[24]. Die Nachgründungsvorschriften sind auch dann nicht anwendbar, wenn der Erwerb in unmittelbarem zeitlichen Zusammenhang mit der Verschmelzung erfolgt, ohne dass besondere Gründe dafür vorliegen[25]. Der Erwerb der Aktien und die spätere Verschmelzung bilden zwei abstrakt zu betrachtende, selbstständige Erwerbsakte. Jeder von ihnen ist gesondert anhand der Nachgründungsvorschriften gem. § 52 AktG zu überprüfen. Allerdings unterliegt auch der im Vorfeld der Verschmelzung geschehene Erwerb der Anteile an dem übertragenden Rechtsträger den Nachgründungsregelungen[26].

---

[17] *Rieger* in Widmann/Mayer Rn 11; *Grunewald* in Lutter Rn 5.
[18] *Grunewald* in Lutter Rn 7; *Marsch-Barner* in Kallmeyer Rn 4; *Stratz* in Schmitt/Hörtnagl/Stratz Rn 5.
[19] *Grunewald* in Lutter Rn 7; *Rieger* in Widmann/Mayer Rn 15; *Stratz* in Schmitt/Hörtnagl/Stratz Rn 5.
[20] § 67 Satz 3; *Grunewald* in Lutter Rn. 6; *Marsch-Barner* in Kallmeyer Rn 4; *Bermel* in Goutier/Knopf/Tulloch Rn 4; *Stratz* in Schmitt/Hörtnagl/Stratz Rn 5.
[21] *Rieger* in Widmann/Mayer Rn 13; *Marsch-Barner* in Kallmeyer Rn 5; *Bermel* in Goutier/Knopf/Tulloch Rn 5.
[22] *Grunewald* in Lutter Rn. 6; *Marsch-Barner* in Kallmeyer Rn 4; *Rieger* in Widmann/Mayer Rn 13.
[23] *Bermel* in Goutier/Knopf/Tulloch Rn 5 mwN; *Grunewald* in Lutter Rn 8; *Marsch-Barner* in Kallmeyer Rn 4; *Stratz* in Schmitt/Hörtnagl/Stratz Rn 6; *Rieger* in Widmann/Mayer Rn 13.1.
[24] *Bermel* in Goutier/Knopf/Tulloch Rn 5; *Rieger* in Widmann/Mayer Rn 14; *Marsch-Barner* in Kallmeyer Rn 5; *Stratz* in Schmitt/Hörtnagl/Stratz Rn 7.
[25] So aber *Grunewald* in Lutter Rn 9.
[26] *Stratz* in Schmitt/Hörtnagl/Stratz Rn 7.

§ 67 13–16

13 Bei gleichzeitiger Verschmelzung mehrerer Rechtsträger sind alle Aktien, die an die Anteilsinhaber der übertragenden Gesellschaften ausgegeben werden müssen, zur Berechnung der 10%-Quote zusammenzuzählen[27]. Das gilt auch, wenn mehrere Verschmelzungen zwar als Einzelvorgänge rechtlich getrennt sind, zeitlich jedoch unmittelbar nacheinander durchgeführt werden[28] und auch ein sachlicher Zusammenhang der Verschmelzungsvorgänge gegeben ist[29].

3. Entsprechend anzuwendende Regeln des § 52 AktG (Satz 1)

14 a) *Nachgründungsbericht des Aufsichtsrats gem. § 52 Abs. 3 AktG.* aa) *Inhalt des Berichts.* Der durch alle Mitglieder des Aufsichtsrats zu unterzeichnende Bericht ist der Hauptversammlung vor der Beschlussfassung zu erstatten. Kann auf die Beschlussfassung durch die Hauptversammlung verzichtet werden[30], kann nicht verlangt werden, dass der Nachgründungsbericht einen Monat vor der Beschlussfassung der Gesellschafterversammlung des übertragenden Rechtsträgers in dem Geschäftsraum der übernehmenden Gesellschaft ausgelegt wird[31]. Denn auch iRd. Nachgründungsverfahrens ist nur der nachzugründende Vertrag, aber nicht der Bericht in dem Geschäftsraum der Gesellschaft mit Bekanntmachung der Einladung zur Hauptversammlung auszulegen[32]. Ein Redaktionsversehen des Gesetzgebers dahin gehend, dass auch der Bericht, ähnlich wie beim Unternehmensvertrag[33], mit Einberufung der Hauptversammlung in dem Geschäftsraum der Gesellschaft auszulegen ist, kann nicht angenommen werden. Der Bericht des Aufsichtsrats dient in erster Linie nicht dem Informationsbedürfnis der Aktionäre, sondern der Prüfung durch die Nachgründungsprüfer und durch das Registergericht.

15 Der Bericht muss die wesentlichen Umstände darlegen, die zur Angemessenheit der Berechnung des Umtauschverhältnisses führen[34]. Im Übrigen sind insbesondere Angaben zu vorausgegangenen Rechtsgeschäften, die auf die Verschmelzung hinzielen[35], und zu den Erträgen des übertragenden Rechtsträgers aus den letzten beiden Jahren[36] zu machen. Hierbei sind Bezugnahmen auf den Verschmelzungsbericht und den Verschmelzungsprüfungsbericht zulässig[37]. Darüber hinaus ist darzulegen, ob und in welchem Umfang bei der Verschmelzung von Mitgliedern des Vorstands und des Aufsichtsrats Aktien übernommen oder diesen sonstige Vorteile gewährt wurden[38].

16 bb) *Rechtsfolgen bei Verstoß.* Das Registergericht kann bei einem unrichtigen, unvollständigen oder fehlerhaften Nachgründungsbericht die Eintragung der Verschmelzung ablehnen[39]. Außerdem ist der Verschmelzungsbeschluss anfechtbar[40].

---

[27] *Marsch-Barner* in Kallmeyer Rn 4.
[28] Bejahend *Grunewald* in Lutter Rn 8 unter Hinweis auf die allgemeinen Regeln über die Aufspaltung von Rechtsgeschäften; aA *Marsch-Barner* in Kallmeyer Rn 4.
[29] *Rieger* in Widmann/Mayer Rn 14.
[30] § 62.
[31] So nun auch ausdrücklich *Grunewald* in Lutter Rn 11, Fn 1; *Rieger* in Widmann/Mayer Rn 20.
[32] § 52 Abs. 2 AktG.
[33] § 293 f Abs. 1 Nr. 3 AktG.
[34] §§ 52 Abs. 3, 32 Abs. 2 Satz 1 AktG.
[35] Vgl. § 32 Abs. 2 Nr. 1 AktG.
[36] Vgl. § 32 Abs. 2 Satz 2 Nr. 3 AktG.
[37] *Grunewald* in Lutter Rn 11; *Marsch-Barner* in Kallmeyer Rn 7; *Stratz* in Schmitt/Hörtnagl/Stratz Rn 10; *Rieger* in Widmann/Mayer Rn 21.
[38] Vgl. § 32 Abs. 3 AktG. *Grunewald* in Lutter Rn 11; *Rieger* in Widmann/Mayer Rn 22; *Stratz* in Schmitt/Hörtnagl/Stratz Rn 9.
[39] *Rieger* in Widmann/Mayer Rn 24; *Stratz* in Schmitt/Hörtnagl/Stratz Rn 14; *Marsch-Barner* in Kallmeyer Rn 8.
[40] *Hüffer* § 52 AktG Rn 13; *Rieger* in Widmann/Mayer Rn 24; *Stratz* in Schmitt/Hörtnagl/Stratz Rn 16.

b) Nachgründungsprüfung des Nachgründungsprüfers gem. § 52 Abs. 4 AktG. 17
aa) Zeitpunkt der Prüfung. Nach Erstellung des Berichts des Aufsichtsrats zur Nachgründung ist ein schriftlicher Bericht über die Nachgründungsprüfung abzugeben. Dieser ist auch dann, wenn ein Beschluss des übernehmenden Rechtsträgers zur Verschmelzung entbehrlich ist, nicht mit Bekanntmachung der Verschmelzung in den Gesellschaftsblättern des übernehmenden Rechtsträgers auszulegen[41].

bb) Bestellung der Prüfer. Die Nachgründungsprüfer werden auf Antrag des Vorstands der 18 übernehmenden AG durch das für diese zuständige Gericht bestellt[42].

Die Nachgründungsprüfung kann auch durch die Verschmelzungsprüfer vorgenommen 19 werden[43]. Aus praktischen Gründen könnte sich dies empfehlen, da die Verschmelzungsprüfer bereits die zu verschmelzenden Gesellschaften kennen[44].

Das Gericht hat im Übrigen iRd. Bestellung die Anforderungen an den Prüfer nach § 33 20 Abs. 4 und 5 AktG zu prüfen.

cc) Umfang der Prüfung. Der Umfang und Inhalt der Nachgründungsprüfung richtet sich 21 nach § 34 AktG. Danach ist festzustellen, ob der Wert der Vermögensgegenstände abzüglich Schulden den Nennbetrag bzw. den anteiligen Betrag am Grundkapital der dafür zu gewährenden Aktien zumindest erreicht[45]. Werden die an die Anteilsinhaber der übertragenden Rechtsträger zu gewährenden Aktien von dem übernehmenden Rechtsträger selbst gehalten, ist zu prüfen, ob diese Aktien den Wert der dafür zu gewährenden Leistungen erreichen[46]. Nicht geprüft wird, ob der Wert der übergehenden Vermögenswerte und Schulden in angemessenem Verhältnis zum tatsächlichen Wert der dafür gewährten Aktien steht. Dies ist Aufgabe der Verschmelzungsprüfung[47]. Je eine Ausfertigung des Berichts ist bei Gericht und dem Vorstand einzureichen[48]. Der Vorstand hat im Verschmelzungsbericht über den wesentlichen Inhalt der Berichte des Aufsichtsrats und des Nachgründungsprüfers Auskunft zu erteilen[49]. Außerdem steht jedermann über das Handelsregister ein Einsichtsrecht zu[50].

dd) Rechtsfolgen bei Verstoß. Fehlt der Nachgründungsprüfungsbericht, liegt lediglich ein 22 Verfahrens- und kein Inhaltsfehler iSd § 241 Nr. 3 AktG vor[51]. Dem Gläubigerschutz wird durch die Prüfung des Handelsregisterrichters[52] und darüber hinaus durch die Prüfung der Verschmelzung und ggf. der Sachkapitalerhöhung ausreichend Rechnung getragen.

c) § 52 Abs. 6 bis 9 AktG. *aa) Eintragung des Verschmelzungsvertrags im Handelsregister (§ 52* 23 *Abs. 6 AktG).* Mit dem Zweiten Gesetz zur Änderung des Umwandlungsgesetzes ist das Redaktionsversehen korrigiert worden, so dass nun auch ausdrücklich auf § 52 Abs. 6 AktG verwiesen wird. Der Verschmelzungsvertrag ist daher als Vertrag zur Nachgründung auch im Handelsregister einzutragen[53].

---

[41] Hierfür sprechen dieselben Gründe wie in Rn 15; aA *Rieger* in Widmann/Mayer Rn 26.
[42] § 14 AktG iVm. § 145 Abs. 1 FGG.
[43] *Stratz* in Schmitt/Hörtnagl/Stratz Rn 12; ebenso *Grunewald* in Lutter Rn 13; *Rieger* in Widmann/Mayer Rn 28.
[44] *Grunewald* in Lutter Rn 13; *Marsch-Barner* in Kallmeyer Rn 7.
[45] § 34 Abs. 1 Nr. 2 AktG. *Rieger* in Widmann/Mayer Rn 30; *Stratz* in Schmitt/Hörtnagl/Stratz Rn 12.
[46] § 34 Abs. 1 Nr. 2 2. Alt.; *Grunewald* in Lutter Rn 12.
[47] *Rieger* in Widmann/Mayer Rn 30.
[48] § 34 Abs. 3 Satz 1 AktG.
[49] *Grunewald* in Lutter Rn 14.
[50] § 34 Abs. 3 Satz 2 AktG.
[51] AA die hM *Grunewald* in Lutter Rn 18 mwN; *Stratz* in Schmitt/Hörtnagl/Stratz Rn 16.
[52] *Rieger* in Widmann/Mayer Rn 34.
[53] Vgl. zur alten Rechtslage *Rieger* in Widmann/Mayer Rn 36; *Grunewald* in Lutter Rn 15; *Marsch-Barner* in Kallmeyer Rn 6; *Stratz* in Schmitt/Hörtnagl/Stratz Rn 14; vgl. auch HRA NZG 2000, 802, 805.

24 bb) *Umfang der Prüfung durch das Registergericht (§ 52 Abs. 7 AktG).* Die Anmeldung der Eintragung des Verschmelzungsvertrags als Vertrag zur Nachgründung ist vom Registergericht sowohl formell als auch materiell zu prüfen[54]. Dies bezieht sich vor allem auf die Vollständigkeit der gem. § 52 Abs. 6 Satz 2 AktG vorzulegenden Unterlagen. Das Gericht hat den Antrag auf Eintragung abzulehnen, wenn die den Anteilsinhabern des übertragenden Rechtsträgers zu gewährenden Aktien einen Wert haben, der nicht nur unerheblich über dem Wert des Vermögens des übertragenden Rechtsträgers liegt. Dabei sind auch bare Zuzahlungen zu berücksichtigen[55]. Maßgeblich ist das konkrete Umtauschverhältnis[56]. Entscheidend dafür, ob der Wert der zu gewährenden Aktien nicht unerheblich über dem Wert des Vermögens des übertragenden Rechtsträgers liegt, ist allein die Ansicht des Registerrichters[57]. Der Registerrichter ist verpflichtet, die Eintragung abzulehnen, obwohl der Wortlaut in § 52 Abs. 7 AktG davon spricht, dass er die Eintragung ablehnen kann[58].

25 Darüber hinaus ist die Eintragung abzulehnen, wenn die Nachgründungsprüfer erklären oder es offensichtlich ist, dass der Nachgründungsbericht des Aufsichtsrats unrichtig oder unvollständig ist[59]. Über den Wortlaut des § 52 Abs. 7 AktG hinaus darf schließlich nicht eingetragen werden, wenn die Verschmelzungsbeschlüsse fehlen und damit eine der Wirksamkeitsvoraussetzungen des Verschmelzungsvertrags nicht gegeben ist. Ansonsten würde das Register mit noch nicht maßgeblichen Aussagen unnötig belastet[60].

26 cc) *Inhalt und Reihenfolge der Eintragungen (§ 52 Abs. 8 AktG).* Eingetragen wird der Vertragsschluss an sich und nicht der Text des Vertrags[61]. Der Vertrag wird jedoch zum Registergericht eingereicht und ist damit für jedermann einsehbar. Die Eintragung der Nachgründung hat vor der Eintragung der Verschmelzung zu erfolgen. Denn mit Eintragung der Verschmelzung wird die Verschmelzung wirksam. Die Nachgründung ist aber Voraussetzung dafür, dass die Verschmelzung wirksam wird. Die Anmeldung zum Handelsregister kann jedoch mit der Anmeldung anderer eintragungspflichtiger Tatsachen, zB der Kapitalerhöhung bzw. der Verschmelzung selbst, verbunden werden[62].

27 dd) *Keine Anwendung der Nachgründungsvorschriften (§ 52 Abs. 9 AktG).* Nach § 52 Abs. 9 AktG sind die Nachgründungsvorschriften nicht anwendbar für den Erwerb von Vermögensgegenständen iRd. laufenden Geschäfte der Gesellschaft, in der Zwangsvollstreckung oder an der Börse. In Betracht kommt hier die Nichtanwendung der Nachgründungsvorschriften für einen Erwerb iRd. Verschmelzung, sofern diese iRd. laufenden Verwaltung geschieht. Anzunehmen ist dies, wenn der übernehmende Rechtsträger laufend Unternehmen erwirbt, was nur ausnahmsweise gegeben sein wird[63].

4. Rechtsfolgen bei Verstoß gegen § 67

28 Wenn der Verschmelzungsbeschluss gefasst wird, ohne dass die erforderliche Prüfung der Nachgründung stattgefunden hat, ist der Beschluss nichtig. Er verstößt gegen Vorschriften, die zum Schutz der Gläubiger erlassen sind[64]. Wenn andere Nachgründungsvorschriften ver-

---

[54] *Rieger* in Widmann/Mayer Rn 39 ff.
[55] *Grunewald* in Lutter Rn 15.
[56] *Rieger* in Widmann/Mayer Rn 40.
[57] *Stratz* in Schmitt/Hörtnagl/Stratz Rn 14; *Grunewald* in Lutter Rn 15; *Rieger* in Widmann/Mayer Rn 40.
[58] *Hüffer* § 52 AktG Rn 17.
[59] Vgl. § 52 Abs. 7 Alt. 1 und 2 AktG; *Grunewald* in Lutter Rn 15.
[60] *Rieger* in Widmann/Mayer Rn 41; *Grunewald* in Lutter Rn 15.
[61] Vgl. § 52 Abs. 8 Satz 1 AktG. Vgl. hierzu *Rieger* in Widmann/Mayer Rn 44.
[62] *Rieger* in Widmann/Mayer Rn 37.
[63] Vgl. auch *Marsch-Barner* in Kallmeyer Rn 9.
[64] § 241 Nr. 3 AktG. *Marsch-Barner* in Kallmeyer Rn 10; *Stratz* in Schmitt/Hörtnagl/Stratz Rn 16; *Grunewald* in Lutter Rn 18; aA *Rieger* in Widmann/Mayer Rn 34.

letzt werden, ist der Verschmelzungsbeschluss nur anfechtbar. Zwar verstößt er gegen Vorschriften des Gesetzes, aber die Nichtigkeitsgründe des § 241 AktG sind nicht einschlägig[65]. In jedem Fall ist die Verschmelzung wirksam, wenn sie in das Handelsregister eingetragen worden ist[66].

Auch wenn die Nachgründungsvorschriften eingehalten worden sind, darf die Verschmelzung nicht eingetragen werden, wenn der Verschmelzungsvertrag iRd. Nachgründung nicht ordnungsgemäß eingetragen wurde. Ist die Verschmelzung dennoch in das Handelsregister eingetragen worden, ist sie wirksam[67]. Denn § 67 verweist nicht auf § 52 Abs. 1 AktG[68]. 29

§ 68 Verschmelzung ohne Kapitalerhöhung

(1) Die übernehmende Gesellschaft darf zur Durchführung der Verschmelzung ihr Grundkapital nicht erhöhen, soweit
1. sie Anteile eines übertragenden Rechtsträgers innehat;
2. ein übertragender Rechtsträger eigene Anteile innehat oder
3. ein übertragender Rechtsträger Aktien dieser Gesellschaft besitzt, auf die der Ausgabebetrag nicht voll geleistet ist.

Die übernehmende Gesellschaft braucht ihr Grundkapital nicht zu erhöhen, soweit
1. sie eigene Aktien besitzt oder
2. ein übertragender Rechtsträger Aktien dieser Gesellschaft besitzt, auf die der Ausgabebetrag bereits voll geleistet ist.

Die übernehmende Gesellschaft darf von der Gewährung von Aktien absehen, wenn alle Anteilsinhaber eines übertragenden Rechtsträgers darauf verzichten; die Verzichtserklärungen sind notariell zu beurkunden.

(2) Absatz 1 gilt entsprechend, wenn Inhaber der dort bezeichneten Anteile ein Dritter ist, der im eigenen Namen, jedoch in einem Fall des Absatzes 1 Satz 1 Nr. 1 oder des Absatzes 1 Satz 2 Nr. 1 für Rechnung der übernehmenden Gesellschaft oder in einem der anderen Fälle des Absatzes 1 für Rechnung des übertragenden Rechtsträgers handelt.

(3) Im Verschmelzungsvertrag festgesetzte bare Zuzahlungen dürfen nicht den zehnten Teil des auf die gewährten Aktien der übernehmenden Gesellschaft entfallenden anteiligen Betrags ihres Grundkapitals übersteigen.

Übersicht

	Rn		Rn
I. Allgemeines	1	a) Übernehmender Rechtsträger besitzt Anteile des übertragenden Rechtsträgers (Abs. 1 Satz 1 Nr. 1)	5
1. Sinn und Zweck der Norm	1		
2. Entstehungsgeschichte/Anwendungsbereich	2	b) Übertragender Rechtsträger hält eigene Anteile (Abs. 1 Satz 1 Nr. 2)	8
II. Einzelerläuterungen	5		
1. Verbot der Erhöhung des Grundkapitals (Abs. 1 Satz 1)	5	c) Übertragender Rechtsträger hält nicht voll eingezahlte Anteile an dem übernehmenden Rechtsträger (Abs. 1 Satz 1 Nr. 3)	10

---

[65] *Marsch-Barner* in Kallmeyer Rn 10; *Rieger* in Widmann/Mayer Rn 24; *Stratz* in Schmitt/Hörtnagl/Stratz Rn 16.
[66] Siehe § 20 Rn 84 ff.
[67] Siehe § 20 Rn 87 f.
[68] *Grunewald* in Lutter Rn 19; *Rieger* in Widmann/Mayer Rn 45; *Bermel* in Goutier/Knopf/Tulloch Rn 13; *Marsch-Barner* in Kallmeyer Rn 11; *Stratz* in Schmitt/Hörtnagl/Stratz Rn 17.

§ 68 1–4

	Rn		Rn
2. Kapitalerhöhungswahlrechte (Abs. 1 Satz 2 und Satz 3)	12	4. Weitere Fälle der Entbehrlichkeit der Kapitalerhöhung	19
a) Übernehmender Rechtsträger besitzt eigene Anteile	14	5. Grenze der baren Zuzahlung (Abs. 3)	20
		a) Allgemeines/Anwendungsbereich	20
b) Übertragender Rechtsträger hält voll eingezahlte Anteile des übernehmenden Rechtsträgers	14	b) Erfordernis der Gewährung einer Mindestanzahl von Aktien	22
		c) Verbot der Unterpari-Emission	24
c) Verschmelzung unter Verzicht von Aktienausgabe	16	e) Herkunft der Mittel	25
3. Aktienbesitz eines Dritten (Abs. 2)	17	6. Rechtsfolge bei Verstoß	26

Literatur: *Drinhausen*, Regierungsentwurf eines Zweiten Gesetzes zur Änderung des Umwandlungsgesetzes – ein Gewinn für die Praxis, BB 2006, 2313; *Handelsrechtsausschuss des Deutschen Anwaltvereins e. V. (HRA)*, Vorschläge zur Änderung des UmwG, NZG 2000, 802; *Ihrig*, Verschmelzung und Spaltung ohne Gewährung neuer Anteile?, ZHR 160 (1996) 317; *Knott*, Gläubigerschutz bei horizontaler und vertikaler Konzernverschmelzung, DB 1996, 2423; *Korte*, Aktienerwerb und Kapitalschutz bei Umwandlungen, WiB 1997, 953; *Kowalski*, Kapitalerhöhung bei horizontaler Verschmelzung, GmbHR 1996, 158; *Krieger,* Der Konzern in Fusion und Umwandlung, ZGR 1990, 17; *Limmer*, Anteilsgewährung und Kapitalschutz bei Verschmelzung und Spaltung nach neuem Umwandlungsrecht, FS Schippel, 1996, S. 415; *Maier-Reimer*, Vereinfachte Kapitalerhöhung durch Verschmelzung, GmbHR 2004, 1128; *Martens,* Der Erwerb eigener Aktien zum Umtausch im Verschmelzungsverfahren, FS Boujong, 1996, S. 335; *Petersen*, Vereinfachte Kapitalerhöhung durch Verschmelzung, GmbHR 2004, 728; *Winter,* Die Anteilsgewährung – Zwingendes Prinzip des Verschmelzungsrechts?, FS Lutter, 2000, S. 1279.

I. Allgemeines

1. Sinn und Zweck der Norm

1 Die Vorschrift stellt Kapitalerhöhungsverbote auf[1] und räumt der übernehmenden Gesellschaft in bestimmten Fällen ein Wahlrecht für die Kapitalerhöhung ein[2]. Sie entspricht der Regelung für die GmbH in § 54. Die teilweise unterschiedlichen Formulierungen in den jeweiligen Abs. 1 des § 54 und des § 68 basieren lediglich auf den unterschiedlichen Fassungen der jeweiligen vorherigen Normen und begründen keinen sachlichen Unterschied[3].

2 Darüber hinaus beschränkt die Vorschrift die Möglichkeit einer baren Zuzahlung auf die zu gewährenden Aktien auf höchstens 10% des anteiligen Betrags am Grundkapital der gewährten Aktien der übernehmenden Gesellschaft[4]. § 20 Abs. 1 Nr. 3 bestimmt entsprechend, wann als Folge der Verschmelzung kein Anteilstausch stattfindet[5].

2. Entstehungsgeschichte/Anwendungsbereich

3 Die Vorschrift entspricht im Wesentlichen § 344 AktG idF des Verschmelzungsrichtlinie-Gesetzes[6].

4 Abs. 1 und 2 gelten nur bei einer Verschmelzung durch Aufnahme, Abs. 3 dagegen auch bei einer Verschmelzung durch Neugründung[7]. Die Vorschriften sind auch für die Fälle der Aufspaltung und Abspaltung, nicht aber für die Ausgliederung anwendbar[8].

---

[1] § 68 Abs. 1 Satz 1.
[2] § 68 Abs. 1 Satz 2.
[3] *Grunewald* in Lutter Rn 3.
[4] § 68 Abs. 3.
[5] Siehe näher § 20 Rn 76 ff.
[6] Gesetz vom 25. 10. 1982, BGBl. I 1982 S. 1425.
[7] Siehe § 73 Rn 7.
[8] § 125 Satz 1.

II. Einzelerläuterungen

1. Verbot der Erhöhung des Grundkapitals (Abs. 1 Satz 1)

a) Übernehmender Rechtsträger besitzt Anteile des übertragenden Rechtsträgers (Abs. 1 Satz 1 Nr. 1). Hält der übernehmende Rechtsträger Anteile am übertragenden Rechtsträger, gehört er grundsätzlich selbst zu den umtauschberechtigten Anteilseignern. Ein Anteilserwerb des übernehmenden Rechtsträgers an sich selbst ist jedoch nicht gewünscht[9]. Dies stünde im Widerspruch zum Gebot realer Kapitalaufbringung[10]. Der übernehmende Rechtsträger darf deshalb sein Kapital nicht erhöhen. Eine AG darf sich bei Abschluss des Verschmelzungsvertrags auch nicht verpflichten, eigene Aktien auszugeben[11]. IRd. Verschmelzung einer 100%-igen Tochter- auf ihre Muttergesellschaft *(upstream merger)* ist damit eine Kapitalerhöhung ausgeschlossen; sie ist aber auch nicht erforderlich[12]. Genauso ist die Verschmelzung von Enkelgesellschaften zu behandeln, die zu 100% einer wiederum 100%-igen Mutter gehören[13].

Ist die übernehmende AG als Mitglied einer Rechtsgemeinschaft, zB einer GbR, an einem Anteil des übertragenden Rechtsträgers mitberechtigt, greift das Kapitalerhöhungsverbot nicht ein. Sonst wäre auch die Gewährung einer Beteiligung an die übrigen Mitglieder der Rechtsgemeinschaft ausgeschlossen[14]. Die übernehmende AG erwirbt insofern keine eigenen Aktien, da die Rechtsgemeinschaft und nicht sie selbst Aktionär wird. Sie kann jedoch gezwungen sein, die Aktien iRd. § 71 d AktG zu erwerben und dann ggf. zu veräußern bzw. einzuziehen.

Maßgeblicher Zeitpunkt für die Inhaberschaft der Anteile ist die Eintragung der Durchführung der Kapitalerhöhung in das Handelsregister. Erwirbt daher der übernehmende Rechtsträger weitere Aktien an dem übertragenden Rechtsträger nach Bestimmung des ursprünglichen Kapitalerhöhungsvolumens, ist der Kapitalerhöhungsbetrag entsprechend herabzusetzen. Dies kann durch die Beschlussfassung einer „bis-zu-Kapitalerhöhung" geschehen und einer Anweisung an den Vorstand, den Betrag der Kapitalerhöhung entsprechend anzupassen. Nicht ausgeschlossen ist eine Kapitalerhöhung, wenn die übernehmende AG eigene Aktien hält[15].

b) Übertragender Rechtsträger hält eigene Anteile (Abs. 1 Satz 1 Nr. 1). Ein Kapitalerhöhungsverbot besteht auch dann, wenn der übertragende Rechtsträger eigene Anteile inne hat. Diese eigenen Anteile des übertragenden Rechtsträgers gehen mit Wirksamwerden der Verschmelzung ersatzlos unter[16]. Insofern sind Aktien als Gegenleistung nicht zu gewähren[17]. Zwar fallen diese Aktien erst mit Wirksamwerden der Verschmelzung dem übernehmenden Rechtsträger zu, so dass sich die übernehmende AG zur Ausgabe neuer Aktien grundsätzlich verpflichten könnte. Es käme im Ergebnis aber zur unzulässigen Zeichnung eigener Aktien[18] durch den übernehmenden Rechtsträger[19]. Sofern der übertragende

---

[9] Siehe § 20 Rn 76.
[10] § 56 Abs. 1 AktG. *Marsch-Barner* in Kallmeyer Rn 3; *Bermel* in Goutier/Knopf/Tulloch Rn 5.
[11] Vgl. zur GmbH: *Winter* in Lutter § 54 Rn 5.
[12] *BayObLG* WM 1984, 553, 555.
[13] Zur GmbH § 54 Rn 6; *Kallmeyer* in Kallmeyer § 54 Rn 5; *Winter* in Lutter § 54 Rn 23; *Mayer* in Widmann/Mayer § 54 Rn 18.
[14] *Rieger* in Widmann/Mayer Rn 10.
[15] Siehe Rn 13.
[16] *Bermel* in Goutier/Knopf/Tulloch Rn 6.
[17] Vgl. § 20 Abs. 1 Nr. 3 Satz 1; siehe näher § 20 Rn 78.
[18] § 56 Abs. 1 AktG.
[19] *Bermel* in Goutier/Knopf/Tulloch Rn 6.

Rechtsträger nach dem Kapitalerhöhungsbeschluss im Rahmen der Verschmelzung noch eigene Anteile erwirbt, kann dies durch eine „bis-zu-Kapitalerhöhung" berücksichtigt werden, deren Umfang – abhängig von der Anzahl noch erworbener eigener Anteile – entsprechend reduziert wird[20].

9 Das Verbot gilt nach dem eindeutigen Wortlaut nur für eigene Aktien, die ein übertragender Rechtsträger inne hat. Es gilt nicht für Anteile an dem übertragenden Rechtsträger, die einer Tochtergesellschaft dieses Rechtsträgers gehören. Allerdings kann sich der übertragende Rechtsträger nach § 71 d AktG möglicherweise die Aktien von der Tochtergesellschaft beschaffen[21]. Geschieht dies, besteht insofern wieder ein Kapitalerhöhungsverbot[22].

10 **c) Übertragender Rechtsträger hält nicht voll eingezahlte Anteile an dem übernehmenden Rechtsträger (Abs. 1 Satz 1 Nr. 3).** Eine Kapitalerhöhung ist ausgeschlossen, sofern der übertragende Rechtsträger Aktien an dem übernehmenden Rechtsträger besitzt, auf die der Ausgabebetrag nicht voll geleistet ist[23]. Zum Teil wird gefordert, dass diese Aktien für den Umtausch zur Durchführung der Verschmelzung zur Verfügung gestellt werden müssen[24]. Dies gilt bei der Verschmelzung einer GmbH[25]. Anders als im GmbH-Recht[26] lässt das Aktienrecht jedoch den Erwerb von nicht voll eingezahlten Aktien bei Gesamtrechtsnachfolge zu[27]. § 71 Abs. 2 Satz 3 AktG, der in bestimmten Fällen den Erwerb von nicht voll eingezahlten Aktien ausschließt, bezieht sich ausdrücklich nicht auf § 71 Abs. 1 Nr. 5 AktG, welcher den Erwerb von Aktien im Wege der Gesamtrechtsnachfolge regelt. Nicht voll eingezahlte Aktien der übernehmenden Gesellschaft, die durch den übertragenden Rechtsträger gehalten werden, können somit zum Umtausch iRd. Verschmelzung genutzt werden. Ein solcher Umtausch ist jedoch nicht zwingend[28]. Werden sie für den Umtausch verwendet, können sie nur gegen nicht voll eingezahlte Anteile des übertragenden Rechtsträgers umgetauscht werden. Nur so kann die Sanktionsmöglichkeit der §§ 63 ff. AktG für nicht voll eingezahlte Aktien aufrechterhalten werden[29].

11 Die noch fällige Einlageschuld erlischt nicht durch Konfusion[30]. Die Aktionäre können aus Gründen der Kapitalerhaltung und -aufbringung nicht von ihren Leistungspflichten befreit werden[31]. Dementsprechend kann auf die Einlageschuld iRd. Verschmelzungsvertrags auch nicht verzichtet werden[32].

2. Kapitalerhöhungswahlrechte (Abs. 1 Satz 2 und Satz 3)

12 Die übernehmende Gesellschaft braucht ihr Grundkapital nicht zu erhöhen, soweit sie eigene Aktien besitzt[33]. Dasselbe gilt, wenn ein übertragender Rechtsträger Aktien dieser Gesellschaft besitzt, auf die der Ausgabebetrag bereits voll geleistet ist[34].

---

[20] *Marsch-Barner* in Kallmeyer Rn 7.
[21] *Marsch-Barner* in Kallmeyer Rn 8; *Rieger* in Widmann/Mayer Rn 13.
[22] Zum Zeitpunkt zur Bestimmung des Anteilsbesitzes siehe Rn 7.
[23] § 68 Abs. 1 Nr. 3.
[24] *Grunewald* in G/H/E/K § 346 AktG Rn 34.
[25] § 54 Rn 9; *Winter* in Lutter § 54 Rn 9.
[26] Vgl. § 33 Abs. 1 GmbHG.
[27] *Bermel* in Goutier/Knopf/Tulloch Rn 7.
[28] *Marsch-Barner* in Kallmeyer Rn 9; *Bermel* in Goutier/Knopf/Tulloch Rn 7; aA *Grunewald* in Lutter Rn 6; *Stratz* in Schmitt/Hörtnagl/Stratz Rn 9; *Rieger* in Widmann/Mayer Rn 19.2.
[29] *Marsch-Barner* in Kallmeyer Rn 9; *Grunewald* in G/H/E/K § 346 AktG Rn 34; aA *RG* JW 1933, 1012, 1014; *Kraft* in Kölner Komm. § 339 AktG Rn 56.
[30] *Marsch-Barner* in Kallmeyer Rn 9; aA *Rieger* in Widmann/Mayer Rn 19.2 ff.; *Limmer* FS Schippel, S. 415, 430, *Bermel* in Goutier/Knopf/Tulloch Rn 7; für die GmbH siehe § 54 Rn 8.
[31] Vgl. § 67 Abs. 1 AktG.
[32] *Grunewald* in Lutter Rn 6; *Marsch-Barner* in Kallmeyer Rn 9.
[33] § 68 Abs. 1 Satz 2 Ziff. 1.
[34] § 68 Abs. 1 Satz 2 Ziff. 2.

Verschmelzung ohne Kapitalerhöhung 13–16 § 68

a) Übernehmender Rechtsträger besitzt eigene Anteile. Besitzt die Gesellschaft eigene Aktien, steht es in ihrem Ermessen, ob sie zur Durchführung der Verschmelzung diese Aktien zum Umtausch verwendet oder eine Kapitalerhöhung durchführt[35]. Die eigenen Aktien müssen gleicher Gattung sein wie die Aktien, die als Gegenleistung für die Aktien des übertragenden Rechtsträgers gewährt werden. Eigene Aktien können zum Zwecke der Durchführung der Verschmelzung auch erworben werden. Zwar lässt § 71 Abs. 1 Nr. 3 AktG den Erwerb eigener Aktien nur zur Abfindung von Aktionären zu. Nach dem Sinn der Vorschrift ist der Erwerb der Aktien aber auch zum Umtausch zuzulassen. Denn auch beim Umtausch hält die AG die eigenen Anteile nur kurzfristig. Insofern wäre eine Klarstellung in § 71 Abs. 1 Nr. 3 AktG wünschenswert[36]. 13

b) Übertragender Rechtsträger hält voll eingezahlte Aktien des übernehmenden Rechtsträgers. Auch hier ist der übernehmende Rechtsträger in seiner Entscheidung frei, ob er eine Kapitalerhöhung durchführt[37]. Durch Verschmelzung erworbene eigene Aktien gehen nicht unter. Der übernehmende Rechtsträger muss für sie eine Rücklage gem. § 272 Abs. 4 Satz 1 HGB bilden. Sofern eigene Aktien mit insgesamt mehr als 10% am Grundkapital erworben werden, ist der 10% übersteigende Anteil innerhalb von drei Jahren zu veräußern oder nach Ablauf der Dreijahresfrist einzuziehen[38]. 14

Ohne Kapitalerhöhung ist auch die grundsätzlich mögliche Verschmelzung auf eine 100%-ige Tochtergesellschaft möglich *(downstream merger)*. Die Anteile, die der übertragende Rechtsträger an der Tochtergesellschaft als übernehmender Rechtsträger hält, können zur Gewährung von Anteilen an die Anteilsinhaber der Muttergesellschaft als übertragender Gesellschaft genutzt werden[39]. Unzulässig ist ein *downstream merger*, wenn dadurch ein Verschmelzungsverlust auftritt, der das gezeichnete Kapital der Tochtergesellschaft in Form einer Kapitalgesellschaft als aufnehmenden Rechtsträger angreift[40]. Dies würde zu einer unzulässigen Einlagenrückgewähr[41]) führen. 15

c) Verschmelzung unter Verzicht auf Aktienausgabe. Bei der Verschmelzung von Schwestergesellschaften, d. h. Gesellschaften mit identischem Anteilsinhaberkreis und gleichen Beteiligungsquoten, stellt sich bisher die Frage, ob eine Kapitalerhöhung erforderlich ist. An den Anteilsquoten ändert sich durch die Verschmelzung der einen Gesellschaft auf die andere nichts. Es war streitig, ob die Anteilsinhaber auf die Kapitalerhöhung verzichten können[42]. In der RegBegr. heißt es, dass auf die Kapitalerhöhung nicht verzichtet werden könne[43]. Auch wird vertreten, dass eine Kapitalerhöhung, aber nicht in beliebiger Höhe erforderlich sei[44]. Teilweise wurde vertreten, dass eine Kapitalerhöhung um den Betrag des Kapitals des übertragenden Rechtsträgers zwingend erforderlich sei (auch sog. Summen- 16

---

[35] *Limmer*, FS Schippel, S. 415, 431; *Grunewald* in G/H/E/K § 344 AktG Rn 10; *Marsch-Barner* in Kallmeyer Rn 6, 12; *Bermel* in Goutier/Knopf/Tulloch Rn 9; *Stratz* in Schmitt/Hörtnagl/Stratz Rn 11.
[36] *Martens*, FS Boujong, S. 335 ff.; *HRA* NZG 2000, 802, 805 f.
[37] *Grunewald* in G/H/E/K § 344 AktG Rn 11; *Marsch-Barner* in Kallmeyer Rn 13; *Stratz* in Schmitt/Hörtnagl/Stratz Rn 12; aA *Lutter* in Kölner Komm. § 71 AktG Rn 64.
[38] § 71 c Abs. 2 AktG.
[39] Vgl. dazu und zu der Frage, ob die Anteile zunächst durch den übernehmenden Rechtsträger erworben werden § 24 Rn 48.
[40] Siehe § 24 Rn 48.
[41] § 57 AktG, § 30 Abs. 1 GmbHG; für die grundsätzliche Unzulässigkeit des *down stream merger Mertens* AG 2006, 785, 786.
[42] *Rieger* in Widmann/Mayer Rn 33 ff.; *Winter*, FS Lutter, S. 1279, 1280 ff.; *LG München I* NJW-RR 1999, 398; *Marsch-Barner* in Kallmeyer Rn 15; *HRA* NZG 2000, 802; *Stratz* in Schmitt/Hörtnagl/Stratz Rn 15.
[43] RegBegr. *Ganske* S. 114.
[44] *OLG Hamm* WM 1988, 1125 f.; *BayObLG* WM 1989, 1930, 1933 ff.; *Kowalski* GmbHR 1996, 158, 159 ff.

theorie)[45]. Zutreffend ist dagegen, dass eine Kapitalerhöhung nicht erforderlich ist, sofern alle Anteilsinhaber in notariell beurkundeter Form darauf verzichten[46]. Dies folgt daraus, dass eine Kapitalerhöhung zum einen aus Gläubigerschutzgründen nicht erforderlich ist. Die Kapitalerhöhung dient nämlich nicht dem Gläubigerschutz, sondern der Gewährung von entsprechenden Anteilen an die Anteilsinhaber des übertragenden Rechtsträgers. Insofern ist den Grundsätzen zur Bestimmung eines angemessenen Umtauschverhältnisses Rechnung zu tragen[47]. Dem Gläubigerschutz wird durch das Recht, Sicherheit zu verlangen[48], Rechnung getragen. Auch ist es inkonsequent, eine Kapitalerhöhung zu verlangen[49], ohne die erforderliche Höhe festzulegen. Zum anderen kann – sofern man eine Pflicht zur Kapitalerhöhung bejahen sollte – diese umgangen werden, indem vor der Verschmelzung die Anteile einer Schwestergesellschaft unmittelbar auf die übernehmende Gesellschaft übertragen werden. Dies ist nun auch im Gesetz klargestellt, indem ausdrücklich durch den neuen Absatz 1 Satz 3 das Zweite Gesetz zur Änderung des Umwandlungsgesetzes den Verzicht auf eine Kapitalerhöhung zulässt.

3. Aktienbesitz eines Dritten (Abs. 2)

17 Die Regeln zu den Kapitalerhöhungsverboten und -erhöhungswahlrechten finden entsprechende Anwendung, sofern die Aktien treuhänderisch durch einen Dritten gehalten werden[50]. Der Dritte kann in diesem Fall die Aktien für den Umtausch zur Verfügung stellen. Die Übertragung erfolgt idR unentgeltlich[51], es sei denn, es liegen die Voraussetzungen des § 71 d AktG vor. Zur Absicherung der Umtauschpflicht sollten die Aktien vor der Eintragung der Verschmelzung zur Verfügung gestellt werden. Nur dann können die Aktien durch die Anteilsinhaber des übertragenden Rechtsträgers iRd. Verschmelzung erworben werden.

18 Eine entsprechende Anwendung scheidet in den Fällen aus, in denen ein abhängiges oder ein in Mehrheitsbesitz stehendes Unternehmen Anteile an einem übertragenden oder übernehmenden Rechtsträger hält[52]. Diese Abweichung von der Regel des § 71 d Satz 2 AktG, der den Erwerb von Aktien der Muttergesellschaft durch das abhängige Unternehmen grundsätzlich verbietet, schützt die außenstehenden Aktionäre des abhängigen Unternehmens davor, Anteile an dem übertragenden Rechtsträger ohne Ausgleich zu verlieren[53]. Soweit in Folge des Umtauschs der abhängige Rechtsträger die 10%-Grenze des § 71 Abs. 2 AktG überschreitet, sind die Aktien zu veräußern oder einzuziehen[54].

4. Weitere Fälle der Entbehrlichkeit der Kapitalerhöhung

19 Die Aktien können auch von einem Dritten für den Umtausch zur Verfügung gestellt werden. Hierbei sind die Vorschriften über den Erwerb eigener Aktien zu berücksichtigen. Deshalb kommt grundsätzlich nur ein unentgeltlicher Erwerb in Betracht[55]. Ein Erwerb im Rahmen einer von der Hauptversammlung gewährten Ermächtigung[56] scheidet idR aus. Ein Erwerb ist in diesen Fällen grundsätzlich nur unter Beachtung

---

[45] *Petersen* GmbHR 2004, 728 f.
[46] *Drinhausen* BB 2006, 2313, 2315.
[47] Vgl. *Marsch-Barner* in Kallmeyer Rn 15; *Maier-Reimer* GmbHR 2004, 1128, 1129.
[48] Siehe im Einzelnen § 22.
[49] *Ihrig* ZHR 160 (1996) 317, 324 ff.; *Kowalski* GmbHR 1996, 158, 159.
[50] § 68 Abs. 2.
[51] § 71 Abs. 1 Nr. 4 AktG; *Marsch-Barner* in Kallmeyer Rn 14; *Stratz* in Schmitt/Hörtnagl/Stratz Rn 13; *Grunewald* in G/H/E/K § 344 AktG Rn 17; *Kraft* in Kölner Komm. § 344 AktG Rn 11.
[52] Für die GmbH siehe § 54 Rn 34 ff.; *Stratz* in Schmitt/Hörtnagl/Stratz Rn 14; *Marsch-Barner* in Kallmeyer Rn 14 a.
[53] *Marsch-Barner* in Kallmeyer Rn 14 a; *Korte* WiB 1997, 153, 963 ff.; *Rieger* in Widmann/Mayer Rn 20; vgl. auch *Winter* in Lutter § 54 Rn 23.
[54] § 71 c AktG.
[55] § 71 Abs. 1 Nr. 4 AktG.
[56] § 71 Abs. 1 Nr. 8 AktG.

5. Grenze der baren Zuzahlung (Abs. 3)

a) Allgemeines/Anwendungsbereich. Bis zu 10% des Nennbetrags der gewährten Aktien der übernehmenden Gesellschaft dürfen in bar zugezahlt werden. Dies dient dem Ausgleich von Spitzen, die nicht in Form von Aktien ausgeglichen werden können. Die Leistung oder bare Zuzahlung erfolgt an Erfüllung statt iSv. § 364 Abs. 1 BGB. Die Höhe der baren Zuzahlung muss im Verschmelzungsvertrag angegeben werden[57]. Sie ist beschränkt auf 10%, um einen Auskauf der Gesellschafter des übertragenden Rechtsträgers zu verhindern. Zulässig ist sie nur im Zusammenhang mit der Ausgabe von Aktien. Ansonsten könnte die bare Zuzahlung nicht berechnet werden, da diese sich am anteiligen Betrag der zu gewährenden Aktien orientiert.

Die 10%-Begrenzung gilt weder für Zuzahlungen, die in einem Spruchverfahren[58] festgelegt werden, noch für freiwillige Zuzahlungen.

b) Erfordernis der Gewährung einer Mindestanzahl von Aktien. Streitig ist, ob jedem Aktionär mindestens eine Aktie gewährt werden muss[59]. Dies wird im Hinblick auf den Charakter der Verschmelzung vertreten, die einen Auskauf von Aktionären gerade vermeiden will[60]. Dem ist nicht zu folgen, da die 10%-Grenze eine Hürde darstellt, die einem Auskauf von Aktionären genügend vorbeugt[61]. Bei geringfügiger Beteiligung kommt demnach uU nur eine Barauszahlung in Betracht[62].

c) Berechnung der 10%-Grenze. Die 10%-Grenze bezieht sich auf den gesamten anteiligen Betrag am Grundkapital der Aktien (nicht des Werts), die den Anteilseignern des übertragenden Rechtsträgers gewährt werden. Alle gewährten Aktien, d. h. auch alte Aktien und nicht nur im Rahmen einer Kapitalerhöhung zur Durchführung der Verschmelzung auszugebende Aktien, sind zu berücksichtigen[63]. Bei mehreren übertragenden Rechtsträgern im Rahmen einer Verschmelzung ist die 10%-Grenze für jeden übertragenden Rechtsträger gesondert zu prüfen. D. h., die 10%-Grenze muss nicht nur insgesamt, sondern auch für die Aktien, die den Anteilsinhabern jedes einzelnen übertragenden Rechtsträgers gewährt werden, eingehalten werden[64].

d) Verbot der Unterpari-Emission. Die bare Zuzahlung ist im Übrigen nicht möglich, sofern sie zu einer versteckten Unterpari-Emission führt. Dies ist der Fall, wenn die Aktien an sich zu Pari ausgegeben werden und darüber hinaus eine bare Zuzahlung geleistet wird oder die Aktien über Pari ausgegeben werden, die bare Zuzahlung jedoch in ihrer Höhe den über Pari liegenden Wert des übertragenden Rechtsträgers übersteigt und somit iE zu einer Ausgabe der Aktien unter Pari führt[65].

---

[57] § 5 Abs. 1 Nr. 3; siehe § 5 Rn 25 ff.
[58] Ausf. zum Spruchverfahren Anh. SpruchG.
[59] *Rieger* in Widmann/Mayer Rn 39 f. zum Streitstand.
[60] *Rieger* in Widmann/Mayer Rn 40.
[61] IE übereinstimmend für die GmbH siehe § 54 Rn 42; *Grunewald* in G/H/E/K § 344 AktG Rn 6; vgl. auch *Winter*, FS Lutter, S. 1279, 1285 ff.
[62] *Marsch-Barner* in Kallmeyer Rn 19.
[63] *Bermel* in Goutier/Knopf/Tulloch Rn 13; *Rieger* in Widmann/Mayer Rn 43; *Marsch-Barner* in Kallmeyer Rn 17.
[64] *Rieger* in Widmann/Mayer Rn 42.
[65] *Rieger* in Widmann/Mayer Rn 45; zur etwaigen Differenzhaftung siehe auch § 69 Rn 32 f.

§ 69   Zweites Buch. Verschmelzung

25   **e) Herkunft der Mittel.** Woher die Mittel zur baren Zuzahlung kommen, ist unerheblich. Sie können aus vorhandener Liquidität, aus Kreditaufnahmen oder aus Mitteln im Rahmen einer Kapitalerhöhung fließen.

6. Rechtsfolge bei Verstoß

26   Sofern gegen Abs. 1 oder Abs. 2 verstoßen wird, ist der Kapitalerhöhungsbeschluss anfechtbar, nicht aber nichtig[66].

27   Unter anderem wird auch vertreten, dass bei einem Verstoß gegen Abs. 1 Satz 1 Nr. 3 Nichtigkeit gegeben wäre, in den übrigen Fällen dagegen Anfechtbarkeit[67]. Sofern die Eintragung dennoch erfolgt, ist die Kapitalerhöhung wirksam[68].

28   Wird gegen die 10%-Regel des Abs. 3 verstoßen, ist die entsprechende Regelung des Verschmelzungsvertrags und im Zweifel der gesamte Vertrag nichtig[69]. Die Verschmelzungsbeschlüsse sind anfechtbar. Es besteht – vorbehaltlich eines Unbedenklichkeitsbeschlusses gemäß § 16 Abs. 3 – ein Eintragungshindernis[70]. Wird dennoch eingetragen, ist die Verschmelzung wirksam[71]. Die entsprechende Barzuzahlung ist dann zu leisten.

§ 69 Verschmelzung mit Kapitalerhöhung

(1) Erhöht die übernehmende Gesellschaft zur Durchführung der Verschmelzung ihr Grundkapital, so sind § 182 Abs. 4, § 184 Abs. 2, §§ 185, 186, 187 Abs. 1, § 188 Abs. 2 und 3 Nr. 1 des Aktiengesetzes nicht anzuwenden; eine Prüfung der Sacheinlage nach § 183 Abs. 3 des Aktiengesetzes findet nur statt, soweit übertragende Rechtsträger die Rechtsform einer Personenhandelsgesellschaft, einer Partnerschaftsgesellschaft oder eines rechtsfähigen Vereins haben, wenn Vermögensgegenstände in der Schlußbilanz eines übertragenden Rechtsträgers höher bewertet worden sind als in dessen letzter Jahresbilanz, wenn die in einer Schlußbilanz angesetzten Werte nicht als Anschaffungskosten in den Jahresbilanzen der übernehmenden Gesellschaft angesetzt werden oder wenn das Gericht Zweifel hat, ob der Wert der Sacheinlage den geringsten Ausgabebetrag der dafür zu gewährenden Aktien erreicht. Dies gilt auch dann, wenn das Grundkapital durch Ausgabe neuer Aktien auf Grund der Ermächtigung nach § 202 des Aktiengesetzes erhöht wird. In diesem Fall ist außerdem § 203 Abs. 3 des Aktiengesetzes nicht anzuwenden.

(2) Der Anmeldung der Kapitalerhöhung zum Register sind außer den in § 188 Abs. 3 Nr. 2 bis 4 des Aktiengesetzes bezeichneten Schriftstücken der Verschmelzungsvertrag und die Niederschriften der Verschmelzungsbeschlüsse in Ausfertigung oder öffentlich beglaubigter Abschrift beizufügen.

---

[66] *Marsch-Barner* in Kallmeyer Rn 16; *Kraft* in Kölner Komm. § 344 AktG Rn 12; aA *Grunewald* in G/H/E/K § 344 AktG Rn 14 und *Schilling* Großkomm. § 344 AktG Anm. 8, die immer Nichtigkeit annehmen.
[67] *Stratz* in Schmitt/Hörtnagl/Stratz § 54 Rn 23; vgl. auch *Rieger* in Widmann/Mayer Rn 51 ff., der die Zeichnung und den Kapitalerhöhungsbeschluss für nichtig erklärt, bei Verstoß gegen Abs. 1 Satz 1 Nr. 1 und 2 der Eintragung im Handelsregister jedoch heilende Wirkung zumisst.
[68] § 20 Abs. 2; *Lutter* in Kölner Komm. § 56 AktG Rn 9 und *Hefermehl/Bungeroth* in G/H/E/K § 56 AktG Rn 8 f.; *Stratz* in Schmitt/Hörtnagl/Stratz Rn 18; dasselbe gilt bei einer Verschmelzung auf eine GmbH, siehe § 54 Rn 47.
[69] § 139 BGB.
[70] *Marsch-Barner* in Kallmeyer Rn 20.
[71] Siehe § 20 Rn 84 ff.

Übersicht

	Rn		Rn
I. Allgemeines	1	g) Wirksamwerden der Kapitalerhöhung (§ 189 AktG)	18
1. Sinn und Zweck der Norm	1	2. Genehmigtes Kapital (Abs. 1 Satz 2 und 3)	19
2. Entstehungsgeschichte	2	3. Bedingtes Kapital	20
3. Anwendungsbereich	3	4. Zeitpunkt des Beschlusses der Kapitalerhöhung	23
II. Einzelerläuterungen	4	5. Der Kapitalerhöhungsanmeldung beizufügende Unterlagen (Abs. 2)	24
1. Anzuwendende Regeln bei der Kapitalerhöhung und ihrer Durchführung (Abs. 1 Satz 1)	4	6. Eintragung der Kapitalerhöhung durch das Registergericht	26
a) Anforderungen an den Beschluss nach § 182 AktG	4	a) Prüfung durch das Registergericht	26
b) Anforderungen an die Sachkapitalerhöhung (§ 183 AktG)	7	b) Keine Registersperre bei Anfechtung des Verschmelzungsbeschlusses	27
c) Anmeldung des Beschlusses zum Handelsregister (§ 184 AktG)	13	c) Freigabeverfahren für den Kapitalerhöhungsbeschluss	28
d) Keine Zeichnung der neuen Aktien und kein Bezugsrecht (§§ 185, 186 AktG)	14	7. Rechtsfolge bei Scheitern von Verschmelzung und Kapitalerhöhung	31
e) Keine Zusicherungen von Aktien vor dem Kapitalerhöhungsbeschluss (§ 187 AktG)	16	8. Rechtsfolge bei nicht werthaltiger Sacheinlage (Differenzhaftung)	32
f) Anmeldung und Eintragung der Durchführung der Kapitalerhöhung zum Handelsregister (§ 188 AktG)	17		

Literatur: *Angermeyer*, Die Prüfung von Sacheinlagen im neuen Umwandlungsrecht, WP 1995, 681; *Austmann/Frost*, Vorwirkungen von Verschmelzungen, ZHR 169 (2005) 431; *Bayer*, Verschmelzung und Minderheitenschutz, WM 1989, 121; *Bonke*, Mängel der Verschmelzung von Aktiengesellschaften nach dem AktG vom 6. September 1965, 1970; *Grunewald*, OLG München vom 27.10.2005 – Keine Ausgleichspflicht der Aktionäre einer wertlosen übertragenen Gesellschaft nach Verschmelzung zweier AG, EWiR 2006, 29; *Handelsrechtsausschuss des Deutschen Anwaltvereins e. V. (HRA)*, Vorschläge zur Änderung des UmwG, NZG 2000, 802; *Herzig*, Verhältnis von handels- und steuerbilanzieller Rechnungslegung bei Umwandlungsvorgängen mit übertragenden Kapitalgesellschaften, FS Ludewig, 1996, S. 413; *Ihrig*, Gläubigerschutz durch Kapitalaufbringung bei Verschmelzung und Spaltung nach neuem Umwandlungsrecht, GmbHR 1995, 622; *Lappe*, Gemischte Kapitalerhöhung und Bezugsrechtsausschluß in Restrukturierungsfällen, BB 2000, 313; *Lutter*, Mindestumfang der Kapitalerhöhung bei der Verschmelzung zur Aufnahme oder Neugründung in Aktiengesellschaften?, FS Wiedemann, 2003, S. 1097; *Schulze-Osterloh*, Bilanzierung nach dem Referentenentwurf eines Gesetzes zur Bereinigung des Umwandlungsrechts, ZGR 1993, 420; *Vetter*, Zum Ausgleich von Spitzen(beträgen) bei der Abfindung von Aktien, AG 1997, 6.

I. Allgemeines

1. Sinn und Zweck der Norm

Die Vorschrift erleichtert Sachkapitalerhöhungen zur Durchführung der Verschmelzung. **1** Die Kapitalerhöhung dient der Schaffung der Aktien, die den Anteilsinhabern des übertragenden Rechtsträgers zu gewähren sind[1].

2. Entstehungsgeschichte

Die Norm entspricht § 343 AktG aF. § 69 Abs. 1 Satz 1 wurde um den 2. Halbs. ergänzt. **2**

---

[1] § 20 Abs. 1 Nr. 3.

3. Anwendungsbereich

3 Die Norm ist nur anwendbar, wenn die Kapitalerhöhung zur Durchführung der Verschmelzung vorgenommen wird, sei es durch eine gewöhnliche Kapitalerhöhung (§§ 182 f. AktG), durch eine bedingte Kapitalerhöhung (§ 192 Abs. 2 Nr. 2 AktG) oder durch Ausnutzung eines genehmigten Kapitals[2]. Übernehmender Rechtsträger muss eine AG sein. Die Eintragung der Erhöhung des Grundkapitals muss vor Eintragung der Verschmelzung geschehen[3]. Die Vorschrift findet auch Anwendung bei der Beteiligung einer AG als übernehmender Rechtsträger an einer Spaltung zur Aufnahme[4].

II. Einzelerläuterungen

1. Anzuwendende Regeln bei der Kapitalerhöhung und ihrer Durchführung (Abs. 1 Satz 1)

4 a) **Anforderungen an den Beschluss nach § 182 AktG.** Die allgemeine Regelung des § 182 AktG findet grundsätzlich[5] auf Kapitalerhöhungsbeschlüsse zur Durchführung einer Verschmelzung Anwendung[6]. So ist ein Sonderbeschluss der Vorzugsaktionäre zu fassen, wenn neben bestehenden Vorzügen weitere Vorzüge ausgegeben werden sollen[7]. Ggf. sind auch Sonderbeschlüsse der Inhaber mehrerer stimmberechtigter Aktiengattungen erforderlich[8].

5 Umstritten ist, ob die Festsetzung eines Mindestausgabebetrags im Kapitalerhöhungsbeschluss erforderlich ist[9]. Da es iRd. Verschmelzung auf das Umtauschverhältnis ankommt, reicht es aus, wenn im Kapitalerhöhungsbeschluss die Stückzahl der neuen Aktien genannt ist[10]. Es wird auch vertreten, dass die Festsetzung zwar nicht erforderlich, aber zulässig sei, um einen höheren Ausgabebetrag bei dem übernehmenden Rechtsträger zu bilanzieren[11]. Bei einer Festsetzung muss der Mindestbetrag eingehalten und Rücklagen[12] müssen gebildet werden. Bei Nichtfestsetzung besteht ein Wahlrecht iRd. Bilanzierung[13].

6 Der Beschluss bedarf der für Kapitalerhöhungen erforderlichen Mehrheit[14]. Möglicherweise in der Satzung festgeschriebene Abweichungen von den gesetzlichen Anforderungen sind zu beachten[15]. Bis zur Eintragung der Durchführung der Kapitalerhöhung kann der Kapitalerhöhungsbeschluss aufgehoben werden[16]. Dies gilt auch, wenn der Verschmelzungsvertrag bereits beurkundet worden ist. Der übernehmende Rechtsträger kann sich schadensersatzpflichtig machen, sofern für die Aufhebung des Kapitalerhöhungsbeschlusses keine wich-

---

[2] *Marsch-Barner* in Kallmeyer Rn 1.
[3] § 66.
[4] Allerdings mit der Maßgabe, dass eine Prüfung der Sacheinlage stets stattzufinden hat, § 142 Abs. 1.
[5] Nicht anwendbar ist Abs. 4, nach dem das Grundkapital nicht erhöht werden soll, solange noch Einlagen ausstehen.
[6] Für Einzelheiten siehe *Hüffer* § 182 AktG.
[7] § 141 Abs. 1 AktG.
[8] § 182 Abs. 2 AktG; zu den Sonderbeschlüssen siehe auch *Marsch-Barner* in Kallmeyer Rn 13.
[9] Für die Zulässigkeit *Marsch-Barner* in Kallmeyer Rn 17; für die Erforderlichkeit *Bermel* in Goutier/Knopf/Tulloch Rn 19; *Stratz* in Schmitt/Hörtnagl/Stratz Rn 21; vermittelnd *Rieger* in Widmann/Mayer Rn 17 f.; vgl. im Übrigen ausführlich *Kraft* in Kölner Komm. § 343 AktG Rn 9 f.
[10] Vgl. *Grunewald* in Lutter Rn 7; *Marsch-Barner* in Kallmeyer Rn 17.
[11] *Rieger* in Widmann/Mayer Rn 18.
[12] ISv. § 272 Abs. 2 Nr. 1 HGB.
[13] *Rieger* in Widmann/Mayer Rn 18, vgl. auch *Grunewald* in Lutter Rn 7; zur etwaigen Differenzhaftung siehe Rn 32 f.
[14] §§ 182 Abs. 1, 133 Abs. 1 AktG.
[15] *Rieger* in Widmann/Mayer Rn 18.
[16] *Rieger* in Widmann/Mayer Rn 20.

Verschmelzung mit Kapitalerhöhung   7–11 § 69

tigen Gründe vorliegen[17]. Bei Ausgabe neuer Vorzugsaktien ist im Hinblick auf § 141 Abs. 2 AktG eine Sonderversammlung der Vorzugsaktionäre abzuhalten[18].

b) Anforderungen an die Sachkapitalerhöhung (§ 183 AktG). Nur in bestimmten 7
Ausnahmefällen ist eine Prüfung der Sacheinlagen[19] erforderlich[20]. Da der Anmeldung der Verschmelzung eine geprüfte und testierte Schlussbilanz zugrunde liegt[21], die im Zeitpunkt der Anmeldung nicht älter als acht Monate ist, erübrigt sich idR eine erneute Prüfung.

Die Sacheinlage ist allerdings zu prüfen, wenn der übertragende Rechtsträger eine Perso- 8
nenhandelsgesellschaft, eine PartG oder ein rechtsfähiger Verein ist. Denn bei diesen Rechtsträgerformen fehlt es an entsprechenden Kapitalaufbringungs- und -erhaltungsvorschriften[22].

Eine Prüfung ist auch erforderlich, wenn Vermögensgegenstände des übertragenden 9
Rechtsträgers in der Schlussbilanz höher bewertet werden als in der letzten Jahresbilanz[23]. Teilweise wird hierfür auf die Aufdeckung stiller Reserven verwiesen[24]. Andere fordern in diesem Fall eine Prüfung, wenn in der Schlussbilanz Zuschreibungen nach §§ 253 Abs. 5, 280 HGB vorgenommen werden[25], da Zuschreibungen als Indiz für eine mangelnde Werthaltigkeit der Sacheinlage[26] gewertet werden können.

Nach Sinn und Zweck der Vorschrift ist eine Prüfung auch dann vorzunehmen, wenn 10
die Schlussbilanz zugleich die letzte Jahresbilanz darstellt und gegenüber der letzten vorher erstellten Jahresbilanz Höherbewertungen zulässt[27]. Eine gesonderte Werthaltigkeitsprüfung hat auch dann stattzufinden, wenn die Werte der Schlussbilanz in den Jahresbilanzen der übernehmenden Gesellschaft nicht als Anschaffungskosten angesetzt sind. § 24 räumt dem übernehmenden Rechtsträger ein Bilanzierungswahlrecht ein und eröffnet ihm die Möglichkeit, als Anschaffungskosten in seiner Jahresbilanz die Werte der Schlussbilanz des übertragenden Rechtsträgers anzusetzen. Macht der übernehmende Rechtsträger hiervon Gebrauch, findet eine Prüfung nach § 183 Abs. 3 AktG statt, um einer Überbewertung vorzubeugen. Abzustellen ist hierfür auf die nächste Jahresbilanz[28]. Dies macht in der Praxis immer dann Schwierigkeiten, wenn die nächste Jahresbilanz noch nicht aufgestellt worden ist. Deshalb empfiehlt es sich, im Verschmelzungsvertrag klarzustellen, dass die Übernehmerin die Buchwerte der übertragenden Rechtsträger fortführt[29]. Alternativ kann gegenüber dem Registergericht erklärt werden, dass eine Weiterführung zu Anschaffungskosten vorgesehen ist[30]. Ansonsten besteht das Risiko, dass das Registergericht die Kapitalerhöhung zunächst nicht einträgt, da es nicht darüber befinden kann, ob die Buchwerte der Schlussbilanz der Übertragerin in der nächsten Jahresbilanz der Übernehmerin fortgeführt werden.

Schließlich ist eine gesonderte Werthaltigkeitsprüfung vorzunehmen, wenn das Gericht 11
Zweifel hat, ob der Wert der Sacheinlage den geringsten Ausgabebetrag der dafür zu gewährenden Aktien erreicht. Zweifel sind nicht bereits dadurch ausgeschlossen, dass eine

---

[17] *Rieger* in Widmann/Mayer Rn 20; *Austmann/Frost* ZHR 169 (2005) 431, 455 ff.
[18] *Marsch-Barner* in Kallmeyer Rn 13.
[19] § 183 Abs. 3 AktG.
[20] § 69 Abs. 1 Satz 1 2. Halbs.
[21] § 17 Abs. 2.
[22] *Bermel* in Goutier/Knopf/Tulloch Rn 22.
[23] § 69 Abs. 1 Satz 1 2. Halbs. 2. Alt; siehe auch *Marsch-Barner* in Kallmeyer Rn 8.
[24] *Stratz* in Schmitt/Hörtnagl/Stratz Rn 15.
[25] *Rieger* in Widmann/Mayer Rn 25.
[26] *Rieger* in Widmann/Mayer Rn 25; *Grunewald* in Lutter Rn 12.
[27] *Marsch-Barner* in Kallmeyer Rn 8; *Rieger* in Widmann/Mayer Rn 26; *Grunewald* in Lutter Rn 11.
[28] *Rieger* in Widmann/Mayer Rn 29; *Marsch-Barner* in Kallmeyer Rn 9.
[29] *Marsch-Barner* in Kallmeyer Rn 9; *Rieger* in Widmann/Mayer Rn 30.
[30] *Grunewald* in Lutter Rn 11.

Verschmelzungsprüfung[31] stattgefunden hat oder dass eine Schlussbilanz[32] vorliegt[33]. Die Deckung des anteiligen Betrags am Grundkapital der neuen Aktien ergibt sich nicht zwangsläufig aus der Verschmelzungsprüfung, da die Prüfung lediglich auf das Umtauschverhältnis abstellt[34], obwohl im Rahmen der Verschmelzungsprüfung der Prüfer die Umtauschrelation aus den Unternehmenswerten der an der Verschmelzung beteiligten Rechtsträger zu ermitteln hat.

12 Zu prüfen ist, ob das Vermögen des übertragenden Rechtsträgers, d. h. der Wert der Sacheinlage, den Nennbetrag der iRd. Verschmelzung zu gewährenden Aktien erreicht. Werden mehrere Rechtsträger übertragen, findet eine Sacheinlagenprüfung nur für die Verschmelzungen statt, für die die Voraussetzungen des Abs. 1 vorliegen[35]. Allerdings muss das Vermögen aller übertragenden Rechtsträger nur den geringsten Ausgabebetrag der neuen Aktien erreichen[36].

13 **c) Anmeldung des Beschlusses zum Handelsregister (§ 184 AktG).** Die Anmeldung des Beschlusses zum Handelsregister hat durch die Mitglieder des Vorstands in vertretungsberechtigter Zahl und den Vorsitzenden des Aufsichtsrats zu erfolgen[37]. Dabei ist nicht zu erklären, welche Einlagen auf das bisherige Grundkapital noch nicht geleistet worden sind[38]. Dies ist bei einer Kapitalerhöhung zur Durchführung der Verschmelzung nicht von Bedeutung[39]. Die Anmeldung kann grundsätzlich durch Bevollmächtigte erfolgen, da die Wissenserklärung über die Leistung der bisherigen Einlagen nicht abzugeben ist[40].

14 **d) Keine Zeichnung der neuen Aktien und kein Bezugsrecht (§§ 185, 186 AktG).** Eine Zeichnung der neuen Aktien[41] findet nicht statt. Die Zahl der Aktien wird bereits durch den Verschmelzungsvertrag im Zusammenhang mit dem Zustimmungsbeschluss der Anteilsinhaber des übertragenden Rechtsträgers festgelegt[42].

15 Die Aktionäre des übernehmenden Rechtsträgers haben kein Bezugsrecht auf diese neuen Aktien[43]. Die neuen Aktien kommen den Anteilsinhabern der übertragenen Rechtsträger als Gegenleistung zu. Mittelbar mit ihrer Zustimmung zum Verschmelzungsbeschluss erklären die Aktionäre des übernehmenden Rechtsträgers auch ihre Zustimmung zum Bezugsrechtsausschluss[44]. Ein gesonderter Bericht nach § 186 Abs. 4 AktG ist neben dem Verschmelzungsbericht nicht erforderlich[45].

16 **e) Keine Zusicherung von Aktien vor dem Kapitalerhöhungsbeschluss (§ 187 AktG).** Das Verbot, die Gewährung neuer Aktien vor dem Beschluss über die Erhöhung

---

[31] §§ 60, 9 bis 12.
[32] § 17 Abs. 2.
[33] *Stratz* in Schmitt/Hörtnagl/Stratz Rn 17.
[34] *Rieger* in Widmann/Mayer Rn 31. Zum maßgeblichen Zeitpunkt für die Prüfung der Wertdeckung vgl. *Ihrig* GmbHR 1995, 622, 627, 641.
[35] *Marsch-Barner* in Kallmeyer Rn 11.
[36] *Grunewald* in Lutter Rn 13; *Marsch-Barner* in Kallmeyer Rn 11; *Stratz* in Schmitt/Hörtnagl/Stratz Rn 18.
[37] § 184 Abs. 1 AktG; *Bermel* in Goutier/Knopf/Tulloch Rn 27.
[38] Dies ist gem. § 184 Abs. 2 bei sonstigen Kapitalerhöhungen zu erklären, siehe auch *Grunewald* in Lutter Rn 14.
[39] Aus demselben Grund findet § 181 Abs. 4 AktG keine Anwendung.
[40] Siehe § 16 Rn 7.
[41] § 185 AktG.
[42] *Rieger* in Widmann/Mayer Rn 36; *Grunewald* in Lutter Rn 15; *Marsch-Barner* in Kallmeyer Rn 13.
[43] § 186 AktG.
[44] *Rieger* in Widmann/Mayer Rn 37.
[45] *Grunewald* in Lutter Rn 16; *Marsch-Barner* in Kallmeyer Rn 12; aA *Hefermehl/Bungeroth* in G/H/E/K § 183 AktG Rn 41 f.

es Grundkapitals zuzusichern[46]d, passt ebenso wenig wie der Bezugsrechtsausschluss[47] zur Verschmelzung, da die neu geschaffenen Aktien zwingend den Anteilsinhabern des übertragenden Rechtsträgers zu gewähren sind. Die Zusage der Gewährung neuer Aktien an die Aktionäre des übertragenden Rechtsträgers wird aber erst mit Eintragung des Kapitalerhöhungsbeschlusses wirksam[48].

f) Anmeldung und Eintragung der Durchführung der Kapitalerhöhung zum Handelsregister (§ 188 AktG). Neben dem Beschluss über die Kapitalerhöhung[49] ist auch die Durchführung der Kapitalerhöhung zum Handelsregister anzumelden. Regelmäßig werden beide Anmeldungen miteinander verbunden. Da die Leistung der Einlagen hier iRd. Verschmelzung geschieht, ist nicht nachzuweisen, dass – wie sonst bei Kapitalerhöhungen – die Einlagen iRd. Kapitalerhöhung erbracht sind[50]. Da keine Zeichnungsscheine ausgestellt werden[51], sind weder Zeichnungsscheine noch ein Verzeichnis der Zeichner mit der Anmeldung einzureichen[52].

g) Wirksamwerden der Kapitalerhöhung (§ 189 AktG). Die Kapitalerhöhung wird mit Eintragung der Durchführung im Handelsregister wirksam. Dies gilt sowohl für die ordentliche Kapitalerhöhung als auch für die Ausnutzung von genehmigtem Kapital. § 20 Abs. 1 Nr. 3 ist *lex specialis* sowohl zu den Vorschriften der ordentlichen Kapitalerhöhung als auch des genehmigten Kapitals[53]. Dies gilt allerdings nicht für bedingtes Kapital. Dort entstehen die Aktien mit ihrer Ausgabe[54], frühestens jedoch mit Eintragung der Verschmelzung[55]. Steht fest, dass die Verschmelzung nicht eingetragen wird, ist die Kapitalerhöhung von Amts wegen im Handelsregister zu löschen[56].

2. Genehmigtes Kapital (Abs. 1 Satz 2 und 3)

Wird genehmigtes Kapital ausgenutzt, gilt das Verbot der Ausgabe von Aktien bei ausstehenden Einlagen auf das bisherige Grundkapital, die noch erlangt werden können, nicht[57]. Ansonsten gelten für die Nutzung von genehmigtem Kapital iRd. Verschmelzung die gleichen Abweichungen wie bei einer ordentlichen Kapitalerhöhung[58]. Eine Sacheinlagenprüfung erfolgt deshalb auch hier nur unter den Voraussetzungen, unter denen eine Sacheinlagenprüfung iRd. ordentlichen Kapitalerhöhung erfolgt[59]. Der Umfang des genehmigten Kapitals ist beschränkt auf bis zu 50 % des im Zeitpunkt der Eintragung vorhandenen Grundkapitals des übernehmenden Rechtsträgers[60].

---

[46] § 187 Abs. 2 AktG.
[47] § 186 AktG.
[48] *Grunewald* in Lutter Rn 17; *Marsch-Barner* in Kallmeyer Rn 13.
[49] Siehe Rn 4 ff., 13.
[50] § 188 Abs. 2 AktG.
[51] Siehe Rn 14.
[52] Vgl. für die ordentliche Kapitalerhöhung § 188 Abs. 3 Nr. 1 AktG.
[53] Siehe § 20 Rn 74 ff.; *Grunewald* in Lutter Rn 19; *Rieger* in Widmann/Mayer Rn 43.
[54] Vgl. § 200 AktG.
[55] *Grunewald* in Lutter Rn 24.
[56] Siehe § 66 Rn 12; *Grunewald* in G/H/E/K § 343 AktG Rn 8; aA *Kraft* in Kölner Komm. § 343 AktG Rn 25 f. mwN.
[57] § 69 Abs. 1 Satz 3 iVm. § 203 Abs. 3 AktG; *Marsch-Barner* in Kallmeyer Rn 14.
[58] § 69 Abs. 1 Satz 2; *Rieger* in Widmann/Mayer Rn 51.
[59] Siehe Rn 7 ff.
[60] § 202 Abs. 3 Satz 1 AktG; *Marsch-Barner* in Kallmeyer Rn 16.

3. Bedingtes Kapital

20 Bei einer bedingten Kapitalerhöhung ist das Grundkapital erst mit Ausgabe der Bezugsaktien erhöht[61]. Der Beschluss über das bedingte Kapital mit der entsprechenden Satzungsänderung kann also im Handelsregister eingetragen werden, ohne dass das Grundkapital schon erhöht ist.

21 Die Nutzung von bedingten Kapitalerhöhungen empfiehlt sich, wenn die genaue Anzahl der zur Durchführung der Verschmelzung erforderlichen Aktien zum Zeitpunkt der Beschlussfassung über die Kapitalerhöhung nicht feststeht[62]. Dies kommt zB in Betracht, wenn mehrere Rechtsträger in verschiedenen Verschmelzungsvorgängen auf die Übernehmerin verschmolzen werden[63]. In diesen Fällen kann trotz möglicher Anfechtung eines Verschmelzungsbeschlusses bei einem der übertragenden Rechtsträger die Verschmelzung bereits für die übrigen Rechtsträger durchgeführt werden[64]. Weiter kommt ein bedingtes Kapital in Betracht, wenn der übertragende Rechtsträger noch Options- oder Wandelanleihen ausstehen hat und bei Wandlung bzw. Optionsausübung verpflichtet ist, neue Aktien zu liefern. Auf diese Weise können nach Durchführung der Verschmelzung Aktien des übernehmenden Rechtsträgers als Gesamtrechtsnachfolger des übertragenden Rechtsträgers ausgegeben werden. Die Schaffung bedingten Kapitals empfiehlt sich schließlich, wenn zwischen dem übernehmenden und dem übertragenden Rechtsträger ein Beherrschungs- und Gewinnabführungsvertrag besteht, wonach der übernehmende Rechtsträger bis zum Wirksamwerden der Verschmelzung gem. § 305 AktG Aktien der übertragenden Gesellschaft gegen Barabfindung übernehmen muss[65]. Der Umfang des bedingten Kapitals ist jedoch beschränkt auf 50 % des Grundkapitals im Zeitpunkt der Beschlussfassung über das bedingte Kapital[66].

22 Eine Prüfung der Sacheinlage muss hier unter den gleichen Voraussetzungen wie bei der ordentlichen Kapitalerhöhung[67] durchgeführt werden. Die Prüfung der Sacheinlage bei bedingter Kapitalerhöhung nach § 194 AktG entspricht der Prüfung nach § 183 Abs. 3 AktG[68].

4. Zeitpunkt des Beschlusses der Kapitalerhöhung

23 Der Kapitalerhöhungsbeschluss kann vor, nach oder gleichzeitig mit dem Abschluss des Verschmelzungsvertrags gefasst werden. Auf eine Verschmelzung muss grundsätzlich nicht Bezug genommen werden. Dies sollte aber erfolgen, um den Bezugsrechtsausschluss der Aktionäre des übernehmenden Rechtsträgers zu rechtfertigen. Bei der Schaffung von bedingtem Kapital ist jedoch zu berücksichtigen, dass dieses nur in Höhe von bis zu 50% des Grundkapitals im Zeitpunkt der Beschlussfassung der Hauptversammlung geschaffen werden kann[69].

5. Der Kapitalerhöhungsanmeldung beizufügende Unterlagen (Abs. 2)

24 Der Anmeldung zum Handelsregister sind beizufügen:
– der Verschmelzungsvertrag;
– die Niederschriften über die Verschmelzungsbeschlüsse in Ausfertigung oder öffentlich beglaubigter Abschrift;

---

[61] Vgl. § 200 AktG; *Bermel* in Goutier/Knopf/Tulloch Rn 33, wonach § 200 AktG nicht anwendbar sein soll.
[62] *Kraft* in Kölner Komm. § 343 AktG Rn 34; *Marsch-Barner* in Kallmeyer Rn 15; *Rieger* in Widmann/Mayer Rn 50.
[63] *Marsch-Barner* in Kallmeyer Rn 15.
[64] *Marsch-Barner* in Kallmeyer Rn 15.
[65] *Marsch-Barner* in Kallmeyer Rn 15.
[66] § 192 Abs. 3 AktG.
[67] Siehe Rn 7 ff.
[68] Zur Prüfungspflicht gem. Abs. 1 Satz 1 2. Halbs. siehe Rn 7 ff.; vgl. auch *Marsch-Barner* in Kallmeyer Rn 14.
[69] Mit dem Vorschlag, dies im AktG zu ändern; vgl. *HRA* NZG 2000, 802, 806.

– die in § 188 Abs. 3 Nr. 2 bis 4 AktG genannten Schriftstücke.

Streitig ist, ob diese Unterlagen erst mit der Anmeldung der Durchführung der Kapitalerhöhung oder schon mit der Anmeldung des Kapitalerhöhungsbeschlusses eingereicht werden müssen[70]. Der Wortlaut des Abs. 2 spricht dafür, die Unterlagen bereits der Anmeldung des Kapitalerhöhungsbeschlusses beizufügen[71]. In der Praxis werden Kapitalerhöhungsbeschluss sowie Durchführung der Kapitalerhöhung zusammen zum Handelsregister angemeldet, so dass sich die Streitfrage nicht stellt.

6. Eintragung der Kapitalerhöhung durch das Registergericht

a) Prüfung durch das Registergericht. Das Registergericht prüft die Voraussetzungen der Eintragung. Ggf. hat es eine Sacheinlagenprüfung zu veranlassen[72]. Bei der Prüfung ist auf den Eintragungszeitpunkt und nicht den Anmeldezeitpunkt abzustellen, da ein Vermögensübergang erst mit Eintragung der Verschmelzung erfolgt[73].

b) Keine Registersperre bei Anfechtung des Verschmelzungsbeschlusses. Wurde der Verschmelzungsbeschluss angefochten, kann der Kapitalerhöhungsbeschluss dennoch eingetragen werden. Die Eintragungssperre des § 16 Abs. 2 gilt nicht[74]. Die Aktionäre des übernehmenden Rechtsträgers sind ausreichend geschützt, da die Durchführung der Kapitalerhöhung bedingt ist durch die Eintragung der Verschmelzung im Handelsregister. Das Registergericht kann jedoch die Eintragung der Kapitalerhöhung ablehnen[75].

c) Freigabeverfahren für den Kapitalerhöhungsbeschluss. Wird der Kapitalerhöhungsbeschluss allein[76] oder zusammen mit dem Verschmelzungsbeschluss angefochten, kann ein Freigabeverfahren für den Kapitalerhöhungsbeschluss durchgeführt werden[77]. Dies folgt zwar nicht aus dem Wortlaut des § 16 Abs. 3, nach Sinn und Zweck des Freigabeverfahrens muss dieses jedoch auch auf den Kapitalerhöhungsbeschluss anwendbar sein. Ansonsten liefe der Sinn und Zweck dieses Verfahrens ins Leere[78]. Unter den in § 16 Abs. 3 genannten Voraussetzungen soll die Verschmelzung trotz Anfechtungsklage eingetragen werden, um eine ggf. über Jahre dauernde Blockade der Verschmelzung zu verhindern[79].

Wäre das Verfahren nach § 16 Abs. 3 nicht auch auf den Kapitalerhöhungsbeschluss anwendbar, könnte durch die Anfechtung des Kapitalerhöhungsbeschlusses die Eintragung der Durchführung der Kapitalerhöhung im Handelsregister verhindert werden. Zwar gibt es in diesem Fall keine formale Registersperre. Ob ein Kapitalerhöhungsbeschluss eingetragen wird, liegt im Ermessen des Registergerichts. Sofern eine Eintragung der Kapitalerhöhung nach Maßgabe des Registergerichts nicht erfolgen sollte, wäre jedoch die Verschmelzung iE blockiert, da sie erst nach Eintragung der Durchführung der Kapitalerhöhung im Handelsregister eingetragen werden kann. Das Verfahren nach § 16 Abs. 3 muss somit auch iRd. Kapitalerhöhungsbeschlusses anwendbar sein[80].

---

[70] Vgl. Darstellung bei *Rieger* in Widmann/Mayer Rn 41.
[71] *Marsch-Barner* in Kallmeyer Rn 19; *Stratz* in Schmitt/Hörtnagl/Stratz Rn 24.
[72] § 69 Abs. 1 Satz 1 1. Halbs., § 183 AktG.
[73] Vgl. *Ihrig* GmbHR 1995, 622, 628.
[74] *Marsch-Barner* in Kallmeyer Rn 20; aA *Grunewald* in Lutter Rn 22.
[75] Siehe auch *Marsch-Barner* in Kallmeyer Rn 20.
[76] *Marsch-Barner* in Kallmeyer Rn 23.
[77] Zum Freigabeverfahren siehe § 16 Rn 21 ff.
[78] *Marsch-Barner* in Kallmeyer Rn 20.
[79] Siehe § 16 Rn 21.
[80] So auch *Marsch-Barner* in Kallmeyer Rn 23; *Grunewald* in Lutter Rn 22.

30 Das Aktienrecht sieht nunmehr zwar auch Freigabeverfahren für Maßnahmen der Kapitalbeschaffung vor[81]. Deshalb könnte ein separates Freigabeverfahren nach § 246 a AktG nF im Fall der Anfechtung des Kapitalerhöhungsbeschlusses zu betreiben sein. Dies würde jedoch dem Zusammenhang der Verschmelzung und der Kapitalerhöhung nicht gerecht. Da die Verschmelzung nur mit der Kapitalerhöhung durchgeführt werden kann, ist *ein* Verfahren nach § 16 Abs. 3 zu betreiben. Dies gilt auch dann, wenn nur die Kapitalerhöhung angefochten wird, da letztlich zur Entscheidung über die Eintragung der Kapitalerhöhung aufgrund des Sachzusammenhangs die Kriterien des § 16 Abs. 3 anzuwenden sind.

7. Rechtsfolge bei Scheitern von Verschmelzung und Kapitalerhöhung

31 Scheitert die Verschmelzung endgültig, verliert auch die Kapitalerhöhung ihre Wirkung[82]. Die Kapitalerhöhung ist dann nicht durchgeführt und darf nicht eingetragen werden[83]. Ist der Kapitalerhöhungsbeschluss nichtig oder erfolgreich angefochten worden, ist die Verschmelzung nicht einzutragen. Erfolgt trotzdem eine Eintragung der Verschmelzung, ist die Verschmelzung wirksam[84]; auch der Mangel der Kapitalerhöhung ist dann geheilt[85].

8. Rechtsfolgen bei nicht werthaltiger Sacheinlage (Differenzhaftung)

32 Erweist sich die Werthaltigkeit der vom übertragenden Rechtsträger erbrachten Sacheinlage erst nach Wirksamwerden der Verschmelzung als unzureichend, stellt sich die Frage der Differenzhaftung der Anteilsinhaber des übertragenden Rechtsträgers.

33 Zum Teil wird eine solche Differenzhaftung der Anteilsinhaber des übertragenden Rechtsträgers in bar gefordert[86]. Für das Aktienrecht ist dies zu verneinen, sofern der geringste Ausgabebetrag für die neu zu gewährenden Aktien erbracht worden ist[87]. Dies folgt daraus, dass die Anteilsinhaber keinen Einfluss auf die Festlegung des Umtauschverhältnisses haben. Sie können nur zustimmen oder ablehnen. Auch zeichnen sie nicht die neuen Aktien[88]. Dem Gläubigerschutz ist dadurch Rechnung getragen, dass der geringste Ausgabebetrag gedeckt sein muss und eine Werthaltigkeitsprüfung bei Zweifeln des Gerichts an dem Wert der Sacheinlage vorzunehmen ist[89]. Schließlich ist der Verschmelzungsvertrag und damit auch das Umtauschverhältnis durch einen oder mehrere gerichtlich bestellte Prüfer zu prüfen[90]. Zwar haben diese nur das Umtauschverhältnis zu prüfen; dieses ergibt sich jedoch aus dem Wert des Einzelnen beteiligten Rechtsträgers. Im Übrigen haben die Anteilsinhaber des Übernehmenden das – allerdings auf die Monatsfrist beschränkte – Recht zur Anfechtung, mit dem die Bewertung und damit auch eine etwaige Differenz gerügt werden kann[91].

---

[81] § 246 a Abs. 1 AktG nF.
[82] *Grunewald* in Lutter Rn 25; vgl. auch *Bonke* S. 118 ff.; *Marsch-Barner* in Kallmeyer Rn 19; *Stratz* in Schmitt/Hörtnagl/Stratz Rn 28.
[83] *Grunewald* in Lutter Rn 25.
[84] § 20 Abs. 2.
[85] Siehe § 20 Rn 84 ff.
[86] Vgl. zB für die GmbH als übernehmende Gesellschaft § 55 Rn 11; *Grunewald* EWiR 2006, 29 ff.
[87] Vgl. OLG *München* BB 2006, 146; *Grunewald* in Lutter Rn 27; *Marsch-Barner* in Kallmeyer Rn 18; aA *Bermel* in Goutier/Knopf/Tulloch Rn 31; *Ihrig* GmbHR 1995, 612, 642; *Stratz* in Schmitt/Hörtnagl/Stratz Rn 29; für keine Differenzhaftung der widersprechenden Anteilsinhaber in Anwendung von §§ 219 Satz 2, 245 Abs. 1 *Thoß* NZG 2006, 378, 378.
[88] Siehe Rn 14.
[89] Siehe Rn 11.
[90] §§ 9, 10.
[91] *Grunewald* in Lutter Rn 27, die im Übrigen auch noch auf den lastenfreien Erwerb (§§ 929, 932, 936 BGB) verweist.

§ 70 Geltendmachung eines Schadenersatzanspruchs

Die Bestellung eines besonderen Vertreters nach § 26 Abs. 1 Satz 2 können nur solche Aktionäre einer übertragenden Gesellschaft beantragen, die ihre Aktien bereits gegen Anteile des übernehmenden Rechtsträgers umgetauscht haben.

Übersicht

	Rn		Rn
I. Allgemeines	1	II. Einzelerläuterungen	4
1. Sinn und Zweck der Norm	1	1. Antragsberechtigter Aktionär	4
2. Entstehungsgeschichte	2	2. Antragsberechtigung des	
3. Anwendungsbereich	3	übernehmenden Rechtsträgers	7

I. Allgemeines

1. Sinn und Zweck der Norm

Nach den allgemeinen Vorschriften ist auf Antrag eines Anteilsinhabers oder eines Gläubigers des übertragenden Rechtsträgers gerichtlich ein Vertreter zu bestellen, der Schadensersatzansprüche gegen Mitglieder des Vertretungsorgans und des Aufsichtsorgans geltend machen kann, die durch die Verschmelzung entstanden sind[1]. Bei Verschmelzungen unter Beteiligung von Aktiengesellschaften als übertragenden Rechtsträgern ist dieses Recht auf die Anteilsinhaber beschränkt, die ihre Aktien bereits in Anteile des übernehmenden Rechtsträgers umgetauscht haben. Dadurch sollen die Aktionäre angehalten werden, ihre Aktien zu tauschen. Schwierigkeiten, die sich durch den noch laufenden Umtausch ergeben können, sollen vermieden werden[2]. 1

2. Entstehungsgeschichte

§ 70 entspricht inhaltlich § 350 Abs. 1 Satz 3 1. Halbs. AktG aF. Er soll wohl Art. 20 VerschmRL umsetzen. Dieser verlangt jedoch nur, dass die Haftung der Mitglieder der Vertretungsorgane gegenüber den Aktionären festgeschrieben wird. Er gilt nur für die Verschmelzung von Aktiengesellschaften, während § 70 zwar die Beteiligung einer AG verlangt, diese aber auch mit anderen Rechtsträgern verschmolzen werden kann[3]. 2

3. Anwendungsbereich

Die Anwendbarkeit der Vorschrift setzt voraus, dass übertragender Rechtsträger eine AG oder eine KGaA ist. Die Rechtsform des übernehmenden Rechtsträgers ist ohne Bedeutung[4]. Die Norm gilt für die Verschmelzung zur Aufnahme und zur Neugründung sowie über die §§ 125 Satz 1, 135 Abs. 1 für die Spaltung in Form der Aufspaltung. Sie ist nicht anwendbar für die Abspaltung sowie für die Ausgliederung, da diese nicht zu einem Umtausch von Aktien führen[5]. 3

---

[1] § 26 Abs. 1 Satz 2; siehe umfassend zur Geltendmachung des Schadenersatzanspruchs § 26.
[2] *Grunewald* in Lutter Rn 2; *Marsch-Barner* in Kallmeyer § 1 Rn 1; *Kraft* in Kölner Komm. § 350 AktG Rn 4; *Rieger* in Widmann/Mayer Rn 8.
[3] Vgl. auch *Grunewald* in Lutter Rn 1.
[4] *Marsch-Barner* in Kallmeyer Rn 2; *Rieger* in Widmann/Mayer Rn 2.
[5] *Kallmeyer* in Kallmeyer § 125 Rn 81; aA *Rieger* in Widmann/Mayer Rn 2 bzgl. Abspaltung.

II. Einzelerläuterungen

1. Antragsberechtigter Aktionär

4 Der Antragsteller muss im Zeitpunkt des Wirksamwerdens der Verschmelzung Aktionär der übertragenden Gesellschaft sein[6]. Er hat dies nachzuweisen, zB durch einen Depotauszug oder eine Eintragung im Aktienregister bei Namensaktien[7]. Das Antragsrecht ist weder isoliert abtretbar noch übertragbar[8].

5 Im Fall der Gesamtrechtsnachfolge geht die Antragsberechtigung auf den Rechtsnachfolger über[9]. Im Fall einer Einzelrechtsnachfolge gilt dies nicht[10]. Hier realisiert sich beim Erwerber nur das allgemeine Bewertungsrisiko im Fall des Kaufs von Aktien[11].

6 Der Aktionär muss seine Aktien gegen Anteile des übernehmenden Rechtsträgers getauscht haben bzw. zur Zusammenlegung eingereicht haben, um antragsberechtigt zu sein[12].

2. Antragsberechtigung des übernehmenden Rechtsträgers

7 Der übernehmende Rechtsträger hat als Aktionär der übertragenden Gesellschaft kein Antragsrecht. Zwar könnte man dies dann annehmen, wenn der übernehmende Rechtsträger Anteile des übertragenden Rechtsträgers vor der Verschmelzung gehalten hat. Diese Anteile sind jedoch mit der Verschmelzung untergegangen[13]. Allenfalls aus seiner Position als Gläubiger der übertragenden AG kann sich ein Antragsrecht des übernehmenden Rechtsträgers ergeben[14].

§ 71 Bestellung eines Treuhänders

(1) Jeder übertragende Rechtsträger hat für den Empfang der zu gewährenden Aktien und der baren Zuzahlungen einen Treuhänder zu bestellen. Die Verschmelzung darf erst eingetragen werden, wenn der Treuhänder dem Gericht angezeigt hat, daß er im Besitz der Aktien und der im Verschmelzungsvertrag festgesetzten baren Zuzahlungen ist.

(2) § 26 Abs. 4 ist entsprechend anzuwenden.

Übersicht

	Rn		Rn
I. Allgemeines	1	1. Bestellung eines Treuhänders (Abs. 1 Satz 1)	5
1. Sinn und Zweck der Norm	1	a) Person des Treuhänders/ Ersatztreuhänders	5
2. Entstehungsgeschichte	3		
3. Anwendungsbereich	4	b) Verfahren der Bestellung/ Rechtsstellung des Treuhänders	6
II. Einzelerläuterungen	5		

---

[6] *Marsch-Barner* in Kallmeyer Rn 4; *Rieger* in Widmann/Mayer Rn 4.
[7] § 67 Abs. 2 AktG; *Marsch-Barner* in Kallmeyer Rn 5.
[8] Siehe auch § 26 Rn 5.
[9] Siehe § 26 Rn 5; *Marsch-Barner* in Kallmeyer Rn 4; *Rieger* in Widmann/Mayer Rn 5; *Stratz* in Schmitt/Hörtnagl/Stratz Rn 2.
[10] *Marsch-Barner* in Kallmeyer Rn 4; *Stratz* in Schmitt/Hörtnagl/Stratz Rn 2.
[11] Vgl. *Rieger* in Widmann/Mayer Rn 6.
[12] *Grunewald* in Lutter Rn 4; *Marsch-Barner* in Kallmeyer Rn 3.
[13] § 20 Abs. 1 Nr. 3 Satz 1 1. Halbs.; siehe § 20 Rn 74.
[14] Vgl. § 26 Abs. 1 Satz 2; siehe § 26 Rn 6.

Bestellung eines Treuhänders 1–4 § 71

Rn		Rn
2. Aufgaben des Treuhänders (Abs. 1) 10	e)	Rechtsfolge bei Verletzung der Pflichten durch den Treuhänder 20
a) Empfang der zu gewährenden Aktien und der baren Zuzahlungen 11	f)	Rechtsfolge bei Eintragung der Verschmelzung ohne Anzeige des Treuhänders bzw. Übergabe der Aktien und der baren Zuzahlung an den Treuhänder 21
aa) Übergabe neuer Aktien 11		
bb) Übergabe eigener Aktien der übernehmenden AG sowie Aktien des übertragenden Rechtsträgers am übernehmenden Rechtsträger ... 12	3.	Auslagenersatz und Vergütung des Treuhänders (Abs. 2) 22
	4.	Übergang der Mitgliedschaftsrechte 23
cc) Übergabe „nicht verbriefter Aktien" 14	a)	Kein Übergang vor Eintragung der Verschmelzung 23
dd) Übergabe der baren Zuzahlung .. 15	b)	Übergang mit Eintragung der Verschmelzung 25
b) Anzeige des Empfangs an das Gericht 16	c)	Besonderheiten bei Namensaktien ... 26
c) Aushändigung der Aktien und der baren Zuzahlung 18		
d) Rückgabe der Aktien und der Zuzahlung beim Scheitern der Verschmelzung 19		

Literatur: *Bote*, Der Eigentumserwerb bei der Ausgabe von Aktienurkunden nach der Verschmelzung zweier Aktiengesellschaften, ZHR 118 (1955) 196; *Reich*, Die Rechtsstellung des Treuhänders bei der Verschmelzung von Aktiengesellschaften, Diss. Jena, 1939/1940; *Schleyer*, Die unzulässige Anerkennung alter Aktien bei der Verschmelzung von Aktiengesellschaften, AG 1958, 208.

I. Allgemeines

1. Sinn und Zweck der Norm

Die Vorschrift schützt die Anteilsinhaber der übertragenden Rechtsträger[1]. Sie bedürfen des Schutzes, weil ihre Anteile an dem übertragenden Rechtsträger mit Eintragung der Verschmelzung erlöschen[2]. Mit Wirksamwerden der Verschmelzung werden die Anteile durch den Treuhänder für die Anteilsinhaber der übertragenden Rechtsträger gehalten[3]. 1

Schließlich dient die Norm dem Schutz der Anteilsinhaber der übertragenden Rechtsträger vor den Gläubigern der übernehmenden Gesellschaften wie auch vor den Gläubigern der Anteilsinhaber der übertragenden Rechtsträger, indem sowohl die baren Zuzahlungen als auch die Aktien durch den Treuhänder im Zeitpunkt des Wirksamwerdens der Verschmelzung gehalten werden[4]. 2

2. Entstehungsgeschichte

Abs. 1 entspricht bis auf Satz 2 § 346 Abs. 2 AktG aF. Abs. 2 übernimmt für den Treuhänder die Vergütungsregeln des besonderen Vertreters. Die Vorschrift hat keine europarechtliche Grundlage in der VerschmRL. 3

3. Anwendungsbereich

Die Vorschrift ist anwendbar auf Verschmelzungen, Auf- und Abspaltungen zur Aufnahme und zur Neugründung, an denen eine AG als übernehmender Rechtsträger beteiligt ist. 4

---

[1] § 71 Abs. 1 Satz 2.
[2] § 20 Abs. 1 Nr. 2 Satz 1. *Grunewald* in Lutter Rn 2.
[3] *Bermel* in Goutier/Knopf/Tulloch Rn 2.
[4] *Stratz* in Schmitt/Hörtnagl/Stratz Rn 2.

Sie ist nicht anwendbar im Rahmen der Gründung einer SE durch Verschmelzung[5], da das UmwG nur zu berücksichtigen ist, soweit es im Einklang mit der VerschmRL steht[6]. Die VerschmRL kennt jedoch eine dem Treuhänder entsprechende Vorschrift nicht[7]. Trotzdem empfiehlt es sich aus abwicklungstechnischen Gründen, einen Treuhänder in entsprechender Anwendung von § 71 zu beauftragen.

II. Einzelerläuterungen

1. Bestellung eines Treuhänders (Abs. 1 Satz 1)

5   a) **Person des Treuhänders/Ersatztreuhänders.** Treuhänder kann jede dritte, nicht an der Verschmelzung beteiligte natürliche oder juristische Person sein, auch eine Personenhandelsgesellschaft[8]. Der Treuhänder sollte unabhängig von den an der Verschmelzung beteiligten Rechtsträgern sein. Dies ist zwar nicht zwingend, aber wegen eventueller Interessenkonflikte empfehlenswert. Da er jedoch vom übertragenden Rechtsträger zu bestellen ist, kommt der Notar, der den Verschmelzungsvertrag bzw. einen Verschmelzungsbeschluss der beteiligten Rechtsträger beurkundet, nicht in Betracht. Denn dieser handelt – anders als der Treuhänder – nicht im Auftrag einer der beteiligten Personen.

6   b) **Verfahren der Bestellung/Rechtsstellung des Treuhänders.** Der Treuhänder ist durch das Vertretungsorgan des übertragenden Rechtsträgers zu bestellen. Ausreichend ist die Beteiligung von Mitgliedern des Vertretungsorgans in vertretungsberechtigter Zahl[9]. Mögliche Verstöße gegen Geschäftsführungsvorschriften, die zur Bestellung des Treuhänders einzuhalten sind, berühren als Verstöße gegen den internen Entscheidungsprozess die Wirksamkeit der Bestellung nicht[10]. Sind an der Verschmelzung mehrere übertragende Rechtsträger beteiligt, kann jeder übertragende Rechtsträger seinen eigenen Treuhänder bestellen. Auch ein gemeinsamer Treuhänder für alle übertragenden Rechtsträger kann bestellt werden[11].

7   Zwischen dem Treuhänder und dem übertragenden Rechtsträger wird typischerweise ein Auftrags- oder ein Geschäftsbesorgungsvertrag gem. §§ 662, 611, 675 BGB abgeschlossen. Dieses Rechtsverhältnis entsteht nicht schon mit der Bestellung an sich, sondern mit der Annahme der Bestellung durch den Treuhänder[12]. Mit Wirksamwerden der Verschmelzung wird der übernehmende Rechtsträger als Gesamtrechtsnachfolger des übertragenden Rechtsträgers Vertragspartner des Treuhänders[13]. Das Vertragsverhältnis – nicht die Bestellung an sich – kann jedoch auch mit dem übernehmenden Rechtsträger begründet werden[14].

8   Ggf. mag sich vorsorglich die Bestellung eines Ersatztreuhänders empfehlen[15]. Insbesondere wenn eine natürliche Person zum Treuhänder bestellt worden ist, muss damit gerechnet werden, dass diese aufgrund Krankheit o. ä. ihre Aufgaben nicht wahrnehmen kann.

9   Das Treuhandverhältnis endet nach den für das Rechtsverhältnis maßgebenden Vorschriften, zB durch Kündigung des Treuhandvertrags. Es empfiehlt sich, eine Kündigungsfrist und

---

[5] AA *Marsch-Barner* in Kallmeyer Rn 3.
[6] Art. 18 SE-VO.
[7] Siehe Rn 3.
[8] *Rieger* in Widmann/Mayer Rn 7; *Marsch-Barner* in Kallmeyer Rn 5; *Stratz* in Schmitt/Hörtnagl/Stratz Rn 2.
[9] *Rieger* in Widmann/Mayer Rn 8.
[10] *Rieger* in Widmann/Mayer Rn 8.
[11] *Grunewald* in Lutter Rn 3; *Marsch-Barner* in Kallmeyer Rn 2; *Stratz* in Schmitt/Hörtnagl/Stratz Rn 3; *Rieger* in Widmann/Mayer Rn 8.
[12] *Marsch-Barner* in Kallmeyer Rn 4; *Rieger* in Widmann/Mayer Rn 9.
[13] Siehe § 20 Rn 8 ff.; *Rieger* in Widmann/Mayer Rn 10.
[14] *Grunewald* in Lutter Rn 5; *Marsch-Barner* in Kallmeyer Rn 6.
[15] *Marsch-Barner* in Kallmeyer Rn 5; *Rieger* in Widmann/Mayer Rn 11 „Nachfolger".

Kündigungsregeln vorzusehen, so dass der Treuhänder rechtzeitig ersetzt werden kann[16]. Der Treuhänder darf das Treuhandverhältnis nicht zur Unzeit kündigen[17]. Dies wird idR anzunehmen sein, wenn der Treuhänder zu einem Zeitpunkt kündigt, zu dem er die Aktien und ggf. die bare Zuzahlung entgegengenommen hat und die Eintragung der Verschmelzung im Handelsregister unmittelbar bevorsteht.

2. Aufgaben des Treuhänders (Abs. 1)

Der Treuhänder hat die Aktienurkunden und die baren Zuzahlungen zu verwahren und dies dem Gericht anzuzeigen[18]. **10**

a) Empfang der zu gewährenden Aktien und der baren Zuzahlung. *aa) Übergabe* **11**
neuer Aktien. Die neuen, aus einer Kapitalerhöhung gegen Sacheinlagen zu schaffenden Aktien sind dem Treuhänder zu übergeben. Die Aktien entstehen erst mit Eintragung der Verschmelzung, da die Wirksamkeit der Kapitalerhöhung durch die Eintragung der Verschmelzung bedingt ist[19]. Die übergebenen Aktienurkunden verbriefen daher bis zur Eintragung der Verschmelzung noch keine Aktien. Sie sind dem Treuhänder aber bereits vor Eintragung zu übergeben, damit dieser mit Eintragung der Verschmelzung die dann verbrieften Aktien unmittelbar besitzt. Die Übergabe einer Globalurkunde reicht aus, ist aber auch erforderlich[20].

bb) Übergabe eigener Aktien der übernehmenden AG sowie Aktien des übertragenden Rechtsträgers **12**
am übernehmenden Rechtsträger. Neben der Gewährung von Aktien aus einer Kapitalerhöhung kommt auch die Gewährung bereits vorhandener, eigener Aktien der AG an die Anteilsinhaber des übertragenden Rechtsträgers in Betracht. Diese eigenen Aktien sind – wie die Urkunden über neue Aktien – dem Treuhänder vor Eintragung der Verschmelzung zu übergeben. Der Treuhänder erwirbt keine Aktionärsstellung[21]. Die übernehmende AG verliert mit der Übergabe der Urkunden die Verfügungsbefugnis über die Aktien, da diese wegen der Wertpapiereigenschaft den Besitz der Aktienurkunden voraussetzt[22]. Bis zur Eintragung der Verschmelzung hält der Treuhänder die Aktien für die übernehmende AG und danach für die Aktionäre der übertragenden Gesellschaft. Gläubiger der übernehmenden AG können nach Übertragung der Aktien auf den Treuhänder nicht mehr auf diese Aktien zugreifen. Da die übernehmende AG jedoch einen Anspruch auf Rückgabe der Aktien im Fall des Scheiterns der Verschmelzung hat, können die Gläubiger diesen Anspruch pfänden und sich überweisen lassen[23].

Gleiches gilt für Aktien, die ein übertragender Rechtsträger an der übernehmenden AG **13**
hält[24] und die dieser dem Treuhänder zur Verfügung stellt.

cc) Übergabe „nicht verbriefter" Aktien. Ist die Mitgliedschaft nicht verbrieft, ist eine Be- **14**
sitzverschaffung nicht möglich. Nicht hierunter fällt die Ausgabe einer Globalurkunde, die regelmäßig dann erfolgt, wenn der Anspruch der Aktionäre auf Verbriefung ihres Anteils ausgeschlossen ist[25]. Diese ist dem Treuhänder zu übergeben[26]. Im Fall der Verschmelzung müssen jedoch Aktienurkunden, sei es auch nur in Form von Globalurkunden, ausgegeben

---

[16] *Rieger* in Widmann/Mayer Rn 13.
[17] Vgl. § 671 Abs. 2 BGB.
[18] *Marsch-Barner* in Kallmeyer Rn 7; *Rieger* in Widmann/Mayer Rn 28.
[19] Siehe § 69 Rn 18.
[20] Siehe Rn 14.
[21] *Grunewald* in Lutter Rn 8; *Rieger* in Widmann/Mayer Rn 18.
[22] *Sprau* in Palandt vor § 793 Rn 3.
[23] IE *Grunewald* in Lutter Rn 8; *Bermel* in Goutier/Knopf/Tulloch Rn 5.
[24] Vgl. § 68 Abs. 1 Satz 2 Nr. 2.
[25] § 10 Abs. 5 AktG.
[26] Siehe Rn 11; vgl. *Grunewald* in Lutter Rn 7; vgl. auch *Marsch-Barner* in Kallmeyer Rn 8, der es ausreichen lässt, dass der Treuhänder den ordnungsgemäßen Übergang der Mitgliedschaftsrechte sicherstellt.

werden, damit der Treuhänder seine Funktionen wahrnehmen kann[27] und damit die Anteilsinhaber des übertragenden Rechtsträgers ausreichend geschützt sind. Etwas anderes gilt nur, wenn die zukünftigen Aktionäre mit ihrem Anteilsbesitz im Sachkapitalerhöhungsbeschluss genannt werden. Dann kann auch auf einen Treuhänder verzichtet werden, sofern darüber hinaus weder eine bare Zuzahlung gewährt wird, noch sonstige Aktien an die Anteilsinhaber des übertragenden Rechtsträgers übergeben werden müssen.

15   *dd) Übergabe der baren Zuzahlung.* Die übernehmende Gesellschaft ist verpflichtet, dem Treuhänder die iRd. Verschmelzung zu leistende bare Zuzahlung zu übergeben. Der Treuhänder hat diese bare Zuzahlung separat von seinem sonstigen Vermögen ausschließlich auf einem für die Anteilsinhaber des übertragenden Rechtsträgers einzurichtenden Treuhandkonto zu hinterlegen[28].

16   **b) Anzeige des Empfangs an das Gericht.** Die Anzeige des Treuhänders an das Gericht, dass er die zu gewährenden Aktien sowie die bare Zuzahlung empfangen hat, ist Voraussetzung für die Eintragung der Verschmelzung[29]. Die Anzeige hat an das Gericht zu erfolgen, mit dessen Eintragung die Verschmelzung wirksam wird. Dies ist das Gericht am Sitz des übernehmenden Rechtsträgers. Der Treuhänder hat diese Anzeige unverzüglich nach Inbesitznahme aller Aktienurkunden und des vollständigen Betrags der im Verschmelzungsvertrag festgesetzten baren Zuzahlung abzugeben[30]. Mögliche weitere, in einem Spruchstellenverfahren festzusetzende bare Zuzahlungen sind nicht Gegenstand der Anzeige und auch nicht Gegenstand der Entgegennahme durch den Treuhänder[31].

17   Die Anzeige ist schriftlich gegenüber dem Gericht des Handelsregisters der übernehmenden AG abzugeben[32]. Die Verschmelzung wird mit Eintragung der Verschmelzung im Handelsregister der übernehmenden AG wirksam. Vorher muss sichergestellt sein, dass die Anteilsinhaber des übertragenden Rechtsträgers im Hinblick auf die diesen zu gewährenden Aktien und baren Zuzahlungen gesichert sind.

18   **c) Aushändigung der Aktien und der baren Zuzahlung.** Mit Eintragung der Verschmelzung stehen den Anteilsinhabern der übertragenden Rechtsträger die neuen Aktien und die bare Zuzahlung zu. Der Treuhänder hat die Aktien und die bare Zuzahlung an diese unverzüglich auszuhändigen[33]. Die Anteilsinhaber der übertragenden Rechtsträger haben einen unmittelbaren Anspruch gegenüber dem Treuhänder aus dem Treuhandverhältnis. Das Treuhandverhältnis stellt insofern einen Vertrag zugunsten Dritter dar[34].

19   **d) Rückgabe der Aktien und der Zuzahlung beim Scheitern der Verschmelzung.** Im Fall des endgültigen Scheiterns der Verschmelzung hat der Treuhänder die Aktienurkunden und die Zuzahlung zurückzugewähren[35]. Er hat dies vorab dem Registergericht der übernehmenden AG anzuzeigen.

20   **e) Rechtsfolge bei Verletzung der Pflichten durch den Treuhänder.** Verletzt der Treuhänder seine Pflichten, haftet er nach den allgemeinen Regeln aus dem Treuhandverhältnis. Diese Haftung besteht sowohl gegenüber dem übertragenden Rechtsträger als auch

---

[27] AA *Grunewald* in Lutter Rn 7; *Marsch-Barner* in Kallmeyer Rn 8.
[28] *Marsch-Barner* in Kallmeyer Rn 9; *Grunewald* in Lutter Rn 10.
[29] § 71 Abs. 1 Satz 2; *Marsch-Barner* in Kallmeyer Rn 11.
[30] *Rieger* in Widmann/Mayer Rn 28.
[31] *Marsch-Barner* in Kallmeyer Rn 11.
[32] *Marsch-Barner* in Kallmeyer Rn 11; vgl. aber auch Rn 7; aA hinsichtlich der Schriftform *Grunewald* in Lutter Rn 12.
[33] *Bermel* in Goutier/Knopf/Tulloch Rn 5.
[34] *Rieger* in Widmann/Mayer Rn 30; vgl. auch *Marsch-Barner* in Kallmeyer Rn 16; einschränkend *Grunewald* in Lutter Rn 5 nur bei entsprechender Vertragsgestaltung; näher zum Vertrag zugunsten Dritter *Heinrichs* in Palandt Vor § 328.
[35] *Bermel* in Goutier/Knopf/Tulloch Rn 5.

Bestellung eines Treuhänders 21–26 § 71

gegenüber den Anteilsinhabern aus dem Vertragsverhältnis zugunsten Dritter, die Anspruch auf Besitzübertragung der Aktien sowie der baren Zuzahlung haben[36].

f) Rechtsfolge bei Eintragung der Verschmelzung ohne Anzeige des Treuhänders 21
bzw. Übergabe der Aktien und der baren Zuzahlung an den Treuhänder. Wird die Verschmelzung eingetragen, obwohl eine Anzeige des Treuhänders nach Abs. 1 Satz 2 nicht erfolgt ist, ist die Verschmelzung wirksam[37]. Dies gilt auch für den Fall, dass trotz Anzeige des Treuhänders die Aktien sowie die bare Zuzahlung dem Treuhänder nicht übergeben worden sind.

3. Auslagenersatz und Vergütung des Treuhänders (Abs. 2)
Zu Auslagenersatz und Vergütung des Treuhänders verweist Abs. 2 auf § 26 Abs. 4[38]. 22

4. Übergang der Mitgliedschaftsrechte

a) Kein Übergang vor Eintragung der Verschmelzung. Der Treuhänder wird nicht 23
Aktionär. Ihm stehen auch keine Mitgliedschaftsrechte zu[39]. Die Rechte aus den Aktienurkunden stehen bis zur Eintragung der Verschmelzung der übernehmenden Gesellschaft zu. Die Aktien sind noch nicht entstanden. Die Kapitalerhöhung ist bedingt durch die Eintragung der Verschmelzung im Handelsregister der übernehmenden AG[40]. Die Übergabe der Aktien an den Treuhänder vor Eintragung der Durchführung der Kapitalerhöhung stellt keine verbotene Aktienausgabe nach § 191 AktG dar[41].

Stammen die Aktien nicht aus einer Kapitalerhöhung, stehen bis zur Eintragung der Ver- 24
schmelzung die Rechte aus den Aktien den bisherigen Aktionären zu[42]. Dies gilt aber nicht für solche Aktien, die die übernehmende Gesellschaft als eigene Aktien gehalten hat. Rechte aus diesen können auch durch die Gesellschaft nicht ausgeübt werden[43].

b) Übergang mit Eintragung der Verschmelzung. Mit Eintragung der Verschmel- 25
zung gehen die Mitgliedschaftsrechte *ipso jure* auf die bisherigen Anteilsinhaber des übertragenden Rechtsträgers über[44]. Das Umtauschverhältnis[45] ist maßgebend für den Umfang des Erwerbs von Aktien durch die Anteilsinhaber des übertragenden Rechtsträgers. Der Erwerb der Mitgliedschaftsrechte vollzieht sich unabhängig von der körperlichen Übergabe der Aktienurkunden. Der Aktionär kann die Aktien deshalb durch Abtretung seiner Mitgliedschaftsrechte ohne Übergabe der Urkunde[46] veräußern.

c) Besonderheit bei Namensaktien. Durch die Ausgabe von Namensaktien wird der 26
Aktionär zwar unmittelbar mit Eintragung der Verschmelzung im Handelsregister Aktionär der übernehmenden Aktiengesellschaft. Rechte aus den Aktien kann er aber erst ausüben,

---

[36] *Rieger* in Widmann/Mayer Rn 32; *Marsch-Barner* in Kallmeyer Rn 12.
[37] Siehe § 20 Rn 84 ff.; *Grunewald* in Lutter Rn 12.
[38] Siehe im Einzelnen § 26 Rn 10.
[39] *Stratz* in Schmitt/Hörtnagl/Stratz Rn 2; *Rieger* in Widmann/Mayer Rn 16; *Grunewald* in Lutter Rn 8; *Marsch-Barner* in Kallmeyer Rn 15; *Kraft* in Kölner Komm. § 346 AktG Rn 49; aA *Schleyer* AG 1958, 208, 210.
[40] Siehe Rn 11.
[41] *Marsch-Barner* in Kallmeyer Rn 15; *Kraft* in Kölner Komm. § 346 AktG Rn 49; *Rieger* in Widmann/Mayer Rn 20; aA *Grunewald* in Lutter Rn 9.
[42] Zur Pfändung durch Gläubiger siehe Rn 12.
[43] Vgl. § 71 b AktG.
[44] § 20 Abs. 1 Nr. 3; siehe § 20 Rn 74 ff.; *Marsch-Barner* in Kallmeyer Rn 16; *Rieger* in Widmann/Mayer Rn 23.
[45] Siehe § 5 Rn 25 ff.
[46] §§ 398, 413 BGB; *Marsch-Barner* in Kallmeyer Rn 17.

nachdem er im Aktienregister der übernehmenden AG eingetragen ist[47]. Deshalb hat die übernehmende AG ihn unverzüglich nach Übergabe der Aktien und nach durch den Aktionär zu veranlassender Anmeldung im Aktienregister einzutragen[48].

27 Werden vinkulierte Namensaktien ausgegeben, hat die übernehmende AG die Zustimmung zur Eintragung im Aktienregister nach § 68 Abs. 2 AktG zu erteilen. Der Hauptversammlungsbeschluss zur Verschmelzung stellt insoweit eine Geschäftsführungsmaßnahme dar, die den Vorstand verpflichtet, im Außenverhältnis die Zustimmung zur Übertragung und damit die Eintragung im Aktienregister vorzunehmen.

§ 72 Umtausch von Aktien

(1) Für den Umtausch der Aktien einer übertragenden Gesellschaft gilt § 73 Abs. 1 und 2 des Aktiengesetzes, bei Zusammenlegung von Aktien dieser Gesellschaft § 226 Abs. 1 und 2 des Aktiengesetzes über die Kraftloserklärung von Aktien entsprechend. Einer Genehmigung des Gerichts bedarf es nicht.

(2) Ist der übernehmende Rechtsträger ebenfalls eine Aktiengesellschaft, so gelten ferner § 73 Abs. 3 des Aktiengesetzes sowie bei Zusammenlegung von Aktien § 73 Abs. 4 und § 226 Abs. 3 des Aktiengesetzes entsprechend.

Übersicht

	Rn		Rn
I. Allgemeines	1	3. Zusammenlegung von Aktien der übertragenden Gesellschaft	10
1. Sinn und Zweck der Norm	1		
2. Anwendungsbereich	2	4. Übertragung von Mitgliedschaften vor Umtausch der Aktien	16
II. Einzelerläuterungen	3		
1. Umtausch von Aktien der übertragenden Gesellschaft	3	5. Rechtsträger anderer Rechtsformen als übernehmende Gesellschaft	17
2. Sonderregeln bei Verschmelzung einer AG auf eine andere AG	6	6. Folgen eines Verstoßes gegen die Norm	18

Literatur: *Schleyer,* Die unzulässige Anerkennung alter Aktien bei der Verschmelzung von Aktiengesellschaften, AG 1958, 208; *Schilling,* Die Rechtsstellung der Aktionäre der übertragenden Gesellschaft in der Verschmelzung, AG 1958, 229.

I. Allgemeines

1. Sinn und Zweck der Norm

1 Die Vorschrift entspricht § 346 Abs. 7 AktG aF und § 33 Abs. 3 KapErhG iVm. § 373 AktG aF. Sie regelt das Umtauschverfahren sowie die wertpapierrechtlichen Konsequenzen der Verschmelzung. Die Norm bezieht sich auf Aktienurkunden und nicht auf die Mitgliedschaft.

2. Anwendungsbereich

2 Abs. 1 ist anwendbar für den Umtausch von Aktien in allen Fällen der Verschmelzung mit übertragender AG. Abs. 2 gilt nur für die Fälle, in denen sowohl der übertragende als auch

---

[47] Vgl. § 67 Abs. 2 AktG; *Marsch-Barner* in Kallmeyer Rn 17; *Rieger* in Widmann/Mayer Rn 24.
[48] Vgl. § 67 Abs. 3 AktG.

der aufnehmende Rechtsträger eine AG ist. Die Vorschrift gilt auch für die Aufspaltung[1]. Sie findet keine Anwendung auf die Ausgliederung und auch nicht auf die Abspaltung. § 125 Satz 1 ist insofern unvollständig[2], da es sowohl bei der Ausgliederung als auch bei der Abspaltung nicht zum Umtausch von Aktien kommt.

II. Einzelerläuterungen

1. Umtausch von Aktien der übertragenden Gesellschaft

Die Aktionäre der übertragenden Gesellschaft erwerben mit Eintragung der Verschmelzung Anteile am übernehmenden Rechtsträger[3]. Damit ist das Schicksal der Aktienurkunden der übertragenden AG noch nicht geklärt. Der Verweis auf § 73 AktG regelt die Kraftloserklärung dieser Aktien.

Voraussetzung dafür ist zunächst eine dreimalige Aufforderung in den Gesellschaftsblättern, d. h. zumindest im elektronischen Bundesanzeiger[4], die Aktien einzureichen, mit der gleichzeitig die Kraftloserklärung der Aktien angedroht werden kann[5]. Hierin sind die umzutauschenden Aktien zu bezeichnen und ggf. der Name des Treuhänders zu nennen. Die Aktien sind sodann bei dem Treuhänder (im Fall einer übernehmenden AG[6]) bzw. bei dem übernehmenden Rechtsträger gegen Aushändigung der neuen Anteile und Auszahlung der baren Zuzahlung einzureichen[7]. Die zum Umtausch eingereichten Aktien werden sodann vernichtet. Bei vinkulierten Namensaktien genügt statt einer öffentlichen Aufforderung eine einmalige Einzelaufforderung mit einer Nachfrist von mindestens einem Monat seit dem Empfang der Aufforderung[8].

Die erste Aufforderung hat mindestens drei Monate, die letzte Aufforderung mindestens einen Monat vor Ablauf der für die Einreichung zum Umtausch gesetzten Frist zu erfolgen. Zwischen den einzelnen Bekanntmachungen müssen mindestens drei Wochen liegen[9]. Die Kraftloserklärung geschieht durch einmalige Bekanntmachung in allen Gesellschaftsblättern[10]. Für kraftlos erklärte Aktien sind aus Gründen der Bestimmbarkeit mit Serie und Nummer zu bezeichnen[11]. Die Kraftloserklärung hat keine weitere rechtsvernichtende Wirkung. Die in den Aktienurkunden verkörperten Mitgliedschaftsrechte sind bereits mit Eintragung der Verschmelzung im Handelsregister des übernehmenden Rechtsträgers untergegangen. Der Aktionär ist aufgrund der Eintragung der Verschmelzung Anteilsinhaber des übernehmenden Rechtsträgers geworden. Der zur Kraftloserklärung ansonsten erforderlichen gerichtlichen Genehmigung bedarf es hier nicht[12], da die Kraftloserklärung einen Rechtsverlust nicht zur Folge hat.

---

[1] § 125.
[2] *Kallmeyer* in Kallmeyer § 125 Rn 81; vgl. auch *Rieger* in Widmann/Mayer Rn 2, der § 72 lediglich nicht für die Abspaltung anwendet.
[3] § 20 Abs. 1 Nr. 3.
[4] § 25 AktG.
[5] § 73 Abs. 2 Satz 2 iVm. § 64 Abs. 2 AktG; *Marsch-Barner* in Kallmeyer Rn 2.
[6] Vgl. § 71.
[7] *Bermel* in Goutier/Knopf/Tulloch Rn 4.
[8] § 73 Abs. 2 iVm. § 64 Abs. 2 Satz 4 AktG; *Bermel* in Goutier/Knopf/Tulloch Rn 4.
[9] § 73 Abs. 2 iVm. § 64 Abs. 2 Satz 2 und 3 AktG.
[10] § 73 Abs. 2 Satz 3 AktG.
[11] Vgl. § 73 Abs. 2 Satz 4 AktG. *Bermel* in Goutier/Knopf/Tulloch Rn 4.
[12] § 72 Abs. 1 Satz 2.

2. Sonderregeln bei Verschmelzung einer AG auf eine andere AG

6 Im Fall der Verschmelzung einer AG auf eine andere AG erledigt der Treuhänder den Umtausch der Aktienurkunden[13]. Die neuen Aktien werden auf die Anteilsinhaber der übertragenden AG übertragen.

7 IRd. Umtauschs der Aktien in andere girosammelverwahrte Aktien geschieht dies durch Umbuchung in den Depots der Aktionäre[14]. Dabei wird das Depot des Treuhänders, meistens eine Bank, zugunsten der Depots der Aktionäre der übertragenden AG belastet. Die Aktionäre erhalten die Aktien des übernehmenden Rechtsträgers ohne ihr Zutun[15]. IdR geschieht dies unmittelbar nach der Eintragung der Verschmelzung im Handelsregister und der ggf. erforderlichen Börsenzulassung der neuen Aktien.

8 Ist der Aktionär oder sein Aufenthalt unbekannt oder befindet er sich im Annahmeverzug, können die Aktien hinterlegt werden[16]. Eine Hinterlegung wirkt schuldbefreiend[17], wenn ein Verzicht auf die Rücknahme gem. § 376 Abs. 2 Nr. 1 BGB erfolgt[18]. Die Hinterlegung hat bei dem für den Sitz der übertragenden AG zuständigen Gericht zu erfolgen.

9 Nicht möglich ist eine Hinterlegung, sofern die Aktien des übernehmenden Rechtsträgers ausschließlich in Globalurkunden verbrieft sind. Dies wird insbesondere dann der Fall sein, wenn der Anspruch der Aktionäre auf Verbriefung in der Satzung des übernehmenden Rechtsträgers ausgeschlossen wurde[19]. In diesen Fällen wird der Treuhänder ein Depot und ggf. ein Konto einrichten, in dem er die Aktien und die baren Zuzahlungen verwahrt[20] Er hat ebenfalls die auf die Aktien zwischenzeitlich ausgeschütteten Dividenden in Verwahrung zu nehmen. Die Hinterlegungsvorschriften[21] sind analog auf den Treuhänder anwendbar. Das Gläubigerrecht erlischt somit nach Ablauf von 30 Jahren[22]. Der Gläubiger, d. h. der Aktionär, hat die Kosten der Hinterlegung zu tragen[23].

3. Zusammenlegung von Aktien der übertragenden Gesellschaft

10 Eine Zusammenlegung von Aktien ist erforderlich, wenn ein Aktionär weniger Aktien hält, als nach dem Umtauschverhältnis[24] für den Erwerb einer Aktie an der übernehmenden Gesellschaft erforderlich sind.

Beispiel:
Im Verschmelzungsvertrag wird vereinbart, dass die Aktionäre des übertragenden Rechtsträgers für fünf Aktien des übertragenden Rechtsträgers vier Aktien des übernehmenden Rechtsträgers erhalten. Ein Aktionär, der sechs Aktien des übertragenden Rechtsträgers hält, hat nach dem Umtausch noch eine Spitze von einer Aktie. Für diese Aktie ist ein Umtausch nicht möglich.

---

[13] Siehe § 71 Rn 10 ff.
[14] *Marsch-Barner* in Kallmeyer Rn 4; *Grunewald* in Lutter Rn 4.
[15] Vgl. Sonderbedingungen der Banken für Wertpapiergeschäfte, abgedruckt in MünchKomm. HGB Bd. 5, §§ 343 bis 372, 2001, Anlage Effektengeschäft, S. 1439 ff., 1444, Nr. 18 (1); Sonderbedingungen der Sparkassen für Wertpapiergeschäfte, abgedruckt in *Steppeler/Künzle*, Kommentar zu den Sparkassen AGB, 2001, Nr. 18 (1).
[16] § 72 Abs. 2 iVm. §§ 73 Abs. 3, 73 Abs. 4, 226 Abs. 3 AktG. *Bermel* in Goutier/Knopf/Tulloch Rn 4; *Rieger* in Widmann/Mayer Rn 21.
[17] § 378 BGB.
[18] *Rieger* in Widmann/Mayer Rn 21; vgl. auch *Walter* in Kölner Komm. § 73 AktG Rn 22, der von Verzicht auf die Rücknahme als Wirksamkeitsvoraussetzung ausgeht.
[19] § 10 Abs. 5 AktG.
[20] *Marsch-Barner* in Kallmeyer Rn 4.
[21] §§ 372 ff. BGB.
[22] § 382 BGB.
[23] § 381 BGB.
[24] Siehe § 5 Rn 25 ff.

Das Verfahren für die Aufforderung zur Einreichung der Aktien und für die Kraftloserklärung entspricht dem Verfahren beim Umtausch von Aktien des übertragenden Rechtsträgers in Anteile des übernehmenden Rechtsträgers[25]. Durch die Zusammenlegung soll verhindert werden, dass mangels Mitwirkung von Aktionären die Anteile des übernehmenden Rechtsträgers nicht voll ausgegeben werden können[26]. Eine Zusammenlegung durch Kraftloserklärung ist ausgeschlossen, wenn die Aktionäre ihre Aktien bei dem übernehmenden Rechtsträger einreichen und zur Verwertung zur Verfügung stellen[27].

Die Zusammenlegung ist grundsätzlich durch den übernehmenden Rechtsträger als Gesamtrechtsnachfolger der übertragenden AG durchzuführen. Ist der übernehmende Rechtsträger eine AG, ist der Treuhänder[28] für die Entgegennahme der Aktien zuständig[29]. Zu unterscheiden von der Zusammenlegung ist die Auf- bzw. Abrundung, bei der die Aktionäre einzelne Spitzen von anderen Aktionären hinzu erwerben bzw. an diese veräußern, um sodann „ganze" Aktien beziehen zu können. Hierfür ist eine Verwertung nach § 226 Abs. 3 AktG nicht erforderlich, da dem Sinn und Zweck der Vorschrift (Ausgabe aller Aktien) insofern Rechnung getragen wird.

In der Zeit zwischen Zusammenlegung der Aktien und der Verwertung stehen die neuen Aktien den am Zusammenlegungsverfahren beteiligten Aktionären der übertragenden AG zu. Sie sind mit Eintragung der Verschmelzung Mitaktionär geworden. Die Mitgliedschaftsrechte ruhen[30]. Das Vermögensrecht übt die übernehmende AG für die bisherigen Aktionäre der übertragenden AG aus[31].

Aktien, die im Zusammenlegungsverfahren auszugeben sind, werden gem. § 226 Abs. 3 AktG zum Börsenpreis durch Vermittlung eines Kursmaklers verwertet oder beim Fehlen eines Börsenpreises durch öffentliche Versteigerung verkauft[32]. Eine andere Art der Verwertung kommt nur dann in Betracht, wenn alle betroffenen Aktionäre zustimmen[33]. Die übernehmende AG bzw. der Treuhänder sind verpflichtet, die Verwertung unverzüglich[34] durchzuführen.

Ein Recht zur Hinterlegung des Verwertungserlöses besteht, wenn der berechtigte Aktionär oder sein Aufenthalt unbekannt ist bzw. er sich im Annahmeverzug befindet[35]. Verzichtet die AG auf ihr Recht zur Rücknahme[36], hat die Hinterlegung Erfüllungswirkung[37].

4. Übertragung von Mitgliedschaften vor Umtausch der Aktien

Bereits vor Umtausch der Aktien sind die Mitgliedschaften – auch bei der Ausgabe von Aktien des übernehmenden Rechtsträgers in Form von Inhaberpapieren – übertragbar[38]. Das Eigentum an den neuen Aktienurkunden geht automatisch auf den Erwerber über[39].

---

[25] Siehe Rn 3 ff.
[26] *Grunewald* in Lutter Rn 3.
[27] § 226 Abs. 1 AktG; *Grunewald* in Lutter Rn 3.
[28] § 71.
[29] § 71 Rn 10; *Rieger* in Widmann/Mayer Rn 26.
[30] *Rieger* in Widmann/Mayer Rn 27.
[31] *Marsch-Barner* in Kallmeyer Rn 4.
[32] *Grunewald* in Lutter Rn 5.
[33] *Hüffer* § 226 AktG Rn 15.
[34] § 121 Abs. 1 Satz 1 BGB.
[35] Vgl. § 372 BGB. Vgl. auch *Rieger* in Widmann/Mayer Rn 31, der von einer Pflicht zur Hinterlegung spricht.
[36] § 376 Abs. 2 Nr. 1 BGB.
[37] § 378 BGB.
[38] §§ 413, 398 BGB; *Grunewald* in Lutter Rn 6.
[39] § 952 BGB; *Grunewald* in Lutter Rn 6.

5. Rechtsträger anderer Rechtsformen als übernehmende Gesellschaft

17 Ist der übernehmende Rechtsträger keine AG, findet ein Umtausch iSd Aushändigung von Anteilsscheinen am übernehmenden Rechtsträger nicht statt. Andere Rechtsträger geben idR keine Anteilsscheine aus. Demnach ist auch ein Treuhänder nicht zu bestellen. Das Verfahren zur Kraftloserklärung ist Aufgabe des übernehmenden Rechtsträgers[40]. Die Aktienurkunden sind an den übernehmenden Rechtsträger zu geben. Zugleich ist festzustellen, welche Anteile auf die Aktien entfallen und wer Inhaber der Anteile am übernehmenden Rechtsträger ist[41]. Das Verfahren ist mit der Kraftloserklärung abgeschlossen. Nach Wirksamwerden der Verschmelzung sind die Anteile des übernehmenden Rechtsträgers nach den jeweiligen Vorschriften zur Übertragung von Anteilen in der Rechtsform des übernehmenden Rechtsträgers übertragbar[42]. Werden die Aktien des übertragenden Rechtsträgers kurzfristig noch an der Börse gehandelt, werden Umtauschansprüche übertragen.

6. Folge eines Verstoßes gegen die Norm

18 Wird gegen die Vorschriften des Umtauschs von Aktien verstoßen, hat dies keine Auswirkung auf die Wirksamkeit der Verschmelzung[43]. Möglich sind Schadensersatzansprüche gegen Mitglieder des Geschäftsführungsorgans der übernehmenden Gesellschaft sowie gegen den Treuhänder aus Verletzung des Treuhandvertrags zugunsten Dritter[44].

Zweiter Unterabschnitt. Verschmelzung durch Neugründung

§ 73 Anzuwendende Vorschriften

Auf die Verschmelzung durch Neugründung sind die Vorschriften des Ersten Unterabschnitts mit Ausnahme der §§ 66, 67, 68 Abs. 1 und 2 und des § 69 entsprechend anzuwenden.

Übersicht

	Rn		Rn
I. Allgemeines	1	5. Keine Anwendung der Kapitalerhöhungsvorschriften	7
1. Entstehungsgeschichte	1		
2. Anwendungsbereich	2	6. Verschmelzungsvertrag bei AG als neu zu gründendem Rechtsträger	8
II. Einzelerläuterungen	3		
1. Verschmelzungsprüfung	3	7. Geltendmachung eines Schadensersatzanspruchs bei AG als übertragendem Rechtsträger; Bestellung eines Treuhänders	9
2. Bekanntmachung des Verschmelzungsvertrags	4		
3. Zustimmungsbeschluss der Hauptversammlung	5		
4. Zustimmungsbeschluss bei Aktiengesellschaften als sich verschmelzende Rechtsträger	6	8. Umtausch von Aktien	10

---

[40] *Marsch-Barner* in Kallmeyer Rn 6; *Rieger* in Widmann/Mayer Rn 9.
[41] *Marsch-Barner* in Kallmeyer Rn 6.
[42] *Marsch-Barner* in Kallmeyer Rn 6; aA *Stratz* in Schmitt/Hörtnagl/Stratz Rn 5.
[43] *Grunewald* in Lutter Rn 8.
[44] *Grunewald* in Lutter Rn 8.

Literatur: *Bayer*, Informationsrechte bei der Verschmelzung von AG, AG 1988, 323; *Becker*, Die gerichtliche Kontrolle von Maßnahmen bei der Verschmelzung von AG, AG 1988, 223; *Engelmeyer*, Informationsrechte und Verzichtsmöglichkeiten im Umwandlungsgesetz, BB 1998, 330; *Heckschen*, Die Zustimmung zur Umwandlung durch Verschmelzung, NotBZ 1997, 1, 4; *ders.*, Verschmelzung von Kapitalgesellschaften, 1989; *Henze*, Die „zweistufige" Konzernverschmelzung, AG 1993, 341; *Hoffmann-Becking*, Das neue Verschmelzungsrecht in der Praxis, FS Fleck, 1988, S. 105; *Keil*, Der Verschmelzungsbericht nach § 340 a AktG, 1990; *Krieger*, Der Konzern in Fusion und Umwandlung, ZGR 1990, 17; *Lutter*, Die Verschmelzung von Kapitalgesellschaften, 1996; *Priester*, Das neue Verschmelzungsrecht, NJW 1983, 1459; *Reich*, Die Rechtsstellung des Treuhänders bei der Verschmelzung von Aktiengesellschaften, Diss. Jena, 1939/1940; *Schleyer*, Die unzulässige Anerkennung alter Aktien bei der Verschmelzung von Aktiengesellschaften, AG 1958, 208.

I. Allgemeines

1. Entstehungsgeschichte

Die Norm entspricht § 353 Abs. 1 AktG aF. Sie setzt Art. 4 und 13 VerschmRL um. 1

2. Anwendungsbereich

Die Norm ergänzt die allgemeinen Vorschriften zur Verschmelzung durch Neugründung[1]. Sie ist insoweit anwendbar für alle Verschmelzungsvorgänge, an denen zumindest eine AG oder KGaA als übertragender oder neuer Rechtsträger beteiligt ist[2]. Sie gilt ebenso für jede Art der Spaltung zur Neugründung und ergänzt insoweit über § 135 Abs. 2 die §§ 135 bis 137, die speziell die Spaltung zur Neugründung behandeln[3]. Die in § 73 aufgeführten Vorschriften sollen nicht für die Gründung einer SE durch Verschmelzung gelten[4]. Die SE-VO sei abschließend für die Gründung der SE. Dem ist aber insofern nicht zu folgen, als zwar Art. 15 SE-VO für die zu gründende SE auf das nationale Gründungsrecht verweist. Art. 18 SE-VO verweist dagegen für die Vorbereitungs- und Beschlussphase auf das nationale Umwandlungsrecht[5], so dass insofern auch §§ 73 ff. UmwG anwendbar sind. 2

II. Einzelerläuterungen

1. Verschmelzungsprüfung

Der Verschmelzungsvertrag ist bei jedem übertragenden Rechtsträger nach §§ 9 bis 12 zu prüfen[6]. Eventuell ist ein gemeinsamer Prüfer durch mehrere übertragende Aktiengesellschaften zu bestellen[7]. Ein Verzicht auf die Prüfung ist ebenso möglich[8], und zwar auch, wenn die Verschmelzung einer AG auf eine andere AG erfolgt. 3

2. Bekanntmachung des Verschmelzungsvertrags

Ist eine AG als verschmelzender Rechtsträger beteiligt, ist der Verschmelzungsvertrag beim zuständigen Registergericht einzureichen[9]. Nur in diesen Fällen besteht eine Hauptversammlung, die iSv. § 61 über den Verschmelzungsvertrag beschließen kann. 4

---

[1] §§ 36 bis 38.
[2] *Marsch-Barner* in Kallmeyer Rn 1.
[3] *Rieger* in Widmann/Mayer Rn 2.
[4] *Marsch-Barner* in Kallmeyer Rn 1. Siehe zur SE als Umwandlungsbeteiligte auch Einl. C Rn 49 ff.
[5] Siehe *Schwarz*, SE-VO, 2005, Art. 18 Rn 16.
[6] § 73 iVm. § 60; für Einzelheiten der Verschmelzungsprüfung siehe §§ 9 bis 12.
[7] § 73 iVm. § 60 Abs. 3.
[8] Siehe § 60 Rn 5; nicht einschlägig ist bei der Verschmelzung durch Neugründung die in § 60 Rn 4 f. diskutierte Ausnahme (§ 9 Abs. 2). *Grunewald* in Lutter Rn 8.
[9] § 73 iVm. § 61.

3. Zustimmungsbeschluss der Hauptversammlung

5   Entgegen dem Wortlaut des § 73 ist im Fall einer Verschmelzung durch Neugründung § 62 nicht anwendbar[10]. Dieser macht die Zustimmung der Hauptversammlung in besonderen Fällen der Konzernverschmelzung entbehrlich. Der übernehmende Rechtsträger ist bei der Verschmelzung durch Neugründung noch nicht entstanden. Deshalb kann er auch noch nicht Anteile an dem übertragenden Rechtsträger in Höhe von 90% halten.

4. Zustimmungsbeschluss bei Aktiengesellschaften als sich verschmelzende Rechtsträger

6   Die Vorschriften, die die Vorbereitung und Durchführung der Hauptversammlung sowie den Beschluss der Hauptversammlung betreffen[11], sind für Aktiengesellschaften als übertragende Rechtsträger auch im Wege der Verschmelzung durch Neugründung anwendbar. Hier ergeben sich keinerlei Besonderheiten[12].

5. Keine Anwendung der Kapitalerhöhungsvorschriften

7   Die die Kapitalerhöhung behandelnden Paragraphen zur Verschmelzung durch Aufnahme[13] sind im Fall einer Verschmelzung durch Neugründung unter Beteiligung von Aktiengesellschaften nicht anwendbar. Dies folgt bei einer Verschmelzung durch Neugründung aus der Natur der Sache. Der neu zu gründende und übernehmende Rechtsträger entsteht erst mit Eintragung. Die Sacheinlage wird durch Übertragung der übertragenden Rechtsträger im Wege der Gesamtrechtsnachfolge auf den neu zu gründenden Rechtsträger[14] geleistet. Die übertragenden Rechtsträger sind daher zu bewerten[15]. Auch eine ergänzende Bargründung ist möglich[16].

6. Verschmelzungsvertrag bei AG als neu zu gründendem Rechtsträger

8   Auch im Fall der Verschmelzung durch Neugründung können bare Zuzahlungen geleistet werden[17]. Voraussetzung hierfür ist, dass der neue Rechtsträger Anteile mit Nennbeträgen oder bei der Ausgabe von Stückaktien mit anteiligem Betrag am Grundkapital ausgibt[18]. Darüber hinaus dürfen die im Verschmelzungsvertrag vereinbarten Zuzahlungen den zehnten Teil des Gesamtnennbetrags der vom neuen Rechtsträger zu gewährenden Anteile nicht übersteigen[19]. Als Zielrechtsformen in Betracht kommen somit nur GmbH, AG oder KGaA. Befindet sich unter den übertragenden Rechtsträgern eine Kapitalgesellschaft, die eigene Anteile hält, darf der neue Rechtsträger in entsprechender Anwendung von § 68 Abs. 1 Satz 1 Nr. 2 neue Anteile nicht ausgeben[20].

---

[10] Für Einzelheiten siehe § 62 Rn 8 ff.; *Marsch-Barner* in Kallmeyer Rn 2; *Grunewald* in Lutter Rn 10; *Rieger* in Widmann/Mayer Rn 5.
[11] §§ 63 bis 65.
[12] Für Einzelheiten siehe §§ 63 bis 65; siehe auch *Marsch-Barner* in Kallmeyer Rn 2.
[13] §§ 66, 67, 68 Abs. 1 und 2, 69.
[14] *Stratz* in Schmitt/Hörtnagl/Stratz Rn 8.
[15] *Stratz* in Schmitt/Hörtnagl/Stratz Rn 10 ff.
[16] *Stratz* in Schmitt/Hörtnagl/Stratz Rn 8.
[17] § 68 Abs. 3.
[18] *Marsch-Barner* in Kallmeyer Rn 3; *Grunewald* in Lutter Rn 7.
[19] *Grunewald* in Lutter Rn 7; *Marsch-Barner* in Kallmeyer Rn 3.
[20] *Grunewald* in Lutter Rn 7; *Marsch-Barner* in Kallmeyer Rn 3.

7. Geltendmachung eines Schadensersatzanspruchs bei AG als übertragendem Rechtsträger; Bestellung eines Treuhänders

Die Geltendmachung eines Schadensersatzanspruchs[21] ist nur durch die Anteilsinhaber des übertragenden Rechtsträgers möglich, die ihre Aktien bereits gegen Anteile des übernehmenden Rechtsträgers umgetauscht haben[22]. Auch die Bestellung eines Treuhänders ist unter den Voraussetzungen des § 71 erforderlich[23]. Da jedoch vor Eintragung der neuen AG oder KGaA der Treuhänder noch keine Aktienurkunde in Empfang nehmen und dies dem Gericht anzeigen kann[24], reichen insoweit entsprechende Absichtserklärungen zur Empfangnahme der Urkunden aus[25]. 9

8. Umtausch von Aktien

Wie bei der Verschmelzung durch Aufnahme ist auch bei der Verschmelzung durch Neugründung der Umtausch von Aktien in § 72 geregelt[26]. Die alten Aktien der übertragenden Gesellschaft können für kraftlos erklärt werden und eine Zusammenlegung ist möglich[27]. Sind alle Anteilsinhaber der übertragenden Gesellschaften einverstanden, kann abweichend von dem rechnerischen Umtauschverhältnis auch ein anderes Verhältnis vereinbart werden, so dass der Umtausch nicht entsprechend den Anteilsquoten in den übertragenden Rechtsträgern erfolgt[28]. 10

§ 74 Inhalt der Satzung

In die Satzung sind Festsetzungen über Sondervorteile, Gründungsaufwand, Sacheinlagen und Sachübernahmen, die in den Gesellschaftsverträgen, Partnerschaftsverträgen oder Satzungen übertragender Rechtsträger enthalten waren, zu übernehmen. § 26 Abs. 4 und 5 des Aktiengesetzes bleibt unberührt.

Übersicht

	Rn		Rn
I. Allgemeines	1	1. Zu übernehmende Festsetzungen	3
1. Sinn und Zweck der Norm	1	2. Deckung des Grundkapitals	4
2. Entstehungsgeschichte/Anwendungsbereich	2	3. Gründer der neuen AG	5
II. Einzelerläuterungen	3	4. Fortbestand der Festsetzungen	6

Literatur: *Ihrig*, Gläubigerschutz durch Kapitalaufbringung bei Verschmelzung und Spaltung nach neuem Umwandlungsrecht, GmbHR 1995, 622; *Trölitzsch*, Differenzhaftung für Sacheinlagen in Kapitalgesellschaften, 1998.

---

[21] Einzelheiten siehe § 70 Rn 4 ff.; allgemein zur Geltendmachung des Schadensersatzanspruchs siehe § 26.
[22] § 73 iVm. § 70.
[23] Einzelheiten siehe § 71 Rn 5 ff.
[24] § 41 Abs. 4 AktG.
[25] *Marsch-Barner* in Kallmeyer Rn 5; ablehnend *Grunewald* in Lutter Rn 15.
[26] Einzelheiten siehe § 72.
[27] Siehe § 72 Rn 10 ff.
[28] *Marsch-Barner* in Kallmeyer Rn 5; *Stratz* in Schmitt/Hörtnagl/Stratz Rn 12.

I. Allgemeines

1. Sinn und Zweck der Norm

1 Die Norm will sicherstellen, dass Sondervorteile, Gründungsaufwand, Sacheinlagen und Sachübernahmen, die bei übertragenden Rechtsträgern stattgefunden haben, offen gelegt werden. Um größere Transparenz zu gewährleisten, geht sie über die Gründungsvorschriften hinaus.

2. Entstehungsgeschichte/Anwendungsbereich

2 Die Vorschrift entspricht § 353 Abs. 4 Satz 2, 3 AktG aF. Sie findet Anwendung auf alle Verschmelzungen durch Neugründung einer AG sowie für jegliche Form der Spaltung zur Neugründung einer AG[1]. Die Rechtsform des übertragenden Rechtsträgers ist ohne Bedeutung.

II. Einzelerläuterungen

1. Zu übernehmende Festsetzungen

3 Ist der übertragende Rechtsträger eine AG, KGaA oder GmbH, können in der Satzung Sondervorteile, Gründungsaufwand oder Sacheinlagen bzw. Sachübernahmen festgesetzt sein[2]. In Betracht kommen auch in der Satzung oder im Gesellschaftsvertrag festgeschriebene besondere Leistungen einzelner Gesellschafter, wie die Einbringung von Sachen oder Sonderrechten. Weiter sind in der Satzung die entsprechende Sacheinlage aufzunehmen[3] und sonstige Sondervorteile oder Gründungsentschädigungen, die im Zusammenhang mit der Verschmelzung gewährt worden sind[4] und im Übrigen auch im Verschmelzungsvertrag aufzuführen sind[5].

2. Deckung des Grundkapitals

4 In der Satzung ist insbesondere die Höhe und die Einteilung des Grundkapitals anzugeben[6]. Ein Ausgabebetrag der Aktien braucht auch bei Ausgabe von Stückaktien nicht festgelegt zu werden[7]. Die Aktien der neuen Gesellschaft dürfen aber nicht unter pari ausgegeben werden. Deshalb sind bare Zuzahlungen und Abfindungen abzuziehen[8]. Jede Sacheinlage eines übertragenden Rechtsträgers muss den anteiligen Betrag am Grundkapital, der den Aktionären dieses Rechtsträgers gewährt wird, decken. Die Unterdeckung einer Sacheinlage kann nicht durch die Überdeckung einer anderen Sacheinlage ausgeglichen werden[9]. Werden Aktien unter pari ausgegeben, darf die Verschmelzung nicht eingetragen werden.

---

[1] §§ 125 Satz 1, 135 Abs. 1 Satz 1.
[2] §§ 26, 27 AktG; *Grunewald* in Lutter Rn 6; *Marsch-Barner* in Kallmeyer Rn 1.
[3] § 27 AktG; *Marsch-Barner* in Kallmeyer Rn 1; *Rieger* in Widmann/Mayer Rn 3; aA *Grunewald* in Lutter Rn. 6.
[4] § 26 Abs. 1 und 3 AktG; *Marsch-Barner* in Kallmeyer Rn 1.
[5] § 5 Abs. 1 Nr. 8; *Marsch-Barner* in Kallmeyer Rn 1.
[6] § 23 Abs. 2 Nr. 2 AktG.
[7] *Grunewald* in Lutter Rn 3.
[8] § 29; *Grunewald* in Lutter Rn 4; *Marsch-Barner* in Kallmeyer Rn 1.
[9] *Grunewald* in Lutter Rn 4.

Gründungsbericht und Gründungsprüfung **§ 75**

3. Gründer der neuen AG

Gründer der neuen AG sind die verschmelzenden Rechtsträger[10]. Deren Aktionäre trifft 5 folglich keine Gründerhaftung. Sie geht auch nicht mit Eintragung der Verschmelzung anteilig auf die Aktionäre der neuen AG über, da die Haftung der übertragenden Rechtsträger mit Eintragung der Verschmelzung durch Konfusion erlischt[11]. Eine Gründerhaftung der Aktionäre der neuen Gesellschaft wäre auch nicht sachgerecht, da sie keine eigene Einlage leisten und keinen Einfluss auf die Wertbemessung des neuen Rechtsträgers haben[12]. Sie werden auch nicht durch die gesetzlichen Möglichkeiten zum Austritt aus der Gesellschaft[13] oder zur Geltendmachung von Schadensersatzansprüchen hinreichend geschützt[14].

4. Fortbestand der Festsetzungen

Festsetzungen über Sondervorteile und Gründungsaufwand können erst geändert werden, 6 wenn die Gesellschaft fünf Jahre im Handelsregister eingetragen ist[15]. Satzungsbestimmungen über die Festsetzungen können erst nach 30 Jahren durch Satzungsänderung beseitigt werden[16]. Die Verweisung in Satz 3 auf § 26 AktG gilt unmittelbar nur für die AG und KGaA als übertragende Rechtsträger[17]. Für die GmbH gilt eine einheitliche Frist von 5 Jahren[18]. Die Fristen laufen unabhängig von der Verschmelzung. Sie beginnen mit Eintragung der Verschmelzung nicht von neuem. Werden die Festsetzungen über Sondervorteile nicht in die Satzung des neuen Rechtsträgers übernommen, geht der Anspruch auf den Sondervorteil unter[19].

§ 75 Gründungsbericht und Gründungsprüfung

(1) **In dem Gründungsbericht (§ 32 des Aktiengesetzes) sind auch der Geschäftsverlauf und die Lage der übertragenden Rechtsträger darzustellen.**

(2) **Ein Gründungsbericht und eine Gründungsprüfung (§ 33 Abs. 2 des Aktiengesetzes) sind nicht erforderlich, soweit eine Kapitalgesellschaft oder eine eingetragene Genossenschaft übertragender Rechtsträger ist.**

Übersicht

	Rn		Rn
I. Allgemeines	1	II. Einzelerläuterungen	3
1. Entstehungsgeschichte	1	1. Gründungsbericht (Abs. 1)	3
2. Anwendungsbereich	2	2. Nichterforderlichkeit von Gründungsbericht und Gründungsprüfung (Abs. 2)	4

Literatur: *Angermeyer,* Die Prüfung von Sacheinlagen im neuen Umwandlungsrecht, WPg 1995, 681; *Ihrig,* Gläubigerschutz durch Kapitalaufbringung bei Verschmelzung und Spaltung nach neuem Umwandlungsrecht, GmbHR 1995, 622; siehe auch Literaturverzeichnis zu § 58.

---

[10] § 36 Abs. 2 Satz 2.
[11] *Grunewald* in Lutter Rn 5; siehe aber *Ihrig* GmbHR 1995, 622, 634 f.; *Trölitzsch* S. 340.
[12] Ebenso *Grunewald* in Lutter Rn 5.
[13] Hierzu *Ihrig* GmbHR 1995, 622, 635.
[14] *Grunewald* in Lutter Rn 5.
[15] § 74 Abs. 3 iVm. § 26 Abs. 4 AktG.
[16] § 74 Abs. 3 iVm. § 26 Abs. 5 AktG.
[17] Wie hier *Marsch-Barner* in Kallmeyer Rn 3; aA *Rieger* in Widmann/Mayer Rn 6 und *Grunewald* in Lutter Rn 8, die zur Begründung auf den Schutz der Aktionäre des neuen Rechtsträgers verweist.
[18] *Hueck/Fastrich* in Baumbach/Hueck § 5 GmbHG Rn 56.
[19] *Marsch-Barner* in Kallmeyer Rn 3; *Rieger* in Widmann/Mayer Rn 7; *Grunewald* in Lutter Rn 9.

I. Allgemeines

1. Entstehungsgeschichte

1 Die Vorschrift hat kein Vorbild im alten Recht. Eine Verschmelzung durch Neugründung war früher nur bei Kapitalgesellschaften möglich. Durch die Vorschriften über die Kapitalaufbringung und -erhaltung für Kapitalgesellschaften bestand ein ausreichender Schutz der Gläubiger und zukünftigen Aktionäre. Daher konnte auf den Gründungsbericht und die Gründungsprüfung verzichtet werden. Nun sind aber Mischverschmelzungen möglich[1]. Um den Gläubigerschutz in diesen Fällen zu verbessern, ergänzt die Vorschrift den Verweis auf die Gründungsvorschriften in den allgemeinen Regelungen[2].

2. Anwendungsbereich

2 Über §§ 125 Satz 1, 135 Abs. 1 und Abs. 2 gilt die Vorschrift auch im Fall der Spaltung zur Neugründung. In jedem Fall muss eine AG als neuer Rechtsträger beteiligt sein.

II. Einzelerläuterungen

1. Gründungsbericht (Abs. 1)

3 Zusätzlich zu den allgemeinen Anforderungen an den Gründungsbericht[3] sind der Geschäftsverlauf und die Lage der übertragenden Rechtsträger darzustellen. Es sind möglichst umfassend aktuelle Informationen darzulegen, um ein realistisches Bild von den wirtschaftlichen Verhältnissen des jeweiligen Rechtsträgers zu vermitteln[4], ähnlich wie beim Lagebericht des § 289 HGB. Der Bericht muss Angaben über außerordentliche Risiken, drohende Verluste sowie wesentliche Veränderungen des übertragenden Rechtsträgers, die nach dem Schluss des letzten Geschäftsjahrs eingetreten sind, enthalten. Darüber hinaus ist auch auf die voraussichtliche Entwicklung des übertragenden Rechtsträgers einzugehen[5]. Haben sich bis zur Anmeldung der neuen AG neue wesentliche Umstände ergeben, ist ein Nachtragsbericht zu erstellen[6].

2. Nichterforderlichkeit von Gründungsbericht und Gründungsprüfung (Abs. 2)

4 Ist eine Kapitalgesellschaft oder eine eingetragene Genossenschaft übertragender Rechtsträger, sind Gründungsbericht sowie Gründungsprüfung entbehrlich[7]. Für Kapitalgesellschaften und eingetragene Genossenschaften existieren umfassende Kapitalaufbringungs- und -erhaltungsvorschriften.

5 Die Befreiung von der Gründungsprüfung für Kapitalgesellschaften und eingetragene Genossenschaften wird kritisiert, da letztlich sicherzustellen sei, dass das Grundkapital aufgebracht werde[8]. Es ist allerdings zu berücksichtigen, dass das Gericht auch bei Beteiligung von

---

[1] Siehe § 3 Rn 60 ff.
[2] § 36 Abs. 2 Satz 1.
[3] § 36 Abs. 2 iVm. § 32 AktG.
[4] *Marsch-Barner* in Kallmeyer Rn 2; *Grunewald* in Lutter Rn 2.
[5] *Marsch-Barner* in Kallmeyer Rn 3.
[6] *Marsch-Barner* in Kallmeyer Rn 3; *Rieger* in Widmann/Mayer Rn 7; *Stratz* in Schmitt/Hörtnagl/Stratz Rn 3.
[7] § 75 Abs. 2.
[8] Siehe *Grunewald* in Lutter Rn 3; *Ihrig* GmbHR 1995, 622, 629.

Kapitalgesellschaften eine Prüfung verlangen kann[9], so dass die Kapitalaufbringung in einem solchen Fall gesichert sein müsste.

Erfüllt nur einer der übertragenden Rechtsträger diese Voraussetzung, sind für die verbleibenden Rechtsträger Gründungsbericht und Gründungsprüfung zu erstellen. Dies gilt nicht für die übertragenden Rechtsträger in der Rechtsform der Kapitalgesellschaft oder der eG. **6**

Ist eine Prüfung nach Abs. 2 entbehrlich, befreit dies die Organmitglieder nicht von ihrer internen Prüfungspflicht[10]. Der Anmeldung der neuen AG zum Handelsregister ist ein schriftlicher Bericht über die interne Gründungsprüfung beizufügen[11]. **7**

Gründungsbericht und Gründungsprüfung sind nicht erforderlich, soweit Kapitalgesellschaften beteiligt sind und ein Sachverhalt vorliegt, der bei einer Verschmelzung durch Aufnahme unter Beteiligung einer AG bei einer Kapitalerhöhung eine Sacheinlagenprüfung erforderlich machen würde[12]. In diesem Fall kann jedoch das Registergericht bei Zweifeln an einer ausreichenden Kapitaldeckung der neuen AG eine Gründungsprüfung anordnen[13]. **8**

§ 76 Verschmelzungsbeschlüsse

(1) Eine übertragende Aktiengesellschaft darf die Verschmelzung erst beschließen, wenn sie und jede andere übertragende Aktiengesellschaft bereits zwei Jahre im Register eingetragen sind.

(2) Die Satzung der neuen Gesellschaft wird nur wirksam, wenn ihr die Anteilsinhaber jedes der übertragenden Rechtsträger durch Verschmelzungsbeschluß zustimmen. Dies gilt entsprechend für die Bestellung der Mitglieder des Aufsichtsrats der neuen Gesellschaft, soweit diese nach § 31 des Aktiengesetzes zu wählen sind. Auf eine übertragende Aktiengesellschaft ist § 124 Abs. 2 Satz 2, Abs. 3 Satz 1 und 3 des Aktiengesetzes entsprechend anzuwenden.

Übersicht

	Rn		Rn
I. Allgemeines	1	2. Wirksamwerden der Satzung der neuen Gesellschaft (Abs. 2 Satz 1)	8
1. Entstehungsgeschichte; Sinn und Zweck der Norm	1	3. Bestellung der Mitglieder des Aufsichtsrats der neuen Gesellschaft (Abs. 2 Satz 2)	10
2. Anwendungsbereich	4		
II. Einzelerläuterungen	6		
1. Zweijahresfrist (Abs. 1)	6	4. Bekanntmachung der Tagesordnung (Abs. 2 Satz 3)	14

Literatur: *Bröcker*, Die aktienrechtliche Nachgründung: Wieviel Kontrolle benötigt die junge Aktiengesellschaft, ZIP 1999, 1029; *Diekmann*, Die Nachgründung der Aktiengesellschaft, ZIP 1996, 2149.

I. Allgemeines

1. Entstehungsgeschichte; Sinn und Zweck der Norm

Abs. 1 entspricht § 353 Abs. 2 AktG aF, Abs. 2 entspricht § 353 Abs. 3 AktG aF. **1**

---

[9] Vgl. § 69 Abs. 1.
[10] § 33 Abs. 1 AktG.
[11] §§ 37 Abs. 4 Nr. 4, 38 Abs. 2 AktG.
[12] Siehe hierzu § 69 Rn 26.
[13] Vgl. *Ihrig* GmbHR 1995, 622, 629.

2 Die Regelung soll verhindern, dass die Vorschriften über die Nachgründung[1] umgangen werden[2]. Sie dient dem Schutz der Gläubiger der Gesellschaft sowie des Vorstands, indem nur unter besonderen Voraussetzungen Vermögensgegenstände erworben werden können und eine Sachkapitalerhöhung durchgeführt werden kann[3]. Letztlich dienen die Nachgründungsvorschriften der Kapitalaufbringung und -erhaltung. Abs. 2 Satz 2 soll sicherstellen, dass die Mitglieder des Aufsichtsrats der neu zu gründenden Gesellschaft bestimmt werden, wie dies sonst auch bei einer Sachgründung durchzuführen ist.

3 Abs. 2 Satz 1 bestimmt, dass die Anteilsinhaber der verschmelzenden Rechtsträger der Satzung der neu zu gründenden AG, die im Verschmelzungsvertrag zwischen den Vertretungsorganen der sich verschmelzenden Rechtsträger vereinbart wird, zustimmen müssen[4].

2. Anwendungsbereich

4 Abs. 1 gilt nur für Verschmelzungen durch Neugründung einer AG[5], da die Nachgründungsregelungen nur für Aktiengesellschaften gelten. Diese könnten umgangen werden, indem zunächst eine AG gegründet wird, die dann auf eine neu zu gründende AG übertragen wird.

5 Für die Spaltung enthält § 141 eine spezielle Regelung. Er verbietet einen Spaltungsbeschluss während der Zweijahresfrist[6]. Abs. 1 ist insoweit nicht anwendbar. Abs. 2 gilt dagegen über §§ 135 Abs. 1 Satz 1, 125 Satz 1 für alle Arten der Spaltung zur Neugründung.

II. Einzelerläuterungen

1. Zweijahresfrist (Abs. 1)

6 Die Verschmelzung zur Neugründung kann erst beschlossen werden, wenn die übertragende AG mindestens zwei Jahre im Handelsregister eingetragen ist. Die Frist wird nach §§ 187 Abs. 1, 188 Abs. 2 Satz 1 BGB berechnet und beginnt mit Eintragung der übertragenden AG im Handelsregister. Zwischen diesem Zeitpunkt und dem Tag der Hauptversammlung, die über die Zustimmung zur Verschmelzung beschließen soll, müssen mindestens zwei Jahre liegen[7]. Ohne Bedeutung sind der Tag des Abschlusses des Verschmelzungsvertrags, der Eintragung der Verschmelzung im Handelsregister und der Verschmelzungsstichtag. Die Beschlussfassung über die Verschmelzung ist der entscheidende Akt zur Durchführung der Verschmelzung[8].

7 Der Verschmelzungsbeschluss ist nichtig, wenn er vor Ablauf der Zweijahresfrist gefasst ist[9]. Dies folgt aus § 241 Nr. 3 AktG, da Abs. 1 auch dem Gläubigerschutz dient. Auch der Zustimmungsbeschluss einer anderen übertragenden AG ist nichtig, sofern zwar nicht diese, jedoch eine andere an der Verschmelzung beteiligte AG im Zeitpunkt der Beschlussfassung noch nicht zwei Jahre im Handelsregister eingetragen ist. Der Wortlaut des Abs. 1 verlangt, dass „sie und jede andere übertragende Aktiengesellschaft" bereits zwei Jahre im Handelsregi-

---

[1] § 52 AktG.
[2] Zur Nachgründung etwa *Diekmann* ZIP 1996, 2149; *Bröcker* ZIP 1999, 1029.
[3] § 52 AktG.
[4] Siehe zu Abs. 2 die Parallelvorschrift für die GmbH in § 59.
[5] *Grunewald* in Lutter Rn 4; *Stratz* in Schmitt/Hörtnagl/Stratz Rn 1; die Ansicht in der Voraufl. wurde aufgegeben.
[6] Siehe § 141 Rn 5.
[7] *Rieger* in Widmann/Mayer Rn 7.
[8] Siehe auch zum Spaltungsverbot § 141 Rn 12 ff.
[9] AA *Rieger* in Widmann/Mayer Rn 8; *Grunewald* in Lutter Rn 5; *Zimmermann* in Kallmeyer Rn 4, die für Anfechtbarkeit plädieren; so wie hier *Schilling* in Großkomm. § 353 AktG Rn 31, *Baumbach/Hueck* § 353 AktG Rn 5.

ster eingetragen ist. Sofern die Verschmelzung trotz Verstoßes gegen Abs. 1 eingetragen wird, ist sie wirksam[10].

2. Wirksamwerden der Satzung der neuen Gesellschaft (Abs. 2 Satz 1)

Da die Satzung des neuen Rechtsträgers Bestandteil des Verschmelzungsvertrags ist (ggf. als Anlage), ist eine Zustimmung zum Verschmelzungsvertrag gleichzeitig eine Zustimmung zur Satzung[11]. Abs. 2 Satz 1 ist somit überflüssig. Ein schriftlicher Entwurf der Satzung genügt als Grundlage für die Beschlussfassung. Die notarielle Beurkundung kann nach der Fassung der Verschmelzungsbeschlüsse erfolgen. 8

Die Mehrheitserfordernisse richten sich nach den für den Verschmelzungsbeschluss des übertragenden Rechtsträgers maßgeblichen Bestimmungen. Abgesehen von Personenhandelsgesellschaften, bei denen idR alle Gesellschafter in der Gesellschafterversammlung zustimmen müssen[12], bedürfen die Verschmelzungsbeschlüsse grundsätzlich einer Dreiviertelmehrheit der abgegebenen Stimmen des vertretenen Kapitals[13]. Größere Mehrheiten sowie weitere Erfordernisse können in der jeweiligen Satzung vorgesehen werden[14]. 9

3. Bestellung der Mitglieder des Aufsichtsrats der neuen Gesellschaft (Abs. 2 Satz 2)

Im Rahmen einer Sachgründung von Aktiengesellschaften werden Mitglieder des Aufsichtsrats nur in dem Umfang bestellt, wie Anteilseignervertreter im Aufsichtsrat vertreten sind, mindestens jedoch drei Mitglieder[15]. Dadurch sollen die übrigen, iRd. Mitbestimmung von den Arbeitnehmern zu stellenden Mitglieder unverzüglich bestellt werden können[16]. 10

Die Anteilseignervertreter sind bei der Verschmelzung zur Neugründung in den Verschmelzungsbeschlüssen zu bestellen[17]. Sie können auch schon vor Beurkundung des Verschmelzungsvertrags bestellt werden. Es ist nicht ersichtlich, warum die Bestellung der Mitglieder des Aufsichtsrats erst nach Beurkundung des Verschmelzungsvertrags möglich sein soll[18]. Wirksam wird die Bestellung aber erst mit notarieller Beurkundung des Verschmelzungsvertrags[19]. 11

Die Mitglieder des Aufsichtsrats können auch nach Beurkundung des Verschmelzungsvertrags nicht außerhalb des Verschmelzungsbeschlusses in gesonderter Urkunde bestellt werden[20]. Die Bestellung erfolgt iRd. Festsetzung der Satzung, diese ist Bestandteil des Verschmelzungsbeschlusses[21]. 12

Wird die Bestellung der Aufsichtsratsmitglieder angefochten, hat dies keine Auswirkung auf die Eintragung der Verschmelzung[22]. Auch nach Eintragung der Verschmelzung kann die Bestellung der Mitglieder des Aufsichtsrats noch revidiert werden. 13

---

[10] Siehe § 20 Rn 84 ff.
[11] Vgl. auch *Zimmermann* in Kallmeyer Rn 5; *Grunewald* in Lutter Rn 7.
[12] §§ 43 Abs. 1, 45 d Abs. 1.
[13] §§ 50 Abs. 1, 65 Abs. 1.
[14] Zu Mehrheitserfordernissen der AG siehe § 65 Rn 11.
[15] § 31 Abs. 1 AktG.
[16] *Hüffer* § 31 AktG Rn 1.
[17] *Zimmermann* in Kallmeyer Rn 7; aA *Grunewald* in Lutter Rn 8.
[18] So *Rieger* in Widmann/Mayer Rn 13.
[19] *Grunewald* in Lutter Rn 8; vgl. *Rieger* in Widmann/Mayer Rn 13, der darauf hinweist, dass es noch an einer Vor-AG fehle, wenn der Verschmelzungsvertrag mit der Satzung noch nicht beurkundet worden sei. Notwendig ist aber noch die gleichzeitige Feststellung der Satzung, was iRd. Beschlussfassung über den Verschmelzungsbeschluss erfolgt; *Hüffer* § 30 AktG Rn 3.
[20] So aber *Rieger* in Widmann/Mayer Rn 13.
[21] Siehe Rn 8 f.
[22] *Grunewald* in Lutter Rn 9.

§ 78

4. Bekanntmachung der Tagesordnung (Abs. 2 Satz 3)

14 Die Bekanntmachung der Tagesordnung der übertragenden AG richtet sich nach den allgemeinen Vorschriften[23]. In der Bekanntmachung ist die Satzung in ihrem vollen Wortlaut zu veröffentlichen[24]. Die zur Wahl in den Aufsichtsrat vorgeschlagenen Mitglieder sind namentlich mit ihrem ausgeübten Beruf und Wohnort[25] zu nennen.

15 Der Vorschlag zur Bestellung der Mitglieder des Aufsichtsrats ist ausschließlich durch die Mitglieder des Aufsichtsrats der übertragenden AG zu unterbreiten[26]. Der Vorschlag ist allerdings Bestandteil des Verschmelzungsbeschlusses[27], der grundsätzlich durch Aufsichtsrat und Vorstand zur Abstimmung vorzulegen ist[28]. Um dem gerecht zu werden, ist der Verschmelzungsbeschluss der Hauptversammlung mit der Einschränkung vorzulegen, dass Aufsichtsrat und Vorstand vorschlagen, der Verschmelzung zuzustimmen, der Vorschlag für die Besetzung des Aufsichtsrats jedoch ausschließlich durch den Aufsichtsrat unterbreitet wird. Dies kann auch durch zwei getrennte Beschlussvorschläge zur Hauptversammlung erfolgen.

§ 77 (aufgehoben)

§ 77 aufgehoben mWv 1.1.2007 durch G v. 10.11.2006 (BGBl I S. 2553).

Vierter Abschnitt. Verschmelzung unter Beteiligung von Kommanditgesellschaften auf Aktien

§ 78 Anzuwendende Vorschriften

Auf Verschmelzungen unter Beteiligung von Kommanditgesellschaften auf Aktien sind die Vorschriften des Dritten Abschnitts entsprechend anzuwenden. An die Stelle der Aktiengesellschaft und ihres Vorstands treten die Kommanditgesellschaft auf Aktien und die zu ihrer Vertretung ermächtigten persönlich haftenden Gesellschafter. Der Verschmelzungsbeschluß bedarf auch der Zustimmung der persönlich haftenden Gesellschafter; die Satzung der Kommanditgesellschaft auf Aktien kann eine Mehrheitsentscheidung dieser Gesellschafter vorsehen. Im Verhältnis zueinander gelten Aktiengesellschaften und Kommanditgesellschaften auf Aktien nicht als Rechtsträger anderer Rechtsform im Sinne der §§ 29 und 34.

Übersicht

	Rn		Rn
I. Allgemeines	1	a) KGaA als übertragender Rechtsträger	4
1. Anwendungsbereich	1	b) KGaA als übernehmender bzw. neuer Rechtsträger	5
2. Entstehungsgeschichte	2	2. Anwendbare Vorschriften	6
II. Einzelerläuterungen	3	a) Verschmelzung durch Aufnahme	6
1. Umwandlungsvarianten unter Beteiligung einer KGaA	3	b) Verschmelzung durch Neugründung	7

---

[23] § 124 Abs. 2 Satz 2, Abs. 3 Satz 1 und 3 AktG.
[24] § 124 Abs. 2 Satz 2 AktG; *Grunewald* in Lutter Rn 7.
[25] § 124 Abs. 3 Satz 1 und 3 AktG.
[26] § 76 Abs. 2 Satz 3 UmwG, § 124 Abs. 3 Satz 1 AktG.
[27] Siehe Rn 12.
[28] Siehe § 124 Abs. 3 Satz 1 AktG.

	Rn		Rn
3. Wesen der KGaA und Besonderheiten bei der Anwendung der Vorschriften für Aktiengesellschaften	8	a) Verschmelzung einer KGaA auf eine KGaA, OHG oder KG	21
a) Struktur der KGaA	8	b) Verschmelzung einer KGaA auf einen anderen Rechtsträger	24
b) Grundkapital, Aktionäre und Anteilseigner	9	aa) Komplementäre ohne Vermögenseinlage	24
c) Die Rechtsstellung der Komplementäre als geschäftsführendes Organ	12	bb) Komplementäre mit Vermögenseinlage	25
4. Zustimmung der persönlich haftenden Gesellschafter	13	6. Nachhaftung der persönlich haftenden Gesellschafter	30
5. Rechtsstellung der persönlich haftenden Gesellschafter nach der Verschmelzung	21	7. Rechtsstellung der Kommanditaktionäre	33
		8. Ausschluss der Barabfindung	34

Literatur: *Arnold,* Die GmbH & Co. KGaA, 2001; *Bärwaldt/Schabacker,* Ein Dauerbrenner: Die Verschmelzung einer Kapitalgesellschaft mit dem Vermögen ihres Alleingesellschafters, NJW 1997, 93; *Baumann/Kusch,* Die Kapitalgesellschaft und Co. KG auf Aktien – Faktizität und Recht, FS Boujong, 1996, S. 3; *Bogenschütz,* Umwandlung einer Kapitalgesellschaft in eine KGaA, FS Widmann, 2000, S. 163; *Dirksen/Möhrle,* Die kapitalistische Kommanditgesellschaft auf Aktien, ZIP 1998, 1377; *M. Fischer,* Die Besteuerung der KGaA und ihrer Gesellschafter, DStR 1997, 1519; *Haritz,* Führt die steuerliche Rückwirkung von Umwandlungsfällen auch zum gesellschaftsrechtlichen Rückbezug?, GmbHR 1997, 590; *Kallmeyer,* Der Formwechsel der GmbH oder GmbH & Co. KG in die AG oder KGaA zur Vorbereitung des going public, GmbHR 1995, 888; *Lorz,* Die GmbH & Co. KGaA und ihr Weg an die Börse, in *VGR* (Hrsg.), Gesellschaftsrecht in der Diskussion, Jahrestagung 1998, VGR Bd. 1 (1999) S. 57; *Schaumburg,* Die KGaA als Rechtsform für den Mittelstand?, DStR 1998, 525; *Schaumburg/Schulte,* Die KGaA: Recht und Steuern in der Praxis, 2000; *Schroeder,* Rechtsprobleme bei der Entstehung einer KGaA durch Umwandlung, 1991; *Uelner,* Ertragsteuerrechtliche Grundprobleme beim Formwechsel einer KGaA, FS Haas, 1996, S. 365.

I. Allgemeines

1. Anwendungsbereich

Ihrem Wortlaut nach gilt die Norm für **alle Verschmelzungen**, sei es durch Aufnahme oder durch Neugründung, an denen eine KGaA beteiligt ist, also als übertragender, übernehmender oder neu gegründeter Rechtsträger. Kraft Verweises findet die Vorschrift darüber hinaus auch auf die Spaltung unter Beteiligung einer KGaA Anwendung[1]. 1

2. Entstehungsgeschichte

Satz 1 und 2 der Norm korrespondieren mit den **entsprechenden Vorgängervorschriften**[2]. Die in Satz 2 enthaltene Regelung ist eine reine Klarstellung. Auch Satz 3 hat klarstellenden Charakter. Die Regelung knüpft an entsprechende Vorschriften des früheren Rechts an[3], enthält aber mit der ausdrücklichen Zulassung eines Mehrheitsbeschlusses eine Erleichterung. Der Schutz der Komplementäre wurde für den Formwechsel übernommen[4] und auf die Verschmelzung und die Spaltung erweitert[5]. Satz 4 enthält eine Fiktion. AG und KGaA sollen nicht als Rechtsträger anderer Rechtsform gelten, um insoweit unerwünschte Abfindungsansprüche auszuschließen. 2

---

[1] § 125 Satz 1.
[2] § 354 Abs. 2 AktG aF und § 34 Abs. 2 KapErhG.
[3] §§ 366 Abs. 1, 386 Abs. 1 AktG aF und § 23 Satz 2 UmwG 1969.
[4] § 240 Abs. 3.
[5] RegBegr. *Ganske* S. 118.

II. Einzelerläuterungen

1. Umwandlungsvarianten unter Beteiligung einer KGaA

3   Folgende Umwandlungsarten kommen in Betracht:

4   **a) KGaA als übertragender Rechtsträger:**
   - Verschmelzung auf Personenhandelsgesellschaft, PartG, GmbH, AG, KGaA, Genossenschaft und Alleingesellschafter;
   - Spaltung auf eine Personenhandelsgesellschaft, PartG, GmbH, AG, KGaA und Genossenschaft;
   - Vermögensübertragung auf die öffentliche Hand;
   - Formwechsel in eine GbR, Personenhandelsgesellschaft, PartG, GmbH, AG und Genossenschaft.

5   **b) KGaA als übernehmender bzw. neuer Rechtsträger:**
   - Verschmelzung von Personenhandelsgesellschaft, PartG, GmbH, AG, KGaA, Genossenschaft und eingetragenem Verein;
   - Spaltung einer Personenhandelsgesellschaft, PartG, GmbH, AG, KGaA, Genossenschaft und eingetragenem Verein;
   - Ausgliederung aus dem Vermögen von Genossenschaftlichem Prüfungsverband, Einzelkaufmann, Stiftung und Gebietskörperschaft;
   - Formwechsel einer Personenhandelsgesellschaft, PartG, GmbH, AG, Genossenschaft, eingetragenem Verein, Körperschaft und Anstalt des öffentlichen Rechts.

2. Anwendbare Vorschriften

6   **a) Verschmelzung durch Aufnahme.** Die Vorschriften des ersten Unterabschnitts (Verschmelzung durch Aufnahme) des dritten Abschnitts (Verschmelzung unter Beteiligung von Aktiengesellschaften) gelten entsprechend auch für Umwandlungen unter Beteiligung einer KGaA. Die Norm folgt der allgemeinen Regelungstechnik des UmwG, derzufolge für spezielle Sachverhalte zunächst kraft Verweises die jeweils anwendbaren allgemeinen Vorschriften, und sodann in nachfolgenden, gesonderten Vorschriften die spezifischen Abweichungen geregelt werden. Das Gesetz behandelt insoweit die **KGaA als Sonderform der AG**. Dies ist angesichts der für den Ablauf der Umwandlungen maßgeblichen aktienrechtlichen Vorschriften (etwa bezüglich Hauptversammlungsbeschlüssen und Gründungsvorschriften), die nach KGaA-Recht[6] auf die KGaA entsprechend anzuwenden sind, sinnvoll, aber nicht in jeder Hinsicht angemessen[7].

7   **b) Verschmelzung durch Neugründung.** Dementsprechend gelten auch die Vorschriften des zweiten Unterabschnitts (Verschmelzung durch Neugründung) für Umwandlungen unter Beteiligung einer KGaA. Die Regelungen, auf die Abs. 1 der Norm verweist, enthalten wiederum ihrerseits einen weitgehenden Verweis auf die Vorschriften des ersten Unterabschnitts[8]. Zusätzlich finden die allgemeinen Bestimmungen zur Verschmelzung

---

[6] § 278 Abs. 3 AktG.
[7] Siehe Rn 29. Vgl. auch § 120 Rn 29 mwN zur Verschmelzung einer KGaA auf den Inhaber aller Kommanditaktien, der nicht gleichzeitig Komplementär (Einpersonen-KGaA) sein muss (str.). Dagegen halten *Bärwaldt/Schabacker* NJW 1997, 93, 94 eine Einpersonen-KGaA für unzulässig und § 120 auf die KGaA für unanwendbar.
[8] § 73.

Anzuwendende Vorschriften 8–11 § 78

durch Neugründung[9] und damit auch die für Kommanditgesellschaften auf Aktien geltenden **Gründungsvorschriften**[10] Anwendung.

3. Wesen der KGaA und Besonderheiten bei der Anwendung der Vorschriften für Aktiengesellschaften

a) Struktur der KGaA. Die KGaA ist eigenständige Rechtsform[11] mit eigener Rechtspersönlichkeit. Sie ist zwar eine Kapitalgesellschaft, aber eine **Mischform** aus AG und KG[12]. An die Stelle des Vorstands treten die persönlich haftenden Gesellschafter. Deren Rechtsverhältnis untereinander und gegenüber den Kommanditaktionären sowie gegenüber Dritten bestimmt sich nach dem Recht der KG[13]. **8**

b) Grundkapital, Aktionäre und Anteilseigner. Regelungen bezüglich des Grundkapitals der AG betreffen grundsätzlich auch nur das in Aktien zerlegte Grundkapital[14] der KGaA, das ganz oder teilweise auch von Komplementären gehalten werden kann[15], nicht hingegen etwaige Vermögens- bzw. Sondereinlagen der Komplementäre[16], die gerade nicht auf das Grundkapital der KGaA geleistet werden. Knüpft etwa das Gesetz bestimmte Rechtsfolgen daran, dass Aktionäre **Anteile** halten[17], sind damit im Fall der KGaA nur Kommanditaktien, nicht hingegen von Aktionären zusätzlich gehaltene Vermögenseinlagen gemeint. In aller Regel bezieht sich der im UmwG verwandte Begriff Aktionäre auf die am Grundkapital der KGaA Beteiligten, und damit nur auf die Kommanditaktionäre[18]. **9**

Das UmwG verwendet aber den Begriff Aktionär teilweise auch in einem Sachzusammenhang, der es erforderlich macht, ihn bei der entsprechenden Anwendung auf die KGaA nicht nur auf die Kommanditaktionäre, sondern auch auf die Komplementäre zu beziehen. So sollten die in den Vorschriften zur Verschmelzung unter Beteiligung von Aktiengesellschaften vorgesehenen **Informationsrechte**[19] im Fall der Beteiligung einer KGaA an der Verschmelzung nicht nur die Kommanditaktionäre, sondern auch die Komplementäre, insbesondere auch die nicht geschäftsführungs- und/oder nicht vertretungsberechtigten Komplementäre einschließen, da diese die entsprechenden Informationen sonst mangels Beteiligung an der Umwandlung als geschäftsführungs- und vertretungsberechtigtes Organ nicht erhalten würden. Da aber ihre Rechtsstellung von der Umwandlung erheblich betroffen und ihre Zustimmung erforderlich ist, kommen ihnen die gleichen Informationsrechte zu wie den anderen, geschäftsführenden Komplementären, die diese Informationen sowieso haben bzw. haben müssen[20]. **10**

Das UmwG gebraucht häufig den Begriff **Anteilseigner**[21]. Dieser Begriff schließt bezüglich der KGaA regelmäßig die Komplementäre ein, selbst wenn diese weder am Grund- **11**

---

[9] §§ 36 bis 38.
[10] Insbes. § 36 Abs. 2 AktG.
[11] BGHZ 134, 392, 398.
[12] Vgl. hierzu und zu Folgendem *Semler/Perlitt* in MünchKomm. Vor § 278 AktG Rn 29 ff.; *Assmann/Sethe* in Großkomm. § 278 AktG Rn 3.
[13] § 278 Abs. 2 AktG.
[14] § 278 Abs. 1 AktG.
[15] Bereits bei Gründung einer KGaA können alle Kommanditaktien von den persönlich haftenden Gesellschaftern übernommen werden, vgl. *Semler/Perlitt* in MünchKomm. § 280 AktG Rn 14 ff.; *Assmann/Sethe* in Großkomm. § 280 AktG Rn 13. Inzwischen erlaubt § 280 AktG auch die Einpersonengründung der KGaA.
[16] § 281 Abs. 2 AktG.
[17] Vgl. zB § 62 Abs. 2.
[18] Vgl. etwa §§ 62 Abs. 2 Satz 1, 65 Abs. 2 Satz 1.
[19] §§ 60 ff., insbes. §§ 62 Abs. 3, 63 Abs. 1 und 3.
[20] *Rieger* in Widmann/Mayer Rn 13. Ähnlich *Schütz* KGaA-Handbuch § 11 Rn 314 in Bezug auf § 143. Dagegen verweist *Grunewald* in Lutter Rn 5 die Komplementäre auf ihre allgemeinen Auskunftsrechte gem. § 278 Abs. 2 AktG, §§ 161 Abs. 2, 118 HGB.
[21] Vgl. § 2: „... Anteilseigner (Gesellschafter, Partner, Aktionäre, Genossen oder Mitglieder) ...".

kapital, noch über Vermögenseinlagen am Kapital der KGaA beteiligt sind, denn sie sind Gesellschafter der KGaA. Ihre Rechte sind in gleicher Weise wie die der Aktionäre von den jeweiligen Umwandlungsvorgängen betroffen, auch dann, wenn sie weder am Kapital der KGaA beteiligt, noch geschäftsführungs- oder vertretungsberechtigt sind.

12　　**c) Die Rechtsstellung der Komplementäre als geschäftsführendes Organ.** Satz 2 der Norm wiederholt, was sich bereits aus allgemeinem KGaA-Recht ergibt: An die Stelle des Vorstands einer AG treten bei der KGaA die **vertretungsberechtigten Komplementäre**[22]. Somit bezieht sich jede Vorschrift des UmwG, die dem Vorstand der AG Rechte oder Pflichten auferlegt, bei der KGaA auf die persönlich haftenden Gesellschafter[23]. Aus der Gesetzesbegründung[24] ergibt sich, dass klargestellt werden sollte, dass sich die Gleichstellung auf die zur Vertretung ermächtigten Gesellschafter beschränkt.

4. Zustimmung der persönlich haftenden Gesellschafter

13　　Nach Satz 3 ist die Zustimmung der Komplementäre zum Verschmelzungsbeschluss erforderlich. Auch hier handelt es sich eigentlich nur um eine Klarstellung, da sich das Zustimmungserfordernis bereits aus allgemeinem KGaA-Recht ergibt[25]. Darüber hinaus erlaubt Satz 3, dass die Satzung der KGaA eine Mehrheitsentscheidung vorsieht. Damit **verbietet** das UmwG aber gleichzeitig auch die Möglichkeit einer Abbedingung des Zustimmungserfordernisses bzw. einer in der Satzung im Voraus bereits erteilten Zustimmung. Dies war nach altem Recht noch möglich[26].

14　　Nicht eindeutig geregelt ist die Frage, ob die Satzung auch eine **einfache Mehrheit** der Komplementäre vorsehen kann[27], wofür der Wortlaut spricht, oder ob zumindest eine qualifizierte Dreiviertelmehrheit in der Satzung vorgesehen sein muss[28]. Die letztgenannte Ansicht stützt sich auf einen Vergleich mit denjenigen Normen, die für entsprechende Beschlüsse in der Personenhandelsgesellschaft, GmbH und AG verlangen, dass der Gesellschaftsvertrag bzw. die Satzung zumindest eine Dreiviertelmehrheit vorsehen[29]. Dieser Vergleich ist allerdings letztlich nicht stichhaltig.

15　　Die für den Formwechsel einer KGaA in eine AG geltende **Sonderregelung**[30], derzufolge die Satzung der KGaA für den Beschluss der Hauptversammlung eine geringere als die Dreiviertelmehrheit bestimmen darf, hilft nicht weiter. Die Vorschrift gilt nicht für den Beschluss der Komplementäre, könnte aber auf diesen möglicherweise analog angewandt werden. Andererseits wäre aber auch aus dem Umkehrschluss das Argument möglich, dass in anderen Umwandlungsfällen eine solche Absenkung des Mehrheitserfordernisses – auch der Gruppe der Komplementäre – nicht zulässig sei.

16　　Die zum Vergleich angeführten Mehrheitserfordernisse betreffen die Gesellschafterversammlung von Personenhandelsgesellschaft, GmbH und AG und damit Gesellschaften, für die das gesetzliche Leitbild mehrere oder sogar eine Vielzahl von Gesellschaftern vorsieht. So

---

[22] § 278 Abs. 2 AktG.
[23] Vgl. etwa §§ 8, 16 Abs. 1, 60 Abs. 2 und 3, 64 Abs. 1.
[24] RegBegr. *Ganske* S. 118.
[25] § 285 Abs. 2 Satz 1 AktG. Die Zustimmung bedarf der notariellen Beurkundung, *Rieger* in Widmann/Mayer Rn 14 Fn 1, *Marsch-Barner* in Kallmeyer Rn 6, *Schütz* KGaA-Handbuch § 11 Rn 202; *Semler/Perlitt* in MünchKomm. § 285 AktG Rn 53 ff.
[26] *Semler/Perlitt* in MünchKomm. § 289 AktG Rn 164. Die Satzung der KGaA kann aber die Verpflichtung der Komplementäre enthalten, die Zustimmung zu erteilen. Eine Verpflichtung kann auch aufgrund gesellschaftsrechtlicher Treuepflicht bestehen, vgl. *Grunewald* in Lutter Rn 4, *Schütz* KGaA-Handbuch § 11 Fn 607, *Semler/Perlitt* in MünchKomm. AktG § 285 Rn 61 f.
[27] *Rieger* in Widmann/Mayer Rn 14; *Grunewald* in Lutter Fn 2; *Stratz* in Schmitt/Hörtnagl/Stratz Rn 5; *Schütz* KGaA-Handbuch § 11 Rn 203.
[28] *Marsch-Barner* in Kallmeyer Rn 5; *Schaumburg* DStZ 1998, 525, 540.
[29] §§ 43 Abs. 2, 50 Abs. 1 und 65 Abs. 1.
[30] § 240 Abs. 1 Satz 2 2. Alt.

wurde etwa im Fall der Norm[31], die für einen Gesellschaftsvertrag einer Personenhandelsgesellschaft die Zulassung einer Mehrheitsentscheidung nur in Form einer **Dreiviertelmehrheit** erlaubt, zunächst in der Literatur diskutiert, ob es auf die Zahl der Gesellschafter oder aber die Zahl der abgegebenen Stimmen ankomme[32]. Zugunsten der zweiten Auslegungsvariante wurde vom Gesetzgeber schließlich eine klarstellende Änderung in das UmwG eingefügt[33].

Dagegen ist das **gesetzliche Leitbild** der KGaA auf einige wenige Komplementäre ausgerichtet, die die Geschäfte führen. Kommanditgesellschaften auf Aktien mit mehr als vier oder fünf Komplementären, zumeist in Form der hauptversammlungsdominierten KGaA mit sog. angestellten Komplementären[34], dürften die absolute Ausnahme sein. Ganz im Gegenteil ist davon auszugehen, dass die Zahl der Kommanditgesellschaften auf Aktien mit nur einer einzigen Komplementärin, nämlich einer Komplementärgesellschaft, auch weiterhin zunehmen wird.

Im Ergebnis sind deshalb mit dem **Wortlaut der Vorschrift** auch Satzungsregelungen, die eine einfache Mehrheit der Komplementäre vorsehen, zulässig.

Satzungsänderungen, die die Einstimmigkeit zugunsten einer Mehrheitsentscheidung oder die qualifizierte zugunsten einer einfachen Mehrheitsentscheidung vorsehen, unterliegen selbstverständlich ihrerseits dem zum Zeitpunkt des Beschlusses noch geltenden Einstimmigkeits- bzw. qualifizierten Mehrheitserfordernis[35].

Das in Satz 3 statuierte Zustimmungserfordernis gilt auch dann, wenn eine KGaA auf eine übernehmende KGaA verschmolzen wird. Dies ergibt sich bereits aus der formalen **Änderung der Rechtsstellung**, zusätzlich aber auch aus der damit möglicherweise verbundenen Erhöhung des Haftungsrisikos[36].

5. Rechtsstellung der persönlich haftenden Gesellschafter nach der Verschmelzung

a) Verschmelzung einer KGaA auf eine KGaA, OHG oder KG.
Wird eine KGaA auf eine Gesellschaft verschmolzen, in der der Komplementär wieder die gleiche oder eine **vergleichbare Stellung** erhalten kann, also eine KGaA, OHG oder KG, so kann der Verschmelzungsvertrag vorsehen, dass der Komplementär erneut persönlich haftender Gesellschafter des übernehmenden Rechtsträgers wird[37].

Hält der Komplementär eine **Vermögenseinlage**, kann der Verschmelzungsvertrag vorsehen, dass er diese Einlage als persönlich haftender Gesellschafter des übernehmenden bzw. neuen Rechtsträgers ebenfalls zugewiesen erhält. Unklar ist in diesem Fall, ob der Erwerb der neuen Gesellschafterstellung kraft Gesetzes[38] oder rechtsgeschäftlich[39] erfolgt. Praktische Auswirkungen dieser Frage sind nicht erkennbar.

---

[31] § 43 Abs. 2.
[32] *H. Schmidt* in Lutter § 43 Rn 4 a. Vgl. auch § 43 Rn 5 ff.
[33] Gesetz zur Änderung des Umwandlungsgesetzes, des Partnerschaftsgesellschaftsgesetzes und anderer Gesetze vom 22. 7. 1998, BGBl. I 1998 S. 1878.
[34] Vgl. *Semler/Perlitt* in MünchKomm. Vor § 278 AktG Rn 32; *Assmann/Sethe* in Großkomm. § 278 AktG Rn 148.
[35] *Rieger* in Widmann/Mayer Rn 15, 16.
[36] *Rieger* in Widmann/Mayer Rn 17; *Grunewald* in Lutter Rn 7 mwN. Dies gilt auch, wenn ein Verschmelzungsbeschluss der Kommanditaktionäre nach § 62 entbehrlich ist, vgl. *Schütz* KGaA-Handbuch § 11 Rn 200.
[37] *Grunewald* in Lutter Rn 8; *Rieger* in Widmann/Mayer Rn 19, 20 sowie die Literatur zu § 354 AktG aF. Vgl. auch *Schütz* KGaA-Handbuch § 11 Rn 70 zum Sonderfall der Verschmelzung von zwei beteiligungsidentischen KGaAs und Rn 88-104 zur Verschmelzung des einzigen Komplementärs auf die KGaA mwN.
[38] So wohl *Assmann/Sethe* in Großkomm. Vor § 278 AktG Rn 94.
[39] *Stratz* in Schmitt/Hörtnagl/Stratz Rn 7; *Marsch-Barner* in Kallmeyer Rn 7; unklar *Rieger* in Widmann/Mayer Rn 20 und *Grunewald* in Lutter Rn 8.

23 Enthält der Verschmelzungsvertrag keine entsprechende Regelung, scheidet der Komplementär aus. Zu den Folgen für eine Vermögenseinlage vgl. die nachfolgenden Anmerkungen[40].

24 **b) Verschmelzung einer KGaA auf einen anderen Rechtsträger.** *aa) Komplementäre ohne Vermögenseinlage.* Handelt es sich bei dem übernehmenden Rechtsträger nicht um eine KGaA, OHG oder KG, scheidet der Komplementär ohne Vermögenseinlage aus[41]. Denkbar ist allerdings, dass alle Kommanditaktionäre an der einzigen Komplementärgesellschaft mit der gleichen Quote beteiligt sind wie am Grundkapital der KGaA. In einem solchen Fall könnte bei einer Verschmelzung zur Neugründung der Verschmelzungsvertrag theoretisch eine **Beteiligung der Komplementärgesellschaft** am Kapital des neuen Rechtsträgers vorsehen. Da dies aber so vom UmwG nicht ausdrücklich vorgesehen ist, empfiehlt sich zumindest eine Abstimmung mit dem Registergericht.

25 *bb) Komplementäre mit Vermögenseinlage.* Im Fall einer Verschmelzung einer KGaA auf einen übernehmenden oder neuen Rechtsträger, der nicht KGaA, OHG oder KG ist, sind die Rechtsfolgen für Komplementäre mit Vermögenseinlage **umstritten**.

26 Teilweise wird vertreten, dass der Komplementär zwingend ausscheidet und seine Einlage zur Rückzahlung fällig wird[42]. Eine **Beteiligung am aufnehmenden Rechtsträger** sei nur über die Teilnahme an einer Kapitalerhöhung möglich. Das UmwG gehe davon aus, dass Aktionärsrechte nur für Aktionärsrechte gewährt werden könnten. Die Gegenansicht hält dagegen eine Regelung des Verschmelzungsvertrags für zulässig, derzufolge dem Komplementär für seine Einlage in der KGaA Anteile des übernehmenden Rechtsträgers gewährt werden[43].

27 Der letztgenannten Ansicht sollte gefolgt werden[44]. Wird eine KGaA verschmolzen, ist nicht ersichtlich, warum der Verschmelzungsvertrag die Anteile der neuen Gesellschaft bzw. die durch Kapitalerhöhung entstehenden neuen Anteile an der übernehmenden Gesellschaft nicht so aufteilen sollte, dass auf die Komplementäre mit Einlage derjenige Teil dieser Anteile entfällt, der ihrer Beteiligung am Gesamtkapital der KGaA entspricht. Dabei muss allerdings berücksichtigt werden, dass die Aufteilung nur dann im Verhältnis der **Einlage zum Gesamtkapital** der KGaA erfolgen kann, wenn die Satzung der KGaA parallel geführte Rücklagenkonten vorsieht[45]; anderenfalls ist die Beteiligungsquote entsprechend anzupassen.

28 Der Sache nach handelt es sich um eine **Sachgründung**. Dies trifft aber auf alle Verschmelzungen zu und begründet nicht, warum der Komplementär auf eine gesonderte Kapitalerhöhung zur Einbringung seines Abfindungsanspruchs verwiesen werden sollte.

29 Auch der von der Gegenansicht angeführte Verweis auf die allgemeinen Vorschriften zur Verschmelzung unter Beteiligung von Aktiengesellschaften[46] hilft nicht weiter. Zwar sehen diese nur den Umtausch von Aktien in neue Anteile vor. Der Verweis der Norm auf diese Vorschriften verlangt aber nur eine **entsprechende Anwendung**. Soweit sich die Rechtsform der KGaA in erheblicher Weise von der einer AG unterscheidet, wird dies ansons-

---

[40] Siehe Rn 25 ff.
[41] *Rieger* in Widmann/Mayer Rn 19. *Schütz* KGaA-Handbuch § 11 Rn 108.
[42] *Marsch-Barner* in Kallmeyer Rn 8; *Stratz* in Schmitt/Hörtnagl/Stratz Rn 8; *Grunewald* in Lutter Rn 8 f.; *Schaumburg/Schulte* Rn 192; *Grunewald* in G/H/E/K § 354 AktG aF Rn 7, 8; *Dehmer*[1] § 354 AktG aF Anm. 8.
[43] *Bermel* in Goutier/Knopf/Tulloch Rn 12; *Rieger* in Widmann/Mayer Rn 21; *Assmann/Sethe* in Großkomm. Vor § 278 AktG Rn 95; *Schütz* KGaA-Handbuch § 11 Rn 32 ff., 107, 172. *Kraft* in Kölner Komm. § 354 AktG aF Rn 5; *Schilling* in Großkomm. § 354 AktG aF Rn 5. Hinsichtlich der erforderlichen Kapitalerhöhung gilt die Erleichterung des § 69 Abs. 1 Satz 1 2. Halbs., so dass eine Sacheinlagenprüfung nicht zwingend ist, sich aber ggf. empfiehlt, insbesondere dann, wenn man der Ansicht ist, dass Sondereinlagen der Komplementäre nicht der Gründungsprüfung unterliegen (str.).
[44] Vgl. aber § 247 Rn 12 für den insoweit anders zu beurteilenden Fall des Formwechsels.
[45] Vgl. *Semler/Perlitt* in MünchKomm. § 278 AktG Rn 405.
[46] §§ 60 ff.

Anzuwendende Vorschriften 30–32 § 78

ten vom UmwG ausdrücklich berücksichtigt, etwa bei dem Erfordernis der gesonderten Zustimmungserklärung der Komplementäre. Auch ein Vergleich mit den Regelungen zum Formwechsel einer KGaA[47] führt zu keinem anderen Ergebnis. Denn das Gesetz besagt nur, dass der Komplementär als solcher ausscheidet, was selbstverständlich ist, wenn der neue Rechtsträger diese Gesellschafterstellung nicht vorsieht. Daraus folgt aber nicht, dass der Komplementär nicht Aktionär werden kann[48]. Der Beitritt neuer Komplementäre im Zuge der Verschmelzung ist – anders als im Rahmen des Formwechsels – nicht möglich.

6. Nachhaftung der persönlich haftenden Gesellschafter

Der Komplementär einer übertragenden KGaA haftet für die zum Zeitpunkt der Verschmelzung bestehenden Verbindlichkeiten. **Unklar** ist, ob insoweit die allgemeinen Vorschriften des HGB[49] zur Anwendung kommen, was von einem Teil der Literatur vertreten wird[50], oder die Regelungen des HGB[51] für den Fall der Auflösung der Gesellschaft[52], oder ob aus gesetzessystematischen Gründen die Nachhaftungsvorschrift des UmwG[53] analog zur Anwendung kommt[54]. 30

Die Unklarheit ergibt sich daraus, dass die Verschmelzungsvorschriften des UmwG die Haftung des Komplementärs einer übertragenden KGaA nicht regeln. Eine unmittelbare Anwendung der Regelung für Personenhandelsgesellschaften[55] auf die KGaA verbietet sich, da diese eine Kapitalgesellschaft ist. Ein Teil der Literatur greift deshalb auf die allgemeinen Vorschriften des HGB[56] zurück, die auf die KGaA aufgrund der allgemeinen Verweisnorm des KGaA-Rechts anwendbar sind[57]. Hier ist allerdings zwischen den Regelungen für die Auflösung einer Personenhandelsgesellschaft[58] und für das Ausscheiden eines persönlich haftenden Gesellschafters[59] zu differenzieren, da letztere dem **Nachhaftungssystem des UmwG** eher entsprechen. Dagegen weichen die Vorschriften für den Fall der Auflösung der Gesellschaft verschiedentlich von den Nachhaftungsregelungen des UmwG ab. 31

Die für die Auflösung einer Personenhandelsgesellschaft anwendbaren Vorschriften sehen eine Verjährung und keine Ausschlussfrist vor. Der Fristbeginn berechnet sich bei später fällig werdenden Ansprüchen anders[60]. Der Beginn der Fünfjahresfrist richtet sich nach dem Zeitpunkt der Auflösung, nicht nach dem Zeitpunkt der Bekanntmachung[61]. Dem Gesetz und der Gesetzesbegründung kann aber insofern keine bewusste Entscheidung gegen die Anwendbarkeit der entsprechenden Norm des UmwG entnommen werden. Im Gegenteil verweisen die Formwechselvorschriften für die KGaA[62] auf die Nachhaftungsregelung für 32

---

[47] § 247 Abs. 2.
[48] *Bogenschütz*, FS Widmann, S. 163, 184. Vgl. zum umgekehrten Fall, bei dem Anteilseignern der übertragenden Kapitalgesellschaft ihr Anteil am Stamm-/Grundkapital in eine Sondereinlage umgewandelt wird: *Schütz* KGaA-Handbuch § 11 Rn 325.
[49] § 278 Abs. 2 AktG, §§ 161 Abs. 2, 128, 159, 160 HGB.
[50] Auf §§ 159, 160 HGB verweisen ohne Differenzierung zwischen diesen beiden Regelungen *Marsch-Barner* in Kallmeyer Rn 4; *Stratz* in Schmitt/Hörtnagl/Stratz Rn 5, 6; *Assmann/Sethe* in Großkomm. Vor § 278 AktG Rn 96.
[51] § 278 Abs. 2 AktG, §§ 161 Abs. 2, 128, 159 HGB.
[52] *Rieger* in Widmann/Mayer Rn 23.
[53] § 45.
[54] *Bermel* in Goutier/Knopf/Tulloch Rn 16 unter Verweis auf § 319; *H. Schmidt* in Lutter § 45 Rn 8 a; *Grunewald* in Lutter Rn 10.
[55] § 45.
[56] §§ 159, 160 HGB.
[57] § 278 Abs. 2 AktG.
[58] § 159 HGB. So *Schütz* KGaA-Handbuch § 11 Rn 138.
[59] § 160 HGB.
[60] § 159 Abs. 3 HGB.
[61] § 45 Abs. 2.
[62] §§ 237, 249.

den Formwechsel von Personenhandelsgesellschaften[63], welche konzeptionell der Nachhaftungsvorschrift für die Verschmelzung von Personenhandelsgesellschaften eher entspricht als der des HGB. Deshalb ist eine **analoge Anwendung** der Vorschrift des UmwG für Personenhandelsgesellschaften geboten[64].

7. Rechtsstellung der Kommanditaktionäre

33 Die an einer Verschmelzung beteiligten Kommanditaktionäre werden entsprechend den **allgemeinen Vorschriften** Anteilsinhaber des übernehmenden bzw. neuen Rechtsträgers[65]. Dies gilt selbstverständlich auch für solche Kommanditaktionäre, die gleichzeitig Komplementär der KGaA waren.

8. Ausschluss der Barabfindung

34 Die Vorschrift findet bei jeder Verschmelzung einer KGaA auf eine AG und einer AG auf eine KGaA Anwendung. Nach den allgemeinen Verschmelzungsvorschriften[66] hätten an sich die Aktionäre bzw. Kommanditaktionäre der übertragenden Gesellschaft Anspruch auf Barabfindung gegen Erwerb der Aktien durch die Gesellschaft, was der Gesetzgeber verhindern wollte[67]. Aus der Gesetzesbegründung[68] geht hervor, dass ein Barabfindungsanspruch vom Gesetzgeber als **unerwünscht** angesehen wurde[69].

35 Der in Satz 4 vorgesehene Ausschluss der Anwendbarkeit des Austrittsrechts gilt allerdings nicht für den **Sonderfall** einer Verschmelzung von Rechtsträgern derselben Rechtsform, soweit Anteile an dem übernehmenden Rechtsträger Verfügungsbeschränkungen unterworfen sind[70].

36 Gegen die gesetzliche Regelung[71] ist einzuwenden, dass im Fall einer Verschmelzung einer AG auf eine KGaA die Aktionäre ggf. einen erheblichen Verlust an Rechten hinnehmen müssen, so dass **Bedenken** bestehen, ob die Vorschrift angemessen ist[72]. Die Rechtsstellung der Kommanditaktionäre einer gesetzestypischen KGaA ist insgesamt schwächer als bei der AG[73], was durch entsprechende Satzungsgestaltung noch erheblich verschärft werden kann.

---

[63] § 224.
[64] Vgl. § 45 Rn 5. So auch *Grunewald* in Lutter Rn 10 und *H. Schmidt* in Lutter § 45 Rn 8 a, wobei aber außerhalb des Anwendungsbereichs des § 45 die Regelung des § 159 HGB anwendbar sei.
[65] § 20 Abs. 1 Nr. 3 Satz 1. Zu den Besonderheiten, die sich ergeben, wenn die Gesellschafter der übertragenden Gesellschaft ihre Beteiligung in der aufnehmenden KGaA maßgeblich über eine Einlage der Komplementärgesellschaft halten wollen, vgl. *Arnold* S. 24 ff.
[66] § 29.
[67] RegBegr. *Ganske* S. 118 f. Vgl. aber § 71 Abs. 1 Nr. 3 AktG, § 207: Im Fall des Formwechsels einer GmbH galten diese Bedenken nicht.
[68] RegBegr. *Ganske* S. 118 f.
[69] Siehe auch § 29 Rn 6.
[70] § 29 Abs. 1 Satz 2; siehe § 29 Rn 6 ff. AllgM, *Rieger* in Widmann/Mayer Rn 24; *Grunewald* in Lutter Rn 11; *Marsch-Barner* in Kallmeyer Rn 9. Vgl. auch § 29 Rn 16 zum Sonderfall des Delistings.
[71] Siehe § 250 Rn 2 zur gleichen Problematik iRd. § 250.
[72] Siehe § 29 Rn 6. *Grunewald* in Lutter Rn 11 hält die Regelung für akzeptabel, verweist aber auf das allgemeine Austrittsrecht. *Bermel* in Goutier/Knopf/Tulloch Rn 15 merkt an, dass Satz 4 die Frage nach der Rechtsstruktur der KGaA meidet.
[73] So schon *Gros* in JW 1934, 2019, 2019 zur Umwandlung einer AG in eine KGaA. Vgl. *Semler/Perlitt* in MünchKomm. Vor § 278 AktG Rn 29 ff. und § 278 AktG Rn 280 ff., 326 f. Dagegen ohne Problembewusstsein *Schindler*, Das Austrittsrecht in Kapitalgesellschaften, 1999, S. 117, der meint, die Rechtsstellung verändere sich kaum. Laut *Happ* in Lutter § 250 Rn 3, 4 ist die Rechtsstellung zwar unterschiedlich, aber insgesamt nicht besser oder schlechter, und die wirtschaftliche Stellung unverändert. IE so auch *Rieger* in Widmann/Mayer § 250 Rn 7 ff. Der Kapitalmarkt sieht dies anders, vgl. etwa *Sethe*, Die personalistische Kapitalgesellschaft mit Börsenzugang, 1996, S. 250 mwN. Vgl. auch *Assmann/Sethe* in Großkomm. Vor § 278 AktG Rn 114, die allerdings gegen die gesetzliche Regelung keine Bedenken äußern.

Denkbar wäre, das Problem – vor oder nach der Verschmelzung – über das allgemeine Austrittsrecht zu lösen[74]. Dies kommt allerdings nur in ganz seltenen Ausnahmefällen in Betracht, nämlich insbesondere dann, wenn es einem Aktionär aus rechtlichen Gründen unmöglich ist, seine Aktien zu veräußern[75].

Damit verbleiben Fälle, in denen ein Mehrheitsaktionär absichtlich seine Dreiviertelmehrheit für eine Umwandlung in eine KGaA missbraucht, deren einzige Komplementärgesellschaft er hält, um die Rechte der Minderheitsaktionäre auszuhöhlen[76]. Von solchen Extremfällen abgesehen, wird man trotz aller Bedenken die **gesetzgeberische Entscheidung** hinzunehmen haben, da faktisch Minderheitsaktionäre einer KGaA im Regelfall auch nicht erheblich schwächer gestellt sind als in der AG[77]. 37

Aus diesem Grund dürfte auch das Recht, vom übernehmenden Rechtsträger **bare Zuzahlung** mit der Begründung zu verlangen, die Mitgliedschaft beim übernehmenden Rechtsträger sei kein ausreichender Gegenwert für die Mitgliedschaft beim übertragenden Rechtsträger[78], im Regelfall nicht zur Anwendung kommen, da der Gesetzgeber dies offenkundig für den hier diskutierten Fall nicht zulassen wollte. 38

Fünfter Abschnitt. Verschmelzung unter Beteiligung eingetragener Genossenschaften

Erster Unterabschnitt. Verschmelzung durch Aufnahme

§ 79 Möglichkeit der Verschmelzung

Ein Rechtsträger anderer Rechtsform kann im Wege der Aufnahme mit einer eingetragenen Genossenschaft nur verschmolzen werden, wenn eine erforderliche Änderung der Satzung der übernehmenden Genossenschaft gleichzeitig mit der Verschmelzung beschlossen wird.

Übersicht

	Rn		Rn
I. Allgemeines	1	II. Einzelerläuterungen	6
1. Entstehungsgeschichte	1	1. Sinn und Zweck der Norm	6
2. Genossenschaftsbanken	2	a) Satzungsänderung/Klagbarkeit des Verschmelzungsvertrags	6
a) Rechtstatsachen	2	b) Weitergehende amtliche Überschrift	7
b) Rechtliche Besonderheiten	3	2. Parteien der Verschmelzung	8
aa) Sicherungseinrichtung/ Sanierung	3	a) eG	8
		aa) Als übertragender Rechtsträger	10
bb) Bankrecht	4	bb) Als übernehmender Rechtsträger	14
c) Verschmelzung mit Sparkassen	5		

---

[74] Vgl. § 29 Rn 20 sowie *Grunewald* in Lutter Rn 11 und § 29 Rn 32.
[75] *Wiedemann* GesR Bd. I § 7 IV 2 b). Zu weiteren Fällen vgl. *Schindler,* Das Austrittsrecht in Kapitalgesellschaften, 1999, S. 88 ff., 92, der allerdings ebenfalls die Subsidiarität des Austritts gegenüber der Veräußerlichkeit als „häufig unüberwindbare Schranke" für ein Austrittsrecht ansieht.
[76] Vgl. *Dirksen/Möhrle* ZIP 1988, 1377, 1381 f. Bei börsennotierten Gesellschaften würde dies unmittelbar negativen Einfluss auf den Kurs haben. AA § 250 Rn 2.
[77] § 29 Rn 6; *Semler/Perlitt* in MünchKomm. § 278 AktG Rn 345.
[78] § 15 Abs. 1.

	Rn		Rn
b) Rechtsträger anderer Rechtsform	15	b) Änderung	20
c) Mehrere übertragende Rechtsträger	16	c) Erforderlichkeit	21
3. Anwendungsbereich	17	d) Beschlussfassung	33
a) Verschmelzung im Wege der Aufnahme	17	e) Gleichzeitigkeit	34
		5. Rechtsfolgen	35
b) Mit einem Rechtsträger anderer Rechtsform	18	a) Eintragungshindernis	35
		b) Sonstige	36
4. Satzungsänderung	19	6. Analoge Anwendung?	37
a) Satzung der übernehmenden eG	19		

I. Allgemeines

1. Entstehungsgeschichte

1 Die Verschmelzung von Genossenschaften war bis zum Inkrafttreten des UmwG[1] zum 1. 1. 1995 in §§ 93 a bis s GenG aF geregelt, wie auch die Regelungen für Umwandlungsvorgänge anderer Gesellschaftsformen über zahlreiche Spezialgesetze (insbesondere das UmwG 1969, AktG, Gesetz über die Kapitalerhöhung aus Gesellschaftsmitteln und über die Verschmelzung von GmbH sowie das VAG) verstreut waren. §§ 93 a, 93 s GenG aF ließen nur die Verschmelzung durch Übernahme und Neubildung (heute: Neugründung) unter Genossenschaften gleicher Haftart zu. Eine eG mit dem gesetzlichen Regelfall unbeschränkter Nachschusspflicht zur Insolvenzmasse[2] konnte nicht mit einer eG verschmolzen werden, bei der diese Nachschusspflicht im Statut gänzlich ausgeschlossen oder auf eine bestimmte Haftsumme je Geschäftsanteil beschränkt war[3]. Auch eine Verschmelzung mit **Rechtsträgern anderer Rechtsform** (sog. Mischverschmelzung) sah das Gesetz nicht vor. Beide Beschränkungen sind durch das UmwG entfallen.

2. Genossenschaftsbanken

2 **a) Rechtstatsachen.** Die Genossenschaftsbanken oder Kreditgenossenschaften[4] bilden den volkswirtschaftlich weitaus wichtigsten Sektor unter den genossenschaftlich organisierten Unternehmen. Die hohe Zahl örtlicher **Volks- und Raiffeisenbanken** verringert sich permanent durch eine Vielzahl von Verschmelzungen. Die notwendige Betriebsgröße wird von einem Großteil dieser Banken nicht erreicht.

3 **b) Rechtliche Besonderheiten.** *aa) Sicherungseinrichtung/Sanierung.* Jede Bank muss Mitglied einer Sicherungseinrichtung sein[5]. Für die Genossenschaftsbanken ist das die Sicherungseinrichtung des Bundesverbands der Deutschen Volksbanken und Raiffeisenbanken (BVR). Die Sicherungseinrichtung hat – soweit ersichtlich – bis heute verhindert, dass eine Genossenschaftsbank insolvent geworden wäre.

4 *bb) Bankrecht.* Ein Kreditinstitut, das die Absicht hat, sich mit einem anderen Institut zu vereinigen, hat dies unverzüglich der Bundesanstalt für Finanzdienstleistungsaufsicht (BAFin) und der Deutschen Bundesbank anzuzeigen[6]. Die Art und Weise der Anzeige ist für

---

[1] Vom 28. 10. 1994, BGBl. I S. 3210.
[2] § 105 Abs. 1 Satz 1 GenG.
[3] § 119 GenG.
[4] Dazu gehören die Volks- und Raiffeisenbanken, Sparda-Banken und die Münchener Hypothekenbank eG. DZ Bank (früher: Deutsche Genossenschaftsbank) und WGZ Bank sind dagegen Aktiengesellschaften.
[5] § 23 a Abs. 1 KWG.
[6] § 24 Abs. 2 KWG.

Möglichkeit der Verschmelzung 5, 6 § 79

Genossenschaftsbanken besonders geregelt[7]. Die Anzeige hat über den Prüfungsverband zu erfolgen, dem die Bank angehört; der Verband leitet die Anzeige abschriftlich weiter. Die **Anzeigepflicht** ist unverzüglich zu erfüllen, sobald die Fusionsabsicht besteht. In der Praxis werden Verschmelzungen von Genossenschaftsbanken häufig **Kooperationsvereinbarungen** vorgeschaltet, die auf eine Verschmelzung am Ende der Kooperationsphase gerichtet sind. Dadurch wird die Absicht zur Vereinigung vertraglich dokumentiert und muss angezeigt werden. Die Anzeigepflicht ermöglicht der BaFin, in die Fusionsverhandlungen einzugreifen[8]. Den Kunden einer Volksbank, die auf eine andere Volksbank verschmolzen worden ist, wird bei Vorliegen besonderer Gründe ein Recht zur (fusionsbedingten) fristlosen Kündigung eines langfristigen Kreditvertrags ohne Vorfälligkeitsentschädigung zugebilligt[9].

c) **Verschmelzung mit Sparkassen.** Sparkassen sind rechtsfähige **Anstalten des** 5 **öffentlichen Rechts**, soweit es sich nicht um die Sonderform der sog. freien Sparkassen handelt[10]. Untereinander können sie nach sämtlichen landesrechtlichen Sparkassengesetzen durch übereinstimmende Beschlüsse ihrer jeweiligen Gewährträger bzw. Gewährträgerversammlungen vereinigt werden[11]. Bei solchen **Vereinigungen**, die auch praktisch zunehmend vorkommen, handelt es sich um öffentlich-rechtliche Vorgänge außerhalb des UmwG. Fusionen mit Rechtsträgern anderer Rechtsform, insbesondere Genossenschaftsbanken, sind auf diesem Weg nicht möglich. Auch umwandlungsrechtlich stoßen sie auf Schwierigkeiten, weil eine Anstalt öffentlichen Rechts nicht zu den Rechtsträgern gehört, die nach § 3 verschmelzungsfähig sind[12]. Abweichend davon können Anstalten des öffentlichen Rechts ihre Rechtsform wechseln, wenn das für die Anstalt/Sparkasse maßgebende Landesrecht dies vorsieht oder zulässt[13]. Soweit das jeweilige Sparkassengesetz dies ermöglicht, ist der Verschmelzung also ein Formwechsel vorzuschalten. Nach dem Gesetz zur Einführung der Europäischen Genossenschaft und zur Änderung des Genossenschaftsgesetzes besteht jetzt auch die Möglichkeit der **grenzüberschreitenden Verschmelzung** durch Gründung einer **Europäischen Genossenschaft (SCE)**[14]. Wegen dieser Möglichkeit und zu großer nationaler Unterschiede nimmt das Zweite Gesetz zur Änderung des UmwG mit dem der gesellschaftliche Teil der **Verschmelzungsrichtlinie** umgesetzt wurde, die Genossenschaften dagegen von der Anwendung seiner Vorschriften zu grenzüberschreitenden Verschmelzungen nach dem UmwG aus (§ 122 b Abs. 2 Nr. 1)[15].

II. Einzelerläuterungen

1. Sinn und Zweck der Norm

a) **Satzungsänderung/Klagbarkeit des Verschmelzungsvertrags.** Die Mischver- 6 schmelzung wird an die Voraussetzung geknüpft, dass eine erforderliche Änderung der

---

[7] § 26 AnzV.
[8] Vgl. *Reischauer/Kleinhans,* Kreditwesengesetz, Loseblatt-Slg., Stand: Dezember 2005, § 24 KWG Rn 23; *Braun* in Boos/Fischer/Schulte-Mattler § 24 KWG Rn 45 und 182; *Beck/Samm,* Gesetz über das Kreditwesen, Loseblatt-Slg., Stand: Oktober 1996, § 24 KWG Rn 73.
[9] OLG Karlsruhe WM 2001, 1803; *Nobbe* WM 2005, 1537, 1547 f. mit Fn 154.
[10] Diese sind juristische Personen des Privatrechts (wirtschaftlicher Verein, stiftungsähnlich bzw. AG); vgl. *Fischer* in Boos/Fischer/Schulte-Mattler § 40 KWG Rn 8.
[11] Vgl. § 3 SpG für BW, Art. 16 SpG Bayern, § 28 SpG Bbg., § 17 SpG Hessen, § 28 SpG MV, § 2 SpG Nds., § 32 SpG NW, § 22 SpG Rh.-Pf., § 28 SpG Saarl., § 28 SpG Sachsen, § 28 SpG SA, § 31 SpG SH und § 22 SpG Thüringen. Die Rechtslage in den Stadtstaaten Berlin, Hamburg und Bremen stellt sich aufgrund einer anderen Bankenstruktur anders dar.
[12] *Lutter/Drygala* in Lutter § 3 Rn 5.
[13] §§ 191 Abs. 1 Nr. 6, 301 Abs. 2; im Einzelnen § 191 Rn 10 und § 301 Rn 31 ff.
[14] BGBl I 2006, 1911; Einleitung C Rn 64 ff.; *Schaffland/Korte* NZG 2006, 253; *Schulze* NZG 2004, 792; *Pistorius* DStR 2006, 278; *Keßler* BB 2006, 561.
[15] § 122 b Rn 10 f.; *Müller* NZG 2006, 286, 287.

Satzung der übernehmenden eG gleichzeitig mit der Verschmelzung beschlossen wird[16]. Die Verschmelzung soll nicht wirksamwerden, ohne dass Anpassungen, die aufgrund der unterschiedlichen Rechtsformen notwendig sind, tatsächlich vorgenommen werden. Diese Anpassungen werden zwar regelmäßig im Verschmelzungsvertrag vorgesehen sein. Nach den Verschmelzungsbeschlüssen wären sie aber kaum noch durchsetzbar. Das gilt erst recht ab Eintragung und Wirksamwerden der Verschmelzung, weil der übertragende Rechtsträger als Vertragspartner und Inhaber des Anspruchs auf die Satzungsänderungen dann nicht mehr existiert. Dieses strukturelle Problem der Klagbarkeit von Verpflichtungen aus Verschmelzungsverträgen kann durch die Konstruktion als echter Vertrag zu Gunsten Dritter (etwa der Anteilsinhaber des übertragenden Rechtsträgers) allenfalls partiell gelöst werden. Ansonsten kommt es auf die gesetzlichen Rechtsfolgen eines Verstoßes gegen § 79 an[17]. Ein noch sichereres **Durchsetzungsinstrument** ist, den Beschluss über die erforderlichen Satzungsänderungen in den Verschmelzungsvertrag als aufschiebende Bedingung aufzunehmen[18], so dass die Verschmelzung widrigenfalls – mangels Wirksamkeit des Vertrags – nicht eingetragen werden kann.

7 b) **Weitergehende amtliche Überschrift.** Die amtliche Überschrift geht über den eigentlichen Anwendungsbereich von § 79 hinaus und erweckt den Anschein, als seien hier alle **Möglichkeiten der Verschmelzung** unter Beteiligung von Genossenschaften geregelt. Tatsächlich beschränkt sich der Anwendungsbereich auf den Fall, dass ein übertragender Rechtsträger anderer Rechtsform auf eine übernehmende eG verschmolzen wird[19]. Die anderen Möglichkeiten[20] werden dadurch aber keineswegs ausgeschlossen.

2. Parteien der Verschmelzung

8 a) **eG.** Für die Verschmelzungsfähigkeit eingetragener Genossenschaften hat das UmwG eine **wesentliche Liberalisierung** gegenüber dem früheren Recht bewirkt. Jetzt sind nicht mehr nur Verschmelzungen zwischen Genossenschaften gleicher, sondern auch zwischen solchen unterschiedlicher Haftart (reine eG-Verschmelzungen) möglich, außerdem auch die Verschmelzung mit Rechtsträgern anderer Rechtsform (Mischverschmelzungen)[21].

9 Im Regelfall wird es um die Verschmelzung einer **werbenden eG** gehen, die den genossenschaftlichen **Förderzweck** für ihre Mitglieder durch ihren statutarischen Unternehmensgegenstand verfolgt. Dabei kann die werbende eG einerseits **übernehmender Rechtsträger** sein[22]. Das ergibt sich unmittelbar aus dem Gesetzeswortlaut von § 79. Andererseits kann die eG an einer Verschmelzung durch Aufnahme auch als **übertragender Rechtsträger** beteiligt sein[23]. Das ergibt sich bspw. aus § 87 Abs. 1 Satz 1.

10 aa) *Als übertragender Rechtsträger.* Soweit die Fortsetzung der **aufgelösten eG** beschlossen werden könnte, kann auch die aufgelöste eG als übertragender Rechtsträger an einer Verschmelzung beteiligt sein[24]. Da § 79 a GenG die **Möglichkeit eines Fortsetzungsbeschlusses** nur vorsieht, wenn auch die vorherige Auflösung auf einem Beschluss der Gene-

---

[16] *Schulte* in Lang/Weidmüller § 2 UmwG Rn 3; *Röhrich* in H/P/G/R § 79 UmwG Rn 1 f.
[17] Siehe Rn 35.
[18] §§ 158 Abs. 1 BGB, 7.
[19] Siehe Rn 1, 15, und *Bayer* in Lutter Rn 18.
[20] Siehe Rn 9 ff.
[21] Siehe Rn 1, 17, 18; *Schulte* in Lang/Weidmüller § 79 UmwG Rn 2; *Bermel* in Goutier/Knopf/Tulloch Vor § 79 ff.
[22] *Bayer* in Lutter Rn 6; *Beuthien* §§ 2 ff. Rn 4; nicht aber die Vor-Genossenschaft, vgl. *Schulte* in Lang/Weidmüller § 2 UmwG Rn 8.
[23] *Bayer* in Lutter Rn 6; *Beuthien* §§ 2 ff. Rn 4.
[24] § 3 Abs. 3; *Bayer* ZIP 1997, 1613, 1614; *Fronhöfer* in Widmann/Mayer § 3 Rn 67; *Schulte* in Lang/Weidmüller § 2 UmwG Rn 7 und § 3 UmwG Rn 5; *Bermel* in Goutier/Knopf/Tulloch Vor § 79 ff.; *Schlarb* S. 34.

ral-/Vertreterversammlung oder Zeitablauf beruht, steht der Gesetzeswortlaut einer Verschmelzungsteilnahme bei anderen Auflösungstatbeständen klar entgegen. Auch wenn das nicht in allen Fällen sachgerecht sein mag, weil eine übernehmende eG über eine ausreichende Mitgliederzahl verfügt oder sich ihre Organe nicht gesetzwidrig verhalten, stellt dies eine Auslegungsgrenze dar, die sich nicht mit dem Hinweis auf insoweit liberaleres früheres Recht überwinden lässt[25].

Fortsetzungsbeschluss und Verschmelzungsfähigkeit sind ausgeschlossen, wenn bereits mit **Vermögensverteilung** an die Mitglieder begonnen worden ist[26]. Ein solcher Beginn liegt mit der ersten Auszahlung an nur ein Mitglied vor. Das dient dem Gläubigerschutz und soll verhindern, dass die eG mit angegriffenem Vermögen wieder werbend tätig wird. Eine Rückgewähr der empfangenen Zahlungen durch die Mitglieder macht die Fortsetzung wieder zulässig[27]. Dadurch wird auch die Verschmelzungsfähigkeit als übertragender Rechtsträger wieder erlangt[28]. **11**

Ein Fortsetzungsbeschluss ist ebenso ausgeschlossen, wenn die Mitglieder durch Beschluss der General-/Vertreterversammlung zu **Nachschüssen** herangezogen[29] und tatsächliche Leistungen auf diese Heranziehung erbracht worden sind. Dadurch soll der Gefahr vorgebeugt werden, dass die Mitglieder bei späterer erneuter Auflösung nochmals nachschießen müssten, also mehrfach herangezogen werden könnten. Da diese Gefahr erst ab tatsächlicher Zahlung besteht, kann ein Fortsetzungsbeschluss zwischen dem Heranziehungsbeschluss und einer solchen Zahlung noch gefasst werden[30]. Dasselbe muss für die Verschmelzungsfähigkeit gelten. **12**

Neben dem Verschmelzungsbeschluss der General-/Vertreterversammlung einer aufgelösten eG ist weder ein ausdrücklicher Fortsetzungsbeschluss noch ein satzungsändernder Beschluss erforderlich, und zwar weder im Fall der Auflösung durch Auflösungsbeschluss noch durch Zeitablauf[31]. **13**

bb) Als übernehmender Rechtsträger. § 3 Abs. 3 lässt die Beteiligung von aufgelösten Rechtsträgern an Verschmelzungsvorgängen nur als übertragende Rechtsträger zu. Die Anteilsinhaber des übertragenden Rechtsträgers sollen davor geschützt sein, dass sie Mitglieder einer aufgelösten eG werden, die alsbald zu liquidieren ist[32]. Soll eine aufgelöste eG übernehmender Rechtsträger sein, muss ihre General-/Vertreterversammlung deshalb **vor** dem Verschmelzungs- einen **ausdrücklichen Fortsetzungsbeschluss** fassen[33]. Das gilt auch dann, wenn der übertragende Rechtsträger gleichfalls aufgelöst ist und die Verschmelzung zum Zweck gemeinsamer Abwicklung erfolgt[34]. Der eindeutige Wortlaut von § 3 Abs. 3 bildet hier wieder eine methodologische Auslegungsgrenze; angesichts der Möglichkeit eines Fortsetzungsbeschlusses besteht auch keine praktische Notwendigkeit, diese Grenze zu ignorieren[35]. **14**

---

[25] So aber *Bayer* in Lutter Rn 11 und *Beuthien* §§ 2 ff. Rn 4 für die Auflösungsgründe der §§ 80, 81 GenG; *Fronhöfer* in Widmann/Mayer Rn 12.

[26] *Bayer* in Lutter Rn 8; *Schwarz* in Widmann/Mayer § 3 Rn 6.1; *Schulte* in Lang/Weidmüller § 3 UmwG Rn 4.

[27] *Beuthien* § 79 a GenG Rn 4; *Schaffland* in Lang/Weidmüller § 79 a GenG Rn 3.

[28] Mittlerweile auch *Bayer* in Lutter Rn 12 mwN zum Meinungsstand zu § 79 a GenG.

[29] §§ 79 Abs. 1 Satz 3, 87 Abs. 2 GenG.

[30] *Beuthien* § 79 a GenG Rn 5.

[31] *Bayer* ZIP 1997, 1613, 1614 sowie *Bayer* in Lutter Rn 9 mwN auch zu abweichenden Auffassungen.

[32] *Bayer* in Lutter Rn 15, vgl. dazu *Bayer* ZIP 1997, 1613, 1614.

[33] *Bayer* in Lutter Rn 15 mwN zur insoweit hM; *Schulte* in Lang/Weidmüller § 2 UmwG Rn 7; aA *Beuthien* §§ 2 ff. Rn 4 mit der Begründung, auch die aufgelöste eG sei eG iSv. § 3 Abs. 1 Nr. 3.

[34] *OLG Naumburg* vom 12. 2. 1997 – 10 Wx 1/97 mit abl. Anm. von *Bayer* EWiR 1997, 807; ebenfalls ablehnend in ZIP 1997, 1613, 1614 und *Schulte* in Lang/Weidmüller § 3 UmwG Rn 5.

[35] Siehe auch *Lutter/Drygala* in Lutter § 3 Rn 19 zur historischen Auslegung.

15 **b) Rechtsträger anderer Rechtsform.** Im Gegensatz zum früheren Recht lässt das UmwG auch die Mischverschmelzung von Genossenschaften und Rechtsträgern anderer Rechtsform zu[36]. Rechtsträger der in § 3 Abs. 1 genannten Rechtsformen können an einer Verschmelzung als übertragende, übernehmende oder (bei einer Verschmelzung durch Neugründung[37]) neue Rechtsträger beteiligt sein, die in § 3 Abs. 2 genannten Rechtsformen bzw. natürlichen Personen nur in der dort genannten Funktion und die in § 3 Abs. 3 genannten aufgelösten nur als übertragende Rechtsträger[38].

16 **c) Mehrere übertragende Rechtsträger.** An derselben Verschmelzung können gleichzeitig mehrere übertragende Rechtsträger beteiligt sein. Das gilt jetzt auch, abweichend von § 93 a GenG aF[39], für die Teilnahme mehrerer übertragender Genossenschaften, wie sich bspw. aus §§ 80 Abs. 2, 86 Abs. 2 ergibt. In der Praxis schließt die übernehmende eG bei **Parallelverschmelzungen** idR aber separate Verschmelzungsverträge mit jeder übertragenden eG ab und werden auch separate Verschmelzungsbeschlüsse in der Generalversammlung der übernehmenden eG gefasst, schon um den Mitgliedern differenzierte Stimmabgaben zu ermöglichen und die Verschmelzungen auch rechtlich voneinander unabhängig zu machen.

3. Anwendungsbereich

17 **a) Verschmelzung im Wege der Aufnahme.** Schon aus der Gesetzessystematik ergibt sich, dass § 79 nur für eine Verschmelzung im Wege der **Aufnahme** gilt[40]. Die semantische Abweichung von der Überschrift des Ersten Unterabschnitts („im Wege der/durch Aufnahme") hat keinerlei Regelungsgehalt. Auch inhaltlich ist die Vorschrift bei Verschmelzungen durch **Neugründung**[41] obsolet, weil für die neu gegründete eG (oder den Rechtsträger anderer Rechtsform) ohnehin ein vollständig neues Statut von den Mitgliedern der Vertretungsorgane jedes übertragenden Rechtsträgers aufgestellt und von deren Anteilsinhabern beschlossen werden muss[42].

18 **b) Mit einem Rechtsträger anderer Rechtsform.** Außerdem gilt § 79 nur für **Mischverschmelzungen** eines übertragenden Rechtsträgers anderer Rechtsform auf eine **übernehmende eG**. Bei Mischverschmelzungen ist der satzungsmäßige Anpassungsbedarf naturgemäß größer als bei reinen eG-Verschmelzungen[43].

4. Satzungsänderung

19 **a) Satzung der übernehmenden eG.** § 79 betrifft nur Änderungen der Satzung der übernehmenden eG[44]. Die **Satzung** oder der **Gesellschaftsvertrag** des übertragenden Rechtsträgers anderer Rechtsform ist im Zuge der Verschmelzung ohne Bedeutung, weil er mit Eintragung der Verschmelzung erlischt[45]. Das gilt auch für die Verschmelzung

---

[36] § 3 Abs. 4; siehe Rn 1 und Rn 18; *Röhrich* in H/P/G/R § 1 GenG Rn 2.
[37] Siehe dazu die Kommentierung zu § 96.
[38] Siehe dazu Rn 10 ff. und § 3 Rn 36 ff.
[39] Darin war im Singular von der Übertragung des Vermögens „der einen Genossenschaft (übertragende Genossenschaft) als Ganzes auf eine andere Genossenschaft (übernehmende Genossenschaft)" die Rede; vgl. *Bayer* in Lutter Rn 16 mwN zur alten Lit.
[40] *Stratz* in Schmitt/Hörtnagl/Stratz Rn 4.
[41] Siehe die Kommentierung des Zweiten Unterabschnitts bzw. der §§ 96 bis 98.
[42] §§ 97 Abs. 1, 98 Satz 1.
[43] Zur Kritik dieser Beschränkung vgl. *Bayer* in Lutter Rn 18 und *Fronhöfer* in Widmann/Mayer Rn 16; *Stratz* in Schmitt/Hörtnagl/Stratz Rn 4; *Schulte* in Lang/Weidmüller § 79 UmwG Rn 4; *Bermel* in Goutier/Knopf/Tulloch Vor § 79 ff.
[44] *Röhrich* in H/P/G/R § 79 UmwG Rn 2; *Ohlmeyer/Kuhn/Philipowski* 5.12.1.
[45] § 20 Abs. 1 Nr. 2.

Möglichkeit der Verschmelzung 20–24 § 79

übertragender aufgelöster Rechtsträger, weil es dafür lediglich auf die Möglichkeit eines Fortsetzungsbeschlusses ankommt[46] und auch bei einer durch Zeitablauf aufgelösten eG als übertragendem Rechtsträger kein zusätzlicher satzungsändernder Beschluss erforderlich ist[47].

b) Änderung. Das Tatbestandsmerkmal „Änderung der Satzung" der übernehmenden 20 Genossenschaft ist gleichbedeutend mit einer „Änderung der Satzung" iSv. § 16 Abs. 1 GenG. Darunter fällt jede **Aufhebung, Änderung** oder **Ergänzung** einer in der Satzung enthaltenen Bestimmung, aber auch jede **Erweiterung** um eine bisher gar nicht enthaltene Regelung, unabhängig davon, ob es sich um notwendige Satzungsinhalte[48], gesetzlich geregelte Kannvorschriften[49] oder sonstige fakultative Bestimmungen handelt[50]. Nicht erfasst sind allerdings sog. unechte, nicht korporative Satzungsbestandteile ohne materiellen Satzungscharakter, die im Satzungstext zwar verlautbart werden, ihren Geltungsgrund aber außerhalb der Satzung haben und deshalb auch nach den außerhalb der Satzung für sie geltenden Regeln geändert werden können[51].

c) Erforderlichkeit. Die Vorschrift erfasst nur **rechtlich** erforderliche Änderungen. Das 21 ergibt sich sowohl aus ihrem Schutzzweck, das Wirksamwerden von Verschmelzungsbeschlüssen ohne gleichzeitig beschlossene Satzungsänderungen zu verhindern[52], als auch aus dem Eintragungshindernis als Rechtsfolge eines Verstoßes[53].

Eine Satzungsänderung kann nur aus einer **Regelung im Verschmelzungsvertrag** erforderlich werden[54]. Dabei kann der Vorstand als das Vertretungsorgan, das die übernehmende eG beim Abschluss des Verschmelzungsvertrags vertritt[55], die General-/Vertreterversammlung[56] zwar nicht verpflichten, die vertraglich vorgesehene Satzungsänderung zu beschließen. Der Verschmelzungsvertrag kann aber durch einen solchen Beschluss aufschiebend (oder durch sein Nichtzustandekommen auflösend) bedingt werden[57].

Beispiele. Typischerweise betrifft dies insbesondere folgende Regelungsgegenstände der 23 Satzung:

Firma und Sitz der übernehmenden eG[58] können Gegenstand von Änderungen sein, 24 wenn – insbesondere durch eine neue Firma – die Identität und der mit ihr verbundene

---

[46] § 3 Abs. 3.
[47] Siehe dazu Rn 5 und nochmals *Bayer* in Lutter Rn 9 mwN zur abw. Lit. Da es sich bei Letzterer schon nicht um einen Rechtsträger anderer Rechtsform handelt, ist § 79 nach dem in Rn 18 Ausgeführten auf die Verschmelzung einer durch Zeitablauf aufgelösten übertragenden eG von vornherein unanwendbar.
[48] §§ 6, 7 GenG.
[49] §§ 7 a, 8 GenG.
[50] *Beuthien* § 16 GenG Rn 1.
[51] *Beuthien* § 16 GenG Rn 2 unter Hinweis auf BGHZ 103, 219, 222 zu schuldrechtlichen Nebenabreden.
[52] Siehe Rn 6; so auch *Röhrich* in H/P/G/R § 79 UmwG Rn 2.
[53] Siehe Rn 35; entbehrlich ist dagegen eine Satzungsänderung immer dann, wenn es sich um die Verschmelzung mit einer 100%-Tochter handelt. *Bayer* in Lutter Rn 19; *Fronhöfer* in Widmann/Mayer Rn 19.
[54] Bei *Bayer* in Lutter Rn 20 ist daneben – missverständlich – von dem Fall die Rede, dass bei der Beschlussfassung über die Verschmelzung in der Anteilsinhaber-Versammlung eines beteiligten Rechtsträgers die Satzungsänderung als Bedingung aufgestellt wurde. Wie sich aus § 7 ergibt, ist es zwar zulässig, den Verschmelzungsvertrag unter einer Bedingung zu schließen (siehe § 7 Rn 3 ff.). Die Anteilsinhaber-Versammlungen können deshalb aber nicht von sich aus bedingte Verschmelzungsbeschlüsse fassen, sondern nur über die Zustimmung zum (bedingten oder unbedingten) Verschmelzungsvertrag abstimmen.
[55] § 4 Abs. 1 Satz 1; § 24 Abs. 1 GenG.
[56] § 16 Abs. 1 GenG.
[57] Siehe Fn 54 und bereits Rn 6.
[58] § 6 Nr. 1 GenG.

goodwill des übertragenden Rechtsträgers mit aufgenommen oder durch eine gänzlich neue Firma ein neuer gemeinsamer *goodwill* der Fusionspartner gebildet werden soll[59], falls dann nicht gleich die Verschmelzung durch Neugründung gewählt wird[60].

25 Der **Gegenstand des Unternehmens**[61] muss erweitert werden, wenn der übertragende Rechtsträger auch Gegenstände betreibt, die die übernehmende eG bislang nicht betrieben hat, und diese Gegenstände nach der Verschmelzung beibehalten werden sollen[62]. Der erweiterte Unternehmensgegenstand muss mit dem gesetzlich zwingenden Förderzweck der übernehmenden eG[63] in Einklang stehen; sonst muss die eG umgekehrt auf den Rechtsträger anderer Rechtsform, insbesondere eine zweckneutrale Kapitalgesellschaft, verschmolzen werden[64]. Anderenfalls droht behördliche Auflösung[65]. Soweit der hinzutretende Unternehmensgegenstand des übertragenden Rechtsträgers behördlicher Genehmigung bedarf, gilt die Gesamtrechtsnachfolge[66] auch für öffentlich-rechtliche Rechtsverhältnisse, sofern sie nicht von einer bestimmten Rechtsform oder persönlichen Qualifikationen – idR des Vertretungsorgans – abhängen und durch die übernehmende eG nicht mehr erfüllt werden[67].

26 Wenn die Satzung der übernehmenden eG eine **Nachschusspflicht** vorsieht[68], die über die persönliche Haftung der Anteilsinhaber des übertragenden Rechtsträgers hinausgeht, kann eine **Herabsetzung der Haftsumme** erforderlich sein, um den Verschmelzungsbeschluss für diese mehrheitsfähig zu machen[69].

27 Die Höhe und/oder Zahl der zulässigen **Geschäftsanteile** sollte angehoben werden, wenn die bisherigen statutarischen Grenzen nicht ausreichen, um den Anteilsinhabern des übertragenden Rechtsträgers Geschäftsanteile in ausreichender Höhe zu geben[70]. Sonst müssen übersteigende Geschäftsguthaben der Mitglieder einer übertragenden eG oder Kapitalgesellschaft bar ausgezahlt bzw. bare Zuzahlungen geleistet werden, was einen wirtschaftlich desaströsen Kapitalabfluss bedeuten kann[71].

28 Andererseits sollten **Pflichtbeteiligungen** mit mehreren Geschäftsanteilen reduziert werden, wenn die den Anteilsinhabern des übertragenden Rechtsträgers gutzuschreibenden Geschäftsguthaben so weit unter der statutarischen Pflichtbeteiligung lägen, dass diese nur die Wahl zwischen einer entsprechenden Aufstockung ihrer Geschäftsanteile oder einer gänzlichen Ausschlagung der Mitgliedschaft hätten[72].

29 Klarstellende Anpassungen können auch geboten sein, wenn die Satzung der übernehmenden eG **Beitrittsvoraussetzungen** für die Mitglieder aufstellt, deren Nichterfüllung den Erwerb der Mitgliedschaft durch Anteilsinhaber des übertragenden Rechtsträgers allerdings nicht hindert, oder **Eintrittsgelder** vorsieht[73].

---

[59] *Bayer* in Lutter Rn 23; ausführlich zur Firma iRd. Umwandlung: *Bokelmann* ZNotP 1998, 265 ff.
[60] Siehe dazu § 96 Rn 2.
[61] § 6 Nr. 2 GenG.
[62] *Bayer* in Lutter Rn 23; *Fronhöfer* in Widmann/Mayer Rn 20; *Stratz* in Schmitt/Hörtnagl/Stratz Rn 5; *Schulte* in Lang/Weidmüller § 2 UmwG Rn 3; *Röhrich* in H/P/G/R § 79 UmwG Rn 3; siehe *OLG Düsseldorf* NZG 2001, 1093 zur wesentlichen Änderung des Unternehmensgegenstands einer eG iSv. § 67 a Nr. 1 Satz 1 GenG durch Übertragung ihres Geschäftsbetriebs auf einen anderen Rechtsträger im Wege des *asset deal*.
[63] § 1 Abs. 1 GenG.
[64] Vgl. *Beuthien* § 6 GenG Rn 7.
[65] § 81 GenG.
[66] § 20 Abs. 1 Nr. 1.
[67] Siehe § 20 Rn 70 und *Grunewald* in Lutter § 20 Rn 13 mwN.
[68] § 6 Nr. 3 GenG.
[69] *Bayer* in Lutter Rn 22; *Fronhöfer* in Widmann/Mayer Rn 20; *Neye* in Neye/Limmer/Frenz/Harnacke Rn 848.
[70] *Stratz* in Schmitt/Hörtnagl/Stratz Rn 5; *Limmer* in Neye/Limmer/Frenz/Harnacke Rn 847 f.
[71] *Fronhöfer* in Widmann/Mayer Rn 19.
[72] §§ 87 Abs. 1 Satz 2, 90 Abs. 2.
[73] *Bayer* in Lutter Rn 23; *OLG Bamberg* Urt. vom 7. 1. 1981 mit Anm. *Ehlenz* BB 1982, 272 f.

Möglichkeit der Verschmelzung 30–32 § 79

Die gesetzliche Zahl von zwei Vorstands- und drei Aufsichtsratsmitgliedern ist insoweit satzungsdispositiv, als die Satzung eine höhere Mitgliederzahl vorsehen kann[74]. In der Praxis kommen Verschmelzungen meist nur zustande, wenn Vorstands- und/oder Aufsichtsratsmitglieder des übertragenden Rechtsträgers in die Organe der übernehmenden eG „übernommen" werden, d. h. der General-/Vertreterversammlung zur Wahl in den Aufsichtsrat oder dem Aufsichtsrat zur Bestellung in den Vorstand vorgeschlagen werden. Wenn **statutarische Festlegungen der Zahl von Vorstands- und Aufsichtsratsmitgliedern** entgegenstehen, muss die Satzung entsprechend angepasst werden[75]. Bei mitbestimmten Aufsichtsräten sind die Auswirkungen auf die (Drittel-)Parität zu beachten[76]. 30

Wenn die übernehmende eG nach der Verschmelzung mehr als 1 500 Mitglieder hat, kann durch Satzungsänderung bestimmt werden, dass die Generalversammlung künftig aus Vertretern der Mitglieder besteht[77]. Auch wenn schon eine **Vertreterversammlung** besteht, können Satzungsanpassungen geboten sein, um eine adäquate Vertretung der Neumitglieder und/oder die gewünschte „Übernahme" von Vertretern einer übertragenden eG zu gewährleisten. Grundsätzlich besteht nach der Verschmelzung die Vertreterversammlung der übernehmenden eG unverändert fort. Wenn kurzfristig ohnehin eine Neuwahl ansteht, kann eine zwischenzeitliche Abweichung von statutarischen Vertreterquoten (Verhältnis der Mitglieder- zur Vertreterzahl) hingenommen werden[78]. Ansonsten ist eine **Ergänzungswahl** durchzuführen, bei der nur die Neumitglieder aktiv wahlberechtigt sind. Näheres regelt üblicherweise eine Wahlordnung der übernehmenden eG[79], die für die Ergänzungswahl maßgeblich ist[80]. Die Vertreterämter bei einer übertragenden eG enden mit Wirksamkeit der Verschmelzung[81]. 31

Da die Mitglieder einer übertragenden eG oder Anteilsinhaber eines übertragenden Rechtsträgers anderer Rechtsform vorher noch keine aktiv wahlberechtigten Mitglieder der übernehmenden eG sind, lässt sich die nachträgliche Ergänzungswahl nicht durch eine Zuwahl durch die Anteilsinhaber des übertragenden Rechtsträgers vor der Verschmelzung ersetzen. Sinnvoll ist dagegen, dass der Verschmelzungsvertrag vorsieht, dem Wahlvorstand der übernehmenden eG **Wahlvorschläge des übertragenden Rechtsträgers** zukommen zu lassen, die bei einer übertragenden eG häufig identisch mit ihren bisherigen Vertretern sein werden. Wenn die Satzung der übernehmenden eG eine Vertreterquote festsetzt, die eine Zuwahl aller bisherigen Vertreter der übertragenden eG nicht zulässt, kann sich eine Anpassung der Quote durch Satzungsänderung empfehlen. Wenn der übertragende Rechtsträger eine sehr viel kleinere Zahl von Anteilsinhabern hat und diese dagegen gesichert werden sollen, dass ihre Stimmen bei allgemeinen Wahlen für künftige Wahlperioden untergehen, kann durch Satzungsänderung ein **Bezirkswahlverfahren** eingeführt[82] und im Verschmelzungsvertrag vorgesehen werden, dass ein ggf. abgrenzbarer Geschäftsbezirk des übertragenden Rechtsträgers auch künftig einen eigenen Wahlbezirk bildet. Sind die auftretenden Probleme mit der Vertreterversammlung anders nicht überwindbar, kann im Wege der Satzungsänderung auch wieder die Generalversammlung eingeführt werden[83]. 32

---

[74] §§ 24 Abs. 2, 36 Abs. 1 GenG.
[75] *Bayer* in Lutter Rn 23 aE.
[76] Siehe auch § 80 Rn 54 f.
[77] § 43 a Abs. 1 GenG.
[78] *Schulte* in Lang/Weidmüller § 43 a GenG Rn 81.
[79] § 43 a Abs. 6 GenG.
[80] *Schulte* in Lang/Weidmüller § 43 a GenG Rn 82.
[81] *Schulte* in Lang/Weidmüller § 43 a GenG Rn 81 ff.
[82] Zur Zulässigkeit des Bezirkswahlverfahrens: *Gräser* in H/P/G/R § 43 a GenG Rn 10 unter Hinweis auf *BGH* BB 1982, 1075.
[83] *Schulte* in Lang/Weidmüller § 43 a GenG Rn 82. Daneben sieht § 43a Abs. 7 GenG nF jetzt auch ein qualifiziertes Minderheitsverlangen auf eine Beschlussfassung der Mitglieder über die Abschaffung der Vertreterversammlung vor.

33 **d) Beschlussfassung.** Die General-/Vertreterversammlung der übernehmenden eG beschließt über die Satzungsänderung nach den allgemeinen gesetzlichen und statutarischen Vorschriften[84]. In den Fällen von § 16 Abs. 2 GenG bedarf der Beschluss, genau wie der Verschmelzungsbeschluss, einer Dreiviertelmehrheit[85]. Der Beschlussgegenstand muss mindestens drei Tage vor der Versammlung angekündigt werden[86]. Im Gegensatz zum Verschmelzungsbeschluss braucht der Beschluss über die Satzungsänderung nicht notariell beurkundet zu werden, sondern genügt die **privatschriftliche Niederschrift** der Genossenschaft, falls die Satzung keine notarielle Beurkundung verlangt[87].

34 **e) Gleichzeitigkeit.** § 79 verlangt, dass eine erforderliche Satzungsänderung gleichzeitig mit der Verschmelzung beschlossen wird[88]. Aus Wortlaut und Zweck wird teilweise hergeleitet, die Beschlussfassung dürfe nicht zeitlich versetzt sein, sondern Satzungsänderung und Zustimmung zur Verschmelzung müssten in einem Beschluss zusammengefasst werden[89]. Die **Zusammenfassung in einem Beschluss** ist aber je nach Komplexität der Satzungsänderung nicht unbedingt praktikabel. § 79 bezweckt nicht das Wirksamwerden einer Satzungsänderung durch dasjenige der Verschmelzung zu konditionieren, sondern umgekehrt zu verhindern, dass die Verschmelzung beschlossen wird, eine erforderliche Anpassung der Satzung der übernehmenden eG dagegen unterbleibt[90]. Dieses Anliegen ist auch dann gewahrt, wenn Verschmelzungsbeschluss und Satzungsänderung separat in derselben General-/Vertreterversammlung beschlossen werden. Dass die übernehmende eG beide Beschlüsse fasst und der Verschmelzungsbeschluss beim übertragenden Rechtsträger dann scheitert, ist theoretisch, weil sich ohnehin empfiehlt, zuerst die Beschlussfassung beim übertragenden Rechtsträger durchzuführen (diese Reihenfolge wird regelmäßig in der Praxis gewählt). Die Verbindung in einem Beschluss ist auch anfechtungsrechtlich nicht unbedingt vorteilhaft, weil dann zwingend die ganze Verschmelzung scheitert, wenn eine marginale Satzungsänderung erfolgreich angefochten wird.

5. Rechtsfolgen

35 **a) Eintragungshindernis.** Die Rechtsfolge eines Verstoßes gegen § 79 besteht darin, dass das Registergericht die Verschmelzung nicht eintragen darf. Das Registergericht der übernehmenden eG muss nicht nur prüfen, ob die Satzungsänderung beschlossen, sondern auch, ob sie (spätestens) zusammen mit der Verschmelzung zur Eintragung **angemeldet** worden ist.

36 **b) Sonstige.** Da der Vorstand die Generalversammlung durch den Verschmelzungsvertrag nicht verpflichten kann, die vereinbarte Satzungsänderung auch tatsächlich zu beschließen, hat der Verstoß **keine sonstigen Rechtsfolgen.** Allenfalls könnte *culpa in contrahendo*[91] vorliegen, wenn der Vorstand beim Vertragsschluss wüsste oder wissen müsste, dass die Statutsänderung von vornherein nicht mehrheitsfähig ist.

6. Analoge Anwendung?

37 Zu Recht wird kritisiert, dass § 79 nur den Fall der Mischverschmelzung eines Rechtsträgers anderer Rechtsform auf eine übernehmende eG regelt, auf eine reine eG-Verschmel-

---

[84] *Bayer* in Lutter Rn 25; *Fronhöfer* in Widmann/Mayer Rn 23.
[85] Siehe dazu schon Rn 20.
[86] § 46 Abs. 2 GenG.
[87] §§ 47, 6 Nr. 4 GenG.
[88] *Fronhöfer* in Widmann/Mayer Rn 23.
[89] *Bayer* in Lutter Rn 17 und 24; *Fronhöfer* in Widmann/Mayer Rn 23; *Stratz* in Schmitt/Hörtnagl/Stratz Rn 4; *Bermel* in Goutier/Knopf/Tulloch § 79 aE.
[90] *Bayer* in Lutter Rn 17.
[91] §§ 311 Abs. 2, 280 Abs. 1 BGB.

zung also nicht anwendbar ist[92]. In der Tat ist das Interesse, dass die Verschmelzung nicht ohne erforderliche Statutsanpassungen wirksam wird, bei der Mischverschmelzung allenfalls graduell größer. An dem **eindeutigen Gesetzeswortlaut** ist aber nicht vorbeizukommen; insbesondere lässt die scharfe Rechtsfolge eines Eintragungshindernisses, das das Registergericht von Amts wegen berücksichtigen muss[93], keine analoge Anwendung zu.

Wenn eine übertragende eG auf einen übernehmenden Rechtsträger anderer Rechtsform verschmolzen wird, kommt eine analoge Anwendung von § 79 erst recht nicht in Betracht, weil sich diese auf die **Satzung** oder den **Gesellschaftsvertrag** des anderen Rechtsträgers beziehen würde. Die Abschnitte des UmwG, die sich mit diesen anderen Rechtsträgern befassen, sehen keine § 79 entsprechende Regelung vor. 38

§ 80 Inhalt des Verschmelzungsvertrags bei Aufnahme durch eine Genossenschaft

(1) Der Verschmelzungsvertrag oder sein Entwurf hat bei Verschmelzungen im Wege der Aufnahme durch eine eingetragene Genossenschaft für die Festlegung des Umtauschverhältnisses der Anteile (§ 5 Abs. 1 Nr. 3) die Angabe zu enthalten,

1. daß jedes Mitglied einer übertragenden Genossenschaft mit einem Geschäftsanteil bei der übernehmenden Genossenschaft beteiligt wird, sofern die Satzung dieser Genossenschaft die Beteiligung mit mehr als einem Geschäftsanteil nicht zuläßt, oder

2. daß jedes Mitglied einer übertragenden Genossenschaft mit mindestens einem und im übrigen mit so vielen Geschäftsanteilen bei der übernehmenden Genossenschaft beteiligt wird, wie durch Anrechnung seines Geschäftsguthabens bei der übertragenden Genossenschaft als voll eingezahlt anzusehen sind, sofern die Satzung der übernehmenden Genossenschaft die Beteiligung eines Mitglieds mit mehreren Geschäftsanteilen zuläßt oder die Mitglieder zur Übernahme mehrerer Geschäftsanteile verpflichtet; der Verschmelzungsvertrag oder sein Entwurf kann eine andere Berechnung der Zahl der zu gewährenden Geschäftsanteile vorsehen.

Bei Verschmelzungen im Wege der Aufnahme eines Rechtsträgers anderer Rechtsform durch eine eingetragene Genossenschaft hat der Verschmelzungsvertrag oder sein Entwurf zusätzlich für jeden Anteilsinhaber eines solchen Rechtsträgers den Betrag des Geschäftsanteils und die Zahl der Geschäftsanteile anzugeben, mit denen er bei der Genossenschaft beteiligt wird.

(2) Der Verschmelzungsvertrag oder sein Entwurf hat für jede übertragende Genossenschaft den Stichtag der Schlußbilanz anzugeben.

Übersicht

	Rn		Rn
I. Allgemeines	1	a) Organschaftlich/gesetzlich	7
1. Ergänzung und Modifikation des vorgeschriebenen Inhalts nach § 5	1	aa) Vorstand	8
		bb) Aufsichtsrat	9
2. Beteiligung der Anteilsinhaber des übertragenden Rechtsträgers an übernehmender eG (Abs. 1)	2	b) Prokura	10
		c) Rechtsgeschäftlich	11
		III. Inhalt des Verschmelzungsvertrags	12
3. Stichtag der Schlussbilanz (Abs. 2)	3	1. Allgemein obligatorischer Inhalt (§ 5 Abs. 1)	12
II. Abschluss des Verschmelzungsvertrags	4		
1. Entwurf	4	2. Obligatorische Regelung des Umtauschverhältnisses der Anteile (Abs. 1)	13
2. Beurkundung	5		
3. Vertretung	7		

---

[92] *Bayer* in Lutter Rn 18.; *Fronhöfer* in Widmann/Mayer Rn 16 und weitere Nachweise bei Rn 72.
[93] Siehe Rn 35.

	Rn		Rn
a) Reine Genossenschaftsverschmelzung (Satz 1)	14	4. Fakultative Regelungen	49
aa) Beteiligung mit einem Geschäftsanteil (Nr. 1)	14	a) Organe der Genossenschaft	50
		aa) General-/Vertreterversammlung	50
bb) Beteiligung mit mindestens einem oder mehreren Geschäftsanteilen (Nr. 2 1. Halbs.)	17	bb) Vorstand	51
		cc) Aufsichtsrat	54
		dd) Beiräte	56
cc) Abweichende vertragliche Regelung des Umtauschverhältnisses (Nr. 2 2. Halbs.)	31	b) Satzungsänderungen (ohne Organbezug)	57
		c) Geschäftspolitik	58
b) Mischverschmelzung (Satz 2)	38	IV. Wirkungen des Verschmelzungsvertrags	59
aa) Betrag des Geschäftsanteils	40	1. Wirksamkeit mit Verschmelzungsbeschluss	59
bb) Zahl der Geschäftsanteile	41		
cc) Für jeden Anteilsinhaber	44	2. Änderung, Aufhebung und Kündigung	61
3. Obligatorische Angabe des Stichtags der Schlussbilanz (Abs. 2)	45		

I. Allgemeines

1. Ergänzung und Modifikation des vorgeschriebenen Inhalts nach § 5

1 Die Vorschrift ergänzt § 5 zum obligatorischen Inhalt des Verschmelzungsvertrags und modifiziert § 5 Abs. 1 Nr. 3 hinsichtlich der vertraglichen Regelung des Umtauschverhältnisses, wenn an der Verschmelzung eine **eG als übernehmender Rechtsträger** beteiligt ist[1].

2. Beteiligung der Anteilsinhaber des übertragenden Rechtsträgers an übernehmender eG (Abs. 1)

2 Für das **Umtauschverhältnis** unterscheidet Abs. 1 zwischen drei Fällen. Satz 1 betrifft reine eG-Verschmelzungen und differenziert danach, ob das Statut der übernehmenden eG Beteiligungen mit nur einem Geschäftsanteil (Nr. 1) oder mit mehreren Geschäftsanteilen (Nr. 2) zulässt[2]. Im Fall von Abs. 1 Satz 1 Nr. 1 ist jedes Mitglied der übertragenden eG **zwingend mit einem Geschäftsanteil** beteiligt, egal wie viele er bei der übertragenden eG hatte[3]. Im Fall von Abs. 1 Satz 1 Nr. 2 kommt es für die Zahl der ihm zu gewährenden Geschäftsanteile auf sein **Geschäftsguthaben** bei der übernehmenden eG an; es besteht nach Abs. 1 Nr. 2 2. Halbs. aber auch die Möglichkeit, im Verschmelzungsvertrag eine andere Berechnung als nach dem Geschäftsguthaben vorzusehen[4]. Satz 2 regelt den dritten Fall, nämlich **Mischverschmelzungen** durch Aufnahme eines übertragenden Rechtsträgers anderer Rechtsform in eine übernehmende eG[5]. Bei solchen Mischverschmelzungen muss der Verschmelzungsvertrag für jeden Anteilsinhaber des übertragenden Rechtsträgers die Höhe und Zahl der ihm zu gewährenden Geschäftsanteile angeben[6]. Ansonsten genügt die abstrakte Bestimmung von Höhe und Zahl der Geschäftsanteile[7].

---

[1] *Bayer* in Lutter Rn 3; *Stratz* in Schmitt/Hörtnagl/Stratz Rn 1; *Fronhöfer* in Widmann/Mayer Rn 2 f.; *Röhrich* in H/P/G/R § 80 UmwG Rn 1; RegBegr. *Ganske* S. 121.
[2] *Stratz* in Schmitt/Hörtnagl/Stratz Rn 3; *Fronhöfer* in Widmann/Mayer Rn 28 ff.; RegBegr. *Ganske* § 80.
[3] Im Einzelnen Rn 14 ff.
[4] Im Einzelnen Rn 17 ff. und 31 ff.
[5] *Stratz* in Schmitt/Hörtnagl/Stratz Rn 4.
[6] Dazu im Einzelnen Rn 38 ff.
[7] *Fronhöfer* in Widmann/Mayer Rn 34; *Limmer* in Neye/Limmer/Frenz/Harnacke Rn 859.

3. Stichtag der Schlussbilanz (Abs. 2)

Als weitere rechtsformspezifische Pflichtangabe des Verschmelzungsvertrags schreibt Abs. 2 vor, für jede übertragende Genossenschaft den Stichtag der Schlussbilanz anzugeben[8]. Die vertragliche Festlegung des Stichtags ist erforderlich, weil sich der Anteilstausch im Fall von Abs. 1 Satz 1 Nr. 2 nach dem Geschäftsguthaben bei der übertragenden eG richtet und für die **Berechnung dieses Geschäftsguthabens** die Schlussbilanz maßgebend ist[9]. Dieselbe Bemessungsgrundlage gilt für überschießende Geschäftsguthaben („Spitzen"), die nicht in Geschäftsanteile der übernehmenden eG umgetauscht werden können und den Mitgliedern der übertragenden eG in bar auszuzahlen sind[10].

II. Abschluss des Verschmelzungsvertrags

1. Entwurf

Das Gesetz eröffnet die Möglichkeit, den Anteilsinhabern für den Verschmelzungsbeschluss[11] noch keinen beurkundeten Verschmelzungsvertrag, sondern einen (privat-)**schriftlichen Entwurf des Vertrags** vorzulegen und die Beurkundung erst nach der Beschlussfassung vorzunehmen[12]. Darauf nimmt Abs. 1 Satz 1 Bezug („oder sein Entwurf"). Ein solcher Entwurf muss inhaltlich vollständig sein und sämtliche Pflichtangaben nach § 5 enthalten[13], bei einer übernehmenden eG auch die des § 80. Wenn der darüber gefasste Verschmelzungsbeschluss abschließend sein soll, darf der beurkundete Vertrag gegenüber dem Entwurf keine Änderungen enthalten, weil darüber sonst nicht beschlossen worden ist[14]. Spätestens einen Monat vor der Beschlussfassung muss der Entwurf dem Betriebsrat zugeleitet werden[15], worüber dem Registergericht bei der Anmeldung ein Nachweis vorgelegt werden muss[16].

2. Beurkundung

Auch für Genossenschaften gilt die allgemeine Formvorschrift des § 6[17], d. h. der Verschmelzungsvertrag muss **notariell beurkundet** werden, sonst ist er formunwirksam[18].

Das Beurkundungserfordernis erstreckt sich – wie stets – auf **alle vertraglichen Bestandteile,** die nach dem Willen der Parteien rechtlich und wirtschaftlich untrennbar verbunden sind[19], mit denen also die Einigung „steht oder fällt". Als Maßstab können die zu § 311 b BGB entwickelten Grundsätze herangezogen werden[20]. Nicht mitbeurkundete Nebenabreden haben ggf. Formnichtigkeit des beurkundeten Teils zur Folge. Dagegen können die Erklärungen der an der Verschmelzung beteiligten Rechtsträger auch getrennt beurkundet werden[21].

---

[8] Dazu im Einzelnen Rn 45 ff. *Stratz* in Schmitt/Hörtnagl/Stratz Rn 5.
[9] § 87 Abs. 3; *Fronhöfer* in Widmann/Mayer Rn 32.
[10] § 87 Abs. 2 Satz 1.
[11] §§ 13, 84.
[12] § 4 Abs. 2.
[13] *Lutter/Drygala* in Lutter § 4 Rn 14.
[14] *Lutter/Drygala* in Lutter § 4 Rn 15 mit Fn 8.
[15] § 5 Abs. 3.
[16] § 17 Abs. 1.
[17] *Limmer* in Neye/Limmer/Frenz/Harnacke Rn 852; *Ohlmeyer/Kuhn/Philipowski* Rn 6.1.
[18] § 125 Satz 1 BGB. *Beuthien* § 2 ff. UmwG Rn 9.
[19] *Bayer* in Lutter Rn 7.
[20] *Lutter/Drygala* in Lutter § 6 Rn 3 mwN sowie *Heinrichs* in Palandt § 311 b BGB Rn 25 ff. zu diesen Grundsätzen.
[21] § 128 BGB; *Bayer* in Lutter Rn 7. Zur Auslandsbeurkundung siehe § 6 Rn 15 ff.

3. Vertretung

7 **a) Organschaftlich/gesetzlich.** Die Rechtsträger werden bei Abschluss des Verschmelzungsvertrags durch ihre jeweiligen **Vertretungsorgane** gesetzlich vertreten[22]. Zuständig sind also grundsätzlich die entsprechenden Organmitglieder in vertretungsberechtigter Zahl.

8 *aa) Vorstand.* Bei Genossenschaften ist das zuständige Vertretungsorgan der **Vorstand,** der die eG gerichtlich und außergerichtlich vertritt[23]. Im gesetzlichen Regelfall sind die Mitglieder des Vorstands nur gemeinschaftlich vertretungsbefugt[24], müssen also sämtliche Mitglieder an der Beurkundung mitwirken. Die Satzung kann Abweichendes bestimmen, etwa die gemeinsame Vertretung durch zwei (oder mehr) Vorstandsmitglieder, auch dass einzelne Vorstandsmitglieder allein oder in Gemeinschaft mit einem Prokuristen vertretungsbefugt sind[25]. Denkbar sind somit sämtliche Varianten von echter und unechter (gemischter) Gesamtvertretung sowie Alleinvertretungsmacht[26], die dann immer auch für den Abschluss von Verschmelzungsverträgen gelten[27].

9 *bb) Aufsichtsrat.* Dem **Aufsichtsrat** der Genossenschaft obliegt – wie dem der AG – die Überwachung des Vorstands[28]. Von der Vertretung der eG ist er (bis auf diejenige gegenüber dem Vorstand nach § 39 GenG) ausgeschlossen, wirkt also auch an der Beurkundung von Verschmelzungsverträgen nicht mit. Statutarische oder sonstige Weisungsrechte des Aufsichtsrats sind mit der eigenverantwortlichen Leitung der Genossenschaft durch den Vorstand[29] unvereinbar und nichtig[30]. Die Satzung kann aber vorsehen, dass der Vorstand bei bestimmten Geschäften – auch bei Umwandlungen – an die Zustimmung des Aufsichtsrats gebunden ist[31] und dem Aufsichtsrat dadurch ein Vetorecht gegen Verschmelzungsvorhaben des Vorstands geben[32]. Der Vorstand muss die Zustimmung vorher einholen oder im Verschmelzungsvertrag einen Gremienvorbehalt vereinbaren, diesen also unter die aufschiebende Bedingung nachträglicher Zustimmung stellen. Tut er beides nicht, ist der Verschmelzungsvertrag, ungeachtet des internen Verstoßes, im Außenverhältnis zum Vertragspartner wirksam[33].

10 **b) Prokura.** Durch Prokuristen kann ein Verschmelzungsvertrag außer im Fall unechter Gesamtvertretung[34] nicht wirksam geschlossen werden, weil sich die Prokura nur auf Geschäfte bezieht, die der Betrieb eines Handelsgewerbes mit sich bringt[35], und Verschmelzungen dazu nicht gehören.

11 **c) Rechtsgeschäftlich.** Rechtsgeschäftliche Vertretung beim Abschluss von Verschmelzungsverträgen durch einen Bevollmächtigten ist möglich[36].

---

[22] *Beuthien* §§ 2 ff. UmwG Rn 9.
[23] § 24 Abs. 1 GenG.
[24] § 25 Abs. 1 Satz 1 GenG.
[25] § 25 Abs. 1 Satz 2, Abs. 3 Satz 2 GenG.
[26] Vgl. *Beuthien* § 25 GenG Rn 3 ff. mwN.
[27] Siehe aber Rn 10 zur eingeschränkten Vertretung durch Prokuristen.
[28] § 111 AktG, § 38 GenG.
[29] § 27 Abs. 1 Satz 1 GenG.
[30] § 134 BGB.
[31] § 27 Abs. 1 Satz 2 GenG.
[32] Vgl. *Beuthien* § 38 GenG Rn 8, der weitergehend auch eine statutarisch eingeräumte Mitgeschäftsführung durch den Aufsichtsrat für zulässig hält. Obwohl § 38 GenG keine § 111 Abs. 4 AktG entsprechende Vorschrift enthält, überzeugt dies wegen der ansonsten gleichen Normstruktur und Verfassung (Corporate Governance) zwischen den beiden Organen sowie der parallelen Leitungsverantwortung des eG- wie AG-Vorstands gem. § 27 Abs. 1 GenG, § 76 Abs. 1 AktG nicht.
[33] § 27 Abs. 2 Satz 1 GenG. Vgl. *Lutter/Drygala* in Lutter § 4 Rn 12; *Bermel* in Goutier/Knopf/Tulloch § 4 Rn 6 zu den Zustimmungsvorbehalten bei AG und GmbH.
[34] *Lutter/Drygala* in Lutter § 4 Rn 8 und *Bayer* in Lutter Rn 11.
[35] § 49 Abs. 1 HGB.
[36] *Beuthien* §§ 2 ff. UmwG Rn 9.

III. Inhalt des Verschmelzungsvertrags

1. Allgemein obligatorischer Inhalt (§ 5 Abs. 1)

Die allgemein geltenden Pflichtangaben des Verschmelzungsvertrags legt § 5 fest[37]. **12**

2. Obligatorische Regelung des Umtauschverhältnisses der Anteile (Abs. 1)

Abs. 1 modifiziert die allgemeine Pflichtangabe des Verschmelzungsvertrags nach § 5 **13** Nr. 3 zum **Umtauschverhältnis** der Anteile für den Fall, dass übernehmender Rechtsträger eine Genossenschaft ist[38]. Grundlage dafür ist die Vereinbarung nach § 5 Abs. 1 Nr. 2, dass die übertragenden Rechtsträger ihr Vermögen auf die übernehmende eG übertragen und ihren Anteilsinhabern als Gegenleistung (Geschäfts-)Anteile an der übernehmenden eG gewährt werden. Darauf aufbauend bestimmen §§ 5 Abs. 1 Nr. 3, 80 Abs. 1, welche Vereinbarungen der Verschmelzungsvertrag über das Umtauschverhältnis der alten in neue Geschäftsanteile enthalten muss[39]. Abs. 1 Satz 1 regelt dies für die Verschmelzung von Genossenschaften untereinander, Satz 2 für diejenige mit übertragenden Rechtsträgern anderer Rechtsform. Für die reine eG-Verschmelzung unterscheidet Satz 1 nochmals danach, ob das Statut der übernehmenden eG die Beteiligung mit nur einem Geschäftsanteil (Nr. 1) oder mit mehreren Geschäftsanteilen (Nr. 2) zulässt[40].

a) Reine Genossenschaftsverschmelzung (Satz 1). *aa) Beteiligung mit einem Geschäfts-* **14** *anteil (Nr. 1).* Bei der Genossenschaft entspricht es dem gesetzlichen Regelfall, dass jedes Mitglied mit einem Geschäftsanteil beteiligt ist[41]. **Geschäftsanteil** ist nach der Legaldefinition[42] der Betrag, bis zu welchem sich die einzelnen Mitglieder mit Einlagen beteiligen können[43]. Der genossenschaftsrechtliche Geschäftsanteil gibt dabei nur die zulässige Höchstgrenze der Beteiligung[44], nicht aber die tatsächliche Beteiligung an. Er repräsentiert auch nicht – wie der Geschäftsanteil einer GmbH – die gesamte Mitgliedschaft[45] und entspricht nicht der dortigen Stammeinlage. Mindest- oder Höchstbeträge für den Geschäftsanteil kennt das Gesetz nicht, der Betrag kann von der Satzung also frei bestimmt werden[46]. Als **Pflichteinzahlung** muss die Satzung mindestens 10% des Geschäftsanteils festlegen[47]. Von dem Geschäftsanteil und der Pflichteinzahlung ist außerdem das Geschäftsguthaben zu unterscheiden[48].

Wenn das Statut der übernehmenden eG vom gesetzlichen Regelfall nicht abweicht, kann **15** sich jedes Mitglied also nur mit einem Geschäftsanteil an ihr beteiligen. Folglich kann auch je-

---

[37] Siehe hierzu die Kommentierung zu § 5; soweit im Verschmelzungsvertrag Satzungsänderungen bei einer übernehmenden eG vereinbart werden, ist dies bei § 79 kommentiert; zu Bedingungen und Befristungen des Verschmelzungsvertrags siehe § 5 Rn 112 ff. und die Kommentierung zu § 7.
[38] Rn 1 f.
[39] *Stratz* in Schmitt/Hörtnagl/Stratz Rn 6; *Fronhöfer* in Widmann/Mayer Rn 19; *Beuthien* §§ 2 ff. UmwG Rn 10; *Röhrich* in H/P/G/R § 80 UmwG Rn 2.
[40] Zur Systematik bereits Rn 2.
[41] Nur bei Statuten, die dem gesetzlichen Regelfall entsprechen, ist Nr. 1 anwendbar, vgl. *Stratz* in Schmitt/Hörtnagl/Stratz Rn 7.
[42] § 7 Nr. 1 GenG.
[43] *Fronhöfer* in Widmann/Mayer Rn 24; *Limmer* in Neye/Limmer/Frenz/Harnacke Rn 844; *Beuthien* AG 2002, 266.
[44] *Fronhöfer* in Widmann/Mayer Rn 24; *Limmer* in Neye/Limmer/Frenz/Harnacke Rn 844.
[45] Vgl. dazu und zur Gesetzeskritik *Beuthien* § 7 GenG Rn 1.
[46] *Stratz* in Schmitt/Hörtnagl/Stratz Rn 7.
[47] § 7 Nr. 1 2. Halbs. GenG.
[48] Dazu Rn 19; vgl. auch *Fronhöfer* in Widmann/Mayer Rn 26.

§ 80 16–18   Zweites Buch. Verschmelzung

des Mitglied einer übertragenden eG im Wege des **Anteilstauschs** nur einen solchen Anteil erhalten[49]. Das gilt unabhängig davon, ob die übertragende eG gleichfalls nur die Beteiligung mit einem oder mit mehreren Geschäftsanteilen zuließ, ob das jeweilige Mitglied tatsächlich mit einem oder mehreren Geschäftsanteilen beteiligt war, welche Höhe der Geschäftsanteil nach der Satzung der übertragenden eG hatte und welche Pflichteinzahlung diese Satzung vorsah[50]. Ungeachtet all dessen muss der Verschmelzungsvertrag vorsehen, dass jedes Mitglied der übertragenden eG mit einem Geschäftsanteil bei der übernehmenden eG beteiligt wird[51].

16   Wenn der Geschäftsanteil bei der übernehmenden eG höher ist, nicht aber auch die Pflichteinzahlung, erhalten die Mitglieder lediglich das Recht, sich ab jetzt mit einem höheren Geldbetrag zu beteiligen. Wenn bei der übernehmenden eG auch die Pflichteinzahlung höher ist, sind sie verpflichtet, die Differenz zu der niedrigeren Pflichteinzahlung, die sie bei der übertragenden eG geleistet hatten, zuzuzahlen. Wenn sie das nicht wollen, bleibt ihnen nur die Ausschlagung der Mitgliedschaft[52]. Ist der Geschäftsanteil bei der übernehmenden eG dagegen niedriger als bei der übertragenden, ist nach der Verschmelzung nur noch die Beteiligung bis zu diesem niedrigeren Geldbetrag möglich. Haben die Mitglieder bei der übertragenden eG bereits höhere Pflichteinzahlungen oder freiwillige Einzahlungen geleistet, als es der Geschäftsanteil bei der übernehmenden eG zulässt (und sind diese Einzahlungen nicht durch Verlustzuweisungen wieder gemindert worden), ist dieses übersteigende Geschäftsguthaben an diese Mitglieder auszuzahlen[53]. Diese Folgen unterschiedloser Gewährung eines einzigen Geschäftsanteils zeigen, dass es geboten sein kann, die Satzung einer übernehmenden eG aus Anlass der Verschmelzung hinsichtlich des Geschäftsanteils und der Pflichteinzahlung zu ändern[54].

17   bb) *Beteiligung mit mindestens einem oder mehreren Geschäftsanteilen (Nr. 2 1. Halbs.).* Abweichend von dem gesetzlichen Regelfall[55] kann die Satzung der übernehmenden eG bestimmen, dass sich ein Mitglied mit mehr als einem Geschäftsanteil beteiligen darf, wobei sie eine **Höchstzahl** festsetzen kann[56]. Die Satzung kann sogar bestimmen, dass sich jedes Mitglied mit mehreren Geschäftsanteilen beteiligen muss; eine solche **Pflichtbeteiligung** muss entweder für alle Mitglieder gleich hoch oder nach anderen gesetzlich vorgegebenen Kriterien gestaffelt sein[57]. Wenn die Satzung der übernehmenden eG solches vorsieht, besteht auch kein Grund, den Anteilsinhabern der übertragenden eG (wie nach Nr. 1) stets einen Geschäftsanteil zu gewähren, sondern ist das Umtauschverhältnis (nach Nr. 2) von vornherein flexibler.

18   Das Gesetz stellt allerdings zunächst klar, dass der Verschmelzungsvertrag eine Regelung enthalten muss, wonach jedes Mitglied einer übertragenden eG mit **mindestens einem Geschäftsanteil** bei der übernehmenden eG beteiligt wird[58]. Damit ist sichergestellt, dass

---

[49] *Fronhöfer* in Widmann/Mayer Rn 34; *Beuthien* §§ 2 ff. UmwG Rn 10.
[50] *Fronhöfer* in Widmann/Mayer Rn 34.
[51] *Bayer* in Lutter Rn 17; *Stratz* in Schmitt/Hörtnagl/Stratz Rn 7; *Röhrich* in H/P/G/R § 80 UmwG Rn 2.
[52] § 90; siehe § 90 Rn 31 zu der Folge nach Abs. 2 dieser Vorschrift, dass die ausgeschlagene Mitgliedschaft als nicht erworben gilt und deshalb auch die höhere Pflichteinzahlung nicht fällig wird.
[53] § 87 Abs. 2 Satz 1; siehe § 87 Rn 44 zu den näheren Auszahlungsvoraussetzungen; vgl. auch *Fronhöfer* in Widmann/Mayer Rn 34.
[54] Siehe dazu § 79 Rn 27 und *Stratz* in Schmitt/Hörtnagl/Stratz Rn 9; *Fronhöfer* in Widmann/Mayer Rn 34.
[55] Siehe Rn 14 zu § 7 Nr. 1 GenG.
[56] § 7 Abs. 1 GenG; *Fronhöfer* in Widmann/Mayer Rn 29; *Limmer* in Neye/Limmer/Frenz/Harnacke Rn 846; RegBegr. *Ganske* § 80.
[57] § 7 a Abs. 2 GenG.
[58] *Stratz* in Schmitt/Hörtnagl/Stratz Rn 7; *Limmer* in Neye/Limmer/Frenz/Harnacke Rn 857 f.; *Beuthien* §§ 2 ff. UmwG Rn 10; *Röhrich* in H/P/G/R § 80 UmwG Rn 2.

Inh. d. Verschmelzungsvertrags bei Aufnahme durch eine Genossenschaft 19–22 § 80

keinem Mitglied seine Mitgliedschaft durch die Verschmelzung entzogen wird, weil seine Beteiligung bei der übertragenden eG zu niedrig war. Wenn seine Pflichteinzahlung, die es bei der übertragenden eG geleistet hatte, allerdings unter der statutarischen Pflichteinzahlung bei der übernehmenden eG lag, gilt das unter Rn 16 Gesagte: Er muss entweder die Differenz zuzahlen oder die Mitgliedschaft ausschlagen, um der Zuzahlungspflicht nach der jetzt auch für ihn maßgeblichen Satzung zu entgehen[59].

Oberhalb dieser Mindestbeteiligung („im Übrigen") kommt es für die Zahl der zu gewährenden Geschäftsanteile auf das **Geschäftsguthaben** an, das das jeweilige Mitglied bei der übertragenden eG hatte[60]. Dieses Geschäftsguthaben muss keineswegs mit der Summe der Geschäftsanteile identisch sein, die nur die fixe Obergrenze bilden, bis zu der sich das Mitglied an der eG beteiligen kann[61]. Das Geschäftsguthaben ist dagegen der tatsächliche Beteiligungsbetrag, mit dem das einzelne Mitglied nach Maßgabe der Bilanz wertmäßig an der eG beteiligt ist[62]. Das Geschäftsguthaben ist Bestandteil des bilanziellen Eigenkapitals der Genossenschaft und als solches variabel[63]. Es ermittelt sich aus den tatsächlichen Einzahlungen des Mitglieds zuzüglich Gewinnzuschreibungen, abzüglich Verlustabschreibungen. 19

Die **Zuschreibung des Gewinns** erfolgt solange, bis der Geschäftsanteil (nach etwaiger Minderung durch zwischenzeitliche Verluste: wieder) erreicht ist[64]. Solange das Mitglied nicht ausgeschieden ist, darf ihm das Geschäftsguthaben nicht ausgezahlt werden[65]. Eine Gewinnzuschreibung über den Betrag des Geschäftsanteils ist – wegen dessen Funktion als Beteiligungsobergrenze[66] – unzulässig, so dass dann eine frei verfügbare Geldforderung des Mitglieds gegen die eG entsteht, die nicht den Bindungen des Geschäftsguthabens unterliegt[67]. In aller Regel wird ein Jahresüberschuss, der nach Erreichen des Geschäftsguthabens entsteht, deshalb aufgrund des Gewinnverwendungsbeschlusses, den die Generalversammlung jährlich fasst[68], als Dividende an die Mitglieder ausgeschüttet, in die gesetzliche Rücklage[69] oder in andere Ergebnisrücklagen[70] gestellt oder auf neue Rechnung vorgetragen. 20

Die Auffüllung der ursprünglichen Einzahlungen durch Gewinne einerseits und die Ausschüttung darüber hinausgehender Gewinne andererseits führen dazu, dass das Geschäftsguthaben eines Mitglieds und die **Summe seiner Geschäftsanteile** nach einigen Geschäftsjahren – trotz ihres verschiedenen Rechtscharakters – betragsmäßig doch identisch sind. **Betragsmäßige Identität** entsteht von vornherein, wenn das Statut der Genossenschaft – wie in der Praxis häufig – die sofortige und vollständige Einzahlung der Geschäftsanteile verlangt, Geschäftsanteil und Pflichteinzahlung also gleich hoch festgesetzt sind[71]. 21

Das Mitglied einer übertragenden eG ist mit so vielen Geschäftsanteilen bei der übernehmenden eG zu beteiligen, wie durch **Anrechnung seines Geschäftsguthabens** bei der übertragenden eG als voll eingezahlt anzusehen sind[72]. 22

---

[59] *Limmer* in Neye/Limmer/Frenz/Harnacke Rn 844.
[60] *Stratz* in Schmitt/Hörtnagl/Stratz Rn 8.
[61] Siehe dazu Rn 14.
[62] *Limmer* in Neye/Limmer/Frenz/Harnacke Rn 844; *Beuthien* AG 2002, 266 f.
[63] *Beuthien* § 7 GenG Rn 4; *Bayer* in Lutter Rn 16.
[64] § 19 GenG.
[65] § 22 Abs. 4 GenG.
[66] § 7 Nr. 1 GenG.
[67] *Beuthien* § 19 GenG Rn 8 unter Hinweis auf die verbleibende Möglichkeit eines Vereinbarungsdarlehens nach § 311 Abs. 1 BGB.
[68] § 48 Abs. 1 Satz 2 GenG.
[69] § 7 Nr. 2 GenG.
[70] Vgl. *Beuthien* § 7 GenG Rn 18 zur Zulässigkeit freiwilliger Gewinnrücklagen gem. §§ 337 Abs. 2 Nr. 2 HGB iVm. § 266 Abs. 2 Abschnitt A III Ziff. 4 HGB.
[71] Siehe dazu Rn 14.
[72] *Stratz* in Schmitt/Hörtnagl/Stratz Rn 8; *Beuthien* § 2 ff. UmwG Rn 10.

Beispiel:
Beträgt das Geschäftsguthaben bei der übertragenden eG bspw. € 1 000 und der Geschäftsanteil bei der übernehmenden eG € 200, erhält das Mitglied fünf Geschäftsanteile. Die Anrechnung als Volleinzahlung bedeutet, dass es für die Zahl der zu gewährenden Geschäftsanteile nicht darauf ankommt, ob die Satzung der übernehmenden eG eine solche Volleinzahlung verlangt oder aber eine geringere Pflichteinzahlung festsetzt. Im Beispiel bleibt es deshalb bei der Beteiligung mit fünf Geschäftsanteilen, selbst wenn die Satzung der übernehmenden eG nur eine Pflichteinzahlung von 50% oder € 100 pro Geschäftsanteil festsetzt (so dass das Geschäftsguthaben von € 1 000 rein rechnerisch für die „Übernahme" von zehn Geschäftsanteilen reichen würde).

23 Das bedeutet eine **Ungleichbehandlung gegenüber „Altmitgliedern"** der übernehmenden eG, die in obigem Beispiel auf fünf übernommene Geschäftsanteile nur € 500 einzahlen mussten[73]. Die Ungleichbehandlung ist allerdings nur formell, weil es für die Gewinnverteilung nicht auf die Zahl der Geschäftsanteile, sondern auf das Geschäftsguthaben ankommt[74]. Ein „Neumitglied" mit fünf Geschäftsanteilen und einem Geschäftsguthaben von € 1 000 erhält eine doppelt so hohe Dividende wie ein Altmitglied mit zwar derselben Anteilszahl, aber einem nur hälftigen Geschäftsguthaben. Auf das Stimmrecht in der Generalversammlung wirkt sich die Zahl der Geschäftsanteile im gesetzlichen Regelfall, dass jedes Mitglied eine Stimme hat[75], ebenso wenig aus[76]. Obwohl die Ungleichbehandlung also nicht wirklich ins Gewicht fällt, kann sie durch eine abweichende Regelung des Umtauschverhältnisses im Verschmelzungsvertrag vermieden werden[77].

24 Wenn die Division des Geschäftsguthabens durch den Betrag des Geschäftsanteils bei der übernehmenden eG keine ganze Zahl ergibt, also sog. **Spitzen** entstehen, ist der übersteigende Betrag an das Mitglied nach Maßgabe von § 87 Abs. 2 Satz 1 auszuzahlen[78].

Beispiel:
Wenn das Geschäftsguthaben des Mitglieds bei der übertragenden eG € 250 und der Geschäftsanteil bei der übernehmenden eG € 100 beträgt, wird das Mitglied mit zwei Geschäftsanteilen beteiligt und erhält die Spitze von € 50 ausbezahlt.

25 Je höher der Betrag des Geschäftsanteils bei der übernehmenden eG ist, desto eher entstehen solche Spitzen und entsprechende Kapitalabflüsse iRd. Anteilstauschs[79]. Um diesen Abfluss einzudämmen, kann es angezeigt sein, die **Satzung** der übernehmenden eG anlässlich der Verschmelzung dahin zu ändern, dass der Betrag des Geschäftsanteils herabgesetzt wird, die Geschäftsanteile also „gesplittet" werden und begleitend möglicherweise eine Pflichtbeteiligung eingeführt wird, um einen gegenläufigen Kapitalabfluss durch Teilkündigungen jetzt fakultativ gewordener Anteile nach § 67 b GenG zu verhindern[80].

26 Die Satzung der übernehmenden eG kann auch eine **Höchstzahl** von Geschäftsanteilen festsetzen, mit denen sich das Mitglied beteiligen kann[81]. Die Division des Geschäftsguthabens bei der übertragenden Genossenschaft durch den Betrag des Geschäftsanteils der übernehmenden eG kann eine Zahl ergeben, die über dieser Höchstzahl liegt. Dann ist dem Mitglied nicht etwa diese höhere Zahl von Geschäftsanteilen zu gewähren, sondern es bleibt

---

[73] Vgl. zu der Problematik *Beuthien* §§ 2 ff. UmwG Rn 10, der einen Verstoß gegen den Gleichbehandlungsgrundsatz des § 7 a Abs. 2 Satz 2 GenG annimmt.
[74] Siehe Rn 20.
[75] § 43 Abs. 1 Satz 1 GenG.
[76] Siehe aber jetzt § 43 Abs. 3 GenG nF zur statutarischen Gewährung von Mehrstimmrechten bis 10% der jeweils anwesenden Stimmen unter den dort genannten (engen) Voraussetzungen.
[77] Eine solche ist nach § 80 Abs. 1 Nr. 2 2. Halbs. zulässig, siehe Rn 31.
[78] Siehe § 87 Rn 44 zu den Auszahlungsvoraussetzungen im Einzelnen.
[79] *Limmer* in Neye/Limmer/Frenz/Harnacke Rn 847.
[80] Siehe bereits § 79 Rn 27 zu solchen Satzungsänderungen.
[81] § 7 a Abs. 1 Satz 2 GenG; dazu Rn 17.

Inh. d. Verschmelzungsvertrags bei Aufnahme durch eine Genossenschaft 27, 28 § 80

die statutarische Höchstzahl auch für das Neumitglied maßgeblich, und auch in diesem Fall ist das überschießende Geschäftsguthaben[82] auszuzahlen[83].

> **Beispiel:**
> Wenn das Geschäftsguthaben € 500 beträgt, das Statut der übernehmenden eG aber eine Höchstzahl von drei Geschäftsanteilen à € 100 vorsieht, wird das Neumitglied auch nur mit drei Geschäftsanteilen beteiligt und erhält € 200 ausbezahlt.

Von dem Sonderfall der Überschreitung einer statutarischen Höchstzahl abgesehen[84], kann dagegen kein Mitglied verlangen, dass ihm ein **Geschäftsguthaben ausbezahlt** wird, welches noch einen vollen Geschäftsanteil ergibt. Im vorstehenden Beispiel kann also nicht etwa die Beteiligung mit nur einem Geschäftsanteil und die Auszahlung von € 400 verlangt werden. Das widerspräche dem gesetzlichen Ziel, der übernehmenden eG das Kapital der übertragenden eG so weit wie möglich zu erhalten und Abflüsse anlässlich der Verschmelzung zu verhindern. Das gilt genossenschaftsrechtlich ohnehin bei Festsetzung einer entsprechenden Pflichtbeteiligung in der Satzung der übernehmenden eG[85], umwandlungsrechtlich aber genauso bei einer fakultativen Beteiligung mit mehreren Geschäftsanteilen[86]. In letzterem Fall kann allerdings nicht verhindert werden, dass das Mitglied die weiteren Geschäftsanteile im Anschluss an die Verschmelzung unter den Voraussetzungen des § 67 b GenG kündigt[87]. 27

Wenn ein Mitglied der übertragenden eG vor der Verschmelzung parallel auch Mitglied der übernehmenden eG war, liegt eine sog. **Doppelmitgliedschaft** vor. Solche gibt es relativ häufig im Bereich der Genossenschaftsbanken[88], weil die dort übliche „Festdividende" viele Kunden veranlasst, Geschäftsanteile bei mehreren solchen Banken der Region zu übernehmen (wobei sich die Geschäftsbeziehung dann oft auf ein Sparbuch oder Festgeldkonto beschränkt). Durch die Verschmelzung entsteht aber keine doppelte Mitgliedschaft bei der übernehmenden eG, weil ein Mitglied bei einer Genossenschaft immer nur eine Mitgliedschaft haben kann[89]. Stattdessen wird nur das Geschäftsguthaben, das das Mitglied bei der übertragenden eG hatte, in zusätzliche Geschäftsanteile der übernehmenden eG umgetauscht. Dafür gilt im Prinzip das vorstehend beschriebene Verfahren mit der Besonderheit, dass zunächst **beide Geschäftsguthaben addiert** werden und die Summe beider Geschäftsguthaben durch den Betrag des Geschäftsanteils der übernehmenden eG dividiert wird[90]. 28

> **Beispiel:**
> Wenn die Geschäftsguthaben des Doppelmitglieds bei der übertragenden eG € 200 und bei der übernehmenden eG € 300 betrugen, die bisher übernommenen vier Geschäftsanteile der übernehmenden eG à € 100, also nur zu jeweils 75%, eingezahlt waren, erhält das Mitglied für sein addiertes Geschäftsguthaben von € 500 einen

---

[82] Gem. § 87 Abs. 2 Satz 1.
[83] *Limmer* in Neye/Limmer/Frenz/Harnacke Rn 846.
[84] Siehe Rn 26.
[85] § 7 a Abs. 2 GenG.
[86] § 7 a Abs. 1 GenG.
[87] *Bayer* in Lutter Rn 21.
[88] Siehe zu deren Besonderheiten § 79 Rn 2 ff.
[89] Aus diesem Grund kann ein Doppelmitglied bei der Ergänzungswahl zu einer ggf. bestehenden Vertreterversammlung der übernehmenden eG, die im Anschluss an die Verschmelzung durchzuführen ist und bei der nur die Neumitglieder aktiv und passiv wahlberechtigt sind, nicht mitwählen, wenn es das Wahlrecht zu dieser Vertreterversammlung schon als Altmitglied der übernehmenden eG hatte; vgl. dazu Rn 50.
[90] *Bayer* in Lutter Rn 19; *Fronhöfer* in Widmann/Mayer Rn 28; *Stratz* in Schmitt/Hörtnagl/Stratz Rn 7.

weiteren Geschäftsanteil (statt zwei), weil € 100 des zusätzlichen Geschäftsguthabens auf die Volleinzahlung der vier bisherigen Geschäftsanteile angerechnet werden. Auch hier können gar keine weiteren Geschäftsanteile gewährt werden, soweit dadurch eine statutarische Obergrenze von Geschäftsanteilen überschritten würde[91].

29 Selbst wenn die Mitgliedschaft bei der übertragenden eG vor Wirksamwerden der Verschmelzung bereits gekündigt, die **Kündigung** aber noch nicht wirksam geworden war, wird das Mitglied zunächst an der übernehmenden eG beteiligt[92]. Die übernehmende eG muss die Kündigungserklärung gegen sich gelten lassen, weil sie Gesamtrechtsnachfolgerin der übertragenden eG ist[93]. Obwohl sich diese Erklärung nicht auf die neue Mitgliedschaft bezog, wird man – wenn keine besonderen Umstände vorliegen – von einem darauf erstreckten Kündigungswillen auszugehen haben, so dass die Kündigung nicht neu erklärt werden muss und das Geschäftsguthaben zum nächstmöglichen Kündigungstermin für die Mitgliedschaft bei der übernehmenden eG auszuzahlen ist[94].

30 Wenn das **Geschäftsguthaben nicht ausreicht,** um die Zahl von Geschäftsanteilen zu gewähren, die die Satzung der übernehmenden eG als **Pflichtbeteiligung** festsetzt[95], wird das Mitglied zunächst mit weniger Anteilen beteiligt und ist darüber hinaus verpflichtet, die fehlenden Geschäftsanteile hinzu zu erwerben. Denn eine Verpflichtung, bei einer übernehmenden Genossenschaft weitere Geschäftsanteile zu übernehmen, bleibt durch den Anteilstausch iRd. Verschmelzung ausdrücklich unberührt[96].

31 *cc) Abweichende vertragliche Regelung des Umtauschverhältnisses (Nr. 2 2. Halbs.).* Der Verschmelzungsvertrag oder sein Entwurf kann eine **andere Berechnung** der Zahl der zu gewährenden Geschäftsanteile vorsehen (Nr. 2 2. Halbs.). Aus der systematischen Stellung der Vorschrift geht hervor, dass sie sich nur auf den 1. Halbs. von Nr. 2, also auf solche Fälle bezieht, in denen das Statut der übernehmenden eG die fakultative oder Pflichtbeteiligung mit mehreren Geschäftsanteilen vorsieht. Wenn, wie in den Fällen von Nr. 1, ohnehin nur die Beteiligung mit einem Geschäftsanteil möglich ist, besteht gar kein vertraglicher Regelungsspielraum[97].

32 Bei Nr. 2 Halbs. 2 geht es um die Frage, ob die Parteien des Verschmelzungsvertrags von dem gesetzlichen Regelungsmodell in Nr. 1 und Nr. 2 Halbs. 1 abweichen wollen, dass die **Geschäftsanteile** nicht bewertet, sondern die Geschäftsguthaben nach ihrem Nominalwert umgestellt werden. Bei Rechtsträgern anderer Rechtsform bildet dagegen die korrekte Ermittlung des Umtauschverhältnisses die zentrale und meist schwierigste Frage des gesamten Verschmelzungsvorgangs[98], mit deren – methodologisch fundierter – Beantwortung der Bericht der Verschmelzungsprüfer abzuschließen ist[99]. Das erfordert eine **Unternehmensbewertung** für jeden zu verschmelzenden Rechtsträger, in aller Regel nach der allgemein anerkannten Ertragswertmethode[100]. Aus dem anteiligen Unternehmenswert pro Anteil (Ak-

---

[91] Siehe Rn 26.
[92] *Bayer* in Lutter Rn 20.
[93] § 20 Abs. 1 Nr. 1.
[94] Siehe den Hinweis von *Bayer* in Lutter Rn 20 Fn 3 auf *Schlarb* S. 148 zu einer analogen Anwendung des § 67 b GenG in diesen Fällen, die offenbar zu einer Auszahlung zum „vorgesehenen Kündigungstermin" – bei der übertragenden eG – führen soll.
[95] § 7 Abs. 2 GenG.
[96] § 87 Abs. 1 Satz 2. Siehe dazu § 87 Rn 26 ff.
[97] Siehe aber Rn 16 zu Satzungsänderungen, die ggf. sinnvoll sind.
[98] Wie nicht zuletzt die Verschmelzung der beiden – als Aktiengesellschaften organisierten – genossenschaftlichen Zentralbanken DG Bank AG und GZ Bank AG gezeigt hat.
[99] § 12 Abs. 2.
[100] *Lutter/Drygala* in Lutter § 12 Rn 7 unter Hinweis auf die Stellungnahme 2/1983 HFA IDW, WPg 1983, 468; dazu jetzt die Neufassung der Grundsätze zur Durchführung von Unternehmensbewertungen (IDW S 1) vom 18.10.2005, WpG 23/2005, FN-IDW S. 690.

tie, Geschäfts- oder Gesellschaftsanteil) in Relation zum anteiligen Unternehmenswert des Fusionspartners ergibt sich das Umtauschverhältnis. Das alles findet bei der Verschmelzung von Genossenschaften im Regelfall nicht statt[101]. Das Prüfungsgutachten des zuständigen Prüfungsverbands muss sich nur dazu äußern, ob die Verschmelzung mit den Belangen der Mitglieder und der Gläubiger der Genossenschaft vereinbar ist[102], wogegen die allgemeinen Regeln über die Prüfung des Umtauschverhältnisses – mangels Gegenstand – keine Anwendung finden[103].

Grundlage dieses Regelungsmodells ist das **genossenschaftsrechtliche Nominalwertprinzip,** nach dem die Mitglieder an dem inneren Wert ihrer Beteiligung grundsätzlich nicht teilnehmen. Die Geschäftsanteile sind schon begrifflich nicht übertragbar, weil sie nur den Betrag darstellen, bis zu dem sich ein Mitglied beteiligen kann[104]. § 76 GenG lässt nur die **Übertragung des Geschäftsguthabens** von dem bisherigen Mitglied auf einen Erwerber zu, der selbst schon Mitglied ist oder an seiner Stelle Mitglied wird, dann allerdings der Zulassung durch die Genossenschaft nach § 15 Abs. 1 GenG bedarf.

Die Geschäftsanteile sind selbst dann nicht zu einem höheren Wert realisierbar, wenn der Ertragswert der Genossenschaft um ein Vielfaches höher liegt als die Summe aller Geschäftsguthaben (das gezeichnete Kapital). Dem einzelnen Mitglied wird nichts genommen, wenn diese Genossenschaft mit einer weniger wertvollen verschmolzen und die bei ihr bestehenden Geschäftsanteile genauso – mithin als gleichwertig – behandelt werden.

Gleichwohl mag es im Einzelfall Konstellationen geben, in denen eine vertraglich abweichende Regelung des Umtauschverhältnisses angebracht ist. Zu denken ist etwa daran, dass eine der beteiligten Genossenschaften nachhaltig einen **höheren Jahresüberschuss** erwirtschaftet und – das ist entscheidend – auch eine **höhere Dividende** an ihre Mitglieder ausschüttet. Diese Ausschüttungen können durch die Verschmelzung mit einer weniger profitablen Genossenschaft verwässert und die Verwässerung durch ein besseres Umtauschverhältnis und eine entsprechend höhere Beteiligung für die Mitglieder des profitableren Unternehmens kompensiert werden. Bei den Genossenschaften ist es jedoch weit verbreitet, immer nur einen Teil des Jahresüberschusses auszuschütten und die Dividende – beinahe wie eine Festverzinsung – über Jahre konstant (etwa bei 5 bis 6%) zu halten[105].

Nach der ursprünglichen Fassung von Nr. 2 2. Halbs. war die Vereinbarung einer anderen Berechnung der Zahl der zu gewährenden Geschäftsanteile nur „zu Gunsten der Mitglieder einer übertragenden Genossenschaft" zulässig. Dies ist durch das Gesetz zur Änderung des UmwG vom 22. 6. 1998[106] gestrichen worden. Die Abweichung vom gesetzlichen Umtausch nach dem Nominalbetrag der Geschäftsguthaben kann in **beide Richtungen** – also auch zu Gunsten der Mitglieder der übernehmenden eG – vereinbart werden.

Es bleibt den zu verschmelzenden Genossenschaften als Vertragsparteien des Verschmelzungsvertrags überlassen, ob sie eine abweichende Vereinbarung über das Umtauschverhältnis treffen. Das ergibt schon der Gesetzeswortlaut („der Verschmelzungsvertrag … **kann**"). Mit diesem Wortlaut ist die Annahme unvereinbar, Abweichungen im Verhältnis von Geschäftsguthaben zum Vermögen der beteiligten eG **müssten** durch eine entsprechende Vereinbarung ausgeglichen werden[107].

---

[101] Diese wesentliche Vereinfachung ist ein Grund für die Vielzahl von Verschmelzungen insbes. unter den Genossenschaftsbanken, die weitestgehend problemlos abgewickelt werden; siehe dazu bereits § 79 Rn 2.
[102] § 81 Abs. 1 Satz 1.
[103] Siehe ausführlich die Kommentierung zu § 81.
[104] Siehe Rn 14 und *Beuthien* § 76 GenG Rn 4 unter Hinweis auf die abw. Auffassung von *Schiemann* ZfG 1976, 26.
[105] Siehe dazu Rn 28.
[106] BGBl. I S. 1878.
[107] So aber *Bayer* in Lutter Rn 23 und § 87 Rn 35.

38 **b) Mischverschmelzung (Satz 2).** Während Abs. 1 Satz 1 Nr. 1 und 2 reine eG-Verschmelzungen betreffen, regelt Abs. 1 Nr. 2 die sog. Mischverschmelzung eines übertragenden Rechtsträgers anderer Rechtsform auf eine übernehmende Genossenschaft hinsichtlich der Bestimmungen, die der Verschmelzungsvertrag in einem solchen Fall für die Geschäftsanteile, die den Anteilsinhabern des übertragenden Rechtsträgers anderer Rechtsform an der übernehmenden eG zu gewähren sind, treffen muss[108]. Im Gegensatz zur reinen eG-Verschmelzung können die zu gewährenden Geschäftsanteile hier nicht aus einem bisherigen Geschäftsguthaben ermittelt werden[109]. Abs. 1 Satz 2 schreibt deshalb vor, dass der Verschmelzungsvertrag (oder sein Entwurf[110]) für jeden Anteilsinhaber eines solchen Rechtsträgers den **Betrag und die Zahl der zu gewährenden Geschäftsanteile** anzugeben hat[111].

39 Im Einzelnen muss der Verschmelzungsvertrag bei Verschmelzung eines Rechtsträgers anderer Rechtsform auf eine Genossenschaft folgende Beteiligungsangaben enthalten:

40 *aa) Betrag des Geschäftsanteils.* Der Betrag des Geschäftsanteils ergibt sich zwingend aus der Satzung der übernehmenden eG. Der Verschmelzungsvertrag kann den Betrag des Geschäftsanteils auch für die Anteilsinhaber des übertragenden Rechtsträgers anderer Rechtsform **nicht abweichend** bestimmen[112]. Davon bleibt die Möglichkeit unberührt, die Satzung der übernehmenden eG iRd. Verschmelzung hinsichtlich der Höhe des Geschäftsanteils zu ändern und diese Änderung gem. § 79 im Verschmelzungsvertrag vorzusehen[113]. Auch dann muss der Verschmelzungsvertrag den Betrag der zu gewährenden Geschäftsanteile aber ausdrücklich nennen[114].

41 *bb) Zahl der Geschäftsanteile.* Weiter hat der Verschmelzungsvertrag die Zahl der zu gewährenden Geschäftsanteile zu bestimmen[115]. Hier besteht Regelungsspielraum. Die Höhe des zu gewährenden Geschäftsguthabens ist in § 88 aber zwingend geregelt und ein den Gesamtbetrag der gewährten Geschäftsanteile übersteigendes Geschäftsguthaben ebenso zwingend an die betroffenen Anteilsinhaber auszuzahlen[116].

42 Außerdem sind die Einschränkungen des § 85 für die Anteilsinhaber des übertragenden Rechtsträgers, von dem übernehmenden Rechtsträger keinen Ausgleich wegen eines zu niedrig bemessenen Umtauschverhältnisses durch **bare Zuzahlung** nach § 15 verlangen zu können, nur auf reine eG-Verschmelzungen anwendbar, gelten für Mischverschmelzungen nach Abs. 1 Satz 2 also gerade nicht[117]. Aus einem zu niedrigen Umtauschverhältnis drohen deshalb weitere Mittelabflüsse durch solche Zuzahlungen. Umgekehrt kann der Verschmelzungsbeschluss bei der übernehmenden eG **angefochten** werden, wenn das Umtauschverhältnis zu hoch bemessen ist[118].

43 Die Mischverschmelzung muss deshalb, im Gegensatz zur reinen eG-Verschmelzung, seitens des übertragenden Rechtsträgers anderer Rechtsform durch eine **Verschmelzungs-**

---

[108] Siehe zur Systematik der Vorschrift bereits Rn 2 und Rn 13. Für den umgekehrten Fall, dass eine eG auf einen Rechtsträger anderer Rechtsform verschmolzen wird, gilt § 80 Abs. 1 Satz 2 nicht, sondern sind die Regelungen für die andere Rechtsform maßgeblich, etwa § 40 für Personengesellschaften und § 46 für die GmbH.
[109] *Bayer* in Lutter Rn 26; *Röhrich* in H/P/G/R § 80 UmwG Rn 3; RegBegr. *Ganske* S. 122.
[110] Siehe Rn 4.
[111] *Stratz* in Schmitt/Hörtnagl/Stratz Rn 9; *Fronhöfer* in Widmann/Mayer Rn 43; *Schulte* in Lang/Weidmüller § 80 UmwG Rn 9; RegBegr. *Ganske* S. 122.
[112] *Stratz* in Schmitt/Hörtnagl/Stratz Rn 9.
[113] Siehe Rn 16 und § 79 Rn 27.
[114] *Stratz* in Schmitt/Hörtnagl/Stratz Rn 9; anders *Beuthien* § 2 ff. UmwG Rn 10 mit der Begründung, es handele sich bei der Angabe des Betrags wegen § 80 Abs. 1 Satz 2 lediglich um eine Klarstellung.
[115] *Stratz* in Schmitt/Hörtnagl/Stratz Rn 9; *Fronhöfer* in Widmann/Mayer Rn 45.
[116] *Stratz* in Schmitt/Hörtnagl/Stratz Rn 9.
[117] Siehe dazu § 85 Rn 6.
[118] Siehe § 85 Rn 7.

prüfung gem. §§ 9 ff. (einschließlich der Erklärung des Prüfungsberichts zur Angemessenheit des Umtauschverhältnisses gem. § 12 Abs. 2) unterlegt werden[119]. Das setzt nicht nur eine Bewertung des übertragenden Rechtsträgers, sondern auch der übernehmenden eG voraus. Für diese muss der Prüfungsverband im Rahmen seines Prüfungsgutachtens dazu Stellung nehmen, ob die Verschmelzung auch insoweit mit den Belangen der Mitglieder der übernehmenden eG vereinbar ist[120]. Im Gegensatz zu reinen eG-Verschmelzungen, bei denen der Anteilstausch nach dem gesetzlichen Regelfall entsprechend dem Nominalbetrag der Geschäftsguthaben erfolgt[121], kann dann auch der Prüfungsverband diese gutachtliche Äußerung nur aufgrund einer Unternehmens- bzw. Anteilsbewertung sowohl der übernehmenden eG als auch des übertragenden Rechtsträgers anderer Rechtsform abgeben[122].

cc) Für jeden Anteilsinhaber. Der Verschmelzungsvertrag muss Betrag und Zahl der zu gewährenden Geschäftsanteile für jeden Anteilsinhaber des übertragenden Rechtsträgers anderer Rechtsform bestimmen[123]. In der Regel muss der Verschmelzungsvertrag die Anteilsinhaber des übertragenden Rechtsträgers **namentlich** aufführen und die zu gewährenden Geschäftsanteile (hier zusätzlich nach Betrag und Zahl) zuordnen[124]. 44

3. Obligatorische Angabe des Stichtags der Schlussbilanz (Abs. 2)

Die Vorschrift gilt nur für reine eG-Verschmelzungen[125]. Sie ergänzt die allgemein erforderlichen Angaben des Zeitpunkts, von dem an die Anteilsinhaber des übertragenden Rechtsträgers beim übernehmenden Rechtsträger **gewinnberechtigt** sind[126], sowie des **Verschmelzungsstichtags**, von dem an die Handlungen des übertragenden Rechtsträgers als für Rechnung des übernehmenden Rechtsträgers vorgenommen gelten[127]. Da der übernehmende Rechtsträger mit Wirksamwerden der Verschmelzung ohnehin Gesamtrechtsnachfolger des übertragenden Rechtsträgers wird und für dessen Verbindlichkeiten einzustehen hat[128], auch wenn sie vor dem Verschmelzungsstichtag begründet wurden, liegt die Bedeutung des Verschmelzungsstichtags insbesondere darin, den Übergang der Rechnungslegung vom übertragenden auf den übernehmenden Rechtsträger festzulegen[129]. Dabei werden die Wertansätze aus der Schlussbilanz des übertragenden Rechtsträgers regelmäßig in die Rechnungslegung des übernehmenden Rechtsträgers übernommen, was aber nicht zwingend ist[130]. 45

Sämtliche drei Stichtage (der Schlussbilanz, Dividendenberechtigung und Verschmelzung) können grundsätzlich frei vereinbart werden. Üblich und am praktikabelsten ist aber (jedenfalls bei Deckungsgleichheit der Geschäftsjahre), den Stichtag der Schlussbilanz der übertragenden eG auf das **Ende des abgelaufenen Geschäftsjahrs** (zB bei Identität mit dem Kalenderjahr: 31. 12. 2006) sowie den Beginn der Gewinnberechtigung und den Verschmelzungsstichtag auf den **Beginn des neuen Geschäftsjahrs** (zB bei Identität mit dem Kalenderjahr: 1. 1. 2007) zu bestimmen. Dann kann der letzte Jahresabschluss der übertragenden eG zugleich als Schlussbilanz verwendet werden[131]. Es entstehen keine Probleme, die 46

---

[119] Siehe dazu Rn 32 und § 81 Rn 33 ff.
[120] § 81.
[121] Siehe Rn 32.
[122] Siehe dazu § 81 Rn 33.
[123] *Fronhöfer* in Widmann/Mayer Rn 43; *Schulte* in Lang/Weidmüller § 5 UmwG Rn 13.
[124] Zu unbekannten Anteilsinhabern, zB bei Verschmelzung mit einer AG, siehe § 46 Rn 2.
[125] *Röhrich* in H/P/G/R § 80 UmwG Rn 3; RegBegr. *Ganske* S. 122.
[126] § 5 Abs. 1 Nr. 5.
[127] § 5 Abs. 1 Nr. 6.
[128] § 20 Abs. 1 Nr. 1.
[129] *Lutter/Drygala* § 5 Rn 42; *Bayer* in Lutter Rn 27 jeweils mwN.
[130] § 24.
[131] Siehe noch § 82 Rn 13 ff. zur Erforderlichkeit von Zwischenbilanzen.

§ 80 47, 48

Gewinnberechtigung unterjährig abzugrenzen bzw. eine abweichende Gewinnberechtigung beim Umtauschverhältnis zu berücksichtigen[132]. Außerdem ist darauf zu achten, dass der Stichtag der Schlussbilanz höchstens acht Monate vor Anmeldung der Verschmelzung zum Registergericht liegen darf[133]. Bei einem Stichtag 31. 12. 2006 musste die Verschmelzung also spätestens am 31. 8. 2007 angemeldet sein[134].

47 Die allgemeine Vorlagepflicht beim Registergericht nach § 17 Abs. 2 verfolgt einen doppelten Schutzzweck, einerseits den Gläubigern der an der Verschmelzung beteiligten Rechtsträger eine Grundlage für die Prüfung zu geben, ob sie Sicherheitsleistung verlangen wollen[135], und andererseits dem Registergericht – soweit Kapitalgesellschaften verschmolzen werden – die Kontrolle über den Wert der Sacheinlage bei der Kapitalerhöhung[136] zu ermöglichen[137]. Bei eG-Verschmelzungen kommt hinzu, dass die Schlussbilanz auch noch Bemessungsgrundlage für die Berechnung des Geschäftsguthabens von Mitgliedern einer übertragenden eG und die Auseinandersetzung mit die neue Mitgliedschaft ausschlagenden Mitgliedern ist[138]. Die Schlussbilanz hat hier also nicht nur **Schutzfunktion** für die **Gläubiger** und die **Kapitalaufbringung,** sondern auch für die Mitglieder der übertragenden eG[139].

48 Aus dieser zusätzlichen Funktion der Schlussbilanz kann jedoch nicht – wie teilweise in der Literatur und auch noch in der Voraufl.[140] – abgeleitet werden, dass die Schlussbilanz der beschlussfassenden General- oder Vertreterversammlung vorzuliegen habe[141]. Weder gehört die Schlussbilanz als Gegenstand des Verschmelzungsvertrags zum Mindestinhalt nach § 5, noch wird sie beim Verschmelzungsbeschluss gem. § 13 erwähnt[142]. Erst in § 17 Abs. 2 findet sie als Anlage der Anmeldung Erwähnung. Die Schlussbilanz muss also weder Gegenstand oder Anlage des Verschmelzungsvertrags sein, noch muss sie zum Zeitpunkt des Verschmelzungsbeschlusses bereits vorliegen[143]. Sonst könnte eine anfechtungsbedingte Verzögerung der Eintragung über den nächsten Bilanzstichtag das gesamte Verfahren zum Scheitern bringen. Dementsprechend sind – wie auch zum alten Recht vertreten[144] – Verschmelzungsbeschlüsse als sog. **Vorratsbeschlüsse** möglich[145]. Das entspricht nicht zuletzt dem starken Bedürfnis der Praxis und dem legitimen Interesse des Vorstands, die Zustimmung der Mitglie-

---

[132] Siehe *Lutter/Drygala* in Lutter § 5 Rn 41.

[133] § 17 Abs. 2 Satz 4. Missverständlich insoweit die Formulierung von *Bayer* in Lutter Rn 42, der auf das Alter der Schlussbilanz (statt ihren Stichtag) abstellt; vgl. auch § 17 Rn 16 ff.

[134] Siehe § 86 Rn 2 und *Bork* in Lutter § 17 Rn 6 zu den Rechtsfolgen einer verspäteten Anmeldung, die nicht mehr heilbar ist. Nach § 93 d Abs. 3 Satz 1 GenG aF betrug die höchstzulässige Frist zwischen Stichtag und Anmeldung nur 6 Monate, es wurden aber „geringfügige Überschreitungen" nach Ermessen des Registergerichts teilweise für zulässig gehalten, so *OLG Zweibrücken* Rpfleger 1971, 24, dagegen *LG Kassel* Rpfleger 1978, 217. Zur Unzulässigkeit jeder Überschreitung jetzt *Beuthien* §§ 2 ff. UmwG Rn 55 unter Hinweis auf *OLG Köln* GmbHR 1998, 1085, 1086; *LG Frankfurt am Main* NZG 1998, 434 f. mit Anm. *Michalski* zu Hindernissen aus der Sphäre eines anderen Registergerichts.

[135] § 22.

[136] §§ 55, 69.

[137] *Bork* in Lutter § 17 Rn 4.

[138] §§ 87 Abs. 3, 93 Abs. 1 Satz 2. *Fronhöfer* in Widmann/Mayer Rn 58; *Beuthien* § 2 ff. UmwG Rn 54; *Schulte* in Lang/Weidmüller § 80 UmwG Rn 10.

[139] *Stratz* in Schmitt/Hörtnagl/Stratz Rn 10; *Fronhöfer* in Widmann/Mayer Rn 57 ff.; *Heidinger* NotBZ 2002, 86, 88 f.; *Beuthien/Wolff* BB 2001, 2126, 2128; *Bonow* Rpfleger 2002, 506, 507.

[140] *Bayer* in Lutter Rn 27 f.; *Widmann* in Widmann/Mayer § 5 Rn 163; *Heidinger* NotBZ 2002, 86, 89 ff.; Voraufl. § 80 Rn 60.

[141] *Schulte* in Lang/Weidmüller § 5 Rn 15; *Beuthien* §§ 2 ff. UmwG Rn 55; *Beuthien/Wolff* BB 2001, 2126, 2127; *Bonow* Rpfleger 2002, 506 ff.

[142] Vgl. *Beuthien/Wolff* BB 2001, 2126, 2128; *Bonow* Rpfleger 2002, 506, 507.

[143] *Beuthien/Wolff* BB 2001, 2126, 2127.

[144] *LG Mannheim* ZfgG 1975, 241 mit zust. Anm. *Großfeld/Apel*; *Schlarp* S. 89.

[145] Dies lässt sich auch dem Hinweis des Gesetzgebers entnehmen, dass weitgehend das damals geltende Recht übernommen werden sollte, BT-Drucks. 12/6699 S. 88.

Inh. d. Verschmelzungsvertrags bei Aufnahme durch eine Genossenschaft   49–52   § 80

der/Vertreter möglichst früh einzuholen. Diesen steht es frei, die Zustimmung zu verweigern oder zu vertagen, bis die Schlussbilanz vorliegt[146].

4. Fakultative Regelungen

Über den gesetzlich vorgeschriebenen, obligatorischen Inhalt hinaus, wird der Verschmelzungsvertrag idR weitere fakultative Regelungen über die Integration der zu verschmelzenden Rechtsträger und der von ihnen getragenen Unternehmen enthalten[147]. Soweit diese mit einer Änderung der Satzung der übernehmenden eG bei einer Mischverschmelzung verbunden sind, werden diese Änderungen durch ihre Vereinbarung im Verschmelzungsvertrag „erforderlich" iSv. § 79[148]. Hier folgen nur noch einige Hinweise auf fakultative Vereinbarungen, die nicht mit einer Satzungsänderung verbunden sind. 49

a) Organe der Genossenschaft. *aa) General-/Vertreterversammlung.* Wenn die übernehmende eG mehr als 1500 Mitglieder und eine Vertreterversammlung hat[149], müssen auch die Anteilsinhaber des übertragenden Rechtsträgers nach der Verschmelzung in diesem Gremium repräsentiert sein. Da das Wahlrecht an die Mitgliedschaft geknüpft ist und diese Mitgliedschaft erst mit Wirksamwerden der Verschmelzung entsteht[150], kann der Verschmelzungsvertrag nicht vorsehen, dass die dazu erforderliche **Ergänzungswahl** schon vor Eintragung der Verschmelzung beim übertragenden Rechtsträger durchgeführt wird. Stattdessen kann der Verschmelzungsvertrag bestimmen, dass der übertragende Rechtsträger dem Wahlvorstand der übernehmenden eG Wahlvorschläge unterbreitet und der Wahlvorstand die darin vorgeschlagenen Kandidaten zur Wahl stellen soll[151]. 50

bb) Vorstand. Im Vorfeld jeder Verschmelzung werden Absprachen darüber getroffen, wie die Verwaltungsorgane, Vorstand und Aufsichtsrat, nach der Verschmelzung besetzt werden sollen[152]. Soweit die Bestellung von Vorstandsmitgliedern im Verschmelzungsvertrag geregelt wird, ist zu beachten, dass der Vertrag vom Vorstand selbst geschlossen wird und seine Mitglieder entweder **durch die General-/Vertreterversammlung** gewählt oder, falls es die Satzung vorsieht, **durch den Aufsichtsrat** bestellt werden[153]. Durch den Vertragsschluss kann der Vorstand weder die Versammlung noch den Aufsichtsrat rechtlich wegen seiner eigenen Zusammensetzung präjudizieren (obwohl der Verschmelzungsvertrag mit dem Aufsichtsrat praktisch immer im Vorhinein abgestimmt sein wird). Der Vorstand der übernehmenden eG kann sich aber dazu verpflichten, dass er die General-/Vertreterversammlung oder seinen Aufsichtsrat bitten wird, zusätzlich das bisherige Vorstandsmitglied X des übertragenden Rechtsträgers zu bestellen. Oder es wird gar keine Verpflichtung begründet, sondern im Vertrag lediglich mitgeteilt, dass „unbeschadet der gesetzlichen und/oder statutarischen Bestellungskompetenz" Einvernehmen über die künftige personelle Zusammensetzung des Vorstands dahin bestehe, dass das Mitglied X zusätzlich bestellt werden solle. Weiter gehende Rechtssicherheit lässt sich nur dadurch erreichen, dass das zuständige Gremium die Bestellung im Vorhinein mit Wirkung zum Wirksamwerden der Verschmelzung (durch Eintragung im Genossenschaftsregister der übernehmenden eG) vornimmt. 51

Bei der Verschmelzung genossenschaftlicher Kreditinstitute (Volks-, Raiffeisen- und Sparda-Banken)[154] mit stärker abweichender Größe ist bei Vereinbarungen über die Auf- 52

---

[146] *Lutter/Drygala* in Lutter § 5 Rn 42.
[147] *Beuthien* § 2 ff. UmwG Rn 12; *Schulte* in Lang/Weidmüller § 5 UmwG Rn 40.
[148] Siehe dazu § 79 Rn 21 ff.
[149] § 43 a Abs. 1 GenG.
[150] § 20 Abs. 1 Nr. 3.
[151] Siehe dazu § 79 Rn 32.
[152] *Beuthien* § 2 ff. UmwG Rn 12; *Schulte* in Lang/Weidmüller § 5 UmwG Rn 40.
[153] § 24 Abs. 2 GenG. *Beuthien* § 24 GenG Rn 10 mwN.
[154] Siehe dazu bereits § 79 Rn 2 ff.

nahme von Vorstandsmitgliedern der übertragenden Bank in den Vorstand der übernehmenden Bank zusätzlich darauf zu achten, dass die zur Leitung eines Kreditinstituts erforderliche fachliche Eignung sich u. a. nach der bisherigen **Leitungserfahrung** des Vorstandsmitglieds richtet und diese Erfahrung regelmäßig anzunehmen ist, wenn eine dreijährige leitende Tätigkeit bei einem Institut vergleichbarer Größe und Geschäftsart nachgewiesen wird[155]. Vergleichbar ist die Größe nach ständiger Praxis der BaFin nur, wenn sich das Geschäftsvolumen der Institute (die Bilanzsumme) um nicht mehr als 100% unterscheidet[156]. Wenn diese Grenze überschritten ist, wird in den Verschmelzungsverträgen häufig vereinbart, dass die bisherigen Vorstandsmitglieder der übertragenden Bank nach der Verschmelzung (zunächst) als Generalbevollmächtigte, Prokuristen o. ä. bei der übernehmenden Bank tätig werden.

53 Wenn Vorstandsmitglieder anlässlich der Verschmelzung ausscheiden und dafür eine **Abfindung** erhalten, kann es sich dabei um einen besonderen Vorteil handeln, der im Verschmelzungsvertrag anzugeben ist[157]. Ein besonderer Vorteil liegt dagegen nicht vor, wenn das Vorstandsmitglied auf Wunsch der Genossenschaft ausscheidet und es für die Restlaufzeit eines befristeten Anstellungsverhältnisses, das mangels wichtigem Grund nicht kündbar wäre, durch Aufhebungsvertrag abgefunden oder auch eine übliche Abfindung für unbefristete Anstellungsverhältnisse gezahlt wird[158].

54 *cc) Aufsichtsrat.* Auch über die Zusammensetzung des Aufsichtsrats wird es im Vorfeld der Verschmelzung Absprachen geben[159]. Ebenso wenig wie der Vorstand, der den Verschmelzungsvertrag für die Genossenschaft abschließt[160], seine eigene Zusammensetzung vertraglich regeln kann, ist ihm dies für die Zusammensetzung seines eigenen Aufsichtsorgans möglich. Auch hier kann der Verschmelzungsvertrag deshalb nur die Verpflichtung statuieren, dass die übernehmende eG ihrer General-/Vertreterversammlung die Wahl von **Kandidaten vorschlagen** wird, die ihrerseits von dem übertragenden Rechtsträger vorgeschlagen werden und (nicht notwendigerweise) bislang Aufsichtsratsmitglieder des übertragenden Rechtsträgers waren. Darüber hinaus kann der Vertrag – wie beim Vorstand – „Einvernehmen" über die künftige Bestellung unter Gremienvorbehalt mitteilen, oder es können die Aufsichtsratsmitglieder im Vorhinein mit Wirkung zum Wirksamwerden der Verschmelzung gewählt werden[161]. Günstig für die Zuwahl von Aufsichtsratsmitgliedern ist, dass die Satzungen der Genossenschaften in der Praxis häufig nur eine Mindestzahl von Aufsichtsratsmitgliedern festsetzen, die Satzung der übernehmenden eG also nicht erst geändert werden muss[162].

55 Zweckmäßigerweise sollte der Verschmelzungsvertrag in einem solchen Fall vorsehen, dass über die Wahl der vorgeschlagenen Kandidaten in der General-/Vertreterversammlung abgestimmt werden soll, die auch über den Verschmelzungsbeschluss abstimmt[163]. Dabei ist zu beachten, dass die **Vorstands- und Aufsichtsratsmitglieder einer eG selbst** Mitglieder dieser eG sein müssen[164]. Dies muss zwar nicht zum Zeitpunkt der Wahl, aber während der Amtsführung der Fall sein[165]. Es genügt also, wenn ein im Vorhinein aufschiebend bedingt

---

[155] §§ 1 Abs. 2 Satz 1, 33 Abs. 1 Nr. 4, Abs. 2 KWG.
[156] Vgl. *Fischer* in Boos/Fischer/Schulte-Mattler § 33 KWG Rn 45 mit zutreffender Kritik an diesem Schematismus.
[157] § 5 Abs. 1 Nr. 8. *Ohlmeyer/Kuhn/Philipowski* Rn 6.4.
[158] Vgl. dazu § 5 Rn 72; *Marsch-Barner* in Kallmeyer § 5 Rn 44 und eingehend *Schulte* in Lang/Weidmüller § 5 UmwG Rn 17 ff.
[159] *Schulte* in Lang/Weidmüller § 5 UmwG Rn 40.
[160] § 4 Abs. 1 Satz 1.
[161] Siehe Rn 51 zum Vorstand.
[162] Siehe dazu § 79 Rn 30; die gesetzliche Mindestzahl, von der die Satzung abweichen kann, beträgt nach § 36 Abs. 1 Satz 1 GenG drei Aufsichtsratsmitglieder.
[163] §§ 13, 84.
[164] § 9 Abs. 2 Satz 1 GenG.
[165] *Beuthien* § 9 GenG Rn 6 f. unter Hinweis auf RGZ 144, 384, 387 und BGH Raiffeisen-Rundschau 1962, 17.

gewähltes (bisheriges) Aufsichtsratsmitglied des übertragenden Rechtsträgers mit Wirksamwerden der Verschmelzung die Mitgliedschaft in der übernehmenden eG durch Anteilstausch erlangt[166]. Soweit der übertragende Rechtsträger nicht selbst eine Genossenschaft und der Anteilstausch für dessen (bisherige) Aufsichtsratsmitglieder nicht gewährleistet ist, müssen die „übernommenen" Aufsichtsratsmitglieder der eG rechtzeitig vor der ersten Aufsichtsratssitzung beitreten[167].

dd) Beiräte. Für Beiräte ist zwischen organschaftlichen und schuldrechtlichen zu unterscheiden. Organschaftliche Beiräte sind in der Satzung verankert, schuldrechtliche sind dagegen nur aufgrund eines Auftrags oder Dienstvertrags tätig, den der Vorstand mit seinen Mitgliedern schließt. Praktisch spielen insbesondere bei Kreditgenossenschaften **Regionalbeiräte** eine große Rolle, die der Gefahr einer Entfremdung zwischen den Mitgliedern und der Verwaltung entgegenwirken sollen und häufig für (ehemalige) Geschäftsbereiche übertragender Fusionspartner eingerichtet werden[168]. Diese Einrichtung kann der Vorstand im Verschmelzungsvertrag vereinbaren[169], wo auch die nähere Ausgestaltung durch eine Geschäftsordnung des Regionalbeirats vorgesehen (und in wesentlichen Teilen präformiert) werden kann[170].

b) Satzungsänderungen (ohne Organbezug). Wenn der Verschmelzungsvertrag bei einer **Mischverschmelzung** sonstige Satzungsänderungen bei der übernehmenden eG (ohne Organbezug) vorsieht, sind diese erforderlich iSv. § 79 und hängt die gesamte Verschmelzung davon ab, dass die General-/Vertreterversammlung der übernehmenden eG sie gleichzeitig mit der Zustimmung zum Verschmelzungsvertrag beschließt[171].

c) Geschäftspolitik. Weitere fakultative Regelungsgegenstände des Verschmelzungsvertrags können sämtliche Felder der künftigen Geschäftspolitik der übernehmenden Genossenschaft sein[172]. Dazu gehört in erster Linie die **Personalpolitik,** soweit sie nicht als Folgen der Verschmelzung für die Arbeitnehmer zum zwingenden Regelungskatalog gehört[173]. Hierher gehören auch Vereinbarungen über **Niederlassungen und Geschäftsstellen,** die nach der Verschmelzung zusammengelegt oder geschlossen werden sollen.

IV. Wirkungen des Verschmelzungsvertrags

1. Wirksamkeit mit Verschmelzungsbeschluss

Der Verschmelzungsvertrag wird nur wirksam, wenn ihm die Anteilsinhaber der beteiligten Rechtsträger durch Verschmelzungsbeschluss zustimmen. Der Beschluss kann nur in einer Versammlung der Anteilsinhaber, bei der eG also in der General-/Vertreterversammlung, gefasst werden und bedarf bei der eG einer Mehrheit von drei Vierteln der abgegebenen Stimmen[174]. Der Beschluss ist also eine **gesetzliche Wirksamkeitsvoraussetzung** für den Verschmelzungsvertrag, die – im Gegensatz zu vertraglich vereinbarten aufschiebenden oder

---

[166] §§ 20 Abs. 1 Nr. 3, 87.
[167] §§ 15, 15 a GenG.
[168] *Beuthien* § 43 GenG Rn 45.
[169] *Schulte* in Lang/Weidmüller § 5 UmwG Rn 40.
[170] Diese Geschäftsordnung wird dann Bestandteil der schuldrechtlichen Vereinbarung mit den einzelnen Beiratsmitgliedern, vgl. *Mertens* in Kölner Komm. vor § 76 AktG Rn 28.
[171] Siehe § 79 Rn 21 und 35. Zu Konstellationen, bei denen dies hinsichtlich einer Änderung der Firma, des Sitzes, Unternehmensgegenstands, der Nachschusspflicht, Höhe eines Geschäftsanteils oder Beitrittsvoraussetzungen zweckmäßig sein kann, siehe § 79 Rn 24 ff.
[172] *Beuthien* § 2 ff. UmwG Rn 12; *Schulte* in Lang/Weidmüller § 5 UmwG Rn 40.
[173] § 5 Abs. 1 Nr. 9.
[174] §§ 13 Abs. 1, 84 Satz 1. Nach § 84 Satz 2 kann die Satzung eine größere Mehrheit und weitere Erfordernisse bestimmen, siehe dazu § 84 Rn 19 ff.

auflösenden Bedingungen[175] – auch dann gilt, wenn sie im Verschmelzungsvertrag nicht auftaucht. Gleichwohl ist üblich, im Vertrag ausdrücklich vorzusehen, dass dieser erst mit den Verschmelzungsbeschlüssen aller beteiligten Rechtsträger wirksam wird.

60 Liegt bei der Beschlussfassung bereits der **notariell beurkundete Vertrag** vor, wird er mit dem zeitlich letzten Verschmelzungsbeschluss unmittelbar wirksam[176]. Wenn bei der Beschlussfassung ein notariell beurkundetes **Vertragsangebot** einer der Verschmelzungsparteien vorliegt, wird dieses Angebot durch den Beschluss gegenüber dem Vertragspartner bindend[177]; war das Angebot dem Vertragspartner vorher schon zugegangen, bedarf es hierüber keiner gesonderten Mitteilung mehr[178]. Keinerlei Bindungswirkung im Außenverhältnis tritt dagegen ein, wenn lediglich die Zustimmung zu dem **Entwurf** eines Verschmelzungsvertrags beschlossen worden ist[179]. Im Innenverhältnis sind die Vertretungsorgane – bei einer eG also der Vorstand – dann allerdings verpflichtet, den Vertrag zu schließen und durchzuführen[180]. Kein wirksamer Verschmelzungsvertrag liegt dagegen vor, wenn der anschließend geschlossene Vertrag von dem Entwurf, über den beschlossen wurde, abweicht oder eine modifizierende Zustimmung zu einem bereits beurkundeten Vertrag beschlossen wird. Dabei sind nicht nur materielle, sondern auch rein redaktionelle Änderungen schädlich[181].

2. Änderung, Aufhebung und Kündigung

61 Für Änderung, Kündigung und gerichtliche Durchsetzung des Verschmelzungsvertrags gelten die allgemeinen Regeln[182]. Genossenschaftsrechtliche Besonderheiten bestehen nicht.

§ 81 Gutachten des Prüfungsverbandes

(1) **Vor der Einberufung der Generalversammlung, die gemäß § 13 Abs. 1 über die Zustimmung zum Verschmelzungsvertrag beschließen soll, ist für jede beteiligte Genossenschaft eine gutachtliche Äußerung des Prüfungsverbandes einzuholen, ob die Verschmelzung mit den Belangen der Mitglieder und der Gläubiger der Genossenschaft vereinbar ist (Prüfungsgutachten). Das Prüfungsgutachten kann für mehrere beteiligte Genossenschaften auch gemeinsam erstattet werden.**

(2) **Liegen die Voraussetzungen des Artikels 25 Abs. 1 des Einführungsgesetzes zum Handelsgesetzbuche in der Fassung des Artikels 21 § 5 Abs. 2 des Gesetzes vom 25. Juli 1988 (BGBl. I S. 1093) vor, so kann die Prüfung der Verschmelzung (§§ 9 bis 12) für die dort bezeichneten Rechtsträger auch von dem zuständigen Prüfungsverband durchgeführt werden.**

Übersicht

	Rn		Rn
I. Allgemeines	1	II. Prüfungsgutachten	6
1. Verhältnis zu §§ 9 bis 12	1	1. Prüfungsverband als Gutachtenersteller	6
2. Mitgliederschutz	3	a) Regionale Zuständigkeit	6
3. Gläubigerschutz	4	b) Prüfer	7
4. Allgemeine Kontrollfunktion?	5	2. Prüfungsverfahren	8

---

[175] § 158 BGB. Siehe § 7 Rn 12 und § 86 Rn 7.
[176] *Lutter/Drygala* in Lutter § 13 Rn 18 mwN.
[177] § 145 BGB.
[178] *Lutter/Drygala* in Lutter § 13 Rn 18 mwN.
[179] Die Zulässigkeit eines solchen Beschlusses ergibt sich bspw. aus § 13 Abs. 3 Satz 2.
[180] *Lutter/Drygala* in Lutter § 13 Rn 18.
[181] *Lutter/Drygala* in Lutter § 13 Rn 19; *Ohlmeyer/Kuhn/Philipowski* Rn 6.2.
[182] §§ 2 ff.

	Rn		Rn
3. Prüfungsgrundlage	9	1. Gemeinsame Prüfung	31
a) Verschmelzungsvertrag	10	2. Gemeinsame Erstattung	32
b) Verschmelzungsbericht	11	IV. Verschmelzungsprüfung für übertragende Rechtsträger anderer Rechtsform (Abs. 2)	33
c) Schlussbilanz des übertragenden Rechtsträgers	13	V. Rechtsfolgen	36
d) Jahresabschluss des übernehmenden Rechtsträgers	14	1. Verweigerung durch den Prüfungsverband	36
e) Zwischenbilanzen	15	2. Fehlendes, unvollständiges oder unrichtiges Gutachten	37
f) Lageberichte	16	a) Anfechtbarkeit des Verschmelzungsbeschlusses	37
g) Sonstiges	17	b) Eintragungshindernis	38
4. Form, Begründung und Umfang	18	3. Negative Prüfungsfeststellungen	39
5. Inhalt des Gutachtens	21	a) Anfechtbarkeit des Verschmelzungsbeschlusses?	39
a) Rubrum	21	b) Eintragungshindernis?	40
b) Beschreibender Teil	22	4. Verantwortlichkeit des Prüfungsverbands	41
c) Feststellender Teil (Testat)	23		
aa) Belange der Mitglieder	24		
bb) Belange der Gläubiger	27		
d) Votum	29		
III. Gemeinsames Gutachten (Abs. 1 Satz 2)	30		

I. Allgemeines

1. Verhältnis zu §§ 9 bis 12

Die Vorschrift stellt eine **speziellere vorrangige Regelung** für die Prüfung von Verschmelzungen unter Beteiligung einer (oder mehrerer) Genossenschaften gegenüber den allgemeinen Prüfungsvorschriften der §§ 9 bis 12 dar[1]. Ihren Grund hat diese Sonderregelung in der Pflichtmitgliedschaft jeder Genossenschaft bei dem regional zuständigen Prüfungsverband, der auch für die turnusmäßige Prüfung der Genossenschaft gesetzlich zwingend zuständig ist[2]. Da der Verband die Genossenschaft – und bei den praktisch dominierenden reinen eG-Verschmelzungen innerhalb des Verbandsgebiets genauso den Fusionspartner – aus dieser Tätigkeit bestens kennt, soll er auch die Verschmelzung prüfen. 1

Im Gegensatz zum „Prüfungsbericht" nach § 12 führt Abs. 1 Satz 1 per Legaldefinition den Begriff **„Prüfungsgutachten"** ein. Während allgemeiner Prüfungsgegenstand der Verschmelzungsvertrag oder sein Entwurf ist und der Prüfungsbericht mit einer Erklärung über die Angemessenheit des Umtauschverhältnisses abzuschließen ist[3], bildet den Gegenstand des Prüfungsgutachtens nach Abs. 1 Satz 1 die Frage, ob die Verschmelzung mit den Belangen der Mitglieder und Gläubiger der Genossenschaft vereinbar ist[4], ohne dass der Verschmelzungsvertrag oder etwaige weitere Dokumente ausdrücklich als Prüfungsgrundlage bezeichnet werden. Diese abweichende Schwerpunktsetzung hat ihren Grund darin, dass das **Umtauschverhältnis der Anteile** nach dem gesetzlichen Regelfall des § 80 Abs. 1 Satz 1 Nr. 2 und auch den praktisch weitaus meisten Fällen der Verschmelzung von Genossenschaften untereinander keine Rolle spielt[5], weil die Geschäftsguthaben nach ihrem Nennwert umgestellt 2

---

[1] *Fronhöfer* in Widmann/Mayer Rn 1; *Stratz* in Schmitt/Hörtnagl/Stratz Rn 1; *Röhrich* in H/P/G/R § 81 UmwG Rn 1; *Limmer* in Neye/Limmer/Frenz/Harnacke Rn 870; RegBegr. *Ganske* S. 123.

[2] §§ 53 ff. GenG

[3] §§ 9 Abs. 1, 12 Abs. 2.

[4] *Fronhöfer* in Widmann/Mayer Rn 6; *Limmer* in Neye/Limmer/Frenz/Harnacke Rn 874; *Beuthien* §§ 2 ff. UmwG Rn 24.

[5] *Stratz* in Schmitt/Hörtnagl/Stratz Rn 5: Das Umtauschverhältnis stehe „naturgemäß nicht im Mittelpunkt".

und so viele volle Geschäftsanteile gewährt werden, wie sich daraus bei der übernehmenden eG bilden lassen[6].

2. Mitgliederschutz

3 Erster Zweck der Einholung des Prüfungsgutachtens ist der Mitgliederschutz, indem das Gutachten die Frage beantworten muss, ob die Verschmelzung mit den Belangen der Mitglieder vereinbar ist. Dabei geht es nicht um **Minderheitenschutz**[7], indem das Gutachten etwa nachteilige Aspekte aufgreift, die gegen die Verschmelzung sprechen, sondern in erster Linie um eine weitere **Beurteilungsgrundlage**, von der aus die Mitglieder/Vertreter ihr Stimmrecht in der General-/Vertreterversammlung wohl informiert ausüben können[8]. Das ergibt sich schon aus Abs. 1 Satz 1 1. Halbs., wonach das Prüfungsgutachten vor Einberufung der Versammlung einzuholen ist, außerdem auch daraus, dass es zu den Unterlagen gehört, die ab Einberufung der Versammlung im Geschäftsraum jeder beteiligten Genossenschaft zur Einsicht der Mitglieder auszulegen sind[9], und dass es in der Versammlung sogar (im Gegensatz zum Verschmelzungsbericht des Vorstands) wörtlich zu verlesen ist[10].

3. Gläubigerschutz

4 Zweiter Schutzzweck des Prüfungsgutachtens, den Abs. 1 Satz 1 gleichrangig neben den Mitgliederschutz stellt, ist der Gläubigerschutz. Das Gutachten muss auch zu der Frage Stellung nehmen, ob die Verschmelzung mit den Belangen der Gläubiger der Genossenschaft vereinbar ist. Die turnusmäßige Prüfung nach §§ 53 ff. GenG hat gleichfalls diesen doppelten Zweck, soll das Fehlen eines geschützten Stamm-/Grundkapitals bei der eG kompensieren und die Gläubiger vor **Forderungsausfällen** schützen[11]. Deshalb können die Mitglieder auf das Prüfungsgutachten – im Gegensatz zu anderen Anteilsinhabern auf den allgemeinen Prüfungsbericht[12] – auch **nicht verzichten**[13].

4. Allgemeine Kontrollfunktion?

5 Es bleibt Sache der unabhängigen **Leitungsmacht des Vorstands** jeder Genossenschaft[14], welche Verschmelzungsverträge er mit welchem Fusionspartner schließt und der General-/Vertreterversammlung zur Zustimmung vorlegt. Die Zuständigkeit des Prüfungsverbands für das Prüfungsgutachten verleiht diesem **kein fusionspolitisches Vetorecht**[15]. Der Verband hat iRd. § 81 keine allgemeine Kontrollfunktion, sondern hat sein Prüfungsgutachten auf die Vereinbarkeit der Verschmelzung mit den Belangen der Mitglieder und Gläubiger zu beschränken.

---

[6] Siehe § 80 Rn 17 ff.
[7] So aber *Fronhöfer* in Widmann/Mayer Rn 6.
[8] *Limmer* in Neye/Limmer/Frenz/Harnacke Rn 871; *Ohlmeyer/Kuhn/Philipowski* Rn 8.4. aE; *Röhrich* in H/P/G/R § 81 UmwG Rn 2; ähnlich *Stratz* in Schmitt/Hörtnagl/Stratz Rn 4; ausführlich *Beuthien* §§ 2 ff. UmwG Rn 24, 26; anders noch für das alte Recht *Schlarb* S. 81, der die Ansicht vertritt, dass das Prüfungsgutachten lediglich vor übereilten Schritten in der Generalversammlung schützen soll, jedoch nicht zu einer Erleichterung der Meinungsbildung der Genossen diene.
[9] § 82 Abs. 1 Satz 1; siehe § 82 Rn 30 ff.
[10] § 83 Abs. 2 Satz 1.
[11] *Beuthien* § 53 GenG Rn 1.
[12] §§ 9 Abs. 3, 12 Abs. 3.
[13] *Röhrich* in H/P/G/R § 81 UmwG Rn 2; *Stratz* in Schmitt/Hörtnagl/Stratz Rn 4; ausführlich *Beuthien* § 2 ff. UmwG Rn 26.
[14] § 27 Abs. 1 Satz 1 GenG.
[15] *Schulte* in Lang/Weidmüller § 82 UmwG Rn 5; *Limmer* in Neye/Limmer/Frenz/Harnacke Rn 873; für das alte Recht *Schlarb* S. 83.

II. Prüfungsgutachten

1. Prüfungsverband als Gutachtenersteller

a) Regionale Zuständigkeit. Da jede eG einem bestimmten Prüfungsverband angehören muss, von dem sie geprüft wird[16], ergibt sich daraus zwingend die **Zuständigkeit** für das Prüfungsgutachten nach Abs. 1 Satz 1[17]. Der Wortlaut stellt klar, dass kein Wahlrecht besteht und nicht etwa ein anderer Verband mit dem Gutachten beauftragt werden kann („des" statt „eines" Prüfungsverbands), was sich genauso aus dem Regelungsziel kenntnisnaher Prüfung ergibt[18].

b) Prüfer. Der Verband bedient sich zur **Durchführung der Prüfung** in erster Linie der von ihm angestellten Prüfer[19], die im genossenschaftlichen Prüfungswesen ausreichend vorgebildet und erfahren sein sollen[20].

2. Prüfungsverfahren

Der Prüfungsverband kann vom Vorstand der eG und den gesetzlichen Vertretern eines Mutter- oder Tochterunternehmens alle **Aufklärungen und Nachweise** verlangen, die für eine sorgfältige Prüfung notwendig sind[21]. Keine entsprechende Anwendung finden dagegen die Regelungen über die Beteiligung des Aufsichtsrats an der Abschlussprüfung[22], weil dieses Gremium an der Verschmelzungsprüfung (im Gegensatz zur Abschlussprüfung gem. § 38 Abs. 1 Satz 3 GenG) nicht beteiligt ist, die Vergleichbarkeit also fehlt[23].

3. Prüfungsgrundlage

Prüfungsgegenstand ist die Frage, ob die Verschmelzung mit den Belangen der Mitglieder und der Gläubiger der Genossenschaft vereinbar ist[24]. Prüfungsgrundlage, auf der das Prüfungsgutachten diese Frage zu beantworten und die der Prüfungsverband folglich in die Prüfung einzubeziehen hat, sind die folgenden Dokumente[25]:

a) Verschmelzungsvertrag. Nach den allgemeinen Vorschriften bildet der Verschmelzungsvertrag oder sein Entwurf mit dem Kernstück des **Umtauschverhältnisses** den eigentlichen Gegenstand der Verschmelzungsprüfung[26]. In Abs. 1 Satz 1 wird der Verschmelzungs-

---

[16] §§ 54, 55 Abs. 1 Satz 1 GenG; die Pflichtmitgliedschaft ist mit der negativen Vereinigungsfreiheit (Art. 9 Abs. 1 GG) vereinbar: BVerfG NJW 2001, 2617.
[17] *Röhrich* in H/P/G/R § 81 UmwG Rn 1; *Fronhöfer* in Widmann/Mayer Rn 9.
[18] Siehe Rn 1; Ausnahme: Unterbeauftragung gem. § 55 Abs. 3 Satz 2 GenG.
[19] *Fronhöfer* in Widmann/Mayer Rn 9.
[20] § 55 Abs. 1 Satz 2 und 3 GenG; vgl. *Beuthien* § 55 GenG Rn 4 zur erforderlichen Qualifikation der Verbandsprüfer, die nicht notwendig Wirtschaftsprüfer iSd WPO sein müssen, wie sich aus § 63 b Abs. 5 GenG ergibt.
[21] § 11 Abs. 1 Satz 1 UmwG analog (*Fronhöfer* in Widmann/Mayer Rn 13; *Stratz* in Schmitt/Hörtnagl/Stratz Rn 9; *Beuthien* §§ 2 ff. UmwG Rn 24), § 320 Abs. 2 Satz 1 und 3 HGB, 57 Abs. 1 Satz 1 GenG. Das Auskunftsrecht gegenüber Mutter- und Tochterunternehmen gem. § 320 Abs. 2 Satz 3 HGB fehlt in § 57 GenG, sodass die Analogie zu § 11 hier konstitutive Wirkung hat; vgl. auch *Bayer* in Lutter Rn 5.
[22] § 57 Abs. 2 und 3 GenG.
[23] Davon bleibt die Notwendigkeit unberührt, dass der Vorstand genossenschaftsintern die Zustimmung des Aufsichtsrats zum Verschmelzungsvertrag einholt, sei es auch in Form eines vertraglichen Gremienvorbehalts, siehe § 80 Rn 9.
[24] Siehe bereits Rn 3 f. und die Einzelheiten bei Rn 24 ff. sowie *Bayer* in Lutter Rn 11 mwN zur übereinstimmenden Prüfungspraxis nach § 93 b GenG aF.
[25] Vgl. die Auflistung bei *Ohlmeyer/Kuhn/Philipowski* Rn 8.7.
[26] §§ 9 Abs. 1, 12 Abs. 2; *Lutter/Drygala* in Lutter § 9 Rn 9 f.; *Stratz* in Schmitt/Hörtnagl/Stratz Rn 5.

vertrag zwar nicht ausdrücklich erwähnt. Da der Vertrag die **Einzelheiten** der Verschmelzung und auch bei Aufnahme durch eine eG das Umtauschverhältnis der Anteile bestimmt[27], kann die Vereinbarkeit mit den Belangen der Mitglieder nur anhand des Verschmelzungsvertrags festgestellt werden. Der Vertrag muss deshalb die Hauptgrundlage des Prüfungsgutachtens bilden.

11 b) **Verschmelzungsbericht.** Den Verschmelzungsbericht muss der Prüfungsverband gleichfalls einbeziehen. Denn dieser enthält u. a. die rechtliche und wirtschaftliche Erläuterung und Begründung des Vorstands für die Verschmelzung[28]. Der Mitgliederschutz als ein Prüfungszweck[29] verlangt die Prüfung dieser **Argumente des Vorstands**[30]. Das Gleiche gilt für den zweiten Prüfungszweck des Gläubigerschutzes[31] hinsichtlich der wirtschaftlichen Auswirkungen, die der Vorstand von der Verschmelzung erwartet und im Verschmelzungsbericht darlegt. Die hM zu § 9 nimmt zwar an, dass sich die allgemeine Verschmelzungsprüfung nicht auf den Verschmelzungsbericht erstrecken muss, weil Prüfungsgegenstand dort in erster Linie die Angemessenheit des Umtauschverhältnisses ist[32]. Wegen des weiter gehenden Prüfungsgegenstands nach Abs. 1 Satz 1 kann diese Beschränkung hier aber nicht gelten.

12 Zu prüfen ist dabei nicht die Vollständigkeit des Berichts, die eine juristische Bewertungsfrage ordnungsgemäßer Information der Mitglieder/Vertreter und für die Vereinbarkeit mit dem Mitglieder- und Gläubigerschutz im Ergebnis nicht maßgebend ist, wohl aber die **rechtliche und wirtschaftliche Richtigkeit** des Berichts[33]. Die Anforderungen an diese Richtigkeitskontrolle dürfen nicht überspannt werden, sondern sind auf das zu beschränken, was der Prüfungsverband – auch aufgrund seines *know-how* als Abschlussprüfer dieser und anderer Genossenschaften seines Gebiets – mit angemessenem Aufwand leisten kann[34].

13 c) **Schlussbilanz des übertragenden Rechtsträgers.** Für die **Berechnung des Geschäftsguthabens**, das dem Mitglied bei einer übertragenden Genossenschaft zugestanden hat und im gesetzlichen Regelfall bestimmt, mit wie vielen Geschäftsanteilen es bei einer übernehmenden Genossenschaft beteiligt wird, ist die Schlussbilanz der übertragenden eG maßgebend[35]. Im Hinblick auf den Mitgliederschutz muss der Verband deshalb die Schlussbilanz einer übertragenden eG in seine Prüfung einbeziehen, wenn die Schlussbilanz zum Zeitpunkt der Prüfung schon vorliegt. Das Gleiche gilt für die Schlussbilanz eines übertragenden Rechtsträgers anderer Rechtsform im Hinblick auf den Gläubigerschutz, weil sich daraus dessen **Vermögenslage** zum Verschmelzungsstichtag[36] erkennen und (von dessen Seite her) feststellen lässt, ob durch die Verschmelzung Gläubigerinteressen bei einer übernehmenden eG gefährdet werden. Vorratsbeschlüsse bleiben jedoch zulässig[37], der Prüfungsumfang ist dann entsprechend reduziert.

---

[27] §§ 5, 80.
[28] § 8 Abs. 1 Satz 1; siehe dazu § 82 Rn 20 ff.
[29] Siehe Rn 3.
[30] *Bayer* in Lutter Rn 14; *Beuthien* §§ 2 ff. UmwG Rn 24.
[31] Siehe Rn 4.
[32] *Lutter/Drygala* in Lutter § 9 Rn 12 f. mwN zur hM in Fn 2; für die AG *Priester* ZGR 1990, 420, 430; aA noch *Bayer* ZIP 1997, 1613, 1621; *ders.* AG 1988, 323, 328; *Mertens* AG 1990, 20, 31; siehe auch § 9 Rn 30 ff.
[33] Vgl. *Lutter/Drygala* in Lutter § 9 Rn 12 f. zur Unterscheidung zwischen Richtigkeits- und Vollständigkeitskontrolle des Berichts und der – von ihm abgelehnten – vermittelnden Auffassung zur allgemeinen Verschmelzungsprüfung von *Priester* ZGR 1990, 420, 430 Fn 49; *Hoffmann-Becking*, FS Fleck, 1988, S. 105, 122, nach der sich auch diese (nur) auf die Richtigkeit des Berichts erstrecken muss; weiter *Bayer* AG 1988, 323, 328, der auch Vollständigkeitskontrolle verlangt.
[34] Siehe aber § 9 Rn 27 ff.
[35] §§ 80 Abs. 1 Satz 1 Nr. 2 und Abs. 2, 87 Abs. 3.
[36] Siehe § 80 Rn 46 zu möglichen Abweichungen.
[37] Siehe Rn 80 Rn 48.

d) Jahresabschluss des übernehmenden Rechtsträgers. Die andere Seite dieser Be- 14
urteilung der Verschmelzung aus Sicht des Gläubigerschutzes erschließt sich aus dem letzten
Jahresabschluss des übernehmenden Rechtsträgers. Auch wenn der übernehmende Rechtsträger eine andere Rechtsform hat, muss für die übertragende eG geprüft werden, ob die
Verschmelzung mit den Belangen ihrer Gläubiger vereinbar ist.

e) Zwischenbilanzen. Zum Schutz der Gläubiger müssen der Prüfung darüber hinaus 15
erforderliche Zwischenbilanzen[38] zugrunde gelegt werden, selbst wenn die Zwischenbilanzen nicht, wie die Jahresabschlüsse, testiert sein müssen[39]. Der Vorstand der Genossenschaft
muss sich von der aktuellen Vermögenslage anderer beteiligter Rechtsträger ohnehin ein
möglichst klares Bild machen[40]; von der Beachtung dieser Pflicht sollte sich der Prüfungsverband vergewissern.

f) Lageberichte. Schließlich sind letzte Lageberichte sämtlicher beteiligten Rechtsträger 16
in die Prüfung einzubeziehen, ob sich die dortigen Angaben zum **Geschäftsverlauf** und
zu **Vorgängen besonderer Bedeutung** nach Schluss des letzten Geschäftsjahrs (und die
weiteren Angaben gem. § 289 HGB) auf die Vereinbarkeit mit den Belangen der Mitglieder
und Gläubiger auswirken.

g) Sonstiges. Welche sonstigen Unterlagen und Auskünfte der Vertretungsorgane der 17
Prüfungsverband sonst noch berücksichtigen muss, hängt vom Einzelfall ab[41]. Zu denken
ist etwa an **einzelne Verträge**, die andere an der Verschmelzung beteiligte Rechtsträger
geschlossen haben und die Einfluss auf die Mitglieder- und Gläubigerbelange der eG haben
können[42].

4. Form, Begründung und Umfang

Das Prüfungsgutachten ist **schriftlich** zu erstatten. Das Gesetz ordnet die Schriftform zwar 18
(im Gegensatz zum Prüfungsbericht nach § 12 Abs. 1 Satz 1) nicht ausdrücklich an, setzt sie
aber voraus, indem es die Auslegung in dem Geschäftsraum ab Einberufung der General-/
Vertreterversammlung vorschreibt und jedem Mitglied einen Anspruch auf Erteilung einer
Abschrift gibt, das Gutachten in der Versammlung zu „verlesen" und der Anmeldung der
Verschmelzung zum Genossenschaftsregister in Urschrift oder öffentlich beglaubigter Abschrift beizufügen ist[43]. Mangelnde Schriftform wird mit (unwahrscheinlicher) Eintragung
geheilt.

Die zum früheren Recht[44] geführte Diskussion, ob das Prüfungsgutachten sich auf die 19
Feststellung der Vereinbarkeit mit den Interessen der Mitglieder und Gläubiger der eG beschränken kann oder eine **Begründung** enthalten muss[45], mutet heute anachronistisch an,
weil gänzlich begründungslose Feststellungen kaum Akzeptanz erfahren und jedem Gutach-

---

[38] Die Erforderlichkeit richtet sich nach §§ 82 Abs. 1, 63 Abs. 1 Nr. 3, siehe dazu § 82 Rn 13 ff.
[39] *Rieger* in Widmann/Mayer § 63 Rn 20 mwN.
[40] § 25 Abs. 1 Satz 2.
[41] Genauere Differenzierung bei *Ohlmeyer/Kuhn/Philipowski* Rn 8.7.
[42] Der Auskunftsanspruch des Prüfungsverbands gegenüber allen beteiligten Rechtsträgern besteht analog § 11 Abs. 1 Satz 4; dazu Rn 8.
[43] §§ 82, 83, 86; *Bayer* in Lutter Rn 19; *Stratz* in Schmitt/Hörtnagl/Stratz Rn 5; *Ohlmeyer/Kuhn/Philipowski* Rn 8.5.; *Schulte* in Lang/Weidmüller § 81 UmwG Rn 2; *Fronhöfer* in Widmann/Mayer Rn 19; *Limmer* in Neye/Limmer/Frenz/Harnacke Rn 871; *Röhrich* in H/P/G/R § 81 UmwG Rn 1, 3.
[44] § 93 b Abs. 2 Satz 2 GenG aF.
[45] Siehe dazu die Nachweise bei *Schulte* in Lang/Weidmüller § 81 UmwG Rn 4; OLG Düsseldorf JW 1928, 1608; LG Tübingen ZfG 1966, 79 = NJW 1965, 640; mit ablehnender Anm. *Pleyer* ZfG 1966, 82 und *Hornung* Rpfleger 1968, 305 sowie *Schlarb* S. 81.

ten Begründungsbedürftigkeit inne wohnt. Auch das Prüfungsgutachten nach Abs. 1 Satz 1 muss deshalb eine – wenn auch knappe – Begründung aufweisen[46].

20   Der notwendige **Umfang** des Prüfungsgutachtens hängt von den Erfordernissen im Einzelfall ab. In der Praxis umfassen die Gutachten meist nur wenige Seiten. Das ist nicht zu beanstanden, wenn die erforderlichen Feststellungen – insbesondere zur Vereinbarkeit mit den Belangen der Mitglieder und Gläubiger[47] – getroffen, eine knappe Begründung gegeben und keine Mängel festgestellt werden[48]. Anderenfalls ist eine ausführlichere Darlegung der festgestellten Mängel und ihrer Auswirkungen unverzichtbar, damit das Prüfungsgutachten seine Funktion als Informationsgrundlage für die Stimmrechtsausübung der Mitglieder/Vertreter[49] erfüllen und diese entscheiden können, ob sie dem Verschmelzungsvertrag gleichwohl zustimmen möchten[50]. Unnötige Längen sollte das Gutachten schon deshalb vermeiden, weil es in der General-/Vertreterversammlung vollständig zu verlesen ist[51]. Umfangreicheres Zahlenmaterial, erst recht Tabellen, sollten dem Gutachten mangels Verlesbarkeit als Anhänge beigefügt werden[52].

5. Inhalt des Gutachtens

21   **a) Rubrum.** Das Prüfungsgutachten muss ein Rubrum haben, in dem die an der Verschmelzung **beteiligten Rechtsträger** mit ihrer jeweiligen Rolle als übertragende oder übernehmende Partei und der zugrunde liegende Verschmelzungsvertrag (mit Datum, beurkundendem Notar und Nummer der Urkundenrolle) bezeichnet sind, außerdem dass ein Prüfungsgutachten gem. Abs. 1 Satz 1 erstattet wird (ggf. auch dass dies als gemeinsames Gutachten gem. Abs. 1 Satz 2 geschieht[53]) und ein entsprechender Auftrag des Vorstands der Genossenschaft (bzw. ein gemeinsamer Auftrag mehrerer beteiligter Genossenschaften für das gemeinsame Gutachten) erteilt wurde, welche Unterlagen[54] und Auskünfte[55] der Prüfungsverband zugrunde gelegt hat.

22   **b) Beschreibender Teil.** In einem beschreibenden Teil sollten kurz die Ausgangslage der beteiligten Genossenschaften sowie der **Geschäftszweig**, in dem sie (und ggf. sonstige beteiligte Rechtsträger) tätig sind[56], die **wesentlichen Inhalte des Verschmelzungsvertrags** und die vorgenommene Prüfung beschrieben werden. Zum Vertragsinhalt ist insbesondere auf die Regelungen einzugehen, die unmittelbar die Belange der Mitglieder betreffen, also insbesondere den Anteilstausch und Angaben über die Mitgliedschaft mit etwaigen zusätzlichen Verpflichtungen, wie einer Haftsummenerhöhung oder Übernahme weiterer Pflichtanteile[57], den Beginn der Gewinnberechtigung[58], die Gewährung besonderer Rechte für einzelne Anteilsinhaber des übernehmenden Rechtsträgers[59] und ggf. die Berücksichtigung

---

[46] *Bayer* in Lutter Rn 11; *Beuthien* §§ 2 ff. UmwG Rn 24 und bereits *Pleyer* ZfG 1966, 82; *Limmer* in Neye/Limmer/Frenz/Harnacke Rn 875; offenbar nur dahin tendierend *Schulte* in Lang/Weidmüller § 81 UmwG Rn 4.
[47] Siehe Rn 24 ff.
[48] So auch *Lutter/Drygala* in Lutter § 12 Rn 6 mwN zum allgemeinen Recht der Verschmelzungsprüfung: „Soweit keine Beanstandungen bestehen, bedarf es nur einer kurzen Stellungnahme".
[49] Siehe Rn 3.
[50] Siehe Rn 5 und 39 zur fehlenden Bindungswirkung des Gutachtens.
[51] § 83 Abs. 2 Satz 1; *Bayer* in Lutter Rn 17 plädiert dafür, dass eine Stunde Verlesungsdauer keineswegs überschritten werden sollte, wogegen in der Praxis eher 15 bis 30 Minuten anzustreben sind.
[52] *Bayer* in Lutter Rn 17.
[53] Siehe dazu Rn 30 ff.
[54] Siehe dazu Rn 9 ff.
[55] Siehe Rn 8.
[56] *Ohlmeyer/Kuhn/Philipowski* Rn 8.7.
[57] §§ 5 Abs. 1 Nr. 3, 87; siehe dazu § 80 Rn 30.
[58] § 5 Abs. 1 Nr. 5.
[59] § 5 Abs. 1 Nr. 7.

der Anteilsinhaber eines übertragenden Rechtsträgers in der Vertreterversammlung einer übernehmenden eG[60].

c) Feststellender Teil (Testat). In einem feststellenden Teil ist als Ergebnis der Prüfung zu testieren, ob die Verschmelzung mit den Belangen der Mitglieder und der Gläubiger der Genossenschaft vereinbar ist[61]. Diesem eigentlichen Testat werden üblicherweise einige allgemeine Feststellungen vorgeschaltet. Das Prüfungsgutachten sollte sich dazu äußern, ob der Verschmelzungsvertrag die nach §§ 5, 80 **erforderlichen Angaben** enthält; ferner dazu, ob die Angaben des Vorstands im **Verschmelzungsbericht richtig** sind[62]. Beide Feststellungen entsprechen dem Mitgliederschutz als Zweck des Gutachtens[63], weil die Belange der Mitglieder weder durch einen unvollständigen Verschmelzungsvertrag noch durch einen unrichtigen Verschmelzungsbericht gewahrt sind. Üblich und sinnvoll im Hinblick auf den Gläubigerschutz[64] ist darüber hinaus die Feststellung, die der Prüfungsverband aufgrund seiner Tätigkeit als Abschlussprüfer gem. § 53 GenG treffen kann, ob die letzten Jahresabschlüsse der beteiligten Genossenschaften das uneingeschränkte Testat erhalten haben und ihre **wirtschaftlichen Verhältnisse geordnet** sind[65]. 23

aa) Belange derMitglieder. Das Prüfungsgutachten soll alle wirtschaftlichen und rechtlichen Umstände, das **Für und Wider** der Verschmelzung – aus Sicht derMitglieder – umfassend erörtern und würdigen[66]. Einzugehen ist insbesondere darauf, ob die Verschmelzung Auswirkungen auf den statutarischen **Förderzweck** der Genossenschaft hat[67], was bei fehlender Zweckänderung vor allem die Finanzkraft und sonstige Leistungsfähigkeit einer übernehmenden eG betrifft[68]. Bei Verschmelzungen von Genossenschaftsbanken[69] ist hier etwa an die Ausweitung des Filialnetzes und die mit der fusionierten Betriebsgröße sonst verbundenen Leistungssteigerungen zu denken. Bei Mischverschmelzung einer übertragenden eG auf einen übernehmenden Rechtsträger anderer Rechtsform entfällt der besondere Förderzweck gem. § 1 GenG und wird durch den allgemeineren Gesellschaftszweck ersetzt[70]. Auf diese Strukturänderung ist im Gutachten einzugehen. 24

Das für eine übertragende eG erstattete Gutachten hat weiter darzulegen, ob sich die Rechtsstellung ihrer Mitglieder durch **abweichende statutarische Regelungen** bei der übernehmenden eG ändert, während es für die Mitglieder einer übernehmenden eG vor allem auf Satzungsänderungen anlässlich der Verschmelzung und (bei Mischverschmelzungen) auf deren Erforderlichkeit iSv. § 79 ankommt[71]. 25

---

[60] Siehe dazu § 79 Rn 31 f. und § 80 Rn 50.
[61] § 81 Abs. 1 Satz 1; *Ohlmeyer/Kuhn/Philipowski* Rn 8.7 zur Schwerpunktsetzung bei Molkerei- und Warengenossenschaften.
[62] Siehe Rn 11 f.
[63] Siehe Rn 3.
[64] Siehe Rn 4.
[65] Gem. § 53 Abs. 1 Satz 1 GenG erstreckt sich die Prüfung auch auf die Ordnungsmäßigkeit der Geschäftsführung einschließlich der Führung der Mitgliederliste, was die Belange der Mitglieder einer übertragenden eG schützt, weil sie die Grundlage für die Eintragung in die Mitgliederliste bei der übernehmenden eG gem. § 89 (nach Eintragung der Verschmelzung und Vollzug des Anteilstauschs) bildet.
[66] *Stratz* in Schmitt/Hörtnagl/Stratz Rn 5; *Limmer* in Neye/Limmer/Frenz/Harnacke Rn 874; *Beuthien* §§ 2 ff. UmwG Rn 24; *Bayer* in Lutter Rn 11; *Fronhöfer* in Widmann/Mayer Rn 15; *Röhrich* in H/P/G/R § 81 UmwG Rn 2.
[67] *Fronhöfer* in Widmann/Mayer Rn 16.
[68] *Bayer* in Lutter Rn 12.
[69] Siehe dazu generell § 79 Rn 2 ff.
[70] Siehe *Beuthien* § 1 GenG Rn 6 zu der spezifisch genossenschaftlichen Verbindung von Förderzweck und Unternehmensgegenstand, der sich insbes. dadurch auszeichnet, dass die eG nicht ausschließlich mit beliebigen Dritten, sondern gerade auch mit den Mitgliedern Förderzweckgeschäfte über Waren-, Dienst- oder Werkleistungen abschließt.
[71] *Fronhöfer* in Widmann/Mayer Rn 16; *Bayer* in Lutter Rn 12.

26 Das **Umtauschverhältnis der Geschäftsanteile** spielt im gesetzlichen Regelfall, wonach die Geschäftsguthaben bei einer übertragenden eG von der übernehmenden eG zum Nennwert übernommen und so viele Geschäftsanteile gewährt werden, wie danach als voll eingezahlt anzusehen sind[72], keine Rolle[73]. In diesem Fall muss sich das Gutachten auch nicht mit der Frage auseinander setzen, ob das Umtauschverhältnis angemessen ist bzw. der Verschmelzungsvertrag durch **bare Zuzahlungen** oder **Zuschreibungen auf die Geschäftsguthaben** einen angemessenen Wertausgleich vorsieht[74]. Sieht der Verschmelzungsvertrag dagegen eine andere Berechnung der Zahl der zu gewährenden Geschäftsanteile vor[75], muss diesem abweichendem Umtauschverhältnis eine Unternehmensbewertung zugrunde liegen[76] und hat das Prüfungsgutachten eine Erklärung darüber zu enthalten, ob dieses Verhältnis angemessen ist[77]. Dasselbe gilt für eine Mischverschmelzung, bei der der Verschmelzungsvertrag entweder die Zahl der Geschäftsanteile anzugeben hat, mit denen die Anteilsinhaber eines übertragenden Rechtsträgers anderer Rechtsform bei einer übernehmenden eG beteiligt werden[78], oder die **Einlagen, Geschäftsanteile** oder **Aktien** quantifiziert, die den Mitgliedern einer übertragenden eG beim Rechtsträger anderer Rechtsform gewährt werden[79]. Auch zur Angemessenheit einer **Barabfindung,** die eine übernehmende eG den Anteilsinhabern eines übertragenden Rechtsträgers anderer Rechtsform im Verschmelzungsvertrag anbieten muss[80], hat das Gutachten Stellung zu nehmen[81].

27 *bb) Belange der Gläubiger.* Mit den Belangen der Gläubiger der Genossenschaft ist die Verschmelzung vereinbar, wenn die Erfüllung ihrer Ansprüche nicht gefährdet wird, also keine **Forderungsausfälle** drohen[82]. Zu prüfen ist, ob konkrete Anhaltspunkte dafür vorliegen, dass die Verschmelzung zu einer solchen Gefährdung führen kann. Ist das nicht der Fall, reicht die Feststellung der Vereinbarkeit in Verbindung mit dem Hinweis, dass die wirtschaftlichen Verhältnisse der beteiligten Genossenschaften geordnet sind[83].

28 Der Grund für eine Gläubigergefährdung kann nicht in einer **Verringerung der Nachschusspflicht** beim übernehmenden Rechtsträger liegen[84], weil die Nachhaftungsregelung des § 95 insoweit vorrangig ist. Abstrakt bleibt damit die Möglichkeit, dass die bessere Bonität der eG, für die das Gutachten erstattet wird, durch die **schlechtere Bonität des Fusionspartners** in gläubigergefährdendem Maße verwässert würde. Jedenfalls wenn (wie regelmäßig in der Praxis) eine Nachschusspflicht der Mitglieder bis zur Höhe einer bestimmten

---

[72] § 80 Abs. 1 Satz 1 Nr. 2.
[73] Siehe dazu § 80 Rn 17 ff.
[74] So aber *Bayer* in Lutter Rn 13, der bei § 87 Rn 35 ff. allerdings auch eine Pflicht zum Wertausgleich annimmt; siehe dagegen § 80 Rn 31 ff., insbes. Rn 37. Der zusätzliche Hinweis von *Bayer* auf die beschränkende Regelung des § 85, wonach der allgemeine Anspruch nach § 15 auf Wertausgleich durch bare Zuzahlung gerade ausgeschlossen ist, solange der Nennbetrag der Geschäftsguthaben erhalten bleibt, zeigt nur die Unvereinbarkeit der Auffassung *Beuthiens* mit dem Gesetz.
[75] § 80 Abs. 1 Satz 1 Nr. 2 2. Halbs.
[76] Siehe § 80 Rn 32.
[77] § 12 Abs. 2 analog; siehe Rn 1 zum Verhältnis zwischen § 81 und den allgemeinen Prüfungsvorschriften der §§ 9 bis 12.
[78] § 80 Abs. 1 Satz 2; siehe dazu § 80 Rn 38 ff.
[79] §§ 40 Abs. 1 Satz 2, 46 Abs. 1; siehe dazu auch *Bayer* in Lutter Rn 13 aE.
[80] § 29.
[81] *Fronhöfer* in Widmann/Mayer Rn 16.
[82] *Bayer* in Lutter Rn 15; *Fronhöfer* in Widmann/Mayer Rn 16 aE; *Stratz* in Schmitt/Hörtnagl/Stratz Rn 5 und 7.
[83] Siehe Rn 23.
[84] So aber *Bayer* in Lutter Rn 15.

Haftsumme besteht[85], ist die Verschmelzung dann aber schon mit dem Mitgliederschutz unvereinbar[86].

d) Votum. Ohne dass es das Gesetz verlangt, sollte der Prüfungsverband sein Gutachten – zusätzlich zum Testat über die (bloße) Vereinbarkeit mit den Belangen der Mitglieder und Gläubiger – mit einem Votum abschließen, ob er die Verschmelzung befürwortet. Mit einer solchen **Empfehlung** wird er dem Sinn des Prüfungsgutachtens, die Entscheidungsfindung in der beschlussfassenden General-/Vertreterversammlung zu unterstützen, am ehesten gerecht[87]. 29

III. Gemeinsames Gutachten (Abs. 1 Satz 2)

Über die frühere Regelung in § 93 b Abs. 2 GenG aF hinaus sieht Abs. 1 Satz 2 jetzt ausdrücklich vor, dass das Prüfungsgutachten für **mehrere** beteiligte **Genossenschaften** gemeinsam erstattet werden kann[88]. Dabei ist zwischen gemeinsamer Prüfung und gemeinsamer Erstattung des Gutachtens zu unterscheiden[89], wie dies auch die allgemeinen Vorschriften der Verschmelzungsprüfung in § 10 Abs. 1 Satz 2 einerseits und § 12 Abs. 1 Satz 2 andererseits tun. 30

1. Gemeinsame Prüfung

Wenn die beteiligten Genossenschaften **verschiedenen Prüfungsverbänden** angehören, kommt eine gemeinsame Prüfung durch einen der Verbände nicht in Betracht[90]. Dem stehen Wortlaut („des Prüfungsverbandes") und Zweck von Abs. 1 Satz 1 entgegen, wonach die Prüfung gerade durch den zuständigen und mit den Verhältnissen der Genossenschaft am besten vertrauten Verband – kenntnisnah – erfolgen soll[91]. Wegen der Möglichkeit, dass die Prüfung für jede beteiligte Genossenschaft durch den für sie zuständigen Prüfungsverband erfolgt und die Verbände dann ein gemeinsames Gutachten erstatten[92], scheidet – mangels weiterer besonderer Umstände des Einzelfalls – auch die Möglichkeit aus, dass sich beide Verbände jeweils **aus wichtigem Grund**[93] desselben, bei ihnen nicht angestellten, Prüfers bedienen[94]. 31

---

[85] Siehe dazu § 79 Rn 26.
[86] So zutreffend auch *Bayer* in Lutter Rn 15.
[87] *Stratz* in Schmitt/Hörtnagl/Stratz Rn 6; *Limmer* in Neye/Limmer/Frenz/Harnacke Rn 874.
[88] Dasselbe legte allerdings schon der Wortlaut von § 93 b Abs. 2 Satz 2 GenG aF nahe, indem es dort hieß, „das Gutachten" des Prüfungsverbands sei „in jeder" über die Verschmelzung verhandelnden Generalversammlung zu verlesen, weshalb die gemeinsame Erstattung auch schon früher zu Recht als zulässig angesehen wurde, wenn die beteiligten Genossenschaften demselben Prüfungsverband angehörten; vgl. *Bayer* in Lutter Rn 1 mwN.
[89] Mit *Bayer* in Lutter Rn 7 f. und *Stratz* in Schmitt/Hörtnagl/Stratz Rn 10; entgegen *Fronhöfer* in Widmann/Mayer Rn 21 ff.
[90] *Bayer* in Lutter Rn 7; *Stratz* in Schmitt/Hörtnagl/Stratz Rn 10; *Beuthien* §§ 2 ff. UmwG Rn 25; Ohlmeyer/Kuhn/Philipowski Rn 8.5; aA *Fronhöfer* in Widmann/Mayer Rn 21 ff.; unentschlossen *Röhrich* in H/P/G/R § 81 UmwG Rn 1 a.
[91] *Bayer* in Lutter Rn 7 aE weist auf einen entsprechenden Willen des Gesetzgebers hin, auf den sich allerdings auch *Fronhöfer* in Widmann/Mayer Rn 21 ff. beruft. Welche Funktion *Bayer* der Analogie zu § 10 Abs. 1 Satz 2 und gerichtlichen Zuständigkeitsregelung in § 10 Abs. 2 hier zumessen will, ist unklar. Bei Genossenschaften, die demselben Prüfungsverband angehören, erübrigt sich dessen Bestellung durch das Gericht.
[92] Dazu Rn 32.
[93] Entsprechend § 55 Abs. 3 GenG.
[94] Siehe dazu bereits Rn 7. Anders mag es liegen, wenn im Einzelfall ein ganz besonderes Interesse an der Prüfungsdurchführung durch denselben Prüfer besteht und dieses Interesse dasjenige an der Prüfung durch den mit der eG vertrauten Verband überwiegt.

2. Gemeinsame Erstattung

32 Das Prüfungsgutachten kann aber (für mehrere beteiligte Genossenschaften) gemeinsam erstattet werden[95], auch wenn sie verschiedenen Prüfungsverbänden angehören[96]. Dem Wortlaut von Abs. 1 Satz 1 und dem Gesetzeszweck der kenntnisnahen Prüfung ist auch dann genügt, wenn die beiden (oder mehreren) zuständigen Verbände ihre Prüfungsergebnisse in einem gemeinsamen Gutachten niederlegen, das von ihnen **gemeinsam ausgefertigt und verantwortet** wird. Sind an der Verschmelzung mehr als zwei Genossenschaften beteiligt, kann von der gemeinsamen Erstattung sowohl für alle als auch für einen Teil von ihnen Gebrauch gemacht werden[97].

IV. Verschmelzungsprüfung für übertragende Rechtsträger anderer Rechtsform (Abs. 2)

33 Bei Mischverschmelzungen zwischen einer eG und einem Rechtsträger anderer Rechtsform ist das Prüfungsgutachten für die (übertragende oder übernehmende) eG nach Abs. 1 Satz 1 zu erstatten[98] und ist der Verschmelzungsvertrag für den Rechtsträger anderer Rechtsform nach den allgemeinen Vorschriften der §§ 9 bis 12 zu prüfen, müssen also für diese ein Prüfungsgutachten und für jenen ein **Prüfungsbericht** eingeholt werden[99]. Davon macht Abs. 2 nur insoweit eine Ausnahme, als die allgemeine Verschmelzungsprüfung für die dort (durch Gesetzesverweisung) bezeichneten Fälle[100] nicht nur von Wirtschaftsprüfern und Wirtschaftsprüfungsgesellschaften[101] durchgeführt werden können, sondern auch von dem zuständigen **Prüfungsverband**. Da es sich bei Abs. 2 ausdrücklich um eine Kann-Bestimmung handelt, ist diese Möglichkeit fakultativ[102]. Das Vertretungsorgan des Rechtsträgers anderer Rechtsform entscheidet allein nach kaufmännischer Sorgfalt, ob es den Verband, einen Wirtschaftsprüfer oder eine Wirtschaftsprüfungsgesellschaft bestellt bzw. deren Bestellung durch das Gericht beantragt[103].

34 Damit diese Möglichkeit eröffnet ist, müssen die Voraussetzungen von Art. 25 Abs. 1 EGHGB (in seiner von Abs. 2 bezeichneten Fassung) vorliegen. Satz 1 Nr. 1 dieser Vorschrift erfasst eine AG oder GmbH, deren **Anteils- und Stimmenmehrheit**[104] einer Genossenschaft oder einem Prüfungsverband zusteht; Satz 1 Nr. 2 betrifft Unternehmen, die am 31. 12. 1989 als gemeinnützige Wohnungsunternehmen oder Organe der staatlichen Wohnungspolitik anerkannt, aber keine eingetragenen Genossenschaften waren[105].

---

[95] § 81 Abs. 1 Satz 2.
[96] *Bayer* in Lutter Rn 8 und insoweit zutr. *Fronhöfer* in Widmann/Mayer Rn 21; aA *Röhrich* in H/P/G/R § 81 UmwG Rn 1 aE und *Schulte* in Lang/Weidmüller § 81 UmwG Rn 7.
[97] Wohl *Fronhöfer* in Widmann/Mayer Rn 21.
[98] *Fronhöfer* in Widmann/Mayer Rn 7; *Stratz* in Schmitt/Hörtnagl/Stratz Rn 11; *Röhrich* in H/P/G/R § 81 UmwG Rn 4.
[99] *Fronhöfer* in Widmann/Mayer Rn 4.
[100] Abw. von § 11 Abs. 1 Satz 1 iVm. § 319 Abs. 1 HGB.
[101] Bzw. Buchprüfern und Buchprüfungsgesellschaften bei mittelgroßen GmbH.
[102] *Bayer* in Lutter Rn 9; *Fronhöfer* in Widmann/Mayer Rn 27; *Stratz* in Schmitt/Hörtnagl/Stratz Rn 2; *Röhrich* in H/P/G/R § 81 UmwG Rn 4; RegBegr. *Ganske* S. 123.
[103] § 10 Abs. 1 Satz 1.
[104] Nach dem ausdrücklichen Wortlaut von Art. 25 Abs. 1 Satz 1 Nr. 1 EGHGB reicht die Mehrheit, also jede Quote über 50%; es muss sich aber nicht um ein 100%-iges Tochterunternehmen handeln. Im Gegensatz zum Mehrheitsbesitz iSv. § 16 Abs. 1 AktG reicht dagegen nicht die Anteils- oder Stimmenmehrheit (Alternativ) aus, sondern beide Mehrheiten müssen kumulativ gegeben sein.
[105] Die Verweisung auf diese beiden Fallgruppen ist gesetzessystematisch konsequent, weil Art. 25 Abs. 1 Satz 1 EGHGB seinerseits § 319 Abs. 1 HGB dahin modifiziert, dass der Prüfungsverband auch Abschlussprüfer sein kann.

Weitere Voraussetzungen sind, dass die bezeichneten Rechtsträger dem Prüfungsverband als Mitglieder angehören und mehr als die Hälfte der geschäftsführenden Mitglieder des Verbandsvorstands Wirtschaftsprüfer sind[106]. Die Möglichkeit der Prüfung durch den Verband ist nicht auf einen **upstream merger** der im Mehrheitsbesitz befindlichen Tochtergesellschaft auf die Mutter-eG beschränkt, sondern gilt genauso für einen **downstream merger** der Mutter-eG auf die Tochtergesellschaft.

Für eine Tochter-GmbH ist zu beachten, dass die Verschmelzung für diese ohnehin nur 35 auf Verlangen eines ihrer Gesellschafter zu prüfen und die Prüfung auch bei einer Tochter-AG **nicht erforderlich** ist, wenn sämtliche Aktionäre durch notarielle Erklärung verzichten oder die übernehmende eG alleinige Aktionärin ist[107].

V. Rechtsfolgen

1. Verweigerung durch den Prüfungsverband

Die eG hat einen **Anspruch** gegen den Prüfungsverband auf Erstattung des Prüfungsgut- 36 achtens aus ihrer Verbandsmitgliedschaft. Der Anspruch kann nach § 888 ZPO vollstreckt werden, wenn der Verband die Erstattung verweigert[108]. Ob aber praktisch rechtzeitig ein entsprechender Titel erwirkt und die Erstattung durch Zwangsgeld erzwungen werden kann, ist zweifelhaft[109]. Gleichwohl ist die Auffassung, notfalls könnte die Verschmelzung auch ohne Prüfungsgutachten beschlossen werden, mit Abs. 1 Satz 1 unvereinbar[110]. Erfüllt der Prüfungsverband den mitgliedschaftlichen Anspruch der eG auf Erstattung des Gutachtens nicht oder verspätet, macht er sich dieser gegenüber schadensersatzpflichtig wegen Nichterfüllung[111].

2. Fehlendes, unvollständiges oder unrichtiges Gutachten

a) Anfechtbarkeit des Verschmelzungsbeschlusses. Wenn das Prüfungsgutachten 37 fehlt oder in dem Sinn unvollständig ist, dass es die nach Abs. 1 Satz 1 vorgeschriebene **Feststellung** (zur Vereinbarkeit der Verschmelzung mit den Belangen der Mitglieder der eG) nicht enthält, ist ein gleichwohl gefasster Verschmelzungsbeschluss anfechtbar. Dasselbe

---

[106] Art. 25 Abs. 1 Satz 2 EGHGB: Hat der Prüfungsverband nur zwei Vorstandsmitglieder, muss einer von ihnen Wirtschaftsprüfer sein. *Stratz* in Schmitt/Hörtnagl/Stratz Rn 11 verlangt weiter noch, dass von dem Prüfungsrecht des Prüfungsverbands in den Vorjahren Gebrauch gemacht wurde. Wenn nicht, ginge das Kriterium der dauerhaften Kenntnis und der Vertrauensposition zwischen Prüfer und Rechtsträger ins Leere.

[107] §§ 60 Abs. 1, 9 Abs. 2 und Abs. 3, 8 Abs. 3; vgl. *Grunewald* in Lutter § 60 Rn 2 zur Anwendbarkeit auch der allseitigen Verzichtserklärung nach § 8 Abs. 3 auf die AG sowie Rn 4 zur mangelnden Verzichtbarkeit des Prüfungsgutachtens durch die Mitglieder wegen des auch bezweckten Gläubigerschutzes.

[108] *Bayer* in Lutter Rn 10 mwN; *Stratz* in Schmitt/Hörtnagl/Stratz Rn 4; *Beuthien* §§ 2 ff. UmwG Rn 23; *Limmer* in Neye/Limmer/Frenz/Harnacke Rn 876; *Röhrich* in H/P/G/R § 81 UmwG Rn 1 und für das alte Recht *Schlarb* S. 81 f.; aA *Schulte* in Lang/Weidmüller § 81 UmwG Rn 6, der die Erstattung nicht für erzwingbar hält.

[109] Siehe bereits § 80 Rn 59 ff. zur parallelen Problematik bei der Durchsetzung eines Verschmelzungsvertrags.

[110] *Schulte* in Lang/Weidmüller § 81 UmwG Rn 6 übersieht bei seiner Argumentation, dass in Abs. 1 Satz 1 nicht mehr – wie in § 93 b Abs. 2 Satz 1 GenG aF – angeordnet wird, dass der Verband „zu hören" ist (was nach *Schaffland* nur „Gelegenheit zur Stellungnahme" bedeutet), sondern die „gutachtliche Äußerung" bzw. das Prüfungsgutachten „einzuholen" ist; zu Recht ablehnend deshalb auch *Bayer* in Lutter Rn 10 mwN.

[111] So zutr. auch *Schulte* in Lang/Weidmüller § 81 UmwG Rn 6 aE und *Stratz* in Schmitt/Hörtnagl/Stratz Rn 8; da es sich bei dem Verhältnis zwischen der zu prüfenden eG und dem Prüfungsverband um eine Vereinsmitgliedschaft – also eine rechtliche Sonderbeziehung – handelt, ist nicht überzeugend, dass die eG auf deliktsrechtliche Schadensersatzansprüche mit § 81 Abs. 1 Satz 1 als Schutzgesetz iSd § 823 Abs. 2 verwiesen sei; so aber *Röhrich* in H/P/G/R § 81 UmwG Rn 1.

gilt, wenn im Gutachten sonstige **Informationen** fehlen, die es von Gesetzes wegen enthalten müsste, oder solche Informationen unrichtig sind und dadurch ein konkretes Informationsinteresse des Anfechtungsklägers verletzt wurde[112]. Die Anfechtbarkeit scheidet nur aus, wenn sich nachweisen lässt, dass der Beschluss auf dem Gesetzesverstoß nicht beruht, also auch ohne den Verstoß gefasst worden wäre, was nach typisierender Betrachtung aber kaum je der Fall ist[113]. Dagegen lässt sich der Verschmelzungsbeschluss nicht mit der Begründung anfechten, der Prüfungsverband habe die Vereinbarkeit mit den Mitglieder- und Gläubigerinteressen zu Unrecht behauptet, wenn keine wesentlichen Sachinformationen fehlen oder unrichtig sind, weil es sich insoweit (nur) um eine „gutachtliche Äußerung" des Verbands – als in seinem pflichtgemäßen Ermessen stehende Wertung – handelt.

38   **b) Eintragungshindernis.** Das Prüfungsgutachten muss der Anmeldung der Verschmelzung als Anlage beigefügt werden, bei einer übernehmenden eG auch die für jede übertragende eG erstatteten Gutachten[114]. Wenn das Gutachten fehlt oder die in Abs. 1 Satz 1 vorgeschriebene Feststellung nicht enthält, stellt dies ein Eintragungshindernis dar[115].

3. Negative Prüfungsfeststellungen

39   **a) Anfechtbarkeit des Verschmelzungsbeschlusses?** Wenn das Prüfungsgutachten feststellt, dass die Verschmelzung mit den Belangen der Mitglieder und Gläubiger der eG **nicht** vereinbar sei, kann die General-/Vertreterversammlung dem Verschmelzungsvertrag gleichwohl zustimmen, also einen **positiven Verschmelzungsbeschluss trotz negativen Gutachtens** fassen. Die Versammlung ist an das Gutachten nicht gebunden[116]. Durch die Auslegung des Gutachtens im Geschäftsraum zur Einsicht der Mitglieder[117], die nochmalige Auslegung und wörtliche Verlesung in der Versammlung[118], die beratende Teilnahme des Prüfungsverbands und das Auskunftsrecht der Mitglieder/Vertreter[119] ist sichergestellt, dass die Gründe für die negative Feststellung hinreichend zur Kenntnis genommen werden können. Wenn die Versammlung danach mit der erforderlichen Dreiviertelmehrheit[120] trotzdem zustimmt, ist dies nicht zu beanstanden[121].

40   **b) Eintragungshindernis?** Erst recht stellt eine negative Äußerung des Prüfungsverbands kein Eintragungshindernis dar, das das Registergericht etwa von Amts wegen zu berücksichtigen hätte, wenn die Dreiviertelmehrheit für den Verschmelzungsbeschluss trotzdem erreicht wurde. Dem steht auch der Wortlaut von Abs. 1 Satz 1 entgegen, wonach nur die gutachtliche Äußerung einzuholen (und der Anmeldung gem. § 86 beizufügen) ist, „ob" die Verschmelzung mit den Mitglieder- und Gläubigerbelangen vereinbar ist[122].

---

[112] Vgl. *Mayer* in Widmann/Mayer § 12 Rn 34 zur entsprechenden Rechtslage beim Prüfungsbericht.
[113] *Beuthien* §§ 2 ff. UmwG Rn 27 iVm. Rn 21 mN zur maßgeblichen Rechtsprechung des BGH; vgl. auch *Lutter/Drygala* in Lutter § 12 Rn 17 mwN zur entsprechenden Rechtslage bei fehlendem oder nicht ordnungsgemäßem Prüfungsbericht.
[114] § 86 Abs. 1 und 2.
[115] *Beuthien* §§ 2 ff. UmwG Rn 27; ähnlich *Schulte* in Lang/Weidmüller § 81 UmwG Rn 8 und noch § 86 Rn 15.
[116] *Schulte* in Lang/Weidmüller § 81 UmwG Rn 5; siehe bereits Rn 5 zum fehlenden Vetorecht des Prüfungsverbands.
[117] § 82 Abs. 1 Satz 1.
[118] § 83 Abs. 1 Satz 1, Abs. 2 Satz 1.
[119] § 83 Abs. 1 Satz 2, Abs. 2 Satz 2.
[120] Nach § 84 Abs. 1.
[121] Abzulehnen deshalb *Lutter/Drygala* in Lutter § 12 Rn 17, der bei Dreiviertelmehrheit trotz Testatsverweigerung stets Anfechtbarkeit wegen Mehrheitsmissbrauchs annehmen will.
[122] Wie auch § 12 Abs. 2 nur eine abschließende Erklärung des Prüfungsberichts darüber verlangt, „ob" das Umtauschverhältnis angemessen ist.

4. Verantwortlichkeit des Prüfungsverbands

Für die Verantwortlichkeit des Prüfungsverbands gilt § 62 GenG analog[123]. Danach sind der Prüfungsverband und die Prüfer zur **gewissenhaften und unparteiischen Prüfung**[124] und zur **Verschwiegenheit** verpflichtet und haften der Genossenschaft auf Schadensersatz, wenn sie ihre Obliegenheiten vorsätzlich oder fahrlässig verletzen. Bei Fahrlässigkeit beschränkt sich die Haftung auf € 1 Mio. für eine Prüfung[125]. Sie kann durch Vertrag weder ausgeschlossen noch beschränkt werden[126]. Die Ansprüche verjähren in drei Jahren ab Eingang des Prüfungsgutachtens[127]. 41

Das Gutachten dient nur dem Mitglieder- und Gläubigerschutz bei der auftraggebenden eG[128]. Die Analogie zu § 11 Abs. 2 Satz 2 ist deshalb dahin einzuschränken, dass die Haftung nur gegenüber der auftraggebenden und anderen **beteiligten Genossenschaften** sowie deren **Mitgliedern** besteht, nicht aber gegenüber Rechtsträgern anderer Rechtsform. Eine Haftung gegenüber den Gläubigern scheidet aus, weil das Gutachten zwar auch deren Schutz dient, eine Anspruchsgrundlage aber fehlt[129]. 42

Die Haftung kann sich ergeben aus der Verweigerung des Prüfungsgutachtens[130], der Weitergabe **von Geschäftsgeheimnissen** oder aus der Verletzung der Pflicht zur Unparteilichkeit. Außerdem kann sich eine Haftung aus **unrichtigen oder fehlenden Informationen** im Prüfungsgutachten ergeben, wenn die fehlenden Informationen von Rechts wegen hätten gegeben werden müssen, ein konkretes Informationsinteresse bestand, der Informationsmangel nach typisierender Betrachtung für den Verschmelzungsbeschluss ursächlich war[131] und der Anspruchsteller einen quantifizierbaren Individualschaden darlegen und beweisen kann. Genau wie die Anfechtbarkeit kann ein Schadensersatzanspruch aber nicht darauf gestützt werden, der Prüfungsverband habe die Vereinbarkeit mit den Mitglieder- und Gläubigerinteressen – bei vollständiger und richtiger Sachinformation – zu Unrecht testiert[132]. 43

Verschmelzungsprüfer, die über das Prüfungsergebnis falsch berichten oder erhebliche Umstände im Prüfungsbericht verschweigen, machen sich strafbar[133]. Auch die Verletzung der Geheimhaltungspflicht durch Verschmelzungsprüfer ist mit Strafe bedroht[134]. Dabei fällt auf, dass das Prüfungsgutachten nach Abs. 1 Satz 1, der Prüfungsverband und die von ihm eingesetzten Prüfer von diesen **Straftatbeständen** begrifflich nicht erfasst sind[135]. 44

---

[123] Die Vorschrift entspricht inhaltlich § 323 HGB, auf den § 11 Abs. 2 Satz 1 für die Verantwortlichkeit der allgemeinen Verschmelzungsprüfer verweist.

[124] Die Unparteilichkeit ist abgesichert durch eine Erklärungspflicht des Vorstands im Verschmelzungsvertrag gem. § 5 Abs. 1 Nr. 8, ob er dem Prüfungsverband (oder den von ihm eingesetzten Prüfern) im Zusammenhang mit ihrer Prüfungstätigkeit besondere Vorteile gemacht hat; siehe auch Rn 44 zur Strafbarkeit, die bei vorsätzlichen Pflichtverletzungen gegen Entgelt nach § 314 Abs. 2 erhöht ist.

[125] § 62 Abs. 2 Satz 1 GenG analog.

[126] § 62 Abs. 5 GenG analog.

[127] § 62 Abs. 6 GenG analog.

[128] Siehe Rn 3 f.

[129] Im Gegensatz zur Haftung der Vorstandsmitglieder nach § 25 Abs. 1 Satz 1, die ausdrücklich auch gegenüber den Gläubigern besteht. Vgl. auch *Lutter/Drygala* in Lutter § 11 Rn 10 für die von § 11 Abs. 2 Satz 2 ausgesparte Haftung gegenüber verbundenen Unternehmen, die für den Prüfungsverband mangels einer § 323 Abs. 1 Satz 3 HGB entsprechenden Regelung in § 62 GenG erst recht ausscheidet.

[130] Siehe Rn 36.

[131] Siehe Rn 37 zur Anfechtbarkeit.

[132] Siehe Rn 37 zur mangelnden Anfechtbarkeit.

[133] § 314 Abs. 1.

[134] § 315 Abs. 1 Nr. 2.

[135] Der Begriff „Verschmelzungsprüfer" stammt aus § 10 Abs. 1 Satz 1, „Prüfungsbericht" aus § 12 Abs. 1 Satz 2 und Abs. 2, wogegen § 81 Abs. 1 Satz 1 den Begriff „Prüfungsgutachten" verwendet; siehe dazu Rn 2.

§ 82 Vorbereitung der Generalversammlung

(1) Von der Einberufung der Generalversammlung an, die gemäß § 13 Abs. 1 über die Zustimmung zum Verschmelzungsvertrag beschließen soll, sind auch in dem Geschäftsraum jeder beteiligten Genossenschaft die in § 63 Abs. 1 Nr. 1 bis 4 bezeichneten Unterlagen sowie die nach § 81 erstatteten Prüfungsgutachten zur Einsicht der Mitglieder auszulegen. Dazu erforderliche Zwischenbilanzen sind gemäß § 63 Abs. 2 aufzustellen.

(2) Auf Verlangen ist jedem Mitglied unverzüglich und kostenlos eine Abschrift der in Absatz 1 bezeichneten Unterlagen zu erteilen.

Übersicht

	Rn		Rn
I. Allgemeines	1	IV. Auslegung	33
1. Information der Mitglieder über Beschlussgegenstand	1	V. Einsichtnahme	37
		VI. Abschriftenerteilung (Abs. 2)	39
2. Aktienrechtliches Vorbild	2	VII. Sonstige Informationspflichten	42
II. Einberufung der Generalversammlung	3	1. Unterrichtung des Betriebsrats	42
1. General- oder Vertreterversammlung	3	2. Genossenschaftsbanken: Anzeige bei der BaFin	43
2. Beschlussgegenstände	4	a) Verschmelzungsabsicht	43
3. Wesentlicher Vertragsinhalt?	6	b) Vollzug der Verschmelzung	44
III. Auszulegende Unterlagen (Abs. 1 Satz 1)	7	c) Absicht der Bestellung von Geschäftsleitern	45
1. Gesetzesverweisung, Überblick	7	d) Art und Weise	46
2. Verschmelzungsvertrag oder Entwurf	8	VIII. Rechtsfolgen	47
3. Jahresabschlüsse und Lageberichte	9	1. Einberufungs- und Ankündigungsmängel	47
4. Zwischenbilanzen (Abs. 1 Satz 2)	13	2. Unterlassene oder unzureichende Auslegung	48
a) Erforderlichkeit	13	a) Anfechtbarkeit des Verschmelzungsbeschlusses	48
b) Gegenstand	17	b) Eintragungshindernis?	50
5. Verschmelzungsberichte	20	3. Unterlassene oder unzureichende Abschriftenerteilung	52
a) Vorstand als Berichterstatter	21	4. Unterlassene Unterrichtung des Betriebsrats	53
b) Gemeinsame Erstattung	22	5. Unterlassene Anzeigen bei der BaFin	54
c) Schriftform	23		
d) Inhalt	24		
e) Geschäftsgeheimnisse	28		
f) Verzichtbarkeit	29		
6. Prüfungsgutachten	30		
a) Reine eG-Verschmelzung	31		
b) Mischverschmelzung	32		

I. Allgemeines

1. Information der Mitglieder über Beschlussgegenstand

1 Zweck der Vorschrift ist die möglichst umfassende Information der Mitglieder über die Verschmelzung als Gegenstand der anstehenden Beschlussfassung, damit sie ihr **Stimmrecht** sinnvoll ausüben können. Die Möglichkeit zur Information bildet außerdem die Grundlage für das **Fragerecht** in der General-/Vertreterversammlung[1] und für die Entscheidung der Mitglieder einer übertragenden eG, ob sie das **Ausschlagungsrecht** für die Mitgliedschaft bei der übernehmenden eG ausüben[2]. Die Vorschrift bringt eine wesentliche Erweiterung der sonst im Genossenschaftsrecht bestehenden Auskunftsrechte[3].

---

[1] §§ 83 Abs. 1 Satz 3, 64 Abs. 2.
[2] §§ 90 bis 94.
[3] *Stratz* in Schmitt/Hörtnagl/Stratz Rn 1; *Beuthien* § 2 ff. UmwG Rn 29; *Röhrich* in H/P/G/R § 82 UmwG Rn 1.

2. Aktienrechtliches Vorbild

Dabei folgt die Vorschrift im Wege der Gesetzesverweisung auf § 63 dem aktienrechtlichen Vorbild[4]. Auch das ist gerechtfertigt, weil die **Corporate Governance** starke Ähnlichkeiten mit der AG aufweist. Das Informations- und Stimmrecht bildet neben dem Dividendenanspruch die wesentlichen Ausprägungen des allgemeinen Mitgliedschaftsrechts, rechtsformspezifisch ergänzt um den genossenschaftlichen Förderzweck[5]. Es kommt hinzu, dass die General-/Vertreterversammlungen größerer (insbesondere: Kredit-)Genossenschaften hauptversammlungsähnlichen Charakter haben und entsprechend vorzubereiten sind[6].

II. Einberufung der Generalversammlung

1. General- oder Vertreterversammlung

Das Umwandlungsrecht trifft keine einheitliche Regelung für die Einberufung der beschlussfassenden Anteilsinhaberversammlung. Statt dessen erfolgt die Einberufung rechtsformspezifisch, für Genossenschaften die der General-/Vertreterversammlung nach §§ 43 bis 51 GenG[7]. Die §§ 82 bis 84 stellen eine umwandlungsrechtliche Ergänzung dar[8].

2. Beschlussgegenstände

Die konkreten Beschlussgegenstände müssen mindestens drei Tage vor der General-/Vertreterversammlung angekündigt werden, und zwar in derselben Form wie die Einberufung[9]; sonst können darüber keine Beschlüsse gefasst werden[10]. Mit mindestens dreitägiger **Ankündigungsfrist** vor der Versammlung sind also der Beschlussgegenstand gem. § 13 Abs. 1 Satz 1 und dabei der **Verschmelzungsvertrag**, dem zugestimmt werden soll, mit Firma und Sitz des Vertragspartners, Datum und ggf. Bezeichnung der notariellen Urkunde zu bezeichnen.

Nicht zu folgen ist der Auffassung, dass die mindestens dreitägige Ankündigungsfrist durch **Analogie zu § 260 Abs. 1 Satz 1** auf mindestens eine Woche zu verlängern sei[11]. Dem steht die Systematik des UmwG und die Herkunft dieser Vorschrift aus dem Formwechsel entgegen, auch wenn der sachliche Grund für die unterschiedliche Regelung nicht erkennbar ist. In der Praxis spielt die Frage kaum eine Rolle, weil Tagesordnung und Beschlussgegenstände (schon wegen des sonst doppelten Versendungs-/Bekanntmachungsaufwands) regelmäßig zusammen mit der Einberufung angekündigt werden und die Wochenfrist dann ohnehin einzuhalten ist[12]. Üblich und sinnvoll ist der ausdrückliche Hinweis im Einberufungsschreiben und/oder der Bekanntmachung, dass die Verschmelzungsunterlagen in dem Geschäftsraum der Genossenschaft[13] zur Einsichtnahme ausgelegt sind, selbst wenn dieser Hinweis gesetzlich nicht vorgeschrieben ist.

---

[4] *Bayer* in Lutter Rn 2; *Fronhöfer* in Widmann/Mayer Rn 1; *OLG Karlsruhe* WM 1989, 1134, 1136 und *Bayer* AG 1988; 323, 324 zu § 340 AktG aF; vgl. auch das Procedere nach § 293 f. AktG für die Zustimmung der Hauptversammlung zu Unternehmensverträgen.
[5] § 1 Abs. 1 GenG.
[6] Vgl. *Mülbert* in Großkomm. § 118 AktG Rn 217; *Engelmeyer* BB 1998, 330; *Bayer* AG 1988; 323, 324 zu § 340 AktG.
[7] *Fronhöfer* in Widmann/Mayer Rn 2 f.
[8] *Fronhöfer* in Widmann/Mayer Rn 3.
[9] *Bayer* in Lutter Rn 7.
[10] § 46 Abs. 2 Satz 2 1. Halbs. GenG; *Fronhöfer* in Widmann/Mayer Rn 11; vgl. die Parallelvorschriften in §§ 51 Abs. 4 GmbHG, 124 Abs. 4 AktG.
[11] So *Bayer* in Lutter Rn 8; wie hier *Fronhöfer* in Widmann/Mayer Rn 12.
[12] § 46 Abs. 1 GenG.
[13] Siehe dazu Rn 33.

3. Wesentlicher Vertragsinhalt?

6 Soll die Hauptversammlung einer AG über einen Vertrag beschließen, der nur mit ihrer Zustimmung wirksam wird, ist auch der wesentliche Vertragsinhalt bei der Einberufung bekannt zu machen[14]. Die aktienrechtliche Bestimmung soll auf die Einberufung der General-/Vertreterversammlung einer eG bei Verschmelzungsbeschlüssen entsprechend anzuwenden sein[15]. Das Bedürfnis für die Bekanntmachung des wesentlichen Vertragsinhalts ist bei der eG allerdings geringer, weil der **Einzugsbereich** der Mitglieder idR sehr viel enger ist als bei den Aktionären einer AG[16], weshalb ihnen die Einsichtnahme im Geschäftsraum eher zuzumuten ist, falls sie nicht ohnehin die kostenlose Erteilung einer **Abschrift des gesamten Vertrags** gem. Abs. 2 verlangen[17]. Die Analogie wäre deshalb überzogen.

III. Auszulegende Unterlagen (Abs. 1 Satz 1)

1. Gesetzesverweisung, Überblick

7 Hinsichtlich der auszulegenden Unterlagen verweist Abs. 1 Satz 1 auf die entsprechende Vorschrift für Aktiengesellschaften[18]. Auszulegen sind der Verschmelzungsvertrag oder sein Entwurf[19], die Jahresabschlüsse und Lageberichte der letzten drei Geschäftsjahre[20], die Zwischenbilanzen, so sie erforderlich sind[21], sowie die Verschmelzungsberichte[22]. Die Verweisung beschränkt sich auf die § 63 Abs. 1 Nr. 1 bis 4, weil der Prüfungsbericht[23] durch das Prüfungsgutachten[24] ersetzt und dieses in Abs. 1 Satz 1 separat genannt wird[25].

2. Verschmelzungsvertrag oder Entwurf

8 Der Verschmelzungsvertrag, Kernstück der Verschmelzung und Gegenstand des Verschmelzungsbeschlusses, ist als komplettes Dokument auszulegen[26]. Soll einem Entwurf zugestimmt werden, ist dieser Entwurf auszulegen[27].

3. Jahresabschlüsse und Lageberichte

9 Weiter sind die Jahresabschlüsse und Lageberichte **sämtlicher** an der Verschmelzung beteiligten Rechtsträger für die letzten drei Geschäftsjahre auszulegen[28], also nicht nur die der auslegenden Genossenschaft, sondern auch diejenigen ihrer Fusionspartner. Die Jahresabschlüsse umfassen generell die **Bilanz** sowie die **Gewinn- und Verlustrechnung**[29]. Bei

---

[14] § 124 Abs. 2 Satz 2 AktG; siehe dazu BGHZ 119, 1, 11.
[15] *Fronhöfer* in Widmann/Mayer Rn 13; *Bayer* in Lutter Rn 9: grobe Züge seien ausreichend, zur Verhinderung von Anfechtungen werde empfohlen, doch den vollständigen Text der Vereinbarung bekannt zu machen.
[16] Der strukturelle Grund hierfür liegt in der spezifischen Verbindung von Unternehmensgegenstand und Förderzweck bei der eG, die zumindest auch Geschäfte mit ihren Mitgliedern machen muss; siehe dazu § 81 Rn 24 mit Fn 70.
[17] Siehe dazu Rn 39.
[18] § 63 Abs. 1 Nr. 1 bis 4; siehe dazu bereits Rn 2.
[19] § 63 Abs. 1 Nr. 1.
[20] § 63 Abs. 1 Nr. 2.
[21] § 63 Abs. 1 Nr. 3.
[22] § 63 Abs. 1 Nr. 4.
[23] § 63 Abs. 1 Nr. 5.
[24] § 81.
[25] *Bayer* in Lutter Rn 2; RegBegr. *Ganske* S. 124.
[26] § 63 Abs. 1 Nr. 1.
[27] *Bayer* in Lutter Rn 15; *Fronhöfer* in Widmann/Mayer Rn 15; *Beuthien* § 2 ff. UmwG Rn 29, 30; *Ohlmeyer/Kuhn/Philipowski* Rn 9.10; *App* ZfgK 1996, 870, 871.
[28] § 63 Abs. 1 Nr. 2.
[29] § 242 Abs. 3 HGB.

Kapitalgesellschaften ist der Jahresabschluss um einen **Anhang** zu erweitern und außerdem ein **Lagebericht** aufzustellen, der bei kleinen Kapitalgesellschaften fakultativ ist[30]. Dabei verlangt das Gesetz nicht, dass der jüngste Jahresabschluss bereits festgestellt wurde, sondern es kann der noch nicht festgestellte Jahresabschluss ausgelegt und in derselben Versammlung festgestellt werden, die auch über die Zustimmung zum Verschmelzungsvertrag beschließt[31].

Auf den Jahresabschluss einer Genossenschaft sind diese Vorschriften für **Kapitalgesellschaften** anzuwenden, der Vorstand hat diesen also um einen Anhang zu erweitern und einen Lagebericht aufzustellen[32]. 10

Die **Berichte** über die Prüfung des Jahresabschlusses gehören aber für Genossenschaften ganz allgemein nicht zu den auslegungspflichtigen Unterlagen. Die Mitglieder/Vertreter haben keinen Anspruch, diese einzusehen[33]. 11

Die Mitglieder sollen sich einen Überblick über die Gesamtsituation der beteiligten Rechtsträger machen können. Die bloße Auslegung des letzten Jahresabschlusses würde keine Beurteilung erlauben, ob die zum Stichtag abgebildete Situation **nachhaltig** ist. Das wird durch die Auslegung der Dokumente **für die letzten drei Geschäftsjahre** gewährleistet. Die Auslagepflicht erstreckt sich nur auf solche Jahresabschlüsse, die nach handelsrechtlichen Bestimmungen zum Zeitpunkt der Einberufung der General-/Vertreterversammlung bereits aufgestellt sein müssen[34]. Wurde der letzte Abschluss noch nicht aufgestellt, wird dieses Geschäftsjahr nicht mitgezählt. Dem Informationsinteresse der Mitglieder wird durch §§ 82 Abs. 1 Satz 1, 63 Abs. 1 Nr. 3 ausreichend Genüge getan. 12

4. Zwischenbilanzen (Abs. 1 Satz 2)

a) **Erforderlichkeit.** Ob Zwischenbilanzen gem. Abs. 2 Satz 1 erforderlich sind, richtet sich aufgrund der Verweisung in Abs. 1 Satz 1 nach der Vorschrift für Aktiengesellschaften in § 63 Abs. 1 Nr. 3[35]. Danach muss eine Zwischenbilanz aufgestellt werden, falls sich der **letzte Jahresabschluss** auf ein Geschäftsjahr bezieht, das mehr als sechs Monate vor dem Abschluss des Verschmelzungsvertrags oder der Aufstellung des Entwurfs abgelaufen ist[36]. Das ist in doppelter Hinsicht missverständlich. Einerseits ist klarzustellen, dass es für den Bezugspunkt der Sechsmonatsfrist darauf ankommt, ob nach § 63 Abs. 1 Nr. 1 entweder der schon beurkundete Verschmelzungsvertrag oder erst dessen Entwurf ausgelegt wird (und hierüber durch die General-/Vertreterversammlung beschlossen werden soll). Im erstgenannten Fall ist der Beurkundungszeitpunkt, im letztgenannten Fall der Zeitpunkt maßgeblich, zu dem der Entwurf aufgestellt wurde[37]. Andererseits kommt es auf den Stichtag des letzten Jahresabschlusses an, der **im Zeitpunkt der Einberufung** vorliegt und somit als letzter Jahresabschluss ausgelegt werden kann (nicht dagegen auf den im Zeitpunkt des Vertragsabschlusses oder der Entwurfsaufstellung vorliegenden Jahresabschluss). Schutzzweck der Sechsmonatsfrist ist nämlich nicht, den **Vertragsparteien** eine (relativ) aktuelle Grundlage für den Vertragsschluss, sondern den **Mitgliedern/Vertretern** eine solche Grundlage für ihre Entscheidung über die Zustimmung zu geben[38]. 13

---

[30] § 264 Abs. 1 HGB.
[31] *Schulte* in Lang/Weidmüller § 82 UmwG Rn 2; *Ohlmeyer/Kuhn/Philipowski* Rn 9.10.
[32] § 336 HGB.
[33] Sie können aber Verlesung des Prüfungsberichts beschließen, § 59 Abs. 3 Halbs. 2 GenG.
[34] Siehe bereits § 63 Rn 12; *Rieger* in Widmann/Mayer § 63 Rn 13; *Grunewald* in Lutter § 63 Rn 3; *Vetter* NZG 1999, 925, 928.
[35] Siehe auch § 63 Rn 13 ff.
[36] *Fronhöfer* in Widmann/Mayer Rn 20 ff.; *Schulte* in Lang/Weidmüller § 82 UmwG Rn 3.
[37] *Rieger* in Widmann/Mayer § 63 Rn 14; siehe bereits § 80 Rn 4 zur Aufstellung des Entwurfs.
[38] *Beuthien* §§ 2 ff. UmwG Rn 30.

14 Wenn das Geschäftsjahr jeweils mit dem Kalenderjahr identisch ist, folgt daraus:

Beispiel:
Keine Zwischenbilanz ist erforderlich, wenn der Verschmelzungsvertrag am 15. 12. 2006 beurkundet und der Verschmelzungsbeschluss am 30. 6. 2007 gefasst wird, weil dann der Jahresabschluss zum 31. 12. 2006 ausgelegt werden kann, dessen Stichtag nicht mehr als sechs Monate **vor**, sondern einen halben Monat **nach** dem Vertragsabschluss liegt. Derselbe Jahresabschluss zum 31. 12. 2006 ist ausreichend bei Vertragsabschluss am 30. 6. 2007 und Beschlussfassung am 15. 8. 2007. Wenn der Verschmelzungsvertrag dagegen erst am 1. 7. 2007 beurkundet und anschließend der General-/ Vertreterversammlung zur Zustimmung vorgelegt wird, reicht der letzte Jahresabschluss zum 31. 12. 2006 nicht mehr aus, sondern es muss eine Zwischenbilanz aufgestellt werden[39]. Die nachträgliche Beurkundung am 1. 7. 2007 ist dagegen unschädlich und eine Zwischenbilanz entbehrlich, wenn der Vertragsentwurf bereits am 15. 5. 2007 aufgestellt und der Versammlung dieser Entwurf zur Beschlussfassung am 30. 6. 2007 vorgelegt worden war.

15 Die **Sechsmonatsfrist** zwischen dem Stichtag des letzten Jahresabschlusses und dem Vertragsabschluss (bzw. der Entwurfsaufstellung) muss zusätzlich zu der **Achtmonatsfrist** zwischen dem Stichtag der Schlussbilanz und der Anmeldung der Verschmelzung zur Eintragung in das Genossenschaftsregister[40] gewahrt werden. Bei Identität des Geschäftsjahrs mit dem Kalenderjahr muss eine Zwischenbilanz sowohl dann[41] aufgestellt werden, wenn der Vertragsabschluss oder die Entwurfsaufstellung nach dem 30. 6. des Jahrs der Beschlussfassung erfolgen, als auch[42] als Schlussbilanz des übertragenden Rechtsträgers dann, wenn die Verschmelzung nach dem 31. 8. zum Register angemeldet wird[43].

16 Falls eine Zwischenbilanz nach § 63 Abs. 1 Nr. 3 aufzustellen ist, bestimmt die Vorschrift weiter, dass diese Bilanz auf einen Stichtag lauten muss, der nicht vor dem ersten Tag des dritten Monats liegt, der dem Abschluss des Verschmelzungsvertrags oder der Aufstellung seines Entwurfs vorausgeht. Gemeint sind volle Kalendermonate. **Stichtag der Zwischenbilanz** darf (bei Identität von Geschäfts- und Kalenderjahr) also frühestens der 1. 4. sein, wenn der Vertragsabschluss oder die Entwurfsaufstellung am 15. 7. erfolgen[44].

17 **b) Gegenstand.** Gegenstand der Zwischenbilanz ist der Geschäftsgang des laufenden Geschäftsjahrs. Zu den Anforderungen verweist Abs. 1 Satz 2 wiederum auf § 63 Abs. 2[45]. Die Zwischenbilanz ist nach denselben Vorschriften wie die letzte Jahresbilanz aufzustellen[46]. Eine **Inventur** ist nicht erforderlich. Die **Wertansätze** der letzten Jahresbilanz dürfen übernommen werden[47], wobei jedoch Abschreibungen, Wertberichtigungen und Rückstellungen sowie wesentliche Wertveränderungen von Vermögensgegenständen bis zum Stichtag der Zwischenbilanz zu berücksichtigen sind.

18 Nach dem ausdrücklichen Wortlaut der §§ 82 Abs. 1 Satz 2, 63 Abs. 2 Satz 1 ist nur eine **Bilanz** aufzustellen, nicht etwa ein vollständiger Zwischenabschluss. **Gewinn- und Ver-**

---

[39] Vgl. die entsprechenden Beispiele bei *Grunewald* in Lutter § 63 Rn 4; *Bayer* in Lutter Rn 20 und *Rieger* in Widmann/Mayer § 63 Rn 17.

[40] § 17 Abs. 2 Satz 4.

[41] Gem. §§ 82 Abs. 1 Satz 2, 63 Abs. 1 Nr. 3.

[42] Gem. § 17 Abs. 2 Satz 4.

[43] Vgl. das Beispiel bei *Rieger* in Widmann/Mayer § 63 Rn 15.

[44] Vgl. das Beispiel bei *Grunewald* in Lutter § 63 Rn 5 und *Rieger* in Widmann/Mayer § 63 Rn 19; missverständlich dagegen *Bayer* in Lutter Rn 20, der auf das Alter der Zwischenbilanz (statt auf ihren Stichtag) abstellt.

[45] Vgl. auch § 63 Rn 16 ff.

[46] *Priester* in Lutter § 24 Rn 19; *Schulte* in Lang/Weidmüller § 82 UmwG Rn 3 f.; *Ohlmeyer/Kuhn/ Philipowski* Rn 9.10; *App* ZfgK 1996, 870, 871.

[47] *Bayer* in Lutter Rn 20; *Schulte* in Lang/Weidmüller § 82 UmwG Rn 5.

lustrechnung, **Anhang und Lagebericht** sind also entbehrlich[48]. Soweit dagegen argumentiert wird, die Aufstellung eines Anhangs sei unverzichtbar, weil er mit der Bilanz eine Einheit bilde[49], also eine begriffliche „Klammerwirkung" geltend gemacht wird, würde diese nach den genannten Vorschriften auch die Gewinn- und Verlustrechnung umfassen. Dagegen beschränkt sich die Funktion des Begriffs „Einheit" in den genannten Vorschriften darauf, einerseits die Legaldefinition des § 242 Abs. 3 HGB auch bei Kapitalgesellschaften durchzuhalten und andererseits den Anhang als Teil des Jahresabschlusses zu kennzeichnen[50].

Eine weitere Erleichterung besteht darin, dass die Zwischenbilanz von den Vertretungsorganen (bei Genossenschaften vom Vorstand) **aufgestellt,** nicht aber (vom Genossenschaftsverband) **geprüft** und auch nicht von der General-/Vertreterversammlung **festgestellt** werden muss[51]. **19**

5. Verschmelzungsberichte

Weiterhin sind die nach § 8 erstatteten Verschmelzungsberichte aller an der Verschmel- **20** zung beteiligten Rechtsträger auszulegen[52]. Der Verschmelzungsbericht soll die Informationsmöglichkeiten der Anteilsinhaber über die Verschmelzung verbessern und ihnen bei der Beschlussfassung über den Verschmelzungsvertrag[53] ermöglichen, ihre Stimme in Kenntnis aller für die Verschmelzung wesentlichen Umstände abzugeben[54]. Über den bloßen Text des Verschmelzungsvertrags hinaus bildet der Verschmelzungsbericht – neben dem Prüfungsgutachten[55] – die **Hauptinformationsquelle** der Mitglieder/Vertreter über die Verschmelzung[56].

a) Vorstand als Berichterstatter. Der Verschmelzungsbericht ist vom jeweiligen Vertre- **21** tungsorgan jedes an der Verschmelzung beteiligten Rechtsträgers zu erstatten[57], bei Genossenschaften also von deren Vorstand[58]. Schon wegen des mit Berichtsmängeln verbundenen Anfechtungsrisikos[59] hat der Vorstand höchste Sorgfalt auf den Verschmelzungsbericht zu verwenden. Das wird durch die **Strafbewehrung** unrichtiger Darstellungen im Verschmelzungsbericht unterstrichen[60]. Der Straftatbestand ist Schutzgesetz für die Anteilsinhaber iSv.

---

[48] § 63 Rn 16; *Rieger* in Widmann/Mayer § 63 Rn 20.
[49] §§ 264 Abs. 1 Satz 1, 336 Abs. 1 Satz 1 HGB; siehe die Nachweise bei *Rieger* in Widmann/Mayer § 63 Rn 18 Fn 3 und *Bayer* in Lutter Rn 20 aE.
[50] *Merkt* in Baumbach/Hopt § 264 HGB Rn 4.
[51] § 63 Rn 18; *Grunewald* in Lutter § 63 Rn 6 und *Bayer* in Lutter Rn 20.
[52] §§ 81 Abs. 1 Satz 1, 63 Abs. 1 Nr. 4.
[53] § 13.
[54] *Mayer* in Widmann/Mayer § 8 Rn 9 unter Hinweis auf BGHZ 107, 296, 303 ff.
[55] Siehe Rn 30.
[56] *Beuthien* §§ 2 ff. UmwG Rn 19 macht geltend, nur mit Rücksicht auf diese umfassende Information der Anteilsinhaber habe der Gesetzgeber die einmal erfolgte (d. h. im Genossenschaftsregister eingetragene) Verschmelzung als praktisch unanfechtbar ausgestalten können (§ 20 Abs. 2).
[57] § 8 Abs. 1 Satz 1.
[58] § 24 Abs. 1 GenG.
[59] Siehe Rn 48 f.
[60] § 313 Abs. 1 Nr. 1. Siehe zu den Tathandlungsalternativen der unrichtigen Wiedergabe oder Verschleierung § 313 Rn 43 ff. sowie *Kuhlen* in Lutter § 313 Rn 14 ff.; da die korrekte Berichterstattung in erster Linie dem Interesse der Anteilsinhaber an zutreffender Information dient, stellt der Straftatbestand zugleich ein Schutzgesetz iSv. § 823 BGB dar; wohl dahin tendierend auch *Kuhlen* in Lutter § 313 Rn 6 f., der auf die Entwurfsbegründung BT-Drucks. 12/6699, 171 f., BGHZ 105, 121 mit Anm. *Schulze-Osterloh* EWiR 1988, 951 (zu falschen Angaben nach § 399 AktG) und die aA von *Vossius* in Widmann/Mayer § 313 Rn 2 und 47 hinweist.

§ 823 Abs. 2 BGB[61]. Deshalb bestehen für die Vorstandsmitglieder auch persönliche **Schadensersatzrisiken** gegenüber den Mitgliedern, die allerdings Vorsatz und den Nachweis der Ursächlichkeit des Berichtsmangels voraussetzen[62].

22 **b) Gemeinsame Erstattung.** Der Verschmelzungsbericht kann von den Vertretungsorganen der an der Verschmelzung beteiligten Rechtsträger auch gemeinsam erstattet werden[63]. Konstruktiv handelt es sich um zwei inhaltlich identische Berichte, die jeder Vorstand nur gegenüber seiner Genossenschaft und seinen Mitgliedern zu vertreten hat[64]. Wenn mehr als zwei Rechtsträger an der Verschmelzung beteiligt sind, ist – entsprechend dem gemeinsamen Prüfungsgutachten[65] – sowohl ein gemeinsamer Verschmelzungsbericht für alle als auch einen Teil von ihnen zulässig.

23 **c) Schriftform.** Das Gesetz verlangt einen schriftlichen Verschmelzungsbericht[66]. Der Bericht ist von allen Vorstandsmitgliedern eigenhändig mit Namensunterschrift zu unterzeichnen[67]. Vertretung ist nicht möglich, weil es sich nicht um eine Willenserklärung, sondern um eine Wissenserklärung (Bericht) handelt[68].

24 **d) Inhalt.** Der notwendige Inhalt des Verschmelzungsberichts ist in § 8 Abs. 1 geregelt. In der Praxis hat sich ein **Gliederungsschema** für Verschmelzungsberichte entwickelt, das nahezu universelle Anwendung findet[69].

25 Hauptbesonderheit der Verschmelzungsberichte für Genossenschaften ist, dass das **Umtauschverhältnis der Anteile** als wirtschaftliches Kernstück sonstiger Verschmelzungsverträge, -berichte und Prüfungsberichte[70] bei Verschmelzungen von Genossenschaften meist keine Rolle spielt, weil die Geschäftsguthaben der Mitglieder im Regelfall zum Nennbetrag umgestellt werden[71]. Damit entfallen auch entsprechende Erläuterungen und Begründungen im Verschmelzungsbericht einer Genossenschaft, wenn der Verschmelzungsvertrag keine andere Berechnung der Zahl der zu gewährenden Geschäftsanteile vorsieht oder es sich um eine Mischverschmelzung mit einem Rechtsträger anderer Rechtsform handelt[72]. Eine abweichende Bestimmung des Umtauschverhältnisses ist bei reinen eG-Verschmelzungen fakultativ. Unterschiedliche Vermögensverhältnisse der beteiligten Genossenschaften begründen keine Pflicht des Vorstands zur Vereinbarung eines Wertausgleichs[73]. Deshalb muss der Verschmelzungsbericht ebenso wenig darauf eingehen, ob und wie ein solcher Wertausgleich durchgeführt werden soll[74].

---

[61] So wohl auch *Kuhlen* in Lutter § 313 Rn 6 f. unter Hinweis auf BGHZ 105, 121, 124 f. mit Anm. *Schulze-Osterloh* EWiR 1988, 951 und *Kleindiek* WuB II. A. § 399 AktG 1.89 (zu falschen Angaben nach § 399 AktG); eine Erweiterung des Schutzbereiches hält *Vossius* in Widmann/Mayer § 313 Rn 2 ff. für notwendig.

[62] Typisierende Betrachtung, wie sie für die Anfechtbarkeit wegen Informationsmängeln gilt (siehe Rn 49), kann es insoweit nicht geben.

[63] § 8 Abs. 1 2. Halbs.

[64] Vgl. *Mayer* in Widmann/Mayer § 8 Rn 16 und Rn 36.

[65] Siehe § 81 Rn 32.

[66] § 8 Abs. 1 Satz 1.

[67] § 126 Abs. 1 BGB; § 8 Rn 7; *Lutter/Drygala* in Lutter § 8 Rn 8; *Beuthien* § 2 ff. UmwG Rn 20.

[68] *Stratz* in Schmitt/Hörtnagl/Stratz § 8 Rn 7; *Röhrich* in H/P/G/R § 8 UmwG Rn 1.

[69] Zu Einzelheiten § 8 Rn 11 ff; *Hoffmann-Becking* in MünchVertrHdb Bd. 1 X.2.

[70] §§ 5 Abs. 1 Nr. 3, 8 Abs. 1 Satz 1 und 2, 12 Abs. 2.

[71] § 80 Abs. 1 Satz 1 Nr. 2; siehe § 80 Rn 32.

[72] § 80 Abs. 1 Satz 1 Nr. 2 2. Halbs. und Satz 2; siehe § 81 Rn 26 zur entsprechenden Reduzierung des Prüfungsgutachtens gegenüber dem Prüfungsbericht nach § 12.

[73] Siehe § 80 Rn 37.

[74] So aber *Bayer* in Lutter Rn 22 aE auf der Grundlage seiner Darlegungen bei § 87 Rn 33 ff. Diese Darlegungen werden hier aus den bei § 80 Rn 33 ff. dargelegten Gründen nicht geteilt.

Zur wirtschaftlichen Begründung einer Verschmelzung nach heutigem Standard gehört 26
auch die Darlegung, warum sie gegenüber anderen **Gestaltungsalternativen** vorteilhaft
ist.

Als Alternative zur Verschmelzung äußern sich die Berichte üblicherweise zu **Beherr-** 27
schungs- und Ergebnisabführungsverträgen[75]. Teilweise wird die Genossenschaft schon
nicht als konzernfähig in der Rolle als abhängiges Unternehmen angesehen, weil sich deren
Willensbildung nicht von oben nach unten, sondern umgekehrt von unten nach oben vollziehe und sie auf die Förderung ihrer Mitglieder, nicht aber auf das Interesse des herrschenden Unternehmens ausgerichtet sei[76]. Da nach Köpfen abgetimmt und die auf Selbstbe-
stimmung angelegte genossenschaftliche „Mentalität" entgegenstehen wird, dürfte es in der
Praxis schwierig sein, die für einen Beherrschungsvertrag entsprechend § 293 Abs. 1 Satz 2
AktG erforderliche Dreiviertelmehrheit zu erreichen.

e) Geschäftsgeheimnisse. Die Informationspflicht des Verschmelzungsberichts findet 28
ihre Grenze in § 8 Abs. 2 Satz 1 UmwG: Geschäftsgeheimnisse müssen im Verschmelzungsbericht nicht preisgegeben werden. Tatsachen, deren Offenbarung geeignet ist, den beteiligten Rechtsträgern oder einem mit diesen verbundenen Unternehmen einen nicht unerheblichen Nachteil zuzufügen, müssen nicht aufgenommen werden. Auf das Bestehen eines
Geschäftsgeheimnisses ist hinzuweisen; die Gründe für die unterbliebene Aufnahme sind im
Bericht darzulegen[77]. Für **Kreditgenossenschaften** ist auf die Wahrung des Steuer- und
Bankgeheimnisses zu achten, was auch bei Verlesung ihrer Prüfungsberichte gilt[78].

f) Verzichtbarkeit. Der Verschmelzungsbericht ist nicht erforderlich, wenn alle Anteils- 29
inhaber aller beteiligten Rechtsträger auf seine Erstattung durch notariell beurkundete Erklärungen verzichten oder sich alle Anteile des übertragenden Rechtsträgers in der Hand des
übernehmenden Rechtsträgers befinden[79]. Zu einem allseitigen Verzicht wird es bei Genossenschaften mit größerem Mitgliederkreis in der Praxis schon deshalb kaum kommen[80], weil
immer ein Teil der Mitglieder unerreichbar sein oder inaktiv bleiben wird. Da der Verzicht
von allen Anteilsinhabern zu erklären ist, gilt dies auch bei Bestehen einer Vertreterversammlung für **sämtliche Mitglieder**[81]. Praktisch relevant ist die Entbehrlichkeit des Berichts dagegen für die Verschmelzung einer **100%-igen Tochtergesellschaft** auf die Mutter-eG[82].
Der umgekehrte Fall, dass sich alle Anteile einer übertragenden eG in der Hand eines übernehmenden Rechtsträgers befinden, ist dagegen rechtlich ausgeschlossen, weil eine eG mindestens drei Mitglieder haben muss und bei Unterschreitung dieser Mindestzahl von Amts
wegen aufgelöst wird[83].

6. Prüfungsgutachten

Das Prüfungsgutachten des genossenschaftlichen Prüfungsverbands stellt – neben dem Ver- 30
schmelzungsbericht – die zweite Möglichkeit der Mitglieder/Vertreter dar, sich über die
Auswirkungen der Verschmelzung zu informieren. Es hat sich gerade auch zur Vereinbarkeit der Verschmelzung mit den **Belangen der Mitglieder** zu äußern[84]. Da das Prüfungs-

---

[75] §§ 291 ff. AktG.
[76] *Ohlmeyer/Rau* WPg 1985, 453; dagegen *Beuthien* § 1 GenG Rn 84 ff. und § 27 Rn 16 mit beachtlichen Gründen.
[77] § 8 Abs. 2; *Bayer* in Lutter Rn 24; *Beuthien* § 2 ff. UmwG Rn 20; *Röhrich* in H/P/G/R § 8 UmwG
Rn 2.
[78] Siehe Rn 11; darauf ist auch bei Verlesung nach § 59 Abs. 3 2. Halbs. GenG zu achten.
[79] § 8 Abs. 3.
[80] *Bayer* in Lutter Rn 25.
[81] Dies erst recht, wenn man auch die Mitglieder, die nicht Vertreter sind, mit *Beuthien* § 51 GenG
Rn 25 für den Verschmelzungsbeschluss als anfechtungsbefugt ansieht; siehe dagegen aber § 84 Rn 26 ff.
[82] *Bayer* in Lutter Rn 25; siehe auch § 81 Rn 34.
[83] §§ 4, 80 GenG; siehe § 79 Rn 10.
[84] § 81 Abs. 1 Satz 1; siehe § 81 Rn 24 ff.

gutachten in der General-/Vertreterversammlung wörtlich zu verlesen ist[85], eröffnet seine Auslegung insbesondere bei Bestehen einer Vertreterversammlung dort nicht teilnahmeberechtigten sonstigen Mitgliedern, denen aber das Einsichtsrecht zusteht[86], die Möglichkeit der Kenntnisnahme.

31 **a) Reine eG-Verschmelzung.** Bei Verschmelzungen zweier eingetragener Genossenschaften sieht § 82 vor, dass die Prüfungsgutachten **aller beteiligten Genossenschaften**, also nicht nur der einberufenden, auszulegen sind. Wurde ein gemeinsames Gutachten erstellt, ist dieses auszulegen[87].

32 **b) Mischverschmelzung.** Wird ein Rechtsträger anderer Rechtsform mit einer eG verschmolzen, führt die wortgetreue Anwendung von § 82 dazu, dass nur das Prüfungsgutachten der eG auszulegen ist, nicht dagegen der für den Rechtsträger anderer Rechtsform gem. §§ 9 bis 12 erstattete **Prüfungsbericht**[88]. Umgekehrt führt auch die wörtliche Anwendung des § 63 Abs. 1 Nr. 5 dazu, dass das für die eG erstellte Prüfungsgutachten[89] bei einer AG, mit der sie verschmolzen werden soll, nicht auszulegen wäre. Methodologisch ist dieses gesetzgeberische Versehen durch teleologische Auslegung des § 82 zu korrigieren, weil die Vorschrift eine möglichst umfassende Information der Mitglieder/Vertreter im Vorfeld des Verschmelzungsbeschlusses bezweckt[90]. Die Prüfungsberichte sind deshalb im Fall der Mischverschmelzung bei der eG mit auszulegen[91], ggf. auch das für die eG erstattete Prüfungsgutachten bei einer beteiligten AG.

IV. Auslegung

33 Die Verschmelzungsunterlagen sind in dem **Geschäftsraum** der eG auszulegen[92]. Dabei ist nicht erforderlich, dass in jeder **Filiale** ein Exemplar bereit liegt. Solange der Aufwand, den die Mitglieder betreiben müssen, um den Ort der Auslegung zu erreichen, generell zumutbar und angemessen ist, genügt die Auslegung in der **Hauptniederlassung**.

34 Die Verschmelzungsunterlagen müssen in dem Geschäftsraum **jeder beteiligten Genossenschaft** ausgelegt werden, also nicht nur die Unterlagen der einberufenden eG. Für die Jahresabschlüsse, Lageberichte, Zwischenbilanzen und Verschmelzungsberichte ergibt sich dies schon aus § 63 Abs. 1 Nr. 2 bis 4, was Abs. 1 Satz 1 bestätigt und zusätzlich auch für die nach § 81 erstatteten Prüfungsgutachten (im Plural) anordnet[93].

35 Die **Auslegungsfrist** beginnt zum Zeitpunkt der Einberufung der Versammlung. Sie endet mit dem Beginn der General-/Vertreterversammlung, in der dieselben Unterlagen noch einmal auszulegen sind[94]. Der Auslegungszeitraum ist also (abstrakt) gebunden an die tatsächliche Einladung und den Termin der Versammlung[95].

36 Nicht notwendig ist die Auslegung in Räumen mit Publikumsverkehr[96]. Der **freie Zugang** zu den Unterlagen auf Anfrage (Sekretariat o. ä.) genügt[97]. Mangels persönlicher Be-

---

[85] § 83 Abs. 2 Satz 1.
[86] Siehe Rn 37 f.
[87] *Bayer* in Lutter Rn 27; *Fronhöfer* in Widmann/Mayer Rn 32; *Schaumburg/Rödder* Rn 4; *Ohlmeyer/Kuhn/Philipowski* Rn 9.10.
[88] *Bayer* in Lutter Rn 28; *Fronhöfer* in Widmann/Mayer Rn 32.
[89] § 81.
[90] *Bayer* in Lutter Rn 29; *Fronhöfer* in Widmann/Mayer Rn 32.
[91] Abw. *Stratz* in Schmitt/Hörtnagel/Stratz Rn 3 und *Beuthien* §§ 2 ff. UmwG Rn 30 aE.
[92] *Bayer* in Lutter Rn 31 mwN; *Beuthien* § 2 ff. UmwG Rn 29; *Röhrich* in H/P/G/R § 82 UmwG Rn 1.
[93] Siehe bereits Rn 9 zu den Jahresabschlüssen und Rn 31 f. zum Prüfungsgutachten.
[94] § 83 Abs. 1 Satz 1.
[95] *Bayer* in Lutter Rn 30 .
[96] Deutscher Genossenschafts- und Raiffeisenverband e.V. (Hrsg.), Neues Verschmelzungsrecht, DGRV Schriftenreihe Bd. 37, 1995, S. 13.
[97] *Schulte* in Lang/Weidmüller § 82 UmwG Rn 1.

kanntschaft muss sich der Anfragende als einsichtsberechtigtes Mitglied[98] legitimieren. Wenn die eG auch Nichtmitgliedern den Zugang eröffnet, kann dies eine für den Vorstand pflichtwidrige Preisgabe von Geschäftsgeheimnissen darstellen[99].

V. Einsichtnahme

Jedes Mitglied hat das Recht, die Unterlagen einzusehen, auch wenn eine Vertreterversammlung besteht. Der Wortlaut von Abs. 1 Satz 1 trifft keine Unterscheidung zwischen den Rechten der Mitglieder und **Vertreter**[100]. Das Stimmrecht, um dessen wohlinformierte Ausübung es bei den Informationsrechten in erster Linie geht[101], steht bei einer Vertreterversammlung zwar nur den Vertretern zu[102]. In zweiter Linie geht es aber auch um eine Informationsgrundlage für die etwaige Ausübung des Ausschlagungsrechts durch Mitglieder einer übertragenden eG[103]. Unabhängig von der Ausübung dieser konkreten Rechte wird man keinem Mitglied ein berechtigtes Interesse daran absprechen können, sich über die rechtlichen Einzelheiten und wirtschaftlichen Auswirkungen der Verschmelzung unmittelbar selbst zu informieren. 37

Den Mitgliedern muss die Möglichkeit der Einsichtnahme in dem Geschäftsraum der eG zu deren Öffnungszeiten gewährt werden. Dabei darf die Einsichtnahme durch tatsächliche Hindernisse nicht unzumutbar erschwert werden[104]. Die eG hat dafür zu sorgen, dass Exemplare in **ausreichender Zahl** vorhanden sind[105], damit auch bei starkem Andrang keine überlangen Wartezeiten entstehen. 38

VI. Abschriftenerteilung (Abs. 2)

Der Informationsanspruch des Abs. 1 wird durch einen **mitgliedschaftsrechtlichen Anspruch** auf kostenlose Abschriftenerteilung erheblich erweitert[106]. 39

Die Abschrift wird nur **auf Verlangen** der Mitglieder versandt. Dem Einberufungsschreiben für die General-/Vertreterversammlung sollte aber zumindest eine Kopie des Verschmelzungsvertrags (oder seines Entwurfs) beigefügt werden, wenn dies auch nicht vorgeschrieben ist[107]. 40

Die Unterlagen sind unverzüglich und kostenlos an die Mitglieder zu senden. „**Unverzüglich**" meint ohne schuldhaftes Zögern[108] des zur Versendung verpflichteten Organs, also des Vorstands der eG[109]. „**Kostenlos**" bedeutet sowohl die kostenlose Fertigung der nötigen Kopien[110], als auch die Übernahme der Versandkosten durch die eG. Diese Ausgestaltung stieß im Gesetzgebungsverfahren auf Kritik. Der DGRV sah darin eine Kostenintensivierung 41

---

[98] Siehe sogleich Rn 37.
[99] § 34 Abs. 1 Satz 2 GenG.
[100] *Beuthien* § 2 ff. UmwG Rn 29.
[101] Siehe Rn 1.
[102] § 43 a GenG.
[103] §§ 90 bis 94; siehe auch Rn 1.
[104] Siehe Rn 36 zur nötigen Legitimation als einsichtsberechtigtes Mitglied.
[105] *Bayer* in Lutter Rn 31.
[106] § 82 Abs. 2; *Bayer* in Lutter Rn 32; *Fronhöfer* in Widmann/Mayer Rn 38 f.; *Beuthien* § 2 ff. UmwG Rn 29; *App* ZfgK 1996, 870, 871.
[107] Siehe Rn 6 zur Frage einer analogen Anwendung von § 124 Abs. 2 Satz 2 AktG.
[108] § 121 Abs. 1 Satz 1 BGB.
[109] *Schulte* in Lang/Weidmüller § 82 UmwG Rn 6; *Ohlmeyer/Kuhn/Philipowski* Rn 9.10.
[110] *Bayer* in Lutter Rn 32; *Fronhöfer* in Widmann/Mayer Rn 39; *Stratz* in Schmitt/Hörtnagl/Stratz Rn 4; *Beuthien* § 2 ff. UmwG Rn 29; *Röhrich* in H/P/G/R § 82 UmwG Rn 8.

des Verschmelzungsprozesses insbesondere für mitgliederstarke Genossenschaften und strebte eine Differenzierung zwischen Genossenschaften mit mehr als 100 000 Mitgliedern und kleineren an. Dagegen wurde eingewandt, dass die Genossenschaft gegenüber der AG nicht zu privilegieren sei und erfahrungsgemäß nur wenige Mitglieder ein derart verstärktes Informationsinteresse an dem Verschmelzungsvorgang haben, dass sie sich die Verschmelzungsunterlagen zuschicken lassen. Die finanzielle Belastung der verschmelzenden eG werde sich deshalb in engen Grenzen halten[111]. Diese Prognose erweist sich in aller Regel als zutreffend.

VII. Sonstige Informationspflichten

1. Unterrichtung des Betriebsrats

42 Um die Information der Arbeitnehmer und ihrer Vertreter sicherzustellen, statuiert das Gesetz in § 5 Abs. 3 UmwG die Pflicht, dem Betriebsrat den Verschmelzungsvertrag bzw. dessen Entwurf zuzuleiten. Der Betriebsrat ist mindestens **einen Monat** vor dem Tag der General-/Vertreterversammlung zu unterrichten[112]. Die Zuständigkeit des Betriebsrats wird in §§ 50, 58 BetrVG begründet[113].

2. Genossenschaftsbanken: Anzeige bei der BaFin

43 a) **Verschmelzungsabsicht.** Genossenschaftsbanken unterliegen zudem noch speziellen bankaufsichtsrechtlichen Anzeigepflichten. Bereits die Absicht eines Kreditinstituts, sich mit einem anderen Institut zu **vereinigen**, ist bei der BaFin und der Deutschen Bundesbank anzuzeigen[114]. Unter den Begriff der **Vereinigung** fällt in erster Linie die Verschmelzung. Die Anzeigepflicht entsteht mit Verfestigung der Fusionsabsicht, wenn also nach dem Stand der Verhandlungen anzunehmen ist, dass eine Fusion erfolgen soll[115].

44 b) **Vollzug der Verschmelzung.** Wird die Verschmelzung nach Abschluss der Verhandlungen über die Vereinigung vollzogen, so ist dieser Vollzug der BaFin und der Deutschen Bundesbank erneut anzuzeigen[116], also **zusätzlich** zur bereits angezeigten Absicht. Scheitern die Verhandlungen, sind die BaFin und die Deutsche Bundesbank darüber ebenso zu informieren.

45 c) **Absicht der Bestellung von Geschäftsleitern.** Bei den Verschmelzungsverhandlungen wird es häufig darum gehen, dass bisherige Vorstandsmitglieder der übertragenden Kreditgenossenschaft nach Wirksamwerden der Verschmelzung in den Vorstand der übernehmenden Kreditgenossenschaft wechseln sollen. Da mit der Gesamtrechtsnachfolge des übernehmenden Instituts zwar die **Dienstverträge** der Vorstandsmitglieder des übertragenden Instituts übergehen, nicht aber die **Organstellungen**[117], handelt es sich um die Neubestellung eines Geschäftsleiters bei dem übernehmenden Institut. Sobald sich in den Verschmelzungsverhandlungen eine dahin gehende Absicht verfestigt, ist diese gleichfalls der BaFin und der Deutschen Bundesbank anzuzeigen[118]. Wenn das übertragende Institut, gemessen an sei-

---

[111] *Bayer* in Lutter Rn 32.
[112] *Bayer* in Lutter Rn 12; *Stratz* in Schmitt/Hörtnagl/Stratz § 5 Rn 96 ff.; *App* ZfgK 1996, 870, 871.
[113] *Bayer* in Lutter Rn 12.
[114] §§ 24 Abs. 2 KWG, 16 Satz 2 AnzV.
[115] *Braun* in Boos/Fischer/Schulte-Mattler § 24 KWG Rn 145; *Beuthien* § 2 ff. UmwG Rn 5.
[116] § 16 Satz 3 AnzV.
[117] § 20 Rn 20; *Grunewald* in Lutter § 20 Rn 28; OLG Hamm NJW-RR 1995, 1317, 1318 speziell für die eG.
[118] § 24 Abs. 1 Nr. 1 KWG. Siehe dazu die Schreiben des BAKred vom 24. 10. 1967/IV 12.11; vom 22. 1. 1976/I–3–271–3/70; vom 1. 12. 1976/IV 11.22.56; *Braun* in Boos/Fischer/Schulte-Mattler § 24 KWG Rn 146; *Beck/Samm*, Gesetz über das Kreditwesen, Stand: Oktober 1996, § 24 KWG Rn 15; *Reischauer/Kleinhans*, Kreditwesengesetz, Stand: April 2002, § 24 KWG Rn 5 c; *Ohlmeyer/Kuhn/Philipowski* Rn 14.2.

ner Bilanzsumme, sehr viel kleiner ist als das übernehmende, ist für eine solche Bestellung von Geschäftsleitern das Problem der erforderlichen Leitungserfahrung im Auge zu behalten[119].

d) Art und Weise. Die Art und Weise der Anzeige ist für Kreditgenossenschaften speziell geregelt[120]: Die Anzeige erfolgt über den **Prüfungsverband**, dem die Kreditgenossenschaft angehört. Ein Exemplar zur Weiterleitung an die BaFin ist beizufügen, außerdem die nach der AnzV vorgeschriebenen Unterlagen[121].

VIII. Rechtsfolgen

1. Einberufungs- und Ankündigungsmängel

Mängel der Einberufung der General-/Vertreterversammlung oder Ankündigung des Beschlussgegenstands führen grundsätzlich zur **Anfechtbarkeit** des Verschmelzungsbeschlusses[122]. Wiegen die Mängel besonders schwer, kann der Verschmelzungsbeschluss sogar nichtig sein.

2. Unterlassene oder unzureichende Auslegung

a) Anfechtbarkeit des Verschmelzungsbeschlusses. Werden die in § 82 genannten Dokumente nicht oder nicht ordnungsgemäß ausgelegt, liegt ein Gesetzesverstoß vor, auf den die Anfechtung von Beschlüssen der General-/Vertreterversammlung durch eine Klage, die **binnen eines Monats** erhoben werden muss, gestützt werden kann[123]. Die Unterscheidung zwischen bloßer Anfechtbarkeit und Nichtigkeit von Beschlüssen, wie sie im Aktienrecht[124] präfiguriert ist, kennt das GenG zwar nicht. Die aktienrechtlichen Vorschriften sind aber entsprechend anzuwenden, soweit keine genossenschaftsrechtlichen Besonderheiten entgegenstehen[125]. Analog § 243 Abs. 4 AktG stellen **Informationsmängel** grundsätzlich nur Anfechtungsgründe dar. Das ist auch für § 63 anerkannt[126], auf den § 82 verweist. In der Praxis sind insbesondere Anfechtungsrisiken wegen **Mängeln des Verschmelzungsberichts** zu beachten[127].

Nach der Rechtsprechung kommt es darauf an, ob ein **objektives Mitglied/objektiver Vertreter** unter Berücksichtigung des Rechts zur Mitentscheidung der Minderheit und des Umfangs der vorenthaltenen Informationen zu dem Ergebnis gelangt, dass es nicht gerechtfertigt ist, dem Vertrag unter Beibehaltung der Informationsverweigerung zuzustimmen[128]. Wenn kein Mitglied die unzureichend ausgelegten Unterlagen einsehen wollte, ist der Informationsmangel gar nicht relevant geworden und der Beschluss deshalb auch nicht anfechtbar.

b) Eintragungshindernis? Anfechtbare Beschlüsse sind wirksam, solange sie nicht angefochten und durch rechtskräftiges Urteil für nichtig erklärt werden[129]. Daraus folgt, dass sie

---

[119] Siehe dazu § 80 Rn 52.
[120] § 26 Abs. 1 AnzV.
[121] *Ohlmeyer/Kuhn/Philipowski* Rn 14.2; vgl. im Übrigen die Literatur zu § 46 GenG.
[122] § 51 GenG.
[123] § 51 Abs. 1 GenG.
[124] §§ 241, 243 AktG.
[125] *Beuthien* § 51 GenG Rn 3 unter Hinweis auf die st.Rspr. des BGH, zuletzt etwa BGHZ 126, 335, 338; *BGH* ZIP 1996, 674, 677.
[126] § 63 Rn 26; *Bayer* in Lutter Rn 33; *Grunewald* in Lutter § 63 Rn 8; *Marsch-Barner* in Kallmeyer § 63 Rn 9; *Rieger* in Widmann/Mayer § 63 Rn 34 f.
[127] Siehe Rn 21.
[128] Zu § 243 Abs. 4 AktG aF: BGHZ 119, 1, 18 f.; BGHZ 122, 211, 238 ff.; *BGH* WM 1990, 140, 143 f.; *BGH* WM 1993, 1087, 1097; *BGH* NJW 1995, 3115 f.; krit. *Beuthien* §§ 2 ff. UmwG Rn 21; siehe dazu noch § 83 Rn 43 f., dort auch zur Neuregelung des § 243 Abs. 4 durch das UMAG.
[129] § 51 Abs. 5 Satz 1 GenG; entsprechend auch § 248 Abs. 1 Satz 1 AktG.

eintragungsfähig sind und das Registergericht die Eintragung nicht etwa deshalb ablehnen darf, weil es – unabhängig von einer Anfechtungsklage – Kenntnis von dem Informationsmangel erhalten hat.

51 War der Beschluss zwar angefochten, die Verschmelzung aber gleichwohl (etwa aufgrund eines **Unbedenklichkeitsverfahrens** gem. § 16 Abs. 3) in das Genossenschaftsregister eingetragen, und wird anschließend durch rechtskräftiges Urteil für nichtig erklärt, muss der Vorstand das Urteil „behufs der Eintragung" einreichen[130], wonach das Registergericht den Beschluss zwar nicht löscht, aber seine Nichtigerklärung einträgt[131]. Die einmal eingetragene Verschmelzung bleibt trotzdem wirksam. Es findet auch **keine Rückabwicklung** („Entschmelzung") statt[132]. Dieses widersprüchlich anmutende Ergebnis ist die Folge des absoluten, auch zukunftsgerichteten Bestandsschutzes nach § 20 Abs. 2 und des Umstands, dass dieser Schutz auch für eine im Unbedenklichkeitsverfahren erwirkte Eintragung gilt, dieses Verfahren aber keinen Einfluss auf das Rechtsschutzbedürfnis und die Begründetheit der Anfechtungsklage im Hauptsacheprozess haben soll[133].

3. Unterlassene oder unzureichende Abschriftenerteilung

52 Unterbleibt die Abschriftenerteilung, kann der Beschluss ebenfalls anfechtbar sein, wenn es dem Mitglied nicht zuzumuten war, die ausgelegten Unterlagen am Auslegungsort einzusehen[134]. Ansonsten gilt für die Anfechtung und Eintragungsfähigkeit dasselbe wie bei Auslegungsmängeln[135].

4. Unterlassene Unterrichtung des Betriebsrats

53 Der Anmeldung der Verschmelzung zum Registergericht muss ein Nachweis über die rechtzeitige Zuleitung des Verschmelzungsvertrags oder seines Entwurfs an den zuständigen Betriebsrat beigefügt werden[136]. Die rechtzeitige Zuleitung ist Eintragungsvoraussetzung[137]. Eine unterlassene oder fehlerhafte Unterrichtung des Betriebsrats hat also – im Gegensatz zu sonstigen Informationsmängeln – nicht (nur) die Anfechtbarkeit des Verschmelzungsbeschlusses zur Folge, sondern bildet ein **Eintragungshindernis**, das das Registergericht von Amts wegen beachten muss.

5. Unterlassene Anzeigen bei der BaFin

54 Die Nichtanzeige einer geplanten Vereinigung gem. § 24 Abs. 2 KWG ist zwar keine Ordnungswidrigkeit iSd § 56 KWG. Im Extremfall könnte die BaFin die Vereinigung aber untersagen oder (auch nachträgliche) Anordnungen treffen, wenn durch die Verschmelzung ein **Gefahrentatbestand** iSv. § 46 KWG entsteht.

55 Wahrscheinlicher sind Sanktionen gegen die Vorstandsmitglieder. Die BaFin kann die Erteilung einer **Geschäftsleiter-Erlaubnis** versagen oder aber die Geschäftsleiter-Erlaubnis widerrufen, wenn disqualifizierende Tatsachen dies erforderlich machen[138]. Eine solche Tat-

---

[130] § 51 Abs. 5 Satz 2 GenG; entsprechend auch § 248 Abs. 1 Satz 2 und 3 AktG.
[131] § 23 GenGRegVO.
[132] § 20 Rn 84 ff., 92 f.; *Grunewald* in Lutter § 20 Rn 69, 71.
[133] *Bork* in Lutter § 16 Rn 32; wohl auch *Grunewald* in Lutter § 20 Rn 75, die dann aber – materiell zu Recht – Schadensersatzansprüche gegen die verantwortlichen Mitglieder des Vertretungsorgans in den Vordergrund rückt.
[134] *Grunewald* in Lutter § 63 Rn 9.
[135] Siehe Rn 49.
[136] § 17 Abs. 1.
[137] *Lutter/Drygala* in Lutter § 5 Rn 103.
[138] §§ 33 Abs. 1 Nr. 4, 35 Abs. 2 Nr. 3 KWG.

sache kann auch der Verstoß gegen die Anzeigepflicht sein[139]. Der Verstoß kann ein Abberufungsverfahren nach sich ziehen[140].

§ 83 Durchführung der Generalversammlung

(1) In der Generalversammlung sind die in § 63 Abs. 1 Nr. 1 bis 4 bezeichneten Unterlagen sowie die nach § 81 erstatteten Prüfungsgutachten auszulegen. Der Vorstand hat den Verschmelzungsvertrag oder seinen Entwurf zu Beginn der Verhandlung mündlich zu erläutern. § 64 Abs. 2 ist entsprechend anzuwenden.

(2) Das für die beschließende Genossenschaft erstattete Prüfungsgutachten ist in der Generalversammlung zu verlesen. Der Prüfungsverband ist berechtigt, an der Generalversammlung beratend teilzunehmen.

Übersicht

	Rn		Rn
I. Allgemeines	1	b) Spezielles Auskunftsrecht (Abs. 1 Satz 3)	27
II. Auslegung der Verschmelzungsunterlagen (Abs. 1 Satz 1)	4	c) Umfang	28
1. Umfang	4	d) Auskunftsverweigerungsrecht des Vorstands	30
2. In der Generalversammlung	5	6. Abstimmung	31
3. Zeitraum	9	7. Feststellung des Verschmelzungsbeschlusses	34
III. Ablauf der Versammlung	11	8. Widersprüche	35
1. Ordentliche/außerordentliche Versammlung	11	IV. Beratende Teilnahme des Prüfungsverbands (Abs. 2 Satz 2)	38
2. Erläuterung des Verschmelzungsvertrags oder seines Entwurfs (Abs. 1 Satz 2)	12	1. Teilnahmerecht	38
a) Art und Weise der Erläuterung	12	2. Beratung	40
b) Inhalt der Erläuterung	16	V. Rechtsfolgen	41
c) Geschäftsgeheimnisse	19	1. Anfechtungsgründe	41
d) Verzicht?	20	a) Auslegungsmängel	41
3. Verlesung des Prüfungsgutachtens (Abs. 2 Satz 1)	21	b) Erläuterungs- und Verlesungsmängel	42
4. Aussprache	25	c) Auskunftsmängel	43
5. Auskunftsrecht der Mitglieder/Vertreter (Abs. 1 Satz 3)	26	d) Beratungsmängel	45
a) Allgemeines Auskunftsrecht	26	2. Eintragungshindernis?	46
		3. Schadensersatzpflicht	47

I. Allgemeines

Regelungsgegenstand von § 83 ist die weitere **Information** der Mitglieder/Vertreter 1
über die rechtlichen und wirtschaftlichen Umstände der Verschmelzung **unmittelbar in der General-/Vertreterversammlung**, die über die Zustimmung zum Verschmelzungsvertrag abstimmt, also den Verschmelzungsbeschluss fassen soll[1]. Diese Information erfolgt zunächst dadurch, dass nach Abs. 1 Satz 1 in der Versammlung dieselben Verschmelzungsunterlagen auszulegen sind, die schon ab ihrer Einberufung ausgelegt werden müssen[2]. Sodann muss der Vorstand den Verschmelzungsvertrag oder seinen Entwurf mündlich erläutern[3]. Dem

---

[139] *Braun* in Boos/Fischer/Schulte-Mattler § 24 KWG Rn 12.
[140] *Braun* in Boos/Fischer/Schulte-Mattler § 36 KWG Rn 10.
[1] §§ 13, 84.
[2] § 82 Abs. 1 Satz 1.
[3] § 83 Abs. 1 Satz 2.

Auskunftsanspruch, der den Mitgliedern/Vertretern über die eigenen Angelegenheiten der eG ohnehin zusteht, fügt Abs. 1 Satz 3 einen speziellen Auskunftsanspruch auch über alle Angelegenheiten der anderen beteiligten Rechtsträger (Fusionspartner) hinzu, soweit sie für die Verschmelzung wesentlich sind.

2 Die nach § 81 erstatteten Gutachten des Prüfungsverbands bei den auszulegenden Unterlagen treten an die Stelle der nach § 12 erstatteten Prüfungsberichte[4]. Als weitere genossenschaftsrechtliche Besonderheiten wird die Verlesung des für die beschließende Genossenschaft erstatteten Prüfungsgutachtens vorgeschrieben und dem Prüfungsverband ein Recht auf beratende Teilnahme an der Versammlung eingeräumt[5].

3 **Regelungszweck** von § 83 ist in erster Linie – wie schon derjenige von § 82[6] –, den Mitgliedern/Vertretern eine möglichst umfassende **Informationsgrundlage** zu verschaffen, um ihr **Stimmrecht für den Verschmelzungsbeschluss** verantwortlich ausüben zu können. Die umfassende Aufklärung im Vorhinein soll darüber hinaus legitimieren, dass die Verschmelzungswirkungen im Nachhinein weitgehend unangreifbar sind[7]. Die wörtliche Verlesung des Prüfungsgutachtens soll seinen Inhalt auch denjenigen Mitgliedern/Vertretern bekannt machen, die nicht von der Möglichkeit Gebrauch gemacht haben, es im Vorfeld der Versammlung einzusehen oder sich eine Abschrift erteilen zu lassen[8]. Durch die Verlesung wird das **Testat des Prüfungsverbands**, ob die Verschmelzung mit den Belangen der Mitglieder und Gläubiger der Genossenschaft vereinbar ist[9], unmittelbar vor der Beschlussfassung angesprochen[10]. Auch das Recht des Prüfungsverbands zur beratenden Teilnahme dient dem Informationsinteresse der Mitglieder/Vertreter, indem der Verbandsvertreter die Position des Verbands zur Verschmelzung auch über das Prüfungsgutachten hinaus verdeutlichen, an der Aussprache mitwirken und Fragen aus der Versammlung beantworten kann[11]. **Nicht** Sinn des Teilnahmerechts ist dagegen, dem Verband eine über die Beratungs- hinausgehende **Kontrollfunktion** oder gar ein **Vetorecht** einzuräumen[12].

II. Auslegung der Verschmelzungsunterlagen (Abs. 1 Satz 1)

1. Umfang

4 Für die auszulegenden Unterlagen verweist Abs. 1 Satz 1 auf die aktienrechtliche Regelung in § 63 Abs. 1 Nr. 1 bis 4 und ergänzt die dort bezeichneten Unterlagen um das nach § 81 erstattete Prüfungsgutachten. Die Unterlagen sind demnach **identisch** mit denjenigen, die im Vorfeld – **ab Einberufung** – in dem Geschäftsraum jeder beteiligten Genossenschaft[13] zur Einsicht der Mitglieder auszulegen sind[14].

2. In der Generalversammlung

5 Die Verschmelzungsunterlagen sind in der Generalversammlung auszulegen. Bei Genossenschaften mit mehr als 1500 Mitgliedern kann die Satzung bestimmen, dass die Generalversammlung aus Vertretern der Mitglieder, also in Form einer **Vertreterversammlung**

---

[4] Siehe § 81 Rn 1 f.
[5] § 83 Abs. 2 Satz 1 und 2.
[6] Siehe § 82 Rn 1.
[7] § 20 Abs. 2; RegBegr. *Ganske* S. 62; *Beuthien* §§ 2 ff. UmwG Rn 31.
[8] § 82 Abs. 1 Satz 1, Abs. 2; *Fronhöfer* in Widmann/Mayer Rn 18.
[9] § 81 Abs. 1 Satz 1; siehe § 81 Rn 23 ff.
[10] *Stratz* in Schmitt/Hörtnagl/Stratz Rn 6.
[11] Siehe Rn 40.
[12] Siehe § 81 Rn 5 und Rn 39 f.
[13] Siehe § 82 Rn 34.
[14] § 82 Abs. 1 Satz 1.

besteht[15]. Da die Vertreter- an die Stelle der Generalversammlung tritt, gilt die Auslegungspflicht auch für diese[16].

Bei kleinen und mittleren Genossenschaften bedeutet die Auslegung in der General-/ Vertreterversammlung räumlich, dass die Verschmelzungsunterlagen unmittelbar im **Versammlungsraum** auszulegen sind[17]. Bei großen Genossenschaften mit großer Vertreterversammlung besteht teilweise aber dieselbe Praxis wie bei Publikums-Aktiengesellschaften, die über den Versammlungsraum hinausgehende **Präsenzzonen** für die Hauptversammlung einrichten. Hier wie dort hat diese Einrichtung den Zweck, stimmberechtigten Vertretern bzw. Aktionären das kurzfristige Verlassen des Versammlungsraums zu ermöglichen, ohne dass die **Präsenzliste** – als Grundlage von Abstimmungen nach dem Subtraktionsverfahren – in jedem Einzelfall angepasst werden muss[18]. Das Geschehen im Versammlungsraum wird in der gesamten Präsenzzone akustisch durch Lautsprecher (oder auch optisch per Bildschirm) übertragen. Die Verschmelzungsunterlagen können dann auch außerhalb des Versammlungsraums, stets jedoch innerhalb der Präsenzzone, ausgelegt werden.

Ausreichend ist die Auslegung von **Abschriften** (Fotokopien) der Verschmelzungsunterlagen. Nicht notwendig und aus Sicherheitsgründen auch nicht zu empfehlen ist die Auslegung der **Originale** des Verschmelzungsvertrags usw.

Bereits im Vorfeld der Versammlung gilt, dass Exemplare der Verschmelzungsunterlagen in **ausreichender Zahl** ausgelegt werden müssen[19]. Das gilt erst recht in der Versammlung selbst[20].

3. Zeitraum

In zeitlicher Hinsicht schließt die Auslegungspflicht nach Abs. 1 Satz 1 unmittelbar an diejenige im Vorfeld der Versammlung nach § 82 Abs. 1 Satz 1 an. Dort beginnt sie mit dem Zeitpunkt der Einberufung und endet mit dem Beginn der General-/ Vertreterversammlung[21]. Hier besteht sie ab dem Beginn und reicht bis zum Ende der Versammlung, ist also mit der **gesamten Versammlungsdauer** identisch[22]. Obwohl sämtliche Informationsrechte auf die Ausübung des Stimmrechts beim Verschmelzungsbeschluss bezogen sind[23], dürfen die ausgelegten Unterlagen nicht etwa schon nach der Abhandlung dieses Beschlussgegenstands wieder eingezogen werden, weil auch danach noch bis zum Ende der Versammlung Widerspruch gegen den Verschmelzungsbeschluss eingelegt werden kann[24] und dieser nicht nur Voraussetzung für eine Anfechtungsklage gegen den Verschmelzungsbeschluss ist[25], sondern bei einer übertragenden eG auch für die Ausschlagung der Mitgliedschaft bei einer übernehmenden eG[26].

Dagegen besteht während der Versammlung **kein Anspruch auf Abschrifterteilung** mehr. Wollte man einen solchen Anspruch auch hier „im Rahmen der technischen Mög-

---

[15] § 43 a Abs. 1 GenG.
[16] *Bayer* in Lutter Rn 3 und § 84 Rn 4 mit dem Hinweis, dass beide Formen der Versammlung in § 90 Abs. 3 ausdrücklich genannt sind.
[17] *Bayer* in Lutter Rn 4; *Beuthien* §§ 2 ff. UmwG Rn 31.
[18] *F.-J. Semler* in MünchHdbGesR Bd. 4 § 36 Rn 4 und 26, § 39 Rn 35.
[19] *Bayer* in Lutter Rn 5 und *Grunewald* in Lutter § 64 Rn 2; *Rodewig* in Semler/Volhard HV Hdb. § 12 Rn 44.
[20] *Stratz* in Schmitt/Hörtnagl/Stratz § 64 Rn 2 mwN für die AG.
[21] Siehe § 82 Rn 35.
[22] *Stratz* in Schmitt/Hörtnagl/Stratz Rn 3.
[23] Siehe Rn 3.
[24] Siehe Rn 35.
[25] §§ 14 Abs. 1 UmwG, 51 GenG.
[26] § 90 Abs. 3 Nr. 1; *Bayer* in Lutter Rn 4; § 90 Rn 17 f.

lichkeiten" gewähren, würde dies nur zu Manipulations- und Anfechtungsrisiken führen[27]. Detailliertes Studium der Unterlagen und vertiefte Vorbereitung auf die Versammlung, die mit dem Recht auf Abschrifterteilung nach § 82 Abs. 2 ermöglicht werden sollen[28], sind in der Versammlung ohnehin nicht mehr möglich.

III. Ablauf der Versammlung

1. Ordentliche/außerordentliche Versammlung

11 Für den Ablauf der General-/Vertreterversammlung gelten zunächst die allgemeinen Regeln der §§ 43 ff. GenG[29]. In einer ordentlichen General-/Vertreterversammlung sollten vor der Verschmelzung **zuerst die regulären Tagesordnungspunkte** abgehandelt werden, also auch die Feststellung des Jahresabschlusses[30]. Dass diese regulären Beschlussgegenstände vorab behandelt werden, ist jedenfalls bei einer **übertragenden eG** zwingend, wenn der letzte Jahresabschluss zugleich die Schlussbilanz als wesentliche Grundlage der Verschmelzung bildet[31]. Aber auch bei einer **übernehmenden eG** ist kaum vorstellbar, dass über die Verschmelzung abgestimmt wird, solange der letzte Jahresabschluss noch offen, die Verteilung des Jahresüberschusses aus dem letzten Geschäftsjahr noch nicht beschlossen und die Verwaltungsorgane noch nicht entlastet sind.

2. Erläuterung des Verschmelzungsvertrags oder seines Entwurfs (Abs. 1 Satz 2)

12 **a) Art und Weise der Erläuterung.** Wenn der Versammlungsleiter[32] den Tagesordnungspunkt Verschmelzung mit der Zustimmung zum Verschmelzungsvertrag als Beschlussgegenstand[33] aufgerufen hat, ist **als erstes** („zu Beginn der Verhandlung") der Verschmelzungsvertrag oder sein schriftlich aufgestellter Entwurf [34] **vom Vorstand** zu erläutern[35]. Wenn der Vorstand einen Vorsitzenden oder Sprecher hat, wird die Erläuterung idR durch ihn erfolgen, weil es sich bei einer Verschmelzung um eine Angelegenheit von herausragender Bedeutung handelt; zwingend ist das aber nicht. Der Vorstand kann die Erläuterung allerdings **nicht an Dritte delegieren**, auch nicht an den Vorsitzenden des Aufsichtsrats als Versammlungsleiter. Das ergibt sich nicht nur aus dem Wortlaut von Abs. 1 Satz 2, sondern entspricht auch dem Zweck, dass die Mitglieder/Vertreter den Vertrag unmittelbar von dem Organ erläutert bekommen, das ihn abgeschlossen hat[36].

---

[27] Dies zeigen schon die unterschiedlichen Formulierungen von *Stratz* in Schmitt/Hörtnagl/Stratz, der einen solchen eingeschränkten Anspruch befürwortet, indem er bei § 83 Rn 3 nur vom „Rahmen der technischen Möglichkeiten", bei § 82 Rn 4 aber vom „Vorhandensein zumutbarer technischer Möglichkeiten" spricht.
[28] Siehe § 82 Rn 39 ff.
[29] Siehe bereits § 82 Rn 3 ff. zur Einberufung der Versammlung.
[30] § 48 Abs. 1 Satz 1 GenG. Entgegen § 172 AktG kann der Jahresabschluss einer eG nicht durch Vorstand und Aufsichtsrat festgestellt werden, sondern – wie bei der fakultativen Feststellung durch die Hauptversammlung gem. § 173 AktG – zwingend nur durch die General-/Vertreterversammlung.
[31] §§ 17 Abs. 2, 80 Abs. 2, 87 Abs. 2.
[32] Dieser ist gem. § 6 Nr. 4 GenG durch das Statut zu bestimmen, das regelmäßig – wie im Aktienrecht, vgl. *Hüffer* § 129 AktG Rn 18 – den Aufsichtsratsvorsitzenden als Versammlungsleiter vorsehen wird
[33] Siehe § 82 Rn 4.
[34] § 4 Abs. 2; siehe § 80 Rn 4.
[35] § 83 Abs. 1 Satz 2.
[36] § 4 Abs. 1 Satz 1.

Weiter stellt Abs. 1 Satz 2 klar, dass die Erläuterung **mündlich** erfolgen muss. Damit ist 13 nicht gemeint, dass der Vorstand den Verschmelzungsvertrag etwa wörtlich vorzulesen hätte, wie sich schon aus der unterschiedlichen Wortwahl zwischen „mündlich erläutern" in Abs. 1 Satz 2 und „verlesen" (des Prüfungsgutachtens) in Abs. 2 Satz 1 ergibt. Ebenso wenig ist gemeint, dass der Vorstand den schriftlich erstatteten **Verschmelzungsbericht**[37] zu verlesen oder dessen Inhalt (paraphrasierend) vorzutragen hätte[38]. Das ist zwar unschädlich, aber weder erforderlich[39] noch ausreichend. Vielmehr soll die mündliche Erläuterung den Mitgliedern/Vertretern die wirtschaftliche und rechtliche Bedeutung der Verschmelzung in **knapper, zusammengefasster Form** möglichst anschaulich verdeutlichen[40].

Dazu gehört, dass wirtschaftliche und rechtliche Umstände im Zusammenhang mit der 14 Verschmelzung möglichst **allgemein verständlich** dargelegt werden. Dies gilt insbesondere für rechtstechnische Formulierungen im Verschmelzungsvertrag mit wesentlichem Inhalt, die für juristische Laien „übersetzt" werden müssen.

Dauer und Umfang der Erläuterung hängen vom Einzelfall ab. Einerseits dürfen keine 15 wesentlichen Umstände unerläutert bleiben, wobei sich die Wesentlichkeit hier aus Sicht der Anteilsinhaber bestimmt. Andererseits dürfen die Verständlichkeit und Anschaulichkeit nicht unter überlangen Ausführungen leiden, weil sonst der Zweck der Erläuterung verloren geht, den Mitgliedern/Vertretern eine optimale Informationsgrundlage für die Beschlussfassung zu bieten[41].

b) Inhalt der Erläuterung. Die Formulierung von Abs. 1 Satz 2, dass der Vorstand „den 16 Verschmelzungsvertrag oder seinen Entwurf" erläutern muss, ist nicht etwa dahin gehend eng auszulegen, dass nur die vertraglichen Formulierungen zu erläutern wären. Soweit diese aus Sicht der Anteilsinhaber von wesentlicher Bedeutung sind, ist das zwar auch der Fall; es muss aber die wirtschaftliche und rechtliche Bedeutung der Verschmelzung insgesamt – wenn auch knapp und prägnant – erläutert werden. Dabei wird der Vorstand zunächst auf die **Verhältnisse des Fusionspartners** (oder mehrerer Partner) eingehen und die **wirtschaftlichen Gründe** darlegen, die ihn zum Abschluss des Verschmelzungsvertrags bewogen haben[42]. Besonders bei einer übertragenden eG werden auch die unmittelbaren **Rechtsfolgen der Verschmelzung**, also ihr Erlöschen und der Umtausch der Anteile in solche der übernehmenden eG, erläuterungsbedürftig sein[43].

Bei einer reinen eG-Verschmelzung spielen **Bewertungsfragen** und deren Auswirkun- 17 gen auf das **Umtauschverhältnis** der Anteile dagegen – wie schon beim Verschmelzungsbericht[44] – keine Rolle, wenn die Geschäftsguthaben gemäß dem gesetzlichen Regelfall[45] zum Nennwert umgestellt und die Mitglieder der übertragenden eG mit so vielen Geschäftsanteilen der übernehmenden eG beteiligt werden, wie sich aus diesem Geschäftsguthaben ergeben[46]. Wenn das Umtauschverhältnis dagegen im Verschmelzungsvertrag abweichend geregelt worden ist oder es sich um eine Mischverschmelzung durch Aufnahme eines Rechtsträgers anderer Rechtsform handelt, bei der das Geschäftsguthaben und die Zahl der Ge-

---

[37] § 8 Abs. 1 Satz 1; siehe § 82 Rn 20 ff. und § 8 Rn 10.
[38] *Bayer* in Lutter Rn 6.
[39] *Fronhöfer* in Widmann/Mayer Rn 13; aA *Stratz* in Schmitt/Hörtnagl/Stratz Rn 4 und *Röhrich* in H/P/G/R § 83 UmwG Rn 2, die zusätzlich zur Vertragserläuterung fordern, im Anschluss sei der Verschmelzungsbericht zu erstatten.
[40] *Bayer* in Lutter Rn 6; *Fronhöfer* in Widmann/Mayer Rn 12; *Beuthien* §§ 2 ff. UmwG Rn 32; ebenso *Grunewald* in Lutter § 64 Rn 3 für die AG.
[41] Siehe Rn 3.
[42] *Bayer* in Lutter Rn 6.
[43] *Bayer* in Lutter Rn 6.
[44] Siehe § 82 Rn 25.
[45] § 80 Abs. 1 Satz 1 Nr. 2 1. Halbs.
[46] Siehe § 80 Rn 17 ff.

schäftsanteile für jeden Anteilsinhaber eines solchen Rechtsträgers anzugeben sind[47], müssen das Umtauschverhältnis und die zugrunde liegende Bewertung einen Schwerpunkt der Erläuterungen bilden[48].

18 Nicht nur anlässlich solcher Bewertungsfragen muss der Vorstand über **wesentliche Veränderungen** gegenüber den ausgelegten Unterlagen berichten, zwischenzeitliche Entwicklungen aufzeigen, neuere Erkenntnisse mitteilen und so den Erkenntnisstand der Mitglieder/Vertreter aktualisieren[49]. Schließlich müssen noch besondere Regelungen des Verschmelzungsvertrags erläutert werden, soweit diese aus Mitgliedersicht wesentlich sind, nach dem Rechtsgedanken von § 98 Satz 2 insbesondere solche über **Organbesetzungen** nach der Verschmelzung oder auch solche, die sich **finanziell nachhaltig** auf die Vermögens- und Ertragslage der eG auswirken können.

19 c) **Geschäftsgeheimnisse.** Der auslegungspflichtige Verschmelzungsvertrag wird keine Geschäftsgeheimnisse enthalten, zumal die Mitglieder davon im Vorfeld der General-/Vertreterversammlung sogar Abschriften verlangen können[50]. Da die Erläuterungspflicht aber über den bloßen Vertragswortlaut hinausgeht, kann sie durchaus mit der Pflicht des Vorstands zur Wahrung von Geschäftsgeheimnissen[51] kollidieren. Dann gilt **§ 8 Abs. 2 analog**[52], weil es sinnlos wäre, solche Tatsachen, aus deren Bekanntwerden erhebliche Nachteile drohen, zwar im Verschmelzungsbericht verschweigen zu dürfen, in der Versammlung dann aber offenbaren zu müssen[53].

20 d) **Verzicht?** Dagegen enthält ein notariell zu beurkundender Verzicht sämtlicher Mitglieder auf die Erstattung des schriftlichen Verschmelzungsberichts[54] nicht zugleich auch den Verzicht auf die mündliche Erläuterung des Verschmelzungsvertrags oder seines Entwurfs in der General-/Vertreterversammlung[55]. Da von den Vorschriften des UmwG nur abgewichen werden kann, wenn dies ausdrücklich zugelassen ist[56], können die Mitglieder/Vertreter mangels Parallelvorschrift in § 82 auch nicht wirksam auf diese Erläuterung verzichten. Davon ist allerdings die Frage zu unterscheiden, ob eine unterlassene Erläuterung den Verschmelzungsbeschluss nur anfechtbar macht, mangels Anfechtung also unberührt lässt, oder zu dessen Nichtigkeit führt, die das Registergericht von Amts wegen zu beachten hat[57].

3. Verlesung des Prüfungsgutachtens (Abs. 2 Satz 1)

21 Im Anschluss an die mündliche Erläuterung des Verschmelzungsvertrags oder seines Entwurfs durch den Vorstand ist das für die beschließende Genossenschaft nach § 81 erstattete **Prüfungsgutachten** zu verlesen[58]. Die Verlesung bezweckt, auch denjenigen Mitglie-

---

[47] § 80 Abs. 1 Satz 1 Nr. 2 2. Halbs. und Satz 2; siehe § 80 Rn 31 ff. und Rn 38 ff.
[48] Insoweit zutreffend *Fronhöfer* in Widmann/Mayer Rn 12.
[49] *Beuthien* §§ 2 ff. UmwG Rn 32 unter Hinweis auf den Rechtsgedanken von § 143; *Bayer* in Lutter Rn 7; *Fronhöfer* in Widmann/Mayer Rn 12; *Grunewald* in Lutter § 64 Rn 4 mwN zur AG und dem Hinweis, dass die Erläuterung insoweit über den Verschmelzungsbericht (zeitlich) hinausgeht.
[50] § 82 Abs. 2; siehe dagegen Rn 10 zum fehlenden Anspruch auf Abschrifterteilung in der Versammlung selbst.
[51] § 34 Abs. 1 Satz 2 GenG.
[52] Siehe dazu § 82 Rn 28 und § 8 Rn 65 ff.
[53] *Fronhöfer* in Widmann/Mayer Rn 13; *Bayer* in Lutter Rn 8; siehe auch noch Rn 30 zum Auskunftsverweigerungsrecht.
[54] § 8 Abs. 3.
[55] *Bayer* in Lutter Rn 9; *Fronhöfer* in Widmann/Mayer Rn 14.
[56] § 1 Abs. 3 Satz 1.
[57] Siehe Rn 42.
[58] § 83 Abs. 2 Satz 1. Die Reihenfolge ist insoweit vorgeschrieben, als zuerst der Verschmelzungsvertrag erläutert werden muss; siehe Rn 12. Außerdem müssen die Mitglieder/Vertreter Gelegenheit zur Aussprache und Fragen auch zum Prüfungsgutachten haben; siehe Rn 25. Wenn die Aussprache nicht unterbrochen und danach fortgesetzt werden soll, empfiehlt sich die Verlesung des Gutachtens im unmittelbaren Anschluss an die Erläuterung des Vertrags.

dern/Vertretern den Gutachteninhalt bekannt zu machen, die es vorher weder eingesehen noch sich eine Abschrift haben erteilen lassen, und die Feststellung des Prüfungsverbands, ob die Verschmelzung mit den Belangen der Mitglieder und Gläubiger der Genossenschaft vereinbar ist[59], unmittelbar vor der Beschlussfassung zu artikulieren[60]. Auch aus dem systematischen Zusammenhang mit Abs. 1 Satz 1 folgt, dass das Gutachten nur in der Versammlung verlesen werden muss, die den Verschmelzungsbeschluss zum Gegenstand hat[61].

„**Verlesen**" bedeutet den wörtlichen Vortrag des **vollständigen Gutachtentexts**, also nicht etwa nur des Ergebnisses/Testats oder sonst auszugsweise und auch nicht in Form einer Erläuterung wie beim Verschmelzungsvertrag[62]. Wenn von der Möglichkeit Gebrauch gemacht wurde, ein gemeinsames Prüfungsgutachten für mehrere beteiligte Genossenschaften zu erstatten[63], muss dieses gemeinsame Prüfungsgutachten gleichfalls vollständig verlesen und darf nicht in verschiedene Teile getrennt werden[64]. Bei separaten Gutachten ergibt sich aus dem klaren Wortlaut von Abs. 2 Satz 1 („das für die beschließende Genossenschaft erstattete Prüfungsgutachten"), dass die Gutachten für andere beteiligte Genossenschaften nicht zu verlesen sind[65].

Wer das Prüfungsgutachten verliest, ist nicht vorgeschrieben[66]. Verpflichtet ist die Genossenschaft, vertreten durch ihren **Vorstand**, der das Gutachten entweder durch eines seiner Mitglieder selbst verlesen[67] oder einen beliebigen Dritten mit der Verlesung beauftragen kann[68]. Wenn der Prüfungsverband von seinem Recht zur beratenden Teilnahme Gebrauch macht[69], bietet es sich an, dass der anwesende **Verbandsvertreter**, bei dem es sich nicht notwendig um den (einen der) Prüfer und Verfasser[70] handeln muss, das Gutachten verliest[71]. Der Vorstand kann aber bspw. auch den **Versammlungsleiter** beauftragen[72].

Auf die Verlesung des Prüfungsgutachtens kann aus denselben Gründen wie auf die Erläuterung des Verschmelzungsvertrags[73] **nicht verzichtet** werden, sonst ist der Verschmelzungsbeschluss anfechtbar[74].

4. Aussprache

Die Mitglieder/Vertreter haben ein **Recht auf Teilnahme** an der General-/Vertreterversammlung. Das Teilnahmerecht gliedert sich auf in das **Anwesenheits-, Rede-, Auskunfts- und Antragsrecht**, die alle in das **Stimmrecht** für den anstehenden Beschlussgegenstand (Zustimmung zum Verschmelzungsvertrag) münden[75]. Zur ordnungsgemäßen Behandlung

---

[59] § 81 Abs. 1 Satz 1.
[60] Siehe Rn 3.
[61] *Beuthien* §§ 2 ff. UmwG Rn 33; aA *Schulte* in Lang/Weidmüller § 81 UmwG Rn 2, der dies auch für sonstige Versammlungen fordert, in denen über die Verschmelzung verhandelt wird.
[62] *Stratz* in Schmitt/Hörtnagl/Stratz Rn 6; *Bayer* in Lutter Rn 17; *Fronhöfer* in Widmann/Mayer Rn 20; grundsätzlich auch *Beuthien* §§ 2 ff. UmwG Rn 33, der es bei wiederholter Verhandlung genügen lässt, dass nur noch der wesentliche Inhalt verlesen wird.
[63] § 81 Abs. 1 Satz 2; siehe § 81 Rn 30 ff.
[64] *Bayer* in Lutter Rn 17.
[65] *Bayer* in Lutter Rn 16; *Beuthien* §§ 2 ff. UmwG Rn 33.
[66] *Fronhöfer* in Widmann/Mayer Rn 21.
[67] *Beuthien* §§ 2 ff. UmwG Rn 33.
[68] *Bayer* in Lutter Rn 18.
[69] § 83 Abs. 2 Satz 2; siehe Rn 38 ff.
[70] Siehe § 81 Rn 7.
[71] *Bayer* in Lutter Rn 18; *Stratz* in Schmitt/Hörtnagl/Stratz Rn 6; *Beuthien* §§ 2 ff. UmwG Rn 33.
[72] *Fronhöfer* in Widmann/Mayer Rn 21.
[73] Siehe Rn 20.
[74] *Schwarz* in Widmann/Mayer Rn 7 aE.
[75] Siehe dazu allgemein *Beuthien* § 43 GenG Rn 12 ff.; *Müller* § 43 GenG Rn 5 ff. sowie *Bärwaldt* in Semler/Volhard HV Hdb. § 10 Rn 4 und *Hüffer* § 118 AktG Rn 9 ff. für die AG; alle auch mwN zur nach hM Selbstständigkeit des Stimmrechts gegenüber dem Teilnahmerecht.

dieses Tagesordnungspunkts gehört also eine Aussprache, in der jedes Mitglied/jeder Vertreter Gelegenheit erhält, Ausführungen zu der beabsichtigten Verschmelzung zu machen und Auskünfte hierüber zu verlangen, die vor der Abstimmung beantwortet werden müssen[76]. Das Wort wird durch den Versammlungsleiter erteilt, und aufgrund des genossenschaftsrechtlichen Gleichbehandlungsprinzips grundsätzlich in der zeitlichen **Reihenfolge der Wortmeldungen**[77]. Da das Rederecht zu allen Aspekten der Verschmelzung besteht, müssen sich die Beiträge sowohl auf die Erläuterungen des Verschmelzungsvertrags durch den Vorstand als auch auf das verlesene Prüfungsgutachten[78] beziehen können, sollte die Aussprache also nach der Gutachtenverlesung stattfinden[79]. Ansonsten gelten, insbesondere für Beschränkungen der Redezeit bis hin zum Wortentzug, die allgemeinen Regeln des Genossenschaftsrechts, die sich wiederum am Aktienrecht orientieren[80].

5. Auskunftsrecht der Mitglieder/Vertreter (Abs. 1 Satz 3)

26 a) **Allgemeines Auskunftsrecht.** Den Mitgliedern/Vertretern steht in der General-/Vertreterversammlung ein allgemeines Auskunftsrecht **über alle Angelegenheiten der Genossenschaft** zu, soweit die Auskunft zur sachgemäßen Beurteilung des Gegenstands der Tagesordnung (hier: der Verschmelzung) erforderlich ist[81]. Das Auskunftsrecht erstreckt sich entsprechend § 131 Abs. 1 Satz 2 AktG auch auf mit der eG verbundene Unternehmen und kann auch durch den rechtsgeschäftlichen Vertreter eines Mitglieds ausgeübt werden, wenn das Statut Stimmvollmachten zulässt[82]. Es richtet sich gegen die eG, die durch den Vorstand als auskunftspflichtiges Organ vertreten wird, also weder gegen den Versammlungsleiter noch den Aufsichtsrat[83].

27 b) **Spezielles Auskunftsrecht (Abs. 1 Satz 3).** Dieses allgemeine Auskunftsrecht über Angelegenheiten der Genossenschaft wird noch um ein spezielles Auskunftsrecht **über alle für die Verschmelzung wesentlichen Angelegenheiten der anderen beteiligten Rechtsträger** ergänzt[84].

28 c) **Umfang.** Für den Umfang des allgemeinen Auskunftsrechts kommt es auf die Erforderlichkeit der erbetenen Information für eine sachgemäße Beurteilung des Beschlussgegenstands an; für das spezielle Auskunftsrecht ist die Wesentlichkeit der Information für

---

[76] Siehe dazu allgemein *Müller* § 43 GenG Rn 12 und 98. Zum Auskunftsanspruch näher Rn 26 ff.
[77] *Gräser* in H/P/G/R § 43 GenG Rn 24; *Müller* § 43 GenG Rn 98, auch zur ausnahmsweisen Möglichkeit, die Diskussion inhaltlich zu strukturieren und Wortmeldungen jedenfalls nur zu bestimmten Diskussionspunkten zuzulassen; dazu auch *Volhard* in Semler/Volhard HV Hdb. § 13 Rn 7 f. für die AG.
[78] § 83 Abs. 1 Satz 2 und Abs. 2 Satz 1.
[79] Siehe bereits Rn 21 mit Fn 58.
[80] *Müller* § 43 GenG Rn 13 unter Hinweis auf BGHZ 44, 245, 247 f. (zur AG); *Beuthien* § 43 GenG Rn 14: „soweit nicht dadurch eine sachliche Beratung unmöglich gemacht wird"; *Gräser* in H/P/G/R § 43 GenG Rn 24 sowie *Volhard* in Semler/Volhard HV Hdb. § 13 Rn 9. § 131 Abs. 2 Satz 2 AktG nF sieht jetzt die Möglichkeit vor, Beschränkungen des Frage- und Rederechts durch den Versammlungsleiter in der Satzung oder Geschäftsordnung für die Hauptversammlung der AG zu regeln, was aber – jedenfalls bei der eG – hinsichtlich des Rederechts und solchen Beschränkungen, die für die Abwicklung der Tagesordnung erforderlich sind, nicht konstitutiv ist.
[81] § 131 Abs. 1 Satz 1 AktG analog; *Bayer* in Lutter Rn 10; *Fronhöfer* in Widmann/Mayer Rn 15; *Stratz* in Schmitt/Hörtnagl/Stratz Rn 5 sowie allgemein dazu *Beuthien* § 43 GenG Rn 15 und eingehend *Müller* § 43 GenG Rn 16 ff.; siehe auch *Joussen* AG 2000, 241 zur Genese und gegenwärtigen Praxis des aktienrechtlichen Auskunftsanspruchs.
[82] § 43 Abs. 5 GenG; *Beuthien* § 43 GenG Rn 15; *Hüffer* § 131 AktG Rn 4 mwN für die AG; siehe dagegen § 43 a Abs. 3 Satz 2 GenG für die Unzulässigkeit einer Bevollmächtigung für die Vertreterversammlung.
[83] *Beuthien* § 43 GenG Rn 15; *Müller* § 43 GenG Rn 24.
[84] §§ 83 Abs. 1 Satz 3, 64 Abs. 2.

die Verschmelzung entscheidend[85]. Ersteres ist nach der Rechtsprechung zur AG der Fall, wenn die begehrte Auskunft vom Standpunkt eines objektiv denkenden Aktionärs ein für seine Urteilsfindung wesentliches Element bildet[86]. Die **Erforderlichkeit** ist eher streng als „weitherzig" zu beurteilen[87]. Die Ausführungen zur AG gelten auch hier[88].

Die erteilte Auskunft hat den Grundsätzen einer gewissenhaften und getreuen Rechen- 29 schaft zu entsprechen[89]. Sie muss **vollständig und zutreffend** sein. Die erforderliche Genauigkeit hängt von derjenigen der Frage ab; mit der Antwort nicht zufriedene Mitglieder/Vertreter müssen nachfragen[90]. Der Vorstand darf auch dann weder lügen noch verschleiern, wenn ein Auskunftsverweigerungsrecht besteht[91], sondern muss die Auskunft explizit verweigern[92]. Die Auskünfte sind **mündlich** zu erteilen. Das Auskunftsrecht umfasst weder einen Anspruch auf schriftliche Auskunft noch auf Vorlage von Unterlagen, deren Auslegung Abs. 1 Satz 1 nicht anordnet, noch auf Verlesung ausgelegter Unterlagen über das (nach Abs. 2 Satz 1 zu verlesende) Prüfungsgutachten hinaus[93].

d) Auskunftsverweigerungsrecht des Vorstands. Eine rechtliche Schranke findet das 30 Auskunftsrecht in dem Recht des Vorstands, Auskünfte entsprechend § 131 Abs. 3 Nr. 1 bis 7 AktG unter den dort geregelten Voraussetzungen zu verweigern[94]. Dabei umfasst das Auskunftsverweigerungsrecht wegen drohender erheblicher Nachteile (über den auf die Gesellschaft und ihre verbundenen Unternehmen beschränkten Wortlaut hinaus) auch geheimhaltungsbedürftige Informationen, die der Vorstand iRd. Vertragsverhandlungen über den Fusionspartner erlangt hat[95]. Das Mitglied/der Vertreter kann verlangen, dass seine Frage und der Grund für die Auskunftsverweigerung in die **Versammlungsniederschrift** aufgenommen werden[96].

---

[85] §§ 131 Abs. 1 Satz 1 AktG, 64 Abs. 2 UmwG; siehe auch § 83 Rn 43 f. zu den Rechtsfolgen entsprechend § 243 Abs. 4 Satz 1 AktG n.F.
[86] Zahlreiche Nachweise bei *Hüffer* § 131 AktG Rn 12 für die AG; so auch *Müller* § 43 GenG Rn 17 mit dem Hinweis, dass das Auskunftsrecht entfällt, wenn der Tagesordnungspunkt von der Tagesordnung abgesetzt wird, soweit die Auskunft nicht zur Entscheidung über die Absetzung erforderlich ist.
[87] *Volhard* in Semler/Volhard HV Hdb. § 13 Rn 23 und *Hüffer* § 131 AktG Rn 12 entgegen der vor Neufassung des AktG 1965 ergangenen Entscheidung BGHZ 32, 159, 165; wie diese jedoch weiterhin *Müller* § 43 GenG Rn 17 („sehr großzügig").
[88] Siehe § 64 Rn 15 ff.
[89] § 131 Abs. 3 AktG analog.
[90] BayObLGZ 1988, 413, 420 f. und LG Braunschweig AG 1991, 36 zur AG.
[91] Siehe Rn 30.
[92] *Hüffer* § 131 AktG Rn 21; *Volhard* in Semler/Volhard HV Hdb. § 13 Rn 32.
[93] BGHZ 122, 211, 236 f.; *Hüffer* § 131 AktG Rn 22 aE; *Volhard* in Semler/Volhard HV Hdb. § 13 Rn 28 unter Hinweis auf *Obermüller/Werner/Winden*, Die Hauptversammlung der Aktiengesellschaft, 3. Aufl. 1967, S. 91, die Entstehungsgeschichte des § 293 AktG und die Ausführungen in *BGH* WM 1967, 503, 505 zum Verhältnis von Einsicht und Verlesung; alle zur AG.
[94] Die Analogie zu § 131 Abs. 3 AktG liegt wegen der Verweisung auf die aktienrechtliche Regelung in § 64 Abs. 2 näher als eine Analogie zu § 8 Abs. 2 Satz 1, die auf drohende Nachteile aus dem Bekanntwerden von Geschäftsgeheimnissen beschränkt wäre; vgl. *Grunewald* in Lutter § 64 Rn 8 und *Stratz* in Schmitt/Hörtnagl/Stratz § 64 Rn 6. *Beuthien* §§ 2 ff. UmwG Rn 32 will dagegen den Rechtsgedanken des § 8 Abs. 2 und *Bayer* in Lutter Rn 12 beide Vorschriften entsprechend anwenden. Siehe auch Rn 19 zur entsprechenden Anwendbarkeit von § 8 Abs. 2 auf die Erläuterung des Verschmelzungsvertrags gem. § 83 Abs. 1 Satz 2. Auf die aktienrechtlichen Kommentierungen von § 131 AktG sowie § 8 Rn 65 ff. ist zu verweisen. Der mit dem UMAG neu eingeführte Auskunftsverweigerungsgrund des § 31 Abs. 3 Nr. 7 AktG, soweit die Auskunft auf der Internetseite der AG über mindestens sieben Tage vor Beginn und in der Hauptversammlung durchgängig zugänglich war, dürfte bei der eG – mangels entsprechender „Publizierungskultur" – zumindest derzeit noch ohne praktische Relevanz sein.
[95] *Grunewald* in Lutter § 64 Rn 8 für die AG.
[96] § 131 Abs. 5 AktG analog. Für diejenigen, die § 8 Abs. 2 für entsprechend anwendbar halten (siehe vorstehend Fn 94), ergibt sich dies analog § 8 Abs. 2 Satz 2.

6. Abstimmung

31 Nach dem Schluss der Debatte ist die Abstimmung über den **Verschmelzungsbeschluss** mit der Zustimmung zum Verschmelzungsvertrag als Beschlussgegenstand[97] durchzuführen. Die Form der Ausübung des Stimmrechts richtet sich nach allgemeinen Regeln des Genossenschaftsrechts, also nach der Satzung[98] oder nach Festlegung durch den Versammlungsleiter

32 Ein Individual- oder qualifizierter Minderheitsanspruch auf **geheime Abstimmung** kann nur durch die Satzung begründet werden und besteht ansonsten nicht[99]. Die Überprüfbarkeit des Ausschlagungsrechts nach § 90 Abs. 3 Nr. 1 erzwingt keine offene Abstimmung[100], weil es dafür auf die Erklärung eines Widerspruchs zur Niederschrift ankommt und ein solcher Widerspruch auch dann erklärt werden kann, wenn das Mitglied/der Vertreter vorher für den Beschluss gestimmt hat[101]. Sonst müsste jede einzelne Stimmabgabe erfasst und zugeordnet werden, was insbesondere bei großen Genossenschaften mit großer General-/Vertreterversammlung und knappen Mehrheitsverhältnissen kaum (allenfalls durch „Hammelsprung") handhabbar wäre[102].

33 Die **Stimmenauszählung** und Festsetzung des Zählverfahrens obliegen dem Versammlungsleiter, der dazu Stimmenzähler als Hilfskräfte und technische Hilfsmittel einsetzen kann[103]. Das **Subtraktionsverfahren** empfiehlt sich jedenfalls dann, wenn mit wenigen Gegenstimmen zu rechnen ist. Es setzt eine aus dem Teilnehmerverzeichnis erstellte und auf den Abstimmungszeitpunkt aktualisierte Präsenzliste voraus[104]. Stimmenthaltungen müssen beim **Additionsverfahren**[105] nicht zwingend erfasst werden, weil es für den Verschmelzungsbeschluss auf die Dreiviertelmehrheit der abgegebenen Stimmen ankommt[106] und Stimmenthaltungen – sowie ungültige Stimmen – hierbei nicht mitzählen[107]. Beim Subtraktionsverfahren wird die Zahl der Ja-Stimmen dagegen durch Subtraktion der Nein-Stimmen und Enthaltungen von den anwesenden Stimmen ermittelt, müssen also auch die Enthaltungen genau gezählt werden. Etwaige **Mehrstimmrechte** sind für den Verschmelzungsbeschluss in der Regel nicht zu berücksichtigen[108].

7. Feststellung des Verschmelzungsbeschlusses

34 Das auf diese Weise ermittelte Abstimmungsergebnis muss der Versammlungsleiter feststellen und bekannt geben. Dabei muss er **ausdrücklich erklären,** ob der Antrag angenommen oder abgelehnt ist. Die Art und das Ergebnis der Abstimmung und die Feststellung des Versammlungsleiters über die Beschlussfassung sind in die **notarielle Niederschrift** des

---

[97] Siehe § 82 Rn 4.
[98] § 134 Abs. 4 AktG analog.
[99] *Müller* § 43 GenG Rn 98 e, nach dem in der Praxis vielfach irrtümlich angenommen wird, schon auf Antrag eines Mitglieds sei die Abstimmung geheim durchzuführen.
[100] So aber *Bayer* in Lutter § 84 Rn 7; zust. *Stratz* in Schmitt/Hörtnagl/Stratz § 84 Rn 3.
[101] So zutr. *Beuthien* §§ 2 ff. UmwG Rn 113; *Schulte* in Lang/Weidmüller § 90 UmwG Rn 3; *Röhrich* in H/P/G/R § 90 UmwG Rn 3; *Müller* § 93 k GenG aF Rn 6; *Teichmann/Zindel* ZfG 1976, 361, 364; aA *AG München* BB 1964, 823 = ZfG 1966, 83, 85 mit krit. Anm. *Schultz*; *LG Darmstadt* ZfG 1976, 360; *Bayer* in Lutter § 90 Rn 21 f.; siehe dazu noch § 90 Rn 14.
[102] So zu Recht *Beuthien* §§ 2 ff. UmwG Rn 113.
[103] *Müller* § 43 GenG Rn 98 f.
[104] Siehe Rn 6 und *Müller* § 43 GenG Rn 98 f. unter Hinweis auf *Gessler* BB 1962, 1183; *OLG Frankfurt* AG 1999, 231, 232 sowie *Hüffer* § 133 AktG Rn 24 mwN zur AG.
[105] *Max* AG 1991, 87.
[106] § 84 Satz 1.
[107] *Bayer* in Lutter § 84 Rn 8; *Stratz* in Schmitt/Hörtnagl/Stratz § 84 Rn 4; *Röhrich* in H/P/G/R § 84 UmwG Rn 2 und allg. *Müller* § 43 GenG Rn 104 mwN.
[108] § 43 Abs. 3 Nr. 1 Satz 3; ausnahmsweise jedoch § 43 Abs. 3 Nr. 2 bei unternehmerischer Mitgliederstruktur und § 43 Abs. 3 Nr. 3 GenG bei Genossenschaften als Mitgliedern; siehe auch § 84 Rn 11 und § 87 Rn 12.

Durchführung der Generalversammlung 35–37 § 83

Verschmelzungsbeschlusses aufzunehmen[109]. Der Beschluss wird erst mit Feststellung durch den Versammlungsleiter und dem festgestellten Inhalt wirksam[110]. Danach kann er nur noch durch rechtskräftiges Urteil aufgrund einer **Anfechtungsklage** beseitigt werden[111]. Umgekehrt kann die fehlende Feststellung durch den Versammlungsleiter nur durch rechtskräftiges Urteil aufgrund einer **Feststellungsklage** ersetzt werden[112].

8. Widersprüche

Bis die General-/Vertreterversammlung geschlossen wird, können die Mitglieder/Vertreter Widersprüche gegen den Verschmelzungsbeschluss zur Niederschrift erklären. Da der Zeitpunkt für eine solche Erklärung gesetzlich nicht vorgeschrieben ist, kann sie **während der gesamten Versammlungsdauer** erfolgen, auch schon „vorsorglich" vor der Beschlussfassung[113] oder nachträglich, wenn der Tagesordnungspunkt Verschmelzung bereits abgeschlossen ist[114]. Widersprüche nach Schließung der Versammlung sind dagegen unbeachtlich, dürfen aber nicht durch abrupte Schließung abgeschnitten werden[115]. 35

Der Widerspruch muss nicht ausdrücklich als solcher bezeichnet, die Erklärung aber so gewählt sein, dass ein sorgfältiger Protokollführer den **Widerspruchswillen** erkennen und sich veranlasst fühlen muss, diesen in der Niederschrift festzuhalten[116]. Dazu genügen eine Gegenäußerung in der Aussprache oder eine bloße Stimmabgabe gegen den Beschluss nicht[117]. Umgekehrt ist ein Mitglied/Vertreter nicht dadurch am Widerspruch gehindert, dass er vorher für den Beschluss gestimmt hat[118]. 36

Der Widerspruch ist Voraussetzung für die **Anfechtungsbefugnis** von ordnungsgemäß geladenen Mitgliedern/Vertretern[119] und das **Ausschlagungsrecht** für die Mitgliedschaft bei einer übernehmenden eG[120]. Eine trotz Erkennbarkeit des Widerspruchswillens unterbliebene Protokollierung ist für beides unschädlich, falls der Anfechtende/Ausschlagende seine Erklärung anderweitig (etwa durch Zeugen) beweisen kann[121]. Bei einer **Vertreterversammlung** können auch die Mitglieder, die nicht Vertreter sind, den Verschmelzungsbeschluss wegen mangelnder Widerspruchsmöglichkeit nicht anfechten[122]. 37

---

[109] §§ 13 Abs. 3 Satz 1 UmwG, 130 Abs. 2 AktG analog. Nach *Hüffer* § 133 AktG Rn 17 mwN muss außer der Abstimmungsart per Handzeichen, Stimmzettel o. ä. auch die Zählmethode (Subtraktions- oder Additionsverfahren, Einsatz von Stimmzählern o. ä., siehe Rn 33) protokolliert werden.

[110] *Müller* § 43 GenG Rn 98 h; *Gräser* in H/P/G/R § 43 GenG Rn 10 und 21; ferner *BGH* ZIP 1996, 2074 und *Hüffer* § 130 AktG Rn 22 mwN zur AG.

[111] § 51 GenG.

[112] § 256 ZPO; *Müller* § 43 GenG Rn 98 h sowie *BGH* ZIP 1995, 1982; *BGH* ZIP 1996, 2071 und *Hüffer* § 130 AktG Rn 22 zur AG sowie *Zöller* in Baumbach/Hueck Anh. § 47 GmbHG Rn 63 ff. und Rn 90 a ff. mwN zur GmbH.

[113] *Beuthien* § 51 GenG Rn 26 und *Gräser* in H/P/G/R § 51 GenG Rn 15; OLG Jena NZG 2006, 467, 468 f.; aA Kubis in Münchener Kommentar § 130 AktG Rn 7 und LG Frankfurt/Main NZG 2005, 721.

[114] *Bayer* in Lutter § 90 Rn 20; *Fronhöfer* in Widmann/Mayer § 90 Rn 20; *Schulte* in Lang/Weidmüller § 90 UmwG Rn 4, sowie allgemein *Grunewald* in Lutter § 29 Rn 11.

[115] *Hüffer* § 245 AktG Rn 14 aE unter Hinweis auf LG Köln AG 1996, 37 für die AG.

[116] *Fronhöfer* in Widmann/Mayer § 90 Rn 18; *Röhrich* in H/P/G/R § 90 UmwG Rn 3.

[117] *Fronhöfer* in Widmann/Mayer § 90 Rn 19; *Röhrich* in H/P/G/R § 90 UmwG Rn 3.

[118] Siehe Rn 32 und § 90 Rn 14. mwN zu dieser streitigen Frage.

[119] § 51 Abs. 2 Satz 1 GenG.

[120] § 90 Abs. 3 Satz 1 Nr. 1.

[121] *Beuthien* § 51 GenG Rn 26 unter Hinweis auf RGZ 53, 291, 293; *Bayer* in Lutter § 90 Rn 19.

[122] Siehe § 84 Rn 26 ff. zur Klarstellung durch den Gesetzgeber sowie hier bereits RGZ 155, 21; RGZ 166, 175 und *Gräser* in H/P/G/R § 51 GenG Rn 16; *Paulick*, Das Recht der eingetragenen Genossenschaft, 1956, § 25 II 2 d, nach denen Nicht-Vertretern die Anfechtungsbefugnis gegen Beschlüsse der Vertreterversammlung allgemein fehlt, wovon *Beuthien* § 51 GenG Rn 25 (entsprechend § 90 Abs. 3 Satz 2 UmwG) und *Schulte* in Lang/Weidmüller § 43 a GenG Rn 73 (unter Hinweis auf BGH NJW

IV. Beratende Teilnahme des Prüfungsverbands (Abs. 2 Satz 2)

1. Teilnahmerecht

38 Der Prüfungsverband ist berechtigt, an der General-/Vertreterversammlung beratend teilzunehmen[123]. Das Teilnahmerecht soll den Mitgliedern/Vertretern die Möglichkeit zu weiteren – über den Inhalt des zu verlesenden Prüfungsgutachtens[124] hinausgehenden – Informationen durch den Verband geben, dient also deren **Informationsinteresse** und hat keine Kontrollfunktion[125]. Der Prüfungsverband übt sein Teilnahmerecht durch Verbandsvertreter aus, bei denen es sich nicht zwingend um die Prüfer und Gutachtenverfasser handeln muss[126].

39 Nach dem eindeutigen Wortlaut von Abs. 2 Satz 2 („ist berechtigt") trifft den Prüfungsverband **keine gesetzliche Teilnahmepflicht**[127]. Wenn die beschließende eG die Teilnahme anfordert, ist der Verband aber aus dem **vereinsrechtlichen Mitgliedschaftsverhältnis** zur Teilnahme verpflichtet[128]. Andererseits stellt die Ausgestaltung als Teilnahmerecht sicher, dass die Information der Mitglieder/Vertreter seitens des Verbands unabhängig von einer solchen Anforderung durchsetzbar ist. Theoretisch kann der Prüfungsverband seinen Anspruch auf Teilnahme nach § 888 ZPO (durch Zwangsgeld oder Zwangshaft) **vollstrecken**[129], wird in der Praxis aber kaum je schnell genug einen Vollstreckungstitel erwirken können. Die wirksamere Sanktion liegt deshalb darin, dass die Mitglieder/Vertreter den Verschmelzungsbeschluss bei Versagung des Teilnahmerechts **anfechten** können[130], wogegen dem Verband selbst kein Anfechtungsrecht zusteht. Darüber hinaus haben die einzelnen Mitglieder/Vertreter aber keinen direkten Individualanspruch auf Teilnahme oder Beantwortung von Fragen durch den Prüfungsverband.

2. Beratung

40 Der Prüfungsverband hat das Recht, „beratend" teilzunehmen. Er darf nicht nur Fragen der Mitglieder/Vertreter beantworten, sondern sich auch selbst in die Aussprache[131] einschalten, Einzelheiten des Prüfungsgutachtens in rechtlicher, steuerlicher oder wirtschaftlicher Hinsicht näher erläutern und zu Aussagen des Vorstands, Aufsichtsrats, Versammlungsleiters oder eines Mitglieds Stellung beziehen[132]. Dieses **umfassende Rederecht** folgt aus dem Informationszweck zu Gunsten der Mitglieder/Vertreter[133] und dem Tatbestandsmerkmal „beratend". Ein Berater, der nur auf Fragen antworten und sich nicht selbstständig äußern darf, ist keiner. Antrags- oder Stimmrechte hat der Prüfungsverband dagegen nicht[134].

1982, 2558 = ZfG 1982, 296 mit Anm. *Hadding*) eine Ausnahme für organisationsrechtliche Grundlagengeschäfte, insbesondere Verschmelzungen, machen wollen. Nach *Müller* § 43 a GenG Rn 85 und § 51 GenG Rn 72 steht das Anfechtungsrecht generell jedem Mitglied ohne Rücksicht darauf zu, ob er Mitglied der Vertreterversammlung ist. Das ist jetzt überholt.

[123] § 83 Abs. 2 Satz 2.
[124] § 83 Abs. 2 Satz 1.
[125] Siehe Rn 3.
[126] Siehe Rn 23.
[127] *Röhrich* in H/P/G/R § 83 UmwG Rn 3; *Stratz* in Schmitt/Hörtnagl/Stratz Rn 8 („wohl nicht").
[128] *Beuthien* §§ 2 ff. UmwG Rn 34 („vereinsrechtliche Betreuungspflicht"); siehe § 81 Rn 36 zum entsprechenden Anspruch auf Gutachtenerstattung.
[129] *Beuthien* §§ 2 ff. UmwG Rn 34.
[130] § 51 GenG; *Beuthien* §§ 2 ff. UmwG Rn 34; siehe auch Rn 45.
[131] Siehe Rn 25.
[132] *Bayer* in Lutter Rn 20; *Fronhöfer* in Widmann/Mayer Rn 24; *Röhrich* in H/P/G/R § 83 UmwG Rn 3; *Stratz* in Schmitt/Hörtnagl/Stratz Rn 8; *Beuthien* §§ 2 ff. UmwG Rn 34.
[133] Siehe Rn 3 und Rn 45.
[134] *Bayer* in Lutter Rn 20; *Röhrich* in H/P/G/R § 83 UmwG Rn 3; *Stratz* in Schmitt/Hörtnagl/Stratz Rn 8 aE; *Beuthien* §§ 2 ff. UmwG Rn 34.

V. Rechtsfolgen

1. Anfechtungsgründe

a) Auslegungsmängel. Wenn die in Satz 1 genannten Unterlagen nicht, unvollständig 41 oder nicht ordnungsgemäß ausgelegt werden, führt dies grundsätzlich zur Anfechtbarkeit des Verschmelzungsbeschlusses. Auf die Erläuterungen zu den Rechtsfolgen einer fehlerhaften Auslegung im Vorfeld der General-/Vertreterversammlung nach § 82 Abs. 1 ist zu verweisen[135]. Die dort dargelegten Grundsätze für die Beschlussanfechtung wegen Informationsmängeln gelten auch hier.

b) Erläuterungs- und Verlesungsmängel. Der Verschmelzungsbeschluss ist ebenso 42 anfechtbar, wenn der Vorstand den Verschmelzungsvertrag oder seinen Entwurf entgegen Abs. 1 Satz 2 nicht oder unzureichend erläutert[136]. Dasselbe gilt bei unterbliebener, fehlerhafter oder unvollständiger Verlesung des Prüfungsgutachtens unter Verstoß gegen Abs. 2 Satz 1[137]. Da weder auf die Vertragserläuterung noch auf die Gutachtenverlesung wirksam verzichtet werden kann[138], bleibt die Anfechtbarkeit auch bei Verzicht durch sämtliche Mitglieder/Vertreter bestehen. Die Anfechtbarkeit wird auch nicht dadurch beseitigt, dass sich dieselben Informationen den schriftlich vorliegenden Unterlagen hätten entnehmen lassen, weil die Informationswege nicht austauschbar sind und schriftliche Stellungnahmen – insbesondere im Verschmelzungsbericht oder dem Prüfungsgutachten – nicht genauso präsent sind wie mündliche kurz vor der Stimmrechtsausübung[139].

c) Auskunftsmängel. Im Grundsatz ist der Verschmelzungsbeschluss auch dann anfecht- 43 bar, wenn der Vorstand eine Auskunft, die sich auf den Tagesordnungspunkt Verschmelzung bezieht[140], entgegen dem allgemeinen oder speziellen Auskunftsrecht der Mitglieder/Vertreter[141] iRd. Aussprache nicht, unvollständig oder unzutreffend beantwortet[142], obwohl er dazu bei sorgfältiger Vorbereitung sowie Vorhaltung notwendigen Personals und erforderlicher Hilfsmittel in der Lage gewesen wäre, und kein Auskunftsverweigerungsrecht bestand[143].

Der Beschluss kann wegen Informationsmängeln jedoch nur angefochten werden, wenn 44 ein objektiv urteilender Aktionär (hier: Mitglied/Vertreter) die Erteilung der **Information als wesentliche Voraussetzung** für die sachgerechte Wahrnehmung seiner Teilnahme- und Mitgliedschaftsrechte angesehen hätte[144].

d) Beratungsmängel. Schließlich ist der Verschmelzungsbeschluss anfechtbar, wenn 45 die eG dem Prüfungsverband das Recht zur beratenden Teilnahme an der General-/

---

[135] Siehe § 82 Rn 48 f.
[136] Siehe Rn 12 ff.
[137] Siehe Rn 21 ff.; *Stratz* in Schmitt/Hörtnagl/Stratz Rn 6.
[138] Siehe Rn 20 und Rn 24.
[139] *Grunewald* in Lutter § 64 Rn 5 zur AG.
[140] *Hüffer* § 243 AktG Rn 45 unter Hinweis auf *OLG München* AG 1994, 375, 376, beide zur AG.
[141] §§ 83 Abs. 1 Satz 3, 64 Abs. 2; siehe Rn 26 ff.
[142] Siehe Rn 29.
[143] Siehe Rn 30.
[144] So jetzt § 243 Abs. 4 Satz 1 AktG in seiner Neufassung durch das UMAG in Anlehnung an die „typisierende Betrachtung" durch die Rechtsprechung, die sich zu der alten Fassung herausgebildet hatte; siehe BGHZ 36, 121, 140; BGHZ 107, 296, 307 „Kochs Adler", wo diese Grundsätze auf einen Verschmelzungsbericht nach § 340 a AktG aF, der offensichtlich nicht den gesetzlichen Anforderungen entsprach, entsprechend angewendet wurden (siehe § 82 Rn 49); BGHZ 119, 1, 19; BGHZ 122, 211, 239, alle zur AG.

Vertreterversammlung[145] verweigert[146], indem sie den Verbandsvertreter gar nicht erst in die Versammlung einlässt oder ihn wieder ausschließt, und zwar auch teilweise während der gesamten Dauer der Verhandlung über die Verschmelzung, also von der Eröffnung dieses Tagesordnungspunkts mit der Vertragserläuterung nach Abs. 1 Satz 2 bis zur Feststellung des Beschlussergebnisses durch den Versammlungsleiter. Dasselbe gilt, wenn dem Verbandsvertreter während der Verhandlung nicht das Wort erteilt oder es ihm entzogen und er dadurch an der Beratung gehindert wird[147]. Auf die **Kausalität** derartiger Beratungsmängel für den Verschmelzungsbeschluss sind die Kriterien für Auskunftsmängel[148] entsprechend anzuwenden. Anfechtungsbefugt sind immer nur die Mitglieder/Vertreter, wogegen dem **Prüfungsverband** selbst **kein Anfechtungsrecht** zusteht[149]. Wenn der Verband von seinem Teilnahmerecht keinen Gebrauch macht, stellt dies – mangels gesetzlicher Teilnahmepflicht und mangels eines direkten Individualanspruchs der Mitglieder/Vertreter – auch dann keinen Anfechtungsgrund dar, wenn die Teilnahme von der eG im Rahmen ihrer Verbandsmitgliedschaft angefordert worden war[150].

2. Eintragungshindernis?

46 Keiner der genannten Informationsmängel hat die Nichtigkeit des Verschmelzungsbeschlusses zur Folge. Da lediglich anfechtbare Beschlüsse eintragungsfähig und wirksam sind, wenn sie nicht tatsächlich angefochten und durch rechtskräftiges Urteil für nichtig erklärt werden, besteht kein Eintragungshindernis, das das Registergericht von Amts wegen zu beachten hätte[151].

3. Schadensersatzpflicht

47 Wenn der eG aus einer unberechtigten Auskunftsverweigerung oder Falschauskunft des Vorstands ein Schaden entsteht, können die **Vorstandsmitglieder** dafür unter den weiteren Voraussetzungen von § 34 GenG ersatzpflichtig sein[152]. Die Schadensersatzpflicht besteht gegenüber der Genossenschaft[153]. Direkte Haftung gegenüber den Mitgliedern kommt nur aus Deliktsrecht in Betracht. § 34 GenG stellt zwar kein Schutzgesetz iSv. § 823 Abs. 2 BGB zu Gunsten der Mitglieder dar, die Verletzung des Auskunftsrechts kann aber ein rechtswidriger Eingriff in das Mitgliedschaftsrecht als sonstiges Recht iSv. § 823 Abs. 1 BGB sein[154]. Darüber hinaus besteht eine strafrechtliche Verantwortlichkeit des Vorstands, wenn er die Verhältnisse der Genossenschaft in der Generalversammlung vorsätzlich unrichtig wiedergibt

---

[145] Abs. 2 Satz 2; siehe Rn 38 ff.
[146] *Fronhöfer* in Widmann/Mayer Rn 27.
[147] *Fronhöfer* in Widmann/Mayer Rn 27.
[148] Siehe Rn 43 f.
[149] Siehe Rn 40 aE zum fehlenden Antrags- und Stimmrecht.
[150] Siehe Rn 39.
[151] Siehe auch § 82 Rn 50 für Auslegungsmängel im Vorfeld der Versammlung, dagegen § 81 Rn 38 für das sich aus den Anmeldungserfordernissen ergebende Eintragungshindernis, wenn das nach Abs. 2 Satz 1 zu verlesende Prüfungsgutachten (oder eine andere der auszulegenden Unterlagen, die der Anmeldung gem. § 17 als Anlage beizufügen ist) gänzlich fehlt.
[152] *Hüffer* § 131 AktG Rn 44 für die AG; *BGH* NZG 2002, 195 = WM 2002, 220 zu einem zwar anders gelagerten, aber auch mit einer Verschmelzung verbundenen Haftungsfall bei einer eG (sorgfaltswidrige Kreditgewährung durch Vorstandsmitglieder einer verschmolzenen Volksbank) sowie BGH NZG 2005, 562 und *BGH* DStR 2007, 402, gleichfalls zu Kreditgewährungen durch Genossenschaftsbanken.
[153] § 34 Abs. 2 Satz 1 GenG.
[154] *BGH* NJW 1990, 2877, 2878 und 2880 zum e. V.; *Mertens* in Kölner Komm. § 93 AktG Rn 172 zur AG; *Müller* § 34 GenG Rn 5 zur eG; krit. *Beuthien* § 34 GenG Rn 4 mwN.

oder verschleiert[155]; dieser Straftatbestand ist Schutzgesetz für die Anteilsinhaber iSd § 823 Abs. 2 BGB[156].

§ 84 Beschluß der Generalversammlung

Der Verschmelzungsbeschluß der Generalversammlung bedarf einer Mehrheit von drei Vierteln der abgegebenen Stimmen. Die Satzung kann eine größere Mehrheit und weitere Erfordernisse bestimmen.

Übersicht

	Rn		Rn
I. Allgemeines	1	III. Satzungsbestimmungen (Satz 2)	18
II. Verschmelzungsbeschluss (Satz 1)	3	1. Größere Mehrheit	19
1. Zuständiges Organ	3	2. Weitere Erfordernisse	21
2. Beschlussgegenstand	5	3. Ausschluss?	23
3. Beschlussfassung	7	IV. Beschlussmängel	24
4. Dreiviertelmehrheit	8	1. Unwirksamkeitsklagen	24
5. Beschlussfeststellung	13	2. Klagefrist	25
6. Form	14	3. Anfechtungsbefugnis	26
7. Abschriftenerteilung	17	4. Anfechtungsgründe	29

I. Allgemeines

Die Vorschrift stellt eine **rechtsformspezifische Ergänzung zu § 13** dar. Der Verschmelzungsvertrag, den die Vertretungsorgane der beteiligten Rechtsträger abzuschließen haben[1], wird nur wirksam, wenn ihm die Anteilsinhaber in einer Versammlung durch Verschmelzungsbeschluss zustimmen. Für diesen Beschluss legt § 13 kein allgemeines Quorum fest, sondern wird die jeweils erforderliche Mehrheit durch die besonderen rechtsformspezifischen Vorschriften bestimmt[2]. Bei Genossenschaften bedarf es einer Mehrheit von **drei Vierteln der abgegebenen Stimmen**[3]. Das Statut kann aber auch eine **größere Mehrheit** und **weitere Erfordernisse** bestimmen[4]. Gegenüber dem früheren Recht ist außerdem zu beachten, dass der Verschmelzungsbeschluss nach dem UmwG immer **notariell zu beurkunden** ist[5], was bei Verschmelzungen von Genossenschaften vorher nicht der Fall war[6]. 1

Das Mehrheitserfordernis für den Verschmelzungsbeschluss stimmt mit der Parallelvorschrift für die **GmbH**[7] überein, wogegen bei der **AG** eine Mehrheit von drei Vierteln des 2

---

[155] § 147 Abs. 2 Nr. 1 GenG; dabei handelt es sich um eine Parallelvorschrift zu § 400 Abs. 1 Nr. 1 AktG.
[156] *BGH* WM 1976, 498, 499; auch schon *RG* JW 1910, 109; RGZ 81, 269, 270 und RGZ 87, 306, 309 f.; ferner *Thomas* in Palandt § 823 BGB Rn 146; *Schaffland* in Lang/Weidmüller § 147 GenG Rn 13; siehe § 82 Rn 21 zur entsprechenden Qualifizierung von § 313 Abs. 1 Nr. 1 UmwG für unrichtige Darstellungen im Verschmelzungsbericht.
[1] § 4 Abs. 1 Satz 1.
[2] Siehe auch § 13 Rn 17 ff.
[3] § 84 Satz 1.
[4] § 84 Satz 2.
[5] § 13 Abs. 3 Satz 1.
[6] Siehe *Bayer* in Lutter Rn 12 mwN zur Gegendarstellung des DGRV unter Kostengesichtspunkten und der Gesetzesbegründung mit dem durch das Beurkundungserfordernis allgemein verfolgten Schutzzweck.
[7] § 50 Abs. 1.

bei der Beschlussfassung vertretenen Grundkapitals (also der anwesenden, nicht nur der abgegebenen Stimmen[8]) und bei **Personengesellschaften** Einstimmigkeit verlangt wird[9]. Es entspricht jeweils demjenigen für Änderungen des Gesellschaftsvertrags oder der Satzung[10].

II. Verschmelzungsbeschluss (Satz 1)

1. Zuständiges Organ

3 Anteilsinhaber der eG sind die Mitglieder. Sie üben ihre Rechte in der Generalversammlung aus[11]. Damit ist die **Generalversammlung** für die Beschlussfassung zuständig (wovon Satz 1 ausgeht). Auf andere Organe der Genossenschaft, etwa den Vorstand oder Aufsichtsrat, ist die Beschlusskompetenz **nicht übertragbar,** erst recht nicht auf Dritte[12]. Die Satzung kann – außer einer größeren Mehrheit – nur weitere, aber nicht andere Erfordernisse bestimmen[13].

4 Damit steht nicht im Widerspruch, dass der Verschmelzungsbeschluss von der **Vertreterversammlung** zu fassen ist, wenn die eG mehr als 1 500 Mitglieder hat, ihre Satzung bestimmt, „dass die Generalversammlung aus Vertretern der Mitglieder (Vertreterversammlung) besteht" und die Satzung keinen Vorbehalt für Verschmelzungsbeschlüsse zu Gunsten der Generalversammlung enthält[14]. Mit dieser Formulierung bringt das Gesetz zum Ausdruck, dass die Vertreterversammlung kein anderes Organ ist, sondern eine verkleinerte Generalversammlung, die in vollem Umfang in deren Rechtsstellung eintritt[15]. Dass der Verschmelzungsbeschluss ggf. von dieser zu fassen ist, erkennt das UmwG ausdrücklich an[16].

2. Beschlussgegenstand

5 Gegenstand der Beschlussfassung ist die **Zustimmung zum Verschmelzungsvertrag**[17]. Wenn der Verschmelzungsvertrag bereits beurkundet ist[18], beschließt die Versammlung über eine nachträgliche Zustimmung[19]. Zulässig ist auch eine Beschlussfassung im Vorhinein als **Einwilligung** in den Abschluss des Verschmelzungsvertrags, von dem dann ein schriftlicher Entwurf vorzulegen ist, der nicht mehr geändert werden darf[20].

6 Kein wirksamer Verschmelzungsbeschluss kommt zustande, wenn lediglich über die bedeutsamsten rechtlichen und wirtschaftlichen Punkte der Verschmelzung beschlossen wird, wie dies zum früheren Recht teilweise für zulässig gehalten wurde[21]. Wirksame Zustimmung

---

[8] § 65 Abs. 1.
[9] §§ 43 Abs. 1, 45 d Abs. 1.
[10] § 16 Abs. 2 GenG, § 53 Abs. 2 GmbHG, § 179 Abs. 2 AktG; *Grunewald* in Lutter § 65 Rn 2 zur AG, bei der § 179 Abs. 2 Satz 2 AktG allerdings zulässt, in der Satzung eine andere – also auch niedrigere – Kapitalmehrheit für deren Änderung vorzusehen, solange dies nicht den Unternehmensgegenstand betrifft, wogegen § 65 Abs. 1 Satz 2 für Verschmelzungen auch für die AG nur die Bestimmung einer größeren Kapitalmehrheit zulässt.
[11] § 43 Abs. 1 Satz 1 und 2 GenG.
[12] *Bayer* in Lutter Rn 5; siehe auch *Grunewald* in Lutter § 65 Rn 4 zur genauso zwingenden Kompetenz der Hauptversammlung bei der AG.
[13] §§ 1 Abs. 3, 84 Satz 2; siehe Rn 21 f.
[14] § 43 a Abs. 1 GenG.
[15] BGH NJW 1982, 2558 = ZfG 1982, 296; *Beuthien* § 43 a GenG Rn 2.
[16] § 90 Abs. 3; *Bayer* in Lutter Rn 4 mwN; siehe aber § 90 Rn 25 zu Forderungen *de lege ferenda*, den Verschmelzungsbeschluss auch dann, wenn eine Vertreterversammlung besteht, von einer allgemeinen Mitgliederversammlung fassen zu lassen, um das Ausschlagungsrecht aller übrigen Mitglieder auszuschließen und dem damit drohenden Kapitalabfluss vorzubeugen.
[17] Siehe § 82 Rn 4 ff. zur Bekanntmachung und Ankündigung nach § 46 Abs. 2 GenG.
[18] § 6.
[19] Genehmigung nach § 184 Abs. 1 BGB.
[20] §§ 4 Abs. 2 UmwG, 183 BGB; siehe § 80 Rn 4 und § 82 Rn 8; *Bayer* in Lutter Rn 6.
[21] Dagegen zu Recht *Bayer* in Lutter Rn 5 mwN zum früheren Meinungsbild.

Beschluß der Generalversammlung 7–10 § 84

setzt voraus, dass sie sich auf den **gesamten** Verschmelzungsvertrag oder dessen endgültigen Entwurf bezieht, den der Vorstand zu Beginn der Verhandlung erläutern muss[22]. Dagegen ist es zwar zulässig, wenn Vorstand und Aufsichtsrat zunächst – in einer Art **Probeabstimmung** auch in einer früheren Versammlung – darüber abstimmen lassen, ob der Verschmelzung grundsätzlich zugestimmt wird[23]. Das wird ein Meinungsbild ergeben, entfaltet aber keine rechtlichen Bindungen[24].

3. Beschlussfassung

Bevor abgestimmt wird, sind die Allgemeinen Vorschriften und § 83 über die **Durchfüh-** 7 **rung der General-/Vertreterversammlung** zu beachten. Es kann **offen durch Handaufheben** oder **geheim mittels Stimmzetteln** abgestimmt werden[25]. Nach richtiger Auffassung ist geheime Abstimmung nicht etwa ausgeschlossen. Die – verifizierbare – Abgabe einer Gegenstimme ist keine Voraussetzung für das Ausschlagungsrecht[26], sondern es kommt nur auf die Erklärung eines Widerspruchs zur Niederschrift an[27]. Für die Stimmenauszählung sind das **Additionsverfahren** und – wenn offen abgestimmt wird – auch das **Subtraktionsverfahren** zulässig.

4. Dreiviertelmehrheit

Der Verschmelzungsbeschluss bedarf einer Mehrheit von drei Vierteln der abgegebenen 8 Stimmen, wenn das Statut keine größere Mehrheit vorsieht[28]. Maßgeblich sind die **abgegebenen Stimmen**. Es kommt also weder auf die vorhandenen Stimmen sämtlicher Mitglieder/Vertreter an, soweit diese gar nicht zur Versammlung erschienen sind, noch wird eine Mindestpräsenz verlangt. Ebenso wenig kommt es auf die Mehrheit der vertretenen (in der Versammlung präsenten) Stimmen an, soweit diese nicht abgegeben werden. Daraus folgt weiter, dass **Enthaltungen** bei der Ermittlung des Abstimmungsergebnisses nicht zu berücksichtigen und nicht mitzuzählen sind[29]. Wer sich seiner Stimme – für oder gegen den Beschlussvorschlag – enthält, gibt diese nicht ab. Auch **ungültige Stimmen** gelten nicht als abgegeben[30], weil sie sich sonst wie Gegenstimmen auswirkten, wofür ein Erklärungsinhalt oder -wert gerade fehlt.

Unwirksamkeit kann sich auch aus einem **Stimmverbot** ergeben, wobei die Fälle des 9 § 43 Abs. 6 GenG (Entlastung, Befreiung von einer Verbindlichkeit oder Geltendmachung von Ansprüchen gegen das Mitglied) als Bestandteile des Verschmelzungsbeschlusses kaum vorkommen werden.

Wenn eine Stimme mitgezählt wurde, die einem Stimmverbot unterlag und damit un- 10 wirksam war, begründet dies die **Anfechtbarkeit** des Verschmelzungsbeschlusses nur, falls die Stimme für das Abstimmungsergebnis **ursächlich** war, bei ihrer Außerachtlassung also ein anderes Beschlussergebnis erzielt worden wäre[31].

---

[22] § 83 Abs. 1 Satz 2; siehe § 83 Rn 12 ff.; *Beuthien* § 2 ff. UmwG Rn 38.
[23] *Bayer* in Lutter Rn 5; *Stratz* in Schmitt/Hörtnagl/Stratz Rn 5.
[24] Siehe § 80 Rn 59.
[25] *Schulte* in Lang/Weidmüller § 84 UmwG Rn 2 hält vorbereitete Stimmzettel, bei denen das Ja-Zeichen schon angekreuzt ist, als unverbindlichen Vorschlag für zulässig (bedenklich).
[26] So aber *Bayer* in Lutter Rn 7; zust. *Stratz* in Schmitt/Hörtnagl/Stratz Rn 3.
[27] § 90 Abs. 3 Nr. 1; siehe § 83 Rn 37 und § 90 Rn 14.
[28] § 84 Satz 1. § 84 Satz 2; siehe Rn 19 f.
[29] Siehe § 83 Rn 33; *Bayer* in Lutter Rn 8; *Stratz* in Schmitt/Hörtnagl/Stratz Rn 4 und allg. *Gräser* in H/P/G/R § 43 GenG Rn 8; *Müller* § 43 GenG Rn 104 mwN.
[30] *Bayer* in Lutter Rn 8; *Beuthien* § 43 GenG Rn 8 und 2 ff. UmwG Rn 36; *Gräser* in H/P/G/R § 43 GenG Rn 8; *Schulte* in Lang/Weidmüller § 84 UmwG Rn 1.
[31] *Müller* § 43 GenG Rn 69 unter Hinweis auf RGZ 106, 263; *Schulte* in Lang/Weidmüller § 43 GenG Rn 105; *Gräser* in H/P/G/R § 43GenG Rn 20 aE; *Beuthien* § 43 GenG Rn 34 aE.

11 **Mehrstimmrechte** sind für den Verschmelzungsbeschluss nicht zu berücksichtigen[32], es sei denn, dass an der Genossenschaft mehr als drei Viertel der Mitglieder als Unternehmer iSv § 14 BGB oder ausschließlich oder überwiegend andere Genossenschaften beteiligt sind[33]. Die Satzung muss außerdem sicherstellen, dass **investierende Mitglieder** die anderen Mitglieder bei dem Verschmelzungsbeschluss nicht überstimmen und diesen auch nicht verhindern können[34].

12 Wenn der Verschmelzungsbeschluss in einer ersten Abstimmung an der erforderlichen Mehrheit **scheitert**, kann in derselben General-/Vertreterversammlung grundsätzlich weiter über die Verschmelzung verhandelt und anschließend **erneut abgestimmt** werden[35]. Zum Teil enthalten die Satzungen ausdrückliche Bestimmungen darüber, wie oft eine Abstimmung wiederholt werden darf. Der Versammlungsleiter muss gewährleisten, dass Mitglieder die Versammlung nicht im Vertrauen darauf verlassen, der Tagesordnungspunkt Verschmelzung sei abgeschlossen und die Zustimmung zum Verschmelzungsvertrag endgültig verweigert worden. Sonst ist ein später doch noch zustande gekommener Verschmelzungsbeschluss anfechtbar[36].

5. Beschlussfeststellung

13 Der Versammlungsleiter muss das Abstimmungsergebnis feststellen und bekannt geben, ob und mit welchem Inhalt der Beschlussvorschlag angenommen (oder abgelehnt) ist. Der Beschluss wird erst mit dieser Feststellung durch den Versammlungsleiter und dem festgestellten Inhalt wirksam[37].

6. Form

14 Der Verschmelzungsbeschluss muss – im Gegensatz zum früheren Recht[38] – **notariell beurkundet** werden[39]. Dabei handelt es sich nicht um die Beurkundung einer Willenserklärung, sondern um eine Niederschrift über andere Erklärungen, Tatsachen und Vorgänge, über deren Wahrnehmung der Notar in der Niederschrift berichtet[40]. **Art und Ergebnis der Abstimmung** sowie die **Feststellung des Versammlungsleiters** sind in die notarielle Niederschrift des Verschmelzungsbeschlusses aufzunehmen[41]. Dasselbe gilt für **Widersprüche**, die einzelne Mitglieder/Vertreter während der gesamten Versammlungsdauer gegen den Verschmelzungsbeschluss zur Niederschrift erklären können, was Voraussetzung für die Anfechtungsbefugnis und (bei einer übertragenden eG) das Ausschlagungsrecht ist[42].

15 Fehlende notarielle Beurkundung ist **Eintragungshindernis**, weil die Niederschriften der Verschmelzungsbeschlüsse[43] der Anmeldung in Ausfertigung oder öffentlich beglaubigter Abschrift beizufügen sind[44].

16 Der Niederschrift über den Verschmelzungsbeschluss müssen der Verschmelzungsvertrag oder Entwurf, dem die Mitglieder/Vertreter zugestimmt haben, als **Anlagen** beigefügt wer-

---

[32] Siehe § 83 Rn 40 aE; *Röhrich* in H/P/G/R § 84 UmwG Rn 4; *Bayer* in Lutter Rn 9.
[33] § 43 Abs. 3 Nr. 2 und 3 GenG nF.
[34] § 8 Abs. 2 Satz 2 GenG n.F.; dazu *Saenger/Merkelbach* BB 2006, 566, 569.
[35] *Stratz* in Schmitt/Hörtnagl/Stratz Rn 5.
[36] *Schaffland* in Lang/Weidmüller[32] § 93 b GenG aF Rn 7.
[37] Siehe § 83 Rn 34 mwN.
[38] § 93 b Abs. 1 GenG aF.
[39] § 13 Abs. 3 Satz 1; siehe Rn 1.
[40] §§ 36, 37 BeurkG; *Stratz* in Schmitt/Hörtnagl/Stratz § 13 Rn 41. Siehe § 91 Rn 5 zu den Konsequenzen für eine Ausschlagungserklärung in der Versammlung.
[41] Siehe § 83 Rn 34 mwN.
[42] §§ 51 Abs. 2 Satz 1 GenG, 90 Abs. 3 Satz 1 Nr. 1 UmwG; siehe § 83 Rn 35 ff., Rn 26 und § 90 Rn 17 f.
[43] ISv. § 13 Abs. 3 Satz 1.
[44] § 17 Abs. 1; *Beuthien* §§ 2 ff. UmwG Rn 37.

den[45], außerdem das Teilnehmerverzeichnis und die Belege über die Einberufung der Versammlung[46].

7. Abschriftenerteilung

Auf Verlangen ist jedem Mitglied auf dessen Kosten unverzüglich eine Abschrift des **Verschmelzungsvertrags** (oder seines Entwurfs) und der Niederschrift des **Verschmelzungsbeschlusses** zu erteilen[47]. Während vor der Versammlung noch ein Anspruch auf kostenfreie Abschriften sämtlicher Verschmelzungsunterlagen besteht[48], beschränkt sich der Anspruch auf Vertrag und Beschluss, nachdem „die Würfel gefallen sind", und ist nunmehr **kostenpflichtig**[49]. 17

III. Satzungsbestimmungen (Satz 2)

Die Satzung der Genossenschaft kann für den Verschmelzungsbeschluss eine größere Mehrheit und weitere Erfordernisse bestimmen. Die Dreiviertelmehrheit ist damit **einseitig satzungsdispositiv**. Die Satzung kann die Beschlussfassung nur erschweren, nicht aber erleichtern[50]. 18

1. Größere Mehrheit

Zulässig ist zunächst, dass die Satzung eine größere Mehrheit verlangt, bspw. von **neun Zehnteln** der abgegebenen Stimmen, wie dies von Gesetzes wegen für den Umwandlungsbeschluss erforderlich ist, wenn eine qualifizierte Minderheit im Vorhinein Widerspruch gegen den Formwechsel erhebt[51]. Oder die Satzung stellt statt der abgegebenen auf die (insgesamt) **vorhandenen** oder (in der Versammlung) **vertretenen Stimmen** ab[52]. In allen drei Varianten kann das Mehrheitserfordernis bis zur **Einstimmigkeit** gesteigert werden[53]. Das entspricht der Rechtslage für den Verschmelzungsbeschluss bei der AG[54]. 19

Wird für **Satzungsänderungen** eine höhere Mehrheit verlangt, ohne Umwandlungen insgesamt oder Verschmelzungen zu erwähnen, muss durch Auslegung ermittelt werden, ob darunter auch der Verschmelzungsbeschluss fällt[55]. Zumindest bei einer übertragenden eG, die durch die Verschmelzung erlischt und deren auf den übernehmenden Rechtsträger übergehende Mitgliedschaften dessen Gesellschaftsvertrag oder Satzung unterstehen, ist das regelmäßig anzunehmen[56]. Bei einer übertragenden eG sind auf den Verschmelzungsbe- 20

---

[45] § 13 Abs. 3 Satz 2; *Bayer* in Lutter Rn 12; *Beuthien* §§ 2 ff. UmwG Rn 37.
[46] § 130 Abs. 3 AktG analog.
[47] § 13 Abs. 3 Satz 3.
[48] §§ 82 Abs. 2, Abs. 1 Satz 1, 63 Abs. 1 Nr. 1 bis 4: Auch der Jahresabschlüsse und Lageberichte aller beteiligten Rechtsträger für die drei letzten Geschäftsjahre, etwaiger Zwischenbilanzen, der Verschmelzungsberichte und Prüfungsgutachten.
[49] *Stratz* in Schmitt/Hörtnagl/Stratz Rn 7; *Beuthien* §§ 2 ff. UmwG Rn 37. Siehe aber § 91 Rn 14 aE zur Möglichkeit, die Ausschlagung unter der auflösenden Bedingung zu erklären, dass dem Ausschlagenden nachträglich doch noch kostenfrei Abschriften sämtlicher Verschmelzungsunterlagen erteilt werden.
[50] *Röhrich* in H/P/G/R § 84 UmwG; *Fronhöfer* in Widmann/Mayer Rn 15.
[51] § 262 Abs. 1 Satz 1; *Bayer* in Lutter Rn 10; *Fronhöfer* in Widmann/Mayer Rn 14.
[52] Siehe Rn 8.
[53] *Bayer* in Lutter Rn 10; *Stratz* in Schmitt/Hörtnagl/Stratz Rn 6; *Schwarz* in Widmann/Mayer Rn 5; *Schulte* in Lang/Weidmüller § 84 UmwG Rn 1.
[54] § 65 Rn 13; vgl. *Grunewald* in Lutter § 65 Rn 5 ff. und allg. *Lutter/Drygala* in Lutter § 13 Rn 21.
[55] *Stratz* in Schmitt/Hörtnagl/Stratz Rn 6.
[56] Das ist generell und in den Einzelheiten streitig; siehe *Lutter/Drygala* in Lutter § 13 Rn 21; *Bayer* in Lutter Rn 11; *Bayer* ZIP 1997, 1613, 1622 jeweils mwN zum Streitstand.

schluss deshalb auch strengere Satzungsbestimmungen über ihre **Auflösung** anzuwenden[57]. Das Gleiche gilt im Fall der Mischverschmelzung auf einen Rechtsträger anderer Rechtsform, wenn das Statut für die Änderung der Rechtsform eine höhere Mehrheit verlangt[58].

2. Weitere Erfordernisse

21 Die Beschlussfähigkeit der General-/Vertreterversammlung zur Fassung des Verschmelzungsbeschlusses kann von einem bestimmten **Anwesenheitsquorum** abhängig gemacht werden[59]. Zulässig ist eine Satzungsbestimmung, wonach der Verschmelzungsbeschluss in **mehrfacher Abstimmung** durch eine oder verschiedene aufeinander folgende General-/Vertreterversammlungen gefasst werden muss[60].

22 **Unzulässig** und unwirksam ist es dagegen, wenn die Satzung den Verschmelzungsbeschluss davon abhängig macht, dass **Dritte** zustimmen. Eine „Vinkulierung" der Genossenschaft gegenüber Verschmelzungen ist mit der zwingenden Zuständigkeit der General-/Vertreterversammlung ebenso unvereinbar wie eine vollständige Übertragung der Beschlusskompetenz[61], weil sie zwar keine Verschmelzung ohne Votum der Versammlung zuließe, den Anteilsinhabern also ein Vetorecht beließe, ein positives Votum für die Verschmelzung aber entwerten und von dem Dritten abhängig machen würde. Die Wirksamkeit des Verschmelzungsbeschlusses kann deshalb weder von der Zustimmung weiterer **Organe** der Genossenschaft, etwa des Aufsichtsrats, abhängig gemacht werden, noch wäre es mit dem Prinzip der Selbstverwaltung vereinbar, die Zustimmung des **Prüfungsverbands** zu verlangen[62]. Das verbietet auch eine Bindung an die Zustimmung einzelner Mitglieder/Vertreter[63]. Eine Bindung an **Außenstehende** kommt erst recht nicht in Betracht.

3. Ausschluss?

23 Wenn die Satzung bestimmt, dass eine Verschmelzung der Genossenschaft vollständig ausgeschlossen sein soll, ist das **unwirksam**[64]. Das ergibt schon der Wortlaut von Satz 2 in Verbindung mit dem grundsätzlich zwingenden Charakter des UmwG[65]. Die Satzung kann für den Verschmelzungsbeschluss (nur) eine größere Mehrheit oder „weitere Erfordernisse" bestimmen, ihn aber nicht vollständig ausschließen. Die Ausschlussklausel kann aber in ein **Einstimmigkeitserfordernis umgedeutet** werden[66].

---

[57] §§ 2, 20 Abs. 2; *Bayer* in Lutter Rn 11 mit dem Hinweis, dass die Verschmelzung für die übertragende eG eine „faktische Auflösung" bedeute.
[58] *Beuthien* §§ 2 ff. UmwG Rn 36.
[59] *Fronhöfer* in Widmann/Mayer Rn 14; *Stratz* in Schmitt/Hörtnagl/Stratz Rn 6; *Schulte* in Lang/Weidmüller § 84 UmwG Rn 1; *Röhrich* in H/P/G/R § 84 UmwG; *Beuthien* §§ 2 ff. UmwG Rn 36.
[60] *Bayer* in Lutter Rn 11; *Beuthien* §§ 2 ff. UmwG Rn 36. Siehe Rn 12 zur Wiederholung einer zunächst gescheiterten Abstimmung.
[61] Siehe Rn 3.
[62] *Schulte* in Lang/Weidmüller § 84 UmwG Rn 2; *Bayer* in Lutter Rn 11. Siehe auch § 81 Rn 5 zum fehlenden Vetorecht des Prüfungsverbands.
[63] § 13 Abs. 2 betrifft andere Fälle; § 13 Rn 35 ff.; vgl. *Lutter/Drygala* in Lutter § 13 Rn 22 ff.; *Stratz* in Schmitt/Hörtnagl/Stratz § 13 Rn 33 ff.
[64] *Schulte* in Lang/Weidmüller § 84 UmwG Rn 1; *Stratz* in Schmitt/Hörtnagl/Stratz Rn 6; *Fronhöfer* in Widmann/Mayer Rn 16 und allg. *Lutter/Drygala* in Lutter § 13 Rn 21.
[65] § 1 Abs. 3.
[66] § 140 BGB; siehe Rn 19; *Lutter/Dygala* in Lutter § 13 Rn 21 aE; *Grunewald* in Lutter § 65 Rn 7; *Bayer* in Lutter Rn 10.

IV. Beschlussmängel

1. Unwirksamkeitsklagen

Die Wirksamkeit des Verschmelzungsbeschlusses kann durch Klage angegriffen werden. 24
Das GenG regelt in § 51 zwar nur die **Anfechtungsklage**. Die aktienrechtlichen Vorschriften über Mängel von Hauptversammlungsbeschlüssen auch für die Nichtigkeit und **Nichtigkeitsklage**[67] kommen aber ergänzend zur Anwendung[68]. Damit ist grundsätzlich das volle Spektrum an Anfechtungs- und Nichtigkeitsgründen eröffnet.

2. Klagefrist

Das UmwG fasst Anfechtungs- und Nichtigkeitsklagen als Klagen gegen die Wirksamkeit 25
eines Verschmelzungsbeschlusses zusammen und bestimmt eine einheitliche Klagefrist von **einem Monat**[69], die derjenigen für aktien- und genossenschaftsrechtliche Anfechtungsklagen entspricht[70]. Ohne diese Vereinheitlichung könnte der Vorstand auch die Negativerklärung[71] nicht abgeben[72]. Darüber hinaus beurteilt sich die jeweilige Klage nach den spezialgesetzlichen Vorschriften, hier insbesondere nach § 51 GenG[73].

3. Anfechtungsbefugnis

Zur Anfechtung sind die Mitglieder/Vertreter befugt, die in der General-/Vertreterver- 26
sammlung erschienen sind und **Widerspruch** gegen den Verschmelzungsbeschluss zur Niederschrift erklärt haben, ebenso nicht erschienene Mitglieder/Vertreter, die zu der Versammlung unberechtigter Weise nicht zugelassen worden sind oder einen Einberufungs- oder Ankündigungsmangel geltend machen[74]. Das entspricht weitestgehend dem Ausschlagungsrecht[75] mit dem Unterschied, dass dieses Recht ausdrücklich auch dem Mitglied einer übertragenden eG zuerkannt wird, die bei Fassung des Verschmelzungsbeschlusses durch eine **Vertreterversammlung** nicht Vertreter waren[76]. Ihre Anfechtungsbefugnis sieht das Gesetz dagegen nicht vor. Ob sie gleichwohl besteht, war bislang umstritten[77]. Nach verbreiteter Auffassung war den Mitgliedern, die keine Vertreter sind, die Anfechtungsbefugnis wenigs-

---

[67] §§ 241, 249 AktG.
[68] *Müller* § 51 GenG Rn 1, Rn 6 ff. und Rn 27 ff. mit zahlreichen Nachweisen; siehe auch *Henze* ZIP 2002, 97 und *Hüffer* ZGR 2001, 833.
[69] § 14 Abs. 1.
[70] §§ 246 Abs. 1 AktG, 51 Abs. 1 Satz 2 GenG.
[71] § 16 Abs. 2.
[72] *Beuthien* §§ 2 ff. UmwG Rn 42.
[73] Siehe § 14 Rn 5 und *Bork* in Lutter § 14 Rn 4 f. Insoweit ist hier auf die Spezialkommentare zu § 51 GenG zu verweisen.
[74] § 51 Abs. 2 Satz 1 GenG.
[75] § 90 Abs. 3; siehe § 90 Rn 9 ff.
[76] § 90 Abs. 3 Satz 2; siehe § 90 Rn 23 ff.
[77] Verneinend RGZ 155, 21, 23; RGZ 166, 175; RGZ 166, 187; *Paulick,* Das Recht der eingetragenen Genossenschaft, 1956, § 25 II 2 d, Seite 256; *Gräser* in H/P/G/R § 43 a GenG Rn 16; *Müller,* Genossenschafts-Handbuch, Stand: April 2006, § 43 a GenG Rn 104; im Grundsatz auch *Beuthien* § 51 GenG Rn 25; *Liebhart,* Rechtsgrundlagen der Willensbildung in der Generalversammlung der eingetragenen Genossenschaft, 1970, S. 182; aA dagegen *Müller* § 43 a GenG Rn 85 und § 51 GenG Rn 72; *Eiser,* Nichtigkeit und Anfechtbarkeit von Generalversammlungsbeschlüssen der eingetragenen Genossenschaft, 1930, S. 135; siehe auch *BGH* NJW 1982, 2558 = ZfG 1982, 296 m anm. *Hadding* zu Nichtigkeitsgründen analog § 241 AktG.

tens dann einzuräumen, wenn der Beschluss grundlegende Interessen der Mitglieder oder der Genossenschaft berührt[78], wofür die Verschmelzung als Beispiel genannt wurde[79].

27 Dem war schon bisher nicht zu folgen. § 51 Abs. 2 GenG enthält für die Anfechtungsbefugnis klar definierte Tatbestände, von denen keiner erfüllt ist[80]. Die sonstige Parallelität zum Ausschlagungsrecht legt eher den Umkehrschluss als eine Analogie nahe[81], zumal das Ausschlagungsrecht aller Mitglieder, die keine Vertreter sind, gerade eine **Kompensation** zur fehlenden Anfechtungsbefugnis darstellt. § 51 Abs. 2 zeigt, dass die Anfechtungsbefugnis keineswegs ein genereller Bestandteil der Mitgliedschaft[82], sondern an enge zusätzliche Voraussetzungen geknüpft ist.

28 Dagegen kann nicht auf die Anfechtungsbefugnis von **Vorzugsaktionären** ohne Stimmrecht bei der AG[83] verwiesen werden. Vorzugsaktien gewähren mit Ausnahme des Stimmrechts die jedem Aktionär zustehenden Rechte[84], also insbesondere das **Teilnahmerecht** an der Hauptversammlung[85]. Vorzugsaktionäre müssen tatsächlich erscheinen und Widerspruch gegen den Beschluss zur Niederschrift erklären, um anfechtungsbefugt zu sein. Eine Anfechtungsbefugnis ohne Teilnahmerecht ist dagegen auch dem Aktienrecht fremd. Den Mitgliedern, die keine Vertreter sind, steht aber kein Recht auf Teilnahme an der Vertreterversammlung zu[86]. Dass § 51 Abs. 2 Satz 1 GenG die Befugnis auch dann gewährt, wenn ein Mitglied nicht zur Versammlung zugelassen worden ist oder Einberufungs- oder Ankündigungsmängel geltend macht, ist gerade Ausdruck des Teilnahmerechts und zeigt keineswegs, dass die Erklärung des Widerspruchs „nicht essentiell" sei[87]. Die fehlende Anfechtungsbefugnis sonstiger Mitglieder gegen Beschlüsse der Vertreterversammlung hat der Gesetzgeber jetzt dadurch klargestellt, dass der Entwurf der Bundesregierung für das Gesetz zur Einführung der Europäischen Genossenschaft und zur Änderung des Genossenschaftsrechts eine solche Anfechtungsbefugnis ausdrücklich vorsah, diese aber vom Bundestag gestrichen wurde[88].

4. Anfechtungsgründe

29 Naturgemäß können Anfechtungsgründe nur so lange bestehen, bis die Beschlussfassung abgeschlossen ist. Für die Vorschriften des Fünften Abschnitts kommen **Verstöße gegen §§ 79 bis 84** in Betracht. Darunter fallen insbesondere:
– Unterbliebene Beschlüsse erforderlicher Satzungsänderungen bei einer übernehmenden eG[89];
– Mängel des Verschmelzungsvertrags[90];

---

[78] BGH NJW 1982, 2558 = DB 1982, 1317 = ZfG 1982, 296 mit Anm. *Hadding* = BB 1982, 1075 = WM 1982, 582; *Schulte* in Lang/Weidmüller § 43 a GenG Rn 73; offen *Gräser* in H/P/G/R § 43 a GenG Rn 16 aE.
[79] *Beuthien* § 51 GenG Rn 25; *Bayer* in Lutter Rn 18.
[80] So zutr. RGZ 155, 21, 23. *Bayer* in Lutter Rn 18 erkennt dies und meint schlicht, dass „in diesem Fall (d. h. einer Verschmelzung) die Voraussetzungen des § 51 Abs. 2 Satz 1 GenG entfallen", was aber in systematischem Widerspruch dazu steht, dass § 14 Abs. 1 nur eine einheitliche Klagefrist bestimmt, ansonsten aber die rechtsformspezifischen Vorschriften unberührt lässt; siehe Rn 25.
[81] Für diese Analogie aber *Bayer* in Lutter Rn 18.
[82] So aber *Müller* § 51 GenG Rn 72.
[83] *Hüffer* § 140 AktG Rn 3 und § 245 AktG Rn 5 unter Hinweis auf BGHZ 14, 264, 271 = NJW 1954, 1563 (zur GmbH).
[84] § 140 Abs. 1 AktG.
[85] *Hüffer* § 140 AktG Rn 3 unter Hinweis auf OLG Frankfurt AG 1988, 304, 306.
[86] *Gräser* in H/P/G/R § 43 a GenG Rn 16; *Beuthien* § 43 GenG Rn 17 und § 43 GenG Rn 25.
[87] So aber *Müller* § 43 a GenG Rn 85.
[88] Siehe § 51 Abs. 2 Satz 3 RegE, BT-Drucks. 16/1025 Nr. 52.b.cc) einerseits und Gesetzesbeschluss vom 19. Mai 2006, BR-Drucks. 337/06 Nr. 2.f.aa.bbb) andererseits.
[89] Siehe § 79 Rn 33 und 35: dann besteht sogar ein Eintragungshindernis, das vom Registergericht von Amts wegen zu beachten ist.
[90] Siehe § 5 Rn 126 f. mwN.

Beschluß der Generalversammlung　　　　　　　　　　　　**30, 31　§ 84**

– fehlendes oder mangelhaftes Prüfungsgutachten[91];
– Einberufungs- und Ankündigungsmängel für die General-/Vertreterversammlung[92];
– unterbliebene oder mangelhafte Auslegung der Verschmelzungsunterlagen oder verweigerte Erteilung von Abschriften[93];
– Auslegungs-, Erläuterungs-, Verlesungs-, Auskunfts- und Beratungsmängel in der Versammlung selbst[94];
– fehlerhafte Abstimmung, falsche oder fehlende Feststellung des Abstimmungsergebnisses[95] und schließlich
– Beurkundungsmängel[96].

Die Mitglieder/Vertreter einer übertragenden eG können eine Klage gegen die Wirksamkeit des Verschmelzungsbeschlusses hingegen **nicht** darauf stützen, dass das **Umtauschverhältnis** der Anteile zu niedrig bemessen oder dass die Mitgliedschaft beim übernehmenden Rechtsträger kein ausreichender Gegenwert für die Anteile oder die Mitgliedschaft bei der übertragenden eG sei[97]. Da die Anwendbarkeit von §§ 29 bis 34 ausgeschlossen und **keine Barabfindung** anzubieten ist[98], können sie auch nicht deren gerichtliche Nachprüfung im **Spruchverfahren**[99] beantragen[100]. Bei einer reinen eG-Verschmelzung beschränkt § 85 Ansprüche von Mitgliedern einer übertragenden eG nach § 15 (Verbesserung des Umtauschverhältnisses durch bare Zuzahlung) auf den Ausnahmefall, dass ihr Geschäftsguthaben bei der übernehmenden eG niedriger als bei der übertragenden eG ist[101]. Im gesetzlichen Regelfall des Anteilstauschs zum Nennwert der Geschäftsguthaben[102] scheidet damit die Festsetzung einer baren Zuzahlung im Spruchverfahren[103] aus. 30

Für die **Mitglieder einer übernehmenden eG** gilt die **Anfechtungssperre** des § 14 Abs. 2 *(de lege lata*[104]*)* zwar **nicht**. Sie können eine Anfechtungsklage gegen den Verschmelzungsbeschluss also grundsätzlich auch darauf stützen, dass das Umtauschverhältnis zu ihren Lasten falsch bestimmt sei[105]. Wegen der durchgehenden Betonung des genossenschaftsrechtlichen **Nominalwertprinzips** im Fünften Abschnitt[106] und der damit verbundenen gesetzlichen Wertung, von der im Verschmelzungsvertrag abzuweichen es keine zwingenden Gründe gibt[107], kann eine solche Klage aber nur in Extremfällen begründet sein. Anders liegt es dann, wenn der Vertrag eine andere Berechnung der Zahl der zu gewährenden Geschäftsanteile vorsieht[108] und diese Festsetzung in grober Diskrepanz zum inneren Wert der Anteile bzw. der Ertragskraft der beiden Genossenschaften steht[109]. 31

---

[91] Siehe § 81 Rn 37.
[92] Siehe § 82 Rn 47.
[93] Siehe § 82 Rn 48 ff.
[94] Siehe § 83 Rn 41 ff.
[95] Siehe § 83 Rn 31 ff. und Rn 10.
[96] Siehe Rn 14 ff.
[97] § 14 Abs. 2; siehe 14 Rn 30 und § 90 Rn 27.
[98] § 90 Abs. 1.
[99] § 34.
[100] Siehe § 90 Rn 5 und Rn 27.
[101] Siehe § 85 Rn 12 f.
[102] § 80 Abs. 1 Satz 1 Nr. 2 1. Halbs.; siehe § 80 Rn 17 ff.
[103] §§ 15, 305.
[104] Siehe dagegen den Beschluss Nr. 12 a des DJT vom 29. 9. 2000, abgedruckt in NJW Beilage zu Heft 3/2001.
[105] *Bayer* in Lutter Rn 20.
[106] §§ 80 Abs. 1 Satz 1 Nr. 2 1. Halbs., 85 Abs. 1, 90 Abs. 1, 93 Abs. 2.
[107] Siehe § 80 Rn 32 ff.
[108] § 80 Abs. 1 Satz 1 Nr. 2 2. Halbs.; siehe § 80 Rn 31 ff.
[109] Siehe § 80 Rn 35.

§ 85 Verbesserung des Umtauschverhältnisses

(1) Bei der Verschmelzung von Genossenschaften miteinander ist § 15 nur anzuwenden, wenn und soweit das Geschäftsguthaben eines Mitglieds in der übernehmenden Genossenschaft niedriger als das Geschäftsguthaben in der übertragenden Genossenschaft ist.

(2) Der Anspruch nach § 15 kann auch durch Zuschreibung auf das Geschäftsguthaben erfüllt werden, soweit nicht der Gesamtbetrag der Geschäftsanteile des Mitglieds bei der übernehmenden Genossenschaft überschritten wird.

Übersicht

	Rn		Rn
I. Allgemeines	1	b) Niedrigeres Geschäftsguthaben	12
II. Anwendungsbereich	6	3. Anspruchshöhe	14
III. Anspruch auf bare Zuzahlung (Abs. 1)	9	IV. Zuschreibung auf das Geschäftsguthaben (Abs. 2)	16
1. Anspruchsinhaber und -gegner	9	V. Spruchverfahren	21
2. Anspruchsvoraussetzungen	10		
a) Allgemeine Voraussetzungen (§ 15 Abs. 1 1. Halbs.)	11		

I. Allgemeines

1 Ausgangspunkt der Vorschrift sind §§ 14 Abs. 2, 15: Eine Anfechtungsklage gegen den Verschmelzungsbeschluss eines übertragenden Rechtsträgers kann nicht auf ein zu niedrig bemessenes Umtauschverhältnis der Anteile oder darauf gestützt werden, dass die Mitgliedschaft beim übernehmenden Rechtsträger keinen ausreichenden Gegenwert für die Anteile oder Mitgliedschaft beim übertragenden Rechtsträger bietet. Zur Kompensation dieser **Anfechtungssperre** können die Anteilsinhaber des übertragenden Rechtsträgers vom übernehmenden Rechtsträger eine Verbesserung des Umtauschverhältnisses durch bare Zuzahlung verlangen, über die im **Spruchverfahren**[1] entschieden wird.

2 Die Anfechtungssperre gilt auch für die Mitglieder/Vertreter einer übertragenden eG[2]. Der Anspruch auf bare Zuzahlung wird hingegen durch § 85 in zweierlei Hinsicht modifiziert: Abs. 1 beschränkt die Anwendbarkeit von § 15 auf **Ausnahmefälle,** wenn und soweit das Geschäftsguthaben eines Mitglieds in der übernehmenden eG niedriger als in der übertragenden eG ist. Im Regelfall wird jeglicher Anspruch auf bare Zuzahlung ausgeschlossen. Im Übrigen wird der Anspruch auf den **Differenzbetrag** der Geschäftsguthaben beschränkt (wogegen die Anspruchshöhe nach § 15 Abs. 1 2. Halbs. ausdrücklich unbeschränkt ist). Darüber hinaus gewährt Abs. 2 der übernehmenden eG ein **Wahlrecht,** ob sie den Anspruch in **bar** oder durch **Zuschreibung** auf das Geschäftsguthaben erfüllen will, wobei die Zuschreibungsmöglichkeit allerdings durch den Gesamtbetrag der Geschäftsanteile des Genossen bei der übernehmenden eG begrenzt ist.

3 Diese Einschränkungen sollen verhindern, dass die Mitglieder der übertragenden eG im Zuge der Verschmelzung mittelbar doch an den **Rücklagen** und dem sonstigen Vermögen der übertragenden eG (einschließlich **stiller Reserven**) beteiligt werden, obwohl § 73 Abs. 2 Satz 2 2. Halbs. GenG einen solchen Anspruch iRd. Auseinandersetzung nach dem Ausscheiden eines Mitglieds – insbesondere durch Kündigung der Mitgliedschaft[3] – ausschließt und der Ausscheidende (vorbehaltlich eines gesonderten Beteiligungsfonds[4]) nur sein

---

[1] § 1 Nr. 4 SpruchG; siehe Anh. SpruchG.
[2] Siehe § 84 Rn 30 und § 90 Rn 27.
[3] §§ 65 ff. GenG.
[4] § 73 Abs. 3 GenG.

Geschäftsguthaben zum Nennbetrag erhält. Dieser Grundsatz gilt auch für die Auseinandersetzung mit Mitgliedern der übertragenden eG, die ihre Mitgliedschaft und Anteile beim übernehmenden Rechtsträger ausschlagen[5] und ist eine Ausprägung des **genossenschaftsrechtlichen Nominalwertprinzips**[6].

Diese Regelung ist **verfassungsgemäß**. Entgegen Bedenken in der Literatur[7] verstößt es insbesondere nicht gegen die **Eigentumsgarantie** durch Art. 14 Abs. 1 GG, dass die Mitglieder einer übertragenden eG den Verschmelzungsbeschluss gem. § 14 Abs. 2 weder anfechten noch bare Zuzahlungen gem. § 15 verlangen können, solange ihr Geschäftsguthaben bei der übernehmenden eG nicht niedriger ist, als es bei der übertragenden eG war.

Der Eigentumsschutz umfasst zwar das Recht auf **Teilnahme am Liquidationserlös**[8], der auch bei einer eG in voller Höhe unter den Mitgliedern im Verhältnis ihrer Geschäftsguthaben zu verteilen ist[9] und den einzigen Weg darstellt, auf dem sie an den stillen Reserven der Genossenschaft partizipieren können. Der durch die Liquidation bedingte Anspruch jedes Mitglieds auf den anteiligen Liquidationserlös[10] wird bei der Verschmelzung aber nicht realisiert, weil diese gerade „unter Auflösung ohne Abwicklung" erfolgt[11] und die Anteilsinhaber im Verschmelzungsbeschluss mit Dreiviertelmehrheit zum Ausdruck bringen, dass das fusionierte Unternehmen **fortgeführt** werden soll[12]. Der bedingte Anspruch auf den anteiligen Liquidationserlös hat keinen wirtschaftlichen Wert (Verkehrswert), was sich – gemessen an den Kriterien der „**DAT/Altana**"-Entscheidung des BVerfG[13] – darin niederschlägt, dass sich dafür keinerlei Kaufpreis (der dem auf den hypothetischen Liquidationszeitpunkt abgezinsten Erlösanteil entsprechen müsste) erzielen lassen wird.

II. Anwendungsbereich

Abs. 1 ist schon nach seinem Wortlaut nur anwendbar, wenn übertragender und übernehmender Rechtsträger Genossenschaften sind. Über die **reine eG-Verschmelzung** hinaus gilt er aber auch für übertragende Genossenschaften, wenn gleichzeitig ein Rechtsträger anderer Rechtsform auf die übernehmende eG verschmolzen wird (gemischte **Mehrfachverschmelzung** auf übernehmende eG)[14]. In sonstigen Fällen der **Mischverschmelzung**, sowohl der Aufnahme einer eG durch einen anderen Rechtsträger als auch umgekehrt der Aufnahme eines Rechtsträgers anderer Rechtsform durch eine eG, gelten §§ 14 Abs. 2, 15 uneingeschränkt[15], können in ersterem Fall also auch die Mitglieder der übertragenden eG den Anspruch auf bare Zuzahlung im Spruchverfahren stets und in unbegrenzter Höhe geltend machen.

Mitglieder einer übernehmenden eG, die ihre Beteiligung durch ein unangemessen hoch festgelegtes Umtauschverhältnis verwässert sehen, können den Verschmelzungsbe-

---

[5] § 93 Abs. 2; siehe § 93 Rn 2 und Rn 8 ff.
[6] Siehe § 80 Rn 33.
[7] *Bayer* in Lutter Rn 8; *Stratz* in Schmitt/Hörtnagl/Stratz Rn 1; *Fronhöfer* in Widmann/Mayer Rn 24.
[8] BVerfGE 100, 289, 302 zur AG.
[9] §§ 90, 91 GenG.
[10] Auf diesen Anspruch stellt *Bayer* in Lutter Rn 6 für seine Gesetzeskritik maßgeblich ab.
[11] § 2; vgl. *Fronhöfer* in Widmann/Mayer Rn 23.
[12] § 3 Abs. 3; siehe 1. Aufl. § 80 Rn 42; dort auch zur Ausnahme, dass zwei Genossenschaften zwecks gemeinsamer Liquidation verschmolzen werden.
[13] BVerfGE 100, 289; siehe *Stratz* in Schmitt/Hörtnagl/Stratz § 5 Rn 47 zur Übertragbarkeit dieser Entscheidung auf Verschmelzungen sowie *BGH* ZIP 2001, 734 zu ihrer aktienrechtlichen Konkretisierung.
[14] *Stratz* in Schmitt/Hörtnagl/Stratz Rn 1.
[15] *Bayer* in Lutter Rn 5.

schluss grundsätzlich bei jeder Rein- oder Mischverschmelzung **anfechten**[16]. Dagegen haben Anteilsinhaber eines übernehmenden Rechtsträgers – gleich welcher Rechtsform – nie den Anspruch auf bare Zuzahlung nach § 15, weil er systematisch und nach seinem Wortlaut auf Anteilsinhaber übertragender Rechtsträger als Ausgleich dafür beschränkt ist, dass ihnen die Anfechtung des Verschmelzungsbeschlusses im Hinblick auf das Umtauschverhältnis durch § 14 Abs. 2 abgeschnitten ist[17].

8 Abs. 2 ist nicht nur, wie teilweise angenommen wird, auf reine eG-Verschmelzungen, sondern auf alle Verschmelzungen anwendbar, an denen eine **eG als übernehmender Rechtsträger** teilnimmt[18]. Die übernehmende eG kann auch Ansprüche der Anteilsinhaber von übertragenden Rechtsträgern anderer Rechtsform durch Zuschreibung auf das Geschäftsguthaben erfüllen, ohne dass Abs. 1 erfüllt sein muss[19]. Abs. 2 setzt schon nach seinem Wortlaut nur Ansprüche gem. § 15 und eine übernehmende eG voraus. Die Zuschreibungsmöglichkeit entspricht auch bei einer Mischverschmelzung dem Normzweck, Kapitalabflüsse bei der übernehmenden eG zu verhindern, soweit die Zuzahlungsbeträge noch durch Zuschreibungen auf die Geschäftsguthaben in der Genossenschaft gehalten werden können[20].

III. Anspruch auf bare Zuzahlung (Abs. 1)

1. Anspruchsinhaber und -gegner

9 Inhaber des Anspruchs auf bare Zuzahlung sind die Mitglieder der übertragenden eG. Anspruchsgegner ist die übernehmende eG. Das ergibt sich unmittelbar aus dem Wortlaut von § 15 Abs. 1 1. Halbs („jeder Anteilsinhaber dieses übertragenden Rechtsträgers ... von dem übernehmenden Rechtsträger").

2. Anspruchsvoraussetzungen

10 Einerseits müssen die besonderen Anwendungsvoraussetzungen nach Abs. 1 und andererseits die allgemeinen Anspruchsvoraussetzungen nach § 15 Abs. 1 1. Halbs. erfüllt sein[21]. Der Anspruch ist also keineswegs schon immer dann gegeben, wenn der Tatbestand von § 85 Abs. 1 erfüllt ist[22]. **Anspruchsgrundlage** bleibt § 15, dessen Anwendung dann lediglich eröffnet ist.

11 a) **Allgemeine Voraussetzungen (§ 15 Abs. 1 1. Halbs.).** Das Recht, gegen die Wirksamkeit des Verschmelzungsbeschlusses (im Hinblick auf das Umtauschverhältnis und den Gegenwert der Mitgliedschaft beim übernehmenden Rechtsträger) Klage zu erheben, muss nach § 14 Abs. 2 ausgeschlossen sein. Das ist bei den Mitgliedern einer übertragenden eG genauso der Fall wie bei allen anderen Anteilsinhabern übertragender Rechtsträger[23]. Darüber hinaus enthält § 15 Abs. 1 1. Halbs. zwei alternative Anspruchstatbestände: Entweder muss das **Umtauschverhältnis der Anteile zu niedrig bemessen** sein (Alt. 1) oder die Mitgliedschaft beim übernehmenden Rechtsträger **kein ausreichender Gegenwert** für den Anteil oder die Mitgliedschaft beim übertragenden Rechtsträger sein (Alt. 2). Ersteres ist hier

---

[16] Siehe § 84 Rn 31; *Bayer* in Lutter Rn 4 aE und Rn 11; *Stratz* in Schmitt/Hörtnagl/Stratz § 15 Rn 11.
[17] Siehe Rn 1.
[18] *Fronhöfer* in Widmann/Mayer Rn 29.
[19] *Beuthien* §§ 2 ff. UmwG Rn 47.
[20] Siehe Rn 2.
[21] *Fronhöfer* in Widmann/Mayer Rn 12.
[22] So aber missverständlich *Beuthien* §§ 2 ff. UmwG Rn 47.
[23] Siehe § 84 Rn 30; Rn 2 und § 90 Rn 26 f. zur sog. Anfechtungssperre.

der Fall, wenn das niedrigere Geschäftsguthaben bei der übernehmenden eG nicht dem Verhältnis der anteiligen Unternehmenswerte zwischen der übertragenden und übernehmenden eG entspricht[24]. Letzteres zielt auf Rechtsträger, bei denen die Mitgliedschaft nicht durch Anteile quantifiziert ist und es deshalb auch kein Umtauschverhältnis gibt, spielt für Genossenschaften also keine Rolle. Darüber hinaus setzt der Zuzahlungsanspruch **nicht** voraus, dass das Mitglied **Widerspruch** gegen den Verschmelzungsbeschluss bei der übertragenden eG zur Niederschrift erklärt hat[25].

b) Niedrigeres Geschäftsguthaben. Als besondere Anwendungsvoraussetzung für § 15 muss das Geschäftsguthaben des Mitglieds in der übernehmenden eG niedriger als in der übertragenden eG sein[26]. Maßgebend sind nicht die Geschäftsanteile oder deren Gesamtbetrag, auf den es nach Abs. 2 ankommt, sondern allein das Geschäftsguthaben[27], das sich aus den tatsächlichen Einzahlungen auf die Geschäftsanteile zuzüglich Gewinnzuschreibungen (bis zur Höhe der Geschäftsanteile) abzüglich Verlustabschreibungen ergibt[28]. Für die **Berechnung des Geschäftsguthabens**, das dem Mitglied bei der übertragenden eG zustand, ist deren Schlussbilanz auf den im Verschmelzungsvertrag festgesetzten Stichtag maßgebend[29].

Nach dem gesetzlichen Regelmodell wird dem Mitglied dieses Geschäftsguthaben bei der übernehmenden eG zum Nominalbetrag angerechnet und werden ihm so viele Geschäftsanteile der übernehmenden eG gewährt, wie durch Anrechnung des Geschäftsguthabens als voll eingezahlt anzusehen sind[30]. In Abweichung von diesem Regelmodell lässt das Gesetz ausdrücklich zwar nur zu, dass der Verschmelzungsvertrag eine **andere Berechnung der Zahl der zu gewährenden Geschäftsanteile** vorsieht[31]. Darüber hinaus folgt aber aus § 85 Abs. 1, dass das Geschäftsguthaben bei der übernehmenden eG nicht zwingend **zum Nennbetrag** angerechnet werden muss, sondern im Verschmelzungsvertrag auch eine **niedrigere Anrechnung** vorgesehen werden kann, weil die Vorschrift sonst keinen Anwendungsraum hätte[32]. Nur in einem solchen (praktisch äußerst seltenen) Fall kann es auch bei reinen eG-Verschmelzungen einen Anspruch auf bare Zuzahlung geben. Dagegen löst die bloße **Auszahlung von Spitzen** iRd. Anteilstauschs zum Nennbetrag[33] den Zuzahlungsanspruch nicht aus[34], weil dem Mitglied hier – gemessen am Nominalwertprinzip[35] – nichts genommen, sondern eben nur ein Teil ausbezahlt wird.

3. Anspruchshöhe

Bei reinen eG-Verschmelzungen ist der Zuzahlungsanspruch der Höhe nach dadurch begrenzt, dass § 15 nur anzuwenden ist, wenn und „soweit" das Geschäftsguthaben bei der

---

[24] Siehe § 80 Rn 43 zur dazu erforderlichen Unternehmensbewertung.
[25] Zu Einzelheiten siehe Kommentierung zu § 15; *Bork* in Lutter § 15 Rn 4; *Bayer* in Lutter Rn 4; siehe § 83 Rn 35 ff. zur Widerspruchserklärung.
[26] § 85 Abs. 1.
[27] *Fronhöfer* in Widmann/Mayer Rn 12.
[28] § 19 Abs. 1 Satz 2 und 3 GenG; siehe § 80 Rn 19 f.; *Stratz* in Schmitt/Hörtnagl/Stratz Rn 2.
[29] §§ 80 Abs. 2, 87 Abs. 3; *Stratz* in Schmitt/Hörtnagl/Stratz Rn 3.
[30] § 80 Abs. 1 Satz 1 Nr. 2 1. Halbs.; siehe § 80 Rn 17 ff. mit Beispielen.
[31] § 80 Abs. 1 Satz 1 Nr. 2 2. Halbs.; siehe § 80 Rn 31 ff.
[32] *Schulte* in Lang/Weidmüller § 80 UmwG Rn 3; *Beuthien* §§ 2 ff. UmwG Rn 46. *Stratz* in Schmitt/Hörtnagl/Stratz Rn 3 will dagegen das Geschäftsguthaben als Vergleichswert heranziehen, das sich nach der Verschmelzung aus der Bilanz der übernehmenden eG ergibt, wofür es aber – mangels vorgeschriebener Eröffnungsbilanz zum Verschmelzungsstichtag (§ 5 Abs. 1 Nr. 6) – gar keine Bilanz auf denselben Stichtag gibt; so auch *Hörtnagl* in Schmitt/Hörtnagl/Stratz § 24 Rn 4 mwN.
[33] § 87 Abs. 2 Satz 1; siehe § 80 Rn 24 und § 87 Rn 42 ff.
[34] *Schulte* in Lang/Weidmüller § 85 UmwG; *Röhrich* in H/P/G/R § 85 UmwG Rn 1.
[35] Siehe Rn 3.

übernehmenden eG niedriger als bei der übertragenden ist. Der Anspruch besteht nur **bis zur Höhe des Unterschiedsbetrags zwischen den Geschäftsguthaben**[36]. Darüber hinaus ist der Anspruch aber nicht – wie eine im Verschmelzungsvertrag festgesetzte bare Zuzahlung[37] – auf höchstens 10 % des Gesamtnennbetrags der gewährten Geschäftsanteile der übernehmenden Genossenschaft begrenzt, sondern kann im Spruchverfahren auch eine höhere Zuzahlung festgesetzt werden (wie durch die Verweisung von Abs. 1 auch auf § 15 Abs. 1 2. Halbs. klargestellt wird)[38].

15 Die bare Zuzahlung ist nach dem Tag, an dem die Eintragung der Verschmelzung in das Register des übernehmenden Rechtsträgers als bekannt gemacht gilt[39], mit 2% p. a. über dem jeweiligen Diskontsatz der Deutschen Bundesbank (jetzt: dem Basiszins gemäß Diskontsatzüberleitungsgesetz) **zu verzinsen**[40]. Die Geltendmachung eines **weiteren Schadens** ist nicht ausgeschlossen[41]. Das stimmt mit § 288 Abs. 4 BGB überein und betrifft den Schaden, der darauf beruht, dass das Mitglied nicht von vornherein eine angemessene Gegenleistung erhalten hat. Der weitere Schaden ist nicht im Spruchverfahren, sondern mit normaler **Leistungsklage** geltend zu machen[42].

IV. Zuschreibung auf das Geschäftsguthaben (Abs. 2)

16 Abs. 2 eröffnet der übernehmenden eG das **Wahlrecht** („kann auch"), den Anspruch auf die Zuzahlung nicht in bar, sondern durch Zuschreibung auf das Geschäftsguthaben zu erfüllen. Genau wie die Beschränkung des Zuzahlungsanspruchs durch Abs. 1 nach Grund und Höhe, bezweckt diese Erfüllungsmöglichkeit, den **Abfluss von Eigenkapital** aus der übernehmenden eG zu verhindern, indem die Zuzahlung auf diese Weise in der übernehmenden Genossenschaft gehalten wird[43].

17 Umgekehrt kann aber das betroffene Mitglied weder diese Zuschreibung noch verlangen, mit so vielen zusätzlichen Geschäftsanteilen bei der übernehmenden eG beteiligt zu werden, wie er (nach § 80 Abs. 1 Satz 1 Nr. 2 1. Halbs. oder einer anderen Berechnung nach dem Verschmelzungsvertrag) erhalten hätte, wenn ihm der Zuzahlungsbetrag im Vorhinein als Geschäftsguthaben angerechnet worden wäre; er hat hat also **keinen Anspruch auf Zuschreibung oder Zuweisung weiterer Geschäftsanteile**[44].

18 Die Zuschreibungsmöglichkeit besteht nur, soweit nicht der **Gesamtbetrag der Geschäftsanteile** des Mitglieds bei der übernehmenden eG überschritten wird[45]. Das entspricht der Regel für die Gewinnverteilung, dass Gewinne solange zugeschrieben werden, als nicht der Geschäftsanteil erreicht ist[46], vorher also nicht ausgeschüttet werden.

19 Nach dem gesetzlichen Regelmodell des Anteilstauschs zum Nominalbetrag ist das Geschäftsguthaben eines Mitglieds mit dem Gesamtbetrag seiner Geschäftsanteile zwingend identisch, weil das Mitglied genau mit so vielen Geschäftsanteilen beteiligt wird, wie durch Anrechnung seines Geschäftsguthabens als **voll eingezahlt** anzusehen sind[47]. Wenn der Verschmelzungsvertrag von diesem Regelmodell bloß insoweit abweicht, als die Geschäftsgutha-

---

[36] *Fronhöfer* in Widmann/Mayer Rn 14.
[37] § 87 Abs. 2 Satz 2; siehe § 87 Rn 50 f.
[38] Siehe Rn 2; *Stratz* in Schmitt/Hörtnagl/Stratz Rn 3; *Röhrich* in H/P/G/R § 85 UmwG Rn 1 aE.
[39] § 19 Abs. 3.
[40] § 15 Abs. 2 Satz 1; siehe dort Rn 28.
[41] § 15 Abs. 2 Satz 2.
[42] *Bork* in Lutter § 15 Rn 8; siehe § 15 Rn 30.
[43] Siehe Rn 2 und Rn 8.
[44] *Bayer* in Lutter Rn 11; *Fronhöfer* in Widmann/Mayer Rn 35.
[45] § 85 Abs. 2 2. Halbs.
[46] § 19 Abs. 1 Satz 3 GenG.
[47] § 80 Abs. 1 Satz 1 Nr. 2 1. Halbs.

ben mit einem niedrigeren als dem Nennwert angerechnet werden (was Grundvoraussetzung dafür ist, dass überhaupt ein Zuzahlungsanspruch entstehen kann[48]), darauf aber weiterhin nur voll eingezahlte Geschäftsanteile gewährt werden, ist die Erfüllungsmöglichkeit durch weitere **Zuschreibungen versperrt**. Der Anspruch muss dann stets und in voller Höhe bar erfüllt werden[49]. Der Anwendungsbereich von Abs. 2 ist damit insgesamt nur eröffnet, wenn der Verschmelzungsvertrag – über die niedrigere Anrechnung hinaus – die Gewährung nicht voll eingezahlter Geschäftsanteile vorsieht.

Eine solche **Gestaltung** wird sich regelmäßig nur anbieten, wenn auch die Altmitglieder 20 der übernehmenden eG teileingezahlte Geschäftsanteile halten und/oder Gewinnausschüttungen an die Neumitglieder zunächst unterbleiben sollen[50]. Außerdem wird nochmals darauf hingewiesen, dass Abs. 2 auch für **Mischverschmelzungen** von Rechtsträgern anderer Rechtsform auf eine übernehmende eG gilt[51], bei denen sich zusätzliche Konstellationen ergeben können.

V. Spruchverfahren

Der Anspruch auf bare Zuzahlung muss gegen die übernehmende eG im Spruchverfah- 21 ren[52] geltend gemacht werden. Der Antrag auf gerichtliche Entscheidung setzt – im Gegensatz zur Anfechtungsbefugnis und dem Ausschlagungsrecht[53] – **keinen Widerspruch zur Niederschrift des Verschmelzungsbeschlusses voraus**[54]. Er muss **binnen zwei Monaten** nach dem Tag gestellt werden, an dem die Eintragung der Verschmelzung im Register der übernehmenden eG als bekannt gemacht gilt[55].

§ 86 Anlagen der Anmeldung

(1) Der Anmeldung der Verschmelzung ist außer den sonst erforderlichen Unterlagen auch das für die anmeldende Genossenschaft erstattete Prüfungsgutachten in Urschrift oder in öffentlich beglaubigter Abschrift beizufügen.

(2) Der Anmeldung zur Eintragung in das Register des Sitzes des übernehmenden Rechtsträgers ist ferner jedes andere für eine übertragende Genossenschaft erstattete Prüfungsgutachten in Urschrift oder in öffentlich beglaubigter Abschrift beizufügen.

Übersicht

	Rn		Rn
I. Allgemeines	1	2. Form	3
II. Anmeldung zum Genossenschaftsregister	2	3. Inhalt	5
		III. Anlagen der Anmeldung	8
1. Zeitpunkt	2	IV. Prüfung durch das Registergericht	15

---

[48] Siehe Rn 12 f.
[49] *Fronhöfer* in Widmann/Mayer Rn 34 mit Beispiel.
[50] § 19 Abs. 1 Satz 3 GenG.
[51] Siehe Rn 8.
[52] Früher §§ 305 bis 312 aF, jetzt ersetzt durch das Spruchverfahrensgesetz (SpruchG) vom 12.6.2003, BGBl. I S. 838), in Kraft getreten am 1.9.2003.
[53] §§ 51 Abs. 2 Satz 1 GenG, 90 Abs. 3 Satz 1 Nr. 1 UmwG.
[54] Siehe Rn 11 aE. Zu Verfahren und Rechtswirkungen siehe Anh. SpruchG.
[55] § 4 Abs. 1 Nr. 4 SpruchG.

I. Allgemeines

1 Die Vorschrift ergänzt § 17 hinsichtlich der Anlagen, die der Anmeldung der Verschmelzung zum Genossenschaftsregister beizufügen sind, um die nach § 81 vom Genossenschaftsverband erstellten Prüfungsgutachten[1]. Diese Ergänzung ist erforderlich, weil das **Prüfungsgutachten** bei der Verschmelzung von Genossenschaften an die Stelle der **Prüfungsberichte** nach § 12 tritt[2]. § 86 vollzieht diese Substitution für die Anlagen zur Registeranmeldung nach. Außerdem geht Abs. 2 über das frühere Recht[3] hinaus, indem er anordnet, dass der Anmeldung beim Register des übernehmenden Rechtsträgers jedes andere für eine übertragende eG erstattete Prüfungsgutachten beizufügen ist. Die Vollständigkeit der Anlagen soll dem Registergericht die **Prüfung ermöglichen,** ob der registerrechtlich erhebliche Verschmelzungstatbestand erfüllt ist und es die Eintragung vornehmen kann[4].

II. Anmeldung zum Genossenschaftsregister

1. Zeitpunkt

2 Die Anmeldung selbst ist in § 16 geregelt. Trotz der dabei abzugebenden Erklärung des Vorstands, dass keine Klage gegen die Wirksamkeit eines Verschmelzungsbeschlusses erhoben ist[5], kann die Verschmelzung auch schon vor **Ablauf der einmonatigen Klagefrist**[6] angemeldet, nur nicht eingetragen werden, bevor die Negativerklärung nachgereicht ist[7]. Für die **Reihenfolge** der Anmeldungen spielt es keine Rolle, dass die Eintragung stets zuerst beim übertragenden und dann beim übernehmenden Rechtsträger erfolgen muss[8]. Das Registergericht darf die Verschmelzung nur eintragen, wenn die **Schlussbilanz** auf einen höchstens **acht Monate** vor der Anmeldung liegenden Stichtag aufgestellt worden ist[9]. Daraus ergibt sich, dass die Anmeldung spätestens acht Monate nach dem Stichtag der Schlussbilanz erfolgen muss, in der Praxis (bei Identität von Geschäfts- und Kalenderjahr und Verwendung des letzten Jahresabschlusses als Schlussbilanz) spätestens am 31. 8.[10]. Selbst geringfügige **Fristüberschreitungen** bilden ein **Eintragungshindernis**[11].

2. Form

3 Die Vertretungsorgane jedes an der Verschmelzung beteiligten Rechtsträgers sind **verpflichtet,** die Verschmelzung zur Eintragung in das Register des Sitzes ihres Rechtsträgers anzumelden[12]. Bei Kapitalgesellschaften kann das durch Vorstandsmitglieder/Geschäftsführer in vertretungsberechtigter Zahl geschehen[13]. Bei Genossenschaften war die Anmeldung frü-

---

[1] *Stratz* in Schmitt/Hörtnagl/Stratz Rn 1; *Beuthien* § 2 ff. UmwG Rn 54; *Schulte* in Lang/Weidmüller § 86 UmwG Rn 1; *Röhrich* in H/P/G/R § 86 UmwG Rn 1.
[2] Siehe § 81 Rn 1 f.
[3] § 93 d Abs. 2 GenG aF; *Bayer* in Lutter Rn 1.
[4] *Beuthien* §§ 2 ff. UmwG Rn 54.
[5] § 16 Abs. 2.
[6] § 14 Abs. 1.
[7] *Bork* in Lutter § 16 Rn 4; *Stratz* in Schmitt/Hörtnagl/Stratz § 16 Rn 22 aE; *Röhrich* in H/P/G/R §§ 16, 17 Rn 3.
[8] § 19 Abs. 1 Satz 1.
[9] § 17 Abs. 2 Satz 3.
[10] Siehe § 80 Rn 46.
[11] *Beuthien* §§ 2 ff. UmwG Rn 54 mwN; Einzelheiten siehe Kommentierung zu §§ 16, 17.
[12] § 16 Abs. 1 Satz 1. Die Vorschrift zählt alle in Frage kommenden Register und darunter auch das Genossenschaftsregister ausdrücklich auf.
[13] *Stratz* in Schmitt/Hörtnagl/Stratz § 16 Rn 6 f.

her durch sämtliche Vorstandsmitglieder vorzunehmen. Nach § 157 GenG nF[14] gilt dies nur noch für die Erstanmeldung der eG, also nicht mehr für Umwandlungen. Die Verschmelzung kann jetzt also **durch Vorstandsmitglieder in vertretungsberechtigter Zahl** angemeldet werden. Dies muss seit dem 1.1.2007[15] **elektronisch** geschehen[16]. Die Vorschrift ordnet außerdem an, dass die Anmeldung **öffentlich beglaubigt**[17] sein muss. § 6 Abs. 2 Nr. 7 GenRegVO stellt ausdrücklich klar, dass hierunter auch die Anmeldung einer Verschmelzung unter Beteiligung einer Genossenschaft fällt. Die Anmeldung durch einen Bevollmächtigten ist ausgeschlossen[18].

Nach § 16 Abs. 1 Satz 2 ist das **Vertretungsorgan des übernehmenden Rechtsträgers** berechtigt, die Verschmelzung auch zur Eintragung bei übertragenden Rechtsträgern anzumelden. Vorstandsmitglieder der übernehmenden eG in vertretungsberechtigter Zahl können deshalb die Verschmelzung bei einer übertragenden eG anmelden[19]. Erst wenn die zur Anmeldung erforderlichen Erklärungen sämtlicher Vorstandsmitglieder beurkundet oder beglaubigt sind, gilt der Notar als ermächtigt, die Eintragung beim Genossenschaftsregister zu beantragen[20]. In der Praxis sollte die öffentlich beglaubigte[21] Unterzeichnung durch sämtliche Vorstandsmitglieder so früh wie möglich sichergestellt werden[22].

3. Inhalt

Die Anmeldung zur Eintragung in das Genossenschaftsregister muss inhaltlich das Begehren der anmeldenden Genossenschaft durch ihren Vorstand zum Ausdruck bringen, dass die Verschmelzung eingetragen werden solle („melden wir, die unterzeichnenden vertretungsberechtigten Vorstandsmitglieder der X eG, zur Eintragung in das Genossenschaftsregister an"). Die **Eintragung** ist zu **beantragen**. Die **beteiligten Rechtsträger** sind genau zu bezeichnen und der Verschmelzungstatbestand anzugeben[23]. Dazu gehören die jeweilige **Rolle** als übertragender oder übernehmender Rechtsträger sowie der **Verschmelzungsvertrag** und die **Verschmelzungsbeschlüsse** (aller beteiligten Rechtsträger) jeweils mit ihrem Datum.

Außerdem muss der Vorstand in der Anmeldung die **Negativerklärung über Wirksamkeitsklagen** abgeben[24] oder diese Erklärung bei vorheriger Anmeldung nach Ablauf der einmonatigen Klagefrist nachreichen[25], und zwar – nach dem Gesetzeswortlaut „Klage gegen die Wirksamkeit eines Verschmelzungsbeschlusses"[26] – nicht nur für den Verschmelzungsbeschluss der anmeldenden Genossenschaft, sondern auch für die Beschlüsse anderer beteiligter Rechtsträger. Da der Vorstand hierüber keine genuine Kenntnis haben kann, darf er sich auf die Erklärung beschränken, die Vertretungsorgane des anderen Rechtsträgers hätten ihn informiert, dass dort auch keine Wirksamkeitsklagen gegen dessen Verschmelzungsbeschluss erhoben worden seien.

---

[14] BGBl I 2006, 1911, 1945; siehe dazu die Begründung im RegE, BT-Drucks. 16/1025, 94.
[15] Inkrafttreten des Gesetzes über elektronische Handels- und Genossenschaftsregister sowie das Unternehmensregister (EHUG), BGBl I 2006, 2553.
[16] § 157 GenG.
[17] § 129 BGB.
[18] § 6 Abs. 3 Satz 1 GenRegVO.
[19] *Beuthien* §§ 2 ff. UmwG Rn 51.
[20] § 6 Abs. 3 Satz 2 GenRegVO, §§ 129, 147 Abs. 1 FGG.
[21] § 129 BGB.
[22] Die Anmeldung kann die Negativerklärung nach § 16 Abs. 2 schon enthalten, wenn der Vorstand den Notar instruiert, die Anmeldung nicht vor Ablauf der einmonatigen Klagefrist nach § 14 Abs. 1 und einer entsprechenden Freigabe durch den Vorstand einzureichen.
[23] *Bork* in Lutter § 16 Rn 4.
[24] § 16 Abs. 2.
[25] Siehe Rn 2.
[26] § 16 Abs. 2 Satz 1.

§ 86 7–10

7 Wenn der Verschmelzungsvertrag unter einer **Bedingung** abgeschlossen wurde[27], muss der Vorstand schließlich noch erklären, dass die aufschiebende Bedingung eingetreten oder die auflösende Bedingung nicht eingetreten sei[28].

III. Anlagen der Anmeldung

8 Welche Anlagen der Anmeldung beizufügen sind, ergibt sich zunächst aus der allgemeinen Vorschrift des § 17, was auch der Wortlaut von Abs. 1 zum Ausdruck bringt („außer den sonst erforderlichen Unterlagen"). Dabei handelt es sich um folgende Unterlagen:
– Verschmelzungsvertrag;
– Niederschriften der Verschmelzungsbeschlüsse (sämtlicher beteiligten Rechtsträger);
– nach dem UmwG erforderliche Zustimmungserklärungen[29];
– Verschmelzungsbericht oder Verzichtserklärungen[30];
– Nachweis über die rechtzeitige Zuleitung des Verschmelzungsvertrags oder seines Entwurfs an den Betriebsrat[31];
– Schlussbilanz des übertragenden Rechtsträgers (nur der Anmeldung zum Register seines, nicht auch des übernehmenden Rechtsträgers)[32].

9 **Genehmigungsurkunden** spielen bei reinen eG-Verschmelzungen keine Rolle, auch nicht für Kreditgenossenschaften, bei denen die Verschmelzungsabsicht, der Vollzug oder das Scheitern der Verschmelzung gegenüber der BaFin und der Deutschen Bundesbank lediglich anzeigepflichtig sind[33]. Wenn eine übertragende eG mit einer übernehmenden eG außerhalb ihres eigenen Verbandsgebiets verschmilzt, führt dies zwar zu einem Verbandswechsel[34], es entsteht aber kein staatliches Genehmigungserfordernis[35].

10 An die Stelle des Prüfungsberichts, den Rechtsträger anderer Rechtsform einholen müssen[36], tritt für Genossenschaften das **Prüfungsgutachten** des Genossenschaftsverbands[37]. Während sämtliche Anteilsinhaber eines Rechtsträgers anderer Rechtsform auf den Prüfungsbericht durch notariell beurkundete Erklärungen verzichten können[38], ist das Prüfungsgutachten **unverzichtbar**[39]. Abs. 1 vollzieht diese Besonderheit für die Anmeldung zum Genossenschaftsregister nach, indem die sonst als Anlagen erforderlichen Prüfungsberichte oder Verzichtserklärungen[40] durch das für die anmeldende Genossenschaft erstattete Prüfungsgutachten ersetzt werden, ordnet außerdem seine Beifügung in Urschrift oder öffentlich beglaubigter Abschrift an und durchbricht damit den Grundsatz, dass nicht beurkundungsbedürftige Dokumente generell in einfacher Abschrift beigefügt werden können[41]. Damit wird

---

[27] § 7.
[28] Siehe Vorauf. § 80 Rn 15 ff.; dort auch zum Eintritt auflösender Bedingungen nach der Eintragung, der die Verschmelzungswirkungen nicht mehr berührt.
[29] Solche sind bei reinen eG-Verschmelzungen nie erforderlich, können dies aber bei Mischverschmelzungen einer eG mit einem Rechtsträger anderer Rechtsform sein; siehe dazu eingehend *Schwarz* in Widmann/Mayer Rn 7 und *Bayer* in Lutter Rn 10 ff.; aA *Fronhöfer* in Widmann/Mayer Rn 13 Fn 1.
[30] § 8 Abs. 3.; siehe § 8 Rn 68 ff. und § 82 Rn 29.
[31] § 5 Abs. 3; siehe § 5 Rn 140 ff.
[32] § 17 Abs. 2 Satz 1; siehe § 17 Rn 13 ff.
[33] § 24 Abs. 2 KWG, § 16 AnzV; siehe § 82 Rn 43 ff.; *Beuthien* §§ 2 ff. UmwG Rn 53.
[34] § 54 a GenG.
[35] *Beuthien* §§ 2 ff. UmwG Rn 54; aA *Schulte* in Lang/Weidmüller § 17 UmwG Rn 2, dort auch zu einem kartellrechtlichen Genehmigungserfordernis.
[36] §§ 9 bis 12.
[37] § 81.
[38] §§ 12 Abs. 3, 9 Abs. 3, 8 Abs. 3.
[39] Siehe § 81 Rn 4.
[40] § 17 Abs. 1.
[41] § 17 Abs. 1 Satz 1; *Bork* in Lutter § 17 Rn 3.

der Bedeutung Rechnung getragen, die dem Prüfungsgutachten aufgrund der Stellung des Genossenschaftsverbands zukommt[42].

Abs. 1 gilt unabhängig davon, ob die anmeldende Genossenschaft **übertragende oder übernehmende eG** ist oder die Anmeldung für die übertragende eG durch die übernehmende eG erfolgt[43]. Wenn für zwei oder mehrere beteiligte Genossenschaften ein **gemeinsames Prüfungsgutachten** erstellt wurde[44], muss es insgesamt als Anlage beigefügt werden, also nicht etwa nur ein auf die anmeldende eG bezogener Teil[45]. 11

Während Abs. 1 die Beifügung des Prüfungsgutachtens vorschreibt, das für die anmeldende eG selbst erstattet wurde, verlangt **Abs. 2** für die **Anmeldung des übernehmenden Rechtsträgers** zusätzlich, dass dieser auch **jedes andere** für eine übertragende eG erstattete Prüfungsgutachten beizufügen ist. Durch den neutralen Begriff „Rechtsträger" wird klargestellt, dass dies nicht nur für eine übernehmende eG, sondern auch für Mischverschmelzungen gilt, bei denen der übernehmende Rechtsträger eine andere Rechtsform hat[46]. Eine **übernehmende eG** hat also nach Abs. 1 das für sie selbst und nach Abs. 2 das für eine übertragende eG erstattete Prüfungsgutachten beizufügen (falls nicht ohnehin ein gemeinsames Gutachten[47] erstattet wurde). 12

Für einen **übernehmenden Rechtsträger anderer Rechtsform** gilt Abs. 1 nicht; dieser hat für sich selbst den Prüfungsbericht oder die Verzichtserklärungen[48] sowie nach Abs. 2 das Prüfungsgutachten für eine übernehmende eG beizufügen. 13

Die **Form der Anlagen** bestimmt sich allgemein nach § 17 Abs. 1. Danach sind beurkundungsbedürftige Dokumente in Ausfertigung oder öffentlich-beglaubigter Abschrift, nicht beurkundungsbedürftige Dokumente in Urschrift oder Abschrift (Fotokopie) beizufügen[49]. Abs. 1 und Abs. 2 durchbrechen diesen Grundsatz insoweit, als das Prüfungsgutachten in Urschrift oder öffentlich-beglaubigter Abschrift beizufügen ist, obwohl es nicht beurkundet wird[50]. 14

IV. Prüfung durch das Registergericht

Bevor das Registergericht die Verschmelzung einträgt, hat es die Eintragungsvoraussetzungen zu überprüfen. Dazu gehören insbesondere die ordnungsgemäße Anmeldung und Vollständigkeit der Anlagen. Etwaige Mängel sind durch **Zwischenverfügung** zu rügen, damit die anmeldende eG diese Mängel (soweit möglich) beseitigen kann[51]. 15

Da die Verschmelzung inhaltlich auf dem Verschmelzungsvertrag und den Verschmelzungsbeschlüssen beruht, sind der Vertrag vom Registergericht auf die gesetzlichen Mindestanforderungen[52] und die Beschlüsse auf die erforderliche Mehrheit (bei der eG Dreiviertelmehrheit[53]) und beide jeweils darauf zu überprüfen, ob sie formwirksam sind[54]. Darüber 16

---

[42] Siehe § 81 Rn 1.
[43] § 16 Abs. 1 Satz 2; siehe Rn 4; *Bayer* in Lutter Rn 21.
[44] § 81 Abs. 1 Satz 2; siehe § 81 Rn 30 ff.
[45] *Bayer* in Lutter Rn 21; *Röhrich* in H/P/G/R § 86 UmwG Rn 2. Siehe auch § 82 Rn 31 zur entsprechenden Auslegung eines gemeinsamen Prüfungsgutachtens im Vorfeld der General-/Vertreterversammlung.
[46] *Stratz* in Schmitt/Hörtnagl/Stratz Rn 2; *Fronhöfer* in Widmann/Mayer Rn 31; wohl *Bayer* in Lutter Rn 21.
[47] Gem. § 81 Abs. 1 Satz 2.
[48] §§ 12 Abs. 3, 9 Abs. 3, 8 Abs. 3.
[49] *Bork* in Lutter § 17 Rn 3; *Bayer* in Lutter Rn 22.
[50] Siehe Rn 10 und § 81 Rn 18.
[51] *Bayer* in Lutter Rn 24 aE.
[52] §§ 5, 80.
[53] § 84.
[54] §§ 14, 13 Abs. 3 Satz 1 und 2; *Stratz* in Schmitt/Hörtnagl/Stratz § 19 Rn 8.

§ 87 Zweites Buch. Verschmelzung

hinaus hat keine Überprüfung stattzufinden, ob das **Umtauschverhältnis** der Anteile richtig festgesetzt ist, weil darüber im Spruchverfahren[55] entschieden wird[56]. Nach zutreffender Auffassung darf der Registerrichter die Eintragung nicht wegen solcher Mängel verweigern, die **bloße Anfechtbarkeit** des Verschmelzungsbeschlusses zur Folge haben, wenn die rechtzeitige Anfechtung[57] unterblieben ist, weil der Beschluss dann nicht durch Gestaltungsurteil für nichtig erklärt wird[58], sondern wirksam und vom Registergericht zu akzeptieren ist. Nur Nichtigkeitsgründe hat es von Amts wegen zu berücksichtigen[59].

17 Für die **Eintragung** und **Bekanntmachung** der Verschmelzung und die Wirkungen der Eintragung gelten §§ 19 und 20[60].

§ 87 Anteilstausch

(1) **Auf Grund der Verschmelzung ist jedes Mitglied einer übertragenden Genossenschaft entsprechend dem Verschmelzungsvertrag an dem übernehmenden Rechtsträger beteiligt. Eine Verpflichtung, bei einer übernehmenden Genossenschaft weitere Geschäftsanteile zu übernehmen, bleibt unberührt. Rechte Dritter an den Geschäftsguthaben bei einer übertragenden Genossenschaft bestehen an den Anteilen oder Mitgliedschaften des übernehmenden Rechtsträgers anderer Rechtsform weiter, die an die Stelle der Geschäftsanteile der übertragenden Genossenschaft treten. Rechte Dritter an den Anteilen oder Mitgliedschaften des übertragenden Rechtsträgers bestehen an den bei der übernehmenden Genossenschaft erlangten Geschäftsguthaben weiter.**

(2) **Übersteigt das Geschäftsguthaben, das das Mitglied bei einer übertragenden Genossenschaft hatte, den Gesamtbetrag der Geschäftsanteile, mit denen es nach Absatz 1 bei einer übernehmenden Genossenschaft beteiligt ist, so ist der übersteigende Betrag nach Ablauf von sechs Monaten seit dem Tage, an dem die Eintragung der Verschmelzung in das Register des Sitzes der übernehmenden Genossenschaft nach § 19 Abs. 3 bekannt gemacht worden ist, an das Mitglied auszuzahlen; die Auszahlung darf jedoch nicht erfolgen, bevor die Gläubiger, die sich nach § 22 gemeldet haben, befriedigt oder sichergestellt sind. Im Verschmelzungsvertrag festgesetzte bare Zuzahlungen dürfen nicht den zehnten Teil des Gesamtnennbetrags der gewährten Geschäftsanteile der übernehmenden Genossenschaft übersteigen.**

(3) **Für die Berechnung des Geschäftsguthabens, das dem Mitglied bei einer übertragenden Genossenschaft zugestanden hat, ist deren Schlußbilanz maßgebend.**

Übersicht

	Rn		Rn
I. Allgemeines	1	b) Mehrstimmrechte	12
II. Anteilstausch (Abs. 1 Satz 1)	4	c) Sonderrechte gem. § 23	13
1. Anwendungsbereich	4	d) Organstellungen	15
2. Erwerb der Mitgliedschaft	5	e) Beteiligungen	16
3. Rechte und Pflichten bei einer übertragenden eG	10	4. Rechte und Pflichten bei der übernehmenden eG	18
a) Nebenleistungspflichten	11	a) Leistungen und Einrichtungen	19

---

[55] § 15 iVm. SpruchG, siehe § 85 Rn 21 und Anh. SpruchG § 11 Rn 2.
[56] *Grunewald* in Lutter § 20 Rn 6.
[57] §§ 14 Abs. 1 UmwG, 51 Abs. 1 Satz 2 GenG.
[58] § 51 Abs. 5 GenG.
[59] Siehe bereits § 82 Rn 50 und § 83 Rn 46; aA *Bayer* in Lutter Rn 24 und allg. *Bork* in Lutter § 16 Rn 5 unter Hinweis auf *Rettmann*, Die Rechtmäßigkeitskontrolle von Verschmelzungsbeschlüssen, 1998, S. 191 ff. und die obergerichtliche Rspr., nach der nur Nichtigkeitsgründe beachtlich sind. Einzelheiten siehe Kommentierung zu § 19.
[60] Siehe Kommentierung zu §§ 19, 20.

	Rn		Rn
b) Dividende	20	c) Vertragliche Rechte	40
c) Eintrittsgelder	21	3. Weiterbestehen	41
d) Sonstige statutarische Pflichten	23	V. Auszahlung übersteigender	
5. Umtauschverhältnis	25	Geschäftsguthaben (Abs. 2 Satz 1)	42
III. Aufstockungspflicht (Abs. 1 Satz 2)	26	1. Anwendungsbereich	42
1. Anwendungsbereich	26	2. Anspruchsinhaber und -gegner	43
2. Voraussetzungen	27	3. Auszahlungsvoraussetzung	44
3. Durchsetzbarkeit	31	4. Fälligkeit	45
IV. Fortbestand von Rechten Dritter (Abs. 1 Satz 3 und 4)	32	5. Gläubigervorbehalt	46
1. Anwendungsbereich	32	6. Abdingbarkeit	48
2. Rechte Dritter	35	VI. Limitierung vertraglich festgesetzter barer Zuzahlungen (Abs. 2 Satz 2)	50
a) Pfandrechte	36	VII. Maßgeblichkeit der Schlussbilanz (Abs. 3)	52
b) Nießbrauch	39		

I. Allgemeines

Systematisch beginnen mit § 87 die Vorschriften des Fünften Abschnitts, Erster Unterabschnitt, die sich mit der Phase ab Wirksamwerden der Verschmelzung durch Eintragung im Register des übernehmenden Rechtsträgers befassen **(Nach-Eintragungsphase)**, während die vorangegangenen §§ 79 bis 86 die Vor-Eintragungsphase betreffen. Inhaltlich ergänzt und konkretisiert § 87 die allgemeinen Bestimmungen in § 20 Abs. 1 Nr. 3[1], wonach die Eintragung bewirkt, dass die Anteilsinhaber übertragender Rechtsträger Anteilsinhaber des übernehmenden Rechtsträgers werden, soweit dies nicht zu einem (auch wirtschaftlichen) Erwerb eigener Aktien durch den übernehmenden Rechtsträger führt, und Rechte Dritter an den getauschten Anteilen fortbestehen. 1

Abs. 1 Satz 1 stellt die Verknüpfung zwischen dem gesetzlichen Anteilstausch und den dazu im **Verschmelzungsvertrag** getroffenen Regelungen her[2]. Abs. 1 Satz 2 stellt klar, dass höhere statutarische **Pflichtbeteiligungen** bei einer übernehmenden eG, als sie durch den Anteilstausch entstehen, auch für die Neumitglieder gelten. Abs. 1 Satz 3 und 4 ergänzt die **dingliche Surrogation** von Rechten Dritter um die Besonderheit, dass die Beteiligung an einer Genossenschaft nicht – wie bei sonstigen Rechtsträgern – durch die Geschäftsanteile, sondern durch das Geschäftsguthaben repräsentiert wird. Abs. 2 Satz 1 begründet den Anspruch der Neumitglieder auf **Auszahlung überschießender Geschäftsguthaben** (Spitzen), für die sie keine Geschäftsanteile der übernehmenden eG mehr erhalten. Abs. 2 Satz 2 limitiert **bare Zuzahlungen**, die schon im Verschmelzungsvertrag festgesetzt werden, auf 10% des Gesamtnennbetrags der gewährten Geschäftsanteile. Abs. 3 bestimmt die **Schlussbilanz** des übernehmenden Rechtsträgers[3] als maßgeblich für die Berechnung des Geschäftsguthabens. 2

Insgesamt hat die Vorschrift eher technischen Charakter, indem sie allgemeine Begrifflichkeiten an genossenschaftliche Besonderheiten adaptiert. Darüber hinaus dient sie dem **Schutz der Dritten**, die Rechte an den Geschäftsguthaben einer übertragenden eG bzw. an den Anteilen oder Mitgliedschaften anderer übertragender Rechtsträger hatten[4], darüber hinaus dem **Schutz der Gläubiger** einer übertragenden eG davor, dass bisheriges Eigenkapital der übertragenden eG in Form von Spitzenbeträgen an die Anteilsinhaber ausge- 3

---

[1] *Bayer* in Lutter Rn 2; *Fronhöfer* in Widmann/Mayer Rn 1; *Stratz* in Schmitt/Hörtnagl/Stratz Rn 1; *Beuthien* §§ 2 ff. UmwG Rn 67.
[2] Siehe § 80 Rn 2 zu diesem Regelungszusammenhang.
[3] § 17 Abs. 2.
[4] § 87 Abs. 1 Satz 3 und 4; siehe allg. *Stratz* in Schmitt/Hörtnagl/Stratz § 20 Rn 19.

zahlt wird, bevor diese Gläubiger befriedigt oder sichergestellt sind. Die Limitierung vertraglich festgesetzter barer Zuzahlungen soll in erster Linie die **übernehmende eG** vor einem darüber hinausgehenden **Abschmelzen ihres Eigenkapitals** schützen, was mittelbar auch wieder dem Gläubigerschutz dient.

II. Anteilstausch (Abs. 1 Satz 1)

1. Anwendungsbereich

4   Nach dem insoweit neutralen Wortlaut ist Abs. 1 Satz 1 gleichermaßen anwendbar, wenn der **übernehmende Rechtsträger** eine Genossenschaft ist oder eine andere Rechtsform hat, gilt also für reine eG-Verschmelzungen und Mischverschmelzungen übertragender Genossenschaften auf übernehmende Rechtsträger anderer Rechtsform[5]. Hat dagegen der übertragende Rechtsträger eine andere Rechtsform, gilt Abs. 1 Satz 1 nicht. Wenn eine Kapitalgesellschaft oder ein rechtsfähiger Verein als übertragender Rechtsträger beteiligt ist, gelten statt dessen § 88 Abs. 1 und 2 für das Geschäftsguthaben bei der übernehmenden eG[6].

2. Erwerb der Mitgliedschaft

5   Mit Eintragung der Verschmelzung im Register des übernehmenden Rechtsträgers entstehen die **Mitgliedschaften** und **Anteile** der bisherigen Mitglieder des übertragenden Rechtsträgers unmittelbar **kraft Gesetzes**, ohne dass es einer Beitrittserklärung seitens des Anteilsinhabers oder Zulassung seitens des übertragenden Rechtsträgers bedarf. Bei einer übernehmenden eG sind §§ 15, 15 a, 15 b GenG nicht anwendbar[7]. Die Eintragung in die Mitgliederliste ist nicht konstitutiv, sondern nur rechtsbekundend vorgeschrieben[8].

6   Die Mitgliedschaften und Geschäftsanteile werden von **sämtlichen Anteilsinhabern** des übertragenden Rechtsträgers unabhängig davon erworben, ob sie etwaige Voraussetzungen für die Mitgliedschaft in der Satzung einer übernehmenden eG erfüllen, und ohne dass der Verschmelzungsvertrag den Erwerb für einzelne Mitglieder ausschließen oder an zusätzliche Bedingungen knüpfen könnte[9]. Jeder Anteilsinhaber des übertragenden Rechtsträgers ist mit **mindestens einem Geschäftsanteil** an der übernehmenden eG beteiligt[10]. Unzulässig ist es deshalb, Einzelne nur bar abzufinden[11]. Die übernehmende eG kann Neumitglieder allerdings nach dem Anteilserwerb zum Schluss des bei Eintragung der Verschmelzung laufenden Geschäftsjahrs wieder ausschließen, wenn sie statutarische Mitgliedschaftsvoraussetzungen nicht erfüllen, ihre Pflichten gegenüber der übernehmenden eG verletzen oder sonstige statutarische Ausschlussgründe vorliegen[12].

7   Außerdem gilt der allgemeine Grundsatz, dass durch die Verschmelzung **keine eigenen Anteile** des übernehmenden Rechtsträgers an sich selbst erworben werden können[13], auch für übernehmende Genossenschaften. Soweit die übernehmende eG vor der Verschmelzung

---

[5] *Fronhöfer* in Widmann/Mayer Rn 13; *Stratz* in Schmitt/Hörtnagl/Stratz Rn 2.
[6] Siehe die Kommentierung zu § 88, dort auch Rn 17 zur fehlenden Regelung für übertragende Personenhandels- oder Partnerschaftsgesellschaften.
[7] *Schulte* in Lang/Weidmüller § 87 UmwG Rn 2; *Röhrich* in H/P/G/R § 87 UmwG Rn 2; *Bayer* in Lutter Rn 16; *Beuthien* §§ 2 ff. UmwG 68.
[8] § 89 Abs. 1; siehe § 89 Rn 3; *Beuthien* §§ 2 ff. UmwG Rn 68; *Röhrich* in H/P/G/R § 87 UmwG Rn 2.
[9] *Schulte* in Lang/Weidmüller § 87 UmwG Rn 2; *Röhrich* in H/P/G/R § 87 UmwG Rn 2.
[10] § 80 Abs. 1 Satz 1 Nr. 1 und 2; siehe § 80 Rn 14 ff. und Rn 25; *Stratz* in Schmitt/Hörtnagl/Stratz Rn 3.
[11] *Stratz* in Schmitt/Hörtnagl/Stratz Rn 2.
[12] § 68 GenG; *Bayer* in Lutter Rn 17.
[13] § 20 Abs. 1 Nr. 3 Satz 1 2. Halbs.; siehe § 20 Rn 76; *Grunewald* in Lutter § 20 Rn 59 ff.

am übertragenden Rechtsträger beteiligt war, findet also kein Anteilserwerb statt[14]. Die bisherige Beteiligung am übertragenden Rechtsträger entfällt ersatzlos und wächst sämtlichen Anteilsinhabern des übernehmenden Rechtsträgers quotal an, was sich bei einer übernehmenden eG allerdings nicht in einer Erhöhung der Geschäftsguthaben widerspiegelt.

Bei Mitgliedern des übertragenden Rechtsträgers, die ihre dortige Mitgliedschaft vor Eintragung der Verschmelzung **gekündigt** hatten oder denen gegenüber die **Ausschließung erklärt** worden war, kommt es darauf an, ob die Kündigung oder Ausschließung bis zu dieser Eintragung schon wirksam geworden, die Kündigungs- oder Ausschließungsfristen also abgelaufen waren. War das der Fall, entstehen gar nicht erst Mitgliedschaften bei einer übernehmenden eG. Dauerten die Fristen bei Wirksamwerden der Verschmelzung dagegen noch an, entstehen die Mitgliedschaften bei der übernehmenden eG zunächst, bedarf es aber keiner neuen Kündigungserklärung des Mitglieds oder Ausschließungserklärung der übernehmenden eG, sondern scheidet das Mitglied ohne weiteres zu dem Zeitpunkt wirksam aus, zu dem die Erklärungen beim übertragenden Rechtsträger wirksam geworden wären[15]. Mitglieder einer übertragenden eG, die vor Eintragung der Verschmelzung bereits wirksam ausgeschieden waren, erhalten auch dann keine Mitgliedschaften bei einer übernehmenden eG, wenn die Eintragung der Verschmelzung **binnen sechs Monaten** nach ihrem Ausscheiden erfolgt. § 75 GenG ist trotz des Wortlauts von § 2 („unter Auflösung") nicht anwendbar[16].

Wenn ein Anteilsinhaber des übertragenden Rechtsträgers vor der Verschmelzung auch schon Mitglied der übernehmenden eG war, also eine **Doppelmitgliedschaft** bestand, entsteht durch die Verschmelzung keine zweite Mitgliedschaft. Als Summe der Rechte und Pflichten des Mitglieds ist die Mitgliedschaft unteilbar und kann sich schon begrifflich nicht verdoppeln[17]. Wenn die Satzung der übernehmenden eG nur die Beteiligung mit einem Geschäftsanteil vorsieht, bleibt es bei dem schon bestehenden Anteil und ist das Geschäftsguthaben, das er bei der übertragenden eG hatte, in voller Höhe auszuzahlen[18]. Lässt das Statut dagegen die Beteiligung mit mehreren Geschäftsanteilen zu, werden bis zur zulässigen Anzahl so viele Geschäftsanteile erworben, wie durch die **zusammengerechneten Geschäftsguthaben** voll eingezahlt sind, falls der Verschmelzungsvertrag keine andere Berechnung festsetzt[19].

3. Rechte und Pflichten bei einer übertragenden eG

Mit Eintragung der Verschmelzung in das Register des übernehmenden Rechtsträgers erlischt eine übertragende eG[20]. Gleichzeitig **erlöschen sämtliche mitgliedschaftlichen Rechte** und Pflichten bei der übertragenden eG. Das gilt für Nebenleistungspflichten einerseits und Sonderrechte andererseits.

a) Nebenleistungspflichten. Genossenschaftsrechtliche Sonder- und Nebenleistungspflichten[21] zur Inanspruchnahme von Einrichtungen oder Leistungen der eG, **Andienungs- oder Bezugspflichten** für Waren oder zur Leistung von Diensten[22] sind Teil der Rechte und

---

[14] *Bayer* in Lutter Rn 15.
[15] Siehe § 80 Rn 29; *Bayer* in Lutter Rn 19 (auch wenn die Geschäftsjahre der beteiligten Genossenschaften voneinander abweichen); *Röhrich* in H/P/G/R § 87 UmwG Rn 3; *Beuthien* §§ 2 ff. UmwG Rn 69 unter Hinweis auf *KG* JW 1935, 3166, 3167; *LG Köln* ZfG 1975, 151, 152.
[16] *Bayer* in Lutter Rn 21; *Fronhöfer* in Widmann/Mayer Rn 71; *Schulte* in Lang/Weidmüller § 87 UmwG Rn 18; *Schlarb* S. 135 f. zum früheren Recht. Siehe auch § 90 Rn 6 zum fehlenden Ausschlagungsrecht und § 95 Rn 3 f. zur fehlenden Nachschusspflicht bei der übernehmenden eG.
[17] *Beuthien* §§ 2 ff. UmwG Rn 71; *Bayer* in Lutter Rn 18.
[18] § 87 Abs. 2 Satz 1.
[19] § 80 Abs. 1 Satz 1 Nr. 2; siehe § 80 Rn 28 mit Beispiel; *Bayer* in Lutter Rn 18; *Röhrich* in H/P/G/R § 87 UmwG Rn 4; *Schulte* in Lang/Weidmüller § 87 UmwG Rn 10.
[20] § 20 Abs. 1 Nr. 2.
[21] *Schulte* in Lang/Weidmüller § 87 GenG Rn 22; *Müller* § 16 GenG Rn 27.
[22] § 16 Abs. 3 GenG; *Beuthien* § 16 GenG Rn 17.

Pflichten aus der Mitgliedschaft und gehen deshalb nicht im Wege der Gesamtrechtsnachfolge[23] auf den übernehmenden Rechtsträger über, obwohl sie durchaus vermögenswerten Charakter haben können[24].

12 **b) Mehrstimmrechte.** Diese werden durch die Satzung der übertragenden eG gewährt[25] und mit ihrem Erlöschen hinfällig[26]. Wenn statutarische Sonderrechte nach der Verschmelzung fortbestehen sollen, müssen sie in die Satzung der übernehmenden eG durch Satzungsänderung übernommen werden[27]. Sofern dies im Verschmelzungsvertrag vereinbart wird, handelt es sich um eine erforderliche Änderung iSd § 79 und die gesamte Verschmelzung kann nicht eingetragen werden, wenn die Änderung vertragswidrig unterbleibt[28]. Da keiner der Fälle vorliegt, in denen das UmwG Zustimmungserklärungen einzelner Anteilsinhaber verlangt und es solche Zustimmungserfordernisse bei Genossenschaften generell nicht gibt[29], bedarf es wegen der entfallenden Sonderrechte keiner derartigen Erklärungen[30].

13 **c) Sonderrechte gem. § 23.** Ohne Satzungsänderung sind nur die Inhaber von Sonderrechten iSd § 23 geschützt. Diese Vorschrift ist auch auf übernehmende Genossenschaften anwendbar[31]. Das betrifft Rechte „in" (nicht wie bei sonstigen Gläubigern: gegenüber) einem übertragenden Rechtsträger, die **kein Stimmrecht gewähren**, insbesondere Inhaber von stimmrechtslosen Anteilen, Wandelschuld- oder Gewinnschuldverschreibungen und Genussrechten. Ihnen sind **gleichwertige** Rechte als Ausgleich dafür zu gewähren, dass sie mangels Stimmrecht keinen Einfluss auf die Verschmelzung haben (Verwässerungsschutz)[32]. Die Ausgestaltung der gleichwertigen Rechte muss im Verschmelzungsvertrag geregelt werden[33]. Nach Möglichkeit sollen auch **gleichartige** Rechte gewährt werden, wovon aber Ausnahmen zu machen sind, wenn dies aufgrund der Rechtsform des übernehmenden Rechtsträgers nicht möglich ist[34].

14 **Stimmrechtslose Anteile** kann es an Genossenschaften nur bei einer Vertreterversammlung für die Mitglieder geben, die keine Vertreter sind[35]. Auch solchen Mitgliedern werden aber schon im Wege des Anteilstauschs gleichwertige Geschäftsanteile gewährt, die sogar stimmberechtigt sind, wenn bei der übernehmenden eG keine Vertreterversammlung besteht.

15 **d) Organstellungen.** Mit Eintragung der Verschmelzung in das Register des übernehmenden Rechtsträgers enden sämtliche Organstellungen beim übertragenden Rechtsträger,

---

[23] § 20 Abs. 1 Nr. 1.
[24] *Schulte* in Lang/Weidmüller § 87 UmwG Rn 3.
[25] § 43 Abs. 3 Satz 2 GenG.
[26] *Schulte* in Lang/Weidmüller § 87 UmwG Rn 3; *Röhrich* in H/P/G/R § 87 UmwG Rn 2 aE.
[27] *Bayer* in Lutter Rn 23.
[28] Siehe § 79 Rn 35.
[29] Siehe § 86 Rn 8 mit Fn 29; *Bayer* in Lutter § 86 Rn 10 ff., der sämtliche einschlägigen Vorschriften aufzählt. § 43 Abs. 3 letzter Satz GenG nF stellt im Gegenteil klar, dass statutarische Mehrstimmrechte ohne Zustimmung der betroffenen Mitglieder aufhebbar sind.
[30] Zu denken wäre allenfalls an eine entsprechende Anwendung von § 50 Abs. 2, der individuelle Zustimmung durch Inhaber von Geschäftsführungs-Sonderrechten bei der GmbH verlangt, wenn das Recht zur Bestellung des Vorstands durch die Satzung als „andere Art der Bestellung" gem. § 24 Abs. 2 Satz 2 GenG einem Dritten übertragen ist, was die genossenschaftsrechtliche Literatur verbreitet für zulässig hält; siehe *Schaffland* in Lang/Weidmüller § 24 GenG Rn 38 und *Beuthien* § 24 GenG Rn 10 mwN.
[31] *Bayer* in Lutter Rn 23; *Röhrich* in H/P/G/R § 87 UmwG Rn 2.
[32] Siehe § 23 Rn 1 und 4.
[33] § 5 Abs. 1 Nr. 7.
[34] Siehe § 23 Rn 15; *Stratz* in Schmitt/Hörtnagl/Stratz § 23 Rn 9; *Grunewald* in Lutter § 23 Rn 6 f.
[35] Siehe § 84 Rn 4.

auch solche von **Vorstands- und Aufsichtsratsmitgliedern** einer übertragenden eG, von ihr erteilte **Prokuren und Handlungsvollmachten**[36]. Sollen Vorstands- und Aufsichtsratsmitglieder in eine übernehmende eG „übernommen" werden, müssen sie dort satzungsgemäß neu gewählt oder bestellt werden[37]. Sollen leitende Mitarbeiter der übertragenden eG auch bei der übernehmenden eG wieder Prokuren oder Handlungsvollmachten haben, müssen diese neu erteilt werden[38]. Die **Anstellungsverträge** hauptamtlicher Vorstandsmitglieder einer übertragenden eG bleiben mit ihrem übrigen Inhalt bestehen[39]. Die Vergütung muss weiter gezahlt werden, wenn der Anstellungsvertrag nicht an die Organstellung gekoppelt ist[40].

e) Beteiligungen. Wenn übertragende Rechtsträger an dritten Rechtsträgern beteiligt waren, gehen diese Beteiligungen auf eine übernehmende eG im Wege der Gesamtrechtsnachfolge über[41]. Das gilt auch dann, wenn eine übertragende eG an einer **anderen eG** (zB einer Zentralgenossenschaft) beteiligt war; die übergehende Mitgliedschaft erlischt allerdings zum Schluss des Geschäftsjahrs[42].

Die Pflichtmitgliedschaft einer übertragenden eG im **genossenschaftlichen Prüfungsverband**[43], der regelmäßig als Verein organisiert ist, geht mangels Übertragbarkeit der Vereinsmitgliedschaft nicht auf einen übernehmenden Rechtsträger über[44]. Wenn die Unübertragbarkeit in der Verbandssatzung abbedungen ist[45], eine übernehmende eG aber vor der Verschmelzung selbst auch schon Verbandsmitglied war, geht diejenige der übertragenden eG trotzdem ersatzlos unter, weil es auch bei Vereinen keine Doppelmitgliedschaften gibt[46]. Für den Ausnahmefall einer **verbandsübergreifenden Verschmelzung**, bei der die Verbandsmitgliedschaft der übertragenden eG übertragbar ist, muss ein Recht zur außerordentlichen Kündigung bestehen[47], weil der Verband seine Hauptaufgabe, den Jahresabschluss zu prüfen[48], bei der übernehmenden eG nicht mehr wahrnehmen kann[49].

---

[36] *Bayer* in Lutter Rn 9 ff.; *Schulte* in Lang/Weidmüller § 20 UmwG Rn 13 ff. und allg. *Grunewald* in Lutter § 20 Rn 28 ff.
[37] Siehe § 79 Rn 30; § 80 Rn 51 ff. und 54 f.; *Bayer* in Lutter Rn 11; *Schulte* in Lang/Weidmüller § 20 UmwG Rn 15.
[38] *Bayer* in Lutter Rn 12; *Schulte* in Lang/Weidmüller § 20 UmwG Rn 16.
[39] § 24 Abs. 3 2. Halbs. GenG.
[40] *Grunewald* in Lutter § 20 Rn 28; zur Zulässigkeit sog. Koppelungsklauseln BGH NJW 1989, 2683 (für die AG) und BGH GmbHR 1999, 1140 (für die GmbH).
[41] § 20 Abs. 1 Nr. 1.
[42] § 77 a Satz 2 GenG; siehe *Beuthien* §§ 2 ff. UmwG Rn 64 (bejahend) und *Schulte* in Lang/Weidmüller § 20 UmwG Rn 20 sowie *Bayer* in Lutter Rn 6 unter Hinweis auf RGZ 141, 178 (verneinend) zur Frage, ob hier ausnahmsweise eine Doppelmitgliedschaft bis zum Ende des Geschäftsjahrs entsteht, wenn die übernehmende eG vor der Verschmelzung auch schon Mitglied derselben Zentralgenossenschaft war, obwohl Doppelmitgliedschaften generell ausgeschlossen sind; siehe Rn 9.
[43] § 54 GenG; sie ist nach BVerfG NJW 2001, 2617 mit der negativen Vereinigungsfreiheit (Art. 9 Abs. 1 GG) vereinbar.
[44] § 38 Satz 1 BGB; *Bayer* in Lutter Rn 7; *Schulte* in Lang/Weidmüller § 20 UmwG Rn 22 mwN zum früheren Recht.
[45] § 40 BGB, was – soweit ersichtlich – in der Praxis nicht vorkommt.
[46] *Bayer* in Lutter Rn 7.
[47] So auch *Müller*[1] § 93 e GenG aF Rn 25 und *Schlarb* S. 114 f. zum früheren Recht.
[48] §§ 53, 55 GenG.
[49] Das Gesetz geht in §§ 54, 55 Abs. 1 Satz 1 eindeutig – im Singular – davon aus, dass die Genossenschaft (nur) „einem Verband" angehört, und „durch den Verband" geprüft wird.

4. Rechte und Pflichten bei der übernehmenden eG

18 Die Mitgliedschaften, die von den Anteilsinhabern des übertragenden Rechtsträgers mit Wirksamwerden der Verschmelzung unmittelbar kraft Gesetzes in einer übernehmenden eG erworben werden[50], richten sich ausschließlich nach der Satzung der übernehmenden eG und gewähren sofortige **Gleichbehandlung** sämtlicher Alt- und Neumitglieder[51].

19 **a) Leistungen und Einrichtungen.** Die Neumitglieder sind sofort berechtigt, die Leistungen der übernehmenden eG in Anspruch zu nehmen und ihre Einrichtungen zu nutzen[52].

20 **b) Dividende.** Die von der ordentlichen General-/Vertreterversammlung des Folgejahrs iRd. Gewinnverwendung beschlossene Dividende[53] steht den Neumitgliedern nach üblicher Bestimmung im Verschmelzungsvertrag[54] **für das gesamte bei Eintragung der Verschmelzung laufende Geschäftsjahr** zu[55]. Maßgeblich für die Verteilung unter den Mitgliedern ist im gesetzlichen Regelfall das Geschäftsguthaben[56]. Wenn die Satzung der übernehmenden eG die Berechnung der Dividende an das **Geschäftsguthaben** zu einem früheren Zeitpunkt knüpft, kann für die Neumitglieder nicht auf dasjenige bei der übertragenden eG abgestellt werden[57], soweit es nach Abs. 2 Satz 1 ausbezahlt wurde oder im Verschmelzungsvertrag bei der übernehmenden eG abweichend festgesetzt worden ist[58].

21 **c) Eintrittsgelder.** Solche werden ggf. als Ausgleich für das Leistungsangebot erhoben, dessen Aufbau von den Altmitgliedern finanziert wurde. Soweit Eintrittsgelder als **Beitrittsvoraussetzung** ausgestaltet sind, hängt der Anteilserwerb iRd. Verschmelzung davon zwar **nicht** ab[59], hat die übernehmende eG aber gleichwohl einen statutarischen Zahlungsanspruch[60]. Da die Anteilsinhaber des übertragenden Rechtsträgers mit ihren dortigen Beiträgen aber gleichfalls den Aufbau eines Unternehmens finanziert haben, das auf die übernehmende eG übergeht und dort genauso den Altmitgliedern zugute kommt, ist das wirtschaftlich nur in Ausnahmefällen – bei stark divergierenden Aufbauleistungen – gerechtfertigt[61] und sollte deshalb im Regelfall eine Satzungsanpassung im Verschmelzungsvertrag vereinbart werden[62], die das Eintrittsgeld für die Anteilsinhaber des übertragenden Rechtsträgers beseitigt[63]. Anderenfalls besteht eine **Angabepflicht** im Verschmelzungsvertrag.

22 Davon ist zu unterscheiden, dass der **Verschmelzungsvertrag** keine Eintrittsgelder vorsehen kann, die zum Zweck des Wertausgleichs von den Anteilsinhabern des übertragenden Rechtsträgers an die übernehmende eG zu erbringen wären[64]. Der Vertrag kann nur umge-

---

[50] Siehe Rn 5.
[51] *Bayer* in Lutter Rn 22; *Schulte* in Lang/Weidmüller § 87 UmwG Rn 4 ff.; *Beuthien* §§ 2 ff. UmwG Rn 68; sowie grundlegend *Beuthien* AG 2002, 266.
[52] *Röhrich* in H/P/G/R § 87 Rn 2 weist auch auf den Anspruch auf Warenrückvergütung hin.
[53] §§ 19, 48 Abs. 1 Satz 2 GenG.
[54] § 5 Abs. 1 Nr. 5.
[55] *Schulte* in Lang/Weidmüller § 87 UmwG Rn 5; wohl auch *Bayer* in Lutter Rn 22; siehe § 5 Rn 43 und *Lutter/Drygala* in Lutter § 5 Rn 41 mwN zu abweichenden Festlegungen des Zeitpunkts der Gewinnberechtigung.
[56] § 19 Abs. 2 GenG.
[57] So aber *Schulte* in Lang/Weidmüller § 87 UmwG Rn 5.
[58] Siehe Rn 54 für Zu- und Abschläge zum Ausgleich divergierender Wertverhältnisse.
[59] Siehe Rn 6; insoweit zutreffend auch *Bayer* in Lutter § 79 Rn 23 unter Verweisung auf § 87 Rn 16.
[60] Unentschieden *Röhrich* in H/P/G/R § 87 UmwG Rn 2 a.
[61] *Schulte* in Lang/Weidmüller § 87 UmwG Rn 13.
[62] § 79.
[63] Siehe § 79 Rn 29.
[64] *Bayer* in Lutter Rn 40; *Fronhöfer* in Widmann/Mayer Rn 31 f.; allg. *Stratz* in Schmitt/Hörtnagl/Stratz § 5 Rn 55 aE („kann nicht verlangt werden, dass ein Gesellschafter einen Spitzenausgleich leistet") unter Hinweis auf *Hoffmann-Becking* in MünchVertrHdb. IX.2 Anm. 19 (für Umtauschangebote nach § 305 Abs. 2 Nr. 1 AktG).

kehrt **bare Zuzahlungen** der übernehmenden eG an die Anteilsinhaber des übertragenden Rechtsträgers festsetzen[65].

d) Sonstige statutarische Pflichten. An weiteren Pflichten, die für die Neumitglieder 23 kraft Satzung der übernehmenden eG gelten, sind noch höhere **Pflichtbeteiligungen** zu erwähnen, die nach Abs. 1 Satz 2 ausdrücklich unberührt bleiben[66], außerdem eine eventuell höhere **Nachschusspflicht**[67] bei der übernehmenden eG in Form unbeschränkter persönlicher Haftung oder einer höheren Haftsumme[68] und statutarische **Nebenleistungspflichten**[69].

Außerhalb einer Verschmelzung bedarf die Einführung oder Erweiterung solcher Neben- 24 leistungspflichten zwar einer Mehrheit von neun Zehnteln der abgegebenen Stimmen[70]. Das führt aber **nicht** zu einer entsprechenden **Erhöhung des Quorums** von drei Vierteln der abgegebenen Stimmen für den Verschmelzungsbeschluss der übertragenden eG, weil § 84 *lex specialis* ist und sich jedes einzelne Mitglied durch Ausschlagung der Mitgliedschaft bei der übernehmenden eG entziehen kann[71]. Das gilt genauso, wenn das Statut der übertragenden eG für die Einführung oder Erweiterung von Pflichtbeteiligungen und Nachschüssen, die bei der übernehmenden eG bestehen, eine höhere Mehrheit verlangt hätte[72].

5. Umtauschverhältnis

Jedes Mitglied einer übertragenden eG erhält **mindestens einen Geschäftsanteil** der 25 übernehmenden eG[73]. Sofern das Statut der übernehmenden eG keine Beteiligung mit weiteren Geschäftsanteilen zulässt, bleibt es bei diesem einen Anteil[74] und sind überschießende Geschäftsguthaben auszuzahlen[75]. Anderenfalls wird das Geschäftsguthaben, das das Mitglied bei der übertragenden eG hatte, durch den Betrag des Geschäftsanteils bei der übernehmenden eG geteilt und werden ihm so viele Anteile gewährt, wie danach **voll eingezahlt** sind[76], falls der Verschmelzungsvertrag keine andere Berechnung der Zahl der zu gewährenden Geschäftsanteile vorsieht[77], und sind Spitzenbeträge auszuzahlen[78]. Für Einzelheiten und Beispiele wird auf die Kommentierung zu § 80 verwiesen.

---

[65] §§ 5 Abs. 1 Nr. 3, 87 Abs. 2 Satz 2; siehe Rn 50 f.; wogegen *Beuthien* §§ 2 ff. UmwG Rn 75 zu Unrecht auch bare Zuzahlungen der Mitglieder einer übertragenden eG an die übernehmende eG zulassen will.
[66] Siehe Rn 2 und Rn 26 ff.
[67] § 6 Nr. 3 GenG.
[68] § 6 Nr. 3 GenG; siehe § 79 Rn 26 zu einer etwaigen Herabsetzung im Zuge der Verschmelzung und § 95 Rn 5 ff. zum umgekehrten Fall der Haftungsunterschreitung und fortdauernden Nachschusspflicht gegenüber Gläubigern einer übertragenden eG.
[69] Siehe Rn 11 zum Erlöschen solcher Pflichten bei einer übertragenden eG.
[70] § 16 Abs. 3 Satz 1 GenG.
[71] §§ 90 bis 94; *Bayer* in Lutter Rn 22; *Schulte* in Lang/Weidmüller § 87 UmwG Rn 14; ebenso schon *Müller*[1] § 93 h GenG aF Rn 6 und *Schlarb* S. 137 zum früheren Recht.
[72] § 16 Abs. 2 Satz 1 Nr. 3 und 4, Satz 2 GenG; *Bayer* in Lutter Rn 22.
[73] Siehe Rn 6.
[74] § 80 Abs. 1 Satz 1 Nr. 1.
[75] § 87 Abs. 2 Satz 1.
[76] § 80 Abs. 1 Satz 1 Nr. 2 1. Halbs.
[77] § 80 Abs. 1 Satz 1 Nr. 2 2. Halbs.
[78] § 87 Abs. 2 Satz 1; *Bayer* in Lutter Rn 25; *Röhrich* in H/P/G/R § 87 UmwG Rn 5; *Schulte* in Lang/Weidmüller § 87 UmwG Rn 8 f.

III. Aufstockungspflicht (Abs. 1 Satz 2)

1. Anwendungsbereich

26 Eine Verpflichtung, bei einer übernehmenden eG weitere Geschäftsanteile zu übernehmen, bleibt – durch den Anteilserwerb iRd. Verschmelzung – unberührt[79]. Die Anwendbarkeit der Vorschrift setzt lediglich voraus, dass der **übernehmende Rechtsträger eine Genossenschaft** ist, und gilt für Neumitglieder aus einer übertragenden eG genauso wie für solche aus einem übertragenden Rechtsträger anderer Rechtsform[80].

2. Voraussetzungen

27 Eine Aufstockungspflicht kann nur entstehen, wenn die Satzung der übernehmenden eG eine **Pflichtbeteiligung** mit mehreren Geschäftsanteilen vorsieht. Abs. 1 Satz 2 übernimmt hier nahezu wortgleich die Legaldefinition in § 7 a Abs. 2 Satz 1 GenG[81].

28 Die Pflichtbeteiligung ist von **Pflichteinzahlungen** auf den Geschäftsanteil[82] zu unterscheiden[83]. Eine Aufstockungspflicht im Hinblick auf eine höhere Pflichteinzahlung bei der übernehmenden eG ist von Abs. 1 Satz 2 schon nach seinem Wortlaut nicht erfasst und kann für weitere Geschäftsanteile nach dem Regelmodell[84] nicht entstehen, weil die Neumitglieder nur **voll eingezahlte** Geschäftsanteile erwerben[85]. Außerhalb des Anwendungsbereichs von Abs. 1 Satz 2 bleibt aber der Fall möglich, dass ein Neumitglied nur einen Geschäftsanteil der übernehmenden eG erhält und sein Geschäftsguthaben bei der übertragenden eG, das darauf anzurechnen ist, die Höhe der Pflichteinzahlung bei der übernehmenden eG unterschreitet. Die **Pflicht zur Einzahlung des Differenzbetrags** besteht dann unmittelbar aus der Satzung der übernehmenden eG.

> **Beispiel:**
> Wenn das anzurechnende Guthaben des Neumitglieds € 350 und die Pflichtbeteiligung bei der übernehmenden eG drei Geschäftsanteile à € 300 beträgt, die jeweils in Höhe von € 100 einzuzahlen sind, erhält das Neumitglied einen voll eingezahlten Geschäftsanteil[86], ist verpflichtet, zwei weitere Geschäftsanteile zu übernehmen[87] und darauf je € 100 einzuzahlen. Die Spitze von € 50 ist grundsätzlich auszuzahlen[88], kann aber auf die Einzahlungspflicht angerechnet werden[89]. Zur Übernahme der weiteren Pflichtanteile hat das Neumitglied entsprechende **Beitrittserklärungen** abzugeben[90].

---

[79] § 87 Abs. 1 Satz 2.
[80] *Bayer* in Lutter Rn 27; *Fronhöfer* in Widmann/Mayer Rn 61.
[81] *Schwarz* in Widmann/Mayer Rn 4.
[82] § 7 Nr. 1 GenG.
[83] Siehe § 80 Rn 14 zur Pflichteinzahlung und § 80 Rn 30 zur Pflichtbeteiligung.
[84] § 80 Abs. 1 Satz 1 Nr. 2 1. Halbs.
[85] *Bayer* in Lutter Rn 27 verweist auf „eine gem. § 7 a Abs. 2 GenG vorgeschriebene Pflichtbeteiligung". *Stratz* in Schmitt/Hörtnagl/Stratz Rn 3 aE scheint entgegen dem Prinzip der Volleinzahlung in § 80 Abs. 1 Satz 1 Nr. 2 1. Halbs. davon auszugehen, dass das Geschäftsguthaben aus der übertragenden eG auf die bei der übernehmenden eG vorgeschriebene Zahl von Geschäftsanteilen verteilt und diese dann aufzufüllen seien, was auch nicht mit dem Wortlaut von Abs. 1 Satz 2 vereinbar ist. Siehe auch § 80 Rn 22 zur Ungleichbehandlung mit Altmitgliedern, die durch das ggf. nur auf die Neumitglieder anwendbare Volleinzahlungsprinzip entsteht.
[86] § 80 Abs. 1 Satz 1 Nr. 2 1. Halbs.
[87] §§ 87 Abs. 1 Satz 2 UmwG, 7 a Abs. 2 GenG.
[88] § 87 Abs. 2 Satz 1.
[89] *Bayer* in Lutter Rn 27, nach dem auch dieses Beispiel gebildet ist.
[90] § 15 b GenG; *Bayer* in Lutter Rn 27; *Beuthien* §§ 2 ff. UmwG Rn 72 aE; *Schulte* in Lang/Weidmüller § 87 UmwG Rn 6; so offenbar auch *Röhrich* in H/P/G/R § 87 UmwG Rn 5.

Pflichteinzahlungen, die das Mitglied bereits an die übertragende eG geleistet hatte, die 29 aber zur **Verlustdeckung** ganz oder teilweise abgeschrieben wurden, bleiben ebenso unberücksichtigt wie **rückständige** Pflichteinzahlungen bei der übertragenden eG. Bei der übernehmenden eG werden nur die tatsächlich (noch) vorhandenen Geschäftsguthaben angerechnet, die in der Schlussbilanz ausgewiesen sind[91]. Das gilt gleichermaßen für die Anrechnung auf Pflichteinzahlungen[92] wie auf Pflichtbeteiligungen[93]. Die Anrechnung „verbrauchter" Pflichteinzahlungen kann auch nicht im Verschmelzungsvertrag vorgesehen werden. Die Mitglieder der übertragenden eG können allenfalls statutarisch von einer neuerlichen Einzahlungspflicht ausgenommen werden[94].

Die Neumitglieder können sich der Aufstockungspflicht nur durch **Ausschlagung** der 30 Mitgliedschaft in der übernehmenden eG entziehen[95].

3. Durchsetzbarkeit

Die Aufstockungspflicht kann von der übernehmenden eG notfalls **durch Klage** gegen 31 das Neumitglied geltend gemacht werden, wenn dieses entweder schon anfänglich kein Ausschlagungsrecht hat oder die Ausschlagungsfrist abgelaufen ist[96]. Da die Einzahlungspflicht erst auf übernommene Geschäftsanteile besteht, die Übernahme der weiteren Geschäftsanteile aber eine Beitrittserklärung voraussetzt[97], muss zunächst auf **Abgabe der Beitrittserklärung** geklagt und diese durch ein rechtskräftiges Urteil ersetzt werden[98], bevor **Zahlung** geltend gemacht werden kann[99]. Wenn die Satzung einen entsprechenden **Ausschlussgrund** vorsieht[100], kann das Neumitglied wegen Nichterfüllung der Pflichtbeteiligung aus der übernehmenden eG ausgeschlossen und auf **Schadensersatz** in Anspruch genommen werden. Dieser Weg erspart eine (mühsame) Klage auf Abgabe der Beitrittserklärung.

IV. Fortbestand von Rechten Dritter (Abs. 1 Satz 3 und 4)

1. Anwendungsbereich

Die beiden Vorschriften modifizieren die allgemeine Regel in § 20 Abs. 1 Nr. 3 Satz 2, 32 wonach Rechte Dritter an den Anteilen oder Mitgliedschaften übertragender Rechtsträger an den an ihre Stelle tretenden Anteilen oder Mitgliedschaften des übernehmenden Rechtsträgers weiter bestehen (**dingliche Surrogation**). Die Modifikation ist wegen der Besonderheit erforderlich, dass die Beteiligung an einer Genossenschaft nicht in den **Geschäftsanteilen**, sondern in dem **Geschäftsguthaben** besteht[101]. Der Geschäftsanteil ist lediglich der Betrag, bis zu welchem sich die einzelnen Mitglieder mit Einlagen beteiligen können[102], also die zulässige Höchstgrenze der Beteiligung, wogegen das Geschäftsguthaben der tatsächliche Beteiligungsbetrag ist[103].

---

[91] § 87 Abs. 3; *Schulte* in Lang/Weidmüller § 87 UmwG Rn 8 und 12; *Röhrich* in H/P/G/R § 87 UmwG Rn 5 aE.
[92] § 7 Nr. 1 GenG.
[93] § 7 a Abs. 2 GenG.
[94] So *Beuthien* §§ 2 ff. UmwG Rn 72. Dem ist zuzustimmen, weil die Pflichteinzahlungen satzungsdispositiv sind, das Gleichbehandlungsprinzip nur nach Maßgabe des Statuts besteht und für die statutarische Ungleichbehandlung mit den Besonderheiten der Verschmelzung ein sachlicher Grund besteht.
[95] §§ 90 bis 94; *Fronhöfer* in Widmann/Mayer Rn 65
[96] §§ 90 Abs. 3, 91 Abs. 2.
[97] § 15 b GenG; siehe Rn 28 aE.
[98] § 894 ZPO.
[99] *Fronhöfer* in Widmann/Mayer Rn 64.
[100] § 68 Abs. 2 GenG.
[101] *Beuthien* §§ 2 ff. UmwG Rn 76.
[102] § 7 Nr. 1 GenG.
[103] § 19 Abs. 1 Satz 2 und 3 GenG; siehe § 80 Rn 14 zum Geschäftsanteil und § 80 Rn 19 zum Geschäftsguthaben.

33 Rechte Dritter am **Geschäftsanteil** oder der **Mitgliedschaft** des Mitglieds kommen auch deshalb nicht in Betracht, weil beide **nicht übertragbar** sind[104]. Allerdings kann auch das Geschäftsguthaben während des Bestehens der Mitgliedschaft nicht herausverlangt werden, sondern erst als Bestandteil der Auseinandersetzung nach seinem Ausscheiden[105] durch Kündigung, Ausschließung oder Ausschlagung[106]. Rechte Dritter am Geschäftsguthaben kommen deshalb – in Präzisierung des Wortlauts von Abs. 1 Satz 3 und 4 – nur an dem **künftigen Anspruch auf das Auseinandersetzungsguthaben** in Betracht, der durch das Ausscheiden des Mitglieds **aufschiebend bedingt** ist[107].

34 Die dingliche Surrogation von Rechten Dritter an diesem Anspruch auf das künftige Auseinandersetzungsguthaben kann in zwei Richtungen erfolgen: Entweder bestanden solche Rechte am Geschäftsguthaben bei einer **übertragenden eG** und setzen sich an den Anteilen oder Mitgliedschaften eines übernehmenden Rechtsträgers anderer Rechtsform fort[108]. Oder Rechte Dritter an den Anteilen oder Mitgliedschaften eines übertragenden Rechtsträgers bestehen umgekehrt an den bei der **übernehmenden eG** erlangten Geschäftsguthaben weiter[109]. Satz 3 gilt also für **Mischverschmelzungen** einer übertragenden eG mit einem Rechtsträger anderer Rechtsform. Der Zusatz „anderer Rechtsform" ist dagegen in Satz 4 für den übertragenden Rechtsträger nicht enthalten; er gilt auch für Rechte Dritter an Geschäftsguthaben einer übertragenden eG, also für **Mischverschmelzungen** und **reine eG-Verschmelzungen**.

2. Rechte Dritter

35 Unter die Rechte Dritter, deren Fortbestand Abs. 1 Satz 3 und 4 anordnen, fallen dieselben Arten von Rechten wie unter die allgemeine Vorschrift des § 20 Abs. 1 Nr. 3 Satz 2[110].

36 **a) Pfandrechte.** Erfasst sind in erster Linie Pfandrechte, die entweder durch rechtsgeschäftliche Verpfändung[111] oder im Wege der Zwangsvollstreckung[112] entstehen. Solche Pfandrechte können auch an dem aufschiebend bedingten Anspruch des Mitglieds auf sein künftiges Auseinandersetzungsguthaben begründet werden[113]. Das **Verpfändungsverbot** des § 22 Abs. 4 Satz 1 GenG gilt für das Geschäftsguthaben nur, solange die Mitgliedschaft besteht, und schließt eine Verpfändung des Auseinandersetzungsguthabens **nicht** aus[114].

37 Als künftiger Anspruch kann das Auseinandersetzungsguthaben **abgetreten** werden[115]. Abtretbarkeit und Verpfändbarkeit können in der Satzung der Genossenschaft **ausgeschlossen** werden[116]. Ggf. können **rechtsgeschäftlich** eingeräumte Pfandrechte bei der überneh-

---

[104] *Stratz* in Schmitt/Hörtnagl/Stratz Rn 4; *Fronhöfer* in Widmann/Mayer Rn 75.
[105] § 73 Abs. 2 Satz 1 GenG.
[106] §§ 65 ff., 68 GenG, 90, 93 Abs. 2 UmwG; siehe § 93 Rn 7 ff.
[107] *Bayer* in Lutter Rn 42; *Fronhöfer* in Widmann/Mayer Rn 75; *Röhrich* in H/P/G/R § 87 UmwG Rn 5; iE auch *Beuthien* §§ 2 ff. UmwG Rn 76 aE.
[108] § 87 Abs. 1 Satz 3.
[109] § 87 Abs. 1 Satz 4.
[110] Siehe § 20 Rn 80 f.; ferner *Grunewald* in Lutter § 20 Rn 65 f.; *Stratz* in Schmitt/Hörtnagl/Stratz § 20 Rn 76; *Marsch-Barner* in Kallmeyer § 20 Rn 31.
[111] §§ 1274, 1279, 1280 BGB.
[112] § 829 ZPO.
[113] *Bayer* in Lutter Rn 42; *Stratz* in Schmitt/Hörtnagl/Stratz Rn 4.
[114] *Schulte* in Lang/Weidmüller § 22 GenG Rn 11; *Beuthien* § 22 GenG Rn 13; aA *Müller* § 22 Rn 43 b und § 73 Rn 23 und *Pöhlmann* in H/P/G/R § 19 GenG Rn 3; alle mwN zum Streitstand; siehe auch allg. *Bassenge* in Palandt § 1274 BGB Rn 10 zur generellen Zulässigkeit der Verpfändung von Auseinandersetzungsguthaben (im Gegensatz zu Ansprüchen auf Auseinandersetzung).
[115] *Schulte* in Lang/Weidmüller § 22 GenG Rn 11 unter Hinweis auf LG Köln ZfG 1971, 304 mit krit. Anm. *Baur*; LG Kassel ZfG 1981, 68 mit zust. Anm. *Kuchinke* und *Müller* § 73 GenG Rn 14 ff.
[116] *Bayer* in Lutter Rn 42 für die Verpfändung.

menden eG nicht weiter bestehen, sondern ist nur ein Schadensersatzanspruch des Pfandgläubigers gegen den Verpfänder aus der zugrunde liegenden Vereinbarung möglich[117].

Die Pfändbarkeit des künftigen Auseinandersetzungsguthabens im Wege der **Zwangsvollstreckung** setzt § 66 GenG voraus, ebenso die Möglichkeit, sich dieses überweisen zu lassen[118], und gewährt dem Vollstreckungsgläubiger eine gesetzliche Ausübungsbefugnis am **Kündigungsrecht** des Mitglieds, um den Anspruch auf das Guthaben fällig zu stellen[119]. Dafür gelten die gleichen gesetzlichen oder statutarischen Kündigungsfristen wie sonst auch. Das Recht zur außerordentlichen Kündigung[120] steht dem Gläubiger nicht zu[121]. Im Gegensatz zur Abtretbarkeit und rechtsgeschäftlichen Verpfändbarkeit[122] kann eine Pfändung und Überweisung des Auseinandersetzungsguthabens im Wege der Zwangsvollstreckung durch die Satzung **nicht ausgeschlossen** werden[123].

b) **Nießbrauch.** Durch einen Nießbrauch an Anteilen oder Mitgliedschaften des übernehmenden Rechtsträgers[124] wird der Dritte berechtigt, die Nutzungen zu ziehen, insbesondere die Dividende[125]. Ein solcher ist auch am Geschäftsguthaben bei einer eG möglich[126], das im gesetzlichen Regelfall für die Verteilung der Dividende maßgeblich ist[127].

c) **Vertragliche Rechte**, die der Anteilsinhaber des übertragenden Rechtsträgers dem Dritten schuldrechtlich eingeräumt hat, gehen im Wege dinglicher Surrogation dagegen nicht über, also zB keine **Treuhandverhältnisse** oder **Unterbeteiligungen** an den Geschäftsguthaben bei einer übertragenden eG[128]. Durch Auslegung der Vereinbarung ist zu ermitteln, ob der Dritte gegen den Anteilsinhaber/das Mitglied einen **vertraglichen Anspruch auf Neueinräumung** dieser Rechte zB an dem Geschäftsguthaben bei einer übernehmenden eG hat[129].

3. Weiterbestehen

Die Rechte Dritter bestehen unmittelbar mit Wirksamwerden der Verschmelzung an den Anteilen oder Mitgliedschaften weiter, die durch den Anteilserwerb nach Abs. 1 Satz 1 gewährt werden, ohne dass es eines besonderen Übertragungsakts oder einer Neubegründung bedarf[130]. Das entspricht der dinglichen Surrogation, die für den Nießbrauch und Pfandrechte allgemein in §§ 1075, 1287 BGB geregelt ist.

---

[117] *Grunewald* in Lutter § 20 Rn 65.
[118] § 835 ZPO.
[119] *Beuthien* § 66 GenG Rn 1 mit dem Hinweis, dass es sich anders als bei §§ 725 BGB, 135 HGB konstruktiv nicht um ein eigenes Kündigungsrecht des Gläubigers handelt.
[120] § 65 Abs. 2 Satz 4 GenG.
[121] Letzteres str., siehe *Beuthien* § 66 GenG Rn 1 mwN zum Streitstand.
[122] Siehe Rn 37.
[123] § 851 Abs. 2 ZPO; *Bayer* in Lutter Rn 42.
[124] §§ 1030, 1068 BGB.
[125] *Bassenge* in Palandt § 1068 BGB Rn 3 mwN zum Nießbrauch an Geschäftsanteilen einer GmbH oder Aktien, bei denen das Stimmrecht immer dem Gesellschafter/Aktionär verbleibt.
[126] *Stratz* in Schmitt/Hörtnagl/Stratz Rn 5 aE.
[127] § 19 Abs. 2 GenG.
[128] Widersprüchlich für Unterbeteiligungen *Stratz* in Schmitt/Hörtnagl/Stratz § 20 Rn 20 einerseits und § 87 Rn 5 aE andererseits.
[129] *Marsch-Barner* in Kallmeyer § 20 Rn 31; *Stratz* in Schmitt/Hörtnagl/Stratz § 20 Rn 20; *Grunewald* in Lutter § 20 Rn 66.
[130] *Grunewald* in Lutter § 20 Rn 65; *Stratz* in Schmitt/Hörtnagl/Stratz § 20 Rn 19.

V. Auszahlung übersteigender Geschäftsguthaben (Abs. 2 Satz 1)

1. Anwendungsbereich

42 Abs. 2 Satz 1 betrifft übersteigende Geschäftsguthaben, für die iRd. Anteilstauschs keine voll eingezahlten Geschäftsanteile der übernehmenden eG gewährt werden konnten, und ist nur auf **reine eG-Verschmelzungen** anwendbar[131].

2. Anspruchsinhaber und -gegner

43 Den Auszahlungsanspruch haben die **Mitglieder** der übertragenden eG, für die sich beim Anteilstausch Spitzenbeträge ergeben und die ihre Mitgliedschaft bei der übernehmenden eG **nicht ausgeschlagen** haben. Ansonsten tritt an die Stelle von Abs. 2 Satz 1 der Auszahlungsanspruch auf das gesamte Geschäftsguthaben[132]. Anspruchsgegner ist die **übernehmende eG**.

3. Auszahlungsvoraussetzung

44 Das Geschäftsguthaben, das das Mitglied bei der übertragenden eG hatte, muss den Gesamtbetrag der Geschäftsanteile übersteigen, mit denen er nach Abs. 1 Satz 1 bei der übernehmenden eG beteiligt ist. Wenn die Satzung der übernehmenden eG keine Bestimmung enthält, dass sich ein Mitglied mit mehr als einem Geschäftsanteil beteiligen darf[133], kann dem vormaligen Mitglied der übertragenden eG auch nur **ein Geschäftsanteil** gewährt werden[134] und muss ihm das gesamte überschießende Geschäftsguthaben ausbezahlt werden. Erlaubt die Satzung der übernehmenden eG dagegen die Beteiligung mit **mehreren Geschäftsanteilen**, ist das Geschäftsguthaben durch den Betrag des Geschäftsanteils bei der übernehmenden eG zu teilen, sind dem Neumitglied so viele Geschäftsanteile zu gewähren, wie danach als voll eingezahlt anzusehen sind[135] und ist ihm der Betrag auszuzahlen, der keinen voll eingezahlten Geschäftsanteil mehr ergibt („Spitze"). Schließlich kann die Satzung der übernehmenden eG – wie in der Praxis üblich – eine **Höchstzahl von Geschäftsanteilen** festsetzen, mit denen sich ein Mitglied beteiligen darf[136]. Dann sind nicht nur Spitzen auszuzahlen, die keinen vollen Geschäftsanteil mehr ergeben, sondern das gesamte Geschäftsguthaben, soweit es die statutarische Höchstbeteiligung (das Produkt aus der Höchstzahl und dem Betrag des Geschäftsanteils) übersteigt.

4. Fälligkeit

45 Der Auszahlungsanspruch ist nach Ablauf von **sechs Monaten** seit dem Tag fällig, an dem die Eintragung[137] der Verschmelzung in das Register der übernehmenden eG bekannt gemacht worden ist[138].

5. Gläubigervorbehalt

46 Nach Abs. 2 Satz 1 2. Halbs. darf die Auszahlung trotz Fälligkeit („jedoch") nicht erfolgen, bevor Gläubiger, die sich nach § 22 gemeldet haben, befriedigt oder sichergestellt sind. Vorher soll den Gläubigern die Haftungsmasse nicht entzogen werden können[139]. Derselbe

---

[131] *Fronhöfer* in Widmann/Mayer Rn 80.
[132] § 93 Abs. 2.
[133] § 7 a Abs. 1 Satz 1 GenG.
[134] §§ 87 Abs. 1 Satz 1, 80 Abs. 1 Satz 1 Nr. 1.
[135] § 80 Abs. 1 Satz 1 Nr. 2 1. Halbs.
[136] § 7 a Abs. 1 Satz 2 GenG.
[137] § 8 a HGB.
[138] § 87 Abs. 2 Satz 1 1. Halbs.
[139] *Röhrich* in H/P/G/R § 87 Rn 6.

Mechanismus findet sich in § 94 für die Auszahlung des Auseinandersetzungsguthabens für ausgeschlagene Mitgliedschaften[140]. Es handelt sich um eine **Rechtsgrundverweisung**, die sich auch auf die Voraussetzungen des Anspruchs nach § 22 erstreckt[141]. Die Forderung, für die Sicherheit verlangt wird, muss bei Wirksamwerden der Verschmelzung bereits begründet gewesen und darf weder fällig noch durch eine staatlich überwachte Deckungsmasse (oder gleichwertig) gesichert sein. Außerdem muss der Gläubiger glaubhaft machen, dass die spätere Erfüllung gerade durch die Verschmelzung gefährdet wird[142].

Wenn sich Gläubiger gemeldet haben und ihr Anspruch auf Sicherheitsleistung nach diesen Kriterien begründet ist, **endet** die Sperrfrist erst, wenn diese Gläubiger **befriedigt** oder **sichergestellt** sind. Ist zugleich auch der Sechsmonatszeitraum bis zur Fälligkeit nach Abs. 2 Satz 1 1. Halbs. verstrichen[143], können und müssen die übersteigenden Geschäftsguthaben ausgezahlt werden. Wenn der übernehmende Rechtsträger zur Befriedigung oder Sicherstellung außer Stande ist, bleiben die Auszahlungsansprüche dauerhaft blockiert[144].

6. Abdingbarkeit

Der Auszahlungsanspruch kann im Verschmelzungsvertrag weder ganz abbedungen, noch eine andere Art der Erfüllung als durch Zahlung an das Mitglied vorgesehen werden[145]. Soweit es sich nicht um Pflichtbeteiligungen iSv. Abs. 1 Satz 2 handelt, kann der Vertrag ebenso wenig bestimmen, dass Spitzen auf weitere Geschäftsanteile der übernehmenden eG anzurechnen seien[146]. Wie bei der Verpflichtung, weitere Geschäftsanteile zu übernehmen[147], ist hier erst recht eine Beitrittserklärung erforderlich, wenn das Mitglied das überschießende Geschäftsguthaben zum Erwerb eines weiteren Geschäftsanteils verwenden will[148]. Wenn das übersteigende Geschäftsguthaben von dem Genossen im Einvernehmen mit der übernehmenden eG **stehen gelassen** wird, liegt kein Geschäftsguthaben, sondern ein **Darlehen** vor[149].

Der Verschmelzungsvertrag kann aber eine **Satzungsänderung** der übernehmenden eG dahin vorsehen, dass die Beteiligung mit mehreren Geschäftsanteilen ermöglicht oder der Betrag des Geschäftsanteils verringert oder eine Höchstbeteiligung angehoben wird, um die entstehenden Spitzen zu verringern und den damit verbundenen Kapitalabfluss zu vermeiden[150].

---

[140] Siehe § 94 Rn 4 ff. zu den dortigen Einzelheiten. Die Sperrfrist gem. § 94 2. Halbs. Teil 2 ist identisch mit der Fälligkeitsfrist nach § 87 Abs. 2 Satz 1 1. Halbs., was sich daraus erklärt, dass die sechsmonatige Fälligkeitsfrist bei Ausschlagungserklärungen, die der übernehmenden eG schon vor Eintragung der Verschmelzung zugehen und gem. § 92 Abs. 2 wirksam werden, schon früher ablaufen kann; siehe § 94 Rn 9. Außerdem formuliert § 87 Abs. 2 Satz 1 1. Halbs., dass die Auszahlung erst „nach Ablauf von sechs Monaten" erfolgen darf, wogegen dies bei § 94 1. Halbs. „binnen sechs Monaten seit der Ausschlagung" geschehen darf, der Anspruch auf das Auseinandersetzungsguthaben dort also – vorbehaltlich der Sperrfristen – schon vor Fristablauf erfüllbar ist; siehe § 94 Rn 3. Das ist angesichts des klar abweichenden Wortlauts hier nicht der Fall.
[141] *Bayer* in Lutter Rn 30; wohl *Fronhöfer* in Widmann/Mayer Rn 81.
[142] Siehe auch § 94 Rn 6 sowie zu den Einzelheiten § 22 Rn 20 ff.
[143] Siehe Rn 45.
[144] Siehe auch § 94 Rn 7.
[145] § 1 Abs. 3; *Beuthien* §§ 2 ff. UmwG Rn 73; *Fronhöfer* in Widmann/Mayer Rn 80; *Schulte* in Lang/Weidmüller § 87 UmwG Rn 10 aE; aA offenbar *Röhrich* in H/P/G/R § 87 UmwG Rn 6 aE.
[146] *Bayer* in Lutter Rn 28.
[147] Siehe Rn 28.
[148] *Röhrich* in H/P/G/R § 87 UmwG Rn 6; *Schulte* in Lang/Weidmüller § 87 UmwG Rn 9.
[149] § 488 BGB; *Beuthien* §§ 2 ff. UmwG Rn 73; *Schulte* in Lang/Weidmüller § 87 UmwG Rn 9 aE und 10 aE; *Bayer* in Lutter Rn 28 aE.
[150] Siehe § 80 Rn 25 für entsprechende Änderungen einer ungünstigen Pflichtbeteiligung sowie *Schulte* in Lang/Weidmüller § 87 UmwG Rn 20 zu einer geeigneten „Zerlegung" von Geschäftsguthaben zwecks Verringerung von Spitzen.

VI. Limitierung vertraglich festgesetzter barer Zuzahlungen (Abs. 2 Satz 2)

50 Im Verschmelzungsvertrag festgesetzte bare Zuzahlungen dürfen 10% des Gesamtnennbetrags der gewährten Geschäftsanteile der übernehmenden eG nicht übersteigen. Entsprechende Parallelvorschriften finden sich auch für die GmbH und AG[151], jeweils als rechtsformspezifische Limitierungen gegenüber der allgemeinen Regel, dass der Verschmelzungsvertrag bare Zuzahlungen vorsehen kann[152]. Bare Zuzahlungen dienen in erster Linie dem Zweck, durch einen Spitzenausgleich in Geld praktikable Umtauschverhältnisse zu schaffen[153]. Die Limitierung schützt den übernehmenden Rechtsträger vor höherem **Kapitalabfluss** und dient mittelbar dem **Gläubigerschutz**[154].

51 Die 10%-Grenze bezieht sich nicht etwa auf den Gesamtnennbetrag sämtlicher gewährten Geschäftsanteile der übernehmenden eG, sondern nur auf die Geschäftsanteile, die durch den Anteilstausch iRd. Verschmelzung **an die Neumitglieder** gewährt werden. Die Grenze gilt nicht für Verbesserungen des Umtauschverhältnisses durch Festsetzung barer Zuzahlungen im **Spruchverfahren**[155]. Das geht auch aus dem klareren Wortlaut der Parallelvorschrift in § 68 hervor.

VII. Maßgeblichkeit der Schlussbilanz (Abs. 3)

52 Abs. 3 ist nur auf **reine eG-Verschmelzungen** anwendbar. Die Schlussbilanz ist der Anmeldung der Verschmelzung zur Eintragung in das Register der übertragenden eG beizufügen und darf auf einen höchstens acht Monate vor der Verschmelzung liegenden Stichtag lauten[156]. Bei einer übertragenden eG hat der Verschmelzungsvertrag den Stichtag der Schlussbilanz anzugeben[157], weil sich daraus das Geschäftsguthaben berechnet, dessen Höhe für den Anteilserwerb und die Auszahlung von Spitzen maßgebend ist[158].

53 Für die Berechnung des Geschäftsguthabens ist von der Bilanzposition **Gezeichnetes Kapital** innerhalb des Eigenkapitals auszugehen[159]. Das gezeichnete Kapital wird im Anhang bei den Erläuterungen zur Bilanz nach den **tatsächlichen Geschäftsguthaben** und **rückständigen fälligen Pflichteinzahlungen** auf Geschäftsanteile aufgegliedert. Letztere sind nicht zu berücksichtigen. Wenn sämtliche Mitglieder der übertragenden eG ihre Geschäftsanteile in gleicher Höhe eingezahlt haben, kann das gezeichnete Kapital (abzüglich rückständiger Pflichteinzahlungen) durch die Gesamtzahl der ausgegebenen Geschäftsanteile geteilt und der Quotient mit den Geschäftsanteilen des einzelnen Mitglieds multipliziert werden, um sein individuelles Geschäftsguthaben zu ermitteln. Wenn nur einzelne Mitglieder mit abweichenden Beträgen rückständig sind, muss das individuell berücksichtigt werden. Geschäftsguthaben, die **nach dem Stichtag** der Schlussbilanz auf **neu gezeichnete Geschäftsanteile** bei der übertragenden eG eingezahlt wurden, werden von Abs. 3 nicht erfasst und sind zum eingezahlten Nennbetrag umzustellen[160], falls nicht der Verschmelzungsvertrag eine andere Regelung enthält.

---

[151] §§ 54 Abs. 4, 68 Abs. 3.
[152] § 5 Abs. 1 Nr. 3.
[153] *Stratz* in Schmitt/Hörtnagl/Stratz § 5 Rn 55 und § 87 Rn 6; *Lutter/Drygala* in Lutter § 5 Rn 17.
[154] *Winter* in Lutter § 54 Rn 31.
[155] §§ 15, 85, § 1 Nr. 4 SpruchG; siehe § 85 Rn 14 und Anh. SpruchG; *Stratz* in Schmitt/Hörtnagl/Stratz Rn 6 aE.
[156] § 17 Abs. 2; siehe § 17 Rn 16 f. und § 86 Rn 2.
[157] § 80 Abs. 2; siehe § 80 Rn 3 und Rn 45 ff.
[158] §§ 87 Abs. 1 Satz 1 und Abs. 2 Satz 2, 80 Abs. 1 Satz 1 Nr. 2 1. Halbs.
[159] Bei den Genossenschaftsbanken also von Bilanzposition 12 a.
[160] *Stratz* in Schmitt/Hörtnagl/Stratz Rn 7.

Umstritten ist, ob der **Verschmelzungsvertrag** gegenüber den Geschäftsguthaben, die 54 sich aus der Schlussbilanz ergeben, **Zu- oder Abschläge** für die Anrechnung bei der übernehmenden eG vorsehen kann, um – abweichend vom Nominalwertprinzip und § 80 Abs. 1 Satz 1 Nr. 2 1. Halbs. – iRd. Anteilstauschs einen Wertausgleich zu schaffen[161]. Rücklagen und sonstiges Vermögen einer übertragenden eG können den Geschäftsguthaben von Mitgliedern, die ihre Mitgliedschaft bei der übernehmenden eG nicht ausschlagen, zugerechnet werden[162]. Der Verschmelzungsvertrag kann deshalb entsprechende **Zuschläge** zum Geschäftsguthaben bestimmen[163]. Dadurch können Abweichungen ausgeglichen werden, die zwischen den beiden Genossenschaften im Verhältnis des Gesamtbetrags der jeweiligen Geschäftsguthaben zu ihrem jeweiligen Vermögen bestehen, wenn die übertragende eG überproportionale Rücklagen und stille Reserven geschaffen hatte[164]. Dass ein solcher Wertausgleich auch umgekehrt durch **Abschläge** auf die Geschäftsguthaben möglich ist, zeigt § 85 Abs. 1, der eine Herabsetzungsmöglichkeit denknotwendig voraussetzt[165].

Dieselbe Wirkung wie durch Zuschläge kann die übertragende eG wirtschaftlich auch 55 dadurch erzielen, dass sie ihre überproportionalen Rücklagen oder stille Reserven vor der Verschmelzung auflöst und den Geschäftsguthaben der Altmitglieder zuschreibt. Durch solche **bilanziellen Maßnahmen**, die noch **vor der Verschmelzung** wirksam werden, können auch die Geschäftsguthaben bei der übernehmenden eG zu Gunsten ihrer Mitglieder verändert werden[166]. Ob das vom Fusionspartner akzeptiert wird, steht auf einem anderen Blatt. Durch die Umwandlung „fester" Rücklagen oder stiller Reserven in „flüssige" Geschäftsguthaben entsteht für die übernehmende eG außerdem das **Risiko**, sie nach Kündigung der Mitgliedschaften auszahlen und uU empfindliche **Kapitalabflüsse** hinnehmen zu müssen[167].

§ 88 Geschäftsguthaben bei der Aufnahme von Kapitalgesellschaften und rechtsfähigen Vereinen

(1) Ist an der Verschmelzung eine Kapitalgesellschaft als übertragender Rechtsträger beteiligt, so ist jedem Anteilsinhaber dieser Gesellschaft als Geschäftsguthaben bei der übernehmenden Genossenschaft der Wert der Geschäftsanteile oder der Aktien gutzuschreiben, mit denen er an der übertragenden Gesellschaft beteiligt war. Für die Feststellung des Wertes dieser Beteiligung ist die Schlußbilanz der übertragenden Gesellschaft maßgebend. Übersteigt das durch die Verschmelzung erlangte Geschäftsguthaben eines Mitglieds den Gesamtbetrag der Geschäftsanteile, mit denen es bei der übernehmenden Genossenschaft beteiligt ist, so ist der übersteigende Betrag nach Ablauf von sechs Monaten seit dem Tage, an dem die Eintragung der Verschmelzung in das Register des Sitzes der übernehmenden Genossenschaft nach § 19 Abs. 3 bekannt gemacht worden ist, an das Mitglied auszuzahlen; die Auszahlung darf jedoch nicht erfolgen, bevor die Gläubiger, die sich nach § 22 gemeldet haben, befriedigt oder sichergestellt sind.

---

[161] Siehe dazu *Bayer* in Lutter Rn 38 ff.; *Beuthien* §§ 2 ff. UmwG Rn 74; *Schulte* in Lang/Weidmüller § 87 UmwG Rn 11; *Röhrich* in H/P/G/R § 87 UmwG Rn 7; zum früheren Recht: *Schlarb* DB 1979, 901.
[162] § 93 Abs. 2 2. Halbs.; siehe § 93 Rn 14.
[163] *Bayer* in Lutter Rn 39 unter Hinweis auf die Gesetzesbegründung zu § 80 Abs. 1 Satz 1 Nr. 2 2. Halbs. bei RegBegr. *Ganske* S. 121; *Beuthien* §§ 2 ff. UmwG Rn 74; *Schulte* in Lang/Weidmüller § 87 UmwG Rn 11.
[164] *Schulte* in Lang/Weidmüller § 87 UmwG Rn 11; *Röhrich* in H/P/G/R § 87 UmwG Rn 7.
[165] Siehe § 85 Rn 13; *Beuthien* §§ 2 ff. UmwG Rn 46 und 74; inzwischen auch *Bayer* in Lutter Rn 40.
[166] *Bayer* in Lutter Rn 40.
[167] Siehe § 88 Rn 9 für die Mischverschmelzung.

(2) Ist an der Verschmelzung ein rechtsfähiger Verein als übertragender Rechtsträger beteiligt, so kann jedem Mitglied dieses Vereins als Geschäftsguthaben bei der übernehmenden Genossenschaft höchstens der Nennbetrag der Geschäftsanteile gutgeschrieben werden, mit denen es an der übernehmenden Genossenschaft beteiligt ist.

Übersicht

	Rn		Rn
I. Allgemeines	1	3. Auszahlung übersteigender Geschäftsguthabens (Satz 3)	11
II. Übertragende Kapitalgesellschaft (Abs. 1)	4	III. Übertragender rechtsfähiger Verein	13
1. Kapitalgesellschaft, Anteilsinhaber	4	IV. Übertragende Personenhandelsgesellschaft oder PartG	17
2. Anteilstausch, Geschäftsguthaben	5		

I. Allgemeines

1 Die Vorschrift regelt für zwei Fälle der **Mischverschmelzung**, wie das Geschäftsguthaben bestimmt wird, das den Anteilsinhabern eines übertragenden Rechtsträgers anderer Rechtsform bei der übernehmenden eG gutzuschreiben ist, nämlich für **übertragende Kapitalgesellschaften** (Abs. 1) und **übertragende rechtsfähige Vereine** (Abs. 2). Sie stellt eine Ergänzung der allgemeinen Regel dar, wonach die Anteilsinhaber des übertragenden Rechtsträgers mit Wirksamwerden der Verschmelzung zu Anteilsinhabern des übernehmenden Rechtsträgers werden[1]. Die Ergänzung ist erforderlich, weil es bei einer übertragenden Kapitalgesellschaft oder einem übertragenden rechtsfähigen e. V. kein Geschäftsguthaben gibt, aus dem dasjenige bei der **übernehmenden eG** hergeleitet werden könnte[2]. Die umgekehrte Mischverschmelzung einer übertragenden eG auf einen **übernehmenden Rechtsträger anderer Rechtsform** fällt unter § 87 Abs. 1 Satz 1[3] und für die jeweilige Rechtsform geltendenen Sondervorschriften.

2 Nach Abs. 1 Satz 1 ist jedem vormaligen Anteilsinhaber einer übertragenden **Kapitalgesellschaft** bei der übernehmenden eG der (volle) Wert seiner Geschäftsanteile oder Aktien als Geschäftsguthaben gutzuschreiben. Dem liegt das Prinzip **wertmäßiger Äquivalenz** der Beteiligungen vor und nach der Verschmelzung zugrunde. Der Anteilsinhaber soll vermögensmäßig durch die Verschmelzung nicht schlechter, aber auch nicht besser gestellt werden, also weder einen Wertverlust erleiden, noch einen Wertzuwachs erzielen[4]. Soweit dieser Wert nicht auf Geschäftsanteile angerechnet wird, ist das übersteigende Geschäftsguthaben – wie bei reinen eG-Verschmelzungen[5] – auszuzahlen[6], werden Spitzen des Beteiligungswerts bei der übertragenden Kapitalgesellschaft also in bar ausgeglichen. Die Fälligkeits- und Sperrfrist für diese Auszahlung dient auch hier dem **Gläubigerschutz**[7].

3 Während es bei Kapitalgesellschaften auch für die Verschmelzung auf Genossenschaften keinerlei Grund gibt, den Kapitalgesellschaftern beim Anteilstausch nicht den vollen Wert ihrer vormaligen Beteiligung zu gewähren, liegt dies bei **rechtsfähigen Vereinen** genau umgekehrt. Die Vereinsmitglieder sind überhaupt nicht am Vereinsvermögen beteiligt[8]. Das

---

[1] § 20 Abs. 1 Nr. 3 Satz 1.
[2] *Bayer* in Lutter Rn 2; *Röhrich* in H/P/G/R § 88 UmwG Rn 2.
[3] Siehe § 87 Rn 4.
[4] *Fronhöfer* in Widmann/Mayer Rn 2 unter Hinweis auf die Gesetzesbegründung; *Stratz* in Schmitt/Hörtnagl/Stratz Rn 2; *Bayer* in Lutter Rn 4.
[5] § 87 Abs. 2 Satz 1.
[6] § 88 Abs. 1 Satz 3.
[7] Siehe § 87 Rn 3.
[8] *Fronhöfer* in Widmann/Mayer Rn 14; *Röhrich* in H/P/G/R § 88 UmwG Rn 5; *Stratz* in

Gesetz muss die Vereinsmitglieder insoweit auch nicht schützen, sondern Abs. 2 limitiert ihre Geschäftsguthaben bei der übernehmenden eG auf den Nennbetrag der Geschäftsanteile und **schützt** damit umgekehrt **die Genossenschaft vor Kapitalabfluss** durch Auszahlung übersteigender Geschäftsguthaben.

II. Übertragende Kapitalgesellschaft (Abs. 1)

1. Kapitalgesellschaft, Anteilsinhaber

Als Kapitalgesellschaften definiert das UmwG die **GmbH, AG** und **KGaA**[9]. Anspruchsinhaber auf die Gutschrift des Geschäftsguthabens (Satz 1) und Auszahlung von Spitzen (Satz 2) sind also deren **Gesellschafter, Aktionäre** und **Kommanditaktionäre**[10]. Anspruchsgegner ist jeweils die übernehmende eG. **4**

2. Anteilstausch, Geschäftsguthaben

Im Gegensatz zu den Mitgliedern einer übertragenden eG haben die Kapitalgesellschafter für die Mitgliedschaft bei der übernehmenden eG **kein Ausschlagungsrecht**[11], sondern es gelten die allgemeinen Vorschriften der §§ 29 bis 35[12]. Die übernehmende eG muss den Gesellschaftern, Aktionären oder Kommanditaktionären im Verschmelzungsvertrag anbieten, ihre Geschäftsanteile, Aktien oder Kommanditaktien gegen eine angemessene **Barabfindung** zu erwerben[13]. Die Kapitalgesellschafter sind auf diese Weise davor geschützt, gegen ihren Willen (weil sie beim Verschmelzungsbeschluss überstimmt wurden) bis zum Ablauf der statutarischen Kündigungsfrist Mitglieder einer Genossenschaft bleiben zu müssen. **5**

Das **Geschäftsguthaben**, das den Kapitalgesellschaftern bei der übernehmenden eG gutzuschreiben und entweder auf die nach dem Verschmelzungsvertrag gewährten Geschäftsanteile anzurechnen oder in bar auszuzahlen ist, muss dem **vollen Wert** entsprechen, den die Geschäftsanteile, Aktien oder Kommanditaktien bei der übertragenden Kapitalgesellschaft hatten (Abs. 1 Satz 1). **6**

Dass die Schlussbilanz für die Feststellung des Beteiligungswerts maßgebend sein soll (Abs. 1 Satz 2), könnte allerdings – vom Wortlaut her – als **Buchwertklausel** in dem Sinne verstanden werden, dass es auf den anteiligen Betrag des in der Schlussbilanz ausgewiesenen Eigenkapitals ankäme. Damit würde, wie bei der Aufnahme einer übertragenden eG[14], das genossenschaftsrechtliche Nominalwertprinzip gelten. Der Gesetzgeber wollte mit Satz 2 aber nur zum Ausdruck bringen, dass es „wie auch sonst bei Verschmelzungsvorgängen auf den Stichtag der Umwandlungsbilanz ankommt"[15]. Die **Schlussbilanz** legt für die Wertermittlung lediglich den **Stichtag** fest[16]. Bei Kapitalgesellschaften repräsentiert der Geschäftsanteil, die Aktie oder Kommanditaktie – im Gegensatz zu den Geschäftsguthaben bei einer Genossenschaft oder der Vereinsmitgliedschaft[17] – uneingeschränkt den anteiligen Unternehmenswert, der grundsätzlich auch durch Veräußerung realisiert werden kann. Eine **7**

Hörtnagl/Stratz Rn 4.
[9] § 3 Abs. 1 Nr. 2.
[10] Siehe § 78 Rn 25 ff. für die Behandlung des persönlich haftenden Gesellschafters, falls dieser eine Vermögenseinlage in die KGaA geleistet hat.
[11] §§ 90 bis 94.
[12] Siehe § 90 Rn 7; *Bayer* in Lutter Rn 3.
[13] § 29 Abs. 1 Satz 1 1. Halbs.
[14] § 87 Abs. 3.
[15] So die Begr. zum RegE, BR-Drucks. 75/94 S. 108.
[16] *Fronhöfer* in Widmann/Mayer Rn 6; *Stratz* in Schmitt/Hörtnagl/Stratz Rn 2; *Schulte* in Lang/Weidmüller § 88 UmwG Rn 2.
[17] Siehe Rn 14.

sachliche Rechtfertigung, den Kapitalgesellschaftern diesen Wert im Zuge der Verschmelzung auf eine Genossenschaft (teilweise) ersatzlos zu entziehen, gibt es nicht. Dies wäre ein Verstoß gegen Art. 14 Abs. 1 GG und damit verfassungswidrig[18]. Die Vorschrift muss insoweit verfassungskonform ausgelegt werden[19].

8 Für die Wertermittlung auf den Stichtag der Schlussbilanz gelten die allgemeinen Grundsätze zur Durchführung von Unternehmensbewertungen oder ähnliche anerkannte Bewertungsmethoden[20]. Sollte eine börsennotierte AG oder KGaA auf eine Genossenschaft verschmolzen werden (was sehr unwahrscheinlich ist), müsste auch der durchschnittliche **Börsenkurs** der Aktien oder Kommanditaktien während eines dreimonatigen Referenzzeitraums als Untergrenze des anteiligen Unternehmenswerts, der sich aus einer herkömmlichen Unternehmensbewertung nach der Ertragswertmethode ergibt, berücksichtigt werden[21].

9 Im Unterschied zur Verschmelzung von Kapitalgesellschaften untereinander muss der so ermittelte Beteiligungswert bei der übertragenden Gesellschaft hier nicht in eine Relation zu dem anteiligen Unternehmenswert gesetzt werden, der bei der übernehmenden eG auf ihre bisherigen Geschäftsguthaben entfällt. Denn Abs. 1 Satz 1 ordnet schlicht an, dass die Beteiligungswerte, die bei der übertragenden Kapitalgesellschaft bestanden, als Geschäftsguthaben gutzuschreiben sind, ohne dass es auf die **Höhe oder Wertrelation** der von den **Altmitgliedern** bisher gehaltenen Geschäftsguthaben ankommt. Der nur einseitige volle Wertausgleich kann zu erheblichem Übergewicht der Neumitglieder bei den Geschäftsguthaben und in der Folge auch bei der **Dividendenberechtigung** (nach dem gesetzlichen Regelmodell von § 19 Abs. 1 GenG) führen. Zum Ausgleich könnte die übernehmende eG vor der Verschmelzung Rücklagen oder stille Reserven auflösen und den Geschäftsguthaben zuschreiben. Dadurch wird allerdings der ohnehin schon kritische Effekt verstärkt, dass **Rücklagen** und **stille Reserven** der übertragenden Kapitalgesellschaft durch ihre vollständige Umwandlung in Geschäftsguthaben bei der übernehmenden eG **realisiert** werden und aus der übernehmenden eG entweder in Form von Barabfindungen[22] oder Auseinandersetzungsguthaben – nach anschließender Kündigung der Mitgliedschaft mit höchstens fünfjähriger Kündigungsfrist[23] – abfließen können. Das kann die übernehmende eG ruinieren. Lediglich das Ungleichgewicht bei den **künftigen Dividenden** (nicht aber der drohende Kapitalabfluss) lässt sich dadurch vermeiden, dass im Verschmelzungsvertrag eine **Satzungsänderung** der übernehmenden eG hinsichtlich des **Verteilungsmaßstabs**[24] vereinbart wird, die dann iSv. § 79 erforderlich ist.

10 Die Zahl der Geschäftsanteile, mit denen die vormaligen Kapitalgesellschafter bei der übernehmenden eG beteiligt werden, sollte im Verschmelzungsvertrag so festgelegt werden, dass die übersteigenden und nach Abs. 1 Satz 3 auszuzahlenden Beträge möglichst gering sind. Dazu muss eine etwaige **Höchstzahlbegrenzung** im Statut der übernehmenden eG eventuell **angehoben** oder vollständig beseitigt werden[25]. Zur Klarstellung empfiehlt sich,

---

[18] Gemessen an den Grundsätzen von BVerfGE 100, 289 „DAT/Altana"; siehe dazu § 85 Rn 5.
[19] Einen Anhaltspunkt dafür, dass § 88 Abs. 1 Satz 2 nicht genauso wie § 87 Abs. 3 verstanden werden darf, bietet auch der Wortlaut, in dem die Schlussbilanz hier für die „Feststellung des Wertes", dort aber für die „Berechnung des Geschäftsguthabens" maßgebend ist, was auch gegen eine bloße Berechnung des anteiligen Eigenkapitals spricht.
[20] *Bayer* in Lutter Rn 4; siehe § 8 Rn 24 ff.; *Stratz* in Schmitt/Hörtnagl/Stratz § 5 Rn 5 ff.; *Lutter/Drygala* in Lutter § 5 Rn 18 ff.; *Mayer* in Widmann/Mayer § 5 Rn 94 ff. jeweils mwN.
[21] Siehe die Folgeentscheidung des *BGH* ZIP 2001, 734 zur „DAT/Altana"-Entscheidung des BVerfG (siehe Fn 18) und *Stratz* in Schmitt/Hörtnagl/Stratz § 5 Rn 45 zur Anwendbarkeit dieser Rspr. auf Umwandlungen.
[22] § 29.
[23] §§ 65, 73 Abs. 2 Satz 2 GenG.
[24] § 19 Abs. 2 GenG.
[25] Siehe § 87 Rn 49.

für die Anrechnung des gutzuschreibenden Geschäftsguthabens auf die Geschäftsanteile – wie beim gesetzlichen Regelmodell für reine eG-Verschmelzungen[26] – **Volleinzahlung** zu vereinbaren[27]. Dass das Geschäftsguthaben so weit wie möglich auf die Zahl der im Verschmelzungsvertrag festgelegten Geschäftsanteile zu verteilen ist, folgt im Übrigen schon aus Abs. 1 Satz 3.

3. Auszahlung übersteigender Geschäftsguthaben (Satz 3)

Soweit den Kapitalgesellschaftern nach dem Prinzip des vollen Wertausgleichs ein Geschäftsguthaben gutzuschreiben ist, das den Gesamtbetrag ihrer Geschäftsanteile bei der übernehmenden eG übersteigt (Spitzen), muss der übersteigende Betrag von der übernehmenden eG ausgezahlt werden. Die Auszahlung wird **sechs Monate** nach Bekanntgabe der Eintragung der Verschmelzung im Register der übernehmenden eG fällig, wenn bis dahin alle **Gläubiger der übertragenden Kapitalgesellschaft**, die sich nach § 22 gemeldet haben, **befriedigt oder sichergestellt** sind. Abgesehen vom abweichenden Anknüpfungstatbestand ist Abs. 1 Satz 3 mit § 87 Abs. 2 Satz 1 für reine eG-Verschmelzungen wortgleich, ohne dass strukturelle Unterschiede bestünden[28]. 11

Im Unterschied zu § 87 Abs. 2 Satz 2 findet sich hier **keine Limitierung von baren Zuzahlungen**, die im Verschmelzungsvertrag festgesetzt werden, auf 10% des Gesamtnennbetrags der gewährten Geschäftsanteile[29]. Trotz der entsprechenden Grenzen bei übernehmenden Kapitalgesellschaften[30] erübrigt sich das hier, weil übersteigende Geschäftsguthaben nach Abs. 1 Satz 3 ohnehin in unbegrenzter Höhe auszuzahlen sind, worauf sich die Parteien auch schon im Verschmelzungsvertrag in Form barer Zuzahlungen verständigen können. 12

III. Übertragender rechtsfähiger Verein

Die Mitglieder eines Vereins sind am Vereinsvermögen nicht beteiligt. Dies gilt sowohl für den **Idealverein**[31] als auch für den **wirtschaftlichen Verein**[32]. Beim Austritt[33] steht ihnen keinerlei Auseinandersetzungsguthaben zu. 13

Dem entsprechend ist Abs. 2 – im Gegensatz zu Abs. 1 Satz 1 für Anteilsinhaber einer übertragenden Kapitalgesellschaft – **nicht als Individualanspruch** der bisherigen Vereinsmitglieder gegen die übernehmende eG auf Gutschrift eines bestimmten Geschäftsguthabens ausgestaltet, sondern bestimmt dafür nur eine **Obergrenze** in Höhe des Gesamtnennbetrags der Geschäftsanteile („höchstens"). Die übernehmende eG wird davor geschützt, dass übersteigende Geschäftsguthaben entstehen und entsprechendes Kapital an die bisherigen Vereinsmitglieder abfließt[34]. Die Parteien des Verschmelzungsvertrags sind weitgehend frei, **wie viele Geschäftsanteile** für die Vereinsmitglieder bei der übernehmenden eG vorgesehen werden[35]. Aus der Formulierung als Obergrenze geht gleichzeitig hervor, dass hier **nicht** – wie im gesetzlichen Regelfall der reinen eG-Verschmelzung[36] – **Volleinzahlung** der gewährten Geschäftsanteile gilt, sondern durch die Gutschreibungen auch nur Teilbeträge als eingezahlt gelten können, mindestens jedoch in Höhe von 10%[37]. 14

---

[26] § 80 Abs. 1 Satz 1 Nr. 2 1. Halbs.
[27] *Bayer* in Lutter Rn 5 hält die genannte Vorschrift mangels abweichender Vereinbarung im Verschmelzungsvertrag für entsprechend anwendbar.
[28] *Bayer* in Lutter Rn 6 aE; *Röhrich* in H/P/G/R § 88 UmwG Rn 4; siehe § 87 Rn 46 f.
[29] *Stratz* in Schmitt/Hörtnagl/Stratz Rn 3.
[30] §§ 54 Abs. 4, 68 Abs. 3, 78.
[31] § 21 BGB.
[32] § 22 BGB; *Röhrich* in H/P/G/R § 88 UmwG Rn 5.
[33] § 39 BGB.
[34] Siehe Rn 3 zu diesem Normzweck.
[35] § 80 Abs. 1 Satz 2.
[36] § 80 Abs. 1 Satz 1 Nr. 2 2. Halbs.
[37] § 7 Nr. 1 2. Halbs. GenG.

15 Wenn sich die Vertragsparteien auf vollen Wertausgleich einigen, muss das gesamte **Vereinsvermögen bewertet**, auf die Vereinsmitglieder **zu gleichen Teilen (nach Köpfen) umgelegt**, als Geschäftsguthaben bei der übernehmenden eG gutgeschrieben und hinreichend vielen Geschäftsanteilen verschmelzungsvertraglich zugeordnet werden[38]. Wenn dadurch eine Höchstzahlbegrenzung für die Geschäftsanteile bei der übernehmenden eG überschritten wird, muss die Satzung geändert werden[39]. Wenn das Vereinsvermögen den Gesamtbetrag aller im Zuge der Verschmelzung gewährten Geschäftsguthaben übersteigt, fällt die Differenz den Rücklagen der übernehmenden eG zu[40].

16 Der Verschmelzungsvertrag kann **keine baren Zuzahlungen** an die bisherigen Vereinsmitglieder vorsehen[41]. § 15 ist zwar nicht ausgeschlossen und auch nicht durch § 85 Abs. 1 beschränkt, der nur für reine eG-Verschmelzungen gilt[42]. Materiell kann der Antrag eines bisherigen Vereinsmitglieds im **Spruchverfahren**[43] mangels vorheriger Beteiligung am Vereinsvermögen aber keinen Erfolg haben, weil jedes Geschäftsguthaben bei der übernehmenden eG einen höheren Gegenwert bildet.

IV. Übertragende Personenhandelsgesellschaft oder PartG

17 Für die Verschmelzung übertragender Personenhandels- oder Partnerschaftsgesellschaften auf übernehmende Genossenschaften trifft das Gesetz keine besonderen Regelungen. § 88 Abs. 1 oder 2 finden keine analoge Anwendung[44]. Den Betrag des Geschäftsanteils und die **Zahl der Geschäftsanteile**, mit denen die persönlich haftenden Gesellschafter, Kommanditisten oder Partner an der übernehmenden eG beteiligt werden, hat auch hier der Verschmelzungsvertrag für jeden einzeln anzugeben[45] und sollte darüber hinaus den jeweiligen Betrag festlegen, mit dem sie als eingezahlt gelten, also das angerechnete Geschäftsguthaben[46]. Da Personengesellschafter am Vermögen der Gesellschaft sogar noch enger beteiligt sind als bei Kapitalgesellschaften (Prinzip des Gesamthandvermögens), muss das Geschäftsguthaben bei der übernehmenden eG hier erst recht dem **Beteiligungswert** bei der Personenhandelsgesellschaft entsprechen. Dabei ist umstritten, ob überschießendes Geschäftsguthaben auch hier ausgezahlt werden kann[47] oder als Eigenkapital gebunden bleibt, bis das Neumitglied aus der übernehmenden eG ausscheidet und den übersteigenden Betrag – falls noch vorhanden – iRd. Auseinandersetzungsguthabens erhält[48]. Richtigerweise kann der volle Beteiligungswert hier mangels gesetzlicher Auszahlungsmöglichkeit nur durch Gewährung zusätzlicher Geschäftsanteile im Verschmelzungsvertrag oder gerichtliche Bestimmung barer Zuzahlungen im **Spruchverfahren**[49] erreicht werden[50].

---

[38] *Röhrich* in H/P/G/R § 88 UmwG Rn 5; *Beuthien* §§ 2 ff. UmwG Rn 78.
[39] *Bayer* in Lutter Rn 8 aE.
[40] So die Gesetzesbegründung zu § 88 Abs. 2, RegBegr. *Ganske* S. 128, und die einhellige Lit.; *Fronhöfer* in Widmann/Mayer Rn 16; *Bayer* in Lutter Rn 8; *Röhrich* in H/P/G/R § 88 UmwG Rn 5; *Schulte* in Lang/Weidmüller § 88 UmwG Rn 4.
[41] *Stratz* in Schmitt/Hörtnagl/Stratz Rn 4; siehe auch den Hinweis von *Lutter/Drygala* in Lutter § 5 Rn 17 und *Marsch-Barner* in Kallmeyer § 5 Rn 9, dass bare Zuzahlungen – trotz des neutralen Wortlauts von § 5 Abs. 1 Nr. 3 in anderen als den im Gesetz genannten Fällen (§§ 54 Abs. 4, 68 Abs. 3, 78, 87 Abs. 2 Satz 2) ohnehin unzulässig seien.
[42] Siehe § 85 Rn 6.
[43] Siehe Anh. SpruchG.
[44] *Stratz* in Schmitt/Hörtnagl/Stratz Rn 5; aA *Fronhöfer* in Widmann/Mayer Rn 21.
[45] § 80 Abs. 1 Satz 2; siehe Rn 6 und § 80 Rn 38 ff.
[46] *Beuthien* §§ 2 ff. UmwG Rn 78.
[47] Entsprechend §§ 87 Abs. 2 Satz 1, 88 Abs. 1 Satz 3; so *Schulte* in Lang/Weidmüller § 88 UmwG Rn 5; *Fronhöfer* in Widmann/Mayer Rn 21.
[48] So *Schwarz* in Widmann/Mayer Rn 6 aE; *Stratz* in Schmitt/Hörtnagl/Stratz Rn 6.
[49] §§ 15, 1 Nr. 4 SpruchG; siehe Anh. SpruchG.
[50] So *Beuthien* §§ 2 ff. UmwG Rn 78 aE.

§ 89 Eintragung der Genossen in die Mitgliederliste; Benachrichtigung

(1) Die übernehmende Genossenschaft hat jedes neue Mitglied nach der Eintragung der Verschmelzung in das Register des Sitzes der übernehmenden Genossenschaft unverzüglich in die Mitgliederliste einzutragen und hiervon unverzüglich zu benachrichtigen. Sie hat ferner die Zahl der Geschäftsanteile des Mitglieds einzutragen, sofern das Mitglied mit mehr als einem Geschäftsanteil beteiligt ist.

(2) Die übernehmende Genossenschaft hat jedem Anteilsinhaber eines übertragenden Rechtsträgers, bei unbekannten Aktionären dem Treuhänder der übertragenden Gesellschaft, unverzüglich in Textform mitzuteilen:
1. den Betrag des Geschäftsguthabens bei der übernehmenden Genossenschaft;
2. den Betrag des Geschäftsanteils bei der übernehmenden Genossenschaft;
3. die Zahl der Geschäftsanteile, mit denen der Anteilsinhaber bei der übernehmenden Genossenschaft beteiligt ist;
4. den Betrag der von dem Mitglied nach Anrechnung seines Geschäftsguthabens noch zu leistenden Einzahlung oder den Betrag, der ihm nach § 87 Abs. 2 oder nach § 88 Abs. 1 auszuzahlen ist, sowie
5. den Betrag der Haftsumme der übernehmenden Genossenschaft, sofern deren Mitglieder Nachschüsse bis zu einer Haftsumme zu leisten haben.

Übersicht

	Rn		Rn
I. Allgemeines	1	2. Eintragung	4
II. Eintragung und Benachrichtigung (Abs. 1)	3	3. Benachrichtigung	7
1. Mitgliederliste	3	III. Mitteilung über die Mitgliedschaftsdaten (Abs. 2)	9

I. Allgemeines

Die Vorschrift verpflichtet den Vorstand einer übernehmenden eG, jedes Mitglied unverzüglich nach Eintragung der Verschmelzung in das Register ihres Sitzes – ggf. auch die Zahl seiner Geschäftsanteile – in die **Mitgliederliste einzutragen,** ihn von dieser Eintragung unverzüglich zu **benachrichtigen** (Abs. 1) und die in Abs. 2 aufgezählten Angaben **mitzuteilen.** Die Vorschrift lehnt sich an § 15 Abs. 2 GenG über die Eintragung und Benachrichtigung neu beigetretener Mitglieder an und reformuliert § 30 Abs. 2 GenG für den Fall der Verschmelzung. § 89 steht in engem Regelungszusammenhang mit § 92, der die unverzügliche Eintragung und Benachrichtigung für Ausschlagungen der Mitgliedschaft vorschreibt[1]. 1

Dem **Genossenschaftsregister** ist auf Verlangen unverzüglich eine Abschrift der Liste einzureichen[2]. 2

II. Eintragung und Benachrichtigung (Abs. 1)

1. Mitgliederliste

Durch das Registerverfahrensbeschleunigungsgesetz von 1994 ist die Mitgliederliste bei den Genossenschaftsregistern abgeschafft und durch eine **vom Vorstand bei der Genos-** 3

---

[1] Siehe § 92 Rn 2.
[2] § 32 GenG.

senschaft selbst zu führende Mitgliederliste ersetzt worden[3]. Die Mitgliedschaft in der übernehmenden eG entsteht mit Eintragung der Verschmelzung in deren Register **kraft Gesetzes**[4]. Die Eintragung in die Mitgliederliste hat nur **deklaratorische (rechtsbekundende) Bedeutung**[5] und begründet die Vermutung der Mitgliedschaft[6]. Auch für die **Ausschlagung** der Mitgliedschaft bei der übernehmenden eG, die unmittelbar mit Zugang der Ausschlagungserklärung beim übernehmenden Rechtsträger wirksam wird[7], wirkt die Löschung aus der Mitgliederliste[8] nur deklaratorisch.

2. Eintragung

4   Der **Vorstand** ist verpflichtet, die Mitgliederliste zu führen[9]. Er hat für die Eintragung der Neumitglieder Sorge zu tragen. Sämtliche Vorstandsmitglieder sind dafür verantwortlich und können zur Pflichterfüllung vom Registergericht durch Festsetzung von **Zwangsgeld** angehalten werden[10]. Bei Vorsatz kommt Strafbarkeit wegen unrichtiger Wiedergabe der Verhältnisse der Genossenschaft – in der Mitgliederliste als Übersicht über die Mitglieder – in Betracht[11].

5   Schon nach dem Wortlaut von Abs. 1 hat die übernehmende eG „jedes neue Mitglied" einzutragen. Darunter fallen auch solche Mitglieder einer übertragenden eG, die ihre Mitgliedschaft dort bereits **gekündigt** hatten oder **ausgeschlossen** worden waren, wenn die Kündigungs- oder Ausschließungsfrist bei Wirksamwerden der Verschmelzung (Eintragung im Register der übernehmenden eG) noch lief, der Austritt oder Ausschluss also noch nicht wirksam geworden war[12]. Einzutragen sind auch Anteilsinhaber eines übertagenden Rechtsträgers, die ihre Mitgliedschaft bei der übernehmenden eG bereits wirksam **ausgeschlagen** haben[13]. Eine ausgeschlagene Mitgliedschaft gilt zwar als nicht erworben[14]; der Regelungszusammenhang von §§ 89 Abs. 1, 92 Abs. 1 zeigt aber, dass der Verschmelzungsvorgang hinsichtlich der Mitgliedschaften in der Liste lückenlos dokumentiert werden soll[15]. Ohne diese Dokumentation der Ausschlagungen ließe sich die Überleitung des Mitgliederbestands in die übernehmende eG nicht vollständig nachvollziehen und fehlte der Anknüpfungspunkt für die Pflicht zur dreijährigen Aufbewahrung der Eintragungsunterlagen[16].

---

[3] § 30 Abs. 1 GenG.
[4] § 87 Abs. 1 Satz 1; siehe § 87 Rn 5.
[5] *Bayer* in Lutter Rn 6; *Fronhöfer* in Widmann/Mayer Rn 3; *Röhrich* in H/P/G/R § 89 UmwG Rn 1 aE; *Schulte* in Lang/Weidmüller § 89 UmwG Rn 2.
[6] So *Schulte* in Lang/Weidmüller § 89 UmwG Rn 2 unter Hinweis auf die zum früheren Recht ergangene Entscheidung des BayObLG ZfG 1961, 446 mit Anm. *Schnorr von Carolsfeld*.
[7] § 92 Abs. 2; siehe § 92 Rn 4.
[8] § 92 Abs. 1.
[9] § 30 Abs. 1 GenG.
[10] § 160 Abs. 1 GenG; zutr. weist *Beuthien* §§ 2 ff. Rn 77 darauf hin, dass § 89 Abs. 1 in § 160 GenG zwar nicht aufgeführt ist, die Nichteintragung aber gleichzeitig ein Verstoß gegen den ausdrücklich genannten § 30 GenG ist. Siehe auch *Bayer* in Lutter Rn 6 aE; *Fronhöfer* in Widmann/Mayer Rn 2; *Stratz* in Schmitt/Hörtnagl/Stratz Rn 2.
[11] § 147 Abs. 2 Nr. 1 GenG; *Beuthien* § 30 GenG Rn 2, siehe auch § 92 Rn 4 für die Eintragung der Ausschlagung.
[12] *Fronhöfer* in Widmann/Mayer Rn 6; *Bayer* in Lutter Rn 7.
[13] *Schulte* in Lang/Weidmüller § 89 UmwG Rn 1.
[14] § 90 Abs. 2; siehe § 90 Rn 31 ff.
[15] Siehe § 92 Rn 2 und *Bayer* in Lutter Rn 7; aA *Beuthien* §§ 2 ff. UmwG Rn 77 („unnötige Förmelei"); differenzierend *Fronhöfer* in Widmann/Mayer Rn 8 f. danach, ob dem übernehmenden Rechtsträger die Ausschlagungserklärung vor Eintragung der Verschmelzung in seinem Register zugeht (keine Eintragungspflicht) oder erst nach dieser Eintragung, aber noch bevor der Vorstand die Eintragung nach § 89 Abs. 1 vornehmen konnte (Eintragungspflicht).
[16] § 30 Abs. 3 GenG.

Wegen der Angaben, mit denen die neuen Mitglieder einzutragen sind, ist auf § 30 Abs. 2 **6**
GenG zu verweisen. Der anzugebende **Zeitpunkt**, zu dem die eingetragenen Angaben
wirksam geworden sind[17], ist das Eintragungsdatum der Verschmelzung im Register der
übernehmenden eG; **eintragungsbegründende Tatsache**[18] ist die Verschmelzung, die
mit Firma und Sitz der übertragenden eG oder dem übertragenden Rechtsträger anderer
Rechtsform notiert werden sollte[19]. Darüber hinaus hat Abs. 1 Satz 2 für den Inhalt der
Eintragung keine konstitutive Bedeutung, weil die Zahl der Geschäftsanteile auch schon nach
§ 30 Abs. 2 Nr. 2 GenG in die Mitgliederliste einzutragen ist.

3. Benachrichtigung

Die übernehmende Genossenschaft hat jedes neue Mitglied von seiner Eintragung in die **7**
Mitgliederliste unverzüglich zu benachrichtigen[20]. Auch hierfür ist der Vorstand zuständig
und jedes einzelne Vorstandsmitglied verantwortlich[21]. Für die Benachrichtigung ist **keine
besondere Form** vorgeschrieben, also auch mündliche Erklärung ausreichend. Zu empfehlen ist aber, die Benachrichtigung mit der Mitteilung nach Abs. 2 zu verbinden, für die
Textform vorgeschrieben ist[22].

Die Eintragungen in die Mitgliederliste hat der Vorstand **unverzüglich**[23] nach Eintra- **8**
gung der Verschmelzung in das Register der übernehmenden eG zu veranlassen[24], d. h. nach
Kenntniserlangung durch die **Eintragungsnachricht** des Registergerichts[25]. Die Eintragung setzt darüber hinaus Kenntnis des Vorstands von den Namen und Adressen der Anteilsinhaber des übertragenden Rechtsträgers (sowie der sonstigen Angaben nach § 30 Abs. 2
GenG) voraus. Bei einer übertragenden eG wirft das keine Probleme auf, sondern deren Mitgliederliste kann übernommen werden. Bei übertragenden Rechtsträgern anderer Rechtsform müssen sich die Anteilsinhaber und die Zahlen ihrer Geschäftsanteile grundsätzlich aus
dem Verschmelzungsvertrag ergeben[26]. Soweit es sich um eine AG oder KGaA mit Inhaberaktien handelt, müssen **unbekannte Aktionäre** durch Angabe ihrer Aktienurkunden sowie
der Zahl der auf ihre Aktien entfallenden Geschäftsanteile eingetragen und die Mitgliederliste
bei späterem Bekanntwerden entsprechend berichtigt werden[27].

III. Mitteilung über die Mitgliedschaftsdaten (Abs. 2)

Die übernehmende eG hat jedem neuen Mitglied die in Abs. 2 aufgeführten Mitglied- **9**
schaftsdaten in Textform mitzuteilen. Das Neumitglied soll über den Umfang seiner vermögensmäßigen Rechte und Pflichten informiert und in die Lage versetzt werden zu prüfen, ob
es eine Verbesserung des Umtauschverhältnisses durch bare Zuzahlung im Spruchverfahren
beantragen[28] oder die Mitgliedschaft in der übernehmenden eG ausschlagen will, falls ihm
ein Ausschlagungsrecht zusteht[29]. Für Anteilsinhaber eines übertragenden Rechtsträgers anderer Rechtsform besteht nach den allgemeinen Vorschriften die Möglichkeit, das Angebot

---

[17] § 30 Abs. 2 Satz 2 1. Halbs. GenG.
[18] § 30 Abs. 2 Satz 2 2. Halbs. GenG.
[19] *Fronhöfer* in Widmann/Mayer Rn 10 ff.; *Bayer* in Lutter Rn 6; *Beuthien* §§ 2 ff. UmwG Rn 77;
Schulte in Lang/Weidmüller § 89 UmwG Rn 1.
[20] § 89 Abs. 1 Satz 1.
[21] Siehe Rn 4.
[22] § 126 b BGB; siehe Rn 10.
[23] § 121 Abs. 1 Satz 1 BGB.
[24] § 89 Abs. 1 Satz 1.
[25] *Bayer* in Lutter Rn 8.
[26] § 80 Abs. 1 Satz 2.
[27] Siehe § 80 Rn 44 und § 46 Rn 2.
[28] §§ 15, 85, 1 Nr. 4 SpruchG.
[29] §§ 90 bis 94; siehe Rn 1 zu diesem Normzweck.

§ 90

der übernehmenden eG im Verschmelzungsvertrag auf Erwerb ihrer Geschäftsguthaben gegen Barabfindung anzunehmen[30].

10 Durch die Mitteilung in **Textform**[31] haben sich frühere Probleme, die bei Verschmelzungen großer Genossenschaften mit hoher Mitgliederzahl wegen des Erfordernisses der Namensunterschrift bestanden[32], erledigt. Insbesondere **faksimilierte Unterschrift** ist jetzt ausdrücklich zugelassen. Die Mitteilung ist nicht verzichtbar[33].

11 Obwohl es sich bei der Mitteilung nicht um eine Willens-, sondern eine Wissenserklärung handelt, muss sie dem Mitglied entsprechend § 130 Abs. 1 BGB **zugehen**[34], kann also **nicht durch Niederlegung oder Aushang** in den Geschäftsräumen der Genossenschaft ersetzt werden[35]. Die sechsmonatige Ausschlagungsfrist[36] wird aber nicht erst durch den Zugang der Mitteilung in Lauf gesetzt, sondern schon mit der Bekanntmachung[37].

12 Zulässig und zweckmäßig ist, in die **Mitteilung** auch die **Benachrichtigung** von der Eintragung des neuen Mitglieds in die Mitgliederliste[38] aufzunehmen; diese muss nicht vorab und gesondert erfolgen[39]. Die Mitteilung muss den Betrag eines **überschießenden Geschäftsguthabens** enthalten, das dem neuen Mitglied auszuzahlen ist[40]. Es ist zulässig, dass der Vorstand dies mit dem Vorschlag verbindet, durch gesonderte Beitrittserklärung einen weiteren Geschäftsanteil zu übernehmen[41] und den Auszahlungsbetrag als Einzahlung auf diesen Anteil zu verrechnen[42].

§ 90 Ausschlagung durch einzelne Anteilsinhaber

(1) **Die §§ 29 bis 34 sind auf die Mitglieder einer übertragenden Genossenschaft nicht anzuwenden.**

(2) **Auf der Verschmelzungswirkung beruhende Anteile und Mitgliedschaften an dem übernehmenden Rechtsträger gelten als nicht erworben, wenn sie ausgeschlagen werden.**

(3) **Das Recht zur Ausschlagung hat jedes Mitglied einer übertragenden Genossenschaft, wenn es in der Generalversammlung oder als Vertreter in der Vertreterversammlung, die gemäß § 13 Abs. 1 über die Zustimmung zum Verschmelzungsvertrag beschließen soll,**

1. **erscheint und gegen den Verschmelzungsbeschluß Widerspruch zur Niederschrift erklärt oder**
2. **nicht erscheint, sofern es zu der Versammlung zu Unrecht nicht zugelassen worden ist oder die Versammlung nicht ordnungsgemäß einberufen oder der Gegenstand der Beschlußfassung nicht ordnungsgemäß bekanntgemacht worden ist.**

---

[30] §§ 29 bis 35; siehe § 88 Rn 5 und § 90 Rn 7.
[31] § 126 b BGB.
[32] § 126 Abs. 1 BGB; *Schulte* in Lang/Weidmüller § 89 UmwG Rn 5 unter Hinweis auf *BGH* BB 1977, 1068 = WM 1977, 239 = ZfG 1979, 162 mit Anm. *Müller*.
[33] So aber weiterhin *Schulte* in Lang/Weidmüller § 89 UmwG Rn 4.
[34] *Fronhöfer* in Widmann/Mayer Rn 24 unter Hinweis auf *Heinrichs* in Palandt vor §§ 104 ff. BGB Rn 6.
[35] *Beuthien* §§ 2 ff. UmwG Rn 77 aE; *Bayer* in Lutter Rn 10.
[36] § 91 Abs. 2.
[37] § 19 Abs. 3 iVm § 10 HGB; siehe § 91 Rn 10; *Bayer* in Lutter Rn 10; *Stratz* in Schmitt/Hörtnagl/Stratz Rn 3. Die abw. Auffassung von H/P/G/R1 § 89 UmwG Rn 2 aE findet sich in der Kommentierung von *Röhrich* in H/P/G/R2 nicht mehr.
[38] § 89 Abs. 1 Satz 1.
[39] Siehe Rn 7.
[40] §§ 89 Abs. 2 Nr. 4, 87 Abs. 2 Satz 2, 88 Abs. 1 Satz 3.
[41] § 15 b GenG.
[42] Siehe § 87 Rn 49; *Schulte* in Lang/Weidmüller § 89 UmwG Rn 4.

Ausschlagung durch einzelne Anteilsinhaber 1, 2 **§ 90**

Wird der Verschmelzungsbeschluß einer übertragenden Genossenschaft von einer Vertreterversammlung gefaßt, so steht das Recht zur Ausschlagung auch jedem anderen Mitglied dieser Genossenschaft zu, das im Zeitpunkt der Beschlußfassung nicht Vertreter ist.

Übersicht

	Rn		Rn
I. Allgemeines	1	b) Einberufungsmangel	21
II. Anwendungsbereich (Abs. 1)	5	c) Bekanntmachungs- und Ankündigungsmängel	22
1. Mitglieder einer übertragenden eG	5	3. Vertreterversammlung (Satz 2)	23
2. Anteilseigner eines übertragenden Rechtsträgers anderer Rechtsform	7	4. Verhältnis zum Anfechtungs- und Spruchverfahren	26
3. Mitglieder einer übernehmenden eG	8	5. Verzicht	28
III. Ausschlagungsrecht (Abs. 3)	9	IV. Rechtsfolgen (Abs. 2)	29
1. Erscheinen in der Versammlung (Satz 1 Nr. 1)	11	1. Auf der Verschmelzungswirkung beruhende Anteile und Mitgliedschaften	30
a) Stimmrechtsausübung	13	2. Geltung als nicht erworben	31
b) Widerspruchserklärung	17	a) Rückwirkung	31
2. Nichterscheinen in der Versammlung (Satz 1 Nr. 2)	19	b) Herausgabe von Leistungen	32
a) Unberechtigte Nichtzulassung	20	c) Keine Nachschusspflicht	33

I. Allgemeines

§§ 90 bis 94 regeln die Ausschlagung der Anteile und Mitgliedschaften, die das Mitglied **1** einer übertragenden Genossenschaft an dem übernehmenden Rechtsträger aufgrund der Verschmelzungswirkung erwerben würde. Das UmwG hat die bereits in §§ 93 k bis m GenG aF als Sonderkündigungsrecht vorgesehene Möglichkeit übernommen, den Anteilstausch individuell abzulehnen[1]. Im Gegensatz zum früheren Recht ist als Mittel aber nicht die Kündigung, sondern die **rückwirkende Beseitigung einer aufgedrängten Rechtsposition** im Wege der Ausschlagung vorgesehen. Die Änderung war notwendig, da das UmwG eine Mischverschmelzung, zB die Aufnahme einer Genossenschaft durch eine Aktiengesellschaft, zulässt[2], die Mitgliedschaft zB eines Aktionärs aber nicht gekündigt werden kann[3].

Nach den allgemeinen Vorschriften der §§ 29 bis 34 hat der übernehmende Rechtsträger **2** jedem Anteilsinhaber, der gegen den Verschmelzungsbeschluss des übertragenden Rechtsträgers Widerspruch zur Niederschrift erklärt hat, den Erwerb seiner Anteile oder Mitgliedschaften gegen eine angemessene **Barabfindung** anzubieten. Nach Abs. 1 ist die Anwendung dieser allgemeinen Vorschriften auf eine übertragende Genossenschaft **ausgeschlossen**. An die Stelle des Barabfindungsangebots tritt die Möglichkeit der Ausschlagung. Ausschlagende Mitglieder einer übertragenden eG werden durch Abs. 2 als *lex specialis* von der allgemeinen Verschmelzungswirkung ausgenommen, wonach die Anteilsinhaber des übertragenden Rechtsträgers Anteilsinhaber des übernehmenden Rechtsträgers werden[4]. Statt einer Barabfindung kann das ausschlagende Mitglied die **Auszahlung seines Geschäftsguthabens** verlangen[5].

---

[1] *Stratz* in Schmitt/Hörtnagl/Stratz Rn 1; *Fronhöfer* in Widmann/Mayer Rn 1; *Beuthien* § 2 ff. UmwG Rn 110; *Schulte* in Lang/Weidmüller § 90 UmwG Rn 1.
[2] § 3 Abs. 4.
[3] RegBegr. *Ganske* S. 130; siehe zur Mischverschmelzung bereits § 79 Rn 18.
[4] § 20 Abs. 1 Nr. 3.
[5] § 93 Abs. 2.

§ 90 3–6   Zweites Buch. Verschmelzung

3   Mit dieser Ausnahmeregelung soll insbesondere das genossenschaftsrechtliche **Nominalwertprinzip** gewahrt werden⁶. Die Mitglieder einer eG sind nur in Höhe ihrer Geschäftsguthaben, nicht aber am Unternehmenswert der eG beteiligt⁷. Durch die Beschränkung auf das Geschäftsguthaben soll eine übernehmende eG vor weiter gehendem **Kapitalabfluss** durch Abfindungsverpflichtungen⁸ geschützt werden⁹.

4   Das Recht zur Ausschlagung ist außerdem ein Ausgleich dafür, dass das Gesetz die Verschmelzung ohne einstimmige Zustimmung aller Anteilsinhaber und damit **gegen den Willen Einzelner** zulässt¹⁰. Indem ausgeschlagene Anteile und Mitgliedschaften als nicht erworben gelten (Abs. 2), die Ausschlagung also *ex tunc* wirkt, werden die Mitglieder einer übertragenden eG vor jeglichen **Nachteilen aus der Verschmelzungswirkung** des § 20 Abs. 1 Nr. 3 und einer Zwangsmitgliedschaft/Gesellschafterstellung beim übernehmenden Rechtsträger geschützt.

II. Anwendungsbereich (Abs. 1)

1. Mitglieder einer übertragenden eG

5   Die allgemeinen Vorschriften zur Barabfindung¹¹ sind ausgeschlossen, wenn der übertragende Rechtsträger eine eG ist. Bei Verschmelzung **auf eine andere eG** oder **auf einen Rechtsträger anderer Rechtsform** steht den Mitgliedern der übertragenden eG das Ausschlagungsrecht zu. Eine Barabfindung ist nicht anzubieten. Wenn neben der eG ein weiterer Rechtsträger anderer Rechtsform auf den übernehmenden Rechtsträger verschmolzen wird, haben nur die Mitglieder der übertragenden eG das Ausschlagungsrecht¹².

6   Mitglieder, die ihre Mitgliedschaft bei der übertragenden eG bereits gekündigt haben¹³ oder die aus der übertragenden eG ausgeschlossen worden sind¹⁴, aber noch nicht ausgeschieden sind, können die Mitgliedschaft im übernehmenden Rechtsträger **während der Kündigungs- oder Ausschlussfrist** noch ausschlagen¹⁵. Alternativ können sie auch den Eintritt der Kündigungswirkung abwarten¹⁶. Dagegen haben Mitglieder, die bereits vor Eintragung der Verschmelzung ausgeschieden sind, kein Ausschlagungsrecht mehr, selbst wenn die Verschmelzung innerhalb von sechs Monaten nach ihrem Ausscheiden bewirkt wird. § 75 GenG ist nicht anwendbar, weil es sich bei einer Verschmelzung nicht um eine Auflösung gem. § 78 GenG handelt¹⁷. § 75 GenG soll die Mitglieder nur daran hindern, sich einer bevorstehenden Insolvenz oder Liquidation durch kurzfristige Kündigung zu entziehen¹⁸.

---

⁶ Siehe dazu § 80 Rn 33.
⁷ § 73 Abs. 2 Satz 2 GenG; *Fronhöfer* in Widmann/Mayer Rn 6; *Stratz* in Schmitt/Hörtnagl/Stratz Rn 1; *Röhrich* in H/P/G/R § 90 UmwG Rn 2.
⁸ Siehe auch § 80 Rn 24 f. zum Kapitalabfluss durch Spitzen beim Anteilstausch, die nach § 87 Abs. 2 unabhängig von einer Ausschlagung auszuzahlen sind, sowie zu Ausschlagungen, die durch eine höhere Pflichtbeteiligung bei der übernehmenden eG und entsprechende Aufstockungspflichten nach § 87 Abs. 1 Satz 2 hervorgerufen werden können.
⁹ Dieser Schutz kommt – insoweit systemwidrig – allerdings auch übernehmenden Rechtsträgern anderer Rechtsform zugute.
¹⁰ *Beuthien* § 2 ff. UmwG Rn 111; *Ohlmeyer/Kuhn/Philipowski* Rn 12.1.
¹¹ §§ 29 bis 34.
¹² *Fronhöfer* in Widmann/Mayer Rn 8 f.; *Beuthien* § 2 ff. UmwG Rn 110; *Röhrich* in H/P/G/R §§ 29 bis 34 UmwG Rn 1.
¹³ §§ 65, 67 a GenG.
¹⁴ § 68 GenG.
¹⁵ *Beuthien* §§ 2 ff. UmwG Rn 69 aE.
¹⁶ Siehe § 80 Rn 29.
¹⁷ *Beuthien* §§ 2 ff. UmwG Rn 70; *Bayer* in Lutter § 87 Rn 21.
¹⁸ BGH NJW 1993, 2534; *Beuthien* § 75 GenG Rn 1; *Pöhlmann* in H/P/G/R § 75 GenG Rn 1 f.; *Schaffland* in Lang/Weidmüller § 75 GenG Rn 1.

2. Anteilseigner eines übertragenden Rechtsträgers anderer Rechtsform

Sofern der übertragende Rechtsträger keine eG ist, sondern eine andere Rechtsform hat, gelten die **allgemeinen Vorschriften der §§ 29 bis 34** bzw. die besonderen Regeln für die jeweilige Rechtsform, auch wenn übernehmender Rechtsträger eine eG ist. Ein Ausschlagungsrecht besteht in diesem Fall nicht, sondern es ist ein **Barabfindungsangebot** zu unterbreiten. Dies gilt für die Anteilsinhaber eines übertragenden Rechtsträgers anderer Rechtsform auch dann, wenn gleichzeitig eine übertragende eG verschmolzen wird[19].

3. Mitglieder einer übernehmenden eG

Mitglieder einer übernehmenden eG können ihre Anteile und Mitgliedschaften ebenso wenig ausschlagen. Ihre Mitgliedschaft wird durch die Verschmelzung nicht so nachhaltig berührt wie die der Mitglieder einer übertragenden eG[20]. Sie haben nur die allgemeinen Möglichkeiten, durch **Kündigung** mit gesetzlicher Regelfrist von drei Monaten zum Geschäftsjahresende, die statutarisch auf bis zu fünf Jahre verlängerbar ist, aus der Genossenschaft auszutreten[21].

III. Ausschlagungsrecht (Abs. 3)

Das Ausschlagungsrecht ist in persönlicher[22] und zeitlicher[23] Hinsicht beschränkt[24]. Die Regelung des Ausschlagungsrechts orientiert sich an der **Anfechtungsbefugnis**[25] und dem außerordentlichen Kündigungsrecht bei Satzungsänderungen, die unmittelbar in die Mitgliedschaft eingreifen[26].

Das Recht zur Ausschlagung hat jedes Mitglied, dem nicht ordnungsgemäß die **Möglichkeit** eröffnet wurde, **an der Beschlussfassung** über die Zustimmung zum Verschmelzungsvertrag **mitzuwirken**[27], oder der diese Möglichkeit von vornherein nicht hatte, weil der Beschluss durch eine **Vertreterversammlung**[28] gefasst wurde und er im Zeitpunkt der Beschlussfassung nicht Vertreter war[29], oder der in der General-/Vertreterversammlung erschienen und gegen den Verschmelzungsbeschluss **Widerspruch zur Niederschrift**[30] erklärt hat[31].

1. Erscheinen in der Versammlung (Satz 1 Nr. 1)

Erschienen ist ein Mitglied auch dann, wenn es **wirksam vertreten** wurde. Bei geschäftsunfähigen oder beschränkt geschäftsfähigen natürlichen oder juristischen Personen übt der

---

[19] Siehe vorstehend Rn 5.
[20] *Beuthien* §§ 2 ff. UmwG Rn 111.
[21] § 65 GenG; nach nach § 65 Abs. 2 Satz 3 GenG nF ist bei Unternehmer-Genossenschaften auch eine zehnjährige Kündigungsfrist möglich; siehe Rn 6 zur Kündigung durch Mitglieder der übertragenden eG.
[22] § 90 Abs. 3.
[23] § 91 Abs. 2.
[24] *Beuthien* §§ 2 ff. UmwG Rn 112.
[25] § 51 Abs. 2 GenG; siehe auch die aktienrechtlichen Parallelvorschriften in § 245 AktG.
[26] § 67 a GenG; *Beuthien* §§ 2 ff. UmwG Rn 113; *Schulte* in Lang/Weidmüller § 90 UmwG Rn 2. Partielle Übereinstimmung besteht insoweit auch mit § 29 Abs. 1 Satz 1, als die Barabfindung nur den Anteilsinhabern anzubieten ist, die gegen den Verschmelzungsbeschluss Widerspruch zur Niederschrift erklärt haben.
[27] § 90 Abs. 3 Satz 1 Nr. 2; siehe Rn 20 ff.
[28] Siehe § 79 Rn 31.
[29] § 90 Abs. 3 Satz 2.
[30] Siehe § 83 Rn 35 ff.
[31] § 90 Abs. 3 Satz 1 Nr. 1; siehe Rn 17 f.

gesetzliche Vertreter das Stimmrecht aus[32]. Das Mitglied kann sich auch von einem hierzu schriftlich Bevollmächtigten vertreten lassen, wobei ein Bevollmächtigter nicht mehr als zwei Mitglieder vertreten darf[33].

12 Soweit eine **Vertreterversammlung** besteht, gilt für die gewählten Vertreter, die unbeschränkt geschäftsfähige natürliche Personen sein müssen[34], ebenfalls § 90 Abs. 3 Satz 1 Nr. 1, müssen diese also in der Vertreterversammlung erschienen sein. Da das Vertreteramt organschaftlicher Natur ist, muss es **persönlich ausgeübt** werden, ist Stellvertretung hier also ausgeschlossen[35] und kann ein ordnungsgemäß geladener Vertreter sein Ausschlagungsrecht folglich auch nicht durch Entsendung eines Bevollmächtigten wahren.

13 a) **Stimmrechtsausübung.** Nach dem Wortlaut des § 90 Abs. 3 Satz 1 Nr. 1 haben alle Mitglieder/Vertreter das Recht zur Ausschlagung, die in der General-/Vertreterversammlung gegen den Verschmelzungsbeschluss Widerspruch zur Niederschrift erklären.

14 Der Widerspruch zur Niederschrift kann auch dann noch erklärt werden, wenn das Mitglied zunächst für die Verschmelzung gestimmt, also eine **Ja-Stimme** abgegeben, hat[36]. Der Wortlaut von Abs. 3 Satz 1 Nr. 1 erwähnt ausdrücklich nicht das Stimmverhalten, sondern stellt auf einen Widerspruch zur Niederschrift ab. Sonst müsste jede einzelne Stimme namentlich erfasst werden und wäre eine **geheime Abstimmung,** die nach dem Gesetz zulässig und in den Satzungen vieler Genossenschaften vorgesehen ist, nicht mehr möglich, weil nicht feststellbar wäre, wer zunächst für die Verschmelzung gestimmt und dann Widerspruch eingelegt hat[37]. Stimmabgabe und Widerspruch haben zudem **unterschiedliche Funktionen.** Das Stimmrecht als gesellschaftsrechtliches Instrument der Mitwirkung unterliegt der **genossenschaftlichen Treupflicht**, ist auch im Interesse der Gesamtheit auszuüben und dem Mehrheitsprinzip unterworfen. Der Widerspruch zur Niederschrift, mit dem das Ausschlagungsrecht gewährt wird, dient dagegen dem Minderheitenschutz und dem **Individualinteresse.**

15 Erst recht schließt eine **Stimmenthaltung** beim Verschmelzungsbeschluss das Recht des sich enthaltenden Mitglieds, die Mitgliedschaft im übernehmenden Rechtsträger auszuschlagen, nicht aus[38].

16 Jedes Mitglied, das gegen den Verschmelzungsbeschluss stimmt, also eine **Nein-Stimme** abgibt, hat ohnehin das Recht, die Mitgliedschaft im übernehmenden Rechtsträger auszuschlagen, sofern er darüber hinaus Widerspruch zur Niederschrift erklärt. Die Nein-Stimme allein ist allerdings noch kein solcher Widerspruch[39].

17 b) **Widerspruchserklärung.** Der Widerspruch gegen den Verschmelzungsbeschluss muss „in der Generalversammlung", oder „in der Vertreterversammlung" zu Protokoll erklärt werden[40]. Die Erklärung muss daher nicht in unmittelbarem zeitlichem Zusammenhang mit dem Verschmelzungsbeschluss, sondern kann **während der gesamten Ver-**

---

[32] § 43 Abs. 4 Satz 2 GenG.
[33] § 43 Abs. 5 GenG; *Fronhöfer* in Widmann/Mayer Rn 16; *Bayer* in Lutter Rn 18.
[34] § 43 a Abs. 2 GenG.
[35] *Müller* § 43 a GenG Rn 41 a; *Schulte* in Lang/Weidmüller § 43 a GenG Rn 59. Meist stellt das auch die Satzung klar.
[36] *Beuthien* § 2 ff. UmwG Rn 113; *Röhrich* in H/P/G/R § 90 UmwG Rn 3; *Schulte* in Lang/Weidmüller § 90 UmwG Rn 3. Zur Gegenansicht: *AG München* BB 1964, 823 = ZfG 1966, 83, 84 ff. mit krit. Anm. *Schultz;* LG Darmstadt GemeinWo 1975, 570 ff. mit Anm. *Hanke;* beide zu § 93 k GenG aF; *Bayer* in Lutter Rn 21; *Stratz* in Schmitt/Hörtnagl/Stratz § 29 Rn 15 und 16; *Fronhöfer* in Widmann/Mayer Rn 21; *Hornung* Rpfleger 1968, 305, 308 zu § 93 k GenG aF.
[37] Siehe dazu die von *Schultz,* Anm. zu *AG München* in ZfG 1966, 83, 87 f. angeführten Beispiele und bereits § 83 Rn 32.
[38] *AG München* BB 1964, 823 = ZfG 1966, 83 ff. mit krit. Anm. *Schultz;* aA *Bayer* in Lutter Rn 22.
[39] *Schwarz* in Widmann/Mayer Rn 8; *Röhrich* in H/P/G/R § 90 UmwG Rn 3; aA wohl *AG München* ZfG 1966, 83, 84 ff.
[40] § 90 Abs. 3 Satz 1.

sammlungsdauer, auch schon vor Beschlussfassung und bis zum Ende der Versammlung, abgegeben werden[41]. Nach Beendigung der Versammlung ist eine Widerspruchserklärung nicht mehr möglich.

Der Widerspruch muss **„zur Niederschrift"** erklärt werden. Ein gewissenhafter Protokollführer muss sich verpflichtet fühlen, diese Erklärung in das Protokoll aufzunehmen[42]. Kommt der Notar seiner Pflicht zur Protokollierung des Widerspruchs nicht nach, bleibt die Ausschlagung möglich[43], trifft das Mitglied/den Vertreter allerdings die Beweislast für seine Erklärung[44]. Der Widerspruch muss **nicht als solcher bezeichnet** werden, vielmehr muss die Erklärung zum Ausdruck bringen, dass das Mitglied die Verschmelzung und ihre Rechtsfolgen für sich nicht akzeptieren will und sich die Geltendmachung des Auszahlungsanspruchs vorbehält[45]. Eine **Begründung** des Widerspruchs oder die **Annahme** der Erklärung sind nicht notwendig[46]. Allerdings wird mit bloßer Stimmabgabe gegen den Verschmelzungsbeschluss noch kein Widerspruch erklärt[47]. Ebenso wenig reicht aus, dass das Mitglied/der Vertreter **rechtliche Bedenken** gegen den Verschmelzungsbeschluss in der Versammlung äußert[48]. 18

2. Nichterscheinen in der Versammlung (Satz 1 Nr. 2)

Ein Mitglied, das zur Generalversammlung oder als Vertreter zur Vertreterversammlung nicht erscheint, hat das Recht zur Ausschlagung, wenn es unberechtigter Weise nicht zur Versammlung zugelassen, die Versammlung nicht ordnungsgemäß einberufen oder der Gegenstand der Beschlussfassung nicht ordnungsgemäß bekannt gemacht wurde. Bleibt ein Mitglied/Vertreter der Versammlung – trotz ordnungsgemäßer Einberufung und Ankündigung[49] – **aus freien Stücken** fern, steht ihm ein Ausschlagungsrecht nicht zu. Auch Mitglieder, die trotz mangelhafter Einberufung oder Bekanntmachung erscheinen, aber keinen Widerspruch zur Niederschrift erklären, haben kein Ausschlagungsrecht. Verlassen dagegen Mitglieder die Versammlung vorzeitig, weil der Beschlussgegenstand zur Verschmelzung nicht ordnungsgemäß angekündigt war, behalten sie ihr Ausschlagungsrecht[50]. 19

a) Unberechtigte Nichtzulassung. Nichtzulassung bedeutet die **Verweigerung der Anwesenheit**, sei es von Beginn an oder später durch Saalverweis[51]. Unberechtigt ist die Nichtzulassung dann, wenn das Mitglied zwar ein Teilnahmerecht hatte, ihm aber dennoch kein Zutritt zu der Versammlung gewährt wird[52]. Obwohl das Teilnahmerecht auch das Rederecht iRd. Aussprache über den Beschlussgegenstand umfasst[53], fällt hierunter nicht der unberechtigte **Wortentzug** durch den Versammlungsleiter[54], weil der Wortentzug die Möglichkeit zur Widerspruchserklärung unberührt lässt. 20

---

[41] RGZ JW 1936, 183; *Bayer* in Lutter Rn 20; *Stratz* in Schmitt/Hörtnagl/Stratz § 29 Rn 16; *Beuthien* §§ 2 ff. UmwG Rn 114; *Schulte* in Lang/Weidmüller § 90 UmwG Rn 4; *Röhrich* in H/P/G/R § 90 UmwG Rn 3; *Fronhöfer* in Widmann/Mayer Rn 20; siehe auch schon § 83 Rn 35.
[42] RGZ 53, 291, 293; *Bayer* in Lutter Rn 19.
[43] *Fronhöfer* in Widmann/Mayer Rn 20; *Schulte* in Lang/Weidmüller § 90 UmwG Rn 4; *Ohlmeyer/Kuhn/Philipowski* Rn 12.2.
[44] So für das Aktienrecht *Hüffer* § 245 AktG Rn 15 mwN.
[45] *Fronhöfer* in Widmann/Mayer Rn 18; *Stratz* in Schmitt/Hörtnagl/Stratz § 29 Rn 16.
[46] *Stratz* in Schmitt/Hörtnagl/Stratz § 29 Rn 16.
[47] Siehe § 83 Rn 36.
[48] So aber OLG Hamm ZIP 1985, 742.
[49] Siehe § 82 Rn 3 ff.
[50] *Beuthien* §§ 2 ff. UmwG Rn 113; vgl. auch *Stratz* in Schmitt/Hörtnagl/Stratz § 29 Rn 17.
[51] *Beuthien* § 51 GenG Rn 26.
[52] *Fronhöfer* in Widmann/Mayer Rn 25.
[53] Siehe § 83 Rn 25.
[54] Siehe § 83 Rn 25 aE.

21 **b) Einberufungsmangel.** Ein Einberufungsmangel liegt dann vor, wenn die gesetzliche oder statutarische **Form** oder **Frist** zur Einberufung verletzt wurde[55].

22 **c) Bekanntmachungs- und Ankündigungsmängel.** Der Zweck der General-/Vertreterversammlung ist jederzeit bei der Einberufung bekannt zu machen[56]. Gegenstände, über die in der General-/Vertreterversammlung verhandelt werden soll, sind in satzungsgemäßer Form und mindestens **drei Tage** vor der Versammlung anzukündigen[57].

3. Vertreterversammlung (Satz 2)

23 Mitglieder einer eG, bei der eine Vertreterversammlung besteht, haben das Recht zur Ausschlagung ohne weiteres, wenn sie zum Zeitpunkt der Beschlussfassung über die Verschmelzung **nicht Vertreter** sind. Die ausschlagungswilligen Mitglieder müssen in diesem Fall nur die Form- und Fristvorschriften der Ausschlagungserklärung[58] einhalten[59].

24 Abs. 3 Satz 2 kann – **theoretisch** – dazu führen, dass zwar der Verschmelzungsbeschluss durch die Vertreter einstimmig gefasst wird, aber die Mehrzahl der Mitglieder die neuen Anteile und Mitgliedschaften am übernehmenden Rechtsträger ausschlägt. Bei **massenhafter Ausschlagung** kann es zu erheblichem Kapitalabfluss[60] bei dem übernehmenden Rechtsträger kommen.

25 Ein Teil der Literatur fordert daher eine Gesetzesänderung, nach der eine Verschmelzung auch dann, wenn ansonsten eine Vertreterversammlung besteht, nur von einer **allgemeinen Mitgliederversammlung** beschlossen werden kann[61]. Dieser Forderung wird zutreffend entgegen gehalten, dass dies bei großen Genossenschaften kaum praktikabel wäre[62], jedenfalls einen erheblichen Aufwand (wie für die Hauptversammlung einer börsennotierten AG) bedeuten würde. Zwar wird die Ausschlagung in §§ 71 Abs. 1 Nr. 3 AktG, 33 Abs. 3 GmbHG nicht als zulässige Ausnahme vom Erwerbsverbot eigener Aktien/Geschäftsanteile genannt. Aufgrund der Rückwirkungsfiktion der Ausschlagung erwerben die Mitglieder der übertragenden eG aber erst gar keine Anteile an dem übernehmenden Rechtsträger und liegt deshalb weder ein **Erwerb eigener Anteile** noch eine **Einlagenrückgewähr** an einen Aktionär/Gesellschafter vor. Die Auszahlung des Geschäftsguthabens darf nicht vor Eintragung der Verschmelzung in das Register des übernehmenden Rechtsträgers erfolgen[63]. Diese Eintragung hat aber den Übergang des Vermögens des übertragenden Rechtsträgers auf den übernehmenden Rechtsträger zur Folge[64]. Dem übernehmenden Rechtsträger steht daher für die Auszahlung ihrer Geschäftsguthaben an die ausschlagenden Mitglieder das Vermögen der übertragenden eG zur Verfügung. Die Gläubiger der übertragenden eG werden durch §§ 94, 22 geschützt. Einer Gesetzesänderung bedarf es deshalb nicht, zumal § 43 a Abs. 1 Satz 2 GenG nF jetzt einen entsprechenden Vorbehalt in der Satzung zulässt.

---

[55] *Bayer* in Lutter Rn 24; *Fronhöfer* in Widmann/Mayer Rn 28; *Stratz* in Schmitt/Hörtnagl/Stratz § 29 Rn 17. Für die Voraussetzungen ordnungsgemäßer Einberufung wird auf die Kommentierung zu § 82 Rn 3 ff. und auf die spezialgesetzlichen Kommentierungen zu § 46 GenG verwiesen.
[56] § 46 Abs. 2 GenG.
[57] Für die ordnungsgemäße Bekanntmachung und Ankündigung des Beschlussgegenstands, d. h. der Zustimmung zum Verschmelzungsvertrag (§ 13 Abs. 1), wird auf § 82 Rn 4 f. und die spezialgesetzlichen Kommentierungen zu den genannten Vorschriften des GenG verwiesen.
[58] § 91.
[59] *Fronhöfer* in Widmann/Mayer Rn 30; *Stratz* in Schmitt/Hörtnagl/Stratz Rn 5; *Schulte* in Lang/Weidmüller § 90 UmwG Rn 5.
[60] Siehe Rn 3.
[61] *Bayer* in Lutter Rn 28; *Stratz* in Schmitt/Hörtnagl/Stratz Rn 5; siehe dazu jetzt § 43 a Abs. 1 Satz 2 GenG nF.
[62] *Fronhöfer* in Widmann/Mayer Rn 31.
[63] §§ 94, 19 Abs. 3.
[64] § 20 Abs. 1 Nr. 1.

4. Verhältnis zum Anfechtungs- und Spruchverfahren

Während mit der Ausschlagung der Erwerb von Anteilen und Mitgliedschaften im übernehmenden Rechtsträger individuell verhindert wird, hat eine erfolgreiche **Anfechtungsklage**[65] die generelle Unwirksamkeit des Verschmelzungsbeschlusses zur Folge. Nach § 14 Abs. 1 müssen solche Klagen binnen eines Monats nach der Beschlussfassung erhoben werden, wogegen die Ausschlagung noch binnen sechs Monaten nach Bekanntmachung der Eintragung beim übernehmenden Rechtsträger erklärt werden kann[66]. 26

Eine **Verbesserung des Umtauschverhältnisses durch bare Zuzahlung** können Mitglieder einer übertragenden eG im Regelfall einer reinen eG-Verschmelzung nicht beantragen, weil § 15 zum Schutz des genossenschaftsrechtlichen Nominalwertprinzips und Eigenkapitals der übernehmenden eG nur anwendbar ist, wenn und soweit das Geschäftsguthaben eines Mitglieds in der übernehmenden eG niedriger als in der übertragenden eG ist[67]. Das ist der Fall, wenn die Geschäftsanteile nicht nach dem gesetzlichen Regelmodell[68] zum Nennwert umgestellt werden, sondern der **Verschmelzungsvertrag** ausnahmsweise ein **niedrigeres Umtauschverhältnis** bestimmt[69]. Im Vertrag selbst festgesetzte bare Zuzahlungen dürfen 10% des Gesamtnennbetrags der gewährten Geschäftsanteile nicht übersteigen[70]. 27

5. Verzicht

Da das UmwG grundsätzlich zwingenden Charakter hat[71], § 90 keine abweichende Regelung zulässt und gerade dem Minderheitenschutz dient[72], kann das Ausschlagungsrecht weder abbedungen noch eingeschränkt werden[73]. Es handelt sich um ein zwingendes Individualrecht, auf das aber jeder Berechtigte individuell durch **Erlassvertrag** mit dem übernehmenden Rechtsträger oder **negatives Schuldanerkenntnis**[74] verzichten kann. Beide sind formfrei möglich[75], können also bspw. auch in der Versammlung mündlich (zur Niederschrift) erklärt werden. Eine ausdrückliche gesetzliche Eröffnung der Verzichtsmöglichkeit, wie für Verschmelzungsbericht und -prüfung durch alle Anteilsinhaber[76], ist nicht erforderlich, weil weder die allgemeinen Verschmelzungsvoraussetzungen berührt sind noch kollektive Wirkung entfaltet wird. 28

IV. Rechtsfolgen (Abs. 2)

Mit Eintragung in das Register des übernehmenden Rechtsträgers werden die Anteilsinhaber der übertragenden Rechtsträger Anteilsinhaber des übernehmenden Rechtsträgers[77]. Abweichend davon gelten Anteile und Mitgliedschaften von Mitgliedern einer übertragenden eG an dem übernehmenden Rechtsträger (gleich welcher Rechtsform[78]), die auf der Verschmelzungswirkung beruhen, als nicht erworben, wenn sie form- und fristgerecht ausge- 29

---

[65] § 51 GenG.
[66] § 91 Abs. 2, siehe § 91 Rn 9 ff.
[67] § 85 Abs. 1.
[68] § 80 Abs. 1 Satz 1 Nr. 2 1. Halbs.
[69] § 80 Abs. 1 Satz 1 Nr. 2 2. Halbs.; siehe dazu § 80 Rn 31 ff. und die Kommentierung zu § 85.
[70] § 87 Abs. 2 Satz 2; siehe § 87 Rn 50 f.
[71] § 1 Abs. 3.
[72] Siehe Rn 4.
[73] *Beuthien* §§ 2 ff. UmwG Rn 111.
[74] §§ 397, 151 BGB.
[75] *Heinrichs* in Palandt § 397 BGB Rn 5 mwN.
[76] §§ 8 Abs. 3, 9 Abs. 3, 12 Abs. 3.
[77] § 20 Abs. 1 Nr. 3; siehe dazu die Kommentierung zu § 20.
[78] Siehe Rn 5 und *Bayer* in Lutter Rn 14; *Beuthien* §§ 2 ff. UmwG Rn 118; *Ohlmeyer/Kuhn/Philipowski* Rn 12.6; *Schwarz* in Widmann/Mayer Rn 14 ff.; *Schulte* in Lang/Weidmüller § 90 UmwG Rn 6.

schlagen werden⁷⁹. Der übernehmende Rechtsträger hat sich mit dem ausschlagenden Mitglied auseinander zu setzen⁸⁰.

1. Auf der Verschmelzungswirkung beruhende Anteile und Mitgliedschaften

30 Umstritten ist, ob auch Mitglieder das Ausschlagungsrecht haben, die vor der Verschmelzung an beiden Rechtsträgern beteiligt waren, insbesondere wenn übertragender und übernehmender Rechtsträger Genossenschaften sind (**Doppelmitglieder**). Nach einer Ansicht soll das Ausschlagungsrecht nur den Mitgliedern zustehen, die eine weitere, ausschlagungsfähige Mitgliedschaft durch die Verschmelzung erhalten, ferner sollen Doppelmitglieder kein Recht zur Ausschlagung haben, weil sich an ihrem Mitgliedsstatus nichts änderte⁸¹. Für diese Ansicht spricht zwar die Unteilbarkeit der Mitgliedschaft bei der Genossenschaft⁸². Die Doppelmitglieder haben aber – entsprechend dem Schutzzweck des Ausschlagungsrechts⁸³ – auch ein berechtigtes Interesse, vor einer **Erhöhung ihres Geschäftsguthabens** gegen ihren Willen geschützt zu werden. Doppelmitglieder haben daher das Ausschlagungsrecht mit der Folge⁸⁴, dass sie Auszahlung ihres Geschäftsguthabens verlangen können, soweit es bei der übertragenden eG bestand. Die Mitgliedschaft beim übernehmenden Rechtsträger bleibt dagegen bestehen, weil sie nicht auf der Verschmelzungswirkung beruht.

2. Geltung als nicht erworben

31 **a) Rückwirkung.** Mit Ausschlagung der Anteile und Mitgliedschaften an dem übernehmenden Rechtsträger wird der Ausschlagende rückwirkend so gestellt, als sei er niemals Mitglied des übernehmenden Rechtsträgers geworden. **Organisationsakte**, insbesondere **Beschlüsse der Anteilsinhaber** des übernehmenden Rechtsträgers, an denen das ausschlagende Mitglied mitgewirkt hat, werden dagegen durch die Ausschlagung nicht unwirksam oder fehlerhaft, weil die Mitgliedschaft bis zum Wirksamwerden der Ausschlagung (durch Zugang der Ausschlagungserklärung) – uU also über sechs Monate – mit allen daraus folgenden Rechten bestand⁸⁵. Die sonst entstehende Beschlussunfähigkeit des übernehmenden Rechtsträgers würde diesen in wichtigen Fragen sechs Monate lähmen. Falls das Mitglied schon vor Eintragung der Verschmelzung ausschlägt, kommt es schon nicht zu einem Erwerb der Anteile am übernehmenden Rechtsträger und wird die Rückwirkungsfunktion erst gar nicht benötigt⁸⁶. Eine **Übertragung des Geschäftsguthabens**⁸⁷ ist nach der Ausschlagung nicht mehr möglich⁸⁸, § 33 ist nach § 90 Abs. 1 nicht anwendbar.

---

⁷⁹ §§ 90 Abs. 2, 91.
⁸⁰ § 93.
⁸¹ *Schlarb* S. 175; *Ohlmeyer/Kuhn/Philipowski* Rn 12.7; unklar *Schulte* in Lang/Weidmüller gegen Ausschlagungsrecht bei § 90 UmwG Rn 5, für Ausschlagung hinsichtlich der bei der übertragenden eG gehaltenen Geschäftsanteile bei § 91 UmwG Rn 5.
⁸² *Beuthien* § 18 GenG Rn 6.
⁸³ Siehe Rn 4.
⁸⁴ *Beuthien* §§ 2 ff. UmwG Rn 111; nun auch *Bayer* in Lutter Rn 11; unklar *Schulte* in Lang/Weidmüller: wie hier bei § 91 UmwG Rn 5, anders bei § 90 UmwG Rn 5.
⁸⁵ *Bayer* in Lutter Rn 15; *Beuthien* §§ 2 ff. UmwG Rn 118; *Röhrich* in H/P/G/R § 92 UmwG Rn 2; *Fronhöfer* in Widmann/Mayer Rn 42.
⁸⁶ *Fronhöfer* in Widmann/Mayer Rn 36. Soweit eine Genossenschaft den wesentlichen Verschmelzungszweck bereits vor Erlöschen der Genossenschaft verwirklicht, soll es allerdings gegen die Treupflicht verstoßen, ein sich der Verschmelzung widersetzendes Mitglied durch eine Verbandsstrafe zu sanktionieren; OLG Oldenburg ZfG 1989, 272 m. zust. Anm. *Aldjohann*; krit. *Beuthien* § 2 ff. UmwG Rn 111.
⁸⁷ § 76 GenG.
⁸⁸ *Stratz* in Schmitt/Hörtnagl/Stratz Rn 3; *Schulte* in Lang/Weidmüller § 90 UmwG Rn 6.

b) **Herausgabe von Leistungen.** Leistungen, die zwischen dem übernehmenden 32
Rechtsträger und dem Ausschlagenden bis zum Ausschlagungszeitpunkt erbracht worden sind und ihren Rechtsgrund in der Mitgliedschaft haben (insbesondere Dividenden, falls solche vom übernehmenden Rechtsträger während der Ausschlagungsfrist ausgeschüttet werden, oder Einzahlungen auf Geschäftsanteile bei einer übernehmenden eG), werden durch die Ausschlagung rechtsgrundlos und müssen im Wege der **Leistungskondiktion** zurückgewährt werden[89].

c) **Keine Nachschusspflicht.** Aufgrund der Rückwirkung der Ausschlagung trifft das 33
ausschlagende Mitglied im Fall der **Insolvenz** einer übernehmenden eG auch nicht die Nachschusspflicht gem. § 105 GenG[90]. Er scheidet auch nicht aus der übernehmenden eG aus, so dass §§ 75, 115 b GenG nicht anwendbar sind[91]: Die Ausschlagungswirkung bleibt durch eine anschließende Auflösung einer übernehmenden eG unberührt, und die subsidiäre Nachschusspflicht ausgeschiedener Mitglieder kommt für die Ausschlagenden bei der übernehmenden eG nicht in Betracht. Ihre Nachschusspflicht kann sich allerdings noch zur Befriedigung von Gläubigern der übertragenden eG ergeben[92].

§ 91 Form und Frist der Ausschlagung

(1) Die Ausschlagung ist gegenüber dem übernehmenden Rechtsträger schriftlich zu erklären.

(2) Die Ausschlagung kann nur binnen sechs Monaten nach dem Tage erklärt werden, an dem die Eintragung der Verschmelzung in das Register des Sitzes des übernehmenden Rechtsträgers nach § 19 Abs. 3 bekannt gemacht worden ist.

(3) Die Ausschlagung kann nicht unter einer Bedingung oder einer Zeitbestimmung erklärt werden.

Übersicht

	Rn		Rn
I. Allgemeines	1	4. Widerruf, Rücknahme und Anfechtung	7
II. Ausschlagungserklärung (Abs. 1)	2	III. Ausschlagungsfrist (Abs. 2)	9
1. Inhalt	3	IV. Bedingungs- und Befristungsfeindlichkeit (Abs. 3)	13
2. Schriftform	5		
3. Adressat	6		

I. Allgemeines

§ 91 regelt die Modalitäten der Ausschlagungserklärung hinsichtlich Adressaten und ihrer 1
Form (Abs. 1), Frist (Abs. 2), Bedingungs- und Befristungsfeindlichkeit (Abs. 3). Die Ausschlagung ist **gegenüber dem übernehmenden Rechtsträger schriftlich innerhalb von sechs Monaten** nach Bekanntmachung der Eintragung in das Register des übernehmenden Rechtsträgers zu erklären und kann **nicht bedingt oder befristet** erklärt werden.

---

[89] § 812 Abs. 1 Satz 1 1. Alt. BGB; *Bayer* in Lutter Rn 14; *Fronhöfer* in Widmann/Mayer Rn 42.
[90] *Bayer* in Lutter Rn 14.
[91] *Bayer* in Lutter Rn 14; *Beuthien* §§ 2 ff. UmwG Rn 118.
[92] § 95; siehe die Kommentierung zu § 95.

II. Ausschlagungserklärung (Abs. 1)

2 Die Ausschlagungserklärung ist eine **einseitige empfangsbedürftige Willenserklärung**. Die allgemeinen Regeln über Willenserklärungen sind anwendbar[1]. Die Ausschlagung ist ein **Gestaltungsrecht**, dessen Rechtsfolgen mit Wirksamwerden durch Zugang beim übernehmenden Rechtsträger unmittelbar eintreten[2].

1. Inhalt

3 Die Erklärung muss ausdrücken, dass das Mitglied keine auf der Verschmelzungswirkung beruhenden[3] Anteile des übernehmenden Rechtsträgers erwerben und nicht dessen Mitglied werden will. Die neue Mitgliedschaft muss explizit abgelehnt werden[4]. Die bloße **Ankündigung** oder **Drohung**, die Mitgliedschaft beim übernehmenden Rechtsträger zu beenden und dessen Anteile nicht anzunehmen, genügt dagegen nicht[5].

4 Daneben bleibt das allgemeine **Kündigungsrecht** nach Maßgabe der Rechtsform und des Gesellschaftsvertrags/der Satzung des übernehmenden Rechtsträgers bestehen, bei einer übernehmenden eG also nach § 65 GenG[6]. Ob eine Ausschlagungs- oder Kündigungserklärung vorliegt, ist durch Auslegung zu ermitteln[7]. Da eine Ausschlagung regelmäßig die schnellere Möglichkeit bietet, die Mitgliedschaft beim übernehmenden Rechtsträger zu beenden bzw. rückwirkend gar nicht erst entstehen zu lassen[8], wird im Zweifel Ausschlagung anzunehmen sein.

2. Schriftform

5 Abs. 1 schreibt für die Ausschlagungserklärung schriftliche Form gesetzlich vor, verlangt also eine Urkunde, die vom Aussteller eigenhändig durch Namensunterschrift unterzeichnet ist[9]. Eine Ausschlagungserklärung, die dem nicht genügt, ist **formnichtig**[10]. Ein Mitglied/Vertreter, das/der in der General-/Vertreterversammlung einer übertragenden eG Widerspruch gegen den Verschmelzungsbeschluss zur Niederschrift erklärt[11], gibt dadurch noch keine Ausschlagungserklärung ab[12]. Zwar wird die Schriftform grundsätzlich durch notarielle Beurkundung ersetzt[13], der Versammlungsniederschrift fehlt aber die eigenhändige Unterzeichnung des ausschlagenden Mitglieds als Beteiligtem, die zur Beurkundung von Willenserklärungen nötig ist[14]. Außerdem ist die übertragende eG, in deren General-/

---

[1] *Fronhöfer* in Widmann/Mayer Rn 15; *Stratz* in Schmitt/Hörtnagl/Stratz Rn 1.
[2] § 92 Abs. 2; *Bayer* in Lutter Rn 4; *Fronhöfer* in Widmann/Mayer Rn 11, 16; *Stratz* in Schmitt/Hörtnagl/Stratz Rn 3; *Beuthien* §§ 2 ff. UmwG Rn 116; *Röhrich* in H/P/G/R § 91 UmwG Rn 1; *Schulte* in Lang/Weidmüller § 92 UmwG Rn 1; ausf. *Schlarb* S. 196 ff.
[3] Siehe § 90 Rn 30 zu Doppelmitgliedern.
[4] *Bayer* in Lutter Rn 2; *Fronhöfer* in Widmann/Mayer Rn 7, der darauf hinweist, dass in dem Fall, in dem der übernehmende Rechtsträger ein der Ausschlagung ähnliches Institut kennt, der Verdeutlichung der verschmelzungsbedingten Ausschlagung besondere Bedeutung beizumessen ist; *Beuthien* §§ 2 ff. UmwG Rn 116; *Stratz* in Schmitt/Hörtnagl/Stratz Rn 1; *Schulte* in Lang/Weidmüller § 91 UmwG Rn 1.
[5] *Bayer* in Lutter Rn 2.
[6] Siehe dazu § 90 Rn 6.
[7] § 133 BGB.
[8] Siehe § 90 Rn 31; *Beuthien* §§ 2 ff. UmwG Rn 117.
[9] § 126 Abs. 1 BGB; *Stratz* in Schmitt/Hörtnagl/Stratz Rn 1; vgl. *Fronhöfer* in Widmann/Mayer Rn 9; *Schulte* in Lang/Weidmüller § 91 UmwG Rn 1; *Röhrich* in H/P/G/R § 91 UmwG Rn 1.
[10] § 125 Satz 1 BGB.
[11] § 90 Abs. 3 Satz 1 Nr. 1.
[12] Siehe auch § 90 Rn 14 zum Verhältnis zwischen Gegenstimme und Widerspruch.
[13] § 126 Abs. 4 BGB.
[14] § 13 Abs. 1 Satz 1 BeurkG.

Vertreterversammlung eine solche Erklärung erfolgt, nicht der richtige Adressat[15] und ist die Ausschlagung auch mangels Zugang unwirksam[16].

3. Adressat

Die Ausschlagung ist gegenüber dem **übernehmenden Rechtsträger** zu erklären, wie der Wortlaut von Abs. 1 ausdrücklich klarstellt[17]. Ist die Ausschlagungserklärung nicht an diesen gerichtet, geht sie mangels Zugang ins Leere[18]. Die übertragende eG ist nicht der richtige Adressat für die Ausschlagungserklärung[19]. Da es sich beim Zugang einer Willenserklärung um eine Rechtstatsache handelt, kann er nicht im Wege der Gesamtrechtsnachfolge[20] auf die übernehmende eG übergehen. 6

4. Widerruf, Rücknahme und Anfechtung

Als einseitige empfangsbedürftige Willenserklärung wird die Ausschlagungserklärung mit ihrem **Zugang** beim übernehmenden Rechtsträger[21] unmittelbar **wirksam**[22]. Ein **Widerruf** oder die **Rücknahme** der Ausschlagung muss dem übernehmenden Rechtsträger deshalb vor oder spätestens gleichzeitig mit der Ausschlagungserklärung zugehen[23]. Auf die **Eintragung in die Mitgliederliste**[24] kommt es nicht an, da diese keine konstitutive Wirkung mehr entfaltet[25]. Um dies klarzustellen, hat der Gesetzgeber die allgemeine Vorschrift des § 130 Abs. 1 Satz 1 BGB in § 92 Abs. 2 spezialgesetzlich übernommen[26]. 7

Nicht ausgeschlossen ist dagegen eine **Anfechtung** der Ausschlagungserklärung nach allgemeinen Vorschriften[27]. Organisationsakte, insbesondere **Beschlüsse** der Anteilsinhaber des übernehmenden Rechtsträgers, an denen der Ausschlagende mitgewirkt hatte, werden durch die Ausschlagung nicht fehlerhaft[28] und bleiben durch die Anfechtung der Ausschlagungserklärung erst recht unberührt. 8

III. Ausschlagungsfrist (Abs. 2)

Das Gesetz legt den Zeitrahmen, in dem die Ausschlagung erklärt werden kann, mit **sechs Monaten** fest. Es handelt sich um eine **Ausschlussfrist**[29]. Spätere Erklärungen sind verfristet und führen die Ausschlagungswirkungen[30] nicht mehr herbei („kann nur"). 9

---

[15] Siehe Rn 6.
[16] *Beuthien* §§ 2 ff. UmwG Rn 116.
[17] *Limmer* in Neye/Limmer/Frenz/Harnacke Rn 910; *Ohlmeyer/Kuhn/Philipowski* Rn 12.3.
[18] *Beuthien* §§ 2 ff. UmwG Rn 116; *Stratz* in Schmitt/Hörtnagl/Stratz Rn 1; *Limmer* in Neye/Limmer/Frenz/Harnacke Rn 910.
[19] *Fronhöfer* in Widmann/Mayer Rn 10.
[20] § 20 Abs. 1 Nr. 1.
[21] § 91 Abs. 1; siehe Rn 6.
[22] § 130 Abs. 1 Satz 1 BGB, § 92 Abs. 2 UmwG. Das steht in sachlicher Übereinstimmung mit § 15 GenG; *Beuthien* §§ 2 ff. UmwG Rn 119; *Fronhöfer* in Widmann/Mayer Rn 15.
[23] § 130 Abs. 1 Satz 2 BGB; *Bayer* in Lutter Rn 6; *Fronhöfer* in Widmann/Mayer Rn 17.
[24] § 92 Abs. 1.
[25] Siehe § 89 Rn 3 und § 92 Rn 1; *Fronhöfer* in Widmann/Mayer Rn 16; *Beuthien* §§ 2 ff. UmwG Rn 119.
[26] *Fronhöfer* in Widmann/Mayer Rn 16.
[27] §§ 119 ff. BGB.
[28] Siehe § 90 Rn 31 und *Bayer* in Lutter Rn 8 mwN zur Anwendbarkeit der Regeln über die fehlerhafte Gesellschaft.
[29] *Stratz* in Schmitt/Hörtnagl/Stratz Rn 2; *Schulte* in Lang/Weidmüller § 91 UmwG Rn 2.
[30] §§ 90 Abs. 2, 93.

10 Die Frist **beginnt kenntnisunabhängig** mit dem Zeitpunkt, in dem die Eintragung der Verschmelzung in das Register des übernehmenden Rechtsträgers bekannt gemacht worden ist[31]. Die Bekanntmachung erfolgt nach § 10 HGB[32]. Der Fristlauf ist unabhängig davon, ob die neuen Mitglieder über ihre neue Mitgliedschaft beim übernehmenden Rechtsträger informiert sind, wie dies § 89 Abs. 2 bei einer übernehmenden eG vorschreibt[33].

11 Entgegen seinem missverständlichen Wortlaut („nach dem Tage"), bestimmt Abs. 2 insofern nicht den **frühesten Ausschlagungszeitpunkt**, kann die Ausschlagung gegenüber dem übernehmenden Rechtsträger also auch schon vor Eintragung der Verschmelzung und Bekanntmachung erklärt werden[34].

12 Die Sechsmonatsfrist **endet** mit Ablauf des Tags gleichen Datums im sechsten auf ihren Beginn folgenden Monat[35]. Die Erklärung muss dem übernehmenden Rechtsträger spätestens **am letzten Tag der Frist** zugehen. Eine verspätete Erklärung wird regelmäßig (entsprechend § 140 BGB) in eine Kündigung umzudeuten sein, weil sie den Willen des Anteilsinhabers zum Ausdruck bringt, seine Mitgliedschaft – wenn schon nicht rückwirkend gem. § 90 Abs. 2, dann doch zum nächstmöglichen Zeitpunkt – zu beenden[36].

IV. Bedingungs- und Befristungsfeindlichkeit (Abs. 3)

13 Abs. 3 regelt für die Ausschlagungserklärung ausdrücklich den allgemeinen Grundsatz, dass Gestaltungsrechte bedingungsfeindlich sind[37]. Die Ausschlagung stellt ein solches **Gestaltungsrecht** dar, dessen Rechtsfolgen[38] mit Zugang der einseitigen empfangsbedürftigen Ausschlagungserklärung unmittelbar eintreten[39]. Darunter fallen zunächst **aufschiebende und auflösende Bedingungen**[40]. Ausdrücklich ausgeschlossen werden darüber hinaus auch **Zeitbestimmungen**, bei denen für die Ausschlagungswirkung ein Anfangs- oder Endtermin bestimmt würde, weil **Anfangstermine** wie aufschiebende und **Endtermine** wie auflösende Bedingungen zu behandeln sind[41]. Der übernehmende Rechtsträger soll vor dem Schwebezustand und der Rechtsunsicherheit geschützt werden, die in allen diesen Fällen über die Mitgliedschaft, Anteile und ggf. auch die persönliche Haftung des Ausschlagenden gegenüber Gläubigern des übernehmenden Rechtsträgers einträte[42].

14 In **Ausnahme** davon kann unter einer **Rechtsbedingung** jedenfalls insoweit ausgeschlagen werden, als die Erklärung vor Wirksamwerden der Verschmelzung abgegeben wird und noch von der Eintragung im Register des übernehmenden Rechtsträgers abhängt. Dadurch entsteht für den übernehmenden Rechtsträger als Erklärungsempfänger keine unklare Rechtslage. Unzulässig wäre es dagegen, wenn die Ausschlagung zB davon abhängig

---

[31] *Stratz* in Schmitt/Hörtnagl/Stratz Rn 2; *Beuthien* §§ 2 ff. UmwG Rn 114; *Ohlmeyer/Kuhn/Philipowski* Rn 12.4.
[32] § 19 Abs. 3.
[33] *Beuthien* §§ 2 ff. UmwG Rn 114. Die Nichterteilung der in § 89 Abs. 2 vorgeschriebenen Information wird also nicht durch einen späteren Beginn der Ausschlagungsfrist sanktioniert.
[34] *Fronhöfer* in Widmann/Mayer Rn 14; *Beuthien* §§ 2 ff. UmwG Rn 114; *Schulte* in Lang/Weidmüller § 91 UmwG Rn 3 unter Hinweis auf *BGH* BB 1977, 168 = MDR 1977, 381 = WM 1977, 239 = ZfG 1979, 162 mit zust. Anm. *Müller*; aA nur LG Köln ZfG 1975, 151 mit abl. Anm. *Hadding*.
[35] § 188 Abs. 2 1. Halbs. BGB.
[36] Siehe auch Rn 4.
[37] Siehe *Heinrichs* in Palandt vor § 158 BGB Rn 13 mwN.
[38] §§ 90 Abs. 2.
[39] Siehe Rn 2; *Fronhöfer* in Widmann/Mayer Rn 16; *Bayer* in Lutter Rn 4. Der Anspruch nach § 93 Abs. 2 auf das Auseinandersetzungsguthaben hängt dann nur noch vom Fälligkeitseintritt nach § 94 ab.
[40] § 158 Abs. 1 und 2 BGB.
[41] § 163 BGB.
[42] Siehe Rn 1.

gemacht würde, dass den Mitgliedern der übertragenden eG im Spruchverfahren keine Verbesserung des Umtauschverhältnisses durch **bare Zuzahlung**[43] zuerkannt wird[44], weil dies (in sehr viel stärkerem Maße als die Eintragungsentscheidung des Registergerichts) von rechtlichen und wirtschaftlichen Bewertungsfragen abhängt und außerdem ein Schwebezustand über das gesamte Spruchverfahren entstünde, dessen Länge mit dem Schutzzweck von § 91[45] unvereinbar wäre. Unter diesem Aspekt sind auch **Potestativbedingungen**, deren Eintritt vom Willen des Erklärungsempfängers (der Vertretungsorgane des übernehmenden Rechtsträgers) abhängt, nur dann zulässig, wenn der Bedingungseintritt oder -nichteintritt vom übernehmenden Rechtsträger kurzfristig, spätestens bis zum Ablauf der Ausschlagungsfrist, bewirkt werden kann.

Eine Ausschlagung, die unter einer unzulässigen Bedingung oder Befristung erklärt wird, ist **unwirksam** („kann nicht") und nicht in eine unbedingte oder unbefristete umdeutbar. Da sie das Mitglied hiervon gerade abhängig gemacht hat, ist nicht anzunehmen, dass es sie auch ohne die Bedingung oder Befristung gewollt hätte[46]. **15**

§ 92 Eintragung der Ausschlagung in die Mitgliederliste

(1) **Die übernehmende Genossenschaft hat jede Ausschlagung unverzüglich in die Mitgliederliste einzutragen und das Mitglied von der Eintragung unverzüglich zu benachrichtigen.**

(2) **Die Ausschlagung wird in dem Zeitpunkt wirksam, in dem die Ausschlagungserklärung dem übernehmenden Rechtsträger zugeht.**

Übersicht

	Rn		Rn
I. Allgemeines	1	3. Benachrichtigung des Ausschlagenden	7
II. Eintragung und Benachrichtigung (Abs. 1)	3	4. Aufbewahrung der Ausschlagungserklärung	8
1. Anwendungsbereich	3	III. Wirksamwerden der Ausschlagung	
2. Eintragung in die Mitgliederliste	4	(Abs. 2)	9

I. Allgemeines

Die Vorschrift verpflichtet den Vorstand einer übernehmenden eG, jede Ausschlagung in die **Mitgliederliste einzutragen** und das ausschlagende Mitglied davon unverzüglich zu **benachrichtigen** (Abs. 1). Außerdem wird klargestellt, dass die Ausschlagung – im Gegensatz zur Sonderkündigung nach früherem Recht[1] – unabhängig von dieser Eintragung schon **mit Zugang** der Ausschlagungserklärung beim übernehmenden Rechtsträger **wirksam** wird (Abs. 2). Die Eintragung hat also nur deklaratorische Wirkung[2]. Ihr Zweck besteht in der **Dokumentation** und **Klarstellung**, dass die Ausschlagung vom Vorstand der übernehmenden eG akzeptiert ist[3]. **1**

---

[43] § 15.
[44] Siehe § 90 Rn 27.
[45] Siehe Rn 1.
[46] §§ 139, 149 BGB.
[1] Siehe § 90 Rn 1.
[2] *Beuthien* § 30 GenG Rn 1 und §§ 2 ff. UmwG Rn 119; *Bayer* in Lutter Rn 4.
[3] *Stratz* in Schmitt/Hörtnagl/Stratz Rn 1; *Beuthien* §§ 2 ff. UmwG Rn 119.

2 § 92 steht in engem **Regelungszusammenhang mit § 89**. Beide lehnen sich an die allgemeine Vorschrift des § 15 Abs. 2 GenG über die Eintragung und Benachrichtigung neu beigetretener Mitglieder an[4]. Die übernehmende Genossenschaft hat jedes neue Mitglied und die Zahl seiner Geschäftsanteile nach Eintragung der Verschmelzung zunächst unverzüglich in die Mitgliederliste einzutragen und den Eingetragenen hiervon unverzüglich zu benachrichtigen. Nach wirksamer Ausschlagung ist er dann wieder aus der Liste zu löschen und die Ausschlagung zu vermerken[5]. Dagegen kann die übernehmende eG mit der Eintragung der neuen Mitglieder nicht abwarten, bis die sechsmonatige Ausschlagungsfrist[6] verstrichen ist, um dann nur die verbleibenden einzutragen, selbst wenn die Ausschlagung absehbar ist[7]. Das würde dem klaren Regelungszusammenhang der §§ 89 Abs. 1, 92 Abs. 1 widersprechen und gegen die von ihnen bezweckte Dokumentation verstoßen.[8]

II. Eintragung und Benachrichtigung (Abs. 1)

1. Anwendungsbereich

3 Abs. 1 ist nur auf reine eG-Verschmelzungen anwendbar[9]. Einerseits haben das Ausschlagungsrecht bloß Mitglieder einer übertragenden eG[10], andererseits betrifft die Vorschrift ausdrücklich nur übernehmende Genossenschaften, weil es bei anderen Rechtsträgern keine vergleichbare Mitgliederliste gibt.

2. Eintragung in die Mitgliederliste

4 Im Außenverhältnis gegenüber den Ausschlagenden trifft die Eintragungspflicht die **übernehmende eG**. Im organisationsrechtlichen Innenverhältnis ist **der Vorstand** verpflichtet, die Mitgliederliste zu führen[11], muss dieser also unverzüglich (ohne schuldhaftes Zögern[12]) nach Zugang der Ausschlagungserklärung[13] veranlassen, dass die Ausschlagung eingetragen wird[14]. Innerhalb des Vorstands ist jedes Vorstandsmitglied für die ordnungsgemäße Listenführung verantwortlich. Eine vorsätzliche Verletzung dieser Pflicht ist strafbar[15] und die Vorstandsmitglieder können zu ihrer Befolgung durch Zwangsgeld angehalten werden[16].

5 Den **Inhalt der Eintragung** bestimmen §§ 90 Abs. 1, 30 Abs. 2 Satz 2 GenG: Einzutragen sind die Ausschlagung, der Zeitpunkt ihres Wirksamwerdens und die eintragungsbegründenden Tatsachen. Dagegen liegt kein Fall von § 30 Abs. 2 Satz 1 Nr. 3 GenG vor, weil ausgeschlagene Mitgliedschaften als nicht erworben gelten[17] und der Ausschlagende deshalb nicht aus der übernehmenden eG ausscheidet[18]. Als **Zeitpunkt,** zu dem die Ausschlagung wirksam geworden ist, muss das **Datum der Eintragung der Verschmelzung** bei der übernehmenden eG angegeben werden (also nicht das Zugangsdatum der Ausschlagungs-

---

[4] *Fronhöfer* in Widmann/Mayer Rn 4; *Schulte* in Lang/Weidmüller § 92 UmwG Rn 2.
[5] Siehe Rn 5 zum genauen Eintragungsinhalt.
[6] § 91 Abs. 2.
[7] *Röhrich* in H/P/G/R § 92 UmwG Rn 1.
[8] Siehe § 89 Rn 5.
[9] *Fronhöfer* in Widmann/Mayer Rn 3, 4.
[10] § 90 Abs. 3; siehe § 90 Rn 5.
[11] § 30 Abs. 1 GenG.
[12] § 121 Abs. 1 Satz 1 BGB.
[13] § 92 Abs. 2.
[14] *Beuthien* §§ 2 ff. UmwG Rn 119.
[15] § 147 Abs. 2 Nr. 1 GenG.
[16] § 160 Abs. 1 Satz 1 GenG; *Beuthien* § 30 GenG Rn 2.
[17] § 90 Abs. 2.
[18] Siehe § 90 Rn 33.

erklärung). Das folgt einerseits aus dem unterschiedlichen Wortlaut von Abs. 2 („in dem Zeitpunkt") und § 30 Abs. 2 Satz 2 GenG („Zeitpunkt, zu dem"), andererseits aus der Rückwirkung der Ausschlagung[19] und ihrem Schutzzweck, den Ausschlagenden vor jeglichen Belastungen aus einer Mitgliedschaft beim übernehmenden Rechtsträger zu schützen[20]. Als **eintragungsbegründende Tatsache** ist zumindest das Stichwort „Ausschlagung" anzugeben[21], besser aber die **Ausschlagungserklärung mit Datum** („Ausschlagungserklärung vom...").

Nach dem Wortlaut von Abs. 1 erstreckt sich die Eintragungspflicht auf „jede Ausschlagung". Davon wird aber nicht jegliche Erklärung erfasst, die ein Mitglied als Ausschlagung bezeichnet oder meint, sondern nur eine den **gesetzlichen Voraussetzungen** entsprechende[22]. Diese setzt ein Ausschlagungsrecht[23] sowie eine unbedingte, unbefristete, form- und fristgerechte Ausschlagungserklärung[24] voraus. Das hat der Vorstand zu **prüfen**, bevor er die Eintragung veranlasst, weil die Ausschlagung negative Folgen für die von ihm zu leitende Genossenschaft hat[25] und die Eintragung gerade der Klarstellung dient, ob die Ausschlagung akzeptiert wird[26]. **6**

3. Benachrichtigung des Ausschlagenden

Die übernehmende eG hat das Mitglied unverzüglich[27] nach Zugang der Ausschlagungserklärung und Eintragung der Ausschlagung in die Mitgliederliste[28] davon zu benachrichtigen, dass die Ausschlagung eingetragen worden ist. Benachrichtigungspflichtig ist auch hier im Außenverhältnis die übernehmende eG, im organisationsrechtlichen Innenverhältnis der Vorstand[29]. Da (im Gegensatz zur Schriftform bei der Mitteilung nach § 89 Abs. 2) **keine besondere Form** vorgeschrieben ist, kann die Benachrichtigung in jeglicher Form – auch mündlich – erfolgen, Benachrichtigung in Schrift- oder Textform[30] ist allerdings üblich und empfehlenswert[31]. **7**

4. Aufbewahrung der Ausschlagungserklärung

Unterlagen über die Mitgliedschaft in der Genossenschaft müssen mindestens **drei Jahre** aufbewahrt werden[32]. Das gilt auch für die Ausschlagungserklärung. Die Aufbewahrungsfrist beginnt mit dem Schluss des Kalenderjahrs, nicht eines ggf. abweichenden Geschäftsjahrs, in dem das Ausscheiden erfolgte[33]. Damit ist sichergestellt, dass die Unterlagen für Ansprüche aus der Auseinandersetzung[34] oder der Nachschusspflicht[35] auch noch nach der Auseinandersetzungs- und Nachhaftungsfrist vorhanden sind. **8**

---

[19] § 90 Abs. 2.
[20] Siehe § 90 Rn 4 und 31; siehe auch *Schaffland* in Lang/Weidmüller § 30 GenG Rn 7 zum entsprechenden Zeitpunkt bei der Eintragung des Mitgliedschaftserwerbs gem. § 89 Abs. 1.
[21] Vgl. *Beuthien* § 30 GenG Rn 7.
[22] *Bayer* in Lutter Rn 7 f.
[23] § 90 Abs. 3.
[24] § 91.
[25] Siehe § 90 Rn 3 zum Kapitalabfluss und § 93 Rn 2.
[26] Siehe Rn 1.
[27] § 121 Abs. 1 Satz 1 BGB.
[28] Siehe Rn 4 ff.
[29] Siehe bereits Rn 4 zur Eintragungspflicht.
[30] § 89 Abs. 2, § 126 b BGB; siehe § 89 Rn 7.
[31] *Fronhöfer* in Widmann/Mayer Rn 6; *Bayer* in Lutter Rn 6.
[32] § 30 Abs. 3 GenG.
[33] § 30 Abs. 3 Satz 2 GenG; *Beuthien* § 30 GenG Rn 8.
[34] § 93.
[35] § 95; so für die Nachschusspflicht aus § 105 GenG *Beuthien* § 30 GenG Rn 8.

III. Wirksamwerden der Ausschlagung (Abs. 2)

9 Die Ausschlagung wird mit Zugang der schriftlichen Ausschlagungserklärung[36] beim übernehmenden Rechtsträger wirksam. Abs. 2 bestätigt nur die allgemeine Regel des § 130 Abs. 1 Satz 1 BGB. Dadurch wollte der Gesetzgeber klarstellen, dass die Wirksamkeit nicht mehr – wie beim früheren Sonderkündigungsrecht nach § 93 I Abs. 2 Satz 1 GenG aF – von der Eintragung in die Mitgliederliste abhängt[37]. Zugegangen ist die Ausschlagungserklärung, wenn sie so in den Bereich der übernehmenden eG gelangt ist, dass ein passiv vertretungsberechtigtes Vorstandsmitglied[38] unter normalen Verhältnissen die Möglichkeit zur Kenntnisnahme ihres Inhalts hat, idR also dann, wenn sie in den Briefkasten des Geschäftslokals der Genossenschaft eingelegt wird[39].

10 Trotz der Formulierung, dass die Ausschlagung „in dem Zeitpunkt" des Zugangs der Ausschlagungserklärung *(ex nunc)* wirksam wird, tritt die Wirkung der Ausschlagung – dass nämlich auf der Verschmelzungswirkung beruhende Anteile und Mitgliedschaften am übernehmenden Rechtsträger als nicht erworben gelten – rückwirkend *(ex tunc)* ein[40]. Insoweit ist zwischen dem **Wirksamwerden** und den **Wirkungen** der Ausschlagung zu unterscheiden.

§ 93 Auseinandersetzung

(1) Mit einem früheren Mitglied, dessen Beteiligung an dem übernehmenden Rechtsträger nach § 90 Abs. 2 als nicht erworben gilt, hat der übernehmende Rechtsträger sich auseinanderzusetzen. Maßgebend ist die Schlußbilanz der übertragenden Genossenschaft.

(2) Dieses Mitglied kann die Auszahlung des Geschäftsguthabens, das es bei der übertragenden Genossenschaft hatte, verlangen; an den Rücklagen und dem sonstigen Vermögen der übertragenden Genossenschaft hat es vorbehaltlich des § 73 Abs. 3 des Genossenschaftsgesetzes keinen Anteil, auch wenn sie bei der Verschmelzung den Geschäftsguthaben anderer Mitglieder, die von dem Recht zur Ausschlagung keinen Gebrauch machen, zugerechnet werden.

(3) Reichen die Geschäftsguthaben und die in der Schlußbilanz einer übertragenden Genossenschaft ausgewiesenen Rücklagen zur Deckung eines in dieser Bilanz ausgewiesenen Verlustes nicht aus, so kann der übernehmende Rechtsträger von dem früheren Mitglied, dessen Beteiligung als nicht erworben gilt, die Zahlung des anteiligen Fehlbetrags verlangen, wenn und soweit dieses Mitglied im Falle der Insolvenz Nachschüsse an die übertragende Genossenschaft zu leisten gehabt hätte. Der anteilige Fehlbetrag wird, falls die Satzung der übertragenden Genossenschaft nichts anderes bestimmt, nach der Zahl ihrer Mitglieder berechnet.

(4) Die Ansprüche verjähren in fünf Jahren. Die Verjährung beginnt mit dem Schluß des Kalenderjahres, in dem die Ansprüche fällig geworden sind.

Übersicht

	Rn		Rn
I. Allgemeines	1	III. Maßgeblichkeit der Schlussbilanz (Abs. 1 Satz 2)	5
II. Auseinandersetzungspflicht (Abs. 1 Satz 1)	4		

---

[36] § 91 Abs. 1.
[37] Siehe § 91 Rn 7 und hier Rn 1.
[38] § 25 Abs. 1 Satz 3 GenG.
[39] *Bayer* in Lutter Rn 3 sowie *Heinrichs* in Palandt § 130 BGB Rn 5 mwN.
[40] § 90 Abs. 2.

	Rn		Rn
IV. Auszahlungsanspruch (Abs. 2)	7	V. Ausgleichsanspruch (Abs. 3)	19
1. Anspruchsinhaber und -gegner	7	1. Anspruchsinhaber und -gegner	19
2. Anspruchshöhe	8	2. Anspruchsvoraussetzungen	20
a) Rücklagen	9	a) Bilanzverlust	20
b) Sonstiges Vermögen	12	b) Nachschusspflicht im Fall der Insolvenz	21
c) Gewinn	15		
3. Fälligkeit	16	3. Anspruchshöhe (Abs. 3 Satz 2)	23
4. Abtretung, Aufrechnung, Verpfändung, Pfändung	17	4. Fälligkeit	28
		VI. Verjährung (Abs. 4)	29

I. Allgemeines

Die Vorschrift regelt die **Auseinandersetzung** zwischen dem übernehmenden Rechtsträger und Mitgliedern der übertragenden eG, die eine Mitgliedschaft und Anteile beim übernehmenden Rechtsträger form- und fristgerecht ausgeschlagen haben[1]. Die Besonderheit der Auseinandersetzung liegt darin, dass sie **mit dem übernehmenden Rechtsträger** erfolgt, weil die übertragende eG zum Auseinandersetzungszeitpunkt bereits erloschen ist[2]. § 93 stellt die umwandlungsrechtliche Entsprechung zu § 73 GenG über die Auseinandersetzung mit einem Mitglied dar, das die Mitgliedschaft gekündigt hat[3]. **1**

Grundsätzlich erhält der Ausschlagende nur sein **Geschäftsguthaben**[4] ausgezahlt, das er bei der übertragenden eG hatte (Abs. 1). Dagegen hat der Ausschlagende an den Rücklagen und dem sonstigen Vermögen der übertragenden eG grundsätzlich keinen Anteil, es sei denn, diese hatte eine **besondere Ergebnisrücklage** zur Beteiligung von ausscheidenden Mitgliedern gebildet[5]. In dieser Beschränkung auf das Geschäftsguthaben kommt erneut[6] das genossenschaftsrechtliche **Nominalwertprinzip** zum Ausdruck, das den Mitgliedern eine volle Beteiligung am inneren Wert der Genossenschaft vorenthält, um das Eigenkapital, die wirtschaftliche Substanz und möglichst auch den Mitgliederbestand zu erhalten, indem den Mitgliedern eine stärkere finanzielle Motivation zur Ausschlagung genommen wird. Diese Beschränkung gleicht aus, dass die Mitglieder weder – wie bei Kapitalgesellschaften – ein Mindesthaftkapital (Grund- oder Stammkapital) aufbringen müssen noch – wie bei Personengesellschaften – für die Verbindlichkeiten der Genossenschaft[7] persönlich haften. **2**

Mittelbar dient dieser Substanzerhalt dem **Gläubigerschutz**. Das gilt genauso für den Anspruch des übernehmenden Rechtsträgers auf Zahlung des **anteiligen Fehlbetrags**, der sich aus einem in der Schlussbilanz der übertragenden eG ausgewiesenen Verlust ergibt, wenn und soweit das Mitglied im Fall ihrer Insolvenz Nachschüsse zu leisten gehabt hätte (Abs. 2 Satz 1). Allerdings entfaltet Abs. 3, bei dem es sich um eine Parallelvorschrift zu § 73 Abs. 2 Satz 3 GenG handelt, **keine Außenwirkung** zwischen dem Ausschlagenden und den Gläubigern[8]. **3**

---

[1] §§ 90, 91.
[2] § 20 Abs. 1 Nr. 2; *Röhrich* in H/P/G/R § 93 UmwG Rn 1.
[3] §§ 65 ff. GenG; *Bayer* in Lutter Rn 2; *Fronhöfer* in Widmann/Mayer Rn 2; *Beuthien* §§ 2 ff. UmwG Rn 120; *Schulte* in Lang/Weidmüller § 93 UmwG Rn 1; *Röhrich* in H/P/G/R § 93 UmwG Rn 1.
[4] Siehe § 80 Rn 19.
[5] § 93 Abs. 2 2. Halbs. unter Legalverweisung auf § 73 Abs. 3 GenG.
[6] Siehe bereits § 80 Rn 33 für den Anteilstausch.
[7] Abgesehen von § 105 GenG; siehe dazu § 90 Rn 33.
[8] Siehe Rn 19; *Bayer* in Lutter Rn 18.

II. Auseinandersetzungspflicht (Abs. 1 Satz 1)

4   Abs. 1 Satz 1 begründet die **Pflicht des übernehmenden Rechtsträgers**, sich mit dem früheren Mitglied einer übertragenden eG auseinander zu setzen, wenn dessen Beteiligung am übernehmenden Rechtsträger aufgrund ihrer Ausschlagung als nicht erworben gilt[9]. Die Pflicht trifft den übernehmenden Rechtsträger[10], weil die übertragende eG zum Zeitpunkt des Wirksamwerdens der Ausschlagung[11] bereits erloschen ist.

III. Maßgeblichkeit der Schlussbilanz (Abs. 1 Satz 2)

5   Maßgeblich für die Auseinandersetzung zwischen dem übernehmenden Rechtsträger und dem früheren Mitglied ist die **Schlussbilanz** der übertragenden eG[12]. Ihr Stichtag ist im Verschmelzungsvertrag anzugeben[13]. Nach der Schlussbilanz berechnet sich das Geschäftsguthaben[14] für den Anteilstausch und die Auszahlung etwaiger Spitzen[15], die Höhe des Auseinandersetzungsguthabens[16] und ggf. die Höhe des anteiligen Fehlbetrags[17].

6   Die Maßgeblichkeit der Schlussbilanz für den Auseinandersetzungsanspruch bedeutet auch, dass der Ausschlagende nicht an **Gewinnen und Verlusten** beteiligt ist, die die übertragende eG zwischen dem Bilanzstichtag und dem Wirksamwerden der Verschmelzung erwirtschaftet hat[18].

IV. Auszahlungsanspruch (Abs. 2)

1. Anspruchsinhaber und -gegner

7   Anspruchsinhaber des Auszahlungsanspruchs ist das ausschlagende Mitglied einer übertragenden eG[19]. Da diese zum Verschmelzungszeitpunkt erloschen ist, kann Anspruchsgegner nur der **übernehmende Rechtsträger** sein[20].

2. Anspruchshöhe

8   Der Ausschlagende kann die Auszahlung des Geschäftsguthabens verlangen, das er bei der übertragenden eG hatte. Die Höhe des Geschäftsguthabens ergibt sich aus der Schlussbi-

---

[9] § 90 Abs. 2.
[10] § 20 Abs. 1 Nr. 2; *Bayer* in Lutter Rn 3; *Fronhöfer* in Widmann/Mayer Rn 3; *Beuthien* § 2 ff. UmwG Rn 120.
[11] § 92 Abs. 2; siehe § 92 Rn 9 f.
[12] § 93 Abs. 1 Satz 2.
[13] § 80 Abs. 2.
[14] *Fronhöfer* in Widmann/Mayer Rn 7; *Stratz* in Schmidt/Hörtnagl/Stratz Rn 2; *Schulte* in Lang/Weidmüller § 93 UmwG Rn 2; *Röhrich* in H/P/G/R § 93 UmwG Rn 2.
[15] § 87 Abs. 3, Abs. 1 Satz 1, Abs. 2 iVm. § 80 Abs. 1 Satz 1 Nr. 2 1. Halbs.
[16] § 93 Abs. 2 1. Halbs.
[17] § 93 Abs. 3; *Schulte* in Lang/Weidmüller § 93 UmwG Rn 9; *Röhrich* in H/P/G/R § 93 UmwG Rn 3.
[18] *Röhrich* in H/P/G/R § 93 UmwG Rn 2. Im Einzelfall will *Beuthien* §§ 2 ff. UmwG Rn 121 das ausscheidende Mitglied an den zwischen dem Stichtag der Schlussbilanz und der Ausschlagung erwirtschafteten Gewinnen unter dem Gesichtspunkt der genossenschaftlichen Treupflicht teilhaben lassen, wenn sich das Eintragungsverfahren außergewöhnlich lang hinzieht. *Schulte* in Lang/Weidmüller § 93 UmwG Rn 2 stimmt dem für Extremfälle zu.
[19] *Schulte* in Lang/Weidmüller § 93 UmwG Rn 1; *Röhrich* in H/P/G/R § 93 UmwG Rn 1.
[20] Siehe Rn 4 zur Auseinandersetzungspflicht; *Schulte* in Lang/Weidmüller § 93 UmwG Rn 6; *Röhrich* in H/P/G/R § 93 UmwG Rn 1.

lanz[21]. Der Anspruch unterliegt jedoch Beschränkungen, die sich im Wesentlichen aus dem genossenschaftsrechtlichen Nominalwertprinzip[22] ergeben.

a) Rücklagen. Das ausschlagende Mitglied hat, genau wie das kündigende, grundsätzlich keinen Anteil an den Rücklagen der Genossenschaft[23]. An **anderen Ergebnisrücklagen**[24] kann das Mitglied nur beteiligt werden, wenn sie vor der Verschmelzung aufgelöst wurden. Dann müssen sie dem Geschäftsguthabenkonto des Ausschlagenden anteilig zugerechnet und ausbezahlt werden[25]. 9

Anders verhält es sich, wenn die Satzung der übertragenden eG ausscheidenden Mitgliedern einen Anteil an einer für diesen Zweck gebildeten Ergebnisrücklage einräumte[26]. Regelungstechnisch ist der **Vorbehalt des § 73 Abs. 3 GenG** in § 93 Abs. 2 für die Rücklagenbeteiligung konstitutiv. Denn weder liegt ein Fall des Ausscheidens aus der übertragenden eG vor, weil diese mit Eintragung der Verschmelzung beim übernehmenden Rechtsträger erlischt[27], noch tritt der Ausschlagende aus dem übernehmenden Rechtsträger aus, weil auf der Verschmelzungswirkung beruhende Anteile und Mitgliedschaften als nicht erworben gelten[28]. Voraussetzung ist, dass die übertragende eG zu diesem Zeitpunkt eine Ergebnisrücklage tatsächlich gebildet und nicht nur in der Satzung vorgesehen hatte. Darüber hinaus muss der Geschäftsanteil des Ausschlagenden voll eingezahlt gewesen sein[29]. Wenn die Satzung der übertragenden eG den Anspruch von einer **Mindestdauer der Mitgliedschaft** abhängig gemacht, **weitere Erfordernisse** aufgestellt und **Beschränkungen** vorgesehen hatte[30], müssen auch diese beachtet werden. 10

Für die **Auszahlung** gilt dagegen nicht § 73 Abs. 3 Satz 3, Abs. 2 Satz 2 1. Halbs. GenG (binnen sechs Monaten nach dem Ausscheiden), sondern ist § 94 vorrangig und darf deshalb auch die Rücklagenbeteiligung nicht ausbezahlt werden, bevor dessen weitere Voraussetzungen, insbesondere eine etwaige Sicherstellung von Gläubigern, erfüllt sind[31]. 11

b) Sonstiges Vermögen. Ausscheidende Mitglieder haben nach Abs. 2 keinen Anteil am sonstigen Vermögen der übertragenden eG. Am **Firmenwert** (*good will*) des Unternehmens ist das Mitglied nicht derart beteiligt, dass ihm daraus ein Zahlungsanspruch gegen den übernehmenden Rechtsträger erwüchse[32]. 12

Grundsätzlich findet auch keine Beteiligung der Mitglieder an den **stillen Reserven** statt. Genau wie Ergebnisrücklagen[33] können stille Reserven aber vor der Verschmelzung **aufgelöst** und die aufgelösten Reserven den Geschäftsguthaben der Mitglieder zugeschlagen werden[34]. Das kann sich empfehlen, wenn die für die Verschmelzung stimmende Mehrheit der 13

---

[21] *Fronhöfer* in Widmann/Mayer Rn 7; *Stratz* in Schmidt/Hörtnagl/Stratz Rn 2; *Schulte* in Lang/Weidmüller § 93 UmwG Rn 6; *Röhrich* in H/P/G/R § 93 UmwG Rn 1.
[22] Siehe Rn 2.
[23] *Bayer* in Lutter Rn 9; *Stratz* in Schmidt/Hörtnagl/Stratz Rn 2; *Röhrich* in H/P/G/R § 93 UmwG Rn 2; siehe aber Rn 10 zu Ergebnisrücklagen nach § 73 Abs. 3 GenG.
[24] § 337 Abs. 2 Nr. 2 HGB.
[25] *Fronhöfer* in Widmann/Mayer Rn 13; *Schulte* in Lang/Weidmüller § 93 UmwG Rn 2; *Röhrich* in H/P/G/R § 93 UmwG Rn 2.
[26] *Röhrich* in H/P/G/R § 93 UmwG Rn 2.
[27] § 20 Abs. 1 Nr. 2.
[28] § 90 Abs. 2; siehe § 90 Rn 31. Es handelt sich also nicht um eine Rechtsgrund-, sondern eine Rechtsfolgenverweisung.
[29] § 73 Abs. 3 Satz 1 GenG.
[30] § 73 Abs. 3 Satz 2 GenG; nach §§ 73 Abs. 2 Satz 2, Abs. 4, 8 a GenG nF kann die Satzung hierzu Weiteres regeln, insb. ein Mindestkapital bestimmen, das durch die Auszahlung nicht unterschritten werden darf.
[31] Zu Einzelheiten siehe § 94.
[32] *Bayer* in Lutter Rn 9.
[33] Siehe Rn 9.
[34] *Schulte* in Lang/Weidmüller § 93 UmwG Rn 3.

Mitglieder die für eine ausscheidungswillige Minderheit bestehenden Nachteile verringern will oder auf diesem Weg erst die erforderliche Dreiviertelmehrheit[35] erreicht werden soll[36]. Wenn sich dadurch die Geschäftsguthaben sämtlicher Mitglieder einer übertragenden eG erhöhen und der Verschmelzungsvertrag einen Anteilstausch zum Nominalbetrag vorsieht[37], muss die übernehmende eG den neuen Mitgliedern entsprechend mehr Geschäftsanteile gewähren und werden diejenigen ihrer eigenen Mitglieder verwässert.

14 Wenn das von der übernehmenden eG in den Vertragsverhandlungen akzeptiert wird, kann der Verschmelzungsvertrag vorsehen, dass die Rücklagen und stillen Reserven – statt ihrer vorherigen Auflösung – nach der Verschmelzung nur den Geschäftsguthaben anderer Mitglieder, die von dem Recht zur Ausschlagung keinen Gebrauch machen, zugerechnet werden[38]. Dadurch wird umgekehrt verhindert, dass auch die Ausschlagenden an der Guthabenerhöhung partizipieren. Die Regelung stellt klar, dass darin kein Verstoß gegen das genossenschaftliche **Gleichbehandlungsgebot**[39] liegt. Die Zurechnung von Rücklagen erfolgt nach den Buchwerten der Schlussbilanz durch Umbuchung auf die Geschäftsguthaben. Die Zurechnung von stillen Reserven erfolgt durch (zulässige) Hochschreibung von Aktiva oder Auflösung von Rücklagen, wodurch ein Bilanzgewinn entsteht, der auf die Geschäftsguthaben (gezeichnetes Kapital) gebucht wird. Entsprechende Regelungen über die Auflösung von Rücklagen sind auch zulässig, um bei der übertragenden eG bis zum Stichtag der Schlussbilanz angefallene Verluste auszugleichen, damit die Geschäftsguthaben erhalten und eine Ausgleichspflicht der Ausschlagenden für den anteiligen Fehlbetrag[40] vermieden werden[41].

15 c) **Gewinn.** Die Mitglieder einer eG haben keinen selbstständigen Anspruch auf Gewinnausschüttung. Er entsteht erst mit Fassung des Gewinnverwendungsbeschlusses durch die General-/Vertreterversammlung[42]. Solange der Gewinnverwendungsbeschluss nicht gefasst wurde, kann der Ausschlagende nicht darauf verweisen, gegenüber den verbleibenden Mitgliedern benachteiligt zu sein[43]. Ein Gewinnverwendungsbeschluss, der ausschlagenden Mitgliedern eine niedrigere Dividende als den nicht ausschlagenden gewährt, ist aber wegen Verstoßes gegen das Gleichbehandlungsgebot unzulässig[44].

3. Fälligkeit

16 Die Fälligkeit und Auszahlung des Auseinandersetzungsguthabens richten sich nach § 94[45].

4. Abtretung, Aufrechnung, Verpfändung, Pfändung

17 Der Anspruch auf das Auseinandersetzungsguthaben kann gepfändet, verpfändet und schon im Vorhinein abgetreten werden[46]. Der Anspruch kann jedoch vom Zessionar oder Pfandgläubiger erst geltend gemacht werden, wenn die Ausschlagung wirksam geworden ist[47]. Verpfändung und Abtretung können **durch die Satzung ausgeschlossen** werden.

---

[35] § 84 Satz 1.
[36] Siehe § 90 Rn 14 f. zur Möglichkeit, für den Verschmelzungsbeschluss zu stimmen und danach auszuschlagen. *Bayer* in Lutter Rn 11.
[37] § 80 Abs. 1 Satz 1 Nr. 2 1. Halbs.; siehe § 80 Rn 17 ff.
[38] § 93 Abs. 2 2. Halbs.
[39] *Beuthien* § 18 GenG Rn 49 ff.
[40] § 93 Abs. 3.
[41] Vgl. *Bayer* in Lutter Rn 7.
[42] § 48 Abs. 1 Satz 2 GenG; *Beuthien* § 19 GenG Rn 5; *ders.* § 48 GenG Rn 2.
[43] § 93 Abs. 2 letzter Halbs.; *Stratz* in Schmidt/Hörtnagl/Stratz Rn 2.
[44] *Bayer* in Lutter Rn 6.
[45] Siehe die Kommentierung zu § 94.
[46] *Bayer* in Lutter Rn 21; *Fronhöfer* in Widmann/Mayer Rn 615; *Beuthien* § 2 ff. UmwG Rn 123 aE unter Verweis auf die Kommentierung zu § 73 GenG; *Schulte* in Lang/Weidmüller § 93 UmwG Rn 7.
[47] § 92 Abs. 2; *Bayer* in Lutter Rn 21.

Die **Aufrechnung** des Auseinandersetzungsguthabens mit Zahlungsansprüchen der 18
übertragenden eG oder des übernehmenden Rechtsträgers aus dem Mitgliedschaftsverhältnis
oder einer Kundenbeziehung (ggf. aufgrund der Gesamtrechtsnachfolge nach § 20 Abs. 1
Nr. 1) kann seitens dieser Rechtsträger wirksam erklärt werden, sobald die Gegenansprüche
fällig sind, die Schlussbilanz[48] vorliegt, die Ausschlagung erklärt worden und der Auseinandersetzungsanspruch – auch schon vor Ablauf der sechsmonatigen Fälligkeitsfrist – erfüllbar
sind[49]. Die Gläubiger schützenden Sperrfristen des § 94 2. Halbs. stehen einer solchen Aufrechnung nicht entgegen, weil keine Haftungsmasse für den übernehmenden Rechtsträger
abfließt, sondern nur eine Bilanzverkürzung um den Zahlungsanspruch einerseits und die
Forderung des Ausschlagenden auf das Guthaben andererseits stattfindet. Aus demselben
Grund kann das ausschlagende Mitglied auch schon während dieser Sperrfristen wirksam
aufrechnen, sobald sein Auseinandersetzungsguthaben fällig, die Sechsmonatsfrist des § 94 1.
Halbs. also abgelaufen ist. Das Aufrechnungsverbot für geschuldete Einzahlungen[50] steht
nicht entgegen[51], weil das auszuzahlende Geschäftsguthaben entweder auf (teilweise) eingezahlten Geschäftsanteilen oder Gewinnzuschreibungen beruht[52].

V. Ausgleichsanspruch (Abs. 3)

1. Anspruchsinhaber und -gegner

Der übernehmende Rechtsträger hat einen Anspruch gegen die Ausschlagenden auf Zahlung des anteiligen Fehlbetrags für einen Bilanzverlust, den die Schlussbilanz der übertragenden eG aufweist, wenn und soweit sie bei Insolvenz der übertragenden eG nachschusspflichtig gewesen wären. Anspruchsinhaber ist die **übernehmende eG**[53]. Die **Gläubiger** des
übernehmenden Rechtsträgers sind von der Geltendmachung des Ausgleichsanspruchs ausgeschlossen[54], sie werden nur mittelbar geschützt[55]. Anspruchsgegner ist das ausschlagende
Mitglied[56]. 19

2. Anspruchsvoraussetzungen

a) Bilanzverlust. Die anteilige Ausgleichspflicht besteht nur dann, wenn die Schlussbilanz der übertragenden eG einen Verlust ausweist, der die Geschäftsguthaben, gesetzlichen
und freiwilligen Rücklagen[57] übersteigt[58]. Die Schlussbilanz muss also ein **negatives Eigenkapital** ausweisen. Nicht zu berücksichtigen sind stille Reserven, ihre Auflösung kann das
ausgleichspflichtige Mitglied nicht verlangen[59]. 20

---

[48] *Bayer* in Lutter Rn 22.
[49] § 387 BGB, § 94 1. Halbs. UmwG; siehe § 94 Rn 3 zur Unterscheidung von Fälligkeit und Erfüllbarkeit.
[50] § 22 Abs. 5 GenG.
[51] *Bayer* in Lutter Rn 22; *Fronhöfer* in Widmann/Mayer Rn 16.
[52] § 19 Abs. 1 Satz 3 GenG; siehe § 80 Rn 19 f.
[53] *Fronhöfer* in Widmann/Mayer Rn 17, 22; *Beuthien* §§ 2 ff. UmwG Rn 124; *Schulte* in Lang/Weidmüller § 93 UmwG Rn 9; *Röhrich* in H/P/G/R § 93 UmwG Rn 3.
[54] *Fronhöfer* in Widmann/Mayer Rn 22.
[55] Siehe Rn 3.
[56] *Stratz* in Schmidt/Hörtnagl/Stratz Rn 3; *Beuthien* §§ 2 ff. UmwG Rn 124; *Schulte* in Lang/Weidmüller § 93 UmwG Rn 9; *Röhrich* in H/P/G/R § 93 UmwG Rn 3.
[57] § 7 Nr. 2 GenG.
[58] *Bayer* in Lutter Rn 14; *Stratz* in Schmitt/Hörtnagl/Stratz Rn 3, *Beuthien* § 2 ff. UmwG Rn 124; *Schulte* in Lang/Weidmüller § 93 UmwG Rn 9; *Röhrich* in H/P/G/R § 93 UmwG Rn 3.
[59] *Fronhöfer* in Widmann/Mayer Rn 20; *Bayer* in Lutter Rn 14.

21 **b) Nachschusspflicht im Fall der Insolvenz.** Außerdem müsste den Ausschlagenden im Fall der Insolvenz der übertragenden eG eine Nachschusspflicht getroffen haben[60]. Er soll nicht besser gestellt sein, als wenn die Verschmelzung nicht durchgeführt worden wäre[61]. Über einen in der Schlussbilanz ausgewiesenen Bilanzverlust hinaus ist aber **nicht erforderlich**, dass die übernehmende eG ohne die Verschmelzung **tatsächlich insolvent**, also überschuldet oder zahlungsunfähig[62] gewesen wäre. Das ist auch keineswegs zwingend, weil die Schlussbilanz nicht denselben Kriterien wie eine Überschuldungsbilanz unterliegt[63]. Deshalb lässt sich nicht feststellen und kommt es nicht darauf an, ob die Gläubiger in einer hypothetischen Insolvenz aus der Masse tatsächlich nicht befriedigt werden könnten[64].

22 Unabhängig von einem konkreten Insolvenzszenario hätte die Nachschusspflicht aber nur insoweit bestanden, wie sie nicht durch die Satzung der übertragenden eG wirksam ausgeschlossen war. Die Satzung muss Bestimmungen darüber enthalten, ob die Mitglieder für den Fall, dass die Gläubiger im Insolvenzverfahren nicht befriedigt werden, Nachschüsse zur Insolvenzmasse unbeschränkt, beschränkt auf eine bestimmte **Haftsumme** oder überhaupt nicht zu leisten haben[65]. Mangels statutarischer Regelung besteht die Nachschusspflicht **unbegrenzt**[66]. In der Praxis findet sich meist die Beschränkung auf eine bestimmte Haftsumme, die aber nicht niedriger als der Geschäftsanteil festgesetzt werden darf[67]. Die Nachschusspflicht kann aber, wie § 6 Nr. 3 GenG klarstellt, auch **ganz ausgeschlossen** werden, womit dann jeder Anspruch des übernehmenden Rechtsträgers auf einen anteiligen Fehlbetrag entfällt.

3. Anspruchshöhe (Abs. 3 Satz 2)

23 Die Höhe des Anspruchs, den der übernehmende Rechtsträger gegen ein ausschlagendes Mitglied hat, ist durch den anteiligen Fehlbetrag und die Höhe der Nachschusspflicht im Fall der Insolvenz doppelt begrenzt. Maßgeblich ist der niedrigere Betrag.

24 **Anteiliger Fehlbetrag** ist der Betrag, der auf das Mitglied entfallen würde, wenn alle Mitglieder für die Verluste Nachschüsse zu leisten hätten[68]. Maßgeblich ist die Zahl **sämtlicher Mitglieder**, die **zum Zeitpunkt des Wirksamwerdens der Verschmelzung** Mitglieder der übertragenden eG waren, also nicht nur die Ausschlagenden[69].

25 Das Gesetz geht davon aus, dass die Pflicht zum Nachschuss jedes Mitglied gleich trifft, sieht also eine Haftungsverteilung **nach Köpfen** als gesetzlichen Regelfall vor[70]. In der Satzung können aber auch **abweichende Regelungen** getroffen sein[71], die iRd. Anspruchs auf anteiligen Ausgleich zu berücksichtigen sind. Die Satzung kann insbesondere vorsehen, dass der Umfang der Nachschusspflicht und damit auch der anteilige Fehlbetrag nach dem Verhältnis der Haftsummen der Mitglieder zueinander bestimmt wird[72].

---

[60] § 105 GenG; siehe dazu bereits § 90 Rn 33; § 93 Rn 3 und § 95 Rn 10; eingehend *Beuthien/Titze* ZIP 2002, 1116, 1118 ff.

[61] *Stratz* in Schmitt/Hörtnagl/Stratz Rn 3.

[62] §§ 17, 19 InsO, 98 GenG.

[63] Bei letzterer können Fortführungswerte angesetzt und stille Reserven aufgelöst werden, wenn die Fortführungsprognose positiv ist; vgl. IDW Stellungnahme FAR 1/1996 Ziffer 4.2 FN-IDW 1996, 524; *Kind* in Braun, Insolvenzordnung (InsO), 2. Aufl. 2004, § 19 InsO Rn 23.

[64] So aber *Bayer* in Lutter Rn 15, der konsequenterweise die zusätzliche Aufstellung einer Überschuldungsbilanz fordern müsste.

[65] § 6 Nr. 3 GenG; siehe zu Anpassungen der Nachschusspflicht iRd. Verschmelzung § 79 Rn 26.

[66] § 105 Abs. 1 Satz 1 GenG; *Beuthien* § 6 GenG Rn 9 aE.

[67] § 119 GenG.

[68] *Stratz* in Schmitt/Hörtnagl/Stratz Rn 3; RegBegr. *Ganske* S. 132; *Schulte* in Lang/Weidmüller § 93 UmwG Rn 9; *Röhrich* in H/P/G/R § 93 UmwG Rn 3.

[69] *Bayer* in Lutter Rn 16.

[70] *Fronhöfer* in Widmann/Mayer Rn 21; *Schulte* in Lang/Weidmüller § 93 UmwG Rn 10.

[71] *Bayer* in Lutter Rn 16.

[72] *Beuthien* § 2 ff. UmwG Rn 124 aE.

Anteilige Fehlbeträge, die auf **unvermögende Mitglieder** entfallen, werden auf die üb- 26
rigen verteilt[73]. Unter den ausschlagenden Mitgliedern ergibt sich diese Auffanghaftung daraus, dass sich der anteilige Fehlbetrag danach bestimmt, ob und inwieweit sie im Fall der Insolvenz nachschusspflichtig gewesen wären. Eine Anspruchsgrundlage des übernehmenden Rechtsträgers gegen die anderen vormaligen Mitglieder der übertragenden eG, die nicht ausgeschlagen haben, bildet das aber nicht und ist auch sonst nicht ersichtlich[74].

Den anteiligen Fehlbetrag zuzüglich umverteilter Anteile unvermögender Mitglieder kann 27
der übernehmende Rechtsträger aber nur verlangen, „wenn und soweit" das in Anspruch genommene Mitglied im Fall der Insolvenz nachschusspflichtig gewesen wäre.

Beispiel:
Wenn der Geschäftsanteil und die Haftsumme nach dem Statut je € 100 betragen, ist der Anspruch des übernehmenden Rechtsträgers auf Zahlung des anteiligen Fehlbetrags **der Höhe nach** auf bis zu € 100 je Geschäftsanteil **beschränkt**. Wenn der Ausschlagende in diesem Beispielsfall fünf Geschäftsanteile der übertragenden eG gehalten hatte, ist der Anspruch des übernehmenden Rechtsträgers auch dann auf € 500 beschränkt, wenn der anteilige Fehlbetrag höher ist.

4. Fälligkeit

Der Anspruch des übernehmenden Rechtsträgers auf Ausgleich des Fehlbetrags wird so- 28
fort fällig, d. h. mit Wirksamwerden der Ausschlagung durch Zugang beim übernehmenden Rechtsträger[75].

VI. Verjährung (Abs. 4)

Der Anspruch auf Auszahlung des Geschäftsguthabens und der Anspruch auf anteiligen 29
Ausgleich eines Fehlbetrags der Schlussbilanz verjähren gem. § 93 Abs. 4 UmwG in **fünf Jahren**[76]. Die Frist beginnt mit dem Ablauf des Jahrs, in dem der Anspruch entstanden ist, zu laufen. Dabei ist das Kalenderjahr, nicht das Geschäftsjahr maßgebend[77]. Abweichend vom früheren Recht[78] und der Auseinandersetzung mit kündigenden Mitgliedern[79] hat das UmwG sämtliche Verjährungsfristen für Ansprüche aus Umwandlungen vereinheitlicht[80].

§ 94 Auszahlung des Auseinandersetzungsguthabens

Ansprüche auf Auszahlung des Geschäftsguthabens nach § 93 Abs. 2 sind binnen sechs Monaten seit der Ausschlagung zu befriedigen; die Auszahlung darf jedoch nicht erfolgen, bevor die Gläubiger, die sich nach § 22 gemeldet haben, befriedigt oder sichergestellt sind, und nicht vor Ablauf von sechs Monaten seit dem Tag, an dem die Eintragung der Verschmelzung in das Register des Sitzes des übernehmenden Rechtsträgers nach § 19 Abs. 3 bekannt gemacht worden ist.

---

[73] § 105 Abs. 3 GenG.
[74] *Bayer* in Lutter Rn 17 will diesen gegenüber § 105 Abs. 3 GenG analog anwenden, was aber eine zu weit gehende doppelte Analogie wäre, weil sie einerseits nicht Anspruchsgegner von § 93 Abs. 3 UmwG sind (siehe Rn 19) und andererseits keine Insolvenz der übertragenden eG vorliegt (siehe Rn 21), die § 105 GenG voraussetzt.
[75] § 92 Abs. 2.
[76] *Beuthien* §§ 2 ff. UmwG Rn 125; *Schulte* in Lang/Weidmüller § 93 UmwG Rn 11; *Röhrich* in H/P/G/R § 93 UmwG Rn 4
[77] § 93 Abs. 4 Satz 2; *Beuthien* §§ 2 ff. UmwG Rn 125.
[78] § 93 m Abs. 3 GenG aF: drei Jahre.
[79] § 74 GenG: zwei Jahre.
[80] RegBegr. *Ganske* S. 132

Übersicht

	Rn		Rn
I. Allgemeines	1	1. Befriedigung oder Sicherstellung der Gläubiger (Fall 1)	4
II. Fälligkeit (1. Halbs.)	2	2. Sechsmonatsfrist (Fall 2)	8
III. Sperrfristen (2. Halbs.)	4	IV. Rechtsfolgen	10

I. Allgemeines

1 Die Vorschrift bestimmt im 1. Halbs., wann der Anspruch nach § 93 Abs. 2, den ausschlagende Mitglieder gegen den übernehmenden Rechtsträger auf Auszahlung ihres Geschäftsguthabens haben, fällig ist. Darüber hinaus bestimmt der 2. Halbs. zwei Sperrfristen, in denen die Auszahlung trotz Fälligkeit nicht erfolgen darf, nämlich einerseits bis zur Befriedigung oder Sicherstellung von Gläubigern nach § 22, andererseits bis zum Ablauf von sechs Monaten seit Bekanntmachung der Verschmelzung[1]. Beide Sperrfristen dienen dem Gläubigerschutz.

II. Fälligkeit (1. Halbs.)

2 Mitglieder der übertragenden eG, die das Ausschlagungsrecht haben[2], können die Ausschlagung innerhalb der sechsmonatigen Ausschlagungsfrist schriftlich gegenüber dem übernehmenden Rechtsträger erklären. Die Ausschlagung wird mit **Zugang der Ausschlagungserklärung** beim übernehmenden Rechtsträger wirksam[3]. Ab diesem Zeitpunkt **beginnt** die Sechsmonatsfrist des 1. Halbs. zu laufen, nach deren Ablauf der Auszahlungsanspruch fällig ist[4].

3 Aus dem Fristbeginn ab Zugang der Ausschlagungserklärung folgt, dass die Fälligkeit für jeden Ausschlagenden individuell eintritt. Da die Erklärung dem übernehmenden Rechtsträger spätestens am letzten Tag der sechsmonatigen Ausschlagungsfrist zugehen muss[5], erstreckt sich der Zeitraum, in dem die Auszahlungsansprüche fällig werden können, über weitere sechs Monate seit Fristende. Aus der gesetzlichen Formulierung („binnen sechs Monaten") folgt außerdem, dass die Ansprüche zwar erst nach Ablauf dieser Frist **fällig**, aber – vorbehaltlich der Sperrfristen nach 2. Halbs. – vorher schon durch den übernehmenden Rechtsträger **erfüllbar** sind: Die Frist **endet** mit Ablauf des Tags gleichen Datums im sechsten auf ihren Beginn folgenden Monat[6].

III. Sperrfristen (2. Halbs.)

1. Befriedigung oder Sicherstellung der Gläubiger (Fall 1)

4 Auszahlungsansprüche, die nach dem 1. Halbs. an sich fällig sind, darf der übernehmende Rechtsträger während der beiden im 2. Halbs. geregelten Sperrfristen gleichwohl noch nicht

---

[1] § 19 Abs. 3.
[2] § 90 Abs. 3.
[3] § 92 Abs. 2.
[4] *Stratz* in Schmitt/Hörtnagl/Stratz Rn 2; *Schulte* in Lang/Weidmüller § 94 UmwG; *Röhrich* in H/P/G/R § 94 UmwG Rn 1.
[5] Siehe § 91 Rn 9.
[6] Siehe auch § 91 Rn 12 für die Ausschlagungsfrist.

erfüllen. Die erste Sperrfrist greift ein, wenn sich Gläubiger nach § 22 gemeldet und **Sicherheit** für ihre noch nicht fälligen Ansprüche verlangt haben.

Bereits nach dem Wortlaut von § 22 Abs. 1 Satz 1 steht dieses Recht **allen Gläubigern** 5 der beteiligten Rechtsträger zu. Die Haftungsmasse ihres Vertragspartners ändert sich durch die Vereinigung der Vermögensmassen und die Konkurrenz mit mehr Gläubigern wesentlich. Daher können auch die Gläubiger des übernehmenden Rechtsträgers die Rechte nach § 22 UmwG geltend machen[7] und löst eine solche Geltendmachung die Sperrfrist für das Auseinandersetzungsguthaben aus.

Bei Halbsatz 2 Fall 1 handelt es sich um eine **Rechtsgrundverweisung** auf § 22[8]. Aus- 6 reichend ist also nicht, dass sich die Gläubiger nur melden und Sicherheit verlangen, sondern es müssen sämtliche Voraussetzungen des § 22 für den Anspruch auf Sicherheitsleistung erfüllt sein[9]. Der Anspruch, für den Sicherheit verlangt wird, muss bei Wirksamwerden der Verschmelzung bereits begründet gewesen und darf weder fällig noch durch eine staatlich überwachte Deckungsmasse (oder gleichwertig) gesichert sein. Außerdem muss der Gläubiger glaubhaft machen, dass die spätere Erfüllung gerade durch die Verschmelzung gefährdet wird[10].

Wenn sich Gläubiger gemeldet haben und ihr Anspruch auf Sicherheitsleistung nach die- 7 sen Kriterien begründet ist, **endet** die Sperrfrist erst dann, wenn diese Gläubiger **befriedigt** oder **sichergestellt** sind. Wenn der übernehmende Rechtsträger dazu außer Stande ist, bleiben die Auszahlungsansprüche dauerhaft blockiert.

2. Sechsmonatsfrist (Fall 2)

Die zweite Sperrfrist beträgt unabhängig davon, ob sich Gläubiger nach § 22 melden, sechs 8 Monate seit dem Tag, an dem die **Eintragung** der Verschmelzung in das Register des übernehmenden Rechtsträgers nach § 19 Abs. 3 als **bekannt gemacht** worden ist. Dieser zweite Fall sichert die erste Sperrfrist ab, weil die Gläubiger gleichfalls sechs Monate Zeit haben, Sicherheit für ihre noch nicht fälligen und durch die Verschmelzung gefährdeten Ansprüche zu verlangen, worauf sie in der Bekanntmachung der Eintragung **hinzuweisen** sind[11]. Innerhalb dieser Frist muss noch damit gerechnet werden, dass sich Gläubiger melden, und darf deshalb nicht mit den Auszahlungen an die vormaligen Mitglieder der übertragenden eG begonnen werden.

Entgegen dem ersten Anschein ist diese zusätzliche Frist auch **nicht redundant** gegen- 9 über dem 1. Halbs.[12]. Die Ausschlagungserklärung kann dem übernehmenden Rechtsträger bereits vor der Bekanntmachung zugehen und wird dann unmittelbar mit Eintragung der Verschmelzung im Register des übernehmenden Rechtsträgers wirksam, so dass die Sechsmonatsfrist nach dem 1. Halbs. dann einige Tage vor derjenigen nach dem 2. Halbs. Fall 2 abläuft. Umgekehrt bleibt die **Erfüllbarkeit**[13] vor Ablauf der Sperrfrist bestehen, wenn die Bonität des übernehmenden Rechtsträgers auch nach der Verschmelzung unzweifelhaft und deshalb auszuschließen ist, dass sich noch Gläubiger melden und eine Erfüllungsgefährdung glaubhaft machen könnten.

---

[7] *Stratz* in Schmitt/Hörtnagl/Stratz § 22 Rn 1.
[8] *Bayer* in Lutter Rn 4.
[9] *Bayer* in Lutter Rn 2; *Stratz* in Schmitt/Hörtnagl/Stratz Rn 1; *Schulte* in Lang/Weidmüller § 94 UmwG; *Röhrich* in H/P/G/R § 94 UmwG Rn 1.
[10] Siehe zu den Einzelheiten § 22 Rn 20 ff.
[11] § 22 Abs. 1 Satz 3.
[12] Siehe aber *Fronhöfer* in Widmann/Mayer Rn 5 f. zur abweichenden Regelungstechnik in §§ 87 Abs. 2 Satz 1, 88 Abs. 1 Satz 2.
[13] Siehe Rn 3 zur Unterscheidung zwischen Fälligkeit und Erfüllbarkeit.

IV. Rechtsfolgen

10 Wenn Fälligkeit nach dem 1. Halbs. eingetreten ist und die Sperrfristen nach dem 2. Halbs. abgelaufen sind, hat der übernehmende Rechtsträger die Geschäftsguthaben, die ggf. aus einem Beteiligungsfonds der übertragenden eG[14] erhöht sind, als Auseinandersetzungsguthaben unverzüglich[15] auszuzahlen[16]. Danach sind vom übernehmenden Rechtsträger **Verzugszinsen**[17] auf das Auseinandersetzungsguthaben zu zahlen und **weiter gehende Schäden** zu ersetzen, wenn die weiteren Verzugsvoraussetzungen vorliegen[18]. Wenn der übernehmende Rechtsträger die Befriedigung oder Sicherstellung von Gläubigern[19] schuldhaft verzögert und deshalb nicht auszahlt, sollen Schadensersatzansprüche ausschlagender Mitglieder gegen den übernehmenden Rechtsträger wegen **Treupflichtverletzung** bestehen[20], obwohl die Mitgliedschaft beim übernehmenden Rechtsträger nach der Ausschlagung als nicht erworben gilt[21] und damit an sich die Grundlage für eine Treupflicht des übernehmenden Rechtsträgers gegenüber dem Ausschlagenden fehlt.

11 Wenn der übernehmende Rechtsträger die Auseinandersetzungsguthaben vor Ablauf der Sperrfristen[22] **verfrüht** auszahlt, kann er sie von den ausschlagenden Mitgliedern nicht wieder zurückfordern[23]. Wenn dadurch Gläubiger geschädigt werden, haftet ihnen der übernehmende Rechtsträger und dessen Organmitglieder wegen **Schutzgesetzverletzung**[24], weil die Sperrfristen gerade dem Schutz der Gläubiger dienen[25].

§ 95 Fortdauer der Nachschußpflicht

(1) Ist die Haftsumme bei einer übernehmenden Genossenschaft geringer, als sie bei einer übertragenden Genossenschaft war, oder haften den Gläubigern eines übernehmenden Rechtsträgers nicht alle Anteilsinhaber dieses Rechtsträgers unbeschränkt, so haben zur Befriedigung der Gläubiger der übertragenden Genossenschaft diejenigen Anteilsinhaber, die Mitglieder der übertragenden Genossenschaft waren, weitere Nachschüsse bis zur Höhe der Haftsumme bei der übertragenden Genossenschaft zu leisten, sofern die Gläubiger, die sich nach § 22 gemeldet haben, wegen ihrer Forderung Befriedigung oder Sicherstellung auch nicht aus den von den Mitgliedern eingezogenen Nachschüssen erlangen können. Für die Einziehung der Nachschüsse gelten die §§ 105 bis 115 a des Genossenschaftsgesetzes entsprechend.

(2) Absatz 1 ist nur anzuwenden, wenn das Insolvenzverfahren über das Vermögen des übernehmenden Rechtsträgers binnen zwei Jahren nach dem Tage eröffnet wird, an dem die Eintragung der Verschmelzung in das Register des Sitzes dieses Rechtsträgers nach § 19 Abs. 3 bekannt gemacht worden ist.

---

[14] § 73 Abs. 3 GenG; siehe § 93 Rn 10.
[15] § 121 Abs. 1 Satz 1 BGB.
[16] *Stratz* in Schmitt Hörtnagl/Stratz Rn 2.
[17] § 288 BGB.
[18] §§ 286 BGB.
[19] Siehe Rn 7.
[20] *Beuthien* §§ 2 ff. UmwG Rn 123; *Bayer* in Lutter Rn 5.
[21] § 90 Abs. 2.
[22] § 94 2. Halbs.; siehe Rn 4 ff.
[23] § 813 Abs. 2 BGB; *Bayer* in Lutter Rn 6; *Stratz* in Schmitt/Hörtnagl/Stratz Rn 1; *Beuthien* §§ 2 ff. UmwG Rn 123.
[24] §§ 823 Abs. 2, 31 BGB, § 94 2. Halbs.
[25] Siehe Rn 1; *Beuthien* §§ 2 ff. UmwG Rn 123; *Bayer* in Lutter Rn 6; *Fronhöfer* in Widmann/Mayer Rn 9; *Schulte* in Lang/Weidmüller § 94 UmwG. Dies wird den Gläubigern wegen der dann wohl gerade mangelnden Bonität des übernehmenden Rechtsträgers aber wenig helfen.

Übersicht

	Rn		Rn
I. Allgemeines	1	b) Keine Befriedigung oder Sicherstellung	9
II. Nachschusspflicht	2	c) Insolvenz des übernehmenden Rechtsträgers (Abs. 2)	10
1. Anspruchsinhaber	2	d) Subsidiarität	11
2. Anspruchsgegner	3	4. Anspruchshöhe (Umfang der Nachschusspflicht)	14
3. Anspruchsvoraussetzungen	5	5. Einziehungs- und Verteilungsverfahren (Abs. 1 Satz 2)	16
a) Haftungsunterschreitung (Abs. 1 Satz 1)	5		
aa) Reine eG-Verschmelzung	6		
bb) Mischverschmelzung	8		

I. Allgemeines

Die Vorschrift bestimmt zum Gläubigerschutz eine **Nachschusspflicht** für die Mitglieder einer übertragenden Genossenschaft, wenn ihre Haftung beim übernehmenden Rechtsträger ausgeschlossen oder geringer als die Haftsumme bei der übertragenden eG ist, sich Gläubiger innerhalb von sechs Monaten nach Bekanntmachung der Verschmelzung gemeldet und Sicherheit verlangt hatten, und wenn schließlich innerhalb von zwei Jahren nach dieser Bekanntmachung das Insolvenzverfahren beim übernehmenden Rechtsträger eröffnet wird. 1

II. Nachschusspflicht

1. Anspruchsinhaber

Die Nachschusspflicht begründet keinen direkten Anspruch der Gläubiger gegen die verpflichteten Mitglieder. Anspruchsinhaber ist der **übernehmende Rechtsträger**[1]. Die Nachschüsse werden durch den Insolvenzverwalter des übernehmenden Rechtsträgers zur Insolvenzmasse gezogen[2]. Über die Insolvenzmasse würden die Nachschüsse bei der Schlussverteilung[3] auf sämtliche Gläubiger von Insolvenzforderungen quotal verteilt. Das wäre nicht gerechtfertigt, weil ihnen die höhere Haftsumme bei der übertragenden eG nie zu Gebote stand. Die Nachschusspflicht besteht deshalb ausdrücklich nur „zur Befriedigung der **Gläubiger der übertragenden Genossenschaft**"[4]. Nur diesen kommen die Nachschüsse zugute. Maßgeblich sind Ansprüche gegen die übertragende eG, die zum Zeitpunkt des Wirksamwerdens der Verschmelzung schon begründet (wenn auch bedingt, befristet oder von einer Gegenleistung abhängig) waren[5]. Außerdem müssen sich diese Gläubiger innerhalb der Sechsmonatsfrist nach § 22 gemeldet und Sicherheit verlangt haben[6]. Der Insolvenzverwalter des übernehmenden Rechtsträgers hat die Nachschüsse gesondert zu erfassen und nur unter diesen Gläubigern zu verteilen. 2

---

[1] *Beuthien* § 2 ff. UmwG Rn 129 aE.
[2] §§ 105 Abs. 1 Satz 1, 109 Abs. 1, 114 Abs. 2, Abs. 3 GenG.
[3] § 196 InsO.
[4] § 95 Abs. 1 Satz 1; *Beuthien* §§ 2 ff. UmwG Rn 132. Das unterscheidet die Vorschrift von dem Anspruch des übernehmenden Rechtsträgers gegen ausschlagende Mitglieder auf Zahlung des anteiligen Fehlbetrags in der Schlussbilanz (§ 93 Abs. 3), der alle Gläubiger des übernehmenden Rechtsträgers (mittelbar) schützt, weil dort umgekehrt die Bonität des übernehmenden Rechtsträgers durch den Übergang des Fehlbetrags verschlechtert wird.
[5] *Bayer* in Lutter Rn 12.
[6] Siehe Rn 9 zur Frage, ob und inwieweit die Voraussetzungen von § 22 darüber hinaus erfüllt sein müssen; siehe auch § 94 Rn 6 und die Kommentierung zu § 22.

2. Anspruchsgegner

3 Die Nachschusspflicht trifft alle Mitglieder, die bei Wirksamwerden der Verschmelzung **Mitglieder der übertragenden eG** waren, dort der höheren Haftsumme unterlagen und außerdem zum Zeitpunkt der Eröffnung des Insolvenzverfahrens **noch Anteilsinhaber des übernehmenden Rechtsträgers** sind. Damit scheiden solche Mitglieder aus, die ihre Mitgliedschaft beim übernehmenden Rechtsträger wirksam ausgeschlagen haben[7] oder auf andere Weise – im Fall einer übernehmenden eG etwa durch Kündigung[8] – vor Insolvenzeröffnung beim übernehmenden Rechtsträger ausgeschieden sind. Diese Beschränkung wird allgemein daraus gefolgert, dass Abs. 1 Satz 2 für die Einziehung der Nachschüsse nur auf §§ 105 bis 115 a GenG, nicht dagegen auch auf die Nachschusspflicht ausgeschiedener Mitglieder nach § 115 b GenG verweist[9].

4 Wenn der übernehmende Rechtsträger eine Genossenschaft ist, bleibt es für vormalige Mitglieder der übertragenden eG, die ihre Mitgliedschaft bei der übernehmenden eG vor Insolvenzeröffnung **wirksam gekündigt** haben, bei der geringeren (oder auch vollständig ausgeschlossenen) und subsidiären Nachschusspflicht gem. § 115 b GenG und ggf. auch gem. §§ 75, 101 GenG, falls das Insolvenzverfahren binnen sechs Monaten nach ihrem Ausscheiden eröffnet wird[10]. Dass wirksam **ausschlagende Mitglieder** nicht in den Kreis der Anspruchsgegner von § 95 fallen, führt auch für diese zu einer Haftungsprivilegierung, wenn die Schlussbilanz der übertragenden eG noch keinen oder einen geringeren Fehlbetrag als die Berechnung des Insolvenzverwalters für den übernehmenden Rechtsträger[11] ausgewiesen hatte und sie deshalb nicht oder in geringerer Höhe nach § 93 Abs. 2 heranzuziehen waren. Obwohl alle Genannten bei der übertragenden eG gleichermaßen einer höheren Haftsumme unterlagen, ist diese Privilegierung gerechtfertigt, weil sich die Ausschlagenden und Kündigenden gegen eine (fortbestehende) Mitgliedschaft beim übernehmenden Rechtsträger entschieden hatten, bevor dieser insolvent wurde.

3. Anspruchsvoraussetzungen

5 a) **Haftungsunterschreitung (Abs. 1 Satz 1).** Grundvoraussetzung für die Nachschusspflicht ist eine Haftungsunterschreitung beim übernehmenden Rechtsträger im Verhältnis zur übertragenden eG. Wenn eine Haftungsunterschreitung vorliegt und deshalb eine Nachschusspflicht in Betracht kommt, muss der **Verschmelzungsvertrag** dies bei den **Angaben zur Anteilsübertragung** und dem Erwerb der Mitgliedschaft beim übernehmenden Rechtsträger[12] enthalten.

6 aa) *Reine eG-Verschmelzung*. Wenn übernehmender Rechtsträger gleichfalls eine Genossenschaft ist, setzt die Nachschusspflicht voraus, dass die **Haftsumme** bei dieser geringer ist, als sie bei der übertragenden Genossenschaft war. Die Satzung einer eG muss Bestimmungen darüber enthalten, ob die Mitglieder bei Befriedigungsausfall der Gläubiger im Insolvenzverfahren Nachschüsse zur Insolvenzmasse unbeschränkt, beschränkt auf eine bestimmte Haftsumme oder überhaupt nicht zu leisten haben[13]; mangels einer solchen Bestimmung haften die Mitglieder gesetzlich unbeschränkt. In der Praxis wird die Nachschusspflicht zumeist auf

---
[7] §§ 90, 91.
[8] §§ 65 ff. GenG; siehe § 90 Rn 6.
[9] *Schulte* in Lang/Weidmüller § 95 UmwG Rn 4; *Beuthien* §§ 2 ff. UmwG Rn 129; *Stratz* in Schmitt/Hörtnagl/Stratz Rn 4; *Bayer* in Lutter Rn 10; *Fronhöfer* in Widmann/Mayer Rn 6.
[10] *Bayer* in Lutter Rn 11.
[11] §§ 106 Abs. 1, 114 Abs. 2 GenG.
[12] § 5 Abs. 1 Nr. 4.
[13] § 6 Nr. 3 GenG.

Fortdauer der Nachschußpflicht 7–9 § 95

eine bestimmte Haftsumme beschränkt[14], die dann aber nicht niedriger als der Geschäftsanteil festgesetzt werden darf[15].

Eine verschmelzungsbedingte Haftungsunterschreitung liegt zunächst vor, wenn Nachschüsse gemäß der Satzung der übernehmenden eG **überhaupt nicht** zu leisten sind, dies aber bei der übertragenden eG wenigstens bis zu einer bestimmten Haftsumme gewesen wären. Das Gleiche gilt, wenn beide Satzungen eine Haftsumme vorsehen, diese bei der übernehmenden eG aber **geringer** ist. Wenn die Höhe der Geschäftsanteile unterschiedlich ist, muss berücksichtigt werden, wie viele Geschäftsanteile das Mitglied für sein Geschäftsguthaben bei der übertragenden eG erhält[16] und welcher Teil des Guthabens als **Spitzen** ausgezahlt wird[17]. Umgekehrt kann sich eine an die Geschäftsanteile geknüpfte Haftsumme dadurch erhöhen, dass das Mitglied bei der übernehmenden eG **zusätzliche Pflichtanteile** übernehmen muss[18]. Auch wenn die Haftsumme an das jeweilige Geschäftsguthaben des einzelnen Mitglieds gebunden ist oder die Satzung einen **Haftsummenzuschlag**[19] oder umgekehrt vorsieht, dass durch die Beteiligung mit weiteren Geschäftsanteilen eine **Erhöhung** der Haftsumme **nicht eintritt**[20], muss die Haftungsunterschreitung für jedes Mitglied individuell geprüft werden[21]. 7

bb) Mischverschmelzung. Wenn der übernehmende Rechtsträger eine andere Rechtsform hat, setzt die Nachschusspflicht voraus, dass den Gläubigern dieses übernehmenden Rechtsträgers nicht alle seine Anteilsinhaber unbeschränkt haften. Darunter fallen in erster Linie **Aktiengesellschaften** und **Gesellschaften mit beschränkter Haftung**, bei denen nur das Gesellschaftsvermögen haftet[22]. Darunter fallen aber auch **Kommanditgesellschaften** und **Kommanditgesellschaften auf Aktien**, bei denen jeweils nur einzelne Anteilsinhaber, nämlich die Komplementäre und persönlich haftenden Gesellschafter, unbeschränkt persönlich haften, nicht dagegen die Kommanditisten und Kommanditaktionäre[23], also „nicht alle Anteilsinhaber" iSv. Abs. 1 Satz 1. Da die **GbR** kein verschmelzungsfähiger Rechtsträger ist[24], verbleibt nur die **OHG** als übernehmender Rechtsträger, bei dem die Nachschusspflicht wegen persönlicher Haftung aller Anteilsinhaber[25] von vornherein ausscheidet[26]. Abs. 1 Satz 1 stellt auf das gesetzliche Haftungsregime ab, weshalb die Nachschusspflicht bei sonstigen Rechtsträgern auch dann nicht entfällt, wenn dessen Gesellschafter ausnahmsweise, etwa aus *culpa in contrahendo*[27], Konzernrecht oder existenzvernichtendem Eingriff[28], doch persönlich haften. 8

b) Keine Befriedigung oder Sicherstellung. Die Gläubiger der übertragenden eG, deren Forderungen bei Wirksamwerden der Verschmelzung begründet waren, werden nur 9

---

[14] Siehe § 93 Rn 22; *Röhrich* in H/P/G/R § 95 UmwG Rn 2. *Bayer* in Lutter Rn 3 nimmt dagegen an, dass die praktische Bedeutung von § 95 schon deshalb gering sei, weil die Nachschusspflicht in den Satzungen meist vollständig ausgeschlossen werde, was aber zumindest im Bereich der Kreditgenossenschaften nicht zutrifft.
[15] § 119 GenG.
[16] § 80 Abs. 1 Satz 2.
[17] § 87 Abs. 2 Satz 1.
[18] § 87 Abs. 1 Satz 2.
[19] § 121 Satz 2 GenG; siehe *Schaffland* in Lang/Weidmüller § 121 GenG Rn 3 und *Beuthien* § 121 GenG Rn 3 zu dessen Bedeutung für Kreditgenossenschaften nach § 10 Abs. 2 Satz 1 Nr. 3 KWG.
[20] § 121 Satz 3 GenG.
[21] *Fronhöfer* in Widmann/Mayer Rn 16 ff. sowie – mit Beispielen – *Bayer* in Lutter Rn 6 und *Beuthien* §§ 2 ff. UmwG Rn 127.
[22] § 1 Abs. 1 Satz 2 AktG, § 13 Abs. 2 GmbHG.
[23] § 161 Abs. 1 HGB, § 278 Abs. 1 AktG.
[24] § 3 Rn 5.
[25] § 128 HGB.
[26] *Stratz* in Schmitt/Hörtnagl/Stratz Rn 2; *Beuthien* §§ 2 ff. UmwG Rn 127 aE.
[27] § 311 Abs. 2 Nr. 1 BGB nF.
[28] Siehe zuletzt *BGH* NZG 2005, 214 mwN, insbes. BGHZ 151, 181.

dann aus den Nachschüssen befriedigt, wenn sie diese Forderungen form- und fristgerecht gem. § 22 UmwG angemeldet hatten und keine Befriedigung oder Sicherheit erlangen konnten[29]. Die übrigen **Voraussetzungen des Sicherungsanspruchs** nach § 22 müssen dagegen nicht vorgelegen haben, um die Nachschusspflicht zu begründen[30]. Die Fortdauer der Nachschusspflicht soll die Gläubiger der übertragenden eG für eine zweijährige Übergangsfrist vor dem erhöhten Ausfallrisiko in einer Insolvenz des übernehmenden Rechtsträgers schützen, das mit der herabgesetzten Haftsumme oder fehlenden persönlichen Haftung verbunden ist[31]. Dieses Risiko muss sich in dem Sechsmonatszeitraum des § 22 noch nicht derart verdichtet haben, dass es den Gläubigern die **Glaubhaftmachung** ihres Sicherungsbedürfnisses[32] ermöglicht[33]. Die Zugriffsmöglichkeit auf eine **staatlich überwachte Deckungsmasse**, die das Sicherungsbedürfnis entfallen lässt[34], rechtfertigt keine Privilegierung nachschusspflichtiger Mitglieder, falls der Gläubiger gleichwohl einen Ausfall erleidet[35]. Trotz ggf. fehlendem Sicherungsanspruch müssen die Gläubiger ihre Ansprüche form- und fristgerecht nach § 22 Abs. 1 Satz 1 anmelden, um dem Wortlaut von Abs. 1 Satz 1 zu genügen und die Nachschusspflicht fortdauern zu lassen[36].

10 **c) Insolvenz des übernehmenden Rechtsträgers (Abs. 2).** Das Insolvenzverfahren muss wirksam eröffnet worden sein[37]. Dazu bedarf es eines vom Insolvenzgericht beschlossenen und vom Insolvenzrichter unterschriebenen **Eröffnungsbeschlusses**[38]. Im Gegensatz zum Anspruch des übernehmenden Rechtsträgers auf den anteiligen Fehlbetrag[39] kommt es hier also nicht auf die Nachschusspflicht bei hypothetischer Insolvenz an[40], sondern auf die **tatsächliche Verfahrenseröffnung**. Diese muss spätestens zwei Jahre nach dem Tag wirksam werden, an dem die Eintragung der Verschmelzung bekannt gemacht worden ist[41]. Dass der **Eröffnungsantrag**[42] noch vor Fristablauf gestellt wurde, genügt nicht.

11 **d) Subsidiarität.** Die Nachschusspflicht besteht schließlich nur, sofern die Gläubiger Befriedigung oder Sicherstellung „auch nicht aus den von den Mitgliedern eingezogenen Nachschüssen erlangen können"[43]. Das bezieht sich auf die Mitglieder einer übernehmenden eG, betrifft also den Fall der **Reinverschmelzung**[44]**,** und ordnet Subsidiarität gegenüber einer Nachschusspflicht sämtlicher Mitglieder der übernehmenden eG nach den allgemeinen Vorschriften der §§ 105 bis 115 d GenG an[45]. Nur wenn die Gläubiger der übertragenden eG nach Einziehung dieser vorrangigen Nachschüsse noch Forderungsausfälle erleiden würden,

---

[29] *Bayer* in Lutter Rn 12 f.; *Stratz* in Schmitt/Hörtnagl/Stratz Rn 3; *Beuthien* § 2 ff. UmwG Rn 130; *Schulte* in Lang/Weidmüller § 95 UmwG Rn 1; *Röhrich* in H/P/G/R § 95 UmwG Rn 2.
[30] So aber *Fronhöfer* in Widmann/Mayer Rn 25.
[31] Siehe Rn 1.
[32] § 22 Abs. 1 Satz 2.
[33] Ähnlich *Beuthien* §§ 2 ff. UmwG Rn 130.
[34] § 22 Abs. 2.
[35] *Bayer* in Lutter Rn 13.
[36] *Beuthien* §§ 2 ff. UmwG Rn 130 aE. Insoweit ist die Norm nicht weiter teleologisch reduzierbar und verbesserungswürdig.
[37] § 27 InsO; *Bayer* in Lutter Rn 8.
[38] *Kirchhof* in Eickmann u. a., Heidelberger Kommentar zur Insolvenzordnung, 2. Aufl. 2001, § 27 InsO Rn 12.
[39] § 93 Abs. 3.
[40] Siehe § 93 Rn 21.
[41] § 19 Abs. 3 iVm § 10 HGB; *Bayer* in Lutter Rn 8; *Röhrich* in H/P/G/R § 95 UmwG Rn 3; *Beuthien* § 2 ff. UmwG Rn 128; *Stratz* in Schmitt/Hörtnagl/Stratz Rn 5; *Schulte* in Lang/Weidmüller § 95 UmwG Rn 3.
[42] §§ 13 ff. InsO; *Beuthien/Titze* ZIP 2002, 1116 f. zum Antragsrecht einzelner Mitglieder.
[43] § 95 Abs. 1 Satz 1.
[44] Siehe Rn 6 f.
[45] *Beuthien* §§ 2 ff. UmwG Rn 131; *Bayer* in Lutter Rn 9; *Fronhöfer* in Widmann/Mayer Rn 26.

Fortdauer der Nachschußpflicht 12–15 § 95

greift zusätzlich die nachrangige Nachschusspflicht vormaliger Mitglieder der übertragenden eG ein[46].

Über den Wortlaut von Abs. 1 Satz 1 für reine eG-Verschmelzungen hinaus gilt diese Subsidiarität genauso gegenüber der persönlichen Haftung sämtlicher Anteilsinhaber eines übernehmenden Rechtsträgers anderer Rechtsform (**Mischverschmelzung**)[47]. Die Nachschusspflicht tritt stets erst dann ein, wenn von allen haftbar zu machenden Anteilsinhabern des übernehmenden Rechtsträgers keine Befriedigung oder Sicherstellung erlangt werden kann[48]. 12

Vorrangig ist auch eine etwaige **Nachhaftung ausgeschiedener Mitglieder des übernehmenden Rechtsträgers**. Bei einer übernehmenden eG besteht eine solche Nachhaftung gleichrangig mit den verbliebenen Mitgliedern, wenn die Genossenschaft binnen sechs Monaten nach dem Ausscheiden – auch durch Eröffnung des Insolvenzverfahrens – aufgelöst wird[49]. Darüber hinaus besteht sie noch achtzehn Monate nach dem Ausscheiden nachrangig gegenüber den verbliebenen Mitgliedern[50], aber vorrangig gegenüber den ehemaligen Mitgliedern der übertragenden eG[51]. 13

4. Anspruchshöhe (Umfang der Nachschusspflicht)

Wenn die Nachschusspflicht dem Grunde nach besteht, hat der Insolvenzverwalter anhand des **Gläubigerverzeichnisses** und der **Vermögensübersicht**[52] zu berechnen, wie viel die Mitglieder zur Deckung des Fehlbetrags **vorschussweise** beizutragen haben[53]. Nötigenfalls sind die Mitglieder nochmals aus einer **Nachschussberechnung** iRd. Schlussverteilung heranzuziehen[54]. Nachschüsse, die ein Mitglied bereits in seiner Eigenschaft als Mitglied der übernehmenden eG oder aufgrund seiner persönlichen Haftung als Anteilsinhaber des übernehmenden Rechtsträgers vorrangig erbringen musste[55], sind auf die Nachschusspflicht gem. § 95 anzurechnen und „weitere Nachschüsse (nur) bis zur Höhe der Haftsumme bei der übertragenden Genossenschaft zu leisten"[56], also beschränkt durch den **Unterschiedsbetrag der Haftsummen**[57]. Maßgeblich ist die Haftsumme der übertragenden eG bei Wirksamwerden der Verschmelzung[58]. 14

Wenn die Satzung kein anderes Beitragsverhältnis festsetzt, ist der so ermittelte Fehlbetrag von den ehemaligen Mitgliedern der übertragenden eG – wie bei ihrer Heranziehung für einen anteiligen Fehlbetrag der Schlussbilanz[59] – **nach Köpfen** zu leisten[60]. Die Nachschüsse erhöhen sich durch Verteilung von Beiträgen **unvermögender Mitglieder** auf die 15

---

[46] Soweit diese zum Zeitpunkt der Insolvenzeröffnung noch Mitglieder der übertragenden eG sind, diese Mitgliedschaft also weder ausgeschlagen noch vorher wirksam gekündigt haben; siehe Rn 3.
[47] Siehe Rn 8.
[48] *Bayer* in Lutter Rn 9; *Beuthien* §§ 2 ff. UmwG Rn 131.
[49] §§ 75, 101 GenG; *Beuthien/Titze* ZIP 2002, 1116, 1118.
[50] § 115 b GenG.
[51] *Bayer* in Lutter Rn 11; *Beuthien* §§ 2 ff. UmwG Rn 131; *Fronhöfer* in Widmann/Mayer Rn 26.
[52] §§ 152, 153 InsO.
[53] § 106 Abs. 1 Satz 1 InsO.
[54] § 114 InsO.
[55] Siehe Rn 11 bis 13.
[56] § 95 Abs. 1 Satz 1.
[57] *Beuthien* §§ 2 ff. UmwG Rn 131 aE unter Hinweis darauf, dass eine über die Gesamthöhe der Nachschusspflicht in der übertragenden eG hinausgehende Haftungsmasse für deren Gläubiger nie bestand. Siehe auch Rn 6 zur durch § 6 Nr. 3 GenG eröffneten, praktisch aber nie vorkommenden Möglichkeit unbeschränkter Nachschusspflicht.
[58] *Beuthien* §§ 2 ff. UmwG Rn 131.
[59] § 93 Abs. 3 Satz 2; siehe § 93 Rn 25.
[60] § 95 Abs. 1 Satz 2 iVm. § 105 Abs. 2 GenG.

§ 96 1 Zweites Buch. Verschmelzung

leistungsfähigen[61], wobei das einzelne Mitglied auch durch eine solche Erhöhung nicht über seine Haftsumme bei der übertragenden eG hinaus in Anspruch genommen werden kann[62].

5. Einziehungs- und Verteilungsverfahren (Abs. 1 Satz 2)

16   Für das sonstige Einziehungsverfahren ordnet Abs. 1 Satz 2 die entsprechende Geltung der §§ 105 bis 115 a GenG an. Das umfasst die Verteilung von Abschlägen und Nachträgen[63], für die aber nochmals darauf hinzuweisen ist, dass sie vom Insolvenzverwalter des übernehmenden Rechtsträgers nur an die Gläubiger der übertragenden eG zu leisten sind[64].

Zweiter Unterabschnitt. Verschmelzung durch Neugründung

§ 96 Anzuwendende Vorschriften

Auf die Verschmelzung durch Neugründung sind die Vorschriften des Ersten Unterabschnitts entsprechend anzuwenden.

Übersicht

	Rn		Rn
I. Allgemeines	1	a) Parteien	15
1. Neugründung statt Aufnahme	1	b) Inhalt	16
2. Vor- und Nachteile der Neugründung	2	aa) Inhalt nach §§ 5, 80	17
II. Gesetzesverweisung und Anwendungsbereich	5	bb) Gesellschaftsvertrag/Satzung des neuen Rechtsträgers (§ 37)	18
III. Rechtliche Besonderheiten gegenüber der Verschmelzung zur Aufnahme	11	4. Anmeldung	20
1. Anwendbarkeit der Gründungsvorschriften	12	a) Verschmelzung	20
		b) Neuer Rechtsträger	21
2. Verschmelzungsvertrag	15	5. Eintragung	22

I. Allgemeines

1. Neugründung statt Aufnahme

1   Die Vorschrift leitet den aus §§ 96 bis 98 bestehenden Zweiten Unterabschnitt ein, der die Verschmelzung durch Neugründung unter Beteiligung von Genossenschaften betrifft. Im Gegensatz zur Verschmelzung durch Aufnahme[1] wird bei der Verschmelzung durch Neugründung nicht ein bestehender übertragender Rechtsträger auf einen anderen bestehenden übernehmenden Rechtsträger verschmolzen, sondern verschmelzen zwei (oder mehr) bestehende Rechtsträger auf einen neuen Rechtsträger, der im Zuge der Verschmelzung erst gegründet wird. Sämtliche Rechtsträger, die an der Verschmelzung beteiligt sind, sind **übertragende Rechtsträger**. An die Stelle des übernehmenden Rechtsträgers tritt der **neue**

---

[61] § 95 Abs. 1 Satz 2 iVm. § 105 Abs. 3 GenG.
[62] *Beuthien* § 105 GenG Rn 11, auch zum fehlenden Rückgriffsrecht gegen unvermögende Mitglieder; ebenso *Bayer* in Lutter Rn 16; *Fronhöfer* in Widmann/Mayer Rn 34.
[63] §§ 115, 115 a GenG.
[64] Siehe Rn 2; *Beuthien* §§ 2 ff. UmwG Rn 132; im Übrigen wird auf die Spezialkommentare zu §§ 105 bis 115 a GenG verwiesen; siehe auch *Bayer* in Lutter Rn 14 ff. und *Fronhöfer* in Widmann/Mayer Rn 35 ff.

[1] §§ 79 bis 95.

Rechtsträger[2]. Der neue Rechtsträger wird durch die Verschmelzungsparteien gegründet, nicht durch die Mitglieder der Vertretungsorgane der beteiligten Rechtsträger und auch nicht durch deren Anteilsinhaber[3]. Die übertragenden Rechtsträger stehen den Gründern gleich[4]. Auf die Gründung des neuen Rechtsträgers sind die für dessen Rechtsform (nach den jeweiligen Spezialgesetzen[5]) geltenden Gründungsvorschriften anzuwenden, soweit sich aus dem Zweiten Buch des UmwG nichts anderes ergibt[6]. Soweit der neue Rechtsträger eine eG ist, ergeben sich die allgemeinen Gründungsvoraussetzungen aus §§ 1 bis 16 GenG und die Besonderheiten für ihre Neugründung im Rahmen einer Verschmelzung – neben §§ 37 und 38 – aus den speziellen Vorschriften der §§ 97 und 98[7].

2. Vor- und Nachteile der Neugründung

Die Verschmelzung zur Neugründung hat gegenüber derjenigen durch Aufnahme zunächst psychologische Vorteile für den Rechtsträger und seine Anteilsinhaber, der ansonsten alleine die Stellung als übertragender Rechtsträger inne hätte. Durch die Neugründung werden alle bestehenden Rechtsträger insoweit gleich behandelt und das (durch den Begriff „Aufnahme" semantisch abgeschwächte) **„Übernahmestigma"** vermieden. Das Gesetz ermöglicht dadurch die Verschmelzung von Unternehmen als gleichberechtigte *(merger of equals)*, wo die Vertretungsorgane oder Anteilsinhaber einer Übertragung „ihres" Unternehmens auf ein bestehendes „fremdes" Unternehmen (das bislang meist sogar ein Wettbewerber war) ablehnen würden[8].

Wegen der mit einer Verschmelzung zur Neugründung verbundenen **Mehrkosten** wird diese Variante – jenseits spektakulärer Großfusionen – in der Praxis eher selten durchgeführt[9]. Da es sich bei der Verschmelzung durch Neugründung um zwei Übertragungsakte aufgrund Gesamtrechtsnachfolge (statt einem Übertragungsakt bei der Verschmelzung durch Aufnahme) handelt, fällt für jede Vertragspartei **Grunderwerbsteuer** an[10]. Hinzu kommen die **Gründungskosten** für den neuen Rechtsträger, einschließlich des dafür erforderlichen Aufwands an Beratung und Ressourcen.

Die Anteilsinhaber eines übertragenden Rechtsträgers können Anfechtungsklagen gegen die Wirksamkeit des Verschmelzungsbeschlusses nicht darauf stützen, dass das **Umtauschverhältnis** der Anteile oder das Abfindungsangebot zu niedrig bemessen, die Mitgliedschaft beim übernehmenden Rechtsträger kein ausreichender Gegenwert für die Anteile beim übertragenden Rechtsträger oder die Barabfindung im Verschmelzungsvertrag nicht ordnungsgemäß angeboten sei[11]. Da bei einer Verschmelzung durch Neugründung alle bisherigen Rechtsträger als übertragende zu behandeln sind[12], ist das **Anfechtungsrisiko** für den gesamten Verschmelzungsvorgang deutlich niedriger als bei einer Verschmelzung durch Aufnahme. Das kann die genannten Mehrkosten rechtfertigen.

---

[2] § 36 Abs. 1 Satz 2 1. Halbs.
[3] *Marsch-Barner* in Kallmeyer § 36 Rn 8; *Röhrich* in H/P/G/R Anm. zu §§ 36 bis 38 UmwG Rn 3.
[4] § 36 Abs. 2 Satz 2.
[5] Insbes. dem HGB, GmbHG, AktG, GenG und VAG.
[6] § 36 Abs. 1 Satz 1.
[7] Für Personengesellschaften aus § 40, für die GmbH aus §§ 57 bis 59, für die AG aus §§ 74 bis 77 und für den VVAG aus §§ 115 bis 117.
[8] Siehe § 2 Rn 30 mwN.
[9] *Marsch-Barner* in Kallmeyer § 36 Rn 2.
[10] § 1 Abs. 1 Nr. 3 GrEStG; siehe auch § 2 Rn 31 mwN und kritisch *Beuthien* BB 2007, 133.
[11] §§ 14 Abs. 2, 32.
[12] Siehe Rn 1.

II. Gesetzesverweisung und Anwendungsbereich

5 Die gesetzlichen Regeln für die Verschmelzung zur Neugründung folgen der allgemeinen **Verweisungstechnik** im Zweiten Buch des UmwG[13]. Für die Verschmelzungsfähigkeit der beteiligten Rechtsträger gilt § 3. Sodann gelten die Allgemeinen Vorschriften der §§ 36 bis 38 für die Verschmelzung durch Neugründung. Über § 36 Abs. 1 Satz 1 sind außerdem die Allgemeinen Vorschriften der §§ 4 bis 35 für die Verschmelzung durch Aufnahme entsprechend anzuwenden, unter Ausnahme des § 16 Abs. 1 (Anmeldung der Verschmelzung) und § 27 (Schadensersatzpflicht der Verwaltungsträger des übernehmenden Rechtsträgers). § 96 UmwG erklärt weiterhin die Normen des Ersten Unterabschnitts für entsprechend anwendbar, also §§ 79 bis 95.

6 Diese Verweisungskette gilt immer dann, wenn an einer Verschmelzung durch Neugründung entweder eine **übertragende eG** beteiligt oder eine **eG neu gegründet** wird[14]. Das ergibt sich schon aus der Überschrift des Fünften Abschnitts (Verschmelzung unter Beteiligung eingetragener Genossenschaften). Wenn die Verschmelzung durch Neugründung einer eG erfolgt, finden über die Verweisung in § 36 Abs. 2 Satz 1 auf die rechtsformspezifischen **Gründungsvorschriften** außerdem die §§ 1 bis 16 GenG Anwendung, soweit sich aus dem Zweiten Buch des UmwG (§§ 36 bis 38 sowie §§ 97 und 98) nichts anderes ergibt[15].

7 **Entsprechende** Anwendbarkeit bedeutet einerseits, dass die verschmelzenden Rechtsträger als übertragende und die neu zu gründende eG als übernehmender Rechtsträger zu behandeln sind[16]. Andererseits kommen nur diejenigen Vorschriften des Ersten Unterabschnitts zur Anwendung, die auf die abweichende Konstellation einer Verschmelzung durch Neugründung passen.

8 Wenn an der Verschmelzung durch Neugründung eine **eG als übertragender Rechtsträger** beteiligt ist, finden sämtliche Vorschriften des Ersten Unterabschnitts (§§ 79 bis 95) entsprechende Anwendung, mit Ausnahme der folgenden Vorschriften **(Negativliste)**[17]:
– § 79 (Änderung der Satzung der übernehmenden eG), weil die Satzung der neuen eG nach § 37 in dem Verschmelzungsvertrag enthalten sein oder festgestellt werden muss und nach § 98 Satz 1 erst mit den Verschmelzungsbeschlüssen wirksam wird;
– § 80 Abs. 1 Satz 1 (Umtauschverhältnis der Anteile), wenn der neue Rechtsträger eine andere Rechtsform hat, bzw. § 80 Abs. 1 Satz 2, wenn der neue Rechtsträger eine eG ist;
– § 85 (Verbesserung des Umtauschverhältnisses), § 87 (Anteilstausch), § 89 (Eintragung in die Mitgliederliste, Benachrichtigung) und § 92 (Eintragung der Ausschlagung in die Mitgliederliste), wenn der neue Rechtsträger jeweils keine eG ist;
– § 88 (Geschäftsguthaben bei der Aufnahme von Kapitalgesellschaften und rechtsfähigen Vereinen), weil es hier nur um die für eine übertragende eG geltenden Vorschriften geht.

9 Wenn die übertragenden Rechtsträger (gleich welcher Rechtsform) auf eine **neu gegründete eG** verschmolzen werden, gelten über § 96 sämtliche Vorschriften des Ersten Unterabschnitts entsprechend mit Ausnahme folgender Vorschriften **(Negativliste)**[18]:
– § 79 (Änderung der Satzung der übernehmenden eG) aus den bei Rn 8 genannten Gründen;
– § 81 (Gutachten des Prüfungsverbands), §§ 82 bis 84 (Vorbereitung, Durchführung und Beschluss der Generalversammlung), § 85 (Verbesserung des Umtauschverhältnisses), § 86

---

[13] *Stratz* in Schmitt/Hörtnagl/Stratz Rn 1.
[14] *Bayer* in Lutter Rn 11 und 14; *Fronhöfer* in Widmann/Mayer Rn 11 und 15.
[15] Siehe dazu bereits Rn 1.
[16] Siehe Rn 1.
[17] Eine Positivliste findet sich bei *Fronhöfer* in Widmann/Mayer Rn 11 und *Bayer* in Lutter Rn 12.
[18] Auch hier finden sich Positivlisten bei *Fronhöfer* in Widmann/Mayer Rn 14 ff. und *Bayer* in Lutter Rn 14.

Abs. 2 (Prüfungsgutachten als Anlage zur Anmeldung), § 87 (Anteilstausch), §§ 90 bis 94 (Ausschlagung der Mitgliedschaft durch Mitglieder einer übertragenden eG, Ausschlagungsverfahren und Auseinandersetzung) und § 95 (Fortdauer der Nachschusspflicht), wenn keine eG als übertragender Rechtsträger beteiligt ist[19];
– § 88 (Geschäftsguthaben bei Aufnahme von Kapitalgesellschaften und rechtsfähigen Vereinen), wenn keine solchen als übertragende Rechtsträger beteiligt sind.

Wenn die Verschmelzung auf eine neu gegründete eG erfolgt, sind außerdem **§§ 97, 98** anwendbar. Dabei sind drei Varianten denkbar: Zwei oder mehr eingetragene Genossenschaften können auf eine neu gegründete Genossenschaft verschmelzen[20] (reine eG-Verschmelzung zur Neugründung). Oder es verschmelzen Rechtsträger anderer Rechtsform unter Beteiligung einer eG in eine neu zu gründende eG[21] (Mischverschmelzung zur Neugründung einer eG). Zuletzt können auch Rechtsträger anderer Rechtsform zu einer neu gegründeten eG verschmelzen, ohne dass eine übertragende eG beteiligt ist[22]. Alle drei Varianten sind zulässig. Neben den übertragenden Rechtsträgern können sich – über die in § 36 zum Ausdruck gekommene Vorstellung des Gesetzgebers hinaus – auch weitere Personen als Gründer beteiligen[23]. Wenn der neue Rechtsträger eine Personengesellschaft ist und deshalb – im Gegensatz zu den übertragenden Rechtsträgern – zwingend mindestens zwei Anteilsinhaber haben muss, ist darauf zu achten, dass die übertragenden Rechtsträger nicht denselben Alleingesellschafter haben[24].

III. Rechtliche Besonderheiten gegenüber der Verschmelzung durch Aufnahme

Unterschiede gegenüber der Verschmelzung durch Aufnahme ergeben sich insbesondere daraus, dass der übernehmende Rechtsträger nicht als Verschmelzungspartei beteiligt ist, sondern durch die Verschmelzungsparteien mit dem Verschmelzungsakt erst gegründet wird[25].

1. Anwendbarkeit der Gründungsvorschriften

Über § 36 Abs. 2 sind die Gründungsvorschriften für Genossenschaften[26] iRd. Verschmelzung zur Neugründung einer eG anwendbar. Die rechtlichen Anforderungen an die Gründung einer eG sind in den Verschmelzungsvorgang zu integrieren. Dadurch ist **Umgehungsschutz** gewährleistet[27]. Wenn die Verschmelzung auf einen neuen Rechtsträger anderer Rechtsform erfolgt und es sich dabei um eine Kapitalgesellschaft handelt, wird durch entsprechende Parallelvorschriften[28] ebenso sichergestellt, dass insbesondere

---

[19] Differenzierend innerhalb von § 87 *Fronhöfer* in Widmann/Mayer Rn 15.
[20] *Bayer* in Lutter Rn 2; *Fronhöfer* in Widmann/Mayer Rn 8; so auch schon für § 93 s GenG aF *Schlarb* S. 302.
[21] *Bayer* in Lutter Rn 2; *Fronhöfer* in Widmann/Mayer Rn 8.
[22] *Stratz* in Schmitt/Hörtnagl/Stratz § 36 Rn 31.
[23] *Grunewald* in Lutter § 36 Rn 15 mwN.
[24] *Mayer* in Widmann/Mayer § 36 Rn 14 nimmt an, dass die Verschmelzung sonst nicht durchgeführt werden könne, also nicht etwa mit der Folge eingetragen wird, dass unmittelbare Anwachsung bei dem Alleingesellschafter erfolgt; so offenbar auch *Grunewald* in Lutter § 36 Rn 16. Dagegen spricht § 36 Abs. 2 Satz 3 eher für die Durchführbarkeit der Verschmelzung und Anwachsung beim Alleingesellschafter.
[25] *Marsch-Barner* in Kallmeyer § 36 Rn 4; *Stratz* in Schmitt/Hörtnagl/Stratz Rn 4; *Beuthien* §§ 2 ff. UmwG Rn 134.
[26] §§ 1 bis 16 GenG.
[27] *Marsch-Barner* in Kallmeyer § 36 Rn 8; *Stratz* in Schmitt/Hörtnagl/Stratz Rn 2; *Röhrich* in H/P/G/R Anm. zu §§ 36 bis 38 UmwG Rn 2.
[28] §§ 56 bis 59 für eine neue GmbH und §§ 73 bis 77 für eine neue AG.

§ 96 13–17   Zweites Buch. Verschmelzung

der Kapitalaufbringungsschutz im Wege der Verschmelzung durch Neugründung nicht umgangen werden kann.

13 Eine Ausnahme besteht nur für die **Mindestzahl der Gründungsmitglieder**[29]. Die Zahl der Mitglieder, die eine eG gründen, muss bei einer sonstigen Gründung mindestens drei betragen[30]. Bei der Verschmelzung erfolgt die Gründung aber durch die übertragenden Rechtsträger, die den Gründern gleichstehen[31], in aller Regel also nur durch zwei Rechtsträger. Erst nach Eintragung der Verschmelzung und der damit verbundenen Entstehung der neuen Genossenschaft wird wieder eine Mindestzahl von drei Mitgliedern verlangt. Wenn deshalb zwei Rechtsträger anderer Rechtsform, die insgesamt weniger als drei Anteilsinhaber haben, auf eine neue eG verschmolzen werden, ist diese Verschmelzung zwar zunächst wirksam, die neue eG aber wegen Unterschreitung der gesetzlichen Mindest-Mitgliederzahl anschließend durch das Registergericht **von Amts wegen** wieder **aufzulösen**[32].

14 Außerdem findet § 75 GenG bei der Verschmelzung zur Neugründung keine Anwendung. Der Schutzzweck dieser Vorschrift, dass sich Mitglieder bei drohender Liquidation ihrer Haftung nicht durch Ausscheiden entziehen, wird bei der Neugründung nicht berührt. Mitglieder, die bis zu sechs Monate vor dem Verschmelzungsbeschluss aus der übertragenden eG wirksam ausgeschieden sind, erhalten in der neu gegründeten eG von vornherein keine Mitgliedschaft[33]. Gläubigerinteressen sind durch eine sechsmonatige Auszahlungssperre geschützt[34].

2. Verschmelzungsvertrag

15 **a) Parteien.** Der Verschmelzungsvertrag wird von den Vertretungsorganen der beteiligten Rechtsträger geschlossen[35]. Vertragsparteien sind die übertragenden Rechtsträger[36], nicht dagegen der neue Rechtsträger. Dieser existiert bei Vertragsabschluss noch nicht, sondern entsteht erst mit seiner Eintragung in das Handels-, Partnerschafts- oder Genossenschaftsregister[37], die stets erst nach Eintragung der Verschmelzung erfolgen darf[38].

16 **b) Inhalt.** Der Verschmelzungsvertrag begründet die Verpflichtung der Verschmelzungsparteien, den neuen Rechtsträger zu errichten und ihr Vermögen durch Verschmelzung auf ihn zu übertragen[39]. Dieser Anspruch ist gegen säumige Verschmelzungspartner von allen Vertragsparteien im Wege der Leistungsklage durchsetzbar[40]. Die Vollstreckung erfolgt – je nach der für die Umsetzung der Verschmelzung erforderlichen Handlung oder Erklärung – gem. § 888 ZPO oder § 894 ZPO[41].

17 *aa) Inhalt nach §§ 5, 80.* Auch bei der Verschmelzung durch Neugründung muss der Verschmelzungsvertrag zunächst die obligatorischen Inhalte nach § 5 aufweisen, bei Neugrün-

---

[29] § 36 Abs. 2 Satz 3; *Marsch-Barner* in Kallmeyer § 36 Rn 8; *Stratz* in Schmitt/Hörtnagl/Stratz § 36 Rn 30; *Beuthien* § 2 ff. UmwG Rn 137; *Röhrich* in H/P/G/R Anm. zu §§ 36 bis 38 UmwG Rn 2 f.

[30] § 4 GenG nF. Die frühere Mindestzahl von sieben Mitgliedern ist durch das Gesetz zur Einführung der Europäischen Genossenschaft und zur Änderung des Genossenschaftsgesetzes auf drei herabgesetzt worden.

[31] § 36 Abs. 2 Satz 2.

[32] § 80 GenG.

[33] § 90 Abs. 2; *Bayer* in Lutter Rn 41 iVm. § 87 Rn 21; *Stratz* in Schmitt/Hörtnagl/Stratz Rn 5.

[34] § 94.

[35] §§ 36 Abs. 1 Satz 1, 4 Satz 1; *Bayer* in Lutter Rn 15.

[36] *Stratz* in Schmitt/Hörtnagl/Stratz Rn 4.

[37] *Bayer* in Lutter Rn 15; *Stratz* in Schmitt/Hörtnagl/Stratz Rn 4; *Beuthien* § 2 ff. UmwG Rn 134.

[38] § 19 Abs. 1; *Grunewald* in Lutter § 38 Rn 3 aE; siehe dazu auch Rn 22.

[39] *Stratz* in Schmitt/Hörtnagl/Stratz Rn 2; *Beuthien* § 2 ff. UmwG Rn 135.

[40] *Beuthien* § 2 ff. UmwG Rn 136.

[41] Siehe § 80 Rn 59 ff. für die Verschmelzung durch Aufnahme; ferner *Beuthien* § 2 ff. UmwG Rn 136; und *Schlarb* S. 306 für § 93 s GenG aF.

dung einer eG außerdem die Regelungen zum Anteilsaustausch nach § 80[42]. Im Fall einer Mischverschmelzung zur Neugründung muss der Verschmelzungsvertrag den Anteilsinhabern, für die der neue Rechtsträger eine andere Rechtsform hat als der übertragende, an dem sie bisher beteiligt waren, eine Barabfindung anbieten[43].

bb) Gesellschaftsvertrag/Satzung des neuen Rechtsträgers (§ 37). Da die Verbindung der beiden Rechtsträger zur Gründung des neuen Rechtsträgers im Verschmelzungsvertrag geregelt wird, muss er inhaltlich nicht nur den Vorgaben der §§ 5 und 80 entsprechen, sondern gem. § 37 auch den Gesellschaftsvertrag oder die **Satzung** des neuen Rechtsträgers festlegen. Für diese Festlegung eröffnet § 37 zwei Alternativen. Die Satzung des neuen Rechtsträgers kann entweder in dem zwischen den übertragenden Rechtsträgern geschlossenen Verschmelzungsvertrag unmittelbar **enthalten** sein und bildet dann einen eigenen Abschnitt des Verschmelzungsvertrags selbst[44]. Oder es kann als separates Dokument erstellt, dem Verschmelzungsvertrag als **Anlage** beigefügt und im Vertragstext vorgesehen werden, dass die Satzung mit dem Inhalt gemäß dieser Anlage **festgestellt** wird[45]. 18

Der notwendige **Inhalt der Satzung** usw. des neuen Rechtsträgers richtet sich nach den für diesen Rechtsträger geltenden spezialgesetzlichen Regelungen[46]. Wenn der neue Rechtsträger eine Genossenschaft ist, richtet sich der obligatorische Inhalt ihrer Satzung nach §§ 6, 7 GenG[47]. 19

4. Anmeldung

a) **Verschmelzung.** Die Verschmelzung ist von den Vertretungsorganen jedes der übertragenden Rechtsträger zu dem für sie zuständigen Register anzumelden[48]. Bei übertragenden Genossenschaften muss die Anmeldung von **sämtlichen Vorstandsmitgliedern** – auch ehrenamtlichen – in öffentlich beglaubigter Form unterzeichnet werden[49]. Vorzulegen sind die Urkunden und Nachweise nach § 17 in der dort jeweils bestimmten Form und – falls eine übertragende eG beteiligt ist – das Prüfungsgutachten nach § 81[50]. 20

b) **Neuer Rechtsträger.** Außerdem haben die Vertretungsorgane aller übertragenden Rechtsträger den neuen Rechtsträger bei dem Gericht, in dessen Bezirk er seinen Sitz haben soll, zur Eintragung in das Handels-, Partnerschafts- oder Genossenschaftsregister anzumelden[51]. Dabei sind die erforderlichen Gründungsdokumente vorzulegen[52]. Für eine neue eG ist dies – neben der (gem. § 37 im Verschmelzungsvertrag festgelegten) Satzung – eine Abschrift der Urkunde über die Bestellung des Vorstands und des Aufsichtsrats, die Bescheinigung eines Prüfungsverbands über die Mitgliedschaft der neuen eG und eine gutachtliche Äußerung des Prüfungsverbands darüber, ob eine Gefährdung der Belange der Mitglieder oder der Gläubiger der Genossenschaft zu besorgen ist[53]. Das stimmt mit dem Prüfungs- 21

---

[42] *Stratz* in Schmitt/Hörtnagl/Stratz Rn 2; siehe § 80 Rn 12 ff. und die Kommentierung zu § 5.
[43] §§ 36 Abs. 1 Satz 1, 29; *Marsch-Barner* in Kallmeyer § 36 Rn 4.
[44] Vgl. *Bayer* in Lutter Rn 17; *Röhrich* in H/P/G/R Anm. zu §§ 36 bis 38 UmwG Rn 4; so auch schon *Schlarb* S. 305 für § 93 s GenG aF.
[45] *Bayer* in Lutter Rn 17; *Marsch-Barner* in Kallmeyer § 36 Rn 4.
[46] Etwa § 3 GmbHG, § 23 AktG.
[47] Siehe dazu § 79 Rn 19 ff.
[48] § 38 Abs. 1.
[49] § 157 GenG; *Beuthien* § 2 ff. UmwG Rn 138; *Bayer* in Lutter Rn 29.
[50] § 36 Abs. 1 Satz 1 iVm § 17 und § 96 iVm § 86; *Beuthien* § 2 ff. UmwG Rn 138; *Schulte* in Lang/Weidmüller § 96 UmwG Rn 1; *Bayer* in Lutter Rn 31.
[51] § 38 Abs. 2.
[52] Diese brauchen bei der Anmeldung der Verschmelzung gem. § 38 Abs. 1 grundsätzlich nicht eingereicht zu werden; siehe § 36 Rn 17 und *Grunewald* in Lutter § 36 Rn 9 mwN.
[53] § 11 Abs. 2 GenG; zu beachten sind auch die weiteren Erfordernisse nach Abs. 3 und Abs. 4 dieser Vorschrift.

§ 97

gutachten nach § 81 überein, so dass der gutachterlichen Äußerung nur dann selbstständige Bedeutung zukommt, wenn übertragende Rechtsträger anderer Rechtsform auf eine neu gegründete eG verschmolzen werden.

5. Eintragung

22 Die Registergerichte haben – nach der erforderlichen Prüfung – zunächst die **Verschmelzung** in den Registern der übertragenden Rechtsträger einzutragen[54]. Diese Eintragung wirkt nur deklaratorisch und ist mit dem Vermerk zu versehen, dass die Verschmelzung erst mit der Eintragung des **neuen Rechtsträgers** wirksam wird[55]. Erst die Eintragung des neuen Rechtsträgers löst die Verschmelzungswirkungen des § 20 aus, also die Gesamtrechtsnachfolge des neuen Rechtsträgers, das Erlöschen der übertragenden Rechtsträger und die Beteiligung von deren Anteilsinhabern am neuen Rechtsträger[56]. Mit der Gesamtrechtsnachfolge bei **Kreditgenossenschaften** geht nicht die Erlaubnis nach § 32 KWG über, Bankgeschäfte zu betreiben[57]. Diese muss also neu beantragt und die Erteilung mit dem Wirksamwerden der Verschmelzung koordiniert werden.

§ 97 Pflichten der Vertretungsorgane der übertragenden Rechtsträger

(1) Die Satzung der neuen Genossenschaft ist durch sämtliche Mitglieder des Vertretungsorgans jedes der übertragenden Rechtsträger aufzustellen und zu unterzeichnen.

(2) Die Vertretungsorgane aller übertragenden Rechtsträger haben den ersten Aufsichtsrat der neuen Genossenschaft zu bestellen. Das gleiche gilt für die Bestellung des ersten Vorstands, sofern nicht durch die Satzung der neuen Genossenschaft anstelle der Wahl durch die Generalversammlung eine andere Art der Bestellung des Vorstands festgesetzt ist.

Übersicht

	Rn		Rn
I. Allgemeines	1	a) Bestellung durch Vertretungsorgane der übertragenden Rechtsträger	11
II. Neue Satzung (Abs. 1)	3	b) Bestellungsbeschluss, Mehrheitserfordernis	12
1. Inhalt	3	c) Bestellbarkeit, statutarische Zahl, Amtsdauer	13
2. Aufstellung und Unterzeichnung	4	d) Annahme, Wirksamkeit, Bestellungsurkunde	17
a) Übertragende Rechtsträger als Gründer	4	2. Bestellung des ersten Vorstands (Satz 2)	18
b) Schriftform, Beurkundung	5	a) Regelzuständigkeit der Vertretungsorgane	19
c) Unterzeichnung	6	b) Andere Art der Bestellung	21
d) Weigerung einzelner Organmitglieder	7	c) Arbeitsdirektor	22
3. Wirksamkeit	10	d) Wirksamkeit, Bestellungsurkunde, Amtsdauer	23
III. Organbestellungen (Abs. 2)	11		
1. Bestellung des ersten Aufsichtsrats (Satz 1)	11		

---

[54] § 19 Abs. 1 Satz 1.
[55] § 19 Abs. 1 Satz 2 entsprechend.
[56] *Bayer* in Lutter Rn 33; *Marsch-Barner* in Kallmeyer § 36 Rn 3; *Stratz* in Schmitt/Hörtnagl/Stratz Rn 2; *Beuthien* § 2 ff. UmwG Rn 138; *Schulte* in Lang/Weidmüller § 36 UmwG Rn 8; *Röhrich* in H/P/G/R Anm. zu §§ 36 bis 38 UmwG Rn 1.
[57] *Vossius* in Widmann/Mayer § 20 Rn 250; *Grunewald* in Lutter § 20 Rn 13; *Marsch-Barner* in Kallmeyer § 20 Rn 26 f.; *Schulte* in Lang/Weidmüller § 36 UmwG Rn 9.

I. Allgemeines

Verschmelzungsfähige Rechtsträger gleich welcher Rechtsform können auf eine iRd. **1** Umwandlung neu gegründete eG verschmelzen. § 97 ist nur auf diesen Fall anwendbar[1] und hat zwei zentrale Voraussetzungen für die neue eG zum **Regelungsgegenstand**, nämlich die Aufstellung ihrer Satzung (Abs. 1) und die Bestellung ihrer ersten Organe (Abs. 2). Dabei stellt Abs. 1 hinsichtlich der Aufstellung der Satzung eine rechtsformspezifische Ergänzung zu § 37 dar, wonach der Gesellschaftsvertrag, Partnerschaftsvertrag oder die Satzung des neuen Rechtsträgers im Verschmelzungsvertrag enthalten sein oder festgestellt werden muss[2].

Die Vorschrift hat den **Zweck**, die Gründungsmodalitäten in den Verschmelzungsvorgang **2** zu integrieren. Die Vertretungsorgane der übertragenden Rechtsträger nehmen Funktionen wahr, die bei einer sonstigen Gründung den (künftigen) Anteilsinhabern zukommen[3].

II. Neue Satzung (Abs. 1)

1. Inhalt

Die Mindestanforderungen der Satzung der neuen eG ergeben sich (über die Verweisung[4] auf die rechtsformspezifischen Gründungsvorschriften) aus §§ 6 bis 8 GenG[5]. Zum **3** notwendigen Satzungsinhalt gehören (sog. **Mussinhalt**): Firma und Sitz der eG, ihr Unternehmensgegenstand, Regelungen zur Nachschusspflicht im Fall der Insolvenz sowie Formvorschriften für die General-/Vertreterversammlung und die Form ihrer Einberufung[6]. Weiter sind die Geschäftsanteile und die gesetzliche Rücklage zu bestimmen[7]. Ergänzungen und individuelle Ausgestaltungen (sog. **Kanninhalt**) sind u.a. die Möglichkeit oder Verpflichtung zur Übernahme weiterer Geschäftsanteile und qualifizierte Mehrheitserfordernisse für bestimmte Beschlussgegenstände der General-/Vertreterversammlung[8]. Diesen Vorgaben muss auch die im Rahmen einer Verschmelzung zur Neugründung errichtete Satzung genügen.

2. Aufstellung und Unterzeichnung

a) Übertragende Rechtsträger als Gründer. Bei der Neugründung im Rahmen einer **4** Verschmelzung treten die übertragenden Rechtsträger an die Stelle der Gründer, weshalb die **Mindestzahl** von drei Gründern[9] zunächst nicht eingehalten werden muss[10]. Erst nach Eintragung der neuen eG, wenn die Anteilsinhaber der übertragenden Rechtsträger zu solchen der neuen eG geworden sind[11], muss die neue eG wieder mindestens sieben Mitglieder haben, um nicht sogleich von Amts wegen aufgelöst zu werden[12].

---

[1] Siehe § 96 Rn 10.
[2] Siehe dazu § 96 Rn 18 und die Kommentierung zu § 37.
[3] So die Gesetzesbegründung, RegBegr. *Ganske* S. 89; zust. *Grunewald* in Lutter § 36 Rn 14.
[4] § 36 Abs. 2 Satz 1.
[5] *Limmer* in Neye/Limmer/Frenz/Harnacke Rn 915.
[6] § 6 GenG; *Limmer* in Neye/Limmer/Frenz/Harnacke Rn 916.
[7] § 7 GenG; *Limmer* in Neye/Limmer/Frenz/Harnacke Rn 917.
[8] §§ 7 a, 8 GenG; *Beuthien* §§ 2 ff. UmwG Rn 137.
[9] § 4 GenG; *Glenk* Rn 65.
[10] *Beuthien* §§ 2 ff. Rn 137; § 36 Abs. 2 Satz 3.
[11] § 20 Abs. 1 Nr. 3.
[12] § 80 GenG; siehe § 96 Rn 13 sowie *Stratz* in Schmitt/Hörtnagl/Stratz § 36 Rn 30; *Beuthien* §§ 2 ff. UmwG Rn 137; *Limmer* in Neye/Limmer/Frenz/Harnacke Rn 914.

5 **b) Schriftform, Beurkundung.** Schriftform und Unterzeichnung sind Eintragungsvoraussetzungen für die neue eG. Das ergibt sich aus der Verweisung auf die rechtsformspezifischen **Gründungsvorschriften**[13]. Das Schriftformerfordernis ergibt sich hier zusätzlich daraus, dass die Satzung im Verschmelzungsvertrag enthalten sein oder festgestellt und dem Vertrag als Anlage beigefügt werden muss[14]. Da der Verschmelzungsvertrag notariell beurkundet werden muss[15], ist – über private Schriftform und die allgemeinen Gründungsvorschriften hinaus – **Beurkundung** auch der Satzung erforderlich[16].

6 **c) Unterzeichnung.** Die Satzung der neuen eG muss durch **sämtliche Mitglieder des Vertretungsorgans jedes übertragenden Rechtsträgers** aufgestellt und unterzeichnet werden. Dahinter steht die Vorstellung, dass die Mitglieder des Vertretungsorgans an die Stelle der Gründerversammlung treten, bei der das Gesetz gleichfalls allseitige Unterzeichnung verlangt[17]. Diese Regelung ist gleichwohl systemwidrig, weil die übertragenden Rechtsträger als Gründer gelten[18] und die Satzung mit dem Verschmelzungsvertrag festgestellt wird[19], den die beteiligten Rechtsträger durch Mitglieder ihrer Vertretungsorgane in vertretungsberechtigter Zahl schließen können[20]. Vergleichbare Vorschriften gibt es denn auch für Kapitalgesellschaften[21] nicht. Der Verschmelzungsbeschluss, mit dem die von den Vertretungsorganen errichtete Satzung erst wirksam wird[22], verlangt seitens der Anteilsinhaber auch bei einer übertragenden eG nur eine Mehrheit von drei Vierteln der abgegebenen Stimmen[23].

7 **d) Weigerung einzelner Organmitglieder.** Da sämtliche Mitglieder der Vertretungsorgane die Satzung mit unterzeichnen müssen, kann die Verschmelzung durch Neugründung einer eG von einem einzelnen Organmitglied blockiert werden, indem es seine Unterschrift verweigert. Die Weigerung führt dazu, dass die Satzung nicht ordnungsgemäß aufgestellt, sondern **unwirksam** ist[24]. Sollten die Verschmelzungsbeschlüsse gleichwohl gefasst und die neue eG eingetragen werden, ist der Mangel geheilt[25].

8 Ansonsten richten sich die Rechtsfolgen der Weigerung nach dem Recht des übertragenden Rechtsträgers.

9 Die Unterschriftsverweigerung stellt eine Verletzung der Mehrheitsregelung in dem Gesellschaftsvertrag oder der Satzung des übernehmenden Rechtsträgers dar. Ggf. kann das Mitglied, das sich dem intern bindenden Mehrheitsbeschluss des Gremiums widersetzt, **schadensersatzpflichtig** sein oder aus dem Gremium **abberufen** werden[26]. Die Schadensersatzpflicht ergibt sich aus § 34 Abs. 2 GenG, wenn das sich weigernde Vorstandsmitglied nicht umgekehrt durch Verhinderung der Verschmelzung Schaden von der Genossenschaft abgewendet hat (wofür es beweispflichtig ist[27]).

---

[13] § 36 Abs. 2 UmwG, §§ 5, 11 Abs. 2 Nr. 1 GenG, § 126 BGB; *Röhrich* in H/P/G/R § 97 UmwG Rn 1.
[14] § 37; siehe § 96 Rn 18 und § 37 Rn 3.
[15] § 6.
[16] § 9 Abs. 1 Satz 2 BeurkG; *Grunewald* in Lutter § 37 Rn 3.
[17] § 11 Abs. 1 Nr. 1 GenG; *Beuthien* § 4 GenG Rn 1; *Metz* in Lang/Weidmüller § 4 GenG Rn 1; *Pöhlmann* in H/P/G/R § 4 GenG Rn 1.
[18] § 36 Abs. 2 Satz 2.
[19] § 37.
[20] Siehe § 80 Rn 8 sowie *Lutter/Drygala* in Lutter § 4 Rn 7.
[21] §§ 56 bis 59 für die GmbH und §§ 73 bis 77 für die AG.
[22] § 98 Satz 1.
[23] § 84 Satz 1.
[24] *Beuthien* §§ 2 ff. UmwG Rn 137; *Müller* § 5 GenG Rn 11; *Metz* in Lang/Weidmüller § 11 GenG Rn 7; *Pöhlmann* in H/P/G/R § 11 GenG Rn 3; *Glenk* Rn 177; *Bayer* in Lutter Rn 3.
[25] Vgl. *Beuthien* § 5 GenG Rn 3 für die herkömmliche Gründung.
[26] AA *Beuthien* §§ 2 ff. UmwG Rn 137; *Bayer* in Lutter Rn 3.
[27] § 34 Abs. 2 Satz 2; siehe dazu auch die Nachweise bei § 83 Rn 47 Fn 152.

3. Wirksamkeit

Die Satzung der neuen eG wird trotz Unterzeichnung durch die Mitglieder der Vertretungsorgane der übertragenden Rechtsträger erst mit den Verschmelzungsbeschlüssen wirksam[28]. 10

III. Organbestellungen (Abs. 2)

1. Bestellung des ersten Aufsichtsrats (Satz 1)

a) Bestellung durch Vertretungsorgane der übertragenden Rechtsträger. Bei herkömmlicher Gründung wird der erste Aufsichtsrat einer neuen eG durch die **Gründerversammlung** bestellt[29]. Da die übertragenden Rechtsträger bei der Verschmelzung durch Neugründung den Gründern gleichstehen[30], bestimmt Abs. 2 Satz 1, dass die Vertretungsorgane aller übertragenden Rechtsträger den ersten Aufsichtsrat der neuen Genossenschaft zu bestellen haben. Die Bestellung kann zusammen mit der Feststellung der Satzung, bei Beurkundung des Verschmelzungsvertrags[31] oder auch später erfolgen; sie muss aber **spätestens** vollzogen sein, wenn der erste Verschmelzungsbeschluss gefasst wird, weil durch diesen Beschluss zugleich der Bestellung des Aufsichtsrats zugestimmt wird[32]. Ohne die Bestellung eines Aufsichtsrats wird die neue eG nicht eingetragen[33]. 11

b) Bestellungsbeschluss, Mehrheitserfordernis. Während Abs. 1 für die Errichtung der Satzung ausdrücklich verlangt, dass es durch „sämtliche" Mitglieder der Vertretungsorgane aufzustellen und zu unterzeichnen ist[34], fehlt eine vergleichbare Formulierung in Abs. 2 für die Bestellung der ersten Organe. Für die Organbestellungen ist deshalb keine Einstimmigkeit erforderlich[35]. Diese Differenzierung ist auch zweckentsprechend, weil der Vertragscharakter der Satzung die Einigung unter allen Gründern voraussetzt, wogegen die ersten Organe bereits auf der Grundlage der errichteten Satzung mit **einfacher Mehrheit**[36] bestellt werden können[37]. Genau wie bei der AG, ist auch nicht erforderlich, dass sämtliche Gründer an der Bestellung mitwirken[38], hier also auch nicht sämtliche Mitglieder der Vertretungsorgane. 12

c) Bestellbarkeit, statutarische Zahl, Amtsdauer. Für die Bestellbarkeit und Anzahl der ersten Aufsichtsratsmitglieder gelten die allgemeinen Vorschriften[39]. Die Aufsichtsratsmitglieder müssen also auch Mitglieder der eG sein[40]. 13

---

[28] § 98 Satz 1; siehe § 98 Rn 4.
[29] § 36 Abs. 1 Satz 1 GenG, § 30 Abs. 1 Satz 1 AktG analog.
[30] § 36 Abs. 2 Satz 2.
[31] § 37.
[32] § 98 Satz 2; *Beuthien* §§ 2 ff. UmwG Rn 137.
[33] *Beuthien* §§ 2 ff. UmwG Rn 137; *Limmer* in Neye/Limmer/Frenz/Harnacke Rn 918.
[34] Siehe dazu Rn 6.
[35] *Bayer* in Lutter Rn 4; *Schwarz* in Widmann/Mayer Rn 5; *Beuthien* §§ 2 ff. UmwG Rn 137.
[36] Falls das Statut keine nach § 43 Abs. 2 Satz 2 GenG zulässige abweichende Regelung trifft; vgl. dazu *Beuthien* § 36 GenG Rn 2.
[37] Die Bestellung mit einfacher Mehrheit der Gründer ist auch für den ersten Aufsichtsrat einer neuen AG mit demselben Satzungsvorbehalt gem. §§ 30 Abs. 1, 133 AktG anerkannt; vgl. *Hüffer* § 30 AktG Rn 2.
[38] Vgl. *Hüffer* § 30 AktG Rn 2; *Pentz* in MünchKomm. § 30 AktG Rn 11; *Kraft* in Kölner Komm. § 30 AktG Rn 9.
[39] *Bayer* in Lutter Rn 4; *Schwarz* in Widmann/Mayer Rn 7.
[40] § 9 Abs. 2 GenG; siehe § 80 Rn 55.

14 Die Zahl der bestellten Aufsichtsratsmitglieder muss **mindestens drei** betragen oder einer durch die Satzung der neuen eG bestimmten höheren Zahl entsprechen[41]. Auch wenn die neue eG nach der Zahl der Arbeitnehmer, deren Anstellungsverhältnisse von den übertragenden Rechtsträgern auf die neue eG übergehen[42], **mitbestimmt** ist, sind §§ 6 ff. MitbestG 1976 bzw. das DrittelbG auf den ersten Aufsichtsrat nicht anzuwenden[43].

15 Das GenG enthält zwar keine **§ 30 Abs. 3 AktG** entsprechende Vorschrift, wonach die Mitglieder des ersten Aufsichtsrats nicht für längere Zeit als bis zur Beendigung der Hauptversammlung bestellt werden können, die über die Entlastung für das **erste Voll- oder Rumpfgeschäftsjahr** beschließt. Obwohl die Bestellung der Aufsichtsratsmitglieder durch die Mitglieder der Vertretungsorgane nur wirksam wird, wenn ihr die Anteilsinhaber jedes übertragenden Rechtsträgers durch Verschmelzungsbeschluss zustimmen[44], ist aber die analoge Anwendung dieser Vorschrift auf die neue eG geboten und der Aufsichtsrat in ihrer ersten ordentlichen General-/Vertreterversammlung neu zu wählen, um die originäre Wahlkompetenz der Versammlung[45] zu wahren. Dies gilt umso mehr, als die für Aufsichtsratsmitglieder einer AG höchstens vierjährige Amtszeit[46] für Genossenschaften nicht entsprechend gelten soll[47]. Die Vertretungsorgane der übertragenden Rechtsträger könnten sich sonst über die entsprechende Auswahl eines von ihnen selbst bestellten Aufsichtsrats in den Vorstand der neuen eG bestellen lassen, ohne dass mittelfristig eine Korrektur möglich wäre[48]. Den Anteilsinhabern bliebe dagegen nur übrig, die Verschmelzung insgesamt abzulehnen.

16 Wenn die neue eG mehr als 2 000 Arbeitnehmer hat, muss der Vorstand nach ihrer Eintragung außerdem das **Statusverfahren** durchführen[49]. Wenn die neue eG mitbestimmt ist, sollte bei der Anzahl der in den ersten Aufsichtsrat bestellten Mitglieder außerdem berücksichtigt werden, dass die Zahl nach Eintragung der eG um die der **Arbeitnehmervertreter** zu ergänzen ist. Bei Drittelmitbestimmung nach DrittelbG kommen dadurch noch einmal mindestens halb so viele Mitglieder hinzu. Bei paritätischer Mitbestimmung ist die Mitgliederzahl des Aufsichtsrats in § 7 Abs. 1 MitbestG 1976 insoweit zwingend festgelegt, als die Satzung nur eine größere Mitgliederzahl vorsehen kann. Eine Höchstzahl von Aufsichtsratsmitgliedern, die in der Satzung einer mitbestimmten neuen eG vorgesehen ist, darf deshalb erst nach Ergänzung um die Arbeitnehmervertreter erreicht sein.

17 **d) Annahme, Wirksamkeit, Bestellungsurkunde.** Die Bestellung der Aufsichtsratsmitglieder durch die Mitglieder der Vertretungsorgane der übertragenden Rechtsträger wird nur unter zwei weiteren Voraussetzungen wirksam: Zum einen muss das bestellte Aufsichtsratsmitglied seine Bestellung annehmen[50], wozu es nicht notwendig bei der Bestellung an-

---

[41] § 36 Abs. 1 Satz 1 GenG.
[42] §§ 20 Abs. 1 Nr. 1, 324 UmwG, § 613 a BGB.
[43] § 30 Abs. 2 AktG analog.
[44] § 98 Satz 2; siehe die Parallelvorschriften in § 59 Satz 2 für die GmbH und in § 76 Abs. 2 Satz 2 für die AG.
[45] § 36 Abs. 1 Satz 1 GenG.
[46] § 102 Abs. 2 AktG.
[47] BGHZ 4, 224, 227 = NJW 1952, 343; *Beuthien* § 36 GenG Rn 15 unter Hinweis auf die abw. Auffassung von *Paulick*, Das Recht der eingetragenen Genossenschaft, 1956, § 21 II 1 und *Müller* § 36 GenG Rn 34.
[48] Jedenfalls dann, wenn die Satzung der neuen eG die Bestellungs- und Abberufungskompetenz für die Vorstandsmitglieder dem Aufsichtsrat einräumt; vgl. *Beuthien* § 24 GenG Rn 19 auch zu der Möglichkeit, diese beiden Kompetenzen zwischen Aufsichtsrat und Generalversammlung aufzuteilen, sowie dem Hinweis auf BGHZ 32, 114, 122 und *BGH* WM 1984, 532, 533 = ZfG 1987, 172, 174, wonach der Widerruf der Bestellung eines Vorstandsmitglieds gem. § 40 GenG ausschließlich der Generalversammlung obliege; zutr. dagegen die Auffassung von *Beuthien*, dass dies nur im Sonderfall vorläufiger Amtsenthebung durch den (nach der Satzung an sich unzuständigen) Aufsichtsrat gilt.
[49] § 6 Abs. 2 MitbestG 1976 iVm. §§ 97 bis 99 AktG; vgl. *Bayer* in Lutter Rn 7.
[50] *Beuthien* §§ 2 ff. UmwG Rn 137.

wesend sein, die Annahme aber zumindest **konkludent** (etwa durch Mitwirkung an der anschließenden Bestellung der Vorstandsmitglieder der neuen eG) erklären muss[51]. Zum anderen müssen die Anteilsinhaber jedes der übertragenden Rechtsträger der Bestellung durch **Verschmelzungsbeschluss** zustimmen[52]. Über die Bestellung muss eine **Bestellungsurkunde** gefertigt werden, die den statutarischen Bestimmungen über die Beurkundung von Beschlüssen der General-/Vertreterversammlung genügt[53]. Eine **Abschrift** dieser Urkunde muss dem Genossenschaftsregister bei der Anmeldung der neuen eG vorgelegt werden[54].

2. Bestellung des ersten Vorstands (Satz 2)

Die Vorschrift unterscheidet zwischen dem gesetzlichen Regelfall, dass der Vorstand von der General-/Vertreterversammlung gewählt wird[55], und demjenigen, dass durch die Satzung der neuen Genossenschaft eine andere Art der Bestellung festgesetzt wird[56].

a) Regelzuständigkeit der Vertretungsorgane. Aus dem gesetzlichen Regelfall, dass der Vorstand von der General-/Vertreterversammlung gewählt wird[57], ergibt sich bei der Verschmelzung durch Neugründung die Regelzuständigkeit der Vertretungsorgane aller übertragenden Rechtsträger für die Bestellung des ersten Vorstands, weil die Vertretungsorgane die Funktionen der Gründerversammlung ausüben[58]. Da die Vorstandsmitglieder der neuen eG mit den Vertretungsorganen der übertragenden Rechtsträger zumindest teilweise personenidentisch sein werden, bestellen sich diese letztlich selbst. Dafür genügt – wie bei der Wahl durch die General-/Vertreterversammlung[59] – **einfache Stimmenmehrheit**, so dass (theoretisch) einzelne Organmitglieder „ausgezählt" werden könnten. In der Praxis wird es aber im Vorhinein **Vereinbarungen** über die Besetzung des ersten Vorstands geben[60].

Aus der im gesetzlichen Regelfall vorgesehenen Gesamtvertretung[61] ergibt sich, dass der erste Vorstand aus **mindestens zwei** Mitgliedern bestehen muss[62]. Auch die Mitglieder des ersten Vorstands müssen – mit Ausnahme des Arbeitsdirektors[63] – Mitglieder der eG sein[64]. Dabei genügt es, wenn sie dies bis zu ihrem Amtsantritt geworden sind[65].

b) Andere Art der Bestellung. Gegenüber dem gesetzlichen Regelmodell der Wahl durch die General-/Vertreterversammlung kann die Satzung der neuen eG auch eine andere Art der Bestellung festsetzen[66]. Bei größeren Genossenschaften, insbesondere Kreditgenossenschaften[67], ist – nach dem aktienrechtlichen Vorbild[68] – Bestellung **durch den Aufsichtsrat** üblich. Dann ist auch der erste Aufsichtsrat, der zuvor von den Vertretungsorganen aller

---

[51] Vgl. *Hüffer* § 30 AktG Rn 2 mwN zur Rechtslage bei der AG.
[52] § 98 Satz 2.
[53] § 6 Nr. 4 GenG; *Beuthien* § 11 GenG Rn 5.
[54] § 36 Abs. 2 Satz 1 UmwG, § 11 Abs. 2 Nr. 2 GenG.
[55] § 24 Abs. 2 Satz 1 GenG.
[56] § 24 Abs. 2 Satz 2 GenG.
[57] § 24 Abs. 2 Satz 1.
[58] Siehe Rn 4.
[59] *Beuthien* § 24 GenG Rn 10.
[60] Siehe dazu § 80 Rn 51.
[61] § 25 Abs. 1 Satz 1 GenG.
[62] Vgl. *Beuthien* § 23 GenG Rn 6.
[63] Siehe Rn 22.
[64] § 9 Abs. 2 Satz 1 GenG; *Stratz* in Schmitt/Hörtnagl/Stratz Rn 3; *Bayer* in Lutter Rn 5 iVm. 4; siehe Rn 13 für die Mitglieder des ersten Aufsichtsrats.
[65] *Glenk* Rn 325.
[66] § 24 Abs. 1 Satz 2 GenG.
[67] Siehe § 79 Rn 2 ff.
[68] § 84 Abs. 1 Satz 1 AktG.

übertragenden Rechtsträger bestellt worden ist[69], für die Bestellung des ersten Vorstands zuständig[70].

22   c) **Arbeitsdirektor.** Der erste Vorstand einer neuen eG muss auch dann noch keinen Arbeitsdirektor aufweisen, wenn diese eG mehr als 2 000 Arbeitnehmer hat und der **paritätischen Mitbestimmung** unterliegt. Das MitbestG 1976 findet nur auf bereits gegründete Gesellschaften Anwendung; die Gründungsvorschriften der einzelnen Rechtsträger lässt es dagegen unberührt[71]. Im Gegensatz zu den anderen Vorstandsmitgliedern muss der Arbeitsdirektor kein Mitglied der eG sein[72].

23   d) **Wirksamkeit, Bestellungsurkunde, Amtsdauer.** Wird der erste Vorstand durch die Vertretungsorgane aller übertragenden Rechtsträger bestellt, weil die Satzung der neuen eG keine andere Art der Bestellung als die Wahl durch die General-/Vertreterversammlung vorsieht[73], wird diese Bestellung nur wirksam, wenn ihr die Anteilsinhaber jedes übertragenden Rechtsträgers **durch Verschmelzungsbeschluss** zustimmen[74]. Ist dagegen in der Satzung der neuen eG eine andere Art der Bestellung vorgesehen, greift diese Wirksamkeitsvoraussetzung nicht ein[75], sondern ist die anderweitige Bestellung ohne weiteres wirksam. Wenn der Vorstand gemäß aktienrechtlichem Vorbild durch den Aufsichtsrat bestellt wird, hängt die Wirksamkeit für den ersten Vorstand allerdings davon ab, dass die Bestellung des Aufsichtsrats ihrerseits wirksam wird[76].

24   Auch über die Bestellung des ersten Vorstands, sei es durch die Vertretungsorgane aller übertragenden Rechtsträger oder insbesondere den ersten Aufsichtsrat der neuen eG, muss eine **Bestellungsurkunde** gefertigt und dem Genossenschaftsregister bei Anmeldung der neuen eG eine Abschrift davon vorgelegt werden[77].

§ 98 Verschmelzungsbeschlüsse

Die Satzung der neuen Genossenschaft wird nur wirksam, wenn ihm die Anteilsinhaber jedes der übertragenden Rechtsträger durch Verschmelzungsbeschluß zustimmen. Dies gilt entsprechend für die Bestellung der Mitglieder des Vorstands und des Aufsichtsrats der neuen Genossenschaft, für die Bestellung des Vorstands jedoch nur, wenn dieser von den Vertretungsorganen aller übertragenden Rechtsträger bestellt worden ist.

Übersicht

	Rn		Rn
I. Allgemeines	1	IV. Wirksamkeit der Verschmelzung und Entstehung der neuen eG	9
II. Wirksamkeit der Satzung (Satz 1)	4	1. Anmeldung	9
III. Wirksamkeit der Organbestellungen (Satz 2)	6	2. Eintragung	10
1. Erster Aufsichtsrat (1. Halbs.)	6	3. Wirksamkeit	11
2. Erster Vorstand (2. Halbs.)	7		

---

[69] Siehe Rn 11 ff.
[70] § 30 Abs. 4 AktG analog; *Bayer* in Lutter Rn 6; *Beuthien* § 24 GenG Rn 10; *Schulte* in Lang/Weidmüller § 98 UmwG Rn 2, der dann Wahl des ersten Vorstands durch die Generalversammlung „in eigener Zuständigkeit" annimmt.
[71] Siehe bereits Rn 14 für den Aufsichtsrat.
[72] §§ 33 Abs. 3 MitbestG 1976, 9 Abs. 2 GenG.
[73] Siehe Rn 19.
[74] § 98 Satz 1 1. Halbs.
[75] § 98 Satz 2 2. Halbs.
[76] § 98 Satz 2; siehe Rn 21.
[77] § 36 Abs. 2 Satz 1 UmwG, § 11 Abs. 2 Nr. 2 GenG; siehe bereits Rn 17 zum Aufsichtsrat.

I. Allgemeines

Regelungsgegenstand von § 98 ist die Zustimmung der Anteilsinhaber jedes der übertragenden Rechtsträger als Wirksamkeitsvoraussetzung für die Satzung der neuen eG, die Bestellung ihres ersten Aufsichtsrats und ihres ersten Vorstands. Geregelt wird auch die Form, in der diese Zustimmung erteilt werden muss, nämlich durch Verschmelzungsbeschluss. Damit werden das Wirksamwerden der Satzung und der Organbestellungen an die Beschlussfassungen in den Versammlungen der Anteilsinhaber und an das gleichzeitige Wirksamwerden des Verschmelzungsvertrags gekoppelt[1].

Regelungszweck des Zustimmungsvorbehalts ist, die Souveränität der Anteilsinhaber und künftigen Mitglieder der neuen eG über die Satzung, die Zusammensetzung des Aufsichtsrats und im gesetzlichen Regelfall auch des Vorstands[2] wenigstens nachträglich zu wahren.

§ 98 stellt sicher, dass die neue eG nicht ohne legitimierte Organe ins Leben tritt[3]. Entsprechende Parallelvorschriften finden sich in § 59 für die GmbH und in § 76 Abs. 2 für die AG.

II. Wirksamkeit der Satzung (Satz 1)

Die Satzung der neuen eG wird durch sämtliche Mitglieder des Vertretungsorgans jedes übertragenden Rechtsträgers errichtet[4]. Es ist bis zur Zustimmung durch die Anteilsinhaber jedes übertragenden Rechtsträgers **schwebend unwirksam**[5]. Dies folgt bereits daraus, dass die Satzung notwendiger Bestandteil des Verschmelzungsvertrags ist und der Vertrag demselben Zustimmungsvorbehalt unterliegt[6]. Nach dem bloßen Wortlaut von Satz 1 könnte man zwar annehmen, die Satzung werde vor dem Verschmelzungsvertrag wirksam, wenn bei der Beschlussfassung der Anteilsinhaber erst ein schriftlicher **Entwurf** des Vertrags vorliegt[7]; dem stehen aber die zwingende Errichtung der Satzung im Verschmelzungsvertrag und die Beurkundungsbedürftigkeit dieses Vertrags entgegen[8]. Die Wirksamkeit der Satzung tritt also bei nachträglicher Genehmigung mit zustimmender Beschlussfassung der zeitlich letzten Anteilsinhaber-Versammlung ein[9], bei vorheriger Einwilligung mit Beurkundung des Verschmelzungsvertrags.

Für die Beschlussfassung der Anteilsinhaber gelten die rechtsformspezifischen Vorschriften[10]. Der **Verschmelzungsbeschluss** einer übertragenden eG bedarf einer Mehrheit von drei Vierteln der abgegebenen Stimmen, wenn die Satzung keine größere Mehrheit verlangt[11]. Als Bestandteil des Verschmelzungsvertrags[12] ist die Satzung von der Einberufung der

---

[1] § 13 Abs. 1.
[2] § 36 Abs. 1 Satz 1 GenG.
[3] Vgl. *Schwarz* in Widmann/Mayer Rn 2.
[4] § 97 Abs. 1; siehe dazu § 97 Rn 6.
[5] *Bayer* in Lutter Rn 2; *Schwarz* in Widmann/Mayer Rn 2; *Röhrich* in H/P/G/R § 98 UmwG Rn 1; *Beuthien* §§ 2 ff. Rn 135; *Schulte* in Lang/Weidmüller § 98 UmwG Rn 1.
[6] §§ 37, 13 Abs. 1 Satz 1; *Stratz* in Schmitt/Hörtnagl/Stratz Rn 1.
[7] § 4 Abs. 2; siehe § 80 Rn 4 f. und die Kommentierung zu § 4.
[8] §§ 37, 6; siehe § 59 Rn 6 zur GmbH.
[9] *Bayer* in Lutter Rn 2.
[10] *Bayer* in Lutter Rn 2.
[11] §§ 96, 84; siehe die Kommentierung zu § 84 für Einzelheiten. Dreiviertelmehrheit ist nach §§ 50, 65 auch bei Kapitalgesellschaften (GmbH und AG) erforderlich, bei Personenhandels- und Partnerschaftsgesellschaften gem. §§ 43, 45 d sogar Einstimmigkeit.
[12] § 37.

General-/Vertreterversammlung an in dem Geschäftsraum der Genossenschaft zur Einsicht durch die Mitglieder **mit auszulegen** und ihnen auf Verlangen eine **kostenlose Abschrift** zu erteilen[13]. Die Auslegungspflicht besteht auch in der Versammlung selbst, wo der Vorstand einer übertragenden eG die Satzung der neuen eG erläutern muss[14].

III. Wirksamkeit der Organbestellungen (Satz 2)

1. Erster Aufsichtsrat (1. Halbs.)

6   Der erste Aufsichtsrat der neuen eG wird von den Vertretungsorganen aller übertragenden Rechtsträger bestellt[15]. Auch diese Bestellung ist zunächst **schwebend unwirksam**, bis ihr die Anteilsinhaber jedes übertragenden Rechtsträgers durch Verschmelzungsbeschluss zustimmen[16].

2. Erster Vorstand (2. Halbs.)

7   Auch der erste Vorstand der neuen eG wird von den **Vertretungsorganen aller übertragenden Rechtsträger** bestellt, wenn die Satzung der neuen eG keine andere Art der Bestellung als die Wahl der Vorstandsmitglieder durch die General-/Vertreterversammlung vorsieht[17]. Dann ist auch diese Bestellung zunächst **schwebend unwirksam**, bis ihr die Anteilsinhaber jedes übertragenden Rechtsträgers durch Verschmelzungsbeschluss zustimmen[18]. Hier ist der Zustimmungsvorbehalt erst recht zweckmäßig, weil die Vertretungsorgane der übertragenden Rechtsträger im Zweifel sich selbst in den Vorstand der neuen eG bestellen werden[19].

8   Als **andere Art der Bestellung**[20] kann die Satzung insbesondere die Zuständigkeit des Aufsichtsrats vorsehen[21]. Dann hängt die Wirksamkeit der Bestellung des ersten Vorstands auch nicht von der Zustimmung durch die Anteilsinhaber ab[22]. Damit der erste Aufsichtsrat den ersten Vorstand wirksam bestellen kann, muss er allerdings zunächst selbst wirksam bestellt sein, wozu die Zustimmung der Anteilsinhaber durch Verschmelzungsbeschluss stets erforderlich ist[23].

IV. Wirksamkeit der Verschmelzung und Entstehung der neuen eG

1. Anmeldung

9   Die Verschmelzung durch Neugründung ist von den Vertretungsorganen der übertragenden Rechtsträger zur Eintragung in das Register anzumelden, und zwar die **Verschmelzung** von dem jeweiligen Vertretungsorgan zur Eintragung in das Register seines Rechtsträgers

---

[13] §§ 96, 82 Abs. 1 Satz 1 und Abs. 2, 63 Abs. 1 Nr. 1.
[14] §§ 96, 83 Abs. 1 Satz 1 und Satz 2, 63 Abs. 1 Nr. 1.
[15] § 97 Abs. 2 Satz 1; siehe § 97 Rn 11 ff.
[16] § 98 Satz 2 1. Halbs.; *Bayer* in Lutter Rn 3; *Schwarz* in Widmann/Mayer Rn 3; wohl auch *Stratz* in Schmitt/Hörtnagl/Stratz Rn 2.
[17] § 97 Abs. 2 Satz 1 UmwG, § 24 Abs. 2 Satz 1 GenG; siehe § 97 Rn 19 f.
[18] § 98 Satz 2 2. Halbs.; *Bayer* in Lutter Rn 3; *Röhrich* in H/P/G/R § 98 UmwG Rn 2; *Stratz* in Schmitt/Hörtnagl/Stratz Rn 2.
[19] Siehe § 97 Rn 19.
[20] § 24 Abs. 2 Satz 2 GenG.
[21] Siehe § 97 Rn 21.
[22] § 98 Satz 2 2. Halbs.; *Bayer* in Lutter Rn 3; *Stratz* in Schmitt/Hörtnagl/Stratz Rn 2; *Beuthien* § 2 ff. UmwG Rn 137.
[23] Siehe und bereits § 97 Rn 23.

und die **neue eG** bei dem Register ihres Sitzes durch die Vertretungsorgane aller übertragenden Rechtsträger gemeinsam[24]. Für die Anmeldung der neuen eG ist ein Handeln ihrer eigenen Organe, d. h. ihres ersten Vorstands, insoweit nicht mehr erforderlich[25].

2. Eintragung

Für die Eintragungen und Bekanntmachungen gilt § 19 über die Verweisung in § 36 Abs. 1 Satz 1 entsprechend[26]. Zunächst ist also die Verschmelzung im **Register der übertragenden Rechtsträger** einzutragen[27]. Da die neue eG an die Stelle des übernehmenden Rechtsträgers und die Eintragung der neuen eG an die Stelle der Eintragung der Verschmelzung in das Register des übernehmenden Rechtsträgers tritt[28], ist die Eintragung der Verschmelzung bei den übertragenden Rechtsträgern mit dem **Vermerk** zu versehen, dass die Verschmelzung erst mit Eintragung der neuen eG wirksam wird[29]. Danach erst darf der neue Rechtsträger bei dem **Register seines Sitzes** eingetragen werden.

3. Wirksamkeit

Mit Eintragung des neuen Rechtsträgers wird die Verschmelzung entsprechend § 20 wirksam und treten die dort genannten Wirkungen ein[30]. Bei einer Verschmelzung durch Neugründung einer eG entsteht die neue Genossenschaft als **juristische Person** mit ihrer Eintragung im Genossenschaftsregister, d. h. mindestens ihrer Firma, ihres Sitzes und Unternehmensgegenstands[31]. Zwischen Wirksamwerden der Satzung und Eintragung der neuen eG besteht eine **Vorgenossenschaft**[32]. Während der Zweck einer Vorgenossenschaft allgemein – neben dem weiteren Vorantreiben der Gründung – auch darin besteht, den förderwirtschaftlichen Geschäftsbetrieb vorzubereiten und ggf. schon aufzunehmen[33], werden unternehmensbezogene Rechtshandlungen bei der Verschmelzung durch Neugründung regelmäßig noch durch die Vertretungsorgane der übertragenden Rechtsträger für diese vorgenommen werden. Soweit der erste Vorstand der neuen eG schon wirksam bestellt ist[34], kann dieser aber grundsätzlich auch schon die Vorgenossenschaft wirksam vertreten[35].

Sechster Abschnitt. Verschmelzung unter Beteiligung rechtsfähiger Vereine

§ 99 Möglichkeit der Verschmelzung

(1) Ein rechtsfähiger Verein kann sich an einer Verschmelzung nur beteiligen, wenn die Satzung des Vereins oder Vorschriften des Landesrechts nicht entgegenstehen.

---

[24] § 38 Abs. 1 und 2.; siehe auch § 96 Rn 20 f.
[25] *Stratz* in Schmitt/Hörtnagl/Stratz § 38 Rn 1.
[26] *Grunewald* in Lutter § 38 Rn 2 f.
[27] § 19 Abs. 1 Satz 1.
[28] § 36 Abs. 1 Satz 2.
[29] § 19 Abs. 1 Satz 2 entsprechend; siehe auch § 96 Rn 22.
[30] *Stratz* in Schmitt/Hörtnagl/Stratz § 38 Rn 3.
[31] §§ 10 Abs. 1, 13, 17 Abs. 1 GenG; siehe § 97 Rn 3. Entgegen dem Wortlaut von § 10 Abs. 1 GenG wird das Statut nicht vollständig, sondern nur durch Aufnahme eines Auszugs mit den in § 15 Abs. 3 und 4 GenRegVO genannten wesentlichen Angaben eingetragen; vgl. *Beuthien* § 10 GenG Rn 3 und 8, bei dem im Anhang 1 auch die GenRegVO abgedruckt ist.
[32] Siehe § 59 Rn 6 zur GmbH; dazu auch *Mayer* in Widmann/Mayer § 59 Rn 12; *Zimmermann* in Kallmeyer § 59 Rn 3 und *Ihrig* GmbHR 1995, 622, 633 zur GmbH.
[33] *Beuthien* § 13 GenG Rn 4, dort auch zu den allgemeinen Grundsätzen der Vorgenossenschaft.
[34] Siehe Rn 7 f.
[35] *Mayer* in Widmann/Mayer § 59 Rn 12 aE zur GmbH und *Beuthien* § 13 GenG Rn 5.

§ 99 Zweites Buch. Verschmelzung

(2) **Ein eingetragener Verein darf im Wege der Verschmelzung Rechtsträger anderer Rechtsform nicht aufnehmen und durch die Verschmelzung solcher Rechtsträger nicht gegründet werden.**

Übersicht

	Rn		Rn
A. Allgemeines	1	aa) Angaben zu den Vertragsparteien	65
I. Entstehungsgeschichte	1	bb) Vermögensübertragung	66
II. Sinn und Zweck der Norm	8	cc) Umtauschverhältnis	67
B. Systematische Einordnung der §§ 99 ff.	12	(1) Verschmelzung von eingetragenen Vereinen untereinander	68
C. Die Beteiligungsfähigkeit von Vereinen an Verschmelzungen	14	(2) Verschmelzung von rechtsfähigen Vereinen auf Kapitalgesellschaften und Personenhandelsgesellschaften	74
I. Allgemeine Einschränkungen	17		
1. Vorbehalt des Landesrechts	18		
2. Vorbehalt der Satzung	20		
II. Verschmelzungsfähigkeit der einzelnen Vereinstypen	28		
1. Eingetragener Verein	28	(3) Verschmelzung von rechtsfähigen Vereinen auf Genossenschaften	78
a) Verschmelzungskombinationen	29		
b) Wortlautkorrektur	32	dd) Einzelheiten über die Übertragung der Anteile und den Erwerb der Mitgliedschaft	80
c) Umgehung	35		
2. Wirtschaftlicher Verein	37		
3. Der nicht rechtsfähige Verein / nicht eingetragene und nicht konzessionierte Verein	40	ee) Zeitpunkt der Gewinnbeteiligung	81
4. Aufgelöste rechtsfähige Vereine	43	ff) Verschmelzungsstichtag	82
5. Verein nach Entzug der Rechtsfähigkeit	50	gg) Sonderrechte	83
6. Vorverein	53	hh) Vorteile für sonstige Beteiligte	84
7. Altrechtlicher Verein	55	ii) Folgen der Verschmelzung für die Arbeitnehmer und ihre Vertreter	85
8. Ausländischer Verein/Ausländerverein	57	jj) Abfindung	86
D. Besonderheiten des Verschmelzungsverfahrens bei der Beteiligung rechtsfähiger Vereine	59	2. Verschmelzungsbericht	97
		3. Verschmelzungsprüfung	101
I. Überblick über das Verfahren	59	4. Zustimmungsbeschlüsse/Zustimmung einzelner Mitglieder	104
II. Vereinsspezifische Besonderheiten im Einzelnen	61	5. Registeranmeldung	105
1. Verschmelzungsvertrag	61	6. Eintragung der Verschmelzung	120
a) Abschlusskompetenz	61	7. Wirkungen der Verschmelzung	121
b) Beurkundungserfordernis	63	8. Besonderheiten bei der Verschmelzung zur Neugründung	125
c) Vertragsinhalt	64	9. Kosten	131

Literatur: *Arnold,* Die geplante Vereinsrechtsreform – Fortschritt oder Irrweg?, DB 2004, 2143; *Ballerstedt,* Mitgliedschaft und Vermögen beim rechtsfähigen Verein, FS Knur, 1972, S. 1, *Balzer,* Die Umwandlung von Vereinen der Fußball-Bundesligen in Kapitalgesellschaften zwischen Gesellschafts-, Vereins- und Verbandsrecht, ZIP 2001, 175; *Bergeest,* Die Verschmelzung des „Verein Hamburger Assecuradeure" mit dem „Verein Bremer Seeversicherer e. V." am 28. November 2000; FS Winter, 2002, S. 21; *Beuthien,* Künftig alles klar beim nicht eingetragenen Verein, NZG 2005, 493; *Beuthien/Wolff,* Genossenschaftsverschmelzung auf einen künftigen Verschmelzungsstichtag, DB 2001, 2126; *Böttcher,* Die Beendigung des rechtsfähigen Vereins, RPfleger 1988, 169; *Bund,* Beschlüsse, Verschmelzung und Anmeldungen der Vereine, JurBüro 2003, 578 = ZNotP 2003, 377; *Damas,* Der Referentenentwurf zu Änderung des Vereinsrechts, ZRP 2005, 3; *Drobnig/Becker/Remien,* Verschmelzung und Koordinierung von Verbänden, 1991; *Fuhrmann,* Ausgliederung der Berufsfußballabteilungen auf eine AG, GmbH oder eG?, 1999; *Hadding,* Zu einer geplanten Änderung des Vereinsrechts, ZGR 2006, 137; *Hadding/Hennrichs,* Zur Verschmelzung unter Beteiligung rechtsfähiger Vereine nach dem neuen Umwandlungsgesetz, FS Boujong, 1996, S. 203; *Heckschen,* Die Entwicklung des Umwandlungsrechts aus Sicht der Rechtsprechung und Praxis, DB 1998, 1385; *Heermann,* Die geplante Reform des Vereinsrechts, ZHR 170 (2006) 247; *Henke,* Das Recht der politischen Parteien, 2. Aufl. 1972; *Henn-*

richs, Formwechsel und Gesamtrechtsnachfolge bei Umwandlungen, 1995; *Hermann,* Die Ausgliederung von Vereinen auf Kapitalgesellschaften, ZIP 1998, 1249; *IDW,* Reform des Umwandlungsrechts, 1993; *Katschinski,* Die Umwandlung von Non-Profit-Organisationen, in: Kötz/Rawert/Walz (Hrsg.), Non Profit Law Yearbook 2001, S. 65; *ders.,* Die Verschmelzung von Vereinen, 1999; *Kempen,* Überraschungen bei der „Bildung gesamtdeutscher Gewerkschaften", ArbuR 1990, 372; *Kempen/Lörcher/Platow/Trümmer/Tiefenbacher/*Verdi-die neue Dienstleistungsgewerkschaft, Jahrbuch des Arbeitsrechts, 2002, Bd. 39, S. 65; *Kollhosser,* Der Verzicht des rechtsfähigen Vereins auf seine Rechtsfähigkeit, ZIP 1984, 1434; *Kühr,* Steuerhandbuch für Vereine, 2. Aufl. 1997; *Kummer,* Die Verschmelzung eingetragener Vereine ohne Abwicklung, DR 1942, 317; *Lutter,* Zur Reform von Umwandlung und Fusion, ZGR 1990, 392; *Lettl,* Der vermögensrechtliche Zuweisungsgehalt der Mitgliedschaft beim Ideal-Verein, AcP 203 (2003) 149; *Möhlenkamp,* Vereinsrechtsreform stutzt Nebenzweckprivileg der Vereine: Welche wirtschaftliche Tätigkeit wird noch in Zukunft zulässig sein, DB 2004, 2737; *Müller,* Zweifelsfragen zum Umwandlungsrecht, WPg 1996, 857; *Müller,* Der deutsche Berufsfußball – vom Idealverein zur Kapitalgesellschaft, 2000; *Neumayer/Schulz,* Die Verschmelzung von rechtsfähigen Vereinen, DStR 1996, 872; *Neye,* Die Änderungen im Umwandlungsgesetz nach den handels- und gesellschaftsrechtlichen Reformgesetzen in der 13. Legislaturperiode, DB 1998, 1649; *Oetker,* Der Wandel vom Ideal- zum Wirtschaftsverein, NJW 1991, 385; *Oetker,* Das private Vereinsrecht als Ausgestaltung der Koalitionsfreiheit, RdA 1999, 96; *Raupach/Böckstiegel,* „Umwandlungen" bei der Rechtsformwahl gemeinnütziger Organisationen, FS Widmann, 2000, S. 459; *Reichert,* Handbuch des Vereinsrechts, 10. Aufl. 2005; *Richardi,* Gewerkschaftsfusionen und Tarifautonomie, FS Kraft, 1999, S. 509; *Riebl,* Die Vereinsverschmelzung, JZ 1991, 658; *ders.,* Die Bildung gesamtdeutscher Gewerkschaften, ArbuR 1990, 365; *Sauter/Schweyer/Waldner,* Der eingetragene Verein, 18. Aufl. 2005; *Schlarb,* Die Verschmelzung eingetragener Genossenschaften, 1978; *Schleder,* Steuerrecht für Vereine, 1997; *K. Schmidt,* Zur gesetzlichen Befristung der Nichtigkeitsklage gegen Verschmelzungs- und Umtauschbeschlüsse, DB 1995, 1849; *ders.,* Gesetzliche Gestaltung und dogmatisches Konzept eines neuen Umwandlungsgesetzes, ZGR 1990, 580; *ders.,* Verbandszweck und Rechtsfähigkeit im Vereinsrecht, 1984; *Segna,* Bundesligaverein und Börse, ZIP 1997, 1902; *Seifert,* Die politischen Parteien im Recht der Bundesrepublik Deutschland, 1975; *Sernetz,* Die Rechtsnachfolge in die Verbandsmitgliedschaft, 1973; *Stöber,* Vereinsrecht, 9. Aufl. 2004; *Stoltenberg,* Bestand, Umwandlung und Verschmelzung konzessionierter Vereine, dargestellt am Beispiel der „Post-, Spar- und Darlehensvereine", 1989; *Terner,* Der „Entwurf des Gesetzes zur Änderung des Vereinsrechts", RPfleger 2005, 296; *Thiele,* Zum Begriff der politischen Partei, DVBl. 1964, 660; *Timm,* Einige Zweifelsfragen zum neuen Umwandlungsrecht, ZGR 1996, 274; *Wiedemann/Thüsing,* Gewerkschaftsfusionen nach dem Umwandlungsgesetz, WM 1999, 2237 und 2277; *Zacharias,* Going-Public der Fußball-Kapitalgesellschaft, 1999.

A. Allgemeines

I. Entstehungsgeschichte

Die Umwandlung von Vereinen war vor Inkrafttreten des UmwG 1994 nur in sehr engem Rahmen möglich. Einheitliche Regelungen über die Umwandlung fehlten gänzlich. Nur in Einzelfällen ließ das Gesetz die Beteiligung von Vereinen an Umwandlungen zu. **1**

So regelte das alte UmwG 1969 in § 62 UmwG aF die Umwandlung von wirtschaftlichen Altvereinen. Dabei handelte es sich nicht um eine Verschmelzung bzw. verschmelzende Umwandlung, sondern um eine sog. errichtende Umwandlung. Die §§ 63 e bis 63 i GenG aF normierten die Verschmelzung von genossenschaftlichen Prüfverbänden in der Rechtsform des eingetragenen oder wirtschaftlichen Vereins. Weitere gesetzliche Regelungen über die Umwandlung von Vereinen fehlten. **2**

Zwar erwähnten schon damals die §§ 6 Abs. 2 Nr. 11 und 9 Abs. 3 ParteiG die Verschmelzung politischer Parteien, welche in der Rechtsform des eingetragenen oder nicht rechtsfähigen Vereins organisiert sind. Nach richtiger Auffassung[1] regeln diese Normen des ParteiG **3**

---

[1] Str., so auch *Reichert/Dannecker,* Handbuch des Vereins- und Verbandsrechts, 6. Aufl. 1995, Rn 2252; *Riebl* JZ 1991, 658; *K. Schmidt* ZGR 1991, 386; *Henke* S. 43 f.; *Seifert,* Die politischen Parteien im Recht der Bundesrepublik Deutschland, 1975, S. 174; *Thiele* DVBl. 1964, 661; aA *Drobnig/Becker/Remien* S. 25, die davon ausgehen, dass die §§ 6 Abs. 2 Nr. 11 und 9 Abs. 3 ParteiG

nur die Zuständigkeit des Parteitags für die Beschlussfassung über die Verschmelzung, ohne materiell-rechtlich eine Rechtsgrundlage für die Fusion von Parteien zu bilden. Die Zulässigkeit der Verschmelzung von Parteien bestimmt sich daher vielmehr nach den allgemeinen Vorschriften, die die Fusion von Vereinen damals abgesehen von den Spezialregelungen der §§ 63 e bis 63 i GenG aF nicht kannten.

4   Versuche, die spärlichen gesetzlichen Regelungen über die Umwandlung von Vereinen zu erweitern und unter Hinweis auf Art. 9 Abs. 1 GG, die §§ 339 ff., 359 ff. AktG aF[2] bzw. die §§ 93 a ff. GenG aF[3] auf die Verschmelzung von Vereinen analog anzuwenden, konnten sich nicht durchsetzen. Zu Recht wurde den Vertretern dieser Minderauffassung entgegen gehalten, dass die Umwandlungsmöglichkeiten durch das Gesetz abschließend geregelt seien[4].

5   Als nicht gesetzlich geregelte Umwandlung war nur der sog. vereinsrechtliche Rechtsformwechsel in der Rechtsprechung[5] und im Schrifttum[6] anerkannt. Dieser betrifft den Wechsel zwischen den Vereinsklassen, also die Konstellation, dass ein e. V., der sich überwiegend wirtschaftlich betätigt, die staatliche Genehmigung gem. § 22 BGB beantragt und sich im Vereinsregister austragen lässt[7]. Das Rechtsinstitut des vereinsrechtlichen Formwechsels geht zurück auf die Beratungen des BGB. In ihnen ist die Einführung einer ausdrücklichen Regelung über den Wechsel vom eingetragenen zum wirtschaftlichen Verein vorgeschlagen worden. Dieser Vorschlag konnte sich nicht durchsetzen. Er wurde mit dem Hinweis abgelehnt, dass die Lösung dieser Frage der Rechtsprechung und Literatur überlassen werden solle[8].

6   Der vereinsrechtliche Rechtsformwechsel ist nach dem Inkrafttreten des neuen UmwG 1994 weiterhin neben dem Formwechsel nach den §§ 190 ff. möglich. Das Analogieverbot des § 1 Abs. 2 steht dem nicht entgegen. Es gilt nur für die vom UmwG erfassten Umwandlungen. Die bisherigen bestehenden Methoden der Umstrukturierung von Rechtsträgern außerhalb des Umwandlungsrechts sollten nicht durch § 1 Abs. 2 beschränkt werden[9].

---

nicht nur Zuständigkeitsregelungen darstellen, sondern auch materiell-rechtlich die Verschmelzung von Parteien ermöglichen.

[2] *Drobnig/Becker/Remien* S. 31 ff.

[3] *Riebl* JZ 1991, 658 f.; *ders.* ArbuR 1990, 365 ff. für die Gewerkschaften; *Kempen* ArbuR 1990, 372 ff.

[4] *Reuter* in MünchKomm.3 § 41 BGB Rn 9 mwN.

[5] OLG Hamburg OLGZ 59, 152, 158.

[6] *Steffen* in RGRK § 22 BGB Rn 3; *Reuter* in MünchKomm.3 § 41 BGB Rn 7; *Oetker* NJW 1991, 385, 391; *Stöber* Rn 768 f.; *Reichert* Rn 4200.

[7] Nach *Reichert* Rn 4200 und *Stöber* Rn 769 soll auch die umgekehrte Gestaltung des Wechsels vom wirtschaftlichen Verein in den eingetragenen Verein möglich sein, indem der Verein sich im Vereinsregister eintragen lässt und anschließend seine Konzession zurückgibt.

[8] Die Rechtsgrundlage des vereinsrechtlichen Rechtsformwechsels ist bis heute umstritten. Überwiegend wird seine Zulässigkeit damit begründet, dass der Verein im Zeitraum nach der Verleihung der staatlichen Genehmigung und der anschließenden Löschung im Vereinsregister seine Rechtsfähigkeit aus zwei Quellen speise; siehe *BayObLG* OLGZ 59, 152, 158; *Steffen* in RGRK § 71 BGB Rn 3; *Reichert* Rn 4201; *Oetker* NJW 1991, 385, 391. Nach aA soll in diesem Fall die staatliche Genehmigung unter der aufschiebenden Bedingung der Löschung des Vereins im Vereinsregister stehen; siehe *K. Schmidt* Verbandszweck S. 310 ff. Dagegen ist zu Recht eingewandt worden, dass bei rechtsgestaltenden Verwaltungsakten die Hinzufügung von aufschiebenden Bedingungen nach § 36 VwVfG unzulässig sei; siehe *OVG Hamburg* NJW 1975, 1900, 1902; *Reichert* Rn 276; *Oetker* NJW 1991, 385, 391; *Reuter* in MünchKomm.3 § 41 BGB Rn 7. Auch führt die Bedingungskonstruktion dazu, dass für eine juristische Sekunde der Verein zum Liquidationsverein würde. Nach richtiger Auffassung stützt daher beim vereinsrechtlichen Formwechsel der Verein seine Rechtsfähigkeit auf zwei Grundlagen. Nur so ist auch der umgekehrte Weg des vereinsrechtlichen Formwechsels aus dem wirtschaftlichen Verein in den eingetragenen Verein zu erklären.

[9] Einl. A Rn 82; *Stratz* in Schmitt/Hörtnagl/Stratz § 1 Rn 58.

Die Verschmelzung von anderen Vereinen als genossenschaftlichen Prüfungsverbänden 7
war somit vor Inkrafttreten des UmwG 1994 nur dergestalt durchführbar, dass der Verein
aufgelöst, liquidiert und dessen Vermögen und Verbindlichkeiten im Wege der Einzelübertragung auf einen bereits bestehenden oder gleichzeitig neu gegründeten Rechtsträger gleicher oder anderer Rechtsform unter gleichzeitigem Beitritt der Mitglieder des übertragenden Vereins übertragen wurden[10]. Erforderlich war hierzu ein Vertrag über die Vermögensübernahme, der nach § 311 BGB aF (jetzt § 311 b Abs. 3 BGB) beurkundungspflichtig war
und die Rechtswirkungen des § 419 BGB aF[11] auslöste[12]. Für die Übertragung des Vereinsvermögens oder dessen Verbindlichkeiten galten die allgemeinen Vorschriften, also die
§§ 929 ff. BGB für bewegliche Sachen, die §§ 873 ff., 925 BGB für Grundstücke und Rechte
an Grundstücken, die §§ 398 ff. BGB für Forderungen und die §§ 414 ff. BGB für Verbindlichkeiten. Eine Verschmelzung nach altem Recht war umständlich und kam in der Praxis
selten vor. Auch heute noch kann ein Verein, der nicht nach dem UmwG verschmelzungsfähig ist, nur nach den vorstehenden Grundsätzen fusioniert werden[13].

II. Sinn und Zweck der Norm

Eines der Ziele des UmwG 1994 war es, die Umstrukturierungsmöglichkeiten von Ver- 8
bänden, die zuvor in fünf verschiedenen Gesetzen, dem UmwG 1969, den §§ 339 ff. AktG
aF, den §§ 19 ff. KapErhG, den §§ 63 c ff., 93 a ff. GenG und den §§ 44 a ff., 53 a VAG,
geregelt waren, zu vereinheitlichen und zusammenzufassen. Gleichzeitig sollten Lücken der
bisherigen Regelungen geschlossen werden[14]. Hierzu gehörte auch die Einführung der Beteiligung von Vereinen an Umwandlungsvorgängen.

Der erste Entwurf zum neuen UmwG aus dem Jahr 1988 regelte zwar in den §§ 3 Abs. 2 9
Nr. 1, 139, 169, 194 und 254 E die Umwandlung von Vereinen. Er beschränkte ihre Beteiligung auf den Part des übertragenden und formwechselnden Rechtsträgers. Dies basierte
darauf, dass der Diskussionsentwurf aus dem Jahre 1988 noch von dem Begriff des Unternehmens und nicht von dem des Rechtsträgers ausging[15]. Der Entwurfsverfasser dachte nur an
unternehmenstragende Vereine, folglich an wirtschaftliche Vereine oder eingetragene Idealvereine, die iRd. Nebenzweckprivilegs ein wirtschaftliches Unternehmen betreiben. Dies
belegen die in der Begründung des Entwurfs aufgezählten Fallgruppen. Dort werden die
freien Sparkassen in der Rechtsform des wirtschaftlichen Vereins, denen die Möglichkeit zur
Beschaffung von Eigenkapital fehle, die sonstigen wirtschaftlichen Vereine mit besonderen
Aufgaben, wie Postsparvereine, und die Idealvereine, wie die Lizenzspielerabteilungen von
Sportvereinen, erwähnt, die sich im Lauf der Zeit zu wirtschaftlichen Vereinen entwickelt
haben[16]. Eine weiter gehende Beteiligung von Vereinen als übernehmende Rechtsträger bei
Umwandlungen wurde dagegen vom Entwurfsverfasser mit der Begründung abgelehnt, dass

---

[10] *Hadding* in Soergel[12] Vor 41–53 Rn 7, Nachtrag zu Vor § 21 Rn 60; *Reichert/Dannecker,* Handbuch des Vereins- und Verbandsrechts, 6. Aufl. 1995, Rn 2253; *K. Schmidt* ZGR 1991, 286; *Kummer* DR 1942, 317; Hanseatisches OLG OLGE 22, 113; *Hadding/Hennrichs,* FS Boujong, S. 203 f.; *Sauter/Schweyer,* Der eingetragene Verein, 15. Aufl. 1994, Rn 358; *Neumayer/Schulz* DStR 1996, 872; *Kollhosser* ZIP 1984, 1434.
[11] Die Norm ist durch das EGInsO vom 5. 10. 1994, BGBl. I S. 2911, 2925 ersatzlos aufgehoben worden.
[12] *Neumayer/Schulz* DStR 1996, 872; *Heinrichs* in Palandt[54] § 41 BGB Rn 5.
[13] *Reichert* Rn 4207 ff. ; *Katschinski,* Die Umwandlung von Non-Profit-Organisationen, S. 75 f.
[14] Vgl. Begr. DiskE 1988, veröffentlicht als Beilage 214 a zum Bundesanzeiger vom 15. 11. 1988, S. 6 ff.; RegBegr. *Ganske* S. 16.
[15] § 3 E.
[16] Vgl. Begr. DiskE 1988, veröffentlicht als Beilage 214 a zum Bundesanzeiger vom 15. 11. 1988, S. 9.

Vereine als Träger von Unternehmen aus rechtspolitischen Gründen nicht gefördert werden sollten[17].

10 Diese Beschränkung der Beteiligung von rechtsfähigen Vereinen auf die Rolle des übertragenden Rechtsträgers wurde von der Literatur[18] und der Praxis kritisiert, und es wurde darauf hingewiesen, dass in anderen Fällen, wie zB bei der Fusion von Sportvereinen oder Gewerkschaften, ein Bedürfnis von Vereinen für eine Beteiligung an Umwandlungsvorgängen bestände. Die Anregungen wurden von dem späteren Referentenentwurf aus dem Jahr 1992 aufgenommen. Anstelle des Begriffs des „Unternehmens" verwandte dieser nunmehr den neutralen Begriff des „Rechtsträgers". Damit kam es nicht mehr darauf an, ob ein Rechtsträger ein Unternehmen im betriebswirtschaftlichen oder rechtlichen Sinn betreibt[19]. Gleichzeitig wurde eingetragenen Vereinen die Möglichkeit eröffnet, sich auch als übernehmende Rechtsträger an Verschmelzungen und Spaltungen zu beteiligen.

11 Wirtschaftlichen Vereinen wurde diese Möglichkeit weiterhin aus rechtspolitischen Gründen bewusst verwehrt, da der Gesetzgeber ihnen kritisch gegenüber steht. Die Vergrößerung oder Neugründung von wirtschaftlichen Vereinen durch Umwandlungen wollte der Gesetzgeber ausschließen. Er sieht wirtschaftliche Vereine nur in Ausnahmefällen als geeignete Träger von Unternehmen an, da sie sich in wesentlichen Punkten von anderen Unternehmensträgern unterscheiden[20]. Sie unterliegen – abgesehen vom Vorliegen der Voraussetzungen des Publizitätsgesetzes – keiner allgemeinen Verpflichtung zur Rechnungslegung. Im Vereinsrecht bestehen keine Regeln über die Aufbringung und Erhaltung eines Haftkapitals, obwohl den Gläubigern des Vereins nur dessen Vermögen haftet. Die Kontrolle des Vereinsvorstands bei seiner Geschäftsführung durch die Mitglieder ist gesetzlich schwächer ausgebildet als bei anderen Unternehmensträgern im Gesellschaftsrecht. Zuletzt unterliegen wirtschaftliche Vereine nicht der Arbeitnehmermitbestimmung, selbst wenn sie eine große Zahl von Arbeitnehmern beschäftigen.

B. Systematische Einordnung der §§ 99 ff.

12 Entsprechend der sog. Baukastentechnik des UmwG ergeben sich die wesentlichen Voraussetzungen für die Verschmelzung von Vereinen aus den Regelungen des Allgemeinen Teils (§§ 2 ff.). Die §§ 99 ff. ergänzen und modifizieren die allgemeinen Grundsätze für den Fall der Beteiligung von Vereinen. Auf die Verschmelzung zur Neugründung von Vereinen sind schließlich kraft der Verweisung des § 36 Abs. 2 die Gründungsvorschriften des BGB für Vereine mit Ausnahme derjenigen anzuwenden, die eine Mindestzahl der Gründer vorsehen.

13 Aufgrund der Verweisung des § 125 finden die §§ 100 bis 104 a auch auf die Spaltung rechtsfähiger Vereine Anwendung. An die Stelle des § 99 tritt bei der Spaltung die inhaltsgleiche Regelung des § 149.

C. Die Beteiligungsfähigkeit von Vereinen an Verschmelzungen

14 Die grundsätzliche Beteiligungsfähigkeit von rechtsfähigen Vereinen an Verschmelzungen ergibt sich aus § 3. Gleichzeitig ergeben sich aus dieser Norm die möglichen Verschmel-

---

[17] Vgl. Begr. DiskE 1988, veröffentlicht als Beilage 214 a zum Bundesanzeiger vom 15. 11. 1988, S. 29 f., 104.
[18] *K. Schmidt* ZGR 1990, 580, 590; *ders.* ZGR 1991, 378, 388; *Lutter* ZGR 1990, 392, 397.
[19] Vgl. *Ganske* RefE S. 13.
[20] Siehe RegBegr. *Ganske* S. 47.

zungskombinationen. Nach § 3 Abs. 1 Nr. 4 ist der e. V. danach sowohl als übertragender, übernehmender oder neuer Rechtsträger an Verschmelzungen beteiligungsfähig, der wirtschaftliche Verein dagegen nur als übertragender Rechtsträger gem. § 3 Abs. 2 Nr. 1. § 99 schränkt die in § 3 geregelte Beteiligungsfähigkeit von rechtsfähigen Vereinen an Verschmelzungen in zweifacher Weise ein. Zum einen regelt § 99 Abs. 1 allgemeine Beschränkungen für die Beteiligung rechtsfähiger Vereine an Verschmelzungen, zum anderen begrenzt § 99 Abs. 2 die Verschmelzungskombinationen des e. V.

Weitere Einschränkungen der nach § 3 möglichen Verschmelzungskombinationen rechtsfähiger Vereine ergeben sich aus anderen Vorschriften des Besonderen Teils des Zweiten Buches[21]. 15

Rechtspolitisch sind die Regelungen der §§ 3, 99 immer noch zu eng gefasst. In der Praxis besteht über ihren Wortlaut hinaus in zahlreichen Fallgruppen ein anerkennenswertes Interesse für die Zulassung der Verschmelzung von Vereinen mit anderen Rechtsträgern bzw. anderen Vereinstypen. Dies gilt zB für die Verschmelzung oder Spaltung von Stiftungen und Vereinen untereinander, die nach der derzeitigen gesetzlichen Regelung nicht möglich ist[22]. Auch ist nicht rechtsfähigen Vereinen die Beteiligung an Verschmelzungen und Spaltungen verwehrt. Dies gilt nach dem Gesetzeswortlaut selbst für Parteien und Gewerkschaften, sofern sie in dieser Rechtsform organisiert sind. Die in der jüngsten Vergangenheit vollzogenen Zusammenschlüsse der Gewerkschaften belegen die Notwendigkeit, *de lege ferenda* wenigstens in Teilbereichen die Verschmelzung und Spaltung nicht rechtsfähiger Vereine zuzulassen. 16

I. Allgemeine Einschränkungen

Vereine können sich an Verschmelzungen nicht beteiligen, sofern die Satzung des Vereins oder Vorschriften des Landesrechts ihr entgegenstehen[23]. 17

1. Vorbehalt des Landesrechts

Im Vereinsrecht findet noch vereinzelt Landesrecht Anwendung[24]. Der Gesetzgeber hielt es für möglich, dass solche landesrechtlichen Vorschriften im Einzelfall einer Verschmelzung von Vereinen entgegenstehen[25]. Allerdings sind derartige Vorschriften des Landesrechts derzeit nicht ersichtlich[26]. 18

Bedeutung könnte der Vorbehalt des Landesrechts allein gem. Art. 82 EGBGB für wirtschaftliche Vereine erlangen. Auf der Ebene des Landesrechts könnte der Gesetzgeber eine Genehmigungspflicht für die Verschmelzung wirtschaftlicher Vereine einführen. 19

2. Vorbehalt der Satzung

Der Vorbehalt, dass die Satzung des Vereins die Verschmelzung ausschließt, ist für alle Vereine relevant. Als entgegenstehende Satzungsbestimmungen kommen dabei nicht nur solche in Betracht, die ausdrücklich die Auflösung des Vereins durch Verschmelzung ausschließen, sondern auch solche, die sinngemäß einer solchen Umwandlung entgegenstehen[27]. Letzteres ist im Wege der Auslegung festzustellen. Für einen Ausschluss der Verschmelzung auf- 20

---

[21] Wie zB §§ 105, 109.
[22] Vgl. auch *Hadding/Hennrichs* in Lutter Rn 11; *Katschinski,* Die Umwandlung von Non-Profit-Organisationen, S. 71, 88.
[23] § 99 Abs. 1.
[24] Artt. 1 Abs. 2, 55, 82, 85, 86, 99, 163 bis 166 EGBGB.
[25] RegBegr. *Ganske* S. 135.
[26] So auch *Hadding/Hennrichs* in Lutter Rn 13; *Vossius* in Widmann/Mayer Rn 30.
[27] Allg. Ansicht, vgl. *Hadding/Hennrichs* in Lutter Rn 12 a; *Stratz* in Schmitt/Hörtnagl/Stratz Rn 1; *Vossius* in Widmann/Mayer Rn 21.

grund sinngemäßer Auslegung von Satzungsklauseln bedarf es hinreichend konkreter Anhaltspunkte[28].

21 Als entgegenstehende Bestimmungen können Satzungsregelungen anzusehen sein, nach denen bei der Auflösung des Vereins dessen Vermögen einer anderen Person als den Mitgliedern anfällt, sofern der Anfallberechtigte nicht mit dem übernehmenden Rechtsträger identisch ist[29]. Solche Regelungen enthalten regelmäßig gemeinnützige, mildtätige oder kirchliche Vereine im Hinblick auf § 61 AO. Durch sie soll die Vermögensbindung des Vereinsvermögens für die vom Verein verfolgten steuerbegünstigten Zwecke sichergestellt werden. Wird in einem solchen Fall der Verein auf einen anderen Rechtsträger als den Anfallberechtigten verschmolzen, wird dessen Vermögen entgegen der Satzung bei dessen Auflösung im Rahmen der Verschmelzung dem aufnehmenden Rechtsträger zugewandt. Letzteres verstößt dann gegen den Sinn und Zweck der Satzungsregelung, wenn der übernehmende Rechtsträger selbst nicht steuerbegünstigt ist. Entgegen § 61 AO würde in einem derartigen Fall durch die Verschmelzung das Vereinsvermögen der steuerlichen Vermögensbindung entzogen.

22 Ist hingegen der aufnehmende Rechtsträger auch eine steuerlich begünstigte Körperschaft iSd. §§ 51 ff. AO, so ist zu differenzieren.

Hier muss durch Auslegung der Satzungsklausel ermittelt werden, welche Zwecke die Mitglieder mit der Benennung des Anfallberechtigten in ihrer Satzung verfolgt haben. Ist in der Satzung des übertragenden Vereins der Anfallberechtigte von den Mitgliedern gezielt eingesetzt worden, damit sichergestellt ist, dass dieser die Zielsetzung des Vereins mit dessen Vermögen nach seiner Auflösung weiter verfolgt, bedarf es vor einer Verschmelzung auf einen anderen Rechtsträger grundsätzlich einer vorherigen Abänderung der entsprechenden Satzungsregelung. Eine solche Fallkonstellation liegt regelmäßig vor, wenn in der Satzung eines kirchlichen Vereins eine andere kirchliche Organisation als Anfallberechtigter benannt wird. Durch eine solche Klausel soll nicht nur die Vermögensbindung iSd. AO sichergestellt werden, sondern es soll auch erreicht werden, dass das Vereinsvermögen in der Hand kirchlicher Organisationen verbleibt.

Diente die Benennung des konkreten Anfallberechtigten hingegen nur dem Zweck, die Voraussetzungen der AO für die Erlangung der steuerlichen Begünstigungen zu erfüllen, steht die Satzungsregelung einer Verschmelzung auf eine andere steuerlich begünstigte Körperschaft nicht entgegen.

23 Da die Auslegung der Klauseln über den Anfallberechtigten nur selten zu eindeutigen Ergebnissen führt, empfiehlt es sich, stets vor oder gleichzeitig mit der Verschmelzung des Vereins auf einen anderen Rechtsträger als den Anfallberechtigten, die Satzungsklausel entsprechend anzupassen.

24 Nach § 99 Abs. 1 entgegenstehende Satzungsregelungen können durch Satzungsänderung nach den dafür vorgesehenen Regelungen überwunden werden[30]. Im Normalfall bereitet dies keine Probleme, wenn sowohl die Satzungsänderung[31] als auch der Zustimmungsbeschluss einer Mehrheit von drei Vierteln der erschienenen Mitglieder bedürfen. Sofern sich in der Mitgliederversammlung die notwendige Mehrheit für die Verschmelzung findet, wird sich auch die Mehrheit für die vorherige Änderung der entgegenstehenden Satzungsregelung finden. Daher schränkt ein Satzungsvorbehalt iSv. § 99 Abs. 1 die Verschmelzung eines

---

[28] Vgl. *Hadding/Hennrichs* in Lutter Rn 12; *Vossius* in Widmann/Mayer Rn 25.
[29] *Katschinski*, Die Verschmelzung von Vereinen, S. 31; *ders.*, Die Umwandlung von Non-Profit-Organisationen, S. 72 f.; ähnlich wohl *Raupach/Böckstiegel*, FS Widmann, S. 459, 477 Fn 53; aA *Hadding/Hennrichs* in Lutter Rn 12; *Vossius* in Widmann/Mayer Rn 26; Stöber Rn 773.
[30] RegBegr. *Ganske* S. 135; *Hadding/Hennrichs* in Lutter Rn 12; *Hadding/Hennrichs*, FS Boujong, S. 203, 209; *Stratz* in Schmitt/Hörtnagl/Stratz Rn 1; Stöber Rn 773.
[31] § 33 Abs. 1 Satz 1 BGB.

Vereins nur dann effektiv ein, wenn für ihre Änderung besondere Erfordernisse vorgesehen sind[32].

Der Gesetzeswortlaut und die Gesetzesbegründung fordern, dass die entgegenstehende Satzungsklausel vor der Verschmelzung geändert wird[33]. Richtigerweise ist aber auch die gleichzeitige Eintragung der Satzungsänderung im Rahmen der Verschmelzung ausreichend[34]. Sofern zweifelhaft ist, ob eine Satzungsregelung im Einzelfall eine Verschmelzungssperre begründet, empfiehlt es sich, zusammen mit dem Verschmelzungsbeschluss deren Änderung zu beschließen und gleichzeitig mit der Verschmelzung zur Eintragung in das Vereinsregister anzumelden[35].

Nicht möglich ist hingegen die Aufhebung der Verschmelzungssperre einer Satzungsklausel im Wege der Satzungsdurchbrechung, ohne dass die entsprechende Satzungsregelung durch Beschluss ausdrücklich geändert und dies in das Vereinsregister eingetragen wird[36].

Von den nach § 99 Abs. 1 der Verschmelzung entgegenstehenden Satzungsregelungen zu unterscheiden sind Sonderrechte einzelner Vereinsmitglieder. Sie begründen ein weiteres Erfordernis nach § 103 Satz 2 mit der Folge[37], dass die Verschmelzung der Zustimmung ihrer Inhaber in notariell beurkundeter Form bedarf[38], sofern die Sonderrechte durch die Verschmelzung beeinträchtigt werden. Nicht jedoch hindern sie eine Verschmelzung generell in der Weise, dass vor oder gleichzeitig mit ihr eine Änderung der entsprechenden Regelungen der Satzung notwendig ist.

II. Verschmelzungsfähigkeit der einzelnen Vereinstypen

1. Eingetragener Verein

Der e. V. kann sich grundsätzlich sowohl als übertragender oder übernehmender oder neu gegründeter Rechtsträger an Verschmelzungen beteiligen[39]. § 99 Abs. 2 schränkt die Beteiligungsfähigkeit solcher Vereine als aufnehmende oder neu gegründete Rechtsträger weiter ein. Nach dieser Vorschrift darf ein e. V. im Wege der Verschmelzung Rechtsträger anderer Rechtsform nicht aufnehmen und durch die Verschmelzung solcher nicht gegründet werden. Der Wortlaut des § 99 Abs. 2 ist durch das Gesetz zur Änderung des Umwandlungsgesetzes vom 22. 7. 1998[40] klargestellt und entsprechend der inhaltsgleichen Regelung des § 149 neu formuliert worden.

a) Verschmelzungskombinationen. Damit bestehen nunmehr unstreitig folgende Verschmelzungskombinationen unter Beteiligung eingetragener Vereine:
– Ein oder mehrere eingetragene/r Verein/e kann/können im Wege der Verschmelzung zur Aufnahme mit einem anderen e. V. verschmolzen werden.
– Zwei oder mehrere eingetragene Vereine können auf einen neu gegründeten e. V. im Wege der Verschmelzung zur Neugründung verschmolzen werden.

---

[32] RegBegr. *Ganske* S. 135.
[33] RegBegr. *Ganske* S. 135.
[34] *Reuter* in MünchKomm. § 41 BGB Rn 19; *Stöber* Rn 773; *Katschinski*, Die Verschmelzung von Vereinen, S. 32 f.; *Hadding/Hennrichs* in Lutter Rn 12; *Sauter/Schweyer/Waldner* Rn 397.
[35] Ebenso *Hadding/Hennrichs* in Lutter Rn 12 a; *Raupach/Böckstiegel*, FS Widmann, S. 477; *Schleder*, Steuerrecht der Vereine, 6. Aufl. 2001, Rn 478; *H.P. Westermann* in Erman § 41 BGB Rn 2.
[36] *Katschinski*, Die Verschmelzung von Vereinen, S. 33.
[37] *Hadding/Hennrichs* in Lutter Rn 12 b; *Vossius* in Widmann/Mayer Rn 23; *Reuter* in MünchKomm. § 41 BGB Rn 44; *Katschinski*, Die Verschmelzung von Vereinen, S. 152 f.
[38] § 13 Abs. 2 und 3.
[39] § 3 Abs. 1 Nr. 4.
[40] BGBl. I S. 1878; eine inhaltliche Änderung ist mit der neuen Formulierung nicht verbunden, vgl. dazu *Neye* DB 1998, 1649.

– Ein oder mehrere eingetragene Verein/e[41] kann/können im Wege der Mischverschmelzung zur Aufnahme auf einen Rechtsträger anderer Rechtsform verschmolzen werden.
– Zwei oder mehrere eingetragene/r Vereine/e kann/können im Wege der Mischverschmelzung zur Neugründung auf einen im Zuge der Umwandlung neu gegründeten Rechtsträger anderer Rechtsform verschmolzen werden.
– Ein oder mehrere eingetragene/r Verein/e kann/können zusammen mit einem oder mehreren Rechtsträgern anderer Rechtsform als übertragender Rechtsträger im Wege der Mischverschmelzung zur Aufnahme oder zur Neugründung auf einen Rechtsträger anderer Rechtsform verschmolzen werden.

30 Aufnehmender Rechtsträger anderer Rechtsform kann bei den vorgenannten Mischverschmelzungen eine Kapitalgesellschaft, eine Personenhandelsgesellschaft, beim Vorliegen der Voraussetzungen des § 45 a eine PartG, eine eG oder ein genossenschaftlicher Prüfverband – letzterer jedoch nur, soweit die Voraussetzungen des § 105 vorliegen – sein. Die Beteiligung von Versicherungsvereinen auf Gegenseitigkeit an Verschmelzungen unter Beteiligung von eingetragenen Vereinen ist dagegen ausgeschlossen[42].

31 Unzulässig sind nach § 99 Abs. 2 die Mischverschmelzung eines Rechtsträgers anderer Rechtsform zur Aufnahme auf einen e. V. als aufnehmender Rechtsträger bzw. die Verschmelzung zweier Rechtsträger anderer Rechtsform oder eines solchen Rechtsträgers mit einem e. V. zur Neugründung eines e. V. Zweck der Regelung des § 99 Abs. 2 ist es, eine Verwässerung der ideellen Zweckausrichtung des e. V. zu verhindern, die dadurch eintreten könnte, dass gewerbliche Unternehmen von Rechtsträgern anderer Rechtsform im Wege der Umwandlung auf den Verein übergehen[43].

32 **b) Wortlautkorrektur.** Ausgehend von dieser Zielsetzung des § 99 Abs. 2 ist die Norm analog auf den Fall der Rechtsformverfehlung eines e. V. anzuwenden[44]. Daher kann sich ein e. V., der tatsächlich wirtschaftliche Zwecke verfolgt und dem dennoch nicht nach § 43 Abs. 2 BGB die Rechtsfähigkeit entzogen wurde, weder als aufnehmender noch als übertragender Rechtsträger an einer Verschmelzung mit einem anderen e. V. beteiligen. Einer solchen Analogie stehen nicht § 1 Abs. 2[45] bzw. Abs. 3[46] entgegen. Soweit das UmwG Lücken enthält, können diese nach allg. Meinung durch „Fortdenken" der gesetzlichen Regelung entsprechend ihrem Zweck geschlossen werden.

---

[41] Die ursprüngliche Formulierung des § 99 Abs. 2 aF lautete, dass ein e. V. im Wege der Verschmelzung nur andere Vereine aufnehmen und mit ihnen einen e.V. oder Rechtsträger anderer Rechtsform neu gründen könne. Ein Teil des Schrifttums meinte unter Hinweis auf den Wortlaut, dass durch die Norm die Mischverschmelzung eines e.V. zur Aufnahme auf einen Rechtsträger anderer Rechtsform sowie die Mischverschmelzung eines e.V. mit einem Rechtsträger anderer Rechtsform auf einen Rechtsträger anderer Rechtsform im Wege der Mischverschmelzung zur Neugründung ausgeschlossen gewesen seien; *Neumayer/Schulz* DStR 1996, 872; *Stöber*, 6. Aufl. 1992, Rn 772. Nach richtiger Auffassung stand § 99 Abs. 2 aF diesen Verschmelzungskombinationen nicht entgegen; *Hadding* in Lutter[1] Rn 17; *Dehmer*[2] Rn 4; *Schwarz* in Widmann/Mayer § 3 Rn 3.1.5; *Hadding/Hennrichs*, FS Boujong, S. 203, 209 ff.; *Katschinski*, Die Verschmelzung von Vereinen, S. 34, Fn 23. Der Wortlaut des § 99 Abs. 2 aF war dem Gesetzgeber missglückt. Zweck der Norm war es allein zu verhindern, dass eingetragene Vereine sich an Mischverschmelzungen als aufnehmende Rechtsträger beteiligen, was die systematische Auslegung bestätigte. So hatte der Gesetzgeber sein Anliegen in der Parallelvorschrift des § 149 Abs. 2 bereits damals genauer zum Ausdruck gebracht. Auch wurde bereits damals von § 88 Abs. 2 die Zulässigkeit der Verschmelzung eines e.V. als übertragender Rechtsträger auf eine Genossenschaft vorausgesetzt.
[42] § 109.
[43] *Vossius* in Widmann/Mayer Rn 42.
[44] *Katschinski*, Die Verschmelzung von Vereinen, S. 36; aA *Reuter* in MünchKomm. § 41 BGB Rn 18; *Hadding/Hennrichs* in Lutter Rn 18 a.
[45] § 1 Rn 62; *Heckschen* in Widmann/Mayer § 1 Rn 406; *Kallmeyer* in Kallmeyer § 1 Rn 23.
[46] § 1 Rn 84; *Lutter/Drygala* in Lutter § 1 Rn 40.

Würde man die Verschmelzung eines anderen e. V. auf einen solchen Verein zulassen, **33** würde durch eine solche Fusion der unternehmenstragende Verein durch die Übertragung des Vermögens des anderen Vereins verstärkt und damit entgegen der gesetzgeberischen Vorstellung gefördert werden. Letzteres wollte der Gesetzgeber gerade vermeiden.

Auch der umgekehrte Fall, die Verschmelzung eines verkappten wirtschaftlichen Vereins **34** auf einen anderen e. V., widerspricht der *ratio* des § 99 Abs. 2. Bei einer solchen Konstellation besteht die Gefahr, dass der übertragende Verein den aufnehmenden mit der Folge infiziert, dass dieser durch die Aufnahme des Geschäftsbetriebs des übertragenden Vereins zum Unternehmensträger wird. Entsprach vor der Fusion der aufnehmende Verein noch dem gesetzlichen Leitbild, so führt die Verschmelzung nunmehr uU dazu, dass der vereinigte Verband nicht mehr den gesetzgeberischen Vorgaben entspricht. In jedem Fall kommt es zu einer Verwässerung der ideellen Zweckausrichtung des übernehmenden Vereins. Die Verschmelzung von verkappten wirtschaftlichen Vereinen mit einem e. V. ist nur dann zulässig, wenn durch die Fusion das Problem der Rechtsformverfehlung beseitigt wird, weil der wirtschaftliche Geschäftsbetrieb beim aufnehmenden Verein zur unbedenklichen Nebentätigkeit wird[47].

c) Umgehung. Die Beschränkungen des § 99 Abs. 2 können nicht dadurch umgangen **35** werden, dass auf andere Umwandlungsformen ausgewichen wird. § 149 Abs. 2 enthält für die Spaltung eine inhaltsgleiche Regelung, damit wird insbesondere eine Totalausgliederung des Vermögens eines anderen Rechtsträgers auf einen e. V. ausgeschlossen[48]. Nach § 191 Abs. 2 können rechtsfähige Vereine nicht Zielrechtsträger eines Formwechsels sein.

Grundsätzlich möglich ist eine Fusion von anderen Rechtsträgern auf einen e. V. im Wege **36** der Einzelübertragung der Vermögenswerte[49] oder bei Personengesellschaften im Wege des sog. Anwachsungsmodells[50]. § 1 Abs. 2 schließt beide Modelle nicht aus[51]. Auch § 99 Abs. 2 steht ihnen nicht entgegen. Grenzen setzt allerdings einer solchen unechten Fusion § 43 Abs. 2 BGB. Führt sie dazu, dass der Hauptzweck des aufnehmenden e. V. auf den Betrieb eines wirtschaftlichen Unternehmens gerichtet ist, droht ihm die Entziehung der Rechtsfähigkeit durch die Verwaltungsbehörde. Die Entscheidung hierüber steht dabei entgegen dem Wortlaut „kann" des § 43 Abs. 2 BGB nicht im Ermessen der Verwaltungsbehörde[52], vielmehr reduziert sich ihr Ermessen stets auf Null mit der Folge, dass eine Pflicht zum Eingreifen besteht[53]. Ein Vertrauensschutz ist in den Fällen der Rechtsformverfehlung nicht denkbar. Auch erfordert die anderenfalls bestehende faktische Umgehungsmöglichkeit ein konsequentes Eingreifen der Verwaltungsbehörden, um ein Leerlaufen des Konzessionssystems des § 22 BGB zu verhindern. Nicht hingegen droht daneben dem Verein die Vereinslöschung[54]. Sie ist nur bei offenen, aus der Satzung ersichtlichen Eintragungsmängeln mög-

---

[47] *Reuter* in MünchKomm. § 41 BGB Rn 18; *Hadding/Hennrichs* in Lutter Rn 18 a.
[48] *Vossius* in Widmann/Mayer Rn 48.
[49] Einl. A Rn 82, 85; § 1 Rn 57; *Lutter/Drygala* in Lutter § 1 Rn 34; *Kallmeyer* ZIP 1994, 1746, 1752 f.; *Reichert* Rn 4208; *Katschinski*, Die Umwandlung von Non-Profit-Organisationen, S. 75 f.
[50] Vgl. hierzu Einl. Rn 88; § 1 Rn 57; RegBegr. *Ganske* S. 34; *Heckschen* in Widmann/Mayer § 1 Rn 394, *Stratz* in Schmitt/Hörtnagl/Stratz § 1 Rn 58; *Lutter/Drygala* in Lutter § 1 Rn 34; *Krüger* NJW 1982, 2847 ff.; *Kramer* BB 1982, 1724.
[51] § 1 Rn 57, 59; *Lutter/Drygala* in Lutter § 1 Rn 34; *Heckschen* in Widmann/Mayer § 1 Rn 394; *Stratz* in Schmitt/Hörtnagl/Stratz § 1 Rn 58.
[52] Die hM hält sich an den Wortlaut des § 43 Abs. 2 BGB und geht von einer Ermessensentscheidung aus, vgl. *Heinrichs* in Palandt §§ 43, 44 BGB Rn 2; *Hadding* in Soergel § 43 BGB Rn 6; *Westermann* in Erman § 43 BGB Rn 2; *Sauter/Schweyer/Waldner* Rn 403.
[53] *Reuter* in MünchKomm. §§ 43, 44 BGB Rn 11 f.; *K. Schmidt* Verbandszweck S. 242 ff., 247.
[54] §§ 159, 142 FGG; str., nach einer Mindermeinung sollen bei der sog. verdeckten Rechtsformverfehlung die §§ 159, 142 FGG neben § 43 Abs. 2 BGB anwendbar sein; *LG Hamburg* ZIP 1986, 229; *K. Schmidt* GesR § 24 VII 2 a) bb), S. 724; *ders.* AcP 182 (1982) 1, 45 ff.; *ders.* Verbandszweck S. 236 ff.; *ders.* NJW 1993, 1227; *Reichert* Rn 3753; *Böttcher* RPfleger 1988, 169, 170; *Oetker* NJW 1991, 385, 388 ff. Nach hM verdrängt die abschließende Regelung des § 43 Abs. 2 BGB die §§ 159, 142 FGG; RGZ 154,

lich, nicht dagegen wenn der Vereinszweck entgegen der Satzung auf wirtschaftliche Zwecke ausgerichtet ist. Nach alledem ist eine unechte Fusion von Personengesellschaften oder Kapitalgesellschaften auf einen e. V. nur möglich, wenn entweder die Voraussetzungen einer erlaubten Nebentätigkeit vorliegen, sofern in ihrem Zusammenhang ein wirtschaftlicher Geschäftsbetrieb auf den Verein übergeht, oder wenn die übertragende Kapitalgesellschaft wie ein Idealverein ausschließlich ideelle Zwecke verfolgt.

2. Wirtschaftlicher Verein

37 Der Gesetzgeber wollte den wirtschaftlichen Verein aus rechtspolitischen Gründen nicht fördern, da er ihm als Unternehmensträger zur Recht kritisch gegenüber stand[55]. Eine Vergrößerung oder Neugründung von wirtschaftlichen Vereinen im Wege von Umwandlungen sollte nicht möglich sein. Dementsprechend beschränkt § 3 Abs. 2 Nr. 1 die Beteiligung wirtschaftlicher Vereine bei Verschmelzungen auf die Rolle des übertragenden Rechtsträgers[56]. Aufnehmender oder neu gegründeter Rechtsträger können dabei Personenhandelsgesellschaften, Partnerschaftsgesellschaften[57], Kapitalgesellschaften oder Genossenschaften sein, nicht hingegen eingetragene Vereine[58], genossenschaftliche Prüfungsverbände[59] und Versicherungsvereine auf Gegenseitigkeit[60]. Unzulässig ist sowohl die Verschmelzung wirtschaftlicher Vereine untereinander als auch die Verschmelzung von anderen Rechtsträgern auf wirtschaftliche Vereine als aufnehmender oder neu gegründeter Rechtsträger.

38 Da sich der wirtschaftliche Verein an Spaltungen ebenfalls nur als übertragender bzw. am Formwechsel nur als Ausgangsrechtsträger beteiligen kann[61], kann nicht auf andere Umwandlungsarten ausgewichen werden, um fusionsähnliche Rechtsfolgen herbeizuführen. Nicht hingegen schließen § 3 Abs. 2 Nr. 1 und § 1 Abs. 2 es aus, dass wirtschaftliche Vereine untereinander bzw. andere Rechtsträger auf einen solchen Verein im Wege der Einzelübertragung fusionieren bzw. Personengesellschaften auf wirtschaftliche Vereine im Wege des Anwachsungsmodells verschmolzen werden[62]. Allerdings darf dies nicht dazu führen, dass der Verein danach einen anderen als den in der Satzung festgelegten Zweck verfolgt, da sonst dem Verein uU die Entziehung der Rechtsfähigkeit durch die Verwaltungsbehörde droht[63].

39 In dem Referentenentwurf des BMJ zur Änderung des Vereinsrechts ist geplant, den wirtschaftlichen Verein als allgemeine Rechtsform entfallen zu lassen und § 22 BGB zu streichen. Als redaktionelle Konsequenz hiervon sollen in § 3 Abs. 2 Nr. 1 die Worte „(§ 22 des bürgerlichen Gesetzbuches)" gestrichen werden. Nach Art. 229 § 11 EGBGB sollen nach

---

343, 346 f.; BayObLGZ 1978, 87, 89; KG JFG 3, 259, 260 f.; OLG Frankfurt BB 1966, 52; *Reuter* in MünchKomm. §§ 43, 44 BGB Rn 10 und §§ 21, 22 BGB Rn 70; *Sauter/Schweyer/Waldner* Rn 453; *Weick* in Staudinger § 43 BGB Rn 7; *Hadding* in Soergel § 43 BGB Rn 2; *Heinrichs* in Palandt §§ 43, 44 BGB Rn 2. Hierfür spricht, dass die Mindermeinung zu einer Doppelzuständigkeit führt, die nicht hingenommen werden kann, da der Entzug der Rechtsfähigkeit ein Hoheitsakt ist, der in die Grundrechte des Vereins eingreift.

[55] Vgl. bereits Rn 11.
[56] Nach § 62 UmwG 1969 war noch die Umwandlung von wirtschaftlichen Vereinen davon abhängig, dass das Vermögen des Vereins in übertragbare Anteile zerlegt ist. Diese Voraussetzung ist aufgegeben worden. Auch ist die Registrierung nach § 33 HGB im Handelsregister keine Voraussetzung für die Verschmelzung wirtschaftlicher Vereine.
[57] § 45 a.
[58] § 99 Abs. 2.
[59] § 105.
[60] § 109.
[61] § 124 Abs. 1 bzw. § 194 Abs. 1 Nr. 4.
[62] Vgl. dazu *Katschinski*, Die Umwandlung von Non-Profit-Organisationen, S. 75.
[63] § 43 Abs. 4 BGB; *Katschinski*, Die Verschmelzung von Vereinen, S. 40.

Inkrafttreten des Referentenentwurfs wirtschaftliche Vereine nur noch 10 Jahre fortbestehen. Faktisch werden sie damit gezwungen, eine andere Rechtsform aufzunehmen[64].

3. Der nicht rechtsfähige Verein / nicht eingetragene und nicht konzessionierte Verein

Nach §§ 3, 99 können sich an Verschmelzungen nur rechtsfähige Vereine beteiligen, genauer eingetragene[65] oder wirtschaftliche[66] Vereine. Da das Gesetz den Oberbegriff rechtsfähiger Verein bzw. die Begriffe eingetragener und wirtschaftlicher Verein in Anknüpfung an die Terminologie des BGB verwendet, folgt hieraus im Umkehrschluss, dass nicht rechtsfähige Vereine[67], die man besser als nicht eingetragene und nicht konzessionierte Vereine bezeichnen sollte[68], sich nicht an Verschmelzungen beteiligen können. 40

Dies gilt auch für die Parteien oder Gewerkschaften[69], sofern sie als nicht eingetragene Vereine organisiert sind[70], obwohl ihnen verfassungsrechtlich eine Sonderrolle zukommt. Nachdem sich die Gewerkschaften zur Durchführung ihrer Fusion zur Dienstleistungsgewerkschaft ver.di in einem Zwischenschritt als eingetragene Vereine registrieren ließen, um sich im Anschluss im Wege der Verschmelzung nach den §§ 99 ff. zusammenzuschließen[71], wird man eine verfassungsrechtliche Korrektur der §§ 3, 99 im Hinblick auf Art. 3 Abs. 1, 9 und 21 Abs. 1 Satz 2 GG nicht mehr anmahnen können[72]. Denn mit ihrem Vorgehen haben die Gewerkschaften selbst belegt, dass eine Durchbrechung des Analogieverbots des § 1 Abs. 2 im Hinblick auf den Gleichbehandlungsgrundsatz nicht erforderlich ist. Ihnen ist eine Registrierung – und sei es nur für einen kurzen Zeitraum – zuzumuten[73], um unter den erleichterten Voraussetzungen des UmwG fusionieren zu können[74]. 41

Soll ein nicht rechtsfähiger Verein verschmolzen werden, muss dieser – wie vorstehendes Beispiel der Gewerkschaften belegt – zunächst durch Eintragung in das Vereinsregister die Rechtsfähigkeit erlangen. Hierdurch wird der nicht rechtsfähige Verein identitätswahrend in einen e. V. umgewandelt[75]. Danach kann er sich nach Maßgabe der §§ 99 ff. verschmelzen. 42

---

[64] Vgl. zu der Reformdebatte *Arnold* DB 2004, 2143 ff.; *Möhlenkamp* DB 2004, 2737; *Terner* RPfleger 2005, 296 ff.; *Damas* ZRP 2005, 3; *Hadding* ZGR 2006, 137; *Heermann* ZHR 170 (2006) 247.

[65] Vgl. § 3 Abs. 1 Nr. 4.

[66] Vgl. § 3 Abs. 2 Nr. 1.

[67] § 54 BGB.

[68] *Hadding* in Soergel § 54 Rn 1; *Sauter/Schweyer/Waldner* Rn 491; *Arnold* DB 2005, 2146; *Beuthien* NZG 2005, 493; *Terner* RPfleger 2005, 301; denn wie die Außen-BGB-Gesellschaft ist auch der nichtrechtsfähige Verein rechtsfähig (vgl. dazu *K. Schmidt* NJW 2001, 993; *Kempfler* NZG 2002, 411 f.)

[69] *Hadding/Hennrichs* in Lutter Rn 11; *Reuter* in MünchKomm. § 54 BGB Rn 35 ff.; *Richardi*, FS Kraft, S. 509, 513 f.; *Wiedemann/Thüsing* WM 1999, 2237; *Oetker* RdA 1999, 105.

[70] Mit Ausnahme der FDP und der Gesamt-CDU haben politische Parteien die Rechtsform des nicht rechtsfähigen Vereins, vgl. *Morlok/Schulte-Trux* NJW 1992, 2058; *Drobnig/Becker/Remien* S. 7; *Stöber* Rn 10 ff. Gleiches gilt für die Gewerkschaften, vgl. *Drobnig/Becker/Remien* S. 5; *Schaub*, Arbeitsrechts-Handbuch, 9. Aufl. 2000, § 187 II 3. Dies hat historische Gründe. Die Registrierung von Vereinen wurde bei Verabschiedung des BGB zum Zweck eingefügt, politische Vereinigungen zu überwachen. Die Parteien und Gewerkschaften verzichteten auf die Registrierung im Vereinsregister, um sich dieser staatlichen Kontrolle zu entziehen.

[71] Vgl. *Kempen/Lörcher/Platow/Tiefenbacher/Trümmer*, Jahrbuch des Arbeitsrechts, 2002, Bd. 39, S. 65, 73.

[72] So *Drobnig/Becker/Remien* S. 26 f., 31 ff.; *Riebl* JZ 1991, 658 f.; *ders.* ArbuR 1990, 365 ff.; *Kempen* ArbuR 1990, 372 ff.; ebenso noch *Katschinski*, Die Verschmelzung von Vereinen, S. 42 ff.

[73] So auch *Hadding/Hennrichs* in Lutter Rn 11; *Reuter* in MünchKomm. § 54 BGB Rn 35 ff.; *Oetker* RdA 1999, 105.

[74] Vgl. zu den notwendigen Verfahrensschritten *Wiedemann/Thüsing* WM 1999, 2237 ff., 2277 ff.

[75] RGZ 85, 350; BGH WM 1978,115; *Wiedemann/Thüsing* WM 1999, 2237, 2238.

Möglich ist ferner die Durchführung einer unechten Fusion im Wege der Einzelrechtsübertragung[76].

4. Aufgelöste rechtsfähige Vereine

43 Auch aufgelöste rechtsfähige Vereine können sich als übertragende Rechtsträger an Verschmelzungen beteiligen[77].

Gründe für die Auflösung eines Vereins sind:
- der Beschluss der Mitgliederversammlung[78];
- automatische Auflösung kraft Ablaufs der in der Satzung bestimmten Zeit[79] oder der Eintritt eines in ihr festgelegten Ereignisses;
- Eröffnung des Insolvenzverfahrens[80];
- Verlegung des tatsächlichen Verwaltungssitzes des Vereins ins Ausland;
- Wegfall sämtlicher Mitglieder;
- Verbot[81];
- Entscheidung des BVerfG[82] oder Grundrechtsverwirkung[83].

44 Voraussetzung für die Verschmelzungsfähigkeit aufgelöster Rechtsträger ist, dass ihre Fortsetzung abstrakt beschlossen werden kann[84]. Über § 42 Abs. 1 Satz 2 BGB hinaus ist heute allgemein anerkannt[85], dass ein aufgelöster Verein seine Fortsetzung beschließen kann.

45 Möglich ist dies aber nur, sofern der Verein sich noch im Liquidationsstadium befindet und keine Vollbeendigung eingetreten ist[86]. Ausgeschlossen ist damit eine Fortsetzung und eine Verschmelzung, wenn nach Abschluss der Liquidation das gesamte Vereinsvermögen an die Anfallberechtigten verteilt ist oder wenn bei der Auflösung das Vereinsvermögen an den Fiskus[87] fällt und damit Auflösung und Vollbeendigung des Vereins gleichzeitig erfolgen. Ferner ist eine Fortsetzung des Vereins nicht möglich, wenn ein Anspruch auf Durchführung der Liquidation aufgrund eines Vertrags oder eines Sonderrechts[88] besteht und der Berechtigte der Fortsetzung nicht zustimmt[89]. Entgegen der hM[90] schließt der Wegfall sämtlicher Mitglieder eines Vereins nicht dessen Fortsetzung aus. Nach richtiger Auffassung[91] ist der

---

[76] Vgl. *Reuter* in MünchKomm. § 54 BGB Rn 37; *Reichert* Rn 4207.
[77] § 3 Abs. 3.
[78] § 41 BGB.
[79] § 74 Abs. 2 BGB.
[80] § 42 BGB.
[81] § 3 VereinsG.
[82] Art. 21 Abs. 2 GG iVm. §§ 13, 43 ff. BVerfGG.
[83] Art. 18 GG iVm. §§ 13, 36 BVerfGG.
[84] § 3 Abs. 3.
[85] *Reuter* in MünchKomm. § 49 BGB Rn 14; *Hadding* in Soergel Vor § 41 BGB Rn 22 f.; *Weick* in Staudinger § 49 BGB Rn 21; *Reichert* Rn 4080 ff.; *Kollhosser* ZIP 1984, 1434, 1438; *Böttcher* RPfleger 1988, 169, 173 f.
[86] Vgl. hierzu auch *Katschinski*, Die Verschmelzung von Vereinen, S. 47 ff.
[87] §§ 45 Abs. 3, 46, 1922 BGB; nicht zutr. *Vossius* in Widmann/Mayer Rn 14, 17, der wohl meint, dass bei Einsetzung eines Anfallberechtigten in der Satzung, wie es insbes. bei steuerlich begünstigten Vereinen aufgrund der Normen der AO der Fall ist, das Vermögen unmittelbar mit der Auflösung an die in der Satzung bestimmte Stelle fällt. Dies trifft nach § 46 BGB nur zu, soweit der Fiskus anfallberechtigt ist.
[88] § 35 BGB.
[89] *Reichert* Rn 4088; *Vossius* in Widmann/Mayer Rn 14; *Katschinski*, Die Verschmelzung von Vereinen, S. 50.
[90] BGH LM Nr. 2 zu § 21 BGB; *Weick* in Staudinger § 41 BGB Rn 12; *Hadding* in Soergel Vor § 41 BGB Rn 22; *Reichert* Rn 4087; *Böttcher* RPfleger 1988, 169, 174.
[91] *Reuter* in MünchKomm. § 41 BGB Rn 5; *H. P. Westermann* in Erman § 41 BGB Rn 6; *Reichert* Rn 3730; *K. Schmidt* GesR § 24 VII 3 d, S. 729; *ders.* JZ 1987, 399 f.; *Katschinski*, Die Verschmelzung von Vereinen, S. 48 f.; *Böttcher* RPfleger 1988, 169, 173; *Beitzke*, FS Ballerstedt, 1975, S. 185, 192 ff.

Möglichkeit der Verschmelzung 46–50 § 99

Wegfall aller Vereinsmitglieder kein Erlöschens-, sondern nur ein Auflösungsgrund. Soweit der Verein neue Mitglieder findet, ist auch seine Fortsetzung möglich.

Liegt ein besonderer Auflösungsgrund vor, muss dieser vor der Fortsetzung des Vereins be- 46 seitigt werden. Ggf. ist also zunächst die Satzungsregelung, die zur Auflösung führte, aufzuheben, etc. Eine Beseitigung des Auflösungsgrunds wird regelmäßig beim Vereinsverbot[92] bzw. im Fall der Auflösung des Vereins aufgrund einer Entscheidung des BVerfG nicht möglich sein. Während eines laufenden Insolvenzverfahrens ist ein Verein nicht fortsetzungsfähig. Eine Verschmelzung ist daher nicht statthaft. Sie widerspräche dem Zweck des Insolvenzverfahrens, das auf Vollbeendigung des Vereins gerichtet ist[93]. Möglich sind die Fortsetzung und Verschmelzung des Vereins erst nach Aufhebung des Insolvenzverfahrens[94].

Der Fortsetzungs- und Verschmelzungsfähigkeit eines aufgelösten rechtsfähigen Vereins 47 steht es hingegen nicht entgegen, wenn bereits mit der Verteilung des Vermögens an den oder die nach der Satzung oder dem Gesetz vorgesehenen Anfallberechtigten begonnen worden ist. Die einschränkenden gesetzlichen Regelungen für die AG[95] bzw. für die eG[96] sind nach richtiger Auffassung[97] weder auf den wirtschaftlichen noch auf den e. V. analog anwendbar[98]. Beide Normen dienen dem Gläubigerschutz. Sie dienen der Sicherung des Verbots der Einlagenrückgewähr[99] bzw. des Verbots der Auszahlung des Geschäftsguthabens[100] gegen Umgehungen. Das Vereinsrecht kennt keinen institutionellen Gläubigerschutz durch Vorschriften über die Aufbringung und Erhaltung eines Haftkapitals, insoweit fehlt es im Vereinsrecht an einer durch Analogie ausfüllungsbedürftigen Gesetzeslücke.

Ein besonderer Fortsetzungsbeschluss ist neben dem Umwandlungsbeschluss nicht erfor- 48 derlich, vielmehr reicht die Fortsetzbarkeit nach § 3 Abs. 3 aus. Bei der Verschmelzung wird der Fortsetzungs- durch den Umwandlungsbeschluss ersetzt, in dem er konkludent enthalten ist[101].

Allerdings kann sich der aufgelöste Verein nur als übertragender Rechtsträger an einer Ver- 49 schmelzung beteiligen[102]. Soll er übernehmender Rechtsträger sein, muss er nach richtiger Auffassung[103] zuvor durch einen Fortsetzungsbeschluss reaktiviert werden. Erst dann kann er sich an einer Verschmelzung beteiligen.

5. Verein nach Entzug der Rechtsfähigkeit

Von der Auflösung eines Vereins ist der Entzug der Rechtsfähigkeit zu unterscheiden. 50 Durch die Auflösung wird der Verein zum Liquidationsverein, der auf die Vollbeendigung des Verbands gerichtet ist. Der Entzug der Rechtsfähigkeit lässt dagegen den Verein als Verband in seiner Existenz unberührt, es ändert sich nur dessen Status als juristische Person.

---

[92] § 3 VereinsG.
[93] § 3 Rn 41; *Fronhöfer* in Widmann/Mayer § 3 Rn 55; *Lutter/Drygala* in Lutter § 3 Rn 19.
[94] Vgl. auch § 42 Abs. 1 Satz 2 BGB.
[95] § 274 AktG.
[96] § 79 a GenG.
[97] *Reuter* in MünchKomm. § 49 BGB Rn 15; *Hadding/Hennrichs* in Lutter Rn 14; *Hadding/Hennrichs*, FS Boujong, S. 203, 208; *Vossius* in Widmann/Mayer Rn 16; *Fronhöfer* in Widmann/Mayer § 3 Rn 49; *Katschinski*, Die Verschmelzung von Vereinen, S. 50 ff.
[98] So aber *K. Schmidt* Verbandszweck S. 307; *ders.* GesR § 11 V 5, S. 315.
[99] § 57 AktG.
[100] § 22 GenG.
[101] § 3 Rn 43; *Marsch-Barner* in Kallmeyer § 3 Rn 20; *Lutter/Drygala* in Lutter § 3 Rn 15; *Bermel* in Goutier/Knopf/Tulloch § 3 Rn 17.
[102] § 3 Abs. 3.
[103] Str., siehe § 3 Rn 46; AG Erfurt RPfleger 1996, 163; OLG *Naumburg* NJW-RR 1998, 178 f.; *Lutter/Drygala* in Lutter § 3 Rn 19; *Lutter/Hommelhoff*[13] GmbHG § 19 KapErhG Rn 12; *Katschinski*, Die Verschmelzung von Vereinen, S. 53 ff.; aA *Stratz* in Schmitt/Hörtnagl/Stratz § 3 Rn 47; *Marsch-Barner* in Kallmeyer § 3 Rn 22; *Bermel* in Goutier/Knopf/Tulloch § 3 Rn 20; *H. Schmidt* in Lutter Umwandlungsrechtstage S. 59, 69; *Heckschen* DB 1998, 1385, 1387.

51 Gründe für den Verlust der Rechtsfähigkeit eines Vereins können sein[104]:
- Entzug der Rechtsfähigkeit durch Verfügung der Verwaltungsbehörde[105], insbesondere wegen Wandels vom Ideal- zum wirtschaftlichen Verein;
- Entzug der Rechtsfähigkeit durch Gericht, sofern die Mitgliederzahl unter drei sinkt[106];
- Löschung des Vereins[107];
- Verzicht auf die Rechtsfähigkeit durch den Verein[108];
- Zeitablauf einer Konzession eines wirtschaftlichen Vereins.

52 § 3 billigt nur rechtsfähigen Vereinen die Verschmelzungsfähigkeit zu. Daher können sich Vereine nach Entzug der Rechtsfähigkeit nicht an einer solchen Umwandlung beteiligen. Etwas anderes gilt ausnahmsweise, wenn einem e. V. wegen der Verfolgung wirtschaftlicher Zwecke die Rechtsfähigkeit entzogen wird[109] und er ein Handelsgewerbe im Umfang des § 1 Abs. 2 HGB betreibt. Dann findet auf ihn über die Verweisung des § 54 BGB das Recht der OHG Anwendung[110]. Als solche kann er sich nach Maßgabe des § 3 Abs. 1 Nr. 1 an einer Verschmelzung beteiligen[111].

6. Vorverein

53 Der Vorverein ist ein noch nicht eingetragener oder nicht konzessionierter, aber auf Eintragung oder Genehmigung nach § 22 BGB gerichteter Verein, dessen Satzung die Gründer verbindlich festgestellt haben[112]. Er ist nicht verschmelzungsfähig[113]. Dies folgt aus dem Umkehrschluss zu § 3 Abs. 3 iVm. dem Analogieverbot des § 1 Abs. 2, nach dem der *numerus clausus* der gesetzlich geregelten Umwandlungsmöglichkeiten nicht erweitert werden darf[114].

54 Der Vorverein kann allerdings schon einen Verschmelzungsvertrag abschließen. Er muss aber spätestens im Zeitpunkt des Wirksamwerdens der Verschmelzung im Vereinsregister eingetragen sein bzw. durch Genehmigung die Rechtsfähigkeit erlangt haben[115].

---

[104] Vgl. auch *Reichert* Rn 3742 ff.

[105] § 43 BGB.

[106] § 73 BGB.

[107] §§ 159, 142 FGG.

[108] Da der Verein nach § 41 BGB seine Auflösung beschließen kann, ist der Verzicht auf die Rechtsfähigkeit im Wege des *argumentum a maiore ad minus* anerkannt, vgl. *Reuter* in MünchKomm. §§ 43, 44 BGB Rn 2; *Hadding* in Soergel Vor § 41 Rn 8; *H. P. Westermann* in Erman § 41 BGB Rn 8; *Reichert* Rn 3793; *Kollhosser* ZIP 1984, 1434, 1435; *Böttcher* RPfleger 1988, 169, 171.

[109] § 43 Abs. 2 BGB.

[110] *Hadding* in Soergel § 54 BGB Rn 3; *Heinrichs* in Palandt § 54 BGB Rn 4, 12; *Reuter* in Münch-Komm. § 54 BGB Rn 49.

[111] *Katschinski*, Die Verschmelzung von Vereinen, S. 59.

[112] Nach hM soll der Vorverein die Rechtsnatur eines nicht eingetragenen Vereins haben; so Bay-ObLG 72, 32; *Hadding* in Soergel Vor § 21 BGB Rn 64 ff.; *Weick* in Staudinger § 21 BGB Rn 31; *Heinrichs* in Palandt § 21 BGB Rn 10; *Stöber* Rn 22; *Sauter/Schweyer/Waldner* Rn 14. Hierauf wird zum Teil zur Begründung der mangelnden Verschmelzungsfähigkeit des Vorvereins verwiesen; so *Stöber* Rn 772, 22. Nach richtiger Auffassung ist zwischen dem echten und dem unechten Vorverein zu differenzieren. Nur der unechte Vorverein ist ein nicht rechtsfähiger Verein iSv. § 54 BGB. Der echte Vorverein ist wie die Vorgesellschaft der Kapitalgesellschaft ein Verband eigener Art, der durch die angestrebte Rechtsform geprägt ist und schon als rechtsfähiger Verein zu behandeln ist; vgl. hierzu *Reuter* in MünchKomm. §§ 21, 22 BGB Rn 82 mwN.

[113] Im Ergebnis ebenso *Vossius* in Widmann/Mayer Rn 19; *Hadding/Hennrichs* in Lutter Rn 15; *Hadding/Hennrichs*, FS Boujong, S. 203, 207.

[114] *Katschinski*, Die Verschmelzung von Vereinen, S. 62; für den Formwechsel des Vorvereins *K. Schmidt* GesR § 13 II 1 b aa), S. 369; für die Vorgesellschaft *Kallmeyer* in Kallmeyer § 3 Rn 9; *Lutter/Drygala* in Lutter § 3 Rn 5.

[115] Vgl. § 3 Rn 48; *Vossius* in Widmann/Mayer Rn 19; ebenso für die Vorgesellschaft *Kallmeyer* in Kallmeyer § 3 Rn 9; *Streck/Mack/Schwedhelm* GmbHR 1995, 161, 162; *Heckschen* DB 1998, 1385, 1388.

Möglichkeit der Verschmelzung   55–58 § 99

7. Altrechtlicher Verein[116]

§ 317 regelt die Umwandlung alter juristischer Personen, insbesondere Vereine, die 55 ihre Rechtsfähigkeit vor Inkrafttreten des BGB erworben haben[117]. Ziel der Regelung des § 317 ist nach der Gesetzesbegründung, alten juristischen Personen, die nach ihrer Verfassung den Charakter von Vereinen oder Stiftungen haben, den Übergang in zeitgemäße Rechtsformen zu erleichtern[118]. Entgegen dem Wortlaut ist daher der Verweis auf § 163 EGBGB erweiternd auszulegen[119]. Anwendbar ist § 317 nicht nur auf altrechtliche juristische Personen, auf die § 163 EGBGB Anwendung findet, sondern auch auf diejenigen, für die die intertemporalen Spezialregelungen der Art. 82, 164 bis 166 EGBGB gelten. Dies belegt die Entstehungsgeschichte der Norm. Nach § 62 UmwG 1969/80 waren nur altrechtliche wirtschaftliche Vereine umwandlungsfähig, auf die Art. 82 EGBGB Anwendung fand. Hieran sollte durch die Neuregelung nichts geändert werden. Vielmehr sollte die Umwandlungsfähigkeit auch solcher wirtschaftlicher Vereine erweitert und nicht eingeschränkt werden.

Nach § 317 Satz 1 gelten für die Umwandlung von altrechtlichen Vereinen die Vorschriften 56 über den wirtschaftlichen Verein entsprechend. Wie er können sich die alten juristischen Personen nur als übertragende, nicht aber als übernehmende Rechtsträger an Verschmelzungen beteiligen.

8. Ausländischer Verein/Ausländerverein

Der ausländische Verein[120] hat seinen tatsächlichen Verwaltungssitz außerhalb der Bun- 57 desrepublik Deutschland. Er kann sich nicht an Verschmelzungen beteiligen[121], und zwar unabhängig davon, ob er rechtsfähig ist oder nicht. §§ 122 a ff. gelten nicht für Vereine. Diese können sich nicht auf die Niederlassunsfreiheit der Art. 43, 48 EG berufen[122]. Dies gilt auch dann, wenn einem ausländischen nicht rechtsfähigen Verein[123] nach § 23 BGB die Rechtsfähigkeit im Inland verliehen worden ist[124].

Nach der Legaldefinition des § 14 Abs. 1 VereinsG ist der Ausländerverein ein Verein, 58 dessen Mitglieder oder Leiter sämtlich oder überwiegend Ausländer sind. Er hat seinen Sitz in Deutschland und unterliegt dem deutschen Recht. Für seine Verschmelzung gelten die ausgeführten Regeln über die Verschmelzung rechtsfähiger Vereine.

---

[116] Siehe hierzu auch Kommentierung zu § 317.

[117] Vgl. auch Bericht zum Verschmelzungsverfahren bzgl. des altrechtlichen Vereins „Verband Hamburger Assecuradeure bei *Bergeest*, FS Winter", S. 21 ff.

[118] RegBegr. *Ganske* S. 282.

[119] § 317 Rn 3 f.; *Rawert* in Lutter § 317 Rn 5; *Bermel* in Goutier/Knopf/Tulloch § 317 Rn 3; *Schwarz* in Widmann/Mayer § 317 Rn 4.

[120] Der Versuch, auf europäischer Ebene einen Vereinstypen zu schaffen, ist aufgegeben worden, vgl. *Teruer* ZEuP 2007, 96 ff.

[121] *Hadding/Hennrichs* in Lutter Rn 5; *Vossius* in Widmann/Mayer Rn 10; *Katschinski*, Die Verschmelzung von Vereinen, S. 64.

[122] Siehe OLG Zweibrücken NJW 2006, 43 zur Unzulässigkeit der Verlegung des Satzungssitzes eines Vereins über die Grenze unter Identitätswahrung, vgl. dazu kritische Urteilsanmerkung von *Behrens* ZEuP 2007, 327 ff.

[123] Nur auf sie ist § 23 BGB anwendbar, vgl. *Heinrichs* in Palandt § 23 BGB Rn 1; *Reuter* in MünchKomm. § 23 BGB Rn 1.

[124] *Vossius* in Widmann/Mayer Rn 10; *Hadding/Hennrichs* in Lutter Rn 5.

D. Besonderheiten des Verschmelzungsverfahrens bei der Beteiligung rechtsfähiger Vereine

I. Überblick über das Verfahren

59 Die Verschmelzung unter Beteiligung rechtsfähiger Vereine erfordert den Abschluss eines Verschmelzungsvertrags, die Erstellung eines Verschmelzungsberichts, ggf. eine Verschmelzungsprüfung, notariell beurkundete Zustimmungsbeschlüsse der beteiligten Rechtsträger, die Anmeldung der Verschmelzung zur Eintragung in die Register und die Eintragung sowie Bekanntmachung[125].

60 Im Einzelnen sind dabei gegenüber den allgemeinen Regelungen[126] folgende vereinsspezifischen Besonderheiten zu beachten.

II. Vereinsspezifische Besonderheiten im Einzelnen

1. Verschmelzungsvertrag

61 **a) Abschlusskompetenz.** Die Vertretung des Vereins erfolgt bei Abschluss des Verschmelzungsvertrags grundsätzlich durch den Vorstand[127]. Möglich ist aber auch die Vertretung des Vereins durch einen besonderen Vertreter[128], sofern die Satzung ihm diesen Aufgabenkreis zuweist[129].

62 Der Vorstand kann sich bei Abschluss des Verschmelzungsvertrags auch eines rechtsgeschäftlichen Vertreters bedienen. Seine Vollmacht bedarf grundsätzlich keiner besonderen Form[130]. Abweichend hiervon bedarf bei der Verschmelzung zur Neugründung einer GmbH oder AG ausnahmsweise die Vollmacht[131] der notariellen Beglaubigung[132].

63 **b) Beurkundungserfordernis.** Der Verschmelzungsvertrag bedarf der notariellen Beurkundung[133]. Das ist im Vereinsrecht ein *novum*. Unter Hinweis auf den Rechtsgedanken des § 311 BGB aF[134] und im Interesse der Vereinheitlichung hat der Gesetzgeber nunmehr für alle Rechtsträger die Beurkundungsform für den Verschmelzungsvertrag eingeführt. Für den Entwurf ist dagegen die Schriftform ausreichend[135].

64 **c) Vertragsinhalt.** Den Mindestinhalt des Verschmelzungsvertrags regelt § 5[136]. Besonderheiten zum Inhalt des Vertragstexts regeln die §§ 99 bis 104 a nicht.

---

[125] Zu Kosten der Verschmelzung vgl. *Bund* JurBüro 2003, 578 = ZNotP 2003, 377.
[126] §§ 2 bis 38.
[127] § 26 Abs. 2 BGB.
[128] § 30 BGB.
[129] *Hadding/Hennrichs* in Lutter Rn 21; *Katschinski*, Die Verschmelzung von Vereinen, S. 73.
[130] § 167 Abs. 2 BGB.
[131] § 36 Abs. 2 iVm. §§ 2 Abs. 2 GmbHG, 23 Abs. 1 Satz 2 AktG.
[132] *Reuter* in MünchKomm. § 41 BGB Rn 21; *Katschinski*, Die Verschmelzung von Vereinen, S. 74.
[133] § 6; nicht ausreichend ist die Beurkundung durch einen ausländischen Notar, vgl. § 6 Rn 15 ff.; *Goette*, FS Boujong, 1996, S. 131, 142; *LG Augsburg* DB 1996, 1666 mit zust. Anm. *Wilken* EwiR 1996, 937; *LG Kiel* GmbHR 1997, 506; aA *LG Kiel* GmbHR 1997, 952 für Genossenschaften.
[134] Jetzt § 311 b Abs. 2 BGB.
[135] § 4 Abs. 2; zu den Beurkundungskosten bei der Verschmelzung von Vereinen vgl. *Bund* JurBüro 2003, 578 = ZNotP 2003, 377.
[136] Siehe dazu auch § 5.

Möglichkeit der Verschmelzung 65–68 § 99

aa) Angaben zu den Vertragsparteien. Nach § 5 Abs. 1 Nr. 1 sind Name und Sitz der beteiligten Rechtsträger in den Verschmelzungsvertrag aufzunehmen. Bei der Beteiligung von Vereinen empfiehlt es sich, zusätzlich zu diesen Angaben zur besseren Identifizierung des Vereins dessen Vereinsregisternummer und/oder ggf. dessen Handelsregisternummer in den Verschmelzungsvertrag aufzunehmen, sofern der Verein in einem Register verzeichnet ist[137]. 65

bb) Vermögensübertragung. Nach § 5 Abs. 1 Nr. 2 ist im Verschmelzungsvertrag auszuführen, dass das gesamte Vermögen des übertragenden Rechtsträgers im Wege der Gesamtrechtsnachfolge durch Verschmelzung zur Aufnahme oder Neugründung übertragen werden soll. Hierdurch wird klargestellt, dass eine echte und nicht nur eine unechte Fusion durch Einzelübertragung durchgeführt werden soll. Es empfiehlt sich, zur Klarstellung unter Angabe der einschlägigen Vorschriften die gesetzlichen Begriffe „Verschmelzung zur Aufnahme" bzw. „Verschmelzung zur Neugründung" im Vertragstext zu verwenden[138]. 66

cc) Umtauschverhältnis. Nach § 5 Abs. 1 Nr. 3 muss der Vertrag insbesondere Angaben über das Umtauschverhältnis der Anteile oder die Angaben über die Mitgliedschaft beim übernehmenden Rechtsträger enthalten. Die zweite Alternative ist vom Gesetzgeber im Hinblick auf die mögliche Beteiligung von Vereinen und Genossenschaften in das Gesetz aufgenommen worden[139]. Die Verschmelzung von Vereinen und Genossenschaften untereinander führt nicht zum Umtausch von Anteilen, sondern zum Erlöschen einer und dem gleichzeitigen Erwerb einer neuen Mitgliedschaft. Bei der Festlegung des Umtauschverhältnisses und der Konditionen der neuen Mitgliedschaften im übernehmenden Rechtsträger ist zu beachten, dass die neuen Anteile und Mitgliedschaften, die den Mitgliedern des übertragenden Rechtsträgers im aufnehmenden Rechtsträger gewährt werden, sowohl hinsichtlich ihrer vermögens- als auch ihrer verwaltungsrechtlichen Ausgestaltung der Beteiligung am übertragenden Rechtsträger entsprechen müssen. Weder die Mitglieder des übertragenden noch des übernehmenden Rechtsträgers sollen durch die Verschmelzung in ihren Rechtspositionen beeinträchtigt werden. Besonderheiten ergeben hieraus bei der Beteiligung von Vereinen an Verschmelzungen aus dem Umstand, dass beim e. V. die Mitgliedschaft nur geringfügige vermögensrechtliche Positionen vermittelt und die Verwaltungsrechte den Kern der Mitgliedschaft bilden[140]. 67

(1) Verschmelzung von eingetragenen Vereinen untereinander. Bei der Verschmelzung zweier eingetragener Vereine ist das „Umtauschverhältnis" zwingend durch den Grundsatz der Einheit der Mitgliedschaft vorgegeben. Mitgliedern des übertragenden Vereins kann immer nur eine neue Mitgliedschaft im übernehmenden eingeräumt werden[141]. Die Angabe eines Umtauschverhältnisses im Verschmelzungsvertrag ist hier daher nicht erforderlich, vielmehr sind Angaben über die Mitgliedschaft im übernehmenden Rechtsträger aufzunehmen[142]. Anzugeben sind die besonderen Benutzungs-, Leistungs- und Teilhaberechte sowie die Pflichten im neuen Verein, soweit sie von den gesetzlich geregelten Rechten und Pflichten abweichen. Hierzu gehört insbesondere die Höhe der Beitragspflicht. Durch diese Angaben soll es den Mitgliedern ermöglicht werden, zu überprüfen, inwieweit sich durch die Verschmelzung ihre Rechtsposition verschlechtert. Um die Angaben nach § 5 Abs. 1 Nr. 3 vollständig aufzunehmen, sollte die Satzung des aufnehmenden Vereins als Anlage dem Verschmelzungs- 68

---

[137] § 33 HGB.
[138] Vgl. § 5 Rn 6.
[139] RegBegr. *Ganske* S. 50.
[140] *Hadding/Hennrichs* in Lutter Rn 23 ff.; *Vossius* in Widmann/Mayer Rn 56 ff.; *Katschinski,* Die Verschmelzung von Vereinen, S. 81 ff.; *Wiedemann/Thüsing* WM 1999, 2237, 2243 f.; *Lettl* AcP 203 (2003) 151 ff.
[141] *Drobnig/Becker/Remien* S. 38; *Lutter* ZGR 1990, 392, 399.
[142] § 5 Abs. 1 Nr. 3 2. Alt.; *Hadding/Hennrichs* in Lutter Rn 22; *Vossius* in Widmann/Mayer Rn 59; *Drobnig/Becker/Remien* S. 38.

vertrag beigefügt werden und hinsichtlich der Rechte und Pflichten im neuen Verein auf sie verwiesen werden[143].

69 Für die Ausgestaltung der Mitgliedschaft im aufnehmenden Rechtsträger ist Folgendes zu beachten:

70 Unterschiede bezüglich der allgemeinen Verwaltungsrechte in dem aufnehmenden Verein haben die Mitglieder des übertragenden Vereins grundsätzlich hinzunehmen. Der Umgestaltung ihrer Rechtsposition stimmen sie insoweit iRd. Verschmelzungsbeschlusses ihres Vereins konkludent zu, der nach § 103 genauso wie nach § 33 Satz 1 BGB eine Satzungsänderung zur Modifizierung dieser Rechte mindestens einer Dreiviertelmehrheit bedarf[144]. Genießen einzelne Mitglieder oder Mitgliedergruppen Sonderrechte[145], zB ein Veto-Recht bei bestimmten Beschlüssen, Mehrstimmrechte oder das Recht zur Bestellung eines Vereinsorgans, sind ihnen im aufnehmenden Verein grundsätzlich die gleichen Rechtspositionen wieder einzuräumen, es sei denn, sie verzichten hierauf ausdrücklich[146]. Um solche Sonderrechte im aufnehmenden Rechtsträger zu schaffen, ist bei ihm eine Satzungsänderung durchzuführen, der im Hinblick auf den Gleichbehandlungsgrundsatz sämtliche Mitglieder des aufnehmenden Vereins zustimmen müssen, denen die Sonderrechte nicht eingeräumt werden[147].

71 Nach dem gesetzlichen Leitbild vermittelt die Vereinsmitgliedschaft keine oder nur geringfügige vermögensrechtliche Positionen, nämlich nur das Recht zur Teilhabe an den Vereinseinrichtungen und die Beteiligung am Liquidationserlös[148]. Für diese Wertrechte gilt grundsätzlich das Prinzip der gleichen Teilhabe[149]. Dies kann ausnahmsweise zur Benachteiligung einzelner Mitgliedergruppen führen, wenn der Wert des Vermögens eines der beteiligten Vereine in Relation zu seiner Mitgliederzahl erheblich von dem des anderen Vereins abweicht. Denn aus der Sicht der beiden Mitgliedergruppen wird für die eine ihr Teilhaberecht im Folge der Verschmelzung relativ gesehen verbessert und für die andere verschlechtert. Um solche Ungerechtigkeiten zu vermeiden, ist es zulässig, dass die Wertdifferenzen zwischen den Vereinsvermögen durch unterschiedliche Beitragsstaffeln für die beiden Mitgliedergruppen im aufnehmenden Verein für eine Übergangszeit oder durch einen einmaligen Sonderbeitrag ausgeglichen werden[150].

72 Die vermögensrechtliche Seite der Mitgliedschaft im e. V. kann durch die Satzung angereichert werden[151]. Diese kann zB Abfindungen für ausscheidende Mitglieder regeln[152]. Durch die Vereinsklassenabgrenzung sind jedoch der vermögensrechtlichen Ausgestaltung der Mitgliedschaft im e. V. Grenzen gesetzt[153]. Sie darf nicht dazu führen, dass der e. V. die wirtschaftlichen Interessen seiner Mitglieder verfolgt oder die Mitglieder an seinem wirtschaftlichen Erfolg beteiligt werden[154]. Nicht zulässig ist daher die Schaffung einer kapitalistischen

---

[143] *Limmer* Rn 1382, 1424.
[144] *Reuter* in MünchKomm. § 41 BGB Rn 23; *Katschinski*, Die Verschmelzung von Vereinen, S. 83.
[145] § 35 BGB.
[146] Vgl. dazu § 103 Rn 23.
[147] Vgl. *Reuter* in MünchKomm. § 41 BGB Rn 23; *Katschinski*, Die Verschmelzung von Vereinen, S. 84.
[148] § 45 Abs. 3 BGB; um die steuerrechtliche Gemeinnützigkeit nach den §§ 51 ff. AO zu erlangen, wird auch letzteres Recht oftmals ausgeschlossen, vgl. auch zu den Wertrechten der Vereinsmitgliedschaft, *Lettl* AcP 203 (2003) 151 ff.
[149] Vgl. *Reuter* in MünchKomm. § 41 BGB Rn 26.
[150] *Hadding/Hennrichs* in Lutter Rn 22; *Hadding/Hennrichs*, FS Boujong, S. 203, 213; *Vossius* in Widmann/Mayer Rn 59; *Reuter* in MünchKomm. § 41 BGB Rn 23; *Drobnig/Becker/Remien* S. 40; *Katschinski*, Die Verschmelzung von Vereinen, S. 84.
[151] Vgl. *Reuter* in MünchKomm. § 38 BGB Rn 29; *Hadding* in Soergel § 38 BGB Rn 18 f.
[152] *Reuter* in MünchKomm. § 38 BGB Rn 29 f.; *Hadding* in Soergel § 38 BGB Rn 18 a; *Ballerstedt*, FS Knur, S. 1, 15 ff., *Lettl* AcP 203(2003), 185 ff.
[153] Siehe hierzu *Reuter* in MünchKomm. § 38 BGB Rn 29; *Reichert* Rn 738; *Ballerstedt*, FS Knur, S. 1, 13; *Lettl* AcP 203 (2003) 172 ff., 182 ff.
[154] *Reuter* in MünchKomm. § 38 BGB Rn 29; *Reichert* Rn 738; *Ballerstedt*, FS Knur, S. 1, 13.

Möglichkeit der Verschmelzung 73, 74 § 99

Mitgliedschaft, die Wert- und Organschaftsrechte nach dem Vorbild einer Kapitalgesellschaft an einem Kapitalanteil vermittelt[155]. § 276 Abs. 2 Nr. 1, der eine derartige Ausgestaltung der Mitgliedschaft voraussetzt, betrifft nur altrechtliche wirtschaftliche Vereine[156]. Wenn bei dem übertragenden Verein besondere Rechte bestehen, so sind bei dem aufnehmenden Verein nach Möglichkeit den Mitgliedern des übertragenden Vereins entsprechende Wertrechte einzuräumen. Ist dies nicht möglich, ist ein Wertausgleich ggf. durch unterschiedliche Beitragsstaffeln für alte und neue Mitglieder bzw. einmalige Sonderbeiträge geschaffen werden.

Wegen des Grundsatzes der Einheit der Mitgliedschaft kann einem Mitglied des übertragenden Vereins, das bereits Mitglied des übernehmenden Vereins ist, keine weitere Mitgliedschaft im übernehmenden gewährt werden. Denn Doppelmitgliedschaften sind bei Vereinen unzulässig[157]. Im Fall der Doppelmitgliedschaft ist daher den entsprechenden Mitgliedern auf andere Art und Weise ein Ausgleich für den Verlust ihrer Beteiligung im übertragenden Verein zu verschaffen. Entspricht die Mitgliedschaft im übertragenden Verein dem gesetzlichen Leitbild, so ist es ausreichend, dass die zweite Mitgliedschaft des Betroffenen im aufnehmenden Verein durch die Übernahme des Vermögens des übertragenden Vereins iRd. Verschmelzung angereichert wird und auf diese Art und Weise ein Ausgleich erfolgt. Dies genügt regelmäßig dann nicht mehr, wenn mit der Mitgliedschaft im übertragenden Verein weitere Wertrechte verbunden sind. Hier ist ein zusätzlicher Ausgleich zu schaffen. Dies kann wiederum durch Beitragsreduzierung für das Doppelmitglied in einem Übergangszeitraum oder durch Einräumung von Sonderrechten geschehen. Letzteres setzt eine entsprechende Änderung der Satzung beim aufnehmenden Rechtsträger voraus, dem die benachteiligten anderen Mitglieder zustimmen müssen. Als zulässig wird man es auch ansehen, dass den Doppelmitgliedern analog § 29 eine Abfindung gezahlt wird. Wenn Mitgliedern in den Fällen des freiwilligen Ausscheidens nach § 29 eine Entschädigung für den Verlust ihrer Beteiligung im übertragenden Verein zu zahlen ist, muss dies erst recht beim unfreiwilligen Verlust der Mitgliedschaft eines Doppelmitglieds gelten[158]. 73

(2) Verschmelzung von rechtsfähigen Vereinen auf Kapitalgesellschaften und Personenhandelsgesellschaften. Bei der Mischverschmelzung eines Vereins auf Kapital- und Personengesellschaften sind Angaben über das Umtauschverhältnis und ggf. die Höhe barer Zuzahlungen in den Vertrag aufzunehmen[159]. Dies gilt nicht nur, wenn ausnahmsweise bei einem wirtschaftlichen Verein echte Anteile an dem Vereinsvermögen bestehen, sondern auch, wenn die Mitgliedschaft des Vereins dem gesetzlichen Leitbild entspricht oder nur geringfügige Wertrechte vermittelt. In letzterem Fall findet ein Umtausch von „Anteilen" gegen „Mitgliedschaften" statt[160]. Bei der Bestimmung des Umtauschverhältnisses ist der Wert der Mitgliedschaft aus dem Wert des Vereinsvermögens abzuleiten. Dies gilt auch dann, wenn die Mitgliedschaft keine Rechte an dem Vermögen des Vereins vermittelt und nach § 38 BGB nicht übertragbar ist. Denn bei der Verschmelzung werden nach § 2 definitionsgemäß die neuen Anteile in dem aufnehmenden bzw. neuen Rechtsträger den Vereinsmitgliedern als Gegenleistung für 74

---

[155] *Reuter* in MünchKomm. § 41 BGB Rn 24; *Reichert* Rn 738; *Ballerstedt*, FS Knur, S. 1, 5.
[156] Vgl. § 276 Rn 16; *Krieger* in Lutter § 276 Rn 11; *Reuter* in MünchKomm. § 41 BGB Rn 24.
[157] *Reuter* in MünchKomm. § 41 BGB Rn 24; *Hadding/Hennrichs* in Lutter Rn 22 b; *Sauter/Schweyer/Waldner* Rn 397; *Neumayer/Schulz* DStR 1996, 872, 874; *Reichert* Rn 656. Von der doppelten Mitgliedschaft in demselben Verein ist der automatische Erwerb einer weiteren Mitgliedschaft durch zB im Dachverband, Beitritt in einen Verein, zu unterscheiden. Auch für eine solche Konstellation wird von einer Doppelmitgliedschaft gesprochen. Diese ist zulässig, vgl. *Sauter/Schweyer/Waldner* Rn 79; *Reichert* Rn 684 ff.
[158] So bereits *Katschinski*, Die Verschmelzung von Vereinen, S. 87; *Reuter* in MünchKomm. § 41 BGB Rn 24; aA *Hadding/Hennrichs* in Lutter Rn 22.
[159] § 5 Abs. 1 Nr. 3.
[160] Vgl. hierzu auch *Hadding/Hennrichs* in Lutter Rn 23 f.; *Reuter* in MünchKomm. § 41 BGB Rn 25; *Katschinski*, Die Verschmelzung von Vereinen, S. 87.

die Übertragung des Vereinsvermögens gewährt[161]. Die für die Bewertung des Vereinsvermögens anzuwendende Methode hängt vom Vereinstypus und dessen Vermögensstruktur ab[162]. Die Anwendung des Ertragswertverfahrens wird regelmäßig sachgerecht sein, soweit ein wirtschaftlicher Verein ein Unternehmen betreibt bzw. wenn ein e. V. unter Verstoß gegen § 22 BGB oder in zulässiger Weise iRd. Nebenzweckprivilegs einen Geschäftsbetrieb unterhält. In letzterem Fall ist die Ertragswertmethode nur auf das unternehmerische Vermögen anzuwenden. Im Übrigen führt beim e. V. mit ideeller Betätigung die Substanzwertmethode zu sachgerechten Ergebnissen. Diese ist damit insbesondere für den Normalfall der Verschmelzung von Idealvereinen anwendbar. Das Liquidationswertverfahren ist schließlich nur in Ausnahmefällen anzuwenden, zB bei der Verschmelzung aufgelöster Vereine.

75 Der nach vorstehenden Grundsätzen ermittelte Wert des Verbandsvermögens wird den Vereinsmitgliedern grundsätzlich nach Köpfen zugerechnet. Analog § 276 Abs. 2 kann alternativ einer in dieser Norm abschließend festgelegten Zurechnungsmaßstäbe angewandt werden[163]. Um eine Vergleichbarkeit der Bewertungen sicherzustellen, ist idR zu fordern, dass beim übertragenden und beim übernehmenden Rechtsträger dieselbe Bewertungsmethode angewandt wird[164]. Bei der Mischverschmelzung von eingetragenen Vereinen mit Rechtsträgern, die ein wirtschaftliches Unternehmen betreiben, kann dieser Grundsatz allerdings nicht aufrechterhalten werden. Hier würde die Anwendung derselben Bewertungsmethode zu unzutreffenden Ergebnissen führen. Einerseits ist die Ertragswertmethode für die Bewertung des Vermögens eines Idealvereins ungeeignet. Andererseits ist anerkannt, dass bei Handels- und Kapitalgesellschaften die Substanzwertmethode zu nicht zutreffenden Resultaten führt. Daher muss man bei der Mischverschmelzung von Idealvereinen die Anwendung unterschiedlicher Bewertungsmethoden zulassen[165].

76 Zum Teil wird im Schrifttum vertreten, dass bei der Festlegung des Umtauschverhältnisses neben der Wertrelation der Vermögen der beteiligten Rechtsträger auch qualitative Unterschiede in der Beteiligung zu berücksichtigen seien, so zB die persönliche Haftung bei einer Personengesellschaft[166]. Eine Gegenauffassung lehnt dies zu Recht ab[167]. Der Gesetzgeber hat solchen qualitativen Unterschieden dadurch ausreichend Rechnung getragen, dass bei gravierenden Veränderungen der Beteiligung iRd. Verschmelzung die Zustimmung einzelner Anteilsinhaber oder Mitglieder erforderlich ist[168]. Darüber hinaus haben die betroffenen Mitglieder und Anteilsinhaber bei Mischverschmelzungen die Möglichkeit, nach Widerspruch gegen den Verschmelzungsbeschluss gegen angemessene Abfindung auszuscheiden[169]. Eine darüber hinausgehende Berücksichtigung qualitativer Unterschiede der Mitgliedschaften und Anteile der an der Verschmelzung beteiligten Rechtsträger bei der Bemessung des Umtauschverhältnisses bedarf es nicht. Auch dürfte in solchen Fällen die Quantifizierung dieser Unterschiede schwierig sein.

---

[161] *Reuter* in MünchKomm. § 41 BGB Rn 25; *Hadding/Hennrichs* in Lutter Rn 24; *Katschinski*, Die Verschmelzung von Vereinen, S. 87 f.

[162] So auch *Reuter* in MünchKomm. § 41 BGB Rn 25; *Hadding/Hennrichs* in Lutter Rn 25; *Vossius* in Widmann/Mayer Rn 62 ff.; *Katschinski*, Die Verschmelzung von Vereinen, S. 88 f.

[163] *Reuter* in MünchKomm. § 41 BGB Rn 25; *Katschinski*, Die Verschmelzung von Vereinen, S. 91; enger *Hadding/Hennrichs* in Lutter Rn 25.

[164] Vgl. dazu OLG Düsseldorf AG 2003, 329; *Kraft* in Kölner Komm. § 340 AktG Rn 18; *Stratz* in Schmitt/Hörtnagl/Stratz § 5 Rn 51.

[165] Ebenso *Hadding/Hennrichs* in Lutter Rn 26; *Hadding/Hennrichs*, FS Boujong, S. 203, 216; *Reuter* in MünchKomm. § 41 BGB Rn 26; *Katschinski*, Die Verschmelzung von Vereinen, S. 90.

[166] Vgl. hierzu *Mayer* in Widmann/Mayer § 5 Rn 134; *Sagasser/Ködderitzsch* in Sagasser/Bula/Brünger J Rn 56.

[167] *Hadding/Hennrichs* in Lutter Rn 25; *Reuter* in MünchKomm. § 41 BGB Rn 26; *Katschinski*, Die Verschmelzung von Vereinen, S. 92.

[168] So insbes. in den Fällen der §§ 13 Abs. 2, 40 Abs. 2, 43 Abs. 2 und 51 Abs. 2.

[169] § 29.

Möglichkeit der Verschmelzung 77–80 § 99

Neben der Angabe des Umtauschverhältnisses sind bei der Verschmelzung von Vereinen 77
auf Aktiengesellschaften und Gesellschaften mit beschränkter Haftung ggf. Angaben über
bare Zuzahlungen zum Ausgleich von Spitzenbeträgen in den Verschmelzungsvertrag aufzunehmen[170]. Bei der Verschmelzung auf eine GmbH sind darüber hinaus jedem Mitglied
des übertragenden Vereins bestimmte Geschäftsanteile im Verschmelzungsvertrag zuzuordnen[171]. Bei der Verschmelzung eines Vereins auf eine Personenhandelsgesellschaft ist für jedes
Mitglied des übertragenden Vereins zu bestimmen, ob es die Stellung eines Komplementärs
oder eines Kommanditisten in der übernehmenden Gesellschaft haben soll[172].

(3) Verschmelzung von rechtsfähigen Vereinen auf Genossenschaften. Wie im Vereinsrecht gilt im 78
Genossenschaftsrecht der Grundsatz der Einheit der Mitgliedschaft, d. h. eine Person kann
stets nur eine Mitgliedschaft in der Genossenschaft haben[173]. Bei der Verschmelzung rechtsfähiger Vereine auf Genossenschaften erfolgt daher ein Austausch von Mitgliedschaften im Verhältnis 1 : 1. Anzugeben sind, welche besonderen Rechte und Pflichten in der aufnehmenden
Genossenschaft gelten[174]. Hierzu gehört auch die Angabe über die Anzahl und den Betrag
der Geschäftsanteile, mit denen die Vereinsmitglieder künftig an der Genossenschaft beteiligt
sind[175]. Übersteigt der Wert der Vereinsmitgliedschaft den des Geschäftsanteils, können –
sofern die Satzung der Genossenschaft dies zulässt oder diese iRd. Umwandlung gem. § 79
geändert wird – den zukünftigen Mitgliedern mehrere Geschäftsanteile eingeräumt werden.

Angaben über das zukünftige Geschäftsguthaben der Mitglieder des übertragenden Vereins 79
in der übernehmenden Genossenschaft sind dagegen in den Verschmelzungsvertrag nicht
aufzunehmen. Das Geschäftsguthaben gibt die tatsächliche Beteiligung an der Genossenschaft an[176]. Seine Höhe wird nach Vollzug der Verschmelzung kraft Gesetzes ermittelt. Dabei gilt die Spezialregelung des § 88 Abs. 2 für die Verschmelzung von Vereinen auf Genossenschaften. Im Grundsatz geht das Gesetz davon aus, dass bei der Verschmelzung von
Rechtsträgern auf eine Genossenschaft der Wert der alten Beteiligung am übertragenden
Rechtsträger dessen Mitgliedern in der Genossenschaft als Geschäftsguthaben gutgeschrieben wird. § 88 Abs. 2 enthält eine Ausnahme von diesem Grundsatz. Die Höhe des Geschäftsguthabens der Vereinsmitglieder wird nach der Norm durch den Nennbetrag der nach
dem Verschmelzungsvertrag ihnen eingeräumten Geschäftsanteile begrenzt. Übersteigt der
Wert des Vereinsvermögens den Gesamtbetrag der allen vormaligen Vereinsmitgliedern gewährten Geschäftsanteile, fließt der übersteigende Wert den Rücklagen der übernehmenden
Genossenschaft zu[177]. Gerechtfertigt wird dies damit, dass die Vereinsmitgliedschaft ihrem
Inhaber keine wertmäßige Beteiligung am Verbandsvermögen vermittelt[178]. Soll iRd. Verschmelzung das Vermögen des Vereins vollständig seinen Mitgliedern als Geschäftsguthaben
in der Genossenschaft zugute kommen, kann dies nur dadurch erfolgen, dass die eingeräumten Geschäftsanteile in der übernehmenden Genossenschaft mit dem Nennbetrag festgesetzt
werden, der dem rechnerischen Anteil des einzelnen Mitglieds am Wert des Vereinsvermögens entspricht[179].

dd) Einzelheiten über die Übertragung der Anteile und den Erwerb der Mitgliedschaft. In den Ver- 80
schmelzungsvertrag sind Einzelheiten über die Übertragung der Anteile und den Erwerb der

---

[170] § 54 Abs. 4, 68 Abs. 3.
[171] § 46 Abs. 1.
[172] § 40 Abs. 1.
[173] *BGH* BB 1978, 1134; *Pöhlmann* in H/P/G/R § 7 a GenG Rn 3.
[174] § 5 Abs. 1 Ziff. 3.
[175] § 80 Abs. 1 Satz 2.
[176] Vgl. hierzu *Pöhlmann* in H/P/G/R § 7 GenG Rn 3; *Günther Schulte* in Lang/Weidmüller § 7 GenG Rn 5; *Bayer* in Lutter § 80 Rn 16.
[177] Vgl. RegBegr. *Ganske* S. 128; *Bayer* in Lutter § 88 Rn 8; *Fronhöfer* in Widmann/Mayer § 88 Rn 16.
[178] RegBegr. *Ganske* S. 128; *Bayer* in Lutter § 88 Rn 8.
[179] *Bayer* in Lutter § 88 Rn 8; RegBegr. *Ganske* S. 110.

Mitgliedschaft im aufnehmenden Rechtsträger aufzunehmen[180]. Bedeutung hat dies insbesondere bei Mischverschmelzungen von Vereinen auf Kapitalgesellschaften. In einem solchen Fall ist zu regeln, ob die Anteilsgewährung an die Mitglieder des übertragenden Rechtsträgers aus vorhandenen eigenen oder aus durch eine Kapitalerhöhung neu zu schaffenden Anteilen erfolgen soll. Ferner ist bei einer Verschmelzung auf eine AG zu regeln, wie ein Treuhänder bestellt wird und in welcher Form er die von ihm empfangenen Anteile überträgt[181]. Für die Verschmelzung auf einen Verein sieht das Gesetz zwingend vor, dass die neuen Mitgliedschaften in ihm automatisch mit Wirksamwerden der Verschmelzung entstehen. Ein Regelungsspielraum besteht hier nicht[182].

81 *ee) Zeitpunkt der Gewinnbeteiligung.* In den Verschmelzungsvertrag ist der Zeitpunkt aufzunehmen[183], von dem an die Anteile und Mitgliedschaften im aufnehmenden Rechtsträger einen Anspruch auf einen Anteil am Bilanzgewinn gewähren, sowie alle Besonderheiten in Bezug auf diesen Anspruch. Ihrem Wortlaut nach ist die Vorschrift nur auf die Verschmelzung von Vereinen auf Rechtsträger anderer Rechtsform anwendbar, deren Anteile und Mitgliedschaften ein Gewinnbezugsrecht vermitteln. Für die Verschmelzung eingetragener Vereine untereinander passt die Regelung des § 5 Abs. 1 Nr. 5 nicht[184]. Ein Gewinnbezugsrecht besteht beim aufnehmenden Idealverein nicht[185]. Es würde ihn zu einem wirtschaftlichen Verein machen[186]. Ersatzweise ist im Verschmelzungsvertrag in diesem Fall in entsprechender Anwendung des § 5 Abs. 1 Nr. 5 anzugeben, ab wann den Mitgliedern des übertragenden Vereins die Vermögensrechte aus ihrer neuen Mitgliedschaft im übernehmenden Rechtsträger zustehen[187].

82 *ff) Verschmelzungsstichtag.* Zum Inhalt des Verschmelzungsvertrags gehört der Zeitpunkt, von welchem an die Handlungen des übertragenden Rechtsträgers im Innenverhältnis als für Rechnung des übernehmenden Rechtsträgers als vorgenommen gelten (Verschmelzungsstichtag). Es gelten hier die allgemeinen Regeln. Besonderheiten ergeben sich aus der Beteiligung von Vereinen nicht[188].

83 *gg) Sonderrechte.* In dem Verschmelzungsvertrag sind Sonderrechte festzulegen, die der übernehmende Rechtsträger einzelnen Mitgliedern oder Anteilsinhabern einräumt[189]. Dies gilt insbesondere dann, wenn einzelnen Mitgliedern Sonderrechte iSv. § 35 BGB als Ausgleich für den Verlust ihrer Mitgliedschaft im übertragenden Verein im übernehmenden Rechtsträger eingeräumt werden[190]. Die Einführung solcher Sonderrechte bedarf der Zustimmung der nicht begünstigten Mitglieder im aufnehmenden Rechtsträger[191].

---

[180] § 5 Abs. 1 Nr. 4.
[181] § 71 Abs. 1.
[182] *Reuter* in MünchKomm. § 41 BGB Rn 28.
[183] § 5 Abs. 1 Nr. 5.
[184] *Reuter* in MünchKomm. § 41 BGB Rn 29; *Katschinski*, Die Verschmelzung von Vereinen, S. 97.
[185] Siehe Rn 70 ff.
[186] *Reuter* in MünchKomm. § 38 BGB Rn 29 f.; *Ballerstedt*, FS Knur, S. 1, 13; *Reichert* Rn 738; *Lettl* AcP 203 (2003) 176 ff.
[187] *Reuter* in MünchKomm. § 41 BGB Rn 29; *Hadding/Henrichs* in Lutter Rn 30; *Katschinski*, Die Verschmelzung von Vereinen, S. 97.
[188] § 5 Abs. 1 Nr. 6; vgl. zu einem zukünftigen Verschmelzungsstichtag *Beuthien/Wolff* DB 2001, 2126 ff.; sowie zu einem variablen Verschmelzungsstichtag *Mayer* in Widmann/Mayer § 5 Rn 164 f.; *Müller* in Kallmeyer § 5 Rn 36; *Lutter/Drygala* in Lutter § 5 Rn 43.
[189] § 5 Abs. 1 Nr. 7.
[190] *Lutter/Drygala* in Lutter § 5 Rn 45; *Reuter* in MünchKomm. § 41 BGB Rn 31; *Katschinski*, Die Verschmelzung von Vereinen, S. 98.
[191] Vgl. dazu § 103 Rn 23.

hh) Vorteile für sonstige Beteiligte. In den Verschmelzungsvertrag sind alle besonderen Vorteile aufzunehmen, die einem Vertretungsorgan – d. h. einem Vorstand beim Verein – oder Aufsichtsorgan, dem geschäftsführenden Gesellschafter, einem Abschluss- oder Verschmelzungsprüfer iRd. Umwandlung gewährt werden[192]. Sinn und Zweck dieser Regelung ist es, die Anteilsinhaber und Mitglieder sowie Gläubiger der beteiligten Rechtsträger über Umstände zu unterrichten, die die erforderliche Objektivität der vorgenannten Personen berühren könnten. Aufzuführen sind Vergünstigungen jeder Art, insbesondere Abfindungszahlungen an ausscheidende Organe oder Zusagen, dass den betreffenden Personen im übernehmenden Rechtsträger bestimmte Funktionen zugewiesen werden. Nicht hierzu gehören allerdings die Sachverständigenhonorare und üblichen Honorare für den Verschmelzungsprüfer.

84

ii) Folgen der Verschmelzung für die Arbeitnehmer und ihre Vertreter. Im Verschmelzungsvertrag sind die individual- und kollektivarbeitsrechtlichen Auswirkungen der Umwandlung für die Arbeitnehmer und ihre Vertretungen darzustellen[193]. Anzugeben sind dabei nur die unmittelbaren Folgen[194]. Hierbei ist zu beachten, dass Vereine unabhängig von ihrer Mitarbeiterzahl nicht der Mitbestimmung unterliegen, da sie nicht zu den in § 1 MitbestG, § 1 Abs. 2 MontanMitbestG und § 1 DrittelbG aufgezählten Rechtsformen gehören. Ferner erfüllen Vereine oftmals die Voraussetzungen eines Tendenzbetriebs. Soweit diese Qualifizierung infolge der Verschmelzung verloren geht, ist dies im Verschmelzungsvertrag auszuführen. Im Übrigen ergeben sich keine Besonderheiten bei der Beteiligung von Vereinen hinsichtlich der aufzunehmenden Angaben über die Folgen der Verschmelzung für die Arbeitnehmer und ihre Vertretungen[195].

85

jj) Abfindung. Den Mitgliedern, die gegen den Verschmelzungsbeschluss eines übertragenden Vereins Widerspruch erklärt haben, muss bei Mischverschmelzungen und beim Tausch in vinkulierte Anteile oder Mitgliedschaften im Zuge der Verschmelzung ein Barabfindungsangebot im Verschmelzungsvertrag unterbreitet werden[196]. Dem Widerspruch steht es gleich, wenn ein Anteilsinhaber oder Mitglied zur Versammlung, die über den Verschmelzungsbeschluss entscheidet, nicht zugelassen wird, die Versammlung nicht ordnungsgemäß einberufen oder der Beschluss nicht ordnungsgemäß bekannt gemacht worden ist[197].

86

Bedeutung hat die Vorschrift des § 29 Abs. 1 insbesondere für die Mischverschmelzung von Vereinen. Bei ihr ist stets die Aufnahme eines Abfindungsangebots in den Verschmelzungsvertrag erforderlich[198].

87

Nach der Neufassung des Wortlauts der Norm durch das Gesetz zur Änderung des Umwandlungsgesetzes vom 22. 7. 1998[199] erfasst § 29 Abs. 1 Satz 2 auch Verfügungsbeschränkungen bezüglich der Übertragung von Mitgliedschaften. Zuvor sprach der Wortlaut der Norm nur von Verfügungsbeschränkungen von Anteilen. Dies gilt auch dann, wenn sich wie im Vereinsrecht die Verfügungsbeschränkung bereits aus dem Gesetz[200] und nicht erst aus einer Regelung der Satzung ergibt[201]. Damit hat der Gesetzgeber nunmehr ausdrücklich klargestellt, dass die Norm auf die reine Vereinsverschmelzung anwendbar ist.

88

---

[192] § 5 Abs. 1 Nr. 8.
[193] § 5 Abs. 1 Nr. 9.
[194] Str. vgl. *Katschinski,* Die Verschmelzung von Vereinen, S. 101 Fn 150; *Reuter* in MünchKomm. § 41 BGB Rn 33, *Lutter/Drygala* in Lutter § 5 Rn 51 ff., 64 ff.; jeweils mwN.
[195] Vgl. allgemein hierzu auch § 5 Rn 76 ff.
[196] § 29 Abs. 1.
[197] § 29 Abs. 2.
[198] *Hadding/Hennrichs* in Lutter Rn 28; *Vossius* in Widmann/Mayer Rn 74; *Katschinski,* Die Verschmelzung von Vereinen, S. 103.
[199] BGBl. I S. 1878.
[200] Vgl. § 38 BGB.
[201] Vgl. *Neye* DB 1998, 1649; unzutreffend *Wiedemann/Thüsing* WM 1999, 2237, 2246, die zum Teil noch mit dem alten Gesetzeswort laut argumentieren.

89 Unstreitig ist in den Verschmelzungsvertrag daher ein Abfindungsangebot dann aufzunehmen, wenn die Mitgliedschaft im übertragenden Verein übertragbar und die Mitgliedschaft im aufnehmenden vinkuliert ist, und zwar unabhängig davon, ob die Vinkulierung auf einer Satzungsregelung beruht oder auf der gesetzlichen Vorschrift des § 38 BGB. Das Gleiche gilt, wenn bei den an der Umwandlung beteiligten Vereinen unterschiedliche Vinkulierungen der Mitgliedschaften bestehen oder sogar die Verfügungsbeschränkungen im aufnehmenden Verein diejenigen des übertragenden übertreffen[202].

90 Der neue Wortlaut des § 29 Abs. 1 Satz 2 erfasst an sich auch den Fall, dass die Mitgliedschaften im übertragenden und im übernehmenden Verein denselben Verfügungsbeschränkungen unterliegen. Dies gilt auch für den Fall, dass für ihre Übertragbarkeit in beiden Vereinen die gesetzliche Regelung des § 38 BGB gilt. Zu Recht wird in einem solchen Fall vom Schrifttum eine teleologische Reduktion des Gesetzeswortlauts vorgenommen. Entgegen dem Wortlaut bedarf es daher in einer solchen Situation keiner Aufnahme eines Abfindungsangebots in den Verschmelzungsvertrag[203]. Denn die Mitglieder des übertragenden Vereins erleiden keine Beeinträchtigung, wenn ihre nicht übertragbare Mitgliedschaft in eine gleichartige andere Mitgliedschaft im übernehmenden Verein eingetauscht wird.

91 Auf andere Beschränkungen oder Nachteile, die sich aus der Verschmelzung für die Mitglieder eines übertragenden Vereins ergeben, insbesondere Beschränkungen des Austrittsrechts, sind die §§ 29 ff. nicht analog anwendbar[204]. Die gesetzliche Regelung ist abschließend.

92 Die Höhe des Barabfindungsangebots bestimmt sich im Fall der Mischverschmelzung nach dem Wert der Mitgliedschaft im übertragenden Verein, der nach denselben Grundsätzen ermittelt wird, die auch für ihre Bewertung iRd. Umtauschverhältnisses nach § 5 Abs. 1 Nr. 3 anzuwenden sind[205]. Jedoch sind dabei die Verhältnisse zum Zeitpunkt der Fassung des Zustimmungsbeschlusses zugrunde zu legen[206]. Dies gilt nicht nur für wirtschaftliche Vereine, bei denen die Vereinsmitglieder am Vermögen des Verbands beteiligt sind, sondern auch dann, wenn die Mitgliedschaft im übertragenden Verein – wie es bei eingetragenen Vereinen regelmäßig der Fall ist – ihren Inhabern keine „Wertrechte" vermittelt und nicht übertragbar ist. Dies überrascht auf den ersten Blick. So ist schon davon gesprochen worden, dass die Verschmelzung es den Mitgliedern ermögliche, ihre Mitgliedschaft zu „Geld" zu machen[207]. Letzteres ist jedoch die Folge des Gebots der Gleichbehandlung der ausscheidenden Mitglieder mit den in der aufnehmenden Kapital- oder Personenhandelsgesellschaft verbleibenden Mitgliedern, deren Beteiligung sich von einer nicht vermögensrechtlichen in einen vermögenswerten Anteil durch die Verschmelzung verwandelt[208].

93 Werden dagegen zwei eingetragene Vereine miteinander verschmolzen, ist die Abfindung der ausscheidenden Vereinsmitglieder nur aus dem Wert des Vereinsvermögens abzüglich desjenigen Teils zu bestimmen, der aus Zuwendungen Dritter stammt[209]. Nur die von den Vereinsmitgliedern erbrachten Leistungen und Beiträge entsprechen dem finanziellen Interesse der ausscheidenden Mitglieder an ihrer Mitgliedschaft. Die Berücksichtigung des

---

[202] *Reuter* in MünchKomm. § 41 BGB Rn 35; *Hadding/Hennrichs* in Lutter Rn 27; *Vossius* in Widmann/Mayer Rn 79; *Katschinski*, Die Verschmelzung von Vereinen, S. 104 f.

[203] *Hadding/Hennrichs* in Lutter Rn 27; *Vossius* in Widmann/Mayer Rn 78.

[204] Vgl. *Reuter* in MünchKomm. § 41 BGB Rn 35; *Katschinski*, Die Verschmelzung von Vereinen, S. 105 mwN.

[205] *Reuter* in MünchKomm. § 41 BGB Rn 36; *Hadding/Hennrichs* in Lutter Rn 28.

[206] § 30 Abs. 1 Satz 1; *Hadding/Hennrichs* in Lutter Rn 28; *Katschinski*, Die Verschmelzung von Vereinen, S. 107; § 30 Rn 18 f.; *Stratz* in Schmitt/Hörtnagl/Stratz § 30 Rn 9; *Grunewald* in Lutter § 30 Rn 2; *Vollrath* in Widmann/Mayer § 30 Rn 8.

[207] *Hadding/Hennrichs* in Lutter Rn 28.

[208] *Reuter* in MünchKomm. § 41 BGB Rn 36; *Katschinski*, Die Verschmelzung von Vereinen, S. 108.

[209] *Katschinski*, Die Verschmelzung von Vereinen, S. 108 f.; *Reuter* in MünchKomm. § 41 BGB Rn 36.

durch Zuwendungen Dritter gebildeten Vereinsvermögens bei der Abfindungsberechnung würde sie gegenüber den im aufnehmenden Rechtsträger verbleibenden Mitgliedern des übertragenden Vereins besser stellen. Denn das aus Zuwendungen Dritter gebildete Vermögen kommt im aufnehmenden e. V. anders als bei der Mischverschmelzung bei der reinen Vereinsverschmelzung den im Verband verbleibenden Mitgliedern nicht zugute, da ihre neuen Mitgliedschaften keine Wertrechte vermitteln.

Ist das Abfindungsangebot zu niedrig bemessen oder nicht ordnungsgemäß angeboten worden, richten sich die Rechtsfolgen nach den §§ 32, 34. Eine Klage gegen den Verschmelzungsbeschluss kann auf solche Mängel nicht gestützt werden[210]. Statt dessen besteht die Möglichkeit, im Spruchverfahren nach § 34 eine angemessene Abfindung gerichtlich festsetzen zu lassen.

Die Barabfindung ist bei der Verschmelzung auf eine Kapitalgesellschaft als Gegenleistung für den Erwerb der Anteile am aufnehmenden Rechtsträger[211], bei der Umwandlung auf eine Personengesellschaft, eG oder einen anderen Verein als Abfindung dafür anzubieten, dass die Mitglieder ihr Ausscheiden aus dem aufnehmenden Rechtsträger erklären[212].

Eine Aufnahme eines Barabfindungsangebots ist nach § 104 a bei der Verschmelzung steuerbegünstigter Vereine entbehrlich[213]. Gleiches gilt, wenn alle Mitglieder des übertragenden Rechtsträgers auf die Aufnahme eines Abfindungsangebots in den Verschmelzungsvertrag verzichten. Solch ein Verzicht bedarf nach richtiger Auffassung in analoger Anwendung der §§ 8 Abs. 3, 9 Abs. 3, 12 Abs. 3 und 30 Abs. 2 Satz 3 der notariellen Beurkundung. Bedarf schon der Verzicht auf die Prüfung der Angemessenheit des Barabfindungsangebots nach § 30 Abs. 2 Satz 3 der notariellen Beurkundung, so hat dies erst recht für den Verzicht auf das Stammrecht zu gelten.

2. Verschmelzungsbericht

Die Vertretungsorgane jedes an der Verschmelzung beteiligten Rechtsträgers haben einen ausführlichen Bericht zu erstatten[214]. Beim Verein trifft diese Pflicht den Vorstand. Der Bericht ist von allen Vorstandsmitgliedern zu erstellen[215]. Eine Vertretung ist unzulässig[216]. Statthaft ist eine gemeinsame Berichterstattung der Organe beider an der Verschmelzung beteiligten Rechtsträger. Der Verschmelzungsbericht dient dem Schutz der Mitglieder. In ihm sind die Verschmelzung, der Verschmelzungsvertrag oder sein Entwurf rechtlich und wirtschaftlich zu erläutern. Dies gilt insbesondere für das Umtauschverhältnis der Anteile bzw. die Angaben über die neuen Mitgliedschaften beim übernehmenden Rechtsträger sowie die Höhe der nach § 29 anzubietenden Barabfindung. Zu erläutern sind dabei die Motive, die mit der Verschmelzung verfolgt werden. Soweit § 8 Abs. 2 im Geheimhaltungsinteresse der beteiligten Rechtsträger keine Einschränkung zulässt, sind in dem Bericht konkrete Tatsachen und Zahlen anzugeben[217]. Die Berichterstattung muss so konkret sein, dass die Vereinsmitglieder selbst in die Lage versetzt werden, eine Entscheidung für oder gegen die Verschmelzung zu treffen[218].

Bei der Beteiligung von Vereinen wird insbesondere auf die Bestimmung des Umtauschverhältnisses sowie die Angemessenheit der Mitgliedschaft im aufnehmenden Rechtsträger als Gegenleistung für die übertragenden Vermögenswerte einzugehen sein. Bei der reinen

---

[210] § 32.
[211] § 29 Abs. 1 Satz 1.
[212] § 29 Abs. 1 Satz 3.
[213] Zu Einzelheiten vgl. § 104 a.
[214] Siehe im Einzelnen § 8.
[215] *Limmer* Rn 497; *Katschinski*, Die Verschmelzung von Vereinen, S. 124.
[216] *Limmer* Rn 497.
[217] *Hadding/Hennrichs* in Lutter Rn 31; *Katschinski*, Die Verschmelzung von Vereinen, S. 125.
[218] *Hadding/Hennrichs* in Lutter Rn 31; *Katschinski*, Die Verschmelzung von Vereinen, S. 125.

Vereinsverschmelzung sind dabei insbesondere ausführlich die Satzungsunterschiede bei den beteiligten Vereinen darzustellen[219]. Dadurch sind den Mitgliedern des übertragenden Vereins die Auswirkungen der Umwandlung auf ihre Rechtsposition zu verdeutlichen. Es empfiehlt sich insoweit, die Satzungen der beteiligten Vereine als Anlagen beizufügen. Bei der Mischverschmelzung ist insbesondere auf die Bewertung des Verbandsvermögens der beteiligten Rechtsträger und den angewandten Verteilungsmaßstab einzugehen[220]. Dies gilt insbesondere dann, wenn bei dem Verein und dem anderen Rechtsträger unterschiedliche Methoden angewandt werden oder abweichend vom Kopfprinzip das Vereinsvermögen den Mitgliedern nach einem anderen Maßstab analog § 276 Abs. 2 zugerechnet wird.

99 Die Berichtspflicht nach § 8 ist vom Vorstand ernst zu nehmen. Eine Verletzung berechtigt die Vereinsmitglieder zur Klage gegen die Wirksamkeit des Umwandlungsbeschlusses. § 14 Abs. 2 ist insoweit nicht anwendbar[221]. Etwas anderes gilt lediglich für die Ausführungen im Bericht über das Barabfindungsangebot und dessen Höhe. Nach der Rechtsprechung des *BGH* zum Formwechsel werden Informationsverletzungen hierzu vom Ausschluss von Klagen nach § 210, 212 erfasst[222]. Dies hat konsequenterweise gem. §§ 14 Abs. 2, 32 auch für die Verschmelzung zu gelten[223]. An die Stelle des Rechts zur Klage gegen die Wirksamkeit des Verschmelzungsbeschlusses tritt in einem solchen Fall ein Anspruch gegen den übertragenden Rechtsträger auf Zuzahlung nach Maßgabe des § 34, der im gerichtlichen Spruchverfahren geltend zu machen ist.

100 Ein Verschmelzungsbericht ist nur dann nicht erforderlich, wenn alle Mitglieder und Anteilsinhaber aller an der Verschmelzung beteiligten Rechtsträger auf seine Erstattung in notariell beurkundeter Erklärung verzichten oder sich alle Anteile bzw. Mitgliedschaften des übertragenden Rechtsträgers in der Hand des übernehmenden befinden[224]. Beide Voraussetzungen werden bei der Verschmelzung von Vereinen nur in Ausnahmefällen gegeben sein[225].

3. Verschmelzungsprüfung

101 Bei wirtschaftlichen Vereinen ist die Verschmelzung stets nach §§ 9 bis 12 zu prüfen[226]. Ausnahmen von der Prüfungspflicht bestehen nur, sofern alle Mitglieder bzw. Anteilsinhaber der beteiligten Rechtsträger in notariell beurkundeter Erklärung auf eine Prüfung verzichten oder alle Anteile des übertragenden Rechtsträgers sich in der Hand des übernehmenden befinden[227].

102 Bei eingetragenen Vereinen ist dagegen eine Prüfung nur dann durchzuführen, sofern mindestens 10% der Mitglieder sie nach § 100 Satz 2 verlangen.

103 Die Bestellung der Prüfer richtet sich nach § 10. Über das Ergebnis ihrer Prüfung haben die Prüfer nach § 12 einen schriftlichen Bericht zu erstatten.

4. Zustimmungsbeschlüsse/Zustimmung einzelner Mitglieder

104 Der Verschmelzungsvertrag wird nur wirksam, wenn die Anteilsinhaber oder Mitglieder ihm in einer Versammlung durch notariell beurkundeten Beschluss zustimmen[228]. Der Be-

---

[219] *Hadding/Hennrichs* in Lutter Rn 31; *Katschinski*, Die Verschmelzung von Vereinen, S. 125.
[220] *Katschinski*, Die Verschmelzung von Vereinen, S. 125 f.
[221] *Hadding/Hennrichs* in Lutter Rn 31; *Katschinski*, Die Verschmelzung von Vereinen, S. 162.
[222] *BGH* ZIP 2001, 199; bestätigt durch *BGH* GmbHR 2001, 241; siehe dazu auch § 8 Rn 80 f. mwN.
[223] So auch *Hadding/Hennrichs* in Lutter Rn 31.
[224] § 8 Abs. 3.
[225] Vgl. dazu *Katschinski*, Die Verschmelzung von Vereinen, S. 126.
[226] § 100 Satz 1.
[227] § 9 Abs. 3 iVm. § 8 Abs. 3.
[228] § 13 Abs. 1 Satz 1; vgl. dazu § 103 Rn 6.

schluss bedarf grundsätzlich einer Mehrheit von drei Vierteln der erschienenen Mitglieder[229]. Ferner ist zusätzlich uU nach den §§ 13 Abs. 2, 51 Abs. 1 Satz 2 und 43 Abs. 2 die notariell beurkundete Zustimmung einzelner Mitglieder erforderlich[230]. Für die Vorbereitung und Durchführung der Mitgliederversammlung eines Vereins, die über die Verschmelzung beschließt, regeln die §§ 101, 102 Besonderheiten[231]. Die Satzung eines Vereins kann größere Mehrheiten für den Beschluss und zusätzliche Erfordernisse regeln[232].

5. Registeranmeldung

Der Vorstand hat die Verschmelzung zur Eintragung in das Register anzumelden[233], und zwar beim e. V. in das Vereinsregister und beim wirtschaftlichen Verein in das Handelsregister. Ist ein Idealverein daneben nach § 33 HGB im Handelsregister eingetragen, ist auch zu diesem Register die Verschmelzung anzumelden[234]. **105**

Das Vertretungsorgan des übernehmenden Rechtsträgers ist auch berechtigt, die Verschmelzung zur Eintragung in das Register des übertragenden Vereins anzumelden[235]. Diese Regelung geht zurück auf Art. 18 Abs. 2 VerschmRL. Sie geht davon aus, dass der übernehmende Rechtsträger ein besonders starkes Interesse daran hat, dass die Verschmelzung so schnell wie möglich in die Register eingetragen wird[236]. **106**

Ausreichend ist es, dass die vorgenannten Anmeldungen jeweils durch den Vorstand in vertretungsberechtigter Zahl unterzeichnet werden[237]. Eine Mitwirkung sämtlicher Vorstandsmitglieder ist nicht erforderlich. Eine Vertretung von Vorstandsmitgliedern bei der Unterzeichnung der Anmeldung durch Bevollmächtigte ist nach § 13 FGG bzw. § 12 HGB zulässig. Allerdings bedarf in diesen Fällen die Vollmacht der notariellen Beglaubigung[238]. Ist ein wirtschaftlicher Verein nicht im Handelsregister eingetragen, ist die Anmeldung und Eintragung der Verschmelzung in einem Register nicht möglich. Nach § 104 Abs. 1 sind daher die §§ 16, 17 Abs. 1 und 19 Abs. 1 Satz 2, Abs. 2 und 3 Satz 1 in diesem Fall nicht anwendbar. An die Stelle der Registereintragung tritt stattdessen die Bekanntmachung im elektronischen Bundesanzeiger[239]. Anzumelden ist die Verschmelzung selbst, nicht der Verschmelzungsvertrag oder die Zustimmungsbeschlüsse[240]. Klarzustellen ist, auf wen zur Aufnahme bzw. zur Neugründung verschmolzen wird. Mit der Anmeldung der Verschmelzung können Satzungsänderungen verbunden werden. Darüber hinaus ist regelmäßig bei der Verschmelzung eines Vereins auf eine Kapitalgesellschaft eine Kapitalerhöhung bei dieser notwendig[241]. **107**

§ 16 Abs. 2 schreibt zwingend vor, dass in den Anmeldungen seitens der Vertretungsorgane eine Erklärung darüber abgegeben wird, ob gegen die Wirksamkeit eines Verschmelzungsbeschlusses der beteiligten Rechtsträger Klage erhoben worden ist, ob eine solche Klage anhängig ist oder ob sie rechtskräftig abgewiesen oder zurückgenommen worden ist. Wird die Erklärung nicht abgegeben, bewirkt dies eine Registersperre[242], es sei denn, alle klage- **108**

---

[229] § 103 Satz 1.
[230] Vgl. § 103 Rn 22 ff.
[231] Siehe auch §§ 101, 102.
[232] § 103 Satz 2.
[233] § 16 Abs. 1 Satz 1.
[234] *Reuter* in MünchKomm. § 41 BGB Rn 47; *Katschinski*, Die Verschmelzung von Vereinen, S. 165.
[235] § 16 Abs. 1 Satz 2.
[236] RegBegr. *Ganske* S. 67.
[237] *Katschinski*, Die Verschmelzung von Vereinen, S. 165; *Limmer* Rn 1419; *Vossius* in Widmann/Mayer Rn 113.
[238] § 13 Satz 3 FGG bzw. 12 Abs. 2 Satz 1 HGB.
[239] Zu Einzelheiten § 104 Rn 4 ff.
[240] § 16 Abs. 1; *Reuter* in MünchKomm. § 41 BGB Rn 48; *Katschinski*, Die Verschmelzung von Vereinen, S. 166.
[241] §§ 53, 66.
[242] § 16 Abs. 2.

berechtigten Anteilsinhaber und Mitglieder erklären in notariell beurkundeter Form einen Verzicht auf ihr Klagerecht. Durch das zuständige Prozessgericht kann die Registersperre aufgehoben werden, wenn eine Klage unzulässig oder offensichtlich unbegründet ist oder wenn das alsbaldige Wirksamwerden der Verschmelzung nach Überzeugung des Gerichts zur Abwendung von Nachteilen für die beteiligten Rechtsträger gegenüber den geltend gemachten Rechtsverletzungen des Klagenden vorrangig ist[243].

109 Die Anmeldung bedarf der öffentlichen Beglaubigung[244].

110 Als Anlagen sind ihr nach § 17 Abs. 1 folgende Unterlagen beizufügen[245]:
– Verschmelzungsvertrag;
– Niederschriften der Verschmelzungsbeschlüsse;
– ggf. notwendige Zustimmungserklärungen;
– ggf. Verschmelzungsbericht;
– ggf. erforderlicher Prüfungsbericht;
– Nachweis über die rechtzeitige Zuleitung des Verschmelzungsvertrags an den oder die Betriebsräte;
– ggf. erforderliche staatliche Genehmigung.

111 Neben diesen vorgenannten Unterlagen ist eine Schlussbilanz des übertragenden Rechtsträgers seiner Anmeldung beizufügen[246]. Dies ist für die Verschmelzung von Vereinen eine Neuerung. Bei der Verschmelzung von genossenschaftlichen Prüfungsverbänden nach § 63 e ff. GenG aF bestand keine Bilanzeinreichungspflicht. Soweit ein übertragender wirtschaftlicher Verein nicht im Handelsregister eingetragen ist, ist seine Schlussbilanz mit der Anmeldung des übernehmenden Rechtsträgers zu dessen Register einzureichen[247].

112 Die Bilanz darf auf einen höchstens 8 Monate vor der Anmeldung der Verschmelzung liegenden Stichtag lauten[248]. Für die einzureichende Schlussbilanz gelten die Vorschriften über die Jahresbilanz und deren Prüfung entsprechend[249]. Die Schlussbilanz braucht jedoch anders als die Jahresbilanz nicht bekannt gemacht zu werden. Während buchführungspflichtige Vereine normalerweise nur ihr Betriebsvermögen in ihrem Abschluss anzusetzen haben, muss in der Schlussbilanz eines übertragenden Vereins sein gesamtes Vermögen erfasst werden[250].

113 Die Anwendung des § 17 Abs. 2 auf Vereine bereitet aus der Sicht der Praxis Schwierigkeiten. Eine gesetzliche Bilanzierungspflicht besteht bei Idealvereinen nur in Ausnahmefällen[251]. Steuerrechtlich ist ein Verein buchführungspflichtig gem. § 141 Abs. 1 Satz 1 AO, wenn nach den Feststellungen der Finanzbehörden ein einzelner Betrieb des Vereins einen Gesamtumsatz von mehr als € 260 000 oder einen Gewinn von mehr als € 25 000 aufweist. Handelsrechtlich ist ein Verein nur buchführungs- und bilanzierungspflichtig, sofern er Kaufmann iSd. §§ 1 ff. HGB ist. Politische Parteien sind ferner nach § 28 ParteiG stets zur Erstellung einer Bilanz verpflichtet. Soweit ein Verein nicht nach den vorgenannten Vorschriften buchführungspflichtig ist, ist sein Vorstand nach § 27 Abs. 3 iVm. §§ 666, 259 BGB nur verpflichtet, am Ende seiner Amtszeit eine geordnete Zusammenstellung der Einnahmen und Ausgaben zu erstellen[252]. Regelmäßig sehen die Vereinssatzungen hiervon abweichend vor,

---

[243] § 16 Abs. 3.
[244] § 77 BGB bzw. § 12 HGB.
[245] Siehe dazu auch § 17 Rn 1 ff.
[246] § 17 Abs. 2; siehe auch § 17 Rn 13 ff.
[247] § 104 Abs. 2.
[248] § 17 Abs. 2 Satz 4. Die Schlussbilanz ist begrifflich von der Jahresbilanz zu unterscheiden. In der Praxis wird der Verschmelzung vielfach die letzte Jahresbilanz zugrunde gelegt. Zwingend ist dies jedoch nicht. Der übertragende Rechtsträger kann aus Anlass der Verschmelzung eine besondere Bilanz erstellen, vgl. zum Verhältnis von Jahres- und Schlussbilanz *Widmann* in Widmann/Mayer § 24 Rn 46 ff.
[249] § 17 Abs. 2 Satz 2.
[250] Vgl. dazu *Hadding/Hennrichs* in Lutter Rn 40.
[251] Vgl. dazu *Reichert* Rn 2474 ff.; *Kühr* Rn 8 ff.; *Schleder* Rn 1571 ff.
[252] *Reichert* Rn 2474; *Katschinski*, Die Verschmelzung von Vereinen, S. 140.

Möglichkeit der Verschmelzung 114–116 § 99

dass eine periodische Rechnungslegung für einzelne Geschäftsjahre zu erstellen ist[253]. Daneben unterliegen solche Vereine uU steuerlichen Aufzeichnungspflichten[254], insbesondere der Verpflichtung zur Erstellung einer Überschussrechnung nach den §§ 8 Abs. 3 KStG, 4 Abs. 3 EStG, in der die Betriebseinnahmen und Ausgaben aufzulisten sind.

Ob ein nicht bilanzierungspflichtiger Verein aufgrund des § 17 Abs. 2 seine Buchführung umstellen muss und anlässlich der Verschmelzung eine Schlussbilanz erstellen muss, ist umstritten. Dies hängt davon ab, ob § 17 Abs. 2 eine eigenständige Bilanzierungspflicht begründet oder sie nur voraussetzt. *Vossius*[255] verlangt stets die Einreichung einer Bilanz, und zwar auch, wenn der übertragende Verein nicht bilanzierungspflichtig ist. *Hadding/Hennrichs*[256] gehen zwar im Grundsatz davon aus, dass § 17 Abs. 2 eine Pflicht zur Aufstellung einer (Sonder-) Bilanz begründe. Sie machen hiervon jedoch eine Ausnahme, wenn weder der aufnehmende noch der übertragende Rechtsträger zur Bilanzierung verpflichtet seien. In solchen Fällen sei § 17 Abs. 2 teleologisch zu reduzieren, da der Gesichtspunkt der Anschlussbilanzierung des § 24 nicht eingreife. 114

Nach zutreffender Auffassung[257] begründet dagegen § 17 Abs. 2 keine selbstständige Bilanzierungspflicht. Eine Bilanz ist durch einen übertragenden Verein – abgesehen vom Fall des § 104 Abs. 2[258] – nur dann zusammen mit der Anmeldung seinem Register einzureichen, wenn er aufgrund anderer Normen bilanzierungspflichtig ist, er freiwillig bilanziert oder er nach § 24 eine Bilanz zu erstellen hat, weil der übernehmende Rechtsträger sich für die Buchwertfortführung entscheidet. In allen anderen Fällen ist es ausreichend, wenn der übertragende Verein seine steuerliche Überschussrechnung und eine Vermögensaufstellung nach §§ 27 Abs. 3, 666, 259 BGB seiner Anmeldung beifügt[259]. 115

Sowohl der Wortlaut des § 17 Abs. 2, dessen Entstehungsgeschichte und die systematische Auslegung sind für die Entscheidung vorstehender Frage nicht ergiebig. Zwar verlangt der Wortlaut des § 17 Abs. 2 Satz 1 die Einreichung einer „Bilanz dieses Rechtsträgers", gleichzeitig verweist jedoch § 17 Abs. 2 Satz 2 für deren Aufstellung auf die Vorschriften über die Jahresbilanz und deren Prüfung. Ist eine solche nicht zu erstellen, sondern sind nur Rechnungsunterlagen zu erstellen, könnte aus letzterem gefolgert werden, dass dies auch für die einzureichende „Bilanz" ausreichend ist. Auch die Gesetzgebungsmaterialien helfen bei der Auslegung des § 17 Abs. 2 nicht weiter. Bei der Formulierung des § 17 Abs. 2 hatte der Gesetzgeber offensichtlich nur Unternehmensträger im Auge, die bereits nach den §§ 238 ff. HGB bilanzierungspflichtig sind[260]. Auch der Vergleich des § 17 Abs. 2 mit § 104 Abs. 2 und den §§ 101, 102, 63, 64 hilft bei der Auslegung nicht weiter. Die §§ 101, 102 betreffen die Auslegung von Rechnungsunterlagen aus der Vergangenheit. Schon aus faktischen Gründen kann hier eine nachträgliche Bilanzierungspflicht nicht begründet werden[261]. § 104 Abs. 2 betrifft wirtschaftliche Vereine, die Unternehmensträger sind. Dies allein rechtfertigt es, ihnen eine Bilanzierungspflicht aufzuerlegen. 116

---

[253] *Reichert* Rn 2474.
[254] Siehe zusammenfassende Aufstellung der steuerlichen Aufzeichnungspflichten bei *Reichert* Rn 2476 ff.
[255] *Vossius* in Widmann/Mayer Rn 119 ff.
[256] *Hadding/Hennrichs*, FS Boujong, S. 203, 226; *Hadding/Hennrichs* in Lutter Rn 36 ff.; ihnen folgend *Reuter* in MünchKomm. § 41 BGB Rn 51; *Reichert* Rn 4168; *Stöber* Rn 1133.
[257] § 17 Rn 15; *Katschinski*, Die Verschmelzung von Vereinen, S. 171 ff.; *Widmann* in Widmann/Mayer § 24 Rn 34; *Bork* in Lutter § 17 Rn 5; *Neumayer/Schulz* DStR 1996, 872, 874; *Müller* in Kallmeyer § 17 Rn 12; *Müller* WPg 1996, 857, 858; *Bula/Schlösser* in Sagasser/Bula/Brünger K Rn 4; *Wiedemann/Thüsing* WM 1999, 2248; *Limmer* Rn 1420. Vgl. auch § 168 Rn 70 ff.
[258] Vgl. dazu § 104 Rn 9.
[259] Die zweite und dritte Auffassung gelangen regelmäßig zu gleichen Ergebnissen. Sie unterscheiden sich nur in ihren Begründungen.
[260] Hierzu *Katschinski*, Die Verschmelzung von Vereinen, S. 173 mwN.
[261] Vgl. hierzu §§ 101, 102 Rn 5 f.

117 Entscheidend sind daher für die Auslegung des § 17 Abs. 2 allein teleologische Gesichtspunkte. Die Bilanzeinreichung dient dreierlei Zwecken. Sie soll Gläubigern der beteiligten Rechtsträger Anhaltspunkte für ihre Entscheidung geben, ob sie von ihrem Recht, nach § 22 Sicherheit zu verlangen, Gebrauch machen[262]. Bei der Verschmelzung auf eine Kapitalgesellschaft ist die Bilanz Wertnachweis für die iRd. Umwandlung durchzuführende Kapitalerhöhung[263]. Zuletzt dient die Schlussbilanz des übertragenden Rechtsträgers dem Grundsatz der Bilanzkontinuität für den Fall, dass der übernehmende Rechtsträger nach § 24 die Buchwerte des übertragenden fortführt[264]. Die ersten beiden Funktionen erfordern keine Bilanzeinreichung beim übertragenden Verein, die dritte nur dann, wenn tatsächlich der übernehmende Rechtsträger sich für die Buchwertfortführung entscheidet.

118 Die Gläubigerschutzfunktion der Schlussbilanz darf nicht überschätzt werden. Denn aus ihr können nur die Gläubiger des übernehmenden Rechtsträgers erkennen, ob sich durch die Vereinigung der Vermögen der beteiligten Rechtsträger die Erfüllung ihrer Forderungen verschlechtert, nicht jedoch die des übertragenden[265]. Im Übrigen können aus den Rechnungsunterlagen eines nicht bilanzierungspflichtigen Vereins die Gläubiger des übernehmenden Rechtsträgers ebenso Informationen und Anhaltspunkte darüber entnehmen, ob durch die Verschmelzung ihre Rechtsposition gefährdet wird[266]. Eine Wertnachweisfunktion hat die Bilanz des übertragenden Vereins nur dann, wenn iRd. Verschmelzung auf eine aufnehmende Kapitalgesellschaft eine Sachkapitalerhöhung[267] durchgeführt wird. In diesen Fällen kann der Nachweis der Werthaltigkeit des übertragenden Vereinsvermögens aber auch auf andere Art und Weise, zB durch ein Sachverständigengutachten oder durch Vorlage einer Vermögensaufstellung, geführt werden[268].

119 Der Grundsatz der Bilanzkontinuität erfordert die Aufstellung einer Bilanz des übertragenden Rechtsträgers erst dann, wenn sich der übernehmende Rechtsträger im Rahmen seines Wahlrechts nach § 24 dafür entscheidet, die Buchwerte des übertragenden Vereins fortzuführen. In einem solchen Fall muss der übertragende, ansonsten nicht bilanzierende Verein iRd. Verschmelzung eine Bilanz aufstellen, um die Buchwerte zu bestimmen. Es ist ihm daher zumutbar, dies frühzeitig zu tun und diese zusammen mit der Anmeldung seinem Register einzureichen.

6. Eintragung der Verschmelzung

120 Nach § 19 Abs. 1 ist die Verschmelzung zunächst im Register des übertragenden Rechtsträgers einzutragen verbunden mit dem Vermerk, dass die Verschmelzung erst mit Eintragung im Register des übernehmenden Rechtsträgers wirksam wird[269]. Im Fall der Verschmelzung eines wirtschaftlichen Vereins, der nicht im Handelsregister eingetragen ist, tritt an die Stelle der Eintragung die Bekanntmachung[270]. Im Anschluss an die Eintragung im Register des übertragenden bzw. an die Bekanntmachung folgt die Eintragung im Register des überneh-

---

[262] Dazu § 17 Rn 13; *Widmann* in Widmann/Mayer § 24 Rn 38; *Vossius* in Widmann/Mayer Rn 122; *Hörtnagl* in Schmitt/Hörtnagl/Stratz § 17 Rn 11; *Neumayer/Schulz* DStR 1996, 874; *Hadding/Hennrichs* in Lutter Rn 38; *Hadding/Hennrichs*, FS Boujong, S. 203, 229; *Bula/Schlösser* in Sagasser/Bula/Brünger K Rn 10.
[263] *Widmann* in Widmann/Mayer § 24 Rn 39; *Hörtnagl* in Schmitt/Hörtnagl/Stratz § 17 Rn 12; *Hadding/Hennrichs*, FS Boujong, S. 203, 226; *Bula/Schlösser* in Sagasser/Bula/Brünger K Rn 10.
[264] § 17 Rn 13; § 24 Rn 26; *Widmann* in Widmann/Mayer § 24 Rn 36; *Hörtnagl* in Schmitt/Hörtnagl/Stratz § 17 Rn 10; *Bork* in Lutter § 17 Rn 4; *Bula/Schlösser* in Sagasser/Bula/Brünger K Rn 10.
[265] Darauf weisen zu Recht hin *Hadding/Hennrichs* in Lutter Rn 38; *Hadding/Hennrichs*, FS Boujong, S. 203, 229 f.; *Hörtnagl* in Schmitt/Hörtnagl/Stratz § 17 Rn 11.
[266] So auch *Neumayer/Schulz* DStR 1996, 872, 874.
[267] §§ 53, 55, 66, 69.
[268] Ausf. hierzu auch *Katschinski*, Die Verschmelzung von Vereinen, S. 175.
[269] § 19 Rn 8.
[270] § 104 Abs. 1.

menden Rechtsträgers. Dieses hat den Tag der Eintragung von Amts wegen dem Register des übertragenden Rechtsträgers mitzuteilen, das einen entsprechenden Vermerk in sein Register aufnimmt und die bei ihm verwahrten Unterlagen zum Register des übernehmenden Rechtsträgers sendet.

7. Wirkungen der Verschmelzung

Mit Eintragung im Register des übernehmenden Rechtsträgers wird die Verschmelzung wirksam[271]. Mit ihr geht das Vermögen des übertragenden Rechtsträgers im Wege der Gesamtrechtsnachfolge einschließlich aller Verbindlichkeiten auf den übernehmenden Rechtsträger über[272]. Gleichzeitig erlischt der übertragende Rechtsträger[273]. Die Mitglieder des übertragenden Vereins werden kraft Gesetzes Mitglieder oder Anteilsinhaber des übernehmenden Rechtsträgers[274]. Dies gilt lediglich nicht, soweit der übernehmende Rechtsträger oder ein Dritter als dessen Treuhänder Mitgliedschaften am übertragenden Verein hält. Die Vertretungsmacht des Vorstands des übertragenden Vereins erlischt. Mit der Eintragung wird eine fehlende oder fehlerhafte notarielle Beurkundung des Verschmelzungsvertrags oder erforderlicher Zustimmungs- und Verzichtserklärungen geheilt[275]. Auch sonstige Mängel der Verschmelzung lassen die Wirkung der Eintragung unberührt[276]. Der Gesetzgeber geht davon aus, dass eine Rückgängigmachung der Umwandlung in der Praxis kaum möglich ist. Gläubiger – und zwar sowohl des übertragenden als auch des übernehmenden Rechtsträgers – können nach Maßgabe des § 22 Sicherheit verlangen. Der Anspruch besteht nur, wenn der Gläubiger glaubhaft macht, dass durch die Verschmelzung die Erfüllung seiner Forderung gefährdet wird[277]. Die Vertretungsorgane der an der Verschmelzung beteiligten Rechtsträger sowie ihrer Aufsichtsorgane – soweit vorhanden – haften Mitgliedern oder Gläubigern uU nach Maßgabe der §§ 25 bis 27.

Hinsichtlich der Rechtswirkungen gelten für die Verschmelzung von Vereinen grundsätzlich die allgemeinen Regelungen[278]. Eingegangen werden soll nachfolgend auf zwei Spezialfälle.

Streitig ist, ob die Mitgliedschaft eines übertragenden Rechtsträgers an einem nicht an der Umwandlung beteiligten Verein durch die Verschmelzung auf den aufnehmenden Rechtsträger übergeht. Ein Teil im Schrifttum[279] nimmt dies an, und zwar unabhängig von der Ausgestaltung der Satzung des Vereins. Die hM[280] orientiert sich dagegen an § 38 BGB, wonach die Vereinsmitgliedschaft grundsätzlich weder vererblich noch übertragbar ist. Danach kann die Mitgliedschaft in einem Verein im Wege der Verschmelzung grundsätzlich nicht übertragen werden. Etwas anderes gilt nur dann, wenn die Satzung ausdrücklich die Übertragbarkeit oder Vererblichkeit der Mitgliedschaft regelt. § 38 BGB sichert die Höchstpersönlichkeit der Vereinsmitgliedschaft[281]. Nach der Norm ist auch die Übertragung der Vereinsmitgliedschaft

---

[271] § 20 Abs. 1.
[272] § 20 Abs. 1 Nr. 1.
[273] § 20 Abs. 1 Nr. 2.
[274] § 20 Abs. 1 Nr. 3.
[275] § 20 Abs. 1 Nr. 4.
[276] § 20 Abs. 2.
[277] § 22 Abs. 1 Satz 2.
[278] Vgl. § 20.
[279] *Hadding/Hennrichs*, FS Boujong S. 203, 230; *Hadding/Hennrichs* in Lutter Rn 41; *Hennrichs* S. 62 ff., 87 ff., 120 f.; *Sernetz* S. 152 ff.; *Raupach/Böckstiegel*, FS Widmann, S. 459, 483; *Reichert* Rn 4182.
[280] § 20 Rn 27; *AG Kaiserslautern* NZA 2005, 319 f. = NZG 2005, 285; *Vossius* in Widmann/Mayer § 20 Rn 171; *Grunewald* in Lutter § 20 Rn 21; *dies.* in G/H/E/K § 346 AktG Rn 14; *Beuthien* GenG12 §§ 2 ff. UmwG Rn 64; *Schaffland* in Lang/Weidmüller § 93 e GenG Rn 17; *Müller* § 93 e GenG Rn 25; *Schlarb* S. 114 f.; *Katschinski*, Die Verschmelzung von Vereinen, S. 183.
[281] *Reichert* Rn 658; *Grunewald* in Lutter § 20 Rn 21.

im Wege der Gesamtrechtsnachfolge durch Vererbung ausgeschlossen. Gleiches gilt für die Übertragung im Wege der Verschmelzung, die auch durch Gesamtrechtsnachfolge erfolgt. Entgegen *Hennrichs*[282] ist es nicht widersprüchlich, dass nach der hier vertretenen Auffassung zwar vinkulierte Namensaktien im Rahmen einer Verschmelzung oder vinkulierte Geschäftsanteile einer GmbH auf den übernehmenden Rechtsträger übergehen, nicht jedoch Vereinsmitgliedschaften. Die Ausgangslage ist in beiden Fällen eine grundlegend andere. Die Vereinsmitgliedschaft ist nach der gesetzgeberischen Vorstellung unübertragbar. Die Satzung kann hiervon lediglich Abweichungen treffen[283]. Die Übertragbarkeit und Vererblichkeit von Geschäftsanteilen und Aktien ist dagegen der gesetzliche Regelfall. Die Satzung kann ihre Übertragbarkeit einschränken, nicht jedoch deren Vererblichkeit. Mit der Gesamtrechtsnachfolge im Erbfall ist aber die Vermögensübertragung iRd. Verschmelzung vergleichbar.

124   Besonderheiten ergeben sich auch bei der Verschmelzung von Gewerkschaften untereinander. Bei ihnen stellt sich die Frage des Übergangs geltender Tarifverträge auf die aufnehmende Tariforganisation. Neben des Übergangs des Tarifvertrags im Wege der Universalsukzession nach § 20 Abs. 1 Nr. 1 ist hierfür erforderlich, dass die aufnehmende Gewerkschaft die notwendige Tarifzuständigkeit besitzt[284].

8. Besonderheiten bei der Verschmelzung zur Neugründung

125   Die Verschmelzung zur Neugründung eines Vereins ist nach § 99 Abs. 2 nur in der Konstellation durchführbar, dass zwei oder mehrere Idealvereine zur Neugründung eines anderen e. V. miteinander verschmolzen werden[285]. Auf die Verschmelzung zur Neugründung finden die Vorschriften über die Verschmelzung zur Aufnahme entsprechende Anwendung[286]. Daneben sind die Gründungsvorschriften mit der Maßgabe anzuwenden, dass an die Stelle der Gründer die übertragenden Rechtsträger treten[287]. Nicht anwendbar sind Gründungsvorschriften, die eine Mindestzahl von Gründern vorschreiben[288]. Abweichend von § 56 BGB kann damit bei der Verschmelzung zur Neugründung ein neuer Idealverein auch mit weniger als 7 Mitgliedern, und zwar durch mindestens zwei übertragende Rechtsträger, gegründet werden. Das Privileg des § 36 Abs. 2 Satz 3 beschränkt sich dabei nur auf den Gründungsvorgang als solchen[289]. Das Gesetz trägt mit der Regelung des § 36 Abs. 2 Satz 3 dem Umstand der Inkongruenz von Gründern und späteren Mitgliedern Rechnung. Nicht hingegen begründet es einen Bestandsschutz des neu gegründeten Vereins, sofern die Zahl seiner Mitglieder dauerhaft weniger als drei beträgt. Das Vereinsregister kann daher dem neu gegründeten Verein die Rechtsfähigkeit nach § 73 BGB wieder entziehen, wenn er nicht nach seiner Eintragung im Register durch Aufnahme weiterer Mitglieder die Mindestzahl von drei Mitgliedern erreicht[290].

126   Nach § 37 muss der Verschmelzungsvertrag die Satzung des neu gegründeten Vereins enthalten. Sie ist mit ihm nach § 6 zu beurkunden. Eine Unterzeichnung der Satzung durch sieben Mitglieder nach § 59 Abs. 3 BGB ist nicht erforderlich[291]. Bei der Verschmelzung zur

---

[282] *Hennrichs* S. 63.
[283] Enthält die Satzung zur Übertragbarkeit der Mitgliedschaft keine ausdrückliche Regelung, ist sie ggf. auszulegen. Die Auslegung kann dabei ergeben, dass die Mitgliedschaft im Rahmen der Verschmelzung übertragbar ist. Vgl. dazu *Grunewald* in Lutter § 20 Rn 21.
[284] Näher hierzu *Wiedemann/Thüsing* WM 1999, 2277, 2280 ff.; *Richardi*, FS Kraft, S. 509, 515 f.
[285] Siehe Rn 29.
[286] § 36 Abs. 1 Satz 1 und 2.
[287] § 36 Abs. 2.
[288] § 36 Abs. 2 Satz 3.
[289] § 36 Rn 69.
[290] *Mayer* in Widmann/Mayer § 36 Rn 15; *Stratz* in Schmitt/Hörtnagl/Stratz § 36 Rn 36.
[291] § 36 Abs. 2 Satz 2.

Möglichkeit der Verschmelzung   127–130 § 99

Neugründung haben die Verschmelzungsbeschlüsse eine doppelte Funktion, sie beinhalten die Zustimmung zur Verschmelzung und zu der Satzung des neu gegründeten Vereins[292].

Bereits vor Eintragung des neu gegründeten Vereins im Vereinsregister iRd. Verschmel- **127** zung kann die Bestellung seines Vorstands im Verschmelzungsvertrag vorgenommen werden. Er wird von den übertragenden Rechtsträgern geschlossen. Sie stehen den Gründern gleich[293]. Wegen der Inkongruenz der Gründer und zukünftigen Vereinsmitglieder des neuen Vereins bedarf die Vorstandsbestellung in einem solchen Fall einer zusätzlichen Legitimation. In Gesamtanalogie zu den Vorschriften der §§ 59 Satz 2, 76 Abs. 2 Satz 2, 98 Satz 2 und 116 Abs. 1 müssen dazu die Mitgliederversammlungen der übertragenden Vereine der Vorstandsbestellung im Verschmelzungsvertrag zustimmen[294]. Für die Zustimmung der Mitgliederversammlung gelten dabei höhere Mehrheitserfordernisse als im Fall des § 27 Abs. 1 BGB, da sie durch den Verschmelzungsbeschluss erteilt wird und folglich dessen Mehrheitserfordernissen genügen muss[295]. Nach § 103 bedarf der Beschluss danach wenigstens einer Mehrheit von drei Vierteln der erschienenen Mitglieder.

Möglich ist es auch, dass die Satzung selbst die Bestellung des ersten Vorstands vor- **128** nimmt[296] oder geborene Vorstandsmitglieder vorsieht. Auch in diesen Fällen erfolgt die Legitimation des ersten Vorstands durch die Zustimmungsbeschlüsse zum Verschmelzungsvertrag, dessen Bestandteil die Satzung des neu gegründeten Vereins bildet.

Nicht möglich ist es, dass eine vor dem Wirksamwerden der Verschmelzung einberufene **129** Gründerversammlung bestehend aus den Mitgliedern der übertragenden Vereine den Vorstand des neu gegründeten Vereins bestellt[297]. Denn die Verschmelzung zur Neugründung kennt eine werdende juristische Person, die schon vor Eintragung durch ihre Organe handeln kann, nicht[298]. Auch sind Gründer des neuen Vereins die übertragenden Rechtsträger[299] und nicht die zukünftigen Mitglieder des Vereins. Dementsprechend können die zukünftigen Mitglieder neben dem Verschmelzungsvertrag und den Zustimmungsbeschlüssen keine ergänzende Gründerversammlung durchführen.

Die Vorstände der übertragenden Vereine haben die Verschmelzung zur Eintragung in ihr **130** jeweiliges Register sowie gemeinsam den neuen Verein zur Eintragung bei dem Gericht, in dessen Bezirk er seinen Sitz haben soll, in das Vereinsregister anzumelden[300]. Die Vertretungsorgane der übertragenden Rechtsträger müssen dabei auch die Negativerklärung abgeben[301]. Der Anmeldung sind die Verschmelzungsanlagen[302] sowie diejenigen Unterlagen beizufügen, die zur Gründung eines Vereins erforderlich sind[303]. Letzteres sind nach § 59 Abs. 2 BGB eine Abschrift sowie die Urschrift der Satzung und eine Abschrift der Urkunde über die Bestellung des Vorstands. Beide Unterlagen sind Bestandteil des einzureichenden Verschmelzungsvertrags bzw. der einzureichenden Zustimmungsbeschlüsse. Zusätzlich ist daher

---

[292] *Grunewald* in Lutter § 37 Rn 5; *Reuter* in MünchKomm. § 41 BGB Rn 46; *Katschinski,* Die Verschmelzung von Vereinen, S. 186.
[293] § 36 Abs. 2 Satz 2.
[294] Vgl. dazu *Reuter* in MünchKomm. § 41 BGB Rn 56; *Katschinski,* Die Verschmelzung von Vereinen, S. 186 f.; *Limmer* Rn 1422; *DNotI,* Gutachten zum Umwandlungsrecht, 1996/1997, S. 197.
[295] Vgl. *Grunewald* in Lutter § 59 Rn 6; *Stratz* in Schmitt/Hörtnagl/Stratz § 76 Rn 2 und 98 Rn 2; *Mayer* in Widmann/Mayer § 59 Rn 17; *Rieger* in Widmann/Mayer § 76 Rn 17.
[296] *Reichert* Rn 1935; *Hadding* in Soergel § 27 BGB Rn 8, § 25 BGB Rn 22; für die Bestellung des ersten Geschäftsführers einer GmbH vgl. auch *Mayer* in Widmann/Mayer § 36 Rn 77.
[297] Zutreffend *Reuter* in MünchKomm. § 41 BGB Rn 56; aA *Vossius* in Widmann/Mayer Rn 110; *Limmer* Rn 1418.
[298] *Reuter* in MünchKomm. § 41 BGB Rn 56.
[299] § 36 Abs. 2 Satz 2.
[300] § 38.
[301] § 16 Abs. 2; vgl. *Stratz* in Schmitt/Hörtnagl/Stratz § 38 Rn 2.
[302] § 36 Abs. 1, 17.
[303] § 36 Abs. 2.

der Anmeldung zum Register des neu gegründeten Vereins nur eine weitere Abschrift der Satzung nach § 59 Abs. 2 BGB beizufügen.

9. Kosten

131 Die Notar- und Gerichtskosten der Durchführung der Verschmelzung bestimmen sich anhand des Aktivvermögens des übertragenden Vereins[304].

§ 100 Prüfung der Verschmelzung

Der Verschmelzungsvertrag oder sein Entwurf ist für einen wirtschaftlichen Verein nach den §§ 9 bis 12 zu prüfen. Bei einem eingetragenen Verein ist diese Prüfung nur erforderlich, wenn mindestens zehn vom Hundert der Mitglieder sie schriftlich verlangen.

Übersicht

	Rn		Rn
I. Allgemeines	1	1. Prüfungsfreiheit	7
1. Sinn und Zweck der Norm	1	2. Ausnahme: Verlangen	8
2. Anwendungsbereich	3	a) Form	9
a) Wortlaut	3	b) Quorum	10
b) Keine Anwendung auf die Prüfung des Abfindungsangebots nach § 30 Abs. 2	4	c) Zeitliche Grenze	11
		d) Verzicht	17
II. Verschmelzungsprüfung beim wirtschaftlichen Verein	5	e) Kostentragung	18
		f) Prüfung im Registerverfahren	19
III. Verschmelzungsprüfung beim Idealverein	7	IV. Durchführung der Prüfung	20

Literatur: Siehe Literaturverzeichnis zu § 99.

I. Allgemeines

1. Sinn und Zweck der Norm

1 Die Prüfung des Verschmelzungsvertrags bzw. seines Entwurfs nach § 9 dient der Information der Mitglieder und Anteilsinhaber der an der Verschmelzung beteiligten Rechtsträger durch einen unabhängigen Sachverständigen. Die Prüfung ist Teil des gesetzlichen Präventivschutzes der Mitglieder und Anteilsinhaber. § 100 knüpft an diese Regelung an. Während § 100 für die Verschmelzung von wirtschaftlichen Vereinen die Prüfungspflicht nach Maßgabe der allgemeinen Vorschriften anordnet, sieht er für die Verschmelzung unter Beteiligung von eingetragenen Vereinen Erleichterungen vor.

2 Bei Mischverschmelzungen sind neben § 100 die für den anderen Rechtsträger geltenden Vorschriften über die Prüfung aus dem Besonderen Teil zu beachten.

2. Anwendungsbereich

3 **a) Wortlaut.** § 100 gilt für die Verschmelzung unter Beteiligung von Vereinen zur Aufnahme oder zur Neugründung. Er findet über die Verweisung des § 125 auf die Auf- oder Abspaltung unter Beteiligung von Vereinen Anwendung. Entgegen einiger Stimmen im Schrifttum ist die Norm nicht auf die Verschmelzung von genossenschaftlichen Prüfungsverbänden anzuwenden[1].

---

[304] Siehe dazu auch *Bund* Jur-Büro 2003, 578 = ZNotP 2003, 377.
[1] So aber *Vossius* in Widmann/Mayer Rn 6, § 105 Rn 4 bis 11; *Röhrich* in H/P/G/R §§ 105–108 UmwG Rn 4; aA zutreffend dagegen *Bayer* in Lutter § 106 Rn 12 f.; siehe auch § 106 Rn 3.

b) Keine Anwendung auf die Prüfung des Abfindungsangebots nach § 30 Abs. 2. Nach seinem Wortlaut erfasst § 100 nur die Prüfung nach den §§ 9 bis 12, nicht jedoch die Prüfung der Angemessenheit des Barabfindungsangebots nach § 30 Abs. 2. Dies hat zur Folge, dass unter den Voraussetzungen des § 29 eine Prüfung der Angemessenheit des Barabfindungsangebots auch durchzuführen ist, wenn nach § 100 Satz 2 die Prüfung des Verschmelzungsvertrags als solches entbehrlich ist[2].

II. Verschmelzungsprüfung beim wirtschaftlichen Verein

In Anlehnung an die Regelung des § 60 ordnet § 100 Satz 1 für wirtschaftliche Vereine stets eine Verschmelzungsprüfung an. Der Gesetzgeber[3] ging davon aus, dass beim wirtschaftlichen Verein die Mitglieder eine ähnlich schwache Stellung wie die Aktionäre einer AG haben. Deshalb hat er generell eine Prüfung vorgesehen. Nur ausnahmsweise ist sie entbehrlich, wenn alle Mitglieder auf eine Prüfung in notariell beurkundeter Erklärung verzichten oder der übernehmende Rechtsträger alleiniges Mitglied des übertragenden Vereins ist[4].

Entgegen *Hadding*[5] ist keine Ausnahme von der Prüfungspflicht zu machen, wenn die Satzung des wirtschaftlichen Vereins für die Verschmelzung einen einstimmigen Verschmelzungsbeschluss vorsieht. Die von *Hadding* geforderte teleologische Reduktion führt zu einer Umgehung der Beurkundungspflicht der §§ 12 Abs. 3, 9 Abs. 3[6]. Das Beurkundungserfordernis bezweckt eine Warn- und Beratungsfunktion. Die Anteilsinhaber und Mitglieder sollen nur nach Belehrung durch den Notar auf die Einhaltung der Bestimmungen der §§ 9 ff. verzichten können. Letzteres übersieht *Hadding* bei seiner teleologischen Reduktion. Sie führt nämlich zur Fiktion eines idR nicht formgerechten[7], konkludent erklärten Verzichts aller Mitglieder bei Fassung des Zustimmungsbeschlusses. Aus praktischer Sicht besteht auch kein Bedürfnis für die vorgeschlagene teleologische Reduktion. Fassen die Mitglieder den Verschmelzungsbeschluss einstimmig, ist es ohne weiteres möglich, dass in diesem Zusammenhang auch die Verzichtserklärungen vor, nach oder in der Mitgliederversammlung beurkundet werden.

III. Verschmelzungsprüfung beim Idealverein

1. Prüfungsfreiheit

Beim e. V. ist eine Prüfung gem. §§ 9 bis 12 nur erforderlich, wenn mindestens 10% der Mitglieder dies schriftlich verlangen[8]. Grundsätzlich besteht hier Prüfungsfreiheit. Der Gesetzgeber[9] ging davon aus, dass einerseits die Mitglieder an ihrer vermögensrechtlichen Beteiligung an einem e. V. nur ein geringes Interesse haben und andererseits wegen der regelmäßig großen Mitgliederzahl es unmöglich sei, eine Erklärung über den Verzicht auf eine Prüfung von allen Mitgliedern zu bekommen. Etwaige Missbräuche könnten ausreichend durch ein Minderheitsverlangen nach § 100 Satz 2 verhindert werden.

---

[2] So *Hadding/Hennrichs* in Lutter Rn 2; *Vossius* in Widmann/Mayer Rn 4.
[3] RegBegr. *Ganske* S. 136.
[4] §§ 12 Abs. 3, 9 Abs. 3, 8 Abs. 3.
[5] *Hadding/Hennrichs* in Lutter Rn 4; *Hadding/Hennrichs*, FS Boujong, S. 203, 219.
[6] So bereits *Katschinski*, Die Verschmelzung von Vereinen, S. 127 f.
[7] IdR wird der Zustimmungsbeschluss als Tatsachenprotokoll beurkundet. In einem solchen können Verzichtserklärungen der Vereinsmitglieder nicht mit beurkundet werden, vgl. dazu *Katschinski*, Die Verschmelzung von Vereinen, S. 159; *Heckschen* in Widmann/Mayer § 13 Rn 223; *Limmer* Rn 604.
[8] § 100 Satz 2.
[9] RegBegr. *Ganske* S. 136.

2. Ausnahme: Verlangen

8 Das Verlangen nach § 100 Satz 2 ist gegenüber dem Verein zu erklären und muss diesem zugehen. Es ist in eindeutiger Art und Weise zu erklären.

9 **a) Form.** Das Verlangen ist schriftlich zu erklären[10]. Für die Schriftform gilt § 126 BGB. Ihr steht gem. § 126 Abs. 3 BGB die elektronische Form nach § 126 a BGB gleich. Das Prüfungsverlangen muss die Unterschrift oder die elektronische Signatur der Mitglieder tragen. Nicht erforderlich ist es, dass alle das Verlangen stellenden Mitglieder eine Urkunde unterzeichnen[11]. Das Verlangen ist eine einseitige Willenserklärung. § 126 Abs. 2 BGB ist auf es nicht anwendbar. Es kann daher sowohl in einer Sammelurkunde oder einem elektronischen Sammeldokument oder in separaten Erklärungen oder elektronischen Dokumenten der einzelnen Mitglieder gestellt werden. Nicht ausreichend ist das Prüfungsverlangen per Fax, da es weder die Schriftform noch die elektronische Form des § 126 a BGB erfüllt[12].

10 **b) Quorum.** Entscheidend für das Quorum von 10% ist die Anzahl der tatsächlich vorhandenen Mitglieder, nicht die Anzahl der in der Mitgliederversammlung, die über die Verschmelzung beschließt, vertretenen Mitglieder[13]. Maßgeblich für die Entscheidung, ob die 10%-Grenze erreicht ist, ist die Mitgliederzahl bei Zugang des Verlangens[14]. Erhöht sich diese nachträglich, wird das Verlangen dadurch nicht unzulässig. Da nur der Vorstand die Zahl der Mitglieder kennt[15], ist im Streitfall er darlegungs- und beweispflichtig dafür, dass das Quorum von 10% nicht erreicht ist[16].

11 **c) Zeitliche Grenze.** Frühester Zeitpunkt für die Durchführung der Prüfung nach § 9 ist die Vorlage des Verschmelzungsvertrags, spätester Zeitpunkt ist die Einberufung der Mitgliederversammlung, die über den Zustimmungsbeschluss beschließen soll. Denn ab diesem Zeitpunkt ist der Prüfungsbericht auszulegen[17].

12 Von dem Zeitpunkt der Durchführung der Prüfung zu unterscheiden ist die Frage, bis zu welchem Zeitpunkt das Verlangen nach § 100 Satz 2 gestellt werden kann. Gesetzlich ist dies nicht geregelt. Die Prüfung dient der Information der Mitglieder, um ihre Entscheidung über die Zustimmung zur Verschmelzung auf eine tragfähige Grundlage zu stellen. Entsprechend diesem Zweck kann der Antrag auf Durchführung einer Prüfung von der Minderheit noch in der Mitgliederversammlung bis zur Fassung des Verschmelzungsbeschlusses gestellt werden[18]. Erst danach ist ein solches Verlangen unzulässig[19].

13 Ein erst in der Mitgliederversammlung erhobenes Prüfungsverlangen führt dazu, dass die Beschlussfassung über die Verschmelzung vertagt werden muss, da anderenfalls ein gefasster Beschluss wegen der Verletzung der Informationsrechte gem. §§ 101, 102 anfechtbar wäre[20].

---

[10] § 100 Satz 2.
[11] *Vossius* in Widmann/Mayer Rn 12; *Hadding/Hennrichs* in Lutter Rn 5.
[12] *Vossius* in Widmann/Mayer Rn 13; *Hadding/Hennrichs* in Lutter Rn 5.
[13] *Vossius* in Widmann/Mayer Rn 15.
[14] *Vossius* in Widmann/Mayer Rn 18 f.; *Hadding/Hennrichs* in Lutter Rn 11.
[15] § 72 BGB.
[16] *Vossius* in Widmann/Mayer Rn 16 ff.; *Hadding/Hennrichs* in Lutter Rn 11.
[17] § 101 Abs. 1 Satz 1.
[18] *Hadding/Hennrichs* in Lutter Rn 6; *Vossius* in Widmann/Mayer Rn 23; *Hadding/Hennrichs*, FS Boujong, S. 203, 220; *Katschinski*, Die Verschmelzung von Vereinen, S. 130.
[19] Zum Teil wird für die Parallelvorschriften der §§ 44, 48 vertreten, dass ein Prüfungsverlangen auch nach Beschlussfassung über die Verschmelzung gestellt werden könne; so *Müller* in Kallmeyer § 44 Rn 8; *Dehmer*² §§ 44 Rn 4 und § 48 Rn 4; *Stratz* in Schmitt/Hörtnagl/Stratz § 44 Rn 4 und § 48 Rn 4; *Vossius* in Widmann/Mayer § 44 Rn 17. Dem ist jedoch zu widersprechen, da nach Sinn und der §§ 9 ff. in diesem Zeitpunkt eine Prüfung nicht mehr erforderlich ist; so auch § 44 Rn 14; § 48 Rn 12 ff.; *H. Schmidt* in Lutter 44 Rn 7 f.; *ders.* in Lutter Umwandlungsrechtstage S. 76; *Zimmermann*, FS Brandner, 1996, S. 167, 172.
[20] *Hadding/Hennrichs* in Lutter Rn 6; *Katschinski*, Die Verschmelzung von Vereinen, S. 131.

Grenzen für die Ausübung des Prüfungsverlangens ergeben sich aus dem allgemeinen **14** Rechtsinstitut der Treupflicht[21] der Vereinsmitglieder.

Als zulässig[22] wird es in diesem Zusammenhang angesehen, dass der Vorstand im Vorfeld **15** der Mitgliederversammlung die Mitglieder auf ihr Recht, eine Verschmelzungsprüfung zu verlangen hinweist und ihnen eine angemessene Frist zur Ausübung dieses Verlangens setzt[23]. Soweit die Mitglieder nicht innerhalb der gesetzten Frist ihr Verlangen nach § 100 Satz 2 ausüben, ist eine spätere Berufung auf dieses Minderheitenrecht wegen Verstoßes gegen die Treupflicht unzulässig. Allerdings sind an eine solche Fristsetzung durch den Vorstand erhöhte Anforderungen zu stellen. Die Mitglieder sind über ihr Recht nach § 100 Satz 2 aufzuklären. Ihnen ist zeitlich und inhaltlich ausreichend Gelegenheit zu geben, sich über die Verschmelzung und die ihr zugrunde liegenden Umstände zu informieren. Zu letzterem sind vom Vorstand bereits ab Fristsetzung die nach § 101 auszulegenden Unterlagen – abgesehen vom Prüfungsbericht – den Mitgliedern zur Einsichtnahme bereit zu stellen und ihnen auf Anforderung kostenlose Abschriften derselben zu erteilen[24]. Durch die Fristsetzung wird die Entscheidung über die Ausübung des Rechts nach § 100 Satz 2 vorverlagert. Den Mitgliedern müssen daher dieselben Informationsmöglichkeiten wie in der Mitgliederversammlung, die über die Verschmelzung beschließt, zur Verfügung stehen.

Ergeben sich nachträglich neue Tatsachen, die für die Entscheidung der Ausübung des **16** Prüfungsverlangens erheblich sind, können die Mitglieder auch nach Ablauf der vom Vorstand gesetzten Frist ihr Recht nach § 100 Satz 2 ausüben[25].

d) Verzicht. Die Satzung des Vereins kann das Recht der Minderheit auf Prüfung nicht **17** ausschließen. Einer abweichenden Regelung steht § 1 Abs. 3 Satz 1 entgegen[26]. Ein Verzicht auf das Recht nach § 100 Satz 2 vor Fassung des Verschmelzungsbeschlusses kommt einem Verzicht auf die Verschmelzungsprüfung selbst gleich und bedarf daher der notariellen Beurkundung nach §§ 9 Abs. 3, 12 Abs. 3[27]. Zulässig ist dagegen der formfreie Verzicht bei oder nach Fassung des Verschmelzungsbeschlusses[28]. Er steht der Nichtgeltendmachung des Rechts aus § 100 Satz 2 gleich. Ein solcher Verzicht wird insbesondere konkludent von den Mitgliedern erklärt, wenn sie vorbehaltlos der Verschmelzung in der Mitgliederversammlung

---

[21] Vgl. zum Rechtsinstitut der Treupflicht im Vereinsrecht *Reuter* in MünchKomm. § 38 BGB Rn 41; *Hadding/Hennrichs* in Soergel § 38 BGB Rn 23 f.; *Reichert* Rn 890 ff.

[22] Wäre dieses Verfahren nicht gangbar, müsste der Vorstand rein vorsorglich zur Absicherung seiner zeitlichen Planung der Verschmelzung stets eine Prüfung durchführen lassen. Denn regelmäßig wird es nicht möglich sein, notariell beurkundete Verzichtserklärungen aller Mitglieder einzuholen. Damit würde aber die gesetzlich geregelte Prüfungsfreiheit eingetragener Vereine ins Gegenteil verkehrt, vgl. dazu auch *Katschinski*, Die Verschmelzung von Vereinen, S. 131. Nicht gangbar ist dagegen der Vorschlag von *Neumayer/Schulz* DStR 1996, 872, 873, die Mitglieder vor der Versammlung zu befragen, ob eine Prüfung durchgeführt werden soll. Zum einen kann sich der Vorstand auf mündliche oder schriftliche Erklärungen der Mitglieder hierzu nicht verlassen, zum anderen müsste der Vorstand wenigstens von 90% der Mitglieder Rückäußerungen einholen.

[23] *Hadding/Hennrichs* in Lutter Rn 7; *Vossius* in Widmann/Mayer Rn 24 ff.; *Katschinski*, Die Verschmelzung von Vereinen, S. 131; *Hadding/Hennrichs*, FS Boujong, S. 220 f.

[24] *Hadding/Hennrichs* in Lutter Rn 8; *Katschinski* Die Verschmelzung von Vereinen, S. 131.

[25] *Hadding/Hennrichs* in Lutter Rn 9; *Vossius* in Widmann/Mayer Rn 28.

[26] § 44 Rn 21; *Vossius* in Widmann/Mayer § 44 Rn 25 und § 48 Rn 13 jeweils für die Parallelnormen der §§ 44, 48.

[27] *Katschinski*, Die Verschmelzung von Vereinen, S. 132; § 44 Rn 21; *Vossius* in Widmann/Mayer § 44 Rn 25 und § 48 Rn 13; *Dehmer*² § 44 Rn 3 und § 48 Rn 3; *Stratz* in Schmitt/Hörtnagl/Stratz § 44 Rn 3 und § 48 Rn 3; *H. Schmidt* in Lutter § 44 Rn 5 jeweils zu den Parallelvorschriften der §§ 44, 48; aA dagegen *Vossius* in Widmann/Mayer Rn 29.

[28] *Vossius* in Widmann/Mayer § 44 Rn 25 jeweils zur Parallelvorschrift des § 44.

zustimmen. Im Fall der einstimmigen Beschlussfassung kann daher nachträglich aus diesem Grund eine Prüfung nicht mehr verlangt werden[29].

18 e) **Kostentragung.** Anders als die Parallelvorschriften der §§ 44 Satz 2 und 48 Satz 2 enthält § 100 keine Regelung, wer die Kosten der Prüfung zu tragen hat. Analog den §§ 44 Satz 2 und 48 Satz 2 trägt der e. V. die Kosten einer Prüfung[30]. Würde man die die Prüfung verlangende Minderheit mit den Kosten belasten, würde anderenfalls das Recht des § 100 Satz 2 entwertet[31].

19 f) **Prüfung im Registerverfahren.** Soweit eine Prüfung durchzuführen ist, ist der Prüfungsbericht als Anlage den Anmeldungen zu den Registern der beteiligten Rechtsträger beizufügen[32]. Der Umstand, dass beim e. V. kein Prüfungsverlangen nach § 100 Satz 2 gestellt wurde, ist dagegen als negative Tatsache den Registern gegenüber nicht nachzuweisen. Nur soweit aufgrund konkreter Umstände, wie Mitteilungen einzelner Mitglieder, Anhaltspunkte bestehen, dass ein solches Verlangen gestellt worden ist, kann das Registergericht als Nachweis für die Nichterforderlichkeit einer Prüfung eine eidesstattliche Versicherung der Vorstandsmitglieder fordern[33].

IV. Durchführung der Prüfung

20 § 100 regelt nur die Erforderlichkeit, nicht hingegen die Durchführung der Prüfung. Für die Auswahl der Prüfer, den Gegenstand der Prüfung und die Erstellung des Prüfungsberichts gelten daher die allgemeinen Vorschriften der §§ 9 bis 12.

§ 101 Vorbereitung der Mitgliederversammlung

(1) Von der Einberufung der Mitgliederversammlung an, die gemäß § 13 Abs. 1 über die Zustimmung zum Verschmelzungsvertrag beschließen soll, sind in dem Geschäftsraum des Vereins die in § 63 Abs. 1 Nr. 1 bis 4 bezeichneten Unterlagen sowie ein nach § 100 erforderlicher Prüfungsbericht zur Einsicht der Mitglieder auszulegen. Dazu erforderliche Zwischenbilanzen sind gemäß § 63 Abs. 2 aufzustellen.

(2) Auf Verlangen ist jedem Mitglied unverzüglich und kostenlos eine Abschrift der in Absatz 1 bezeichneten Unterlagen zu erteilen.

§ 102 Durchführung der Mitgliederversammlung

In der Mitgliederversammlung sind die in § 63 Abs. 1 Nr. 1 bis 4 bezeichneten Unterlagen sowie ein nach § 100 erforderlicher Prüfungsbericht auszulegen. § 64 Abs. 1 Satz 2 und Abs. 2 ist entsprechend anzuwenden.

Übersicht

	Rn		Rn
I. Allgemeines	1	2. Anwendungsbereich	2
1. Sinn und Zweck der Norm	1	II. Inhalt	3

---

[29] *Vossius* in Widmann/Mayer Rn 29; iE ebenso *Hadding/Hennrichs* in Lutter Rn 12; *Hadding/Hennrichs*, FS Boujong, S. 203, 222.
[30] *Hadding/Hennrichs* in Lutter Rn 13; *Hadding/Hennrichs*, FS Boujong, S. 203, 222; *Vossius* in Widmann/Mayer Rn 30.
[31] *Hadding/Hennrichs* in Lutter Rn 30; *IDW*, Reform des Umwandlungsrechts, S. 196, 207.
[32] § 17 Abs. 1.
[33] Vgl. auch *Vossius* in Widmann/Mayer Rn 38 ff.

	Rn		Rn
1. Informationspflichten vor der Mitgliederversammlung (§ 101)	3	2. Informationspflichten in der Mitgliederversammlung (§ 102)	13
a) Auszulegende Unterlagen	4	a) Auslage der Unterlagen	13
b) Zeitpunkt	10	b) Erläuterungspflicht	14
c) Ort	11	c) Auskunftspflicht	15
d) Abschriften	12	3. Rechtsfolgen bei Verstößen	16

Literatur: Siehe Literaturverzeichnis zu § 99.

I. Allgemeines

1. Sinn und Zweck der Norm

Die §§ 101, 102 dienen der Information der Mitglieder, um ihnen eine sachgerechte Entscheidung über die Zustimmung zur Verschmelzung zu ermöglichen[1]. Der Gesetzgeber ging davon aus, dass die Mitglieder eines Vereins wie die Mitglieder einer eG oder Aktionäre einer AG nur begrenzte Möglichkeiten haben, sich über die Geschäftsvorgänge ihres Rechtsträgers zu unterrichten. Daher verweisen die §§ 101, 102 sowie die Parallelvorschrift des § 82 hinsichtlich der Informationspflichten im Vorfeld und in der Mitgliederversammlung auf die Regelungen der §§ 63, 64.

2. Anwendungsbereich

Die §§ 101, 102 gelten sowohl für eingetragene als auch wirtschaftliche Vereine. Sie sind über § 125 auch auf die Spaltung anwendbar. Kraft der Verweisung des § 106 gelten sie ferner für die Verschmelzung von genossenschaftlichen Prüfungsverbänden.

II. Inhalt

1. Informationspflichten vor der Mitgliederversammlung (§ 101)

§ 101 regelt die Pflicht zur Auslegung und Erteilung von Abschriften bestimmter Unterlagen zur Vorbereitung der Mitgliederversammlung, die nach § 13 über die Verschmelzung beschließt. Für die Einberufung der Mitgliederversammlung enthält die Vorschrift keine besonderen Regelungen. Es gelten daher die allgemeinen Grundsätze des Vereinsrechts und die Bestimmungen der Vereinssatzung[2]. Soweit letztere die Einberufungsfrist nicht ausdrücklich regelt, hat grundsätzlich die Einberufung so rechtzeitig zu erfolgen, dass die Mitglieder sich angemessen auf die Versammlung vorbereiten können[3]. Die Verschmelzung ist eine Grundlagenentscheidung von erheblichem Einfluss auf die Rechtsstellung der Mitglieder. Die Frist für die Einladung zur Mitgliederversammlung ist daher großzügig zu bemessen. Da das UmwG sich selbst wegen der Vergleichbarkeit der Verhältnisse am Aktienrecht in den §§ 101, 102 orientiert, sollte mindestens die für die AG geltende Monatsfrist des § 123 Abs. 1 AktG eingehalten werden[4].

---

[1] RegBegr. *Ganske* S. 136.
[2] Vgl. dazu *Reichert* Rn 1253 ff.; *Stöber* Rn 410 ff.
[3] *Reichert* Rn 1266; *Sauter/Schweyer/Waldner* Rn 172.
[4] *Hadding/Hennrichs* in Lutter Rn 2; *Katschinski*, Die Verschmelzung von Vereinen, S. 137.

4   **a) Auszulegende Unterlagen.** Folgende Unterlagen sind auszulegen[5]:
– der Verschmelzungsvertrag oder sein Entwurf[6];
– die Jahresabschlüsse und Lageberichte der an der Verschmelzung beteiligten Rechtsträger für die letzten drei Geschäftsjahre[7];
– eine Zwischenbilanz, falls sich der letzte Jahresabschluss auf ein Geschäftsjahr bezieht, das mehr als sechs Monate vor dem Abschluss des Verschmelzungsvertrags oder der Aufstellung des Entwurfs abgelaufen ist[8];
– die nach § 8 zu erstattenden Verschmelzungsberichte[9];
– ein etwa nach § 100 erforderlicher Prüfungsbericht[10].

5   Eine Pflicht, die Jahresabschlüsse der letzten drei Geschäftsjahre auszulegen[11], besteht nur, sofern der Verein zur Aufstellung eines Jahresabschlusses verpflichtet ist oder freiwillig bilanziert[12]. Die §§ 101 Abs. 1 Satz 1 iVm. 63 Abs. 1 Nr. 2 begründen keine selbstständige Pflicht, Jahresabschlüsse aufzustellen, vielmehr setzen sie diese voraus. Nicht buchführungspflichtige Vereine könnten eine solche Pflicht nicht erfüllen, da sie anderenfalls rückwirkend für die letzten drei Jahre Abschlüsse aufstellen müssten[13]. Eine gesetzliche Buchführungs- und Bilanzierungspflicht besteht bei Idealvereinen nur in Ausnahmefällen[14]. Steuerrechtlich ist ein Verein buchführungspflichtig[15], wenn nach den Feststellungen der Finanzbehörden ein einzelner Betrieb des Vereins einen Gesamtumsatz von mehr als € 260 000 oder einen Gewinn aus einem wirtschaftlichen Betrieb von mehr als € 25 000 aufweist. Handelsrechtlich ist ein Verein nur buchführungs- und bilanzierungspflichtig, sofern er Kaufmann iSd. §§ 1 ff. HGB ist. Politische Parteien sind ferner stets buchführungspflichtig[16]. Soweit ein Verein nicht nach den vorgenannten Vorschriften buchführungspflichtig ist, ist sein Vorstand nur verpflichtet, am Ende seiner Amtszeit eine geordnete Zusammenstellung der Einnahmen und Ausgaben zu erstellen[17]. Regelmäßig sehen die Vereinssatzungen hiervon abweichend vor, dass eine periodische Rechnungslegung für einzelne Geschäftsjahre zu erstellen ist[18]. Daneben unterliegen solche Vereine uU steuerlichen Aufzeichnungspflichten[19], insbesondere der Verpflichtung zur Erstellung einer Überschussrechnung[20], in der die Betriebseinnahmen und -ausgaben aufzulisten sind.

6   Nicht bilanzierende Vereine sind verpflichtet, anstelle eines echten Jahresabschlusses ihre Rechnungsunterlagen für die letzten drei „Geschäftsjahre" auszulegen. Hierzu gehören die

---

[5] §§ 101 Abs. 1 iVm. 63 Abs. 1 Nr. 1 bis 5.
[6] § 63 Abs. 1 Nr. 1.
[7] § 63 Abs. 1 Nr. 2.
[8] §§ 63 Abs. 1 Nr. 3 und Abs. 2, 101 Abs. 1 Satz 2.
[9] § 63 Abs. 1 Nr. 4.
[10] § 63 Abs. 1 Nr. 5.
[11] § 63 Abs. 1 Nr. 2.
[12] Ebenso *Hadding/Hennrichs* in Lutter Rn 4; *Hadding/Hennrichs,* FS Boujong, S. 203, 223; *Reuter* in MünchKomm. § 41 BGB Rn 39; *Katschinski,* Die Verschmelzung von Vereinen, S. 140; *Neumayer/Schulz* DStR 1996, 872, 873; *Stöber* Rn 778; *Reichert* Rn 4145; *Wiedemann/Thüsing* WM 1999, 2248.
[13] So auch *Neumayer/Schulz* DStR 1996, 872, 873.
[14] Vgl. dazu auch *Reichert* Rn 2474 ff.; *Kühr* Rn 8 ff.; *Schleder* Rn 1571 ff.
[15] § 141 Abs. 1 Satz 1 AO.
[16] § 28 ParteiG.
[17] § 27 Abs. 3 iVm. §§ 666, 259 BGB; *Reichert* Rn 2474; *Katschinski,* Die Verschmelzung von Vereinen, S. 140.
[18] *Reichert* Rn 2474 f.
[19] Siehe zusammenfassende Aufstellung der steuerlichen Aufzeichnungspflichten bei *Reichert* Rn 2476 f.
[20] §§ 8 Abs. 1 KStG, 4 Abs. 3 EStG.

Zusammenstellung der Einnahmen und Ausgaben[21] und ggf. die Überschussrechnung[22] sowie ein Verzeichnis des Vereinsvermögens[23]. Durch diese Unterlagen werden entsprechend dem Zweck des § 101 die Mitglieder in gleichem Umfang wie durch einen Jahresabschluss über die Vermögens- und Finanzlage des Vereins informiert.

Sofern zwischen dem Stichtag des letzten Jahresabschlusses und dem Zeitpunkt des Abschlusses des Verschmelzungsvertrags bzw. der Aufstellung seines Entwurfs mehr als sechs Monate liegen, muss eine Zwischenbilanz auf einen Stichtag aufgestellt werden, der nicht vor dem ersten Tag des dritten Monats liegt, der dem Abschluss oder der Aufstellung des Entwurfs vorausgeht[24]. Sinn der Zwischenbilanz ist es, den Vereinsmitgliedern einen möglichst aktuellen Einblick in die Vermögensverhältnisse zu ermöglichen[25]. Für die Berechnung der Sechsmonatsfrist gelten die §§ 187 Abs. 1, 188 Abs. 2 BGB[26]. Während sich der Abschluss des Verschmelzungsvertrags einfach bestimmen lässt, kommt es für die Aufstellung des Entwurfs darauf an, wann die Vertretungsorgane sich darauf geeinigt haben, dass der ausgehandelte Entwurf die Grundlage der Verschmelzung bilden soll[27]. In der Praxis wird dies durch Unterzeichnung des Entwurfs dokumentiert[28].

Eine echte Zwischenbilanz[29] ist nur erforderlich, wenn der Verein gesetzlich zur Bilanzierung verpflichtet ist oder freiwillig bilanziert. Um eine Vergleichbarkeit der Abschlüsse sicherzustellen, sind auf den Zwischenabschluss die Vorschriften für die letzte Jahresbilanz anzuwenden[30]. Eine Inventur ist nicht erforderlich[31]. Die Wertansätze der letzten Jahresbilanz dürfen übernommen werden, jedoch sind Abschreibungen, Wertberichtigungen, Rückstellungen und wesentliche Veränderungen der wirklichen Werte von Vermögensgegenständen zu berücksichtigen[32]. Aufzustellen ist nur eine Bilanz und kein kompletter Jahresabschluss. Eine Gewinn- und Verlustrechnung ist entbehrlich[33].

Soweit der Verein nicht bilanziert, sind die Regelungen über die Zwischenbilanz entsprechend anzuwenden[34]. Es ist insoweit eine fortgeschriebene Vermögensaufstellung auf den in § 63 Abs. 1 Nr. 3 genannten Zeitpunkt zu erstellen, in der die wesentlichen Veränderungen seit der letzten Rechnungslegung des Vorstands darzustellen sind. Nicht erforderlich ist hingegen die Erstellung einer fortgeschriebenen Zusammenstellung der Einnahmen und Ausgaben bzw. eine Überschussrechnung.

b) Zeitpunkt. Die Pflicht zur Auslegung der Unterlagen beginnt mit der Einberufung der Mitgliederversammlung, spätestens also mit Zugang der Einladung beim ersten Mitglied. Das Ende der Auslegungspflicht regelt das Gesetz nicht. Es ergibt sich jedoch mittelbar dadurch, dass die Unterlagen in der Mitgliederversammlung auszulegen sind, die über die Verschmelzung nach § 13 beschließt[35].

---

[21] §§ 27 Abs. 3 iVm. 666, 259 BGB.
[22] §§ 8 Abs. 1 KStG, 4 Abs. 3 EStG.
[23] *Hadding/Hennrichs* in Lutter Rn 5; *Hadding/Hennrichs*, FS Boujong, S. 203, 223; *Reuter* in MünchKomm. § 41 BGB Rn 39; *Stöber* Rn 778; *Katschinski*, Die Verschmelzung von Vereinen, S. 140.
[24] §§ 101 Abs. 1 Satz 2, 63 Abs. 1 Nr. 3 und Abs. 2.
[25] *Dehmer*² § 63 Rn 5; *Stratz* in Schmitt/Hörtnagl/Stratz § 63 Rn 5; *Müller* in Kallmeyer § 63 Rn 4.
[26] *Grunewald* in Lutter § 63 Rn 4; *Rieger* in Widmann/Mayer § 63 Rn 17.
[27] *Grunewald* in Lutter § 63 Rn 4.
[28] Vgl. dazu *Müller* in Kallmeyer § 63 Rn 5; *Grunewald* in Lutter § 63 Rn 14.
[29] § 63 Abs. 1 Nr. 3 und Abs. 2.
[30] § 63 Abs. 2 Satz 1.
[31] § 63 Abs. 2 Satz 2.
[32] § 63 Abs. 2 Satz 3 und 4.
[33] § 63 Rn 16; *Grunewald* in Lutter § 63 Rn 6; *Müller* in Kallmeyer § 63 Rn 6.
[34] *Hadding/Hennrichs* in Lutter Rn 5; *Vossius* in Widmann/Mayer § 101 Rn 21; *Katschinski*, Die Verschmelzung von Vereinen, S. 141.
[35] § 102.

11 c) **Ort.** Auszulegen sind die Unterlagen in dem Geschäftsraum des Vereins. Gemeint ist damit der Raum, in dem die Verwaltung des Vereins geführt wird[36]. Dies kann auch die Wohnung eines Vorstandsmitglieds sein[37], nicht jedoch sind dies das Versammlungslokal, in dem sich die Mitglieder regelmäßig treffen, oder die Amtsräume des beurkundenden Notars[38]. Bestehen mehrere Geschäftsräume, sollten die Unterlagen in allen ausgelegt werden. Die Unterlagen müssen für die Mitglieder während der üblichen Geschäftszeiten zugänglich sein[39].

12 d) **Abschriften.** Auf Verlangen ist jedem Mitglied unverzüglich, d. h. ohne schuldhaftes Zögern iSv. § 121 Abs. 1 Satz 1 BGB, eine Abschrift der ausgelegten Unterlagen zu erteilen[40]. Die Kosten der Abschriften hat der Verein zu tragen. Das Verlangen kann formlos gestellt werden[41]. Abschriften können nur von aktuellen, nicht jedoch von zum Zeitpunkt der Ausübung des Rechts ausgeschiedenen Mitgliedern verlangt werden[42].

2. Informationspflichten in der Mitgliederversammlung (§ 102)

13 a) **Auslage der Unterlagen.** Zur Information der Mitglieder bestimmt § 102, dass die in § 63 Abs. 1 Nr. 1 bis 4 aufgeführten Unterlagen sowie ein ggf. erforderlicher Prüfungsbericht in ausreichender Zahl[43] während der Mitgliederversammlung auszulegen sind. Mitgliedern, die ihre Rechte nach § 101 nicht ausgeübt haben, soll hierdurch ermöglicht werden, sich noch in der Mitgliederversammlung zu informieren. Erforderlich ist die Auslegung im Präsenzbereich der Mitgliederversammlung[44], nicht ausreichend ist dagegen die Bereitstellung in einem Vorraum[45].

14 b) **Erläuterungspflicht.** Der Vorstand hat den Verschmelzungsvertrag oder seinen Entwurf in der Mitgliederversammlung mündlich zu erläutern[46]. Zweck dieser Regelung ist es insbesondere, den schriftlichen Verschmelzungsbericht zu aktualisieren[47]. Ferner ist auf die Motive für die Verschmelzung und besondere Schwierigkeiten einzugehen. Bei der Erläuterung darf sich der Vorstand sachverständiger Hilfspersonen bedienen[48]. Nicht ausreichend ist die bloße Verlesung des Verschmelzungsvertrags oder seines Entwurfs[49].

15 c) **Auskunftspflicht.** Der Vorstand hat auf Verlangen in der Mitgliederversammlung Auskunft über alle für die Verschmelzung relevanten Umstände zu geben. Dies ergibt sich für die Angelegenheiten seines eigenen Vereins bereits aus dem allgemeinen Auskunftsrecht der Vereinsmitglieder[50]. Durch die §§ 102 iVm. 64 Abs. 2 wird das Auskunftsrecht auf die wesentlichen Angelegenheiten des anderen Rechtsträgers ausgeweitet. Für das Auskunftsrecht gelten die allgemeinen Schranken. Analog § 131 Abs. 3 AktG und nach § 8 Abs. 2 kann der

---

[36] *Vossius* in Widmann/Mayer § 101 Rn 13; *Hadding/Hennrichs* in Lutter Rn 6.
[37] *Vossius* in Widmann/Mayer § 101 Rn 13; *Hadding/Hennrichs* in Lutter Rn 6.
[38] So aber *Vossius* in Widmann/Mayer § 101 Rn 13; wie hier dagegen *Hadding/Henrichs* in Lutter Rn 6.
[39] *Vossius* in Widmann/Mayer § 101 Rn 15; *Hadding/Hennrichs* in Lutter Rn 6.
[40] § 101 Abs. 2.
[41] *Hadding/Hennrichs* in Lutter Rn 6.
[42] *Vossius* in Widmann/Mayer § 101 Rn 23.
[43] *Hadding/Hennrichs* in Lutter Rn 7.
[44] Ebenso *Vossius* in Widmann/Mayer § 102 Rn 8.
[45] AA *Hadding/Hennrichs* in Lutter Rn 7.
[46] §§ 102 iVm. 64 Abs. 1 Satz 2.
[47] *Grunewald* in Lutter § 64 Rn 44; *Katschinski,* Die Verschmelzung von Vereinen, S. 143.
[48] *Vossius* in Widmann/Mayer § 102 Rn 11; *Hadding/Hennrichs* in Lutter Rn 8.
[49] *Vossius* in Widmann/Mayer § 102 Rn 10; *Hadding/Hennrichs* in Lutter Rn 8.
[50] *Hadding/Hennrichs* in Soergel § 38 BGB Rn 17; *Reuter* in MünchKomm. § 38 BGB Rn 36 f.; *Reichert* Rn 1361 ff.

Vorstand die Auskunft verweigern, wenn er einen nicht unerheblichen Nachteil oder für sich strafrechtliche Verfolgung auf Grund ihrer Erteilung befürchten muss[51].

3. Rechtsfolgen bei Verstößen

Eine Verletzung der Vorschriften der §§ 101, 102 führt zur Anfechtbarkeit des Verschmelzungsbeschlusses[52]. Ferner ist die Verletzung der Erläuterungs- und Auskunftspflicht strafbewehrt[53]. 16

§ 103 Beschluß der Mitgliederversammlung

Der Verschmelzungsbeschluß der Mitgliederversammlung bedarf einer Mehrheit von drei Vierteln der erschienenen Mitglieder. Die Satzung kann eine größere Mehrheit und weitere Erfordernisse bestimmen.

Übersicht

	Rn		Rn
I. Allgemeines	1	(2) Zweckänderung iSv. § 33 Abs. 1 Satz 2 BGB	15
1. Sinn und Zweck der Norm	1	cc) Weitere Erfordernisse nach § 103 Satz 2	20
2. Anwendungsbereich	2	dd) Zustimmung einzelner Mitglieder	22
II. Zustimmungsbeschluss	3	ee) Beschlussmängel	25
1. Zuständigkeit	3	2. Rechtslage zwischen Beschlussfassung und Eintragung	26
a) Form	6		
b) Beschlussmehrheit	7		
aa) Grundsatz Dreiviertelmehrheit	7		
bb) Höhere Mehrheitserfordernisse	11		
(1) Abweichende Satzungsregelung nach § 103 Satz 2	11		

Literatur: Siehe Literaturverzeichnis zu § 99.

I. Allgemeines

1. Sinn und Zweck der Norm

§ 103 ergänzt § 13, indem er die für den Verschmelzungsbeschluss erforderliche Mehrheit 1 der Mitgliederversammlung regelt. Das Gesetz[1] orientiert sich dabei an den Regelungen des § 33 Abs. 1 Satz 1 BGB betreffend die Satzungsänderung und des § 41 Satz 2 BGB betreffend die Auflösung des Vereins.

2. Anwendungsbereich

Anwendbar ist § 103 nicht nur auf die Verschmelzung rechtsfähiger Vereine, sondern 2 kraft der Verweisung des § 125 auch auf deren Spaltung sowie nach §§ 106, 125 auf die Verschmelzung und Spaltung unter Beteiligung genossenschaftlicher Prüfungsverbände.

---

[51] *Hadding/Hennrichs* in Lutter Rn 9; *Vossius* in Widmann/Mayer § 102 Rn 16; *Hadding* in Soergel § 38 BGB Rn 17; *Reuter* in MünchKomm. § 38 BGB Rn 37.
[52] Vgl. auch *Vossius* in Widmann/Mayer § 101 Rn 26 und § 102 Rn 12, 17.
[53] § 313 Abs. 1 Nr. 1.
[1] RegBegr. *Ganske* S. 119.

II. Zustimmungsbeschluss

1. Zuständigkeit

3 Der Verschmelzungsbeschluss ist durch die Mitglieder in einer Versammlung zu fassen[2]. Nicht zulässig ist eine Beschlussfassung im schriftlichen Verfahren gem. § 32 Abs. 2 BGB[3].

4 Die verdrängende Übertragung der Kompetenz zur Zustimmung zum Verschmelzungsvertrag auf ein anderes Organ ist nicht zulässig[4]. Dem steht der Grundsatz der Gesetzesstrenge entgegen[5]. Abweichend hiervon kann an die Stelle der Mitgliederversammlung eine Delegiertenversammlung treten[6]. Für die Übertragung der Kompetenz zur Fassung des Verschmelzungsbeschlusses auf sie bedarf es allerdings einer besonderen Satzungsregelung. Die Delegiertenversammlung ist kein gänzlich anderes Organ, sondern wie die Regelung des § 43 a GenG belegt, eine besondere Ausgestaltung der Mitgliederversammlung. Ihr kann daher auch die Kompetenz zur Satzungsänderung und Auflösung des Vereins übertragen werden[7].

5 Möglich ist es, durch die Satzung zusätzlich das Erfordernis der Zustimmung eines weiteren Vereinsorgans, wie zB eines Beirats, einzuführen[8].

6 a) **Form.** Der Verschmelzungsbeschluss ist notariell zu beurkunden[9]. Dies ist für Vereine eine Neuerung[10]. Die Mitwirkung des Notars bei der Fassung des Zustimmungsbeschlusses dient der Rechtssicherheit und Kontrolle, dass die Versammlung ordnungsgemäß abgewickelt wird[11]. Mit diesem gesetzgeberischen Zweck ist eine Beurkundung durch einen ausländischen Notar nicht vereinbar[12]. Die Beurkundung kann sowohl als Tatsachenprotokoll[13] als auch nach den Vorschriften über die Beurkundung von Willenserklärungen[14] erfolgen[15]. Nur in letzterem Fall können Verzichtserklärungen[16] mitbeurkundet werden[17]. Wird der Beschluss nach Maßgabe der §§ 8 ff. BeurkG beurkundet, kann jedes Mitglied bereits Abschriften und Ausfertigungen der Verhandlung erhalten[18]. Dies gilt auch für ein Tatsa-

---

[2] §§ 13 Abs. 1 Satz 1, 103.
[3] § 13 Abs. 1 Satz 2.
[4] *Hadding/Hennrichs* in Lutter Rn 5; *Reuter* in MünchKomm. § 41 BGB Rn 38; *Stöber* Rn 783; *Katschinski*, Die Verschmelzung von Vereinen, S. 133.
[5] § 1 Abs. 3.
[6] *Hadding/Hennrichs* in Lutter Rn 2; *Reuter* in MünchKomm. § 41 BGB Rn 38; *Stöber* Rn 783; *Katschinski*, Die Verschmelzung von Vereinen, S. 133 ff.
[7] *Heinrichs* in Palandt § 32 BGB Rn 1; *Hadding* in Soergel § 33 BGB Rn 6; *Stöber* Rn 783; *Reichert* Rn 5328; *Wiedemann/Thüsing* WM 1999, 2237, 2247 f.
[8] § 103 Satz 2.
[9] § 13 Abs. 3 Satz 1.
[10] Nach altem Recht bedurften Umwandlungsbeschlüsse wirtschaftlicher Vereine, Verschmelzungsbeschlüsse von genossenschaftlichen Prüfungsverbänden und der Generalversammlung der eG keiner besonderen Form. Im Interesse der Rechtsvereinheitlichung ist dieser Systembruch beseitigt worden, vgl. RegBegr. *Ganske* S. 61 f.
[11] RegBegr. *Ganske* S. 61.
[12] *LG Augsburg* ZIP 1996, 1872; *AG Kiel* GmbHR 1997, 506; *Katschinski*, Die Verschmelzung von Vereinen, S. 159; *Stöber* Rn 774 Fn 9; aA *LG Kiel* GmbHR 1997, 952 bei Genossenschaften.
[13] §§ 36 ff. BeurkG.
[14] §§ 8 ff. BeurkG.
[15] *Heckschen* in Widmann/Mayer § 13 Rn 222; *Katschinski*, Die Verschmelzung von Vereinen, S. 159.
[16] §§ 8 Abs. 3, 9 Abs. 3, 12 Abs. 3, 16 Abs. 2, 30 Abs. 2.
[17] *Heckschen* in Widmann/Mayer § 13 Rn 223; *Katschinski*, Die Verschmelzung von Vereinen, S. 159.
[18] § 51 Abs. 1 Nr. 1 BeurkG.

Beschluß der Mitgliederversammlung **7–14 § 103**

chenprotokoll[19], obwohl nach dem BeurkG bei ihm nur derjenige Ausfertigungen oder Abschriften verlangen darf, der die Aufnahme der Urkunde beauftragt hat.

b) Beschlussmehrheit. *aa) Grundsatz Dreiviertelmehrheit.* Der Verschmelzungsbeschluss bedarf grundsätzlich einer Mehrheit von drei Vierteln der erschienenen Mitglieder[20]. Nicht erschienene Mitglieder müssen nur in Ausnahmefällen der Verschmelzung in separater Erklärung zustimmen[21]. 7

Bei der Berechnung der Mehrheit kommt es nur auf die abgegebenen Ja- und Nein-Stimmen an. Stimmenthaltungen oder ungültige Stimmen werden nicht mitgezählt[22]. 8

Das Stimmrechtsverbot des § 34 BGB ist beim Verschmelzungsbeschluss nicht anwendbar[23]. Die Verschmelzung ist ein organisationsrechtlicher Akt, für den nach ganz hM[24] § 34 BGB nicht gilt. Sofern der andere Rechtsträger Mitglied des Vereins ist, kann dieser daher an der Beschlussfassung über die Zustimmung zur Verschmelzung nach § 13 teilnehmen. 9

Die Beschlussfähigkeit der Mitgliederversammlung regelt § 103 nicht. Es gelten insoweit die allgemeinen vereinsrechtlichen Regelungen. Danach genügt für die Beschlussfähigkeit der Mitgliederversammlung die Anwesenheit von nur einem Mitglied[25]. Allerdings kann die Satzung eine Mindestpräsenz für die Beschlussfähigkeit vorsehen. Enthält das Statut des Vereins generell oder speziell für Satzungsänderungen oder den Auflösungsbeschluss eine solche Regelung, gilt diese im Zweifel auch für die Beschlussfähigkeit der Mitgliederversammlung bei der Zustimmung zu einer Verschmelzung[26]. 10

bb) Höhere Mehrheitserfordernisse. (1) *Abweichende Satzungsregelung nach § 103 Satz 2.* Die Satzung kann höhere Mehrheitserfordernisse für den Verschmelzungsbeschluss einführen[27], und zwar bis hin zur Einstimmigkeit[28]. Erleichterungen kann sie hingegen nicht vorsehen. 11

Solche qualifizierten Mehrheitserfordernisse bestehen nicht nur, wenn die Satzung ausdrücklich für die Verschmelzung höhere Mehrheiten regelt. Sie können sich vielmehr auch aus dem Zweck und damit aus einer Auslegung einer Satzungsklausel ergeben[29]. 12

Ein Wesenselement der Verschmelzung ist die Auflösung des übertragenden Rechtsträgers. Regelungen im Statut eines übertragenden Vereins, die qualifizierte Anforderungen für die Auflösung des Vereins vorsehen, gelten daher grundsätzlich entsprechend für die Verschmelzung[30]. 13

Soweit die Satzung Erschwerungen des gesetzlichen Mehrheitserfordernisses für Satzungsänderungen vorsieht, ist im Einzelfall durch Auslegung[31] zu ermitteln, ob die Regelung auch für die Verschmelzung gilt. Sieht die Satzung generell für Satzungsänderungen höhere 14

---

[19] § 13 Abs. 3 Satz 3.
[20] § 103 Satz 1.
[21] Vgl. dazu Rn 22 ff.
[22] *Vossius* in Widmann/Mayer Rn 14; *Hadding/Hennrichs* in Lutter Rn 2; *Dehmer* 2 Rn 1; *Stratz* in Schmitt/Hörtnagl/Stratz Rn 1; *Katschinski,* Die Verschmelzung von Vereinen, S. 144; *Heinrichs* in Palandt § 32 BGB Rn 7; *Reuter* in MünchKomm. § 32 BGB Rn 48; *Hadding* in Soergel § 32 BGB Rn 32.
[23] *Hadding/Hennrichs* in Lutter Rn 4; *Vossius* in Widmann/Mayer Rn 15; *Katschinski,* Die Verschmelzung von Vereinen, S. 144 jeweils mwN.
[24] BGHZ 52, 136, 318; BGH NJW 1969, 841, 844; 1991, 172; RGZ 60, 172; 74, 278; 104, 182; *H. P. Westermann* in Erman § 34 BGB Rn 3; *Reuter* in MünchKomm. § 34 BGB Rn 10 f.; *Hadding* in Soergel § 34 BGB Rn 4; *Reichert* Rn 1463; *van Look* NJW 1991, 152.
[25] *Heinrichs* in Palandt § 32 BGB Rn 6; *Reuter* in MünchKomm. § 32 BGB Rn 46.
[26] *Hadding/Hennrichs* in Lutter Rn 2; *Katschinski,* Die Verschmelzung von Vereinen, S. 148; *Limmer* Rn 1411.
[27] § 103 Satz 2.
[28] *Vossius* in Widmann/Mayer Rn 21; *Stratz* in Schmitt/Hörtnagl/Stratz Rn 2.
[29] *Hadding/Hennrichs* in Lutter Rn 3; *Vossius* in Widmann/Mayer Rn 20 stellt auf den „Gesamtzusammenhang" ab.
[30] *Vossius* in Widmann/Mayer Rn 20; *Stratz* in Schmitt/Hörtnagl/Stratz § 65 Rn 12.
[31] Ebenso *Hadding/Hennrichs* in Lutter Rn 7.

Mehrheiten vor, gelten diese im Zweifel auch für die Verschmelzung[32]. Die Rechtsfolgen einer Verschmelzung greifen nämlich viel stärker in die Rechtsposition der Mitglieder ein als eine einfache Satzungsänderung. Besteht hingegen das qualifizierte Mehrheitserfordernis nur für bestimmte Satzungsänderungen, so ist durch Auslegung zu ermitteln, ob die Aufzählung abschließend ist oder nicht. Im ersten Fall gilt die Regelung nicht für die Verschmelzung. Im zweiten Fall ist weiter durch Auslegung zu ermitteln, ob die Verschmelzung mit den aufgezählten Satzungsänderungen vergleichbar ist[33]. Nur dann ist die Satzungsklausel auf die Verschmelzung entsprechend anwendbar.

15 (2) *Zweckänderung iSv. § 33 Abs. 1 Satz 2 BGB.* Eine Änderung des Vereinszwecks liegt nach der Rechtsprechung[34] vor, wenn der oberste Leitsatz, um dessentwillen sich die Mitglieder zusammengeschlossen haben und mit dessen Änderung kein Mitglied rechnen muss, umgestaltet wird. Dies ist insbesondere der Fall, wenn der Charakter des Verbands grundlegend umgestaltet wird[35].

16 Änderungen des Vereinszwecks bedürfen anders als einfache Satzungsänderungen nicht nur einer Dreiviertelmehrheit, sondern der Zustimmung aller in der Mitgliederversammlung anwesenden Mitglieder[36]. Zusätzlich müssen ihr alle nicht erschienenen Mitglieder zustimmen. Gleiches gilt für den Formwechselbeschluss[37], soweit er aus der Sicht des umwandelnden Vereins mit einer Zweckänderung verbunden ist. § 103 sieht eine vergleichbare Differenzierung für den Verschmelzungsbeschluss nicht vor.

17 Nach richtiger Auffassung[38] ist gleichwohl der Rechtsgedanke der § 275 Abs. 1 und § 33 Abs. 1 S 2 BGB analog auf den Verschmelzungsbeschluss anwendbar, und zwar unabhängig davon, ob der Verein an ihr als übertragender oder übernehmender beteiligt ist. Das Fehlen einer § 275 Abs. 1 entsprechenden Regelung für die Verschmelzung stellt eine gesetzliche Lücke dar, die nach dem Gebot der Gleichbehandlung des Gleichartigen durch eine analoge Anwendung des § 275 Abs. 1 zu schließen ist. Einer solchen Analogie steht § 1 Abs. 2 nicht entgegen. Die Norm schließt Analogien innerhalb des UmwG nicht aus[39].

18 Unstreitig sind die Voraussetzungen des § 33 Abs. 1 Satz 2 BGB zu beachten, wenn im Zuge der Verschmelzung zur Aufnahme der Zweck des übernehmenden Vereins geändert oder wesentlich erweitert werden soll[40]. In einem solchen Fall werden zwei Beschlussgegenstände miteinander kombiniert, die Zustimmung zur Verschmelzung und eine Satzungsänderung. Es sind daher jeweils die gesetzlichen Voraussetzungen für beide dieser Grundlagenentscheidungen zu beachten, wenn über sie einheitlich abgestimmt wird[41].

---

[32] *Zimmermann* in Kallmeyer § 13 Rn 11; *Lutter/Drygala* in Lutter § 13 Rn 21; *Heckschen* in Widmann/Mayer § 13 Rn 79; *Bermel* in Goutier/Knopf/Tulloch § 50 Rn 10; *Limmer* Rn 585; *Katschinski*, Die Verschmelzung von Vereinen, S. 145; *Drobnig/Becker/Remien* S. 41 f.; *Bayer* ZIP 1997, 1613, 1622; *Stratz* in Schmitt/Hörtnagl/Stratz § 65 Rn 12; aA *Grunewald* in G/H/E/K § 40 c AktG Rn 11; *Dehmer*² § 65 Rn 10; *Sauter/Schweyer/Waldner* Rn. 397.
[33] *Zimmermann* in Kallmeyer § 13 Rn 11; *Heckschen* in Widmann/Mayer § 13 Rn 71.
[34] BGHZ 96, 245, 251 f.
[35] *K. Schmidt* GesR § 4 II 3, S. 65; *ders.* Verbandszweck S. 35.
[36] § 33 Abs. 1 Satz 2 BGB.
[37] § 275 Abs. 1 und 2.
[38] *Stöber* Rn 784; *Sauter/Schweyer/Waldner* Rn 397; *Reichert* Rn 4150; *Neumayer/Schulz* DStR 1996, 873; *Reuter* in MünchKomm. § 41 Rn 41; *Katschinski*, Die Verschmelzung von Vereinen, S. 145 ff.; DNotI-Report 1996, 115, 116; aA *Vossius* in Widmann/Mayer § 99 Rn 92 ff. und Rn 16 ff.; *Hadding/Hennrichs* in Lutter Rn 10 ff.
[39] § 1 Rn 62; *Heckschen* in Widmann/Mayer § 1 Rn 406; *Lutter/Drygala* in Lutter § 1 Rn 28.
[40] So insbes. auch *Hadding/Hennrichs* in Lutter Rn 12; *Vossius* in Widmann/Mayer Rn 17 und § 99 Rn 99 f.
[41] *Hadding/Hennrichs* in Lutter Rn 7 meinen, dass über beide Beschlussgegenstände (Verschmelzung und Satzungsänderung) getrennt abzustimmen sei. Dem ist nicht zu folgen. Die Zweckänderung des aufnehmenden Vereins wird aus der Sicht des übertragenden Vereins eine Bedingung für die Verschmelzung sein, beide Beschlüsse bilden damit eine einheitliche Maßnahme, über die in einem Beschluss abgestimmt

Analog § 275 Abs. 1 ist ferner die Zustimmung aller Vereinsmitglieder des übertragenden **19** Vereins im Rahmen oder außerhalb der Mitgliederversammlung erforderlich, wenn ein Verein auf einen Rechtsträger zur Aufnahme oder zur Neugründung verschmolzen wird, der einen grundlegend anderen Zweck als der Verein verfolgt[42]. Eine solche Konstellation wird regelmäßig bei der Mischverschmelzung von eingetragenen Vereinen auf einen Rechtsträger anderer Rechtsform vorliegen, wenn dieser ein Handelsunternehmen betreibt oder die wirtschaftlichen Zwecke seiner Mitglieder fördert[43]. Soweit dagegen eingewandt wird, dass die Verschmelzung aus der Sicht des übertragenden Vereins ausschließlich den Charakter der Auflösung habe, für die nach § 41 Satz 2 BGB ein Beschluss mit Dreiviertelmehrheit ausreiche[44], wird übersehen, dass die Verschmelzung zur Folge hat, dass die Mitglieder des übertragenden Vereins Anteilsinhaber des übernehmenden Rechtsträgers werden[45]. Letzteres bedarf analog § 275 Abs. 1 der Zustimmung eines jeden Mitglieds, wenn iRd. Umwandlung des Vereins die Geschäftsgrundlage der Mitgliedschaft – der Zweck des Verbands – grundlegend umgestaltet wird. Die mit der Verschmelzung in einem solchen Fall verbundene Umgestaltung des Charakters des Verbands und seiner Beteiligung kann dem einzelnen Mitglied nur zugemutet werden, wenn es dem ausdrücklich zustimmt[46]. Hieran ändert auch der Umstand nichts, dass den Mitgliedern ein Austrittsrecht gegen Entschädigung zusteht[47]. Dieses ist nur Ausgleich für die Vermögensinteressen. Auch sieht § 275 Abs. 1 beim Formwechsel mit Zweckänderung stets das Erfordernis der Zustimmung aller Mitglieder vor, obwohl in einem solchen Fall gleichfalls nach §§ 290, 282, 207 den Mitgliedern zwingend ein Abfindungsangebot zu unterbreiten ist.

cc) Weitere Erfordernisse nach § 103 Satz 2. Neben höheren Mehrheiten kann die Satzung **20** weitere Erfordernisse für den Verschmelzungsbeschluss vorsehen[48]. Die Regelungsmöglichkeiten für den Verein sind hier vielfältig[49]. In Betracht kommen Regelungen über die Beschlussfähigkeit, zB das Erscheinen von mindestens 50% der Mitglieder in der Versammlung, oder sonstige Verfahrensregelungen für die Beschlussfassung, zB das Erfordernis der Wiederholung/Bestätigung des Beschlusses in einer zweiten Mitgliederversammlung. Die Satzung kann aber auch neben dem Verschmelzungsbeschluss der Mitgliederversammlung weitere Zustimmungserfordernisse, zB von einzelnen Mitgliedern oder Mitgliedergruppen als Sonderrecht iSv. § 35 BGB oder eines weiteren Vereinsorgans, wie etwa eines Beirats oder eines Ausschusses, einführen. Letzterem steht der Grundsatz der Gesetzesstrenge nicht entgegen[50]. Unzulässig ist nur die Schaffung einer verdrängenden oder konkurrierenden Zuständigkeit eines anderen Organs, nicht jedoch die Notwendigkeit zusätzlicher Zustimmungen als „weiteres Erfordernis" iSd. § 103 Satz 2.

Die Vereinssatzung kann als Bedingung für die Verschmelzung sogar uU die Zustimmung **21** eines vereinsfremden Dritten vorsehen[51]. Einer solchen Form der Selbstbindung der Mit-

---

werden sollte. Kommt die Zweckänderung nicht zustande, soll auch die Verschmelzung nicht durchgeführt werden; so auch *Vossius* in Widmann/Mayer § 99 Rn 100.

[42] *Stöber* Rn 784; *Sauter/Schweyer/Waldner* Rn 397; *Neumayer/Schulz* DStR 1996, 872, 873; *Reuter* in MünchKomm. § 41 BGB Rn 41; *Katschinski*, Die Verschmelzung von Vereinen, S. 145 ff.
[43] *Reuter* in MünchKomm. § 41 BGB Rn 41; *Neumayer/Schulz* DStR 1996, 872, 873; *Katschinski*, Die Verschmelzung von Vereinen, S. 146.
[44] So *Hadding/Hennrichs* in Lutter Rn 11, 13; *Vossius* in Widmann/Mayer § 99 Rn 95.
[45] § 20 Abs. 1 Nr. 3.
[46] Vgl. zur ähnlichen Fallkonstellation des gleichzeitigen Auswechselns aller Mitglieder (Mitgliederverbände) durch deren Einzelmitglieder *BGH* WM 1980, 1044.
[47] §§ 29 ff.
[48] § 103 Satz 2.
[49] Vgl. hierzu auch *Hadding/Hennrichs* in Lutter Rn 9; *Vossius* in Widmann/Mayer Rn 22; *Katschinski*, Die Verschmelzung von Vereinen, S. 155.
[50] § 1 Abs. 3.
[51] *Katschinski*, Die Verschmelzung von Vereinen, S. 156 ff.; aA *Hadding* in Lutter Rn 4; *Vossius* in Widmann/Mayer Rn 24.

glieder an außenstehende Dritte sind allerdings nach der hM[52] unter dem Gesichtspunkt der Verbandsautonomie Grenzen gesetzt. Sie darf nicht dazu führen, dass der Verein seine Selbstverwaltung völlig aufgibt und zu einem Sondervermögen eines Dritten wird. Diese Grenze ist überschritten, wenn der Mitgliederversammlung die Befugnis genommen wird, die Regelung des Zustimmungserfordernisses durch Satzungsänderung allein wieder abzuschaffen.

22 *dd) Zustimmung einzelner Mitglieder.* Sowohl nach dem UmwG[53] als auch nach allgemeinen vereinsrechtlichen Regeln kann die Verschmelzung von der Zustimmung einzelner Mitglieder abhängig sein. § 13 Abs. 2 ist auf einen übertragenden Verein dabei nur analog[54] anwendbar, wenn dessen Satzung entgegen § 38 Satz 1 BGB die Übertragung der Mitgliedschaft zulässt und sie von der Zustimmung einzelner Mitglieder oder Mitgliedergruppen abhängig macht[55]. Die vorgenannten Zustimmungserklärungen einzelner Mitglieder bedürfen wie der Verschmelzungsbeschluss der notariellen Beurkundung[56].

23 Gem. § 35 BGB ist für die Wirksamkeit des Zustimmungsbeschlusses des übertragenden Rechtsträgers die Zustimmung von Sonderrechtsinhabern erforderlich, wenn die Verschmelzung die Sonderrechte dieser Mitglieder beeinträchtigt[57]. Werden iRd. Verschmelzung beim übernehmenden Rechtsträger Sonderrechte eingeführt, insbesondere für die neuen Mitglieder aus dem übertragenden Verein, ist dort nach allgemeinen Grundsätzen die Zustimmung der benachteiligten Mitglieder für die hierfür notwendige Satzungsänderung erforderlich[58].

24 Keine Zustimmung der einzelnen Vereinsmitglieder ist erforderlich, wenn die Verschmelzung zu einer Leistungsvermehrung oder allgemeinen Verschlechterung ihrer Rechtspositionen führt[59]. Der Gesetzgeber hat ausweislich der Gesetzesbegründung[60] bewusst auf eine entsprechende gesetzliche Regel verzichtet. Nach seiner Vorstellung soll ein Ausgleich für diese Nachteile iRd. Festlegung des Umtauschverhältnisses erfolgen.

25 *ee) Beschlussmängel.* Die Rechtsfolgen bei Mängeln des Verschmelzungsbeschlusses richten sich nach den allgemeinen Regelungen[61] mit zwei Einschränkungen. Eine Klage kann nicht darauf gestützt werden, dass das Umtauschverhältnis der Anteile zu niedrig bemessen bzw. die neuen Mitgliedschaften im übernehmenden Rechtsträger kein ausreichender Gegenwert für die Mitgliedschaften im übertragenden Rechtsträger sind[62] oder dass die Barabfindung

---

[52] BVerfG NJW 1991, 2623, 2625; *Reuter* in MünchKomm. § 33 BGB Rn 15 bis 22 und § 41 Rn 81; *Heinrichs* in Palandt § 41 BGB Rn 4; *H. P. Westermann* in Erman § 25 BGB Rn 2; *Katschinski*, Die Verschmelzung von Vereinen, S. 157 mwN.
[53] Vgl. §§ 13 Abs. 2, 43 Abs. 2 und 51 Abs. 1 Satz 1.
[54] Die Norm betrifft nach ihrem Wortlaut Vereine nicht, da sie von Anteilen und Anteilsinhabern und nicht von Mitgliedern spricht.
[55] Siehe hierzu auch *Reuter* in MünchKomm. § 41 BGB Rn 43; *Katschinski*, Die Verschmelzung von Vereinen. S. 151; *Stöber* Rn 780.
[56] § 13 Abs. 3 Satz 1.
[57] *Hadding/Hennrichs* in Lutter Rn 9; *Vossius* in Widmann/Mayer Rn 11, 23; *Reuter* in MünchKomm. § 41 BGB Rn 44; *Katschinski*, Die Verschmelzung von Vereinen, S. 153; *Stöber* Rn 781.
[58] *Katschinski*, Die Verschmelzung von Vereinen, S. 154.
[59] *Reuter* in MünchKomm. § 41 BGB Rn 44; *Katschinski*, Die Verschmelzung von Vereinen, S. 153.
[60] RegBegr. *Ganske* S. 49.
[61] Nach richtiger Auffassung sind auch im Vereinsrecht die §§ 241 ff. AktG analog anwendbar, *K. Schmidt* GesR § 24 III 3 e und f, S. 696 ff.; *ders.* AG 1977, 243, 249 ff.; *Reuter* in MünchKomm. § 32 BGB Rn 55 ff. Die Rspr. (BGH NJW-RR 1992, 1209; NJW 1975, 2101; BGHZ 59, 369, 372; NJW 1972, 879) und die hM (*Heinrichs* in Palandt § 32 BGB Rn 9; *H. P. Westermann* in Erman § 32 BGB Rn 6; *Weick* in Staudinger § 32 BGB Rn 23 ff.; *Reichert* Rn 1825 ff.; *Sauter/Schweyer/Waldner* Rn 212, 215 a) gehen dagegen davon aus, dass Beschlussmängel im Wege der allgemeinen Feststellungsklage geltend zu machen seien, wobei sie die Geltendmachung von Mängeln einschränken. Die Rspr. erreicht dies durch Kausalitätserwägungen, die hM greift hierzu auf das Rechtsinstitut der Treuepflicht zurück.
[62] §§ 14 Abs. 2, 32.

zu niedrig bemessen oder nicht bzw. nicht ordnungsgemäß angeboten worden ist[63]. An die Stelle des Klageverfahrens tritt in den Fällen der §§ 14 Abs. 2, 32 das Spruchverfahren[64]. Ferner sieht § 14 Abs. 1 für Klagen gegen die Wirksamkeit des Verschmelzungsbeschlusses eine Ausschlussfrist[65] von einem Monat ab Beschlussfassung vor[66].

2. Rechtslage zwischen Beschlussfassung und Eintragung

Der Wechsel der Mitglieder des Vereins nach Fassung des Verschmelzungsbeschlusses hat keine Auswirkungen auf dessen Wirksamkeit. Die neu beitretenden Mitglieder sind an den Verschmelzungsbeschluss gebunden. 26

Der positive oder negative Zustimmungsbeschluss unterliegt so lange noch der Disposition der Mitgliederversammlung, wie er nicht nach außen wirksam geworden ist[67]. Es sind insoweit die §§ 182 ff. BGB[68] entsprechend anwendbar. Ist der Verschmelzungsvertrag bereits abgeschlossen worden, tritt die Außenwirkung ein, wenn sein Ergebnis dem anderen Rechtsträger als Vertragspartner oder dem Vorstand (als „vollmachtslosen Vertreter") bekannt gemacht wird. Wird dagegen die Zustimmung zum Entwurf eines Vertrags erteilt, kann der Beschluss bis zum Abschluss dieses Vertrags widerrufen werden, da hier noch keine vertragliche Bindung des Rechtsträgers eingetreten ist. 27

§ 104 Bekanntmachung der Verschmelzung

(1) **Ist ein übertragender wirtschaftlicher Verein nicht in ein Handelsregister eingetragen, so hat sein Vorstand die bevorstehende Verschmelzung durch den elektronischen Bundesanzeiger bekanntzumachen. Die Bekanntmachung im elektronischen Bundesanzeiger tritt an die Stelle der Eintragung im Register. Sie ist mit einem Vermerk zu**

---

[63] § 29 Abs. 1.
[64] §§ 15, 34, 305 ff.
[65] Vgl. dazu *KG* RPfleger 2005, 441 = DB 2005, 940.
[66] Mit der Formulierung des § 14 Abs. 1 „Klage gegen die Wirksamkeit des Verschmelzungsbeschlusses" wollte der Gesetzgeber dem Umstand Rechnung tragen, dass im Vereinsrecht und im Personengesellschaftsrecht die §§ 241 ff. AktG anders als im GmbH- und Genossenschaftsrecht nur nach einer Minderansicht analog anwendbar sind. Nach der Rspr. und der hM sind Beschlussmängel im Wege der allgemeinen Feststellungsklage nach § 256 ZPO geltend zu machen (siehe Fn 61). Der Gesetzgeber befürchtete, dass bei einer Beschränkung des Wortlautes der Vorschrift Vereine und Personengesellschaften von der Regelung nicht erfasst würden, RegBegr. *Ganske* S. 63. Er wollte aber auch für Vereine und Personengesellschaften keine auf Verschmelzungsbeschlüsse beschränkte Anfechtungsklagen einführen, da ein solcher Fragenkreis nur allgemein für alle Beschlussarten gesetzlich geregelt werden sollte. Er hat daher eine allgemeine Formulierung für die Befristung von Klagen gegen den Zustimmungsbeschluss in § 14 Abs. 1 gewählt, um alle Klagetypen zu erfassen, „mit denen die Nichtigkeit, Unwirksamkeit oder Anfechtbarkeit eines Beschlusses der Anteilsinhaber geltend gemacht werden können". Trotz der Wortwahl des § 14 Abs. 1 und des ausdrücklichen Vorbehalts der Gesetzesbegründung zu der Frage der Anerkennung einer echten Anfechtungsklage im Vereinsrecht, stellt die Regelung des § 14 Abs. 1 einen wichtigen Schritt zur Institutionenbildung eines allgemeinen Beschlussmängelrechts dar, da der Gesetzgeber erstmals mit der Regelung des § 14 Abs. 1 rechtsformübergreifend für alle verschmelzungsfähigen Rechtsträger die Ausschlussfrist des § 246 Abs. 1 AktG eingeführt hat; vgl. auch *Katschinski*, Die Verschmelzung von Vereinen, S. 164; *K. Schmidt* DB 1995, 1849, 1851; aA insoweit *Timm* ZGR 1996, 256 f.
[67] Vgl. auch zum Widerruf des Verschmelzungsbeschlusses *Reuter* in MünchKomm. § 41 BGB Rn 42; *Lutter/Drygala* in Lutter § 13 Rn 18 f.; *Zimmermann* in Kallmeyer § 13 Rn 17 f.; unzutreffend *Vossius* in Widmann/Mayer Rn 27, der wohl davon ausgeht, dass der Verschmelzungsbeschluss durch erneute Beschlussfassung frei widerruflich sei.
[68] Unmittelbar sind die §§ 182 ff. BGB nicht anwendbar, da der Vorstand beim Abschluss des Vertrags nicht als Vertreter ohne Vertretungsmacht handelt, sondern die ihm zugewiesene Aufgabe erfüllt und das Gesetz ihm keine weitere Vertretungsmacht einräumt; vgl. *Stratz* in Schmitt/Hörtnagl/Stratz § 13 Rn 8; *Bermel* in Goutier/Knopf/Tulloch § 13 Rn 10.

§ 104 1–4

versehen, daß die Verschmelzung erst mit der Eintragung im Register des Sitzes des übernehmenden Rechtsträgers wirksam wird. Die §§ 16 und 17 Abs. 1 und § 19 Abs. 1 Satz 2, Abs. 2 und Abs. 3 sind nicht anzuwenden, soweit sie sich auf die Anmeldung und Eintragung dieses übertragenden Vereins beziehen.

(2) Die Schlußbilanz eines solchen übertragenden Vereins ist der Anmeldung zum Register des Sitzes des übernehmenden Rechtsträgers beizufügen.

Übersicht

	Rn		Rn
I. Allgemeines	1	aa) Inhalt	5
1. Sinn und Zweck der Norm	1	bb) Bekanntmachungsblätter	6
2. Anwendungsbereich	2	cc) Zeitpunkt	7
II. Einzelerläuterungen	3	b) Anmeldung zum übernehmenden Rechtsträger	8
1. Wirtschaftlicher Verein	3	c) Einreichung der Schlussbilanz nach § 104 Abs. 2	9
2. Bekanntmachung statt Eintragung	4		
a) Bekanntmachung	5		

Literatur: Siehe Literaturverzeichnis zu § 99.

I. Allgemeines

1. Sinn und Zweck der Norm

1   Die Vorschrift ergänzt die Regelungen der §§ 16 bis 19 für den Fall, dass ein an einer Verschmelzung beteiligter wirtschaftlicher Verein nicht nach § 33 HGB im Handelsregister eingetragen ist. In diesem Fall passen die Regelungen der §§ 16 bis 19 nicht. Der Gesetzgeber musste Ersatzregelungen für die hier nicht mögliche Eintragung der Verschmelzung in ein Register schaffen.

2. Anwendungsbereich

2   § 104 gilt sowohl für die Verschmelzung als auch gem. §§ 149, 125 für die Spaltung von nicht registrierten wirtschaftlichen Vereinen.

II. Einzelerläuterungen

1. Wirtschaftlicher Verein

3   Durch das Gesetz zur Änderung des UmwG vom 22. 7. 1998[1] hat der Gesetzgeber nunmehr klargestellt, dass § 104 nur wirtschaftliche Vereine betrifft[2]. Nicht anwendbar ist die Norm auf eingetragene Vereine oder gem. § 33 HGB registrierte wirtschaftliche Vereine.

2. Bekanntmachung statt Eintragung

4   Bei nicht registrierten wirtschaftlichen Vereinen tritt an die Stelle der Eintragung in einem Register die Bekanntmachung[3]. Erst nach der Bekanntmachung darf die Verschmelzung im Register des übernehmenden Rechtsträgers eingetragen werden[4]. Die an die Anmeldung

---

[1] BGBl. I S. 1878.
[2] Hiervon ging das Schrifttum bereits vor der gesetzlichen Klarstellung aus, vgl. *Hadding* in Lutter[1] Rn 2; *Neumayer/Schulz* DStR 1996, 872, 874; *Katschinski*, Die Verschmelzung von Vereinen, S. 166 Fn 181.
[3] § 104 Abs. 1 Satz 2.
[4] § 19 Abs. 1 Satz 1.

und Eintragung in einem Register anknüpfenden Vorschriften der §§ 16, 17 Abs. 1, 19 Abs. 1 Satz 2, Abs. 2 und 3 Satz 1 sind in einem solchen Fall nicht anwendbar[5]. Dies gilt insbesondere auch für die Regelung des § 16 Abs. 2 über die Registersperre bei einer Klage gegen die Wirksamkeit des Verschmelzungsbeschlusses. Auch eine vergleichbare Regelung hierzu, wie zB eine Bekanntmachungssperre, enthält § 104 nicht.

a) Bekanntmachung. *aa) Inhalt.* Inhaltlich ist die bevorstehende Verschmelzung bekannt zu machen[6]. Ferner ist der Vermerk aufzunehmen, dass die Verschmelzung im Hinblick auf § 20 Abs. 1 erst mit Eintragung im Register des übernehmenden Rechtsträgers wirksam wird[7]. Aufzunehmen ist zuletzt der Hinweis an die Gläubiger auf ihr Recht, Sicherheitsleistung nach Maßgabe des § 22 verlangen zu können[8].

bb) Bekanntmachungsblätter. Seit dem 1.1.2007 ist die bevorstehende Verschmelzung nur noch im elektronischen Bundesanzeiger bekannt zu machen[9].

cc) Zeitpunkt. Entsprechend der systematischen Stellung und dem Zweck der Bekanntmachung als Ersatz für die Eintragung im Register kann sie zeitlich erst nach Abschluss des Verschmelzungsvertrags und der Fassung der Verschmelzungsbeschlüsse erfolgen.

b) Anmeldung zum übernehmenden Rechtsträger. Die §§ 16, 17 Abs. 1, 19 Abs. 1 Satz 2, Abs. 2 u. Abs. 3 sind nur insoweit unanwendbar, soweit der nicht registrierte wirtschaftliche Verein betroffen ist. Für das Anmelde- und Eintragungsverfahren beim übernehmenden Rechtsträger bleibt es hingegen bei den allgemeinen Regelungen[10]. Insbesondere ist in die Anmeldung zu seinem Register das Negativattest der Vertretungsorgane aufzunehmen[11], wonach diese zu versichern haben, dass weder gegen den Zustimmungsbeschluss des übertragenden noch des übernehmenden Rechtsträgers Klage erhoben worden ist. Die Klage gegen den Verschmelzungsbeschluss des übertragenden nicht registrierten Vereins führt damit beim aufnehmenden Rechtsträger zu einer Registersperre[12]. Bei ihm ist auch ggf. das Beschlussverfahren gem. § 16 Abs. 3 durchzuführen.

c) Einreichung der Schlussbilanz nach § 104 Abs. 2. § 104 Abs. 2 modifiziert § 17 Abs. 2. Die Schlussbilanz[13] des nicht registrierten wirtschaftlichen Vereins ist als Ersatz für die nicht mögliche Einreichung zu einem Register des Vereins zusammen mit der Anmeldung des aufnehmenden Rechtsträgers zu dessen Register einzureichen. § 104 Abs. 2 begründet anders als § 17 Abs. 2 eine selbstständige Bilanzierungspflicht[14]. Die Norm ist nur anwendbar auf wirtschaftliche Vereine, die nicht im Handelsregister eingetragen sind. Solche Vereine sind nicht nach §§ 238 ff. HGB bilanzierungspflichtig, obwohl sie Unternehmensträger sind. Wenn Abs. 2 dennoch die Pflicht zur Einreichung einer Bilanz regelt, ist davon auszugehen, dass der Gesetzgeber es einem solchen Verein bewusst zumutet, anlässlich der Umwandlung ggf. erstmals eine Bilanz aufzustellen.

---

[5] § 104 Abs. 1 Satz 4.
[6] Vgl. auch Formulierungsvorschlag bei *Vossius* in Widmann/Mayer Rn 14.
[7] § 104 Abs. 1 Satz 3.
[8] § 22 Abs. 1 Satz 3.
[9] Gesetz über elektronische Handelsregister und Genossenschaftsregister sowie das Unternehmensregister vom 10.11.2006, BGBl I, 2553.
[10] *Vossius* in Widmann/Mayer Rn 17 ff.; *Hadding/Hennrichs* in Lutter Rn 4; *Katschinski*, Die Verschmelzung von Vereinen, S. 171.
[11] § 16 Abs. 2.
[12] *Vossius* in Widmann/Mayer Rn 19; *Reuter* in MünchKomm. § 41 BGB Rn 50; *Katschinski*, Die Verschmelzung von Vereinen, S. 171 f.
[13] Zum Bilanzerfordernis bei der Verschmelzung von Vereinen vgl. auch § 99 Rn 111 ff.
[14] *Widmann* in Widmann/Mayer § 24 Rn 34; *Hadding/Hennrichs* in Lutter § 99 Rn 36, § 104 Rn 6; *Hadding/Hennrichs*, FS Boujong, S. 203, 226; aA *Müller* in Kallmeyer § 17 Rn 12; *Müller* WPg 1996, 857, 858.

§ 104 a Ausschluß der Barabfindung in bestimmten Fällen

Die §§ 29 bis 34 sind auf die Verschmelzung eines eingetragenen Vereins, der nach § 5 Abs. 1 Nr. 9 des Körperschaftsteuergesetzes von der Körperschaftsteuer befreit ist, nicht anzuwenden.

Übersicht

	Rn		Rn
I. Allgemeines	1	c) Analoge Anwendung auf andere steuerbegünstigte Körperschaften	8
1. Sinn und Zweck der Norm	1	II. Unanwendbarkeit der §§ 29–34	9
2. Anwendungsbereich	2	III. Austritt nach § 39 BGB und Verzicht auf die Mitgliedschaft/Anteile im übernehmenden Rechtsträger	10
a) Verschmelzung steuerbegünstigter Vereine iSv. § 5 Abs. 1 Nr. 9 KStG	2		
b) Anwendung auf andere Umwandlungsarten	7	IV. Gebot der zeitnahen Mittelverwendung	13

Literatur: Siehe Literaturverzeichnis zu § 99.

I. Allgemeines

1. Sinn und Zweck der Norm

1 § 104 a enthält eine Sonderregelung für nach § 5 Abs. 1 Nr. 9 KStG steuerbegünstigte Vereine. Das Vermögen solcher Vereine unterliegt der Zweckbindung nach § 55 Abs. 1 AO. Die Gewährung von Abfindungen an die Mitglieder eines solchen Vereins im Rahmen einer Verschmelzung könnte den steuerbegünstigten Status des Vereins gefährden. Ferner stammt das Vermögen steuerlich begünstigter Vereine oftmals aus Zuwendungen der öffentlichen Hand oder von privater Seite, die dem Verein zweckgebunden zur Verfügung gestellt werden. Diese Zuwendungen sollen nicht in Form einer Abfindung an die Mitglieder ausgezahlt werden. Beides will der Gesetzgeber mit der Regelung des § 104 a vermeiden[1].

2. Anwendungsbereich

2 **a) Verschmelzung steuerbegünstigter Vereine iSv. § 5 Abs. 1 Nr. 9 KStG.** § 104 a gilt nur für körperschaftsteuerbefreite Vereine iSv. § 5 Abs. 1 Nr. 9 KStG. Dies sind solche, die ausschließlich und unmittelbar gemeinnützige, mildtätige oder kirchliche Zwecke iSd. §§ 51 bis 68 AO verfolgen. Unschädlich ist es, wenn ein solcher Verein einen sog. wirtschaftlichen Geschäftsbetrieb unterhält[2] und insoweit die Körperschaftsteuerbefreiung ausgeschlossen ist[3]. Denn die Überschüsse und das zum Geschäftsbetrieb gehörende Vermögen aus einem solchen steuerpflichtigen Geschäftsbetrieb unterliegen ebenfalls der gemeinnützigen Zweckbindung. Daher entspricht es dem gesetzgeberischen Anliegen, dass auch für diesen Teil des Vereinsvermögens keine Abfindung zu zahlen ist.

3 Der Wortlaut des § 104 a ist unklar formuliert. Er differenziert nicht danach, ob der steuerbegünstigte Verein als übertragender oder übernehmender Rechtsträger an der Verschmelzung beteiligt ist. Nach richtiger Auffassung ist die Norm entsprechend ihrem Zweck nur auf die Verschmelzung zweier steuerbegünstigter Vereine untereinander[4] oder auf die Ver-

---

[1] Vgl. RegBegr. *Ganske* S. 138.
[2] §§ 14, 64 AO.
[3] *Hadding/Hennrichs* in Lutter Rn 5; *Vossius* in Widmann/Mayer Rn 8.
[4] Zur Notwendigkeit der Aufnahme eines Abfindungsangebots in den Verschmelzungsvertrag für diesen Fall vgl. § 99 Rn 88 ff.

Ausschluß der Barabfindung in bestimmten Fällen 4–8 § 104 a

schmelzung eines solchen Vereins auf einen anderen steuerbegünstigten Rechtsträger anwendbar[5]. Nicht anwendbar ist § 104 a hingegen auf die Verschmelzung eines steuerbegünstigten Vereins auf einen anderen nicht steuerbegünstigten Rechtsträger sowie auf die Verschmelzung eines nicht steuerbegünstigten Vereins auf einen gemeinnützigen, mildtätigen oder kirchlichen Verein iSd. §§ 51 ff. AO. Durch die Vorschrift soll die Gefährdung der Vermögensbindung des steuerlich begünstigten Vereins durch die Zahlung von Abfindungen an seine Mitglieder verhindert werden. Im ersteren Fall verliert der übertragende Verein bereits mit Wirksamwerden der Verschmelzung seinen steuerbegünstigten Status, und nicht erst durch die Abfindungszahlung. Dieser Fall kann deshalb nicht von § 104 a erfasst sein. Im zweiten Fall erfolgt die Zahlung der Abfindung an die Mitglieder des übertragenden Vereins zu Lasten des übernommenen, nicht steuerlich privilegierten Vermögens. Auch hier wird damit der Schutzzweck des § 104 a nicht beeinträchtigt.

Dem Wortlaut des § 104 a ist nicht zu entnehmen, zu welchem Zeitpunkt die Voraussetzungen des § 5 Abs. 1 Nr. 9 KStG erfüllt sein müssen. Auch diese Frage ist anhand des Normzwecks zu entscheiden. Maßgeblicher Zeitpunkt ist danach grundsätzlich die Eintragung der Verschmelzung in das Register des übernehmenden Rechtsträgers[6], damit das Wirksamwerden der Verschmelzung[7]. Zu diesem Zeitpunkt kann erstmals das Abfindungsangebot angenommen werden mit der Folge, dass der Abfindungsanspruch entsteht[8]. Dadurch droht dem übernehmenden Rechtsträgers eine Gefährdung seines steuerlich begünstigten Status, wenn er in Verletzung der Zweckbindung seines Vermögens eine Abfindung an die Mitglieder des übertragenden Vereins zahlen müsste. 4

Darüber hinaus müssen die Voraussetzungen des § 5 Abs. 1 Nr. 9 KStG beim aufnehmenden Rechtsträger bis zum Ablauf der Frist des § 31 fortbestehen. Entfällt die steuerliche Begünstigung des aufnehmenden Rechtsträgers nachträglich, ist dieser nicht mehr schutzbedürftig. Die Einschränkung des Minderheitenrechts der §§ 29 ff. ist nicht mehr durch die im öffentlichen Interesse liegende Erhaltung der gemeinnützigen, mildtätigen oder kirchlichen Zweckbindung des Vermögens des aufnehmenden Rechtsträgers gerechtfertigt. Es lebt daher in einem solchen Fall das Recht der Mitglieder, nach Maßgabe des § 34 Satz 2 notfalls im Spruchverfahren gegen Abfindung aus dem aufnehmenden Rechtsträger auszuscheiden, nachträglich wieder auf. 5

Der Nachweis gegenüber dem Vereinsregister über die steuerliche Begünstigung zum Zeitpunkt der Eintragung ist ggf. durch eine möglichst zeitnahe Bescheinigung[9] bzw. einen Freistellungsbescheid nachzuweisen[10]. Das Registergericht kann im Rahmen seiner Prüfung die Vorlage eines solchen Bescheids verlangen[11]. 6

b) Anwendung auf andere Umwandlungsarten. Über die Verweisung des § 125 gilt § 104 a auch für die Spaltung unter Beteiligung steuerbegünstigter Vereine. Beim Formwechsel von Vereinen in eine Kapitalgesellschaft bzw. eG gelten die Parallelvorschriften der §§ 282 Abs. 2, 290. 7

c) Analoge Anwendung auf andere steuerbegünstigte Körperschaften. Die Unvereinbarkeit der Zahlung von Abfindungen iRd. Verschmelzung mit der Vermögensbindung[12] ist kein rechtsformspezifisches Problem des Vereinsrechts, sondern betrifft 8

---

[5] So auch *Reuter* in MünchKomm. § 41 BGB Rn 37; *Katschinski*, Die Verschmelzung von Vereinen, S. 110 ff.; *Hadding/Hennrichs* in Lutter Rn 2; aA *Vossius* in Widmann/Mayer Rn 1, der nur auf die Gemeinnützigkeit des übertragenden Vereins abstellt.
[6] *Vossius* in Widmann/Mayer Rn 9 ff.; *Hadding/Hennrichs* in Lutter Rn 3.
[7] § 20 Abs. 1.
[8] § 31.
[9] § 59 AEAO, vgl. dazu auch *Stöber* Rn 64 f.
[10] *Hadding/Hennrichs* in Lutter Rn 4; *Vossius* in Widmann/Mayer Rn 16.
[11] Vgl. dazu *Vossius* in Widmann/Mayer Rn 16 ff.
[12] § 55 Abs. 1 AO.

gleichermaßen alle steuerbegünstigten Verbände[13]. Der Rechtsgedanke des § 104 a ist daher auf die Verschmelzung anderer steuerbegünstigter Körperschaften untereinander analog anzuwenden, wobei es allerdings einer Modifikation bedarf. Soweit der übertragende Rechtsträger eine gemeinnützige, mildtätige oder kirchliche Kapitalgesellschaft ist, darf entsprechend § 55 Abs. 1 Nr. 2 AO den Anteilsinhabern, die das Abfindungsangebot des aufnehmenden Rechtsträgers annehmen, nicht mehr als ihre eingezahlten Kapitalanteile oder der gemeine Wert ihrer geleisteten Sacheinlagen als Abfindung gezahlt werden.

II. Unanwendbarkeit der §§ 29 bis 34

9 Soweit die Voraussetzungen des § 104 a vorliegen, ist die Aufnahme eines Abfindungsangebots in den Verschmelzungsvertrag entbehrlich[14]. Auch sind die das Abfindungsangebot betreffenden Vorschriften[15] in diesem Fall unanwendbar. Soweit entgegen der Annahme der Beteiligten die Voraussetzungen der Steuerbegünstigung bei den beteiligten Rechtsträgern zum Zeitpunkt des Wirksamwerdens der Verschmelzung[16] nicht vorlagen[17] bzw. innerhalb der Frist des § 31 beim übernehmenden Rechtsträger wegfallen, bestimmen sich die Rechtsfolgen nach §§ 32, 34[18].

III. Austritt nach § 39 BGB und Verzicht auf die Mitgliedschaft/Anteile im übernehmenden Rechtsträger

10 Unberührt bleibt bei Vorliegen der Voraussetzungen des § 104 a das Recht der Mitglieder, nach Maßgabe des § 39 BGB bzw. der Satzung des Vereins auszutreten. Ein außerordentliches Sonderaustrittsrecht ohne Einhaltung der in der Satzung geregelten Fristen[19] begründet dabei im Regelfall die Verschmelzung als solche grundsätzlich nicht[20]. Dies belegt der Umkehrschluss zu § 108. Etwas anderes gilt nur, sofern sich die Rechtsposition der Mitglieder auf Grund der Verschmelzung erheblich verschlechtert.

11 Möglich ist auch ein Verzicht von Vereinsmitgliedern analog § 128 auf die Gewährung einer Mitgliedschaft oder eines Anteils im aufnehmenden Rechtsträger[21]. Entgegen einiger Stimmen im Schrifttum existiert kein Grundsatz der Mitglieder-/Gesellschafteridentität, nach dem es zwingend erforderlich wäre, dass jeder Gesellschafter bzw. jedes Mitglied des übertragenden Rechtsträgers Anteilsinhaber oder Mitglied des übernehmenden Rechtsträgers wird[22]. Das Gesetz geht zwar im Regelfall vom Grundsatz der Anteilsgewährung als Gegenleistung für das übertragene Vermögen aus. Es regelt aber selbst in §§ 5 Abs. 2, 54 Abs. 1, 68 Abs. 1 Ausnahmen von diesem Grundsatz.

---

[13] §§ 51 ff. AO; vgl. bereits *Katschinski*, Die Verschmelzung von Vereinen, S. 111; *ders.*, Die Umwandlung von Non-Profit-Organisationen, S. 74; *Raupach/Böckstiegel*, FS Wiedmann, S. 459, 481; *Hadding/Hennrichs* in Lutter Rn 1.
[14] § 29.
[15] §§ 30 bis 34.
[16] § 20 Abs. 1.
[17] Vgl. dazu *Hadding/Hennrichs* in Lutter Rn 3.
[18] Insbes. § 34 Satz 2.
[19] § 39 Abs. 2 BGB.
[20] *Hadding/Hennrichs* in Lutter Rn 6; *Vossius* in Widmann/Mayer Rn 20 f.; *Reichert* Rn 4156; *Katschinski*, Die Verschmelzung von Vereinen, S. 114; aA *Sauter/Schweyer/Waldner* Rn 397; *Wiedemann/Thüsing* WM 1999, 2277, 2278 ff.
[21] Vgl. bereits *Katschinski*, Die Verschmelzung von Vereinen, S. 114 ff.
[22] So aber *Bermel* in Goutier/Knopf/Tulloch § 2 Rn 22; *Mayer* in Widmann/Mayer § 5 Rn 58, *Lutter/Drygala* in Lutter § 5 Rn 9, wie hier *Priester* DB 1997, 566 f.; siehe hierzu auch § 5 Rn 14.

Auch Gläubigerschutzgesichtspunkte erfordern einen solchen Grundsatz nicht. Dies gilt insbesondere für die Verschmelzung von Vereinen, da das Vereinsrecht keine Vorschriften über die Aufbringung und Erhaltung eines Haftkapitals im Gläubigerschutzinteresse kennt. Nach § 128 ist eine nichtverhältniswahrende Spaltung mit Zustimmung der betroffenen Anteilsinhaber bzw. Mitglieder zulässig. Der Gesetzgeber hat ferner durch das Gesetz zur Änderung des UmwG[23] klargestellt, dass die Norm auch eine sog. Spaltung zu Null[24] erlaubt, bei der einzelne Anteilsinhaber bzw. Mitglieder einen neuen Anteil oder eine neue Mitgliedschaft weder am aufnehmenden noch am übernehmenden Rechtsträger erhalten. Der Rechtsgedanke der Norm ist nach hM auf den Formwechsel entsprechend anwendet[25], er gilt auch für die Verschmelzung. Steht doch rechtssystematisch – wie die Verweisung des § 125 belegt – die Verschmelzung der Spaltung näher als der Formwechsel.

IV. Gebot der zeitnahen Mittelverwendung

§ 104 a regelt nicht alle Besonderheiten, die bei der Verschmelzung von gemeinnützigen Vereinen zu beachten sind. Bei der Verschmelzung eines steuerbegünstigten e. V. auf eine steuerbegünstigte Kapitalgesellschaft ist iRd. bei dem aufnehmenden Rechtsträger durchzuführenden Kapitalerhöhung das Gebot der zeitnahen Mittelverwendung zu beachten. Da das Haftkapital einer steuerbegünstigten Kapitalgesellschaft diesem Gebot nicht unterliegt, dürfen bei einer solchen Verschmelzung im Rahmen der Kapitalerhöhung keine vom übertragenden Verein zeitnah zu verwendenden Mittel zur Aufbringung des neuen Haftkapitals verwandt werden[26].

Siebenter Abschnitt. Verschmelzung genossenschaftlicher Prüfungsverbände

§ 105 Möglichkeit der Verschmelzung

Genossenschaftliche Prüfungsverbände können nur miteinander verschmolzen werden. Ein genossenschaftlicher Prüfungsverband kann ferner als übernehmender Verband einen rechtsfähigen Verein aufnehmen, wenn bei diesem die Voraussetzungen des § 63 b Abs. 2 Satz 1 des Genossenschaftsgesetzes bestehen und die in § 107 Abs. 2 genannte Behörde dem Verschmelzungsvertrag zugestimmt hat.

Übersicht

	Rn		Rn
I. Allgemeines	1	2. Rechtsform genossenschaftlicher Prüfungsverbände	3
II. Einzelerläuterungen	2	3. Einschränkung der Verschmelzungsmöglichkeiten	5
1. Begriff des genossenschaftlichen Prüfungsverbands	2		

---

[23] BGBl. I S. 1878.
[24] *LG Konstanz* ZIP 1998, 1226 mit Anm. *Katschinski*; *Hörtnagl* in Schmitt/Hörtnagl/Stratz § 128 Rn 11, 15.
[25] Vgl. auch § 202 Rn 23.
[26] *OFD Rostock* vom 21.3.2001, DStR 2001, 942; FinMin FM Brandenburg, Erlass vom 22.12.2004, DStR 2005, 290; *Katschinski*, Die Umwandlung von Non-Profti-Organisationen, S. 80 f.

I. Allgemeines

1 Vor Inkrafttreten des UmwG 1994 war die Verschmelzung genossenschaftlicher Prüfungsverbände in den §§ 63 e bis 63 i GenG aF geregelt. Die §§ 105 bis 108 entsprechen im Wesentlichen inhaltlich ihren Vorgängerregelungen[1]. Sie weichen nur in Detailfragen von ihnen ab.

II. Einzelerläuterungen

1. Begriff des genossenschaftlichen Prüfungsverbands

2 Genossenschaftlichen Prüfungsverbänden wird von der zuständigen obersten Landesbehörde das Prüfungsrecht verliehen[2]. Mitglieder von ihnen können nur eingetragene Genossenschaften sowie Unternehmungen anderer Rechtsform sein, die sich ganz oder überwiegend in der Hand von eingetragenen Genossenschaften befinden oder dem Genossenschaftswesen dienen[3]. Der Zweck von Prüfungsverbänden ist die Prüfung ihrer Mitglieder sowie ggf. die gemeinsame Wahrnehmung ihrer Interessen, insbesondere die Unterhaltung gegenseitiger Geschäftsbeziehungen. Andere Zwecke dürfen nicht verfolgt werden[4]. Genossenschaftliche Prüfungsverbände sollen die Rechtsform eines e. V. haben[5]. Zwingend ist dies jedoch nicht, da § 63 b Abs. 1 GenG nur eine Soll-Vorschrift ist[6]. Sofern besondere Umstände die Wahl einer anderen Rechtsform gebieten, kann die Verleihungsbehörde das Prüfungsrecht auch einem Verband anderer Rechtsform verleihen. Dieser muss jedoch eine juristische Person sein und die Voraussetzungen der §§ 63 b und 63 c GenG erfüllen.

2. Rechtsform genossenschaftlicher Prüfungsverbände

3 Während die §§ 63 e Abs. 1 und 63 i Abs. 1 GenG aF nur die Verschmelzung genossenschaftlicher Prüfungsverbände in der Rechtsform des e. V. oder des wirtschaftlichen Vereins zuließen, stellt der Wortlaut der §§ 3 Abs. 1 Nr. 5, 105 nicht mehr auf die Rechtsform ab. Dies beruht darauf, dass Prüfungsverbände heutzutage nur noch in der Rechtsform des e. V. organisiert sind. Hiervon ging ausweislich der Gesetzesbegründung auch der Gesetzgeber aus[7], ohne dies jedoch ausdrücklich im Wortlaut des § 105 festzuschreiben. Aus dem neuen Gesetzeswortlaut folgt daher gerade nicht, dass nach dem UmwG Prüfungsverbände nunmehr rechtsformunabhängig verschmelzungsfähige Rechtsträger sind. Nach wie vor setzen die Regelungen der §§ 105 bis 108 voraus, dass die an der Verschmelzung beteiligten Prüfungsverbände entweder als eingetragener oder wirtschaftlicher Verein organisiert sind. Dies belegt § 108. Die Norm geht davon aus, dass im Prüfungsverband das vereinsrechtliche Austrittsrecht des § 39 BGB besteht. Auch der Norm des § 107 Abs. 1 Satz 2 verbleibt nur dann ein sinnvoller Anwendungsbereich, wenn der übertragende Prüfungsverband ein wirtschaftlicher Verein ist, der nicht nach § 33 HGB im Handelsregister eingetragen ist.

4 Ist ausnahmsweise ein Prüfungsverband als Kapitalgesellschaft oder eG organisiert, gelten für sie die jeweiligen rechtsformspezifischen Vorschriften des UmwG. Nur soweit die

---

[1] Vgl. auch *Stratz* in Schmitt/Hörtnagl/Stratz §§ 105–108 Rn 1; *Bayer* in Lutter Rn 2.
[2] §§ 63, 63 a GenG.
[3] § 63 b Abs. 2 GenG.
[4] § 63 b Abs. 4 GenG.
[5] § 63 b Abs. 1 GenG.
[6] *Müller* § 63 b GenG Rn 2; *Röhrich* in H/P/G/R § 63 b GenG Rn 1; *Beuthien* § 63 b GenG Rn 1.
[7] Vgl. RegBegr. *Ganske* S. 138.

§§ 105 ff. strengere Regelungen enthalten, sind sie als *lex specialis* analog ergänzend anzuwenden[8].

3. Einschränkung der Verschmelzungsmöglichkeiten

Nach dem Wortlaut des § 3 Abs. 1 Nr. 5 können sich genossenschaftliche Prüfungsverbände grundsätzlich als übertragender, aufnehmender oder neuer Rechtsträger an Verschmelzungen beteiligen. § 105 schränkt diese Aussage wieder ein. Nach dieser Norm können Prüfungsverbände sich nur an Verschmelzungen untereinander beteiligen, und zwar nach Neufassung der Norm durch das Zweite Gesetz zur Änderung des Umwandlungsgesetzes sowohl in der Form der Verschmelzung zur Aufnahme und der Verschmelzung zur Neugründung. Letzteres war zuvor nicht möglich. 5

Entgegen dem Wortlaut des § 3 Abs. 1 Nr. 5 können sich ferner Prüfungsverbände in der Rechtsform des wirtschaftlichen Vereins an einer Verschmelzung nur als übertragender Rechtsträger beteiligen[9]. Dies bestätigt § 107 Abs. 1 Satz 2. Denn die Norm regelt nur für diese Konstellation die Konsequenzen, die sich daraus ergeben, dass ein Prüfungsverband nicht in einem Register eingetragen ist. Im Umkehrschluss folgt hieraus, dass das Gesetz davon ausgeht, dass Prüfungsverbände in der Rechtsform des wirtschaftlichen Vereins sich nicht als übernehmende Rechtsträger an einer Verschmelzung beteiligen können. 6

Mischverschmelzungen sind dagegen weiterhin weitgehend ausgeschlossen. Lediglich rechtsfähige Vereine können als übertragende Rechtsträger auf einen genossenschaftlichen Prüfungsverband verschmolzen werden, wenn bei ihnen die Voraussetzungen des § 63 Abs. 2 S. 1 GenG vorliegen, also seine Mitglieder Genossenschaften und genossenschaftsnahe Unternehmen sind und der Verschmelzung die für die Verleihung des Prüfungsrechts oberste Landesbehörde zustimmt.

§ 106 Vorbereitung, Durchführung und Beschluß der Mitgliederversammlung

Auf die Vorbereitung, die Durchführung und den Beschluß der Mitgliederversammlung sind die §§ 101 bis 103 entsprechend anzuwenden.

Übersicht

	Rn		Rn
I. Allgemeines	1	II. Inhalt	4

Literatur: Siehe Literaturverzeichnis zu § 99.

I. Allgemeines

Auf die Verschmelzung genossenschaftlicher Prüfungsverbände finden die allgemeinen Vorschriften über die Verschmelzung zur Aufnahme Anwendung[1]. Erforderlich ist danach der Abschluss eines Verschmelzungsvertrags. Diesen haben die Vertretungsorgane beider Rechtsträger in einem Verschmelzungsbericht zu erläutern und zu begründen[2], soweit ein 1

---

[8] Ebenso *Bayer* in Lutter Rn 3; *Vossius* in Widmann/Mayer Rn 13; aA *Beuthien* GenG §§ 105 ff. UmwG Rn 1
[9] § 3 Abs. 2 Nr. 1; so auch *Vossius* in Widmann/Mayer Rn 12.
[1] §§ 4 ff.
[2] § 8.

solcher Bericht nicht ausnahmsweise entbehrlich ist[3]. Wirksam wird der Verschmelzungsvertrag erst, wenn ihm die Mitgliederversammlungen beider Prüfungsverbände durch Beschluss zustimmen[4]. Anders als noch nach § 63 e GenG aF sind im Interesse der Rechtsvereinheitlichung der Verschmelzungsvertrag und die Zustimmungsbeschlüsse genossenschaftlicher Prüfungsverbände zu beurkunden[5]. Die Verschmelzung ist bei den Registern der beteiligten Rechtsträger anzumelden[6] und wird mit der Eintragung in ihnen wirksam[7].

2 § 106 enthält Spezialregelungen für die Vorbereitung, Durchführung und Beschlussfassung der Mitgliederversammlungen, die über die Verschmelzung entscheidet. Die Norm verweist insoweit auf die §§ 101 bis 103.

3 Eine Prüfung nach den §§ 9 bis 12 ist entgegen einer im Schrifttum vertretenen Auffassung[8] bei der Verschmelzung von genossenschaftlichen Prüfungsverbänden nach dem Gesetz nicht vorgesehen[9]. Sie findet nur statt, wenn dies das Gesetz ausdrücklich anordnet[10]. Dies ist bei der Verschmelzung von Prüfungsverbänden nicht der Fall. Der Gesetzgeber hat ausweislich der Gesetzesbegründung[11] bewusst § 100[12] von der Verweisung in § 106 ausgenommen. Dies begründet er damit, dass Mitglieder von Prüfungsverbänden nur Genossenschaften und andere Unternehmen seien, deren Leitungsorgane selbst in der Lage seien, die Interessen der Verbandsmitglieder wahrzunehmen.

II. Inhalt

4 Hinsichtlich der zu beachtenden Besonderheiten bei der Verschmelzung von genossenschaftlichen Prüfungsverbänden für die Vorbereitung, Durchführung und den Beschluss der Mitgliederversammlung verweist § 106 umfassend auf die §§ 101 bis 103. Auch hier zeigt sich, dass der Gesetzgeber davon ausgeht, dass die zu verschmelzenden Prüfungsverbände gem. § 63 b Abs. 1 GenG als rechtsfähige Vereine organisiert sind. Auf die Erläuterungen dort wird grundsätzlich verwiesen. Mangels Prüfungspflicht ist allerdings ein Prüfungsbericht weder nach § 101 Abs. 1 vor noch nach § 102 Satz 1 in der Mitgliederversammlung auszulegen, die über die Zustimmung zur Verschmelzung beschließt.

§ 107 Pflichten der Vorstände

(1) **Die Vorstände beider Verbände haben die Verschmelzung gemeinschaftlich unverzüglich zur Eintragung in die Register des Sitzes jedes Verbandes anzumelden, soweit der Verband eingetragen ist. Ist der übertragende Verband nicht eingetragen, so ist § 104 entsprechend anzuwenden.**

(2) **Die Vorstände haben ferner gemeinschaftlich den für die Verleihung des Prüfungsrechts zuständigen obersten Landesbehörden die Eintragung unverzüglich mitzuteilen.**

(3) **Der Vorstand des übernehmenden Verbandes hat die Mitglieder unverzüglich von der Eintragung zu benachrichtigen.**

---

[3] § 8 Abs. 3.
[4] § 13 Abs. 1.
[5] §§ 6, 13 Abs. 3 Satz 1.
[6] § 16.
[7] § 20.
[8] *Röhrich* in H/P/G/R GenG § 108 UmwG Rn 4; *Vossius* in Widmann/Mayer § 105 Rn 4 bis 11, 22.
[9] Wie hier *Bayer* in Lutter Rn 12; *Stratz* in Schmitt/Hörtnagl/Stratz §§ 105-108 Rn 3; *Beuthien* GenG §§ 105 ff. UmwG Rn 2.
[10] § 9 Abs. 1.
[11] RegBegr. *Ganske* S. 139.
[12] *De lege ferenda* ist den Vertretern der Gegenauffassung zuzugestehen, dass die Anwendbarkeit des § 100 wünschenswert wäre, so auch *Bayer* in Lutter Rn 15.

Pflichten der Vorstände 1–4 § 107

Übersicht

	Rn		Rn
I. Sinn und Zweck der Norm/Entstehungsgeschichte	1	III. Mitteilung der Eintragung	4
II. Anmeldung der Verschmelzung	2	IV. Benachrichtigung der Verbandsmitglieder	5

Literatur: Siehe Literaturverzeichnis zu § 99.

I. Sinn und Zweck der Norm/Entstehungsgeschichte

§ 107 ergänzt die allgemeinen Vorschriften über die Anmeldung und Eintragung um die Besonderheiten, die sich aus der Beteiligung von genossenschaftlichen Prüfungsverbänden ergeben. Inhaltlich entsprechen die Regelungen des § 107 weitgehend dem alten Recht. § 107 Abs. 1 Satz 1 entspricht § 63 f Abs. 1 GenG aF, § 107 Abs. 2 § 63 f Abs. 3 GenG aF und § 107 Abs. 3 § 63 h Abs. 1 Satz 2 GenG aF. Neu ist lediglich die Regelung des § 107 Abs. 1 Satz 2. Er regelt unter Verweis auf § 104 die Besonderheiten, die sich ergeben, wenn ein übertragender Prüfungsverband in der Rechtsform des wirtschaftlichen Vereins nicht im Handelsregister eingetragen ist. 1

II. Anmeldung der Verschmelzung

Die Anmeldungen nach § 16 müssen mit den in § 17 aufgeführten Anlagen durch beide Vorstände der beteiligten Prüfungsverbände erfolgen[1]. Ausreichend ist dabei jeweils, dass die Anmeldungen von den Vorständen in vertretungsberechtigter Anzahl unterzeichnet werden[2]. Denn, nur sofern das UmwG dies ausdrücklich anordnet, ist die Zeichnung aller Vertretungsorgane notwendig. Letzteres sieht jedoch der Wortlaut des § 107 Abs. 1 Satz 1 nicht vor. 2

Ist ein beteiligter Prüfungsverband ein nicht im Handelsregister eingetragener wirtschaftlicher Verein, tritt an die Stelle der Registeranmeldung und -eintragung die Veröffentlichung nach § 104, die von den Vorständen beider beteiligten Verbände in entsprechender Anwendung der § 107 Abs. 1 Satz 1, 104 Abs. 1 zu veranlassen ist[3]. 3

III. Mitteilung der Eintragung

Die Vorstände beider beteiligten Prüfungsverbände haben ferner unverzüglich[4] gemeinschaftlich den für die Verleihung des Prüfungsrechts zuständigen obersten Landesbehörden die Eintragung der Verschmelzung mitzuteilen[5]. Gemeint ist dabei die Eintragung im Register des übernehmenden Rechtsträgers, mit der die Verschmelzung wirksam wird[6]. Ausreichend ist, dass an der Mitteilung die Vorstände beider Vereine jeweils in vertretungsberechtigter Anzahl mitwirken[7]. 4

---

[1] § 107 Abs. 1 Satz 1.
[2] Wie hier *Vossius* in Widmann/Mayer Rn 9; *Beuthien* GenG §§ 105 ff. UmwG Rn 3; *Bayer* in Lutter Rn 2; aA *Müller* § 63 f GenG Rn 3.
[3] Siehe Kommentierung zu § 104.
[4] § 121 Abs. 1 Satz 1 BGB.
[5] § 107 Abs. 2.
[6] § 20 Abs. 1.
[7] *Vossius* in Widmann/Mayer Rn 25.

IV. Benachrichtigung der Verbandsmitglieder

5 Der Vorstand des übernehmenden Prüfungsverbands hat seine Mitglieder unverzüglich über die Eintragung der Verschmelzung in sein Register zu benachrichtigen[8]. Die Mitteilung hat unverzüglich, also ohne schuldhaftes Zögern iSv. § 121 Abs. 1 Satz 1 BGB zu erfolgen. Der Vorstand hat diese Pflicht in vertretungsberechtigter Anzahl auszuführen[9]. Zu richten ist die Mitteilung sowohl an die alten als auch die neuen Mitglieder des übernehmenden Prüfungsverbands[10]. Das Gesetz verlangt nur die Mitteilung der Eintragung der Verschmelzung im Register des übernehmenden Rechtsträgers. Darüber hinaus ist es – wie dies auch bei der Benachrichtigung nach § 63 h Abs. 1 Satz 2 GenG aF verlangt wurde[11] – erforderlich, dass die Mitglieder auf den Erwerb der Mitgliedschaft im aufnehmenden Verband und ihr Sonderaustrittsrecht nach § 108 hingewiesen werden[12]. Das Gesetz verlangt nicht die Einhaltung einer bestimmten Form für die Benachrichtigung. Wegen der Bedeutung der Benachrichtigung für das Austrittsrecht der neuen Mitglieder[13] ist die Einhaltung der Textform, elektronischen Form oder Schriftform zu Beweiszwecken aber sinnvoll[14].

6 Die Verletzung des § 107 Abs. 3 kann zu Schadensersatzpflichten des Vorstands gegenüber den Mitgliedern führen, da die Norm ein Schutzgesetz iSv. § 823 Abs. 2 BGB ist[15]. Darüber hinaus führt die Nichtbenachrichtigung dazu, dass den Mitgliedern des übertragenden Verbands zeitlich unbeschränkt das Sonderaustrittsrecht des § 108 zusteht[16].

§ 108 Austritt von Mitgliedern des übertragenden Verbandes

Tritt ein ehemaliges Mitglied des übertragenden Verbandes gemäß § 39 des Bürgerlichen Gesetzbuchs aus dem übernehmenden Verband aus, so sind Bestimmungen der Satzung des übernehmenden Verbandes, die gemäß § 39 Abs. 2 des Bürgerlichen Gesetzbuchs eine längere Kündigungsfrist als zum Schlusse des Geschäftsjahres vorsehen, nicht anzuwenden.

Übersicht

	Rn		Rn
I. Allgemeines	1	2. Anwendungsbereich	2
1. Sinn und Zweck der Norm/Entstehungsgeschichte	1	**II. Austrittsrecht**	3
		III. Wirkung des Austritts	5

Literatur: Siehe Literaturverzeichnis zu § 99.

---

[8] § 107 Abs. 3.
[9] *Vossius* in Widmann/Mayer Rn 33.
[10] *Vossius* in Widmann/Mayer Rn 36; *Bayer* in Lutter Rn 7; *Beuthien* GenG §§ 105 ff. UmwG Rn 5; aA *Röhrich* in H/P/G/R GenG § 108 UmwG Rn 7; *Müller* § 63 h GenG Rn 2; die eine Mitteilung an die Mitglieder des übertragenden Verbandes ausreichen lassen.
[11] *Müller* § 63 h GenG Rn 2; *Metz* in Lang/Weidmüller[32] § 63 h GenG Rn 4.
[12] *Vossius* in Widmann/Mayer Rn 40; *Bayer* in Lutter Rn 7.
[13] § 108.
[14] *Vossius* in Widmann/Mayer Rn 38; *Bayer* in Lutter Rn 7.
[15] *Vossius* in Widmann/Mayer Rn 43.
[16] Vgl. § 108 Rn 4.

I. Allgemeines

1. Sinn und Zweck der Norm/Entstehungsgeschichte

§ 108 ersetzt das in § 63 h Abs. 2 GenG aF geregelte Sonderkündigungsrecht, bei dessen Ausübung die Mitgliedschaft im übernehmenden Prüfungsverband als nicht erworben galt. Zweck der Regelung war es zu verhindern, dass den Mitgliedern des übertragenden Verbands gegen ihren Willen eine neue ungewollte Mitgliedschaft aufgezwungen wird. Auch § 108 verfolgt dieses Anliegen mit einem geänderten Konzept weiter[1]. Die Norm beschränkt sich darauf, dass nach § 39 BGB bestehende Allgemeine vereinsrechtliche Austrittsrecht im übernehmenden Verband von satzungsmäßigen Erschwerungen zu befreien, indem sie den Mitgliedern den Austritt spätestens zum Schluss des Geschäftsjahrs ermöglicht. Der Austritt wirkt dabei *ex nunc*, und nicht wie die Kündigung nach § 63 h Abs. 2 GenG aF *ex tunc*. Die Ersetzung des Sonderkündigungsrechts durch die neue Regelung über die Erleichterung des allgemeinen Austrittrechts ist vom Gesetzgeber im Interesse einer Rechtsvereinheitlichung eingeführt worden[2].

2. Anwendungsbereich

§ 108 begründet nur ein Austrittsrecht der Mitglieder des übertragenden Verbands. Die Vorschrift ist nicht zu Gunsten der Mitglieder des übernehmenden Prüfungsverbands anwendbar. Sie können daher nur aus dem Verband ohne Einhaltung der durch die Satzung vorgegebenen Fristen ausscheiden, sofern die Voraussetzungen für einen Austritt aus wichtigem Grund vorliegen.

II. Austrittsrecht

Der Austritt ist eine einseitige empfangsbedürftige Willenserklärung, die mit Zugang beim übernehmenden Verband wirksam wird. Er kann grundsätzlich formfrei erklärt werden, sofern nicht die Satzung des Verbands die Schriftform vorschreibt[3]. Der Austritt muss nicht begründet werden. Anders als im Fall des § 29 ist es insbesondere auch nicht erforderlich, dass das austretende Mitglied Widerspruch gegen den Verschmelzungsbeschluss seines Verbands erhoben hat.

Frühestens kann der Austritt nach Eintragung der Verschmelzung im Register des übernehmenden Rechtsträgers ausgeübt werden[4]. Eine Befristung bzgl. der Anwendung der Erleichterungen des § 108 auf den Austritt aus dem aufnehmenden Verband regelt das Gesetz nicht[5]. Hieraus kann jedoch nicht gefolgert werden, dass zu Gunsten der Mitglieder des übertragenden Verbands längere Kündigungsfristen als zum Schluss des Geschäftsjahrs im aufnehmenden Rechtsträger auf ewig außer Kraft gesetzt werden[6]. Dies würde zu zwei Mitgliederklassen im aufnehmenden Verband führen, nämlich einer Gruppe von Mitgliedern, für die die in der Satzung festgelegten Kündigungsfristen gelten, und einer weiteren Gruppe, auf

---

[1] Vgl. *Beuthien* GenG §§ 105 ff. UmwG Rn 6; *Bayer* in Lutter Rn 2.
[2] RegBegr. *Ganske* S. 138.
[3] *Reuter* in MünchKomm. § 39 BGB Rn 4; *Hadding* in Soergel § 39 BGB Rn 3 jeweils mwN.
[4] § 108.
[5] Anders noch § 63 h Abs. 2 GenG aF, nach dem das Sonderkündigungsrecht nur innerhalb von drei Monaten nach Zugang der Nachricht über die Eintragung der Verschmelzung beim Mitglied ausgeübt werden konnte.
[6] So aber *Vossius* in Widmann/Mayer Rn 14 ff., der meint, dass das Austrittsrecht nach § 108 eine zeitliche Schranke nur im Rechtsinstitut der Verwirkung (§ 242 BGB) finde.

die diese Satzungsregelungen unanwendbar sind. Sinn und Zweck des § 108 ist es vielmehr, den Mitgliedern des übertragenden Vereins es zu erleichtern, sich von einer ihnen durch die Verschmelzung aufgedrängten Mitgliedschaft vorzeitig zu lösen[7]. Hierfür besteht jedoch nur ein Bedürfnis, wenn ein Mitglied aus Anlass der Verschmelzung aus dem übernehmenden Verband ausscheiden will[8]. Verbleibt es nach Wirksamwerden der Verschmelzung und Mitteilung[9] freiwillig im aufnehmenden Rechtsträger, kann es für einen späteren Austritt die Vergünstigung des § 108 für sich nicht in Anspruch nehmen. Dass die Verschmelzung Anlass für den Austritt des Mitglieds ist, ist jedenfalls dann zu vermuten, wenn sich ein Mitglied innerhalb der nach altem Recht geltenden Frist von drei Monaten[10] nach Benachrichtigung durch den Vorstand gem. § 107 Abs. 3 auf sein vorzeitiges Austrittsrecht beruft[11].

III. Wirkung des Austritts

5   Da § 108 anders als § 63 h Abs. 2 Satz 4 GenG aF keine Rückwirkungsfiktion regelt, erhalten zunächst alle Mitglieder des übertragenden Verbands eine Mitgliedschaft im übernehmenden. Letztere endet erst mit Wirksamwerden des Austritts *ex nunc*[12].

Achter Abschnitt. Verschmelzung von Versicherungsvereinen auf Gegenseitigkeit

Erster Unterabschnitt. Möglichkeit der Verschmelzung

§ 109 Verschmelzungsfähige Rechtsträger

Versicherungsvereine auf Gegenseitigkeit können nur miteinander verschmolzen werden. Sie können ferner im Wege der Verschmelzung durch eine Aktiengesellschaft, die den Betrieb von Versicherungsgeschäften zum Gegenstand hat (Versicherungs-Aktiengesellschaft), aufgenommen werden.

Übersicht

	Rn		Rn
I. Allgemeines	1	2. Rechtspolitische Überlegungen	3
1. Sinn und Zweck der Norm	1	3. Anwendungsbereich der Norm	5
a) *Numerus clausus* der Rechtsform	1	a) Verschmelzung durch Aufnahme und Neugründung	5
b) Erweiterung um Mischverschmelzung	2	b) Mischverschmelzung	6

---

[7] Ähnlich *Bayer* in Lutter Rn 3.
[8] Ebenso *Beuthien* GenG §§ 105 ff. UmwG Rn 6; *Bayer* in Lutter Rn 3.
[9] § 107 Abs. 3.
[10] Vgl. dazu § 63 h Abs. 2 Satz 3 GenG aF.
[11] AA *Bayer* in Lutter Rn 3, der die Vergünstigung des § 108 nur anwenden will, wenn der Austritt in dem Geschäftsjahr erfolgt, in dem das Mitglied über die Eintragung der Verschmelzung informiert wird. Letzteres ist uU zu kurz, da danach im Einzelfall die Frist für die Ausübung des nach § 108 erleichterten Austrittsrechts sogar kürzer sein kann als die nach der alten Regelung des § 63 h Abs. 2 GenG aF geltende Dreimonatsfrist, so zB wenn das Mitglied erst im letzten Monat des Geschäftsjahres über die Wirksamkeit der Verschmelzung informiert wird.
[12] *Bayer* in Lutter Rn 5.

§ 109 Verschmelzungsfähige Rechtsträger

	Rn		Rn
c) Verschmelzung mit Körperschaften oder Anstalten des öffentlichen Rechts	7	b) Mehrfachverschmelzung von Versicherungsvereinen durch Neugründung einer Versicherungs-AG	30
d) Mischverschmelzung im Wege der Aufnahme durch einen VVaG	9	c) Mischverschmelzung im Wege der Aufnahme oder Neugründung einer AG	31
e) Verschmelzung bei Rückversicherungsvereinen	11	3. Alternative Konstruktionen bei unzulässiger Verschmelzung	32
4. Grenzüberschreitende Verschmelzungen	12	a) Vermögensübertragung (§§ 178 ff.)	32
5. Rechtsbegriffe	14	b) Bestandsübertragung (§ 14 VAG)	32
a) Begriff des VVaG	14	c) Totalrückversicherung	34
b) Kleinerer Verein (§ 53 VAG)	16	d) Verwaltungs- und Abwicklungsverträge	35
c) Pensions-Sicherungs-Verein (§ 14 BetrAVG)	19	e) Unternehmens- und Funktionsausgliederungsverträge	36
d) Rückversicherungsverein	20	f) Versicherungsaufsichtsrechtliche Schranken	37
e) Kleinstverein (§ 157 a VAG)	21	III. Aufsichtsrechtliche Verfahren	39
f) Versicherungs-AG	22	1. Versicherungsaufsicht	39
g) Europäische Gegenseitigkeitsgesellschaft	23	a) Genehmigung (§ 14 a VAG)	39
II. Einzelerläuterungen	24	b) Versagung (§ 104 Abs. 4 VAG)	40
1. Verschmelzung unter ausschließlicher Beteiligung von Versicherungsvereinen (Satz 1)	24	c) Genehmigung ausländischer Versicherungsaufsichtsbehörden	41
a) Verschmelzung durch Aufnahme unter Versicherungsvereinen	24	d) Aufsichtsrechtliche Genehmigung als Eintragungsvoraussetzung	42
b) Mehrfachverschmelzung durch Aufnahme	25	2. Kartellrechtliche Aufsicht	43
c) Verschmelzung durch Neugründung	26	IV. Rechtsfolgen der Verschmelzung	45
d) Verschmelzung unter Beteiligung von aufgelösten Versicherungsvereinen	28	1. Allgemeine Rechtsfolgen	45
2. Verschmelzung unter Beteiligung einer Versicherungs-AG (Satz 2)	29	2. Anspruch auf Sicherheitsleistung der Versicherungsnehmer (§ 22 Abs. 1)	46
a) Verschmelzung eines VVaG im Wege der Aufnahme durch eine Versicherungs-AG	29	3. Überschussbeteiligung kein Sonderrecht iSd. § 23	47
		4. Behandlung des Gründungsstocks (§ 22 VAG)	48

Literatur: *Benkel*, Der Versicherungsverein auf Gegenseitigkeit, 2. Auflage, 2002; *Brenzel*, Der Versicherungsverein auf Gegenseitigkeit – Unternehmensform und Rechtsstruktur im Wandel, 1975; *Cahn*, Kapitalerhaltung im Konzern, 1998; *Dwinger*, Die Mitgliederversammlung bei dem Versicherungsverein auf Gegenseitigkeit und der Genossenschaft, Diss. 1971; *Eschenbruch*, Konzernhaftung, 1996; *Ebert*, Restrukturierung und Sanierung von Versicherungsvereinen auf Gegenseitigkeit, VersR 2003, 1211; *Fahl*, Die Corporate Governance der Versicherungsvereine auf Gegenseitigkeit, ZVersWiss 2004, 723; *ders.*, Corporate Governance im Versicherungsverein a. G., Diss. 2004; *Farny/Helten/Koch/R. Schmidt* (Hrsg.), Handwörterbuch der Versicherung, 1988; *Frels*, Konzernrechtliche Probleme des VVaG nach dem neuen Aktiengesetz, VersR 1966, 994; *Görg*, Der VVaG-Gleichordnungskonzern und seine Umstrukturierung in einen VVaG-Unterordnungskonzern, Diss. 2003; *Gromann*, Die Gleichordnungskonzerne im Konzern- und Wettbewerbsrecht, 1979; *Großfeld*, Der Versicherungsverein auf Gegenseitigkeit im System der Unternehmensformen, 1985; *Hösch*, Konzernbildung und die zwingende gesetzliche Kompetenzverteilung in der AG, der GmbH und bei der Personengesellschaft, WiB 1997, 231; *Hübner*, Der Versicherungsverein auf Gegenseitigkeit als Konzernspitze bei internen Strukturmaßnahmen, FS Wiedemann, 2002, S. 1033; *Kaufmann*, Nochmals: Bestandsübertragung nach dem VAG – Erwiderung auf den Beitrag von Scholz VersR 1997, 1070, VersR 1998, 166; *Köbele*, Die Versicherungsaktiengesellschaft zwischen Aktiengesellschaft und Versicherungsverein auf Gegenseitigkeit, Diss. 1965; *Lutter/Drygala*, Personalverflechtung und Haftung im Gleichordnungskonzern, ZGR 1995, 557; *Machek*, Die formwechselnde Umwandlung von Versicherungsvereinen auf Gegenseitigkeit in Aktiengesellschaften, FS Kastner, 1972, S. 269; *Mohr*, Entwicklungen und Wandlungen im Recht des VVaG, VW 1990, 162; *Mudrack*, Zur Behandlung stiller Reserven bei Bestandsübertragungen von Lebensversicherern, BB 1991, Beilage 14 (Finanzberater), 26; *ders.*, Ein Milliardengeschäft? Die Übertragung des Bestands eines Lebensversicherungsvereins a. G. auf eine Aktiengesellschaft, BB 1991, Beilage 22 (Finanzberater), 10; *Müller-Magdeburg*,

Die Bestandsübertragung nach § 14 VAG, Diss. 1996; *Müller-Wiedenhorn*, Versicherungsvereine auf Gegenseitigkeit im Unternehmensverbund, Diss. 1993; *Peiner* (Hrsg.), Grundlagen des VVaG auf Gegenseitigkeit, 1995; *Peiner/Görg*, Zukunftsorientierte Umstrukturierung von Versicherungsvereinen auf Gegenseitigkeit (VVaG), FS Horst Richter, 2001, S. 267; *Piojda*, Marktadäquate Konzernstrukturen bei Versicherungsvereinen auf Gegenseitigkeit, 1997; *Präve*, Aufsichtsrechtliche Aspekte zu Bestandsübertragungen von einem Versicherungsverein auf Gegenseitigkeit auf eine Aktiengesellschaft, ZfV 1991, 494; *K. Schmidt*, Gleichordnung im Konzern – terra incognita?, ZHR 155 (1991) 417; *Scholz*, Bestandsübertragung nach dem VAG, VersR 1997, 1070; *Seiling*, Versicherungsaufsicht und Grundrechte, Diss. 1994; *Weber*, Die Demutualisierung von Versicherungsvereinen, VersWirt 1998, 1274; *Weber-Rey/Guinomet*, Wege zur Demutualisierung, AG 2002, 278; *Wellkamp*, Der Gleichordnungskonzern – Ein Konzern ohne Abhängigkeit?, DB 1993, 2517; *Zier*, Die eingetragene Genossenschaft und der Versicherungsverein auf Gegenseitigkeit, Diss. 1968.

I. Allgemeines

1. Sinn und Zweck der Norm

1 **a) Numerus clausus der Rechtsformen.** Die Erlaubnis zum Betreiben des Versicherungsgeschäfts[1] darf nur Aktiengesellschaften (nach einer Änderung des Gesetzeswortlauts einschließlich der Europäischen Gesellschaft (SE)), Versicherungsvereinen auf Gegenseitigkeit sowie Körperschaften und Anstalten des öffentlichen Rechts erteilt werden[2]. Deshalb schränkt die Vorschrift den Kreis der verschmelzungsfähigen Rechtsträger[3] ein[4].

2 **b) Erweiterung um Mischverschmelzung.** Satz 2 erweitert gegenüber der alten Rechtslage[5] die Verschmelzungsmöglichkeiten um die Verschmelzung im Wege der Aufnahme durch eine Versicherungs-AG.

2. Rechtspolitische Überlegungen

3 Bei Inkrafttreten des UmwG gab es ca. 340 Versicherungsvereine in der Bundesrepublik Deutschland, die etwa 30 % des gesamten Prämienvolumens der Erstversicherung auf sich vereinigten. Aus der seit Anfang der 90er Jahre ständig zunehmenden weltweiten Konzentration in der Versicherungswirtschaft und dem fehlenden Zugang der Versicherungsvereine zu den Kapitalmärkten ergab sich das Bedürfnis für Mischverschmelzungen[6].

4 Die Voraussetzungen für die Erhaltung der Wettbewerbsfähigkeit der Versicherungsvereine sind durch die Regelung in Satz 2 (unvollständig) geschaffen worden. Die Verschmelzung von Versicherungsvereinen und Körperschaften oder Anstalten des öffentlichen Rechts wurde nicht geregelt, obwohl hierfür durchaus ein Bedürfnis besteht[7].

3. Anwendungsbereich der Norm

5 **a) Verschmelzung durch Aufnahme und Neugründung.** Grundsätzlich ist sowohl eine Verschmelzung durch Aufnahme[8] als auch eine Verschmelzung durch Neugründung[9] zulässig[10].

---

[1] § 5 Abs. 1 VAG.
[2] § 7 Abs. 1 VAG.
[3] § 3.
[4] Umsetzung des Art. 8 I a) der Richtlinie 73/239/EWG, Erste Schadensrichtlinie vom 24. 7. 1973, ABl. Nr. L 228 S. 3 und des Art. 8 I a der Richtlinie 79/267/EWG, Erste Lebensrichtlinie vom 5. 3. 1979, ABl. Nr. L 63 S. 1.
[5] § 44 a Abs. 1 VAG aF.
[6] RegBegr. *Ganske* S. 141.
[7] Siehe Rn 7.
[8] § 2 Nr. 1; siehe § 2 Rn 23 ff.
[9] § 2 Nr. 2; siehe § 2 Rn 28 ff.
[10] *Vossius* in Widmann/Mayer Rn 5.

b) Mischverschmelzung. Obwohl Satz 2 ausdrücklich nur die Verschmelzung von Versicherungsvereinen im Wege der Aufnahme durch eine (bestehende) Versicherungs-AG zulässt, ist sowohl die Verschmelzung mehrerer Versicherungsvereine als auch die Verschmelzung eines VVaG und einer Versicherungs-AG durch Neugründung einer Versicherungs-AG vom Anwendungsbereich des § 109 umfasst[11]. Die Erlaubnis zum Betreiben des Versicherungsgeschäfts geht bei der Verschmelzung durch Neugründung regelmäßig auf die neu gegründete (Versicherungs-) AG über[12], und die Wahrung der aufsichtsrechtlichen Belange ist durch den Genehmigungsvorbehalt für Umwandlungen von Versicherungsunternehmen[13] sichergestellt.

c) Verschmelzung mit Körperschaften oder Anstalten des öffentlichen Rechts. Nicht möglich ist eine Verschmelzung von Versicherungsvereinen und Körperschaften oder Anstalten des öffentlichen Rechts (Brand- und Feuerkassen, Kommunalversicherer etc.) durch Neugründung einer Versicherungs-AG[14], obwohl keine Gründe dagegen ersichtlich sind. In der Praxis besteht im Hinblick auf die Aufhebung der Versicherungsmonopole[15] durchaus auch ein Bedürfnis für solche Verschmelzungen. Hier bleibt nur der Weg der vorherigen Umwandlung der Körperschaft oder der Anstalt des öffentlichen Rechts in eine Versicherungs-AG[16] und die anschließende Verschmelzung im Wege der Aufnahme durch die formgewechselte Versicherungs-AG. Bei einer anschließenden Verschmelzung durch Neugründung ist allerdings das zweijährige Verschmelzungsverbot für neue Aktiengesellschaften[17] zu beachten.

Eine Verschmelzung eines VVaG im Wege der Aufnahme durch eine Körperschaft oder Anstalt des öffentlichen Rechts scheidet ebenfalls aus, da durch die Verschmelzung nach Maßgabe des UmwG nicht die Möglichkeit des Wechsels in öffentlich-rechtliche Organisationsformen eröffnet werden kann.

d) Mischverschmelzung im Wege der Aufnahme durch einen VVaG. Unzulässig ist auch die Verschmelzung einer Versicherungs-AG im Wege der Aufnahme durch einen VVaG, da die Begründung eines Versicherungsverhältnisses gem. § 20 VAG Voraussetzung für die Mitgliedschaft im VVaG ist. Durch die Verschmelzung wird ein solches Versicherungsverhältnis mit den Aktionären der Versicherungs-AG nicht begründet[18].

Zulässig ist jedoch die Verschmelzung einer Kapitalgesellschaft im Wege der Aufnahme mit dem Vermögen eines VVaG, sofern sich alle Geschäftsanteile oder Aktien in der Hand des VVaG befinden[19].

e) Verschmelzung bei Rückversicherungsvereinen. Der *numerus clausus* der Rechtsformen, in denen Versicherungsunternehmen betrieben werden dürfen[20], gilt nach Änderung des VAG nun auch für Versicherungsunternehmen, die (ausschließlich) die Rückversicherung betreiben[21]. Auf Rückversicherungsvereine sind neben vielen Vorschriften des VAG[22] auch die §§ 109 ff. anwendbar.

---

[11] *Vossius* in Widmann/Mayer Rn 20.
[12] Siehe § 20 Rn 67 ff.; *Grunewald* in Lutter § 20 Rn 13.
[13] § 14 a VAG; hierzu umfassend Anh. § 119 Rn 81 ff.
[14] Siehe § 3, der die verschmelzungsfähigen Rechtsträger ausdrücklich aufzählt.
[15] Art. 3 der Richtlinie 92/49/EWG des Rates vom 18. 6. 1992, ABl. EG 1992 Nr. L 228/1 (dritte Richtlinie Schadensversicherung).
[16] §§ 301 ff.
[17] § 76 Abs. 1; siehe § 76 Rn 6 f.
[18] RegBegr. *Ganske* S. 141; *Hübner* in Lutter Rn 8.
[19] Siehe § 120 Rn 18.
[20] § 7 Abs. 1 VAG.
[21] § 120 Abs. 1 Satz 1 VAG.
[22] Siehe § 121 a Abs. 1 VAG.

4. Grenzüberschreitende Verschmelzungen

12 Wegen der europäischen Niederlassungsfreiheit (Art. 43, 48 EGV) stellte sich immer häufiger die Frage nach der Zulässigkeit grenzüberschreitender Verschmelzungen von Versicherungsvereinen innerhalb der EU, so auch für den VVaG. Die Vorschriften des UmwG galten bislang nur für Rechtsträger mit Sitz im Inland[23]; also nicht für grenzüberschreitende Verschmelzungen.

13 Der EuGH hat im Fall der SEVIC Systems AG in 2005 entschieden, dass es mit Art. 43 und 48 EGV unvereinbar ist, dass (bestimmte) Verschmelzungen von Gesellschaften mit Sitz in unterschiedlichen Mitgliedstaaten von den Registergerichten generell als unzulässig betrachtet werden, während die Eintragung einer entsprechenden Verschmelzung von Gesellschaften mit Sitz in demselben Mitgliedstaat grundsätzlich möglich ist[24]. Daneben gibt es seit Oktober 2005 eine europäische Richtlinie zur Verschmelzung von Kapitalgesellschaften aus verschiedenen Mitgliedstaaten[25], die durch das Zweite Gesetz zur Änderung des Umwandlungsgesetzes in deutsches Recht umgesetzt worden ist[26]. Die Richtlinie bezieht sich zwar nur auf Kapitalgesellschaften, die SEVIC-Entscheidung des EuGH nur auf Gesellschaften, so dass beide Rechtsquellen nicht zwingend auch für den VVaG Bedeutung haben. Dennoch ist mit Blick auf die Niederlassungsfreiheit (Art. 43, 48 EGV) grundsätzlich von der Zulässigkeit grenzüberschreitender Verschmelzungen von Versicherungsvereinen innerhalb der EU auszugehen. Im Hinblick auf die gegenwärtige Rechtsunsicherheit[27] empfiehlt es sich, grenzüberschreitende Verschmelzungen unter Beteiligung von Versicherungsvereinen vorab mit dem zuständigen Registergericht und der BaFin abzustimmen.

5. Rechtsbegriffe

14 a) Begriff des VVaG. Der VVaG ist ein (privater) auf die Versicherung seiner Mitglieder nach dem Gegenseitigkeitsprinzip gerichteter, rechtsfähiger Verein, der seine Rechtsfähigkeit durch die Erlaubnis der Aufsichtsbehörde zum Betreiben des Versicherungsgeschäfts[28] erlangt[29]. Obwohl der Gegenseitigkeitsgedanke bei den großen Versicherungsvereinen mit Vertreterversammlung[30], deren Mitglieder auf Vorschlag der Verwaltung (Aufsichtsrat und Vorstand) von der Vertreterversammlung selbst gewählt werden (Kooptation)[31], weitgehend in den Hintergrund getreten ist, sind für den VVaG nach wie vor zwei Merkmale zwingend:
– Der VVaG muss Mitglieder haben, die am Überschuss beteiligt werden[32].
– Die Mitgliedschaft im VVaG setzt grundsätzlich das Bestehen eines Versicherungsverhältnisses mit dem VVaG voraus[33].

15 Die Versicherung von Nichtmitgliedern darf nur Nebenzweck sein. Unzulässig ist auch eine reine Beteiligungsverwaltung[34]. Die in der Praxis häufig vorgenommene Ausgliederung des größten Teils des Versicherungsgeschäfts auf Tochteraktiengesellschaften im Wege der Bestandsübertragung gem. § 14 VAG ist insoweit nicht unbedenklich[35].

---

[23] § 1 Abs. 1.
[24] EuGH ZIP 2005, 2311 ff.; Anträge des Generalanwalts Tizzano: DB 2005, 1510 ff.
[25] Richtlinie 2005/56/EG des Europäischen Parlaments und des Rates vom 26. Oktober 2005.
[26] Zweites Gesetz zur Änderung des UmwG vom 19.4.2007, BGBl I S. 542.
[27] Allgemein zu grenzüberschreitenden Umwandlungen: Einleitung C Rn 1 ff.
[28] § 15 VAG.
[29] Vgl. *Weigel* in Prölss § 15 VAG Rn 3 ff.
[30] § 29 VAG.
[31] Siehe *Weigel* in Prölss § 29 VAG Rn 4 ff.
[32] § 38 VAG.
[33] § 20 VAG.
[34] Siehe *Weigel* in Prölss § 15 VAG Rn 7.
[35] Im Einzelnen § 14 VAG, Anh. § 119 Rn 18 ff.

b) Kleinerer Verein (§ 53 VAG). Für Versicherungsvereine, die bestimmungsgemäß einen sachlich, örtlich oder dem Personenkreis nach eng begrenzten Wirkungskreis haben (kleinere Vereine), gelten nach einer entsprechenden Feststellung der BaFin[36] die allgemeinen Regelungen der §§ 15 ff. VAG nur in eingeschränktem Umfang[37]. Für eine Verschmelzung von kleineren Vereinen gelten deshalb für die Anmeldung und Bekanntmachung der Verschmelzung die Sonderregelungen der §§ 118 und 119, die berücksichtigen, dass kleinere Vereine nicht im Handelsregister eingetragen sind[38]. 16

Ändert sich der begrenzte Wirkungskreis, kann der Status als kleinerer Verein durch Entscheidung der BaFin[39] entzogen werden. 17

Da § 121 a Abs. 1 Satz 3 VAG nicht auf § 53 VAG verweist, gibt es keine kleineren Rückversicherungsvereine. Die §§ 118 und 119 sind nicht anwendbar. 18

c) Pensions-Sicherungs-Verein (§ 14 BetrAVG). Der von der Bundesvereinigung der Deutschen Arbeitgeberverbände, dem Bundesverband der Deutschen Industrie, der Arbeitsgemeinschaft für betriebliche Altersversorgung und der Deutschen Lebensversicherungswirtschaft gegründete Pensions-Sicherungs-Verein[40] ist ein beliehener, mit öffentlich-rechtlicher Beitragshoheit versehener VVaG kraft Fiktion[41]. Die Regelungen der §§ 109 ff. finden in vollem Umfang Anwendung auf den Pensions-Sicherungs-Verein. 19

d) Rückversicherungsverein. Der Rückversicherungsverein ist ein VVaG, der ausschließlich das Rückversicherungsgeschäft[42] betreibt. Die Regelungen in den §§ 109 ff. finden auf Rückversicherungsvereine uneingeschränkt Anwendung. 20

e) Kleinstverein (§ 157 a VAG). Versicherungsvereine, die aufgrund der Art der betriebenen Geschäfte[43] durch die BaFin von der Versicherungsaufsicht freigestellt sind (Kleinstvereine), können wegen § 157 a Abs. 3 VAG nicht verschmolzen werden[44]. Eine Verschmelzung ist erst nach Aufhebung des Freistellungsbescheids möglich. 21

f) Versicherungs-AG. Eine Versicherungs-AG ist eine AG, die Versicherungsgeschäfte iSd. § 1 VAG iVm. der Anlage A zum VAG betreibt. Auch sie bedarf zur Aufnahme des Versicherungsgeschäfts einer Erlaubnis der BaFin[45]. 22

g) Europäische Gegenseitigkeitsgesellschaft. Die EU-Kommission hat einen Vorschlag für eine Verordnung des Rates über das Statut einer Europäischen Gegenseitigkeitsgesellschaft vorgelegt[46]. Der Verordnungsentwurf orientiert sich jedoch ausschließlich am Leitbild kleiner Gegenseitigkeitsvereine, die kaum länderübergreifende Aktivitäten entwickeln. In Zukunft könnte er jedoch an Bedeutung gewinnen, weil gem. Anhang I die gesetzlichen Krankenkassen und Berufsgenossenschaften als mögliche Mitglieder genannt werden[47]. 23

---

[36] § 53 Abs. 4 VAG. Zur Frage des Ermessens der BaFin siehe *Weigel* in Prölss § 53 VAG Rn 7.
[37] § 53 Abs. 1 VAG.
[38] Siehe im Einzelnen § 118 Rn 2.
[39] § 53 Abs. 4 VAG.
[40] Umfassend zum Pensions-Sicherungs-Verein *Blomeyer/Otto*, Gesetz zur Verbesserung der betrieblichen Altersversorgung, 3. Aufl. 2004, § 14 Rn 1 ff.
[41] *Vossius* in Widmann/Mayer Rn 15; *Weigel* in Prölss vor § 15 VAG Rn 29 b.
[42] § 779 Abs. 1 HGB.
[43] § 157 a VAG.
[44] Zu den Voraussetzungen der Freistellung siehe *Kollhosser* in Prölss § 157 a VAG Rn 2 f., 7 und RegBegr. zum Entwurf eines Gesetzes zur Änderung des Gesetzes über die Beaufsichtigung der privaten Versicherungsunternehmen und Bausparkassen, BT-Drucks. 7/100 S. 9 f.
[45] § 5 Abs. 1 VAG.
[46] ABl. Nr. C 236/40, ABl. Nr. C 236/56 und die Mitteilung der Kommission zur Modernisierung des Gesellschaftsrechts und Verbesserung der Corporate Governance in der Europäischen Union, KOM(2003) 284, Punkt 3.6.
[47] Im Einzelnen hierzu: *Weigel* in Prölss vor § 15 VAG Rn 134.

II. Einzelerläuterungen

1. Verschmelzung unter ausschließlicher Beteiligung von Versicherungsvereinen (Satz 1)

24 **a) Verschmelzung durch Aufnahme unter Versicherungsvereinen.** Der Wortlaut des Satz 1 erfasst lediglich die Verschmelzung eines VVaG im Wege der Aufnahme durch einen anderen VVaG.

25 **b) Mehrfachverschmelzung durch Aufnahme.** Die Verschmelzung mehrerer Versicherungsvereine im Wege der Aufnahme durch einen weiteren VVaG (Mehrfachverschmelzung) ist zwar nicht vom Wortlaut des § 109 gedeckt, aber dennoch zulässig. Da die Verschmelzung eines VVaG im Wege der Aufnahme durch einen anderen VVaG und die anschließende Verschmelzung dieses VVaG im Wege der Aufnahme durch einen weiteren VVaG (Kettenverschmelzung) nach § 109 erlaubt ist, bestehen keine Bedenken gegen eine Verschmelzung *uno actu*[48].

26 **c) Verschmelzung durch Neugründung.** Nach dem Wortlaut von Satz 1 ist unklar, ob mehrere Versicherungsvereine auch durch Neugründung eines VVaG verschmolzen werden können. Es ist von der Zulässigkeit auszugehen[49], weil diese Art der Verschmelzung in § 115 Satz 1 und § 116 Abs. 1 Satz 1 vorausgesetzt wird.

27 Der neu gegründete VVaG erlangt bereits mit der Genehmigung der Verschmelzung durch die BaFin[50] Rechtsfähigkeit. Eine gesonderte Erlaubnis zum Geschäftsbetrieb[51] ist nicht erforderlich, weil diese gem. § 20 auf den neu gegründeten VVaG übergeht.

28 **d) Verschmelzung unter Beteiligung von aufgelösten Versicherungsvereinen.** Ein aufgelöster VVaG kann mit einem anderen VVaG oder einer anderen Versicherungs-AG nur verschmolzen werden, wenn er übertragender Rechtsträger ist und mit der Verteilung seines Vermögens noch nicht begonnen wurde[52].

2. Verschmelzung unter Beteiligung einer Versicherungs-AG (Satz 2)

29 **a) Verschmelzung eines VVaG im Wege der Aufnahme durch eine Versicherungs-AG.** Nach Satz 2 ist die Verschmelzung eines VVaG im Wege der Aufnahme durch eine (bestehende) Versicherungs-AG zulässig.

30 **b) Mehrfachverschmelzung von Versicherungsvereinen durch Neugründung einer Versicherungs-AG.** Auch gegen die Zulässigkeit der Verschmelzung mehrerer Versicherungsvereine durch Neugründung einer (Versicherungs-) AG bestehen keine Bedenken[53].

31 **c) Mischverschmelzung im Wege der Aufnahme oder Neugründung einer AG.** Vom Wortlaut des § 109 nicht umfasst ist die Verschmelzung eines VVaG und einer Versicherungs-AG im Wege der Aufnahme durch eine weitere Versicherungs-AG oder durch Neugründung einer (Versicherungs-) AG. Im Hinblick auf die Zulässigkeit von Kettenver-

---

[48] So auch *Vossius* in Widmann/Mayer Rn 18; *Hübner* in Lutter Rn 2.
[49] *Hübner* in Lutter Rn 2.
[50] § 14 a VAG; hierzu Anh. § 119 Rn 85 ff.
[51] §§ 5, 15 VAG.
[52] § 3 Abs. 3, § 49 Abs. 1 und 2 VAG; zur Verschmelzungsfähigkeit aufgelöster Rechtsträger allgemein § 3 Rn 36 ff.
[53] Siehe Rn 6.

schmelzungen⁵⁴ spricht nichts gegen die Zulässigkeit einer derartigen Verschmelzung⁵⁵. Insbesondere aus fusionspolitischen Gründen (*merger of equals*) besteht ein Bedürfnis für Mischverschmelzungen durch Neugründung, die im Übrigen auch durch Kettenverschmelzung auf eine neu gegründete Versicherungs-AG erfolgen könnten.

3. Alternative Konstruktionen bei unzulässiger Verschmelzung

a) Vermögensübertragung (§§ 178 ff.). Ist eine Verschmelzung nicht zulässig, bietet 32 sich die Vermögensübertragung⁵⁶ als alternative Konstruktion an. Bei dieser erhalten die Anteilsinhaber des übertragenden Rechtsträgers keine Mitgliedschaftsrechte am übernehmenden Rechtsträger⁵⁷. Denkbar ist diese Konstruktion zB für die sonst nicht erreichbare Verschmelzung einer Versicherungs-AG auf einen VVaG, die Verschmelzung eines VVaG auf eine Körperschaft oder Anstalt des öffentlichen Rechts sowie die Verschmelzung einer Körperschaft oder Anstalt des öffentlichen Rechts auf einen VVaG.

b) Bestandsübertragung (§ 14 VAG). Eine weitere Möglichkeit bildet die Übertragung 33 des Versicherungsbestands⁵⁸. Hierdurch werden im Gegensatz zur Vermögensübertragung nur die Rechte und Pflichten aus den Versicherungsverhältnissen übertragen.

c) Totalrückversicherung. Als alternative Konstruktion kommt auch die sog. „Total- 34 rückversicherung" in Betracht, bei der das Versicherungsunternehmen sein gesamtes gezeichnetes Versicherungsrisiko bei einem Rückversicherer rückversichert und damit seinen Versicherungsbestand wirtschaftlich auf den Rückversicherer überträgt.

d) Verwaltungs- und Abwicklungsverträge. Zu denken ist auch an sog. Verwaltungs- 35 oder Abwicklungsverträge. Durch diese überträgt ein Versicherungsunternehmen seinen Versicherungsbestand ganz oder zum Teil in die Verwaltung eines anderen Versicherungsunternehmens, das – bei entsprechender Vereinbarung – diesen Bestand auf eigenes wirtschaftliches Risiko gegen Zahlung einer Vergütung abwickelt⁵⁹.

e) Unternehmens- und Funktionsausgliederungsverträge. Auch Unternehmens- 36 verträge⁶⁰ und sog. Funktionsausgliederungsverträge⁶¹, durch die ein Versicherungsunternehmen Kernfunktionen auf ein anderes Versicherungsunternehmen überträgt, können ggf. bei unzulässigen Verschmelzungen als alternative Konstruktionen dienen.

f) Versicherungsaufsichtsrechtliche Schranken. Bei Anwendung der vorgenannten 37 alternativen Konstruktionen sind versicherungsaufsichtsrechtliche Schranken zu beachten. Sowohl die Vermögensübertragung als auch die Übertragung eines Versicherungsbestands bedürfen – wie die Verschmelzung – der Genehmigung der Aufsichtsbehörde⁶².

Die Totalrückversicherung sowie der Verwaltungs- und Abwicklungsvertrag können je- 38 weils als „Mißstand" iSd. § 81 Abs. 2 VAG anzusehen sein und Maßnahmen der Missstandsaufsicht der BaFin nach sich ziehen. Unternehmens- oder Funktionsausgliederungsverträge sind als Bestandteil des Geschäftsplans durch die BaFin zu genehmigen⁶³.

---

⁵⁴ Siehe Rn 25.
⁵⁵ Vgl. *Vossius* in Widmann/Mayer Rn 27.
⁵⁶ §§ 178 ff.
⁵⁷ § 174.
⁵⁸ Im Einzelnen siehe Anh. § 119 Rn 1 ff.
⁵⁹ Siehe *Präve* in Prölss § 14 VAG Rn 8.
⁶⁰ § 5 Abs. 3 Nr. 3 VAG iVm. §§ 291 f. AktG.
⁶¹ § 5 Abs. 3 Nr. 4 VAG.
⁶² §§ 14, 14 a VAG.
⁶³ §§ 5, 13 VAG.

III. Aufsichtsrechtliches Verfahren

1. Versicherungsaufsicht

39 **a) Genehmigung (§ 14 a VAG).** Die Verschmelzung von Versicherungsunternehmen bedarf der Genehmigung durch die zuständige Aufsichtsbehörde[64]. Zuständige Aufsichtsbehörde ist im Regelfall die BaFin[65]. Bei kleineren Vereinen[66] wird die Genehmigung gem. § 3 BAG von den zuständigen Landesbehörden erteilt.

40 **b) Versagung (§ 104 Abs. 4 VAG).** Wird ein Versicherungsunternehmen durch die Verschmelzung zu einem Tochterunternehmen eines Unternehmens mit Sitz in einem Drittstaat iSd. § 105 Abs. 1 Satz 2 und 3 VAG, ist § 104 Abs. 4 VAG zu beachten. Die dort vorgesehene Möglichkeit einer Weisung der EU-Kommission oder des Rates der Europäischen Gemeinschaften an die Aufsichtsbehörde zur vorläufigen Untersagung des Erwerbs einer Beteiligung an einem Erstversicherungsunternehmen dürfte im Rahmen einer Verschmelzung gegeben sein. Nach einer entsprechenden Weisung ist die Genehmigung der Aufsichtsbehörde[67] nach § 14 a VAG zu verweigern.

41 **c) Genehmigung ausländischer Versicherungsaufsichtsbehörden.** Werden Versicherungsunternehmen mit ausländischen Tochtergesellschaften verschmolzen, kann auch die Genehmigung ausländischer Aufsichtsbehörden erforderlich sein, sofern das jeweilige ausländische Recht den Gesellschafterwechsel als genehmigungspflichtig ansieht[68].

42 **d) Aufsichtsrechtliche Genehmigung als Eintragungsvoraussetzung.** Die fehlende aufsichtsbehördliche Genehmigung ist Eintragungshindernis[69]. Das Registergericht hat den anmeldenden Rechtsträger unter Fristsetzung zur Nachreichung der Genehmigung aufzufordern[70]. Geschieht das nicht, ist der Eintragungsantrag als unzulässig zurückzuweisen. Ausländische staatliche Genehmigungen sind keine Eintragungsvoraussetzung[71].

2. Kartellrechtliche Aufsicht

43 Auch für Verschmelzungen von Versicherungsunternehmen gelten die Anforderungen der Fusionskontrolle nach den §§ 35 ff. GWB und der EU-Fusionskontrollverordnung[72]. An die Stelle der Umsatzerlöse treten zur Ermittlung der Schwellenwerte die Bruttoprämieneinnahmen.

44 Bei Verschmelzungen von Versicherungsunternehmen mit ausländischen Tochtergesellschaften außerhalb der EU kann eine Freigabe durch ausländische Kartellbehörden erforderlich sein[73]. Obwohl etwaige Vollzugsverbote wegen fehlender kartellrechtlicher Genehmigung die Wirksamkeit der Verschmelzung nicht berühren[74], sollte die Zustimmung der

---

[64] § 14 a VAG; umfassend hierzu Anh. § 119 Rn 81 ff.
[65] §§ 1, 2 BAG iVm. §§ 1, 4 FinDAG. Im Einzelnen zum Genehmigungsverfahren siehe Anh. § 119 Rn 85 ff.
[66] Zur Definition des kleineren Vereins siehe Rn 16 f.
[67] Umfassend hierzu Anh. § 119 Rn 81 ff.
[68] Dies wird idR in Ländern mit materieller Staatsaufsicht der Fall sein, so zB in verschiedenen Bundesstaaten der USA.
[69] § 17 Abs. 1; siehe § 17 Rn 11.
[70] § 26 Satz 2 HRV.
[71] Siehe § 17 Rn 11.
[72] Hierzu umfassend § 2 Rn 69 ff.
[73] ZB der US-amerikanischen Kartellbehörden, „Hart Scott Rodino".
[74] Bei der Genehmigung durch eine Kartellbehörde handelt es sich nicht um eine staatliche Genehmigung iSd. § 17 Abs. 1; siehe § 17 Rn 11.

ausländischen Kartellbehörden im Hinblick auf drohende Sanktionen auf jeden Fall eingeholt werden.

IV. Rechtsfolgen der Verschmelzung

1. Allgemeine Rechtsfolgen

Die allgemeinen Rechtsfolgen der Verschmelzung gem. § 20 Abs. 1 Nr. 1 bis 3 gelten auch für die Verschmelzung unter Beteiligung von Versicherungsvereinen. 45

2. Anspruch auf Sicherheitsleistung der Versicherungsnehmer (§ 22 Abs. 1)

Der Anspruch auf Sicherheitsleistung gem. § 22 steht auch den Versicherungsnehmern der an der Verschmelzung beteiligten Versicherungsunternehmen zu. Dieser Anspruch wird jedoch kaum geltend gemacht werden können. Die Aufsichtsbehörde prüft iRd. Genehmigungsverfahrens auch die Wahrung der Belange der Versicherten[75], so dass im Fall der Genehmigungserteilung eine Gefährdung der Ansprüche der Versicherungsnehmer[76] kaum darzulegen sein wird. Hinzu kommt, dass Versicherungsnehmer, die eine Kranken-, Lebens- oder Unfallversicherung abgeschlossen haben, aufgrund der Regelungen in den §§ 77, 79 VAG als bevorrechtigte Gläubiger iSd. § 22 Abs. 2 anzusehen sind, die keinen Anspruch auf Sicherheitsleistung haben. 46

3. Überschussbeteiligung kein Sonderrecht iSd. § 23

Versicherungsnehmern mit vertraglicher Überschussbeteiligung[77] sind grundsätzlich gleichwertige Rechte in dem übernehmenden Versicherungsunternehmen zu gewähren[78]. Auch hier findet der Rechtsgedanke des Verwässerungsschutzes Anwendung[79]. Da § 23 nur auf Sonderrechte, die keine Stimmrechte gewähren, Anwendung findet, fällt der Anspruch der Mitglieder eines VVaG auf den Überschuss nicht unter den Schutz des § 23[80]. 47

4. Behandlung des Gründungsstocks (§ 22 VAG)

Schwierigkeiten iRd. Verschmelzung unter Beteiligung von Versicherungsvereinen bereitet regelmäßig die Behandlung des Gründungsstocks[81]. Der VVaG verfügt nicht über ein gezeichnetes Grundkapital, sondern über einen sog. Gründungsstock, der von den Garanten dem VVaG zur freien Verfügung gestellt wird. Die Garanten können, müssen jedoch nicht (Gründungs-) Mitglieder des VVaG sein. 48

Die Höhe des Gründungsstocks bemisst sich nach den Anlaufkosten und den zur Deckung von Versicherungsansprüchen notwendigen Mitteln[82]. Die Tilgung des Gründungsstocks erfolgt aus den Jahreseinnahmen in dem Umfang, in dem die Verlustrücklage[83] angewachsen 49

---

[75] §§ 14 a Satz 2, 14 Abs. 1 Satz 3, 8 Abs. 1 Nr. 3 VAG.
[76] § 22 Abs. 1 Satz 2; siehe auch § 22 Rn 20 ff.
[77] Zur Frage des gesetzlichen Anspruchs auf Überschussbeteiligung in der Lebens- und Krankenversicherung siehe *Kollhosser* in Prölss § 81 c VAG Rn 1, § 81 d VAG Rn 1.
[78] § 23.
[79] *Grunewald* in Lutter § 23 Rn 2; insbes. siehe auch § 23 Rn 1.
[80] AA *Hübner* in Lutter Rn 10.
[81] § 22 VAG.
[82] § 22 Abs. 1 Satz 1 VAG.
[83] § 37 VAG.

ist⁸⁴. Obwohl die Zeichnung des Gründungsstocks einen schuldrechtlichen Vertrag darstellt, ist der Gründungsstock als Bestandteil der Eigenmittel anzusehen⁸⁵.

50 Bei einer Verschmelzung unter ausschließlicher Beteiligung von Versicherungsvereinen ist nach der bisher erfolgten Tilgung des Gründungsstocks zu differenzieren.

51 Besteht der Gründungsstock nur noch bei dem übertragenden VVaG, geht die Tilgungspflicht gegenüber den Garanten auf den übernehmenden VVaG über⁸⁶. Die Tilgung richtet sich nach den allgemeinen Vorschriften, d. h. insbesondere nach der Höhe der Rücklage⁸⁷, wobei die Rücklage des übertragenden VVaG der Rücklage des übernehmenden VVaG hinzuzurechnen ist. Eine vorzeitige Tilgung richtet sich nach der Satzung des übernehmenden VVaG⁸⁸ und den Zeichnungsbestimmungen, wobei zu beachten ist, dass es sich bei den Rechten des Garanten um Sonderrechte iSd. § 23 handelt⁸⁹.

52 Ist der Gründungsstock nur noch beim übernehmenden VVaG vorhanden, richtet sich die Tilgung des Gründungsstocks nach der nach Hinzurechnung der Rücklage des übertragenden VVaG beim übernehmenden VVaG bestehenden Rücklage.

53 In Fällen, in denen bei beiden Versicherungsvereinen der Gründungsstock noch vorhanden ist, bedarf es einer Änderung der Satzung des übernehmenden VVaG, durch die das Verhältnis der Tilgungen an die verschiedenen Garanten geregelt wird.

54 Verschmilzt ein VVaG auf eine Versicherungs-AG, geht die Verpflichtung zur Tilgung des Gründungsstocks auf die Versicherungs-AG über. Die Tilgung richtet sich dann nach den Zeichnungsbedingungen und der Kapitalausstattung der Versicherungs-AG⁹⁰.

Zweiter Unterabschnitt. Verschmelzung durch Aufnahme

§ 110 Inhalt des Verschmelzungsvertrags

Sind nur Versicherungsvereine auf Gegenseitigkeit an der Verschmelzung beteiligt, braucht der Verschmelzungsvertrag oder sein Entwurf die Angaben nach § 5 Abs. 1 Nr. 3 bis 5 und 7 nicht zu enthalten.

Übersicht

	Rn		Rn
I. Allgemeines	1	1. Notwendiger Inhalt des Verschmelzungsvertrags nach §§ 5 Abs. 1, 29 Abs. 1	8
1. Sinn und Zweck der Norm	1		
a) Entbehrlichkeit der Festsetzung eines Umtauschverhältnisses	1	a) Notwendiger Inhalt nach §§ 110, 5 Abs. 1 Nr. 1, 2, 6, 8 und 9	8
b) Kein Ausschluss freiwilliger Angaben	5	b) Abfindungsangebot (§ 29 Abs. 1 Satz 1 und 2)	9
2. Rechtspolitische Überlegungen	6		
3. Anwendungsbereich der Norm	7		
II. Einzelerläuterungen	8		

---

⁸⁴ § 22 Abs. 4 VAG.
⁸⁵ § 53 c Abs. 3 Satz 1 Nr. 1 lit. b VAG.
⁸⁶ Siehe *Vossius* in Widmann/Mayer Rn 94.
⁸⁷ § 37 VAG.
⁸⁸ AA *Vossius* in Widmann/Mayer Rn 95, der die Satzung des übertragenden VVaG für maßgebend hält. Dem ist jedoch nicht zuzustimmen, da der übertragende VVaG mit der Verschmelzung erlischt und deshalb seine Satzung keine Rechtswirkungen mehr entfalten kann.
⁸⁹ AA *Stratz* in Schmitt/Hörtnagl/Stratz § 112 Rn 4, der einen rein schuldrechtlichen Anspruch des Garanten annimmt.
⁹⁰ § 53 c VAG in Verbindung mit den Regelungen der KapitalausstattungsVO. AA *Vossius* in Widmann/Mayer Rn 101.

	Rn		Rn
c) Satzung des neuen Rechtsträgers als Bestandteil des Verschmelzungsvertrags	14	2. Fakultativer Inhalt des Verschmelzungsvertrags	17
d) Sondervorteile	15	3. Form des Verschmelzungsvertrags	21

I. Allgemeines

1. Sinn und Zweck der Norm

a) Entbehrlichkeit der Festsetzung eines Umtauschverhältnisses. Bei einer Verschmelzung unter ausschließlicher Beteiligung von Versicherungsvereinen sind die nach § 5 Abs. 1 Nr. 3 bis 5 und 7 in den Verschmelzungsvertrag aufzunehmenden Angaben entbehrlich. 1

Die Angaben über das Umtauschverhältnis sind für die primäre Frage der Mitgliedschaft am übernehmenden VVaG nicht erforderlich, weil infolge der Verschmelzung mit den Versicherungsverhältnissen[1] auch die Mitgliedschaften übergehen. 2

Die Auffassung, die Angaben über den Umtausch der Anteile seien daneben entbehrlich, weil dem vermögensrechtlichen Teil der Mitgliedschaft nur untergeordnete Bedeutung zukomme[2], geht fehl. Die Mitglieder eines VVaG haben einen gesetzlichen Anspruch auf Beteiligung am Jahresüberschuss und am Liquidationserlös[3]. Es ist auch allgemein anerkannt, dass den im Rahmen einer Bestandsübertragung ausscheidenden Mitgliedern eines VVaG eine Abfindung wegen des Verlusts der Mitgliedschaft zu zahlen ist[4]. Die Mitgliedschaft hat daher durchaus vermögensrechtlichen Charakter[5]. 3

Die zukünftige Beteiligung der Mitglieder des übernehmenden VVaG am Überschuss[6] und am Liquidationserlös[7] richtet sich nach der Satzung des übernehmenden VVaG[8]. Im Fall von unterschiedlichen Unternehmenswerten der an der Verschmelzung beteiligten Versicherungsvereine ist der Maßstab für die Verteilung des Überschusses und des Liquidationserlöses wegen des Gleichbehandlungsgrundsatzes[9] ggf. durch eine Änderung der Satzung des übernehmenden VVaG anzupassen oder den Mitgliedern des vermögenderen VVaG ein Ausgleich durch bare Zuzahlung zu gewähren[10]. 4

b) Kein Ausschluss freiwilliger Angaben. Die Vorschrift schließt die freiwillige Aufnahme der Angaben gem. § 5 Abs. 1 Nr. 3 bis 5 und 7 nicht aus. Der satzungsmäßige Verteilungsmaßstab[11] kann insbesondere bei unterschiedlichen Unternehmenswerten der beteiligten Versicherungsvereine in den Verschmelzungsvertrag aufgenommen werden. 5

2. Rechtspolitische Überlegungen

Über die Regelungen in § 44 a Abs. 3 VAG aF hinaus sind nunmehr Angaben über Sondervorteile sowie über die Folgen der Verschmelzung für die Arbeitnehmer und ihre Vertretungen in den Verschmelzungsvertrag aufzunehmen[12]. 6

---

[1] § 20 VAG, § 20 Abs. 1 Nr. 1; umfassend hierzu § 20 Rn 12.
[2] *Hübner* in Lutter Rn 5.
[3] §§ 38 Abs. 1 Satz 1, 48 Abs. 2 Satz 1 VAG.
[4] Siehe Anh. § 119 Rn 70 ff.
[5] Siehe auch Urt. des BVerfG vom 26.7.2005 – 1 BvR 782/94 und 1 BvR 957/96.
[6] § 38 Abs. 1 Satz 1 VAG.
[7] § 48 Abs. 2 Satz 1 VAG.
[8] §§ 48 Abs. 2 Satz 2, 38 Abs. 2 VAG.
[9] § 21 Abs. 1 VAG.
[10] Siehe § 113 Rn 7 f.
[11] § 38 VAG.
[12] § 5 Abs. 1 Nr. 8 und 9; hierzu § 5 Rn 70 ff.

3. Anwendungsbereich der Norm

7   Die Vorschrift findet nur auf Verschmelzungen unter ausschließlicher Beteiligung von Versicherungsvereinen Anwendung. Bei der Verschmelzung durch Neugründung wird gem. §§ 116, 37 die Satzung und damit der Verteilungsmaßstab zum Inhalt des Verschmelzungsvertrags gemacht. Bei einer Mischverschmelzung ergeben sich die Mitgliedschaftsrechte nicht aus der Satzung der übernehmenden oder neu gegründeten Versicherungs-AG; das Umtauschverhältnis muss im Verschmelzungsvertrag geregelt werden.

II. Einzelerläuterungen

1. Notwendiger Inhalt des Verschmelzungsvertrags nach §§ 5 Abs. 1, 29 Abs. 1

8   **a) Notwendiger Inhalt nach §§ 110, 5 Abs. 1 Nr. 1, 2, 6, 8 und 9.** Der notwendige Inhalt des Verschmelzungsvertrags ergibt sich zunächst aus den §§ 110, 5 Abs. 1 Nr. 1, 2, 6, 8 und 9.

9   **b) Abfindungsangebot (§ 29 Abs. 1 Satz 1 und 2).** Für die Notwendigkeit der Aufnahme eines Abfindungsangebots in den Verschmelzungsvertrag[13] ist zwischen Verschmelzungen unter ausschließlicher Beteiligung von Versicherungsvereinen und Mischverschmelzungen zu unterscheiden.

10 Obwohl die Mitgliedschaft in einem übernehmenden VVaG (gesetzlichen) Verfügungsbeschränkungen unterliegt[14], ist ein Abfindungsangebot gem. § 29 Abs. 1 Satz 2 nicht erforderlich. Es handelt sich hierbei um die gleichen Verfügungsbeschränkungen, die bereits bei dem übertragenden VVaG bestanden[15].

11 Bei Mischverschmelzungen auf eine Versicherungs-AG ist grundsätzlich ein Abfindungsangebot erforderlich[16]. Dem Mitglied des VVaG ist die Stellung als Aktionär in der übernehmenden Versicherungs-AG nicht ohne weiteres zumutbar. Dafür spricht auch, dass der Gesetzgeber beim Formwechsel eines Versicherungsvereins eine Verpflichtung zur Zahlung einer Barabfindung an das widersprechende Mitglied vorsieht[17].

12 Da der Abfindungsanspruch gem. § 29 Abs. 1 Satz 1 nur dem Mitglied des übertragenden Rechtsträgers zusteht, das gegen den Verschmelzungsbeschluss des übertragenden Rechtsträgers Widerspruch zur Niederschrift erklärt hat, ist zweifelhaft, ob in den Fällen, in denen dieser Beschluss von einer Vertreterversammlung[18] gefasst wurde, ein Abfindungsanspruch des einzelnen Mitglieds überhaupt zur Entstehung gelangen kann.

13 Beim Formwechsel eines VVaG hat auch ein Mitglied, das der Umwandlung vor der Beschlussfassung schriftlich widersprochen hat, einen Abfindungsanspruch[19]. Dies muss analog bei der Beschlussfassung über eine Mischverschmelzung durch eine Vertreterversammlung der Fall sein. Ein Hinweis auf das Widerspruchsrecht ist entsprechend § 260 Abs. 1 Satz 2 in die Bekanntmachung des Verschmelzungsvertrags[20] aufzunehmen[21].

---

[13] § 29 Abs. 1 Satz 4.
[14] § 20 VAG.
[15] Siehe § 29 Rn 12; siehe auch *Bermel* in Goutier/Knopf/Tulloch § 29 Rn 16; *Grunewald* in Lutter § 29 Rn 6.
[16] § 29 Abs. 1 Satz 1.
[17] §§ 300, 270 Abs. 1, 207 Abs. 1 Satz 1; siehe § 207 Rn 7.
[18] § 29 VAG.
[19] §§ 300, 207 Abs. 1 Satz 1, 270 Abs. 1.
[20] § 111.
[21] Im Einzelnen § 111 Rn 9.

c) **Satzung des neuen Rechtsträgers als Bestandteil des Verschmelzungsvertrags.** Bei einer Verschmelzung durch Neugründung ist die Satzung des neuen Rechtsträgers Bestandteil des Verschmelzungsvertrags[22]. 14

d) **Sondervorteile.** In den Verschmelzungsvertrag sind u. a. Zusagen über Organfunktionen in dem übernehmenden Rechtsträger, wie zB die Vereinbarung über die Zusammensetzung der Vertreterversammlung, aufzunehmen[23]. 15

Obwohl das Kooptationsprinzip nicht ganz unproblematisch erscheint, dürfte eine Regelung über die zukünftige Zusammensetzung der Vertreterversammlung jedenfalls bei Kooptation wirksam sein, auch wenn auf Seiten der beteiligten Rechtsträger Vertreterversammlungen über den Verschmelzungsvertrag beschließen[24]. 16

2. Fakultativer Inhalt des Verschmelzungsvertrags

In den Verschmelzungsvertrag sind ggf. Regelungen über eine Änderung der Satzung des übernehmenden VVaG (zB die Änderung der Verteilung des Liquidationserlöses und des Überschusses) aufzunehmen. Eine Regelung über die Änderung der Verteilung des Liquidationserlöses und des Überschusses in der Satzung des übernehmenden VVaG wird regelmäßig bei unterschiedlichen Unternehmenswerten der an der Verschmelzung beteiligten Versicherungsvereine erforderlich sein[25]. 17

Zweckmäßig ist es auch, in den Verschmelzungsvertrag Regelungen über die Tilgung des Gründungsstocks[26] aufzunehmen[27]. 18

Werden die Schwellen für Fusionskontrollverfahren überschritten[28], empfiehlt es sich, in den Verschmelzungsvertrag entsprechende aufschiebende Bedingungen aufzunehmen, da die fehlende kartellrechtliche Freigabe kein Eintragungshindernis iSd. § 17 Abs. 1 ist[29]. 19

Die Aufnahme des Vorbehalts der aufsichtsrechtlichen Genehmigung gem. § 14 a VAG ist nicht notwendig, da die Genehmigung Eintragungsvoraussetzung ist[30]. Da Verschmelzungsverträge häufig zahlreiche Nebenpflichten vorsehen, die unabhängig von der Eintragung bestehen, empfiehlt es sich, eine Regelung für den Fall aufzunehmen, dass die Genehmigung nicht bzw. nicht in einem bestimmten Zeitraum erteilt wird. 20

3. Form des Verschmelzungsvertrags

Der Verschmelzungsvertrag ist notariell zu beurkunden[31] mit der Folge, dass abweichend von § 53 Abs. 1 Satz 1 VAG bei der Verschmelzung durch Neugründung eines kleinen VVaG die Satzung als Bestandteil des Verschmelzungsvertrags zu beurkunden ist. 21

§ 111 Bekanntmachung des Verschmelzungsvertrags

Der Verschmelzungsvertrag oder sein Entwurf ist vor der Einberufung der obersten Vertretung, die gemäß § 13 Abs. 1 über die Zustimmung zum Verschmelzungsvertrag beschließen soll, zum Register einzureichen. Das Gericht hat der Bekanntmachung nach § 10 des Handelsgesetzbuchs einen Hinweis darauf bekanntzumachen, daß der Vertrag oder sein Entwurf beim Handelsregister eingereicht worden ist.

---

[22] § 37.
[23] § 5 Abs. 1 Nr. 8; siehe § 5 Rn 70 ff.
[24] Zur Kooptation *Weigel* in Prölss § 29 VAG Rn 12; siehe auch § 111 Rn 7.
[25] Siehe auch § 113 Rn 7.
[26] § 22 Abs. 1 VAG.
[27] Siehe § 109 Rn 48 ff.
[28] Siehe § 2 Rn 69 ff.
[29] Siehe auch § 109 Rn 44.
[30] § 17 Abs. 1.
[31] § 6.

§ 111 1–5 Zweites Buch. Verschmelzung

Übersicht

	Rn		Rn
I. Allgemeines	1	2. Mitteilung gem. § 125 Abs. 1 AktG	20
1. Sinn und Zweck der Norm	1	3. Mitteilungspflichten gegenüber den Garanten	21
a) Einreichung zum Register	1	4. Information des Betriebsrats	22
b) Bekanntmachung der Einreichung	3	5. Folgen der Nichtbeachtung	23
2. Anwendungsbereich der Norm	5	a) Anfechtbarkeit (§ 36 VAG, § 243 AktG)	23
3. Rechtsgrundlagen	6	b) Nichtigkeit des Verschmelzungsbeschlusses bei kleineren Vereinen	26
a) Oberste Vertretung	6		
b) Einberufung der Versammlung der obersten Vertretung	8		
c) Zuständiges Register	14	c) Verweigerung der Genehmigung nach § 14 a VAG	27
d) Zeitpunkt der Einreichung	15		
e) Form der Einreichung	16	d) Festsetzung von Zwangsgeld	28
f) Art und Weise der Bekanntmachung	17	e) Missstandsaufsicht bei kleineren Vereinen	29
II. Einzelerläuterungen	19		
1. Einreichung als Obliegenheit des Vorstands	19		

I. Allgemeines

1. Sinn und Zweck der Norm

1 **a) Einreichung zum Register.** Die nach Satz 1 erforderliche Einreichung des Verschmelzungsvertrags bzw. seines Entwurfs zum Register dient der Vorbereitung der Beschlussfassung in der Mitgliederversammlung.

2 Jedes Mitglied des VVaG kann den Verschmelzungsvertrag bzw. den Entwurf beim Register einsehen[1] und auf seine Kosten[2] eine Abschrift[3] verlangen.

3 **b) Bekanntmachung der Einreichung.** Die nach Satz 2 verlangte Bekanntmachung entspricht den Anforderungen des Art. 6 VerschmRL. Es wird nicht die Veröffentlichung des Verschmelzungsvertrags, sondern nur die Bekanntmachung der Einreichung durch einen entsprechenden Hinweis gefordert.

4 Besondere Bedeutung kommt der Bekanntmachung bei der Mischverschmelzung von Versicherungsvereinen mit Vertreterversammlung zu. Hier nimmt das einzelne Mitglied nicht an der Beschlussfassung über den Verschmelzungsvertrag teil. Der Hinweis auf die Möglichkeit zur Einsichtnahme ist in den Fällen einer Mischverschmelzung im Wege der Aufnahme durch eine Versicherungs-AG wesentlich, weil das einzelne Mitglied eines VVaG nur dann einen Abfindungsanspruch gem. § 29 hat[4], sofern es dem Verschmelzungsbeschluss rechtzeitig vor der Beschlussfassung durch die Vertreterversammlung schriftlich widersprochen hat[5].

2. Anwendungsbereich der Norm

5 Die Vorschrift findet auf alle Verschmelzungen unter Beteiligung von Versicherungsvereinen Anwendung[6].

---

[1] § 9 Abs. 1 HGB.
[2] § 136 Abs. 1 Nr. 1 KostO.
[3] § 9 Abs. 2 HGB.
[4] Im Einzelnen § 110 Rn 11.
[5] §§ 300, 270 Abs. 1 Satz 1, 207 Abs. 1 Satz 1; im Einzelnen § 110 Rn 13.
[6] Für die an einer Mischverschmelzung beteiligte Versicherungs-AG gilt der inhaltsgleiche § 61.

3. Rechtsgrundlagen

a) Oberste Vertretung. Die oberste Vertretung eines VVaG ist die Versammlung der Mitglieder oder von Vertretern der Mitglieder (Vertreterversammlung)[7].

Die Wahl der Mitglieder einer Vertreterversammlung kann auf unterschiedliche Weise erfolgen. Es können von einem Wahlausschuss Vorschlagslisten für bestimmte Wahlbezirke aufgestellt und die Vertreter von den Mitgliedern schriftlich oder in einer Versammlung gewählt werden[8]. Möglich ist auch, die auf der Vorschlagsliste aufgeführten Vertreter als gewählt anzusehen, wenn nicht eine festgesetzte Anzahl von Mitgliedern dieser Auswahl innerhalb einer bestimmten Frist widerspricht[9]. Schließlich können die neuen Mitglieder der Vertreterversammlung auf Vorschlag des Vorstands und/oder des Aufsichtsrats von der Vertreterversammlung selbst gewählt werden[10].

b) Einberufung der Versammlung der obersten Vertretung. Die Einberufung der Mitgliederversammlung richtet sich u. a. nach § 36 VAG iVm. §§ 121 Abs. 1 bis 4, 123 Abs. 1 und 124 Abs. 1 AktG.

Eine Einberufung der Vertreterversammlung erfolgt regelmäßig schriftlich durch eingeschriebenen Brief[11]. Eine Bekanntmachung gem. § 124 Abs. 1 Satz 1 AktG ist deshalb grundsätzlich nicht erforderlich. Da die Geltendmachung des Abfindungsanspruchs gem. § 29 einen Widerspruch des einzelnen Mitglieds erfordert[12], ist für die Einberufung einer Vertreterversammlung, die über eine Mischverschmelzung beschließen soll, jedoch eine Bekanntmachung gem. § 36 VAG, §§ 124 Abs. 1 Satz 1 AktG zu verlangen, aus der der für die Fristberechnung[13] erforderliche Tag der Beschlussfassung hervorgeht.

Aus diesem Grund scheidet bei Mischverschmelzungen auch die grundsätzlich zulässige Beschlussfassung durch eine Vertreterversammlung ohne Einhaltung von Einberufungsfristen[14] aus.

Die Einberufung der Mitgliederversammlung beim kleineren Verein[15] erfolgt entsprechend den Regelungen in der Satzung des Vereins[16].

Mit der Einberufung sind die Mitglieder entsprechend dem Rechtsgedanken in den §§ 292 Abs. 1, 260 Abs. 1 auf die Möglichkeit des schriftlich zu erhebenden Widerspruchs und der Erhöhung des Mehrheitserfordernisses[17] im Fall des Widerspruchs durch mindestens hundert Mitglieder hinzuweisen[18].

In der Bekanntmachung der Tagesordnung haben der Vorstand und der Aufsichtsrat hinsichtlich der Verschmelzung je einen mit einfacher Mehrheit des jeweiligen Organs zu treffenden Vorschlag zur Beschlussfassung zu machen[19].

---

[7] § 29 VAG.
[8] Sog. Urwahlsystem; im Einzelnen: *Brenzel*, Der Versicherungsverein auf Gegenseitigkeit, S. 29 ff.; *Benkel*, Der Versicherungsverein auf Gegenseitigkeit, S. 80 f., 95 f.; *Müller-Wiedenhorn*, Versicherungsvereine auf Gegenseitigkeit im Unternehmensverbund, S. 48 f.
[9] Sog. Einspruchssystem; zu den Bedenken gegen dieses Wahlverfahren vgl. *Raiser* ZVersWiss 1965, 468 ff.; *Benkel*, Der Versicherungsverein auf Gegenseitigkeit, S. 81 ff., 96 f.; *Müller-Wiedenhorn*, Versicherungsvereine auf Gegenseitigkeit im Unternehmensverbund, S. 49.
[10] Sog. Kooptation; zur Zulässigkeit dieses Verfahrens vgl. *Weigel* in Prölss § 29 VAG Rn 12; *Benkel*, Der Versicherungsverein auf Gegenseitigkeit, S. 84, 97 ff.; *Müller-Wiedenhorn*, Versicherungsvereine auf Gegenseitigkeit im Unternehmensverbund, S. 49 ff.
[11] § 36 VAG, § 121 Abs. 4 Satz 1 AktG.
[12] §§ 300, 270 Abs. 1, 207 Abs. 1 Satz 1; im Einzelnen hierzu § 110 Rn 13.
[13] § 270 Abs. 1 Satz 1.
[14] § 36 VAG, § 121 Abs. 6 AktG.
[15] Zum Begriff des kleineren Vereins siehe § 109 Rn 16 f.
[16] § 53 Abs. 2 VAG, § 58 Nr. 4 BGB.
[17] § 293 Satz 2; siehe auch § 293 Rn 7 ff.
[18] Im Einzelnen § 112 Rn 34.
[19] § 36 VAG, § 124 Abs. 3 Satz 1 AktG. Es handelt sich um getrennte Vorschläge, auch wenn sie gleichlautend sind: *Hüffer* § 124 AktG Rn 12; aA *von Falkenhausen* BB 1966, 337, 339.

14 c) **Zuständiges Register.** Der Verschmelzungsvertrag bzw. sein Entwurf und alle Anlagen sind bei dem Handelsregister einzureichen, in dessen Bezirk der VVaG seinen Sitz hat[20]. Bei kleineren Vereinen iSd. § 53 VAG, die nicht zum Handelsregister angemeldet werden, tritt an die Stelle des zuständigen Handelsregisters die Aufsichtsbehörde. Dies ergibt sich mittelbar aus dem Sinn der §§ 118 und 119.

15 d) **Zeitpunkt der Einreichung.** Der Verschmelzungsvertrag bzw. sein Entwurf muss vor der Einberufung der Versammlung der obersten Vertretung eingereicht werden, falls es sich nicht um eine (unwahrscheinliche) Vollversammlung aller Mitglieder handelt[21].

16 e) **Form der Einreichung.** Eine bestimmte Form für die Einreichung ist nicht vorgesehen; sie kann daher auch per Telefax erfolgen[22].

17 f) **Art und Weise der Bekanntmachung.** Die Bekanntmachung erfolgt elektronisch durch einen Hinweis auf die Einreichung des Verschmelzungsvertrags bzw. seines Entwurfs in den von den Landesjustizverwaltungen bestimmten Informations- und Kommunikationssystemen[23]; das Registerportal aller Bundesländer ist nun über www.handelsregister.de und www.handelsregisterbekanntmachungen.de zugänglich[24].

18 Bei kleineren Vereinen iSd. § 53 VAG erfolgt die Bekanntmachung durch die Aufsichtsbehörde, welche für den übernehmenden bzw. neu gegründeten kleineren Verein zuständig ist[25], im elektronischen Bundesanzeiger[26].

II. Einzelerläuterungen

1. Einreichung als Obliegenheit des Vorstands

19 Die Pflicht zur Einreichung obliegt dem Vorstand des VVaG[27].

2. Mitteilungen gem. § 125 Abs. 1 AktG

20 Den Mitgliedern des VVaG sind etwaige Anträge anderer Mitglieder und die Stellungnahme des Vorstands mitzuteilen[28]. Die gleichen Informationen sind auf Verlangen auch jedem Mitglied des Aufsichtsrats zu erteilen[29].

3. Mitteilungspflichten gegenüber den Garanten

21 Je nach Ausgestaltung der Beteiligung an der Vereinsverwaltung können sich Mitteilungspflichten gegenüber den Garanten des Gründungsstocks ergeben[30].

4. Information des Betriebsrats

22 Der Verschmelzungsvertrag bzw. sein Entwurf ist einen Monat vor der Versammlung der obersten Vertretung dem Betriebsrat des VVaG zuzuleiten[31].

---

[20] § 30 Abs. 1 VAG.
[21] Siehe auch *Rieger* in Widmann/Mayer § 61 Rn 7.
[22] *Vossius* in Widmann/Mayer Rn 16.
[23] § 10 HGB.
[24] Vgl. § 10 HGB iVm. § 9 Abs. 1 Satz 4 und 5.
[25] Siehe hierzu Rn 14.
[26] §§ 118 Satz 2, 119; www.bundesanzeiger.de.
[27] § 34 VAG, § 77 Abs. 1 AktG bzw. § 53 VAG, § 26 Abs. 1 BGB (für den kleineren VVaG).
[28] § 36 VAG, §§ 126 Abs. 1, 125 Abs. 1 bis 3 AktG.
[29] § 36 VAG, § 125 Abs. 3 AktG.
[30] Zur Rechtsstellung der Garanten *Weigel* in Prölss § 22 VAG Rn 17.
[31] § 5 Abs. 3; umfassend hierzu § 5 Rn 140 ff.

5. Folgen der Nichtbeachtung

a) Anfechtbarkeit (§ 36 VAG, § 243 AktG). Wird der Verschmelzungsvertrag bzw. 23 sein Entwurf nicht gem. Satz 1 eingereicht, ist der von der obersten Vertretung gefasste Verschmelzungsbeschluss anfechtbar[32], falls er auf diesem Mangel beruht. Dies wird selten der Fall sein, da der Verschmelzungsvertrag bzw. sein Entwurf vom Zeitpunkt der Einberufung der Versammlung der obersten Vertretung an in dem Geschäftsraum des VVaG sowie später in der Versammlung der obersten Vertretung auszulegen ist[33].

Das Gleiche gilt auch für die mangelnde Bekanntmachung nach Satz 2, da die Mitglieder 24 bzw. die Vertreter über die bekannt gemachte Tagesordnung Kenntnis von der Verschmelzung erlangen.

Die Anfechtung des Verschmelzungsbeschlusses wegen eines Verstoßes gegen die Be- 25 kanntmachungsvorschriften ist ein Eintragungshindernis[34].

b) Nichtigkeit des Verschmelzungsbeschlusses bei kleineren Vereinen. Bei kleine- 26 ren Vereinen führt ein Verstoß gegen § 111 zur Nichtigkeit des Verschmelzungsbeschlusses[35].

c) Verweigerung der Genehmigung nach § 14 a VAG. Ob ein Verstoß gegen § 111 27 zu einer Verweigerung der Genehmigung durch die Aufsichtsbehörde führen kann, erscheint trotz des Wortlautes der Regelung in § 14 a Satz 3 VAG zweifelhaft[36].

d) Festsetzung von Zwangsgeld. Das Registergericht kann den Vorstand durch Fest- 28 setzung von Zwangsgeld zur Einreichung des Verschmelzungsvertrags anhalten[37].

e) Missstandsaufsicht bei kleineren Vereinen. Bei kleineren Vereinen kann die zu- 29 ständige Aufsichtsbehörde Maßnahmen der Missstandsaufsicht[38] ergreifen, falls der Verein seiner Verpflichtung, den Verschmelzungsvertrag bzw. den Entwurf bei der Aufsichtsbehörde einzureichen, nicht nachkommt.

§ 112 Vorbereitung, Durchführung und Beschluss der Versammlung der obersten Vertretung

(1) **Von der Einberufung der Versammlung der obersten Vertretung an, die gemäß § 13 Abs. 1 über die Zustimmung zum Verschmelzungsvertrag beschließen soll, sind in dem Geschäftsraum des Vereins die in § 63 Abs. 1 bezeichneten Unterlagen zur Einsicht der Mitglieder auszulegen. Dazu erforderliche Zwischenbilanzen sind gemäß § 63 Abs. 2 aufzustellen.**

(2) **In der Versammlung der obersten Vertretung sind die in § 63 Abs. 1 bezeichneten Unterlagen auszulegen. § 64 Abs. 1 Satz 2 und Abs. 2 ist entsprechend anzuwenden.**

(3) **Der Verschmelzungsbeschluß der obersten Vertretung bedarf einer Mehrheit von drei Vierteln der abgegebenen Stimmen. Die Satzung kann eine größere Mehrheit und weitere Erfordernisse bestimmen.**

---

[32] § 36 VAG, § 243 AktG. Zur Anfechtungsbefugnis des einzelnen Mitglieds, insbes. bei Beschlussfassung durch die Vertreterversammlung siehe § 112 Rn 39 f.
[33] §§ 112 Abs. 1 und Abs. 2 Satz 1, 63 Abs. 1 Nr. 1; siehe auch § 63 Rn 6 ff.
[34] § 16 Abs. 2 Satz 2; siehe § 16 Rn 19.
[35] BGHZ 59, 369; *BGH* NJW 1975, 2101.
[36] Zum Umfang der Prüfungsbefugnis der Aufsichtsbehörde siehe Anh. § 119 Rn 92 ff.
[37] Gem. § 316 Abs. 1 Satz 1, § 14 Satz 1 HGB.
[38] § 81 Abs. 2 VAG.

Übersicht

	Rn		Rn
I. Allgemeines	1	7. Auskunftsrecht (§§ 112 Abs. 2 Satz 2, 64 Abs. 2)	30
1. Sinn und Zweck der Norm	1	8. Beschlussfassung	33
a) Wahrung der Belange der Mitglieder	1	a) Mehrheitserfordernisse	33
b) Ausschluss des Anspruchs auf Abschriften (§ 63 Abs. 3)	3	b) Zulässigkeit der Beschlussfassung durch Vertreterversammlung	36
2. Anwendungsbereich der Norm	10	9. Ausschluss von Mitgliedern analog § 294 Abs. 1 Satz 2 bei der Mischverschmelzung	37
II. Einzelerläuterungen	11	10. Beschlussfassung durch Vertreter	38
1. Gegenstand der Auslegung	11	11. Rechtsfolgen bei Verstoß	39
a) Jahresabschlüsse und Lageberichte	11	a) Anfechtung	39
b) Verschmelzungsbericht	13	b) Rechtshängige Anfechtungsklage als Eintragungshindernis	41
c) Verschmelzungsprüfung bei Verschmelzung unter ausschließlicher Beteiligung von Versicherungsvereinen	17	c) Nichtigkeit bei kleinerem Verein	42
d) Verschmelzungsprüfung bei der Mischverschmelzung	20	d) Strafrechtliche Sanktionen	43
e) Auslegung von Abschriften	22	12. Anmeldung, Eintragung und Wirkungen der Eintragung der Verschmelzung	44
2. Ort der Auslegung	23	13. Veränderung zwischen Beschlussfassung und Eintragung der Verschmelzung	45
3. Zeitraum der Auslegung	24	a) Veränderungen im Mitgliederbestand	45
4. Auslegung in der Versammlung der obersten Vertretung	25	b) Berücksichtigung von Nachfolgeverschmelzungen	46
5. Übermittlung des Verschmelzungsvertrags und der Satzung des neuen Rechtsträgers an die Betriebsräte der übertragenden Versicherungsvereine	26	c) Nachträgliches Insolvenzverfahren	47
6. Erläuterung des Verschmelzungsvertrags und der Verschmelzung in der Versammlung	27		

I. Allgemeines

1. Sinn und Zweck der Norm

1 **a) Wahrung der Belange der Mitglieder.** Abs. 1 und 2 sollen die Mitglieder in die Lage versetzen, sich vor der Beschlussfassung der obersten Vertretung[1] umfassend über die Verschmelzung zu informieren[2].

2 Abs. 3 sieht wie die Regelung des § 44 a Abs. 2 Sätze 2 und 3 VAG aF eine Mehrheit von drei Vierteln der abgegebenen Stimmen für den Verschmelzungsbeschluss vor, sofern die Satzung kein höheres Mehrheitserfordernis bestimmt.

3 **b) Ausschluss des Anspruchs auf Abschriften.** Aufgrund des fehlenden Verweises auf die Regelung in § 63 Abs. 3 gewährt die Vorschrift den Mitgliedern des an der Verschmelzung beteiligten VVaG grundsätzlich keinen Anspruch auf Erteilung von Abschriften der ausgelegten, in § 63 Abs. 1 aufgeführten Unterlagen.

4 Damit bleibt sie hinter dem zuvor geltenden Recht zurück, das gem. § 44 a Abs. 3 VAG aF iVm. § 340 d Abs. 4 AktG aF einen Anspruch auf Erteilung von Abschriften vorsah.

5 Der Gesetzgeber hat diese Einschränkung damit begründet, dass beim VVaG die Stellung der Mitglieder ihren Schwerpunkt im einzelnen Versicherungsvertrag habe und damit

---

[1] Zum Begriff der obersten Vertretung und der Einberufung der Versammlung siehe § 111 Rn 6 ff.
[2] Zu den auszulegenden Unterlagen siehe § 63 Rn 10 ff.

Vorbereitung der Versammlung der obersten Vertretung 6–11 § 112

eine Erteilung von Abschriften entbehrlich sei[3]. Diese Begründung vermag jedoch nicht zu überzeugen. Aufgrund der gesetzlich normierten Überschussbeteiligung[4] und des Anspruchs auf Beteiligung am Vereinsvermögen iRd. Abwicklung[5] kann der Mitgliedschaft in einem VVaG nicht ernsthaft der vermögensrechtliche Charakter abgesprochen werden[6]. Dementsprechend hat die Rechtsprechung den infolge einer Bestandsübertragung gem. § 14 VAG ausscheidenden Mitgliedern grundsätzlich einen Abfindungsanspruch wegen des Verlusts der Mitgliedschaft zugebilligt[7].

Eine Ungleichbehandlung der Mitglieder eines VVaG und der Aktionäre einer AG ist kaum verständlich[8]. Der fehlende Verweis auf § 63 Abs. 3 steht auch im Wertungswiderspruch zu §§ 292 Abs. 1, 230 Abs. 2 Satz 2. Hiernach hat ein Mitglied beim Formwechsel eines VVaG einen Anspruch auf Erteilung einer Abschrift des Umwandlungsberichts[9]. 6

Insbesondere in den Fällen der Verschmelzung mit Satzungsänderung, der Beschlussfassung durch eine Vertreterversammlung[10] sowie der Mischverschmelzung[11] wird deutlich, dass auch ein praktisches Bedürfnis für die Erteilung von Abschriften der in § 63 Abs. 1 genannten Unterlagen besteht. 7

Um diese Regelungslücke zu schließen, kann nicht – wie vereinzelt vertreten[12] – auf das verbandsrechtliche Auskunfts- und Einsichtsrecht[13] zurückgegriffen werden, da dieses Recht eben kein Recht auf Erteilung von Abschriften umfasst. 8

Ein Recht auf Erteilung von Abschriften ergibt sich jedoch – unter Berücksichtigung der gesetzlichen Wertung in §§ 292 Abs. 1, 230 Abs. 2 Satz 2 – aus einer entsprechenden Anwendung der §§ 82 Abs. 2, 101 Abs. 2. Bei dem VVaG handelt es sich um einen wirtschaftlichen Verein[14] mit einer durch den Gegenseitigkeitsgedanken vermittelten genossenschaftlichen Bindung[15], die es rechtfertigt, dem einzelnen Versicherungsmitglied einen derartigen Anspruch auf Erteilung von Abschriften zu gewähren[16]. 9

2. Anwendungsbereich der Norm

Die Vorschrift gilt für Verschmelzungen unter ausschließlicher Beteiligung von Versicherungsvereinen, für Mischverschmelzungen und für Verschmelzungen durch Neugründung. 10

II. Einzelerläuterungen

1. Gegenstand der Auslegung

a) Jahresabschlüsse und Lageberichte. Grundsätzlich sind zunächst der Verschmelzungsvertrag bzw. sein Entwurf sowie die Jahresabschlüsse und Lageberichte des VVaG der letzten drei Geschäftsjahre auszulegen[17]. Bezieht sich der letzte Jahresabschluss auf ein Geschäftsjahr, das mehr als sechs Monate vor dem Abschluss des Verschmelzungsvertrags oder 11

---

[3] RegBegr. *Ganske* S. 142.
[4] § 38 VAG.
[5] § 48 Abs. 2 VAG.
[6] § 110 Rn 3.
[7] RG JW 29, 2946; BVerwG VersR 1996, 570; BVerfG NJW 2005, 2363, 2372 ff.
[8] *Vossius* in Widmann/Mayer Rn 14.
[9] Siehe § 292 Rn 6.
[10] Zum Widerspruchsrecht des einzelnen Mitglieds bei Beschlussfassung durch eine Vertreterversammlung § 110 Rn 13.
[11] Zum Abfindungsanspruch des ausscheidenden Mitglieds § 110 Rn 9 ff.
[12] *Vossius* in Widmann/Mayer Rn 16.
[13] Siehe etwa § 51 a GmbHG, § 166 HGB, § 131 AktG.
[14] § 15 VAG.
[15] *Weigel* in Prölss vor § 15 VAG Rn 76, § 15 VAG Rn 8 ff.
[16] So auch *Hübner* in Lutter Rn 5; aA *Stratz* in Schmitt/Hörtnagl/Stratz Rn 5.
[17] §§ 112 Abs. 1 Satz 1, 63 Abs. 1 Nr. 1 und 2; siehe § 63 Rn 11 f.

der Erstellung des Entwurfs abgelaufen ist, ist eine Zwischenbilanz aufzustellen[18] und auszulegen[19].

12 Diese Regelung führt insbesondere für Versicherungsvereine, die ausschließlich die Rückversicherung betreiben, zu Problemen. Da die Rückversicherer ihre Jahresabschlüsse erst aufstellen können, nachdem ihnen von den Erstversicherern die Schadenrückstellungen aufgegeben worden sind, sieht § 341 a Abs. 5 HGB eine Verlängerung der Aufstellungsfrist[20] von vier auf zehn Monate vor. Diese Verlängerung wird von §§ 112 Abs. 1 Satz 2, 63 Abs. 2 nicht berücksichtigt. Bei der Verschmelzung eines Rückversicherungsvereins ist deshalb regelmäßig eine Zwischenbilanz aufzustellen.

13 **b) Verschmelzungsbericht.** Auszulegen ist auch der Verschmelzungsbericht, in dem die Verschmelzung und der Verschmelzungsvertrag wirtschaftlich zu erläutern und auf die Folgen der Verschmelzung für die Mitglieder hinzuweisen ist[21].

14 Das Umtauschverhältnis der Anteile ist bei der Verschmelzung unter ausschließlicher Beteiligung von Versicherungsvereinen nicht Gegenstand des Verschmelzungsberichts. Die Mitglieder des übertragenden VVaG werden ohne Festsetzung eines Umtauschverhältnisses Mitglieder des übernehmenden VVaG und ihre Mitgliedschaftsrechte bestimmen sich nach der Satzung des übernehmenden VVaG[22]. Trotzdem sind auch in diesen Fällen die Maßstäbe der Unternehmensbewertung sowie der bei unterschiedlichen Unternehmensbewertungen erforderliche Ausgleich durch Änderung der Satzung des übernehmenden VVaG oder ggf. durch bare Zuzahlung darzulegen.

15 Bei einer Mischverschmelzung ist im Verschmelzungsbericht neben dem Umtauschverhältnis auch die Höhe der Barabfindung gem. § 29[23] wirtschaftlich zu erläutern und zu begründen. Es gilt der Grundsatz der Plausibilität der Darstellung[24].

16 Obwohl die Angemessenheit des Umtauschverhältnisses und der Barabfindung letztlich vom Verschmelzungsprüfer[25] geprüft wird, empfiehlt sich bereits iRd. Erstellung des Verschmelzungsberichts die Einholung eines aktuarischen Gutachtens. Dies gilt insbesondere für die bei der Bewertung eines Versicherungsunternehmens entscheidende Beurteilung der Angemessenheit der versicherungstechnischen Rückstellungen, ohne die eine plausible Erläuterung von Umtauschverhältnis und Barabfindung kaum möglich sein wird.

17 **c) Verschmelzungsprüfung bei Verschmelzung unter ausschließlicher Beteiligung von Versicherungsvereinen.** § 112 verweist nicht auf § 60. Eine Prüfung für Verschmelzungen unter ausschließlicher Beteiligung von Versicherungsvereinen ist insoweit gesetzlich nicht ausdrücklich vorgeschrieben. Die hM sieht als Grund dafür an, dass mangels Festsetzung eines Umtauschverhältnisses oder einer Barabfindung auch kein Bedürfnis für die Verschmelzungsprüfung bestehe[26]. Dieser Auffassung kann nicht zugestimmt werden, weil auch bei einer Verschmelzung unter ausschließlicher Beteiligung von Versicherungsvereinen unterschiedliche Unternehmenswerte durch Änderung des satzungsmäßigen Verteilungsmaßstabs für den Überschuss und den Liquidationserlös oder durch bare Zuzahlung an die Mitglieder des vermögenderen VVaG ausgeglichen werden müssen[27].

18 Gegenstand der Verschmelzungsprüfung ist nicht nur das Umtauschverhältnis und die Barabfindung, sondern der Verschmelzungsvertrag als solcher.

---

[18] §§ 112 Abs. 1 Satz 2, 63 Abs. 2; siehe § 63 Rn 13 ff.
[19] §§ 112 Abs. 1 Satz 1, 63 Abs. 1 Nr. 3; siehe § 63 Rn 13 ff.
[20] § 341 a Abs. 1 HGB.
[21] §§ 112 Abs. 1 Satz 1, 63 Abs. 1 Nr. 4, 8.
[22] § 110 Rn 2 ff.
[23] § 110 Rn 11.
[24] Siehe auch *Lutter/Drygala* in Lutter § 8 Rn 20.
[25] § 9.
[26] *Vossius* in Widmann/Mayer Rn 7; *Hübner* in Lutter Rn 3.
[27] Siehe auch § 110 Rn 4, 17, § 113 Rn 7.

Da § 100 Satz 1 für die Verschmelzung unter ausschließlicher Beteiligung von wirtschaftlichen Vereinen eine Verschmelzungsprüfung vorsieht, dürfte eine entsprechende Prüfung auch bei der Verschmelzung von Versicherungsvereinen erforderlich sein. 19

d) Verschmelzungsprüfung bei der Mischverschmelzung. Bei einer Mischverschmelzung ist – auch nach hM – eine Verschmelzungsprüfung durchzuführen. Damit ist auch ein Verschmelzungsprüfungsbericht gem. §§ 60 Abs. 1, 9 bis 12 für den VVaG zu erstellen und auszulegen. Eine Verschmelzungsprüfung ist auch beim VVaG (wegen der Festsetzung des Umtauschverhältnisses) notwendig[28]. 20

Da bei der Mischverschmelzung ein Barabfindungsangebot gem. § 29 erforderlich ist[29], ergibt sich die Pflicht zur Prüfung bereits aus § 30 Abs. 2 Satz 1. 21

e) Auslegung von Abschriften. Die Auslegung von Abschriften der in § 63 Abs. 1 genannten Unterlagen ist ausreichend[30]. 22

2. Ort der Auslegung

Die Unterlagen sind in dem Geschäftsraum am Sitz des VVaG auszulegen[31]. 23

3. Zeitraum der Auslegung

Grundsätzlich sind die Unterlagen von dem Zeitpunkt der Einberufung der Versammlung der obersten Vertretung an auszulegen[32]. Der Zeitpunkt der Einberufung ist der der Bekanntmachung in den Geschäftsblättern[33]. 24

4. Auslegung in der Versammlung der obersten Vertretung

Die in §§ 112 Abs. 1 Satz 1, 63 Abs. 1 genannten Unterlagen sind in der Versammlung der obersten Vertretung in ausreichender Anzahl auszulegen, so dass jedes Mitglied bzw. jeder Vertreter Einsicht nehmen kann. 25

5. Übermittlung des Verschmelzungsvertrags und der Satzung des neuen Rechtsträgers an die Betriebsräte der übertragenden Versicherungsvereine

Den Betriebsräten der übertragenden Versicherungsvereine sind spätestens einen Monat vor der Versammlung der obersten Vertretung, die über die Verschmelzung beschließen soll, der Verschmelzungsvertrag und die Satzung des neuen Rechtsträgers zuzuleiten[34]. 26

6. Erläuterung des Verschmelzungsvertrags und der Verschmelzung in der Versammlung

Die Mitglieder des VVaG sind vom Vorstand durch mündliche Erläuterung umfassend über den wesentlichen Vertragsinhalt, die Gründe für die Verschmelzung sowie die rechtlichen und wirtschaftlichen Folgen der Verschmelzung zu informieren[35]. 27

---

[28] AA *Stratz* in Schmitt/Hörtnagl/Stratz Rn 6, der nur für die beteiligte Versicherungs-AG eine Verschmelzungsprüfung für notwendig erachtet.
[29] § 110 Rn 11.
[30] Vgl. *Rieger* in Widmann/Mayer § 63 Rn 28.
[31] § 112 Abs. 1 Satz 1, §§ 30 Abs. 1 Satz 1, 32 Abs. 1 Satz 1 VAG; zum Sitz des kleineren Vereins siehe § 24 BGB.
[32] § 112 Abs. 1 Satz 1; zur Einberufung § 111 Rn 8 ff.
[33] § 36 VAG; §§ 121 Abs. 1 bis 4, 123 Abs. 1, 124 Abs. 1 AktG; zur Notwendigkeit der Bekanntmachung bei der schriftlichen Einberufung einer Vertreterversammlung siehe § 111 Rn 9.
[34] §§ 5 Abs. 3, 37.
[35] § 112 Abs. 2 Satz 2 iVm. § 64 Abs. 1 Satz 1.

28 Bei einer Mischverschmelzung hat der Vorstand das konkrete Umtauschverhältnis sowie die Ermittlung des Barabfindungsangebots[36] zu erläutern. Ein bloßer Hinweis auf die Feststellung der Angemessenheit durch die Verschmelzungsprüfer reicht nicht[37]. Ausreichend ist jedoch, dass die wesentlichen, der Ermittlung zugrunde gelegten Faktoren wie die angewandte Bewertungsmethode, der Rechenzinsfuß und weitere bewertungsrelevante Fragen (zB Behandlung von Schwankungsrückstellungen[38]) plausibel erläutert werden.

29 Auch bei einer Verschmelzung unter ausschließlicher Beteiligung von Versicherungsvereinen muss der Vorstand die Maßstäbe der Unternehmensbewertung sowie den bei unterschiedlichen Unternehmenswerten erforderlichen Ausgleich durch Änderung des Verteilungsmaßstabs für den Liquidationserlös und den Überschuss oder durch bare Zuzahlung[39] erläutern.

7. Auskunftsrecht (§§ 112 Abs. 2 Satz 2, 64 Abs. 2)

30 Das einzelne Mitglied hat ein Auskunftsrecht über Angelegenheiten des VVaG, sofern dies zur sachgemäßen Beurteilung der Verschmelzung erforderlich ist[40]. Die §§ 112 Abs. 2 Satz 2, 64 Abs. 2 gewähren darüber hinaus einen Auskunftsanspruch über den anderen an der Verschmelzung beteiligten Rechtsträger. Da es sich bei der Regelung in § 64 Abs. 2 nur um eine Ergänzung des Auskunftsrechts gem. § 131 Abs. 1 AktG handelt, gilt hinsichtlich des Umfangs des Auskunftsrechts § 131 AktG[41].

31 Der Auskunftsanspruch ist grundsätzlich in der Versammlung der obersten Vertretung geltend zu machen. Zweifelhaft ist, ob das einzelne Mitglied auch außerhalb der Versammlung einen Auskunftsanspruch hat, wenn die Beschlussfassung durch eine Vertreterversammlung erfolgt. Dies dürfte jedenfalls bei Mischverschmelzungen zu bejahen sein. Das einzelne Mitglied, das einer Mischverschmelzung zur Wahrung seines Abfindungsanspruchs schriftlich widersprochen hat[42], kann ohne ein Auskunftsrecht nicht sachgemäß darüber entscheiden, ob es das Abfindungsangebot annehmen oder die Höhe des Abfindungsangebot gem. § 34 gerichtlich prüfen lassen soll[43].

32 Bei einer Verschmelzung unter ausschließlicher Beteiligung von Versicherungsvereinen kann das einzelne Mitglied eine Entscheidung über die Geltendmachung einer baren Zuzahlung oder über eine Anfechtung des Verschmelzungsbeschlusses[44] auch nicht ohne ein entsprechendes Auskunftsrecht sachgerecht geltend machen. Das Auskunftsverlangen kann ggf. gem. § 36 VAG, § 132 AktG durchgesetzt werden.

8. Beschlussfassung

33 **a) Mehrheitserfordernisse.** Der Verschmelzungsbeschluss der obersten Vertretung bedarf nach Abs. 3 Satz 1 einer Mehrheit von drei Vierteln der abgegebenen Stimmen, sofern die Satzung des VVaG keine größere Mehrheit verlangt.

34 Bei Mischverschmelzungen bedarf der Verschmelzungsbeschluss in analoger Anwendung von § 293 einer Mehrheit von neun Zehnteln der abgegebenen Stimmen, wenn bis zum Ablauf des dritten Tags vor der Versammlung wenigstens hundert Mitglieder der Verschmelzung schriftlich widersprochen haben. Die Änderung des Mitgliedschaftsrechts bei der Mischver-

---

[36] § 29.
[37] Siehe *Hübner* in Lutter Rn 8; *Kraft* in Kölner Komm. § 340 d AktG Rn 14 mwN.
[38] § 341 h HGB.
[39] Siehe § 110 Rn 4, § 113 Rn 7.
[40] § 36 VAG, § 131 Abs. 1 AktG.
[41] RegBegr. *Ganske* S. 111 zur Geltung des Auskunftsverweigerungsrechts nach § 131 Abs. 3 AktG.
[42] Siehe § 110 Rn 13.
[43] Zum Auskunftsanspruch außerhalb der Hauptversammlung siehe *Hüffer* § 131 AktG Rn 42.
[44] Siehe § 113 Rn 9 f.

schmelzung ist mit derjenigen bei einem Formwechsel vergleichbar, so dass es billig erscheint, § 293 auf die Mischverschmelzung entsprechend anzuwenden[45].

Zum Widerspruch berechtigt sind auch Mitglieder, die weniger als drei Jahre dem VVaG angehören oder bei Beschlussfassung durch die Vertreterversammlung nicht zur Teilnahme an der Beschlussfassung berechtigt sind[46]. **35**

b) Zulässigkeit der Beschlussfassung durch Vertreterversammlung. Obwohl die Beschlussfassung über die Verschmelzung durch eine Vertreterversammlung insbesondere bei Versicherungsvereinen mit Kooptation[47] im Hinblick auf den Kernbereich der Mitgliedschaftsrechte[48] nicht unbedenklich erscheint, ist die Beschlussfassung durch die Vertreterversammlung vom Gesetzgeber offensichtlich gebilligt worden (Abs. 3: „der Verschmelzungsbeschluss der obersten Vertretung"). Als Korrektiv kann das Widerspruchsrecht gem. §§ 300, 270 Abs. 1[49] sowie die Prüfung durch die Aufsichtsbehörde gem. § 14 a VAG[50] angesehen werden. **36**

9. Ausschluss von Mitgliedern analog § 294 Abs. 1 Satz 2 bei der Mischverschmelzung

Im Hinblick darauf, dass bei einer Verschmelzung von Versicherungsvereinen nach dem vorherigen Formwechsel eines beteiligten VVaG in eine Versicherungs-AG Mitglieder, die dem formwechselnden Verein weniger als drei Jahre angehört haben, ausgeschlossen werden können[51], spricht vieles dafür, diesen Ausschluss auch im Rahmen von Mischverschmelzungen zuzulassen. Die Gründe für diesen Ausschluss[52] gelten auch im Rahmen von Mischverschmelzungen. **37**

10. Beschlussfassung durch Vertreter

Bei Beschlussfassung durch die Mitgliederversammlung ist eine Vertretung zulässig[53], nicht hingegen bei Beschlussfassung durch eine Vertreterversammlung[54]. **38**

11. Rechtsfolgen bei Verstoß

a) Anfechtung. Die Anfechtung des Verschmelzungsbeschlusses richtet sich nach den allgemeinen Vorschriften[55]. Anfechtungsbefugt ist nur das in der Versammlung erschienene Mitglied, das Widerspruch gegen den Beschluss zur Niederschrift erklärt hat[56]. **39**

Probleme stellen sich bei der Anfechtung nach einer Beschlussfassung durch eine Vertreterversammlung. Die fehlende Anfechtungsbefugnis des einzelnen Mitglieds wird hier durch das Widerspruchsrecht und den damit verbundenen Anspruch auf Barabfindung[57] sowie den Anspruch auf Erteilung von Auskunft außerhalb der Versammlung der obersten **40**

---

[45] AA offensichtlich *Vossius* in Widmann/Mayer Rn 27.
[46] *Hübner* in Lutter § 293 Rn 3.
[47] Siehe § 111 Rn 7.
[48] Siehe auch § 43 a GenG, der für die Genossenschaft zwingend vorschreibt, dass die Vertreter durch die Mitglieder gewählt werden.
[49] Siehe § 110 Rn 13.
[50] Zum Umfang der Prüfung durch die Aufsichtsbehörde siehe Anh. § 119 Rn 92 ff.
[51] § 294 Abs. 1 Satz 2; näher siehe § 294 Rn 19 ff.
[52] Siehe § 294 Rn 5.
[53] § 36 Satz 3 VAG, § 134 Abs. 3 AktG.
[54] Siehe auch § 43 a Abs. 3 Satz 2 GenG; *Weigel* in Prölss § 36 VAG Rn 9.
[55] § 36 VAG, §§ 243 ff. AktG.
[56] § 245 Nr. 1 AktG.
[57] §§ 300, 270 Abs. 1, 207 Abs. 1 Satz 1; siehe § 110 Rn 12.

§ 113

Vertretung[58] kompensiert. Es erscheint deshalb gerechtfertigt, dem einzelnen Mitglied keine eigene Anfechtungsbefugnis einzuräumen.

41 **b) Rechtshängige Anfechtungsklage als Eintragungshindernis.** Eine rechtshängige Anfechtungsklage ist ein Eintragungshindernis[59].

42 **c) Nichtigkeit bei kleinerem Verein.** Bei einem kleineren Verein iSd. § 53 VAG führt ein Verstoß gegen § 112 zur Nichtigkeit des Verschmelzungsbeschlusses[60].

43 **d) Strafrechtliche Sanktionen.** Ein Verstoß gegen § 112 kann strafrechtlich sanktioniert werden[61].

12. Anmeldung, Eintragung und Wirkungen der Eintragung der Verschmelzung

44 Hinsichtlich der Verschmelzung von Versicherungsvereinen gelten gegenüber den §§ 16 ff. keine Besonderheiten[62].

13. Veränderung zwischen Beschlussfassung und Eintragung der Verschmelzung

45 **a) Veränderungen im Mitgliederbestand.** Veränderungen im Mitgliederbestand des VVaG haben keinen Einfluss auf die Durchführung der Verschmelzung. Hinzukommende Mitglieder sind an den Verschmelzungsbeschluss gebunden[63].

46 **b) Berücksichtigung von Nachfolgeverschmelzungen.** Bei einer Mehrfachverschmelzung durch Neugründung einer Versicherungs-AG stellt sich für die Verschmelzungsprüfung die Frage, ob nach Beschlussfassung über die Verschmelzung erfolgende weitere Verschmelzungen bei der Beurteilung der Angemessenheit des Umtauschverhältnisses und der Abfindung bereits berücksichtigt werden dürfen. Dies ist zu bejahen, sofern sichergestellt ist, dass die einzelnen Verschmelzungen nur *uno actu* wirksam, d. h. eingetragen, werden.

47 **c) Nachträgliches Insolvenzverfahren.** Ein nach der Beschlussfassung eröffnetes Insolvenzverfahren über den VVaG[64] steht der Durchführung der Verschmelzung nicht entgegen, solange die Fortsetzung des Vereins noch beschlossen werden kann[65].

§ 113 Keine gerichtliche Nachprüfung

Sind nur Versicherungsvereine auf Gegenseitigkeit an der Verschmelzung beteiligt, findet eine gerichtliche Nachprüfung des Umtauschverhältnisses der Mitgliedschaften nicht statt.

---

[58] Vgl. hierzu Rn 31.
[59] Siehe § 16 Rn 19; zur Frage der Verweigerung der Genehmigung nach § 14 a VAG wegen Verstoßes gegen die Umwandlungsvorschriften siehe Anh. § 119 Rn 95 ff.
[60] Siehe § 111 Rn 26.
[61] §§ 313, 314.
[62] Wegen §§ 22 f. siehe jedoch § 109 Rn 46 f.
[63] Vgl. *Vossius* in Widmann/Mayer Rn 28.
[64] § 11 Abs. 1 InsO, § 15 VAG.
[65] §§ 42 Nr. 3, 49 Abs. 2 VAG, § 3 Abs. 3; auch § 3 Rn 35 ff.

Übersicht

	Rn		Rn
I. Allgemeines	1	der an der Verschmelzung beteiligten Versicherungsvereine	4
1. Sinn und Zweck der Norm	1	2. Rechtsfolgen bei Nichtberücksichtigung unterschiedlicher Vermögenswerte	9
2. Anwendungsbereich der Norm	3		
II. Einzelerläuterungen	4	3. Nachträgliche Änderung des satzungsmäßigen Verteilungsmaßstabs durch die Aufsichtsbehörde	11
1. Umtausch der Mitgliedschaftsrechte bei unterschiedlichen Unternehmenswerten			

I. Allgemeines

1. Sinn und Zweck der Norm

Die Vorschrift entspricht der des § 44 a Abs. 3 VAG aF. Da bei der Verschmelzung unter ausschließlicher Beteiligung von Versicherungsvereinen im Verschmelzungsbeschluss kein Umtauschverhältnis festgesetzt wird[1], hat die Regelung nur klarstellende Funktion. **1**

Der Ausschluss der gerichtlichen Überprüfung des Umtauschverhältnisses bedeutet nicht, dass bei einer Verschmelzung unter ausschließlicher Beteiligung von Versicherungsvereinen die Relation der Unternehmenswerte ohne jede Bedeutung ist. Diese Relation ist ggf. durch Änderung der Satzungsregelungen beim übernehmenden Rechtsträger bezüglich der Überschussbeteiligung[2] und der Beteiligung am Liquidationserlös[3] zu berücksichtigen. Eine Überprüfung der die Unternehmenswerte berücksichtigenden Satzungsregelung beim übernehmenden VVaG wird durch § 113 nicht ausgeschlossen. **2**

2. Anwendungsbereich der Norm

Die Vorschrift gilt für alle Verschmelzungen mit Ausnahme der Mischverschmelzung. **3**

II. Einzelerläuterungen

1. Umtausch der Mitgliedschaftsrechte bei unterschiedlichen Unternehmenswerten der an der Verschmelzung beteiligten Versicherungsvereine

Bei der Verschmelzung von Versicherungsvereinen durch Neugründung einer Versicherungs-AG[4] führen unterschiedliche Unternehmenswerte zu unterschiedlichen Beteiligungsquoten der Mitglieder der beteiligten Versicherungsvereine. Es erscheint deshalb nicht sachgerecht, diese Wertrelation bei Verschmelzungen unter ausschließlicher Beteiligung von Versicherungsvereinen außer Betracht zu lassen[5]. **4**

Die bisherige Aufsichtspraxis, die in die Prüfung der ausreichenden Wahrung der Belange der Versicherten[6] regelmäßig auch die Belange der Versicherten als Mitglieder des VVaG einbezogen hat, begegnet Bedenken[7], da der in § 14 VAG geforderte Maßstab nicht die **5**

---

[1] § 110 Rn 1 ff.
[2] § 38 Abs. 2 VAG.
[3] § 48 Abs. 2 VAG.
[4] Siehe § 109 Rn 30.
[5] So wohl auch *Vossius* in Widmann/Mayer Rn 6 ff.; *Hübner* in Lutter Rn 2.
[6] §§ 14 a Satz 2, 14 Abs. 1 Satz 3, 8 Abs. 1 Satz 1 Nr. 3 VAG.
[7] Siehe Anh. § 119 Rn 42 f.

positive Feststellung einer angemessenen Berücksichtigung aller Belange der betroffenen Versicherten umfasst[8].

6 Die Aufsichtsbehörde kann die Genehmigung der Verschmelzung lediglich verweigern, wenn die Satzungsregelungen des übernehmenden VVaG im Hinblick auf die Überschussbeteiligung und die Beteiligung am Liquidationserlös die Wertrelation der Unternehmenswerte nicht „ausreichend" berücksichtigt. Dementsprechend hat die Aufsichtsbehörde in der Vergangenheit Beanstandungen nur bei völlig unangemessenen Ergebnissen erhoben. Sachgerecht erscheint es insoweit, die mit unterschiedlichen Unternehmenswerten verbundenen Interessenkonflikte durch eine gerichtliche Nachprüfung aufzulösen. Es erscheint unsicher, ob die Aufsichtsbehörden die mit unterschiedlichen Unternehmenswerten verbundenen Interessenkonflikte insgesamt aufsichtsrechtlich lösen werden.

7 Die mit unterschiedlichen Unternehmenswerten der beteiligten Versicherungsvereine verbundenen Probleme bezüglich des Umtauschs der Mitgliedschaftsrechte können sachgerecht nur durch eine Änderung der Satzung des übernehmenden VVaG bezüglich der Überschussbeteiligung und der Beteiligung am Liquidationserlös[9] gelöst werden[10]. In dem Verschmelzungsbeschluss sind Regelungen über eine Satzungsänderung beim übernehmenden VVaG aufzunehmen, durch die für die Mitglieder der an der Verschmelzung beteiligten Versicherungsvereine getrennte „Gewinnverbände"[11] begründet werden, um eine sachgerechte Beteiligung der Mitglieder des vermögenderen VVaG an den überschießenden stillen Reserven dieses VVaG sicherzustellen.

8 Anstelle der Bildung unterschiedlicher Gewinnverbände beim übernehmenden VVaG kann im Verschmelzungsvertrag entsprechend § 5 Abs. 1 Nr. 3 eine bare Zuzahlung an die Mitglieder des vermögenderen VVaG vorgesehen werden[12]. Eine solche Zuzahlung unterliegt nicht den Grenzen barer Zuzahlungen bei Verschmelzungen von Kapitalgesellschaften[13]. Die Mitglieder der beteiligten Versicherungsvereine halten keinen rechnerisch zu ermittelnden Anteil am Gründungsstock[14] des übernehmenden VVaG.

2. Rechtsfolgen bei Nichtberücksichtigung unterschiedlicher Vermögenswerte

9 Die Mitglieder eines vermögenderen übertragenden VVaG können den Verschmelzungsbeschluss entsprechend § 14 Abs. 2 nicht mit der Begründung anfechten, die Regelungen über die Überschussbeteiligung und die Verteilung des Liquidationserlöses beim übernehmenden VVaG räumten ihnen keine angemessene Beteiligung an den stillen Reserven des übertragenden VVaG ein oder die bare Zuzahlung stelle keinen angemessenen Ausgleich für unterschiedliche Werte dar[15]. Die Mitglieder des übertragenden VVaG können in diesem Fall jedoch den Ausgleich durch eine (erhöhte) bare Zuzahlung verlangen[16].

10 Die Mitglieder des übernehmenden VVaG können gegen für sie nachteilige unterschiedliche Unternehmenswerte der beteiligten Versicherungsvereine nur durch Anfechtung des Verschmelzungsbeschlusses vorgehen[17].

---

[8] *BVerfG* NJW 2005, 2363 ff.
[9] §§ 38 Abs. 2, 48 Abs. 2 VAG.
[10] Für die Verschmelzung nichtwirtschaftlicher Vereine *Hadding* in Lutter § 99 Rn 22 mwN.
[11] *Weigel* in Prölss § 38 VAG Rn 8.
[12] Siehe hierzu § 5 Rn 25 ff.
[13] §§ 54 Abs. 4, 68 Abs. 3; siehe hierzu § 54 Rn 42 und § 68 Rn 20.
[14] § 22 VAG.
[15] Siehe § 14 Rn 30 ff.
[16] Siehe § 15 Rn 10 ff.; zur Geltendmachung des Anspruchs siehe §§ 1 ff. SpruchG.
[17] Vgl. die Regelung in § 15 Abs. 1; siehe hierzu § 15 Rn 7.

3. Nachträgliche Änderung des satzungsmäßigen Verteilungsmaßstabs durch die Aufsichtsbehörde

Eine nachträgliche Änderung des satzungsmäßigen Verteilungsmaßstabs[18] durch die Aufsichtsbehörde ist nicht möglich. Das Recht zur Änderung der Satzung durch die Aufsichtsbehörde bezieht sich nur auf Regelungen, die das Versicherungsverhältnis betreffen, nicht jedoch die Verfassung des VVaG als solche[19]. 11

Dritter Unterabschnitt. Verschmelzung durch Neugründung

§ 114 Anzuwendende Vorschriften

Auf die Verschmelzung durch Neugründung sind die Vorschriften des Zweiten Unterabschnitts entsprechend anzuwenden, soweit sich aus den folgenden Vorschriften nichts anderes ergibt.

Übersicht

	Rn		Rn
I. Allgemeines	1	2. Besonderheiten der Verschmelzung zur Neugründung	5
1. Sinn und Zweck der Norm	1		
2. Anwendungsbereich der Norm	2	3. Mischverschmelzung durch Neugründung einer Versicherungs-AG	9
II. Einzelerläuterungen	3		
1. Allgemeine Anforderungen	3		

I. Allgemeines

1. Sinn und Zweck der Norm

Die Regelung erfasst über das frühere Recht[1] hinaus auch Fälle der Mischverschmelzung durch Neugründung einer Versicherungs-AG[2]. Des Weiteren wird die Verweisung auf die für den VVaG teilweise nicht zutreffenden aktienrechtlichen Gründungsvorschriften[3] aufgehoben[4]. 1

2. Anwendungsbereich der Norm

Die Vorschrift gilt für sämtliche gem. § 109 zulässigen Verschmelzungen durch Neugründung.[5] 2

II. Einzelerläuterungen

1. Allgemeine Anforderungen

Die §§ 109, 110, 113 finden bei der Verschmelzung durch Neugründung uneingeschränkt Anwendung. 3

---

[18] § 38 Abs. 2 VAG.
[19] So nunmehr auch *Weigel* in Prölss § 39 VAG Rn 7.
[1] § 44 a Abs. 4 VAG aF, § 353 AktG aF.
[2] RegBegr. *Ganske* S. 143; *Stratz* in Schmitt/Hörtnagl/Stratz Rn 5.
[3] Siehe § 44 a Abs. 4 VAG aF, § 353 Abs. 4 Satz 1 AktG aF.
[4] RegBegr. *Ganske* S. 143.
[5] Im Einzelnen siehe § 109 Rn 5 ff.

4   Nur für Versicherungsvereine, die als übertragende Rechtsträger beteiligt sind[6], gelten die §§ 111, 112, da bei der Verschmelzung durch Neugründung der neue Rechtsträger erst mit der Eintragung im Register des übertragenden VVaG entsteht[7]. § 112 wird dabei durch die §§ 115 f. ergänzt[8].

2. Besonderheiten der Verschmelzung zur Neugründung

5   Eine eigenständige Regelung enthält § 117, der für die Entstehung des neu gegründeten VVaG abweichend von der Regelung in § 15 VAG die Eintragung im Register verlangt[9].

6   Neben der notwendigen Genehmigung der Verschmelzung durch die Aufsichtsbehörde[10] ist eine Erlaubnis gem. §§ 15, 5 Abs. 1 VAG für die Rechtsfähigkeit des neu gegründeten VVaG nicht erforderlich. Nach der Genehmigung geht die Erlaubnis zum Betreiben des Versicherungsgeschäfts[11] mit Wirksamwerden der Verschmelzung auf den neuen Rechtsträger über[12].

7   Der notwendige Inhalt der Satzung des neuen VVaG richtet sich nach den allgemeinen versicherungsaufsichtsrechtlichen Vorschriften[13]. Da auch die Satzung eines neu gegründeten kleineren Vereins Gegenstand des Verschmelzungsbeschlusses ist, ist sie ausnahmsweise notariell zu beurkunden[14].

8   Die Bestellung des Vorstands des neu gegründeten VVaG erfolgt durch den Aufsichtsrat[15]. Der erste Aufsichtsrat des neuen VVaG wird durch die Vorstände der übertragenden Versicherungsvereine bestellt[16].

3. Mischverschmelzung durch Neugründung einer Versicherungs-AG

9   Bei der Mischverschmelzung durch Neugründung einer Versicherungs-AG finden für die Neugründung gem. § 36 Abs. 2 die Vorschriften der §§ 1 ff. AktG Anwendung[17]. Für den an der Mischverschmelzung beteiligten VVaG gelten jedoch die §§ 115 und 116. Die neu gegründete Versicherungs-AG erlangt ihre Rechtsfähigkeit mit der Eintragung im Handelsregister[18]. Eine Erlaubnis[19] ist nicht erforderlich[20], d. h. ist keine Voraussetzung für die Eintragung iSd. § 37 Abs. 4 Nr. 5 AktG iVm. § 38 Abs. 1 Satz 2 AktG.

§ 115 Bestellung der Vereinsorgane

Die Vorstände der übertragenden Vereine haben den ersten Aufsichtsrat des neuen Rechtsträgers und den Abschlußprüfer für das erste Voll- oder Rumpfgeschäftsjahr zu bestellen. Die Bestellung bedarf notarieller Beurkundung. Der Aufsichtsrat bestellt den ersten Vorstand.

---

[6] *Stratz* in Schmitt/Hörtnagl/Stratz Rn 4.
[7] §§ 117 Satz 1, 36 Abs. 1 Satz 2, 19 Abs. 1.
[8] Im Einzelnen §§ 115, 116.
[9] Die Eintragung des VVaG gem. § 30 VAG iRd. normalen Gründung ist nur deklaratorisch.
[10] § 14 a VAG; umfassend hierzu Anh. § 119 Rn 81 ff.
[11] § 5 Abs. 1 VAG.
[12] § 20 Abs. 1 Nr. 1.
[13] §§ 9, 17 Abs. 1, 18, 20, 22, 24, 25, 28 Abs. 1, 29, 37 und 38 Abs. 2 VAG.
[14] § 13 Abs. 3 Satz 1.
[15] § 34 VAG, § 84 AktG.
[16] § 115; siehe § 115 Rn 7 ff.
[17] Siehe hierzu § 36 Rn 44 ff.
[18] § 41 Abs. 1 Satz 1 AktG.
[19] §§ 15, 5 Abs. 1 VAG.
[20] Siehe Rn 6.

Übersicht

	Rn		Rn
I. Allgemeines	1	2. Bestellung des Abschlussprüfers	16
1. Sinn und Zweck der Norm	1	a) Verfahren der Bestellung des Abschlussprüfers	16
a) Übernahme bestehenden Rechts	1	b) Persönliche Voraussetzungen des Abschlussprüfers	17
b) Erforderlichkeit der Regelung	2	c) Keine Zustimmung zur Bestellung des Abschlussprüfers	18
c) Abweichende Regelung zu § 58 VAG, § 341 k Abs. 2 Satz 1 HGB	3	d) Erteilung des Prüfungsauftrags	19
2. Anwendungsbereich der Norm	4	3. Bestellung des ersten Vorstands	20
a) Verschmelzung durch Neugründung eines VVaG	4	a) Zuständigkeit	20
b) Verschmelzung durch Neugründung einer Versicherungs-AG	5	b) Bestellung durch Beschlussfassung	22
		c) Einfache Niederschrift	23
II. Einzelerläuterungen	7	d) Persönliche Voraussetzungen der Mitglieder des Vorstands	24
1. Bestellung des ersten Aufsichtsrats	7	e) Abschluss der Anstellungsverträge	25
a) Zuständigkeit	7	4. Rechtsfolgen bei Verstoß	26
b) Bestellung durch Beschlussfassung	8	a) Eintragungshindernis bei Nichtbestellung	26
c) Notarielle Beurkundung	9	b) Nichtbestellung des Abschlussprüfers	27
d) Annahme der Wahl durch Aufsichtsratsmitglieder	10	c) Nichtannahme oder nachträgliches Ausscheiden von Aufsichtsratsmitgliedern	28
e) Arbeitnehmervertreter im Aufsichtsrat	11	d) Nichtannahme oder nachträgliches Ausscheiden von Mitgliedern des Vorstands	29
f) Zeitdauer der Bestellung	13		
g) Persönliche Voraussetzungen der Aufsichtsratsmitglieder	14	e) Pflichtwidrige Nichtbestellung des Vorstands durch den Aufsichtsrat	30
h) Zustimmung zur Bestellung der Aufsichtsratsmitglieder durch Verschmelzungsbeschluss	15		

I. Allgemeines

1. Sinn und Zweck der Norm

a) Übernahme bestehenden Rechts. Die Vorschrift löst die vorher bestehende Doppelverweisung des § 44 a VAG aF über § 353 Abs. 4 Satz 1 AktG aF auf den § 30 Abs. 1 und 4 AktG auf[1]. 1

b) Erforderlichkeit der Regelung. Die Regelung in § 115 ist erforderlich, da die über 2 § 36 Abs. 2 anwendbaren Vorschriften der §§ 34, 35 VAG keine Verweisung auf § 30 Abs. 1 und 4 AktG enthalten. Die dem § 30 Abs. 1 und 4 AktG entsprechenden Sätze 1 und 3 stellen sicher, dass die für die Handlungsfähigkeit des neu gegründeten VVaG notwendigen Organe im Zeitpunkt des Entstehens des neuen Rechtsträgers vorhanden sind.

c) Abweichende Regelung zu § 58 VAG, § 341 k Abs. 2 Satz 1 HGB. Obwohl die 3 Bestellung der Abschlussprüfer vor dem Wirksamwerden der Verschmelzung nicht zur Herstellung der Handlungsfähigkeit des neuen VVaG erforderlich ist[2], sind die Abschlussprüfer abweichend von den Regelungen in § 58 VAG, § 341 k Abs. 2 Satz 1 HGB nicht erst vom Aufsichtsrat, sondern bereits von den Vorständen der übertragenden Vereine zu bestellen[3]. Wegen der im Interesse einer besseren Kontrolle durch die vorgenannten Vorschriften

---

[1] RegBegr. *Ganske* S. 144.
[2] §§ 341 k Abs. 2 Satz 2, 318 Abs. 1 Satz 3 HGB. AA offensichtlich *Vossius* in Widmann/Mayer Rn 23, jedoch ohne Begründung.
[3] § 115 Satz 1.

bezweckten Stärkung der Zusammenarbeit von Aufsichtsrat und Abschlussprüfer bei Versicherungsunternehmen begegnet diese Regelung Bedenken.

2. Anwendungsbereich der Norm

4   **a) Verschmelzung durch Neugründung eines VVaG.** Die Vorschrift ist auf die Verschmelzung durch Neugründung eines VVaG unter ausschließlicher Beteiligung von Versicherungsvereinen anwendbar[4].

5   **b) Verschmelzung durch Neugründung einer Versicherungs-AG.** Die Bestellung der Organe einer neu gegründeten Versicherungs-AG richtet sich nach § 30 Abs. 1 und 4 AktG; dies ergibt sich aus dem Vorrang der für die Rechtsform des neuen Rechtsträgers geltenden Gründungsvorschriften[5]. Die Anwendung der Vorschriften des AktG führt zu keinen anderen Ergebnissen als die teilweise vertretene[6] Anwendung der §§ 115, 116.

6   Die übertragenden Versicherungsvereine – vertreten durch ihre Vorstände – treten gem. § 36 Abs. 2 Satz 2 an die Stelle der Gründer iSd. § 30 Abs. 1 Satz 1 AktG.

II. Einzelerläuterungen

1. Bestellung des ersten Aufsichtsrats

7   **a) Zuständigkeit.** Der erste Aufsichtsrat wird durch die Vorstände der übertragenden Rechtsträger bestellt[7]; denn die oberste Vertretung des neu gegründeten VVaG besteht mangels Entstehung des VVaG noch nicht[8].

8   **b) Bestellung durch Beschlussfassung.** Die Bestellung erfolgt durch Beschluss mit einfacher Mehrheit der Stimmen. Die Vorstände handeln als gesetzliche Vertreter der übertragenden Rechtsträger, da die oberste Vertretung des neuen VVaG noch nicht besteht[9].

9   **c) Notarielle Beurkundung.** Der Beschluss über die Bestellung der Aufsichtsräte bedarf der notariellen Beurkundung[10]. Die Beurkundung erfolgt nach § 36 ff. BeurkG.

10 **d) Annahme der Wahl durch Aufsichtsratsmitglieder.** Die bestellten Aufsichtsratsmitglieder müssen die Wahl annehmen. Die Annahme bedarf nicht der Beurkundung; sie kann formlos und auch konkludent erfolgen[11]. Entgegen der Regel, dass ein neuer VVaG durch sämtliche Vorstands- und Aufsichtsratsmitglieder anzumelden ist, wird der neue Rechtsträger bei der Verschmelzung durch Neugründung nur durch die Vorstände der übertragenden Versicherungsvereine angemeldet[12]. Daher muss ein Nachweis über die Annahme der Wahl durch die Aufsichtsratsmitglieder beim Handelsregister vorgelegt werden.

11 **e) Arbeitnehmervertreter im Aufsichtsrat.** § 35 Abs. 3 Satz 1 VAG verweist auf § 30 Abs. 2 AktG, nicht jedoch auf § 31 Abs. 1 AktG[13]. Es ist zweifelhaft, ob der Vorstand bei

---

[4] §§ 114, 109 Satz 1; siehe § 109 Rn 26.
[5] § 36 Abs. 2 Satz 1; siehe § 36 Rn 44 ff.
[6] *Vossius* in Widmann/Mayer Rn 2 ff.; *Stratz* in Schmitt/Hörtnagl/Stratz Rn 2.
[7] § 115 Satz 1.
[8] *Vossius* in Widmann/Mayer Rn 7.
[9] AA *Hübner* in Lutter Rn 3, der ein Handeln im Wege der Vorwegnahme für die oberste Vertretung des neuen VVaG annimmt.
[10] § 115 Satz 2.
[11] *Hübner* in Lutter Rn 4.
[12] § 38 Abs. 1.
[13] Dies folgt daraus, dass ein VVaG wegen § 22 Abs. 2 Satz 1 VAG nicht im Wege der Sachgründung gegründet werden kann.

der Bestellung von Aufsichtsratsmitgliedern ggf. das DrittelbG zu berücksichtigen, d. h. nur einen aus Mitgliedervertretern bestehenden Rumpfaufsichtsrat zu bestellen, hat.

Wird nach Wirksamwerden der Verschmelzung ein Statusverfahren durchgeführt[14], erlischt das Amt[15] der nach Satz 1 bestellten Aufsichtsratsmitglieder. Um das zu vermeiden, ist es sinnvoll, lediglich einen Rumpfaufsichtsrat gem. § 31 AktG zu bestellen[16]. Der Rumpfaufsichtsrat muss aus mindestens drei Mitgliedern bestehen[17], um beschlussfähig zu sein.[18] Die Zuwahl der Arbeitnehmervertreter richtet sich nach den allgemeinen mitbestimmungsrechtlichen Bestimmungen[19].

f) Zeitdauer der Bestellung. Die nach § 115 bestellten Mitglieder des (Rumpf-) Aufsichtsrats können nur bis zur Beendigung der Hauptversammlung bestellt werden, die über die Entlastung für das erste Voll- oder Rumpfgeschäftsjahr beschließt[20]. Dies gilt nicht für die zu wählenden Arbeitnehmervertreter[21].

g) Persönliche Voraussetzungen der Aufsichtsratsmitglieder. Hinsichtlich der persönlichen Voraussetzungen der Aufsichtsratsmitglieder gelten die allgemeinen Vorschriften[22].

h) Zustimmung zur Bestellung der Aufsichtsräte durch Verschmelzungsbeschluss. Die Bestellung der Aufsichtsratsmitglieder des neu gegründeten Rechtsträgers erfordert die Zustimmung der obersten Vertretung der übertragenden Versicherungsvereine[23].

2. Bestellung des Abschlussprüfers

a) Verfahren der Bestellung des Abschlussprüfers. Der erste Abschlussprüfer wird durch notariell zu beurkundenden Beschluss der Vorstände der übertragenden Versicherungsvereine bestellt[24].

b) Persönliche Voraussetzungen des Abschlussprüfers. Die persönlichen Voraussetzungen eines Abschlussprüfers ergeben sich aus den §§ 341 k Abs. 1 Satz 2, 319 Abs. 1 Satz 1, Abs. 2 und 3 HGB. Die Bestellung ist durch die Vorstände der übertragenden Versicherungsvereine der Aufsichtsbehörde anzuzeigen[25]. Diese kann, wenn sie Bedenken gegen den Abschlussprüfer hat, die Bestellung eines anderen Abschlussprüfers verlangen[26] oder die Genehmigung versagen.

c) Keine Zustimmung zur Bestellung des Abschlussprüfers. Im Gegensatz zur Bestellung der ersten Aufsichtsratsmitglieder ist bei der Bestellung des Abschlussprüfers die Zustimmung der obersten Vertretung nicht erforderlich[27].

---

[14] § 35 Abs. 3 Satz 1 VAG iVm. §§ 97 ff. AktG.
[15] § 35 Abs. 3 Satz 1 VAG, § 97 Abs. 2 Satz 3 AktG.
[16] Obwohl das UmwG die Verschmelzung in § 36 Abs. 2 nicht ausdrücklich als Form der Sachgründung definiert, wird aufgrund verschiedener Regelungen, zB in den §§ 58, 67, 76 Abs. 2 Satz 2, 116 Abs. 1 Satz 2, ersichtlich, dass die Verschmelzung durch Neugründung als Sachgründung anzusehen ist und ggf. § 31 AktG Anwendung findet. Siehe *Hübner* in Lutter Rn 5.
[17] § 35 Abs. 3 Satz 1 VAG; §§ 108 Abs. 2 Satz 2 und 3, 31 Abs. 2 AktG.
[18] So auch *Vossius* in Widmann/Mayer Rn 14; *Hübner* in Lutter Rn 5.
[19] §§ 1, 4 ff. DrittelbG.
[20] § 35 Abs. 3 Satz 1 VAG, § 30 Abs. 3 Satz 1 AktG.
[21] § 31 Abs. 5 AktG.
[22] § 35 Abs. 3 VAG, § 100 AktG.
[23] § 116 Abs. 1 Satz 1.
[24] § 115 Satz 1.
[25] § 58 Abs. 2 Satz 1 VAG.
[26] § 58 Abs. 2 Satz 2 VAG.
[27] Siehe § 116 Rn 10.

19 **d) Erteilung des Prüfungsauftrags.** Der von der Bestellung zu unterscheidende schuldrechtliche Prüfungsauftrag wird durch den Aufsichtsrat erteilt[28].

3. Bestellung des ersten Vorstands

20 **a) Zuständigkeit.** Der erste Vorstand des neu gegründeten VVaG wird durch den gem. Satz 1 bestellten Aufsichtsrat bestellt[29]. Da die Bestellung der Aufsichtsratsmitglieder erst nach Fassung der Verschmelzungsbeschlüsse wirksam wird[30], ist fraglich, ob die bestellten Aufsichtsratsmitglieder den ersten Vorstand bereits vor den Beschlussfassungen über die Verschmelzung bestellen können[31]. Bei der Zustimmung der übertragenden Rechtsträger handelt es sich um eine Genehmigung gem. § 184 Abs. 1 BGB, die auf den Zeitpunkt der Bestellung zurückwirkt. § 180 BGB findet nach seinem Zweck keine Anwendung, da die Vorstandsmitglieder als Erklärungsempfänger bei der Bestellung nicht schutzwürdig sind. Die Bestellung wird erst wirksam, wenn der Vorstand sein Einverständnis zur Bestellung erklärt[32].

21 Im Übrigen wird durch eine Bestellung vor Fassung des Verschmelzungsbeschlusses dem Informationsinteresse der obersten Vertretungen der beteiligten Versicherungsvereine Rechnung getragen. Bei der Fassung des Verschmelzungsbeschlusses nach § 116 Abs. 1 sind dann die Personen des Vorstands des neuen Rechtsträgers bereits bekannt.

22 **b) Bestellung durch Beschlussfassung.** Der Vorstand wird durch einen Beschluss des Aufsichtsrats mit einfacher Mehrheit bestellt[33].

23 **c) Einfache Niederschrift.** Die Bestellung des ersten Vorstands muss lediglich in einer Niederschrift festgehalten werden[34], einer notariellen Form bedarf es nicht[35].

24 **d) Persönliche Voraussetzungen der Mitglieder des Vorstands.** Hinsichtlich der persönlichen Voraussetzungen der Vorstandsmitglieder gelten zunächst die allgemeinen Vorschriften[36]. Darüber hinaus müssen Vorstände von Versicherungsunternehmen über ausreichende theoretische und praktische Kenntnisse in Versicherungsgeschäften sowie Leitungserfahrung verfügen[37]. Dies wird vermutet, wenn eine dreijährige leitende Tätigkeit bei einem vergleichbaren Versicherungsunternehmen nachgewiesen wird[38].

25 **e) Abschluss der Anstellungsverträge.** Von der Bestellung der Vorstandsmitglieder ist der Abschluss der schuldrechtlichen Anstellungsverträge zu unterscheiden. Diese werden durch den VVaG – vertreten durch den Aufsichtsrat – abgeschlossen[39]. Dies kann wie die Bestellung[40] vor der Beschlussfassung über den Verschmelzungsvertrag geschehen.

4. Rechtsfolgen bei Verstoß

26 **a) Eintragungshindernis bei Nichtbestellung.** Sind die Mitglieder des Aufsichtsrats und/oder des Vorstands nicht oder in nicht ausreichender Anzahl[41] bestellt, besteht ein Eintragungshindernis gem. § 31 Abs. 1 Nr. 3 VAG.

---

[28] § 35 Abs. 3 Satz 1 VAG, § 111 Abs. 2 Satz 3 AktG.
[29] § 115 Satz 3.
[30] § 116 Abs. 1 Satz 1.
[31] Verneinend *Hübner* in Lutter Rn 11.
[32] *Hüffer* § 84 AktG Rn 3.
[33] § 35 Abs. 3 Satz 1 VAG, § 108 Abs. 1 AktG.
[34] § 35 Abs. 3 Satz 1 VAG, § 107 Abs. 2 AktG.
[35] So auch *Vossius* in Widmann/Mayer Rn 29.
[36] § 34 Abs. 1 VAG, § 76 Abs. 3 AktG.
[37] § 7 a Abs. 1 VAG.
[38] § 7 a Abs. 1 Satz 3 VAG.
[39] § 35 Abs. 3 VAG, § 112 AktG.
[40] Siehe Rn 20.
[41] §§ 35 Abs. 1 Satz 1, 34 Satz 1 VAG.

b) **Nichtbestellung des Abschlussprüfers.** Da die Bestellung der Abschlussprüfer bei der Anmeldung zum Handelsregister nicht nachzuweisen ist[42], stellt die Nichtbestellung kein Eintragungshindernis dar. 27

c) **Nichtannahme oder nachträgliches Ausscheiden von Aufsichtsratsmitgliedern.** Nimmt ein Aufsichtsratsmitglied seine Wahl vor der Beschlussfassung nach § 116 Abs. 1 Satz 1 nicht an oder scheidet es vorher aus, können die Vorstände der übertragenden Versicherungsvereine ein neues Mitglied bestellen. Dies gilt auch bei einem Ausscheiden nach der Beschlussfassung gem. § 116 Abs. 1 Satz 1; in diesem Fall ist jedoch ein erneuter Zustimmungsbeschluss erforderlich. Eine gerichtliche Ersetzung[43] bei der Bestellung des ersten Aufsichtsrats bei der Verschmelzung durch Neugründung ist nicht möglich[44]. Es empfiehlt sich, von vornherein Ersatzmitglieder für den Aufsichtsrat zu bestellen[45]. 28

d) **Nichtannahme oder nachträgliches Ausscheiden von Mitgliedern des Vorstands.** Da eine gerichtliche Ersatzbestellung gem. § 34 Abs. 1 Satz 1 VAG, § 85 Abs. 1 AktG bei der Bestellung des ersten Vorstands bei einer Verschmelzung durch Neugründung nicht möglich ist[46], hat eine Neubestellung durch den Aufsichtsrat zu erfolgen. Die erneute Bestellung kann auch nach Fassung des Verschmelzungsbeschlusses erfolgen. 29

e) **Pflichtwidrige Nichtbestellung des Vorstands durch den Aufsichtsrat.** Weil eine Ersatzbestellung durch das Gericht nicht möglich ist, müssen die Aufsichtsratsmitglieder analog § 115[47] abberufen und durch neue ersetzt werden[48], falls sie die Vorstandsmitglieder pflichtwidrig nicht oder nicht in ausreichender Anzahl bestellen. 30

§ 116 Beschlüsse der obersten Vertretungen

(1) Die Satzung des neuen Rechtsträgers und die Bestellung seiner Aufsichtsratsmitglieder bedürfen der Zustimmung der übertragenden Vereine durch Verschmelzungsbeschlüsse. § 76 Abs. 2 und § 112 Abs. 3 sind entsprechend anzuwenden.

(2) In der Bekanntmachung der Tagesordnung eines Vereins ist der wesentliche Inhalt des Verschmelzungsvertrags bekanntzumachen. In der Bekanntmachung haben der Vorstand und der Aufsichtsrat, zur Wahl von Aufsichtsratsmitgliedern und Prüfern nur der Aufsichtsrat, Vorschläge zur Beschlußfassung zu machen. Hat der Aufsichtsrat auch aus Aufsichtsratsmitgliedern der Arbeitnehmer zu bestehen, so bedürfen Beschlüsse des Aufsichtsrats über Vorschläge zur Wahl von Aufsichtsratsmitgliedern nur der Mehrheit der Stimmen der Aufsichtsratsmitglieder der Mitglieder des Vereins.

Übersicht

	Rn		Rn
I. Allgemeines	1	II. Einzelerläuterungen	8
1. Sinn und Zweck der Norm	1	1. Einberufung der Versammlung der obersten Vertretung	8
a) § 116 Abs. 1 Satz 1	1		
b) § 116 Abs. 1 Satz 2	2	2. Zustimmung gem. § 116 Abs. 1 Satz 1 durch Verschmelzungsbeschluss	13
c) § 116 Abs. 2	6		
2. Anwendungsbereich der Norm	7	a) Zuständigkeit	13

---

[42] Siehe § 31 VAG, der die Unterlagen, die der Anmeldung beizufügen sind, abschließend aufzählt.
[43] § 35 Abs. 3 Satz 1 VAG, § 104 Abs. 1 AktG.
[44] *Vossius* in Widmann/Mayer Rn 31; *Hübner* in Lutter Rn 2; *Hüffer* § 30 AktG Rn 2.
[45] § 115 Satz 1, § 35 Abs. 1 Satz 3 VAG, § 101 Abs. 3 Satz 2 AktG.
[46] *Vossius* in Widmann/Mayer Rn 31; *Hübner* in Lutter Rn 12; *Hüffer* § 30 AktG Rn 12.
[47] *Hüffer* § 30 AktG Rn 12; *Vossius* in Widmann/Mayer Rn 31; *Hübner* in Lutter Rn 12.
[48] Ggf. ist ein erneuter Beschluss nach § 116 erforderlich.

	Rn		Rn
b) Gegenstand der Beschlussfassung	14	3. Erteilung von Abschriften nach § 13 Abs. 3 Satz 3	17
c) Mehrheitserfordernisse	15		
d) Form der Beschlussfassung	16	4. Übermittlung der Satzung des neuen Rechtsträgers an die Betriebsräte	18

I. Allgemeines

1. Sinn und Zweck der Norm

1 a) § 116 Abs. 1 Satz 1. Die Regelung löst die früher geltende Doppelverweisung über § 44 a Abs. 4 VAG aF iVm. § 353 Abs. 3 AktG aF auf[1]. Eigenständige Bedeutung hat Abs. 1 Satz 1 nur bezüglich der zusätzlichen Legitimation der Aufsichtsratsmitglieder durch die Verschmelzungsbeschlüsse der übertragenden Versicherungsvereine. Das Erfordernis der Zustimmung zur Satzung des neuen Rechtsträgers ergibt sich schon aus den allgemeinen Vorschriften[2].

2 b) § 116 Abs. 1 Satz 2. Der Verweis auf § 76 Abs. 2 Satz 1 stellt klar, dass die zustimmenden Verschmelzungsbeschlüsse durch die obersten Vertretungen der übertragenden Versicherungsvereine gefasst werden müssen.

3 Aus der Verweisung auf § 76 Abs. 2 Satz 2 folgt, dass der Zustimmungsbeschluss nur die nach § 31 AktG zu wählenden Aufsichtsratsmitglieder umfasst. Der Verweisung kommt eigenständige Bedeutung zu, da § 35 Abs. 3 Satz 1 VAG nur auf § 30 Abs. 2 AktG, nicht jedoch auf § 31 AktG verweist[3].

4 Die Verweisung auf § 76 Abs. 2 Satz 3 hat wegen der Regelungen in § 36 Abs. 1 Satz 1 VAG, § 124 AktG, § 116 Abs. 2 Satz 1 und 2 ebenfalls nur klarstellenden Charakter.

5 Dies gilt wegen § 114 auch für die Verweisung auf § 112 Abs. 3.

6 c) § 116 Abs. 2. Abs. 2 Satz 1 und 2 kommt ebenso nur eine klarstellende Funktion zu[4]. Abs. 2 Satz 3 fehlt im Hinblick auf § 36 Abs. 3 Satz 1 VAG, § 124 Abs. 3 Satz 4 AktG ein eigener Regelungsgehalt.

2. Anwendungsbereich der Norm

7 § 116 ist auf alle Fälle der Verschmelzung unter Beteiligung von Versicherungsvereinen anzuwenden. Da die Vorschrift nur die Beschlussfassungen der obersten Vertretungen der an der Verschmelzung beteiligten Versicherungsvereine betrifft, sind bei einer Mischverschmelzung, an der auch eine Versicherungs-AG als übertragender Rechtsträger beteiligt ist, die §§ 73 ff. für diese anzuwenden.

II. Einzelerläuterungen

1. Einberufung der Versammlung der obersten Vertretung

8 Grundsätzlich gelten die allgemeinen Vorschriften über die Versammlung der obersten Vertretung[5].

---

[1] RegBegr. *Ganske* S. 144.
[2] §§ 13 Abs. 1 Satz 1, 36 Abs. 1 Satz 1, 37.
[3] Siehe auch § 115 Rn 11.
[4] Siehe § 36 Abs. 3 Satz 1 VAG iVm. § 124 Abs. 2 Satz 2 und Abs. 3 Satz 1 AktG; §§ 116 Abs. 1 Satz 2, 76 Abs. 2 Satz 3 iVm. § 124 Abs. 2 Satz 2 und Abs. 3 Satz 1 AktG.
[5] § 111 Rn 8 ff.

In der Bekanntmachung der Tagesordnung für die beschlussfassende Versammlung ist der wesentliche Inhalt des Verschmelzungsvertrags bekannt zu machen[6]. Die Bekanntmachung der Tagesordnung hat neben den allgemeinen Beschlussvorschlägen[7] von Vorstand und Aufsichtsrat auch die speziellen Beschlussvorschläge des Aufsichtsrats zur Wahl von Aufsichtsratsmitgliedern und Prüfern zu enthalten[8]. Gemeint sind Vorschläge zur Zustimmung bezüglich der bereits durch die Vorstände der übertragenden Rechtsträger gem. § 115 Satz 1 erfolgten Bestellung des Aufsichtsrats.

Der Hinweis auf den Beschlussvorschlag zur Wahl von Prüfern in Abs. 2 Satz 2 geht ins Leere. Die Abschlussprüfer sind bereits durch die Vorstände der übertragenden Versicherungsvereine bestellt worden, eine sonstige Zustimmung im Gegensatz zur Bestellung des Aufsichtsrats ist nicht erforderlich[9].

Unterliegt der Aufsichtsrat des neuen Rechtsträgers der Mitbestimmung gem. DrittelbG, bedürfen die Beschlüsse der Aufsichtsräte der übertragenden Versicherungsvereine, in denen Beschlussvorschläge zur Wahl von Aufsichtsratsmitgliedern gefasst werden, nur der Mehrheit der Stimmen der von der obersten Vertretung gewählten Mitglieder[10].

Wird der Verschmelzungsbeschluss wegen eines Verstoßes gegen Bekanntmachungsvorschriften angefochten[11], besteht ein Eintragungshindernis nach § 16 Abs. 2 Satz 2[12].

2. Zustimmung gem. § 116 Abs. 1 Satz 1 durch Verschmelzungsbeschluss

a) Zuständigkeit. Zuständig für die Beschlussfassung ist die oberste Vertretung des VVaG, d. h. die Mitgliederversammlung oder die Vertreterversammlung[13]. Für an Mischverschmelzungen beteiligte Versicherungs-Aktiengesellschaften finden die §§ 73 ff. Anwendung[14].

b) Gegenstand der Beschlussfassung. Die oberste Vertretung beschließt über die Zustimmung zum Verschmelzungsvertrag, die Satzung des neuen Rechtsträgers sowie die Bestellung seines ersten Aufsichtsrats[15]. Es handelt es sich um einen einheitlichen (Verschmelzungs-) Beschluss[16].

c) Mehrheitserfordernisse. Schreibt die Satzung des übertragenden VVaG nicht eine höhere Mehrheit vor, ist der Verschmelzungsbeschluss mit einer Mehrheit von drei Vierteln der abgegebenen Stimmen zu fassen[17].

d) Form der Beschlussfassung. Der Verschmelzungsbeschluss ist notariell zu beurkunden[18].

3. Erteilung von Abschriften nach § 13 Abs. 3 Satz 3

Auf Verlangen ist jedem Mitglied eines übertragenden Versicherungsvereins auf dessen Kosten eine Abschrift des Verschmelzungsvertrags, der Satzung sowie der Niederschrift des Verschmelzungsbeschlusses zu erteilen.

---

[6] § 116 Abs. 2 Satz 1; zum Inhalt des Verschmelzungsvertrags siehe § 5 Rn 3 ff. und § 37 Rn 3 ff.
[7] § 111 Rn 13.
[8] § 116 Abs. 2 Satz 2.
[9] AA *Vossius* in Widmann/Mayer Rn 9 ohne weitere Begründung.
[10] § 116 Abs. 2 Satz 3.
[11] § 36 Satz 1 VAG iVm. §§ 243 ff. AktG.
[12] Zu den sonstigen Folgen eines Verstoßes gegen § 116 Abs. 2 Satz 1 und 2 siehe § 111 Rn 23 ff.
[13] Siehe auch § 112 Rn 33 ff.
[14] Vgl. Rn 7.
[15] § 116 Abs. 1 Satz 1.
[16] AA *Hübner* in Lutter Rn 3.
[17] §§ 116 Abs. 1 Satz 2, 112 Abs. 3; *Vossius* in Widmann/Mayer Rn 13.
[18] § 13 Abs. 3 Satz 1.

4. Übermittlung der Satzung des neuen Rechtsträgers an die Betriebsräte

18 Aufgrund der §§ 5 Abs. 3, 37 sind den Betriebsräten der übertragenden Versicherungsvereine spätestens einen Monat vor der Versammlung der obersten Vertretung jedes beteiligten Rechtsträgers der Verschmelzungsvertrag und die Satzung des neuen Rechtsträgers zuzuleiten.

§ 117 Entstehung und Bekanntmachung des neuen Vereins

Vor der Eintragung in das Register besteht ein neuer Verein als solcher nicht. Wer vor der Eintragung des Vereins in seinem Namen handelt, haftet persönlich; handeln mehrere, so haften sie als Gesamtschuldner.

Übersicht

	Rn		Rn
I. Allgemeines	1	1. Anmeldung	5
1. Sinn und Zweck der Norm	1	2. Wirkung der Eintragung	6
a) Abweichender Zeitpunkt der Erlangung der Rechtsfähigkeit	1	3. Handelndenhaftung vor Eintragung	7
b) Handelndenhaftung vor Eintragung	2	a) Unzulässigkeit von Versicherungsgeschäften	7
c) Erweiterung der Bekanntmachungsvorschriften (aufgehoben)	3	b) Erlöschen der Handelndenhaftung	9
		4. Bekanntmachung der Eintragung	11
2. Anwendungsbereich der Norm	4	5. Rechtsfolgen bei Verstoß gegen Bekanntmachungsvorschriften	12
II. Einzelerläuterungen	5		

I. Allgemeines

1. Sinn und Zweck der Norm

1 **a) Abweichender Zeitpunkt der Erlangung der Rechtsfähigkeit.** Ein VVaG erlangt seine Rechtsfähigkeit grundsätzlich mit der Erlaubnis zum Betreiben des Versicherungsgeschäfts durch die Aufsichtsbehörde[1]. Demgegenüber verlangt Satz 1 für die Erlangung der Rechtsfähigkeit die Eintragung des neuen VVaG im Handelsregister.

2 **b) Handelndenhaftung vor Eintragung.** Da der VVaG vor Erlangung der Rechtsfähigkeit als nichtrechtsfähiger Verein anzusehen ist[2], hat die Regelung in Satz 2 mit Blick auf § 54 Satz 2 BGB lediglich klarstellende Bedeutung.

3 **c) Erweiterung der Bekanntmachungsvorschriften (aufgehoben).** Die bisherigen Vorschriften in Abs. 2 sind zum 1.1.2007 ersatzlos aufgehoben worden.

2. Anwendungsbereich der Norm

4 Die Vorschrift ist nur auf neu gegründete Versicherungsvereine anwendbar, die aus einer Verschmelzung zweier Versicherungsvereine durch Neugründung entstehen[3].

---

[1] § 15 VAG.
[2] Dazu kritisch *Weigel* in Prölss § 15 VAG Rn 18 mwN.
[3] Eine Mischverschmelzung durch Neugründung eines VVaG ist nicht zulässig, siehe § 109 Rn 9 und die Tabelle der Verschmelzungsmöglichkeiten § 3 Rn 63 f.

II. Einzelerläuterungen

1. Anmeldung

Bei der Anmeldung[4] haben die Vorstandsmitglieder die in § 31 Abs. 1 VAG aufgeführten Urkunden[5] einzureichen. Der Anmeldung einer Verschmelzung durch Neugründung eines VVaG ist insbesondere die Versicherung des Vorstands und des Aufsichtsrats des neuen VVaG, wieweit und in welcher Weise der Gründungsstock eingezahlt ist und dass der eingezahlte Betrag endgültig zur freien Verfügung des Vorstands steht[6], beizufügen[7].

2. Wirkung der Eintragung

Für die Rechtsfolgen der Eintragung gelten die allgemeinen Vorschriften der §§ 20 ff.[8]. Außerdem erlangt der neue VVaG Rechtsfähigkeit nach Satz 1. Mit der Eintragung gem. Satz 1 geht die Erlaubnis nach § 5 VAG auf den neuen VVaG über.

3. Handelndenhaftung vor Eintragung

a) Unzulässigkeit von Versicherungsgeschäften. Eine vorzeitige Aufnahme von Versicherungsgeschäften ist unzulässig, da zum Betreiben des Versicherungsgeschäfts eine Erlaubnis der Aufsichtsbehörde benötigt wird[9]. Die Erlaubnis der übertragenden Rechtsträger geht erst mit Eintragung auf den neu gegründeten Rechtsträger über[10]. Der Betrieb des Versicherungsgeschäfts ohne Genehmigung ist eine Straftat[11]. Eine Handelndenhaftung nach Satz 2 ist trotz des Verbots, ohne Erlaubnis Versicherungsgeschäfte aufzunehmen, möglich, weil auch ohne die aufsichtsrechtliche Erlaubnis eine wirksame Verpflichtung begründet werden kann[12]. In Betracht kommt daneben eine Haftung aus § 823 Abs. 2 BGB iVm. § 140 Abs. 1 Nr. 1 VAG.

Der Handelnde haftet nicht subsidiär, sondern primär. Mehrere Handelnde haften als Gesamtschuldner[13].

b) Erlöschen der Handelndenhaftung. Mit der Eintragung des neuen VVaG erlischt die Handelndenhaftung und begründete Verpflichtungen gehen auf den neuen VVaG über, falls das handelnde Organ im Rahmen seiner Vertretungsmacht gehandelt hat. Vom Bestehen einer Vertretungsmacht ist auszugehen, wenn ein Tätigwerden vor Eintragung in der Satzung genehmigt worden ist oder die übertragenden Rechtsträger dem Tätigwerden vorher zugestimmt haben[14]. Die Annahme einer konkludenten Beschränkung der Vertretungsmacht auf das Vereinsvermögen ist fraglich, da eine Beschränkung den Schutz des Rechtsverkehrs gefährden würde[15].

Überschreitet der Handelnde seine Vertretungsmacht, haftet er zudem nach § 179 BGB.

---

[4] § 38.
[5] Eine Namensunteschrift der Vorstandsmitglieder zur Aufbewahrung bei Gericht ist nicht mehr einzureichen.
[6] § 31 Abs. 1 Nr. 4 VAG.
[7] So auch *Vossius* in Widmann/Mayer Rn 12; zu den Anlagen zur Anmeldung des VVaG bei der Verschmelzung durch Neugründung siehe § 38 Rn 8 und § 17 Rn 1 ff.
[8] Siehe § 109 Rn 45 ff.
[9] § 5 Abs. 1 VAG.
[10] Siehe § 20 Rn 67 ff.
[11] § 140 Abs. 1 Nr. 1 VAG.
[12] *Präve* in Prölss § 5 VAG Rn 4; aA noch in der Voraufl. § 117 Rn 7.
[13] § 117 Satz 2 2. Halbs.
[14] Im Einzelnen *Hüffer* § 41 AktG Rn 2 ff.; *Rittner/Schmidt-Leithoff* in Rowedder § 11 GmbHG Rn 85 ff.
[15] *Vossius* in Widmann/Mayer Rn 10; aA *Hübner* in Lutter Rn 3.

4. Bekanntmachung der Eintragung

11 Für die Bekanntmachung der Eintragung gelten die allgemeinen Vorschriften[16]. Das Erfordernis zusätzlicher Bekanntmachungen nach dem bisherigen Abs. 2 wurde zum 1.1.2007 aufgehoben.

5. Rechtsfolgen bei Verstoß gegen Bekanntmachungsvorschriften

12 Die Regelungen zur Bekanntmachung sind reine Ordnungsvorschriften. Ein Verstoß gegen sie hat keine Auswirkungen auf die Wirksamkeit der Verschmelzung[17].

Vierter Unterabschnitt. Verschmelzung kleinerer Vereine

§ 118 Anzuwendende Vorschriften

Auf die Verschmelzung kleinerer Vereine im Sinne des § 53 des Versicherungsaufsichtsgesetzes sind die Vorschriften des Zweiten und des Dritten Unterabschnitts entsprechend anzuwenden. Dabei treten bei kleineren Vereinen an die Stelle der Anmeldung zur Eintragung in das Register der Antrag an die Aufsichtsbehörde auf Genehmigung, an die Stelle der Eintragung in das Register und ihrer Bekanntmachung die Bekanntmachung im elektronischen Bundesanzeiger nach § 119.

Übersicht

	Rn		Rn
I. Allgemeines	1	c) Keine Anwendung auf Kleinstvereine	6
1. Sinn und Zweck der Norm	1	II. Einzelerläuterungen	7
a) Übernahme geltenden Rechts	1	1. Zuständige Aufsichtsbehörde	7
b) Antrag auf Genehmigung und Bekanntmachung im elektronischen Bundesanzeiger	2	2. Kleinerer Verein (§ 53 VAG)	8
		3. Einreichung des Verschmelzungsvertrags	9
2. Anwendungsbereich der Norm	3	4. Keine schriftliche Beschlussfassung	10
a) Anwendung nur auf kleinere Vereine	3	5. Antrag auf Genehmigung an die Aufsichtsbehörde	11
b) Bekanntmachung des Verschmelzungsvertrags	5	6. Prüfungsumfang der Aufsichtsbehörde	12

I. Allgemeines

1. Sinn und Zweck der Norm

1 **a) Übernahme geltenden Rechts.** Durch die Vorschrift werden die Regelungen zur Verschmelzung durch Aufnahme und durch Neugründung des zweiten und dritten Unterabschnitts für kleinere Vereine modifiziert. Sie hat zuvor geltendes Recht übernommen[1].

2 **b) Antrag auf Genehmigung und Bekanntmachung im elektronischen Bundesanzeiger.** Da eine Eintragung im Handelsregister[2] für kleinere Vereine[3] nicht vorgesehen ist[4], tritt an die Stelle der Anmeldung und Eintragung im Handelsregister[5] der Antrag an die

---

[16] §§ 19 Abs. 3, 36 Abs. 1 Satz 1; näher hierzu § 19 Rn 18 f., § 36 Rn 17 f.
[17] *Hübner* in Lutter Rn 4.
[1] § 53 a Abs. 1 Nr. 1 VAG aF; RegBegr. *Ganske* S. 145.
[2] § 30 Abs. 1 VAG.
[3] Zum Begriff des kleineren Vereins siehe § 109 Rn 16 f.
[4] § 53 Abs. 1 Satz 1 VAG.
[5] §§ 16, 17, 19, 36 Abs. 1, 38.

Aufsichtsbehörde auf Genehmigung und deren Bekanntmachung im elektronischen Bundesanzeiger[6].

2. Anwendungsbereich der Norm

a) Anwendung nur auf kleinere Vereine. Die Vorschrift gilt für sämtliche zulässige Verschmelzungen[7]. Die Anwendbarkeit ist beschränkt auf die an der Verschmelzung beteiligten kleineren Vereine. Nach einer Verschmelzung kleinerer Vereine liegen häufig die Voraussetzungen eines kleineren Vereins beim übernehmenden oder neu gegründeten VVaG nicht mehr vor. Die §§ 118 f. finden insoweit keine Anwendung[8]. 3

Für die an einer Verschmelzung mit einem kleineren Verein beteiligten Versicherungsvereine und Versicherungs-Aktiengesellschaften gelten die allgemeinen Vorschriften[9]. 4

b) Bekanntmachung des Verschmelzungsvertrags. Da nach § 118 Satz 1 auch die Regelungen des Zweiten Unterabschnitts entsprechend anwendbar sind, gilt auch die Regelung über die Bekanntmachung des Verschmelzungsvertrags[10] für kleinere Vereine. Satz 2 trifft zwar für die Einreichung des Verschmelzungsvertrags und die anschließende Bekanntmachung keine Regelung. Hierbei handelt es sich aber augenscheinlich um ein Redaktionsversehen. Satz 2 ist somit auf die Einreichung und Bekanntmachung des Verschmelzungsvertrags analog anzuwenden[11]. 5

c) Keine Anwendung auf Kleinstvereine. Im Gegensatz zur Verschmelzung von kleineren Vereinen ist eine Verschmelzung von Kleinstvereinen[12] unzulässig[13]. 6

II. Einzelerläuterungen

1. Zuständige Aufsichtsbehörde

Die BaFin ist grundsätzlich zuständige Behörde[14]. Bei kleineren Vereinen mit geringer wirtschaftlicher Bedeutung kann jedoch auf Antrag der BaFin die Zuständigkeit durch den Bundesminister der Finanzen auf die Landesaufsichtsbehörde übertragen werden[15]. 7

2. Kleinerer Verein (§ 53 VAG)

Bei einer Verschmelzung durch Aufnahme zweier kleinerer Vereine behält der übernehmende kleinere Verein seinen Status, auch wenn die Voraussetzungen des § 53 Abs. 1 Satz 1 VAG nach der Verschmelzung nicht mehr vorliegen. Er verliert die Eigenschaft als kleinerer Verein erst mit der Feststellung durch die zuständige Aufsichtsbehörde[16]. Eine derartige Entscheidung dürfte regelmäßig iRd. aufsichtsbehördlichen Genehmigungsverfahrens[17] getroffen werden. Die §§ 118 f. finden nach einer solchen Feststellung auf den übernehmenden Verein keine Anwendung mehr. Werden kleinere Vereine im Wege der Neugründung eines 8

---

[6] §§ 118 Satz 2, 119. Im Hinblick auf die Wirkungen der Bekanntmachung als Eintragungssurrogat hat der Gesetzgeber auf die weiteren nach § 119 erforderlichen Bekanntmachungen verzichtet.
[7] Hinsichtlich zulässiger Verschmelzungen siehe § 109 Rn 5 ff.
[8] Im Einzelnen Rn 8.
[9] §§ 16, 17, 19, 36 Abs. 1, 38.
[10] § 111.
[11] So auch *Vossius* in Widmann/Mayer Rn 13.
[12] § 157 a Abs. 3 VAG.
[13] Siehe § 109 Rn 21; siehe auch *Vossius* in Widmann/Mayer Rn 3.
[14] §§ 1, 2 BAG iVm. §§ 1, 4 FinDAG.
[15] § 3 Abs. 1 BAG.
[16] *Weigel* in Prölss § 53 VAG Rn 9.
[17] § 14 a VAG; hierzu siehe Anh. § 119 Rn 81 ff.

VVaG verschmolzen und liegen bei dem neu gegründeten VVaG die Voraussetzungen des § 53 VAG nicht vor, finden die §§ 118 f. auf diesen von vornherein keine Anwendung. Der neu gegründete VVaG ist mangels entsprechender Feststellung der Aufsichtsbehörde[18] kein kleinerer Verein.

3. Einreichung des Verschmelzungsvertrags

9   Vor der Einberufung der obersten Vertretung, die über die Zustimmung zum Verschmelzungsvertrag beschließen soll[19], ist der Verschmelzungsvertrag oder sein Entwurf bei der zuständigen Aufsichtsbehörde einzureichen. Diese hat einen Hinweis auf die Einreichung des Verschmelzungsvertrags bekannt zu machen[20]. Die Mitglieder der kleineren Vereine haben nach den allgemeinen verwaltungsrechtlichen Vorschriften das Recht auf Einsichtnahme[21].

4. Keine schriftliche Beschlussfassung

10   Aufgrund § 13 Abs. 3 Satz 1[22] ist die sonst beim kleineren Verein zulässige Beschlussfassung im schriftlichen Verfahren[23] beim Verschmelzungsbeschluss nicht möglich[24].

5. Antrag auf Genehmigung an die Aufsichtsbehörde

11   Da der Antrag auf Genehmigung an die Aufsichtsbehörde[25] die Anmeldung zur Eintragung in das Handelsregister ersetzt[26], sind dem Antrag die Anlagen zur Anmeldung[27] und die Negativerklärung über etwaige Feststellungsklagen über die Nichtigkeit[28] der Verschmelzungsbeschlüsse[29] beizufügen. Darüber hinaus sind bei der Verschmelzung durch Neugründung die Anlagen nach § 31 VAG einzureichen.

6. Prüfungsumfang der Aufsichtsbehörde

12   Bei der Verschmelzung von kleineren Versicherungsvereinen ist die Einhaltung der umwandlungsrechtlichen Vorschriften mangels registerrichterlicher Prüfung, anders als sonst[30], von der Aufsichtsbehörde in vollem Umfang zu überprüfen. Die Aufsichtsbehörde hat etwaige Klagen von Mitgliedern auf Feststellung der Nichtigkeit der Verschmelzungsbeschlüsse analog § 16 Abs. 2 Satz 2 zu berücksichtigen[31].

§ 119 Bekanntmachung der Verschmelzung

Sobald die Verschmelzung von allen beteiligten Aufsichtsbehörden genehmigt worden ist, macht die für den übernehmenden kleineren Verein zuständige Aufsichtsbehörde, bei einer Verschmelzung durch Neugründung eines kleineren Vereins die für den neuen Verein zuständige Aufsichtsbehörde die Verschmelzung und ihre Genehmigung im elektronischen Bundesanzeiger bekannt.

---

[18] § 53 Abs. 4 VAG.
[19] § 13 Abs. 1, § 29 VAG.
[20] §§ 118 Satz 2, 119 analog, 111 Satz 2; siehe auch Rn 5.
[21] § 29 VwVfG.
[22] Siehe hierzu § 13 Rn 51 ff.
[23] § 53 Abs. 2 VAG, § 32 Abs. 2 BGB.
[24] So auch *Hübner* in Lutter Rn 3.
[25] § 14 a VAG.
[26] § 16.
[27] § 17.
[28] Gegen geltendes Recht verstoßende Beschlüsse kleinerer Vereine sind grundsätzlich nichtig, siehe § 111 Rn 26.
[29] § 16 Abs. 2 Satz 1 analog.
[30] Siehe Anh. § 119 Rn 96 f.
[31] *Hübner* in Lutter Rn 5.

Übersicht

	Rn		Rn
I. Allgemeines	1	1. Zuständigkeit für die Bekanntmachung	4
1. Sinn und Zweck der Norm	1	2. Inhalt der Bekanntmachung	5
a) Zuständigkeitsregelung	1	3. Bekanntmachungsmedium	6
b) Inhalt der Bekanntmachung	2	4. Wirkung der Bekanntmachung	7
2. Anwendungsbereich der Norm	3	5. Bekanntmachung als Amtspflicht	8
II. Einzelerläuterungen	4		

I. Allgemeines

1. Sinn und Zweck der Norm

a) Zuständigkeitsregelung. Teilweise erfolgt die Aufsicht über die kleineren Vereine durch die jeweils zuständigen Landesbehörden[1]. Bei Verschmelzungen, bei denen die beteiligten kleineren Vereine ihren Sitz im Zuständigkeitsbereich verschiedener Aufsichtsbehörden haben, regelt § 119 die Zuständigkeit.

b) Inhalt der Bekanntmachung. Die Vorschrift ordnet die Bekanntmachung der Verschmelzung und der aufsichtsbehördlichen Genehmigung an, welche Surrogat für die Eintragung sind.

2. Anwendungsbereich der Norm

Der Anwendungsbereich der Norm entspricht dem des § 118[2].

II. Einzelerläuterungen

1. Zuständigkeit für die Bekanntmachung

Bei einer Verschmelzung durch Aufnahme ist die für den übernehmenden kleineren Verein zuständige Aufsichtsbehörde für die Bekanntmachung zuständig. Erfolgt die Verschmelzung durch Neugründung, liegt die Zuständigkeit bei der für den neu gegründeten Verein zuständigen Aufsichtsbehörde. Zuständige Aufsichtsbehörde ist die BaFin oder ggf. die Landesbehörde[3].

2. Inhalt der Bekanntmachung

In der Bekanntmachung ist die Verschmelzung[4], die aufsichtsbehördliche Genehmigung[5] und der Hinweis an die Gläubiger gem. § 22 Abs. 1 Satz 3 bekannt zu machen.

3. Bekanntmachungsmedium

Die Bekanntmachung durch die zuständige Aufsichtsbehörde hat im elektronischen Bundesanzeiger zu erfolgen.

4. Wirkung der Bekanntmachung

Die Bekanntmachung im elektronischen Bundesanzeiger ersetzt gem. § 118 Satz 2 aE die Eintragung. Sie löst damit die Rechtsfolgen des § 20 aus.

---

[1] Siehe § 118 Rn 7.
[2] Siehe § 118 Rn 3 f., 6.
[3] Siehe § 118 Rn 7.
[4] §§ 19 Abs. 3, 119.
[5] § 14 a VAG; umfassend hierzu Anh. § 119 Rn 81 ff.

Anhang § 119

5. Bekanntmachung als Amtspflicht

8 Die Bekanntmachung ist Amtspflicht iSd. § 839 BGB. Eine Verletzung der Bekanntmachungsverpflichtung kann somit Amtshaftungsansprüche[8] nach sich ziehen.

Anhang § 119 Bestandsübertragung, aufsichtsrechtliche Genehmigungen und Gleichordnungskonzern

Übersicht

	Rn		Rn
A. § 14 VAG Bestandsübertragung	1	b) Versicherungsbestand	34
I. Allgemeines	1	c) Einheitliches Rechtsgeschäft	36
1. Sinn und Zweck der Norm	1	d) Solvabilitätsspanne	37
a) Bestandsübertragung als Instrument der Sanierung	1	e) Wahrung der Belange der Versicherten (§§ 14 Abs. 1 Satz 3, 8 Abs. 1 Satz 1 Nr. 3 VAG)	38
b) Andere wirtschaftliche Zwecke	2	f) Entschädigung für den Verlust der Mitgliedschaft	41
2. Rechtspolitische Überlegungen	6	g) Spartentrennungsgrundsatz	45
a) Wahrung der Belange der Arbeitnehmer (§ 14 Abs. 1 Satz 4 VAG aF)	6	II. Einzelerläuterung	46
		1. Inhalt des Bestandsübertragungsvertrags	46
b) *Numerus clausus* des Umwandlungsrechts	7	2. Schriftform des Vertrags	48
c) Umwandlungsrechtliche Ausstrahlungswirkungen bei Bestandsübertragungen durch Versicherungsvereine	9	3. Zustimmung der obersten Vertretung/Hauptversammlung	49
		a) VVaG	49
		b) Versicherungs-AG	53
d) Übertragung des Versicherungsbestands bei der Konzernbildung	18	c) Anfechtbarkeit des Zustimmungsbeschlusses	54
		4. Genehmigung durch den Aufsichtsrat	55
e) Eingriff in die zivilrechtliche Privatautonomie durch § 14 Abs. 1 Satz 4 VAG	22	5. Sonderbeauftragte (§ 83 a VAG)	56
		6. Genehmigung der Aufsichtsbehörden	57
3. Anwendungsbereich der Norm	25	a) Antrag aller beteiligten Unternehmen	58
a) Abgrenzung zu anderen Rechtsinstituten	25	b) Prüfung durch die Aufsichtsbehörden	62
b) Bestandsübertragungen durch Rückversicherungsunternehmen	26	c) Auflagen zur Genehmigung	65
c) Übertragung von Rückversicherungsbeständen eines Erstversicherers	27	d) Rechtsmittel gegen die Entscheidung der Aufsichtsbehörde	66
d) Übertragung inländischer Versicherungsbestände von ausländischen Versicherungsunternehmen mit Sitz innerhalb der EU oder des EWR	28	7. Verlust der Mitgliedschaft in einem VVaG infolge einer Bestandsübertragung	69
		a) Wahrung der Belange der ausscheidenden Mitglieds	69
		b) Abfindungsanspruch des ausscheidenden Mitglieds	70
e) Übertragung eines durch eine Niederlassung oder im Dienstleistungsverkehr innerhalb der EU oder des EWR erworbenen Versicherungsbestands durch ein inländisches Versicherungsunternehmen	31	c) Höhe des Abfindungsanspruchs	72
		8. Auswirkungen der Bestandsübertragung	75
		a) Versicherungsverträge	75
		b) Gründungsstock	76
		c) Ausschluss des Kündigungsrechts des Versicherungsnehmers	77
4. Rechtsbegriffe	32	9. Öffentlich-rechtliche Versicherungsunternehmen	78
a) Versicherungsunternehmen	32		

---

[8] § 839 BGB, Art. 34 GG.

	Rn		Rn
10. Besonderheiten für die Kraftfahrzeug-Haftpflichtversicherung	79	1. Der VVaG als herrschendes Unternehmen	112
11. Fusionskontrolle	80	2. Der VVaG als beherrschtes Unternehmen	115

B. § 14 a VAG (Genehmigungsbedürftigkeit der) Umwandlung ... 81
I. Allgemeines ... 81
   1. Sinn und Zweck der Norm ... 81
   2. Anwendungsbereich der Norm ... 83
      a) Umwandlungen iSd. UmwG ... 83
      b) Genehmigungspflicht bei Umwandlungen von Rückversicherungsvereinen ... 84
II. Einzelerläuterungen ... 85
   1. Zuständige Behörde ... 85
   2. Prüfung durch die Aufsichtsbehörde ... 88
      a) Eingeschränkte Prüfung beim Formwechsel ... 88
      b) Prüfungsumfang bei sonstigen Umwandlungen ... 90
      c) Prüfung umwandlungsrechtlicher Vorschriften ... 92
   4. Auflagen ... 98
   5. Rechtsmittel gegen die Entscheidung der Aufsichtsbehörde ... 99
      a) Widerspruch und Anfechtungsklage . 99
      b) Eintragungshindernis ... 100
      c) Eintragung trotz fehlender (bestandskräftiger) Genehmigung ... 101
      d) Negativerklärung ... 102
   6. Amtspflicht ... 103

C. Konzern und Konzernunternehmen ... 104
I. Gründe für die Konzernbildung bei Versicherungsvereinen ... 104
   1. Entwicklung zum Allspartenversicherer . 104
   2. Allfinanzkonzept ... 105
   3. Verbesserung der Unternehmensstrukturen ... 106
   4. Rechtsformnachteile des VVaG ... 108
II. Der VVaG im Unterordnungskonzern ... 112

      a) Beherrschung durch Garanten ... 115
      b) Vertragliche Beherrschung ... 118
III. Der VVaG im Gleichordnungskonzern ... 122
   1. Formen des Gleichordnungskonzerns ... 122
      a) Faktische Gleichordnung ... 122
      b) Vertragliche Gleichordnung ... 123
   2. Begriff der einheitlichen Leitung ... 124
      a) Personenidentität der Vereinsorgane . 125
      b) Gemeinsames Leitungsorgan ... 129
      c) Koordinierung der Geschäftspolitik und Unternehmensführung ... 132
   3. Weisungsrecht und Mehrheitsentscheidungen im Gleichordnungskonzern ... 133
   4. Der Gleichordnungsvertrag als Unternehmensvertrag ... 139
   5. Zustimmung der obersten Vertretung zum Unternehmensvertrag ... 141
   6. Horizontaler Verlustausgleich ... 144
   7. Eintragung des Gleichordnungskonzerns ins Handelsregister ... 146
   8. Genehmigung durch die Aufsichtsbehörde (§ 5 Abs. 3 Nr. 3, 4 VAG) ... 147
   9. Kartellrechtliche Relevanz des Gleichordnungskonzerns ... 148
   10. Mitbestimmungs- und betriebsverfassungsrechtliche Bedeutung des Gleichordnungskonzerns ... 150
   11. Konzernrechnungslegung im Gleichordnungskonzern ... 152
   12. Sonstige wirtschaftliche Verflechtungen von Versicherungsvereinen im Gleichordnungskonzern ... 154
   13. Steuerliche Nachteile des Gleichordnungskonzerns ... 155

Literatur: Siehe Literaturverzeichnis zu § 109.

A. § 14 VAG Bestandsübertragung

(1) Jeder Vertrag, durch den der Versicherungsbestand eines Unternehmens ganz oder teilweise auf ein anderes Unternehmen übertragen werden soll, bedarf der Genehmigung der Aufsichtsbehörden, die für die beteiligten Unternehmen zuständig sind. Das übernehmende Versicherungsunternehmen muss nachweisen, daß es nach der Übertragung Eigenmittel in Höhe der Solvabilitätsspanne besitzt. Im übrigen gilt § 8 entsprechend. Die Rechte und Pflichten des übertragenden Unternehmens aus den Versicherungsverträgen gehen mit der Bestandsübertragung auch im Verhältnis zu den Versicherungsnehmern auf das übernehmende Unternehmen über; § 415 des Bürgerlichen Gesetzbuchs ist nicht anzuwenden.

(1 a) Überträgt ein inländisches Versicherungsunternehmen ganz oder teilweise einen Bestand an Versicherungsverträgen, die es nach § 13 a durch eine Niederlassung oder im Dienstleistungsverkehr abgeschlossen hat, auf ein Unternehmen mit Sitz in einem Mitglied- oder Vertragsstaat, ist abweichend von Absatz 1 Satz 1 lediglich die Genehmigung der für das übertragende Unternehmen zuständigen Aufsichtsbehörde erforderlich. Sie wird, soweit kein Versagungsgrund nach Absatz 1 Satz 3 vorliegt, nur erteilt, wenn

1. durch eine Bescheinigung der Aufsichtsbehörde des Sitzes der Nachweis geführt wird, daß das übernehmende Unternehmen nach der Übertragung Eigenmittel in Höhe der Solvabilitätsspanne besitzt,
2. die Aufsichtsbehörden der Mitglied- oder Vertragsstaaten, in denen die Risiken des Versicherungsbestandes belegen sind, zustimmen und
3. bei Übertragung des Versicherungsbestandes einer Niederlassung die Aufsichtsbehörde dieses Mitglied- oder Vertragsstaates angehört worden ist.

Die Sätze 1 und 2 Nr. 1 gelten auch für die Übertragung eines im Inland erworbenen Versicherungsbestandes. In den Fällen der Sätze 1 und 3 gilt Absatz 1 Satz 4 entsprechend.

(1 b) § 5 a über die Anhörung der zuständigen Stellen eines anderen Mitglied- oder Vertragsstaates ist entsprechend anzuwenden.

(2) Der Bestandsübertragungsvertrag bedarf der Schriftform; § 311 b Abs. 3 des Bürgerlichen Gesetzbuchs ist nicht anzuwenden.

(3) Die Genehmigung der Bestandsübertragung ist im elektronischen Bundesanzeiger zu veröffentlichen.

I. Allgemeines

1. Sinn und Zweck der Norm

1 **a) Bestandsübertragung als Instrument der Sanierung.** Im früheren Schrifttum wurde der Sinn der Norm in der Sanierung von Versicherungsunternehmen gesehen, indem ein Versicherungsbestand zur Wahrung der Belange der Versicherten von einem finanzschwachen Unternehmen auf ein anderes, wirtschaftlich gesundes Versicherungsunternehmen übertragen wird[1].

2 **b) Andere wirtschaftliche Zwecke.** Nach Wegfall der Bedürfnisprüfung in § 8 VAG aF durch das Erste Durchführungsgesetz[2] findet die Bestandsübertragung auch zur Erreichung anderer wirtschaftlicher Zwecke als einer Sanierung Anwendung. Durch eine Bestandsübertragung kann zB das Versicherungsportfolio eines Unternehmens bereinigt werden, indem Teilbestände, die nicht zum sonstigen Versicherungsbestand passen, an andere Versicherungsunternehmen übertragen werden. Dies schließt eine Übertragung von im Dienstleistungsverkehr aufgebauten Beständen[3] ein und dient damit der Verwirklichung der europarechtlichen Dienstleistungsfreiheit.

3 Die Bestandsübertragung kann auch – gerade bei Versicherungsvereinen – dazu dienen, Konzernstrukturen zu bilden[4], bspw. um den aufgrund der Spartentrennung[5] bestehenden

---

[1] *Präve* in Prölss § 14 VAG Rn 18 f.
[2] Gesetz zur Durchführung der Ersten Richtlinie des Rates der Europäischen Gemeinschaften zur Koordinierung der Rechts- und Verwaltungsvorschriften betreffend die Aufnahme und Ausübung der Tätigkeit der Direktversicherung vom 18. 12. 1975, BGBl. I S. 3139 ff.
[3] §§ 110 a, 111 d VAG; Richtlinie 92/49/EWG Dritte Schadensrichtlinie vom 18. 6. 1992, ABl. Nr. L 228 S. 1; Richtlinie 92/96/EWG Dritte Lebensrichtlinie vom 10. 11. 1992, ABl. Nr. L 360 S. 1.
[4] *Scherzberg* in Peiner (Hrsg.), FS Gothaer Versicherungsbank, 1995, S. 231.
[5] § 8 Abs. 1 a VAG.

Nachteil gegenüber Allbranchen-Komposit-Unternehmen auszugleichen. Mehrere Versicherungsvereine können durch Übertragung ihrer Versicherungsbestände auf ein gemeinsames Tochterunternehmen ihr Versicherungsgeschäft zusammenfassen und so die Vorschriften zur Verschmelzung umgehen[6].

Zu denken ist auch an die Möglichkeit für einen VVaG, einen Versicherungsbestand **4** auf eine Tochter-Versicherungs-AG zu übertragen, um sich auf diese Weise Zugang zum Kapitalmarkt zu verschaffen. Bei der Übertragung eines Versicherungsbestands eines VVaG muss jedoch wegen § 20 VAG ein Restversicherungsbestand beim VVaG verbleiben. Den infolge der Übertragung aus dem VVaG ausscheidenden Mitgliedern ist eine Entschädigung zu gewähren[7].

Werden andere wirtschaftliche Zwecke als die Sanierung verfolgt, sind jedoch bei Bestandsübertragungen von Versicherungsvereinen, die Auswirkungen auf mitgliedschaftliche **5** Rechte haben, möglicherweise umwandlungsrechtliche Ausstrahlungswirkungen[8] zu beachten. Hierzu zählen umwandlungsrechtliche Minderheitenschutzrechte[9].

2. Rechtspolitische Überlegungen

a) Wahrung der Belange der Arbeitnehmer (§ 14 Abs. 1 Satz 4 VAG aF). Durch **6** das Dritte Durchführungsgesetz[10] wurde die Regelung, dass bei der Bestandsübertragung die Belange der Arbeitnehmer zu wahren sind[11], gestrichen. Dies begründete die Bundesregierung – trotz des Widerstands des Bundesrats[12] – damit, dass die im Jahr 1931 in das VAG eingefügte Vorschrift ein Fremdkörper in diesem Gesetz darstelle und der Schutz der Belange der Arbeitnehmer durch das zwischenzeitlich fortentwickelte Arbeitsrecht sichergestellt sei[13].

b) *Numerus clausus* des Umwandlungsrechts. Der *numerus clausus* des UmwG[14] betrifft lediglich Umwandlungen iSd. § 1 Abs. 1 und schließt deshalb andere rechtliche Gestal- **7** tungen, die wirtschaftlich und rechtlich einer Umwandlung iSd. UmwG nahe oder gleich kommen, nicht aus[15]. Dementsprechend kann die Übertragung eines Versicherungsbestands sowohl nach den Vorschriften des VAG[16] als auch nach den Vorschriften des UmwG über die Vermögensübertragung[17] erfolgen. In beiden Fällen gehen die Rechte und Pflichten aus den Versicherungsverträgen im Wege der Gesamtrechtsnachfolge über. Obwohl bei der Bestandsübertragung nur die Rechte und Pflichten aus den Versicherungsverträgen, nicht jedoch sonstige, dem Versicherungsbestand zuzuordnende Aktiva und Passiva (zB Mietverträge) übertragen werden[18], spielt die Vermögensübertragung im Vergleich zur Bestandsübertragung in der Praxis bislang eine geringere Rolle[19].

Bei Bestandsübertragungen durch Versicherungs-Aktiengesellschaften, durch welche die **8** Gesellschafterrechte der Aktionäre nicht unmittelbar berührt werden, wird die Bestandsüber-

---

[6] Siehe § 109 Rn 33.
[7] Näher Rn 70 ff.
[8] Ablehnend *J. Semler* § 1 Rn 63 ff.
[9] Näher Rn 22 ff.
[10] Drittes Gesetz zur Durchführung versicherungsrechtlicher Richtlinien des Rates der Europäischen Gemeinschaften vom 21. 7. 1994, BGBl. I S. 1630 ff.
[11] § 14 Abs. 1 Satz 4 aF VAG.
[12] Stellungnahme des Bundesrats zum Dritten Durchführungsgesetz, BT-Drucks. 12/6959 S. 117.
[13] Gegenäußerung der Bundesregierung zur Stellungnahme des Bundesrats zum Dritten Durchführungsgesetz, RegBegr. BT-Drucks. 12/6959 S. 134.
[14] § 1 Abs. 2; hierzu umfassend § 1 Rn 58 ff.
[15] Im Einzelnen § 1 Rn 59 f.
[16] § 14 VAG.
[17] §§ 174 ff.
[18] Siehe Rn 47 und § 109 Rn 33.
[19] Siehe § 174 Rn 10.

tragung gem. § 14 VAG auch weiterhin ein probates Mittel zur Erreichung der oben[20] aufgeführten anderen wirtschaftlichen Zwecke sein. Hier wird den Interessen der Aktionäre durch die Regelungen des AktG[21] in ausreichender Weise Rechnung getragen. Bestandsübertragungen durch Versicherungsvereine werden zunehmend im Wege der Vermögensübertragung durchgeführt werden, wenn sich die Annahme der umwandlungsrechtlichen Ausstrahlungswirkungen[22] allgemein durchsetzen sollte.

9 **c) Umwandlungsrechtliche Ausstrahlungswirkungen bei Bestandsübertragungen durch Versicherungsvereine.** Von der grundsätzlichen Zulässigkeit anderer rechtlicher Gestaltungen neben den Umwandlungen iSd. § 1 Abs. 1 ist die umstrittene Frage der Ausstrahlungswirkungen des UmwG zu unterscheiden[23]. Da § 44 VAG bereits die Zustimmung der obersten Vertretung des VVaG für Bestandsübertragungen anordnet, haben die umwandlungsrechtlichen Ausstrahlungswirkungen bei Bestandsübertragungen durch Versicherungsvereine im Wesentlichen Bedeutung für beschlussbegleitende Minderheitenschutz- und Informationsrechte.

10 Da die Bestandsübertragung in ihren Rechtsfolgen der Vermögensübertragung nach dem UmwG gleicht, erscheint es gerechtfertigt, bei der Übertragung von Versicherungsbeständen eines VVaG gem. § 14 VAG einzelne Regelungen aus dem UmwG[24] entsprechend anzuwenden.

11 Bei einer Übertragung auf eine Versicherungs-AG ist die den ausscheidenden Mitgliedern zu zahlende Abfindung[25] in den Bestandsübertragungsvertrag aufzunehmen[26].

12 Des Weiteren ist wegen des Verlusts des Mitgliedschaftsrechts bei einer Übertragung eines Versicherungsbestands auf eine Versicherungs-AG vom Vorstand des VVaG ein ausführlicher schriftlicher Bericht über die Bestandsübertragung zu erstellen[27].

13 Da bei einer Vermögensübertragung eines VVaG auf eine Versicherungs-AG wegen der zu gewährenden Abfindung unabhängig von der Prüfung durch die Aufsichtsbehörde[28] eine Übertragungsprüfung erfolgt[29], ist auch der Bestandsübertragungsvertrag durch unabhängige sachverständige Prüfer zu prüfen und über diese Prüfung ein Bericht zu erstatten[30].

14 Zudem ist der Bestandsübertragungsvertrag beim Register einzureichen, ein Hinweis auf die Einreichung bekannt zu machen, der Vertrag in dem Geschäftsraum des VVaG sowie in der Versammlung der obersten Vertretung auszulegen und vom Vorstand in der Versammlung der obersten Vertretung mündlich zu erläutern[31].

15 Fraglich ist, ob bei der Bestandsübertragung eines VVaG auf eine Versicherungs-AG der Beschluss über die Bestandsübertragung analog § 293 einer Mehrheit von neun Zehnteln der abgegebenen Stimmen bedarf, falls vor der Versammlung der obersten Vertretung wenigstens hundert Mitglieder der Umwandlung widersprochen haben.

---

[20] Vgl. Rn 2 ff.
[21] §§ 179 a, 119 Abs. 2 AktG.
[22] Siehe Rn 9 ff.
[23] Siehe auch *J. Semler* § 1 Rn 63 ff., der eine Ausstrahlungswirkung der umwandlungsrechtlichen Vorschriften ablehnt.
[24] Im Einzelnen §§ 180 ff.; siehe auch 1 BvR 782/94 und 1 BvR 957/96; *Ebert* VersR 2003, 1211, 1215.
[25] Zur Abfindung im Einzelnen siehe Rn 70 ff.
[26] §§ 184 Abs. 2, 180 Abs. 2, 176 Abs. 2 Satz 3, 5 Abs. 1 Nr. 3.
[27] §§ 184 Abs. 1, 180 Abs. 1, 127, 8. Zur Erstellung eines Verschmelzungsberichts bei der Verschmelzung unter ausschließlicher Beteiligung von Versicherungsvereinen siehe § 112 Rn 13.
[28] § 14 a VAG.
[29] §§ 184 Abs. 1, 180 Abs. 1, 125 Satz 1, 30 Abs. 2 Satz 1. Zur Verschmelzungsprüfung bei der Verschmelzung unter ausschließlicher Beteiligung von Versicherungsvereinen siehe § 112 Rn 17 ff.
[30] Umfassend zur Prüfung siehe § 12.
[31] §§ 184 Abs. 1, 180 Abs. 1, 125, 112, 111, 64.

Da diese Regelung bei der Mischverschmelzung entsprechende Anwendung findet[32], erscheint es gerechtfertigt, nach dem Rechtsgedanken des § 180 Abs. 1, der auf die Verschmelzungsvorschriften verweist, für den Zustimmungsbeschluss zur Bestandsübertragung[33] eine Mehrheit von neun Zehnteln der abgegebenen Stimmen zu verlangen, wenn zuvor mindestens hundert Mitglieder der Bestandsübertragung widersprochen haben. Dies gilt zumindest dann, wenn nahezu der gesamte Versicherungsbestand übertragen wird. **16**

Obwohl das UmwG keine Bagatellgrenze für unbedeutende Vorgänge kennt, erfasst die umwandlungsrechtliche Ausstrahlungswirkung nur solche Bestandsübertragungen, die aufgrund ihrer erheblichen Auswirkungen umwandlungsrechtlichen Strukturmaßnahmen gleichkommen[34]. Bestandsübertragungen zwischen Versicherungsvereinen, die lediglich der Bereinigung von Versicherungsportfolios dienen, dürften deshalb weiterhin nach den allgemeinen Regeln des VAG möglich sein. **17**

d) Übertragung des Versicherungsbestands bei der Konzernbildung. Bedenken bestehen gegen die bislang für zulässig gehaltene[35] Übertragung des nahezu gesamten Versicherungsbestands eines VVaG auf eine 100%-ige Tochtergesellschaft. Die Rechte der Vereinsmitglieder könnten dem entgegenstehen. **18**

Bei einer Übertragung des gesamten Versicherungsbestands verliert der VVaG alle seine Mitglieder: Der VVaG wird aufgelöst[36], und der Liquidationserlös ist an die Mitglieder zu verteilen[37]. Verbleibt hingegen ein nur geringfügiger Versicherungsbestand beim übertragenden VVaG, erhalten die ausscheidenden Mitglieder zwar eine Abfindung[38]. Diese entspricht jedoch nicht dem Liquidationserlös. Eine solche Bestandsübertragung steht im Widerspruch zu der Wertung des § 151 Satz 1, der die Ausgliederung aus Versicherungsvereinen wegen des damit verbundenen Verlusts der Mitgliedschaft ausschließt[39]. **19**

Da die mit einer solchen Bestandsübertragung verfolgten Zwecke (zB Fortsetzung des Versicherungsgeschäfts in der Rechtsform der AG, Schaffung des Zugangs zu den Kapitalmärkten) auch durch einen Formwechsel[40] erreicht werden können, spricht vieles dafür, derartige Bestandsübertragungen als unzulässig anzusehen. **20**

Die in Anlehnung an das sog. „österreichische Modell"[41] entwickelte Strukturvariante, nach der die von der Bestandsübertragung betroffenen Mitglieder eine (Rest-) Mitgliedschaft behalten, solange sie Versicherungsnehmer der Tochtergesellschaft des VVaG bleiben, ist zwar grundsätzlich mit dem VAG vereinbar[42], überzeugt aber ebenfalls nicht. Bei dieser Strukturvariante wird regelmäßig auf das unveränderte Fortbestehen der Versicherungsverhältnisse abgestellt, so dass die Mitgliedschaft des Versicherten bei jeder Neuregelung des Versicherungsverhältnisses endet. **21**

e) Eingriff in die zivilrechtliche Privatautonomie durch § 14 Abs. 1 Satz 4 VAG. Durch § 14 Abs. 1 Satz 4 VAG wird in die Privatautonomie des Versicherungsnehmers eingegriffen. Dieser muss nach den Regeln des Zivilrechts grundsätzlich einem Schuldnerwechsel zustimmen[43]. § 14 Abs. 1 Satz 4 VAG ist vor dem Hintergrund des ursprünglichen **22**

---

[32] Siehe § 112 Rn 34.
[33] § 44 VAG.
[34] *Lutter* in Lutter Einl. Rn 46 ff.; anders *J. Semler* § 1 Rn 63 ff.
[35] *BVerwG* VersR 1996, 569 ff., VersR 1990, 473 ff.; *Weigel* in Prölss § 44 VAG Rn 5 ff.
[36] *Weigel* in Prölss § 42 VAG Rn 6; *Ebert* VersR 2003, 1211, 1214 f.
[37] § 48 Abs. 2 VAG.
[38] Zur Abfindung im Einzelnen Rn 70 ff.
[39] Siehe § 151 Rn 3 f.
[40] §§ 291 ff.
[41] BGBl. für die Republik Österreich 1991, S. 1909 ff.; hierzu ausführlich *Hübner*, FS Wiedemann, S. 1033, 1039 ff.
[42] Vgl. § 20 Satz 3 VAG.; *BVerwG* NJW 1994, 2559 ff.
[43] § 415 Abs. 1 Satz 1 BGB.

Zwecks der Bestandsübertragung, d. h. der Sanierung von Versicherungsbeständen, zu sehen[44]. Im Interesse der Belange der Versicherten in ihrer Gesamtheit wurde die (praktisch nicht zu erhaltende) Zustimmung der einzelnen Versicherten durch die Zustimmung der Aufsichtsbehörde ersetzt[45].

23 Einen Schutz der Versicherungsnehmer, wie ihn zB § 22 für die Gläubiger eines an einer Verschmelzung beteiligten Versicherungsunternehmens vorsieht[46], gibt es bei der Bestandsübertragung nicht. Da nur die Rechte und Pflichten aus den Versicherungsverträgen übergehen und die Aufsichtsbehörde iRd. Genehmigungsverfahrens[47] die Wahrung der Belange der Versicherten prüft[48], besteht hierfür auch keine Notwendigkeit.

24 Der Verzicht auf Zustimmung des einzelnen Versicherungsnehmers beruht im Übrigen auf der Umsetzung der Art. 17, 53 Dritte Schadensrichtlinie[49], Art. 11, 49 Dritte Lebensrichtlinie[50].

3. Anwendungsbereich der Norm

25 **a) Abgrenzung zu anderen Rechtsinstituten.** Die Bestandsübertragung muss von anderen Rechtsinstituten, wie zB der Vermögensübertragung, der Totalrückversicherung, Verwaltungs- und Abwicklungsverträgen und Funktionsausgliederungs- und Unternehmensverträgen, abgegrenzt werden[51].

26 **b) Bestandsübertragungen durch Rückversicherungsunternehmen.** § 14 VAG findet keine Anwendung auf Versicherungsunternehmen, die ausschließlich die Rückversicherung betreiben[52]. Der neu beschlossene § 121 f. VAG trifft eine entsprechende Regelung für die Übertragung eines Versicherungsbestands eines inländischen Rückversicherungsunternehmens.

27 **c) Übertragung von Rückversicherungsbeständen eines Erstversicherers.** Erstversicherer können ihre Rückversicherungsbestände gem. § 14 VAG übertragen[53].

28 **d) Übertragung inländischer Versicherungsbestände von ausländischen Versicherungsunternehmen mit Sitz innerhalb der EU oder des EWR.** Die Übertragung inländischer Versicherungsbestände von ausländischen Versicherungsunternehmen mit Sitz in der EU oder im EWR richtet sich nicht nach § 14 VAG. Sie erfolgt aufgrund der Genehmigung der für das übertragende Unternehmen zuständigen Aufsichtsbehörde[54]. Diese Genehmigung darf erst erteilt werden, wenn die BaFin der Übertragung zugestimmt hat[55].

29 Der Prüfungsumfang der BaFin iRd. Erteilung der Zustimmung ist beschränkt[56]. Betrifft der Versicherungsbestand keine im Inland belegenen Risiken, nimmt die BaFin lediglich

---

[44] Siehe Rn 1.
[45] RegBegr. 14. Gesetz zur Änderung des VAG, BT-Drucks. 9/1493.
[46] Im Einzelnen § 109 Rn 46.
[47] § 14 Abs. 1 Satz 1 VAG.
[48] Siehe im Einzelnen Rn 38 ff.
[49] Richtlinie 92/49/EWG Dritte Schadensrichtlinie vom 18. 6. 1992, ABl. Nr. L 228 S. 1.
[50] Richtlinie 92/96/EWG Dritte Lebensrichtlinie vom 10. 11. 1992, ABl. Nr. L 360 S. 1.
[51] Siehe auch § 109 Rn 32 ff.
[52] § 121 a VAG verweist nicht auf § 14 VAG.
[53] Die §§ 119 ff. VAG gelten nach § 119 Abs. 1 VAG nur für Unternehmen, die „ausschließlich die Rückversicherung betreiben". Daher gelten für Unternehmen, die auch Erstversicherer sind, die allgemeinen Vorschriften.
[54] § 110 a VAG.
[55] § 111 d Satz 1 VAG.
[56] § 111 d Satz 2 VAG; dieser erklärt § 8 Abs. 1 Satz 1 Nr. 3 VAG für entsprechend anwendbar. Die Prüfung der BaFin beschränkt sich somit auf die dort genannten Unterlagen.

Stellung[57]. Wird die BaFin nicht innerhalb von drei Monaten tätig, gilt dies als stillschweigende Zustimmung oder positive Stellungnahme[58].

Mit der Genehmigung der zuständigen Aufsichtsbehörde des Herkunftslands gehen die Rechte und Pflichten aus den Versicherungsverträgen in entsprechender Anwendung des § 14 Abs. 1 Satz 4 VAG auf den Erwerber über[59]. 30

e) Übertragung eines durch eine Niederlassung oder im Dienstleistungsverkehr innerhalb der EU oder des EWR erworbenen Versicherungsbestands durch ein inländisches Versicherungsunternehmen. Die Übertragung eines durch eine Niederlassung oder im Dienstleistungsverkehr innerhalb der EU oder des EWR erworbenen Versicherungsbestands durch ein inländisches Versicherungsunternehmen bedarf abweichend von § 14 Abs. 1 Satz 1 VAG nur der Genehmigung der deutschen Aufsichtsbehörde[60]. In Umsetzung der Art. 12 Dritte Schadensrichtlinie[61] und Art. 11 Dritte Lebensrichtlinie[62] muss jedoch in diesem Fall die Aufsichtsbehörde des Staats, in dem die Risiken des Versicherungsbestands belegen sind, zustimmen[63]. 31

4. Rechtsbegriffe

a) Versicherungsunternehmen. Sowohl der übertragende als auch der übernehmende Rechtsträger müssen Versicherungsunternehmen iSd. §§ 1 Abs. 1, 7 VAG sein. 32

Auch in Liquidation befindliche Versicherungsunternehmen können Versicherungsbestände gem. § 14 VAG übertragen[64]. Im Gegensatz zum Übergang des Versicherungsgeschäfts nach Maßgabe des UmwG, bei dem die Erlaubnis zum Geschäftsbetrieb[65] nach Erteilung der Genehmigung der Aufsichtsbehörde auf den anderen (neuen) Rechtsträger übergeht[66], bedarf der Rechtsträger, auf den ein Versicherungsbestand übertragen werden soll, vor dem Wirksamwerden der Bestandsübertragung der Erlaubnis der Aufsichtsbehörde. Die Erlaubnis nach § 5 Abs. 1 VAG ist zweckmäßigerweise gleichzeitig mit der Genehmigung nach § 14 VAG zu beantragen. 33

b) Versicherungsbestand. Bei der Bestandsübertragung gem. § 14 VAG handelt es sich um die Übertragung einer Gesamtheit von Versicherungsverträgen. Es werden also nicht einzelne Versicherungsverträge übertragen, die zB durch Angabe der Policennummer im Bestandsübertragungsvertrag einzeln zu benennen wären[67]. 34

Wird nur ein Teil eines Versicherungsbestands übertragen, muss sich dieser nach objektiven versicherungsbezogenen Merkmalen abgrenzen lassen[68]. Ein Teilbestand darf jedenfalls nicht willkürlich nur für den Zweck der Übertragung gebildet werden[69]. 35

---

[57] § 111 d Satz 3 VAG.
[58] § 111 d Satz 4 VAG.
[59] § 111 d Satz 2 VAG.
[60] § 14 Abs. 1 a Satz 1 VAG.
[61] Richtlinie 92/49/EWG Dritte Schadensrichtlinie vom 18. 6. 1992, ABl. Nr. L 228 S. 1.
[62] Richtlinie 92/96/EWG Dritte Lebensrichtlinie vom 10. 11. 1992, ABl. Nr. L 360 S. 1.
[63] § 14 Abs. 1 a Satz 2 Nr. 2 VAG.
[64] § 46 Abs. 2 Satz 1 VAG.
[65] § 5 Abs. 1 VAG.
[66] Siehe § 20 Rn 67 ff.
[67] *Kaufmann* VersR 1998, 166, 167 mwN; aA *Scholz* VersR 1997, 1070.
[68] *Präve* in Prölss § 14 VAG Rn 4.
[69] RegBegr. Gesetz zur Durchführung der Ersten Richtlinie des Rates der Europäischen Gemeinschaften zur Koordinierung der Rechts- und Verwaltungsvorschriften betreffend die Aufnahme und Ausübung der Direktversicherung (Erstes Durchführungsgesetz/EWG zum VAG) vom 18. 12. 1975, BR-Drucks. 130/75 S. 18.

Koerfer

36 **c) Einheitliches Rechtsgeschäft.** Bei der Bestandsübertragung handelt es sich um ein einheitliches Rechtgeschäft, bei dem im Wege der partiellen Gesamtrechtsnachfolge[70] die Rechte und Pflichten (einschließlich der versicherungstechnischen Rückstellungen und Beitragsüberträge[71]) aus den Versicherungsverträgen auf den Erwerber übergehen.

37 **d) Solvabilitätsspanne.** Das übernehmende Versicherungsunternehmen hat nachzuweisen, dass es nach Übertragung des Versicherungsbestands über unbelastete Eigenmittel in Höhe der festgesetzten Solvabilitätsspanne verfügt[72]. Die Höhe der Solvabilitätsspanne wird aufgrund der KapitalausstattungsVO[73] und den jeweiligen Rundschreiben der BaFin[74] berechnet.

38 **e) Wahrung der Belange der Versicherten (§§ 14 Abs. 1 Satz 3, 8 Abs. 1 Satz 1 Nr. 3 VAG).** IRd. Genehmigungsverfahrens ist neben den sonstigen Versagungsgründen (mangelnde Zuverlässigkeit und fachliche Eignung des Geschäftsleiters des übernehmenden Versicherungsunternehmens[75]) gemäß den §§ 14 Abs. 1 Satz 3, 8 Abs. 1 Satz 1 Nr. 3 VAG auch die ausreichende Wahrung der Belange der Versicherten zu prüfen[76]. Über die Sicherung der Leistungserfüllung[77] hinaus stellt sich die Frage, wie die im Wesentlichen für die Kapitallebensversicherung bedeutsame Überschussbeteiligung[78] der Versicherten zu behandeln ist.

39 Ob die Versicherungsnehmer eines übertragenen Versicherungsbestands im Hinblick auf den Überschussbeteiligungsanspruch[79] ein Recht auf Beteiligung an den beim übertragenden Versicherungsunternehmen verbleibenden stillen Reserven haben, war bislang umstritten[80]. Nach einem Urteil des BVerfG vom 26.7.2005[81] scheint diese Frage für die Praxis nun im Grundsatz entschieden. Aus dem objektiv-rechtlichen Gehalt des Art. 14 Abs. 1 GG ergibt sich danach, dass im Falle der Bestandsübertragung ein voller Ausgleich für den Verlust der Mitgliedschaft zu gewähren ist. Umfasst ist damit auch ein Ausgleich für stille Reserven, soweit diese nicht der Deckung zurückbleibender Verbindlichkeiten dienen. Für diese Ansicht spricht, dass die Mitglieder gerade auch im (grundrechtlich geschützten) Vertrauen auf den Fortbestand der gesetzlichen Regelung zur Überschussbeteiligung Beiträge geleistet haben.

40 Nach dem BVerfG[82] genügt der Prüfungsmaßstab, wie er in § 14 Abs. 1 Satz 3 iVm. § 8 Abs. 1 Satz 1 Nr. 3 VAG festgeschrieben ist, generell nicht den verfassungsrechtlichen Anforderungen für einen Ausgleich bei der Bestandsübertragung. Denn der Eigentumsbestandsschutz werde nicht hinreichend berücksichtigt, wenn die Belange der Versicherten nur „aus-

---

[70] Zum Begriff siehe §§ 123 Rn 6 und 131 Rn 7, jeweils mwN.
[71] RegBegr. Gesetz zur Durchführung der Ersten Richtlinie des Rates der Europäischen Gemeinschaften zur Koordinierung der Rechts- und Verwaltungsvorschriften betreffend die Aufnahme und Ausübung der Direktversicherung (Erstes Durchführungsgesetz/EWG zum VAG) vom 18. 12. 1975, BR-Drucks. 130/75 S. 18, welche die in der Neufassung des § 14 VAG gestrichene Formulierung „und seinen Rücklagen und Entgeltüberträgen (Prämienüberträgen)" für überflüssig ansah.
[72] § 53 c Abs. 1 Satz 1, Abs. 3 bis 3 c VAG.
[73] Verordnung über die Kapitalausstattung von Versicherungsunternehmen vom 13. 12. 1983, BGBl. I S. 1451, zuletzt geändert am 10.12.2003, BGBl. I S. 2478.
[74] BaFin-Rundschreiben 4/2005 (VA).
[75] §§ 14 Abs. 1 Satz 3, 8 Abs. 1 Nr. 1, 7 a Abs. 1 VAG.
[76] §§ 14 Abs. 1 Satz 3, 8 Abs. 1 Nr. 3 VAG.
[77] Diesem Zweck dient bereits die Solvabilitätsprüfung; siehe Rn 37.
[78] § 81 c Abs. 1 Satz 1, Abs. 2 Satz 1 VAG.
[79] Zur Rechtsnatur der Überschussbeteiligung *Basedow* ZVersWiss 1992, 419 ff.; *Lorenz* ZVersWiss 1993, 253 ff.
[80] *BVerwG* NJW 1994, 2561 ff.; *Mudrack* BB 1989, Beilage Nr. 14, S. 26 ff. mwN.
[81] *BVerfG* NJW 2005, 2363 ff.
[82] *BVerfG* NJW 2005, 2363, 2365 ff.

reichend" gewahrt werden müssten[83]. Anders als bei der Erteilung der Genehmigung zur Aufnahme eines Versicherungsgeschäfts genüge ein negativer Maßstab, so wie das Bundesverwaltungsgericht die gesetzlichen Anforderungen bislang verstanden habe[84], nicht, wenn schützenswerte Positionen bereits begründet seien; erforderlich sei für das Genehmigungsverfahren ein Maßstab, der auf die positive Feststellung der Wahrung der Belange der Versicherten gerichtet sei. Das Verfassungsgericht hat die entscheidenden Normen daher für mit dem Grundgesetz unvereinbar erklärt und dem Gesetzgeber eine Frist zur Neufassung des Prüfungsmaßstabs für die Bestandsübertragung gesetzt[85]. Wie diese Neufassung im Einzelnen aussehen könnte, ist derzeit mit Blick auf die Einschätzungsprärogative des Gesetzgebers schwer vorherzusehen. Es muss jedoch davon ausgegangen werden, dass die Berücksichtigung stiller Reserven wegen der Vorgaben des BVerfG eine entscheidende Rolle für das Genehmigungsverfahren spielen wird.

f) Entschädigung für den Verlust der Mitgliedschaft. Nach allgemeiner Auffassung 41 und der bisherigen Aufsichtspraxis[86] erstreckt sich die Prüfung durch die Aufsichtsbehörde auch auf die den ausscheidenden Mitgliedern wegen des Verlusts der Mitgliedschaft zu zahlende Abfindung[87].

Dieser Auffassung ist jedoch entgegenzuhalten, dass es sich bei dem Abfindungsanspruch 42 nicht um einen körperschaftsrechtlichen Anspruch handelt. Die Versicherungsnehmer bedürfen in ihrer Eigenschaft als Mitglieder des VVaG im Hinblick auf die zu zahlende Abfindung an sich nicht des Schutzes des Versicherungsaufsichtsrechts. Dieser Anspruch lässt sich ohne weiteres aus den allgemeinen Vorschriften des Zivilrechts ableiten.

Obwohl im DiskE zur 15. VAG Novelle[88] eine Änderung des § 81 Abs. 2 Satz 1 VAG 43 in Aussicht gestellt worden war, nach der die Versicherten eines VVaG in ihrer Eigenschaft als Mitglieder nicht mehr den Schutz der Versicherungsaufsicht genießen sollten, ist eine Klärung durch den Gesetzgeber zugunsten der Eröffnung des Weges zu den ordentlichen Gerichten jedoch bislang bedauernswerterweise nicht erfolgt[89].

Das Urteil des BVerfG vom 26.7.2005[90] hat insoweit zu einer Klärung zugunsten der 44 bisherigen Auffassung geführt. Der Schutz des Art. 14 Abs. 1 GG bei der Bestandsübertragung wird auf die Mitgliedschaft insgesamt bezogen[91]. Die Prüfung der Angemessenheit der (insgesamt) zu zahlenden Abfindung könne nicht aus der Gesamtabwägung im Rahmen des zentralen Genehmigungsverfahrens nach § 14 VAG herausgelöst werden; die Mitglieder des Versicherungsvereins könnten daher für die Überprüfung der Angemessenheit nicht auf ein zusätzliches Verfahren vor den ordentlichen Gerichten verwiesen werden[92].

g) Spartentrennungsgrundsatz. Auch bei der Bestandsübertragung ist der Spartentrennungsgrundsatz[93] zu beachten. Lebens- oder Krankenversicherungsbestände können deshalb 45 nur an Versicherungsunternehmen übertragen werden, die ausschließlich die Lebens- bzw. Krankenversicherung betreiben.

---

[83] §§ 14 Abs. 1 Satz 3, 8 Abs. 1 Satz 1 Nr. 3 VAG.
[84] *BVerwG* NJW 1994, 2561 ff.
[85] *BVerfG* NJW 2005, 2363, 2375 f.
[86] *Präve* in Prölss § 14 VAG Rn 28 mwN.
[87] Zum Abfindungsanspruch siehe Rn 70 ff.
[88] Teil I Änderungen des VAG, Nr. 56.
[89] Für eine entsprechende Einschränkung der aufsichtsrechtlichen Prüfung: *Weigel* in Prölss § 44 VAG Rn 4; *Mohr* VW 1990, 162, 164; *Hübner* in Peiner S. 58, 166 f.
[90] *BVerfG* NJW 2005, 2363 ff.
[91] *BVerfG* NJW 2005, 2363, 2372 ff.
[92] *BVerfG* NJW 2005, 2363, 2374 f.
[93] § 8 Abs. 1 a VAG.

II. Einzelerläuterungen

1. Inhalt des Bestandsübertragungsvertrags

46 Neben der genauen Bezeichnung des zu übertragenden Bestands[94] sind im Vertrag die mit zu übertragenden versicherungstechnischen Rückstellungen (zB Prämienüberträge, Schadensrückstellungen, Rentenreserven, Prämienreserven) aufzuführen.

47 Da die Vermögenswerte, mit denen die technischen Reserven gedeckt sind, mangels eindeutiger Zuordnung zum übertragenen Bestand[95] nicht im Wege der Gesamtsrechtsnachfolge auf den Erwerber übergehen, sind in den Vertrag Regelungen über die Übertragung dieser Vermögenswerte und sonstiger Rechte und Pflichten[96] aufzunehmen. Diese Vermögenswerte und sonstige Rechte und Pflichten werden nach den allgemeinen zivilrechtlichen Vorschriften[97] übertragen.

2. Schriftform des Vertrags

48 Die einfache Schriftform[98] genügt für den Bestandsübertragungsvertrag[99]. Das gilt auch, wenn es sich um eine Vermögensübertragung im Sinne des bürgerlichen Rechts[100] handelt oder in dem Vertrag die Verpflichtung zur Übertragung von Grundstücken enthalten ist. § 14 Abs. 2 VAG verdrängt insoweit die allgemeinen Vorschriften[101]. Die Formerfordernisse für die dinglichen Vollzugsgeschäfte bleiben jedoch bestehen[102].

3. Zustimmung der obersten Vertretung/Hauptversammlung

49 **a) VVaG.** Ein Vertrag, durch den ein VVaG seinen (Teil-)Versicherungsbestand überträgt, bedarf der Zustimmung der obersten Vertretung. Der Zustimmungsbeschluss muss mit einer Mehrheit von drei Vierteln der abgegebenen Stimmen gefasst werden[103], soweit die Satzung nicht eine andere Mehrheit vorschreibt.

50 Im Hinblick auf die Wertungen des Umwandlungsrechts beim vergleichbaren Vorgang der Vermögensübertragung[104] ist die Möglichkeit einer satzungsmäßigen Herabsetzung der erforderlichen Mehrheit abzulehnen[105].

51 Übernimmt ein VVaG einen Versicherungsbestand, ist die Zustimmung der obersten Vertretung nur erforderlich, wenn entsprechende Satzungsvorbehalte bestehen oder die Bestandsübernahme zur Einführung eines neuen Versicherungszweigs führt[106].

52 Die Zustimmung der obersten Vertretung kann vor oder nach Abschluss des Bestandsübertragungsvertrags erfolgen.

53 **b) Versicherungs-AG.** § 44 VAG ist nicht entsprechend auf die Bestandsübertragung durch eine Versicherungs-AG anwendbar. Ein Zustimmungserfordernis für die Hauptver-

---

[94] Dazu Rn 34.
[95] Vgl. *Präve* in Prölss § 14 VAG Rn 47.
[96] ZB aus Miet-, Dienst- und Agenturverträgen.
[97] §§ 398 ff., 414 ff., 873, 925, 929 ff. BGB.
[98] § 126 BGB.
[99] § 14 Abs. 2 VAG.
[100] § 311 b Abs. 3 BGB.
[101] *Präve* in Prölss § 14 VAG Rn 10; *Ebert* VersR 2003, 1211, 1213; aA *Benkel* S. 308.
[102] *Präve* in Prölss § 14 VAG Rn 10.
[103] § 44 Satz 2 VAG.
[104] Zu den umwandlungsrechtlichen Ausstrahlungswirkungen, insbesondere der entsprechenden Anwendung des § 293 siehe Rn 9 ff., aber auch § 1 Rn 63 ff.
[105] Zu undifferenziert *Weigel* in Prölss § 44 VAG Rn 2.
[106] § 39 Abs. 4 Satz 1 VAG; siehe auch *Hübner* in Lutter Anh. 1 § 189 Rn 29.

sammlung richtet sich nach den allgemeinen aktienrechtlichen Prinzipien. Auch unterhalb der Schwellen nach § 179 a AktG und nach den zu § 119 Abs. 2 AktG entwickelten Grundsätzen der „Holzmüller"- und der „Gelatine"-Entscheidung des BGH[107] ist nach den Wertungen des UmwG[108] eine Zustimmung durch einen Hauptversammlungsbeschluss mit einer Mehrheit von drei Vierteln zu fordern, wenn die Bestandsübertragung in ihren Auswirkungen einer umwandlungsrechtlichen Strukturmaßnahme gleichkommt[109].

c) Anfechtbarkeit des Zustimmungsbeschlusses. Die Anfechtbarkeit des Zustimmungsbeschlusses richtet sich nach den allgemeinen Vorschriften[110]. 54

4. Genehmigung durch den Aufsichtsrat

Nach der Satzung oder der Geschäftsordnung des Vorstands wird für eine Bestandsübertragung (im Innenverhältnis) häufig die vorherige Zustimmung des Aufsichtsrats erforderlich sein[111]. 55

5. Sonderbeauftragte (§ 83 a VAG)

Insbesondere in Sanierungsfällen kann die Aufsichtsbehörde zur Wahrung der Belange der Versicherten einen Sonderbeauftragten bestellen. Diesem können neben Geschäftsführungsbefugnissen (ausnahmsweise) auch Befugnisse der obersten Vertretung eines VVaG eingeräumt werden. In diesen Fällen erfolgt die Zustimmung der obersten Vertretung[112] durch den Sonderbeauftragten[113]. 56

6. Genehmigung der Aufsichtsbehörden

Die Bestandsübertragung bedarf zu ihrer Wirksamkeit der Genehmigung durch die zuständige[114] Aufsichtsbehörde[115]. 57

a) Antrag aller beteiligten Unternehmen. Der Antrag auf Genehmigung der Bestandsübertragung ist von allen an der Übertragung beteiligten Versicherungsunternehmen bei der zuständigen Aufsichtsbehörde zu stellen. Eines der Versicherungsunternehmen kann aufgrund einer Vollmacht auch für das andere oder die anderen handeln[116]. 58

Der Antrag auf Genehmigung der Bestandsübertragung beinhaltet regelmäßig auch einen Antrag auf Genehmigung einer Geschäftsplanänderung[117]. 59

Dem Antrag sind der Bestandsübertragungsvertrag und die Aufstellung der versicherungstechnischen Rückstellungen und der Prämienüberträge beizufügen. Darüber hinaus ist eine Erklärung über sämtliche wesentliche Nebenabreden im Zusammenhang mit der Bestandsübertragung (zB zu Provisionen und ähnlichen Leistungen) abzugeben. 60

Die Richtigkeit und Vollständigkeit der im Zusammenhang mit dem Genehmigungsverfahren gegenüber der Aufsichtsbehörde gemachten Angaben ist strafbewehrt[118]. 61

---

[107] BGHZ 83, 122 ff. „Holzmüller"; BGHZ 159, 30 ff. „Gelatine".
[108] Zur Ausstrahlungswirkung des UmwG siehe Rn 9 ff. sowie anders *J. Semler* § 1 Rn 63 ff.
[109] Siehe Rn 17.
[110] § 36 Satz 1 VAG, §§ 243 ff. AktG.
[111] Siehe §§ 34 Abs. 1 Satz 2, 35 Abs. 3 Satz 1 VAG iVm. §§ 77 Abs. 2, 82 Abs. 2, 111 Abs. 4 Satz 2 AktG.
[112] § 44 VAG.
[113] Geschäftsbericht des BAV 1966 S. 56; *Kollhosser* in Prölss § 81 VAG Rn 109.
[114] §§ 1 ff. BAG iVm. FinDAG. Zur Zuständigkeit ausländischer Aufsichtbehörden siehe Rn 28 ff.
[115] § 14 Abs. 1 Satz 1 VAG.
[116] *Präve* in Prölss § 14 VAG Rn 21; aA wohl *Scholz* VersR 1997, 1070, 1072.
[117] § 13 Abs. 1 Satz 1 VAG.
[118] § 134 VAG.

62 **b) Prüfung durch die Aufsichtsbehörden.** IRd. Genehmigungsverfahrens prüft die Aufsichtsbehörde zunächst, ob das übernehmende Unternehmen nach der Bestandsübernahme Eigenmittel in Höhe der Solvabilitätsspanne besitzt[119]. Dieses Erfordernis gilt nicht für kleinere Vereine[120], sofern diese satzungsgemäß zur Erhebung von Nachschüssen oder zur Kürzung der Versicherungsleistungen berechtigt sind und ihre jährlichen Versicherungsbeiträge einen bestimmten Betrag[121] nicht übersteigen[122].

63 Wird der Nachweis der Solvabilität nicht erbracht oder liegt einer der zwingenden Versagungsgründe[123] vor, ist die Genehmigung zu versagen[124].

64 Liegen andere Versagungsgründe[125] vor, liegt die Entscheidung über die Versagung der Genehmigung im (pflichtgemäßen) Ermessen der Aufsichtsbehörde.

65 **c) Auflagen zur Genehmigung.** Die Genehmigung der Bestandsübertragung kann unter Auflagen erteilt werden[126]. Wird gegen die Auflage verstoßen, kann die Aufsichtsbehörde im Wege der laufenden Versicherungsaufsicht[127] einschreiten. Ein Widerruf der Genehmigung[128] kommt wegen der rechtsgestaltenden Wirkung[129] der Genehmigung nicht in Betracht.

66 **d) Rechtsmittel gegen die Entscheidung der Aufsichtsbehörde.** Da es sich bei der Genehmigung um einen Verwaltungsakt handelt[130], können Versicherungsunternehmen gegen eine ablehnende Entscheidung der Aufsichtsbehörde Widerspruch und nach erfolgloser Durchführung des Widerspruchsverfahrens Verpflichtungsklage vor dem Verwaltungsgericht erheben[131]. Die BaFin ist unmittelbar dem BMF unterstellt und damit selbst für die Durchführung eines Widerspruchsverfahrens zuständig[132]. Aufgrund der Rechtsfähigkeit der BaFin[133] sind Klagen unmittelbar gegen die BaFin zu richten. Zuständiges Gericht ist das Verwaltungsgericht in Frankfurt am Main[134].

67 Die Aufsichtsbehörde hat lange Zeit die Auffassung vertreten, die Genehmigung der Bestandsübertragung greife nicht unmittelbar in die Rechte der Versicherten ein. Die Versicherten seien deshalb nicht klagebefugt nach § 42 Abs. 2 VwGO[135].

68 In Übereinstimmung mit der neuen Rechtsprechung[136] erhält die BaFin diese Auffassung nicht mehr aufrecht[137]. Nunmehr kann jeder von der Bestandsübertragung betroffene Versicherungsnehmer die Genehmigung der Aufsichtsbehörde durch Klage anfechten[138].

---

[119] §§ 14 Abs. 1 Satz 2, 53 c VAG. Zur Solvabilitätsspanne im Einzelnen Rn 37.
[120] § 53 Abs. 1 Satz 1 VAG.
[121] §§ 3, 7 Verordnung über die Kapitalausstattung von Versicherungsunternehmen (KapitalausstattungsVO) vom 13. 12. 1983, BGBl. I S. 1451, zuletzt geändert am 10.12.2003, BGBl. I S. 2478.
[122] § 156 a Abs. 1 Satz 1 VAG.
[123] §§ 14 Abs. 1 Satz 3, 8 Abs. 1 Satz 1, Abs. 1 a VAG.
[124] *Präve* in Prölss § 14 VAG Rn 20 ff.
[125] §§ 14 Abs. 1 Satz 3, 8 Abs. 1 Satz 2 bis 6 VAG.
[126] §§ 14 Abs. 1 Satz 3, 8 Abs. 2 VAG.
[127] §§ 81 ff. VAG.
[128] § 49 VwVfG.
[129] § 14 Abs. 1 Satz 4 VAG; *Ebert* VersR 2003, 1211, 1214.
[130] *Präve* in Prölss § 14 VAG Rn 32.
[131] §§ 68 Abs. 2, 42 Abs. 1, 2. Fall VwGO.
[132] § 73 Abs. 1 Nr. 2 VwGO, § 2 FinDAG.
[133] § 1 Abs. 1 FinDAG.
[134] § 52 Nr. 2 VwGO; § 1 Abs. 3 Satz 1 FinDAG.
[135] *Beschlusskammer BAV* VerBAV 1986, 262.
[136] *BVerwG* VersR 1994, 541, 542; VerBAV 1996, 141, 142.
[137] *Beschlusskammer BAV* VerBAV 1992, 3 ff.
[138] So auch *Hübner* in Lutter Anh. 1 § 189 Rn 84; *Müller-Wiedenhorn* S. 134; *Präve* in Prölss § 14 VAG Rn 37; *Weigel* in Prölss § 44 VAG Rn 3; aA *Benkel* S. 316.

7. Verlust der Mitgliedschaft in einem VVaG infolge einer Bestandsübertragung

a) Wahrung der Belange des ausscheidenden Mitglieds. Nach der neueren Rechtsprechung des BVerfG sind auch die betroffenen Mitgliedschaftsrechte im Rahmen der aufsichtsrechtlichen Prüfung zu berücksichtigen[139]. 69

b) Abfindungsanspruch des ausscheidenden Mitglieds. Überträgt ein VVaG seinen gesamten Versicherungsbestand, ist der VVaG aufgelöst[140] und das verbleibende Restvermögen an die (ausgeschiedenen) Mitglieder zu verteilen[141]. Hierbei spielt es keine Rolle, ob der Versicherungsbestand auf einen anderen VVaG oder auf eine Versicherungs-AG übertragen wird. 70

Wird nur ein Teilbestand übertragen, stellt sich insbesondere bei der Übertragung von einem VVaG auf eine Versicherungs-AG die Frage, ob und in welchem Umfang die ausscheidenden Vereinsmitglieder für den Verlust ihrer Mitgliedschaftsrechte zu entschädigen sind. Die Aufsichtspraxis und die Rechtsprechung[142] bejahen grundsätzlich einen Abfindungsanspruch der ausscheidenden Mitglieder, den sie aus § 44 b VAG aF herleiten. 71

c) Höhe des Abfindungsanspruchs. Der Abfindungsanspruch ausscheidender Mitglieder ist nach der Vorgabe des BVerfG im Rahmen einer Gesamtabwägung innerhalb des aufsichtsbehördlichen Genehmigungsverfahrens zu prüfen[143]. Die gezahlten Abfindungen entsprachen bislang nicht notwendig den Werten, die den Mitgliedern bei vergleichbaren umwandlungsrechtlichen Strukturentscheidungen[144] zugeflossen wären, weil die Aufsichtsbehörde iRd. „ausreichend" zu wahrenden Belange der Versicherten[145] nur prüfte, ob die Interessen der Versicherten unangemessen beeinträchtigt waren[146]. Das Kernproblem der bisherigen Aufsichtspraxis bestand in der Nichtberücksichtigung stiller Reserven. Diese Praxis führte regelmäßig zu unbilligen Ergebnissen[147]. In den entschiedenen Fällen hat sich die Aufsichtsbehörde mit Verpflichtungserklärungen der übernehmenden Versicherungsunternehmen zufrieden gegeben, dass die ausscheidenden Mitglieder für einen bestimmten Zeitraum an den Überschüssen des Unternehmens beteiligt werden[148]. 72

Nach dem benannten Urteil des BVerfG vom 26.7.2005 muss ein voller Ausgleich für den Verlust der Mitgliedschaft, also unter Berücksichtigung von stillen Reserven, stattfinden[149]. Es wäre sachgerechter auf die umwandlungsrechtlichen Ausstrahlungswirkungen[150] abzustellen und den Abfindungsanspruch der ausscheidenden Mitglieder in konsequenter Fortentwicklung der Analogie zu § 44 b VAG aF nach den umwandlungsrechtlichen Vorschriften[151] zu berechnen. 73

Da das BVerfG[152] sich nicht gegen ein zivilgerichtliches Verfahren zur Bestimmung eines angemessenen Ausgleichs analog § 44 b Abs. 5 VAG ausgesprochen hat, sondern nur die Be- 74

---

[139] Siehe Rn 41 ff., insbesondere 44.
[140] *Ebert* VersR 2003, 1211, 1214 f.
[141] § 48 Abs. 2 VAG.
[142] *Beschlusskammer BAV* VerBAV 1992, 3, 6; *BVerwG* VersR 1996, 569 ff., VersR 1990, 473 ff.; *BVerfG* NJW 2005, 2363, 2372 ff.; *Benkel* S. 313 f.; *Fahl*, Corporate Governance im Versicherungsverein a. G., S. 50; *Müller-Wiedenhorn* S. 118 ff.
[143] *BVerfG* NJW 2005, 2363, 2374 f.; siehe auch Rn 41 ff.
[144] Vermögensübertragung §§ 180 ff. oder Formwechsel §§ 291 ff.
[145] § 14 Abs. 1 Satz 3 VAG iVm. § 8 Abs. 1 Satz 1 Nr. 3 VAG.
[146] Siehe etwa *BVerwG* NJW 1994, 2561, 2562 f.; *Benkel* S. 314.
[147] *Baumann* VersR 1992, 911; *Mudrack* BB 1991, Beilage 22, S. 10 ff.; *ders.* BB 1989 Beilage 14, S. 26 ff.
[148] So etwa *Beschlusskammer BAV* VerBAV 1992, 3, 8 ff.
[149] *BVerfG* NJW 2005, 2363, 2371 ff.
[150] Siehe Rn 9 ff.
[151] §§ 181 Abs. 1, 184 Abs. 2, 176 Abs. 2 Satz 3.
[152] *BVerfG* NJW 2005, 2363, 2374 f.

schränkung des Rechtsschutzes auf ein solches Verfahren ablehnte, ist eine Fortentwicklung möglich, die den Mitgliedern den Weg zu den ordentlichen Gerichten, die über die notwendigen Verfahren und Erfahrungen verfügen, eröffnet.

8. Auswirkungen der Bestandsübertragung

75 **a) Versicherungsverträge.** Die partielle Gesamtrechtsnachfolge[153] umfasst nur die Rechte und Pflichten aus den Versicherungsverträgen des übertragenen Versicherungsbestands.

76 **b) Gründungsstock.** Der Gründungsstock[154] wird von der Übertragung des Versicherungsbestands nicht erfasst. Die Übertragung des Gründungsstocks[155] und der Tilgungsverpflichtung[156] auf das übernehmende Versicherungsunternehmen richtet sich nach den allgemeinen Vorschriften.

77 **c) Ausschluss des Kündigungsrechts des Versicherungsnehmers.** Der von der Bestandsübertragung betroffene Versicherungsnehmer kann den Versicherungsvertrag wegen der Bestandsübertragung nicht durch außerordentliche Kündigung beenden. Dies ergibt sich mittelbar aus § 14 Abs. 1 Satz 4 VAG. Bereits ausgesprochene Kündigungen des Versicherungsvertrags aus anderen Gründen bleiben wirksam[157].

9. Öffentlich-rechtliche Versicherungsunternehmen

78 Da auch die öffentlich-rechtlichen Versicherungsunternehmen des öffentlichen Dienstes oder der Kirchen, die ausschließlich die Alters-, Invaliditäts- oder Hinterbliebenenversicherung zum Gegenstand haben, der (eingeschränkten) Versicherungsaufsicht unterliegen[158], können auch Versicherungsbestände dieser Unternehmen gem. § 14 VAG übertragen werden.

10. Besonderheiten für die Kraftfahrzeug-Haftpflichtversicherung

79 Werden Kraftfahrzeug-Haftpflichtversicherungsbestände zur Insolvenzvermeidung übertragen, kann der übernehmende Versicherer ab Beginn der nächsten Versicherungsperiode den für ihn geltenden Tarif und dessen Versicherungsbedingungen auf den übernommenen Versicherungsbestand anwenden. Vorher muss er die betroffenen Versicherungsnehmer hierüber informieren und ihnen ein Kündigungsrecht einräumen[159].

11. Fusionskontrolle

80 Erfüllt die Bestandsübertragung den Tatbestand eines Zusammenschlusses[160], wird die Aufsichtsbehörde wegen der rechtsgestaltenden Wirkung des § 14 Abs. 1 Satz 4 VAG die Genehmigung nur unter dem Vorbehalt der Nichtuntersagung durch die zuständigen Kartellbehörden erteilen[161]. Eine Bestandsübertragung, die aufgrund einer Genehmigung erfolgt, die ohne entsprechenden Vorbehalt erteilt wird, ist jedoch trotz des allgemeinen Vollzugsverbots rechtswirksam[162].

---

[153] § 14 Abs. 1 Satz 4 VAG; siehe auch Rn 34 f. sowie § 123 Rn 6 und § 131 Rn 7.
[154] § 22 VAG.
[155] Zum Begriff des Gründungsstocks siehe im Einzelnen § 109 Rn 48 ff.
[156] § 22 Abs. 1 Satz 2 VAG.
[157] *Präve* in Prölss § 14 VAG Rn 40.
[158] § 1 a VAG.
[159] § 15 PflVG.
[160] § 37 GWB.
[161] Zur Fusionskontrolle bei einer Verschmelzung von Versicherungsunternehmen siehe § 109 Rn 43 f. und § 2 Rn 69 ff.
[162] Zum Vollzugsverbot siehe § 41 GWB, insbes. § 41 Abs. 1 Satz 3 GWB.

B. § 14 a VAG [Genehmigungsbedürftigkeit der] Umwandlung

Jede Umwandlung eines Versicherungsunternehmens nach § 1 des Umwandlungsgesetzes bedarf der Genehmigung der Aufsichtsbehörde. § 14 Abs. 1 Satz 2 bis 4 und Abs. 1 b gilt entsprechend. Die Genehmigung kann auch versagt werden, wenn die Vorschriften über die Umwandlung nicht beachtet worden sind.

I. Allgemeines

1. Sinn und Zweck der Norm

Durch das Gesetz zur Bereinigung des Umwandlungsrechts[163] sind die Umwandlungsmöglichkeiten für Versicherungsvereine gegenüber den §§ 44 a, 44 b, 44 c, 53 a VAG aF, § 385 d Abs. 1 AktG aF um die Möglichkeiten der Mischverschmelzung[164] und Spaltung[165] erweitert worden. Auch Umwandlungen von Versicherungs-Aktiengesellschaften und öffentlich-rechtlichen Versicherungsunternehmen bedürfen nunmehr der Genehmigung der Aufsichtsbehörde.

§ 14 a VAG und § 14 VAG stellen eine effektive Versicherungsaufsicht in allen Fällen der Umstrukturierung von Versicherungsunternehmen sicher.

2. Anwendungsbereich der Norm

a) **Umwandlungen iSd. UmwG.** Der Genehmigungspflicht des § 14 a VAG unterliegen alle Umwandlungen von Versicherungsunternehmen iSd. § 1 Abs. 1, d. h. die Verschmelzung, Spaltung, Vermögensübertragung und der Formwechsel[166].

b) **Genehmigungspflicht bei Umwandlungen von Rückversicherungsvereinen.** Die Umwandlung eines Versicherungsunternehmens, das ausschließlich das Rückversicherungsgeschäft betreibt[167], bedarf keiner Genehmigung der Aufsichtsbehörde. § 121 a Abs. 2 iVm. § 119 Abs. 1 VAG verlangt nur die unverzügliche Anzeige der Umwandlungsabsicht gegenüber der Aufsichtsbehörde zur Erleichterung der Aufsicht.

II. Einzelerläuterungen

1. Zuständige Behörde

Zuständig für die Erteilung der Genehmigung ist grundsätzlich die BaFin[168]. Die Entscheidung trifft für die BaFin deren Präsident durch Verfügung.

Bei der Umwandlung kleinerer Vereine[169] erteilt die nach den landesrechtlichen Ausführungsbestimmungen zuständige Landesbehörde die aufsichtsbehördliche Genehmigung[170].

---

[163] UmwBerG vom 28. 10. 1994, BGBl. I S. 3210.
[164] § 109 Satz 2.
[165] § 151.
[166] Zu den Umwandlungsarten siehe § 1 Rn 43 ff. sowie für die Besonderheiten bei Beteiligung eines VVaG §§ 109 ff., 151, 180 ff. und 291 ff.
[167] Eine Definition des Rückversicherungsgeschäfts findet sich in § 779 Abs. 1 HGB.
[168] §§ 1, 2 BAG iVm. §§ 1, 4 FinDAG.
[169] § 53 VAG.
[170] § 3 Abs. 1 BAG.

87 Sind an der Umwandlung mehrere Versicherungsunternehmen beteiligt, die in den Zuständigkeitsbereich verschiedener Aufsichtsbehörden fallen, ist die Genehmigung aller Aufsichtsbehörden erforderlich.

2. Prüfung durch die Aufsichtsbehörde

88 **a) Eingeschränkte Prüfung beim Formwechsel.** Bei einem Formwechsel[171], bei dem die in §§ 8, 7 VAG aufgeführten Umstände nicht berührt werden, findet eine aufsichtsrechtliche Prüfung nur in beschränktem Umfang statt.

89 Geprüft werden insbesondere die Zulässigkeit der Rechtsform[172], die Einhaltung der Vorschriften über die Kapitalausstattung[173] und die Beachtung der Kapitalschutzvorschriften der §§ 295, 264 Abs. 1[174].

90 **b) Prüfungsumfang bei sonstigen Umwandlungen.** Bei einer Verschmelzung[175], Spaltung[176] oder Vermögensübertragung[177], findet eine volle versicherungsaufsichtsrechtliche Prüfung statt. Die Aufsichtsbehörde prüft insbesondere die Versagungsgründe der §§ 8, 53 c VAG[178].

91 Nicht mehr geprüft wird die Wahrung der sozialen Belange der Beschäftigten[179]. Die Verweisung in § 14 a Satz 2 VAG auf § 14 Abs. 1 Satz 4 VAG geht inzwischen ins Leere.

92 **c) Prüfung umwandlungsrechtlicher Vorschriften.** Aufgrund der Verweisung in § 14 a Satz 3 VAG stellt sich die Frage, in welchem Umfang die Aufsichtsbehörde neben dem Registergericht zur Prüfung nach umwandlungsrechtlichen Vorschriften berechtigt ist.

93 Die für die Verschmelzung unter ausschließlicher Beteiligung von Versicherungsvereinen in der Vorgängervorschrift des § 44 a Abs. 2 Satz 4 VAG aF angeordnete Genehmigungspflicht beruhte auf der bis dato herrschenden Einheitstheorie[180]. Nach dieser wurde beim VVaG eine Abgrenzung zwischen Versicherungsverhältnis und Mitgliedschaft für nicht möglich gehalten. Die Versicherungsaufsicht war deshalb bei der Genehmigung von Bestandsübertragungen[181] und Verschmelzungen von Versicherungsvereinen grundsätzlich auch für die Prüfung der Wahrung der mitgliedschaftsrechtlichen Belange der Versicherten zuständig[182].

94 Nach der Entscheidung des BVerwG vom 21.12.1993[183] hat die Trennungstheorie[184] zunehmend an Bedeutung gewonnen. Nach ihr fällt der Schutz der Mitgliedschaftsrechte der Vereinsmitglieder nicht in den Zuständigkeitsbereich der Versicherungsaufsicht. Diese Ansicht kann nach der Entscheidung des BVerfG vom 26.7.2005[185] jedenfalls für Bestandsübertragungen nicht mehr aufrechterhalten werden[186].

---

[171] § 291 Abs. 1.
[172] § 7 Abs. 1 VAG.
[173] § 53 c VAG.
[174] Siehe hierzu § 264 Rn 4 ff.
[175] §§ 109 ff.
[176] § 151.
[177] §§ 180 ff.
[178] §§ 14 a Satz 2, 14 Abs. 1 Satz 2 und 3 VAG. Zu den Versagungsgründen Rn 63 f.
[179] Siehe Rn 6.
[180] *Präve* ZfV 1991, 494, 495.
[181] Rn 57 ff.
[182] VerBAV 1973, 35; 1974, 6, 117; 1975, 352.
[183] *BVerwG* NJW 1994, 2559.
[184] *Hübner* in Peiner S. 158, 166 f.; *Mohr* VW 1990, 162, 164.
[185] *BVerfG* NJW 2005, 2363 ff.
[186] Rn 41 ff.

Im Hinblick auf die umfassenden Schutzvorschriften, die vom Registergericht geprüft 95
werden, erscheint es aber bei Umwandlungen sachgemäß, nach der Trennungstheorie von
einer eingeschränkten Prüfungskompetenz der Aufsichtsbehörde auszugehen[187].

IRd. Genehmigungsverfahrens hat die Aufsichtsbehörde die Einhaltung der Vorschriften 96
des UmwG nur zu prüfen, soweit diese für die Wahrung der Belange der Versicherten[188] von
Bedeutung sind. Die Aufsichtsbehörde prüft ferner die Zulässigkeit der Umwandlung hinsichtlich der Rechtsform der beteiligten Rechtsträger[189], die Einhaltung der Kapitalschutzvorschriften[190] sowie die Schutzbelange der Gläubiger[191] und der Sonderrechtsinhaber[192] im
Hinblick auf die versicherungsvertragliche Überschussbeteiligung[193].

Eine solche Beschränkung der aufsichtsrechtlichen Prüfung ist auch zur Vermeidung 97
von divergierenden Entscheidungen der Registergerichte und Aufsichtsbehörden sinnvoll.
Mangels gegenseitiger Bindung der Gerichte könnte eine Umwandlung ansonsten nach
Abweisung der zivilrechtlichen Anfechtungsklage[194] mit der gleichen Begründung vor dem
Verwaltungsgericht[195] erfolgreich angefochten werden. Da die (bestandskräftige) Genehmigung eine Eintragungsvoraussetzung ist[196], würde dies in der Praxis zu kaum beherrschbaren
Schwierigkeiten iRd. Durchführung einer Umwandlungsmaßnahme führen.

4. Auflagen

Die Genehmigung der Aufsichtsbehörde kann ebenso wie die Genehmigung einer Be- 98
standsübertragung unter Auflagen erteilt werden[197].

5. Rechtsmittel gegen die Entscheidung der Aufsichtsbehörde

a) Widerspruch und Anfechtungsklage. Da es sich bei der Genehmigung um einen 99
Verwaltungsakt handelt[198], können Rechtsträger, die eine Genehmigung beantragt haben[199],
gegen eine ablehnende Entscheidung Verpflichtungsklage vor dem Verwaltungsgericht
Frankfurt am Main erheben[200]. Zuvor ist ein Widerspruchsverfahren durchzuführen;
Widerspruchsbehörde ist die BaFin selbst[201]. Widerspruchs- und anfechtungsberechtigt
sind auch die Versicherten, soweit ihre Belange als Versicherte betroffen sind[202].

b) Eintragungshindernis. Die Eintragung der Umwandlung erfolgt grundsätzlich erst, 100
wenn die Genehmigung, ggf. nach einem Widerspruchs- und einem Klageverfahren, bestandskräftig ist. Da sich die Eintragung der Umwandlung hierdurch erheblich verzögern
kann, darf die Aufsichtsbehörde gem. § 80 Abs. 2 Nr. 4 VwGO bei überwiegendem Interesse
der an der Umwandlung beteiligten Versicherungsunternehmen[203] die sofortige Vollziehung
der Genehmigung anordnen, womit das Eintragungshindernis ausnahmsweise entfällt.

---

[187] Siehe auch *Weigel* in Prölss § 44 VAG Rn 4; *Kaulbach* in Fahr/Kaulbach § 14 a VAG Rn 4.
[188] §§ 14 a Satz 2, 14 Abs. 1 Satz 3, 8 Abs. 1 Satz 1 Nr. 3 VAG.
[189] § 7 Abs. 1 VAG; §§ 109, 175 Nr. 2 a) bis c), 291 Abs. 1.
[190] §§ 295, 264 Abs. 1 und 3; näher hierzu siehe § 264 Rn 4 ff.
[191] § 22.
[192] § 23.
[193] Siehe § 109 Rn 46.
[194] § 36 Satz 1 VAG, §§ 243 ff. AktG.
[195] § 42 Abs. 1, 1. Fall VwGO.
[196] § 17 Abs. 1; siehe hierzu § 17 Rn 11.
[197] Siehe Rn 65.
[198] *Präve* in Prölss § 14 VAG Rn 32.
[199] Zum Antragsverfahren siehe Rn 58 ff.
[200] §§ 52 Nr. 2 VwGO; 1 Abs. 3 Satz 1 FinDAG.
[201] § 73 Abs. 1 Nr. 2 VwGO.
[202] Vgl. insoweit Rn 67 f.
[203] Vgl. § 16 Abs. 3 Satz 2; näher hierzu § 16 Rn 32 ff.

101 **c) Eintragung trotz fehlender (bestandskräftiger) Genehmigung.** Eine trotz der aufschiebenden Wirkung eines gegen die Genehmigung eingelegten Rechtsmittels erfolgte Eintragung der Umwandlung heilt den Mangel der fehlenden Vollziehbarkeit[204]. Wird die Genehmigung nach der Eintragung aufgehoben, kann die Aufsichtsbehörde nur noch Maßnahmen der Missstandsaufsicht[205] ergreifen.

102 **d) Negativerklärung.** Das Registergericht wird deshalb dem Rechtsgedanken des § 16 Abs. 2 Satz 2 entsprechend von den Vertretungsorganen der an der Umwandlung beteiligten Versicherungsunternehmen iRd. Anmeldung[206] eine Negativerklärung bezüglich etwaiger gegen die Genehmigung erhobener Widersprüche und Anfechtungsklagen bzw. den Nachweis der Anordnung der sofortigen Vollziehung[207] verlangen[208].

6. Amtspflicht

103 Eine Verletzung der Prüfungspflichten des § 14 a VAG stellt eine Amtspflichtverletzung der Aufsichtsbehörde dar. Die betroffenen Rechtsträger, aber auch die Versicherten können somit Schadensersatzansprüche gem. § 839 BGB, Art. 34 GG haben.

C. Konzern und Konzernunternehmen

I. Gründe für die Konzernbildung bei Versicherungsvereinen

1. Entwicklung zum Allspartenversicherer

104 Wegen des Grundsatzes der Spartentrennung[209] waren die meisten Versicherungsgesellschaften zunächst stark spartenorientiert, d. h. als Spezialversicherer tätig. Infolge der bedarfsorientierten spartenübergreifenden Nachfrage der Versicherungsnehmer entwickelten sich Allspartenversicherer[210]. Wegen des Grundsatzes der Spartentrennung muss ein Allspartenversicherer jedoch aus rechtlich selbstständigen Versicherungsunternehmen bestehen. Deshalb bildeten sich Versicherungskonzerne[211].

2. Allfinanzkonzept

105 Auch wegen des zunehmenden Verschwimmens der Grenzen der Märkte für Versicherungen, Bankprodukte und sonstige Finanzdienstleistungen und der damit einhergehenden Entwicklung eines Allfinanzkonzepts führen aufsichtsrechtliche Schranken zur Bildung von Konzernunternehmen[212]. Im Rahmen von Versicherungskonzernen können solche Konzepte aufgrund des Verbots des Betreibens versicherungsfremder Geschäfte[213] nur durch rechtlich selbstständige Unternehmen verwirklicht werden.

3. Verbesserung der Unternehmensstrukturen

106 Heute steht bei der Bildung von Versicherungskonzernen in immer größerem Maße die Gestaltung effizienter Unternehmensstrukturen im Wege einer Dezentralisierung im Mittel-

---

[204] § 20 Abs. 2; zur Heilung durch Eintragung siehe umfassend § 20 Rn 84 ff., § 131 Rn 65 ff., § 202 Rn 34 ff.; vgl. auch insoweit die in § 41 Abs. 1 Satz 3 GWB enthaltene Wirksamkeitsanordnung.
[205] §§ 81 ff. VAG.
[206] §§ 16, 125 Satz 1, 198, 246 Abs. 1, 296.
[207] Vgl. Rn 100.
[208] Siehe aber § 16 Rn 13 ff.
[209] §§ 8 Abs. 1 a, 8 a VAG.
[210] *Weigel* in Prölss vor § 15 VAG Rn 68.
[211] *Farny* in Farny/Helten/Koch/R. Schmidt S. 1035 ff.; *Müller-Wiedenhorn* S. 69 ff.
[212] *Müller-Wiedenhorn* S. 71 f.
[213] § 7 Abs. 2 VAG.

punkt der Überlegungen. Die Bildung von Konzernstrukturen versucht, die Vorteile kleiner Unternehmenseinheiten mit den Größenvorteilen einer Unternehmensgruppe zu verbinden[214].

Bei der Konzernbildung von Versicherungsunternehmen sind insoweit aus betriebswirtschaftlicher Sicht in erster Linie Möglichkeiten zur Reduktion der Durchschnittskosten durch Nutzung von Synergiepotentialen wie zB Größenvorteilen, Verbundvorteilen und das Prinzip zentralisierter Reserven von Bedeutung[215].

4. Rechtsformnachteile des VVaG

Beim VVaG spielen darüber hinaus rechtsformbedingte Nachteile eine wesentliche Rolle beim Aufbau von Konzernstrukturen.

Nach § 53 c Abs. 1 Satz 1 VAG sind Versicherungsunternehmen verpflichtet, zur Sicherstellung dauerhafter Erfüllbarkeit der Versicherungsverträge freie unbelastete Eigenmittel[216] in Höhe der nach Maßgabe der KapitalausstattungsVO[217] und einem Rundschreiben der BaFin[218] berechneten Solvabilitätsspanne zu bilden, die sich nach dem Geschäftsumfang bemisst[219]. Diese Solvabilitätsspanne führt beim VVaG, der nur über einen Gründungsstock[220] und nicht über ein gezeichnetes Kapital verfügt[221] und deshalb wachsenden Eigenmittelbedarf nicht über Kapitalerhöhungen decken kann, zu einer zwangsweisen Begrenzung des Wachstums.

Die Eigenmittelbeschaffung beim VVaG in Form von Genussrechtskapital ist nur eingeschränkt möglich[222]. Sie ist steuerlich nachteilig, da die Genussscheinausschüttungen gewerbesteuerlich in die versicherungstechnische Gewinn- und Verlustrechnung einzubeziehen sind[223].

Ein weiterer strukturbedingter Nachteil des VVaG liegt darin, dass versicherungstechnische Aufwendungen nicht mit nicht-versicherungstechnischen Erträgen verrechnet werden können. Im Hinblick auf das Prinzip der Ausgabendeckung[224] liegt in diesen Fällen eine verdeckte Gewinnausschüttung vor[225].

II. Der VVaG im Unterordnungskonzern

1. Der VVaG als herrschendes Unternehmen

Es besteht Einigkeit darüber, dass ein VVaG herrschendes Unternehmen eines Versicherungskonzerns sein kann[226]. Möglich ist sowohl die Beherrschung aufgrund eines Unternehmensvertrags[227] als auch eine faktische Beherrschung[228].

---

[214] *Bühner* DBW 1991, 142; *Müller-Wiedenhorn* S. 72 f.
[215] *Holzheu* VersR 1991, 532 ff.; *Benkel*, Der Versicherungsverein auf Gegenseitigkeit, S. 19.
[216] § 53 c Abs. 3 bis 3 e VAG.
[217] Verordnung über die Kapitalausstattung von Versicherungsunternehmen vom 13. 12. 1983, BGBl. I S. 1451, zuletzt geändert am 10.12.2003, BGBl. I S. 2478.
[218] BaFin-Rundschreiben 4/2005 (VA).
[219] Die Solvabilitätsspanne ist eine Berechnungsgröße, die vom Beitrags- bzw. Schadenumfang und der Nettoquote des Erstversicherers abhängt.
[220] § 22 VAG.
[221] Siehe im Einzelnen § 109 Rn 48 f.
[222] §§ 53 c Abs. 3 Nr. 3 a, Abs. 3 a, Abs. 3 c, Abs. 3 d Nr. 2 VAG.
[223] § 8 Nr. 1 GewStG; § 8 Abs. 3 Satz 2 KStG.
[224] § 24 Abs. 1 VAG.
[225] *BFH* BStBl. II 1976 S. 731 ff.; *Weigel* in Prölss § 24 VAG Rn 17.
[226] *Frels* VersR 1966, 994; *Brenzel* S. 109; *Hübner*, FS Wiedemann, S. 1033, 1037.
[227] §§ 291 Abs. 1 Satz 1, 308 ff. AktG; § 5 Abs. 3 Nr. 3 VAG; dazu *Müller-Wiedenhorn* S. 146 ff.
[228] § 18 Abs. 1 Satz 3 AktG.

113 Die praktische Notwendigkeit einer bzw. beim Vertragskonzern die Pflicht[229] zur Verlustübernahme stehen der Konzernbildung nicht entgegen. Der herrschende VVaG hat das Verlustrisiko auch bei anderen Formen der Vermögensanlage zu tragen[230].

114 Die Begründung eines Vertragskonzerns[231] erfordert in entsprechender Anwendung des § 293 Abs. 2 AktG die Zustimmung der obersten Vertretung des herrschenden VVaG[232].

2. Der VVaG als beherrschtes Unternehmen

115 **a) Beherrschung durch Garanten.** In der Literatur[233] wird die Möglichkeit der Beherrschung eines VVaG durch die Garanten des Gründungsstocks[234] erörtert. Die Beherrschung eines VVaG durch ein als Garant fungierendes Unternehmen ist nach zutreffender Ansicht[235] nicht möglich. Dem Garanten können aufgrund der Satzung des VVaG zwar Mitverwaltungsrechte als Mitglied des Vorstands oder Aufsichtsrats eingeräumt werden. Ein Stimmrecht bei Beschlüssen der obersten Vertretung kann dem Garanten aber nur eingeräumt werden, sofern er selbst Mitglied ist. Ein Vetorecht gegen solche Beschlüsse geht über die Teilnahme an der Verwaltung hinaus und ist daher unzulässig[236].

116 Des Weiteren verlangt das Prinzip der Selbstverwaltung, dass den Mitgliedern des VVaG ein entscheidender Einfluss auf die Besetzung der Vereinsorgane bleibt. Die Garanten dürfen somit lediglich eine Minderheit der Aufsichtsrats- und Vorstandsposten besetzen[237].

117 Eine wirksame Beherrschung oder eine dauerhafte Konzerneingliederung des VVaG kann daher über die Zeichnung des Gründungsstocks nicht begründet werden[238].

118 **b) Vertragliche Beherrschung.** Auch hinsichtlich der Beherrschung eines VVaG durch einen Unternehmensvertrag bestehen Bedenken. Unternehmensverträge[239] können zwar grundsätzlich mit Genehmigung der Aufsichtsbehörde[240] auch von Versicherungsunternehmen abgeschlossen werden[241], sind jedoch mit dem Gegenseitigkeitsprinzip[242] und der Organisationsstruktur des VVaG nur schwer zu vereinbaren.

119 Zwingendes Merkmal des VVaG ist die Überschussbeteiligung der Mitglieder[243]. Eine Abführung des Gewinns aufgrund eines Unternehmensvertrags kommt deshalb nicht in Betracht. Eine Ausgleichszahlung entsprechend § 304 AktG wäre zwar geeignet, die finanziellen Belange der Mitglieder zu wahren. Sie liefe jedoch im Ergebnis auf eine Versicherung gegen feste Prämien und damit auf die Aufgabe des für den VVaG strukturtypischen gegenseitigen Schadensausgleichs hinaus[244].

120 Des Weiteren ist nach überwiegender Auffassung[245] eine nicht vom Willen der Mitglieder ableitbare Willensbildung nicht mit dem Gedanken der Gegenseitigkeit vereinbar. Wei-

---

[229] § 302 AktG.
[230] Geschäftsbericht des BAV 1966 S. 23 und 1967 S. 34.
[231] Zur Konzerneingangskontrolle bei der Begründung eines faktischen Konzerns siehe *Hüffer* § 119 AktG Rn 16 ff.
[232] *Müller-Wiedenhorn* S. 147; zur obersten Vertretung siehe § 111 Rn 6.
[233] *Frels* VersR 1966, 997; *Brenzel* S. 111.
[234] § 22 VAG.
[235] *Großfeld*, Der Versicherungsverein auf Gegenseitigkeit im System der Unternehmensformen, 1985, S. 25 f.; *Brenzel* S. 114.
[236] *Weigel* in Prölss § 22 VAG Rn 17 mwN; *Müller-Wiedenhorn* S. 166; aA *Kisch*, Das Recht des VVaG, 1951, S. 253.
[237] *Lorenz* in Farny/Helten/Koch/R. Schmidt S. 1154; *Müller-Wiedenhorn* S. 166 ff.
[238] *Piojda* S. 103.
[239] §§ 291, 292 AktG.
[240] § 5 Abs. 3 Nr. 3 VAG.
[241] Zur Problematik der Spartentrennung siehe Geschäftsbericht des BAV 1966 S. 23 und 1972 S. 31.
[242] Hierzu *Weigel* in Prölss § 15 VAG Rn 8 ff.
[243] § 38 VAG; siehe auch § 109 Rn 14; *Benkel*, Der Versicherungsverein auf Gegenseitigkeit, S. 73 ff.
[244] *Zöllner* ZVersWiss 1964, 309.
[245] *Weigel* in Prölss vor § 15 VAG Rn 74 ff. mwN.

sungen aufgrund eines Beherrschungsvertrags können nicht zu einer Privilegierung anderer Konzernunternehmen zum Nachteil des VVaG führen[246].

Der VVaG scheidet daher als abhängiges Unternehmen in einem Unterordnungskonzern aus[247]. 121

III. Der VVaG im Gleichordnungskonzern

1. Formen des Gleichordnungskonzerns

a) Faktische Gleichordnung. Eine faktische Gleichordnung ist gegeben, wenn sich mehrere voneinander unabhängige Unternehmen ohne eine entsprechende Vertragsgrundlage unter einheitlicher Leitung zusammenfassen[248], ohne dass hierdurch ein Unternehmen über die anderen Leitungsmacht erlangt. Die faktische Gleichordnung erfolgt regelmäßig über die personelle Verflechtung der Leitungsorgane[249]. Die Grenzen zum (konkludenten) vertraglichen Gleichordnungskonzern sind fließend. Die Willensbildung eines faktischen Gleichordnungskonzerns vollzieht sich nicht nach Gesellschafts-, sondern nach Gemeinschaftsrecht[250]. 122

b) Vertragliche Gleichordnung. Einem Gleichordnungskonzern liegt idR ein Gleichordnungsvertrag zugrunde, durch den sich mehrere unabhängige Unternehmen einer einheitlichen Leitung unterwerfen. Der vertragliche Gleichordnungskonzern ist regelmäßig eine GbR, auf die die §§ 705 ff. BGB anwendbar sind[251]. 123

2. Begriff der einheitlichen Leitung

Der Gleichordnungskonzern setzt eine einheitliche Leitung der zum Konzern verbundenen Unternehmen voraus[252]. 124

a) Personenidentität der Vereinsorgane. Die Institutionalisierung der einheitlichen Leitung kann durch Personenidentität der Vorstandsmitglieder der am Gleichordnungskonzern beteiligten Unternehmen erreicht werden. Eine satzungsmäßige Verpflichtung zur Bestellung identischer Vorstandsmitglieder ist jedoch ausgeschlossen. Das Recht zur Bestellung der Vorstände steht auch beim VVaG ausschließlich dem Aufsichtsrat zu[253]. 125

Eine personenidentische Besetzung der Aufsichtsräte der am Gleichordnungskonzern beteiligten Unternehmen ist zwar denkbar, praktisch jedoch schwer durchzusetzen. Insbesondere bei Versicherungsvereinen mit einer Vertreterversammlung ist es zwar möglich, sich hinsichtlich der zu bestellenden Aufsichtsräte abzustimmen, eine solche Abstimmung ist jedoch nicht erzwingbar[254]. Darüber hinaus unterliegen Versicherungsvereine mit mehr als 500 Beschäftigten der Mitbestimmung nach dem DrittelbG. Bereits aus diesem Grund scheidet eine (vollständige) Personenidentität der Aufsichtsräte aus. 126

Die personenidentische Besetzung der obersten Vertretung scheidet selbst dann aus, wenn nur Versicherungsvereine mit ausschließlich nach dem Kooptationsprinzip gewählten Mitgliedervertretern[255] am Gleichordnungskonzern beteiligt sind. Abgesehen davon, dass die 127

---

[246] *Zöllner* ZVersWiss 1964, S. 309.
[247] *Peiner* in Peiner S. 190; *Ebert* VersR 2003, 1211, 1212.
[248] § 18 Abs. 2 AktG.
[249] BGHZ 121, 137; *Hüffer* § 18 AktG Rn 21; *Görg* S. 7 f.; *Müller-Wiedenhorn* S. 205 ff.
[250] §§ 741 ff. BGB.
[251] *Hüffer* § 18 AktG Rn 20.
[252] 18 Abs. 2 AktG; umfassend hierzu *Lutter/Drygala* ZGR 1995, 557, 574 f. mwN.
[253] § 34 Satz 1 VAG, § 84 AktG.
[254] *Brenzel* S. 120.
[255] Siehe § 111 Rn 7.

Mitgliedervertreter Mitglieder und Versicherungsnehmer bei allen am Gleichordnungskonzern beteiligten Versicherungsvereinen sein müssen[256], würde dadurch die Repräsentationsfunktion der obersten Vertretung der einzelnen Versicherungsvereine in unzulässiger Weise beschränkt[257].

128 Eine personelle Identität der obersten Organe des VVaG aufgrund vertraglicher Vereinbarungen oder kraft Satzung ist demgemäß unzulässig[258].

129 **b) Gemeinsames Leitungsorgan.** Eine einheitliche Leitung im Gleichordnungskonzern kann auch dadurch erzielt werden, dass die beteiligten Versicherungsvereine ein Organ bilden, das Leitungsfunktionen ausübt, zB in Form einer GbR[259]. Dieses gemeinsame Leitungsorgan kann kraft Gleichordnungsvertrags oder Satzung[260] gebildet werden. Ein solches gemeinsames Leitungsorgan ist wegen des Grundsatzes der gemeinschaftlichen Geschäftsführung[261] mit der Rechtsnatur des VVaG vereinbar[262].

130 Gesellschafter des Leitungsorgans sind die gleichgeordneten Versicherungsvereine. Die Geschäftsführung des Leitungsorgans setzt sich aus den Vorstandsmitgliedern der Versicherungsvereine zusammen. Für das Leitungsorgan kann ein Gesellschafterbeirat geschaffen werden, der personenidentisch mit den Aufsichtsräten der beteiligten Versicherungsvereine besetzt werden kann.

131 Das gemeinsame Leitungsorgan ist ein Instrument der Willensbildung zur Abstimmung der strategischen Ausrichtung und zur Koordinierung der einzelnen Versicherungsunternehmen und implementiert so eine einheitliche Leitung iSd. § 18 Abs. 2 AktG.

132 **c) Koordinierung der Geschäftspolitik und Unternehmensführung.** Eine „einheitliche Leitung" eines Gleichordnungskonzerns setzt voraus, dass die Grundsätze der Geschäftspolitik und der Unternehmensführung der Konzerngesellschaften, wie zB die Tarifgestaltung, die Schadensbearbeitung und -regulierung, die Datenverarbeitung, die Vertriebsorganisation und die Personalpolitik abgestimmt und koordiniert werden[263].

3. Weisungsrecht und Mehrheitsentscheidungen im Gleichordnungskonzern

133 Im Hinblick auf die Regelung des § 18 Abs. 2 AktG wird die Auffassung vertreten, dass die einheitliche Leitung im Gleichordnungskonzern nur koordinierende Funktion haben dürfe. Die Unabhängigkeit der Unternehmen sei sowohl im Verhältnis untereinander als auch im Verhältnis zum gemeinsamen Leitungsorgan zu wahren[264]. Daraus wurde gefolgert, dass Beschränkungen der eigenverantwortlichen Leitungsmacht der Unternehmen[265], bspw. durch Mehrheitsentscheidungen innerhalb des gemeinsamen Leitungsorgans sowie Weisungen zum Nachteil eines beteiligten Unternehmens, unzulässig seien[266].

134 Diese Auffassung geht an der Realität vorbei und übersieht die Notwendigkeiten einer gemeinsamen Leitung. Abgesehen von kartellrechtlichen Problemen[267] einer Konzernierung

---

[256] *Weigel* in Prölss § 29 VAG Rn 5 b.
[257] *Piojda* S. 114.
[258] *Brenzel* S. 120.
[259] §§ 705 ff. BGB; dazu *Müller-Wiedenhorn* S. 199 ff.
[260] *Piojda* S. 114.
[261] § 709 Abs. 1 BGB.
[262] *Mohr* VW 1990, 162, 163.
[263] Zur notwendigen Leitungsdichte *Koppensteiner* in Kölner Komm. § 18 AktG Rn 24 ff.; *K. Schmidt* ZHR 155 (1991) 417, 422.
[264] Siehe *Koppensteiner* in Kölner Komm. § 291 AktG Rn 103; *Gromann* S. 57 f.
[265] § 34 Satz 1 VAG, § 76 Abs. 1 AktG.
[266] *Rasch*, Deutsches Konzernrecht, 1974, S. 109; *Gromann* S. 58 ff.; *Klippel*, Die wettbewerbsrechtliche Beurteilung von Konzernen, 1984, S. 82 f.; *Müller-Wiedenhorn* S. 200.
[267] Zum Konzentrationsprivileg siehe Rn 148.

unabhängiger Unternehmen, sind die Interessen des Gleichordnungskonzerns notwendigerweise nicht immer deckungsgleich mit den Interessen der am Gleichordnungskonzern beteiligten Einzelunternehmen. Bei der Abstimmung der wesentlichen Grundsätze der Geschäftspolitik und der Unternehmensführung[268] werden daher häufig der Wille und die Interessen der Einzelunternehmen zurückstehen müssen[269].

Ob diese Einschränkung der eigenverantwortlichen Leitung der Einzelunternehmen aufgrund faktischer Zwänge (zB wirtschaftliches Übergewicht eines der beteiligten Unternehmen) oder aufgrund vertraglicher Vereinbarung (zB durch Vereinbarung von Mehrheitsentscheidungen im gemeinsamen Leitungsorgan) erfolgt, kann nicht erheblich sein.

Weisungsrechte und Mehrheitsentscheidungen eines gemeinsamen Leitungsorgans sind im Gleichordnungskonzern zur Implementierung einer einheitlichen Leitung iSd. § 18 Abs. 2 AktG erforderlich und müssen daher als zulässig angesehen werden[270].

In Anbetracht des dem VVaG immanenten Prinzips der Selbstverwaltung[271] sind der Leitung eines Gleichordnungskonzerns unter Beteiligung von Versicherungsvereinen jedoch enge Grenzen gesetzt. Weisungsrechte und Mehrheitsentscheidungen dürfen nur in Einzelfällen zum Nachteil der beteiligten Versicherungsvereine zur Privilegierung eines anderen Konzernunternehmens führen. Der Vorstand des VVaG darf solchen Weisungen und Mehrheitsentscheidungen nur dann Folge leisten, wenn dies aufgrund der mit dem Gleichordnungskonzern verfolgten Zwecke insgesamt für den VVaG von Vorteil ist.

Durch die zwangsläufige Abhängigkeit von der gemeinsamen Leitung darf die Willensbildung innerhalb der Organe des VVaG, insbesondere der obersten Vertretung, nicht generell beschränkt werden. Dies bedeutet, dass die Dauerhaftigkeit eines Gleichordnungskonzerns unter Beteiligung von Versicherungsvereinen vertraglich nicht sichergestellt werden kann und die Mitglieder Einfluss auf die Beendigung der Gleichordnung haben müssen[272].

4. Der Gleichordnungsvertrag als Unternehmensvertrag

In der Literatur wird die mit der einheitlichen Leitung im Gleichordnungskonzern zwangsweise verbundene Abhängigkeit entweder ignoriert[273] oder der Gleichordnungskonzern in einen Unterordnungskonzern umqualifiziert, sobald es zu einer solchen (unvermeidbaren) Abhängigkeit kommt[274].

Da beide Auffassungen nicht weiterhelfen, ist es sachgemäß, als Grundlage für Weisungen und Mehrheitsentscheidungen im Gleichordnungskonzern den Abschluss eines Unternehmensvertrags zu verlangen[275]. § 291 Abs. 2 AktG stellt lediglich klar, dass ein Gleichordnungsvertrag kein Beherrschungsvertrag iSd. § 291 Abs. 1 AktG ist.

5. Zustimmung der obersten Vertretung zum Unternehmensvertrag

Auch wenn die Abhängigkeit der beteiligten Konzernunternehmen im Gleichordnungskonzern geringer ausgeprägt ist als bei einer Beherrschung in einem Unterordnungskonzern,

---

[268] Siehe Rn 132.
[269] *Wellkamp* DB 1993, 2517.
[270] *Wellkamp* DB 1993, 2517 f.; *K. Schmidt* ZHR 155 (1991) 417 ff., insbesondere 428 ff.
[271] Siehe Rn 116.
[272] *Samwer* in Kalwar (Hrsg.), Neue Entwicklungen im Recht der VVaG, 1975, S. 352. Ansonsten kann eine Haftung der übrigen Konzernunternehmen nach konzernrechtlichen Maßstäben drohen: *Görg* S. 10 ff.
[273] Siehe etwa *Koppensteiner* in Kölner Komm. § 18 AktG Rn 23 ff. und § 291 AktG Rn 104.
[274] *Gromann* S. 51 f.
[275] *K. Schmidt* ZHR 155 (1991) 417, 428.

wird man für den Abschluss des auf Gleichordnung gerichteten Unternehmensvertrags die Zustimmung der obersten Vertretung des VVaG fordern müssen[276].

142 Wie bei anderen Strukturmaßnahmen (zB Bestandsübertragungen nach § 14 VAG[277], Umwandlungen nach dem UmwG) ist für die Beschlussfassung der obersten Vertretung eine Mehrheit von drei Vierteln der abgegebenen Stimmen zu verlangen[278].

143 Hinsichtlich der Bekanntmachungs-, Erläuterungs- und Auskunftspflichten des Vorstands gelten die gleichen Anforderungen wie bei Strukturmaßnahmen nach Maßgabe des UmwG[279].

6. Horizontaler Verlustausgleich

144 In der Literatur wird vereinzelt die Auffassung vertreten, die Bildung eines Gleichordnungskonzerns führe zu einer entsprechenden Anwendung des § 302 AktG[280] oder erfordere den Abschluss eines Innengesellschaftsvertrags über den horizontalen Ausgleich von Verlusten der einzelnen am Gleichordnungskonzern beteiligten Unternehmen[281].

145 Diesen Auffassungen ist – jedenfalls bei der Beteiligung von Versicherungsvereinen – nicht zuzustimmen. Anders als bei einem Unterordnungskonzern, bei dem nachteilige Weisungen bei Nachteilsausgleich grundsätzlich zulässig sind[282], sind Weisungen an den Vorstand eines VVaG in einem Gleichordnungskonzern nur dann zulässig, wenn dies iRd. mit der einheitlichen Leitung verfolgten Zwecks insgesamt im Interesse des VVaG liegt[283]. Eine Verpflichtung zur Verlustübernahme oder zur Vereinbarung eines horizontalen Verlustausgleichs ist mangels einer generellen Sanktionierung nachteiliger Weisungen weder erforderlich noch gerechtfertigt. Sollten sich erteilte Weisungen in einer späteren Gesamtbetrachtung als nachteilig für den die Weisung befolgenden VVaG erweisen, ist der Nachteil in entsprechender Anwendung des § 311 Abs. 1 AktG von den anderen Unternehmen des Gleichordnungskonzerns auszugleichen[284]. Es empfiehlt sich, Regelungen über einen solchen Nachteilsausgleich in den Gleichordnungsvertrag aufzunehmen.

7. Eintragung des Gleichordnungskonzerns ins Handelsregister

146 Da durch die Schaffung der einheitlichen Leitung in die autonome Leitungsfunktion des Vorstands des VVaG eingegriffen, d. h. vom gesetzlichen Leitbild der § 34 Satz 2 VAG, § 76 Abs. 1 AktG abgewichen, wird, erscheint es sachgemäß, entsprechend der Regelung in § 294 Abs. 2 AktG zur Wirksamkeit des Gleichordnungsvertrags die Eintragung in das Handelsregister zu verlangen[285].

8. Genehmigung durch die Aufsichtsbehörde (§ 5 Abs. 3 Nr. 3, 4 VAG)

147 Der Abschluss eines Gleichordnungsvertrags berührt in gleicher Weise wie die in § 5 Abs. 3 Nr. 3 und 4 VAG genannten Unternehmens- und Funktionsausgliederungsverträge die Belange der Versicherten und ist daher von der BaFin zu genehmigen.

---

[276] *Wellkamp* DB 1993, 2517, 2519; *Timm*, Die Aktiengesellschaft als Konzernspitze, 1980, S. 151 ff. Vgl. auch BGHZ 83, 122 „Holzmüller"; differenzierend danach, ob eine „fusionsähnliche Verbindung der Unternehmen" entsteht, *Hübner* in Lutter Anh. 2 § 189 Rn 6 ff. Ein Zustimmungserfordernis wird verneint von *Müller-Wiedenhorn* S. 202 f.
[277] Hierzu siehe Rn 1 ff.
[278] Vgl. § 44 VAG; §§ 112 Abs. 3 Satz 1, 293 Satz 1.
[279] Siehe im Einzelnen §§ 109 ff.
[280] *Wellkamp* DB 1993, 2517, 2520 f.
[281] *K. Schmidt* ZHR 155 (1991) 417, 430.
[282] § 311 Abs. 1 AktG.
[283] Siehe Rn 136 f.
[284] *Görg* S. 15 ff.; aA *Hüffer* § 291 AktG Rn 35 mwN, der eine Ausgleichspflicht nur bei Treuepflichtverletzungen oder objektivem Missbrauch annimmt.
[285] *Wellkamp* DB 1993, 2517, 2519; offen gelassen bei: *K. Schmidt* ZHR 155 (1991) 417, 427; aA *Hüffer* § 291 AktG Rn 35.

9. Kartellrechtliche Relevanz des Gleichordnungskonzerns

Die Bildung von Gleichordnungskonzernen kann dem Verbot wettbewerbsbeschränken- **148** der Vereinbarungen gem. § 1 GWB, dem Missbrauchsverbot nach den §§ 19 ff. GWB und der Fusionskontrolle nach den §§ 35 ff. GWB[286] unterfallen. Wird im Gleichordnungskonzern die autonome Leitungsfunktion der Vertretungsorgane der beteiligten Unternehmen durch Weisungsbefugnisse oder Mehrheitsentscheidungen iRd. gemeinsamen Leitungsorgans eingeschränkt, erfüllt die Bildung des Gleichordnungskonzerns den Tatbestand des Zusammenschlusses iSd. § 37 GWB. Aufgrund des Konzentrationsprivilegs finden in diesen Fällen das Verbot wettbewerbsbeschränkender Vereinbarungen des § 1 GWB und das Missbrauchsverbot nach den §§ 19 ff. GWB keine Anwendung[287].

Aufgrund des materiellen Zusammenschlussbegriffs im europäischen Wettbewerbs- **149** recht unterfallen Gleichordnungskonzerne zwar dem Verbot gem. Art. 81 EGV und der Missbrauchskontrolle gem. Art. 82 EGV, nicht jedoch der Fusionskontrolle nach Maßgabe der Fusionskontrollverordnung[288].

10. Mitbestimmungs- und betriebsverfassungsrechtliche Bedeutung des Gleichordnungskonzerns

Im Gegensatz zum Unterordnungskonzern sind für den Gleichordnungskonzern die Bil- **150** dung eines Konzernbetriebsrats und die Mitbestimmung im Aufsichtsrat nicht vorgesehen[289].

Im Verhältnis zwischen einem VVaG und möglicherweise existierenden Konzern- **151** Tochtergesellschaften[290] richtet sich die Bildung von Konzernbetriebsräten und die Mitbestimmung im Aufsichtsrat nach den allgemeinen Grundsätzen. Unter einheitlicher Leitung zusammengefasste Tochterunternehmen der am Gleichordnungskonzern beteiligten Versicherungsvereine unterliegen jedoch auch dann diesen Grundsätzen, wenn der jeweilige VVaG nur eine Minderheitsbeteiligung an dem Tochterunternehmen hält[291].

11. Konzernrechnungslegung im Gleichordnungskonzern

Inwieweit die Vorschriften der §§ 341 i ff., 290 ff. HGB auch auf den Gleichordnungs- **152** konzern anwendbar sind, ist umstritten. Während nach einer Auffassung Gleichordnungskonzerne grundsätzlich nicht der Konzernrechnungslegung unterliegen[292], wird nach einer anderen Meinung[293] die Verpflichtung zur Aufstellung eines Konzernabschlusses aufgrund der einheitlichen Leitung im Gleichordnungskonzern bejaht.

Der letztgenannten Auffassung ist zuzustimmen. § 290 HGB setzt nicht notwendig voraus, **153** dass die einheitliche Leitung gesellschaftsrechtlich vermittelt wird. Sie kann auch durch den Abschluss eines Unternehmensvertrags vermittelt werden[294]. Folgt man der Auffassung, dass die für die einheitliche Leitung erforderliche Einschränkung der eigenverantwortlichen Lei-

---

[286] Hierzu umfassend § 2 Rn 69 ff.
[287] *Bechtold* GWB, 3. Aufl. 2002, § 1 GWB Rn 47, 51; *Mohr* VW 1987, 560, 562; *Hübner* in Lutter Anh. 2 § 189 Rn 18.
[288] Verordnung (EG) Nr. 139/2004 des Rates vom 20. 1. 2004 über die Kontrolle von Unternehmenszusammenschlüssen („EG-Fusionskontrollverordnung") ABl. Nr. L 24 vom 29. 1. 2004; zur europäischen Fusionskontrolle siehe § 2 Rn 75 f.
[289] Die §§ 5 MitbestG, 2 DrittelbG und 54 Abs. 1 BetrVG beziehen sich nur auf § 18 Abs. 1 AktG; dazu *Peiner/Görg*, FS Horst Richter, S. 267, 273 f.; *Görg* S. 19; *Müller-Wiedenhorn* S. 225.
[290] § 18 Abs. 1 Satz 1 AktG.
[291] *Peiner* VW 1992, 920, 924.
[292] *Hüffer* § 18 AktG Rn 22; Stellungnahme des IDW-Sonderausschusses BiRiLiG 1/1988, WPg 1988, 340, 341.
[293] *A/D/S* § 290 HGB Rn 88; *IDW* (Hrsg.), WP-Handbuch 1996, Bd. I, M Rn 75; *Merkt* in Baumbach/Hopt § 290 HGB Rn 6.
[294] Siehe auch § 290 Abs. 2 Nr. 3 HGB.

§ 120　　　　　　　　　　　　　　　　　　　　Zweites Buch. Verschmelzung

tungsmacht der an einem Gleichordnungskonzern beteiligten Unternehmen nur aufgrund eines Unternehmensvertrags möglich ist[295], sind auf einen solchen Gleichordnungskonzern auch die Grundsätze der Konzernrechnungslegung anzuwenden.

12. Sonstige wirtschaftliche Verflechtungen von Versicherungsvereinen im Gleichordnungskonzern

154　Weitere Maßnahmen der faktischen Festigung des Gleichordnungskonzerns sind:
– Gründung einer gemeinsamen (Finanz-) Zwischenholding für Tochtergesellschaften;
– wechselseitige Beteiligung an den jeweiligen Tochtergesellschaften;
– wechselseitige Aufnahme bzw. Gewährung von Genussscheinkapital;
– wechselseitige Rückversicherung.

13. Steuerliche Nachteile des Gleichordnungskonzerns

155　Im Gleichordnungskonzern ergeben sich erhebliche steuerliche Nachteile daraus, dass die gleichgeordneten Versicherungsvereine nicht die Voraussetzungen einer steuerlichen Organschaft erfüllen.

156　Die Begründung einer steuerlichen Organschaft scheitert jedenfalls daran, dass ein VVaG nicht finanziell eingegliedert[296] werden kann. Die für die Annahme einer steuerlichen Organschaft notwendige finanzielle Eingliederung setzt eine gesellschaftsrechtliche Mehrheitsbeteiligung voraus, die es bei der Rechtsform des VVaG nicht geben kann.

157　Neben der Nichtanwendbarkeit körperschafts-[297] und gewerbesteuerrechtlicher[298] Organschaftsregelungen, die eine Verrechnung von Gewinnen und Verlusten im Konzern ermöglichen würden, ist im Gleichordnungskonzern von Versicherungsvereinen insbesondere die Nichtanwendbarkeit der umsatzsteuerlichen Regelungen zur Organschaft[299] von Nachteil. Infolge der fehlenden Organschaft sind die Leistungsbeziehungen zwischen den an dem Gleichordnungskonzern beteiligten Versicherungsvereinen (zB EDV-, Vertrieb-, Service- und andere Dienstleistungen) umsatzsteuerpflichtig, ohne dass dem die Leistung empfangenden VVaG bezüglich der umsatzsteuerbefreiten Umsätze[300] ein entsprechender Vorsteuerabzug möglich ist.

158　Diese umsatzsteuerliche Belastung der internen Leistungsbeziehungen stellt einen zusätzlichen Kostenfaktor dar. Die mit dem Gleichordnungskonzern angestrebten Synergieeffekte könnten hierdurch wieder aufgehoben werden[301].

Neunter Abschnitt. Verschmelzung von Kapitalgesellschaften mit dem Vermögen eines Alleingesellschafters

§ 120 Möglichkeit der Verschmelzung

(1) **Ist eine Verschmelzung nach den Vorschriften des Ersten bis Achten Abschnitts nicht möglich, so kann eine Kapitalgesellschaft im Wege der Aufnahme mit dem Vermögen eines Gesellschafters oder eines Aktionärs verschmolzen werden, sofern sich alle Geschäftsanteile oder alle Aktien der Gesellschaft in der Hand des Gesellschafters oder Aktionärs befinden.**

---

[295] Siehe Rn 140.
[296] § 14 Nr. 1 KStG; dazu *Peiner/Görg*, FS Horst Richter, S. 267, 272.
[297] § 14 KStG; *Peiner/Görg*, FS Horst Richter, S. 267, 272; *Görg* S. 35.
[298] § 2 Abs. 2 Satz 2 GewStG; zu den Entwicklungen der vergangenen Jahre *Görg* S. 35 ff.
[299] § 2 Abs. 2 Nr. 2 UStG; *Peiner/Görg*, FS Horst Richter, S. 267, 272; *Görg* S. 38 ff.
[300] § 4 Nr. 10 UStG.
[301] *Piojda* S. 120.

Möglichkeit der Verschmelzung **1 § 120**

(2) **Befinden sich eigene Anteile in der Hand der Kapitalgesellschaft, so werden sie bei der Feststellung der Voraussetzungen der Verschmelzung dem Gesellschafter oder Aktionär zugerechnet.**

Übersicht

	Rn		Rn
I. Allgemeines	1	3. Sonstige Anforderungen an den Übernehmer	25
1. Sinn und Zweck der Norm	1	a) Kein Erfordernis der Kaufmannseigenschaft	25
2. Anwendungsbereich	4	b) Überschuldung als Verschmelzungshindernis	26
3. Keine gemeinschaftsrechtlichen Vorgaben	5	IV. Inhaber sämtlicher Anteile	27
4. Praktische Bedeutung	6	1. Vollinhaberschaft	27
5. Alternativen	7	2. Alle Anteile	28
a) Liquidation	7	a) KGaA	29
b) Formwechsel und Anwachsung	8	c) Eigene Anteile	30
II. Übertragender Rechtsträger	9	d) Unterbeteiligungen	31
1. Kapitalgesellschaft	9	e) Wandlungs- und sonstige Bezugsrechte	32
a) Kapitalgesellschaft deutschen Rechts	9	3. Belastete Anteile (Nießbrauch/Pfandrecht)	34
b) Kapitalgesellschaft ausländischen Rechts	12	a) Grundsätzlich kein Hindernis	34
2. Überschuldung	13	b) Zustimmungsbeschluss	35
3. Mehrere übertragende Rechtsträger	14	c) Sonstige Zustimmungserfordernisse	36
III. Übernehmender Rechtsträger	15	4. Bedingter Beteiligungserwerb	38
1. Grundsatz	15	a) Aufschiebende Bedingung	38
a) Natürliche Person	15	b) Auflösend bedingter Erwerb	39
b) Andere	16	5. Maßgebender Zeitpunkt	40
c) Ausländische Unternehmen	19	a) Bedingte Übertragung	41
2. Einzelheiten	20	b) Kettenverschmelzung	42
a) Gesamthandsgemeinschaften	20		
b) Ausländische natürliche Personen	21		
c) Minderjähriger, Betreuer	23		
d) Erbe unter Testamentsvollstreckung	24		

Literatur: *Ebenroth/Offenloch*, Kollisionsrechtliche Untersuchung grenzüberschreitender Ausgliederungen, RIW 1997, 1; *Heckschen*, Die Verschmelzung auf den Alleingesellschafter – eine mißglückte gesetzliche Regelung, ZIP 1996, 450.

I. Allgemeines

1. Sinn und Zweck der Norm

Die Vorschrift ermöglicht die Übertragung des Vermögens einer Kapitalgesellschaft auf ihren Alleingesellschafter, soweit dies nicht nach den rechtsformspezifischen Vorschriften der anderen Abschnitte der besonderen Verschmelzungsvorschriften[1] möglich ist. Das Gesetz konzipiert die **Übertragung des Vermögens** als echte Verschmelzung, allerdings nicht als Verschmelzung mit dem übernehmenden Rechtsträger, wie es sonst heißt, sondern „mit dem Vermögen des Gesellschafters". Die Verschmelzung ist atypisch, weil Anteile des übernehmenden Rechtsträgers nicht gewährt werden können[2]. Diese Lage kann auch sonst bestehen, wenn dem übernehmenden Rechtsträger alle Anteile an dem übertragenden Rechtsträger gehören[3].

1

---

[1] §§ 39 bis 119.
[2] Dazu auch *Karollus* in Lutter Rn 12.
[3] § 5 Abs. 2, dazu § 5 Rn 128 ff.

2 Praktisch wird dies hier vor allem für den Fall der Verschmelzung auf eine **natürliche Person**. Da in diesem Fall Anteile an dem übernehmenden Rechtsträger nicht ausgegeben werden können, wird dieses Element einer Verschmelzung durch das Erfordernis ersetzt, dass der übernehmende Rechtsträger Inhaber sämtlicher Anteile an der Kapitalgesellschaft sein muss. Eine Mehrheitsverschmelzung ist ausgeschlossen[4]. Dadurch unterscheidet sich das UmwG von der entsprechenden Regelung des früheren Rechts[5], die eine „verschmelzende Umwandlung" auf den mit mehr als 90% beteiligten Mehrheitsgesellschafter zuließ.

3 Nach der, nicht zweifelsfreien, hM gilt die Vorschrift nur, wenn der Alleingesellschafter eine natürliche Person ist[6].

2. Anwendungsbereich

4 Die Vorschrift gilt nur für **Kapitalgesellschaften**, also nur für Gesellschaften mit beschränkter Haftung, Aktiengesellschaften und Kommanditgesellschaften auf Aktien[7]. Für Personengesellschaften gilt sie ausdrücklich nicht. Sie kommt für Personengesellschaften auch nicht in Betracht, weil es nach hM eine Einpersonen-Personengesellschaft nicht geben kann[8]. Für die Anwendung auf Personengesellschaften besteht umgekehrt auch kein Bedürfnis. Denn wenn das Vermögen einer Personengesellschaft auf einen Gesellschafter überführt werden soll, kann dies dadurch erreicht werden, dass die übrigen Gesellschafter ihren Anteil auf den einzigen verbleibenden Gesellschafter übertragen oder gegen Abfindung ausscheiden, womit das Vermögen durch im Weg der Anwachsung bewirkte Gesamtrechtsnachfolge auf den verbleibenden Gesellschafter über geht[9].

3. Keine gemeinschaftsrechtlichen Vorgaben

5 Die VerschmRL regelt nur die Verschmelzung von Aktiengesellschaften untereinander. Sie ist also auf die Verschmelzung auf den Alleingesellschafter anderer Rechtsform und insbesondere die natürliche Person als Alleingesellschafter nicht anwendbar. Bindende europarechtliche Vorgaben bestehen daher nicht[10]. Die – nicht bindende – Empfehlung der Kommission zur Übertragung von kleinen und mittleren Unternehmen will auch die *disincorporation* ermöglichen[11]. Die in § 120 geregelte Verschmelzung auf die natürliche Person als Alleingesellschafter ist eine Art solcher *disincorporation*. Die Norm erfüllt in ihrem Anwendungsbereich die Empfehlung insoweit mustergültig.

4. Praktische Bedeutung

6 Die Verschmelzung auf den Alleingesellschafter ist der einfachste und heute **steuerlich neutral** mögliche[12] Weg, das Unternehmen oder Vermögen einer Kapitalgesellschaft auf

---

[4] Grund: Minderheiten- und Anlegerschutz, RegBegr. *Ganske* S. 146; *Karollus* in Lutter Rn 2.
[5] § 15 iVm. § 9 UmwG 1969.
[6] Siehe Rn 16 bis 18.
[7] § 3 Abs. 1 Nr. 2; zur Verschmelzungsfähigkeit der SE und der SCE siehe Einl. C Rn 55 ff, 68.
[8] Ganz hM, *K. Schmidt* GesR § 8 IV 2 b; *Ulmer* ZIP 2001, 588; aA *Th. Raiser* AcP 194 (1994) 509 f.
[9] § 738 Abs. 1 Satz 1 BGB; *Hopt* in Baumbach/Hopt § 131 HGB Rn 35; BGHZ 113, 132, 133; *Ulmer* in MünchKomm. vor § 723 BGB Rn 17; *Hadding* in Soergel § 723 BGB Rn 9; *K. Schmidt* GesR § 8 IV 2 b.; *Flume* Personengesellschaft § 17 VIII; *Karollus* in Lutter Rn 17.
[10] Für die Verschmelzung von Kapitalgesellschaften auch verschiedener Rechtsform aus verschiedenen Mitgliedstaaten der EU oder EWR gilt die RL 2005/56/EG; siehe dazu die Erläuterungen zu §§ 122 a ff.
[11] ABl.EG L 385/14 vom 31. 12. 1994 sowie die diesbezügliche Mitteilung der Kommission in ABl.EG C 400/1, 3 (zu Art. 4); *Karollus* in Lutter Rn 10.
[12] § 3 UmwStG. Das entspricht der Empfehlung der EU-Kommission zur Übertragung von kleinen und mittleren Unternehmen vom 31. 12. 1994, ABl.EG L 385 S. 15; siehe auch die Erläuterung in der Mitteilung vom 31. 12. 1994, ABl.EG C 400 S. 3 aE.

den Gesellschafter zu überführen, allerdings um den Preis der zeitlich unbegrenzten Haftung des übernehmenden Alleingesellschafters für alle Haftungsrisiken der Kapitalgesellschaft. Sie erlaubt eine vereinfachte Beendigung der nicht mehr benötigten oder gewünschten Struktur der Kapitalgesellschaft, zB wenn eine zu bestimmtem Zweck errichtete Objektgesellschaft wieder aufgelöst werden soll, nachdem das Objekt aufgegeben ist, oder wenn die von einem Rechtsanwalt, Steuerberater oder Wirtschaftsprüfer in der Form der GmbH geführte Einzelpraxis zur Vermeidung der Gewerbesteuer auf den Berufsträger unmittelbar überführt werden soll[13].

5. Alternativen

a) Liquidation. Ohne Zuhilfenahme des UmwG kann das Vermögen der Gesellschaft – allerdings ohne steuerliche Rückwirkung – durch Liquidation und **Verkauf** an den Gesellschafter übertragen werden. Der Veräußerungserlös (abzüglich Steuern und Kosten) kann dann als Liquidationserlös an den Gesellschafter ausgeschüttet werden. Dieser Weg ist langwierig und idR gegenüber der Verschmelzung auch mit steuerlichen Nachteilen verbunden[14]. 7

b) Formwechsel und Anwachsung[15]. Wichtiger ist ein anderer Weg. Kommt wegen der Rechtsform des Gesellschafters[16] die Verschmelzung auf ihn auch nach § 120 nicht in Betracht[17], kann er einen **Splitteranteil** (ggf. treuhänderisch) an einen Dritten **abtreten** und sodann mit diesem den Formwechsel in eine Personengesellschaft (auch bürgerlich-rechtliche Gesellschaft)[18] beschließen[19]; anschließend kann der (treuhänderisch beteiligte) Dritte seinen Anteil auf den früheren Alleingesellschafter zurück übertragen[20]. Die Personengesellschaft erlischt damit und ihr Unternehmen/Vermögen geht ohne Liquidation auf den allein verbleibenden Gesellschafter über[21]. 8

II. Übertragender Rechtsträger

1. Kapitalgesellschaft

a) Kapitalgesellschaft deutschen Rechts. Übertragender Rechtsträger muss eine **Kapitalgesellschaft** sein. In Betracht kommt also nur eine GmbH, eine AG oder eine KGaA[22]. Dass die Gesellschaft ein kaufmännisches Unternehmen betreibt, ist nicht erforderlich. Abweichende Meinungen sind durch die mit dem Handelsrechtsreformgesetz von 1998 erfolgte Neufassung des § 122 Abs. 2 überholt[23]. 9

Eine Gesellschaft im Gründungsstadium ist keine Kapitalgesellschaft iSd. Gesetzes. Voraussetzung ist vielmehr die Eintragung der Kapitalgesellschaft. Es genügt aber, wenn diese 10

---

[13] § 2 Abs. 1 Satz 2 GewStG iVm. §§ 18, 2 Nr. 3 EStG gegenüber § 2 Abs. 2 GewStG.
[14] Siehe Anh. § 325 Rn 47 ff.
[15] Siehe auch § 228 Rn 7 ff.
[16] ZB eingetragener Verein, § 99 Abs. 2 – dazu Rn 17 – oder ausländische Kapitalgesellschaft, dazu Rn 19.
[17] Siehe Rn 16 ff.
[18] § 228 Abs. 2.
[19] Dazu auch *Heckschen* in Widmann/Mayer Rn 23.1.
[20] Zum Haftungsrisiko des „Umwandlungsstrohmannes" allerdings *Heckschen* in Widmann/Mayer Rn 23.2.
[21] Nachweise in Fn 9.
[22] § 3 Abs. 1 Nr. 2; zur SE siehe Einl. C Rn 55 ff.
[23] *Karollus* in Lutter Rn 18 a; *Marsch-Barner* in Kallmeyer Rn 2; zu den registerrechtlichen Folgen siehe § 122 Rn 15.

Eintragung unmittelbar vor dem Wirksamwerden der Verschmelzung gegeben ist[24]. Ein Bedürfnis für die Verschmelzung einer Kapitalgesellschaft in Gründung auf ihren Alleingesellschafter ist nicht erkennbar. Durch die Aufgabe des Eintragungsziels und Rücknahme des Eintragungsantrags fällt das auf die **Vorgesellschaft** übertragene Vermögen ohnehin wieder auf den Gesellschafter zurück[25].

11 Die Verschmelzung ist auch noch möglich, wenn die Kapitalgesellschaft bereits im Stadium der Auflösung ist, solange die Fortsetzung der Kapitalgesellschaft noch beschlossen werden könnte[26]. Die Möglichkeit eines solchen **Fortsetzungsbeschlusses** entfällt, wenn mit der Verteilung des Vermögens an die Gesellschafter begonnen wurde[27]. Da § 120 voraussetzt, dass der übernehmende Rechtsträger alleiniger Gesellschafter ist, so dass die Verteilung des Vermögens ebenfalls an ihn erfolgen müsste, ist dieses Hindernis der Verschmelzung für diese Konstellation nicht sachgerecht. Der Gesetzestext ist aber eindeutig[28].

12 **b) Kapitalgesellschaft ausländischen Rechts.** Die Vorschrift betrifft unmittelbar die Verschmelzung einer deutschen Kapitalgesellschaft[29]. Ob die Verschmelzung einer ausländischen Kapitalgesellschaft auf ihren Alleingesellschafter möglich ist, richtet sich jedenfalls in erster Linie nach dem **ausländischen Recht**[30]. Lässt dieses die Verschmelzung zu, behandelt sie aber als rein nationalen Vorgang der eigenen Rechtsordnung[31], hat es damit sein Bewenden, auch wenn der Alleingesellschafter eine deutsche Personen- oder Kapitalgesellschaft oder eine in Deutschland ansässige natürliche Person ist[32]. Im Übrigen kommt es darauf an, ob sich deutsche Unternehmen an einer Verschmelzung über die Grenze beteiligen können[33]. Soll eine Kapitalgesellschaft nach dem Recht eines anderen Mitgliedstaats der EU oder eines anderen Vertragsstaats des EWR auf eine deutsche Kapitalgesellschaft verschmolzen werden, so gelten vorrangig die Vorschriften des 10. Abschnitts (§§ 122 a bis 122 l).

2. Überschuldung

13 Die Überschuldung des übertragenden Rechtsträgers ist nach dem Gesetz **kein Verschmelzungshindernis**. Ein solches Verschmelzungshindernis ist nicht durch Rechtsfortbildung einzuführen[34]. Eines *argumentum e contrario* aus der Vorschrift über die Ausgliederung durch den überschuldeten Einzelkaufmann[35] bedarf es nicht. Als Grund für ein solches *praeter legem* zu entwickelndes Verschmelzungshindernis gerade in diesem Fall wird angeführt[36], dass die Überschuldung für die natürliche Person keine Verpflichtung auslöst, einen Insolvenzantrag zu stellen. Diese Lage besteht indessen ebenso im Fall einer Personenhandelsgesellschaft, bei der eine natürliche Person voll haftet. Die Verschmelzung kann der schmerzloseste Weg

---

[24] So iE auch *Heckschen* in Widmann/Mayer Rn 7. Übertragender Rechtsträger ist aber auch in diesem Fall nicht die Gesellschaft in Gründung, sondern die mit Eintragung entstandene Kapitalgesellschaft.

[25] *Hueck/Fastrich* in Baumbach/Hueck § 11 GmbHG Rn 43 aE mwN.

[26] § 3 Abs. 3.

[27] Ausdrücklich angeordnet in § 274 Abs. 1 Satz 1 AktG; zur entsprechenden Rechtslage bei der GmbH *Lutter/Hommelhoff* § 60 GmbHG Rn 28 ff.; *Schulze-Osterloh/Fastrich* in Baumbach/Hueck § 60 GmbHG Rn 52; eingehend K. *Schmidt* in Scholz § 60 GmbHG Rn 79 ff.

[28] *Karollus* in Lutter Rn 18 a; *Hörtnagl* in Schmitt/Hörtnagl/Stratz § 124 Rn 55 ff.; *Heckschen* in Widmann/Mayer Rn 8. Der Ausschluss der Verschmelzung einer AG nach Beginn der Vermögensverteilung ist auch durch Art. 3 Abs. 2 VerschmRL vorgegeben.

[29] § 1 Abs. 1; allgM, vgl. *Karollus* in Lutter Rn 19.

[30] Siehe Einl. C Rn 30, 43 f.; *Lutter/Drygala* in Lutter § 2 Rn 35.

[31] So ÖstOGH ZIP 2003, 1086; dazu EWiR 2003, 595, § 2 öUmwG 1/03 (*Hirte/Mock*).

[32] *Ebenroth/Offenloch* RIW 1997, 1 ff., 11 f.

[33] Siehe Einl. C Rn 21 ff., 26 ff.

[34] OLG *Stuttgart* NZG 2006, 159; zust. LG *Leipzig* DB 2006, 885; aA *Karollus* in Lutter Rn 19 a.

[35] § 152 Abs. 2; einen solchen Umkehrschluss vertritt *Heckschen* in Widmann/Mayer Rn 8.6.

[36] *Karollus* in Lutter Rn 19 a.

Möglichkeit der Verschmelzung 14–17 § 120

sein, die Gläubiger trotz der Überschuldung zu befriedigen[37]. Dieser Weg sollte nicht aus Rechtsgründen versperrt werden. Gewiss können durch eine solche Verschmelzung auch die Privatgläubiger des Alleingesellschafters beeinträchtigt werden. Das Eigeninteresse des Gesellschafters stellt die erforderliche Kontrolle sicher.

3. Mehrere übertragende Rechtsträger

Hält der Gesellschafter an mehreren Kapitalgesellschaften sämtliche Anteile, können diese Kapitalgesellschaften in einem **einheitlichen Verschmelzungsvorgang** mit seinem Vermögen verschmolzen werden[38]. 14

III. Übernehmender Rechtsträger

1. Grundsatz

a) Natürliche Person. Ist der Alleingesellschafter eine natürliche Person, ist die Verschmelzung nach allgM möglich. Nach hM kommt die Verschmelzung aufgrund des § 120 auch nur in diesem Fall in Betracht[39]. Davon geht auch die Regierungsbegründung aus[40]. Außer dem Hinweis auf die Regierungsbegründung wird angeführt, dass sonst **Verschmelzungsverbote** anderer Bestimmungen unterlaufen würden[41]. 15

b) Andere. Die hM findet im Wortlaut des Gesetzes keine Stütze. Vorausgesetzt ist lediglich, dass eine Verschmelzung „nach den Vorschriften des 1. bis 8. Abschnitts nicht möglich" ist. Es geht um den Ersten bis Achten Abschnitt des Zweiten Teils (Besondere Vorschriften) des Zweiten Buches (Verschmelzung). Erforderlich ist weiter, dass der übernehmende Rechtsträger gem. § 3 verschmelzungsfähig ist. Die Verschmelzungsfähigkeit der natürlichen Person als Alleingesellschafter einer Kapitalgesellschaft ist ausdrücklich bestimmt[42]. Als **Alleingesellschafter verschmelzungsfähig** sind aber auch Rechtsträger in allen anderen in § 3 Abs. 1 genannten Rechtsformen. Rechtsträger in einer dieser Rechtsformen kommen für die Verschmelzung gem. § 120 aber nur dann in Betracht, wenn die Verschmelzung auf sie nicht bereits nach dem Ersten bis Achten Abschnitt möglich ist. Das ist der Fall für eingetragene Vereine, genossenschaftliche Prüfungsverbände und Versicherungsvereine auf Gegenseitigkeit[43]. Die für diese Rechtsformen geltenden besonderen Vorschriften sind so gefasst, dass eine Verschmelzung nach dem jeweiligen Abschnitt für sie nicht möglich ist. Es ist für jede dieser Rechtsformen gesondert zu prüfen, ob die Vorschrift, die die Verschmelzung nach dem für sie geltenden Abschnitt ausschließt, auch einer Verschmelzung gem. § 120 im Wege steht. 16

Ein **eingetragener Verein** darf nach ausdrücklicher Vorschrift „im Wege der Verschmelzung Rechtsträger anderer Form nicht aufnehmen"[44]. Dieses Verbot ist eindeutig. Es schließt auch eine Verschmelzung nach § 120 aus. Übernehmender Rechtsträger kann daher ein eingetragener Verein nicht sein. **Genossenschaftliche Prüfungsverbände** können nur miteinander verschmolzen werden[45]. Diese Formulierung ließe die Verschmelzung einer 100%- 17

---

[37] Ebenso mit ausführlicher Erörterung der möglichen Konstellationen *Heckschen* in Widmann/Mayer Rn 8.2–8.10.
[38] § 3 Abs. 4.
[39] *Karollus* in Lutter Rn 21; *Marsch-Barner* in Kallmeyer Rn 1, 3; *Heckschen* in Widmann/Mayer Rn 9 f.; *Stratz* in Schmitt/Hörtnagl/Stratz Rn 5 f.
[40] RegBegr. *Ganske* S. 146 f.
[41] *Stratz* in Schmitt/Hörtnagl/Stratz Rn 7; *Heckschen* in Widmann/Mayer Rn 10.
[42] § 3 Abs. 2 Nr. 2.
[43] §§ 99 Abs. 2, 105, 109.
[44] § 99 Abs. 2.
[45] § 105 Satz 1.

igen Tochtergesellschaft auf den Prüfungsverband zu"[45a]. Genossenschaftliche Prüfungsverbände sollen aber die Rechtsform des eingetragenen Vereins haben[46]. Für sie gilt das für eingetragene Vereine bestehende Verschmelzungsverbot daher ebenso.

18 **Versicherungsvereine auf Gegenseitigkeit** können „nur miteinander verschmolzen werden"[47]. Der Grund für diese Verschmelzungsbeschränkung liegt in der Besonderheit der Rechtsform des VVaG[48]. Denn der Erwerb der Mitgliedschaft in einem VVaG ist nach § 20 VAG zwingend mit dem Abschluss eines Versicherungsvertrags verknüpft; daher scheidet der verschmelzungstypische Anteilstausch aus[49]. Das steht aber der liquidationslosen Aufnahme einer 100%-igen Tochtergesellschaft, die kein Versicherungsgeschäft betreibt, nicht entgegen. Denn der Wortlaut des § 109 bestimmt, anders als der des § 99, lediglich, dass der VVaG mit Rechtsträgern anderer Form nicht verschmolzen werden kann. Die in § 120 geregelte Verschmelzung ist nicht eine Verschmelzung der Kapitalgesellschaft mit dem Alleingesellschafter, sondern mit dessen Vermögen. Der Alleingesellschafter wird also nicht verschmolzen. Daher ist die Verschmelzung einer Kapitalgesellschaft *mit dem Vermögen* ihres Alleingesellschafters auch dann möglich, wenn dieser die Rechtsform des VVaG hat[50]. Ein sachlicher Grund, in diesem Fall die Verschmelzung auszuschließen, besteht wie dargelegt ohnehin nicht.

19 **c) Ausländische Unternehmen.** Der Wortlaut des § 120 in Verbindung mit demjenigen des § 1 ließe auch die Verschmelzung einer inländischen Kapitalgesellschaft mit dem Vermögen einer ausländischen Personen- oder Kapitalgesellschaft zu, wenn diese alle Anteile an der inländischen Kapitalgesellschaft hält. Da bei dieser Verschmelzungsform der Gesellschafter nicht verschmolzen und auch nicht in anderer Weise umgewandelt wird, findet das Erfordernis eines inländischen Sitzes (§ 1) auf ihn keine Anwendung[51]. Dennoch setzt § 120 voraus, dass der Alleingesellschafter ein nach § 3 qualifizierter Rechtsträger ist; dies folgt aus der Aufführung der natürlichen Personen als möglichen Übernehmern des Vermögens einer Kapitalgesellschaft in § 3 Abs. 2 Nr. 2. Aus dem Zusammenwirken von § 3 und § 1 ergibt sich, dass mit den in § 3 genannten Rechtsformen nur die jeweiligen **inländischen Rechtsformen** gemeint sind[52]. Die Verschmelzung auf eine ausländische Gesellschaft als Alleingesellschafter ist daher nur unter denselben allgemeinen Voraussetzungen möglich wie eine reguläre Verschmelzung über die Grenze[53].

2. Einzelheiten

20 **a) Gesamthandsgemeinschaften.** Eine **bürgerlich-rechtliche Gesellschaft** und eine **Erbengemeinschaft** können zwar Inhaber aller Anteile an einer Kapitalgesellschaft sein. Weder die Erbengemeinschaft noch die bürgerlich-rechtliche Gesellschaft ist jedoch verschmelzungsfähig[54]. Eine Verschmelzung auf sie oder ihr Vermögen kommt daher nicht in Betracht[55].

[45a] Siehe Rn 18 zu dem insoweit gleichen Wortlaut des § 109.
[46] § 63 b Abs. 1 GenG.
[47] § 109 Satz 1.
[48] § 20 VAG; siehe auch § 109 Rn 9, 10; *H. Schmidt* in Lutter § 174 Rn 1.
[49] § 175 Nr. 2 b.
[50] Siehe § 109 Rn 10; aM *Heckschen* in Widmann/Mayer Rn 10; *Stratz* in Schmitt/Hörtnagl/Stratz Rn 7, die dieses Ergebnis für „widersinnig" halten, weil sie in § 109 ein Verschmelzungsverbot sehen.
[51] Siehe Rn 1, 18.
[52] Siehe Einl. C Rn 21.
[53] Siehe § 122 a bis 122 l sowie Einl. C Rn 21 ff., 31 ff.
[54] § 3. Ebenso *Karollus* in Lutter Rn 21 a mit dem Argument, dass solche Gesamthandsgemeinschaften als Unternehmensträger unerwünscht seien; *Heckschen* in Widmann/Mayer Rn 10. Für den umgekehrten Fall der Ausgliederung ist in § 152 der nach § 3 nicht verschmelzungsfähige Einzelkaufmann ausdrücklich als übertragender Rechtsträger genannt.
[55] *Karollus* in Lutter Rn 21; *Heckschen* in Widmann/Mayer Rn 10; *Stratz* in Schmitt/Hörtnagl/Stratz Rn 6.

Möglichkeit der Verschmelzung   21–23 § 120

b) Ausländische natürliche Person. Die ausländische Staatsangehörigkeit des Allein- 21
gesellschafters ist jedenfalls unschädlich[56]. Auch ein ausländischer Wohnsitz steht der Verschmelzung nicht im Wege[57]. Zwar können nach § 1 (nur) „Rechtsträger mit Sitz im Inland ... umgewandelt werden". Es ist aber schon zweifelhaft, ob das Erfordernis des „Sitzes im Inland" bei einer natürlichen Person deren inländischen Wohnsitz meint[58] oder ob sich dieses Erfordernis ohnehin nur auf andere Rechtsträger als natürliche Personen bezieht[59]. Entscheidend ist, dass nach § 120 keine Verschmelzung mit dem Alleingesellschafter, sondern mit dessen Vermögen erfolgt. Der Alleingesellschafter wird also nicht verschmolzen. § 1 ist auf ihn nicht anwendbar[60]. Natürliche Personen, die als Alleingesellschafter das Vermögen einer Kapitalgesellschaft übernehmen, sind verschmelzungsfähig[61]. Anders als bei den Rechtsträgern, deren Verschmelzungsfähigkeit an ihrer Rechtsform anknüpft[62], mit der jeweils die genannte Form nach deutschem Recht gemeint ist, kann ein entsprechendes Kriterium auf die natürliche Person nicht bezogen werden.

Die Wirkungen der Verschmelzung gem. § 120 beschränken sich auf die Vermögensüber- 22
tragung[63]. Die Verschmelzung einer inländischen Kapitalgesellschaft mit dem Vermögen einer im Ausland ansässigen natürlichen Person als Alleingesellschafter ist deshalb ohne Rücksicht darauf möglich, ob das ausländische Recht eine entsprechende Möglichkeit vorsieht[64]. Das war schon nach dem UmwG 1969 anerkannt[65]. Es wird bestätigt durch eine Analyse der Regelungskomplexe, die durch eine Verschmelzung über die Grenze tangiert sein können[66]. Erfolgt die Verschmelzung auf den ausländischen Alleingesellschafter, sind solche Regelungsbereiche (Minderheitenschutz, Kapitalaufbringung) nicht betroffen. Daher ist die Verschmelzung mit dem Vermögen der natürlichen Person als Alleingesellschafter auch dann möglich, wenn diese ihren **Wohnsitz im Ausland** hat. Auf die Frage der allgemeinen Zulässigkeit einer Verschmelzung über die Grenze und deren Voraussetzungen[67] kommt es dafür nicht an.

c) Minderjähriger, Betreuer. Ist der Alleingesellschafter minderjährig oder steht er 23
unter Betreuung, bedarf der gesetzliche Vertreter/Betreuer für den Verschmelzungsvertrag der **vormundschaftsgerichtlichen Genehmigung** schon deshalb, weil der Übernehmer aufgrund der Gesamtrechtsnachfolge nach § 20 Abs. 1 Nr. 1 zwingend die Verbindlichkeiten der Kapitalgesellschaft übernimmt[68].

---

[56] *Karollus* in Lutter Rn 24; *Marsch-Barner* in Kallmeyer § 3 Rn 17; *Stratz* in Schmitt/Hörtnagl/Stratz § 3 Rn 43.
[57] *Marsch-Barner* in Kallmeyer Rn 5; iE auch *Karollus* in Lutter Rn 23; aM *Heckschen* in Widmann/Mayer Rn 15 f.; *ders.* ZIP 1996, 450, 451.
[58] So ausdrücklich *Heckschen* in Widmann/Mayer Rn 16; *Marsch-Barner* in Kallmeyer § 3 Rn 17; *Großfeld* AG 1996, 302 f.; offenbar auch *Karollus* in Lutter Rn 22; unklar *Stratz* in Schmitt/Hörtnagl/Stratz § 3 Rn 43 (ausländischer Aufenthalt unschädlich, aber inländischer Sitz nach der Verschmelzung erforderlich) sowie *Zimmermann* in Rowedder GmbHG Anh. § 77 Rn 513 („Geschäfts- oder Wohnsitz").
[59] Siehe § 152 Rn 12; aA *Heckschen* in Widmann/Mayer Rn 15.
[60] Einl. C Rn 42.
[61] § 3 Abs. 2 Nr. 2.
[62] § 3 Abs. 1 und 2.
[63] *Karollus* in Lutter Rn 12; diesen Aspekt führt *Karollus* bei der Frage der Möglichkeit einer Verschmelzung mit dem ausländischen Alleingesellschafter aber nicht an, *Karollus* in Lutter Rn 23.
[64] Entsprechend hat der *ÖstOGH* ZIP 2003, 1086, die Verschmelzung einer österreichischen GmbH auf ihren deutschen Alleingesellschafter (eine deutsche GmbH) als rein österreichischen Vorgang behandelt und zugelassen.
[65] *Schilling* in Hachenburg[7] § 77 GmbHG Anh. II § 1 UmwG Rn 4 aE: „ebenso unbedenklich zulässig wie die Vererbung durch einen deutschen Erblasser."
[66] *Ebenroth/Offenloch* RIW 1997, 1, 11 f.; *Schwarz* in Widmann/Mayer § 1 Rn 29.
[67] Siehe Einl. C Rn 42.
[68] § 1822 Nr. 10 BGB; dazu *Engler* in Staudinger § 1822 BGB Rn 134. IE ebenso *Heckschen* in Widmann/Mayer Rn 17 (§ 1822 Nr. 3 BGB analog) und *Karollus* in Lutter Rn 29 (wegen Übernahme des

24 **d) Erbe unter Testamentsvollstreckung.** Gehören die Anteile zu einem Nachlass, der unter Testamentsvollstreckung steht, übt die Stimmrechte grundsätzlich der **Testamentsvollstrecker** aus[69]. Obwohl die Verschmelzung dazu führt, dass der Erbe als Übernehmer für die Verbindlichkeiten des Unternehmens unbeschränkt haftet, bedarf er keines Schutzes dadurch, dass seine Zustimmung zu der Stimmabgabe des Testamentsvollstreckers erforderlich wäre[70]. Denn die Verschmelzung setzt ohnehin die Mitwirkung des Erben als Partei des Verschmelzungsvertrags voraus[71]. Im Zweifel liegt in der Zustimmung des Testamentsvollstreckers eine Freigabe des Vermögens aus der Testamentsvollstreckung[72].

3. Sonstige Anforderungen an den Übernehmer

25 **a) Kein Erfordernis der Kaufmannseigenschaft.** Der Alleingesellschafter braucht **nicht** bereits **im Handelsregister** eingetragen zu sein und er braucht auch keine unternehmerische oder kaufmännische Tätigkeit auszuüben[73].

26 **b) Überschuldung als Verschmelzungshindernis.** Das Gesetz enthält keine Bestimmung, wonach im Fall der Überschuldung des Alleingesellschafters die Verschmelzung unzulässig wäre. Für den umgekehrten Fall der Ausgliederung in eine Kapitalgesellschaft bestimmt es dagegen ausdrücklich, dass die Ausgliederung unzulässig ist, wenn die Schulden des Einzelkaufmanns sein Vermögen übersteigen[74]. Viel spricht dafür, ein entsprechendes Verschmelzungshindernis rechtsfortbildend auch für den Fall der Verschmelzung auf den Alleingesellschafter anzunehmen[75]. Die Verschmelzung würde die Gläubiger der Kapitalgesellschaft gefährden, weil deren Haftungsfonds nunmehr auch dem unmittelbaren Zugriff der Gläubiger des Alleingesellschafters offen stünde. Ihr Anspruch auf Sicherheit[76] wäre nur ein unvollkommener Schutz. Der Abschluss des Verschmelzungsvertrags würde die Geschäftsführer/Vorstände und, soweit vorhanden, Aufsichtsräte der Kapitalgesellschaft gegenüber den Gläubigern schadensersatzpflichtig machen[77]. Der Verschmelzungsvertrag ist in diesem Fall wegen **Sittenwidrigkeit** nichtig – wenn er nicht sogar den Straftatbestand des Bankrott erfüllt[78]. Ergeben sich Anhaltspunkte hierfür, sollte das Registergericht die Eintragung ablehnen.

IV. Inhaber sämtlicher Anteile

1. Vollinhaberschaft

27 Der Gesellschafter muss **rechtlicher Inhaber** der Anteile sein[79]. Nur wirtschaftliche Berechtigung genügt nicht. Wer einem anderen Anteile treuhänderisch übertragen hat, ist als

---

unternehmerischen Risikos); aM *Stratz* in Schmitt/Hörtnagl/Stratz Rn 5 und § 3 Rn 44 wegen des durch § 1629 a BGB gewährten Schutzes gegen eine das Vermögen des Minderjährigen übersteigende Haftung.

[69] *Hüffer* § 134 AktG Rn 31; *Hueck/Fastrich* in Baumbach/Hueck § 15 GmbHG Rn 17; *Zöllner* in Baumbach/Hueck § 47 GmbHG Rn 42.

[70] So offenbar auch *Karollus* in Lutter Rn 29; aA *Heckschen* in Widmann/Mayer § 121 Rn 31 mwN.

[71] Das übersieht *Heckschen* in Widmann/Mayer § 121 Rn 31.

[72] Dazu allg. *Hopt* in Baumbach/Hopt § 1 HGB Rn 43.

[73] Arg. § 122 Abs. 2; heute wohl allgM, *Karollus* in Lutter Rn 25, 27, zum früheren Streit siehe dort Rn 26 und ausführlich *Heckschen* in Widmann/Mayer Rn 18-23.2.

[74] § 152 Satz 2.

[75] Dafür auch *Karollus* in Lutter Rn 28 und *Heckschen* in Widmann/Mayer Rn 23.4.

[76] § 22.

[77] § 25 Abs. 1 Satz 1.

[78] § 283 Abs. 2 iVm. Abs. 1 Nr. 8, 14 StGB; dazu *Heckschen* in Widmann/Mayer Rn 23.4. Ob dieser Straftatbestand erfüllt ist, ist deshalb zweifelhaft, weil die Verschmelzung zugleich den Untergang der juristischen Person bewirkt, so dass damit nicht mehr „ihre" Überschuldung herbeigeführt wird.

[79] *Karollus* in Lutter Rn 30; *Heckschen* in Widmann/Mayer Rn 11; *Marsch-Barner* in Kallmeyer Rn 5.

Treugeber nicht mehr Inhaber der Anteile. Die Treugeberstellung genügt nicht[80]. Umgekehrt sind schuldrechtliche Beschränkungen, etwa diejenigen eines Treuhänders, unschädlich. Hat der Gesellschafter die Anteile erworben, ist der Erwerb aber gegenüber der Gesellschaft noch nicht angezeigt und damit ihr gegenüber noch nicht wirksam geworden[81], ist die Voraussetzung der Inhaberschaft gegenüber der Gesellschaft nicht erfüllt. Bloßer Erwerb der Stimmrechtslegitimation genügt ebenfalls nicht[82].

2. Alle Anteile

a) **Ausgegebene Anteile.** Der Gesellschafter muss Inhaber sämtlicher ausgegebenen Anteile sein. Ein **genehmigtes oder bedingtes Kapital** ist nicht zu berücksichtigen, soweit von der Genehmigung nicht Gebrauch gemacht ist oder die Bedingung der Kapitalerhöhung nicht eingetreten ist.

b) **KGaA.** Im Fall einer KGaA genügt es, wenn der Gesellschafter **alle Aktien** hält[83]. Nicht erforderlich ist, dass der Inhaber der Aktien auch persönlich haftender Gesellschafter der KGaA ist.

c) **Eigene Anteile.** Eigene Anteile, die die Gesellschaft selbst hält, werden dem Gesellschafter zugerechnet[84]. Zugerechnet werden abweichend von den vergleichbaren Bestimmungen des AktG[85] nur **unmittelbar** gehaltene **eigene Beteiligungen**. Beteiligungen an der Kapitalgesellschaft, die von einer Tochtergesellschaft gehalten werden, werden also nicht zugerechnet[86]. Ebenso wenig werden Anteile zugerechnet, die von Dritten für Rechnung der Gesellschaft oder des Gesellschafters gehalten werden[87].

d) **Unterbeteiligungen.** Bestehen an der Beteiligung des Gesellschafters Unterbeteiligungen oder stille Beteiligungen Dritter, lässt dies seine Stellung als Alleingesellschafter unberührt[88]. Derartige Drittrechte sind **unschädlich**. Unberührt bleiben schuldrechtliche Beschränkungen des Gesellschafters im Innenverhältnis[89]. Deren Verletzung hat aber keinen Einfluss auf die Wirksamkeit der Verschmelzung.

e) **Wandlungs- und sonstige Bezugsrechte.** Hat die Gesellschaft Wandelschuldverschreibungen, Optionsscheine oder sonstige Bezugsrechte ausgegeben, sind diese **nicht** wie Anteile **zu berücksichtigen**, solange die Wandlungs-/Bezugsrechte nicht ausgeübt sind[90]. Auch hier bleiben schuldrechtliche Beschränkungen unberührt. Den Inhabern solcher Rechte sind entsprechende Rechte gegenüber dem Alleingesellschafter einzuräumen[91]. Was dies praktisch bedeutet, ist allerdings zweifelhaft.

Zum Teil wird angenommen, aufgrund der Ankündigung der Verschmelzungsabsicht könnten die Wandlungs-/Bezugsrechte ausgeübt werden, auch wenn die vertraglich vor-

---

[80] *Marsch-Barner* in Kallmeyer Rn 5; siehe auch Rn 30.
[81] § 16 GmbHG.
[82] *Karollus* in Lutter Rn 30; *Heckschen* in Widmann/Mayer Rn 11; zur Legitimationszession *Hüffer* § 129 AktG Rn 12; *Werner* in Großkomm. § 129 AktG Rn 31.
[83] *Marsch-Barner* in Kallmeyer Rn 2; *Heckschen* in Widmann/Mayer Rn 23.3; generell gegen Verschmelzung einer KGaA nach § 120 jedoch *Bärwaldt/Schabacker* NJW 1997, 93, 94.
[84] § 120 Abs. 2; siehe auch § 5 Rn 128 f.
[85] §§ 16 Abs. 2 Satz 3, 71 d AktG.
[86] *Karollus* in Lutter Rn 33; *Marsch-Barner* in Kallmeyer Rn 6; *Heckschen* in Widmann/Mayer Rn 25.
[87] Siehe Rn 27; das Ergebnis wird belegt durch ein *arg. e contrario* §§ 20 Abs. 1 Nr. 3, 54 Abs. 2, 62 Abs. 1 Satz 2, 68 Abs. 2, *Stratz* in Schmitt/Hörtnagl/Stratz Rn 8.
[88] So auch *Heckschen* in Widmann/Mayer § 121 Rn 37.1.
[89] Dazu *Hopt* in Baumbach/Hopt § 230 HGB Rn 15.
[90] *Karollus* in Lutter Rn 34.
[91] § 23.

gesehenen Voraussetzungen noch nicht erfüllt seien[92]. Selbst wenn man dem folgt, ist damit den Inhabern der Wandlungs- oder Bezugsrechte nicht wirklich geholfen. Denn deren wirtschaftlicher Wert besteht gerade in der Möglichkeit, die weitere Entwicklung abzuwarten[93]. Wenn ihre Inhaber zur **vorzeitigen Ausübung** ihrer Rechte gezwungen werden, verlieren sie mindestens einen Teil des Werts dieser Rechte. Allerdings braucht nur ein einziges Recht dieser Art ausgeübt zu werden. Bereits mit der Erfüllung des sich daraus ergebenden Bezugsanspruchs vor der Eintragung der Verschmelzung[94] entfällt die Verschmelzungsmöglichkeit, weil der Gesellschafter dann nicht mehr Alleingesellschafter ist.

3. Belastete Anteile (Nießbrauch, Pfandrecht)

34 **a) Grundsätzlich kein Hindernis.** Die Belastung der Anteile oder eines Teils der Anteile mit Rechten Dritter (Nießbrauch oder Pfandrecht) ändert nichts daran, dass der Gesellschafter Inhaber der Beteiligung ist[95]. Die Belastung als solche schließt daher die Verschmelzung gem. § 120 **nicht** aus[96].

35 **b) Zustimmungsbeschluss.** Stark umstritten ist im Gesellschaftsrecht, ob dem Inhaber solcher Rechte, also dem Pfandgläubiger oder dem Nießbraucher, die Stimmrechte aus den Beteiligungen zustehen oder jedenfalls eingeräumt werden können[97]. Für **Grundlagenbeschlüsse** soll es bei der Kompetenz des Gesellschafters verbleiben[98]. Danach bleibt die Zuständigkeit für den Zustimmungsbeschluss bei dem Gesellschafter. Die Frage, ob ihn der Nießbraucher/Pfandgläubiger allein fassen könnte, wird sich praktisch ohnehin nicht stellen.

36 **c) Sonstige Zustimmungserfordernisse.** Zweifelhaft ist, ob außerdem die Zustimmung des Nießbrauchers/Pfandgläubigers erforderlich ist. Anders als im Regelfall[99] gehen deren Rechte in der Verschmelzung unter, weil sie sich nicht an Anteilen an dem übernehmenden Rechtsträger fortsetzen können. Denn solche werden im Fall des § 120 nicht ausgegeben[100].

37 Schuldrechtlich ist der Gesellschafter idR gegenüber dem Pfandgläubiger/Nießbraucher nicht berechtigt, ohne dessen Zustimmung die belasteten Anteile durch Verschmelzungsbeschluss zum Untergang zu bringen. Ein Verstoß gegen ein Zustimmungserfordernis hat jedoch nur schuldrechtliche Konsequenzen (Schadensersatz oder ggf. Bereicherungsausgleich). Er berührt die **Wirksamkeit des Zustimmungsbeschlusses** nicht[101]. Die §§ 1071, 1276 BGB, nach denen das belastete Recht nur mit Zustimmung des Nießbrau-

---

[92] *Karollus* in Lutter Rn 34: „automatisch vor der Verschmelzung fällig".
[93] Allg. zur wirtschaftlichen Bedeutung von Bezugs- bzw. Optionsrechten *Hüffer* § 221 AktG Rn 7.
[94] Siehe Rn 40.
[95] Das gilt auch, wenn dem Nießbraucher/Pfandgläubiger die belasteten Aktienurkunden übergeben und er zur Ausübung der Stimmrechte ermächtigt worden ist. Zur Möglichkeit einer solchen Legitimationszession *Hüffer* § 134 AktG Rn 32; *Werner* in Großkomm. § 129 AktG Rn 31.
[96] *Karollus* in Lutter Rn 31.
[97] Dem Gläubiger/Nießbraucher an GmbH-Anteilen kann das Stimmrecht mit den im Text genannten Ausnahmen übertragen werden nach Auffassung von *Winter/Löbbe* in Ulmer, GmbHG, Bd. I 2005, § 15 GmbHG Rn 179 ff. für den Nießbraucher, nicht jedoch für den Pfandgläubiger (Rn 162), während eine solche Übertragung nicht zulässig ist nach Auffassung von *Winter/Seibt* bei Scholz § 15 GmbHG Rn 179 (Pfandgläubiger) und 217 (Nießbraucher); zum Aktienrecht *Zöllner* in Kölner Komm. § 134 AktG Rn 14, 15: der Pfandrechtsgläubiger soll das Stimmrecht nicht haben, während es dem Nießbraucher entweder allein oder gemeinsam mit dem Aktionär zustehen soll.
[98] BGH NZG 1999, 150 für die GbR; *Zutt* in Hachenburg Anh. § 15 GmbHG Rn 44, 64 a iVm. Rn 32 und § 14 GmbHG Rn 28.
[99] § 20 Abs. 1 Nr. 3 Satz 2.
[100] Dies folgt bereits aus § 20 Abs. 1 Nr. 3 Satz 1 2. Halbs., und ist deshalb unabhängig davon, ob § 120 nur für natürliche Personen als Alleingesellschafter gilt; siehe § 20 Rn 80.
[101] Ebenso *Karollus* in Lutter Rn 31; *Heckschen* in Widmann/Mayer § 121 Rn 23.

chers/Pfandgläubigers aufgehoben werden kann, sind nicht anwendbar[102]. Denn mit dem Abschluss des Verschmelzungsvertrags nimmt der Alleingesellschafter keine Rechte aus den Anteilen wahr und der Zustimmungsbeschluss hat nicht die Aufhebung der Rechte zum Gegenstand[103]. Auch eine entsprechende Anwendung der §§ 1075, 1287 BGB, nach denen sich der Nießbrauch/das Pfandrecht an einer Forderung nach deren Erfüllung an dem geleisteten Gegenstand fortsetzt, kommt aus praktischen Gründen nicht in Betracht[104].

4. Bedingter Beteiligungserwerb

a) Aufschiebende Bedingung. Hat der Gesellschafter die Beteiligung unter einer aufschiebenden Bedingung erworben, ist die Verschmelzung so lange nicht möglich, wie die Bedingung nicht eingetreten ist. Die Bedingung muss also spätestens „eine logische Sekunde" vor dem **maßgebenden Zeitpunkt** noch eingetreten sein. 38

b) Auflösend bedingter Erwerb. Ist der Alleingesellschafter Inhaber der Beteiligungen unter einer auflösenden Bedingung, genügt dies für die Verschmelzung, sofern die auflösende Bedingung im maßgebenden Zeitpunkt noch nicht eingetreten ist. Praktisch ist dies insbesondere für den Fall, dass der Gesellschafter die Beteiligungen insgesamt oder zum Teil als **Vorerbe** hält. Tritt die auflösende Bedingung (der Nacherbfall) nach dem maßgebenden Zeitpunkt ein, bleibt dadurch die Wirksamkeit der Verschmelzung unberührt. Insbesondere wird sie nicht etwa gem. § 161 Abs. 2 BGB unwirksam. Denn die Zustimmung zur Verschmelzung ist keine Verfügung des Gesellschafters über seine Beteiligungen. 39

5. Maßgebender Zeitpunkt

Die Voraussetzungen für die Verschmelzung müssen unmittelbar **vor Wirksamwerden** der Verschmelzung vorliegen[105]. Die Wirkungen der Verschmelzungen treten idR mit der Eintragung im Handelsregister des übernehmenden Rechtsträgers ein, unter den Voraussetzungen des § 122 Abs. 2 aber mit der Eintragung beim übertragenden Rechtsträger. Die Voraussetzungen müssen unmittelbar vor der maßgebenden Eintragung vorliegen. 40

a) Bedingte Übertragung. Es genügt demnach nicht, wenn die Minderheitsgesellschafter ihre Beteiligung an den Mehrheitsgesellschafter unter der aufschiebenden Bedingung des Wirksamwerdens der Verschmelzung übertragen. Bei einer so formulierten Bedingung müsste erst die Verschmelzung wirksam sein, bevor die Übertragung wirksam wird oder beide würden gleichzeitig wirksam. Das genügt nicht. Sofern das Erfordernis der Eintragung im Register des übernehmenden Rechtsträgers nicht durch § 122 Abs. 2 ausgeschlossen ist, genügt aber eine Übertragung unter der aufschiebenden Bedingung der Eintragung bei der Kapitalgesellschaft, weil diese vor derjenigen bei dem übernehmenden Rechtsträger und demgemäß **vor** dem Wirksamwerden der **Verschmelzung** erfolgen muss[106]. 41

---

[102] Damrau in MünchKomm. § 1274 BGB Rn 60; Zutt in Hachenburg Anh. § 15 GmbHG Rn 44; ebenso Winter in Scholz § 15 GmbHG Rn 169.
[103] Zu diesen Voraussetzungen der Anwendbarkeit der §§ 1071, 1276 BGB siehe Damrau in MünchKomm. § 1276 BGB Rn 2.
[104] Zur entsprechenden Anwendung des § 1287 BGB auf den Anspruch auf den umwandlungsbedingten Abfindungsanspruch siehe Winter/Löbbe in Ulmer, GmbHG, Bd. I 2005, § 15 GmbHG Rn 165; Winter/Seibt in Scholz § 15 GmbHG Rn 187.
[105] § 5 Rn 129; Marsch-Barner in Kallmeyer Rn 5; Heckschen in Widmann/Mayer Rn 11; aA jedoch Lutter/Drygala in Lutter § 5 Rn 96 mit Fn 4 (Zeitpunkt des Vertragsschlusses, da Vertrag sonst unvollständig und Zustimmungsbeschlüsse fehlerhaft).
[106] § 19 Abs. 1 Satz 1.

42 **b) Kettenverschmelzung.** Es genügt daher, wenn bei einer Kettenverschmelzung[107] die Voraussetzungen der nachgeschalteten erst durch die vorgeschaltete Verschmelzung geschaffen werden.

> **Beispiel:**
> Ist die Kapitalgesellschaft (T) ihrerseits Alleingesellschafterin einer Enkelgesellschaft (E), können T und die E auf denselben Stichtag im Ergebnis auf den Alleingesellschafter verschmolzen werden. Dabei kann entweder zunächst die E auf die T und sodann diese mit dem Vermögen der natürlichen Person verschmolzen werden. Möglich ist auch, zunächst die T mit dem Vermögen der natürlichen Person und danach die nunmehr unmittelbar zu 100 % gehaltene E mit dem Vermögen der natürlichen Person zu verschmelzen. Schließlich kann auch zunächst die T auf E und sodann diese, die dadurch zur unmittelbaren 100%-igen Beteiligung der natürlichen Person geworden ist[108], mit dem Vermögen der letzteren verschmolzen werden.
> Dabei ist in den beiden letztgenannten Fällen der übernehmende Rechtsträger im Zeitpunkt des Abschlusses des Verschmelzungsvertrags und des Zustimmungsbeschlusses **noch nicht Alleingesellschafter** der übertragenden Gesellschaft. Der Verschmelzungsvertrag ist in diesem Fall mit dem künftigen Alleingesellschafter abzuschließen, während der Zustimmungsbeschluss von dem gegenwärtigen Gesellschafter zu fassen ist. Wichtig ist diese Möglichkeit insbesondere der stichtagsgleichen, aber durch Bedingungen hintereinandergeschalteten Kettenverschmelzung wegen der zeitlichen Grenzen für die Schlussbilanz im Zeitpunkt der Anmeldung. Alle diese Verschmelzungen können gleichzeitig angemeldet werden, weil es genügt, wenn die Voraussetzungen bei der Eintragung vorliegen. Es ist aber genau festzulegen, in welcher Reihenfolge die Verschmelzungen erfolgen und eingetragen werden sollen.

§ 121 Anzuwendende Vorschriften

Auf die Kapitalgesellschaft sind die für ihre Rechtsform geltenden Vorschriften des Ersten und Zweiten Teils anzuwenden.

Übersicht

	Rn		Rn
I. Allgemeines	1	4. Versammlung der Aktionäre/Gesellschafter	7
1. Sinn und Zweck der Norm	1	a) Einberufungsfristen und Förmlichkeiten	7
2. Anzuwendende Vorschriften	2	b) Einreichung beim Handelsregister	8
II. Verfahren	3	5. Zustimmungsbeschluss	9
1. Verschmelzungsvertrag	3	6. Sonstige Zustimmungserfordernisse	10
a) Parteien	3	a) Übernehmer	10
b) Inhalt	4	b) Vormundschaftsgericht	11
2. Kein Verschmelzungsbericht, keine Verschmelzungsprüfung	5	c) Ehegatte	12
3. Unterrichtung der Betriebsräte	6	d) Dritte	13

Literatur: GmbH-Handbuch, Loseblattsammlung, 97. Lieferung Nov. 2001.

---

[107] § 5 Rn 117; *Marsch-Barner* in Kallmeyer § 2 Rn 4, 6; siehe aber auch *Lutter/Drygala* in Lutter § 5 Rn 96 mit Fn 4.
[108] § 5 Rn 134 ff. *(downstream merger)*.

I. Allgemeines

1. Sinn und Zweck der Norm

Die Bestimmung drückt eine **Selbstverständlichkeit** aus. Bereits in § 120 ist geregelt, dass es sich bei der Verschmelzung mit dem Vermögen des Alleingesellschafters um einen Fall der Verschmelzung handelt. Dass für die übertragende Kapitalgesellschaft die für sie geltenden Vorschriften zur Anwendung kommen, versteht sich von selbst. Ebenfalls von selbst versteht sich, dass die allgemeinen Vorschriften des ersten Teils nicht nur für die Kapitalgesellschaft, sondern für den Verschmelzungsvorgang als solchen gelten. Aus der Besonderheit der Verschmelzung mit dem Vermögen des Alleingesellschafters ergibt sich allerdings, dass einige der allgemeinen Regeln nicht anwendbar sind. Die entsprechenden Ausnahmen finden sich aber bereits in den allgemeinen Vorschriften. Für den übernehmenden Rechtsträger (Alleingesellschafter, insbesondere natürliche Person) bestehen keine besonderen Vorschriften, außer bezüglich des Registerverfahrens[1]. Aus der Natur der Sache folgt: Die Verschmelzung ist immer eine Verschmelzung „zur Aufnahme", allerdings wiederum mit der Möglichkeit gewisser Modifikationen beim Registerverfahren.

1

2. Anzuwendende Vorschriften

Demnach kommen im Einzelnen die folgenden Bestimmungen zur Anwendung:

2

– **Allgemeine Vorschriften.** Die allgemeinen Vorschriften der §§ 4 bis 35 jedoch mit folgenden Ausnahmen: § 5 Abs. 1 Nr. 2 (2. Teil) und Nr. 3 bis 5, § 15, §§ 29 bis 35. Nicht erforderlich ist ein Verschmelzungsbericht (§ 8 Abs. 2) und eine Verschmelzungsprüfung (§ 9 Abs. 3 iVm. § 8 Abs. 3).
– **GmbH.** Ist die übertragende Gesellschaft eine GmbH, sind grundsätzlich die §§ 46 bis 55 anzuwenden; gegenstandslos sind dann jedoch die §§ 46, 51, 53 bis 55.
– **AG.** Ist die übertragende Gesellschaft eine AG, sind grundsätzlich die §§ 60 bis 72 anzuwenden; gegenstandslos oder bereits durch die allgemeinen Vorschriften ausgeschlossen sind dann jedoch die §§ 60, 62, 66 und 69, 71 und 72.
– **KGaA.** Ist die übertragende Gesellschaft eine KGaA, kommen dieselben Vorschriften zur Anwendung wie im Fall der AG und zusätzlich § 78.

II. Verfahren

1. Verschmelzungsvertrag

a) Parteien. Der Verschmelzungsvertrag ist zwischen der Kapitalgesellschaft und dem Alleingesellschafter[2] abzuschließen. Ist oder war der **Alleingesellschafter auch Vorstand**/persönlich haftender Gesellschafter der übertragenden AG/KGaA, kann er diese beim Abschluss des Vertrags nicht vertreten. Vielmehr wird diese dann durch den Aufsichtsrat vertreten[3]. Ist oder war der Alleingesellschafter Geschäftsführer der übertragenden GmbH und besteht bei dieser ein Aufsichtsrat[4], wird sie vorbehaltlich abweichender Bestimmungen

3

---

[1] § 122.
[2] D. h., mit demjenigen, der unmittelbar vor dem Wirksamwerden der Verschmelzung Alleingesellschafter ist. Siehe dazu § 120 Rn 40 und zur Kettenverschmelzung Rn 42.
[3] § 112 AktG bzw. §§ 278 Abs. 3, 283 iVm. § 112 AktG.
[4] Zu den verschiedenen Aufsichtsratssystemen in der GmbH siehe *Zöllner/Noack* in Baumbach/Hueck § 52 GmbHG Rn 1, 2 (neben den Mitbestimmungsgesetzen noch § 3 KAGG).

im Gesellschaftsvertrag ebenfalls vom Aufsichtsrat vertreten[5]. Abdingbar ist diese Kompetenz für den fakultativen Aufsichtsrat[6], nicht aber für obligatorische Aufsichtsräte[7] nach den mitbestimmungsrechtlichen Vorschriften[8]. Im Übrigen kann der Alleingesellschafter die GmbH als deren Geschäftsführer bei dem Abschluss des Verschmelzungsvertrags nur vertreten, wenn er von dem Verbot des Selbstkontrahierens[9] befreit ist[10].

4 **b) Inhalt.** Der Inhalt des Verschmelzungsvertrags entspricht den **allgemeinen Vorschriften**, abgesehen davon, dass er keine Bestimmungen über die Gewährung von Anteilen des übernehmenden Rechtsträgers und den Austausch der Anteile am übertragenden Rechtsträger in diese Anteile enthalten muss und kann[11]. Fakultativ kann der Verschmelzungsvertrag Bestimmungen darüber treffen, ob das übergehende Vermögen einem bereits bestehenden einzelkaufmännischen Unternehmen des Alleingesellschafters zugeführt oder von diesem gesondert gehalten werden soll[12]. Er kann auch Regelungen über die Firma, unter der das übergehende Unternehmen geführt werden soll, treffen.

2. Kein Verschmelzungsbericht, keine Verschmelzungsprüfung

5 Verschmelzungsbericht und Verschmelzungsprüfung sind **nicht erforderlich**[13]. Eines ausdrücklichen Verzichts bedarf es nicht. Dies gilt auch, wenn die Gesellschaft eigene Anteile hält[14]. Gleichwohl ist es ratsam, den Verzicht ausdrücklich zu erklären, schon um dem Registergericht die Prüfung zu erleichtern.

3. Unterrichtung der Betriebsräte

6 Besteht bei der Kapitalgesellschaft ein Betriebsrat, ist diesem der Entwurf des Verschmelzungsvertrags spätestens einen Monat vor der Gesellschafterversammlung, die über den Vertrag beschließt, zuzuleiten[15]. Führt der **Alleingesellschafter** bereits ein Unternehmen und besteht in diesem Unternehmen ein **Betriebsrat**, ist auch dieser entsprechend zu unterrichten, außer wenn das von der Kapitalgesellschaft übergehende Vermögen nicht mit diesem Unternehmen verbunden werden soll[16]; dessen Betriebsrat ist im letzteren Fall nicht zuständig. Für den Zeitpunkt der Unterrichtung des Betriebsrats im Unternehmen des Alleingesellschafters kann auf den Tag der Beschlussfassung der Gesellschafterversammlung der Kapitalgesellschaft abgestellt werden – mindestens im Regelfall[17] fasst der übernehmende Rechts-

---

[5] § 112 AktG iVm. § 52 Abs. 1 GmbHG, § 77 BetrVG 1952, § 25 Abs. 1 Satz 1 Nr. 2 MitbestG 1976, § 3 Abs. 2 MontanMitbestG, ggf. iVm. § 3 Abs. 1 Satz 2 MontanMitbestErgG.
[6] BGH NJW-RR 1990, 739; *Raiser* in Hachenburg § 52 GmbHG Rn 108; *Zöllner/Noack* in Baumbach/Hueck § 52 GmbHG Rn 107; *Lutter/Hommelhoff* § 52 GmbHG Rn 47; *Kallmeyer* in GmbH-Handbuch, Teil I Rn 1893.
[7] *Raiser* in Hachenburg § 52 GmbHG Rn 223; *Zöllner/Noack* in Baumbach/Hueck § 52 GmbHG Rn 228, *Kallmeyer* in GmbH-Handbuch, Teil I Rn 1893; *Lutter/Hommelhoff* § 52 GmbHG Rn 21.
[8] Siehe dazu *Zöllner/Noack* in Baumbach/Hueck § 52 GmbHG Rn 228, 276.
[9] § 181 BGB, der nach § 35 Abs. 4 Satz 1 GmbHG auch auf den Einpersonengesellschafter Anwendung findet; dazu *Zöllner/Noack* in Baumbach/Hueck § 35 GmbHG Rn 137.
[10] Zur Vorgehensweise *Zöllner/Noack* in Baumbach/Hueck § 35 GmbHG Rn 140; *Lutter/Hommelhoff* § 35 GmbHG Rn 21 f. Wird der Verschmelzungsvertrag unter Verstoß gegen § 181 BGB geschlossen, kommt eine Genehmigung nach § 177 Abs. 1 BGB in Betracht, ggf. im Weg der „Satzungsdurchbrechung", *Lutter/Hommelhoff* § 35 GmbHG Rn 23.
[11] Siehe § 120 Rn 2.
[12] Zur Firmenbildung in diesem Fall siehe § 122 Rn 17.
[13] § 8 Abs. 3 Satz 1; § 9 Abs. 3 iVm. § 8 Abs. 3 Satz 1. 1. Alt.
[14] Diese werden entsprechend § 120 Abs. 2 dem Gesellschafter zugerechnet, *Karollus* in Lutter Rn 7.
[15] § 5 Abs. 3.
[16] Zust. *Karollus* in Lutter Rn 9 mit Fn 1.
[17] Ausnahmen gelten, wenn der Übernehmer im Zeitpunkt der Beschlussfassung noch nicht Alleingesellschafter ist, siehe § 120 Rn 42.

Anzuwendende Vorschriften 7–9 § 121

träger als Alleingesellschafter diesen Beschluss. Beide Betriebsräte sind daher spätestens einen Monat vor dieser Beschlussfassung zu unterrichten[18].

4. Versammlung der Aktionäre/Gesellschafter

a) Einberufungsfristen und Förmlichkeiten. Grundsätzlich gelten die allgemeinen Vorschriften über die Einberufung der Gesellschafterversammlung und die dabei einzuhaltenden Fristen nach dem GmbHG und AktG. Es gelten auch die besonderen Informations- und Auslegungsvorschriften[19]. Allerdings kann auf die Einhaltung dieser Vorschriften **verzichtet** werden, wenn alle Gesellschafter/Aktionäre zustimmen[20]. Da sich alle Anteile in der Hand eines Gesellschafters befinden müssen, sind die Voraussetzungen für einen solchen Verzicht regelmäßig gegeben; er wird auch regelmäßig erfolgen können. 7

b) Einreichung beim Handelsregister. Ist die übertragende Gesellschaft eine AG, ist **unverzichtbares** Erfordernis, den Entwurf des Verschmelzungsvertrags dem Handelsregister vor der Einberufung der Hauptversammlung einzureichen[21]. Die Möglichkeit, auf die Einberufung zu verzichten, wird dadurch nicht beeinträchtigt; es genügt dann die Einreichung unmittelbar vor der Versammlung[22]. Ein Widerspruch zu Art. 6 VerschmRL, der die Bekanntmachung des „Verschmelzungsplans" spätestens einen Monat vor der Beschlussfassung erfordert, liegt darin nicht, weil die VerschmRL für die Verschmelzung auf eine natürliche Person als Alleingesellschafter nicht gilt[23]. 8

5. Zustimmungsbeschluss

Der Verschmelzungsvertrag bedarf der Zustimmung durch die Gesellschafterversammlung/Hauptversammlung der Kapitalgesellschaft[24]. Der **Alleingesellschafter** ist **stimmberechtigt**, obwohl der Verschmelzungsvertrag zwischen ihm und der Gesellschaft abzuschließen ist. Das Stimmverbot gem. § 47 Abs. 4 GmbHG gilt nach allgM nicht für die Einpersonengesellschaft[25]. Es kommt daher nicht darauf an, ob dieses Stimmverbot auf Verschmelzungsbeschlüsse überhaupt anwendbar ist[26]. Erforderlich ist eine Zustimmung mit Dreiviertelmehrheit[27]. Eigene Anteile der Gesellschaft[28] gewähren kein Stimmrecht[29]. Da sich alle – bis auf von der Gesellschaft etwa selbst gehaltene Anteile – in der Hand eines Gesellschafters befinden müssen, kommt dem Mehrheitserfordernis nur Bedeutung zu, wenn der Gesellschafter hinsichtlich eines Teils der Anteile bestimmten Stimmbindungen unterliegt oder zur wirksamen Stimmabgabe die Zustimmung Dritter[30] erforderlich ist[31] oder 9

---

[18] Zu der ähnlichen Frage nach dem für die Unterrichtung maßgebenden Zeitpunkt im Fall der Ausgliederung durch den Einzelkaufmann siehe § 153 Rn 5 und § 158 Rn 9.
[19] §§ 49 und 63.
[20] § 51 Abs. 3 GmbHG, § 121 Abs. 6 AktG.
[21] § 61.
[22] Ebenso *Karollus* in Lutter Rn 11 mit Fn 2, 3.
[23] Art. 2 VerschmRL. Das übersieht *Heckschen* in Widmann/Mayer Rn 15 f.
[24] §§ 121 iVm. 13 Abs. 1; *de lege ferenda* gegen das Zustimmungserfordernis *Heckschen* in Widmann/Mayer Rn 21.
[25] BGHZ 105, 324, 333; *K. Schmidt* in Scholz § 47 GmbHG Rn 105; *Hüffer* in Hachenburg § 47 GmbHG Rn 125; *Zöllner* in Baumbach/Hueck § 47 GmbHG Rn 94.
[26] Verneinend *Lutter/Drygala* in Lutter § 13 Rn 20; bejahend *Zöllner* in Baumbach/Hueck § 47 GmbHG Rn 90, jeweils mwN.
[27] § 50 Abs. 1 Satz 1.
[28] § 120 Abs. 2.
[29] § 71 b AktG; allgM auch bei der GmbH, *Hueck/Fastrich* in Baumbach/Hueck § 33 GmbHG Rn 24; *Zöllner* in Baumbach/Hueck § 47 GmbHG Rn 57.
[30] ZB eines Nießbrauchers.
[31] Siehe dazu § 120 Rn 35.

§ 122 Zweites Buch. Verschmelzung

der Übernehmer im Zeitpunkt der Beschlussfassung noch nicht Alleingesellschafter ist[32]. Ist die übertragende Gesellschaft eine KGaA, ist außerdem die Zustimmung der persönlich haftenden Gesellschafter erforderlich[33].

6. Sonstige Zustimmungserfordernisse

10 a) **Übernehmer.** Eine gesonderte Zustimmungserklärung oder ein Zustimmungsbeschluss des Alleingesellschafters als des übernehmenden Rechtsträgers ist **nicht erforderlich**[34]. Ein Bedürfnis für eine solche gesonderte Erklärung besteht nicht[35].

11 b) **Vormundschaftsgericht.** Ist der Alleingesellschafter minderjährig oder betreut, ist außer dem Handeln oder der Mitwirkung des gesetzlichen Vertreters und Betreuers auch die Zustimmung des **Vormundschaftsgerichts** erforderlich[36].

12 c) **Ehegatte.** Lebt der Alleingesellschafter im Güterstand der Zugewinngemeinschaft, ist die Zustimmung des Ehegatten auch dann nicht erforderlich, wenn die Beteiligung an der Kapitalgesellschaft das gesamte Vermögen des Übernehmers darstellt. Denn aus der Sicht des Alleingesellschafters bewirkt der Verschmelzungsvertrag **keine Verfügung**, sondern den Erwerb von Vermögen[37]. Weder der Zustimmungsbeschluss noch der Verschmelzungsvertrag bewirkt eine Verfügung über die Geschäftsanteile[38].

13 d) **Dritte.** Ob für die wirksame Stimmabgabe zu dem Verschmelzungsbeschluss die Zustimmung eines Nießbrauchers oder Pfandgläubigers an den Anteilen erforderlich ist, ist zweifelhaft[39]. Ist an dem Unternehmen der Kapitalgesellschaft etwa ein Dritter als **stiller Gesellschafter** beteiligt, wird dessen Zustimmung schuldrechtlich für den Abschluss des Verschmelzungsvertrags erforderlich sein[40]. Bestehen an den Anteilen **Unterbeteiligungen** oder Treuhandbindungen, wird der Gesellschafter für die Stimmabgabe für den Verschmelzungsbeschluss schuldrechtlich der Zustimmung des Unterbeteiligten oder Treugebers bedürfen[41]. In beiden Fällen hat die Verletzung dieser Zustimmungserfordernisse keinen Einfluss auf die Wirksamkeit der Verschmelzung.

§ 122 Eintragung in das Handelsregister

(1) **Ein noch nicht in das Handelsregister eingetragener Alleingesellschafter oder Alleinaktionär ist nach den Vorschriften des Handelsgesetzbuchs in das Handelsregister einzutragen; § 18 Abs. 1 bleibt unberührt.**

(2) **Kommt eine Eintragung nicht in Betracht, treten die in § 20 genannten Wirkungen durch die Eintragung der Verschmelzung in das Register des Sitzes der übertragenden Kapitalgesellschaft ein.**

---

[32] Siehe dazu § 120 Rn 42 und 40.
[33] § 78 Satz 3.
[34] LG Dresden DB 1997, 88 gegen AG Dresden DB 1996, 1814.
[35] Ebenso *Karollus* in Lutter Rn 12.
[36] § 1822 Nr. 10 BGB, siehe § 120 Rn 23.
[37] Veräußerer ist nicht der Gesellschafter, sondern die Gesellschaft. Dass der Abschluss des Verschmelzungsvertrags durch sie zum Untergang der Anteile ihres Alleingesellschafters führt, reicht als mittelbare Folge nicht aus, um den Vertrag als Verpflichtung des Gesellschafters dem § 1365 Abs. 1 BGB zu unterwerfen, *Koch* in MünchKomm. § 1365 BGB Rn 45.
[38] Gegen die Qualifikation der Zustimmung zum Verschmelzungsvertrag als Verfügung iSd. § 161 Abs. 2 BGB siehe § 120 Rn 39; iE gegen die Anwendung von § 1365 Abs. 1 BGB auch *Heckschen* in Widmann/Mayer Rn 29.
[39] Siehe § 120 Rn 34 ff.
[40] *Hopt* in Baumbach/Hopt § 230 HGB Rn 15.
[41] Siehe § 120 Rn 37.

Übersicht

	Rn		Rn
I. Allgemeines	1	b) Erforderliche Angaben	14
1. Sinn und Zweck der Norm	1	3. Registerverfahren	15
2. Anwendungsbereich	2	a) Reihenfolge der Eintragungen	15
II. Eintragungen im Handelsregister	3	b) Wirkung	16
1. Erforderliche Eintragungen	3	**III. Firmenbildung**	17
a) Eingetragener Alleingesellschafter	4	1. Eingetragener Alleingesellschafter	17
b) Nicht eingetragener Alleingesellschafter	7	2. Nicht eingetragener Alleingesellschafter	18
c) Alleingesellschafter in ausländischem Handelsregister	11	3. Personenname	19
		4. Maßgebendes Dokument	20
2. Anmeldung	12	**IV. Wirkung der Eintragung**	21
a) Anmeldebefugnis	12	1. Verschmelzungswirkung	21
		2. Mängel	22

I. Allgemeines

1. Sinn und Zweck der Norm

Ist Alleingesellschafter eine natürliche Person, besteht bei der Verschmelzung mit ihrem Vermögen eine Besonderheit: Der übernehmende Rechtsträger braucht **nicht** bereits **im Handelsregister** eingetragen zu sein. Je nach der Art des Geschäftsbetriebs der Kapitalgesellschaft kommt eine Eintragung des übernehmenden Rechtsträgers auch nach der Verschmelzung nicht in Betracht. § 122 regelt diese Situation, die so in anderen Verschmelzungsfällen nicht auftreten kann. 1

2. Anwendungsbereich

Die Bestimmung regelt damit nur einen **Ausschnitt** der registerrechtlichen Fragen bei der Verschmelzung. Soweit es nicht um die genannten Besonderheiten geht, greifen die allgemeinen Vorschriften ein. 2

II. Eintragungen im Handelsregister

1. Erforderliche Eintragungen

Im Grundsatz verbleibt es bei dem Erfordernis der **beiderseitigen Eintragung**, sowohl im Register der Kapitalgesellschaft als des übertragenden Rechtsträgers wie auch im Register des Alleingesellschafters als des übernehmenden Rechtsträgers. Für die Eintragung bei der Kapitalgesellschaft bestehen im Grundsatz keine Besonderheiten[1]. Hier gelten die allgemeinen Regeln. Die Besonderheiten betreffen die Eintragung bei dem Alleingesellschafter als dem übernehmenden Rechtsträger. Hier sind folgende Fälle zu unterscheiden: 3

a) Eingetragener Alleingesellschafter. Ist der Alleingesellschafter bereits im Register eingetragen, bestehen folgende Möglichkeiten: 4

aa) Das Unternehmen der Kapitalgesellschaft soll **dem bereits eingetragenen Unternehmen** des Alleingesellschafters **zugeführt** werden: Die Eintragung erfolgt in dem bereits bestehenden Register des Alleingesellschafters. 5

---

[1] Siehe jedoch Rn 14.

6 *bb)* Das mit der Verschmelzung übergehende Vermögen soll **nicht dem bereits eingetragenen Unternehmen** des Alleingesellschafters **zugeführt** werden[2]: In diesem Fall gelten dieselben Grundsätze, wie wenn der Alleingesellschafter noch nicht eingetragen ist. Das gilt auch, wenn für das übergehende Unternehmen der Kapitalgesellschaft eine Eintragung nicht in Betracht kommt[3].

7 **b) Nicht eingetragener Alleingesellschafter.** Ist der Alleingesellschafter bisher nicht im Register eingetragen, kommen folgende Fälle in Betracht:

8 *aa)* Das Unternehmen der Kapitalgesellschaft erfordert nach Art oder Umfang einen in **kaufmännischer** Weise eingerichteten **Geschäftsbetrieb**[4]. In diesem Fall erfolgt die Eintragung mit der Verschmelzung. Aus der Sicht des Handelsregisters trägt die Verschmelzung in diesem Fall die Züge einer Verschmelzung zur Neugründung, weil sie zur erstmaligen Eintragung des Rechtsträgers mit diesem Unternehmen im Handelsregister führt.

9 *bb)* Die Kapitalgesellschaft betreibt **kein Handelsgewerbe**, sondern führt die Praxis eines Angehörigen der freien Berufe oder betreibt reine Vermögensverwaltung in einem Umfang, der kein Gewerbe darstellt[5]. In diesem Fall „kommt eine Eintragung nicht in Betracht"; die Eintragung des Alleingesellschafters entfällt. Die Wirkungen der Verschmelzung treten nach der ausdrücklichen Vorschrift des Abs. 2 mit der Eintragung im Register der Kapitalgesellschaft ein.

10 *cc)* Die Kapitalgesellschaft führt zwar ein Gewerbe, dieses erfordert aber nach Art und Umfang keinen in kaufmännischer Weise eingerichteten Geschäftsbetrieb oder ist land- oder forstwirtschaftlicher Art. In diesen Fällen kann der Inhaber des Unternehmens wählen, ob er im Handelsregister eingetragen sein will oder nicht[6]. Dieses **Wahlrecht** bleibt ihm auch im Fall der Verschmelzung erhalten. Denn die Eintragung nach § 122 Abs. 1 richtet sich „nach den Vorschriften des Handelsgesetzbuches". Das UmwG begründet also keine Eintragungspflicht[7]. Nur wenn der Inhaber nach dem HGB zur Eintragung verpflichtet ist oder sich gemäß dem HGB für die Eintragung entscheidet, kommt sie iSv. Abs. 2 „in Betracht"[8]. Es gelten dann die Grundsätze gem. Rn 8. Entscheidet sich der Inhaber gegen die Eintragung, kommt trotz der Eintragungs*möglichkeit* „eine Eintragung nicht in Betracht"[9]. Infolgedessen gelten hier die Grundsätze gem. Rn 9. Nicht hierher gehört allerdings der Fall, dass der Alleingesellschafter das nach Art und Umfang einen kaufmännischen Geschäftsbetrieb erfordernde Unternehmen nicht weiter betreiben, sondern einstellen will[10]. Solange das Unternehmen nach Art und Umfang noch registerpflichtig ist, entfällt diese Registerpflicht nicht durch die Absicht, das Unternehmen einzustellen[11].

11 **c) Alleingesellschafter in ausländischem Handelsregister.** Ist der Alleingesellschafter mit einem Unternehmen nur in einem ausländischen Handelsregister eingetragen, gelten die Grundsätze gem. Rn 4 bis 10 **entsprechend**. Der Alleingesellschafter kann in diesem Fall nach seiner Wahl das auf ihn übergehende Vermögen als selbstständiges deutsches Unter-

---

[2] Zur Möglichkeit von Einzelkaufleuten, mehrere Unternehmen unter verschiedenen Firmen zu führen, siehe *Hopt* in Baumbach/Hopt § 17 HGB Rn 8; *Heckschen* in Widmann/Mayer § 121 Rn 43.
[3] Siehe Rn 9, 10. Wie hier *Heckschen* in Widmann/Mayer § 121 Rn 44.
[4] § 1 Abs. 2 HGB.
[5] *Hopt* in Baumbach/Hopt § 1 Rn 17.
[6] §§ 2 Satz 2, 3 Abs. 2 HGB.
[7] So auch *Karollus* in Lutter Rn 7 f.; aA offenbar, wenn auch mit Kritik, *Heckschen* in Widmann/Mayer Rn 4.1 und § 120 Rn 18 aE.
[8] Ebenso *Karollus* in Lutter Rn 7, 8.
[9] AA *Heckschen* in Widmann/Mayer § 120 Rn 18 aE.
[10] AA *Karollus* in Lutter Rn 9.
[11] *Hopt* in Baumbach/Hopt § 1 HGB Rn 52; *Kindler* in Ebenroth/Boujong/Joost § 1 HGB Rn 40: Ende der Kaufmannseigenschaft durch Betriebsaufgabe, „also endgültige Einstellung des Betriebs".

nehmen in dem deutschen Register eintragen lassen oder auch als Zweigniederlassung seines ausländischen einzelkaufmännischen Unternehmens[12].

2. Anmeldung

a) Anmeldebefugnis. Die Anmeldung hat durch die Kapitalgesellschaft und durch den Alleingesellschafter als übernehmenden Rechtsträger zu erfolgen[13]. Die Anmeldung zum Register der Kapitalgesellschaft kann auch durch den Alleingesellschafter als übernehmenden Rechtsträger erfolgen[14]. Kommt eine **Eintragung** des Alleingesellschafters nach dem oben Gesagten[15] **nicht in Betracht**, entfällt nach hM eine Anmeldung durch den Alleingesellschafter als übernehmenden Rechtsträger[16]. Diese Ansicht ist problematisch. Sie überlässt es dem Belieben der Beteiligten, ob der genannte Verschmelzungsvorgang durch das Vertretungsorgan der Kapitalgesellschaft oder von dem Alleingesellschafter angemeldet wird. Außer in den Fällen der Verschmelzung zur Neugründung kennt das UmwG keine Verschmelzung ohne Anmeldung des Übernehmers[17]. Ohne eine Anmeldung durch den Übernehmer gäbe es in den Fällen eines Wahlrechts[18] auch keine konstitutive Erklärung des Übernehmers über die Ausübung des Wahlrechts. Das Register der Kapitalgesellschaft hätte keine Möglichkeit der Prüfung, ob eine Eintragung des Übernehmers „in Betracht kommt"[19]. 12

Daher ist die Vorschrift dahin zu verstehen, dass der Alleingesellschafter als **übernehmender Rechtsträger** seine Anmeldepflicht[20] durch Anmeldung bei dem Register der Kapitalgesellschaft erfüllen muss, wenn seine Eintragung nicht in Betracht kommt. Gleichzeitig kann er die Anmeldung für die Kapitalgesellschaft bewirken[21]. 13

b) Erforderliche Angaben. Für den Inhalt der Anmeldung und die vorzulegenden Anlagen gelten keine Besonderheiten mit einer Ausnahme: In der Anmeldung zum Handelsregister der Kapitalgesellschaft ist deutlich zu machen, **ob eine Eintragung** auch bei dem **Alleingesellschafter** (in einem bestehenden oder einem neu einzurichtenden Register) beantragt wird. Nur hieraus kann das Handelsregister der Kapitalgesellschaft entnehmen, wie es mit der Anmeldung umzugehen hat[22]. Nimmt man ferner an, dass die Überschuldung des Alleingesellschafters eine Verschmelzungssperre darstellt[23], wird man entsprechend der hM zu § 152[24] seine ausdrückliche Erklärung verlangen müssen, dass er nicht überschuldet sei. 14

3. Registerverfahren

a) Reihenfolge der Eintragungen. Soll eine Eintragung auch in einem (bestehenden oder neu einzurichtenden) Register des Alleingesellschafters erfolgen, verbleibt es bei der für Verschmelzungen allgemein vorgesehenen Reihenfolge: Die Eintragung erfolgt zunächst im 15

---

[12] §§ 13, 13 d HGB.
[13] § 16 Abs. 1 Satz 1.
[14] § 16 Abs. 1 Satz 2.
[15] Siehe Rn 9.
[16] *Karollus* in Lutter Rn 10; *Schwarz* in Widmann/Mayer § 16 Rn 4.4.
[17] Eine vergleichbare Lage ergibt sich bei der Vermögensübertragung, § 176 Abs. 2. Nach hM entfällt hier die Anmeldepflicht des Übernehmers, siehe § 176 Rn 32 (*Fonk*); die Vorschrift sollte jedoch so gelesen werden, dass die Anmeldepflicht des Übernehmers gem. § 16 Abs. 1 Satz 1 bei dem Register des übertragenden Rechtsträgers zu erfüllen ist.
[18] Siehe Rn 10 sowie Rn 6 für den Fall, dass das nicht registerfähige/-pflichtige Unternehmen nicht dem bestehenden Unternehmen zugeführt werden soll.
[19] Siehe Rn 10 sowie Rn 15.
[20] § 16 Abs. 1 Satz 1.
[21] § 16 Abs. 1 Satz 2.
[22] Siehe Rn 15.
[23] Siehe § 120 Rn 26.
[24] Siehe § 154 Rn 3.

Register des Sitzes der Kapitalgesellschaft und wird dort mit dem Vermerk versehen, dass die Verschmelzung erst mit der Eintragung im Register des Alleingesellschafters wirksam wird[25]. Erst danach erfolgt die Eintragung im Register des Alleingesellschafters[26]. Dieses unterrichtet das Registergericht der Kapitalgesellschaft, so dass dieses den Tag der Eintragung beim Alleingesellschafter vermerken und damit den Vorbehalt erledigen kann[27]. Kommt eine Eintragung im Register des Alleingesellschafters nicht in Betracht, erfolgt **lediglich** eine Eintragung im Register der **Kapitalgesellschaft**. Diese Eintragung erfolgt dann von vornherein ohne den Vorbehalt der Eintragung im Register des Alleingesellschafters[28]. Das Registergericht der Kapitalgesellschaft hat daher zu prüfen, ob die Voraussetzungen, nach denen eine Eintragung im Register des Alleingesellschafters nicht in Betracht kommt, vorliegen.

16 **b) Wirkung.** Die Verschmelzung wird im Regelfall mit ihrer Eintragung im Register des **Alleingesellschafters** wirksam[29]; kommt eine Eintragung im Register des Alleingesellschafters nicht in Betracht, wird die Verschmelzung bereits mit der Eintragung im Register der Kapitalgesellschaft wirksam[30].

III. Firmenbildung

1. Eingetragener Alleingesellschafter

17 Ist der Alleingesellschafter mit seinem Unternehmen bereits im Handelsregister eingetragen, hat er zunächst die Möglichkeit, das übertragene Vermögen dem bisherigen Unternehmen einzuverleiben[31] und unter einheitlicher Firma fortzuführen[32] oder die Unternehmen getrennt zu führen und eintragen zu lassen[33]. Im ersten Fall kann er für das gesamte Unternehmen die **bisherige Einzelfirma** mit oder ohne Nachfolgezusatz fortführen[34] **oder** auch die **Firma des übertragenden Rechtsträgers** für das gesamte Unternehmen mit oder ohne Nachfolgezusatz führen[35]. Er kann auch eine **neue Firma** durch Kombination der bisherigen Firmen[36] oder in sonstiger Weise bilden. Will er die Unternehmen nicht zusammen, sondern getrennt führen und eintragen lassen, gilt für die Firma des bisher von der Kapitalgesellschaft geführten Unternehmens dasselbe, wie wenn der Alleingesellschafter noch nicht im Register eingetragen war[37].

2. Nicht eingetragener Alleingesellschafter

18 War der Alleingesellschafter bisher nicht im Register eingetragen, so kann er eine Firma originär bilden[38] oder die Firma der Kapitalgesellschaft fortführen[39]. Letzterenfalls kann er die Firma der Kapitalgesellschaft mit oder ohne Nachfolgezusatz und mit richtigem Rechtsformzusatz fortführen[40].

---

[25] § 19 Abs. 1 Satz 1.
[26] § 19 Abs. 1 Satz 2.
[27] § 19 Abs. 2.
[28] *Karollus* in Lutter Rn 13; *Zimmermann* in Kallmeyer Rn 7.
[29] §§ 19 Abs. 1 Satz 2, 20 Abs. 1.
[30] § 122 Abs. 2; *de lege ferenda* für ausnahmslose Maßgeblichkeit der Eintragung im Register der Kapitalgesellschaft *Heckschen* in Widmann/Mayer § 121 Rn 48 f.
[31] Siehe Rn 5.
[32] *Karollus* in Lutter Rn 17; *Heckschen* in Widmann/Mayer Rn 14.
[33] Siehe Rn 6.
[34] *Karollus* in Lutter Rn 17; *Heckschen* in Widmann/Mayer Rn 14 f.
[35] § 18 Abs. 1; *Karollus* in Lutter Rn 18; *Heckschen* in Widmann/Mayer Rn 16.
[36] *Hopt* in Baumbach/Hopt § 22 HGB Rn 19; *Heckschen* in Widmann/Mayer Rn 18.
[37] Siehe Rn 18; *Heckschen* in Widmann/Mayer Rn 19; *Karollus* in Lutter Rn 18.
[38] Das ergibt sich aus der Verweisung auf das HGB in Abs. 1. Halbs.
[39] Das meint der Verweis auf § 18 Abs. 1.
[40] § 18 Abs. 1; § 19 HGB.

3. Personenname

Enthielt die Firma der Kapitalgesellschaft den Namen einer anderen natürlichen Person als des Alleingesellschafters, kann auch diese Firma fortgeführt werden[41]. Das besondere Erfordernis der **Zustimmung des Namensträgers**[42] greift mangels der tatbestandlichen Voraussetzungen grundsätzlich nicht ein[43]. Unberührt bleiben jedoch privatrechtliche Grenzen des Rechts der Fortführung dieser Firma, wenn beispielsweise das Recht der Kapitalgesellschaft zur Fortführung der Firma mit dem Personennamen befristet oder von der Kontinuität des Rechtsträgers abhängig war. Die Verschmelzung gibt dem Alleingesellschafter als dem übernehmenden Rechtsträger keine weiter gehenden Rechte zur Führung einer solchen Firma, als sie die Kapitalgesellschaft selbst gehabt hatte[44]. 19

4. Maßgebendes Dokument

Die Firma kann bereits in dem Verschmelzungsvertrag bestimmt werden[45]. Das ist aber nicht erforderlich. Der Zustimmungsbeschluss betrifft lediglich den Verschmelzungsvertrag als solchen[46]. Er ist kein tauglicher Ort zur Festlegung einer Firma. Endgültig erfolgt die **Wahl der Firma in der Anmeldung** zum (bestehenden oder neu gebildeten) Register des Alleingesellschafters[47]. 20

IV. Wirkung der Eintragung

1. Verschmelzungswirkung

Mit der maßgebenden Eintragung, also im Regelfall der Eintragung im Register des Alleingesellschafters[48], im Ausnahmefall des Abs. 2 aber im Register der Kapitalgesellschaft, treten allgemein die Wirkungen der Verschmelzung ein, also insbesondere der Übergang des Vermögens und der Verbindlichkeiten im Wege der **Gesamtrechtsnachfolge**[49]. Die Kapitalgesellschaft erlischt[50]. 21

2. Mängel

Mängel der Beurkundung werden durch die Eintragung **geheilt**[51]. Die Wirkungen der Eintragung werden durch sonstige Mängel der Verschmelzung nicht berührt[52]. Das betrifft insbesondere auch den Fall, dass die Verschmelzungsvoraussetzungen nicht vorlagen und der übernehmende Rechtsträger tatsächlich nicht Alleingesellschafter gewesen war. Die Inhaber der nicht berücksichtigten Anteile, die durch die Verschmelzung untergegangen sind, sind auf Ersatzansprüche (Schadensersatz oder ungerechtfertigte Bereicherung) verwiesen. 22

---

[41] So auch *Heckschen* in Widmann/Mayer Rn 20; *Karollus* in Lutter Rn 20.
[42] § 18 Abs. 2.
[43] So auch *Heckschen* in Widmann/Mayer Rn 20; *Karollus* in Lutter Rn 20: anders nur, wenn die Firma den Namen eines Minderheitsgesellschafters trägt, dessen Beteiligung bei der Prüfung der Alleingesellschafterstellung übersehen worden ist.
[44] Missverständlich insoweit *Karollus* in Lutter Rn 20.
[45] Es geht nicht um die Firma der beteiligten Rechtsträger; dazu § 5 Rn 5. Wie hier *Lutter/Drygala* in Lutter § 5 Rn 87.
[46] § 13 Rn 40; *Lutter/Drygala* in Lutter § 13 Rn 17.
[47] Das ergibt sich aus den allgemein für die Anmeldung vorgeschriebenen Angaben; dazu § 16 Rn 3; *Zimmermann* in Kallmeyer § 16 Rn 12.
[48] §§ 19 Abs. 1 Satz 2, 20 Abs. 1 Satz 1.
[49] § 20 Abs. 1 Nr. 1.
[50] § 20 Abs. 1 Nr. 2.
[51] § 20 Abs. 1 Nr. 4.
[52] § 20 Abs. 2. Zu den möglichen Grenzen seiner Anwendung siehe § 20 Rn 89; BGH NJW 1998, 229; ZIP 1995, 422, 425; ZIP 1996, 1146, 1149; eingehend und kritisch *K. Schmidt* ZIP 1998, 181.

Zehnter Abschnitt. Grenzüberschreitende Verschmelzung von Kapitalgesellschaften

§ 122 a Grenzüberschreitende Verschmelzung

(1) Eine grenzüberschreitende Verschmelzung ist eine Verschmelzung, bei der mindestens eine der beteiligten Gesellschaften dem Recht eines anderen Mitgliedstaats der Europäischen Union oder eines anderen Vertragsstaats des Abkommens über den Europäischen Wirtschaftsraum unterliegt.

(2) Auf die Beteiligung einer Kapitalgesellschaft (§ 3 Abs. 1 Nr. 2) an einer grenzüberschreitenden Verschmelzung sind die Vorschriften des Ersten Teils und des Zweiten, Dritten und Vierten Abschnitts des Zweiten Teils entsprechend anzuwenden, soweit sich aus diesem Abschnitt nichts anderes ergibt.

Übersicht

	Rn		Rn
I. Sinn und Zweck der Norm, Entstehungsgeschichte	1	1. Grenzüberschreitende Verschmelzung	5
II. Terminologie	4	2. Beteiligte Gesellschaften	9
III. Sachlicher Anwendungsbereich (Abs. 1)	5	IV. Anwendung sonstiger Vorschriften des UmwG (Abs. 2)	14

Literatur: *Bayer/Schmidt,* Der Regierungsentwurf zur Änderung des Umwandlungsgesetzes – Eine kritische Stellungnahme, NZG 2006, 841; *dies.,* Die neue Richtlinie über die grenzüberschreitende Verschmelzung von Kapitalgesellschaften – Inhalt und Anregung zur Umsetzung in Deutschland, NJW 2006, 401; *Blumenberg/Schäfer* (Hrsg.), Das SEStEG, 2007; *Drinhausen/Keinath,* Referentenentwurf eines Zweiten Gesetzes zur Änderung des Umwandlungsgesetzes – Erleichterung grenzüberschreitender Verschmelzungen für deutsche Kapitalgesellschaften?, BB 2006, 725; *Forsthoff,* Internationale Verschmelzungsrichtlinie: Verhältnis zur Niederlassungsfreiheit und Vorwirkung; Handlungszwang für Mitbestimmungsreform, DStR 2006, 613; *Gesell/Krömker,* Grenzüberschreitende Verschmelzung nach SEVIC: Praxisbericht über die Verschmelzung einer niederländischen auf eine deutsche Kapitalgesellschaft, DB 2006, 2558; *Grunewald,* Der Gläubigerschutz bei grenzüberschreitenden Verschmelzungen nach dem Entwurf eines zweiten Gesetzes zur Änderung des UmwG, Der Konzern 2007, 106; *Handelsrechtsausschuss des Deutschen Anwaltvereins:* Stellungnahme zum Regierungsentwurf eines Zweiten Gesetzes zur Änderung des Umwandlungsgesetzes, NZG 2006, 737; *Haritz/v. Wolff,* Internationalisierung des deutschen Umwandlungsrechts – Zum Entwurf eines zweiten Gesetzes zur Änderung des Umwandlungsgesetzes, GmbHR 2006, 340; *Kiem,* Die Regelung der grenzüberschreitenden Verschmelzung im deutschen Umwandlungsgesetz, WM 2006, 1091; *Krause/Kulpa,* Grenzüberschreitende Verschmelzungen – Vor dem Hintergrund der „Sevic"-Entscheidung und der Reform des deutschen Umwandlungsrechts –, ZHR 171 (2007) 38; *Louven,* Umsetzung der Verschmelzungsrichtlinie, ZIP 2006, 2021; *Lutter/Hommelhoff* (Hrsg.), Die Europäische Gesellschaft, 2005; *Müller,* Der Schutz der Minderheitsgesellschafter bei der grenzüberschreitenden Verschmelzung, Der Konzern 2007, 81; *ders.,* Die grenzüberschreitende Verschmelzung nach dem Referentenentwurf des Bundesjustizministeriums, NZG 2006, 286; *Nagel,* Das Gesetz über die Mitbestimmung der Arbeitnehmer bei grenzüberschreitenden Verschmelzungen (MgVG), NZG 2007, 57; *Oechsler,* Die Richtlinie 2005/56/EG über die Verschmelzung von Kapitalgesellschaften aus verschiedenen Mitgliedstaaten, NZG 2006, 161; *Scheifele,* Die Gründung der Europäischen Aktiengesellschaft (SE), 2004; *Schwarz,* Verordnung (EG) Nr. 2157/2001 des Rates über das Statut der Europäischen Gesellschaft (SE) – (SE-VO), Kommentar, 2006; *Simon/Rubner,* Die Umsetzung der Richtlinie über grenzüberschreitende Verschmelzungen ins deutsche Recht, Der Konzern 2006, 835; *Teichmann,* Mitbestimmung und grenzüberschreitende Verschmelzung, Der Konzern 2007, 89; *ders.,* Die Einführung der Europäischen Aktiengesellschaft, ZGR 2002, 383; *van Hulle/Maul/Drinhausen* (Hrsg.), Handbuch zur Europäischen Gesellschaft (SE), 2007; *Vetter,* Die Regelung der grenzüberschreitenden Verschmelzung im UmwG, AG 2006, 613.

I. Sinn und Zweck der Norm, Entstehungsgeschichte

Abs. 1 der Norm geht auf Art. 1 der Verschmelzungsrichtlinie zurück, nach der „mindestens zwei der an einer grenzüberschreitenden Verschmelzung beteiligten Gesellschaften dem Recht verschiedener Mitgliedstaaten unterliegen" müssen. Anders als in Art. 1 der Verschmelzungsrichtlinie wurde mit § 122 a und § 122 b eine Trennung zwischen der Definition der grenzüberschreitenden Verschmelzung (§ 122 a) und dem Anwendungsbereich der Vorschriften (§ 122 b) vorgenommen. 1

Abs. 1 definiert den Begriff der grenzüberschreitenden Verschmelzung und regelt damit den **sachlichen Anwendungsbereich** des Zehnten Abschnitts. Dagegen normiert Abs. 1 nicht, welche Gesellschaftsformen an einer grenzüberschreitenden Verschmelzung beteiligt sein können. Dies ist in § 122 b näher bestimmt. 2

Die Regelung in Abs. 2 entspricht Art. 4 Abs. 1 lit. b) der Verschmelzungsrichtlinie, der bestimmt, dass eine Gesellschaft, die sich an einer grenzüberschreitenden Verschmelzung beteiligt, die Vorschriften und Formalitäten des für sie geltenden innerstaatlichen Rechts einzuhalten hat. Damit fügt sich die Regelung der grenzüberschreitenden Verschmelzung nahtlos in das übrige System des UmwG ein. Sie entspricht einer Regelungstechnik, die – als Verweisung – dem deutschen Rechtsanwender bereits aus den §§ 125 (Spaltung) und 176 (Vermögensübertragung) bekannt ist[1]. 3

II. Terminologie

Abs. 1 spricht, ebenso wie die nachfolgenden Vorschriften des Zehnten Abschnitts, stets von an der Verschmelzung beteiligten **„Gesellschaften"**, anstatt mit „Rechtsträger" die Terminologie der §§ 1 ff. zu verwenden. Dies ist darauf zurückzuführen, dass die Normen der §§ 122 a bis l sich ausschließlich an Kapitalgesellschaften richten. Entsprechend dieser Terminologie wird daher auch in der Kommentierung der §§ 122 a bis l von „Gesellschaften" statt „Rechtsträgern" gesprochen, soweit sich die betreffenden Ausführungen nicht auf die innerstaatliche Verschmelzung beziehen. 4

III. Sachlicher Anwendungsbereich (Abs. 1)

1. Grenzüberschreitende Verschmelzung

Abs. 1 definiert die grenzüberschreitende Verschmelzung als Verschmelzung, bei der mindestens eine der beteiligten Gesellschaften dem Recht eines anderen Mitgliedstaats der EU oder des EWR-Abkommens unterliegt. Die §§ 122 a bis l finden als **Spezialregelungen** daher immer Anwendung, sobald bei einer Verschmelzung neben einer oder mehreren deutschen Gesellschaften auch mindestens eine Gesellschaft beteiligt ist, die dem Recht eines anderen Mitgliedstaats der EU bzw. des EWR-Abkommens unterliegt. Dies gilt auch für die Verschmelzung zwischen deutschen Gesellschaften im Rahmen einer grenzüberschreitenden Verschmelzung – also einer Verschmelzung, an der auch noch Gesellschaften aus anderen Mitgliedstaaten der EU bzw. des EWR beteiligt sind –, auf die dann ebenfalls die Regelungen der §§ 122 a bis l Anwendung finden. 5

Der **sachliche Anwendungsbereich** des Zehnten Abschnitts ist auf grenzüberschreitende Umwandlungen in Form der Verschmelzung **begrenzt**. Durch die Änderung von § 125, der nun ausdrücklich nur noch auf die Vorschriften des Ersten bis Neunten Abschnitts 6

---

[1] Siehe Einl. A Rn 51 f.

des Zweiten Buches verweist, ist klargestellt, dass die Vorschriften des Zehnten Abschnitts **keine** entsprechende **Anwendung auf die Spaltung** finden. Nach dem ausdrücklichen Willen des Gesetzgebers sollen andere Umwandlungsarten nicht in den Geltungsbereich der Vorschriften des Zehnten Abschnitts fallen[2]. Die Vorschriften des Zehnten Abschnitts gelten also nicht für eine grenzüberschreitende Spaltung und ermöglichen eine solche Spaltung nicht.

7 Selbstverständliche, aber nicht eigens genannte Voraussetzung für die Eröffnung des sachlichen Anwendungsbereichs der Vorschriften des Zehnten Abschnitts ist, dass mindestens eine der beteiligten Gesellschaften **deutschem Recht** unterliegt. Nur in diesem Fall kann es überhaupt zur Anwendbarkeit des deutschen UmwG und damit der §§ 122 a bis l kommen.

8 Der sachliche Anwendungsbereich der Vorschriften des Zehnten Abschnitts ist **begrenzt** auf die an einer grenzüberschreitenden Verschmelzung beteiligten Gesellschaften, die dem deutschen Recht unterliegen[3].

2. Beteiligte Gesellschaften

9 An der grenzüberschreitenden Verschmelzung „beteiligte Gesellschaften" sind die **übertragende**, **übernehmende** bzw. – bei der Verschmelzung durch Neugründung – die aus der Verschmelzung hervorgehende **neue Gesellschaft**[4]. Die Beteiligungsfähigkeit von Gesellschaften an einer grenzüberschreitenden Verschmelzung ist in § 122 b Abs. 1 geregelt.

10 Die beteiligten Gesellschaften müssen **unterschiedlichen Jurisdiktionen** unterliegen. Abs. 1 stellt auf das **anzuwendende Recht** ab, nicht auf den (Satzungs- oder Verwaltungs-)Sitz. Die Ermittlung des auf die beteiligten Gesellschaften anwendbaren Rechts erfolgt gemäß der Regelungen des Internationalen Privatrechts[5]. Es ist deshalb nicht erforderlich, dass die beteiligten Gesellschaften ihren (Verwaltungs-) Sitz in unterschiedlichen Ländern haben. Eine englische *Private Company Limited by Shares* (Ltd.), die ihren Verwaltungssitz in Deutschland hat, kann daher mit einer deutschen GmbH verschmelzen[6]. Ebenso handelt es sich um eine grenzüberschreitende Verschmelzung, wenn bei einer Verschmelzung zur Neugründung zwar die übertragenden Gesellschaften demselben Recht unterliegen, auf die neu gegründete Gesellschaft aber das Recht eines anderen Staates anwendbar ist[7].

11 Aufgrund der offenen Formulierung des Gesetzes („mindestens") ist die Beteiligung von Gesellschaften, die dem Recht von Staaten unterliegen, die weder der EU noch dem EWR angehören, durch § 122 a Abs. 1 noch nicht ausgeschlossen. Für diese ist aber der persönliche Anwendungsbereich der §§ 122 a bis l nicht eröffnet, da sie die Voraussetzungen von § 122 b Abs. 1 nicht erfüllen[8].

---

[2] BT-Drucks. 16/2919 S. 11.

[3] Aus dem Gesetzeswortlaut ergibt sich dies nicht eindeutig, denn § 122 a Abs. 2 beschränkt nur die entsprechende Geltung der Vorschriften über innerstaatliche Verschmelzungen auf die beteiligten deutschen Gesellschaftsformen, die in § 3 Abs. 1 Nr. 2 genannt sind. Die Beschränkung des sachlichen Anwendungsbereichs folgt aber bereits aus der begrenzten Regelungskompetenz des deutschen Gesetzgebers, die sich nur auf die Regelung der Beteiligung seinem Recht unterliegender Gesellschaften erstreckt. Vgl. dazu auch die BegrRegE zu § 122 a Abs. 2, BT-Drucks. 16/2919 S. 14: „Für Kapitalgesellschaften, die dem deutschen Recht unterliegen, gelten die Vorschriften über die innerstaatliche Verschmelzung entsprechend. Diese werden durch die neu geschaffenen Vorschriften des Zehnten Abschnitts ergänzt", sowie die BegrRegE zu § 122 c, BT-Drucks. 16/2919 S. 15, wonach die Formulierung des § 122 c Abs. 1 der Tatsache Rechnung tragen soll, dass hier lediglich eine Verpflichtung für die beteiligten Gesellschaften geregelt werden könne, die deutschem Recht unterliegen.

[4] Vgl. auch den Wortlaut von § 122 b Abs. 1 sowie § 2 Abs. 2 MgVG.

[5] Siehe dazu ausführlich Einl. C Rn 4 ff.

[6] *Müller* NZG 2006, 286 f.; *Winter* Der Konzern 2007, 24, 27.

[7] *Frischhut* EWS 2006, 55, 56; *Müller* NZG 2006, 286, 287.

[8] Siehe § 122 b Rn 7.

Über den Wortlaut der Verschmelzungsrichtlinie hinaus erstreckt der deutsche Gesetzgeber die Definition der grenzüberschreitenden Verschmelzung auch auf Verschmelzungen, bei denen eine der beteiligten Gesellschaften dem Recht eines Vertragsstaats des Abkommens über den Europäischen Wirtschaftsraum (**EWR**)[9] unterliegt[10]. 12

Die Bezugnahme auf Mitgliedstaaten der EU bzw. des EWR stellt eine **dynamische Verweisung** auf die jeweiligen Mitgliedstaaten dar. Durch die gewählte Formulierung wird vermieden, dass Anpassungen der Vorschrift infolge des Beitritts weiterer Staaten erforderlich werden. Möglich ist nach derzeitigem Stand folglich die Beteiligung von Gesellschaften, die dem Recht der EU-Mitgliedstaaten Belgien, Bulgarien, Dänemark, Estland, Finnland, Frankreich, Griechenland, Großbritannien, Irland, Italien, Lettland, Litauen, Luxemburg, Malta, Niederlande, Österreich, Polen, Portugal, Rumänien, Schweden, Slowakei, Slowenien, Spanien, Tschechien, Ungarn und Zypern (griechischer Teil) unterliegen. Ferner können sich über die Bezugnahme auf das EWR-Abkommen auch Gesellschaften nach dem Recht von Island, Liechtenstein und Norwegen beteiligen. 13

IV. Anwendung sonstiger Vorschriften des UmwG (Abs. 2)

Abs. 2 ist die **zentrale Verweisungsvorschrift** des Zehnten Abschnitts in das für innerstaatliche Verschmelzungen geltende Recht[11]. Danach sind die Vorschriften des Ersten Teils (Allgemeine Vorschriften) und des Zweiten (Verschmelzung unter Beteiligung von Gesellschaften mit beschränkter Haftung), Dritten (Verschmelzung unter Beteiligung von Aktiengesellschaften) und Vierten (Verschmelzung unter Beteiligung von Kommanditgesellschaften auf Aktien) Abschnitts des Zweiten Teils auf die Beteiligung einer deutschen Gesellschaft an einer grenzüberschreitenden Verschmelzung anwendbar, soweit die §§ 122 a bis l keine Sonderregelungen enthalten. Der Anwendungsbereich dieser Vorschriften ist dabei durch die Bezugnahme auf § 3 Abs. 1 Nr. 2 ausdrücklich auf die Beteiligung deutscher Kapitalgesellschaften beschränkt[12]. Dies schließt eine SE mit Sitz in Deutschland[13] ein. Die beteiligten ausländischen Gesellschaften unterliegen demgegenüber den Verschmelzungsvorschriften ihres Gesellschaftsstatuts. Soweit die Verschmelzungsrichtlinie durch die Mitgliedstaaten umgesetzt ist, werden die jeweils anwendbaren nationalen Verschmelzungsrechte weitgehend harmonisiert sein. Bis dahin können in der **praktischen Durchführung** der grenzüberschreitenden Verschmelzung allerdings noch Schwierigkeiten infolge der Kumulation unterschiedlicher Verschmelzungsrechte entstehen[14]. 14

§ 122 b Verschmelzungsfähige Gesellschaften

(1) **An einer grenzüberschreitenden Verschmelzung können als übertragende, übernehmende oder neue Gesellschaften nur Kapitalgesellschaften im Sinne des Artikels 2 Nr. 1 der Richtlinie 2005/56/EG des Europäischen Parlaments und des Rates vom 26. Oktober 2005 über die Verschmelzung von Kapitalgesellschaften aus verschiedenen Mitgliedstaaten (ABl. EU Nr. L 310 S. 1) beteiligt sein, die nach dem Recht eines Mitgliedstaats der Europäischen Union oder eines anderen Vertragsstaats des Abkommens über**

---

[9] Veröffentlicht in ABl.EU Nr. 1 vom 3.1.1994, S. 3.
[10] Der Gesetzgeber rechnete damit, dass die Vertragsstaaten zeitnah die Verschmelzungsrichtlinie als Anlage zum Abkommen über den EWR übernehmen, siehe BegrRegE zu § 122 b, BT-Drucks. 16/2919 S. 14.
[11] Siehe bereits Rn 3.
[12] BegrRegE zu § 122 h Abs. 2, BT-Drucks. 16/2919 S. 14.
[13] Mit „Sitz" ist in diesem Fall sowohl der Satzungs- als auch der Verwaltungssitz der SE gemeint, da Satzungs- und Verwaltungssitz einer SE gem. Art. 7 Satz 1 SE-VO zwingend in demselben Mitgliedstaat liegen müssen.
[14] Siehe auch Einl. C Rn 15 f., 35 ff.

den Europäischen Wirtschaftsraum gegründet worden sind und ihren satzungsmäßigen Sitz, ihre Hauptverwaltung oder ihre Hauptniederlassung in einem Mitgliedstaat der Europäischen Union oder einem anderen Vertragsstaat des Abkommens über den Europäischen Wirtschaftsraum haben.

(2) An einer grenzüberschreitenden Verschmelzung können nicht beteiligt sein:
1. Genossenschaften, selbst wenn sie nach dem Recht eines anderen Mitgliedstaats der Europäischen Union oder eines anderen Vertragsstaats des Abkommens über den Europäischen Wirtschaftsraum unter die Definition des Artikels 2 Nr. 1 der Richtlinie fallen;
2. Gesellschaften, deren Zweck es ist, die vom Publikum bei ihnen eingelegten Gelder nach dem Grundsatz der Risikostreuung gemeinsam anzulegen und deren Anteile auf Verlangen der Anteilsinhaber unmittelbar oder mittelbar zulasten des Vermögens dieser Gesellschaft zurückgenommen oder ausgezahlt werden. Diesen Rücknahmen oder Auszahlungen gleichgestellt sind Handlungen, mit denen eine solche Gesellschaft sicherstellen will, dass der Börsenwert ihrer Anteile nicht erheblich von deren Nettoinventarwert abweicht.

Übersicht

	Rn		Rn
I. Sinn und Zweck der Norm, Entstehungsgeschichte	1	3. Beteiligung weiterer Gesellschaften	8
II. Verschmelzungsfähige Gesellschaften (Abs. 1)	3	III. Ausgeschlossene Rechtsformen (Abs. 2)	10
1. Kapitalgesellschaften	4	1. Genossenschaften (Nr. 1)	10
2. Gründung und Sitz	7	2. OGAW (Nr. 2)	12

Literatur: Vgl. Literaturverzeichnis zu § 122 a.

I. Sinn und Zweck der Norm, Entstehungsgeschichte

1   Die Vorschrift legt fest, Gesellschaften welcher Rechtsformen an einer grenzüberschreitenden Verschmelzung beteiligt sein können und regelt damit den **persönlichen Anwendungsbereich** des Zehnten Abschnitts. Die Vorschrift ergänzt § 122 a, der den sachlichen Anwendungsbereich der grenzüberschreitenden Verschmelzung definiert. Für Gesellschaften anderer Rechtsform, die von der Verschmelzungsrichtlinie nicht erfasst sind, beurteilt sich die Möglichkeit einer grenzüberschreitenden Verschmelzung weiterhin nach § 1¹.

2   Abs. 1 der Norm regelt – basierend auf Art. 2 Nr. 1 der Verschmelzungsrichtlinie – den Kreis der an einer grenzüberschreitenden Verschmelzung beteiligten Gesellschaften, während Abs. 2 Ausnahmen auf Grundlage von Art. 3 Abs. 2 und Abs. 3 der Verschmelzungsrichtlinie benennt².

II. Verschmelzungsfähige Gesellschaften (Abs. 1)

3   Abs. 1 orientiert sich eng am Wortlaut der Verschmelzungsrichtlinie und definiert die verschmelzungsfähigen Gesellschaften **abstrakt**, so dass bei Hinzukommen neuer Gesellschafts-

---

[1] Siehe dazu Einl. C Rn 21 ff.
[2] Art. 3 Abs. 2 der Verschmelzungsrichtlinie ermächtigt die Mitgliedstaaten, Genossenschaften aus dem Anwendungsbereich der Regelungen über die grenzüberschreitende Verschmelzung herauszunehmen. Art. 3 Abs. 3 der Verschmelzungsrichtlinie enthält hingegen die zwingende Vorgabe, Organismen für gemeinsame Anlagen in Wertpapiere (OGAW) von der grenzüberschreitenden Verschmelzung auszunehmen. Näher dazu Rn 12.

formen des nationalen Rechts, die den Kapitalgesellschaftsbegriff der Verschmelzungsrichtlinie erfüllen, keine Anpassung der Vorschrift erforderlich ist, um diese in den Anwendungsbereich der §§ 122 a bis l einzubeziehen[3].

1. Kapitalgesellschaften

An der Verschmelzung beteiligte Gesellschaften – also übertragende, übernehmende oder aus der Verschmelzung hervorgehende neue Gesellschaften[4] – können gem. Abs. 1 nur **Kapitalgesellschaften** iSv. Art. 2 der Verschmelzungsrichtlinie sein. Das sind nach Art. 2 Nr. 1 a) der Verschmelzungsrichtlinie zum einen die in Art. 1 der Richtlinie 68/151/EWG (Publizitätsrichtlinie)[5] aufgelisteten Gesellschaften, für Deutschland namentlich die AG, die KGaA und die GmbH. Zum anderen ist von Art. 2 Nr. 1 b) der Verschmelzungsrichtlinie auch jede andere Gesellschaftsform erfasst, die „Rechtspersönlichkeit besitzt und über gesondertes Gesellschaftskapital verfügt, das allein für die Verbindlichkeiten der Gesellschaft haftet, und die nach dem für sie maßgebenden innerstaatlichen Recht Schutzbestimmungen im Sinne der Richtlinie 68/151/EWG im Interesse der Gesellschafter sowie Dritter einhalten muss". Da diese Voraussetzungen in Deutschland gegenwärtig lediglich die **AG**, die **KGaA**, die **SE** mit Sitz in Deutschland und die **GmbH** erfüllen, bleibt es hinsichtlich des Anwendungsbereichs derzeit bei diesen Rechtsformen. Die Formulierung ermöglicht es aber, zukünftig neue Rechtsformen in den Kreis der verschmelzungsfähigen Gesellschaften einzubeziehen, wenn sie diese Kriterien erfüllen, ohne dass eine Anpassung des Gesetzestextes erforderlich wird.

Auch die **SE mit Sitz in Deutschland**[6] kann sich grundsätzlich an einer grenzüberschreitenden Verschmelzung beteiligen[7]. Dies folgt aus der Generalverweisung des Art. 9 Abs. 1 lit. c) ii) der SE-Verordnung (SE-VO)[8] und dem Diskriminierungsverbot des Art. 10 SE-VO, wonach die SE einer AG ihres Sitzstaates gleichzustellen ist. Auf die Errichtung einer SE durch grenzüberschreitende Verschmelzung sind die Vorschriften des Zehnten Abschnitts allerdings nicht anwendbar[9]. Denn die **Gründung** einer SE ist **abschließend durch die SE-VO** geregelt, die gegenüber dem nationalen Recht der Mitgliedstaaten Vorrang hat[10]. An grenzüberschreitenden – und auch an innerstaatlichen[11] – **Verschmelzungen durch**

---

[3] Einen entsprechenden Wortlaut hat der Gesetzgeber in § 122 a Abs. 1 zur Bestimmung des sachlichen Anwendungsbereichs des Zehnten Abschnitts gewählt.
[4] Zum Begriff der „beteiligten Gesellschaften" siehe § 122 a Rn 9 ff.
[5] Richtlinie 68/151/EWG vom 9.3.1968, ABl.EG Nr. L 65 vom 14.3.1968, S. 8.
[6] Mit „Sitz" ist in diesem Fall sowohl der Satzungs- als auch der Verwaltungssitz der SE gemeint, da Satzungs- und Verwaltungssitz einer SE gem. Art. 7 Satz 1 SE-VO zwingend im selben Mitgliedstaat liegen müssen.
[7] Begr. zu § 122 b Abs. 1, BT-Drucks. 16/2919 S. 14; vgl. ferner *Bayer/Schmidt* NJW 2006, 401; *Drinhausen/Keinath* BB 2006, 725, 726; *Forsthoff* DStR 2006, 613; *Haritz/v.Wolff* GmbHR 2006, 340, 341; *Krause/Kulpa* ZHR 171 (2007) 38, 54; *Louven* ZIP 2006, 2021, 2024; *Müller* NZG 2006, 286, 287; *Neye/Timm* DB 2006, 488, 490; *Oechsler* NZG 2006, 161, 162; *Simon/Rubner* Der Konzern 2006, 835, 836 f.; *Winter*, Der Konzern 2007, 24, 27.
[8] Verordnung (EG) Nr. 2157/2001 über das Statut der Europäischen Gesellschaft, veröffentlicht in ABl.EG Nr. L 294 vom 10.11.2001, S. 1.
[9] *Drinhausen/Keinath* BB 2006, 725, 726; *Krause/Kulpa* ZHR 171 (2007) 38, 54; *Louven* ZIP 2006, 2021, 2024.
[10] Soweit die SE-VO Regelungslücken enthält, dürfte die Verweisung des Art. 18 SE-VO zur Anwendung der §§ 122 a bis l führen, obwohl Art. 18 SE-VO lediglich die Vorschriften zur Verschmelzung nationaler Aktiengesellschaften für entsprechend anwendbar erklärt, die in Umsetzung der Dritten Gesellschaftsrechtlichen Richtlinie 78/855/EWG erlassen wurden. Der eingeschränkte Verweis in der SE-VO erklärt sich daraus, dass die Verschmelzungsrichtlinie bei Erlass der SE-VO noch nicht existierte.
[11] Zur Frage der Verschmelzungsfähigkeit der SE siehe Einl. C Rn 55 ff.

Aufnahme kann sich die SE hingegen sowohl als übertragende wie auch als übernehmende Gesellschaft beteiligen, da es nicht zur Neugründung einer SE kommt[12].

6 Die Beteiligungsfähigkeit von **eingetragenen Vereinen** und **Versicherungsvereinen auf Gegenseitigkeit** (VVaG) an einer grenzüberschreitenden Verschmelzung wird man hingegen ablehnen müssen, da die Gesellschafterstellung durch eine Mitgliedschaft und nicht durch Gesellschaftsanteile vermittelt wird[13].

2. Gründung und Sitz

7 Alle an einer grenzüberschreitenden Verschmelzung beteiligten Gesellschaften müssen nach dem Recht eines EU- bzw. EWR-Mitgliedstaats[14] **gegründet** worden sein und ihren satzungsmäßigen **Sitz**, ihre **Hauptverwaltung** oder ihre **Hauptniederlassung** in einem **EU-** bzw. **EWR-Mitgliedstaat** haben. Diese Anforderung aus Art. 1 der Verschmelzungsrichtlinie hat der Gesetzgeber ausdrücklich in Abs. 1 der Vorschrift übernommen. Zwar definiert § 122 a die grenzüberschreitende Verschmelzung bereits als Verschmelzung zwischen Gesellschaften, die dem Recht verschiedener Mitgliedstaaten der Europäischen Union oder anderer Vertragsstaaten des EWR unterliegen. Nicht erforderlich ist, dass bei der jeweiligen Gesellschaft Satzungs- und Verwaltungssitz im selben Mitgliedstaat liegen. Nach dem Willen des Gesetzgebers soll mit der Aufnahme beider Kriterien, Gründung und Sitz, Hauptverwaltung oder Hauptniederlassung, die Beteiligung von Gesellschaften an der grenzüberschreitenden Verschmelzung ausgeschlossen werden, die entweder nach dem Recht eines Drittstaates gegründet und anschließend unter Beibehaltung ihrer Gründungsrechtsform, also identitätswahrend, ihren Sitz in einen EU- bzw. EWR-Mitgliedstaat verlegt haben[15]. Gleichfalls ausgeschlossen werden soll die Beteiligung von Gesellschaften an einer grenzüberschreitenden Verschmelzung, die zwar nach dem Recht eines EU- bzw. EWR-Mitgliedstaats gegründet, jedoch ihren Satzungs- oder Verwaltungssitz nach dem Recht dieses Staates identitätswahrend in einen Drittstaat verlegt haben[16].

3. Beteiligung weiterer Gesellschaften

8 Deutsche bzw. ausländische Gesellschaften, die die Voraussetzungen gem. Abs. 1 nicht erfüllen, können sich an einer grenzüberschreitenden Verschmelzung iSd. § 122 a Abs. 1 **nicht beteiligen**[17].

9 Teilweise wird die Ansicht vertreten, dass in den Anwendungsbereich der §§ 122 a bis l auch solche Gesellschaften einbezogen werden müssten, die dem Recht von Drittstaaten unterliegen, mit denen staatsvertragliche Vereinbarungen über die gegenseitige Anerkennung

---

[12] *Drinhausen/Keinath* BB 2006, 725, 726; aA *Louven* ZIP 2006, 2021, 2024; *Oechsler* in MünchKomm AktG, vor Art. 1 SE-VO Rn 19; *ders.* NZG 2006, 161, 162; *Simon/Rubner* Der Konzern 2006, 835, 836 f., nach deren Auffassung die Beteiligung einer SE an einer grenzüberschreitenden wie auch innerstaatlichen Verschmelzung nur zulässig sei, wenn am Ende der Transaktion keine SE stehe. Siehe dazu auch Einl. C Rn 59.

[13] Vgl. dazu *Louven* ZIP 2006, 2021, 2024.

[14] Eine Aufzählung der gegenwärtigen EU-Mitgliedstaaten und der anderen EWR-Staaten ist in § 122 a Rn 13 enthalten.

[15] Vgl. Begr. zu § 122 b Abs. 1, BT-Drucks. 16/2919 S. 14. Möglich ist das, wenn eine Drittstaatengesellschaft ihren Verwaltungssitz in einen EU-Mitgliedstaat verlegt, der der Gründungstheorie folgt. In diesem Fall unterliegt die Gesellschaft allerdings trotz Sitzes in einem EU-Mitgliedstaat nicht dem Recht dieses Staates, sondern weiterhin dem Recht ihres Gründungsstaates, vgl. *Krause/Kulpa* ZHR 171 (2007) 38, 54 f. und Einl. C Rn 13 f.

[16] Vgl. BegrRegE zu § 122 b Abs. 1, BT-Drucks. 16/2919 S. 14. Die identitätswahrende Verlegung des Satzungssitzes ins Ausland erlaubt etwa das luxemburgische Recht für die S.A., vgl. dazu *J. Schmidt* DB 2006, 2221, 2222.

[17] Vgl. zur Rechtslage solcher Gesellschaften Einl. C Rn 21 ff.

des Gesellschaftsstatuts bestehen[18]. Wenngleich dies wünschenswert wäre, sprechen jedoch der eindeutige Gesetzeswortlaut und die Gesetzesbegründung gegen die Einbeziehung solcher Gesellschaften.

III. Ausgeschlossene Rechtsformen (Abs. 2)

1. Genossenschaften (Nr. 1)

Mit Abs. 2 Nr. 1 werden Genossenschaften von der Anwendung des grenzüberschreitenden Verschmelzungsrechts **ausgenommen**. Der neu in das GenG eingefügte § 8 a[19] gibt Genossenschaften die Möglichkeit, in der Satzung ein Mindestkapital festzusetzen, das nicht unterschritten werden darf. Genossenschaften, die von dieser Möglichkeit Gebrauch machen, wären dann grundsätzlich als Kapitalgesellschaft iSv. Abs. 1 für grenzüberschreitende Verschmelzungen beteiligungsfähig. Dies wird jedoch durch Abs. 2 Nr. 1 ausdrücklich verhindert. 10

Der Gesetzgeber ist der Ansicht, dass die Gründung einer Europäischen Genossenschaft aufgrund der Verordnung über das Statut der Europäischen Genossenschaft ausreichend sei und kein Bedürfnis für ihre Beteiligung an einer grenzüberschreitenden Verschmelzung bestehe[20]. Ferner wurde befürchtet, dass die Anwendung der jeweiligen nationalen Verschmelzungsrechte bei grenzüberschreitenden Verschmelzungen von Genossenschaften zu erheblichen **praktischen Problemen** führen würde, da das Genossenschaftsrecht noch keine Harmonisierung auf europäischer Ebene erfahren hat[21]. 11

2. OGAW (Nr. 2)

Abs. 2 Nr. 2 schließt Organismen für gemeinsame Anlagen in Wertpapiere (**OGAW**) von der grenzüberschreitenden Verschmelzung aus. Damit wurde Art. 3 Abs. 3 der Verschmelzungsrichtlinie wortlautgetreu in deutsches Recht umgesetzt. Nach Art. 1 Abs. 1 der Richtlinie 85/611/EWG[22] vom 20.12.1985 sind OGAW Gesellschaften, deren ausschließlicher Zweck es ist, beim Publikum beschaffte Gelder für gemeinsame Rechnung nach dem Grundsatz der Risikostreuung in Wertpapieren anzulegen, und deren Anteile auf Verlangen der Anteilsinhaber unmittelbar oder mittelbar zu Lasten des Vermögens dieser Organismen zurückgenommen oder ausbezahlt werden bzw. die in diesem Fall Maßnamen vornehmen, die sicherstellen, dass der Kurs der Anteile nicht erheblich von deren Nettoinventar abweicht. Diese Anlagegesellschaften unterliegen europaweit gesonderten Vorschriften. 12

§ 122 c Verschmelzungsplan

(1) **Das Vertretungsorgan einer beteiligten Gesellschaft stellt zusammen mit den Vertretungsorganen der übrigen beteiligten Gesellschaften einen gemeinsamen Verschmelzungsplan auf.**

(2) **Der Verschmelzungsplan oder sein Entwurf muss mindestens folgende Angaben enthalten:**

---

[18] *Kiem* WM 2006, 1091, 1093.
[19] Gesetz zur Einführung der Europäischen Genossenschaft und zur Änderung des Genossenschaftsrechts, BGBl. I 2006 Nr. 39 vom 17.8.2006, S. 1911 ff. Zur Europäischen Genossenschaft (SCE) siehe auch Einl. C Rn 64 ff.
[20] BegrRegE zu § 122 b Abs. 2 Nr. 1, BT-Drucks. 16/2919 S. 14 f.
[21] Vgl. BegrRegE zu § 122 b Abs. 2 Nr. 1, BT-Drucks. 16/2919 S. 14; dazu auch *Neye* ZIP 2005, 1893, 1894 f.
[22] ABl.EG Nr. L 375 vom 31.12.1985, S. 3.

1. Rechtsform, Firma und Sitz der übertragenden und übernehmenden oder neuen Gesellschaft,
2. das Umtauschverhältnis der Gesellschaftsanteile und gegebenenfalls die Höhe der baren Zuzahlungen,
3. die Einzelheiten hinsichtlich der Übertragung der Gesellschaftsanteile der übernehmenden oder neuen Gesellschaft,
4. die voraussichtlichen Auswirkungen der Verschmelzung auf die Beschäftigung,
5. den Zeitpunkt, von dem an die Gesellschaftsanteile deren Inhabern das Recht auf Beteiligung am Gewinn gewähren, sowie alle Besonderheiten, die eine Auswirkung auf dieses Recht haben,
6. den Zeitpunkt, von dem an die Handlungen der übertragenden Gesellschaften unter dem Gesichtspunkt der Rechnungslegung als für Rechnung der übernehmenden oder neuen Gesellschaft vorgenommen gelten (Verschmelzungsstichtag),
7. die Rechte, die die übernehmende oder neue Gesellschaft den mit Sonderrechten ausgestatteten Gesellschaftern und den Inhabern von anderen Wertpapieren als Gesellschaftsanteilen gewährt, oder die für diese Personen vorgeschlagenen Maßnahmen,
8. etwaige besondere Vorteile, die den Sachverständigen, die den Verschmelzungsplan prüfen, oder den Mitgliedern der Verwaltungs-, Leitungs-, Aufsichts- oder Kontrollorgane der an der Verschmelzung beteiligten Gesellschaften gewährt werden,
9. die Satzung der übernehmenden oder neuen Gesellschaft,
10. gegebenenfalls Angaben zu dem Verfahren, nach dem die Einzelheiten über die Beteiligung der Arbeitnehmer an der Festlegung ihrer Mitbestimmungsrechte in der aus der grenzüberschreitenden Verschmelzung hervorgehenden Gesellschaft geregelt werden,
11. Angaben zur Bewertung des Aktiv- und Passivvermögens, das auf die übernehmende oder neue Gesellschaft übertragen wird,
12. den Stichtag der Bilanzen der an der Verschmelzung beteiligten Gesellschaften, die zur Festlegung der Bedingungen der Verschmelzung verwendet werden.

(3) Befinden sich alle Anteile einer übertragenden Gesellschaft in der Hand der übernehmenden Gesellschaft, so entfallen die Angaben über den Umtausch der Anteile (Absatz 2 Nr. 2, 3 und 5), soweit sie die Aufnahme dieser Gesellschaft betreffen.

(4) Der Verschmelzungsplan muss notariell beurkundet werden.

Übersicht

	Rn		Rn
I. Sinn und Zweck der Norm, Entstehungsgeschichte	1	d) Auswirkungen auf die Beschäftigung (Nr. 4)	20
II. Aufstellung des gemeinsamen Verschmelzungsplans (Abs. 1)	5	e) Zeitpunkt der Gewinnbeteiligung (Nr. 5)	22
1. Gemeinsamer Verschmelzungsplan, Rechtsnatur	5	f) Verschmelzungsstichtag (Nr. 6)	23
2. Aufstellung durch das Vertretungsorgan	8	g) Gewährung von Rechten an Inhaber von Sonderrechten (Nr. 7)	25
III. Inhalt des Verschmelzungsplans (Abs. 2)	10	h) Besondere Vorteile für Sachverständige, Prüfer und Organe (Nr. 8)	29
1. Allgemeines	10	i) Satzung (Nr. 9)	30
2. Mindestinhalt	12	j) Verfahren zur Festlegung der Arbeitnehmermitbestimmung (Nr. 10)	31
a) Rechtsform, Firma und Sitz (Nr. 1)	12		
b) Umtauschverhältnis und bare Zuzahlungen (Nr. 2)	13	k) Bewertung des Aktiv- und Passivvermögens (Nr. 11)	32
c) Übertragung der Gesellschaftsanteile (Nr. 3)	17	l) Stichtag der Bilanzen (Nr. 12)	37
		3. Weitere Angaben	38

Verschmelzungsplan   1–4 **§ 122 c**

	Rn		Rn
IV. Verschmelzung auf die Muttergesellschaft (Abs. 3)	40	2. Zeitpunkt der Beteiligung	41
1. Konzernverschmelzung	40	**V. Beurkundungspflicht (Abs. 4)**	42
		VI. Zuleitung an den Betriebsrat	44

Literatur: Vgl. Literaturverzeichnis zu § 122 a.

I. Sinn und Zweck der Norm, Entstehungsgeschichte

Die Norm regelt die Aufstellung des Verschmelzungsplans bei der grenzüberschreitenden Verschmelzung und setzt Art. 5 der Verschmelzungsrichtlinie ins deutsche Recht um. Der Verschmelzungsplan tritt bei grenzüberschreitenden Verschmelzungen an die Stelle des Verschmelzungsvertrags nach den §§ 4 ff. Ebenso wie der Verschmelzungsvertrag soll der Verschmelzungsplan die **wesentlichen Bedingungen der Verschmelzung** verbindlich festlegen und muss daher bestimmte Mindestangaben enthalten. Entsprechend dem allgemeinen Grundsatz, dass die Regelungen der §§ 122 a bis l nur die deutschen an einer grenzüberschreitenden Verschmelzung beteiligten Gesellschaften betreffen[1], begründet Abs. 1 nur eine Verpflichtung der Vertretungsorgane der an der grenzüberschreitenden Verschmelzung beteiligten deutschen Gesellschaften[2]. 1

Abs. 2 basiert auf Art. 5 Satz 2 der Verschmelzungsrichtlinie und gibt den **Mindestinhalt** des Verschmelzungsplans vor. Dieser ist weitgehend deckungsgleich mit den von § 5 Abs. 1 geforderten Angaben. Zusätzlich zu den dort vorgesehenen Angaben muss der Verschmelzungsplan die Satzung der übernehmenden bzw. aus der Verschmelzung hervorgehenden neuen Gesellschaft[3], Angaben zum Verfahren zur **Festlegung der Arbeitnehmermitbestimmung**[4], Angaben zur **Bewertung des Aktiv- und Passivvermögens**[5] und die **Bilanzstichtage** der beteiligten Gesellschaften enthalten[6]. Dagegen enthält der Verschmelzungsplan keine Vereinbarung über die Vermögensübertragung wie sie in § 5 Abs. 1 Nr. 2 vorgesehen ist. 2

Trotz des allgemeinen Verweises in § 122 a Abs. 2 wurden zur Vermeidung von Unklarheiten alle von der Verschmelzungsrichtlinie vorgeschriebenen Angaben in die Vorschrift aufgenommen[7]. Die in Abs. 2 genannten Angaben sind **nicht abschließend**, sondern können von den beteiligten Gesellschaften einvernehmlich ergänzt werden[8]. 3

Im Gegensatz zum Entwurf der Regelung idF des Referentenentwurfs wurde nunmehr in Abs. 2 neben dem Verschmelzungsplan auch dessen **Entwurf** aufgenommen. Ebenso wie in § 122 d Satz 1 dient dies der Klarstellung, dass zur Erfüllung von Bekanntmachungs- und Informationspflichten auch bei der grenzüberschreitenden Verschmelzung die Einreichung eines Entwurfs des Verschmelzungsplans genügt. Abs. 3 betrifft eine Vereinfachung der Formalitäten für **Konzernverschmelzungen** und setzt insoweit die Ausnahme aus Art. 15 Abs. 1 4

---

[1] Vgl. dazu Einl. C Rn 16.
[2] Vgl. BegrRegE zu § 122 c Abs. 1, BT-Drucks. 16/2919 S. 15.
[3] § 122 c Abs. 2 Nr. 9.
[4] § 122 c Abs. 2 Nr. 10.
[5] § 122 c Abs. 2 Nr. 11.
[6] § 122 c Abs. 2 Nr. 12.
[7] BegrRegE zu § 122 c Abs. 2, BT-Drucks. 16/2919 S. 15. In der Literatur ist demgegenüber empfohlen worden, in § 122 c nur die Angaben aufzunehmen, die bei der grenzüberschreitenden Verschmelzung zu den von § 5 vorgeschriebenen hinzutreten, vgl. etwa *Bayer/Schmidt* NZG 2006, 841, 842; *Krause/Kulpa* ZHR 171 (2007) 38, 57 f.; *Müller* NZG 2006, 286, 288; Stellungnahme des DNotV zu § 122 c (Nr. 9 b) idF des Referentenentwurfs (abrufbar unter www.dnotv.de).
[8] BegrRegE zu § 122 c Abs. 2, BT-Drucks. 16/2919 S. 15.

Spiegelstrich 1 der Verschmelzungsrichtlinie um. Die Formulierung gleicht weitgehend der der Parallelvorschrift des § 5 Abs. 2. Abs. 4 wiederum entspricht § 6 (Form des Verschmelzungsvertrags) und schreibt für den Verschmelzungsplan die **notarielle Beurkundung** vor.

II. Aufstellung des gemeinsamen Verschmelzungsplans (Abs. 1)

1. Gemeinsamer Verschmelzungsplan, Rechtsnatur

5 Abs. 1 der Vorschrift schreibt die Aufstellung eines „gemeinsamen Verschmelzungsplans" aller an der grenzüberschreitenden Verschmelzung beteiligten Gesellschaften vor. Aufgrund der Formulierung des Gesetzes muss es sich bei dem Verschmelzungsplan um ein **einheitliches Dokument** für alle beteiligten Gesellschaften handeln. Dieser eindeutige Gesetzeswortlaut spricht dafür, dass die Erstellung separater Dokumente, die sich nur inhaltlich entsprechen, nicht ausreichend ist[9]. Da der Verschmelzungsplan jeder Anteilsinhaberversammlung in ihrer jeweiligen Landessprache vorliegen und zur Offenlegung und bei Anmeldung der Verschmelzung zum Register bzw. den entsprechenden ausländischen Behörden in der jeweiligen Amtssprache eingereicht werden muss[10], bietet es sich an, den Verschmelzungsplan gleich als **mehrsprachiges Dokument** zu erstellen[11].

6 Der Verschmelzungsplan legt die rechtlich-organisatorische Grundlage der Verschmelzung fest, regelt die Strukturen der beteiligten Gesellschaften sowie die Rechtsverhältnisse der Anteilsinhaber untereinander und im Verhältnis zur übernehmenden Gesellschaft. Er wirkt insoweit ebenso **organisationsrechtlich** wie der Verschmelzungsvertrag[12]. Unklar ist, ob der Verschmelzungsplan, ebenso wie der Verschmelzungsvertrag[13], auch Rechte und Pflichten im Sinne eines **schuldrechtlichen Vertrags** begründet[14]. Für den vergleichbaren Fall des Verschmelzungsplans zur Gründung einer SE wird dies verneint[15]. Da die beteiligten

---

[9] Dieses Ergebnis wird durch einen Vergleich mit der entsprechenden Formulierung im Parallelfall der SE-Gründung durch Verschmelzung bestärkt. Dort ist nur ein „gleichlautender" Verschmelzungsplan erforderlich. Das ergibt sich aus Art. 26 Abs. 3 SE-VO, wonach die für die Rechtmäßigkeitskontrolle zuständige Stelle zu prüfen hat, ob die sich verschmelzenden Gesellschaften einem gleichlautenden Verschmelzungsplan zugestimmt haben. Dieselbe sprachliche Unterscheidung findet sich in den entsprechenden englischen und französischen Texten, wo in Art. 5 Abs. 1 der Verschmelzungsrichtlinie von „common draft terms" und in der SE-VO von „draft terms of merger in the same terms" bzw. in Art. 5 Abs. 1 der Verschmelzungsrichtlinie von „projet commun de fusion transfrontalière" und in der SE-VO von „projet de fusion dans les mêmes termes" gesprochen wird. Das Meinungsbild in der Literatur zum Verschmelzungsplan im Rahmen der SE-Gründung durch Verschmelzung ist uneinheitlich: Teilweise wird angenommen, dass ein Verschmelzungsplan für jede Gesellschaft separat erstellt werden kann, wobei die Verschmelzungspläne inhaltlich übereinstimmen müssen, vgl. *Bayer* in Lutter/Hommelhoff, Die Europäische Gesellschaft, S. 25, 34; *Heckschen* in Widmann/Mayer Anhang 14 Rn 152. Andere gehen davon aus, dass es sich um ein einziges von den sich verschmelzenden Gesellschaften zu erstellendes Dokument handeln müsse, von dem in jeder Anteilsinhaberversammlung eine inhaltlich identische Ausfertigung zur Beschlussfassung vorgelegt werde, *Scheifele* S. 142; *Schwarz* Art. 20 SE-VO Rn 10 f.

[10] Für die Einreichung zum deutschen Register ist daher eine deutsche Fassung erforderlich, §§ 125, 8 FGG, § 184 GVG.

[11] So die Empfehlung von *Bayer* in Lutter/Hommelhoff, Die Europäische Gesellschaft, S. 25, 34 für den Verschmelzungsplan bei der SE-Gründung durch Verschmelzung; vgl. auch *Gesell/Krömker* DB 2006, 2558, 2562 zu einer deutsch-niederländischen Verschmelzung vor Inkrafttreten der §§ 122 a bis l.

[12] Vgl. § 4 Rn 4.

[13] Vgl. § 4 Rn 5.

[14] So *Forsthoff* DStR 2006, 613, 614; *Krause/Kulpa* ZHR 171 (2007) 38, 56; *Simon/Rubner*, Der Konzern 2006, 835, 837; *Vetter* AG 2006, 613, 617; *Winter* Der Konzern 2007, 24, 33; zweifelnd allerdings *Kiem* WM 2006, 1091, 1094.

[15] *Bayer* in Lutter/Hommelhoff, Die Europäische Gesellschaft, S. 25, 34; *Heckschen* in Widmann/Mayer Anhang 14 Rn 146 ff.; *Schäfer* in MünchKomm. AktG Art. 20 SE-VO Rn 3 und 8; *Scheifele* S. 152; *Schwarz* Art. 20 SE-VO Rn 13; *Teichmann* ZGR 2002, 383, 418 ff.

Verschmelzungsplan 7–10 § 122 c

Gesellschaften selbst aber den Verschmelzungsplan ergänzen können, ist es ihnen nicht verwehrt, zusätzlich zu dem von Abs. 2 vorgeschriebenen Inhalt freiwillig schuldrechtliche Vereinbarungen in den Verschmelzungsplan aufzunehmen[16]. Angesichts der bestehenden Unsicherheit hinsichtlich der Rechtsnatur des Verschmelzungsplans bietet es sich für die beteiligten Gesellschaften an, schuldrechtliche Vereinbarungen in ein **separates Dokument** aufzunehmen[17].

Für die **Auslegung** des Verschmelzungsplans gelten die allgemeinen zivilrechtlichen 7 Grundsätze mit der Einschränkung, dass die Auslegung objektiv, also aus Sicht eines verständigen Dritten, zu erfolgen hat.

2. Aufstellung durch das Vertretungsorgan

Nach Art. 5 Satz 1 der Verschmelzungsrichtlinie, den Abs. 1 ins deutsche Recht umsetzt, 8 wird der Verschmelzungsplan durch die „Leitungs- oder Verwaltungsorgane" der beteiligten Gesellschaften aufgestellt. Demgegenüber stellt Abs. 1 auf das „Vertretungsorgan" ab. Für deutsche Gesellschaften in Form der AG, der KGaA und der GmbH wirft diese Formulierung kein Problem auf, da Vertretungsorgan und Leitungsorgan bei diesen Gesellschaftsformen identisch sind.

Die Regelung des Abs. 1 ist aber dann missverständlich, wenn die an der Verschmelzung 9 beteiligte Gesellschaft eine nach dem **monistischen System organisierte SE** ist, die deutschem Recht unterliegt. Bei der monistischen SE sind „Vertretungsorgan" die geschäftsführenden Direktoren[18]. „Leitungsorgan" ist demgegenüber der Verwaltungsrat[19]. Die Lösung liegt in einer europarechtskonformen Auslegung des Begriffs „Vertretungsorgan" derart, dass bei Beteiligung einer monistisch organisierten SE auch **Mitglieder des Verwaltungsrats** befugt sind, den gemeinsamen Verschmelzungsplan zu erstellen. Es ist nicht davon auszugehen, dass der deutsche Gesetzgeber hier bewusst hinter der Verschmelzungsrichtlinie zurückbleiben wollte.

III. Inhalt des Verschmelzungsplans (Abs. 2)

1. Allgemeines

Abs. 2 der Vorschrift regelt den Inhalt des Verschmelzungsplans und listet hierzu explizit 10 die in Art. 5 lit. a bis l der Verschmelzungsrichtlinie genannten **Mindestangaben** auf. Die Informationen entsprechen weitgehend den Angaben, die auch bei einer innerstaatlichen Verschmelzung aufzuführen sind[20]. Neben der Beifügung der **Satzung** der übernehmenden oder neuen Gesellschaft sind Angaben zu dem Verfahren zu machen, nach dem die **Mitbestimmung der Arbeitnehmer** geregelt wird[21]. Ferner sind Angaben zur Bewertung des **Aktiv- und Passivvermögens**, das auf die aus der Verschmelzung hervorgehende Gesellschaft übertragen wird[22], sowie die Angabe des **Stichtags der Bilanzen**, die zur Festlegung

---

[16] Vgl. *Heckschen* in Widmann/Mayer Anhang 14 Rn 150 zur vergleichbaren Problematik bei der SE-Gründung durch Verschmelzung; aA wohl *Schwarz* Art. 20 SE-VO Rn 13 f. zur SE-Gründung durch Verschmelzung.
[17] Vgl. auch *Schwarz* Art. 20 SE-VO Rn 14; *Teichmann* ZGR 2002, 383, 419 zum sog. Business Combination Agreement.
[18] § 41 Abs. 1 SEAG.
[19] Art. 43 Abs. 1 SE-VO, § 22 Abs. 1 SEAG.
[20] Vgl. § 5 Abs. 2. Zur Entbehrlichkeit bestimmter Angaben bei der Konzernverschmelzung siehe Rn 40; zur zusätzlichen Aufnahme eines Barabfindungsangebots für widersprechende Anteilsinhaber siehe Rn 39.
[21] § 122 c Abs. 2 Nr. 10 auf der Grundlage von Art. 5 lit. j der Verschmelzungsrichtlinie. Zur Regelung der Mitbestimmung bei der grenzüberschreitenden Verschmelzung siehe *Teichmann* Der Konzern 2007, 89 ff.; zum MgVG *Nagel* NZG 2007, 57 ff.
[22] § 122 c Abs. 2 Nr. 11.

Drinhausen 1077

der Bedingungen der grenzüberschreitenden Verschmelzung verwendet werden[23], erforderlich. Diese bei innerstaatlichen Verschmelzungen nicht vorgeschriebenen Angaben entsprechen den Vorgaben der Verschmelzungsrichtlinie[24]. Nicht vorgesehen und nicht erforderlich ist demgegenüber bei der grenzüberschreitenden Verschmelzung die Aufnahme einer Vereinbarung über die Vermögensübertragung gegen Anteilsgewährung, wie sie § 5 Abs. 1 Nr. 2 für innerstaatliche Verschmelzungen vorsieht.

11 Bei der Auflistung des Abs. 2 handelt es sich um Mindestangaben[25]. Es steht den beteiligten Gesellschaften daher frei, **zusätzliche Informationen** in den Verschmelzungsplan aufzunehmen[26]. Obwohl Art. 5 der Verschmelzungsrichtlinie dies nicht ausdrücklich verbietet, ist es den nationalen Gesetzgebern nicht gestattet, die vorgesehenen Mindestangaben um weitere zwingend von den beteiligten Gesellschaften im Verschmelzungsplan anzugebende Mindestangaben zu ergänzen[27]. Dies kommt in der Formulierung von Erwägungsgrund 4 der Verschmelzungsrichtlinie zum Ausdruck, wonach es (nur) den beteiligten Gesellschaften möglich sein soll, auf freiwilliger Basis weitere Angaben in den Verschmelzungsplan aufzunehmen.

2. Mindestinhalt

12 **a) Rechtsform, Firma und Sitz (Nr. 1).** Nr. 1 bestimmt, dass Rechtsform, Firma und (Satzungs-)Sitz der übertragenden und der übernehmenden oder neuen Gesellschaft im Verschmelzungsplan aufzuführen sind. Dies entspricht der Regelung in § 5 Abs. 1 Nr. 1[28].

13 **b) Umtauschverhältnis und bare Zuzahlung (Nr. 2).** Gem. Nr. 2 muss der Verschmelzungsplan Angaben über das Umtauschverhältnis der Gesellschaftsanteile und ggf. die Höhe der baren Zuzahlungen enthalten. Auf die bei innerstaatlichen Verschmelzungen vorgeschriebenen Angaben über die Mitgliedschaft konnte verzichtet werden, weil an der grenzüberschreitenden Verschmelzung nur Kapitalgesellschaften beteiligt sind.

14 Die Angaben über das Umtauschverhältnis und die Höhe der baren Zuzahlung sind, ebenso wie beim Verschmelzungsvertrag, **Kernstück des Verschmelzungsplans**[29]. Anhand des Umtauschverhältnisses können die Anteilsinhaber der übertragenden Gesellschaft feststellen, in welchem Maße sie zukünftig an der übernehmenden oder neuen Gesellschaft beteiligt sein werden. Dementsprechend dient die Angabe im Verschmelzungsplan der **Transparenz** und der **Information der Anteilsinhaber**.

15 Das Umtauschverhältnis und die Höhe der baren Zuzahlung sind im Verschmelzungsplan nur anzugeben, nicht aber zu erläutern. Die Erläuterung ist Gegenstand des Verschmelzungsberichts[30]. Ferner ist das Umtauschverhältnis für den Prüfungsbericht relevant, der mit einer Erklärung über die Angemessenheit des Umtauschverhältnisses und die Art der Berechnung abzuschließen hat[31].

16 Ermittlung und Darstellung des Umtauschverhältnisses und der baren Zuzahlung im Verschmelzungsplan entsprechen grundsätzlich der bei innerstaatlichen Verschmelzungen, so

---

[23] § 122 c Abs. 2 Nr. 12.
[24] In Art. 5 lit. k und l der Verschmelzungsrichtlinie. *Bayer/Schmidt* NJW 2006, 401, 402 schlagen vor, diese Informationen auch für innerstaatliche Verschmelzungen zum zwingenden Bestandteil des Verschmelzungsplans zu machen.
[25] Vgl. *Drinhausen/Keinath* RIW 2006, 81, 83; *Simon/Rubner* Der Konzern 2006, 835, 837.
[26] BegrRegE zu § 122 c Abs. 2, BT-Drucks. 16/2919 S. 15.
[27] *Drinhausen/Keinath* BB 2006, 725, 727; *Louven* ZIP 2006, 2021, 2025. AA *Bayer/Schmidt* NJW 2006, 401, 402. Zur Ausnahme bzgl. § 122 i siehe Rn 39 und § 122 i Rn 6.
[28] Siehe § 5 Rn 5.
[29] Zum Umtauschverhältnis und der baren Zuzahlung siehe § 5 Rn 18 ff.
[30] § 122 e iVm. § 8.
[31] § 122 f iVm. § 12 Abs. 2.

dass auf die dortigen Ausführungen verwiesen werden kann[32]. Die beteiligten Gesellschaften müssen sich allerdings auf eine einheitliche Bewertungsmethode einigen, die in allen beteiligten Rechtsordnungen anerkannt ist[33].

c) Übertragung der Gesellschaftsanteile (Nr. 3). Nr. 3 gleicht weitgehend der Formulierung des § 5 Abs. 1 Nr. 4. Da an der grenzüberschreitenden Verschmelzung nur Kapitalgesellschaften beteiligt sein können, konnte auf die Angabe über den Erwerb der Mitgliedschaft bei der übernehmenden Gesellschaft verzichtet werden. 17

Unterliegt die übernehmende oder neue Gesellschaft **deutschem Recht**, finden für die Anteilsgewährung gem. § 122 a Abs. 2 die Vorschriften Anwendung, die auch für die Anteilsgewährung bei innerstaatlichen Verschmelzungen gelten[34]. 18

Unterliegt die übernehmende oder neue Gesellschaft einer **ausländischen Rechtsordnung**, sind Einzelheiten hinsichtlich der Übertragung von Anteilen an dieser Gesellschaft im Verschmelzungsplan anzugeben. 19

d) Auswirkungen auf die Beschäftigung (Nr. 4). Nach Nr. 4 sind die Auswirkungen der grenzüberschreitenden Verschmelzung auf die Beschäftigung darzustellen. Die Vorschrift ist vergleichbar mit § 5 Abs. 1 Nr. 9, wonach bei innerstaatlichen Verschmelzungen die Folgen der Verschmelzung für die Arbeitnehmer und ihre Vertretungen sowie die insoweit vorgesehenen Maßnahmen im Verschmelzungsvertrag darzulegen sind. **Nicht** von Nr. 4 erfasst ist die Darstellung des Verfahrens zur **Festlegung der Arbeitnehmermitbestimmung**: Diese ist gesondert gem. Nr. 10 in den Verschmelzungsplan aufzunehmen[35]. 20

Hinsichtlich der konkret in den Verschmelzungsplan aufzunehmenden Angaben ist es ausreichend, sich an den gem. § 5 Abs. 1 Nr. 9 geforderten Angaben zu den Auswirkungen der Verschmelzung auf Arbeitnehmer zu orientieren[36]. Allerdings können die in § 5 Abs. 1 Nr. 9 geforderten Angaben zu den Folgen der Verschmelzung auf die Vertretung der Arbeitnehmer angesichts des im Rahmen der Verschmelzung durchzuführenden Verhandlungsverfahrens und dessen Beschreibung gem. Nr. 10 entfallen. Obwohl die Auswirkungen der grenzüberschreitenden Verschmelzungen auf Arbeitnehmer im Verschmelzungsbericht beschrieben und dieser dem zuständigen Betriebsrat bzw. den Arbeitnehmern der beteiligten Gesellschaften zugänglich zu machen ist[37], sollten im Verschmelzungsplan nicht nur die für die Anteilsinhaber wichtigen Informationen über die Beschäftigung enthalten sein[38]. 21

e) Zeitpunkt der Gewinnbeteiligung (Nr. 5). Nr. 5 fordert die Angabe des Zeitpunkts, von dem an die Gesellschaftsanteile ihren Inhabern das Recht auf Beteiligung am Gewinn gewähren, sowie die Angabe aller Besonderheiten, die eine Auswirkung auf dieses Recht haben. Fast wortgleich und im Inhalt übereinstimmend entspricht diese Mindestangabe der Regelung in § 5 Abs. 1 Nr. 5[39]. 22

f) Verschmelzungsstichtag (Nr. 6). Nach Nr. 6 ist der Zeitpunkt anzugeben, von dem an die Handlungen der übertragenden Gesellschaften unter dem Gesichtspunkt der Rechnungslegung als für Rechnung der übernehmenden oder neuen Gesellschaft vorgenommen 23

---

[32] Siehe § 5 Rn 18 ff.
[33] Vgl. *Scheifele* S. 156 zum Parallelfall der SE-Gründung durch Verschmelzung. Zum Ganzen siehe auch *Großfeld* NZG 2002, 353. Zu den Bewertungsmethoden § 8 Rn 27 ff.
[34] Siehe dazu im Einzelnen § 5 Rn 28 ff.
[35] Dazu Rn 31.
[36] Siehe dazu § 5 Rn 58 ff.
[37] Vgl. § 122 e.
[38] AA *Simon/Rubner* Der Konzern 2006, 835, 838; *Vetter* AG 2006, 613, 620.
[39] Siehe zum Gewinnanspruch § 5 Rn 35 ff.

gelten (Verschmelzungsstichtag). Damit ist der Wortlaut der Regelung nahezu identisch mit § 5 Abs. 1 Nr. 6[40].

24 Dem Stichtag des Wechsels der Rechnungslegung kommt vor allem für die handels- und damit auch steuerrechtliche **Gewinnermittlung** maßgebliche Bedeutung zu[41]. Die beteiligten Gesellschaften sind grundsätzlich bei der Wahl des Verschmelzungsstichtags frei. Allerdings muss dieser unmittelbar dem Stichtag der Schlussbilanz der übertragenden Gesellschaft folgen, die auch bei der grenzüberschreitenden Verschmelzung nicht älter als acht Monate sein darf[42]. Der Verschmelzungsstichtag wird idR mit dem Zeitpunkt übereinstimmen, in dem die Gewinnberechtigung der Anteilsinhaber der übertragenden Gesellschaft an der übernehmenden Gesellschaft beginnt[43].

25 **g) Gewährung von Rechten an Inhaber von Sonderrechten (Nr. 7).** Nr. 7 tritt bei der grenzüberschreitenden Verschmelzung an die Stelle von § 5 Abs. 1 Nr. 7. Die Vorschrift geht zurück auf Art. 5 lit. g der Verschmelzungsrichtlinie und entspricht dessen Wortlaut. Wie auch andere Bestimmungen hat der Wortlaut gegenüber der europarechtlichen Vorgabe richtigerweise die Präzisierung erfahren, dass es um Rechte geht, die die übernehmende oder die neue Gesellschaft gewährt[44]. Nr. 7 hat einen gegenüber § 5 Abs. 1 Nr. 7 abweichenden Wortlaut.

26 Der Verschmelzungsplan hat die Rechte anzugeben, die Inhabern von Sonderrechten in einer übertragenden Gesellschaft im **Austausch für bestehende Sonderrechte** gewährt werden. Gleichfalls anzugeben sind Rechte, die Inhabern von anderen Wertpapieren als Gesellschaftsanteilen gewährt werden.

27 Im Sinne umfassender Information wäre es wünschenswert, wenn nach Nr. 7 sämtliche weiteren Rechte, insbesondere solche, die erst **im Rahmen der grenzüberschreitenden Verschmelzung** gewährt werden, anzugeben wären. Dies würde den Gleichlauf der Informationspflichten bei grenzüberschreitender und innerstaatlicher Verschmelzung her- und eine umfassende Information der Gesellschafter sicherstellen. Aufgrund des Wortlauts von Nr. 7, der Informationen nur hinsichtlich der Rechte verlangt, die bereits mit Sonderrechten ausgestatteten Gesellschaftern bzw. Inhabern von anderen Wertpapieren als Gesellschaftsanteilen gewährt werden, wird man dies jedoch nicht als zwingende Angabe verlangen können.

28 Die Begriffe der **Sonderrechte** und **Wertpapiere** iSv. Nr. 7 erfassen nicht nur Sonderrechte und Wertpapiere iSd. deutschen Rechts[45], sondern auch entsprechende Wertpapiere und Sonderrechte nach ausländischem Recht, die Gesellschafter bzw. Gläubiger der beteiligten ausländischen Gesellschaften innehaben. Darunter können etwa Gewinnvorzüge, Mehrfach- oder Höchststimmrechte, Schuldverschreibungen, Genussrechte und ähnliches fallen.

29 **h) Besondere Vorteile für Sachverständige, Prüfer und Organe (Nr. 8).** Nr. 8 setzt Art. 5 lit. h der Verschmelzungsrichtlinie ins deutsche Recht um. Die Vorschrift entspricht inhaltlich der Regelung in § 5 Abs. 1 Nr. 8. Ziel der Regelung ist in erster Linie der Schutz der Gesellschafter[46]. Sie sollen entscheiden können, ob den an der Verschmelzung beteiligten

---

[40] Der in § 5 Abs. 1 Nr. 6 nicht enthaltene Zusatz „unter dem Gesichtspunkt der Rechnungslegung" folgt aus dem Wortlaut von Art. 5 lit. f der Verschmelzungsrichtlinie, der seinerseits Art. 20 Abs. 1 lit. e der SE-VO entspricht.
[41] *Lutter/Drygala* in Lutter § 5 Rn 42.
[42] Das folgt aus § 17 Abs. 2 Satz 4, der gem. § 122 k Abs. 1 Satz 2 für übertragende deutsche Gesellschaften und über die allgemeine Verweisung des § 122 a Abs. 2 für übernehmende deutsche Gesellschaften gilt.
[43] Zu Einzelheiten siehe die Ausführungen zu § 5 Abs. 1 Nr. 6 in § 5 Rn 40 ff.
[44] Die Verschmelzungsrichtlinie spricht stets nur von „aus der grenzüberschreitenden Verschmelzung hervorgehenden" Gesellschaften.
[45] Vgl. dazu § 5 Rn 47 ff.
[46] Vgl. *Lutter/Drygala* in Lutter § 5 Rn 47; *Mayer* in Widmann/Mayer § 5 Rn 171. Nach *Stratz* in Schmitt/Hörtnagl/Stratz § 5 Rn 76 soll § 5 Abs. 2 Nr. 8 auch dem Gläubigerschutz dienen.

Personen derartige Vorteile gewährt wurden, dass die Objektivität ihrer Entscheidungen beeinträchtigt sein könnte[47].

i) Satzung (Nr. 9). Nach Nr. 9 ist die Satzung der übernehmenden oder neuen Gesellschaft in den Verschmelzungsplan oder dessen Entwurf aufzunehmen. Für diese Bestimmung findet sich aufgrund der Registerpublizität in Deutschland keine entsprechende Regelung für innerstaatliche Verschmelzungen zur Aufnahme[48], sie entspricht aber der Systematik der SE-VO[49]. Im Rahmen grenzüberschreitender Verschmelzungen ist es sinnvoll, in allen Fällen die Satzung der übernehmenden oder neuen Gesellschaft aufzunehmen, um den Anteilsinhabern und Gläubigern der übertragenden Gesellschaften zumindest grundlegende Informationen über die Satzung der übernehmenden oder neuen Gesellschaft zu geben. Die Aufnahme der Satzung kann in Form einer **Anlage zum Verschmelzungsplan** geschehen[50].

j) Verfahren zur Festlegung der Arbeitnehmermitbestimmung (Nr. 10). Im Verschmelzungsplan sind Angaben zu dem Verfahren zu machen, nach dem die Einzelheiten über die Beteiligung der Arbeitnehmer an der Festlegung ihrer Mitbestimmungsrechte in der aus der grenzüberschreitenden Verschmelzung hervorgehenden Gesellschaft geregelt werden[51]. Dies ist allerdings nur erforderlich, soweit ein Verhandlungsverfahren noch nicht durchgeführt wurde. In der Praxis wird das die Regel sein. Sollte das Verhandlungsverfahren zum Zeitpunkt der Aufstellung des Verschmelzungsplans bereits abgeschlossen sein oder musste es nicht durchgeführt werden, entfallen die Angaben nach Nr. 10.

k) Bewertung des Aktiv- und Passivvermögens (Nr. 11). Nach Nr. 11 sind Angaben zur Bewertung des Aktiv- und Passivvermögens, das auf die übernehmende oder neue Gesellschaft übertragen wird, zu machen. Diese Regelung sowie die Regelung in Nr. 12 gehen auf eine Initiative der französischen Delegation bei den Verhandlungen über die Verschmelzungsrichtlinie zurück[52].

Der Anwendungsbereich der Vorschrift erschließt sich nicht ohne Weiteres. Nach dem Wortlaut verlangt Nr. 11 nur die Angabe der Bewertung des Aktiv- und Passivvermögens, das auf die übernehmende oder neue Gesellschaft übertragen wird. Sinn und Zweck der Regelung kann daher nicht darin liegen, über die Angaben zu Nr. 11 Informationen zur Ermittlung des Umtauschverhältnisses, das gem. Nr. 2 im Verschmelzungsplan anzugeben ist, in den Verschmelzungsplan aufzunehmen. Bei einem solchen Verständnis von Nr. 11 hätten sinnvollerweise auch Angaben zur Bewertung des Aktiv- und Passivvermögens der übernehmenden Gesellschaft vorgesehen werden müssen[53]. Die Kenntnis allein von der Bewertung des Aktiv- und Passivvermögens der übertragenden Gesellschaften wäre insoweit wenig erhellend.

Auch Angaben zur Unternehmensbewertung der beteiligten Gesellschaften lassen sich nach Nr. 11 nicht verlangen. Zum einen erschöpft sich die Ermittlung des Unternehmenswerts nicht in der Bewertung des Aktiv- und Passivvermögens[54], zum anderen wären bei einem solchen Verständnis von Nr. 11 auch Angaben zur Bewertung des Aktiv- und Pas-

---

[47] Zu Einzelheiten siehe die Ausführungen zu § 5 Abs. 2 Nr. 8 in § 5 Rn 52 ff.
[48] Anders aber nach § 37 für eine Verschmelzung zur Neugründung, bei der die Satzung in den Verschmelzungsvertrag aufgenommen werden muss.
[49] Art. 20 Abs. 1 lit. h) SE-VO.
[50] So auch *Vetter* AG 2006, 613, 618.
[51] Näher zu dem Verfahren zur Festlegung der Arbeitnehmermitbestimmung siehe *Teichmann* Der Konzern 2007, 89 ff.; zum MgVG *Nagel* NZG 2006, 57 ff.
[52] *Neye/Timm* DB 2006, 488, 489, vgl. im französischen Recht die Regelung in Art. 254 Nr. 3 und 5 Décret Nr. 67-236 vom 23.3.1967.
[53] *Simon/Rubner* Der Konzern 2006, 835, 838. Zur Ermittlung des Umtauschverhältnisses siehe Rn 13 ff. sowie § 8 Rn 22 ff.
[54] Zu Einzelheiten siehe § 8 Rn 24 ff.

sivvermögens der übernehmenden Gesellschaft erforderlich, um zu einer ausgewogenen Information im Verschmelzungsplan zu gelangen.

35 Sinnvoll lässt sich Nr. 11 dahin verstehen, dass die Angabe verlangt wird, zu welchen **handelsrechtlichen Werten** die Vermögensgegenstände und Verbindlichkeiten der übertragenden Gesellschaft von der aufnehmenden Gesellschaft übernommen werden sollen, ob also in Ausführung des Wahlrechts nach § 24[55] die **Buchwerte** oder die **Teil- oder Zwischenwerte** angesetzt werden[56]. Dies entspricht auch den zu Art. 254 Nr. 3 des französischen Décret Nr. 67-236 vom 23.3.1967[57], der Nr. 11 zum Vorbild dient, geforderten Angaben.

36 Angesichts des Wortlauts von Nr. 11, der Angaben zur Bewertung des Aktiv- und Passivvermögens verlangt, müssen die beteiligten Gesellschaften sich bereits im Verschmelzungsplan **festlegen**[58]. Nicht zulässig ist es, im Verschmelzungsplan lediglich darauf zu verweisen, dass die endgültige Festlegung der Bewertung erst im Zusammenhang mit der Aufstellung des Jahresabschlusses der übernehmenden Gesellschaft erfolgen wird[59].

37 **l) Stichtag der Bilanzen (Nr. 12).** Gem. Nr. 12 ist im Verschmelzungsplan der Stichtag der Bilanzen anzugeben, die zur Festlegung der Bedingungen der Verschmelzung verwendet werden. Auch Nr. 12 ist missverständlich formuliert. Gemeint ist in Nr. 12, dass im Verschmelzungsplan der **Stichtag der Schlussbilanzen** aller an der Verschmelzung beteiligten Gesellschaften anzugeben ist. Nicht gefordert ist nach Nr. 12 hingegen die Aufnahme ganzer Jahresabschlüsse in den Verschmelzungsplan[60]. Ein entsprechendes Verständnis von Nr. 12 lässt sich mit dessen Wortlaut, der eindeutig nur die Angabe des Stichtags der Bilanzen erfordert, nicht vereinbaren. Noch viel weniger lässt sich aus Nr. 12 eine Vorgabe des UmwG hinsichtlich des zur Berechnung des Umtauschverhältnisses anzuwendenden Bewertungsverfahrens ableiten.

3. Weitere Angaben

38 Bei den Angaben nach Nr. 1 bis 12 handelt es sich – wie in Art. 5 Satz 2 der Verschmelzungsrichtlinie vorgesehen – ausdrücklich nur um Mindestangaben. Den beteiligten Gesellschaften steht es daher offen, den Verschmelzungsplan um zusätzliche Angaben zu ergänzen[61].

39 Gem. § 122 i hat die übertragende Gesellschaft im Verschmelzungsplan oder in seinem Entwurf jedem Anteilsinhaber, der gegen den Verschmelzungsbeschluss der Gesellschaft Widerspruch zur Niederschrift erklärt, den Erwerb seiner Anteile gegen angemessene **Abfindung anzubieten**, wenn die übernehmende oder neue Gesellschaft nicht dem deutschen Recht unterliegt[62].

---

[55] Die Anwendbarkeit von § 24 folgt aus § 122 a Abs. 2.
[56] Vgl. *Kiem* WM 2006, 1091, 1095; *Simon/Rubner* Der Konzern 2006, 835, 838. Zum Ansatz von Buch- bzw. Teilwert § 24 Rn 20 ff.
[57] Décret no. 67-236 du 23 mars 1967 sur les sociétés commerciales. Vgl. auch *Neye* ZIP 2005, 1893, 1895.
[58] *Simon/Rubner* Der Konzern 2006, 835, 838.
[59] AA *Vetter* AG 2006, 613, 619.
[60] So aber *Haritz/v. Wolff* GmbHR 2006, 340, 341, die aus den Regelungen von § 122 c Abs. 2 Nr. 11 und Nr. 12 folgern, die Jahresabschlüsse von übernehmender und übertragender Gesellschaft müssten in den Verschmelzungsplan aufgenommen werden.
[61] Vgl. Erwägungsgrund 4 der Verschmelzungsrichtlinie und BegrRegE zu § 122 c Abs. 2, BT-Drucks. 16/2919 S. 15, ferner aus der Literatur *Bayer/Schmidt* NJW 2006, 401, 402; *Drinhausen/Keinath* BB 2006, 725, 727; *Kallmeyer/Kappes* AG 2006, 224, 231; *Louven* ZIP 2006, 2021, 2025.
[62] Vgl. zur Zulässigkeit dieser Regelung § 122 i Rn 6.

IV. Verschmelzung auf die Muttergesellschaft (Abs. 3)

1. Konzernverschmelzung

Die Formulierung von Abs. 3 orientiert sich weitgehend an der vergleichbaren Vorschrift 40 des § 5 Abs. 2. Insoweit kann auf die dortigen Ausführungen verwiesen werden[63]. Die Ausnahme betrifft Sachverhalte, bei denen eine **100%ige Tochtergesellschaft** auf ihre Mutter verschmolzen wird. Da die übernehmende Gesellschaft insoweit im Rahmen der Verschmelzung keine Anteile erhält, können die Mindestangaben der Nr. 2 (Umtauschverhältnis), Nr. 3 (Einzelheiten der Übertragung von Anteilen an der übernehmenden Gesellschaft) und Nr. 5 (Gewinnbeteiligung) des Abs. 2 entfallen.

2. Zeitpunkt der Beteiligung

Für die Parallelvorschrift des § 5 Abs. 2 ist anerkannt, dass es genügt, wenn zum **Zeit-** 41 **punkt der Eintragung** der Verschmelzung ins Handelsregister alle Anteile eines übertragenden Rechtsträgers in der Hand des übernehmenden Rechtsträgers sind[64]. Dass auch für grenzüberschreitende Verschmelzungen auf die für innerstaatliche Verschmelzungen entwickelte Praxis zurückgegriffen werden kann, deutet die Gesetzesbegründung durch den Verweis auf § 5 Abs. 2 an[65]. Für dieses Ergebnis spricht auch, dass insoweit zwischen grenzüberschreitender und innerstaatlicher Verschmelzung kein Unterschied besteht.

V. Beurkundungspflicht (Abs. 4)

Abs. 4 schreibt die notarielle Beurkundung des Verschmelzungsplans vor. Die Regelung 42 dient der Klarstellung des Formerfordernisses[66], wäre aber im Hinblick auf den generellen Verweis auf die entsprechende Geltung der Verschmelzungsvorschriften (§ 122 a Abs. 2) wohl entbehrlich gewesen[67]. Aus der Regierungsbegründung ergibt sich, dass Abs. 4 die Beurkundung durch einen deutschen Notar meint. Für die **Beurkundung im Ausland** sollen zusätzlich die allgemeinen Regeln gelten[68]. Aufgrund des Hinweises in der Gesetzesbegründung ist klargestellt, dass jedenfalls für grenzüberschreitende Verschmelzungen eine Auslandsbeurkundung zulässig ist, wenn die ausländische Beurkundung der Beurkundung durch einen deutschen Notar **gleichwertig** ist[69]. Für innerstaatliche Verschmelzungen ist dies umstritten[70].

Zu dem Erfordernis einer **Doppelbeurkundung**, also einer Beurkundung in Deutsch- 43 land zusätzlich zur ausländischen Beurkundung bzw. im Ausland zusätzlich zur deutschen, kommt es danach immer dann, wenn die Rechtsordnungen der anderen beteiligten Gesellschaften eine nationale Beurkundung verlangen und ihrerseits die Beurkundung vor einem deutschen Notar nicht anerkennen oder die Beurkundung im Ausland dem deutschen Gleichwertigkeitserfordernis nicht entspricht[71]. Die zur Vermeidung von Doppelbeurkun-

---

[63] § 5 Rn 110 ff.
[64] § 5 Rn 111 und dort Fn 301.
[65] BT-Drucks. 16/2919 S. 15.
[66] BT-Drucks. 16/2919 S. 15.
[67] *Bayer/Schmidt* NZG 2006, 841, 842.
[68] Siehe BGHZ 80, 76.
[69] BT-Drucks. 16/2919 S. 15.
[70] Siehe dazu § 6 Rn 11 ff.
[71] *Simon/Rubner* Der Konzern 2006, 835, 837. Vgl. demgegenüber *Gesell/Krömker* DB 2006, 2558, 2562 zu einer deutsch-niederländischen Verschmelzung, in deren Rahmen der Verschmelzungsplan lediglich in Deutschland beurkundet wurde, da das niederländische Recht keine Beurkundungspflicht vorsieht.

dungen vereinzelt vorgeschlagenen Lösungsansätze wurden vom Gesetzgeber nicht aufgenommen[72].

VI. Zuleitung an den Betriebsrat

44   Bei der grenzüberschreitenden Verschmelzung dürfte, anders als bei der innerstaatlichen Verschmelzung, **keine Verpflichtung** bestehen, den Verschmelzungsplan dem zuständigen Betriebsrat zuzuleiten. Eine entsprechende Anwendung von § 5 Abs. 3 über die allgemeine Verweisung des § 122 a Abs. 2 wird nicht in Betracht kommen, da § 122 c insoweit eine abschließende Regelung enthält, die die Zuleitung nicht vorsieht[73]. Auch in der Sache bedarf es keiner Zuleitung des Verschmelzungsplans an den Betriebsrat, da § 122 e vorsieht, dass der Verschmelzungsbericht den Arbeitnehmervertretungen bzw. den Arbeitnehmern direkt zugänglich zu machen ist. Für die Praxis bietet es sich an, die Frage der Zuleitungspflicht vorab mit dem zuständigen Registergericht abzustimmen.

§ 122 d Bekanntmachung des Verschmelzungsplans

Der Verschmelzungsplan oder sein Entwurf ist spätestens einen Monat vor der Versammlung der Anteilsinhaber, die nach § 13 über die Zustimmung zum Verschmelzungsplan beschließen soll, zum Register einzureichen. Das Gericht hat in der Bekanntmachung nach § 10 des Handelsgesetzbuchs unverzüglich die folgenden Angaben bekannt zu machen:
1. einen Hinweis darauf, dass der Verschmelzungsplan oder sein Entwurf beim Handelsregister eingereicht worden ist,
2. Rechtsform, Firma und Sitz der an der grenzüberschreitenden Verschmelzung beteiligten Gesellschaften,
3. die Register, bei denen die an der grenzüberschreitenden Verschmelzung beteiligten Gesellschaften eingetragen sind, sowie die jeweilige Nummer der Eintragung,
4. einen Hinweis auf die Modalitäten für die Ausübung der Rechte der Gläubiger und der Minderheitsgesellschafter der an der grenzüberschreitenden Verschmelzung beteiligten Gesellschaften sowie die Anschrift, unter der vollständige Auskünfte über diese Modalitäten kostenlos eingeholt werden können.

Die bekannt zu machenden Angaben sind dem Register bei Einreichung des Verschmelzungsplans oder seines Entwurfs mitzuteilen.

Übersicht

	Rn		Rn
I. Sinn und Zweck der Norm, Entstehungsgeschichte	1	2. Rechtsform, Firma, Sitz der beteiligten Gesellschaften (Nr. 2)	16
II. Einreichung und Frist (Satz 1)	5	3. Register der beteiligten Gesellschaften (Nr. 3)	17
1. Allgemeines	5	4. Modalitäten der Ausübung der Rechte von Gläubigern und Minderheitsgesellschaftern (Nr. 4)	18
2. Zuständiges Gericht	6		
3. Form	7		
4. Frist	8		
5. Verzichtbarkeit	11	IV. Mitteilung der bekannt zu machenden Angaben (Satz 3)	21
III. Inhalt der Bekanntmachung (Satz 2)	14		
1. Hinweis auf die Einreichung (Nr. 1)	15	V. Wirkung der Bekanntmachung	22

Literatur: Vgl. Literaturverzeichnis zu § 122 a.

---

[72] Vgl. *Vetter* AG 2006, 613, 618; *Müller* ZIP 2004, 1790, 1793 (zum Kommissionsentwurf der Verschmelzungsrichtlinie vom 18.11.2003).
[73] So auch *Simon/Rubner* Der Konzern 2006, 835, 837; *Vetter* AG 2006, 613, 620; aA *Drinhausen/Gesell* in Blumenberg/Schäfer SEStEG S. 1, 26; *Drinhausen/Keinath* BB 2006, 725, 727; *Krause/Kulpa* ZHR 171 (2007) 38, 60 f.

I. Sinn und Zweck der Norm, Entstehungsgeschichte

Die Vorschrift geht zurück auf Art. 6 der Verschmelzungsrichtlinie. Dort ist bestimmt, dass der gemeinsame Verschmelzungsplan[1] für jede der sich verschmelzenden Gesellschaften auf die nach ihrer Rechtsordnung vorgesehene Weise im Einklang mit Art. 3 der Publizitätsrichtlinie[2] bekannt gemacht wird. Die **Bekanntmachung** soll für jede der sich verschmelzenden Gesellschaften spätestens einen Monat vor der Anteilsinhaberversammlung erfolgen, die über die Verschmelzung beschließt. Art. 3 der Publizitätsrichtlinie wurde im deutschen Recht allgemein durch § 10 HGB umgesetzt, wobei § 61 Satz 2 eine Spezialregelung zur Bekanntmachung des Verschmelzungsvertrags bei Verschmelzungen unter Beteiligung einer AG enthält.

Die Norm ist angelehnt an § 61, der die Bekanntmachung des Verschmelzungsvertrags bei innerstaatlichen Verschmelzungen unter Beteiligung von Aktiengesellschaften regelt. Zweck der Bekanntmachung ist zum einen, die **Anteilsinhaber** frühzeitig über die bevorstehende Versammlung der Anteilsinhaber zu **informieren**. Ferner erhält das **Registergericht** durch die Einreichung die Möglichkeit, den Verschmelzungsplan bzw. seinen Entwurf zu **prüfen** und auf etwaige Mängel noch vor der Beschlussfassung der Anteilsinhaber aufmerksam zu machen[3].

Anders als bei § 61 dient die Bekanntmachung nach dieser Norm auch dem **Schutz von Gläubigern**[4]. Dies folgt aus Satz 2 Nr. 4, wonach neben der Einreichung des Verschmelzungsplans auch ein Hinweis auf die Modalitäten zur Ausübung der Gläubigerrechte bekannt zu machen ist.

Art. 6 der Verschmelzungsrichtlinie enthält eine Aufzählung von Angaben, die bekannt zu machen sind[5]. Diese Aufzählung übernimmt die Vorschrift und schreibt zugleich vor, dass die dort vorgesehenen Angaben dem Registergericht mit Einreichung des Verschmelzungsplans mitzuteilen sind[6].

II. Einreichung und Frist (Satz 1)

1. Allgemeines

Der Verschmelzungsplan oder sein Entwurf ist spätestens einen Monat vor der Versammlung der Anteilsinhaber, die über die Zustimmung zum Verschmelzungsplan beschließen soll, zum Registergericht **einzureichen**. Zugleich mit der Einreichung des Verschmelzungsplans oder seines Entwurfs sind dem Registergericht die gem. Satz 2 Nr. 2 bis Nr. 4 bekannt zu machenden **Angaben mitzuteilen**[7]. Das Registergericht macht anschließend einen Hin-

---

[1] Zum Begriff des gemeinsamen Verschmelzungsplans siehe § 122 c Rn 5.
[2] Richtlinie 68/151/EWG vom 9.3.1968, veröffentlicht in ABl.EG Nr. L 65 vom 14.3.1968, S. 8 ff.; zuletzt geändert durch Richtlinie 2003/58/EG vom 15. Juli 2003, veröffentlicht in ABl.EU Nr. L 221 vom 4.9.2003, S. 13 ff.
[3] Vgl. § 61 Rn 5 f.
[4] Siehe Rn 11 ff.
[5] Siehe Rn 14 ff.
[6] Die Fassung des § 122 d wurde im Gesetzgebungsverfahren in einigen Details ergänzt: So wurde erst im Regierungsentwurf (BT-Drucks. 16/2919) die Möglichkeit eingefügt, statt des bereits beurkundeten Verschmelzungsplans dessen Entwurf einreichen zu können. Ebenfalls neu eingefügt wurde § 122 d Satz 3, wonach die bekannt zu machenden Angaben dem Register bei Einreichung des Verschmelzungsplans oder seines Entwurfs gesondert mitzuteilen sind. Ähnliche – inhaltlich allerdings weitergehende – Regelungen enthalten etwa Art. 21 SE-VO und § 5 SEAG für die Gründung einer SE durch Verschmelzung und Art. 8 Abs. 2 SE-VO für die grenzüberschreitende Sitzverlegung der SE.
[7] Dazu im Einzelnen Rn 14 ff.

weis auf die Einreichung sowie die in Satz 2 Nr. 2 bis Nr. 4 vorgesehenen Angaben gem. § 10 HGB bekannt[8].

2. Zuständiges Gericht

6   Mit „Register" ist das für das Handelsregister zuständige Amtsgericht am Sitz der Gesellschaft gemeint. Hat eine AG ausnahmsweise einen **Doppelsitz**, ist bei beiden Gerichten der Verschmelzungsplan oder dessen Entwurf einzureichen[9].

3. Form

7   Die Einreichung muss gem. § 12 Abs. 2 HGB idF vom 1.1.2007[10] in **elektronischer Form** erfolgen. Wird der Entwurf des Verschmelzungsplans eingereicht, genügt gem. § 12 Abs. 2 Satz 1 HGB die Übermittlung einer elektronischen Aufzeichnung. Wird der bereits notariell beurkundete Verschmelzungsplan eingereicht, ist gem. § 12 Abs. 2 Satz 2 HGB ein mit einem einfachen elektronischen Zeugnis gem. § 39 a BeurkG versehenes Dokument einzureichen[11].

4. Frist

8   Satz 1 sieht eine Frist von einem Monat zwischen Einreichung des Verschmelzungsplans oder seines Entwurfs und der Anteilsinhaberversammlung vor, die nach § 13 über die Zustimmung zum Verschmelzungsplan beschließt, also die Anteilsinhaberversammlung der beteiligten deutschen Gesellschaft[12]. Abgestellt wird für den **Fristbeginn** auf den Zeitpunkt der **Einreichung**, nicht den der Bekanntmachung durch das Handelsregister. Für den Fall, dass eine Beschlussfassung durch die Anteilsinhaberversammlung einer deutschen übertragenden Gesellschaft entbehrlich ist, weil die übernehmende Gesellschaft alle Anteile hält[13],

---

[8] Die Bekanntmachung erfolgt gem. § 10 HGB idF vom 1.1.2007 (geändert durch Gesetz vom 10.11.2006, BGBl. I S. 2553) in elektronischer Form. Bis zum 31.12.2008 hat das Handelsregister die Bekanntmachung zusätzlich in einer Tageszeitung oder einem sonstigen Blatt bekannt zu machen, Art. 61 Abs. 4 EGHGB.
[9] Vgl. § 61 Rn 9.
[10] Geändert durch Gesetz vom 10.11.2006, BGBl. I S. 2553.
[11] Die Einreichung in Papierform ist nur noch zulässig, wenn und soweit das Bundesland, in dem das zuständige Handelsregister seinen Sitz hat, dies durch Rechtsverordnung gem. Art. 61 Abs. 1 EGHGB zulässt. Von der Ermächtigung des Art. 61 Abs. 1 Satz 1 HGB hat bislang etwa das Land Niedersachsen durch Verordnung vom 14.12.2006 (veröffentlicht in Nds. GVBl. Nr. 33/2006 vom 21.12.2006; Außerkrafttreten 31.12.2007) Gebrauch gemacht. In diesem Fall gelten gem. Art. 61 Abs. 1 Satz 2 EGHGB die §§ 10 und 12 HGB idF vor dem 1.1.2007 fort.
[12] Der Bundesrat hat in seiner Stellungnahme (BR-Drucks. 548/06 vom 22.9.2006) Zweifel an der richtlinienkonformen Umsetzung der Fristbestimmung geäußert, da der Wortlaut des Art. 6 Abs. 1 der Verschmelzungsrichtlinie die Monatsfrist an die Bekanntmachung anknüpft (kritisch dazu auch *Louven* ZIP 2006, 2021, 2025). Gleichwohl hat die Bundesregierung an der kritisierten Fristenregelung festgehalten. Als Begründung verweist sie auf die Parallelvorschrift des § 61, dessen Satz 1 ebenfalls auf den Zeitpunkt der Einreichung und nicht der Bekanntmachung abstellt. § 61 geht allerdings auf Art. 6 der Dritten Gesellschaftsrechtlichen Richtlinie (Richtlinie 78/855/EWG vom 9.10.1978, veröffentlicht in ABl. Nr. L 295 vom 20.10.1978, S. 36 ff.) zurück, wonach der Verschmelzungsplan einen Monat vor der Hauptversammlung „offenzulegen" ist. Die unterschiedliche Terminologie bringt auch Unterschiede hinsichtlich des Inhalts der Veröffentlichungspflicht zum Ausdruck, wobei „Bekanntmachung" die Veröffentlichung in einem Amtsblatt meint, während unter „Offenlegung" nur die Einreichung zum jeweiligen Register zu verstehen ist. Vor diesem Hintergrund könnte die Anknüpfung der Frist an die Einreichung in § 122 d Satz 1 als unzureichend anzusehen sein, während § 61 die Dritte Gesellschaftsrechtliche Richtlinie richtlinienkonform umsetzt.
[13] § 122 g Abs. 2.

dürfte für den Fristbeginn entsprechend § 63 Abs. 3 Satz 2 auf die Beschlussfassung durch die Anteilsinhaber der übernehmenden (ausländischen) Gesellschaft abzustellen sein[14].

Gleichzeitig mit der Einreichung von Plan oder Planentwurf sind dem Registergericht die übrigen bekannt zu machenden **Angaben** gem. Satz 2 Nr. 2 bis Nr. 4 mitzuteilen. Ist beides vollständig beim Registergericht eingegangen, beginnt der Lauf der Monatsfrist. Der Wortlaut von Satz 1 würde es zwar nahelegen, für den Fristbeginn allein auf die Einreichung des Verschmelzungsplans bzw. seines Entwurfs abzustellen. Das Registergericht ist aber erst mit Eingang der zusätzlichen Angaben in der Lage, die vollständige Bekanntmachung vorzunehmen. Ließe man die Einreichung allein des Plans bzw. Planentwurfs für den Fristbeginn ausreichen, würde der mit der Bekanntmachung der zusätzlichen Angaben verfolgte Zweck unterlaufen, Gläubiger und Minderheitsgesellschafter frühzeitig möglichst umfassend zu informieren.

Für die **Fristberechnung** gelten die allgemeinen Vorschriften der §§ 187 ff. BGB.

5. Verzichtbarkeit

Im Rahmen des § 61 ist umstritten, ob ein **Verzicht der Aktionäre** auf die Einreichung des Verschmelzungsvertrags zum Handelsregister oder jedenfalls die Einhaltung der Monatsfrist zulässig ist[15]. Satz 2 Nr. 4 der Vorschrift schreibt ausdrücklich die Bekanntmachung von Angaben über die Modalitäten der Ausübung von Gläubigerrechten vor, woran sich gem. § 122 j für Gläubiger eine Frist von zwei Monaten anknüpft, Sicherheit für Forderungen zu verlangen[16]. Anders als bei § 61 dient die Bekanntmachung nach dieser Vorschrift daher nicht nur der Information der Anteilsinhaber, sondern auch der der **Gläubiger**[17].

Dies spricht jedoch nicht dagegen, den Anteilsinhabern die Möglichkeit eines **Verzichts auf die Monatsfrist** zu versagen[18]. Denn anders als die Monatsfrist des § 122 d, die an die Einreichung des Verschmelzungsplans anknüpft, knüpft die Zweimonatsfrist des § 122 j an dessen Bekanntmachung an, worunter die Veröffentlichung durch das Gericht nach § 10 HGB zu verstehen ist[19]. Dies macht deutlich, dass zwar die Bekanntmachung, nicht jedoch die Monatsfrist nach § 122 d dem Schutz von Gläubigern dient. Infolgedessen muss es den Anteilsinhabern auch freistehen, auf die Einhaltung der Frist zu verzichten. Da die Mitglieder des Vertretungsorgans der übertragenden Gesellschaft bei Anmeldung der Verschmelzung versichern müssen, dass allen Gläubigern, die nach § 122 j einen Anspruch auf Sicherheitsleistung haben, angemessene Sicherheit geleistet wurde[20] und Falschangaben insoweit strafbar sind[21], kommt es auch nicht zu einer Schutzlücke für Gläubiger.

Nicht zulässig ist demgegenüber ein gänzlicher **Verzicht auf die Einreichung** des Verschmelzungsplans oder seines Entwurfs, da ohne Bekanntmachung der Gläubigerschutz beeinträchtigt würde. Zudem dürfte es den Mitgliedern des Vertretungsorgans ohne Bekanntmachung des Verschmelzungsplans oder seines Entwurfs schwerfallen, die Versicherung nach § 122 k Abs. 1 Satz 3 abzugeben.

---

[14] Wenn weder die Anteilsinhaber der übertragenden noch der übernehmenden Gesellschaft einen Verschmelzungsbeschluss fassen müssen (siehe dazu § 122 g Rn 16), wird keine Einreichungsfrist zu beachten sein. Auch in diesem Fall kann jedoch nicht gänzlich auf die Einreichung des Verschmelzungsplans verzichtet werden, siehe Rn 11 ff.
[15] Siehe dazu § 61 Rn 17.
[16] Zu Einzelheiten siehe § 122 j Rn 8.
[17] *Müller* NZG 2006, 286, 288, der diesbezüglich auch auf Erwägungsgrund 5 der Verschmelzungsrichtlinie hinweist.
[18] AA zu § 61 *Rieger* in Widmann/Mayer § 61 Rn 10.1.
[19] Vgl. auch Fn 12.
[20] § 122 k Abs. 1 Satz 3.
[21] § 314 a.

III. Inhalt der Bekanntmachung (Satz 2)

14 Satz 2 bestimmt, welche Angaben das Registergericht bekannt zu machen hat.

1. Hinweis auf die Einreichung (Nr. 1)

15 Nr. 1 stellt klar, dass Gegenstand der Bekanntmachung nicht der Verschmelzungsplan oder sein Entwurf selbst, sondern nur ein Hinweis auf seine Einreichung beim Registergericht ist.

2. Rechtsform, Firma, Sitz der beteiligten Gesellschaften (Nr. 2)

16 Bekannt zu machen sind Rechtsform, Firma und Sitz sämtlicher an der grenzüberschreitenden Verschmelzung beteiligten Gesellschaften. Diese Angaben sind zwar bereits im Verschmelzungsplan enthalten, dieser wird jedoch selbst nicht bekannt gemacht. Unter „Sitz" ist hier – wie in den übrigen Vorschriften des UmwG, die auf den Sitz abstellen – der **Satzungssitz** zu verstehen[22].

3. Register der beteiligten Gesellschaften (Nr. 3)

17 Anzugeben sind die Register oder vergleichbare ausländische Stellen sowie die Registriernummer, unter der sämtliche an der Verschmelzung beteiligten Gesellschaften eingetragen sind. Die Angabe soll es ermöglichen, ergänzende Informationen über die Gesellschaften einzuholen[23].

4. Modalitäten der Ausübung der Rechte von Gläubigern und Minderheitsgesellschaftern (Nr. 4)

18 Gem. Nr. 4 ist ein Hinweis auf die Modalitäten für die Ausübung der Rechte der Gläubiger und der Minderheitsgesellschafter „der an der Verschmelzung beteiligten Gesellschaften" bekannt zu machen. Ferner ist eine Anschrift anzugeben, unter der kostenlos vollständige Auskünfte über diese Modalitäten eingeholt werden können. Gemeint ist hiermit zunächst eine postalische Anschrift; die Angabe einer Internetadresse sollte jedoch ebenfalls ausreichen[24]. Die Formulierung legt nahe, dass nicht nur die Rechte von Gläubigern und Minderheitsgesellschaftern der beteiligten deutschen Gesellschaften, sondern auch der beteiligten **ausländischen Gesellschaften** einbezogen sind[25]. Die an der Verschmelzung beteiligten deutschen Gesellschaften müssen sich daher rechtzeitig und umfassend über etwaige Schutzvorschriften informieren, die für Gläubiger und Minderheitsgesellschafter der beteiligten ausländischen Gesellschaften gelten, um ihren Mitteilungspflichten gem. Satz 3 genügen zu können.

19 Ein wesentliches Recht der Gläubiger einer deutschen Gesellschaft, die sich als übertragende Gesellschaft an einer grenzüberschreitenden Verschmelzung beteiligt, ist der Anspruch auf Sicherheitsleistung nach § 122 j, so dass auch hierauf hinzuweisen ist. Dies entspricht dem gesetzgeberischen Willen, nach dem Satz 2 Nr. 4 der Hinweispflicht des § 22 Abs. 1

---

[22] Vgl. dazu Einl. C Rn 20; ferner die englische Fassung von Art. 6 Abs. 2 lit. a) der Verschmelzungsrichtlinie („registered office"), den Nr. 2 umsetzt.

[23] Zum vergleichbaren Fall der SE *Oechsler* in MünchKomm. AktG Art. 21 SE-VO Rn 5; *Schwarz* Art. 21 SE-VO Rn 10.

[24] AA *Grunewald*, Der Konzern 2007, 106, 107.

[25] Stellungnahme des HRA in NZG 2006, 737, 740.

Satz 3 entsprechen soll[26], und ist erforderlich, um den Gläubigern die Einhaltung der Frist des § 122 j Abs. 1 zu ermöglichen. Ist die beteiligte deutsche Gesellschaft hingegen aufnehmende Gesellschaft, kommt über die Verweisung des § 122 a Abs. 2 nur der nachgeschaltete Gläubigerschutz gem. § 22 zur Anwendung[27]. Empfehlenswert dürfte auch die Benennung des neuen Schuldners, also der aufnehmenden oder neuen Gesellschaft sein, da diese Information für die Durchsetzung der Gläubigerrechte wesentlich ist[28].

Zum Schutz von **Minderheitsgesellschaftern** gelten die Regelungen in §§ 122 h (Verbesserung des Umtauschverhältnisses) und 122 i (Abfindungsangebot im Verschmelzungsplan)[29]. Ist die deutsche Gesellschaft aufnehmende Gesellschaft, tritt an die Stelle von § 122 i die Regelung des § 29, der dann gem. § 122 a Abs. 2 anwendbar ist.

IV. Mitteilung der bekannt zu machenden Angaben (Satz 3)

Um dem Registergericht die Bekanntmachungen gem. Satz 2 zu ermöglichen, sind die neben dem Hinweis auf die Einreichung bekannt zu machenden Angaben bei Einreichung des Verschmelzungsplans oder seines Entwurfs dem Registergericht mitzuteilen. Es ist davon auszugehen, dass auch die Mitteilung in **elektronischer Form** erfolgen muss (§ 12 Abs. 2 HGB idF vom 1.1.2007)[30].

V. Wirkung der Bekanntmachung

Mit Vollzug der elektronischen Bekanntmachung gem. § 10 HGB idF vom 1.1.2007 gilt die Bekanntmachung als erfolgt[31]. Mit erfolgter Bekanntmachung beginnt die **Frist** für die Geltendmachung von **Gläubigeransprüchen** auf Sicherheitsleistung gem. § 122 j.

§ 122 e Verschmelzungsbericht

Im Verschmelzungsbericht nach § 8 sind auch die Auswirkungen der grenzüberschreitenden Verschmelzung auf die Gläubiger und Arbeitnehmer der an der Verschmelzung beteiligten Gesellschaft zu erläutern. Der Verschmelzungsbericht ist den Anteilsinhabern sowie dem zuständigen Betriebsrat oder, falls es keinen Betriebsrat gibt, den Arbeitnehmern der an der grenzüberschreitenden Verschmelzung beteiligten Gesellschaft spätestens einen Monat vor der Versammlung der Anteilsinhaber, die nach § 13 über die Zustimmung zum Verschmelzungsplan beschließen soll, nach § 63 Abs. 1 Nr. 4 zugänglich zu machen. § 8 Abs. 3 ist nicht anzuwenden.

---

[26] Der Bundesrat hatte in seiner Stellungnahme zum RegE dafür plädiert, eine gesonderte Hinweispflicht als § 122 j Abs. 1 Satz 3 zu normieren (BT-Drucks. 16/2919 S. 24). Dies hat die Regierung mit Hinweis auf § 122 d Satz 2 Nr. 4 als unnötig verworfen (BT-Drucks 16/2919 S. 27) .
[27] Näher dazu die Kommentierung zu § 122 j.
[28] Dies gilt auch, obwohl sich diese Angaben bereits aus dem Handelsregister ergeben. Hierzu *Grunewald* Der Konzern 2007, 106, 108.
[29] Näher dazu die Kommentierungen zu § 122 h und § 122 i.
[30] Siehe Rn 7.
[31] Dies gilt gem. Art. 61 Abs. 4 Satz 4 EGHGB ausdrücklich auch während der Übergangsfrist des Art. 61 Abs. 4 Satz 1 EGHGB (bis 31.12.2008), während der neben die elektronische Bekanntmachung die Bekanntmachung in einer Tageszeitung oder einem anderen Blatt tritt.

Übersicht

	Rn		Rn
I. Sinn und Zweck der Norm, Entstehungsgeschichte	1	b) Auswirkungen auf Anteilsinhaber, Gläubiger und Arbeitnehmer	9
II. Verschmelzungsbericht (Satz 1)	3	4. Verzichtbarkeit	12
1. Adressaten der Berichtspflicht	3	5. Einschränkungen der Berichtspflicht	14
2. Gemeinsame Berichterstattung	5	6. Konzernverschmelzung	15
3. Inhalt des Berichts	6	III. Offenlegung gegenüber Anteilsinhabern und Betriebsrat oder Arbeitnehmern (Satz 2)	16
a) Erläuterung der Verschmelzung und des Verschmelzungsplans	7		

Literatur: Vgl. Literaturverzeichnis zu § 122 a.

I. Sinn und Zweck der Norm, Entstehungsgeschichte

1 Die Vorschrift setzt Art. 7 der Verschmelzungsrichtlinie um, der die Erstellung eines Verschmelzungsberichts vorsieht und Vorgaben für dessen Inhalt enthält. Satz 1 regelt in Übereinstimmung mit Art. 7 Satz 1 und 3 der Verschmelzungsrichtlinie die **zusätzlichen Anforderungen** an den Inhalt des Verschmelzungsberichts, die in § 8 für innerstaatliche Verschmelzungen nicht vorgesehen sind. Danach sind auch die **Auswirkungen** der Verschmelzung auf **Gläubiger** und **Arbeitnehmer** der beteiligten Gesellschaften zu erläutern. Satz 2 setzt die in Art. 7 Satz 2 geregelte Pflicht um, den Verschmelzungsbericht den Anteilsinhabern und dem zuständigen **Betriebsrat** oder, falls ein solcher nicht existiert, den Arbeitnehmern spätestens einen Monat vor der beschlussfassenden Anteilsinhaberversammlung zugänglich zu machen.

2 Die Pflicht zur Erstellung eines Verschmelzungsberichts wird von der Vorschrift vorausgesetzt. Begründet wird sie durch § 8, dessen Anwendbarkeit aus der Verweisung des § 122 a Abs. 2 auf die allgemeinen Vorschriften zur innerstaatlichen Verschmelzung folgt. Die Vorschrift selbst regelt daher nur noch **Abweichungen und Besonderheiten**, die sich aus den Vorgaben des Art. 7 der Verschmelzungsrichtlinie bei grenzüberschreitenden Verschmelzungen ergeben. Der Verschmelzungsbericht soll es den Anteilsinhabern ermöglichen, sich frühzeitig vor der Anteilsinhaberversammlung über die Verschmelzung zu informieren. Die Anteilsinhaber sollen bereits im Vorfeld auf zuverlässiger Grundlage die wirtschaftliche Zweckmäßigkeit dieser Maßnahme beurteilen können[1]. Im Gegensatz zu § 8[2] dient die Vorschrift auch dem Schutz der Arbeitnehmer. Das folgt aus dem Erfordernis, den Verschmelzungsbericht auch dem Betriebsrat oder, soweit dieser nicht existiert, den Arbeitnehmern zugänglich zu machen[3].

II. Verschmelzungsbericht (Satz 1)

1. Adressaten der Berichtspflicht

3 Gem. §§ 122 a Abs. 2, 8 Abs. 1 ist der Verschmelzungsbericht durch das **Vertretungsorgan** der an der Verschmelzung beteiligten deutschen Gesellschaft zu erstatten. Adressat der

---

[1] Vgl. § 8 Rn 2.
[2] Vgl. § 8 Rn 2.
[3] § 122 e Satz 2. Obwohl der Bericht auch die Auswirkungen der Verschmelzung auf die Gläubiger der beteiligten Gesellschaften erläutern muss, dient er nicht der Information der Gläubiger. Diesen ist der Bericht nämlich nicht zugänglich zu machen, da er nicht der Offenlegungspflicht gem. § 122 d unterliegt.

Berichtspflicht ist bei der AG also der Vorstand, bei der KGaA der Komplementär, bei der GmbH die Geschäftsführung und bei einer SE, deren innere Organisation dem dualistischen System folgt, das Leitungsorgan. Unklar ist allerdings, wer bei einer **SE**, die nach dem **monistischen System** organisiert ist, für die Berichterstattung zuständig ist: Vertreten wird die monistische SE durch die geschäftsführenden Direktoren[4]. Hier wird in richtlinienkonformer Auslegung von der Zuständigkeit auch des **Verwaltungsrats** auszugehen sein, da Art. 7 der Verschmelzungsrichtlinie die Berichterstattung durch „Leitungs- oder Verwaltungsorgan" vorsieht[5].

Verpflichtet ist jeweils das Organ in seiner **Gesamtheit**; die Erstattung des Berichts durch eine vertretungsberechtigte Anzahl von Organmitgliedern ist nicht ausreichend[6].

2. Gemeinsame Berichterstattung

Bei innerstaatlichen Verschmelzungen können die zuständigen Organe der beteiligten Gesellschaften einen gemeinsamen Verschmelzungsbericht erstatten[7]. Die Regelung ist gem. § 122 a Abs. 2 grundsätzlich auch bei grenzüberschreitenden Verschmelzungen anwendbar[8]. Ähnlich wie bei der Gründung einer SE durch Verschmelzung[9] ist dabei aber den Besonderheiten der grenzüberschreitenden Verschmelzung Rechnung zu tragen: Die gemeinsame Berichterstattung ist deshalb nur möglich, wenn sie auch von den **Rechtsordnungen** der beteiligten **ausländischen Gesellschaften zugelassen** wird[10]. Ein gemeinsamer Bericht muss inhaltlich den **Anforderungen aller beteiligten Rechtsordnungen** genügen.

3. Inhalt des Berichts

Der Inhalt des Berichts folgt aus § 8, der durch die Vorschrift ergänzt wird. Neu ist gegenüber § 8 die Verpflichtung, die Auswirkungen der Verschmelzung auf Gläubiger und Arbeitnehmer der an der Verschmelzung beteiligten Gesellschaften zu erläutern. Im Übrigen kann hinsichtlich der Anforderungen an den Bericht im Wesentlichen auf die Kommentierung zu § 8 verwiesen werden.

a) Erläuterung der Verschmelzung und des Verschmelzungsplans. Gem. §§ 122 a Abs. 2, 8 Abs. 1 muss der Bericht die Verschmelzung und den Verschmelzungsplan, insbesondere das **Umtauschverhältnis** und **Barabfindungsangebote** rechtlich und wirtschaftlich erläutern. Insoweit kann auf die Kommentierung zu § 8 verwiesen werden[11].

Bei der grenzüberschreitenden Verschmelzung ist darüber hinaus zu berücksichtigen, dass öffentlich zugängliche Informationen zu den beteiligten ausländischen Gesellschaften möglicherweise nur in der **Sprache** des Sitzstaates der jeweiligen Gesellschaft zur Verfügung stehen. Ferner wird das auf die ausländische Gesellschaft anwendbare Recht für Anteilsinhaber, Gläubiger und Arbeitnehmer der deutschen Gesellschaft nicht ohne weiteres zugänglich sein.

---

[4] § 41 SEAG. Ob die geschäftsführenden Direktoren „Organ" der SE sind, ist umstritten, siehe dazu *Kallmeyer* ZIP 2003, 1531 (gegen Organqualität) sowie *Forstmoster* ZGR 2003, 688, 713; *Schwarz* Art. 39 SE-VO Rn 53 (für Organqualität).

[5] Vgl. dazu näher die Ausführungen in § 122 c Rn 9 zur Erstellung des Verschmelzungsplans, wo sich die gleiche Frage stellt.

[6] Siehe dazu § 8 Rn 5 mwN.

[7] § 8 Abs. 1 Satz 1 2. Halbs.

[8] Die Regelungen der §§ 122 a bis 1 enthalten insoweit keine Einschränkung. Zur Problematik der Vereinbarkeit einer gemeinsamen Berichterstattung mit den Vorgaben der Verschmelzungsrichtlinie siehe *Drinhausen/Keinath* BB 2006, 725, 728; ausführlich auch *Louven* ZIP 2006, 2021, 2026; *Vetter* AG 2006, 613, 621.

[9] Dazu etwa *Schäfer* in MünchKomm. AktG Art. 23 SE-VO Rn 14.

[10] *Bayer/Schmidt* NJW 2006, 401, 403; *Drinhausen/Keinath* BB 2006, 725, 728; *Krause/Kulpa* ZHR 171 (2007) 38, 62; *Müller* NZG 2006, 286, 288.

[11] Siehe § 8 Rn 11 ff.

Daher sollten in den Verschmelzungsbericht bei einer grenzüberschreitenden Verschmelzung insbesondere **Informationen** zu den beteiligten **ausländischen Gesellschaften** aufgenommen werden.

9 **b) Auswirkungen auf Anteilsinhaber, Gläubiger und Arbeitnehmer.** Gem. Satz 1 der Vorschrift sind im Verschmelzungsbericht die Auswirkungen der Verschmelzung auf Gläubiger und Arbeitnehmer der an der Verschmelzung beteiligten Gesellschaften zu erläutern[12].

10 Zu erläutern sind die **Gläubigerschutzregelungen** in § 22 (für Gläubiger einer übernehmenden deutschen Gesellschaft) bzw. § 121 j (für Gläubiger einer übertragenden deutschen Gesellschaft). Darüber hinaus müssen auch die Auswirkungen auf die Gläubiger der jeweils anderen beteiligten Gesellschaften geschildert werden, da Satz 1 die Erläuterung von Auswirkungen auf die Gläubiger „der an der Verschmelzung beteiligten Gesellschaften" verlangt.

11 Gleiches gilt für die Ausführungen zu den Auswirkungen der Verschmelzung auf die **Arbeitnehmer**, die sich ebenfalls auf die Arbeitnehmer aller beteiligten Gesellschaften beziehen müssen. Die Verschmelzung wirkt sich für die Arbeitnehmer sowohl **individual-** wie auch **kollektivrechtlich** aus: Zum einen kommt es für die Arbeitnehmer der übertragenden Gesellschaften zu einem Wechsel des Arbeitgebers, da die aufnehmende bzw. neue Gesellschaft im Wege der Gesamtrechtsnachfolge Partei bestehender Arbeitsverhältnisse wird. Zum anderen ändert sich ggf. das anwendbare Mitbestimmungssystem, das iRd. grenzüberschreitenden Verschmelzung nach Maßgabe der Umsetzungsvorschriften zu Art. 16 der Verschmelzungsrichtlinie gesondert festgelegt wird[13]. Daneben sind auch weitere Maßnahmen betreffend die Arbeitsverhältnisse, die im Zuge der Verschmelzung durchgeführt werden, darzustellen: Dazu gehören etwa Personalmaßnahmen, kollektivrechtliche Vereinbarungen oder Auswirkungen auf die betriebliche Altersversorgung.

4. Verzichtbarkeit

12 Gem. § 8 Abs. 3 ist die Erstellung des Verschmelzungsberichts bei innerstaatlichen Verschmelzungen entbehrlich, wenn entweder alle Anteilsinhaber aller beteiligten Rechtsträger durch notariell beurkundete Erklärungen verzichten oder der übernehmende Rechtsträger alle Anteile an dem übertragenden hält. Die Anwendung des § 8 Abs. 3 wird von Satz 3 der Vorschrift ausdrücklich ausgeschlossen. Ein Verzicht durch die Anteilsinhaber auf die Erstellung des Berichts ist damit grundsätzlich **nicht möglich**. Der Grund für den Ausschluss der Verzichtbarkeit liegt darin, dass der Bericht nicht nur zur Information der Anteilsinhaber, sondern auch der Arbeitnehmer dient. Die Verschmelzungsrichtlinie sieht deshalb für den Verschmelzungsbericht – im Gegensatz zur Verschmelzungsprüfung – keine Verzichtsmöglichkeit vor. Der Gesetzgeber musste daher die uneingeschränkte Anwendbarkeit von § 8 Abs. 3 ausschließen, um den Vorgaben der Verschmelzungsrichtlinie zu genügen[14].

13 Auf Grundlage des Schutzzwecks der Regelung ist jedoch eine **teleologische Reduktion** von Satz 3 und dementsprechend ein Verzicht der Anteilsinhaber auf den Verschmelzungsbericht ausnahmsweise dann möglich, wenn die an der Verschmelzung beteiligten Gesellschaf-

---

[12] Ferner ist auf die Folgen der Verschmelzung für die Beteiligung der Anteilsinhaber hinzuweisen, §§ 122 a Abs. 2, 8 Abs. 1 Satz 2 2. Halbs. Siehe dazu § 8 Rn 52 ff.

[13] Wenn die aufnehmende oder aus der grenzüberschreitenden Verschmelzung hervorgehende Gesellschaft ihren (Satzungs-)Sitz in Deutschland hat, gelten für die Festlegung der Arbeitnehmermitbestimmung die Vorschriften des MgVG. Zum Verfahren zur Festlegung der Mitbestimmung der Arbeitnehmer siehe *Nagel* NZG 2006, 57 ff.; *Teichmann* Der Konzern 2007, 89 ff.

[14] Vgl. dazu die BegrRegE zu § 122 e, BT-Drucks. 16/2919 S. 15; ferner *Drinhausen/Gesell* in Blumenberg/Schäfer SEStEG S. 1, 27 f.; *Drinhausen/Keinath* BB 2006, 725, 728; *Kiem* WM 2006, 1091, 1096; *Louven* ZIP 2006, 2021, 2026; *Müller* Der Konzern 2007, 81, 82; aA *Bayer/Schmidt* NJW 2006, 401, 403; *dies.* NZG 2006, 841, 842; *Vetter* AG 2006, 613, 620, wonach die Verschmelzungsrichtlinie die Verzichtbarkeit nicht ausschließe.

ten[15] **arbeitnehmerlos** sind[16]. Ein Verzicht auf den Verschmelzungsbericht muss ferner auch möglich sein, wenn alle Anteilsinhaber aller beteiligten Gesellschaften und die zuständigen Betriebsräte oder, falls es keinen Betriebsrat gibt, die betroffenen Arbeitnehmer der an der grenzüberschreitenden Verschmelzung beteiligten Gesellschaften auf die Erstellung des Berichts verzichten[17]. Ein Zwang zur Erstellung des Berichts bei ausdrücklichem Verzicht aller Berechtigten wäre in diesem Fall bloße Förmelei und würde unnötige Kosten verursachen[18].

5. Einschränkungen der Berichtspflicht

Tatsachen, deren Bekanntwerden einer der beteiligten Gesellschaften **Nachteil** zufügen könnte, brauchen nicht in den Bericht aufgenommen zu werden[19]. 14

6. Konzernverschmelzung

Da § 8 Abs. 3 insgesamt nicht anwendbar ist, muss der Verschmelzungsbericht auch bei der grenzüberschreitenden Verschmelzung einer 100%igen Tochtergesellschaft auf ihre Muttergesellschaft erstellt werden. 15

III. Offenlegung gegenüber Anteilsinhabern und Betriebsrat oder Arbeitnehmern (Satz 2)

Der Verschmelzungsbericht ist gem. Satz 2 den **Anteilsinhabern** sowie dem **Betriebsrat** der an der Verschmelzung beteiligten deutschen Gesellschaft spätestens einen Monat vor der Versammlung der Anteilsinhaber, die über die Verschmelzung beschließt, zugänglich zu machen. Verfügt die Gesellschaft nicht über einen Betriebsrat, besteht die Verpflichtung unmittelbar gegenüber den Arbeitnehmern der an der Verschmelzung beteiligten deutschen Gesellschaften. Entsprechende Informationspflichten betreffend den Verschmelzungsbericht für die beteiligten ausländischen Gesellschaften richten sich nach den auf diese anwendbaren Rechtsordnungen[20]. Die Offenlegung des Verschmelzungsberichts gegenüber Betriebsrat oder Arbeitnehmern ist eine Besonderheit der grenzüberschreitenden Verschmelzung. Bei innerstaatlichen Verschmelzungen ist demgegenüber der Verschmelzungsvertrag den Arbeitnehmervertretungen zuzuleiten[21]. Diese Abweichung ist durch Art. 7 Satz 2 der Ver- 16

---

[15] An der Verschmelzung „beteiligte" Gesellschaften sind in diesem Zusammenhang nur die unmittelbar an der Verschmelzung beteiligten Gesellschaften und nicht etwa auch mit diesen Gesellschaften verbundene Unternehmen, vgl. § 122 a Rn 9 und § 2 Abs. 2 MgVG.

[16] *Gesell/Krömker* DB 2006, 2558, 2562; vgl. auch *Bayer/Schmidt* NZG 2006, 841, 842; *Louven* ZIP 2006, 2021, 2026; *Vetter* AG 2006, 613, 620 f., die eine entsprechende gesetzliche Regelung als richtlinienkonform ansehen würden. Zweifelnd hingegen *Simon/Rubner* Der Konzern 2006, 835, 838, die dem Verschmelzungsbericht auch Gläubigerschutzfunktion beimessen.

[17] Vgl. in diesem Zusammenhang den Vorschlag des Deutschen Notarvereins in seiner Stellungnahme vom 28.4.2006 (abrufbar im Internet unter www.dnotv.de), wonach eine Verzichtsmöglichkeit des Betriebsrats oder, sofern es einen solchen nicht gibt, der Arbeitnehmer ausdrücklich in § 122 e vorgesehen werden sollte. Für die Zuleitung des Verschmelzungsvertrags oder seines Entwurfs an den zuständigen Betriebsrat bzw. die Einhaltung der Monatsfrist nach § 5 Abs. 3 ist dies auch ohne ausdrückliche gesetzliche Regelung anerkannt, vgl. § 5 Rn 145.

[18] So auch *Gesell/Krömker* DB 2006, 2558, 2562.

[19] §§ 122 a Abs. 2, 8 Abs. 2. Ebenso *Bayer/Schmidt* NJW 2006, 401, 403; *Drinhausen/Keinath* BB 2006, 725, 728; *Krause/Kulpa* ZHR 171 (2007) 38, 61; *Müller* Der Konzern 2007, 81, 82. Zur Reichweite der Einschränkung im Einzelnen § 8 Rn 65 ff.

[20] Diese dürften jedoch in Umsetzung von Art. 7 Satz 2 der Verschmelzungsrichtlinie identische Regelungen vorsehen.

[21] § 5 Abs. 3.

schmelzungsrichtlinie vorgeschrieben und korrespondiert mit der Erweiterung der Berichtspflicht in Bezug auf die Auswirkungen der Verschmelzung auf die Arbeitnehmer.

17 Hinsichtlich der Art und Weise des „**Zugänglichmachens**" verweist Satz 2 auf § 63 Abs. 1 Nr. 4, wonach der Bericht im Geschäftsraum der Gesellschaft zur Einsichtnahme auszulegen ist. Eine gesonderte Zuleitung an den Betriebsrat ist nicht erforderlich. Ebenso wie bei innerstaatlichen Verschmelzungen genügt die Auslegung eines **Entwurfs** des Verschmelzungsberichts nicht[22].

§ 122 f Verschmelzungsprüfung

Der Verschmelzungsplan oder sein Entwurf ist nach den §§ 9 bis 12 zu prüfen; § 48 ist nicht anzuwenden. Der Prüfungsbericht muss spätestens einen Monat vor der Versammlung der Anteilsinhaber, die nach § 13 über die Zustimmung zum Verschmelzungsplan beschließen soll, vorliegen.

Übersicht

	Rn		Rn
I. Sinn und Zweck der Norm, Entstehungsgeschichte	1	IV. Verschmelzungsprüfungsbericht	6
II. Prüfungsgegenstand und -umfang	2	V. Entbehrlichkeit von Verschmelzungsprüfung und -prüfungsbericht	7
III. Verschmelzungsprüfer	3	1. Verzichtbarkeit	7
1. Bestellung des Verschmelzungsprüfers	4	2. Konzernverschmelzung	8
2. Gemeinsamer Verschmelzungsprüfer	5	3. Keine Sonderregelung für die GmbH	9

Literatur: Vgl. Literaturverzeichnis zu § 122 a.

I. Sinn und Zweck der Norm, Entstehungsgeschichte

1 Die Vorschrift dient dem **Schutz der Anteilsinhaber** der an der grenzüberschreitenden Verschmelzung beteiligten deutschen Gesellschaften. Sie setzt Art. 8 der Verschmelzungsrichtlinie in deutsches Recht um. Da die Vorschriften für innerstaatliche Verschmelzungen bereits eine Verschmelzungsprüfung in der von Art. 8 der Verschmelzungsrichtlinie vorgesehenen Weise vorschreiben, verweist Satz 1 der Norm auf die entsprechenden Vorschriften der §§ 9 bis 12. Anwendbar ist insbesondere auch die Regelung des § 9 Abs. 3 iVm. § 8 Abs. 3, wonach die Verschmelzungsprüfung entbehrlich ist, wenn alle Anteilsinhaber auf sie verzichten[1].

II. Prüfungsgegenstand und -umfang

2 Prüfungsgegenstand ist der **Verschmelzungsplan** bzw. sein **Entwurf**. Ähnlich wie bei der innerstaatlichen Verschmelzung erstreckt sich die Prüfung auf **Vollständigkeit** und **Richtigkeit** des Verschmelzungsplans und insbesondere auf die **Angemessenheit des Umtauschverhältnisses**[2]. Eine Besonderheit des Verschmelzungsplans bei der grenzüberschreitenden Verschmelzung ist die Bewertung des **Aktiv- und Passivvermögens** gem. § 122 c Abs. 2 Nr. 11, die als Bestandteil des Verschmelzungsplans ebenfalls Prüfungsgegenstand ist[3].

---

[22] Vgl. *Rieger* in Widmann/Mayer § 63 Rn 21.
[1] Siehe dazu Rn 7 ff.
[2] § 122 f Satz 1 iVm. § 12 Abs. 1. Vgl. dazu § 9 Rn 14 ff.
[3] Siehe dazu § 122 c Rn 32 ff.

III. Verschmelzungsprüfer

Ebenso wie bei der innerstaatlichen Verschmelzung muss der Verschmelzungsprüfer gem. § 122 f Satz 1 iVm. § 11 Abs. 1 eine entsprechende **Qualifikation** für sein Amt aufweisen[4]. 3

1. Bestellung des Verschmelzungsprüfers

Der Verschmelzungsprüfer ist auf Antrag des Vertretungsorgans der beteiligten Gesellschaft durch das Gericht am Sitz einer der **übertragenden Gesellschaften** zu bestellen[5]. Dies führt zu Problemen, wenn nur die übernehmende Gesellschaft ihren Sitz in Deutschland hat, die übertragende(n) Gesellschaft(en) hingegen im **Ausland**: In diesem Fall würde die Zuständigkeitsregelung des § 10 Abs. 2 Satz 1 keine inländische Gerichtszuständigkeit eröffnen[6]. Sofern kein gemeinsamer Verschmelzungsprüfer bestellt wird, ist aber die Bestellung des Verschmelzungsprüfers für die übernehmende Gesellschaft nach Maßgabe des deutschen Rechts durch ein ausländisches Gericht nicht sinnvoll. Daher muss in diesem Fall entgegen dem Wortlaut von § 122 f Satz 1 iVm. § 10 Abs. 2 ausnahmsweise eine entsprechende **Zuständigkeit** des Landgerichts am **Sitz der deutschen Gesellschaft** bestehen, auch wenn diese übernehmende Gesellschaft ist[7]. 4

2. Gemeinsamer Verschmelzungsprüfer

Auch bei der grenzüberschreitenden Verschmelzung ist die Bestellung eines gemeinsamen Verschmelzungsprüfers möglich[8]. Die Gesellschaften können in diesem Fall **wählen**, nach welcher der **beteiligten Rechtsordnungen** die gemeinsame Verschmelzungsprüfung erfolgen soll[9]. Entscheiden sie sich für eine der beteiligten ausländischen Rechtsordnungen, unterliegt die gesamte Verschmelzungsprüfung dem entsprechenden ausländischen Recht[10]. Nach diesem Recht richten sich dann auch die Anforderungen an die Qualifikation der Verschmelzungsprüfer und deren Bestellung[11]. Die Anforderungen an den **Inhalt** der Prüfung folgen hingegen aus einer **kumulativen Anwendung** der Verschmelzungsrechte aller Gesellschaften, auf die sich die gemeinsame Prüfung erstreckt[12]. Anderenfalls könnten im Einzelfall die Anforderungen des „strengeren" Rechts durch eine gemeinsame Verschmel- 5

---

[4] Näher dazu § 11 Rn 2 ff.
[5] § 122 f Satz 1 iVm. § 10 Abs. 1 und Abs. 2.
[6] Von der Regelung der örtlichen Zuständigkeit ist regelmäßig zugleich auch die internationale Zuständigkeit erfasst, vgl. dazu *Heinrichs* in Musielak, ZPO, 5. Aufl. 2007, § 12 Rn 17.
[7] Grund für die Zuständigkeitsregelung des § 10 Abs. 2 Satz 1 zugunsten der Gerichte am Sitz der übertragenden Rechtsträger ist, dass das Gericht, das für die Bestellung des Verschmelzungsprüfers zuständig ist, mit dem Gericht identisch sein sollte, das für ein ggf. im Anschluss an die Verschmelzung stattfindendes Spruchverfahren zuständig ist, siehe § 10 Rn 11 f. Da dem Spruchverfahren bei der grenzüberschreitenden Verschmelzung wohl eher geringe Bedeutung zukommen wird, dürfte dieser Gedanke hier auch in den Hintergrund rücken.
[8] § 122 f Satz 1 iVm. § 10 Abs. 1 Satz 2.
[9] *Bayer/Schmidt* NJW 2006, 401, 403; *dies.* NZG 2006, 841, 842.
[10] Vgl. *Müller* NZG 2006, 286, 288. Das setzt selbstverständlich voraus, dass das ausländische Recht auch eine gemeinsame Verschmelzungsprüfung erlaubt, was es aber in Umsetzung von Art. 8 Abs. 2 der Verschmelzungsrichtlinie tun muss. Im Wortlaut des § 122 f hätte klargestellt werden sollen, dass an die Stelle der Verschmelzungsprüfung gem. den §§ 9 bis 12 auch die gemeinsame Verschmelzungsprüfung nach Maßgabe der Rechtsordnung einer beteiligten ausländischen Gesellschaft treten kann.
[11] *Bayer/Schmidt* NZG 2006, 841, 842.
[12] So zur SE-Gründung durch Verschmelzung *Oechsler* in MünchKomm. AktG Art. 22 SE-VO Rn 8; *Scheifele* S. 198 f., jeweils für die gemeinsame Verschmelzungsprüfung bei der Gründung einer SE durch Verschmelzung (Art. 22 SE-VO); aA offenbar *Bayer/Schmidt* NZG 2006, 841, 842.

zungsprüfung nach der jeweils anderen Rechtsordnung umgangen werden, ohne dass die Anteilsinhaber dies verhindern könnten. Denn die Entscheidung über die gemeinsame Verschmelzungsprüfung wird von den Leitungsorganen ohne Beteiligung der Anteilsinhaber getroffen.

IV. Verschmelzungsprüfungsbericht

6 Der Verschmelzungsprüfungsbericht ist – sofern nicht eine gemeinsame Verschmelzungsprüfung nach dem Recht einer beteiligten ausländischen Gesellschaft erfolgt – nach Maßgabe von § 122 f Satz 1 iVm. § 12 zu erstatten[13]. Der Bericht muss spätestens **einen Monat** vor der Versammlung der Anteilsinhaber gem. §§ 122 a Abs. 2, 13 vorliegen. Er gehört zu den Unterlagen, die im Vorfeld der Versammlung zur Einsichtnahme durch die Anteilsinhaber im Geschäftsraum der Gesellschaft **auszulegen** sind[14]. Der Bericht muss den Anteilsinhabern der beteiligten deutschen Gesellschaften in **deutscher Sprache** vorliegen. Im Fall einer gemeinsamen Verschmelzungsprüfung ist daher auch eine deutsche Fassung anzufertigen[15].

V. Entbehrlichkeit von Verschmelzungsprüfung und -prüfungsbericht

1. Verzichtbarkeit

7 Verschmelzungsprüfung und Verschmelzungsprüfungsbericht sind entbehrlich, wenn die Anteilsinhaber darauf verzichten[16]. Erforderlich ist danach zunächst, dass **alle Anteilsinhaber aller** an der Verschmelzung **beteiligten Gesellschaften** verzichten, also auch alle Anteilsinhaber der beteiligten ausländischen Gesellschaften[17]. Ferner müssen die Verzichtserklärungen **notariell beurkundet** sein. Unklar ist dabei, ob sich das Formerfordernis auch auf die Verzichtserklärungen von Anteilsinhabern der beteiligten ausländischen Gesellschaften erstreckt. Da die Norm hier keine Einschränkung enthält, wird man dies annehmen müssen[18]. Dem schließt sich die Frage an, ob die Beurkundung von Verzichtserklärungen ausländischer Anteilsinhaber durch einen deutschen Notar oder jedenfalls einen ausländischen Notar, der dem Gleichwertigkeitserfordernis genügt[19], erfolgen muss. Um den Verzicht durch die Anteilsinhaber ausländischer Gesellschaften nicht unangemessen zu erschweren, wird man die Beurkundung durch einen **Notar des Sitzstaates** der betreffenden ausländischen Gesellschaft genügen lassen müssen, unabhängig davon, ob dieser bei Anlegung der Maßstäbe des deutschen Rechts als „gleichwertig" anzusehen ist[20].

---

[13] Näher dazu die Kommentierung zu § 12.
[14] § 122 a Abs. 2 iVm. § 63 Abs. 1 Nr. 5. Siehe dazu auch § 122 g Rn 3 ff.
[15] So auch für den gemeinsamen Verschmelzungsprüfungsbericht bei der Gründung einer SE durch Verschmelzung *Marsch-Barner* in Kallmeyer Anhang Rn 55; *Scheifele* S. 202. Vgl. auch § 122 g Rn 4.
[16] § 122 f Satz 1 iVm. §§ 9 Abs. 3, 12 Abs. 3 und 8 Abs. 3.
[17] *Bayer/Schmidt* NJW 2006, 401, 403; *dies.* NZG 2006, 841, 842; *Drinhausen/Keinath* BB 2006, 725, 728.
[18] *Drinhausen/Keinath* BB 2006, 725, 728; aA *Müller* Der Konzern 2007, 81, 83.
[19] Zu den Voraussetzungen der Gleichwertigkeit bei Auslandsbeurkundungen siehe BGH NJW 1981, 1160; OLG Hamm NJW 1974, 1057, 1058; vgl. auch § 122 c Rn 42 f. bzgl. der Beurkundung des Verschmelzungsplans.
[20] Vgl. *Haritz/v.Wolff* GmbHR 2006, 340, 342 Fn 10; in diesem Sinne auch *Bayer/Schmidt* NZG 2006, 841, 842, die sich für die Aufnahme einer entsprechenden Regelung in § 122 f aussprechen.

2. Konzernverschmelzung

Verschmelzungsprüfung und -prüfungsbericht sind ferner nicht erforderlich, wenn die übernehmende Gesellschaft **alle Anteile** an der übertragenden Gesellschaft hält[21]. Art. 8 Abs. 4 der Verschmelzungsrichtlinie lässt den Verzicht auf die Verschmelzungsprüfung ausdrücklich zu[22]. Die Entbehrlichkeit bezieht sich dabei nur auf die Verschmelzung zur Aufnahme der 100%igen Tochtergesellschaft. Sofern noch eine weitere Gesellschaft an der Verschmelzung beteiligt ist, an der die übernehmende Gesellschaft nicht alle Anteile hält, ist für diese Gesellschaft eine Verschmelzungsprüfung durchzuführen, wenn nicht alle Anteilsinhaber gem. § 122 f Satz 1 iVm. §§ 9 Abs. 3, 8 Abs. 3 verzichten[23]. 8

3. Keine Sonderregelung für die GmbH

Die Anwendbarkeit von § 48 wird durch Satz 1 2. Halbs. ausdrücklich ausgeschlossen, da die Verschmelzungsprüfung nach Art. 8 der Verschmelzungsrichtlinie unabhängig von einem Verlangen der Anteilsinhaber durchzuführen ist. Beteiligt sich eine GmbH demnach an einer grenzüberschreitenden Verschmelzung, sind Verschmelzungsprüfung und -prüfungsbericht auch ohne entsprechendes Verlangen eines Gesellschafters erforderlich und nur unter den dargestellten Voraussetzungen entbehrlich[24]. 9

§ 122 g Zustimmung der Anteilsinhaber

(1) Die Anteilsinhaber können ihre Zustimmung nach § 13 davon abhängig machen, dass die Art und Weise der Mitbestimmung der Arbeitnehmer der übernehmenden oder neuen Gesellschaft ausdrücklich von ihnen bestätigt wird.

(2) Befinden sich alle Anteile einer übertragenden Gesellschaft in der Hand der übernehmenden Gesellschaft, so ist ein Verschmelzungsbeschluss der Anteilsinhaber der übertragenden Gesellschaft nicht erforderlich.

Übersicht

	Rn		Rn
I. Sinn und Zweck der Norm, Entstehungsgeschichte	1	2. Beschlussfassung	6
II. Beschlussfassung in einer Versammlung der Anteilsinhaber (Abs. 1)	3	3. Zustimmungsvorbehalt bezüglich Arbeitnehmermitbestimmung	8
1. Vorbereitung der Versammlung	3	III. Entbehrlichkeit des Verschmelzungsbeschlusses (Abs. 2)	14

Literatur: Vgl. Literaturverzeichnis zu § 122 a.

I. Sinn und Zweck der Norm, Entstehungsgeschichte

Abs. 1 der Vorschrift setzt Art. 9 der Verschmelzungsrichtlinie um[1]. Ebenso wie der Verschmelzungsvertrag bei der innerstaatlichen Verschmelzung bedarf auch der gemeinsame 1

---

[21] § 122 f Satz 1 1. Halbs. iVm. § 9 Abs. 2.
[22] Anders Art. 7 der Verschmelzungsrichtlinie für den Verschmelzungsbericht, dessen Anfertigung deshalb gem. § 122 e Satz 3 nicht verzichtbar ist. Vgl. dazu § 122 e Rn 12.
[23] Siehe dazu auch § 9 Rn 49 f.
[24] Siehe Rn 7 f.
[1] Parallelvorschriften finden sich bei der Gründung der SE in Art. 23 Abs. 1 Satz 2 SE-VO (Gründung durch Verschmelzung) und Art. 32 Abs. 6 Satz 3 SE-VO (Gründung einer Holding-SE) sowie in Art. 27 Abs. 2 SCE-VO für die Gründung einer Europäischen Genossenschaft (SCE) durch Verschmelzung.

Verschmelzungsplan bei der grenzüberschreitenden Verschmelzung der **Zustimmung der Anteilsinhaber** der beteiligten Gesellschaften. Die Zustimmung der Anteilsinhaber beteiligter deutscher Gesellschaften erfolgt dabei durch Beschluss[2]. Die Norm ergänzt für die grenzüberschreitende Verschmelzung § 13. Für die beteiligten ausländischen Gesellschaften gelten die Regelungen des auf sie anwendbaren nationalen Rechts.

2   Abs. 2 der Vorschrift enthält die von Art. 15 Abs. 1 2. Spiegelstrich der Verschmelzungsrichtlinie vorgesehenen Erleichterungen für die **Konzernverschmelzung**.

II. Beschlussfassung in einer Versammlung der Anteilsinhaber (Abs. 1)

1. Vorbereitung der Versammlung

3   Im Vorfeld der Versammlung sind die Anteilsinhaber über die beabsichtigte Verschmelzung umfassend zu informieren, um ihnen eine sachgerechte Entscheidung in Kenntnis aller relevanten Umstände zu ermöglichen. Entsprechende **Informationspflichten** sind in § 122 d als Sonderregelung zur Publizität sowie den gemäß der Verweisung des § 122 a Abs. 2 anwendbaren rechtsformspezifischen Regelungen des Zweiten Teils des UmwG enthalten. Ergänzend kommen Vorschriften des AktG (für AG, KGaA und SE) sowie des GmbHG (für die GmbH) zur Anwendung.

4   Soweit Informationspflichten sich auf Informationen zu allen an der Verschmelzung beteiligten Gesellschaften beziehen, gilt dies auch für die entsprechenden Unterlagen der beteiligten **ausländischen Gesellschaften**[3]: So sieht etwa § 63 Abs. 1 Nr. 2 für die Verschmelzung unter Beteiligung einer AG die Auslegung der Jahresabschlüsse und Lageberichte aller beteiligten Gesellschaften für die letzten drei Geschäftsjahre im Geschäftsraum der AG zur Einsichtnahme durch die Aktionäre vor. Bei der grenzüberschreitenden Verschmelzung unter Beteiligung einer deutschen AG sind daher auch die entsprechenden Jahresabschlüsse und Lageberichte der beteiligten ausländischen Gesellschaften auszulegen[4]. Gleiches gilt für die Verschmelzungsberichte (§ 63 Abs. 1 Nr. 4) und die Verschmelzungsprüfungsberichte (§ 63 Abs. 1 Nr. 5), soweit solche angefertigt wurden[5]. Die Unterlagen müssen jeweils in **deutscher Sprache** vorliegen, so dass ggf. Übersetzungen anzufertigen sind[6].

5   Auf die Einhaltung von **Informationspflichten** sowie **Form- und Fristerfordernissen** für die Einberufung der Versammlung der Anteilsinhaber kann unter denselben Voraussetzungen **verzichtet** werden wie bei der innerstaatlichen Verschmelzung[7]. Nicht möglich ist jedoch der gänzliche Verzicht auf die Einreichung des Verschmelzungsplans beim Register[8].

---

[2] § 122 a Abs. 2 iVm. § 13 Abs. 1 Satz 2. Auch die Vorschriften der anderen EU-Mitgliedstaaten zur grenzüberschreitenden Verschmelzung müssen für die Zustimmung die Beschlussfassung in einer Versammlung der Anteilsinhaber vorsehen, vgl. Art. 9 Abs. 1 der Verschmelzungsrichtlinie.

[3] *Drinhausen/Gesell* in Blumenberg/Schäfer SEStEG S. 1, 30; *Drinhausen/Keinath* BB 2006, 725, 729; *Louven* ZIP 2006, 2021, 2026 f.

[4] *Drinhausen/Gesell* in Blumenberg/Schäfer SEStEG S. 1, 30; *Drinhausen/Keinath* BB 2006, 725, 729; *Louven* ZIP 2006, 2021, 2027.

[5] Zur Entbehrlichkeit des Verschmelzungsprüfungsberichts für beteiligte deutsche Gesellschaften siehe § 122 f Rn 7; zum Verschmelzungsbericht § 122 e Rn 12 f.

[6] AA *Louven* ZIP 2006, 2021, 2027, der angesichts des Aufwands für Übersetzungen die Auslegung in der Sprache des Originals für ausreichend hält. Der Zweck der Auslegung besteht aber in einer umfassenden Information der Anteilsinhaber, die bei Auslegung in einer anderen Sprache in der Regel nicht gewährleistet sein dürfte.

[7] ZB gem. § 121 Abs. 6 AktG bei der AG, KGaA und SE.

[8] Siehe dazu § 122 d Rn 11 ff.

2. Beschlussfassung

Für die Durchführung der Versammlung, erforderliche Beschlussmehrheiten, Form des 6
Beschlusses und besondere Zustimmungserfordernisse sind – außer den in Abs. 1 und Abs. 2
enthaltenen[9] – **keine Sonderregelungen** für die grenzüberschreitende Verschmelzung vorgesehen. Daher sind die Vorschriften über innerstaatliche Verschmelzungen gem. § 122 a
Abs. 2 anwendbar[10]. Die Beschlussfassung der Anteilsinhaber sowie die Bindungswirkung
des Beschlusses richten sich also nach § 13 und den zusätzlich anwendbaren rechtsformspezifischen Sonderregelungen.

Wenn die deutsche Gesellschaft übertragende Gesellschaft ist, ist die ordnungsgemäße Be- 7
schlussfassung unter Einhaltung sämtlicher Verfahrensvorschriften Gegenstand der **Prüfung
des Registergerichts** vor Erteilung der **Verschmelzungsbescheinigung** gem. § 122 k[11].
Ist die deutsche Gesellschaft übernehmende Gesellschaft, prüft das Registergericht den Verfahrensablauf iRd. Eintragung gem. § 122 l Abs. 2[12].

3. Zustimmungsvorbehalt bezüglich Arbeitnehmermitbestimmung

Abs. 1 enthält eine **Sonderregelung** zur Beschlussfassung, die dem Recht der innerstaat- 8
lichen Verschmelzung unbekannt ist: Danach können die Anteilsinhaber ihre Zustimmung
zum Verschmelzungsplan davon abhängig machen, dass die Art und Weise der **Arbeitnehmermitbestimmung** in der übernehmenden bzw. aus der Verschmelzung hervorgehenden
Gesellschaft ausdrücklich von ihnen **bestätigt** wird[13]. Hintergrund ist, dass die Anteilsinhaber nicht an dem Verfahren zur Festlegung der Mitbestimmung der Arbeitnehmer beteiligt
sind. Die Regelung trägt dem – in der Praxis wohl häufigen – Fall Rechnung, dass die Beschlussfassung der Anteilsinhaber zu einem Zeitpunkt erfolgt, zu dem das Verfahren zur Festlegung der Mitbestimmung noch nicht abgeschlossen ist. Denn das Verfahren zur Festlegung
der Mitbestimmung wird idR erst nach Offenlegung des Verschmelzungsplans einen Monat
vor der Beschlussfassung eingeleitet[14] und kann sich anschließend über sechs Monate bzw.
bei einverständlicher Verlängerung sogar über ein Jahr erstrecken.

Die Anteilsinhaber erhalten durch die Regelung des Abs. 1 **keine Gestaltungs- oder** 9
Einflussrechte in Bezug auf das festgelegte Mitbestimmungsmodell. Der Vorbehalt ermöglicht es ihnen aber, die Verschmelzung durch Verweigerung der Bestätigung zu verhindern,
wenn die festgelegte Mitbestimmung nicht ihr Einverständnis findet[15].

Wollen die Anteilsinhaber von dem Zustimmungsvorbehalt Gebrauch machen, erfolgt dies 10
in **zwei Schritten**: Zunächst ist der Vorbehalt in den Beschluss über die Zustimmung zum
Verschmelzungsplan aufzunehmen. Dies erfolgt durch entsprechenden Beschluss der Anteilsinhaberversammlung. Ebenso wie bei der Verschmelzung zur Gründung einer SE bzw. bei
der Gründung einer Holding-SE ist auch bei der grenzüberschreitenden Verschmelzung davon auszugehen, dass die Aufnahme des Vorbehalts nicht den Regelungen des Zweiten und

---

[9] Siehe dazu Rn 8 ff.
[10] Zu Sonderregelungen für die Konzernverschmelzung siehe Rn 14 ff.
[11] Siehe § 122 k Rn 14 ff.
[12] Siehe § 122 l Rn 10.
[13] Zur Regelung der Arbeitnehmermitbestimmung bei der grenzüberschreitenden Verschmelzung siehe *Teichmann* Der Konzern 2007, 89 ff.; zum MgVG *Nagel* NZG 2006, 57 ff.
[14] Gem. § 6 Abs. 2 MgVG informieren die Leitungen der sich verschmelzenden Gesellschaften die zuständigen Arbeitnehmervertretungen unverzüglich nach Offenlegung des Verschmelzungsplans über die geplante Verschmelzung. An die Information schließt sich das Verfahren zur Bildung des besonderen Verhandlungsgremiums (bVG) an (§§ 7 bis 12 MgVG), die mit der Einladung zur konstituierenden Sitzung des bVG enden (§ 14 Abs. 1 MgVG). Erst zu diesem Zeitpunkt beginnt die Verhandlungsfrist von sechs Monaten bzw. bei einvernehmlicher Verlängerung einem Jahr zu laufen (§ 21 MgVG). Näher zum Ganzen *Nagel* NZG 2007, 57 ff.; *Teichmann* Der Konzern 2007, 89 ff.
[15] Vgl. zum Parallelfall der SE *Schwarz* Art. 23 SE-VO Rn 1.

Dritten Abschnitts über die erforderlichen Mehrheiten für die Zustimmung zur Verschmelzung selbst unterfällt[16]. Stattdessen genügt die **einfache Stimmenmehrheit**. Denn das Erfordernis der qualifizierten Mehrheit in §§ 122 a, 65 (bei Beteiligung einer AG, SE oder KGaA) bzw. §§ 122 a, 50 (bei Beteiligung einer GmbH) dient dem Schutz der Anteilsinhaber. Würde man die Aufnahme des Vorbehalts, der ebenfalls dem Schutz der Anteilsinhaber dient, einem besonders strengen Mehrheitserfordernis unterstellen, würde der Schutzzweck der §§ 65, 50 ausgehöhlt[17].

11 Sobald die Regelung der Mitbestimmung feststeht[18], ist eine **weitere Versammlung** der Anteilsinhaber zur Fassung des **Bestätigungsbeschlusses** erforderlich. Da es sich dabei nicht mehr um eine Versammlung zur Beschlussfassung über die Verschmelzung selbst handelt, gelten für Einberufung und Vorbereitung jeweils allein die Regelungen des AktG bzw. GmbHG. Auch für diesen Beschluss dürften die **einfachen Mehrheitserfordernisse** gem. § 133 AktG, § 47 GmbHG gelten. Denn die Beschlussfassung über die Verschmelzung als Grundlagenentscheidung, die der qualifizierten Mehrheit bedurfte, ist bereits erfolgt. Die Entscheidung über die Billigung des Mitbestimmungssystems ist keine Grundlagenentscheidung, die eine qualifizierte Mehrheit erfordern würde. Das zeigt sich bereits daran, dass die Anteilsinhaber während des Verhandlungsverfahrens keine Mitwirkungsrechte haben und auf den Inhalt der Mitbestimmungsregelung keinen Einfluss nehmen können[19].

12 Ist der Verschmelzungsbeschluss unter den Bestätigungsvorbehalt gestellt worden, kann ohne die gesonderte Zustimmung die Verschmelzungsbescheinigung gem. § 122 k nicht erteilt werden bzw. die Eintragung gem. § 122 l nicht erfolgen, da keine ordnungsgemäße (also vorbehaltlose) Zustimmung zum Verschmelzungsplan vorliegt. Die Bestätigung ist also **Voraussetzung** für die Erteilung der **Verschmelzungsbescheinigung** bzw. die **Eintragung** der Verschmelzung oder der neuen Gesellschaft.

13 Auch ohne die Aufnahme des Vorbehalts in den Verschmelzungsbeschluss kann eine weitere Anteilsinhaberversammlung nach Festlegung der Arbeitnehmermitbestimmung erforderlich werden, wenn die Umsetzung der gefundenen Mitbestimmungsregelung eine **Satzungsänderung erfordert**[20]. Angesichts der gesetzlichen Regelungen des § 22 Abs. 4 MgVG werden die Anteilsinhaber die Vertretungsorgane der beteiligten Gesellschaften jedoch ermächtigen dürfen, die Satzung, die Anlage zum Verschmelzungsplan ist, vor Anmeldung der Verschmelzung gemeinsam entsprechend anzupassen. § 22 Abs. 4 MgVG schreibt vor, dass die Satzung der aus einer grenzüberschreitenden Verschmelzung hervorgehenden Gesellschaft anzupassen ist, soweit sie in Widerspruch zu den Regelungen über die Mitbestimmung in einer Vereinbarung über die Ausgestaltung der Mitbestimmung

---

[16] Bei der SE-Gründung findet daher § 65 auf die Beschlussfassung über die Aufnahme des Vorbehalts keine Anwendung, vgl. *Schäfer* in MünchKomm. AktG Art. 23 SE-VO Rn 11; *Schwarz* Art. 23 SE-VO Rn 27.

[17] So *Schäfer* in MünchKomm. AktG Art. 23 SE-VO Rn 11 zur SE-Gründung durch Verschmelzung.

[18] Dies kann in Form einer Vereinbarung zwischen besonderem Verhandlungsgremium und zuständigen Leitungsorganen erfolgen (§ 22 MgVG, wenn die aufnehmende oder neue Gesellschaft ihren Sitz in Deutschland hat, sonst durch die entsprechende ausländische Regelung); durch Eingreifen der Auffangregelung (§§ 23 ff. MgVG, wenn die aufnehmende oder neue Gesellschaft ihren Sitz in Deutschland hat, sonst durch die entsprechenden ausländischen Regelungen) oder durch Abbruch bzw. Nichtaufnahme der Verhandlungen durch das besondere Verhandlungsgremium mit der Folge, dass die Mitbestimmungsgesetze des aufnehmenden bzw. aus der Verschmelzung hervorgehenden neuen Gesellschaft Anwendung finden (§ 18 MgVG, wenn die aufnehmende oder neue Gesellschaft ihren Sitz in Deutschland hat, sonst durch die entsprechende ausländische Regelung). Näher zur Festlegung der Arbeitnehmermitbestimmung *Teichmann* Der Konzern 2007, 89 ff.; zum MgVG *Nagel* NZG 2007, 57 ff.

[19] Vgl. *Schäfer* in MünchKomm. AktG Art. 23 SE-VO Rn 12 zur SE-Gründung durch Verschmelzung.

[20] Das kann etwa dann der Fall sein, wenn die Anzahl der Mitglieder des mitbestimmten Organs die Umsetzung der getroffenen Mitbestimmungsregelung nicht erlauben würde.

steht. Soweit die Anpassung der Satzung nach Wirksamwerden der Verschmelzung bei der übernehmenden oder aus der Verschmelzung hervorgehenden Gesellschaft erfolgt, wird man angesichts der Vorgabe des § 22 Abs. 4 MgVG die Regelungen über das **Statusverfahren** nach § 97 ff. AktG analog auf die erforderliche Satzungsänderung anwenden dürfen.

III. Entbehrlichkeit des Verschmelzungsbeschlusses (Abs. 2)

Hält die **übernehmende** Gesellschaft **100%** der Anteile an der übertragenden, ist ein Verschmelzungsbeschluss durch die Anteilsinhaber der übertragenden Gesellschaft nicht erforderlich. Die Regelung gilt nur für übertragende Gesellschaften mit Sitz in Deutschland. 14

Eine weitere Erleichterung enthält § 62 Abs. 1 für den Fall, dass eine übernehmende deutsche AG mindestens **90%** der Anteile an der übertragenden Kapitalgesellschaft hält: Für die Verschmelzung durch Aufnahme dieser Gesellschaft ist ein Verschmelzungsbeschluss der Anteilsinhaber der übernehmenden Gesellschaft entbehrlich, es sei denn, ein solcher wird gem. § 62 Abs. 2 beantragt. Die Regelung gilt auch für die grenzüberschreitende Verschmelzung[21]. Die Regelungsbereiche von § 62 Abs. 1 und § 122 g Abs. 2 überschneiden sich dabei nicht, da § 122 g Abs. 2 nur für übertragende Gesellschaften mit Sitz in Deutschland gilt, während §§ 122 a Abs. 2, 62 Abs. 1 nur den Verschmelzungsbeschluss der Anteilsinhaber einer übernehmenden deutschen AG für entbehrlich erklären. 15

Allerdings kann es im Ergebnis dazu kommen, dass ein Verschmelzungsbeschluss sowohl der übernehmenden als auch der übertragenden Gesellschaft entbehrlich wird, wenn die übernehmende Muttergesellschaft eine deutschem Recht unterliegende AG, KGaA oder SE ist, für die ein Verschmelzungsbeschluss gem. § 62 Abs. 1 entbehrlich ist, und das Recht der übertragenden ausländischen Gesellschaft durch eine § 122 g Abs. 2 entsprechende Regelung die Fassung eines Verschmelzungsbeschlusses auch für diese Gesellschaft für entbehrlich erklärt[22]. 16

§ 122 h Verbesserung des Umtauschverhältnisses

(1) § 14 Abs. 2 und § 15 gelten für die Anteilsinhaber einer übertragenden Gesellschaft nur, sofern die Anteilsinhaber der an der grenzüberschreitenden Verschmelzung beteiligten Gesellschaften, die dem Recht eines anderen Mitgliedstaats der Europäischen Union oder eines anderen Vertragsstaats des Abkommens über den Europäischen Wirtschaftsraum unterliegen, dessen Rechtsvorschriften ein Verfahren zur Kontrolle und Änderung des Umtauschverhältnisses der Anteile nicht vorsehen, im Verschmelzungsbeschluss ausdrücklich zustimmen.

(2) § 15 gilt auch für Anteilsinhaber einer übertragenden Gesellschaft, die dem Recht eines anderen Mitgliedstaats der Europäischen Union oder eines anderen Vertragsstaats des Abkommens über den Europäischen Wirtschaftsraum unterliegt, wenn nach dem Recht dieses Staates ein Verfahren zur Kontrolle und Änderung des Umtauschverhältnisses der Anteile vorgesehen ist und deutsche Gerichte für die Durchführung eines solchen Verfahrens international zuständig sind.

---

[21] Das folgt aus § 122 a Abs. 2. Vgl. *Müller* Der Konzern 2007, 81, 83.
[22] Vgl. *Drinhausen/Gesell* in Blumenberg/Schäfer SEStEG S. 1, 34; *Drinhausen/Keinath* BB 2006, 725, 731.

Übersicht

	Rn		Rn
I. Sinn und Zweck der Norm, Entstehungsgeschichte	1	3. Ausschluss der Anfechtungsklage; Verweis ins Spruchverfahren	8
II. Eingeschränkte Anwendbarkeit des Spruchverfahrens (Abs. 1)	4	4. Anspruch auf bare Zuzahlung	9
1. Allgemeines	4	III. Erstreckung des Spruchverfahrens auf Anteilsinhaber ausländischer Gesellschaften (Abs. 2)	10
2. Zustimmung der Anteilsinhaber ausländischer Gesellschaften	6		

Literatur: Vgl. Literaturverzeichnis zu § 122 a.

I. Sinn und Zweck der Norm, Entstehungsgeschichte

1   Die §§ 122 h und 122 i modifizieren die für innerstaatliche Verschmelzungen vorgesehenen Regelungen zum Schutz von **Minderheitsgesellschaftern**[1]. § 122 h enthält Regelungen zur Verbesserung des Umtauschverhältnisses, während § 122 i das Austrittsrecht gegen Barabfindung regelt.

2   Abs. 1 der Vorschrift schränkt die Anwendbarkeit des **Spruchverfahrens** zur Kontrolle und Änderung des Umtauschverhältnisses der Anteile für die grenzüberschreitende Verschmelzung gemäß den Vorgaben der Verschmelzungsrichtlinie ein. Nur wenige Rechtsordnungen innerhalb der Europäischen Union bzw. des EWR kennen ein dem Spruchverfahren vergleichbares Verfahren[2]. Art. 10 Abs. 3 Satz 1 der Verschmelzungsrichtlinie enthält deshalb eine Vorgabe, die zwischen solchen Rechtsordnungen und den Rechtsordnungen, die ein Spruchverfahren kennen, vermittelt. Darin ist bestimmt, dass ein im nationalen Recht vorgesehenes Verfahren zur Kontrolle und Änderung des Umtauschverhältnisses der Anteile nur stattfinden kann, wenn entweder die Rechtsordnungen aller an der Verschmelzung beteiligten Gesellschaften ein entsprechendes Verfahren vorsehen, oder die Anteilsinhaber der Gesellschaften, deren Rechtsordnung kein vergleichbares Verfahren enthält, der Durchführung des Verfahrens im Verschmelzungsbeschluss ausdrücklich zustimmen. Abs. 1 setzt diese Regelung ins deutsche Recht um, indem er die Anwendung der §§ 14 Abs. 2 und 15 entsprechend einschränkt[3].

3   Abs. 2 dehnt den **Anwendungsbereich** des § 15 auf **Anteilsinhaber ausländischer Gesellschaften** aus, sofern die auf ihre Gesellschaft anwendbare Rechtsordnung ebenfalls ein dem Spruchverfahren vergleichbares Verfahren kennt und eine internationale Zuständigkeit deutscher Gerichte begründet werden kann. Damit wird der Grundsatz durchbrochen, dass der Schutz von Minderheitsaktionären sich allein nach der Rechtsordnung richtet, der die jeweilige Gesellschaft unterliegt. Mit der Regelung sollen Doppelarbeit und sich widersprechende Entscheidungen deutscher und ausländischer Gerichte vermieden werden, wenn von Anteilsinhabern sowohl einer deutschen als auch einer ausländischen Gesellschaft jeweils die Überprüfung des Umtauschverhältnisses ihrer Anteile begehrt wird[4].

---

[1] §§ 14 f. und 29 ff.
[2] Außer in Deutschland ist dies gegenwärtig etwa in Österreich vorgesehen (§ 225 c des öAktG).
[3] Ähnliche Regelungen sind in Art. 25 Abs. 3 Satz 1 SE-VO und ergänzend § 6 SEAG für die SE-Gründung durch Verschmelzung sowie in § 11 SEAG für die Gründung einer Holding-SE vorgesehen.
[4] BegrRegE zu § 122 h Abs. 2, BT-Drucks. 16/2919 S. 16. § 122 h Abs. 2 ist weitgehend § 6 Abs. 4 Satz 2 SEAG nachgebildet, der eine entsprechende Regelung für die Verschmelzung zur Gründung einer SE enthält.

II. Eingeschränkte Anwendbarkeit des Spruchverfahrens (Abs. 1)

1. Allgemeines

Die **Verschmelzungsbeschlüsse** der sich verschmelzenden Gesellschaften sind auch bei der grenzüberschreitenden Verschmelzung nach Maßgabe des auf die jeweilige Gesellschaft anwendbaren Rechts **anfechtbar**. Für deutsche Gesellschaften gilt gem. § 122 a Abs. 2 die Regelung des § 14 Abs. 1, wonach Klagen gegen die Wirksamkeit eines Verschmelzungsbeschlusses nur innerhalb eines Monats nach Beschlussfassung erhoben werden können. § 14 Abs. 2 beschränkt das Anfechtungsrecht für den Fall, dass Anteilsinhaber des übertragenden Rechtsträgers nur gegen die Festsetzung des Umtauschverhältnisses vorgehen wollen. Anfechtungsklagen gegen den Verschmelzungsbeschluss eines übertragenden Rechtsträgers können danach nicht auf die Unangemessenheit des Umtauschverhältnisses gestützt werden. Stattdessen ist die Unangemessenheit des Umtauschverhältnisses gem. § 15 nur im Wege des **Spruchverfahrens** gerichtlich geltend zu machen. Im Rahmen des Spruchverfahrens erhalten die Anteilsinhaber zum Ausgleich des unangemessenen Umtauschverhältnisses eine vom Gericht festgesetzte bare Zuzahlung. Die Anhängigkeit eines Spruchverfahrens steht dem Wirksamwerden der Verschmelzung nicht entgegen[5]. Anteilsinhaber eines übernehmenden Rechtsträgers können und müssen demgegenüber die Unangemessenheit des Umtauschverhältnisses im Wege der Anfechtungsklage geltend machen[6].

Gem. Abs. 1 der Vorschrift sind die vorstehend dargestellten Regelungen bei der **grenzüberschreitenden Verschmelzung** nur unter bestimmten Voraussetzungen anwendbar: Entweder müssen die Rechtsordnungen, denen die übrigen an der Verschmelzung beteiligten Gesellschaften unterliegen, ein vergleichbares Verfahren zur Kontrolle und Änderung des Umtauschverhältnisses vorsehen. Das trifft gegenwärtig etwa auf Österreich zu. Soweit das nicht der Fall ist, müssen die Anteilsinhaber der ausländischen Gesellschaften der Durchführung des Spruchverfahrens in ihrem Verschmelzungsbeschluss ausdrücklich zustimmen. Liegen diese Voraussetzungen nicht vor, gilt auch die Beschränkung der Anfechtungsklage nach § 14 Abs. 2 nicht. Den Anteilsinhabern der übertragenden deutschen Gesellschaft bleibt damit die Möglichkeit, die **Unangemessenheit des Umtauschverhältnisses** im Wege der **Anfechtungsklage** gegen den Verschmelzungsbeschluss geltend zu machen[7]. Ein Anspruch auf bare Zuzahlung besteht in diesem Fall nicht, vielmehr führt die Unangemessenheit des Umtauschverhältnisses zur Unwirksamkeit des Verschmelzungsbeschlusses.

2. Zustimmung der Anteilsinhaber ausländischer Gesellschaften

In den meisten Fällen grenzüberschreitender Verschmelzungen wird die **Zustimmung** der Anteilsinhaber der an der Umwandlung beteiligten **ausländischen Gesellschaft(en)** erforderlich sein, um zur Anwendbarkeit des Spruchverfahrens zu gelangen. Nach dem Wortlaut von Abs. 1 muss die Zustimmung „**im Verschmelzungsbeschluss**" der ausländischen Gesellschaft erklärt werden. Ausreichend dürfte hier jedoch auch die Fassung eines separaten, gleichzeitig mit dem Verschmelzungsbeschluss gefassten, Beschlusses über die Zustimmung sein. Anderenfalls müssten Anteilsinhaber der ausländischen Gesellschaft, die sich nur gegen das Spruchverfahren wenden möchten, gegen die Verschmelzung als solche stimmen[8]. Das

---

[5] § 14 Rn 30.
[6] § 14 Rn 17.
[7] BegrRegE zu § 122 h, BT-Drucks. 16/2919 S. 16. Die Anfechtungsklage ist gem. §§ 122 a Abs. 2, 14 Abs. 1 innerhalb eines Monats nach Beschlussfassung zu erheben.
[8] Vgl. *Heckschen* in Widmann/Mayer Anhang 14 Rn 186 f., der aus diesem Grund die separate Beschlussfassung bei der vergleichbaren Situation der SE-Gründung durch Verschmelzung empfiehlt (siehe dazu Art. 25 Abs. 3 SE-VO, dessen Wortlaut allerdings nur verlangt, dass die Anteilsinhaber „bei der

Mehrheitserfordernis für den Zustimmungsbeschluss ergibt sich aus dem Recht, dem die jeweilige ausländische Gesellschaft unterliegt. Um die ausländischen Anteilsinhaber frühzeitig über das Spruchverfahren zu informieren, sollte in den Verschmelzungsplan oder dessen Entwurf eine Bestimmung aufgenommen werden, nach der die Parteien übereinkommen, dass die Erhebung einer Anfechtungsklage zur Rüge des Umtauschverhältnisses ausgeschlossen und statt dessen die Einleitung eines Spruchverfahrens möglich sein soll[9].

7   Ob die Zustimmung der Anteilsinhaber ausländischer Gesellschaften zur Durchführung des Spruchverfahrens in der Praxis erlangt werden kann, ist fraglich. Denn die Festsetzung der baren Zuzahlung kommt nur den Anteilsinhabern der übertragenden deutschen Gesellschaft zugute und führt zu einem Liquiditätsabfluss bei der übernehmenden (ausländischen) Gesellschaft. Andererseits ermöglicht das Spruchverfahren die Durchführung der Verschmelzung ohne Blockade durch Anfechtungsklagen, die auf ein unangemessenes Umtauschverhältnis gestützt werden[10]. Zudem könnte im Rahmen der grenzüberschreitenden Verschmelzung auf die für innerstaatliche Verschmelzungen entwickelte Praxis zurückgegriffen werden, einen Vertrag zugunsten der Anteilsinhaber von übernehmenden Rechtsträgern abzuschließen, worin diesen eine Ausgleichszahlung in Höhe der iRd. Spruchverfahrens den Anteilsinhabern des übertragenden Rechtsträgers zugesprochenen Barabfindung zuerkannt wird. Für die Frage der Zustimmungserteilung wird es auch darauf ankommen, wie groß das Interesse der ausländischen Anteilsinhaber an der möglichst zügigen Durchführung der Verschmelzung und wie hoch das Risiko einer nicht unzulässigen oder offensichtlich unbegründeten[11] Anfechtungsklage auf Grundlage der Unangemessenheit des Umtauschverhältnisses ist[12].

3. Ausschluss der Anfechtungsklage; Verweis ins Spruchverfahren

8   Sind die Voraussetzungen von Abs. 1 erfüllt, ist eine Rüge des Umtauschverhältnisses nur über das Spruchverfahren möglich. Die Erhebung einer Anfechtungsklage unter Geltendmachung anderer Mängel des Verschmelzungsbeschlusses ist indes weiterhin möglich[13]. Das zuständige Landgericht am **Sitz der übertragenden Gesellschaft**[14] erhält durch den Zustimmungsbeschluss internationale Zuständigkeit zur Durchführung des Spruchverfahrens[15]. Sieht das ausländische Gesellschaftsstatut ein dem deutschen Spruchverfahren entsprechendes Verfahren vor, ist anzunehmen, dass bei Begründung einer **internationalen Zuständigkeit**

Zustimmung zum Verschmelzungsplan [...] ausdrücklich akzeptieren, dass die Aktionäre der betreffenden sich verschmelzenden Gesellschaft auf ein solches Verfahren zurückgreifen können").

[9] In den Verschmelzungsplan können freiwillig zusätzliche Angaben aufgenommen werden, da § 122 c Abs. 2 ausdrücklich nur Mindestangaben aufzählt. Die Zulässigkeit weiterer freiwilliger Angaben im Verschmelzungsplan hat ihre Grundlage in Art. 5 und Erwägungsgrund 4 der Verschmelzungsrichtlinie, so dass die auf die beteiligten ausländischen Gesellschaften anwendbaren Rechtsordnungen sie ebenfalls erlauben müssen. Vgl. dazu auch § 122 c Rn 38 f.

[10] Nach *Müller* Der Konzern 2007, 81, 85 soll es deshalb für die Anteilseigner der übernehmenden ausländischen Gesellschaft vorteilhafter sein, für ein Spruchverfahren zu stimmen. In diese Richtung auch *Oechsler* NZG 2006, 161, 164.

[11] Wenn eine Anfechtungsklage gegen den Verschmelzungsbeschluss unzulässig oder offensichtlich unbegründet ist, kann das Gericht durch Beschluss gem. § 16 Abs. 3 feststellen, dass die Klage der Eintragung der Verschmelzung nicht entgegensteht. Die Regelung gilt entsprechend für die grenzüberschreitende Verschmelzung (vgl. § 122 k Rn 9 und § 122 l Rn 7).

[12] Ausführlich zu den Nachteilen, die die Durchführung des Spruchverfahrens für die Anteilsinhaber ausländischer Gesellschaften mit sich bringt, *Vetter* AG 2006, 613, 622; vgl. auch *Bayer/Schmidt* NZG 2006, 841, 844; *Kiem* WM 2006, 1091, 1097.

[13] Siehe dazu § 14 Rn 5 ff.

[14] § 2 SpruchG.

[15] Zur Einordnung als international-zivilprozessuale Zuständigkeitsnorm vgl. *Müller* Der Konzern, 2007, 81, 84.

des ausländischen Gerichts das dort geltende Verfahren auch für die deutschen Anteilsinhaber maßgeblich ist[16].

4. Anspruch auf bare Zuzahlung

Der Anspruch auf bare Zuzahlung folgt aus § 15 Abs. 1. Anspruchberechtigt sind nur Anteilsinhaber der **übertragenden deutschen Gesellschaft**, und, unter den Voraussetzungen von Abs. 2, Anteilsinhaber einer **übertragenden ausländischen Gesellschaft**[17]. Schuldner der baren Zuzahlung ist die übernehmende Gesellschaft[18]. Anders als beim Austrittsrecht gegen Barabfindung gem. § 122 i setzt der Anspruch auf bare Zuzahlung nicht voraus, dass der Anteilsinhaber gegen den Verschmelzungsbeschluss **Widerspruch zur Niederschrift** erklärt hat. Vielmehr steht der Anspruch auch Anteilsinhabern zu, die für die Verschmelzung gestimmt haben[19]. Die Höhe der baren Zuzahlung wird vom Gericht nach Maßgabe der Regelungen des Spruchverfahrensgesetzes festgesetzt[20]. Auf Antrag von Anteilsinhabern der beteiligten **ausländischen Gesellschaften**, deren Rechtsordnungen kein Spruchverfahren kennen, ist ein **gemeinsamer Vertreter** zu bestellen, der in dem Verfahren ihre Interessen vertritt[21]. 9

III. Erstreckung des Spruchverfahrens auf Anteilsinhaber ausländischer Gesellschaften (Abs. 2)

Abs. 2 ermöglicht auch den **Anteilsinhabern ausländischer übertragender Gesellschaften** die Geltendmachung eines Anspruchs auf bare Zuzahlung im Wege des deutschen Spruchverfahrens. Voraussetzung ist, dass die auf die übertragende Gesellschaft anwendbare Rechtsordnung ebenfalls ein entsprechendes Verfahren vorsieht, wie es etwa im österreichischen Recht der Fall ist. Ferner müssen deutsche Gerichte für die Durchführung des Verfahrens **international zuständig** sein. Die internationale Zuständigkeit kann sich aus einer Gerichtsstandsvereinbarung[22], aus der EuGVVO[23] oder einer Schiedsvereinbarung[24] ergeben[25]. Die Erfüllung beider Voraussetzungen dürfte praktisch selten gegeben sein, so dass die Bedeutung der Vorschrift eher gering bleiben wird. 10

---

[16] So zur Überprüfung des Umtauschverhältnisses gem. §§ 225 c ff. des öAktG durch das österreichische Firmenbuchgericht bei Verschmelzung einer deutschen Gesellschaft auf eine österreichische Gesellschaft *Müller* Der Konzern 2007, 81, 85.

[17] Siehe dazu Rn 10; hinsichtlich Voraussetzungen und Umfang des Anspruchs kann auf die Ausführungen zu § 15 Rn 6 ff. verwiesen werden.

[18] Zur Problematik des Anspruchs auf bare Zuzahlung im Zusammenhang mit Vorschriften zum Kapitalschutz siehe § 15 Rn 22 f.; vgl. auch *Vetter* AG 2006, 613, 623; *ders.* in Lutter/Hommelhoff, Die Europäische Gesellschaft, S. 111, 128.

[19] § 15 Rn 9. Dadurch soll verhindert werden, dass Anteilsinhaber, die lediglich mit dem Umtauschverhältnis nicht einverstanden sind, gezwungen sind, gegen die Verschmelzung als solche zu stimmen; vgl. dazu auch die Begr. zur Parallelnorm des § 6 SEAG für die SE-Gründung durch Verschmelzung, BT-Drucks. 15/3405 S. 32.

[20] Näher zum Ganzen § 15 Rn 6 ff. Der Anwendungsbereich des SpruchG wurde zu diesem Zweck auf grenzüberschreitende Verschmelzungen ausgedehnt, § 1 Nr. 4 SpruchG.

[21] § 6 c SpruchG. Siehe hierzu Anh. SpruchG § 6 c.

[22] BegrRegE zu § 122 h, BT-Drucks. 16/2919 S. 16.

[23] Verordnung (EG) Nr. 44/2001 vom 22.12.2000, ABl.EG 2001, Nr. L 12, S. 1; die Verordnung gilt nicht im Verhältnis zu Dänemark, insoweit ist weiterhin das Europäische Gerichtsstands- und Vollstreckungsübereinkommen (EuGVÜ) vom 27.9.1968, BGBl. II 1972 S. 774, idF der 4. Beitrittsübereinkommens vom 29.11.1996, BGBl. II 1998 S. 1412, anzuwenden. Die internationale Zuständigkeit kann aus Art. 2 Abs. 1 iVm. Art. 60 Abs. 1 EuGVVO folgen, wenn die übernehmende bzw. die aus der grenzüberschreitenden Verschmelzung hervorgehende neue Gesellschaft ihren Sitz in Deutschland hat.

[24] *Vetter* in Lutter/Hommelhoff, Die Europäische Gesellschaft, S. 111, 132.

[25] Vgl. BegrRegE zu § 122 h, BT-Drucks. 16/2919 S. 16.

§ 122 i Abfindungsangebot im Verschmelzungsplan

(1) Unterliegt die übernehmende oder neue Gesellschaft nicht dem deutschen Recht, hat die übertragende Gesellschaft im Verschmelzungsplan oder in seinem Entwurf jedem Anteilsinhaber, der gegen den Verschmelzungsbeschluss der Gesellschaft Widerspruch zur Niederschrift erklärt, den Erwerb seiner Anteile gegen eine angemessene Barabfindung anzubieten. Die Vorschriften des Aktiengesetzes über den Erwerb eigener Aktien sowie des Gesetzes betreffend die Gesellschaften mit beschränkter Haftung über den Erwerb eigener Geschäftsanteile gelten entsprechend, jedoch sind § 71 Abs. 4 Satz 2 des Aktiengesetzes und § 33 Abs. 2 Satz 3 zweiter Halbsatz erste Alternative des Gesetzes betreffend die Gesellschaften mit beschränkter Haftung insoweit nicht anzuwenden. § 29 Abs. 1 Satz 4 und 5 sowie Abs. 2 und die §§ 30, 31 und 33 gelten entsprechend.

(2) Die §§ 32 und 34 gelten für die Anteilsinhaber einer übertragenden Gesellschaft nur, sofern die Anteilsinhaber der an der grenzüberschreitenden Verschmelzung beteiligten Gesellschaften, die dem Recht eines anderen Mitgliedstaates der Europäischen Union oder eines anderen Vertragsstaats des Abkommens über den Europäischen Wirtschaftsraum unterliegen, dessen Rechtsvorschriften ein Verfahren zur Abfindung von Minderheitsgesellschaftern nicht vorsehen, im Verschmelzungsbeschluss ausdrücklich zustimmen. § 34 gilt auch für Anteilsinhaber einer übertragenden Gesellschaft, die dem Recht eines anderen Mitgliedstaats der Europäischen Union oder eines anderen Vertragsstaats des Abkommens über den Europäischen Wirtschaftsraum unterliegt, wenn nach dem Recht dieses Staates ein Verfahren zur Abfindung von Minderheitsgesellschaftern vorgesehen ist und deutsche Gerichte für die Durchführung eines solchen Verfahrens international zuständig sind.

Übersicht

	Rn		Rn
I. Sinn und Zweck der Norm, Entstehungsgeschichte	1	3. Erwerb eigener Anteile	8
		4. Annahmefrist	9
II. Austrittsrecht von Minderheitsgesellschaftern (Abs. 1)	5	5. Entsprechend anwendbare Vorschriften des UmwG	10
1. Barabfindungsangebot im Verschmelzungsplan	5	III. Eingeschränkte Anwendbarkeit des Spruchverfahrens (Abs. 2)	11
2. Schuldner der Verpflichtung	7		

Literatur: Vgl. Literaturverzeichnis zu § 122 a.

I. Sinn und Zweck der Norm, Entstehungsgeschichte

1 Grundlage der Vorschrift ist Art. 4 Abs. 2 Satz 2 der Verschmelzungsrichtlinie[1]. Danach kann jeder Mitgliedstaat Vorschriften zum Schutz von Minderheitsgesellschaftern der seinem Recht unterliegenden Gesellschaften erlassen. Parallelvorschriften finden sich bei der SE-Gründung durch Verschmelzung in § 7 Abs. 1 und Abs. 7 SEAG sowie der Gründung einer Holding-SE in § 9 SEAG.

2 Abs. 1 der Norm sieht zum Schutz der Minderheitsgesellschafter übertragender deutscher Gesellschaften ein **Austrittsrecht** gegen Zahlung einer **angemessenen Barabfindung** vor, wenn die übernehmende oder aus der grenzüberschreitenden Verschmelzung hervorgehende neue Gesellschaft **nicht dem deutschen Recht** unterliegt. Hintergrund ist ausweislich der Gesetzesbegründung, dass kein Anteilsinhaber gezwungen werden soll, die mit dem Wechsel in eine ausländische Rechtsform verbundene **Änderung seiner**

---

[1] BegrRegE zu § 122 i Abs. 1, BT-Drucks. 16/2919 S. 16.

Rechte und Pflichten hinzunehmen². Die Regelung lehnt sich an § 29 Abs. 1 an, der bei innerstaatlichen Verschmelzungen ein entsprechendes Austrittsrecht gewährt, wenn die übernehmende oder neue Gesellschaft eine andere Rechtsform hat als die übertragende Gesellschaft.

Abs. 2 der Norm regelt die **Anwendbarkeit des Spruchverfahrens** zur Überprüfung der Angemessenheit der baren Zuzahlung. Wie auch bei § 122 h ist das Spruchverfahren nur anwendbar, wenn entweder die Rechtsordnungen der anderen beteiligten Gesellschaften ein vergleichbares Verfahren kennen oder ihre Anteilsinhaber der Durchführung des Spruchverfahrens ausdrücklich zustimmen.

§ 122 i Abs. 2 Satz 2 entspricht § 122 h Abs. 2 und erstreckt den **Anwendungsbereich** des § 34 auf die Anteilsinhaber einer ausländischen übertragenden Gesellschaft, wenn das Gesellschaftsstatut dieser Gesellschaft ein dem Spruchverfahren vergleichbares Verfahren vorsieht und deutsche Gerichte international zuständig sind³.

II. Austrittsrecht von Minderheitsgesellschaftern (Abs. 1)

1. Barabfindungsangebot im Verschmelzungsplan

Wie bei der innerstaatlichen Verschmelzung ist die Abfindung gem. Abs. 1 bereits im Verschmelzungsplan oder seinem Entwurf anzubieten. Diese Formulierung ist an § 29 Abs. 1 Satz 1 angelehnt.

In der Literatur wird die gesetzliche Verpflichtung zur Aufnahme des Barabfindungsangebots in den Verschmelzungsplan überwiegend als **Verstoß gegen die Vorgaben der Verschmelzungsrichtlinie** angesehen⁴. Gem. Art. 5 Satz 2 der Verschmelzungsrichtlinie sind die dort aufgezählten Angaben Mindestangaben, die in jedem Fall im Verschmelzungsplan enthalten sein müssen. Daneben steht es den beteiligten Gesellschaften offen, freiwillig zusätzliche Angaben in den Plan aufzunehmen⁵. Die Erweiterung des Kreises der Mindestangaben durch die nationalen Gesetzgeber ist in der Verschmelzungsrichtlinie indessen nicht vorgesehen und daher grundsätzlich auch nicht möglich. Da nur die Aufnahme zusätzlicher Angaben durch die beteiligten Gesellschaften in der Verschmelzungsrichtlinie ausdrücklich erwähnt ist, ist nicht davon auszugehen, dass der europäische Gesetzgeber hier eine bewusste Regelungslücke offengelassen hat. Allerdings bestehen angesichts der Ermächtigung in Art. 4 Abs. 2 Satz 2 der Verschmelzungsrichtlinie auch keine Zweifel daran, dass der deutsche Gesetzgeber inhaltlich dazu berechtigt war, der übernehmenden oder neuen Gesellschaft unter den in § 122 i genannten Voraussetzungen die Verpflichtung zur Unterbreitung eines Barabfindungsangebots aufzuerlegen. Dass der deutsche Gesetzgeber diese Verpflichtung im Verschmelzungsplan verortet hat, ist in der Sache sinnvoll und erscheint angesichts der Ermächtigung in Art. 4 Abs. 2 Satz 2 der Verschmelzungsrichtlinie als weitere Mindestangabe im Verschmelzungsplan ausnahmsweise zulässig⁶.

2. Schuldner der Verpflichtung

Anders als in § 29 ist **Schuldner** der Verpflichtung zum Erwerb der Anteile nach Abs. 1 Satz 1 die **übertragende Gesellschaft** und nicht die übernehmende oder neue Gesellschaft.

---

² BegrRegE zu § 122 i Abs. 1, BT-Drucks. 16/2919 S. 16.
³ Vgl. § 122 h Rn 2.
⁴ *Kallmeyer/Kappes* AG 2006, 224, 231; *Krause/Kulpa* ZHR 171 (2007) 38, 57; *Louven* ZIP 2006, 2021, 2025; *Louven/Dettmeier/Pöschke/Weng* BB Special 3/2006, 1, 14; ebenfalls noch *Drinhausen/Keinath* BB 2006, 725, 727; aA *Bayer/Schmidt* NJW 2006, 401, 402.
⁵ Erwägungsgrund 4 der Verschmelzungsrichtlinie.
⁶ So auch *Bayer/Schmidt* NJW 2006, 401, 402; *Müller* Der Konzern 2007, 81, 86, Fn 48; vgl. zum Parallelfall bei der SE-Gründung durch Verschmelzung *Scheifele* S. 171 und 229 ff.

Mit Wirksamwerden der Verschmelzung geht allerdings die Verpflichtung zum Anteilserwerb gegen Barabfindung im Wege der **Universalsukzession** auf die übernehmende oder die aus der Verschmelzung hervorgegangene neue Gesellschaft über. Dies ergibt sich aus den in Umsetzung von Art. 14 Abs. 1 und 2 der Verschmelzungsrichtlinie erlassenen Rechtsvorschriften desjenigen Mitgliedstaates, dessen Recht die übernehmende oder neue Gesellschaft unterliegt.

3. Erwerb eigener Anteile

8   Die Übernahme der Anteile ist bei einer AG ein Erwerb eigener Aktien und bei einer GmbH ein Erwerb eigener Geschäftsanteile. Abs. 1 Satz 2 erklärt daher die Regelungen des § 71 AktG und des § 33 GmbHG für entsprechend anwendbar. Wie in § 29 ist jedoch die Anwendbarkeit von § 71 Abs. 4 Satz 2 AktG und (auch in § 29 neu eingefügt) § 33 Abs. 2 Satz 3 GmbHG über die Nichtigkeit von schuldrechtlichen und dinglichen Rechtsgeschäften, die gegen § 71 AktG bzw. § 33 GmbHG verstoßen, ausdrücklich ausgeschlossen[7]. Die **deutschen Regelungen** zur Kapitalerhaltung können allerdings nur **bis zum Wirksamwerden der Verschmelzung** Geltung beanspruchen. Mit Wirksamwerden der Verschmelzung werden auch die Anteilsinhaber, die gem. § 122 i Anspruch auf Erwerb ihrer Anteile gegen angemessene Barabfindung haben, zunächst Anteilsinhaber der ausländischen übernehmenden oder neuen Gesellschaft. Ihr Anspruch nach Abs. 1 richtet sich nunmehr auf Erwerb der Anteile an der übernehmenden oder neuen Gesellschaft durch die übernehmende oder neue Gesellschaft. Dessen Zulässigkeit richtet sich jedoch wiederum ausschließlich nach dem für diese Gesellschaft geltenden **ausländischen Recht**[8]. Wie im Rahmen von § 31, wonach das Barabfindungsangebot nur binnen zwei Monaten nach dem Tag angenommen werden kann, an dem die Eintragung der Verschmelzung als bekannt gemacht gilt, ist die Erfüllung aller Ansprüche auf Barabfindung keine Voraussetzung für die Eintragung der Verschmelzung im Register der übertragenden Gesellschaft[9].

4. Annahmefrist

9   Da das Barabfindungsangebot von der übertragenden deutschen Gesellschaft gemacht werden muss und der Gesetzgeber ausdrücklich die entsprechenden deutschen Regelungen über den Erwerb eigener Aktien bzw. Geschäftsanteile suspendiert, kann das Barabfindungsangebot bereits **vor Wirksamwerden der Verschmelzung** angenommen werden[10]. Die Annahme des Angebots hat binnen zwei Monaten nach dem Tag zu erfolgen, an dem die Eintragung der Verschmelzung als bekannt gemacht gilt. Maßgeblich dafür ist die Eintragung der Verschmelzung in das Register der übernehmenden Gesellschaft[11]. Findet ein Spruchverfahren statt[12], beginnt der Lauf der Annahmefrist gem. § 31 Satz 2 mit Bekanntmachung der gerichtlichen Entscheidung im elektronischen Bundesanzeiger.

---

[7] Näher dazu § 29 Rn 33 f.
[8] Ebenso *Vetter* AG 2006, 613, 623 f.; aA *Müller* Der Konzern 2007, 81, 87. Anders auch die Gesetzesbegründung zur mit § 122 i Abs. 1 vergleichbaren Vorschrift des § 7 Abs. 1 SEAG zum Austrittsrecht bei der SE-Gründung durch Verschmelzung (BT-Drucks. 15/3405 S. 33), die davon ausgeht, dass die Vorschriften des deutschen Aktienrechts über den Erwerb eigener Aktien auch für nicht deutschem Recht unterliegende Gesellschaften Anwendung finden. Kritisch dazu *Vetter* in Lutter/Hommelhoff, Die Europäische Gesellschaft, S. 111, 146 f. Die BegrRegE zu § 122 i Abs. 1, BT-Drucks. 16/2919 S. 16 f., enthält keine Stellungnahme hierzu.
[9] Die Nachricht über die Eintragung der Verschmelzung im Register der übertragenden Gesellschaft gilt als Verschmelzungsbescheinigung gem. § 122 k Abs. 2 Satz 2.
[10] AA *Simon/Rubner* Der Konzern 2006, 835, 840; wohl auch *Vetter* AG 2006, 613, 623.
[11] §§ 122 i Abs. 1 Satz 3, 31 Satz 1.
[12] Zur eingeschränkten Anwendbarkeit des Spruchverfahrens bei der grenzüberschreitenden Verschmelzung siehe Rn 11 ff.

5. Entsprechend anwendbare Vorschriften des UmwG

Nach Abs. 1 Satz 3 sind auf das Abfindungsangebot im Verschmelzungsplan § 29 Abs. 1 Satz 4 und 5 und Abs. 2 entsprechend anzuwenden. Entsprechend anwendbar sind ferner die Vorschriften über den Inhalt des Anspruchs auf Barabfindung und deren Prüfung (§ 30), die Annahme des Angebots (§ 31) und die anderweitige Veräußerung von Anteilen (§ 33). § 29 Abs. 1 Satz 2 hat demgegenüber für die grenzüberschreitende Verschmelzung keinen Anwendungsbereich. Auch der in § 29 Abs. 1 Satz 3 geregelte Fall, dass keine Anteile angeboten werden können, ist bei den an einer grenzüberschreitenden Verschmelzung ausschließlich beteiligten Kapitalgesellschaften nicht denkbar. 10

III. Eingeschränkte Anwendbarkeit des Spruchverfahrens (Abs. 2)

Abs. 2 bestimmt die Voraussetzungen für die Anwendung von § 32 (Ausschluss der Anfechtungsklage zur Überprüfung der Barabfindung) und § 34 (stattdessen Spruchverfahren). Das Spruchverfahren ist, ebenso wie bei der Überprüfung des Umtauschverhältnisses gem. § 122 h, nur eröffnet, wenn die Anteilsinhaber der beteiligten ausländischen Gesellschaften ausdrücklich **zustimmen** (Abs. 2 Satz 1) oder die Rechtsordnungen, denen diese Gesellschaften unterliegen, ein **vergleichbares Verfahren** vorsehen (Abs. 2 Satz 2). Liegen diese Voraussetzungen nicht vor, verbleibt es bei der Möglichkeit, den Verschmelzungsbeschluss auch hinsichtlich der Barabfindung **anzufechten**[13]. 11

Abs. 2 Satz 2 erstreckt den Anwendungsbereich der §§ 32 und 34 auf die Anteilsinhaber an der grenzüberschreitenden Verschmelzung beteiligter ausländischer Gesellschaften, sofern das auf diese anwendbare Recht ein dem Spruchverfahren **vergleichbares Verfahren** vorsieht und sich die **internationale Zuständigkeit** eines deutschen Gerichts begründen lässt. Die Regelung entspricht § 122 h Abs. 2, so dass auf die dortige Kommentierung verwiesen werden kann[14]. 12

§ 122 j Schutz der Gläubiger der übertragenden Gesellschaft

(1) Unterliegt die übernehmende oder neue Gesellschaft nicht dem deutschen Recht, ist den Gläubigern einer übertragenden Gesellschaft Sicherheit zu leisten, soweit sie nicht Befriedigung verlangen können. Dieses Recht steht den Gläubigern jedoch nur zu, wenn sie binnen zwei Monaten nach dem Tag, an dem der Verschmelzungsplan oder sein Entwurf bekannt gemacht worden ist, ihren Anspruch nach Grund und Höhe schriftlich anmelden und glaubhaft machen, dass durch die Verschmelzung die Erfüllung ihrer Forderung gefährdet wird.

(2) Das Recht auf Sicherheitsleistung nach Absatz 1 steht Gläubigern nur im Hinblick auf solche Forderungen zu, die vor oder bis zu 15 Tage nach Bekanntmachung des Verschmelzungsplans oder seines Entwurfs entstanden sind.

Übersicht

	Rn		Rn
I. Sinn und Zweck der Norm, Entstehungsgeschichte	1	a) Anmeldung des Anspruchs	7
II. Sicherheitsleistung (Abs. 1)	4	b) Frist	8
1. Anwendungsbereich	4	c) Glaubhaftmachung einer konkreten Gefährdung des Anspruchs	9
2. Voraussetzungen der Sicherheitsleistung	6		

---

[13] § 122 h Rn 4 ff.
[14] § 122 h Rn 10.

	Rn		Rn
3. Adressat des Anspruchs auf Sicherheitsleistung	11	III. Zeitliche Abgrenzung der Gläubigerrechte (Abs. 2)	13
4. Art, Umfang und Durchsetzung der Sicherheitsleistung	12	IV. Ausschlussgründe	14

Literatur: Vgl. Literaturverzeichnis zu § 122 a.

I. Sinn und Zweck der Norm, Entstehungsgeschichte

1 Die Regelung trägt dem speziellen Schutzbedürfnis der **Gläubiger** von übertragenden deutschen Gesellschaften bei der grenzüberschreitenden Verschmelzung in dem Fall Rechnung, dass die übernehmende oder neue Gesellschaft einer **ausländischen Rechtsordnung** unterliegt[1]. Die Vorschrift lehnt sich sprachlich an § 22 an, der jedoch einen nachgeordneten Gläubigerschutz gewährt, wonach die Sicherheitsleistung erst nach Eintragung der Verschmelzung verlangt werden kann. Ein nachgeordneter Schutz wird jedoch nach Auffassung des Gesetzgebers den Interessen von Gläubigern der übertragenden Gesellschaft nicht immer gerecht, da sie unter Umständen ihre Ansprüche gegen die übernehmende bzw. neue Gesellschaft im Ausland geltend machen müssten[2]. Deshalb soll die Vorschrift ihnen die Möglichkeit geben, ihre Interessen bereits **vor Vollzug** der Verschmelzung geltend zu machen.

2 Die Gewährung angemessener Sicherheitsleistung gem. § 122 j ist Gegenstand einer **Versicherung** der Mitglieder der Vertretungsorgane der übertragenden deutschen Gesellschaft, die diese für die Erteilung der Verschmelzungsbescheinigung abgeben müssen[3]. Verstärkt wird der Gläubigerschutz durch die Regelung in § 314 a, der die Abgabe einer **falschen Versicherung** über die Erbringung angemessener Sicherheitsleistungen[4] unter Strafe stellt.

3 Grundlage der Regelung ist Art. 4 Abs. 2 Satz 1 der Verschmelzungsrichtlinie. Danach richtet sich der Schutz der Gläubiger grundsätzlich nach dem anzuwendenden nationalen Recht, wobei jedoch der grenzüberschreitende Charakter der Verschmelzung zu berücksichtigen ist[5].

II. Sicherheitsleistung (Abs. 1)

1. Anwendungsbereich

4 Als spezielle Norm für die grenzüberschreitende Verschmelzung tritt die Vorschrift für Gläubiger übertragender deutscher Gesellschaften an die Stelle von § 22, wenn die übernehmende oder die aus der grenzüberschreitenden Verschmelzung hervorgehende neue Gesell-

---

[1] Parallelregelungen sind bei der SE-Gründung durch Verschmelzung in § 8 SEAG und bei der grenzüberschreitenden Sitzverlegung der SE in § 13 SEAG vorgesehen.

[2] BegrRegE zu § 122 j Abs. 1, BT-Drucks. 16/2919 S. 17.

[3] Siehe dazu § 122 k Rn 12.

[4] Kritisch dazu *Haritz/v. Wolff* GmbHR 2006, 340, 343, da den Mitgliedern des Vertretungsorgans durch die Anknüpfung an die Angemessenheit der Sicherheitsleistung das (strafbewehrte und unter den Voraussetzungen des § 823 Abs. 2 BGB Schadensersatzpflichten auslösende) Risiko einer Fehleinschätzung der angemessenen Höhe der Sicherheitsleistung auferlegt wird.

[5] Es ist allerdings zweifelhaft, ob sich daraus eine Regelungsermächtigung für die Schaffung von Sondervorschriften zum Schutz von Gläubigern bei der grenzüberschreitenden Verschmelzung entnehmen lässt, *Bayer/Schmidt* NZG 2006, 841, 843; *dies.* NJW 2006, 401, 405; *Drinhausen/Keinath* BB 2006, 725, 733; *Grunewald*, Der Konzern 2007, 106, 107; *HRA* NZG 2006, 737, 742; *Haritz/v. Wolff* GmbHR 2006, 340, 343. Vgl. zu dem selben Problem bei der Parallelregelung des § 8 SEAG *Schwarz* Art. 24 SE-VO Rn 11.

schaft **nicht dem deutschen Recht** unterliegt. Unterliegt die übernehmende oder neue Gesellschaft deutschem Recht, ist hingegen aufgrund der Verweisung in § 122 a Abs. 2 die allgemeine Regelung des § 22 anzuwenden[6]; dasselbe gilt für die Gläubiger einer übernehmenden deutschen Gesellschaft und für die Inhaber von Sonderrechten iSd. § 23, der gem. § 122 a Abs. 2 ebenfalls iRd. grenzüberschreitenden Verschmelzung anwendbar ist[7].

Der Umfang der von § 122 j geschützten Gläubigerrechte ist identisch mit § 22, so dass auf die dortige Kommentierung verwiesen werden kann[8]. 5

2. Voraussetzungen der Sicherheitsleistung

Gläubigern einer übertragenden Gesellschaft ist in den Fällen des Abs. 1 Sicherheit zu leisten, wenn sie binnen zwei Monaten nach dem Tag, am dem der Verschmelzungsplan oder sein Entwurf bekannt gemacht worden ist, ihren Anspruch nach Grund und Höhe schriftlich bei der übertragenden Gesellschaft anmelden und glaubhaft machen, dass durch die Verschmelzung die Erfüllung ihrer Forderungen gefährdet wird. Hinsichtlich Voraussetzungen und Inhalt der Sicherheitsleistung ist § 122 j nahezu deckungsgleich mit § 22, so dass im Wesentlichen auf die dortige Kommentierung verwiesen werden kann[9]. 6

a) Anmeldung des Anspruchs. Gem. § 122 j Abs. 1 Satz 1 müssen Gläubiger ihren Anspruch gegen die übertragende deutsche Gesellschaft unter Angabe von Anspruchsgrund und -höhe **schriftlich** bei der übertragenden Gesellschaft anmelden. Der Anspruch muss bereits entstanden[10], darf aber noch nicht fällig sein[11]. 7

b) Frist. Die Anmeldung muss innerhalb von **zwei Monaten nach Bekanntmachung** des Verschmelzungsplans oder seines Entwurfs erfolgen. Abzustellen ist dabei auf den Zugang[12] des entsprechenden Schreibens bei der übertragenden Gesellschaft. Fristbeginn ist der Tag der Bekanntmachung gem. § 122 d Satz 2, also der Tag, an dem sämtliche Angaben gem. § 122 d Satz 2 vollständig nach Maßgabe von § 10 HGB idF vom 1.1.2007 elektronisch bekannt gemacht sind[13]. Ebenso wie bei § 22 kann die Anmeldung auch schon vor Beginn der Frist wirksam erfolgen[14]. 8

c) Glaubhaftmachung einer konkreten Gefährdung des Anspruchs. Da die gerichtliche Durchsetzung von Forderungen und ihre Vollstreckbarkeit in anderen EU-Mitgliedstaaten durch die Europäische Gerichtsstands- und Vollstreckungsverordnung (EuGVVO)[15] wesentlich erleichtert worden ist, wird das Vorliegen einer grenzüberschreitenden Verschmelzung für sich genommen zur Begründung eines Anspruchs auf Sicherheitsleistung nicht genügen[16]; vielmehr muss eine darüber hinausgehende **konkrete Gefährdung** 9

---

[6] Vgl. BegrRegE zu § 122 j Abs. 1, BT-Drucks. 16/2919 S. 17.
[7] *Forsthoff* DStR 2006, 613, 615.
[8] § 22 Rn 6 ff.
[9] § 22 Rn 20 ff. und 45 ff.
[10] Erfasst sind nur Ansprüche, die vor der Bekanntmachung oder bis zu 15 Tage nach Offenlegung des Verschmelzungsplans gem. § 122 d entstanden sind, § 122 j Abs. 2, siehe auch Rn 13.
[11] Vgl. dazu § 22 Rn 36.
[12] § 130 Abs. 1 Satz 1 BGB.
[13] Bei Fehlen oder Unvollständigkeit der Angaben gem. § 122 d Satz 2 Nr. 4 kann die Frist nicht in Lauf gesetzt werden, da der Fristbeginn eine ordnungsgemäße Information der Gläubiger über ihre Rechte voraussetzt. Siehe in diesem Zusammenhang auch § 122 d Rn 9.
[14] § 22 Rn 41.
[15] Verordnung (EG) Nr. 44/2001 vom 22.12.2000, ABl.EG 2001, Nr. L 12, S. 1; die Verordnung gilt nicht im Verhältnis zu Dänemark, insoweit ist weiterhin das Europäische Gerichtsstands- und Vollstreckungsübereinkommen (EuGVÜ) vom 27.9.1968, BGBl. II 1972 S. 774, idF des 4. Beitrittsübereinkommens vom 29.11.1996, BGBl. II 1998 S. 1412, anzuwenden.
[16] So auch *Neye/Timm* DB 2006, 488, 492.

dargelegt werden. Die Verweisung von Gläubigern übertragender deutscher Gesellschaften auf die Geltendmachung ihrer Ansprüche im europäischen Ausland stellt daher allein noch keine wesentliche Benachteiligung dar, die eine Sicherheitsleistung rechtfertigen könnte[17]. Für die Beurteilung, ob die Erfüllung eines Anspruchs durch die grenzüberschreitende Verschmelzung konkret gefährdet ist, kann daher zunächst auf die Ausführungen in § 22 verwiesen werden[18]. Die Gesetzesbegründung zu den Parallelvorschriften der §§ 8 und 13 SEAG sieht eine konkrete Gefährdung in der Verlagerung „bedeutender Vermögensmassen" der Gesellschaft ins Ausland[19]. Sehr zweifelhaft ist, ob eine konkrete Gefährdung damit begründet werden kann, dass der **Kapitalschutz** der ausländischen Gesellschaft, auf die die deutsche Gesellschaft verschmolzen wird bzw. die durch die Verschmelzung entsteht, hinter dem Kapitalschutz der deutschen Gesellschaft zurückbleibt[20]. Ein solches Verständnis der Vorschrift ist jedoch mit der europäischen Niederlassungsfreiheit, die auch grenzüberschreitende Verschmelzungen umfasst, nicht vereinbar[21].

10 Für die **Glaubhaftmachung** der Gefährdung kann wiederum auf die Ausführungen zu § 22 verwiesen werden[22].

3. Adressat des Anspruchs auf Sicherheitsleistung

11 Der Anspruch auf die Gewährung von Sicherheit gem. § 122 j richtet sich gegen die **übertragende deutsche Gesellschaft**[23]. Insoweit unterscheidet sich § 122 j von § 22, der einen entsprechenden Anspruch erst nach Wirksamwerden der Verschmelzung gegen den übernehmenden Rechtsträger vorsieht[24]. Die Versicherung, dass allen gem. § 122 j berechtigten Gläubigern Sicherheit gewährt wurde, ist Voraussetzung für die Ausstellung der **Verschmelzungsbescheinigung**[25], ohne die die Verschmelzung im Register der übernehmenden Gesellschaft nicht eingetragen werden darf[26]. Sollte einem Gläubiger, der gem. § 122 j Anspruch auf Sicherheitsleistung hat, im Einzelfall keine angemessene Sicherheitsleistung gewährt und die grenzüberschreitende Verschmelzung dennoch eingetragen worden sein, richtet sich der Anspruch auf Gewährung von Sicherheitsleistung gegen die übernehmende bzw. die durch Verschmelzung neu gegründete Gesellschaft als Gesamtrechtsnachfolgerin der übertragenden Gesellschaft.

---

[17] *Bayer/Schmidt* NZG 2006, 841, 843; *Grunewald* Der Konzern 2007, 106, 107; *Louven* ZIP 2006, 2021, 2028. Vgl. auch *Haritz/v.Wolff* GmbHR 2006, 340, 343, die zutreffend darauf hinweisen, dass idR nach der Verschmelzung auch Zweigniederlassungen oder Betriebe in Deutschland verbleiben werden. Dadurch bliebe in vielen Fällen die internationale Zuständigkeit deutscher Gerichte für die Geltendmachung von Gläubigerforderungen gem. Art. 5 Nr. 5 EuGVVO eröffnet.
[18] § 22 Rn 32 ff.
[19] BT-Drucks. 15/3405 S. 35.
[20] *Oechsler* NZG 2006, 161, 166, unter Hinweis darauf, dass dies aufgrund der weitgehenden Harmonisierung des Kapitalschutzrechts der Aktiengesellschaften durch die Kapitalrichtlinie (Zweite Gesellschaftsrechtliche Richtlinie 77/91/EWG, veröffentlicht in ABl. Nr. L 26 vom 31.1.1977, S. 1) in erster Linie die GmbH betreffen dürfte.
[21] Siehe zu den Einzelheiten die Einl. C Rn 2.
[22] § 22 Rn 35. *Grunewald* Der Konzern 2007, 106, 107 äußert die Befürchtung, dass eine Gefährdung uU relativ einfach darzulegen sein wird und sieht hierin ein Einfallstor für „räuberische Gläubiger".
[23] Aus dem Gesetzeswortlaut lässt sich dies nicht unmittelbar entnehmen. Der Anspruch muss sich aber gegen die übertragende Gesellschaft richten, da § 122 j nur gilt, wenn die übernehmende Gesellschaft ausländischem Recht unterliegt. Gegen die ausländische Gesellschaft kann das deutsche Recht aber keine unmittelbaren Ansprüche gewähren.
[24] § 22 Rn 45.
[25] § 122 k Abs. 2 Satz 4.
[26] Vgl. § 122 l Abs. 1 Satz 2 für übernehmende Gesellschaften, die deutschem Recht unterliegen. Die Rechtsordnungen der anderen Mitgliedstaaten müssen in Umsetzung von Art. 11 Abs. 2 der Verschmelzungsrichtlinie entsprechende Regelungen vorsehen.

4. Art, Umfang und Durchsetzung der Sicherheitsleistung

Wie bei § 22 ist der Anspruch auf Sicherheitsleistung durch Gewährung von Sicherheit iSd. §§ 232 ff. BGB zu erfüllen[27]. 12

III. Zeitliche Abgrenzung der Gläubigerrechte (Abs. 2)

Die Sicherheitsleistung kann gem. Abs. 2 nur für Forderungen verlangt werden, die vor oder bis zu 15 Tage nach Bekanntmachung des Verschmelzungsplans oder seines Entwurfs entstanden sind[28]. Bei der Festlegung der **15-Tages-Grenze** hat sich der Gesetzgeber an § 15 HGB orientiert[29]. 13

IV. Ausschlussgründe

Die Vorschrift enthält keine § 22 Abs. 2 entsprechende Regelung[30]. Folglich ist der Anspruch auf Sicherheitsleistung **nicht ausgeschlossen**, wenn Ansprüche auf vorzugsweise Befriedigung im Insolvenzfall aus einer zum Gläubigerschutz geschaffenen und staatlich überwachten Deckungsmasse bestehen[31]. In diesem Fall wird es aber regelmäßig an einer konkreten Gefährdung fehlen. 14

Soweit dem Gläubiger für seine Forderung bereits **anderweitig Sicherheit** geleistet wurde, ist der Anspruch gem. § 122 j ausgeschlossen[32]. 15

§ 122 k Verschmelzungsbescheinigung

(1) Das Vertretungsorgan einer übertragenden Gesellschaft hat das Vorliegen der sie betreffenden Voraussetzungen für die grenzüberschreitende Verschmelzung zur Eintragung bei dem Register des Sitzes der Gesellschaft anzumelden. § 16 Abs. 2 und 3 und § 17 gelten entsprechend. Die Mitglieder des Vertretungsorgans haben eine Versicherung abzugeben, dass allen Gläubigern, die nach § 122 j einen Anspruch auf Sicherheitsleistung haben, eine angemessene Sicherheit geleistet wurde.

(2) Das Gericht prüft, ob für die Gesellschaft die Voraussetzungen für die grenzüberschreitende Verschmelzung vorliegen, und stellt hierüber unverzüglich eine Bescheinigung (Verschmelzungsbescheinigung) aus. Als Verschmelzungsbescheinigung gilt die Nachricht über die Eintragung der Verschmelzung im Register. Die Eintragung ist mit dem Vermerk zu versehen, dass die grenzüberschreitende Verschmelzung unter den Voraussetzungen des Rechts des Staates, dem die übernehmende oder neue Gesellschaft unterliegt, wirksam wird. Die Verschmelzungsbescheinigung darf nur ausgestellt werden, wenn eine Versicherung nach Absatz 1 Satz 3 vorliegt. Ist ein Spruchverfahren anhängig, ist dies in der Verschmelzungsbescheinigung anzugeben.

(3) Das Vertretungsorgan der Gesellschaft hat die Verschmelzungsbescheinigung innerhalb von sechs Monaten nach ihrer Ausstellung zusammen mit dem Verschmelzungsplan der zuständigen Stelle des Staates vorzulegen, dessen Recht die übernehmende oder neue Gesellschaft unterliegt.

(4) Nach Eingang einer Mitteilung des Registers, in dem die übernehmende oder neue Gesellschaft eingetragen ist, über das Wirksamwerden der Verschmelzung hat das

---

[27] Siehe dazu näher § 22 Rn 46 ff und 52 ff.
[28] Zum Fristbeginn siehe Rn 8.
[29] BegrRegE zu § 122 j Abs. 2, BT-Drucks. 16/2919 S. 17. Die 15-Tages-Frist findet sich auch in den Parallelregelungen der §§ 8 Satz 1 und 13 Abs. 2 SEAG.
[30] Das kritisiert der Handelsrechtsausschuss des DAV in NZG 2006, 737, 742.
[31] *Louven* ZIP 2006, 2021, 2028.
[32] Näher dazu § 22 Rn 60 ff.

Gericht des Sitzes der übertragenden Gesellschaft den Tag des Wirksamwerdens zu vermerken und die bei ihm aufbewahrten elektronischen Dokumente diesem Register zu übermitteln.

Übersicht

	Rn		Rn
I. Sinn und Zweck der Norm, Entstehungsgeschichte	1	1. Prüfungsumfang	14
		2. Verschmelzungsbescheinigung	17
II. Richtlinienkonformität	5	V. Vorlage der Verschmelzungsbescheinigung (Abs. 3)	20
III. Anmeldung und Einreichung von Unterlagen (Abs. 1)	7	VI. Vermerk der Wirksamkeit und Übermittlung von Dokumenten (Abs. 4)	23
IV. Prüfung und Ausstellung der Verschmelzungsbescheinigung (Abs. 2)	14	VII. Bekanntmachung	26

Literatur: Vgl. Literaturverzeichnis zu § 122 a.

I. Sinn und Zweck der Norm, Entstehungsgeschichte

1 § 122 k und § 122 l regeln in Umsetzung der Art. 10, 11 und 13 der Verschmelzungsrichtlinie das **Handelsregisterverfahren** für an der grenzüberschreitenden Verschmelzung beteiligte deutsche Gesellschaften. Der Anwendungsbereich des § 122 k erfasst deutsche übertragende Gesellschaften, während § 122 l sich auf übernehmende oder neue, aus der Verschmelzung hervorgehende Gesellschaften bezieht, sofern sie deutschem Recht unterliegen[1]. Das Registerverfahren für die beteiligten ausländischen Gesellschaften richtet sich hingegen nach den Vorschriften, die die auf sie anwendbare Rechtsordnung in Umsetzung der Verschmelzungsrichtlinie erlassen hat.

2 Die Verschmelzungsrichtlinie sieht eine **zweistufige Rechtmäßigkeitsprüfung** vor[2]. Die erste Stufe besteht in der Überprüfung der Verfahrensschritte, die die sich verschmelzenden Gesellschaften im Vorfeld der grenzüberschreitenden Verschmelzung zu beachten haben[3]. Prüfungsgegenstand sind dabei die einzelnen Schritte zur Vorbereitung und Durchführung der Anteilsinhaberversammlung, die über die Verschmelzung beschließt[4]. In der zweiten Stufe überprüft eine nach dem Recht des Sitzstaats der übernehmenden oder neu gegründeten Gesellschaft zuständige Stelle die ordnungsgemäße Durchführung der Verschmelzung und ggf. der Gründung der neuen Gesellschaft[5].

3 Den Abschluss des Registerverfahrens bilden die **Eintragung** und **Offenlegung** der Verschmelzung. Art. 13 der Verschmelzungsrichtlinie sieht diesbezüglich vor, dass das für die Eintragung der neuen bzw. übernehmenden Gesellschaft zuständige Register dem bzw. den Register(n) der übertragenden Gesellschaften von Amts wegen eine Mitteilung über die Wirksamkeit der Verschmelzung macht. Die Offenlegung erfolgt in jedem Mitgliedstaat nach Maßgabe der nationalen Umsetzungsvorschriften zu Art. 3 der Publizitätsrichtlinie[6].

---

[1] Zur Frage, wann eine Gesellschaft dem deutschen (Umwandlungs-)Recht unterliegt, siehe Einleitung C Rn 4 ff.

[2] Das Konzept der zweistufigen Rechtmäßigkeitsprüfung findet sich auch bei der Gründung einer SE durch Verschmelzung (Art. 25, 26 SE-VO), der grenzüberschreitenden Sitzverlegung der SE (Art. 8 Abs. 8 und 9 SE-VO) sowie der Gründung einer Europäischen Genossenschaft (SCE) in den Art. 29, 30 SCE-VO.

[3] Art. 10 Abs. 1 und Abs. 2 der Verschmelzungsrichtlinie.

[4] Zu den einzelnen Verfahrensschritten siehe Rn 7 ff.

[5] Art. 11 der Verschmelzungsrichtlinie.

[6] Richtlinie 68/151/EWG, veröffentlicht in ABl. Nr. L 65 vom 14.3.1968, S. 8 ff. Der deutsche Gesetzgeber hat die Offenlegung der Eintragung von Verschmelzungen in § 19 Abs. 3 geregelt, der bei grenzüberschreitenden Verschmelzungen gem. § 122 a Abs. 2 anwendbar ist.

Abs. 1 bis 3 der Vorschrift setzen die Vorgaben von Art. 10 Abs. 1 und Abs. 2 der Verschmelzungsrichtlinie ins deutsche Recht um. Geregelt wird das Registerverfahren bis zur Erteilung der Verschmelzungsbescheinigung[7] für deutsche Gesellschaften, die als übertragende Gesellschaft an der grenzüberschreitenden Verschmelzung beteiligt sind. Abs. 4 schließlich regelt in Anlehnung an § 19 Abs. 2 Satz 2 die weitere Verfahrensweise nach Eingang der Mitteilung über die Wirksamkeit der Verschmelzung. Deutsche Gesellschaften, die sich als übernehmende Gesellschaft an der grenzüberschreitenden Verschmelzung beteiligen, sind vom Anwendungsbereich der Vorschrift nicht erfasst. Das für sie zu beachtende Registerverfahren ist Gegenstand des § 122 l, der die Vorgaben der Art. 11 und 13 Satz 2 der Verschmelzungsrichtlinie in deutsches Recht umsetzt.

II. Richtlinienkonformität

Die Regelung verpflichtet nur übertragende deutsche Gesellschaften, das Vorliegen der sie betreffenden Voraussetzungen für die grenzüberschreitende Verschmelzung zur Eintragung bei dem Registergericht des Sitzes der Gesellschaft anzumelden. Eine übernehmende deutsche Gesellschaft muss sich demnach nur noch der zweiten Stufe der Rechtmäßigkeitsprüfung gem. § 122 l unterziehen und die Verschmelzung oder die neue Gesellschaft unter Beifügung der Verschmelzungsbescheinigung(en) der übertragenden Gesellschaft(en) zur Eintragung in das Handelsregister anmelden. Sie muss zuvor nicht selbst eine Verschmelzungsbescheinigung nach § 122 k erwirken. Ob diese Erleichterung eine europarechtskonforme Umsetzung der Richtlinie darstellt, wurde bezweifelt[8]. Art. 10 Abs. 2 der Verschmelzungsrichtlinie, auf den Abs. 1 und 2 zurückgehen, schreibt vor, dass in jedem Mitgliedstaat für jede der sich verschmelzenden Gesellschaften, die dem Recht dieses Staates unterliegt, unverzüglich eine Verschmelzungsbescheinigung auszustellen ist. Damit ist sichergestellt, dass die Rechtmäßigkeit des Verfahrens bei jeder beteiligten Gesellschaft überprüft wird. Um dies auf Grundlage der §§ 122 k und 122 l auch für deutsche Gesellschaften zu gewährleisten, wird die Einhaltung der Verfahrensschritte durch die übernehmende Gesellschaft jedenfalls Gegenstand der Prüfung der Eintragungsvoraussetzungen gem. § 122 l Abs. 2 sein müssen[9].

Kritisiert wird auch die Regelung des Abs. 2 Satz 2, wonach die Nachricht über die Eintragung der Verschmelzung als Verschmelzungsbescheinigung gilt. Da Art. 10 Abs. 2 der Verschmelzungsrichtlinie die Ausstellung einer Bescheinigung verlange, aus der „zweifelsfrei hervorgeht, dass die der Verschmelzung vorangehenden Rechtshandlungen und Formalitäten ordnungsgemäß vollzogen wurden", müsse man für die Bescheinigung die Form eines Beschlusses mit Tatbestand und Entscheidungsgründen verlangen[10]. Für die jeweilige ausländische Stelle, der die Bescheinigung vorzulegen ist, dürfte es in der Tat schwierig sein, eine bloße Eintragungsnachricht des deutschen Registergerichts als Bescheinigung über die Rechtmäßigkeit anzuerkennen. Hier kann es ggf. zu Schwierigkeiten in der Praxis kommen, wenn die Vorlage der Eintragungsnachricht im Ausland nicht als hinreichend akzeptiert wird.

III. Anmeldung und Einreichung von Unterlagen (Abs. 1)

Das **Vertretungsorgan** der **deutschen übertragenden Gesellschaft** muss das Vorliegen der diese Gesellschaft betreffenden Voraussetzungen der grenzüberschreitenden Verschmel-

---

[7] Die Vorabbescheinigung wird in der Terminologie des UmwG als Verschmelzungsbescheinigung bezeichnet, Legaldefinition in § 122 k Abs. 1 Satz 2.
[8] So *Louven* ZIP 2006, 2021, 2027.
[9] Siehe dazu näher § 122 l Rn 10 f.
[10] *Bayer/Schmidt* NZG 2006, 841, 843; ähnlich auch *Haritz/v. Wolff* GmbHR 2006, 340, 344.

zung beim Registergericht ihres Sitzes **anmelden**. Die Unterzeichnung der Anmeldung durch eine **vertretungsberechtigte Anzahl** von Organmitgliedern genügt hier ebenso wie bei der innerstaatlichen Verschmelzung[11]. Wie andere Handelsregisteranmeldungen auch ist die Anmeldung **elektronisch** in öffentlich beglaubigter Form einzureichen[12].

8   Eine Anmeldung durch das Vertretungsorgan der übernehmenden Gesellschaft entsprechend § 16 Abs. 1 Satz 2 ist hier nicht möglich, da § 122 k Abs. 1 Satz 2 ausdrücklich nur die Anwendbarkeit von § 16 Abs. 2 und Abs. 3 sowie § 17 anordnet[13].

9   Der Anmeldung sind die in § 17 genannten **Unterlagen beizufügen**; ferner ist die nach § 16 Abs. 2 geforderte **Negativerklärung** durch das Vertretungsorgan abzugeben[14]. Erfasst sind allerdings nur Unterlagen und Erklärungen, die die übertragende deutsche Gesellschaft betreffen. Die Pflicht zur Einreichung von Unterlagen und Erklärungen der beteiligten ausländischen Gesellschaften richtet sich nach dem auf sie anwendbaren ausländischen Recht[15]. Dementsprechend bezieht sich, anders als bei einer innerstaatlichen Verschmelzung, auch die Negativerklärung gem. § 16 Abs. 2 lediglich auf die deutsche übertragende Gesellschaft[16]. Ist eine **Anfechtungsklage** gegen den Verschmelzungsbeschluss anhängig und kann deshalb die Negativerklärung nicht abgegeben werden, steht wie bei der innerstaatlichen Verschmelzung das Freigabeverfahren gem. § 16 Abs. 3 offen[17].

10 Entsprechend § 17 sind folgende Unterlagen in der von § 17 Abs. 1 vorgesehenen Form einzureichen:
– Verschmelzungsplan,
– Niederschrift des Verschmelzungsbeschlusses der übertragenden deutschen Gesellschaft,
– ggf. erforderliche Zustimmungserklärungen einzelner Anteilsinhaber der übertragenden deutschen Gesellschaft[18], auch der bei Beschlussfassung nicht erschienenen[19],
– Verschmelzungsbericht der übertragenden deutschen Gesellschaft,
– Verschmelzungsprüfungsbericht der übertragenden deutschen Gesellschaft oder notariell beurkundete Verzichtserklärungen aller Anteilsinhaber aller an der Verschmelzung beteiligten Gesellschaften[20],
– ggf. Nachweis über die rechtzeitige Zuleitung des Verschmelzungsplans oder seines Entwurfs an den Betriebsrat der übertragenden deutschen Gesellschaft[21],

---

[11] Näher dazu § 16 Rn 7.
[12] § 12 Abs. 1 HGB.
[13] Kritisch dazu Stellungnahme des Handelsrechtsausschusses des DAV in NZG 2006, 737, 742.
[14] Siehe dazu im Einzelnen die Kommentierung zu §§ 16 und 17.
[15] Vgl. die Begründung zu § 122 k Abs. 1, BT-Drucks. 16/2919, S. 17; vgl. auch *Drinhausen/Keinath* BB 2006, 725, 730; *Kiem* WM 2006, 1091, 1099.
[16] Begründung zu § 122 k Abs. 1, BT-Drucks. 16/2919 S. 17.
[17] Dazu § 16 Rn 21 ff.
[18] §§ 13 Abs. 2, 50 Abs. 2, 51 Abs. 2, 78 Satz 3, die jeweils gem. § 122 a Abs. 2 anwendbar sind.
[19] § 51 Abs. 1 Sätze 2 und 3.
[20] Zur Problematik der Auslandsbeurkundung der Verzichtserklärungen von Anteilsinhabern der beteiligten ausländischen Gesellschaften siehe § 122 f Rn 7.
[21] Vgl. zu der Frage, ob der Verschmelzungs*plan* dem Betriebsrat entsprechend § 5 Abs. 3 zugeleitet werden muss, § 122 c Rn 44. Der Verschmelzungs*bericht* ist den Arbeitnehmervertretungen oder den Arbeitnehmern ebenso wie den Anteilsinhabern gem. §§ 122 e Satz 2, 63 durch Auslegung im Geschäftsraum der Gesellschaft zugänglich zu machen, sofern seine Erstellung nicht ausnahmsweise durch Verzicht entbehrlich ist (dazu § 122 e Rn 12 f.). Ein gesonderter Nachweis über das Zugänglichmachen dürfte hier grundsätzlich ebenso wenig erforderlich sein wie bei der innerstaatlichen Verschmelzung im Rahmen des § 63 Abs. 1 Nr. 4, zumal die Art eines solchen Nachweises in der Praxis unklar ist. In Betracht käme allenfalls eine Bestätigung des zuständigen Betriebsrats, dass die Unterlagen zu seiner Einsichtnahme ausgelegt waren; ein entsprechender Nachweis betreffend die Auslegung für die Anteilsinhaber und – bei Nichtexistenz eines Betriebsrats – die einzelnen Arbeitnehmer dürfte kaum zu führen sein. Vgl. dazu auch *Kiem* WM 2006, 1091, 1096.

– ggf. Urkunden über die Erteilung staatlicher Genehmigungen, die die übertragende deutsche Gesellschaft benötigt,
– Nachweis der ordnungsgemäßen Bekanntmachung gem. §§ 122 a Abs. 2, 62 Abs. 3 Satz 4, wenn übertragende Gesellschaft eine AG, KGaA oder SE mit Sitz in Deutschland[22] ist,
– Schlussbilanz der übertragenden deutschen Gesellschaft, die auf einen höchstens acht Monate vor der Anmeldung liegenden Stichtag erstellt worden sein darf.

Sofern die Anteilsinhaber den Beschluss über die Zustimmung zum Verschmelzungsplan gem. § 122 g Abs. 2 unter den **Vorbehalt der Bestätigung des anzuwendenden Mitbestimmungsregimes** gestellt haben[23], ist auch eine Niederschrift des Bestätigungsbeschlusses einzureichen. Anderenfalls kann das Registergericht nicht erkennen, dass die Bestätigung erfolgt und die Zustimmung zum Verschmelzungsplan nun vorbehaltlos ist.

Ferner haben die Mitglieder des Vertretungsorgans zu **versichern**, dass allen **Gläubigern** der übertragenden Gesellschaft, die einen Anspruch auf Sicherheitsleistung gem. § 122 j haben, eine angemessene **Sicherheit geleistet wurde**[24]. Die Abgabe einer falschen Versicherung ist strafbewehrt[25]. Voraussetzung des Anspruchs auf Sicherheitsleistung ist, dass der jeweilige Gläubiger seine Ansprüche gegen die Gesellschaft in der von § 122 j vorgesehenen Form fristgerecht bei der Gesellschaft angemeldet und die Gefährdung der Erfüllung seiner Forderung durch die Verschmelzung glaubhaft gemacht hat. Haben also die Gläubiger ihre Ansprüche nicht wie in § 122 j vorgesehen rechtzeitig angemeldet, muss auch keine Sicherheit geleistet werden[26].

Die Einreichung von Unterlagen und die Abgabe von Erklärungen im Hinblick auf **übertragende Gesellschaften**, die dem **Recht eines anderen Mitgliedstaats** unterliegen, sind nicht erforderlich. Denn die ausländischen Gesellschaften müssen nach Art. 10 der Verschmelzungsrichtlinie und dessen Umsetzungsvorschriften in ihrem jeweiligen Heimatstaat eine entsprechende Rechtmäßigkeitskontrolle durchführen lassen und die ggf. erforderlichen Nachweise dort erbringen.

IV. Prüfung und Ausstellung der Verschmelzungsbescheinigung (Abs. 2)

1. Prüfungsumfang

Die Prüfung des Registergerichts vor Erteilung der Verschmelzungsbescheinigung erstreckt sich auf die ordnungsgemäße **Durchführung der Verfahrensschritte** durch die übertragende deutsche Gesellschaft. Zu prüfen ist anhand der eingereichten Unterlagen, jeweils nur für die übertragende deutsche Gesellschaft,

---

[22] Mit „Sitz" ist in diesem Fall sowohl der Satzungs- als auch der Verwaltungssitz der SE gemeint, da Satzungs- und Verwaltungssitz einer SE gem. Art. 7 Satz 1 SE-VO zwingend in dem selben Mitgliedstaat liegen müssen.
[23] Dazu § 122 g Rn 10 ff.
[24] § 122 k Abs. 1 Satz 2. Die Vorschrift ist ausweislich der Begründung zu § 122 k Abs. 1 Satz 2 der des § 8 Satz 2 SEAG nachgebildet, BT-Drucks. 16/2919, S. 17.
[25] § 314 a.
[26] Die Stellungnahme des Handelsrechtsausschusses des DAV in NZG 2006, 737, 742 hält die Formulierung, dass allen „anspruchsberechtigten" Gläubigern Sicherheit geleistet sein muss, für zu weitgehend und fordert, die Vorschrift dahingehend umzuformulieren, dass die Sicherheitsleistung auch vom jeweiligen Gläubiger „verlangt" wurde. Wenngleich eine derartige Klarstellung wünschenswert gewesen wäre, ist auch ohne diese hinreichend klar, dass Gegenstand der Versicherung nach § 122 k Abs. 1 Satz 3 nur die Ansprüche sein können, die von Gläubigern entsprechend der Vorgaben des § 122 j angemeldet wurden.

- die ordnungsgemäße Erstellung des Verschmelzungsplans[27] und dessen Offenlegung[28],
- Erstellung und Auslegung des Verschmelzungsberichts[29],
- Verschmelzungsprüfung und -prüfungsbericht, wenn darauf nicht formgerecht verzichtet wurde[30],
- die Einhaltung sonstiger Vorschriften zu Informations- und Beteiligungsrechten der Anteilsinhaber[31], Arbeitnehmer und Arbeitnehmervertretungen[32],
- Fassung des Verschmelzungsbeschlusses in der von § 13 vorgeschriebenen Form[33] und ggf. des Bestätigungsbeschlusses betreffend die Arbeitnehmermitbestimmung[34] sowie
- die Einhaltung von Schutzvorschriften zugunsten von Gläubigern[35] und Minderheitsgesellschaftern[36].

15 Ferner ist das Vorliegen der **Versicherung über die Sicherheitsleistung** an Gläubiger zu überprüfen[37]. Ohne die Versicherung darf die Verschmelzungsbescheinigung nicht erteilt werden[38]. Ist ein Spruchverfahren anhängig, hindert dies die Ausstellung der Verschmelzungsbescheinigung nicht; die Anhängigkeit des Spruchverfahrens muss aber in der Verschmelzungsbescheinigung angegeben werden[39].

16 Die **Anhängigkeit einer Anfechtungsklage** gegen den Verschmelzungsbeschluss ist nicht separat zu prüfen, sondern ist Gegenstand einer entsprechenden **Negativerklärung** durch das Vertretungsorgan bzw. eines entsprechenden Freigabebeschlusses durch das zuständige Prozessgericht[40].

2. Verschmelzungsbescheinigung

17 Sind nach der Prüfung durch das Registergericht sämtliche Voraussetzungen für die grenzüberschreitende Verschmelzung durch die deutsche übertragende Gesellschaft erfüllt, stellt das Gericht unverzüglich eine Bescheinigung (Verschmelzungsbescheinigung) aus. Die **Nachricht über die Eintragung** im Register gilt hierbei als Verschmelzungsbescheinigung[41]. Die Erstellung einer gesonderten Bescheinigung ist danach nicht erforderlich[42].

---

[27] § 122 c.
[28] § 122 d.
[29] § 122 e.
[30] § 122 f.
[31] Für die AG, KGaA und SE sind dies die Auslegungspflichten gem. § 63 (näher die Kommentierung dort) sowie die Vorschriften zur Einberufung der Hauptversammlung gem. §§ 121 ff. AktG; für die GmbH gelten die §§ 47, 49 ff. GmbHG.
[32] Ggf. Zuleitung des Verschmelzungsplans an den Betriebsrat gem. §§ 122 a Abs. 2, 5 Abs. 3 (siehe dazu § 122 c Rn 44); Offenlegung des Verschmelzungsberichts gem. § 122 e (siehe dazu § 122 e Rn 16 f.). Nicht Gegenstand der Prüfung des § 122 k ist hingegen die ordnungsgemäße Durchführung des Verfahrens zur Festlegung der Arbeitnehmermitbestimmung: Diese ist in der zweiten Stufe der Rechtmäßigkeitsprüfung durch die Stelle zu prüfen, die nach dem Recht des Sitzstaates der neuen oder übernehmenden Gesellschaft zuständig ist, vgl. Art. 11 Abs. 1 Satz 2 der Verschmelzungsrichtlinie. Unterliegt die übernehmende oder neue Gesellschaft deutschem Recht, ist dies gem. § 122 l Abs. 1 Satz 1 das Registergericht am Sitz dieser Gesellschaft.
[33] Zum Verschmelzungsbeschluss siehe die Kommentierung zu § 122 g sowie zu § 13.
[34] Vgl. dazu Rn 11 sowie § 122 g Rn 8 ff.
[35] § 122 j.
[36] § 122 h und § 122 i.
[37] § 122 k Abs. 2 Satz 4.
[38] § 122 k Abs. 2 Satz 4. Entsprechende Regelungen finden sich in §§ 8 Satz 2 und 13 Abs. 2 SEAG zur Gründung einer SE durch Verschmelzung und zur grenzüberschreitenden Sitzverlegung einer SE.
[39] § 122 k Abs. 2 Satz 5. Zur Anwendbarkeit des Spruchverfahrens bei der grenzüberschreitenden Verschmelzung siehe § 122 h Rn 4 ff.
[40] § 122 k Abs. 1 Satz 2 iVm. § 16 Abs. 2 bzw. Abs. 3. Zu den Einzelheiten siehe § 16 Rn 13 ff. und 21 ff.
[41] § 122 k Abs. 2 Satz 2.
[42] Vgl. Begründung zu § 122 k Abs. 2 Satz 2, BT-Drucks. 16/2919 S. 17.

Die Eintragung ist mit dem **Vermerk** zu versehen, dass die grenzüberschreitende Verschmelzung unter den Voraussetzungen des Rechts des Staates wirksam wird, dem die übernehmende oder neue Gesellschaft unterliegt[43]. Dieser Vorbehalt bezieht sich auf den Zeitpunkt des Wirksamwerdens der Verschmelzung und nicht wie in § 19 Abs. 1 Satz 2 auf die Eintragung am Sitz der übernehmenden oder neuen Gesellschaft. Dies soll dem Fall Rechnung tragen, dass das Recht, dem die übernehmende oder neue Gesellschaft unterliegt, das Wirksamwerden der Verschmelzung möglicherweise von anderen Voraussetzungen als der Eintragung in einem Register abhängig macht[44]. Unterliegt die übernehmende oder neue Gesellschaft deutschem Recht, wird die grenzüberschreitende Verschmelzung mit der Eintragung in das Register an ihrem Sitz wirksam[45]. 18

Ist ein **Spruchverfahren** anhängig, ist dies in der Verschmelzungsbescheinigung anzugeben[46]. Ein entsprechender Hinweis ist also in die Eintragungsnachricht aufzunehmen. 19

V. Vorlage der Verschmelzungsbescheinigung (Abs. 3)

Nach Abs. 3 hat das Vertretungsorgan der übertragenden Gesellschaft die Verschmelzungsbescheinigung innerhalb von sechs Monaten nach ihrer Ausstellung zusammen mit dem Verschmelzungsplan der zuständigen Stelle des Staates vorzulegen, dessen Recht die übernehmende oder neue Gesellschaft unterliegt. Vorzulegen ist also die **Eintragungsnachricht** gem. Abs. 2 Satz 2. 20

Ausweislich der Begründung zu § 122 k Abs. 3 soll die Regelung sicherstellen, dass die Verschmelzungsbescheinigung und der Verschmelzungsplan innerhalb der von Art. 11 Abs. 2 der Verschmelzungsrichtlinie vorgesehenen Frist an die „für die Eintragung der übernehmenden oder neuen Gesellschaft" zuständige Stelle weitergeleitet wird[47]. Die Wirkung dieser Regelung ist zweifelhaft, da die Nichtvorlage der Verschmelzungsbescheinigung nicht zwangsgeldbewehrt ist[48], und die Akzeptanz einer Verschmelzungsbescheinigung, die älter als sechs Monate ist, durch eine ausländische Stelle eine Frage des entsprechenden ausländischen Rechts ist[49]. 21

Die Vorlage der Eintragungsnachricht als Verschmelzungsbescheinigung kann möglicherweise zu **Problemen** führen, wenn die jeweils zuständige ausländische Stelle die Eintragungsnachricht als unzureichend ansieht. Dies kann daraus folgen, dass die Eintragungsnachricht nicht die ausdrückliche Erklärung enthält, dass die erforderlichen Verfahrensschritte ordnungsgemäß durchgeführt wurden[50]. Ggf. kann daher bei Beanstandungen durch die zuständige ausländische Stelle die Ausstellung einer **gesonderten Bescheinigung** erforderlich sein, die die Rechtmäßigkeit des durchzuführenden Verfahrens ausdrücklich bescheinigt. 22

VI. Vermerk der Wirksamkeit und Übermittlung von Dokumenten (Abs. 4)

Das Registergericht einer deutschen übertragenden Gesellschaft hat den **Tag des Wirksamwerdens der Verschmelzung** einzutragen, nachdem es eine Mitteilung über die Wirk- 23

---

[43] § 122 k Abs. 2 Satz 3.
[44] Begründung zu § 122 k Abs. 2 Satz 3, BT-Drucks. 16/2919 S. 17 f.
[45] § 122 a Abs. 2, § 20 Abs. 1 bzw. §§ 36 Abs. 1, 20 Abs. 1.
[46] § 122 k Abs. 2 Satz 5.
[47] BT-Drucks. 16/2919 S. 18.
[48] Vgl. § 316.
[49] *Drinhausen/Gesell* in Blumenberg/Schäfer, SEStEG, S. 1, 32 f.; *Drinhausen/Keinath* BB 2006, 725, 731. Vgl. dazu auch die Stellungnahme des Handelsrechtsausschusses des DAV in NZG 2006, 737, 742, die sich für eine Streichung der Regelung ausspricht.
[50] Vgl. dazu oben Rn 2, 14 ff.

samkeit der Verschmelzung vom Register der übernehmenden oder neuen Gesellschaft erhalten hat[51]. Diese Regelung entspricht § 19 Abs. 2 Satz 2. Zu welchem Zeitpunkt die Verschmelzung wirksam wird, bestimmt sich nach dem Recht, dem die übernehmende oder die aus der Verschmelzung hervorgehende neue Gesellschaft unterliegt. Ist dies das deutsche Recht, wird die Verschmelzung mit Eintragung im Register der übernehmenden bzw. neuen Gesellschaft wirksam[52].

24 Die **Verpflichtung des Registers** der übernehmenden oder neuen Gesellschaft, dem bzw. den Register(n) der übertragenden Gesellschaft(en) **Mitteilung** von der Wirksamkeit der Verschmelzung zu machen, ist in Art. 13 Satz 2 der Verschmelzungsrichtlinie vorgegeben. Dadurch wird dem Register der übertragenden Gesellschaft die Prüfung des Wirksamkeitszeitpunkts nach Maßgabe einer ausländischen Rechtsordnung erspart. Für deutsche Registergerichte ist die Vorgabe des Art. 13 Satz 2 in § 122 l Abs. 3 umgesetzt, der § 19 Abs. 1 Satz 1 entspricht[53]. Die Rechtsordnungen der anderen EU-Mitgliedstaaten werden entsprechende Regelungen enthalten. Das zuständige Registergericht einer deutschen übertragenden Gesellschaft kann die Mitteilung also durch ein inländisches oder ausländisches Register erhalten, abhängig davon, wo die übernehmende oder neue Gesellschaft eingetragen ist.

25 Das **Registergericht übermittelt** bei ihm in elektronischer Form aufbewahrte Dokumente betreffend die übertragende Gesellschaft **an das Register der übernehmenden oder neuen Gesellschaft**[54]. Die Vorschrift entspricht der Änderung von § 19 Abs. 2 Satz 2 durch das Gesetz über elektronische Handelsregister und Genossenschaftsregister sowie Unternehmensregister (EHUG)[55]. Die Formulierung „elektronischen Dokumente ... zu übermitteln" soll es dem Registergericht ermöglichen, die Übermittlung elektronisch vorzunehmen[56]. Von der Verpflichtung zur Übermittlung von Dokumenten, die nicht in elektronischer Form vorliegen, hat der Gesetzgeber im Interesse einer möglichst unbürokratischen Abwicklung abgesehen[57].

VII. Bekanntmachung

26 Für die Bekanntmachung der Eintragung enthält die Norm keine Sonderregelungen, so dass gem. § 122 a Abs. 2 die Vorschriften des § 19 Abs. 3 zur Anwendung kommen. Die Eintragung ist danach **von Amts wegen** gem. § 10 HGB idF vom 1.1.2007 bekannt zu machen[58].

§ 122 l Eintragung der grenzüberschreitenden Verschmelzung

(1) Bei einer Verschmelzung durch Aufnahme hat das Vertretungsorgan der übernehmenden Gesellschaft die Verschmelzung und bei einer Verschmelzung durch Neugründung haben die Vertretungsorgane der übertragenden Gesellschaften die neue Gesellschaft zur Eintragung in das Register des Sitzes der Gesellschaft anzumelden. Der An-

---

[51] § 122 k Abs. 4 1. Halbs.
[52] §§ 122 a Abs. 2, 20 Abs. 1.
[53] Siehe dazu § 122 l Rn 14 f.
[54] § 122 k Abs. 4 2. Halbs.
[55] BGBl. I 2006, S. 2553 ff.
[56] Begründung zu § 122 k Abs. 4, BT-Drucks. 16/2919 S. 18.
[57] Begründung zu § 122 k Abs. 4, BT-Drucks. 16/2919 S. 18.
[58] Die Bekanntmachung erfolgt gem. § 10 HGB idF vom 1.1.2007 (geändert durch Gesetz vom 10.11.2006, BGBl. I S. 2553) in elektronischer Form. Bis zum 31.12.2008 hat das Handelsregister die Bekanntmachung zusätzlich in einer Tageszeitung oder einem sonstigen Blatt bekannt zu machen, Art. 61 Abs. 4 EGHGB. Siehe dazu auch § 19 Fn 55.

meldung sind die Verschmelzungsbescheinigungen aller übertragenden Gesellschaften, der gemeinsame Verschmelzungsplan und gegebenenfalls die Vereinbarung über die Beteiligung der Arbeitnehmer beizufügen. Die Verschmelzungsbescheinigungen dürfen nicht älter als sechs Monate sein; § 16 Abs. 2 und 3 und § 17 finden auf die übertragenden Gesellschaften keine Anwendung.

(2) Die Prüfung der Eintragungsvoraussetzungen erstreckt sich insbesondere darauf, ob die Anteilsinhaber aller an der grenzüberschreitenden Verschmelzung beteiligten Gesellschaften einem gemeinsamen, gleichlautenden Verschmelzungsplan zugestimmt haben und ob gegebenenfalls eine Vereinbarung über die Beteiligung der Arbeitnehmer geschlossen worden ist.

(3) Das Gericht des Sitzes der übernehmenden oder neuen Gesellschaft hat den Tag der Eintragung der Verschmelzung von Amts wegen jedem Register mitzuteilen, bei dem eine der übertragenden Gesellschaften ihre Unterlagen zu hinterlegen hatte.

Übersicht

	Rn		Rn
I. Sinn und Zweck der Norm, Entstehungsgeschichte	1	2. Einzureichende Unterlagen	6
		III. Prüfungsumfang (Abs. 2)	10
II. Anmeldung und Einreichung von Unterlagen (Abs. 1)	3	IV. Mitteilung an die Register der übertragenden Gesellschaften (Abs. 3)	14
1. Anmeldungszuständigkeit und Form	3	V. Bekanntmachung	16

Literatur: Vgl. Literaturverzeichnis zu § 122 a.

I. Sinn und Zweck der Norm, Entstehungsgeschichte

Die Norm regelt das Registerverfahren für deutsche Gesellschaften, die sich als **über-** 1 **nehmende Gesellschaften** an der grenzüberschreitenden Verschmelzung durch Aufnahme beteiligen oder als **neue Gesellschaft** aus einer grenzüberschreitenden Verschmelzung durch Neugründung hervorgehen. Für deutschem Recht unterliegende Gesellschaften, die als übertragende Gesellschaften beteiligt sind, gilt hingegen § 122 k. Das entsprechende Registerverfahren für die beteiligten ausländischen Gesellschaften richtet sich nach den Vorschriften der Rechtsordnung, der die jeweilige ausländische Gesellschaft unterliegt.

Grundlage von Abs. 1 und Abs. 2 der Norm ist Art. 11 der Verschmelzungsrichtlinie, der 2 Vorgaben zur zweiten Stufe der Rechtmäßigkeitsprüfung enthält[1]. § 122 l enthält dementsprechend Regelungen zum Umfang der registergerichtlichen Prüfung und zur Einreichung von Unterlagen, auf deren Grundlage die Prüfung erfolgt. Ferner sind in Abs. 3 Regelungen zur Eintragung der Verschmelzung und zur **Informationsweitergabe** unter den Registern enthalten, die Art. 13 der Verschmelzungsrichtlinie ins deutsche Recht umsetzen. Abs. 3 ersetzt die für innerstaatliche Verschmelzungen geltende Vorschrift des § 19 Abs. 2 Satz 1. Die spiegelbildliche Regelung zu Abs. 3 der Vorschrift findet sich in § 122 k Abs. 4 für übertragende deutsche Gesellschaften.

II. Anmeldung und Einreichung von Unterlagen (Abs. 1)

1. Anmeldungszuständigkeit und Form

Ist eine deutsche Gesellschaft als übernehmende Gesellschaft an einer grenzüberschreiten- 3 den Verschmelzung durch Aufnahme beteiligt, meldet das **Vertretungsorgan** dieser Gesell-

---

[1] Zur zweistufigen Rechtmäßigkeitsprüfung siehe § 122 k Rn 2.

schaft die Verschmelzung gem. Satz 1 zur Eintragung in das Handelsregister an. Ausreichend ist dabei das Handeln durch eine **vertretungsberechtigte Anzahl** von Organmitgliedern[2]. Die Anmeldung muss in **öffentlich beglaubigter** Form erfolgen[3].

4 Geht eine deutschem Recht unterliegende Gesellschaft aus der grenzüberschreitenden Verschmelzung durch **Neugründung** hervor, sind die **Vertretungsorgane aller übertragenden Gesellschaften** für die Anmeldung zuständig. Hier ist also immer eine Anmeldungszuständigkeit der Vertretungsorgane einer oder mehrerer **ausländischer Gesellschaften** gegeben. Ebenso wie bei der innerstaatlichen Verschmelzung durch Neugründung ist die neue Gesellschaft zur Eintragung anzumelden, nicht die Verschmelzung[4]. Auch hier gilt für die Anmeldung das Erfordernis der öffentlichen Beglaubigung, wobei die Beglaubigung durch einen ausländischen Notar idR ausreichen dürfte[5]. Problematischer kann der **Nachweis der Vertretungsbefugnis** für die ausländische Gesellschaft sein. Hier kann eine entsprechende notarielle Bescheinigung – ggf. mit Apostille – erforderlich sein[6]. Bei Gesellschaften, die englischem Recht unterliegen, wird in der Regel die Bestätigung durch einen englischen Notar als ausreichend angesehen[7].

5 Die Anmeldung erfolgt jeweils beim Register des Amtsgerichts, in dessen Bezirk die übernehmende bzw. neue Gesellschaft ihren Sitz hat.

2. Einzureichende Unterlagen

6 Mit der Anmeldung sind gem. Abs. 1 Satz 2 folgende Unterlagen einzureichen:
– Gemeinsamer Verschmelzungsplan bzw. Ausfertigungen des Verschmelzungsplans, dem die jeweiligen Anteilsinhaberversammlungen zugestimmt haben,
– Verschmelzungsbescheinigungen aller übertragenden Gesellschaften, die nicht älter als sechs Monate sein dürfen,
– Vereinbarung über die Beteiligung der Arbeitnehmer, sofern eine solche abgeschlossen wurde.

7 Zusätzlich sind die in § 17 aufgezählten Unterlagen betreffend die übernehmende Gesellschaft einzureichen[8]. Haben die Anteilsinhaber der übernehmenden Gesellschaft den Verschmelzungsbeschluss gem. § 122 g Abs. 2 unter den **Vorbehalt der Bestätigung des anwendbaren Mitbestimmungsregimes** gestellt, ist zusätzlich der Bestätigungsbeschluss einzureichen[9]. Die Vertretungsorgane der übernehmenden Gesellschaft haben die in § 16 Abs. 2 vorgesehene **Negativerklärung** abzugeben, an deren Stelle im Falle der Erhebung

---

[2] Siehe dazu die § 16 Rn 7.
[3] § 122 a Abs. 2 iVm. § 12 Abs. 1 HGB. Gem. § 12 Abs. 2 Satz 2 HGB idF vom 1.1.2007 ist dafür ein mit einem einfachen elektronischen Zeugnis gem. § 39 a BeurkG versehenes Dokument an das Registergericht zu übermitteln, soweit nicht für das Bundesland, in dem das zuständige Registergericht seinen Sitz hat, für eine Übergangszeit die Einreichung in Papierform zulässig ist, Art. 61 Abs. 1 EGHGB.
[4] Vgl. § 38 Abs. 2. Die Verschmelzung ist Gegenstand der Eintragung im Register der jeweiligen übertragenden Gesellschaft, vgl. § 38 Abs. 1 für die innerstaatliche und § 122 k für die grenzüberschreitende Verschmelzung.
[5] Im Unterschied zur Beurkundung werden Unterschriftsbeglaubigungen durch ausländische Notare idR anerkannt, ggf. ist aber eine Apostille erforderlich, wenn mit dem jeweiligen Staat kein bilaterales Abkommen über die Befreiung öffentlicher Urkunden vom Echtheitsnachweis besteht. Siehe dazu Haager Übereinkommen zur Befreiung ausländischer öffentlicher Urkunden von der Legalisation vom 5. Oktober 1961, BGBl. 1965 II S. 876.
[6] Vgl. dazu *Heckschen* in Widmann/Mayer § 13 Rn 105.1 ff.
[7] *LG Berlin* NZG 2004, 1014, 1015 (auch zum Vertretungsnachweis durch eine Bescheinigung des Registrar of Companies); *Schaub* NZG 2000, 953, 959.
[8] Dazu näher § 17 Rn 2 ff.
[9] Siehe dazu § 122 k Rn 11.

einer Anfechtungsklage gegen die Wirksamkeit des Verschmelzungsbeschlusses ein Gerichtsbeschluss im **Unbedenklichkeitsverfahren** gem. § 16 Abs. 3 treten kann[10].

Für die **übertragenden Gesellschaften** müssen **keine Negativerklärungen** abgegeben werden[11]. Ebenso wenig sind die in § 17 aufgelisteten **Unterlagen** betreffend die übertragenden Gesellschaften beim Registergericht einzureichen. Eine Ausnahme dazu ist für den **Verschmelzungsplan** anzunehmen, dem die Anteilsinhaberversammlung der jeweiligen übertragenden Gesellschaft zugestimmt hat: Eine Ausfertigung dieses Verschmelzungsplans muss dem Registergericht – ggf. in deutscher Übersetzung – vorgelegt werden[12]. Anderenfalls kann das Gericht nicht gem. Abs. 2 der Norm überprüfen, ob die Anteilsinhaberversammlungen aller beteiligten Gesellschaften einem gemeinsamen, gleichlautenden Verschmelzungsplan zugestimmt haben. Aus den vorzulegenden Verschmelzungsbescheinigungen und der Ausfertigung des Verschmelzungsplans, dem die Anteilsinhaberversammlung der deutschen übernehmenden Gesellschaft zugestimmt hat, wird sich dies nicht entnehmen lassen[13]. Die Vorlage des Verschmelzungsplans durch jede der beteiligten Gesellschaften bei der Stelle, die die zweite Stufe der Rechtmäßigkeitsprüfung vornimmt, sieht auch die Verschmelzungsrichtlinie in Art. 11 Abs. 2 vor[14]. Um die Prüfung durch das Registergericht zu ermöglichen, muss streng genommen auch eine **Niederschrift des Zustimmungsbeschlusses** der ausländischen Gesellschaft vorgelegt werden[15]. Denn das Registergericht kann aus der vorzulegenden Verschmelzungsbescheinigung nur entnehmen, dass ein Verschmelzungsbeschluss nach dem maßgeblichen Recht der übertragenden Gesellschaft ordnungsgemäß gefasst wurde. Den Inhalt des Verschmelzungsbeschlusses weist die Bescheinigung hingegen nicht aus. Das Registergericht kann daher allein durch die Vorlage von Bescheinigung und Verschmelzungsplan nicht seinem Auftrag nachkommen, zu prüfen, ob die Anteilsinhaber der beteiligten Gesellschaften einem gleich lautenden Verschmelzungsplan zugestimmt haben. Ähnlich wie es für die Rechtmäßigkeitsprüfung gem. Art. 26 SE-VO angenommen wird, wird man daher auch hier die Vorlage des Verschmelzungsbeschlusses der jeweiligen ausländischen Gesellschaft in deutscher Übersetzung verlangen müssen[16].

Bei der Verschmelzung durch **Neugründung** sind die für die neue Gesellschaft maßgeblichen **Gründungsvorschriften** anzuwenden[17]. Da § 122 a Abs. 2 nur die Vorschriften des Ersten Teils des Zweiten Buches für anwendbar erklärt, dürften die §§ 58 Abs. 2 und

---

[10] Die Anwendbarkeit von § 16 Abs. 2 und Abs. 3 sowie § 17 in Bezug auf die übernehmende Gesellschaft folgt aus § 122 a Abs. 2. Auch der Gesetzgeber muss von der grundsätzlichen Anwendbarkeit der §§ 16 Abs. 2, 17 ausgegangen sein, da anderenfalls der ausdrückliche Ausschluss ihrer Anwendbarkeit für die übertragenden Gesellschaften in § 122 l Abs. 1 Satz 3 2. Halbs. nicht erforderlich gewesen wäre.
[11] Das folgt aus § 122 l Abs. 1 Satz 3 2. Halbs., wonach § 16 Abs. 2 und 3 und § 17 auf die übertragenden Gesellschaften keine Anwendung finden.
[12] Vgl. *Louven* ZIP 2006, 2021, 2028.
[13] Vgl. nur die von § 122 k Abs. 2 Satz 2 vorgesehene Verschmelzungsbescheinigung in Form der Eintragungsnachricht. Zur damit verbundenen Problematik siehe § 122 k Rn 5, 18 f.
[14] Entsprechende Regelungen finden sich auch in Art. 26 Abs. 2 SE-VO für die SE-Gründung durch Verschmelzung und in Art. 30 Abs. 2 SCE-VO für die Gründung einer SCE durch Verschmelzung.
[15] Vgl. *Kiem* WM 2006, 1091, 1099, der die Erbringung des Nachweises gegenüber dem Registergericht verlangt, dass ein entsprechender Zustimmungsbeschluss gefasst wurde; aA *Louven* ZIP 2006, 2021, 2028, der die vorzulegende Verschmelzungsbescheinigung als ausreichenden Beleg für die Beschlussfassung ansieht.
[16] So zu Art. 26 Abs. 2 SE-VO (der ebenfalls seinem Wortlaut nach nur die Vorlage des Verschmelzungsplans vorsieht) *Oechsler* in MünchKomm. AktG Art. 26 SE-VO Rn 8. Letzteres wird allerdings offenbar aus der entsprechenden Anwendung von § 17 UmwG gem. der Verweisung in Art. 18 SE-VO hergeleitet. § 17 ist aber für die übertragende Gesellschaft bei der grenzüberschreitenden Verschmelzung gem. § 122 l Abs. 1 Satz 3 2. Halbs. nicht anwendbar.
[17] § 122 a Abs. 2 iVm. § 36 Abs. 2.

75 Abs. 2 für die grenzüberschreitende Verschmelzung nicht gelten[18]. Diese Vorschriften erklären den Sachgründungsbericht nach dem GmbHG bzw. Gründungsbericht und Gründungsprüfung nach dem AktG für entbehrlich, sofern bei der Verschmelzung zur Neugründung einer GmbH bzw. AG eine Kapitalgesellschaft übertragender Rechtsträger ist. Bei der grenzüberschreitenden Verschmelzung zur Neugründung einer AG oder GmbH sind also **Gründungsbericht, Gründungsprüfung** und **Gründungsprüfungsbericht** gem. §§ 33 f. AktG bzw. ein **Sachgründungsbericht** gem. § 5 Abs. 4 GmbHG **erforderlich**. Die entsprechenden Unterlagen sind beim Registergericht einzureichen.

III. Prüfungsumfang (Abs. 2)

10 Das Registergericht hat gem. Abs. 2 die Voraussetzungen der Eintragung zu prüfen. Prüfungsgegenstand ist die Rechtmäßigkeit der Verschmelzung in Bezug auf die **Verfahrensschritte**, die die **Durchführung der grenzüberschreitenden Verschmelzung** und gegebenenfalls die **Gründung einer neuen Gesellschaft** betreffen[19]. Das Registergericht prüft dies anhand der ihm vorgelegten Unterlagen. Nicht vom Registergericht der übernehmenden oder neuen Gesellschaft zu prüfen sind die Verfahrensschritte, die bereits Gegenstand der Prüfung zur Erteilung der Verschmelzungsbescheinigung für die beteiligten Gesellschaften waren[20]. Gesellschaften, die dem deutschen Recht unterliegen, erhalten jedoch gem. § 122 k nur dann eine Verschmelzungsbescheinigung, wenn sie als übertragende Gesellschaft an der Verschmelzung beteiligt sind. Übernehmenden deutschen Gesellschaften wird keine Verschmelzungsbescheinigung erteilt[21]. Das Registergericht prüft daher im Rahmen des § 122 l auch den ordnungsgemäßen Ablauf des Verfahrens im Vorfeld der Verschmelzung einschließlich der Beschlussfassung der Anteilsinhaber der übernehmenden Gesellschaft. Der Prüfungsumfang entspricht dabei dem des § 122 k für die Erteilung der Verschmelzungsbescheinigung[22].

11 „Insbesondere" – also **nicht abschließend** – ist zu prüfen, ob die Anteilsinhaber aller an der Verschmelzung beteiligten Gesellschaften einem gemeinsamen, gleichlautenden Verschmelzungsplan zugestimmt haben. **Nicht** zu prüfen ist dabei, ob die Anteilsinhaber der übertragenden Gesellschaften einen **ordnungsgemäßen Verschmelzungsbeschluss** gefasst haben, da dies bereits durch die vorgelegten Verschmelzungsbescheinigungen dokumentiert ist. Prüfungsgegenstand ist damit nur noch die Frage, ob der **Verschmelzungsplan**, dem die jeweiligen Anteilsinhaber zugestimmt haben, „**gleichlautend**" ist. Um diese Feststellung zu ermöglichen, sind der Verschmelzungsplan, der den Anteilsinhabern ausländischer übertragender Gesellschaften zur Beschlussfassung vorgelegt wurde, sowie der Verschmelzungsbeschluss beim Registergericht, ggf. in deutscher Übersetzung, einzureichen[23].

12 Bei der Verschmelzung zur **Neugründung** tritt die Prüfung der Gründungsvoraussetzungen der jeweiligen Rechtsform hinzu[24].

---

[18] AA *Oechsler* NZG 2006, 161, 163, allerdings noch auf Basis der Verschmelzungsrichtlinie vor Erlass der §§ 122 a bis l.
[19] Vgl. Art. 11 Abs. 1 Satz 1 der Verschmelzungsrichtlinie.
[20] BegrRegE zu § 122 l Abs. 2, BT-Drucks. 16/2919 S. 18.
[21] In der Literatur wird die Beschränkung des § 122 k auf übertragende Gesellschaften teilweise kritisiert und empfohlen, die Rechtmäßigkeitsprüfung gem. § 122 k auch auf übernehmende deutsche Gesellschaften zu erstrecken, da Art. 10 der Verschmelzungsrichtlinie nicht zwischen übertragenden und übernehmenden Gesellschaften differenziere, vgl. *Haritz/v. Wolf* GmbHR 2006, 340, 343; *Louven* ZIP 2006, 2021, 2027. Siehe dazu auch § 122 k Rn 5.
[22] Siehe dazu § 122 k Rn 14 ff.
[23] Siehe bereits oben Rn 8; ferner *Louven* ZIP 2006, 2021, 2028.
[24] Zu den einzureichenden Unterlagen siehe Rn 6 ff.

Ferner ist zu prüfen, ob eine Vereinbarung über die **Beteiligung der Arbeitnehmer** 13
abgeschlossen wurde[25].

IV. Mitteilung an die Register der übertragenden Gesellschaften (Abs. 3)

Abs. 3 verpflichtet das Registergericht, jedem Register, bei dem eine der übertra- 14
genden Gesellschaften Unterlagen zu hinterlegen hatte, den **Tag der Eintragung** der
Verschmelzung **von Amts wegen** mitzuteilen. Dies ist die korrespondierende Regelung
zu § 122 k Abs. 4. Im Regelungsbereich von § 122 k Abs. 4 ist die übertragende Gesellschaft in Deutschland ansässig. In diesem Fall benötigt das deutsche Registergericht die
Mitteilung über die Wirksamkeit der Verschmelzung, da es zuvor gem. § 122 k Abs. 2
Satz 3 die Eintragung der Verschmelzung mit einem Vorläufigkeitsvermerk versehen und
nach Eintritt der Wirksamkeit einen Abschlussvermerk gem. § 122 k Abs. 4 einzutragen
hat[26].

In dem von Abs. 3 geregelten Fall ist es umgekehrt. Hier hat die **übernehmende** oder 15
neu gegründete Gesellschaft ihren **Sitz in Deutschland**. Dementsprechend sind auch
die deutschen Registergerichte verpflichtet, ihrerseits eine Mitteilung über die Wirksamkeit
der Verschmelzung an die zuständigen ausländischen Stellen zu versenden. Da nach deutschem Recht die Eintragung der Verschmelzung oder der neu gegründeten Gesellschaft
für den Zeitpunkt der Wirksamkeit entscheidend ist[27], sieht Abs. 3 die Mitteilung des
Zeitpunkts der Eintragung vor. Diese Formulierung entspricht § 19 Abs. 2 Satz 1 für
innerstaatliche Verschmelzungen. Streng genommen müsste der Wortlaut von Abs. 3 für die
grenzüberschreitende Verschmelzung aber die Verpflichtung des deutschen Registergerichts
enthalten, dem Register des oder der übertragenden Gesellschaft(en) den Zeitpunkt der
Wirksamkeit der Verschmelzung mitzuteilen, nicht den „Zeitpunkt der Eintragung".
Dies entspricht auch der Formulierung in Art. 13 Satz 2 der Verschmelzungsrichtlinie.
Um Unklarheiten zu vermeiden, sollten deshalb jedenfalls Mitteilungen an ausländische
Register den **Hinweis** enthalten, dass der Zeitpunkt der Eintragung nach deutschem
Verschmelzungsrecht zugleich der **Zeitpunkt der Wirksamkeit** der Verschmelzung
ist.

V. Bekanntmachung

Das Registergericht hat die Eintragung gem. §§ 122 a Abs. 2, 19 Abs. 3 **von Amts wegen** 16
gem. § 10 HGB idF vom 1.1.2007 bekannt zu machen[28].

---

[25] Zum Verfahren zur Festlegung der Arbeitnehmermitbestimmung bei der grenzüberschreitenden Verschmelzung siehe *Teichmann* Der Konzern 2007, 89 ff.; zum MgVG *Nagel* NZG 2007, 57 ff.
[26] Vgl. zu den Parallelvorschriften in § 19 Abs. 2 Satz 2 und Satz 3 *Zimmermann* in Kallmeyer § 19 Rn 9 f.
[27] § 122 a Abs. 2 iVm. § 20 Abs. 1.
[28] Die Bekanntmachung erfolgt gem. § 10 HGB idF vom 1.1.2007 (geändert durch Gesetz vom 10.11.2006, BGBl. I S. 2553) in elektronischer Form. Bis zum 31.12.2008 hat das Handelsregister die Bekanntmachung zusätzlich in einer Tageszeitung oder einem sonstigen Blatt zu veröffentlichen, Art. 61 Abs. 4 EGHGB. Zu Einzelheiten siehe auch § 19 Rn 18.

Anhang § 122 l Internationale Unternehmenszusammenführung

Übersicht[1]

	Rn		Rn
I. Ablauf und Grundfragen internationaler Unternehmenszusammenschlüsse	1	ee) Verknüpfung von Aktien	68
		c) Bewertung synthetischer Zusammenschlüsse	70
1. Merger of Equals	7	2. Verschmelzungsähnliche Zusammenschlüsse durch Aktientausch	77
2. Business Combination Agreement	11	a) Strukturen verschmelzungsähnlicher Zusammenschlüsse	78
3. Hauptversammlungsbeschluss	16	aa) Zusammenschluss durch Aktientausch	78
4. Anfechtungsrisiken	19		
5. Corporate Governance	23	bb) Zusammenschluss durch Nutzung ausländischen Verschmelzungsrechts	80
6. Konzernabschlüsse	32		
7. Anpassung der Unternehmensgröße	33		
8. Vorbereitende und nachfolgende Reorganisation	34	cc) Zusammenschluss durch beidseitigen Aktientausch und Mischformen	83
9. Wettbewerbsrecht	38		
II. Formen der Zusammenführung über die Grenze und Praktikabilität nach deutschem Recht	41	b) Zusammenschlüsse durch Aktientausch und deutsches Recht	85
		aa) Anfechtungsrisiken	86
1. Synthetische Zusammenschlüsse	42	bb) Gründung der neuen Gesellschaft	89
a) Strukturen synthetischer Zusammenschlüsse	44		
aa) *Combined Group Structure*	44	cc) Beteiligung der Hauptversammlung	92
bb) *Separate Entities Structure*	50	dd) Nachfolgende Umstrukturierung	94
cc) *Twinned Share Structure/Stapled Stock*	55	ee) Zusammenschluss durch Beitritt	96
b) Synthetische Zusammenschlüsse und deutsches Recht	57	c) Bewertung verschmelzungsähnlicher Zusammenschlüsse	98
aa) Beteiligung der Hauptversammlung	57	III. Synthetische Zusammenschlüsse und verschmelzungsähnliche Zusammenschlüsse im Vergleich	105
bb) Dividendenfluss	63		
cc) Corporate Governance	64		
dd) Koordinierte Hauptversammlungsbeschlüsse	66		

I. Ablauf und Grundfragen internationaler Unternehmenszusammenschlüsse

1 Grenzüberschreitende Zusammenschlüsse von Großunternehmen sind dadurch möglich, dass Aktien der Konzernobergesellschaft der einen Unternehmensgruppe von einer Gesellschaft der anderen Unternehmensgruppe erworben werden – sind diese Aktien börsennotiert, im Wege eines öffentlichen Übernahmeangebots. Soll der Zusammenschluss nicht als Kauf, sondern ähnlich wie eine Verschmelzung durchgeführt werden, mangelt es an einem einheitlichen Instrumentarium.

2 Der Neunte Abschnitt des Zweiten Buches (§§ 122 a – 122 l) ermöglicht eine grenzüberschreitende Verschmelzung von Kapitalgesellschaften. Dieser neue Abschnitt wurde in Umsetzung der **Verschmelzungsrichtlinie** durch das Zweite Gesetz zur Änderung des Umwandlungsgesetzes in das deutsche Recht eingefügt. Als verschmelzungsfähige Rechtsträger kommen jedoch nur Kapitalgesellschaften in Betracht, die nach dem Recht eines EU- oder

---

[1] Die Darstellung beruht auf dem Beitrag des Verfassers in Semler/Volhard ÜN Hdb.

EWR-Mitgliedstaats gegründet wurden und ihren satzungsmäßigen Sitz, ihre Hauptverwaltung oder ihre Hauptniederlassung in einem EU- oder EWR-Mitgliedstaat haben[2].

Auch die **Verschmelzung in eine SE** ist einer deutschen AG mit anderen EU-Gesellschaften möglich[3]. Sie ist jedoch vor allem wegen der Kautelen zum Schutz der deutschen Unternehmensmitbestimmung langwierig und umständlich. 3

Ob **andere grenzüberschreitende Verschmelzungen** zulässig sind, ist nach wie vor fraglich[4]. Sie werfen jedoch eine Reihe von rechtlichen Zweifelsfragen auf, die von opponierenden Aktionären zu Beschlussanfechtungsklagen genutzt werden könnten. 4

Die Auflösung des übertragenden Rechtsträgers und die Gesamtrechtsnachfolge in dessen Vermögen durch den übernehmenden Rechtsträger ist nur selten entscheidend für den Erfolg des grenzüberschreitenden Zusammenschlusses. Im Gegenteil ist es meist sinnvoll, die im jeweiligen Land befindlichen Wirtschaftsgüter durch eine dort ansässige Gesellschaft halten zu lassen; nur sollte diese als Ergebnis des Zusammenschlusses konzernintegriert sein. Die entscheidenden Kriterien sind vielmehr: 5
– Beteiligung der Aktionärsgruppen beider Unternehmen an derselben Gesellschaft oder mittelbar an derselben zusammengeführten Unternehmensgruppe;
– kein Abfluss von Barmitteln, sondern Aktientausch;
– keine Nachbesserung für eine Seite, die das mit der anderen Seite ausgehandelte Umtauschverhältnis nachträglich in Frage stellt;
– planbarer zeitlicher Rahmen;
– geringe Steuerbelastung;
– geringe Angriffsfläche für Berufsopponenten, die durch Klagen die Durchführung der von den Aktionären mehrheitlich beschlossenen Maßnahmen zu verhindern suchen.

Die Rechtspraxis hat außerhalb des UmwG unterschiedliche Wege gefunden, diesen Anforderungen gerecht zu werden. 6

1. Merger of Equals

Beim Zusammenschluss der Daimler-Benz AG und der Chrysler Inc. wurde der Begriff des **Zusammenschlusses unter Gleichen** *(merger of equals)* für einen Unternehmenszusammenschluss gleichberechtigter Parteien gebraucht. 7

Der Begriff bezeichnet im **Bilanzrecht** Zusammenschlüsse gleich großer Partner[5]. Für diese Fälle der Zusammenführung von Aktionärskreisen, ohne dass ein schwächerer Beteiligter übernommen wird, wurde in den USA die Methode des *pooling of interests* entwickelt. Die Bilanzierung eines Zusammenschlusses von Gleichen nach der sog. **Erwerbsmethode** wurde als unangemessen angesehen. Deshalb wurden Unternehmen bei der Rechnungslegung so behandelt, als hätten sie ein **rechtlich einheitliches Unternehmen** gebildet[6]. So wurde vermieden, dass in der Bilanz des Übernehmenden *goodwill* entsteht, der in den Folgejahren zu Lasten des Gewinns abgeschrieben werden muss und das Ergebnis pro Aktie *(earnings per share)* belastet, den wichtigsten wertbildenden Faktor für den Aktienkurs. Inzwischen wurde dieser Unterschied jedoch aufgehoben[7]. 8

Der Begriff *merger of equals* wird auch für Zusammenschlüsse benutzt, bei denen beide Anteilseignergruppen auch nach dem Zusammenschluss **Eigentumsinteressen an dem neuen Unternehmensverbund** haben. Auf eine **paritätische Beteiligung** kommt es 9

---

[2] Zweites Gesetz zur Änderung des Umwandlungsgesetzes vom 19.4.2007, BGBl. I S. 542. Siehe Einl. C Rn 1 und § 122 b Rn 7.
[3] Siehe Einl. C Rn 53.
[4] Siehe Einl. C Rn 1 und 21 ff.
[5] *Förschle/Deubert* in BeckBilKomm. § 302 HGB Rn 4.
[6] *Förschle/Deubert* in BeckBilKomm. § 302 HGB Rn 5.
[7] Durch Veröffentlichung des Standards IFRS 3 am 31.3.2004 in der Folge der Abschaffung der *pooling of interest*-Methode nach US-GAAP.

nicht an. Ziel ist vielmehr eine Beteiligung der Aktionäre, die der Wertrelation zwischen den beteiligten Gesellschaften entspricht[8].

10 Zudem wird der Öffentlichkeit durch den Begriff suggeriert, die Unternehmen stünden sich **gleichrangig gegenüber**. Dem dienen auch Entscheidungen zur Besetzung der Unternehmensleitung, die Bestimmung des Verwaltungssitzes und Wahl der Firma des gemeinsamen Unternehmens. Hierdurch sollen Bedenken gegen eine – idR als negativ empfundene – Übernahme ausgeräumt werden. So werden die Leitungsorgane gleichmäßig mit ehemaligen Vorstands- oder Aufsichtsratsmitgliedern besetzt, oder es werden die ehemaligen Unternehmenssitze beibehalten. Um eine **gemeinsame** *corporate identity* zu schaffen, die zugleich die Gleichberechtigung der Partner widerspiegelt, können beide Unternehmen bei der Namenswahl Pate stehen, oder die neue Unternehmensgruppe erhält insgesamt einen neuen Namen.

2. Business Combination Agreement

11 Als Grundlage des Zusammenschlusses schließen die Vorstände der beteiligten Unternehmen eine Vereinbarung (**Business Combination Agreement**). Darin werden die gemeinsamen Ziele des Zusammenschlusses und die dafür erforderlichen Schritte festgelegt[9]. Der Entwurf und die Verhandlung des Business Combination Agreement sind Teil der Geschäftsführungstätigkeit des Vorstands.

12 Im Business Combination Agreement werden die beabsichtigte **Struktur des Zusammenschlusses** und die zu seiner Umsetzung erforderlichen Schritte vereinbart. Daneben finden sich Vereinbarungen über die **Organisationsverfassung der neuen Gesellschaft**.

13 Durch die Übereinkunft kann nicht in die **Zuständigkeitsbereiche der Organe** der betreffenden Gesellschaften eingegriffen werden. So kann zB die Besetzung der Gesellschaftsorgane nicht der Entscheidung der nach nationalen Rechtsordnungen dafür Zuständigen entzogen werden. Wenn durch das Business Combination Agreement Gesellschaftsorgane bestimmt werden, sind diese **Vereinbarungen nicht verbindlich**. Die beteiligten Gesellschaften können sich allerdings dazu verpflichten, durch zulässige Handlungen den beabsichtigten Zusammenschluss zu fördern[10]. Sie müssen dann darauf hinwirken, dass die vereinbarte Besetzung der Gesellschaftsorgane erreicht wird. Im Business Combination Agreement können hierzu entsprechende Empfehlungen ausgesprochen oder Beschlussvorlagen entworfen werden[11].

14 Im Business Combination Agreement wird auch festgelegt, in welchem **Verhältnis** die Aktionäre der am Zusammenschluss beteiligten Unternehmen an der entstehenden Gruppe beteiligt sein sollen. Dabei lässt sich kaum das Verfahren einhalten, das die deutsche höchstrichterliche Rechtsprechung für maßgeblich hält[12]. Orientierungspunkt ist der Vergleich der Börsenkapitalisierungen, ggf. modifiziert durch eine Prämie zu Gunsten der Aktionäre des kleineren Unternehmens. Wird der Weg des **Aktientauschs** gewählt und folgt

---

[8] *Horn* ZIP 2000, 473, 479; siehe auch *Decher,* FS Lutter, S. 1209; *ders.* FAZ 13. 8. 1999 S. 22.

[9] *Horn* ZIP 2000, 473, 479.

[10] Vgl. zB § 3 des Business Combination Agreements von Hoechst/Rhône-Poulenc: „Ohne die Absicht, die Rechte und Befugnisse der Hauptversammlung und sonstiger gesellschaftsrechtlicher Gremien zu beeinträchtigen, bemühen die Partner sich nach Kräften und empfehlen ihren jeweiligen Aktionären und organisatorischen Gremien die (folgenden) Maßnahmen."

[11] Die Zusammenschlussvereinbarungen von Daimler/Chrysler und Hoechst/Rhône-Poulenc enthalten derartige Empfehlungen für die Besetzung des ersten Vorstands und Aufsichtsrats (Art. 4 Sec. 1.d des Business Combination Agreements Daimler/Chrysler; § 3.7 des Business Combination Agreements von Hoechst/Rhône-Poulenc).

[12] Durch Wirtschaftsprüfer nach der Ertragswertmethode auf der Grundlage des IDW Standards des Hauptfachausschusses des Instituts der Wirtschaftsprüfer vom 18.10.2005 (IDW Standard: Grundsätze zur Durchführung von Unternehmensbewertungen (IDW S 1), WPg 2005, 1303) ermittelter Unternehmenswert.

dem Aktientausch ein Reorganisationsschritt mit gesetzlich ermitteltem Umtauschverhältnis (zB eine Verschmelzung), sollten die Umtauschverhältnisse übereinstimmen, was mitunter Schwierigkeiten bereitet.

Weitere Regelungen betreffen die Satzung der gemeinsamen Gesellschaft, zB Festlegungen zu Firma, Sitz, Gegenstand, ggf. auch zu Sonderregelungen, die sich aus der Struktur des Zusammenschlusses ergeben. 15

3. Hauptversammlungsbeschluss

Der beabsichtigte Zusammenschluss ist idR mit Maßnahmen verbunden, die nach Gesetz oder Satzung die **Zustimmung der Hauptversammlung** erfordern. Folgende Fälle werden relevant: 16
- Satzungsänderungen, wie die Änderung des Gegenstands der Gesellschaft, der Firma oder die Verlegung des Gesellschaftssitzes[13];
- Maßnahmen der Kapitalbeschaffung und der Kapitalherabsetzung[14];
- Maßnahmen nach dem UmwG;
- Übertragung des (nahezu) gesamten Gesellschaftsvermögens[15];
- Zustimmungserfordernisse bei Strukturmaßnahmen von herausragender Bedeutung[16].

Ob und unter welchen Voraussetzungen die Hauptversammlung bei **Strukturmaßnahmen** von herausragender Bedeutung beteiligt werden muss, ist im Einzelnen noch ungeklärt[17]. Daher ist aus Vorsichtsgründen die Beteiligung der Hauptversammlung geboten. 17

Vorstand und Aufsichtsrat müssen in der Bekanntmachung der Tagesordnung Vorschläge zur Beschlussfassung machen[18]. Sofern ein Vertrag nur mit der **Zustimmung der Hauptversammlung** wirksam ist, muss auch dieser seinem wesentlichen Inhalt nach bekannt gemacht werden[19]. Das soll nach überwiegender Meinung auch gelten, wenn die Hauptversammlung an gesetzlich nicht geregelten **Strukturmaßnahmen** von herausragender Bedeutung nach den „Holzmüller"/„Gelatine"-Entscheidungen des BGH beteiligt werden muss[20], obwohl in diesen Fällen die Wirksamkeit des Vertrags von der Zustimmung nicht abhängt, allerdings abhängig gemacht werden kann[21]. Es muss sorgfältig erwogen werden, wie weit die Bekanntmachung (im Bundesanzeiger) gehen muss, welche Dokumente im Geschäftsraum der Gesellschaft und während der Hauptversammlung auszulegen sind und welche Informationen in einem Bericht des Vorstands enthalten sein müssen. 18

4. Anfechtungsrisiken

Anfechtungsklagen können die zeitnahe Umsetzung des Zusammenschlusses beeinträchtigen oder gar vereiteln. Jeder Aktionär kann Beschlüsse der Hauptversammlung innerhalb eines Monats durch Klage anfechten, wenn er dagegen Widerspruch zur Niederschrift eingelegt hat[22], weitere Beschränkungen des Anfechtungsrechts bestehen nicht[23]. 19

---

[13] § 119 Abs. 1 Nr. 5 AktG.
[14] § 119 Abs. 1 Nr. 6 AktG.
[15] § 179 a AktG.
[16] BGHZ 83, 122 „Holzmüller", BGHZ 159, 30 „Gelatine".
[17] Siehe zum aktuellen Diskussionsstand: *Hüffer* § 119 AktG Rn 16 ff. mwN; zu internationalen Unternehmensverbindungen: *Decher*, FS Lutter, S. 1209; *Schiessl* AG 1999, 442, 444; *Horn* ZIP 2000, 473, 479; *ders.*, FS Lutter, S. 1113.
[18] § 124 Abs. 3 AktG.
[19] § 124 Abs. 2 Satz 2 AktG.
[20] LG München AG 1995, 232, 233; *Hüffer* § 124 AktG Rn 11.
[21] BGH ZIP 2001, 416 „Altana/Milupa".
[22] § 245 Nr. 1 AktG.
[23] Der Beschlussanfechtung steht auch nicht grundsätzlich entgegen, dass der Aktionär in der Hauptversammlung für den Beschluss gestimmt hat, *Hüffer* § 245 AktG Rn 24.

20 Sofern der angefochtene Beschluss eine ins **Handelsregister einzutragende Tatsache** betrifft, wird durch die Anfechtung die Eintragung auf Grund der praktischen Handhabung der Registergerichte faktisch suspendiert[24]. Der Registerrichter kann oder muss (je nach einzutragender Tatsache) die Verfügung auszusetzen, bis der Rechtsstreit entschieden ist[25].

21 Um diese **Risiken zu begrenzen**, müssen bei der Planung des Zusammenschlusses und der Vorbereitung der Hauptversammlungen die möglicherweise anfechtungsgefährdeten Punkte besonders bedacht werden. Relevant sind insoweit Kapitalerhöhungsmaßnahmen, der aktienrechtliche Gleichbehandlungsgrundsatz[26], Sondervorteile und die gesellschaftliche Treupflicht. Die meisten Anfechtungsklagen werden auf die Verletzung von Berichtspflichten oder des Auskunftsrechts der Aktionäre gestützt[27].

22 Zu beachten ist außerdem die **erweiterte Auskunftspflicht**[28]: Sofern einem Aktionär in seiner Eigenschaft Auskünfte außerhalb der Hauptversammlung gegeben worden sind, müssen sie auf Verlangen in der Hauptversammlung auch jedem anderen Aktionär erteilt werden. Die sinnvolle und gewünschte Abstimmung der Fusion mit (Groß-)Aktionären vor der Hauptversammlung muss so gestaltet werden, dass sie die Auskunftspflicht nicht verschärft und die Anfechtungsrisiken nicht erhöht[29].

5. Corporate Governance

23 Die grenzüberschreitende Zusammenführung von Unternehmen stellt das System der Corporate Governance vor neue Herausforderungen. Die notwendige enge Zusammenarbeit erfordert und fördert das Verständnis der unterschiedlichen Systeme der Unternehmensleitung.

24 Das deutsche AktG schreibt bekanntlich die **Trennung von Leitungs- und Überwachungsorgan** vor. Dem Vorstand der AG obliegt die Geschäftsleitung der Gesellschaft[30]. Er wird hierbei durch den Aufsichtsrat überwacht[31]. Eine identische Besetzung beider Gremien ist ausgeschlossen[32]. Diesem dualen System steht das **Prinzip der einheitlichen Leitungsmacht** des angloamerikanischen Rechtsraums gegenüber[33].

25 Bei Unternehmenszusammenschlüssen sollen – zumindest in einer Übergangsphase – die ehemaligen Unternehmensführungen regelmäßig an der **Leitung des gemeinsamen Unternehmens** beteiligt werden. Die Zusammenführung verschiedener Unternehmen spiegelt sich in der personellen Besetzung der Leitungsorgane wider. Die Mitbestimmungsgesetze erschweren die Besetzung des Aufsichtsrats[34]. Daneben erwarten die Anteilsinhaber und die übrigen Beteiligten, dass die Leitung des gemeinsamen Unternehmens zumindest teilweise dem ihnen bekannten System entspricht.

26 Sehen die anzuwendenden Rechtsordnungen **verschiedene Leitungssysteme** vor, kann diesem Anliegen nur bei dispositiven Vorschriften entsprochen werden. So hatte die aus dem Zusammenschluss der Hoechst AG mit der Rhône-Poulenc S. A. hervorgegangene

---

[24] *Schiessl* AG 1999, 442, 444.
[25] § 127 FGG.
[26] § 53 a AktG.
[27] Zu den hieraus resultierenden Konsequenzen *Schiessl* AG 1999, 442, 445.
[28] § 131 Abs. 4 AktG.
[29] Beim Zusammenschluss von Hoechst und Rhône-Poulenc wurden 24,5 % der Hoechst-Aktien, die von einer Tochtergesellschaft der Kuwait Petroleum Corporation gehalten wurden, durch einen separaten Einbringungsvertrag übertragen.
[30] § 76 AktG.
[31] § 111 AktG.
[32] § 105 AktG.
[33] Vgl. dazu *Baums*, Bericht der Regierungskommission Corporate Governance, S. 63 f.
[34] *Wymeersch*, Financial Law Institute, Universität Gent, Workingpaper 2000-5, http://www.law.rug.ac.be/fli.

Aventis S. A.[35] – anders als bei französischen börsennotierten Aktiengesellschaften üblich – ein zweistufiges Verwaltungssystem mit Vorstand und Aufsichtsrat eingeführt[36].

Das duale System des deutschen Aktienrechts und das angelsächsische Board- oder Verwaltungsratssystem erscheinen gegensätzlicher, als dies – zumindest bei Großunternehmen – praktisch der Fall ist[37]. Im angelsächsischen System haben die **non-executive board members** eine den Aufsichtsratsmitgliedern ähnliche Rolle, während die Geschäftsleitungsaufgaben von einer Gruppe von *executives* wahrgenommen werden, von denen nur die höchsten, insbes. der Chief Executive Officer (CEO), dem Board angehören[38].

Größere Schwierigkeiten bereiten dagegen die **Mitbestimmungsgesetze**. Sie werden international weithin als Transaktionshindernis aufgefasst[39]. Die Beschäftigten des deutschen Unternehmens sind stets mit umfassenderen Rechten ausgestattet.

Mangels Gesetzgebungskompetenz werden die Vertretungsorgane ausländischer Unternehmen – also auch einer neuen Obergesellschaft – von der **deutschen Mitbestimmung nicht erfasst**[40] und richten sich nach dem jeweiligen ausländischen Recht[41]. Gleiches gilt für die ausländische Tochtergesellschaft einer deutschen Obergesellschaft[42]. Dementsprechend unterlag die DaimlerChrysler AG dem Mitbestimmungsgesetz von 1976, so dass der Aufsichtsrat zwingend paritätisch mit Anteilseigner- und Arbeitnehmervertretern zu besetzen war[43]. Für die (ehemaligen) Beschäftigten von Chrysler entfaltet diese Regelung aber keine Wirkung[44].

Das im AktG normierte System der Aufteilung der **Corporate Governance** zwischen Vorstand, Aufsichtsrat und Abschlussprüfer ist zwingend. Ergänzende Satzungsbestimmungen sind nur zulässig, wenn weder gesetzliche Bestimmungen noch ungeschriebene Prinzipien des Aktienrechts entgegenstehen[45]. Die **Kompetenzverteilung** unter den Organen der AG ist zwingend. In der Satzung kann die Bildung weiterer Gremien daher nur vorgesehen werden, soweit ihnen keine organschaftlichen Funktionen oder Rechte gegenüber der AG oder den Organen eingeräumt werden[46].

---

[35] Siehe zur Struktur dieses Zusammenschlusses Rn 78 ff.
[36] Siehe dazu Bericht des Vorstands der Hoechst AG über den Unternehmenszusammenschluss von Hoechst und Rhône-Poulenc S. 80.
[37] Siehe auch Präambel des Deutschen Corporate Governance Kodex vom 12.6.2006.
[38] *Wiesner* in MünchHdbGesR Bd. 4 § 19 Rn 3; *Stengel*, Directors' Powers and Shareholders: A Comparison of Systems, ICCLR 2/1998, 49; in den *OECD Principles of Corporate Governance* werden die Begriffe *board* und *key executives* neben ihrer Bedeutung im Boardsystem zugleich zur Bezeichnung von Aufsichtsrat (*supervisory board*) und Vorstand (Management Board) im dualen System verwendet, vgl.: Präambel der OECD *Principles of Governance*; http://www.oecd.org/dataoecd/32/18/31557724.pdf.
[39] *Horn* ZIP 2000, 473, 484.
[40] *Rumpff* in Fabricius, GK-MitbestG, Stand: Sept. 1977, § 1 Rn 26.
[41] So zB beim Zusammenschluss der Hoechst AG und der Rhône-Poulenc S. A. Nach französischem Recht ist eine Arbeitnehmermitbestimmung nicht vorgeschrieben, nach erfolgtem Aktientausch sollte aber die Errichtung eines Ausschusses aus Vertretern des Managements und der Arbeitnehmer angestrebt werden mit dem Ziel, die Möglichkeit einer Vertretung von Arbeitnehmern in Aufsichtsrat der Aventis S. A. auf freiwilliger Basis zu prüfen; vgl. Bericht des Vorstands der Hoechst AG über den Zusammenschluss von Hoechst und Rhône-Poulenc S. 82.
[42] *Matthes* in Fabricius, GK-MitbestG, Stand: Sept. 1978, § 3 Rn 18; *Wissmann* in MünchHdbArbR § 367 Rn 12.
[43] § 7 Abs. 1 MitbestG.
[44] Die US-amerikanische Automobilarbeitergewerkschaft vereinbarte mit der IG Metall, einen US-Vertreter zur Wahl in den Aufsichtsrat durch die Arbeitnehmer in Deutschland zu nominieren, siehe *Baums*, Universität Osnabrück Arbeitspapier Nr. 80 (1998), http://www.jura.uni-frankfurt.de/ifawz1/Baums/Bilder_und_Daten/Arbeitspapiere/paper80.pdf.
[45] § 23 Abs. 5 Satz 2 AktG.
[46] HM: *Pentz* in MünchKomm. § 23 AktG Rn 161; *Hüffer* § 23 AktG Rn 38; *Röhricht* in Großkomm. § 23 AktG Rn 190.

31 Das Business Combination Agreement zwischen Daimler-Benz AG, Chrysler Corporation und DaimlerChrysler AG sah die Bildung eines *integration committee* durch den Vorstand der DaimlerChrysler AG vor[47]. Mitglieder dieses Komitees sollten die beiden Vorstandsvorsitzenden sowie im Wesentlichen die Anteilseignervertreter im Aufsichtsrat sein. Es sollte ein Organ geschaffen werden, das sich dem angelsächsischen Boardsystem annähert. Bei der tatsächlichen Umsetzung des Zusammenschlusses wurde zwar ein Integrationsausschuss eingeführt. Doch handelte es sich um einen Ausschuss des Vorstands im klassischen Sinn[48]. Der Grundgedanke des *integration committee* wurde durch die Bildung eines **shareholder committee** aufgegriffen. Diesem gehörten die Anteilseignervertreter im Aufsichtsrat, die Vorstandsvorsitzenden sowie vier weitere Aufsichtsratsmitglieder an. Das *shareholder committee* erhielt nur eine beratende Funktion und diente als Forum zur Meinungsbildung[49]. Zur Wahrung der durch das Mitbestimmungsgesetz gebotenen Parität wurde daneben auch ein *labour committee* gebildet[50].

6. Konzernabschlüsse

32 Die **Nivellierung der Bilanzansatzvarianten** hat dazu geführt, dass das Bilanzrecht für Unternehmenszusammenschlüsse keine entscheidende Rolle mehr spielt[51].

7. Anpassung der Unternehmensgröße

33 Die Unternehmen des Zusammenschlusses können bei unterschiedlicher **Größe angeglichen werden.** Dazu werden verschiedene Maßnahmen herangezogen:
– Aktienrückkäufe;
– Sonderdividenden;
– Abspaltung oder Verkauf von Unternehmensteilen[52];
– Kapitalerhöhung bei der kleineren Gesellschaft.

8. Vorbereitende und nachfolgende Reorganisation

34 Zur Umsetzung von Unternehmenszusammenschlüssen müssen regelmäßig die **Organisationsstrukturen angepasst werden.** Daneben müssen zusammengehörende Betriebsbereiche verbunden oder aufeinander abgestimmt werden, um die mit der Fusion erstrebten Synergieeffekte zu erzielen.

35 Zusammenschlüsse mit Hilfe eines **Aktientauschs** zielen auf die Beteiligung aller Aktionäre an einer einheitlichen Obergesellschaft. Die Aktionäre erhalten für ihre Anteile an einer oder beiden „alten" Gesellschaften solche der neuen Obergesellschaft. Die Gesellschaft oder Gesellschaften des Zusammenschlusses werden zu Tochtergesellschaften der neuen Obergesellschaft. Da der Aktientausch nur auf freiwilliger Basis möglich ist, **verbleiben Aktionäre** in den entstehenden Tochtergesellschaften. Falls diese nicht aus den Gesellschaften zwangsabgefunden werden können, muss über Jahre eine unerwünschte **Holdingstruktur** beibehalten werden.

---

[47] Vgl: Tab. 4 zum Business Combination Agreement zwischen Daimler-Benz AG, Chrysler Inc. und der DaimlerChrysler AG: „the proceedings of the Integration Committee will be patterned after those of Chrysler's Board of Directors and the proceedings of the Management Board (Vorstand) will be patterned after those of Chrysler's Executive Committee".

[48] Zur Zulässigkeit vorstandsinterner Ausschüsse siehe *Hüffer* § 77 AktG Rn 21.

[49] *Endres* ZHR 163 (1999) 441, 448.

[50] *Endres* ZHR 163 (1999) 441, 448.

[51] Zum unterschiedlichen Ausweis des *goodwill* und den Auswirkungen auf internationale Unternehmenszusammenschlüsse bis etwa 2001, siehe Voraufl. Rn 49 ff.

[52] Hoechst spaltete vor dem Zusammenschluss mit Rhône-Poulenc weite Bereiche ihres Industriechemiegeschäfts auf Celanese AG ab.

In fast allen entwickelten Rechtsordnungen hat ein Mehrheitsaktionär ab einer bestimm- 36
ten Beteiligungshöhe die Möglichkeit, Minderheitsaktionäre zum Ausscheiden aus der Gesellschaft zu zwingen. Eine solche *squeeze out-Regelung* mit einem Schwellenwert von 95%
ist gleichzeitig mit dem WpÜG zum 1. 1. 2002 eingeführt worden[53]. Die Hauptversammlung kann beschließen, dass die Aktien der Minderheitsaktionäre gegen eine Barabfindung
auf die Mehrheitsaktionäre übergehen[54]. Die Höhe der Geldleistung wird auf der Grundlage
einer Unternehmensbewertung festgelegt[55] und ist in einem Spruchverfahren überprüfbar[56].

Daneben sind die Möglichkeiten eines Großaktionärs zur vollständigen Übernahme aller 37
Aktien begrenzt. Möglich sind **Maßnahmen** nach dem UmwG, die Eingliederung[57], der
Abschluss eines Unternehmensvertrags[58] oder eine übertragende Auflösung[59]. Bei börsennotierten Gesellschaften kann auch ein Rückzug von der Börse die Entscheidung der Aktionäre
für den Ausstieg aus der Gesellschaft forcieren[60].

9. Wettbewerbsrecht

Grenzüberschreitende Zusammenschlüsse berühren regelmäßig Fragen der **wettbe-** 38
werbsrechtlichen Fusionskontrolle[61]. Die Kartellbehörden sind befugt, die wettbewerbsrechtlichen Auswirkungen eines Zusammenschlusses für den jeweiligen geschützten Markt
zu kontrollieren[62]. Der grenzüberschreitende Sachverhalt ist dabei nur von untergeordneter
Bedeutung. Entscheidend sind die Auswirkungen der Zusammenführung auf den nationalen
oder europäischen Markt.

Eine **grenzüberschreitende Fusion** kann demnach der Aufsicht verschiedener nationa- 39
ler Behörden unterliegen[63], deren Anforderungen und Prüfungsmaßstäbe variieren[64]. **Unterschiedliche Anzeige- oder Anmeldepflichten** müssen eingehalten werden, woraus
sich Wartepflichten ergeben. Dies kann zu erheblichen Verzögerungen der Fusion führen[65].

Durch **zwischenstaatliche Koordinierungsabkommen** wird bereits heute erreicht, 40
dass nationale kartellrechtlichen Regelungen soweit möglich aufeinander abgestimmt angewendet werden[66]. Im Einzelfall müssen dennoch die zuständigen Kartellbehörden und die
jeweiligen Anforderungen ermittelt werden. Die Durchführung mehrerer Anzeige- oder
Genehmigungsverfahren bleibt deshalb unerlässlich.

II. Formen der Zusammenführung über die Grenze und Praktikabilität nach deutschem Recht

Für grenzüberschreitende Unternehmenszusammenführungen haben sich zwei Grund- 41
modelle herausgebildet: Der **synthetische Zusammenschluss**, bei dem eine Gruppe von

---

[53] §§ 327 a bis 327 f AktG.
[54] § 327 a Abs. 1 AktG.
[55] § 327 b Abs. 1 AktG.
[56] § 327 f AktG. Zum Spruchverfahren siehe Anh. SpruchG.
[57] §§ 320, 320 b AktG.
[58] §§ 291 ff. AktG.
[59] § 179 a AktG.
[60] Siehe auch *Than,* FS Claussen, S. 405, 419.
[61] Dazu ausführlich § 26.
[62] *Wiedemann,* Handbuch des Kartellrechts, 1999, 62 ff.; Entsprechendes gilt für die Kontrollbefugnis
der Europäischen Kommission.
[63] *Griffin* ECLR 1998, 12.
[64] *Griffin* ECLR 1998, 12 ff. mit Übersichten zur Fusionskontrolle durch die amerikanische Kartellbehörde und die Europäische Kommission.
[65] *Horn* ZIP 2000, 473, 480.
[66] Vgl. *OECD,* Merger Cases in the Real World. study of merger control procedures, 1994; *Lampert*
EuZW 1999, 107.

Gesellschaften an der Konzernspitze entsteht, und der **Zusammenschluss zu einer einheitlichen Gesellschaft** mittels Aktientausch. In beiden Modellen gibt es **Varianten**, die sich aus den individuellen Strukturen der beteiligten Unternehmen ergeben[67].

1. Synthetische Zusammenschlüsse

42 Bei synthetischen Zusammenschlüssen fügen die Gesellschaften ihre **Geschäftsbereiche** zusammen, ohne ihre rechtliche Selbstständigkeit vollständig aufzugeben. An der Spitze der Unternehmensgruppe bestehen **selbstständige Rechtspersonen** fort.

43 Synthetische Zusammenschlüsse sind in vielen Variationen denkbar und praktiziert worden. Gemeinsam ist allen Strukturen das **Konzept der Gleichstellung**: Die Rechte der Aktionäre an den Muttergesellschaften sollen sich in den wirtschaftlichen Verhältnissen widerspiegeln, die für den Zusammenschluss vereinbart werden.

44 **a) Strukturen synthetischer Zusammenschlüsse.** *aa) Combined Group Structure.* Für **Zusammenschlüsse mit Doppelspitze** wird häufig das Modell der *combined group* herangezogen[68]. Bei diesem Verfahren bringen die Unternehmen ihre **Betriebsvermögen** – wie bei einem Joint Venture – in eine oder mehrere gemeinsame Tochtergesellschaften ein. Die Aktionäre sind dadurch weiterhin unmittelbar an den verbundenen Gesellschaften beteiligt, die zu **Holdinggesellschaften** werden. Ihre Geschäftsaktivitäten werden in einer gemeinsamen **Joint Venture-Gesellschaft** gepoolt. Während die Muttergesellschaften die Stimmrechte an der Joint Venture-Gesellschaft inne haben, ist diese Eigentümerin des Betriebsvermögens der Gruppe.

45 Auch die **Muttergesellschaften** können in unterschiedlicher Weise strukturiert werden. So können einzelne Geschäftsbereiche aus dem Zusammenschluss ausgeklammert werden und bei den Muttergesellschaften verbleiben[69].

46 Die Aufteilung der Beteiligung an der oder den Holdingtöchtern zwischen den Mutterunternehmen hat bei **synthetischen Zusammenschlüssen** entscheidende Bedeutung. Häufig sind die sich zusammenschließenden Gesellschaften zu je 50% an den Holdinggesellschaften beteiligt[70]. Zwingend ist das nicht. So hielt bei Royal Dutch/Shell bis 2005 die niederländische Konzernmutter 60% und die britische 40% an der zwischengeschalteten Holding; bei BAT/Zurich wurde die britische Gesellschaft Allied Zurich plc. zu 43%, die schweizerische Zürich Allied AG zu 57% an der gemeinsamen Holding Zurich Financial Services beteiligt. In beiden Fällen wurde durch eine **Gleichstellungsvereinbarung** zwischen den Gesellschaften, die an der Spitze stehen, gewährleistet, dass dieses Beteiligungsverhältnis auch bei der Ausschüttung von Dividenden gewahrt wird.

47 Die steuerlichen Nachteile grenzüberschreitender Dividendenzahlungen gilt es bei den Spitzengesellschaften zu vermeiden. Dies kann erreicht werden, indem die Muttergesellschaften ihre Dividenden von inländischen Tochtergesellschaften erhalten. Auch können den

---

[67] *Martens*, FS Peltzer, 2001, S. 279 ff. differenziert nicht nach dem Ziel des Zusammenschlusses, sondern nach dem Weg dahin. Er untersucht vier Konstellationen: Fusion durch Aktientausch, Fusion durch Vermögensübertragung, Fusion durch Beitritt der übertragenden Gesellschaft oder ihrer Aktionäre sowie übertragende Auflösung. Ausf. zu synthetischen Zusammenschlüssen *Rieg*, Synthetische Fusionen, 2006.

[68] ZB: Royal Dutch/Shell, 1907; ABB Asea Brown Boveri, 1987/1988, Fortis, 1993; Dexia, 1996; BAT/Zurich, 1998; Northbanken/Merita, 1998.

[69] Bei der ursprünglichen Planung des Zusammenschlusses von Hoechst/Rhône-Poulenc war vorgesehen, dass nur die *life sciences*-Bereiche in die neue Aventis eingebracht werden sollten, während die industrielle Chemie bei den Muttergesellschaften Hoechst (dann: Aventis Hoechst) und Rhône-Poulenc (dann: Aventis Rhône-Poulenc) verbleiben sollte; zum später verwirklichten Zusammenschluss siehe Rn 78 f.

[70] So bei: ABB, Reed Elsevier, siehe dazu *Jones/Baker* PLC 1993, IV (1) 15 ff.; ursprüngliche Planung von Hoechst/Rhône-Poulenc.

nationalen Muttergesellschaften durch die **Ausgabe von Genussscheinen** vermögensrechtliche Ansprüche gegen inländische Konzerntöchter eingeräumt werden[71].

Bei der ursprünglich von Dexia gewählten Tower Bridge-Konstruktion[72] erhalten die **48** Muttergesellschaften den größten Teil ihrer Dividenden von der inländischen Tochtergesellschaft. Falls die Höhe der Gewinne bei einer der Tochtergesellschaften für die Dividendenzahlung an die inländische Muttergesellschaft nicht ausreicht, wird zwischen den Muttergesellschaften eine **Ausgleichszahlung** durch die ausländische Tochtergesellschaft vereinbart. Auf diese grenzüberschreitenden Dividendenzahlungen fallen dann allerdings zusätzlich **Steuern** an.

Beim Zusammenschluss von BAT/Zurich wurde eine **steuergünstige Dividendenaus-** **49** **schüttung** an die britische Allied Zurich erreicht: Diese wurde mit Aktien, die besondere Dividendenrechte haben, unmittelbar an der auf dritter Ebene liegenden Holdinggesellschaft beteiligt. Dadurch wurde der Gewinn unmittelbar an die britische Konzernmutter ausgeschüttet. Auf Schweizer Seite wurden zur Dividendenzahlung unmittelbar an die Muttergesellschaft Genussscheine herangezogen.

bb) Separate Entities Structure. Das zweite Grundmodell synthetischer Zusammenschlüsse ist **50** die **separate entities structure**[73]. Im Gegensatz zur *combined group structure* verbleiben bei dieser Struktur die einzelnen **Geschäftsbereiche jeweils in der Inhaberschaft der zusammengeführten Gesellschaften**. Nach außen handeln sie aber als Einheit.

Durch ein *equalisation oder sharing agreement* (Gleichstellungs- oder Beteiligungsverein- **51** barung) wird das Auftreten koordiniert. Darin können die Unternehmensleitung, die Dividendenausschüttung und die Gleichbehandlung der Anteilsinhaber aufeinander abgestimmt werden.

In der Vereinbarung ist zu berücksichtigen, dass **52**
– die Anteilsinhaber beider Gesellschaften gleichberechtigt an Dividendenzahlungen und am Liquidationserlös teilnehmen;
– entsprechende Ausgleichszahlungen zwischen den Muttergesellschaften erfolgen, falls eine ihrer Betriebsgesellschaften nicht ausreichend Dividenden erhält, um ihren Anteilsinhabern die Dividenden auszuschütten;
– die Besetzung der unternehmensführenden Organe abgestimmt wird;
– ggf. gemeinsame oder koordinierte Hauptversammlungsbeschlüsse möglich sind.

Bei Unilever enthalten die **Satzungen der beiden Gesellschaften** Bestimmungen, wo- **53** nach die Boardmitglieder nur auf Grund einer Vorschlagsliste gewählt werden dürfen. Jeweils eine Tochtergesellschaft der anderen Gesellschaft hat auf Grund besonderer Aktien das ausschließliche Recht, Kandidaten für diese Liste zu nominieren. Insoweit wird das Modell der *separate entities structure* mit einer **Überkreuzverflechtung** verbunden[74].

Beim Zusammenschluss von RTZ/CRA wird die Gleichbesetzung der Leitungsorgane **54** durch **übereinstimmende Hauptversammlungsbeschlüsse** erreicht[75]. Sofern Belange – wie die Ernennung oder Abberufung von Boardmitgliedern – die Anteilsinhaber der gesamten Gruppe betreffen, wird eine identische Abstimmung durch jeweils einen besonderen stimmberechtigten Anteil möglich[76]. Dieser wird von eigens dafür errichteten Gesellschaften auf beiden Seiten gehalten *(special voting companies)*. In den parallel abgehaltenen Gesellschafterversammlungen beider Gesellschaften wird über die gleichen Beschlussvorlagen

---

[71] So bspw. beim Zusammenschluss von BAT/Zurich.
[72] Die Tochtergesellschaften sind über Kreuz verflochten, daneben bestehen weitere Überkreuzverflechtungen auf niedrigerer Ebene.
[73] Beispiele für diese Vorgehensweise sind Unilever (1929) und RTZ/CRA (1995).
[74] Siehe auch: *Becker* BB 1978, 1321.
[75] Siehe Rn 66 f.
[76] *Radford/Read/King* PLC 1996, VII (1), 27 ff.

abgestimmt. Die Abstimmung bleibt offen, bis die von den Aktionären der jeweils anderen Gesellschaft abgegebenen Stimmen ausgezählt sind und danach noch die Stimmrechte aus den besonderen stimmberechtigten Aktien ausgeübt werden konnten. Nach den Bedingungen dieser besonderen Anteile besitzen sie immer so viele Stimmrechte, dass sie das Abstimmungsergebnis auf der anderen Hauptversammlung widerspiegeln[77]. Die „Stimmgesellschaften" üben entsprechend ihre Stimmrechte aus, wodurch ein **übereinstimmendes Abstimmungsergebnis** auf beiden Hauptversammlungen erzielt wird.

55 cc) *Twinned Share Structure/Stapled Stock*[78]. Die dritte Grundform doppelköpfiger Unternehmenszusammenschlüsse ist die ***twinned share***[79] ***oder stapled stock structure***[80]. *Stapled stock*-Strukturen werden gelegentlich auch bei internationalen **Joint Ventures verwendet**[81]. Hauptziel des Konzepts ist, die Anteilsinhaber so zu behandeln, als wären sie an einer **einzigen Gesellschaft** beteiligt. Gleichzeitig soll der Nachteil der Mehrfachbesteuerung von grenzüberschreitend gezahlten Dividenden vermieden werden. Dies wird erreicht durch gekoppelte Aktien der beiden Spitzengesellschaften, die nur als Paket erworben und veräußert werden können. Die Dividenden erhalten die Aktionäre weiterhin nur von einer der beiden Muttergesellschaften[82].

56 Folglich sind künftige **Kapitalerhöhungen** zur Neuausgabe von Aktien nur einheitlich möglich und müssen koordiniert werden. Deshalb werden Hauptversammlungsbeschlüsse zur Kapitalerhöhung oder -herabsetzung unter der Bedingung gefasst, dass ein entsprechender Beschluss der anderen Gesellschaft ergeht.

57 **b) Synthetische Zusammenschlüsse und deutsches Recht.** *aa) Beteiligung der Hauptversammlung.* Der Zusammenschluss zweier rechtlich selbstständiger Unternehmen, ohne dass diese voneinander abhängig sind, begründet einen (internationalen) **Gleichordnungskonzern**[83]. Der Vorstand ist für den Abschluss des **Gleichordnungsvertrags** zuständig[84]. Ob und wann der Vertrag der Hauptversammlung vorgelegt werden muss, ist schwierig zu beurteilen.

58 Bei der *combined group structure* wird – je nach Ausgestaltung[85] – das ganze **oder ein wesentlicher Teil des Vermögens** auf die gemeinsame Tochtergesellschaft übertragen[86]. Werden Gesellschaftsbeteiligungen auf die Ebene der gemeinsamen Tochtergesellschaft verlagert, sind auf die deutsche AG die Grundsätze der **„Holzmüller"/„Gelatine-Entscheidung"** des BGH[87] anzuwenden. Die **Hauptversammlung** muss je nachdem, welcher Meinung man folgt, mit einfacher oder Dreiviertelmehrheit **zustimmen**. Letzteres gilt jedenfalls kraft gesetzlicher Anforderung dann, wenn das gesamte oder beinahe gesamte Vermögen übertragen wird[88].

---

[77] Die Beteiligung der RTZ an der CRA wird dabei berücksichtigt.
[78] Siehe auch Rn 68 f.
[79] *Twinned share* = Zwillingsaktie.
[80] *Staple* = Heftklammer. Dem Begriff *stapled stock* liegt das Bild der untrennbar zusammengehefteten Anteilszertifikate zu Grunde.
[81] Siehe *Breuninger* in Schaumburg (Hrsg.), Internationale Joint Ventures, S. 213 ff.
[82] Beispiele für ein derartiges Vorgehen sind EuroTunnel (1989) und „Rothmans/Vendôme", Restructuring, PLC 1993, IV (8) 11 f.
[83] § 291 Abs. 2 AktG.
[84] §§ 76, 77 AktG.
[85] Siehe hierzu Rn 44 ff. Vgl auch *Rieg*, Synthetische Fusionen, 2006, S. 528 ff.
[86] Siehe hierzu ausführlich: *Gromann*, Die Gleichordnungskonzerne im Konzern- und Wettbewerbsrecht, 1979, S. 36; *Milde* S. 229.
[87] BGHZ 83, 122 „Holzmüller", BGHZ 159, 30 „Gelatine".
[88] § 179 a AktG.

59 Sofern die beteiligte deutsche AG zudem von einer Betriebsgesellschaft in eine Holdinggesellschaft umstrukturiert wird, ist die **Änderung ihres Gesellschaftsgegenstands** erforderlich. Auch diese Satzungsänderung erfordert einen qualifizierten Mehrheitsbeschluss[89].

60 Ob die Hauptversammlung dem Abschluss eines *equalisation* oder *sharing agreement* bei der *separate entities structure* zustimmen muss, hängt von seinem Inhalt ab.

61 **Gleichordnungsverträge sind keine Unternehmensverträge**[90] und bedürfen nach dem Willen des Gesetzgebers nicht per se der Zustimmung der Hauptversammlung[91]. Allerdings ist die Entscheidung für einen Gleichordnungsvertrag für die Aktionäre von erheblicher Bedeutung. Synthetische Zusammenschlüsse bereiten häufig die endgültige Zusammenführung der Aktionärsbasen vor[92]. Oft beginnen mit ihnen weit reichende Strukturveränderungen.

62 Da die Rechtslage nicht abschließend entschieden ist, wäre vorsichtshalber ein **Hauptversammlungsbeschluss** auch dann zu fassen, wenn die Satzung nicht geändert werden muss und die „Holzmüller"-Kriterien unterschritten sind. Ferner muss der Zusammenschluss nach außen positiv dargestellt werden. Dafür ist es nahezu unverzichtbar, die Hauptversammlung in die Entscheidung einzubeziehen.

63 *bb) Dividendenfluss.* Dividendenzahlungen müssen so gestaltet sein, dass **Mehrfachbesteuerungen vermieden werden**. Deshalb sollten Zahlungen an die deutsche Kapitalgesellschaft von einem Doppelbesteuerungsabkommen erfasst werden, um in Deutschland steuerfrei vereinnahmt werden zu können. Daneben können **Genussscheine an die deutsche Muttergesellschaft** ausgegeben werden[93]. Die Zahlungen auf Genussscheine können derart ausgestaltet werden, dass es sich bei ihnen nicht um Dividenden, sondern um Zinsen handelt[94].

64 *cc) Corporate Governance*[95]. Die **Gleichbesetzung der Verwaltungs- und Überwachungsgremien** bereitet in Deutschland wegen der strikten personellen Trennung von Vorstand und Aufsichtsrat Probleme[96]. Daneben sind die zwingenden Vorschriften des Aktiengesetzes und der **Mitbestimmungsgesetze** zu beachten.

65 Der Aufsichtsrat bestellt den **Vorstand** der deutschen AG[97]. Die Aufgabe kann nicht auf einen Ausschuss oder gar ein anderes Gremium übertragen werden[98]. Der Aufsichtsrat entscheidet nach freiem unternehmerischen Ermessen, das nicht durch rechtsgeschäftliche Bindungen eingeschränkt werden darf[99]. Die **Gleichbesetzung des Vorstands** kann deshalb nicht vereinbart werden. Selbstverständlich ist nicht auszuschließen, dass das einzelne Aufsichtsratsmitglied einer Empfehlung folgt. Spätestens bei den Arbeitnehmervertretern im Aufsichtsrat endet aber die Gleichbesetzung.

66 *dd) Koordinierte Hauptversammlungsbeschlüsse.* Es ist sehr zweifelhaft, ob bei der **Beteiligung einer deutschen Gesellschaft** Hauptversammlungsbeschlüsse koordiniert werden können, wie das bei RTZ/CRA erreicht wird.

---

[89] § 179 Abs. 2 AktG.
[90] § 293 Abs. 2 AktG.
[91] ZB *Hüffer* § 291 AktG Rn 35; *Krieger* in MünchHdbGesR Bd. 4 § 68 Rn 84; *Milde* S. 229; zweifelnd bis ablehnend: *Habersack* in Emmerich/Habersack § 291 AktG Rn 74; *Schmidt* ZHR 155 (1991) 417; *Wellkamp* DB 1993, 2517.
[92] ABB und Allied Zurich haben inzwischen die Einheitsaktie geschaffen.
[93] § 221 AktG.
[94] *Weber-Grellet* in Schmidt KommEStG § 20 EStG Rn 52, 24. Aufl. 2005; *Wassermeyer* in Kirchhof/Söhn KommEStG, Stand März 2007, § 20 EStG Rn C45 ff.
[95] Siehe auch Rn 23 ff.
[96] § 105 AktG.
[97] § 84 Abs. 1 AktG.
[98] § 107 Abs. 3 AktG; BGHZ 65, 190, 192 f.; 79, 38, 42 f.
[99] Gleichwohl getroffene Vereinbarungen sind gem. § 138 BGB nichtig, *Hüffer* § 84 AktG Rn 5 mwN.

67 Ein einheitliches Abstimmungsverfahren in zwei Hauptversammlungen, bei dem durch ausschließlich **stimmberechtigte Aktien ohne Gewinnanspruch** identische Abstimmungsergebnisse in beiden Gesellschaften erreicht werden, ist nicht möglich. Prinzipiell können zwar ausschließlich stimmberechtigte Aktien ausgegeben werden[100]. Sobald Aktien jedoch von der Gesellschaft selbst gehalten werden, **ruht das mitgliedschaftliche Stimmrecht**[101]. Diese Regelung wird auf Dritte erweitert, die der Gesellschaft wirtschaftlich zurechenbar sind[102]. Daneben werden diese Aktien nicht mit einer entsprechenden Quote am Grundkapital beteiligt. Spätestens dann verstößt das Verfahren gegen das **Verbot von Mehrstimmrechten**[103].

68 *ee) Verknüpfung von Aktien.* Eine deutsche und eine ausländische Aktie **dinglich** zu *stapled stock* zu verbinden, dürfte **nicht möglich** sein. Auf eine Verpflichtung zum gemeinsamen Verkauf mit einer anderen Aktie kann die Ausnahmevorschrift zu Nebenleistungen nicht angewendet werden[104]. **Nebenleistungspflichten** können nur wiederkehrende Leistungen sein[105]. Das Ergebnis wird auch nicht durch **vinkulierte Namensaktien** erzielt[106]. Es ist fraglich, ob eine Satzungsbestimmung wirksam wäre, wonach die Zustimmung verweigert werden muss, wenn die ausländische Aktie nicht gleichzeitig veräußert wird. Ein generelles Verbot der Zustimmung für diesen Fall würde über den aktienrechtlichen Wortlaut („Gründe, aus denen die Zustimmung verweigert werden darf"[107]) hinausgehen und den **Grundsatz der freien Übertragbarkeit** zu stark beschränken[108]. Zudem müsste auch die ausländische Aktie vinkuliert werden.

69 Eine **depotrechtliche Verknüpfung** kann faktisch die gewünschte Verbindung herstellen. Dazu werden nicht die Aktien der beiden Gesellschaften, sondern lediglich Depot-Zertifikate am Markt gehandelt. Über das Depot entsteht Miteigentum an beiden Aktien. Auch Genussrechte an einer deutschen Aktiengesellschaft haben sich für *stapled stock* als geeignet erwiesen[109]. Da sie jedoch allenfalls mittelbare **Mitgliedschaftsrechte** an der deutschen Gesellschaft begründen, können sie nur eingeschränkt genutzt werden[110].

70 **c) Bewertung synthetischer Zusammenschlüsse.** Ein primärer Vorteil synthetischer Zusammenschlüsse liegt darin, dass auf der Ebene der Muttergesellschaften nur **geringe Strukturänderungen** erforderlich sind. Die Aktionäre beider Unternehmen sind weiter in der von ihnen ursprünglich akzeptierten Form beteiligt. Sie sind nicht gezwungen, künftig ein ausländisches Aktienpaket zu halten. Aus rechtlichen oder tatsächlichen Gründen kann dies für den Anleger entscheidend sein.

71 Durch den synthetischen Zusammenschluss können zugleich die **Geschäftsaktivitäten** der Gruppe anders **strukturiert** werden, indem bestimmte Unternehmensteile aus dem ge-

---

[100] Aktien können verschiedene Rechte gewähren, der mitgliedschaftliche Gewinnanspruch kann für die Inhaber einzelner Aktien ausgeschlossen werden, *Hefermehl/Bungeroth* in G/H/E/K § 58 AktG Rn 119. Dies gilt jedoch nur, sofern dadurch nicht *de facto* Mehrstimmrechte geschaffen werden.
[101] § 71 b AktG.
[102] § 71 d Satz 4 AktG.
[103] § 12 Abs. 2 AktG. Vgl. auch *Rieg*, Synthetische Fusionen, 2006, S. 399 ff.
[104] § 55 AktG.
[105] *Hüffer* § 55 AktG Rn 4.
[106] § 68 Abs. 2 AktG.
[107] § 68 Abs. 2 Satz 4 AktG.
[108] *Breuninger* in Schaumburg (Hrsg.), International Joint Ventures, S. 213, 222; *Haarmann* in Herzig (Hrsg.), Körperschaftsteuerguthaben bei grenzüberschreitenden Kooperationen, S. 41, 48; *Smith/Thalhammer,* Hefte zur Internationalen Besteuerung, Heft 113, 30 ff.
[109] Dieser Weg wurde bei der Schaffung der Verbundaktie der Redland plc bzw. Redland GmbH 1994 gewählt.
[110] *Breuninger* in Schaumburg (Hrsg.), International Joint Ventures, S. 213, 222; *Haarmann* in Herzig (Hrsg.), Körperschaftsteuerguthaben bei grenzüberschreitenden Kooperationen, S. 41, 49.

meinsamen Unternehmen ausgeklammert werden. Dies war bei der ursprünglichen Planung des Zusammenschlusses von Rhône-Poulenc und Hoechst beabsichtigt.

Nachteilig ist dagegen, dass weder die **Aktionärsbasen** vereinigt werden noch die **Aktienindizes** neu gewichtet werden. Eine höhere Gewichtung bewirkt eine verstärkte Nachfrage. Dadurch ist der Zusammenschluss nach außen positiv darstellbar. 72

Ferner wird die Geschäftsleitung der operativen Gesellschaft abgeschirmt. Die zusammengeschlossenen Gesellschaften können nur mittelbar kontrolliert werden; die **Corporate Governance-Struktur** wird bemängelt. 73

Außerdem berücksichtigen die meisten synthetischen Konzepte den *shareholder value* nicht ausreichend. Dieser misst den Unternehmenserfolg an dem für den Anteilseigner als Eigenkapitalgeber geschaffenen ökonomischen Wert, also am Marktwert des Eigenkapitals[111]. Übernahmespekulationen beeinflussen den als Markt für Unternehmenskontrolle verstandenen Aktienmarkt. Die operativen Gesellschaften können nur über die beiden an der Konzernspitze stehenden börsennotierten Gesellschaften in zwei getrennten Transaktionen übernommen werden. Die praktischen Schwierigkeiten dieses Vorgehens begründen effektiven Übernahmeschutz, verbunden mit den negativen Auswirkungen auf den Shareholder Value. 74

Durch die **Struktur der Doppelspitze** wird es erheblich schwieriger, die beiden Aktionärsgruppen gleich zu behandeln. Kapitalerhöhungen bei einer Gesellschaft führen zu Verlagerungsbewegungen zwischen den Aktien. Um die Gleichwertigkeit der Anteile an beiden Gesellschaften zu sichern, ist daher eine Reihe komplizierter **Anpassungs- und Abstimmungsmechanismen** erforderlich. Dadurch ist die Unternehmensleitung schwerfällig, und die erforderliche Flexibilität wird verhindert. 75

Ein Großteil dieser Probleme lässt sich lösen, das Hauptproblem aber nicht: Ein Unternehmen mit synthetischer Struktur kann nur erschwert seine **Aktien als Akquisitionswährung** einsetzen. Bei größeren Akquisitionen oder einem weiteren Zusammenschluss unter Gleichen müssten gleichmäßig Aktien beider Spitzengesellschaften ausgegeben werden. Das vermindert die Attraktivität dieses Modells erheblich. 76

2. Verschmelzungsähnliche Zusammenschlüsse durch Aktientausch

Verschmelzungsähnliche Zusammenschlüsse werden zunehmend durch den **Tausch von Aktien** verwirklicht. Der Zusammenschluss wird bei dieser Vorgehensweise rechtlich durch **Konzernbildung** erreicht. Ergebnis ist eine (neue oder schon vorhandene) Obergesellschaft, an der die Aktionäre beider „alten" Gesellschaften beteiligt sind. Die Aktionärskreise werden also zusammengeführt. Die Obergesellschaft kann ihren Sitz in einem der beiden Ausgangsländer oder einem Drittstaat haben. Letzteres mag die Akzeptanz bei den Aktionären erhöhen, vergrößert aber die Probleme und wird daher kaum vorkommen. 77

a) Strukturen verschmelzungsähnlicher Zusammenschlüsse. *aa) Zusammenschluss durch Aktientausch.* Eine **einstufige Zusammenführung** kann erreicht werden, indem eine Gesellschaft ihr Kapital erhöht und den Aktionären der anderen Gesellschaft anbietet, ihre Aktien in junge Aktien der kapitalerhöhenden Gesellschaft umzutauschen. Das Angebot wird mit der Bedingung verbunden, dass eine bestimmte Umtauschquote erreicht wird[112]. Durch den **Aktienumtausch** werden die kapitalerhöhende Gesellschaft mehrheitlich an der anderen Gesellschaft und deren ehemalige Aktionäre an der neuen Muttergesellschaft beteiligt. 78

Bei den Zusammenschlüssen von Rhône-Poulenc/Hoechst[113] und Vodafone/Mannesmann wurde so vorgegangen. 79

---

[111] *Schilling* BB 1997, 373.
[112] Beim Zusammenschluss von Hoechst und Rhône-Poulenc war als Mindestannahmequote 90% vorgesehen.
[113] *Hoffmann* NZG 1999, 1077.

80 *bb) Zusammenschluss durch Nutzung ausländischen Verschmelzungsrechts.* In Ausnahmefällen können die Aktionärskreise **ohne Umtauschangebot** zusammengeführt werden. Bei einer Verschmelzung nach (dem deutschem) UmwG erhalten die Aktionäre der übertragenden Gesellschaft zwingend Aktien der übernehmenden Gesellschaft als Gegenleistung, selbst wenn diese ein abhängiges Unternehmen einer (dritten) Konzernobergesellschaft ist. In den USA ist das anders; dort gibt es Möglichkeiten, den Aktionären Aktien einer nicht unmittelbar an der Verschmelzung beteiligten Gesellschaft als Abfindung oder Gegenleistung anzubieten. Der Aktientausch ist dann nicht Folge eines vertragsrechtlichen Umtauschangebots, sondern eines organisationsrechtlichen Umwandlungsvorgangs. Der offensichtliche Vorteil liegt darin, dass alle Aktionäre durch gesetzliche Rechtsfolge Aktionäre der Obergesellschaft werden, nicht nur die akzeptierenden.

81 Vodafone und AirTouch nutzten die Verschmelzungstechnik des *reverse triangular merger*[114]. Im Gegensatz zum Aktientausch genügt dabei ein qualifizierter Mehrheitsbeschluss, um den Erwerb aller Anteile an der Zielgesellschaft zu erreichen.

82 Auch das österreichische Verschmelzungsrecht ermöglicht es, als Gegenleistung **Aktien der Obergesellschaft** zu gewähren[115], und zwar unabhängig davon, ob diese eine österreichische Gesellschaft ist. Diese Besonderheit machten sich Bayerische HypoVereinsbank AG (HVB) und Bank Austria AG (BA) zu Nutze. Zunächst wurde das gesamte Geschäft von BA in eine Mantelgesellschaft der Bank Austria-Gruppe, die Sparkasse Stockerau AG (BAneu) eingebracht. BA brachte daraufhin ihre Beteiligung an BAneu in HVB ein, die dafür ein genehmigtes Kapital nutzte. Dann wurde BA auf BAneu verschmolzen. Die BA-Aktionäre erhielten als Gegenleistung keine BAneu-Aktien, sondern die HVB-Aktien, die BA zuvor erworben hatte.

83 *cc) Zusammenschluss durch beidseitigen Aktientausch und Mischformen.* Gesellschaften können sich auch zusammenschließen, indem eine **dritte** – idR neu gegründete – Gesellschaft den **Aktientausch anbietet**. Nach vollzogenem Umtausch sind beide Gesellschaften Tochtergesellschaften der neuen Gesellschaft. In einem zweiten Schritt kann die inländische Tochter auf die Konzernmutter verschmolzen werden. Die verbleibenden Minderheitsaktionäre werden entweder in die aufnehmende (neue) Gesellschaft gezwungen oder scheiden aus. Dieser Weg war für die Verschmelzung von VIAG AG mit alusuisse lonza group AG vorgesehen, einer 1999 geplanten Transaktion, die nicht durchgeführt wurde.

84 Ein gemischtes Verfahren wurde bei der Fusion von Daimler-Benz AG und Chrysler Corp. herangezogen[116]. Die neue Gesellschaft (DaimlerChrysler AG) führte **zwei Kapitalerhöhungen** gegen Sacheinlagen durch. Den Aktionären von Daimler-Benz AG bot sie an, ihre Aktien gegen Aktien der DaimlerChrysler AG zu tauschen. Im Anschluss daran wurden durch einen *reverse triangular merger* sämtliche Anteile an Chrysler Corp. in DaimlerChrysler AG eingebracht. Nach erfolgreichem Aktientausch wurde Daimler-Benz AG nach Maßgabe des UmwG auf **DaimlerChrysler AG verschmolzen**[117].

---

[114] Der *triangular merger* ist eine nach amerikanischem Recht vorgesehene Form der Verschmelzung im Dreiecksverhältnis. Dabei werden zwei Gesellschaften mit Hilfe einer Tochtergesellschaft der Erwerbergesellschaft verschmolzen. Die Erwerbergesellschaft bringt eigene Anteile in diese Tochtergesellschaft ein. Beim *reverse triangular merger* wird die Tochtergesellschaft auf die Zielgesellschaft verschmolzen. Die Aktionäre der Zielgesellschaft erhalten im Austausch für ihre Aktien die Anteile an der Erwerbergesellschaft. Dies hat zur Folge, dass die Tochtergesellschaft aufgelöst ist und die Zielgesellschaft zu 100% der Erwerbergesellschaft gehört. Vergleichbare Möglichkeiten der Verschmelzung bestehen nach deutschem Recht nicht. *Baums* JITE 155 (1999) 119 ff.; *ders.*, FS Zöllner, S. 65, 70 ff.; vgl. auch *Cheyne/Haynes* PLC 1999, 35.
[115] Ähnlich wie beim *triangular merger* nach US-Recht.
[116] Siehe dazu *Baums* JITE 155 (1999) 119; *ders.* FS Zöllner, S. 65; *Thoma/Reuter* European Counsel May 1999, S. 45; *Decher* FAZ 13. 8. 1999 S. 22.
[117] Siehe zu den steuerlichen Folgen *Fleischmann* DB 1998, 1883.

b) Zusammenschlüsse durch Aktientausch und deutsches Recht. Verschmel- 85
zungsähnliche Zusammenschlüsse mit Hilfe eines Aktientauschs werfen Folgefragen zur
rechtlichen und praktischen Umsetzung auf.

aa) Anfechtungsrisiken. Bei der Fusion von Hoechst und Rhône-Poulenc erhöhte die fran- 86
zösische Rhône-Poulenc S. A. ihr Kapital und bot den Hoechst-Aktionären den **Umtausch**
ihrer Hoechst-Aktien in Rhône-Poulenc-Aktien an. Die umgekehrte Vorgehensweise wäre
zwar rechtlich möglich, aber auf Grund des deutschen Aktienrechts praktisch kaum realisierbar gewesen.

Bei der Kapitalerhöhung müsste das **Bezugsrecht ausgeschlossen werden**. Dies erfor- 87
dert nicht nur einen Hauptversammlungsbeschluss mit Dreiviertelmehrheit[118], sondern auch
eine sachliche Rechtfertigung[119]. Der Beschluss hätte **angefochten** werden können. Ist die
Anfechtung erfolgreich, sind Zeichnung der Aktien und Zeichnungsverträge unwirksam und
müssen rückabgewickelt werden[120]. Es hilft also nicht, dass der Registerrichter womöglich
überzeugt werden kann, die Kapitalerhöhung einzutragen, anstatt das Verfahren auszusetzen[121], denn die Eintragung hat keine heilende Wirkung. Dieses Risiko müsste in den **Börsenzulassungsprospekt**[122] für die jungen Aktien aufgenommen werden, um Prospekthaftungsrisiken zu vermeiden. Die mit dem Anfechtungsrisiko belasteten Aktien müssten unter einer besonderen Wertpapier-Kennnummer gehandelt werden, um sie von den anderen unterscheidbar zu halten. Die Durchführung der Transaktion wird daher erst möglich
sein, wenn die Anfechtungsklagen erledigt sind. Wegen des Potenzials rechtsmissbräuchlicher, insbes. erpresserischer Anfechtungsklagen ist die Kapitalerhöhung bei der deutschen
Gesellschaft nicht zweckmäßig, wenn sie nicht aus genehmigtem Kapital geschehen kann.

Sofern dagegen eine **neu gegründete Gesellschaft** den Aktienumtausch anbietet, ist das 88
Anfechtungsrisiko auf der Ebene dieser Gesellschaft ausgeschaltet: Die Kapitalerhöhung wird
zu einem Zeitpunkt beschlossen, zu dem die Gesellschaft von ihren Gründern vollständig
kontrolliert wird. Um einen Beschluss der Hauptversammlung anzufechten, muss der Kläger
zurzeit der Beschlussfassung **Aktionär** sein[123]. Aktionäre können deshalb keine Beschlüsse
angreifen, die vor dem Erwerb der Aktien gefasst wurden. Die erfolgreiche Anfechtung eines
Kapitalerhöhungsbeschlusses würde zudem der eigenen neu erworbenen Aktionärsstellung
die Grundlage entziehen.

bb) Gründung der neuen Gesellschaft. Die **neue Gesellschaft** kann auf Veranlassung der Ge- 89
sellschaften durch einen Dritten, zB eine Bank, **gegründet werden**. Die Gründer der neuen
Gesellschaft können Treuhänder der Gesellschaften sein, die zusammengeführt werden sollen. Ggf. ist die neu gegründete Gesellschaft eine von den Parteien des Zusammenschlusses gemeinsam beherrschte Gesellschaft. Mit dem Umtauschangebot an die Aktionäre ihrer
Konzernmütter würde sie versuchen, Aktien ihrer Muttergesellschaften zu erwerben.

Ein solcher Vorgang ist nur eingeschränkt zulässig[124]. Die Gesellschaft darf nicht mehr als 90
10% ihres Grundkapitals besitzen[125]. Diese Grenze gilt auch für ein von der Gesellschaft
abhängiges oder im Mehrheitsbesitz stehendes Unternehmen, das Aktien seiner Muttergesellschaft erwirbt[126]. Die neue Gesellschaft strebt aber den Erwerb aller Aktien der Gesell-

---

[118] §§ 182, 183, 186 AktG.
[119] Grundlegend: BGHZ 71, 40, 43 ff.; BGHZ 83, 319, 325; zu den Maßstäben an die sachliche Rechtfertigung: *Wiedemann* in Großkomm. § 186 AktG Rn 173; *Krieger* in MünchHdbGesR Bd. 4 § 56 AktG Rn 74; *Volhard* in Semler/Volhard HV Hdb. § 14 Rn 26 f.
[120] § 158 Abs. 2 BGB; *Hüffer* § 185 AktG Rn 27.
[121] § 127 Satz 1 FGG; *Hüffer* § 181 AktG Rn 17.
[122] Siehe *Schlitt* in Semler/Volhard ÜN Hdb. § 23 Rn 64, 69 ff.
[123] § 245 AktG; Ausnahme § 245 Nr. 3 AktG.
[124] §§ 71 ff. AktG.
[125] § 71 Abs. 2 AktG.
[126] § 71 d Satz 2 AktG.

schaften des Zusammenschlusses an. Die **Erwerbsgrenze** würde deshalb immer überschritten und wäre – soweit es um den Erwerb der Anteile an der deutschen Gesellschaft geht – unzulässig. Die erworbenen Aktien müssten binnen eines Jahres veräußert werden[127].

91 Gleichwohl scheitert ein Unternehmenszusammenschluss durch Aktientausch nicht am Verbot des Erwerbs eigener Aktien[128]. Der Zweck des Verbots wird durch das Umtauschangebot der neuen Gesellschaft nicht berührt. Die Regelungen über den Erwerb eigener Aktien dienen dem **Kapitalschutz**[129] und sollen verhindern, dass den Aktionären durch Rückkauf von Aktien ihre **Einlagen zurückgewährt** werden[130]. Diese Gefahr besteht bei einem Aktientausch nicht. Durch ein erfolgreiches Umtauschangebot erhalten die Aktionäre Aktien der neuen Konzernobergesellschaft. Zu einer Kapitalrückzahlung kommt es nicht. Wird die Umtauschquote dagegen nicht erreicht, unterbleibt die gesamte Transaktion. Ein Rückerwerb findet nicht statt. Außerdem wird die erwerbende neue Gesellschaft im Moment des Aktienumtauschs zur Muttergesellschaft. Das Mutter-/Tochterverhältnis wird also umgekehrt. §§ 71 ff. AktG sind dann **nicht mehr anwendbar**.

92 *cc) Beteiligung der Hauptversammlung.* Das Übernahmeangebot wird von einer rechtlich selbstständigen Gesellschaft gemacht. Die Aktionäre sind frei, das Angebot anzunehmen oder abzulehnen. Eine **Beteiligung der Hauptversammlung** der Gesellschaften, die sich zusammenschließen, erscheint nicht erforderlich. Doch wird die Transaktion durch die **Vorstände der Gesellschaften** eingeleitet. Dem Vorstand obliegt die Geschäftsführung und Leitung der Gesellschaft[131], soweit Aufgaben der Unternehmensplanung, -koordination, -kontrolle und die Besetzung der Führungspositionen betroffen sind[132]. Der **Zuständigkeitsbereich** wird überschritten, indem ein Business Combination Agreement zur Vorbereitung des Zusammenschlusses abgeschlossen wird. Die Vereinbarung leitet eine grundlegende Umstrukturierung der Gesellschaft ein. Nach den **Grundsätzen der „Holzmüller"-Entscheidung**[133] spricht deshalb viel dafür, dass die Hauptversammlung zustimmen muss.

93 Sofern unmittelbar dem **Business Combination Agreement** zugestimmt werden soll, ließe sich an eine Vertragsprüfung und einen entsprechenden Prüfungsbericht denken. Vergleicht man die Vereinbarung mit dem Abschluss **eines Unternehmensvertrags**, ist es nicht weit bis zur entsprechenden Anwendung der Vorschriften über dessen Prüfung[134]. Um die Aussichten einer Anfechtungsklage zu verringern, sollte die Hauptversammlung den **Zusammenschluss insgesamt** und nicht die Zustimmung zum Business Combination Agreement **beschließen**.

94 *dd) Nachfolgende Umstrukturierung.* Die neue Gesellschaft hat künftig zwei Tochtergesellschaften. In diesen sind die Aktionäre als Minderheit verblieben, die das Umtauschangebot nicht angenommen haben. Deshalb ist eine **nachfolgende Reorganisation** zweckmäßig.

95 Falls im Ausland oder in Deutschland die *squeeze out-Regelung*[135] anwendbar ist, können Minderheitsaktionäre aus der Gesellschaft ausgeschlossen werden. Alternativ ist eine Verschmelzung möglich.

---

[127] § 71 c AktG.
[128] Der Mehrheitsbesitz iSv. § 16 AktG könnte bei einem *merger of equals* zweifelhaft sein; falls die Vermutungsregel nach § 17 Abs. 2 AktG nicht eingreift, müsste eine Interessenkoordination angenommen werden können, vgl. BGHZ 62, 193, 196; 74, 359, 368; *OLG Hamm* AG 1998, 588; *Säcker* NJW 1980, 801, 804; Grundlage dafür könnte das Business Combination Agreement sein.
[129] *Hüffer* § 71 AktG Rn 1.
[130] § 57 Abs. 1 AktG.
[131] §§ 76, 77 AktG.
[132] *Hüffer* § 76 AktG Rn 8, 9.
[133] BGHZ 83, 122.
[134] §§ 293 ff. AktG.
[135] §§ 327 a bis 327 f AktG.

ee) Zusammenschluss durch Beitritt. Gesellschaften können auch zusammengeschlossen werden, indem die eine ihr Vermögen als Sacheinlage gegen junge Aktien der anderen Gesellschaft in diese einbringt, die so erworbenen jungen Aktien an ihre Gesellschafter ausschüttet und liquidiert wird. Ebenso ist denkbar, die übertragende Gesellschaft zunächst zu liquidieren und die jungen Aktien als Liquidationserlös auszuschütten. Gegen dieses Vorgehen in beiden Varianten sprechen zunächst steuerliche Gründe. Ist die übertragende Gesellschaft eine deutsche Gesellschaft, steht der Anspruch jedes einzelnen Gesellschafters auf Dividende oder Liquidationserlös in bar entgegen, der durch Mehrheitsbeschluss nicht beseitigt werden kann[136]. 96

Bei der bislang einzigen grenzüberschreitenden Zusammenführung zweier Genossenschaften wurde ein ähnlicher Weg beschritten. Die deutsche Genossenschaft Milchwerke Köln/Wuppertal eG brachte ihr Vermögen Anfang 2001 in die niederländische Genossenschaft Campina Melkunie u.a. ein und erhielt die Stellung eines Mitglieds mit besonderen Rechten. Nach einer Übergangsphase, in der die Lieferkonditionen der Genossen und Kapitalkonten angeglichen wurden, konnten die Anteilscheine an der niederländischen Genossenschaft im Wege eines Umtauschangebots an die Mitglieder der deutschen Genossenschaft ausgegeben werden[137]. 97

c) **Bewertung verschmelzungsähnlicher Zusammenschlüsse.** Der Zusammenschluss durch ein **einseitiges Umtauschangebot** kann **zügig** vorgenommen werden und ist **kostengünstig**. Innerhalb der EU kann er häufig **steuerneutral** gestaltet werden. Nachteilig ist demgegenüber die Wirkung in der Öffentlichkeit. Ein einseitiges Umtauschangebot kann als Übernahme aufgefasst werden[138]. 98

Bei einem **beidseitigen Tauschangebot** wird der Zusammenschluss auf Grund der erforderlichen Umtauschaktionen **kostenintensiver, komplexer** und möglicherweise auch **langwieriger**. Steuerlich bedeutet es meist eine Verteuerung. So fiel bei der Verschmelzung von Daimler-Benz AG auf DaimlerChrysler AG Grunderwerbsteuer auf die Immobilien im Vermögen der Daimler-Benz AG an. 99

Vorteilhaft ist dagegen die Neugründung einer Gesellschaft mit **zunächst nur einem Aktionär**. Sonst aufwendige Beschlüsse können schnell gefasst und eingetragen werden. Die Gesellschaften sind so außergewöhnlich **flexibel**. Inwieweit diese Möglichkeit ausgenutzt werden darf, ist noch ungeklärt. 100

Das beidseitige Tauschangebot ist auch der Möglichkeit vorzuziehen, nur den Aktionären der ausländischen Gesellschaft den Umtausch anzubieten und die inländische Gesellschaft auf die neue Gesellschaft zu verschmelzen. Die Umtauschtransaktion kann auf den Tag genau geplant werden. Der Zeitpunkt einer Verschmelzung ist dagegen nicht genau bestimmbar. **Anfechtungsklagen** können das Verfahren verzögern. Denkbar ist sogar, dass der im Ausland erfolgte Umtausch mit erheblichem Zeitabstand auf Grund einer erfolgreichen Anfechtungsklage **rückabgewickelt werden muss**, weil die Verschmelzung nach deutschem Recht nicht eintragungsfähig ist[139]. Diese Gefahr besteht bei der Zusammenführung nur durch Aktientausch nicht. 101

Die Verschmelzung betrifft nur noch die **verbliebenen Kleinaktionäre**. Das Scheitern gefährdet nicht die gesamte Transaktion. Zudem können nur die von der Verschmelzung 102

---

[136] Für die Dividende: *Hüffer* § 58 AktG Rn 28; *Henze* in Großkomm. § 58 AktG Rn. 97; für den Liquidationsüberschuss: *Kraft* in Kölner Komm. § 271 AktG Rn 6; *Schulze-Osterloh/Noack* in Baumbach/Hueck § 72 GmbHG Rn 3.

[137] Vgl. *Murmann*, Lebensmittel-Zeitung vom 1. 12. 2000, S. 1 und 20.

[138] *Horn* ZIP 2000, 473, 477, der anscheinend einen Zusammenschluss unter Gleichen nur annimmt, wenn die Aktionäre beider Gesellschaften zum Tausch ihrer Aktien aufgefordert werden; gleichwohl erachtet auch er den Zusammenschluss von Hoechst/Rhône-Poulenc als Zusammenschluss unter Gleichen, ZIP 2000, 473, 474; siehe auch *ders.*, FS Lutter, S. 1113, 1119 ff.

[139] § 16 UmwG.

betroffenen Aktionäre gerichtlich überprüfen lassen, ob das **Umtauschverhältnis angemessen** ist. Eine Neubewertung hat deshalb nur finanzielle Auswirkungen auf das neue Unternehmen[140] und stellt nicht das Umtauschverhältnis in Frage.

103 Angesichts des faktischen Verzichts auf das Spruchverfahren mag es auf den ersten Blick überraschen, warum **Umtauschangebote überwiegend angenommen** werden[141]. Ein Grund hierfür liegt darin, dass sonst die wirtschaftlich sinnvolle Zusammenführung scheitern kann. Wichtiger dürfte für die Marktteilnehmer sein, dass die Investition in die alte Gesellschaft **nach dem Umtausch nicht mehr liquide** ist, wodurch der Marktwert der Aktien der alten Gesellschaft sinkt. Wem ein kleiner Prozentsatz des Kapitals einer börsennotierten Gesellschaft gehört, der kann seine Investition rasch liquidieren, es sei denn, dieser Prozentsatz macht einen maßgeblichen Teil der umlaufenden Papiere *(free float)* aus.

104 Das echte beidseitige Umtauschangebot erfordert **wechselseitige Bedingungen**. In einigen nationalen Rechtsordnungen sind beim Umtauschangebot nur bestimmte Bedingungen zulässig. So kann in manchen Ländern das Angebot ausschließlich an umtauschimmanente Faktoren, wie eine bestimmte Akzeptanzschwelle, geknüpft werden. Eine bestimmte Umtauschquote in Deutschland wäre als Bedingung in anderen Ländern unzulässig, weil der Vorgang außerhalb der Verhältnisse der dortigen Gesellschaft liegt.

III. Synthetische Zusammenschlüsse und verschmelzungsähnliche Zusammenschlüsse im Vergleich

105 Während **synthetische Zusammenschlüsse** weniger Veränderungen erfordern und damit leichter zu implementieren sind, ist ein Zusammenschluss mittels **Aktientausch** zu einer einheitlichen Gesellschaft aufwändiger. Er gewährleistet aber, dass die Aktionärskreise abschließend zusammengeführt werden.

106 Die Schwierigkeiten synthetischer Zusammenschlüsse liegen in der anschließenden **Unternehmensführung** und der fehlenden Akquisitionswährung. Dies nimmt den Unternehmen Flexibilität[142].

107 Dagegen vermeidet ein einstufiger Zusammenschluss Unsicherheit über den Zeitpunkt und die Bedingungen der endgültigen Zusammenführung. Eine einfache und transparente Organisationsstruktur kann sofort erreicht werden[143]. Aus **deutscher Sicht** kommen für den internationalen verschmelzungsähnlichen Zusammenschluss auf eine deutsche Gesellschaft nur zwei Wege in Betracht: Die Ausnutzung eines etwa vorhandenen **genehmigten Kapitals** mit Bezugsrechtsausschluss (dann muss der Partner deutlich kleiner sein) oder der **Aktientausch** gegen Aktien einer neu gegründeten AG.

---

[140] *Decher* FAZ 13. 8. 1999 S. 22; *Horn* ZIP 2000, 473, 479; *ders.*, FS Lutter, S. 1113, 1121.

[141] Von den ehemaligen Daimler-Benz Aktionären haben über 98% das Umtauschangebot angenommen.

[142] So sind ABB und Zurich Financial Services nach synthetischen Zusammenschlüssen zur Einheitsaktie übergegangen; siehe auch *Dries* Zurich Financial wartet ungeduldig auf Akquisitionswährung, FAZ 4. 5. 2000 S. 30.

[143] Bericht über den Unternehmenszusammenschluss von Hoechst und Rhône-Poulenc, S. 58.

Drittes Buch. Spaltung

Erster Teil. Allgemeine Vorschriften

Erster Abschnitt. Möglichkeit der Spaltung

§ 123 Arten der Spaltung

(1) Ein Rechtsträger (übertragender Rechtsträger) kann unter Auflösung ohne Abwicklung sein Vermögen aufspalten
1. zur Aufnahme durch gleichzeitige Übertragung der Vermögensteile jeweils als Gesamtheit auf andere bestehende Rechtsträger (übernehmende Rechtsträger) oder
2. zur Neugründung durch gleichzeitige Übertragung der Vermögensteile jeweils als Gesamtheit auf andere, von ihm dadurch gegründete neue Rechtsträger

gegen Gewährung von Anteilen oder Mitgliedschaften dieser Rechtsträger an die Anteilsinhaber des übertragenden Rechtsträgers (Aufspaltung).

(2) Ein Rechtsträger (übertragender Rechtsträger) kann von seinem Vermögen einen Teil oder mehrere Teile abspalten
1. zur Aufnahme durch Übertragung dieses Teils oder dieser Teile jeweils als Gesamtheit auf einen bestehenden oder mehrere bestehende Rechtsträger (übernehmende Rechtsträger) oder
2. zur Neugründung durch Übertragung dieses Teils oder dieser Teile jeweils als Gesamtheit auf einen oder mehrere, von ihm dadurch gegründeten neuen oder gegründete neue Rechtsträger

gegen Gewährung von Anteilen oder Mitgliedschaften dieses Rechtsträgers oder dieser Rechtsträger an die Anteilsinhaber des übertragenden Rechtsträgers (Abspaltung).

(3) Ein Rechtsträger (übertragender Rechtsträger) kann aus seinem Vermögen einen Teil oder mehrere Teile ausgliedern
1. zur Aufnahme durch Übertragung dieses Teils oder dieser Teile jeweils als Gesamtheit auf einen bestehenden oder mehrere bestehende Rechtsträger (übernehmende Rechtsträger) oder
2. zur Neugründung durch Übertragung dieses Teils oder dieser Teile jeweils als Gesamtheit auf einen oder mehrere, von ihm dadurch gegründeten neuen oder gegründete neue Rechtsträger

gegen Gewährung von Anteilen oder Mitgliedschaften dieses Rechtsträgers oder dieser Rechtsträger an den übertragenden Rechtsträger (Ausgliederung).

(4) Die Spaltung kann auch durch gleichzeitige Übertragung auf bestehende und neue Rechtsträger erfolgen.

Übersicht

		Rn
I.	Allgemeines	1
	1. Sinn und Zweck der Norm	2
	a) Entbehrlichkeit der Einzelrechtsübertragung	3
	b) Wahl verschiedener Spaltungsvorgänge	5
	2. Übertragung von Vermögensanteilen „als Gesamtheit"	6
	3. Gründe für eine Spaltung	7
	4. Entstehungsgeschichte	8
	5. Europäische Rechtsangleichung	10
II.	Spaltungsarten	11
	1. Aufspaltung (Abs. 1)	12
	2. Abspaltung (Abs. 2)	14
	3. Ausgliederung (Abs. 3)	15

		Rn
	a) Keine Vermögensreduktion	16
	b) Möglichkeit der Totalausgliederung	17
	4. Spaltung zur Aufnahme und zur Neugründung (Abs. 4)	18
	5. Kombination von Spaltungsvorgängen	20
III.	Nichtverhältniswahrende Auf- und Abspaltung	21
IV.	Abspaltung auf Tochtergesellschaft	22
V.	Ausgliederung auf 100%-ige Tochter- oder Muttergesellschaft	23
	1. Ausgliederung auf 100%-ige Tochtergesellschaft	24
	2. Ausgliederung von 100%-iger Tochter- auf Muttergesellschaft	26

Literatur: *Aha,* Einzel- oder Gesamtrechtsnachfolge bei der Ausgliederung?, AG 1997, 345; *Bader/Ebert,* Risiken bei Ausgliederung/Abspaltung von Pensionsverpflichtungen nach dem Umwandlungsgesetz, DB 2006, 938; *Bayer/Wirth,* Eintragung der Spaltung und Eintragung der neuen Rechtsträger – oder: Pfadsuche im Verweisungsdschungel des neuen Umwandlungsrechts, ZIP 1996, 817; *Borges,* Einheitlicher Vertrag bei Ausgliederung mehrerer Vermögensteile?, BB 1997, 589; *Bruski,* Die Gründungsphase der Aktiengesellschaft bei der Spaltung zur Neugründung, AG 1997, 17; *Bungert,* Die Übertragung beschränkter persönlicher Dienstbarkeiten bei der Spaltung, BB 1997, 897; *Engelmeyer,* Ausgliederung durch partielle Gesamtrechtsnachfolge und Einzelrechtsnachfolge – ein Vergleich, AG 1999, 263; *dies.,* Die Spaltung von Aktiengesellschaften nach dem neuen Umwandlungsrecht, Diss. Bielefeld 1995; *Feddersen/Kiem,* Die Ausgliederung zwischen „Holzmüller" und neuem Umwandlungsrecht, ZIP 1994, 1078; *Fey/Neyer,* Zweifelsfragen bei der Spaltung eines internationalen Konzerns: Trennung von Gesellschafterstämmen, Veräußerung an außenstehende Personen, IStR 1998, 161; *Ganske,* Reform des Umwandlungsrechts, WM 1993, 1117; *Habersack,* Mitwirkungsrechte der Aktionäre nach Macrotron und Gelatine, AG 2005, 137; *Heidenhain,* Partielle Gesamtrechtsnachfolge bei der Spaltung, ZHR 168 (2004) 468; *ders.,* Sonderrechtsnachfolge bei der Spaltung, ZIP 1995, 801; *Heine/Lechner,* Die umwandlungsrechtliche Sachauskehrung durch Spaltung bei börsennotierten Aktiengesellschaften, AG 2005, 669; *Hennrichs,* Zum Formwechsel und zur Spaltung nach dem neuen Umwandlungsgesetz, ZIP 1995, 794; *ders.,* Formwechsel und Gesamtrechtsnachfolge bei Umwandlungen, Diss. Mainz 1994; *Herzig/Förster,* Problembereiche bei der Auf- und Abspaltung von Kapitalgesellschaften nach neuem Umwandlungssteuerrecht, DB 1995, 338; *Herzig/Momen,* Die Spaltung von Kapitalgesellschaften im neuen Umwandlungssteuergesetz, DB 1994, 2157, 2210; *Ihrig,* Verschmelzung und Spaltung ohne Gewährung neuer Anteile?, ZHR 160 (1996) 317; *ders.,* Gläubigerschutz durch Kapitalaufbringung bei Verschmelzung und Spaltung nach neuem Umwandlungsrecht, GmbHR 1995, 622; *Ittner,* Die Spaltung nach dem neuen Umwandlungsrecht, MittRhNotK 1997, 105; *Joost,* „Holzmüller 2000" vor dem Hintergrund des Umwandlungsgesetzes, ZHR 163 (1999) 164; *Jung,* Die stille Gesellschaft in der Spaltung, ZIP 1996, 1734; *Kallmeyer,* Umwandlung nach UmwG und Unternehmensakquisition, DB 2002, 568; *ders.,* Der Einsatz von Spaltung und Formwechsel nach dem UmwG 1995 für die Zukunftssicherung von Familienunternehmen, DB 1996, 28; *ders.,* Kombination von Spaltungsarten nach dem neuen Umwandlungsgesetz, DB 1995, 81; *ders.,* Das neue Umwandlungsgesetz, ZIP 1994, 1746; *Kiem,* Die schwebende Umwandlung, ZIP 1999, 173; *Körner/Rodewald,* Bedingungen, Befristungen, Rücktritts- und Kündigungsrechte in Verschmelzungs- und Spaltungsverträgen, BB 1999, 853; *Mayer,* Erste Zweifelsfragen bei der Unternehmensspaltung, DB 1995, 861; *Nagl,* Die Spaltung durch Einzelrechtsnachfolge und nach neuem Umwandlungsrecht, DB 1996, 1221; *Neye,* Die Änderungen im Umwandlungsrecht nach den handels- und gesellschaftsrechtlichen Reformgesetzen in der 13. Legislaturperiode, DB 1998, 1649; *Pickhardt,* Die Abgrenzung des spaltungsrelevanten Vermögensteils als Kernproblem der Spaltung, DB 1999, 729; *Priester,* Mitgliederwechsel im Umwandlungszeitpunkt – Die Identität des Gesellschafterkreises – ein zwingender Grundsatz?, DB 1997, 560; *Priester,* Personengesellschaften im Umwandlungsrecht – Praxisrelevante Fragen und offene Posten, DStR 2005, 788; *Reichert,* Mitwirkungsrechte und Rechtsschutz der Aktionäre nach Macrotron und Gelatine, AG 2005, 150; *Rosener,* Parallele Aufspaltung von Gesellschaften, FS J. Semler, 1993, S. 593; *H. Schmidt,* Totalausgliederung nach § 123 Abs. 3 UmwG, AG 2005, 26; *K. Schmidt,* Integrationswirkung des Umwandlungsgesetzes, FS Ulmer, 2003, S. 557; *Schöne,* Auf- und Abspaltung nach den §§ 123 ff. UmwG – ein Überblick unter Berücksichtigung der Rechtslage für die GmbH, ZAP 1995, 693;

Schwanna, Die Gründung von Gesellschaften in Deutschland, Frankreich und Großbritannien, Diss. Hamburg 2002; *Schwedhelm/Streck/Mack,* Die Spaltung der GmbH nach neuem Umwandlungsrecht, GmbHR 1995, 7, 100; *Thiel,* Die Spaltung (Teilverschmelzung) im Umwandlungsgesetz und im Umwandlungssteuergesetz – neue Möglichkeiten zur erfolgsneutralen Umstrukturierung von Kapitalgesellschaften, DStR 1995, 237, 276; *Trölitzsch,* Rechtsprechungsübersicht: Das Umwandlungsrecht seit 1995, WiB 1997, 795; *Walpert,* Fallstudie zur Trennung von Gesellschafterstämmen einer GmbH durch Abspaltung, WiB 1996, 44; *Wirth,* Auseinanderspaltung als Mittel zur Trennung von Familienstämmen und zur Filialabspaltung, AG 1997, 455.

I. Allgemeines

Bei der Spaltung handelt es sich neben der Verschmelzung, der Vermögensübertragung und dem Formwechsel um eine weitere Art der Umwandlung nach dem UmwG[1]. Allgemein wird mit der Spaltung das Ziel verfolgt, die Übertragung von Vermögensteilen eines Rechtsträgers jeweils als Gesamtheit auf einen oder mehrere andere Rechtsträger zu ermöglichen.

1. Sinn und Zweck der Norm

Die Vorschrift des § 123 ermöglicht mit der Regelung des Rechtsinstituts der Spaltung eine erleichterte Umstrukturierung von Rechtsträgern durch Übertragung von Vermögensteilen. § 123 definiert die drei Arten der Spaltung (Aufspaltung, Abspaltung und Ausgliederung). Sämtlichen Spaltungsvorgängen ist gemein, dass hierbei Vermögensteile „als Gesamtheit" auf einen oder mehrere Rechtsträger gegen Gewährung von Anteilen übertragen werden.

a) Entbehrlichkeit der Einzelrechtsübertragung. Entscheidendes Kriterium der Umwandlung und damit auch der Spaltung ist die Entbehrlichkeit der Einzelrechtsübertragung. Dies hat folgende praktische Bedeutung: Wollte ein Unternehmensträger einzelne betriebliche Teilbereiche auf eine Tochter- oder Schwestergesellschaft übertragen, mussten vor der gesetzlichen Regelung der Spaltung sämtliche Wirtschaftsgüter der betreffenden betrieblichen Teilbereiche einzeln übertragen werden. Eine Übertragung der betrieblichen Teilbereiche als Gesamtheit war nicht möglich. Dieses Prozedere war häufig umständlich, vor allem weil der sachenrechtliche Bestimmtheitsgrundsatz beachtet werden musste. Gingen im Rahmen der Betriebsteilübertragung auch Verbindlichkeiten oder Dauerschuldverhältnisse auf den neuen Rechtsträger über, mussten zudem die Zustimmungen der jeweiligen Gläubiger eingeholt[2] oder ersatzweise eine Freistellungsgarantie zwischen den Parteien vereinbart werden[3].

Seit der gesetzlichen Regelung der Spaltung können nun Vermögensteile als Gesamtheit auf einen anderen Rechtsträger übertragen werden. Zustimmungserfordernisse fallen grundsätzlich weg[4]. Die Einzelrechtsübertragung wird dadurch aber nicht obsolet[5]. Da die Ausgliederung nach dem UmwG zu einer fünfjährigen gesamtschuldnerischen Nachhaftung des übertragenden Rechtsträgers für die übergehenden Verbindlichkeiten führt[6], kann die Einzelrechtsübertragung zum Zwecke der Haftungsbegrenzung auch weiterhin geboten sein. Dies gilt vor allem, wenn umfangreiche Haftungsrisiken im Unternehmen des übertragenden Rechtsträgers bestehen[7]. Ergibt sich aus dem Umwandlungsbeschluss, dass Einzelrechtsnach-

---

[1] Vgl. § 1 Abs. 1.
[2] § 415 BGB.
[3] *Goutier* in Goutier/Knopf/Tulloch Rn 5.
[4] Siehe § 131 Rn 12 ff.
[5] RegBegr. *Ganske* S. 43 f.; *Teichmann* in Lutter Rn 6.
[6] § 133 Abs. 1 Satz 1, Abs. 3.
[7] Weitere Beispiele bei *Kallmeyer* in Kallmeyer Rn 15 ff.; *Aha* AG 1997, 345 ff.; *Engelmeyer* AG 1999, 263 ff.

folge gewollt ist, so handelt es sich nicht um eine Spaltung im rechtstechnischen Sinne. Das UmwG findet dann keine Anwendung, auch nicht analog[8].

5 **b) Wahl verschiedener Spaltungsvorgänge.** Das Gesetz stellt mit der Aufspaltung, Abspaltung und Ausgliederung drei verschiedene Spaltungsvorgänge zur Wahl. Die Unternehmensträger verfügen bei der Spaltung somit über einen Gestaltungsspielraum. Je nach Interessenlage kann zB der übertragende Rechtsträger aufgelöst werden oder weiterhin fortbestehen, oder der übernehmende oder neue Rechtsträger kann eine Tochtergesellschaft oder Schwestergesellschaft des übertragenden Rechtsträgers sein.

2. Übertragung von Vermögensteilen „als Gesamtheit"

6 Die Übertragung von Vermögensteilen als Gesamtheit stellt eine partielle Gesamtrechtsnachfolge dar[9]. Mit Wirksamwerden der Spaltung gehen die Vermögensteile des übertragenden Rechtsträgers nicht in verschiedenen einzelnen Rechtsakten, sondern durch einen einzigen Rechtsakt[10] auf den übernehmenden oder neuen Rechtsträger als Gesamtheit über. Über den erforderlichen **Umfang und Wert der Vermögensteile** enthält das Gesetz keine Bestimmung. Es ist aber nahezu allgemein anerkannt, dass das zu übertragende Vermögen auch nur aus einem einzigen Gegenstand, zB einem Grundstück, bestehen kann, auch wenn dieser Fall nicht zu der gesetzlichen Formulierung „als Gesamtheit" passt[11]. Es ist ebenfalls nicht erforderlich, dass die zu übertragenden Gegenstände einen bestimmten positiven Wert haben. Im Rahmen einer Spaltung können auch nur Vermögensteile mit einem negativen Wert oder lediglich Verbindlichkeiten übertragen werden[12]. In diesem Fall kann übernehmender Rechtsträger allerdings keine Kapitalgesellschaft sein, es sei denn, es werden keine Anteile als Gegenleistung gewährt[13].

3. Gründe für eine Spaltung

7 Der Gesetzgeber hat mit der Regelung der Spaltung eine Vielzahl verschiedener betriebswirtschaftlicher Ziele vor Augen gehabt. Zunächst kann die Spaltung als Instrument zur Schaffung kleinerer, am Markt selbstständig auftretender Einheiten dienen, insbesondere von Tochterunternehmen, die als Kooperationspartner an der **Bildung von Gemeinschaftsunternehmen** beteiligt werden oder eine **Vorstufe für eine Teilfusion** mit anderen Unternehmen darstellen können. Des Weiteren kann mit der Spaltung die Veräußerung von Unternehmensteilen vorbereitet werden, vor allem in **Sanierungsfällen** oder bei der **Änderung des Leistungsprogramms** eines Unternehmens. Die Spaltung kann schließlich auch zum Zwecke der **Isolierung von Haftungsrisiken** (zB Entwicklung neuer Produkte) eingesetzt werden, zur vereinfachten Durchführung der klassischen **Betriebsaufspaltung**, bei der Umwandlung eines gewerblichen Unternehmens in eine (Teil-)**Holding**, bei der Durchfüh-

---

[8] *Hörtnagl* in Schmitt/Hörtnagl/Stratz Rn 24; *Teichmann* in Lutter Rn 24; *Kallmeyer* in Kallmeyer Rn 2; *LG Hamburg* DB 1997, 516. Ebenfalls skeptisch BGHZ 146, 288, 295 f. Für eine entsprechende Anwendung *LG Karlsruhe* ZIP 1998, 385.

[9] „Partiell" deshalb, weil bei der Spaltung im Unterschied zur Verschmelzung nicht zwingend das gesamte Vermögen, sondern (jeweils) nur ein im Spaltungs- und Übernahmevertrag bestimmter Teil übertragen wird. Aus diesem Grund verwendet der Gesetzgeber in § 123 auch die Formulierung „als Gesamtheit", während in § 2 von der Übertragung des Vermögens „als Ganzes" die Rede ist; vgl. hierzu auch die Ausführungen unter § 131 Rn 7; *Kallmeyer* in Kallmeyer Rn 2.

[10] Mit der Eintragung in das Register des übertragenden Rechtsträgers, § 131 Abs. 1.

[11] *Teichmann* in Lutter Rn 8; *Kallmeyer* in Kallmeyer Rn 1; *Schwarz* in Widmann/Mayer Rn 4.1.2; *Goutier* in Goutier/Knopf/Tulloch Rn 13; aA *Pickhardt* DB 1999, 729. Vgl. hierzu auch die Ausführungen unter § 161 Rn 26.

[12] *Kallmeyer* in Kallmeyer Rn 1 mwN; vgl. auch *LAG Düsseldorf* DB 2004, 196 sowie im Anschluss *BAG* NZA 2005, 639.

[13] Ansonsten läge eine Unterpari-Emission vor. Vgl. auch *Kallmeyer* in Kallmeyer Rn 1.

rung einer **Erbauseinandersetzung** oder einer **Auseinandersetzung unter Anteilsinhabern**, wie Aktionärsgruppen oder Familienstämmen, bei der Rückgängigmachung fehlerhafter oder erfolgloser Verschmelzungen oder bei ähnlichen **Entflechtungsmaßnahmen**[14].

4. Entstehungsgeschichte

Vor dem UmwG 1994 war die Spaltung als eigenständiges Rechtsinstitut gesetzlich nicht geregelt, sondern nur vereinzelt für bestimmte Rechtsträger in Spezialgesetzen anzutreffen, welche vom Gesetzgeber im Zuge der Umstrukturierung der DDR-Wirtschaft erlassen wurden. Hierbei handelt es sich um das SpTrUG[15], auch „kleines Spaltungsgesetz" genannt, sowie um das LAnpG[16], mit welchem der Gesetzgeber die Teilung der sog. landwirtschaftlichen Produktionsgenossenschaften im Wege der Sonderrechtsnachfolge zugelassen hat[17].

Mit dem Dritten Buch des UmwG 1994 hat der Gesetzgeber nun erstmals für nahezu alle Formen von Rechtsträgern die Möglichkeit der Aufspaltung, Abspaltung und Ausgliederung durch partielle Gesamtrechtsnachfolge gesetzlich kodifiziert. **Vorbild** für diese Regelung waren jedoch nicht die vorgenannten Spezialgesetze, sondern die Spaltungsregelungen des **französischen Handelsgesetzbuchs**[18] sowie die für die Auf- und Abspaltung von Aktiengesellschaften geltenden Regelungen der **SpaltRL**[19].

5. Europäische Rechtsangleichung

Nachdem im Jahr 1978 die VerschmRL ergangen war, folgte unter Hinweis auf die Verwandtschaft zwischen Verschmelzung und Spaltung vier Jahre später die SpaltRL. Die SpaltRL bezieht sich sachlich nur auf Aktiengesellschaften[20]. Eine Verpflichtung zur Umsetzung enthält die SpaltRL nicht. Vielmehr ist sie nur dann zu beachten, wenn es die Spaltung im nationalen Recht überhaupt gibt[21].

II. Spaltungsarten

Das Gesetz sieht in § 123 unter dem Oberbegriff der Spaltung drei verschiedene Spaltungsarten bzw. Spaltungsvorgänge vor, nämlich die Aufspaltung, Abspaltung und Ausgliederung.

1. Aufspaltung (Abs. 1)

Bei der Aufspaltung überträgt der übertragende Rechtsträger – unter Auflösung ohne Abwicklung – sein ganzes Vermögen gleichzeitig[22] auf mindestens zwei andere übernehmende oder neu gegründete Rechtsträger gegen Gewährung von Anteilen an die Anteilsinhaber des übertragenden Rechtsträgers. Die übernehmenden Rechtsträger können sowohl untereinander als auch gegenüber dem übertragenden Rechtsträger verschiedene Rechtsfor-

---

[14] RegBegr. *Ganske* S. 18 f.; vgl. weitere Beispiele bei *Schwarz* in Widmann/Mayer Rn 1.2; *Teichmann* in Lutter Rn 29 ff.
[15] SpTrUG vom 5. 4. 1991, BGBl. I S. 854.
[16] IdF der Bekanntmachung vom 3. 7. 1991, BGBl. I S. 1418.
[17] Siehe auch Einl. A Rn 31 ff.
[18] Gesetz Nr. 66–537 vom 24. 7. 1966 über die Handelsgesellschaften. Vgl. zu den Grundlagen des französischen Gesellschaftsrechts auch *Schwanna*, Gründung von Gesellschaften in Deutschland, Frankreich und Großbritannien, S. 145 ff.
[19] Richtlinie 82/891/EWG vom 17. 12. 1982, ABl. Nr. L 378/47 vom 17. 12. 1982.
[20] Art. 1 Abs. 1 SpaltRL iVm. Art. 1 Abs. 1 VerschmRL.
[21] *Lutter* in Lutter Einl. Rn 21.
[22] Mit der Eintragung der Spaltung in das Register des übertragenden Rechtsträgers, vgl. § 131 Abs. 1.

men besitzen[23]. Ist der übernehmende Rechtsträger bereits vorhanden (**Aufspaltung zur Aufnahme**), übernimmt dieser die Vermögensanteile regelmäßig im Zuge einer Kapital- oder Anteilserhöhung. Wird der neue Rechtsträger hingegen durch die Eintragung der Spaltung in das Register am Sitz des übertragenden Rechtsträgers neu gegründet (**Aufspaltung zur Neugründung**), wird das Vermögen üblicherweise im Wege einer einzubringenden Sacheinlage auf den neuen Rechtsträger übertragen. Eine Kombination der Aufspaltung zur Aufnahme und zur Neugründung ist nach dem Gesetz ausdrücklich erlaubt[24].

13 Die Aufspaltung unterscheidet sich von der Abspaltung und Ausgliederung vornehmlich dadurch, dass bei der Aufspaltung der übertragende Rechtsträger aufgelöst wird[25], während er in den beiden übrigen Fällen der Spaltung fortbesteht.

2. Abspaltung (Abs. 2)

14 Bei der Abspaltung überträgt der übertragende Rechtsträger nur einen Teil seines Vermögens, idR einen Betrieb oder mehrere Betriebe, auf einen oder mehrere andere Rechtsträger, während er mit dem verbleibenden Vermögensteil weiterhin fortbesteht. Die Abspaltung kann wiederum zur Aufnahme oder zur Neugründung erfolgen. Auch ist die gleichzeitige Beteiligung von Rechtsträgern unterschiedlicher Rechtsformen möglich[26]. Im Unterschied zur Aufspaltung findet aber keine Übertragung des gesamten Vermögens des Rechtsträgers statt. Dieser Umstand ist in der Praxis vor allem dann von Bedeutung, wenn dem zu übertragenden Vermögen Gegenstände wie zB Grundstücke angehören, deren Übertragung mit erhöhten Kosten (Grunderwerbsteuern) verbunden ist oder uU einer staatlichen Genehmigung bedarf[27]. Diese Gegenstände können dann, soweit möglich, beim übertragenden Rechtsträger verbleiben, während das übrige, unproblematische Vermögen auf den neuen bzw. übernehmenden Rechtsträger übergeht. Die Abspaltung stellt im Fall einer horizontalen Spaltung[28] deshalb häufig die einfachere und kostengünstigere Alternative zur Aufspaltung dar[29]. Aus diesem Grund ist sie in der Praxis auch häufiger anzutreffen und von größerer wirtschaftlicher Bedeutung als die Aufspaltung[30].

3. Ausgliederung (Abs. 3)

15 Die Ausgliederung ist der Abspaltung sehr ähnlich und kann ebenfalls zur Aufnahme und zur Neugründung durchgeführt werden. Letzteren Fall bezeichnet man auch als **„Ausgründung"**[31]. Der einzige und wesentliche Unterschied zur Abspaltung besteht darin, dass bei der Ausgliederung die Anteile oder Mitgliedschaften des übernehmenden oder neuen Rechtsträgers nicht wie bei der Abspaltung den Anteilsinhabern des übertragenden Rechtsträgers

---

[23] § 124 Abs. 2 iVm. § 3 Abs. 4.
[24] § 123 Abs. 4.
[25] § 123 Abs. 1 iVm. § 131 Abs. 1 Nr. 2.
[26] § 124 Abs. 2 iVm. § 3 Abs. 4.
[27] Vgl. zB die Genehmigungsvorbehalte im Grundstücksverkehr nach §§ 1, 2 GrdstVG. Die Rechtskraft eines gegen einen abgespaltenen Rechtsträger ergangenen Urteils erstreckt sich nicht auf den übertragenden Rechtsträger, *BGH* NZG 2006, 799.
[28] Horizontal bedeutet, dass im Zuge der Spaltung Schwestergesellschaften entstehen. Dies ist bei der Auf- und Abspaltung zur Neugründung der Fall, da hier die Anteile oder Mitgliedschaften des neuen Rechtsträgers den Anteilsinhabern des übertragenden Rechtsträgers gewährt werden. Im Unterschied dazu stellt die Ausgliederung zur Neugründung eine vertikale Spaltung dar, denn hier werden die Anteile dem übertragenden Rechtsträger selbst gewährt; der neue Rechtsträger ist daher eine 100%-ige Tochtergesellschaft des übertragenden Rechtsträgers; vgl. hierzu auch *Kallmeyer* in Kallmeyer Rn 8; *Schöne* ZAP 1995, 693, 695.
[29] *Kallmeyer* in Kallmeyer Rn 15.
[30] RegBegr. *Ganske* S. 14.
[31] *Teichmann* in Lutter Rn 22; RegBegr. *Ganske* S. 14.

gewährt werden, sondern dem übertragenden Rechtsträger selbst[32]. Daraus ergibt sich zweierlei:

a) Keine Vermögensreduktion. Im Unterschied zur Abspaltung findet bei der Ausgliederung keine Vermögensreduktion beim übertragenden Rechtsträger statt. Vielmehr wird das Vermögen von reinen Sachwerten in Anteile oder Mitgliedschaften des übernehmenden Rechtsträgers umgewandelt[33]. 16

b) Möglichkeit der Totalausgliederung. Nur bei der Ausgliederung, nicht aber bei der Abspaltung, kann auch das gesamte Vermögen des übertragenden Rechtsträgers im Wege der Gesamtrechtsnachfolge übertragen werden[34]. Hierbei handelt es sich um die sog. Totalausgliederung, in deren Folge das Vermögen des übertragenden Rechtsträgers nur noch aus den Anteilen des oder der übernehmenden oder neuen Rechtsträger besteht und der übertragende Rechtsträger damit zur reinen **Holdinggesellschaft** wird[35]. Dieser Schritt ist bei der Abspaltung nicht möglich, da die „Gegenleistung" für das abgespaltene Vermögen, also die Anteile an der übernehmenden oder neuen Gesellschaft, den Anteilsinhabern des übertragenden Rechtsträgers gewährt werden und der übertragende Rechtsträger deshalb vermögenslos werden würde. 17

4. Spaltung zur Aufnahme und zur Neugründung (Abs. 4)

Das Gesetz erlaubt eine Kombination der Spaltung zur Aufnahme und zur Neugründung. Der übertragende Rechtsträger kann einen Teil seines Vermögens auf einen bereits bestehenden und einen weiteren Vermögensteil auf einen neu zu gründenden Rechtsträger übertragen. Diese Möglichkeit besteht bei der Verschmelzung naturgemäß nicht, weil es hier nur einen übernehmenden bzw. einen neuen Rechtsträger gibt. 18

Bei einer Spaltung zur Aufnahme oder zur Neugründung ist eine **Beteiligung mehrerer übertragender Rechtsträger** nicht möglich[36]. Zwar kann hierfür ein praktisches Bedürfnis bestehen, zB bei der Begründung eines Gemeinschaftsunternehmens oder bei der Zusammenlegung von Unternehmenssparten durch gleichzeitige Abspaltungen aus mehreren Konzerngesellschaften. Allerdings steht dem der klare Wortlaut des § 123 entgegen, der nur von einem übertragenden Rechtsträger spricht. Als Alternative kommen mehrere schuldrechtlich aufeinander abgestimmte Spaltungsvorgänge in Betracht[37], wenngleich eine gezielte, zeitgleiche (konstitutive) Eintragung der Spaltungsvorgänge in das jeweilige Handelsregister am Sitz der übertragenden Rechtsträger[38] nicht möglich ist. 19

---

[32] Vgl. den Wortlaut des § 123 Abs. 2 mit Abs. 3, der mit Ausnahme des Wortes „ausgliedern" statt „abspalten" und der Wörter „an den übertragenden Rechtsträger (Ausgliederung)" statt „an die Anteilsinhaber des übertragenden Rechtsträgers (Abspaltung)" identisch ist.
[33] *Teichmann* in Lutter Rn 23.
[34] Einhellige Meinung: *Kallmeyer* in Kallmeyer Rn 12 mwN; *Teichmann* in Lutter Rn 22. Vgl. auch H. Schmidt AG 2005, 26.
[35] *Schwarz* in Widmann/Mayer Rn 7.3. Die Frage, ob die Totalausgliederung auf nur einen Rechtsträger möglich ist, wird nicht einheitlich beantwortet. Wie hier bejahend *Teichmann* in Lutter Rn 22; *Hörtnagl* in Schmitt/Hörtnagl/Stratz Rn 22; *Schwarz* in Widmann/Mayer Rn 7.3. Ablehnend wohl *Kallmeyer* in Kallmeyer Rn 12. Hierzu auch § 152 Rn 59.
[36] Vgl. § 152 Rn 46; *Teichmann* in Lutter Rn 28; *Schwarz* in Widmann/Mayer Rn 9; *Hörtnagl* in Schmitt/Hörtnagl/Stratz Rn 18; *Goutier* in Goutier/Knopf/Tulloch Rn 11.
[37] *Hörtnagl* in Schmitt/Hörtnagl/Stratz Rn 21; *Teichmann* in Lutter Rn 28; *Schwarz* in Widmann/Mayer Rn 9.
[38] Vgl. § 131 Abs. 1.

5. Kombination von Spaltungsvorgängen

20 Trotz fehlender gesetzlicher Regelung ist eine Kombination von Spaltungsvorgängen möglich[39]. Voraussetzung ist, dass sich die kombinierten Spaltungsvorgänge in einzelne Grundspaltungsformen zerlegen lassen[40]. So kann eine Abspaltung mit einer Ausgliederung kombiniert werden, wenn die beiden Spaltungsvorgänge unterschiedliche Vermögensteile des übertragenden Rechtsträgers betreffen. Die Kombination einer Abspaltung oder Ausgliederung mit einer Aufspaltung ist nicht möglich, da der übertragende Rechtsträger bei der Aufspaltung erlischt, während die Abspaltung und Ausgliederung den Fortbestand des übertragenden Rechtsträgers voraussetzen[41].

III. Nichtverhältniswahrende Auf- und Abspaltung

21 Wenn die Anteilsinhaber des übertragenden Rechtsträgers bei der Auf- und Abspaltung[42] in demselben Verhältnis an den übernehmenden oder neuen Rechtsträgern beteiligt werden wie am übertragenden Rechtsträger, spricht man von einer **verhältniswahrenden Spaltung**[43]. Möglich ist aber auch eine abweichende Beteiligung der Gesellschafter am neuen bzw. übernehmenden Rechtsträger (**nichtverhältniswahrende Spaltung**)[44]. Dies führt idR zu Ausgleichszahlungen an die benachteiligten Gesellschafter[45]. Die Zulässigkeit abweichender Beteiligungsverhältnisse bedeutet jedoch nicht, dass auch außenstehenden Dritten unmittelbar Anteile oder Mitgliedschaften des neuen bzw. übernehmenden Rechtsträgers gewährt werden dürfen. Dies ist bei der Spaltung nach hM nicht möglich[46].

IV. Abspaltung auf Tochtergesellschaft

22 Die Abspaltung von Vermögensteilen auf eine bereits bestehende Tochtergesellschaft ist zulässig[47]. Richtigerweise gilt dies auch, wenn **der zu übertragende Vermögensgegenstand die Beteiligung an der Tochtergesellschaft selbst** ist. Bezweckt beispielsweise die börsennotierte M-AG die Übertragung von Aktien an ihrer Tochtergesellschaft T-AG auf ihre M-Aktionäre, kann M-AG ihre Beteiligung an T-AG auf T-AG abspalten. T-AG gewährt den M-Aktionären in diesem Fall T-Aktien als Abfindung für die Abspaltung. Wird die Abspaltung ohne Kapitalerhöhung durchgeführt[48], stellt sich die Frage, ob die T-Aktien

---

[39] ZB: Der übertragende Rechtsträger überträgt einen Teil seines Vermögens im Wege der Ausgliederung auf den übernehmenden oder neuen Rechtsträger 1 und einen anderen Teil seines Vermögens im Wege der Abspaltung auf den übernehmenden oder neuen Rechtsträger 2. Vgl. zur Zulässigkeit von Spaltungskombinationen auch *Hörtnagl* in Schmitt/Hörtnagl/Stratz Rn 14 ff.; *Teichmann* in Lutter Rn 26; *Kallmeyer* in Kallmeyer Rn 13 mwN.

[40] *Hörtnagl* in Schmitt/Hörtnagl/Stratz Rn 17 mwN (str.).

[41] § 123 Abs. 2 und 3. Vgl. auch *Teichmann* in Lutter Rn 26; aA *Kallmeyer* in Kallmeyer Rn 13.

[42] Bei der Ausgliederung bleibt die Rechtsposition der Anteilsinhaber des übertragenden Rechtsträgers unberührt, § 123 Abs. 3.

[43] *Kallmeyer* in Kallmeyer Rn 4.

[44] § 128. Werden einzelnen Anteilseignern des übertragenden Rechtsträgers überhaupt keine Anteile eines übernehmenden oder neuen Rechtsträgers zugewiesen, liegt eine ebenfalls zulässige „Spaltung zu Null" vor; vgl. hierzu LG Essen NZG 2002, 736 mwN; *Kallmeyer* in Kallmeyer Rn 4. Siehe auch § 126 Rn 29.

[45] Eingehend *Priester* in Lutter § 128 Rn 8 ff., 16.

[46] So *Kallmeyer* in Kallmeyer Rn 6; *Mayer* DB 1995, 861, 862; *Schöne* ZAP 1995, 693, 702; aA *Priester* DB 1997, 560, 566.

[47] § 123 Abs. 2 Nr. 1.

[48] § 68 Abs. 1 Satz 2.

auf die M-Aktionäre direkt von M-AG oder im Wege des Durchgangserwerbs über T-AG übertragen werden[49]. Ähnlich wie beim *downstream merger*[50] ist in diesem Fall ein Direkterwerb anzunehmen[51].

V. Ausgliederung auf 100%-ige Tochter- oder Muttergesellschaft

In der Literatur wird die Frage kontrovers diskutiert, ob im Fall der Ausgliederung auf eine 100%-ige Tochter- oder Muttergesellschaft eine Anteilsgewährung entbehrlich ist. 23

1. Ausgliederung auf 100%-ige Tochtergesellschaft

Im Einklang mit der wohl hM müssen dem übertragenden Rechtsträger Anteile des übernehmenden Rechtsträgers auch dann gewährt werden, wenn es sich bei letzterem um eine 100%-ige Tochtergesellschaft des übertragenden Rechtsträgers handelt; in diesem Fall ist eine Anteilsgewährung nicht entbehrlich[52]. Zwar stellt sich in der Tat die Frage, welchen Sinn eine solche Anteilsgewährung haben soll, da doch die Muttergesellschaft bereits sämtliche Anteile der Tochtergesellschaft hält und jedenfalls mittelbar weiterhin über das übertragende Vermögen verfügt[53]. Für eine Entbehrlichkeit einer Anteilsgewährung ist aber aus dogmatischer Sicht kein Raum. § 123 Abs. 3 verlangt grundsätzlich eine Anteilsgewährung. §§ 54 und 68 erlauben hiervon zwar eine Ausnahme, bei der Ausgliederung sind diese Vorschriften jedoch nicht anwendbar[54]. 24

Für die Praxis dürfte die Diskussion im Übrigen von geringer Bedeutung sein, da sich die Gewährung von (neuen) Anteilen häufig bereits aus steuerlichen Gründen anbieten dürfte. Nur wenn der übertragende Rechtsträger für das ausgegliederte Vermögen neue Anteile an der übernehmenden Gesellschaft erhält, kann das zu übertragende Vermögen zum Buchwert und damit ohne steuerliche Gewinnrealisierung eingebracht werden (sog. Buchwertfortführung)[55]. 25

2. Ausgliederung von 100%-iger Tochter- auf Muttergesellschaft

Grundsätzlich gelten die vorstehenden Ausführungen für den Fall der Ausgliederung von einer 100%-igen Tochter- auf ihre Muttergesellschaft entsprechend; eine Anteilsgewährung ist aus den genannten Gründen auch hier erforderlich[56]. Allerdings ist zu beachten, dass der 26

---

[49] Vgl. *Mayer* in Widmann/Mayer § 126 Rn 82 f.
[50] Siehe hierzu § 5 Rn 134 ff. In der Tat ist die Rechtslage vergleichbar: Sowohl beim *downstream merger* als auch bei der vorbeschriebenen Abspaltung ist übertragender Rechtsträger die Muttergesellschaft und übernehmender Rechtsträger die Tochtergesellschaft. Im Unterschied zum *downstream merger* erlischt der übertragende Rechtsträger bei der Abspaltung nicht.
[51] Im Fall eines Durchgangserwerbs läge bei einer 100%-igen Tochtergesellschaft zumindest für eine logische Sekunde eine unzulässige Keinpersonen-Gesellschaft vor. Siehe hierzu § 54 Rn 16 mwN.
[52] So auch *H. Schmidt* in Lutter Vor § 168 Rn 14; *Hörtnagl* in Schmitt/Hörtnagl/Stratz § 126 Rn 47 (anders die 2. A.); *Mayer* in Widmann/Mayer § 126 Rn 99; *Heckschen* in Widmann/Mayer § 168 Rn 182. Für eine Entbehrlichkeit der Anteilsgewährung *Sagasser/Sickinger* in Sagasser/Bula/Brünger N Rn 163; *Limmer* in Limmer Rn 1777; für die Möglichkeit eines Verzichts *Kallmeyer* in Kallmeyer Rn 11 und § 126 Rn 6; *Priester* in Lutter § 126 Rn 26 (anders die Vorauﬂ.). Vgl. zur Entbehrlichkeit der Anteilsgewährung aber aber § 126 Rn 31.
[53] Vgl. *Sagasser/Sickinger* in Sagasser/Bula/Brünger N Rn 163.
[54] § 125 Satz 1. Vgl. auch den Wortlaut des § 131 Abs. 1 Nr. 3, wonach eine Ausnahme von der Anteilsgewährungspflicht nur bei der Auf- und Abspaltung zulässig sein soll.
[55] §§ 20, 24 UmwStG.
[56] Wie hier *Hörtnagl* in Schmitt/Hörtnagl/Stratz § 126 Rn 48; *Mayer* in Widmann/Mayer § 126 Rn 95; *Heckschen* in Widmann/Mayer § 168 Rn 182. AA *Sagasser/Sickinger* in Sagasser/Bula/Brünger N Rn 163; *Kallmeyer* in Kallmeyer § 126 Rn 6. Vgl. auch hierzu die Ausführungen zu § 126 Rn 29.

Erwerb von Anteilen an der Muttergesellschaft durch die Tochtergesellschaft verboten sein kann. Ist die Muttergesellschaft zB eine AG, könnte es sich bei dem Anteilserwerb durch die 100%-ige Tochtergesellschaft um einen verbotenen Fall des Erwerbs eigener Anteile durch einen Dritten handeln[57]. In diesem Fall ist die Ausgliederung ausgeschlossen, alternativ bietet sich dann eine Abspaltung an[58].

§ 124 Spaltungsfähige Rechtsträger

(1) An einer Aufspaltung oder einer Abspaltung können als übertragende, übernehmende oder neue Rechtsträger die in § 3 Abs. 1 genannten Rechtsträger sowie als übertragende Rechtsträger wirtschaftliche Vereine, an einer Ausgliederung können als übertragende, übernehmende oder neue Rechtsträger die in § 3 Abs. 1 genannten Rechtsträger sowie als übertragende Rechtsträger wirtschaftliche Vereine, Einzelkaufleute, Stiftungen sowie Gebietskörperschaften oder Zusammenschlüsse von Gebietskörperschaften, die nicht Gebietskörperschaften sind, beteiligt sein.

(2) § 3 Abs. 3 und 4 ist auf die Spaltung entsprechend anzuwenden.

Übersicht

	Rn		Rn
I. Allgemeines	1	d) Gebietskörperschaft	8
II. Spaltungsfähige Rechtsträger (Abs. 1)	3	3. Europäische Gesellschaft (SE) und Europäische Genossenschaft (SCE)	9
1. Übersicht	3		
2. Erläuterungen	4	4. Übersicht über mögliche Spaltungsfälle	10
a) Wirtschaftlicher Verein	5	III. Aufgelöste Rechtsträger (Abs. 2)	11
b) Einzelkaufmann und Stiftung	6	IV. Misch-Spaltung (Abs. 2)	12
c) PartG	7		

Literatur: *Kallmeyer,* Der Ein- und Austritt der Komplementär-GmbH einer GmbH & Co. KG bei Verschmelzung, Spaltung und Formwechsel nach dem UmwG 1995, GmbHR 1996, 80; *Priester,* Mitgliederwechsel im Umwandlungszeitpunkt – Die Identität des Gesellschafterkreises – ein zwingender Grundsatz? –, DB 1997, 560. Vgl. auch Literaturverzeichnis zu § 123.

I. Allgemeines

1 § 124 bestimmt **abschließend**, welche Rechtsträger nach ihrer Rechtsform als übertragende, übernehmende oder neue Rechtsträger an einem Spaltungsvorgang beteiligt sein können. Außerdem regelt Abs. 2 durch einen Verweis auf § 3 Abs. 3 und 4 die Beteiligungsfähigkeit eines bereits aufgelösten Rechtsträgers an der Spaltung sowie die Möglichkeit der gleichzeitigen Beteiligung von Rechtsträgern verschiedener Rechtsformen an einer Spaltung (Misch-Spaltung).

2 Aus der Vorschrift des § 124 ergibt sich jedoch nicht, welche Spaltungsmöglichkeiten den jeweiligen genannten Rechtsträgern im Einzelnen offen stehen. Die Kombinationsmöglichkeiten ergeben sich wie bei der Verschmelzung und dem Formwechsel vielmehr erst in Verbindung mit den Besonderen Vorschriften des Dritten Buches zur Spaltung.

---

[57] §§ 56 Abs. 2, 71 d AktG.
[58] Vgl. den Beispielsfall bei *Mayer* in Widmann/Mayer § 126 Rn 94 ff.

II. Spaltungsfähige Rechtsträger (Abs. 1)

1. Übersicht

Das Gesetz sieht die folgenden Rechtsträger als mögliche Beteiligte an einer Spaltung vor[1]: 3

	Übertragender Rechtsträger	Übernehmender oder neuer Rechtsträger
Aufspaltung und Abspaltung	OHG/EWIV KG PartG GmbH AG/SE KGaA eG/SCE e. V. gen. Prüfungsverband VVaG wirtschaftlicher Verein	OHG KG PartG GmbH AG KGaA eG e. V. gen. Prüfungsverband VVaG
Ausgliederung	OHG/EWIV KG PartG GmbH AG/SE KGaA eG/SCE e. V. gen. Prüfungsverband VVaG wirtschaftlicher Verein Einzelkaufmann Stiftung Gebietskörperschaft Zusammenschluss von Gebietskörperschaften	OHG KG GmbH AG KGaA eG e. V. gen. Prüfungsverband VVaG

2. Erläuterungen

Wie sich aus der Übersicht ergibt, steht nicht jedem Rechtsträger, der an einer Spaltung 4
beteiligt sein kann, zugleich jede Spaltungsform (Aufspaltung, Abspaltung und Ausgliederung) als übertragendem, übernehmendem oder neuem Rechtsträger offen. Vielmehr nimmt das Gesetz gewisse Differenzierungen vor.

a) Wirtschaftlicher Verein. Der wirtschaftliche Verein kann nur als übertragender 5
Rechtsträger an einer Spaltung beteiligt sein, nicht aber auch als übernehmender bzw. neuer Rechtsträger. Dies hat rechtspolitische Gründe; die Vergrößerung oder Entstehung eines wirtschaftlichen Vereins durch einen Spaltungsvorgang soll nicht begünstigt werden[2].

b) Einzelkaufmann und Stiftung. Einzelkaufleuten und Stiftungen steht als Spaltungs- 6
möglichkeit nur die Ausgliederung, nicht aber die Auf- oder Abspaltung zur Verfügung.

---

[1] Zu noch nicht entstandenen Rechtsträgern siehe § 3 Rn 48 ff. Siehe zur Europäischen Gesellschaft (SE) Rn 9 und Einl. C Rn 49 ff. Siehe zur Europäischen Genossenschaft (SCE) Rn 9 und Einl. C Rn 64 ff.
[2] RegBegr. *Ganske* S. 151; vgl. auch § 3 Rn 30 f.

Außerdem können sie an der Ausgliederung nur als übertragender Rechtsträger beteiligt sein. Grund hierfür ist, dass Einzelkaufleute und Stiftungen über keine Gesellschafter oder ähnliche Anteilsinhaber verfügen. Naturgemäß können sie daher keine Gesellschaftsanteile oder Mitgliedschaften an sich als Unternehmensträger zur Verfügung stellen (weshalb sie keine übernehmenden Rechtsträger sein können), genauso wenig können Anteile des übernehmenden Rechtsträgers auf „Anteilsinhaber" der Einzelkaufleute oder Stiftungen übertragen werden (weshalb die Auf- und Abspaltung ausgeschlossen ist)[3].

7 c) **PartG.** Gesellschafter einer PartG können nur natürliche Personen sein, die einen Freien Beruf ausüben[4]. Soweit eine PartG an einer Auf- oder Abspaltung als übernehmender Rechtsträger beteiligt ist, ist darauf zu achten, dass sämtliche Anteile nur von berechtigten Personen gehalten werden, ggf. im Wege einer nichtverhältniswahrenden Spaltung[5]. Die Ausgliederung auf eine PartG ist ausgeschlossen, da ihre Anteile dann nicht auf eine natürliche, einen Freien Beruf ausübende Person übertragen werden könnten[6].

8 d) **Gebietskörperschaft.** Das Gesetz erlaubt schließlich auch die Ausgliederung von Gebietskörperschaften (wie zB Bund und Ländern, Kreisen/Landkreisen sowie unterhalb der Kreisebene anzusiedelnden Gemeindeverbänden) oder Zusammenschlüssen von Gebietskörperschaften der öffentlichen Hand (zB Landeswohlfahrtsverbänden oder Versorgungskassen)[7]. Diesen öffentlich-rechtlichen Körperschaften steht ebenso wie der Stiftung nur die Möglichkeit der Ausgliederung als übertragender Rechtsträger zur Verfügung.

3. Europäische Gesellschaft (SE) und Europäische Genossenschaft (SCE)

9 Europäische Gesellschaften (SE) und Europäische Genossenschaften (SCE) mit Sitz im Inland können grundsätzlich an Spaltungen beteiligt sein[8]. Als **übertragende Rechtsträger** kann die SE wie eine AG und die SCE wie eine eG jeweils Teile ihres Vermögens abspalten oder ausgliedern oder ihr gesamtes Vermögen aufspalten. Auch können SE und SCE als **bereits bestehende übernehmende Rechtsträger** an jeder Form der Spaltung beteiligt sein. Die Aufspaltung oder Abspaltung zur Neugründung einer SE und SCE scheidet aus, da diese Spaltungsformen nicht von den Grundformen in der Gründung in der SE-VO bzw. SCE-VO erfasst sind[9]. Demgegenüber ist eine Ausgliederung zur Neugründung einer inländischen SE zulässig, wenn übertragender Rechtsträger ebenfalls eine inländische SE ist[10]. Im Übrigen gelten für SE und SCE die Vorschriften, die bei AG und eG zu beachten sind[11].

4. Übersicht über mögliche Spaltungsfälle

10 Die möglichen Spaltungsfälle ergeben sich aus § 124 in Verbindung mit den Besonderen Vorschriften des Dritten Buches[12]. Folgende Kombinationen sind danach grundsätzlich[13] möglich:

---

[3] Siehe auch § 161 Rn 5 ff.
[4] § 1 Abs. 1 PartGG.
[5] Vgl. hierzu § 128 sowie § 123 Rn 20.
[6] Im Einzelnen Anh. § 137 Rn 34 ff.
[7] Zum Begriff der Gebietskörperschaft bzw. des Zusammenschlusses von Gebietskörperschaften siehe § 168 Rn 17 ff.
[8] Ausf. dazu Einl. C.
[9] Art. 2 SE-VO bzw. Art. 2 SCE-VO.
[10] Fall des Art. 3 Abs. 2 SE-VO. Vgl. auch *Hörtnagl* in Schmitt/Hörtnagl/Stratz Rn 33 mwN; *Teichmann* in Lutter Rn 7.
[11] Für die SE: *Hörtnagl* in Schmitt/Hörtnagl/Stratz Rn 14, 34.
[12] §§ 138 bis 173.
[13] Wobei die Zulässigkeit der jeweiligen Kombination im Einzelfall geprüft werden muss. Beispielsweise setzt eine Auf- oder Abspaltung zur Neugründung einer Personenhandelsgesellschaft voraus, dass an der neu gegründeten Personenhandelsgesellschaft mindestens zwei Anteilsinhaber

Spaltungsfähige Rechtsträger 10 § 124

Rechtsträger übertragender	übernehmender oder neuer						
	OHG/ EWIV/ KG/ PartG	GmbH	AG/ KGaA*	eG[4]	e. V.	gen. Prüfungsverband	VVaG
OHG/EWIV/ KG/PartG	Ja § 124	Ja § 124	Ja § 124	Ja § 124	Nein § 149 Abs. 2	Ja § 124	Nein § 151
GmbH	Ja § 124	Ja § 124	Ja § 124	Ja § 124	Nein § 149 Abs. 2	Ja § 124	Nein § 151
AG/KGaA[1]	Ja § 124	Ja § 124	Ja § 124	Ja § 124	Nein § 149 Abs. 2	Ja § 124	Nein § 151
eG[4]	Ja § 124	Ja § 124	Ja § 124	Ja § 124	Nein § 149 Abs. 2	Ja § 124	Nein § 151
e. V./wirt. Vereine	Ja § 124	Ja § 124	Ja § 124	Ja § 124	Nein § 149 Abs. 2	Ja § 124	Nein § 151
gen. Prüfungsverband	Nein § 150	Ja[2] § 150 1. Halbs.	Ja[2] § 150 1. Halbs.	Nein § 150	Nein §§ 149 Abs. 2, 150	Ja § 150 1. Halbs.	Nein §§ 150, 151
VVaG	Nein § 151	Ja[2] § 151	Ja[3] § 151	Nein § 151	Nein §§ 149 Abs. 2, 151	Nein § 151	Ja[3] § 151
Einzelkaufmann	Ja[2] § 124	Ja[2] § 124	Ja[2] § 124	Ja[2] § 124	Nein § 149 Abs. 2	Ja[2] § 124	Nein § 151
Stiftung	Ja[2] §§ 124, 161	Ja[2] §§ 124, 161	Ja[2] §§ 124, 161	Nein § 161	Nein §§ 149 Abs. 2, 161	Nein § 161	Nein §§ 151, 161
Gebietskörperschaft	Ja[2] § 168	Ja[2] § 168	Ja[2] § 168	Ja[2] § 168	Nein §§ 149 Abs. 2, 168	Nein § 168	Nein §§ 151, 168

[1] Zur Europäischen Gesellschaft (SE) siehe Rn 9 und Einl. C Rn 49 ff.
[2] Nur Ausgliederung.
[3] Nur Auf- und Abspaltung.
[4] Zur Europäischen Genossenschaft (SCE) siehe Rn 9 und Einl. C Rn 64 ff.

beteiligt sind, da es keine Ein-Personen-Personenhandelsgesellschaft gibt. Vgl. auch *Hörtnagl* in Schmitt/Hörtnagl/Stratz Rn 5. Aus gleichem Grund ist eine Ausgliederung zur Neugründung einer Personenhandelsgesellschaft nicht möglich, da dies immer zu einem unmöglichen Entstehen einer Ein-Personen-Personenhandelsgesellschaft führen würde.

III. Aufgelöste Rechtsträger (Abs. 2)

11 An einer Spaltung können als übertragende Rechtsträger auch aufgelöste Rechtsträger beteiligt sein, soweit die Fortsetzung dieser Rechtsträger beschlossen werden kann[14]. Inwieweit dies möglich ist, richtet sich nach dem allgemeinen Recht der jeweiligen Rechtsform[15].

IV. Misch-Spaltung (Abs. 2)

12 Unter Misch-Spaltung versteht man die gleichzeitige Beteiligung von Rechtsträgern verschiedener Rechtsformen an einer Spaltung[16]. Dies ist bei der Spaltung ebenso zulässig wie bei der Verschmelzung[17].

§ 125 Anzuwendende Vorschriften

Auf die Spaltung sind die Vorschriften des Ersten bis Neunten Abschnitts des Zweiten Buches mit Ausnahme des § 9 Abs. 2, bei Abspaltung und Ausgliederung mit Ausnahme des § 18 sowie bei Ausgliederung mit Ausnahme des § 14 Abs. 2 und der §§ 15, 29 bis 34, 54, 68 und 71 entsprechend anzuwenden, soweit sich aus diesem Buch nichts anderes ergibt. Eine Prüfung im Sinne der §§ 9 bis 12 findet bei Ausgliederung nicht statt. An die Stelle der übertragenden Rechtsträger tritt der übertragende Rechtsträger, an die Stelle des übernehmenden oder neuen Rechtsträgers treten gegebenenfalls die übernehmenden oder neuen Rechtsträger.

Übersicht

	Rn		Rn
I. Allgemeines	1	1. Allgemeine Bestimmungen	7
1. Sinn und Zweck der Norm	2	2. Besondere, rechtsformspezifische Bestimmungen	8
2. „Entsprechende" Anwendung	3		
3. Ermittlung der anzuwendenden Vorschriften	4	IV. Anzuwendende Vorschriften im Fall der Ausgliederung	9
II. Anzuwendende Vorschriften im Fall der Aufspaltung	5	1. Allgemeine Bestimmungen	9
1. Allgemeine Bestimmungen	5	2. Besondere, rechtsformspezifische Bestimmungen	10
2. Besondere, rechtsformspezifische Bestimmungen	6	V. Vorschriften im Überblick	11
III. Anzuwendende Vorschriften im Fall der Abspaltung	7	VI. § 125 Satz 3	12

Literatur: *Bayer/Wirth*, Eintragung der Spaltung und Eintragung der neuen Rechtsträger – oder: Pfadsuche im Verweisungsdschungel des neuen Umwandlungsrechts, ZIP 1996, 817; *Heidenhain*, Spaltungsvertrag und Spaltungsplan, NJW 1995, 2873; *Lepper*, Die Ausgliederung kommunaler Unternehmen in der Praxis, RNotZ 2006, 313; *Naraschewski*, Haftung bei der Spaltung von Kommanditgesellschaften, DB 1995, 1265; *Reichert*, Folgen der Anteilsvinkulierung für Umstrukturierungen von Gesellschaften mit beschränkter Haftung und Aktiengesellschaften nach dem Umwandlungsgesetz 1995, GmbHR 1995, 176. Vgl. auch Literaturverzeichnis zu § 123.

---

[14] § 124 Abs. 2 iVm. § 3 Abs. 3.
[15] Vgl. hierzu die Erläuterungen zu § 3 Rn 36 ff.
[16] Teichmann in Lutter Rn 2.
[17] § 124 Abs. 2 iVm. § 3 Abs. 4. Vgl. daher die Erläuterungen zu § 3 Rn 60 ff.

I. Allgemeines

Die Spaltung bezeichnet man als „spiegelbildlichen Vorgang" der Verschmelzung[1]. Der Gesetzgeber verzichtet im Dritten Buch daher weitgehend auf eigene Spaltungsvorschriften und entscheidet sich statt dessen für einen Verweis auf den Ersten bis Neunten Abschnitt des Zweiten Buches zum Verschmelzungsrecht. Diese Verweistechnik führt zu einer Straffung der Spaltungsregelungen, allerdings ist ihre Umsetzung mühsam und fehlerträchtig[2]. **1**

1. Sinn und Zweck der Norm

Aufgabe des § 125 ist, die Regelungen aus dem Zweiten Buch (Verschmelzung) für die Spaltung für anwendbar zu erklären und dabei den spaltungstypischen Besonderheiten Rechnung zu tragen. Für den Rechtsanwender stellt § 125 eine der zentralen Vorschriften des Spaltungsrechts dar, da ein Großteil der Rechtsfragen nur über § 125 und damit über eine entsprechende Anwendung der Verschmelzungsregelungen gelöst werden kann[3]. **2**

2. „Entsprechende" Anwendung

§ 125 sieht eine „entsprechende" Anwendung der Vorschriften des Ersten bis Neunten Abschnitts des Zweiten Buches vor. Damit ist nicht gemeint, dass die Vorschriften etwa analog angewendet werden. Vielmehr gelten die Verschmelzungsregelungen über § 125 unmittelbar auch für die Spaltung, allerdings in einer „entsprechenden", d. h. auf die Spaltung bezogenen Terminologie[4]. Dies kommt auch in Satz 3 zum Ausdruck, der die für die Spaltung herangezogenen Vorschriften zum Verschmelzungsrecht lediglich terminologisch anpassen soll. **3**

3. Ermittlung der anzuwendenden Vorschriften

Zunächst verweist § 125 allgemein auf die Vorschriften des Ersten bis Neunten Abschnitts des Zweiten Buches über die Verschmelzung und damit sowohl auf die allgemeinen Vorschriften[5] als auch auf die besonderen, rechtsformspezifischen Vorschriften[6]. Von diesen Vorschriften finden dann diejenigen keine Anwendung, welche bereits nach § 125 Satz 1 und 2 für die Spaltung ausdrücklich ausgeschlossen sein sollen[7]. Bei den verbleibenden Vorschriften ist schließlich zu prüfen, ob sich aus dem Dritten Buch „nichts anderes ergibt", d. h. ob der entsprechenden Anwendung der Verschmelzungsvorschriften nicht abweichende Regelungen im Dritten Buch entgegenstehen. **4**

---

[1] *Fronhöfer* in Widmann/Mayer Rn 1.
[2] *Teichmann* in Lutter Rn 1.
[3] *Fronhöfer* in Widmann/Mayer Rn 1.
[4] *Teichmann* in Lutter Rn 6 Fn 2.
[5] §§ 2 bis 38.
[6] §§ 39 bis 122. Durch die Beschränkung des Verweises auf die Vorschriften des „Ersten bis Neunten Abschnitts des" Zweiten Buches, eingefügt durch das Zweite Gesetz zur Änderung des Umwandlungsgesetzes vom 19.4.2007, BGBl. I S. 542, soll der Zehnte Abschnitt über die grenzüberschreitende Verschmelzung von Kapitalgesellschaften ausgenommen sein, der für die Spaltung nicht anwendbar sein soll. Die Gesetzesänderung ist indes ungenau, da das Zweite Buch zwei Teile und somit zwei Erste bis Dritte Abschnitte enthält. Trotz des unglücklichen Wortlauts verweist § 125 jedoch nach wie vor auch auf den Ersten Teil des Zweiten Buches.
[7] Hierbei handelt es sich im Fall einer Ausgliederung um §§ 9 bis 12, 14 Abs. 2, 15, 18, 29 bis 34, 54, 68 und 71, im Fall einer Abspaltung um § 18 sowie bei allen Spaltungsformen um § 9 Abs. 2.

II. Anzuwendende Vorschriften im Fall der Aufspaltung

1. Allgemeine Bestimmungen

5   Die erste Vorschrift des Zweiten Buches, **§ 2**, wird durch § 123 Abs. 1 bis 3 ersetzt[8]. Lediglich die in § 2 enthaltene Legaldefinition des Anteilsinhabers gilt auch für die Spaltung[9]. **§ 3** wird von § 124 verdrängt, der allerdings seinerseits auf § 3 Abs. 1, 3 und 4 verweist. Von den **§§ 4 bis 7** (Verschmelzungsvertrag und -plan) finden im Fall der Aufspaltung zur Aufnahme die §§ 4, 6 und 7 für den Vertrag über die Aufspaltung bzw. für den Spaltungsplan entsprechende Anwendung, während § 5 grundsätzlich durch § 126 ersetzt wird[10]. Im Fall der Aufspaltung zur Neugründung wird zudem § 4 durch § 136 ersetzt; außerdem entfällt § 7[11]. **§ 8** über den Verschmelzungsbericht wird grundsätzlich durch § 127 (Spaltungsbericht) ersetzt, findet aber in dem in § 127 Satz 2 beschriebenen Umfang Anwendung[12]. Von den Vorschriften über die Prüfung der Verschmelzung (**§§ 9 bis 12**) entfällt § 9 Abs. 2[13]. Soweit es Zustimmungsbeschlüsse zum Spaltungsvertrag bzw. -plan betrifft, gelten **§§ 13 bis 15** entsprechend, welche durch § 128 ergänzt werden[14]. Für die Registeranmeldung gelten die **§§ 16 und 17** entsprechend[15], mit Ausnahme des § 16 Abs. 1 im Fall der Aufspaltung zur Neugründung[16]. Auch § 18 (Firma) gilt für die Aufspaltung entsprechend[17]. Von den **§§ 19 bis 21** über die Registereintragung und Bekanntmachung gelten § 19 Abs. 3[18] und § 21 entsprechend. § 19 Abs. 1 und 2 wird im Fall der Aufspaltung zur Aufnahme durch § 130 und im Fall der Aufspaltung zur Neugründung durch die Kombination von § 130 Abs. 1[19] und § 137 ersetzt[20]. § 20 wird im Fall der Aufspaltung zur Aufnahme sowie zur Neugründung durch § 131 ersetzt[21]. § 22 (Gläubigerschutz) gilt entsprechend[22], wird aber durch §§ 133 bis 134 erweitert. Die Vorschriften der **§§ 23 bis 35** gelten entsprechend, mit Ausnahme von § 27[23], der im Fall der Aufspaltung zur Neugründung naturgemäß entfällt, weil es noch keinen übernehmenden Rechtsträger gibt. Von den Normen über die Verschmelzung durch Neugründung (**§§ 36 bis 38**) findet nur § 37 entsprechende Anwendung; § 36 wird vollständig durch § 135 und § 38 durch § 137 ersetzt[24].

---

[8] *Fronhöfer* in Widmann/Mayer Rn 4.
[9] *Fronhöfer* in Widmann/Mayer Rn 4; *Goutier* in Goutier/Knopf/Tulloch Rn 14; unklar *Teichmann* in Lutter Rn 6, nach dem § 5 anscheinend nur im Fall der Aufspaltung zur Aufnahme durch § 126 ersetzt werden soll.
[10] *Fronhöfer* in Widmann/Mayer Rn 7; *Goutier* in Goutier/Knopf/Tulloch Rn 14; unklar *Teichmann* in Lutter Rn 6, nach dem § 5 anscheinend nur im Fall der Aufspaltung zur Aufnahme durch § 126 ersetzt werden soll.
[11] § 135 Abs. 1 Satz 1; *Teichmann* in Lutter Rn 6.
[12] § 127 Satz 2.
[13] § 125 Satz 1. Grund hierfür ist, dass es bei einer Auf- und Abspaltung stets zu einem Anteilstausch kommt, der eine Prüfung durch Sachverständige erforderlich machen kann; vgl. RegBegr. *Ganske* S. 152.
[14] *Fronhöfer* in Widmann/Mayer Rn 11; *Teichmann* in Lutter Rn 6.
[15] Sie werden durch § 129 ergänzt.
[16] § 135 Abs. 1 Satz 1.
[17] Umkehrschluss aus § 125 Satz 1.
[18] RegBegr. *Ganske* S. 161; *Fronhöfer* in Widmann/Mayer Rn 17; *Goutier* in Goutier/Knopf/Tulloch Rn 25; *Kallmeyer* in Kallmeyer Rn 27.
[19] Vgl. § 135 Abs. 1.
[20] *Teichmann* in Lutter Rn 6.
[21] *Teichmann* in Lutter Rn 6.
[22] § 133 Abs. 1 Satz 2; *Fronhöfer* in Widmann/Mayer Rn 20; *Goutier* in Goutier/Knopf/Tulloch Rn 28; *Kallmeyer* in Kallmeyer Rn 32; aA *Teichmann* in Lutter Rn 6.
[23] § 135 Abs. 1 Satz 1.
[24] *Fronhöfer* in Widmann/Mayer Rn 26 bis 28.

2. Besondere, rechtsformspezifische Bestimmungen

Welche weiteren besonderen Bestimmungen des Ersten bis Neunten Abschnitts des Zweiten Teils des Zweiten Buches über die Verschmelzung bei der Aufspaltung entsprechende Anwendung finden, ist von der Rechtsform des jeweiligen beteiligten Rechtsträgers abhängig. Bei der Aufspaltung unter Beteiligung von **Personenhandelsgesellschaften** finden die §§ 39 bis 45 entsprechende Anwendung. Im Fall der Beteiligung von **Partnerschaftsgesellschaften** gelten die §§ 45 a bis 45 e entsprechend. Bei einer **GmbH** gelten, in Ergänzung des § 138, im Fall der Aufspaltung zur Aufnahme die §§ 46 bis 55 und im Fall der Aufspaltung zur Neugründung die §§ 56 bis 59 entsprechend, allerdings nicht § 58 Abs. 2, der durch § 138 verdrängt wird. Bei einer **AG**[25] gelten – in Ergänzung der §§ 141 bis 144 – die §§ 60 bis 72 im Fall der Aufspaltung zur Aufnahme und die §§ 73 bis 76 im Fall der Aufspaltung zur Neugründung entsprechend, mit Ausnahme des § 75 Abs. 2, der durch § 144 ersetzt wird. Für die **KGaA** gelten dieselben Bestimmungen wie für die AG, welche aber noch durch § 78 ergänzt werden. Für die **eG** gelten, in Ergänzung des § 147, die §§ 80 bis 95 im Fall der Aufspaltung zur Aufnahme und die §§ 96 bis 98 im Fall der Aufspaltung zur Neugründung entsprechend. § 79 wird durch § 147 verdrängt. Im Fall der Beteiligung eines **rechtsfähigen Vereins** an einer Spaltung gelten, in Ergänzung des § 149, die §§ 100 bis 104 a entsprechend, § 99 wird durch § 149 verdrängt. Beim **genossenschaftlichen Prüfungsverband** gelten, in Ergänzung des § 150, die §§ 106 bis 108 entsprechend. § 105 wird durch § 150 verdrängt. Beim **VVaG** schließlich gelten, in Ergänzung des § 151 Satz 1, die §§ 110 bis 113 im Fall der Aufspaltung zur Aufnahme und die §§ 114 bis 117 im Fall der Aufspaltung zur Neugründung entsprechend. § 109 wird durch § 151 Satz 1 verdrängt. Schließlich finden §§ 120 bis 122 im Fall einer Spaltung keine Anwendung, da es eine diesen Verschmelzungsvorgängen vergleichbare Spaltung nicht gibt[26].

III. Anzuwendende Vorschriften im Fall der Abspaltung

1. Allgemeine Bestimmungen

Soweit es um die allgemeinen Vorschriften des Zweiten Buches über die Verschmelzung geht, kann auf die Ausführungen zur Aufspaltung entsprechend verwiesen werden[27], allerdings mit Ausnahme des **§ 18** (Firma), der keine Anwendung findet[28]. Die Firma kann bei der Abspaltung nicht fortgeführt werden, weil der übertragende Rechtsträger fortbesteht. Auch kommt § 28 nicht zur Anwendung, da im Fall einer Abspaltung hierfür kein Bedürfnis besteht[29].

2. Besondere, rechtsformspezifische Bestimmungen

Auch für die besonderen, rechtsformspezifischen Bestimmungen gelten zunächst die Ausführungen zur Aufspaltung bei der Abspaltung entsprechend, mit den folgenden Ausnahmen: Im Fall der Beteiligung einer **GmbH** finden die §§ 139 bis 140 zusätzlich Anwendung. Gleiches gilt im Fall der Beteiligung einer **AG/KGaA** für die §§ 145 bis 146 sowie im Fall der Beteiligung einer **eG** für § 148.

---

[25] Zur Europäischen Gesellschaft (SE) siehe Einl. C Rn 49 ff. Zur Europäischen Genossenschaft (SCE) siehe Einl. C Rn 64 ff.
[26] Vgl. § 124 Abs. 1.
[27] Siehe Rn 5.
[28] § 125 Satz 1.
[29] So auch *Fronhöfer* in Widmann/Mayer Rn 23.

IV. Anzuwendende Vorschriften im Fall der Ausgliederung

1. Allgemeine Bestimmungen

9 Ebenso wie bei der Abspaltung kann zunächst auf die Ausführungen zur Aufspaltung entsprechend verwiesen werden, soweit es um die allgemeinen Vorschriften des Zweiten Buches über die Verschmelzung geht[30]. Folgende Besonderheiten sind allerdings bei der Ausgliederung zu beachten: Die Bestimmungen über die Prüfung der Verschmelzung (**§§ 9 bis 12**) gelten bei der Ausgliederung nicht, da keine Prüfung stattfindet[31]. Die Vorschriften über Zustimmungsbeschlüsse (**§§ 13 bis 15**) finden nur beschränkt entsprechende Anwendung. § 14 Abs. 2 und § 15 gelten nicht[32], da im Fall der Ausgliederung die Anteile des übernehmenden oder neuen Rechtsträgers an den übertragenden Rechtsträger geleistet werden[33]. Die Gesellschafter des übertragenden Rechtsträgers sind daher von der Ausgliederung nicht unmittelbar betroffen. Deshalb folgt aus dem Ausschluss des § 14 Abs. 2 nicht, dass eine Klage gegen die Wirksamkeit des Zustimmungsbeschlusses nun doch auf das Umtauschverhältnis gestützt werden kann. Der Ausschluss des § 14 Abs. 2 durch § 125 Satz 1 ist nur klarstellender Natur. § 18 (Firma) findet bei der Ausgliederung keine Anwendung, da der übertragende Rechtsträger fortbesteht[34]. Soweit es die sonstigen Bestimmungen in **§§ 23 bis 35** angeht, gilt Folgendes: Zunächst bedarf es bei der Ausgliederung keines § 28, da hier der übertragende Rechtsträger fortbesteht[35]. Auch entfallen §§ 29 bis 34[36], ebenso wohl auch § 35[37]. Schließlich entfällt, wie bei der Aufspaltung, § 27 auch im Fall der Ausgliederung zur Neugründung[38]. Nur §§ 23 bis 26 finden entsprechende Anwendung.

2. Besondere, rechtsformspezifische Bestimmungen

10 Zunächst kann auf die Ausführungen zur Abspaltung entsprechend verwiesen werden[39]. Lediglich folgende Besonderheiten sind zu beachten: Bei der Beteiligung einer **GmbH** an einer Ausgliederung gelten §§ 48 und 54 nicht[40]. Bei der Beteiligung einer **AG/KGaA** finden §§ 60, 68 und 71 keine Anwendung[41]. Bei der Beteiligung eines **VVaG** gilt nicht § 151 Satz 1, sondern Satz 2. Bei der Beteiligung eines **Einzelkaufmanns** an einer Ausgliederung gelten die §§ 152 bis 160. Ist eine **rechtsfähige Stiftung** an einer Ausgliederung beteiligt, finden die §§ 161 bis 167 Anwendung. Im Fall der Beteiligung von **Gebietskörperschaften** oder Zusammenschlüssen von Gebietskörperschaften schließlich gelten die §§ 168 bis 173.

---

[30] Siehe Rn 5.
[31] § 125 Satz 2.
[32] § 125 Satz 1.
[33] RegBegr. *Ganske* S. 152.
[34] § 125 Satz 1.
[35] *Fronhöfer* in Widmann/Mayer Rn 23.
[36] § 125 Satz 1. Die Vorschriften passen bei der Ausgliederung nicht, weil es für die Anteilsinhaber keinen Wechsel in einen anderen Rechtsträger gibt; RegBegr. *Ganske* S. 152.
[37] *Teichmann* in Lutter Rn 10.
[38] § 135 Abs. 1 Satz 1.
[39] Siehe Rn 8.
[40] § 125 Satz 1 und Satz 2.
[41] § 125 Satz 1 und Satz 2.

V. Vorschriften im Überblick

Folgende Vorschriften sind nach Maßgabe des § 125 anwendbar: 11

	Aufspaltung	Abspaltung	Ausgliederung
Allgemeine Vorschriften	§§ 123–137 sowie § 3 Abs. 1, 3 und 4; § 4[1]; § 6; § 7[1]; § 8 Abs. 1 Satz 2–4, Abs. 2–3; § 9 Abs. 1 und 3; §§ 10–15; § 16 Abs. 1[1]; § 16 Abs. 2 und 3; §§ 17–18; § 19 Abs. 3; §§ 21–26; § 27[1]; §§ 28–35; § 37	§§ 123–137 sowie § 3 Abs. 1, 3 und 4; § 4[1]; § 6; § 7[1]; § 8 Abs. 1 Satz 2–4, Abs. 2–3; § 9 Abs. 1 und 3; §§ 10–15; § 16 Abs. 1[1]; § 16 Abs. 2 und 3; § 17; § 19 Abs. 3; §§ 21–26; § 27[1]; §§ 29–35; § 37	§§ 123–137 sowie § 3 Abs. 1, 3 und 4; § 4[1]; § 6; § 7[1]; § 8 Abs. 1 Satz 2–4, Abs. 2–3; § 13; § 14 Abs. 1; § 16 Abs. 1[1]; § 16 Abs. 2 und 3; § 17; § 19 Abs. 3; §§ 21–26; § 27[1]; § 37
Besondere Vorschriften für			
Pers.handelsgesellschaft	§§ 39–45	§§ 39–45	§§ 39–45
PartG	§§ 45 a–45 e	§§ 45 a–45 e	§§ 45 a–45 e
GmbH	§ 138 sowie §§ 46–55[1] und §§ 56–57[2], § 58 Abs. 1[2], § 59[2]	§§ 138–140 sowie §§ 46–55[1] und §§ 56–57[2], § 58 Abs. 1[2], § 59[2]	§§ 138–140 sowie §§ 46–47[1], 49–53[1], § 55[1] und §§ 56–57[2], § 58 Abs. 1[2], § 59[2]
AG[3]	§§ 141–144 sowie §§ 60–72[1] und §§ 73–74[2]; § 75 Abs. 1[2], §§ 76–77[2]	§§ 141–146 sowie §§ 60–72[1] und §§ 73–74[2]; § 75 Abs. 1[2], §§ 76–77[2]	§§ 141–146 sowie §§ 61–67[1], §§ 69–70[1], § 72[1] und §§ 73–74[2]; § 75 Abs. 1[2], §§ 76–77[2]
KGaA	§§ 141–144 sowie §§ 60–72[1] und §§ 73–74[2]; § 75 Abs. 1[2], § 76–77[2], § 78	§§ 141–146 sowie §§ 60–72[1] und §§ 73–74[2]; § 75 Abs. 1[2], § 76–77[2], § 78	§§ 141–146 sowie §§ 61–67[1], §§ 69–70[1], § 72[1] und §§ 73–74[2]; § 75 Abs. 1[2], §§ 76–77[2], § 78
eG[4]	§ 147 sowie §§ 80–95[1] und §§ 96–98[2]	§§ 147–148 sowie §§ 80–95[1] und §§ 96–98[2]	§§ 147–148 sowie §§ 80–95[1] und §§ 96–98[2]
rechtsfähiger Verein	§ 149 sowie §§ 100–104 a	§ 149 sowie §§ 100–104 a	§ 149 sowie §§ 100–104 a
gen. Prüfungsverband	§ 150 sowie §§ 106–108	§ 150 sowie §§ 106–108	§ 150 sowie §§ 106–108
VVaG	§ 151 Satz 1 sowie §§ 110–113[1] und §§ 114–117[2]	§ 151 Satz 1 sowie §§ 110–113[1] und §§ 114–117[2]	§ 151 Satz 2 sowie §§ 110–113[1] und §§ 114–117[2]
Einzelkaufmann			§§ 152–160
rechtsfähige Stiftung			§§ 161–167
Gebietskörperschaft			§§ 168–173

[1] Anwendbar nur im Fall der Spaltung zur Aufnahme.
[2] Anwendbar nur im Fall der Spaltung zur Neugründung.
[3] Zur Europäischen Gesellschaft (SE) siehe Einl. C Rn 49 ff.
[4] Zur Europäischen Genossenschaft siehe Einl. C Rn 64 ff.

VI. § 125 Satz 3

12 § 125 Satz 3 hat nur terminologische Bedeutung und soll die entsprechend anzuwendenden Vorschriften des Verschmelzungsrechts sprachlich anpassen. Bei einer Spaltung geht das Vermögen eines einzigen übertragenden Rechtsträgers auf mindestens zwei andere Rechtsträger über. Bei einer Verschmelzung vollzieht sich dieser Vorgang umgekehrt: Hier geht das Vermögen eines oder mehrerer Rechtsträger auf nur einen einzigen übernehmenden Rechtsträger über. § 125 Satz 3 stellt klar, dass es im Fall einer entsprechenden Anwendung von Verschmelzungsvorschriften unerheblich sein soll, ob der oder die übertragenden bzw. übernehmenden Rechtsträger im Singular oder Plural stehen.

Zweiter Abschnitt. Spaltung zur Aufnahme

§ 126 Inhalt des Spaltungs- und Übernahmevertrags

(1) Der Spaltungs- und Übernahmevertrag oder sein Entwurf muß mindestens folgende Angaben enthalten:
1. den Namen oder die Firma und den Sitz der an der Spaltung beteiligten Rechtsträger;
2. die Vereinbarung über die Übertragung der Teile des Vermögens des übertragenden Rechtsträgers jeweils als Gesamtheit gegen Gewährung von Anteilen oder Mitgliedschaften an den übernehmenden Rechtsträgern;
3. bei Aufspaltung und Abspaltung das Umtauschverhältnis der Anteile und gegebenenfalls die Höhe der baren Zuzahlung oder Angaben über die Mitgliedschaft bei den übernehmenden Rechtsträgern;
4. bei Aufspaltung und Abspaltung die Einzelheiten für die Übertragung der Anteile der übernehmenden Rechtsträger oder über den Erwerb der Mitgliedschaft bei den übernehmenden Rechtsträgern;
5. den Zeitpunkt, von dem an diese Anteile oder die Mitgliedschaft einen Anspruch auf einen Anteil am Bilanzgewinn gewähren, sowie alle Besonderheiten in bezug auf diesen Anspruch;
6. den Zeitpunkt, von dem an die Handlungen des übertragenden Rechtsträgers als für Rechnung jedes der übernehmenden Rechtsträger vorgenommen gelten (Spaltungsstichtag);
7. die Rechte, welche die übernehmenden Rechtsträger einzelnen Anteilsinhabern sowie den Inhabern besonderer Rechte wie Anteile ohne Stimmrecht, Vorzugsaktien, Mehrstimmrechtsaktien, Schuldverschreibungen und Genußrechte gewähren, oder die für diese Personen vorgesehenen Maßnahmen;
8. jeden besonderen Vorteil, der einem Mitglied eines Vertretungsorgans oder eines Aufsichtsorgans der an der Spaltung beteiligten Rechtsträger, einem geschäftsführenden Gesellschafter, einem Partner, einem Abschlußprüfer oder einem Spaltungsprüfer gewährt wird;
9. die genaue Bezeichnung und Aufteilung der Gegenstände des Aktiv- und Passivvermögens, die an jeden der übernehmenden Rechtsträger übertragen werden, sowie der übergehenden Betriebe und Betriebsteile unter Zuordnung zu den übernehmenden Rechtsträgern;
10. bei Aufspaltung und Abspaltung die Aufteilung der Anteile oder Mitgliedschaften jedes der beteiligten Rechtsträger auf die Anteilsinhaber des übertragenden Rechtsträgers sowie den Maßstab für die Aufteilung;
11. die Folgen der Spaltung für die Arbeitnehmer und ihre Vertretungen sowie die insoweit vorgesehenen Maßnahmen.

Inhalt des Spaltungs- und Übernahmevertrags **§ 126**

(2) Soweit für die Übertragung von Gegenständen im Falle der Einzelrechtsnachfolge in den allgemeinen Vorschriften eine besondere Art der Bezeichnung bestimmt ist, sind diese Regelungen auch für die Bezeichnung der Gegenstände des Aktiv- und Passivvermögens (Absatz 1 Nr. 9) anzuwenden. § 28 der Grundbuchordnung ist zu beachten. Im übrigen kann auf Urkunden wie Bilanzen und Inventare Bezug genommen werden, deren Inhalt eine Zuweisung des einzelnen Gegenstandes ermöglicht; die Urkunden sind dem Spaltungs- und Übernahmevertrag als Anlagen beizufügen.

(3) Der Vertrag oder sein Entwurf ist spätestens einen Monat vor dem Tag der Versammlung der Anteilsinhaber jedes beteiligten Rechtsträgers, die gemäß § 125 in Verbindung mit § 13 Abs. 1 über die Zustimmung zum Spaltungs- und Übernahmevertrag beschließen soll, dem zuständigen Betriebsrat dieses Rechtsträgers zuzuleiten.

Übersicht

	Rn		Rn
A. Allgemeines	1	c) Angaben über die Mitgliedschaft	43
I. Sinn und Zweck der Norm	1	4. Einzelheiten für die Übertragung der Anteile (Nr. 4)	44
II. Entstehungsgeschichte	3	5. Zeitpunkt der Gewinnberechtigung (Nr. 5)	45
B. Spaltungs- und Übernahmevertrag	4	6. Spaltungsstichtag (Nr. 6)	47
I. Funktionen des Spaltungs- und Übernahmevertrags	4	7. Sonderrechte (Nr. 7)	49
1. Aufgabe	4	8. Sondervorteile (Nr. 8)	53
2. Rechtsnatur	6	9. Bezeichnung der zu übertragenden Vermögensteile (Nr. 9, Abs. 2)	55
II. Zustandekommen des Spaltungs- und Übernahmevertrags	7	a) Gegenstände des Aktiv- und Passivvermögens	56
1. Vertragsabschluss	7	b) Betrieb, Betriebsteil	57
2. Vertragsentwurf	8	c) Anforderungen an die Bestimmtheit im Einzelnen	61
3. Einheitlicher Vertrag	9	aa) Bewegliche Sachen	62
4. Form	10	bb) Grundstücke	64
5. Kosten	12	cc) Beteiligungen	66
III. Wirkungen des Spaltungs- und Übernahmevertrags	13	dd) Forderungen	67
1. Bindung an den Vertrag	13	ee) Verbindlichkeiten	68
2. Erfüllung	16	ff) Vertragsverhältnisse	72
IV. Mängel des Spaltungs- und Übernahmevertrags	19	gg) Arbeitsverhältnisse	73
1. Nichtigkeit aufgrund von Inhaltsmängeln	19	hh) Unternehmensverträge	74
2. Nichtigkeit aufgrund von Formmängeln	22	ii) Andere unternehmensbezogene Verträge	76
3. Anfechtung wegen Abschlussmängeln	23	jj) Öffentlich-rechtliche Rechtspositionen	77
C. Inhalt des Spaltungs- und Übernahmevertrags	25	kk) Prozessrechtsverhältnisse	78
I. Auslegung	25	d) „Vergessene" Gegenstände	79
II. Gesetzlicher Mindestinhalt	26	10. Aufteilung der Anteile an der übernehmenden Gesellschaft (Nr. 10)	82
1. Bezeichnung der Parteien (Nr. 1)	26	11. Folgen für die Arbeitnehmer und ihre Vertretungen (Nr. 11)	85
2. Vereinbarung des Vermögensübergangs gegen Anteilsgewährung (Nr. 2)	27	III. Weitere zwingende Anforderungen	92
a) Vermögensübertragung	28	1. Abfindungsangebot	92
b) Anteilsgewährung	29	2. Rechtsformspezifische Bestimmungen	93
aa) Pflicht zur Anteilsgewährung	29	IV. Fakultativer Inhalt	94
bb) Höhe der zu gewährenden Beteiligung	33	1. Gewährleistungen	95
cc) Art der zu gewährenden Anteile	34	2. Haftungsfreistellung	96
3. Umtauschverhältnis (Nr. 3)	35	3. Satzungsänderungen	97
a) Umtauschverhältnis	37	4. Kapitalmaßnahmen	98
b) Höhe der baren Zuzahlung	41	5. Organbestellung	99
		6. Veräußerungsbeschränkungen	100

§ 126 1   Drittes Buch. Spaltung

Rn	Rn
7. Kündigungsrechte und Bedingungen 101	11. Kosten 105
8. Genehmigungen 102	V. Unvollständigkeit des Spaltungs-
9. Kartellvorbehalt 103	und Übernahmevertrags 106
10. Auffangregeln 104	**D. Zuleitung an den Betriebsrat (Abs. 3)** .. 108

Literatur: *Boecken,* Unternehmensumwandlungen und Arbeitsrecht, 1996; *ders.,* Der Übergang von Arbeitsverhältnissen bei Spaltung nach dem neuen Umwandlungsrecht, ZIP 1994, 1087; *Borges,* Einheitlicher Vertrag bei Ausgliederung mehrerer Vermögensteile?, BB 1997, 589; *Bungert,* Die Übertragung beschränkt persönlicher Dienstbarkeiten bei der Spaltung, BB 1997, 897; *Engelmeyer,* Die Informationsrechte des Betriebsrats und der Arbeitnehmer bei Strukturveränderungen, DB 1996, 2542; *dies.,* Das Spaltungsverfahren bei der Spaltung von Aktiengesellschaften, AG 1996, 193; *dies.,* Die Spaltung von Aktiengesellschaften nach dem neuen Umwandlungsrecht, 1995; *Feddersen/Kiem,* Die Ausgliederung zwischen „Holzmüller" und neuem Umwandlungsrecht, ZIP 1994, 1078; *Fuhrmann/Simon,* Praktische Probleme der umwandlungsrechtlichen Ausgliederung, AG 2000, 49; *Gaiser,* Die Umwandlung und ihre Auswirkungen auf personenbezogene öffentlich-rechtliche Erlaubnisse, DB 2000, 361; *Geck,* Die Spaltung nach dem neuen Umwandlungsrecht, DStR 1995, 416; *Heidenhain,* Spaltungsvertrag und Spaltungsplan, NJW 1995, 2873; *Hennrichs,* Formwechsel und Gesamtrechtsnachfolge bei Umwandlungen, 1995; *Ihrig,* Gläubigerschutz durch Kapitalaufbringung bei Verschmelzung und Umwandlung, GmbHR 1996, 622; *ders.,* Verschmelzung und Spaltung ohne Gewährung neuer Anteile, ZHR 160 (1996) 317; *Jung,* Die stille Gesellschaft in der Spaltung, ZIP 1996, 1734; *Kallmeyer,* Spaltung nach neuem Umwandlungsgesetz: Anwendung des § 133 UmwG auf Arbeitnehmeransprüche?, ZIP 1995, 555; *ders.,* Das neue Umwandlungsgesetz – Verschmelzung, Spaltung, Formwechsel von Handelsgesellschaften, ZIP 1994, 1746; *Kleindiek,* Vertragsfreiheit und Gläubigerschutz im künftigen Spaltungsrecht nach dem Referentenentwurf Umwandlungsgesetz, ZGR 1992, 513; *Kögel,* Firmenrechtliche Besonderheiten des neuen Umwandlungsrechts, GmbHR 1996, 168; *Körner/Rodewald,* Bedingungen, Befristungen, Rücktritts- und Kündigungsrechte in Verschmelzungs- und Spaltungsverträgen, BB 1999, 853; *Mayer,* Erste Zweifelsfragen bei der Unternehmensspaltung, DB 1995, 861; *Mutter,* Teilbarkeit von Grundstücksmietverträgen in der Unternehmensspaltung?, ZIP 1997, 139; *Nagl,* Die Spaltung durch Einzelrechtsnachfolge und nach neuem Umwandlungsrecht, DB 1996, 1221; *Naraschewski,* Haftung bei der Spaltung von Kommanditgesellschaften, DB 1995, 1265; *Pickhardt,* Die Abgrenzung des spaltungsrelevanten Vermögensteils als Kernproblem der Spaltung, DB 1999, 729; *Priester,* Mitgliederwechsel im Umwandlungszeitpunkt, DB 1997, 560: *ders.,* Das neue Umwandlungsrecht aus notarieller Sicht, DNotZ 1995, 427; *Reichert,* Folgen der Anteilsvinkulierung für Umstrukturierungen von Gesellschaften mit beschränkter Haftung und Aktiengesellschaften nach dem Umwandlungsgesetz 1995, GmbHR 1995, 176; *Rieble,* Verschmelzung und Spaltung von Unternehmen und ihre Folgen für Schuldverhältnisse mit Dritten, ZIP 1997, 301; *K. Schmidt,* Gläubigerschutz bei Umstrukturierungen, ZGR 1993, 366; *Schwedhelm/Streck/Mack,* Die Spaltung der GmbH nach neuem Umwandlungsrecht, GmbHR 1995, 7; *Simon/Zerres,* Aktuelle arbeitsrechtliche Besonderheiten bei der Spaltung von Unternehmen, FA 2005, 231; *dies.* Unternehmensspaltung und Arbeitsrecht, FS Leinemann, 2006, S. 255; *Teichmann,* Die Spaltung von Rechtsträgern als Akt der Vermögensübertragung, ZGR 1993, 396; *Timm,* Die Auswirkungen einer Realteilung des herrschenden Unternehmens auf Beherrschungs- und Gewinnabführungsverträge, DB 1993, 569; *Vossius,* Unternehmensvertrag und Umwandlung, FS Widmann, 2000, S. 117 ff.; *Wiesner,* Dauerschuldverhältnisse in der Aufspaltung, ZHR Beiheft 68, S. 168; *Willemsen,* Die Beteiligung des Betriebsrats im Umwandlungsverfahren, RdA 1998, 23.

A. Allgemeines

I. Sinn und Zweck der Norm

1   Die Vorschrift bestimmt in Abs. 1 den Mindestinhalt eines Spaltungs- und Übernahmevertrags. Abs. 2 enthält einige Sonderbestimmungen für die Übertragung des Vermögens und Abs. 3 regelt die rechtzeitige Information der Betriebsräte der beteiligten Rechtsträger. Während Abs. 2 eine spezifisch bei der Spaltung erforderliche Regelung ist, finden Abs. 1 und Abs. 3 ihre Parallele bei der Verschmelzung[1]. Dabei entsprechen Abs. 1 Nr. 1 bis 8 und

---

[1] § 5 Abs. 1 und 3.

11 weitgehend § 5 Abs. 1 Nr. 1 bis 9, während Abs. 1 Nr. 9 und 10 ebenfalls spaltungsspezifische Vorschriften enthalten.

Die Bestimmungen dieser Norm gelten **unmittelbar nur für die Spaltung zur Aufnahme.** Damit ist auch die Ausgliederung zur Aufnahme erfasst. Der im Gesetz verschiedentlich erwähnte Begriff des Ausgliederungs- und Übernahmevertrags[2] scheint zwar auf ein eigenständiges Rechtsinstitut hinzudeuten. Mit Ausnahme der Angaben nach Abs. 1 Nrn. 3, 4 und 10 bestehen hierfür jedoch die gleichen inhaltlichen Mindestanforderungen. Auch für den bei der Spaltung zur Neugründung zu erstellenden Spaltungsplan sind für alle drei Spaltungsformen die inhaltlichen Mindestanforderungen des Abs. 1 mit leichten Modifikationen zu beachten[3].

II. Entstehungsgeschichte

Die Vorschrift basiert auf Art. 3 der SpaltRL. Sie hat im deutschen Recht ein **Vorbild** in § 2 SpTrUG, der jedoch nur die Spaltung zur Neugründung kannte. Abs. 1 Nrn. 8 und 10 sind 1998 geändert worden. Nunmehr werden auch die Partner einer Partnerschaftsgesellschaft als mögliche Empfänger von Sondervorteilen berücksichtigt und es können nicht nur mehr Anteile der übernehmenden Rechtsträger aufgeteilt werden. Aufzuteilen sind Anteile der „beteiligten Rechtsträger", also auch solche des übertragenden[4].

B. Spaltungs- und Übernahmevertrag

I. Funktionen des Spaltungs- und Übernahmevertrags

1. Aufgabe

Der Spaltungs- und Übernahmevertrag regelt die Übertragung von Vermögensteilen eines übertragenden Rechtsträgers auf einen oder mehrere bereits bestehende übernehmende Rechtsträger. In Abgrenzung dazu liegt eine Spaltung zur Neugründung vor, soweit zuvor keine übernehmenden Rechtsträger existierten. In diesem Fall tritt ein Spaltungsplan an die Stelle des Spaltungs- und Übernahmevertrags[5].

Der Spaltungs- und Übernahmevertrag legt die **rechtliche Grundlage für die Spaltung**. Er bestimmt, welche Vermögensteile für welche Gegenleistungen übertragen werden sollen und welche Pflichten sich dabei und daraus für die beteiligten Rechtsträger und ihre Anteilseigner ergeben. Gleichzeitig ist er ein wesentliches **Informationsmittel für die Anteilseigner**, um sie über die wesentlichen Umstände für ihre Entscheidung zu unterrichten[6].

2. Rechtsnatur

Wie der Verschmelzungsvertrag[7] wirkt auch der Spaltungs- und Übernahmevertrag in erster Linie körperschaftlich und in zweiter Linie schuldrechtlich, nicht jedoch unmittelbar dinglich.

---

[2] §§ 131 Abs. 1 Nr. 3 Satz 3, 157 Abs. 1.
[3] § 136; siehe den Verweis von § 135 Abs. 1 auf § 126.
[4] Siehe Gesetz vom 22. 7. 1998, BGBl. I S. 1878.
[5] § 136; bei einer kombinierten Spaltung zur Aufnahme und zur Neugründung, bei der also der eine übernehmende Rechtsträger bereits existiert, der andere aber noch nicht, muss der Spaltungsplan in den Spaltungs- und Übernahmevertrag integriert werden, siehe *Heidenhain* NJW 1995, 2873, 2874.
[6] *Priester* in Lutter Rn 5 unter Verweis auf Begr. VerschmRLG, BT-Drucks. 9/1065 S. 14 f.
[7] Siehe § 4 Rn 3.

II. Zustandekommen des Spaltungs- und Übernahmevertrags

1. Vertragsabschluss

7   Der Spaltungs- und Übernahmevertrag kann wegen seiner besonderen Bedeutung für die beteiligten Rechtsträger als Grundlagengeschäft wirksam nur von deren statutarisch vertretungsberechtigten **Organen** in vertretungsberechtigter Anzahl oder – falls im Statut vorgesehen – mittels unechter Gesamtvertretung abgeschlossen werden. Im Einzelnen kann hinsichtlich Abschlusskompetenz, Vertretungsmöglichkeiten und Genehmigungserfordernissen auf die Ausführungen zur Verschmelzung verwiesen werden[8].

2. Vertragsentwurf

8   Der Anteilseignerversammlung kann auch lediglich ein Entwurf des Spaltungs- und Übernahmevertrags vorgelegt werden, was sich insbesondere dann, wenn die Vertretungsorgane Zweifel an der Zustimmung haben, zur Vermeidung unnötiger Beurkundungskosten anbieten kann[9]. Inhaltlich muss dieser Entwurf vollständig sein[10]. Formal genügt hier, dass er von den zu seinem Abschluss zuständigen Organen schriftlich niedergelegt worden ist. Ist ein Vertragsentwurf von den Anteilseignerversammlungen aller beteiligten Rechtsträger mit den erforderlichen Mehrheiten beschlossen worden, sind die Vertretungsorgane der Rechtsträger verpflichtet, den Vertrag entsprechend notariell beurkunden zu lassen, womit er sofort wirksam wird. Eine Beschlussfassung der Anteilseigner über den Entwurf in **abgeänderter Form** kommt nur in Betracht, wenn alle Anteilseigner zur Anteilseignerversammlung erschienen sind und sich mit der Beschlussfassung über den geänderten Entwurf einverstanden erklärt haben[11].

3. Einheitlicher Vertrag

9   Bei der Aufspaltung gibt es zwangsläufig und bei der Abspaltung häufig mehr als einen übernehmenden Rechtsträger. Der Spaltungs- und Übernahmevertrag muss trotzdem einheitlich sein, weil die Anteilsinhaber bei ihrer Entscheidung den gesamten Vorgang kennen sollen und weil bei Auf- und Abspaltung das Umtauschverhältnis nur einheitlich für den ganzen Vorgang bestimmt werden kann[12]. Nicht zulässig ist dagegen die Zusammenfassung mehrerer Spaltungsvorgänge mit mehreren übertragenden Rechtsträgern in einem Spaltungs- und Übernahmevertrag; es können aber mehrere getrennte Verträge durch Bedingungen miteinander verzahnt werden[13].

4. Form

10 Der Spaltungs- und Übernahmevertrag muss vollständig inklusive sämtlicher Nebenabreden, die nach dem Willen zumindest einer Partei so wesentlich sind, dass diese ohne sie

---

[8] Siehe § 4 Rn 8 ff.; siehe aber einschränkend für den Spaltungsplan § 136 Rn 4.
[9] § 125 Satz 1 iVm. § 4 Abs. 2; zu der Frage, unter welchen Voraussetzungen die Anteilseignerversammlung den Vertragsentwurf in abgeänderter Form beschließen kann, siehe die verwandte Problematik bei der Verschmelzung § 4 Rn 10 ff.
[10] BGHZ 82, 188, 194 zum gleich gelagerten Fall der Vermögensübertragung nach § 361 AktG aF (heute § 179 a AktG).
[11] Rechtsgedanke aus §§ 245 Nr. 1 AktG, 51 Abs. 3 GmbHG.
[12] RegBegr. *Ganske* S. 154; *Heidenhain* NJW 1995, 2873; *Mayer* in Widmann/Mayer Rn 8.
[13] *Priester* in Lutter Rn 10; kritisch zur Beschränkung auf nur einen übertragenden Rechtsträger *Hörtnagl* in Schmitt/Hörtnagl/Stratz § 123 Rn 20 f.

den Vertrag nicht abgeschlossen hätte[14], notariell beurkundet werden. Die Beurkundung von Spaltungs- und Übernahmevertrag und Spaltungsbeschluss kann auch zusammengefasst werden[15]. Auch ein **Vorvertrag** ist beurkundungspflichtig, wenn er – nach Eintritt bestimmter Voraussetzungen – die Pflicht enthält, den Spaltungs- und Übernahmevertrag abzuschließen[16]. Wird hingegen nur der **Entwurf** des Spaltungs- und Übernahmevertrags den Anteilseignern zur Zustimmung vorgelegt, wird die notarielle Beurkundung erst erforderlich, wenn der Vertrag (bei Vorliegen der Zustimmungsbeschlüsse) tatsächlich abgeschlossen werden soll. Spätere **Änderungen oder Ergänzungen** des Spaltungs- und Übernahmevertrags sind ebenfalls notariell zu beurkunden. Gehen sie über bloß redaktionelle Anpassungen hinaus, bedarf es auch eines (ggf. erneuten) Zustimmungsbeschlusses der Anteilseignerversammlungen. Die Beurkundung des Spaltungs- und Übernahmevertrags ist im Ausland möglich, aber problematisch[17].

Wenn zur Individualisierung der zu übertragenden Vermögensgegenstände gem. Abs. 2 Satz 3 auf **Inventare und Bilanzen** zurückgegriffen wird, sind diese mit zu beurkunden. Allerdings kann unter bestimmten Voraussetzungen darauf verzichtet werden, sie zu verlesen[18]. Die Schluss- oder Spaltungsbilanz muss hingegen bei der Beurkundung noch nicht vorliegen, sofern sie nicht zur Individualisierung der zu übertragenden Vermögensgegenstände herangezogen wird.

5. Kosten

Für die Beurkundung eines Spaltungs- und Übernahmevertrags ist das Doppelte der vollen Gebühr anzusetzen[19]. Geschäftswert ist das auf den bzw. die übernehmenden Rechtsträger übergehende Aktivvermögen. Echte Wertberichtigungen und Verlustbeiträge sind abzuziehen, nicht aber Verbindlichkeiten[20]. Als Berechnungsgrundlage wird in der Praxis üblicherweise die letzte Bilanz des übertragenden Rechtsträgers zugrunde gelegt. Der Wert ist insgesamt auf € 5 Mio. begrenzt[21], die Gebühr kann daher € 15 114 nicht übersteigen.

III. Wirkungen des Spaltungs- und Übernahmevertrags

1. Bindung an den Vertrag

Bis zur Zustimmung der ersten Anteilseignerversammlung ist der Spaltungs- und Übernahmevertrag schwebend unwirksam und kann von den zu seinem Abschluss zuständigen Organen aufgehoben und abgeändert werden[22]. Haben noch nicht die Anteilseigner aller Rechtsträger der Spaltung zugestimmt, ist ein schon geschlossener und notariell beurkundeter Spaltungs- und Übernahmevertrag immer noch schwebend unwirksam. In ihm ist ein formwirksames bindendes Angebot zum Abschluss des Vertrags zu sehen, an das der Rechtsträger so lange gebunden ist, wie unter normalen Umständen mit einer Annahme des Angebots gerechnet werden kann[23].

---

[14] BGHZ 82, 188, 194 (für den gleich gelagerten Fall der Vermögensübertragung); *Heidenhain* NJW 1995, 2873, 2874; *Kanzleiter* DNotZ 1994, 275, 282; *Heckschen* WM 1990, 377, 381; siehe auch § 313 BGB und die Kommentierungen dazu.
[15] *Mayer* DB 1995, 861, 862; *Heidenhain* NJW 1995, 2873, 2880 f., der auch die dabei zu beachtenden Voraussetzungen aufführt.
[16] *Lutter/Drygala* in Lutter § 6 Rn 3.
[17] Siehe dazu § 6 Rn 15 ff. mwN.
[18] § 14 BeurkG.
[19] § 36 Abs. 2 KostO.
[20] § 18 Abs. 3 KostO; siehe auch *Heidenhain* NJW 1995, 2873, 2874.
[21] § 39 Abs. 4 KostO.
[22] *Priester* in Lutter Rn 96.
[23] Die Bindung richtet sich nach §§ 145 ff. BGB.

14 Ist der **Spaltungs- und Übernahmevertrag von den Anteilseignerversammlungen aller beteiligten Rechtsträger beschlossen** worden, ist er wirksam. Änderungen werden nur wirksam, wenn sie von den Anteilseignerversammlungen aller beteiligten Rechtsträger unter Beachtung aller formalen Anforderungen beschlossen werden. Wurde von den Anteilseignerversammlungen nur über einen Entwurf des Spaltungs- und Übernahmevertrags beschlossen, gelten bis zum formgültigen Abschluss des Vertrags die dargestellten Grundsätze[24] entsprechend. Änderungen müssen auch dann von den Anteilseignerversammlungen aller beteiligten Rechtsträger gutgeheißen werden.

15 Die **Spaltung** selbst wird **wirksam, wenn sie in das Register des übertragenden Rechtsträgers eingetragen** wird. Der Spaltungs- und Übernahmevertrag kann dann nicht mehr geändert werden. Ist hingegen erst die Eintragung beim übernehmenden Rechtsträger erfolgt, sind diese Wirkungen noch nicht eingetreten. Die Rechtslage unterscheidet sich dann nicht wesentlich von der vor der Eintragung bestehenden[25].

2. Erfüllung

16 Mit dem Wirksamwerden des Spaltungs- und Übernahmevertrags erhält jeder an ihm beteiligte Rechtsträger einen vollstreckbaren Anspruch gegen den oder die anderen beteiligten Rechtsträger darauf, alle zur Durchführung der Spaltung erforderlichen Handlungen vorzunehmen[26]. Der Vertrag begründet die Pflicht, die **Eintragung** der Spaltung ins Handelsregister zu bewirken. Dabei muss dem Registergericht nachgewiesen werden, dass gegen die Spaltung keine Anfechtungsklage anhängig ist (Negativattest)[27]. Hierfür steht jeder Partei ein Auskunftsrecht gegen die anderen zu. Die beteiligten Rechtsträger sind im Übrigen dazu verpflichtet, Verzögerungen aufgrund von Klagen gegen den Spaltungsbeschluss möglichst gering zu halten.

17 **Anspruchsberechtigt** sind die am Spaltungs- und Übernahmevertrag beteiligten Rechtsträger, geltend zu machen ist der Anspruch durch deren Organe. Anspruchsverpflichtet sind die anderen Vertragsparteien.

18 Hingegen gibt der Spaltungs- und Übernahmevertrag den **Anteilseignern** eines Rechtsträgers keinen eigenen Anspruch gegen den Vertragspartner oder gegen das Vertretungsorgan desselben Rechtsträgers. Die Anteilseigner sind weder Partei des Vertrags noch wirkt dieser insofern zu ihren Gunsten unmittelbar drittschützend. Die Anteilseigner sind daher auf die rechtsformspezifischen Möglichkeiten wie Ausübung von Weisungsrechten oder Drohung mit Schadensersatzansprüchen oder mit Abberufung angewiesen, um die Vertretungsorgane zur Umsetzung des Spaltungs- und Übernahmevertrags anzuhalten.

IV. Mängel des Spaltungs- und Übernahmevertrags

1. Nichtigkeit aufgrund von Inhaltsmängeln

19 Der Spaltungs- und Übernahmevertrag kann nach allgemeinen zivilrechtlichen Regeln **wegen eines Verstoßes gegen Verbotsgesetze oder gegen die guten Sitten**[28] nichtig sein. Dies gilt auch dann, wenn außerhalb des Spaltungs- und Übernahmevertrags nichtige Regelungen im Zusammenhang mit der Spaltung getroffen werden und der Spaltungs- und

---

[24] Siehe Rn 8.
[25] Siehe zum Ganzen noch ausführlicher die Ausführungen bei der Verschmelzung, die auf die Spaltung unter Beachtung der Tatsache übertragen werden können, dass die Reihenfolge der Eintragungen ins Register bei der Verschmelzung umgekehrt ist, § 4 Rn 27 ff.
[26] *Priester* in Lutter Rn 99; *Kallmeyer* ZIP 1994, 1746, 1754.
[27] § 125 Satz 1 iVm. § 16 Abs. 2 Satz 1.
[28] §§ 134, 138 BGB.

Übernahmevertrag ohne diese nichtigen Zusatzvereinbarungen nicht geschlossen worden wäre[29].

Mängel dieser Art können **vor Eintragung** ins Register von den Parteien geltend gemacht werden und sind vom Registergericht im Rahmen seiner formellen und materiellen Prüfung von Amts wegen zu berücksichtigen. Wurde die **Spaltung trotz eines Mangels eingetragen**, sind die formellen Mängel des Spaltungs- und Übernahmevertrags geheilt. Materielle Mängel können allenfalls zu Schadensersatzansprüchen führen[30]. Damit wird der allgemeinen Tendenz Rechnung getragen, gesellschaftsrechtliche Akte möglichst zu erhalten.

Nichtig ist der Spaltungs- und Übernahmevertrag ferner, wenn ihm die *essentialia negotii*, also die Angaben nach § 126 Abs. 1 Nr. 1 bis 3, fehlen. In diesen Fällen führt auch die Eintragung nicht zu einer Heilung der Nichtigkeit.

2. Nichtigkeit aufgrund von Formmängeln

Sofern nicht alle nach dem Willen der Parteien für die Spaltung maßgeblichen Vereinbarungen notariell beurkundet worden sind, ist der Spaltungsvertrag nach § 125 BGB nichtig. Allerdings werden Formmängel durch die Eintragung der Spaltung im Register des übertragenden Rechtsträgers geheilt[31].

3. Anfechtung wegen Abschlussmängeln

Das Gleiche gilt, wenn der Spaltungs- und Übernahmevertrag aufgrund erfolgreicher Anfechtung nichtig ist. Wird die Spaltung dennoch ins Register eingetragen, ist der Nichtigkeitsmangel geheilt[32]. Für die Anfechtung des Spaltungs- und Übernahmevertrags kommt es auf einen **Willensmangel** des Vertretungsorgans an, nicht auf solche der Anteilseigner.

Von der Anfechtung des Spaltungs- und Übernahmevertrags durch die Vertretungsorgane eines Rechtsträgers ist die **Anfechtung des Spaltungsbeschlusses** durch die Anteilsinhaber eines Rechtsträgers zu unterscheiden. Sie kann u. a. auch darauf gegründet werden, dass der Spaltungs- und Übernahmevertrag nicht die gesetzlich geforderten Mindestangaben nach § 126 enthält.

C. Inhalt des Spaltungs- und Übernahmevertrags

I. Auslegung

Die Auslegung des Spaltungs- und Übernahmevertrags richtet sich nach den Allgemeinen zivilrechtlichen Grundsätzen[33]. Die Vorschriften des Vertrags, die nicht nur schuldrechtlich zwischen den beteiligten Rechtsträgern wirken, sondern auch Anteilseigner oder den Rechtsverkehr betreffen können, sind nach objektiven Kriterien aus der Sicht eines verständigen Dritten auszulegen[34]. Dabei kann der Spaltungsbericht zur Hilfe genommen werden. Der Wille der Parteien muss jedoch auch in den beurkundeten Vertragserklärungen zumindest angeklungen sein[35]. Dies gilt auch hinsichtlich der Frage, was mit „vergessenen" Vermögensgegenständen und Verbindlichkeiten geschehen soll[36].

---

[29] Siehe § 139 BGB.
[30] § 131 Abs. 1 Nr. 4, Abs. 2.
[31] § 131 Abs. 1 Nr. 4.
[32] § 131 Abs. 2.
[33] §§ 133, 157 BGB.
[34] *Priester* in Lutter Rn 14.
[35] *Kallmeyer* in Kallmeyer Rn 64.
[36] Näher dazu Rn 79 f.

II. Gesetzlicher Mindestinhalt[37]

1. Bezeichnung der Beteiligten (Nr. 1)

26 Der Spaltungs- und Übernahmevertrag muss Namen bzw. Firma[38] und Sitz[39] der beteiligten Rechtsträger enthalten. Die Angaben müssen den Eintragungen im Register (Handels-, Vereins-, Partnerschafts- oder Genossenschaftsregister) entsprechen. Bereits beschlossene, aber noch nicht eingetragene Änderungen sollten ebenfalls kenntlich gemacht werden. Soll in einem dieser Punkte gleichzeitig mit der Spaltung eine Änderung erfolgen oder bei der Aufspaltung das Untergehen der Firma des übertragenden Rechtsträgers verhindert werden, kann dies nach den allgemeinen Regeln von den Anteilseignerversammlungen beschlossen und auch zuvor im Spaltungs- und Übernahmevertrag geregelt werden[40].

2. Vereinbarung des Vermögensübergangs gegen Anteilsgewährung (Nr. 2)

27 Der Spaltungs- und Übernahmevertrag muss vorsehen, dass der übertragende Rechtsträger Teile seines Vermögens[41] jeweils als Gesamtheit gegen die Gewährung von Anteilen oder Mitgliedschaften an den übernehmenden Rechtsträgern auf diese überträgt. Mit dem Begriff „Teile des Vermögens als Gesamtheit" stellt das Gesetz klar, dass das Vermögen im Wege der Gesamtrechtsnachfolge übergeht. Die Vermögensübertragung gegen Gewährung von Anteilen ist beim übernehmenden Rechtsträger eine **Kapitalerhöhung gegen Sacheinlage**[42].

28 a) **Vermögensübertragung.** Bei der **Aufteilung der Vermögenswerte** auf die beteiligten Rechtsträger sind die Parteien grundsätzlich frei[43]. Die Spaltung kann sich auf die Übertragung eines einzigen Gegenstands beschränken[44]. Andererseits kommt nicht nur bei der Aufspaltung die Übertragung des gesamten Vermögens des übertragenden Rechtsträgers in Betracht, sondern auch bei der Ausgliederung[45]. Diese sog. **Totalausgliederung** führt dazu, dass der übertragende Rechtsträger als einzige Vermögenswerte die Beteiligungen an den übernehmenden Rechtsträgern behält, auf die er sein Vermögen ausgegliedert hat[46].

Teilweise wird es als missbräuchlich angesehen, wenn die **Aktiva ausschließlich an den einen und die Passiva an einen anderen übernehmenden Rechtsträger übertragen werden**[47]. Dagegen spricht, dass die Gläubiger vor der Spaltung begründeter Verbindlich-

---

[37] Muster für Spaltungsverträge finden sich zB bei *Sommer* in Engl Formular B.2 a; *Henn*, Handbuch des Aktienrechts, 7. Aufl. 2002, Anhangsanlage 32 b, S. 990 ff.; *Hoffmann-Becking* in MünchVertrHdb. Bd. 1 Formulare XII. 1, 11 und 18.
[38] § 4 AktG, § 4 GmbHG, §§ 17, 19 HGB, § 3 GenG.
[39] § 5 AktG, § 3 Abs. 1 Nr. 1 GmbHG, § 106 HGB, § 6 Nr. 1 GenG, §§ 24, 57 BGB.
[40] Siehe zur Firma bei der Spaltung *Kögel* GmbHR 1996, 168, 172 ff.; *Mayer* DB 1995, 861, 863.
[41] Welche Teile dies sind, muss nach Abs. 1 Nr. 9 genauer bestimmt werden.
[42] *Mayer* in Widmann/Mayer Rn 69.2; siehe auch *Lutter/Drygala* in Lutter § 5 Rn 8 a.
[43] RegBegr. *Ganske* S. 156; *Heidenhain* NJW 1995, 2873, 2876; *Mayer* in Widmann/Mayer Rn 61; aA *Pickhardt* DB 1999, 729, 730.
[44] Die einschränkende Bestimmung des § 132 wurde durch das Zweite Gesetz zur Änderung des Umwandlungsgesetzes gestrichen.
[45] *Karollus* in Lutter Umwandlungsrechtstage S. 176 ff.; *Mayer* in Widmann/Mayer Rn 55 ff.; aA *Kallmeyer* ZIP 1994, 1746, 1749, dem zufolge die Totalausgliederung zum Erlöschen des Rechtsträgers führen müsste und der angestrebte Effekt nur im Wege der Sacheinlage mit Einzelübertragung erreicht werden könne.
[46] *Priester* in Lutter § 126 Rn 23; siehe § 123 Rn 17.
[47] RegBegr. *Ganske* S. 165; *Belling/Collas* NJW 1991, 1919, 1926 nehmen einen Gestaltungsmissbrauch an, wenn die Spaltung auf eine „geplante Totgeburt" hinausläuft.

keiten durch die gesamtschuldnerische Haftung der an der Spaltung beteiligten Rechtsträger geschützt sind[48]. Den Schutz von Neugläubigern[49] regelt das UmwG berechtigterweise nicht, weil weder der Zeitrahmen, innerhalb dessen sie noch zu schützen wären, noch das Maß der Gefährdung ihrer Vermögensinteressen, ab dem sie besonders geschützt werden müssten, sinnvoll eingegrenzt werden können.

b) Anteilsgewährung. *aa) Pflicht zur Anteilsgewährung.* Bei **Auf- und Abspaltung** sind grundsätzlich im Spaltungs- und Übernahmevertrag allen Anteilseignern des übertragenden Rechtsträgers Anteile an den aus der Spaltung hervorgegangenen Rechtsträgern einzuräumen[50]. Von dieser Pflicht bestehen folgende **Ausnahmen,** wobei es sich empfiehlt, im Spaltungs- und Übernahmevertrag auf den Grund für die dann fehlende Angabe zur Anteilsgewährung hinzuweisen:
– Bei entsprechender Zustimmung aller Anteilseigner des übertragenden Rechtsträgers ist nicht nur eine nichtverhältniswahrende Spaltung zulässig[51], sondern sogar eine sog. **Spaltung zu Null,** bei der einzelne Anteilseigner überhaupt keine Anteile an einzelnen übernehmenden Rechtsträgern erhalten[52].
– Nach richtiger Ansicht ist auch ein **Verzicht** einzelner Anteilseigner **auf die Anteilsgewährung** zulässig. Die Anteilsgewährung dient nur dem Schutz der Anteilsinhaber vor einem Verlust ihrer wirtschaftlichen Beteiligung am übernehmenden Rechtsträger. Der Schutz der Gläubiger ist hingegen nicht ihr Zweck, wie sich schon daraus ergibt, dass die Höhe der zu gewährenden Anteile vom UmwG nicht vorgeschrieben wird. Deshalb und weil der Gesetzgeber in der Pflicht zur Anteilsgewährung kein unerlässliches Wesensmerkmal der Auf- und Abspaltung gesehen hat, muss hierauf auch verzichtet werden können[53]. In Betracht kommt dies aber wohl nur bei konzerninternen Spaltungsvorgängen, so dass die Frage, ob hierfür wie bei der nichtverhältniswahrenden Spaltung die Zustimmung aller Anteilseigner oder nur der verzichtenden erforderlich ist, nicht praktisch wird.
– Bei der **Auf- oder Abspaltung auf die Muttergesellschaft** können dieser keine Anteile gewährt werden[54]. Ist die Muttergesellschaft Alleingesellschafterin, kommt es also konsequenterweise zu gar keiner Anteilsgewährung[55]. Angaben nach Nr. 2 bis 5 sind dann nicht möglich[56]. Die Tatsache, dass eine Regelung, die von diesen Angaben ausdrücklich befreit, hier fehlt, muss nicht darüber nachdenken lassen, ob die Auf- und Abspaltung auf eine 100%-ige Muttergesellschaft untersagt sein könnte, da der Gesetzgeber diese Fallkonstel-

---

[48] § 133 Abs. 1.
[49] Mit Rücksicht auf die Gläubiger von Verbindlichkeiten, die erst nach der Spaltung begründet wurden, befürwortet *Mayer* in Widmann/Mayer Rn 63 in diesen Fällen eine gesamtschuldnerische Haftung der an der Spaltung beteiligten Rechtsträger auch für Neuverbindlichkeiten.
[50] § 123 Abs. 1 und 2.
[51] § 126 Abs. 1 Nr. 10, § 128.
[52] *Priester* in Lutter § 128 Rn 13; *Kallmeyer* in Kallmeyer § 123 Rn 4; *Mayer* in Widmann/Mayer Rn 274; siehe dazu und zur Möglichkeit, einzelnen Anteilsinhabern überhaupt keine Anteile zuzuteilen, auch § 128 Rn 6.
[53] LG Konstanz ZIP 1998, 1226 mit zust. Anm. *Katschinski*; *Priester* DB 1997, 560, 562 ff.; *ders.* in Lutter § 128 Rn 15; ausf. hierzu *Ihrig* ZHR 160 (1996) 317, 320 ff.; aA *Mayer* in Widmann/Mayer Rn 67; *Schöne* S. 149 Fn 155; siehe dazu auch § 5 Rn 12 ff. und § 128 Rn 6, jeweils mwN.
[54] § 131 Abs. 1 Nr. 3 Satz 1 2. Halbs. 1. Alt.; ist übernehmender Rechtsträger eine GmbH, AG oder KGaA, sehen § 125 Satz 1 iVm. § 54 Abs. 1 Satz 1 Nr. 1 und § 68 Abs. 1 Satz 1 Nr. 1 bei Auf- und Abspaltung ein Kapitalerhöhungsverbot vor.
[55] Insoweit geht die BegrRegE fehl, wenn dort behauptet wird, dass es bei Auf- und Abspaltung immer zu einem Anteilstausch komme und deshalb Erleichterungen für die Angaben im Spaltungs- und Übernahmevertrag nach dem Vorbild des § 5 Abs. 2 nicht in Betracht kämen, RegBegr. *Ganske* S. 157.
[56] Das gilt, obwohl eine Regelung wie in § 5 Abs. 2, die von diesen Angaben ausdrücklich befreit, fehlt.

lation bei der Spaltung offensichtlich nicht gesehen hat[57]. Im umgekehrten Fall der Auf- oder Abspaltung von der Mutter auf die Tochter gehen hingegen die bisher von der Mutter gehaltenen Anteile an der Tochter mit Wirksamwerden der Spaltung auf die Anteilseigner der Mutter unmittelbar über[58]. Auch bei der **Auf- und Abspaltung auf Schwestergesellschaften** ist davon auszugehen, dass dort eine Kapitalerhöhung erforderlich ist, so dass es auch hier zu einer Anteilsgewährung kommt[59].

– Soweit der übertragende Rechtsträger **eigene Anteile** inne hat, scheidet bei Auf- und Abspaltung ebenfalls eine Anteilsgewährung aus[60].

– Wegen des Verbots der Mehrfachbeteiligung an einer **Personengesellschaft** können auch dann keine Anteile gewährt werden, wenn ein Anteilsinhaber des übertragenden Rechtsträgers schon Gesellschafter einer übernehmenden Personengesellschaft war[61]. Die Aufstockung seines Gesellschafterkontos ist natürlich zulässig.

30 Bei der **Ausgliederung** besteht grundsätzlich die Pflicht, dem übertragenden Rechtsträger selbst Anteile an den aus der Spaltung hervorgegangenen Rechtsträgern einzuräumen[62]. Da hier kein Anteilserwerb des übernehmenden Rechtsträgers an sich selbst im Zuge der Spaltung droht und der Erwerb von Anteilen des übernehmenden Rechtsträgers durch den übertragenden gerade beabsichtigt ist, bedarf es hier nicht der Ausnahmen von der Anteilsgewährspflicht für den Fall der Beteiligung am übertragenden Rechtsträger durch diesen selbst oder durch den übernehmenden Rechtsträger[63].

31 Infolgedessen sind auch bei der **Ausgliederung auf eine Tochtergesellschaft** der Muttergesellschaft grundsätzlich weitere Anteile an der Tochtergesellschaft zu gewähren. Dies gilt selbst dann, wenn die Muttergesellschaft alleinige Anteilseignerin der Tochtergesellschaft ist und sich damit bei dieser auch ohne Anteilsgewährung die Beteiligungsquoten nicht verschieben würden[64]. Die Gewährung eines neuen Anteils wird im Übrigen auch von §§ 20, 24 UmwStG vorausgesetzt. Allerdings kann die Muttergesellschaft auf weitere Anteile verzichten[65]. Auch für die Ausgliederung ist die Anteilsgewährung nicht wesensnotwendig, auch hier können nicht Gläubigerschutzgesichtspunkte eine Kapitalerhöhung erfordern. Der Umstand, dass es anders als bei Verschmelzung, Aufspaltung und Abspaltung hier nicht um einen Verzicht der Anteilseigner des übertragenden Rechtsträgers geht, sondern um einen solchen dieses Rechtsträgers selbst, wirkt sich nur insofern aus, als der Verzicht nicht anlässlich des Zustimmungsbeschlusses der Anteilseigner erklärt wird, sondern bereits in dem Abschluss des entsprechenden Ausgliederungs- und Übernahmevertrags liegt. Dementsprechend muss der Verzicht auch nicht ausdrücklich erklärt werden.

32 Im umgekehrten Fall der **Ausgliederung auf die Muttergesellschaft** führt die Anteilsgewährung zwar zu wechselseitigen Beteiligungen, ist im Grundsatz aber ebenfalls als notwendig anzusehen[66]. Sie entfällt allerdings, wenn der übertragende Rechtsträger schon

---

[57] So iE auch *Ihrig* ZHR 160 (1996) 317, 327 f., der richtig darauf hinweist, dass § 126 die abschließende Regelung zum Inhalt des Spaltungs- und Übernahmevertrags ist und deshalb die Anwendung des § 5 Abs. 2 über § 125 Satz 1 ausscheidet.

[58] *Priester* in Lutter Rn 24; *Mayer* in Widmann/Mayer Rn 80 ff.

[59] So auch *Priester* in Lutter Rn 24; siehe dazu auch § 5 Rn 137.

[60] § 131 Abs. 1 Nr. 3 Satz 1 2. Halbs. 3. Alt., § 125 Satz 1 iVm. § 54 Abs. 1 Satz 1 Nr. 2 und § 68 Abs. 1 Satz 1 Nr. 2.

[61] *Mayer* in Widmann/Mayer Rn 67, 124; ausführlich hierzu *K. Schmidt* in MünchKomm § 105 HGB Rn 77 und *Priester* in MünchKomm § 120 HGB Rn 93.

[62] Siehe § 123 Abs. 3 sowie § 125 Satz 1, der §§ 54, 68 ausdrücklich für bei der Ausgliederung nicht anwendbar erklärt.

[63] Fälle des § 131 Abs. 1 Nr. 3 Satz 1 2. Halbs., siehe § 131 Abs. 1 Nr. 3 Satz 3.

[64] *Priester* in Lutter Rn 26; *Hörtnagl* in Schmitt/Hörtnagl/Stratz Rn 47; *Mayer* in Widmann/Mayer Rn 99; aA wohl *Kallmeyer* in Kallmeyer Rn 6.

[65] *Ihrig* ZHR 160 (1996) 317, 339 ff.; jetzt auch *Priester* in Lutter Rn 26.

[66] *Hörtnagl* in Schmitt/Hörtnagl/Stratz Rn 48; *Mayer* in Widmann/Mayer Rn 95; aA *Sagasser/Sickinger* in Sagasser/Bula/Brünger N Rn 163; wohl auch aA *Kallmeyer* in Kallmeyer Rn 6.

Gesellschafter einer übernehmenden Personengesellschaft war. Im Übrigen kann die Ausgliederung als solche ausscheiden, wenn dem übertragenden Rechtsträger der Erwerb von Anteilen des übernehmenden verboten ist, etwa wenn bei der Ausgliederung von einer Tochtergesellschaft auf ihre Konzernmutter der Erwerb von Aktien der Mutter durch die Tochter gegen § 71 d Satz 2 AktG verstößt[67]. Auch in diesen Fällen kommt wieder ein Verzicht auf die Anteilsgewährung in Betracht.

bb) Höhe der zu gewährenden Beteiligung. Die Parteien sind grundsätzlich frei, die Höhe oder die Anzahl der den Anteilsinhabern der beteiligten Rechtsträger (bei Auf- und Abspaltung) oder dem übertragenden Rechtsträger selbst (bei Ausgliederung) zu gewährenden Anteile am übernehmenden oder neuen Rechtsträger zu bestimmen, sofern etwa benachteiligte Anteilsinhaber dem zustimmen[68]. Dies zeigt sich insbesondere auch daran, dass ausdrücklich nichtverhältniswahrende Spaltungen zulässig sind[69]. Ansonsten müssen die den Anteilseignern der beteiligten Rechtsträger als Ergebnis der Spaltung gewährten Anteile den Anforderungen des Gleichbehandlungsgrundsatzes genügen und quotal den angemessenen Bewertungsrelationen der jeweiligen Rechtsträger entsprechen. Bei der Spaltung einer **Kapitalgesellschaft** muss außerdem der Saldo der auf diese übertragenen Aktiven und Passiven mindestens den hierfür in das Grund- oder Stammkapital eingebuchten Betrag erreichen, damit es nicht zu einer Unterpari-Emission kommt[70]. Das gilt auch bei der Ausgliederung auf eine 100%-ige Tochtergesellschaft. Maßgeblich sind die tatsächlichen Werte und nicht die Buchwerte. Insbesondere scheidet hier die Übertragung nur von Verbindlichkeiten gegen Gewährung von Anteilen aus. Kommt es bei der Spaltung zur Neugründung einer **Personengesellschaft**, können die Parteien die absolute Höhe der Gesellschafterkonten freier bestimmen. Hier muss nur gewährleistet sein, dass das Verhältnis der Einlagen zueinander den relativen wirtschaftlichen Anteil der Gesellschafter am Gesellschaftsvermögen angemessen zum Ausdruck bringt. Allerdings haftet ein Kommanditist insoweit persönlich, als das anteilige übertragene Vermögen seine Hafteinlage nicht erreicht.

cc) Art der zu gewährenden Anteile. Schließlich haben die einem Anteilseigner am übernehmenden Rechtsträger eingeräumten Anteile möglichst weitgehend die gleichen Rechte zu verkörpern, die er am übertragenden Rechtsträger hatte, wenn nicht eine Zustimmung benachteiligter Anteilseigner erforderlich sein soll. Bei der **Ausgliederung** gelten diese Grundsätze ebenfalls, allerdings insofern abgewandelt, als es nicht darauf ankommt, dass die Anteile der übernehmenden Rechtsträger in der Hand der Anteilsinhaber des übertragenden Rechtsträgers diesen Anforderungen genügen, sondern darauf abgestellt werden muss, ob sie das in der Hand des übertragenden Rechtsträgers selbst tun.

3. Umtauschverhältnis (Nr. 3)

Bei der **Aufspaltung** ist im Spaltungs- und Übernahmevertrag eindeutig festzulegen, in welchem Verhältnis jeder Anteilseigner des übertragenden Rechtsträgers seine Anteile in solche an den übernehmenden Rechtsträgern eintauschen kann und welche Barzuzahlung er außerdem ggf. erhält. Bei der **Abspaltung** geht es um die Festlegung des Verhältnisses, in dem für Anteile am übertragenden Rechtsträger solche an dem oder den übernehmenden Rechtsträger(n) gewährt werden[71]. Die Erläuterung der der Ermittlung dieser Angaben zugrunde liegenden Methoden und Überlegungen ist dem Spaltungsbericht vorbehalten[72].

---

[67] *Priester* in Lutter Rn 26; *Mayer* in Widmann/Mayer Rn 95; für die GmbH vgl. *Lutter/Hommelhoff* in Lutter/Hommelhoff § 33 GmbHG Rn 21.
[68] *Mayer* in Widmann/Mayer Rn 70.
[69] § 128.
[70] *Priester* in Lutter Rn 71; *Kallmeyer* in Kallmeyer Rn 29; *Hörtnagl* in Schmitt/Hörtnagl/Stratz Rn 29.
[71] *Müller* in Kallmeyer Rn 9 weist deshalb darauf hin, dass insofern nicht von einem Umtauschverhältnis gesprochen werden kann, was hier der Einfachheit halber aber dennoch geschehen soll.
[72] § 127 Satz 1.

Oft wird allerdings noch angegeben, welche Wirtschaftsprüfungsgesellschaft nach welchem Verfahren das Umtauschverhältnis ermittelt hat.

36 Bei der **Ausgliederung** muss kein Umtauschverhältnis bestimmt werden, weil der übertragende Rechtsträger selbst alle Anteile am übernehmenden Rechtsträger erhält. Festzulegen ist hier aber, welche und wie viele Anteile das sein sollen[73]. Erhält der übertragende Rechtsträger bei der Ausgliederung zur Aufnahme für das von ihm übertragene Vermögen zu wenige Anteile am übernehmenden Rechtsträger, kann dies Schadensersatzansprüche gegen die Vertretungsorgane des übertragenden Rechtsträgers begründen[74].

37 **a) Umtauschverhältnis.** Bei der Bestimmung des Umtauschverhältnisses muss den Anteilseignern des übertragenden Rechtsträgers im Fall der Abspaltung die Wertminderung und im Fall der Aufspaltung der Wegfall ihrer Anteile hinreichend kompensiert werden. Aus Sicht der Anteilseigner übernehmender Rechtsträger muss sichergestellt sein, dass für das übernommene Vermögen den Anteilseignern des übertragenden Rechtsträgers nicht zu viele Anteile gewährt werden.

38 Bei **Kapitalgesellschaften** ist das Umtauschverhältnis bezogen auf den Nennbetrag der Anteile in einem zahlenmäßigen Verhältnis (zB 1 : 2 oder 2 : 3) auszudrücken. Sofern übernehmender Rechtsträger eine GmbH ist, muss darüber hinaus für jeden Anteilsinhaber des übertragenden Rechtsträgers (gleich welcher Rechtsform) individuell bestimmt werden, wie groß der ihm gewährte Geschäftsanteil bei der übernehmenden GmbH sein soll[75]. Dies macht es idR erforderlich, diese Anteilsinhaber namentlich zu nennen. Bei girosammelverwahrten Aktien, deren Eigentümer nicht bekannt sind, reicht es auch aus, wenn die Stückelung der neuen Geschäftsanteile im Verhältnis zu den bisherigen Aktien genannt wird[76].

39 Soweit an der Auf- oder Abspaltung **Personengesellschaften** beteiligt sind, kann das Umtauschverhältnis nur anhand von Gesellschafterkonten bestimmt werden, für die sichergestellt sein muss, dass sie den wirtschaftlichen Anteil der Gesellschafter am Gesellschaftsvermögen angemessen zum Ausdruck bringen[77]. Der Spaltungs- und Übernahmevertrag muss definieren, welche Beträge auf Gesellschafterkonten, ggf. unter Berücksichtigung weiterer Berechnungen wie etwa dem vorherigen Ausgleich eines Verlustkontos, in welchem Verhältnis Anteile an dem übernehmenden Rechtsträger vermitteln.

40 Das Umtauschverhältnis ist nicht relevant für und wird auch nicht beeinflusst durch Anteile an übertragenden Rechtsträgern, die von diesen selbst oder vom übernehmenden Rechtsträger gehalten werden, weil hierfür keine Gegenleistung gewährt wird[78]. Umgekehrt werden für **eigene Anteile** des übernehmenden Rechtsträgers sowie Anteile von übertragenden Rechtsträgern am übernehmenden Rechtsträger durchaus Anteile gewährt. Es entfällt dann für AG und GmbH lediglich die Pflicht, eine Kapitalerhöhung durchzuführen, soweit diese bereits vorhandenen Anteile am übernehmenden Rechtsträger verteilt oder angerechnet werden können[79].

41 **b) Höhe der baren Zuzahlung.** Bei der Auf- und Abspaltung zur Aufnahme kann zur Glättung eines ansonsten umständlich zu handhabenden Umtauschverhältnisses[80] eine bare

---

[73] *Müller* in Kallmeyer Rn 10; *Priester* in Lutter Rn 34; *Volhard* in Semler/Volhard HV Hdb. § 42 Rn 59 Fn 186; abw. *Mayer* in Widmann/Mayer Rn 130.
[74] § 125 Satz 1 iVm. § 25; siehe auch *Priester* in Lutter Rn 34 Fn. 4.
[75] § 125 Satz 1 iVm. § 46 Abs. 1.
[76] *Kallmeyer* in Kallmeyer § 46 Rn 1.
[77] Siehe auch *Müller* in Kallmeyer § 5 Rn 20.
[78] § 131 Abs. 1 Nr. 3 Satz 1 2. Halbs.
[79] Siehe § 125 Satz 1 iVm. § 54 Abs. 1 Satz 2 für die GmbH und § 68 Abs. 1 Satz 2 für die AG.
[80] Siehe hierzu die parallele Problematik bei der Verschmelzung, § 5 Rn 31 ff. Unzulässig, wenn auch wirtschaftlich nur hinsichtlich des Zahlungszeitpunkts abweichend, ist auch eine Gegenleistung in Form von Darlehensgutschriften des übernehmenden Rechtsträgers zugunsten der Anteilseigner des übertragenden Rechtsträgers, *Mayer* in Widmann/Mayer Rn 142; *ders.* DB 1995, 861, 863 f.; *Priester* in Lutter Rn 35.

Inhalt des Spaltungs- und Übernahmevertrags 42–45 § 126

Zuzahlung zugunsten der Anteilsinhaber des übertragenden Rechtsträgers vorgesehen werden[81]. Hierbei ist der Gleichbehandlungsgrundsatz zu beachten. Ferner muss berücksichtigt werden, dass bei einer Auf- oder Abspaltung einer GmbH, AG, KGaA oder Genossenschaft die baren Zuzahlungen 10 % des Nennbetrags bzw. anteiligen Grundkapitalbetrags der insgesamt gewährten Anteile des übernehmenden Rechtsträgers nicht übersteigen dürfen[82]. Bis zu dieser Grenze können bare Zuzahlungen aber auch dann vorgesehen werden, wenn sie nicht unbedingt erforderlich sind, um das Umtauschverhältnis zu glätten[83].

Eine Barzahlung kann auch in Betracht kommen, wenn beim übertragenden Rechtsträger **Anteile mit unterschiedlichen Rechten** bestehen (insbesondere Stamm- und Vorzugsaktien), die sich auch in unterschiedlichen Werten auswirken, trotzdem aber alle Anteilsinhaber des übertragenden Rechtsträgers unter Zugrundelegung desselben Umtauschverhältnisses einheitliche Anteile des übernehmenden Rechtsträgers erhalten sollen. 42

c) Angaben über die Mitgliedschaft. Ist ein **Verein** oder ein **VVaG** übernehmender Rechtsträger, müssen statt zum Umtauschverhältnis Angaben über die Mitgliedschaft in dem Verein gemacht werden. Dafür sind die satzungsmäßigen Rechte und Pflichten der Mitglieder des übernehmenden Vereins im Spaltungs- und Übernahmevertrag zu nennen. 43

4. Einzelheiten für die Übertragung der Anteile (Nr. 4)

Der Spaltungs- und Übernahmevertrag muss im Fall der **Auf- oder Abspaltung** die Einzelheiten für den Erwerb der Anteile – oder bei Genossenschaft und Verein der Mitgliedschaften – am übernehmenden Rechtsträger durch die Anteilsinhaber der übertragenden Rechtsträger festlegen. Anzugeben ist, wie die Anteile übertragen werden sollen und wer dafür die Kosten zu tragen hat. Die weiteren zwingend zu berücksichtigenden Einzelheiten richten sich nach der Rechtsform des übernehmenden Rechtsträgers. Hierfür kann auf die Ausführungen bei der Verschmelzung verwiesen werden[84]. Bei der **Ausgliederung** sind die Angaben entbehrlich, weil kein Anteilstausch stattfindet. 44

5. Zeitpunkt der Gewinnberechtigung (Nr. 5)

Der Spaltungs- und Übernahmevertrag muss den Zeitpunkt angeben, von dem an die den Anteilsinhabern der übertragenden Rechtsträger gewährten Anteile oder Mitgliedschaften gewinnberechtigt sind[85]. Damit wird keine Aussage zu künftigen Dividendenzahlungen getroffen. Meistens wird auf den **Beginn des Geschäftsjahrs** des übernehmenden Rechtsträgers abgestellt, das auf den Stichtag der letzten Jahresbilanz des übertragenden Rechtsträgers folgt[86]. Hiermit wird eine nahtlose Fortführung der Gewinnberechtigung sichergestellt, wenn beide Rechtsträger ein identisches Geschäftsjahr haben. Möglich ist aber auch ein **unterjähriger oder rückwirkender Beginn** der Gewinnberechtigung, sowie eine Gewinnberechtigung erst mit Wirkung zu einem späteren Zeitpunkt. Das kann sich jeweils bei unterschiedlichen Geschäftsjahren der beteiligten Rechtsträger oder als Ausgleich für ein ansonsten für die Anteilsinhaber des übertragenden Rechtsträgers zu günstiges Umtausch- 45

---

[81] § 125 Satz 1 iVm. § 29 Abs. 1, Barzahlungen an Anteilseigner der übernehmenden Rechtsträger kommen nicht in Betracht, § 1 Abs. 3 Satz 1; so auch *Mayer* in Widmann/Mayer Rn 134.

[82] § 125 Satz 1 iVm. § 54 Abs. 4 für die GmbH, § 68 Abs. 3 für die AG und über § 78 für die KGaA sowie § 87 Abs. 2 Satz 2 für die Genossenschaft; *Priester* DB 1997, 560, 565 hält allerdings mit Zustimmung aller beteiligten Anteilseigner auch höhere Zuzahlungen für zulässig.

[83] *Priester* in Lutter Rn 35; zur Parallelproblematik bei der Verschmelzung siehe *Grunewald* in G/H/E/K, § 344 AktG Rn 16; *Lutter/Drygala* in Lutter § 5 Rn 17; *Ihrig* GmbHR 1995, 622, 630 f.

[84] Siehe § 5 Rn 35 ff.

[85] Zur Gewinnberechtigung siehe §§ 120 f., 167 HGB bei OHG und KG, § 29 GmbHG bei GmbH und §§ 58 ff., 174 AktG bei AG und KGaA.

[86] *Priester* in Lutter Rn 37.

verhältnis anbieten[87]. Anstelle dieser Formen des fixen kommt auch ein **variabler Beginn** der Gewinnberechtigung in Betracht.

46 Neben dem Zeitpunkt, ab dem eine Gewinnberechtigung besteht, müssen außerdem alle **Besonderheiten in Bezug auf den Gewinnanspruch** angegeben werden. Das bezieht sich auf den sich aus der Jahresbilanz des übernehmenden Rechtsträgers ergebenden Gewinnanspruch der einzelnen Anteilseigner, nicht hingegen auf schuldrechtliche Ansprüche, deren Höhe sich an dem Jahresgewinn ausrichtet, die aber in dessen Ermittlung einfließen[88]. Auch Besserungsscheine müssen nicht angegeben werden, da durch sie lediglich ein schuldrechtlicher Anspruch, auf den verzichtet worden war, bei verbesserten wirtschaftlichen Bedingungen wieder auflebt, was nichts mit der Gewinnverteilung zu tun hat.

6. Spaltungsstichtag (Nr. 6)

47 Im Spaltungs- und Übernahmevertrag muss der Zeitpunkt bestimmt werden, von dem an die Handlungen des übertragenden Rechtsträgers hinsichtlich der übertragenen Vermögensteile als für Rechnung der jeweiligen übernehmenden Rechtsträger vorgenommen gelten[89]. Anders als bei der Verschmelzung und auch der Aufspaltung kann bei Abspaltung und Ausgliederung nicht von einem Übergang der Rechnungslegung vom übertragenden Rechtsträger auf die übernehmenden gesprochen werden, vielmehr bleibt der übertragende Rechtsträger bestehen und zur Rechnungslegung verpflichtet[90]. Die für den abgespalteten oder ausgegliederten Teil geführten Geschäfte sind daher in einem eigenen Buchungskreis zu erfassen und werden mit Wirksamwerden der Spaltung auf den übernehmenden Rechtsträger übertragen.

48 Die Parteien können den Spaltungsstichtag grundsätzlich **frei bestimmen**, er muss aber dem Schlussbilanzstichtag und folglich dem steuerlichen Übertragungsstichtag direkt nachfolgen. Meist wird als Schlussbilanz- bzw. steuerlicher Übertragungsstichtag der Schluss des letzten Geschäftsjahrs des übertragenden Rechtsträgers gewählt; der Spaltungsstichtag ist dann der darauf folgende Tag. Vor allem wenn mit Verzögerungen bis zur Eintragung der Verschmelzung zu rechnen ist, kann auch ein variabler oder ein von vornherein auf einen Zeitpunkt nach der Beschlussfassung der Anteilseignerversammlungen terminierter Spaltungsstichtag vorgesehen werden[91]. Zu den übrigen Stichtagen, deren Terminierung teilweise durch die Festlegung des Spaltungsstichtags beeinflusst wird, wird auf die Ausführungen zur Verschmelzung verwiesen[92].

7. Sonderrechte (Nr. 7)

49 Der Spaltungs- und Übernahmevertrag muss sämtliche Sonderrechte (Mehrstimmrechte, Gewinnvorzüge, Bestellungs- und Entsendungsrechte, Vorerwerbsrechte etc.) aufführen, die einzelnen Anteilseignern sowie dritten Personen mit besonderen Rechten gewährt werden. Anzugeben sind nur **mit dem übernehmenden Rechtsträger vereinbarte Sonderrechte** gesellschaftsrechtlicher oder schuldrechtlicher Art, nicht hingegen solche, die zwischen einzelnen Anteilseignern schuldrechtlich vereinbart wurden wie zB Stimmbindungen oder Optionsrechte. Mitzuteilen sind auch schon vor der Spaltung beim übernehmenden Rechtsträger bestehende, d. h. nicht erst anlässlich der Spaltung gewährte Sonderrechte[93]. Die Sonderrechte müssen jedoch überhaupt gewährt, also rechtsgeschäftlich ein-

---

[87] *Kallmeyer* in Kallmeyer Rn 14; *Priester* in Lutter Rn 38; *Engelmeyer* AG 1996, 193, 195; siehe hierzu und zum Folgenden ausführlicher bei der Verschmelzung § 5 Rn 42 ff.
[88] *Marsch-Barner* in Kallmeyer § 5 Rn 27.
[89] *Priester* in Lutter Rn 39; *Müller* in Kallmeyer Rn 15.
[90] *Müller* in Kallmeyer Rn 16; siehe jedoch *Engelmeyer* AG 1996, 193, 196.
[91] So auch *Hoffmann-Becking*, FS Fleck, S. 105, 117.
[92] § 5 Rn 54 ff.
[93] *Priester* in Lutter Rn 42; *Kallmeyer* in Kallmeyer Rn 17.

geräumt worden sein. Es sollen sämtliche Sonderrechte einzelner Anteilseigner offen gelegt werden, um den übrigen Anteilseignern die Prüfung zu ermöglichen, ob ihnen gegenüber der Gleichbehandlungsgrundsatz gewahrt ist.

Eine Angabepflicht besteht hinsichtlich solcher Sonderrechte, die **einzelnen (nicht allen) Anteilseignern** beim übernehmenden Rechtsträger eingeräumt werden. Schuldrechtliche Vereinbarungen sind hier aber nur insoweit gemeint, wie sie an die Mitgliedschaft anknüpfen. Unerheblich ist, ob es sich um einen Anteilseigner eines übertragenden Rechtsträgers handelt oder ob ein schon bisher am übernehmenden Rechtsträger beteiligter Anteilseigner sich zu seiner Zustimmung zu der Spaltung durch die Einräumung von Sonderrechten bewegen ließ[94]. Es sind aber auch Sonderrechte von anderen **Inhabern besonderer Rechte** aufzuführen, zB solche, die Inhabern von Schuldverschreibungen und Genussrechten eingeräumt werden[95].

Auch bei der **Ausgliederung**, wo nicht den Anteilseignern Anteile an dem übernehmenden Rechtsträger gewährt werden, sondern dem übertragenden Rechtsträger, können Sonderrechte anzugeben sein; allerdings werden dies weniger Sonderrechte für den übertragenden Rechtsträger sein, als eher solche für Anteilsinhaber des aufnehmenden Rechtsträgers oder dritte Sonderrechtsinhaber[96].

Eine **Negativaussage** dahin gehend, dass Sonderrechte iSd. Abs. 1 Nr. 7 nicht eingeräumt wurden, kann angesichts des Gesetzeswortlauts nicht verlangt werden, ist in der Praxis aber oft anzutreffen und empfehlenswert[97].

8. Sondervorteile (Nr. 8)

Sofern Mitgliedern eines Vertretungs- oder Aufsichtsorgans, geschäftsführenden Gesellschaftern, Partnern einer Partnerschaftsgesellschaft, Abschluss- oder Spaltungsprüfern besondere Vorteile gewährt werden, sind diese im Spaltungs- und Übernahmevertrag anzugeben. **Aufsichtsorgan** in diesem Sinne sind neben obligatorischen und fakultativen Aufsichtsräten auch Beiräte, Gesellschafterausschüsse etc., die nicht bloß beratende, sondern zumindest auch überwachende Funktionen haben[98]. Sondervorteile zugunsten anderer **Personen** (zB Kommanditisten, nicht geschäftsführende voll haftende Gesellschafter, Sachverständige) müssen nicht angegeben werden.

Die Vorteilsgewährung muss **im Zusammenhang mit der Spaltung** stehen, also insbesondere als Ersatz dafür erfolgen, dass die genannten Personen als Folge der Spaltung ihr Amt bei oder ihre Geschäftsbeziehung mit einem der an der Spaltung beteiligten Rechtsträger verlieren. **Sondervorteil** im Sinne dieser Vorschrift ist zunächst jeder **finanzielle Vorteil,** der einer der genannten Personen zugesprochen wird, ohne dass dieser die angemessene Kompensation für geleistete Dienste ist oder ohne die Spaltung beansprucht werden könnte. Daneben kommen auch Sondervorteile nicht finanzieller Art vor, etwa die **Zusage bestimmter Ämter** an bestimmte Personen. Unabhängig von der Verbindlichkeit solcher Zusagen sind sie in den Vertrag aufzunehmen, damit sich die Anteilseigner ein Bild davon machen können, welche Interessen die Entscheidung zur Spaltung beeinflusst haben könnten[99].

---

[94] *Sagasser/Ködderitzsch* in Sagasser/Bula/Brünger J Rn 65.
[95] Insgesamt wird man den Kreis der Inhaber von Sonderrechten hier genauso definieren können wie in § 23.
[96] AA *Feddersen/Kiem* ZIP 1994, 1078, 1079; wie hier *Mayer* in Widmann/Mayer Rn 4, 167; *Sagasser/Sickinger* in Sagasser/Bula/Brünger N Rn 157.
[97] *Heidenhain* NJW 1995, 2873, 2875. *Kallmeyer* in Kallmeyer Rn 17.
[98] *H. Schmidt* in Lutter Umwandlungsrechtstage S. 71 f.; *Priester* in Lutter Rn 44; *Kallmeyer* in Kallmeyer Rn 18.
[99] Siehe ausführlich zur verwandten Problematik bei der Verschmelzung § 5 Rn 55. Zum Erfordernis einer Negativaussage gilt das in Rn 52 Gesagte entsprechend.

9. Bezeichnung der zu übertragenden Vermögensteile (Nr. 9, Abs. 2)

55 Anders als bei der Verschmelzung, wo das gesamte Vermögen der übertragenden Rechtsträger auf den übernehmenden übergeht, muss bei der Spaltung festgelegt werden, welche Vermögensteile auf welche übernehmenden Rechtsträger übergehen bzw. – bei Abspaltung und Ausgliederung – beim übertragenden Rechtsträger verbleiben. Bei dieser Aufteilung sind die Parteien in erheblichem Umfang frei. Allerdings muss wegen des **sachenrechtlichen Bestimmtheitsgrundsatzes** zumindest bestimmbar sein, welche Gegenstände und Verbindlichkeiten mit Wirksamwerden der Spaltung im Wege der partiellen Gesamtrechtsnachfolge auf die übernehmenden Rechtsträger übergehen[100].

56 **a) Gegenstände des Aktiv- und Passivvermögens.** Das Erfordernis einer dem sachenrechtlichen Bestimmtheitsgrundsatz genügenden genauen Bezeichnung und Aufteilung bezieht sich auf alle Gegenstände des Aktiv- und Passivvermögens. Damit wird an den zivilrechtlichen Begriff des Gegenstands angeknüpft und umfassend die Übertragung einzelner Sachen oder Rechte erfasst, wobei es auf deren Aktivierungs- und Passivierungsfähigkeit nach allgemeinen Rechnungslegungsgrundsätzen nicht ankommt[101]. Daher müssen Gegenstände, die übertragen werden sollen, auch dann erfasst werden, wenn es sich um bereits abgeschriebene oder um immaterielle Vermögenswerte, um schwebende Geschäfte oder Dauerschuldverhältnisse oder auch um Rechte gegenüber dem übertragenden Rechtsträger, wie bestimmte Haftungsrisiken oder sonstige Verbindlichkeiten, handelt[102].

57 **b) Betrieb, Betriebsteil.** In der Praxis wird oft angestrebt, iRd. Spaltung einen Teilbetrieb zu übertragen, weil steuerrechtlich nur dann eine Buchwertfortführung in Betracht kommt und steuerauslösende Wertaufstockungen vermieden werden können[103]. Ein **Teilbetrieb** ist nach ständiger Rechtsprechung der Finanzgerichte ein mit einer gewissen Selbstständigkeit ausgestatteter, organisch geschlossener Teil eines Gesamtbetriebs, der als solcher lebensfähig ist[104]. Demgegenüber spricht der Gesetzeswortlaut vom **Betriebsteil** und hat dabei im Hinblick auf die Fragen, ob und welche Arbeitsverhältnisse nach § 613 a BGB auf welche Rechtsträger übergehen oder ob und wo Betriebsräte und Betriebsvereinbarungen fortbestehen, den arbeitsrechtlichen Begriff im Auge. Hiernach ist ein Betriebsteil ein Anteil von Betriebsmitteln eines Betriebs im Zusammenhang mit einem bestimmten arbeitstechnischen Zweck[105].

58 Diese arbeitsrechtliche ist die wesentliche Bedeutung der Benennung des Betriebs(teils) im Spaltungs- und Übernahmevertrag. Hinsichtlich der Bestimmbarkeit der zu übertragenden Vermögensgegenstände kann sie ebenfalls hilfreich sein, ist für sich allein idR aber noch nicht genügend. Wird ein Betrieb oder Betriebsteil (oder auch Teilbetrieb) übertragen, sollte der Spaltungs- und Übernahmevertrag diesen funktional bestimmen und als **Generalklausel** festlegen, dass unabhängig von ihrer Bilanzierbarkeit alle Gegenstände des Anlage- und Umlaufvermögens übertragen werden, die wirtschaftlich zu dem Betrieb oder Betriebsteil gehören, d. h. überwiegend für ihn genutzt werden[106]. Wo immer danach Zweifel hinsichtlich der

---

[100] *Priester* in Lutter Rn 46; *Kallmeyer* in Kallmeyer Rn 19.
[101] § 90 BGB; siehe auch RegBegr. *Ganske* S. 155 f.
[102] *Priester* in Lutter Rn 47; *Hörtnagl* in Schmitt/Hörtnagl/Stratz Rn 66 ff.
[103] § 15 Abs. 1 Satz 1 UmwStG, wobei Satz 3 als Teilbetrieb auch den Mitunternehmeranteil und eine 100%-ige Beteiligung an einer Kapitalgesellschaft definiert.
[104] BFH BStBl. II 1989, 460; ausführlich zum Begriff des Teilbetriebs *Haritz* in Haritz/Benkert § 15 UmwStG Rn 30 ff.
[105] *Priester* in Lutter Rn 37 mwN.; *Mayer* in Widmann/Mayer Rn 258; *Hörtnagl* in Schmitt/Hörtnagl/Stratz Rn 72 ff.; zu den Schwierigkeiten, das Verhältnis der Begriffe Teilbetrieb und dem nunmehr in § 12 Abs. 3 Satz 2 UmwStG ebenfalls verwendeten Betriebsteil zu bestimmen, siehe *Wisniewski* in Haritz/Benkert § 12 UmwStG Rn 73 ff.; näher hierzu § 324 Rn 6 ff.
[106] *Kallmeyer* in Kallmeyer Rn 20.

Zugehörigkeit von Gegenständen, Rechten, Verbindlichkeiten, sonstigen Rechtsverhältnissen etc. zu dem übertragenen Vermögen auftreten können, müssen diese mit Hilfe der im Folgenden beschriebenen Möglichkeiten zur Bestimmung einzelner Vermögensgegenstände beseitigt werden.

Zusammen mit dem Betrieb oder Betriebsteil gehen auch **öffentlich-rechtliche Rechtspositionen** über, solange es sich nicht um personenbezogene Erlaubnisse und Genehmigungen handelt[107]. Letztere können dem übernehmenden Rechtsträger nur neu erteilt werden. **Privatrechtliche Rechtspositionen,** wie zB Wettbewerbsverbote oder Bezugsbindungen, können ebenfalls übertragen werden. All diese Rechtspositionen sollten wie auch übergehende Immaterialgüterrechte (Warenzeichen, Patente) ausdrücklich in einem Verzeichnis aufgeführt werden[108]. 59

Die mit der Übertragung eines Betriebs(teils) bezweckten arbeits- oder auch steuerrechtlichen Wirkungen treten nur dann ein, wenn tatsächlich ein den jeweiligen Vorschriften genügender Betrieb(steil) übertragen wird. Die entsprechende Aussage im Spaltungs- und Übernahmevertrag wirkt insofern nicht konstitutiv[109]. 60

c) Anforderungen an die Bestimmtheit im Einzelnen. Hinsichtlich der Bestimmtheit der im Wege der Sonderrechtsnachfolge übergehenden Vermögensgegenstände bestehen die gleichen Anforderungen wie bei der Einzelrechtsnachfolge. Es kann auf die bei der Sicherungsübereignung[110] und beim Unternehmenskauf[111] entwickelten Verfahrensweisen zurückgegriffen werden[112]. Entscheidend und genügend ist, wenn ein sachkundiger Dritter aufgrund der Beschreibungen die Vermögenswerte zu den einzelnen Rechtsträgern eindeutig zuordnen kann[113]. Dabei können insbesondere auch sog. Allklauseln verwendet werden[114]. Für die Spezifizierung dieser Gegenstände darf gem. Abs. 2 auf **Bilanzen und Inventare** etc. Bezug genommen werden, die der notariellen Urkunde beizufügen sind[115]. Da Bilanzposten lediglich Werte enthalten, sind die hinter den Bilanzen liegenden Buchungsunterlagen mit zu berücksichtigen. Für die Bestimmbarkeit ausreichend ist, dass sich die Zugehörigkeit eines Gegenstands zu einem eindeutig zugewiesenen Bilanzposten aus der EDV des Unternehmens ergibt. Es müssen dann aber uU die Gegenstände spezifiziert werden, die aus einem Bilanzposten nicht mit übergehen sollen. Außerdem sind nicht bilanzierte Positionen wie Arbeitsverhältnisse oder selbst geschaffene Schutzrechte gesondert zu berücksichtigen. 61

aa) Bewegliche Sachen. Einzelne bewegliche Sachen müssen entweder in Listen aufgeführt oder aufgrund räumlicher oder sachlicher Zusammenfassung bezeichnet werden. Entscheidend ist, dass die Beteiligten oder sachkundige Dritte ermitteln können, ob ein Gegenstand übertragen werden soll[116]. Steht ein Gegenstand nicht im Eigentum des übertragenden Rechtsträgers, können nur Rechte an ihm (Nutzungsrecht, Anwartschaftsrecht etc.) übertragen werden. Für die Zwecke der Sonderrechtsnachfolge muss aber etwa bei einem Wa- 62

---

[107] *Fuhrmann/Simon* AG 2000, 49, 58; *Gaiser* DB 2000, 361, 363.
[108] So auch *Kallmeyer* in Kallmeyer Rn 20.
[109] Ebenso *Hörtnagl* in Schmitt/Hörtnagl/Stratz Rn 75.
[110] BGH NJW 1992, 1161; *Sommer* in Engl Formular B.1 Rn 264.
[111] Via asset deal, siehe *Günther* in MünchVertrhdb., Bd. 2, Form. III. 1, 2 Anm. 43; *Sommer* in Engl Formular B.1 Rn 265.
[112] OLG Hamburg DB 2002, 572, 573; RegBegr. Ganske S. 156; *Mayer* DB 1995, 861, 864; *Kallmeyer* in Kallmeyer Rn 19; dass der Spaltungs- und Übernahmevertrag keine Abstriche vom sachenrechtlichen Bestimmtheitsgrundsatz erlauben kann, betont *Heidenhain* NJW 1995, 2873, 2876.
[113] *Priester* in Lutter Rn 55.
[114] BGH NZG 2003, 1172, 1174; siehe auch *BAG,* Der Konzern 2005, 370, 371.
[115] Siehe dazu näher *Priester* DNotZ 1995, 427, 445; ferner *Fuhrmann/Simon* AG 2000, 49, 54; *Ising/Thiell* DB 1991, 2021; *Priester* in Lutter Rn 52; skeptisch *Mayer* DB 1995, 861, 864; *Kallmeyer* in Kallmeyer Rn 20.
[116] *Priester* DNotZ 1995, 427, 445 f.; *Mayer* in Widmann/Mayer Rn 204.

renlager nicht zwischen verschiedenen Gegenständen danach differenziert werden, ob sie im Eigentum des übertragenden Rechtsträgers stehen.

63 Eine **Aufteilung einzelner Sachen** auf mehrere Rechtsträger wird meist nicht gewollt sein, ist aber möglich, indem zB das Eigentum an der Sache beim übertragenden Rechtsträger belassen wird, der übernehmende aber ein beschränktes dingliches (Nießbrauch, Dienstbarkeit) oder ein obligatorisches Recht (Miete) daran erhält[117].

64 *bb) Grundstücke.* Für Grundstücke verweist Abs. 2 Satz 2 zur Vermeidung von Rechtsunsicherheit ausdrücklich auf **§ 28 GBO,** wonach das Grundstück übereinstimmend mit dem Grundbuch oder durch Hinweis auf das Grundbuchblatt zu bezeichnen ist. Teilflächen sind anhand einer katastertauglichen Karte zu spezifizieren[118]. Für eine Aufteilung eines Grundstücks iRd. Spaltung bedarf es einer Teilungsgenehmigung[119]. Für den Fall, dass diese abgelehnt wird, sollte der Spaltungs- und Übernahmevertrag Ersatzlösungen vorsehen, zB ein Miteigentum nach bestimmten Quoten oder Alleineigentum für den einen und ein Nutzungsrecht für den anderen Rechtsträger[120].

65 Werden Grundstücke ungeteilt oder mit Teilungsgenehmigung auf einen anderen Rechtsträger übertragen, vollzieht sich der **Eigentumswechsel außerhalb des Grundbuchs.** Das macht ein anschließendes Grundbuchberichtigungsverfahren erforderlich, in dessen Rahmen sich die Unrichtigkeit des Grundbuchs durch die Vorlage eines beglaubigten Registerauszugs des übertragenden Rechtsträgers nach Eintragung der Spaltung und einer beglaubigten Abschrift des Spaltungs- und Übernahmevertrags nachweisen lässt[121].

66 *cc) Beteiligungen.* Beteiligungen können unter Bezeichnung der Firma, des Sitzes, der HR-Nummer sowie der absoluten oder prozentualen Beteiligungshöhe den einzelnen Rechtsträgern zugewiesen und dabei auch aufgeteilt werden.

67 *dd) Forderungen.* Forderungen können einzeln nach Betrag, Schuldner und Fälligkeit sowie zusammenfassend dahin gehend bestimmt werden, dass alle Forderungen aus einem bestimmten Geschäftsbetrieb, aus einer bestimmten Art von Geschäften oder aus einem bestimmten Zeitraum übertragen werden[122]. Sofern die Aufteilung der Forderung nicht durch Vereinbarung ausgeschlossen ist oder aufgrund ihres Gegenstands ausscheidet[123], kann sie auch auf verschiedene Rechtsträger verteilt werden. Akzessorische Sicherungsrechte (zB Hypothek) sowie Nebenrechte (zB unselbstständige Gestaltungsrechte) können allerdings nicht von der Forderung abgetrennt werden[124]. Bereits (sicherungs-)abgetretene Forderungen können nicht noch einmal übertragen werden. Es kann hier aber die aus dem Sicherungsverhältnis resultierende Rechtsposition übertragen sein[125].

68 *ee) Verbindlichkeiten.* Die einem übernehmenden Rechtsträger zugewiesenen Verbindlichkeiten können wie Forderungen individualisiert werden. Das gilt auch für ungewisse Verbindlichkeiten, für die eine Rückstellung gebildet wurde. Sofern jedoch auch unbekannte Verbindlichkeiten, insbesondere einzelne Haftungsrisiken übertragen werden sollen, empfiehlt sich zumindest kumulativ eine Auffangklausel des Inhalts, dass für einen bestimmten

---

[117] *Kallmeyer* in Kallmeyer Rn 22.
[118] *Vossius* in Widmann/Mayer § 131 Rn 108; *Kallmeyer* in Kallmeyer Rn 20.
[119] §§ 19 ff. BauGB; siehe zur Übertragung von Grundstücken auch *Mayer* DB 1995, 861, 865; *Teichmann* in Lutter § 132 Rn 22; *Heidenhain* ZIP 1995, 801, 804 f.; *Fuhrmann/Simon* AG 2000, 49, 54.
[120] Siehe auch *Kallmeyer* in Kallmeyer Rn 23; *Schwedhelm/Streck/Mack* GmbHR 1995, 7, 10; *Mayer* DB 1995, 861, 865.
[121] *Hörtnagl* in Schmitt/Hörtnagl/Stratz Rn 83.
[122] *Heinrichs* in Palandt, § 398 Rn 15.
[123] § 399 BGB.
[124] *Heidenhain* NJW 1995, 2873, 2877; *Rieble* ZIP 1997, 301, 310; *Schwedhelm/Streck/Mack* GmbHR 1995, 7, 10; *Mayer* DB 1995, 861, 865; *Kallmeyer* in Kallmeyer Rn 24; *Priester* in Lutter Rn 62.
[125] *Hörtnagl* in Schmitt/Hörtnagl/Stratz Rn 89; *Mayer* in Widmann/Mayer Rn 179.

Bereich alle vor dem Wirksamwerden der Spaltung begründeten Verbindlichkeiten übergehen sollen[126]. Besondere Bedeutung erlangt die lückenlose Erfassung von Verbindlichkeiten bei der Aufspaltung, wo die zeitliche Begrenzung der gesamtschuldnerischen Haftung für keinen der übernehmenden Rechtsträger greift, wenn die Verbindlichkeit nicht einem von ihnen zugewiesen worden ist[127].

Die **Aufteilung von Verbindlichkeiten** auf verschiedene Rechtsträger soll nach der Gesetzesbegründung nicht erlaubt sein, weil sie dem deutschen bürgerlichen Recht fremd sei[128]. Das stimmt schon insofern nicht, als jedenfalls mit Zustimmung des Gläubigers Verbindlichkeiten in Teilen übernommen werden können[129]. Bei der Spaltung kommt es wegen der durch sie bewirkten Sonderrechtsnachfolge trotz § 132 a.F. sogar nicht auf die Zustimmung des Gläubigers an[130]. Dementsprechend können Verbindlichkeiten aufgeteilt werden, wenn sie überhaupt teilbar sind[131]. Der Umfang der jeweils von den beteiligten Rechtsträgern übernommenen oder zurückbehaltenen Pflichten ist dann aber mit besonderer Sorgfalt zu umschreiben.

Für die **Aufteilung von Finanzverbindlichkeiten** wird vertreten, dass bei den übernehmenden Rechtsträgern in etwa die gleichen Kapitalstrukturen und Verschuldungsquoten anzustreben seien wie beim übertragenden Rechtsträger[132]. Einen Grundsatz der gerechten Lastenverteilung gibt es im Spaltungsrecht aber nicht. Für eine ungleichgewichtige Lastenverteilung können wirtschaftliche Gründe sowohl im Hinblick auf die weitere Geschäftstätigkeit der übernehmenden Rechtsträger sprechen als auch insofern, dass dadurch ein angestrebtes, aufgrund der Bewertungen aber nicht zu erreichendes Umtauschverhältnis gerechtfertigt wird[133].

Eine **Grenze für die Übertragung von Verbindlichkeiten** kann sich bei der Spaltung zur Neugründung einer Kapitalgesellschaft daraus ergeben, dass der Saldo der auf diese übertragenen Aktiven und Passiven dem Grund- oder Stammkapital entsprechen muss[134]. Maßgebend sind hierfür die tatsächlichen Werte und nicht die Buchwerte[135], weshalb auch Vermögen mit negativem Buchwert übertragen werden kann, wenn es stille Reserven enthält und dies dem Registergericht gegenüber glaubhaft gemacht wird. Der Buchwert von eigenen Anteilen, die der übernehmende Rechtsträger als Gegenleistung zusätzlich gewährt, ist vom Wert des übertragenen Nettovermögens abzuziehen[136]. Der Aufteilung von Verbindlichkeiten sind außerdem in dem Fall Grenzen gesetzt, dass ein Rechtsträger die Firma des übertragenden Rechtsträgers fortführt, und zwar insofern, als die beim Betrieb des betreffenden Geschäfts begründeten Verbindlichkeiten nur diesem Rechtsträger zugewiesen werden dürfen, weil ihn die entsprechende Haftung ohnehin bereits aufgrund der Firmenfortführung trifft[137].

ff) Vertragsverhältnisse. Vertragsverhältnisse können anhand ihres Gegenstands, des Vertragspartners und des Vertragsdatums spezifiziert werden. Ob ein einzelnes Vertragsverhältnis,

---

[126] *Mayer* DB 1995, 861, 865; *Kallmeyer* in Kallmeyer Rn 23; zur Zuweisung der Sanierungsverantwortlichkeit nach dem BBodSchG *Theuer* DB 1999, 621 ff.
[127] Siehe § 133 Abs. 1 Satz 1 und Abs. 3 sowie *K. Schmidt* ZGR 1993, 366, 387.
[128] RegBegr. *Ganske* S. 156, möglicherweise im Hinblick auf § 266 BGB.
[129] §§ 414, 415 BGB.
[130] Ähnlich *Heidenhain* NJW 1995, 2873, 2877. § 132 wurde durch das Zweite Gesetz zur Änderung des Umwandlungsgesetzes gestrichen.
[131] *Heidenhain* NJW 1995, 2873, 2874; *Priester* in Lutter Rn 63; *Kallmeyer* in Kallmeyer Rn 25; zurückhaltender *Rieble* ZIP 1997, 301, 310.
[132] *Pickhardt* DB 1999, 729, 730.
[133] So auch *Kallmeyer* in Kallmeyer Rn 28.
[134] *Priester* in Lutter Rn 71; *Kallmeyer* in Kallmeyer Rn 29.
[135] *Mayer* in Widmann/Mayer Rn 62; *Priester* in Lutter Rn 71.
[136] *Ihrig* GmbHR 1995, 622, 641 f.; *Kallmeyer* in Kallmeyer Rn 29.
[137] § 133 Abs. 1 Satz 2 iVm. § 25 ff. HGB; dazu auch *K. Schmidt* ZGR 1993, 366, 386.

insbesondere ein Dauerschuldverhältnis, auch auf mehrere Rechtsträger aufgeteilt werden kann, ist umstritten. Hierfür kann ein großes Bedürfnis bestehen, zB wenn ein gepachtetes Betriebsgrundstück zukünftig vom übertragenden und übernehmenden Rechtsträger gemeinsam benutzt werden soll. Gegen die Aufteilung wird geltend gemacht, dass das Geflecht von Treu- und Nebenpflichten nicht auflösbar und die Teilung der Rechte und Pflichten eine unzulässige Inhaltsänderung sei[138]. Dem wird entgegengehalten, dass es nicht um die Isolierung der Rechte eines Vertragsverhältnisses von seinen Pflichten gehe, sondern um eine horizontale Aufteilung, die allen Übernehmern einen ausgeglichenen Rechte- und Pflichtenkreis verschaffe, letztlich aber zu einer Vervielfachung des Vertragsverhältnisses führe. Dies müsse zulässig sein, sofern sich dadurch der Umfang der vertraglichen Verpflichtungen für die Gegenseite nicht verändere[139]. Tatsächlich würde die partielle Gesamtrechtsnachfolge erheblich eingeschränkt, wenn die Partition nicht auch Vertragsverhältnisse erfassen dürfte oder dies nur mit Zustimmung des Vertragspartners zulässig wäre. Die Regelung des § 131 Abs. 1 Nr. 1 Satz 1 verlangt dies nicht[140]. Der dort verwendete Begriff der „abgespaltenen oder ausgegliederten Teile des Vermögens" sagt gerade nichts darüber aus, was diese Teile sind und ob es sich dabei nicht auch um Teile eines Vertragsverhältnisses handeln kann. Andererseits dürfen dem Vertragspartner aus einer Aufteilung des Vertragsverhältnisses ohne seine Zustimmung keine Nachteile entstehen, die über das normale Maß an Veränderungen hinausgehen, mit denen man während der Dauer eines Vertragsverhältnisses rechnen muss. Die möglicherweise widerstreitenden Interessen werden aber dadurch in Einklang gebracht, dass dem Vertragspartner eines ohne seine Zustimmung auf mehrere Rechtsträger aufgeteilten Dauerschuldverhältnisses ein außerordentliches Kündigungsrecht zusteht, wenn ihm die Fortführung des aufgespaltenen Vertragsverhältnisses unzumutbar ist. Allerdings wird man verlangen müssen, dass dieses Kündigungsrecht einheitlich gegenüber allen Rechtsträgern auszuüben ist, die nunmehr Partei von Teilen des ursprünglichen Vertragsverhältnisses sind, da der Vertragspartner anderenfalls seinerseits ungerechtfertigterweise Vorteile aus der Spaltung ziehen könnte. Mit diesem Kündigungsrecht ist der Vertragspartner für die Zukunft geschützt, für die Vergangenheit ergibt sich sein Schutz aus der gesamtschuldnerischen Haftung der übernehmenden Rechtsträger[141]. Ein weiterer Schutz gegen eine willkürliche Aufteilung des Vertragsverhältnisses durch § 132 a.F. ist entfallen[142].

73 *gg) Arbeitsverhältnisse.* Angaben zum Übergang von Arbeitsverhältnissen haben wegen **§ 613 a Abs. 1 Satz 1 BGB** weitgehend nur deklaratorische Bedeutung[143]. Sie sind aber notwendig, wenn Arbeitsverhältnisse ohne Betriebsübergang übergehen sollen oder wenn solche Arbeitsverhältnisse betroffen sind, die aufgrund ihres Tätigkeitsbereichs einem einzelnen Betriebsteil nicht zugeordnet werden können[144]. Möglich ist es auch, Arbeitsverhältnisse abweichend von den gesetzlichen Regelungen zuzuweisen. In all diesen Fällen ist aber die Zustimmung des betroffenen Arbeitnehmers erforderlich, wenn sich sein Aufgabenbereich nach der Spaltung ändert[145]. Für die **Dienstverhältnisse von Vorständen**

---

[138] *Teichmann* ZGR 1993, 396, 413; *Kleindiek* ZGR 1992, 513, 519; *Rieble* ZIP 1997, 301, 310; *Wiesner* ZHR Beiheft 68, S. 168, 173.
[139] *Heidenhain* NJW 1995, 2873, 2877; *Priester* in Lutter Rn 64; *Teichmann* in Lutter § 132 Rn 39; *Mayer* in Widmann/Mayer Rn 228; siehe auch *Mutter* ZIP 1997, 139, 140, der bei der Aufteilung von Pachtgrundstücken § 595 BGB analog heranzieht.
[140] So aber *Wiesner* ZHR Beiheft 68, S. 168, 173.
[141] § 133 Abs. 1 Satz 1.
[142] § 132 a.F. wurde durch das Zweite Gesetz zur Änderung des Umwandlungsgesetzes gestrichen.
[143] RegBegr. *Ganske* S. 155.
[144] Siehe § 323 Rn 38 ff.; *Priester* in Lutter Rn 68: zB leitende Angestellte in Stabstellen; siehe auch *Wlotzke* DB 1995, 40, 43 sowie ausf. Rn 87 f.
[145] *Boecken* ZIP 1994, 1087, 1093; *Kallmeyer* in Kallmeyer Rn 35; *Sagasser/Sickinger* in Sagasser/Bula/Brünger N Rn 41.

und Geschäftsführern gilt § 613 a BGB nicht. Sie müssen daher gesondert zugewiesen werden. Unterbleibt dies und lässt sich das Dienstverhältnis auch durch Auslegung keinem Rechtsträger zuordnen, verbleibt es bei Abspaltung und Ausgliederung beim übertragenden Rechtsträger, bei der Aufspaltung muss es wohl erlöschen[146].

hh) Unternehmensverträge. Rechtspositionen aus Beherrschungs- und Gewinnabführungsverträgen sind iRd. Spaltung anders zu behandeln als solche aus schuldrechtlichen Verträgen, weil sie Statusrechte sind. Ist der **übertragende Rechtsträger abhängige Gesellschaft**, bleibt bei der Abspaltung und Ausgliederung **zur Aufnahme** (allein) der übertragende Rechtsträger aus dem Unternehmensvertrag verpflichtet, bei der Aufspaltung zur Aufnahme erlischt der Unternehmensvertrag[147]. Dies ergibt sich daraus, dass weder für einen übernehmenden Rechtsträger – insbesondere dann nicht, wenn daran noch Dritte beteiligt sind – noch für den Vertragspartner des Unternehmensvertrags unterstellt werden kann, dass sie einen Übergang des Vertragsverhältnisses auf den übernehmenden Rechtsträger wollen. Falls dies doch der Fall ist, muss der Vertrag neu abgeschlossen werden. Bei der Spaltung **zur Neugründung** soll sich hingegen in allen drei Fällen der Unternehmensvertrag auch auf die übernehmenden Rechtsträger erstrecken[148]. Dafür spricht, dass hier durch die Erfassung mehrerer Rechtsträger der Vertrag wirtschaftlich nach wie vor dasselbe abbildet wie vor der Spaltung. Im Einzelfall wird man jedoch zu untersuchen haben, ob die Spaltung nicht zu einer so maßgeblichen Veränderung des Vertragsgegenstands führt, dass ein modifizierter Neuabschluss des Vertrags dem Parteiwillen eher entspricht.

Ist der **übertragende Rechtsträger herrschendes Unternehmen**, wird überwiegend vertreten, dass im Spaltungs- und Übernahmevertrag (nur) ein Rechtsträger bestimmt werden kann, der diese Position übernimmt[149]. Für das abhängige Unternehmen und seine Gesellschafter muss aber sichergestellt sein, dass das neue herrschende Unternehmen insbesondere hinsichtlich der Verlustübernahmeverpflichtung ähnlich leistungsfähig ist wie sein Vorgänger. Daher wird ein Vertragsübergang hier nur dann akzeptabel sein, wenn auf den betreffenden übernehmenden Rechtsträger die wesentlichen Ressourcen übergehen[150]. Hier wird sich oft unter dem Gesichtspunkt des Wegfalls der Geschäftsgrundlage Anpassungsbedarf oder ein Recht zur außerordentlichen Kündigung ergeben[151].

ii) Andere unternehmensbezogene Verträge. Letzteres gilt auch für Kartellverträge, Wettbewerbsverbote und Unterlassungsverpflichtungen. Sofern diese integrativer Teil umfangreicherer Vertragsbeziehungen sind, können Rechte und Pflichten aus ihnen aber weder isoliert gekündigt noch isoliert auf einzelne Rechtsträger übertragen werden.

jj) Öffentlich-rechtliche Rechtspositionen. Wenn einzelne öffentlich-rechtliche Genehmigungen und Verpflichtungen etc. an einen bestimmten Gegenstand gebunden sind (zB Baugenehmigung), gehen sie gemeinsam mit diesem Gegenstand über und müssen hierzu idR nicht näher spezifiziert werden[152]. Sind sie an die Person des Rechtsträgers selbst geknüpft (zB Konzession), scheidet eine Übertragbarkeit grundsätzlich aus. Sind die sachlichen Voraussetzungen für die Rechtsposition nach der Abspaltung oder Ausgliederung beim übertragenden

---

[146] § 131 Abs. 3; siehe § 131 Rn 57.
[147] § 131 Abs. 1 Nr. 2; siehe auch *Heidenhain* NJW 1995, 2873, 2877; *Priester* in Lutter Rn 65; *Kallmeyer* in Kallmeyer Rn 26; aA *Mayer* in Widmann/Mayer Rn 233, der eine Zuweisung der Rechtsposition an einen übernehmenden oder neuen Rechtsträger zulassen will.
[148] *Teichmann* in Lutter § 132 Rn 52; *Kallmeyer* in Kallmeyer Rn 26; einschränkend *Hörtnagl* in Schmitt/Hörtnagl/Stratz § 131 Rn 71; aA *Heidenhain* NJW 1995, 2873, 2877.
[149] *Heidenhain* NJW 1995, 2873, 2877; *Kallmeyer* in Kallmeyer Rn 26; *Mayer* in Widmann/Mayer Rn 232; auf die Spaltung zur Neugründung beschränkt ebenso *Priester* in Lutter Rn 65.
[150] Ähnlich wie hier *Teichmann* in Lutter § 132 Rn 53.
[151] *Rieble* ZIP 1997, 301, 311 f.
[152] Siehe § 20 Rn 69; *Fuhrmann/Simon* AG 2000, 49, 58; *Teichmann* in Lutter § 132 Rn 59.

Rechtsträger noch vorhanden, verbleibt sie bei ihm, anderenfalls, also auch bei Aufspaltung, erlischt sie[153]. Für übernehmende Rechtsträger ist eine Neuerteilung notwendig.

78 **kk) Prozessrechtsverhältnisse.** Die Nachfolge in Rechtspositionen laufender Prozesse sollte ebenfalls ausdrücklich unter Benennung des Aktenzeichens und des Prozessgegners erfolgen. Dabei muss die Zuordnung nicht zwingend derjenigen des Vermögensgegenstands oder Geschäftsbereichs folgen, auf den sich der Prozess bezieht. Fehlt eine eindeutige Zuordnung, wird allerdings ein solcher Bezug maßgebend für die aufgrund Auslegung vorzunehmende Zuordnung des Prozessrechtsverhältnisses zu einem Rechtsträger sein[154].

79 **d) „Vergessene" Gegenstände.** Ist für einzelne **Aktiva** nicht eindeutig bestimmt, welchem Rechtsträger sie zugedacht sind, ist der Spaltungs- und Übernahmevertrag nach objektiven Kriterien unter Zuhilfenahme des Spaltungsberichts auszulegen[155]. Wenn danach ein Betrieb oder Betriebsteil übergehen soll, wird man im Regelfall auch beim Fehlen einer entsprechenden ausdrücklichen Auffangklausel annehmen können, dass alle bei wirtschaftlicher Betrachtungsweise zu diesem Betrieb(steil) gehörenden Gegenstände übergehen sollen[156]. Wo es um einzelne Gegenstände geht, fällt die Zuordnung leicht, wenn das Schicksal des Gegenstands rechtlich zwingend an das eines anderen, eindeutig zugewiesenen Gegenstands gebunden ist (zB bei Akzessorität), es um ein dienendes Recht geht, das entsprechend der Hauptrechtsbeziehung zugeordnet werden kann, oder sonst eine Verbindung besteht, bei der klar ist, dass mit dem Übergang des einen auch der Übergang des anderen Gegenstands gewollt ist[157]. Kann die Zuordnung einzelner Gegenstände nicht geklärt werden, verbleiben sie bei Abspaltung und Ausgliederung beim übertragenden Rechtsträger. Da dieser bei der Aufspaltung aufgelöst wird, sieht das Gesetz hier vor, dass der vergessene Gegenstand – wo möglich – anteilig auf die übernehmenden Rechtsträger übergeht und anderenfalls zugunsten aller übernehmenden Rechtsträger veräußert wird[158].

80 Vergessene **Passiva** verbleiben bei Abspaltung und Ausgliederung beim übertragenden Rechtsträger, wenn sich dem Spaltungs- und Übernahmevertrag durch Auslegung nichts anderes entnehmen lässt. Bei der Aufspaltung gilt § 131 Abs. 3 hier grundsätzlich nicht. Stattdessen haften die an der Spaltung beteiligten Rechtsträger aufgrund Sonderrechtsnachfolge durch mehrere Rechtsträger gesamtschuldnerisch ohne die Enthaftungsmöglichkeit des § 133 Abs. 3[159]. Allerdings wird für die Frage des Ausgleichs unter den Gesamtschuldnern auf die wirtschaftliche Zugehörigkeit der Verbindlichkeit zu einem übertragenen Betrieb(steil) abzustellen sein.

81 Werden **Dauerschuldverhältnisse** bei der Aufteilung vergessen, würde eine schlichte Kombination der eben gewonnenen Erkenntnisse uU dazu führen, dass die Ansprüche aus dem Dauerschuldverhältnis einem Rechtsträger zugewiesen, während die Verbindlichkeiten unter den beteiligten Rechtsträgern sozialisiert werden. Dem steht aber die grundsätzliche Einheitlichkeit des Dauerschuldverhältnisses entgegen, wenn nicht einmal der spaltende Rechtsträger das Dauerschuldverhältnis aufteilen will[160]. Aktiva und Passiva des Dau-

---

[153] Siehe auch *Teichmann* in Lutter § 132 Rn 59; *Gaiser* DB 2000, 361, 364.
[154] Zum Schicksal des Zivilprozesses bei Abspaltungen *Bork/Jacoby* ZHR 167 (2003) 440 ff. und § 133 Rn 62 ff.
[155] *BGH* NZG 2003, 1172, 1174; siehe dazu Rn 25.
[156] RegBegr. *Ganske* S. 157; *Kallmeyer* in Kallmeyer Rn 66.
[157] ZB Zuordnung des Schuldbefreiungsanspruchs zur Schuld oder des Pensionsvertrags zum Anstellungsvertrag; siehe auch *Rieble* ZIP 1997, 301, 311.
[158] § 131 Abs. 3.
[159] RegBegr. *Ganske* S. 165; *Priester* in Lutter Rn 58; *Lüttge* NJW 1995, 417, 421; *Sagasser/Sickinger* in Sagasser/Bula/Brünger N Rn 118; *Hörtnagl* in Schmitt/Hörtnagl/Stratz § 131 Rn 118; siehe auch *Naraschewski* DB 1995, 1265 ff. und ausführlich § 133 Rn 37 f..
[160] So auch *Wiesner* ZHR Beiheft 68, S. 168, 174, der allerdings wohl durchweg von einem Übergang der Schuldverhältnisse auf alle beteiligten Rechtsträger ausgeht.

erschuldverhältnisses sind deshalb grundsätzlich einheitlich einem Rechtsträger zuzuweisen. Lässt dies die Auslegung des Spaltungs- und Übernahmevertrags nicht zu, sind sie einheitlich allen Rechtsträgern gemeinsam zuzuweisen.

10. Aufteilung der Anteile an der übernehmenden Gesellschaft (Nr. 10)

Im Fall der **nicht-verhältniswahrenden Spaltung,** bei der die Anteilseigner des übertragenden Rechtsträgers an den übernehmenden nicht im jeweils gleichen Verhältnis beteiligt werden wie am übertragenden, reicht die Bestimmung des Umtauschverhältnisses gem. Nr. 3 nicht aus, um festzulegen, wer wie viele Anteile an den übernehmenden Rechtsträgern bekommt. Daher verlangt Abs. 1 Nr. 10, dass die Anteilinhaber des übertragenden Rechtsträgers und die ihnen gewährten Anteile am übertragenden, übernehmenden oder neuen Rechtsträger aufgeführt werden. Selbstständige Bedeutung erlangt dies nur bei den Rechtsformen, bei denen nicht schon ohnehin die Pflicht zur Individualisierung der Anteilsinhaber besteht[161], und dann, wenn Anteile am übertragenden Rechtsträger neu aufgeteilt werden[162]. 82

Bei der **verhältniswahrenden Spaltung** genügt die Angabe, dass sich die Aufteilung der Anteile nach dem bisherigen Beteiligungsverhältnis beim übertragenden Rechtsträger richtet[163]. 83

Zulässig ist auch eine **Kombination** von verhältniswahrender und nicht verhältniswahrender Spaltung. Die Anteile an den übernehmenden Rechtsträgern können aber immer nur den Anteilsinhabern des übertragenden Rechtsträgers zugewiesen werden, nicht auch Dritten[164]. Wenn das gewünscht ist, was insbesondere bei Spaltungsvorgängen vorkommen kann, an denen eine GmbH & Co. KG beteiligt ist, muss ein separat von der Spaltung zu sehender Eintritt des Dritten erfolgen, der allerdings durchaus mit der Spaltung verbunden werden kann[165]. 84

11. Folgen für die Arbeitnehmer und ihre Vertretungen (Nr. 11)

Nach Abs. 1 Nr. 11 sind die Folgen der Spaltung für die Arbeitnehmer und ihre Vertretungen sowie die insoweit vorgesehenen Maßnahmen in den Spaltungs- und Übernahmevertrag oder seinen Entwurf aufzunehmen. Es handelt sich um eine Parallelvorschrift zu § 5 Abs. 1 Nr. 9[166]. Daher werden hier nur spaltungsbedingte Besonderheiten angesprochen[167]. Im Übrigen wird auf die Erläuterungen zu § 5 Abs. 1 Nr. 9 verwiesen. 85

Es ist unklar, ob im Spaltungs- und Übernahmevertrag anzugeben ist, welche **Arbeitsverhältnisse** auf den oder die übernehmenden bzw. neuen Rechtsträger übergehen. Gehen in Folge der Spaltung des Unternehmens ein Betrieb oder mehrere Betriebe als Ganzes auf einen oder mehrere andere Rechtsträger über und ist die Zuordnung der Arbeitnehmer zu einem bestimmten Betrieb eindeutig, ist nur anzugeben, dass die zu dem jeweiligen Betrieb gehörenden Arbeitnehmer auf den oder die übernehmenden Rechtsträger übergehen. Dies gilt auch, wenn die Spaltung des Unternehmens zugleich zu einer Betriebsspaltung führt[168]. Es sind lediglich die übergehenden Betriebe und Betriebsteile iSd. Abs. 1 Nr. 9 anzugeben[169]. Zur Abgrenzung der Betriebe bzw. Betriebsteile ist es für die Zuordnung der Arbeitnehmer 86

---

[161] § 125 Satz 1 iVm. § 40 Abs. 1 für Personenhandelsgesellschaften bzw. § 46 für GmbH.
[162] *Kallmeyer* in Kallmeyer Rn 41.
[163] *Priester* in Lutter Rn 73.
[164] *Heidenhain* NJW 1995, 2873, 2878; *Priester* DB 1997, 560, 562; aA *Kallmeyer* GmbHR 1996, 80, 81 f. für die Komplementär-GmbH ohne Kapitalanteil.
[165] *Priester* DB 1997, 560, 563.
[166] RegBegr. *Ganske* S. 157.
[167] Siehe dazu auch *Simon/Zerres* FA 2005, 231; *dies.*, FS Leinemann, S. 255.
[168] AA *Steffan* in Großkomm. KündigungsR Rn 48.
[169] Siehe auch Rn 73.

ausreichend, wenn die übergehenden Arbeitsverhältnisse unter Hinweis auf die einschlägigen Kostenstellen bezeichnet werden[170]. Unabhängig von der rechtlichen Verpflichtung kann es sich jedoch zur Klarstellung empfehlen, die übergehenden Arbeitnehmer namentlich zu bezeichnen[171].

87 Ist die Zuordnung von Arbeitnehmern zu einem bestimmten Betrieb oder Betriebsteil zweifelhaft, ermöglicht § 323 Abs. 2 die Zuordnung der Zweifelsfälle in einem Interessenausgleich. In diesem Fall kann der Spaltungs- und Übernahmevertrag auf den als Anlage beigefügten Interessenausgleich Bezug nehmen[172]. Kommt § 323 Abs. 2 nicht zur Anwendung, können die Zweifelsfälle praktisch nur im Spaltungs- oder Übernahmevertrag zugeordnet werden[173]. Nach der Gesetzesbegründung ist die Bezeichnung der übergehenden Arbeitsverhältnisse im Spaltungs- und Übernahmevertrag unverzichtbar, wenn durch die Spaltung nicht auch der Betrieb(steil) übertragen wird, bei dem die Arbeitsverhältnisse bestehen[174]. Dies betrifft etwa Arbeitnehmer, die vor der Spaltung keinem der übergehenden Betriebe oder Betriebsteile zugeordnet waren, z. B. im Ausland tätige Arbeitnehmer.

88 Ferner ist im Spaltungs- und Übernahmevertrag aufzunehmen, dass die kündigungsrechtliche Stellung der Arbeitnehmer nach § 323 Abs. 1 für die Dauer von zwei Jahren erhalten bleibt[175].

89 Es müssen im Spaltungs- und Übernahmevertrag keine Angaben über die **Haftungsfolgen** nach § 133 gemacht werden. In diesem Fall sind die Arbeitnehmer wie „beliebige" Gläubiger betroffen, so dass es sich nicht um spezifische arbeitsrechtliche Folgen handelt[176]. Dagegen ist im Fall der Aufspaltung eines Unternehmens in eine Anlage- und eine Betriebsgesellschaft (sog. Betriebsaufspaltung) auf die besondere Haftungsregelung in § 134 hinzuweisen, da es sich hierbei um eine speziell auf bestimmte Arbeitnehmeransprüche zugeschnittene Haftungsnorm handelt[177].

90 Im Spaltungs- und Übernahmevertrag ist darzulegen, ob und wie sich die Aufteilung und Neuzuordnung der Betriebe und Betriebsteile auf die **Betriebsräte** auswirkt[178]. Falls neu entstehende Betriebe nicht betriebsratsfähig sind, ist dies zu erwähnen[179]. Im Fall eines

---

[170] So geschehen im Ausgliederungsplan der ProSieben Media AG zum Zwecke der Ausgliederung zur Neugründung des Geschäftsbereichs „Fernsehsender ProSieben" auf die dadurch entstehende ProSieben Television GmbH, BAnz 2000, 13 581, 13 582.

[171] So wohl *Goutier* in Goutier/Knopf/Tulloch Rn 20.

[172] *Düwell* in Kasseler Hdb. 6.8 Rn 293.

[173] § 323 Rn 38 ff.

[174] RegBegr. *Ganske* S. 155.

[175] *Engelmeyer* DB 1996, 2542, 2543; *Priester* in Lutter Rn 78; *Mayer* in Widmann/Mayer Rn 284; *Hörtnagl* in Schmitt/Hörtnagl/Stratz Rn 108. Den Hinweis enthalten zB der Ausgliederungs- und Übernahmevertrag der J. H. Ziegler GmbH & Co. KG/Paul Hartmann AG, BAnz. 2001, 10 708 und der Drillisch AG/Alphatel Kommunikationstechnik GmbH, BAnz. 2001, 6541; nur die Geltung von § 323 sprechen an der Ausgliederungs- und Übernahmevertrag der Mainova AG/HessenWasser GmbH, BAnz. 2001, 15 014, der Constantin Film AG/Constantin Film Verleih GmbH, BAnz. 2001, 10 939 und der Salzgitter AG/Salzgitter Flachstahl GmbH, BAnz. 2001, 6860. Weitergehend *Steffan* in Großkomm. KündigungsR Rn 48, der auch Angaben über die sich aus § 613 a BGB ergebende kündigungsrechtliche Stellung für erforderlich hält.

[176] *Willemsen* RdA 1998, 23, 27. So fehlt zB ein solcher Hinweis im Ausgliederungs- und Übernahmevertrag der Mainova AG/HessenWasser GmbH, BAnz. 2001, 15 014, der J. H. Ziegler GmbH & Co. KG/Paul Hartmann AG, BAnz. 2001, 10 708, der Salzgitter AG/Salzgitter Flachstahl GmbH, BAnz. 2001, 6860 und der Drillisch AG/Alphatel Kommunikationstechnik GmbH, BAnz. 2001, 6541. AA *Boecken* Rn 324; *Steffan* in Großkomm. KündigungsR Rn 48; wohl auch *Düwell* in Kasseler Hdb. 6.8 Rn 290.

[177] *Willemsen* RdA 1998, 23, 27; *Düwell* in Kasseler Hdb. 6.8 Rn 290; *Steffan* in Großkomm. KündigungsR Rn 48.

[178] *Willemsen* in Kallmeyer Rn 43; *Priester* in Lutter Rn 78.

[179] *Engelmeyer* DB 1996, 2542, 2543.

Übergangsmandats ist anzugeben, welcher Betriebsrat das Übergangsmandat für welche Betriebsteile ausübt[180]. Entfallen Beteiligungsrechte des Betriebsrats, weil die Betriebe nach der Spaltung nicht mehr die entsprechenden Größenordnungen erreichen, ist darauf hinzuweisen[181]. In diesem Zusammenhang ist auch anzugeben, ob nach **§ 325 Abs. 2** durch Betriebsvereinbarung oder Tarifvertrag die Fortgeltung entfallender (Beteiligungs-)Rechte des Betriebsrats vereinbart wurde bzw. vereinbart werden soll[182]. Ändert sich die Organisation in einem vermögensrechtlich gespaltenen Betrieb nicht, ist im Spaltungs- und Übernahmevertrag zu erwähnen, dass das Vorliegen eines **gemeinsamen Betriebs** der beteiligten Rechtsträger vermutet wird[183].

Entfallen durch Abspaltung oder Ausgliederung beim übertragenden Rechtsträger die gesetzlichen Voraussetzungen für die Beteiligung der Arbeitnehmer im Aufsichtsrat, ist anzugeben, ob die **Mitbestimmung** der Arbeitnehmer im Aufsichtsrat nach § 325 Abs. 1 noch für fünf Jahre beibehalten wird[184].

III. Weitere zwingende Anforderungen

1. Abfindungsangebot

Hat der übernehmende Rechtsträger eine andere Rechtsform als der übertragende oder unterliegen die Anteile am übernehmenden Rechtsträger statutarischen Verfügungsbeschränkungen, muss der Spaltungs- und Übernahmevertrag ein konkretes und angemessenes Barabfindungsangebot enthalten[185]. Das gilt allerdings nicht im Fall der Ausgliederung sowie dann nicht, wenn ein Widerspruch gegen den Spaltungsbeschluss des übertragenden Rechtsträgers, der der Geltendmachung des Barabfindungsanspruchs vorangehen muss, auszuschließen ist, weil hierauf rechtswirksam und in notariell beurkundeter Form verzichtet worden ist oder sich alle Anteile des übertragenden Rechtsträgers in der Hand des übernehmenden befinden[186].

2. Rechtsformspezifische Bestimmungen

Ist eine **Personenhandelsgesellschaft**[187] oder eine **GmbH**[188] übernehmender Rechtsträger, müssen die Anteilseigner der übertragenden Rechtsträger mit den ihnen beim übernehmenden Rechtsträger gewährten Anteilen im Spaltungs- und Übernahmevertrag vollständig möglichst mit ihrem Namen aufgeführt werden. Bei einer **PartG** als übernehmen-

---

[180] *Düwell* in Kasseler Hdb. 6.8 Rn 292; *Priester* in Lutter Rn 78; *Willemsen* in Kallmeyer Rn 43; *Steffan* in Großkomm. KündigungsR Rn 48; *Mayer* in Widmann/Mayer Rn 284. Siehe Ausgliederungs- und Übernahmevertrag der J. H. Ziegler GmbH & Co. KG/Paul Hartmann AG, BAnz. 2001, 10 708, 10 709 und der Salzgitter AG/Salzgitter Flachstahl GmbH, BAnz. 2001, 6860.

[181] *Düwell* in Kasseler Hdb. 6.8 Rn 292.

[182] *Engelmeyer* DB 1996, 2542, 2543; *Düwell* in Kasseler Hdb. 6.8 Rn 293; *Steffan* in Großkomm. KündigungsR Rn 48.

[183] *Engelmeyer* DB 1996, 2542, 2543; *Steffan* in Großkomm. KündigungsR Rn 48.

[184] *Engelmeyer* DB 1996, 2542, 2543; *Steffan* in Großkomm. KündigungsR Rn 48. Der Ausgliederungs- und Übernahmevertrag der Salzgitter AG/Salzgitter Flachstahl GmbH, BAnz. 2001, 6860 enthält den Hinweis, dass der Aufsichtsrat der übertragenden Gesellschaft nach § 1 Abs. 3 MontanMitbestG in unveränderter Zusammensetzung bestehen bleibt.

[185] § 125 Satz 1 iVm. § 29 Abs. 1.

[186] *Priester* in Lutter Rn 83; *Volhard* in Semler/Volhard HV Hdb. § 42 Rn 8 Fn 20; siehe auch *Heidenhain* NJW 1995, 2873, 2876, der offenbar sogar einen ausdrücklichen Verzicht für entbehrlich hält, was in Analogie zu §§ 8 Abs. 3, 9 Abs. 3 aber nur angemessen erscheint, wenn der übernehmende Rechtsträger alleiniger Anteilsinhaber des übertragenden ist.

[187] § 125 Satz 1 iVm. § 40 Abs. 1.

[188] § 125 Satz 1 iVm. §§ 46 Abs. 1, 52 Abs. 2.

dem Rechtsträger sind zusätzlich noch der in der PartG ausgeübte Beruf und der Wohnort jedes Partners anzugeben[189]. Wenn übertragender Rechtsträger eine **AG** oder **KGaA** ist, bei denen die Aktionäre normalerweise nicht namentlich bekannt sind, lässt § 35 die Angabe ihrer Aktienurkunden genügen.

IV. Fakultativer Inhalt

94 Neben den genannten zwingenden Vertragsbestandteilen darf der Spaltungs- und Übernahmevertrag noch weitere den Parteien regelungsbedürftig erscheinende Klauseln enthalten, sofern sie abschließenden oder zwingenden Vorschriften des Gesetzes nicht entgegenstehen[190]. Beispielhaft seien hier folgende Regelungsbereiche genannt:

1. Gewährleistungen

95 Die Spaltung zur Aufnahme ist iE mit dem Erwerb der übertragenen Vermögensteile durch den übernehmenden Rechtsträger gegen Gewährung von Anteilen vergleichbar. Infolgedessen besteht für beide Seiten ein Interesse an Garantien oder Gewährleistungen für die Richtigkeit und Vollständigkeit aller wesentlichen Umstände, die der Bewertung des eingebrachten Vermögens und der dafür gewährten Anteile zugrunde gelegen haben[191]. Als Rechtsfolge einer Verletzung kann nur die Verpflichtung der beteiligten Rechtsträger zum Wertausgleich vereinbart werden. Eine Differenzhaftung der Anteilseigner wegen unzureichender Kapitalaufbringung käme nur für diejenigen Anteilseigner in Betracht, die der Spaltung zugestimmt haben[192].

2. Haftungsfreistellung

96 Da die beteiligten Rechtsträger für die vor dem Wirksamwerden der Spaltung begründeten Verbindlichkeiten gesamtschuldnerisch haften[193], empfiehlt sich eine Regelung zur Haftungsfreistellung im Innenverhältnis zu Lasten desjenigen Rechtsträgers, dem die Verbindlichkeit zugewiesen worden ist. Erwogen werden kann auch eine Freistellung des Kommanditisten einer übertragenden GmbH & Co. KG von einer möglicherweise wiederauflebenden Haftung nach § 172 Abs. 4 HGB[194].

3. Satzungsänderungen

97 Als Folge der Spaltung kann sich sowohl beim übernehmenden wie auch beim übertragenden Rechtsträger das Bedürfnis für bestimmte Satzungsänderungen ergeben, zB hinsichtlich Firma, Sitz, Unternehmensgegenstand, Organkompetenzen etc. Diese sollten im Spaltungs- und Übernahmevertrag festgelegt werden, bedürfen aber auch dann noch der gesonderten Beschlussfassung.

4. Kapitalmaßnahmen

98 Gleiches gilt auch für Kapitalmaßnahmen zur Durchführung der Spaltung. Eine Kapitalerhöhung ist hier erforderlich, wenn als Gegenleistung für die Vermögensübertragung neue Anteile gewährt werden. Eine Kapitalherabsetzung ist immer dann erforderlich, wenn

---

[189] § 125 Satz 1 iVm. § 45 b Abs. 1.
[190] § 1 Abs. 3 Satz 2.
[191] Ausführlich *Kallmeyer* in Kallmeyer Rn 44 ff.
[192] *Heidenhain* NJW 1995, 2873, 2880; weitergehend *Priester* in Lutter Rn 90, der wohl eine Differenzhaftung unabhängig von der Zustimmung bejaht.
[193] § 133 Abs. 1.
[194] *Naraschewski* DB 1995, 1265; *Kallmeyer* in Kallmeyer Rn 58; *Sagasser/Sickinger* in Sagasser/Bula/Brünger N Rn 136.

5. Organbestellung

Die Parteien können vereinbaren, dass Organmitglieder des übertragenden Rechtsträgers eine entsprechende Stellung beim übernehmenden erhalten sollen. Dies ersetzt allerdings nicht die ordnungsgemäße Bestellung durch das zuständige Organ des übernehmenden Rechtsträgers[196]. Ist dies die Anteilseignerversammlung, kann die Bestellung mit der Beschlussfassung über die Spaltung verbunden werden, erfolgt mit dieser aber noch nicht inzidenter.

6. Veräußerungsbeschränkungen

Da innerhalb der ersten fünf Jahre nach dem steuerlichen Übertragungsstichtag einer Auf- oder Abspaltung die Veräußerung von Anteilen an einer an der Spaltung beteiligten Kapitalgesellschaft, die mehr als ein Fünftel der Anteile der übertragenden Kapitalgesellschaft vor der Spaltung ausmachen, steuerlich zur Aufdeckung stiller Reserven führt[197], kann es sich empfehlen, im Spaltungs- und Übernahmevertrag eine Vinkulierung der Anteile zu vereinbaren. Das führt allerdings dazu, dass die Spaltung der Zustimmung aller betroffenen Gesellschafter bedarf[198]. Wenn das nicht gewollt ist, kann eine Pflicht zum Ausgleich des nachträglich eingetretenen Steuerschadens vereinbart werden.

7. Kündigungsrechte und Bedingungen

Die zur Wirksamkeit der Spaltung erforderliche Registereintragung kann sich aus verschiedenen Gründen erheblich verzögern, wodurch das vereinbarte Umtauschverhältnis falsch werden oder das Interesse der Parteien an der Spaltung überhaupt verloren gehen kann. Dem kann teilweise mit variablen Stichtagsregelungen begegnet werden[199], uU kommt auch eine Anpassung oder Kündigung des Vertragsverhältnisses nach den Grundsätzen über den Wegfall der Geschäftsgrundlage in Betracht. Vorzugswürdig ist es aber, konkrete Kündigungsrechte oder auflösende Bedingungen[200] zu vereinbaren.

8. Genehmigungen

Wenn für den Übergang von Gegenständen auf den übernehmenden oder neuen Rechtsträger eine staatliche Genehmigung oder die Genehmigung eines sonstigen Dritten erforderlich ist, sollte der Spaltungs- und Übernahmevertrag die Parteien verpflichten, sich um diese Genehmigung zu bemühen, und Ersatzregelungen für den Fall treffen, dass sie endgültig nicht zu erlangen ist. Es kann auch bestimmt werden, dass die Spaltung erst nach Erlangung der Genehmigung zum Register anzumelden ist[201].

9. Kartellvorbehalt

Grundsätzlich wirkt die Spaltung eher dekonzentrierend, bei der Spaltung zur Aufnahme kann aber ein fusionskontrollrechtliches Vollzugsverbot bestehen. Dann ist der Spaltungs- und Übernahmevertrag unter die aufschiebende Bedingung zu stellen, dass die zuständigen Kartellbehörden den Zusammenschluss nicht untersagen bzw. freigeben.

---

[195] *Kallmeyer* in Kallmeyer Rn 61.
[196] *Priester* in Lutter Rn 88; *Kallmeyer* in Kallmeyer Rn 63.
[197] § 15 Abs. 3 UmwStG.
[198] *Kallmeyer* in Kallmeyer Rn 53.
[199] Siehe Rn 45 und 48.
[200] Zur Zulässigkeit siehe LG Hamburg AG 1999, 239, 240; *Körner/Rodewald* BB 1999, 853, 855; ferner die Parallelproblematik bei der Verschmelzung, § 5 Rn 113 ff., 119.
[201] *Priester* in Lutter Rn 89; *Kallmeyer* in Kallmeyer Rn 55.

10. Auffangregeln

104 Der Spaltungs- und Übernahmevertrag sollte für den Fall, dass die Übertragung einzelner Gegenstände fehlschlägt, Ersatzlösungen vorsehen, etwa die Pflicht zur Einzelübertragung, Treuhandabreden, Erfüllungsübernahme oder die Begründung von Untermiet- oder Nutzungsverhältnissen[202]. Dies kann sich insbesondere für im Ausland belegene Gegenstände empfehlen, wenn dort die dingliche Wirkung der Spaltung fehlschlägt[203]. Es können auch „vergessene" Gegenstände abweichend von der gesetzlichen Regel[204] von vornherein einem bestimmten Rechtsträger zugewiesen werden, wobei dann aber idR eine Wertausgleichsklausel notwendig wird.

11. Kosten

105 Sinnvoll ist eine Regelung darüber, wer die Kosten der Spaltung trägt. Lediglich wenn eine Aufspaltung erfolgreich umgesetzt wird, ergibt sich dies von allein. Bei der Spaltung zur Neugründung sind die Kosten in der Satzung des neuen Rechtsträgers als Gründungsaufwand zu berücksichtigen[205].

V. Unvollständigkeit des Spaltungs- und Übernahmevertrags

106 Enthält der Spaltungs- und Übernahmevertrag nicht die **Mindestangaben nach Abs. 1 oder anderen zwingenden Vorschriften** oder sind sie unrichtig oder offensichtlich unvollständig, darf der Registerrichter die Spaltung nicht eintragen. Der Zustimmungsbeschluss der Anteileignerversammlung zu einem insofern mangelhaften Vertrag kann grundsätzlich angefochten werden[206]. Ein Mangel kann auch durch allgemeine Feststellungsklage geltend gemacht werden[207]. Eine Klage wird jedoch keinen Erfolg haben, wenn nur solche Vertragsbestandteile fehlen, die lediglich der Information der Anteilseigner dienen und statt im Spaltungs- und Übernahmevertrag im Spaltungsbericht enthalten sind[208]. Es fehlt dann an der Kausalität des Mangels für die Entscheidung der Anteilseignerversammlung. Im Übrigen werden Vertragsmängel mit der Eintragung der Spaltung geheilt[209].

107 Neben diesen grundsätzlichen Aussagen sind folgende Besonderheiten zu beachten:
– Verschärfte Rechtsfolgen ergeben sich beim Fehlen der **Angaben nach Abs. 1 Nr. 1 bis 3**. Der Spaltungs- und Übernahmevertrag ist dann nichtig, da ihm die *essentialia negotii* fehlen. Die Nichtigkeit kann in einem solchen Fall auch nicht durch die Eintragung geheilt werden[210].
– Fehlt eine **Angabe nach Abs. 1 Nr. 8**, darf der Registerrichter die Spaltung nicht eintragen, wenn ihm das bekannt ist. Die wichtigere Rechtsfolge ist, dass daraus auch Schadenersatzansprüche gegen das Vertretungsorgan entstehen können. Die Wirksamkeit der getroffenen Zusage bleibt dadurch, dass sie verschwiegen wurde, jedoch unberührt[211].

---

[202] *Priester* in Lutter Rn 93; *Kallmeyer* in Kallmeyer Rn 57.
[203] *Teichmann* in Lutter Umwandlungsrechtstage S. 140, 141.
[204] § 131 Abs. 3.
[205] *Kallmeyer* in Kallmeyer Rn 63 b; *Mayer* in Widmann/Mayer Rn 330.
[206] § 125 Satz 1 iVm. § 14; *Lutter* in Lutter § 5 Rn 108; *Marsch-Barner* in Kallmeyer § 5 Rn 65; *Grunewald* in G/H/E/K § 340 AktG Rn 34.
[207] OLG Karlsruhe WM 1991, 1759, 1763.
[208] Siehe auch *Marsch-Barner* in Kallmeyer § 5 Rn 66.
[209] § 131 Abs. 1 Nr. 4, Abs. 2.
[210] OLG Frankfurt am Main WM 1999, 322, 323; *Lutter* in Lutter § 5 Rn 107; *Marsch-Barner* in Kallmeyer § 5 Rn 63.
[211] Siehe bei § 5 Rn 74; aA *Mayer* in Widmann/Mayer Rn 171.

D. Zuleitung an den Betriebsrat (Abs. 3)

Der Spaltungs- und Übernahmevertrag oder sein Entwurf ist dem zuständigen Betriebsrat jedes beteiligten Rechtsträgers spätestens einen Monat vor dem Tag des beabsichtigten Spaltungsbeschlusses zuzuleiten[212]. Die rechtzeitige Erfüllung der Zuleitungsfrist ist dem Registergericht nachzuweisen[213]. Besteht in einem Unternehmen ein Gesamtbetriebsrat, ist der Spaltungs- und Übernahmevertrag regelmäßig diesem zuzuleiten, da alle Umwandlungen unternehmensbezogen sind. Das gilt auch, wenn die Spaltung des Rechtsträgers nur einen Betrieb oder Betriebsteil erfasst[214]. Der Vertrag oder sein Entwurf ist vorsorglich jedem (Einzel-)Betriebsrat zuzuleiten, wenn der Rechtsträger mehrere (Einzel-)Betriebsräte, aber keinen Gesamtbetriebsrat hat[215]. Im Übrigen wird auf die Erläuterungen zur inhaltsgleichen Bestimmung des § 5 Abs. 3 verwiesen.

108

§ 127 Spaltungsbericht

Die Vertretungsorgane jedes der an der Spaltung beteiligten Rechtsträger haben einen ausführlichen schriftlichen Bericht zu erstatten, in dem die Spaltung, der Vertrag oder sein Entwurf im einzelnen und bei Aufspaltung und Abspaltung insbesondere das Umtauschverhältnis der Anteile oder die Angaben über die Mitgliedschaft bei dem übernehmenden Rechtsträger, der Maßstab für ihre Aufteilung sowie die Höhe einer anzubietenden Barabfindung rechtlich und wirtschaftlich erläutert und begründet werden (Spaltungsbericht); der Bericht kann von den Vertretungsorganen auch gemeinsam erstattet werden. § 8 Abs. 1 Satz 2 bis 4, Abs. 2 und 3 ist entsprechend anzuwenden.

Übersicht

	Rn		Rn
I. Allgemeines	1	4. Erläuterung des Umtauschverhältnisses und des Maßstabs für die Aufteilung der Anteile und Mitgliedschaften	25
1. Sinn und Zweck der Norm	1	a) Aufspaltung	31
2. Anwendungsbereich	2	b) Abspaltung	33
3. Europäische Rechtsangleichung	4	c) Ausgliederung	35
II. Erstattung des Spaltungsberichts	5	d) Angaben über die Mitgliedschaften beim übernehmenden Rechtsträger	37
1. Berichterstattung durch Vertretungsorgan	5	5. Erläuterung der Höhe einer anzubietenden Abfindung	38
2. Gemeinsame Berichterstattung	6	6. Hinweis auf besondere Schwierigkeiten der Bewertung (Satz 2 iVm. § 8 Abs. 1 Satz 2)	39
3. Form	7		
4. Mitwirkung des Aufsichtsorgans	8		
5. Unterrichtung der Anteilsinhaber	9	7. Folgen für die Beteiligung der Anteilsinhaber (Satz 2 iVm. § 8 Abs. 1 Satz 2)	41
III. Inhalt des Spaltungsberichts	10		
1. Grundlagen der Berichterstattung	10		
2. Erläuterung der Spaltung	14	8. Angaben über verbundene Unternehmen (Satz 2 iVm. § 8 Abs. 1 Satz 3 und 4)	43
a) Die beteiligten Unternehmen	15		
b) Die wirtschaftliche Begründung der Spaltung	16		
3. Erläuterung des Spaltungsvertrags	23		

---

[212] § 126 Abs. 3.
[213] § 125 Satz 1 iVm. § 17 Abs. 1.
[214] *Steffan* in Großkomm. KündigungsR Rn 54.
[215] AA wohl *Düwell* in Kasseler Hdb. 6.8 Rn 295, wonach in diesem Fall jeder Betriebsrat empfangszuständig ist, dessen Betrieb von der Spaltung berührt wird.

Simon/Gehling 1193

	Rn		Rn
9. Hinweis auf den Bericht über die Prüfung von Sacheinlagen	45	2. Spaltung bei in alleinigem Anteilsbesitz stehenden Konzerngesellschaften	51
IV. Grenzen der Berichtspflicht (Satz 2 iVm. § 8 Abs. 2)	46	3. Keine Berichtspflicht bei persönlich haftenden Gesellschaftern einer Personenhandelsgesellschaft	52
V. Ausnahmen von der Berichtspflicht (Satz 2 iVm. § 8 Abs. 3)	48	VI. Fehlerhafte Berichte/Heilung	53
1. Verzicht	48		

Literatur: *Engelmeyer,* Ausgliederung durch partielle Gesamtrechtsnachfolge und Einzelrechtsnachfolge – Vergleich, AG 1999, 263; *dies.,* Informationsrechte und Verzichtsmöglichkeiten im Umwandlungsgesetz, BB 1998, 330; *Feddersen/Kiem,* Die Ausgliederung zwischen „Holzmüller" und neuem Umwandlungsrecht, ZIP 1994, 1078; *Fuhrmann/Simon,* Praktische Probleme der umwandlungsrechtlichen Ausgliederung, AG 2000, 49; *Heurung,* Zur Unternehmensbewertung bei Spaltungsprozessen mit Kapitalstrukturproblemen, WpG 1998, 201; *ders.,* Zur Unternehmensbewertung bei Umtauschverhältnissen im Rahmen der Spaltung (Teil I), DStR 1997, 1302, (Teil II) DStR 1997, 1341; *Kallmeyer,* Die Auswirkungen des neuen Umwandlungsrechts auf die mittelständische GmbH, GmbHR 1993, 461; *Keil,* Der Verschmelzungsbericht nach § 340 a AktG, 1990; *Mertens,* Die Gestaltung von Verschmelzungs- und Verschmelzungsprüfungsbericht, AG 1990, 20; *Nagl,* Die Spaltung durch Einzelrechtsnachfolge, DB 1996, 1221; *Schöne,* Das Aktienrecht als „Maß aller Dinge" im neuen Umwandlungsrecht?, GmbHR 1995, 325; *Schwedhelm/Streck/Mack,* Die Spaltung der GmbH nach neuem Umwandlungsrecht, Teil I, GmbHR 1995, 7, Teil II, GmbHR 1995, 100; *Veil,* Aktuelle Probleme der Ausgliederung, ZIP 1998, 361; *H. P. Westermann,* Die Zweckmäßigkeit der Verschmelzung als Gegenstand des Verschmelzungsberichts, der Aktionärsentscheidung und der Anfechtungsklage, FS J. Semler, 1993, S. 651.

I. Allgemeines

1. Sinn und Zweck der Norm

1 Der Bericht des Vertretungsorgans soll den Anteilsinhabern ebenso wie ein Verschmelzungsbericht ermöglichen, sich im Vorfeld der Versammlung der Anteilsinhaber mit den wesentlichen Grundlagen der Spaltung vertraut zu machen[1]. Die Anteilsinhabern sollen bereits vor der Beschlussfassung in der Versammlung über eine zuverlässige Beurteilungsgrundlage verfügen und sich ein Bild machen können, ob die Spaltung wirtschaftlich zweckmäßig ist und den gesetzlichen Anforderungen genügt. Die Anteilsinhaber sollen über die Spaltung in Kenntnis der maßgebenden Umstände sachgerecht abstimmen können.

2. Anwendungsbereich

2 § 127 regelt die Pflicht zur Erstattung des Spaltungsberichts. Der Bericht ist vom Vertretungsorgan zu erstatten. Die gesetzliche Regelung orientiert sich an § 8 sowie an § 4 SpTrUG. § 127 gilt für alle Spaltungsformen (Aufspaltung, Abspaltung und Ausgliederung). Ein Spaltungsbericht ist auch bei der Spaltung zur Neugründung zu erstatten[2]. Bei der Spaltung zur Neugründung ist der Spaltungsbericht nur von dem Vertretungsorgan des übertragenden Rechtsträgers zu erstatten[3]. Eine Berichtspflicht besteht nach §§ 125 Satz 1, 41 nicht gegenüber den geschäftsführungsberechtigten Gesellschaftern einer Personenhandelsgesellschaft[4]. Besonderheiten gelten ferner für den Spaltungsbericht bei Ausgliederungen. Nach dem Gesetzeswortlaut sind das Umtauschverhältnis der Anteile, die Angaben über die Mit-

---

[1] *Hommelhoff/Schwab* in Lutter Rn 4.
[2] § 135 Abs. 1 Satz 1 iVm. § 127.
[3] *Kallmeyer* in Kallmeyer Rn 2; *Hommelhoff/Schwab* in Lutter Rn 9.
[4] Nach *Kallmeyer* in Kallmeyer Rn 4 gilt das auch für Kommanditisten einer GmbH & Co. KG, die Geschäftsführer der Komplementärgesellschaft sind; dem ist zuzustimmen; vgl. auch § 8 Rn 75.

gliedschaft bei dem übernehmenden Rechtsträger und der Maßstab für ihre Aufteilung nur bei der Aufspaltung und bei der Abspaltung, nicht aber bei einer Ausgliederung zu erläutern und zu begründen. Darüber hinaus stellt das UmwG das Vertretungsorgan in besonderen Ausgliederungsfällen von der Berichtspflicht insgesamt frei: bei der Ausgliederung aus dem Vermögen eines Einzelkaufmanns[5], bei der Ausgliederung aus dem Vermögen einer rechtsfähigen Stiftung[6] und bei der Ausgliederung aus dem Vermögen einer Gebietskörperschaft[7].

Umstritten ist, ob die umwandlungsrechtlichen Vorschriften für den Ausgliederungsbericht Ausstrahlungswirkung auch auf Ausgliederungen im Wege der Einzelrechtsnachfolge haben[8]. Das ist abzulehnen[9]. Die umwandlungsrechtlichen Ausgliederungsvorschriften treffen für eine Vielzahl von Fallgestaltungen eine Regelung. Dabei wird nicht danach unterschieden, ob für die Anwendung der hohen umwandlungsrechtlichen Berichtsstandards in jedem Einzelfall eine innere Rechtfertigung gegeben ist. Sie haben eine überschießende Regelungstendenz. Die zwingenden Vorschriften des UmwG müssen daher nur beachtet werden, wenn sich die beteiligten Rechtsträger der Formen des UmwG bedienen[10]. Wenn eine aktienrechtliche Ausgliederung im Wege der Einzelrechtsnachfolge ausnahmsweise der Zustimmung der Hauptversammlung bedarf[11], ist § 127 dagegen nicht anwendbar, wenngleich sich diesen Fällen eine Orientierung an § 127 empfiehlt. 3

3. Europäische Rechtsangleichung

Die gemeinschaftsrechtliche Grundlage von § 127 ist Art. 7 SpaltRL. Eine Umsetzungspflicht des deutschen Gesetzgeber besteht nach der Richtlinie allerdings nur für die Spaltung von Aktiengesellschaften. Das UmwG ist über den Anwendungsbereich der SpaltRL hinausgegangen und hat eine Berichtspflicht unabhängig von der Rechtsform für alle an der Spaltung beteiligten Rechtsträger geschaffen. Die SpaltRL erfasst ferner nur Aufspaltungen und Abspaltungen[12], § 127 gilt dagegen auch für Ausgliederungen. 4

II. Erstattung des Spaltungsberichts

1. Berichterstattung durch Vertretungsorgan

Der Spaltungsbericht ist durch das Vertretungsorgan jedes an der Spaltung beteiligten Rechtsträgers zu erstatten. Welches Organ das Vertretungsorgan ist, richtet sich nach dem Statut und den für die Gesellschaft geltenden gesetzlichen Regelungen. Der Bericht ist vom **Gesamtorgan**, also von allen Mitgliedern des Vertretungsorgans, zu erstatten[13]. Die Unterzeichung des Berichts durch eine (nur) vertretungsberechtigte Anzahl von Mitgliedern des Vertretungsorgans ist nicht ausreichend[14]. Die Geschäftsordnung des Vertretungsorgans 5

---

[5] § 153.
[6] § 162.
[7] § 169.
[8] Dafür *LG Karlsruhe* ZIP 1998, 385, 388 (mit Anm. *Bork* EWiR 1/97 zu § 125 UmwG); *Hommelhoff/Schwab* in Lutter Rn 1; dagegen *LG Hamburg* AG 1997, 238 „Wünsche".
[9] Siehe auch § 1 Rn 63 ff.
[10] RegBegr. *Ganske* S. 44.
[11] Dazu insbesondere BGHZ 159, 30 „Gelatine".
[12] Art. 2 Abs. 1 und 21, 25 SpaltRL.
[13] *Kallmeyer* in Kallmeyer Rn 4; *Limmer* in Limmer Rn 1720; aA beim Verschmelzungsbericht *KG* ZIP 2005, 167, 168 – „Vattenfall" mit zust. Anm. *Linnerz* EWiR Nr. 1/05 zu § 8 UmwG (vertretungsberechtigte Zahl); *Fuhrmann* AG 2004, 135 ff.; *Müller* NJW 2000, 2001 f.; *Mayer* in Widmann/Mayer § 8 Rn 13; siehe auch die Nachweise in § 8 Rn 5; anders *Fonk* § 176 Rn 18 (Fn 49).
[14] Vgl. die Nachweise unter § 8 Rn 5; allerdings kann im Einzelfall die Kausalität dieses Fehlers für das Beschlussergebnis zu verneinen sein; siehe § 8 Rn 78.

kann nicht bestimmen, dass der Bericht nur von einzelnen Mitgliedern erstattet wird. Die Vorbereitung kann auf einzelne Mitglieder oder auf Mitarbeiter übertragen werden; Vertretung ist dagegen nicht zulässig. Das Vertretungsorgan trägt in seiner Gesamtheit die Verantwortung für den Bericht. Aus dem Charakter als Wissenserklärung und wegen der strafrechtlichen Verantwortlichkeit des Vertretungsorgans[15] kommt eine Weisung hinsichtlich der Berichterstattung oder die Bindung an die Zustimmung eines Aufsichtsorgans nicht in Betracht[16]. Entgegen der Auffassung von *Hommelhoff/Schwab*[17] ist einem Mitglied des Vertretungsorgans, das in einzelnen Punkten mit der Berichterstattung nicht einverstanden ist, nicht Gelegenheit zur Darlegung des abweichenden Standpunkts im Bericht zu geben. Meinungsverschiedenheiten zwischen den Mitgliedern des Vertretungsorgans über die Berichterstattung sind im Vorfeld auszuräumen. Dazu sind die Mitglieder des Vertretungsorgans ebenso verpflichtet wie zur Unterzeichnung des Berichts.

2. Gemeinsame Berichterstattung

6 Der Bericht kann von den Vertretungsorganen der an der Spaltung beteiligten Rechtsträger gemeinsam erstattet werden[18]. Es ist möglich, dass einzelne an der Spaltung beteiligte Rechtsträger einen gemeinsamen, andere dagegen einen Einzelbericht erstellen[19]. Der gemeinsame Bericht muss die notwendigen Informationen für die Anteilsinhaber aller Rechtsträger beinhalten, für die der Bericht erstattet ist. Die gemeinsame Berichterstattung begründet in keinem Fall eine Verkürzung der Informationsrechte der Anteilsinhaber. Entgegen der Auffassung von *Hommelhoff/Schwab*[20] ist aber nicht ausgeschlossen, dass das Vertretungsorgan eines „als Hauptschuldner fungierenden" Rechtsträgers einen gemeinsamen Bericht mit dem Vertretungsorgan eines Rechtsträgers erstellt, der als „bloßer Mithafter" für Verbindlichkeiten des gespaltenen Rechtsträgers haftet. Die Haftungssituation der beteiligten Rechtsträger kann in einem gemeinsamen Spaltungsbericht ebenso gut dargestellt werden wie in Einzelberichten[21].

3. Form

7 Das Vertretungsorgan hat den Bericht in schriftlicher Form vorzulegen[22]. Der Bericht ist daher von den Mitgliedern des Vertretungsorgans, und zwar von allen Mitgliedern[23], eigenhändig durch Namensunterschrift oder mittels notariell beglaubigten Handzeichens zu unterzeichnen[24]. Nach allgemeiner Auffassung muss das Vertretungsorgan nur ein Berichtsexemplar schriftlich ausfertigen. Die Berichtsexemplare, die den Anteilsinhabern zur Verfügung gestellt werden, können mit einer Faxsimileunterschrift oder einem Unterzeichnungshinweis („gez.") versehen werden[25].

4. Mitwirkung des Aufsichtsorgans

8 Das Aufsichtsorgan wirkt an der Berichterstattung nicht mit. Weder das Aufsichtsorgan als Gesamtheit noch der Vorsitzende des Aufsichtsorgans unterzeichnet den Bericht. Es ist

---

[15] § 313.
[16] Anders *Hommelhoff/Schwab* in Lutter Rn 15.
[17] Vgl. *Hommelhoff/Schwab* in Lutter Rn 10.
[18] § 127 Satz 1 aE.
[19] Vgl. *Hommelhoff/Schwab* in Lutter Rn 13; *Kallmeyer* in Kallmeyer Rn 10.
[20] Vgl. *Hommelhoff/Schwab* in Lutter Rn 14.
[21] Wie hier *Hörtnagl* in Schmitt/Hörtnagl/Stratz Rn 10.
[22] Eingehend dazu *Hüffer* FS Claussen, 1997, S. 171 ff.
[23] Näher Rn 5.
[24] § 126 Abs. 1 BGB.
[25] *Lutter/Drygala* in Lutter § 8 Rn 8; *Marsch-Barner* in Kallmeyer § 8 Rn 3; *Keil* S. 34.

für die Spaltung nicht erforderlich, dass der Aufsichtsrat den Bericht billigt oder ihm durch Beschluss zustimmt. Von der Mitwirkung an der Berichterstattung ist die Überwachung einer ordnungsgemäßen Berichterstattung zu unterscheiden[26].

5. Unterrichtung der Anteilsinhaber

Das UmwG regelt nach Rechtsform unterschiedlich, wie der Spaltungsbericht den Anteilsinhabern zugänglich zu machen ist. Über § 125 Satz 1 sind die Verschmelzungsvorschriften anwendbar. Danach ist der Spaltungsbericht bei einer Spaltung unter Beteiligung von Gesellschaften mit beschränkter Haftung allen Gesellschaftern zusammen mit der Einberufung der Gesellschafterversammlung zu übersenden[27]. Dasselbe gilt bei Personengesellschaften: Die von der Geschäftsführung ausgeschlossenen Gesellschafter erhalten den Spaltungsbericht mit der Einberufung der Gesellschafterversammlung[28]. Bei Spaltungen unter Beteiligung von Aktiengesellschaften ist der Spaltungsbericht ab Einberufung der Hauptversammlung in dem Geschäftsraum der Gesellschaft zur Einsicht der Aktionäre auszulegen und jedem Aktionär auf Verlangen unverzüglich und kostenlos eine Abschrift zu erteilen[29]. Dasselbe gilt für Kommanditgesellschaften auf Aktien und eingetragene Genossenschaften.

III. Inhalt des Spaltungsberichts

1. Grundlagen der Berichterstattung

Der Spaltungsbericht ist das Gegenstück zum Verschmelzungsbericht. Für beide gelten im Wesentlichen dieselben Grundsätze. Unterschiede ergeben sich in erster Linie aus der Verschiedenheit der Sachverhalte, über die das Vertretungsorgan bei der Spaltung im Vergleich zur Verschmelzung zu berichten hat. Die Sachverhalte sind darüber hinaus bei der Spaltung vielgestaltiger. Sie reichen von der Ausgliederung einzelner Gegenstände des Aktiv- oder Passivvermögens über Teilfusionen durch Abspaltung oder Ausgliederung bis hin zur vollständigen Aufspaltung eines Unternehmens in mehrere Einheiten. Umfang und Gegenstand der Berichtspflicht wird daher mehr als bei der Verschmelzung durch die Umstände des Einzelfalls bestimmt.

Inhalt und Umfang der Berichterstattung lassen sich aus dem Gesetzeswortlaut von § 127 nicht abschließend entnehmen. Die Gesetzesformulierung, insbesondere der Begriff des „ausführlichen Berichts", regelt keinen festen Berichtsstandard, wie er etwa aufgrund gesetzlicher Bestimmungen und ergänzender Rechtsverordnungen für eine Angebotsunterlage nach § 10 WpÜG, einen Börsenzulassungsprospekt oder einen Verkaufsprospekt vorgesehen ist. Wie der Verschmelzungsbericht ist der Spaltungsbericht auf eine Vielzahl unterschiedlicher Sachverhalte zugeschnitten. Aus der weiten Gesetzesformulierung folgt, dass dem Vertretungsorgan ein **Darstellungsspielraum** zusteht[30]. Der Bericht ist nur unzureichend und fehlerhaft, wenn er nach Art, Umfang und Tiefe der Darstellung bei einer Gesamtwürdigung aus Sicht eines verständigen Anteilsinhabers keine geeignete Informationsgrundlage mehr bietet. Besondere Bedeutung kommt den in der Praxis entwickelten Berichtsstandards zu, an denen sich ein ordentlicher und gewissenhafter Geschäftsmann bei der Vorbereitung des Berichts wesentlich orientieren wird. Die Berichtsstandards sind bei Spaltungen allerdings weniger entwickelt als bei Verschmelzungen.

---

[26] Siehe § 8 Rn 8 f.
[27] § 47.
[28] § 42.
[29] § 63 Abs. 1 und 3.
[30] Vgl. zur Offenheit der gesetzlichen Regelung in § 8 auch *OLG Frankfurt* ZIP 2006, 370, 375 „T-Online"; *Mertens* AG 1990, 20, 23 ff.

12 Der Bericht soll den Anteilsinhabern eine Grundlage zur Vorbereitung auf die Versammlung der Anteilsinhaber und ihre Entscheidung bieten. Er hat daher die wesentlichen entscheidungsrelevanten wirtschaftlichen und rechtlichen Umstände und Sachverhalte darzustellen. Der Bericht soll die aus Sicht der **Gesamtheit** der Anteilsinhaber relevanten Entscheidungsgrundlagen darstellen. Es ist nicht Aufgabe der Anteilsinhaber oder eines einzelnen Anteilsinhabers, die Entscheidungen des Geschäftsführungs- oder Vertretungsorgans wie ein Sachverständiger (und damit auch nicht des Berichts) zu kontrollieren[31]. Der Bericht kann sich insbesondere von besonderen Informationsbedürfnissen einzelner Anteilsinhaber lösen. Die (aktive) Berichtspflicht des Vertretungsorgans im Vorfeld der Versammlung der Anteilsinhaber geht auch nicht so weit wie die (passive) Auskunftspflicht in der Versammlung der Anteilsinhaber[32].

13 Der Bericht hat in entsprechender Anwendung von § 131 Abs. 2 AktG den Grundsätzen einer gewissenhaften und getreuen Rechenschaft zu entsprechen.

2. Erläuterung der Spaltung

14 In dem Bericht ist die Spaltung rechtlich und wirtschaftlich zu erläutern und zu begründen.

15 **a) Die beteiligten Unternehmen.** Zur Erläuterung und Begründung der Spaltung gehört eine Darstellung der an der Spaltung beteiligten Rechtsträger und ihrer Geschäftstätigkeit[33]. Bei einer Spaltung zur Neugründung ist naturgemäß nur der übertragende Rechtsträger zu beschreiben. IdR ist die Struktur der beteiligten Rechtsträger, die wesentlichen Geschäftsfelder (ggf. mit Wesentlichen wirtschaftlichen Kennzahlen), die mitbestimmungsrechtliche Verfassung, die Zahl der Mitarbeiter, die Organe der Rechtsträger und – soweit bekannt – die Struktur des Anteilsinhaberkreises darzustellen. Darüber hinaus kann (allerdings ohne rechtliche Notwendigkeit) eine kurze Zusammenfassung der jüngeren Unternehmensgeschichte und der jüngsten Geschäftsentwicklung beigefügt werden. Die von der Spaltungsmaßnahme betroffenen Unternehmensteile sind idR eingehender zu beschreiben. Bei den von der Spaltung nicht unmittelbar betroffenen Unternehmensteilen entscheiden die Umstände des Einzelfalls. Bei Teilfusionen ist über das gesamte Unternehmen, das durch die Teilfusion entsteht, zu berichten. Bei Ausgliederungen zur Neugründung auf eine 100%-ige Tochtergesellschaft kann sich die Darstellung im Wesentlichen auf den von der Ausgliederung betroffenen Unternehmensteil konzentrieren.

16 **b) Begründung der Spaltung.** Die Spaltung ist rechtlich und wirtschaftlich zu erläutern und zu begründen. Zur Begründung der Spaltung sind – ausgehend von der gegenwärtigen wirtschaftlichen Situation der beteiligten Rechtsträger – das Spaltungsvorhaben, die mit der Spaltung verfolgten Ziele und die Zweckmäßigkeit der Spaltung sowie die unternehmerischen Chancen und Risiken der Spaltung darzustellen[34]. Abstrakte und formelartige Erläuterungen sind nicht ausreichend. Vielmehr sind ausführliche Angaben zum Spaltungsvorhaben zu machen, also insbesondere zu den unternehmerischen und wirtschaftlichen Zielen, die mit der Spaltung verfolgt werden. Die Chancen und Risiken sind durch konkrete Angaben

---

[31] *OLG Hamm* NZG 1999, 560, 561 „Krupp/Thyssen"; *OLG Karlsruhe* WM 1989, 1134, 1138 „SEN"; *LG Frankenthal* WM 1989, 1854, 1857 „Hypothekenbanken-Schwestern"; *OLG Düsseldorf* ZIP 1999, 793; *LG München* AG 2000, 86 ff. „MHM Mode Holding"; *Grunewald* in G/H/E/K § 340 a AktG Rn 5; *Kraft* in Kölner Komm. § 340 a AktG Rn 15; *Keil* S. 76; *Mertens* AG 1990, 20, 22 f.; *H. P. Westermann*, FS J. Semler, S. 651, 654 f., zum neuen Recht auch *Lutter/Drygala* in Lutter § 8 Rn 14; *Mayer* in Widmann/Mayer Rn 19.1; *Bayer*, ZIP 1997, 1613, 1619.
[32] *LG Frankenthal* WM 1989, 1854, 1857 f. „Hypothekenbanken-Schwestern".
[33] *Marsch-Barner* in Kallmeyer § 8 Rn 7.
[34] Zur Verschmelzung nur BGHZ 107, 296, 301 = WM 1989, 1128, 1130 „Kochs Adler"; *Lutter/Drygala* in Lutter § 8 Rn 17; *Grunewald* in G/H/E/K § 340 a AktG Rn 7; *Keil* S. 37 ff., 50.

zu belegen[35]. Zu einer ausführlichen Erläuterung der Spaltung gehören Ausführungen zur Unternehmens- und Führungsstruktur der beteiligten Rechtsträger nach der Spaltung.

Im Bericht sind ferner die **wesentlichen Auswirkungen** der Spaltung für die beteiligten Rechtsträger zu erläutern. Die Auswirkungen einer Spaltung sind häufig vielfältiger und komplexer als bei einer Verschmelzung. Die Erläuterung der wesentlichen Auswirkungen hat daher bei Spaltungen einen höheren Stellenwert als bei Verschmelzungen. Wie bei der Verschmelzung gehören dazu die gesellschaftsrechtlichen, steuerlichen, bilanziellen und finanzwirtschaftlichen Auswirkungen für die beteiligten Rechtsträger[36]. Ferner sind die Auswirkungen auf den Börsenhandel (etwa die Beendigung der Notierung oder einer Indexzugehörigkeit) zu erläutern. Dem Anteilsinhaber ist darüber hinaus, sofern nicht unwesentlich, eine Schätzung der Kosten und Belastungen (einschließlich der steuerlichen Belastungen) der Spaltung mitzuteilen.

Anders als bei einer Verschmelzung ist bei der Spaltung die Aufteilung der Gegenstände des Aktiv- und Passivvermögens zu erläutern und zu begründen. Der Bericht muss erkennen lassen, zu welchen **wirtschaftlichen und finanziellen Risiken** (Vermögens-, Ertrags- und Finanzlage) die Aufteilung der Gegenstände des Aktiv- und Passivvermögens für die beteiligten Rechtsträger führt. Diese sind in ihren wesentlichen Zügen darzustellen. Neben der reinen Darstellung der bilanziellen Auswirkungen sind die Erläuterungen der finanzwirtschaftlichen Auswirkungen wesentlich, also insbesondere zur Ausstattung der Rechtsträger mit Eigenkapital, zu ihrem Verschuldungsgrad und zur Liquiditätsausstattung der beteiligten Rechtsträger.

Zu den Erläuterungen über die Auswirkungen der Spaltung gehört weiter die eingehende Darstellung der **Haftungssituation** des Rechtsträgers, also insbesondere der Fähigkeit der beteiligten Rechtsträger, die ihnen zugewiesenen Verbindlichkeiten künftig bedienen zu können, sowie das Risiko der Mithaftung für Verbindlichkeiten und Verpflichtungen eines anderen beteiligten Rechtsträgers[37]. Das schließt, soweit möglich, eine Prognose über die Haftungsrisiken und die Leistungsfähigkeit des Hauptschuldners ein, insbesondere wenn eine konkrete Inanspruchnahme droht[38]. Über die möglichen Belastungen aus der Verpflichtung zur Stellung von Sicherheiten ist nur zu berichten, wenn sie konkret absehbar sind. Allgemeine Hinweise auf die gesetzlichen Regelungen über die Pflicht zur Sicherheitsleistung sind nicht erforderlich[39].

Wenn eine **Kapitalherabsetzung** des übertragenden Rechtsträgers erforderlich ist, ist diese zu erläutern und zu begründen[40]. Über die Einhaltung der Kapitalaufbringungsvorschriften ist beim übernehmenden Rechtsträger zu berichten. Die Berichterstattung muss aber nicht denselben Umfang wie der Sachgründungsbericht[41] oder der Bericht über die Prüfung von Sacheinlagen[42] haben. Die Darstellung der wesentlichen Ergebnisse ist ausreichend. Bei einer Spaltung unter Beteiligung einer AG ist ausdrücklich auf den Bericht über die Prüfung von Sacheinlagen bei dem übernehmenden Rechtsträger hinzuweisen[43]. Ferner

---

[35] Dazu § 8 Rn 17.
[36] Vgl. im Einzelnen dazu § 8 Rn 20.
[37] §§ 133 f.; *Kallmeyer* in Kallmeyer Rn 5; *Hommelhoff/Schwab* in Lutter Rn 20 f.; *Hörtnagl* in Schmitt/Hörtnagl/Stratz Rn 10; *Mayer* in Widmann/Mayer Rn 21.
[38] *Kallmeyer* in Kallmeyer Rn 5; *Hommelhoff/Schwab* in Lutter Rn 22; *Hörtnagl* in Schmitt/Hörtnagl/Stratz Rn 10.
[39] Eine Berichterstattung über die gesetzlich geregelte Pflicht zur Leistung einer Sicherheit halten in jedem Fall für erforderlich *Kallmeyer* in Kallmeyer Rn 5; *Goutier* in Goutier/Knopf/Tulloch Rn 4; *Mayer* in Widmann/Mayer Rn 21.
[40] Auch *Hörtnagl* in Schmitt/Hörtnagl/Stratz Rn 15.
[41] § 138.
[42] § 142.
[43] § 142 Abs. 2; siehe Rn 45.

ist offenzulegen, bei welchem Registergericht der Bericht über die Prüfung von Sacheinlagen hinterlegt ist[44]. Im Umkehrschluss folgt aus § 142 Abs. 2, dass der Bericht über die Prüfung von Sacheinlagen nicht vollständig in den Spaltungsbericht aufzunehmen ist.

21 Zu weiteren wesentlichen Erläuterungen der Spaltung und ihrer Auswirkungen können gehören:
– die Aufteilung des Mitarbeiterstamms und von besonderen Leistungsträgern;
– die Marktstellung der getrennten Unternehmen;
– die Trennung von Unternehmensfunktionen wie Forschung & Entwicklung, Einkauf, Vertrieb und von Overhead- und Verwaltungsfunktionen (wie Planung, Controlling, Revision, Personalverwaltung usw.);
– die Trennung wesentlicher Servicefunktionen etwa der Datenverarbeitung;
– die Etablierung von eigenen Finanzierungsquellen, etwa durch eine eigene Börsennotierung oder durch den Aufbau von eigenen Geschäftsbeziehungen zu Kreditinstituten.

22 Anders als bei Verschmelzungen stehen bei Spaltungen die Synergiepotenziale nur selten im Vordergrund; allenfalls bei Teilfusionen im Wege einer Spaltung kann dieser Gesichtspunkt Bedeutung gewinnen. Bei Spaltungen werden die Chancen und Risiken idR entscheidend durch Desintegrationseffekte, negative Synergien und Residualkosten beeinflusst. Sie sind in ihren wesentlichen Grundlagen im Spaltungsbericht darzustellen und, wenn möglich, mit Zahlen oder Zahlenrelationen zu verdeutlichen.

23 Das Vertretungsorgan muss den Anteilsinhabern die von ihm geprüften und in seine Entscheidung einbezogenen Alternativen erläutern. Rechtlich erforderlich ist eine kurze Darstellung der maßgebenden Gesichtspunkte, die gegen eine verworfene Entscheidungsalternative sprechen[45]. Dabei sind allgemeine Ausführungen ohne Bezug zu der konkret zu beschließenden Spaltung zu vermeiden[46]. Nicht ausreichend ist der allgemeine, die maßgebenden Gesichtspunkte nicht erläuternde Hinweis, dass Alternativen erwogen worden sind[47].

3. Erläuterung des Spaltungsvertrags

24 Der Spaltungsvertrag ist nach dem Gesetzeswortlaut „im einzelnen" zu erläutern. Da Spaltungsverträge weit weniger standardisiert sind als Verschmelzungsverträge, kommt der Erläuterung des Spaltungsvertrags höhere Bedeutung als bei der Verschmelzung zu. Im Vordergrund stehen die Erläuterungen und Begründungen zu den Bestimmungen über die Aufteilung der Gegenstände des Aktiv- und Passivvermögens[48]. Darüber hinaus gilt wie bei der Verschmelzung: Die Berichtspflicht geht über die Darstellung des wesentlichen Inhalts hinaus. Die wesentlichen Regelungen des Spaltungsvertrags sind zusätzlich hinsichtlich des Inhalts und der Tragweite der Regelung zu erläutern. Die typischen Standardregelungen müssen nicht erklärt werden[49]. Auch deklaratorische Bestimmungen des Spaltungsvertrags wie der Hinweis auf die der Spaltung zugrunde gelegte Schlussbilanz oder die angestrebte Zulassung von zu gewährenden Aktien an einer Wertpapierbörse, Bestimmungen über die Gewinnberechtigung der vom übernehmenden Rechtsträger zu gewährenden Anteile, Kostenregelungen oder Rücktrittsregelungen bedürfen in der Regel keiner Erläuterung. Ferner sind die gesetzlichen Pflichtangaben im Spaltungsvertrag vielfach nicht erklärungsbedürftig, etwa die Angaben zum Namen oder der Firma und dem Sitz der an der Spaltung beteilig-

---

[44] Siehe § 142 Rn 7 f.
[45] Vgl. *LG München* AG 2000, 86, 87; *Bayer* AG 1988, 323, 327; *Becker* AG 1988, 223, 225; *Keil* S. 56; zurückhaltend auch *Westermann*, FS J. Semler, S. 651, 655.
[46] Zu eng *LG München* AG 2000, 86, 87 „MHM Mode Holding".
[47] *LG München* AG 2000, 86, 87 „MHM Mode Holding".
[48] § 126 Abs. 1 Nr. 9.
[49] Wie hier auch *Marsch-Barner* in Kallmeyer § 8 Rn 9; weniger streng *Lutter/Drygala* in Lutter § 8 Rn 19: Beschränkung auf die Dinge, die aus Sicht des Laien erläuterungsbedürftig sind.

ten Unternehmen[50]. Es kann schließlich vorausgesetzt werden, dass die Aktionäre über den Gehalt der gesetzlichen Regelungen nicht im Einzelnen zu unterrichten sind. Die Teile des Spaltungsvertrags, die ihrerseits berichtenden Charakter haben, können, müssen aber nicht näher erläutert werden.

4. Erläuterung des Umtauschverhältnisses der Anteile und des Maßstabs für die Aufteilung der Anteile und Mitgliedschaften

Satz 1 bestimmt, dass bei **Aufspaltung und Abspaltung** insbesondere das Umtauschverhältnis der Anteile oder die Angaben über die Mitgliedschaft bei dem übernehmenden Rechtsträger zu erläutern und zu begründen sind. Für die **Ausgliederung** gibt es keine entsprechende Regelung. Das ist folgerichtig, weil die Ausgliederung nicht zu einem Anteilserwerb bei den Anteilsinhabern des übertragenden Rechtsträgers führt[51]. Zusätzlich hat das Vertretungsorgan bei der Aufspaltung und Abspaltung den Maßstab für die Aufteilung der Anteile zu erläutern und zu begründen, um die Anteilsinhaber über ihre künftige Beteiligung an dem Rechtsträger zu unterrichten[52]. Dies ist notwendig, weil bei Spaltungen die Gegenleistung des oder der übernehmenden Rechtsträger, also die von diesen im Zuge der Spaltung auszugebenden Anteile oder Mitgliedschaften, nicht notwendig verhältniswahrend an die Anteilsinhaber des übertragenden Rechtsträgers ausgegeben werden müssen. Die Anteilsinhaber müssen daher im Einzelnen über den Maßstab für die Aufteilung der Anteile oder Mitgliedschaften unterrichtet werden.

Die Erläuterung des Umtauschverhältnisses und des Maßstabs für die Aufteilung der Anteile gehört neben der wirtschaftlichen Begründung und der Darstellung von wesentlichen Auswirkungen der Verschmelzung zu den wichtigen Berichtsteilen. Eine lediglich verbale Darstellung der Bewertungsmethoden ist nicht ausreichend. Vielmehr hat das Vertretungsorgan in dem Bericht das Umtauschverhältnis rechtlich und wirtschaftlich ausführlich zu erläutern und zu begründen[53]. Das Umtauschverhältnis ist den Anteilsinhabern so zu erläutern, dass ihnen eine Plausibilitätskontrolle der Unternehmensbewertungen möglich ist, die der Festsetzung des Umtauschverhältnisses und der Aufteilung der Anteile ggf. zugrunde gelegt worden sind. Sie müssen, notfalls mit Hilfe eines Fachkundigen, die Bewertungsgrundlagen und die Stichhaltigkeit der Bewertung nachvollziehen können[54]. Nicht erforderlich ist, dass der Anteilsinhaber kraft eigener Sachkunde oder unter Heranziehung eines Sachverständigen in die Lage versetzt wird, eine eigene Unternehmensbewertung vorzunehmen[55].

Maßgebend für den Umfang der Berichtspflicht sind die **Umstände des Einzelfalls**. Die Erläuterung des Umtauschverhältnisses kann für den Spaltungsbericht ähnliche hohe Bedeutung haben wie für den Verschmelzungsbericht. Sie kann aber auch weitgehend überflüssig sein, wie der Fall der verhältniswahrenden Auf- oder Abspaltung zeigt. Der Gesetzeswortlaut regelt in Übereinstimmung mit Art. 7 Abs. 1 SpaltRL nur allgemein, dass das Umtauschverhältnis der Anteile und der Maßstab für ihre Aufteilung zu erläutern und zu begründen ist. Die gesetzliche Regelung ist keine abschließende Festlegung des Berichtsumfangs und ist entsprechend dem Regelungszweck, den Anteilsinhabern eine Plausibilitätskontrolle zu ermöglichen, auszulegen. Erläuterungs- und Begründungsbedarf besteht vor allem in zwei Fällen:

---

[50] § 126 Abs. 1 Satz 1 Nr. 1.
[51] Vgl. näher Rn 35.
[52] RegBegr. *Ganske* S. 158.
[53] Zur Verschmelzung vgl. nur BGHZ 107, 296, 302 = WM 1989, 1128, 1130 „Kochs Adler"; *BGH* WM 1990, 140, 141; *OLG Köln* WM 1988, 1391, 1392; *LG Köln* DB 1988, 542 „DAT/Altana II"; vgl. auch *Priester* ZGR 1990, 421, 422.
[54] Vgl. die Nachweise in § 8 Rn 22.
[55] Vgl. die Nachweise in § 8 Rn 22.

– bei nicht-verhältniswahrenden Spaltungen[56] und
– bei Spaltungen zur Aufnahme durch einen Rechtsträger, der bereits andere Anteilsinhaber hat und bei dem der Anteilsinhaberkreis mit dem des übertragenden Rechtsträgers nicht identisch ist[57].

28 In beiden Fällen muss im Spaltungsvertrag bzw. im Spaltungsplan festgelegt werden, wie viele Anteile oder welche Mitgliedschaften **insgesamt** als Gegenleistung für das übernommene Vermögen an den übertragenden Rechtsträger oder seine Anteilseigner gewährt werden und (bei Aufspaltung und Abspaltung) **nach welchem Maßstab** die Anteile auf die Anteilsinhaber des übertragenden Rechtsträgers verteilt werden. Für beides, die Festsetzung der insgesamt zu gewährenden Gegenleistung des übernehmenden Rechtsträgers und die Verteilung der Gegenleistung auf die Anteilsinhaber des übertragenden Rechtsträgers, ist die Ermittlung der zugrunde liegenden Unternehmenswertrelationen erforderlich. Die entsprechenden Festsetzungen im Spaltungsvertrag oder -plan beruhen idR auf Unternehmensbewertungen der beteiligten Rechtsträger bzw. der zu spaltenden Unternehmensteile. Die Ermittlung der Unternehmenswertrelationen (einschließlich der zugrunde liegenden Unternehmensbewertungen) ist im Spaltungsbericht im Einzelnen zu begründen und zu erläutern.

29 Die Berichtspflicht reicht deutlich weniger weit, wenn die Spaltung **verhältniswahrend** vorgenommen wird, wenn also die Anteile, die der oder die übernehmenden Rechtsträger als Gegenleistung für die übernommenen Vermögensgegenstände ausgeben, den Anteilsinhabern des übertragenden Rechtsträgers in dem Verhältnis zugeteilt werden, wie sie am übertragenden Rechtsträger beteiligt sind[58]. Dann ist der Maßstab für die Aufteilung der Anteile des übernehmenden Rechtsträgers offensichtlich angemessen und nicht mehr im Einzelnen erläuterungsbedürftig. Die Anforderungen an die Berichtspflicht sind ebenfalls deutlich reduziert, wenn das übertragene Vermögen entweder auf einen mit der Spaltung neu gegründeten Rechtsträger oder einen Rechtsträger im alleinigen Anteilsbesitz des übertragenden Rechtsträgers übertragen wird oder wenn der Anteilsinhaberkreis des übernehmenden Rechtsträgers identisch ist mit dem des übertragenden Rechtsträgers[59]: Wegen der Identität des Anteilsinhaberkreises von übertragenden und übernehmenden Rechtsträgern stellt sich dann nicht die Frage, ob die neu ausgegebenen Anteile in einem angemessenen Verhältnis zu dem übertragenen Vermögen stehen.

30 Die Angaben über das Umtauschverhältnis schließen Angaben über die Rechtsstellung (einschließlich der Beteiligungsquote) der Anteilsinhaber im übernehmenden Rechtsträger ein. Die Gewährung besonderer Rechte ist ebenso bewertungsrelevant wie eine Schlechterstellung gegenüber anderen Anteilsinhabern des übernehmenden Rechtsträgers; sie sind daher bei der Erläuterung und Begründung des Umtauschverhältnisses darzustellen.

Im Einzelnen:

31 **a) Aufspaltung.** Nach dem Gesetzeswortlaut in Satz 1 sind bei der Aufspaltung das Umtauschverhältnis der Anteile oder die Angaben über die Mitgliedschaft bei dem übernehmenden Rechtsträger zu erläutern und zu begründen. Ferner ist über den Maßstab der Aufteilung der Anteile oder Mitgliedschaften des übertragenden Rechtsträgers zu berichten. Der Umfang der Berichtspflicht richtet sich zum einen danach, ob die Aufspaltung verhältniswahrend vorgenommen wird und ob beim aufnehmenden Rechtsträger weitere Anteilsinhaber vorhanden sind. Bei der verhältniswahrenden Aufspaltung können die Ausführungen im Bericht

---

[56] So auch *Hommelhoff/Schwab* in Lutter Rn 31 f.; *Kallmeyer* in Kallmeyer Rn 8; *Hörtnagl* in Schmitt/Hörtnagl/Stratz Rn 5.

[57] So wohl auch *Hommelhoff/Schwab* in Lutter Rn 28.

[58] *Kallmeyer* in Kallmeyer Rn 7; *Hörtnagl* in Schmitt/Hörtnagl/Stratz Rn 6; *Hommelhoff/Schwab* in Lutter Rn 29, die zu recht darauf hinweisen, dass eine Spaltung auch dann nicht verhältniswahrend ist, wenn im übernehmenden Rechtsträger zwar die Beteiligungsquote erhalten bleibt, aber Sonder- oder Vorzugsrechte nicht mehr bestehen.

[59] *Veil* ZIP 1998, 361, 363; *Kallmeyer* in Kallmeyer Rn 7.

kurz sein. Eine nähere Begründung, dass die verhältniswahrende Spaltung angemessen ist, ist nicht erforderlich. Bei der nichtverhältniswahrenden Aufspaltung sind Umtauschverhältnis und Maßstab für die Aufteilung der Anteile und die zugrunde liegenden Unternehmensbewertungen im Einzelnen zu erläutern und zu begründen. Es gelten dieselben Grundsätze wie bei der Verschmelzung.

32 Im Bericht ist ferner zu erläutern und zu begründen, dass die vom übernehmenden Rechtsträger insgesamt zu gewährenden Anteile ein angemessener Gegenwert für das zu übertragende Vermögen des übertragenden Rechtsträgers sind. Die Erläuterung und Begründung kann kurz gehalten werden, wenn der Anteilsinhaberkreis von übertragendem und übernehmendem Rechtsträger identisch ist. Sind am übernehmenden Rechtsträger Dritte beteiligt, ist die Wertrelation der beteiligten Rechtsträger bzw. der abzuspaltenden Vermögensteile im Verschmelzungsbericht dagegen im Einzelnen zu erläutern und zu begründen.

33 **b) Abspaltung.** Nach dem Gesetzeswortlaut in Satz 1 sind bei der Abspaltung wie bei der Aufspaltung das Umtauschverhältnis der Anteile oder die Angaben über die Mitgliedschaft bei dem übernehmenden Rechtsträger zu erläutern und zu begründen. Ferner ist über den Maßstab der Aufteilung der Anteile oder Mitgliedschaften, die der übernehmende Rechtsträger als Gegenleistung für das auf ihn übertragene Vermögen ausgibt, zu berichten. Der Gesetzeswortlaut ist missglückt. Denn bei einer Abspaltung bleibt die Beteiligungssituation beim übertragenden Rechtsträger unverändert. Es werden keine Anteile des übertragenden Rechtsträgers umgetauscht. Die Anteilsinhaber des übertragenden Rechtsträgers erhalten vielmehr zusätzlich Anteile an dem übernehmenden Rechtsträger. Richtigerweise kann daher nicht ein Umtauschverhältnis, sondern nur das Zuteilungsverhältnis erläutert und begründet werden. Wenn die Zuteilung der Anteile des übernehmenden Rechtsträgers verhältniswahrend, also in demselben Verhältnis geschieht, in dem die Anteilsinhaber am übertragenden Rechtsträger beteiligt sind, es nicht näher zu erläutern. Die Angemessenheit ergibt sich von selbst. Wenn die Anteile des übertragenden Rechtsträgers nicht verhältniswahrend ausgegeben werden, ist im Einzelnen der Ausgleich für die Anteilsinhaber zu erläutern und zu begründen, die verhältnismäßig weniger Anteile erhalten.

34 Wie bei der Aufspaltung ist im Bericht weiter zu erläutern und zu begründen, dass die insgesamt zu gewährenden Anteile ein angemessener Gegenwert für den zu übertragenden Vermögensteil sind.

35 **c) Ausgliederung.** Für die Ausgliederung sieht die gesetzliche Regelung in Satz 1 nicht vor, dass das Umtauschverhältnis der Anteile oder die Angaben über die Mitgliedschaft bei dem übernehmenden Rechtsträger zu erläutern und zu begründen sind. Hintergrund dafür ist, dass die Ausgliederung nicht unmittelbar zu einer Änderung oder einem Umtausch der Anteile oder Mitgliedschaften der Anteilsinhaber des übertragenden Rechtsträgers führt. Sie sind an dem übertragenden Rechtsträger nach wie vor der Ausgliederung unverändert beteiligt, und zwar unmittelbar an dem übertragenden Rechtsträger wie mittelbar an dem durch die Ausgliederung übertragenen Vermögen. Im Spaltungsvertrag oder -plan ist auch nicht zu bestimmen, wie die als Gegenleistung vom übernehmenden Rechtsträger ausgegebenen Anteile verteilt werden. Bei der Ausgliederung erhält die als Gegenleistung vom übernehmenden Rechtsträger ausgegebenen Anteile allein der übertragende Rechtsträger. Eine Aufteilung zwischen den Anteilsinhabern des übertragenden Rechtsträgers findet nicht statt und ist daher nicht zu erläutern.

36 Wenn die Ausgliederung auf einen nicht im alleinigen Anteilsbesitz des übertragenden Rechtsträgers stehenden Rechtsträger erfolgt, besteht dagegen wie bei der Aufspaltung und Abspaltung ein Austauschverhältnis zwischen dem zu übertragenden Vermögensteil einerseits und den dafür vom übernehmenden Rechtsträger zu gewährenden Anteilen oder Mitgliedschaften andererseits. Im Bericht ist daher in diesem Fall wie bei der Aufspaltung und der Abspaltung zu erläutern und zu begründen, dass die zu gewährenden Anteile ein angemessener Gegenwert für den zu übertragenden Vermögensteil sind[60]. Die Wertrelationen zwischen den auszugliedernden Vermögensteilen und dem Unternehmenswert des übernehmenden Rechtsträgers gehören dann sogar zu den zentralen Anteilsinhaberinformationen. Wie bei der Aufspaltung ist im Bericht zu erläutern und zu begründen, dass die insgesamt zu gewährenden Anteile ein angemessener Gegenwert für den zu übertragenen Vermögensteil sind.

37 **d) Angaben über die Mitgliedschaften beim übernehmenden Rechtsträger.** Bei der Aufspaltung und Abspaltung sind Angaben über die Mitgliedschaften bei den übernehmenden Rechtsträgern zu machen. Die Angaben zu den Mitgliedschaften stehen nach dem Gesetzeswortlaut im Alternativverhältnis („oder") zu den Angaben über das Umtauschverhältnis der Anteile. Es besteht gleichwohl kein Wahlrecht des berichtenden Vertretungsorgans. Die Angaben zu den Mitgliedschaften sind vielmehr nur dann zu machen, wenn der übernehmende Rechtsträger keine Anteile ausgibt, sondern als Gegenleistung für das übernommene Vermögen Mitgliedschaften gewährt[61]. *Hommelhoff/Schwab*[62] und *Mayer*[63] sehen in der Gesetzesformulierung ein „Redaktionsversehen". Dem ist insoweit zuzustimmen, als im Einzelfall auch die Angaben zur Mitgliedschaft bei dem übernehmenden Rechtsträger dieselbe Darstellungstiefe haben müssen, wie bei einem Anteilstausch oder einer Anteilsgewährung.

5. Erläuterung der Höhe einer anzubietenden Abfindung

38 Wenn im Spaltungsvertrag oder seinem Entwurf eine Barabfindung anzubieten ist[64], ist die Höhe der anzubietenden Barabfindung im Spaltungsbericht zu erläutern und zu begründen. Die Erläuterung und Begründung umfasst die wirtschaftliche Angemessenheit der Abfindung und die Übereinstimmung mit den gesetzlichen Vorschriften über die Barabfindung. Da die Barabfindung einen vollen Wertausgleich bieten muss, richtet sie sich nach dem objektivierten Unternehmenswert des Rechtsträgers, an dem der abfindungsberechtigte Anteilsinhaber beteiligt ist. Es gelten für die Erläuterung und Begründung im Wesentlichen dieselben Grundsätze wie bei der Barabfindung im Rahmen einer Verschmelzung[65]. Entgegen der Auffassung von *Stratz*[66] ist nicht anzugeben, warum eine Barabfindung angeboten wird.

6. Hinweis auf besondere Schwierigkeiten der Bewertung (Satz 2 iVm. § 8 Abs. 1 Satz 2)

39 Wie sich aus der Verweisung auf § 8 Abs. 1 Satz 2 ergibt, müssen die Vertretungsorgane auch in einem Spaltungsbericht auf besondere Schwierigkeiten der Bewertung hinweisen. Wie bei der Verschmelzung bedeutet dies nicht, dass die besonderen Schwierigkeiten in einem gesonderten Kapitel des Berichts oder in herausgehobener Form dargestellt werden müssen. Die Darstellung der besonderen Schwierigkeiten (und ihrer Behandlung in der Unternehmensbewertung) können in die Erläuterungen zum Umtauschverhältnis einfließen.

40 Nicht hinzuweisen ist auf die besonderen Schwierigkeiten, die jeder Unternehmensbewertung anhaften. Maßgebend sind die Schwierigkeiten, die bei der Spaltung, über die konkret berichtet wird, gegeben sind. Besondere Schwierigkeiten können sich etwa bei der Bewertung von Unternehmen oder Unternehmensteilen ergeben, wenn Sondersituationen

---

[60] Vgl. *Hörtnagl* in Schmitt/Hörtnagl/Stratz Rn 5; *Hommelhoff/Schwab* in Lutter Rn 28; *Kallmeyer* in Kallmeyer Rn 7; *Veil* ZIP 1998, 361, 363.
[61] RegBegr. *Ganske* S. 46; *Kallmeyer* in Kallmeyer Rn 9; aA *Schöne* GmbHR 1995, 325, 330; *Hommelhoff/Schwab* in Lutter Rn 35.
[62] *Hommelhoff/Schwab* in Lutter Rn 35.
[63] *Mayer* in Widmann/Mayer Rn 41.
[64] §§ 125 Satz 1, 29.
[65] Vgl. dazu näher § 8 Rn 49.
[66] *Stratz* in Schmitt/Hörtnagl/Stratz § 8 Rn 19.

gegeben sind (junges Unternehmen oder Sanierungssituation) oder die üblichen ertragswert- oder cash-flow-orientierten Bewertungsmethoden keine ausreichende Grundlage für eine angemessene Wertfeststellung sind[67].

7. Folgen für die Beteiligung der Anteilsinhaber (Satz 2 iVm. § 8 Abs. 1 Satz 2)

Durch den Verweis auf § 8 Abs. 1 Satz 2 wird klargestellt, dass auch im Spaltungsbericht 41 auf die Folgen der Spaltung für die Beteiligung der Anteilsinhaber hinzuweisen ist. Den Anteilsinhabern ist zu erläutern, wie sich ihre Rechtsstellung und ihre Beteiligungsquote in dem übertragenden bzw. übernehmenden Rechtsträger verändert. Die Hinweise müssen über die Pflichtangaben im Spaltungsvertrag[68] hinausgehen. Es gelten dieselben Grundsätze wie für den Verschmelzungsbericht[69]. Bei nicht-verhältniswahrenden Auf- und Abspaltungen schließt dies insbesondere die Gründe ein, die für ein Abweichen von den bestehenden Beteiligungsrelationen maßgebend sind, sowie die Mechanismen für die Auf- und Abspaltung. Die Auswirkungen auf die Beteiligungsquote können und sollten bei personalistisch strukturierten Gesellschaften mit kleinem Anteilseignerkreis gesondert für jeden Anteilseigner dargestellt werden. Die Veränderungen in der Anteilseignerstruktur werden damit vollständig transparent. Bei Gesellschaften mit großem oder gar anonymem Anteilseignerkreis ist die Darstellung für jeden einzelnen Anteilsinhaber nicht möglich und auch nicht zweckmäßig. Ausreichend ist dann, den Anteilseignern die Veränderungen bei der Beteiligungsquote so zu erläutern, dass jeder Anteilseigner seine Beteiligungsquote in dem neuen Unternehmen selbst bestimmen kann. Darüber hinaus ist, sofern die dafür erforderlichen Informationen zur Verfügung stehen, die Struktur und Zusammensetzung des Anteilseignerkreises des übernehmenden Rechtsträgers zu erläutern[70].

Bei der Beschreibung der Folgen für die Beteiligung der Anteilsinhaber ist zu unterscheiden: Die Erläuterungsdichte ist für die Beteiligung der Anteilsinhaber des übertragenden Rechtsträgers idR nicht hoch. Ausgliederung und Abspaltung führen zumeist zu keinen unmittelbaren Auswirkungen auf die Beteiligung der Anteilsinhaber. Bei der Ausgliederung müssen nur die mittelbaren Folgen, etwa ein eintretender Mediatisierungseffekt, erläutert werden. Bei der Aufspaltung ist darauf hinzuweisen, dass mit der Auflösung des übertragenden Rechtsträgers die Anteile und Mitgliedschaften in diesem Rechtsträger untergehen. Eine eingehendere Erläuterung ist dagegen zu der Beteiligung, die die Anteilsinhaber des übertragenden Rechtsträgers am übernehmenden Rechtsträger erlangen, geboten. Dasselbe gilt für die Auswirkungen der Spaltung auf die Beteiligung Dritter an dem übernehmenden Rechtsträger. 42

8. Angaben über verbundene Unternehmen (Satz 2 iVm. § 8 Abs. 1 Satz 3 und 4)

Ist ein an der Spaltung beteiligter Rechtsträger ein verbundenes Unternehmen iSd. § 15 43 AktG, sind in dem Bericht auch Angaben über alle für die Spaltung wesentlichen Angelegen-

---

[67] Zu weit *Stratz* in Schmitt/Hörtnagl/Stratz § 8 Rn 20, der bereits eine drohende politische Veränderung – etwa ein Verbot von Kernkraftwerken – oder eine Änderung eines Markts – etwa durch Liberalisierungsbestrebungen – als besondere Schwierigkeit ansieht; richtigerweise sind diese Einflüsse iRd. Festsetzung des Zuschlags für das Unternehmensrisiko im Kapitalisierungszinssatz zu berücksichtigen; vgl. auch *Lutter/Drygala* in Lutter § 8 Rn 29; *Grunewald* in G/H/E/K § 340 a AktG Rn 14.
[68] Benennung des Umtauschverhältnisses und Angaben zur Mitgliedschaft, § 5 Abs. 1 Nr. 3, oder Sonderangaben bei Personengesellschaften und Gesellschaften mit beschränkter Haftung nach §§ 40 und 46.
[69] Vgl. dazu § 8 Rn 52 ff.
[70] Vgl. näher § 8 Rn 53.

heiten der anderen verbundenen Unternehmen zu machen. In jedem Einzelfall ist allerdings zu prüfen, ob die Angelegenheit für das konkrete Spaltungsvorhaben die erforderliche „Umwandlungsrelevanz"[71] hat. Das ist für Angelegenheiten von Konzerngesellschaften, die nicht in das Spaltungsvorhaben einbezogen sind, in der Regel nicht anzunehmen[72]. Die Berichts- und Auskunftspflichten haben für verbundene Unternehmen der übergeordneten Konzernebenen eine andere Ausprägung als für verbundene Unternehmen der nachgeordneten Konzernebenen[73].

44 Mit der Auskunftspflicht des Vertretungsorgans über die wesentlichen Angelegenheiten der anderen verbundenen Unternehmen korrespondiert ein entsprechendes Auskunftsrecht gegenüber den verbundenen Unternehmen. Das verbundene Unternehmen ist verpflichtet, dem herrschenden Unternehmen Auskunft zu erteilen[74].

9. Hinweis auf den Bericht über die Prüfung von Sacheinlagen

45 In dem Spaltungsbericht einer AG ist auf den Bericht über die Prüfung von Sacheinlagen bei dem übernehmenden Rechtsträger hinzuweisen. Dies bestimmt § 142 Abs. 2 in Übereinstimmung mit § 7 Abs. 2 SpaltRL. Ferner ist auf das Register hinzuweisen, bei dem der Bericht über die Prüfung von Sacheinlagen zu hinterlegen ist. Im Umkehrschluss folgt aus § 142 Abs. 2, dass im Spaltungsbericht selbst nicht über die Prüfung von Sacheinlagen zu berichten ist.

IV. Grenzen der Berichtspflicht (Satz 2 iVm. § 8 Abs. 2)

46 In den Bericht müssen Tatsachen nicht aufgenommen werden, deren Bekanntwerden geeignet ist, einem der beteiligten Rechtsträger oder einem verbundenen Unternehmen einen nicht unerheblichen Nachteil zuzufügen. Es gelten dieselben Grundsätze wie beim Verschmelzungsbericht[75]. Im Bericht sind die Gründe, aus denen die Tatsachen nicht aufgenommen worden sind, darzulegen. Es ist konkret zu begründen, warum nähere Einzelheiten – etwa konkrete Zahlenangaben – nicht mitgeteilt werden. Der Anteilsinhaber muss in die Lage versetzt werden, die Gründe, die den Vorstand zur Geheimhaltung näherer Angaben veranlassen, in plausibler Weise nachzuvollziehen und von sich aus zu beurteilen[76].

47 Die Regelung lehnt sich an die ähnliche Regelung des § 131 Abs. 3 Nr. 1 AktG an[77]. Die zu dieser Bestimmung entwickelten Grundsätze sind entsprechend anwendbar. Die Grenze ist richterlich vollständig darauf nachprüfbar, ob das Vertretungsorgan bei vernünftiger kaufmännischer Beurteilung zutreffend zu dem Ergebnis gelangt ist, dass das Bekanntwerden der Tatsache geeignet ist, einem der beteiligten Rechtsträger oder einem verbundenen Unternehmen einen nicht unerheblichen Nachteil zuzufügen.

---

[71] Vgl. *Hommelhoff/Schwab* in Lutter Rn 40.
[72] Wohl auch *Hommelhoff/Schwab* in Lutter Rn 40; weiter *Hörtnagl* in Schmitt/Hörtnagl/Stratz Rn 13.
[73] Vgl. dazu im Einzelnen § 8 Rn 58 ff.
[74] Vgl. §§ 127 Satz 2, 8 Abs. 1 Satz 4; näher § 8 Rn 62.
[75] Vgl. § 8 Rn 65 f.
[76] *OLG Hamm* DB 1988, 1842, 1843 „Kochs Adler"; ebenso *BGH* WM 1990, 2073, 2075 „SEN"; anders noch *OLG Karlsruhe* WM 1989, 1134, 1137 „SEN"; *Grunewald* in G/H/E/K § 340 a AktG Rn 12.
[77] *OLG Hamm* DB 1988, 1842, 1843 „Kochs Adler"; *BGH* WM 1990, 140, 142 „DAT/Altana II"; *Lutter/Drygala* in Lutter § 8 Rn 46; *Mertens* AG 1990, 20, 27; *Mayer* in Widmann/Mayer Rn 57.

V. Ausnahmen von der Berichtspflicht (Satz 2 iVm. § 8 Abs. 3)

1. Verzicht

Nach § 8 Abs. 3 Satz 1 ist ein Bericht nicht erforderlich, wenn alle Anteilsinhaber aller beteiligten Rechtsträger auf seine Erstattung verzichten. Es genügt nicht, wenn nur die Anteilsinhaber des Rechtsträgers auf den Bericht verzichten, dessen Vertretungsorgan den Bericht erstattet[78]. Die Verzichtserklärungen sind notariell zu beurkunden. Sie sind für jede Spaltung gesondert abzugeben. Ein genereller Verzicht, etwa bei Gründung der Gesellschaft, ist nicht ausreichend, eine Verzichtsbestimmung in der Satzung der Gesellschaft nicht zulässig[79]. Wenngleich der Verzicht in der Praxis zumeist zeitgleich mit dem Spaltungsvertrag beurkundet wird und die Anteilsinhaber vorher zu einer Verzichtserklärung idR auch nicht bereit sind, ist für den Verzicht nicht erforderlich, dass bereits der Spaltungsvertrag oder sein Entwurf vorliegt. Aus der Verzichtserklärung muss aber erkennbar sein, für welche Spaltung auf den Bericht verzichtet wird. Das bedeutet, dass zumindest die an der Spaltung beteiligten Rechtsträger angegeben werden müssen[80]. 48

Ein einstimmiger Beschluss der Versammlung der Anteilsinhaber über die Spaltung ersetzt die Verzichtserklärungen nicht[81]. Wenn sich die Anteilsinhaber einig sind, wirkt sich aber ein fehlender oder nicht formgültiger Verzicht nicht aus. Der Spaltungsbericht ist zwar der Anmeldung der Spaltung in Urschrift oder Abschrift beizufügen[82]. Ist ein Bericht aber nicht erstattet worden, kann und muss das Registergericht die Spaltung nach fruchtlosem Ablauf der Frist zur Erhebung einer Wirksamkeitsklage[83] gleichwohl in das Handelsregister eintragen. 49

Das Erfordernis der notariellen Beurkundung der einzelnen Verzichtserklärungen ist Ausdruck des ausschließlichen Schutzes der Anteilsinhaber, dem § 127 dient[84]. Die notarielle Beglaubigung hat Hinweis-, Belehrungs- und Warnfunktion für den Anteilsinhaber, der den Verzicht erklärt. Der Notar hat Prüfungs- und Belehrungspflichten[85]. Insbesondere hat der Notar über die rechtliche Tragweite der Erklärung zu belehren. Bei Gesellschaften mit größerem Anteilsinhaberkreis ist die Verzichtserklärung vielfach praktisch ausgeschlossen[86]. Bei Gesellschaften mit überschaubarem Anteilsinhaberkreis sollte ein Verzicht frühzeitig erfolgen, da ansonsten die Weigerung nur eines Gesellschafters die Berichtspflicht auslöst. 50

2. Spaltung bei in alleinigem Anteilsbesitz stehenden Konzerngesellschaften

Ein Bericht ist nicht erforderlich, wenn sich alle Anteile des übertragenden Rechtsträgers „in der Hand" des übernehmenden Rechtsträgers befinden[87], also bei Übertragung von Teilen des Vermögens eines Rechtsträgers auf seine Muttergesellschaft. Eine ausführliche Berichterstattung wäre überzogen, da die Anteilsinhaber des übernehmenden Rechtsträgers das wirtschaftliche Risiko dieses Unternehmen ohnehin tragen. Die Entscheidung kann in 51

---

[78] Vgl. näher § 8 Rn 70; so auch *Lutter/Drygala* in Lutter § 8 Rn 48; *Marsch-Barner* in Kallmeyer § 8 Rn 38; *Mayer* in Widmann/Mayer Rn 65.
[79] So auch *Lutter/Drygala* in Lutter § 8 Rn 51.
[80] Zur rechtlichen Bindung einer Verzichtserklärung vgl. § 8 Rn 68.
[81] *Marsch-Barner* in Kallmeyer § 8 Rn 38.
[82] § 17 Abs. 1.
[83] § 14 Abs. 1.
[84] *Marsch-Barner* in Kallmeyer § 8 Rn 38; *Lutter/Drygala* in Lutter § 8 Rn 48.
[85] § 17 BeurkG.
[86] Vgl. auch *Lutter/Drygala* in Lutter § 8 Rn 49; *Marsch-Barner* in Kallmeyer § 8 Rn 38.
[87] § 127 Satz 2 iVm. § 8 Abs. 3 Satz 1 (2. Alt.).

diesem Fall mit den übrigen Informationsrechten der Anteilsinhaber, insbesondere mit den allgemeinen und besonderen Auskunftsrechten[88] und den Bestimmungen über die Auslage von Jahresabschlüssen und Lageberichten[89] angemessen vorbereitet werden. Die Gegenauffassung von *Schöne*[90] und *Hommelhoff*[91] überzeugt nicht. Die Abspaltung oder Ausgliederung auf die Konzernmutter führt zwar zu einer teilweisen Aufhebung des Haftungsschilds der Konzerngesellschaft zulasten der Konzernmutter. Dies ist aber auch bei einer Verschmelzung der Konzerngesellschaft auf die Konzernmutter der Fall, die nach § 8 Abs. 3 Satz 1 in jedem Fall ohne Verschmelzungsbericht möglich ist.

3. Keine Berichtspflicht bei persönlich haftenden Gesellschaftern einer Personenhandelsgesellschaft

52 Ein Spaltungsbericht für eine an der Spaltung beteiligte Personenhandelsgesellschaft ist nicht erforderlich, wenn alle Gesellschafter dieser Gesellschaft zur Geschäftsführung berechtigt sind[92].

VI. Fehlerhafte Berichte/Heilung

53 Ein Bericht, der nicht den Anforderungen des § 127 genügt oder nicht den Anforderungen einer gewissenhaften und getreuen Rechenschaft entspricht[93], verletzt das Gesetz. Für die Rechtsfolgen einer fehlerhaften oder unzureichenden Berichterstattung und die mögliche Heilung von Berichtsfehlern gelten dieselben Grundsätze wie bei der Verschmelzung. Zur strafrechtlichen Verantwortlichkeit vgl. § 313 UmwG.

§ 128 Zustimmung zur Spaltung in Sonderfällen

Werden bei Aufspaltung oder Abspaltung die Anteile oder Mitgliedschaften der übernehmenden Rechtsträger den Anteilsinhabern des übertragenden Rechtsträgers nicht in dem Verhältnis zugeteilt, das ihrer Beteiligung an dem übertragenden Rechtsträger entspricht, so wird der Spaltungs- und Übernahmevertrag nur wirksam, wenn ihm alle Anteilsinhaber des übertragenden Rechtsträgers zustimmen. Bei einer Spaltung zur Aufnahme ist der Berechnung des Beteiligungsverhältnisses der jeweils zu übertragende Teil des Vermögens zugrunde zu legen.

Übersicht

	Rn		Rn
I. Allgemeines	1	4. Ausgleichsleistungen	10
II. Nicht verhältniswahrende Spaltung	5	III. Zustimmungsbeschlüsse	11
1. Begriff	5	1. Übertragender Rechtsträger	11
2. Erscheinungsformen	6	2. Übernehmender Rechtsträger	16
3. Tatbestandseinschränkung	9	3. Fehlen eines Zustimmungsbeschlusses	17

Literatur: *Binnewies,* Formelle und materielle Voraussetzungen von Umwandlungsbeschlüssen, GmbHR 1997, 727; *Nagel/Thies,* Die nicht verhältniswahrende Abspaltung als Gestaltungsinstrument im Rahmen

---

[88] Etwa §§ 49 Abs. 3, 64 Abs. 2.
[89] §§ 49 Abs. 2, 63 Abs. 1 Nr. 2.
[90] *Schöne* GmbHR 1995, 325.
[91] *Hommelhoff/Schwab* in Lutter Rn 52.
[92] §§ 125 Satz 1, 41.
[93] § 131 Abs. 2 AktG.

von Unternehmenszusammenschlüssen, GmbHR 2004, 83; *Pieroth,* Schutz von Minderheitsgesellschaften bei nicht-verhältniswahrenden Spaltungen in Kapitalgesellschaften, 1994; *Priester,* Mitgliederwechsel im Umwandlungszeitpunkt, DB 1997, 560; *ders.* Strukturänderungen – Beschlussvorbereitung und Beschlussfassung, ZGR 1990, 420; *Schöne,* Die Spaltung unter Beteiligung von GmbH, 1998; *Timm/Schöne,* Abfindung in Aktien: Das Gebot der Gattungsgleichheit, FS Kropff, 1997, S. 315; *Veil,* Aktuelle Probleme im Ausgliederungsrecht, ZIP 1998, 361; *Wirth,* Auseinandersetzung als Mittel zur Trennung von Familienstämmen und zur Filialabspaltung, AG 1997, 455.

I. Allgemeines

Voraussetzung für die Wirksamkeit des Spaltungs- und Übernahmevertrags ist, dass die Anteilseignerversammlungen der beteiligten Rechtsträger ihm zustimmen[1]. Bevor die Zustimmung mit der gesetzlich vorgeschriebenen[2] oder gesellschaftsvertraglich zulässig festgelegten abweichenden Mehrheit in der vorgeschriebenen Form erteilt wurde, ist der Spaltungs- und Übernahmevertrag schwebend unwirksam.

§ 126 Abs. 1 Nr. 10 erlaubt nicht verhältniswahrende Spaltungen, also die Spaltung unter nicht verhältnismäßiger Aufteilung der Anteile am übernehmenden Rechtsträger auf die Anteilseigner der übertragenden Rechtsträger. Dies kommt grundsätzlich nur **bei Auf- und Abspaltungen zur Neugründung und zur Aufnahme** in Betracht[3]. Bei Ausgliederungen erhalten nicht die Anteilseigner die Anteile am ausgegliederten Rechtsträger, sondern der ausgliedernde Rechtsträger erhält sie selbst, und zwar vollständig. Daher ist hier kein Raum für Fragen der verhältnismäßigen Zuteilung und infolgedessen besteht auch kein Bedürfnis für eine nicht verhältniswahrende Ausgliederung. Der Umstand, dass das Gesetz ausdrücklich auch die nicht verhältniswahrende Aufteilung von Mitgliedschaften erwähnt, zeigt, dass der Anwendungsbereich der Norm nicht auf Gesellschaften beschränkt ist.

Zweck der Vorschrift ist es, die Anteilseigner des übertragenden Rechtsträgers vor Eingriffen in ihre Mitgliedschaftsrechte durch die Mehrheit der übrigen Anteilseigner zu schützen[4]. Dafür hätte zwar auch genügt, anstatt der Zustimmung aller Anteilseigner lediglich diejenige der durch die nicht verhältniswahrende Spaltung benachteiligten zu verlangen. Der Gesetzgeber sah jedoch das Risiko, dass ein bevorteilter Anteilseigner seine Zustimmung versagt, als weniger schwerwiegend an als die Rechtsunsicherheit, die mit der Frage verbunden ist, ob ein einzelner Anteilseigner tatsächlich benachteiligt ist. Für Gesellschaften mit größerem Gesellschafterkreis dürfte die nicht verhältniswahrende Spaltung damit aber ausscheiden[5]. Dies nimmt der Gesetzgeber hin, weil er das Institut der nicht verhältniswahrenden Spaltung ohnehin nur als ein Spezialinstrument zur Trennung von Gesellschafterstämmen begreift, dessen es zB für Publikumsgesellschaften nicht bedarf. Den Schutz der Gläubiger bezweckt die Vorschrift hingegen nicht; dieser wird durch §§ 133, 125 Satz 1 iVm. § 22 erreicht.

Die Fälle der nicht verhältniswahrenden Spaltung sind nicht die einzigen, bei denen es auf die **Zustimmung einzelner Anteilseigner** ankommt. Vielmehr ist auch bei der Spaltung wie bei der Verschmelzung die Zustimmung solcher Gesellschafter erforderlich, denen als Folge der Spaltung individuelle Rechte genommen werden[6] oder denen beim übertragen-

---

[1] § 125 Satz 1 iVm. § 13 Abs. 1.
[2] § 125 Satz 1 jeweils iVm. § 43 für Personengesellschaften, § 50 für GmbH, § 65 für AG, § 78 iVm. § 65 für KGaA, § 84 für eG, § 103 für rechtsfähige Vereine, § 106 iVm. § 103 für genossenschaftliche Prüfungsverbände und § 112 Abs. 3 für VVaG.
[3] Siehe jedoch der von *Veil* ZIP 1998, 361, 363 f. behandelten Sonderfälle.
[4] *Priester* in Lutter Rn 2; *Hörtnagl* in Schmitt/Hörtnagl/Stratz Rn 1.
[5] *Heidenhain* EuZW 1995, 327, 328 und *Mayer* in Widmann/Mayer Rn 18 melden deshalb sogar erhebliche Zweifel an der Vereinbarkeit der Vorschrift mit Art. 5 Abs. 2 der SpaltRL an, der nichtverhältniswahrende Spaltungen ausdrücklich ermöglicht.
[6] Siehe zB § 125 Satz 1 iVm. § 65 Abs. 2.

den Rechtsträger ein Zustimmungsrecht für die Abtretung von Anteilen zustand[7]. Auch was die sonstigen Wirksamkeitserfordernisse und Befugnisse zur nachträglichen Abänderung des Spaltungs- und Übernahmevertrags anbetrifft, kann auf die entsprechend geltenden Ausführungen zum Verschmelzungsvertrag verwiesen werden[8].

II. Nicht verhältniswahrende Spaltung

1. Begriff

5   Bei der **Spaltung zur Neugründung** liegt eine nicht verhältniswahrende Spaltung vor, wenn die Anteilseigner des übertragenden Rechtsträgers nicht mit den gleichen Beteiligungsquoten wie bei diesem auch am neu gegründeten Rechtsträger beteiligt sind[9]. Bei der **Spaltung zur Aufnahme** ist die Beteiligungsquote der Anteilseigner des übertragenden Rechtsträgers am übernehmenden Rechtsträger zwangsläufig niedriger, weil auch die bisherigen Anteilseigner des übernehmenden Rechtsträgers an diesem beteiligt bleiben. Das macht – wie Satz 2 klarstellt – die Spaltung aber noch nicht zur nicht verhältniswahrenden. Für die Verhältniswahrung sind lediglich die den Anteilseignern im Zuge der Spaltung insgesamt gewährten Anteile relevant: Nicht verhältniswahrend ist die Spaltung hier, wenn einzelne Anteilseigner des übertragenden Rechtsträgers im Vergleich zu anderen am übernehmenden Rechtsträger verhältnismäßig mehr Anteile erhalten, als ihnen nach den Beteiligungsverhältnissen beim übertragenden Rechtsträger zustünde. Nach dem Verhältnis der Anteile der bisherigen Anteilsinhaber des übernehmenden Rechtsträgers zu denen der durch die Spaltung hinzukommenden Anteilseigner des übertragenden Rechtsträgers ist – unabhängig davon, ob diese teilweise personenidentisch sind oder nicht – nicht zu fragen[10]. Dies ist vielmehr eine Frage der Angemessenheit des Umtauschverhältnisses, für die § 125 Satz 1 iVm. §§ 14 Abs. 2, 15 einschlägig sind.

2. Erscheinungsformen

6   Eine nicht verhältniswahrende Zuteilung von **Anteilen am übernehmenden Rechtsträger** kommt in folgenden Formen vor:
– Als bloße **Quotenverschiebung,** bei der die Anteilseigner des übertragenden Rechtsträgers zueinander an den übernehmenden Rechtsträgern im nicht genau gleichen Verhältnis beteiligt sind wie beim übertragenden Rechtsträger selbst.
– Zulässig ist auch eine sog. **Spaltung zu Null,** bei der einzelne Anteilseigner des übertragenden Rechtsträgers an einem übernehmenden oder neuen Rechtsträger gar nicht beteiligt werden, dafür an einem anderen aber in umso größerem Umfang[11]. Das kommt zB bei der Aufspaltung einer Familiengesellschaft in Betracht, wenn an den verbleibenden Gesellschaften jeweils ausschließlich Gesellschafter eines Familienstamms beteiligt sein sollen.
– Anzuerkennen ist auch die **Spaltung zu Null mit vollständigem Verzicht** einzelner Anteilseigner des übertragenden Rechtsträgers **auf eine Beteiligung** an irgend einem der

---

[7] § 125 Satz 1 iVm. § 13 Abs. 2.
[8] Siehe § 4 Rn 27 ff., aber auch die Ausführungen zu §§ 6 und 13.
[9] *Kallmeyer* in Kallmeyer Rn 2; *Priester* in Lutter Rn 8; *Mayer* in Widmann/Mayer Rn 30 ff.; *Sagasser/Sickinger* in Sagasser/Bula/Brünger N Rn 33.
[10] Siehe auch *Kallmeyer* in Kallmeyer Rn 3; *Priester* in Lutter Rn 9; aA *Mayer* in Widmann/Mayer Rn 40 ff.
[11] Dies scheint das Verständnis der BegrRegE gewesen zu sein, RegBegr. *Ganske* S. 159; *Wirth* AG 1997, 455, 457 hält einen Ausgleich der Minderbeteiligung am einen durch eine Höherbeteiligung am anderen Rechtsträger für erforderlich.

übernehmenden Rechtsträger[12]. Die Anteilsgewährung dient nämlich nur dem Schutz der Anteilsinhaber vor einem Verlust ihrer wirtschaftlichen Beteiligung am übernehmenden Rechtsträger. Der Gläubigerschutz ist hingegen auf andere Weise sichergestellt[13]. Wenn die Anteilseigner auf diesen Schutz nach § 128 unzweifelhaft partiell verzichten können, muss ein Verzicht auch vollständig möglich sein, zumal das Gesetz selbst Ausnahmen von der Anteilsgewährspflicht vorsieht[14].

Eine nicht verhältniswahrende Spaltung liegt auch in der umgekehrten Konstellation vor, in der im Zuge einer Abspaltung die **Beteiligungsquoten am übertragenden Rechtsträger geändert** werden (im Extremfall scheiden einzelne Anteilseigner aus dem übertragenden Rechtsträger aus). Der Gesetzgeber hat dies durch das Umwandlungsbereinigungsgesetz klargestellt[15]. Die Ansicht, wonach die Spaltung nur die Zuweisung der Anteile an den übernehmenden Rechtsträgern betrifft und die Beteiligungsverhältnisse am übertragenden Rechtsträger nur mittels separierter Anteilsübertragung oder -einziehung geändert werden können[16], ist damit überholt. 7

Es ist angeregt worden, auch eine Verletzung des Gattungsgleichheitsgebots dadurch, dass einzelnen bisher stimmberechtigten Anteilseignern am übernehmenden Rechtsträger nur stimmrechtslose Anteile eingeräumt werden, als nicht verhältniswahrende Spaltung zu behandeln[17]. Dann hätten in einem solchen Fall nicht nur die betroffenen, sondern alle Gesellschafter zuzustimmen. Begründet wird das damit, dass die nicht verhältniswahrende Spaltung das Paradebeispiel für die Abweichung vom Gleichbehandlungsgrundsatz sei und die hierfür vom Gesetzgeber im Interesse der Rechtssicherheit gefundene Lösung (Erfordernis der Zustimmung aller Anteilseigner) auch für andere Fälle der Abweichung vom Gleichbehandlungsgrundsatz angeraten sei. Damit wird der Wortlaut der Vorschrift aber erheblich strapaziert. § 128 ist eine eng begrenzte Ausnahme von dem gesellschaftsrechtlichen Grundsatz, dass Mitgliedschaftsrechte nur mit Zustimmung des davon Betroffenen eingeschränkt werden können, dessen Zustimmung andererseits neben den sonst erforderlichen Beschlussmehrheiten dafür aber auch ausreicht. Sie ist hinnehmbar, weil der nicht verhältniswahrenden Spaltung nur ein begrenzter Anwendungsbereich zukommen soll[18]. Hingegen hat die Tatsache, dass diese Ausnahme eine Ungleichbehandlung voraussetzt, nicht zur Folge, dass nunmehr jegliche Ungleichbehandlung wie diese Ausnahme zu behandeln ist. Die Auswirkungen auf Spaltung und Verschmelzung und darüber hinaus wären andernfalls fatal. Diese Strukturmaßnahmen würden für Publikumsgesellschaften weitgehend ausscheiden, wenn nicht eine völlige Gleichbehandlung aller Anteilsinhaber hinsichtlich Quote und Mitgliedschaftsrechten gesichert wäre. Grundsätzlich muss es ausreichen, wenn die benachteiligten Anteilsinhaber der Maßnahme zustimmen. 8

3. Tatbestandseinschränkung

Wo Anteilsverschiebungen durch Barzahlungen des übernehmenden Rechtsträgers ausgeglichen werden, liegt eine nicht verhältniswahrende Spaltung grundsätzlich bereits tatbe- 9

---

[12] *LG Konstanz* ZIP 1998, 1226 mit zust. Anm. *Katschinski*; *LG Essen* ZIP 2002, 893 f. mit zust. Anm. *Kiem* EWiR 2002, 637, 638; *Priester* DB 1997, 560, 562 ff.; *ders.* in Lutter Rn 15; *Kallmeyer* in Kallmeyer § 123 Rn 4; *Hörtnagl* in Schmitt/Hörtnagl/Stratz Rn 16 f.; aA *Schöne* S. 149 Fn 155.
[13] § 133, § 125 Satz 1 iVm. § 22.
[14] § 131 Abs. 1 Nr. 3 Satz 1 2. Halbs.; siehe auch § 125 Satz 1 iVm. § 54 Abs. 1 und § 68 Abs. 1.
[15] In § 126 Abs. 1 Nr. 10 ist nunmehr statt von Anteilsinhabern des übertragenden Rechtsträgers, auf die die Anteile der übernehmenden Rechtsträger aufzuteilen sind, von beteiligten Rechtsträgern die Rede, woraus sich ergibt, dass nicht notwendigerweise nur Anteilsinhaber des übertragenden Rechtsträgers Anteile am übernehmenden Rechtsträger erhalten müssen; siehe auch die Änderung von § 131 Abs. 1 Nr. 3.
[16] So noch *Mayer* DB 1995, 861, 863.
[17] *Timm/Schöne*, FS Kropff, S. 315, 330 ff.
[18] Siehe Rn 3.

standlich nicht vor[19]. Es widerspräche dem gesetzgeberischen Willen, den Ausgleich von Spitzen durch bare Zuzahlungen zu ermöglichen, wenn durch die daran anschließende Forderung nach Zustimmung aller Anteilseigner des übertragenden Rechtsträgers die Spaltung für viele Gesellschaften faktisch unmöglich gemacht würde. Es ist auch nicht ersichtlich, warum insofern bei der Spaltung eine größere Schutzbedürftigkeit bestehen sollte als bei der Verschmelzung, wo im Falle des Barabfindungsangebots auch nicht die Zustimmung aller Anteilseigner des übertragenden Rechtsträgers verlangt wird. Gerechtfertigt ist der Verzicht auf dieses Zustimmungserfordernis aber nur insoweit, wie sich Spitzen auch unter Berücksichtigung der Teilungs- und Stückelungserleichterungen[20] nicht vermeiden lassen[21]. Eine darüber hinausgehende Einschränkung des Anwendungsbereichs der Vorschrift würde zwar die Praktikabilität erhöhen, vernachlässigte aber den Schutz der Anteilseigner, für die Geld kein adäquater Ersatz für die Beteiligung sein muss. Daher lässt nicht jede bare Zuzahlung des übernehmenden Rechtsträgers, die sich innerhalb der 10%-Grenze der § 125 Satz 1 iVm. §§ 54 Abs. 4, 68 Abs. 3 hält, den Tatbestand der nicht verhältniswahrenden Spaltung entfallen.

4. Ausgleichsleistungen

10 Zum Ausgleich für die anteilsmäßige Benachteiligung bei der nicht verhältniswahrenden Spaltung werden von den durch sie begünstigten Anteilseignern üblicherweise Ausgleichsleistungen gewährt, um die notwendige Zustimmung der benachteiligten Anteilseigner zu erlangen[22]. Hierbei handelt es sich nicht um bare Zuzahlungen iSv. § 125 Satz 1 iVm. §§ 54 Abs. 4, 68 Abs. 3, da sie nicht vom übernehmenden Rechtsträger erbracht werden. Sie unterliegen daher auch keiner prozentualen oder absoluten Beschränkung.

III. Zustimmungsbeschlüsse

1. Übertragender Rechtsträger

11 Der Zustimmungsbeschluss der **Anteilseigner** des übertragenden Rechtsträgers zur nicht verhältniswahrenden Spaltung muss einstimmig gefasst werden. Von bei der Beschlussfassung nicht anwesenden Anteilseignern sind Zustimmungserklärungen in notariell beurkundeter Form erforderlich[23]. Solange sie nicht vollständig eingeholt sind, ist der Spaltungs- und Übernahmevertrag schwebend unwirksam und droht die Achtmonatsfrist für die Bilanz gem. § 17 Abs. 2 Satz 4 abzulaufen.

12 Da es um einen unmittelbaren Eingriff in den Kernbereich der Mitgliedschaftsrechte geht, bedarf es auch der Zustimmung solcher Anteilseigner, die eigentlich **stimmrechtslose Anteile** halten[24]. Das gilt unabhängig davon, ob ihre Anteile benachteiligt werden oder nicht, da § 128 allgemein von Anteilseignern spricht.

13 Erforderlich ist auch die Zustimmung aller, die an den Anteilen des übertragenden Rechtsträgers einen **Nießbrauch** oder ein **Pfandrecht** haben[25]. Zwar ist man hier eher versucht, die Zustimmung nur derjenigen zu verlangen, deren dingliche Rechte an tatsächlich benachteiligten Anteilen bestehen. Die Analogie rechtfertigt sich gerade daraus, dass auch das Recht der dinglich Berechtigten durch die Benachteiligung beeinträchtigt wird und die Rechtferti-

---

[19] *Sagasser/Sickinger* in Sagasser/Bula/Brünger N Rn 34; *Mayer* in Widmann/Mayer Rn 34; *Hörtnagl* in Schmitt/Hörtnagl/Stratz Rn 21; aA *Kallmeyer* in Kallmeyer Rn 2.
[20] § 125 Satz 1 iVm. §§ 54 Abs. 3, 55 Abs. 1.
[21] Zustimmend *Priester* in Lutter Rn 11.
[22] Siehe nur *Priester* in Lutter Rn 16.
[23] § 125 Satz 1 iVm. § 13 Abs. 3 Satz 1.
[24] *Priester* in Lutter Rn 18; *Kallmeyer* in Kallmeyer Rn 5; *Mayer* in Widmann/Mayer Rn 20.
[25] *Priester* in Lutter Rn 18; *Kallmeyer* in Kallmeyer Rn 5; *Mayer* in Widmann/Mayer Rn 23.

gung zu fehlen scheint, wenn eine Benachteiligung tatsächlich gar nicht gegeben ist. Jedoch wäre auch hier die Rechtsunsicherheit zu groß, wenn für die Beschlussfassung geklärt werden müsste, ob eine materielle Benachteiligung vorliegt[26].

Grundsätzlich ist jeder Zustimmungsberechtigte in seiner Entscheidung frei, ob er der nicht verhältniswahrenden Spaltung zustimmt. Anteilseigner können aber aufgrund ihrer gesellschaftsrechtlichen **Treuepflicht** gehalten sein, der Spaltung zuzustimmen, insbesondere dann, wenn die Spaltung im überwiegenden Interesse der Gesellschaft liegt und der Zustimmungsberechtigte für einen etwaigen Rechtsverlust angemessen entschädigt wird[27]. Auch in eindeutigen Fällen kann jedoch auf dieser Grundlage die fehlende Zustimmung nicht einfach unterstellt werden, sondern es ist eine Klage auf Zustimmung zu erheben. Problematisch wäre, wenn die an Gesellschaftsanteilen nur dinglich Berechtigten, für die keine gesellschaftsrechtliche Treuepflicht besteht, die Spaltung trotz angemessenen Ausgleichs blockieren könnten. Daher wird man unter den genannten Voraussetzungen eine entsprechende Treuepflicht auch in das der dinglichen Berechtigung zugrunde liegende Rechtsverhältnis hineinlesen müssen. **14**

Stimmen trotz Ausgleichszahlungen und anderer Überzeugungsversuche nicht alle Anteilseigner der nicht verhältniswahrenden Spaltung zu, kann alternativ versucht werden, ein ähnliches Ergebnis durch eine verhältniswahrende Spaltung mit einem zusätzlich schuldrechtlich vereinbarten Anteilstausch einzelner Anteilseigner zu erreichen[26]. **15**

2. Übernehmender Rechtsträger

Die durch § 128 angeordneten besonderen Zustimmungserfordernisse beziehen sich nur auf die Anteilseigner der übertragenden Rechtsträger. Für die Anteilseigner des übernehmenden Rechtsträgers gelten die allgemeinen Vorschriften. Das auch für sie bestehende Risiko, als Folge der Spaltung an dem übernehmenden Rechtsträger nicht mehr in dem Verhältnis beteiligt zu sein, wie es den Wertverhältnissen der beteiligten Rechtsträger entsprochen hätte, wird nicht durch individuelle Zustimmungserfordernisse, sondern durch die Klagemöglichkeiten nach §§ 125 Satz 1 iVm. §§ 14 Abs. 2, 15 abgefedert. **16**

3. Fehlen eines Zustimmungsbeschlusses

Kommen die Beschlüsse über den Spaltungs- und Übernahmevertrag nicht mit den notwendigen Mehrheiten bzw. der Zustimmung aller Zustimmungsberechtigten zustande, ist der Spaltungs- und Übernahmevertrag unwirksam. Einer Anfechtung des Spaltungsbeschlusses bedarf es zur Verhinderung der Spaltung dann nicht. **17**

§ 129 Anmeldung der Spaltung

Zur Anmeldung der Spaltung ist auch das Vertretungsorgan jedes der übernehmenden Rechtsträger berechtigt.

Übersicht

	Rn		Rn
I. Allgemeines	1	III. Anmeldung	7
II. Anmelderecht	2	1. Inhalt und Form	7
1. Beim übertragenden Rechtsträger	2	2. Anlagen	10
2. Beim übernehmenden Rechtsträger	4	3. Zeitpunkt	16

Literatur: Siehe Literaturverzeichnis zu § 16 und § 123.

---

[26] Zweifelnd *Priester* in Lutter Rn 18 Fn 2.
[27] *Priester* in Lutter Rn 19; *Kallmeyer* in Kallmeyer Rn 6; *Mayer* in Widmann/Mayer Rn 19, 22.

I. Allgemeines

1 Die Vorschrift stellt die Anwendbarkeit des § 16 Abs. 1 Satz 2 klar, der nach § 125 auf die Spaltung entsprechende Anwendung findet. Sie gilt nur für die Aufspaltung, Abspaltung und Ausgliederung **zur Aufnahme**[1]. Bei der Spaltung können mehrere übernehmende Rechtsträger beteiligt sein. Das Vertretungsorgan jedes beteiligten übernehmenden Rechtsträgers kann die Spaltung auch zum Register des übertragenden Rechtsträgers anmelden. Die Regelung entspricht damit den Vorgaben von Art. 16 Abs. 2 der SpaltRL, wonach jede begünstigte Gesellschaft die erforderlichen Förmlichkeiten durchzuführen berechtigt ist.

II. Anmelderecht

1. Beim übertragenden Rechtsträger

2 Zur Eintragung in das Register des übertragenden Rechtsträgers kann die Spaltung zunächst das Vertretungsorgan des **übertragenden Rechtsträgers** anmelden[2]. Bei der Kapitalgesellschaft als übertragendem Rechtsträger kann die Anmeldung der Spaltung mit der Anmeldung der dazu etwa erforderlichen **Kapitalherabsetzung** verbunden werden, und zwar auch, wenn diese als vereinfachte Kapitalherabsetzung[3] durchgeführt wird. Bei der AG[4] haben dann der Vorstand in vertretungsberechtigter Zahl und der Vorsitzende des Aufsichtsrats anzumelden[5], bei der KGaA die persönlich haftenden Gesellschafter (ggf. also deren Vertretungsorgane) und der Vorsitzende des Aufsichtsrats[6], bei der GmbH allerdings alle Geschäftsführer[7]. Bei OHG und KG haben nur die persönlich haftenden Gesellschafter anzumelden[8].

3 Daneben ist das Vertretungsorgan jedes der **übernehmenden Rechtsträger** berechtigt, die Anmeldung der Spaltung am Sitz des übertragenden Rechtsträgers vorzunehmen. Die Anmeldung in vertretungsberechtigter Zahl (auch in unechter Gesamtvertretung) ist ausreichend. Die – grundsätzlich zulässige – Bevollmächtigung ist öffentlich zu beglaubigen[9].

2. Beim übernehmenden Rechtsträger

4 Zum Register eines übernehmenden Rechtsträgers kann die Spaltung zur Aufnahme nur vom Vertretungsorgan des betreffenden übernehmenden Rechtsträgers angemeldet werden. Die Vertretungsorgane des übertragenden Rechtsträgers sind zur Anmeldung beim übernehmenden Rechtsträger nicht befugt[10].

---

[1] § 135. Für die Anmeldung der Spaltung zur Neugründung gilt § 137 Abs. 1 und 2.

[2] §§ 125, 16 Abs. 1 Satz 1. Zur zulässigen Vertretung siehe § 16 Rn 7. Seit dem 1.1.2007 sind die Anmeldungen zur Eintragung ins Handelsregister elektronisch einzureichen, § 12 Abs. 1 HGB. Siehe § 17 Rn 1.

[3] §§ 58 a ff. GmbHG; § 139; näher hierzu § 139 Rn 6 ff., §§ 229 ff., 278 AktG; § 145; näher hierzu § 145 Rn 8 ff.

[4] Zur Europäischen Gesellschaft (SE) siehe Einl. C Rn 49 ff.

[5] §§ 223, 229 Abs. 3 AktG.

[6] § 278 AktG.

[7] § 78 GmbHG, und zwar auch im Fall der vereinfachten Kapitalherabsetzung (str.). Zwar ist § 58 a GmbHG in § 78 GmbHG nicht erwähnt, doch ist dies wohl ein Redaktionsversehen und die Vorschrift daher entsprechend anzuwenden, *Zöllner* in Baumbach/Hueck § 58 a GmbHG Rn 20; *Lutter/Hommelhoff* § 58 a GmbHG Rn 23; aA *Priester* in Lutter Rn 3; *ders.* in Scholz § 58 a GmbHG Rn 32; *Zimmermann* in Kallmeyer Rn 4.

[8] Anders als nach §§ 108, 143, 161 Abs. 2 HGB; ebenso wohl *Priester* in Lutter Rn 3.

[9] § 12 HGB, § 129 BGB.

[10] § 16 Abs. 1 Satz 1. Anders bei der Spaltung zur Neugründung, siehe § 137 Rn 14.

Das Vertretungsorgan eines übernehmenden Rechtsträgers ist nicht berechtigt, die Anmeldung für den oder die anderen übernehmenden Rechtsträger vorzunehmen[11]. Dies ergibt sich zum einen aus der Gesetzesbegründung[12], zum anderen folgt es aus dem Wortlaut der zugrunde liegenden Richtlinie[13].

Wird bei einer übernehmenden Kapitalgesellschaft das Kapital zur Durchführung der Spaltung erhöht, haben bei der AG (und KGaA) die Vertretungsorgane in vertretungsberechtigter Zahl oder in unechter Gesamtvertretung und der Vorsitzende des Aufsichtsrats anzumelden[14], bei der GmbH alle Geschäftsführer[15].

III. Anmeldung

1. Inhalt und Form

Anzumelden ist **die Spaltung** zur Aufnahme, nicht der Spaltungsvertrag oder die Spaltungsbeschlüsse, unter Bezeichnung von Firma und Sitz der beteiligten Rechtsträger. Die Anmeldung sowie ggf. Vollmachten sind elektronisch in öffentlich beglaubigter Form (§ 12 HGB) einzureichen. Da sich bei der Abspaltung und der Ausgliederung von Kapitalgesellschaften und Genossenschaften Besonderheiten ergeben[16], sollte in der Anmeldung angegeben werden, um welche Form der Spaltung (Aufspaltung, Abspaltung, Ausgliederung) es sich handelt[17]. Weitere Angaben sind nicht vorgeschrieben, werden aber als zweckmäßig angesehen, um dem Registergericht die Prüfung der Spaltung zu erleichtern und Fehlern bei der Eintragung und Bekanntmachung vorzubeugen[18].

Werden zugleich Satzungsänderungen, insbesondere eine anlässlich der Spaltung durchzuführende **Kapitalerhöhung** oder **Kapitalherabsetzung** angemeldet, ist darauf in der Anmeldung schlagwortartig hinzuweisen. Die Versicherung, dass die Einlagen endgültig bewirkt und sich der Gegenstand der Leistung endgültig zur freien Verfügung des Vertretungsorgans der Gesellschaft befindet[19], ist nicht erforderlich[20].

Ebenso wie bei der Verschmelzung ist über § 125 auch bei der Spaltung die **Negativerklärung** gem. § 16 Abs. 2 abzugeben[21]. Ist eine Kapitalgesellschaft an einer Abspaltung oder Ausgliederung als übertragender Rechtsträger beteiligt, bedarf es außerdem der Erklärung über die Deckung des bei Gründung einer solchen Gesellschaft nach Gesetz oder Satzung erforderlichen Mindestkapitals[22].

2. Anlagen

Für die Anlagen gilt § 17 über § 125 entsprechend[23]. Statt des Verschmelzungsvertrags ist der Spaltungs-/Ausgliederungs- und Übernahmevertrag beizufügen. An die Stelle der

---

[11] Einhellige Auffassung, *Zimmermann* in Kallmeyer Rn 3; *Priester* in Lutter Rn 2; *Schwarz* in Widmann/Mayer Rn 9.1. Zur Anmeldebefugnis bei der Ausgliederung siehe § 154 Rn 2 mwN.
[12] Wonach die Vorschrift nur eine Klarstellung zu § 16 Abs. 1 Satz 2 enthält, RegBegr. *Ganske* S. 160.
[13] Art. 16 Abs. 2 SpaltRL; *Priester* in Lutter Rn 2.
[14] §§ 125, 69 iVm. §§ 184 Abs. 1, 188 Abs. 1, 278 AktG.
[15] §§ 125, 55 iVm. § 78 GmbHG.
[16] Vgl. §§ 140, 146, 148. Zur Europäischen Genossenschaft (SCE) siehe Einl. C Rn 64 ff.
[17] *Priester* in Lutter Rn 6; *Zimmermann* in Kallmeyer Rn 6.
[18] ZB eine kurze Bezeichnung des übertragenen Vermögensteils, *Zimmermann* in Kallmeyer Rn 6.
[19] § 57 Abs. 2 GmbHG, § 188 Abs. 2 AktG.
[20] Vgl. §§ 125, 55 Abs. 1 Satz 1, 69 Abs. 1 Satz 1.
[21] Zu den Einzelheiten siehe § 16 Rn 13 ff.
[22] § 140 für die GmbH und § 146 Abs. 1 für AG und KGaA.
[23] Allgemein zu den erforderlichen Anlagen und zur elektronischen Übermittlung der Dokumente siehe § 17 Rn 1 ff.

Verschmelzungsbeschlüsse treten die Spaltungsbeschlüsse. Statt des Verschmelzungs- und des Prüfungsberichts sind der Spaltungsbericht und der Spaltungsprüfungsbericht einzureichen (außer im Fall der Ausgliederung, bei der keine Prüfung stattfindet)[24].

11 Im Einzelnen sind bei der übertragenden und bei der übernehmenden Gesellschaft **folgende Unterlagen** beizufügen[25]:
– Spaltungs-/Ausgliederungs- und Übernahmevertrag[26];
– Niederschriften der Spaltungsbeschlüsse;
– etwa erforderliche Zustimmungserklärungen[27];
– Spaltungsbericht (oder entsprechende Verzichtserklärung);
– Spaltungsprüfungsbericht[28];
– evtl. staatliche Genehmigungen;
– Nachweis über die Zuleitung des Spaltungsvertrags an den Betriebsrat[29];
– Schlussbilanz (Gesamtbilanz) der übertragenden Gesellschaft zum Werthaltigkeitsnachweis[30]; bei der Abspaltung und Ausgliederung evtl. Aufgliederung in Teilbilanzen, jeweils für die zurückbleibenden und die übertragenden Unternehmensteile, oder gesonderter Wertnachweis[31];
– bei der Anmeldung des übertragenden Rechtsträgers: beglaubigter Handelsregisterauszug über die Voreintragung(en) beim übernehmenden Rechtsträger.

12 Ist übertragender Rechtsträger eine **Kapitalgesellschaft**[32], sind die Erklärungen über die Deckung des bei Gründung einer solchen Gesellschaft nach Gesetz oder Satzung erforderlichen Mindestkapitals[33] beizufügen, falls diese nicht schon in der zum Register der sich spaltenden Gesellschaft einzureichenden Anmeldung enthalten sind. Bei der AG (und KGaA) ist ferner durch beglaubigten Handelsregisterauszug nachzuweisen, dass die Gesellschaft bereits seit zwei Jahren besteht, wobei als Stichtag der Tag der Abstimmung über den Spaltungsplan gilt[34]. Nicht erforderlich ist ein Sachgründungsbericht[35]. Verbindet die übertragende (Kapital-)Gesellschaft die Anmeldung der Spaltung mit der Anmeldung einer (vereinfachten) **Kapitalherabsetzung**, sind ferner eine Ausfertigung oder beglaubigte Abschrift des notariell beurkundeten Beschlusses über die Kapitalherabsetzung und Satzungsänderung sowie der vollständige Wortlaut der Satzung letzter Fassung mit Notarbescheinigung einzureichen[36].

13 Der Anmeldung einer **Kapitalerhöhung** der aufnehmenden Gesellschaft sind zusätzlich die dafür notwendigen Unterlagen beizufügen.

---

[24] § 125 Satz 2.
[25] Vgl. auch die Ausführungen unter § 17 Rn 2.
[26] § 126.
[27] Siehe § 17 Rn 2.
[28] Außer bei der Ausgliederung, § 125 Satz 2; näher zur Entbehrlichkeit der Prüfung bei der Ausgliederung § 125 Rn 9.
[29] § 126 Abs. 3.
[30] §§ 17 Abs. 2, 125.
[31] Vgl. *Zimmermann* in Kallmeyer § 130 Rn 3; für die Spaltung zur Neugründung *Zimmermann* Kallmeyer § 137 Rn 21; nach *Kallmeyer* in Kallmeyer § 125 Rn 23; *W. Müller* WPg 1996, 857, 865 ist jedenfalls idR Gesamtbilanz ausreichend, was die Verwendung des Jahresabschlusses ermöglicht. Siehe auch § 17 Rn 23 mwN.
[32] Zur Europäischen Gesellschaft (SE) siehe ausf. Einl. C Rn 64 ff.
[33] §§ 140, 146.
[34] §§ 125, 76 Abs. 1; näher zur Frist § 76 Rn 6 f.
[35] *Zimmermann* in Kallmeyer Rn 11. Er ist nur bei der Spaltung zur Neugründung einer GmbH vorgeschrieben; aA *Priester* in Lutter § 138 Rn 8; siehe aber § 138 Rn 2, wo die Erstattung eines Sachgründungsberichts empfohlen wird.
[36] §§ 54 Abs. 1 Satz 2, 58 a Abs. 5 GmbHG, §§ 223, 227, 229 Abs. 3, 181 Abs. 1 Satz 2 AktG.

Eintragung der Spaltung § 130

Bei der aufnehmenden AG (und KGaA) ist erforderlich: 14
– eine Ausfertigung oder beglaubigte Abschrift des notariell beurkundeten Erhöhungsbeschlusses[37] sowie eine etwa erforderliche Zustimmung durch Sonderbeschluss[38];
– die Schlussbilanz des übertragenden Rechtsträgers zum Nachweis der Werthaltigkeit;
– der Bericht über die bei der Kapitalerhöhung zwingend vorgeschriebene Sacheinlageprüfung in Urschrift oder beglaubigter Abschrift[39];
– vollständiger Wortlaut der Satzung mit Notarbescheinigung[40].

Bei der aufnehmenden GmbH ist erforderlich: 15
– eine Ausfertigung der beglaubigten Abschrift des notariell beurkundeten Erhöhungsbeschlusses;
– (privatschriftliche) Liste der Übernehmer der neuen Stammeinlagen[41];
– Schlussbilanz des übertragenden Rechtsträgers zum Nachweis der Werthaltigkeit;
– vollständiger Wortlaut der Satzung mit Notarbescheinigung[42].

3. Zeitpunkt

Für die Anmeldungen zum Register des übertragenden und des übernehmenden Rechtsträgers ist – ebenso wie bei der Verschmelzung – eine Reihenfolge nicht vorgeschrieben[43]. Lediglich für die Eintragungen verlangt das Gesetz eine bestimmte Reihenfolge[44]. Die Anmeldung beim übertragenden Rechtsträger muss allerdings innerhalb von **acht Monaten** nach dem Stichtag der Schlussbilanz beim Registergericht eingehen[45]. 16

§ 130 Eintragung der Spaltung

(1) **Die Spaltung darf in das Register des Sitzes des übertragenden Rechtsträgers erst eingetragen werden, nachdem sie im Register des Sitzes jedes der übernehmenden Rechtsträger eingetragen worden ist. Die Eintragung im Register des Sitzes jedes der übernehmenden Rechtsträger ist mit dem Vermerk zu versehen, daß die Spaltung erst mit der Eintragung im Register des Sitzes des übertragenden Rechtsträgers wirksam wird, sofern die Eintragungen in den Registern aller beteiligten Rechtsträger nicht am selben Tag erfolgen.**

(2) **Das Gericht des Sitzes des übertragenden Rechtsträgers hat von Amts wegen dem Gericht des Sitzes jedes der übernehmenden Rechtsträger den Tag der Eintragung der Spaltung mitzuteilen sowie einen Registerauszug und den Gesellschaftsvertrag, den Partnerschaftsvertrag oder die Satzung des übertragenden Rechtsträgers in Abschrift, als Ausdruck oder elektronisch zu übermitteln. Nach Eingang der Mitteilung hat das Gericht des Sitzes jedes der übernehmenden Rechtsträger von Amts wegen den Tag der Eintragung der Spaltung im Register des Sitzes des übertragenden Rechtsträgers zu vermerken.**

---

[37] § 130 Abs. 1 Satz 1 AktG.
[38] § 182 Abs. 2 AktG.
[39] §§ 142 Abs. 1, §§ 183 Abs. 3, 184 Abs. 1 Satz 2 AktG.
[40] Gem. § 181 Abs. 1 Satz 2 AktG.
[41] *Zimmermann* in Kallmeyer § 53 Rn 9 mwN, str.
[42] Gem. § 54 Abs. 1 Satz 2 GmbHG.
[43] Siehe § 16 Rn 6.
[44] Siehe hierzu § 130 Rn 8 ff.
[45] §§ 125, 17 Abs. 2 Satz 4; näher hierzu § 17 Rn 14.

Übersicht

	Rn		Rn
I. Allgemeines	1	3. Eintragungsfehler	12
II. Prüfung des Registergerichts	2	4. Rechtsmittel	13
III. Reihenfolge der Eintragungen (Abs. 1)	8	5. Kosten	15
1. Eintragung bei den übernehmenden Rechtsträgern	9	IV. Zusammenarbeit der Registergerichte (Abs. 2)	17
2. Eintragung beim übertragenden Rechtsträger	11	V. Bekanntmachung	20

Literatur: Siehe Literaturverzeichnis zu § 123.

I. Allgemeines

1 Die Vorschrift modifiziert die Eintragungsreihenfolge des § 19 Abs. 1 und den Zeitpunkt der Wirksamkeit der Maßnahmen des Registergerichts nach § 19 Abs. 2. § 19 Abs. 3 (Bekanntmachungen) bleibt über die Verweisung des § 125 anwendbar.

II. Prüfung des Registergerichts

2 Das zuständige Registergericht prüft die formellen und materiellen Voraussetzungen für die Eintragung der Spaltung[1]. Soweit keine Eintragungshindernisse bestehen, hat das Gericht die Eintragung vorzunehmen. Über die Eintragung hat das Gericht **spätestens einen Monat** nach Eingang der Anmeldung zu entscheiden[2]. Liegen behebbare Eintragungshindernisse vor, hat das Gericht innerhalb derselben Frist eine **Zwischenverfügung** zu erlassen[3].

3 Zu den **formellen** Prüfungsgegenständen gehören neben der Zuständigkeit des Registergerichts
- die Ordnungsmäßigkeit der Anmeldung, insbesondere deren wirksame Abgabe durch die Anmeldeverpflichteten (oder deren Bevollmächtigte);
- die Form der Anmeldung;
- die Vollständigkeit der Anlagen.

Die **materielle** Prüfung bezieht sich insbesondere auf
- die Wirksamkeit (Inhalt, Form[4] und Vertretungsmacht der Handelnden[5]) des Spaltungsvertrags;
- die Wirksamkeit (insbes. das Erreichen der erforderlichen Mehrheiten) der Spaltungsbeschlüsse[6];
- die Zuleitung an den Betriebsrat[7];
- die Wirksamkeit evtl. erforderlicher Zustimmungen[8] und Genehmigungen;
- die formelle Ordnungsmäßigkeit der Schlussbilanz[9].

---

[1] Wie bei der Verschmelzung, vgl. § 19 Rn 3 ff. Siehe dazu *Bokelmann* DB 1994, 1341 und *Ittner* MittRhNotK 1997, 105, 125. Zuständig für die Eintragung ist bei einer Kapitalgesellschaft oder einem VVaG der Richter, im Übrigen der Rechtspfleger, §§ 3 Nr. 2 d, 17 Nr. 1 c RPflG.
[2] § 25 Abs. 1 Satz 2 HRV.
[3] § 25 Abs. 1 Satz 3 HRV.
[4] §§ 125, 6; der Spaltungsvertrag ist notariell zu beurkunden.
[5] §§ 125, 4 Abs. 1.
[6] §§ 125, 13.
[7] §§ 125, 5 Abs. 3.
[8] ZB § 128.
[9] §§ 125, 17 Abs. 2; zur Schlussbilanz § 17 Rn 13 ff.

Bei der Ausgliederung aus dem Vermögen des **Einzelkaufmanns** prüft es, ob dessen 4
Verbindlichkeiten nicht sein Vermögen übersteigen[10].

Wird bei einem übernehmenden Rechtsträger zur Durchführung der Spaltung eine **Ka-** 5
pitalerhöhung durchgeführt[11], hat das Gericht auch deren Ordnungsmäßigkeit zu prüfen.
Diese richtet sich zunächst nach den entsprechenden allgemeinen Vorschriften[12]. Da es sich
um eine Sachkapitalerhöhung handelt, hat das Gericht die Werthaltigkeit der übertragenen
Vermögensgegenstände zu prüfen. Diese Prüfung tritt neben die bei der AG (KGaA) stets
durchzuführende externe Werthaltigkeitsprüfung[13]. Im Allgemeinen ist hierfür die Vorlage
der Schlussbilanz ausreichend[14]. Bleiben die darin ausgewiesenen (Netto-) Buchwerte hinter
dem geringsten Ausgabebetrag oder dem Nennbetrag der dafür gewährten Anteile zurück,
fordert das Gericht den Nachweis der Werthaltigkeit durch Sachverständigengutachten. Das
Registergericht prüft außerdem, ob die auch bei der Spaltung anwendbaren[15] Sonderregelungen für eine Kapitalerhöhung bei der GmbH[16] und der AG[17] eingehalten worden sind.

Ebenfalls der materiellen Prüfung des Registergerichts unterliegt eine bei der übertragen- 6
den Gesellschaft durchgeführte **Kapitalherabsetzung**[18].

Dagegen sind die **Erforderlichkeit oder Zweckmäßigkeit** der Spaltung **nicht** Gegen- 7
stand der Prüfung des Registergerichts. Bedenken dagegen sind im Rahmen einer Anfechtungsklage zu behandeln. Auch das **Umtauschverhältnis** ist vom Registergericht nicht zu
prüfen[19].

III. Reihenfolge der Eintragungen (Abs. 1)

An einer Verschmelzung können auf der übertragenden Seite mehrere Rechtsträger be- 8
teiligt sein, während es immer nur einen übernehmenden Rechtsträger geben kann. Bei
der Spaltung ist es umgekehrt. Deshalb dreht Abs. 1 die Reihenfolge der Eintragungen für
die Spaltung im Vergleich zur Verschmelzung um. Die Spaltung wird mit der Eintragung in
das Register des (einzigen) übertragenden Rechtsträgers wirksam[20], die Verschmelzung mit
Eintragung in das Register des (einzigen) übernehmenden Rechtsträgers[21]. So wird sichergestellt, dass die konstitutive Eintragung als letzte vorgenommen wird und der Zeitpunkt für
das Wirksamwerden der Umwandlung einheitlich festgelegt werden kann[22].

1. Eintragung bei den übernehmenden Rechtsträgern

Die Spaltung ist zunächst in das Register jedes übernehmenden Rechtsträgers einzutragen. 9
Die Eintragung muss grundsätzlich mit einem Vorläufigkeitsvermerk versehen werden[23]. Erst

---

[10] Siehe im Einzelnen § 154 Rn 15.
[11] §§ 125, 55, 69.
[12] Bei der GmbH sind §§ 9 c, 57 a GmbHG maßgebend, bei der AG (und KGaA) §§ 38 Abs. 2, 183 Abs. 3 Satz 2 AktG (§ 278 AktG).
[13] § 142 Abs. 1 UmwG, § 183 Abs. 3 AktG; vgl. *Hüffer* § 183 AktG Rn 18.
[14] Nach *Priester* in Lutter Rn 5: bei der GmbH Teilbilanzen, bei der AG der Prüfungsbericht gem. § 142; ebenso *Zimmermann* in Kallmeyer Rn 3.
[15] § 125.
[16] § 55; siehe dort.
[17] § 69; siehe dort.
[18] Siehe dazu *Naraschewski* GmbHR 1995, 697. Zur Kapitalherabsetzung bei der GmbH außerdem *Priester* in Scholz § 58 GmbHG Rn 64 ff., § 58 a Rn 27 f., und bei der AG *Hüffer* § 224 AktG Rn 3 ff. Zur Anmeldung siehe § 129 Rn 2, 8 und 12.
[19] *Hörtnagl* in Schmitt/Hörtnagl/Stratz Rn 16; *Priester* in Lutter Rn 6 mwN (str).
[20] § 131 Abs. 1; zum Hintergrund des § 131 Abs. 1 siehe § 131 Rn 5 und insbes. *Priester* in Lutter Rn 4; *Hörtnagl* in Schmitt/Hörtnagl/Stratz Rn 2.
[21] § 20 Abs. 1.
[22] RegBegr. *Ganske* S. 160.
[23] § 130 Abs. 1 Satz 2.

nach Eintragung der Spaltung in das Register des übertragenden Rechtsträgers ist die Wirksamkeit der Verschmelzung zu vermerken[24]. Findet bei einem übernehmenden Rechtsträger zur Durchführung der Spaltung eine **Kapitalerhöhung** statt, muss auch diese – mit Vorläufigkeitsvermerk – eingetragen sein, bevor die Spaltung bei der übertragenden Gesellschaft eingetragen werden darf[25]. Der Vorläufigkeitsvermerk ist entbehrlich, wenn die Eintragungen in den Registern aller beteiligten Rechtsträger am selben Tag erfolgen.

10   Bei der Spaltung zur Neugründung ist zunächst der neue Rechtsträger einzutragen mit einem Vermerk, dass er erst mit Eintragung der Spaltung beim übertragenden Rechtsträger entsteht, sofern die Eintragungen in den Registern aller beteiligten Rechtsträger nicht am selben Tag erfolgen[26].

2. Eintragung beim übertragenden Rechtsträger

11   Die Spaltung darf in das Register der übertragenden Gesellschaft erst eingetragen werden, nachdem die Spaltung bei allen übernehmenden Rechtsträgern eingetragen worden ist. Eine **Kapitalherabsetzung** ist bei der übertragenden Gesellschaft vor der Spaltung einzutragen[27]. Der Eintragung der Spaltung beim übernehmenden Rechtsträger, die nur deklaratorische Wirkung hat, kann die Eintragung der Kapitalherabsetzung nachfolgen[28].

3. Eintragungsfehler

12   Eine Verletzung der vorgeschriebenen Reihenfolge der Eintragungen hat **keine Auswirkungen**. Die Spaltung wird in jedem Fall durch ihre Eintragung im Register des übertragenden Rechtsträgers wirksam[29]. Dies gilt auch, wenn eine etwa notwendige Kapitalerhöhung nicht zuvor bei einem oder mehreren übernehmenden Rechtsträger(n) eingetragen wurde. Die Eintragung der Kapitalerhöhung muss dann nachgeholt werden, wobei die Spaltung auch dann mit deren Eintragung und nicht erst im Zeitpunkt der nachgeholten Eintragung der Kapitalerhöhung wirksam wird[30].

4. Rechtsmittel

13   Gegen die Eintragung gibt es kein Rechtsmittel[31]. In Betracht kommt allenfalls eine Amtslöschung[32], solange die Eintragung in das Register am Sitz des übertragenden Rechtsträgers noch aussteht[33].

14   Wird die Eintragung abgelehnt oder erlässt das Gericht eine Zwischenverfügung, ist die einfache Beschwerde statthaft[34]. Gegen die bloße Anregung des Richters, die Anmeldung zurückzunehmen, gibt es kein Rechtsmittel.

---

[24] § 130 Abs. 2 Satz 2.
[25] §§ 125, 53, 66; *Zimmermann* in Kallmeyer Rn 9.
[26] *Hörtnagl* in Schmitt/Hörtnagl/Stratz Rn 6 mwN. Siehe § 137. Die mögliche Entbehrlichkeit des Vorläufigkeitsvermerks wurde auf Vorschlag der registergerichtlichen Praxis durch das Zweite Gesetz zur Änderung des UmwG vom 19.4.2007, BGBl I S. 542, neu eingeführt.
[27] § 139 Satz 2 für die GmbH, § 145 Satz 2 für die AG; *Zimmermann* in Kallmeyer Rn 9; *Engelmeyer* AG 1996, 193, 208; siehe auch § 139 Rn 18 f. und § 145 Rn 14.
[28] *Zimmermann* in Kallmeyer § 130 Rn 9.
[29] § 131; *Priester* in Lutter Rn 11; *Schwarz* in Widmann/Mayer Rn 4.3.4.
[30] So auch *Priester* in Lutter Rn 11; *Hörtnagl* in Schmitt/Hörtnagl/Stratz Rn 9. AA *Zimmermann* in Kallmeyer Rn 13; *Schwarz* in Widmann/Mayer Rn 4.3.2.
[31] Siehe auch § 19 Rn 11.
[32] §§ 142, 143 FGG.
[33] § 131 Abs. 2; wo ausdrücklich die Irreversibilität der Spaltung festgestellt wird; siehe § 131 Rn 65 ff.
[34] § 19 FGG.

5. Kosten

Die **Gerichtskosten**, die bei der Anmeldung der Spaltung entstehen, entsprechen grundsätzlich den bei Anmeldung einer Verschmelzung anfallenden Gerichtskosten[35]. 15

Auch für die **Notargebühren** gilt das Gleiche wie bei einer Verschmelzung[36]. Bei gleichzeitiger Anmeldung der Spaltung und einer Kapitalerhöhung/-herabsetzung fällt eine Gebühr nach den zusammengerechneten Geschäftswerten, maximal € 500 000, an[37]. 16

IV. Zusammenarbeit der Registergerichte (Abs. 2)

Das Registergericht des übertragenden Rechtsträgers hat den Gerichten jedes übernehmenden Rechtsträgers von Amts wegen die Eintragung der Spaltung mitzuteilen[38]. Diese haben dann ebenfalls von Amts wegen den Tag der Eintragung der Spaltung (des Wirksamwerdens) im Register des übertragenden Rechtsträgers zu vermerken. Dies geschieht durch einen Eintrag in Spalte 5 (HRA) bzw. 6 (HRB) sowie einen Verweis in der folgenden Spalte auf das Registerblatt des übertragenden Rechtsträgers. 17

Die Voreintragung im Register der übernehmenden Rechtsträger wird hingegen nicht von Amts wegen vom Gericht des übertragenden Rechtsträgers mitgeteilt, sondern ist ihm bei oder nach Anmeldung der Spaltung durch einen beglaubigten Handelsregisterauszug nachzuweisen[39]. 18

Die **Registerunterlagen** bleiben beim Registergericht des übertragenden Rechtsträgers[40], auch wenn dieser im Fall der Aufspaltung erlischt[41]. Die Registergerichte übernehmender Rechtsträger erhalten von Amts wegen allerdings einen Registerauszug des übertragenden Rechtsträgers sowie den Gesellschaftsvertrag, den Partnerschaftsvertrag oder die Satzung in Abschrift, als Ausdruck oder in elektronischer Form[42]. Der praktische Nutzen der übermittelten Unterlagen ist fraglich, da sie nur den Stand zum Zeitpunkt der Eintragung der Spaltung dokumentieren und nachfolgende Änderungen nicht mehr mitgeteilt werden. 19

IV. Bekanntmachung

Jedes Gericht am Sitz eines beteiligten Rechtsträgers hat die Eintragung der Spaltung von Amts wegen nach § 10 HGB bekannt zu machen[43]. In der Bekanntmachung sind die Gläubiger des Rechtsträgers auf ihr Recht, Sicherheit zu verlangen, hinzuweisen[44]. 20

§ 131 Wirkungen der Eintragung

(1) **Die Eintragung der Spaltung in das Register des Sitzes des übertragenden Rechtsträgers hat folgende Wirkungen:**
1. **Das Vermögen des übertragenden Rechtsträgers, bei Abspaltung und Ausgliederung der abgespaltene oder ausgegliederte Teil oder die abgespaltenen oder ausgeglieder-**

---

[35] Siehe § 19 Rn 13 ff.
[36] Siehe § 16 Rn 11 f.
[37] §§ 41 a Abs. 4, 41 a Abs. 1 Nr. 3 bzw. 4, 39 Abs. 4 KostO.
[38] § 130 Abs. 2 Satz 1.
[39] Siehe § 129 Rn 11.
[40] Im Unterschied zur Verschmelzung, siehe § 19 Rn 17. Vgl. ausführlich *Priester* in Lutter Rn 14; *Hörtnagl* in Schmitt/Hörtnagl/Stratz Rn 24 f.
[41] Siehe § 123 Rn 13.
[42] Vgl. Gesetz über elektronische Handelsregister und Genossenschaftsregister sowie das Unternehmensregister (EHUG) vom 10.11.2006, BGBl I S. 2553.
[43] §§ 125, 19 Abs. 3. Vgl. § 19 Rn 18 f.
[44] §§ 125, 22 Abs. 1 Satz 3.

ten Teile des Vermögens einschließlich der Verbindlichkeiten gehen entsprechend der im Spaltungs- und Übernahmevertrag vorgesehenen Aufteilung jeweils als Gesamtheit auf die übernehmenden Rechtsträger über.

2. Bei der Aufspaltung erlischt der übertragende Rechtsträger. Einer besonderen Löschung bedarf es nicht.

3. Bei Aufspaltung und Abspaltung werden die Anteilsinhaber des übertragenden Rechtsträgers entsprechend der im Spaltungs- und Übernahmevertrag vorgesehenen Aufteilung Anteilsinhaber der beteiligten Rechtsträger; dies gilt nicht, soweit der übernehmende Rechtsträger oder ein Dritter, der im eigenen Namen, jedoch für Rechnung dieses Rechtsträgers handelt, Anteilsinhaber des übertragenden Rechtsträgers ist oder der übertragende Rechtsträger eigene Anteile innehat oder ein Dritter, der im eigenen Namen, jedoch für Rechnung dieses Rechtsträgers handelt, dessen Anteilsinhaber ist. Rechte Dritter an den Anteilen oder Mitgliedschaften des übertragenden Rechtsträgers bestehen an den an ihre Stelle tretenden Anteilen oder Mitgliedschaften der übernehmenden Rechtsträger weiter. Bei Ausgliederung wird der übertragende Rechtsträger entsprechend dem Ausgliederungs- und Übernahmevertrag Anteilsinhaber der übernehmenden Rechtsträger.

4. Der Mangel der notariellen Beurkundung des Spaltungs- und Übernahmevertrags und gegebenenfalls erforderlicher Zustimmungs- oder Verzichtserklärungen einzelner Anteilsinhaber wird geheilt.

(2) Mängel der Spaltung lassen die Wirkungen der Eintragung nach Absatz 1 unberührt.

(3) Ist bei einer Aufspaltung ein Gegenstand im Vertrag keinem der übernehmenden Rechtsträger zugeteilt worden und lässt sich die Zuteilung auch nicht durch Auslegung des Vertrags ermitteln, so geht der Gegenstand auf alle übernehmenden Rechtsträger in dem Verhältnis über, das sich aus dem Vertrag für die Aufteilung des Überschusses der Aktivseite der Schlussbilanz über deren Passivseite ergibt; ist eine Zuteilung des Gegenstandes an mehrere Rechtsträger nicht möglich, so ist sein Gegenwert in dem bezeichneten Verhältnis zu verteilen.

Übersicht

	Rn			Rn
I. Allgemeines	1		cc) Gesellschaftsanteile	25
1. Sinn und Zweck der Norm	1		dd) Nebenverpflichtungen von Gesellschaftern	26
2. Entstehungsgeschichte	3		ee) Unternehmensverträge	27
3. Europäische Rechtsangleichung	4		ff) Wettbewerbsverbot	39
II. Eintragung der Spaltung	5		gg) Forderungen	30
III. Vermögensübergang (Abs. 1 Nr. 1)	7		hh) Sicherheiten	32
1. Allgemeines	7		ii) Verträge	34
2. Grenzen der partiellen Gesamtrechtsnachfolge	12		jj) Persönliche Daten	39
a) Allgemeine Grenzen der Gesamtrechtsnachfolge	13		kk) Immaterialgüterrechte	40
b) Bedürfnis für die weitere Beschränkung der partiellen Gesamtrechtsnachfolge	15		ll) Nutzungsrechte	41
			mm) Genehmigungen, Erlaubnisse	43
			nn) Firma	44
c) Rechtsfolgen bei Vereinbarung einer partiellen Gesamtrechtsnachfolge jenseits ihrer Grenzen	18		3. Arbeitsrechtliche Auswirkungen der Gesamtrechtsnachfolge	45
			a) Arbeitsverträge	46
			b) Ansprüche aus der betrieblichen Altersversorgung	47
d) Die Beschränkungen der partiellen Gesamtrechtsnachfolge im Einzelnen	22		c) Tarifverträge	50
			d) Betriebsvereinbarung	55
aa) Organstellung	22		e) Dienstverträge	57
bb) Mitgliedschaften	23		IV. Erlöschen des aufgespaltenen Rechtsträgers (Abs. 1 Nr. 2)	58

	Rn		Rn
V. Anteilserwerb der bisherigen Anteilseigner (Abs. 1 Nr. 3)	59	1. Zweck und Reichweite des Abs. 2	65
1. Der Grundsatz des automatischen Anteilserwerbs (Abs. 1 Nr. 3 Satz 1 1. Halbs.)	59	2. Umfang der Wirkung der Eintragung gem. Abs. 2	66
		3. Spaltungsbedingungen bei fehlerhafter Spaltung	68
2. Ausnahmen vom Grundsatz des Anteilserwerbs (Abs. 1 Nr. 3 Satz 1 2. Halbs.)	60	VIII. Die Zuordnung „vergessener" Gegenstände (Abs. 3)	69
		1. Grund und Reichweite der Regelung	69
3. Rechte und Ansprüche Dritter (Abs. 1 Nr. 3 Satz 2)	62	2. Aktivvermögen bei der Aufspaltung	70
VI. Mängel der Beurkundung (Abs. 1 Nr. 4)	64	3. Aktivvermögen bei Abspaltung und Ausgliederung	71
VII. Sonstige Mängel der Spaltung (Abs. 2)	65	4. Verbindlichkeiten	72

Literatur: *Boecken,* Unternehmensumwandlungen und Arbeitsrecht, 1996; *Bork/Jacoby,* Das Schicksal des Zivilprozesses bei Abspaltungen, ZHR 167 (2003) 440; *Bungert,* Die Übertragung beschränkter persönlicher Dienstbarkeiten bei der Spaltung, BB 1997, 897; *Engelmeyer,* Die Spaltung von Aktiengesellschaften nach dem neuen Umwandlungsrecht, 1995; *Fuhrmann/Simon,* Praktische Probleme der umwandlungsrechtlichen Ausgliederung, AG 2000, 49; *Gaul,* Das Schicksal von Tarifverträgen bei der Umwandlung von Unternehmen, NZA 1995, 717; *Heidenhain,* Partielle Gesamtrechtsnachfolge bei der Spaltung, ZHR 168 (2004) 468; *ders.,* Sonderrechtsnachfolge bei der Spaltung, ZIP 1995, 801; *Hennrichs,* Wirkungen der Spaltung, Überlegungen zu §§ 126 Abs. 2, 131 Abs. 1 Nr. 1 Satz 2 des Referentenentwurfs eines Gesetzes zur Bereinigung des Umwandlungsrechts vom 15. April 1992, AG 1993, 508; *Henssler,* Unternehmensumstrukturierung und Tarifrecht, FS Schaub, 1998, S. 311; *Himmelreich,* Unternehmensteilung durch partielle Universalsukzession, 1987; *Jesch,* Höchstpersönliche Rechte und Abspaltung, ZHR Beiheft 68, 1999, S. 148; 86; *K.-J. Müller,* Neues zur Spaltung: Die geplante Streichung von §§ 131 I Nr. 1 S. 2, 132 UmwG, NZG 2006, 491; *Langohr/Plato,* Unternehmensspaltung nach dem UmwG – Konsequenzen für betriebliche Versorgungsverpflichtungen, NZA 2005, 966; *Louis/Nowak,* Unternehmensumwandlung: Schicksal von Versorgungsverbindlichkeiten gegenüber Betriebsrentnern, DB 2005, 2354; *Marsch-Barner/Mackenthun,* Das Schicksal gespeicherter Daten bei Verschmelzung und Spaltung von Unternehmen, ZHR 165 (2001) 426; *K. Martens,* Zur Universalsukzession in einem neuen Umwandlungsrecht, AG 1994, *Marx,* Auswirkungen der Spaltung nach dem Umwandlungsgesetz auf Rechtsverhältnisse mit Dritten, 2001; *Mayer,* Spaltungsbremse?, GmbHR 1996, 403; *Mengel,* Umwandlungen im Arbeitsrecht, Diss. Köln 1996; *Rieble,* Anmerkung zum BAG, EzA UmwG § 20 Nr. 1; *ders.,* Verschmelzung und Spaltung von Unternehmen und ihre Folgen für Schuldverhältnisse mit Dritten, ZIP 1997, 301; *Schäfer,* Höchstpersönliche Rechte (Gegenstände) in der Aufspaltung, ZHR Beiheft 68, 1999, S. 114; *K. Schmidt,* Einschränkung der umwandlungsrechtlichen Eintragungswirkungen durch den umwandlungsrechtlichen numerus clausus?, ZIP 1998, 181; *Simon/Zerres, dies.,* Unternehmensspaltung und Arbeitsrecht, FS Leinemann, 2006, S. 255; *dies.,* Aktuelle arbeitsrechtliche Besonderheiten bei der Spaltung von Unternehmen, FA 2005, 231; *Stöber,* Die Auswirkungen einer Umwandlung nach dem Umwandlungsgesetz auf einen laufenden Zivilprozess, NZG 2006, 574; *Teichmann,* Die Spaltung von Rechtsträgern als Akt der Vermögensübertragung, ZGR 1993, 336; *Teichmann/Kiessling,* Datenschutz bei Umwandlungen, ZGR 2001, 33; *Theißen,* Gläubigerschutz bei der Spaltung von Gesellschaften nach dem Umwandlungsgesetz, Diss. Düsseldorf 2001; *Voigt,* Umwandlung und Schuldverhältnis, Diss. Heidelberg 1997; *Wellenhofer-Klein,* Tarifwechsel durch Unternehmensumstrukturierung, ZfA 1999, 239; *Wiedemann,* Tarifvertragsgesetz, 6. Aufl. 1999; *Wiesner,* Dauerschuldverhältnisse in der Aufspaltung, ZHR Beiheft 68, 1999, S. 168; *Wolf,* Interessenkonflikte bei der Unternehmensteilung durch Spaltung, Der Konzern 2003, 661; vgl. Literaturverzeichnis zu § 20.

I. Allgemeines

1. Sinn und Zweck der Norm

§ 131 regelt die **Wirkungen der Eintragung** der Spaltung in das jeweils maßgebliche 1 Register. Die Regelung folgt dem Muster des § 20 für den umgekehrten Vorgang der Verschmelzung. Sie unterscheidet sich von dieser Bestimmung nicht zuletzt dadurch, dass in

§ 131 den Ausgestaltungen der **Aufspaltung, Abspaltung und Ausgliederung** Rechnung zu tragen ist[1]. Erfasst sind
- der Übergang des Vermögens vom übertragenden auf die übernehmenden Rechtsträger[2];
- das Erlöschen des übertragenden Rechtsträgers[3];
- der Erwerb von Anteilen an den übernehmenden Rechtsträger durch die Anteilsinhaber des übertragenden Rechtsträgers[4];
- die Heilung von Mängeln der Spaltung[5];
- die Zuordnung „vergessener" aktiver und passiver Vermögenselemente[6].

2 Abs. 1 Nr. 1 ist von besonderem Gewicht, da er die – im Fall der Spaltung partielle – **Gesamtrechtsnachfolge** ermöglicht und damit den Aufwand der **Einzelrechtsnachfolge**, d. h. der Übertragung der in die Spaltung einbezogenen Vermögensgegenstände nach den für sie jeweils maßgeblichen Bestimmungen, erübrigt[7]. § 131 soll die Spaltung erleichtern. Zwar findet sich in der höchstrichterlichen Rechtsprechung wiederholt der Satz, bei der Ausgliederung durch Neugründung werde der übernehmende Rechtsträger nicht Gesamtrechtsnachfolger des übertragenden Rechtsträgers[8]. Damit soll aber nur gesagt werden, dass in diesem Fall nicht das ganze Vermögen des übertragenden auf den aufnehmenden Rechtsträger übergeht; es handelt sich vielmehr um eine Übertragungsart, die es gestattet, „anstelle der Einzelübertragung verschiedener Vermögensgegenstände eine allein durch den Parteiwillen zusammengefasste Summe von Vermögensgegenständen in einem Akt zu übertragen"[9]. Damit wird der Regelungsgehalt von § 131 Abs. 1 Nr. 1 zutreffend wiedergegeben.

2. Entstehungsgeschichte

3 § 131 hatte keine Vorläufer, die entsprechende Rechtsfolgen für einzelne Spaltungsvorgänge angeordnet hätten. Das war zurecht als Hemmschuh einer marktorientierten Unternehmensorganisation empfunden worden[10]. Insofern bewirkte § 131 eine grundlegende Änderung, die prinzipiell – d. h. unabhängig von der Rechtsform – **alle Spaltungsvorgänge erfasst und erleichtert**. Durch Gesetz vom 22. 7. 1998[11] ist Abs. 1 Nr. 3 klarstellend modifiziert worden.

3. Europäische Rechtsangleichung

4 § 131 dient zugleich der Umsetzung der SpaltRL in das deutsche Recht. Das gilt freilich nur für Aktiengesellschaften[12]. Insoweit beruhen die Absätze der Vorschrift auf Artikeln der SpaltRL[13]. In dem von der Richtlinie geforderten Umfang ist die Substanz der Vorschriften des Umwandlungsrechts dem ändernden Zugriff der deutschen Gesetzgebung entzogen.

---

[1] Vgl. zu den Spaltungsarten § 123 Rn 11 ff.
[2] § 131 Abs. 1 Nr. 1.
[3] § 131 Abs. 1 Nr. 2.
[4] § 131 Abs. 1 Nr. 3.
[5] § 131 Abs. 1 Nr. 4 und Abs. 2.
[6] § 131 Abs. 3.
[7] Dazu § 20 Rn 2; *K. Schmidt* ZHR 191 (1991) 494, 502 ff.; *Hennrichs*, Formwechsel und Gesamtrechtsnachfolge bei Umwandlungen, 1995, S. 27 ff.
[8] *BGH* NJW 2001, 1217 f.; *BFH* NJW 2003, 1479 f.
[9] *BGH* NJW 2001, 1218; auch insoweit gleichlautend *BFH* NJW 2003, 1479, 1480.
[10] Dazu eingehend *Himmelreich*, insbes. S. 49 ff.
[11] BGBl. I S. 1878.
[12] Art. 1 Abs. 1 iVm. Art. 1 Abs. 1 VerschmRL; vgl. § 20 Rn 4.
[13] Abs. 1 Nr. 1 auf Art. 17 Abs. 1 a, Abs. 1 Nr. 2 auf Art. 17 Abs. 1 c, Abs. 1 Nr. 3 auf Art. 17 Abs. 1 b und Abs. 2; Abs. 1 Nr. 4 und Abs. 2 im Ansatz auf Art. 19 und Abs. 3 auf Art. 3 Abs. 3 a.

II. Eintragung der Spaltung

Die Eintragung der Spaltung im Register des Sitzes des übertragenden Rechtsträgers ist die unabdingbare Voraussetzung der in § 131 angeordneten Rechtsfolgen. Maßgeblich für ihren Eintritt ist der Zeitpunkt, in dem die Eintragung im Register am Sitz des übertragenden Rechtsträgers erfolgt. Diese zwingende Regelung dient dem doppelten Zweck der **Sicherung des Rechtsverkehrs** und der **Prüfung** der Ordnungsmäßigkeit des Spaltungsvorgangs durch den Registerrichter[14].

§ 130 Abs. 1 Satz 1 regelt die **Reihenfolge der Eintragungen**. Die Spaltung ist zunächst im Register des Sitzes jedes der übernehmenden und dann erst in dem des übertragenden Rechtsträgers einzutragen. Wie bei der Verschmelzung[15] ist ein Verstoß gegen diese Anordnung unschädlich. Er zählt zu den Mängeln, die durch die Eintragung geheilt werden[16].

III. Vermögensübergang (Abs. 1 Nr. 1)

1. Allgemeines

Die Eintragung der Spaltung im Register des Sitzes des übertragenden Rechtsträgers bewirkt den Vermögensübergang auf den oder die übernehmenden Rechtsträger. Abs. 1 Nr. 1 Satz 1 ordnet **Gesamtrechtsnachfolge** (Universalsukzession) an. Sie unterscheidet sich von der des § 20 Abs. 1 Nr. 1 dadurch, dass sie nur **partiell** ist. Lediglich ein Teil des Vermögens des übertragenden Rechtsträgers geht auf einen bestimmten übernehmenden Rechtsträger über; der andere Teil verbleibt beim übertragenden Rechtsträger (Abspaltung oder Ausgliederung) oder wird auf einen anderen übernehmenden Rechtsträger übertragen (Aufspaltung). Der Umfang dieser Teile muss im **Spaltungs- und Übernahmevertrag** festgelegt werden[17]. In ihm ist detailliert zu bestimmen, welche Aktiva und Passiva auf welchen übernehmenden Rechtsträger übergehen bzw. beim übertragenden Rechtsträger verbleiben. Die Anforderungen an die Kennzeichnung der einzelnen Gegenstände dürfen aber nicht überspannt werden. Zulässig sind insbesondere auch „All-Klauseln", mit denen sämtliche zu einem bestimmten Bereich gehörenden Gegenstände pauschal erfasst werden[18]. Deshalb sind die einschlägigen vertraglichen Abreden auch der Auslegung – und bei Bedarf der ergänzenden Auslegung – gemäß §§ 133 und 157 BGB zugänglich[19].

Im Übrigen gilt für den Vermögensübergang gem. § 131 dasselbe wie für den gem. § 20. Da er sich **automatisch** vollzieht, sind Register wie das Grundbuch zu berichtigen[20]. Gutgläubiger Erwerb ist nicht möglich[21]. Bei im Ausland belegenem Vermögen ist zu prüfen, inwieweit das dortige Recht die Universalsukzession zulässt und respektiert. Gegenstände, für die das nicht zutrifft, sind in der dem Ortsrecht genügenden Form zu übertragen[22]. Sonderregelungen für den Nießbrauch, die beschränkte persönliche Dienstbarkeit und das Vorkaufsrecht sind zu beachten[23].

---

[14] Siehe § 20 Rn 5.
[15] Siehe § 20 Rn 7.
[16] § 131 Abs. 2; dazu Rn 65 ff.
[17] § 126 Abs. 1 Ziff. 2.
[18] *BGH* AG 2004, 98, 99 = ZIP 2003, 2155, 2156.
[19] *BGH* AG 2004, 98, 99 = ZIP 2003, 2155, 2156.
[20] § 20 Rn 8; *LG Ellwangen* Rechtspfleger 1996, 154 f.
[21] § 20 Rn 9.
[22] § 20 Rn 10.
[23] § 20 Rn 32 f.

9 Für die **Rechtsverhältnisse mit Dritten** sieht das Spaltungsrecht einige Sonderregeln vor. Der **Übergang von Verbindlichkeiten** auf einen neuen Rechtsträger hat zur Folge, dass den Gläubigern ein unerwünschter, möglicherweise weniger zahlungsfähiger Schuldner aufgedrängt wird. Für diesen Fall wird der Gläubigerschutz erweitert[24]. Der **Übergang von Forderungen** auf den neuen Rechtsträger könnte vom Schuldner beanstandet werden, wenn die Abtretung gem. § 399 BGB ausgeschlossen worden ist. Für diesen Fall bestimmte § 132 Satz 2, dass § 399 BGB der Aufspaltung nicht entgegensteht[25]. § 132 wurde nunmehr durch das Zweite Gesetz zur Änderung des Umwandlungsgesetzes ersatzlos gestrichen[26]. Soweit Geschäftsbereiche und/oder Vertragsverhältnisse übergehen, ist auch das mit ihnen verknüpfte Know how einschließlich der Geschäftsgeheimnisse eingeschlossen. Soweit dabei Dateien mit personenbezogenen Daten übergehen, ist der Datenschutz zu berücksichtigen. Auch hier bedeutet die Gesamtrechtsnachfolge keine „Vermittlung von Dateien" gemäß § 3 Abs. 4 Satz 2 Nr. 3 BDSchG. Da organisatorische Veränderungen beim Verarbeiter grundsätzlich von der Einwilligung des Betroffenen erfasst werden[27], bedarf die Weitergabe im Rahmen einer Spaltung oder Ausgliederung so lange keiner Zustimmung des Betroffenen, als der vereinbarte Verwendungszweck nicht verändert wird[28].

10 Für **anhängige Zivilprozesse** sieht das UmwG keine Regelung vor; es ist auf die Bestimmungen und Grundsätze des Prozessrechts zurückzugreifen[29]. Dabei ist in mehrfacher Hinsicht zu unterscheiden. Bei der **Abspaltung** und **Ausgliederung** bleibt der übertragende Rechtsträger bestehen. Deshalb wird ein (von ihm begonnener) **Aktivprozess** ohne Unterbrechung fortgesetzt[30]. Das gilt ohne Einschränkung dort, wo das eingeklagte Recht bei ihm verblieben ist. Wo es dem übernehmenden Rechtsträger zugewiesen worden ist, ist der Antrag auf Leistung an diesen umzustellen[31]. Der übertragende Rechtsträger ist Prozessstandschafter; die Rechtskraft des Urteils erstreckt sich auf den übernehmenden Rechtsträger; ihm ist eine vollstreckbare Ausfertigung des Titels zu erteilen[32]. Zudem kann der übernehmende Rechtsträger dem Verfahren als Nebenintervenient beitreten[33]. Und er kann im Wege der Klageänderung an die Stelle des übertragenden Rechtsträgers treten, wenn der Beklagte zustimmt oder das Gericht dies für sachdienlich hält. Auch bei den **Passivprozessen** ist zu unterscheiden. Verbleibt die streitbefangene Verbindlichkeit beim übertragenden Rechtsträger, dann wird das Verfahren gegen ihn fortgesetzt. Zwar haftet nunmehr auch der übernehmende Rechtsträger[34]; das bleibt aber solange ohne Folgen, als der Kläger darauf verzichtet, das Verfahren durch Klageerweiterung auf den übernehmenden Rechtsträger zu erstrecken; eine solche Klageänderung sollte als der Sache dienlich zugelassen werden[35]. Das Verfahren gegen den übertragenden Rechtsträger wird auch dann fortgesetzt, wenn die Verbindlichkeit im Abspaltungs- oder Ausgliederungsvertrag dem übernehmenden Rechtsträger zugewiesen wird; ersterer verbleibt als Gesamtschuldner in der Haftung; der übernehmende Rechtsträger

---

[24] Siehe dazu §§ 133, 134.
[25] Zur Rechtslage bei der Verschmelzung siehe § 20 Rn 13.
[26] Siehe Rn 12 ff.
[27] § 4 Abs. 1 BDSchG
[28] Vgl. § 20 Rn 11 mwN. Zu den sich aus § 203 StGB ergebenden Sonderproblemen der Anwälte, Ärzte und anderer Berufe vgl. *Teichmann/Kießling* ZGR 2001, 33, 66 ff. und *Teichmann* in Lutter Rn 37.
[29] *Bork/Jacoby* ZHR 167 (2003) 440, 441 f.
[30] *BGH* ZIP 2001, 305, 306 f. = NJW 2001, 1217 f.
[31] *Teichmann* in Lutter § 132 Rn 57.
[32] §§ 265, 325, 727, 731 ZPO; dazu eingehend *Bock/Jacoby* ZHR 167 (2003) 440, 444 ff. mwN. Das dient dem Schutz des Prozessgegners, der sich nicht auf einen Prozess mit einem anderen Kläger einlassen muss; BGHZ 61, 140, 143.
[33] *BGH* ZIP 2001, 305, 307.
[34] §§ 133 Abs. 1 Satz 1 iVm. § 426 Abs. 1 Satz 1 BGB.
[35] § 263 ZPO und dazu § 133 Rn 61.

kann dem Prozess als Nebenintervenient beitreten[36]. Bei der Aufspaltung entfällt der übertragende Rechtsträger; an seine Stelle treten die übernehmenden Rechtsträger. Soweit ersterer einen Prozessvertreter bevollmächtigt hat, bleibt diese Vollmacht unberührt; das Verfahren kann mit dem bisherigen Vertreter für oder gegen den oder die übernehmenden Rechtsträger fortgesetzt werden[37]. Für die Zwangsvollstreckung bedarf es der Umschreibung des Titels für bzw. gegen die Rechtsnachfolger[38]. Ist der übertragende Rechtsträger **vor der Spaltung** rechtskräftig verurteilt worden, dann kann dem Kläger eine vollstreckbare Ausfertigung gegen die übernehmenden Rechtsträger erteilt werden[39].

Die ursprüngliche Fassung des Abs. 1 Nr. 1 enthielt einen Satz 2; er ordnete an, dass Gegenstände, die nicht durch Rechtsgeschäft übertragen werden können, bei Abspaltung und Ausgliederung im Eigentum oder in Inhaberschaft des übertragenden Rechtsträgers verbleiben. Diese Vorschrift war verunglückt. Sie ging viel zu weit, denn es gibt vermögenswerte Gegenstände – etwa nicht patentiertes *Know how* oder Kundenbeziehungen – die nicht durch Rechtsgeschäft, sondern in anderer Weise, etwa durch Mitteilung, übertragen werden. Es ist kein Grund ersichtlich, warum sie bei Abspaltung oder Ausgliederung vom Übergang auf den übernehmenden Rechtsträger ausgeschlossen sein sollen. Soweit Gegenstände gemeint sind, die aus ethischen Gründen dem rechtsgeschäftlichen Verkehr entzogen bleiben sollen (*res ex commercium*), ist der Satz überflüssig[40]. Die Regelung war zudem unvollständig, da sie den besonders kritischen Fall der Aufspaltung ausklammerte. Sie ist durch das Zweite Gesetz zur Änderung des Umwandlungsgesetzes[41] – zusammen mit § 132 – aufgehoben worden.

2. Grenzen der partiellen Gesamtrechtsnachfolge

Der Gesetzgeber sah ursprünglich die Notwendigkeit, Dritte davor zu schützen, dass durch die von Abs. 1 Nr. 1 angeordneten Wirkungen der partiellen Gesamtrechtsnachfolge Gegenstände unter Missachtung von speziellen Vorschriften übertragen werden, die drittschützend oder im Allgemeininteresse die Einzelübertragung von Gegenständen beschränken[42]. Zu diesem Zweck sah er **ursprünglich die Bestimmung des § 132 aF** vor, derzufolge allgemeine Vorschriften, welche die Übertragbarkeit eines bestimmten Gegenstands ausschließen oder an bestimmte Voraussetzungen knüpfen oder nach denen die Übertragung eines bestimmten Gegenstands einer staatlichen Genehmigung bedarf, durch die Wirkungen der Eintragung nach § 131 unberührt bleiben sollten. Ferner wurde bestimmt, dass § 399 BGB der Aufspaltung nicht entgegensteht. Der Tatbestand dieser Vorschrift griff allerdings viel zu weit und in ihren Rechtsfolgen war sie teilweise fragwürdig. Sie ist daher in der Literatur heftig kritisiert worden[43]. Mit dem Zweiten Gesetz zur Änderung des Umwandlungsgesetzes[44] hatte der Gesetzgeber ein Einsehen und hat den § 132 aF und den mit ihm im Zusammenhang stehenden § 131 Abs. 1 Nr. 1 Satz 2 aF ersatzlos gestrichen. Das ist sehr zu begrüßen[45]. Durch

---

[36] § 66 ZPO; *BGH* ZIP 2001, 305, 307 = *BGH* NJW 2001, 1217 f.; *BFH* NJW 2003, 1479.
[37] §§ 239, 246 ZPO; so *BGH* ZIP 2004, 92, 93 für die Verschmelzung; das hat für die Aufspaltung entsprechend zu gelten.
[38] § 727 ZPO; *OLG München* DB 1989, 1918.
[39] § 729 Abs. 2 ZPO; dazu § 133 Rn 65 mwN.
[40] *Teichmann* in Lutter Rn 3.
[41] BGBl 2007 I S. 542 dazu näher Rn 12 ff.
[42] *Teichmann* ZGR 1993, 396, 405; *Mayer* GmbHR 1996, 403, 404.
[43] *Hennrichs* AG 1993, 508, 513 hielt sie für verfehlt und schlug ihre ersatzlose Streichung vor; ebenso *Handelsrechtsausschuss des DAV* NZG 2000, 802, 806 f. und *Heidenhain* ZHR 168 (2004) 468, 481; *Kallmeyer* GmbHR 1996, 242, 244 fand sie „zumindest gesetzestechnisch verunglückt"; andererseits sprach *Voigt* S. 46 von einem „Musterbeispiel für die dogmatische Präzision des Gesetzgebers" und meinte damit die gleiche Norm. Siehe auch Rn 11.
[44] Gesetz vom 19.4.2007, BGBl. I S. 542.
[45] So auch *Handelsrechtsausschuss DAV* NZG 2006, 737, 743; *Centrale für GmbH* GmbHR 2006, 418, 421; *Bayer/Schmidt* NZG 2006, 841, 845.

die Abschaffung einer verunglückten Problemlösung ist allerdings das ursprüngliche Problem in aller Regel noch nicht gelöst. Im Folgenden wird untersucht, welchen Beschränkungen die partielle Gesamtrechtsnachfolge auch nach Aufhebung der o.g. Vorschriften unterliegt.

13 **a) Allgemeine Grenzen der Gesamtrechtsnachfolge.** Die partielle Gesamtrechtsnachfolge trägt dem Umstand Rechnung, dass bei der Spaltung immer nur Teilvermögensgesamtheiten übertragen werden, dies aber wie bei der Verschmelzung ohne die besonderen Anforderungen der Einzelrechtsnachfolge möglich sein soll. Ein Argument dafür, dass die Übertragung von Teilvermögen in weiterem Umfang zulässig sein müsste als die Übertragung von Gesamtvermögen, ist nicht ersichtlich. Daher kann die Reichweite der partiellen Gesamtrechtsnachfolge bei der Spaltung nicht weiter sein als die der bei der Verschmelzung geltenden Gesamtrechtsnachfolge.

14 Folglich gelten die für die Gesamtrechtsnachfolge bei der Verschmelzung gültigen Beschränkungen auch bei der partiellen Gesamtrechtsnachfolge[46]. Diese wiederum können aber nur insoweit Platz greifen, wie tatsächlich eine Gesamtrechtsnachfolge erfolgt. Die Vermögenszuweisung zu den an der Spaltung beteiligten Rechtsträgern wird also durch die allgemeinen Beschränkungen der Gesamtrechtsnachfolge nur eingeschränkt bei der Aufspaltung hinsichtlich des ganzen Vermögens des übertragenden Rechtsträgers und bei Abspaltung und Ausgliederung nur hinsichtlich desjenigen Teils, der vom übertragenden Rechtsträger auf den oder die übernehmenden übertragen wird.

15 **b) Bedürfnis für die weitere Beschränkung der partiellen Gesamtrechtsnachfolge.** Mit der partiellen Gesamtrechtsnachfolge soll aber nicht nur der Übertragungsvorgang selbst erleichtert werden, sondern es wird außerdem angestrebt, die Flexibilität der Unternehmen insofern zu erhöhen, als ihnen Umstrukturierungsmöglichkeiten eröffnet werden, die ihnen ansonsten – zB aufgrund von Übertragungshindernissen – verschlossen wären[47]. Damit entstand die Befürchtung, dass die partielle Gesamtrechtsnachfolge dazu genutzt werden könnte, die bei der Einzelübertragung bestehenden Beschränkungen bewusst zu umgehen. Dies wurde im Referentenentwurf zum UmwG zunächst damit zu verhindern versucht, dass die partielle Gesamtrechtsnachfolge nur dann zulässig sein sollte, wenn „nicht im Wesentlichen nur ein einzelner Gegenstand übertragen oder eine einzelne Verbindlichkeit übergeleitet" wird[48]. Nachdem dies heftig kritisiert wurde[49], war der nunmehr aufgehobene § 132 aF der Versuch, Umgehungen der Beschränkung von Einzelübertragungen dadurch unattraktiv zu machen, dass diese Beschränkungen im Wesentlichen auch für die Übertragung im Wege der partiellen Gesamtrechtsnachfolge zu beachten waren.

16 Die **Sorge vor einer Isolierung eines einzelnen Gegenstands bei einem Rechtsträger** rechtfertigt es aber nicht, die Reichweite der partiellen Gesamtrechtsnachfolge einzuschränken. Dieser von Gläubigerschutzaspekten getragene Gedanke ist – nicht nur wegen der gesamtschuldnerischen Haftung nach § 133 – nicht geeignet, die Reichweite der partiellen Gesamtrechtsnachfolge einzuschränken. Schon § 132 aF hat trotz seiner überschießenden Wirkung diesen Zweck verfehlt, weil auch er die Separierung einzelner Vermögensgegenstände nicht verhindern konnte, wenn alle bis auf einen Vermögensgegenstand zB abgespalten wurden. Es ist vielmehr zu trennen zwischen dem Rechtsinstitut der Gesamtrechtsnach-

---

[46] Siehe § 20 Rn 8 ff. und – die Spezifika bei der Spaltung berücksichtigend – sogleich Rn 22 ff.; *Grunewald* in Lutter § 20 Rn 12 ff.; *Heidenhain* ZIP 1995, 801, 803 betont, dass Gesamtrechtsnachfolge und partielle Gesamtrechtsnachfolge gleich weit reichen; siehe auch *Fuhrmann/Simon* AG 2000, 49, 56; *Wolf*, Der Konzern 2003, 661, 665.
[47] *Teichmann* in Lutter § 132 Rn 14.
[48] § 123 Abs. 5 RefE.
[49] *Arbeitskreis Umwandlungsrecht,* Vorschläge zum Referentenentwurf eines Umwandlungsgesetzes, ZGR 1993, 321, 328; *Teichmann* ZGR 1993, 396, 402 f.

folge, das den Vermögensübergang bewirkt, und der Frage, ob die dadurch geschaffenen Rechtsfolgen einer nachträglichen Korrektur bedürfen. Das scheint nunmehr auch der Gesetzgeber so zu sehen, der den durch den Rechtsübergang mit einem neuen Vertragspartner beglückten Dritten bei der Frage, ob er diesen neuen Vertragspartner akzeptieren will oder sich dagegen mit einer Kündigung, dem Rücktritt oder der Berufung auf den Wegfall der Geschäftsgrundlage o.ä. wehren kann, auf die allgemeinen Vorschriften verweist[50]. Die allgemeinen Vorschriften werden also nicht mehr zur Verhinderung des Rechtsübergangs bemüht, sondern zu seiner eventuellen Rückgängigmachung.

Zwischen Spaltung und Verschmelzung besteht zwar insofern ein Unterschied, als bei der Spaltung eine Übertragung von Vermögensgegenständen auf **unterschiedliche übernehmende Rechtsträger** in Betracht kommt und Dritte keinen Einfluss darauf haben – aber sehr wohl daran interessiert sein können –, auf wen bestimmte Gegenstände übergehen[51]. Aus diesem Umstand allein ergibt sich aber noch keine Einschränkung der partiellen Gesamtrechtsnachfolge. Seitdem § 132 aF eine solche nicht mehr anordnet, müssen deshalb Vermögensgegenstände nicht mehr in einem Umfang übertragen werden, der eine gewisse Sinnhaftigkeit oder Unternehmenskontinuität gewährleistet, die erst eine Gleichbehandlung von partieller und vollständiger Gesamtrechtsnachfolge rechtfertigt[52]. Rechtliche Gründe können jetzt allenfalls noch in steuerlicher Hinsicht für die Übertragung ganzer Teilbetriebe im Rahmen der Spaltung sprechen[53].

c) Rechtsfolgen bei Vereinbarung einer partiellen Gesamtrechtsnachfolge jenseits ihrer Grenzen. Wird im Spaltungs- und Übernahmevertrag ein Gegenstand unter Missachtung der Beschränkungen der partiellen Gesamtrechtsnachfolge – die nach dem oben Gesagten im Wesentlichen identisch mit denen bei der Gesamtrechtsnachfolge sind – einem Rechtsträger zugewiesen, wird dadurch die Spaltung selbst nicht unwirksam. Nach dem zusammen mit § 132 aF aufgehobenen § 131 Abs. 1 Nr. 1 Satz 2 aF schlug bei **Abspaltung und Ausgliederung** dann ein übersehenes Übertragungshindernis durch und der im Spaltungs- und Übernahmevertrag oder Spaltungsplan vorgesehene Übergang des Vermögensgegenstands fand nicht statt[54]. Bei der **Aufspaltung** galt dies nicht, weil das mit Eintragung der Aufspaltung in das Register des übernehmenden Rechtsträgers vorgesehene liquidationslose Erlöschen des übertragenden Rechtsträgers[55] bedingt, dass bei ihm keine nicht übertragenen Gegenstände zurückbleiben. Nach Aufhebung der o.g. Spezialregelungen für die Spaltung erscheint diese differenzierende Rechtsfolge nicht mehr vertretbar. Sie beruhte auf der Entscheidung des Gesetzgebers, in den Fällen, in denen die Spaltung als solche durch den Verbleib eines von einem Übertragungshindernis betroffenen Vermögensgegenstands beim übertragenden Rechtsträger nicht gefährdet wird, dem Übertragungshindernis gegenüber der Gesamtrechtsnachfolge den Vorrang einzuräumen. Diese Entscheidung hat der Gesetzgeber revidiert. Dann liegt es näher, sämtliche Fälle der partiellen Gesamtrechtsnachfolge gleich und diese wiederum genauso zu behandeln wie die Gesamtrechtsnachfolge bei der Verschmelzung. Es war ohnehin immer fragwürdig, zB den Übergang einer von einem Abtretungsverbot betroffenen Forderung davon abhängig zu machen, ob der bisherige Gläubiger sein Vermögen aufspaltet oder einen Teil davon abspaltet. Das Interesse des Schuldners

---

[50] BegrRegE zu Art. 1 Nr. 21 (§ 132), BT-Drucks. 16/2919 S. 19.
[51] So auch *Teichmann* in Lutter § 132 Rn 13.
[52] Siehe hierzu Voraufl. § 132 Rn 23 ff.
[53] § 15 Abs. 1 UmwStG, wonach ein Recht zur Buchwertfortführung und damit die steuerliche Neutralität der Spaltung nur gegeben ist, wenn Gegenstand der Spaltung ein Teilbetrieb ist.
[54] Zum alten Recht *Heidenhain* NJW 1995, 2873, 2879; differenzierend *Mayer* GmbHR 1996, 403, 412.
[55] § 131 Abs. 1 Nr. 2.

war in beiden Fällen gleichermaßen, es nicht ungefragt mit einem neuen Gläubiger zu tun zu haben[56].

19 **Grundsätzlich** geht daher ein im Wege der partiellen Gesamtrechtsnachfolge nicht übertragbarer Vermögensgegenstand unabhängig davon, welche Form der Spaltung vorliegt, gemäß seiner Zuweisung im Spaltungs- und Übernahmevertrag bzw. Spaltungsplan über. Die dem widerstreitenden Interessen des Vertragspartners können bei Verträgen am ehesten durch ein **außerordentliches Kündigungsrecht** zur Geltung gebracht werden. Die Vertragsauflösung muss dann zwar mit dem neuen Vertragspartner abgewickelt werden, aber das erscheint zumutbar. Für öffentlich-rechtliche Genehmigungen (zB Konzession bei genehmigungspflichtigem Unternehmensgegenstand) gelten ohnehin Sonderregeln, die sich aus dem öffentlichen Recht ergeben[57].

20 Teilweise wird für das Recht zur außerordentlichen Kündigung nicht einmal das **Vorliegen eines wichtigen Grunds** verlangt[58]. Die dogmatische Begründung hierfür beruht letztlich auf der Parallele zu anderen gesetzlich geregelten Fällen, in denen das Gesetz zwar den Rechtsübergang will, den Vertragspartner aber nicht an dem Rechtsverhältnis festhalten möchte[59]. Es erscheint allerdings fraglich, ob sich aus diesen Fällen ein analogiefähiger Rechtsgrundsatz ergibt und ob in jedem der betroffenen Spaltungsfälle die Interessenlage vergleichbar ist. Richtiger erscheint es, für das außerordentliche Kündigungsrecht einen wichtigen Grund oder den Wegfall der Geschäftsgrundlage zu verlangen[60]. Damit wird auch vermieden, dass sich der Vertragspartner von dem Vertragsverhältnis lösen kann, ohne wesentlich durch die Spaltung beeinträchtigt zu sein. Könnte er dies, hätte er einen Vorteil, der nicht nur schwer begründbar wäre, sondern auch dem Umstand nicht gerecht würde, dass gewisse Veränderungen in der Person des Vertragspartners hinzunehmen sind. Man wird allerdings die Anforderungen an den wichtigen Kündigungsgrund nicht zu hoch schrauben dürfen. Oft wird er sich gerade aus der eigentlichen Übertragungsbeschränkung ergeben, die der partiellen Gesamtrechtsnachfolge entgegensteht. Andererseits wird man zB während der fünfjährigen gesamtschuldnerischen Haftung der übernehmenden Rechtsträger in der fehlenden Bonität des das Schuldverhältnis übernehmenden Rechtsträgers keinen wichtigen Grund sehen können[61]. Das wiederum gilt aber nur, wenn das Rechtsverhältnis innerhalb dieser fünf Jahre ohnehin endet oder man aber eine Kündigung noch zum Ablauf dieser Fünfjahresfrist zulässt.

21 Von dem Grundsatz des einheitlichen Rechtsübergangs trotz Übertragungshindernis gibt es allerdings eine wesentliche **Ausnahme**, die bei der Verschmelzung nicht zum Tragen kommen kann, weil hier Rechtsgüter nur zusammengeführt, aber nicht getrennt werden: Bei zwingend zusammengehörenden Gegenständen, wie wesentliche Bestandteile zum Grundstück, akzessorische Sicherungs- und Gestaltungsrechte zum Hauptrecht oder Neben- zu Hauptpflichten, teilt das untergeordnete Recht zwingend das Schicksal des übergeordneten

---

[56] *Hennrichs* AG 1993, 508, 512; *Teichmann* ZGR 1993, 396, 408. Siehe auch *Heidenhain* ZIP 1995, 801, 803, *Fuhrmann/Simon* AG 2000, 49, 56 und *Wolf*, Der Konzern 2003, 661, 665, die schon zum alten Recht richtig darauf hinweisen, dass die zwischen Verschmelzung und Spaltung bestehenden strukturellen Unterschiede eine unterschiedliche Reichweite von Gesamtrechtsnachfolge und partieller Gesamtrechtsnachfolge nicht begründen können.

[57] So auch *DNotV*, Stellungnahme zum Referentenentwurf, Nr. 10 (abrufbar unter www.dnotv.de).

[58] *Rieble* ZIP 1997, 301, 308; für einem wirksamen Abtretungsverbot unterliegende höchstpersönliche Rechte ebenso *Schäfer* ZHR Beiheft 68, 1999, S. 114, 140; kritisch gegenüber einem Recht zur Kündigung ohne wichtigen Grund *Wiesner* ZHR Beiheft 68, 1999, S. 168, 176.

[59] §§ 569, 613 a Abs. 1 BGB.

[60] *Wiesner* ZHR Beiheft 68, 1999, S. 168, 176 f.; *Theißen* S. 212; zu den Besonderheiten bei Arbeitsverhältnissen siehe Rn 45 ff.

[61] Siehe § 133 Abs. 3; so auch *Rieble* ZIP 1997, 1999, 301, 305; *Wiesner* ZHR Beiheft 68, 1999, S. 168, 179; *Voigt* S. 117.

und wird dem Rechtsträger zugewiesen, dem auch das übergeordnete Recht zugewiesen wird, selbst wenn der Spaltungs- und Übernahmevertrag bzw. der Spaltungsplan etwas anderes vorsehen.

d) Die Beschränkungen der partiellen Gesamtrechtsnachfolge im Einzelnen: *aa)* 22
Organstellung. Die Bestellung zum **Organ eines übertragenden Rechtsträgers** und die damit verbundene Vertretungsmacht erlöschen, wenn die betreffende Person einem übernehmenden Rechtsträger zugewiesen wird; der Anstellungsvertrag geht aber auch dann gemäß Zuweisung über.

bb) Mitgliedschaften. Die Mitgliedschaft in einem **Verein**, zB Arbeitgeberverband oder Be- 23
rufsverband, ist nicht übertragbar, wenn nicht die Vereinssatzung ausdrücklich oder konkludent anderes bestimmt[62]. Damit soll insbesondere der ideelle Verein vor der Mitgliedschaft von natürlichen Personen geschützt werden, die anderenfalls nicht aufgenommen würden. Da die Interessenlage bei Verbandsmitgliedschaften von Unternehmen anders ist, wird in der umwandlungsrechtlichen Literatur teilweise versucht, durch entsprechende Satzungsauslegung zu einer Übertragbarkeit der Mitgliedschaft zu gelangen[63]. Lehnt man das angesichts des Umstands ab, dass der übernehmende Rechtsträger dem Verein jederzeit wieder beitreten kann, erlischt die Mitgliedschaft, wenn sie einem übernehmenden Rechtsträger zugewiesen wird[64]. Vor dem Hintergrund des § 131 Nr. 1 Satz 1 aF hätte die Mitgliedschaft im Fall der Abspaltung und Ausgliederung auch bei Zuweisung zu einem übernehmenden Rechtsträger beim übertragenden Rechtsträger (zunächst) fortbestanden. Nunmehr tritt diese Rechtsfolge nur noch ein, wenn die Mitgliedschaft ausdrücklich dem übertragenden Rechtsträger zugewiesen wird. Käme eine Übertragung der Vereinsmitgliedschaft auf mehrere übernehmende Rechtsträger in Betracht, muss sie einem von ihnen zugewiesen werden, weil für eine Vervielfachung der Mitgliedschaften iRd. Spaltung keine Rechtsgrundlage besteht[65].

Hinsichtlich der Mitgliedschaft in einer **Genossenschaft** dürfte Gleiches wie bei der 24
Verschmelzung gelten: Wird sie im Wege der partiellen Gesamtrechtsnachfolge übertragen, geht sie zunächst auf den übernehmenden Rechtsträger über, erlischt aber nach Schluss des Geschäftsjahres[66]. Dies kann nur verhindert werden, indem man die Mitgliedschaft beim übertragenden Rechtsträger belässt.

cc) Gesellschaftsanteile. Die Beteiligung eines **persönlich haftenden Gesellschafters** an 25
einer Gesellschaft bürgerlichen Rechts oder einer Personenhandelsgesellschaft[67] ist grundsätzlich höchstpersönlich und nicht übertragbar, es sei denn, die Übertragbarkeit ist im Gesellschaftsvertrag vorgesehen[68]. Dies gilt auch dann, wenn die Personengesellschaft durch die Zulassung von anderen Kapitalgesellschaften oder kapitalistischen Personengesellschaften als Gesellschafter schon zuvor dokumentiert hat, dass sie einen Wechsel der letztlich für den

---

[62] §§ 38, 40 BGB.
[63] Siehe dazu § 20 Rn 27.
[64] *Teichmann* in Lutter § 132 Rn 49, der aber bei Erfüllung der Mitgliedsvoraussetzungen einen Übergang der Mitgliedschaft auf den übernehmenden Rechtsträger befürwortet.
[65] *Teichmann* in Lutter § 132 Rn 49; aA offenbar *Rieble* ZIP 1997, 301, 307.
[66] § 77 a Satz 2 GenG.
[67] § 131 Abs. 3 Nr. 1 HGB schreibt nunmehr beim Tod eines Gesellschafters nicht mehr das Erlöschen der Gesellschaft, sondern nur noch dessen Ausscheiden gegen Abfindung vor. *Marsch-Barner* in Kallmeyer § 20 Rn 7 sieht auch darin ein Übertragungshindernis, *Fuhrmann/Simon* AG 2000, 49, 56 f. gerade nicht, während *Grunewald* in Lutter § 20 Rn 19 das Ausscheiden gegen Abfindung analog für die Gesamtrechtsnachfolge vorsieht. Richtig ist Folgendes: Da nach dem Gesetz ohne gesonderte Beschlussfassung der Erbe jedenfalls nicht Gesellschafter wird, verlangt die Vorschrift auch in ihrer jetzigen Form für die Gesamtrechtsnachfolge eine generell oder für den Einzelfall erklärte Zustimmung der Mitgesellschafter, ohne die es zu einem Ausscheiden des übertragenden und aufgelösten Rechtsträgers kommt.
[68] § 727 Abs. 1 BGB, §§ 131 Abs. 3 Nr. 1, 161 Abs. 2 HGB.

Gesellschafter die Entscheidungen treffenden Personen akzeptiert[69]. Der **Kommanditanteil** und der **Anteil des stillen Gesellschafters** sind hingegen der partiellen Gesamtrechtsnachfolge auch ohne eine solche Gestattung der Übertragbarkeit und ohne Zustimmung der Mitgesellschafter zugänglich[70], es sei denn, diese ist im Gesellschaftsvertrag der Personengesellschaft klar und deutlich ausgeschlossen. Bei der **Kapitalgesellschaft** ist der Anteil grundsätzlich frei übertragbar, auch wenn er in der Satzung ausdrücklich vinkuliert wurde[71], weil die Vinkulierung die Gesamtrechtsnachfolge grundsätzlich nicht erfasst[72].

26 *dd) Nebenverpflichtungen von Gesellschaftern.* Nebenverpflichtungen, die Gesellschafter beim übertragenden Rechtsträger übernommen haben, bleiben von der Spaltung grundsätzlich unberührt, setzen sich aber nicht bei übernehmenden Rechtsträgern fort, wenn dies nicht ausdrücklich satzungsrechtlich dort vereinbart wird. Eine lediglich schuldrechtliche Verpflichtung würde Rechtsnachfolger in den Gesellschaftsanteil nicht binden.

27 *ee) Unternehmensverträge.* Ein Unternehmensvertrag, bei dem der **übertragende Rechtsträger abhängiges Unternehmen** ist, erlischt bei der Verschmelzung entweder durch Konfusion oder weil dem herrschenden Unternehmen nicht eine Ausweitung seines Risikos durch die Zusammenlegung der verschmolzenen Unternehmen zugemutet werden soll. Ferner sollen die außenstehenden Gesellschafter des übernehmenden Rechtsträgers davor geschützt werden, zu außenstehenden Gesellschaftern eines abhängigen Rechtsträgers zu werden[73]. Die für die Verschmelzung gültigen Überlegungen können auf die Spaltung übertragen werden. Bei Abspaltung und Ausgliederung wäre zwar denkbar, dass der Unternehmensvertrag beim übertragenden Rechtsträger fortgilt. Dafür müsste er ihm aber zugewiesen werden; als Auffangrechtsfolge einer gescheiterten partiellen Gesamtrechtsnachfolge durch den übernehmenden Rechtsträger ergibt sich das nicht mehr. Damit wird auch dem Umstand Rechnung getragen, dass dem übertragenden Rechtsträger durch die Spaltung Vermögenswerte entzogen werden (wobei es sich bei der Ausgliederung insoweit nur um einen Aktivtausch handelt).

28 In den **anderen Konstellationen**, in denen der übertragende Rechtsträger herrschendes Unternehmen ist oder in denen der übernehmende Rechtsträger abhängiges oder herrschendes Unternehmen ist, geht die Rechtsposition wie bei der Verschmelzung im Rahmen der partiellen Gesamtrechtsnachfolge auf denjenigen Rechtsträger über, dem sie im Spaltungs- und Übernahmevertrag bzw. im Spaltungsplan zugewiesen ist[74].

29 *ff) Wettbewerbsverbot.* Bei bestimmten höchstpersönlichen Pflichten, etwa einem Wettbewerbsverbot oder anderen Unterlassungsverpflichtungen, einer Geheimhaltungsverpflichtung oder einer Ausschließlichkeitsbindung, kann es sein, dass die Übertragung der Verpflichtung auf oder ihre Fortführung bei nur einem an der Spaltung beteiligten Rechtsträger den Interessen des anderen Teils nicht ausreichend Rechnung trägt. Jedenfalls wenn sonst die Geschäftsgrundlage der höchstpersönlichen Pflicht wegfällt, kann der andere Teil eine Vervielfachung und Zuweisung der Verpflichtung zu mehreren Rechtsträgern verlangen[75]. Umgekehrt kann es bei der Spaltung zur Aufnahme zu weitgehend sein, den übernehmenden Rechtsträger vollständig durch das Wettbewerbsverbot zu binden. Hier wird zu prüfen

---

[69] *Kraft* in Kölner Komm. § 346 AktG Rn 22; *Grunewald* in Lutter § 20 Rn 18; *Rieble* ZIP 1997, 301, 307; siehe auch *Teichmann* in Lutter § 132 Rn 50.
[70] §§ 177, 234 Abs. 2 HGB.
[71] § 15 Abs. 5 GmbHG, § 68 Abs. 2 Satz 1 AktG.
[72] *Grunewald* in Lutter § 20 Rn 17; *Marsch-Barner* in Kallmeyer § 20 Rn 7; *Lutter* in Kölner Komm. § 68 AktG Rn 45 f.
[73] *Grunewald* in Lutter § 20 Rn 36; *OLG Karlsruhe* ZIP 1994, 1529, 1531.
[74] Siehe ausführlicher zu den parallelen Fragestellungen bei der Verschmelzung § 20 Rn 29 ff.
[75] *Schäfer* ZHR Beiheft 68, 1999, S. 114, 138; *Teichmann* in Lutter § 132 Rn 37.

gg) Forderungen. Forderungen können grundsätzlich nicht abgetreten werden, wenn die **30** Leistung an einen anderen als den ursprünglichen Gläubiger nicht ohne Veränderung ihres Inhalts erfolgen kann oder wenn die Abtretung durch Vereinbarung mit dem Schuldner ausgeschlossen ist[77]. Diese Abtretungsbeschränkungen gelten entsprechend auch für Fälle des gesetzlichen Forderungsübergangs[78]. Für die Verschmelzung wird dies verbreitet mit dem Argument abgelehnt, dass das angesichts des Erlöschens des übertragenden Rechtsträgers notwendigerweise zu einem nicht sachgerechten Erlöschen der Forderung führen müsse[79]. Wenn das der entscheidende Gesichtspunkt sein sollte, würde er bei der partiellen Gesamtrechtsnachfolge nur bei der Aufspaltung greifen. Das entsprach auch der Regelung des § 132 aF und wurde dort überwiegend akzeptiert, soweit die Nichtübertragbarkeit von Forderungen des übertragenden Rechtsträgers sich aus einer **Vereinbarung** mit dem Schuldner ergab[80]. Ist eine Forderung nicht abtretbar, weil mit einer Abtretung ihr **Inhalt** verändert würde[81], zB eine Dienstleistung nicht in derselben Form erbracht werden könnte[82], war nach überwiegender Meinung zum bisherigen Recht zunächst genau zu prüfen, ob durch die Übertragung tatsächlich eine Inhaltsänderung eintritt. Wo bei der Aufspaltung durch den Übergang auf den im Spaltungs- und Übernahmevertrag bezeichneten Rechtsträger eine solche Inhaltsänderung der Forderung eintritt, die es dem Schuldner unzumutbar macht, an diesen Rechtsträger zu leisten, wurde ihm nach früherem Recht ein außerordentliches Kündigungsrecht eingeräumt[83]. Bei Abspaltung und Ausgliederung sollte die Forderung in diesen Fällen beim übertragenden Rechtsträger verbleiben.

Inzwischen fragt es sich, ob diese Differenzierung sachgerecht ist. Die Zweifel rühren zum **31** einen aus der Aufhebung von § 131 Abs. 1 Nr. 1 Satz 2 aF[84], zum anderen aus der grundsätzlicheren Überlegung, dass die Frage, ob die (partielle) Gesamtrechtsnachfolge ein gesetzlicher Forderungsübergang iSd. § 412 BGB ist, eigentlich nicht davon abhängen kann, ob für die Forderung im Falle des Eingreifens eines Abtretungsverbots noch ein Rechtsinhaber vorhanden ist. § 399 BGB (über § 412 BGB) bei Abspaltung und Ausgliederung eingreifen zu lassen, würde die Rechtsfolgen bewirken, die man durch die Abschaffung des § 132 aF vermeiden wollte. Würden diese Vorschriften hier auch ohne § 132 aF gelten, hätte es dieser Vorschrift insoweit gar nicht bedurft. Das aus nachvollziehbaren Gründen angestrebte Ergebnis, ein Erlöschen der Forderung als Konsequenz des Erlöschens des übertragenden Rechtsträgers zu vermeiden, ließe sich überzeugender erreichen, wenn man die (partielle) Gesamtrechtsnachfolge nach dem UmwG schon nicht als gesetzlichen Forderungsübergang iSd. § 412 BGB begreifen würde[85]. Dafür spricht, dass sie Konsequenz des Verschmelzungs-

---

[76] Siehe auch *Grunewald* in Lutter § 20 Rn 38.
[77] § 399 BGB.
[78] § 412 BGB.
[79] § 20 Rn 14; *Kraft* in Kölner Komm. § 346 AktG Rn 25; *Grunewald* in Lutter § 20 Rn 31; *Stratz* in Schmitt/Hörtnagl/Stratz § 20 Rn 57; *Marsch-Barner* in Kallmeyer § 20 Rn 8; *Roth* in MünchKomm. § 412 BGB Rn 15; *Westermann* in Erman § 412 BGB Rn 2.
[80] Fall des § 399 2. Alt. BGB; beachte für Geldforderungen aus beiderseitigen Handelsgeschäften die Sondervorschrift des § 354 a HGB, die § 399 2. Alt. BGB vorgeht, siehe hierzu *Mayer* in Widmann/Mayer Rn 57 f.
[81] Fall des § 399 1. Alt. BGB.
[82] Weitere Beispiele sind Unterlassungsansprüche aus Wettbewerbsvereinbarungen oder Ansprüche auf einen Vertragsabschluss aus einem Vorvertrag, siehe näher *Heinrichs* in Palandt § 399 BGB Rn 4.
[83] Siehe auch *Teichmann* in Lutter § 132 Rn 35.
[84] Siehe dazu oben Rn 18.
[85] So für die Verschmelzung RGZ 136, 313, 315 f.; siehe auch § 20 Rn 14; *Roth* in MünchKomm. § 412 BGB Rn 15 hält einen Schutz des Schuldners entsprechend § 399 BGB immerhin dann für erwägenswert, wenn der Untergang des übertragenden Rechtsträgers zu einer ungerechtfertigten Bereicherung des Schuldners führen würde.

bzw. Spaltungs- und Übernahmevertrags ist. Damit würde auch die mit der Aufhebung von § 131 Abs. 1 Nr. 1 Satz 2 aF bezweckte Gleichbehandlung der drei Spaltungsarten bewirkt.

32 *hh) Sicherheiten.* Die Gesamtrechtsnachfolge in **Verbindlichkeiten** ist – sofern diese nicht durch Konfusion erlöschen – uneingeschränkt möglich, und für die partielle Gesamtrechtsnachfolge gilt das Gleiche. **Personal- und Realsicherheiten**, die Dritte für diese Verbindlichkeiten bestellt haben, sichern den Anspruch gegen den übernehmenden Rechtsträger[86]. Dabei ist anerkannt, dass die Sicherheit auf das bei Eintragung der Umwandlung bestehende Risiko beschränkt ist, also nicht etwa automatisch eine in deren Folge ausgeweitete Kreditlinie mit erfasst[87]. Jenseits dessen kommt es für die partielle Gesamtrechtsnachfolge des übernehmenden Rechtsträgers in die von dem Sicherungsgeber bestellte Sicherheit auf dessen Zustimmung nicht an[88]. Die Schutzbedürftigkeit eines Sicherungsgebers, der gegenüber einem übertragenden Rechtsträger eine Sicherheit übernommen hat, vor einer Erhöhung seines Risikos durch die mit der Spaltung bewirkte Verringerung von dessen Vermögensmasse ist keine Frage der Grenzen der partiellen Gesamtrechtsnachfolge, sondern eine des Gläubigerschutzes[89].

33 Wegen ihrer **Akzessorietät** geht eine Hypothek auf denjenigen Rechtsträger über, dem im Spaltungsvertrag oder -plan die gesicherte Forderung zugewiesen ist. Entsprechendes gilt bei anderen akzessorischen Rechten wie Bürgschaft, Pfandrecht und Vormerkung. Die Anordnung einer davon abweichenden partiellen Gesamtrechtsnachfolge im Spaltungsvertrag kommt nicht in Betracht.

34 *ii) Verträge.* Vertragsverhältnisse, Vorverträge, Vorkaufsrechte, Optionen und bindende Vertragsangebote können im Rahmen der partiellen Gesamtrechtsnachfolge übertragen werden. Das entspricht auch der Interessenlage in solchen **Dauerschuldverhältnissen**, in denen der Vertragspartner ein besonderes Vertrauen oder eine besondere Sachkunde etc. in Anspruch nimmt, für die also eine gewisse **Höchstpersönlichkeit** kennzeichnend ist (zB Dienstleistungs-, Werk-, Geschäftsbesorgungs- oder Treuhandverträge[90])[91]. § 673 BGB, der das Erlöschen des Auftrags beim Tod des Beauftragten vorsieht, steht dem nicht entgegen[92], wenn und soweit ein besonderes Vertrauensverhältnis nicht unmittelbar an die Person des in die Spaltung einbezogenen Rechtsträgers geknüpft wurde.

35 Wo die Zuweisung des Vertragsverhältnisses zu einem Rechtsträger nicht interessengerecht ist, hat der Vertragspartner als Korrektiv ein Recht zur **außerordentlichen Kündigung** des übergegangenen Dauerschuldverhältnisses, wenn dessen Fortführung unter den geänderten Umständen für ihn unzumutbar ist[93], insbesondere bestimmte für die Abwicklung des Vertragsverhältnisses wichtige Personen nach der Spaltung bei dem Rechtsträger, dem das Vertragsverhältnis zugewiesen wurde, nicht mehr zur Verfügung stehen. Bei Gesellschaften wird die Höchstpersönlichkeit meist an das Personal anknüpfen, dessen besondere Sachkunde oder Vertrauenswürdigkeit für die Abwicklung des jeweiligen Vertragsverhältnisses wesentlich ist. Nur ausnahmsweise wird an die durch die Spaltung bewirkte andere

---

[86] *BGH* NJW 1993, 1917, 1918.
[87] *BGH* NJW 1993, 1917, 1918; *Grunewald* in Lutter § 20 Rn 33; *Stratz* in Schmitt/Hörtnagl/Stratz § 20 Rn 55.
[88] *Rieble* ZIP 1997, 301, 309 f.; § 418 Abs. 1 BGB greift nach Aufhebung des § 132 aF nicht mehr ein, aA zum alten Recht Voraufl. § 132 Rn 40; *Teichmann* in Lutter § 132 Rn 36.
[89] Siehe dazu § 133 Rn 17.
[90] Zu letzteren siehe ausführlich *Armbrüster* GmbHR 2001, 941, 948 ff.
[91] Ausführlich hierzu *Schäfer* ZHR Beiheft 68, 1999, S. 114 ff.; *Jesch* ZHR Beiheft 68, 1999, S. 148 ff.; *Wiesner* ZHR Beiheft 68, 1999, S. 168 ff.
[92] Ausführlich dazu *K. Schmidt* DB 2001, 1019, 1020 ff.
[93] So auch *Rieble* ZIP 1997, 301, 305; *Fuhrmann/Simon* AG 2000, 49, 57; *Wolf*, Der Konzern 2003, 661, 669; offener *Teichmann* in Lutter § 132 Rn 40.

Zusammensetzung des Gesellschafterkreises desjenigen Rechtsträgers, dem das Vertragsverhältnis zugewiesen wurde, anzuknüpfen sein, weil grundsätzlich durch die Spaltung bewirkte Änderungen des Gesellschafterkreises eines Vertragspartners genauso hinzunehmen sind wie entsprechende Änderungen aus anderen Gründen[94]. Anderes kann aber bei einer Ausgliederung aus dem Vermögen eines Einzelkaufmanns gelten, wenn in dessen Person ein besonderes Vertrauen gesetzt wurde.

Bei einem **Mietverhältnis** ist der durch die Umwandlung bewirkte Austausch des Vermieters ohne das Hinzutreten besonderer Umstände jedoch kein Kündigungsgrund[95]. Auch **Kreditverhältnisse** des übertragenden Rechtsträgers oder zu seinen Gunsten abgegebene Kreditzusagen gehen grundsätzlich ohne Zustimmung des Gläubigers über. Insoweit stehen der Unzumutbarkeit des Schuldnerwechsels die gesamtschuldnerische Haftung und die Möglichkeit entgegen, Sicherheiten zu verlangen[96].

Zulässig ist grundsätzlich auch die **Teilung von Vertragsverhältnissen** im Rahmen der partiellen Gesamtrechtsnachfolge, sofern sich dadurch die vertraglichen Verpflichtungen des Vertragspartners nicht ausweiten[97]. Dabei können grundsätzlich sowohl Leistung und Gegenleistung voneinander getrennt als auch Leistungs- und Gegenleistungspflicht auf mehrere Rechtsträger aufgeteilt werden. Beispiel für Letzteres ist die Aufteilung eines Mietverhältnisses sowohl auf den übertragenden als auch den übernehmenden Rechtsträger. Nicht voneinander getrennt werden können aber zusammenhängende Rechtspositionen wie etwa Hauptpflichten und daran anknüpfende Nebenpflichten[98]. Auch bei der Teilung von Vertragsverhältnissen ist der jeweilige Vertragspartner durch ein außerordentliches Kündigungsrecht geschützt, wenn das Festhalten am Vertrag infolge der partiellen Gesamtrechtsnachfolge für ihn unzumutbar wird.

Nicht zulässig ist hingegen die Zuweisung von **akzessorischen Gestaltungsrechten** wie die Anfechtung, Kündigung und die Ausübung von Gewährleistungsrechten zu einem Rechtsträger, dem nicht auch das entsprechende Vertragsverhältnis zugewiesen worden ist.

jj) Persönliche Daten. Soweit Verträge ohne die Zustimmung des anderen Teils auf einen übernehmenden Rechtsträger übergehen können, gilt dies auch für die zu ihrer Abwicklung erforderlichen (Kunden-)Daten, d.h. der übernehmende Rechtsträger darf die Vertragsdaten erhalten und verarbeiten, ohne dass dem der Vertragspartner gemäß § 4 BDSG zustimmen müsste. Wenn man dies nicht schon deswegen annehmen will, weil bei der Spaltung gar keine Datenübermittlung iSd. § 3 Abs. 4 Satz 2 Nr. 3 BDSG vorliegt[99], kommt man zu diesem Ergebnis jedenfalls, indem man die Zustimmung als durch die Gesamtrechtsnachfolge ersetzt ansieht[100]. Das unterstellt allerdings, dass die Daten auch nach der Spaltung noch zu dem ursprünglich vereinbarten Zweck verwendet werden.

kk) Immaterialgüterrechte. Ist der übertragende Rechtsträger Inhaber von **Patenten, Marken und Kennzeichen, Gebrauchs- oder Geschmacksmustern,** sind die jeweiligen

---

[94] *Rieble* ZIP 1997, 301, 305; *Teichmann* in Lutter § 132 Rn 42.
[95] *BGH* NZG 2003, 1172, 1173 unter Hinweis auf § 566 BGB; siehe ferner *BGH* WM 2002, 1240 für den Austausch eines Pächters aufgrund Verschmelzung.
[96] §§ 133, 125 iVm. § 22.
[97] *Teichmann* in Lutter § 132 Rn 39.
[98] *Teichmann* in Lutter § 132 Rn 39.
[99] *Marsch-Barner/Mackenthun* ZHR 165 (2001) 426, 432 ff. mit dem Argument, dass es in den Spaltungsfällen an dem Zweipersonenverhältnis von Absender und Drittem als Datenempfänger und an einer Vermehrung der Informationsträger fehle; aA für die Spaltung zur Aufnahme *Teichmann/Kiessling* ZGR 2001, 33, 49 f.
[100] *Teichmann/Kiessling* ZGR 2001, 33, 58; *Marsch-Barner/Mackenthun* ZHR 165 (2001) 426, 432; *Hessischer Landtag* Drucks. 15/1539 v. 30.8.2000, S. 12; aA wohl *Grunewald* in Lutter § 20 Rn 39, die aber die Zulässigkeit der Datenübertragung aus § 28 Abs. 1 Nr. 2 BDSG ableitet, weil die Weitergabe der Daten zur Wahrung des Interesses des übertragenden Rechtsträgers an der Umwandlung erforderlich sei.

im öffentlichen Interesse geltenden gesetzlichen Bestimmungen[101] zur Übertragung solcher Rechte auch nach Aufhebung des § 132 aF zu beachten. Denn auch bei der Verschmelzung erfolgt ein Übergang nur unter den Voraussetzungen dieser Vorschriften. Liegen diese nicht vor, erlöschen die Immaterialgüterrechte[102]. Das gilt nicht nur bei der Aufspaltung, sondern auch bei Abspaltung und Ausgliederung, wenn eine Zuweisung zu einem übernehmenden Rechtsträger erfolgt und die partielle Gesamtrechtsnachfolge scheitert. Sollen sie in diesen Fällen beim übertragenden Rechtsträger verbleiben, müssen sie diesem zugewiesen werden. Auch dann müssen sie aber erlöschen, wenn dieser nicht mehr Inhaber solcher Rechte sein kann. Das **Urheberrecht** kann nicht übertragen werden, weil es nur dem Schöpfer des Werks zusteht[103]. Seine Aufnahme in den Spaltungs- und Übernahmevertrag kann daher nur zum Übergang des Urheberverwertungsrechts[104] führen[105]. Außerdem können **Beseitigungs- und Unterlassungsansprüche** zum Schutz solcher Immaterialgüterrechte nicht isoliert von den Rechten selbst einem Rechtsträger zugewiesen werden.

41 ll) *Nutzungsrechte*. Der Nießbrauch, die beschränkt persönliche Dienstbarkeit und das dingliche Vorkaufsrecht sind grundsätzlich nicht übertragbar. § 1059 a BGB[106] ermöglicht jedoch die Übertragung dieser Nutzungsrechte unter bestimmten Voraussetzungen iRd. Verschmelzung, um zu verhindern, dass diese Rechte untergehen müssen und damit Werte vernichtet werden[107]. Das gilt grundsätzlich auch für die partielle Gesamtrechtsnachfolge[108]. Hier sind aber die auch bei der Verschmelzung geltenden Beschränkungen der Übertragbarkeit zu berücksichtigen. Daher fehlt es an der Übertragbarkeit des Nutzungsrechts, wenn sein Übergang ausdrücklich ausgeschlossen ist[109]. Bei Abspaltung und Ausgliederung, wo – anders als bei Verschmelzung und Aufspaltung – die Übertragbarkeit der Nutzungsrechte nicht benötigt wird, um ihre Vernichtung zu verhindern, ist aber auch der Rechtsgedanke aus § 1059 a Abs. 1 Ziff. 2 BGB zu berücksichtigen. Dort wird für den Fall des Unternehmenskaufs verlangt, dass das Nutzungsrecht dem verkauften Unternehmensteil zu dienen bestimmt sein und dass dies auch behördlich bestätigt werden muss[110]. Insoweit bestand für die Verschmelzung kein Regelungsbedarf, weil hier aufgrund des vollständigen Vermögensübergangs *per se* sichergestellt ist, dass das Nutzungsrecht dem übergehenden Unternehmensteil dient. Bei Abspaltung und Ausgliederung kann und muss dem Gedanken des Gesetzgebers insofern Rechnung getragen werden, als eine partielle Gesamtrechtsnachfolge in das Nutzungsrecht nur dann zuzulassen ist, wenn es den auf den übernehmenden Rechtsträger übertragenen Unternehmensteilen zu dienen bestimmt ist.

42 Die analoge Anwendung des § 1059 a BGB auf die partielle Gesamtrechtsnachfolge erstreckt sich auch auf rechtsfähige Personengesellschaften, also die Personenhandelsgesell-

---

[101] § 15 PatG, § 27 MarkenG, § 22 GebrMG, § 3 GeschmMG.
[102] *Teichmann* in Lutter Rn 32; *Mayer* in Widmann/Mayer Rn 69; aA *Schäfer* ZHR Beiheft 68, 1999, S. 114, 139.
[103] §§ 7, 29 UrhG.
[104] § 30 UrhG, insbesondere das Nutzungsrecht nach §§ 31 ff. UrhG.
[105] *Mayer* in Widmann/Mayer Rn 45 f.; *Wolf*, Der Konzern 2003, 661, 673.
[106] Die Vorschrift gilt direkt für den Nießbrauch, über § 1092 Abs. 2 BGB aber auch für die beschränkte persönliche Dienstbarkeit und über § 1098 Abs. 2 BGB für das dingliche Vorkaufsrecht.
[107] Vgl. § 20 Rn 33.
[108] *Bungert* BB 1997, 897, 898 f.; *Hennrichs* ZIP 1995, 794, 799; *Schäfer* ZHR Beiheft 68, 1999, S. 114, 134; aA *Teichmann* in Lutter § 132 Rn 27; *Kallmeyer* ZIP 1994, 1746, 1756.
[109] § 1059 a Abs. 1 Nr. 1 BGB.
[110] *Rieble* ZIP 1997, 301, 306; *Kallmeyer* in Kallmeyer § 132 Rn 7; iE genauso *Teichmann* in Lutter § 132 Rn 27; siehe auch *Bungert* BB 1997, 897, 898 f., der auch die behördliche Feststellungserklärung für entbehrlich hält, weil er Ziff. 2 nur auf die Einzelrechtsnachfolge bezieht; ebenso *Schäfer* ZHR Beiheft 68, 1999, S. 114, 134 f.

schaften[111] und auch die GbR[112], nicht aber auf die Ausgliederung aus dem Vermögen einer natürlichen Person, da dann aus dem auf die Lebenszeit des Nießbrauchers befristeten Recht ein unbefristetes wird[113]. Ohne weitere Voraussetzungen sind im Übrigen Leitungsrechte iSv. § 1092 Abs. 3 BGB übertragbar[114].

mm) Genehmigungen, Erlaubnisse. Erlaubnisse, die an die Rechtsform des Begünstigten gebunden sind[115], erlöschen, wenn sie im Zuge der Spaltung auf einen Rechtsträger übertragen werden, der die verlangte Rechtsform nicht hat. Ebenso müssen Genehmigungen, Erlaubnisse, Lizenzen o.ä., die an den Umfang einer Tätigkeit anknüpfen oder das Vorhandensein eines bestimmten Know-hows oder einer besonderen Qualifikation oder Zuverlässigkeit beim Rechtsträger voraussetzen, erlöschen, wenn beim übernehmenden Rechtsträger die erforderlichen Voraussetzungen nicht gegeben sind. Auch insoweit ist die partielle Gesamtrechtsnachfolge theoretisch nicht weniger weitreichend als die bei der Verschmelzung gültigen Regeln. Allerdings kann sie praktisch häufiger scheitern, weil anders als bei der Verschmelzung bei der Spaltung dem einzelnen Rechtsträger nur ein Teilvermögen zugewiesen wird und dieses isoliert betrachtet möglicherweise die notwendigen Voraussetzungen nicht erfüllt. 43

nn) Firma. IRd. **Aufspaltung** kann eine Firma übertragen werden, ggf. mit Zustimmung derjenigen Person, deren Name in der Firma verwendet wird[116]. Bei **Abspaltung und Ausgliederung** gilt § 18 nach § 125 Satz 1 ausdrücklich nicht, weil der Gesetzgeber hier davon ausgeht, dass die Firma beim übertragenden Rechtsträger wegen dessen Fortbestehens verbleibt. Es kann aber sachgerechter sein, auch in diesen Fällen die Firma auf einen übernehmenden Rechtsträger zu übertragen, wenn und weil er auch den Großteil des Geschäftsbetriebs des übertragenden Rechtsträgers übernimmt. Deshalb ist nicht anzunehmen, dass eine Firmenfortführung generell ausgeschlossen sein soll. Vielmehr kann nach allgemeinen Vorschriften mit Zustimmung des übertragenden Rechtsträgers dessen Firma fortgeführt werden, wenn Unternehmenskontinuität gegeben ist[117]. 44

3. Arbeitsrechtliche Auswirkungen der Gesamtrechtsnachfolge

Der Anwendungsbereich von Abs. 1 Nr. 1 auf Arbeitsverhältnisse und Kollektivvereinbarungen wird durch § 613 a BGB iVm. § 324 eingeschränkt[118]. Nachfolgend wird nur auf die Besonderheiten für die Spaltung eingegangen[119]. 45

a) **Arbeitsverträge.** Abs. 1 Nr. 1 ist gegenüber § 613 a Abs. 1 Satz 1 BGB subsidiär. Im Fall eines Betriebsübergangs richtet sich der Übergang der Rechte und Pflichten aus dem Arbeitsverhältnis nach § 613 a Abs. 1 Satz 1 BGB. Dies gilt insbesondere für die Zuordnung der Arbeitnehmer zu einzelnen Betrieben und Betriebsteilen. Diese Zuordnung ist zwingend. Es bleibt den beteiligten Rechtsträgern und betroffenen Arbeitnehmern aber unbenommen, eine anderweitige einvernehmliche Zuordnung zu Betrieben oder Betriebsteilen vorzunehmen[120]. **Rechte und Pflichten aus beendeten Arbeitsverhältnissen** (zB aus einem nach- 46

---

[111] *Teichmann* ZGR 1993, 396, 407; *Rieble* ZIP 1997, 301, 306; zur analogen Anwendung von § 1059 a BGB auf OHG und KG generell BGHZ 50, 307 ff.
[112] BGH NJW 2001, 1056.
[113] *Rieble* ZIP 1997, 301, 306.
[114] *Kallmeyer* in Kallmeyer § 132 Rn 7; *Bungert* BB 1997, 897, 900.
[115] Beispiele siehe § 20 Rn 70.
[116] § 125 Satz 1 iVm. § 18.
[117] §§ 22 ff. HGB; siehe auch *Teichmann* in Lutter § 132 Rn 48; enger für die Abspaltung *Kögel* GmbHR 1996, 168, 173 f.
[118] Im Einzelnen siehe § 324 Rn 1 f.
[119] Siehe *Simon/Zerres* FA 2005, 231 und FS Leinemann, S. 255 zu arbeitsrechtlichen Besonderheiten bei der Spaltung.
[120] Siehe § 323 Rn 19 ff.

vertraglichen Wettbewerbsverbot) unterliegen der (partiellen) Gesamtrechtsnachfolge nach Abs. 1 Nr. 1 und können im Spaltungsplan frei zugeordnet werden.

47 **b) Ansprüche aus der betrieblichen Altersversorgung.** Für Versorgungsansprüche der aktiven Arbeitnehmer ist § 613 a BGB zu beachten. Liegen die Voraussetzungen für den Übergang eines Betriebs oder Betriebsteils vor, gehen die Versorgungsverpflichtungen auf den übernehmenden Rechtsträger über[121]. Der übertragende Rechtsträger haftet darüber hinaus gesamtschuldnerisch für bereits bestehende Versorgungsverpflichtungen gegenüber den aktiven Arbeitnehmern nach § 133 und ggf. auch nach § 134.

48 Dem gegenüber gilt § 613 a BGB nicht für bereits ausgeschiedene Arbeitnehmer mit Versorgungsanwartschaften und für Pensionäre, weil deren Arbeitsverhältnis nicht auf den neuen Rechtsträger übergegangen ist[122]. Der übertragende Rechtsträger haftet jedoch für diese Versorgungsverpflichtungen zumindest gesamtschuldnerisch nach § 133, auch wenn der übernehmende Rechtsträger im Wege der (partiellen) Gesamtrechtsnachfolge in die Versorgungsverpflichtungen gegenüber ausgeschiedenen Arbeitnehmern und Pensionären eintritt.

49 Die Versorgungsverbindlichkeiten ausgeschiedener Arbeitnehmer und Pensionäre können den an der Spaltung beteiligten Rechtsträgern nach hM frei zugeordnet werden[123]. Das *LG* und *AG Hamburg* halten allerdings eine Ausgliederung von laufenden Pensionsverbindlichkeiten unter Hinweis auf § 132 iVm. § 4 BetrAVG für unwirksam und nicht eintragungsfähig[124]. Diese Auffassung dürfte mit Aufhebung des § 132 überholt sein. Nach anderer Auffassung sollen die Versorgungsverbindlichkeiten des übertragenden Rechtsträgers grundsätzlich nur denjenigen aufnehmenden Rechtsträger treffen, auf den der Betrieb oder Betriebsteil übergegangen ist, in dem der ausgeschiedene Arbeitnehmer vormals gearbeitet hat[125]. Die Zuweisung an einen anderen Rechtsträger ist nach beiden Auffassungen nur mit Zustimmung des Pensions-Sicherungs-Vereins (PSV) möglich[126]. Nach richtiger Ansicht können die an der Spaltung beteiligten Rechtsträger im Spaltungs- und Übernahmevertrag frei vereinbaren, auf welchen Rechtsträger die Versorgungsverbindlichkeiten übergehen sollen[127]:

---

[121] *BAG* AP § 613 a Nr. 6; *BAG* AP § 613 a Nr. 12; *Preis* in Erfurter Komm. § 613 a BGB Rn 189; *Steffan* in Großkomm. KündigungsR § 126 Rn 32.

[122] *BAG* AP BGB § 613 a Nr. 6; *BAG* AP BGB § 613 a Nr. 61 = NZA 1987, 559; *Preis* in Erfurter Komm. § 613 a BGB Rn 189; *Steffan* in Großkomm. KündigungsR § 324 Rn 28; *Wank* in Münch HdbArbR § 124 Rn 136; § 324 Rn 15.

[123] *BAG* NZA 2005, 639, 640 ff.; *Simon/Zerres* FA 2005, 231, 234. Etwas anderes mag gelten, wenn die beteiligten Rechtsträger die Versorgungsverbindlichkeiten einem Rechtsträger allein zu dem Zweck zuweisen, diesen nach Ablauf der gesamtschuldnerischen Haftung der übrigen Rechtsträger in die Insolvenz zu treiben. In einem solchen Extremfall könnte die Zuweisung rechtsmissbräuchlich sein mit der Folge, dass sich die übrigen Rechtsträger gegenüber dem Pensions-Sicherungs-Verein nicht auf den Wegfall der gesamtschuldnerischen Haftung berufen können, vgl. *BAG* AP BetrVG 1972 § 112 a Nr. 3 zu ähnlichen Erwägungen im Zusammenhang mit einer „Flucht aus dem Sozialplan" durch eine „Stilllegungs-GmbH".

[124] *LG Hamburg* ZIP 2005, 2331 f.; *AG Hamburg* ZIP 2005, 1249 ff. Wird die Ausgliederung nicht eingetragen, hilft auch eine schuldrechtliche Freistellungsvereinbarung nicht, weil durch sie die Haftung des übertragenden Rechtsträgers im Außenverhältnis nicht ausgeschlossen werden kann.

[125] *Preis* in Erfurter Komm. § 613 a BGB Rn 189; *Müller-Glöge* in MünchKomm. § 613 a BGB Rn 226; differenzierend *Steffan* in Großkomm. KündigungsR § 126 Rn 32 und *Mengel*, S. 225 ff., wonach bei Abspaltungen und Ausgliederungen die Zuweisung von Versorgungsverbindlichkeiten an einen anderen Rechtsträger nur mit, bei Aufspaltungen dagegen auch ohne die Zustimmung des Pensions-Sicherungs-Vereines zulässig ist.

[126] *LG Hamburg* ZIP 2005, 2331 f.; *AG Hamburg* ZIP 2005, 1249, 1250 ff.; *Preis* in Erfurter Komm. § 613 a BGB Rn 189; *Müller-Glöge* in MünchKomm. § 613 a BGB Rn 226.

[127] *BAG* NZA 2005, 639, 640 ff.; *Langohr-Plato* NZA 2005, 966 ff.; *Simon/Zerres* FA 2005, 231, 233 f.; *Louis/Nowak* DB 2005, 2354, 2355 ff.; *Willemsen* NZA 1996, 791, 801; *Boecken* Rn 138; *Doetsch/Rühmann* in Willemsen/Hohenstatt/Schweibert/Seibt J Rn 142 ff.; *Sieger/Aleth* DB 2002, 1487, 1488 mwN.

Der Übergang von Versorgungsansprüchen ausgeschiedener Arbeitnehmer und Pensionäre ist im Rahmen einer Spaltung nicht von der Zustimmung des Versorgungsberechtigten und/ oder des PSV abhängig und wird auch nicht durch einen ausdrücklichen Widerspruch dieser Versorgungsberechtigten verhindert. Weder §§ 414, 415 oder § 613 a Abs. 6 BGB noch § 4 BetrAVG sind für diese Versorgungsberechtigten im Rahmen der partiellen Gesamtrechtsnachfolge anwendbar. Die §§ 133, 134 und § 22 sehen ein eigenständiges System von Haftungsbestimmungen vor, das gegenüber § 4 BetrAVG Vorrang hat[128], zumal die gesamtschuldnerische Haftung des übertragenden Rechtsträgers für Versorgungsverpflichtungen nach § 133 Abs. 3 Satz 2 auf 10 Jahre verlängert worden ist. Die beteiligten Rechtsträger müssen aber eine angemessene Kapitalausstattung für den Rechtsträger gewährleisten, der die Versorgungsverbindlichkeiten übernimmt[129]. Für die Praxis ist von Bedeutung, dass Versorgungsverbindlichkeiten gegenüber ausgeschiedenen Arbeitnehmern und Pensionären nach der Rechtsprechung auch dann automatisch auf den übernehmenden Rechtsträger übergehen, wenn im Spaltungs- und Übernahmevertrag eine **All-Klausel** vereinbart ist, nach der sämtliche zu einem Betrieb oder Betriebsteil gehörende Vermögensgegenstände übertragen werden sollen[130]. Es empfiehlt sich daher, den Übergang oder Nichtübergang von Versorgungsverbindlichkeiten ausdrücklich zu regeln, um eine **„verdeckte" Übertragung von Versorgungsverbindlichkeiten** zu vermeiden[131].

c) Tarifverträge. Bei der kollektivrechtlichen Fortgeltung von Tarifverträgen ist zwischen Verbands- und Firmentarifverträgen zu unterscheiden. Ein Verbandstarifvertrag gilt kollektivrechtlich weiter, wenn der übernehmende Rechtsträger demselben Arbeitgeberverband wie der übertragende Rechtsträger angehört bzw. diesem beitritt oder sämtliche Rechtsträger in den Anwendungsbereich eines allgemeinverbindlichen Tarifvertrags fallen[132]. Die Mitgliedschaft im Arbeitgeberverband geht nicht im Wege der (partiellen) Gesamtrechtsnachfolge auf den oder die übernehmenden Rechtsträger über[133]. Bei der Abspaltung und Ausgliederung bleibt der übertragende Rechtsträger weiterhin Mitglied im Arbeitgeberverband. Bei der Aufspaltung endet die Mitgliedschaft mit Erlöschen des Rechtsträgers[134].

Ein vom übertragenden Rechtsträger abgeschlossener Firmentarifvertrag gilt aufgrund (partieller) Gesamtrechtsnachfolge nach Abs. 1 Nr. 1 kollektivrechtlich im übernehmenden Rechtsträger fort, wenn dies im Spaltungs- und Übernahmevertrag bzw. Spaltungsplan vorgesehen ist[135]. Die Rechtsstellung als Partei eines Firmentarifvertrags ist unabhängig vom Geltungsbereich des Firmentarifvertrags zu beurteilen[136]. Auch eine generelle kollektivrechtliche Fortgeltung von Firmentarifverträgen für den übertragenden und die überneh-

---

[128] *BAG* NZA 2005, 639, 642 f.; *Langohr-Plato* NZA 2005, 966, 968; *Simon/Zerres* FA 2005, 231, 234; *Hohenstatt/Seibt* ZIP 2006, 546; *Louis/Nowak* DB 2005, 2354, 2355 f. Der PSV geht gleichfalls davon aus, dass der Gesamtrechtsnachfolger bei der Spaltung in die Rechtsstellung des bisherigen Arbeitgebers eintritt. PSV-Merkblatt 300/M 15 (Stand: 1/05) unter Ziff. 2 und 3.
[129] *Langohr-Plato* NZA 2005, 966, 970.
[130] *BAG* NZA 2005, 639, 640; *Simon/Zerres* FA 2005, 231, 234.
[131] *Simon/Zerres* FA 2005, 231, 234.
[132] §§ 3 Abs. 1, 4 Abs. 1, 5 TVG; *Joost* in Lutter § 324 Rn 17; ausführlich *Oetker* in Wiedemann § 3 TVG Rn 165; 174 ff.
[133] Siehe § 20 Rn 41 f.; *Oetker* in Wiedemann § 3 TVG Rn 176 (zur Übertragung der Mitgliedschaft im Spaltungs- und Übernahmevertrag).
[134] *Oetker* in Wiedemann § 3 TVG Rn 174.
[135] *Boecken* Rn 206; *Rieble* Anmerkung zu *BAG* EzA UmwG § 20 Nr. 1; *Oetker* in Wiedemann § 3 TVG Rn 155 f.; *Hörtnagl* in Schmitt/Hörtnagl/Stratz Rn 61; *Simon/Zerres*, FS Leinemann, S. 255, 260; *Willemsen* in Kallmeyer § 324 Rn 24; aA *Düwell* in Kassler Hdb., Bd. 2, 6.8 Rn 280; *Joost* in Lutter § 324 Rn 33; *Mengel* S. 185 f.; *Schaub*, FS Wiese, 1998, S. 535, 538; *Wellenhofer-Klein* ZfA 1999, 239, 261; *Gaul* NZA 1995, 717, 723; *Preis* in Erfurter Komm. § 613 a BGB Rn 183.
[136] Dazu § 20 Rn 40; aA *Gaul* NZA 1995, 717, 723; *Preis* in Erfurter Komm. § 613 a BGB Rn 183.

menden Rechtsträger ist abzulehnen[137]. Sonst käme es zu einer Vervielfältigung der tarifgebundenen Parteien, die mit den Spaltungsvorschriften des UmwG nicht zu vereinbaren ist[138]. Vielmehr gilt für die Spaltung wie in anderen Fällen der Universalsukzession das Prinzip der eindeutigen Zuordnung von Rechten und Pflichten einschließlich Vertragsverhältnissen[139]. Dieses Prinzip wird nur dann durchbrochen, wenn eine Zuordnung nicht möglich ist[140]. Die (partielle) Gesamtrechtsnachfolge führt daher stets nur zum Austausch einer Partei[141]. Im Übrigen ist die Tarifbindung beim Firmentarifvertrag auch teilbar, weil sie auf der Parteistellung des vertragsschließenden Arbeitgebers (übertragenden Rechtsträgers) und nicht der Mitgliedschaft in einem Arbeitgeberverband beruht.

52 Nur wenn die Parteistellung im Spaltungsplan keinem Rechtsträger zugewiesen ist, kommt es bei der Aufspaltung entsprechend dem Rechtsgedanken in Abs. 3[142] ausnahmsweise zu einer Vervielfältigung der Parteistellung und damit der kollektivrechtlichen Fortgeltung in allen übernehmenden Rechtsträgern. Bei der Abspaltung und Ausgliederung bleibt der übertragende Rechtsträger Partei des Firmentarifvertrags, wenn die Parteistellung des Firmentarifvertrags keinem übernehmenden Rechtsträger zugeordnet wird[143].

53 Wird die Parteistellung des Firmentarifvertrags bei der Abspaltung oder Ausgliederung hingegen einem übernehmenden Rechtsträger zugewiesen, entfällt die Tarifbindung des übertragenden Rechtsträgers aus §§ 3 Abs. 1, 4 Abs. 1 TVG[144]. Die normativen Bestimmungen des Tarifvertrags wirken aber entsprechend § 4 Abs. 5 TVG bei Wegfall der Tarifbindung infolge Gesamtrechtsnachfolge nach[145].

54 Kollisionen verschiedener Tarifverträge beim übernehmenden Rechtsträger sind entsprechend den Grundsätzen der Tarifpluralität und Tarifkonkurrenz bei der Verschmelzung zu lösen[146].

55 **d) Betriebsvereinbarung.** Für die kollektivrechtliche Fortgeltung von Betriebsvereinbarungen ist die Erhaltung der Betriebsidentität maßgeblich[147]. Geht ein Betrieb als Ganzes vom übertragenden auf den übernehmenden Rechtsträger über, bleibt die Betriebsidentität erhalten und die Betriebsvereinbarungen gelten kollektivrechtlich fort. Wird aus einem Be-

---

[137] So aber *Düwell* in Kassler Hdb., Bd. 2, 6.8 Rn 280; *Joost* in Lutter § 324 Rn 34; *Mengel* S. 185 f. mwN; *Schaub*, FS Wiese, 1998, S. 535, 538; *Wellenhofer-Klein* ZfA 1999, 239, 261; einschränkend *Henssler*, FS Schaub, S. 311, 326 f. (nur bei Fortbestand der betrieblichen Organisation).
[138] *Boecken* Rn 207; *Rieble* Anm. zu BAG EzA UmwG § 20 Nr. 1; *Simon/Zerres*, FS Leinemann, S. 255, 266.
[139] § 126 Abs. 1 Nr. 9 iVm. § 131 Abs. 1 Satz 1.
[140] § 131 Abs. 3.
[141] *Rieble* Anmerkung zu BAG EzA UmwG § 20 Nr. 1.
[142] Siehe Rn 69 ff.
[143] Der Fortbestand der Tarifgebundenheit des übertragenden Rechtsträgers entfällt in diesem Fall ausnahmsweise, wenn er nach der Spaltung keine Arbeitnehmer mehr beschäftigt und hierdurch ein Verlust der Tariffähigkeit eintritt; *Oetker* in Wiedemann § 3 TVG Rn 155.
[144] In diesem Fall scheidet auch eine individualrechtliche Fortgeltung nach § 613 a Abs. 1 Satz 2 bis 4 BGB aus, weil beim übertragenden Rechtsträger kein Betriebsinhaberwechsel stattfindet. § 3 Abs. 3 TVG ist gleichfalls nicht analog anzuwenden. Diese Vorschrift ist auf die kraft Mitgliedschaft vermittelte Tarifgebundenheit zugeschnitten und greift nicht, wenn die Bindung an einen Firmentarifvertrag endet; *Oetker* in Wiedemann § 3 TVG Rn 157; *Kania* DB 1995, 625, 629 f.; *Rieble* Anmerkung zu BAG EzA UmwG § 20 Nr. 1; *Simon/Zerres*, FS Leinemann, S. 255, 267; vgl. auch BAG AP TVG § 3 Nr. 2 und AP BGB § 613 a Nr. 17 (keine analoge Anwendung von § 3 Abs. 3 TVG im Fall der Universalsukzession); aA *Boecken* Rn 208.
[145] BAG AP TVG § 3 Verbandszugehörigkeit Nr. 14 (für den Verbandstarifvertrag; offen gelassen aber für den Firmentarifvertrag); BAG EzA TVG § 4 Nachwirkung Nr. 14 = BB 1992, 1213; BAG NZA 1998, 484, 487; *Rieble* Anmerkung zu BAG EzA UmwG § 20 Nr. 1 unter Hinweis auf BAG AP TVG § 3 Nr. 13; AP TVG § 3 Verbandsaustritt Nr. 3.
[146] Siehe § 20 Rn 44 ff.
[147] Ausf. § 20 Rn 49 ff.

trieb lediglich ein Betriebsteil auf den übernehmenden Rechtsträger übertragen, gelten die Betriebsvereinbarungen im Betrieb des übertragenden Rechtsträgers unverändert fort. Für die übergehenden Arbeitnehmer ist nach der neuen Rechtsprechung des BAG[148] wie folgt zu unterscheiden: Wird ein betriebsratsfähiger Betriebsteil als eigener Betrieb fortgeführt und besteht ein Übergangsmandat des Betriebsrats nach § 21 a BetrVG, gelten die Betriebsvereinbarungen auch beim übernehmenden Rechtsträger wegen des Übergangsmandats kollektivrechtlich fort. Wird der Betriebsteil in einen Betrieb des übernehmenden Rechtsträgers eingegliedert, entfällt die Betriebsidentität für den übertragenden Betriebsteil[149]. Für die auf den übernehmenden Rechtsträger übergehenden Arbeitnehmer gelten die ursprünglichen Betriebsvereinbarungen dann unter den Voraussetzungen des § 613 a Abs. 1 Satz 2 bis 4 BGB fort. Die kollektivrechtliche Fortgeltung von Betriebsvereinbarungen im Fall des Übergangs eines Betriebsteils sowohl beim übertragenden als auch beim übernehmenden Rechtsträger ist abzulehnen, weil § 21 a BetrVG lediglich eine Übergangsregelung für eine betriebsverfassungsrechtliche Neuordnung des übertragenen Betriebsteils ist und dieser Betriebsteil gerade nicht die Identität wahrt[150]. Verliert der Betrieb des übertragenden Rechtsträgers infolge der Spaltung ausnahmsweise seine Identität, ist mangels gesetzlicher Regelung umstritten, ob und in welchem Umfang die Regelungen aus Betriebsvereinbarungen fortgelten[151]. Gelten Betriebsvereinbarungen kollektivrechtlich oder individualrechtlich fort, können sie durch (Konzern-, Gesamt-)Betriebsvereinbarungen des übernehmenden Rechtsträgers verdrängt werden, soweit sie den selben Regelungsgegenstand haben[152].

Für die kollektivrechtliche Fortgeltung von Gesamt- und Konzernbetriebsvereinbarungen im übernehmenden Rechtsträger gelten die Ausführungen zur Verschmelzung[153] entsprechend. Nach der Rechtsprechung des BAG ist danach im Zweifel von einer weit reichenden kollektivrechtlichen Fortgeltung von Konzern- und Gesamtbetriebsvereinbarungen auszugehen, auch wenn dies dogmatisch nicht zwingend ist[154].

e) Dienstverträge. Auf Dienstverträge mit Organmitgliedern haben Ausgliederung und Abspaltung keine Auswirkung, weil der bisherige Dienstherr (übertragender Rechtsträger) fortbesteht. § 613 a BGB findet keine Anwendung[155]. Ohne Zustimmung des Organmitglieds können die Dienstverträge daher im Zweifel nicht auf einen anderen Rechtsträger übertragen werden[156]. Dies gilt auch für die Zuordnung von Dienstverträgen zu einem der übernehmenden Rechtsträger im Fall der Aufspaltung.

IV. Erlöschen des aufgespaltenen Rechtsträgers (Abs. 1 Nr. 2)

Anders als Abspaltung und Ausgliederung bringt die **Eintragung der Aufspaltung** im Register des Sitzes des übertragenden Rechtsträgers diesen automatisch, d. h. ohne weitere

---

[148] *BAG* NZA 2003, 670, 675.
[149] *BAG* DB 2002, 48, 50; *BAG* NZA 2001, 321, 324; BAGE 60, 191, 197 = NZA 1989, 493, *Fitting* § 21 a BetrVG Rn 9.
[150] *Thüsing* DB 2004, 2474, 2477; *Preis/Richter* ZIP 2004, 925, 928 ff.; *Hohenstatt/Müller-Bonanni* NZA 2003, 766, 770; *Simon/Zerres*, FS Leinemann, S. 255, 268.
[151] Dazu *Hohenstatt* in Willemsen/Hohenstatt/Schweibert/Seibt E Rn 66 ff.; *Fitting* § 77 BetrVG Rn 171 jeweils mwN.
[152] Siehe § 20 Rn 55.
[153] Siehe § 20 Rn 49 ff.
[154] Siehe § 20 Rn 53 und *Simon/Zerres*, FS Leinemann, S. 255, 269 f.
[155] § 126 Rn 73 und § 324 Rn 15 f. (auch zum Übergang von ruhenden Arbeitsverhältnissen bei der Spaltung); im Übrigen gelten die Ausführungen iRd. § 20 zu den Folgen des Verlusts der Organstellung sowie eines möglichen Rechts zur außerordentlichen Kündigung gem. § 626 BGB entsprechend; § 20 Rn 56.
[156] *Kallmeyer* in Kallmeyer § 132 Rn 8. Siehe § 126 Rn 73.

Rechtsakte oder Registereintragungen, zum Erlöschen[157]. Es bedarf keiner Abwicklung, da die Aktiva und Passiva im Wege der Gesamtrechtsnachfolge auf die übernehmenden Rechtsträger übergehen. Auch die Organe sind entfallen, deshalb können keine Beschlüsse mehr gefasst werden. Soweit die Voraussetzungen des § 25 Abs. 1 gegeben sind, die Schadenersatzforderungen gegen die Mitglieder des Vertretungs- und Aufsichtsorgans begründen[158], ist der Fortbestand des übertragenden Rechtsträgers analog § 25 Abs. 2 zu fingieren. Es ist kein plausibler Grund ersichtlich, warum man diese Ansprüche nur bei der Verschmelzung und nicht auch bei der Aufspaltung geltend machen und durchsetzen können sollte[159].

V. Anteilserwerb der bisherigen Anteilseigner (Abs. 1 Nr. 3)

1. Der Grundsatz des automatischen Anteilserwerbs (Abs. 1 Nr. 3 Satz 1 1. Halbs.)

59 Mit der Eintragung der **Aufspaltung und Abspaltung** erwerben die Anteilsinhaber des übertragenden Rechtsträgers Anteile an dem oder den beteiligten übernehmenden Rechtsträgern[160]. Der **Erwerb** vollzieht sich **kraft Gesetzes**. Es bedarf keiner besonderen Übertragungsakte oder Dokumentation. Die Aufteilung – zwischen übertragendem und übernehmendem Rechtsträger bei der Abspaltung, zwischen den übernehmenden Rechtsträgern bei der Aufspaltung – ergibt sich aus dem **Spaltungs- und Übernahmevertrag**, in dem eine entsprechende Regelung getroffen werden muss[161]. Dasselbe gilt für die Nennbeträge bzw. die Höhe der Kapitalanteile[162]. Bei der **Ausgliederung** wachsen die Anteile am übernehmenden Rechtsträger nach Maßgabe des Ausgliederungs- und Übernahmevertrags dem übertragenden Rechtsträger zu[163]. Bis zur Eintragung können die Inhaber der Anteile am übertragenden Rechtsträger frei über diese verfügen; auch der Spaltungs- oder Ausgliederungsvertrag bewirkt kein Verbot, diese Anteile zu veräußern[164].

2. Ausnahmen vom Grundsatz des Anteilserwerbs (Abs. 1 Nr. 3 Satz 1 2. Halbs.)

60 Der Regelung bei der Verschmelzung entsprechend[165] ist der Erwerb ausgeschlossen für **Anteile, die dem übernehmenden am übertragenden Rechtsträger zustanden**, und für **eigene Anteile des übertragenden Rechtsträgers**[166]. Es soll verhindert werden, dass die übernehmenden Rechtsträger Anteile an sich selbst erwerben. Soweit AG und GmbH aus diesem Grund Kapitalerhöhungen zur Durchführung von Verschmelzungen untersagt sind[167], hat dieses Verbot entsprechend für Auf- und Abspaltungen zu gelten[168]. Auf die Ausgliederung ist es nicht anzuwenden[169].

---

[157] § 131 Abs. 1 Nr. 2. Siehe auch für die Verschmelzung § 20 Rn 73, wonach es dort auf die Eintragung im Register des übernehmenden Rechtsträgers ankommt.
[158] Siehe § 25 Rn 3 ff.
[159] So auch *Teichmann* in Lutter Rn 3 mit dem zutreffenden Hinweis, dass diese Analogie von § 1 Abs. 2 nicht untersagt wird.
[160] § 131 Abs. 1 Nr. 3 Satz 1. Siehe auch § 20 Rn 74 ff. für die Verschmelzung.
[161] § 126 Abs. 1 Nr. 9.
[162] *Kallmeyer* in Kallmeyer Rn 11.
[163] § 131 Abs. 1 Nr. 3 Satz 3.
[164] So *BayObLG* NZG 2003, 829, 830 für die Verschmelzung; siehe § 20 Rn 74 f.
[165] § 20 Abs. 1 Nr. 3 Satz 1 2. Halbs.; siehe § 20 Rn 76 ff.
[166] § 131 Abs. 1 Nr. 3 Satz 1 2. Halbs.
[167] §§ 54 Abs. 1 Nr. 1 und Abs. 2, 68 Abs. 1 Nr. 1 und Abs. 2.
[168] § 125 Satz 1.
[169] *Kallmeyer* in Kallmeyer Rn 12.

Der Erwerb des Anteils am übernehmenden Rechtsträger kann im **Spaltungs- und** 61
Übernahmevertrag ausgeschlossen werden. Ein solcher **Verzicht** bedarf der Zustimmung aller Anteilsinhaber, für die er Einbußen bewirkt. Die Zustimmung kann entfallen, wo die Beteiligungsverhältnisse unverändert bleiben, zB weil ein Betrieb auf eine beteiligungsgleiche Schwestergesellschaft abgespalten wird[170].

3. Rechte und Ansprüche Dritter (Abs. 1 Nr. 3 Satz 2)

Soweit Rechte Dritter an den Anteilen oder Mitgliedschaften des übertragenden Rechts- 62
trägers bestehen, findet **dingliche Surrogation** statt: Diese Rechte bestehen an den Anteilen am übernehmenden Rechtsträger fort, die an die Stelle der Anteile am übertragenden Rechtsträger treten[171]. Die Rechte Dritter entfallen dort, wo der Erwerb der Anteile ausgeschlossen ist[172]. Zu Gunsten der Betroffenen kommen Schadensersatzansprüche aus der Verletzung der Sicherungsabrede[173] oder Ansprüche auf Bereicherungsausgleich[174] in Betracht.

Die dingliche Surrogation tritt nur dort ein, wo die Beteiligungen mit „dinglichen" Rech- 63
ten wie Pfandrechte oder Nießbrauch belastet sind. Sind sie Gegenstand **schuldrechtlicher Abreden** (Unterbeteiligungen, Stimmbindungen, Vorkaufsrechte), ist durch Auslegung der Vereinbarung zu ermitteln, inwieweit sie auch die Anteile an dem übernehmenden Rechtsträger erfassen sollen bzw. ein Anspruch auf Abschluss einer entsprechenden Vereinbarung bezüglich dieser Anteile besteht. Das gilt entsprechend für **Treuhandverhältnisse**[175].

VI. Mängel der Beurkundung (Abs. 1 Nr. 4)

Durch die Eintragung der Spaltung im Register des übertragenden Rechtsträgers werden 64
Mängel der Beurkundung des Spaltungs- und Übernahmevertrags geheilt[176]. Nach Eintragung ist für den Inhalt des Spaltungs- und Übernahmevertrags der Spaltungsbeschluss der Anteilsinhaber des sich spaltenden Rechtsträgers maßgeblich[177]. Geheilt werden auch die Mängel der Beurkundung erforderlicher **Zustimmungs- und Verzichtserklärungen einzelner Anteilsinhaber**. Alle anderen Mängel der Spaltung sind nicht nach Abs. 1 Satz 4, sondern nach Abs. 2 zu beurteilen[178].

VII. Sonstige Mängel der Spaltung (Abs. 2)

1. Zweck und Reichweite des Abs. 2

Diese Vorschrift bestimmt, dass die in Abs. 1 angeordneten **Wirkungen der Eintragung** 65
von Mängeln der Spaltung unberührt bleiben. Die Vorschrift beruht auf der Einsicht,

---

[170] *Kallmeyer* in Kallmeyer Rn 13; seine Darstellung erweckt aber den Eindruck, dass der Erwerb in diesem Fall *ex lege* ausgeschlossen sein sollte. Siehe dazu auch § 20 Rn 79.
[171] § 131 Abs. 1 Nr. 3 Satz 2; die Bestimmung entspricht § 20 Abs. 1 Nr. 3 Satz 3.
[172] Gem. § 131 Abs. 1 Nr. 3 Satz 1 1. Halbs.; siehe Rn 27 f.
[173] *Grunewald* in Lutter § 20 Rn 63.
[174] § 812 ff. BGB.
[175] Dazu näher *Teichmann* in Lutter Rn 13.
[176] § 131 Abs. 1 Nr. 4; diese Vorschrift entspricht genau der in § 20 Abs. 1 Nr. 4 für die Verschmelzung getroffenen Regelung.
[177] Vgl. dazu § 20 Rn 83 mwN.
[178] Anders *Kallmeyer* in Kallmeyer Rn 15 für die „Mängel bei der Beurkundung der Zustimmungsbeschlüsse"; für sie soll sich die Heilung aus § 242 Abs. 1 AktG ergeben können. Das kann aber nur für die AG und eventuell die GmbH gelten, während Abs. 2 die Wirksamkeit der eingetragenen Spaltung für alle Rechtsträger gewährleisten will.

dass das Rückgängigmachen einer vollzogenen Spaltung nicht nur die Beteiligten, sondern auch den rechtsgeschäftlichen Verkehr mit erheblichen Unsicherheiten und übermäßigen Kosten belastet. Sie verfolgt deshalb den Zweck, diese Nachteile so weit wie möglich zu vermeiden[179]. Dieser Regelungszweck bestimmt die Auslegung der Bestimmung: Sie soll nicht die Unwirksamkeit *(ex tunc)* durch eine gesellschaftsrechtliche Rückabwicklung *(ex nunc)* ersetzen, sondern die definitive **Heilung** der Mängel der Verschmelzung oder Spaltung bewirken. Es sind weder die partielle Gesamtrechtsnachfolge vom übertragenden auf den oder die übernehmenden Rechtsträger noch das Erlöschen des übertragenden Rechtsträgers noch der Anteilserwerb durch ihn oder seine Anteilsinhaber in irgendeiner Form rückgängig zu machen[180]. Der Heilungseffekt erschöpft sich aber in der Irreversibilität der Spaltung. Er schließt weder **Ansprüche auf Schadensersatz** gegen die jeweiligen Verantwortlichen noch einvernehmliche Korrekturen etwa durch die Rückverschmelzung auf- oder abgespaltener oder ausgegliederter Rechtsträger aus.

2. Umfang der Wirkung der Eintragung gem. Abs. 2

66 Die Eintragung immunisiert die Spaltung
– gegen Mängel des Spaltungs- und Übernahmevertrags[181];
– gegen die Nichtigkeit oder Anfechtbarkeit des Spaltungsbeschlusses[182];
– gegen das Fehlen bzw. die Unwirksamkeit notwendiger Sonderbeschlüsse und Zustimmungserklärungen[183].

67 Einige grundlegende Mängel sind freilich nicht heilbar. Dazu zählen das völlige Fehlen eines – auch nur formlosen – Spaltungsvertrags bzw. der Zustimmung der Anteilseigner eines der beteiligten Rechtsträger ebenso wie ein eklatanter und offensichtlicher Verstoß gegen den *ordre public*[184]. Die Heilung setzt in jedem Fall die Eintragung der Spaltung voraus; wo sie nicht erfolgt ist, sind auch die für eine fehlerhafte Gesellschaft maßgeblichen Grundsätze nicht anwendbar[185].

3. Spaltungsbedingungen bei fehlerhafter Spaltung

68 Wegen der durch die Eintragung geheilten Mängel kann es unklar sein, zu welchen Bedingungen die Spaltung zu Stande gekommen ist. Diese Lücken und Zweifel sind im Wege der **ergänzenden Vertragsauslegung** zu beseitigen[186].

VIII. Die Zuordnung „vergessener" Gegenstände (Abs. 3)

1. Grund und Reichweite der Regelung

69 Abs. 3 betrifft den Fall, dass ein Gegenstand im Spaltungsvertrag **keinem der übernehmenden Rechtsträger zugeteilt** worden ist. Derartige Lücken können auf unterschiedlichen Gründen beruhen. Häufiger als das Übersehen dürften unvorhergesehene Veränderungen sein, die nach Vertragsabschluss bzw. nach Aufstellen des Spaltungsplans im Bestand des betroffenen Vermögens eingetreten sind. Bei bewusster Nichtregelung wird offener Dis-

---

[179] Dazu und zum Folgenden § 20 Rn 84 f. mwN.
[180] *Teichmann* in Lutter Rn 16.
[181] Siehe zu Mängeln des Verschmelzungsvertrags § 20 Rn 90 f.
[182] § 20 Rn 92 f. zum Verschmelzungsbeschluss. Für die Anfechtung des Spaltungsbeschlusses abw. OLG *Stuttgart* NZG 2004, 463, 465; dagegen zutreffend *Teichmann* in Lutter Rn 15.
[183] Siehe § 20 Rn 94.
[184] Siehe § 20 Rn 89 mwN.
[185] *BGH* ZIP 1996, 225, 226 f.
[186] Näher § 20 Rn 99.

sens[187] anzunehmen sein, der durch die Eintragung geheilt wird[188]. Die Norm, die auf Art. 3 Abs. 3 a SpaltRL beruht, ist in doppelter Weise begrenzt: Sie erfasst nur die **Aufspaltung** (also weder Abspaltung noch Ausgliederung), und sie soll nur für das **Aktivvermögen** und nicht für Verbindlichkeiten gelten[189].

2. Aktivvermögen bei der Aufspaltung

Der Wortlaut des Abs. 3 erfasst allein den Fall, dass bei der Aufspaltung ein Gegenstand des Aktivvermögens keinem der übernehmenden Rechtsträger zugeteilt worden ist. Hier ist zunächst durch **Auslegung** des Spaltungsvertrags eine Zuteilung zu ermitteln. Wo sich für keine Zuteilungsmöglichkeit hinreichende Anhaltspunkte ergeben, kann auf die ergänzende Vertragsauslegung zurückgegriffen werden. Bei Körperschaften ist der Spaltungsplan als Element der Satzung[190] objektiv, d. h. „aus sich heraus" auszulegen[191]. Bleibt dies ohne Ergebnis, geht der Gegenstand auf alle übernehmenden Rechtsträger über, und zwar in dem Verhältnis, in dem ihnen – ausweislich der Schlussbilanz des übertragenden Rechtsträgers – dessen **Reinvermögen**[192] zugeteilt worden ist. Das Gesetz geht von der Teilbarkeit des Gegenstands aus. Ist er nicht teilbar, ist sein Gegenwert, d. h. der Erlös aus seiner Veräußerung, zu verteilen[193]. 70

3. Aktivvermögen bei Abspaltung und Ausgliederung

Auch in diesen vom Gesetz nicht erfassten Fällen ist zunächst durch (auch ergänzende) Auslegung zu ermitteln, ob sich dem Spaltungs- und Übernahmevertrag eine Zuteilung entnehmen lässt. Ist das nicht möglich, verbleibt der Gegenstand beim übertragenden Rechtsträger[194]. 71

4. Verbindlichkeiten

Für sie soll nicht § 131 Abs. 3, sondern allein § 133 Abs. 1 gelten[195]. Nach dieser Vorschrift haften alle beteiligten Rechtsträger als **Gesamtschuldner**. Damit ist aber nicht geklärt, wie sich der **Ausgleich** gem. § 426 BGB zwischen ihnen bestimmt. Dafür ist auf die Regelung des Abs. 3 zurückzugreifen. Zunächst ist wiederum durch Auslegung zu ermitteln, ob sich die Verbindlichkeit einem der beteiligten Rechtsträger zuweisen lässt. Ist das nicht der Fall, bleibt der übertragende Rechtsträger bei Abspaltung und Ausgliederung der eigentliche Schuldner. Bei der Aufspaltung ist der Ausgleich nach der Verteilung des Reinvermögens zu bestimmen[196]. 72

§ 132 (aufgehoben)

§ 132 aufgehoben mWv 25.4.2007 durch G v. 19.4.2007 (BGBl I S. 542). Siehe jetzt §§ 126 und 131.

---

[187] § 154 BGB.
[188] Siehe Rn 66.
[189] *Teichmann* in Lutter Rn 17 und 26; *Kallmeyer* in Kallmeyer Rn 17.
[190] *Teichmann* in Lutter Rn 19.
[191] BGHZ 106, 67, 71 unter Berufung auf BGHZ 21, 370, 374; 47, 172, 180.
[192] Das sind die Aktiva minus die Verbindlichkeiten und Rückstellungen; dazu näher *Teichmann* in Lutter Rn 21.
[193] *Teichmann* in Lutter Rn 22 und *Kallmeyer* in Kallmeyer Rn 18 sehen auch eine gemeinsame Nutzung durch die übernehmenden Rechtsträger in Form einer Bruchteils- oder Gesamthandsgemeinschaft vor; das ist nur möglich, soweit alle beteiligten Rechtsträger zustimmen.
[194] *Teichmann* in Lutter Rn 20.
[195] *Teichmann* in Lutter Rn 23; *Kallmeyer* in Kallmeyer Rn 17.
[196] Dazu Rn 36.

§ 133 Schutz der Gläubiger und der Inhaber von Sonderrechten

(1) Für die Verbindlichkeiten des übertragenden Rechtsträgers, die vor dem Wirksamwerden der Spaltung begründet worden sind, haften die an der Spaltung beteiligten Rechtsträger als Gesamtschuldner. Die §§ 25, 26 und 28 des Handelsgesetzbuchs sowie § 125 in Verbindung mit § 22 bleiben unberührt; zur Sicherheitsleistung ist nur der an der Spaltung beteiligte Rechtsträger verpflichtet, gegen den sich der Anspruch richtet.

(2) Für die Erfüllung der Verpflichtung nach § 125 in Verbindung mit § 23 haften die an der Spaltung beteiligten Rechtsträger als Gesamtschuldner. Bei Abspaltung und Ausgliederung können die gleichwertigen Rechte im Sinne des § 125 in Verbindung mit § 23 auch in dem übertragenden Rechtsträger gewährt werden.

(3) Diejenigen Rechtsträger, denen die Verbindlichkeiten nach Absatz 1 Satz 1 im Spaltungs- und Übernahmevertrag nicht zugewiesen worden sind, haften für diese Verbindlichkeiten, wenn sie vor Ablauf von fünf Jahren nach der Spaltung fällig und daraus Ansprüche gegen sie in einer in § 197 Abs. 1 Nr. 3 bis 5 des Bürgerlichen Gesetzbuchs bezeichneten Art festgestellt sind oder eine gerichtliche oder behördliche Vollstreckungshandlung vorgenommen oder beantragt wird; bei öffentlich-rechtlichen Verbindlichkeiten genügt der Erlass eines Verwaltungsakts. Für vor dem Wirksamwerden der Spaltung begründete Versorgungsverpflichtungen aufgrund des Betriebsrentengesetzes beträgt die in Satz 1 genannte Frist 10 Jahre.

(4) Die Frist beginnt mit dem Tage, an dem die Eintragung der Spaltung in das Register des Sitzes des übertragenden Rechtsträgers nach § 125 in Verbindung mit § 19 Abs. 3 bekannt gemacht worden ist. Die für die Verjährung geltenden §§ 204, 206, 210, 211 und 212 Abs. 2 und 3 des Bürgerlichen Gesetzbuchs sind entsprechend anzuwenden.

(5) Einer Feststellung in einer in § 197 Abs. 1 Nr. 3 bis 5 des Bürgerlichen Gesetzbuchs bezeichneten Art bedarf es nicht, soweit die in Absatz 3 bezeichneten Rechtsträger den Anspruch schriftlich anerkannt haben.

(6) Die Ansprüche nach Absatz 2 verjähren in fünf Jahren. Für den Beginn der Verjährung gilt Absatz 4 Satz 1 entsprechend.

Übersicht

	Rn		Rn
I. Allgemeines	1	g) Dingliche Ansprüche	19
1. Sinn und Zweck der Norm	1	h) Öffentlich-rechtliche Beseitigungs-/	
2. Anwendungsbereich	2	Unterlassungsansprüche	20
3. Wesentlicher Inhalt	3	i) Dauerschuldverhältnisse	21
4. Gläubiger des Übernehmers	4	j) Arbeitsverhältnisse	22
5. Fortdauernde persönliche Haftung	5	k) Versorgungsansprüche	24
6. Gemeinschaftsrechtliche Vorgaben	6	III. Haftungssystem	26
7. Vorschrift richtlinienkonform	7	1. Haftende Rechtsträger	26
8. Verhältnis zu anderen Vorschriften	8	2. Hauptschuldner/Mithafter	27
a) Haftung und Übergang der Schuld	8	3. Gesetzlicher Schuldbeitritt?	28
b) Nachhaftung	9	4. Gesamtschuld	29
II. Alt- und Neuschulden	10	a) Gesamtschuld oder akzessorische	
1. Nur Altschulden	10	Haftung?	30
2. Maßgebender Zeitpunkt	11	b) Stellungnahme	31
3. Begründung der Verbindlichkeiten	12	5. Zuweisung der Schuld	36
4. Rechtsgrund gelegt	13	a) Im Spaltungsvertrag	36
a) Vertragliche Ansprüche	13	b) Vergessene Verbindlichkeiten	37
b) Vertragsangebote	14	c) Andere Haftungsgründe	39
c) Bedingte Verbindlichkeiten	15	IV. Ausgestaltung der Haftung	40
d) Kontokorrentschulden	16	1. Erfüllung oder Schadensersatz	40
e) Drittsicherungsgeber	17	a) Grundsatz	40
f) Unerlaubte Handlung	18		

Schutz der Gläubiger und der Inhaber von Sonderrechten § 133

	Rn		Rn
b) Spaltungsbedingte Leistungshindernisse	41	c) Keine Verlängerung nach Verjährungsgrundsätzen	81
2. Unternehmensbezogene Verpflichtungen/Unterlassungspflichten	42	5. Feststellung oder Vollstreckung	82
a) Auslegung und Anpassung	43	a) Grundlage der Maßnahme	83
b) Haftung	44	b) Feststellung	84
3. Einreden/Einwendungen	48	c) Vollstreckungsmaßnahmen	85
a) Tatsachen mit Gesamtwirkung	49	d) Verwaltungsakt	86
b) Grundsatz der Einzelwirkung	50	e) Anerkenntnis	87
c) Aufrechnungsmöglichkeit	51	f) Frist, Hemmung	88
d) Gestaltungsrechte	53	g) Zeitpunkt	92
e) Unvermögen	54	h) Erfüllung	97
f) Wegfall der Bereicherung	55	i) Aufrechnung	98
g) Verjährung	56	j) Wirkung der Maßnahmen	99
h) Verzicht auf Einwendungen	57	6. Sicherheiten	100
4. Prozessuales	58	7. Sonstige Haftungsgrenzen	102
a) Neue Rechtsstreitigkeiten	59	8. Alte Ansprüche, Übergangsregelung	103
b) Anhängige Passivprozesse	60	a) Altansprüche	104
c) Rechtskräftiges Urteil	65	b) Spaltungen vor dem 1. 1. 2002	105
5. Innenausgleich	66	c) Übergangsregelung für Versorgungsansprüche	106a
a) Zwischen Hauptschuldnern und Mithaftern	66	9. Grenzen der Enthaftung?	107
b) Zwischen Mithaftern	67	a) Verfassungskonformität	107
c) Mehrere Hauptschuldner	68	b) Titulierte, anerkannte Ansprüche	108
6. Bilanzielle Behandlung	69	c) Ansprüche aus unerlaubter Handlung	109
V. Sonderrechte	70	d) Öffentlich rechtliche Pflichten	110
1. Regelungsgrund	70	**VII. Andere Haftungsgründe**	111
2. Einzelheiten	71	1. Haftung	111
a) Betroffene Rechte	71	2. Enthaftung	112
b) Gleichwertige Rechte	72	a) Firmenübernehmer als Hauptschuldner	113
3. Schuldner	73	b) Firmenübernehmer als Mithafter	114
a) Maßgeblichkeit des Spaltungsvertrags	73	c) Hauptschuldner nicht bestimmt	115
b) Fehlen einer Regelung im Spaltungsvertrag	74	3. Kommanditistenhaftung	116
c) Gewährung nicht gleichwertiger Rechte	75	**VIII. Gläubiger des Übernehmers**	117
4. Verjährung	76	1. Gefährdung	117
VI. Enthaftung des Mithafters	77	2. Kein Haftungsschutz	118
1. Grundsatz: Enthaftung nach fünf Jahren	77	**IX. Sicherheitsleistung**	119
2. Ausnahme: Für Versorgungsansprüche Enthaftung nach zehn Jahren	77a	1. Berechtigung	119
3. Fristberechnung	78	2. Gefährdungsgrund	120
4. Spätere Fälligkeit	79	a) Disproportionale Verteilung von Vermögen und Schulden	121
a) Grundsatz	79	b) Haftung	122
b) Unbestimmte Ansprüche	80	3. Sicherheitspflichtiger	123
		X. Abweichende Vereinbarungen	124

Literatur: *B. Becker,* Haftung für Sanierung schädlicher Bodenveränderungen und Altlasten, DVBl. 1999, 134; *F. Becker/Fett,* Verantwortlichkeit für Verunreinigungen nach dem neuen Bundesbodenschutzgesetz im Spannungsfeld von Umwelt- und Gesellschaftsrecht, NZG 1999, 1189; *Bork/Jacoby,* Das Schicksal des Zivilprozesses bei Abspaltung, ZHR 167 (2203) 440; *Feddersen/Kiem,* Die Ausgliederung zwischen „Holzmüller" und neuem Umwandlungsrecht, ZIP 1994, 1078; *Fleischer/Empt,* Gesellschaftsrechtliche Durchgriffs- und Konzernhaftung und öffentlich-rechtliche Altlastenverantwortlichkeit, ZIP 2000, 905; *Giesberts/Frank,* Sanierungsverantwortlichkeit nach BBodSchG bei Erwerb, Veräußerung und Umwandlung von Unternehmen und bei Grundstückstransaktionen, DB 2000, 505; *Habersack,* Grundfragen der Spaltungshaftung nach § 133 Abs. 1 S. 1 UmwG, FS Bezzenberger, 2000, S. 93; *Hardt,* Nachhaftungsbegrenzungsgesetz und Deliktsrecht, ZIP 1999, 1541; *Heidenhain,* Spaltungsvertrag und Spaltungsplan, NJW 1995, 2873; *ders.,* Fehlerhafte Umsetzung der Spaltungs-Richtlinie, EuZW 1995, 327; *Heinrichs,* Entwurf eines Schuldrechtsmodernisierungsgesetzes – Neuregelung des Verjährungsrechts BB 2001, 1417; *Heiss,* Gläubigerschutz bei der Unternehmensspaltung,

DZWir 1993, 12; *Ihrig*, Zum Inhalt der Haftung bei der Spaltung, ZHR Beiheft 68, 1999, S. 80; *Köhler*, Vertragliche Unterlassungspflichten, AcP 190 (1990) 497; *Krieger*, Sicherheitsleistung für Versorgungsrechte?, FS Nirk, 1992, S. 551; *Maier-Reimer/Gesell*, Schuldübergang und Haftung in der Spaltung, FS Norbert Horn, 2006, S. 455; *Maier-Reimer*, Nachhaftungsbegrenzung und neues Verjährungsrecht, DB 2002, 1818; *Mickel*, Die Rechtsnatur der Haftung gespaltener Rechtsträger nach § 133 Abs. 1 und 3 UmwG, 2004; *K. Müller*, Die gesamtschuldnerische Haftung bei der Spaltung nach §§ 133, 134 UmwG, DB 2001, 2637; *Musielak*, ZPO, Kommentar, 4. Aufl. 2005; *Naraschewski*, Haftung bei der Spaltung von Kommanditgesellschaften, DB 1995, 1265; *Petersen*, Der Gläubigerschutz im Umwandlungsrecht, 2001; *Rieble*, Verschmelzung und Spaltung von Unternehmen und ihre Folgen für Schuldverhältnisse mit Dritten, ZIP 1997, 301; *Rümker*, Anmerkungen zum Gläubigerschutz nach dem Regierungsentwurf zur Bereinigung des Umwandlungsrechts, WM Festgabe Hellner, 1994, S. 73; *Schall/Horn*, Der Übergang öffentlich-rechtlicher Pflichten in der Spaltung am Beispiel der abstrakten Polizeipflicht, ZIP 2003, 327; *Schlüter*, Die Einrede der Aufrechenbarkeit des OHG-Gesellschafters und des Bürgen, FS Westermann, 1974, S. 509; *K. Schmidt*, Gläubigerschutz bei Umstrukturierungen – Zum Referentenentwurf eines Umwandlungsgesetzes – ZGR 1993, 366; *K. Schmidt/Ch. Schneider*, Haftungserhaltende Gläubigerstrategien beim Ausscheiden von Gesellschaftern bei Unternehmensübertragung, Umwandlung und Auflösung, BB 2003, 1961; *Schöne*, Die Spaltung unter Beteiligung von GmbH gemäß §§ 123 ff. UmwG, 1998; *Th. Schröer*, Sicherheitsleistung für Ansprüche aus Dauerschuldverhältnissen bei Unternehmensumwandlungen, DB 1999, 317; *Schulze-Osterloh*, Bilanzierung nach dem Referentenentwurf eines Gesetzes zur Bereinigung des Umwandlungsrechts, ZGR 1993, 420; *Seibert*, Nachhaftungsbegrenzungsgesetz – Haftungsklarheit für den Mittelstand, DB 1994, 461; *Spindler*, Gesellschaftsrechtliche Verantwortlichkeit und Bundesbodenschutzgesetz: Grundlage und Grenzen, ZGR 2001, 385; *Teplitzky*, Wettbewerbsrechtliche Ansprüche, 8. Aufl. 2002; *Theuer*, Die Sanierungsverantwortlichkeit des Gesamtrechtsnachfolgers nach dem Bundesbodenschutzgesetz am Beispiel der Spaltung von Unternehmen, DB 1999, 621; *Tries*, Gesamtschuldnerische Haftung und Bilanzausweis, ZHR Beiheft 68, 1999, S. 96; *Versteyl*, Die Sanierung kontaminierter Flächen nach dem Bundesbodenschutzgesetz in Bodenschutz und Umweltrecht, Bd. 53 der Reihe Umwelt- und Technikrecht anlässlich des 15. Trierer Kolloquiums zum Umwelt- und Technikrecht 9.–15. 9. 1999, hrsg. von Reinhardt Hendler, Peter Marburger u. a., 2000.

I. Allgemeines

1. Sinn und Zweck der Norm

1 Die Spaltung kann die Interessen der Gläubiger der beteiligten Unternehmen erheblich beeinträchtigen. Durch die Spaltung wird Vermögen übertragen. Die Gegenleistung dafür fließt außer bei der Ausgliederung nicht dem spaltenden Unternehmen, sondern seinen Gesellschaftern in der Form von Beteiligungen an dem übernehmenden Rechtsträger zu. Aufgrund der **Spaltungsfreiheit**[1] steht es den Beteiligten frei, Verbindlichkeiten und haftendes Vermögen weitgehend zu trennen oder jedenfalls disproportional zuzuweisen[2]. Durch die Anordnung gesamtschuldnerischer Haftung schützt die Vorschrift die Gläubiger vor den sich hieraus ergebenden Gefahren. In diesem Sinne wird die Vorschrift oft als Korrelat zur Spaltungsfreiheit gesehen[3].

---

[1] Der Grundsatz der Spaltungsfreiheit entspricht der Auffassung des Gesetzgebers (RegBegr. *Ganske* S. 155) und ist nahezu allgemein anerkannt, § 123 Rn 6; *Priester* in Lutter § 126 Rn 59; *Heidenhain* NJW 1995, 2873, 2876 ff.; *Habersack*, FS Bezzenberger, S. 93; aA *Pickhardt* DB 1999, 729, 730; dagegen § 126 Rn 69.

[2] Einschränkend *K. Schmidt* ZGR 1993, 366, 386, 391 ff.; *ders.* ZGR 1995, 675, 686 f.: Verweis des § 133 Abs. 1 Satz 2 auf §§ 25, 26, 28 HGB soll willkürliche Trennung von Aktiva und Passiva unter Verstoß gegen die Haftungskontinuität des Unternehmens verbieten. Ihm folgend § 126 Rn 70; *Kallmeyer* in Kallmeyer § 126 Rn 31; gegen diese zu weitgehende Interpretation *Hommelhoff/Schwab* in Lutter Rn 18; iE (freie Konkurrenz der Haftungssysteme) auch *Hörtnagl* in Schmitt/Hörtnagl/Stratz Rn 17 ff.; *Habersack*, FS Bezzenberger, S. 93, 104 f.

[3] *Hommelhoff/Schwab* in Lutter Rn 15; *Kallmeyer* in Kallmeyer Rn 1; *Vossius* in Widmann/Mayer Rn 1; *Ihrig* ZHR Beiheft 68, S. 80, 81; siehe auch § 126 Rn 28.

2. Anwendungsbereich

Die Vorschrift gilt für **sämtliche Spaltungsfälle**, also für Aufspaltung, Abspaltung und Ausgliederung, soweit sie nicht für besondere Spaltungsvorgänge (nämlich bei der Ausgliederung) durch inhaltlich korrespondierende Spezialvorschriften verdrängt ist[4].

3. Wesentlicher Inhalt

Aufgrund der Vorschrift **haften alle** an der Spaltung beteiligten Rechtsträger fünf Jahre für die **Altschulden der übertragenden Rechtsträger** ohne Rücksicht darauf, wem die einzelne Schuld in dem Spaltungsvertrag zugewiesen ist. Das bedeutet zweierlei: Die übernehmenden Rechtsträger haften auch für die ihnen nicht zugewiesenen Verbindlichkeiten und der übertragende Rechtsträger wird (im Fall der Abspaltung und Ausgliederung) von den übertragenen Verbindlichkeiten erst nach fünf Jahren befreit. Die Übertragung der Verbindlichkeiten erfolgt nach dem Spaltungsvertrag durch partielle Gesamtrechtsnachfolge[5]. Die Übertragung wird aber durch die befristete Forthaftung dahin modifiziert, dass eine Befreiung erst nach fünf Jahren eintritt.

4. Gläubiger des Übernehmers

Ohne besonderen Haftungsschutz sind die (Alt-)Gläubiger des Übernehmers[6]. Ihr Schutz bei der Spaltung beschränkt sich auf das Recht, Sicherheit zu verlangen, wenn sie die Gefährdung ihres Anspruchs glaubhaft machen können[7], und durch die Anforderungen an die Kapitalaufbringung bei einer übernehmenden Kapitalgesellschaft.

5. Fortdauernde persönliche Haftung

Hatte der sich aufspaltende Rechtsträger die Form einer Personengesellschaft oder einer KGaA, haftet der ehemalige persönlich haftende Gesellschafter für die Verbindlichkeiten des durch Aufspaltung untergehenden Rechtsträgers noch fünf Jahre fort[8]. Diese **fortdauernde persönliche Haftung** ergänzt die gesamtschuldnerische Haftung nach § 133.

6. Gemeinschaftsrechtliche Vorgaben

Nur für die Spaltung von **Aktiengesellschaften** bestehen gemeinschaftsrechtliche Vorgaben[9]. Sie gelten jedenfalls für deren Aufspaltung[10]. Ob sie auch für die Abspaltung durch eine AG gelten, ist zweifelhaft. Art. 25 SpaltRL setzt einen Vorgang voraus, der sich von der in Art. 2 definierten Aufspaltung nur dadurch unterscheidet, dass die spaltende Gesellschaft nicht aufgelöst wird. Vorausgesetzt ist danach weiterhin die Übertragung des gesamten Aktiv- und Passivvermögens, wobei die Aktionäre der spaltenden Gesellschaft Anteile an einer oder mehreren begünstigten Gesellschaft(en) erhalten. Die Abspaltung und die Ausgliederung er-

---

[4] §§ 156, 157, 166, 167, 172 und 173.
[5] § 131 Rn 7, 9; *Rieble* ZIP 1997, 301, 303, spricht von rechtsgeschäftlicher Gesamtrechtsnachfolge.
[6] *Hommelhoff/Schwab* in Lutter Rn 144. Dies entspricht den europarechtlichen Anforderungen der SpaltRL, siehe Rn 6.
[7] § 125 iVm. § 22.
[8] § 125 iVm. § 45.
[9] Art. 1 Abs. 1, 2 Abs. 1 SpaltRL iVm. Art. 1 Abs. 1 VerschmRL. Da die §§ 123 bis 137 nicht nur für Aktiengesellschaften, sondern auch für andere Rechtsträger gelten, stellt sich die umstrittene Frage, inwieweit das Gebot europarechtskonformer Auslegung sowie Vorlagerecht bzw. -pflicht nach Art. 234 EGV (Art. 177 aF) greifen, wenn die nationalen Umsetzungsnormen über den unmittelbaren Anwendungsbereich der Richtlinie hinausgehen. Dazu *Lutter* in Lutter Einl. Rn 31 ff.; *Habersack* Europäisches GesR Rn 39 a; *Ch. Mayer/Schürnbrand*, Einheitlich oder gespalten? – Zur Auslegung nationalen Rechts bei überschießender Umsetzung von Richtlinien, JZ 2004, 545.
[10] Art. 2 SpaltRL.

füllen diese Voraussetzungen nicht[11]. Daher bestehen für die Abspaltung und Ausgliederung durch Aktiengesellschaften keine gemeinschaftsrechtlichen Vorgaben[12]. Bei der Aufspaltung sind nach der SpaltRL die Interessen der Gläubiger[13] angemessen zu schützen[14]. Den Gläubigern der beteiligten Gesellschaften ist im Fall ihrer Gefährdung ein Anspruch auf Sicherheit einzuräumen[15]. Dem entspricht § 125 iVm. § 22. Für die Haftungsfolgen hat der nationale Gesetzgeber die Wahl zwischen drei Gestaltungen[16]:

(1) Anspruch der Gläubiger auf Sicherheitsleistung und volle Haftung des Hauptschuldners mit Ausfallhaftung der Mithafter, die auf das diesen zugeteilte Nettoaktivvermögen beschränkt werden kann[17].

(2) Anspruch auf Sicherheit und gesamtschuldnerische Haftung der begünstigten Gesellschaften, aber bei allen (auch beim Hauptschuldner) beschränkbar auf das ihnen jeweils zugewiesene Nettoaktivvermögen[18].

(3) Unbegrenzte gesamtschuldnerische Haftung der begünstigten Gesellschaften[19].

7. Vorschrift richtlinienkonform

7   Die zeitliche Begrenzung der gesamtschuldnerischen Haftung auf fünf Jahre ist in der Richtlinie nicht vorgesehen. Trotzdem genügt die Vorschrift nach der wohl überwiegenden Meinung den Anforderungen der Richtlinie, weil sich aus der Möglichkeit der Beschränkung auf das Nettoaktivvermögen ergebe, dass Beschränkungen des Schutzes nicht richtlinienwidrig seien, sofern **insgesamt** ein **angemessener Gläubigerschutz** gewährleistet sei[20]. Der überwiegenden Meinung ist zuzustimmen. Denn die Beurteilung hat den Gesamtschutz ins Auge zu fassen, den das deutsche Recht den Gläubigern gewährt. Dazu gehört neben der **unbeschränkten**, wenn auch zeitlich begrenzten, **gesamtschuldnerischen Haftung** aller beteiligten Unternehmen vor allem auch der Anspruch auf Sicherheitsleistung[21]. Zwar richtet sich der Anspruch auf Sicherheitsleistung nur gegen denjenigen, dem die Verbindlichkeit zugewiesen ist[22]. Wird er aber nicht erfüllt, ergibt sich für den Gläubiger ein Kündigungsrecht[23]. Für die dann fälligen Forderungen einschließlich Schadensersatzansprüchen wegen Verletzung der Sicherungspflicht haften wiederum alle Beteiligten gesamtschuldnerisch ohne Beschränkung auf das übertragene Vermögen.

8. Verhältnis zu anderen Vorschriften

8   **a) Haftung und Übergang der Schuld.** Die Eintragung der Spaltung hat zur Folge, dass die dem übernehmenden Rechtsträger zugewiesenen Verbindlichkeiten auf ihn über-

---

[11] Art. 25 SpaltRL spricht auch nicht nur von einer „entsprechenden" Anwendung.
[12] Anders für die Abspaltung *Habersack* Europäisches GesR Rn 245, der ohne Stütze im Wortlaut in Art. 25 hineinliest, dass bei der spaltenden Gesellschaft Vermögen verbleiben kann.
[13] Eingehend dazu *Heiss* DZWiR 1993, 12, 13 ff.
[14] Art. 12 Abs. 1 SpaltRL. Nach ihrem Wortlaut gilt diese Vorgabe nur für diejenigen Gläubiger, deren Forderungen zwar entstanden, aber noch nicht fällig waren.
[15] Art. 12 Abs. 2 SpaltRL.
[16] *Heiss* DZWiR 1993, 12, 15; *Rümker*, WM Festgabe Hellner, S. 73, 74; iE auch *Hommelhoff/Schwab* in Lutter Rn 4 ff., die aber missverständlich von (nur) zwei „Schutzpaketen" sprechen, weil sie die zweite Variante als Kombination der ersten und dritten werten und nicht eigenständig zählen.
[17] Art. 12 Abs. 2, 3 SpaltRL.
[18] Art. 12 Abs. 7 SpaltRL.
[19] Art. 12 Abs. 6 SpaltRL.
[20] *Hommelhoff/Schwab* in Lutter Rn 8; *Hörtnagl* in Schmitt/Hörtnagl/Stratz Rn 1; *Ihrig* ZHR Beiheft 68, S. 80, 82 mit Fn 6; *Schöne* S. 75 f.; aM *Heidenhain* EuZW 1995, 327, 330; *Habersack* Europäisches GesR Rn 256.
[21] § 22.
[22] § 133 Abs. 1 Satz 2 2. Halbs.
[23] Siehe auch Rn 123; § 22 Rn 55.

gehen[24]. Die Haftung und Enthaftung unterscheidet nicht danach, ob der einzelne Beteiligte als übertragender Rechtsträger der ursprüngliche Schuldner war oder die Schuld erst durch die Spaltung auf ihn als übernehmenden Rechtsträger übergegangen ist. Eine Differenzierung erfolgt nur danach, ob dem einzelnen Beteiligten die Schuld zugewiesen ist oder nicht. Die Identität der Schuld wird durch ihren Übergang und die zeitlich begrenzte Mithaftung anderer nicht berührt[25].

b) Nachhaftung. Die Vorschrift entspricht insbesondere in der Ausgestaltung der Enthaftung der Regelung vergleichbarer Probleme bei dem Ausscheiden persönlich haftender Gesellschafter und der Übertragung des Handelsunternehmens[26]. Die Lage ist aber nicht völlig gleich, denn es geht in den zuletzt genannten Vorschriften um die Befreiung von einer eigenen Primärschuld, in den zuerst genannten um die Befreiung von einer akzessorischen Haftung für die Schuld eines Dritten[27]. Enthaftungsregeln nach den einschlägigen Vorschriften des HGB bleiben ausdrücklich unberührt[28]. 9

II. Alt- und Neuschulden

1. Nur Altschulden

Die Vorschrift gilt nur für Verbindlichkeiten, die vor der Spaltung begründet wurden, sog. **Altschulden**. Für Neuschulden haftet nur der Rechtsträger, bei dem sie entstehen. 10

2. Maßgebender Zeitpunkt

Der Wortlaut stellt darauf ab, ob die Verbindlichkeiten vor dem Wirksamwerden der Spaltung begründet worden sind[29]. Die Spaltung wird mit der Eintragung in das Register des übertragenden Rechtsträgers wirksam[30]. Zunächst ist also das Datum dieser Eintragung maßgebend. Insoweit wird die Bestimmung aber durch den öffentlichen Glauben des Handelsregisters modifiziert[31]. Es gelten hier die gleichen Grundsätze wie bei der Bestimmung des maßgebenden Zeitpunkts für die Frage des Anspruchs auf Sicherheit gem. § 22. Deshalb kann auf die dortigen Ausführungen verwiesen werden[32]. Die Spaltungsfreiheit gibt den Beteiligten die Möglichkeit, in einer für ihre Gesellschafter sinnvollen Weise Vermögen ohne Gegenleistung zu verschieben. Deshalb besteht in den Spaltungsfällen ein besonderes Bedürfnis, das Vertrauen auf den bekannt gemachten Stand des Handelsregisters zu schützen. Im praktischen Ergebnis ist daher der Zeitpunkt der Bekanntmachung der Eintragung maßgeblich[33]. 11

3. Begründung der Verbindlichkeiten

Die Bestimmung betrifft Verbindlichkeiten, die vor dem maßgebenden Zeitpunkt begründet worden sind. Die Formulierung entspricht insoweit dem für vergleichbare 12

---

[24] § 131 Abs. 1 Nr. 1.
[25] K. Schmidt/Ch. Schneider BB 2003, 1961, 1967.
[26] §§ 160 HGB, 45, 224 UmwG und §§ 26 ff. HGB, 157 UmwG.
[27] Zu den Ähnlichkeiten trotz dieser „rechtstechnischen Unterschiede" K. Schmidt/Ch. Schneider BB 2003, 1961 ff. auf der Grundlage, dass die Schuld sachgerecht dem Unternehmen anhaften müsse; dazu eingehend K. Schmidt GesR § 8 I 3, S. 184 f.
[28] § 133 Abs. 1 Satz 2; siehe Rn 111 ff.
[29] Nach der Richtlinie (Art. 12 Abs. 1 SpaltRL) ist ein früherer Zeitpunkt maßgebend, nämlich derjenige der Bekanntmachung des Spaltungsplans.
[30] § 131.
[31] § 15 Abs. 1, Abs. 2 Satz 2 HGB. Die Frage wird zu § 133 offenbar nicht ausdrücklich erörtert.
[32] Siehe § 22 Rn 12 f.
[33] AM *Karollus* in Lutter § 157 Rn 13 a; siehe § 22 Rn 12.

Fälle[34] ausdrücklich vorgeschriebenen oder nach hM maßgebenden[35] Kriterium. Der Rechtsgrund für die Entstehung der Forderung muss vor dem maßgebenden Zeitpunkt gelegt sein[36]. Dass der Anspruch selbst bereits entstanden war, ist nicht erforderlich. Auch ein besonderer Wahrscheinlichkeitsgrad der Entstehung ist nicht erforderlich[37]. Entsteht der Anspruch nämlich nicht, so ist eine Haftung gegenstandslos.

4. Rechtsgrund gelegt[38]

13 **a) Vertragliche Ansprüche.** Vertragliche Ansprüche sind in diesem Sinne begründet, wenn der **Vertragsabschluss** vor dem maßgebenden Zeitpunkt liegt[39]. Begründet ist damit der Erfüllungsanspruch und auch ein Anspruch auf Schadensersatz statt der Leistung[40]. Erfasst sind auch Ansprüche wegen Schlechtleistung sowie Ansprüche nach einem Rücktritt wegen Schlechtleistung oder Minderung und Ansprüche auf eine Vertragsstrafe[41]. Alle diese Ansprüche sind Ausformungen des mit dem Vertragsschluss begründeten Anspruchs auf die Leistung oder das Erfüllungsinteresse. Ansprüche aus der Verletzung von Nebenpflichten[42] sind jedoch nur erfasst, wenn die Verletzungshandlung vor dem maßgebenden Zeitpunkt liegt[43]. Der Vertrag begründet hier nur eine Verpflichtung zu besonderer Rücksichtnahme oder liefert nur einen Haftungsgrund (wie etwa die besondere Zurechnung von Drittverschulden gem. § 278 BGB). Begründet ist der Anspruch aus der Verletzung solcher Pflichten erst mit der Verletzung selbst. Nicht zu den vertraglichen Ansprüchen gehört der Anspruch auf Nutzungsentgelt bei fortgesetzter Nutzung der Mietsache nach Ablauf des Mietvertrags[44].

14 **b) Vertragsangebote.** Hat der nachmalige Gläubiger vor dem maßgebenden Zeitpunkt ein Vertragsangebot unterbreitet, das nach dem maßgebenden Zeitpunkt von dem Schuldner angenommen wurde, gilt die Vorschrift für Ansprüche aufgrund des so zustande gekommenen Vertrags[45]. Hat umgekehrt das spaltende Unternehmen ein Vertragsangebot unterbreitet, das der Gläubiger erst nach dem maßgebenden Zeitpunkt annimmt, sind Verbindlichkeiten aus diesem Vertrag neue Verbindlichkeiten[46]. Maßgebend für diese Differenzierung ist der Schutzzweck: Der Gläubiger ist davor zu schützen, dass er in einem Vertrag mit einem Unternehmen endet, das nicht seinen berechtigten Erwartungen entspricht. Es kommt des-

---

[34] Nachhaftung oder Mithaftung: §§ 25, 28, 130, 160 HGB; 45, 156, 157, 224 UmwG; 322 AktG; Anspruch auf Sicherheitsleistung oder entsprechende Obliegenheit: §§ 22 UmwG, 225, 233 Abs. 2 Satz 2, 303 AktG, 58 Abs. 1 Nr. 2, 58 d Abs. 2 Satz 2 GmbHG; 204 BGB, 94, 95 InsO; Haftung mit der bisherigen Hafteinlage: § 174 HGB.

[35] Vgl. jeweils § 22 Rn 9 f.; § 45 Rn 27; § 156 Rn 21; § 224 Rn 11; *Hüffer* § 327 AktG Rn 6 aE, 7; *Priester* in Scholz § 58 GmbHG Rn 51; *Roth* in MünchKomm. § 406 BGB Rn 7.

[36] *Hommelhoff/Schwab* in Lutter Rn 84; *Kallmeyer* in Kallmeyer Rn 8.

[37] Zu der entsprechenden Fragestellung bei dem Anspruch auf Sicherheitsleistung siehe § 22 Rn 11.

[38] Eingehend hierzu *K. Schmidt* in Schlegelberger § 128 HGB Rn 50 ff. sowie *Habersack* in Großkomm. § 128 HGB Rn 60 ff. Allgemein bedeutet „begründet" weniger als „entstanden" oder gar „fällig", *K. Schmidt* in Schlegelberger § 128 HGB Rn 50.

[39] Eine spätere Vertragsänderung bleibt außer Betracht, sofern sie die Schuld nach Inhalt und Umfang erweitert, *K. Schmidt* in Schlegelberger § 128 HGB Rn 53; *Habersack* in Großkomm. § 128 HGB Rn 67.

[40] § 281 BGB; *K. Schmidt* in Schlegelberger § 128 HGB Rn 52; *Habersack* in Großkomm. § 128 HGB Rn 68.

[41] *BGH* NJW 1996, 2866, 2867.

[42] § 241 Abs. 2 BGB.

[43] Zu weitgehend die hM, die sämtliche Ansprüche aus positiver Vertragsverletzung als mit dem Vertragsschluss begründet ansieht, etwa *Hörtnagl* in Schmitt/Hörtnagl/Stratz Rn 13.

[44] *BGH* NJW 2001, 2251 ff.; dazu *Eckert* EWiR 2001, 675.

[45] *Hommelhoff/Schwab* in Lutter Rn 85; *Altmeppen* in MünchKomm. § 303 AktG Rn 16; siehe auch *K. Schmidt* in Schlegelberger § 128 HGB Rn 51 mwN.

[46] *Hommelhoff/Schwab* in Lutter Rn 85; *Habersack* in Großkomm. § 128 HGB Rn 63.

halb in dieser Konstellation nicht darauf an, ob das spaltende Unternehmen schon vor dem maßgebenden Zeitpunkt gebunden war, sondern vielmehr darauf, **ob die andere Partei gebunden war.** Hat aber das Angebot des spaltenden Unternehmens den Charakter einer Option, so muss der darin liegende Wert dem Adressaten des Angebots erhalten bleiben. Das Angebot begründet in diesem Fall eine Altschuld[47].

c) Bedingte Verbindlichkeiten. Verbindlichkeiten, die einer Bedingung unterliegen, sind **Altschulden**, wenn der Rechtsgrund der Verbindlichkeit vor dem maßgebenden Zeitpunkt liegt. Auf den Zeitpunkt des Bedingungseintritts kommt es nicht an, ebenso wenig darauf, ob es sich um eine aufschiebende oder eine auflösende Bedingung handelt[48]. Ebenso wenig kommt es darauf an, wie wahrscheinlich der Bedingungseintritt ist[49]. 15

d) Kontokorrentschulden. Für Rechnungsposten, die in ein Kontokorrent eingestellt werden, gilt die Kontokorrentabrede auch nach der Spaltung. Der Umfang der Haftung für Altschulden ist durch den **niedrigsten Stand** eines periodischen Rechnungsabschlusses für einen Stichtag nach der Spaltung begrenzt[50]. 16

e) Drittsicherungsgeber. Hat ein Dritter eine Sicherheit für die Verbindlichkeit gestellt, wird die Sicherheit durch die Spaltung nicht berührt. Die besicherte Schuld bleibt identisch, auch wenn sie einem übernehmenden Rechtsträger zugewiesen ist[51]. § 418 BGB, der die Befreiung des Sicherungsgebers für den Fall der Schuldübernahme vorschreibt, ist nicht anwendbar[52]. Die Gegenmeinung[53] will demgegenüber aus § 418 BGB entnehmen, dass zur Übertragung der gesicherten Verbindlichkeit die Zustimmung des Sicherungsgebers erforderlich sei. Dieser Ansatz schützt den Sicherungsgeber nicht im Fall der Aufspaltung und schützt ihn auch nicht gegen die Vermögensminderung bei dem übertragenden Rechtsträger. Der Schutz des Sicherungsgebers muss daher anders erreicht werden. Der Gläubiger hat an der Spaltung nicht mitgewirkt. Deshalb wäre es nicht gerechtfertigt, ihm seine Sicherheit zu nehmen. Der Dritte, der die Sicherheit gestellt hat, ist hinsichtlich seines **Freistellungs-/ Regressanspruchs Altgäubiger**, wenn er einen eigenen Freistellungsanspruch hat und nicht lediglich (wie im Fall des PSV) Ansprüche des ursprünglichen Gläubigers auf ihn übergehen. Er ist deshalb in den Fällen der Spaltung weniger gefährdet als im Fall der privativen Schuldübernahme, weil alle Beteiligten gesamtschuldnerisch haften. Entsprechend geht auf 17

---

[47] AM *K. Schmidt* in MünchKomm. § 128 HGB Rn 50.
[48] Das dürfte jedenfalls im Bereich der Mithaftung unstr. sein, zu 176 HGB BGHZ 73, 217, 220, zu § 128 HGB; *Habersack* in Großkomm. § 128 HGB Rn 63; zur entsprechenden Frage beim Anspruch auf Sicherheitsleistung siehe § 22 Rn 11, 16.
[49] Siehe Rn 12.
[50] § 356 HGB analog; BGHZ 50, 277, 283 f., = NJW 1968, 2100, 2102 (zu § 159 HGB); *OLG Köln* NZG 2001, 1044. AM *K. Schmidt* in MünchKomm. § 128 HGB Rn 50, 55 f., der auch im Rahmen des Kontokorrent danach differenziert, ob nach dem maßgebenden Zeitpunkt eingestellte Sollposten auf Altschulden beruhen.
[51] Dies ergibt sich aus § 131 Abs. 1 Nr. 1. Die Lage unterscheidet sich insofern – möglicherweise – von den Fällen der §§ 25 ff. HGB; dazu *K. Schmidt/Ch. Schneider* BB 2003, 1961, 1967; *Canaris* Handelsrecht § 7 Rn 48 ff.
[52] HM *Rieble* ZIP 1997, 301, 309; *Hörtnagl* in Schmitt/Hörtnagl/Stratz § 131 Rn 77; iE auch *Vossius* in Widmann/Mayer § 131 Rn 134 iVm. § 20 Rn 263 mit dem Argument, § 418 BGB gelte nicht für die Gesamtrechtsnachfolge; dem zustimmend *Hörtnagl* in Schmitt/Hörtnagl/Stratz § 156 Rn 9. Die Nichtanwendbarkeit des § 418 BGB ist ausdrücklich für bestimmte Ausgliederungsfälle vorgeschrieben, § 156 Satz 2, § 166 Satz 2, § 172 Satz 2; siehe § 156 Rn 11. Diese Regelungen sollen verallgemeinerungsfähig sein; *Rieble* ZIP 1997, 301, 309; ein anderes Verständnis von § 156 Satz 2 vertritt jedoch *Canaris* Handelsrecht § 7 Rn 61, der ihm nur entnehmen will, dass die Identität der Schuld des Einzelkaufmanns bei ihm gewahrt bleibt und daher die Sicherheiten (nur) bis zu seiner Enthaftung bestehen bleiben; näher § 156 Rn 11 mit Fn 18.
[53] *Teichmann* in Lutter § 132 Rn 36.

den Bürgen, der den Gläubiger befriedigt, dessen Anspruch gegen den Hauptschuldner und gegen den Mithafter über[54]. Ist sein Anspruch gleichwohl gefährdet, kann er seinerseits Sicherheit nach § 22 verlangen[55].

18 **f) Unerlaubte Handlung.** Für Ansprüche aus unerlaubter Handlung und Gefährdungshaftung genügt es, wenn das **haftungsbegründende Verhalten** vor dem maßgebenden Zeitpunkt liegt[56]. Es genügt also, wenn die Schädigungshandlung vorher erfolgt ist oder wenn im Fall der Produkthaftung das fehlerhafte Produkt vor dem maßgebenden Zeitpunkt in den Verkehr gebracht worden ist. Auf den Zeitpunkt des Schadenseintritts kommt es nicht an.

19 **g) Dingliche Ansprüche.** Maßgebend für die Einordnung dinglicher Ansprüche muss die Grundlage und der **Anknüpfungspunkt des konkreten Anspruchs** sein. Beruht der Anspruch allein auf der gegenwärtigen Beziehung des Schuldners zu einer Sache, kann die Verpflichtung nur bei demjenigen bestehen, der im jeweiligen Zeitpunkt die Beziehung zu der Sache hat. Sie begründet damit gewissermaßen täglich eine Neuschuld desjenigen, dem die Beziehung zu der Sache zugewiesen ist. Ansprüche des Eigentümers auf Herausgabe oder auf Unterlassung einer fortgesetzten Störung[57] können sich nur gegen den jeweiligen Besitzer oder Störer richten[58], also gegen denjenigen Beteiligten, dem der Besitz/die Störungsquelle zugewiesen ist. Bei ihm sind es Neuschulden, die täglich mit der Fortsetzung des Besitzes/der Störung neu begründet werden. Die anderen Beteiligten haften dafür nicht. Wird eine herauszugebende Sache nach dem maßgebenden Zeitpunkt von demjenigen, dem sie zugewiesen wurde, veräußert oder zerstört, beruhen die daraus folgenden Ansprüche[59] auf der Verletzung des Eigentums und nicht auf der Verletzung der Herausgabepflicht. Diese Ansprüche begründen daher Neuschulden.

20 **h) Öffentlich-rechtliche Beseitigungs-/Unterlassungsansprüche.** Für öffentlich-rechtliche Beseitigungs- oder Unterlassungsansprüche, etwa umweltrechtlicher Art, gilt das gleiche wie für dingliche Ansprüche: Der Anspruch auf Unterlassung einer Störung richtet sich nur gegen den aktuellen Störer. Der Anspruch gegen den **Handlungsstörer** auf Beseitigung begründet eine **Altschuld**, wenn die Ursache für die zu beseitigende Lage vor dem maßgebenden Zeitpunkt gesetzt wurde. Dies gilt auch für die öffentlich rechtlichen Pflichten aus § 4 BBodSchG. Sie sind Altschulden, wenn der Verpflichtungsgrund vor dem maßgebenden Zeitpunkt bestand[60]. Die abstrakte Polizeipflicht begründet die Verpflichtung auch vor ihrer Konkretisierung durch Verwaltungsakt[61].

---

[54] § 774 Abs. 1 Satz 1 BGB.
[55] Siehe § 22 Rn 18.
[56] IE ebenso *Hommelhoff/Schwab* in Lutter Rn 87; *Kallmeyer* in Kallmeyer Rn 9; *Hörtnagl* in Schmitt/Hörtnagl/Stratz Rn 14; *K. Schmidt* in MünchKomm. § 128 HGB Rn 57: Verletzungshandlung; *Altmeppen* in MünchKomm. § 303 AktG Rn 16; anders *Habersack* in Großkomm. § 128 HGB Rn 69: Maßgebend sei der Eintritt des Verletzungserfolgs.
[57] Ein solcher Anspruch ist jedenfalls für die zeitliche Zuordnung der Begründung des Anspruchs von demjenigen auf Beseitigung der in der Vergangenheit verursachten, aber fortwirkenden Störung zu unterscheiden.
[58] *Bassenge* in Palandt § 985 BGB Rn 5; für Anwendung des § 265 ZPO bei Wechsel des Eigentums an der störenden Sache während des Prozesses KG ZflR 2000, 371; offen gelassen in BGH NJW-RR 2001, 232.
[59] §§ 816 Abs. 1 Satz 1, 823, 989 ff., 992 BGB.
[60] So iE *Fleischer/Empt* ZIP 2000, 905, 912; *Spindler* ZGR 2001, 385, 400; *B. Becker* DVBl. 1999, 134, 139; *F. Becker/Fett* NZG 1999, 1189, 1196; *Giesberts/Frank* DB 2000, 505, 506; *Schöne* S. 77 f.; *Fleischer/Empt* ZIP 2000, 905, 911 f.: Entscheidend für Begründetheit, dass Wurzel gelegt. *B. Becker* DVBl. 1999, 134, 139, will § 133 nur auf die durch Verwaltungsakt konkretisierte Sanierungspflicht direkt, im Übrigen aber analog anwenden, verwechselt dabei aber wohl Begründetheit und Entstehung. Zur Enthaftung siehe Rn 110.
[61] *Hommelhoff/Schwab* in Lutter Rn 133; *Schall/Horn* ZIP 2003, 327, 332 zur Frage, ob eine Verpflichtung oder lediglich eine Eingriffsermächtigung für die Behörde besteht. Zur Frage, ob dies auch für die

i) Dauerschuldverhältnisse. Altschulden sind auch alle Verbindlichkeiten aus Dauer- 21
schuldverhältnissen, die vor dem maßgebenden Zeitpunkt bestanden, auch wenn der Einzelanspruch erst nach dem maßgebenden Zeitpunkt entsteht[62]. Eine Begrenzung auf die Ansprüche, die bis zur ersten (beiderseitigen) Kündigungsmöglichkeit entstehen, ist nicht anzunehmen. Diese sog. **Kündigungstheorie** ist durch das Nachhaftungsbegrenzungsgesetz insgesamt überholt[63].

j) Arbeitsverhältnisse. Bei Arbeitsverhältnissen ist insbesondere das **Verhältnis zu** 22
§ 613 a BGB zu klären. Hinsichtlich der Zuordnung von Arbeitsverhältnissen geht § 613 a BGB dem Grundsatz der Spaltungsfreiheit im UmwG vor. § 613 a Abs. 1 und 4 bis 6 BGB bleiben ausdrücklich unberührt[64]. Die Forthaftung des früheren Arbeitgebers für bereits entstandene Ansprüche im Fall eines Betriebsübergangs ist in § 613 a Abs. 2 BGB geregelt. Für diese Bestimmung ist kein entsprechender Vorbehalt vorgesehen. Ein Spezialitätsverhältnis kann nicht angenommen werden[65]. Die Haftung gem. § 133 gilt unbestreitbar für diejenigen Arbeitsverhältnisse, die etwa im Fall der Abspaltung nicht übertragen werden, denn auf sie ist § 613 a BGB nicht anwendbar. Daher muss § 133 erst recht für die fortdauernde Haftung des übertragenden Rechtsträgers für Ansprüche aus übertragenen Rechtsverhältnissen gelten[66].

Nicht zu den Ansprüchen aus Arbeitsverhältnissen gehören Ansprüche aus **Sozialplä-** 23
nen oder auf **Nachteilsausgleich**. Diese ergeben sich aus der zwischen dem Arbeitgeber und dem Betriebsrat abgeschlossenen Vereinbarung oder unmittelbar aus dem Gesetz. Der Bestand der Arbeitsverhältnisse grenzt nur den Kreis der Berechtigten ab[67]. Ansprüche aus Sozialplänen oder auf Nachteilsausgleich begründen deshalb nur dann Altschulden, wenn vor dem maßgebenden Zeitpunkt der Sozialplan vereinbart bzw. eine sozialplanpflichtige Betriebsänderung begonnen wurde[68]. Im Fall des Nachteilsausgleichs ist maßgebend, dass die Betriebsänderung vor dem maßgebenden Zeitpunkt begonnen wurde.

k) Versorgungsansprüche. Unstreitig gehören zu den Altschulden die Versorgungs- 24
pflichten gegenüber Rentnern und Anwärtern mit unverfallbaren Anwartschaften, gleich ob sie ausgeschieden oder noch im Unternehmen der beteiligten Rechtsträger beschäftigt sind. Auch **verfallbare Anwartschaften** sind begründet und erfüllen die an die Annahme einer **Altschuld** bestehenden Voraussetzungen ohne weiteres[69].

Zustandshaftung gilt, siehe Rn 110. Zum Übergang der abstrakten Polizeipflicht des Handlungsstörers (Verursachers der Bodenverunreinigung) auf den Gesamtrechtsnachfolger, siehe *BVerwG* NVwZ 2006, 928.

[62] Ganz hM, *Habersack* in Großkomm. § 128 HGB Rn 65 mwN, auch zu vereinzelten Gegenstimmen.

[63] BGHZ 142, 324; zur abweichenden Fragestellung bezüglich des Anspruchs auf Sicherheit siehe § 22 Rn 46 f.

[64] § 324, dazu § 324 Rn 14.

[65] *Richardi/Annuß* in Staudinger § 613 a BGB Rn 217 mwN.; *Joost* in Lutter § 324 Rn 78 f.; *Kallmeyer* in Kallmeyer Rn 10; *Wlotzke* DB 1995, 40, 43; *Raab* in Soergel § 613 a BGB Rn 179; aA *Boecken*, Unternehmensumwandlungen und Arbeitsrecht, 1996, Rn 228; Spezialität des § 28 HGB gegenüber § 613 a BGB nimmt *BAG* ELA HGB § 28 Nr. 1 an; dagegen (Spezialität des § 613 a BGB gegenüber §§ 26, 28 HGB) *Lieb* in MünchKomm. § 26 HGB Rn 7 ff.; *Hopt* in Baumbach/Hopt § 26 HGB Rn 3; siehe § 324 Rn 38.

[66] Ebenso mit der Begründung, § 613 a BGB wolle die Arbeitnehmer begünstigen und nicht benachteiligen, § 324 Rn 38 sowie *Joost* in Lutter § 324 Rn 79.

[67] *BAG* DB 1992, 2300; BB 1994, 2350.

[68] Der Sozialplan ist dann als Anspruchsgrundlage vom Betriebsrat erzwingbar, § 112 Abs. 4, 5 BetrVG.

[69] So auch *Kallmeyer* in Kallmeyer Rn 8; *Krieger*, FS Nirk, S. 557; jetzt auch *Hommelhoff/Schwab* in Lutter § 134 Rn 90. Auf die Wahrscheinlichkeit, dass die Anwartschaft unverfallbar wird, kommt es ebenso wenig an wie sonst bei bedingten Ansprüchen, siehe Rn 12, 15.

25 Die Haftung gem. § 133 gilt nicht nur für die Versorgungsansprüche in der Höhe, wie sie bis zum maßgebenden Zeitpunkt „erdient" waren[70]. **Spätere Erhöhungen** sind zu berücksichtigen, soweit sie auf der im maßgebenden Zeitpunkt bestehenden Lage beruhen. Daher ist eine Erhöhung, die sich allein aus der nach dem maßgebenden Zeitpunkt verlängerten Dauer der Betriebszugehörigkeit ergibt[71], zu berücksichtigen. Erhöhungen aufgrund einer Änderung des Lohnes oder des Gehaltes, auf deren Grundlage der Versorgungsanspruch berechnet wird, sind dagegen erst im Zeitpunkt dieser Änderung begründet[72].

III. Haftungssystem

1. Haftende Rechtsträger

26 Für die Altschulden des übertragenden Rechtsträgers haften **alle** an der Spaltung **beteiligten Rechtsträger** als **Gesamtschuldner**. Der übertragende Rechtsträger wird also im Fall der Abspaltung von der Haftung für die übertragenen Verbindlichkeiten zunächst nicht frei. Der übernehmende Rechtsträger haftet nicht nur für die ihm zugewiesenen Verbindlichkeiten, sondern auch für diejenigen, die bei dem übertragenden Rechtsträger (im Fall der Abspaltung oder Ausgliederung) verbleiben, und für diejenigen, die einem anderen übernehmenden Rechtsträger zugewiesen wurden. Das Gesetz behandelt die Spaltung als Teilverschmelzung[73]. Dies ist hinsichtlich der Haftung für die Verbindlichkeiten dahin ergänzt, dass die Verbindlichkeiten jedenfalls zunächst nicht von dem für sie haftenden Vermögen getrennt werden können. In der Anordnung der gesamtschuldnerischen Haftung sieht die Regierungsbegründung demgemäß eine „volle Parallele zur Verschmelzung"[74].

2. Hauptschuldner/Mithafter

27 Sinn der Spaltung ist es, Aktiva und Passiva unter den Beteiligten aufzuteilen. Der Beteiligte, der eine Verbindlichkeit nach dem Spaltungsvertrag tragen soll, ist jedenfalls im Innenverhältnis primär für sie verantwortlich. Er wird entsprechend einer Formulierung von *K. Schmidt*[75] üblicherweise als **„Hauptschuldner"** bezeichnet, während die anderen Beteiligten als **„Mithafter"** bezeichnet werden[76]. Die Terminologie „Hauptschuldner" und „Mithafter" ist im Gesetz nicht vorgegeben; sie dient lediglich der Kurzbezeichnung derjenigen, denen die Schuld zugewiesen oder nicht zugewiesen ist. Rechtsfolgen können aus dieser Terminologie nicht abgeleitet werden. Die Zuordnung der Schuld an einen Beteiligten als Hauptschuldner ist nicht nur für das Innenverhältnis bedeutsam. Sie hat auch Bedeutung für die Enthaftung: Nur die Mithafter werden nach fünf Jahren enthaftet und nur der Hauptschuldner ist zur Sicherheitsleistung verpflichtet[77]. Der Hauptschuldner bleibt auch über die fünf Jahre hinaus verantwortlich[78].

---

[70] AM *K. Müller* DB 2001, 2637, 2638; *Willemsen* in Kallmeyer § 134 Rn 21.
[71] Die praktische Bedeutung der Haftung auch für Erhöhungen hat durch die Verlängerung der Enthaftungsfrist für Versorgungsverpflichtungen (Rn 77a) erheblich zugenommen.
[72] AM *Hommelhoff/Schwab* in Lutter § 134 Rn 91: Haftung für alle Versorgungsansprüche, die bis zum Ende der Enthaftungsfrist entstanden sind, ohne Differenzierung nach dem Grund der Erhöhung.
[73] RegBegr. *Ganske* S. 152.
[74] RegBegr. *Ganske* S. 165.
[75] *K. Schmidt* ZGR 1993, 366, 386.
[76] Etwa *Ihrig* ZHR Beiheft 68, S. 80, 82 f.; *Hommelhoff/Schwab* in Lutter Rn 19 ff.
[77] § 133 Abs. 1 Satz 2, 2. Halbs.
[78] § 133 Abs. 3.

3. Gesetzlicher Schuldbeitritt?

Die Erweiterung des Kreises der haftenden Schuldner wird üblicherweise als gesetzlicher **28** Schuldbeitritt gewertet[79]. Diese Qualifikation trifft allenfalls die Lage des übernehmenden Rechtsträgers als Mithafter. Für die Haftung des übernehmenden Rechtsträgers als Hauptschuldner widerspricht sie der ausdrücklichen Anordnung des Übergangs der Verbindlichkeiten[80]. Sie passt auch nicht für die Mithaftung des übertragenden Rechtsträgers, denn sie liefe bei ihm auf die gekünstelte Annahme hinaus, dass er gleichzeitig mit dem Übergang der Verbindlichkeit seiner bisher eigenen Verbindlichkeit als Schuldner beitrete. In Wahrheit modifiziert die gesamtschuldnerische Haftung den Übergang der Verbindlichkeit gem. § 131 Abs. 1 Nr. 1: Im Fall der Spaltung wirkt der Übergang nicht sofort befreiend, sondern der bisherige Schuldner bleibt bis zur Enthaftung mitverpflichtet. Genauso ist dies für die Haftung und Enthaftung in den gesondert geregelten Ausgliederungsfällen formuliert[81]. Der Vorgang lässt sich treffender als zeitlich **gestreckte privative Schuldübernahme** (ohne Mitwirkung des Gläubigers) verstehen. Der übernehmende Rechtsträger haftet aber – vorbehaltlich der Enthaftung nach fünf Jahren – in gleicher Weise auch für Schulden, die ihm nicht zugewiesen sind. Man mag dies als zeitlich begrenzten gesetzlichen Schuldbeitritt beschreiben. Jedoch können aus dieser Beschreibung keine Folgerungen abgeleitet werden, die sich nicht unmittelbar aus §§ 131, 133 ergeben.

4. Gesamtschuld

Die Unterscheidung zwischen **Hauptschuldner und Mithafter** wirft zwei Fragen auf, **29** nämlich ob der Mithafter auf Erfüllung oder nur auf das Erfüllungsinteresse in Anspruch genommen werden kann und ob er als Gesamtschuldner oder nur akzessorisch haftet. Hier wird zunächst die letztere Frage erörtert; die erstere wird unten (Rn 40 f.) behandelt. Die Terminologie Hauptschuldner/Mithafter präjudiziert diese Fragen nicht[82].

a) Gesamtschuld oder akzessorische Haftung? Nach dem eindeutigen Wortlaut haf- **30** ten die, d.h. alle, beteiligten Rechtsträger als Gesamtschuldner[83]. Trotzdem nimmt die jetzt wohl hA an, die Mithafter hafteten nur akzessorisch. Denn ihre Haftung diene einem Sicherungszweck; dem werde die akzessorische Haftung eher gerecht. Die Lage entspreche derjenigen der gesamtschuldnerischen Haftung der Gesellschafter einer oHG gem. § 128 HGB[84]. Relevant wird die Frage vor allem dafür, ob **Einwendungen oder Einreden** nur für den Einzelnen wirken[85] oder, wenn sie in der Person des Hauptschuldners eintreten, auch für

---

[79] BGH NJW 2001, 1217, 1218; *K. Schmidt* ZGR 1993, 366, 386 f.
[80] § 131 Abs. 1 Nr. 1 Satz 1.
[81] §§ 156, 157 (Ausgliederung durch den Einzelkaufmann), 166, 167 (Ausgliederung durch Stiftung), 172, 173 (Ausgliederung durch Gebietskörperschaft); auf §§ 156, 157 als Schlüssel zur Lösung verweisen *K. Schmidt/Ch. Schneider* BB 2003, 1961, 1966 f.
[82] Zutr. *Hörtnagl* in Schmitt/Hörtnagl/Stratz Rn 4: die Terminologie kennzeichnet nur die Erfüllungszuständigkeit.
[83] So die bisher hM, *Ihrig* ZHR Beiheft 68, S. 80, 85; *Hörtnagl* in Schmitt/Hörtnagl/Stratz Rn 2 ff.; zu § 25 HGB RGZ 136, 104, 107 f. unter ausdrücklicher Ablehnung einer akzessorischen Mithaftung nach Art des Bürgen; vgl. ferner die hM zur ähnlichen Frage bei § 322 AktG, *Hüffer* § 322 AktG Rn 2 f., 4; *Grunewald* in MünchKomm. § 322 AktG Rn 5; die dazu vorgebrachten historischen und systematischen Argumente (§ 322 Abs. 2, 3 AktG) für eine akzessorische Haftung – *Habersack*, FS Bezzenberger, S. 93, 100 f.; *ders.* in Emmerich/Habersack § 322 AktG Rn 3 f. – sind nicht verallgemeinerungsfähig.
[84] Grundlegend *Habersack*, FS Bezzenberger, S. 93, 96 ff.; ihm folgend *Petersen* S. 259 f. und ausführlich *Mickel* S. 195 ff.; *Hommelhoff/Schwab* in Lutter Rn 24 ff.; *K. Schmidt* GesR § 13 IV 5, S. 401; ferner *Kallmeyer* in Kallmeyer Rn 3; ebenso schon *Rieble* ZIP 1997, 301, 312, der mit Blick auf § 133 Abs. 3 meint, die Spaltung führe nicht zur – notwendigen (siehe *Grüneberg* in Palandt § 421 BGB Rn 4) – Verdoppelung der Schuldnerstellung, sondern zu bloßer Mithaftung für eine fremde Schuld.
[85] So grundsätzlich für die Gesamtschuld § 425 BGB.

alle anderen[86]. Gerade in dieser Hinsicht seien die Rechtsfolgen einer akzessorischen Haftung denjenigen einer gesamtschuldnerischen Haftung überlegen. Denn die Einzelwirkung solcher Einreden und Einwendungen bei der Gesamtschuld führe zu einer unangemessenen Privilegierung der Gläubiger[87].

31 **b) Stellungnahme**[88]. Gemeinschaftsrechtlich bestehen keine Vorgaben, da sowohl die akzessorische Haftung als auch die gesamtschuldnerische Haftung den Anforderungen der SpaltRL genügt[89]. Die Frage ist daher autonom zu entscheiden. Der Gesetzeswortlaut ist zunächst einmal eindeutig[90]. Er bestimmt die gesamtschuldnerische Haftung für die Verbindlichkeiten des übertragenden Rechtsträgers (und nicht etwa des Hauptschuldners). In dem typischen Fall der Aufspaltung in zwei oder der Abspaltung/Ausgliederung auf nur einen übernehmenden Rechtsträger gibt es nur zwei Beteiligte, von denen nur einer Mithafter sein kann. Der Wortlaut würde diesen Fall nach der Akzessorietätslehre nicht treffen[91].

32 Auch der Hinweis auf den Sicherungszweck der Haftung überzeugt nicht. Denn die Haftung aller Beteiligten soll dem Gläubiger nicht den Zugriff auf zusätzliche Haftungsmassen eröffnen[92], sondern ihm den Zugriff auf die bisherige Haftungsmasse erhalten[93]. Ist der übertragende Rechtsträger Mithafter, so unterstellt die Akzessorietätslehre die sofortige Befreiung von der übertragenen Schuld mit der Folge, dass der Übertrager für sie nur noch wie für eine fremde Schuld haftet. Gerade eine solche sofortige Befreiung wird von § 133[94] verhindert. Die Schuld bleibt eigene Schuld des übertragenden Rechtsträgers. Die – gesamtschuldnerische und zeitlich begrenzte – Mithaftung von übernehmenden, aber nur mithaftenden Rechtsträgern erklärt sich aus der Zuordnung der Schuld zu dem Unternehmen[95]; diese hat im Falle einer partiellen Gesamtrechtsnachfolge in das Unternehmen die Folge, dass jeder Übernehmer die Schuld zunächst als eigene Schuld – ohne Befreiung für die anderen – mit übernimmt.

33 Der Wortlaut der gesamtschuldnerischen Haftung entspricht daher dem Sinn und Zweck des Gesetzes. Für eine Korrektur zugunsten einer akzessorischen Haftung besteht kein Anlass. Der Wortlaut wird auch nicht durch die Bestimmung entkräftet, dass Sicherheit nur von dem beteiligten Rechtsträger zu leisten ist, „gegen den sich der Anspruch richtet"[96]. Diese Formulierung schließt einen Sicherungsanspruch der (Alt-)Gläubiger des übernehmenden gegen andere beteiligte Rechtsträger aus. Ein Anspruch richtet sich auch nach der Akzessorietätslehre zugleich gegen den Mithafter. Jedenfalls hat die eindeutige Formulierung der gesamtschuldnerischen Haftung das ungleich größere Gewicht.

---

[86] So §§ 768, 770 BGB und § 129 HGB für akzessorische Haftungen.
[87] *Habersack*, FS Bezzenberger, S. 93, 103; dagegen meinen *Hommelhoff/Schwab* in Lutter Rn 28, 34 ff., die Akzessorietätslehre sei für den Gläubiger günstiger, wenn Leistungspotential und Primärleistungspflicht im Spaltungsplan unterschiedlich zugewiesen würden; siehe Rn 41.
[88] Zum Folgenden eingehend *Maier-Reimer/Gesell*, FS Horn S. 455 ff.
[89] *Mickel* S. 170 ff.; *Hommelhoff/Schwab* in Lutter Rn 27.
[90] Ebenso *Hörtnagl* in Schmitt/Hörtnagl/Stratz Rn 3.
[91] Darin unterscheidet sich die Lage von § 128 HGB, denn in der oHG muss es mindestens zwei Gesellschafter geben, die (untereinander gesamtschuldnerisch) für die Schuld eines Dritten, der Gesellschaft, haften. Der Hinweis der Akzessorietätslehre auf § 128 HGB trägt daher nicht; ebenso *Hörtnagl* in Schmitt/Hörtnagl/Stratz Rn 3.
[92] Ein solcher zusätzlicher Zugriff wird im Falle der Spaltung zur Aufnahme auf das sonstige Vermögen des übernehmenden Rechtsträgers eröffnet; darin liegt aber nicht der Kern der Vorschrift.
[93] Trotzdem nimmt *Mickel* S. 27 f. einen Interzessionscharakter der Haftung an, weil die subjektive Vervielfältigung der Zugriffsmöglichkeiten den Ausschlag gebe.
[94] Und noch deutlicher durch §§ 156, 166 und 172.
[95] Dazu *K. Schmidt* HandelsR § 8 I 3, 4 S. 220 ff., 225 ff.; *K. Schmidt/Ch. Schneider* BB 2003, 1961, 1967.
[96] Abs. 1 Satz 2 2. Halbs. In dieser Formulierung sah die Vorauf. Rn 31 im Anschluss an *Habersack*, FS Bezzenberger, S. 93, 97 f., noch eine Stütze für die Akzessorietätslehre.

Die Argumentation mit den überlegenen Rechtsfolgen[97] setzt ihre eigene Bewertung 34 voraus oder beruht auf einer von der Spaltung unabhängigen Kritik der Gesamtschuldregeln. Sie ist auch nicht schlüssig. Sie kommt nämlich in den Fällen in Schwierigkeiten, in denen der Spaltungsplan eine Sachleistungsschuld als Hauptschuld einem anderen Beteiligten zuweist als das sachliche Substrat, mit dem allein die Leistung erbracht werden kann. Sie will für diesen Fall allen Beteiligten die Berufung auf die Unmöglichkeit versagen, um zum Schutz des Gläubigers den Mithafter auf Erfüllung haften zu lassen, obwohl der Hauptschuldner nur Schadensersatz leisten kann[98]. Derartiger Korrekturen bedarf es nicht, wenn mit dem Gesetz eine gesamtschuldnerische Haftung angenommen wird.

Bei der Behandlung von Einwendungen und Einreden, insbesondere auch der Behandlung 35 von Gestaltungsrechten (Aufrechnung und Anfechtung) bedarf es sowohl auf dem Boden der gesamtschuldnerischen Haftung als auch der akzessorischen Haftung einer vorsichtigen, an andere Fälle angelehnten Anpassung der Rechtsfolgen an die besondere Lage der Spaltung. Gewisse Anleihen aus Vorschriften betreffend eine akzessorische Haftung rechtfertigen sich dann auch auf dem Boden der gesamtschuldnerischen Haftung aus dem besonderen Entstehungsgrund und dem gesetzgeberischen Zweck der gesamtschuldnerischen Haftung in Verbindung damit, dass diese nicht von vornherein besteht, sondern durch eine nachträgliche Erweiterung des Schuldverhältnisses entsteht[99].

5. Zuweisung der Schuld

a) Im Spaltungsvertrag. Maßgebend dafür, wer Hauptschuldner ist, ist in erster Linie 36 der Spaltungsvertrag. Dieser kann auch die **Teilung** einer Verbindlichkeit vorsehen[100]. Wird die Verbindlichkeit geteilt, hat dies keinen Einfluss auf die gesamtschuldnerische Haftung: Jeder Beteiligte haftet auf den vollen Betrag, allerdings als Hauptschuldner nur für den ihm zugewiesenen Teil und im Übrigen als Mithafter, der insoweit nach fünf Jahren enthaftet wird[101].

b) Vergessene Verbindlichkeiten[102]. Werden in dem Spaltungsvertrag bestimmte Ver- 37 bindlichkeiten nicht ausdrücklich aufgeführt, ist zunächst durch Auslegung zu ermitteln, ob sich eine Zuweisung nicht doch aus dem Zusammenhang entnehmen lässt[103]. Führt die Auslegung zu keinem Ergebnis, so verbleibt im Fall der Abspaltung oder Ausgliederung die vergessene Verbindlichkeit bei dem übertragenden Rechtsträger[104]. Denn die Abspaltung und Ausgliederung umfasst nur die Gegenstände des (Aktiv- und Passiv-) Vermögens, die

---

[97] ZB *Hommelhoff/Schwab* in Lutter Rn 52, mit Kritik an der Einzelwirkung bei § 281 Abs. 4 BGB.
[98] *Hommelhoff/Schwab* in Lutter Rn 34 ff., 39 ff. unter Berufung auf die zu § 128 HGB entwickelten Grundsätze, woraus sich die Überlegenheit der Akzessorietätslehre ergeben soll; siehe Rn 41 iVm. Fn 126. *Habersack,* FS Bezzenberger, S. 93, 108, anerkennt, dass hierin eine Durchbrechung der Akzessorietät liegt.
[99] Dazu im Einzelnen Rn 48 ff. *Hommelhoff/Schwab* in Lutter Rn 50 bis 83 wollen auch mit diesen Aspekten die Überlegenheit der Akzessorietätslehre begründen. Ihre Argumentation betrifft insoweit aber zum Teil weniger die Angemessenheit der Rechtsfolgen gerade für die Spaltungshaftung als eine allgemeine Kritik an der Regelung der Gesamtschuld durch das BGB.
[100] Siehe § 126 Rn 69; *Heidenhain* NJW 1995, 2873, 2877; aA jedoch *Rieble* ZIP 1997, 301, 310 (arg. § 266 BGB).
[101] Eine Teilleistung kann in einem solchen Fall nach § 366 Abs. 1 BGB ausdrücklich auf den Teil bezogen werden, für den der Leistende Hauptschuldner ist; anderenfalls wird nach § 366 Abs. 2 2. Alt. BGB wegen „geringerer Sicherheit" zunächst die Mithaftung getilgt. Was früher Verjährung einer Schuld galt (dazu *Grüneberg* in Palandt § 366 BGB Rn 8), muss auch für ihre ehere Verfristung gelten.
[102] Siehe auch § 131 Rn 35 ff., 38.
[103] *Hommelhoff/Schwab* in Lutter Rn 91; *Habersack,* FS Bezzenberger, S. 93, 104 mit Fn 41; aA *Naraschewski* DB 1995, 1265; gegen ihn *Petersen* S. 261 f., demzufolge sich ferner die Enthaftungsfrist entsprechend verlängern soll, wenn die Zuweisung der Schuld erst durch Auslegung ermittelt worden ist.
[104] *Hommelhoff/Schwab* in Lutter Rn 90; *Ihrig* ZHR Beiheft 68, S. 80, 84.

Gegenstand des Spaltungsvertrags, in diesem also zugewiesen sind. Die **Aufspaltung** umfasst demgegenüber notwendig das gesamte Aktiv- und Passivvermögen. Für vergessene Verbindlichkeiten kommt bei ihr nur eine Teilung in entsprechender Anwendung des § 131 Abs. 3[105] oder die Annahme in Betracht, dass für die „vergessenen" Verbindlichkeiten alle Beteiligten als Hauptschuldner ohne Enthaftungsmöglichkeit haften. Die letztere Auffassung entspricht der ganz hM[106]. Dieser Meinung ist zu folgen. Zwar ließe der Wortlaut des § 131 Abs. 3 die Auslegung zu, dass er auch für Verbindlichkeiten gilt[107], jedoch verbieten es die Interessen der Gläubiger, sie mit den Unklarheiten einer quotalen Aufteilung von Verbindlichkeiten zu belasten[108]. Das steht allerdings einer Auffangregelung im Spaltungsvertrag nicht entgegen, nach der nicht ausdrücklich genannte Verbindlichkeiten in einem bestimmten Verhältnis geteilt werden sollen[109].

38 Kommt eine Aufteilung der Verbindlichkeit für das Außenverhältnis deshalb nicht in Betracht, so ist damit noch nichts über die Haftungsqualität gesagt. Zunächst einmal gilt die gesamtschuldnerische Haftung für fünf Jahre. Wegen dieser gesamtschuldnerischen Haftung hielt die Regierungsbegründung den Fall nicht für regelungsbedürftig[110]. Es bleibt aber die Frage der Enthaftung nach fünf Jahren gem. Abs. 3. Die Enthaftung derjenigen Rechtsträger, „denen die Verbindlichkeit ... nicht zugewiesen" ist, setzt voraus, dass die Verbindlichkeit mindestens einem Beteiligten zugewiesen ist. Die Bestimmung geht deshalb ins Leere, wenn die Verbindlichkeit nicht zugewiesen ist, oder sie ist teleologisch dahin zu reduzieren, dass sie nur gilt, wenn die Verbindlichkeit einem der Beteiligten zugewiesen ist[111].

39 **c) Andere Haftungsgründe.** Haftet einer der Beteiligten noch aus anderem Rechtsgrund, insbesondere wegen Übernahme des Kerns des Unternehmens unter Fortführung der Firma[112], oder bei Altfällen wegen Vermögensübernahme[113], ist er unabhängig von den Bestimmungen des Spaltungsvertrags **Hauptschuldner**. Weist der Spaltungsvertrag die Verbindlichkeit einem anderen Beteiligten zu, bestehen mehrere Hauptschuldner[114]. Ist die abweichende Zuweisung ins Handelsregister eingetragen oder dem Gläubiger mitgeteilt wor-

---

[105] Dagegen schon die Regierungsbegründung (RegBegr. *Ganske* S. 162) zu § 131, wonach § 131 Abs. 3 als nur auf Aktiva bezogen verstanden wird, siehe auch *K. Schmidt* ZGR 1993, 366, 387 sowie Fn 111.

[106] *Hommelhoff/Schwab* in Lutter Rn 91; *Kallmeyer* in Kallmeyer Rn 17, § 131 Rn 17; *Vossius* in Widmann/Mayer § 131 Rn 220, § 133 Rn 14; *Habersack*, FS Bezzenberger, S. 93, 104; *Petersen* S. 262; *Ihrig* ZHR Beiheft 68, S. 80, 84; iE auch *Hörtnagl* in Schmitt/Hörtnagl/Stratz § 131 Rn 118 f.

[107] So mit Recht *Hörtnagl* in Schmitt/Hörtnagl/Stratz § 131 Rn 113 f.; *Heidenhain* NJW 1995, 2873, 2878.

[108] Die Interessen der Gläubiger an einer eindeutigen Zuordnung betont mit Recht *Ihrig* ZHR Beiheft 68, S. 80, 85.

[109] Ganz allgemein empfiehlt sich die Aufnahme einer Auffangregelung; siehe auch *Vossius* in Widmann/Mayer § 131 Rn 221; *Theuer* DB 1999, 621, 623 mit speziellem Blick auf die Altlastensanierung, siehe Rn 110.

[110] RegBegr. *Ganske* S. 162.

[111] IE ebenso die ganz hM *Hommelhoff/Schwab* in Lutter Rn 90; *Vossius* in Widmann/Mayer Rn 14, § 131 Rn 220; *Kallmeyer* in Kallmeyer Rn 17; *Ihrig* ZHR Beiheft 68, S. 80, 84; *Schöne* S. 78 f.; *Habersack*, FS Bezzenberger, S. 93, 104. Zum gleichen Ergebnis will *Hörtnagl* in Schmitt/Hörtnagl/Stratz Rn 118 f. mit der entsprechenden Anwendung von § 131 Abs. 3 gelangen. Letzteres Argument trägt jedenfalls das Ergebnis nicht, da die entsprechende Anwendung von § 131 Abs. 3 zu einer verhältnismäßigen Aufteilung der Schuld, nicht zu einer zeitlich unbegrenzten gesamtschuldnerischen Vervielfachung der Schuld führen würde (so zutr. bereits *K. Schmidt* ZGR 1993, 366, 387), während *Hörtnagl* (Rn 118 f.) den Aufteilungsmaßstab des § 131 Abs. 3 nur auf das Innenverhältnis der Gesamtschuldner beziehen will.

[112] § 25 HGB.

[113] § 419 BGB aF.

[114] *Hörtnagl* in Schmitt/Hörtnagl/Stratz Rn 17 ff.; *Habersack*, FS Bezzenberger, S. 93, 104 f. (auf dem Boden des Akzessorietätskonzepts); *Vossius* in Widmann/Mayer Rn 9.

den, entfällt allerdings der Haftungsgrund[115]. Haftet ein Beteiligter aus anderem Grund für „vergessene Verbindlichkeiten", kann der andere Haftungsgrund als Auslegungshilfe dienen: Aus der Übernahme des Unternehmenskerns mit der Firma ist mangels abweichender Bestimmungen im Vertrag zu entnehmen, dass die Verbindlichkeit demjenigen zugewiesen werden soll, der die Firma fortführt.

IV. Ausgestaltung der Haftung[116]

1. Erfüllung oder Schadensersatz

a) Grundsatz. Der Hauptschuldner schuldet jedenfalls **Erfüllung**. Dasselbe gilt für den Mithafter, denn seine Schuld richtet sich nach Inhalt und Beschaffenheit der Hauptschuld im Zeitpunkt, zu dem seine Verpflichtung entsteht[117]. Solange keine Leistungshindernisse bestehen, ist die Erfüllungshaftung sowohl auf dem Boden des Gesamtschuldmodells als auch auf dem Boden der Akzessorietätslehre selbstverständlich[118]. Der Gläubiger ist nicht gehalten, zunächst den Hauptschuldner in Anspruch zu nehmen[119]. **40**

b) Spaltungsbedingte Leistungshindernisse. Ist im Fall einer Sachleistungspflicht einer der Haftenden zur Erfüllung nicht in der Lage, weil der Spaltungsvertrag ihm die zur Erfüllung erforderlichen Produktionsmittel entzogen oder nicht zugewiesen hat, so wird der Haftende dadurch nicht notwendig[120] von seiner Erfüllungspflicht befreit[121]. Als Mithafter hat er einen Anspruch gegen den Hauptschuldner, ihn von der Mithaft zu befreien. Ist der vom Gläubiger in Anspruch genommene Beteiligte der Hauptschuldner oder ist der Befreiungsanspruch eines Mithafters nicht oder nicht rechtzeitig durchsetzbar, liegt möglicherweise ein Fall des **Unvermögens** vor. Wird der übertragende Rechtsträger in dieser Weise in Anspruch genommen, hat er das Unvermögen nachträglich durch die Spaltung verursacht und deshalb zu vertreten[122]. Wird ein übernehmender Rechtsträger in Anspruch genommen, besteht bei ihm anfängliches Unvermögen, für das er ebenfalls einzustehen hat, weil es im Zeitpunkt der Entstehung seiner Schuld bekannt war[123]. Der Gläubiger kann also im einen wie im anderen Fall Schadensersatz verlangen. Die Folgen dieses Unvermögens treten nach dem Gesamtschuldmodell nur in der Person des einzelnen Beteiligten ein[124]. Nach der Akzessorietätslehre müsste das Unvermögen des Hauptschuldners auch zur Befreiung des Mithafters von der Erfüllungspflicht führen, jedoch kommt auch sie zur Erfüllungshaftung **41**

---

[115] *Hommelhoff/Schwab* in Lutter Rn 100.
[116] Zum Folgenden eingehend *Maier-Reimer/Gesell*, FS Horn S. 455, 465 ff.
[117] St. Rspr. zum Schuldbeitritt, *BGH* NJW 1996, 249; BGHZ 58, 251, 255; RGZ 135, 104, 107 f.; *Weber* in RGRK, 12. Aufl. 1978, § 425 BGB Rn 2, Vor § 414 BGB Rn 21; *Zeiss* in Soergel Vor § 414 BGB Rn 7; *Grüneberg* in Palandt Vor § 414 BGB Rn 6.
[118] Ebenso iE *Ihrig* ZHR Beiheft 68, S. 80, 90 f.; *Schöne* S. 81 f.; *Petersen* S. 264 ff.; *Rieble* ZIP 1997, 301, 312; *Habersack*, FS Bezzenberger, S. 93, 107 f.
[119] § 421 BGB; das gilt auch nach der Akzessorietätslehre, *Hommelhoff/Schwab* in Lutter Rn 31. Abw. für den rechtsgeschäftlichen Schuldbeitritt zu Sicherungszwecken *Bülow* ZIP 1999, 985 ff., der zur konkludenten Abbedingung des § 421 Satz 1 BGB zugunsten einer bloß subsidiären Haftung des Sicherungsgebers gelangt. Dieser Ansatz lässt sich auf den „gesetzlichen Schuldbeitritt" nach § 133 Abs. 1 Satz 1 trotz eines „gesetzlichen Sicherungszwecks" nicht übertragen, weil dieser eben keinen Interzessionscharakter hat, siehe Rn 32.
[120] Gem. § 275 BGB.
[121] Auch wenn der Hauptschuldner nicht über die sächlichen Mittel zur Erfüllung verfügt, kann eine Verurteilung zur Erbringung der Primärleistung aus der Sicht des Gläubigers sinnvoll sein; siehe BGHZ 73, 217, 221.
[122] §§ 280, 283 BGB; ebenso *Hörtnagl* in Schmitt/Hörtnagl/Stratz Rn 9.
[123] § 311 a Abs. 2 BGB; ebenso *Hörtnagl* in Schmitt/Hörtnagl/Stratz Rn 9.
[124] § 425 BGB.

des Mithafters, indem sie die Akzessorietät durchbricht oder allen Beteiligten die Berufung auf das Unvermögen versagt[125]. Die Akzessorietätslehre lehnt sich insoweit an die zur Erfüllungshaftung der Gesellschafter einer oHG entwickelten Grundsätze an. Dort soll der Gesellschafter trotz Unvermögens der Gesellschaft Erfüllung schulden[126].

2. Unternehmensbezogene Verpflichtungen/Unterlassungspflichten

42 Besondere Fragen ergeben sich, wenn in dem übertragenden Rechtsträger Verpflichtungen bestanden, die das Unternehmen als solches oder einen Unternehmensteil betreffen oder sich darauf beziehen. Beispiele sind Vergütungen, die sich am Umsatz oder Ertrag des Unternehmens orientieren[127], oder **Wettbewerbsverbote**[128].

43 a) **Auslegung und Anpassung.** Bei solchen Verpflichtungen ist zunächst durch Auslegung zu ermitteln, ob sie sich nur auf einen bestimmten Betrieb oder Unternehmensteil oder auf das Unternehmen in seinem ursprünglichen Zuschnitt beziehen. Der Umfang der Rechte des Gläubigers darf durch die Spaltung **weder beschnitten noch erweitert** werden[129]. Betrifft beispielsweise ein Wettbewerbsverbot das gesamte Unternehmen, muss von dem Wettbewerbsverbot auch nach der Spaltung jeder beteiligte Rechtsträger betroffen sein. Bei einer Spaltung zur Aufnahme erstreckt sich das Wettbewerbsverbot dann aber nicht auf das von dem aufnehmenden Rechtsträger schon vorher geführte Unternehmen. Für eine solche Erweiterung als inhaltlicher Veränderung des Verbots besteht kein Anlass[130]. Ggf. ist das Wettbewerbsverbot in entsprechender Anwendung des § 21 anzupassen[131].

44 b) **Haftung.** Die durch Auslegung und ggf. Anpassung konkretisierte Verpflichtung vervielfältigt sich nicht durch die Spaltung[132]. Die Vervielfältigung liefe Gefahr, zu einer inhaltlichen **Erweiterung** des Wettbewerbsverbots zu führen[133]. Die Unterlassung (zB des Wett-

---

[125] *Hommelhoff/Schwab* in Lutter Rn 38 ff.; *Habersack*, FS Bezzenberger, S. 93, 107 f.; *Rieble* ZIP 1997, 301, 312.

[126] *Habersack* in Großkomm. § 128 HGB Rn 27 ff.; diese Auffassung beruht indessen auf der Systematik der §§ 275, 283 aF BGB, wonach der Beklagte auch im Falle seines Unvermögens verurteilt wurde, wenn er das Unvermögen zu vertreten hatte, RGZ 80, 247, 249; weitere Nachweise bei *Habersack* in Großkomm. § 128 HGB Rn 31 iVm. Fn 74.

[127] ZB partiarische Darlehen.

[128] Siehe dazu *Hommelhoff/Schwab* in Lutter Rn 48 f.; *Teichmann* in Lutter § 132 Rn 37; *Hörtnagl* in Schmitt/Hörtnagl/Stratz Rn 9 sowie § 131 Rn 74; *Ihrig* ZHR Beiheft 68, S. 80, 93 ff., der die Unterlassungspflicht allerdings zu pauschal für höchstpersönlich und damit unübertragbar hält. Das maßgebende Kriterium ist nicht eine Höchstpersönlichkeit, sondern die Personenbezogenheit der Verpflichtung, deretwegen die Erfüllung durch einen anderen nicht möglich ist; *Flume* Personengesellschaft § 16 III 4. Zu der allgemeinen Problematik der Übernahme/des Schuldbeitritts bei Unterlassungspflichten siehe *Köhler* AcP 190 (1990) 497, 529; *ders.* in Jacobs/Lindacher/Teplitzky, Großkomm. UWG, 1. Lieferung, 1991, Vor § 13 Teil B, 1991, Rn 217 ff.; ferner *Teplitzky* Kap. 15 Rn 8 ff.; *Grüneberg* in Palandt Vor § 420 BGB Rn 11.

[129] Zu einseitig ist es, wenn die umwandlungsrechtliche Literatur nur betont, der Schuldner dürfe sich durch die Umwandlung seiner Pflicht nicht entziehen, etwa *Hörtnagl* in Schmitt/Hörtnagl/Stratz § 131 Rn 74; *Teichmann* in Lutter § 132 Rn 37.

[130] Zustimmend *Hommelhoff/Schwab* in Lutter Rn 49. Ausführlich im gleichen Sinne zu der ähnlichen Frage, ob die Gesellschafter kraft § 128 HGB auch in ihrem eigenen, „gesellschaftsfreien" Handeln der Unterlassungspflicht der Personengesellschaft unterworfen sind, *K. Schmidt* GesR § 49 III 2 c, S. 1428 ff.

[131] Allg. dazu § 21 Rn 3, 8 f.; *Grunewald* in Lutter § 21 Rn 8.

[132] Anders zu §§ 25, 28 HGB BGH NJW 1996, 2866, 2867; RGZ 96, 171, 173; *OLG Hamm* NJW-RR 1995, 608 f.; zur Aufspaltung OLG Frankfurt BB 2000, 1000; allg. für Spaltungsvorgänge *Hörtnagl* in Schmitt/Hörtnagl/Stratz Rn 74; allg. *Grüneberg* in Palandt Vor § 420 BGB Rn 11; *Noack* in Staudinger § 431 BGB Rn 11 f.: „kumulierte Schuld"; *Teplitzky* Kap. 15 Rn 10 f.; *Köhler* AcP 190 (1990) 497, 529 f.

[133] Ähnlich auch *K. Schmidt* GesR § 49 III 2 c, S. 1428 ff. und *Ihrig* ZHR Beiheft 68, S. 80, 93: Unterlassung durch A ist nicht Unterlassung durch B.

bewerbs) kann nur von demjenigen primär geschuldet sein, der **in der Lage** ist, gegen die Verpflichtung **zu verstoßen**, also beispielsweise den verbotenen Wettbewerb zu entfalten[134]. Andere Beteiligte können nicht die Unterlassung des Hauptverpflichteten schulden, sondern nur verpflichtet sein, auf den primär Verpflichteten einzuwirken oder für den Fall einer Verletzung durch den Primärverpflichteten Schadensersatz zu leisten bzw. für die verwirkten Vertragsstrafen[135] mit einzustehen[136].

Teilweise wird angenommen, der Spaltungsvertrag könne deshalb die Unterlassungspflicht **45** nicht von dem betroffenen Unternehmensteil trennen; insoweit sei die Spaltungsfreiheit beschränkt[137]. Dieser Frage kommt für die ersten fünf Jahre keine Bedeutung zu. Denn derjenige, dem der betroffene Unternehmensteil zugewiesen ist, kann aufgrund der gesamtschuldnerischen Haftung auch als Mithafter auf Unterlassung in Anspruch genommen werden. Die gesamtschuldnerische Haftung der übrigen Beteiligten, auch des Hauptschuldners, führt nicht dazu, dass sie auf Unterlassung des Wettbewerbs in einem ihnen nicht zugewiesenen Unternehmensteil in Anspruch genommen werden könnten[138].

Die Wirkung einer unterschiedlichen Zuweisung des Wettbewerbsverbots und des davon **46** betroffenen Unternehmensteils beschränkt sich deshalb darauf, den **Erfüllungsanspruch nach Ablauf der Enthaftungsfrist** auszuschließen. Der Hauptschuldner könnte in diesem Fall nur noch auf Schadensersatz oder darauf in Anspruch genommen werden, auf den Mithafter entsprechend einzuwirken – wobei offen bleibt, welche Einwirkungsmöglichkeiten er hätte. Mit einer solchen Zuweisung würde der Spaltungsvertrag deshalb den unzulässigen Zweck verfolgen, dem Gläubiger seinen Erfüllungsanspruch nach fünf Jahren zu nehmen[139]. Der Auffassung, dies werde von der Spaltungsfreiheit nicht gedeckt, ist zuzustimmen. Ist die Spaltung aber eingetragen, wird auch dieser Mangel geheilt. Die Verpflichtung geht auf den Hauptschuldner über[140]. § 133 bietet keinen Ansatz, die Enthaftung des Mithafters zu versagen.

Ist das Wettbewerbsverbot Teil eines Vertragsverhältnisses[141] oder ergibt es sich aus einer **47** Gesellschafterstellung[142], kann dieses Wettbewerbsverbot nicht von dem sonstigen Vertragsverhältnis oder der Gesellschafterstellung gelöst werden. Der Vertrag oder die Gesellschafterstellung können nur insgesamt dem einen oder dem anderen zugewiesen werden, weil eine **qualitative Teilung** nach Rechten und Pflichten den Inhalt der Rechtsbeziehungen verändern würde[143].

---

[134] So auch *Teichmann* in Lutter § 132 Rn 37.
[135] Zur Vertragsstrafenhaftung siehe auch *BGH* NJW 1996, 2866, 2867, wo der Übernehmer des Betriebs freilich – iE zutr. – aus § 25 HGB bereits selbst als unterlassungspflichtig angesehen wurde.
[136] *Grüneberg* in Palandt Vor § 420 BGB Rn 11; *Köhler* AcP 190 (1990) 497, 529, *Ihrig* ZHR Beiheft 68, S. 80, 94; insoweit zutr. auch *Hommelhoff/Schwab* in Lutter Rn 49.
[137] *Hommelhoff/Schwab* in Lutter Rn 48; iE ebenso *Ihrig* ZHR Beiheft 68, S. 80, 94 f., allerdings vom Boden der Auffassung, vertragliche Wettbewerbsverbote seien höchstpersönliche Pflichten, dagegen bereits Fn 128.
[138] *Hommelhoff/Schwab* in Lutter Rn 49. Die Annahme einer „echten" Gesamtschuld im technischen Sinn ist unmöglich, da niemand die Unterlassungspflicht des anderen erfüllen kann, *Köhler* AcP 190 (1990) 497, 529 f.
[139] Die praktische Relevanz dieser Fragestellung erscheint zweifelhaft, weil idR Wettbewerbsverbote für Unternehmen, etwa anlässlich eines Unternehmensverkaufs, höchstens für drei Jahre vereinbart werden dürfen: Bekanntmachung der Kommission über Einschränkungen des Wettbewerbs, die mit der Durchführung von Unternehmenszusammenschlüssen unmittelbar verbunden und für diese notwendig sind (2001/C 188/03, Nr. 15, ABl.EG C 188/5 vom 4. 7. 2001); denkbar ist indessen, dass bei einem gestaffelten Unternehmensverkauf die Dreijahresfrist erst lange nach der Spaltung zu laufen beginnt.
[140] § 131 Abs. 1 Nr. 1 iVm. Abs. 2. Die Verbindlichkeit wandelt sich in eine Einstehens-/Garantiepflicht.
[141] ZB das Verbot für einen Vertriebshändler oder Handelsvertreter, Konkurrenzware zu führen.
[142] §§ 112, 113 HGB; für den herrschenden Kommanditisten BGHZ 89, 166.
[143] Zu diesem Aspekt auch *Köhler* AcP 190 (1990) 497, 525 ff.

3. Einreden/Einwendungen

48 Die Wirkung von **Gegenrechten**, die bei einem der haftenden Beteiligten eintreten, auf die Haftung der anderen sind im Grundsatz in den §§ 422 bis 425 BGB geregelt. Allerdings ergeben sich gegenüber den allgemeinen Fällen der Gesamtschuld zwei Besonderheiten, die angemessen zu berücksichtigen sind: Die Gesamtschuld bestand nicht von vornherein, sondern entsteht erst durch die Spaltung[144], und die durch die Spaltung bewirkte Erweiterung des Kreises der Verpflichteten hat im Gegensatz zu Fällen des Schuldbeitritts[145] keinen Interzessionscharakter, sondern den Zweck, dem Gläubiger seine bisherige Haftungsmasse zu erhalten[146].

49 a) **Tatsachen mit Gesamtwirkung.** Unproblematisch sind diejenigen Einwendungen, die nach den Vorschriften des BGB das **gesamte Schuldverhältnis** betreffen. Mit der Erfüllung und, wenn so gewollt, mit dem Erlass werden alle Beteiligten gegenüber dem Gläubiger frei, jedoch unbeschadet des – uU anteiligen – Forderungsübergangs für den Innenregress[147]. Das gilt auch für Erfüllungssurrogate einschließlich der Aufrechnung[148]. Ebenso wirkt der Verzug des Gläubigers zugunsten aller Gesamtschuldner[149]. Auch eine erfolgreiche Anfechtung des zugrunde liegenden Geschäfts führt notwendig zur Nichtigkeit des Gesamtgeschäftes und daher zum Erlöschen aller sich daraus ergebenden Verpflichtungen[150]. Hierfür kommt es nicht darauf an, ob das maßgebende Ereignis vor oder nach der Spaltung eintrat.

50 b) **Grundsatz der Einzelwirkung.** Andere Tatsachen wirken demgegenüber nur zugunsten oder zu Lasten desjenigen Gesamtschuldners, bei dem sie eintreten[151]. Allerdings setzt dies voraus, dass im Zeitpunkt des Eintritts dieser Ereignisse die Gesamtschuld bereits besteht[152], d. h. dass die Gegenrechte erst **nach der Spaltung begründet** werden[153]. Wann ein Gegenrecht „begründet" ist, ergibt sich aus den Grundsätzen zu § 404 BGB[154] und ist nicht anders zu beurteilen als die Begründung der Schuld, der gegenüber es besteht[155]. Zu

---

[144] Daraus ergibt sich zwangsläufig eine Einschränkung des Grundsatzes der Einzelwirkung (§ 425 BGB) von Umständen aus der Zeit vor der Spaltung, siehe dazu *Weber* in RGRK, 12. Aufl. 1978, § 425 BGB Rn 2 f. sowie Rn 40.

[145] Vgl. nur *Möschel* in MünchKomm. Vor § 414 BGB Rn 10.

[146] AM *Mickel* S. 27 f., dem die subjektive Vervielfältigung der Zugriffsmöglichkeiten für die Annahme einer Interzession genügt.

[147] §§ 422 Abs. 1 Satz 1, 423, 426 Abs. 2 BGB.

[148] § 422 Abs. 1 Satz 2.

[149] § 424. *Hommelhoff/Schwab* in Lutter Rn 78 wenden diese Vorschrift „erst recht" auf dem Boden der Akzessorietät an.

[150] Für die Anfechtung gelten dieselben Grundsätze wie für Rücktritt und Beendigungskündigung, *Bydlinski* in MünchKomm. § 425 BGB Rn 9, 12. Nach hM betrifft § 425 Abs. 2 BGB nur die Fälligkeitskündigung, während die Kündigung zur Beendigung eines Rechtsverhältnisses notwendig von oder gegenüber allen erklärt werden und wirken müsse, *Grüneberg* in Palandt § 425 BGB Rn 2; *Bydlinski* in MünchKomm. § 425 BGB Rn 4; *M. Wolf* in Soergel § 425 BGB Rn 3; aM *Noack* in Staudinger § 425 BGB Rn 13 aufgrund der Annahme, dass im Falle einer Gesamtschuld mehrere selbstständige Schuldverhältnisse bestünden (§ 421 BGB Rn 4); dementsprechend nimmt er auch bei der Anfechtung nur Einzelwirkung an (§ 425 BGB Rn 90 ff.). Da die Spaltung nicht zu einer Vervielfachung der Vertragsverhältnisse, sondern nur zu einer Vermehrung der Schuldner aus demselben ursprünglichen Schuldgrund führt, kann der Ansatz von *Noack* für die Spaltungsfälle nicht gelten.

[151] § 425 BGB.

[152] Für Alteinwendungen/-einreden gilt dagegen § 417 BGB analog, *Grüneberg* in Palandt Vor § 414 BGB Rn 6.

[153] *Heinrichs* in Palandt § 417 BGB Rn 2.

[154] Dazu *Grüneberg* in Palandt § 404 BGB Rn 4: Erforderlich ist, dass Einwendungen ihrem Rechtsgrund nach im (bisherigen) Schuldverhältnis angelegt waren, siehe auch BGHZ 25, 29; 93, 71, 79.

[155] Siehe Rn 12 ff.

der Bedeutung der Einzelwirkung ist im Übrigen auf die Erläuterungen zu § 425 BGB zu verweisen.

c) Aufrechnungsmöglichkeit. Im Grundsatz kann ein Gesamtschuldner die einem anderen Gesamtschuldner zustehende Forderung nicht gegen diejenige des Gläubigers aufrechnen[156]. Für die Fälle der akzessorischen Haftung gibt das Gesetz dem Mithafter eine **Einrede**, wenn sich der Hauptschuldner durch Aufrechnung befreien kann[157]. Diese Vorschriften sind in geeigneten Fällen auf gesamtschuldnerische Haftungen zu übertragen[158]. Für die Spaltungsfälle sind sie wie folgt anzuwenden: War die aufzurechnende Forderung schon vor der Spaltung begründet und konnte der übertragende Rechtsträger aufrechnen, musste der Gläubiger mit der Aufrechnung rechnen. Ist die Forderung dem Hauptschuldner zugewiesen, nimmt der Gläubiger aber einen Mithafter in Anspruch, so ergibt sich aus dem Befreiungsanspruch des Mithafters[159] auch ein Anspruch gegen den Hauptschuldner, die Forderung aufzurechnen, wenn man ihn nicht sogar durch den Spaltungsvertrag für ermächtigt hält, die Forderung des Hauptschuldners gegen dessen Schuld[160] oder gegen die eigene Schuld[161] jeweils mit Gesamtwirkung[162] aufzurechnen. Jedenfalls steht dem Mithafter dann eine entsprechende Einrede zu[163]. Ist die Forderung dagegen dem Mithafter zugewiesen und nimmt der Gläubiger den Hauptschuldner in Anspruch, so steht dem Hauptschuldner eine entsprechende Einrede nicht zu, denn sie liefe darauf hinaus, den Gläubiger an den Mithafter zu verweisen. Stand die Aufrechnungsbefugnis nur dem Gläubiger, nicht aber dem übertragenden Rechtsträger zu, besteht kein Grund, dem Gläubiger diese Privilegierung als Folge der Spaltung zu nehmen: § 770 Abs. 2 BGB ist jedenfalls nicht entsprechend anwendbar[164].

Ist die Gegenforderung bei einem der beteiligten Rechtsträger erst **nach der Spaltung begründet** worden, können sich andere Beteiligte hierauf gegenüber dem Gläubiger nicht berufen, solange die Forderung nicht tatsächlich aufgerechnet worden ist[165].

---

[156] § 422 Abs. 2 BGB; ähnlich für die Schuldübernahme § 417 Abs. 1 Satz 2 BGB.

[157] So in korrigierender Auslegung des § 129 Abs. 3 HGB die ganz hM, *Hopt* in Baumbach/Hopt § 129 HGB Rn 12; *K. Schmidt* in Schlegelberger § 129 HGB Rn 22; *Schlüter*, FS Westermann, S. 509, 522, 524; diese Einrede steht nach ganz hM auch dem Bürgen zu, sei es entsprechend § 770 Abs. 1 oder Abs. 2 BGB oder zumindest als Zurückbehaltungsrecht; im Einzelnen siehe *Habersack* in MünchKomm. § 770 BGB Rn 10; *Schlüter*, FS Westermann, S. 509 ff., 517 ff. auch zum umgekehrten Streitfall, wenn nur der Gläubiger zur Aufrechnung befugt ist, siehe dazu noch Fn 165.

[158] *Bydlinski* in MünchKomm. § 422 BGB Rn 10; BGHZ 38, 122, 126, der dem gesamtschuldnerisch haftenden Miterben § 770 Abs. 2 BGB analog eröffnet, wenn die Erbengemeinschaft mit einer Nachlassforderung aufrechnen könnte; dem iE zustimmend auch *Noack* in Staudinger § 422 BGB Rn 27 f., der freilich eine Analogie zu § 129 Abs. 3 HGB bevorzugt. Grundsätzlich zur Vereinbarkeit von Gesamtschuld/Grundsatz der Einzelwirkung und vereinzeltem Rückgriff auf die Akzessorietät wurzelnde Vorschriften oder Rechtsgedanken *Noack* in Staudinger § 421 BGB Rn 35 ff. mit Blick auf § 425 Abs. 1 BGB („soweit sich nicht aus dem Schuldverhältnis ein anders ergibt").

[159] Siehe Rn 66.

[160] Unter Wahrung des Erfordernisses der Gegenseitigkeit.

[161] „Drittaufrechnung", vgl. *Grüneberg* in Palandt § 387 BGB Rn 22 zu sog. Konzernverrechnungsklauseln. Die Aufrechnung durch den Mithafter führt dann ohne Regress zu einer Befriedigung entsprechend dem im Spaltungsvertrag Gewollten. Dass das Erfordernis der Gegenseitigkeit in Sukzessionsfällen wegfallen kann, zeigt § 406 BGB.

[162] § 422 Abs. 1 Satz 2 BGB.

[163] IE ebenso *Hommelhoff/Schwab* in Lutter Rn 74.

[164] Dem Bürgen steht die Einrede der Aufrechenbarkeit auch dann zu, wenn nur der Gläubiger aufrechnen kann. Das folgt aus dem Wortlaut des § 770 Abs. 2 BGB und der Subsidiarität der Bürgenhaftung; BGHZ 153, 293, 301 f.; zur entsprechenden Rechtslage bei der Gesellschafterhaftung siehe *Hopt* in Baumbach/Hopt § 129 HGB Rn 12.

[165] AM *Hommelhoff/Schwab* in Lutter Rn 74, die, auf der Basis der Akzessorietätslehre konsequent, dem Mithafter eine Einrede offenbar auch aufgrund einer erst nachträglich entstandenen Aufrechnungsmöglichkeit des Hauptschuldners geben wollen.

53 **d) Gestaltungsrechte.** Das Recht, einen Vertrag anzufechten oder von ihm zurückzutreten, ist von dem Vertragsverhältnis als solchem **nicht abtrennbar**[166]. Ist das Vertragsverhältnis nicht dem in Anspruch genommenen Spaltungsbeteiligten zugewiesen, kann er jedenfalls das Gestaltungsrecht nicht ausüben[167]. Es sollte ihm aber eine Einrede in entsprechender Anwendung der für die akzessorischen Haftungen geltenden Bestimmungen[168] gegeben werden[169]. Diese Vorschriften können auch auf dem Boden der Akzessorietätslehre nur auf der Grundlage einer Analogie herangezogen werden, wenn das Vertragsverhältnis, aus dem sich das Gestaltungsrecht ergibt, nicht dem Hauptschuldner, sondern etwa einem Mithafter zugewiesen ist.[170]

54 **e) Unvermögen.** Das Unvermögen eines Beteiligten befreit **nur ihn** von der primären Leistungspflicht. Das gilt unabhängig davon, ob das Unvermögen beim Hauptschuldner oder beim Mithafter eintritt. Ergibt sich das Unvermögen gerade aus der Spaltung, haben sowohl Hauptschuldner als auch Mithafter dieses Unvermögen zu vertreten[171].

55 **f) Wegfall der Bereicherung.** Die Spaltung führt bei **keinem Beteiligten** zum Wegfall der Bereicherung. Die Annahme, diejenigen Spaltungsbeteiligten, denen das rechtsgrundlos Erlangte nicht zugewiesen sei, seien entreichert, widerspricht der Haftungssystematik des § 133[172]. Fällt die Bereicherung nach der Spaltung bei demjenigen weg, dem das rechtsgrundlos Erlangte zugewiesen wurde, wirkt dieser Wegfall vorbehaltlich der Haftungsverschärfung der §§ 818 Abs. 4, 819 BGB zugunsten aller Beteiligten. Denn der Anspruch richtet sich nur auf die noch (bei einem der Beteiligten) vorhandene Bereicherung[173].

56 **g) Verjährung.** Gegenüber jedem einzelnen Spaltungsbeteiligten läuft die Verjährung **getrennt**. Dasselbe gilt für ihren Neubeginn, ihre Hemmung und Ablaufhemmung[174]. Die Verjährung wird im Regelfall gegenüber allen Beteiligten gleichzeitig zu laufen beginnen. Unterschiede können sich aber namentlich bei der Hemmung, der Ablaufhemmung und

---

[166] *Möschel* in MünchKomm. § 417 BGB Rn 5; *Bydlinski* in MünchKomm. § 425 BGB Rn 10.

[167] Ein gesetzlicher Schuldbeitritt führt grundsätzlich auch nicht zum Erfordernis einer gemeinschaftlichen Ausübung nach § 351 BGB, *Gaier* in MünchKomm. § 351 BGB Rn 1; *Selb,* Hdb. Schuldrecht, Bd. 5, Mehrheit von Schuldnern und Gläubigern, 1984, § 6 III 3 b.

[168] § 770 Abs. 1 BGB, § 129 Abs. 2 HGB.

[169] Ebenso *Bydlinski* in MünchKomm., § 425 BGB Rn 10; *Habersack,* FS Bezzenberger, S. 93, 106 f. Diese Einrede setzt voraus, dass die Ausübung des Gestaltungsrechts Gesamtwirkung hätte; das ist in der Tat anzunehmen, siehe oben Rn 49; aM allerdings *Noack* in Staudinger § 425 BGB Rn 90, der zur Gesamtwirkung nur über § 139 BGB kommt. Die Frage hängt richtigerweise davon ab, ob, wie in den Spaltungsfällen, der Schuldgrund bei allen Gesamtschuldnern derselbe ist – „gleichgründige Gesamtschuld", *Ehmann* in Erman § 422 BGB Rn 5 – oder nicht.

[170] Das anerkennt auch *Habersack,* FS Bezzenberger, S. 93, 107. Deshalb liegt in der Befürwortung dieser Analogie kein Widerspruch zu der Annahme einer gesamtschuldnerischen, nicht einer akzessorischen Haftung. *Hommelhoff/Schwab* in Lutter Rn 76 rügen eine grobe Inkonsequenz der Gesamtschuldlehre mit der Gewährung dieser Einrede, weil die Ausübung des Gestaltungsrechts in der Gesamtschuld nur Einzelwirkung habe. Diese Kritik knüpft an der Mindermeinung von *Noack* zu § 425 BGB an, die nach ihrer Begründung für die Spaltungsfälle nicht gelten kann, dazu oben Fn 161.

[171] Siehe Rn 41.

[172] Anders offenbar *Rieble* ZIP 1997, 301, 312, dem zufolge die Spaltungshaftung ermöglichen soll, denjenigen Rechtsträger in Anspruch zu nehmen, der „noch bereichert" ist. Die mit der Spaltung erfolgende Übertragung des Bereicherungsobjekts ist ebenso wenig als Entreicherung anzuerkennen wie eine Dividendenausschüttung; zu normativen Grenzen des Entreicherungseinwands siehe *Westermann* in Erman § 818 BGB Rn 31 ff.; *Lieb* in MünchKomm. § 818 BGB Rn 101 ff.; *Reuter/Martinek,* Hdb. Schuldrecht Bd. 4, Ungerechtfertigte Bereicherung, 1983, § 17 II 4 S. 587 f.

[173] Das entspricht der pragmatischen Lösung, die der BGH für den Haftungsverbund von BGB-Gesellschaftern (nach Liquidation der Gesellschaft) entwickelt hat, BGHZ 61, 339, 342 ff.; eingehend zu dieser Problematik freilich *Kowalski* NJW 1991, 3183 ff.

[174] § 425 Abs. 2 BGB.

dem Neubeginn ergeben. Diese wirken nur in der Person desjenigen, bei dem die jeweiligen Voraussetzungen vorliegen[175]. Deshalb kann sich insbesondere der rechtzeitig in Anspruch genommene Mithafter auch nicht darauf berufen, die Forderung gegen den Hauptschuldner sei nunmehr verjährt[176].

h) Verzicht auf Einwendungen. Der Verzicht eines der beteiligten Rechtsträger auf eine Einwendung oder Einrede wirkt nur zu seinen Lasten, auch wenn das Gegenrecht selbst Gesamtwirkung hatte[177].

4. Prozessuales

Die zivilprozessrechtlichen Folgen der Spaltung auf Seiten des Beklagten sind noch **weitgehend ungeklärt**[178].

a) Neue Rechtsstreitigkeiten. Wird ein Rechtsstreit **nach der Spaltung** erst anhängig gemacht, gilt ohne Einschränkung § 425 BGB. Die Folgen der Rechtshängigkeit und die Wirkungen eines rechtskräftigen Urteils treten nur für und gegen den Gesamtschuldner ein, in dessen Person sie entstanden sind[179].

b) Anhängige Passivprozesse. Spaltet sich der Beklagte **während des Verfahrens**, gilt Folgendes:

aa) Soll im Fall der Abspaltung oder Ausgliederung die streitige Verbindlichkeit **bei dem übertragenden Rechtsträger verbleiben**, ist aufgrund der Vorschrift des § 133 ein weiterer gesamtschuldnerisch haftender Schuldner hinzugekommen. Diese Lage entspricht in jeder Beziehung derjenigen eines gesetzlichen Schuldbeitritts (wie auch in den Fällen der §§ 25, 28 HGB). Die dazu entwickelten Grundsätze gelten auch hier. Die Abspaltung/Ausgliederung hat auf den Rechtsstreit als solchen keinen Einfluss. Ein in dem Rechtsstreit ergehendes Urteil hat keine Rechtskraftwirkung gegenüber dem mithaftenden übernehmenden Rechtsträger[180]. Ein dem Kläger erteilter Titel kann nicht gegen den Mithafter ausgefertigt werden[181]. Der Kläger kann jedoch im Wege der Klageerweiterung die Klage auch auf den übernehmenden Rechtsträger erstrecken. Mit Rücksicht auf die gesamtschuldnerische Haftung der beteiligten Rechtsträger sollte eine solche Klageerweiterung als sachdienlich zugelassen werden[182].

---

[175] *Bydlinski* in MünchKomm. § 425 BGB Rn 23.
[176] Dasselbe gälte nach der Akzessorietätslehre; BGHZ 104, 76, 80 f., zu §§ 128, 129 HGB. Der BGH durchbricht dort den Grundsatz der Akzessorietät und wendet stattdessen die sachgerechteren Regeln der Gesamtschuld entsprechend an; dagegen *Habersack* in Großkomm. § 129 HGB Rn 8.
[177] Anders *Habersack*, FS Bezzenberger, S. 93, 106 vom Boden der Akzessorietätsthese; siehe aber auch § 768 Abs. 2 BGB.
[178] *BGH* NJW 2001, 1217, 1218; *Teichmann* in Lutter § 132 Rn 56 ff. Schon die Behandlung einer regulären Schuldübernahme oder eines Schuldbeitritts ist äußerst unklar, vgl. *Wolfsteiner* in MünchKomm. § 727 ZPO Rn 29, 30 ff., § 729 ZPO Rn 1; *Gottwald* in MünchKomm. § 325 ZPO Rn 28 f. Allgemein zu Prozessrechtsverhältnissen in der Spaltung siehe § 131 Rn 10.
[179] *Grüneberg* in Palandt § 425 BGB Rn 8; OLG Celle OLGZ 1970, 357, 370 f. AM nach der Akzessorietätslehre *Hommelhoff/Schwab* in Lutter Rn 153: dem Hauptschuldner rechtskräftig aberkannte Einwendungen können analog § 129 Abs. 1 HGB von dem Mithafter nicht mehr geltend gemacht werden.
[180] BGH WM 1974, 395 f.; 1989, 1219, 1221.
[181] § 727 ZPO ist nicht unmittelbar anwendbar, weil das Urteil gegenüber den Mithaftern mangels Rechtsnachfolge nicht gem. § 325 ZPO wirkt. § 729 Abs. 2 ZPO ist auch nicht entsprechend anwendbar, weil diese Bestimmung ein Urteil voraussetzt, das vor der Übertragung rechtskräftig geworden ist.
[182] § 263 ZPO; § 131 Rn 10.

62 *bb)* Ist dagegen der **übernehmende Rechtsträger Hauptschuldner** aufgrund des Spaltungsvertrags, ist die Lage anders[183]. In diesem Fall geht die Verbindlichkeit auf den übernehmenden Rechtsträger über[184]. Es findet also eine Rechtsnachfolge statt. Daran ändert es nichts, dass der übertragende Rechtsträger noch fünf Jahre weiter haftet. Der im Gesetz ausdrücklich vorgesehene Übergang der Verbindlichkeit kann nicht ignoriert oder durch die Kennzeichnung des Vorgangs als gesetzlicher Schuldbeitritt umqualifiziert werden[185].

63 Auf den anhängigen Rechtsstreit hat die Abspaltung/Ausgliederung keinen Einfluss[186]. Der übertragende Rechtsträger führt den Prozess in doppeltem Interesse: als Mithafter im eigenen Interesse[187] und als Prozessstandschafter gem. § 265 ZPO für den übernehmenden Rechtsträger als Hauptschuldner. Der übernehmende Rechtsträger tritt nicht anstelle des übertragenden Rechtsträgers in die Parteirolle des Beklagten ein[188]. Der übernehmende Rechtsträger kann aber als Nebenintervenient beitreten[189], da im Fall seines Unterliegens der jetzt nur noch mithaftende übertragende Rechtsträger einen Rückgriffsanspruch gegen ihn haben würde[190]. Da der übernehmende Rechtsträger als Hauptschuldner Rechtsnachfolger ist, wirkt ihm gegenüber das Urteil in Rechtskraft[191]. Demgemäß kann dem Kläger eine gegen den Übernehmer vollstreckbare Ausfertigung des gegen den übertragenden Rechtsträger ergehenden Urteils erteilt werden[192].

64 *cc)* Im Fall der **Aufspaltung** kann der Rechtsstreit gegen den bisherigen Beklagten nicht fortgesetzt werden. Das Verfahren wird wie nach einer Verschmelzung unterbrochen, im Anwaltsprozess freilich nur auf Antrag[193]. Erweitert der Kläger seine Klage nicht auf die anderen übernehmenden Rechtsträger, wirkt ein Urteil nicht gegen sie: Sie sind nicht Rechtsnach-

---

[183] Nur diesen Fall behandeln offenbar *Bork/Jacoby* ZHR 167 (2003) 440, 453 sowie *Hommelhoff/Schwab* in Lutter Rn 164 und *Hörtnagl* in Schmitt/Hörtnagl/Stratz § 131 Rn 84, die die Anwendung von § 265 ZPO gegen *Bork/Jacoby* befürworten.
[184] § 131 Abs. 1 Nr. 1.
[185] Siehe Rn 28. Insofern unterscheidet sich die Lage bei der Spaltung von derjenigen in den Fällen der §§ 25, 28 HGB: Letztere schreiben eine Haftung des Erwerbers, nicht aber einen Übergang der Verbindlichkeit vor; deshalb tritt in diesen Fällen wie in den Fällen der kumulativen Schuldübernahme keine Rechtsnachfolge iSd. § 325 ZPO ein; *BGH* WM 1989, 1219, 1221; (aA *K. Schmidt* HandelsR § 8 I 6, der freilich gleichwohl die Anwendung der §§ 325, 727 ZPO – inkonsequent – ablehnt, § 8 I 7).
[186] § 265 Abs. 2 ZPO; ebenso *Hommelhoff/Schwab* in Lutter Rn 164; *Teichmann* in Lutter § 132 Rn 58. Diese Bestimmung gilt für die vertragliche privative Schuldübernahme nicht, weil diese der Zustimmung des Gläubigers bedarf, BGHZ 61, 140; *Foerste* in Musielak § 265 ZPO Rn 6. Für die Spaltungsfälle hängt das Ergebnis nicht davon ab, ob die Bestimmung anwendbar ist: Wegen der fortbestehenden Haftung des übertragenden Rechtsträgers bleibt dessen Passivlegitimation unberührt, siehe auch Fn 188.
[187] Nur diese Position erkennen ihm *Bork/Jacoby* ZHR 167 (2203) 440, 453, zu.
[188] IE ebenso *BGH* NJW 2001, 1217, 1218; *Teichmann* in Lutter § 132 Rn 58, *Hommelhoff/Schwab* in Lutter Rn 164 und *Hörtnagl* in Schmitt/Hörtnagl/Stratz § 131 Rn 84.
[189] Ein solcher Beitritt ist ausdrücklich in § 265 Abs. 2 Satz 3 ZPO vorgesehen.
[190] *BGH* NJW 2001, 1217, 1218 hat das Rechtsmittel, das der übernehmende Rechtsträger in der irrigen Annahme eingelegt hatte, er sei selbst Prozesspartei geworden, gerettet, indem es als gleichzeitigen Beitritt als Nebenintervenient gedeutet hat (§ 66 Abs. 2 ZPO).
[191] § 325 Abs. 1 ZPO; ebenso *Hommelhoff/Schwab* in Lutter Rn 159, 164; *Hörtnagl* in Schmitt/Hörtnagl/Stratz § 131 Rn 84; aM *Bork/Jacoby* ZHR 167 (2003) 440, 453.
[192] § 727 Abs. 1 ZPO. Dass daneben auch der Titel gegen den Beklagten/übertragenden Rechtsträger wegen dessen Mithaftung vollstreckbar ist und es dadurch iE wie bei § 729 ZPO zu einer Titelhäufung kommt (vgl. *Wolfsteiner* in MünchKomm. § 729 ZPO Rn 1), ist für einen Fall der Rechtsnachfolge zwar ungewöhnlich, aber rechtlich unbedenklich. Eine „Umschreibung" eines den Beklagten lautenden Titels kennt das Gesetz ohnehin nicht, *Wolfsteiner* in MünchKomm. § 727 ZPO Rn 53. Die Entwertung des ursprünglichen Titels ist kein Tatbestandsmerkmal des § 727 ZPO, *Lackmann* in Musielak § 727 ZPO Rn 4.
[193] §§ 239, 246 ZPO analog, *BGH* NJW 2004, 1528 (für die Verschmelzung), ebenso *Hommelhoff/Schwab* in Lutter Rn 165 und § 131 Rn 10; *Hörtnagl* in Schmitt/Hörtnagl/Stratz § 131 Rn 83.

Schutz der Gläubiger und der Inhaber von Sonderrechten 65–67 § 133

folger des übernehmenden Hauptschuldners, gegen den das Verfahren fortgesetzt wird. Die Erteilung einer gegen sie vollstreckbaren Ausfertigung des Titels kommt nicht in Betracht.

c) Rechtskräftiges Urteil. Ist **vor der Spaltung** der übertragende Rechtsträger rechtskräftig verurteilt worden, kann dem Kläger eine vollstreckbare Ausfertigung gegen alle übernehmenden Rechtsträger erteilt werden. Für denjenigen übernehmenden Rechtsträger, der Hauptschuldner ist, ergibt sich dies aus der Rechtsnachfolge[194]. Mithaftende übernehmende Rechtsträger sind nach der Systematik des § 131 nicht Rechtsnachfolger. Gegen sie kann eine vollstreckbare Ausfertigung in entsprechender Anwendung des § 729 Abs. 2 ZPO erteilt werden[195].

65

5. Innenausgleich

a) Zwischen Hauptschuldner und Mithaftern. Der Hauptschuldner hat nach dem **Spaltungsvertrag** die Schuld zu tragen. Diese Bestimmung ist für das Verhältnis zu den Mithaftern maßgebend. Es ist eine andere Bestimmung iSd. § 426 Abs. 1 Satz 1[196]. Befriedigt der Hauptschuldner den Gläubiger, steht ihm danach ein Rückgriffsanspruch gegen die Mithafter nicht zu. Befriedigt ein Mithafter den Gläubiger, kann er vom Hauptschuldner Ausgleich verlangen. Die von ihm getilgte Forderung geht nebst dafür etwa bestellten Sicherheiten auf ihn über[197]. Allerdings wird ein Dritter, der eine Sicherheit gestellt hat, Freigabe der Sicherheit verlangen können, denn für den Rückgriffsanspruch des Drittsicherungsgebers würde auch der Mithafter haften[198]. Aus der Zuweisung der Schuld an den Hauptschuldner ergibt sich außerdem ein Anspruch der Mithafter auf Befreiung von der Schuld nach deren Fälligkeit[199]. All dies gilt in gleicher Weise nach der Akzessorietätslehre[200].

66

b) Zwischen Mithaftern. Soweit ein Mithafter den Gläubiger befriedigt hat und bei dem Hauptschuldner keinen Ausgleich erlangen kann, kommt es darauf an, in welchem Verhältnis die Mithafter haften. Die hM geht davon aus, dass die Mithafter im Verhältnis untereinander

67

---

[194] § 131 Abs. 1 Nr. 1 UmwG iVm. §§ 325, 727 ZPO; ebenso § 131 Rn 10; *Stöber* in Zöller, § 727 ZPO Rn 5; *OLG Frankfurt* BB 2000, 1000 (zu einem Unterlassungstitel nach Aufspaltung). AM *Bork/Jacoby* ZHR 167 (2003) 440, 451 f.: mangels „prozessualer Rechtsnachfolge" keine Rechtskrafterstreckung, sondern nur materiell-rechtlicher Einwendungsausschluss.

[195] Allg. für die Analogiefähigkeit des § 729 Abs. 2 HGB *Stöber* in Zöller § 729 ZPO Rn 13; *Wolfsteiner* in MünchKomm. § 729 ZPO Rn 10 f.; *K. Schmidt* HandelsR § 8 I 7 a, S. 237 f. AM *Bork/Jacoby* ZHR 167 (2003) 440, 452: es fehle an der Rechtsähnlichkeit, weil bei der Abspaltung anders als in den Fällen des § 729 Abs. 2 ZPO (d.h. § 25 HGB) nicht notwendig die maßgeblichen Haftungsgrundlagen übertragen werden. Mit der Anordnung der gesamtschuldnerischen Haftung in § 133 stellt das Gesetz aber diese Fälle unabhängig von der Ausgestaltung im Einzelfall der Gesamtübertragung gerade gleich; dazu *K. Schmidt/Ch. Schneider* BB 2003, 1961, 1966 f. Eine andere, durchaus umstrittene Frage des Prozessrechts ist dann, in welchem Umfang die rechtskräftige Feststellung der Hauptschuld den Mithafter bindet, dazu etwa *Baumgärtel* DB 1990, 1905, 1907; *Musielak* in Musielak, § 325 ZPO Rn 9; für Bindung etwa *BGH* WM 1989, 1219, 1221.

[196] *Heidenhain* NJW 1995, 2873, 2879; *Hommelhoff/Schwab* in Lutter Rn 148; *Hörtnagl* in Schmitt/Hörtnagl/Stratz Rn 16; *Kallmeyer* in Kallmeyer Rn 11; iE auch *Habersack*, FS Bezzenberger, S. 93, 108.

[197] § 426 Abs. 2 BGB iVm. §§ 412, 401 BGB.

[198] Siehe Rn 17.

[199] *BGH* NJW 1986, 978 f.; *OLG Köln* NJW-RR 1995, 1282; *Bydlinski* in MünchKomm. § 426 BGB Rn 70; *Noack* in Staudinger § 426 BGB Rn 73 (dagegen kommt es bei einem vertraglichen Befreiungsanspruch naturgemäß auf die Parteivereinbarung an, BGHZ 91, 73, 78 f.); *Hörtnagl* in Schmitt/Hörtnagl/Stratz Rn 16; zu eng *Kallmeyer* in Kallmeyer Rn 11, der zusätzlich verlangt, dass die Inanspruchnahme durch den Gläubiger droht; siehe auch *Hommelhoff/Schwab* in Lutter Rn 149, die dazu raten, den Befreiungsanspruch als Anspruch „auf erstes Anfordern" in den Spaltungsvertrag aufzunehmen.

[200] Nach §§ 774 Abs. 1, 775 Abs. 1 Nr. 3 BGB analog; *Hommelhoff/Schwab* in Lutter Rn 148 ff.

zu gleichen Teilen verpflichtet seien[201]. Dem ist nicht zu folgen. Der Grund für die Verantwortlichkeit der Mithafter liegt darin, dass ihnen Vermögen des spaltenden Rechtsträgers übertragen wurde oder Vermögen bei ihnen belassen wurde. Richtig ist es daher, das Haftungsverhältnis unter ihnen nach dem **Verhältnis des übertragenen Reinvermögens** zu bestimmen[202]. Zwar sieht § 426 BGB eine Haftung mit gleichen Anteilen vor, soweit nichts anderes bestimmt ist. Ob etwas anderes bestimmt ist, ist jedoch auch durch Auslegung, notfalls auch ergänzende Auslegung zu bestimmen[203]. Der Spaltungsvertrag wird insoweit einer Auslegung zugänglich sein. Zweckmäßig ist es jedoch, das Verhältnis dieser Innenhaftung ausdrücklich im Spaltungsvertrag zu bestimmen[204].

68   c) **Mehrere Hauptschuldner.** Für vergessene Verbindlichkeiten haften im Fall der Aufspaltung im Außenverhältnis alle Beteiligten als Hauptschuldner[205]. In diesem Fall gelten die Grundsätze für die **Haftungsanteile von Mithaftern** entsprechend[206]. Auch hier sollte der Spaltungsvertrag eine entsprechende Regelung ausdrücklich vorsehen. Ist ein Beteiligter Hauptschuldner wegen eines anderen Haftungsgrunds, wie insbesondere des § 25 HGB, und ein anderer Beteiligter aufgrund einer ausdrücklichen Bestimmung des Spaltungsvertrags, ist für das Verhältnis zwischen ihnen der Spaltungsvertrag maßgebend. Die in ihm bestimmte Hauptschuld hat für das Innenverhältnis Vorrang.

6. Bilanzielle Behandlung

69   Der Hauptschuldner muss die ihm zugewiesene Verbindlichkeit in seiner Bilanz ausweisen. Strittig ist, wie der Mithafter die Verbindlichkeit darzustellen hat[207]. Jedenfalls hat der Mithafter eine Rückstellung zu bilden, wenn sich das Risiko seiner Inanspruchnahme konkretisiert[208]. Ggf. ist der Rückgriffsanspruch zu aktivieren, soweit er werthaltig ist. Liegen diese Voraussetzungen für das Erfordernis einer Rückstellung nicht vor, ist nach der wohl vorherrschenden Auffassung ein **Bilanzvermerk** oder eine **Anhangangabe**[209] nach § 285

---

[201] *Hommelhoff/Schwab* in Lutter Rn 152; *Kallmeyer* in Kallmeyer Rn 12; *Hörtnagl* in Schmitt/Hörtnagl/Stratz Rn 16; ebenso *Rümker* S. 76.
[202] Ebenso *Goutier* in Goutier/Knopf/Tulloch Rn 14; *Vossius* in Widmann/Mayer Rn 28, die zur Begründung den Rechtsgedanken des § 131 Abs. 3 entsprechend heranziehen; ebenso für vergessene Verbindlichkeiten § 131 Rn 72. IE ebenso *Schöne* S. 84; auch *Rümker* S. 76 würde eine Haftung nach dem Verhältnis des übertragenen Nettovermögens begrüßen, hält dies aber nicht für begründbar. Doch eine anderweitige Bestimmung iSd. § 426 Abs. 1 Satz 1 2. Halbs. kann sich auch aus der Natur der Sache ergeben, BGHZ 120, 50, 59; *Grüneberg* in Palandt § 426 BGB Rn 8.
[203] Für ergänzende Vertragsauslegung auch *Schöne* S. 84.
[204] *Hommelhoff/Schwab* in Lutter Rn 152.
[205] Siehe Rn 38.
[206] Siehe auch § 131 Rn 69 ff., 72.
[207] Auch eine Gesamtschuld ist grundsätzlich nur mit dem Betrag als Verbindlichkeit auszuweisen, den der einzelne Gesamtschuldner im Innenverhältnis zu tragen hat, A/D/S § 246 HGB Rn 420.
[208] Insoweit allgM, *Hommelhoff/Schwab* in Lutter Rn 89, *Tries*, ZHR Beiheft 68, S. 96, 102; *Priester* in Lutter Anh. § 134 Rn 19; *Müller* in Kallmeyer Rn 13; *Hörtnagl* in Schmitt/Hörtnagl/Stratz Rn 39; *Schulze-Osterloh* ZGR 1993, 449 f. nimmt an, diese Lage sei immer gegeben. Das beruht aber auf der Fassung des damaligen Referentenentwurfs, wonach die Mithafter nur für fällige Verbindlichkeiten hafteten: Wenn die fällige Verbindlichkeit auch innerhalb des Erhellungszeitraums für den nächsten Jahresabschluss nicht getilgt ist, besteht Anlass zur (Bilanzvor-)Sorge; die weitergehende Annahme, die gesamtschuldnerische Haftung sei bei sämtlichen beteiligten Rechtsträgern sofort zu passivieren, weil nicht klar sei, wer in Anspruch genommen werde (*Kleindiek* ZGR 1992, 513, 526 ff.), hat sich nicht durchgesetzt, *Tries* ZHR Beiheft 68, S. 96, 97 ff. Sie hätte eine erhebliche Bilanzaufblähung (durch Passivierung von Rückstellungen und Aktivierung von Freistellungsansprüchen) bedeutet, siehe auch *K. Schmidt* ZGR 1993, 366, 389; kritisch freilich *Feddersen/Kiem* ZIP 1994, 1078, 1083 mit Fn 46.
[209] *Hommelhoff/Schwab* in Lutter Rn 88; *Priester* in Lutter Anh. § 134 Rn 17 f.; *Heiss* DZWIR 1993, 13, 17.

Nr. 3 HGB oder immer eine solche Anhangangabe[210] erforderlich. Bilanzvermerke sind indessen nur für die in § 251 HGB genannten Haftungsverhältnisse vorgeschrieben[211]. Die Haftung des Mithafters gehört dazu nicht[212]. Eine Anhangangabe ist nur erforderlich, wenn die Haftung von Bedeutung für die Beurteilung der Finanzlage ist[213]. Das wird regelmäßig der Fall sein[214]. Ist der Mithafter ein Kreditinstitut, so braucht er sein Haftungsrisiko nicht mit Eigenkapital gem. § 10 KWG iVm. Grundsatz I zur Eigenmittelausstattung zu unterlegen, weil die Haftung nicht auf einem bilanzwirksamen oder außerbilanziellen Geschäft iSv. § 8 Grundsatz I beruht, sondern auf dem Gesetz[215].

V. Sonderrechte

1. Regelungsgrund

Abs. 2 enthält zwei **Sondervorschriften** für die Inhaber von Sonderrechten iSd. § 23. **70** Nach dieser Vorschrift[216] sind den Inhabern von Sonderrechten gleichwertige Rechte in dem übernehmenden Rechtsträger zu gewähren. In der Spaltung sollen die Parteien den Rechtsträger, in dem die gleichwertigen Sonderrechte einzuräumen sind, frei bestimmen können[217]. Deshalb bedarf es einer Modifikation der Rechtsfolgen des § 23 dahin, dass diese auch in dem übertragenden Rechtsträger gewährt werden können[218]. Außerdem wird klargestellt, dass die gesamtschuldnerische Haftung auch für den Anspruch auf solche gleichwertigen Rechte gilt, obwohl es sich dabei nicht um reine Gläubigerrechte handelt[219].

2. Einzelheiten

a) Betroffene Rechte. Der Kreis der von der Bestimmung betroffenen Rechte ergibt sich **71** aus § 23. Auf die dortigen Erläuterungen wird verwiesen[220].

b) Gleichwertige Rechte. Sollen die gleichwertigen Rechte nach der Spaltung in einem **72** übernehmenden Rechtsträger bestehen, sind sie, wie im Fall der Verschmelzung, neu ein-

---

[210] *Hörtnagl* in Schmitt/Hörtnagl/Stratz Rn 38; *Rümker* S. 73, 76; einschränkend *Müller* in Kallmeyer Rn 16: Soweit für die Beurteilung der Finanzlage von Bedeutung.
[211] *A/D/S* § 251 HGB Rn 1 und Rn 7 (nicht ganz ausdrücklich); *Merkt* in Baumbach/Hopt § 251 HGB Rn 2; *Müller* in Kallmeyer Rn 14.
[212] *A/D/S* § 251 Rn 10 f., 60; *Tries*, ZHR Beiheft 68, S. 96, 106 f.; mit der Begründung, die Kenntnis gesetzlicher Haftungsrisiken sei vorausgesetzt; iE so auch *Müller* in Kallmeyer Rn 14; *Hörtnagl* in Schmitt/Hörtnagl/Stratz Rn 38; aA *Schulze-Osterloh* in Baumbach/Hueck § 42 GmbHG Rn 309, da die Haftung aus § 133 der vertraglich übernommenen Haftung nahestehe; ähnlich *D. Fey* in Küting/Weber (Hrsg.), Handbuch der Rechnungslegung, Bd. 1, 5. Aufl., Stand: 6. Lfg. März 2004, § 251 Rn 17.
[213] § 285 Nr. 3 HGB.
[214] Anders die Vorauf. im Anschluss an *Tries* ZHR Beiheft 68 S. 96, 108 mit der Begründung, die Haftung habe eine solche Bedeutung nur, wenn sie mit Liquiditätsabschlüssen verbunden sei und den finanziellen Spielraum einenge, dann aber sei sie passivierungspflichtig. Damit waren zu stringente Anforderungen gestellt.
[215] Die Frage ist, soweit ersichtlich, in Literatur und Rechtsprechung bisher nicht behandelt; es liegt dazu auch keine veröffentlichte Stellungnahme der BaFin vor.
[216] Sie gilt auch in der Spaltung, § 125 Satz 1.
[217] Damit soll vermieden werden, dass es zwangsläufig zu einem Schuldnerwechsel kommt, RegBegr. *Ganske* S. 166; *Vossius* in Widmann/Mayer Rn 38.
[218] Die entsprechende Anwendung des § 23 über § 125 Satz 1 und 3 würde dazu führen, dass bei mehreren Übernehmern die Summe der Sonderrechte in jedem der übernehmenden Rechtsträger einzuräumen wären (insoweit zutr. *Vossius* in Widmann/Mayer Rn 36 sowie § 23 Rn 38). Satz 3 greift aber nur „gegebenenfalls" und wird hier durch die Spaltungsfreiheit verdrängt, eingehend siehe Rn 73 f.
[219] Zur Mischnatur dieser Rechte § 23 Rn 4.
[220] Siehe § 23 Rn 4 ff.

zuräumen. Sie sind so zu gestalten, dass sie nicht nur und nicht notwendig formal, sondern **wirtschaftlich** den im übertragenden Rechtsträger vor der Spaltung bestehenden Rechten **entsprechen**[221]. Sollen die gleichwertigen Rechte im übertragenden Rechtsträger gewährt werden, bedarf es ihrer Begründung nicht. Denn die Rechte bestehen bereits. Es wird in diesem Fall aber eine Anpassung der Rechte erforderlich sein[222].

3. Schuldner

73 **a) Maßgeblichkeit des Spaltungsvertrags.** Der Spaltungsvertrag bestimmt, bei wem die gleichwertigen Rechte einzuräumen sind[223]. Dieses **Wahlrecht** geht weiter als die allgemeine Freiheit in der Zuweisung von Schulden. Denn der genaue Inhalt der zu gewährenden Rechte kann von der Auswahl beeinflusst werden. Die Möglichkeit der Einräumung solcher Rechte hat nur derjenige, bei dem sie einzuräumen sind. Er ist damit zwangsläufig Hauptschuldner des Anspruchs auf Einräumung der Sonderrechte. Die anderen Beteiligten haften als Mithafter gesamtschuldnerisch. Die Mithafter schulden in diesem Fall nicht etwa die Einräumung solcher Rechte bei sich selbst; das wäre ein *aliud*[224]. Vielmehr schulden sie die Leistung eines Dritten, nämlich die Einräumung der Sonderrechte durch den Hauptschuldner. Sie können daher nur auf das Erfüllungsinteresse in Anspruch genommen werden[225]. Ihr Unvermögen, die Leistung des Dritten zu erbringen, haben sie zu vertreten[226].

74 **b) Fehlen einer Regelung im Spaltungsvertrag.** Enthält der Spaltungsvertrag keine Bestimmung über die Einräumung der Rechte, sind im Fall der Aufspaltung nach dem oben Gesagten[227] **alle Beteiligten Hauptschuldner** für den Anspruch auf Einräumung der Rechte. Der Inhaber der bisherigen Rechte kann in diesem Fall jeden beteiligten Rechtsträger auf Einräumung der neuen Rechte in Anspruch nehmen[228]. Das primär den Spaltungsbeteiligten eingeräumte Recht, den Rechtsträger zu bestimmen, in dem die Sonderrechte gewährt werden sollen, geht damit faktisch auf den Inhaber der Rechte über.

75 **c) Gewährung nicht gleichwertiger Rechte.** Bestimmt der Spaltungsvertrag denjenigen, in dem die Rechte zu gewähren sind, sind die im Spaltungsvertrag genannten Rechte aber nicht gleichwertig, hat der Inhaber der Sonderrechte die gleichen Rechte wie im Fall des § 23. Er kann dann aufgrund der gesamtschuldnerischen Haftung die Einräumung gleichwertiger Rechte bei demjenigen oder denjenigen Spaltungsbeteiligten verlangen, die dazu in der Lage sind[229].

---

[221] Einzelheiten siehe § 23 Rn 12.
[222] *Hommelhoff/Schwab* in Lutter Rn 133: Schutz gegen Verwässerung; siehe auch BegrRegE. *Ganske* S. 166: „notwendige Ermächtigung zur Umgestaltung dieser Rechte"; ähnlich *Vossius* in Widmann/Mayer Rn 38, der von der Begründung zusätzlicher Rechte in der Übertragerin spricht.
[223] *Hommelhoff/Schwab* in Lutter Rn 131, 136 f.; abw. *Vossius* in Widmann/Mayer Rn 36, § 23 Rn 38, der den Verweis in §§ 125 iVm. 23 dahin versteht, die Sonderrechte seien grundsätzlich in jedem der an der Spaltung beteiligten Rechtsträger einzuräumen. Entgegen der Lesart von *Vossius* zeigt § 133 Abs. 2 Satz 2 aber als speziellere Regelung gegenüber §§ 23, 125 Satz 1 und 3, dass den beteiligten Rechtsträgern die Wahl, wo die Sonderrechte gewährt werden, zusteht.
[224] *Hommelhoff/Schwab* in Lutter Rn 136.
[225] IE auch *Hommelhoff/Schwab* in Lutter Rn 136; unklar insoweit RegBegr. *Ganske* S. 165: Durch die gesamtschuldnerische Haftung werde vermieden, „dass ein übernehmender Rechtsträger den Rechtsinhaber wegen der Erfüllung seines Anspruchs auf Gewährung eines wirtschaftlich gleichwertigen Rechts an einen anderen Rechtsträger verweist". Siehe dazu auch Rn 75 mit Fn 229.
[226] Siehe Rn 41.
[227] Siehe Rn 37 f.
[228] Ebenso *Hommelhoff/Schwab* in Lutter Rn 139.
[229] Ebenso *Hörtnagl* in Schmitt/Hörtnagl/Stratz Rn 28; anders *Hommelhoff/Schwab* in Lutter Rn 136, die den Erfüllungsanspruch ausnahmslos nur gegen den Hauptschuldner zulassen wollen. Die hier vertretene Lösung entspricht jedoch der – freilich etwas zu weit formulierten – Absicht des Gesetzgebers in RegBegr. *Ganske* S. 165 (siehe Fn 225).

4. Verjährung

Der Anspruch auf Einräumung der Sonderrechte verjährt in fünf Jahren nach dem Tag, an dem die Spaltung im Handelsregister des übertragenden Rechtsträgers als bekannt gemacht gilt[230], d. h. ab dem Tag der Bekanntmachung in der letzten vorgeschriebenen Veröffentlichung durch dieses Gericht[231]. Diese Verjährungsbestimmung betrifft den **Anspruch auf Einräumung** der (neuen) Sonderrechte. Die Ansprüche aus den eingeräumten Sonderrechten verjähren nach den allgemeinen Vorschriften.

VI. Enthaftung des Mithafters

1. Grundsatz: Enthaftung nach fünf Jahren

Der Mithafter haftet nicht zeitlich unbeschränkt. Im Allgemeinen wird er fünf Jahre nach der Spaltung frei. Dies entspricht dem Enthaftungskonzept, das allgemein durch das **Nachhaftungsbegrenzungsgesetz** eingeführt wurde[232]. Die Enthaftung gilt nicht für den Anspruch auf Einräumung von Sonderrechten[233].

2. Ausnahme: Für Versorgungsansprüche Enthaftung nach zehn Jahren.

Für „Versorgungsverpflichtungen aufgrund des Betriebsrentengesetzes" gilt gemäß Abs. 3 Satz 2 eine Enthaftungsfrist von zehn Jahren. Die Bestimmung ist erst aufgrund der Empfehlung des Rechtsausschusses des Bundestags durch die zweite Umwandlungsnovelle eingefügt worden. Mit „Versorgungsverpflichtungen aufgrund des Betriebsrentengesetzes" sind Verpflichtungen gemeint, die der Regelung des Betriebsrentengesetzes unterliegen[233a]. Mit der zehnjährigen Enthaftungsfrist für solche Ansprüche wird der Gleichlauf mit den allgemeinen Nachhaftungsbegrenzungsregeln durchbrochen. Zum Übergangsrecht siehe Rn 106a. Die folgende Kommentierung legt die allgemeine Enthaftungsfrist von fünf Jahren zugrunde. Für Versorgungsverpflichtungen gilt statt dessen jeweils die zehnjährige Frist; sonstige Änderungen ergeben sich für Versorgungsverpflichtungen nicht.

3. Fristberechnung

Die Frist beginnt mit dem Tag, an dem die Eintragung im Register des übertragenden Rechtsträgers bekannt gemacht worden ist[234]. Voraussetzung der Enthaftung ist, dass die Verbindlichkeit nicht binnen fünf Jahren nach der Spaltung fällig wird oder sie innerhalb dieser fünf Jahre weder gerichtlich festgestellt noch schriftlich anerkannt wird noch die Zwangsvollstreckung aus ihr betrieben wird. Ob eine Haftung aus anderen Gründen von der Enthaftung mit umfasst ist, hängt von dem Haftungsgrund ab[235].

4. Spätere Fälligkeit

a) Grundsatz. Für Ansprüche, die erst nach Ablauf der **fünf Jahre fällig** werden, tritt die Enthaftung des Mithafters ohne weitere Voraussetzungen ein. Auf die Rechtsnatur der Ansprüche kommt es nicht an. Die Enthaftung gilt insbesondere auch für Dauerschuldverhält-

---

[230] § 133 Abs. 6 Satz 1, Satz 2 iVm. Abs. 4 Satz 1.
[231] §§ 125 Satz 1 iVm. 19 Abs. 3.
[232] Siehe § 26, 160 HGB; entsprechende Bestimmungen in §§ 45, 157, 224 UmwG; zum Nachhaftungsbegrenzungsgesetz *Seibert* DB 1994, 461.
[233] Abs. 3 gilt für Verbindlichkeiten nach Abs. 1 Satz 1; für den Anspruch auf Sonderrechte (Abs. 2) gilt nur die Sonderverjährung des Abs. 6, *Hommelhoff/Schwab* in Lutter Rn 140.
[233a] Siehe § 134 Rn 45.
[234] § 133 Abs. 4 iVm. §§ 125, 19 Abs. 3.
[235] Siehe Rn 112 ff.

nisse einschließlich Arbeitsverhältnissen und Versorgungsverpflichtungen. Für den Sonderfall der Betriebsaufspaltung gilt aber anderes[236]. Maßgebend ist die Fälligkeit des einzelnen Anspruchs aus dem Dauerschuldverhältnis[237], also des Anspruchs auf die einzelne Mietrate oder das einzelne Monatsgehalt oder die Versorgungsleistung für den einzelnen Monat. Diese Enthaftungsregelung entspricht dem allgemein mit dem Nachhaftungsbegrenzungsgesetz von 1994 eingeführten Prinzip[238].

80   **b) Unbestimmte Ansprüche.** Ungeklärt ist die Lage bei fälligen, aber der Höhe nach noch offenen Ansprüchen, insbesondere Schadensersatzansprüchen. Ist der Schadensersatzanspruch entstanden, ist er im Grundsatz sofort fällig[239]. Sein Umfang richtet sich aber nach der Entwicklung des Schadens. In diesen Fällen ist danach zu differenzieren, ob der **einzelne (Teil-)Schaden** noch innerhalb der Fünfjahresfrist entsteht[240]. Ob der Schaden innerhalb der Fünfjahresfrist bezifferbar ist, ist unerheblich[241]. Im Fall einer Schadensrente kommt es auf die Fälligkeit des einzelnen Rentenbetrags an[242].

81   **c) Keine Verlängerung nach Verjährungsgrundsätzen.** In Abs. 4 Satz 2, der die Frist regelt, verweist das Gesetz auf bestimmte Vorschriften des BGB über die Hemmung, Ablaufhemmung und den Neubeginn der Verjährung. Diese Verweisung bezieht sich lediglich auf die Frist, in der eine gerichtliche Feststellung erfolgt oder eine gleichgestellte Maßnahme getroffen sein muss. Die Frist für die **Fälligkeit** wird durch die Verweisung auf diese Hemmungsvorschriften **nicht verlängert**[243].

5. Feststellung oder Vollstreckung

82   Der Mithafter wird außerdem frei, wenn und soweit die Verbindlichkeit ihm gegenüber nicht binnen fünf Jahren nach dem Stichtag rechtskräftig oder in vollstreckbaren Vergleichen oder Urkunden oder durch Feststellung in einem Insolvenzverfahren **festgestellt** wird[244] oder ihretwegen die **Zwangsvollstreckung** betrieben wird.

83   **a) Grundlage der Maßnahme.** Haftungserhaltend kann nur eine Feststellung oder sonstige Maßnahme wirken, die gerade die Mithaftung zum Gegenstand hat oder auf ihr beruht. Eine Feststellung aus der Zeit vor der Spaltung kommt daher nicht in Betracht, weil – anders als in den Fällen der Nachhaftung eines Gesellschafters – die festzustellende Lage vor der Spaltung gar nicht bestand[245].

84   **b) Feststellung.** In erster Linie spricht das Gesetz davon, dass die Ansprüche „in einer in § 197 Abs. 1 Nr. 3 bis 5 BGB bezeichneten Art festgestellt sind". Das erfordert eine **rechtskräftige Feststellung** oder die Feststellung in vollstreckbaren Vergleichen oder vollstreckba-

---

[236] Siehe § 134 Rn 36 ff.
[237] Ganz hL, *Lieb* in MünchKomm. § 26 HGB Rn 6 mwN in Fn 29. Grundsätzlich zur Einbeziehung von Dauerschuldverhältnissen siehe Rn 21.
[238] Zu Übergangsregelungen siehe Rn 103 ff.
[239] § 271 BGB.
[240] Ebenso *Hommelhoff/Schwab* in Lutter Rn 108. Der Anspruch ist mit dem ersten Schadenseintritt bereits in vollem Umfang entstanden und der Verjährung unterworfen (Grundsatz der Schadenseinheit, *Peters* in Staudinger BGB § 198 Rn 23, 29 ff.; zu dessen Fortgeltung nach der Schuldrechtsreform *Heinrichs* BB 2001, 1417, 1419; *Grothe* in MünchKomm. § 199 BGB Rn 9).
[241] Allgemein ist die Kenntnis von Bestehen oder Umfang des Anspruchs keine Voraussetzung der Fälligkeit, BGHZ 125, 56, 63 f.
[242] Dazu *Sprau* in Palandt § 843 BGB Rn 4.
[243] *Maier-Reimer* DB 2002, 1818, 1819 f.; *Kallmeyer* in Kallmeyer Rn 18; ebenso *K. Schmidt/Ch. Schneider* BB 2003, 1961, 1964; *Karollus* in Lutter § 157 Rn 10 zu der früheren Fassung; *implicite* auch *Habersack* in Großkomm. § 160 HGB Rn 28.
[244] Abs. 3 Satz 1 iVm. § 197 Abs. 1 Nr. 3 bis 5 BGB.
[245] Strittig. Im Einzelnen siehe dazu Rn 92 ff.

Schutz der Gläubiger und der Inhaber von Sonderrechten   85–87 § 133

ren Urkunden oder die Feststellung in einem Insolvenzverfahren. Nach der bis zum 31. 12. 2001 geltenden Fassung genügte die gerichtliche Geltendmachung. Sachlich ergibt sich aus der Neufassung indessen kein wesentlicher Unterschied, weil die entsprechende Anwendung der Hemmungsvorschriften[246] im Ergebnis dasselbe bewirkt.

c) Vollstreckungsmaßnahmen. Vorbehaltlich der übrigen Voraussetzungen (Fälligkeit binnen fünf Jahren) wird die Enthaftung ferner durch Vornahme gerichtlicher oder behördlicher **Vollstreckungshandlungen** oder den Antrag auf solche Handlungen verhindert[247]. Vorausgesetzt ist ein vollstreckbarer Titel. Dessen Existenz allein genügt also zur Haftungserhaltung nicht[248]. Die haftungserhaltende Wirkung der Vollstreckungsmaßnahmen entfällt, wenn der Antrag auf Vornahme der Vollstreckungshandlung zurückgewiesen oder zurückgenommen wird oder die Vollstreckungsmaßnahme auf Antrag des Gläubigers oder mangels der gesetzlichen Voraussetzungen wieder aufgehoben wird[249]. 85

d) Verwaltungsakt. Für öffentlich-rechtliche Verbindlichkeiten genügt statt der Feststellung oder einer Vollstreckungsmaßnahme der Erlass eines Verwaltungsakts, in dem der Anspruch festgesetzt wird. Zu den öffentlich-rechtlichen Verbindlichkeiten gehören auch solche nach dem Sozialgesetzbuch. Zur Fristwahrung ist der **Zugang des Verwaltungsakts** innerhalb der Frist erforderlich[250]. Das ergibt sich aus dem Begriff des Erlasses des Verwaltungsakts[251], auch wenn es der eigentlichen Absicht des Gesetzgebers nicht entspricht[252]. Der Erlass des Verwaltungsakts ersetzt nicht die gerichtliche Feststellung, sondern die Vollstreckungsmaßnahme. Deshalb entfällt die haftungserhaltende Wirkung, wenn der Verwaltungsakt zurückgenommen oder aufgehoben wird, jedoch ist die Frist bis zur Rücknahme der Aufhebung gehemmt[253]. 86

e) Anerkenntnis. Der Feststellung in den Formen des Abs. 3 oder einer Vollstreckungshandlung bedarf es nicht, soweit der Mithafter den Anspruch schriftlich **anerkannt** hat[254]. Dafür genügt jede eindeutige schriftliche Bestätigung der Schuld. Ein Schuldanerkenntnis iSd. § 780 BGB ist nicht erforderlich[255]. Da es nicht um die Schriftform für schriftliche 87

---

[246] Abs. 4 Satz 2 iVm. §§ 204, 212 Abs. 2 und 3 BGB; siehe Rn 88 ff.
[247] Abs. 3 1. Halbs.
[248] Siehe Rn 92 ff.
[249] § 133 Abs. 4 Satz 2 UmwG iVm. § 212 Abs. 2 und 3 BGB.
[250] Ganz hM, § 45 Rn 51; *H. Schmidt* in Lutter § 45 Rn 19; *Dirksen* in Kallmeyer § 224 Rn 10; *Seibert* in Ebenroth/Boujong/Joost § 160 Rn 13; jetzt auch *Stratz* in Schmitt/Hörtnagl/Stratz § 45 Rn 15; anders *Karollus* in Lutter § 157 Rn 15; *Hopt* in Baumbach/Hopt § 160 HGB Rn 4.
[251] *Kopp/Ramsauer*, Verwaltungsverfahrensgesetz, 8. Aufl. 2003, § 53 Rn 27; eingehend *Stelkens/Stelkens* in Stelkens/Bonk/Sachs, Verwaltungsverfahrensgesetz, 6. Aufl. 2001, § 35 Rn 17 b, § 41 Rn 2; *Stelkens/Schmitz* ebenda § 9 Rn 184; *Stelkens/Sachs* ebenda § 53 Rn 26 a; aA *Schmidt-De Caluwe*, VerwArch 90 (1999) 49, 59 f.: Erlass = Abgabe iSd. § 130 BGB; Bekanntgabe = Zugang.
[252] Auf Anregung des BR zum Nachhaftungsbegrenzungsgesetz, der die BReg. zugestimmt hat, war zunächst vorgesehen, im Anschluss an das Steuerrecht (§ 169 Abs. 1 Satz 3 AO) auf die Entäußerung des Verwaltungsakts durch die Behörde abzustellen; BT-Drucks. 12/1868 S. 13 f., 15.
[253] Diese Lösung ergibt sich aus einer entsprechenden Anwendung der §§ 204, 212 Abs. 2 BGB, auf die Abs. 4 Satz 2 verweist; *K. Schmidt/Ch. Schneider* BB 2003, 1961, 1963. Nach dem bis 31.12.2001 geltenden Recht hatte die Klageerhebung (und an ihrer Stelle der Verwaltungsakt) haftungserhaltende Wirkung. Diese entfiel jedoch durch Klagerücknahme oder abweisendes Prozessurteil, sofern nicht binnen sechs Monaten erneut Klage erhoben wurde; Abs. 4 aF iVm. § 212 aF iVm. § 212 BGB. Das ließ sich ohne Bruch auf die Rücknahme oder Aufhebung des Verwaltungsaktes übertragen. Das Schuldrechtsmodernisierungsgesetz hat die Systematik nur für privatrechtliche Ansprüche angepasst; die Lage sollte auch für öffentlich-rechtliche Ansprüche im Ergebnis nicht geändert werden.
[254] § 133 Abs. 5.
[255] *Karollus* in Lutter § 157 Rn 14; *Hopt* in Baumbach/Hopt § 160 HGB Rn 6.

Schuldanerkenntnisse iSd. § 780 BGB geht, sondern um eine aus Gründen der Rechtssicherheit vorgeschriebene Form[256], entfällt die Schriftform nicht aufgrund des § 350 HGB.

88 **f) Frist, Hemmung.** Zur Vermeidung der Enthaftung muss vor **Ablauf der Fünfjahresfrist** die Feststellung erfolgt, die Vollstreckungshandlung vorgenommen oder beantragt, der Verwaltungsakt erlassen oder das Anerkenntnis[257] abgegeben sein. Die Frist wird durch die Erhebung der Klage oder der Klage gleichstehende Maßnahmen gehemmt[258].

89 Erforderlich für die Hemmung ist, dass die Erhebung der Klage oder die gleichgestellte Maßnahme vor Ablauf der Frist erfolgt. Für die Rechtzeitigkeit der Klage genügt es, wenn die Klage vor Ablauf der Frist bei Gericht **eingereicht** ist, sofern ihre Zustellung demnächst erfolgt[259]. Eine Leistungs-, aber auch eine Feststellungsklage genügen[260].

90 Außer der Hemmung durch eingeleitete gerichtliche Verfahren gelten auch die Vorschriften über die Hemmung wegen höherer Gewalt in den letzten sechs Monaten der Frist[261] und die Ablaufhemmung für Ansprüche nicht voll Geschäftsfähiger ohne gesetzlichen Vertreter oder von Nachlassansprüchen bei ungeklärter Erbfolge[262]. Diese Hemmungsvorschriften kommen kumulativ zu denjenigen durch gerichtliche Verfahren zur Anwendung. Es genügt also, wenn die Klage vor Ablauf der durch die **Ablaufhemmung** verlängerten Frist eingereicht wird.

91 Für die Hemmung genügt auch eine bereits **vor der Spaltung** gegen den Mithafter **anhängig** gemachte Klage[263], sofern sie innerhalb der Fünfjahresfrist nach der Spaltung weiter betrieben wird. Das wird allerdings nur für Klagen gegen den übertragenden Rechtsträger relevant werden können. Ändert der Gläubiger nach der Spaltung – unter Zustimmung aller Beteiligten – die Klage dahin, dass er nunmehr nur den (neuen) Hauptschuldner verklagt, muss das wie eine Klagerücknahme gegenüber dem ursprünglichen Beklagten gewertet werden[264], so dass die Wirkung der Klageerhebung[265] endet.

92 **g) Zeitpunkt.** Das Gesetz regelt nicht ausdrücklich, wann die Feststellung oder die Vollstreckungsmaßnahme frühestens erfolgen darf, um die haftungserhaltende Wirkung zu entfalten. Geht man davon aus, dass die haftungserhaltende Wirkung nur eintritt, wenn die Feststellung oder Vollstreckungsmaßnahme gerade die Haftung als Mithafter zum Gegenstand hat oder auf ihr beruht[266], so folgt schon daraus, dass eine Feststellung oder Vollstreckungshandlung vor der Spaltung nicht genügt[267]. Die Lage ist hier anders als bei der Nachhaftung eines persönlich haftenden Gesellschafters[268], denn ein von ihm persönlich gegebenes Anerkenntnis oder ein gegen ihn erwirktes Urteil beruht immer auf seiner Haftung für die Schuld eines Dritten, während ein Urteil oder Anerkenntnis aus der Zeit vor der Spaltung nur die Schuld als solche betrifft, aber über die Person des Schuldners nach einer Spaltung nichts besagt.

---

[256] Dazu die Stellungnahme des BR, ZIP 1992, 67 f.
[257] Ein nach Fristablauf abgegebenes Anerkenntnis würde eine Neubegründung der Haftung bewirken; es müsste den an eine solche Neubegründung zu stellenden Anforderungen genügen.
[258] § 133 Abs. 4 UmwG iVm. §§ 204 BGB. Zwar ist nicht auf § 209 BGB verwiesen, der die Wirkung der Hemmung regelt. Dieser ist aber offensichtlich auch (mit) gemeint; ebenso *Hommelhoff/Schwab* in Lutter Rn 113.
[259] § 167 ZPO; *Hommelhoff/Schwab* in Lutter Rn 110; *Vossius* in Widmann/Mayer § 45 Rn 109 ff.
[260] § 204 Abs. 1 Nr. 1 BGB.
[261] § 133 Abs. 4 Satz 2 UmwG iVm. § 206 BGB.
[262] § 133 Abs. 4 Satz 2 UmwG iVm. §§ 210, 211 BGB.
[263] *Hommelhoff/Schwab* in Lutter Rn 114.
[264] *Greger* in Zöllner § 269 ZPO Rn 5 sowie § 263 ZPO Rn 23 f.
[265] § 133 Abs. 4 Satz 2 iVm. § 204 BGB.
[266] So schon Rn 83.
[267] Ebenso *Hommelhoff/Schwab* in Lutter Rn 115, 116; *Kallmeyer* in Kallmeyer Rn 18.
[268] Hier soll ein Anerkenntnis oder Urteil aus der Zeit vor dem Ausscheiden die Enthaftung mangels Feststellung verhindern; § 45 Rn 44 f. (*Ihrig*); *Vossius* in Widmann/Mayer § 45 Rn 66; *Habersack* in Großkomm. § 160 HGB Rn 31; *Sonnenschein/Weitemeyer* in Heymann § 160 HGB Rn 13.

Schutz der Gläubiger und der Inhaber von Sonderrechten 93–99 § 133

Würde ein Urteil oder Anerkenntnis aus der Zeit vor der Spaltung die Enthaftung ver- 93
hindern, so könnten titulierte Verbindlichkeiten oder solche aus Schuldanerkenntnissen (und
dann wohl auch aus Schuldverschreibungen) bei der Abspaltung nicht mit der Enthaftungs-
folge mangels Feststellung einem übernehmenden Rechtsträger zugewiesen werden. In der
Aufspaltung bestünde ein solches Hindernis nicht, denn hier kann es naturgemäß ein Urteil
oder Anerkenntnis aus der Zeit vor der Spaltung nicht geben.

Für eine derartige Beschränkung der Spaltungsfreiheit und Differenzierung der Freiheit 94
bei der Abspaltung gegenüber der Aufspaltung gibt das Gesetz keine Grundlage. Es kann auch
nicht zweifelhaft sein, dass der übertragende Mithafter nicht für Forderungen haftet, die nach
mehr als fünf Jahren nach der Spaltung fällig werden, auch wenn sie gerichtlich festgestellt
oder anerkannt sind. Denn das Gesetz sieht insoweit keine Ausnahme vor[269].

Ein Urteil, ein Anerkenntnis oder eine Vollstreckungsmaßnahme aus der Zeit vor der 95
Spaltung kann daher die Enthaftung nicht verhindern[270]. Will der Gläubiger die Enthaftung
verhindern, muss er also Vollstreckungsmaßnahmen einleiten[271] oder – im Falle der nur
anerkannten Schuld – ein erneutes Anerkenntnis verlangen oder Klage erheben.

Dem entspricht die **prozessuale Lage**[272]. Ist vor der Spaltung ein rechtskräftiges Urteil 96
ergangen, kann gegen alle übernehmenden Rechtsträger eine vollstreckbare Ausfertigung
erwirkt werden. Bei den Mithaftern ist vor Ablauf der Fünfjahresfrist eine Vollstreckungsmaßnahme erforderlich. Ist eine solche nicht möglich, weil das Urteil zu einer erst nach Ablauf der fünf Jahre zu erbringenden Leistung verurteilt, fehlt es ohnehin an dem Erfordernis
der Fälligkeit binnen fünf Jahren. Nach Ablauf der fünf Jahre können sich die Mithafter gegen ein ihnen gegenüber für vollstreckbar erklärtes Urteil mit der Vollstreckungsgegenklage
wehren[273]. Ist das Verfahren im Zeitpunkt der Spaltung anhängig, muss der Kläger vor Ablauf
der fünf Jahre ggf. durch Klageänderung die Klage auch gegen die Mithafter erweitern, um
dadurch die Hemmung des Fristenlaufs zu erwirken.

h) **Erfüllung.** Keiner Regelung bedarf die Erfüllung der Verbindlichkeit vor Ablauf der 97
Fünfjahresfrist. Denn dann stellt sich die Frage einer Forthaftung nicht mehr. Erfüllt der Mithafter die Verbindlichkeit vor Ablauf der Fünfjahresfrist, leistet er auch nicht ohne **Rechtsgrund**, so dass eine Kondiktion nicht in Betracht kommt.

i) **Aufrechnung.** Steht dem Mithafter eine Gegenforderung gegen den Gläubiger zu, so 98
kann der Gläubiger gegen diese nur bis zum **Ablauf der Fünfjahresfrist** aufrechnen. Die
Tatsache, dass vor Ablauf der fünf Jahre hätte aufgerechnet werden können, genügt zur Erhaltung der Aufrechnungslage nicht. Die abweichende Regelung für das Verjährungsrecht[274] ist
nicht entsprechend anzuwenden[275].

j) **Wirkung der Maßnahmen.** Die Enthaftung wird in allen Fällen nur **im Umfang** 99
der Feststellung oder des Anerkenntnisses vermieden. Im Fall von Vollstreckungsmaßnahmen

---

[269] Insoweit zustimmend *K. Schmidt/Ch. Schneider* BB 2003, 1961, 1964.
[270] Ebenso *Hommelhoff/Schwab* in Lutter R 115, 116; *Kallmeyer* in Kallmeyer Rn 18; zu dem weitgehend vergleichbaren § 26 HGB: *Emmerich* in Heymann § 26 HGB Rn 10; *Hüffer* in Großkomm. § 26
HGB Rn 6; aM *K. Schmidt/Ch. Schneider* BB 2003, 1961, 1964; *Hopt* in Baumbach/Hopt § 26 HGB
Rn 8.
[271] Abs. 3 1. Halbs. letzte Alt., da die Vollstreckungsmaßnahme immer einen Titel voraussetzt, bedürfte es dieser Möglichkeit des Haftungserhalts nicht, wenn der alte Titel allein dafür ausreichte. Dieser
Aspekt gilt ebenso für § 25 und für § 160 HGB. Er ist als selbständige Begründung für die hier vertretene Auffassung wenig beweiskräftig, da der Gesetzgeber diese Konsequenz der technischen Anpassung
an das neue Verjährungsrecht erkennbar nicht im Auge hatte; *K. Schmidt/Ch. Schneider* BB 2003, 1961,
1964.
[272] Siehe Rn 58 ff.
[273] § 767 ZPO.
[274] § 215 BGB.
[275] Ebenso *Hommelhoff/Schwab* in Lutter Rn 117.

6. Sicherheiten

100 Die Auswirkungen der Enthaftung auf Sicherheiten, die der übertragende Mithafter oder ein Dritter für ihn gestellt hat, sind umstritten[277]. Einige Autoren nehmen an, nur die – zur Nachhaftung gewordene – Verpflichtung des übertragenden Rechtsträgers sei gesichert, folglich erlösche eine akzessorische Sicherheit mit der Enthaftung[278]. Andere entscheiden nach dem Interesse des Sicherungsgebers, dem kein neuer Regressschuldner aufgezwungen werden könne, weshalb die Sicherheit nur den Nachhaftungsanspruch sichere, und differenzieren danach, ob es sich um Sicherheiten Dritter oder vom Nachhafter selbst gestellte Sicherheiten handelt[279]. Wieder andere halten die Sicherheit aufrecht[280].

richtet sich die Wirkung (Vermeidung der Enthaftung) nach dem Titel, nicht nach dem Vollstreckungsauftrag. Ist einer der Fälle, die die Enthaftung verhindern, eingetreten, wird die Enthaftung auf Dauer verhindert, es tritt nicht etwa wie bei der Verjährung nur eine Verlängerung oder ein Neubeginn der Frist ein[276]. Das Erfordernis der Fälligkeit binnen fünf Jahren bleibt jedoch immer unberührt.

101 **Stellungnahme.** Die Spaltung lässt die Identität der ursprünglichen Schuld unberührt. Diese bleibt entweder bei dem ursprünglichen Schuldner – dem übertragenden Rechtsträger – oder geht durch Gesamtrechtsnachfolge auf einen der übernehmenden Rechtsträger über[281]. Die Enthaftung des übertragenden Mithafters führt deshalb nicht zum Erlöschen der besicherten Schuld und lässt auch eine akzessorische Sicherheit unberührt. § 418 BGB, nach dem die privative Schuldübernahme zum Erlöschen akzessorischer Sicherheiten führt, ist nicht einschlägig, da er auf der für die Schuldübernahme erforderlichen Zustimmung des Gläubigers beruht. Aus den oben genannten Gründen[282] bleiben die Sicherheiten bestehen[283]. Der Dritte, der die Sicherheit gewährt hatte, ist wegen seines Regressanspruchs Altgläubiger und kann ggf. Sicherheit verlangen[284].

7. Sonstige Haftungsgrenzen

102 Die Enthaftung gem. Abs. 3 ist ein besonderer Fall der Enthaftung. Sonstige kürzere Verjährungs- oder Ausschlussfristen für den einzelnen Anspruch bleiben **unberührt**[285].

8. Alte Ansprüche, Übergangsregelung

103 Für die Enthaftung gelten besondere **Übergangsregelungen**, nämlich einmal für Ansprüche, deren Rechtsgrund vor dem Inkrafttreten des Nachhaftungsbegrenzungsgesetzes, also vor dem 26. 3. 1994, entstand[286], und sodann für Spaltungen, die vor dem 1. 1. 2002 erfolgten.

---

[276] *Hommelhoff/Schwab* in Lutter Rn 112.
[277] Siehe dazu § 131 Rn 32.
[278] *Canaris* Handelsrecht § 7 Rn 61 aE; *Teichmann* in Lutter § 132 Rn 36.
[279] *Hommelhoff/Schwab* in Lutter Rn 119 f.
[280] *K. Schmidt/Ch. Schneider* BB 2003, 1961, 1966 f.; gegen die Anwendung von § 418 BGB auch *Rieble* ZIP 1997, 301, 309 f.
[281] *K. Schmidt/Ch. Schneider* BB 2003, 1961, 1967, sehen in § 157 den Schlüssel zu einer verallgemeinernden Lösung, die auf der Identität der Schuld basiert. *Hörtnagl* in Schmitt/Hörtnagl/Stratz § 156 Rn 9 hält § 418 BGB in allen Fällen einer Gesamtrechtsnachfolge für unabwendbar.
[282] Rn 17.
[283] Ebenso *K. Schmidt/Ch. Schneider* BB 2003, 1961, 1967.
[284] § 22 Rn 18.
[285] *Hommelhoff/Schwab* in Lutter Rn 112; *Karollus* in Lutter § 157 Rn 22; *Hopt* in Baumbach/Hopt § 26 HGB Rn 5.
[286] § 319. Dazu auch die dortigen Erläuterungen sowie *Karollus* in Lutter § 157 Rn 24.

a) Altansprüche. Werden Ansprüche aus der Zeit vor dem 26. 3. 1994 später als vier 104
Jahre nach Eintragung der Spaltung fällig, würde für ihre Geltendmachung weniger als ein
Jahr verbleiben, wenn nicht überhaupt die Fälligkeit erst nach Ablauf der Fünfjahresfrist
einträte. Damit würde für einen alten Anspruch rückwirkend die Rechtslage des Gläubigers
verschlechtert. Deshalb verbleibt es für solche Ansprüche beim alten Recht mit der Maßgabe,
dass die **Verjährungsfrist** ein Jahr nach Fälligkeit beträgt.

b) Spaltungen vor dem 1. 1. 2002. Nach dem bis 31. 12. 2001 geltenden Recht be- 105
durfte es zur Vermeidung der Enthaftung der Erhebung einer **Klage** oder gleichgestellter
Maßnahmen. Anders als nach heute geltendem Recht bewirkte die Klage nicht nur eine
Hemmung und auch nicht die Unterbrechung der Frist, sondern verhinderte die Enthaftung
unmittelbar[287]. Die Wirkung der Klageerhebung entfiel aber rückwirkend im Fall der Klagerücknahme[288].

Die neuen Regeln über das Erfordernis der gerichtlichen Feststellung oder von Voll- 106
streckungsmaßnahmen gelten auch für Enthaftungsfristen, die am 1. 1. 2002 bereits **in Lauf**
gesetzt waren, also für Spaltungen, die vor diesem Tag wirksam wurden[289].

c) Übergangsregelung für Versorgungsansprüche. Die zweite Umwandlungsnovelle 106a
hat die Enthaftungsfrist für Versorgungsverpflichtungen von fünf auf zehn Jahre verlängert.[289a] Eine Übergangsregelung ist nicht getroffen. Für Spaltungen, die vor dem Inkrafttreten der Novelle, also vor dem 25.4.2007 erfolgten, kann das neue Recht nicht gelten. Die
Verlängerung der Enthaftungsfrist für Versorgungsverpflichtungen bedeutet vor allem eine
Erweiterung der Verpflichtungen, für die der Mithafter einzustehen hat, nämlich für alle diejenigen Verpflichtungen, die im 6. bis 10. Jahr nach der Spaltung entstehen. Die Anwendung
des neuen Rechts mit der längeren Enthaftungsfrist auf alte Spaltungsvorgänge würde einen
unzulässigen rückwirkenden Eingriff in bereits gestaltete Rechtsverhältnisse bedeuten. Für
die zeitliche Abgrenzung des Anwendungsbereichs ist nicht auf den Zeitpunkt abzustellen,
zu dem die Spaltung wirksam wurde, sondern auf den Zeitpunkt, zu dem die rechtliche
Bindung des Mithafters an den Spaltungsplan oder Spaltungsvertrag eintrat.

9. Grenzen der Enthaftung?

a) Verfassungskonformität. Verfassungsrechtliche Bedenken, die gegenüber der ent- 107
sprechenden Vorschrift des § 26 HGB und, teilweise, derjenigen des § 157 geäußert worden
sind[290], bestehen jedenfalls gegenüber der Enthaftung gem. § 133 Abs. 3 nicht. Insbesondere
der Anspruch auf **Sicherheitsleistung** gem. § 22, dessen Verletzung dem Gläubiger ein
Recht zur Fälligstellung gibt, schließt einen Verstoß gegen die Eigentumsgarantie aus.

b) Titulierte Ansprüche, anerkannte Ansprüche. Auch titulierte und schriftlich an- 108
erkannte Ansprüche, insbesondere solche aus rechtskräftigen Urteilen, unterliegen der Enthaftung[291].

c) Ansprüche aus unerlaubter Handlung. Zu dem bis zum 31. 12. 2001 geltenden 109
Recht wurde vertreten, die Enthaftung könne nicht für Ansprüche aus unerlaubter Handlung
gelten, denn die von der **Kenntnis des Geschädigten** abhängige Verjährungsfrist[292] habe

---

[287] § 133 Abs. 3 UmwG aF iVm. § 209 BGB aF.
[288] § 133 Abs. 4 UmwG aF iVm. § 212 BGB aF.
[289] Art. 229 § 6 Abs. 6 iVm. Abs. 1 EGBGB; zu den Einzelheiten der Überleitung siehe Voraufl.
Rn 105 f. sowie *Maier-Reimer* DB 2002, 1818, 1821.
[289a] Siehe Rn 77a.
[290] *Canaris* Handelsrecht § 7 Rn 45 ff.; noch weitergehend *ders.*, FS Odersky, 1996, S. 753 ff. (Verfassungswidrigkeit); ihm darin folgend *Petersen* S. 284 ff. Dagegen auch § 157 Rn 4 sowie *H. Schmidt* in
Lutter § 173 Rn 1.
[291] Siehe dazu oben Rn 92 ff.
[292] § 852 BGB a. F.

Vorrang vor der absoluten und kenntnisunabhängigen Enthaftungsfrist von fünf Jahren nach dem Nachhaftungsbegrenzungsgesetz[293]. Dieser Auffassung war schon nach altem Recht nicht zu folgen. Mit der Neugestaltung des Verjährungsrechts seit 1. 1. 2002 ist jedenfalls die Grundlage für die hier abgelehnte Auffassung weggefallen. Denn nach dem jetzt geltenden Recht beginnt die regelmäßige Verjährungsfrist mit dem Schluss des Jahres, in dem der Gläubiger die erforderliche Kenntnis erlangt hat oder ohne grobe Fahrlässigkeit erlangt hätte[294]. Die gesamte Nachhaftungsbegrenzung wäre obsolet, wenn dieses Kenntniselement der Verjährung in die Ausschlussfrist übertragen würde.

110 **d) Öffentlich rechtliche Pflichten.** Die Enthaftung des Mithafters gilt auch für öffentlich rechtliche Pflichten[295]. Das ergibt sich bereits aus der Regelung über die Haftungserhaltung durch Verwaltungsakt[296]. Die Frage ist besonders für die Verpflichtung zur Beseitigung von Bodenverunreinigungen (Altlasten) erörtert worden[297]. Die Haftung des Verhaltensstörers – vor und nach Konkretisierung durch einen Verwaltungsakt – wirft insoweit keine besonderen Fragen auf[298]. Zweifelhaft ist eher die Einordnung der polizeilichen Zustandshaftung. Hält man diese bereits aufgrund der abstrakten Polizeipflicht auch vor Konkretisierung durch Verwaltungsakt für eine begründete Verpflichtung und damit für eine Altschuld[299], so spricht nichts dagegen, auf sie die Enthaftungsregeln wie auf andere Altschulden anzuwenden. Viel spricht jedoch dafür, die Zustandshaftung, ebenso wie etwa dingliche Herausgabeansprüche, nicht als Altschulden anzusehen, weil sie an der gegenwärtigen Beziehung zu der Störungsquelle anknüpfen. Dann kommt es auf die Enthaftung nicht mehr an[300].

VII. Andere Haftungsgründe

1. Haftung

111 Nach der ausdrücklichen Bestimmung des Abs. 1 Satz 2 bleiben die §§ 25, 26 und 28 HGB unberührt. Übernimmt also ein übernehmender Rechtsträger den Unternehmenskern des übertragenden Rechtsträgers und führt dessen **Firma** fort, haftet er vorbehaltlich abweichender Eintragung im Handelsregister oder Anzeige an den betroffenen Gläubiger gem. § 25 HGB. Ob der Fall des § 28 HGB eintreten kann, erscheint zweifelhaft[301]. Dies hängt von der Auslegung des Begriffs „Einzelkaufmann" in § 28 HGB und der entsprechenden Anwendung auf ähnliche Vorgänge ab[302]. Darauf ist hier nicht näher einzugehen.

---

[293] *Hardt* ZIP 1999, 1541, 1544 ff. mit dem Argument, die Nachhaftungsbegrenzung sei auf Dauerschuldverhältnisse zugeschnitten gewesen, wo der Gläubiger seine Ansprüche kenne und sich sichern könne; gegen ihn eingehend *Medicus* FS Lutter, 2000, S. 891 ff. zur Enthaftung nach § 160 HGB; wohl nur gegen die Enthaftung nach § 26 HGB *Canaris* Handelsrecht § 7 Rn 55.
[294] § 199 Abs. 1 BGB.
[295] Ebenso *Hommelhoff/Schwab* in Lutter Rn 122 ff.; *Schall/Horn* ZIP 2003, 327 ff. mwN; zur Altlastenhaftung in der Spaltung *Fleischer/Empt* ZIP 2000, 905, 911 f.
[296] Abs. 3, 2. Halbs.
[297] *Schall/Horn* ZIP 2003, 327 ff. mwN.
[298] Dazu *Schall/Horn* ZIP 2003, 327, 332 f.
[299] So *Hommelhoff/Schwab* in Lutter Rn 123.
[300] Eine Besonderheit bietet allerdings § 4 Abs. 6 BBodSchG, der gerade den früheren Zustandsstörer erfasst und damit die Zustandshaftung unter bestimmten Voraussetzungen perpeduiert. Diese Bestimmung hat dann zur Folge, dass die Zustandshaftung als Altschuld anzusehen ist und sich die Enthaftung nach den für Altschulden geltenden Regeln richtet.
[301] Kategorisch ablehnend *Hörtnagl* in Schmitt/Hörtnagl/Stratz Rn 12.
[302] Dazu § 156 Rn 18 sowie *Zimmer/Scheffel* in Ebenroth/Boujong/Joost § 28 Rn 24 ff.

Schutz der Gläubiger und der Inhaber von Sonderrechten 112–116 § 133

2. Enthaftung

In den Fällen des § 25 HGB wird der frühere Geschäftsinhaber nach Ablauf von fünf Jahren 112 seit der Übertragung von der Haftung frei. Die Regelung entspricht im Wesentlichen der Enthaftungsregelung von Abs. 3. Jedoch bestehen gewisse Unterschiede bei der Fristberechnung: Die Fünfjahresfrist beginnt nach § 26 HGB mit der Eintragung des Übernehmers im Handelsregister, während sie gem. § 133 Abs. 3 mit der Bekanntmachung der Eintragung der Ausgliederung im Handelsregister des übertragenden Rechtsträgers beginnt. Wichtiger als der Unterschied in der Fristberechnung ist der Unterschied bei den **betroffenen Verbindlichkeiten**. Die Haftung gem. § 25 HGB und damit auch die Enthaftung des Übertragenden gilt für sämtliche in dem Unternehmen begründeten Verbindlichkeiten, während die Enthaftung des Mithafters nach § 133 nur für die einem anderen als Hauptschuldner zugewiesenen Verbindlichkeiten gilt. Im Einzelnen sind dabei folgende Fälle zu unterscheiden:

a) Firmenübernehmer als Hauptschuldner. Ist Hauptschuldner aufgrund des Spal- 113 tungsvertrags derjenige, der das Unternehmen mit der Firma fortführt, bestehen Unterschiede nur bei der Frist. Für die Enthaftung des übertragenden Rechtsträgers (im Fall der Abspaltung und Ausgliederung) ist dann die **kürzere Frist** maßgebend.

b) Firmenübernehmer als Mithafter. Weist der Spaltungsvertrag die Schuld ausdrück- 114 lich einem anderen Beteiligten als dem nach § 25 HGB Haftenden zu, haften beide als Hauptschuldner[303]. Nach dem ausdrücklichem Vorbehalt in § 133 Abs. 1 Satz 2 bleibt die Haftungsregelung der §§ 25, 26 HGB unberührt. Der im Spaltungsvertrag bestimmte übertragende Hauptschuldner wird also gem. § 26 HGB im Außenverhältnis **enthaftet**[304]. Diese Enthaftung im Außenverhältnis wird für das Innenverhältnis aber durch den Spaltungsvertrag überlagert: Trotz seiner Enthaftung im Außenverhältnis ist der Hauptschuldner im Innenverhältnis zur Freistellung und nach Ablauf der Fünfjahresfrist zur Befreiung des Firmenfortführers verpflichtet, der nach dem Spaltungsvertrag nur Mithafter sein sollte.

c) Hauptschuldner nicht bestimmt. Ergibt sich aus dem Spaltungsvertrag die Zuwei- 115 sung der Schuld nicht, ist aus der **Firmenfortführung** die Auslegung zu entnehmen, dass der nach § 25 HGB Haftende auch nach dem Spaltungsvertrag der Hauptschuldner sein soll. Der Fall ist dann gleich zu behandeln wie der unter Rn 113 Genannte.

3. Kommanditistenhaftung

Die Spaltung einer KG als solche führt nicht zu einem Wiederaufleben der Kommandi- 116 tistenhaftung, gleichviel, ob die KG sich aufspaltet, abspaltet oder eine Ausgliederung vornimmt[305]. Zwar überträgt die Gesellschaft Vermögen an einen anderen und die Gegenleistung in Form von Beteiligungen an dem übernehmenden Rechtsträger fließen bei der Abspaltung und Aufspaltung den Gesellschaftern, also auch den Kommanditisten zu. Jedoch wird das übertragene Vermögen dadurch nicht der Haftung **entzogen**. Dem wirkt gerade die gesamtschuldnerische Haftung gem. § 133 entgegen[306]. Wird durch die Spaltung das verbliebene Reinvermögen der übertragenden KG so weit gemindert, dass die Kommanditein-

---

[303] Siehe Rn 39.
[304] IE wohl ebenso *K. Schmidt* GesR § 13 IV 5 b, S. 402, Vorrang der §§ 25, 28 HGB. Anders liegt es bei der Haftung der Anlagegesellschaft für Versorgungsverbindlichkeiten nach § 134 Abs. 2, siehe § 134 Rn 50.
[305] Anders *Hörtnagl* in Schmitt/Hörtnagl/Stratz Rn 40 f., der im Fall der Abspaltung eine Rückzahlung der Kommanditeinlage für möglich hält, nicht aber bei der Aufspaltung; *Naraschewski* DB 1995, 1265 ff. (sowohl bei Ab- als auch bei Aufspaltung möglich); wie hier iE die hM, *Hommelhoff/Schwab* in Lutter Rn 102 b; *Teichmann* in Lutter Anh. § 137 Rn 13; *Kallmeyer* in Kallmeyer Rn 22; *Vossius* in Widmann/Mayer § 45 Rn 248 f.
[306] Sie verhindert die notwendige „Schmälerung der Rechtsposition des Altgläubigers", vgl. BGHZ 39, 319, 329 zum Wegfall der Haftung bei nachträglicher Beseitigung einer solchen Schmälerung; zum

VIII. Gläubiger des Übernehmers

1. Gefährdung

117 Die Gläubiger des übernehmenden Rechtsträgers werden in doppelter Weise berührt. Das durch die Spaltung zugeführte Vermögen mag in keinem angemessenen Verhältnis zu den zugewiesenen Verbindlichkeiten stehen. Auch wenn das übertragene Vermögen noch einen positiven Saldo ausweist, mag sich daraus eine erhebliche **Verschlechterung** der Eigenkapitalquote und der sonstigen relevanten Relationen bei dem übernehmenden Rechtsträger ergeben. Außerdem haftet der übernehmende Rechtsträger für die Verbindlichkeiten der übrigen beteiligten Rechtsträger.

2. Kein Haftungsschutz

118 Trotz dieser Gefährdungsmöglichkeiten sieht das Gesetz keinen besonderen Haftungsschutz für die Gläubiger des übernehmenden Rechtsträgers vor. Sie haben nur den Schutz der allgemeinen Vorschriften, nämlich im Fall einer konkreten Gefährdung den Anspruch auf **Sicherheitsleistung** gem. § 22[309]. Ist der übernehmende Rechtsträger eine Kapitalgesellschaft, werden die Gläubiger außerdem durch die Grundsätze über die Kapitalaufbringung und deren Kontrolle durch das Handelsregister geschützt[310]. Im Fall der Ausgliederung kommt darüber hinaus eine Differenzhaftung des ausgliedernden Rechtsträgers in Betracht[311], der die Beteiligungen von dem übernehmenden Rechtsträger erhält.

IX. Sicherheitsleistung

1. Berechtigung

119 Aufgrund der allgemeinen Verweisung in § 125 gilt auch die Vorschrift des § 22. Die Gläubiger der an der Spaltung **beteiligten Rechtsträger**, deren Forderungen noch nicht fällig sind, sind unter den Voraussetzungen des § 22 berechtigt, Sicherheitsleistung zu verlangen. Dieses Recht steht nicht nur den Gläubigern des übertragenden, sondern auch denjenigen der übernehmenden Rechtsträger zu. Hinsichtlich der Abgrenzung der berechtigten Gläubiger und der allgemeinen Voraussetzungen, des Adressaten und des Inhalts des Anspruchs auf Sicherheitsleistung wird auf die Erläuterung zu § 22 verwiesen.

„Prinzip der objektiven Vermögensdeckung" auch *Strohn* in Ebenroth/Boujong/Joost § 171 HGB Rn 3, § 172 HGB Rn 19.
[307] Ebenso *Teichmann* in Lutter Anh. § 137 Rn 13.
[308] § 174 HGB.
[309] Siehe Rn 119.
[310] *K. Schmidt* ZGR 1993, 366, 371 f. („institutioneller Gläubigerschutz").
[311] Ausdrücklich für die GmbH, §§ 9 Abs. 1 GmbHG iVm. § 56 Abs. 2 GmbHG bzw. § 36 Abs. 2 UmwG; allg. anerkannt auch für die AG, *Hüffer* § 9 AktG Rn 6; eine andere, hochstreitige Frage ist, inwieweit bei der Auf-/Abspaltung (auch) eine Differenzhaftung der Anteilseigner eingreift, siehe dazu § 138 Rn 7, 8; § 55 Rn 11.

2. Gefährdungsgrund

Die Gefährdung der Gläubiger kann sich im Fall der Spaltung aus den gleichen Gründen ergeben wie im Fall der Verschmelzung. Hinzu kommen einige **spaltungsspezifische** Gefährdungsgründe. 120

a) Disproportionale Verteilung von Vermögen und Schulden. Die Spaltungsfreiheit ermöglicht es den Beteiligten, Aktiv- und Passivvermögen des übertragenden Rechtsträgers disproportional zu verteilen[312]. Hieraus können sich Gefährdungen der Gläubiger sowohl des übertragenden als auch der übernehmenden Rechtsträger ergeben. Die gesamtschuldnerische Haftung schützt die Gläubiger nur für fünf Jahre. Werden ihre Ansprüche erst nach Ablauf von fünf Jahren fällig, schützt sie die Haftung nicht. Gläubiger, deren Ansprüche erst nach Ablauf der Fünfjahresfrist fällig werden, können deshalb durch die **Enthaftungsregelung** gefährdet sein. Diese Enthaftungsmöglichkeit ist als Gefährdungstatbestand anzuerkennen. 121

b) Haftung. Eine Gefährdung für die Gläubiger kann weiter dadurch entstehen, dass ihr Schuldner als Folge der Spaltung für die Verbindlichkeiten aller Beteiligten haftet. Dieser **Gefährdungsgrund** kann gerade bei den Gläubigern des übernehmenden Rechtsträgers akut werden. 122

3. Sicherungspflichtiger

Adressat der Sicherungspflicht ist nur derjenige beteiligte Rechtsträger „gegen den sich der Anspruch richtet" (Abs. 1 Satz 2, 2. Halbsatz). Damit ist hinsichtlich der Gläubiger des übertragenden Rechtsträgers der **Hauptschuldner** aufgrund der Bestimmungen des Spaltungsvertrags gemeint[313]. Wer nur aus anderem Rechtsgrund (beispielsweise § 25 HGB) als Hauptschuldner haftet, ist zur Sicherungsleistung nicht verpflichtet. Die Gläubiger des übernehmenden Rechtsträgers können Sicherheit nur von diesem verlangen, da er ihr einziger Schuldner ist. 123

X. Abweichende Vereinbarungen

Die verbandsrechtlichen Haftungsfolgen der Spaltung können durch den Spaltungsvertrag/-plan nicht geändert werden[314]. Dagegen können nach allgemeinen Vertragsgrundsätzen neben den gesetzlichen Folgen **vertragliche Rechtsbeziehungen** geschaffen werden. Durch den Spaltungsvertrag kann eine solche ergänzende Regelung nur durch Einräumung zusätzlicher Rechte an die Gläubiger durch Vertrag zugunsten Dritter geschaffen werden, da es einen Vertrag zulasten Dritter nicht gibt[315]. Durch Vertrag mit Einzelnen oder allen Gläubigern kann die Enthaftungsfrist sowohl hinsichtlich der Anforderungen an die Fälligkeit als auch der Anforderungen an die Feststellung verkürzt oder verlängert werden oder 124

---

[312] Siehe Rn 1.
[313] *Hommelhoff/Schwab* in Lutter Rn 93.
[314] § 1 Abs. 3; § 45 Rn 50; *H. Schmidt* in Lutter § 45 Rn 24; ferner zum Handelsrecht *Habersack* in Großkomm. § 160 HGB Rn 7; *Leverenz* ZHR 160 (1996) 75, 83 mit dem allgemeinen Argument der Unabdingbarkeit gesetzlicher Ausschlussfristen, dazu auch BGHZ 111, 339, 341 (zu einer prozessualen Ausschlussfrist); gegen Verlängerung gesetzlicher Ausschlussfristen *Grothe* in MünchKomm. vor § 194 BGB Rn 9. Anders das wohl hM, die unbeschränkte Zulässigkeit abweichender Fristvereinbarungen annimmt. § 224 Rn 36; *Hommelhoff/Schwab* in Lutter Rn 128; *Karollus* in Lutter § 157 Rn 21; *Joost* in Lutter § 224 Rn 34; *Dirksen* in Kallmeyer § 224 Rn 12; *Vossius* in Widmann/Mayer § 45 Rn 281; *Seibert* DB 1994, 461, 462; ferner zum Handelsrecht, wo es freilich schon deshalb anders liegt, weil es im HGB keine dem § 1 Abs. 3 UmwG entsprechende Vorschrift gibt: *Seibert* in Ebenroth/Boujong/Joost § 160 HGB Rn 14; *Hopt* in Baumbach/Hopt § 26 HGB Rn 12, § 160 HGB Rn 8.
[315] Zur entsprechenden Lage bei § 22 siehe dort Rn 39.

die Nachhaftung oder die Enthaftung auch gänzlich ausgeschlossen werden[316]. Wegen der Unabdingbarkeit der verbandsrechtlichen Folgen der Spaltung ist eine solche Vereinbarung als (bedingter) Verzicht des Gläubigers oder (bedingte) (Neu)-Begründung einer entsprechenden Schuld des Mithafters zu werten[317]. Die Vereinbarung bedarf nach herrschender Meinung keiner Form[318]. Richtigerweise ist zu differenzieren. Erleichterungen der Enthaftung können wie ein Verzicht formfrei vereinbart werden, Erschwerungen der Enthaftung bedürfen jedenfalls der Form, die für die Begründung der ursprünglichen Schuld erforderlich war, weil sie nur als Neubegründung der Schuld wirksam sind[319].

125 Ebenfalls ist es möglich, im Spaltungsvertrag eine von § 25 HGB abweichende Regelung zu treffen, also zu bestimmen, dass der Übernehmer trotz **Firmenfortführung** in die Verbindlichkeiten nicht insgesamt eintreten soll. Diejenigen Verbindlichkeiten, für die er als Hauptschuldner haften soll, ergeben sich dann aus dem Spaltungsplan. Aus § 25 HGB haftet er unter der Voraussetzung ordnungsgemäßer Eintragung ins Handelsregister nicht.

§ 134 Schutz der Gläubiger in besonderen Fällen

(1) **Spaltet ein Rechtsträger sein Vermögen in der Weise, daß die zur Führung eines Betriebes notwendigen Vermögensteile im wesentlichen auf einen übernehmenden oder mehrere übernehmende oder auf einen neuen oder mehrere neue Rechtsträger übertragen werden und die Tätigkeit dieses Rechtsträgers oder dieser Rechtsträger sich im wesentlichen auf die Verwaltung dieser Vermögensteile beschränkt (Anlagegesellschaft), während dem übertragenden Rechtsträger diese Vermögensteile bei der Führung seines Betriebes zur Nutzung überlassen werden (Betriebsgesellschaft), und sind an den an der Spaltung beteiligten Rechtsträgern im wesentlichen dieselben Personen beteiligt, so haftet die Anlagegesellschaft auch für die Forderungen der Arbeitnehmer der Betriebsgesellschaft als Gesamtschuldner, die binnen fünf Jahren nach dem Wirksamwerden der Spaltung auf Grund der §§ 111 bis 113 des Betriebsverfassungsgesetzes begründet werden. Dies gilt auch dann, wenn die Vermögensteile bei dem übertragenden Rechtsträger verbleiben und dem übernehmenden oder neuen Rechtsträger oder den übernehmenden oder neuen Rechtsträgern zur Nutzung überlassen werden.**

(2) **Die gesamtschuldnerische Haftung nach Absatz 1 gilt auch für vor dem Wirksamwerden der Spaltung begründete Versorgungsverpflichtungen auf Grund des Betriebsrentengesetzes.**

(3) **Für die Ansprüche gegen die Anlagegesellschaft nach den Absätzen 1 und 2 gilt § 133 Abs. 3 Satz 1, Abs. 4 und 5 entsprechend mit der Maßgabe, dass die Frist fünf Jahre nach dem in § 133 Abs. 4 Satz 1 bezeichneten Tage beginnt.**

---

[316] IE allgM.
[317] *H. Schmidt* in Lutter § 45 Rn 24; *Vossius* in Widmann/Mayer § 45 Rn 281; *Habersack* in Großkomm. § 160 HGB Rn 7; iE auch § 45 Rn 60. Demgegenüber für unmittelbare Wirkung solcher Vereinbarungen *Schlitt* § 224 Rn 36; *Hommelhoff/Schwab* in Lutter Rn 128; *Karollus* in Lutter § 157 Rn 21; *Joost* in Lutter § 224 Rn 34; *Dirksen* in Kallmeyer § 224 Rn 12; *K. Schmidt/Ch. Schneider* BB 2003, 1961, 1964 f.; zu § 160 HGB *Seibert* DB 1994, 461, 462.
[318] *Dirksen* in Kallmeyer § 224 Rn 12; aM *K. Schmidt/Ch. Schneider* BB 2003, 1961, 1965 (Schriftform); ihre Argumentation trifft aber nur die Erschwerung der Enthaftung; zweifelnd § 224 Rn 36.
[319] Das Erfordernis der Schriftform gem. § 780 BGB wird wegen § 350 HGB im Anwendungsbereich des § 133 nicht relevant werden. Schriftform in entsprechender Anwendung der Anforderungen an ein enthaftungshinderndes Anerkenntnis (Abs. 5) verlangen *K. Schmidt/Ch. Schneider* BB 2003, 1961, 1965.

Übersicht

	Rn
I. Allgemeines	1
1. Sinn und Zweck der Norm	1
2. Anwendungsbereich	3
3. Geltung für Einzelrechtsnachfolge?	4
4. Anwendungsfälle	5
5. Europarechtliche Vorgaben	6
6. Wesentlicher Inhalt	7
7. Haftungskonzept	8
8. Verhältnis zu anderen Vorschriften	9
II. Tatbestand	10
1. Allgemein	10
2. Übertragung der betriebsnotwendigen Vermögensteile	11
a) „Zur Führung eines Betriebes"	11
b) „Notwendige Vermögensteile"	12
c) „Im wesentlichen"	13
d) „Im wesentlichen auf Verwaltung dieser Vermögensteile beschränkt"	15
e) Nutzungsüberlassung	17
f) Mehrere Anlagegesellschaften	19
3. Übertragung des Betriebs	20
a) Übertragungsgegenstand	21
b) Verbleibende Vermögensteile	22
4. Entstandene Betriebsaufspaltung	23
5. Pensionsgesellschaften	24
6. Gesellschafteridentität	25
a) Beteiligungsquoten	26
b) Beteiligungsidentität im Wesentlichen	27
c) Beispiele	29
d) Treuhandabsprachen	31
e) Mittelbare Beteiligungen	32
7. Maßgebender Zeitpunkt	33
8. Spaltung	34
III. Rechtsfolge	35
1. Betriebsverfassungsrechtliche Ansprüche	36
a) Begründung	36
b) Geschützte Arbeitnehmer	37
c) Haftung	40
d) Bemessungsdurchgriff	41
2. Versorgungsansprüche	42
a) Obsolete Vorschrift	42
b) Persönlicher Anwendungsbereich	42a
c) Ansprüche aufgrund des Betriebsrentengesetzes	45
d) Begründete Versorgungsansprüche	46
e) Umfang der Haftung	47
3. Zeitliche Grenze und Enthaftung	48
4. Verhältnis zu anderen Nachhaftungsvorschriften	50
5. Innenausgleich	51

Literatur: *Däubler*, Das Arbeitsrecht im neuen Umwandlungsgesetz, RdA 1995, 136; *Däubler/Kittner/Klebe*, BetrVG, 7. Aufl. 2000; *Maier-Reimer*, Gesellschafteridentität in der umwandlungsrechtlichen Betriebsaufspaltung, Liber Amicorum für Wilhelm Happ 2006, S. 151; *Reichert*, Ausstrahlungswirkungen der Ausgliederungsvoraussetzungen nach UmwG auf andere Strukturänderungen, ZHR Beiheft 68, 1999, S. 25; Sieger/Aleth, Die Ausgliederung von Pensionsverpflichtungen auf eine Pensionsgesellschaft, DB 2002, 1487.

I. Allgemeines

1. Sinn und Zweck der Norm

Die Betriebsaufspaltung war in der Vergangenheit ein **beliebtes Instrument**, insbesondere mittelständischer Unternehmen, bei gleichzeitiger Optimierung der steuerrechtlichen Behandlung die Haftungsrisiken auf einen Teil des im Unternehmen eingesetzten Vermögens zu begrenzen. Dazu werden die haftungsträchtigen betrieblichen Aktivitäten in eine Kapitalgesellschaft verlagert, das Anlagevermögen, insbesondere der Grundbesitz verbleibt aber im Vermögen des Unternehmers oder einer Personengesellschaft und wird an die Betriebsgesellschaft verpachtet. Die oft gewinnunabhängigen Miet- und Pachtzahlungen sorgen für ein regelmäßiges Einkommen der unmittelbaren oder mittelbaren Eigentümer des Anlagevermögens. Gleichzeitig wird eine Abschottung der Haftungsmassen bei wirtschaftlicher Identität der Unternehmensträger erreicht. Die Rechtsprechung zur eigenkapitalersetzenden Nutzungsüberlassung[1] zieht dieser Zielsetzung Grenzen, macht sie aber nicht obsolet. Hinzu

---

[1] BGHZ 109, 55; 121, 31; 127, 1; dazu *Hueck/Fastrich* in Baumbach/Hueck § 32 a GmbHG Rn 32 ff., 70 ff.

kommt die Möglichkeit, Steuervorteile der Kapitalgesellschaft mit denen der Personengesellschaft zu verbinden.

2 In der typischen Gestaltung der Betriebsaufspaltung werden die Gläubiger der Betriebsgesellschaft durch die **Trennung** von betrieblichen Risiken, Haftungen und Chancen von dem zugrunde liegenden Vermögen besonders gefährdet[2]. Besonders schutzbedürftig sind die Arbeitnehmer, da sie anders als sonstige Gläubiger nicht auf andere Partner ausweichen können, ohne mit ihrem Arbeitsplatz ihre Lebensgrundlage aufzugeben[3]. Die Vorschrift erweitert daher den allgemeinen spaltungsrechtlichen Gläubigerschutz zugunsten der Arbeitnehmer, wenn eine solche Betriebsaufspaltung gerade durch einen Spaltungsvorgang erreicht wird. Mit dem verstärkten Schutz der Arbeitnehmer reagiert die Vorschrift also auf die künstliche Trennung der Risiken und Chancen des Betriebs einerseits von dem haftenden Vermögen und dem Ertrag daraus andererseits.

2. Anwendungsbereich

3 Nach dem Wortlaut der Vorschrift kommt sie nur im Fall der Abspaltung und Ausgliederung zur Anwendung. Sie ist aber **entsprechend** anzuwenden, wenn die Betriebsaufspaltung durch Aufspaltung erreicht wird[4].

3. Geltung für Einzelrechtsnachfolge?

4 Zum Teil wird vertreten, die Vorschrift müsse entsprechend auf Fälle angewandt werden, in denen eine Betriebsaufspaltung durch Einzelrechtsnachfolge begründet wird[5]. Diese Auffassung ist mit der hM[6] abzulehnen. Das Haftungssystem des UmwG beruht auf der **Gesamtkonzeption** des Gesetzes. Einzelne Elemente davon lassen sich nicht auf andere Gestaltungen durch entsprechende Anwendung übertragen[7].

4. Anwendungsfälle

5 Das Gesetz beschreibt **zwei Wege**, auf denen die Spaltung zur Betriebsaufspaltung führen kann. In Satz 1 geht es um den Fall, dass das „Anlagevermögen" abgespalten oder ausgegliedert wird und der übertragende Rechtsträger den Betrieb behält. Satz 2 beschreibt den umgekehrten Fall, dass der Betrieb übertragen wird, das Anlagevermögen aber beim übertragenden Rechtsträger verbleibt. In der Rechtspraxis überwiegt die letztere Gestaltung.

5. Europarechtliche Vorgaben

6 Besondere europarechtliche Vorgaben bestehen für die Betriebsaufspaltung nicht[8]. Es gelten nur die **allgemeinen Vorgaben** der SpaltRL für die (Auf-)Spaltung von Aktiengesellschaften[9], die ihrerseits in Art. 11 für den Arbeitnehmerschutz auf die allgemeinen Vorgaben der Betriebsübergangsrichtlinie[10] verweist.

---

[2] RegBegr. *Ganske* S. 167 (2. Absatz zu § 134): Schmälerung der Haftungsmasse bei unveränderter Betriebsfortführung; siehe aber auch *Hommelhoff/Schwab* in Lutter Rn 11 ff., die den Normzweck so nur für unzureichend begründet halten.
[3] RegBegr. *Ganske* S. 168.
[4] Zu den Einzelheiten Rn 34.
[5] So *Däubler* RdA 1995, 136, 146. Allgemein zur viel diskutierten Ausstrahlungswirkung des UmwG siehe § 1 Rn 75 ff.
[6] *Hommelhoff/Schwab* in Lutter Rn 21; *Hörtnagl* in Schmitt/Hörtnagl/Stratz Rn 19; *Willemsen* in Kallmeyer Rn 6; *Vossius* in Widmann/Mayer Rn 16 ff.; *Reichert* ZHR Beiheft 68, S. 63 f.
[7] So auch *Reichert* ZHR Beiheft 68, S. 63 f.
[8] *Hommelhoff/Schwab* in Lutter Rn 3.
[9] Dazu § 133 Rn 6, 7.
[10] Richtlinie 77/187/EWG vom 5. 3. 1977, ABl.EG Nr. L 61, S. 26.

Schutz der Gläubiger in besonderen Fällen 7–11 § 134

6. Wesentlicher Inhalt

Für den Fall der Betriebsaufspaltung **erweitert** die Vorschrift die Haftung der Anlagegesellschaft in mehrfacher Hinsicht gegenüber der gesamtschuldnerischen Haftung aus § 133. Die Erweiterung gilt für Sozialplananprüche und Ansprüche auf Nachteilsausgleich, auch wenn sie erst nach der Spaltung, nämlich binnen fünf Jahren nach der Spaltung, begründet worden sind. Weiterhin verlängert sie die Haftungsfrist für solche Ansprüche von fünf Jahren auf zehn Jahre. Strittig ist, ob die Vorschrift auch den personellen Anwendungsbereich der Haftungsnorm des § 133 erweitert, indem sie auch Neugläubiger mit einbezieht[11]. Nach der ursprünglichen Fassung des Gesetzes verlängerte die Vorschrift die Haftungsfrist auch für Versorgungsansprüche von fünf auf zehn Jahre. Eine solche zehnjährige Haftungsfrist ist durch die zweite Umwandlungsnovelle jetzt allgemein für Versorgungsansprüche eingeführt worden[11a]. Die Vorschrift hat deshalb für Versorgungsansprüche keine Bedeutung mehr.

7. Haftungskonzept

Die Konzeption der Regelung entspricht derjenigen des § 133. Die Anlagegesellschaft haftet neben der Betriebsgesellschaft, und zwar nach der hier vertretenen Auffassung[12] **gesamtschuldnerisch**.

8. Verhältnis zu anderen Vorschriften

Die Vorschrift bestätigt, dass die Übertragung des **Anlagevermögens** kein Fall der Betriebsübertragung ist. Sonst müssten die Arbeitsverhältnisse auf die Anlagegesellschaft übergehen und Satz 1 wäre gegenstandslos[13]. Hinsichtlich der Rechtsfolgen ist § 134 *lex specialis* gegenüber § 613 a BGB[14]. Die §§ 131, 133 und 134 sind auch *lex specialis* gegenüber § 4 BetrAVG[15].

II. Tatbestand

1. Allgemein

Der Tatbestand besteht aus **drei Elementen**, nämlich der Aufteilung zwischen Anlagegesellschaft mit dem betriebsnotwendigen Vermögen ohne den Betrieb einerseits und der Betriebsgesellschaft als Inhaberin des Betriebs, aber ohne das betriebsnotwendige Vermögen andererseits (1). Im Wesentlichen müssen an den beiden Gesellschaften die gleichen Gesellschafter beteiligt sein (2) und schließlich muss diese Lage durch den Spaltungsvorgang entstanden sein (3). Dabei besteht das erste Element wiederum aus drei Teilelementen, nämlich der Übertragung (oder der Zurückhaltung) der für die Führung des Betriebs notwendigen Vermögensteile, der Überlassung dieser Vermögensteile durch die Anlagegesellschaft an die Betriebsgesellschaft zur Nutzung und der Beschränkung der Anlagegesellschaft auf die Verwaltung der überlassenen Gegenstände.

2. Übertragung der betriebsnotwendigen Vermögensteile

a) „Zur Führung eines Betriebes". Übertragen werden müssen die **„zur Führung eines Betriebes"**, d.h. des konkreten betroffenen Betriebs, notwendigen Vermögensteile.

---

[11] Dazu Rn 37.
[11a] § 133 Abs. 3 Satz 2.
[12] § 133 Rn 31 ff.
[13] So auch *Hommelhoff/Schwab* in Lutter Rn 13.
[14] *Hommelhoff/Schwab* in Lutter Rn 34 f.; siehe § 133 Rn 22, § 324 Rn 38.
[15] *BAG* ZIP 2005, 957; *LAG Düsseldorf* LAGE § 123 UmwG Nr. 1; aM *AG Hamburg* ZIP 2005, 1249; bestätigt vom *LG Hamburg* ZIP 2005, 2331, mit einer Begründung, die der Auffassung des BAG (ZIP 2005, 957) nicht widersprechen soll; siehe dazu Rn 24.

Dabei ist das Wort Betrieb im arbeitsrechtlichen Sinne zu verstehen[16], d. h. als die organisatorische Einheit, in der die vorhandenen materiellen und immateriellen Betriebsmittel für den oder die vom Arbeitgeber verfolgten arbeitstechnischen Zwecke zusammengefasst, geordnet und gezielt eingesetzt werden sowie der Einsatz der menschlichen Arbeitskraft von einem einheitlichen Leitungsapparat gesteuert wird[17]. Maßgebend ist der einzelne Betrieb, so wie er tatsächlich besteht[18]. Erfolgt gleichzeitig mit der Übertragung der Vermögensteile eine Teilung des Betriebs, also eine arbeitsrechtliche Betriebsspaltung mit der Folge, dass danach zwei oder mehr Betriebe bestehen, so kommt es auf den einzelnen daraus resultierenden Betrieb an[19]. Führt das übertragende Unternehmen mehrere Betriebe, kann die Vorschrift also zur Anwendung kommen, wenn nur die notwendigen Vermögensteile eines dieser Betriebe übertragen werden. Hinsichtlich dieses Betriebs ist der übertragende Rechtsträger dann „Betriebsgesellschaft", auch wenn er noch andere Betriebe führt, deren notwendige Vermögensteile er nicht übertragen hat[20].

12 b) „Notwendige Vermögensteile". Die Übertragung muss im Wesentlichen die „notwendigen Vermögensteile" erfassen. Gemeint ist damit das materielle und immaterielle **Anlagevermögen**, insbesondere also Produktionsanlagen, aber auch gewerbliche Schutzrechte, die für die Führung des Betriebs und seinen wirtschaftlichen Erfolg genutzt werden und erforderlich sind[21]. Da der Gesetzeszweck an der Entziehung von Haftungsmasse anknüpft, geht es vor allem um Vermögenswerte, die Gegenstand der Zwangsvollstreckung sein können. Das Umlaufvermögen gehört nicht zu den zur Betriebsführung notwendigen Vermögensteilen. Umlaufvermögen ist zwar für den Betrieb unerlässlich, kann aber nicht einem anderen zur Nutzung überlassen werden. Vielmehr besteht seine Aufgabe gerade darin, umgeschlagen, d. h. je nach Art des Umlaufvermögens verwendet, verbraucht, verkauft und – im Fall von Forderungen – eingezogen zu werden. Die einzelnen Gegenstände des Umlaufvermögens können und sollen also ausgetauscht werden[22]. Sie sind deshalb nicht „zur Führung des Betriebes notwendiges Vermögen"[23]. Zu den notwendigen Vermögensteilen gehören insbesondere auch die im Betrieb eingesetzten Computerprogramme (*software*). Schließlich können dazu auch Beteiligungen an anderen Unternehmen gehören[24].

13 c) „Im wesentlichen". Die Übertragung muss die notwendigen Vermögensteile „im wesentlichen" erfassen. Ausnahmen sind damit möglich. Fraglich ist der Umfang der möglichen Ausnahmen. Die Bestimmung verwendet die Formulierung „im wesentlichen" insgesamt dreimal, nämlich außer bezüglich der übertragenen Vermögensteile auch hinsichtlich der Tätigkeit der Anlagegesellschaft („im Wesentlichen auf die Verwaltung dieser Vermö-

---

[16] *Willemsen* in Kallmeyer Rn 7; *Vossius* in Widmann/Mayer Rn 34 f.; jetzt auch *Hörtnagl* in Schmitt/Hörtnagl/Stratz Rn 8 ff.

[17] St.Rspr. des BAG, siehe nur *BAG NZA* 1995, 906. Im Zusammenhang mit dem Begriff des Betriebsübergangs (§§ 613 a BGB) scheint sich aufgrund der dazu geänderten Rechtsprechung des EuGH wie des BAG ein etwas anderes Verständnis dessen abzuzeichnen, was als Betrieb übergeht; dazu *Preis/Steffan* DB 1998, 309 und *Moll* RdA 1999, 233; siehe auch § 324 Rn 6 ff.

[18] *Hörtnagl* in Schmitt/Hörtnagl/Stratz Rn 11; *Willemsen* in Kallmeyer Rn 7; *Vossius* in Widmann/Mayer Rn 35; ebenso jetzt *Hommelhoff/Schwab* in Lutter Rn 31, trotz der Bemerkung in Rn 22, dass es um eine Unternehmensspaltung gehe. Zur Unterscheidung zwischen Betrieb (organisatorische Einheit) und Unternehmen (Rechtsträger) ausf. *Joost*, Betrieb und Unternehmen als Grundbegriffe im Arbeitsrecht, 1988.

[19] IE auch *Willemsem* in Kallmeyer Rn 8; *Vossius* in Widmann/Mayer Rn 37.

[20] Zur Frage, ob die Rechtsfolge dann nur für die Arbeitnehmer dieser Betriebe oder für alle Arbeitnehmer der Betriebsgesellschaft gilt, siehe Rn 39.

[21] Im Ansatz ebenso *Hommelhoff/Schwab* in Lutter Rn 34; *Hörtnagl* in Schmitt/Hörtnagl/Stratz Rn 12.

[22] Ebenso *Hommelhoff/Schwab* in Lutter Rn 35 sowie *Hörtnagl* in Schmitt/Hörtnagl/Stratz Rn 13.

[23] So aber *Willemsen* in Kallmeyer Rn 7; *Vossius* in Widmann/Mayer Rn 32.

[24] Näher *Hörtnagl* in Schmitt/Hörtnagl/Stratz Rn 12.

gensteile beschränkt") und hinsichtlich der Gesellschafteridentität („im Wesentlichen dieselben Personen beteiligt"). Grundsätzlich bedeutet die Formulierung „im wesentlichen" an allen drei Stellen dasselbe, nämlich soviel wie „hauptsächlich, im großen Ganzen"[25], also **praktisch alles** oder „ohne wesentliche Ausnahmen". Es bedeutet insbesondere nicht „einen wesentlichen Teil"[26].

Der Maßstab für die Abgrenzung der wesentlichen Vermögensteile ist nicht ihre Unentbehrlichkeit, sondern ihr **Wert**[27]. Auch wenn der Normzweck an der Entziehung von Haftungsmasse anknüpft, ist der Wert im lebenden Unternehmen maßgebend, nicht der Zerschlagungswert[28], sofern nicht von vornherein mit der alsbaldigen Zerschlagung zu rechnen ist (negative Fortbestandsprognose). Der Wert der übertragenen Vermögensteile muss in Bezug gesetzt werden zu den bei dem übertragenden Rechtsträger verbleibenden, zur Führung des Betriebs notwendigen Vermögensteilen, nicht zu dem bei dem übertragenden Rechtsträger insgesamt verbleibenden Vermögen[29]. Die Übertragung umfasst „im wesentlichen" die notwendigen Vermögensteile, wenn diejenigen, die zurückbleiben, nur von unwesentlicher Bedeutung sind. Trotz unterschiedlicher Formulierung kann insoweit an die Rechtsprechung zu dem aufgehobenen § 419 BGB oder auch § 1365 BGB angeknüpft werden[30]. Wie im Zusammenhang mit diesen Vorschriften ist der Wert von Belastungen (bei Grundschulden oder Sicherungseigentum der langfristig valutierte Betrag) von dem Wert abzuziehen[31], wenn die zugrunde liegende Verbindlichkeit nicht von dem anderen Beteiligten (also dem, der den Vermögensgegenstand nicht erhält oder behält) zu tragen ist. Wenn auf dieser Grundlage der Wert der im übertragenden Rechtsträger verbleibenden Vermögensteile einen erheblichen Teil der gesamten notwendigen Vermögensteile (vor der Übertragung) ausmacht, sind die notwendigen Vermögensteile nicht „im wesentlichen" übertragen. Die Schwelle für die Erheblichkeit liegt bei 10%, maximal 15%[32]. *Hommelhoff/Schwab* halten Wertrelationen mangels hinreichender Ausrichtung auf das Ertragspotential für ungeeignet[33] und wollen demgegenüber darauf abstellen, ob der Betriebsgesellschaft so viel Vermögen verbleibt, dass ihr Überleben für zehn Jahre nach einer *ex post* Prognose gesichert erscheint[34]. Dieser Ansatz ist impraktikabel. Er ist mit dem Gesetzestext („im wesentlichen", also ohne wesentliche Ausnahme) nicht vereinbar[35].

---

[25] *Grimm*, Deutsches Wörterbuch Bd. 29 „wesentlich" 7(c) g (Sp. 599) mit illustrierenden Beispielen.

[26] So missverständlich *Hörtnagl* in Schmitt/Hörtnagl/Stratz Rn 15, der aber im Übrigen aus dieser unrichtigen Umformulierung keine Konsequenzen zieht.

[27] *Hörtnagl* in Schmitt/Hörtnagl/Stratz Rn 15; ähnlich *Willemsen* in Kallmeyer Rn 11; *Vossius* in Widmann/Mayer Rn 43 ff.; anders *Hommelhoff/Schwab* in Lutter Rn 38.

[28] Anders die Voraufl., die den Haftungserhalt zu stark betonte. Ist der Wert im lebenden Unternehmen maßgebend, wird damit das Ertragspotential hinreichend berücksichtigt.

[29] Ebenso *Hörtnagl* in Schmitt/Hörtnagl/Stratz Rn 16; *Willemsen* in Kallmeyer Rn 11; anders *Hommelhoff/Schwab* in Lutter Rn 38.

[30] Dafür im Grundsatz auch *Hörtnagl* in Schmitt/Hörtnagl/Stratz Rn 16; *Vossius* in Widmann/Mayer Rn 44; abw. *Willemsen* in Kallmeyer Rn 11 („großzügiger"; dazu aber noch Fn 32). Einigkeit besteht auch darin, dass es dabei anders als in jenen Vorschriften nicht auf die Kenntnis der objektiven Wertverhältnisse ankommt (insoweit zust. auch *Willemsen* in Kallmeyer Rn 11).

[31] BGHZ 77, 293, 296 (zu § 1365 BGB).

[32] Ebenso *Hörtnagl* in Schmitt/Hörtnagl/Stratz Rn 16: 85 bis 90% müssen übertragen sein. Wohl nur scheinbar großzügiger *Willemsen* in Kallmeyer Rn 11, nach dem bereits die Übertragung von zwei Dritteln genügen soll (im Grundsatz gegen ihn *Hörtnagl* in Schmitt/Hörtnagl/Stratz Rn 16). *Willemsen* Rn 7 bezieht aber das Umlaufvermögen mit ein. Da dieses nicht zur Nutzung überlassen werden kann (siehe Rn 12), wird nach dem Ansatz von *Willemsen* idR die Schwelle für die Wesentlichkeit noch höher liegen als bei 85% des Anlagevermögens. Für eine Schwelle von 75% (ohne Erörterung der Bezugsgröße) *K. Müller* DB 2001, 2637, 2639.

[33] Dazu oben Fn 28.

[34] *Hommelhoff/Schwab* in Lutter Rn 38.

[35] Im gleichen Sinne auch *Hörtnagl* in Hörtnagl/Schmitt/Stratz Rn 16.

15 d) „**Im wesentlichen auf die Verwaltung dieser Vermögensteile beschränkt.**" Die Spaltung muss in der Weise erfolgen, dass sich die Tätigkeit des übernehmenden Rechtsträgers „im wesentlichen auf die Verwaltung dieser Vermögensteile beschränkt". Hieraus folgt die bisher hM, dass der übernehmende Rechtsträger keine andere Tätigkeit ausüben dürfe als eben die Verwaltung der ihm von der Betriebsgesellschaft übertragenen Vermögensteile[36] oder die Verwaltung dieses und anderen Vermögens[37]. Eine erhebliche eigene operative Tätigkeit des übernehmenden Rechtsträgers soll die Anwendung der Vorschrift jedenfalls ausschließen[38]. Dieses Verständnis der Vorschrift wird dem Schutzzweck der Norm nicht gerecht. Für die besondere Gefährdung Arbeitnehmer der Betriebsgesellschaft ist es belanglos, ob die Anlagegesellschaft noch weiteres Vermögen verwaltet und auch, ob sie noch eigene operative Tätigkeiten ausübt.

16 Der Wortlaut der Vorschrift zwingt keineswegs zu dem **interessenwidrigen** Verständnis der hM. Der Satzteil „und die Tätigkeit dieses Rechtsträgers... sich im Wesentlichen auf die Verwaltung dieser Vermögensteile beschränkt" kennzeichnet den Spaltungsvorgang; er ist Teil des mit „dass" beginnenden Satzes, in dem die Art der Spaltung beschrieben wird. Er beschreibt daher nicht die Tätigkeit des übernehmenden Rechtsträgers allgemein, sondern die Aufgaben, die ihm in dem Spaltungsvertrag zugewiesen sind. Für die Anwendung der Vorschrift genügt es deshalb, wenn sich die Tätigkeit des übernehmenden Rechtsträgers für den betroffenen Betrieb (d. h. den Betrieb, um dessen notwendigen Vermögensteile es geht) im Wesentlichen auf die Verwaltung der ihr übertragenen Vermögensteile und deren Überlassung an die Betriebsgesellschaft beschränkt. Sonstige Tätigkeiten, gleich ob vermögensverwaltender oder operativer Art sind unerheblich, wenn sie nicht den Betrieb, um dessen Vermögen es geht, betreffen[39]. Zwar hat die Anwendung der Vorschrift auf solche Fälle die Folge, dass mehr Vermögen mithaftet als der Betriebsgesellschaft entzogen wurde[40]. Dies ändert jedoch nichts an der künstlichen Minderung der Haftungsmasse der Betriebsgesellschaft. Die beteiligten Rechtsträger können eine solche Mithaftung durch andere Gestaltungen vermeiden.

17 e) **Nutzungsüberlassung.** Der übernehmende Rechtsträger muss „dem übertragenden Rechtsträger diese Vermögensteile bei der Führung seines Betriebes zur Nutzung überlassen". Die Worte „bei der Führung seines Betriebes" stehen falsch[41]. Gemeint ist: Zur Nutzung bei der Führung seines Betriebs oder einfacher, zur Nutzung **in seinem Betrieb**. Gemeint ist damit der Betrieb, um dessen notwendigen Vermögensteile es geht. Dieser Betrieb braucht nicht notwendig mit dem vorher bestehenden Betrieb identisch zu sein, nämlich dann nicht, wenn anlässlich der Vermögensübertragung der Betrieb geteilt wurde[42]. Wird das überlassene Vermögen dagegen in einem anderen Betrieb als dem, um dessen notwendigen Teile es geht, verwendet, ist der Tatbestand nicht erfüllt[43].

18 Die Art der Nutzungsüberlassung ist **unerheblich**. Die Nutzung kann aufgrund eines Miet-, Pacht-, Leih- oder Lizenzvertrags oder auch aufgrund eines dinglichen Rechts, wie

---

[36] *Hörtnagl* in Hörtnagl/Schmitt/Stratz Rn 23; *Vossius* in Widmann/Mayer Rn 50 ff.
[37] *Willemsen* in Kallmeyer Rn 15.
[38] Die in Fn 36 und 37 Genannten.
[39] So jetzt auch *Hommelhoff/Schwab* in Lutter Rn 48 ff. mit zutreffender Ablehnung der Argumentation, die hier vertretene Auffassung führe zu einer unzumutbaren Konkurrenz für die sonstigen Gläubiger der Anlagegesellschaft.
[40] Das betont *Hörtnagl* in Schmitt/Hörtnagl/Stratz Rn 23.
[41] Ebenfalls kritisch zu dieser Formulierung *Hommelhoff/Schwab* in Lutter Rn 44, die die Lesart „zur Nutzung als Betriebsgesellschaft" vorschlagen.
[42] *Willemsen* in Kallmeyer Rn 14; *Vossius* in Widmann/Mayer Rn 56; *Hörtnagl* in Schmitt/Hörtnagl/Stratz Rn 24.
[43] *Hörtnagl* in Schmitt/Hörtnagl/Stratz Rn 24.

eines Nießbrauchs oder einer persönlichen Dienstbarkeit[44], oder auch nur tatsächlich[45] überlassen werden.

f) Mehrere Anlagegesellschaften. Ist das zur Führung des Betriebs notwendige Vermögen im Wesentlichen übertragen und auf mehrere Gesellschaften verteilt worden, so ist der Tatbestand ebenfalls erfüllt, aber nur dann, wenn alle diese übernehmenden Gesellschaften zusammen keine wesentlichen anderen Tätigkeiten für den Betrieb[46] ausüben als das Anlagevermögen zu verwalten und dem Betrieb zur Nutzung zu überlassen[47]. Ist das Anlagevermögen im Wesentlichen an eine Gesellschaft übertragen worden, deren Tätigkeit entsprechend beschränkt ist, während eine andere übernehmende Gesellschaft noch unwesentliche Teile des Anlagevermögens übernommen hat und in weiterem Umfang für den Betrieb tätig ist, ist der Tatbestand für die erstere[48], nicht für die letztere Gesellschaft erfüllt[49]. Ist das für den Betrieb notwendige Vermögen gleichmäßig an mehrere Gesellschaften übertragen worden, von denen nur eine die übrigen Tatbestandsmerkmale erfüllt, also bezüglich des Betriebs keine wesentlichen anderen Tätigkeiten ausübt und im Wesentlichen die gleichen Gesellschafter hat, so ist der Tatbestand insgesamt nicht erfüllt[50]. Dass ein und dasselbe Unternehmen Anlagegesellschaft für mehrere Betriebsgesellschaften sein kann, ergibt sich aus dem Gesagten[51].

3. Übertragung des Betriebs

Während Satz 1 die Trennung des Anlagevermögens von dem Betrieb dadurch behandelt, dass das Anlagevermögen übertragen wird, erstreckt Satz 2 die Rechtsfolgen der Vorschrift auf den umgekehrten Fall, dass der **Betrieb übertragen** wird[52]. Das bedeutet im Einzelnen:

a) Übertragungsgegenstand. Gegenstand der Übertragung (Abspaltung oder Ausgliederung) ist in diesem Fall der Betrieb. Es muss entweder ein bestehender Betrieb sein oder der Teil eines Betriebs, der für sich selbst den Anforderungen an einen **Betrieb** genügt. Dagegen genügt es nicht, wenn der durch die Spaltung übertragene Gegenstand erst bei dem übernehmenden Rechtsträger durch Verbindung mit dessen Ressourcen zu einem Betrieb wird[53].

---

[44] § 1090 Abs. 1 BGB; *BayObLG* NJW 1990, 208.
[45] *Hommelhoff/Schwab* in Lutter Rn 43; *Willemsen* in Kallmeyer Rn 12; *Hörtnagl* in Schmitt/Hörtnagl/Stratz Rn 24; *Vossius* in Widmann/Mayer Rn 58.
[46] Siehe Rn 15 f. Für die engere hM stellt sich dieses Problem bereits bei jeglicher anderweitigen, nicht auf die Betriebsgesellschaft bezogenen „wesentlichen Tätigkeit" eines der übernehmenden Rechtsträger.
[47] AM wohl nur scheinbar *Vossius* in Widmann/Mayer Rn 20, nach dem im Grundsatz nur diejenige Gesellschaft haftet, der das notwendige Vermögen allein im Wesentlichen übertragen ist, der aber einen zur Haftung führenden Missbrauch annimmt, wenn bei keinem der übernehmenden Rechtsträger diese Voraussetzung erfüllt ist. Das Gesetz regelt diesen Fall der Verteilung des für den Betrieb notwendigen Vermögens jedoch unmittelbar; *Hörtnagl* in Schmitt/Hörtnagl/Stratz Rn 42.
[48] Und zwar unmittelbar: Übertragung des wesentlichen Vermögens auf einen übernehmenden oder neuen Rechtsträger. Dass am Spaltungsvorgang selbst noch andere Übernehmer beteiligt sind, spielt für § 134 keine Rolle.
[49] Insoweit iE zutreffend *Hörtnagl* in Schmitt/Hörtnagl/Stratz Rn 42: keine automatische Mithaftung aller Übernehmer, wenn nur bei einem der Voraussetzungen des § 134 gegeben sind.
[50] AM *Hörtnagl* in Schmitt/Hörtnagl/Stratz Rn 42: diejenige Übernehmerin, bei der auch die übrigen Tatbestandsmerkmale erfüllt sind, haftet, die anderen nicht; unklar für diesen Fall *Vossius* in Widmann/Mayer Rn 20.
[51] Siehe Rn 15 f.
[52] Dabei handelt es sich zugleich um einen Betriebsübergang iSd. § 613 a BGB, *Hommelhoff* in Lutter Rn 14, diff. in Rn 34 f.
[53] Ebenso *Vossius* in Widmann/Mayer Rn 42, 56; *Willemsen* in Kallmeyer Rn 13; iE auch *Hörtnagl* in Schmitt/Hörtnagl/Stratz Rn 24, indem er die Fortführung des ursprünglichen Betriebs verlangt.

22 b) **Verbleibende Vermögensteile.** Die Spaltung muss die für die Führung dieses Betriebs **notwendigen Vermögensteile** im Wesentlichen von der Übertragung **ausschließen** und diese müssen dann dem übernehmenden Rechtsträger zur Nutzung in dem übertragenen Betrieb überlassen werden. Im Ergebnis muss dadurch eine Lage wie im Einzelnen bei der Übertragung der betriebsnotwendigen Vermögensteile beschrieben[54] entstehen, jedoch mit einem Unterschied: Bei der Gestaltung des Satzes 1 kann es nur eine Betriebsgesellschaft geben, die das Anlagevermögen eines oder mehrerer Betriebe auf eine oder mehrere Anlagegesellschaften überträgt. Im Fall des Satzes 2 ist es umgekehrt: Es kann nur eine Anlagegesellschaft geben, die aber einen oder mehrere Betriebe auf eine oder mehrere Betriebsgesellschaften übertragen kann. Ob die Voraussetzungen der Vorschrift erfüllt sind, ist dabei für jeden einzelnen übertragenen Betrieb gesondert zu beurteilen.

4. Entstandene Betriebsaufspaltung

23 Unabhängig davon, ob sich der Vorgang im Wege des Satzes 1 (Übertragung des Anlagevermögens) oder im Wege des Satzes 2 (Übertragung des Betriebs) abgespielt hat, muss demnach als Ergebnis eine Lage bestehen, in der (mindestens) ein Unternehmen (Anlagegesellschaft) **für mindestens einen Betrieb** einer anderen Gesellschaft (Betriebsgesellschaft) im Wesentlichen nichts anderes tut, als deren notwendigen Vermögensteile (Anlagevermögen) zu verwalten und der Betriebsgesellschaft zur Nutzung zu überlassen. Sonstige Vermögenswerte oder auch operative Tätigkeiten dieser Anlagegesellschaft schaden nicht[55]. Die Betriebsgesellschaft darf demgegenüber für den Betrieb, dessen notwendige Vermögensteile im Wesentlichen bei der anderen Gesellschaft (der Anlagegesellschaft) liegen, nicht selbst über erhebliches Anlagevermögen verfügen. Sonstiges Anlagevermögen für andere Betriebe der Betriebsgesellschaft stehen der Anwendung nicht entgegen[56].

5. Pensionsgesellschaften

24 In der Praxis werden nicht selten Pensionsverpflichtungen mit entsprechendem Deckungsvermögen auf eine gesonderte „Pensionsgesellschaft" ohne sonstigen Geschäftsbetrieb abgespalten[57]. Zum Teil wird eine analoge Anwendung des § 134 auf solche Gestaltungen vertreten[58]. Dem ist nicht zu folgen. Weder die Pensionsgesellschaft noch die operative Gesellschaft entspricht hier dem gesetzlichen Bild der Anlage- oder der Betriebsgesellschaft[59]. Eine isolierte Abspaltung von Pensionsverpflichtungen könnte nicht diejenigen gegenüber den aktiven, sondern nur gegenüber ausgeschiedenen Arbeitnehmern zum Gegenstand haben[60]. Die isolierte Ausgliederung von Versorgungspflichten gegenüber Rentnern kann die Lage der durch § 134 geschützten aktiven Arbeitnehmer nicht gefährden[61]. Der Schutz des § 134

---

[54] Siehe Rn 11 bis 19.
[55] Siehe Rn 15 f.
[56] Ebenso *Däubler* RdA 1995, 136, 144.
[57] Zu den Gründen siehe *Sieger/Aleth* DB 2002, 1487 ff.; *Förster* BetrAV 2001, 133.
[58] *Hommelhoff/Schwab* in Lutter Rn 53.
[59] *Sieger/Aleth* DB 2002, 1487, 1492.
[60] Leistungen der betrieblichen Altersversorgung sind Entgelt für erbrachte Arbeitsleistung und damit Teil des arbeitsvertraglichen Synallagmas (*Steinmeyer* in Erfurter Kommentar zum Arbeitsrecht, 5. Aufl. 2005, Vorb. zum BetrAVG, Rn 10). Die Verpflichtung kann daher nicht von dem aktiven Arbeitsverhältnis getrennt werden.
[61] AM *LG Hamburg* ZIP 2005, 2331, das die Eintragung einer solchen Ausgliederung nach vorangegangener Übertragung des Unternehmensteils mit aktiven Arbeitsverhältnissen durch Einzelrechtsnachfolge mit der Begründung ablehnt, die Ausgliederung sei nicht gegen Gewährung von Gesellschaftsrechten erfolgt und durch die stufenweise Ausgründung durch Einzelrechtsnachfolge mit nachgeschalteter Ausgliederung würden die Haftungsfolgen gem. §§ 133, 134 gegenüber den aktiven Arbeitnehmern verkürzt.

wäre auch unzureichend. Richtigerweise erfolgt der Schutz im Falle unzureichender Kapitalausstattung der Pensionsgesellschaft durch die Vorschriften über die Kapitalaufbringung und Kapitalerhaltung bei der Pensionsgesellschaft und ggf. der Komplementärin einer Pensions GmbH & Co. KG sowie durch den Anspruch auf Sicherheitsleistung gem. § 22[62].

6. Gesellschafteridentität

Voraussetzung ist weiter, dass an der Betriebsgesellschaft und an der Anlagegesellschaft „im wesentlichen **dieselben Personen** beteiligt" sind. Erforderlich und ausreichend ist dafür, dass ohne wesentliche Ausnahmen dieselben Personen beteiligt sind, und dass deren Beteiligung auch „im wesentlichen" gleich ist. Im Einzelnen geht es dabei um folgendes[63]: 25

a) **Beteiligungsquoten.** Maßgebend sind die Beteiligungen nach Beteiligungsanteilen, nicht nach Köpfen[64]. Deshalb kann es an der Gleichheit der Beteiligungen auch dann fehlen, wenn nach Köpfen gezählt eine 100%-ige Beteiligungsidentität besteht, die Beteiligungsquoten aber stark divergieren[65]. Ob bei den Beteiligungsquoten auf die Kapital-/Gewinnbeteiligung oder auf die Stimmrechte abzustellen ist, ist zweifelhaft. Überwiegend wird auf die Stimmen abgestellt[66]. Diese Auffassung entspricht nicht dem gesetzgeberischen Motiv. Der erhöhte Schutz zu Lasten der Anlagegesellschaft beruht auf dem Entzug der Haftungsmasse bei wirtschaftlicher Identität der Unternehmensträger[67]. Die Vorschrift reagiert daher auf die Trennung der Geschäftschancen von den Haftungsrisiken[68]. Danach sind **Kapital- und Gewinnanteile** maßgebend. 26

b) **Beteiligungsidentität im Wesentlichen.** Erforderlich und ausreichend ist, dass „im wesentlichen dieselben Personen beteiligt" sind. Beteiligungsgleichheit im Wesentlichen liegt nur vor, wenn sie auch in den Beteiligungsquoten besteht. Erforderlich ist Kongruenz der Beteiligungsquoten im Wesentlichen. Vollständige Kongruenz ist nicht erforderlich[69]. Wie viel an der vollständigen Übereinstimmung fehlen darf, ist unklar. Nach der hM genügt die Identität der Mehrheit[70]. Dieser Auffassung ist nicht zu folgen. **Identität im Wesentlichen** bedeutet eine deutlich höhere Übereinstimmung als nur Übereinstimmung in der Mehrheit. Letztere ist zB das maßgebende Kriterium für § 4 MitbestG im Fall der GmbH & Co. KG, wo ausdrücklich darauf abgestellt ist, dass die nach Anteilen oder Stimmen berechnete Mehrheit denselben Personen gehört. Die Trennung der Chancen aus dem Betrieb von dem Risiko der Haftung mit dem zugrunde liegenden Vermögen erfordert nur dann eine korrigierende Reaktion des Gesetzgebers, wenn sie künstlich ist und 27

---

[62] Soweit dieser nicht an der Einstandspflicht des PSV scheitert, dazu § 22 Rn 59, 72.
[63] Zum Folgenden ausführlich *Maier-Reimer*, Liber Amicorum für Wilhelm Happ, S. 151 ff.
[64] *Willemsen* in Kallmeyer Rn 16; *Vossius* in Widmann/Mayer Rn 62; *Hommelhoff/Schwab* in Lutter Rn 56.
[65] Beispiele bei *Hörtnagl* in Schmitt/Hörtnagl/Stratz Rn 27 ff.
[66] *Willemsen* in Kallmeyer Rn 16; *Hörtnagl* in Schmitt/Hörtnagl/Stratz Rn 26 ff.; *Vossius* in Widmann/Mayer Rn 60 f. mit dem Abstellen auf „Beherrschungsidentität" (mit Blick auf das Steuerrecht, vgl. demgegenüber Rn 1); ebenso *Hommelhoff/Schwab* in Lutter Rn 56 ff.; dagegen ausführlich *Maier-Reimer*, Liber Amicorum für Wilhelm Happ, S. 154 ff., 158 ff.
[67] Diese Lage entsteht – jedenfalls zunächst – zwangsläufig bei der verhältniswahrenden Spaltung zur Neugründung.
[68] AM *Hommelhoff/Schwab* in Lutter Rn 58: Trennung von Leitungsmacht und Haftungsrisiken. Wenn aber Beherrschungsidentität in beiden Gesellschaften besteht, tritt eine solche Trennung gar nicht ein, es sei denn, in der einzelnen Gesellschaft liege die Stimmenmehrheit bei einer Kapitalminderheit – das ist nicht das Thema des § 134.
[69] Ebenso *Hörtnagl* in Schmitt/Hörtnagl/Stratz Rn 35.
[70] So *Hommelhoff/Schwab* in Lutter Rn 43 nach dem Stimmenverhältnis der Gesellschafter; *Hörtnagl* in Schmitt/Hörtnagl/Stratz Rn 26 ff. mit dem Kriterium der Beherrschungsidentität; ebenso *Willemsen* in Kallmeyer Rn 16; *Vossius* in Widmann/Mayer Rn 61.

den wirtschaftlichen Gegebenheiten widerspricht. Dies erfordert ein wesentlich höheres Maß der Übereinstimmung der Beteiligungen.

28 Die quantitative Grenze liegt wie bei der Übertragung der notwendigen Vermögensteile „im wesentlichen" bei 85%. Gründe, hier eine andere quantitative Grenze anzunehmen, sind nicht ersichtlich. Voraussetzung ist also, dass mindestens 85% der Beteiligungen von denselben Personen kongruent gehalten werden. Die Voraufl. hatte Abweichungen von der vollständigen Kongruenz auf zwei Stufen jeweils bis zu 15% für unschädlich gehalten und hinreichende Beteiligungskongruenz noch angenommen, wenn die selben Personen zusammen mit jeweils 85% beteiligt sind und die von diesen insgesamt gehaltenen Beteiligungen zu mindestens 85% kongruent gehalten werden. An dieser Auffassung wird nicht festgehalten. Maßgebend ist nur, bis zu welchem Grad von der vollständigen Beteiligungskongruenz abgewichen werden kann. Ist diese Grenze überschritten, so ist es unerheblich, ob die nicht kongruenten Beteiligungsanteile von denselben Personen oder von anderen gehalten werden.

29 **c) Beispiele.** An beiden Gesellschaften seien A und B wie folgt beteiligt:

		Anlagegesellschaft	Betriebsgesellschaft
1	A	55% (45+10)	45%
	B	45%	55% (45+10)
2	A	50% (40+10)	40%
	B	40%	50% (40+10)
	Streubesitz	10%	10%
3	A	65%	70% (65+5)
	B	25% (20+5)	20%
	Streubesitz	10%	10%

Die Summe der nicht kongruent gehaltenen Beteiligungsanteile beträgt 10% in Beispiel 1, 20% in Beispiel 2 und 15% in Beispiel 3. In den Beispielen 1 und 3 werden deshalb die Anteile im Wesentlichen (zu 90 bzw. 85%) von denselben Personen kongruent gehalten, in Beispiel 2 nicht, nämlich nur zu 80%. Nach der in der Voraufl. vertretenen Auffassung läge auch in Beispiel 2 Gesellschafteridentität im Wesentlichen vor, weil A und B an beiden Gesellschaften zusammen mit 90% beteiligt sind und bei diesen Beteiligungen zu 89% (80 von 90) Kongruenz besteht.

30 Käme es auf die **Leitungsmacht** an, so müsste in den Fällen 1 und 2 die Personenidentität verneint werden, weil im ersten Fall die Stimmenmehrheit bei verschiedenen Personen liegt und im zweiten Fall die Leitungsmacht nur mit der Hypothese eines abgestimmten Abstimmungsverhaltens begründet werden kann[71]. Im Falle 3 wäre sie allein durch die Beteiligung von A begründet.

31 **d) Treuhandabsprachen.** Hält ein Gesellschafter Beteiligungen treuhänderisch für einen anderen, ist dies korrigierend zu berücksichtigen[72]. Dasselbe gilt für sonstige Absprachen, durch die Chancen und Risiken zwischen den Gesellschaftern **abweichend** von ihren nomi-

---

[71] *Hommelhoff/Schwab* in Lutter Rn 61 gehen in solchen Fällen von einer tatsächlichen Vermutung für abgestimmte Unternehmensleitung aus und kommen nur damit ggf. zur Annahme der Personenidentität.
[72] IE auch *Hommelhoff/Schwab* in Lutter Rn 42; *Willemsen* in Kallmeyer Rn 16; *Hörtnagl* in Schmitt/Hörtnagl/Stratz Rn 39.

nalen Beteiligungsquoten verteilt werden. Reine Stimmrechtsvereinbarungen spielen demgegenüber keine Rolle[73], da es auf die Stimmrechte nicht ankommt[74].

e) Mittelbare Beteiligungen. Es **genügt**, wenn die Beteiligungskongruenz im Wesentlichen auch mittelbar besteht[75]. Nur unter dieser Voraussetzung kann eine durch Ausgliederung bewirkte Betriebsaufspaltung den Tatbestand verwirklichen. 32

7. Maßgebender Zeitpunkt

Die Voraussetzungen müssen **unmittelbar** nach der Spaltung gegeben sein. Spätere Änderungen sind unerheblich. Das gilt für alle Tatbestandselemente. Der Tatbestand entfällt also nicht nachträglich, wenn die Betriebsgesellschaft wesentliches Anlagevermögen selbst erwirbt oder die Beteiligungskongruenz durch Anteilsübertragungen aufgehoben wird[76]. 33

8. Spaltung

Die in Rn 23 beschriebene Lage der Betriebsaufspaltung muss durch einen Spaltungsvorgang entstanden sein. Unproblematisch ist der Tatbestand erfüllt, wenn die Lage durch Abspaltung entstanden ist. Durch eine Ausgliederung kann der Tatbestand ebenfalls erfüllt werden[77], da mittelbare Beteiligungsidentität genügt[78]. Dagegen kann der Wortlaut der Vorschrift durch eine **Aufspaltung** nicht erfüllt werden, da er das Fortbestehen des übertragenden Rechtsträgers und das Verbleiben des Betriebs (Satz 1) oder des Anlagevermögens (Satz 2) bei diesem voraussetzt. Auf die Aufspaltung ist die Vorschrift jedoch analog anzuwenden, wenn ein Betrieb einem übernehmenden Rechtsträger zugewiesen wird und die für den Betrieb notwendigen Vermögensteile im Wesentlichen einem anderen[79]. Das Analogieverbot des § 1 Abs. 3 steht dieser Analogie nicht entgegen. 34

III. Rechtsfolge

Die Rechtsfolge der Vorschrift besteht darin, dass die **Nachhaftung** der Anlagegesellschaft als eines der Spaltung als Mithafter beteiligten Rechtsträgers gegenüber der Vorschrift des § 133 für zwei Gruppen von Ansprüchen erweitert wird, nämlich für Ansprüche aus dem Betriebsverfassungsgesetz und für Versorgungsansprüche. 35

1. Betriebsverfassungsrechtliche Ansprüche

a) Begründung. Die Bestimmung setzt voraus, dass Ansprüche aus den §§ 111 bis 113 BetrVG binnen fünf Jahren nach dem Wirksamwerden der Spaltung begründet werden. Vor 36

---

[73] AA *Hörtnagl* in Schmitt/Hörtnagl/Stratz Rn 39; wohl auch *Hommelhoff/Schwab* in Lutter Rn 42.
[74] Siehe Rn 26.
[75] Unstr., *Hommelhoff/Schwab* in Lutter Rn 49; *Hörtnagl* in Schmitt/Hörtnagl/Stratz Rn 20; *Willemsen* in Kallmeyer Rn 5; *Vossius* in Widmann/Mayer Rn 6 f.
[76] Ebenso zum maßgebenden Zeitpunkt für die Gesellschafteridentität *Vossius* in Widmann/Mayer Rn 68 ff.; *Hörtnagl* in Schmitt/Hörtnagl/Stratz Rn 41.
[77] *Hörtnagl* in Schmitt/Hörtnagl/Stratz Rn 20; *Willemsen* in Kallmeyer Rn 5; *Vossius* in Widmann/Mayer Rn 6 f.; iE auch *Hommelhoff/Schwab* in Lutter Rn 10, 64 ff., 67 ff., jedoch nur für entsprechende Anwendung. Freilich hat die Ausgliederung bei § 134 Abs. 1 Satz 1 keine praktische Bedeutung, da sie die Trennung der Haftungsmassen nicht erreicht, *Hommelhoff/Schwab* in Lutter Rn 70; ebenso *Willemsen* in Kallmeyer Rn 5.
[78] Siehe Rn 32.
[79] So auch *Hommelhoff/Schwab* in Lutter Rn 65 f.; *Willemsen* in Kallmeyer Rn 4; aA *Vossius* in Widmann/Mayer Rn 5; sowie *Hörtnagl* in Schmitt/Hörtnagl/Stratz Rn 18, der eine planwidrige Lücke bestreitet, da sich der Gesetzgeber bewusst an den praxisrelevanten Formen der Betriebsspaltung orientiert habe, wozu die Aufspaltung wegen ihrer steuerlichen Nachteile nicht gehöre.

Ablauf der Frist muss danach entweder eine Sozialplanpflicht (durch Vereinbarung eines Sozialplans oder durch Vornahme einer **sozialplanpflichtigen Betriebsänderung**) begründet oder eine zum Nachteilsausgleich verpflichtende Betriebsänderung begonnen worden sein[80]. Erst damit, und nicht etwa bereits mit dem Arbeitsverhältnis, ist ein Sozialplan- oder ein Nachteilsausgleichsanspruch begründet. Das Arbeitsverhältnis grenzt nur den Kreis der berechtigten Arbeitnehmer ab[81].

37 **b) Geschützte Arbeitnehmer.** Die Haftung der Anlagegesellschaft besteht gegenüber den Arbeitnehmern der Betriebsgesellschaft. Nach dem Wortlaut scheinen auch Arbeitnehmer geschützt, deren Arbeitsverhältnis erst nach dem Wirksamwerden der Spaltung begann. Dies halten *Hommelhoff/Schwab* für geplant und sachgerecht[82]. Dem ist jedoch mit der hM[83] zu widersprechen. Die Regierungsbegründung zu § 134 stellt darauf ab, dass die „bei der Betriebsgesellschaft beschäftigten" Arbeitnehmer erheblichen Nachteilen ausgesetzt seien und nicht die Möglichkeiten von anderen Gläubigern hätten; sie bedürften deshalb eines **besonderen Schutzes**[84]. Das trifft nur Personen, die im Zeitpunkt der Spaltung schon Arbeitnehmer sind und denen die Aufgabe ihres Arbeitsplatzes als Reaktion auf die Spaltung nicht zuzumuten ist. Es gibt keinen sinnvollen Grund, weshalb nach der Spaltung eintretende Arbeitnehmer aufgrund dieser dann der Vergangenheit ihres neuen Arbeitgebers angehörenden Vorgänge einen zusätzlichen Haftungsschuldner genießen sollten.

38 Die (amtliche) Überschrift „Schutz der Gläubiger" in besonderen Fällen unterstellt einen Teil des auch durch § 133 geschützten Personenkreises. Auch die Rechtsfolge und die Stellung des Wortes „auch" legen nahe, dass nicht der Kreis der geschützten Personen, sondern derjenige der geschützten Ansprüche erweitert wird. Der Wortlaut lässt demnach ohne weiteres die allein sinnvolle Auslegung zu, dass er nur für die bereits durch § 133 geschützten Arbeitnehmer gilt. Mit Rücksicht auf ihren Zweck und ihren systematischen Zusammenhang mit § 133 ist die Vorschrift deshalb dahin **auszulegen**, dass sie nur für Arbeitnehmer gilt, deren Arbeitsverhältnis im Zeitpunkt der Spaltung bereits bestand. Für die genaue zeitliche Abgrenzung ist auch § 15 HGB zu berücksichtigen[85].

39 Hat die Betriebsgesellschaft noch andere Betriebe, bei denen die Voraussetzungen der Vorschrift nicht erfüllt sind[86], so sind deren Arbeitnehmer nicht geschützt.

40 **c) Haftung.** Die Anlagegesellschaft haftet als Gesamtschuldner für die Erfüllung der betroffenen Ansprüche. Die Haftungslage entspricht insoweit der Haftung des Mithafters gem. § 133[87]. Die Haftung der Anlagegesellschaft ist weder gegenständlich noch dem Betrag nach auf das ihr übertragene oder belassene Anlagevermögen beschränkt.

41 **d) Bemessungsdurchgriff.** Das finanzielle Gesamtvolumen der Leistungen, die an die von einer Betriebsänderung betroffenen Arbeitnehmer zum Ausgleich wirtschaftlicher Nachteile ausgezahlt werden, richtet sich in der Praxis auch nach der wirtschaftlichen Lage des Unternehmens. Für die Einigungsstelle ist dies als ermessensbegrenzende Richtlinie in § 112 Abs. 5 Satz 1 BetrVG gesetzlich geregelt.[88] Der Schutz der Arbeitnehmer der Betriebsgesellschaft wäre nur unvollkommen erreicht, wenn die Ansprüche, für welche die

---

[80] Siehe auch *Willemsen* in Kallmeyer Rn 17; *Hörtnagl* in Schmitt/Hörtnagl/Stratz Rn 44.
[81] *BAG* DB 1992, 2300; *BAG* BB 1994, 2350.
[82] *Hommelhoff/Schwab* in Lutter Rn 54.
[83] *Hörtnagl* in Schmitt/Hörtnagl/Stratz Rn 4; *Willemsen* in Kallmeyer Rn 17; *Vossius* in Widmann/Mayer Rn 89.
[84] RegBegr. *Ganske* S. 168.
[85] Im Einzelnen siehe zu § 15 HGB und seinen Auswirkungen zur Abgrenzung der berechtigten Gläubiger § 22 Rn 12 f.
[86] Zu dieser Möglichkeit siehe Rn 11.
[87] Siehe § 133 Rn 27.
[88] Siehe dazu auch *BAG* DB 1995, 430.

Schutz der Gläubiger in besonderen Fällen   42–44 § 134

Anlagegesellschaft haftet, allein auf der Grundlage der Leistungsfähigkeit der Betriebsgesellschaft bemessen würden. Sachgerecht ist daher wie in vergleichbaren Konzernfällen[89] bei der Bemessung der Ansprüche die Haftung der Anlagegesellschaft und damit deren wirtschaftliche **Leistungsfähigkeit** zu berücksichtigen[90]. In der Insolvenz der Betriebsgesellschaft gilt die insolvenzrechtliche Kappung von Sozialplanansprüchen[91] nicht im Verhältnis zwischen Arbeitnehmern und der haftenden Anlagegesellschaft[92]. Es widerspräche dem Sinn der Vorschrift, eine insolvenzrechtlich begründete Beschneidung von Sozialplanansprüchen auch der haftenden Anlagegesellschaft zugute kommen zu lassen.

2. Versorgungsansprüche

a) **Obsolete Vorschrift.** In der bis 25.4.2007 geltenden Fassung des Umwandlungsgesetzes hatte der Abs. 2 die Funktion, die Haftung der Anlagegesellschaft für Versorgungsverpflichtungen der Betriebsgesellschaft gegenüber der allgemeinen Enthaftungsfrist von fünf Jahren auf zehn Jahre zu verlängern. Da nunmehr die zehnjährige Enthaftungsfrist für Versorgungsverpflichtungen bei allen Spaltungsfällen gilt, hat die Vorschrift keine Funktion mehr. Sie behält ihre Bedeutung lediglich für Altfälle[92a]. 42

b) **Persönlicher Anwendungsbereich.** Die gesamtschuldnerische Haftung gem. Abs. 1 gilt auch für Versorgungsverpflichtungen „aufgrund" des Betriebsrentengesetzes, die vor dem Wirksamwerden der Spaltung begründet wurden[93]. Die Verweisung auf Abs. 1 umfasst auch den durch Abs. 1 geschützten Personenkreis. Die Haftung gilt daher nur für Verpflichtungen gegenüber **Arbeitnehmern der Betriebsgesellschaft**[94]. Organvertreter juristischer Personen gehören demnach nicht zum geschützten Personenkreis[95]. 42a

Der Begriff Arbeitnehmer ist in diesem Zusammenhang im Allgemeinen arbeitsrechtlichen Sinne zu verstehen[96]. Anders als iRd. Abs. 1[97] werden von Abs. 2 daher auch die **leitenden Angestellten** iSd. § 5 Abs. 3 BetrVG erfasst. 43

Die Bestimmung gilt nur zum Schutz der Arbeitnehmer der Betriebsgesellschaft. Das Arbeitsverhältnis muss also **im maßgebenden Zeitpunkt** bestanden haben. Arbeitnehmer, deren Arbeitsverhältnis vor dem maßgebenden Zeitpunkt endete, sind nicht erfasst[98]. Im Fall 44

---

[89] *Däubler* in Däubler/Kittner/Klebe, BetrVG, 9. Aufl. 2004, §§ 112, 112 a BetrVG Rn 116 f.; *Richardi* BetrVG, 10. Aufl. 2006, § 112 Rn 145 f.; *Fitting* in Fitting §§ 112, 112 a Rn 217 f.; für die Betriebsrentenanpassung gem. § 16 BetrAVG: *BAG* DB 1995, 528.

[90] *Hommelhoff/Schwab* in Lutter Rn 83; *Boecken* Unternehmensumwandlung und Arbeitsrecht, 1996, Rn 250; aA *Willemsen* in Kallmeyer Rn 19 sowie *Hörtnagl* in Schmitt/Hörtnagl/Stratz Rn 46 mit Rücksicht auf einen Regressanspruch der Anlagegesellschaft; siehe dazu jedoch Rn 51.

[91] §§ 123, 124 InsO.

[92] AM *Willemsen* in Kallmeyer Rn 19.

[92a] Zum Übergangsrecht bezüglich des § 133 Abs. 3 Satz 2 siehe § 133 Rn 106a.

[93] § 134 Abs. 2.

[94] Dies war eindeutig im RegE, nach dem die Anlagegesellschaft für „Forderungen der Arbeitnehmer der Betriebsgesellschaft ... aufgrund der §§ 111 bis 113 BetrVG oder aufgrund (des Betriebsrentengesetzes)" haften sollte. Die Herauslösung der Bestimmung über die Betriebsrenten und deren getrennte Regelung in Abs. 2 sollte lediglich der redaktionellen Klarstellung dienen, RegE § 134 und Bericht des Rechtsausschusses, *Ganske* S. 167 f.; ebenso *Hommelhoff/Schwab* in Lutter Rn 71. Anders *Hörtnagl* in Schmitt/Hörtnagl/Stratz Rn 5 f., der nach dem persönlichen Anwendungsbereich der §§ 111 f. BetrVG und des BetrAVG differenziert.

[95] AM *Willemsen* in Kallmeyer Rn 20; der Abs. 2 als selbstständige Regelung ohne Rückgriff auf den durch Abs. 1 geschützten Personenkreis versteht, sowie *Hörtnagl* in Schmitt/Hörtnagl/Stratz Rn 6.

[96] Dazu etwa zuletzt *BAG* vom 11. 10. 2000, 5 AZR 289/99, n.v., mwN.

[97] Da Abs. 1 Ansprüche aus §§ 111 bis 113 BetrVG betrifft, kann er nur für Personen Bedeutung erlangen, die Ansprüche aus diesen Bestimmungen haben können; leitende Angestellte gehören dazu nicht, § 5 Abs. 3 BetrVG.

[98] *Vossius* in Widmann/Mayer Rn 92: zum Zeitpunkt der Spaltung muss das Arbeitsverhältnis bestehen; anders *Hörtnagl* in Schmitt/Hörtnagl/Stratz Rn 5.

des Abs. 1 Satz 2 waren sie niemals Arbeitnehmer der Betriebsgesellschaft und sind deshalb nicht geschützt. Im umgekehrten Fall des Abs. 1 Satz 1 kann nichts anderes gelten.

45 **c) Ansprüche aufgrund des Betriebsrentengesetzes.** Die Haftung gilt nach Abs. 2 für Ansprüche „aufgrund" des Betriebsrentengesetzes. Diese Formulierung ist ungenau. Wörtlich genommen würde sie nur Ansprüche erfassen, die durch das Betriebsrentengesetz begründet werden, also entgegen abweichenden vertraglichen Regelungen nach dem Betriebsrentengesetz unverfallbar wurden[99]. Dies ist aber nicht gemeint. Gemeint sind Ansprüche auf betriebliche Altersversorgung, die der Regelung des Betriebsrentengesetzes **unterliegen.**

46 **d) Begründete Versorgungsansprüche.** Versorgungsansprüche sind begründet, wenn im maßgebenden Zeitpunkt[100] die Versorgungszusage **erteilt** war. Darauf, ob eine unbedingte Rentenberechtigung oder eine unverfallbare Anwartschaft bereits entstanden war, kommt es nicht an[101].

47 **e) Umfang der Haftung.** Die Haftung umfasst die Versorgungsansprüche, die bis zum Ende der Enthaftungsfrist[102] fällig und festgestellt oder anerkannt werden[103]. Sie gilt für die Ansprüche in der Höhe, wie sie sich innerhalb dieses Zeitraums auf der Grundlage der im maßgebenden Zeitpunkt bestehenden vertraglichen Lage ergeben. Sie erhöhen sich also wegen **zusätzlicher** seitdem abgeleisteter **Dienstjahre**, soweit diese für die Berechnung der Versorgungsansprüche maßgebend sind[104]. Erhöhungen aufgrund freiwillig vereinbarter Lohn- oder Gehaltserhöhungen bleiben außer Betracht[105].

3. Zeitliche Grenze und Enthaftung

48 Hinsichtlich der zeitlichen Grenzen der Haftung aus § 134 verweist die Vorschrift auf § 133 Abs. 3 Satz 1, 4 und 5. Verlagert ist jedoch der **Fristbeginn.** Während § 133 Abs. 3 iVm. Abs. 4 eine fünfjährige Frist ab Bekanntmachung der Spaltung vorsieht, beginnt die Fünfjahresfrist für die Haftungen nach § 134 erst fünf Jahre später. Im Ergebnis besteht also für die Haftung gem. § 134 eine zehnjährige Frist, die gleichzeitig mit der gem. § 133 Abs. 4 Satz 1 laufenden Frist beginnt: Mit dem Tag, an dem die Eintragung der Spaltung im Register des übertragenden Rechtsträgers durch das letzte dafür vorgeschriebene Blatt bekannt gemacht wird.

49 Unter Berücksichtigung dieser Fristverlängerung hat § 134 insbesondere folgende Bedeutung:
– Für Ansprüche aufgrund des BetrVG: Verschiebung des Tags, zu dem die Ansprüche begründet sein müssen, bis zum Ablauf von fünf Jahren nach dem Wirksamwerden der Spaltung. Verlängerung der Haftungsfrist von fünf auf zehn Jahre.
– Für Versorgungsansprüche bewirkte die Vorschrift nach der alten Fassung des Gesetzes eine Verlängerung der Haftungsfrist von fünf auf zehn Jahren unter Berücksichtigung der in dieser Zeit ggf. noch eintretenden Erhöhung der Versorgungsansprüche. Nach der allgemeinen Verlängerung der Enthaftungsfrist für Versorgungsverpflichtungen auf zehn Jahre ist diese Wirkung der Vorschrift weggefallen. Durch Verweisung auf die fünfjährige Enthaf-

---

[99] § 6 BetrAVG.
[100] § 133 Rn 11; § 22 Rn 12 f.
[101] § 133 Rn 24.
[102] Siehe Rn 49 für Versorgungsansprüche.
[103] Wegen der Einzelheiten zur Enthaftung § 133 Rn 77 ff.
[104] Ebenso *Hörtnagl* in Schmitt/Hörtnagl/Stratz Rn 49.
[105] Im Einzelnen § 133 Rn 25; aM *Hommelhoff/Schwab* in Lutter Rn 91, die ohne Differenzierung nach dem Grund der Erhöhung die Haftung für alle bis zum Ende der Enthaftungsfrist erdienten Anwartschaften – d.h. wegen des Erfordernisses der Fälligkeit gem. § 133 Abs. 3 wohl: aller innerhalb der Frist fällig werdenden Versorgungsansprüche – annehmen.

tungsfrist[105a] ist klargestellt, dass die Verschiebung des Fristbeginns um fünf Jahre nicht zu einer Verlängerung der Enthaftungsfrist auf insgesamt 15 Jahre führt. Die zehnjährige Enthaftungsfrist der Anlagegesellschaft für Versorgungsverpflichtungen der Besitzgesellschaft ist jetzt doppelt geregelt. Sie folgt einmal unmittelbar aus der speziellen Enthaftungsfrist für Versorgungsansprüche[105b] und außerdem aus der allgemein fünfjährigen Enthaftungsfrist in Verbindung mit der Bestimmung, dass die Frist erst fünf Jahre nach dem sonst maßgebenden Datum zu laufen beginnt[105c].

Zur Enthaftung nach Ablauf der Frist und insbesondere den Erfordernissen der Fälligkeit und der Feststellung oder des Anerkenntnisses vor Fristablauf gilt nichts anderes als für § 133. Auf die dortigen Erläuterungen wird verwiesen.

4. Verhältnis zu anderen Nachhaftungsvorschriften

Die Vorschrift stellt einen **selbstständigen Haftungsgrund** gegenüber demjenigen aus § 133 dar. Anders als dieser verweist § 134 nicht auf die §§ 25, 26 und 28 HGB. Während letztere gegenüber der Enthaftungsregelung des § 133 für das Außenverhältnis vorrangig sind[106], gilt ein solcher Vorrang nicht für die Haftung aus § 134. Übernimmt in der Fallgestaltung des Abs. 1 Satz 2 also die Betriebsgesellschaft den Kern des Geschäfts und führt die Firma fort, ist zwar der Tatbestand des § 25 HGB und damit auch derjenige des § 26 HGB erfüllt. Diesem gegenüber geht aber § 134 als speziellere Vorschrift vor[107].

50

5. Innenausgleich

Für den Innenausgleich zwischen Betriebsgesellschaft und Anlagegesellschaft gilt dasselbe wie für den Innenausgleich zwischen Hauptschuldner und Mithafter[108]. Soweit die Anlagegesellschaft für Sozialplanverpflichtungen haftet, die erst nach der Spaltung begründet werden[109], sind diese nicht Gegenstand der Zuweisung im Spaltungsplan/-vertrag. Mindestens soweit der Betrag solcher Verbindlichkeiten auf den Verhältnissen oder der Haftung der Anlagegesellschaft beruhen[110], sind sie durch diese verursacht und im Innenverhältnis allein von ihr zu tragen. Nur dadurch kann einerseits dem Sinn der Vorschrift entsprochen und andererseits vermieden werden, dass sich die Vorschrift im Ergebnis zum Nachteil anderer Gläubiger der Betriebsgesellschaft, namentlich in deren Insolvenz, auswirkt.

51

Dritter Abschnitt. Spaltung zur Neugründung

§ 135 Anzuwendende Vorschriften

(1) **Auf die Spaltung eines Rechtsträgers zur Neugründung sind die Vorschriften des Zweiten Abschnitts entsprechend anzuwenden, jedoch mit Ausnahme der §§ 129 und**

[105a] § 133 Abs. 3 Satz 1.
[105b] § 133 Abs. 3 Satz 2.
[105c] § 133 Abs. 3 Satz 1 iVm. § 134 Abs. 3.
[106] Siehe § 133 Rn 112 ff.
[107] So iE auch *Canaris* HandelsR § 7 Rn 59, indem er die Enthaftungsfrist des § 26 HGB analog § 134 Abs. 2, 3 erweitert; außerdem *Lieb* in MünchKomm. § 26 HGB Rn 18 und *Roth* in Koller/Roth/Morck, Handelsgesetzbuch, Kommentar, 5. Aufl. 2005, § 26 HGB Rn 9, die zur Nichtanwendung des § 26 HGB auf Fälle der Betriebsaufspaltung im Wege einer teleologischen Reduktion gelangen.
[108] Siehe § 133 Rn 66 ff.
[109] Siehe Rn 36.
[110] Siehe Rn 41.

§ 135 1

130 Abs. 2 sowie der nach § 125 entsprechend anzuwendenden §§ 4, 7 und 16 Abs. 1 und des § 27. An die Stelle der übernehmenden Rechtsträger treten die neuen Rechtsträger, an die Stelle der Eintragung der Spaltung im Register des Sitzes jeder der übernehmenden Rechtsträger tritt die Eintragung jedes der neuen Rechtsträger in das Register.

(2) Auf die Gründung der neuen Rechtsträger sind die für die jeweilige Rechtsform des neuen Rechtsträgers geltenden Gründungsvorschriften anzuwenden, soweit sich aus diesem Buch nichts anderes ergibt. Den Gründern steht der übertragende Rechtsträger gleich. Vorschriften, die für die Gründung eine Mindestzahl der Gründer vorschreiben, sind nicht anzuwenden.

Übersicht

	Rn		Rn
I. Allgemeines	1	1. Personenhandelsgesellschaften	17
1. Sinn und Zweck der Norm	1	2. PartG	19
2. Entstehungsgeschichte	2	3. GmbH	20
II. Verweis auf die Spaltung zur Aufnahme (Abs. 1)	3	a) Firma	21
1. Allgemeines	3	b) Anmeldung und Eintragung	22
2. Ablauf der Spaltung zur Neugründung	9	4. AG	23
a) Spaltungsplan	10	5. SE	23a
b) Spaltungsbericht	11	6. KGaA	24
c) Spaltungsprüfung	12	7. Eingetragene Genossenschaft	25
d) Spaltungsbeschluss	13	8. SCE	25a
e) Anmeldung und Eintragung	14	9. Eingetragener Verein	26
III. Verweis auf die Gründungsvorschriften (Abs. 2 Satz 1)	16	10. Genossenschaftlicher Prüfungsverband	27
		11. VVaG	28
		IV. Gründer (Abs. 2 Sätze 2 und 3)	29

Literatur: *Bayer/Wirth*, Eintragung der Spaltung und Eintragung der neuen Rechtsträger, ZIP 1996, 817; *Bruski*, Die Gründungsphase der Aktiengesellschaft bei der Spaltung zur Neugründung, AG 1997, 17; *Engelmeyer*, Das Spaltungsverfahren bei der Spaltung von Aktiengesellschaften, AG 1996, 193; *dies.*, Die Spaltung von Aktiengesellschaften nach dem neuen Umwandlungsrecht, Diss. Köln 1995; *Geck*, Die Spaltung von Unternehmen nach dem neuen Umwandlungsrecht, DStR 1995, 416; *Heermann*, Die Ausgliederung von Vereinen auf Kapitalgesellschaften, ZIP 1998, 1249; *Ittner*, Die Spaltung nach dem neuen Umwandlungsrecht, MittRhNotK 1997, 105; *Schwedhelm/Streck/Mack*, Die Spaltung der GmbH nach dem neuen Umwandlungsrecht, GmbHR 1995, 7; *Wirth*, Spaltungen einer eingetragenen Genossenschaft, Diss. Jena 1997.

I. Allgemeines

1. Sinn und Zweck der Norm

1 Die Norm regelt die Spaltung zur Neugründung durch Verweisungen auf das Recht der Spaltung zur Aufnahme und die jeweiligen Gründungsvorschriften für die neuen Rechtsträger. Die Norm entspricht in Aussage und Verweisungstechnik derjenigen über die Verschmelzung durch Neugründung[1] und stellt die Grundvorschrift der Spaltung zur Neugründung dar. Die Verweisungstechnik des UmwG erreicht bei der Spaltung zur Neugründung ihren Höhepunkt. Neben den allgemeinen Spaltungsvorschriften[2] sind gem. Abs. 1 die Vorschriften über die Spaltung zur Aufnahme[3] anwendbar. Nach § 125 werden wiederum die Verschmelzungsregeln für anwendbar erklärt. Damit kommen die §§ 36 bis 38 und die rechtsformspezifischen Vorschriften des Rechts über die Verschmelzung durch Neu-

---

[1] § 36.
[2] §§ 123 bis 125.
[3] §§ 126 bis 134.

gründung[4] und anschließend auch die allgemeinen Verschmelzungsvorschriften[5] zur Anwendung.

2. Entstehungsgeschichte[6]

Die Möglichkeit einer Umwandlung von Unternehmen durch Spaltung zur Neugründung im Wege der **partiellen Gesamtrechtsnachfolge** steht seit 1995 nunmehr auch Unternehmen in Deutschland offen. Das Institut einer partiellen Gesamtrechtsnachfolge wurde damit erstmals umfassend im deutschen Recht eingeführt. Einen Vorläufer der Spaltung zur Neugründung findet man im SpTrUG[7], das wesentliche Vorarbeiten zum UmwG enthält und einige Regelungen des Entwurfs wörtlich übernahm. Davon abgesehen war vor 1995 eine Spaltung zur Neugründung mittels partieller Gesamtrechtsnachfolge nicht möglich. Es bestand allein die Möglichkeit der Einzelrechtsübertragung, die auch heute noch neben der Spaltung nach dem UmwG zur Verfügung steht[8]. Anders als bei der Verschmelzung stellt die Spaltung mittels Neugründung des übernehmenden Rechtsträgers in der Praxis den Regelfall dar[9].

II. Verweis auf die Spaltung zur Aufnahme (Abs. 1)

1. Allgemeines

Auf die Spaltung zur Neugründung sind die Vorschriften des Zweiten Abschnitts über die Spaltung zur Aufnahme entsprechend anzuwenden[10]. Darüber hinaus sind auch zahlreiche Verschmelzungsvorschriften entsprechend einschlägig[11]. Jedoch ist bei der entsprechenden Anwendung die Terminologie anzupassen. Anstatt des Begriffs „übernehmender Rechtsträger" ist der Terminus „neuer Rechtsträger" zu lesen. Die Worte „Eintragung der Spaltung im Register des Sitzes jeder der übernehmenden Rechtsträger" sind durch die Worte „Eintragung jedes der neuen Rechtsträger in das Register" zu ersetzen[12].

Ausgenommen von der Verweisung ist § 129 (Registeranmeldung der Spaltung durch das Vertretungsorgan des übernehmenden Rechtsträgers), da der übernehmende Rechtsträger zur Zeit der Anmeldung je nach Rechtsform entweder noch nicht oder aber nur als Vor-Gesellschaft existiert. Keine Anwendung findet auch § 130 Abs. 2 (Eintragung der Spaltung). An seine Stelle tritt die Sonderregelung des § 137 Abs. 3. Ebenfalls ausgeschlossen ist die nach § 125 eigentlich gebotene entsprechende Anwendung der Verschmelzungsvorschriften von § 4[13] (Verschmelzungsvertrag), § 7 (Kündigung des Verschmelzungsvertrags),

---

[4] §§ 56 bis 59 (GmbH); 73 bis 76 (AG); 96 bis 98 (eG); 114 bis 117 (VVaG), 78 (KGaA).
[5] §§ 2 bis 35.
[6] Siehe auch Einl. A Rn 6 ff.
[7] Gesetz über die Spaltung der von der Treuhandanstalt verwalteten Unternehmen vom 5. 4. 1991, BGBl. I 1991 S. 854, in Kraft getreten am 12. 4. 1991.
[8] Dabei ist jedoch umstritten, ob auf die Einzelrechtsübertragung einzelne Schutzvorschriften des UmwG analoge Anwendung finden: Vgl. für eine analoge Anwendung *LG Frankfurt* ZIP 1997, 1698 „Altana/Milupa"; *LG Karlsruhe* ZIP 1998, 485 „Badenwerk-AG", dagegen *LG Hamburg* EWiR 1997, 11; *Kallmeyer* in Kallmeyer § 123 Rn 18; *Bork* EWiR 1995, 1147 f.; *Veil* EWiR 1997, 1111 f.
[9] *Haritz/Bärwaldt* in BeckHdb. Personengesellschaften § 9 Rn 439; *Teichmann* in Lutter Umwandlungsrechtstage S. 99.
[10] § 135 Abs. 1 Satz 1. Diese Verweisungstechnik findet sich auch in Artt. 21, 22 SpaltRL.
[11] § 125.
[12] § 135 Abs. 1 Satz 2.
[13] Auch bei der Spaltung zur Neugründung kann trotz der Unanwendbarkeit von § 4 Abs. 2, die wohl ein Redaktionsversehen ist, dem Spaltungsbeschluss zunächst ein Entwurf des Spaltungsplans zugrunde gelegt und dieser erst nach dem Gesellschafterbeschluss endgültig gefasst werden. *Mayer* in Widmann/Mayer § 136 Rn 5; *Hörtnagl* in Schmitt/Hörtnagl/Stratz Rn 8; aA noch *Dehmer*[2] Rn 7.

§ 16 Abs. 1 (Anmeldung der Verschmelzung) und § 27 (Schadensersatzpflicht der Verwaltungsträger des übernehmenden Rechtsträgers). Diese setzen jeweils die Existenz eines übernehmenden Rechtsträgers voraus. § 16 Abs. 1 wird durch § 137 Abs. 1 und 2 ersetzt. Eine weitere Ausnahme von der Generalverweisung auf das Verschmelzungsrecht bilden zusätzlich diejenigen Normen, die § 125 für unanwendbar erklärt[14].

5 **Übertragende Rechtsträger** können die in § 3 Abs. 1, Abs. 2 Nr. 1 genannten Rechtsträger sein[15], d. h. Personenhandelsgesellschaften[16] und Partnerschaftsgesellschaften, Kapitalgesellschaften, eingetragene Genossenschaften, eingetragene Vereine, genossenschaftliche Prüfungsverbände, Versicherungsvereine auf Gegenseitigkeit und wirtschaftliche Vereine. Einzelkaufleute[17], Stiftungen[18] sowie Gebietskörperschaften oder Zusammenschlüsse von Gebietskörperschaften[19] können nur an Ausgliederungen[20] und nur als übertragende Rechtsträger teilnehmen[21]. Entgegen der ursprünglichen Konzeption des Referentenentwurfs[22] ist die gleichzeitige Beteiligung **mehrerer übertragender Rechtsträger** nicht möglich[23].

6 **Neu zu gründende Rechtsträger** im Rahmen einer Spaltung zur Neugründung sind alle in § 3 Abs. 1 genannten Rechtsträger[24].

7 Wie die Mischverschmelzung ist auch die **Mischspaltung** zulässig[25]. Die Spaltung zur Neugründung kann also quer durch alle Rechtsformen auf beiden Seiten stattfinden. Der neu zu gründende Rechtsträger kann eine andere Rechtsform als der übertragende haben.

8 Die **Mischung verschiedener Umwandlungsformen** ist dagegen unzulässig[26]. **Möglich** ist die Verbindung einer Spaltung zur Aufnahme mit einer Spaltung zur Neugründung in der Weise, dass zB im Rahmen einer Aufspaltung ein Vermögensteil auf einen bereits bestehenden Rechtsträger, der andere Vermögensteil auf einen neu zu gründenden Rechtsträger übertragen wird[27]. **Abspaltung und Ausgliederung** können so kombiniert werden, dass ein Teil der Anteile an dem übernehmenden Rechtsträger den Anteilsinhabern des übertragenden Rechtsträgers, der andere Teil der Anteile dem übertragenden Rechtsträger selbst gewährt wird[28]. Desgleichen kann ein Vermögensteil auf einen neuen Rechtsträger abgespal-

---

[14] Siehe § 125 Rn 5 ff.
[15] § 124 Abs. 1.
[16] Diese umfassen auch die EWIV; § 3 Rn 14 und § 36 Rn 20; *Haritz/Bärwaldt* in BeckHdb. Personengesellschaften § 9 Rn 435; *Stratz* in Schmitt/Hörtnagl/Stratz § 3 Rn 13; aA *Goutier* in Goutier/Knopf/Tulloch § 124 Rn 2.
[17] §§ 124, 158.
[18] §§ 124, 161 ff.; dazu *Geck* DStR 1995, 418.
[19] §§ 124, 168 ff.
[20] Vgl. die Übersicht in § 124 Rn 3.
[21] Siehe § 124 Abs. 1 Satz 1.
[22] § 123 Abs. 4 RefE.
[23] *Hörtnagl* in Schmitt/Hörtnagl/Stratz § 123 Rn 18; *Teichmann* in Lutter § 123 Rn 28.
[24] Vgl. § 124 Abs. 1. Vgl. wegen der Neugründung eines genossenschaftlichen Prüfungsverbands jedoch § 150.
[25] § 124 Abs. 2 iVm. § 3 Abs. 4.
[26] § 1 Abs. 2. Das gilt merkwürdigerweise auch für die sog. verschmelzende Spaltung (mehrere übertragende Rechtsträger nehmen an derselben Spaltung teil); § 123 Abs. 4 RefE hatte diese Möglichkeit noch vorgesehen, sie wurde jedoch nicht in das UmwG übernommen. An einer Spaltung kann aber immer nur ein übertragender Rechtsträger teilnehmen, vgl. § 123: „ein Rechtsträger"; vgl. auch *Karollus* in Lutter Umwandlungsrechtstage S. 162; *Hörtnagl* in Schmitt/Hörtnagl/Stratz § 123 Rn 18. Möglich ist es aber, verschiedene Umwandlungsvorgänge in getrennten, jedoch einander bedingenden Urkunden dergestalt miteinander zu verknüpfen, dass das wirtschaftlich Gewollte auch auf diesem Wege erreicht werden kann; ähnlich *Teichmann* in Lutter § 123 Rn 27 f.
[27] § 123 Abs. 4.
[28] *Haritz/Bärwaldt* in BeckHdb. Personengesellschaften § 9 Rn 441; *Geck* DStR 1995, 416; *Kallmeyer* DB 1995, 81; *Mayer* DB 1995, 861; *Teichmann* in Lutter § 123 Rn 26; aA *Hörtnagl* in Schmitt/Hörtnagl/Stratz § 123 Rn 17; zweifelnd *Heidenhain* NJW 1995, 2873.

ten und im selben Spaltungsplan ein anderer Teil auf einen neuen Rechtsträger ausgegliedert werden[29]. Nicht möglich ist dagegen die **Kombination von Aufspaltung und Ausgliederung,** da der aufgespaltene Rechtsträger mit der Spaltung untergeht und somit schwerlich Anteile am neuen Rechtsträger übernehmen kann[30].

2. Ablauf der Spaltung zur Neugründung

An einer Spaltung zur Neugründung ist nur ein Rechtsträger beteiligt. Dem trägt § 136 Satz 2 Rechnung, der den Spaltungsplan als einseitige, nicht empfangsbedürftige Willenserklärung[31] an die Stelle des Spaltungs- und Übernahmevertrags treten lässt. Vorläufer des Spaltungsplans sind in § 2 SpTrUG und in der Umwandlungserklärung der §§ 52 Abs. 4, 56 Abs. 3 Satz 2 UmwG 1969 zu finden.

a) Spaltungsplan. Der **Spaltungsplan** wird vom Vertretungsorgan des übertragenden Rechtsträgers aufgestellt[32]. Er ist notariell zu beurkunden[33] und muss den Gesellschaftsvertrag, den Partnerschaftsgesellschaftsvertrag, die Satzung oder das Statut des neuen Rechtsträgers enthalten[34]. Sein Mindestinhalt richtet sich nach § 135 Abs. 1 Satz 1 iVm. § 126 Abs. 1.

b) Spaltungsbericht. Das Vertretungsorgan des übertragenden Rechtsträgers hat grundsätzlich einen ausführlichen schriftlichen **Spaltungsbericht**[35] zu erstatten. Dieser ist jedoch **entbehrlich,** wenn
— alle Anteilsinhaber des übertragenden Rechtsträgers hierauf in notarieller Form **verzichten**[36];
— bei einer Personenhandelsgesellschaft oder PartG als übertragendem Rechtsträger **alle** Gesellschafter **geschäftsführungsbefugt sind**[37];
— eine Ausgliederung zur Neugründung aus dem **Vermögen eines Einzelkaufmanns**[38] stattfindet;
— eine **Ausgliederung** aus dem **Vermögen einer rechtsfähigen Stiftung** keiner staatlichen Genehmigung bedarf oder sie nicht von der Zustimmung des Stifters abhängig ist[39];
— eine **Ausgliederung** aus dem **Vermögen einer Gebietskörperschaft** oder eines **Zusammenschlusses von Gebietskörperschaften** erfolgt[40].

c) Spaltungsprüfung. Eine **Spaltungsprüfung**[41] **entfällt**[42] bei der **Ausgliederung**[43] und in denselben Fällen wie die Prüfung der Verschmelzung, d. h. sie entfällt, wenn

---

[29] *Hörtnagl* in Schmitt/Hörtnagl/Stratz § 123 Rn 16 f., der nur diese Kombination von Abspaltung und Ausgliederung anerkennt. Ein sachlicher Unterschied lässt sich zwischen den beiden Varianten aber nicht ausmachen; ebenso *Teichmann* in Lutter § 123 Rn 26.
[30] *Haritz/Bärwaldt* in BeckHdb. Personengesellschaften § 9 Fn 488; *Mayer* DB 1995, 861; *Teichmann* in Lutter § 123 Rn 26; aA *Kallmeyer* DB 1995, 81.
[31] Siehe § 136 Rn 3.
[32] § 136 Satz 1.
[33] § 125 Satz 1 iVm. § 6.
[34] § 125 Satz 1 iVm. § 37. Dies erfolgt idR im Wege der Inbezugnahme einer Anlage iSv. § 9 Abs. 1 Satz 2 BeurkG.
[35] § 127. Die Notwendigkeit eines Spaltungsberichts beruht auf Art. 7 SpaltRL. Es gilt § 126 BGB, vgl. § 127 Rn 7 und § 192 Rn 22.
[36] §§ 135 Abs. 1 Satz 1, 127 Satz 2 iVm. § 8 Abs. 3 Satz 1 1. Fall Satz 2. Falls dies möglich ist, empfiehlt es sich, die Verzichtserklärung zusammen mit dem Spaltungsplan zu beurkunden.
[37] § 125 Satz 1 iVm. § 41 bzw. § 45 c Satz 1.
[38] §§ 158, 153.
[39] § 162 Abs. 1.
[40] § 169 Satz 1.
[41] § 125 Satz 1 iVm. §§ 9 bis 12.
[42] In der Praxis dürfte die Spaltungsprüfung eher die Ausnahme sein.
[43] § 125 Satz 2.

§ 135   13, 14   Drittes Buch. Spaltung

- ein notariell beurkundeter **Verzicht** aller Anteilsinhaber des übertragenden Rechtsträgers erfolgt[44];
- bei der Spaltung einer **Personenhandelsgesellschaft oder einer PartG** entweder **nur eine einstimmige Entscheidung** der Gesellschafter möglich ist **oder** zwar eine Mehrheitsentscheidung möglich ist, aber **kein Verlangen** eines Gesellschafters nach Prüfung besteht[45];
- bei der Spaltung einer **GmbH kein** Gesellschafter die Prüfung **verlangt**[46].

13   d) **Spaltungsbeschluss.** Die Anteilsinhaberversammlung des übertragenden Rechtsträgers muss weiterhin einen **Spaltungsbeschluss** in notarieller Form[47] fassen. Bei einer **nicht verhältniswahrenden** Spaltung ist hierfür Einstimmigkeit erforderlich[48].

14   e) **Anmeldung und Eintragung.** Das Vertretungsorgan des übertragenden Rechtsträgers hat sowohl die Spaltung beim Register seines Sitzes[49] als auch den neuen Rechtsträger bei dem Gericht, in dessen Bezirk er seinen Sitz haben soll[50], zur Eintragung in das Register **anzumelden**. Dabei müssen die genaue Spaltungsart angegeben und eine Negativerklärung bezüglich entgegenstehender Klagen nach § 16 Abs. 2[51] abgegeben werden. Als **Anlagen** müssen der Anmeldung beigefügt werden[52]:

- eine notariell beglaubigte Abschrift des Spaltungsplans samt Gesellschaftsvertrag, Partnerschaftsgesellschaftsvertrag, Satzung oder Statut des neuen Rechtsträgers;
- eine notariell beglaubigte Abschrift der Niederschrift des Spaltungsbeschlusses;
- evtl. erforderliche Zustimmungsbeschlüsse einzelner Anteilsinhaber;
- evtl. erforderliche Spaltungs- und Prüfungsberichte bzw. entsprechende Verzichtserklärungen;
- ggf. ein Nachweis über die rechtzeitige Zuleitung des Spaltungsplans an den Betriebsrat bzw. eine entsprechende Verzichtserklärung[53];
- ggf. eine staatliche Genehmigungsurkunde;
- die Schlussbilanz des übertragenden Rechtsträgers.

---

[44] § 125 Satz 1 iVm. § 9 Abs. 3 iVm. §§ 8 Abs. 3 Satz 1 1. Fall Satz 2 bzw. 30 Abs. 2 Satz 3. Falls dies möglich ist, empfiehlt es sich, die Verzichtserklärung mit dem Spaltungsplan zu beurkunden. Üblicherweise enthält der Verzicht auf die Spaltungsprüfung auch konkludent den Verzicht auf die Barabfindungsprüfung nach §§ 125 Satz 1, 30 Abs. 2 Satz 1, vorsorglich empfiehlt es sich jedoch, die Verzichtserklärung nach §§ 125 Satz 1, 30 Abs. 2 Satz 3 gesondert aufzunehmen.
[45] § 125 Satz 1 iVm. §§ 44, 43 Abs. 2 bzw. iVm. §§ 45 e Satz 2, 45 d Abs. 2, 44.
[46] § 125 Satz 1 iVm. § 48.
[47] § 125 Satz 1 iVm. § 13 Abs. 3.
[48] § 128 Satz 1.
[49] § 137 Abs. 2.
[50] § 137 Abs. 1.
[51] Siehe § 16 Rn 13 ff.
[52] Siehe § 17 Rn 2. Die Anlagen müssen folgenden Formerfordernissen genügen: Ausfertigung oder beglaubigte Abschrift oder, soweit für das Original keine notarielle Beurkundung erforderlich war, Urschrift oder einfache Abschrift. Mängel sind bis zur Wirksamkeit behebbar, fehlende Unterlagen können nachgereicht werden.
[53] Falls ein Betriebsrat nicht besteht, sollte eine entsprechende Erklärung in die Anmeldung aufgenommen werden. Der Betriebsrat kann sowohl auf die Einhaltung der Monatsfrist als auch auf die Zuleitung im Ganzen durch eine schriftliche Erklärung verzichten, da die Zuleitung allein seinem Schutz dient. Die Information des Betriebsrats über den Umwandlungsvorgang ist im Übrigen auch durch betriebsverfassungsrechtliche Normen sichergestellt; ein Verzicht stellt auch keinen Verstoß des Betriebsrats gegen Arbeitnehmerinteressen dar. Vgl. hierzu mwN *Stohlmeier* BB 1999, 1394 sowie *Mayer* in Widmann/Mayer § 5 Rn 266; aA *Lutter* in Lutter § 5 Rn 87 b; *Müller* DB 1997, 713, 717; *Melchior* GmbHR 1996, 833; diese lassen jedoch zumindest einen Verzicht auf die Monatsfrist zu.

Die **Eintragung** des **neuen Rechtsträgers** in das Register des künftigen Sitzes erfolgt mit dem Vermerk[54], dass die Eintragung erst mit der Eintragung der Spaltung in das Register des Sitzes des übertragenden Rechtsträgers wirksam wird[55]. Mit der **Eintragung** der **Spaltung** im Register des **übertragenden Rechtsträgers** treten die in § 131 benannten Wirkungen der Spaltung ein und der neue Rechtsträger entsteht (bzw. die neuen Rechtsträger entstehen). 15

III. Verweis auf die Gründungsvorschriften (Abs. 2 Satz 1)

Für die Gründung eines neuen übernehmenden Rechtsträgers verweist § 135 auf das jeweilige rechtsformspezifische Gründungsrecht, soweit sich nicht aus dem Spaltungsrecht und dem über § 125 entsprechend anwendbaren Verschmelzungsrecht etwas anderes ergibt. Die Neugründung eines Rechtsträgers bei einer Spaltung stellt sich – wie bei der Verschmelzung durch Neugründung – stets als Sachgründung dar. Als Gründer des neuen Rechtsträgers gilt der übertragende Rechtsträger, nicht dessen Anteilsinhaber. Die Organe des neuen Rechtsträgers werden durch den übertragenden Rechtsträger bestellt. Dies kann, muss aber nicht im Spaltungsplan erfolgen[56]. Bei der Neugründung sind die **Kapitalaufbringungsgrundsätze** zu beachten: Das übergehende Nettovermögen muss das für den neuen Rechtsträger vorgeschriebene gesetzliche Mindestkapital decken. Die Neugründung darf nicht zu einer Unterpari-Emission führen. Für **Gründungsmängel** gilt das jeweilige Gründungsrecht. Eine Rückabwicklung einer gleichwohl eingetragenen Spaltung ist jedoch grundsätzlich ausgeschlossen[57]. Für die Gründung eines übernehmenden Rechtsträgers gilt in aller Regel das zur Gründung eines Rechtsträgers bei der Verschmelzung durch Neugründung Gesagte[58]. Dabei sind je nach Rechtsform die nachstehend aufgeführten Besonderheiten zu beachten: 16

1. Personenhandelsgesellschaften

Für die Spaltung zur Neugründung einer Personenhandelsgesellschaft[59] sehen die Besonderen Vorschriften über die Spaltung keine Sonderregelungen vor. Das Verschmelzungsrecht[60], insbesondere die §§ 39 bis 45, ist deshalb maßgeblich. Insoweit kann auf die Kommentierung zu § 36[61] verwiesen werden. 17

Die **Ausgliederung auf eine Personenhandelsgesellschaft** scheint auf den ersten Blick nicht möglich zu sein, da diese das Vorhandensein von mindestens zwei Gesellschaftern erfordert. Bei der Ausgliederung ist aber zwangsläufig nur ein Gründer und damit auch nur ein späterer Gesellschafter vorhanden. Dies stellt aber nur dann ein Problem dar, wenn man am Dogma der personellen Identität der Rechtsträger festhält und den Beitritt Dritter im 18

---

[54] §§ 137 Abs. 3, 130 Abs. 1 Satz 2.
[55] *Neye* GmbHR 1995, 565.
[56] Die Organe können bereits im Spaltungsplan bestellt werden, und zwar unabhängig davon, ob der Gesellschaftsvertrag damit schon wirksam wird oder nicht. Zu diesem Zeitpunkt ist die Vor-GmbH mangels zustimmenden Spaltungsbeschlusses noch nicht entstanden, die Bestellung kann aber aufschiebend bedingt auf den Zeitpunkt der Zustimmung der Anteilsinhaber erfolgen. So auch *Mayer* in Widmann/Mayer Rn 52; zur Zulässigkeit einer aufschiebend bedingten Geschäftsführerbestellung *Zöllner/Noack* in Baumbach/Hueck § 35 GmbHG Rn 16; *Mertens* in Hachenburg § 35 GmbHG Rn 23; solche Bedingungen werden aber teilweise für unzulässig gehalten; vgl. *Schneider* in Scholz § 6 GmbHG Rn 27; *Hommelhoff/Kleindiek* in Lutter/Hommelhoff § 6 GmbHG Rn 25.
[57] § 20 Abs. 2. Siehe § 20 Rn 84 ff.
[58] § 36 Rn 10 ff.
[59] Hierzu gehört auch die EWIV; siehe die Nachweise in Fn 16.
[60] § 125.
[61] Siehe § 36 Rn 19 bis 27.

Zuge eines Umwandlungsvorgangs ablehnt[62]. Hält man einen solchen Beitritt hingegen zutreffenderweise für zulässig[63], kann mittels des Beitritts eines oder mehrerer Dritter auch auf eine Personenhandelsgesellschaft ausgegliedert werden[64]. Dasselbe gilt für die **Abspaltung einer Einpersonen-Kapitalgesellschaft** zur Neugründung einer Personenhandelsgesellschaft. Unter Beibehaltung des Identitätsdogmas wäre auch diese nicht möglich, da der einzige Gesellschafter des übertragenden Rechtsträgers auch einziger Gesellschafter der neu gegründeten Personenhandelsgesellschaft wäre[65].

2. PartG

19 Für die Neugründung einer PartG im Rahmen eines Spaltungsvorgangs kann auf die Kommentierung zu § 36[66] verwiesen werden.

3. GmbH

20 Auf die Gründung einer GmbH im Rahmen einer Spaltung zur Neugründung sind die Gründungsvorschriften des GmbHG[67] – modifiziert durch das UmwG – entsprechend anwendbar. Dabei kann auf die Kommentierung zu § 36[68] verwiesen werden. Nachstehend angeführte spaltungsspezifische Besonderheiten sind jedoch zu berücksichtigen:

21 **a) Firma.** Bei der Auswahl der Firma der neuen GmbH ist § 4 GmbHG zu beachten. Die Möglichkeiten der Firmierung nach dem GmbHG werden für die Aufspaltung durch § 125 Satz 1 iVm. § 18 um die Fortführung der Firma des übertragenden Rechtsträgers erweitert. Nach dem Wortlaut des § 125 Satz 1 ist § 18 auf die Abspaltung und Ausgliederung nicht anwendbar. Dies wird in der Gesetzesbegründung[69] mit dem Fortbestand des firmenführenden übertragenden Rechtsträgers begründet. Dabei wird jedoch übersehen, dass gerade der Betriebsteil ausgegliedert bzw. abgespalten werden kann, der die Grundlage einer Sachfirma darstellt. Bei Fortführung des Handelsgeschäfts muss deshalb entgegen § 125 Satz 1 auch für die Ausgliederung und Abspaltung § 18 anwendbar sein, wenn der übertragende Rechtsträger seine Firma gleichzeitig ändert[70]. Dies entspricht auch der gängigen Praxis der Registergerichte.

22 **b) Anmeldung und Eintragung.** Die Anmeldung und Eintragung bei dem Handelsregister des künftigen Sitzes der GmbH erfolgt durch die Vertretungsorgane des übertragenden Rechtsträgers[71]. Die §§ 7, 78 GmbHG[72] werden verdrängt.

4. AG[73]

23 Auf die Neugründung einer AG im Rahmen einer Spaltung zur Neugründung sind die Gründungsvorschriften des AktG anwendbar, soweit sich nicht aus den §§ 141 bis 146 und

---

[62] Dies tun *Hörtnagl* in Schmitt/Hörtnagl/Stratz Rn 14; *Mayer* in Widmann/Mayer Rn 14.
[63] Vgl. zur parallelen Diskussion bei der Verschmelzung § 36 Rn 70.
[64] Vgl. *Haritz/Bärwaldt* in BeckHdb. Personengesellschaften § 9 Rn 438 f. (dort auch mit näheren Angaben zur Ausgliederung aus dem Vermögen eines Einzelkaufmanns zur Neugründung einer Personenhandelsgesellschaft und den Sondervorschriften der §§ 152 Satz 1, 158 bis 160); *Kallmeyer* in Kallmeyer Rn 15. Beachte zu diesem Problemkreis auch BGH ZIP 1995, 422 zum LAnpG.
[65] Vgl. *Haritz/Bärwaldt* in BeckHdb. Personengesellschaften § 9 Rn 438 f.
[66] Siehe § 36 Rn 28.
[67] §§ 1 bis 11 GmbHG.
[68] Siehe § 36 Rn 29 bis 43.
[69] RegBegr. *Ganske* S. 152.
[70] Vgl. auch *Mayer* in Widmann/Mayer Rn 43; *Teichmann* in Lutter § 132 Rn 48.
[71] § 137 Abs. 1.
[72] Anmeldung und Anmeldungspflichtige.
[73] Zur Europäischen Gesellschaft (SE) und ihrer Gründung siehe Einl. C Rn 49 ff.

den entsprechend anwendbaren Vorschriften des Verschmelzungsrechts etwas anderes ergibt. Deshalb kann grundsätzlich auf die Kommentierung zu § 36[74] verwiesen werden. Abweichend sind nur der **Gründungsbericht**[75] und die **Gründungsprüfung**[76] geregelt. Diese sind anders als bei der Verschmelzung durch Neugründung **unabhängig von der Rechtsform** des übertragenden Rechtsträgers **stets erforderlich**[77].

5. SE

Die Gründung einer SE ist abschließend in der SE-VO und dem SE-AG geregelt; eine Spaltung zur Neugründung einer SE nach dem UmwG ist daher nicht möglich. Zur Begründung kann auf die Ausführungen in Einl. C Rn 49 und § 36 Rn 56 a verwiesen werden. 23a

6. KGaA

Für die Spaltung zur Neugründung einer KGaA gilt das zur Spaltung zur Neugründung einer AG[78] sowie zur Verschmelzung durch Neugründung einer KGaA bei § 36[79] Gesagte entsprechend. 24

7. Eingetragene Genossenschaft

Das Dritte Buch über die Spaltung enthält keine Sonderregeln für die Neugründung einer eG im Vergleich zur Verschmelzung. Daher wird auf die Kommentierung zu § 36[80] verwiesen. 25

8. Europäische Genossenschaft (SCE)

Die Gründung einer SCE ist abschließend in der SCE-VO und dem SCE-AG geregelt; eine Spaltung zur Neugründung einer SCE nach dem UmwG ist daher nicht möglich. Zur Begründung kann auf die Ausführungen in § 36 Rn 61 a verwiesen werden. 25a

9. Eingetragener Verein

Zur Gründung eines e. V. bei der Spaltung zur Neugründung wird auf die Kommentierung zu § 36[81] verwiesen. 26

10. Genossenschaftlicher Prüfungsverband

Ein genossenschaftlicher Prüfungsverband kann nur an einer Ausgliederung zur Neugründung einer Kapitalgesellschaft und nur als übertragender Rechtsträger teilnehmen[82]. Er kann jedoch entgegen der weiten Fassung des § 124 Abs. 1 iVm. § 3 Abs. 1 nicht im Rahmen einer Spaltung zur Neugründung errichtet werden. 27

11. VVaG

Die Spaltung auf einen neuen VVaG kann nur im Wege der Abspaltung oder Aufspaltung erfolgen, **nicht** aber durch **Ausgliederung**[83]. Diese Beschränkung wird mit der zwingenden 28

---

[74] Siehe § 36 Rn 44 bis 56.
[75] § 32 AktG.
[76] § 33 Abs. 2 AktG.
[77] § 144. Grund hierfür ist der strenge Art. 22 Abs. 4 SpaltRL, die anders als die VerschmRL für die Gründung keine Erleichterungen vorsieht.
[78] Siehe Rn 23.
[79] Siehe § 36 Rn 57 bis 58.
[80] § 36 Rn 59 bis 61. Zur Europäischen Genossenschaft (SCE) siehe Einl. C Rn 64 ff.
[81] § 36 Rn 62 bis 63.
[82] Vgl. § 150.
[83] § 151.

Verbindung von Mitgliedschaft und Versicherungsverhältnis begründet[84]. Ein VVaG kann aber als übertragender Rechtsträger an einer Ausgliederung zur Neugründung einer GmbH beteiligt sein, sofern damit keine Übertragung von Versicherungsverträgen verbunden ist. Im Übrigen wird auf die Kommentierung zu § 36[85] verwiesen.

IV. Gründer (Abs. 2 Sätze 2 und 3)

29 Gründer des neuen Rechtsträgers ist allein der **übertragende Rechtsträger,** vertreten durch seine Organe[86], nicht dagegen dessen künftige Anteilsinhaber. Die Neugründung eines Rechtsträgers bei der Spaltung ist dadurch zwingend eine **Einpersonen-Gründung**[87]. Als alleinigen Gründer trifft den übertragenden Rechtsträger die Gründerhaftung[88]. Vorschriften des Gründungsrechts, die eine **Mindestzahl von Gründern** vorschreiben[89], sind auf die Gründung im Rahmen einer Spaltung **nicht anwendbar.** Dieses Privileg erstreckt sich aber nur auf die Gründungsphase und bietet für Rechtsträger, welche die gesetzlich geforderte Mindestmitgliedschaftszahl dauerhaft unterschreiten, keinen Bestandsschutz. Die Suspendierung der Mindestgründerzahlvorgaben beruht allein auf der spaltungsspezifischen Tatsache, dass Gründer nicht die Anteilsinhaber sind. Sie kann sich daher auch nur auf die Gründer, nicht aber auf die späteren Anteilsinhaber beziehen. Eine weitere Ausdehnung dieses Privilegs missachtete die gesetzlichen Leitbilder der betreffenden Rechtsträger[90]. Bei andauerndem Unterschreiten der Mindestzahl kann deshalb zB eine eG von Amts wegen aufgelöst[91] bzw. einem Verein die Rechtsfähigkeit entzogen werden[92]. Dieses Privileg erstreckt sich (selbstverständlich) nicht auf die Fälle, in denen das Gesetz nicht nur für die Gründung, sondern (wie zB bei Personengesellschaften) auch für die Existenz des Rechtsträgers eine Mindestzahl von Anteilsinhabern verlangt[93]. Deshalb muss bspw. eine übertragende Einpersonen-GmbH vor der Spaltung mindestens einen weiteren Gesellschafter aufnehmen.

§ 136 Spaltungsplan

Das Vertretungsorgan des übertragenden Rechtsträgers hat einen Spaltungsplan aufzustellen. Der Spaltungsplan tritt an die Stelle des Spaltungs- und Übernahmevertrags.

---

[84] RegBegr. *Ganske* S. 182.
[85] § 36 Rn 65-67.
[86] Zur Problematik des Beitritts weiterer Personen als Gründer im Zeitpunkt der Spaltung siehe § 36 Rn 70. Der Ein- und Austritt von Gesellschaftern ist als allgemeines Gestaltungsmittel des Gesellschaftsrechts auch durch das UmwG nicht ausgeschlossen. *Grunewald* in Lutter § 36 Rn 15; *Kallmeyer* GmbHR 1996, 80; *K. Schmidt* GmbHR 1995, 693; *Priester* DB 1997, 560; aA *Marsch-Barner* in Kallmeyer § 36 Rn 14; zum alten Recht auch *Kraft* in Kölner Komm. § 353 AktG Rn 14; *Lutter/Hommelhoff*[13] § 32 KapErhG Rn 8.
[87] *Ihrig* GmbHR 1995, 622, 636.
[88] § 9 a GmbHG, § 46 AktG.
[89] Siehe § 56 BGB, § 4 GenG, § 280 AktG.
[90] So auch *Stratz* in Schmitt/Hörtnagl/Stratz § 36 Rn 36; *Mayer* in Widmann/Mayer § 36 Rn 15.
[91] § 80 GenG.
[92] § 73 BGB; dazu *Katschinski,* Die Verschmelzung von Vereinen, 1998, S. 185; siehe auch § 36 Rn 62 f.
[93] Vgl. die parallele Diskussion bei der Verschmelzung unter § 36 Rn 68.

Übersicht

	Rn		Rn
I. Allgemeines	1	6. Kosten	9
II. Spaltungsplan	3	III. Inhaltliche Erfordernisse	10
1. Rechtsnatur	3	1. Festsetzung der Beteiligungshöhe	11
2. Aufstellender	4	2. Statut des neuen Rechtsträgers	13
3. Form	5	3. Organbestellung	14
4. Betriebsrat	7	4. Mehrere übernehmende/neue	
5. Bindungswirkung; Widerruf	8	Rechtsträger	15

Literatur: *Heidenhain,* Spaltungsvertrag und Spaltungsplan, NJW 1995, 2873; *Ihrig,* Gläubigerschutz durch Kapitalaufbringung bei Verschmelzung und Spaltung nach neuem Umwandlungsrecht, GmbHR 1995, 622; *Wilken,* Zur Gründungsphase bei der Spaltung zur Neugründung, DStR 1999, 677.

I. Allgemeines

Die Vorschrift gilt nur für die **Spaltung zur Neugründung.** Hier existiert der überneh- 1
mende Rechtsträger noch nicht, weshalb mit ihm auch kein Spaltungs- und Übernahmevertrag geschlossen werden kann. An dessen Stelle tritt der Spaltungsplan. Sein Inhalt entspricht weitestgehend demjenigen des Spaltungs- und Übernahmevertrags. Auch die Form- und Verfahrenserfordernisse stimmen weitgehend überein.

Die Vorschrift basiert auf Art. 3 VerschmRL. Sie ist im deutschen Recht nicht ganz ohne 2
Vorbild. Der vom Regelungsgehalt her ähnliche **§ 2 SpTrUG** führte jedoch den Inhalt des Spaltungsplans vollständig auf. Er konnte nicht auf eine Vorschrift zum Spaltungs- und Übernahmevertrag verweisen, da dieses Gesetz keine Spaltung zur Aufnahme vorsah.

II. Spaltungsplan

1. Rechtsnatur

Der Spaltungsplan ist eine **einseitige, nicht empfangsbedürftige Willenserklärung**[1]. 3
Dementsprechend sind Vorschriften, die zweiseitige Rechtsgeschäfte oder empfangsbedürftige Willenserklärungen voraussetzen[2], nicht anwendbar. Auch bei der Auslegung des Spaltungsplans ist dies zu berücksichtigen.

2. Aufstellender

Verantwortlich für die Aufstellung des Spaltungsplans sind die Vertretungsorgane des über- 4
tragenden Rechtsträgers in vertretungsberechtigter Anzahl. Insofern sowie zur Vertretung und Genehmigung gilt das zum Verschmelzungsvertrag Gesagte[3] entsprechend, mit der Ausnahme, dass eine Vertretung ohne Vertretungsmacht unzulässig ist[4].

3. Form

Der Spaltungsplan ist **notariell zu beurkunden**[5]. Das kann vor und nach der Beschluss- 5
fassung über die Spaltung erfolgen. Zwar soll § 4 Abs. 2, der die Beschlussfassung über einen

---

[1] *Priester* in Lutter, Rn 4; *Kallmeyer* in Kallmeyer Rn 1; *Mayer* in Widmann/Mayer Rn 7; *Körner/Rodewald* BB 1999, 853, 854.
[2] ZB §§ 320 ff. BGB.
[3] Siehe § 4 Rn 9 ff.
[4] § 180 Satz 1 BGB.
[5] § 125 Satz 1 iVm. § 6.

Entwurf vorsieht, bei der Spaltung zur Neugründung nicht gelten[6], doch handelt es sich insoweit wohl um ein Redaktionsversehen, weil kein Grund ersichtlich ist, warum nicht auch über den Entwurf eines Spaltungsplans beschlossen werden können sollte[7]. Die **Vollmacht** zur Errichtung einer AG oder GmbH muss zumindest öffentlich beglaubigt werden[8], ansonsten besteht für die Vollmacht kein gesetzliches Formerfordernis, aus Nachweisgründen aber wohl die Notwendigkeit der Schriftform[9].

6 Der Spaltungsplan muss den Gesellschaftsvertrag, die Satzung, den Partnerschaftsgesellschaftsvertrag oder das **Statut des neuen Rechtsträgers** enthalten[10]. Die Pflicht zur notariellen Beurkundung erstreckt sich unabhängig von den rechtsformspezifischen Formvorschriften auch darauf, weil sie alle Abreden umfasst, die nach dem Willen zumindest einer Partei so wesentlich sind, dass diese ohne sie den Vertrag nicht abgeschlossen hätte[11].

4. Betriebsrat

7 Wie der Spaltungs- und Übernahmevertrag muss auch der Spaltungsplan oder sein Entwurf spätestens einen Monat vor der Anteilseignerversammlung, die über die Spaltung beschließt, dem Betriebsrat des übertragenden Rechtsträgers zugeleitet werden[12].

5. Bindungswirkung; Widerruf

8 Der Spaltungsplan kann keine Bindungswirkung gegenüber anderen Rechtsträgern entfalten, sondern allenfalls eine solche für die Organe des zu spaltenden Rechtsträgers untereinander oder für den Rechtsträger gegenüber seinen Arbeitnehmern[13]. Bevor die Spaltung in das Register des übertragenden Rechtsträgers eingetragen und die Spaltung damit wirksam geworden ist, kann der Spaltungsplan als nicht empfangsbedürftige Willenserklärung von dem Vertretungsorgan jederzeit **frei widerrufen** und abgeändert werden. Sofern bereits ein Spaltungsbeschluss gefasst worden ist, bedarf es dazu allerdings zusätzlich eines entsprechenden Beschlusses der Anteilseignerversammlung mit der gleichen Mehrheit, die auch für den Spaltungsbeschluss erforderlich war[14].

6. Kosten

9 Anders als beim Spaltungs- und Übernahmevertrag fällt für den Spaltungsplan nur eine volle Gebühr an, weil es sich nur um eine einseitige Willenserklärung handelt[15]. Geschäftswert ist das auf den bzw. die neu gegründeten Rechtsträger übergehende Aktivvermögen nach den Bewertungen der letzten Bilanz des übertragenden Rechtsträgers. Passiva werden nicht abgezogen[16]. Die Beurkundung des im Spaltungsplan enthaltenen Statuts des neuen Rechtsträgers und der Bestellung der Organe wirken nicht geschäftswerterhöhend.

---

[6] § 135 Abs. 1 Satz 1 nimmt § 4 von der Verweisung ausdrücklich aus.
[7] So auch *Priester* in Lutter Rn 6; *Mayer* in Widmann/Mayer Rn 5; *Hörtnagl* in Schmitt/Hörtnagl/Stratz § 135 Rn 8.
[8] § 23 Abs. 1 Satz 2 AktG, § 2 Abs. 2 GmbHG.
[9] § 167 Abs. 2 BGB; *Mayer* in Widmann/Mayer Rn 16; *Hörtnagl* in Schmitt/Hörtnagl/Stratz Rn 6.
[10] § 125 Satz 1 iVm. § 37.
[11] BGHZ 82, 188, 194 (für den gleich gelagerten Fall der Vermögensübertragung); *Lutter* in Lutter § 6 Rn 3; *Kanzleiter* DNotZ 1994, 275, 282; *Heckschen* WM 1990, 377, 381; siehe auch § 311 b BGB und die Kommentierungen dazu.
[12] § 135 Abs. 1 Satz 1 iVm. § 126 Abs. 3.
[13] *Kallmeyer* ZIP 1994, 1746, 1754.
[14] *Priester* in Lutter Rn 7; *Mayer* in Widmann/Mayer Rn 59.
[15] § 36 Abs. 1 KostO.
[16] § 18 Abs. 3 KoSO; *Heidenhain* NJW 1995, 2873, 2874; *Mayer* in Widmann/Mayer Rn 36; § 39 Abs. 4 KostO begrenzt den Geschäftswert jedoch auf € 5 Mio.

III. Inhaltliche Erfordernisse

Der zwingende Inhalt des Spaltungsplans entspricht dem des Spaltungs- und Übernahme- 10
vertrags[17] mit folgenden Besonderheiten[18]:

1. Festsetzung der Beteiligungshöhe

Bei der Spaltung zur Neugründung erhalten die Anteilsinhaber des übertragenden Rechts- 11
träger sämtliche Anteile an dem oder den neuen Rechtsträger(n). Daher muss nicht, wie nach
§ 126 Abs. 1 Nr. 3 ein Umtauschverhältnis bestimmt, sondern nur die Höhe der Beteiligung
am neuen Rechtsträger festgelegt werden. Dabei sind auch die rechtsformspezifischen Vorschriften für die Einräumung der Beteiligung am neuen Rechtsträger zu beachten[19].

Die **Höhe des Nominalkapitals** der übernehmenden Rechtsträger muss den gesetzli- 12
chen Mindestanforderungen genügen und durch den tatsächlichen Wert des übertragenen
Vermögens gedeckt sein, weil die Spaltung zur Neugründung eine Sachgründung ist. Im
Übrigen können die Parteien die Höhe des Nominalkapitals und des Eigenkapitals insgesamt
aber frei bestimmen.

2. Statut des neuen Rechtsträgers

Gesellschaftsvertrag, Satzung, Partnerschaftsgesellschaftsvertrag oder Statut des neuen 13
Rechtsträgers müssen den rechtsformspezifischen Anforderungen genügen, die durch das
UmwG teilweise spezifiziert und ergänzt werden[20].

3. Organbestellung

Da die Beschlussfassung über den Spaltungsplan der Gründungsakt für den neuen Rechts- 14
träger ist, sollten im Spaltungsplan auch dessen Organe bestellt werden[21]. Die Bestellung wird
aber erst mit dem Beschluss der Anteilseignerversammlung des übertragenden Rechtsträgers
bzw. der notariellen Beurkundung des schon beschlossenen Planentwurfs wirksam, da erst
dann die (Vor-)Gesellschaft entsteht[22].

4. Mehrere übernehmende/neue Rechtsträger

Die Spaltung ist immer in einem einheitlichen Dokument zu regeln. Werden im Rahmen 15
der Spaltung zur Neugründung mehrere neue Rechtsträger gegründet, hat dies in einem
einheitlichen Spaltungsplan zu geschehen[23]. Erfolgt die Spaltung teils zur Aufnahme und teils
zur Neugründung, sind die den neuzugründenden Rechtsträger betreffenden Regelungen
des Spaltungsplans in den mit dem bereits existierenden übernehmenden Rechtsträger abzuschließenden Spaltungs- und Übernahmevertrag zu integrieren[24].

---

[17] § 126 Abs. 1 und 2; siehe § 126 Rn 26 ff.
[18] Muster für Spaltungspläne finden sich zB bei *Sommer* in Engl Formular B.1 a; *Hoffmann-Becking* in MünchVertrHdb., Bd. 1, Formular XII. 7.
[19] Vor allem § 40 für die Personenhandelsgesellschaft, § 46 für die GmbH und § 71 – außer bei der Ausgliederung – für die AG (jeweils über § 125 Satz 1); siehe auch § 5 Rn 36 ff.
[20] Siehe § 125 Satz 1 iVm. § 23 (allgemein), § 57 (für die GmbH), § 74 (für AG und KGaA).
[21] *Heidenhain* NJW 1995, 2873, 2876; *Priester* in Lutter Rn 14; *Kallmeyer* in Kallmeyer § 125 Rn 42; *Sommer* in Engl Formular B.1 Rn 17.
[22] §§ 135 Abs. 1 Satz 1, 125 Satz 1 iVm. § 59 Satz 2, § 76 Abs. 2 Satz 2, § 98 Satz 2, die über ihren Wortlaut hinaus auch auf die Bestellung der Vertretungsorgane anwendbar sind; *Priester* in Lutter Rn 14.
[23] *Priester* in Lutter Rn 6.
[24] *Heidenhain* NJW 1995, 2873, 2874; *Kallmeyer* in Kallmeyer Rn 2; *Mayer* in Widmann/Mayer Rn 4.

§ 137 Anmeldung und Eintragung der neuen Rechtsträger und der Spaltung

(1) Das Vertretungsorgan des übertragenden Rechtsträgers hat jeden der neuen Rechtsträger bei dem Gericht, in dessen Bezirk er seinen Sitz haben soll, zur Eintragung in das Register anzumelden.

(2) Das Vertretungsorgan des übertragenden Rechtsträgers hat die Spaltung zur Eintragung in das Register des Sitzes des übertragenden Rechtsträgers anzumelden.

(3) Das Gericht des Sitzes jedes der neuen Rechtsträger hat von Amts wegen dem Gericht des Sitzes des übertragenden Rechtsträgers den Tag der Eintragung des neuen Rechtsträgers mitzuteilen. Nach Eingang der Mitteilungen für alle neuen Rechtsträger hat das Gericht des Sitzes des übertragenden Rechtsträgers die Spaltung einzutragen sowie von Amts wegen den Zeitpunkt der Eintragung den Gerichten des Sitzes jedes der neuen Rechtsträger mitzuteilen sowie ihnen einen Registerauszug und den Gesellschaftsvertrag, den Partnerschaftsvertrag oder die Satzung des übertragenden Rechtsträgers in Abschrift, als Ausdruck oder elektronisch zu übermitteln. Der Zeitpunkt der Eintragung der Spaltung ist in den Registern des Sitzes jedes der neuen Rechtsträger von Amts wegen einzutragen; gesetzlich vorgesehene Bekanntmachungen über die Eintragung der neuen Rechtsträger sind erst danach zulässig.

Übersicht

	Rn		Rn
I. Allgemeines	1	b) GmbH	11
II. Anmeldung der neuen Rechtsträger (Abs. 1)	2	c) Personenhandelsgesellschaft	12
1. Inhalt	3	d) Kombinierte Spaltung	13
a) AG, KGaA	4	III. Anmeldung der Spaltung (Abs. 2)	14
b) GmbH	5	IV. Registerverfahren	16
c) Einzelkaufmann	6	1. Prüfung der Spaltung	16
d) Personenhandelsgesellschaft	7	2. Prüfung der Neugründung	17
2. Anlagen	9	3. Reihenfolge der Eintragungen	18
a) AG, KGaA	10	4. Rechtsmittel	23
		5. Kosten	24

Literatur: *Bayer/Wirth,* Eintragung der Spaltung und Eintragung der neuen Rechtsträger – oder: Pfadsuche im Verweisungsdschungel des neuen Umwandlungsrechts, ZIP 1996, 817; *Heidenhain,* Entstehung vermögens- und subjektloser Kapitalgesellschaften. Bemerkungen zu §§ 130, 131, 135 UmwG, GmbHR 1995, 264; *Neye,* Nochmals: Entstehung vermögens- und subjektloser Kapitalgesellschaften, GmbHR 1995, 565 mit Replik *Heidenhain; Wilken,* Zur Gründungsphase bei der Spaltung zur Neugründung, DStR 1999, 677.

I. Allgemeines

1   Die Vorschrift regelt das Anmeldungs- und Eintragungsverfahren bei der Spaltung zur Neugründung. Es entspricht weitgehend dem Verfahren bei der Spaltung zur Aufnahme[1]. Allerdings musste dem Umstand Rechnung getragen werden, dass bei der Spaltung zur Neugründung der übernehmende Rechtsträger erst mit Wirksamwerden der Spaltung entsteht. Im Übrigen bleiben § 130 Abs. 1 und – über die §§ 135, 125 – §§ 16 Abs. 2 und 3, 17 anwendbar.

II. Anmeldung der neuen Rechtsträger (Abs. 1)

2   Anzumelden sind die **neuen Rechtsträger**, nicht die Spaltung. Da die neuen Rechtsträger erst mit Wirksamwerden der Spaltung entstehen, kann sie nur das Vertretungsorgan

---

[1] § 129 (Anmeldung), § 130 (Eintragung); vgl. RegBegr. Ganske S. 170.

des übertragenden Rechtsträgers zur Eintragung anmelden². Diese Anmeldebefugnis ist eine ausschließliche. Sie verdrängt die Anmeldebefugnis nach dem im Übrigen anwendbaren Gründungsrecht³. Sie umfasst alle bei der regulären Gründung zur Anmeldung notwendigen Erklärungen und Handlungen, soweit es sich nicht um Wissenserklärungen oder höchstpersönliche Erklärungen oder Handlungen handelt[4].

1. Inhalt

Da „der neue Rechtsträger" anzumelden ist, richtet sich die Anmeldung zunächst nach dem für einen solchen Rechtsträger geltenden Gründungsrecht. 3

a) AG[5], KGaA. Wie bei der Verschmelzung zur Neugründung[6] ist bei der Spaltung zur Neugründung die Erklärung, dass die Einlage geleistet und zur freien Verfügung des Vorstands steht, unnötig[7]. Die Vorstandsmitglieder bzw. persönlich haftenden Gesellschafter haben aber zu versichern, dass keine Bestellungshindernisse vorliegen[8]. Für diese höchstpersönliche Erklärung ist Vertretung ausgeschlossen. Ferner haben sie anzugeben, welche Vertretungsbefugnis die Vorstandsmitglieder[9] bzw. persönlich haftenden Gesellschafter[10] haben, und ihre Namensunterschriften zu zeichnen[11]. 4

b) GmbH. Eine Erklärung über die Bewirkung und freie Verfügbarkeit der Einlageleistung[12] ist unnötig, soweit keine baren Zuzahlungen[13] an die Anteilsinhaber des übertragenden Rechtsträgers zu erbringen sind[14]. In jedem Fall haben die Geschäftsführer zu versichern, dass keine Bestellungshindernisse vorliegen[15]. Für diese höchstpersönliche Erklärung ist Vertretung ausgeschlossen. Ferner haben sie die Vertretungsbefugnis der Geschäftsführer anzugeben[16] und ihre Namensunterschriften zu zeichnen[17]. 5

c) Einzelkaufmann. Der Einzelkaufmann, der durch Ausgliederung eine Kapitalgesellschaft gründet, hat außerdem die Erklärung abzugeben, dass seine gesamten Verbindlichkeiten sein gesamtes Vermögen nicht übersteigen[18]. 6

d) Personenhandelsgesellschaft. Für OHG und KG ergibt sich der Inhalt der Anmeldung aus §§ 106, 162 Abs. 1 HGB[19]. Der Zeitpunkt des Beginns der Gesellschaft braucht nicht angegeben zu werden. Die Gesellschaft entsteht mit der Eintragung der Spaltung. 7

Im Übrigen ist stets eine **Negativerklärung** abzugeben[20]. 8

---

[2] Zur Vertretung bei der Anmeldung § 16 Rn 7.
[3] § 135 Abs. 2.
[4] Solche höchstpersönlichen Erklärungen (zB §§ 8 Abs. 3 GmbHG, 37 Abs. 2 AktG) oder Handlungen (§ 8 Abs. 5 GmbHG, § 37 Abs. 5 AktG) müssen von den bestellten Organmitgliedern der neuen Rechtsträger persönlich abgegeben bzw. vorgenommen werden. Vgl. auch *Zimmermann* in Kallmeyer Rn 3; *Priester* in Lutter Rn 12.
[5] Zur Europäischen Gesellschaft (SE) siehe Einl. C Rn 49 ff.
[6] Siehe dazu § 38 Rn 5.
[7] *Zimmermann* in Kallmeyer Rn 11; ausf. *Ihrig* GmbHR 1995, 622, 630 f. mwN.
[8] § 37 Abs. 2 AktG.
[9] § 37 Abs. 3 AktG.
[10] § 282 AktG.
[11] §§ 37 Abs. 5, 278 Abs. 3 AktG.
[12] § 8 Abs. 2 Satz 1 GmbHG.
[13] Siehe dazu § 126 Rn 41 f. und *Priester* in Lutter § 126 Rn 35.
[14] *Zimmermann* in Kallmeyer Rn 9. Vgl. auch § 38 Rn 6.
[15] § 8 Abs. 3 GmbHG.
[16] § 8 Abs. 4 GmbHG.
[17] § 8 Abs. 5 GmbHG.
[18] § 160 Abs. 2; *Zimmermann* in Kallmeyer Rn 10; vgl. näher § 160 Rn 4 sowie insbes. zur Prüfung der Werthaltigkeit § 160 Rn 6 ff.
[19] Vgl. § 38 Rn 7.
[20] §§ 135, 125, 16 Abs. 2; *Priester* in Lutter Rn 4; umfassend zur Negativerklärung § 16 Rn 13 ff.

2. Anlagen

9 Für die der Anmeldung des neuen Rechtsträgers beizufügenden Unterlagen gilt grundsätzlich § 17 entsprechend[21]. Zusätzlich sind für den neu gegründeten Rechtsträger die nach dessen Gründungsrecht verlangten Unterlagen beizufügen[22].

10 **a) AG, KGaA.** Hierfür gelten die Ausführungen zur Verschmelzung durch Neugründung[23]. An die Stelle des Verschmelzungsvertrags tritt der Spaltungs- und Ausgliederungsplan[24] mit der Satzung des neuen Rechtsträgers[25]. Genügt die einzureichende Schlussbilanz[26] der sich spaltenden Gesellschaft nicht zum Nachweis der Werthaltigkeit, kann eine gesonderte Spaltungsbilanz (Teilbilanz) oder ein anderer geeigneter Wertnachweis, etwa in Form eines Sachverständigengutachtens, verlangt werden[27]. Durch beglaubigten Handelsregisterauszug ist ferner nachzuweisen, dass die sich spaltende Gesellschaft, falls sie AG (oder KGaA) ist, bereits seit zwei Jahren besteht[28], wobei als Stichtag entsprechend § 76 Abs. 1 der Tag der Abstimmung über den Spaltungsplan gilt[29].

11 **b) GmbH.** Der Anmeldung der Spaltung ist stets ein Sachgründungsbericht des übertragenden Rechtsträgers beizufügen[30]. Dieser ist von dessen Vertretungsorgan in vertretungsberechtigter Zahl zu unterzeichnen[31]. Bevollmächtigung ist ausgeschlossen[32]. Bei der Ausgliederung und der Abspaltung wird zum Nachweis der Werthaltigkeit eine gesonderte Spaltungsbilanz (Teilbilanz) für erforderlich gehalten[33]. Ggf. ist ein Sachverständigengutachten vorzulegen[34].

12 **c) Personenhandelsgesellschaft.** Bei der Personenhandelsgesellschaft als übertragendem Rechtsträger ergeben sich keine Besonderheiten gegenüber der Verschmelzung[35].

13 **d) Kombinierte Spaltung.** Bei einer **kombinierten Spaltung** (gleichzeitige Übertragung von Vermögen auf bestehende und auf neue Rechtsträger)[36] sind beim Register am Sitz des neuen Rechtsträgers auch die nach § 17 erforderlichen Unterlagen einzureichen, die den aufnehmenden Rechtsträger betreffen. Das Registergericht kann so die Wirksamkeit des gesamten Spaltungsvorgangs einheitlich überprüfen.

III. Anmeldung der Spaltung (Abs. 2)

14 Für die Anmeldung der Spaltung zur Neugründung gilt grundsätzlich nichts anderes als bei der Spaltung zur Aufnahme[37]. Allerdings kann nur das Vertretungsorgan (in vertretungsberechtigter Zahl oder in unechter Gesamtvertretung) **des übertragenden Rechtsträgers**

---

[21] § 125; siehe im Einzelnen § 17 Rn 1 ff.
[22] § 135 Abs. 2.
[23] Siehe § 17 Rn 6.
[24] § 136.
[25] §§ 135, 37.
[26] § 17 Abs. 2; umfassend zur Schlussbilanz § 17 Rn 13 ff.
[27] *Zimmermann* in Kallmeyer Rn 21.
[28] § 141.
[29] *Zimmermann* in Kallmeyer Rn 17.
[30] §§ 138, 135 Abs. 2 Satz 2.
[31] Anders § 58 Rn 4.
[32] *Zimmermann* in Kallmeyer Rn 16.
[33] Vgl. § 129 Rn 11.
[34] Zu weiteren einzureichenden Unterlagen siehe § 17 Rn 7.
[35] Siehe § 17 Rn 8.
[36] § 123 Abs. 4.
[37] Siehe dazu § 129 Rn 7.

anmelden[38], da ein übernehmender Rechtsträger noch nicht existiert. Bevollmächtigung ist zulässig, die Vollmacht muss aber öffentlich beglaubigt sein. Die (höchstpersönliche) Erklärung über die Kapitaldeckung nach §§ 140, 146 kann ein Bevollmächtigter nicht abgeben[39].

Der Anmeldung sind die in § 17 aufgeführten Unterlagen als **Anlagen** beizufügen[40], 15 insbesondere
- der Spaltungsplan mit der Satzung des neuen Rechtsträgers;
- der Spaltungsbeschluss sowie
- die Erklärung über die Kapitalausstattung der übertragenden Kapitalgesellschaft[41].

IV. Registerverfahren

1. Prüfung der Spaltung

Sind für die beteiligten Rechtsträger unterschiedliche Register zuständig, prüft das Regis- 16 tergericht sowohl des übertragenden als auch jedes übernehmenden Rechtsträges die Ordnungsmäßigkeit der Spaltung. Dabei sind die formellen und materiellen Voraussetzungen für die Eintragung der Spaltung zu prüfen[42].

2. Prüfung der Neugründung

Die Prüfung der Ordnungsmäßigkeit des Gründungsvorgangs obliegt allein dem Register- 17 gericht eines jeden neuen Rechtsträgers. Der Umfang der Prüfung richtet sich nach dessen Rechtsform[43]. Ist er eine Kapitalgesellschaft (Sachgründung), hat das Registergericht insbesondere zu prüfen, ob der Wert der übertragenden Vermögensteile der dafür gewährten Stamm-/Sacheinlage entspricht. Zum Wertnachweis wird die Schlussbilanz als nicht ausreichend angesehen, sondern eine gesonderte Spaltungsbilanz oder ein anderer geeigneter Wertnachweis, zB ein Sachverständigengutachten, gefordert. Das gerichtliche Prüfungsrecht tritt neben die bei AG (oder KGaA) durchzuführende externe Werthaltigkeitsprüfung[44].

3. Reihenfolge der Eintragungen

Zunächst sind die **neuen Rechtsträger** in das für sie zuständige Register einzutragen[45]. 18 Die Eintragung hat nur deklaratorische Wirkung und ist mit dem Vermerk zu versehen, dass sie erst mit der Eintragung der Spaltung im Register des Sitzes des übertragenden Rechtsträgers wirksam wird, sofern die Eintragungen in den Registern aller beteiligten Rechtsträger nicht am selben Tag erfolgen[46].

Sind alle neuen Rechtsträger in das für sie zuständige Register eingetragen und entspre- 19 chende Mitteilungen an das Gericht des übertragenden Rechtsträgers von Amts wegen er-

---

[38] Ebenso wie bei der Verschmelzung zur Neugründung, § 38 Rn 2, aber anders als bei der Spaltung zur Aufname, § 129 Rn 13.
[39] Siehe § 140 Rn 4 f. und § 146 Rn 5 f.
[40] § 135 erklärt § 17 für anwendbar auf Spaltungen zur Neugründung.
[41] Siehe dazu § 129 Rn 12 und § 140 für die GmbH und § 146 für AG und KGaA.
[42] Siehe dazu § 130 Rn 2 ff.
[43] Siehe im Einzelnen § 38 Rn 10 ff.
[44] §§ 142 Abs. 1, 183 Abs. 3 AktG; vgl. *Hüffer* § 183 AktG Rn 18.
[45] § 130 Abs. 1 Satz 1, der über § 135 Abs. 1 entsprechend Anwendung findet, siehe auch § 130 Rn 8 ff.
[46] *Zimmermann* in Kallmeyer Rn 22 f.; *Neye* GmbHR 1995, 565; *Engelmeyer* AG 1996, 193, 207; *Bruski* AG 1997, 17, 19; krit. zu dieser Regelung *Heidenhain* GmbHR 1995, 264, 265; *ders.* GmbHR 1995, 566, 567.

gangen⁴⁷, wird die **Spaltung im Register der übertragenden Gesellschaft** eingetragen⁴⁸. Diese Eintragung wirkt konstitutiv. Mit ihr wird die Spaltung wirksam und entstehen die neuen Rechtsträger⁴⁹.

20 Die Eintragung ist den für die neuen Rechtsträger zuständigen Registergerichten durch Übermittlung eines Registerauszugs nebst Gesellschaftsvertrag, Partnerschaftsvertrag oder Satzung des übertragenden Rechtsträgers in Abschrift, als Ausdruck oder elektronisch von Amts wegen mitzuteilen. Das Registergericht jedes neuen Rechtsträgers trägt sodann den Tag der Eintragung der Spaltung in das Register ein⁵⁰.

21 Eine im Zuge der Abspaltung zur Neugründung oder der Ausgliederung erfolgende **Kapitalherabsetzung** ist einzutragen, bevor die Spaltung eingetragen wird⁵¹. Die Eintragung im Register des neuen Rechtsträgers erfordert hingegen keine Voreintragung der Kapitalherabsetzung⁵².

22 Die Verletzung der vorgeschriebenen **Eintragungsreihenfolge** ist folgenlos⁵³. Die Wirkungen der Spaltung treten auch dann ein, wenn die Spaltung vor der Eintragung des neuen Rechtsträgers eingetragen wird⁵⁴. Dessen Anmeldung und Eintragung sind aber dann nachzuholen. Bei nachfolgender Eintragung einer Kapitalherabsetzung/-erhöhung muss die Eintragung der Spaltung nicht wiederholt werden⁵⁵; auch hier tritt die Wirksamkeit der Spaltung bereits mit deren Eintragung ein und nicht erst im Zeitpunkt der nachgeholten Eintragung der Kapitalmaßnahme⁵⁶.

4. Rechtsmittel

23 Gegen jede Zwischenverfügung des Registergerichts und die endgültige Ablehnung der Eintragung ist die einfache Beschwerde zum LG statthaft⁵⁷, gegen dessen Entscheidung die weitere Beschwerde zum OLG⁵⁸. Gegen die Eintragung gibt es kein Rechtsmittel⁵⁹.

5. Kosten

24 Die Kosten der Eintragung der Spaltung zur Neugründung entsprechen den Kosten der Eintragung bei der Spaltung zur Aufnahme⁶⁰. Die Notarkosten für die Anmeldung sind den Notarkosten bei der Verschmelzung gleich⁶¹.

---

⁴⁷ § 137 Abs. 3 Satz 1. Im Unterschied zur Spaltung zur Aufnahme (siehe § 130 Rn 19) müssen also die beteiligten Rechtsträger den Nachweis der Voreintragung nicht selbst erbringen.
⁴⁸ § 137 Abs. 3 Satz 2.
⁴⁹ Vgl. § 130 Rn 8; *Zimmermann* in Kallmeyer Rn 23, *Priester* in Lutter Rn 2; *Neye* GmbHR 1995, 565; sehr krit. *Heidenhain* GmbHR 1995, 264, der verlangt, dass bereits die Eintragung die Entstehung der neuen Rechtsträger bewirken müsse, da sonst das „Kuriosum" eines vermögens- und subjektlosen Rechtsträgers eintrete; *ders.* GmbHR 1995, 566; dagegen *Bayer/Wirth* ZIP 1996, 817, 820 ff. aufgrund des Normzwecks und der Gesetzessystematik.
⁵⁰ Für den Inhalt und die Form der öffentlichen Bekanntmachung siehe § 130 Rn 21 sowie § 19 Rn 19.
⁵¹ §§ 139, 145; siehe hierzu § 139 Rn 18 f. und § 145 Rn 14.
⁵² *Zimmermann* in Kallmeyer Rn 22.
⁵³ Vgl. § 19 Rn 10 und § 131 Rn 6.
⁵⁴ *Zimmermann* in Kallmeyer Rn 28; *Priester* in Lutter Rn 17.
⁵⁵ *Zimmermann* in Kallmeyer Rn 28.
⁵⁶ So auch *Hörtnagl* in Schmitt/Hörtnagl/Stratz Rn 9. AA *Zimmermann* in Kallmeyer Rn 28.
⁵⁷ § 19 Abs. 1 FGG.
⁵⁸ §§ 27, 28 FGG. Siehe auch § 19 Rn 12 sowie § 130 Rn 13.
⁵⁹ Möglich ist aber die Umdeutung in eine Anregung auf Amtslöschung nach §§ 142, 143 FGG.
⁶⁰ Siehe § 130 Rn 15 mit Verweis auf § 19 Rn 13 ff.
⁶¹ Siehe § 16 Rn 11 f.

Anhang § 137 Die Spaltung unter Beteiligung von Personenhandels- und Partnerschaftsgesellschaften

Übersicht

	Rn
I. Grundlagen	1
1. Eröffnung der Spaltungsmöglichkeit	1
2. Regelungssystematik	2
3. Europäische Rechtsangleichung	4
II. Spaltung unter Beteiligung von Personenhandelsgesellschaften	6
1. Möglichkeiten der Spaltung	6
2. Spaltungs- und Übernahmevertrag	11
3. Einräumung der Kommanditistenstellung	16
4. Spaltungsbericht	19
5. Unterrichtung der Gesellschafter	20
6. Unterrichtung des Betriebsrats	21
7. Spaltungsprüfung	22
8. Spaltungsbeschluss	23
9. Rechtsfolgen der Spaltung	25
10. Nachhaftungsbegrenzung	26
11. Gläubigerschutz	30
12. Verfahrensvorschriften	32
III. Spaltung unter Beteiligung von Partnerschaftsgesellschaften	34
1. Möglichkeiten der Spaltung	34
2. Spaltungs- und Übernahmevertrag	40
3. Spaltungsbericht	43
4. Unterrichtung der Partner	44
5. Unterrichtung des Betriebsrats	45
6. Spaltungsprüfung	46
7. Spaltungsbeschluss	47
8. Rechtsfolgen der Spaltung	49
9. Nachhaftungsbegrenzung	50
10. Gläubigerschutz	51
11. Verfahrensvorschriften	52
IV. Spaltung unter Beteiligung einer EWIV	54

Literatur: *Naraschewski*, Haftung bei der Spaltung von Kommanditgesellschaften, DB 1995, 1265; *Priester*, Personengesellschaften im Umwandlungsrecht – Praxisrelevante Fragen und offene Posten, DStR 2005, 788.

I. Grundlagen

1. Eröffnung der Spaltungsmöglichkeit

Die Spaltung einer Personengesellschaft war vor dem UmwG 1995 praktisch undurchführbar[1]. Das UmwG 1969 enthielt keine Regelungen für die Spaltung. Im UmwG 1995 wurde erstmals die Möglichkeit einer Spaltung unter Beteiligung von Personengesellschaften geregelt. Die Spaltung einer Personengesellschaft ist häufig dann erforderlich, wenn eine Personengesellschaft in eine Betriebs- und eine Besitzgesellschaft aufgeteilt werden soll. Auch Unstimmigkeiten im Familienunternehmen können eine Aufspaltung sinnvoll erscheinen lassen[2]. **1**

2. Regelungssystematik

Für die Spaltung unter Beteiligung von Personenhandelsgesellschaften oder Partnerschaftsgesellschaften enthält das UmwG keine rechtsformspezifischen Vorschriften. Es gelten die allgemeinen Spaltungsvorschriften. Diese verweisen ergänzend auf das Allgemeine und das besondere Verschmelzungsrecht. Im Verschmelzungsrecht finden sich rechtsformspezifische Vorschriften für die Personenhandelsgesellschaften[3] und für die PartG[4]. Diese sind gegenüber den allgemeinen Verschmelzungsvorschriften vorrangig. **2**

---

[1] *Teichmann* ZGR 1978, 36 ff.; *Duvinage*, Die Spaltung von Personenhandelsgesellschaften, 1982, S. 85, 145, 157, 201 ff.; zu den weiterhin zulässigen Gestaltungsvarianten des allgemeinen Zivil- und Gesellschaftsrechts *Priester* DStR 2005, 788, 791.
[2] *Teichmann* in Lutter Umwandlungsrechtstage S. 90, 92.
[3] §§ 39 bis 45.
[4] §§ 45 a bis 45 e.

3 Damit ergibt sich für die Spaltung unter Beteiligung von Personengesellschaften, dass vorrangig die allgemeinen Spaltungsregelungen[5] anzuwenden sind. Enthalten diese keine entgegenstehende Regelung, sind die rechtsformspezifischen Verschmelzungsregelungen[6] entsprechend heranzuziehen. Ergänzend ist, soweit die besonderen Verschmelzungsvorschriften nicht entgegenstehen, schließlich das allgemeine Verschmelzungsrecht entsprechend anwendbar[7].

3. Europäische Rechtsangleichung

4 Die SpaltRL, deren Umsetzung auch das UmwG dient[8], gilt für Spaltungen, bei denen sowohl übertragender als auch übernehmender Rechtsträger Aktiengesellschaften oder vergleichbare Rechtsformen der übrigen EU-Mitgliedstaaten sind[9]. Sie regelt nur die Aufspaltung zur Aufnahme oder Neugründung oder Mischformen dieser beiden Typen[10].

5 Für die Spaltung unter Beteiligung von Personengesellschaften stellt die SpaltRL keine Vorgaben auf. Sie kann jedoch im Wege der **richtlinienkonformen Auslegung**[11] der allgemeinen Vorschriften des Spaltungsrechts Bedeutung auch für Spaltungen unter Beteiligung von Personengesellschaften erlangen. Die allgemeinen Vorschriften über die Spaltung[12] gelten für alle Rechtsformen. Soweit sie Aufspaltungen zur Aufnahme oder zur Neugründung unter Beteiligung von Aktiengesellschaften regeln, fallen sie in den Anwendungsbereich der Richtlinie und sind unzweifelhaft richtlinienkonform auszulegen[13]. Sie sind jedoch auch insoweit richtlinienkonform auszulegen, als sie auf Personengesellschaften Anwendung finden[14].

II. Spaltung unter Beteiligung von Personenhandelsgesellschaften

1. Möglichkeiten der Spaltung

6 Eine Personenhandelsgesellschaft kann ihr Vermögen oder Vermögensteile im Wege der **Auf- bzw. Abspaltung übertragen** auf
– andere Personenhandelsgesellschaften;
– eine PartG;
– GmbH, AG, KGaA oder
– eingetragene Genossenschaften[15].
Im Wege der **Ausgliederung** kann sie Vermögensteile auf eine
– andere Personenhandelsgesellschaft[16];
– GmbH, AG, KGaA oder
– eG übertragen[17].

---

[5] §§ 123 bis 137.
[6] §§ 39 bis 45 bzw. die §§ 45 a bis 45 e; vgl. auch *Priester* DStR 2005, 788, 791.
[7] §§ 2 bis 38.
[8] Siehe Einl. A Rn 30.
[9] Art. 1 Abs. 1 SpaltRL iVm. Art. 1 Abs. 1 VerschmRL.
[10] Art. 1 Abs. 1 bis 3 SpaltRL.
[11] Siehe *Lutter* in Lutter Einl. Rn 22 ff.
[12] §§ 123 bis 137.
[13] Zur Begr. der richtlinienkonformen Auslegung *EuGH* Urteil vom 10. 4. 1984 Rs. 14/83 Slg. 1984, 1891, 1909 „von Colson und Kamann"; Urteil vom 13. 11. 1990 Rs. C-106/89 Slg. 1990, I-4135 ff. „Marleasing"; vertiefend *Brechmann*, Die richtlinienkonforme Auslegung, 1994.
[14] Näher § 39 Rn 3 ff.
[15] § 124 Abs. 1 1. Halbs.; siehe hierzu auch die tabellarische Übersicht über die möglichen Spaltungsfälle bei § 124 Rn 10.
[16] Eine Ausgliederung auf eine PartG ist nicht möglich, siehe Rn 39.
[17] § 124 Abs. 1 2. Halbs.; siehe hierzu auch die tabellarische Übersicht über die möglichen Spaltungsfälle bei § 124 Rn 10.

Im Wege der **Auf- oder Abspaltung** können Vermögensteile auf eine bestehende oder neue Personenhandelsgesellschaft übertragen werden, wenn der übertragende Rechtsträger die Rechtsform einer 7
- Personenhandelsgesellschaft;
- PartG;
- GmbH, AG, KGaA;
- eG;
- eines e.V. oder
- wirtschaftlichen Vereins hat[18].

Im Wege der **Ausgliederung** können auf eine Personenhandelsgesellschaft Vermögensteile übertragen werden von 8
- einer anderen Personenhandelsgesellschaft;
- einer PartG;
- GmbH, AG, KGaA;
- eG;
- einem e.V. oder
- einem wirtschaftlichen Verein[19].

Möglich ist auch die Übertragung von Vermögensteilen von einem Einzelkaufmann, einer Stiftung oder einer Gebietskörperschaft bzw. dem Zusammenschluss von Gebietskörperschaften auf eine Personenhandelsgesellschaft im Wege der Ausgliederung, wenn es sich um eine Ausgliederung zur Aufnahme – nicht zur Neugründung – handelt[20]. 9

Eine **aufgelöste Personenhandelsgesellschaft** kann sich nicht **als übertragender Rechtsträger** an einer Verschmelzung beteiligen, wenn die Gesellschafter nach § 145 HGB eine andere Art der Auseinandersetzung als die Abwicklung oder die Spaltung vereinbart haben[21]. 10

2. Spaltungs- und Übernahmevertrag

Der Spaltungs- und Übernahmevertrag ist von den geschäftsführenden Gesellschaftern in **vertretungsberechtigter Zahl** in **notarieller Form** zu schließen[22]. Sein **Inhalt** richtet sich nach § 126[23]. 11

Besonderheiten können sich bei den Angaben des Umtauschverhältnisses, der Höhe einer ggf. erforderlichen baren Zuzahlung oder zur Mitgliedschaft bei den übernehmenden Rechtsträgern ergeben[24]. Bei einer Abspaltung von einer Personenhandelsgesellschaft muss auch angegeben werden, ob und in welchem Verhältnis sich die Kapitalanteile der Gesellschafter des übertragenden Rechtsträgers verringern[25]. Eine solche Verringerung ist nicht zwingend, da die Kapitalanteile in erster Linie das relative Beteiligungsverhältnis aufzeigen[26]. Eine **Kapitalherabsetzung** kann aber erforderlich sein, wenn die durch die Abspaltung entstehende Verringerung der Aktiva bei gleich bleibend ausgestalteten Kapitalanteilen nicht mehr durch die Auflösung von Rücklagen aufgefangen werden kann[27]. Bei der Ausgliede- 12

---

[18] § 124 Abs. 1 1. Halbs.; siehe hierzu auch die tabellarische Übersicht über die möglichen Spaltungsfälle bei § 124 Rn 10.
[19] § 124 Abs. 1 2. Halbs.; siehe hierzu auch die tabellarische Übersicht über die möglichen Spaltungsfälle bei § 124 Rn 10.
[20] §§ 152, 161, 168.
[21] §§ 125 Satz 1, 39; für Details siehe § 39 Rn 8 ff.
[22] §§ 125 Satz 1, 4.
[23] Umfassend hierzu siehe § 126 Rn 25 ff.
[24] § 126 Abs. 1 Nr. 3.
[25] *Teichmann* in Lutter Rn 3.
[26] *Hopt* § 120 HGB Rn 12.
[27] *Teichmann* in Lutter Rn 3.

rung erhält der übertragende Rechtsträger zum Ausgleich für die Übertragung von Vermögen Anteile am übernehmenden Rechtsträger[28].

13   Ist eine **Personenhandelsgesellschaft übernehmender Rechtsträger** bei einer **Auf- oder Abspaltung,** muss für jeden Anteilsinhaber des übertragenden Rechtsträgers angegeben werden, ob ihm in der übernehmenden Personenhandelsgesellschaft die **Stellung eines** persönlich haftenden Gesellschafters oder eines **Kommanditisten** gewährt wird, sowie der Betrag der Einlage[29].

14   Bei einer **Ausgliederung auf eine Personenhandelsgesellschaft** muss der Spaltungs- und Übernahmevertrag **für den übertragenden Rechtsträger selbst** bestimmen, ob ihm in der übernehmenden Personenhandelsgesellschaft die Stellung eines persönlich haftenden Gesellschafters oder eines Kommanditisten gewährt wird[30]. Soll auf eine neue Personenhandelsgesellschaft ausgegliedert werden, ist der Beitritt eines weiteren Gesellschafters iRd. Spaltung notwendig, weil die Personengesellschaft zwei Gesellschafter haben muss[31].

15   Sind bei einer Auf- oder Abspaltung Einzelne oder alle Anteilsinhaber des übertragenden Rechtsträgers an der aufnehmenden Personenhandelsgesellschaft beteiligt, ist eine Zuweisung von Gesellschaftsanteilen insoweit nicht erforderlich. Es kann aber eine numerische Anpassung der Kapitalanteile notwendig sein[32].

3. Einräumung der Kommanditistenstellung

16   Einem Anteilsinhaber eines übertragenden Rechtsträgers, der für dessen Verbindlichkeiten **nicht persönlich unbeschränkt haftet**, ist in der übernehmenden Personenhandelsgesellschaft die Stellung eines Kommanditisten zu gewähren[33]. Dies hat nur für die Auf- und die Abspaltung Bedeutung. Bei der Ausgliederung wird der übertragende Rechtsträger selbst Gesellschafter der übernehmenden Personenhandelsgesellschaft[34].

17   Einem persönlich unbeschränkt haftenden **Anteilsinhaber des übertragenden Rechtsträgers,** der einer **Auf- oder Abspaltung widersprochen** hat, ist in der übernehmenden Personenhandelsgesellschaft ebenfalls die Stellung eines Kommanditisten einzuräumen[35]. Das Widerspruchsrecht besteht sowohl bei Spaltungen zur Aufnahme als auch bei Spaltungen zur Neugründung[36]. Zwar tritt bei der Auf- oder Abspaltung zur Neugründung einer Personenhandelsgesellschaft eine Erweiterung der persönlichen Haftung nicht ein[37]. § 43 Abs. 2 Satz 3 schützt jedoch generell vor einem ungewollt erhöhten Haftungsrisiko – sei es wegen bestehender Verbindlichkeiten, sei es wegen der Vermögens- und Finanzlage des übernehmenden Rechtsträgers[38].

18   Auch einem persönlich unbeschränkt haftenden **Gesellschafter der übernehmenden Personenhandelsgesellschaft** ist die Stellung eines Kommanditisten einzuräumen, wenn er **der Spaltung widerspricht**. Dieses Widerspruchsrecht besteht sowohl bei Auf- und Abspaltung als auch bei der Ausgliederung auf eine Personenhandelsgesellschaft.

---

[28] §§ 123 Rn 15; 131 Rn 26.
[29] §§ 125 Satz 1, 40 Abs. 1; umfassend hierzu § 40 Rn 6 ff.
[30] *Kallmeyer* in Kallmeyer § 125 Rn 45.
[31] *Kallmeyer* in Kallmeyer § 125 Rn 45; *Priester* DStR 2005, 788, 791.
[32] *Teichmann* in Lutter Rn 15: Anpassung muss erfolgen, wenn nicht alle Gesellschafter der übernehmenden Gesellschaft im gleichen Verhältnis am übertragenden Rechtsträger beteiligt sind.
[33] §§ 125 Satz 1, 40 Abs. 2 Satz 1; näher § 40 Rn 12.
[34] Siehe § 123 Rn 15.
[35] §§ 125 Satz 1, 43 Abs. 2 Satz 3 1. Halbs.; näher hierzu § 43 Rn 40.
[36] AA *Kallmeyer* in Kallmeyer § 125 Rn 48.
[37] *Kallmeyer* in Kallmeyer § 125 Rn 48.
[38] RegBegr. *Ganske* S. 94.

4. Spaltungsbericht

Für die beteiligte Personenhandelsgesellschaft ist ein Spaltungsbericht nicht erforderlich, wenn alle Gesellschafter zur Geschäftsführung befugt sind[39]. Der Spaltungsbericht ist auch dann entbehrlich, wenn alle Anteilsinhaber aller beteiligter Rechtsträger auf ihn verzichten[40]. **19**

5. Unterrichtung der Gesellschafter

Die von der Geschäftsführung ausgeschlossenen Gesellschafter sind vor der Gesellschafterversammlung, die über die Spaltung beschließen soll, durch Übersendung des Spaltungs- und Übernahmevertrags bzw. seines Entwurfs und des Spaltungsberichts zu informieren[41]. **20**

6. Unterrichtung des Betriebsrats

Besteht ein Betriebsrat, ist der Spaltungsvertrag oder sein Entwurf bzw. – im Fall der Spaltung zur Neugründung – der Spaltungsplan dem Betriebsrat spätestens einen Monat vor dem Tag der Gesellschafterversammlung, die über die Spaltung beschließt, zuzuleiten[42]. **21**

7. Spaltungsprüfung

Bei einer Ausgliederung ist eine Spaltungsprüfung nicht erforderlich[43]. Bei einer Auf- oder Abspaltung ist eine Prüfung für die beteiligte Personenhandelsgesellschaft nur erforderlich, wenn der Gesellschaftsvertrag für den Spaltungsbeschluss eine Mehrheitsentscheidung vorsieht und zusätzlich ein Gesellschafter die Prüfung verlangt[44]. **22**

8. Spaltungsbeschluss

Der Spaltungsbeschluss ist zwingend in einer Gesellschafterversammlung zu fassen[45]. Der Spaltungsbeschluss ist einstimmig zu fassen und bedarf zu seiner Wirksamkeit der Zustimmung aller nicht in der Versammlung erschienenen Gesellschafter[46], sofern der Gesellschaftsvertrag nicht eine Mehrheitsentscheidung vorsieht[47]. Enthält der Gesellschaftsvertrag eine Mehrheitsklausel, muss die dort vorgesehene Mehrheit mindestens drei Viertel der abgegebenen Stimmen betragen[48]. **23**

Ist an der Spaltung eine **GmbH als übernehmender Rechtsträger** beteiligt, bei der nicht alle Stammeinlagen in voller Höhe erbracht sind, ist die Zustimmung aller, auch der nicht erschienenen Gesellschafter selbst dann erforderlich, wenn der Gesellschaftsvertrag für den Spaltungsbeschluss eine Mehrheitsentscheidung vorsieht[49]. Dasselbe gilt, wenn an der Spaltung als übernehmender Rechtsträger eine GmbH und als übertragender Rechtsträger neben einer Personenhandelsgesellschaft eine GmbH beteiligt ist, bei der nicht alle Stammeinlagen in voller Höhe erbracht sind[50]. **24**

---

[39] Im Einzelnen § 41 Rn 1 ff.
[40] §§ 125 Satz 1, 8 Abs. 3; näher § 41 Rn 5 f. und § 8 Rn 75.
[41] §§ 125 Satz 1, 42; zu den Einzelheiten § 42 Rn 1 ff.
[42] Zu den Einzelheiten § 126 Rn 85 ff. und § 5 Rn 76 ff.
[43] § 125 Satz 2; siehe § 125 Rn 9.
[44] §§ 125 Satz 1, 44 Satz 1; zu den Einzelheiten § 44 Rn 7 ff.
[45] §§ 125 Satz 1, 13 Abs. 1 Satz 2; siehe § 13 Rn 14 und § 43 Rn 10.
[46] §§ 125 Satz 1, 43 Abs. 1; siehe § 43 Rn 15.
[47] §§ 125 Satz 1, 43 Abs. 2 Satz 1.
[48] §§ 125 Satz 1, 43 Abs. 2 Satz 2; zu den Einzelheiten, insbes. zum Bestimmtheitsgrundsatz § 43 Rn 27.
[49] §§ 125 Satz 1, 51 Abs. 1 Satz 2.
[50] §§ 125 Satz 1, 51 Abs. 1 Satz 3.

9. Rechtsfolgen der Spaltung

25 Die Wirkungen der Spaltung treten mit Eintragung der Spaltung in das Register des übertragenden Rechtsträgers ein[51]. Mängel der Spaltung werden mit Eintragung geheilt[52].

10. Nachhaftungsbegrenzung

26 Die Spaltung berührt die Haftung der persönlich unbeschränkt haftenden Gesellschafter und der ausnahmsweise[53] persönlich haftenden Kommanditisten einer übertragenden Personenhandelsgesellschaft für deren bis zur Spaltung begründete Verbindlichkeiten nicht.

27 Bei Abspaltung und Ausgliederung haften sie weiter in ihrer fortbestehenden Eigenschaft als Gesellschafter des übertragenden Rechtsträgers. Gehen im Zuge der **Abspaltung** oder **Ausgliederung** Verbindlichkeiten auf einen anderen Rechtsträger über, haftet die übertragende Personenhandelsgesellschaft dafür neben dem übernehmenden Rechtsträger als Gesamtschuldner[54]. Diese gesamtschuldnerische Haftung trifft auch die persönlich unbeschränkt haftenden Gesellschafter[55] und ggf. auch die Kommanditisten[56]. Sie ist aber in Übereinstimmung mit der Regelung bei der Verschmelzung[57] zeitlich auf fünf Jahre begrenzt. Hierauf kann sich auch der Gesellschafter berufen[58]. Für die entsprechende Anwendung des § 45 ist bei der Abspaltung und der Ausgliederung kein Raum[59]. Die Vorschrift passt nur auf die Aufspaltung, da nur dort die Personenhandelsgesellschaft aufgelöst wird[60] und sich ein Bedürfnis für eine Regelung zur Nachhaftungsbegrenzung ergibt.

28 Bei der **Aufspaltung** ist über die Verweisung des § 125 Satz 1 die Regelung des § 45 über die Nachhaftungsbegrenzung einschlägig. Überträgt eine Personenhandelsgesellschaft ihr Vermögen im Wege der Aufspaltung auf Rechtsträger anderer Rechtsform, deren Anteilsinhaber für die Verbindlichkeiten dieser Rechtsträger nicht unbeschränkt haften, haftet ein Gesellschafter der übertragenden Personenhandelsgesellschaft nur, wenn die Verblindlichkeiten vor Ablauf von **fünf Jahren nach der Verschmelzung fällig** werden **und**
– daraus Ansprüche gegen ihn in einer in § 197 Abs. 1 Nr. 3 bis 5 BGB bezeichneten Art festgestellt sind **oder**
– diesbezüglich eine gerichtliche oder behördliche Vollstreckungshandlung vorgenommen oder beantragt ist **oder**
– wenn im Fall öffentlich-rechtlicher Ansprüche die Ansprüche gegen ihn durch Verwaltungsakt geltend gemacht sind[61].

29 Haftet der Gesellschafter nur in einem der übernehmenden Rechtsträger für dessen Verbindlichkeiten unbeschränkt, scheidet die entsprechende Anwendung von § 45 aus. Die Nachhaftung sowie deren zeitliche Begrenzung ist bereits über den vorrangig anzuwendenden § 133 auch für den Gesellschafter bestimmt. Zwar regelt die Vorschrift nur die Haftung der an der Spaltung beteiligten Rechtsträger, die Haftung der Gesellschafter für Verbindlichkeiten der Gesellschaft wird aber indirekt miterfasst.

---

[51] § 131 Abs. 1.
[52] § 131 Abs. 2; näher § 131 Rn 65 ff.; zur Haftung der Gesellschafter einer übertragenden Personenhandelsgesellschaft für bis zum Wirksamwerden der Spaltung begründete Verbindlichkeiten Rn 26.
[53] §§ 171, 172, 174 oder 176 HGB; siehe § 45 Rn 7.
[54] § 133 Abs. 1 Satz 1 iVm. Abs. 3; dazu § 133 Rn 3.
[55] § 128 HGB.
[56] §§ 171, 172, 174 oder 176 HGB.
[57] § 45.
[58] § 129 Abs. 1 HGB.
[59] *Kallmeyer* in Kallmeyer § 125 Rn 49; *Mayer* in Widmann/Mayer vor §§ 138–173 Rn 15.
[60] § 123 Abs. 1.
[61] Zu den Einzelheiten § 45 Rn 51.

11. Gläubigerschutz

Die Gläubigerschutzvorschriften im Recht der Spaltung[62] sind rechtsformunabhängig. Sie 30
begrenzen die Fortdauer der Haftung für Verbindlichkeiten, die im Zuge der Spaltung auf
einen anderen Rechtsträger übergegangen sind[63].

Die Übertragung von Vermögensteilen einer KG im Wege der Abspaltung gegen Ge- 31
währung von Anteilen am übernehmenden Rechtsträger hat, wenn die Anteilsinhaber
des übernehmenden Rechtsträgers nicht persönlich haften, die Wirkung einer Entnahme
aus dem Gesellschaftsvermögen. Wird durch die Vermögensübertragung das Vermögen
der übertragenden KG soweit verringert, dass das Kapitalkonto des Kommanditisten unter
den Betrag der geleisteten Einlage herabgemindert wird, liegt ein der **Einlagenrückgewähr**[64] vergleichbarer Sachverhalt vor. Die handelsrechtliche Vorschrift über die Einlagenrückgewähr[65] mit der Folge der persönlichen Haftung des Kommanditisten ist aber dennoch nicht anzuwenden[66]. Das UmwG will Umstrukturierungen ohne Nachteile für die Beteiligten ermöglichen[67]. Der Gläubigerschutz wird durch die speziellen spaltungsrechtlichen Haftungsregelungen[68] gesichert. Diese verdrängen die Haftungsregelungen des HGB, soweit sie nicht ausdrücklich für anwendbar erklärt werden. Der Gläubigerschutz beschränkt sich insoweit auf die Möglichkeit der Sicherheitsleistung[69].

12. Verfahrensvorschriften

Die Spaltung ist zur Eintragung in das Register des übertragenden und der übernehmen- 32
den Rechtsträger anzumelden[70]. Für die an der Verschmelzung beteiligte Personenhandelsgesellschaft hat die **Anmeldung** durch die geschäftsführenden Gesellschafter in vertretungsberechtigter Zahl zu erfolgen.

Ist aufgrund der Beteiligung einer GmbH, bei der nicht alle Stammeinlagen in voller Höhe 33
einbezahlt sind, die Zustimmung aller Gesellschafter erforderlich, ist die **Erklärung über die Zustimmung aller Gesellschafter**[71] der Anmeldung beizufügen[72].

III. Spaltung unter Beteiligung von Partnerschaftsgesellschaften

1. Möglichkeiten der Spaltung

Eine PartG kann ihr Vermögen oder Vermögensteile im Wege der **Auf- bzw. Abspal-** 34
tung übertragen auf
– eine andere PartG;
– eine Personenhandelsgesellschaft;
– GmbH, AG, KGaA oder
– eG[73].

---

[62] §§ 133 und 134.
[63] Zu den Einzelheiten des Gläubigerschutzes § 133 und § 134; zum Verhältnis von § 45 zu § 133 siehe Rn 29.
[64] § 172 Abs. 4 HGB.
[65] § 172 Abs. 4 HGB.
[66] Zu Recht *Teichmann* in Lutter Rn 13; aA *Naraschewski* DB 1995, 1265, 1266 f., der eine Herabsetzung der Haftsumme für erforderlich hält, aber auf diese Herabsetzung § 174 2. Halbs. HGB nicht anwenden will mit der Folge, dass die Herabsetzung auch den Altgläubigern gegenüber wirksam wäre.
[67] Zu den Zielen des UmwG Einl. A Rn 23.
[68] §§ 133, 134.
[69] §§ 133 Abs. 2 Satz 2, 125 Satz 1, 22.
[70] §§ 125 Satz 1, 16 Abs. 1; umfassend zur Anmeldung § 16.
[71] §§ 125 Satz 1, 52 Abs. 1; für Details siehe § 52 Rn 4 f.
[72] §§ 125 Satz 1, 51 Abs. 1 Satz 2 oder 3; näher bei § 51 Rn 20 f. und 24 f.
[73] § 124 Abs. 1 1. Halbs.; siehe hierzu auch die tabellarische Übersicht über die möglichen Spaltungsfälle bei § 124 Rn 10.

35 Im Wege der **Ausgliederung** kann sie Vermögensteile übertragen auf
- eine Personenhandelsgesellschaft;
- GmbH, AG, KGaA oder
- eG[74].

36 Eine **aufgelöste PartG** kann sich als übertragender Rechtsträger an einer Verschmelzung nicht beteiligen, wenn die Partner eine andere Art der Auseinandersetzung[75] als die Abwicklung oder die Spaltung vereinbart haben[76].

37 Im Wege der **Auf- oder Abspaltung** können Vermögensteile **auf eine bestehende oder neue PartG** übertragen werden, wenn der **übertragende Rechtsträger** die Rechtsform einer
- PartG;
- Personenhandelsgesellschaft;
- GmbH, AG, KGaA;
- eG;
- eines e.V. oder
- wirtschaftlichen Vereins hat[77].

38 Die PartG steht nur Angehörigen Freier Berufe zur Ausübung ihrer Berufe und unter Beachtung bestehender berufsrechtlicher Schranken zur Verfügung[78]. Eine PartG kann deshalb bei einer Auf- oder Abspaltung nur übernehmender Rechtsträger sein, wenn alle Anteilsinhaber des übertragenden Rechtsträgers **Freiberufler-Qualität** haben[79] oder eine nicht verhältniswahrende Spaltung – namentlich eine Spaltung zu Null[80] – durchgeführt wird, bei der nur Freiberufler Anteile an der übernehmenden PartG erhalten. In beiden Fällen dürfen berufsrechtliche Regelungen nicht entgegenstehen[81].

39 **Nicht** möglich ist eine **Ausgliederung auf eine PartG**, weil die Anteile von Freiberuflern gehalten werden müssen[82]. Denkbar wäre die Ausgliederung eines Teils des Vermögens einer freiberuflich tätigen natürlichen Person auf eine PartG. Als natürliche Person kann an der Spaltung aber nur ein Einzelkaufmann als übertragender Rechtsträger teilnehmen[83]. § 152 bestimmt für diese Spaltungsvariante die möglichen übernehmenden Rechtsträger enumerativ[84]. Die PartG wird hier nicht genannt.

2. Spaltungs- und Übernahmevertrag

40 Der Spaltungs- und Übernahmevertrag ist von den geschäftsführenden Partnern in **vertretungsberechtigter Zahl** in **notarieller Form** zu schließen[85]. Der **Inhalt** richtet sich nach § 126[86].

41 Der Spaltungs- und Übernahmevertrag bzw. sein Entwurf hat – im Hinblick auf die Berufsgebundenheit der Mitgliedschaft – zusätzlich für jeden Anteilsinhaber des übertragenden

---

[74] § 124 Abs. 1 2. Halbs.; siehe hierzu auch die tabellarische Übersicht über die möglichen Spaltungsfälle bei § 124 Rn 10.
[75] § 10 Abs. 1 PartGG iVm. § 145 HGB.
[76] §§ 125 Satz 1, 45 e Satz 1, 39; zu Einzelheiten siehe § 45 e Rn 7 und § 39 Rn 8 f.
[77] § 124 Abs. 1 1. Halbs.; siehe hierzu auch die tabellarische Übersicht über die möglichen Spaltungsfälle bei § 124 Rn 10.
[78] § 1 Abs. 1 und 2 PartGG.
[79] §§ 125 Satz 1, 45 a Satz 1 iVm. § 1 Abs. 1 und 2 PartGG.
[80] Dazu § 128 Rn 6.
[81] §§ 125 Satz 1, 45 a Satz 2 iVm. § 1 Abs. 3 PartGG.
[82] § 1 Abs. 1 PartGG; *Neye* DB 1998, 1649, 1650; *Teichmann* in Lutter § 124 Rn 9.
[83] § 124 Abs. 1.
[84] Siehe § 152 Rn 48.
[85] §§ 125 Satz 1, 4.
[86] Zu Besonderheiten im Hinblick auf § 126 Abs. 1 Nr. 3 siehe § 126 Rn 35 ff.

Rechtsträgers den **Namen** und den **Vornamen** sowie den in der übernehmenden PartG **ausgeübten Beruf** und den **Wohnort** zu enthalten[87].

Sind bei einer Auf- oder Abspaltung Einzelne oder alle Anteilsinhaber des übertragenden Rechtsträgers an der aufnehmenden PartG beteiligt, ist eine Zuweisung von Gesellschaftsanteilen insoweit nicht erforderlich[88]. 42

3. Spaltungsbericht

Für eine beteiligte PartG ist ein Spaltungsbericht nur erforderlich, wenn ein Partner von der Führung der sonstigen Geschäfte ausgeschlossen ist[89]. Der Spaltungsbericht ist ebenfalls entbehrlich, wenn alle Anteilsinhaber aller beteiligter Rechtsträger auf ihn verzichten[90]. 43

4. Unterrichtung der Partner

Die von der Führung der sonstigen Geschäfte ausgeschlossenen Partner sind vor der Gesellschafterversammlung, die über die Spaltung beschließen soll, durch Übersendung des Spaltungs- und Übernahmevertrags bzw. seines Entwurfs und des Spaltungsberichts zu informieren[91]. 44

5. Unterrichtung des Betriebsrats

Besteht ein Betriebsrat, so ist der Spaltungsvertrag oder sein Entwurf bzw. – im Fall der Spaltung zur Neugründung – der Spaltungsplan dem Betriebsrat spätestens einen Monat vor dem Tag der Gesellschafterversammlung, die über die Spaltung beschließt, diesem zuzuleiten[92]. 45

6. Spaltungsprüfung

Bei einer Ausgliederung ist eine Spaltungsprüfung nicht erforderlich[93]. Bei einer Auf- oder Abspaltung ist eine Prüfung für die beteiligte PartG nur erforderlich, wenn der Partnerschaftsvertrag für den Spaltungsbeschluss eine Mehrheitsentscheidung vorsieht und zusätzlich ein Partner die Prüfung verlangt[94]. 46

7. Spaltungsbeschluss

Der Spaltungsbeschluss ist zwingend in einer Gesellschafterversammlung zu fassen[95]. Er ist einstimmig zu fassen und bedarf zu seiner Wirksamkeit der Zustimmung aller nicht in der Versammlung erschienenen Partner, sofern der Partnerschaftsvertrag nicht eine Mehrheitsentscheidung[96] vorsieht[97]. Enthält der Partnerschaftsvertrag eine Mehrheitsklausel, so muss die dort vorgesehene Mehrheit mindestens drei Viertel der abgegebenen Stimmen betragen[98]. 47

---

[87] §§ 125 Satz 1, 45 b Abs. 1; näher hierzu § 45 b Rn 7 ff.
[88] Siehe Rn 15.
[89] §§ 125 Satz 1, 45 c Satz 2. Den Ausschluss von der Geschäftsführung regelt § 6 Abs. 2 PartGG; im Einzelnen siehe § 45 c Rn 1 ff.
[90] §§ 125 Satz 1, 8 Abs. 3; siehe § 41 Rn 5 f. und § 8 Rn 75.
[91] §§ 125 Satz 1, 45 c Satz 2, 42; zu den Einzelheiten siehe § 42 Rn 1 ff.
[92] § 126 Abs. 3; zu den Einzelheiten siehe § 126 Rn 85 ff. und § 5 Rn 76 ff.
[93] § 125 Satz 2; siehe § 125 Rn 9.
[94] §§ 125 Satz 1, 45 e Satz 2, 44 Satz 1; zu den Einzelheiten § 45 e Rn 9 und § 44 Rn 7 ff.
[95] §§ 125 Satz 1, 13 Abs. 1 Satz 2; siehe § 13 Rn 14 und § 45 d Rn 7 ff.
[96] §§ 125 Satz 1, 45 Abs. 2 Satz 1.
[97] §§ 125 Satz 1, 45 d Abs. 1; siehe § 45 d Rn 12.
[98] §§ 125 Satz 1, 45 d Abs. 2 Satz 2; zu den Einzelheiten, insbes. zu den Anforderungen an die gesellschaftsvertragliche Mehrheitsklausel nach Maßgabe des Bestimmtheitsgrundsatzes § 45 d Rn 12 und § 43 Rn 27.

48 Ist an der Spaltung neben der PartG eine **GmbH beteiligt,** bei der nicht alle Stammeinlagen in voller Höhe erbracht sind, so gilt dasselbe wie bei der Personenhandelsgesellschaft[99].

8. Rechtsfolgen der Spaltung

49 Die Wirkungen der Spaltung treten mit Eintragung der Spaltung in das Register des übertragenden Rechtsträgers ein[100]. Mängel der Spaltung werden geheilt[101].

9. Nachhaftungsbegrenzung

50 Für die Nachhaftung der Partner einer übertragenden Partnerschaftsgesellschaft gilt dasselbe wie für die Nachhaftung der persönlich unbeschränkt haftenden Gesellschafter einer übertragenden Personenhandelsgesellschaft[102]. Soweit bei einer übertragenden Personenhandelsgesellschaft § 45 anwendbar ist, gilt dies auch für die PartG[103].

10. Gläubigerschutz

51 Den Gläubigerschutz gewährleisten die Vorschriften der §§ 133 und 134, die zugleich eine zeitliche Begrenzung der Haftung für im Zuge der Spaltung auf einen anderen Rechtsträger übergegangene Verbindlichkeiten vorsehen[104].

11. Verfahrensvorschriften

52 Die Spaltung ist zur Eintragung in das Register des übertragenden und des übernehmenden Rechtsträgers anzumelden[105]. Für die an der Verschmelzung beteiligte PartG hat die **Anmeldung** durch die geschäftsführenden Partner in vertretungsberechtigter Zahl zu erfolgen.

53 Ist aufgrund der Beteiligung einer GmbH, bei der nicht alle Stammeinlagen in voller Höhe einbezahlt sind, die Zustimmung aller Partner erforderlich, so ist die **Erklärung über die Zustimmung aller Partner**[106] der Anmeldung beizufügen[107].

IV. Spaltung unter Beteiligung einer EWIV

54 Da eine EWIV mit Sitz in Deutschland wie eine Personenhandelsgesellschaft zu behandeln ist[108], ist auch ihre **Spaltungsfähigkeit** anzuerkennen. Für die Spaltung einer EWIV gilt dasselbe wie für die Spaltung einer Personenhandelsgesellschaft.

---

[99] Siehe Rn 24.
[100] § 131 Abs. 1.
[101] § 131 Abs. 2; näher § 131 Rn 65 ff. Zur Haftung der Partner einer übertragenden PartG für bis zum Wirksamwerden der Spaltung begründete Verbindlichkeiten Rn 50.
[102] Siehe Rn 26 ff.
[103] § 45 e Satz 1 verweist auf § 45.
[104] Zu den Einzelheiten des Gläubigerschutzes §§ 133, 134; Zum Verhältnis von § 45 zu § 133 siehe Rn 29.
[105] §§ 125 Satz 1, 16 Abs. 1.
[106] §§ 125 Satz 1, 52 Abs. 1.
[107] §§ 125 Satz 1, 51 Abs. 1 Satz 2 oder 3.
[108] § 1 des Gesetzes zur Ausführung der EWG-Verordnung über Europäische wirtschaftliche Interessenvereinigungen vom 14. 4. 1988, BGBl. I 1988 S. 514; siehe hierzu § 1 Rn 25 und § 3 Rn 4.

Zweiter Teil. Besondere Vorschriften

Erster Abschnitt. Spaltung unter Beteiligung von Gesellschaften mit beschränkter Haftung

§ 138 Sachgründungsbericht

Ein Sachgründungsbericht (§ 5 Abs. 4 des Gesetzes betreffend die Gesellschaften mit beschränkter Haftung) ist stets erforderlich.

Übersicht

	Rn		Rn
I. Allgemeines	1	3. Prüfung durch den Registerrichter	6
II. Anwendung des Sachgründungsrechts	3	4. Differenzhaftung	7
1. Festsetzung im Gesellschaftsvertrag	4	III. Sachgründungsbericht	9
2. Anmeldung zum Handelsregister	5		

Literatur: *Ihrig*, Gläubigerschutz durch Kapitalaufbringung bei Verschmelzung und Spaltung nach neuem Umwandlungsrecht, GmbHR 1995, 622; *Mayer*, Erste Zweifelsfragen bei der Unternehmensspaltung, DB 1995, 861; *Priester*, Das neue Umwandlungsrecht aus notarieller Sicht, DNotZ 1995, 427.

I. Allgemeines

Die Vorschrift erscheint auf den ersten Blick überflüssig, da bereits § 135 Abs. 2 für die Spaltung zur Neugründung auf die Gründungsvorschriften des neuen Rechtsträgers verweist. Der Gesetzgeber hat eine Klarstellung hinsichtlich des Sachgründungsberichts gleichwohl für erforderlich gehalten, um Missverständnissen vorzubeugen. Denn § 125 Satz 1 verweist auf § 58 Abs. 2, demzufolge ein Sachgründungsbericht nicht erforderlich ist, soweit eine Kapitalgesellschaft als übertragender Rechtsträger beteiligt ist. § 138 UmwG stellt klar, dass die durch § 58 Abs. 2 angeordnete Befreiung im Fall der Spaltung keine Anwendung findet. 1

Umstritten ist, ob § 138 auch auf den Fall der **Spaltung zur Aufnahme** Anwendung findet. Da die Spaltung zur Aufnahme beim übernehmenden Rechtsträger zu einer Kapitalerhöhung führt, geht es um dieselbe Streitfrage, die ganz allgemein bei Sachkapitalerhöhungen im GmbHRecht diskutiert wird, nämlich ob bei einer Kapitalerhöhung durch Sacheinlagen ein sog. Sachkapitalerhöhungsbericht erforderlich ist[1]. Da auch die Rechtsprechung keinen einheitlichen Standpunkt vertritt[2], empfiehlt es sich, einen solchen Bericht auch bei der Spaltung zur Aufnahme zu erstatten, um Beanstandungen durch das Registergericht zu vermeiden. 2

---

[1] Bejahend *Priester* in Lutter Rn 8; *Priester* in Scholz § 56 GmbHG Rn 81 ff.; dagegen *Mayer* in Widmann/Mayer Rn 1; *Hörtnagl* in Schmitt/Hörtnagl/Stratz Rn 3; *Ulmer* in Hachenburg § 56 GmbHG Rn 49; *Lutter/Hommelhoff* in Lutter/Hommelhoff § 56 GmbHG Rn 7 mwN.

[2] Bejahend *OLG Stuttgart* BB 1982, 398; verneinend *OLG Köln* GmbHR 1996, 684; offen gelassen von *BayObLG* NJW 1995, 1971.

II. Anwendung des Sachgründungsrechts

3   Da die Spaltung zur Neugründung eine Sachgründung ist, finden die Sachgründungsvorschriften des GmbHG Anwendung[3].

1. Festsetzung im Gesellschaftsvertrag

4   Dies bedeutet zunächst, dass der Gegenstand der Sacheinlage und der Betrag, zu dem die Sacheinlage auf die Stammeinlage angerechnet werden soll, im **Gesellschaftsvertrag** festzusetzen sind. Gegenstand der Sacheinlage ist der zu übertragende Unternehmensteil des übertragenden Rechtsträgers, wie er im Spaltungsplan näher bezeichnet ist[4].

2. Anmeldung zum Handelsregister

5   Strittig ist, inwieweit bei der Anmeldung zum Handelsregister auch die **Versicherungen** nach § 8 Abs. 2 GmbHG abzugeben sind. Dagegen spricht, dass § 7 Abs. 3 GmbHG, dem für die Bewirkung der Sacheinlagen die Vorstellung von einer Übertragung der Vermögensgegenstände durch Einzelakt zugrunde liegt, aufgrund der Sonderregelung des § 131 Abs. 1 Nr. 1 (partielle Gesamtrechtsnachfolge) keine Anwendung findet[5]. Nach der Gegenauffassung soll zumindest die Versicherung erforderlich sein, dass sich der Gegenstand der Leistungen ab Eintragung endgültig in der freien Verfügung der Geschäftsführer befinden wird[6]. Dies erscheint jedoch angesichts der Tatsache, dass sich der Vermögensübergang im Fall der Spaltung nicht im Wege der rechtsgeschäftlichen Übertragung, sondern kraft Gesetzes vollzieht, als unnötig.

3. Prüfung durch den Registerrichter

6   Der Registerrichter hat gem. § 135 Abs. 2 iVm. § 9 c Abs. 1 Satz 2 GmbHG zu überprüfen, ob die Sacheinlagen überbewertet worden sind. Daraus ergibt sich, dass beim Registergericht neben dem Sachgründungsbericht[7] auch eine **Werthaltigkeitsbescheinigung** einzureichen ist. Ist der Registerrichter der Auffassung, dass der Wert der Sacheinlage den Stammkapitalbetrag nicht abdeckt, hat er die Eintragung abzulehnen.

4. Differenzhaftung für Sacheinlagen

7   Anwendbar ist auch § 9 GmbHG. Danach haben die Gründer eine zum Zeitpunkt der Eintragung bestehende Unterbilanz in Geld auszugleichen. Im Fall der Ausgliederung ist Verpflichteter iSd. § 9 GmbHG der **übertragende Rechtsträger** als Gründer[8]. Dasselbe gilt prinzipiell auch bei der Abspaltung. Hinzu tritt in diesem Fall aber die Haftung der **Anteilserwerber**, d.h. der Gesellschafter des übertragenden Rechtsträgers. Für dieses Nebeneinander der Haftung des übertragenden Rechtsträgers und seiner Gesellschafter spricht der in § 16 Abs. 3 GmbHG zum Ausdruck kommende Rechtsgedanke, dem zufolge der Erwerber eines Geschäftsanteils, der nicht voll eingezahlt ist, neben dem Veräußerer für die rückständigen Leistungen haftet. Dass zu den rückständigen Leistungen iSv. § 16 Abs. 3 GmbHG auch

---

[3] Gem. § 135 Abs. 2. Siehe auch § 135 Rn 20.
[4] Formulierungsbeispiel bei *D. Mayer* DB 1995, 861, 863 in Fn 18.
[5] *Priester* in Lutter Rn 3; *Zimmermann* in Kallmeyer § 137 Rn 9; *Priester* DNotZ 1995, 427, 452; *Ihrig* GmbHR 1995, 622, 629.
[6] *Mayer* DB 1995, 861, 862 f.; *ders.* in Widmann/Mayer § 135 Rn 61; abw. bei der Verschmelzung durch Neugründung siehe § 56 Rn 16.
[7] Gem. § 8 Abs. 1 Nr. 5 GmbHG.
[8] Gem. § 135 Abs. 2 Satz 2.

Ansprüche aus Vorbelastung gehören, ist kaum zweifelhaft[9]. Der übertragende Rechtsträger und seine Gesellschafter haften gegenüber der neu gegründeten GmbH als **Gesamtschuldner**[10]. Im Innenverhältnis ist von einer alleinigen Haftung des übertragenden Rechtsträgers auszugehen[11].

Dieselbe Überlegung wie bei der Abspaltung führt auch zu der Lösung der Frage, wer im Fall der Aufspaltung für eine eventuell bestehende Unterbilanz haftet. Der Unterschied zum Fall der Abspaltung besteht allerdings darin, dass der übertragende Rechtsträger mit Eintragung der Spaltung im Handelsregister erlischt und damit als Haftungsadressat nicht mehr in Frage kommt. Daraus folgt, dass im Fall der Aufspaltung allein die **Gesellschafter** für eine Unterbilanz heranzuziehen sind.

III. Sachgründungsbericht

Den Sachgründungsbericht haben die Gründungsgesellschafter zu erstatten[12]. Als Gründer iSd. Spaltungsrechts gilt der **übertragende Rechtsträger**[13]. Der Sachgründungsbericht ist schriftlich abzufassen[14]. Der Sachgründungsbericht ist weder Bestandteil des Spaltungsvertrags noch des Spaltungsbeschlusses und bedarf deshalb auch nicht der notariellen Beurkundung[15]. Er ist durch die Vertretungsorgane des übertragenden Rechtsträgers persönlich zu unterzeichnen. Möglich ist unechte Gesamtvertretung, nicht aber rechtsgeschäftliche Bevollmächtigung[16]. Maßgeblicher Zeitpunkt für die Organstellung ist die Anmeldung beim Handelsregister.

Inhaltlich hat sich der Bericht zunächst an den Vorgaben des § 5 Abs. 4 Satz 2 GmbHG zu orientieren. Er hat die Umstände zu benennen, die erforderlich sind, um sachgerecht beurteilen zu können, ob der **Nominalwert** der im Zuge der Spaltung gewährten Geschäftsanteile an der neuen GmbH durch den **Zeitwert** der im Zuge der partiellen Gesamtrechtsnachfolge übergehenden Vermögensgegenstände des übertragenden Rechtsträgers gedeckt wird[17]. IdR reicht dabei der Hinweis auf die der Anmeldung beigefügte Spaltungsbilanz aus, soweit diese mit einer entsprechenden Bestätigung durch einen Steuerberater oder Wirtschaftsprüfer versehen ist, dass Aktiva nicht überbewertet und Passiva nicht unterbewertet sind[18]. Ist Gegenstand der Spaltung ein Unternehmen, sind die **Jahresergebnisse der beiden letzten Geschäftsjahre** vor der Anmeldung oder, wenn das im Zuge der Spaltung übertragene Unternehmen noch nicht so lange besteht, die bisher erzielten Unternehmensergebnisse vorzulegen[19]. Unter „Jahresergebnis" ist der nach den Grundsätzen ordnungsgemäßer Buchführung zu ermittelnde Jahresüberschuss oder -fehlbetrag iSd. § 275 Abs. 2 Nr. 20 bzw. Abs. 3 Nr. 19 HGB zu verstehen[20]. Ist Gegenstand der Spaltung ein Unternehmensteil, der selbstständig fortführbar ist, sind die für ihn maßgeblichen Jahresergebnisse mitzuteilen[21].

---

[9] *Winter* in Scholz § 16 GmbHG Rn 40 mwN in Fn 78.
[10] *Teichmann* in Lutter § 135 Rn 4; *Ihrig* GmbHR 1995, 622, 638.
[11] *Teichmann* in Lutter § 135 Rn 4; *Priester* in Lutter Rn 10; *Mayer* in Widmann/Mayer § 135 Rn 70 ff.
[12] § 5 Abs. 4 Satz 2 GmbHG.
[13] § 135 Abs. 2 Satz 2.
[14] *Ulmer* in Hachenburg § 5 GmbHG Rn 139; *Winter* in Scholz § 5 GmbHG Rn 102; *Lutter/Hommelhoff* in Lutter/Hommelhoff § 5 GmbHG Rn 29; *Priester* in Lutter Rn 5; *Mayer* in Widmann/Mayer Rn 4.
[15] *Priester* in Lutter Rn 5; *Mayer* in Widmann/Mayer Rn 7.
[16] *Priester* in Lutter Rn 5; *Mayer* in Widmann/Mayer Rn 5.
[17] *Mayer* in Widmann/Mayer Rn 8; *Winter* in Scholz § 5 GmbHG Rn 104.
[18] *Mayer* in Widmann/Mayer Rn 10.
[19] Gem. § 5 Abs. 4 Satz 2 2. Halbs. GmbHG; *Winter* in Scholz § 5 GmbHG Rn 105; *Ulmer* in Hachenburg § 5 GmbHG Rn 141; *Mayer* in Widmann/Mayer Rn 14.
[20] *Winter* in Scholz § 5 GmbHG Rn 105; *Mayer* in Widmann/Mayer Rn 14; vgl. OLG Naumburg GmbHR 1998, 385.
[21] *Winter* in Scholz § 5 GmbHG Rn 105; *Mayer* in Widmann/Mayer Rn 14.

11 Aufgrund der Verweisung in § 125 Satz 1 findet auf den Sachgründungsbericht auch § 58 Abs. 1 Anwendung, demzufolge auch der **Geschäftsverlauf** und die **Lage** des übertragenen Unternehmens oder Unternehmensteils darzustellen sind[22].

§ 139 Herabsetzung des Stammkapitals

Ist zur Durchführung der Abspaltung oder der Ausgliederung eine Herabsetzung des Stammkapitals einer übertragenden Gesellschaft mit beschränkter Haftung erforderlich, so kann diese auch in vereinfachter Form vorgenommen werden. Wird das Stammkapital herabgesetzt, so darf die Abspaltung oder die Ausgliederung erst eingetragen werden, nachdem die Herabsetzung des Stammkapitals im Register eingetragen worden ist.

Übersicht

	Rn		Rn
I. Allgemeines	1	III. Ablauf der einfachen Kapitalherabsetzung	12
II. Voraussetzungen der vereinfachten Kapitalherabsetzung	6	1. Kapitalherabsetzungsbeschluss	12
1. Rechtsfolgenverweisung	6	2. Vorteile der vereinfachten Kapitalherabsetzung	14
2. Erforderlichkeit	7	3. Beschränkung der Gewinnausschüttung	16
3. Weitere Begrenzung	10	IV. Erfordernis der Voreintragung der Kapitalherabsetzung	18
4. Verstoß	11		

Literatur: *D. Mayer,* Erste Zweifelsfragen bei der Unternehmensspaltung, DB 1995, 861; *Naraschewski,* Die vereinfachte Kapitalherabsetzung bei der Spaltung einer GmbH, GmbHR 1995, 697; *Petersen,* Der Gläubigerschutz im Umwandlungsrecht, 2001; *Priester,* Kapitalschutz bei der übertragenden Gesellschaft in Spaltungsfällen, FS Schippel, 1996, S. 487; *ders.,* Das neue Umwandlungsrecht aus notarieller Sicht, DNotZ 1995, 427.

I. Allgemeines

1 Die Vorschrift gilt für alle Abspaltungen und Ausgliederungen, an denen eine GmbH als übertragender Rechtsträger beteiligt ist. Dabei kommt es weder auf die Rechtsform des übernehmenden Rechtsträgers an noch darauf, ob es sich um eine Spaltung zur Aufnahme oder zur Neugründung handelt. Bei der Aufspaltung kann eine Kapitalherabsetzung beim übertragenden Rechtsträger nicht stattfinden, weil die übertragende GmbH mit Eintragung der Aufspaltung in das Handelsregister erlischt.

2 Gegenstand der Regelung in Satz 1 ist, dass zum Zwecke der Durchführung der Abspaltung bzw. der Ausgliederung statt der ordentlichen Kapitalherabsetzung[1] auch eine **Kapitalherabsetzung in vereinfachter Form**[2] erfolgen kann. Gegenüber der ordentlichen hat die vereinfachte Kapitalherabsetzung insbesondere den Vorteil, dass das Sperrjahr nach § 58 Abs. 1 Nr. 3 GmbHG entfällt. Auch ein Gläubigeraufruf nach § 58 Abs. 1 Nr. 1 GmbHG ist nicht erforderlich. Die vereinfachte Kapitalherabsetzung kann daher sofort angemeldet, eingetragen und damit wirksam werden[3].

---

[22] *Priester* in Lutter Rn 7; siehe im Einzelnen § 58 Rn 8 f.
[1] § 58 GmbHG.
[2] §§ 58 a ff. GmbHG.
[3] *Lutter/Hommelhoff* in Lutter/Hommelhoff § 58 a GmbHG Rn 6, 26; *Priester* in Scholz Vorb. § 58 a GmbHG Rn 9.

Die Kapitalherabsetzung dient in erster Linie dem Gläubigerschutz. Es soll verhindert werden, dass beim übertragenden Rechtsträger infolge der durch die Spaltung bedingten Übertragung von Vermögensgegenständen eine **Unterbilanz** entsteht. Das ist der Fall, wenn der durch die Spaltung bewirkten Verminderung des Vermögens des übertragenden Rechtsträgers keine offenen Eigenkapitalposten wie Kapital- und Gewinnrücklagen gegenüberstehen, durch deren Auflösung dieser Vermögensabgang kompensiert werden könnte. Die Gefahr einer Unterbilanz besteht insbesondere im Fall der **Abspaltung**. Anders als bei der Ausgliederung, bei welcher der übertragende Rechtsträger im Gegenzug für die Vermögensübertragung Anteile an dem neuen bzw. dem übernehmenden Rechtsträger erhält, fließt dem übertragenden Rechtsträger im Fall der Abspaltung kein Vermögen zu, da die Anteile an dem neuen bzw. übernehmenden Rechtsträger den Gesellschaftern des übertragenden Rechtsträgers gewährt werden. Die Gewährung dieser Anteile an die Gesellschafter des übertragenden Rechtsträgers wirkt iE wie eine Ausschüttung, die im Fall einer entstehenden Unterbilanz gegen § 30 GmbHG verstieße[4].

Im Fall der **Ausgliederung** drängt sich das Erfordernis einer Kapitalherabsetzung weniger auf, da hier ein Aktivtausch stattfindet[5]. Die Ausgliederung zur Neugründung hat keinen negativen Einfluss auf das Vermögen des übertragenden Rechtsträgers, da das zu übertragende Vermögen mindestens dem Nominalwert der Anteile an dem neuen Rechtsträger entsprechen muss. Anders kann es im Fall der Ausgliederung zur Aufnahme sein. Eine Verschlechterung der Vermögenslage des übertragenden Rechtsträgers ist denkbar, wenn die für die Übertragung des Vermögens oder der Vermögensteile gewährten Gesellschaftsrechte infolge eines geringeren Werts des übernehmenden Rechtsträgers keinen entsprechenden Gegenwert darstellen und sogleich nach Erwerb eine Teilwertabschreibung auf die Anteile vorzunehmen ist[6].

Das in Satz 2 statuierte Gebot der **Voreintragung** der Kapitalherabsetzung findet seine Entsprechung in § 53. Durch die Vorschrift soll sichergestellt werden, dass im Handelsregister die Eintragung der Kapitalherabsetzung vor der tatsächlichen Vermögensminderung durch die Spaltung eingetragen wird. Die Kapitalherabsetzung wird nur zusammen mit der Spaltung wirksam und darf im Handelsregister auch nur gleichzeitig mit dieser eingetragen werden[7]. Die Vorschrift wird ergänzt durch § 140, der eine Erklärung zur Kapitaldeckung verlangt.

II. Voraussetzungen der vereinfachten Kapitalherabsetzung

1. Rechtsfolgenverweisung

Bei der Bestimmung von Satz 1 handelt es sich um eine Rechtsfolgenverweisung[8]. Ginge man von einer Rechtsgrundverweisung aus, könnte eine Kapitalherabsetzung in vereinfachter Form nur durchgeführt werden, wenn schon vor dem Spaltungsvorgang beim übertragenden Rechtsträger durch Wertminderungen oder Verluste eine Unterbilanz aufgetreten ist. Bei einem gesunden Unternehmen käme die vom Gesetz angestrebte Erleichterung daher nicht zum Zuge. Die Gegenauffassung[9] muss sich daher mit der Annahme behelfen, es sei

---

[4] *Priester* in Lutter Rn 3; *ders.*, FS Schippel, S. 487, 489; *Mayer* in Widmann/Mayer Rn 12; *Zimmermann* in Kallmeyer Rn 2; *Ott* in Beck'sches Handbuch GmbH § 14 Rn 682; *Naraschewski* GmbHR 1995, 697.
[5] *Priester* in Lutter § 138 Rn 4; *Hommelhoff/Schwab* in Lutter § 145 Rn 4.
[6] *Mayer* in Widmann/Mayer Rn 17; *Zimmermann* in Kallmeyer Rn 4.
[7] *Mayer* in Widmann/Mayer Rn 63, 64; siehe hierzu Rn 18 f.
[8] *Priester* in Lutter Rn 5; *ders.* DNotZ 1995, 437, 447 f.; *Zimmermann* in Kallmeyer Rn 1; *D. Mayer* DB 1995, 861, 866; *Naraschewski* GmbHR 1995, 697, 700.
[9] *Mayer* in Widmann/Mayer Rn 23; *Hörtnagl* in Schmitt/Hörtnagl/Stratz Rn 8; *Sagasser/Sickinger* in Sagasser/Bula/Brünger N Rn 84 ff.

nicht erforderlich, dass das Erfordernis einer Unterbilanz iSv. § 58 a Abs. 1 GmbHG bereits vor der Durchführung der Spaltung vorliege.

2. Erforderlichkeit

Bei der Abspaltung ist die Kapitalherabsetzung zwingend, wenn durch den Vermögensübergang auf den übernehmenden bzw. neu gegründeten Rechtsträger bei dem übertragenden Rechtsträger eine **Unterbilanz** entsteht. In diesem Fall verstößt die durch § 123 Abs. 2 vorgeschriebene Gewährung von Anteilen an die Anteilsinhaber des übertragenden Rechtsträgers gegen den Rechtsgedanken des § 30 Abs. 1 GmbHG und macht damit die Abspaltung unzulässig bzw. führt zu einer Haftung der Gesellschafter. Für die Frage, ob eine Unterbilanz vorliegt, kommt es allein auf die **bilanziellen Wertansätze** an[10].

Solange offene Eigenkapitalposten wie **Rücklagen oder Gewinnvorträge** vorhanden sind, durch deren Auflösung der Vermögensabgang kompensiert werden könnte, ist die vereinfachte Kapitalherabsetzung unzulässig[11]. Die Pflicht zur vorherigen Auflösung offener Eigenkapitalposten ergibt sich bereits aus der Systematik der Kapitalherabsetzungsvorschriften des GmbHG. Danach ist eine vereinfachte Kapitalherabsetzung nur möglich, wenn andere Möglichkeiten des Verlustausgleichs nicht mehr gegeben sind[12].

Das Tatbestandsmerkmal „Erforderlichkeit" ist richtigerweise auch dann erfüllt, wenn im Fall einer Ausgliederung zur Aufnahme eine Unterbilanz bei dem übertragenden Rechtsträger dadurch hervorgerufen wird, dass die im Gegenzug für die Vermögensübertragung gewährten Anteile am aufnehmenden Rechtsträger nicht dem Wert des übertragenen Vermögens bzw. der übertragenen Vermögensteile entsprechen und aufgrund dessen beim übertragenden Rechtsträger auf die erworbenen Anteile sogleich eine **Teilwertabschreibung** vorzunehmen ist[13].

3. Weitere Begrenzung

Nach Sinn und Zweck der Norm ist die Kapitalherabsetzung höchstens in der **Höhe** zulässig, in der beim übernehmenden bzw. beim neuen Rechtsträger eine Kapitalerhöhung stattfindet[14]. Hierfür spricht bereits die Gesetzesbegründung, der zufolge bei der übernehmenden Gesellschaft wegen der damit verbundenen Ausschüttungsgefahr kein freies Eigenkapital gebildet werden soll[15]. Wird bei der Spaltung bei der übernehmenden Gesellschaft eine über das nominelle Eigenkapital hinausgehende Rücklage gebildet, besteht die Gefahr, dass diese an die Gesellschafter des übernehmenden Rechtsträgers ausgeschüttet wird, die im Fall der Abspaltung mit denen des übertragenden Rechtsträgers personenidentisch sein können. Über den Umweg der Abspaltung könnte eine vereinfachte Kapitalherabsetzung vorgenommen werden, deren Ziel die Ausschüttung von Beträgen an die Gesellschafter ist, obwohl nach der Systematik des GmbHG hierzu eine ordentliche Kapitalherabsetzung erforderlich wäre. Der Gegenauffassung[16], wonach sich das Maß der Erforderlichkeit ausschließlich nach dem Nettovermögensabfluss bei dem übertragenden Rechtsträger bestimmt, ist zwar insoweit Recht

---

[10] *Priester* in Lutter Rn 9; *Zimmermann* in Kallmeyer Rn 2; *Sagasser/Sickinger* in Sagasser/Bula/Brünger N Rn 85.
[11] *Priester* in Lutter Rn 6; *Zimmermann* in Kallmeyer Rn 2; IDW HFA1/1998, Teilziffer 2, WPG 1998, 508, 510; aA *Naraschewski* GmbHR 1995, 697, 698 f.; *D. Mayer* DB 1995, 861, 866.
[12] Vgl. etwa *Lutter/Hommelhoff* in Lutter/Hommelhoff § 58 a GmbHG Rn 11; zum AktG *Lutter* in Kölner Komm. § 229 AktG Rn 23.
[13] Siehe Rn 4; *Mayer* in Widmann/Mayer Rn 17 f.; *Zimmermann* in Kallmeyer Rn 4.
[14] *Priester* in Lutter Rn 10; vgl. ebenso *Hommelhoff/Schwab* in Lutter § 145 Rn 16; *Naraschewski* GmbHR 1995, 597, 701; *Petersen* S. 314.
[15] RegBegr. *Ganske* S. 153; vgl. *Priester* in Lutter Rn 10.
[16] *Hörtnagl* in Schmitt/Hörtnagl/Stratz Rn 12; *Mayer* in Widmann/Mayer Rn 51 ff.; *W. Müller* WPg 1996, 857, 866; nunmehr auch *Zimmermann* in Kallmeyer Rn 3.

zu geben, als diese Gefahr auch besteht, wenn die Abspaltung auf einen anderen Rechtsträger als eine Kapitalgesellschaft, insbesondere eine Personengesellschaft, erfolgt, bei der eine korrespondierende Vermögensbindung ohnehin nicht erreicht werden kann. Dies sollte jedoch nicht Anlass sein, eine Umgehung des Grundsatzes, dass eine effektive Kapitalherabsetzung nur im Wege der ordentlichen Kapitalherabsetzung herbeigeführt werden darf, zuzulassen.

4. Verstoß

Ein Verstoß gegen Bestimmungen über die vereinfachte Kapitalherabsetzung führt nicht zur Nichtigkeit des Spaltungsbeschlusses. Dieser ist lediglich **anfechtbar**[17]. Stellt der Registerrichter den Mangel bei der Prüfung der Anmeldung fest, hat er jedoch die **Eintragung** abzulehnen, und zwar selbst dann, wenn eine Anfechtung nicht erfolgt ist[18].

III. Ablauf der einfachen Kapitalherabsetzung

1. Kapitalherabsetzungsbeschluss

Der Kapitalherabsetzungsbeschluss bei der übertragenden GmbH bedarf einer satzungsändernden Mehrheit und ist notariell zu beurkunden[19]. Der Beschluss erfolgt zweckmäßigerweise zusammen mit dem Spaltungsbeschluss. Er muss den **Betrag** und den **Zweck** der Kapitalherabsetzung festlegen und – ebenso wie im Aktienrecht – angeben, dass es sich um eine vereinfachte Kapitalherabsetzung handelt, obwohl dies vom Gesetz in beiden Fällen nicht ausdrücklich angeordnet wird[20]. Dabei ist die Angabe „zur Durchführung der Spaltung" ausreichend[21]. Ferner sind in dem Beschluss über die vereinfachte Kapitalherabsetzung die **Nennbeträge** der Geschäftsanteile dem herabgesetzten Stammkapital des übertragenden Rechtsträgers anzupassen[22].

Die Kapitalherabsetzung darf nur noch in das Handelsregister eingetragen werden, wenn das Kapital auf Euro umgestellt und die in Euro berechneten Nennbeträge der Geschäftsanteile auf einen durch 10 teilbaren Betrag, mindestens jedoch auf € 50 gestellt werden[23]. Dies gilt auch für die im Wege der Kapitalherabsetzung angepassten Nennbeträge der Geschäftsanteile[24]. Bei einer Gesellschaft, deren Stammkapitalbeträge auf DM lauten, konnte vor dem 31.12.2001 die alte Regelung beibehalten werden, der zufolge die angepassten Nennbeträge der Geschäftsanteile auf jeden durch 10 teilbaren Betrag, jedoch auf mindestens DM 50 gestellt werden mussten.

2. Vorteile der vereinfachten Kapitalherabsetzung

Anders als bei der ordentlichen Kapitalherabsetzung ist bei der vereinfachten Kapitalherabsetzung kein Gläubigeraufruf erforderlich. Sich meldende Gläubiger müssen nicht befriedigt oder sichergestellt werden. Ebenso wenig ist bei der Anmeldung zum Handelsregister das Sperrjahr des § 58 Abs. 1 Nr. 3 GmbHG einzuhalten. Die vereinfachte Kapitalherabsetzung kann also sofort durchgeführt werden. Diese Vereinfachungen werden durch besondere Gläubigerschutzvorschriften ausgeglichen, die insbesondere in **Ausschüttungsbeschrän-**

---

[17] *Priester* in Lutter Rn 12.
[18] *Priester* in Lutter Rn 12; *ders.* in Scholz § 58 a GmbHG Rn 42.
[19] § 58 a Abs. 5 iVm. § 53 GmbHG.
[20] *Priester* in Lutter Rn 18; *ders.* in Scholz § 58 a GmbHG Rn 20; *Lutter/Hommelhoff* in Lutter/Hommelhoff § 58 a GmbHG Rn 16; *Lutter* in Kölner Komm. § 229 AktG Rn 22.
[21] *Priester* in Lutter Rn 18.
[22] § 58 a Abs. 3 GmbHG.
[23] § 86 Abs. 1 Satz 4 GmbHG.
[24] § 58 a Abs. 3 Satz 2 GmbHG.

kungen bestehen. Das Verbot der Auszahlungen an Gesellschafter ergibt sich implizit aus der durch § 58 b GmbHG, § 139 UmwG vorgeschriebenen Zweckbindung der vereinfachten Kapitalherabsetzung.

15 Ebenso ist es unzulässig, **ausschüttbare Rücklagen** zu bilden[25]. Dies gilt auch bei der übernehmenden Gesellschaft. Das Verbot der Bildung ausschüttbarer Rücklagen lässt sich bei dieser zwar nicht direkt auf § 58 b GmbHG stützen. Da die Anteile der übernehmenden Gesellschaft aber zumindest im Fall der Abspaltung den Gesellschaftern der übertragenden Gesellschaft zufallen, kommen Ausschüttungen der übernehmenden Gesellschaft solchen der übertragenden Gesellschaft gleich und sind damit entsprechend § 58 b Abs. 1 GmbHG unzulässig[26]. Neben dem Ausgleich des spaltungsbedingten Bilanzverlusts kann ein Betrag in Höhe von bis zu 10% des sich nach der Kapitalherabsetzung ergebenden Stammkapitals der übertragenden GmbH in die **Kapitalrücklage** eingestellt werden[27]. Daneben kann auch ein Unterschiedsbetrag in die Kapitalrücklage eingestellt werden, der sich aus dem bei der Beschlussfassung angenommenen und dem bei Aufstellung der Jahresbilanz tatsächlich eingetretenen Verlust ergibt[28]. Diese Kapitalrücklage darf fünf Jahre lang nur zum Ausgleich von Jahresfehlbeträgen oder Verlustvorträgen oder zu einer Kapitalerhöhung aus Gesellschaftsmitteln verwandt werden[29]. Eine entsprechende Situation kann entstehen, wenn beim übertragenden Rechtsträger im Zeitpunkt der Beschlussfassung über die Kapitalherabsetzung noch keine Bilanz vorlag[30].

3. Beschränkung der Gewinnausschüttung

16 Fraglich ist, ob auch die Beschränkungen der Gewinnausschüttung nach § 58 d GmbHG Anwendung finden. Dagegen spricht, dass die **Gewinnausschüttungssperre** ihrer Bestimmung nach im Zusammenhang mit der durch die vereinfachte Kapitalherabsetzung im GmbH-Recht vorgesehenen Erleichterung von Unternehmenssanierungen steht. Es soll sichergestellt werden, dass das gerade sanierte Unternehmen nicht durch eine unvorsichtige Ausschüttungspolitik erneut in Schwierigkeiten gerät. Eine solche Problematik liegt im Fall der Abspaltung nicht nahe, da es sich idR um Maßnahmen der bloßen Umstrukturierung und nicht um Sanierungsfälle handelt. Deshalb ist mit der wohl hM davon auszugehen, dass § 58 d GmbHG bei der vereinfachten Kapitalherabsetzung nach § 139 UmwG nicht zur Anwendung kommt[31].

17 Unanwendbar dürfte auch die durch § 58 e GmbHG ermöglichte **Rückbeziehung** der vereinfachten Kapitalherabsetzung sein. Der Zweck dieser Norm besteht darin, bei einer Unternehmenssanierung eine weitere Sanierungshilfe anzubieten. Durch die Rückbeziehung kann ein negatives Bilanzbild vermieden werden, das die Kreditwürdigkeit der Gesellschaft herabsetzen würde[32]. Eine solche Rückwirkung ist im Fall der Kapitalherabsetzung zur Durchführung einer Spaltung überflüssig, denn anders als im Fall der sanierenden Kapitalherabsetzung treten die auszugleichenden Verluste bei der Spaltung erst mit deren Eintragung im Handelsregister ein. Würde man trotzdem auch bei der Spaltung eine Rückbeziehung der Kapitalherabsetzung zulassen, würde die Bilanz uU ein falsches Bild der wirtschaftlichen Lage der Gesellschaft wiedergeben[33].

---

[25] Siehe Rn 10.
[26] *Priester* in Lutter Rn 14.
[27] § 58 b Abs. 2 GmbHG; *Mayer* in Widmann/Mayer Rn 71.
[28] § 58 c GmbHG.
[29] § 58 c Satz 2, § 58 b Abs. 3 GmbHG.
[30] *Priester* in Lutter Rn 15; *Mayer* in Widmann/Mayer Rn 72 f.; *Naraschewski* GmbHR 1995, 697, 702.
[31] *Priester* in Lutter Rn 16; *Zimmermann* in Kallmeyer Rn 6; *Mertens* AG 1994, 66, 71; aA *Mayer* in Widmann/Mayer Rn 79; *Hörtnagl* in Schmitt/Hörtnagl/Stratz Rn 35.
[32] *Naraschewski* GmbHR 1995, 697, 702; *Priester* in Scholz § 58 e GmbHG Rn 1.
[33] *Stratz* in Schmitt/Hörtnagl/Stratz Rn 35; *Mayer* in Widmann/Mayer Rn 80; *Naraschewski*

IV. Erfordernis der Voreintragung der Kapitalherabsetzung

Gem. Satz 2 darf die Abspaltung oder Ausgliederung erst in das **Handelsregister** eingetragen werden, nachdem die Herabsetzung des Stammkapitals eingetragen wurde. Die Regelung soll sicherstellen, dass die Veränderung in der Kapitalsituation der Gesellschaft nicht erst nach der Umstrukturierungsmaßnahme wirksam wird. Vielmehr sollen Kapitalherabsetzung und Spaltung im selben Augenblick wirksam werden. Das Wirksamwerden der Spaltung ist gesetzliche Bedingung für das Wirksamwerden der Kapitalherabsetzung[34]. 18

In der Praxis wird beim übertragenden Rechtsträger zunächst nur die Kapitalherabsetzung (und sonstige eventuelle Satzungsänderungen) eingetragen, danach erfolgt im Hinblick auf § 130 UmwG zunächst die Eintragung der Spaltung beim übernehmenden Rechtsträger. Erst wenn die Eintragung beim übernehmenden Rechtsträger dem Handelsregister des übertragenden Rechtsträgers nachgewiesen wird, kann dort die Spaltung eingetragen werden. Erst in diesem Augenblick wird die Spaltung und damit auch die Kapitalherabsetzung wirksam. Scheitert die Spaltung, ist die Eintragung der Kapitalherabsetzung – soweit sie bereits erfolgt ist – unverzüglich von Amts wegen zu löschen[35]. 19

§ 140 Anmeldung der Abspaltung oder der Ausgliederung

Bei der Anmeldung der Abspaltung oder der Ausgliederung zur Eintragung in das Register des Sitzes einer übertragenden Gesellschaft mit beschränkter Haftung haben deren Geschäftsführer auch zu erklären, daß die durch Gesetz und Gesellschaftsvertrag vorgesehenen Voraussetzungen für die Gründung dieser Gesellschaft unter Berücksichtigung der Abspaltung oder der Ausgliederung im Zeitpunkt der Anmeldung vorliegen.

Übersicht

	Rn		Rn
I. Allgemeines	1	1. Zeitpunkt	6
II. Inhalt der Erklärung	2	2. Form	7
III. Erklärungspflichtige	4	3. Prüfung	8
IV. Registeranmeldung	6	V. Folgen der Unrichtigkeit der Erklärung	10

Literatur: Siehe Literaturverzeichnis zu § 139.

I. Allgemeines

Die Norm verlangt, dass die Geschäftsführer, die eine Abspaltung oder Ausgliederung zum Handelsregister der übertragenden GmbH anmelden, gegenüber dem Registergericht Angaben zur Kapitalausstattung der Gesellschaft machen. Der Zweck der Norm besteht darin, die **Kapitalausstattung** der Gesellschaft auch nach der Abspaltung sicherzustellen. Dabei hat der Gesetzgeber bewusst darauf verzichtet, für die Abspaltung dieselben Nachweise wie bei der Neugründung einer Gesellschaft zu verlangen. Vielmehr tritt die Erklärung nach 1

GmbHR 1995, 702; aA *Priester* in Lutter Rn 15.
[34] *Zimmermann* in Kallmeyer Rn 7; *Mayer* in Widmann/Mayer Rn 45; *Priester* in Lutter Rn 22.
[35] *Zimmermann* in Kallmeyer Rn 7; *Mayer* in Widmann/Mayer Rn 65.

§ 140 an die Stelle des **Sachgründungsberichts**[1]. Die Erklärung ist nur bei der Abspaltung und der Ausgliederung abzugeben. Bei der Aufspaltung ist sie nicht erforderlich, weil die übertragende GmbH erlischt[2].

II. Inhalt der Erklärung

Der genaue Inhalt der Erklärung wird durch den Wortlaut der Vorschrift nicht hinreichend verdeutlicht. Die Erklärung soll an die Stelle des Sachgründungsberichts treten[3]. Deshalb haben die Geschäftsführer anzugeben, dass das in der Satzung ausgewiesene Stammkapital durch das nach der Spaltung verbleibende Nettobuchvermögen weiter gedeckt ist. Hierfür spricht ferner auch der Wortlaut des § 313 Abs. 2[4]. Da die Erklärung dem Zweck nach darauf gerichtet ist klarzustellen, dass auch nach der Spaltung keine **Unterbilanz** vorliegt, dürfen stille Reserven – ebenso wenig wie bei § 30 GmbHG – bei der Frage, ob das Stammkapital der GmbH durch die Aktiva noch gedeckt ist, nicht mit berücksichtigt werden[5]. Die Gesetzesbegründung nennt hinsichtlich der „gesetzlichen Gründungsvoraussetzungen" auch noch „insbesondere die Vorschrift über die Mindesthöhe der Stammeinlagen[6]". Daraus wird man aber ebenso wenig schließen können, dass die Stammeinlage jedes Gesellschafters mindestens € 100 betragen muss[7], noch dass der Betrag jeweils in Euro durch 50 teilbar sein muss[8]. Die anders lautende Vorschrift des § 58 a Abs. 3 Satz 2 GmbHG ist als *lex specialis* anzusehen[9]. Ebenso wenig wird das Registergericht Erklärungen zur Zulässigkeit des Gesellschaftszwecks bzw. der Firma oder bezüglich der Mindestvorschriften über den Inhalt des Gesellschaftsvertrags verlangen können[10]. Der Spaltungsvorgang führt nicht zu einer Neugründung des übertragenden Rechtsträgers, die einzige Änderung besteht vielmehr in dem durch die Spaltung bewirkten Vermögensabfluss.

Wird gleichzeitig mit der Spaltung eine Kapitalherabsetzung durchgeführt, ändert dies nichts an der Pflicht zur Abgabe der Erklärung nach § 140. Der einzige Unterschied besteht darin, dass maßgeblich für die Kapitalausstattung in diesem Fall die nach Wirksamkeit der Spaltung im Zuge der Kapitalherabsetzung angepasste Stammkapitalziffer ist[11].

III. Erklärungspflichtige

Abzugeben ist die Erklärung von den Geschäftsführern der übertragenden GmbH. Aufgrund der angeordneten Strafandrohung[12] ist davon auszugehen, dass die Erklärung eine **höchstpersönliche Handlung** ist, so dass Bevollmächtigung oder Abgabe in unechter Gesamtvertretung ausscheidet[13]. Unklar ist, ob die Erklärung – wie regelmäßig bei den Grün-

---

[1] § 5 Abs. 4 GmbHG; RegBegr. *Ganske* S. 154; vgl. auch *Zimmermann* in Kallmeyer Rn 2; *Priester* in Lutter Rn 2.
[2] Gem. § 131 Abs. 1 Nr. 2.
[3] RegBegr. *Ganske* S. 175, 308.
[4] *Mayer* in Widmann/Mayer Rn 9; *Priester* in Lutter Rn 4.
[5] *Priester* in Lutter Rn 5; *Zimmermann* in Kallmeyer Rn 3; *Mayer* in Widmann/Mayer Rn 6.
[6] RegBegr. *Ganske* S. 154.
[7] Gem. § 5 Abs. 1 GmbHG.
[8] Gem. § 5 Abs. 3 GmbHG.
[9] Zutr. *Priester* in Lutter Rn 6.
[10] *Stratz* in Schmitt/Hörtnagl/Stratz Rn 7 f.; *Priester* in Lutter Rn 7; *Zimmermann* in Kallmeyer Rn 3.
[11] *Priester* in Lutter Rn 3; *Zimmermann* in Kallmeyer Rn 4.
[12] § 313 Abs. 2.
[13] *Priester* in Lutter Rn 8; *Zimmermann* in Kallmeyer Rn 5; anders für § 146 *Hommelhoff/Schwab* in Lutter § 146 Rn 7.

dungsvorschriften des GmbHG[14] – durch alle Geschäftsführer vorzunehmen ist oder ob Anmeldung durch Geschäftsführer in vertretungsberechtigter Zahl ausreicht. In Ermangelung einer § 78 GmbHG entsprechenden ausdrücklichen Anordnung wird man wohl davon ausgehen dürfen, dass die Anmeldung in vertretungsberechtigter Zahl ausreicht[15].

Die Erklärungspflicht wird nicht dadurch aufgehoben, dass die Erklärung von einem Vertretungsorgan der übernehmenden Gesellschaft abgegeben wird; anderenfalls würde die Strafandrohung des § 313 Abs. 2 ins Leere laufen[16]. 5

IV. Registeranmeldung

1. Zeitpunkt

Der für die Abgabe der Erklärung maßgebliche Zeitpunkt ist die Anmeldung zum Handelsregister. Nach Abgabe der Erklärung eintretende Veränderungen führen nicht zur Verpflichtung einer erneuten Abgabe der Erklärung[17]. Eine Pflicht zur Berichtigung besteht allerdings, wenn die Angaben unrichtig waren[18]. 6

2. Form

Am zweckmäßigsten dürfte es sein, die Erklärung in der Anmeldung zum Handelsregister der übertragenden GmbH abzugeben. Dies ist indessen nicht zwingend. Die Erklärung kann auch separat abgegeben werden. Dann muss sie ebenso wenig wie der Sachgründungsbericht nach § 5 Abs. 4 GmbHG notariell beglaubigt werden[19]. Die Gegenauffassung[20] verlangt unter Berufung auf § 12 HGB notarielle Beglaubigung. Hiergegen spricht jedoch, dass die Erklärung nach § 140 nicht Bestandteil der Anmeldung wird, sondern lediglich „bei" der Anmeldung abzugeben ist. 7

3. Prüfung

Eine Prüfung durch das Registergericht, ob die Erklärung inhaltlich zutreffend ist, ist nach dem Willen des Gesetzgebers nicht vorgesehen[21]. Soweit hieraus der Schluss gezogen wird, dass dem Registerrichter insoweit keinerlei Prüfungsbefugnis zusteht[22], ist dies indessen zu weitgehend. Es ist vielmehr davon auszugehen, dass der Registerrichter die Richtigkeit der Erklärung – auch wegen der Strafandrohung des § 313 Abs. 2 – im Regelfall unterstellen darf. Ergeben sich ihm aus den Umständen aber Zweifel an der Richtigkeit der Erklärung, kann er nicht daran gehindert werden, entsprechend § 12 FGG weitere Nachweise zu verlangen[23]. 8

Wird eine Erklärung nach § 140 bei der Anmeldung zum Handelsregister nicht abgegeben, handelt es sich hierbei um einen behebbaren Mangel. Das Registergericht hat in die- 9

---

[14] § 78 2. Halbs. GmbHG.
[15] Zimmermann in Kallmeyer Rn 5; Hörtnagl in Schmitt/Hörtnagl/Stratz Rn 3; aA Mayer in Widmann/Mayer Rn 16; offengelassen von Priester in Lutter Rn 8.
[16] Zimmermann in Kallmeyer Rn 5; Priester in Lutter Rn 4; Mayer in Widmann/Mayer Rn 16; aA Stratz in Schmitt/Hörtnagl/Stratz Rn 6.
[17] Mayer in Widmann/Mayer Rn 23; Priester in Lutter Rn 10; Stratz in Schmitt/Hörtnagl/Stratz Rn 10; Zimmermann in Kallmeyer Rn 9
[18] Zimmermann in Kallmeyer Rn 9; Priester in Lutter Rn 10; für die Versicherung nach § 8 Abs. 2 GmbHG Winter in Scholz § 8 GmbHG Rn 21.
[19] Zimmermann in Kallmeyer Rn 6.
[20] Priester in Lutter Rn 11; Mayer in Widmann/Mayer Rn 16.
[21] RegBegr. Ganske S. 154.
[22] Mayer DB 1995, 861, 866; Zimmermann in Kallmeyer Rn 7.
[23] Priester in Lutter Rn 13; Hommelhoff/Schwab in Lutter § 146 Rn 5; Mayer in Widmann/Mayer Rn 21; Hörtnagl in Schmitt/Hörtnagl/Stratz Rn 12.

sem Fall durch Zwischenverfügung entsprechend § 26 Satz 2 Handelsregisterverordnung zur Einreichung der Erklärung aufzufordern[24]. Wird diese innerhalb der gesetzten Frist nicht nachgereicht, ist die Eintragung abzulehnen[25].

V. Folgen der Unrichtigkeit der Erklärung

10 Ist die Erklärung über die Kapitaldeckung unrichtig, sind die Geschäftsführer verpflichtet, eine berichtigte Erklärung nachzureichen[26]. Geben die Geschäftsführer bei der Anmeldung bewusst eine unrichtige Erklärung ab, greift die Strafvorschrift des § 313 Abs. 2 ein. Die Strafbarkeit setzt voraus, dass die Erklärung dem Handelsregister zugegangen ist[27].

Zweiter Abschnitt. Spaltung unter Beteiligung von Aktiengesellschaften und Kommanditgesellschaften auf Aktien

§ 141 Ausschluss der Spaltung

Eine Aktiengesellschaft oder eine Kommanditgesellschaft auf Aktien, die noch nicht zwei Jahre im Register eingetragen ist, kann außer durch Ausgliederung zur Neugründung nicht gespalten werden.

Übersicht

	Rn		Rn
I. Zur Spaltung von Aktiengesellschaften oder Kommanditgesellschaften auf Aktien	1	a) Neu gegründete Gesellschaften als Adressaten	7
II. Allgemeines	2	b) Besonderheiten bei der Spaltung zur Neugründung	9
1. Sinn und Zweck der Norm	2	2. Berechnung der Zweijahresfrist	10
2. Entstehungsgeschichte	4	IV. Rechtsfolge von Verfahrensverstößen	15
3. Anwendungsbereich	5	1. Spaltungs- und Übernahmevertrag, Spaltungsplan	15
a) Spaltung zur Aufnahme und zur Neugründung	5	2. Hauptversammlungsbeschluss	16
b) Ausgliederung zur Neugründung	6	3. Anmeldung der Spaltung zum Handelsregister und Eintragung	17
III. Einzelerläuterungen	7		
1. Spaltungsverbot	7		

Literatur: *Bruski,* Die Gründungsphase der Aktiengesellschaft bei der Spaltung zur Neugründung, AG 1997, 17; *Drinhausen,* Regierungsentwurf eines Zweiten Gesetzes zur Änderung des Umwandlungsgesetzes – ein Gewinn für die Praxis, BB 2006, 2313; *Engelmeyer,* Das Spaltungsverfahren bei der Spaltung von Aktiengesellschaften, AG 1996, 193; *Gärtner,* Verschmelzung von Kapitalgesellschaften und Grundstücksfragen, DB 2000, 409; *Heidemann,* Möglichkeiten und Verfahrensweisen bei der Rechtsformumwandlung in eine Aktiengesellschaft, BB 1996, 558; *M. T. Schwab,* Die Nachgründung im Aktienrecht, 2003, *Schwedhelm,* Umwandlungssteuerrecht, Deutsches Steuerberater Institut 1998; *Wilken,* Zur Gründungsphase bei der Spaltung zur Neugründung, DStR 1999, 677.

---

[24] Die Einreichung kann auch nach Ablauf der Frist des § 17 Abs. 2 erfolgen; vgl. *Mayer* in Widmann/Mayer Rn 2 d unter Hinweis auf *BayObLG* GmbHR 2000, 493: Vorlage einer Vollmachtbestätigung nach Fristablauf.
[25] *Zimmermann* in Kallmeyer Rn 8; *Priester* in Lutter Rn 14.
[26] *Zimmermann* in Kallmeyer Rn 9.
[27] *Priester* in Lutter Rn 15; *Mayer* in Widmann/Mayer Rn 22.

I. Zur Spaltung von Aktiengesellschaften oder Kommanditgesellschaften auf Aktien

Die Sonderregelungen zur Spaltung unter Beteiligung von Aktiengesellschaften und Kommanditgesellschaften auf Aktien sind neben den allgemeinen Regelungen zur Spaltung[1], zur Spaltung zur Aufnahme[2] und zur Spaltung zur Neugründung[3] anwendbar. Es muss also ein Spaltungs- und Übernahmevertrag[4] bzw. ein Spaltungsplan[5] sowie ein Spaltungsbericht[6] aufgestellt werden. Regelmäßig ist auch eine Spaltungsprüfung durchzuführen[7]. Es ist ein Spaltungsbeschluss der Hauptversammlung[8] herbeizuführen. Die Spaltung ist beim Handelsregister[9] zur Eintragung anzumelden und schließlich einzutragen. Die §§ 141 ff. enthalten Sonderregelungen für diese Schritte bei der Spaltung unter Beteiligung von Aktiengesellschaften und Kommanditgesellschaften auf Aktien.

II. Allgemeines

1. Sinn und Zweck der Norm

Die Phase der Nachgründung der Gesellschaft unterliegt einem besonderen Schutz im Aktienrecht. Vermögensgegenstände dürfen nur unter besonderen Voraussetzungen erworben werden. Gleiches gilt für eine Sachkapitalerhöhung[10]. § 141 soll Umgehungen dieser Vorschriften verhindern, indem die Spaltung von Aktiengesellschaften oder Kommanditgesellschaften auf Aktien, die noch nicht zwei Jahre im Register eingetragen sind[11], verboten werden. Die Vorschrift schützt auch das Geschäftsführungsorgan der AG bzw. der KGaA vor einer übermäßigen Einflussnahme der Gründer[12].

Allerdings ist rechtspolitisch zweifelhaft, ob das Spaltungsverbot erforderlich ist[13]. Die Gläubiger sind iRd. gesamtschuldnerischen Haftung der an der Spaltung beteiligten Rechtsträger[14] geschützt[15]. Die Aktionärsinteressen sind geschützt durch die erforderliche Dreiviertelmehrheit für den Spaltungsbeschluss[16] und schließlich behindert das Spaltungsverbot den Aufbau von Holding-Strukturen.

2. Entstehungsgeschichte

Die SpaltRL fordert kein Spaltungsverbot in der Nachgründungsphase. Im DiskE zum UmwG[17] sah § 181 daher zunächst ein Spaltungsverbot auch nur für die Abspaltung vor, nicht hingegen für die Aufspaltung und die Ausgliederung.

---

[1] §§ 123 ff.
[2] §§ 126 ff.
[3] §§ 135 ff.
[4] § 126.
[5] § 136.
[6] § 127.
[7] §§ 125, 60 Abs. 1, § 135.
[8] §§ 125, 65.
[9] §§ 129, 137.
[10] § 52 AktG.
[11] Vgl. für die Verschmelzung durch Neugründung § 76 Abs. 1.
[12] Vgl. BGHZ 110, 47, 55.
[13] Vgl. *Drinhausen* BB 2006, 2313, 2316.
[14] § 133.
[15] *Hommelhoff/Schwab* in Lutter Rn 7.
[16] *Baums*, Bericht der Regierungskommission Corporate Governance, S. 215.
[17] Beilage Nr. 214 a zum Bundesanzeiger vom 15. 11. 1988.

3. Anwendungsbereich

5 **a) Spaltung zur Aufnahme und zur Neugründung.** Das Spaltungsverbot besteht im Fall der Ab- oder Aufspaltung zur Aufnahme und zur Neugründung während der ersten zwei Jahre ab Eintragung der AG bzw. der KGaA in das Handelsregister[18]. Die gerade neu gegründete Gesellschaft soll nicht schon in der Nachgründungsphase durch Aufspaltung wieder erlöschen oder durch Abspaltung Vermögensteile wieder abgeben[19]. Dasselbe gilt für die Ausgliederung zur Aufnahme. Die Kapitalaufbringungs- und -erhaltungsvorschriften können verletzt sein, wenn die Gegenleistung für die erhaltenen Anteile an dem übernehmenden bzw. neuen Rechtsträger nicht dem eigentlichen Wert entspricht[20]. Dazu kann es insbesondere kommen, wenn der übertragende Rechtsträger keine 100%-ige Beteiligung an dem übernehmenden Rechtsträger erhält oder aber der übernehmende Rechtsträger überschuldet ist.

6 **b) Ausgliederung zur Neugründung.** IRd. Ausgliederung zur Neugründung ist nur ein übertragender Rechtsträger an der Spaltung beteiligt[21]. Die übertragende Gesellschaft hält alle Anteile an dem neuen Rechtsträger. Die Anteile spiegeln den Wert der übertragenen Vermögensgegenstände vollständig wieder. Ausgenommen von Gründungskosten geht daher mit der Ausgliederung zur Neugründung ein Vermögensverlust nicht einher, auch wenn die Anteile qualitativ etwas anderes als die übertragenen Vermögensgegenstände darstellen[22]. Das Spaltungsverbot des § 141 wurde bisher teleologisch reduziert und somit bei einer Ausgliederung zur Neugründung nicht angewandt[23]. Dagegen sprach zwar der Wortlaut des § 141 aF. Vor dem Hintergrund der sich sonst ergebenden Sperre einer Abspaltung erschien jedoch die Zulässigkeit einer Ausgliederung zur Neugründung auch im Hinblick auf die vorgenannten Argumente vertretbar. Das Zweite Gesetz zur Änderung des Umwandlungsgesetzes hat nun klargestellt, dass das Spaltungsverbot bei einer Neugründung nicht mehr gilt.

III. Einzelerläuterungen

1. Spaltungsverbot

7 **a) Neu gegründete Gesellschaften als Adressaten.** Das Verbot richtet sich gegen Aktiengesellschaften und Kommanditgesellschaften auf Aktien, die nach den Regeln des UmwG gespalten werden[24]. Die Rechtsform der übernehmenden oder neuen Rechtsträger ist unerheblich[25].

8 Das Abspaltungsverbot gilt auch für neue Aktiengesellschaften bzw. Kommanditgesellschaften auf Aktien, die aus einem Formwechsel hervorgegangen sind[26].

9 **b) Besonderheiten bei der Spaltung zur Neugründung.** Bei der Spaltung zur Neugründung wird das Spaltungsverbot ergänzt durch ein Handlungsverbot. Der Zustim-

---

[18] §§ 39, 278 Abs. 3 AktG.
[19] Die Begr. des RegE spricht hier auch von der Ausgliederung, RegBegr. *Ganske* S. 176, insoweit ist § 141 aber teleologisch zu reduzieren; siehe Rn 6.
[20] RegBegr. *Ganske* S. 176.
[21] § 123 Abs. 3.
[22] Anders bei der Ausgliederung durch Aufnahme, siehe Rn 5.
[23] *Rieger* in Widmann/Mayer Rn 1; aA *Kallmeyer* in Kallmeyer Rn 1; *Hörtnagl* in Schmitt/Hörtnagl/Stratz Rn 1.
[24] Siehe auch Rn 5 f.
[25] *Hommelhoff/Schwab* in Lutter Rn 9; *Hörtnagl* in Schmitt/Hörtnagl/Stratz Rn 1; *Kallmeyer* in Kallmeyer Rn 1.
[26] *Hommelhoff/Schwab* in Lutter Rn 11; *Hörtnagl* in Schmitt/Hörtnagl/Stratz Rn 1; *Kallmeyer* in Kallmeyer Rn 1.

mungsbeschluss der Hauptversammlung kann erst nach Ablauf der zweijährigen Sperrfrist gefasst werden[27]. Die vorbereitenden Maßnahmen[28] können aber bereits vor Ablauf der Zweijahresfrist getroffen werden. Auch die Spaltungsprüfung mit Abfassung des Prüfungsberichts[29] kann schon innerhalb der Nachgründungsphase durchgeführt werden. Das Beschlussverfahren darf auch schon durch Einberufung der Hauptversammlung[30] und durch Auslegung der Unterlagen[31] in Gang gesetzt werden.

2. Berechnung der Zweijahresfrist

Die Zweijahresfrist beginnt mit der Eintragung der Gesellschaft im Handelsregister[32]. Ist der übertragende Rechtsträger durch Formwechsel entstanden, beginnt die zweijährige Frist mit der Eintragung des Formwechsels[33]. 10

Ist die an der Spaltung beteiligte Gesellschaft aus einer Verschmelzung durch Neugründung hervorgegangen, beginnt die Frist erst mit Eintragung der neuen Gesellschaft. Unerheblich ist der Zeitpunkt der Eintragung der ursprünglich verschmolzenen Gesellschaft. Dies gilt auch dann, wenn die an der Verschmelzung beteiligten Rechtsträger ausschließlich Aktiengesellschaften und/oder Kommanditgesellschaften auf Aktien waren. 11

Zur Frage, auf welchen Zeitpunkt für den Ablauf der zweijährigen Frist abzustellen ist, ergibt sich aus dem Wortlaut des Gesetzes nichts. In Betracht kommen vier mögliche Zeitpunkte[34]: 12
– der Tag des Spaltungsbeschlusses;
– der Abschluss des Spaltungs- und Übernahmevertrags bzw. die Aufstellung des Spaltungsplans;
– der Spaltungsstichtag;
– die Eintragung der Spaltung in das Handelsregister.

Für den Zeitpunkt des Abschlusses des Spaltungs- und Übernahmevertrags bzw. die Aufstellung des Spaltungsplans spricht, dass die Nachgründungsvorschriften[35] auf das schuldrechtliche Geschäft abstellen[36]. Die Spaltung wird aber erst mit Eintragung im Handelsregister wirksam. Eine Gefährdungslage entsteht daher vorher noch nicht[37]. Da die Spaltung erst mit Eintragung im Handelsregister wirksam wird, scheidet auch der Spaltungsstichtag als maßgeblicher Zeitpunkt aus[38]. Der Eintragungszeitpunkt kann vom vereinbarten Spaltungsstichtag erheblich abweichen. Außerdem ist der Spaltungsstichtag idR auf einen vorhandenen Bilanzstichtag gelegt. Für den Tag der Eintragung der Spaltung im Handelsregister[39] spricht, dass die Spaltung zu diesem Zeitpunkt wirksam wird. Zur Bewertung ist aber gerade nicht auf die Eintragung im Handelsregister, die nach Durchlauf des registerlichen Verfahrens erfolgt und deshalb auch letztendlich nicht steuerbar ist, abzustellen. 13

---

[27] Vgl. §§ 135, 125, 76. Siehe auch § 76 Rn 6 zur Sperrfrist bei der Verschmelzung.
[28] §§ 136, 135 Abs. 1.
[29] Siehe § 125 Rn 5.
[30] §§ 121 ff. AktG.
[31] §§ 125, 63.
[32] Siehe Rn 11; *Hommelhoff/Schwab* in Lutter Rn 10; *Hörtnagl* in Schmitt/Hörtnagl/Stratz Rn 2.
[33] Siehe Rn 8; *Hommelhoff/Schwab* in Lutter Rn 11.
[34] *Rieger* in Widmann/Mayer Rn 8.
[35] § 52 AktG.
[36] *Hörtnagl* in Schmitt/Hörtnagl/Stratz Rn 3; *Hommelhoff/Schwab* in Lutter Rn 14.
[37] *Rieger* in Widmann/Mayer Rn 12.
[38] IE ebenso *Rieger* in Widmann/Mayer Rn 11.
[39] Auf diesen stellt *Rieger* in Widmann/Mayer Rn 10 ab.

14 Entscheidend ist deshalb der Zeitpunkt der Fassung des Spaltungsbeschlusses[40]. Hierfür spricht auch die vergleichbare Regelung zur Verschmelzung durch Neugründung[41]. Auch hier wird auf den Zeitpunkt der Fassung des Beschlusses abgestellt[42]. Der Spaltungsbeschluss ist zwar nicht entscheidend für die Wirksamkeit der Spaltung. Er ist aber der maßgebliche Akt zur Durchführung der Spaltung. Deshalb ist zur Berechnung des Ablaufs der zweijährigen Frist auf die Fassung des Spaltungsbeschlusses abzustellen.

IV. Rechtsfolge von Verfahrensverstößen

1. Spaltungs- und Übernahmevertrag, Spaltungsplan

15 § 141 ist eine Verbotsnorm. Ein Spaltungsvertrag, der innerhalb der Zweijahresfrist geschlossen wird, ist nichtig[43]. Aus einem gegen § 141 verstoßenden Spaltungs- und Übernahmevertrag können deshalb Rechtswirkungen oder Ansprüche nicht hergeleitet werden. Gleiches muss für einen Spaltungsplan im Rahmen einer Spaltung zur Neugründung gelten.

2. Hauptversammlungsbeschluss

16 Hauptversammlungsbeschlüsse, die gegen das Spaltungsverbot verstoßen, sind ebenfalls nichtig. Das gilt auch für Hauptversammlungs- oder Gesellschafterbeschlüsse einer AG, KGaA, GmbH und OHG sowie KG, obwohl hier grundsätzlich zwischen Nichtigkeit und Anfechtbarkeit unterschieden wird[44]. Das Spaltungsverbot dient dem Gläubigerschutz[45].

3. Anmeldung der Spaltung zum Handelsregister und Eintragung

17 Da der Spaltungsbeschluss nichtig ist, muss der Registerrichter den Eintragungsantrag zurückweisen und darf ihn auch nicht nur vorläufig bis zum Ablauf der Nachgründungsfrist unbehandelt lassen[46]. Dies gilt auch dann, wenn der Ablauf der Zweijahresfrist unmittelbar bevorsteht[47], da zur Berechnung der Zweijahresfrist nicht auf die Eintragung der Spaltung, sondern auf die Beschlussfassung abzustellen ist[48]. Werden bei einer Spaltung zur Aufnahme alle Rechtshandlungen bis auf die Eintragung im Handelsregister während der Zweijahresfrist mit dem Ziel durchgeführt, dass die Spaltung erst nach Ablauf der Zweijahresfrist wirksam wird, ist die Anmeldung ebenfalls zurückzuweisen[49]. Aus Gründen der Rechtsklarheit kann es allein auf die Fassung des Spaltungsbeschlusses ankommen[50]. Wird die Spaltung trotz Verstoßes gegen das Spaltungsverbot eingetragen, ist sie wirksam[51].

---

[40] *Kallmeyer* in Kallmeyer Rn 2: Wirksamkeit des Spaltungs- und Übernahmevertrags bei der Spaltung zur Aufnahme sowie Spaltungsbeschluss der übertragenden AG bzw. KGaA bei der Spaltung zur Neugründung.
[41] § 76 Abs. 1.
[42] Siehe § 76 Rn 6.
[43] § 134 BGB; *Hommelhoff/Schwab* in Lutter Rn 14.
[44] *Hommelhoff/Schwab* in Lutter Rn 15; vgl. auch *Hörtnagl* in Schmitt/Hörtnagl/Stratz Rn 5; *Rieger* in Widmann/Mayer Rn 14.
[45] *Hommelhoff/Schwab* in Lutter Rn 15; vgl. auch *Hörtnagl* in Schmitt/Hörtnagl/Stratz Rn 5; zustimmend *Rieger* in Widmann/Mayer Rn 14.
[46] *Hommelhoff/Schwab* in Lutter Rn 16.
[47] AA *Rieger* in Widmann/Mayer Rn 14.
[48] Siehe Rn 12 ff.
[49] AA *Hommelhoff/Schwab* in Lutter Rn 18 ff.
[50] Siehe Rn 14.
[51] §§ 125 Satz 1, 20 Abs. 2.

§ 142 Spaltung mit Kapitalerhöhung; Spaltungsbericht

(1) § 69 ist mit der Maßgabe anzuwenden, daß eine Prüfung der Sacheinlage nach § 183 Abs. 3 des Aktiengesetzes stets stattzufinden hat.

(2) In dem Spaltungsbericht ist gegebenenfalls auf den Bericht über die Prüfung von Sacheinlagen bei einer übernehmenden Aktiengesellschaft nach § 183 Abs. 3 des Aktiengesetzes sowie auf das Register, bei dem dieser Bericht zu hinterlegen ist, hinzuweisen.

Übersicht

	Rn		Rn
I. Allgemeines	1	1. Prüfung der Sachenlagen (Abs. 1)	4
1. Sinn und Zweck der Norm	1	2. Verpflichtung zum Hinweis auf den Bericht über die Prüfung (Abs. 2)	7
2. Entstehungsgeschichte	3		
II. Einzelerläuterungen	4	III. Rechtsfolge von Verfahrensverstößen	10

I. Allgemeines

1. Sinn und Zweck der Norm

IRd. Spaltung kann bei der übernehmenden Gesellschaft eine Kapitalerhöhung zur Schaffung neuer Aktien für Umtauschzwecke erforderlich werden. Grundsätzlich sieht § 125 iVm. § 69 für umtauschbezogene Kapitalerhöhungen Erleichterungen gegenüber der ordentlichen Kapitalerhöhung gegen Sacheinlagen gem. §§ 182 ff. AktG vor[1]. Die qualifizierten Voraussetzungen für eine Sacheinlagenprüfung bei einer Verschmelzung[2] gelten bei der Spaltung nicht. Hier ist regelmäßig eine Einlagenprüfung durchzuführen, da bei einer Spaltung nur ein Teil des übertragenden Rechtsträgers übergehen kann, so dass die übertragenen Vermögensgegenstände zur Kapitalisierung möglicherweise nicht ausreichen. Bei der Verschmelzung ist dies anders, da iRd. Verschmelzung das gesamte Vermögen übergeht. § 142 dient insoweit dem Gläubigerschutz. 1

Darüber hinaus sollen die Aktionäre aller beteiligten Gesellschaften über die Sacheinlagenprüfung umfassend unterrichtet werden, indem im Spaltungsbericht auf den Bericht über die Prüfung von Sacheinlagen bei einer übernehmenden AG sowie auf das Registergericht, bei dem dieser Bericht zu hinterlegen ist, hinzuweisen ist. 2

2. Entstehungsgeschichte

Art. 7 Abs. 2 Satz 2 SpaltRL sah eine entsprechende Regelung nur für Aufspaltungen vor. Ursprünglich war dies im DiskE zu § 156[3], der Vorgängerregelung zu § 142, auch vorgesehen. Letztendlich erstreckt sich die Vorschrift nun jedoch sowohl auf die Abspaltung als auch auf die Ausgliederung[4]. 3

II. Einzelerläuterungen

1. Prüfung der Sacheinlagen (Abs. 1)

Die Einlagenprüfer bestellt das Amtsgericht am Sitz der übernehmenden AG[5]. Der Prüfer muss nicht Wirtschaftsprüfer sein. Es genügt, wenn er in Buchführung ausreichend vorgebildet und erfahren ist[6]. 4

---

[1] Siehe § 69 Rn 4 f.
[2] § 69 Abs. 1 Satz 1 2. Halbs.
[3] Beilage Nr. 214 a zum Bundesanzeiger vom 15. 11. 1988.
[4] *Kallmeyer* in Kallmeyer Rn 1.
[5] § 33 Abs. 3 AktG.
[6] § 33 Abs. 4 AktG.

5 Ziel und Umfang der Prüfung ergeben sich aus § 183 Abs. 3 AktG. Prüfungszweck ist die fachkundige Kontrolle, ob der Wert der bei der Spaltung zu übernehmenden Vermögensgegenstände den Nennbetrag der Aktien bzw. den anteiligen Betrag am Grundkapital der Aktien insgesamt erreicht, die den Anteilsinhabern des übertragenden Rechtsträgers bzw. bei Ausgliederung diesem selbst im Gegenzug zu gewähren sind.

6 Der Prüfer hat schriftlich zu berichten[7]. Der Bericht ist gegenüber dem Vorstand der übernehmenden Gesellschaft[8] sowie an das Amtsgericht am Sitz der übernehmenden Gesellschaft abzugeben.

2. Verpflichtung zum Hinweis auf den Bericht über die Prüfung (Abs. 2)

7 Im Spaltungsbericht ist auf den Bericht über die Prüfung von Sacheinlagen sowie auf das Register, bei dem dieser Bericht zu hinterlegen ist, hinzuweisen[9]. Die Verpflichtung zum Hinweis im Bericht besteht nur wenn eine Kapitalerhöhung zum Vollzug der Spaltung erforderlich ist. Sie besteht auch dann nicht, wenn ein Spaltungsbericht nicht erstellt wird, weil alle Anteilsinhaber der an der Spaltung beteiligten Rechtsträger durch notariell beurkundete Erklärung auf einen Bericht verzichten[10] oder sich alle Anteile in der Hand des übernehmenden Rechtsträgers befinden[11]. Das Gesetz ordnet deshalb den Hinweis „gegebenenfalls" an.

8 Der Vorstand der übernehmenden AG kann es mit einem bloßen Hinweis auf den Einlagen-Prüfungsbericht und auf das Handelsregister belassen. Der Prüfungsbericht selbst muss im Spaltungsbericht nicht enthalten sein oder wiedergegeben werden[12]. Seine Inkorporierung oder Wiedergabe ist aber auch nicht verboten. Er ist beim Handelsregister einsehbar. Fehlt ein entsprechender Hinweis im Spaltungsbericht, ist der Zustimmungsbeschluss der Hauptversammlung anfechtbar.

9 Der Prüfungsbericht muss nicht im Geschäftsraum der übernehmenden AG ausgelegt werden[13]. Dies folgt aus dem Registerhinweis in Abs. 2. Rechtspolitisch ist diese Regelung zweifelhaft[14]. Jedermann kann zwar beim Registergericht den Bericht einsehen. Der Gesetzgeber hätte aber eine entsprechende Auslagepflicht vorsehen können[15]. Dies hätte dann auch zur Folge gehabt, dass der Bericht den Anteilsinhabern auf Verlangen hätte zur Verfügung gestellt werden müssen, wodurch eine übermäßige Inanspruchnahme des Auskunftsrechts[16] hätte vermieden werden können.

III. Rechtsfolge von Verfahrensverstößen

10 Ein Verstoß gegen die Hinweispflicht führt zur Anfechtbarkeit des Beschlusses der Hauptversammlung. Wird gegen die Prüfung der Sacheinlagenpflicht verstoßen, kann eine Eintragung nicht erfolgen. Wenn die Eintragung trotzdem erfolgt, wird der Verstoß damit geheilt[17]. Die Spaltung ist wirksam.

---

[7] § 34 Abs. 2 AktG.
[8] § 34 Abs. 3 AktG.
[9] § 142 Abs. 2.
[10] §§ 127, 8 Abs. 3.
[11] *Kallmeyer* in Kallmeyer Rn 2; *Hommelhoff/Schwab* in Lutter Rn 9.
[12] Ebenso *Hommelhoff/Schwab* in Lutter Rn 10; *Hörtnagl* in Schmitt/Hörtnagl/Stratz Rn 2; *Rieger* in Widmann/Mayer Rn 11.
[13] Vgl. §§ 125, 63 Abs. 1.
[14] So auch *Hommelhoff/Schwab* in Lutter Rn 11.
[15] Vgl. *Hommelhoff/Schwab* in Lutter Rn 11.
[16] § 131 AktG.
[17] Siehe § 131 Rn 65 ff.

§ 143 Besondere Unterrichtung über Vermögensveränderungen

Der Vorstand einer übertragenden Aktiengesellschaft oder Kommanditgesellschaft auf Aktien hat deren Aktionäre vor der Beschlußfassung über jede wesentliche Veränderung des Vermögens dieser Gesellschaft, die zwischen dem Abschluß des Vertrags oder der Aufstellung des Entwurfs und dem Zeitpunkt der Beschlußfassung eingetreten ist, zu unterrichten. Der Vorstand hat hierüber auch die Vertretungsorgane der übernehmenden Rechtsträger zu unterrichten; diese haben ihrerseits die Anteilsinhaber des von ihnen vertretenen Rechtsträgers vor der Beschlussfassung über die Spaltung zu unterrichten.

Übersicht

	Rn		Rn
I. Allgemeines	1	2. Art der Nachinformationspflicht	9
1. Sachlicher Zusammenhang	1	3. Entsprechende Anwendung auf die Spaltung zur Neugründung	16
2. Sinn und Zweck der Norm	3	III. Rechtsfolge bei Verfahrensverstößen	17
3. Entstehungsgeschichte	4	1. Anfechtbarkeit	17
II. Einzelerläuterungen	5	2. Haftung	19
1. Wesentliche Veränderungen des Vermögens der Gesellschaft (Satz 1)	5	3. Strafrechtliche Aspekte	20

Literatur: *Hommelhoff,* Jahresabschluss und Gesellschafterinformation in der GmbH, ZIP 1983, 383.

I. Allgemeines

1. Sachlicher Zusammenhang

Bei Umwandlungen sind die Gesellschafter bzw. Aktionäre wie auch bei sonstigen wesentlichen Strukturmaßnahmen vorab umfassend über die zu beschließende Maßnahme zu informieren. Das UmwG enthält hierfür die Instrumentarien des Verschmelzungsberichts[1], des Spaltungsberichts[2] und des Umwandlungsberichts[3]. Im Konzernrecht gibt es den Konzernierungsbericht zu Unternehmensverträgen[4], den Eingliederungsbericht zur Eingliederung[5] im Rahmen des Ausschlusses von Minderheitsaktionären den Übertragungsbericht[6] sowie die generelle Pflicht, mit der Einladung zur Hauptversammlung den wesentlichen Inhalt eines Vertrags bekannt zu machen[7]. Diese Informationen dienen dem Schutz der Aktionäre. Diese sollen sich vorab ein Bild über die zu beschließende Maßnahme verschaffen können. 1

Zwischen Abschluss des Spaltungsvertrags (bzw. der Aufstellung des Entwurfs) und dem Hauptversammlungsbeschluss liegt idR eine beträchtliche Zeitspanne. Der Vertrag oder Plan muss sachverständig geprüft werden. Über die Prüfung ist ein Bericht anzufertigen. Daneben ist die aktienrechtliche Einberufungsfrist zur Hauptversammlung von mindestens einem Monat[8] zu beachten. 2

---

[1] § 8.
[2] § 127.
[3] § 192.
[4] § 293 a AktG.
[5] § 319 Abs. 3 Nr. 3 AktG.
[6] § 327 c Abs. 2 AktG.
[7] § 124 Abs. 2 Satz 2 AktG.
[8] § 123 Abs. 1 AktG.

2. Sinn und Zweck der Norm

3   Im Hinblick auf die Zeitspanne zwischen Abschluss des Spaltungsvertrags (bzw. Aufstellung des Vertrags) und Beschlussfassung ergänzt die Vorschrift die Informationspflichten der Vertretungsorgane des übertragenden Rechtsträgers. Spaltungsvorgänge bergen besondere Schwierigkeiten, die tagesaktuelle Informationen zum Zeitpunkt der Beschlussfassung erfordern.

3. Entstehungsgeschichte

4   Die Norm setzt Art. 7 Abs. 3 SpaltRL um, wobei diese Richtlinie nur die aktienrechtliche Aufspaltung regelt.

II. Einzelerläuterungen

1. Wesentliche Veränderungen des Vermögens der Gesellschaft (Satz 1)

5   Abzustellen ist auf das Vermögen als Ganzes, nicht nur auf die zu übertragenden Vermögensteile. Denn Vermögensänderungen wirken sich auf den Wert des Unternehmens aus. Dies beeinflusst das Umtauschverhältnis der Anteile[9]. Deshalb geht es nicht nur um Wertschwankungen der im Wege der Spaltung zu übertragenden Vermögensteile, sondern um das jeweilige Gesamtvermögen[10].

6   Veränderungen sind alle Umstände, die sich auf die Bewertung des Unternehmens und damit auf das Umtauschverhältnis auswirken können, zB die Marktstellung, die Ertragsaussichten und die Kostenstruktur. Ob sich ein für die Unternehmensbewertung relevanter Faktor verändert hat, bemisst sich nach seiner (eventuell nur mittelbaren) Bedeutung für das Umtauschverhältnis.

7   Wesentlich ist eine Veränderung, wenn sie im Rahmen einer objektiven Beurteilung Anlass gibt, die frühere Unternehmensbewertung zu überprüfen, die dem Umtauschverhältnis im Spaltungsvertrag oder -plan zugrunde liegt. Unerheblich ist, ob die Veränderungen tatsächlich zu einem abweichenden Unternehmenswert führen. Nicht entscheidend ist auch, ob die Aktionäre durch die Vermögensveränderung in ihrem Abstimmungsverhalten beeinflusst werden könnten[11]. Veränderungen, die aus der fortwährenden Beteiligung des Rechtsträgers am Marktgeschehen iRd. üblichen Geschäftsverlaufs herrühren, sind nicht zu berücksichtigen.

8   Die Geschäftsführungsorgane sind verpflichtet, sich nach möglichen Veränderungen, die die eigene Gesellschaft oder aber auch die anderen beteiligten Rechtsträger betreffen, zu erkundigen. Sie haben aktiv zu prüfen, ob sich die aktuellen Verhältnisse gegenüber denen im Spaltungs- und Übernahmevertrag bzw. Spaltungsplan wesentlich verändert haben[12].

2. Art der Nachinformationspflicht

9   Der Vorstand der übertragenden Gesellschaft hat zunächst das Vertretungsorgan der übernehmenden Gesellschaft zu informieren, ob sich wesentliche Veränderungen ergeben haben. Bei der KGaA gilt das Entsprechende für die vertretungsberechtigten persönlich haftenden Gesellschafter.

---

[9] §§ 126 Abs. 1 Nr. 3, 135, 136.
[10] *Hommelhoff/Schwab* in Lutter Rn 13; *Kallmeyer* in Kallmeyer Rn 2; *Rieger* in Widmann/Mayer Rn 5. Unklar insofern die BegrRegE, die nur vom Eintritt von Wertschwankungen beim übertragenden Rechtsträger spricht, RegBegr. *Ganske* S. 178.
[11] *Hommelhoff/Schwab* in Lutter Rn 16; aA *Hörtnagl* in Schmitt/Hörtnagl/Stratz Rn 6.
[12] *Hommelhoff/Schwab* in Lutter Rn 11; vgl. aber auch *Hörtnagl* in Schmitt/Hörtnagl/Stratz Rn 6 ff.

Ein Nachtragsbericht zum Spaltungsbericht ist zu erstellen[13]. Der Spaltungsbericht ist das **10** wesentliche Informationsmittel für die Aktionäre. Der Nachtragsbericht ist wie der Spaltungsbericht zu behandeln und auf Anforderung den Aktionären zuzusenden[14]. Aktionären, die bereits einen Spaltungsbericht erhalten haben, ist der Nachtrag unaufgefordert zukommen zu lassen. Mit der Anforderung des ursprünglichen Spaltungsberichts haben sie zum Ausdruck gebracht, dass sie sich anhand schriftlicher Dokumente auf die Hauptversammlung vorbereiten wollen.

Der Nachtrag muss erkennen lassen, was nachgetragen wurde. Der Nachtragstext ist daher **11** vom Text des Spaltungsberichts zu trennen[15]. Dies hat durch ein zusätzliches Dokument zu geschehen, das auf den ursprünglichen Spaltungsbericht Bezug nimmt und klarstellt, was sich gegenüber dem ursprünglichen Spaltungsbericht geändert hat.

Hinzu kommt eine mündliche Erläuterungspflicht des Vorstands in der Hauptversammlung. **12** Diese mündliche Erläuterungspflicht bezieht sich zunächst auf den Nachtrag an sich. Sofern aus zeitlichen Gründen die Erstellung eines Nachtrags nicht mehr möglich war, ist darzulegen, warum es nicht zu einer schriftlichen Nachtrags-Information gekommen ist.

Die mündliche Erläuterungspflicht in der Hauptversammlung bzw. Gesellschafterversammlung **13** trifft nicht nur den Vorstand von Aktiengesellschaften, sondern auch die geschäftsführenden Organe von Personenhandelsgesellschaften und Gesellschaften mit beschränkter Haftung[16]. Bei allen Rechtsträgern findet zur Beschlussfassung über die Spaltung zwingend eine Versammlung der Anteilsinhaber statt. Schon aus dem allgemeinen Informationsrecht der Gesellschafter folgt, dass bei Verschmelzungen der Vorstand auf der Hauptversammlung über aktuelle Veränderungen hinsichtlich der Vermögenslage zu informieren hat[17].

Nach der Information durch den Vorstand des übertragenden Rechtsträgers hat das Vertretungsorgan **14** des übernehmenden Rechtsträgers[18] auch die Anteilsinhaber des von ihm vertretenen Rechtsträgers zu unterrichten[19].

Ein Nachtragsbericht setzt die Einberufungsfrist nicht von neuem in Gang. Zwar darf **15** über Gegenstände der Tagesordnung, die nicht ordnungsgemäß bekannt gemacht wurden, kein Beschluss gefasst werden[20]. Eine ordnungsgemäße Bekanntmachung ist aber nur in dem Umfang möglich, in dem zum Zeitpunkt der Einladung Tatsachen bekannt sind[21]. Ein anderes Verständnis würde zu untragbaren Ergebnissen führen. Bei mehrfacher Veränderung der Umstände würden mehrfache Einladungen erforderlich. Es kann nur eine zeitnahe Information über geänderte Tatsachen verlangt werden. Dies ist durch einen Nachtragsbericht und entsprechende mündliche Erläuterungen in der Hauptversammlung gewährleistet.

3. Entsprechende Anwendung auf die Spaltung zur Neugründung

Obwohl der Wortlaut von Satz 1 nur den Spaltungsvertrag erwähnt, gilt er auch für die **16** Fälle der Spaltung zur Neugründung[22]. Dort tritt der Spaltungsplan an die Stelle des Spal-

---

[13] *Hommelhoff/Schwab* in Lutter Rn 17; aA *Hörtnagl* in Schmitt/Hörtnagl/Stratz Rn 5, der eine Verpflichtung ablehnt; siehe auch die Diskussion im Rahmen der Verschmelzung § 64 Rn 10 ff.
[14] §§ 125, 42, 47, 63 Abs. 1; *Hommelhoff/Schwab* in Lutter Rn 17.
[15] *Hommelhoff/Schwab* in Lutter Rn 17.
[16] Vgl. auch *Hommelhoff/Schwab* in Lutter Rn 10; *Kallmeyer* in Kallmeyer Rn 3; *Hörtnagl* in Schmitt/Hörtnagl/Stratz Rn 12 ff.
[17] *Hommelhoff/Schwab* in Lutter Rn 6 ff.
[18] Vgl. § 143 Satz 2.
[19] § 143 Satz 2 2. Halbs.
[20] § 124 Abs. 4 AktG.
[21] Ist die Berichterstattung über die zu diesem Zeitpunkt vorliegenden Informationen nicht korrekt, kann der Umwandlungsbeschluss angefochten werden. Siehe § 64 Rn 11.
[22] *Hommelhoff/Schwab* in Lutter Rn 6.

tungsvertrags[23]. Die Vorschrift gilt für sämtliche spaltungsfähige Rechtsträger[24]. Eine der hier getroffenen Regelung entsprechende Informationspflicht besteht für alle Geschäftsführungsorgane[25]. Die Mitglieder der Geschäftsführungsorgane sind aufgrund ihrer Organpflicht verpflichtet, die Gesellschafter geregelt zu informieren. Die Anteilsinhaber haben zum Zeitpunkt der Beschlussfassung über die wesentliche Strukturmaßnahme ein Interesse daran, umfassend informiert zu sein. Die Informationspflicht gegenüber dem übernehmenden Rechtsträger ist Nebenpflicht aus dem bereits abgeschlossenen Spaltungs- und Übernahmevertrag bzw. aus dem sich anbahnenden Schuldverhältnis.

III. Rechtsfolge bei Verfahrensverstößen

1. Anfechtbarkeit

17 Spaltungsbeschlüsse einer übertragenden AG bzw. KGaA sind anfechtbar, wenn die Informationspflichten nach Satz 1 nicht oder unzureichend erfüllt werden. Unerheblich ist, ob der Beschluss auch bei korrekter Information gefasst worden wäre[26]. Ebenso ist der Beschluss anfechtbar, wenn Informationspflichten gegenüber den Anteilsinhabern der übernehmenden Rechtsträger nicht oder nur unzureichend erfüllt wurden. Dies gilt unabhängig davon, ob der Mangel bei dem Vertretungsorgan der übertragenden AG oder bei dem der übernehmenden AG liegt[27]. Die Norm will sicherstellen, dass die Gesellschafter ihre Beschlussfassung aufgrund einer direkten und umfassenden Information durchführen können. An die Stelle der Anfechtbarkeit bei Kapitalgesellschaften und Genossenschaften tritt bei Personenhandelsgesellschaften die Nichtigkeit[28].

18 Der Mangel kann auch in einer verspäteten Information liegen, zB in einer mündlichen Erklärung, obwohl eine Vorabinformation im Rahmen eines Nachtragsberichts möglich gewesen wäre. Auf ein Verschulden kommt es nicht an[29]. Fehlendes Verschulden kann nur dazu führen, dass die Organmitglieder für eine Neufassung des Beschlusses nicht persönlich verantwortlich zeichnen.

2. Haftung

19 Die Mitglieder des Vertretungsorgans und – sofern ein Aufsichtsorgan vorhanden ist – die Mitglieder des Aufsichtsorgans des übertragenden Rechtsträgers sind als Gesamtschuldner zum Schadensersatz für den Schaden verpflichtet, den ein Rechtsträger aufgrund fehlerhafter Nachinformation aus der Spaltung erleidet[30]. Ein schuldhaftes Fehlverhalten von Organmitgliedern kann ihrem Rechtsträger zugerechnet werden[31].

3. Strafrechtliche Aspekte

20 Bei unterlassener oder unzureichender Nachinformation können sich die Mitglieder des Geschäftsführungsorgans nach § 313 Abs. 1 Nr. 1 strafbar gemacht haben[32]. Ein unzutreffender oder fehlender Nachtragsbericht allein begründet dagegen keine Strafbarkeit. Die Information kann in der mündlichen Erläuterung nachgeholt und damit iE doch richtig wiedergegeben werden[33].

---

[23] Vgl. § 136.
[24] § 124; *Hommelhoff/Schwab* in Lutter Rn 6; *Hörtnagl* in Schmitt/Hörtnagl/Stratz Rn 12 ff.
[25] Siehe Rn 13.
[26] *Hörtnagl* in Schmitt/Hörtnagl/Stratz Rn 10.
[27] *Rieger* in Widmann/Mayer Rn 12; *Hörtnagl* in Schmitt/Hörtnagl/Stratz Rn 11.
[28] *Hommelhoff/Schwab* in Lutter Rn 23; *Kallmeyer* in Kallmeyer Rn 3.
[29] *Hörtnagl* in Schmitt/Hörtnagl/Stratz Rn 11; *Hommelhoff/Schwab* in Lutter Rn 24.
[30] Siehe § 25 Rn 3 ff.
[31] § 31 BGB.
[32] Siehe § 313 Rn 12 ff.
[33] Ebenso *Hommelhoff/Schwab* in Lutter Rn 26.

§ 144 Gründungsbericht und Gründungsprüfung

Ein Gründungsbericht (§ 32 des Aktiengesetzes) und eine Gründungsprüfung (§ 33 Abs. 2 des Aktiengesetzes) sind stets erforderlich.

Übersicht

	Rn		Rn
I. Allgemeines	1	II. Einzelerläuterungen	6
1. Sinn und Zweck der Norm	1	1. Verfahrensfragen	6
2. Entstehungsgeschichte	4	2. Voraussetzungen der Gründungsprüfung	7
3. Anwendungsbereich	5	III. Rechtsfolgen eines Verstoßes	8

I. Allgemeines

1. Sinn und Zweck der Norm

Gründungsbericht und Gründungsprüfung sind Institute des aktienrechtlichen Gründungsverfahrens[1]. Die Gründer einer AG müssen einen schriftlichen Gründungsbericht verfassen und ggf. eine Gründungsprüfung vornehmen lassen[2]. 1

Anders als bei der Verschmelzung durch Neugründung[3] sind bei einer Spaltung unter Beteiligung von AG oder KGaA stets ein Gründungsbericht und eine Gründungsprüfung erforderlich. 2

Die Vorschrift schützt Aktionäre, Gläubiger sowie alle Inhaber sonstiger Rechte an den an einer Spaltung zur Neugründung oder einer kombinierten Spaltung[4] beteiligten Rechtsträgern. Der weit reichende Schutz ist gerechtfertigt. Bei einer Verschmelzung durch Neugründung wird das gesamte Vermögen des übertragenden Rechtsträgers auf den neu gegründeten Rechtsträger übertragen. Ist der übertragende Rechtsträger eine Kapitalgesellschaft, unterliegt er den strengen Voraussetzungen der Kapitalaufbringungs- und -erhaltungsvorschriften. Bei einer Spaltung zur Neugründung hingegen wird zwangsläufig nicht das gesamte Vermögen des übertragenden Rechtsträgers übertragen. Es besteht somit die Gefahr einer Unterpari-Emission, falls das übertragene Teilvermögen den Nennbetrag der dafür ausgegebenen Aktien nicht deckt. 3

2. Entstehungsgeschichte

Art. 22 Abs. 4 SpaltRL verweist auf Art. 10 der Kapitalrichtlinie[5]. Hiernach muss bei einer Spaltung zur Gründung einer AG eine Prüfung der Einlagen, die nicht Bareinlagen sind, durchgeführt und ein Gründungsbericht verfasst werden. 4

3. Anwendungsbereich

Die Norm gilt nur für Fälle der Spaltung zur Neugründung[6] und für die kombinierte Spaltung nach § 123 Abs. 4[7]. Auf reine Spaltungen zur Aufnahme ist die Vorschrift nicht 5

---

[1] Vgl. §§ 32, 33 AktG.
[2] Hierzu § 33 Abs. 2 AktG.
[3] § 75 Abs. 2.
[4] § 123 Abs. 4.
[5] Zweite Gesellschaftsrechtliche Richtlinie des Rats vom 13. 12. 1976 zur Kodifizierung der Schutzbestimmungen, die in den Mitgliedsstaaten den Gesellschaften iSd. Art. 58 Abs. 2 des Vertrags im Interesse der Gesellschafter sowie Dritter für die Gründung der AG sowie für die Erhaltung und Änderung ihres Kapitals vorgeschrieben sind, um diese Bestimmungen gleichwertig zu gestalten, ABl. EG Nr. L 026 vom 30. 1. 1977.
[6] §§ 135 ff.
[7] Näher hierzu § 123 Rn 20.

anwendbar, denn Gründungsprüfung und Gründungsbericht sind Institute von Neugründungen. Für andere Rechtsträger als AG und KGaA gilt die Vorschrift nicht.

II. Einzelerläuterungen

1. Verfahrensfragen

6   Das Amtsgericht am Sitz der neu zu gründenden Gesellschaft bestellt auf Antrag den Gründungsprüfer[8]. Der Antrag ist durch den übertragenden Rechtsträger oder durch den Vorstand des neu zu gründenden Rechtsträgers zu stellen. Dieser kann mit dem Spaltungsprüfer[9] identisch sein. Bei jeder Spaltung zur Neugründung, bei der eine AG oder KGaA gegründet wird, ist ein schriftlicher Gründungsbericht zu verfassen. Die inhaltlichen Anforderungen richten sich nach den aktienrechtlichen Vorschriften[10]. Anzugeben sind auch die Umstände, aus denen sich ergibt, dass der Wert der bei der Spaltung übertragenen Vermögensteile dem Nennbetrag der dafür zu gewährenden Aktien entspricht[11]. Erforderlich sind Angaben zum Geschäftsverlauf und zur Lage der übertragenden Rechtsträger[12]. Der Gründungsbericht ist bei dem Amtsgericht am Sitz der zu gründenden Gesellschaft einzureichen und ihrem Vorstand vorzulegen[13]. Er ist auch dem übertragenden Rechtsträger zuzuleiten, so dass sowohl der Spaltungsbericht als auch der Spaltungsprüfungsbericht mit dem Gründungsbericht abgeglichen werden können[14].

2. Voraussetzung der Gründungsprüfung

7   Eine Gründungsprüfung ist nur bei Sachgründungen durchzuführen[15]. Dies folgt zwar nicht aus dem Wortlaut der Norm. Die gemeinschaftsrechtlichen Grundlagen der Vorschrift[16] sehen aber eine Gründungsprüfung nur für Einlagen vor, die nicht Bareinlagen sind. Diese Vorgaben wollte der deutsche Gesetzgeber richtlinienkonform umsetzen. Es ist nicht ersichtlich, dass er über sie hinausgehen und eine Gründungsprüfung auch für Bargründungen anordnen wollte. Bei dem rechtspraktisch nur schwer vorstellbaren Fall, dass die neue Gesellschaft im Wege der Bargründung errichtet werden soll, besteht kein Schutzbedürfnis für die vom Schutzbereich der Norm erfassten Personen[17].

III. Rechtsfolgen eines Verstoßes

8   Fehlen Gründungsbericht oder Gründungsprüfung, ist die Anmeldung zum Register zurückzuweisen, wenn trotz Beanstandung keine Abhilfe geschaffen wird[18]. Wird dennoch eingetragen, ist der Mangel geheilt[19].

---

[8] § 33 Abs. 3 Satz 1 AktG.
[9] §§ 135, 125, 9.
[10] § 32 Abs. 2 AktG.
[11] § 34 Abs. 2 Satz 2 AktG.
[12] §§ 135 Abs. 1 Satz 1, 125, 75 Abs. 1; *Hörtnagl* in Schmitt/Hörtnagl/Stratz Rn 2; *Rieger* in Widmann/Mayer Rn 4.
[13] § 34 Abs. 3 AktG.
[14] *Hommelhoff/Schwab* in Lutter Rn 13.
[15] Vgl. *Hommelhoff/Schwab* in Lutter Rn 10; *Hörtnagl* in Schmitt/Hörtnagl/Stratz Rn 3 lässt diese Frage wegen fehlender Praxisrelevanz offen.
[16] Siehe Rn 4.
[17] Zum Schutzbereich der Norm siehe Rn 3.
[18] *BayObLG* GmbHR 1999, 295.
[19] Siehe § 131 Rn 32 ff.

§ 145 Herabsetzung des Grundkapitals

Ist zur Durchführung der Abspaltung oder der Ausgliederung eine Herabsetzung des Grundkapitals einer übertragenden Aktiengesellschaft oder Kommanditgesellschaft auf Aktien erforderlich, so kann diese auch in vereinfachter Form vorgenommen werden. Wird das Grundkapital herabgesetzt, so darf die Abspaltung oder die Ausgliederung erst eingetragen werden, nachdem die Durchführung der Herabsetzung des Grundkapitals im Register eingetragen worden ist.

Übersicht

	Rn		Rn
I. Allgemeines	1	aa) Allgemeines	9
1. Sinn und Zweck der Norm	1	bb) Besonderheiten bei Abspaltung oder Ausgliederung	10
2. Anwendungsbereich	3	c) Rechtsfolge	12
II. Einzelerläuterungen	4	2. Ausgliederungen	14
1. Abspaltungen (Satz 1)	4	3. Eintragung der Abspaltung oder Ausgliederung	15
a) Erforderlichkeit der Kapitalherabsetzung	4	III. Rechtsfolgen eines Verstoßes	16
b) Vereinfachte Form der Kapitalherabsetzung	9		

Literatur: *Ittner*, Die Spaltung nach dem neuen Umwandlungsrecht, MittRhNotk, 1997, 105; *Naraschewski*, Die vereinfachte Kapitalherabsetzung bei der Spaltung einer GmbH, GmbHR 1995, 697; *Petersen*, Der Gläubigerschutz im System des Umwandlungsrechts, Der Konzern 2004, 185; *ders.*, Der Gläubigerschutz im Umwandlungsrecht, 2001; *Priester*, Kapitalschutz bei der übertragenden Gesellschaft in Spaltungsfällen, FS Schippel, 1996, S. 487.

I. Allgemeines

1. Sinn und Zweck der Norm

Die Vorschrift entspricht der Regelung für die Spaltung einer GmbH[1]. Bei der Abspaltung ist eine Vermögensminderung des übertragenden Rechtsträgers wahrscheinlich. Die als Gegenleistung übertragenen Anteile am übernehmenden Rechtsträger werden nicht dem übertragenden Rechtsträger selbst, sondern seinen Anteilsinhabern gewährt[2]. Der übertragende Rechtsträger überträgt folglich bei einer Abspaltung Nettovermögen, ohne dass dem ein Vermögenszufluss gegenüber steht. Die hieraus resultierende buchmäßige Vermögensminderung kann dazu führen, dass das Grundkapital der übertragenden Gesellschaft nicht mehr gedeckt ist. Zur Durchführung der Abspaltung bedarf es dann einer Kapitalherabsetzung. Um solche Spaltungsvorgänge zu erleichtern, erlaubt Satz 1 die Anwendung der Vorschriften über die vereinfachte Kapitalherabsetzung von Aktiengesellschaften[3]. Die Spaltung soll weder am finanziellen und zeitlichen Aufwand noch an den Gläubigerschutzvorschriften einer ordentlichen Kapitalherabsetzung scheitern. 1

Satz 2 bestimmt zum Schutz des Rechtsverkehrs, dass die Spaltung erst in das Handelsregister eingetragen werden darf, nachdem die Durchführung der Kapitalherabsetzung des Grundkapitals eingetragen worden ist. 2

---

[1] § 139.
[2] § 123 Abs. 2.
[3] §§ 229 ff. AktG.

2. Anwendungsbereich

3 Die Vorschrift ist auf Abspaltungen von AG oder KGaA als übertragende Rechtsträger anwendbar. Unerheblich ist die Rechtsform des übernehmenden oder neuen Rechtsträgers. Die Vorschrift findet auch auf die Ausgliederung Anwendung. In diesen Fällen ist jedoch eine Kapitalherabsetzung in der Praxis fast nie erforderlich[4]. Nicht erfasst wird die Aufspaltung[5]. Der übertragende Rechtsträger erlischt hier mit der Eintragung[6].

II. Einzelerläuterungen

1. Abspaltungen

4 a) **Erforderlichkeit der Kapitalherabsetzung.** Die vereinfachte Kapitalherabsetzung muss erforderlich sein[7]. Dies setzt voraus, dass ohne die Kapitalherabsetzung die Spaltung nicht durchgeführt werden kann[8]. Wirtschaftliche Erwägungen sind für die Bestimmung der Erforderlichkeit ohne Bedeutung[9]. Die Spaltung muss zu einer Leistung an die Aktionäre der übertragenden Gesellschaft führen, nach der das Grundkapital nicht mehr vom buchmäßigen Nettovermögen der Gesellschaft gedeckt ist[10].

5 Für die Feststellung der Unterbilanz gelten die Grundsätze, die für die Bestimmung des rückzahlbaren Kapitals im GmbH-Recht entwickelt wurden[11]. Die bilanziellen Wertansätze sind zugrunde zu legen. Stille Reserven sind auf der Aktivseite nicht zu berücksichtigen. Dagegen sind sämtliche Rückstellungen[12], Verbindlichkeiten[13] und Rücklagen für Eigenkapital[14] auf der Passivseite zu berücksichtigen. Zum Ausgleich des Verlusts an Nettoaktivvermögen müssen ungebundene Rücklagen aufgelöst werden. Ihre eigenen gesetzlich gebundenen[15] Rücklagen kann die übertragende Gesellschaft nicht zum Ausgleich des Vermögensverlusts auflösen[16].

6 Die Unterbilanz muss im Zeitpunkt der Eintragung der Abspaltung bzw. Ausgliederung im Register des Sitzes der übertragenden Gesellschaft vorliegen[17]. Sie muss grundsätzlich durch die Spaltung eingetreten sein. Bestand sie bereits vorher, kann dies bei einer Abspaltung ebenfalls durch eine vereinfachte Kapitalerhöhung ausgeglichen werden[18]. Das Erfordernis einer ordentlichen Kapitalherabsetzung würde dem Zweck des Gesetzes zuwider laufen. Ein Nebeneinander von einfacher und ordentlicher Kapitalerhöhung würde die Umstrukturierung behindern.

---

[4] Siehe Rn 13.
[5] *Hommelhoff/Schwab* in Lutter Rn 30; *Petersen* lässt eine Aufspaltung nur zu, wenn die Summe der neu zu schaffenden Nennkapitalia dem Nennkapital des aufgespaltenen Rechtsträgers entspricht, *Petersen* S. 317 f.
[6] § 131 Abs. 1 Nr. 2.
[7] § 145 Satz 1.
[8] So iE auch *Hommelhoff/Schwab* in Lutter Rn 12; *Hörtnagl* in Schmitt/Hörtnagl/Stratz Rn 2, § 139 Rn 5 ff.; *Sagasser/Sickinger* in Sagasser/Bula/Brünger Rn N85.
[9] *Hommelhoff/Schwab* in Lutter Rn 10 f.
[10] BGH GmbHR 1989, 152, 154; *Rieger* in Widmann/Mayer Rn 5; *Hörtnagl* in Schmitt/Hörtnagl/Stratz Rn 1; *Hommelhoff/Schwab* in Lutter Rn 12; *Kallmeyer* in Kallmeyer Rn 1.
[11] § 30 GmbHG; siehe § 139 Rn 7 ff.; auch *Rieger* in Widmann/Mayer Rn 10 f.
[12] § 266 Abs. 3 B HGB.
[13] § 266 Abs. 3 C HGB.
[14] § 266 Abs. 3 A HGB.
[15] § 150 Abs. 3, 4 AktG iVm. § 272 Abs. 2 Nr. 1 bis 3 HGB.
[16] *Hommelhoff/Schwab* in Lutter Rn 19; *Kallmeyer* in Kallmeyer Rn 1; aA *Hörtnagl* in Schmitt/Hörtnagl/Stratz Rn 4.
[17] *Rieger* in Widmann/Mayer Rn 12.
[18] *Hommelhoff/Schwab* in Lutter Rn 14; aA *Rieger* in Widmann/Mayer Rn 13.

7 Eine vereinfachte Kapitalherabsetzung ist trotz Herbeiführung einer Unterbilanz bei der übertragenden Gesellschaft nicht möglich, wenn die Unterbilanz dadurch entsteht, dass Posten in die Kapitalrücklage der übernehmenden Gesellschaft nach § 272 Abs. 2 Nr. 4 HGB eingestellt werden. In diesem Fall besteht die Gefahr einer Umgehung der Kapitalerhaltungs- und -aufbringungsvorschriften. Die freien Kapitalrücklagen nach § 272 Abs. 2 Nr. 4 HGB gehören nicht zum gebundenen Eigenkapital. Ursprünglich gebundenes Eigenkapital der übertragenden Gesellschaft könnte so über den Umweg über die übernehmende Gesellschaft an die Aktionäre der übertragenden Gesellschaft ausgekehrt werden. Etwas anderes gilt, wenn es sich um Aufgeld handelt, das nach § 272 Abs. 2 Nr. 1 bis 3 HGB in die Kapitalrücklagen der übernehmenden Rechtsträger eingestellt wird, sofern es dort nach § 150 Abs. 3 und 4 AktG gebunden ist[19].

8 Die Kapitalherabsetzung soll nur in dem Umfang möglich sein, in dem frei werdendes Vermögen benötigt wird, um das Kapital des neu gebildeten Nennkapitals zu decken[20]. Dem ist nicht zu folgen, da die Kapitalerhöhung bzw. das zu bildende Nennkapital zur Bedienung des Umtauschverhältnisses dient[21]. Auch aus Gläubigerschutzgründen ist ein das Nettovermögen abbildendes Nennkapital nicht erforderlich, da die Gläubiger durch die gebundenen Rücklagen geschützt werden.

9 **b) Vereinfachte Form der Kapitalherabsetzung.** *aa) Allgemeines.* Ist die Kapitalherabsetzung erforderlich, muss sie nach den Vorschriften der vereinfachten Kapitalherabsetzung durchgeführt werden. Satz 1 ist eine Rechtsfolgenverweisung[22]. Als Rechtsgrundverweisung wäre die Vorschrift überflüssig und würde die Spaltung der Gesellschaft nicht erleichtern.

10 *bb) Besonderheiten bei Abspaltung oder Ausgliederung.* Der Kapitalherabsetzungsbeschluss kann vor oder nach Aufstellung des Spaltungsplans bzw. Abschluss des Spaltungs- und Übernahmevertrags oder Fassung des Vertragsentwurfs gefasst werden. In der Praxis wird der Kapitalherabsetzungsbeschluss zusammen mit dem Spaltungsbeschluss gefasst. Ebenso wird die Anmeldung zum Handelsregister[23] mit der Anmeldung der Spaltung verbunden. Das Registergericht prüft die Kapitalherabsetzung anhand der Schlussbilanz der übertragenden AG.

11 Die Verwendung der aus der Kapitalherabsetzung gewonnenen Beträge richtet sich nach den allgemeinen aktienrechtlichen Vorschriften[24]. Eine Rückbeziehung des Jahresabschlusses scheidet aus[25]. Die Kapitalherabsetzung wird erst mit der Spaltung erforderlich. Sie wird erst mit Eintragung der Spaltung wirksam[26].

12 **c) Rechtsfolge.** Rechtsfolge der Kapitalherabsetzung ist ein Auszahlungsverbot an die Aktionäre. Die Kapitalherabsetzung darf nur dem bilanziellen Ausgleich der Vermögensminderung bei der übertragenden Gesellschaft dienen[27]. Bei zu hoch angenommenen Herabsetzungsbeträgen ist die Differenz in die Kapitalrücklage der übertragenden Gesellschaft einzustellen[28]. Dort ist sie gem. § 150 Abs. 3 und 4 AktG gesperrt[29].

---

[19] Siehe *Hommelhoff/Schwab* in Lutter Rn 16.
[20] Petersen S. 313 f.
[21] *Hommelhoff/Schwab* in Lutter Rn 23.
[22] *Rieger* in Widmann/Mayer Rn 15 ist der Ansicht, es handele sich um eine Rechtsgrundverweisung; wie hier *Priester*, FS Schippel, S. 487, 492; *Naraschewski* GmbHR 1995, 697, 698.
[23] § 229 Abs. 3, 223 AktG.
[24] §§ 230 bis 233 AktG.
[25] Vgl. allgemein § 234 AktG; wie hier *Hörtnagl* in Schmitt/Hörtnagl/Stratz Rn 6, § 139 Rn 35; *Rieger* in Widmann/Mayer Rn 22; aA *Hommelhoff/Schwab* in Lutter Rn 28.
[26] Normalerweise mit Eintragung des Kapitalherabsetzungsbeschlusses; vgl. §§ 229 Abs. 3, 224 AktG.
[27] *Hörtnagl* in Schmitt/Hörtnagl/Stratz Rn 6; *Hommelhoff/Schwab* in Lutter Rn 23.
[28] § 232 AktG.
[29] *Hommelhoff/Schwab* in Lutter Rn 24.

13 Künftige Gewinne dürfen gem. § 233 Abs. 1 und 2 AktG nicht ausgeschüttet werden. Hierzu wird vorgebracht, dass im Rahmen einer Umstrukturierung dafür kein Raum sei[30]. Die Ausschüttungssperre sei abgestellt auf eine Verlustsituation, die bei einer Umstrukturierung nicht vorläge. Dem ist zuzustimmen[31].

2. Ausgliederungen

14 Bei Ausgliederungen ist eine Kapitalherabsetzung kaum denkbar[32]. Hier werden die im Gegenzug für den Abfluss von Nettoaktivvermögen zu gewährenden Anteile der übertragenden Gesellschaft selbst gewährt. Der Wert ihres Beteiligungsvermögens wächst als Kompensation für den Vermögensverlust. Es findet also ein Aktivtausch statt. Bei der übertragenden Gesellschaft fließt im Ergebnis kein Nettovermögen ab.

3. Eintragung der Abspaltung oder Ausgliederung

15 Die Herabsetzung des Grundkapitals muss vor der Eintragung des Spaltungsvorgangs im Handelsregister eingetragen sein. Es soll vor Wirksamwerden der Spaltung und damit vor Eintritt der Vermögensminderung offen gelegt werden, dass das Grundkapital der übertragenden Gesellschaft herabgesetzt wird. Wird diese Eintragungsreihenfolge nicht eingehalten, muss die Spaltung nochmals eingetragen werden[33]. Sie kann frühestens mit Eintragung der Kapitalherabsetzung wirksam werden.

III. Rechtsfolgen eines Verstoßes

16 Wird eine vereinfachte Kapitalherabsetzung durchgeführt, ohne dass die Voraussetzungen hierfür vorliegen, ist der Herabsetzungsbeschluss nichtig[34]. Das Registergericht hat die Eintragung abzulehnen. Dasselbe gilt, wenn die Kapitalherabsetzung weiter als zulässig gefasst wird. Ein solcher Beschluss verletzt Vorschriften, die ausschließlich oder überwiegend dem Schutz der Gläubiger dienen[35].

§ 146 Anmeldung der Abspaltung oder der Ausgliederung

(1) **Bei der Anmeldung der Abspaltung oder der Ausgliederung zur Eintragung in das Register des Sitzes einer übertragenden Aktiengesellschaft hat deren Vorstand oder einer Kommanditgesellschaft auf Aktien haben deren zu ihrer Vertretung ermächtigte persönlich haftende Gesellschafter auch zu erklären, daß die durch Gesetz und Satzung vorgesehenen Voraussetzungen für die Gründung dieser Gesellschaft unter Berücksichtigung der Abspaltung oder der Ausgliederung im Zeitpunkt der Anmeldung vorliegen.**

(2) **Der Anmeldung der Abspaltung oder der Ausgliederung sind außer den sonst erforderlichen Unterlagen auch beizufügen:**
1. der Spaltungsbericht nach § 127;
2. bei Abspaltung der Prüfungsbericht nach § 125 in Verbindung mit § 12.

---

[30] *Priester*, FS Schippel, S. 487, 500.
[31] Wie hier *Hommelhoff/Schwab* in Lutter Rn 25.
[32] *Hommelhoff/Schwab* in Lutter Rn 4.
[33] *Rieger* in Widmann/Mayer Rn 24.
[34] AA *Hommelhoff/Schwab* in Lutter Rn 20.
[35] ZB § 225 AktG.

Übersicht

	Rn		Rn
I. Allgemeines	1	a) Erklärungspflichtige Organe	5
1. Sinn und Zweck der Norm	1	b) Erklärungsinhalt	8
2. Entstehungsgeschichte	2	c) Formelle Voraussetzungen	9
3. Anwendungsbereich	3	2. Sonstige der Anmeldung beizufügende	
II. Einzelerläuterungen	5	Unterlagen (Abs. 2)	10
1. Abgabe der Solidiätserklärung (Abs. 1)	5	**III. Rechtsfolgen eines Verstoßes**	11

Literatur: *Mayer,* Erste Zweifelsfragen bei der Unternehmensspaltung, DB 1995, 861; *Petersen,* Der Gläubigerschutz im Umwandlungsrecht, 2001; *Reichert,* Folgen der Anteilsvinkulierung für Umstrukturierungen von Gesellschaften mit beschränkter Haftung und Aktiengesellschaften nach dem Umwandlungsgesetz 1995, GmbHR 1995, 176; *Schöne,* Das Aktienrecht als „Maß aller Dinge" im neuen Umwandlungsrecht?, GmbHR 1995, 26; *Wirth,* Spaltungen von Genossenschaften, 1998.

I. Allgemeines

1. Sinn und Zweck der Norm

Die Vorschrift entspricht der Regelung für die Spaltung einer GmbH[1]. Sie will sicherstellen, dass die nach Durchführung der Abspaltung oder Ausgliederung verbleibende Rumpfgesellschaft über genug Nettoaktivvermögen verfügt, um das statutarische Grundkapital zu decken. Die Schlüssigkeit der mit der Anmeldung einzureichenden Erklärung ist vom Registergericht überschlägig zu prüfen[2]. — 1

2. Entstehungsgeschichte

Die Norm ist eine originäre Schöpfung des deutschen Rechts. Sie hat keinen gemeinschaftsrechtlichen Hintergrund. Die SpaltRL regelt nur die Aufspaltung. Das UmwG will alle Spaltungsformen möglichst einheitlich regeln. — 2

3. Anwendungsbereich

Die Norm ist anwendbar für AG und KGaA, auch wenn diese zur Durchführung der Spaltung ihr Grundkapital herabgesetzt haben[3]. Abs. 1 ist trotz seines Wortlauts nur auf Fälle der Abspaltung, an denen eine AG oder KGaA als übertragender Rechtsträger beteiligt ist, anwendbar. Die Rechtsform des übernehmenden Rechtsträgers ist unerheblich. Die Norm findet keine Anwendung auf Ausgliederungen und Aufspaltungen. Bei der Aufspaltung erlischt die übertragende Gesellschaft[4]. Die Anwendung auf Ausgliederungen scheidet nach Sinn und Zweck der Vorschrift aus[5]. Die Norm will die Aufbringung des erforderlichen Kapitals beim übertragenden Rechtsträger gewährleisten. Bei der Ausgliederung kommt es aber nicht zu einem ungedeckten Abfluss von Nettoaktivvermögen[6]. Die als Gegenleistung für den übertragenen Vermögensteil gewährten Anteile oder Mitgliedschaften an dem neuen oder übernehmenden Rechtsträger fließen direkt dem übertragenden Rechtsträger zu[7]. Ein Bedürfnis für den Schutz des § 146 besteht somit nicht. — 3

---

[1] § 140.
[2] *Hommelhoff/Schwab* in Lutter Rn 5; *Petersen* S. 297 f.; aA *Mayer* DB 1995, 861, 866.
[3] *Hörtnagl* in Schmitt/Hörtnagl/Stratz Rn 4; *Zimmermann* in Kallmeyer Rn 3.
[4] § 131 Abs. 1 Nr. 2.
[5] Wie hier *Rieger* in Widmann/Mayer Rn 4; aA auch für Ausgliederung *Zimmermann* in Kallmeyer Rn 2.
[6] Siehe § 145 Rn 13.
[7] Siehe § 131 Rn 59 ff.

4 Abs. 2 stellt klar, dass auch bei der Abspaltung und bei der Ausgliederung der Spaltungs- und der Prüfungsbericht sowohl am Sitz des übertragenden als auch am Sitz des übernehmenden Rechtsträgers zum Handelsregister einzureichen sind[8].

II. Einzelerläuterungen

1. Abgabe der Solidititätserklärung (Abs. 1)

5 a) **Erklärungspflichtige Organe.** Die Solidititätserklärung ist durch den Vorstand der übertragenden AG abzugeben. Ausreichend ist eine Erklärung durch den Vorstand als Vertretungsorgan und damit in vertretungsberechtigter Anzahl[9]. Es müssen nicht alle Mitglieder des Vorstands die Erklärung abgeben. Zwar tragen alle Mitglieder des Vorstands die Verantwortung für den Inhalt der Erklärung[10]. § 16 Abs. 1 verlangt jedoch grundsätzlich nur eine Anmeldung durch den Vorstand in vertretungsberechtigter Anzahl[11]. Hätte der Gesetzgeber für die Abgabe der Solidititätserklärung etwas anderes bestimmen wollen, hätte er dies ausdrücklich regeln müssen[12].

6 Nicht ausreichend ist eine unechte Gesamtvertretung[13]. Die Erklärung ist strafbewehrt[14] und hat folglich höchstpersönlichen Charakter.

7 Für die KGaA gilt Entsprechendes. Die Erklärung ist – vorbehaltlich einer anderweitigen Satzungsregelung – durch einen persönlich haftenden Gesellschafter abzugeben[15].

8 b) **Erklärungsinhalt.** Der Wortlaut der Vorschrift fordert lediglich Angaben zu den Mindestanforderungen an die Kapitalausstattung der übertragenden Gesellschaft. Die Gesetzesbegründung zur Parallelvorschrift des § 140 verlangt darüber hinaus eine Erklärung, dass das satzungsmäßige Grundkapital weiterhin vom Nettovermögen der übertragenden Gesellschaft gedeckt ist[16]. In diese Richtung deutet auch der Wortlaut der Sanktionsnorm[17], der von einer „Erklärung über die Deckung des Grundkapitals„ spricht[18]. Sonstige statutarische Voraussetzungen für das Grundkapital der Rumpfgesellschaft sind ohne Bedeutung[19].

9 c) **Formelle Voraussetzungen.** Die Erklärung kann zusammen mit der Anmeldung der Spaltung zum Handelsregister oder gesondert abgegeben werden. Sie bedarf nicht der öffentlichen Beglaubigung[20].

---

[8] § 125 Satz 1 iVm. §§ 16, 17, 129, 137.
[9] *Hommelhoff/Schwab* in Lutter Rn 7; *Hörtnagl* in Schmitt/Hörtnagl/Stratz Rn 2; *Rieger* in Widmann/Mayer Rn 7; aA *Wirth* S. 316 f.; *Zimmermann* in Kallmeyer Rn 4.
[10] *Rieger* in Widmann/Mayer Rn 7 f.
[11] Siehe § 16 Rn 7.
[12] Dies hat er zB in § 36 AktG für die Anmeldung der Gesellschaft zur Eintragung in das Handelsregister getan.
[13] § 78 Abs. 3 AktG; wie hier *Zimmermann* in Kallmeyer Rn 4; *Hörtnagl* in Schmitt/Hörtnagl/Stratz Rn 2; *Rieger* in Widmann/Mayer Rn 7; aA *Hommelhoff/Schwab* in Lutter Rn 7.
[14] Siehe Rn 10.
[15] Vgl. *Hommelhoff/Schwab* in Lutter Rn 8.
[16] RegBegr. *Ganske* S. 175.
[17] § 313 Abs. 2.
[18] Im Ergebnis übereinstimmend *Rieger* in Widmann/Mayer Rn 11; *Hommelhoff/Schwab* in Lutter Rn 10; *Hörtnagl* in Schmitt/Hörtnagl/Stratz Rn 4; *Zimmermann* in Kallmeyer Rn 3.
[19] *Hommelhoff/Schwab* in Lutter Rn 11.
[20] § 12 Abs. 1 HGB; wie hier *Hommelhoff/Schwab* in Lutter Rn 12 a; *Zimmermann* in Kallmeyer Rn 5; aA *Rieger* in Widmann/Mayer § 145 Rn 9; *Engelmeyer* AG 1996, 193, 204.

2. Sonstige der Anmeldung beizufügende Unterlagen (Abs. 2)

Jeder Spaltung sind bei ihrer Anmeldung ein Spaltungsbericht und ein Spaltungsprüfungsbericht beizufügen. Insofern hat Abs. 2 nur deklaratorische Bedeutung. Sind diese Unterlagen nach den allgemeinen Regeln ausnahmsweise nicht zu erstellen, kann eine Pflicht zur Aufstellung auch nicht aus Abs. 2 hergeleitet werden[21]. 10

III. Rechtsfolgen eines Verstoßes

Ist die Erklärung unvollständig oder unrichtig, haften die Erklärenden gegenüber der übertragenden Gesellschaft. Die Höhe ihrer Haftung ergibt sich aus dem Betrag, um den das Nettovermögen der übertragenden Gesellschaft bei Eintragung der Spaltung den Nominalbetrag des Grundkapitals unterschreitet. Sie haften jedoch höchstens in Höhe des Nettovermögens, das durch die Spaltung übertragen wurde. 11

Die Abgabe der Solidaritätserklärung nach Abs. 1 ist strafbewehrt[22]. Die Solidaritätserklärung umfasst auch Angaben über die Deckung des Grundkapitals durch das Nettovermögen nach der Spaltung[23]. Die Erklärung ist nach der Einreichung bei Gericht aufgrund etwaig nach Anmeldung eintretender geänderter Vermögensverhältnisse nicht zu aktualisieren[24]. Gibt das Vertretungsorgan der übertragenden Gesellschaft lediglich eine Erklärung ab, die sich am Wortlaut der Vorschrift orientiert, kommt eine Anwendung der Strafnorm nicht in Betracht, da diese eine Aussage zur Deckung des Grundkapitals verlangt[25]. 12

Fehlt die Solidaritätserklärung bei der Anmeldung, ist die Anmeldung nicht unwirksam bzw. abzulehnen. Das Registergericht hat durch Zwischenverfügung zur Einreichung aufzufordern[26]. Wird der Mangel nicht behoben, ist die Eintragung abzulehnen. Wird trotzdem eingetragen, ist der Mangel geheilt[27]. 13

Dritter Abschnitt. Spaltung unter Beteiligung eingetragener Genossenschaften

§ 147 Möglichkeit der Spaltung

Die Spaltung eines Rechtsträgers anderer Rechtsform zur Aufnahme von Teilen seines Vermögens durch eine eingetragene Genossenschaft kann nur erfolgen, wenn eine erforderliche Änderung der Satzung der übernehmenden Genossenschaft gleichzeitig mit der Spaltung beschlossen wird.

Übersicht

	Rn		Rn
I. Allgemeines	1	b) Spaltungs- und Übernahmevertrag,	
1. Anwendbare Vorschriften	2	Spaltungsplan	9
a) Spaltungsfähigkeit	3	c) Spaltungsbericht, Prüfungsgutachten	14

---

[21] *Zimmermann* in Kallmeyer Rn 6; *Rieger* in Widmann/Mayer Rn 17 f.
[22] § 313 Abs. 2.
[23] Siehe Rn 7.
[24] *Hörtnagl* in Schmitt/Hörtnagl/Stratz Rn 6; *Priester* in Lutter § 140 Rn 10; *Zimmermann* in Kallmeyer Rn 9.
[25] Vgl. § 313 Rn 65 ff.; *Rieger* in Widmann/Mayer Rn 15.
[26] § 26 Satz 2 HRV; *Zimmermann* in Kallmeyer Rn 8; die Ansicht der Voraufl. wurde aufgegeben.
[27] § 131 Rn 65 ff.

§ 147 1–3   Drittes Buch. Spaltung

	Rn		Rn
d) Spaltungsbeschluss	22	2. Erforderliche Änderung der Satzung als Teil des Spaltungsbeschlusses	30
e) Anmeldeverfahren	23		
2. Rechtsfolgen der Spaltung	24	3. Anmeldung der Änderungen der Satzung	36
II. Einzelerläuterungen	27		
1. Anwendungsbereich	27		

Literatur: *Wirth,* Spaltungen einer eingetragenen Genossenschaft, 1998.

I. Allgemeines

1   Die besonderen Vorschriften der §§ 147 und 148 schränken die allgemeinen Spaltungsvorschriften für Genossenschaften nicht ein. Eingetragenen Genossenschaften stehen, im Gegensatz zum früheren Recht[1], seit Inkrafttreten des UmwG grundsätzlich alle Spaltungsmöglichkeiten, die das Gesetz vorsieht, offen. Sie können daher sowohl als übernehmender, übertragender oder neu gegründeter Rechtsträger an Aufspaltungs-, Abspaltungs- oder Ausgliederungsvorgängen beteiligt sein[2]. Dies trifft insbesondere auch auf Mischvorgänge zu, d. h. bei Teilnahme von Rechtsträgern anderer Rechtsform. Beschränkungen ergeben sich nur aus Vorschriften für Rechtsträger anderer Rechtsformen, zB für eingetragene Vereine; Besonderheiten sind auch bei der Europäischen Genossenschaft (SCE) zu berücksichtigen[3].

1. Anwendbare Vorschriften

2   Neben den besonderen Spaltungsvorschriften für Genossenschaften gelten zunächst die allgemeinen Spaltungsvorschriften (§§ 123 ff.) und, soweit diese der Spaltung nicht entgegenstehen, über § 125 die allgemeinen (§§ 3 bis 38) sowie die genossenschaftsspezifischen Verschmelzungsvorschriften (§§ 79 bis 98) entsprechend. Hieraus ergibt sich folgende Systematik:

3   **a) Spaltungsfähigkeit.** Genossenschaften können gem. § 124 Abs. 1 iVm. § 3 Abs. 1 als übertragender Rechtsträger ihr Vermögen spalten (aufspalten, abspalten, ausgliedern) entweder zur Aufnahme durch einen bestehenden Rechtsträger oder bei dessen gleichzeitiger Neugründung[4]. Dieser kann die Rechtsform einer Personenhandelsgesellschaft (OHG, KG), einer PartG, einer Kapitalgesellschaft (GmbH, AG, KGaA) oder eines genossenschaftlichen Prüfungsverbands haben. § 150 steht dem nicht entgegen, da dieser nur die Spaltung (das gilt ebenso für die Verschmelzung[5]) eines übertragenden, nicht aber die Aufnahmemöglichkeit durch einen genossenschaftlichen Prüfungsverband beschränkt[6]. Die gegenteilige Auffassung[7], die sich im Wesentlichen auf die spezifischen Regeln für die Verschmelzung[8] beruft, übersieht, dass die Beschränkung der Verschmelzungs- bzw. Spaltungsmöglichkeit zum einen nur verhindern soll, dass das Prüfungsrecht auf andere Rechtsträger, dieses Recht nicht besitzen, übergeht und zum anderen die Einheitlichkeit der staatlichen Beaufsichtigung gem. § 64 GenG gefährdet wird. Die Begründung, durch die Beschränkung solle sichergestellt werden, dass der genossenschaftliche Prüfungsverband die Rechtsform des e. V. beibehalte[9],

---

[1] *Bayer* in Lutter Rn 1.
[2] Vgl. Erläuterungen zu § 124. Zur Europäischen Genossenschaft (SCE) siehe Einl. C Rn 64 ff.
[3] §§ 149 Abs. 2, 150, 151.
[4] Siehe hierzu auch § 124 Rn 3, 9.
[5] § 105.
[6] Vgl. auch § 124 Rn 9.
[7] Vgl. *Wirth* S. 79; *Stratz* in Schmitt/Hörtnagl/Stratz § 124 Rn 19 f.
[8] § 105.
[9] *Hörtnagl* in Schmitt/Hörtnagl/Stratz § 124 Rn 20.

geht fehl, weil die Rechtsform des übernehmenden Rechtsträgers durch die aufnehmende Spaltung gerade nicht berührt wird.

Umgekehrt können auf eine Genossenschaft durch Spaltung übertragen die bereits genannten Rechtsträger, darüber hinaus auch eingetragene und wirtschaftliche Vereine. Soweit ein genossenschaftlicher Prüfungsverband überträgt, muss die aufnehmende Genossenschaft allerdings ebenfalls als Prüfungsverband anerkannt sein[10]. Die bestehenden genossenschaftlichen Prüfungsverbände haben zwar alle die Rechtsform des e. V.[11], es sind aber grundsätzlich auch andere Rechtsformen denkbar[12]. Bei Partnerschaftsgesellschaften sind ggf. zusätzlich berufsrechtliche Randbedingungen zu beachten. 4

Einzelkaufleute können auf eine Genossenschaft nur zur Aufnahme ausgliedern[13], nicht aber auf- oder abspalten. 5

Gleiches gilt auch für Gebietskörperschaften und deren Zusammenschlüsse, wobei auch eine Neugründung zulässig ist[14]. 6

Spaltungsvorgänge zwischen Stiftungen und Genossenschaften lässt das Gesetz generell nicht zu, § 124 Abs. 1 3. Alt. (Stiftung nur übertragend spaltungsfähig), § 161 (nur Ausgliederung und nur auf Personenhandels- oder Kapitalgesellschaften). 7

An den zulässigen Spaltungsvorgängen können auch mehrere andere Rechtsträger, entweder durch Übertragung, Aufnahme oder durch Neugründung beteiligt sein. Diese können auch unterschiedliche Rechtsformen aufweisen. 8

b) Spaltungs- und Übernahmevertrag, Spaltungsplan. Für den Spaltungs- und Übernahmevertrag gilt allgemein zunächst § 126, bei einer Neugründung wird dieser ersetzt durch den Spaltungsplan[15]. 9

Bei, aus Sicht der Genossenschaft, übertragender Abspaltung kommt es insbesondere für den Anteils-/Mitgliedschaftserwerb und die Festlegung des Umtauschverhältnisses auf die rechtsformspezifischen Vorschriften des übernehmenden Rechtsträgers an. 10

Ist die Genossenschaft an der Spaltung als übernehmender oder neu gegründeter Rechtsträger beteiligt, sind über § 125 bzw. § 135 deren Besonderheiten hinsichtlich der Festlegung des Umtauschverhältnisses[16] zu beachten. Danach ist zwingend mindestens ein Geschäftsanteil zu gewähren. Falls die Satzung den Erwerb mehrerer Anteile zulässt[17], findet bei einer Auf- oder Abspaltung, sofern nur Genossenschaften beteiligt sind, grundsätzlich die Anrechnungsregel gem. § 80 Abs. 1 Satz 1 Ziff. 2 Anwendung (im Spaltungs- und Übernahmevertrag kann hiervon aber abgewichen werden). Das hat zur Konsequenz, dass nur der Betrag des bisherigen Geschäftsguthabens, verhältnismäßig bezogen auf den abgespaltenen Teil des Vermögens, angerechnet und auf Geschäftsanteile bei der übernehmenden Genossenschaft umgerechnet wird, was von *Wirth* als „verfehlte Wertung"[18] des Gesetzes bezeichnet wird. Andererseits ist nicht einzusehen, wieso die Mitglieder einer übertragenden Genossenschaft im Zuge einer Spaltung besser stehen sollten als bei einer Verschmelzung. Es muss nur darauf geachtet werden, dass das zur Übertragung zugeordnete Geschäftsguthaben dem Verhältnis der zu übertragenden Vermögenswerte zu den zurückbleibenden Vermögenswerten entspricht. Nur in diesem Zusammenhang kann es auf die tatsächlichen Werte[19], d. h. einschließlich der Rücklagen sowie der stillen Reserven und nicht bilanzierungsfähigen Risiken, ankommen. 11

---

[10] § 150.
[11] § 63 b GenG.
[12] So auch *Bayer* in Lutter § 105 Rn 3 und *Vossius* in Widmann/Mayer § 105 Rn 1.
[13] § 152 Satz 2.
[14] § 168.
[15] § 136. Vgl. die Erläuterungen dort.
[16] Gem. § 80.
[17] § 7 a GenG.
[18] *Wirth* S. 111.
[19] *Wirth* S. 106 f.

§ 147 12–18

12 Erfolgt die Spaltung durch einen Rechtsträger anderer Rechtsform, ist für jeden Anteilseigner dieses Rechtsträgers die Höhe des Geschäftanteils sowie die genaue Zahl der zu gewährenden Anteile im Spaltungs- und Übernahmevertrag zu beziffern[20].

13 Bei einer Ausgliederung zur Aufnahme gibt es kein Umtauschverhältnis iSd. § 126 Abs. 1 Nr. 3, da nur der ausgliedernde Rechtsträger selbst, und nicht dessen Anteilsinhaber, beteiligt wird. Hierfür ist auch bei einer reinen Genossenschaftsspaltung allerdings nicht § 80 einschlägig, sondern unmittelbar § 126 Abs. 1 Ziff. 2[21]. Das ist insofern von Bedeutung, weil bei Auf- und Abspaltungen gem. § 80 nur der Nominalwert des Betrags der Geschäftsguthaben maßgebend ist[22], während iRd. § 126 Abs. 1 Ziff. 2 die tatsächlichen Werte zur Ermittlung der Höhe der Gegenleistung zugrunde gelegt werden müssen.

14 **c) Spaltungsbericht, Prüfungsgutachten.** Für den Spaltungsbericht gelten zunächst die Allgemeinen Vorschriften[23]. Während nach allgemeinem Recht die Anteilsinhaber auf den Spaltungsbericht in notarieller Form verzichten können[24], ergibt sich zumindest nach dem Wortlaut des Gesetzes aus § 148 Abs. 2 Ziff. 1 für den Fall der Abspaltung und der Ausgliederung, dass in jedem Fall ein Spaltungsbericht anzufertigen und einzureichen ist[25], obwohl umgekehrt schwer erklärlich ist, dass im schwerwiegendsten Fall der Spaltung, der Aufspaltung, bei der ja der bisherige Rechtsträger erlischt, hierauf verzichtet werden kann.

15 Für das Prüfungsgutachten gilt § 81 über § 125. Für jede an einem Spaltungsvorgang beteiligte Genossenschaft hat sich demgemäß auf Antrag der zuständige genossenschaftliche Prüfungsverband gutachterlich zu äußern, ob die Spaltung mit den Belangen der Mitglieder und der Gläubiger der Mitglieder vereinbar ist. Im Fall der Abspaltung oder der Ausgliederung ist insbesondere auf die zukünftige Existenzfähigkeit einer übertragenden Genossenschaft einzugehen. Dies folgt aus der besonderen Erklärungspflicht des Vorstands gem. § 148 Abs. 1[26].

16 Das Gutachten kann auch für mehrere an dem Spaltungsvorgang beteiligte Genossenschaften gemeinsam erstattet werden[27]. Sofern beide Genossenschaften demselben Prüfungsverband angehören, ist dies schon aus Zeit- und Kostengründen sinnvoll und in der Praxis die Regel.

17 Streitig ist, ob bei unterschiedlicher Verbandszugehörigkeit ein gemeinsames Prüfungsgutachten der Verbände zulässig ist[28]. Das ist schon deshalb zweifelhaft, weil gerade die Informationsnähe des jeweiligen Prüfungsverbands zur von ihm bisher schon geprüften und betreuten Mitgliedsgenossenschaft genutzt werden soll. Da die beteiligten Verbände insgesamt die Verantwortung für das von ihnen gemeinsam verfasste Gutachten tragen, müssen sie sich nach den üblichen Berufsgrundsätzen auch entsprechend über die Verhältnisse der Genossenschaft, die dem anderen Verband angehört, informieren. Damit wird das gesetzgeberische Ziel einer ökonomischen Vereinfachung durch Nutzung bereits vorhandener, besonderer Kenntnisse des zuständigen Prüfungsverbands konterkariert, da das gemeinsame Prüfungsgutachten zu einer unnötigen und doppelten Informationsbeschaffung zwingt, die bei Einzelgutachten entbehrlich ist.

18 In rechtlicher Hinsicht ist das Anfordern des Prüfungsgutachtens des genossenschaftlichen Prüfungsverbands nicht zu vergleichen mit dem Prüfungsauftrag gem. §§ 9 bis 12. Der Prü-

---

[20] § 80 Abs. 2.
[21] Ebenso *Mayer* in Widmann/Mayer § 126 Rn 130; aA *Hörtnagl* in Schmitt/Hörtnagl/Stratz § 126 Rn 36 sowie *Wirth* S. 106, dort Fn 48, die jedenfalls auch zu dem Ergebnis kommen, dass die Gegenleistung im Spaltungs- und Übernahmevertrag angegeben sein muss.
[22] Vgl. Rn 11.
[23] Siehe Erläuterungen zu § 127.
[24] § 127 Satz 2 iVm. § 8 Abs. 3.
[25] AA *Hörtnagl* in Schmitt/Hörtnagl/Stratz § 148 Rn 5.
[26] Siehe Erläuterungen zu § 148.
[27] § 81 Abs. 1 Satz 2.
[28] Vgl. Erläuterungen zu § 81.

fungsverband benötigt keinen Auftrag der Genossenschaft, sondern erfüllt auf Anfordern einen gesetzlichen Auftrag[29]. Dieser besteht aber nur zugunsten der jeweiligen Mitgliedsgenossenschaft, nicht gegenüber der verbandsfremden Genossenschaft. Diese müsste daher bei einem gemeinsamen Gutachten einen privatschriftlichen Prüfungsauftrag erteilen. Dann handelt es sich aber nicht mehr um das nach dem UmwG erforderliche Gutachten des zuständigen, d. h. gesetzlichen Prüfungsverbands[30].

In der Praxis verbieten sich darüber hinaus gemeinsame Prüfungsgutachten, sei es bei Verschmelzungen oder Spaltungen, schon aus Haftungsgesichtspunkten. **19**

Aus den genannten Gründen ist die Möglichkeit eines gemeinsamen Prüfungsgutachtens mehrerer Verbände abzulehnen[31]. **20**

Das Prüfungsgutachten ist nach hM auch bei der Ausgliederung erforderlich[32], obwohl zum einen § 125 Satz 2 eindeutig anordnet, dass eine Ausgliederungsprüfung nach §§ 9 bis 12 nicht stattfindet, andererseits zu § 81 allgemein vertreten wird, dass das Prüfungsgutachten des Verbands die allgemeinen Prüfungsvorschriften ersetzt und an deren Stelle tritt[33]. Wenn auf eine Prüfung bei Ausgliederung generell verzichtet wird, ist kein einleuchtender Grund ersichtlich, bei einer Genossenschaft anders zu verfahren. Die gegenteilige Auffassung (zB *Wirth*[34]) überzeugt in der materiellen Begründung nicht. Allerdings setzt § 148 Abs. 2 Nr. 2 ausdrücklich voraus, dass ein Ausgliederungsgutachten vorzulegen ist, und zwar in unmittelbarer Verkettung von § 125 und § 81. Gegen den klaren Wortlaut des Gesetzes kann man daher nicht einwenden, die Vorschrift sei „unnötig"[35] oder „überflüssig" bzw. ein „redaktionelles Versehen"[36]. Sie hat zumindest insoweit einen eigenständigen, wenn auch iSd. hM nur klarstellenden, Regelungsgehalt. **21**

d) Spaltungsbeschluss. Für den Spaltungsbeschluss gelten zunächst die allgemeinen Regeln gem. §§ 125, 135, 82 bis 84. Er muss in einer General- bzw. Vertreterversammlung mit einer Mehrheit von mindestens drei Vierteln der erschienenen Mitglieder bzw. Vertreter gefasst und notariell beurkundet werden[37]. Für Frist und Form der Ladung und die Ankündigung der Beschlussgegenstände sowie das sonstige Verfahren gelten das GenG und die Satzung der Genossenschaft. §§ 82 und 83 sind zusätzlich zu beachten. **22**

e) Anmeldeverfahren. Siehe Erläuterungen zu § 148. **23**

2. Rechtsfolgen der Spaltung

Bei Auf- und Abspaltung werden die Anteilseigner des übertragenden Rechtsträgers Anteilseigner des übernehmenden bzw. neu gegründeten Rechtsträgers[38]. Bei Ausgliederung erwirbt der übertragende Rechtsträger selbst solche Anteile. **24**

Die Höhe der Beteiligung richtet sich bei einer aufnehmenden bzw. neu gegründeten Genossenschaft nach §§ 125, 135, 87 und 88. Unter bestimmten Voraussetzungen besteht die Nachschusspflicht gem. §§ 125, 135, 95 fort. Die neuen Mitglieder sind in die Mitgliederliste einzutragen und entsprechend zu benachrichtigen[39]. **25**

---

[29] Mit entsprechendem Kostenerstattungsanspruch, § 61 GenG.
[30] § 81 Abs. 1, § 54 GenG.
[31] So auch *Schaffland* in Lang/Weidmüller § 81 UmwG Rn 7.
[32] Vgl. *Bayer* in Lutter § 148 Rn 27; *Wirth* S. 195; *Schwarz* in Widmann/Mayer § 148 Rn 16.
[33] Vgl. *Schaffland* in Lang/Weidmüller § 81 UmwG Rn 1.
[34] *Wirth* S. 196.
[35] *Hörtnagl* in Schmitt/Hörtnagl/Stratz § 148 Rn 6.
[36] *Schwarz* in Widmann/Mayer § 148 Rn 16.
[37] §§ 13 Abs. 1 und 3, 84.
[38] § 131 Abs. 1 Ziff. 3.
[39] §§ 125, 135, 89.

26 Bei einer übertragenden Genossenschaft sind die Abfindungsvorschriften der §§ 29 bis 34 generell ausgeschlossen[40]. Die Mitglieder haben stattdessen das Ausschlagungsrecht gem. §§ 90 bis 94.

II. Einzelerläuterungen

1. Anwendungsbereich

27 § 147 regelt nur den Fall, dass ein Rechtsträger anderer Rechtsform auf eine bereits bestehende, nämlich „eingetragene", Genossenschaft auf- oder abspaltet bzw. ausgliedert (Mischspaltung). Bei einer Spaltung zur Neugründung einer Genossenschaft kann es keine erforderliche Änderung der Satzung geben, weil dieses ohnehin neu errichtet werden muss[41].

28 Die Vorschrift entspricht inhaltlich der Regelung des § 79 für den Fall der Verschmelzung[42], die an und für sich über § 125 ohnehin entsprechend Anwendung finden würde. § 147 hat daher allenfalls eine klarstellende Bedeutung[43].

29 Die Beschränkung auf die Mischspaltung bedeutet aber nicht, dass ggf. auf erforderliche Satzungsänderungen bei einer reinen Genossenschaftsbeteiligung verzichtet werden könnte. Werden solche Satzungsänderungen gleichwohl nicht zugleich mit der Spaltung beschlossen, stellt dies nur kein Eintragungshindernis dar[44].

2. Erforderliche Änderungen der Satzung als Teil des Spaltungsbeschlusses

30 Bei der übernehmenden Genossenschaft ergeben sich diese nicht aus dem Gesetz, sondern aus dem Ziel, dem Sinn und Zweck der Spaltung sowie aus den konkret getroffenen Vereinbarungen im Spaltungs- und Übernahmevertrag[45].

31 Häufigster Anwendungsfall dürfte neben einer Änderung der Firma eine Anpassung der Beteiligungsmöglichkeit sein, um die beim spaltenden Rechtsträger den Anteilseignern persönlich zugeordnete zukünftige Beteiligung in größtmöglichem Umfang in Geschäftsanteilen zu binden. Denn ansonsten müssten überschießende Beträge ausgezahlt werden, was zu einer Eigenkapital- und Liquiditätsschwächung der aufnehmenden Genossenschaft führen würde. Auf diesen Umstand müsste zudem das Prüfungsgutachten des Prüfungsverbands hinweisen, auch darauf, wenn ein solcher Effekt möglicherweise das bei jedem Umwandlungsvorgang vom Vorstand der übernehmenden Genossenschaft vorzulegende schlüssige Unternehmenskonzept hinsichtlich des statutarischen und gesetzlichen Förderzwecks gem. § 1 GenG tangiert[46].

32 Auch werden die Anteilseigner des übertragenden Rechtsträgers in aller Regel ein Interesse daran haben, zukünftige Pflichtbeteiligungen und Haftsummenverpflichtungen oder ein Eintrittsgeld (auch in Form verlorener Baukostenzuschüsse) möglichst gering zu halten, ggf. auch die Kündigungsmöglichkeit zu verkürzen.

33 Notwendig ist möglicherweise eine Neuregelung der persönlichen Mitgliedschaftsvoraussetzungen, die häufig bei gewerblichen oder ländlichen Genossenschaften anzutreffen sind (zB Milchproduzenten in einer bestimmten Region) oder, wenn durch die Spaltung ein neuer Geschäftszweig aufgenommen wird, eine Änderung des Unternehmensgegenstands.

---

[40] §§ 125, 135 iVm. § 90 Abs. 1 für Auf- und Abspaltung; § 125 Satz 1 3. Alt. für Ausgliederung.
[41] §§ 135, 97; *Bayer* in Lutter Rn 20.
[42] *Schwarz* in Widmann/Mayer Rn 1.
[43] Vgl. das ähnliche Problem für § 148 Abs. 2, siehe Rn 14 und 21.
[44] *Schwarz* in Widmann/Mayer Rn 8.
[45] *Bayer* in Lutter Rn 21.
[46] *Wirth* S. 204.

Bei allen erforderlichen Satzungsänderungen sind aber evtl. Sondereffekte nach GenG 34
zu berücksichtigen. Bei einer Herabsetzung des Geschäftsanteils bzw. der Haftsumme sind
bspw. Gläubigerschutzvorschriften mit evtl. Kapitalbindung einzuhalten[47]. Bei einer wesentlichen Änderung des Unternehmensgegenstands ergibt sich für die Mitglieder der übernehmenden Genossenschaft ein Sonderkündigungsrecht[48]. Das kann ebenfalls zu einem unvorhergesehenen, unerwünschten Kapitalabfluss führen. Diese Effekte sind rechtzeitig bei Abschluss des Spaltungs- und Übernahmevertrags zu bedenken.

Die Beschlüsse zu den erforderlichen Satzungsänderungen müssen spätestens als Teil des 35
dann einheitlichen Spaltungsbeschlusses gefasst werden. Es genügt dabei nicht, dass die Beschlüsse in ein und derselben Versammlung gefasst werden[49], sondern es müssen in einer einzigen Abstimmung zeitgleich sowohl die Spaltung als auch die Satzungsänderungen beschlossen und insoweit auch als Gegenstand der Beschlussfassung in der Einladung angekündigt werden[50]. Demgemäß müssen zu diesem Zeitpunkt die entsprechenden Beschlussvoraussetzungen sowohl nach UmwG als auch nach GenG bzw. Satzung (für die Satzungsänderungen) kumulativ erfüllt sein. Allerdings kann die übernehmende Genossenschaft die erforderlichen Satzungsänderungen bereits zeitlich früher, im Vorgriff auf den zu fassenden Spaltungsbeschluss, beschließen[51]. In der Praxis wird jedoch aus Rechtssicherheitsgründen einheitlich entschieden.

3. Anmeldung der erforderlichen Änderungen der Satzung

Die Änderung der Satzung ist nicht notwendiger Teil der Anmeldung der Spaltung und 36
folgt nur den Regeln des GenG. Gleichwohl werden in der Praxis sowohl die Satzungsänderungen als auch die Spaltung in einer Urkunde angemeldet, um sicherzustellen, dass die
Änderung der Satzung nur für den Fall eingetragen wird, dass (unmittelbar anschließend) die
Eintragung der Spaltung erfolgt[52].

§ 148 Anmeldung der Abspaltung oder der Ausgliederung

(1) Bei der Anmeldung der Abspaltung oder der Ausgliederung zur Eintragung in das Register des Sitzes einer übertragenden Genossenschaft hat deren Vorstand auch zu erklären, daß die durch Gesetz und Satzung vorgesehenen Voraussetzungen für die Gründung dieser Genossenschaft unter Berücksichtigung der Abspaltung oder der Ausgliederung im Zeitpunkt der Anmeldung vorliegen.

(2) Der Anmeldung der Abspaltung oder der Ausgliederung sind außer den sonst erforderlichen Unterlagen auch beizufügen:
1. der Spaltungsbericht nach § 127;
2. das Prüfungsgutachten nach § 125 in Verbindung mit § 81.

Übersicht

	Rn		Rn
I. Allgemeines	1	1. Erklärung des Vorstands nach Abs. 1	4
1. Sinn und Zweck der Norm	2	2. Anmeldeunterlagen	15
2. Anwendungsbereich	3	a) Allgemein notwendige Unterlagen	16
II. Einzelerläuterungen	4	b) Zusätzliche Unterlagen nach Abs. 2	20

Literatur: *Wirth,* Spaltung einer eingetragenen Genossenschaft, 1998.

---

[47] §§ 22, 22 a GenG.
[48] § 67 a Abs. 1 2. Alt. GenG.
[49] Zumindest missverständlich insoweit *Hörtnagl* in Schmitt/Hörtnagl/Stratz Rn 3.
[50] So auch *Schwarz* in Widmann/Mayer Rn 12; *Bayer* in Lutter Rn 27.
[51] *Bayer* in Lutter Rn 29.
[52] Vgl. auch *Bayer* in Lutter Rn 27.

I. Allgemeines

1   Die Vorschrift ist den §§ 140 (für die GmbH) und 146 (für die AG) nachgebildet.

1. Sinn und Zweck der Norm

2   Die Vorschrift soll nachprüfbar sicherstellen, dass auch nach Abspaltung und Ausgliederung die rechtsformspezifischen Voraussetzungen für die Weiterführung der Genossenschaft erfüllt sind, und durch Anordnung der Einreichung der in Abs. 2 genannten Unterlagen dem Registergericht die Möglichkeit zu einer eigenständigen Prüfung geben.

2. Anwendungsbereich

3   § 148 bezieht sich ausschließlich auf eine übertragende Genossenschaft bei Abspaltung oder Ausgliederung von Vermögensteilen. Für Aufspaltungen ginge die Vorschrift ins Leere, weil der übertragende Rechtsträger erlischt[1].

II. Einzelerläuterungen

1. Erklärung des Vorstands nach Abs. 1

4   Die Erklärung ist anlässlich der Anmeldung der übertragenden Genossenschaft abzugeben. Sie ist keine Anmeldung iSv. § 157 GenG, § 6 Ziff. 7 GenRegVO, bedarf daher auch nicht dessen Form[2], da sie lediglich „bei" der Anmeldung abzugeben, also nicht deren integraler Bestandteil ist. Allerdings wird die Erklärung in der Praxis zusammen mit der förmlichen Anmeldung abgegeben und nimmt von daher ohnehin an deren Form teil[3]. Sie ist nach Sinn und Zweck der Vorschrift von allen, auch stellvertretenden Vorstandsmitgliedern[4] abzugeben[5], da sie der Sorgfaltspflicht gemäß § 34 GenG unterliegt[6] und deren Einhaltung persönliche Verpflichtung jedes einzelnen Vorstandsmitglieds ist[7].

5   Inhaltlich bezieht sich die Erklärung darauf, dass auch nach Abspaltung oder Ausgliederung die Gründungsvoraussetzungen nach wie vor erfüllt sind. Diese sind in den §§ 11 und 11a GenG geregelt. Wie ein systematischer Vergleich zu §§ 140, 146 zeigt, stehen dabei nicht die formalen Gründungsvoraussetzungen[8] im Vordergrund, sondern die Erhaltung der wirtschaftlichen Grundlagen der übertragenden Genossenschaft[9].

6   Während gesetzlicher Maßstab hierfür bei den Kapitalgesellschaften die Mindestkapital- und Kapitalerhaltungsvorschriften sind, die es für die Genossenschaft nicht gibt, tritt an deren Stelle deren rechtsformspezifische Zielsetzung, nämlich der Förderauftrag gegenüber den Mitgliedern[10]. Die verbleibende Genossenschaft muss daher aufgrund ihrer Organisation[11] und Vermögenslage, aber auch durch ein weiterhin schlüssiges Unternehmenskonzept

---

[1] § 131 Abs. 1 Nr. 2. Zur Europäischen Genossenschaft (SCE) siehe Einl. C Rn 64 ff.
[2] So auch *Zimmermann* in Kallmeyer § 140 Rn 6; *Hörtnagl* in Schmitt/Hörtnagl/Stratz Rn 2; aA *Schwarz* in Widmann/Mayer Rn 10; *Wirth* S. 317 ohne weitere Begründung.
[3] Vgl. Muster bei *Limmer* Rn 2042.
[4] § 35 GenG.
[5] IE ebenso *Hörtnagl* in Schmitt/Hörtnagl/Stratz Rn 2; *Wirth* S. 316; *Bayer* in Lutter Rn 20.
[6] Vgl. Rn 8.
[7] *Beuthien* § 34 GenG Rn 7.
[8] ZB mindestens drei Mitglieder, § 4 GenG.
[9] *Hörtnagl* in Schmitt/Hörtnagl/Stratz Rn 3.
[10] § 1 GenG.
[11] Einrichtungen, Gewähr für die Ordnungsmäßigkeit der Geschäftsführung, § 53 Abs. 1 GenG.

Anmeldung der Abspaltung oder der Ausgliederung 7–13 § 148

ein Mindestmaß an Förderfähigkeit gegenüber den Mitgliedern erwarten lassen, ohne gleichzeitig Gläubigerinteressen zu gefährden[12].

Dies zu beurteilen ist gesetzliche Aufgabe des Prüfungsverbands, der als Grundlage für die Gründungsprüfung durch das Gericht[13] sich gutachterlich zu der Frage äußern muss, ob die persönlichen und wirtschaftlichen Verhältnisse der Genossenschaft eine Gefährdung der Belange (insbesondere Förderzweck) ihrer Mitglieder oder Gläubiger besorgen lassen oder nicht[14]. 7

Im Rahmen einer Abspaltung oder Ausgliederung ist diese gutachterliche Äußerung nicht gefordert[15]. Stattdessen hat der Vorstand pflichtgemäß[16] insbesondere der Frage der zukünftigen Förderfähigkeit nachzugehen und gegenüber dem Registergericht zu beantworten. Diese Erklärung des Vorstands ist nach dem klaren Wortlaut des § 313 Abs. 2, im Gegensatz zu den Erklärungen von Geschäftsführern einer GmbH bzw. vom Vorstand einer AG gem. § 140 bzw. § 146, nicht strafbewehrt.[17] 8

IRd. Spaltungsberichts sind Einzelheiten hierzu darzulegen[18], ohne die das Gericht die von § 148 Abs. 1 geforderte Erklärung auf Plausibilität nicht prüfen kann[19]. Daraus folgt, dass auf den Spaltungsbericht nicht verzichtet werden kann[20]. § 148 Abs. 2 Ziff. 1 hat daher jedenfalls insoweit einen eigenständigen Regelungsgehalt und stellt nicht nur eine unnötige Wiederholung der ohnehin geltenden Rechtslage dar[21]. 9

In seinem Prüfungsgutachten hat sich der Prüfungsverband ebenfalls mit den Folgen der Spaltung für die Restgenossenschaft zu beschäftigen. Aus diesem Grund ist das Prüfungsgutachten des Verbands für eine sachgerechte Prüfung durch das Registergericht, ähnlich wie bei § 11 a GenG, ebenfalls unverzichtbar. Daher muss das Prüfungsgutachten auch für den Fall der Ausgliederung erstattet werden[22]. 10

Die Erklärung des Vorstands muss auch dann vorliegen, wenn das hierzu durch § 129 ermächtigte Vertretungsorgan eines übernehmenden Rechtsträgers die Anmeldung vornimmt[23]. Diese Ermächtigung liefe leer, wenn der Vorstand der übertragenden Genossenschaft erst, ggf. durch Klage, gezwungen werden müsste, eine solche Erklärung abzugeben. Da die Erklärung keine Willenserklärung, sondern lediglich Wissenserklärung ist, die sich auf objektive Sachverhalte bezieht, kann sie nicht höchstpersönlicher Natur sein[24]. 11

Für die Informationsbeschaffung steht zum einen die Trennungsbilanz zur Verfügung, zum anderen gewinnt darüber hinaus sowohl der Spaltungsbericht der übertragenden Genossenschaft als auch das Prüfungsgutachten des Verbands eine besondere Bedeutung. Auch aus diesem Grund sind beide Unterlagen unverzichtbar. 12

Die Strafbewehrung[25] soll nur sicherstellen, dass alle verfügbaren Informationen nach pflichtgemäßer Anstrengung[26] offen gelegt werden. Dieser Sorgfaltsmaßstab ist objektiv[27] und kann auch von außenstehenden Dritten erfüllt werden. Dieser Anforderung 13

---

[12] *Beuthien* § 11 GenG Rn 7; *Schulte* in Lang/Weidmüller § 11 GenG Rn 12.
[13] § 11 a GenG.
[14] § 11 Abs. 2 Ziff. 3 GenG.
[15] AA *Wirth* S. 317.
[16] § 34 Abs. 1 GenG.
[17] *Hörtnagl* in Schmitt/Hörtnagl/Stratz Rn 1; aA *Wirth* S. 317, der eine Strafbewehrung nach § 313 Abs. 1 Ziff. 1 annimmt.
[18] Siehe Rn 5.
[19] *Bayer* in Lutter Rn 25.
[20] § 127 Satz 2 iVm. § 8 Abs. 3.
[21] *Hörtnagl* in Schmitt/Hörtnagl/Stratz Rn 5.
[22] Siehe § 147 Rn 21.
[23] *Wirth* S. 317.
[24] AA *Wirth* S. 317.
[25] Gem. § 313 Abs. 1 Nr. 1.
[26] § 34 GenG.
[27] *Beuthien* § 34 GenG Rn 10.

kann daher grundsätzlich auch das Vertretungsorgan des übernehmenden Rechtsträgers nachkommen, jedenfalls auf Grundlage der ihm zugänglichen Informationen. Da der Spaltungsbericht nach hier vertretener Auffassung unverzichtbar und das Prüfungsgutachten nach allgM auch bei einer Ausgliederung erstattet werden muss[28], kann auf diese Unterlagen, die bei dem übernehmenden Rechtsträger zur Herbeiführung des Spaltungsbeschlusses ohnehin vorhanden sein müssen, in jedem Fall zurückgegriffen werden. Im Hinblick auf § 148 Abs. 2 sollte der aufnehmende Rechtsträger daher rechtzeitig darauf hinwirken, dass zumindest der Spaltungsbericht der Genossenschaft entsprechende Darlegungen enthält. Diese müssen der geforderten Erklärung nach Abs. 1 zugrunde gelegt werden, ggf. unter Berücksichtigung sonstiger, bekannter Sachverhalte. Allerdings gilt die Strafbewehrung gem. § 313 wegen des strafrechtlichen Analogieverbots für das Vertretungsorgan des übernehmenden Rechtsträgers nicht. Denn die Strafandrohung setzt die persönliche Vorstandseigenschaft bei der übertragenden Genossenschaft voraus.

14 Bei einer Neugründung ist § 129 ausgeschlossen, so dass die Abgabe der Erklärung nach Abs. 1 durch die vorgesehenen Organe des neuen Rechtsträgers nicht in Betracht kommt. Diese haben noch keine Vertretungsbefugnis[29], sie entsteht erst mit Eintragung.

2. Anmeldeunterlagen

15 Neben den allgemein vorzulegenden Unterlagen ist in Abs. 2 angeordnet, dass auch der Spaltungsbericht und das Prüfungsgutachten der Anmeldung beizufügen sind. Diese besonderen Unterlagen beziehen sich nur auf die übertragende Genossenschaft, wie sich aus dem Regelungszusammenhang der Vorschrift ergibt.

16 **a) Allgemein notwendige Unterlagen.** Dies sind gem. §§ 125, 137, 86, 17, 16 der Spaltungs- und Übernahmevertrag bzw. bei Neugründung der Spaltungsplan, jeweils in notariell beurkundeter Form, nebst Aushändigungsnachweis an Betriebsrat, die Trennungsbilanz, die Spaltungsbeschlüsse der beteiligten Rechtsträger in notariell beurkundeter Form, die Spaltungsberichte, ggf. entsprechende Verzichtserklärungen in notariell beurkundeter Form, sowie das Prüfungsgutachten des zuständigen Prüfungsverbands.

17 Bei Spaltung zur Neugründung einer Genossenschaft ist für diese allerdings kein Prüfungsgutachten vorzulegen[30], weil sie erst mit Eintragung entsteht und es bis dahin noch keinen zuständigen Prüfungsverband iSd. Gesetzes gibt.

18 Bei Spaltung zur Neugründung einer Genossenschaft sind darüber hinaus die Unterlagen gem. § 11 GenG vorzulegen, nämlich die Satzung (bereits Teil des Spaltungsplans[31]), eine Abschrift der Urkunden über die Bestellung der Vorstände und Aufsichtsräte sowie die Bestätigung eines Prüfungsverbands, dass die Genossenschaft zum Beitritt zugelassen ist und schließlich die gutachterliche Äußerung[32] dieses Prüfungsverbands.[33]

19 Die Bestellung der Vorstände und Aufsichtsräte ist bei Neugründung integraler Bestandteil des Verschmelzungsbeschlusses und wird iRd. notariellen Beurkundung der Spaltungsbeschlüsse mit dokumentiert[34]. Dies ist jedoch nicht der Fall, wenn nach der Satzung die Bestellung des Vorstands nicht der General- bzw. Vertreterversammlung obliegt, sondern, wie in der Praxis die Regel, dem Aufsichtsrat zugewiesen ist. Dieser hat nach Zustimmung zu seiner Bestellung in einer unmittelbar anschließenden konstituierenden Sitzung den Vorstand

---

[28] Vgl. § 147 Rn 14 und 21.
[29] *Wirth* S. 302.
[30] *Stratz* in Schmitt/Hörtnagl/Stratz § 96 Rn 5 zur Verschmelzung durch Neugründung. Dies gilt über § 135 auch für eine Spaltung.
[31] §§ 135, 37.
[32] Siehe Rn 7.
[33] Vgl. auch Erläuterungen zu § 137.
[34] *Stratz* in Schmitt/Hörtnagl/Stratz § 98 Rn 2.

zu bestellen. Das Sitzungsprotokoll ist dann gem. § 11 GenG in Abschrift bei der Anmeldung vorzulegen.

b) Zusätzliche Unterlagen nach Abs. 2. Diese sind der Spaltungsbericht und das Prüfungsgutachten. Sie beziehen sich entsprechend der Gesetzessystematik nur auf die übertragende Genossenschaft, nicht auf eine bei der Spaltung beteiligte aufnehmende Genossenschaft. 20

Der Spaltungsbericht ist bei Aufspaltung und Abspaltung bereits durch die generelle Verweisung von §§ 125, 135 auf § 17 als Anlage zur Anmeldung einzureichen. Es handelt sich jedoch nicht um eine unnötige Doppelregelung[35], weil der Spaltungsbericht unverzichtbar ist für die Plausibilitätsprüfung des Gerichts zur Verifizierung der Erklärung des Vorstands gem. Abs. 1. Auf ihn können die Mitglieder daher trotz der Vorschrift des § 127 Satz 2 mit Verweis auf § 8 Abs. 3 auch in notarieller Form nicht verzichten[36]. 21

Obwohl § 125 Satz 2 für die Ausgliederung auch bei Genossenschaften ein Prüfungsgutachten grundsätzlich nicht vorsieht, ist das Prüfungsgutachten auch in diesem Fall stets zu erstatten und vorzulegen. Das folgt aus der eindeutigen Verweisung in Abs. 2 Nr. 2 über § 125 auf § 81. Diese Anordnung ist eine unverzichtbare Unterlage für die Plausibilitätsprüfung der Erklärung des Vorstands gem. Abs. 1 durch das Gericht[37]. Da nach hier vertretener Auffassung die Befreiung nach § 125 Satz 2 grundsätzlich auch für Ausgliederungsvorgänge unter Beteiligung von Genossenschaften gilt[38], stellt Abs. 2 Nr. 2, insoweit auch gesetzessystematisch richtig, eine Sondervorschrift für eine ausgliedernde übertragende Genossenschaft dar. Sie ist daher ebenfalls keine unnötige Doppelregelung[39]. 22

Vierter Abschnitt. Spaltung unter Beteiligung rechtsfähiger Vereine

§ 149 Möglichkeit der Spaltung

(1) Ein rechtsfähiger Verein kann sich an einer Spaltung nur beteiligen, wenn die Satzung des Vereins oder Vorschriften des Landesrechts nicht entgegenstehen.

(2) Ein eingetragener Verein kann als übernehmender Rechtsträger im Wege der Spaltung nur andere eingetragene Vereine aufnehmen oder mit ihnen einen eingetragenen Verein gründen.

Übersicht

	Rn		Rn
I. Allgemeines	1	1. Grundsatz	5
1. Sinn und Zweck der Norm	1	2. Beschränkungen	7
2. Systematische Einordnung des § 149	3	III. Besonderheiten der Spaltung unter Beteiligung von Vereinen	11
II. Möglichkeiten der Spaltung unter Beteiligung von Vereinen	5	IV. Spaltung und §§ 51 bis 68 AO	14

---

[35] *Hörtnagl* in Schmitt/Hörtnagl/Stratz Rn 5.
[36] Siehe Rn 9.
[37] Siehe Rn 10.
[38] Siehe § 147 Rn 21.
[39] So aber *Stratz* in Schmitt/Hörtnagl/Stratz Rn 6.

Literatur: *Arnold,* Gemeinnützigkeit von Vereinen und Beteiligung an Gesellschaften, DStR 2005, 581; *Balzer,* Die Umwandlung von Vereinen der Fußball-Bundesligen in Kapitalgesellschaften zwischen Gesellschafts-, Vereins- und Verbandsrecht, ZIP 2001, 175; *Fuhrmann,* Idealverein oder Kapitalgesellschaft im bezahlten Fußball, SpuRt 1998, 12; *Fuhrmann/Pröpper,* Vorschläge zur Satzungsgestaltung einer Berufsfußballkapitalgesellschaft, SpuRt 1999, 55; *Habel,* Ist die Kommanditgesellschaft auf Aktien eine geeignete Rechtsform für den Börsengang von Vereinen der Fußballbundesliga?, NZG 1998, 929; *Heermann,* Die Ausgliederung von Vereinen auf Kapitalgesellschaften; ZIP 1998, 1249; *Henze,* Ein neuer Blick auf das ADAC-Urteil, NON-PROFIT LAW YEARBOOK, 2004, 17; *Hundt/Grabau,* Steuergestaltende Aspekte bei gemeinnützigen Vereinen, Betrieb und Wirtschaft, 2002, 232; *Kußmaul/Zabel,* Grundsätzliche Überlegung zur Umwandlung eines Fußballvereins in eine Kapitalgesellschaft, StuB 2003, 687; *Lettl,* Wirtschaftliche Betätigung und Umstrukturierungen im Idealverein, DB 2000, 1449; *Mummenhoff,* Gründungssysteme und Rechtsfähigkeit, 1979; *Orth,* Gemeinnützigkeit und Wirtschaftlichkeit, FR 1995, 253; *Orth,* Vereine, Stiftungen, Trusts und verwandte Rechtsformen als Instrumente des Wirtschaftsverkehrs, JbFStR 1993/1994, 341; *Raupach,* „Structure follows Strategy" Grundfragen der Organisation, des Zivil- und Steuerrechts im Sport, dargestellt am Thema „Profigesellschaften" SpuRt 1996, 2; *K. Schmidt,* Verbandszweck und Rechtsfähigkeit im Vereinsrecht, 1984; *Segna,* Bundesligavereine und Börse, ZIP 1997, 1901; *Segna,* Publizitätspflicht eingetragener Vereine, DB 2003, 1311; *Siebold/Wichert,* Das Widerspruchsrecht der Fußballspieler gemäß § 613 a BGB bei der Ausgliederung der Profi-Abteilungen auf Kapitalgesellschaften, SpuRt 1999, 93; *Steinbeck/Menke,* Bundesliga an die Börse, NJW 1998, 2169; *dies.,* Die Aktiengesellschaft im Profifußball, SpuRt 1998, 226; *Stobbe,* Die Ausgliederung von Tätigkeiten aus dem ideellen Bereich steuerbegünstigter Körperschaften, DStZ 1996, 298; *Stock,* Wahl der Rechtsform im gemeinnützigen Non-Profit-Bereich, NZG 2001, 440; *Strahl,* Steuerliche Aspekte der wirtschaftlichen Betätigung von Hochschulen, FR 1998, 761; *Strahl,* Gemeinnützige Körperschaften: Gepräge, Unmittelbarkeit, Ausgliederung, KÖSDI 2004, 14291; *Tönnes/Wewel,* Ausgliederung wirtschaftlicher Geschäftsbetriebe durch steuerbefreite Einrichtungen, DStR 1998, 274; *Wagner,* Bundesliga Going Public: Traumpaß oder Eigentor?, NZG 1999, 469. Siehe auch ergänzendes Literaturverzeichnis zu § 99.

I. Allgemeines

1. Sinn und Zweck der Norm

1 Das UmwG 1994 erkennt erstmals ein wirtschaftliches Bedürfnis für die Spaltung von Vereinen an. Der Gesetzgeber[1] dachte dabei ausweislich der Gesetzesbegründung an Vereine, die sich im Laufe der Zeit zu wirtschaftlichen Vereinen entwickelt haben. Ihnen sollte die Möglichkeit gegeben werden, ihre wirtschaftlichen Abteilungen auszugliedern. Als praktisches Beispiel hierfür erwähnt die Gesetzesbegründung ausdrücklich die Lizenzspielerabteilungen der Fußballvereine. Diskutiert wird dementsprechend nach Inkrafttreten des UmwG für sie die Ausgliederung ihrer Profiabteilungen auf Kapitalgesellschaften (GmbH, AG und KGaA)[2].

2 Der Gesetzgeber wollte mit Einführung der Spaltung den Vereinen einen Lösungsweg für ihre Probleme aufzeigen, die sich aus im Laufe der Zeit immer stärker werdenden wirtschaftlichen Betätigungen ergeben. Erreichen sie eine gewisse Größenordnung und sind sie nicht mehr durch das sog. Nebenzweckprivileg gedeckt, droht dem Verein zivilrechtlich die Entziehung seiner Rechtsfähigkeit wegen Rechtsformverfehlung[3]. Steuerrechtlich geht oftmals mit diesem zivilrechtlichen Problem die Gefährdung des steuerbegünstigten Status des Idealvereins iSd. §§ 51 bis 68 AO einher, sofern dessen wirtschaftliche Betätigung überhand nimmt. Beide Probleme lassen sich nicht immer im Wege der Ausgliederung der wirtschaftlichen Betätigung lösen. Soweit nämlich die Ausgliederung dazu führt, dass die Tochterka-

---

[1] RegBegr. *Ganske* S. 160, 117, 38, 15.
[2] *Stobbe* DStZ 1996, 298; *Tönnes/Wewel* DStR 1998, 274; *Segna* ZIP 1997, 1901; *Fuhrmann* SpuRT 1998, 12; *Balzer* ZIP 2001, 175; *Habel* NZG 1998, 929; *Heermann* ZIP 1998, 1249; *Lettl* DB 2000, 1449; *Raupach/Böckstiegel,* FS Widmann, S. 459 ff.; *Raupach* SpuRt 1996, 2 ff.; *Steinbeck/Menke* SpuRt 1998, 226 ff.; *Steinbeck/Menke* NJW 1998, 2169 ff.; *Wagner* NZG 1999, 469 ff.; *Kußmaul/Zabel* StuB 2003, 687; zu arbeitsrechtlichen Problemen einer solchen Umwandlung vgl. *Siebold/Wichert* SpuRt 1999, 93 ff.; Formularvorschlag für die Satzung einer Fußballkapitalgesellschaft bei *Fuhrmann/Pröpper* SpuRt 1999, 55 ff.
[3] § 43 Abs. 2 BGB.

pitalgesellschaft vom Verein konzernrechtlich beherrscht wird, wird deren wirtschaftliche Betätigung dem Mutterverein nach hM[4] im Schrifttum entgegen dem ADAC-Urteil des BGH[5] zugerechnet, wenn er die Voraussetzungen des konzernrechtlichen Unternehmensbegriffs erfüllt[6]. Letzteres ist nur dann nicht der Fall, wenn der Verein keine andere unternehmerische Beteiligung hält und sich sonstiger eigener unternehmerischer Betätigung enthält. Eine drohende Entziehung der Rechtsfähigkeit nach § 43 Abs. 2 BGB wegen Rechtsformverfehlung und tatsächlicher wirtschaftlicher Betätigung kann daher in einem solchen Fall durch eine Ausgliederung nicht abgewendet werden. Auch steuerlich kann der gewünschte Erhalt des steuerbegünstigten Status iSd. §§ 51 bis 68 AO durch eine Ausgliederung nur gesichert werden, wenn später die Beteiligung an der Tochtergesellschaft steuerlich dem Verein als Vermögensverwaltung und nicht als wirtschaftlicher Geschäftsbetrieb iSd. § 14 AO zuzurechnen ist, der sein Gesamtbild prägt. Letzteres wird jedoch dann angenommen, wenn der Verein über seine Beteiligung über das normale Maß hinaus Einfluss auf die Geschicke der Tochtergesellschaft nimmt oder die Voraussetzungen einer Betriebsaufspaltung (einheitlicher geschäftlicher Betätigungswille) vorliegen[7].

2. Systematische Einordnung des § 149

§ 149 ist die einzige Vorschrift in den Besonderen Vorschriften des Dritten Buches über die Spaltung von Vereinen.

Im Übrigen finden auf sie die Allgemeinen Vorschriften der §§ 123 ff. über die Spaltung sowie über die Verweisung der §§ 125, 135 die Vorschriften über die Verschmelzung rechtsfähiger Vereine[8] Anwendung. Bei Mischspaltungen sind zusätzlich die Besonderen Vorschriften über die Spaltung des jeweiligen Rechtsträgers anderer Rechtsform zu beachten.

II. Möglichkeiten der Spaltung unter Beteiligung von Vereinen

1. Grundsatz

Eingetragene Vereine können sich grundsätzlich als übertragende, aufnehmende oder neu gegründete Rechtsträger an Spaltungen beteiligen[9], wirtschaftliche Vereine iSd. § 22 BGB hingegen nur als übertragende Rechtsträger[10]. Letzteres beruht darauf, dass rechtspolitisch

---

[4] Vgl. dazu *Henze* NON PROFIT LAW YEARBOOK 2004, S. 35; *Wagner* NZG 1999, 471 ff.; *Steinbeck/Menke* NJW 1998, 2170 f.; *Lettl* DB 2000, 1450 f.; *Heermann* ZIP 1998, 1256 ff.; *Segna* ZIP 1997, 1905 ff.; *Balzer* ZIP 2001, 183; *Segna* ZIP 2003, 1313; enger *Steinbeck/Menke* NJW 1998, 2170; *dies.* SpuRt 1996, 229 nur bei einem qualifiziert faktischen Konzern.
[5] BGHZ 85, 84; ihm folgend *LG München* DB 2003, 1316, mit Anm. *Segna* DB 2003, 1311; ebenfalls wie der BGH *Stöber* Rn 53; *Sauter/Schweyer/Waldner* Rn 46; *Mummenhoff*, Gründungsysteme und Rechtsfähigkeit, 1979, S. 153; *Hemmerich* BB 1983, 328, 332; dagegen wird in der neueren Rspr. dem ADAC-Urteil vom *OLG Dresden* ZIP 2005, 1680 nicht mehr gefolgt. Auch *Henze* (Richter am BGH), NON PROFIT LAW YEARBOOK 2004, S. 34, 38 meint, dass der BGH aus heutiger Sicht das ADAC-Urteil so nicht wieder fällen würde.
[6] Nach einer anderen Auffassung im Schrifttum soll allein die Beherrschungsmöglichkeit ausreichen, ohne dass der Verein den Unternehmensbegriff erfüllen müsse, so *K. Schmidt* Verbandszweck S. 127 f., *ders.* NJW 1983, 546; *Reuter* in MünchKomm. §§ 21, 22 BGB Rn 15 f., 37.
[7] *FM Brandenburg* Erlass vom 7.3.1996, DB 1996, 1161; *OFD Rostock* Vfg. vom 21.3.2001, DStR 2001, 942; *FM Brandenburg* Erlass vom 22.12.2004, DStR 2005, 290; *Orth* FR 1995, 256 ff.; *Raupach* Recht und Sport, Bd. 23, S. 61; *Stobbe* DStZ 1996, 300; *Tönnes/Wewel* DStR 1998, 277 ff.; *Heermann* ZIP 1998, 1259 ff.; *Orth* JbFSt 1993/1994, 361; *Steinbeck/Menke* NJW 1998, 2171; *Arnold* DStR 2005, 581; *Strahl* KÖSDI 2004, 14291 f.; *Strahl* FR 1998, 772 f.
[8] Insbes. §§ 99 bis 104 a.
[9] §§ 124 Abs. 1, 3 Abs. 1 Nr. 4.
[10] §§ 124 Abs. 1, 3 Abs. 2 Nr. 1.

der Gesetzgeber dem wirtschaftlichen Verein kritisch gegenübersteht. Eine Vergrößerung oder Neugründung wirtschaftlicher Vereine durch Umwandlungen wollte der Gesetzgeber daher nicht zulassen[11]. Altrechtliche rechtsfähige Vereine werden grundsätzlich hinsichtlich der Spaltungsfähigkeit wirtschaftlichen Vereinen gleichgestellt. Für sie gelten die für den wirtschaftlichen Verein maßgeblichen Vorschriften entsprechend[12]. Richtigerweise gilt dies über den Wortlaut des § 317 hinaus nicht nur für altrechtliche Vereine, auf die § 163 EGBGB Anwendung findet[13]. Ferner sind auch aufgelöste rechtsfähige Vereine als übertragende Rechtsträger an Spaltungen beteiligungsfähig, sofern ihre Fortsetzung beschlossen werden könnte[14]. Nicht spaltungsfähig sind hingegen der nicht rechtsfähige Verein, der Vorverein, der ausländische Verein und Vereine, denen die Rechtsfähigkeit entzogen wurde[15].

6 Die vorgenannten rechtsfähigen Vereine können sich grundsätzlich an allen drei Spaltungsarten beteiligen. Dabei sind Mischspaltungen zulässig[16]. Die denkbaren Spaltungskombinationen unter Beteiligung von Vereinen ergeben sich grundsätzlich aus § 124. § 149 schränkt diese Möglichkeiten dabei wie die Parallelvorschriften des § 99 weiter ein. Weitere Einschränkungen ergeben sich aus den besonderen Vorschriften für Rechtsträger anderer Rechtsformen[17]. Im Einzelnen sind danach folgende Spaltungskombinationen zulässig. Der wirtschaftliche Verein kann nur übertragender Rechtsträger bei einer Spaltung sein. Als aufnehmender oder neu gegründeter Rechtsträger können sich dabei Personenhandelsgesellschaften, Partnerschaftsgesellschaften, Aktiengesellschaften, Gesellschaften mit beschränkter Haftung, Kommanditgesellschaften auf Aktien oder eingetragene Genossenschaften beteiligten. Nicht möglich ist hingegen die Spaltung eines wirtschaftlichen Vereins auf einen genossenschaftlichen Prüfungsverband oder einen VVaG nach den §§ 150, 151. Die gleichen Spaltungskombinationen sind statthaft, soweit sich ein e. V. an ihnen als übertragender Rechtsträger beteiligt. Soweit ein e. V. bei einer Spaltung die Rolle eines aufnehmenden oder neu gegründeten Rechtsträgers übernehmen soll, richten sich die zulässigen Spaltungskombinationen nach § 149 Abs. 2. Danach kann ein e. V. als übernehmender Rechtsträger andere eingetragene Vereine iRd. Spaltung aufnehmen oder mit ihnen einen e. V. neu gründen. Ausgeschlossen werden Mischspaltungen eines Rechtsträgers anderer Rechtsformen auf einen e. V.[18]. Wie die Parallelnorm des § 99 Abs. 2 will § 149 Abs. 2 verhindern, dass die ideelle Zweckausrichtung des aufnehmenden Vereins durch eine mögliche Übertragung gewerblicher Unternehmen von Rechtsträgern anderer Rechtsform iRd. Umwandlung verwässert wird[19].

2. Beschränkungen

7 Neben der Einschränkung der Verschmelzungskombinationen durch § 149 Abs. 2 regelt § 149 Abs. 1 allgemeine Beschränkungen für die Spaltung von Vereinen. Unzulässig ist die Spaltung rechtsfähiger Vereine, wenn ihre Satzung oder Vorschriften des Landesrechts ihr entgegenstehen. Die zweite Alternative hat ausschließlich Bedeutung für wirtschaftliche Vereine. Ihre Gründung bedarf einer landesrechtlichen Konzession. Satzungsänderungen wirtschaftlicher Vereine sind nach § 33 Abs. 2 BGB genehmigungspflichtig. Der Gesetzgeber hielt es für möglich, dass die landesrechtlichen Vorschriften einer Spaltung entgegenstehen.

---

[11] Vgl. bereits § 99 Rn 11; RegBegr. *Ganske* S. 38.
[12] § 317 Satz 2.
[13] Vgl. § 99 Rn 55.
[14] §§ 124 Abs. 2, 3 Abs. 3.
[15] Vgl. dazu bereits § 99 Rn 40 ff., 50 ff., 53 f., 57 f.
[16] § 124 Abs. 2, 3 Abs. 4.
[17] Wie zB §§ 150, 151.
[18] § 149 Abs. 2.
[19] Zu den Einzelheiten der Auslegung des § 149 Abs. 2 wird auf die Kommentierung der Parallelvorschrift des § 99 Abs. 2 verwiesen.

Er hat daher den Vorbehalt entgegenstehender landesgesetzlicher Regelungen in § 149 Abs. 1 aufgenommen. Solche sind derzeit allerdings nicht ersichtlich.

Ferner dürfen Regelungen der Satzung des Vereins einer Spaltung nicht entgegenstehen[20]. Entgegenstehende Satzungsklauseln sind dabei nicht nur solche, die ausdrücklich eine Spaltung ausschließen, sondern es genügt, wenn sie einer Spaltung sinngemäß entgegenstehen. Letzteres ist im Einzelfall durch Auslegung der Satzung festzustellen[21].

Steuerbegünstigte Vereine enthalten im Hinblick auf §§ 55, 56, 60 AO regelmäßig Satzungsklauseln, nach denen die Mittel des Vereins nur zu satzungsgemäßen Zwecken verwendet werden dürfen und Vereinsmitglieder keine Gewinnanteile oder sonstige Zuwendungen aus Mitteln der Körperschaft erhalten dürfen. Derartige Satzungsbestimmungen schließen grundsätzlich eine Auf- oder Abspaltung des Vereins auf eine Personenhandelsgesellschaft oder Kapitalgesellschaft aus. In einem solchen Fall werden Mittel des übertragenden Vereins einem anderen Rechtsträger übertragen. Die Gegenleistung dafür sind Anteile an dem aufnehmenden Rechtsträger. Diese erhalten die Vereinsmitglieder und nicht der Verein. Damit werden die Vereinsmitglieder im Rahmen einer solchen Umwandlung entgegen diesen Satzungsregelungen begünstigt.

Entgegenstehende Satzungsklauseln stellen keine absolute Umwandlungssperre dar. Vielmehr können sie jederzeit dadurch überwunden werden, dass vor oder gleichzeitig mit der Umwandlung die entsprechenden Satzungsklauseln geändert werden[22].

III. Besonderheiten der Spaltung unter Beteiligung von Vereinen

Folgende Schritte sind zur Durchführung einer Spaltung von Vereinen erforderlich:
– Abschluss bzw. Aufstellung eines Spaltungs- und Übernahmevertrags[23] bzw. Spaltungsplans[24];
– Erstellung eines Spaltungsberichts[25];
– Durchführung einer Spaltungsprüfung nebst Erstellung eines Spaltungsprüfungsberichts[26];
– Vorbereitung[27] und Durchführung der Mitgliederversammlung[28];
– Fassung der Zustimmungsbeschlüsse der Anteilsinhaber bzw. Mitglieder der beteiligten Rechtsträger[29];
– Anmeldung der Spaltung zur Eintragung[30];
– bei der Spaltung auf eine übernehmende Kapitalgesellschaft ist ggf. eine Kapitalerhöhung durchzuführen[31]; bei der Spaltung zur Neugründung sind die erforderlichen Formalien für die Gründung des Rechtsträgers neuer Rechtsform einzuhalten[32];
– Anmeldung, Eintragung und Bekanntmachung der Spaltung[33].

---

[20] § 149 Abs. 1.
[21] Siehe auch § 99 Rn 20 ff.
[22] Vgl. auch § 99 Rn 24 ff.
[23] § 126.
[24] § 136.
[25] § 127 Satz 1, soweit er nicht nach § 127 Satz 2 iVm. § 8 Abs. 3 entbehrlich ist.
[26] Vgl. § 125 Satz 1 iVm. §§ 100, 9 bis 12, 30 Abs. 2, beides ist nach § 125 Satz 2 für die Ausgliederung sowie in den Fällen der §§ 100 Satz 2, 9 Abs. 3 und 12 Abs. 3 entbehrlich.
[27] § 125 Satz 1 iVm. § 101.
[28] § 125 Satz 1 iVm. § 102.
[29] §§ 128, 125 Satz 1 iVm. §§ 103, 13.
[30] §§ 129, 137 Abs. 1 und 2, 125 Satz 1 iVm. § 16, 17; zu Besonderheiten bei nicht registrierten wirtschaftlichen Vereinen siehe § 104 Abs. 1 Satz 4.
[31] §§ 125 Satz 1 iVm. 53 bis 55, 142 Abs. 1 iVm. §§ 66 bis 69.
[32] Vgl. §§ 135 Abs. 2, 125 Satz 1 iVm. § 37.
[33] §§ 129 bis 131.

12 Für die Durchführung der Spaltung unter Beteiligung von rechtsfähigen Vereinen gelten die gleichen Grundsätze wie bei der Verschmelzung. Auf die Ausführungen zu den §§ 99 ff. wird insoweit verwiesen. Da die Spaltung anders als die Verschmelzung nicht zu einer Gesamtrechtsnachfolge führt, ist jedoch die Bezeichnung des zu übertragenden Vermögens im Spaltungsplan oder -vertrag erforderlich[34]. Möglich ist ferner nach § 128 eine quotenabweichende Spaltung oder sogar eine Spaltung zu Null[35]. Eine solche kann zB zur Spartentrennung bei Sportvereinen genutzt werden.

13 Denkbar ist, dass die Spaltung beim übertragenden oder übernehmenden Rechtsträger zu einer Zweckänderung führt. Dann ist § 33 Abs. 1 Satz 2 BGB neben §§ 125, 103 anwendbar[36].

IV. Spaltung und §§ 51 bis 68 AO

14 Bei der Spaltung steuerbegünstigter Vereine iSd. §§ 51 ff. AO sind der Grundsatz der Zweckbindung des Verbandsvermögens und das Gebot der zeitnahen Mittelverwendung zu beachten, wenn der steuerbegünstigte Status des Verbands nicht gefährdet werden soll[37]. Mit der Regelung der §§ 125, 104 a über die Unanwendbarkeit der §§ 207 ff. regelt bei einer solchen Spaltung das UmwG nur einen kleinen Teilbereich der insoweit zu beachtenden Besonderheiten[38].

Fünfter Abschnitt. Spaltung unter Beteiligung genossenschaftlicher Prüfungsverbände

§ 150 Möglichkeit der Spaltung

Die Aufspaltung genossenschaftlicher Prüfungsverbände oder die Abspaltung oder Ausgliederung von Teilen eines solchen Verbandes kann nur zur Aufnahme der Teile eines Verbandes (übertragender Verband) durch einen anderen Verband (übernehmender Verband), die Ausgliederung auch zur Aufnahme von Teilen des Verbandes durch eine oder zur Neugründung einer Kapitalgesellschaft erfolgen.

Übersicht

	Rn		Rn
I. Allgemeines	1	III. Besonderheiten des Spaltungsverfahrens bei Beteiligung genossenschaftlicher Prüfungsverbände	7
1. Sinn und Zweck	1		
2. Anwendungsbereich	2		
II. Möglichkeiten der Spaltung unter Beteiligung genossenschaftlicher Prüfungsverbände	3		

Literatur: Siehe Literaturverzeichnis zu § 99.

---

[34] Vgl. dazu *Hadding/Hennrichs* in Lutter § 149 Rn 16.
[35] Vgl. 128 Rn 6; *Reuter* in MünchKomm. § 41 BGB Rn 61, *Hadding/Hennrichs* in Lutter Rn 7.
[36] Vgl. bereits § 103 Rn 15 ff.; *Hadding/Hennrichs* in Lutter Rn 14; nicht eindeutig insoweit *Heermann* ZIP 1998, 1252.
[37] Vgl. bereits § 104 a Rn 1, 13.
[38] Vgl. dazu *Orth* JbFSt 1993, 1994, 357 ff.; *Raupach/Böckstiegel*, FS Widmann, S. 459 ff.; *Heermann* ZIP 1998, 1259 ff.; *Tönnes/Wewel* DStR 1998, 274 ff.; *Katschinski*, Die Umwandlung von Non-Profit-Organisationen, S. 77 ff; *Hundt/Grabau* Betrieb und Wirtschaft 2002, 232 ff.; *Stobbe* DStZ 1996, 300; *Strahl* KÖSDI 2004, 14291 ff.

I. Allgemeines

1. Sinn und Zweck der Norm

Die auf die Spaltung genossenschaftlicher Prüfungsverbände anwendbaren Normen sind aufgrund der umfangreichen Verweisungstechnik im gesamten UmwG verstreut. § 150 ist die einzige Regelung in den Besonderen Vorschriften über die Spaltung genossenschaftlicher Prüfungsverbände im Dritten Buch des UmwG. Die Norm regelt nur die zulässigen Spaltungskombinationen. Auf das Spaltungsverfahren finden die Allgemeinen Vorschriften der §§ 123 ff. sowie über die Verweisung des § 125 ergänzend die §§ 105 bis 108 Anwendung. Soweit der aufnehmende Rechtsträger eine Kapitalgesellschaft ist, sind schließlich noch dessen rechtsformspezifischen Besonderen Vorschriften des UmwG zu beachten.

2. Anwendungsbereich

§ 150 geht wie die §§ 105 bis 108 davon aus, dass genossenschaftliche Prüfungsverbände in den Rechtsformen des e. V. entsprechend § 63 b Abs. 1 GenG oder des wirtschaftlichen Vereins organisiert sind[1]. Zwingend ist dies jedoch nicht, da § 63 b Abs. 1 GenG nur eine Soll-Vorschrift ist[2]. Sofern ausnahmsweise ein Prüfungsverband in einer anderen Rechtsform organisiert ist, gelten für ihn die jeweiligen rechtsformspezifischen Vorschriften des UmwG. Nur soweit die §§ 150, 105 bis 108 strengere Regelungen enthalten, sind sie als *lex specialis* ergänzend analog anzuwenden[3].

II. Möglichkeiten der Spaltung unter Beteiligung genossenschaftlicher Prüfungsverbände

§ 150 schränkt die Aussage des § 124 Abs. 1 Satz 1, nach der genossenschaftliche Prüfungsverbände sich als übertragende, übernehmende oder neue Rechtsträger an Spaltungen beteiligen können, wieder erheblich ein.

Auf- und Abspaltung von Prüfungsverbänden sind nur zur Aufnahme durch einen anderen Verband möglich[4]. Ausgeschlossen sind damit sowohl Auf- und Abspaltungen zur Neugründung als auch Mischspaltungen von Prüfungsverbänden[5].

Im Wege der Ausgliederung können dagegen nicht nur Teile des Vermögens eines Prüfungsverbands zur Aufnahme auf einen anderen, sondern auch auf Kapitalgesellschaften (AG, KGaA oder GmbH) übertragen werden[6]. Die Ausgliederung aus dem Prüfungsverband kann dabei sowohl zur Aufnahme als auch im Wege der Neugründung der Kapitalgesellschaft erfolgen[7].

Aus der Formulierung „von Teilen" folgt, dass eine ansonsten für statthaft erachtete Totalausgliederung eines Prüfungsverbands unzulässig ist[8]. Sie würde dazu führen, dass der ausglie-

---

[1] Siehe § 105 Rn 3 f.
[2] *Röhrich* in H/P/G/R § 636 b GenG Rn 1.
[3] Siehe § 105 Rn 4.
[4] § 150 1. Halbs.
[5] *Bayer* in Lutter Rn 1; *Vossius* in Widmann/Mayer Rn 14 ff.; letzterer mit detaillierter Aufstellung der zulässigen Spaltungskombinationen unter Beteilung von Prüfungsverbänden.
[6] § 150 2. Halbs.
[7] *Vossius* in Widmann/Mayer Rn 14; *Bayer* in Lutter § 150 Rn 1.
[8] *Vossius* in Widmann/Mayer Rn 16 ff.; *Bayer* in Lutter § 150 Rn 1; *Beuthien* GenG §§ 123 ff. UmwG Rn 2.

dernde Prüfungsverband als Holding zurückbliebe und andere als die in § 63 b Abs. 4 Satz 1 GenG aufgezählten Zwecke verfolgen würde.

III. Besonderheiten des Spaltungsverfahrens bei Beteiligung genossenschaftlicher Prüfungsverbände

7   Das Spaltungsverfahren unter Beteiligung genossenschaftlicher Prüfungsverbände richtet sich im Wesentlichen nach den §§ 123 ff. und den §§ 105 bis 108.

8   Besonderheiten für den Abschluss des Spaltungsvertrags bzw. die Aufstellung des Spaltungsplans sowie die Erstellung des Spaltungsberichts[9] ergeben sich bei Beteiligung genossenschaftlicher Prüfungsverbände nicht.

9   Eine Spaltungsprüfung findet bei genossenschaftlichen Prüfungsverbänden nicht nur im Fall der Ausgliederung[10], sondern auch bei der Auf- und Abspaltung nicht statt. Sie ist nur durchzuführen, wenn sie das Gesetz vorschreibt[11]. Ein solcher Prüfungsbefehl befindet sich jedoch weder in § 150 noch in den §§ 105 bis 108[12].

10 Bei der Vorbereitung, Durchführung und Beschlussfassung über die Zustimmung zur Spaltung sind neben den allgemeinen Regelungen über §§ 125, 106 die §§ 101 bis 103 zu beachten. Auf die Erläuterungen dort wird verwiesen. Mangels Prüfungspflicht ist allerdings ein Prüfungsbericht weder vor[13] noch in den Mitgliederversammlungen auszulegen[14], die über die Zustimmung zur Spaltung beschließen.

11 Die Anmeldung der Spaltung zu den Registern der beteiligten genossenschaftlichen Prüfungsverbände muss gemeinschaftlich durch die Vorstände beider Verbände erfolgen[15]. Die Norm gilt für die Ausgliederung eines genossenschaftlichen Prüfungsverbands auf eine Kapitalgesellschaft entsprechend. In diesem Fall ist die Anmeldung zum Register des übertragenden Prüfverbands nicht nur von seinem Vorstand, sondern auch von dem Vertretungsorgan des aufnehmenden Rechtsträgers zu unterzeichnen.

12 Ist ein übertragender genossenschaftlicher Prüfungsverband als wirtschaftlicher Verein organisiert und ist er nicht im Handelsregister eingetragen, tritt die Bekanntmachung im Bundesanzeiger und einem weiteren Blatt an die Stelle der Eintragung der Spaltung im Register[16].

13 Die Aufsichtsbehörden sind über die Eintragung der Spaltung durch die Vorstände der an der Spaltung beteiligten Prüfungsverbände gemeinschaftlich zu informieren[17]. Die Mitteilungspflicht trifft auch die Vertretungsorgane einer aufnehmenden Kapitalgesellschaft bei einer Ausgliederung nach § 150 2. Halbs.[18].

14 Ferner hat ein übernehmender genossenschaftlicher Prüfungsverband seine Mitglieder nach Maßgabe der §§ 125, 107 Abs. 3 von der Eintragung der Spaltung zu benachrichtigen.

15 Die Mitglieder des übertragenden genossenschaftlichen Prüfungsverbands können nach § 39 BGB nach Maßgabe der §§ 125, 108 aus dem aufnehmenden Verband vorzeitig aus-

---

[9] § 127.
[10] Vgl. § 125 Satz 2.
[11] § 9 Abs. 1.
[12] Ebenso *Bayer* in Lutter Rn 3; *Hörtnagl* in Schmitt/Hörtnagl/Stratz Rn 5; aA *Vossius* in Widmann/Mayer Rn 11 und 30; *Röhrich* in H/P/G/R GenG § 108 UmwG Rn 4; vgl. dazu auch § 106 Rn 3.
[13] § 101 Abs. 1.
[14] § 102 Satz 1.
[15] §§ 125, 107 Abs. 1 Satz 1.
[16] §§ 125, 107 Abs. 1 Satz 2, 104; bzgl. der Einzelheiten wird auf die Kommentierungen zu § 104 und zu § 107 verwiesen.
[17] §§ 125, 107 Abs. 2.
[18] *Vossius* in Widmann/Mayer Rn 31.

treten. Ihrem Wortlaut nach ist die Norm des § 108 nur auf die Fälle der Auf- und Abspaltung anwendbar, nicht jedoch im Fall der Ausgliederung[19]. Eine neue Mitgliedschaft/Anteil im aufnehmenden Rechtsträger erhält bei ihr der übertragende Prüfungsverband und nicht seine Mitglieder. *Vossius*[20] will in diesem Fall § 108 mit der Maßgabe anwenden, dass bei der Ausgliederung den Mitgliedern im übertragenden Prüfungsverband ein Sonderaustrittsrecht zusteht, da die Umwandlung ihre Mitwirkungs- und Teilhaberechte schmälere. Dem ist nicht zuzustimmen. Vielmehr besteht in einem solchen Fall nach allgemeinen Regeln nur dann ein außerordentliches Austrittsrecht, sofern die Ausgliederung die Rechtspositionen der Mitglieder im übertragenden genossenschaftlichen Prüfungsverband wesentlich verschlechtert und ihnen ein Verbleiben im Verband nicht zumutbar ist.

Sechster Abschnitt. Spaltung unter Beteiligung von Versicherungsvereinen auf Gegenseitigkeit

§ 151 Möglichkeit der Spaltung

Die Spaltung unter Beteiligung von Versicherungsvereinen auf Gegenseitigkeit kann nur durch Aufspaltung oder Abspaltung und nur in der Weise erfolgen, daß die Teile eines übertragenden Vereins auf andere bestehende oder neue Versicherungsvereine auf Gegenseitigkeit oder auf Versicherungs-Aktiengesellschaften übergehen. Ein Versicherungsverein auf Gegenseitigkeit kann ferner im Wege der Ausgliederung einen Vermögensteil auf eine bestehende oder neue Gesellschaft mit beschränkter Haftung oder eine bestehende oder neue Aktiengesellschaft übertragen, sofern damit keine Übertragung von Versicherungsverträgen verbunden ist.

Übersicht

	Rn
I. Allgemeines	1
1. Sinn und Zweck der Norm	1
a) Beschränkung auf Auf- und Abspaltung	1
b) Beschränkung hinsichtlich der Rechtsform der beteiligten Rechtsträger	5
c) Ausgliederung bestimmter Vermögenswerte	6
2. Anwendungsbereich der Norm	9
a) Auf- oder Abspaltung auf bestehende Rechtsträger (§§ 151 Satz 1, 123 Abs. 1 Nr. 1, 123 Abs. 2 Nr. 1)	9
b) Auf- oder Abspaltung zur Neugründung (§§ 151 Satz 1, 123 Abs. 1 Nr. 2, 123 Abs. 2 Nr. 2)	11
c) Ausgliederung (§ 151 Satz 2, 123 Abs. 3)	12
d) Besonderheiten für Rückversicherungsvereine	13
II. Einzelerläuterungen	14

	Rn
1. Geltung der allgemeinen Vorschriften über die Verschmelzung	14
2. Aufteilung der Anteile oder Mitgliedschaften auf die Mitglieder des übertragenden VVaG	15
a) Auf- oder Abspaltung auf Versicherungsvereine	15
b) Auf- oder Abspaltung auf Versicherungs-Aktiengesellschaften	17
3. Inhalt des Spaltungs- und Übernahmevertrags	18
4. Bekanntmachung des Spaltungs- und Übernahmevertrags	21
5. Spaltungsbericht	22
6. Spaltungsprüfung	24
7. Spaltungsbeschluss	25
8. Spaltung zur Neugründung	26
9. Zustimmung zur Spaltung gem. § 128	27
a) Spaltung unter ausschließlicher Beteiligung von Versicherungsvereinen	27

---

[19] So auch *Bayer* in Lutter Rn 8.
[20] *Vossius* in Widmann/Mayer Rn 34 f.

	Rn		Rn
b) Spaltung auf Versicherungs-Aktiengesellschaften	29	13. Besondere Regelungen für kleinere Vereine	35
c) Ausgleich durch bare Zuzahlung	30	a) Geltung der Regelungen in §§ 118 und 119	35
10. Wirkung der Eintragung der Spaltung	31	b) Entsprechende Anwendung der §§ 185, 291 Abs. 1	36
11. Zuordnung von Vermögenswerten/ gesamtschuldnerische Haftung gem. § 133 Abs. 1 Satz 1	32	14. Keine Spaltung von Kleinstvereinen	38
12. Schutz der Gläubiger und Inhaber von Sonderrechten/Behandlung des Gründungsstocks	34	15. Genehmigung durch die Aufsichtsbehörde	39

Literatur: Siehe Literaturverzeichnis zu § 109.

I. Allgemeines

1. Sinn und Zweck der Norm

1 **a) Beschränkung auf Auf- und Abspaltung.** Obwohl im Grundsatz Versicherungsvereinen dieselben Umwandlungsmöglichkeiten eingeräumt werden sollten wie Versicherungs-Aktiengesellschaften[1], lässt Satz 1 bei Versicherungsvereinen als Spaltungsformen nur die Aufspaltung[2] und die Abspaltung[3], nicht jedoch die Ausgliederung[4] zu. Die Regierungsbegründung weist insofern auf die zwingende Verbindung von Mitgliedschaft und Versicherungsverhältnis hin[5].

2 Diese Begründung überzeugt vor dem Hintergrund der Zulässigkeit einer Bestands-[6] oder Vermögensübertragung[7] von einem VVaG auf eine Versicherungs-AG nicht. Bei diesen Umstrukturierungen scheiden Mitglieder aus dem VVaG aus. Es kommt somit zwangsweise zu einer Trennung von Mitgliedschaft und Versicherungsverhältnis.

3 Die Beschränkung der Spaltungsmöglichkeiten ist jedoch zulässig und erforderlich, da bei der Ausgliederung zwar der übertragende VVaG Anteile oder Mitgliedschaften am übernehmenden Rechtsträger, die ausscheidenden Mitglieder jedoch keine Entschädigung für den Verlust ihrer Mitgliedschaftsrechte erhalten würden.

4 Strukturmaßnahmen, die zum Ausscheiden der Mitglieder führen, werden zutreffend im Hinblick auf die im Rahmen von Bestandsübertragungen entwickelten Grundsätze[8] nur dann für zulässig erachtet, wenn sie wie die Bestands- oder Vermögensübertragung, die Auf- oder Abspaltung einen Ausgleich für die Mitglieder in Form von Anteilen, Mitgliedschaftsrechten oder einer sonstigen Gegenleistung vorsehen.

5 **b) Beschränkungen hinsichtlich der Rechtsform der beteiligten Rechtsträger.** Wegen des *numerus clausus* der Rechtsformen für Versicherungsunternehmen[9] bestimmt Satz 1, dass das die Versicherungsverhältnisse umfassende Vermögen eines VVaG nur auf bestehende Versicherungsvereine und Versicherungs-Aktiengesellschaften oder neu gegründete Versicherungsvereine auf- oder abgespalten werden kann. Ungeachtet des

---

[1] RegBegr. *Ganske* S. 140.
[2] § 123 Abs. 1; siehe hierzu § 123 Rn 12 f.
[3] § 123 Abs. 2; siehe hierzu § 123 Rn 14.
[4] § 123 Abs. 3; siehe jedoch Rn 6 ff. sowie umfassend zur Ausgliederung § 123 Rn 15 ff.
[5] RegBegr. *Ganske* S. 182.
[6] § 14 VAG; hierzu umfassend Anh. § 119 Rn 1 ff.
[7] §§ 180 ff.
[8] Vgl. Anh. § 119 Rn 70 ff.
[9] § 7 Abs. 1 VAG; zum *numerus clausus* der Rechtsformen § 109 Rn 1.

unklaren Wortlauts des Satzes 1 ist auch eine Auf- oder Abspaltung auf eine neu gegründete Versicherungs-AG zulässig[10].

c) Ausgliederung bestimmter Vermögenswerte. Weil für die Übertragung bestimmter Hilfsfunktionen wie zB einer Immobilien- oder Kapitalanlagenverwaltung ein Bedürfnis gesehen wurde[11], erklärt Satz 2 eine Ausgliederung von Vermögensteilen, die keine Versicherungsverträge umfassen, für zulässig.

Da die meisten aus Versicherungsunternehmen ausgegliederten Hilfsfunktionen in der Rechtsform der GmbH betrieben werden, sieht Satz 2 eine entsprechende Ausgliederung auf Gesellschaften mit beschränkter Haftung vor. Das Gesetz gestattet daneben die Ausgliederung solcher Funktionen ausdrücklich auf Aktiengesellschaften.

Da es keinen sachlichen Grund dafür gibt, eine Ausgliederung von Hilfsfunktionen auf Rechtsträger anderer Rechtsformen zu untersagen, können übernehmende Rechtsträger in diesem Fall alle in § 3 Abs. 1 genannten sein[12].

2. Anwendungsbereich der Norm

a) Auf- oder Abspaltung auf bestehende Rechtsträger (§§ 151 Satz 1, 123 Abs. 1 Nr. 1, 123 Abs. 2 Nr. 1). Satz 1 beschränkt die zulässigen Rechtsformen übernehmender Rechtsträger für die Auf- oder Abspaltung eines VVaG, bei denen im Wege der partiellen Gesamtrechtsnachfolge Versicherungsverhältnisse übergehen[13].

Es stellt sich die Frage, ob für eine Auf- oder Abspaltung, bei der keine Versicherungsverhältnisse übergehen, der *numerus clausus* der Rechtsformen in Satz 1 für den übernehmenden Rechtsträger zu beachten ist. Der Zweck des Satzes 2 und die Begründung des Regierungsentwurfs[14] sprechen dafür, dass durch Auf- oder Abspaltung Hilfsfunktionen[15] auch auf Rechtsträger anderer Rechtsformen übertragen werden können.

b) Auf- oder Abspaltung zur Neugründung (§§ 151 Satz 1, 123 Abs. 1 Nr. 2, 123 Abs. 2 Nr. 2). Eine Auf- oder Abspaltung des Vermögens eines VVaG kann – soweit dieses Vermögen Versicherungsverhältnisse umfasst – sowohl durch Neugründung eines VVaG als auch durch Neugründung einer Versicherungs-AG erfolgen[16]. Werden durch Auf- oder Abspaltung lediglich Hilfsfunktionen übertragen, kommt auch eine Auf- oder Abspaltung zur Neugründung eines Rechtsträgers einer anderen Rechtsform in Betracht.

c) Ausgliederung (§ 151 Satz 2, 123 Abs. 3). Hilfsfunktionen[17] können auf bestehende oder neue Rechtsträger ausgegliedert werden.

d) Besonderheiten für Rückversicherungsvereine. Für Versicherungsunternehmen, die ausschließlich das Rückversicherungsgeschäft[18] betreiben, gilt ebenfalls der *numerus clausus* der Rechtsformen[19].

---

[10] *Hübner* in Lutter Rn 2.
[11] RegBegr. *Ganske* S. 182.
[12] §§ 124 Abs. 1, 3 Abs. 1; siehe § 3 Rn 13 ff.; *Hübner* in Lutter Rn 1.
[13] Zum *numerus clausus* der Rechtsformen siehe § 109 Rn 1.
[14] RegBegr. *Ganske* S. 140.
[15] Siehe auch Rn 6.
[16] Siehe Rn 5.
[17] Siehe Rn 6.
[18] Eine Legaldefinition des Rückversicherungsgeschäfts findet sich in § 779 Abs. 1 HGB.
[19] § 120 Abs. 1 Satz 1 VAG.

II. Einzelerläuterungen

1. Geltung der allgemeinen Vorschriften über die Verschmelzung

14 Für die Spaltung von Versicherungsvereinen finden grundsätzlich[20] die Vorschriften für die Verschmelzung von Versicherungsvereinen[21] Anwendung. Das gilt nicht für die Regelungen über die Entbehrlichkeit der Verschmelzungsprüfung[22], die Firmenfortführung[23], den Klageausschluss und die Verbesserung des Umtauschverhältnisses[24], das Abfindungsangebot[25], den Ausschluss der Kapitalerhöhung[26] und die Bestellung eines Treuhänders[27]. Eine Prüfung der Ausgliederung wie bei der Verschmelzung findet nicht statt[28].

2. Aufteilung der Anteile oder Mitgliedschaften auf die Mitglieder des übertragenden VVaG

15 **a) Auf- oder Abspaltung auf Versicherungsvereine.** Bei einer Auf- oder Abspaltung sind den Anteilsinhabern des übertragenden Rechtsträgers Anteile oder Mitgliedschaften an den übernehmenden Rechtsträgern zu gewähren[29]. Sind ausschließlich Versicherungsvereine an der Auf- oder Abspaltung beteiligt, ist dies nicht möglich. Aufgrund der zwingenden Verbindung von Versicherungsverhältnis und Mitgliedschaft[30] können nur diejenigen Mitglieder des übertragenden VVaG, deren Versicherungsverhältnis auf einen übernehmenden VVaG auf- oder abgespalten wird, Mitglieder des übernehmenden VVaG werden.

16 Bei der Auf- oder Abspaltung handelt es sich daher regelmäßig um eine nichtverhältniswahrende Spaltung[31]. Bei der Abspaltung erhalten diejenigen Mitglieder, deren Versicherungsverhältnis nicht berührt wird, keine Mitgliedschaftsrechte am übernehmenden Rechtsträger. Bei der Aufspaltung erhalten die Mitglieder nur Mitgliedschaftsrechte bei demjenigen VVaG, auf den ihre Versicherungsverhältnisse übertragen werden[32].

17 **b) Auf- oder Abspaltung auf Versicherungs-Aktiengesellschaften.** Bei der Auf- oder Abspaltung auf Versicherungs-Aktiengesellschaften erhalten alle Mitglieder des übertragenden VVaG unabhängig davon, ob ihre eigenen Versicherungsverhältnisse auf die übernehmende Versicherungs-AG übertragen werden, Aktien an (allen) übernehmenden Versicherungs-Aktiengesellschaften[33]. Es gelten die Regelungen in § 123 Abs. 1 und 2.

3. Inhalt des Spaltungs- und Übernahmevertrags

18 Bei der Spaltung unter ausschließlicher Beteiligung von Versicherungsvereinen sind die Angaben gem. §§ 126 Abs. 1 Nr. 3 bis 5 entbehrlich[34].

---

[20] § 125 Satz 1; siehe hierzu § 125 Rn 2 ff.
[21] Siehe §§ 109 bis 119.
[22] §§ 125 Satz 1, 9 Abs. 2; siehe § 9 Rn 49 ff.
[23] §§ 125 Satz 1, 18; siehe § 18 Rn 2.
[24] §§ 125 Satz 1, 14 Abs. 2, 15; siehe § 14 Rn 30 ff. und § 15 Rn 6 ff.
[25] §§ 125 Satz 1, 29 bis 34.
[26] §§ 125 Satz 1, 54, 68; siehe § 54 Rn 5 ff. und § 68 Rn 5 ff.
[27] §§ 125 Satz 1, 71.
[28] §§ 125 Satz 2, 9 bis 12.
[29] § 123 Abs. 1 und 2; siehe § 123 Rn 2, 12 ff.
[30] § 20 Satz 2 VAG.
[31] §§ 126 Abs. 1 Nr. 10, 128; siehe auch § 126 Rn 82.
[32] Zur Frage der Zustimmung aller Mitglieder und zum Ausgleich durch bare Zuzahlung bei nichtverhältniswahrender Spaltung siehe Rn 27 f. und 30.
[33] *Hübner* in Lutter Rn 2.
[34] Siehe § 110 Rn 1, 10; *Hübner* in Lutter Rn 4.

Möglichkeit der Spaltung

Bei der Auf- oder Abspaltung auf Versicherungsvereine sind auch bei nichtverhältniswahrender Spaltung[35] keine Angaben über die Aufteilung der Mitgliedschaften im Spaltungs- und Übernahmevertrag zu machen. Die Aufteilung ergibt sich durch die Aufteilung der mitgliedschaftsbegründenden[36] Versicherungsverhältnisse[37] von selbst.

Um eine gleichmäßige Beteiligung der Mitglieder des übertragenden VVaG an dessen stillen Reserven sicherzustellen, sind bei der Auf- oder Abspaltung auf Versicherungsvereine im Spaltungs- und Übernahmevertrag ggf. bare Zuzahlungen[38] vorzusehen[39].

4. Bekanntmachung des Spaltungs- und Übernahmevertrags

Die Bekanntmachung des Spaltungs- und Übernahmevertrags richtet sich nach den §§ 125 Satz 1, 111[40].

5. Spaltungsbericht

Die Vertretungsorgane des an der Spaltung beteiligten VVaG haben einen ausführlichen schriftlichen Bericht zu erstatten, in dem die Spaltung (der Vertrag oder sein Entwurf) sowie (bei Auf- oder Abspaltung auf Versicherungs-Aktiengesellschaften) das Umtauschverhältnis der Anteile oder die Angaben über die Mitgliedschaftsrechte bei den übernehmenden Rechtsträgern erläutert und begründet werden[41].

Ein solcher Bericht ist auch bei einer Spaltung unter ausschließlicher Beteiligung von Versicherungsvereinen erforderlich. Hier beinhaltet er mangels Umtauschverhältnisses keine Erläuterung desselben[42]. Auch bei der Spaltung unter ausschließlicher Beteiligung von Versicherungsvereinen sind im Spaltungsbericht die Unternehmensbewertung und die zum Ausgleich unterschiedlicher Unternehmenswerte der beteiligten Versicherungsvereine vorgesehenen Regelungen über die Änderung des satzungsmäßigen Verteilungsmaßstabs bzw. über eine ggf. auf Grund einer nichtverhältniswahrenden Spaltung zu gewährende bare Zuzahlung zu erläutern[43].

6. Spaltungsprüfung

Bei der Auf- oder Abspaltung findet grundsätzlich eine Spaltungsprüfung[44] statt. Dies gilt auch bei Auf- oder Abspaltung unter ausschließlicher Beteiligung von Versicherungsvereinen[45]. Eine Spaltungsprüfung erfolgt gem. § 125 Satz 2 nur bei der Ausgliederung nicht.

7. Spaltungsbeschluss

Vorbereitung, Durchführung und Beschluss der Versammlung der obersten Vertretung richten sich nach § 112. Bei der Ausgliederung, bei der eine Spaltungsprüfung nicht stattfindet[46], werden nur die in § 63 Abs. 1 Nr. 1 bis 4 aufgeführten Unterlagen[47] in dem Geschäftsraum des VVaG und in der Versammlung der obersten Vertretung, die über die Aus-

---

[35] Siehe hierzu Rn 16.
[36] § 20 Satz 2 VAG.
[37] § 126 Abs. 1 Nr. 9; siehe auch § 126 Rn 55 ff.
[38] § 126 Abs. 1 Nr. 3; siehe hierzu § 126 Rn 41 ff.
[39] Siehe Rn 30; *Hübner* in Lutter Rn 5.
[40] Im Einzelnen § 111 Rn 1 ff.
[41] § 127; siehe § 127 Rn 24 ff.
[42] Siehe § 112 Rn 14 f.
[43] Siehe § 110 Rn 4 und § 113 Rn 7 f.
[44] §§ 125 Satz 1, 9 bis 12.
[45] Siehe § 112 Rn 17.
[46] § 125 Satz 2; siehe auch § 125 Rn 9.
[47] Siehe § 63 Rn 10 ff.

gliederung beschließen soll, zur Einsicht ausgelegt. Bei der Auf- oder Abspaltung auf eine Versicherungs-AG sind wegen der vergleichbaren Interessenlage die Vorschriften der §§ 293 Satz 2, 294 Abs. 1 Satz 2 entsprechend anzuwenden[48].

8. Spaltung zur Neugründung

26 Bei der Spaltung zur Neugründung eines VVaG finden die Vorschriften der §§ 114 bis 117 über die Bestellung der Vereinsorgane und die Entstehung des VVaG Anwendung.

9. Zustimmung zur Spaltung gem. § 128

27 **a) Spaltung unter ausschließlicher Beteiligung von Versicherungsvereinen.** Eine Auf- oder Abspaltung auf Versicherungsvereine als übernehmende Rechtsträger kann wegen der zwingenden Verbindung von Mitgliedschaft und Versicherungsverhältnis nur im Wege nichtverhältniswahrender Spaltung erfolgen[49]. Es stellt sich die Frage, ob eine solche Spaltung gem. § 128 der Zustimmung aller Mitglieder des übertragenden VVaG bedarf.

28 Abgesehen davon, dass eine Zustimmung aller Mitglieder[50] praktisch kaum erzielt werden kann, beruht der Umstand, dass das Verhältnis nicht gewahrt wird, nicht auf dem Spaltungsbeschluss[51], sondern auf der gesetzlichen Regelung des § 20 Satz 2 VAG. Es erscheint insoweit gerechtfertigt, nicht die Zustimmung aller Mitglieder des übertragenden VVaG zu verlangen[52]. Die Auf- oder Abspaltung ist hinsichtlich ihrer Rechtsfolgen mit der Teilbestandsübertragung[53], bei der ebenfalls die Mitgliedschaftsrechte nur eines Teils der Mitglieder übergehen, vergleichbar. Auch diese bedarf nur der Zustimmung einer qualifizierten Mehrheit der obersten Vertretung[54], nicht jedoch aller Mitglieder.

29 **b) Spaltung auf Versicherungs-Aktiengesellschaften.** Anders zu beurteilen ist eine nichtverhältniswahrende Auf- oder Abspaltung auf Versicherungs-Aktiengesellschaften. Hier können den Mitgliedern des übertragenden VVaG Aktien an allen übernehmenden Versicherungs-Aktiengesellschaften gewährt werden. Die nichtverhältniswahrende Spaltung bedarf deshalb der Zustimmung aller Mitglieder des übertragenden VVaG. Eine solche Spaltung ist damit praktisch kaum durchführbar.

30 **c) Ausgleich durch bare Zuzahlung.** Bei der Auf- oder Abspaltung auf Versicherungsvereine als übernehmende Rechtsträger wird es aufgrund der nichtverhältniswahrenden Spaltung häufig zu Problemen bei der Zuordnung der stillen Reserven kommen. Im Gegensatz zur Auf- oder Abspaltung auf Versicherungs-Aktiengesellschaften muss auch die Relation der auf- bzw. abgespaltenen Vermögenswerte des übertragenden VVaG festgestellt und ggf. ein entsprechender Ausgleich durch bare Zuzahlung[55] geschaffen werden[56].

10. Wirkung der Eintragung der Spaltung

31 Die Wirkung der Eintragung der Spaltung richtet sich nach § 131. Dieser orientiert sich im Wesentlichen an § 20[57].

---

[48] Siehe § 112 Rn 34, 37.
[49] Näher Rn 15 f.
[50] Da § 128 die Zustimmung aller Anteilsinhaber erfordert, dürfte eine einstimmige Zustimmung der Vertreterversammlung nicht ausreichen.
[51] Siehe § 128 3 f.
[52] Zur nichtverhältniswahrenden Spaltung von Vereinen *Priester* in Lutter § 128 Rn 17 und *Mayer* in Widmann/Mayer § 128 Rn 47 ff., die in diesen Fällen die Beschlussfassung über die Spaltung mit qualifizierter Mehrheit als ausreichend ansehen.
[53] §§ 14, 44 VAG.
[54] Siehe § 44 Satz 2 VAG.
[55] § 126 Abs. 1 Nr. 3; zur baren Zuzahlung siehe § 126 Rn 41 ff.
[56] *Hübner* in Lutter Rn 5.
[57] Siehe auch § 109 Rn 45 ff. sowie allgemein zu den Rechtsfolgen der Eintragung § 131 Rn 1 ff.

Möglichkeit der Spaltung 32–36 § 151

11. Zuordnung von Vermögenswerten/gesamtschuldnerische Haftung gem. § 133 Abs. 1 Satz 1

Bei Spaltungen von Versicherungsunternehmen sind die allgemeinen Regelungen der 32
§§ 131 Abs. 3, 133 Abs. 1 Satz 1 von besonderer Bedeutung. Werden bei der Aufspaltung Aktiva (versehentlich) keinem Rechtsträger zugeordnet, gehen diese Aktiva auf alle übernehmenden Rechtsträger in dem Verhältnis über, das der Verteilung der stillen Reserven nach Maßgabe des Spaltungs- und Übernahmevertrags zugrunde liegt[58]. Die Aktiva können als Bedeckungswerte nicht ohne weiteres den aufgespaltenen versicherungstechnischen Rückstellungen zugeordnet werden[59].

Sämtliche an der Spaltung beteiligten Rechtsträger haften für die vor der Spaltung be- 33
gründeten Verbindlichkeiten des übertragenden Versicherungsunternehmens gesamtschuldnerisch[60]. Diese Haftung ist nicht unter der Bilanz oder im Lagebericht[61], sondern als versicherungstechnische Rückstellung in der Bilanz auszuweisen[62]. Etwaige Ausgleichsansprüche[63] gegen andere an der Spaltung beteiligte Rechtsträger gehören nicht zum gebundenen Vermögen[64].

12. Schutz der Gläubiger und Inhaber von Sonderrechten/Behandlung des Gründungsstocks

Die Ansprüche der Versicherungsnehmer auf Sicherheitsleistung[65], die Behandlung der 34
versicherungsvertraglichen Überschussbeteiligung als Sonderrecht[66] und des Gründungsstocks[67] entsprechen der Rechtslage bei der Verschmelzung eines VVaG[68].

13. Besondere Regelungen für kleinere Vereine

a) Geltung der Regelungen in §§ 118 und 119. Bei der Spaltung von kleineren Ver- 35
einen iSd. § 53 VAG finden für die Bekanntmachung, die Anmeldung und die Ersetzung der Eintragung der Spaltung die Verschmelzungsregeln für kleinere Vereine[69] entsprechend Anwendung[70].

b) Entsprechende Anwendung der §§ 185, 291 Abs. 1. Die durch das UmwG einge- 36
führte[71] Teilvermögensübertragung entspricht dem Vorgang der Spaltung[72]. Deshalb könnte die Auf- oder Abspaltung nach dem Rechtsgedanken des § 185, der für kleinere Vereine nur eine Vollübertragung zulässt, ausgeschlossen sein. Bei Vermögensübertragungen kleinerer Vereine sollen keine Kleinstvereine[73] entstehen[74]. Dementsprechend erscheint es sachge-

---

[58] § 131 Abs. 3; siehe insbesondere § 131 Rn 69 ff.
[59] Siehe Anh. § 119 Rn 47.
[60] § 133 Abs. 1 Satz 1; siehe § 133 Rn 26 ff.
[61] §§ 251, 341 a Abs. 2 Satz 5, 285 Satz 1 Nr. 3 HGB.
[62] Zur Auswirkung auf die Solvabilität in der Kapital- und Rentenversicherung siehe §§ 4 ff. KapitalausstattungsVO vom 13. 12. 1983, BGBl. I S. 1451, zuletzt geändert am 10.12.2003, BGBl. I S. 2478.
[63] § 426 BGB.
[64] § 54 VAG iVm. der Anlageverordnung vom 20.12.2001, BGBl. I S. 3913.
[65] §§ 133 Abs. 1 Satz 2, 22 Abs. 1; siehe § 22 Rn 6 ff.
[66] §§ 133 Abs. 2 Satz 1, 23; siehe § 23 Rn 4 ff.
[67] § 22 VAG.
[68] Siehe § 109 Rn 46 ff.
[69] Siehe §§ 118, 119.
[70] §§ 151, 125.
[71] §§ 44 b, 44 c VAG aF ließen nur eine Vollübertragung zu.
[72] Siehe *Hübner* in Lutter § 184 Rn 1.
[73] § 157 a VAG.
[74] Dies gewährleisten die §§ 175 Nr. 2 b, 185; siehe dazu § 185 Rn 3.

§ 152 Drittes Buch. Spaltung

mäß, für kleinere Vereine Spaltungen zur Neugründung von Versicherungsvereinen auszuschließen.

37 Der Formwechsel eines kleineren VVaG in die Rechtsform der Versicherungs-AG ist unzulässig[75], weshalb auch die Spaltung durch Neugründung von Aktiengesellschaften ausgeschlossen sein dürfte. Ansonsten würde die Regelung des § 291 Abs. 1 umgangen.

14. Keine Spaltung von Kleinstvereinen

38 Für Kleinstvereine[76] ist jede Umwandlung nach dem UmwG, d. h. auch die Spaltung, ausgeschlossen[77].

15. Genehmigung durch die Aufsichtsbehörde

39 Die Spaltung bedarf gem. § 14 a Satz 1 VAG der Genehmigung durch die Aufsichtsbehörde[78].

Siebenter Abschnitt. Ausgliederung aus dem Vermögen eines Einzelkaufmanns

Erster Unterabschnitt. Möglichkeit der Ausgliederung

§ 152 Übernehmende oder neue Rechtsträger

Die Ausgliederung des von einem Einzelkaufmann betriebenen Unternehmens, dessen Firma im Handelsregister eingetragen ist, oder von Teilen desselben aus dem Vermögen dieses Kaufmanns kann nur zur Aufnahme dieses Unternehmens oder von Teilen dieses Unternehmens durch Personenhandelsgesellschaften, Kapitalgesellschaften oder eingetragene Genossenschaften oder zur Neugründung von Kapitalgesellschaften erfolgen. Sie kann nicht erfolgen, wenn die Verbindlichkeiten des Einzelkaufmanns sein Vermögen übersteigen.

Übersicht

	Rn		Rn
I. Allgemeines	1	II. Übertragender Rechtsträger	19
1. Sinn und Zweck der Norm	1	1. Eingetragener Kaufmann	20
2. Anwendungsbereich	2	a) Kaufmann	20
3. Alternativen	3	b) Natürliche Person als Einzelkaufmann	23
4. Bedeutung	4	c) Gesamthandsgemeinschaften als Einzelkaufmann	24
a) Zweck	4	aa) Die Erbengemeinschaft	26
b) Vorteile	5	bb) Die Gütergemeinschaft	27
c) Folge	10	d) Ausländischer Kaufmann	28
5. Europarechtliche Vorgaben	11	e) Zweigniederlassung ausländischer Unternehmen	29
6. Regelungssystematik	12		
a) Spaltung	12	f) Beschränkt Geschäftsfähige	30
b) Allgemeine Voraussetzungen	13	2. Eintragung der Firma	31
7. Systematische Stellung	14		
8. Internationaler Geltungsbereich	15		

---

[75] § 291 Abs. 1; *Stratz* in Schmitt/Hörtnagl/Stratz § 291 Rn 2.
[76] § 157 a VAG.
[77] § 157 a Abs. 3 VAG aE.
[78] Zum aufsichtsbehördlichen Genehmigungsverfahren siehe Anh. § 119 Rn 81 ff.

Übernehmende oder neue Rechtsträger 1, 2 § 152

Rn		Rn
3. Unternehmensträger; Drittbeteiligte 33	3. Privatvermögen	67
a) Grundsatz 34	4. Rechtsverhältnisse, Verträge	69
b) Unternehmenspacht 37	5. Mischeinlage	70
c) Unternehmensnießbrauch 39	6. Gemischte Sacheinlage	71
d) Stille Gesellschaft 40	7. Bestandsveränderungen seit Stichtag	72
e) Testamentsvollstreckung 41	V. Überschuldung als Ausgliederungs-	
f) Vorerbe 42	sperre	73
g) Ehegatten 43	1. Zweck	73
4. Maßgebender Zeitpunkt 45	2. Bedeutung der Überschuldung	75
5. Mehrere übertragende Rechtsträger 46	3. Überschuldung in Sonderfällen	80
6. Mehrere zu übertragende Unternehmen 47	4. Keine sonstigen Ausgliederungssperren .	81
III. Übernehmender Rechtsträger 48	VI. Wirkungen der Ausgliederung	82
1. Kapitalgesellschaft 49	1. Wirkungen allgemein	82
2. Personenhandelsgesellschaften 50	2. Vermögensübergang	83
3. Eingetragene Genossenschaften 54	3. Nicht übertragbare Rechtspositionen	84
4. Übernehmer in Gründung 55	a) Fortbestand	85
5. Ausländischer übernehmender	b) Höchstpersönliche Rechte	86
Rechtsträger 57	c) Nießbrauch	87
6. Ausgliederung auf mehrere	4. Verbindlichkeiten	88
übernehmende Rechtsträger 58	5. Arbeitsverhältnisse	89
IV. Gegenstand der Ausgliederung 59	6. Sonstige Rechtsverhältnisse	90
1. Gesamtvermögen oder nur Teile 59	7. Anteilserwerb	91
2. Unternehmensvermögen 60		

Literatur: *Aha,* Einzel- oder Gesamtrechtsnachfolge bei der Ausgliederung?, AG 1997, 345; *Blaurock,* Handbuch der Stillen Gesellschaft, 6. Aufl. 2003; *Boecken,* Der Übergang von Arbeitsverhältnissen bei Spaltung nach dem neuen Umwandlungsrecht, ZIP 1994, 1087; *Feddersen/Kiem,* Die Ausgliederung zwischen „Holzmüller" und neuem Umwandlungsrecht, ZIP 1994, 1078; *Hennrichs,* Zum Formwechsel und zur Spaltung nach dem neuen Umwandlungsgesetz, ZIP 1995, 794; *Jung,* Die stille Gesellschaft in der Spaltung, ZIP 1996, 1734; *Koller/Roth/Morck,* Handelsgesetzbuch Kommentar, 5. Aufl. 2005; *K. Mertens,* Zur Universalsukzession in einem neuen Umwandlungsrecht, AG 1994, 66; *Th. Raiser,* Gesamthand und juristische Person im Licht des neuen Umwandlungsrechts, AcP 194 (1994) 495; *Rieble,* Verschmelzung und Spaltung von Unternehmen und ihre Folgen für Schuldverhältnisse mit Dritten, ZIP 1997, 301; *K. Schmidt,* Universalsukzession kraft Rechtsgeschäfts, AcP 191 (1991) 495; *Ulmer,* Die höchstrichterlich „enträtselte" Gesellschaft bürgerlichen Rechts, ZIP 2001, 585.

I. Allgemeines

1. Sinn und Zweck der Norm

Die Vorschrift bestimmt die Voraussetzungen, unter denen ein Einzelkaufmann die 1
Rechtsform seines Unternehmens ohne Übertragung durch Einzelrechtsnachfolge ändern kann. Verschmelzung und Formwechsel kommen dafür nicht in Betracht. Möglich ist nur die Übertragung des Vermögens auf einen anderen Rechtsträger. Die im UmwG geregelte Übertragung ist die durch **Ausgliederung**. Das ist schon in den allgemeinen Vorschriften bestimmt[1]. § 152 konkretisiert die Voraussetzungen näher.

2. Anwendungsbereich

Die Bestimmung gilt nur für den Kaufmann, der ein Handelsgewerbe betreibt. Die Grenze 2
ihres Anwendungsbereichs ist durch das Erfordernis bestimmt, dass die Firma des Übertragenden im **Handelsregister** eingetragen sein muss.

---

[1] §§ 124, 123 Abs. 3.

3. Alternativen

3 Statt der Ausgliederung aufgrund des § 152 kommt die Einbringung des Unternehmens oder von Unternehmensteilen durch Einzelrechtsnachfolge in Betracht. Diese Alternative wird gewählt, wenn der Weg der Ausgliederung nicht möglich ist, oder wenn die Anforderungen an die Übertragung durch Einzelrechtsnachfolge leichter zu erfüllen sind oder deren Folgen den Vorzug verdienen[2].

4. Bedeutung

4 **a) Zweck.** Die **Ausgliederung** durch einen Einzelkaufmann dient der Haftungsbegrenzung durch Übertragung insgesamt auf eine Rechtsform mit beschränkter Haftung oder durch Betriebsaufspaltung. Zudem kann sie eine Fremdgeschäftsführung, auch im Zusammenhang mit der Regelung der Unternehmensnachfolge ermöglichen. Zweck der Ausgliederung kann weiterhin die Vorbereitung des Verkaufs oder eines Börsengangs, sowie schließlich die Aufnahme eines Gesellschafters oder die Zusammenführung mit anderen Unternehmen sein.

5 **b) Vorteile.** Da als Alternative auch die Übertragung durch Einzelrechtsnachfolge zur Verfügung steht, ergibt sich die Bedeutung der Vorschrift aus den Vorteilen, die der Weg der Ausgliederung gegenüber der Einzelrechtsnachfolge bietet. Der eigentliche Sinn der Ausgliederung liegt in der Übertragung durch (partielle) **Gesamtrechtsnachfolge**[3]. Damit wird eine erhebliche Erleichterung erreicht, auch wenn für die Übertragung von Aktivvermögen der sachenrechtliche Bestimmtheitsgrundsatz gilt[4]. Gesetzliche und vertragliche Übertragungshindernisse stehen nach Aufhebung des § 132 aF durch die 2. Umwandlungsnovelle der Übertragung durch Ausgliederung vorbehaltlich der Grenzen des Rechtsmissbrauchs grundsätzlich nicht im Wege[5]. Die Übertragung von Vertragsverhältnissen iVm. der Übertragung des gesamten Unternehmens ist auch ohne Zustimmung des anderen Vertragsteils jedenfalls möglich[6]. Ggf. kann dem anderen Vertragsteil ein außerordentliches Kündigungsrecht zustehen[7]. Weitere Erleichterungen ergeben sich auf der Seite der aufnehmenden Kapitalgesellschaft durch den gesetzlichen Ausschluss des Bezugsrechts[8], bei der Ausgliederung zur Neugründung einer KGaA durch den Ausschluss des Erfordernisses einer bestimmten Gründerzahl[9] sowie durch die Vermeidung von Problemen der Führung einer Vorgesellschaft nach Sachgründung durch Einbringung eines Unternehmens[10].

6 Diesen materiellen Erleichterungen stehen **Erschwernisse im Verfahren** gegenüber[11], namentlich die zwingende Beschlussfassung der Anteilsinhaber des übernehmenden Rechtsträgers[12]. Dadurch ist es unmöglich, die Gegenleistung für das übertragene Vermögen

---

[2] Siehe Anh. § 173.
[3] § 123 Rn 3, 6; § 131 Rn 2; *Zimmermann* in Rowedder GmbHG Anh. nach § 77 Rn 638; ausf. K. *Schmidt* GesR § 12 IV 3, 4.
[4] § 126 Abs. 1 Nr. 9, Abs. 2; dazu § 126 Rn 54 ff., 60 ff.; *Feddersen/Kiem* ZIP 1994, 1078, 1085; *Aha*, AG 1997, 345, 351; *Mayer* in Widmann/Mayer Rn 16; *Hörtnagl* in Schmitt/Hörtnagl/Stratz § 131 Rn 5.
[5] Zu den Grenzen der Übertragung durch partielle Gesamtrechtsnachfolge siehe § 131 Rn 15 ff.
[6] § 131 Rn 34 ff.
[7] § 131 Rn 19, 35.
[8] § 125 iVm. § 69; *Feddersen/Kiem* ZIP 1994, 1078, 1085; *Karollus* in Lutter Umwandlungsrechtstage S. 196; dazu aber *Wiedemann* in Großkomm. § 186 AktG Rn 173.
[9] § 125 iVm. § 36 Abs. 2 Satz 2 bei Gründung einer KGaA gegenüber § 280 Abs. 1 Satz 1 AktG.
[10] *Karollus* in Lutter Umwandlungsrechtstage S. 198; *ders.* in Lutter § 159 Rn 22; diese Probleme werden in der Praxis jedoch weitgehend durch eine zweistufige Sachgründung, nämlich zuerst Bargründung und anschließende Kapitalerhöhung gegen Sacheinlage, vermieden.
[11] Allg. zum Verfahren bei Ausgliederung gegenüber der Einzeleinbringung Anh. § 173 Rn 11; *Aha* AG 1997, 345, 348 ff.; *Karollus* in Lutter Umwandlungsrechtstage S. 193 ff.
[12] § 125 iVm. § 13 Abs. 1.

ohne Beschlussfassung der Anteilsinhaber aus einem genehmigten Kapital[13] zu gewähren. Die zwingende Unterrichtung der Betriebsräte[14] sowie die Registersperre infolge einer Anfechtungsklage[15] können die Ausgliederung erschweren.

Bei Auf- und Abspaltung werden diese Verfahrensnachteile durch den anders nicht erzielbaren Vorteil aufgewogen, dass die für das übertragene Vermögen ausgegebenen Anteile am übernehmenden Rechtsträger unmittelbar den Anteilsinhabern des übertragenden Rechtsträgers zustehen[16]. Gerade dieser Vorteil **entfällt** bei der Ausgliederung[17].

Der Vergleich der **Haftungsfolgen** der Ausgliederung mit den Haftungsfolgen einer Einbringung durch Einzelrechtsnachfolge[18] ergibt eher eine Haftungsverschärfung bei der Ausgliederung[19], insbesondere bei der Haftung gegenüber Arbeitnehmern[20]. Allerdings führt die Ausgliederung auch ohne Zustimmung der betroffenen Gläubiger zu einer Enthaftung des Einzelkaufmanns für übertragene Verbindlichkeiten[21]; das gilt auch für Versorgungsverpflichtungen gegenüber ausgeschiedenen Arbeitnehmern[22]. Die Befreiung tritt aber erst nach fünf Jahren ein[23]. Im Fall einer Übertragung durch Einzelrechtsnachfolge ergibt sich eine solche Enthaftung nur, wenn das Handelsgeschäft mit der Firma übertragen wurde[24].

Steuerrechtlich ergeben sich keine wesentlichen Unterschiede zwischen der Ausgliederung durch partielle Gesamtrechtsnachfolge und der Einbringung durch Einzelrechtsnachfolge. Der einzig relevante Unterschied besteht darin, dass bei der Einbringung in eine Personengesellschaft für Steuerzwecke die **Rückbeziehung** auf einen bis zu acht Monate zurückliegenden Stichtag nur im Fall der Ausgliederung möglich ist[25].

c) Folge. Wegen der verhältnismäßig **geringen Vorteile** verlieren die möglichen Einwendungen gegenüber dem beschränkten Anwendungsbereich[26] an Gewicht.

5. Europarechtliche Vorgaben

Verbindliche europarechtliche Vorgaben bestehen für die Ausgliederung nicht. Der **Empfehlung** der Kommission zur Übertragung von kleinen und mittleren Unternehmen[27] werden die Bestimmungen über die Ausgliederung durch den Einzelkaufmann weitgehend gerecht.

6. Regelungssystematik

a) Spaltung. Die Übertragung des Vermögens ist als Ausgliederung geregelt und damit ein Fall der Spaltung. Diese Möglichkeit der Ausgliederung ist allgemein in §§ 123, 124 be-

---

[13] § 202 Abs. 1 AktG.
[14] § 125 iVm. § 5 Abs. 3.
[15] § 125 iVm. § 16 Abs. 2, 3.
[16] §§ 123 Abs. 1, 2.
[17] § 123 Abs. 3.
[18] §§ 25, 26 HGB. Die Anwendbarkeit von § 28 HGB ist dagegen zweifelhaft, siehe § 156 Rn 18.
[19] Zwingende Haftung sämtlicher Übernehmer für alle Verbindlichkeiten des Übertragenden nach § 133 Abs. 1 selbst bei bloßer Teilausgliederung, dazu auch *Aha* AG 1997, 345, 352 f.; *Hörtnagl* in Schmitt/Hörtnagl/Stratz § 131 Rn 7.
[20] § 134; wenn die Firma nicht fortgeführt wird (§ 25 HGB) außerdem § 133.
[21] § 157.
[22] *BAG* ZIP 2005, 957; *LAG Düsseldorf* LAGE § 123 UmwG Nr. 1; aM *AG Hamburg* ZIP 2005, 1249, bestätigt durch *LG Hamburg* ZIP 2005, 2331.
[23] § 157.
[24] § 26 HGB.
[25] Umkehrschluss aus § 24 Abs. 4 2. Halbs. UmwStG.
[26] Ausschluss von Erbengemeinschaften (so jedenfalls die noch hM, dagegen aber Rn 26) oder von grenzüberschreitenden Umwandlungsvorgängen (str., siehe dazu Rn 15 ff., 28 f.).
[27] Art. 4 a der Empfehlung vom 7. 12. 1994, ABl. EG L 385/14; dazu *Karollus* in Lutter Rn 8.

reits vorgesehen. Demgegenüber beschränkt § 152 die in §§ 123, 124 allgemein zugelassene Ausgliederung durch den Einzelkaufmann in der Weise, dass der Einzelkaufmann nur unter den Voraussetzungen des § 152 ausgliedern kann. Sie setzt den **eingetragenen Einzelkaufmann** voraus[28]. Ohne Eintragung des Einzelkaufmanns könnte eine Ausgliederung durch ihn in seinem Handelsregister nicht eingetragen werden; sie könnte daher nicht wirksam werden[29].

13 **b) Allgemeine Voraussetzungen.** Wie nach den übrigen Vorschriften kommt es für die Möglichkeit dieser Form der Spaltung nur auf die Merkmale des übertragenden und des übernehmenden Rechtsträgers an. Die **Rechtsbeziehungen** des Übertragenden zu dem Unternehmen und damit zum Gegenstand der Ausgliederung sind für die Möglichkeit der Ausgliederung als solche unerheblich; sie können aber dem Ausgliederungsgegenstand Grenzen setzen. Darum geht es, wenn das von einem Pächter oder Nießbraucher betriebene Unternehmen ausgegliedert werden soll[30].

7. Systematische Stellung

14 Besondere Vorschriften über die **Ausgliederung** enthält das Gesetz nur in den Abschnitten 7 bis 9 und damit nur für die Ausgliederung aus dem Vermögen eines Einzelkaufmanns, aus dem Vermögen einer rechtsfähigen Stiftung und aus dem Vermögen von Gebietskörperschaften oder Zusammenschlüssen von Gebietskörperschaften. Die Ausgliederung aus dem Vermögen von Kapital- oder Personenhandelsgesellschaften oder anderer ausgliederungsfähiger Rechtsträger ist nicht gesondert geregelt. Sie unterliegt bei diesen Rechtsträgern den allgemeineren Vorschriften über die Spaltung[31].

8. Internationaler Geltungsbereich

15 Der internationale Geltungsbereich des UmwG wird zunächst durch § 1 und dessen Merkmal abgegrenzt, dass das Gesetz für die Umwandlung von Rechtsträgern mit Sitz im Inland gilt[32]. Geht man davon aus, dass alle beteiligten Unternehmen ihren **Sitz im Inland** haben müssen[33], ergibt sich daraus, dass mindestens das Ausgliederungsobjekt (also das Unternehmen, das ausgegliedert wird) und der übernehmende Rechtsträger den Sitz im Inland haben müssen. Unklar ist dagegen, ob auch für den ausgliedernden Einzelkaufmann noch das Element des „Sitzes im Inland" zu erfüllen ist und was es ggf. zu bedeuten hat.

16 Unschädlich ist jedenfalls eine **ausländische Staatsangehörigkeit**[34]. Liegt der Wohnsitz im Ausland, wären die Voraussetzungen des § 1 nicht erfüllt, wenn das Erfordernis des „Sitzes im Inland" bezogen auf eine natürliche Person ihren Wohnsitz iSd. § 7 BGB bezeichnete. Das ist entgegen der für den umgekehrten Fall der Verschmelzung auf den Alleingesellschafter hM[35] nicht anzunehmen. Die Formulierung „Rechtsträger mit Sitz im Inland" hat ersichtlich juristische Personen oder andere Gesellschaften im Auge. Für natürliche Personen passt sie nicht, denn natürliche Personen haben keinen Sitz. Sie sollte daher auf das ausgegliederte Unternehmen und den übernehmenden Rechtsträger bezogen werden.

---

[28] Dies entspricht iE der allgM, *Karollus* in Lutter Rn 25; *Kallmeyer* in Kallmeyer Rn 3.
[29] § 131 Abs. 1.
[30] Siehe Rn 33 ff.
[31] §§ 123 bis 151.
[32] Dazu siehe Einl. C Rn 21 ff.
[33] Siehe Einl. C Rn 21 ff.
[34] Für den umgekehrten Fall der Verschmelzung mit dem Vermögen des Alleingesellschafters wohl allgM *Stratz* in Schmitt/Hörtnagl/Stratz § 3 Rn 43; *Marsch-Barner* in Kallmeyer § 3 Rn 17; *Karollus* in Lutter § 120 Rn 24.
[35] *Heckschen* in Widmann/Mayer § 120 Rn 16; *Marsch-Barner* in Kallmeyer § 3 Rn 17; *Großfeld* AG 1996, 302 f.; unklar *Stratz* in Schmitt/Hörtnagl/Stratz § 3 Rn 43; dagegen § 120 Rn 21 f.

Ist das Unternehmen, aus dem die Ausgliederung erfolgen soll, in einem inländischen Register eingetragen und ist der übernehmende Rechtsträger eine bestehende oder neu gegründete Gesellschaft mit Sitz im Inland, so hat die Ausgliederung **keinen relevanten Auslandsbezug**, auch wenn der Einzelkaufmann seinen Wohnsitz im Ausland hat. Die Ausgliederung ist deshalb in diesem Fall allein auf der Grundlage des deutschen Rechts möglich; eines Zusammenwirkens mit der ausländischen Rechtsordnung oder ausländischen Registerbehörden bedarf es nicht[36]. Unschädlich ist es danach auch, wenn das in einem deutschen Handelsregister eingetragene Unternehmen die Zweigniederlassung einer im Ausland eingetragenen Hauptniederlassung ist[37]. Der ausgliedernde Rechtsträger ist im einen wie im anderen Fall der Einzelkaufmann.

Liegen umgekehrt das Unternehmen, das Handelsregister und der übernehmende Rechtsträger im Ausland, kommt deutsches Recht (außer ggfs. bezüglich der Geschäftsfähigkeit und der Verfügungsmacht) insgesamt nicht zur Anwendung, auch wenn der Einzelkaufmann seinen Wohnsitz im Inland hat. Ein **grenzüberschreitender Vorgang**, für den es eines Zusammenwirkens der Rechtsordnungen bedürfte[38], liegt vor, wenn das im Inland eingetragene Unternehmen auf eine ausländische juristische Person ausgegliedert werden soll, und im umgekehrten Fall[39].

II. Übertragender Rechtsträger

Erforderlich für die Ausgliederungsmöglichkeit ist ein Einzelkaufmann, dessen Firma im **Handelsregister eingetragen** ist und der ein Unternehmen betreibt.

1. Eingetragener Einzelkaufmann

a) **Kaufmann.** Der Ausgliedernde muss Kaufmann iSd. HGB sein. Da die Ausgliederung außerdem die Eintragung im Handelsregister voraussetzt, kann dem Erfordernis der Kaufmannseigenschaft Bedeutung nur dann zukommen, wenn die **Eintragung zu Unrecht** erfolgte. Das ist in zwei Fallgestaltungen möglich:

aa) Betreibt der Eingetragene **kein Gewerbe**, so ist er nicht Kaufmann, auch nicht Kaufmann kraft Eintragung[40]. Die Ausgliederung ist dann nicht möglich. Ist das Gewerbe vorübergehend eingestellt, steht dies der Ausgliederung so lange nicht entgegen, wie die Kaufmannseigenschaft dadurch unberührt bleibt[41].

bb) Steht es dem Unternehmer frei, nach eigenem Ermessen die Eintragung zu bewirken, und ist sie **ohne seinen Willen** erfolgt[42], kann er ausgliedern. Dies folgt bereits daraus, dass der Eingetragene nach der heute unangefochtenen Meinung aufgrund des § 5 HGB als

---

[36] Siehe Einl. C Rn 46 ff.; gesetzgeberische Anliegen werden durch eine solche Ausgliederung nicht beeinträchtigt, siehe *Ebenroth/Offenloch* RIW 1997, 1, 9 ff.; siehe auch § 120 Rn 22 zum umgekehrten Vorgang der Verschmelzung auf den ausländischen Alleingesellschafter.
[37] So auch *Karollus* in Lutter Rn 26; aA *Mayer* in Widmann/Mayer Rn 23.
[38] *Karollus* in Lutter Rn 26.
[39] Siehe Einl. C Rn 48.
[40] § 5 HGB setzt nach hM den Betrieb eines Gewerbes voraus, BGHZ 32, 307; *Hopt* in Baumbach/Hopt § 5 HGB Rn 2, 5; *Kindler* in Ebenroth/Boujong/Joost § 5 HGB Rn 20 f.; *Emmerich* in Heymann § 5 Rn 3; aA *K. Schmidt* HandelsR § 10 III 2 b; nur für eine analoge Anwendung, die hier wegen § 1 Abs. 2 nicht in Betracht kommt, *Lieb* in MünchKomm. § 5 HGB Rn 4.
[41] Ebenso *Karollus* in Lutter Rn 23.
[42] Diese Konstellation markiert nach hM den Anwendungsbereich, der dem § 5 HGB nach dem Handelsrechtsreformgesetz (BGBl. I 1998 S. 1474) verblieben ist, *Lieb* in MünchKomm. § 5 HGB ErgBd. Rn 2 ff.; *Kindler* in Ebenroth/Boujong/Joost § 5 HGB Rn 21; *Karollus* in Lutter Rn 29.

Kaufmann gilt bzw. Kaufmann kraft Eintragung ist[43]. Außerdem nimmt der Eingetragene mit der Ausgliederung die Eintragung in Anspruch und behebt damit den der Eintragung anhaftenden Mangel[44].

23 b) **Natürliche Personen als Einzelkaufmann.** Der Ausgliedernde muss **Einzelkaufmann** sein. Der Begriff des Einzelkaufmanns wird im UmwG vorausgesetzt und nicht näher definiert. Auch das HGB verwendet den Begriff verschiedentlich, ohne ihn zu definieren[45]. Jedenfalls fällt unter den Begriff des Einzelkaufmanns eine natürliche Person, die ein Handelsgewerbe betreibt.

24 c) **Gesamthandsgemeinschaft als Einzelkaufmann.** Fraglich ist, ob nur natürliche Personen unter den Begriff fallen können. Die Frage stellt sich vor allem für **Gesamthandsgemeinschaften**, nämlich die Erbengemeinschaft und die Gütergemeinschaft zwischen Ehegatten. Sie stellt sich wegen des Erfordernisses der Eintragung nicht für die bürgerlich-rechtliche Gesellschaft, denn mit ihrer Eintragung wird die bürgerlich-rechtliche Gesellschaft zur OHG oder KG. Ist sie mangels der Anforderungen an eine Handelsgesellschaft[46] trotz der Eintragung bürgerlich-rechtliche Gesellschaft, ist sie jedenfalls nicht Einzelkaufmann und eine Ausgliederung kommt schon deshalb nicht in Betracht.

25 Die hM schließt Erbengemeinschaften[47] und Gütergemeinschaften[48] von der Anwendung des § 152 aus. Das im UmwG bestimmte **Analogieverbot**[49] lasse die Erstreckung auf die Erbengemeinschaft und die Gütergemeinschaft nicht zu.

26 *aa) Die Erbengemeinschaft.* Dem ist für die **Erbengemeinschaft** nicht zu folgen[50]. Das Analogieverbot steht einer sinnvollen und einheitlichen Auslegung der maßgebenden Vorschriften nicht im Weg[51]. Da der Begriff des Einzelkaufmanns weder im UmwG noch im HGB definiert ist, ist sein Sinngehalt durch Auslegung zu bestimmen. Nach der hM zum HGB kann die Erbengemeinschaft, die einen Einzelkaufmann beerbt hat, als solche das Unternehmen fortführen[52]. Sie ist daher selbst Kaufmann[53] und wird als Erbengemeinschaft in das Handelsregister eingetragen[54]. IRd. § 28 HGB (Aufnahme eines Gesellschafters in das Geschäft eines Einzelkaufmanns) ist anerkannt, dass eine Erbengemeinschaft, die das Gewerbe betreibt, als

---

[43] *Hopt* in Baumbach/Hopt § 5 HGB Rn 1; *Lieb* in MünchKomm. § 5 HGB Rn 3; *Emmerich* in Heymann/Emmerich § 5 HGB Rn 1 a, 8.

[44] § 2 Satz 1 und 2 HGB; ähnlich *Karollus* in Lutter Rn 29.

[45] Nämlich in einigen Vorschriften über das Registerverfahren: §§ 13 Abs. 1 Satz 1, 13 d, Abs. 1 und 13 h Abs. 1 HGB; bei den geforderten Rechtsformangaben in der Firma: § 19 Abs. 1 Nr. 1 HGB; bei der Aufnahme eines Gesellschafters: § 28 Abs. 1 HGB.

[46] Gewerbe oder reine (str.) Vermögensverwaltung, § 105 Abs. 2 HGB.

[47] *Lutter* in Lutter § 1 Rn 4; *Hörtnagl* in Schmitt/Hörtnagl/Stratz Rn 4; *Bermel* in Goutier/Knopf/Tulloch § 3 Rn 9; *Zimmermann* in Rowedder GmbHG Anh. nach § 77 Rn 646; *Mayer* in Widmann/Mayer Rn 30 ff.; *K. Schmidt* in MünchKomm. § 1 HGB Rn 45.

[48] *Mayer* in Widmann/Mayer Rn 35; *Bermel* in Goutier/Knopf/Tulloch § 3 Rn 9; *Hörtnagl* in Schmitt/Hörtnagl/Stratz Rn 5 (anders freilich für das Handelsgeschäft im Vorbehaltsgut eines Ehegatten).

[49] § 1 Abs. 2.

[50] So auch *Karollus* in Lutter Rn 16; *Kallmeyer* in Kallmeyer Rn 3; *Hopt* in Baumbach/Hopt § 1 HGB Rn 37 aE; *K. Schmidt* GesR § 13 I 3 c.

[51] In diesem Sinne auch *Karollus* in Lutter Umwandlungsrechtstage S. 189.

[52] St.Rspr. und ganz hM BGHZ 92, 259 = NJW 1985, 136 m. zust. Anm. *K. Schmidt* jeweils mwN; *K. Schmidt* HandelsR § 5 I 3 b; *Kindler* in Ebenroth/Boujong/Joost § 1 HGB Rn 76 trotz ausf., kritischer Würdigung auch *Lieb* in MünchKomm. § 27 HGB Rn 69 ff., 78, 82; abl. *Rob. Fischer* ZHR 144 (1980) 1 ff.

[53] *Hopt* in Baumbach/Hopt § 1 HGB Rn 37; *Emmerich* in Heymann § 1 HGB Rn 22 ff.; eingehend *Brüggemann* in Großkomm. § 1 HGB Rn 49 ff.; *Lieb* in MünchKomm. § 27 HGB Rn 82; aM *Roth* in Koller/Roth/Morck § 1 HGB Rn 22, der die Miterben für Kaufleute hält.

[54] *Hopt* in Baumbach/Hopt § 22 HGB Rn 2, 14 (mit Rechtsformzusatz analog § 19 Abs. 1 HGB).

Einzelkaufmann anzusehen ist[55]. Unverständlich wäre es auch, wenn eine Möglichkeit, die dem Erblasser offen stand, mit seinem Tod in dem Fall entfiele, dass er nicht von einem, sondern von mehreren Erben beerbt wird[56]. Nach dem Sinn und dem Zusammenhang ist daher auch eine Erbengemeinschaft, die ein Unternehmen geerbt hat, als Einzelkaufmann iSd. Vorschrift anzusehen. Gliedert die Erbengemeinschaft zur Aufnahme durch eine Personenhandelsgesellschaft aus, wird nicht die Erbengemeinschaft Gesellschafter, sondern die Erben einzeln. Die Lage entspricht derjenigen bei der Vererbung einer Kommanditbeteiligung[57] oder einer vererblich gestellten Beteiligung als persönlich haftender Gesellschafter[58].

bb) Die Gütergemeinschaft. Anders als die Erbengemeinschaft ist die **Gütergemeinschaft** 27 im Handelsrecht nicht als möglicher Träger eines Handelsgewerbes anerkannt. Vielmehr sind nach hM beide Ehegatten als Inhaber des Geschäfts im Handelsregister einzutragen[59]. Solange die Gütergemeinschaft nicht als Träger eines Handelsgewerbes anerkannt ist, kann sie auch im Umwandlungsrecht einem Einzelkaufmann nicht gleichgestellt werden und kann nicht ausgliedern[60].

d) Ausländischer Kaufmann. Eine ausländische Staatsangehörigkeit des Einzelkauf- 28 manns ist unschädlich. Nach der hier vertretenen Meinung schadet auch ein **ausländischer Wohnsitz** nicht[61].

e) Zweigniederlassung ausländischer Unternehmen. Die Ausgliederung ist auch 29 möglich, wenn das inländische Handelsgewerbe die eingetragene **Zweigniederlassung** eines im Ausland eingetragenen Einzelkaufmanns ist. Die Qualität als Zweigniederlassung ändert an den dargelegten Grundsätzen nichts. Ebenso wenig ändert es daran etwas, dass als Inhaber nicht eine ausländische natürliche Person unmittelbar eingetragen ist, sondern deren im Ausland eingetragenes Handelsgeschäft[62].

f) Beschränkt Geschäftsfähige. Unzweifelhaft ist das Tatbestandsmerkmal des Einzel- 30 kaufmanns erfüllt, wenn das Unternehmen von einem Geschäftsunfähigen oder beschränkt Geschäftsfähigen betrieben wird[63]. Handeln muss in diesen Fällen grundsätzlich der gesetzliche Vertreter[64]. Ob der gesetzliche Vertreter der Zustimmung des **Vormundschaftsgerichts** bedarf, beurteilt sich nicht anders, als wenn der Minderjährige das Unternehmen oder den Unternehmensteil durch Einzelrechtsnachfolge in eine bestehende Personen- oder Kapitalgesellschaft oder eine neu gegründete Kapitalgesellschaft einbringen würde. Im Re-

---

[55] *Emmerich* in Heymann § 28 HGB Rn 10; *K. Schmidt* HandelsR § 8 III 1 a aa; *Lieb* in MünchKomm. § 28 HGB Rn 19; *Ruß* in Heidelberger Kommentar, 6. Aufl. 2002, § 28 HGB Rn 5; *Zimmer/Scheffel* in Ebenroth/Boujong/Joost § 28 HGB Rn 15. „... Erbengemeinschaft ... kommt als Einzelkaufmann in diesem Sinne in Betracht."
[56] Dazu *K. Schmidt* GesR § 13 I 3 c.
[57] BGHZ 22, 186, 191 ff.; *Hopt* in Baumbach/Hopt § 177 HGB Rn 3 mwN.
[58] BGHZ 108, 187, 192; *Hopt* in Baumbach/Hopt § 139 HGB Rn 14 mwN.
[59] BayObLGZ 1991, 283 = NJW-RR 1992, 33; *Hopt* in Baumbach/Hopt § 1 HGB Rn 48; *K. Schmidt* HandelsR § 5 I 3 c; *ders.* in MünchKomm. § 1 HGB ErgBd. Rn 44 (hM); dagegen mit beachtlichen Gründen *Brüggemann* in Großkomm. § 1 HGB Rn 48 f. mwN.
[60] HM, siehe Rn 25; aA *Karollus* in Lutter Rn 17. Zur Vorgehensweise bei der Ausgliederung durch den/die geschäftsführenden Ehegatten siehe Rn 44.
[61] Siehe Rn 15 ff.
[62] Siehe Rn 17.
[63] *Hopt* in Baumbach/Hopt § 1 HGB Rn 32; *K. Schmidt* HandelsR § 5 I 1 a; *Karollus* in Lutter Rn 19; *Mayer* in Widmann/Mayer Rn 84; *Hörtnagl* in Schmitt/Hörtnagl/Stratz Rn 32.
[64] § 1629 Abs. 1 Satz 1 BGB; *Hopt* in Baumbach/Hopt § 1 HGB Rn 32; ist ein beschränkt geschäftsfähiger Minderjähriger zum selbstständigen Betrieb eines Handelsgeschäfts ermächtigt (§ 112 Abs. 1 Satz 1 BGB), soll er freilich die Kaufmannseigenschaft nicht erlangen, sofern es an der erforderlichen Genehmigung des Vormundschaftsgerichts fehlt, *Hopt* in Baumbach/Hopt § 1 HGB Rn 33, str.; aA *K. Schmidt* HandelsR § 5 I 1 a.

gelfall wird die Ausgliederung der vormundschaftsgerichtlichen Genehmigung als Fall der Veräußerung eines Erwerbsgeschäfts bedürfen[65]. Ist Gegenstand der Ausgliederung nur ein Teil des Unternehmens, der für sich selbst kein „Erwerbsgeschäft" ist, ist die vormundschaftsgerichtliche Genehmigung erforderlich, wenn der übernehmende Rechtsträger ein Erwerbsgeschäft betreibt[66]. Im Fall einer übernehmenden Kapitalgesellschaft gilt dies jedoch nur, wenn der Einzelkaufmann daran wesentlich beteiligt wird[67].

2. Eintragung der Firma

31 Voraussetzung der Ausgliederung ist ferner, dass die Firma im Handelsregister eingetragen ist. Entsprechend der üblichen Formulierung auch im HGB wird nicht darauf abgestellt, ob der Einzelkaufmann eingetragen ist, sondern darauf, ob seine **Firma eingetragen** ist. Die Eintragung des Inhabers ist nicht vorausgesetzt. Der Alleinerbe des als Inhaber eingetragenen Kaufmanns kann daher ausgliedern. Seine vorherige Eintragung sollte nicht verlangt werden. Denn die ererbte Firma ist „seine" Firma, die im Handelsregister eingetragen ist. Die Erbfolge ist durch einen Erbschein nachzuweisen. Einer ausdrücklichen Ausnahme von dem Erfordernis der Voreintragung entsprechend § 40 GBO bedarf es nicht, weil § 152 eben nicht die Voreintragung des ausgliedernden Einzelkaufmanns vorschreibt. Entsprechendes gilt für die noch nicht als Inhaber eingetragene Erbengemeinschaft[68].

32 Gemeint ist ein inländisches Handelsregister. Für die Ausgliederung eines in einem ausländischen Handelsregister eingetragenen Unternehmens kann § 152 nur in Verbindung mit der entsprechenden Vorschrift des ausländischen Rechts eine Grundlage bieten[69].

3. Unternehmensträger; Drittbeteiligte

33 Als Ausgliederungsgegenstand nennt das Gesetz das von dem Einzelkaufmann betriebene Unternehmen oder Teile desselben. Das Erfordernis des Unternehmens fällt mit dem Erfordernis der Kaufmannseigenschaft zusammen, da dieser das Bestehen eines Gewerbes voraussetzt und der Begriff des Gewerbes enger ist als derjenige des Unternehmens[70]. Daher ist das Tatbestandsmerkmal Unternehmen nicht gesondert zu prüfen. Klärungsbedürftig ist jedoch die Frage, in welchem Rechtsverhältnis der Kaufmann zu dem Unternehmen stehen muss. Die Frage stellt sich insbesondere dann, wenn der Kaufmann **nicht unbeschränkter Inhaber** des Unternehmens ist, sondern es als Pächter, Nießbraucher oder Testamentsvollstrecker betreibt oder anderen Beschränkungen unterliegt. In solchen Fällen stellen sich mehrere Fragen, die nicht immer klar genug geschieden werden. Es geht einmal darum, ob die Ausgliederung möglich ist, und wer ggf. für die Ausgliederung zuständig ist. Zum anderen geht es um die Frage, ob die Zustimmung eines Dritten erforderlich ist und welche Wirkungen die Zustimmung oder ihr Fehlen hat. Schließlich geht es darum, ob einzelne Rechtspositionen

---

[65] § 1822 Nr. 3 2. Alt. BGB. So immer bei Beitritt zu einer Personenhandlungsgesellschaft, sei es auch als Kommanditist, BGHZ 17, 160, 162 ff.; *Hörtnagl* in Schmitt/Hörtnagl/Stratz Rn 32.

[66] § 1822 Nr. 3 3. Alt. BGB. Ist das nicht der Fall, weil der übernehmende Rechtsträger eine Kapitalgesellschaft oder eingetragene Genossenschaft ist, die ebenfalls *kein Erwerbsgeschäft* betreibt, ist der Beitritt und auch die Gründung nach § 1822 BGB Nr. 3 genehmigungsfrei. Die Formkaufmannseigenschaft reicht nicht aus. (So implizit *Holzhauer* in Erman § 1822 BGB Rn 19, 31, zur Genossenschaft, die regelmäßig kein Erwerbsgeschäft betreibt; siehe auch *Mayer* in Widmann/Mayer Rn 86.) Es bleibt aber § 1822 BGB Nr. 10 zu prüfen (dazu siehe *Holzhauer* in Erman § 1822 BGB Rn 31; *Engler* in Staudinger § 1822 BGB Rn 136 ff.).

[67] HM, *Schwab* in MünchKomm. § 1822 BGB Rn 17 mwN.

[68] Siehe Rn 26.

[69] Aus deutscher Sicht geht es dann um eine „Hereinumwandlung".

[70] Ein Unternehmen betreiben auch Freiberufler, *K. Schmidt* HandelsR § 4 I 3; *Hopt* in Baumbach/Hopt Einl. v. § 1 HGB Rn 33 und jetzt § 14 Abs. 1 2. Alt. BGB.

übertragbar sind oder nicht, oder ob ihre Übertragung die Zustimmung eines Dritten voraussetzt.

a) Grundsatz. Ausgliedern kann nur der Einzelkaufmann. Das ist derjenige, der im Handelsregister als Inhaber eingetragen oder einzutragen ist[71]. Er kann nur dasjenige ausgliedern, was ihm gehört[72]. Die Ausgliederung bewirkt eine (partielle) Gesamtrechtsnachfolge, eine **„Universalsukzession kraft Rechtsgeschäft"**[73]. Damit gehen die in die Ausgliederung einbezogenen Gegenstände so und in den Rechtsverhältnissen über, wie sie sich bei dem ausgliedernden Einzelkaufmann befanden[74]. Eine Erweiterung der Wirkung des Übergangs durch Zustimmung eines Dritten kommt ebenso wenig in Betracht wie eine Erweiterung aufgrund eines gutgläubigen Erwerbs[75]. 34

Von dem Mangel der Rechtszuständigkeit zu unterscheiden ist ein **Mangel in der Verfügungsmacht** des Einzelkaufmanns. Auch dieser Mangel ist zu berücksichtigen. Die Ausgliederung befähigt den Einzelkaufmann nicht, Vermögen zu übertragen, das er mangels Verfügungsmacht durch Einzelrechtsnachfolge nicht übertragen könnte[76]. Fehlt dem Kaufmann die Verfügungsmacht an dem ausgegliederten Unternehmen insgesamt (zB weil es der Verwaltung eines Testamentsvollstreckers unterliegt[77]), steht der Mangel der Ausgliederung insgesamt entgegen. Fehlt es nur an der Verfügungsmacht über einen einzelnen Gegenstand (etwa einem zu einer Vorerbschaft gehörenden Grundstück)[78], ist diese Beschränkung zu beachten[79]. Kann der Mangel grundsätzlich durch Zustimmung eines anderen behoben werden[80], gilt dies auch für den Fall der Ausgliederung. Mit der Ausgliederung aufgrund einer solchen Zustimmung erwirbt der übernehmende Rechtsträger den Gegenstand frei von der Verfügungsbeschränkung[81]. 35

Dagegen lassen **schuldrechtliche Beschränkungen** des Kaufmanns den Ausgliederungsvorgang gänzlich unberührt. Die Verletzung solcher Zustimmungserfordernisse, etwa des stillen Gesellschafters[82], wirkt sich nur im Innenverhältnis aus. 36

---

[71] AllgM, *Hopt* in Baumbach/Hopt § 1 HGB Rn 30. Einzelkaufmann ist auch der noch nicht eingetragene Erbe des Eingetragenen; siehe Rn 31.
[72] *Kallmeyer* in Kallmeyer § 131 Rn 4; *Mayer* in Widmann/Mayer § 126 Rn 176; *Hörtnagl* in Schmitt/Hörtnagl/Stratz § 131 Rn 8; § 20 Rn 19; *Teichmann* in Lutter § 131 Rn 1 mit Fn 2; *Grunewald* in Lutter § 20 Rn 10.
[73] *K. Schmidt* AcP 191 (1991) 495 ff.; *Rieble* ZIP 1997, 301, 303 f.; *K. Mertens* AG 1994, 66, 67; vom Gesetz bestätigt in § 324, der die Anwendung des § 613 a BGB und damit einen „Übergang durch Rechtsgeschäft" voraussetzt, eingehend dazu *Boecken* ZIP 1994, 1087 ff.
[74] § 131 Abs. 1 Nr. 1 Satz 1; *K. Schmidt* AcP 191 (1991) 495, 520: Erwerb des Gesamtvermögens „tel quel".
[75] § 131 Rn 7; § 20 Rn 9; *Hörtnagl* in Schmitt/Hörtnagl/Stratz Rn 13; *Kallmeyer* in Kallmeyer § 131 Rn 4; *Teichmann* in Lutter § 131 Rn 1 mit Fn 2; umstritten ist nur, ob fremdes Eigentum durch Zustimmung des Dritten in den Umwandlungsvorgang einbezogen werden kann. Dafür *Karollus* in Lutter Rn 20 und *Mayer* in Widmann/Mayer Rn 43.
[76] Vgl. *K. Schmidt* GesR § 12 I 5 a: Umwandlungsgesetz soll nicht Unmögliches ermöglichen, sondern Mögliches vereinfachen.
[77] Siehe Rn 41.
[78] § 2113 BGB; der Übergang wird dann mit dem Nacherbfall unwirksam.
[79] § 132 aF betraf demgegenüber Fälle, in denen ein bestimmtes Recht aufgrund seiner Art oder seines Inhalts nicht oder nur mit Zustimmung anderer übertragbar ist. Das Fehlen solcher Zustimmungen stand der Übertragung im Zuge der Ausgliederung nach wohl hM nicht entgegen, *arg e contrario* aus dem aufgehobenen § 132 Satz 1 3. Alt., dazu Voraufl. § 132 Rn 6 ff.; *Hörtnagl* in Schmitt/Hörtnagl/Stratz § 132 Rn 19 f.
[80] ZB die Zustimmung des Testamentsvollstreckers, *Reimann* in Staudinger § 2211 BGB Rn 3.
[81] § 185 BGB.
[82] Siehe ausf. Rn 40.

37 **b) Unternehmenspacht.** Führt der Kaufmann das Unternehmen als Pächter, ist er gleichwohl Inhaber[83]. Er **kann ausgliedern**[84]. Als Pächter wird er idR Eigentümer des Umlaufvermögens sein. Steht das Anlagevermögen, wie üblich, im Eigentum des Verpächters, kann es auch mit Zustimmung des Verpächters nicht durch die Ausgliederung auf den übernehmenden Rechtsträger übertragen werden[85]. Dazu ist eine gesonderte Übereignung durch Einzelrechtsnachfolge erforderlich. Firmenrechtlich ist der Pächter als Inhaber des Unternehmens auch Inhaber der Firma und kann diese deshalb mit übertragen.

38 Schuldrechtlich bedarf es der Zustimmung des Verpächters zu der Ausgliederung[86]. Gliedert der Pächter ohne diese aus, hat der Verpächter das Recht, das Pachtverhältnis außerordentlich zu kündigen[87]. Für die dann bestehenden Rückgewähransprüche haftet auch der übernehmende Rechtsträger[88]. Auch das **Pachtverhältnis** selbst kann übertragen werden. Während der Geltung des aufgehobenen § 132 konnte ohne Zustimmung des anderen Vertragsteils nur ein Vertragsverhältnis übertragen werden, das zum Unternehmen gehörte[89]. Der Pachtvertrag über das Unternehmen selbst gehörte in diesem Sinne nicht zu dem Unternehmen, denn er ist die Grundlage, auf der es geführt wird[90]. Mit der Aufhebung des § 132 ist diese Beschränkung entfallen. § 152 ist dahin auszulegen, dass auch das Rechtsverhältnis, auf dessen Grundlage der Inhaber das Unternehmen führt, mit dem Unternehmen übertragen werden kann.

39 **c) Unternehmensnießbrauch.** Wenn der Inhaber das Unternehmen aufgrund eines Unternehmensnießbrauchs führt[91], ergeben sich Fragen daraus, dass der Nießbrauch als solcher auch mit Zustimmung des Bestellers nicht übertragbar ist[92]. Dagegen kann die **Ausübung** des Nießbrauchs einem Dritten überlassen werden[93], sofern dies nicht mit dinglicher Wirkung ausgeschlossen ist[94]. Ergibt sich dagegen nur aus dem zugrunde liegenden Schuldverhältnis, dass die Ausübungsbefugnis nicht weitergegeben werden soll, steht das ihrer Ausgliederung nicht im Weg[95]. Auch ein Kündigungsrecht des Bestellers wird nur aufgrund besonderer Vereinbarungen oder wegen Kündigung des dem Nießbrauch zugrunde liegenden Rechtsverhältnisses in Betracht kommen.

40 **d) Stille Gesellschaft.** Besteht an dem Unternehmen die Beteiligung eines stillen Gesellschafters, hindert dies die Ausgliederung nicht[96]. Alleiniger Inhaber ist der eingetragene

---

[83] *Hopt* in Baumbach/Hopt Einl v. § 1 HGB Rn 49 und § 1 Rn 30; eingehend *Frank* in Staudinger BGB Anh. zu §§ 1068 f. Rn 20 ff. – anders beim bloßen „Ertragsnießbrauch", *Frank* in Staudinger BGB Anh. zu §§ 1068 f. Rn 29.
[84] Grds. auch *Karollus* in Lutter Rn 20; *Mayer* in Widmann/Mayer Rn 43; *Schwedhelm* Tz. 185; *Hörtnagl* in Schmitt/Hörtnagl/Stratz Rn 12; aA *Zimmermann* in Rowedder GmbHG Anh. nach § 77 Rn 645.
[85] *AM Karollus* in Lutter Rn 20; *Mayer* in Widmann/Mayer Rn 43; iE wie hier *Schwedhelm* Tz. 185.
[86] Ebenso *Karollus* in Lutter Rn 20.
[87] Ebenso *Karollus* in Lutter Rn 20.
[88] § 133 Abs. 1 Satz 1. Verbindlichkeiten aus Rückgewährschuldverhältnissen sind grundsätzlich Altverbindlichkeiten, wenn nur der Vertragsschluss vor dem Stichtag lag, *Hörtnagl* in Schmitt/Hörtnagl/Stratz § 133 Rn 13; *Habersack* in Großkomm. § 128 HGB Rn 68; *K. Schmidt* in Schlegelberger § 128 HGB Rn 52.
[89] Dazu Voraufl. § 132 Rn 5, *Teichmann* in Lutter § 132 Rn 38 ff., 41.
[90] Voraufl. Rn 38.
[91] Grundsätzlich für die Möglichkeit der Ausgliederung *Karollus* in Lutter Rn 20; *Hörtnagl* in Schmitt/Hörtnagl/Stratz Rn 12; aA *Mayer* in Widmann/Mayer Rn 38 ff.
[92] § 1059 Satz 1 BGB. Diese Vorschrift ist auch nach Aufhebung des § 132 aF einschlägig; siehe unten Rn 87 und § 131 Rn 41 f.
[93] § 1059 Satz 2 BGB.
[94] In diesem Fall dürfte allerdings die Zustimmung des Bestellers die Übertragbarkeit der Überlassung wieder herstellen, weil diese nicht von Gesetzes wegen ausgeschlossen ist.
[95] Siehe Rn 36.
[96] Jetzt wohl allgM *Blaurock* Rn 18.46 iVm. 18.34 ff.; *Mayer* in Widmann/Mayer Rn 47; *Jung* ZIP 1996, 1734, 1736 f.; *Hörtnagl* in Schmitt/Hörtnagl/Stratz Rn 31.

Kaufmann. Schuldrechtlich mag er gehalten sein, eine Ausgliederung nicht ohne die Zustimmung des stillen Gesellschafters vorzunehmen[97]. Die Rechte und Pflichten aus der stillen Gesellschaft können auf den übernehmenden Rechtsträger übertragen werden[98]. Dies bedarf aber der Zustimmung des Stillen[99]. Auch wenn die Übertragung der Rechte und Pflichten aus der stillen Gesellschaft nicht vorgesehen war, kann der Stille nach richtiger Auffassung die **Einräumung entsprechender Rechte** bei dem übernehmenden Rechtsträger verlangen[100], denn die stille Beteiligung liegt zwischen den im Gesetz ausdrücklich angesprochenen Fällen der stimmrechtslosen Beteiligung einerseits und den Gewinnschuldverschreibungen andererseits. Die Gegenmeinung, die § 23 gerade für den Fall der stillen Gesellschaft ausschließen will[101], überzeugt nicht.

e) Testamentsvollstreckung. Führt ein Testamentsvollstrecker als Vollrechtstreuhänder das zum Nachlass gehörende Unternehmen, kann er die Ausgliederung vornehmen[102]. In den anderen Gestaltungen der Testamentsvollstreckung über ein einzelkaufmännisches Unternehmen ist **Inhaber** der Erbe[103]. Er **gliedert daher aus**. Allerdings kann er dies nur mit Zustimmung des Testamentsvollstreckers, denn er ist nicht verfügungsberechtigt[104]. Hat der Testamentsvollstrecker die Ausgliederung als Vollrechtstreuhänder vorgenommen, entstehen die Anteile an dem übernehmenden Rechtsträger bei ihm und sind Treugut.

f) Vorerbe. Unbedenklich ausgliederungsfähig ist der Vorerbe hinsichtlich des in die Vorerbschaft fallenden Vermögens. Allerdings sind die für den Vorerben geltenden **Verfügungsbeschränkungen** für Grundstücke, Schiffe und Hypothekenforderungen zu berücksichtigen[105]. Der Anteil an dem übernehmenden Rechtsträger fällt ebenfalls in das mit dem Recht des Nacherben belastete Vermögen[106].

g) Ehegatten. Stellt das auszugliedernde Unternehmen das gesamte oder nahezu das gesamte Vermögen des Kaufmanns dar, und lebt dieser im Güterstand der **Zugewinngemeinschaft**, so bedarf die Ausgliederung der Zustimmung des Ehegatten[107]. Im Fall der Ausgliederung zur Aufnahme gilt das Zustimmungserfordernis im Interesse des Verkehrsschutzes nur, wenn der aufnehmende Rechtsträger weiß, dass nahezu das gesamte Vermögen der Aus-

---

[97] *Hopt* in Baumbach/Hopt § 230 HGB Rn 15; *Blaurock* Rn 18.46 iVm. 18.22; *Jung* ZIP 1996, 1734, 1737.
[98] *Blaurock* Rn 18.46 iVm. 18.35; *Jung* ZIP 1996, 1734 ff.; *Vossius* in Widmann/Mayer § 20 Rn 169; *Stratz* in Schmitt/Hörtnagl/Stratz § 20 Rn 68 mit 63 ff. (§ 234 Abs. 2 HGB analog); aA *Teichmann* in Lutter § 131 Rn 12.
[99] Siehe *Jung* ZIP 1996, 1734, 1736 f., *Blaurock* Rn 18.40 f.; iE auch *Bermel* in Goutier/Knopf/Tulloch § 20 Rn 16; noch weitergehend *Stratz* in Schmitt/Hörtnagl/Stratz § 20 Rn 68: vertragliche Zustimmungserfordernisse bei Gesamtrechtsfolge kraft Gesetz unbeachtlich.
[100] § 23; siehe § 23 Rn 7; *Blaurock* Rn 18.29; *Grunewald* in Lutter § 23 Rn 15; *Stratz* in Schmitt/Hörtnagl/Stratz § 23 Rn 5, 8; *Bermel* in Goutier/Knopf/Tulloch § 23 Rn 10; *Jung* ZIP 1996, 1734, 1738.
[101] *Hüffer*, FS Lutter, 2000, S. 1235 ff.; *Marsch-Barner* in Kallmeyer § 23 Rn 3; *Vossius* in Widmann/Mayer § 23 Rn 11.
[102] *Karollus* in Lutter Rn 21; *Mayer* in Widmann/Mayer Rn 44 f.; *Hörtnagl* in Schmitt/Hörtnagl/Stratz Rn 15; *Zimmermann* in Rowedder GmbHG Anh. § 77 Rn 647.
[103] „Vollmachtslösung", „echte Testamentsvollstreckerlösung", Freigabelösung sowie nach der gesetzlichen Ausgangslage unmittelbar nach dem Tod des Erblassers; zu den Gestaltungsmöglichkeiten siehe *Hopt* in Baumbach/Hopt § 1 HGB Rn 40 ff.
[104] § 2211 BGB.
[105] §§ 2113, 2114 BGB; siehe Rn 35.
[106] § 2111 BGB.
[107] *Koch* in MünchKomm. § 1365 BGB Rn 13, 28. Die gewährten Anteile am übernehmenden Rechtsträger schließen das Zustimmungserfordernis nicht aus, da die Gegenleistung bei § 1365 BGB außer Betracht bleibt, *Karollus* in Lutter Rn 18; *Hörtnagl* in Schmitt/Hörtnagl/Stratz Rn 33; aA *Mayer* in Widmann/Mayer Rn 87.

gliedernden betroffen ist[108]. Fehlt die erforderliche Zustimmung, so wird der Mangel durch die Eintragung geheilt[109].

44 Leben Ehegatten in **Gütergemeinschaft**, führt aber einer von ihnen das Unternehmen treuhänderisch für die Gemeinschaft, kann er die Ausgliederung bewirken. Sonst ist die Ausgliederung des Unternehmens in Gütergemeinschaft ausgeschlossen[110].

4. Maßgebender Zeitpunkt

45 Die Ausgliederungsvoraussetzungen müssen unmittelbar **vor der Eintragung** der Ausgliederung vorliegen[111]. Sie können also nach Vornahme der erforderlichen Rechtshandlungen und nach der Anmeldung zum Handelsregister noch erfüllt werden.

5. Mehrere übertragende Rechtsträger

46 Die Struktur der Ausgliederung durch den Einzelkaufmann schließt die gleichzeitige Ausgliederung durch mehrere Rechtsträger als übertragende Rechtsträger aus[112]. Eine solche Verbindung mehrerer Ausgliederungen durch mehrere Einzelkaufleute ist nur im Wege der **Kettenausgliederung** möglich: Ein Einzelkaufmann gliedert sein Unternehmen zur Aufnahme oder zur Neugründung in eine Kapitalgesellschaft aus, und unmittelbar danach (und unter der Bedingung der Wirksamkeit der ersten Ausgliederung) gliedert ein zweiter Einzelkaufmann sein Unternehmen zur Aufnahme durch dieselbe Kapitalgesellschaft aus.

6. Mehrere zu übertragende Unternehmen

47 Hat ein Einzelkaufmann **mehrere Unternehmen**, kann er diese oder Teile verschiedener Unternehmen gleichzeitig ausgliedern[113]. Zwar spricht das Gesetz von der Ausgliederung „des ... Unternehmens", doch kann die Ausgliederung immer auch Vermögen des Einzelkaufmanns mit einbeziehen, das bisher nicht zu dem ausgegliederten Unternehmen gehörte[114]. Damit kann in die Ausgliederung auch ein anderes, demselben Einzelkaufmann gehörendes Unternehmen mit einbezogen werden. In der einheitlichen Ausgliederung mehrerer Unternehmen liegt zugleich die Umwidmung zu einem einheitlichen Unternehmen.

III. Übernehmender Rechtsträger

48 Übernehmende Rechtsträger können Kapitalgesellschaften, Personenhandelsgesellschaften und eingetragene Genossenschaften sein.

1. Kapitalgesellschaft

49 Kapitalgesellschaften sind gemäß der Definition in § 3 die GmbH, die AG und die KGaA sowie die SE[115]. Die Ausgliederung auf eine Kapitalgesellschaft ist **zur Aufnahme und zur Neugründung** möglich, bei der SE jedoch nur zur Aufnahme[116].

---

[108] *Koch* in MünchKomm. § 1365 BGB Rn 28.
[109] § 131 Abs. 2.
[110] Siehe Rn 27.
[111] AllgM, siehe auch *Karollus* in Lutter Rn 25.
[112] Siehe § 123 Rn 19; *Karollus* in Lutter Rn 14; *Teichmann* in Lutter § 123 Rn 28; *Hörtnagl* in Schmitt/Hörtnagl/Stratz § 123 Rn 18 f.
[113] *Karollus* in Lutter Rn 40; *Mayer* in Widmann/Mayer Rn 64 ff.; *Hörtnagl* in Schmitt/Hörtnagl/Stratz, Rn 16 ff.
[114] Siehe Rn 67; RegBegr. *Ganske* S. 184; *Karollus* in Lutter Rn 41; *Mayer* in Widmann/Mayer Rn 62; *Kallmeyer* in Kallmeyer Rn 1; *Hörtnagl* in Schmitt/Hörtnagl/Stratz Rn 19.
[115] Einl. C Rn 21, 55 ff.; ebenso *Karollus* in Lutter Rn 30.
[116] Wegen der besonderen Gründungserfordernisse der SE, siehe Artt. 15 ff. SE-VO, §§ 5 ff. SE-EG; ebenso *Karollus* in Lutter Rn 30.

2. Personenhandelsgesellschaften

Personenhandelsgesellschaften sind gemäß der Definition in § 3 die OHG und die KG. **50** Außerdem gilt als Personenhandelsgesellschaft die Europäische Wirtschaftliche Interessenvereinigung (EWIV)[117]. Die Partnerschaftsgesellschaft ist keine Personenhandelsgesellschaft[118]; sie kommt als übernehmender Rechtsträger nicht in Betracht.

Die Ausgliederung auf eine Personenhandelsgesellschaft ist **nur zur Aufnahme** möglich. **51** Nach hM muss eine Personengesellschaft mindestens zwei Gesellschafter haben[119]. Es wird unterstellt, bei der Ausgliederung sei der gleichzeitige Beitritt eines anderen Gesellschafters nicht möglich[120].

Ausgeschlossen ist nur die Ausgliederung zur Neugründung einer Personengesellschaft im **52** umwandlungsrechtlichen Sinne, d.h. in der Weise, dass die Personengesellschaft gerade durch die Ausgliederung entsteht. Trotzdem steht der Weg der Ausgliederung für die Übertragung des Unternehmens des Einzelkaufmanns auf eine gleichzeitig gegründete Personenhandelsgesellschaft zur Verfügung. Denn es genügt, wenn die Ausgliederungsvoraussetzungen unmittelbar vor der Eintragung der Ausgliederung vorliegen[121]. Der Einzelkaufmann kann also zunächst mit dem in Aussicht genommenen Partner eine Personenhandelsgesellschaft gründen[122]. Wenn diese Gesellschaft auf den Betrieb eines Unternehmens gerichtet ist, das den Anforderungen an eine Handelsgesellschaft[123] genügt, ist sie auch einzutragen, bevor sie ihre Geschäftstätigkeit aufgenommen hat, und demgemäß auch bevor ihr die Grundlagen zum Betrieb dieses Geschäfts übertragen worden sind[124]. Nach Eintragung einer solchen neu gegründeten Gesellschaft kann der Einzelkaufmann dann sein Unternehmen oder Teile davon durch Ausgliederung im Wege der partiellen Gesamtrechtsnachfolge zur Aufnahme auf diese neu gegründete Gesellschaft übertragen.

Gliedert eine Erbengemeinschaft in eine Personengesellschaft aus, so werden die Erben **53** einzeln Gesellschafter der aufnehmenden Personengesellschaft[125]. Danach müsste eine Erbengemeinschaft auch zur Neugründung einer Personengesellschaft ausgliedern können, denn das Hindernis der Unmöglichkeit einer Einpersonengesellschaft bestünde gerade nicht. Jedoch ist der Gesetzeswortlaut, der dies nicht zulässt, eindeutig.

3. Eingetragene Genossenschaften

Auch in eine eG ist die Ausgliederung **nur zur Aufnahme** möglich. Die Gründe entsprechen denjenigen bei der Personenhandelsgesellschaft[126]. **54**

4. Übernehmer in Gründung

Erfolgt die Ausgliederung zur Aufnahme, muss der übernehmende Rechtsträger im **Zeitpunkt der Eintragung** der Ausgliederung bestehen und im Handelsregister eingetragen **55**

---

[117] § 1 EWIV-AusfG; siehe § 3 Rn 14; nahezu allgM, *Lutter* in Lutter § 3 Rn 4 mit Fn 4; aA jedoch *Vossius* in Widmann/Mayer Vor §§ 39 Rn 17.
[118] Siehe die Systematik in § 3 Abs. 1 Nr. 1.
[119] Begr. RegE, BT-Drucks. 12/6699 S. 128; *Ulmer* ZIP 2001, 585, 588; aA *Th. Raiser* AcP 194 (1994) 495, 509 f.
[120] *Mayer* in Widmann/Mayer Rn 81 ff., 83.1; grundsätzlich gegen diese Vorstellung des Gesetzgebers aber *Priester* DB 1997, 560.
[121] *Mayer* in Widmann/Mayer Rn 223.
[122] *Karollus* in Lutter Umwandlungsrechtstage S. 185; *Mayer* in Widmann/Mayer Rn 224.
[123] § 105 HGB.
[124] Heute allgM, *Ulmer* in Großkomm. § 106 HGB Rn 8; *Emmerich* in Heymann § 123 HGB Rn 6: arg. § 123 Abs. 1, 2 HGB.
[125] Siehe Rn 26.
[126] RegBegr. *Ganske* S. 183. Zur Europäischen Genossenschaft (SCE) siehe Einl. C Rn 68.

sein[127]. Deshalb können die zur Ausgliederung erforderlichen Rechtsgeschäfte schon vorher abgeschlossen werden.

56 Erfolgt die Ausgliederung zur Neugründung, ist *per definitionem* ausgeschlossen, dass der übernehmende Rechtsträger schon anderweitig gegründet ist.

5. Ausländischer übernehmender Rechtsträger

57 Ob die Ausgliederung über die Grenze dadurch möglich ist, dass ein Einzelkaufmann sein inländisches Unternehmen oder Teile davon auf einen **ausländischen übernehmenden Rechtsträger** überträgt, ist zweifelhaft. Dies ist die allgemeine Frage der Möglichkeit einer „Verschmelzung über die Grenze"[128].

6. Ausgliederung auf mehrere übernehmende Rechtsträger

58 Die Ausgliederung verschiedener Unternehmensteile auf mehrere übernehmende Rechtsträger, auch solche unterschiedlicher Rechtsform, ist unbedenklich **möglich**[129]. Möglich ist auch die Kombination der Ausgliederung eines Teils zur Aufnahme und eines anderen Teils zur Neugründung[130]. Fraglich kann dabei nur sein, ob dies als eine einheitliche Ausgliederung gilt oder ob in Wirklichkeit mehrere Ausgliederungen vorliegen. Von dieser Frage hängt es ab, ob die Ausgliederung eines bestimmten Teils wirksam wird, wenn die diesen Teil betreffenden Eintragungen erfolgt sind, oder erst, wenn auch die Eintragungen bezüglich der anderen Teile bewirkt sind[131].

IV. Gegenstand der Ausgliederung

1. Gesamtvermögen oder nur Teile

59 Die Ausgliederung kann einen oder mehrere Teile des Vermögens des Ausgliedernden umfassen[132]. Nach diesem Wortlaut könnte zwar das gesamte Vermögen, aber nur in verschiedenen Teilen, und d.h. auf verschiedene übernehmende Rechtsträger, ausgegliedert werden[133]. Die ganz hM lässt aber allgemein die so genannte Totalausgliederung, d.h. die Ausgliederung des gesamten Vermögens auf einen einzigen übernehmenden Rechtsträger, zu[134]. Für § 152 ergibt sich bereits aus dem Wortlaut, dass die Ausgliederung das (gesamte) Unternehmen oder Teile davon zum Gegenstand haben kann. Darauf, ob der ausgliedernde Einzelkaufmann daneben noch (nennenswertes) Privatvermögen hat, kommt es nicht an.

2. Unternehmensvermögen

60 Die Ausgliederung kann das gesamte Unternehmen oder auch Teile davon umfassen. Betrifft die Ausgliederung nur den Teil eines Betriebs, ist zunächst eine **Betriebsteilung**

---

[127] Siehe Rn 45; *Mayer* in Widmann/Mayer Rn 224.1: arg. §§ 125 Satz 1, 16 Abs. 1 Satz 1.
[128] Einl. C Rn 21 ff.
[129] § 123 Abs. 3 Nr. 1, 2. Zur gleichzeitigen Ausgliederung verschiedener Unternehmen siehe Rn 47.
[130] § 123 Abs 4.
[131] Siehe § 154 Rn 18 f.
[132] § 123 Abs. 3.
[133] So *Kallmeyer* in Kallmeyer § 123 Rn 12; *Orth* in BeckHdb. GmbH § 14 Rn 170 verlangt, dass dem Einzelkaufmann noch irgendwelches, auch Privatvermögen verbleibt, während er in Rn 601 die Totalausgliederung durch eine GmbH für zulässig hält.
[134] § 123 Rn 17; *Teichmann* in Lutter, § 123 Rn 22; *Hörtnagl* in Schmitt/Hörtnagl/Stratz § 123 Rn 22; ausführlich *H. Schmidt* AG 2005, 26 ff.

erforderlich. Dies ist Betriebsänderung iSd. § 111 BetrVG[135] und erfordert deshalb einen Interessenausgleich und ggf. einen Sozialplan[136].

Die Auswahl der auszugliedernden Gegenstände ist im Grundsatz frei[137]. Nicht erforderlich ist, dass der auszugliedernde Gegenstand oder der dem Einzelkaufmann verbleibende Unternehmensteil die Anforderungen eines **Teilbetriebs** iSd. Steuerrechts erfüllt[138]. Ist das nicht der Fall, ergeben sich daraus nachteilige Steuerfolgen[139]. Die Auswahl ist jedoch nicht völlig frei. 61

Schranken bestehen bei der **Zuordnung von Arbeitsverhältnissen**[140]. Die in dem ausgegliederten Unternehmensbereich beschäftigten Arbeitnehmer gehen jedenfalls über, soweit sie nicht widersprechen[141]. 62

Untrennbare Rechtspositionen können nicht getrennt werden[142]. Beispiele dafür sind die Forderung und die Hypothek, der Bürgschaftsanspruch und die gesicherte Forderung[143]. Rechtlich möglich, wenn auch vertraglich unzulässig, ist die Trennung von Positionen, die nur kraft Rechtsgeschäft verbunden sind, etwa die Sicherungsgrundschuld und die gesicherte Forderung[144]. 63

Die freie Auswahl der mit der Ausgliederung auf den übernehmenden Rechtsträger übertragenen Rechtspositionen umfasst auch **Schulden** und sonstige Verpflichtungen des Einzelkaufmanns[145]. 64

Die Möglichkeit der Ausgliederung eines bestimmten Vermögens- oder Schuldpostens ist nicht davon abhängig, dass dieser nach deutschen oder anderen Bilanzierungsgrundsätzen bilanzierungspflichtig oder **bilanzierungsfähig** wäre[146]. Soweit die Ausgliederung nicht bilanzierte Positionen erfassen soll, bedarf es lediglich einer entsprechenden Verdeutlichung im Ausgliederungsvertrag/Ausgliederungsplan. 65

Schwierigkeiten ergeben sich bei Rechtspositionen, die als solche **nicht übertragbar** sind oder deren Übertragung der Zustimmung Dritter bedarf[147]. 66

3. Privatvermögen

Nach dem Wortlaut der Bestimmung kann die Ausgliederung „das ... Unternehmen ... oder Teile desselben" umfassen. **Privatvermögen** des Einzelkaufmanns ist von diesem Wortlaut nicht erfasst. Jedoch kann nach allgM auch Privatvermögen mit in die Ausgliederung einbezogen werden[148]. Die Abweichung vom Wortlaut der Bestimmung wird damit gerechtfertigt, dass durch die Einbeziehung eines bisher im Privatvermögen gehaltenen Gegenstands eine Umwidmung desselben erfolge und dieser Gegenstand damit dann zum Teil des Unternehmens werde. Vorausgesetzt ist hierbei, dass eine bloße Umwidmung genügt, es dazu also keines Übertragungsakts bedarf. 67

---

[135] § 111 Satz 2 Nr. 3 BetrVG; *Mayer* in Widmann/Mayer § 126 Rn 360.
[136] § 112 BetrVG.
[137] *Karollus* in Lutter Rn 37; *Mayer* in Widmann/Mayer Rn 62; RegBegr. *Ganske* S. 183.
[138] *Mayer* in Widmann/Mayer Rn 62. Zur möglichen Bedeutung dieses Kriteriums für die Anwendung des früheren § 132 siehe *Teichmann* in Lutter § 132 Rn 17 ff.
[139] § 15 Abs. 1 Satz 1 UmwStG; näher siehe Anh. UmwStG.
[140] § 126 Rn 73; *Priester* in Lutter § 126 Rn 68 f.
[141] § 613 a BGB; *Boecken* ZIP 1994, 1087, 1091 ff.
[142] § 126 Rn 67; *Priester* in Lutter § 126 Rn 62; *Rieble* ZIP 1997, 301, 310; RegBegr. *Ganske* S. 163.
[143] *Busche* in Staudinger § 399 BGB Rn 23.
[144] Soweit nicht § 399 BGB der Abtretung entgegensteht; siehe § 126 Rn 66; *Priester* in Lutter § 126 Rn 62; *Bassenge* in Palandt § 1191 BGB Rn 22; ausf. *Wolfsteiner* in Staudinger BGB Vorbem zu §§ 1191 ff. Rn 218, 222.
[145] § 126 Rn 68; *Mayer* in Widmann/Mayer § 126 Rn 175.
[146] *Priester* in Lutter § 126 Rn 47.
[147] Siehe Rn 84 ff.
[148] RegBeg. *Ganske* S. 184; dazu *Karollus* in Lutter Rn 41.

68 Grundsätzlich können Vermögenspositionen und Schuldpositionen **jeder Art** aus dem Privatvermögen anlässlich der Ausgliederung umgewidmet und mit übertragen werden[149]. Es kommt nicht darauf an, ob die einzelne Schuld im Unternehmen entstanden ist[150]. Allerdings sollen nach einer Meinung nur Verbindlichkeiten einbezogen werden können, die ihrer Art nach in einem Unternehmen entstehen können[151]. Wenn auch Privatverbindlichkeiten übertragen werden können, besteht für eine solche Schranke keine Grundlage. Die als Beispiel genannten Unterhaltsverbindlichkeiten und persönlichen Steuerverbindlichkeiten[152] entstehen jedoch notwendig in der Person desjenigen, der den Tatbestand erfüllt; ihre Entstehung (in der Zukunft) ist von dem zugrunde liegenden Rechtsverhältnis nicht abtrennbar. Deshalb können künftig entstehende persönliche Steuerpflichten und Unterhaltspflichten nicht übertragen werden. Für bereits entstandene Verbindlichkeiten dieser Art gilt dies nicht. Der übernehmende Rechtsträger haftet für sie ohnehin[153]. Ob sie befreiend übertragen werden können, hat angesichts der fortdauernden Haftung des Einzelkaufmanns für fünf Jahre[154] und der meist kürzeren Verjährungs- oder Ausschlussfrist für solche Ansprüche[155] wenig praktische Relevanz.

4. Rechtsverhältnisse, Verträge

69 Ob und unter welchen Voraussetzungen Vertragsverhältnisse und sonstige Rechtsverhältnisse Gegenstand der Ausgliederung sein können, ist Teil der allgemeineren Frage, wie **unübertragbare Rechtspositionen** behandelt werden[156].

5. Mischeinlage

70 Die Ausgliederung ist dadurch definiert, dass für das ausgegliederte Vermögen Anteile gewährt werden[157]. Sollen zusätzlich Bar- oder Sachwerte eingebracht werden, kann dies entweder durch Umwidmung dieser Werte und damit durch Einbeziehung in die Ausgliederung[158] erfolgen oder dadurch, dass diese anderen Werte neben der Ausgliederung durch **Einzelrechtsnachfolge** eingebracht werden[159].

6. Gemischte Sacheinlage

71 Die Gegenleistung für das ausgegliederte Vermögen braucht nicht ausschließlich in Anteilen an dem übernehmenden Rechtsträger zu bestehen[160]. Ebenso wie im Fall der Einzelrechtsübertragung kann die in der Ausgliederung bestehende Sacheinlage als sog. gemischte Sacheinlage in der Weise erbracht werden, dass die Gegenleistung zum Teil aus Anteilen an dem übernehmenden Rechtsträger besteht und zum Teil von diesem in **bar zu vergüten** ist. Soweit der Wert des ausgegliederten Vermögens die bedungene Einlage (den Ausgabebetrag der dafür zu gewährenden Anteile) übersteigt, kann die Differenz also als sofort fällige Schuld

---

[149] *Kallmeyer* in Kallmeyer Rn 1.
[150] *Karollus* in Lutter Rn 41; *Mayer* in Widmann/Mayer Rn 62.
[151] *Karollus* in Lutter Rn 41; *Mayer* in Widmann/Mayer Rn 62.
[152] *Karollus* in Lutter Rn 41; *Mayer* in Widmann/Mayer Rn 62 sowie – wegen Unübertragbarkeit – *Hörtnagl* in Schmitt/Hörtnagl/Stratz Rn 23.
[153] § 133.
[154] §§ 156, 157.
[155] Siehe nur §§ 195, 1378 Abs. 4, 1613, 2332 BGB.
[156] Siehe Rn 84 ff.
[157] § 123 Abs. 3.
[158] Siehe Rn 67.
[159] *Karollus* in Lutter § 159 Rn 19; *Mayer* in Widmann/Mayer Rn 112; genaue Problematisierung der Frage unter dem alten Recht bei *Priester* BB 1978, 1291 f.
[160] § 125 Satz 1 iVm. §§ 54 Abs. 4, 68 Abs. 3.

oder auch als Darlehensverbindlichkeit gegenüber dem ausgliedernden Einzelkaufmann gebucht werden[161]. Dies bedarf der Festlegung sowohl im Ausgliederungsvertrag/-plan[162] als auch in der Satzung/dem Kapitalerhöhungsbeschluss des übernehmenden Rechtsträgers[163].

7. Bestandsveränderungen seit Stichtag

Zwangsläufig wird zwischen dem Stichtag der der Ausgliederung zugrunde liegenden Bilanz[164] und dem Wirksamwerden der Ausgliederung durch Eintragung im Handelsregister einige Zeit verstrichen sein. Das lebende Unternehmen hat deshalb notwendig seinen Bestand verändert. Der Ausgliederungsvertrag/-plan muss den Stichtag angeben, von dem ab die Geschäfte in dem ausgegliederten Bereich als für Rechnung des übernehmenden Rechtsträgers geführt gelten[165]. Das ist der Beginn des auf den Stichtag der zugrunde liegenden Bilanz folgenden Tages. Die Führung der Geschäfte seit diesem Tag für Rechnung des übernehmenden Rechtsträgers bedeutet, dass seitdem erworbene Vermögenswerte und entstandene Schulden an den übernehmenden Rechtsträger zu übertragen oder von diesem zu übernehmen sind[166]. Diese **schuldrechtliche** Lage führt nicht von selbst zu dem Übergang der Rechtspositionen[167]. Der Übergang kann sich aber aus der partiellen Gesamtrechtsnachfolge ergeben. Dazu ist erforderlich, dass der Ausgliederungsvertrag/-plan auch diese Aktivpositionen/Passivpositionen und Rechtsverhältnisse zumindest kategorisch nennt. Ist allerdings seit dem Stichtag ein Grundstück erworben worden, bedarf es der konkreten Bezeichnung dieses Grundstücks[168].

V. Überschuldung als Ausgliederungssperre

1. Zweck

Nach Satz 2 ist die Ausgliederung unzulässig, wenn die Verbindlichkeiten des Einzelkaufmanns sein Vermögen übersteigen. Der gesetzgeberische Zweck dieser Vorschrift ist strittig. Sie ist ohne Problematisierung des Zweckes aus dem alten Recht übernommen worden[169]. Zum Teil wird angenommen, er diene dem Schutz der Altgläubiger des Einzelkaufmanns vor einer Vermögensverlagerung[170]. Dem wird mit Recht entgegen gehalten, dass es dieses Schutzes nicht bedürfe[171]. Denn die Gläubiger des Einzelkaufmanns haben Zugriff auf die für den Ausgliederungsgegenstand ausgegebenen Beteiligungen am übernehmenden Rechtsträger, und es haftet ihnen der übernehmende Rechtsträger auch selbst. Tendenziell **verbessert** sich dadurch die Lage der Gläubiger des Einzelkaufmanns. Insofern ist die Lage anders als nach dem UmwG 1969, das eine Haftung der Kapitalgesellschaft für nicht übertragene (Privat)-Verbindlichkeiten des Einzelhandelskaufmanns nicht vorsah.

---

[161] Ebenso *Karollus* in Lutter § 159 Rn 18; *Mayer* in Widmann/Mayer Rn 102.
[162] § 5 Abs. 1 Nr. 3 iVm. § 125, die Grenzen der § 54 Abs. 4 und § 68 Abs. 3 gelten nicht, § 125 Satz 1.
[163] Es ist Teil der Sacheinlagenvereinbarung und unterliegt deshalb den Vorschriften der §§ 27, 183 AktG, §§ 5 Abs. 4, 56 GmbHG.
[164] § 125 iVm. § 17 Abs. 2.
[165] §§ 136, 126 Abs. 1 Nr. 6.
[166] §§ 667, 670 BGB.
[167] *Mayer* in Widmann/Mayer § 156 Rn 13; zur Abhilfe *Karollus* in Lutter Vor § 153 Rn 7 mwN in Fn 2, 3 („Fortschreibung") sowie *Mayer* in Widmann/Mayer § 126 Rn 309 ff., 314 („Surrogationsvorschrift").
[168] § 126 Abs. 2 Satz 1 und 2 UmwG iVm. § 28 Satz 1 GBO.
[169] §§ 50, 56 a UmwG 1969; dazu RegBegr. *Ganske* S. 183.
[170] *Ihrig* GmbHR 1995, 622, 638; *Mayer* in Widmann/Mayer Rn 73 ff.; *Hörtnagl* in Schmitt/Hörtnagl/Stratz Rn 24.
[171] *Karollus* in Lutter Rn 43; *Hörtnagl* in Schmitt/Hörtnagl/Stratz Rn 24.

74 Aus diesen Gründen ist der Zweck der Vorschrift im **Schutz des übernehmenden Rechtsträgers** zu sehen[172]. Die Kapitalaufbringung bei diesem Rechtsträger soll durch das Verbot gesichert werden. Die Kapitalaufbringung ist bei der Ausgliederung durch den Einzelkaufmann deshalb besonders gefährdet, weil bei dem Einzelkaufmann die Überschuldung kein Insolvenzgrund ist[173] und die Bilanz des einzelkaufmännischen Unternehmens nicht alle Verbindlichkeiten ausweist, für die das Unternehmen haftet, nämlich nicht die Privatverbindlichkeiten des Einzelkaufmanns.

2. Bedeutung der „Überschuldung"

75 Maßgebend ist ein reiner **Vermögensvergleich**. Zu berücksichtigen sind auch private Schulden des Einzelkaufmanns.

76 Auch wenn das Gesetz den insolvenzrechtlichen Begriff der Überschuldung nicht verwendet, stellen sich bei dem Vermögensvergleich ähnliche Fragen wie bei dem insolvenzrechtlichen Überschuldungstatbestand. Fraglich ist insbesondere, ob der Vermögensvergleich auf der Grundlage von Fortführungswerten oder von Liquidationswerten anzustellen ist. Die hM geht davon aus, eine Fortführungsprognose sei nicht anzustellen, sondern es sei immer von **Liquidationswerten** auszugehen[174].

77 Dieser hM ist nicht zu folgen. Es geht allein um die Bewertung des Vermögens. Diese muss nach der tatsächlichen Lage erfolgen. Wenn nach den Umständen eine Liquidation nicht zu erwarten ist, gibt es keinen Grund, bei der Bewertung die regelmäßig niedrigeren Liquidationswerte anzusetzen. Unter Berücksichtigung des Normzwecks ist deshalb eine **Fortbestandsprognose** anzustellen: Hinsichtlich des ausgegliederten Vermögens kommt es auf die Fortbestandsfähigkeit des übernehmenden Rechtsträgers an. Ist sie anzunehmen, ist das ausgegliederte Vermögen nach Fortführungswerten anzusetzen. Hinsichtlich des bei dem Einzelkaufmann verbleibenden Vermögens kommt es darauf an, ob dieses noch unternehmerisch gebunden ist, und bejahendenfalls, ob dieses Unternehmen fortbestandsfähig ist. Ist dies der Fall, ist auch das verbleibende Unternehmen mit Fortführungswerten anzusetzen. Sonst ist das verbleibende Vermögen mit Zerschlagungswerten anzusetzen[175].

78 Diese Lösung gilt auch dann, wenn das Unternehmen des Einzelkaufmanns für sich nicht fortbestandsfähig gewesen wäre, aber von der Fortbestandsfähigkeit des übernehmenden Rechtsträgers auszugehen ist. Die Ausgliederung steht danach auch als Mittel für eine **„Sanierungsfusion"** zur Verfügung, wenn das Vermögen des Einzelkaufmanns zu Fortführungswerten die Verbindlichkeiten deckt und von der Fortbestandsfähigkeit nach der Ausgliederung auszugehen ist.

79 Übersteigen die Liquidationswerte ausnahmsweise die Fortführungswerte, sind immer die **höheren Liquidationswerte** anzusetzen. Denn wenn das Vermögen (und nicht der aus ihm erzielte Ertrag) zur Schuldentilgung zu verwenden ist, führt dies zur Zerschlagung. Wenn es darauf ankommt, stehen die Zerschlagungswerte also zur Verfügung.

3. Überschuldung in Sonderfällen

80 Ist der ausgliedernde Einzelkaufmann eine **Erbengemeinschaft**, kommt es auf die Überschuldung des Nachlasses an[176].

---

[172] Ähnlich (Schutz auch des übernehmenden Rechtsträgers) *Karollus* in Lutter Rn 43.
[173] § 19 InsO.
[174] *Karollus* in Lutter Rn 45 f.; *Mayer* in Widmann/Mayer Rn 78; *Kallmeyer* in Kallmeyer Rn 4; *Zimmermann* in Rowedder GmbHG Anh. nach § 77 Rn 649; aA *Schwedhelm* Tz. 180; *Hörtnagl* in Schmitt/Hörtnagl/Stratz Rn 27.
[175] Enger *Hörtnagl* in Schmitt/Hörtnagl/Stratz Rn 27, der die Bewertung unter Fortführungsgesichtspunkten nur zulassen will, wenn überwiegend wahrscheinlich ist, dass Gläubiger nicht gefährdet werden.
[176] § 2059 Abs. 1 Satz 1 BGB. Zur Ausgliederung durch die Erbengemeinschaft siehe Rn 26.

4. Keine sonstigen Ausgliederungssperren

Entgegen dem früheren Recht scheitert die Ausgliederung nicht daran, dass der Ausgliederungsgegenstand das **gesamte Aktivvermögen** des Einzelkaufmanns ausmacht[177]. Unerheblich für die Ausgliederungsmöglichkeit ist auch, ob das zurückbleibende Vermögen die zurückbleibenden Schulden deckt[178]. 81

VI. Wirkungen der Ausgliederung

1. Wirkungen allgemein

Die Wirkungen der Ausgliederung treten mit ihrer Eintragung ein[179]. Mit der Eintragung werden Mängel der notariellen Beurkundung **geheilt**[180]. Sonstige Mängel lassen die Wirkungen unberührt[181]. Lagen die Ausgliederungsvoraussetzungen nicht vor, ändert dies also nichts an der Wirkung der Eintragung. 82

2. Vermögensübergang

Mit der Eintragung geht das ausgegliederte Vermögen mit den ausgegliederten Verbindlichkeiten auf den übernehmenden Rechtsträger über[182]. Das Vermögen geht mit den **rechtlichen Beziehungen** über, die beim übertragenden Einzelkaufmann bestehen, soweit diese Rechtsbeziehungen einen Übergang nicht ausschließen[183]. Gehören zu dem ausgegliederten Vermögen Sachen, die unter Eigentumsvorbehalt geliefert sind, geht die Anwartschaft, d. h. das durch Zahlung des Kaufpreises bedingte Eigentum auf den übernehmenden Rechtsträger über[184]. Entsprechendes gilt, wenn die Ausgliederung auflösend bedingte Rechtspositionen umfasst. 83

3. Nicht übertragbare Rechtspositionen

Bis zum Inkrafttreten der 2. Novelle zum Umwandlungsgesetz blieben gem. § 132 allgemeine Vorschriften, die die Übertragung bestimmter Gegenstände ausschließen oder an bestimmte Voraussetzungen knüpfen, unberührt[185]. Mit der Aufhebung des § 132 sollten die praktischen Probleme, die sich aus dieser Vorschrift ergaben, gelöst werden. Auch nach der Streichung verbleiben jedoch Zweifelsfragen[186]. Denn es gibt schlechthin unübertragbare Rechte. Wird ein solches Recht bei der Verschmelzung von einem übertragenden Rechtsträger gehalten, so erlischt es mit der Verschmelzung[187]. Sind solche Rechte schon in der Verschmelzung nicht übertragbar, so können sie auch im Zuge einer Spaltung oder Ausgliederung nicht übertragen werden. 84

a) Fortbestand. Unübertragbare Rechte, die in der Verschmelzung erlöschen, wenn ihr Inhaber an der Verschmelzung als übertragender Rechtsträger beteiligt ist, bleiben bei der Ausgliederung bestehen. Sie verbleiben bei dem ausgliedernden Einzelkaufmann. Ist ihr Bestand allerdings aus irgendwelchen Gründen an die Inhaberschaft des Unternehmens gebunden, so erlöschen sie wegen der Trennung von diesem[188]. 85

---

[177] Siehe Rn 59.
[178] AllgM, *Karollus* in Lutter Rn 44; siehe dazu aber § 154 Rn 16 sowie § 159 Rn 20 unter dem Aspekt der Kapitalaufbringung.
[179] § 131 Abs. 1 1. Halbs.
[180] § 131 Abs. 1 Nr. 4.
[181] § 131 Abs. 2.
[182] § 131 Abs. 1 Nr. 1 Satz 1.
[183] Siehe Rn 34 f.
[184] Siehe § 20 Rn 8 ff., 12.
[185] § 132 a F.
[186] Dazu § 131 Rn 12.
[187] Siehe dazu im Einzelnen § 20 Rn 16 ff., 27.
[188] Allgemein zum Schicksal nicht übertragbarer Rechte: § 131 Rn 18 ff.

86 **b) Höchstpersönliche Rechte.** Zum Unternehmen **des Einzelkaufmanns** können höchstpersönliche Rechte, insbesondere Urheberrechte gehören, die kraft Gesetzes unübertragbar sind[189]. Sie können deshalb nicht Gegenstand der Ausgliederung sein. Durch Ausgliederung können lediglich Nutzungsrechte[190] auf den übernehmenden Rechtsträger übertragen werden[191]. Auch wenn mit der Aufhebung des § 132 die volle Übertragbarkeit aller Rechte wie bei einer Verschmelzung erreicht werden sollte, wird dieses Ziel hinsichtlich der Urheberrechte nicht verfehlt. Denn mit der Übertragung der Nutzungsrechte erwirbt die übernehmende Gesellschaft alle Rechte, die einem verschmelzungsfähigen Rechtsträger ihrer Art nach zustehen könnten. Zu ihrem Vermögen können ohnehin nur die Ausübungsrechte an Urheberrechten gehören[192].

87 **c) Nießbrauch.** Gehört zu dem Unternehmen des **Einzelkaufmanns** ein Nießbrauch, ist dieser Nießbrauch selbst **nicht übertragbar**[193]. Steht der Nießbrauch dagegen einer juristischen Person oder rechtsfähigen Personengesellschaft zu, ist er grundsätzlich im Wege der Gesamtrechtsnachfolge übertragbar[194]. Die partielle Gesamtrechtsnachfolge durch Abspaltung oder Ausgliederung genügt diesen Erfordernissen. Eine juristische Person oder rechtsfähige Personengesellschaft kann deshalb den Nießbrauch auch durch Spaltung oder Ausgliederung übertragen. Der Einzelkaufmann als Inhaber kann dies nicht, sondern kann nur das Ausübungsrecht übertragen. Die scheinbare Diskriminierung des von einer natürlichen Person als Unternehmensträger gehaltenen Nießbrauchs ist sachlich berechtigt[195]. Durch die Ausgliederung kann der Einzelkaufmann nicht mehr übertragen, als bei der vollen Gesamtrechtsnachfolge mit seinem Tode auf seine Erben überginge. Dann aber erlischt der Nießbrauch zwingend[196]. Die Ausgliederung des Nießbrauchs würde zu dessen Perpetuierung führen und ihn über den Tod des ursprünglichen Nießbrauchers hinaus verewigen und damit die Lage des Eigentümers verschlechtern. Wer einer juristischen Person oder Personenhandelsgesellschaft einen Nießbrauch bestellt, muss von vornherein damit rechnen, dass der Nießbrauch auf Dauer besteht[197].

4. Verbindlichkeiten

88 Mit der Eintragung gehen die nach dem Ausgliederungsplan/Ausgliederungsvertrag dem übernehmenden Rechtsträger zugewiesenen Verbindlichkeiten durch Gesamtrechtsnachfolge auf diesen über. Der übertragende Einzelkaufmann **haftet** für fünf Jahre fort[198].

5. Arbeitsverhältnisse

89 Die in die Ausgliederung einbezogenen Arbeitsverhältnisse gehen auf den übernehmenden Rechtsträger über. Die betroffenen Arbeitnehmer haben ein **Widerspruchsrecht**. Die Lage unterscheidet sich nicht von den Fällen der Abspaltung[199].

---

[189] § 29 Satz 2 UrhG. Die Übertragung des Urheberrechts ist nur in Form der Vererbung (§ 28 Abs. 1 UrhG), in Erfüllung einer Verfügung von Todes wegen oder an Miterben im Wege der Erbauseinandersetzung (§ 29 Satz 1 UrhG) gestattet.
[190] §§ 31 ff. UrhG.
[191] § 34 UrhG.
[192] § 7 UrhG; *BGH* GRUR 1991, 523, 525.
[193] § 1059 Satz 1 BGB. Regelmäßig übertragbar ist nur die Ausübungsbefugnis, § 1059 Satz 2 BGB.
[194] § 1059 a Abs. 1 Nr. 1, Abs. 2 BGB.
[195] § 131 Rn 42; *Rieble* ZIP 1997, 301, 306; für Gleichbehandlung durch Analogie zu § 1059 a BGB dagegen *Hennrichs* ZIP 1995, 794, 799.
[196] § 1061 Satz 1 BGB.
[197] § 1061 Satz 2 BGB.
[198] §§ 156, 157.
[199] Siehe § 131 Rn 45 ff. und § 126 Rn 73.

6. Sonstige Rechtsverhältnisse

Sonstige Rechtsverhältnisse, insbesondere laufende Verträge gehen über, soweit sie in die Ausgliederung einbezogen sind[200].   90

7. Anteilserwerb

Mit der Eintragung der Ausgliederung erwirbt der ausgliedernde Einzelkaufmann **Anteile** an dem übernehmenden Rechtsträger entsprechend den Bestimmungen des Ausgliederungsplans/Ausgliederungsvertrags[201].   91

Zweiter Unterabschnitt. Ausgliederung zur Aufnahme

§ 153 Ausgliederungsbericht

Ein Ausgliederungsbericht ist für den Einzelkaufmann nicht erforderlich.

Übersicht

	Rn		Rn
I. Allgemeines	1	2. Übernehmender Rechtsträger	6
II. Berichts-, Informations- und Prüfungspflichten	3	a) Bericht	6
		b) Prüfung	7
1. Übertragender Rechtsträger	3	c) Information der Anteilsinhaber	8
a) Allgemeine Berichtspflichten	3	d) Unterrichtung des Betriebsrats	9
b) Betriebsrat	4		

Literatur: *Müller*, Die Zuleitung des Verschmelzungsvertrages an den Betriebsrat nach § 5 Abs. 3 Umwandlungsgesetz, DB 1997, 713.

I. Allgemeines

Die Vorschrift gilt unmittelbar für die Ausgliederung zur Aufnahme, also einen Fall der Spaltung zur Aufnahme. Soweit nicht die §§ 153 bis 157 anderes bestimmen, kommen deshalb §§ 126 bis 134 sowie über § 125 die Vorschriften des Zweiten Buches zur Anwendung.   1

Danach wäre auch für den Einzelkaufmann ein Spaltungsbericht erforderlich, den das Gesetz im Fall der Ausgliederung **Ausgliederungsbericht** nennt. Die Vorschrift zieht die Konsequenz daraus, dass der Einzelkaufmann keine Anteilsinhaber hat. Ein Ausgliederungsbericht für den Einzelkaufmann wäre daher sinnlos. Deshalb ist ein solcher Bericht nicht erforderlich[1].   2

II. Berichts-, Informations- und Prüfungspflichten

1. Übertragender Rechtsträger

a) Allgemeine Berichtspflichten. Informationspflichten können sich für den Einzelkaufmann aus bestehenden Vertragsverhältnissen wie etwa dem Bestehen einer stillen Gesellschaft ergeben. Solche Informationspflichten sind rein schuldrechtlicher Art und betreffen nur das **Innenverhältnis**. Ihre Erfüllung ist nicht Voraussetzung der Ausgliederung[2].   3

---

[200] Siehe § 131 Rn 34 ff.
[201] § 131 Abs. 1 Nr. 3.
[1] *Karollus* in Lutter Rn 3; *Hörtnagl* in Schmitt/Hörtnagl/Stratz Rn 1; RegBegr. *Ganske* S. 184.
[2] *Karollus* in Lutter Rn 4.

4 b) Betriebsrat. Umwandlungsrechtlich besteht auf Seiten des Einzelkaufmanns nur eine Informationspflicht, nämlich diejenige gegenüber dem **zuständigen Betriebsrat**[3]. Zuständig ist der Betriebsrat des betroffenen Betriebs und, wenn vorhanden, ein Gesamtbetriebsrat des Einzelkaufmanns[4]. Ist der Einzelkaufmann Unternehmen an der Spitze eines Konzerns[5] und betrifft die Ausgliederung mehrere Unternehmen des Einzelkaufmanns[6], ist auch der Konzernbetriebsrat[7] zu informieren, wenn ein solcher besteht[8].

5 Die Zuleitung hat einen Monat vor der Versammlung der Anteilseigner eines Rechtsträgers an den zuständigen Betriebsrat dieses Rechtsträgers zu erfolgen[9]. Diese Bestimmung passt nicht für den übertragenden Einzelkaufmann, denn bei ihm gibt es keine beschließenden Anteilsinhaber. Nach einer Meinung soll die Frist deshalb zum Tag der Versammlung der Anteilsinhaber des übernehmenden Rechtsträgers berechnet werden[10]. Das entspricht nicht dem Zweck der Unterrichtung. Diese soll es dem Betriebsrat ermöglichen, dem entscheidenden Organ „seines" Unternehmens gegenüber Bedenken anzumelden, bevor dessen Geschäftsleiter gebunden sind[11]. Dieser Zweck wäre verfehlt, wenn die Monatsfrist nach der Versammlung der Anteilsinhaber des übernehmenden Rechtsträgers berechnet würde. Richtig ist es, auf den **Zeitpunkt** abzustellen, zu dem sich der Einzelkaufmann rechtlich bindet. Diese Bindung tritt regelmäßig mit dem Vertragsschluss ein. Die Unterrichtung hat daher einen Monat vor dem Vertragsschluss zu erfolgen.

2. Übernehmender Rechtsträger

6 a) Bericht. Für den übernehmenden Rechtsträger ist ein Ausgliederungsbericht gem. § 127 erforderlich[12]. Der Bericht ist nicht erforderlich, wenn alle Anteilsinhaber des übernehmenden Rechtsträgers auf ihn **verzichten**[13].

7 b) Prüfung. Eine Prüfung der Ausgliederung findet nicht statt[14]. Unberührt bleibt das Erfordernis der Stellungnahme eines **genossenschaftlichen Prüfungsverbands**, wenn die Ausgliederung an eine eG erfolgt[15].

8 c) Information der Anteilsinhaber. Die Anteilsinhaber des übernehmenden Rechtsträgers sind in der für die **jeweilige Rechtsform** vorgeschriebenen Art zu unterrichten[16].

---

[3] § 126 Abs. 3; siehe § 126 Rn 108.
[4] § 50 BetrVG; *Lutter/Drygala* in Lutter § 5 Rn 99.
[5] Zu dieser Möglichkeit nach den §§ 15 ff. AktG vgl. *Hüffer* § 15 AktG Rn 6, 11.
[6] Ohne diese Einschränkung *Müller* DB 1997, 713, 715: Konzernbetriebsrat immer zuständig, wenn herrschendes Unternehmen ausgliedert, da ein Rechtsträgerwechsel abhängige Unternehmen unmittelbar berühre.
[7] §§ 54, 58 BetrVG.
[8] Strittig. Wie hier *Engelmeyer* DB 1996, 2542, 2545; *Joost* ZIP 1995, 976, 985; *Schwarz* in Widmann/Mayer Einf. UmwG Rn 17.4.3; aM § 5 Rn 142 (*Simon*); *Willemsen* in Kallmeyer § 5 Rn 75; *Boecken*, Unternehmensumwandlungen und Arbeitsrecht, 1996, Rn 334; *Lutter/Drygala* in Lutter § 5 Rn 99; *Müller* DB 1997, 713, 715, nimmt kumulative Zuständigkeit in bestimmten Fallkonstellationen an. Abgesehen davon wird für die Praxis längst die Zuleitung an alle möglicherweise zuständigen Betriebsräte empfohlen, um den Umwandlungsvorgang nicht zu gefährden, so auch § 5 Rn 143 sowie *Willemsen* in Kallmeyer § 5 Rn 75.
[9] § 126 Abs. 3.
[10] *Karollus* in Lutter Rn 6.
[11] § 5 Rn 140.
[12] *Kallmeyer* in Kallmeyer Rn 2 f.; zu dessen Inhalt siehe § 127 Rn 10 ff. Entbehrlich soll der Bericht demgegenüber sein, wenn der Einzelkaufmann Alleingesellschafter der aufnehmenden Kapitalgesellschaft ist, *Kallmeyer* in Kallmeyer Rn 2; zweifelnd *Karollus* in Lutter Rn 7, der ausdrücklichen Verzicht empfiehlt; zur Lage bei Ausgliederung zur Neugründung siehe § 158 Rn 7.
[13] § 127 Satz 2 iVm. § 8 Abs. 3; *Mayer* in Widmann/Mayer Rn 2.
[14] § 125 Satz 2.
[15] § 125 Satz 1 iVm. § 81, § 148 Abs. 2 Nr. 2.
[16] § 125 Satz 1 iVm. § 42 für die Personenhandelsgesellschaft, §§ 47, 49 für die GmbH, §§ 63, 64 für die AG und KGaA sowie §§ 82, 83 für die eG.

d) Unterrichtung des Betriebsrats. Dem zuständigen Betriebsrat des **übernehmenden Rechtsträgers** ist der Ausgliederungsvertrag oder sein Entwurf spätestens einen Monat vor der Versammlung der Anteilsinhaber des übernehmenden Rechtsträgers zuzuleiten[17]. 9

§ 154 Eintragung der Ausgliederung

Das Gericht des Sitzes des Einzelkaufmanns hat die Eintragung der Ausgliederung auch dann abzulehnen, wenn offensichtlich ist, daß die Verbindlichkeiten des Einzelkaufmanns sein Vermögen übersteigen.

Übersicht

	Rn		Rn
I. Sinn und Zweck der Norm	1	e) Eingetragene Genossenschaft	13
II. Registerverfahren	2	3. Prüfung	14
1. Anmeldung	2	a) Vollständigkeit/Frist	14
a) Anmeldebefugnis	2	b) Insbesondere Überschuldung	15
b) Inhalt	3	c) Werthaltigkeit	16
c) Negativerklärung	5	4. Eintragung	17
d) Fristen	6	a) Voreintragung des übernehmenden Rechtsträgers	17
2. Anlagen zur Anmeldung	8	b) Reihenfolge der Eintragungen	18
a) Bei beiden Registern	9	c) Wirkung der Eintragung	19
b) Register des Einzelkaufmanns	10	5. Bekanntmachung	20
c) Keine Ausgliederungserklärung	11		
d) Bei Kapitalerhöhung	12		

Literatur: *Hartmut Krause,* Wie lang ist ein Monat – Fristberechnung am Beispiel des § 5 III UmwG, NJW 1999, 1448.

I. Sinn und Zweck der Norm

Die Vorschrift ist die Konsequenz aus § 152 Satz 2, wonach die Ausgliederung unzulässig ist, wenn die Verbindlichkeiten des Einzelkaufmanns sein Vermögen übersteigen[1]. Gegenüber diesem Ausgliederungshindernis bleibt die Vorschrift des § 154 insofern zurück, als nach ihr die Eintragung aus diesem Grund nur dann abzulehnen ist, wenn das Ausgliederungshindernis der Überschuldung **offensichtlich** ist. 1

II. Registerverfahren

1. Anmeldung

a) Anmeldungsbefugnis. Die Ausgliederung ist zur Eintragung in das Handelsregister sowohl des Einzelkaufmanns als auch des übernehmenden Rechtsträgers anzumelden[2]. Zur Anmeldung befugt ist der Einzelkaufmann für das ausgegliederte Unternehmen und das Vertretungsorgan des übernehmenden Rechtsträgers zu dessen Handelsregister. Außerdem ist das Vertretungsorgan des übernehmenden Rechtsträgers auch berechtigt, die Anmeldung beim Handelsregister des Einzelkaufmanns zu bewirken[3]. Gliedert der Einzelkaufmann sein 2

---

[17] § 126 Abs. 3.
[1] Über den Grund dieser Vorschrift siehe § 152 Rn 73 ff.
[2] § 125 iVm. § 16 Abs. 1; *Mayer* in Widmann/Mayer Rn 2.
[3] § 129; *Zimmermann* in Kallmeyer Rn 3.

Unternehmen unter Teilung desselben auf mehrere übernehmende Rechtsträger auf, ist das Vertretungsorgan eines übernehmenden Rechtsträgers zur Anmeldung nur beim eigenen Register und bei dem Handelsregister des Einzelkaufmanns, nicht aber bei dem Register anderer übernehmender Rechtsträger befugt[4].

3 **b) Inhalt.** Für den Inhalt der Anmeldung gelten die allgemeinen Vorschriften betreffend die (Ab-)Spaltung zur Aufnahme[5], jedoch mit einer Besonderheit, nämlich der **Ausgliederungssperre der Überschuldung.** Das Registergericht hat von sich aus keine Möglichkeit zu prüfen, ob Überschuldung vorliegt. Daher ist zu verlangen, dass der Einzelkaufmann in der Anmeldung versichert, dass seine Verbindlichkeiten sein Vermögen nicht übersteigen[6]. Die Gegenmeinung stellt darauf ab, dass eine solche Erklärung nicht strafbewehrt wäre[7]. Deshalb will sie in der Anmeldung selbst die konkludente Erklärung sehen, es liege keine Überschuldung vor. Diese Begründung überzeugt nicht. Eine ausdrückliche Erklärung hat auch Sinn, wenn sie nicht strafbewehrt ist. Sie macht deutlich, dass dieses Ausgliederungshindernis bedacht und nicht übersehen worden ist. Dient das Ausgliederungsverbot bei Überschuldung der Sicherung der Kapitalaufbringung des übernehmenden Rechtsträgers[8], müsste die Erklärung folgerichtig gegenüber dem Register des übernehmenden Rechtsträgers abgegeben werden[9]. Das Erfordernis einer Erklärung des Einzelkaufmanns gegenüber dem Register des übernehmenden Rechtsträgers ist indessen nach der Gesetzeslage nicht mehr begründbar[10].

4 Meldet das Vertretungsorgan des übernehmenden Rechtsträgers die Ausgliederung zum Handelsregister des Einzelkaufmanns an, kann der Anmeldende eine solche Erklärung nicht sinnvoll abgeben. Es ist dann zu fordern, dass das Fehlen einer Überschuldung glaubhaft gemacht oder außerhalb der Anmeldung eine entsprechende **Erklärung des ausgliedernden Einzelkaufmanns** beigebracht wird[11]. Diese Erklärung kann auch in dem Ausgliederungsvertrag enthalten sein. Wird sie gesondert abgegeben, sollte sie in der Form der Anmeldung abgegeben werden, d. h. mit notarieller Beglaubigung.

5 **c) Negativerklärung.** In der Anmeldung zum Handelsregister des übernehmenden Rechtsträgers ist die Erklärung abzugeben, dass eine Klage gegen die Wirksamkeit des „Übernahmebeschlusses" der Anteilsinhaber des übernehmenden Rechtsträgers nicht fristgemäß erhoben worden ist[12]. Nach ganz einhelliger Meinung ist bei der Verschmelzung eine entsprechende Negativerklärung in jeder Anmeldung bezüglich der Beschlussfassung aller beteiligten Rechtsträger abzugeben und nicht etwa nur jeweils bezüglich desjenigen Rechtsträgers, zu dessen Register die einzelne Anmeldung erfolgt[13]. Danach ist die Erklärung auch im Fall der Ausgliederung nicht nur mit der Anmeldung beim Register des übernehmenden Rechtsträgers, sondern **auch beim Register des Einzelkaufmanns** abzugeben. Denn die Erklärung betrifft dann eben nicht nur die Verschmelzungsvoraussetzungen in der

---

[4] Siehe § 129 Rn 5; *Priester* in Lutter § 129 Rn 2; *Zimmermann* in Kallmeyer § 129 Rn 3; *Schwarz* in Widmann/Mayer § 129 Rn 9.1; *Hörtnagl* in Schmitt/Hörtnagl/Stratz § 129 Rn 2; aA *Karollus* in Lutter Rn 7; *Goutier* in Goutier/Knopf/Tulloch § 129 Rn 1.

[5] Siehe § 129 Rn 7 ff.

[6] Strittig; wie hier *Kallmeyer* in Kallmeyer Rn 5; *Hörtnagl* in Schmitt/Hörtnagl/Stratz Rn 4, *Mayer* in Widmann/Mayer Rn 12; *Zimmermann* in Kallmeyer § 160 Rn 9 und § 137 Rn 10.

[7] *Karollus* in Lutter Rn 12.

[8] So die hier vertretene Sicht, § 152 Rn 74.

[9] *Zimmermann* in Kallmeyer Rn 11 empfiehlt dies.

[10] *Karollus* in Lutter Rn 12 mit Fn; siehe aber Rn 16 im Zusammenhang mit der Werthaltigkeitsprüfung und § 160 Abs. 2.

[11] AA *Karollus* in Lutter Rn 12: Falls überhaupt Erklärung nötig, solle sie im Fall des § 16 Abs. 1 Satz 2 auch durch das Vertretungsorgan des übernehmenden Rechtsträgers abgegeben werden können.

[12] § 125 Satz 1 iVm. § 16 Abs. 2; *Karollus* in Lutter Rn 9.

[13] Siehe § 16 Rn 16 ff.; *Karollus* in Lutter Rn 9; *Mayer* in Widmann/Mayer § 152 Rn 239; *Zimmermann* in Kallmeyer Rn 3 aE.

Person desjenigen Rechtsträgers, bei dessen Register die Anmeldung erfolgt. Es ist daher unbeachtlich, dass bei dem Einzelkaufmann eine Anfechtungsklage nach der Natur der Sache von vornherein nicht in Betracht kommt.

d) Fristen. Für die Anmeldung ist eine Frist nur mittelbar durch das Erfordernis bestimmt, eine **Schlussbilanz** des Einzelkaufmanns einzureichen, deren Stichtag höchstens acht Monate vor der Anmeldung liegt.[14] Dieses Erfordernis betrifft nur die Anmeldung beim Register des Einzelkaufmanns, auch wenn im Einzelfall die Schlussbilanz zum Nachweis der Werthaltigkeit der Sacheinlage oder als Teil eines Sachgründungsberichts auch dem Register des übernehmenden Rechtsträgers vorzulegen sein kann[15].

Für die Praxis ergibt sich aus der Fristbestimmung der Zeitpunkt, bis zu dem anzumelden ist. Die Fristberechnung erfolgt jedoch umgekehrt, nämlich **rückwärts**. Der Stichtag darf nicht mehr als acht Monate vor dem Tag der Anmeldung liegen. Auszugehen ist also vom Tag der Anmeldung[16]. Dabei ist § 188 Abs. 2 und 3 BGB sinngemäß anzuwenden. Fehlt dem Monat, in den der Bilanzstichtag fällt, der dem Tag der Anmeldung nach seiner Zahl entsprechende Tag, genügt es, wenn die Bilanz auf den letzten Tag des maßgebenden Monats (also des achten Monats vor dem Monat, in dem die Anmeldung erfolgt) erstellt ist. Erfolgt die Anmeldung am 31. Oktober, liegt der 28. Februar 24.00 Uhr (= Bilanzstichtag) noch innerhalb der Achtmonatsfrist[17]. Die rückwärts gerichtete Berechnung der Frist bedeutet auch, dass sich die Frist nicht verlängert, wenn der Ablauf von acht Monaten nach dem Stichtag der Bilanz auf einen Samstag oder Sonntag fällt[18].

2. Anlagen zur Anmeldung
Mit der Anmeldung müssen vorgelegt werden:

a) Bei beiden Registern:
– Urschrift oder beglaubigte Abschrift des Ausgliederungsvertrags;
– Ausfertigung oder beglaubigte Abschrift des Protokolls über die Beschlussfassung der Anteilsinhaber des übernehmenden Rechtsträgers;
– soweit erforderlich: Urschrift oder beglaubigte Abschrift des Ausgliederungsberichts oder der Verzichtserklärungen darauf und
– Nachweis über die rechtzeitige Unterrichtung der zuständigen Betriebsräte[19].

b) Register des Einzelkaufmanns. Beim Handelsregister des Einzelkaufmanns ist ferner eine Bilanz **(Schlussbilanz)** des Einzelkaufmanns auf einen Stichtag beizufügen, der höchstens acht Monate vor dem Tag der Anmeldung liegt.[20] Für die Bilanz gelten die Vorschriften über die Jahresbilanz entsprechend[21]. Für den Einzelkaufmann ist nach dem Handelsgesetz-

---

[14] § 125 iVm. § 17 Abs. 2 Satz 4.
[15] *BayObLG* NJW-RR 1999, 833.
[16] Einzelheiten in § 17 Rn 17.
[17] Unrichtig *OLG Köln* GmbHR 1998, 1085, das die Frist „vorwärts", vom Bilanzstichtag aus berechnet. Widersprüchlich, iE aber richtig, *Widmann* in Widmann/Mayer § 24 Rn 69. Zu der ähnlichen Frage der Fristberechnung nach § 5 Abs. 3 *Krause* NJW 1999, 1448.
[18] § 17 Rn 17; ebenso *Widmann* in Widmann/Mayer § 24 Rn 69 aE, da keine Willenserklärung abzugeben bzw. Leistung zu bewirken sei (vgl. § 193 BGB).
[19] Siehe dazu auch § 17 Rn 2 f.
[20] Zur Fristberechnung siehe Rn 7.
[21] § 17 Abs. 2 UmwG.

buch eine Prüfung nicht vorgeschrieben[22]; deshalb ist von Sonderfällen[23] abgesehen eine Prüfung und ein Testat für die Bilanz nicht erforderlich[24].

11 c) **Keine Ausgliederungserklärung.** Ein Beschluss des Einzelkaufmanns entsprechend dem Beschluss der Anteilsinhaber des übertragenden Rechtsträgers[25] ist **nicht erforderlich**[26]. Der Einzelkaufmann äußert seinen Ausgliederungswillen eindeutig und in notarieller Urkunde mit dem Abschluss des Ausgliederungsvertrags. Eine zusätzliche Erklärung von seiner Seite könnte keinen sinnvollen Zweck haben und ist nicht erforderlich[27].

12 d) **Bei Kapitalerhöhung.** Erhöht der übernehmende Rechtsträger zur Durchführung der Ausgliederung sein Stamm- oder Grundkapital, sind bei seinem Handelsregister ferner die Unterlagen für eine Kapitalerhöhung vorzulegen, bei Aktiengesellschaften insbesondere ein Prüfungsbericht zur **Sachkapitalerhöhung**[28]. Ob bei einer Sachkapitalerhöhung einer GmbH ein Sacherhöhungsbericht erforderlich ist, ist in der GmbH-Rechtsliteratur strittig[29]. Ist ein solcher Bericht bei einer regulären Kapitalerhöhung erforderlich, gilt dies auch für die Kapitalerhöhung im Zuge einer Ausgliederung.

13 e) **Eingetragene Genossenschaft.** Ist eine eG übernehmender Rechtsträger, ist bei ihrem Register die Stellungnahme des **Prüfungsverbands** einzureichen[30].

3. Prüfung

14 a) **Vollständigkeit/Frist.** Die Registergerichte prüfen die Vollständigkeit der bei ihnen erfolgten Anmeldung und der beigefügten Unterlagen und prüfen sie darauf, ob sie den gesetzlichen Vorschriften entsprechen[31]. Das Registergericht des Einzelkaufmanns prüft insbesondere auch die Einhaltung der Achtmonatsfrist[32].

15 b) **Insbesondere Überschuldung.** Die Eintragung im Registergericht des Einzelkaufmanns ist abzulehnen, wenn seine Schulden **offensichtlich** sein Vermögen übersteigen. Offensichtlich heißt „ohne jeden Zweifel"[33]. Bei der Prüfung, ob dieses Ausgliederungshindernis besteht, kann sich das Registergericht auf die Erklärung des Einzelkaufmanns verlassen, sofern keine Anhaltspunkte für Überschuldung vorliegen. Ergeben sich trotz einer dahin gehenden Erklärung des Einzelkaufmanns Anhaltspunkte für die Möglichkeit einer Überschuldung, hat das Registergericht dem in geeigneter Weise nachzugehen. Verbleiben Zweifel, so ist einzutragen, weil eine Überschuldung dann nicht offensichtlich besteht.

16 c) **Werthaltigkeit.** Ist Übernehmer eine Kapitalgesellschaft, die zur Durchführung der Ausgliederung ihr Stamm- oder Grundkapital erhöht, hat das Registergericht des überneh-

---

[22] §§ 316 Abs. 1 iVm. 267 Abs. 2, 3 HGB.
[23] ZB § 3 Abs. 1 Nr. PublG.
[24] So auch *Karollus* in Lutter Rn 11; Die Anforderungen an die Schlussbilanz sind zu unterscheiden von den Anforderungen an den Nachweis des Werts der Sacheinlage, auch soweit dieser durch die Schlussbilanz erbracht wird; *OLG Düsseldorf* NJW 1995, 2927; dazu die Anm. *Lüttge* WiB 1995, 909.
[25] § 13 Abs. 1 UmwG.
[26] *Zimmermann* in Kallmeyer Rn 3, *Karollus* in Lutter Rn 13; *Hörtnagl* in Schmitt/Hörtnagl/Stratz Vor §§ 152 bis 157 Rn 7.
[27] Grds. aA *Mayer* in Widmann/Mayer § 152 Rn 94, 232, doch in Rn 95 iE wie hier.
[28] § 142 Abs. 1 UmwG iVm. § 183 Abs. 3 AktG.
[29] Dafür *Priester* in Scholz § 56 GmbHG Rn 89 f.; dagegen *Lutter/Hommelhoff* § 56 GmbHG Rn 7 mwN.
[30] § 148 Abs. 2 Nr. 2; § 125 iVm. § 81.
[31] Siehe § 130 Rn 2.
[32] Siehe Rn 6.
[33] *Karollus* in Lutter Rn 4; *Zimmermann* in Kallmeyer Rn 5. Ebenso die allgM zur vergleichbaren Regelung des § 38 Abs. 2 Satz 1 AktG siehe *Röhricht* in Großkomm. § 38 AktG Rn 38; *Hüffer* § 38 AktG Rn 8; *Kraft* in Kölner Komm. § 38 AktG Rn 11.

menden Rechtsträgers auch die Werthaltigkeit der Einlage zu prüfen[34]. Da der übernehmende Rechtsträger für sämtliche Verbindlichkeiten des Einzelkaufmanns haftet[35] und der Rückgriff auf den Einzelkaufmann im Fall seiner Überschuldung keinen Erfolg verspricht, ist über die Prüfung der Werthaltigkeit der Sacheinlage auch die Frage nach einer **Überschuldung** zu überprüfen[36]. Das Registergericht des übernehmenden Rechtsträgers kann dazu eine Erklärung des Einzelkaufmanns anfordern. Ergibt sich daraus die ernsthafte Möglichkeit einer Überschuldung, die nicht ausgeräumt werden kann, ist die Eintragung abzulehnen, auch wenn die Überschuldung nicht offensichtlich ist. Denn die Prüfung der Sacheinlage auf ihre Werthaltigkeit wird nicht dadurch begrenzt, dass das Register des Einzelkaufmanns die Eintragung nach § 154 UmwG nur bei offensichtlicher Überschuldung ablehnen darf.

4. Eintragung

a) Voreintragung des übernehmenden Rechtsträgers. In Betracht kommt nur die Aufnahme durch einen im Register **eingetragenen Rechtsträger**. Auch wenn der übernehmende Rechtsträger eine Personengesellschaft ist, für deren Entstehung die Eintragung nicht immer konstitutiv ist, kann die Ausgliederung erst eingetragen werden, wenn zuvor die Personenhandelsgesellschaft eingetragen ist. 17

b) Reihenfolge der Eintragungen. Es gelten hierfür die allgemeinen Vorschriften der Spaltung. Zuerst erfolgt die Eintragung beim übernehmenden Rechtsträger mit Spaltungs-(Ausgliederungs)vermerk[37]. Erhöht der übernehmende Rechtsträger sein Stamm- oder Grundkapital, muss zuerst diese Kapitalerhöhung eingetragen sein[38]. Auch die Eintragung der Kapitalerhöhung erfolgt mit einem Vorbehalt entsprechend dem **Spaltungs-(Ausgliederungs)vermerk**[39]. Das Registergericht des übernehmenden Rechtsträgers hat das Registergericht des Einzelkaufmanns von Amts wegen über die Eintragung im Register des übernehmenden Rechtsträgers zu unterrichten[40]. Daraufhin kann die Eintragung im Handelsregister des Einzelkaufmanns erfolgen, das wiederum das Handelsregister des übernehmenden Rechtsträgers unterrichtet, so dass dieses den Vorbehalt löschen kann. Hat der Einzelkaufmann von seinem Unternehmen mehrere Teile auf unterschiedliche Rechtsträger ausgegliedert, kann er dies als eine einheitliche Ausgliederung (entsprechend einer Aufspaltung) gestalten. In diesem Fall kann die Eintragung im Register des Einzelkaufmanns erst erfolgen, wenn die Ausgliederung im Handelsregister eines jeden übernehmenden Rechtsträgers eingetragen ist[41]. Der Einzelkaufmann kann einen solchen Vorgang aber auch als mehrere selbstständige, wenn auch zeitlich zusammenfallende Ausgliederungen behandeln. Dann kann für jeden Einzelnen dieser Ausgliederungsvorgänge die Eintragung im Handelsregister des Einzelkaufmanns erfolgen, nachdem der einzelne Vorgang im Register des davon betroffenen übernehmenden Rechtsträgers eingetragen wurde. 18

c) Wirkung der Eintragung. Mit der Eintragung im Register des Einzelkaufmanns wird die Ausgliederung wirksam[42]. Das in die Ausgliederung einbezogene Vermögen geht auf den übernehmenden Rechtsträger über; der Einzelkaufmann wird Anteilsinhaber des überneh- 19

---

[34] § 125 Satz 1 iVm. § 55 UmwG; §§ 57 a, 9 c GmbHG sowie §§ 125 Satz 1, 142 Abs. 1 UmwG iVm. §§ 69 Abs. 1 UmwG, 183 Abs. 3 Satz 3 AktG. Siehe § 130 Rn 5; *Karollus* in Lutter Rn 19.
[35] § 133 Abs. 1 Satz 1.
[36] Siehe auch § 159 Rn 20; *Ihrig* GmbHR 1995, 622, 637.
[37] § 130 Abs. 1.
[38] § 125 iVm §§ 53, 66.
[39] § 130 Abs. 1 Satz 2 analog; vgl. auch § 130 Rn 9; *Priester* in Lutter § 130 Rn 9. Zur konditionalen Verknüpfung der Kapitalerhöhung mit der Verschmelzung siehe § 53 Rn 12; § 66 Rn 11.
[40] § 130 Abs. 2.
[41] § 130 Abs. 1 Satz 1.
[42] §§ 130 Abs. 1 Satz 2 aE, 131 Abs. 1.

§ 155 1–3

menden Rechtsträgers. Etwaige Mängel der Beurkundung der Ausgliederung werden **geheilt**[43]. Sonstige Mängel der Ausgliederung lassen die Wirkung der Eintragung unberührt[44].

5. Bekanntmachung

20 Die Bekanntmachung der Ausgliederung erfolgt durch **alle** beteiligten Registergerichte[45].

§ 155 Wirkungen der Ausgliederung

Erfaßt die Ausgliederung das gesamte Unternehmen des Einzelkaufmanns, so bewirkt die Eintragung der Ausgliederung nach § 131 das Erlöschen der von dem Einzelkaufmann geführten Firma. Das Erlöschen der Firma ist von Amts wegen in das Register einzutragen.

Übersicht

	Rn		Rn
I. Allgemeines	1	2. Rechtsfolge	5
1. Sinn und Zweck der Norm	1	3. Teilübertragungen	7
2. Regelungsumfang	2	III. Firma des Übernehmers	8
II. Erlöschen der Firma	3	1. Originäre Firmenbildung	8
1. Übertragung des gesamten Unternehmens	3	2. Fortführung der übernommenen Firma	9

Literatur: *Kögel*, Firmenrechtliche Besonderheiten des neuen Umwandlungsrechts, GmbHR 1996, 168.

I. Allgemeines

1. Sinn und Zweck der Norm

1 Die Bestimmung füllt eine Lücke. Sie regelt einen Fall, der nur bei der Ausgliederung durch den Einzelkaufmann auftreten kann, dass nämlich der Ausgliedernde durch die Ausgliederung die **Firmenfähigkeit** verliert.

2. Regelungsumfang

2 Entgegen der Überschrift regelt die Vorschrift nicht sämtliche Wirkungen der Ausgliederung, sondern trifft ausschließlich eine **firmenrechtliche** Bestimmung[1]. Die übrigen Wirkungen der Ausgliederung und ihrer Eintragung ergeben sich aus § 131.

II. Erlöschen der Firma

1. Übertragung des gesamten Unternehmens

3 Die Bestimmung setzt voraus, dass das **gesamte** Unternehmen in die Ausgliederung einbezogen wird. Bleiben auch nur geringfügige Teile des Unternehmens bei dem Einzelkaufmann zurück, greift die Bestimmung nicht ein[2]. Hat der Einzelkaufmann mehrere Unternehmen unter verschiedenen Firmen, kommt es darauf an, ob das gesamte unter der betroffenen Firma geführte Unternehmen ausgegliedert wird[3].

---

[43] § 131 Abs. 1 Nr. 4.
[44] § 131 Abs. 2.
[45] § 19 Abs. 3.
[1] *Karollus* in Lutter Rn 2.
[2] Ebenso *Karollus* in Lutter Rn 3; *Zimmermann* in Kallmeyer Rn 1.
[3] So auch *Karollus* in Lutter Rn 4.

Die Bestimmung ist nicht anwendbar, wenn von dem Unternehmen Teile bei dem Einzelkaufmann zurückgehalten werden. Davon zu unterscheiden ist der Fall, dass dem Unternehmen zunächst einzelne Vermögensgegenstände entnommen und damit **„entwidmet"** werden. Werden ohne vorangehende Entwidmung einzelne Vermögensteile von der Ausgliederung ausgenommen, soll darin nach einer Meinung eine Entwidmung gesehen werden und demgemäß die Bestimmung anwendbar sein[4]. Die Rechtsfolge des Erlöschens der Firma ohne dahin gehenden Antrag muss jedoch eindeutig bestimmten Fällen vorbehalten bleiben[5]. Genügen die zurückbleibenden Vermögensteile nicht mehr den Anforderungen an ein Gewerbe, ist der (ehemalige) Kaufmann mit Zwangsgeldern zur Anmeldung des Erlöschens anzuhalten[6]. Nur, wenn dies nicht möglich ist, ist die Firma von Amts wegen zu löschen[7]. Vor der Amtslöschung ist dem eingetragenen Inhaber Gelegenheit zu einem Widerspruch zu geben[8]. Die hier abgelehnte Auffassung würde zu einer „automatischen" Löschung auch in Zweifelsfällen führen und damit den dargelegten präventiven Rechtsschutz des Inhabers verkürzen[9].

2. Rechtsfolge

Erfasst die Ausgliederung das gesamte Vermögen, bewirkt die Ausgliederung das **Erlöschen** der Firma. Dies ist von Amts wegen einzutragen. Eines Antrags auf Löschung bedarf es nicht[10]. Die Gesetzesfassung ist freilich ungenau. Das HGB spricht vom Erlöschen der Firma nur, wenn die Firma nicht von einem Übernehmer fortgeführt wird[11]. Die Gesetzesfassung wäre dann richtig, wenn die Fortführung der Firma durch den übernehmenden Rechtsträger ausgeschlossen sein sollte; das wird jedoch mit Recht einhellig verneint[12]. Die Firma erlischt daher nur, wenn die Firma nicht von dem übernehmenden Rechtsträger fortgeführt wird. Wird die Firma fortgeführt, wird die Eintragung des Einzelkaufmanns mit der Firma durch Rötung gelöscht[13].

Anhaltspunkte für die Voraussetzungen der Löschung können sich für das Registergericht aus dem Vergleich des Ausgliederungs- und Übernahmevertrags mit der Schlussbilanz des einzelkaufmännischen Unternehmens ergeben[14]. Ist das Erlöschen der Firma nicht angemeldet, so wird das Registergericht aber jedenfalls vor der Löschung von Amts wegen auf die Absicht der Löschung **hinweisen** und dem Anmeldenden Gelegenheit zur Stellungnahme geben müssen[15].

---

[4] *Karollus* in Lutter Rn 3.
[5] So auch *Mayer* in Widmann/Mayer Rn 5.
[6] § 31 Abs. 2 Satz 1 iVm. § 14 HGB *Karollus* in Lutter Rn 6; *Zimmermann* in Kallmeyer Rn 2; *Hörtnagl* in Schmitt/Hörtnagl/Stratz Rn 1, 3.
[7] § 31 Abs. 2 Satz 2 HGB.
[8] § 141 FGG.
[9] *Karollus* in Lutter Rn 3 mit Fn 4 warnt vor überzogenem Rechtsschutz zu Lasten der Richtigkeit des Handelsregisters. Die von ihm vertretene Löschung gem. § 155 soll nur in völlig eindeutigen Fällen, ggf. nach Ermittlung des Registergerichts zum Tragen kommen. Im praktischen Ergebnis wird dies auf dasselbe hinauslaufen wie die hier vertretene Auffassung.
[10] *Karollus* in Lutter Rn 5; *Hörtnagl* in Schmitt/Hörtnagl/Stratz Rn 1.
[11] § 22 HGB im Gegensatz zu § 31 Abs. 2 HGB; zum Erlöschen der Firma allgemein *Hopt* in Baumbach/Hopt § 17 HGB Rn 23.
[12] Siehe Rn 9.
[13] HRV Nr. 42.
[14] *Hörtnagl* in Schmitt/Hörtnagl/Stratz Rn 1.
[15] Ähnlich *Karollus* in Lutter Rn 5: Aufforderung des Registergerichts an den Kaufmann, eine Erklärung abzugeben.

3. Teilübertragungen

7 Wird nicht das gesamte Unternehmen von der Ausgliederung erfasst, tritt die Rechtsfolge nicht ein. Der ausgliedernde **Einzelkaufmann** bleibt jedenfalls zunächst **eingetragen**, sofern er nicht die Firma überträgt[16]. Dafür ist die Übertragung des Handelsgeschäfts erforderlich; dies erfordert weniger als die Übertragung des gesamten Unternehmens, nämlich nur den Übergang des Unternehmens im Großen und Ganzen bzw. im Kern[17]. Der ausgliedernde Einzelkaufmann kann die Firma ändern oder selbst löschen lassen. Stellen die Vermögensteile, die er von der Ausgliederung ausgenommen hat, kein Gewerbe mehr dar, ist die Löschung zu erzwingen[18].

III. Firma des Übernehmers

1. Originäre Firmenbildung

8 Der übernehmende Rechtsträger kann seine bisherige Firma fortführen oder nach den allgemeinen Vorschriften eine neue Firma bilden[19].

2. Fortführung der übernommenen Firma

9 Nach den allgemeinen Vorschriften über die Verschmelzung darf der übernehmende Rechtsträger die Firma eines übertragenden Rechtsträgers mit oder ohne Beifügung eines Nachfolgezusatzes fortführen[20]. Diese Bestimmung ist auf die Ausgliederung (wie auch auf die Abspaltung) ausdrücklich nicht anzuwenden[21]. Trotzdem kann nach einhelliger Auffassung der übernehmende Rechtsträger die Firma des ausgliedernden Einzelkaufmanns fortführen, jedoch unter Hinzufügung eines Rechtsformzusatzes[22]. Diese Möglichkeit ergibt sich für den übernehmenden Rechtsträger aus den allgemeinen Vorschriften des HGB über die **Firmenübertragung**[23]. Voraussetzung ist dafür die Übertragung des Handelsgeschäfts, aber nicht notwendig des gesamten Unternehmens. § 125 nimmt zwar die umwandlungsrechtliche Vorschrift über die Firmenfortführung[24] ausdrücklich von der Geltung für die Ausgliederung aus, weil anders als bei der Verschmelzung und bei der Aufspaltung die Ausgliederung und die Spaltung nicht notwendig zur Übertragung des gesamten Handelsgeschäfts führt[25]. Die Fortführung der Firma auf anderer Rechtsgrundlage wird damit jedoch nicht untersagt.

---

[16] § 22 HGB.
[17] *Hopt* in Baumbach/Hopt § 22 HGB Rn 4.
[18] §§ 31 Abs. 2 iVm. 14 HGB, 141 FGG.
[19] §§ 18, 19 HGB.
[20] § 18 Abs. 1.
[21] § 125 Satz 1 2. Halbs.
[22] *Karollus* in Lutter Rn 7; *ders.* in Lutter Umwandlungsrechtstage S. 172; *Mayer* in Widmann/Mayer Rn 9 sowie § 152 Rn 104; *Kallmeyer* in Kallmeyer Rn 3 sowie § 125 Rn 29; *Teichmann* in Lutter § 132 Rn 48; *Hörtnagl* in Schmitt/Hörtnagl/Stratz Rn 3; *LG Hagen* GmbHR 1996, 127; zust. *Kögel* GmbHR 1996, 168, 174.
[23] § 22 HGB; so auch *Karollus* in Lutter Rn 7; *Teichmann* in Lutter § 132 Rn 48; *Mayer* in Widmann/Mayer Rn 9 sowie § 152 Rn 104; *Hopt* in Baumbach/Hopt § 19 HGB Rn 40; *LG Hagen* GmbHR 1996, 127; jetzt auch *Kallmeyer* in Kallmeyer Rn 3; das Argument von *Kögel* GmbHR 1996, 168, 171, § 18 UmwG sperre als *lex specialis* den allgemeineren § 22 HGB, ist durch die Neufassung des § 18 UmwG mit dem Handelsrechtsreformgesetz (BGBl. I 1998 S. 1474) überholt, *Karollus* in Lutter § 155 Rn 7. Daher ist es nicht mehr notwendig, die Firmenfortführung am Wortlaut des § 125 Satz 1 vorbei aus § 18 zu begründen, so noch *Kögel* GmbHR 1996, 168, 174; offen gelassen vom *LG Hagen* GmbHR 1996, 127.
[24] § 18 Abs. 1 UmwG.
[25] *Kögel* GmbHR 1996, 168, 173; RegBegr. *Ganske* S. 152.

§ 156 Haftung des Einzelkaufmanns

Durch den Übergang der Verbindlichkeiten auf übernehmende oder neue Gesellschaften wird der Einzelkaufmann von der Haftung für die Verbindlichkeiten nicht befreit. § 418 des Bürgerlichen Gesetzbuchs ist nicht anzuwenden.

Übersicht

	Rn		Rn
I. Allgemeines	1	**III. Nicht übertragene Verbindlichkeiten**	14
1. Anwendungsbereich	1	1. Haftung des Übernehmers	15
2. Verhältnis zu den allgemeinen Vorschriften	2	2. Haftung des Übernehmers aus anderem Rechtsgrund	16
3. Gang der Erläuterung	3	a) Haftung nach § 25 HGB	17
II. Übertragene Verbindlichkeiten	4	b) Haftung nach § 28 HGB	18
1. Maßgeblichkeit des Ausgliederungs- und Übernahmevertrags	4	c) Betriebliche Steuern	19
		d) § 419 BGB	20
2. Haftung des Übernehmers	7	**IV. Zeitliche Abgrenzung**	21
a) Aufgrund Ausgliederungsvertrag	7	1. Entstehungsstadium	22
b) Anhängige Rechtsstreitigkeiten	8	2. Maßgebender Zeitpunkt	23
c) Rechtskräftiges Urteil	9	**V. Haftungsverhältnisse**	24
d) Weitere Haftungsgründe	10	1. Gesamtschuldner	24
e) Drittsicherheiten	11	2. Innenausgleich	25
3. Haftung des Einzelkaufmanns	12	3. Sicherheitsleistung	27
4. Haftung anderer Übernehmer	13	**VI. Betriebsaufspaltung**	28

Literatur: K. Schmidt/Ch. Schneider, Haftungserhaltende Gläubigerstrategien beim Ausscheiden von Gesellschaftern, bei Unternehmensübertragung, Umwandlung und Auflösung, BB 2003, 1961.

I. Allgemeines

1. Anwendungsbereich

Die §§ 156 und 157 regeln einen Ausschnitt aus dem Komplex der Haftung für bestehende Verbindlichkeiten im Zusammenhang mit einer Ausgliederung. Sie regeln nur die fortdauernde Haftung des Einzelkaufmanns für **übertragene Verbindlichkeiten** und deren zeitliche Begrenzung. Nicht einmal diesen Komplex regeln sie vollständig. Mit der Haftung des Übernehmers und mit der Haftung für nicht übertragene Verbindlichkeiten befassen sich die Bestimmungen nicht.

2. Verhältnis zu den allgemeinen Vorschriften

Die Haftungsfolgen der Spaltung und damit auch der Ausgliederung sind allgemein in den §§ 133 und 134 geregelt. Ergänzend gelten die Vorschriften der §§ 21 bis 23. Gegenüber den §§ 133 und 134 sind die §§ 156 und 157 *leges speciales,* aber nur hinsichtlich ihres **unmittelbaren Regelungsgehalts**[1]. Dieser entspricht, wenn auch in unterschiedlicher Regelungstechnik[2], dem, was in § 133 Abs. 1 Satz 1 und Abs. 3 bis 5 bestimmt ist[2a]. Für die Haftung des ausgliedernden Einzelkaufmanns gilt deshalb zusätzlich zu §§ 156 und 157 der § 133 Abs. 1

---

[1] Inhaltlich sind §§ 156, 157 vor dem Hintergrund der allgemeinen Spaltungshaftung in § 133 überflüssig und lediglich als Relikte aus der unbesehenen Übernahme der Vorläufernormen in §§ 56 f Abs. 2, 55 Abs. 2 und 3, 56 UmwG 1969 zu erklären. Keinesfalls darf man aus ihnen im Umkehrschluss eine Sperre für die nicht aufgegriffenen weiteren Regelungen des § 133 ableiten. So iE auch *Karollus* in Lutter Rn 2; *Mayer* in Widmann/Mayer Rn 3.

[2] Die unterschiedliche Technik gibt Hinweise zur Auslegung auch des § 133 und anderer Enthaftungsbestimmungen, siehe § 133 Rn 28 und *K. Schmidt/Ch. Schneider* BB 2003, 1961, 1966 f.

[2a] Zu der Sondervorschrift für Versorgungsverpflichtungen (§ 133 Abs. 3 Satz 2) siehe § 157 Rn 9a.

Satz 2. Danach bleiben die Vorschriften des HGB über die Haftung des Übernehmers eines Handelsgeschäfts mit Firma und desjenigen, der als Gesellschafter in ein Handelsgeschäft eintritt[3], ebenso unberührt wie das Recht der Gläubiger, ggf. Sicherheit zu verlangen[4]. Ebenfalls gilt § 133 Abs. 2, der Regelungen über die Inhaber von Sonderrechten trifft[5]. Für die Haftung des übernehmenden Rechtsträgers gelten die §§ 133 und 134 insgesamt. Schließlich gilt § 133 insoweit, als er das Verhältnis der Haftung von Übernehmer und Ausgliederndem regelt: Sie haften als Gesamtschuldner[6].

3. Gang der Erläuterung

3 Die §§ 156 und 157 regeln danach einen **Ausschnitt** von dem, was für die Spaltung in einem Paragraphen, in § 133, geregelt ist. Zur Verdeutlichung des Zusammenhangs wird im Folgenden die Haftung des Einzelkaufmanns und die des Übernehmers dargestellt. Die Enthaftung von beiden wird dann zu § 157 erläutert. Die Erläuterung beschränkt sich in einigen Teilen auf eine Kurzdarstellung. Wegen der Einzelheiten wird auf die Erläuterungen des § 133 verwiesen.

II. Übertragene Verbindlichkeiten

1. Maßgeblichkeit des Ausgliederungs- und Übernahmevertrags

4 § 156 betrifft die Verbindlichkeiten, die auf den übernehmenden Rechtsträger **übergehen**. Welche Verbindlichkeiten dies sind, ergibt sich aus dem Ausgliederungs- und Übernahmevertrag.

5 Übertragen sind nicht nur Verbindlichkeiten, die im Zeitpunkt der Ausgliederung bestehen, sondern auch solche, die **aus übertragenen** Vertrags- und sonstigen **Rechtsverhältnissen** nach Eintritt weiterer Bedingungen in der Zukunft entstehen[7].

6 Kollidieren übertragene Verpflichtungen mit bestehenden Verpflichtungen des übernehmenden Rechtsträgers, muss dies ggf. zu einer **Anpassung** führen[8]. Gleiches gilt, wenn die Übertragung der Verbindlichkeit zu einer inhaltlichen Änderung, insbesondere einer Erweiterung, führen würde, wie bspw. im Fall von Wettbewerbsverboten oder von Vergütungen, die auf den Umsatz oder Gewinn des Gesamtunternehmens bezogen sind[9].

2. Haftung des Übernehmers

7 **a) Aufgrund Ausgliederungsvertrag.** Soweit die Verbindlichkeit dem Übernehmer im Ausgliederungs- und Übernahmevertrag zugeordnet ist, geht sie vorbehaltlich besonderer Zustimmungserfordernisse[10] **kraft Gesetzes** auf den übernehmenden Rechtsträger über[11].

8 **b) Anhängige Rechtsstreitigkeiten.** Die Übertragung der Verbindlichkeiten hat **keinen Einfluss** auf einen anhängigen Rechtsstreit gegen den Einzelkaufmann. Das ergibt sich schon daraus, dass der Einzelkaufmann gesamtschuldnerisch weiter haftet und deshalb passiv

---

[3] §§ 25, 26 und 28 HGB.
[4] § 125 Satz 1 iVm. § 22.
[5] § 125 Satz 1 iVm. § 23.
[6] Ausf. § 133 Rn 29 ff.
[7] Zur zeitlichen Abgrenzung siehe Rn 21 ff.
[8] § 125 Satz 1 iVm. § 21; *Karollus* in Lutter Rn 25; *Teichmann* in Lutter § 131 Rn 27; *Rieble* ZIP 1997, 301, 312.
[9] Siehe § 133 Rn 48 ff.; für Wettbewerbsverbote siehe *Hommelhoff/Schwab* in Lutter § 133 Rn 48; *Grunewald* in Lutter § 20 Rn 38.
[10] Das allgemeine Zustimmungserfordernis des Gläubigers nach §§ 414 f. BGB stand dem Übergang der Verbindlichkeit im Weg der Gesamtrechtsnachfolge nach allgM nicht über den früheren § 132 entgegen; die Anwendung dieser Vorschrift auf Verbindlichkeiten wurde von der vordringenden hM ohnehin verneint; siehe § 131 rn 32.
[11] § 131 Abs. 1 Nr. 1.

c) **Rechtskräftiges Urteil.** Ein Urteil gegen den Einzelkaufmann, das vor der Ausgliederung[14] rechtskräftig geworden ist, kann auch gegen den übernehmenden Rechtsträger für **vollstreckbar** erklärt werden[15]. 9

d) **Weitere Haftungsgründe.** Für die Haftung des übernehmenden Rechtsträgers ist es **belanglos**, ob er für die von ihm nach dem Ausgliederungs- und Übernahmevertrag übernommenen Verpflichtungen auch aus anderen Rechtsgründen haftet[16]. 10

e) **Drittsicherheiten.** Im Fall einer privativen Schuldübernahme werden Bürgen und andere Drittpersonen, die Sicherheiten für die übernommene Schuld gegeben haben, befreit[17]. Diese Bestimmung gilt gem. § 156 Satz 2 nicht für Verpflichtungen, die durch Ausgliederung auf einen übernehmenden Rechtsträger übertragen werden. Die Sicherheiten **bleiben** also **bestehen**[18]. Die Regelung ist nicht selbstverständlich. Denn die Übertragung der Schuld umfasst im Zweifel auch die Freistellungspflicht gegenüber dem Sicherungsgeber[19]. Diesem wird also – nach der Enthaftung des Einzelkaufmanns[20] – ein anderer Rückgriffsschuldner aufgezwungen. Er ist insoweit in derselben Lage wie ein Gläubiger. Er kann von dem übernehmenden Rechtsträger Sicherheit für seinen Rückgriffsanspruch verlangen, wenn dieser durch die Ausgliederung und die damit verbundene Enthaftung des Einzelkaufmanns gefährdet erscheint[21]. 11

3. Haftung des Einzelkaufmanns

Der Einzelkaufmann kann sich seiner Haftung durch die Ausgliederung nicht entziehen. Er haftet für die einmal **begründeten Verbindlichkeiten** in den zeitlichen Grenzen des § 157 weiter. Welches Stadium der Entstehung die Verbindlichkeit erreicht haben muss, ist nicht gesagt. Die Frage nach der Abgrenzung stellt sich entsprechend bei den nicht übertragenen Verbindlichkeiten. Sie wird unten für beide Bereiche zusammen erläutert[22]. 12

4. Haftung anderer Übernehmer

Wird das Unternehmen des Einzelkaufmanns durch die Ausgliederung in der Weise aufgeteilt, dass verschiedene Teile auf verschiedene übernehmende Rechtsträger ausgegliedert werden, haften alle übernehmenden Rechtsträger neben dem Einzelkaufmann als **Gesamt-** 13

---

[12] *BGH* NJW 2001, 1217, 1218.
[13] Siehe § 133 Rn 58 ff.; dort auch zur Frage der Vollstreckbarkeit des Urteils gegen den Übernehmer.
[14] Über den genau maßgebenden Zeitpunkt siehe Rn 21 ff.
[15] § 729 Abs. 2 ZPO analog, dazu näher § 133 Rn 65 mwN.
[16] Anders wäre es allenfalls, wenn man entgegen Rn 9 eine entsprechende Anwendung des § 729 Abs. 2 ZPO ablehnen wollte; dann käme es darauf an, ob der übernehmende Rechtsträger auch nach § 25 HGB haftet.
[17] § 418 Abs. 1 Satz 1 BGB.
[18] Nach *Canaris* Handelsrecht § 7 Rn 61 sollen sich die Sicherheiten aber nicht mehr auf die übergegangene Hauptschuld, sondern (nur) auf die Forthaftung des Einzelkaufmanns erstrecken. Sie würden also mit dessen Enthaftung frei, sofern man nicht eine Analogie zu § 216 Abs. 1 BGB heranzieht, auf den § 157 nicht verweist. Die Interessen des Gläubigers kommen dabei zu kurz. Gegen *Canaris* auch *Karollus* in Lutter Rn 21 und *K. Schmidt/Ch. Schneider* BB 2003, 1961, 1966 f. Siehe dazu eingehend § 133 Rn 17, 100 f. zur entsprechenden Lage bei § 133, wo eine dem § 156 Satz 2 entsprechende Regelung fehlt.
[19] So auch *Vossius* in Widmann/Mayer § 131 Rn 138.
[20] § 157.
[21] § 22 iVm. § 133 Abs. 1 Satz 2 2. Halbs. Zu den Einzelheiten siehe § 22 Rn 18.
[22] Siehe Rn 21 ff.

schuldner[23]. Der eine übernehmende Rechtsträger haftet damit auch für die an einen anderen übernehmenden Rechtsträger übertragenen Verbindlichkeiten.

III. Nicht übertragene Verbindlichkeiten

14 Nicht übertragene Verbindlichkeiten verbleiben bei dem Einzelkaufmann. Auch bei ihm kann aufgrund allgemeiner Vorschriften[24] eine **Enthaftung** eintreten. Das UmwG trifft darüber keine Bestimmungen.

1. Haftung des Übernehmers

15 Der übernehmende Rechtsträger haftet auch für die Verbindlichkeiten, die ihm nach dem Ausgliederungs- und Übernahmevertrag **nicht übertragen** werden sollten[25]. Diese Haftung umfasst sämtliche Verbindlichkeiten des übertragenden Rechtsträgers, auch reine Privatverbindlichkeiten und auch Verbindlichkeiten, die in anderen Unternehmen des ausgliedernden Rechtsträgers begründet wurden[26]. Sie umfasst auch Verbindlichkeiten, die der Einzelkaufmann vorher auf ein anderes Unternehmen durch Ausgliederung übertragen hatte, für die er aber weiter haftet. Der übernehmende Rechtsträger haftet für diejenigen Verbindlichkeiten, deren Rechtsgrund vor der Ausgliederung liegt[27].

2. Haftung des Übernehmers aus anderem Rechtsgrund

16 Der Übernehmer kann auch aus anderen Rechtsgründen für nicht übertragene Verbindlichkeiten haften. Solche Haftungsgründe bleiben **unberührt**. Der zusätzliche Haftungsgrund ist deshalb relevant, weil dafür andere Enthaftungsregeln gelten.

17 **a) Haftung nach § 25 HGB.** Umfasst die Ausgliederung den Kern[28] des Handelsgeschäfts des ausgliedernden Einzelkaufmanns und führt der übernehmende Rechtsträger die bisherige Firma fort, haftet er vorbehaltlich einer gegenteiligen Eintragung im Handelsregister oder Anzeige an die Gläubiger für die im Handelsgeschäft begründeten Verbindlichkeiten[29]. Das gilt **unabhängig** von den mit dem Übertragenden getroffenen Vereinbarungen. Diese Haftung unterliegt nicht den zeitlichen Grenzen des § 133. Im Gegenteil: In den Fällen der Haftung gem. § 25 HGB endet die Haftung des bisherigen Geschäftsinhabers nach fünf Jahren[30].

18 **b) Haftung nach § 28 HGB.** Tritt jemand als Gesellschafter in ein bisher einzelkaufmännisch geführtes Unternehmen ein, haftet die dadurch entstehende Gesellschaft für alle im Betrieb des Geschäfts entstandenen Verbindlichkeiten mangels einer gegenteiligen Eintragung im Handelsregister gem. § 28 HGB auch, wenn die Gesellschaft die frühere Firma nicht fortführt[31]. Auch die Bestimmung des § 28 HGB soll im Fall der Spaltung, und damit auch der Ausgliederung unberührt bleiben[32]. Jedoch erfüllt die Ausgliederung nicht den Tatbestand des § 28 HGB. Dieser geht von der Einbringung im Zuge der **Gründung** der OHG oder KG aus, während das UmwG eine bereits vorher bestehende Personenhandelsgesellschaft

---

[23] § 133 Abs. 1 Satz 1; *Karollus* in Lutter Rn 19 f.; *Hörtnagl* in Schmitt/Hörtnagl/Stratz Rn 4; zur Frage gesamtschuldnerischer oder akzessorischer Haftung eingehend § 133 Rn 29 ff.
[24] § 26 HGB; siehe dazu § 157 Rn 21; § 133 Rn 112 ff.
[25] § 133 Abs. 1 Satz 1.
[26] AllgM; *Karollus* in Lutter Rn 12; *Hörtnagl* in Schmitt/Hörtnagl/Stratz Rn 7.
[27] Zur zeitlichen Abgrenzung siehe Rn 21 ff.
[28] *Hopt* in Baumbach/Hopt § 22 HGB Rn 4.
[29] § 25 HGB; *Karollus* in Lutter Rn 15 f.; *Mayer* in Widmann/Mayer Rn 32; *Hommelhoff/Schwab* in Lutter § 133 Rn 100.
[30] § 26 HGB; zur Konkurrenz der Enthaftungsregeln siehe § 133 Rn 112 ff.
[31] § 28 HGB.
[32] § 133 Abs. 1 Satz 2 1. Halbs.

voraussetzt[33]. Auch eine analoge Anwendung des § 28 HGB kommt nicht in Betracht. Mit Rücksicht auf § 133 besteht keine Gesetzeslücke[34].

c) Betriebliche Steuern. Umfasst die Ausgliederung das Unternehmen oder einen Betrieb insgesamt, haftet der Übernehmer mit dem übertragenen Vermögen für betriebliche Steuern des Übertragenden, die seit dem Beginn des letzten Kalenderjahrs vor der Ausgliederung entstanden sind und bis zum Ablauf eines Jahres nach der Anmeldung des Betriebs durch den Erwerb festgesetzt oder angemeldet werden[35]. Die **zeitlichen Grenzen** dieser Haftung sind enger als diejenigen für die gesamtschuldnerische Haftung nach dem UmwG. Dem zusätzlichen Haftungsgrund kommt daher keine wirtschaftliche Bedeutung zu.

d) § 419 BGB. Für Ausgliederungen, die vor dem 1. 1. 1999 erfolgten, kommt auch eine Haftung des übernehmenden Rechtsträgers aufgrund des zum 1. 1. 1999 aufgehobenen § 419 BGB in Betracht, wenn das ausgegliederte Vermögen im Wesentlichen das **gesamte Vermögen** des Einzelkaufmanns ausmachte[36].

IV. Zeitliche Abgrenzung

Nach § 133 Abs. 1 ist die Haftung des übernehmenden Rechtsträgers für nicht übernommene Verbindlichkeiten auf diejenigen beschränkt, die vor dem Wirksamwerden der Ausgliederung begründet worden sind. Entsprechend haftet der Einzelkaufmann nach § 156 für diejenigen Verbindlichkeiten weiter, die im Zeitpunkt der Ausgliederung begründet waren[37]. In beiden Fällen wirft die Abgrenzung der bereits begründeten Verbindlichkeiten (Altverbindlichkeiten) die Frage nach dem erforderlichen Stadium der Entstehung und nach dem maßgebenden Zeitpunkt auf.

1. Entstehungsstadium

Ebenso wie in vergleichbaren Fällen[38] kommt es auch hier auf den Entstehungsgrund an. Altverbindlichkeiten sind diejenigen, deren **Rechtsgrund** vor der Ausgliederung liegt, auch wenn weitere Voraussetzungen für die Entstehung der Verbindlichkeiten erst danach bei dem übernehmenden Rechtsträger entstehen[39].

2. Maßgebender Zeitpunkt

Maßgebend ist der Zeitpunkt, zu dem die Ausgliederung durch Eintragung im Register des Einzelkaufmanns wirksam wird[40]. Allerdings wird diese Regel durch den öffentlichen

---

[33] § 152 Satz 1. Demgemäß sieht *Karollus* in Lutter Rn 15 mangels Vergesellschaftung keine Möglichkeit der Anwendung des § 28 HGB; ablehnend auch *Hörtnagl* in Schmitt/Hörtnagl/Stratz § 133 Rn 18.

[34] Zur analogen Anwendung auf die Einbringung (durch Einzelrechtsnachfolge) eingehend *Zimmer/Scheffel* in Ebenroth/Boujong/Joost § 28 HGB Rn 24 ff., die selbst nur die analoge Anwendung auf die Einbringung in eine bestehende Personengesellschaft befürworten.

[35] § 75 AO; *Mayer* in Widmann/Mayer Rn 33.

[36] *Karollus* in Lutter Rn 17; zu den Einzelheiten und insbesondere der gegenständlichen Begrenzung dieser Haftung siehe die Literatur zu § 419 BGB.

[37] AllgM, *Hörtnagl* in Schmitt/Hörtnagl/Stratz Rn 7, *Karollus* in Lutter Rn 26, wenngleich anders als bei § 133 nicht unmittelbar aus dem Wortlaut ablesbar.

[38] §§ 45, 133, 224 UmwG; §§ 25, 26, 28, 130, 160, 174 HGB; ebenso für das Recht, Sicherheit zu verlangen, bzw. die Obliegenheit zur Sicherheitsleistung §§ 22 UmwG, 225, 233 Abs. 2 Satz 2, 303 AktG, 58 Abs. 1 Nr. 2, 58 d Abs. 2 Satz 2 GmbHG.

[39] AllgM, siehe nur *Karollus* in Lutter Rn 13; *Mayer* in Widmann/Mayer Rn 5 f. Zu den Einzelheiten siehe eingehend § 133 Rn 13 ff.

[40] Das ergibt sich aus §§ 133 Abs. 1 Satz 1, 130 Abs. 1 Satz 2; dementsprechend *Karollus* in Lutter Rn 13; *Mayer* in Widmann/Mayer Rn 11; *Kallmeyer* in Kallmeyer § 133 Rn 7; *Hörtnagl* in Schmitt/Hörtnagl/Stratz § 133 Rn 10 ff.

Glauben des Handelsregisters modifiziert[41]. IE ist daher der Zeitpunkt maßgebend, zu dem die Eintragung im Handelsregister des Einzelkaufmanns[42] bekannt gemacht wird[43], sofern nicht der Gläubiger von der Ausgliederung schon vorher Kenntnis hatte[44].

V. Haftungsverhältnisse

1. Gesamtschuldner

24   Der übertragende Einzelkaufmann und der übernehmende Rechtsträger haften als Gesamtschuldner[45]. Die Ausgliederung wirkt daher ähnlich wie ein **gesetzlicher Schuldbeitritt**[46], allerdings in besonderer Form: Bei übertragenen Verbindlichkeiten wie ein Schuldbeitritt, der in einer befreienden Schuldübernahme endet, und bei nicht übertragenen Verbindlichkeiten wie ein befristeter Schuldbeitritt. Für das Gesamtschuldverhältnis gelten die §§ 421 ff. BGB[47].

2. Innenausgleich

25   Die gesamtschuldnerische Haftung regelt nur das Verhältnis zu den Gläubigern. Über das Verhältnis zwischen dem übertragenden und übernehmenden Rechtsträger ist damit nichts gesagt. Ihr **Innenverhältnis** richtet sich nach dem Ausgliederungs- und Übernahmevertrag[48]. Dieser bestimmt, wer im Innenverhältnis die Verbindlichkeit zu tragen hat. Danach richtet sich, ob der vom Gläubiger in Anspruch Genommene bei dem anderen Rückgriff nehmen kann; soweit er rückgriffsberechtigt ist, geht auch die Forderung des von ihm befriedigten Gläubigers auf ihn über[49].

26   Die Zuordnung nach dem Ausgliederungs- und Übernahmevertrag ist auch dann maßgeblich, wenn der Einzelkaufmann in einer einheitlichen Ausgliederung oder in mehreren nacheinander erfolgenden Ausgliederungen Teile seines Vermögens an **verschiedene übernehmende Rechtsträger** übertragen hat. Wird dann einer der Beteiligten aufgrund der Gesamtschuld von einem Gläubiger in Anspruch genommen, hat er zunächst Rückgriff bei demjenigen zu nehmen, der für die Schuld aufgrund des für denselben Ausgliederungsvorgang maßgebenden Ausgliederungs- und Übernahmevertrags verantwortlich ist. Ist der Rückgriff gegenüber einem übernehmenden Rechtsträger nicht realisierbar, ist dafür der Einzelkaufmann verantwortlich[50]. Denn im Verhältnis zwischen ihm und dem übernehmenden Rechtsträger, der für die Verbindlichkeit von dem Gläubiger in Anspruch genommen war, handelt es sich um eine Verbindlichkeit des Einzelkaufmanns, die von dem übernehmenden Rechtsträger nicht übernommen werden sollte. Ist dieser Rückgriffsanspruch gegenüber dem Einzelkaufmann nicht realisierbar, hat der Ausgleich anteilig zwischen den übernehmenden Rechtsträgern zu erfolgen, und zwar entgegen der hM[51] nicht nach Köpfen, sondern nach dem Verhältnis der auf sie übertragenen Nettovermögenswerte[52].

---

[41] § 15 Abs. 1 HGB. Zur Anwendbarkeit des § 15 HGB siehe § 133 Rn 11 und § 22 Rn 12 f.
[42] § 130 Abs. 1 Satz 2.
[43] § 19 Abs. 3.
[44] AM *Karollus* in Lutter Rn 13 a; dazu eingehend § 22 Rn 12 f.
[45] § 133 Abs. 1 Satz 1; zur Auseinandersetzung mit der gegenteiligen Auffassung (akzessorische Haftung) siehe § 133 Rn 29 ff.
[46] *Mayer* in Widmann/Mayer Rn 3; siehe dazu auch § 133 Rn 28.
[47] Einzelheiten siehe § 133 Rn 40 ff., 48 ff.
[48] Siehe § 133 Rn 66 ff.
[49] § 426 Abs. 2 BGB. Siehe auch § 133 Rn 66 mit Fn 197 zum Befreiungsanspruch gegen den Hauptschuldner.
[50] IE auch *Karollus* in Lutter Rn 20.
[51] *Karollus* in Lutter Rn 20; weitere Nachweise siehe § 133 Rn 67 mit Fn 199.
[52] Siehe § 133 Rn 67.

3. Sicherheitsleistung

Gläubiger, deren Forderungen durch die Ausgliederung gefährdet sind, können Sicherheit 27 verlangen[53]. Zur Sicherheitsleistung ist „nur der an der Spaltung beteiligte Rechtsträger verpflichtet, gegen den sich der Anspruch richtet"[54], d. h. der die Verbindlichkeit nach dem Ausgliederungsvertrag zu tragen hat.

VI. Betriebsaufspaltung

Für den Fall der Betriebsaufspaltung trifft das Gesetz eine besondere Bestimmung, die 28 eine gesamtschuldnerische Haftung auch für Verbindlichkeiten vorsieht, die erst nach der Ausgliederung begründet werden[55]. Vorausgesetzt ist, dass durch die Spaltung (die Ausgliederung) eine Struktur entsteht, in der ein Unternehmen, dem die betriebsnotwendigen Vermögensteile gehören (Anlagegesellschaft), diese einem anderen (Betriebsgesellschaft) zwecks Führung des Unternehmens zur Nutzung überlässt und „an den an der Spaltung beteiligten Rechtsträgern im Wesentlichen dieselben Personen beteiligt" sind. Diese Tatbestandselemente passen terminologisch nicht für den Fall der Ausgliederung durch einen Einzelkaufmann. Die Bestimmung ist trotzdem anwendbar[56]. Der **Einzelkaufmann** kann hinsichtlich des von ihm weitergeführten Unternehmens oder des in seinem Eigentum verbleibenden Vermögens als **Betriebsgesellschaft** bzw. als **Anlagegesellschaft** im Sinne der Vorschrift angesehen werden. Hält oder erwirbt der Einzelkaufmann durch die Ausgliederung im Wesentlichen alle Beteiligungen an der anderen Gesellschaft, d. h., bezogen auf Kapital- und Gewinnanteile[57], mindestens 85%[58], so genügt dies für das Erfordernis, dass an den beteiligten Rechtsträgern im Wesentlichen dieselben Personen beteiligt sein müssen.

§ 157 Zeitliche Begrenzung der Haftung für übertragene Verbindlichkeiten

(1) **Der Einzelkaufmann haftet für die im Ausgliederungs- und Übernahmevertrag aufgeführten Verbindlichkeiten, wenn sie vor Ablauf von fünf Jahren nach der Ausgliederung fällig und daraus Ansprüche gegen ihn in einer in § 197 Abs. 1 Nr. 3 bis 5 des Bürgerlichen Gesetzbuchs bezeichneten Art festgestellt sind oder eine gerichtliche oder behördliche Vollstreckungshandlung vorgenommen oder beantragt wird; bei öffentlich-rechtlichen Verbindlichkeiten genügt zur Geltendmachung der Erlass eines Verwaltungsaktes. Eine Haftung des Einzelkaufmanns als Gesellschafter des aufnehmenden Rechtsträgers nach § 128 des Handelsgesetzbuchs bleibt unberührt.**
(2) **Die Frist beginnt mit dem Tage, an dem die Eintragung der Ausgliederung in das Register des Sitzes des Einzelkaufmanns nach § 125 in Verbindung mit § 19 Abs. 3 bekannt gemacht worden ist. Die für die Verjährung geltenden §§ 204, 206, 207, 211 und 212 Abs. 2 und 3 des Bürgerlichen Gesetzbuchs sind entsprechend anzuwenden.**
(3) **Einer Feststellung in einer in § 197 Abs. 1 Nr. 3 bis 5 des Bürgerlichen Gesetzbuchs bezeichneten Art bedarf es nicht, soweit der Einzelkaufmann den Anspruch schriftlich anerkannt hat.**
(4) **Die Absätze 1 bis 3 sind auch anzuwenden, wenn der Einzelkaufmann in dem Rechtsträger anderer Rechtsform geschäftsführend tätig wird.**

---

[53] § 125 iVm. § 22.
[54] § 133 Abs. 1 Satz 2 2. Halbs.; zu den Einzelheiten siehe § 133 Rn 119 ff.
[55] § 134 Abs. 1 Satz 1; Einzelheiten siehe § 134 Rn 1 ff.
[56] *Karollus* in Lutter Rn 7; *Kallmeyer* in Kallmeyer Rn 2; *Mayer* in Widmann/Mayer Rn 33.
[57] Siehe § 134 Rn 25.
[58] Siehe § 134 Rn 26.

Übersicht

	Rn		Rn
I. Allgemeines	1	4. Keine Feststellung	13
1. Sinn und Zweck der Norm	1	a) Feststellung oder Vollstreckungsmaßnahmen	13
2. Haftungsgrenze des Übernehmers	2	b) Verwaltungsakt	14
3. Verhältnis zu §§ 133, 134	3	c) Anerkenntnis	15
4. Verfassungskonformität	4	d) Zeitpunkt	16
II. Enthaftung des Einzelkaufmannes	5	e) Erfüllung	17
1. Gegenstand der Enthaftung	5	5. Sonstige Haftungsgrenzen	18
a) Übertragene Verbindlichkeiten	5	6. Abweichende Vereinbarungen	19
b) Zeitliche Abgrenzung	6	7. Reichweite der Enthaftung	20
2. Grundsatz der Enthaftung	7	**III. Enthaftung bei anderen Haftungsgründen**	21
a) Fünf Jahre nach dem Stichtag	7		
b) Geschäftsführende Tätigkeit	8	1. Enthaftung des Einzelkaufmannes nach §§ 25, 28 HGB	21
c) Andere Haftungsgründe	9		
d) Versorgungsverpflichtungen	9a	2. „Enthaftung" des Übernehmers für nicht übernommene Verbindlichkeiten	22
3. Spätere Fälligkeit	10		
a) Grundsatz	10	**IV. Innenausgleich nach Enthaftung**	23
b) Keine Verlängerung nach Verjährungsgrundsätzen	11	1. Kein Gesamtschuldverhältnis	23
c) Klage vor Fälligkeit	12	2. Vertraglicher Anspruch	24

Literatur: *Canaris,* Die Enthaftungsregelung der §§ 26, 28 Abs. 3 HGB auf dem Prüfstand der Verfassung, FS Odersky 1996, S. 753; *Maier-Reimer,* Nachhaftungsbegrenzung und Neues Verjährungsrecht, DB 2002, 1818.

I. Allgemeines

1. Sinn und Zweck der Norm

1 Die Vorschrift begrenzt zeitlich die fortdauernde Haftung des Einzelkaufmanns für diejenigen Verbindlichkeiten, die nach dem Ausgliederungs- und Übernahmevertrag auf den übernehmenden Rechtsträger übergegangen sind. Sachlich entspricht die Regelung weitgehend der mit dem Nachhaftungsbegrenzungsgesetz[1] durchgehend eingeführten zeitlichen Begrenzung. Sie entspricht inhaltlich auch der **Enthaftungsregelung** des § 133 UmwG.

2. Haftungsgrenze des Übernehmers

2 Die Vorschrift befasst sich ausschließlich mit der Enthaftung des **Einzelkaufmanns**. Die zeitliche Begrenzung der Haftung des übernehmenden Rechtsträgers als sog. Mithafter ist nicht hier, sondern in § 133 geregelt.

3. Verhältnis zu §§ 133, 134

3 Da die Vorschrift lediglich die in der Spezialvorschrift des § 156 angeordnete Forthaftung zeitlich begrenzt, steht sie zu den allgemeinen Vorschriften der §§ 133, 134 und der dort bestimmten zeitlichen Begrenzung in dem **gleichen Verhältnis** wie § 156[2]. Insbesondere verdrängt die Vorschrift nicht eine ggf. eintretende längere Haftung aufgrund des § 134 im Fall einer Betriebsaufspaltung.

4. Verfassungskonformität

4 Die Verfassungsmäßigkeit der Enthaftungsregelung des § 157 wird zum Teil, insbesondere wegen Verstoßes gegen die **Eigentumsgarantie** des Grundgesetzes bestritten[3]. Dem kann

---

[1] Vom 18. 3. 1994, BGBl. I 1994 S. 560.
[2] Siehe § 156 Rn 2.
[3] *Canaris,* FS Odersky, S. 753, 775 f. für die Ausgliederung in eine Personenhandelsgesellschaft; weitergehend *Petersen,* Der Gläubigerschutz im Umwandlungsrecht, 2001, S. 284 ff.

nicht gefolgt werden. Das Ineinandergreifen von Ansprüchen auf Sicherheit, dem Recht der Fälligstellung im Fall der Verletzung des Anspruchs auf Sicherheit und der gesamtschuldnerischen Haftung aller Beteiligten für den dann bestehenden fälligen Anspruch steht einer solchen Argumentation entgegen[4]. Allerdings greifen diese Schutzmechanismen nur für Forderungen, die dem Gläubiger bekannt sind. Ein verfassungsrechtliches Gebot, solche Ansprüche – auch durch entsprechende Gestaltung der Verjährungsregeln – bis zu ihrem Bekanntwerden zu schützen, kann jedoch nicht anerkannt werden.

II. Enthaftung des Einzelkaufmanns

1. Gegenstand der Enthaftung

a) Übertragene Verbindlichkeiten. Die Bestimmung gilt für diejenigen Verbindlichkeiten, die nach dem Ausgliederungs- und Übernahmevertrag dem Übernehmer zugewiesen sind. Der **Rechtsgrund** der Verbindlichkeiten ist **unerheblich**[5]. Die Bestimmung gilt für vertragliche wie für gesetzliche, privatrechtliche wie für öffentlich-rechtliche[6] Verbindlichkeiten[7].

b) Zeitliche Abgrenzung. Die Verbindlichkeiten müssen durch die Ausgliederung auf den übernehmenden Rechtsträger übertragen worden sein. Sind sie in dem übertragenen Unternehmensbereich erst nach der Ausgliederung begründet worden, sind es **Neuverbindlichkeiten**, für die nur der übernehmende Rechtsträger haftet[8]. Wie auch sonst kommt es darauf an, ob der Rechtsgrund für die Verbindlichkeit vor der Ausgliederung bestand. Maßgebender Zeitpunkt ist dabei im praktischen Ergebnis der Tag, an dem die Eintragung der Ausgliederung im Handelsregister des Einzelkaufmanns als bekannt gemacht gilt[9].

2. Grundsatz der Enthaftung

a) Fünf Jahre nach dem Stichtag. Der Einzelkaufmann wird von der Haftung fünf Jahre nach dem Stichtag frei. Stichtag ist der Tag, an dem die Eintragung im Register des Einzelkaufmanns bekannt gemacht worden ist[10]. Die Enthaftung tritt nicht ein, wenn die Verbindlichkeit binnen fünf Jahren nach dem Stichtag **fällig** wird und innerhalb dieser fünf Jahre rechtskräftig oder durch vollstreckbare Urkunden oder Vergleiche oder in einem Insolvenzverfahren **festgestellt** oder schriftlich anerkannt oder ihretwegen die Zwangsvollstreckung betrieben wird[11].

b) Geschäftsführende Tätigkeit. Gem. § 157 Abs. 4 tritt die **Enthaftung** auch dann ein, wenn der Einzelkaufmann beim übernehmenden Rechtsträger eine geschäftsführende

---

[4] Einzelheiten bei § 22 Rn 55, § 133 Rn 123; iE wie hier *H. Schmidt* in Lutter § 173 Rn 1 und jetzt wohl auch *Canaris* Handelsrecht § 7 Rn 48, der deshalb in Rn 49 ff. für eine analoge Anwendung des § 22 iRd. § 26 HGB plädiert, um die fortbestehenden verfassungsrechtlichen Bedenken gegen diese Norm auszuräumen.
[5] *Mayer* in Widmann/Mayer § 156 Rn 9.
[6] § 157 Abs. 1 Satz 1 2. Halbs.
[7] Zu möglichen Grenzen siehe § 133 Rn 107 ff.; zum Vorrang anderer Haftungsgründe siehe § 133 Rn 39 und 111 ff.
[8] *Mayer* in Widmann/Mayer § 156 Rn 28; *Karollus* in Lutter § 156 Rn 26; Ausnahme: § 134 Abs. 1 Satz 1.
[9] Siehe § 156 Rn 23.
[10] § 157 Abs. 3 Satz 1 iVm. § 19 Abs. 3.
[11] Wegen der Einzelheiten siehe § 133 Rn 77 ff.

Tätigkeit ausübt. Das entspricht der Bestimmung des § 160 Abs. 3 HGB, mit dem eine Streitfrage zum früheren Recht entschieden wurde[12].

9 **c) Andere Haftungsgründe.** Haftet der Einzelkaufmann aus anderen Gründen als dem, dass er ursprünglicher Schuldner der Verbindlichkeit war, bleibt dieser andere Haftungsgrund **unberührt**[13]. Das schreibt das Gesetz in § 157 Abs. 1 Satz 2 ausdrücklich für den Fall vor, dass der Einzelkaufmann persönlich haftender Gesellschafter beim übernehmenden Rechtsträger ist oder wird.

9a **d) Versorgungsverpflichtungen.** Seit 25.4.2007 gilt für Versorgungsverpflichtungen, die dem Betriebsrentengesetz unterliegen, eine allgemeine Enthaftungsfrist von zehn Jahren[14]. Diese erst auf Empfehlung des Rechtsausschusses eingeführte Änderung der allgemeinen Regel über die Spaltungshaftung ist – aufgrund eines offensichtlichen Redaktionsversehens – in den § 157 nicht aufgenommen worden. Trotz der Spezialität des § 157[15] ist deshalb die allgemeine Regel über die verlängerte Enthaftungsfrist für Versorgungsverpflichtungen entsprechend auch auf die Enthaftung des Einzelkaufmanns anzuwenden[16]. Der Gesetzgeber hielt eine besondere Regelung für Versorgungsverpflichtungen offensichtlich für erforderlich. Es besteht deshalb in § 157 eine ungeplante Lücke. Der mithaftende übernehmende Rechtsträger wird jedenfalls erst nach zehn Jahren befreit, weil für ihn nur die allgemeinen Enthaftungsregeln gelten. Es wäre unverständlich, wenn der Einzelkaufmann, bei dem die Verpflichtungen begründet wurden, für die Enthaftung privilegiert würde. Gewisse Brüche verbleiben jedoch: In den sonstigen Vorschriften zur Begrenzung der Nachhaftung[17] verbleibt es auch für Versorgungsverpflichtungen bei der fünfjährigen Enthaftungsfrist. Dieser Unterschied ist geplant. Der Gesetzgeber wollte eine Sonderregelung gerade für den Fall der Spaltung treffen.

3. Spätere Fälligkeit

10 **a) Grundsatz.** Für Ansprüche, die erst nach Ablauf von fünf Jahren nach dem Stichtag fällig werden, tritt die Enthaftung des Einzelkaufmanns ohne weitere Voraussetzungen ein. Die Enthaftung gilt insbesondere auch für Ansprüche aus Dauerschuldverhältnissen einschließlich Arbeitsverhältnissen und Versorgungsverpflichtungen, die erst nach Ablauf der fünf Jahre fällig werden[18]. Für den Sonderfall der Betriebsaufspaltung gilt aber anderes[19]. Maßgebend ist die **Fälligkeit des einzelnen Anspruchs** aus dem Dauerschuldverhältnis[20], also des Anspruchs auf die einzelne Mietrate oder das einzelne Monatsgehalt oder die Versorgungsleistung für den einzelnen Monat. Diese Enthaftungsregelung entspricht dem allgemein mit dem Nachhaftungsbegrenzungsgesetz von 1994 eingeführten Prinzip. Wegen der Einzelheiten und der Übergangsregelungen wird auf die Erläuterungen zu § 133 verwiesen.

11 **b) Keine Verlängerung nach Verjährungsgrundsätzen.** In Abs. 2, der die Frist regelt, verweist das Gesetz auf bestimmte Vorschriften des BGB über die Hemmung, die Ablaufhemmung und den Neubeginn der Verjährung. Wie auch in den entsprechenden Vorschriften des HGB ist die Verweisung dahin zu verstehen, dass sie nur für den zweiten Enthaf-

---

[12] Dazu *Hopt* in Baumbach/Hopt § 160 HGB Rn 7.
[13] So auch *Mayer* in Widmann/Mayer Rn 6.
[14] § 133 Abs. 3 Satz 2.
[15] Siehe § 156 Rn 2.
[16] Zum Übergangsrecht siehe § 133 Rn 106 a.
[17] §§ 26, 160 HGB; §§ 45, 224 UmwG.
[18] *Karollus* in Lutter Rn 6; *Hopt* in Baumbach/Hopt § 160 HGB Rn 3 zu der parallelen Enthaftungsvorschrift für den ausgeschiedenen Gesellschafter.
[19] Siehe § 156 Rn 28 sowie § 134 Rn 1 ff.
[20] Ganz hL, *Lieb* in MünchKomm. § 26 HGB Rn 6 mwN in Fn 29. Grundsätzlich zur Einbeziehung von Dauerschuldverhältnissen siehe § 133 Rn 21.

tungsgrund gilt, nämlich die Enthaftung mangels Feststellung, Anerkenntnis und Vollzugsmaßnahmen binnen fünf Jahren[21]. Allerdings kann anderes bezüglich der §§ 210 und 211 BGB gelten. Nach diesen Vorschriften gilt eine **Ablaufhemmung** für die Verjährung von Ansprüchen eines nicht voll Geschäftsfähigen ohne gesetzlichen Vertreter und von Nachlassansprüchen bei ungeklärter Erbfolge. Wenn die Fälligkeit eines solchen Anspruchs von einer Kündigung oder sonstigen Maßnahme des Gläubigers abhängt, kann eine vergleichbare Lage gegeben sein. Insoweit kann die Anordnung der entsprechenden Anwendung dieser Vorschriften dahin verstanden werden, dass der Ablauf der Fünfjahresfrist hinsichtlich der Fälligkeit in solchen Fällen entsprechend gehemmt wird[22].

c) Klage vor Fälligkeit. Die Fälligkeit des Anspruchs binnen fünf Jahren nach dem Stichtag ist Voraussetzung der Haftung des Einzelkaufmanns. Ist diese Voraussetzung nicht erfüllt, haftet der Einzelkaufmann nicht[23]. Die Fälligkeit kann nicht durch eine vor Ablauf der fünf Jahre erhobene Klage auf zukünftige Leistung oder eine Feststellungsklage ersetzt werden[24]. Die Klage führt nicht – nach Art der Hemmung der Verjährung[25] – zu einer Verlängerung der Frist. 12

4. Keine Feststellung

a) Feststellung oder Vollstreckungsmaßnahmen. Der Einzelkaufmann wird außerdem frei, wenn und soweit die Verbindlichkeit ihm gegenüber nicht binnen fünf Jahren nach dem Stichtag rechtskräftig oder in vollstreckbaren Vergleichen oder Urkunden oder durch Feststellung in einem Insolvenzverfahren festgestellt[26] wird und ihretwegen auch nicht die Zwangsvollstreckung betrieben wird. Die Frist wird insbesondere durch Klage und gleich gestellte Maßnahmen **gehemmt**. Die Vorschrift entspricht insoweit vollständig dem § 133 Abs. 3 und 4. Auf die Erläuterungen dazu wird verwiesen[27]. 13

b) Verwaltungsakt. Für öffentlich-rechtliche Verbindlichkeiten genügt statt der Feststellung der **Erlass** eines Verwaltungsakts, in dem der Anspruch festgesetzt wird[28]. 14

c) Anerkenntnis. Der gerichtlichen Feststellung bedarf es nicht, soweit der Einzelkaufmann den Anspruch **schriftlich** anerkannt hat. Dafür genügt jede eindeutige schriftliche Bestätigung der Schuld. Ein Schuldanerkenntnis iSd. § 780 BGB ist nicht erforderlich[29]. Da es nicht um die Schriftform für schriftliche Schuldanerkenntnisse iSd. § 780 BGB geht, sondern um eine aus Gründen der Rechtssicherheit vorgeschriebene Form[30], entfällt die Schriftform nicht aufgrund des § 350 HGB. 15

d) Zeitpunkt. Die Feststellung, Vollstreckungsmaßnahme, der Verwaltungsakt oder das Anerkenntnis müssen nach der hier vertretenen Auffassung und entgegen der hM in die Zeit **nach der Ausgliederung** fallen[31]. 16

e) Erfüllung. Keiner Regelung bedarf die Erfüllung der Verbindlichkeit vor Ablauf der Fünfjahresfrist. Denn dann stellt sich die Frage einer Forthaftung nicht mehr. Erfüllt der 17

---

[21] *Maier-Reimer* DB 2002, 1818, 1819 f.; ebenso *Karollus* in Lutter Rn 10.
[22] So auch *Karollus* in Lutter Rn 10.
[23] § 133 Rn 82; *Karollus* in Lutter Rn 8; ferner *Hopt* in Baumbach/Hopt § 160 HGB Rn 3, § 26 HGB Rn 5.
[24] Ebenso *Karollus* in Lutter Rn 10; *Maier-Reimer* DB 2002, 1818, 1819.
[25] § 204 Abs. 1 Nr. 1 BGB.
[26] § 157 Abs. 3 Satz 1 iVm. § 197 Abs. 1 Nr. 3 bis 5 BGB.
[27] Siehe § 133 Rn 88 ff.
[28] Siehe § 133 Rn 86.
[29] *Karollus* in Lutter Rn 14; *Hopt* in Baumbach/Hopt § 160 HGB Rn 6.
[30] Dazu die Stellungnahme des *BR* ZIP 1992, 67 f.
[31] Im Einzelnen § 133 Rn 92 ff.; *Maier-Reimer* DB 2002, 1818, 1820.

Einzelkaufmann die Verbindlichkeit vor Ablauf der Fünfjahresfrist, leistet er auch nicht ohne Rechtsgrund, so dass eine Kondiktion nicht in Betracht kommt[32].

5. Sonstige Haftungsgrenzen

18 Die Vorschrift enthält einen besonderen Fall der Enthaftung. Sonstige kürzere Verjährungs- oder Ausschlussfristen für den einzelnen Anspruch bleiben **unberührt**[33].

6. Abweichende Vereinbarungen

19 Die Enthaftungsregeln können im Ausgliederungsvertrag oder durch Vereinbarung mit einzelnen Gläubigern **zugunsten** des Gläubigers verändert werden. Zu ungunsten der Gläubiger ist eine Änderung nur einzelvertraglich möglich[34].

7. Reichweite der Enthaftung

20 Die Enthaftung des Einzelkaufmanns aufgrund der Vorschrift gilt nur für seine Forthaftung aufgrund des § 156. Neben dieser Bestimmung ist der Kaufmann verpflichtet, den Inhabern von **Sonderrechten** gleichwertige Rechte einzuräumen[35]. Für diese Verpflichtung gilt die entsprechende Enthaftungsregelung des § 133. Für die besondere Haftung im Fall der Betriebsaufspaltung gilt die Spezialvorschrift des § 134.

III. Enthaftung bei anderen Haftungsgründen

1. Enthaftung des Einzelkaufmanns nach §§ 25, 28 HGB

21 Haftet der Übernehmer wegen Fortführung der Firma gem. § 25 HGB oder aufgrund einer entsprechenden Anwendung des § 28 HGB[36], führt dies zu einer Enthaftung des Einzelkaufmanns. Zur Konkurrenz der Enthaftungsvorschriften kann auf die Erläuterungen zu § 133 verwiesen werden[37].

2. „Enthaftung" des Übernehmers für nicht übernommene Verbindlichkeiten

22 Der Übernehmer haftet **gesamtschuldnerisch** mit den anderen an der Ausgliederung Beteiligten auch für die Verbindlichkeiten, die ihm nicht zugewiesen sind[38]. Die Befreiung von dieser Haftung tritt aufgrund § 133 fünf Jahre nach dem maßgebenden Zeitpunkt[39] nach den gleichen Grundsätzen ein wie die Enthaftung des Einzelkaufmanns bezüglich übertragener Verbindlichkeiten[40].

IV. Innenausgleich nach Enthaftung

1. Kein Gesamtschuldverhältnis

23 Nach der Enthaftung besteht keine Gesamtschuld mehr. Die Vorschriften des § 426 BGB über den **Innenausgleich** zwischen Gesamtschuldnern gelten daher nicht mehr.

---

[32] Zur Erfüllung durch (Hilfs-)Aufrechnung siehe § 133 Rn 98.
[33] *Karollus* in Lutter Rn 22; *Hopt* in Baumbach/Hopt § 26 HGB Rn 5.
[34] Zur Begründung siehe § 133 Rn 124 f.
[35] § 133 Abs. 2 Satz 2.
[36] Siehe § 156 Rn 18.
[37] § 133 Rn 113, 114.
[38] Siehe § 156 Rn 15.
[39] Siehe § 156 Rn 23.
[40] Siehe Rn 7 ff. sowie § 133 Rn 77 ff.

2. Vertraglicher Anspruch

Jedoch ist der Ausgliederungs- und Übernahmevertrag dahin auszulegen, dass jeder Beteiligte verpflichtet ist, die anderen Beteiligten von einer Haftung für Verbindlichkeiten, die im Vertrag ihm zugewiesen sind, **freizustellen** und nach Ablauf der Enthaftungsfrist von fünf Jahren zu befreien. 24

Dritter Unterabschnitt. Ausgliederung zur Neugründung

§ 158 Anzuwendende Vorschriften

Auf die Ausgliederung zur Neugründung sind die Vorschriften des Zweiten Unterabschnitts entsprechend anzuwenden, soweit sich aus diesem Unterabschnitt nichts anderes ergibt.

Übersicht

	Rn		Rn
I. Allgemeines	1	3. Kein Ausgliederungsbericht	7
1. Anwendungsbereich	1	4. Unterrichtung des Betriebsrats	8
2. Verweisungsumfang	2	a) Grundsatz	8
3. Anwendbare Vorschriften	3	b) Zeitpunkt	9
4. Sachgründung	4	5. Zustimmungsbeschluss	10
II. Verfahren	5	6. Besondere Gründungserfordernisse	12
1. Ausgliederungsplan	5	7. Handelsregisteranmeldung und	
2. Keine Ausgliederungsprüfung	6	-eintragung	13

I. Allgemeines

1. Anwendungsbereich

Die Vorschrift beschränkt sich auf eine allgemeine Verweisung. Sie gilt für die Ausgliederung durch den Einzelkaufmann zur **Neugründung**. Der Einzelkaufmann kann eine Ausgliederung zur Neugründung nur in die Rechtsform einer Kapitalgesellschaft (AG, KGaA oder GmbH) bewirken[1]. Es geht also um die Ausgliederung durch einen Einzelkaufmann auf eine dieser Rechtsformen. 1

2. Verweisungsumfang

Die Vorschrift verweist auf den zweiten Unterabschnitt, also die Ausgliederung zur Aufnahme, vorbehaltlich abweichender Regelungen in dem mit ihr beginnenden dritten Unterabschnitt. Tatsächlich enthält der dritte Unterabschnitt, also die §§ 159 und 160, keine abweichenden Vorschriften. Die Bestimmungen des zweiten Unterabschnitts gelten demnach **uneingeschränkt**. 2

3. Anwendbare Vorschriften

Für die Ausgliederung zur Neugründung kommen demnach neben den Vorschriften des dritten Unterabschnitts (§§ 159, 160) die folgenden Vorschriften zur Anwendung:
– für die Ausgliederungsvoraussetzungen: § 152; 3

---

[1] § 152 Satz 1.

- für die Anforderungen auf Seiten des Einzelkaufmanns, die Wirkungen und die Haftung: §§ 153 bis 157;
- außerdem: § 123 Abs. 3, 4, §§ 124, 125, 135 bis 137;
- sowie über § 135: §§ 126, 130 Abs. 1, 131 bis 134;
- §§ 36 bis 38;
- über § 125 (soweit nicht durch §§ 135, 153 eingeschränkt): §§ 5, 6, 17, 19 bis 24;
- sowie die Rechtsform spezifischen Vorschriften, nämlich:
  für die Ausgliederung in eine GmbH: § 138, 56–58,
  in die AG, KGaA: §§ 144, 73 bis 75, 78.

4. Sachgründung

4   Wie jede Spaltung zur Neugründung ist auch die Ausgliederung zur Neugründung aus der Sicht der neu gegründeten Gesellschaft eine Sachgründung. Es sind deshalb insbesondere die jeweiligen Gründungsvorschriften zu beachten, soweit sich aus dem UmwG nichts abweichendes ergibt[2].

II. Verfahren

1. Ausgliederungsplan

5   An die Stelle des Ausgliederungs- und Übernahmevertrags tritt der **Ausgliederungsplan**[3]. Dieser ist von dem ausgliedernden Einzelkaufmann aufzustellen; er bedarf der notariellen Beurkundung[4]. Der Inhalt des Plans entspricht demjenigen des Ausgliederungs- und Übernahmevertrags. Er muss zugleich den Gesellschaftsvertrag bzw. die Satzung des übernehmenden Rechtsträgers enthalten oder feststellen[5].

2. Keine Ausgliederungsprüfung

6   Auf der Seite des ausgliedernden Einzelkaufmanns findet eine Prüfung des Vorgangs als Ausgliederungsprüfung **nicht** statt[6].

3. Kein Ausgliederungsbericht

7   Ein Ausgliederungsbericht ist für den Einzelkaufmann nicht erforderlich[7]. Ein „**Übernahmebericht**" für den übernehmenden Rechtsträger ist ebenfalls nicht erforderlich[8]. Dagegen bedarf es eines Sachgründungs- oder Gründungsberichts[9].

4. Unterrichtung des Betriebsrats

8   **a) Grundsatz.** Der Entwurf des Ausgliederungsplans ist dem zuständigen Betriebsrat spätestens einen Monat im Voraus zuzuleiten[10]. Die **Zuständigkeit** richtet sich nach denselben Grundsätzen wie bei der Ausgliederung zur Aufnahme[11]. Die Zuständigkeit eines Konzernbetriebsrats ist dabei nur denkbar, wenn im Zuge desselben Ausgliederungsvorgangs mehrere

---

[2] § 135 Abs. 2 Satz 1.
[3] § 136.
[4] § 125 Satz 1 iVm. § 6.
[5] § 125 Satz 1 iVm. § 37.
[6] § 125 Satz 2.
[7] § 153 UmwG.
[8] *Karollus* in Lutter Rn 8.
[9] Siehe § 159 Rn 1 ff.
[10] § 126 Abs. 3.
[11] Siehe § 153 Rn 4.

Teile verschiedener Konzernunternehmen auf den neu gegründeten Rechtsträger übertragen werden[12]. Denn die Tatsache, dass sich der Konzern um den neu gegründeten Rechtsträger erweitert, vergrößert lediglich das herrschende Unternehmen, ohne die bisherigen Beziehungen zu den abhängigen Unternehmen unmittelbar zu verändern[13].

b) Zeitpunkt. Die Unterrichtung hat nach § 126 Abs. 3 einen Monat vor der Beschlussfassung der Anteilsinhaber zu erfolgen. Eine solche Beschlussfassung entfällt bei der Ausgliederung zur Neugründung. Hier kann nur auf die **Anmeldung** zum Handelsregister abgestellt werden. Mit dieser Anmeldung gibt der Einzelkaufmann die Dinge aus der Hand. Sie bewirkt faktisch eine Bindung. Daher ist der Betriebsrat einen Monat vor der Anmeldung zu unterrichten[14]. 9

5. Zustimmungsbeschluss

Ein Zustimmungsbeschluss auf Seiten des Einzelkaufmanns entfällt. Etwa erforderliche **Zustimmungserfordernisse** stiller Gesellschafter oder anderer interessierter Parteien berühren nur das Innenverhältnis[15]. Ebenfalls entfällt ein Zustimmungsbeschluss auf Seiten des übernehmenden Rechtsträgers. 10

Einer zusätzlichen **Ausgliederungserklärung** des Einzelkaufmanns bedarf es nicht[16]. 11

6. Besondere Gründungserfordernisse

Gründer der neuen Kapitalgesellschaft ist der Einzelkaufmann[17]. Für die Bestellung der ersten Organmitglieder gelten die allgemeinen Gründungsvorschriften. **Sachgründungsbericht** bei der GmbH und Gründungsbericht sowie Gründungsprüfung bei AG und KGaA sind immer erforderlich[18]. Dazu enthält § 159 besondere Vorschriften. 12

7. Handelsregisteranmeldung und -eintragung

Für die Anmeldung des neuen Rechtsträgers gilt § 160[19]. 13

§ 159 Sachgründungsbericht, Gründungsbericht und Gründungsprüfung

(1) **Auf den Sachgründungsbericht (§ 5 Abs. 4 des Gesetzes betreffend die Gesellschaften mit beschränkter Haftung) ist § 58 Abs. 1, auf den Gründungsbericht (§ 32 des Aktiengesetzes) § 75 Abs. 1 entsprechend anzuwenden.**

(2) **Im Falle der Gründung einer Aktiengesellschaft oder einer Kommanditgesellschaft auf Aktien haben die Prüfung durch die Mitglieder des Vorstands und des Aufsichtsrats (§ 33 Abs. 1 des Aktiengesetzes) sowie die Prüfung durch einen oder mehrere Prüfer (§ 33 Abs. 2 des Aktiengesetzes) sich auch darauf zu erstrecken, ob die Verbindlichkeiten des Einzelkaufmanns sein Vermögen übersteigen.**

---

[12] Zu dieser Möglichkeit siehe § 152 Rn 47.
[13] *Müller* DB 1997, 713, 715.
[14] Siehe auch § 153 Rn 5, wo ebenfalls auf den Zeitpunkt der Bindung, nämlich des Vertragsabschlusses mit dem übernehmenden Rechtsträger, abgestellt ist; bei Neugründung wie hier *Karollus* in Lutter § 158 Rn 9, 153 Rn 6.
[15] Siehe § 152 Rn 36, 40.
[16] Siehe § 154 Rn 11.
[17] § 135 Abs. 2 Satz 2.
[18] §§ 138, 144.
[19] Siehe § 160 Rn 1 ff.

(3) Zur Prüfung, ob die Verbindlichkeiten des Einzelkaufmanns sein Vermögen übersteigen, hat der Einzelkaufmann den Prüfern eine Aufstellung vorzulegen, in der sein Vermögen seinen Verbindlichkeiten gegenübergestellt ist. Die Aufstellung ist zu gliedern, soweit das für die Prüfung notwendig ist. § 320 Abs. 1 Satz 2 und Abs. 2 Satz 1 des Handelsgesetzbuchs gilt entsprechend, wenn Anlaß für die Annahme besteht, daß in der Aufstellung aufgeführte Vermögensgegenstände überbewertet oder Verbindlichkeiten nicht oder nicht vollständig aufgeführt worden sind.

Übersicht

	Rn		Rn
I. Sinn und Zweck der Norm	1	c) Mittel der Prüfung	10
II. Einzelheiten	2	3. Vermögensaufstellung	11
1. Sachgründungsbericht/Gründungsbericht	2	a) Adressat der Aufstellung	12
a) Inhalt	3	b) Inhalt	13
b) Umfang des Lageberichts	4	c) Bewertung	15
c) Stellungnahme	5	d) Gliederung	16
2. Sonderregelung bei AG und KGaA	7	4. Nachforschung	17
a) Prüfungspflichtiger	8	5. Weitere Feststellungen	20
b) Gegenstand der Prüfung	9	6. Entsprechende Anwendung auf GmbH?	22

I. Sinn und Zweck der Norm

1 Die Vorschrift regelt Teilaspekte der Gründung der Kapitalgesellschaft, die durch die Ausgliederung zur Neugründung entsteht. Dabei geht es immer um eine Gründung mit Sacheinlage; diese unterliegt zunächst den für die Kapitalgesellschaft in der jeweiligen Rechtsform geltenden Gründungsvorschriften[1]. Die Vorschrift verweist auf die Bestimmungen des Zweiten Buches, die die Anforderungen an den Sachgründungsbericht einer GmbH und den Gründungsbericht einer AG erweitern. Diese Verweisung hat nur klarstellende Bedeutung[2]. Der wesentliche Gehalt der Vorschrift liegt in der **Erweiterung** der Prüfung der Gründungsberichte und Gründungsprüfung um Vorschriften zur Feststellung, dass der ausgliedernde Einzelkaufmann nicht überschuldet ist. Der Grund für diese Erweiterung liegt in dem Ausgliederungshindernis der Überschuldung[3]. Anders als bei der Ausgliederung zur Aufnahme ist die Eintragung der Ausgliederung zur Neugründung immer abzulehnen, wenn die Verbindlichkeiten des Einzelkaufmanns sein Vermögen übersteigen[4], nicht nur wenn dies offensichtlich ist[5]. Daher ist eine konkrete Überprüfung der Vermögenslage des Einzelkaufmanns erforderlich.

II. Einzelheiten

1. Sachgründungsbericht/Gründungsbericht

2 Das **Erfordernis** eines Sachgründungsberichts bei der GmbH und eines Gründungsberichts bei der AG ergibt sich aus den Vorschriften des GmbHG und des AktG[6]. Diese gelten

---

[1] § 135 Abs. 2 Satz 1.
[2] Die Anwendbarkeit der §§ 58 Abs. 1, 75 Abs. 1 ergibt sich nämlich bereits aus §§ 135, 125 Satz 1, da §§ 138, 144 nur §§ 58 Abs. 2, 75 Abs. 2 verdrängen, so auch *Hörtnagl* in Schmitt/Hörtnagl/Stratz Rn 1.
[3] § 152 Satz 2; siehe auch § 152 Rn 73 ff.
[4] § 160 Abs. 2; siehe § 160 Rn 7 ff.
[5] So § 154.
[6] §§ 5 Abs. 4 GmbHG, 32 bis 34 AktG.

unmittelbar[7]. Außerdem ist bei einer Spaltung (und damit auch bei einer Ausgliederung) zur Neugründung ein entsprechender Bericht stets erforderlich[8].

a) Inhalt. Nach dem GmbHG und dem AktG muss der Bericht im Fall der Einbringung eines Unternehmens Angaben über die Erträge aus den letzten beiden Geschäftsjahren enthalten[9]. Im Fall der Gründung durch Ausgliederung werden diese Anforderungen durch §§ 58 Abs. 1 und 75 Abs. 1, auf die die Vorschrift verweist, erweitert. Erforderlich sind auch Angaben über den Geschäftsverlauf und die Lage der übertragenden Rechtsträger[10]. 3

b) Umfang des Lageberichts. Darzustellen sind Lage und Geschäftsverlauf „der übertragenden Rechtsträger"[11]. Übertragender Rechtsträger ist der Einzelkaufmann. Nach der Systematik des Gesetzes müsste sich der Bericht also auf „Lage und Geschäftsverlauf" des Einzelkaufmanns und damit auch seines **Privatbereichs** erstrecken. Ein solches Verständnis würde indessen dem Schutz der Privatsphäre des Einzelkaufmanns nicht gerecht, denn anders als die Vermögensaufstellung nach Abs. 3 ist der Gründungs-/Sachgründungsbericht dem Handelsregister einzureichen[12] und steht damit der Einsicht durch jedermann offen[13]. Der Gesetzgeber hat die Problematik offenbar nicht gesehen. Die Begründung verweist vielmehr auf den „umwandlungsrechtlichen Lagebericht" nach § 56 d UmwG 1969; dieser betraf nur das Unternehmen. Demgemäß wird vertreten, die Berichtspflicht könne sich auf die Unternehmenstätigkeit des Einzelkaufmanns beschränken[14], denn die Überschuldung des Einzelkaufmanns werde allein auf der Grundlage der Vermögensaufstellung geprüft[15]. 4

c) Stellungnahme. Der Gründungs-/Sachgründungsbericht dient der Ermittlung der **Werthaltigkeit** der Sacheinlage[16]. Haftungsrisiken aus dem Privatbereich des Einzelkaufmanns können die Werthaltigkeit beeinträchtigen. Die (aufgrund der Vermögensaufstellung gem. Abs. 3 getroffene) Feststellung, dass der Einzelkaufmann im Zeitpunkt der Ausgliederung nicht überschuldet war, schließt solche Haftungsrisiken nicht aus. Denn der Einzelkaufmann begibt sich durch die Ausgliederung eines Teils seines Vermögens, welches durch die gewährten Anteile ersetzt wird. Der Wert der Anteile kann zur Beurteilung etwaiger Haftungsrisiken jedoch nicht herangezogen werden, weil der Wert der Sacheinlage sonst insoweit mit dem Wert der dafür gewährten Anteile belegt würde. 5

Deshalb muss der Bericht entsprechend dem Wortlaut auch den Privatbereich des Einzelkaufmanns umfassen. Der Wortlaut ist indessen teleologisch zum Schutz der Privatsphäre des Einzelkaufmanns zu reduzieren. Der Bericht muss den Privatbereich nur insofern umfassen, als sich daraus Haftungsrisiken für den neuen Rechtsträger ergeben können. Dafür genügt beispielsweise die Feststellung, dass der Einzelkaufmann außerhalb des ausgegliederten Vermögens keine Verbindlichkeiten hat oder dass das ihm verbleibende Vermögen (ohne Berücksichtigung der gewährten Anteile) seine nicht übertragenen Verbindlichkeiten deutlich übersteigt. 6

---

[7] § 135 Abs. 2 Satz 1; die §§ 58 Abs. 2, 75 Abs. 2 kommen nicht zur Anwendung, weil die Ausgliederung nicht durch eine Kapitalgesellschaft erfolgt.
[8] §§ 138, 144; auf diese Bestimmungen kommt es an, wenn die Spaltung durch eine Kapitalgesellschaft erfolgt.
[9] § 5 Abs. 4 Satz 2 GmbHG und § 32 Abs. 2 Nr. 3 AktG.
[10] Zu den Einzelheiten siehe § 58 Rn 9.
[11] §§ 58 Abs. 1, 75 Abs. 1.
[12] § 135 Abs. 2 Satz 1 iVm. § 37 Abs. 4 Nr. 4 AktG, § 8 Abs. 1 Nr. 4 GmbHG.
[13] § 9 Abs. 1 HGB.
[14] *Karollus* in Lutter Rn 9 unter Berufung auf *Mayer* in Widmann/Mayer (1981) Rn 1026; das UmwG 1969 bestimmte allerdings ausdrücklich, dass Geschäftsverlauf und Lage „des Unternehmens" darzulegen sind (§ 56 d UmwG 1969); der Hinweis auf die frühere Auffassung von *Widmann/Mayer* hat deshalb keine Beweiskraft.
[15] § 152 Rn 74; *Karollus* in Lutter Rn 9.
[16] Siehe Rn 20.

2. Sonderregelung bei AG und KGaA

7 Wird durch die Ausgliederung eine AG oder KGaA errichtet, hat sich die Gründungsprüfung auch darauf zu erstrecken, ob die Verbindlichkeiten des Einzelkaufmanns sein Vermögen übersteigen. Der Zweck der Prüfung liegt in der Sicherung der **Kapitalaufbringung** der neuen Gesellschaft[17]. Dass sie nur für die AG und KGaA vorschrieben ist, entspricht den allgemein höheren Anforderungen an die Sicherstellung der Kapitalaufbringung bei der AG als bei der GmbH.

8 a) **Prüfungspflichtiger.** Bei der Gründung einer AG und KGaA haben die Mitglieder des Vorstands und des Aufsichtsrats den Hergang der Gründung zu prüfen[18]. Außerdem hat eine Prüfung durch vom Gericht bestellte Gründungsprüfer, idR Wirtschaftsprüfer, zu erfolgen[19]. Nach dem eindeutigen Wortlaut sind sowohl die Mitglieder der **Organe** als auch die **Gründungsprüfer** zu der Prüfung verpflichtet, ob der Einzelkaufmann überschuldet ist.

9 b) **Gegenstand der Prüfung.** Zu prüfen ist, ob die Verbindlichkeiten das Vermögen übersteigen. Die dafür maßgebenden Kriterien sind dieselben wie für das allgemeine Ausgliederungshindernis der Überschuldung[20]. Maßgebend ist also, ob bei Ansatz der wahren Werte die Verbindlichkeiten höher sind als das Aktivvermögen. Ob die Werte auf der Grundlage einer Fortbestandshypothese oder als Zerschlagungswerte zu ermitteln sind, hängt nach der hier vertretenen Meinung von der **Fortbestandsprognose** ab, während die hM immer Zerschlagungswerte für maßgebend hält[21].

10 c) **Mittel der Prüfung.** Den Gründungsprüfern sind in Abs. 3 besondere **Prüfungsbefugnisse** eingeräumt. Diese stehen den Organmitgliedern nicht zur Verfügung[22]. Ihre Prüfung wird sich also auf eine Plausibilitätskontrolle unter Berücksichtigung ihrer Kenntnisse über die Verhältnisse des Einzelkaufmanns beschränken müssen.

3. Vermögensaufstellung

11 Zur Prüfung, ob die Verbindlichkeiten das Vermögen übersteigen, hat der Einzelkaufmann nach Abs. 3 eine Aufstellung seines Vermögens und seiner Verbindlichkeiten vorzulegen. Der Zweck der Vermögensübersicht dient der Durchführung der in Abs. 2 vorgeschriebenen **Prüfung**. Daher ist das Vermögensverzeichnis nur dort vorgeschrieben, wo auch die Prüfung vorgeschrieben ist, also nur bei der AG und der KGaA[23].

12 a) **Adressat der Aufstellung.** Der Zweck der Vorlage ist die Prüfung, ob Überschuldung vorliegt. Zu dieser Prüfung sind nach Abs. 2 außer den Gründungsprüfern auch die Organe der AG verpflichtet. Der Zweck der Vermögensaufstellung legt es daher nahe, dass sie auch den Organen vorzulegen sei[24]. Indessen bestimmt das Gesetz ausdrücklich, die Aufstellung sei „den Prüfern" vorzulegen. Diesen Begriff verwendet das Gesetz in Abs. 2 für die gerichtlich bestimmten **Gründungsprüfer**. Daher ist die Vermögensaufstellung den gerichtlich bestellten Gründungsprüfern vorzulegen, nicht aber den Organen der Gesellschaft[25]. Die Richtigkeit dieser Auslegung wird durch den dritten Satz bestätigt: Die Bestimmungen des HGB, auf

---

[17] *Karollus* in Lutter Rn 11.
[18] § 33 AktG, auch iVm. § 278 Abs. 3 AktG.
[19] § 33 Abs. 2 iVm. Abs. 4 AktG.
[20] Siehe § 152 Rn 73 ff.
[21] Siehe § 152 Rn 76 ff.
[22] Siehe Rn 17 iVm. Rn 12.
[23] Ebenso *Hörtnagl* in Schmitt/Hörtnagl/Stratz Rn 5.
[24] Dafür denn auch *Karollus* in Lutter Rn 12; *Hörtnagl* in Schmitt/Hörtnagl/Stratz Rn 8.
[25] Ebenso *Mayer* in Widmann/Mayer Rn 14; aM *Hörtnagl* in Schmitt/Hörtnagl/Stratz Rn 8; *Karollus* in Lutter Rn 12; s. auch RegBegr. *Ganske* S. 159, die zeigt, dass die Neufassung entgegen *Karollus* die frühere Rechtslage unter § 53 UmwG 1969 nicht überholt hat, sondern sie übernehmen sollte.

die dort verwiesen wird[26], gelten für die Abschlussprüfer. Sie können ohne Bruch nur auf die Gründungsprüfer übertragen werden.

b) Inhalt. Das Verzeichnis hat sämtliche Vermögenswerte und Verbindlichkeiten des Einzelkaufmanns aufzuführen, und zwar nicht nur unternehmensgebundene, sondern auch **Privatvermögen** und Privatverbindlichkeiten[27]. Dies ergibt sich zwangsläufig aus dem Zweck der Überprüfung der Überschuldung. Zu den Verbindlichkeiten gehören auch ungewisse Verbindlichkeiten, die in einem Unternehmen durch eine Rückstellung ausgewiesen würden[28]. Der Kaufmann braucht diese nicht wie in einer Bilanz aufgrund einer Risikoeinschätzung zu bewerten und zu beziffern. Er genügt seiner Verpflichtung, wenn er den Sachverhalt mitteilt und es den Prüfern überlässt, die Verbindlichkeiten bei der Beurteilung der Überschuldung zu bewerten. 13

Künftige Verbindlichkeiten sind ebenso wenig aufzuführen wie erwartete künftige Vermögensmehrungen. Die Abgrenzung ist nicht danach vorzunehmen, ob die Verbindlichkeiten, etwa iSd. Mithaftung des Übernehmers gem. § 133 bereits begründet sind, sondern danach, ob sie in einer **Bilanz auszuweisen** wären[29]. Künftige Verbindlichkeiten, die wie etwa Unterhaltspflichten nur im privaten Bereich entstehen können und für deren Abgrenzung deshalb das Kriterium der Bilanzierungspflichtigkeit nicht taugt, sind nur insofern zu berücksichtigen, als sie von der Leistungsfähigkeit unabhängig sind[30] und Anhaltspunkte dafür bestehen, dass die künftigen Einnahmen zur Deckung dieser Pflichten nicht ausreichen werden[31]. 14

c) Bewertung. Nach hM sind Aktiva und Passiva mit ihren wahren Werten anzusetzen. **Stille Reserven** sind nach dieser Auffassung aufzulösen[32]. Die dafür gegebene Begründung erschöpft sich in einem Verweis darauf, dass für die Feststellung der Überschuldung die wahren Werte maßgebend sind. Das bedeutet, dass stille Lasten aufzudecken sind, d. h. an die Stelle von etwaigen Buchwerten der niedrigere realisierbare Wert eines Aktivums und der höhere tatsächliche Wert einer Verbindlichkeit treten muss. Sind wegen negativer Fortbestandsprognose[33] Zerschlagungswerte anzusetzen, sind auch Liquidationskosten, wie etwa Sozialplankosten, zu berücksichtigen. Stille Reserven dürfen aufgedeckt werden. Wenn der Einzelkaufmann keine oder nur geringfügige private Verbindlichkeiten hat, ist nicht einsichtig, weshalb er für möglicherweise umfangreiches Privatvermögen volle Werte sollte schätzen und angeben müssen – es kommt auf sie dann ohnehin nicht an. Daraus folgt: Stille Lasten müssen, stille Reserven dürfen aufgedeckt werden. 15

d) Gliederung. Die Aufstellung ist zu gliedern, soweit dies für die Prüfung notwendig ist[34]. Gemeint ist die Prüfung, ob der Einzelkaufmann überschuldet ist. Die Gliederung ist so zu gestalten, dass sie diese Prüfung erleichtert. Sinnvoll ist jedenfalls eine **Trennung** von Privatvermögen und unternehmerischem Vermögen[35], wobei von dem Privatvermögen das durch die Ausgliederung umgewidmete und in diese einbezogene Vermögen entsprechend 16

---

26 § 320 Abs. 1 Satz 2 und Abs. 2 Satz 1 HGB, siehe Rn 17.
27 AllgM, siehe nur *Mayer* in Widmann/Mayer Rn 12.
28 So auch *Hörtnagl* in Schmitt/Hörtnagl/Stratz Rn 6.
29 *Mayer* in Widmann/Mayer Rn 12; *Hörtnagl* in Schmitt/Hörtnagl/Stratz Rn 6.
30 Vgl. dazu §§ 1581, 1603 Abs. 1 BGB.
31 Für generelle Berücksichtigung *Mayer* in Widmann/Mayer Rn 13; dagegen *Hörtnagl* in Schmitt/Hörtnagl/Stratz Rn 6 da sie üblicherweise aus dem laufenden Einkommen zu bestreiten sind; ihm zust. *Karollus* in Lutter Rn 13.
32 *Karollus* in Lutter Rn 14; *Mayer* in Widmann/Mayer Rn 12; *Kallmeyer* in Kallmeyer Rn 2; *Hörtnagl* in Schmitt/Hörtnagl/Stratz Rn 6.
33 Siehe § 152 Rn 77.
34 § 159 Abs. 3 Satz 2.
35 *Mayer* in Widmann/Mayer Rn 9 aE; *Karollus* in Lutter Rn 13 und *Hörtnagl* in Schmitt/Hörtnagl/Stratz Rn 7 halten diese Aufgliederung stets für „notwendig" iSd. § 159 Abs. 3 Satz 2.

zu kennzeichnen ist. Die unternehmerischen Aktiv- und Passivposten sollten wie in einer Bilanz gruppiert und zusammengefasst werden[36].

4. Nachforschung

17 Ergeben sich aus der vorgelegten Aufstellung Anhaltspunkte dafür, dass Vermögensgegenstände überbewertet oder Verbindlichkeiten nicht oder nicht vollständig aufgeführt worden sind, hat der Adressat der Vermögensaufstellung – nach der hier vertretenen Auffassung also der Gründungsprüfer – die zusätzlichen Aufklärungsrechte eines Abschlussprüfers nach dem HGB[37]. Der Einzelkaufmann hat dem Gründungsprüfer die Überprüfung seiner (privaten) Bücher und Schriften zu gestatten[38]. Der Prüfer kann von dem Einzelkaufmann die Aufklärung und Nachweise verlangen, die für eine sorgfältige Prüfung notwendig sind[39]. Das schließt die Verpflichtung ein, Banken und Rechtsanwälte von ihrer **Schweigepflicht** zu entbinden, damit sie Auskunft über bestehende Verpflichtungen geben können[40]. Diese Verpflichtungen werden begrenzt durch den Zweck der Prüfung. Einzelheiten, die für den Zweck der Ermittlung der Überschuldung oder der Werthaltigkeit der Sacheinlage nicht relevant sind, können nicht erfragt werden und brauchen nicht offen gelegt zu werden.

18 Bei **Meinungsverschiedenheiten** über den Umfang der Informationsrechte der Gründungsprüfer gelten die Bestimmungen des AktG für die Gründungsprüfung. Denn die Prüfung der Vermögensaufstellung ist Teil der Überschuldungsprüfung und diese ist Teil der Gründungsprüfung. Es entscheidet also das zuständige Gericht[41].

19 Die Vermögensaufstellung ist nur den Gründungsprüfern vorzulegen[42]. Diese Beschränkung dient dem Schutz der Privatsphäre des Einzelkaufmanns[43]. Das ist auch bei dem Bericht der Gründungsprüfer zu berücksichtigen. Weder die Vermögensaufstellung noch die Frage der Überschuldung sind selbstständiger Gegenstand des Berichts. Es muss daher genügen, wenn die Prüfer in ihrem Bericht über die Übernahme der Aktien und den Wert der Sacheinlagen „unter Darlegung dieser Umstände"[44] berichten und dazu ausführen, sie hätten auch die Frage einer Überschuldung geprüft und dazu eine Vermögensaufstellung erhalten; daraus ergebe sich, dass keine Überschuldung bestehe. Um die Werthaltigkeit der Sacheinlage darzutun, werden sie ergänzen müssen, dass die dem Einzelkaufmann **verbleibenden Vermögenswerte** die bei ihm verbleibenden Verbindlichkeiten deutlich übersteigen[45]. Damit ist sichergestellt, dass der Wert der Sacheinlage nicht durch eine mögliche Haftung für Privatverbindlichkeiten beeinträchtigt wird, und dem Prüfungszweck genügt.

---

[36] So auch *Hörtnagl* in Schmitt/Hörtnagl/Stratz Rn 7.

[37] § 159 Abs. 3 Satz 3 (zum Adressaten siehe Rn 12); die Auskunftsrechte bestehen also nicht generell, *Karollus* in Lutter Rn 17; *Mayer* in Widmann/Mayer Rn 16; *Hörtnagl* in Schmitt/Hörtnagl/Stratz Rn 10.

[38] § 159 Abs. 3 Satz 3 UmwG iVm. § 320 Abs. 1 Satz 2 HGB; dazu eingehend *Mayer* in Widmann/Mayer Rn 16.

[39] § 159 Abs. 3 Satz 3 UmwG iVm. § 320 Abs. 2 Satz 1 HGB. Die Abgabe einer Vollständigkeitserklärung ist üblich, aber nicht erzwingbar (*Hopt/Merkt* in Baumbach/Hopt § 320 HGB Rn 2 iVm. § 317 HGB Rn 6); für eine solche Pflicht demgegenüber wohl *Karollus* in Lutter Rn 16; *Hörtnagl* in Schmitt/Hörtnagl/Stratz Rn 10.

[40] In der Kommentierung zu § 320 HGB kommt dies nur mittelbar durch die Erwähnung sog. Saldenbestätigungen zum Ausdruck. Dass im Fall der Prüfung einer Bank das Bankgeheimnis dem Nachforschungsrecht weicht, ist anerkannt; *A/D/S* § 320 HGB Rn 81.

[41] § 35 Abs. 2 AktG; *Karollus* in Lutter Rn 17 befürwortet eine analoge Anwendung.

[42] Siehe Rn 12.

[43] Siehe Rn 4 ff.; ferner *Karollus* in Lutter Rn 12; *Mayer* in Widmann/Mayer Rn 15.

[44] § 34 Abs. 2 iVm. Abs. 1 AktG.

[45] Ähnlich *Mayer* in Widmann/Mayer Rn 15 aE: Darlegung, ob das verbleibende Vermögen des Einzelkaufmanns überschuldet ist. Siehe Rn 20.

5. Weitere Feststellungen

Die Prüfung auf Überschuldung ist Teil der Prüfung des Werts der Sacheinlage. Ergibt sie, dass zwar keine Überschuldung besteht, aber im Extremfall das Aktivvermögen vor der Ausgliederung nur gerade die Verbindlichkeiten deckte, so bedeutet die Haftung eines übernehmenden Rechtsträgers[46], dass die Sacheinlage nicht werthaltig war. Der Einzelkaufmann hat dann kein Nettovermögen, das er übertragen könnte. Gliedert er das Aktivvermögen aus und behält die Schulden, so kann er diese nur mit den gewährten Anteilen abdecken. Wegen der Haftung der Gesellschaft ergibt sich für diese ein Wert der Einlage nur in Höhe des realisierbaren Wertes der von ihr gewährten Anteile. Diese können bei der Bewertung der Sacheinlage nicht berücksichtigt werden[47]. 20

Diese Lage ist nur ausgeschlossen, wenn das dem Einzelkaufmann **verbleibende Vermögen** (ohne die Beteiligung am neuen Rechtsträger) die ihm verbleibenden nicht übertragenen Verbindlichkeiten deckt. Ergeben sich Zweifel hieran, ist dieser Frage bei der Gründungsprüfung nachzugehen. Ohne solche Anhaltspunkte wird aber aus den Abs. 2 und 3 zu folgern sein, dass unmittelbarer Prüfungsgegenstand nur die Frage ist, ob die Verbindlichkeiten das Vermögen übersteigen. Ergibt sich aus dieser Prüfung, dass zwar keine Überschuldung vorliegt, wohl aber die verbleibenden Verbindlichkeiten das verbleibende Vermögen des Einzelkaufmanns (ohne die Anteile an der neuen Gesellschaft) übersteigen, haben die Gründungsprüfer hierauf in ihrem Gründungsbericht hinzuweisen. Die Konsequenz daraus ist, dass die Ausgliederung scheitert, nicht wegen Überschuldung, sondern weil das Kapital nicht ordnungsgemäß aufgebracht ist. 21

6. Entsprechende Anwendung auf GmbH?

Die besondere Prüfung auf die Überschuldung ist nur für die AG und die KGaA vorgeschrieben. Erfolgt die Ausgliederung zur Neugründung einer GmbH, ist eine gezielte Überprüfung der Überschuldung mit den besonderen Mitteln der Vermögensaufstellung nicht vorgeschrieben. Dies kann auch nicht durch entsprechende Anwendung der für die AG geltenden Vorschriften verlangt werden. Das Erfordernis der Kapitalaufbringung gilt aber auch bei der GmbH. Ergeben sich deshalb **Anhaltspunkte** dafür, dass die bei dem Einzelkaufmann verbleibenden Verbindlichkeiten das ihm verbleibende Vermögen (ohne die Beteiligung am neuen Rechtsträger) übersteigen, wird der Registerrichter im Zuge seiner Prüfung der Sacheinlage weitere Nachforschungen anstellen müssen. 22

§ 160 Anmeldung und Eintragung

(1) **Die Anmeldung nach § 137 Abs. 1 ist von dem Einzelkaufmann und den Geschäftsführern oder den Mitgliedern des Vorstands und des Aufsichtsrats einer neuen Gesellschaft vorzunehmen.**

(2) **Die Eintragung der Gesellschaft ist abzulehnen, wenn die Verbindlichkeiten des Einzelkaufmanns sein Vermögen übersteigen.**

Übersicht

	Rn		Rn
I. Anwendungsbereich	1	2. Inhalt der Anmeldung	4
II. Einzelheiten	2	a) Gegenstand	4
1. Anmeldebefugnis	2	b) Anlagen	5

---

[46] § 133 Abs. 1.
[47] *Lutter* in KölnerKomm. § 71 AktG Rn 64; § 183 AktG Rn 34. Zur mittelbaren Einlage eigener Aktien ausführlich *Korte* WiB 1997, 953, 963 f. Siehe auch Rn 5 und § 154 Rn 16 sowie *Ihrig* GmbHR 1995, 622, 637; *Kallmeyer* in Kallmeyer § 133 Rn 17.

	Rn		Rn
3. Prüfung	6	4. Eintragung mit Spaltungsvermerk	12
a) Allgemein	6	5. Entstehung der neuen Gesellschaft	13
b) Insbesondere: Überschuldung	7	6. Bekanntmachung	14
c) Ablehnung der Eintragung	8	**III. Eintragung beim Einzelkaufmann**	15
d) Maßgebender Zeitpunkt	10		

Literatur: *Ihrig,* Gläubigerschutz durch Kapitalaufbringung bei Verschmelzung und Spaltung nach neuem Umwandlungsrecht, GmbHR 1995, 622; *Neye,* Nochmals: Entstehung vermögens- und subjektloser Kapitalgesellschaften, Erwiderung auf Heidenhain, GmbHR 1995, 565.

I. Anwendungsbereich

1   Die Vorschrift regelt ausschließlich die Anmeldung und Eintragung der **neuen Gesellschaft**. Nach den allgemeinen Vorschriften wäre die neue Gesellschaft durch den Einzelkaufmann als übertragenden Rechtsträger anzumelden[1]. Dieser Grundsatz wird für die Ausgliederung durch den Einzelkaufmann dahin geändert, dass die Anmeldung durch den Einzelkaufmann und die Organe des übernehmenden Rechtsträgers zu erfolgen hat. Für die Anmeldung zum Register des Einzelkaufmanns und die Eintragung in demselben gelten die allgemeinen Vorschriften[2]. Diese Anmeldung ist durch den Einzelkaufmann zu bewirken[3].

II. Einzelheiten

1. Anmeldebefugnis

2   Die „Anmeldung nach § 137 Abs. 1", das ist die Anmeldung der neuen Gesellschaft, ist gemeinsam von dem Einzelkaufmann *und* den Mitgliedern der Vertretungsorgane der neuen Gesellschaft vorzunehmen. Erforderlich ist jeweils die Mitwirkung **sämtlicher** Mitglieder des Organs[4]. Dies ergibt sich einmal aus dem bestimmten Artikel „den Geschäftsführern" und „den Mitgliedern". Deutlicher ergibt es sich aus den einschlägigen Bestimmungen des GmbHG und des AktG[5]. Erforderlich ist also die Mitwirkung sämtlicher Geschäftsführer der neuen GmbH[6] und sämtlicher Mitglieder des Vorstands und des Aufsichtsrats der neuen AG[7]. Die nach dem AktG vorgeschriebene Mitwirkung der Gründer[8] fällt mit der durch § 160 vorgeschriebenen Anmeldung durch den Einzelkaufmann zusammen, denn dieser gilt als Gründer[9]. Ist die neue Gesellschaft eine KGaA, treten die persönlich haftenden Gesellschafter bei der Anmeldung an die Stelle der Vorstandsmitglieder[10]. Der Einzelkaufmann und die Or-

---

[1] § 137 Abs. 1.
[2] Siehe § 154 ff.
[3] § 137 Abs. 2; § 129, nach dem die Vertretungsorgane des übernehmenden Rechtsträgers auch für den Übertragenden anmelden können, gilt nicht, § 135 Abs. 1 Satz 1.
[4] Ebenso *Karollus* in Lutter Rn 4. Darin liegt eine Abweichung von der Regel des § 137 Abs. 1; nach ihr erfolgt die Anmeldung durch „das Vertretungsorgan des übertragenden Rechtsträgers", d. h. in vertretungsberechtigter Zahl seiner Mitglieder, siehe *Zimmermann* in Kallmeyer § 137 Rn 5 f.; *Priester* in Lutter § 137 Rn 11.
[5] Diese kommen zur Anwendung, § 135 Abs. 2 Satz 1; die Abweichung hiervon in § 137 Abs. 1 wird für diesen Fall der Ausgliederung durch § 160 Abs. 1 wieder aufgehoben.
[6] § 78 GmbHG.
[7] § 36 Abs. 1 AktG.
[8] § 36 Abs. 1 AktG.
[9] § 135 Abs. 2 Satz 2.
[10] § 283 Nr. 1 AktG.

ganmitglieder müssen gleich lautende, inhaltlich entsprechende Erklärungen abgeben. Diese können jedoch auch in verschiedenen Urkunden enthalten sein[11]. Eine Ausnahme gilt für die persönlichen Erklärungen der Vertretungsorgane, dass ihrer Bestellung keine Hindernisse entgegen stehen[12]. Diese Erklärungen sind nur von den Mitgliedern des Vertretungsorgans jeweils für sich abzugeben[13].

Vertretung bei der Anmeldung ist nur sehr eingeschränkt zulässig[14], weil die Versicherung, dass keine Bestellungshindernisse bestehen[15] und, soweit erforderlich, Erklärungen zur Erbringung und zum Wert der Einlage[16], nach einhelliger Meinung persönlich abzugeben sind[17]. Diese Erklärungen sind „in der Anmeldung" abzugeben. Deshalb kommt eine Vertretung bei der Anmeldung tatsächlich nur insofern in Betracht, als solche Erklärungen nicht erforderlich sind; im praktischen Ergebnis kann sich nur der Einzelkaufmann bei der Anmeldung einer durch Ausgliederung neu gegründeten GmbH vertreten lassen[18]. Soweit sie zulässig ist, bedarf die Vollmacht der notariellen Beglaubigung[19]. 3

2. Inhalt der Anmeldung

a) Gegenstand. Gegenstand der Anmeldung ist die neue Gesellschaft[20]. Der Inhalt dieser Anmeldung richtet sich nach deren Rechtsform[21]. Es gelten also die einschlägigen Vorschriften des GmbHG und des AktG. Nach diesen Vorschriften hätten die Anmeldenden eine Erklärung über die **Erbringung** und (im Fall der AG) die **Werthaltigkeit** der Einlagen[22] abzugeben. Sinnvoll ist dies nicht. Bei einer Verschmelzung zur Aufnahme, bei der die übernehmende GmbH oder AG ihr Kapital zur Durchführung der Verschmelzung erhöht, sind die entsprechenden Vorschriften des GmbHG und des AktG ausdrücklich ausgeschlossen[23]. Diese Ausnahmeregelungen gelten aber bei der Verschmelzung zur Neugründung nicht[24]. Aus der allgemeinen Verweisung auf die Gründungsvorschriften[25] folgt also, dass diese Erklärungen grundsätzlich erforderlich sind. Trotzdem kann eine Erklärung zur Erbringung der Sacheinlage nicht gefordert werden. Die Erbringung der Einlage erfolgt durch die (partielle) Gesamtrechtsnachfolge; eine Erklärung hierzu wäre sinnlos[26]. Das gilt freilich nicht für die 4

---

[11] *Zimmermann* in Kallmeyer § 38 Rn 4.
[12] § 8 Abs. 3 GmbHG und § 37 Abs. 2 AktG.
[13] In § 37 Abs. 2 AktG ist ausdrücklich bestimmt, dass diese Versicherung von den Vorstandsmitgliedern in der Anmeldung abzugeben ist, während die Anmeldung selbst auch von den Gründern und den Mitgliedern des Aufsichtsrats zu bewirken ist (§ 36 Abs. 1 AktG).
[14] *Mayer* in Widmann/Mayer Rn 4; *Schwarz* in Widmann/Mayer § 38 Rn 15; *Zimmermann* in Kallmeyer § 137 Rn 5; § 38 Rn 4; *Priester* in Lutter § 137 Rn 11; generell für Unzulässigkeit die hM außerhalb des Umwandlungsrechts, *Hüffer* § 36 AktG Rn 4 mwN; *ders.* in Großkomm. § 12 HGB Rn 6 f.; BayObLG NJW 1987, 136 f.; aA OLG Köln NJW 1987, 135 f.
[15] § 8 Abs. 3 GmbHG, § 37 Abs. 2 AktG.
[16] § 8 Abs. 2 Satz 1 GmbHG; § 37 Abs. 1 Satz 1 AktG; siehe Rn 4.
[17] Insoweit statt aller *Hueck/Fastrich* in Baumbach/Hueck § 8 GmbHG Rn 11; OLG Köln NJW 1987, 135.
[18] BayObLG NJWP 2000, 1232; zust. *Rottnauer* EWiR 2000, 1013. In dieser Entscheidung hat das BayObLG ein Vertreterhandeln recht großzügig angenommen.
[19] § 12 Abs. 2 Satz 2 HGB, § 129 BGB; vgl. ferner § 13 Satz 3 FGG; *Mayer* in Widmann/Mayer Rn 3; *Schwarz* in Widmann/Mayer § 38 Rn 15; *Zimmermann* in Kallmeyer § 38 Rn 4.
[20] Die Bestimmung betrifft „die Anmeldung nach § 137 Abs. 1" und diese betrifft die Anmeldung der neuen Rechtsträger, siehe § 137 Rn 3 ff.
[21] § 135 Abs. 2 Satz 1; *Mayer* in Widmann/Mayer Rn 3.
[22] § 37 Abs. 1 Satz 1 iVm. § 36 a Abs. 2 AktG und § 8 Abs. 2 iVm. § 7 Abs. 3 GmbHG.
[23] § 55 UmwG iVm. § 57 Abs. 2 GmbHG; § 69 UmwG iVm. § 188 Abs. 2 AktG.
[24] § 56 bzw. § 73.
[25] § 135 Abs. 2.
[26] HM, siehe § 137 Rn 4, 5; *Ihrig* GmbHR 1995, 622, 638; zu § 160: *Karollus* in Lutter Rn 5; aM für die Spaltung und Ausgliederung *Mayer* in Widmann/Mayer § 135 Rn 61 und § 152 Rn 116 (arg. § 135 Abs. 1 Satz 1 und *e contrario* § 246 Abs. 3).

aktienrechtlich vorgeschriebene Erklärung zur Werthaltigkeit der Einlage[27]. Diese Erklärung ist von allen Anmeldenden, also auch von dem Einzelkaufmann, abzugeben[28].

5   **b) Anlagen.** Mit der Anmeldung sind beim Registergericht der neuen Gesellschaft der Ausgliederungsplan sowie die **für die Gründung** der neuen Gesellschaft **vorzulegenden Unterlagen** beizufügen[29]. Der beurkundete Ausgliederungsplan enthält den Gesellschaftsvertrag (die Satzung)[30] und die Festlegungen über die Bewertung der Sacheinlagen[31]. Der Sachgründungsbericht (bei der GmbH) und die Gründungsprüfungsberichte (bei der AG) müssen auch den Anforderungen des § 159 entsprechen[32]. Ist die neue Gesellschaft als GmbH errichtet, ist auch eine unterschriebene Liste der Gesellschafter vorzulegen[33], die naturgemäß nur einen Gesellschafter ausweist[34]. Nicht bei dem Register des neuen Rechtsträgers vorzulegen ist eine Schlussbilanz des Einzelkaufmanns[35]. Diese ist der Anmeldung bei seinem Register beizufügen[36].

3. Prüfung

6   **a) Allgemein.** Das Registergericht der neu gegründeten Gesellschaft prüft die Anmeldung und die ihr beigefügten Unterlagen auf **Vollständigkeit** und Gesetzmäßigkeit. Es prüft insbesondere die Werthaltigkeit der Sacheinlage[37].

7   **b) Insbesondere: Überschuldung.** Nach der ausdrücklichen Bestimmung hat das Registergericht die Eintragung abzulehnen, wenn die Verbindlichkeiten des Einzelkaufmanns (vor der Ausgliederung) sein Vermögen übersteigen[38]. Das Registergericht hat diese Frage also **gesondert zu prüfen**. Dafür stehen ihm der insoweit erweiterte Gründungs- und Gründungsprüfungsbericht zur Verfügung[39]. Erfolgt die Ausgliederung zur Neugründung einer AG oder KGaA, so muss der Prüfungsbericht der Gründungsprüfer hierzu gesonderte Feststellungen enthalten[40].

8   **c) Ablehnung der Eintragung.** Das Registergericht hat die Eintragung abzulehnen, wenn die Verbindlichkeiten des Einzelkaufmanns sein Vermögen übersteigen. Anders als bei der Eintragung in das Register des Einzelkaufmanns[41] kommt es bei der Ausgliederung zur Neugründung für die Eintragung in das Register der neuen Gesellschaft auf die Offensichtlichkeit nicht an. Die Eintragung ist daher abzulehnen, wenn nicht auszuräumende Anhalts-

---

[27] § 37 Abs. 1 Satz 1 iVm. § 36a Abs. 2 Satz 3 AktG. Zweifelnd *Karollus* in Lutter Rn 5 iVm. Fn 2: „wird wohl auch die Versicherung erforderlich sein".
[28] Ob dies aus § 160 Abs. 1 iVm. § 37 Abs. 1 Satz 1 AktG oder aus § 36 Abs. 1 AktG iVm. § 135 Abs. 2 Satz 2 UmwG (der Einzelkaufmann als übertragender Rechtsträger ist Gründer) hergeleitet wird, macht keinen Unterschied.
[29] Siehe § 137 Rn 9; *Mayer* in Widmann/Mayer § 152 Rn 114 f.
[30] § 125 Satz 1 iVm. § 37.
[31] § 37 Abs. 4 Nr. 1 und 2 AktG und § 8 Abs. 1 Nr. 1 und 4 GmbHG.
[32] *Zimmermann* in Kallmeyer Rn 8 f.; *Mayer* in Widmann/Mayer § 152 Rn 137.
[33] § 135 Abs. 2 Satz 1 UmwG iVm. § 8 Abs. 1 Nr. 3 GmbHG.
[34] IE ebenso, wenngleich zweifelnd *Karollus* in Lutter Rn 5: „vorsichtshalber".
[35] BayObLG NZG 1999, 321; *Priester* in Lutter § 137 Rn 5; *Mayer* in Widmann/Mayer Rn 13 aE; eingehend dazu *Ihrig* GmbHR 1995, 622, 627 f.
[36] § 125 Satz 1 iVm. § 17 Abs. 2.
[37] Siehe § 159 Rn 20.
[38] Siehe dazu § 152 Rn 73 ff.
[39] § 159 Abs. 1 iVm. § 58 Abs. 1 und § 75 Abs. 1; sowie § 159 Abs. 2, siehe § 159 Rn 3 ff. und 14.
[40] § 159 Abs. 2.
[41] § 154.

punkte für die Überschuldung bestehen[42]. Dieses Verständnis rechtfertigt sich daraus, dass die Frage der Überschuldung von dem Registergericht der neuen Gesellschaft als Teil der Prüfung der Sacheinlage auf ihre Werthaltigkeit zu prüfen ist. Hierfür muss sich das Registergericht von der Werthaltigkeit überzeugen.

Nach der Gesetzessystematik verdrängt die Kompetenz des Registers der übernehmenden Gesellschaft diejenige des Registers des Einzelkaufmanns nicht[43]. Es besteht also eine **doppelte Ablehnungskompetenz**, allerdings mit unterschiedlichem Standard hinsichtlich der Offensichtlichkeit. Die daraus resultierende Möglichkeit divergierender Entscheidungen ist praktisch kein Problem[44]. Denn zunächst erfolgt die Eintragung der neuen Gesellschaft[45]; das dafür zuständige Gericht nimmt die Eintragung nur vor, wenn es keine Anhaltspunkte für Überschuldung hat. Daher kann die fortbestehende Kompetenz des anderen Registers, die Eintragung bei offensichtlich bestehender Überschuldung abzulehnen, nur in Ausnahmefällen Bedeutung erlangen. Kommt es aber doch dazu, genügt allein diese Ablehnung[46]. **9**

d) Maßgebender Zeitpunkt. Im GmbH-Recht und Aktienrecht ist strittig, ob die Werthaltigkeit der Sacheinlage nach den Verhältnissen im Zeitpunkt der Anmeldung[47] oder nach denjenigen im Zeitpunkt der Eintragung als dem Zeitpunkt, zu dem die neue Gesellschaft (oder die Kapitalerhöhung) wirksam wird[48], zu beurteilen ist. Diese Frage stellt sich entsprechend auch hier. Folgt man der hM, dass die Verhältnisse im Zeitpunkt der Eintragung maßgebend sind, müsste es auf die (zeitlich nachfolgende) **Eintragung** im Register des Einzelkaufmanns ankommen, weil erst mit dieser Eintragung die Eintragung beim Register des neuen Rechtsträgers wirksam wird[49]. Daraus wird zum Teil gefolgert, das Registergericht des Einzelkaufmanns habe insoweit eine Nachtragsprüfung anzustellen[50]. Damit würde dem Register des Einzelkaufmanns eine Aufgabe zugewiesen, die ihm nicht zukommt. Das Problem kann richtig nur dadurch gelöst werden, dass das Register der neuen Gesellschaft sich mit dem Register des Einzelkaufmanns ins Benehmen setzt, um eine möglichst zeitnahe Eintragung auch in diesem sicherzustellen[51]. **10**

Gliedert der Einzelkaufmann verschiedene Teile in einer einheitlichen Ausgliederung auf mehrere neue Rechtsträger zur Neugründung aus, besteht eher die Möglichkeit divergierender Beurteilungen der Überschuldung[52]. In diesem Fall wird die Ausgliederung aber nur wirksam, wenn alle neuen Rechtsträger eingetragen sind und sich deshalb **alle Register** der übernehmenden Gesellschaften davon überzeugt haben, dass keine Anhaltspunkte für Überschuldung bestehen[53]. Divergierende Entscheidungen führen daher nicht zu divergierenden Ergebnissen. **11**

---

[42] *Hörtnagl* in Schmitt/Hörtnagl/Stratz Rn 6; ähnlich *Zimmermann* in Kallmeyer Rn 7; *Mayer* in Widmann/Mayer Rn 12 und *Karollus* in Lutter Rn 9, die jeweils auf ernste Zweifel (am Fehlen einer Überschuldung) abstellen.
[43] Ebenso *Karollus* in Lutter Rn 8; *Zimmermann* in Kallmeyer Rn 7; *Hörtnagl* in Schmitt/Hörtnagl/Stratz Rn 4; aM *Mayer* in Widmann/Mayer Rn 10; dagegen zutreffend *Karollus* in Lutter Rn 8 mit Fn 3.
[44] Die von *Mayer* in Widmann/Mayer Rn 11 hierin gesehene „Gefahr" ist nicht erkennbar.
[45] § 137 Abs. 3 Satz 2.
[46] § 130 Abs. 1 Satz 2.
[47] Dafür etwa *Hueck/Fastrich* in Baumbach/Hueck § 9 c GmbHG Rn 8 mwN.
[48] HM, BGHZ 80, 129, 136 f.; *Ihrig* GmbHR 1995, 622, 627; *Hüffer* § 38 AktG Rn 9 mwN.
[49] Ganz hM, siehe Rn 13 mit Fn 56.
[50] *Ihrig* GmbHR 1995, 622, 638; ihm folgend *Karollus* in Lutter Rn 7 und 16.
[51] Siehe auch die gesetzlichen Abstimmungspflichten der Registergerichte nach § 137 Abs. 3.
[52] Dieses Beispiel verwendet auch *Mayer* in Widmann/Mayer Rn 11.
[53] § 135 Abs. 1 Satz 1 iVm. § 130 Abs. 1 Satz 1; dazu allg. *Priester* in Lutter § 130 Rn 9 f.

4. Eintragung mit Spaltungsvermerk

12 Liegen die Voraussetzungen für die Eintragung vor, trägt das Register die neue Gesellschaft ein, und zwar mit einem sog. **Spaltungs(Ausgliederungs)vermerk**[54].

5. Entstehung der neuen Gesellschaft

13 Die Eintragung der neuen Gesellschaft mit dem Spaltungsvermerk ist zunächst **nicht wirksam**[55]. Dies wird mit dem Spaltungsvermerk ausdrücklich verlautbart. Demgemäß entsteht die neue Gesellschaft auch noch nicht mit der Eintragung. Ihre Eintragung wird wirksam und die Gesellschaft entsteht mit Eintragung der Ausgliederung im Register des Einzelkaufmanns[56]. Diese erfolgt nach Eintragung bei dem übernehmenden (neuen) Rechtsträger[57]. Erfolgt die Ausgliederung an mehrere übernehmende Rechtsträger, kann das Register des übertragenden Einzelkaufmanns die Eintragung erst dann vornehmen, wenn bei allen neuen/übernehmenden Rechtsträgern die Eintragung erfolgt ist[58]. Die Registergerichte haben sich in der Reihenfolge ihrer Eintragungen zu unterrichten[59].

6. Bekanntmachung

14 Die Bekanntmachung der Eintragung erfolgt erst, nachdem in den Registern der neuen Rechtsträger/übernehmenden Rechtsträger der Zeitpunkt der Ausgliederung, d. h. der Zeitpunkt der Eintragung im **Register des Einzelkaufmanns**, eingetragen ist[60].

III. Eintragung beim Einzelkaufmann

15 Für die Anmeldung zum Register des Einzelkaufmanns und für die Eintragung in diesem Register gelten die gleichen Vorschriften wie bei der **Ausgliederung zur Aufnahme**[61].

Achter Abschnitt. Ausgliederung aus dem Vermögen rechtsfähiger Stiftungen

§ 161 Möglichkeit der Ausgliederung

Die Ausgliederung des von einer rechtsfähigen Stiftung (§ 80 des Bürgerlichen Gesetzbuchs) betriebenen Unternehmens oder von Teilen desselben aus dem Vermögen dieser Stiftung kann nur zur Aufnahme dieses Unternehmens oder von Teilen dieses Unternehmens durch Personenhandelsgesellschaften oder Kapitalgesellschaften oder zur Neugründung von Kapitalgesellschaften erfolgen.

---

[54] § 135 iVm. § 130 Abs. 1 Satz 2; *Neye* GmbHR 1995, 565, 566; *Karollus* in Lutter Rn 10 mwN.
[55] *Neye* GmbHR 1995, 566.
[56] Siehe § 137 Rn 18 ff.
[57] § 137 Abs. 3 Satz 2 UmwG.
[58] Siehe Rn 11.
[59] § 137 Abs. 3.
[60] § 137 Abs. 3 Satz 3 2. Halbs.; *Neye* GmbHR 1995, 565, 566.
[61] Siehe § 154 Rn 2 ff.

Übersicht

	Rn		Rn
I. Allgemeines	1	a) Betriebenes Unternehmen	24
1. Sinn und Zweck der Norm	1	b) Unternehmensteile	26
2. Anwendungsbereich	4	c) Andere Vermögensteile	28
a) Beschränkung auf die Möglichkeit der Ausgliederung	5	3. Ausgliederungsmöglichkeiten	30
		a) Ausgliederung zur Aufnahme	32
b) Unternehmensträgerstiftung als übertragender Rechtsträger	6	aa) Durch Personenhandelsgesellschaft	33
3. Rechtsdogmatische Vorgaben	8	bb) Durch Kapitalgesellschaft	34
4. Rechtspolitische Erwägungen	10	b) Ausgliederung zur Neugründung	35
a) Entstehungsgeschichte	11	4. Ausgliederungsfolgen	37
b) Wertungen des Gesetzgebers	13	**III. Weitere Umstrukturierungsmöglichkeiten**	39
aa) Stiftung als unerwünschter Unternehmensträger	14	1. Sachgründung und Sacheinlage	40
		2. Stiftungsrechtliche Regelungen	41
bb) Parallele der Stiftung zum wirtschaftlichen Verein	15	a) Zulegung	42
II. Einzelerläuterungen	17	b) Zusammenlegung	43
1. Ausgliederungssubjekt	17	aa) Gesetzgebungskompetenz vor UmwG	44
a) Abgrenzung von anderen Stiftungsformen	18	bb) Gesetzgebungskompetenz durch UmwG	46
b) Ungeschriebene Tatbestandsvoraussetzung	21	c) Zweckmäßige Vorgehensweise	47
2. Ausgliederungsobjekt	23	d) Veränderung der Rechtsnatur	49

Literatur: *Bader/Macknow*, Geplante Neuregelungen des Stiftungsrechts, NWB Blickpunkt Steuern 2/2000, 4–7 (7/2000); *Blydt-Hansen*, Die Rechtsstellung der Destinatäre der rechtsfähigen Stiftung des Bürgerlichen Rechts, Diss. Kiel 1998; *Crezelius/Rawert*, Stiftungsrecht-quo vadis?, ZIP 1999, 337; *Delp*, Die Stiftung & Co. KG, 1991; *Ebersbach*, Handbuch des deutschen Stiftungsrechts, 1972; *Feddersen/Kiem*, Die Ausgliederung zwischen „Holzmüller" und neuem Umwandlungsrecht, ZIP 1994, 1078; *Hartmann/Atzpodien*, Zu den Auswirkungen stiftungsrechtlicher Genehmigungserfordernisse bei Rechtsgeschäften, FS Rittner, 1991, S. 147; *Heidenhain*, Spaltungsvertrag und Spaltungsplan, NJW 1995, 2873; *Hennerkes/Schiffer/Fuchs*, Die unterschiedliche Behandlung der unternehmensverbundenen Familienstiftung in der Praxis der Stiftungsbehörden, BB 1995, 209; *Hof*, Die Vermögensausstattung von Stiftungen privaten Rechts (Teil 1 und 2), DStR 1992, 1549, 1587; *Janitzki*, Bewirkt die notwendige Reform des Stiftungsrechts auch eine Neubelebung des Stiftungsgedankens?, ZRP 2000, 24; *Kallmeyer*, Das neue Umwandlungsgesetz, ZIP 1994, 1746; *Karper*, Die Zusammenlegung von privatrechtlichen Stiftungen, Diss. Göttingen 1993; *Kneis/Kaja*, Stiftungsrecht in Rheinland-Pfalz, Praxis der Gemeindeverwaltung, 87. Lieferung (April–Juni 1973); *Kronke*, Stiftungstypus und Unternehmensträgerstiftung, 1988; *Priester*, Die klassische Ausgliederung – ein Opfer des UmwG 1994, ZHR 163 (1999) 187; *Mankowski*, Anm. zu OLG Hamburg „Fontenay", FamRZ 1995, 851; *Reuter*, Rechtsprobleme unternehmensbezogener Stiftungen, DWiR 1991, 192; *Raupach/Böckstiegel*, „Umwandlungen" bei der Rechtsformwahl gemeinnütziger Organisationen, FS Widmann, 2000, S. 459; *Rawert*, Der Einsatz der Stiftung zu stiftungsfremden Zwecken, ZEV 1999, 294; *ders.*, Anm. zu OLG Hamburg „Fontenay", ZIP 1994, 1950; *Rieble*, Verschmelzung und Spaltung von Unternehmen und ihre Folgen für Schuldverhältnisse mit Dritten, ZIP 1997, 301; *Riehmer*, Körperschaften als Stiftungsorganisatoren: Eine Untersuchung stiftungsartiger Körperschaften in Deutschland, England und den USA, 1993; *Richter/Sturm*, Stiftungsrechtsreform und Novellierung der Landesstiftungsgesetze, NZG 2005, 655; *Saenger/Arndt*, Reform des Stiftungsrechts: Auswirkung auf unternehmensverbundene und privatnützige Stiftungen, ZRP 2000, 13; *Schauhoff*, Neue Entwicklungen im Stiftungs- und Stiftungssteuerrecht, ZEV 1999, 121; *K. Schmidt*, Wohin steuert die Stiftungspraxis?, DB 1987, 261; *Seifart/v. Campenhausen*, Handbuch des Stiftungsrechts, 2. Aufl. 1999; *Strickrodt*, Stiftungsrecht, 1997; *Stengel*, Hessisches Stiftungsgesetz, 2. Aufl. 2000; *ders.*, Stiftung und Personengesellschaft, 1993; *Timm*, Einige Zweifelsfragen zum neuen Umwandlungsrecht, ZGR 1996, 247; *Wochner*, Stiftungen und stiftungsähnliche Körperschaften als Instrumente dauerhafter Vermögensbindung, MittRhNotK 1994, 89; *ders.*, Rechtsfähige Stiftungen – Grundlagen und aktuelle Reformbestrebungen, BB 1999, 1441. *Stiftungsgesetze der Länder* abrufbar unter www.stiftungen.org.

I. Allgemeines

1. Sinn und Zweck der Norm

1   Der Achte Abschnitt des UmwG hat für Stiftungen eine neue Regelung geschaffen. Die §§ 161 bis 167 ermöglichen der rechtsfähigen privatrechtlichen Stiftung die Ausgliederung von Betriebsvermögen in eine Handelsgesellschaft. Die Vorschriften ergänzen als Spezialregeln für die Stiftung die allgemeinen Spaltungsvorschriften der §§ 123 ff. Die Regelung der §§ 161 ff. ist im UmwG die einzige Umwandlungsmöglichkeit für Stiftungen. Ansonsten ist die Stiftung in den Katalogen der umwandlungsfähigen Rechtsträger nicht aufgeführt. Der Anwendungsbereich der Vorschrift ist damit auf die sog. Unternehmensträgerstiftung begrenzt[1]. Andere Formen der Umstrukturierung von Stiftungen behalten ihre Bedeutung[2].

2   Die Vorschriften sind im Zusammenhang mit §§ 123 ff., §§ 80 ff. BGB und den Landesstiftungsgesetzen zu sehen. Die **allgemeinen Spaltungsvorschriften**[3] sind heranzuziehen, sofern sich aus den §§ 161 ff. nicht eine Sonderregelung ergibt. Durch die Verweisung in § 125 findet Verschmelzungsrecht Anwendung[4].

3   §§ 80 ff. BGB bestimmen das Ausgliederungssubjekt und erweitern die Umstrukturierungsmöglichkeiten, von denen sich weitere in öffentlich-rechtlichen Vorschriften und in den Landesstiftungsgesetzen finden. Das Stiftungsrecht der Länder regelt weiterhin die Genehmigungstatbestände, die in §§ 162, 164 vorausgesetzt werden[5].

2. Anwendungsbereich

4   Der Anwendungsbereich der §§ 161 bis 167 ist eng begrenzt, verfahrensmäßig auf die Ausgliederung als übertragender Rechtsträger.

5   **a) Beschränkung auf die Möglichkeit der Ausgliederung.** Die Beschränkung auf die Ausgliederung ist durch die Rechtsform der Stiftung bedingt. Stiftungen haben keine Anteilsinhaber, sondern sind eigentümerlose Rechtssubjekte[6]. Die in der Verfassung der Stiftung vorgesehenen Organe, insbesondere der Vorstand, sind das einzige personale Element. Insofern ist die Stiftung eine Verwaltungsorganisation[7] mit einem zweckgebundenen Vermögen. Die Umwandlungsarten setzten in aller Regel Anteilsinhaber voraus, auf die Anteile des übernehmenden Rechtsträgers übergehen können. Den Übergang der Gegenleistung auf den übertragenden Rechtsträger selbst ermöglicht nur die Ausgliederung[8].

6   **b) Unternehmensträgerstiftung als übertragender Rechtsträger.** Eine Stiftung, die selbst, also unter ihrer Rechtsform und nicht nur mittelbar über die Beteiligung an einer Gesellschaft, ein Unternehmen betreibt, ist als unternehmensverbundene Stiftung in der Form der Unternehmensträgerstiftung[9] in der Lage, eine Ausgliederung durchzuführen[10].

7   Weiterhin kann die Stiftung nur als **übertragender und nicht als übernehmender Rechtsträger** an einer Umwandlung beteiligt sein. Diese Beschränkung ergibt sich aus

---

[1] AA *Raupach/Böckstiegel*, FS Widmann, S. 459, 485 f.
[2] Siehe Rn 39.
[3] §§ 123 ff.
[4] Siehe hierzu die Verweisung in § 125, insbes. § 125 Rn 9 ff.
[5] Im Einzelnen hierzu § 162 Rn 7 und § 164 Rn 1 ff.
[6] Statt aller *Rawert* in Lutter Rn 7.
[7] BGHZ 99, 344, 350 f.; *Rawert* in Lutter Rn 7.
[8] Siehe § 123 Abs. 3; genauer hierzu § 123 Rn 15 f.
[9] Zum Begriff *Rawert* in Staudinger Vorbem. zu §§ 80 ff. BGB Rn 84.
[10] Zur Abgrenzung zu anderen Stiftungen und Stiftungsformen siehe Rn 18 ff.

rechtspolitischen Erwägungen des Gesetzgebers. Die Rechtsform der Stiftung war ursprünglich nicht vorgesehen als Träger von Unternehmen[11].

3. Rechtsdogmatische Vorgaben

Die Ausgliederung ist stiftungsrechtlichen Grenzen unterworfen. Der Stiftungszweck stellt die Zielvorgabe für den Einsatz und die Verwendung des Stiftungskapitals dar[12]. Ob die Ausgliederung überhaupt nicht, nur zur Neugründung einer Kapitalgesellschaft oder auch zur Aufnahme durch eine Personenhandelsgesellschaft oder Kapitalgesellschaft zulässig ist, muss im Einzelfall geprüft werden. Maßstab dafür ist die Stiftungsverfassung, die sich aus Stiftungsrecht, Stiftungssatzung, Stiftungsgeschäft und dem Stifterwillen ergibt. **8**

Die Ausgliederung zur Neugründung wird durch die stiftungsrechtlichen Vorgaben häufig nicht beschränkt. Die Position der Stiftung ändert sich nicht grundsätzlich, da sie nun Alleingesellschafter wird[13]. Allerdings wird die Verfügungsmacht der Stiftung gelockert. Das Vermögen einer Unternehmensträgerstiftung unterliegt der stiftungsrechtlichen Pflicht zum Vermögenserhalt. Der Stiftungsvorstand ist bei der Führung des Unternehmens an die Stiftungsverfassung gebunden. Das liegt anders bei einer Stiftung, die lediglich eine Beteiligung an einer Gesellschaft (mit eigenen Organen und Regeln über das Vermögen) hält. Fordert also die Stiftungssatzung oder der Stifterwille diese Unmittelbarkeit, steht das Stiftungsrecht einer Ausgliederung entgegen. Das kann etwa dann der Fall sein, wenn das Unternehmen nicht bloßer Vermögensteil, sondern Gegenstand des vom Stifter gegebenen Auftrags ist. Dagegen wird teilweise angenommen, dass bei der Ausgliederung zur Aufnahme der Stiftung ein beherrschender Einfluss auf die Unternehmensführung des aufnehmenden Rechtsträgers eingeräumt werden müsse, um die Erfüllung des Stiftungszwecks sicherzustellen. Dies müsse durch gesellschaftsvertragliche Vereinbarungen oder im Fall der AG durch eine Aktienmehrheit sichergestellt werden[14]. Durch die erzielte Beteiligung allein darf sich der Stifterwille nicht oder nur eingeschränkt verwirklichen lassen. Mitunter können sogar unternehmensbezogene Zwecksetzungen auch durch nicht eigenverantwortliche unternehmerische Betätigung erfüllt werden[15]. **9**

4. Rechtspolitische Erwägungen

Die Regelungen in den §§ 161 ff. waren dem bisherigen Umwandlungsrecht unbekannt. Die §§ 50 bis 56 f. UmwG aF wurden auf die Stiftung nicht angewandt, da diese nach allgM nicht unter den Begriff des Einzelkaufmanns fiel[16]. **10**

a) Entstehungsgeschichte. Der Gesetzgeber sah das Bedürfnis nach einer Möglichkeit der Überführung der ganz wenigen verbliebenen von einer Stiftung betriebenen Unternehmen auf eine Handelsgesellschaft. Die freien Sparkassen erhofften sich von diesem Verfahren einen Weg in den gleichberechtigten Wettbewerb mit anderen Kreditinstituten[17]. Was das Verhältnis von Regelungsaufwand und praktischer Bedeutung angeht, lassen sich die §§ 161 ff. allerdings mit den Bienenparagraphen des BGB[18] vergleichen. **11**

Die gesetzliche Regelung in den §§ 161 ff. entspricht nahezu dem Diskussionsentwurf und dem Referentenentwurf[19]. **12**

---

[11] RegBegr. *Ganske* S. 151; siehe auch Rn 14.
[12] *Stengel,* Stiftung und Personengesellschaft, S. 40.
[13] Insoweit übereinstimmend *Rawert* in Lutter Rn 49.
[14] *Rawert* in Lutter Rn 48 ff.; *Rieger* in Widmann/Mayer Rn 270 ff.
[15] *Stengel,* Stiftung und Personengesellschaft, S. 59 f.
[16] *Rieger* in Widmann/Mayer Rn 2; *Rawert* in Lutter Rn 1.
[17] RegBegr. *Ganske* S. 187; zur Umwandlung von Sparkassen siehe auch § 79 Rn 5 f.
[18] §§ 961 ff. BGB.
[19] Vgl. *Ganske* RefE.

13 **b) Wertungen des Gesetzgebers.** Der Gesetzgeber hat in der Gesetzesbegründung direkt oder indirekt zu mehreren Fragen Stellung bezogen, die in der Literatur umstritten sind.

14 *aa) Stiftung als unerwünschter Unternehmensträger.* Die Stiftung ist nach dem Willen des Gesetzgebers nicht als Träger von Unternehmen gedacht. Begründet wird dies damit, dass die Stiftung nur nach dem Publizitätsgesetz zur Rechnungslegung verpflichtet und weder die handelsrechtliche Kapitalaufbringung und -erhaltung noch die Kontrolle der Unternehmensleitung wegen der fehlenden Mitglieder gewährleistet[20] sei. Die Stiftung sei damit den handels- und gesellschaftsrechtlichen Schutzbestimmungen entzogen. Deshalb wird sie im UmwG auf die Rolle des übertragenden Rechtsträgers beschränkt.

15 *bb) Parallele der Stiftung zum wirtschaftlichen Verein.* Der Gesetzgeber zieht in der Gesetzesbegründung eine Parallele zum wirtschaftlichen Verein[21]. Durch diese Stellungnahme sehen sich die Vertreter der Mindermeinung in der Literatur darin bestätigt, dass durch die wertungsmäßige Gleichstellung von wirtschaftlichem Verein und Stiftung eine analoge Anwendung von § 22 BGB geboten sei. Dies führe zu einer Unterscheidung zwischen regelmäßig zulässigen Idealstiftungen und regelmäßig unzulässigen wirtschaftlichen Stiftungen und müsse auch iRd. Anerkennungsentscheidung[22] berücksichtigt werden[23]. Die hM hält unternehmensverbundene Stiftungen in der Form der Unternehmensträgerstiftung oder der Beteiligungsträgerstiftung grundsätzlich für zulässig[24]. Lediglich Stiftungen, die nur der Vermögensverwaltung oder Unternehmensträgerschaft dienen, werden zu Recht von den Vertretern dieser Ansicht überwiegend abgelehnt[25].

16 Dieser hM kann auch nach der Reform durch das Gesetz zur Modernisierung des Stiftungsrechts[26] gefolgt werden. Es hat sich nichts daran geändert, dass weder die bestehende Wirtschaftsverfassung noch eine Beschränkung zulässiger Stiftungszwecke auf wohltätige Bereiche unternehmensbezogenen Stiftungen entgegenstehen. Rechtliche Grenzen können weder der bundesgesetzlichen Regelung in den §§ 80 ff. BGB noch den Landesgesetzen entnommen werden[27]. Für die analoge Anwendung von § 22 BGB fehlt es an einer planwidrigen Regelungslücke. Der Verweis des § 88 BGB auf das Vereinsrecht, aber nicht auf § 22 BGB, wurde Gesetz, als dem Gesetzgeber die Carl-Zeiss-Stiftung bekannt und präsent war[28]. Mit der Reform des Stiftungsrechts wurde der Anspruch mit Anerkennung kodifiziert, ohne die möglichen Stiftungszwecke einzuschränken[29].

II. Einzelerläuterungen

1. Ausgliederungssubjekt

17 § 161 beschränkt die Möglichkeit der Ausgliederung auf die rechtsfähige Stiftung iSv. § 80 BGB. Die bürgerlich-rechtliche rechtsfähige Stiftung ist weder im BGB noch in den

---

[20] RegBegr. *Ganske* S. 47, RegBegr. *Ganske* S. 151.
[21] RegBegr. *Ganske* S. 151; die Umwandlung wirtschaftlicher Vereine ist in den §§ 3 Abs. 2 Nr. 1; 100, 124 Abs. 1 geregelt. Der wirtschaftliche Verein kann nur als übertragender Rechtsträger beteiligt sein.
[22] § 80 BGB.
[23] *Rawert* in Lutter Rn 9 f., 46 ff., 54 ff., § 164 Rn 21; *Reuter* in MünchKomm. Vor § 80 BGB Rn 7 ff.; *Rieger* in Widmann/Mayer Rn 16; *Rawert* ZEV 1999, 294, 297; *Reuter* DWiR 1991, 192, 198.
[24] *Pöllath* in Seifart/v. Campenhausen § 13; *Neuhoff* in Soergel Vor § 80 BGB Rn 65 ff.; *Heinrichs* in Palandt § 80 BGB Rn 9; *Stengel,* Stiftung und Personengesellschaft, S. 26 ff.; *Delp* S. 9 ff.; *Timm* ZGR 1996, 247, 264 ff.
[25] *Neuhoff* in Soergel Vor § 80 BGB Rn 70; *Stengel,* Stiftung und Personengesellschaft, S. 40; aA *Hof* in Seifart/v. Campenhausen § 8 Rn 71.
[26] BT-Drucks. 14/8277 vom 20. 2. 2002.
[27] *Stengel,* Stiftung und Personengesellschaft, S. 39.
[28] *Kronke* S. 210.
[29] § 80 Abs. 2 BGB nF.

Landesstiftungsgesetzen definiert. Nach allgM versteht man darunter eine rechtsfähige Organisation, welche bestimmte durch ein Stiftungsgeschäft festgelegte Zwecke mit Hilfe eines Vermögens verfolgt, das diesen Zwecken dauernd gewidmet ist[30]. Da bürgerlich-rechtliche Stiftungen zu ihrem Entstehen seit über 100 Jahren der Genehmigung (nun: Anerkennung) bedürfen, besteht regelmäßig Klarheit.

a) Abgrenzung von anderen Stiftungsformen. Die rechtsfähige bürgerlich-rechtliche 18 Stiftung ist zu unterscheiden von der nichtrechtsfähigen oder auch **unselbstständigen Stiftung**. Sie zeichnet sich dadurch aus, dass ein Stifter einer natürlichen oder juristischen Person einen Vermögenswert zweckgerichtet zuwendet[31]. Sie selbst ist keine juristische Person und bedarf deshalb eines Treuhänders[32]. Die **öffentlich-rechtliche Stiftung**[33] unterscheidet sich von der bürgerlich-rechtlichen durch den Rechtskreis, dem sie entstammt. Die Abgrenzung findet auf der Grundlage des Entstehungstatbestands statt[34].

Kirchliche Stiftungen sind idR öffentlich-rechtliche Stiftungen, da sie ausschließlich 19 Zwecke der öffentlichen Kirchenverwaltung verfolgen. Daneben bestehen kirchliche Stiftungen des Privatrechts, vor allem zu Erziehungs-, Unterrichts- und Wohlfahrtszwecken. Sofern sie rechtsfähige Stiftungen des bürgerlichen Rechts sind, können §§ 161 ff. auf sie angewandt werden[35].

Stiftungsvereine und -gesellschaften fallen nicht in den Anwendungsbereich von 20 § 161. Durch diese Rechtsinstitute versucht die Praxis, stiftungstypische Zwecke in anderer Rechtsform zu verwirklichen. Dazu werden in erster Linie der eingetragene Verein und die GmbH herangezogen, wobei es erheblichen Gestaltungsaufwand bedeutet, die Mitgliederabhängigkeit dem Stifterwillen unterzuordnen[36].

b) Ungeschriebene Tatbestandsvoraussetzung. Die Ausgliederung nach § 161 setzt 21 weiterhin die Eintragung der Stiftung im Handelsregister voraus[37]. Dem Wortlaut ist diese Tatbestandsvoraussetzung nicht zu entnehmen, jedoch setzt das Gesetz sie an verschiedenen Stellen voraus. § 164 Abs. 2 verpflichtet im Fall der nicht genehmigungspflichtigen Ausgliederung das Gericht des Sitzes der Stiftung zur Prüfung, ob die Verbindlichkeiten der Stiftung ihr Vermögen überschreiten, und ggf. zur Ablehnung der bei der Ausgliederung notwendigen Eintragung. Zuständig kann nur das Registergericht sein, bei dem die Stiftung nach § 33 HGB eingetragen wurde. Auch findet auf die Stiftung § 131 Anwendung, der die Ausgliederungsfolgen an die Eintragung der Spaltung in das Register des Sitzes des übertragenden Rechtsträgers bindet. Ein Registergericht wird also wiederum vorausgesetzt[38]. Auch die Eintragung gem. § 5 HGB ist ausreichend. Das Gesetz knüpft an die Eintragung selbst und nicht an die Art der Eintragung an[39].

---

[30] *BayOLG* NJW 1973, 249; *Rawert* in Staudinger Vorbem zu §§ 80 ff. BGB Rn 4; *Heinrichs* in Palandt Vorb v § 80 BGB Rn 5; *Rieger* in Widmann/Mayer Rn 19.
[31] *Ebersbach* S. 24.
[32] *Rieger* in Widmann/Mayer § 161 Rn 20 bis 22; *Rawert* in Lutter Rn 13; *Heinrichs* in Palandt Vorb v § 80 BGB Rn 10; *Hof* in Seifert/v. Campenhausen § 36 Rn 1.
[33] Ausf. *Strickrodt* S. 133 ff.
[34] *Rawert* in Staudinger Vorbem zu §§ 80 ff. BGB Rn 183.
[35] Dazu *Rawert* in Staudinger Vorbem zu §§ 80 ff. BGB Rn 137 ff.; *v. Campenhausen* in Seifert/v. Campenhausen § 23 Rn 28; *Strickrodt* S. 127.
[36] *Stengel* Einführung StiftGHessen S. 6; *Neuhoff* in Soergel Vor § 80 BGB Rn 39; dazu *Riehmer* S. 118 ff.
[37] *Rawert* in Lutter Rn 17 ff.; *Rieger* in Widmann/Mayer Rn 27 ff.
[38] So auch *Rieger* in Widmann/Mayer Rn 27 ff.; *Rawert* in Lutter Rn 21, denn eine § 171 entsprechende Regelung fehlt.
[39] IE ebenso *Rawert* in Lutter Rn 17; *Rieger* in Widmann/Mayer Rn 36; aA *Hörtnagl* in Schmitt/Hörtnagl/Stratz § 152 Rn 10.

22 Bis zur Eintragung der Ausgliederung können die **Voraussetzungen der Umwandlung** geschaffen werden. Deshalb kann die Eintragung der Stiftung im Handelsregister bis zu diesem Zeitpunkt oder zeitgleich erfolgen[40].

2. Ausgliederungsobjekt

23 § 161 bestimmt als Ausgliederungsobjekt das von der Stiftung betriebene Unternehmen oder Teile desselben.

24 **a) Betriebenes Unternehmen.** Die Stiftung kann weiteres „Privatvermögen" besitzen. Deshalb sind hier – ebenso wie beim Einzelkaufmann – im Gegensatz zu den übrigen Rechtsträgern Stiftungsvermögen und Unternehmensvermögen nicht deckungsgleich.

25 Die **Eintragung der Stiftung** im Handelsregister erübrigt eine weitere Begriffsbestimmung. Das vom Kaufmann betriebene Handelsgewerbe ist stets Unternehmen. Der Begriff des „Betreibens" ist dem in § 1 Abs. 1 HGB gleichzusetzen. Deshalb ist derjenige „Betreiber", der aus den im Unternehmen geschlossenen Geschäften berechtigt und verpflichtet ist. Sofern die Stiftung Eigentümerin des Unternehmens ist, wird diese Voraussetzung in jedem Fall erfüllt. Nach den handelsrechtlichen Grundsätzen ist aber auch die wohl eher seltene Stellung des Nießbrauchers oder Pächters ausreichend, sofern Nießbrauchbesteller oder Verpächter der Ausgliederung zustimmen[41]. Weiterhin ist der Fall denkbar, dass eine Stiftung die Rolle der treuhänderischen Testamentsvollstreckung[42] übernimmt. Da sie hier ebenfalls als „Betreiber" anzusehen ist, kann auch ein solchermaßen geführtes Unternehmen ausgegliedert werden[43]. Allerdings darf die Ausgliederung nicht dem Willen des Erblassers widersprechen.

26 **b) Unternehmensteile.** Nach § 161 können auch Teile des Unternehmens ausgegliedert werden. Der Begriff des Teils ist dem in § 123 gleichzusetzen, da der Gesetzgeber erkennbar der Systematik des § 123 folgen wollte und das Ausgliederungsobjekt nur aus den o. g. Gründen[44] auf ein Unternehmen beschränkt hat. Aus der Gesetzesbegründung zu § 123 wird deutlich, dass bewusst auf den Ausschluss der Spaltung eines einzelnen Gegenstands verzichtet wurde[45]. Deshalb kann sich der „Unternehmensteil" auch auf einen einzigen Vermögensgegenstand des Unternehmens beschränken. Die Prüfung, ob eine wirtschaftlich sinnvolle Einheit vorliegt, wäre dem Registergericht oder der Aufsichtsbehörde auch schwer möglich[46].

27 Grundsätzlich können mehrere Unternehmen gleichzeitig ausgegliedert werden. Um Verfahrensprobleme zu vermeiden, muss die Ausgliederung ggf. bei mehreren Registergerichten eingetragen werden[47].

28 **c) Andere Vermögensteile.** Nicht unternehmensgebundenes Stiftungsvermögen kann nicht Gegenstand der Ausgliederung sein. Das betriebene Unternehmen ist nicht die Voraussetzung für die Ausgliederungsfähigkeit der Stiftung, sondern Ausgliederungsobjekt selbst. Die Beschränkung auf das „Unternehmen" dient gerade zur Abgrenzung; ansonsten hätte der Vermögensbegriff des § 123 benutzt werden können.

29 Allerdings kann **Privatvermögen**, spätestens durch Aufnahme in den Ausgliederungsplan oder -vertrag, dem Unternehmen gewidmet werden[48]. Nach einigen Landesstiftungsgeset-

---

[40] *Rawert* in Lutter Rn 17; *Karollus* in Lutter Umwandlungsrechtstage S. 186.
[41] § 185 BGB. Dazu *Karollus* in Lutter § 152 Rn 20.
[42] Zum Begriff *Zimmermann* in MünchKomm. Vor § 2197 BGB Rn 21.
[43] *Karollus* in Lutter § 152 Rn 21.
[44] Siehe Rn 24.
[45] Begr. RegE zu § 123, RegBegr. *Ganske* S. 150.
[46] *Karollus* in Lutter Umwandlungsrechtstage S. 190.
[47] Dazu *Rieger* in Widmann/Mayer Rn 67 ff.
[48] *Rieger* in Widmann/Mayer Rn 63 ff.

zen ist eine solche Umschichtung des Stiftungsvermögens anzeige- oder genehmigungspflichtig[49]. Eine Genehmigung ist auch dann erforderlich, wenn die Umschichtung die Schwelle zur Satzungsänderung überschreitet[50].

3. Ausgliederungsmöglichkeiten

Eine Ausgliederung zur Aufnahme eines Unternehmens oder Unternehmensteils aus dem Stiftungsvermögen kann nur auf eine bestehende Personenhandelsgesellschaft oder eine Kapitalgesellschaft erfolgen. Die Ausgliederung zur Neugründung ist auf die Errichtung von Kapitalgesellschaften beschränkt. Diese Ausgliederungsmöglichkeiten sind neben den §§ 161 bis 167, den allgemeinen Spaltungsvorschriften[51] und über die Verweisung in § 125 den Verschmelzungsregeln unterworfen. Bei der Ausgliederung zur Neugründung verweist § 135 Abs. 2 Satz 1 weiterhin auf die Gründungsvorschriften des GmbHG und des AktG. Daraus ergeben sich regelmäßig folgende notwendige Schritte im Ausgliederungsverfahren: 30

– Erstellen des Ausgliederungsvertrags[52] bei Aufnahme oder des Ausgliederungsplans[53] bei Neugründung durch den Stiftungsvorstand[54] mit notarieller Beurkundung[55];
– bei der Neugründung Errichtung der Kapitalgesellschaft nach den jeweiligen Gründungsvorschriften und Hinzufügung zu dem Ausgliederungsplan[56];
– Ausgliederungsvertrag oder Ausgliederungsplan müssen evtl. vorhandenen Betriebsräten zugeleitet werden[57], bei der Aufnahme durch eine AG (oder KGaA) bekannt gemacht werden[58];
– ein Ausgliederungsbericht[59] durch die Stiftung nur unter den Voraussetzungen des § 162[60], bei der Aufnahme in jedem Fall durch den übernehmenden Rechtsträger;
– Ausgliederungsbeschluss durch die Stiftung[61], bei der Ausgliederung zur Aufnahme durch den übernehmenden Rechtsträger nach den allgemeinen Beschlussvorschriften[62];
– soweit eine Genehmigungspflicht gegeben ist, muss ein Verfahren durchgeführt werden und die Genehmigungsbestätigung der Ausgliederungsanmeldung hinzugefügt werden[63];
– bei der Neugründung Anmeldung und Eintragung des neuen Rechtsträgers[64];
– Anmeldung und Eintragung der Ausgliederung[65].

Die **Rechtsfolgen** der Eintragung ergeben sich aus § 131[66]. Neben diesen Gemeinsamkeiten weisen die verschiedenen Ausgliederungsverfahren Besonderheiten auf. 31

a) Ausgliederung zur Aufnahme. Die Ausgliederungsmöglichkeiten zur Aufnahme auf Seiten des übernehmenden Rechtsträgers entsprechen denen in § 123 Abs. 3 und 4. Die 32

---

[49] § 9 Abs. 1 Satz 1 Nr. 1 StiftG SH; siehe hierzu auch § 164 Rn 4.
[50] *Hof* in Seifert/v. Campenhausen § 10 Rn 75.
[51] §§ 123 ff.
[52] § 126.
[53] § 136.
[54] § 136.
[55] § 125 Satz 1 iVm. § 6.
[56] § 125 Satz 1 iVm. § 37.
[57] § 126 Abs. 3.
[58] § 61.
[59] § 127.
[60] Siehe §§ 162, 164.
[61] § 163. Zur Organzuständigkeit und zum Zustimmungsvorbehalt siehe Erläuterungen zu § 163.
[62] §§ 125 Satz 1 iVm. 13, 43, 50, 65, 78.
[63] § 164.
[64] § 137 Abs. 1.
[65] §§ 129, 130, 137, 125 Satz 1 iVm. 16, 17. Keine allgemeine Klagebefugnis der Organmitglieder, *BGH* NJW 94, 184, 185; Destinatäre und Stiftung nur, falls nach Landesrecht oder Satzung vorgesehen.
[66] Dazu Rn 37 f.

Aufnahme ist also durch mehrere Rechtsträger und auch ergänzt durch eine Neugründung möglich. Im Ausgliederungsverfahren ist weiterhin zu beachten, dass bei der Gewährung von Mitgliedschaftsrechten und Anteilen an den übernehmenden Rechtsträgern der in allen Landesstiftungsgesetzen festgelegte Grundsatz der Erhaltung des Stiftungsvermögens berücksichtigt wird[67].

33 *aa) Durch Personenhandelsgesellschaft.* Im Ausgliederungsvertrag muss bei der Aufnahme durch eine Personenhandelsgesellschaft festgelegt werden, ob die Stiftung die Stellung eines Komplementärs oder eines Kommanditisten erhält. Dabei ist der Betrag der Einlage festzusetzen[68]. Es ist zulässig, der Stiftung die Rolle des persönlich haftenden Gesellschafters einzuräumen, sofern die Stiftungssatzung dies vorsieht[69].

34 *bb) Durch Kapitalgesellschaft.* Die Aufnahme durch eine Kapitalgesellschaft ist auf zwei Wegen möglich: Entweder durch eine Kapitalerhöhung, die aufgrund des Ausschlusses der §§ 54 und 68 (§ 125) möglich ist, oder durch Verwendung eigener vorhandener Anteile als Gegenleistung. Bei der Kapitalerhöhung sind insbesondere § 55 (für die GmbH) und § 142 iVm. § 69 (für die AG und KGaA) zu beachten. Weitere Besonderheiten ergeben sich aus §§ 125 iVm. 67, 78 (Nachgründung).

35 **b) Ausgliederung zur Neugründung.** Die Beschränkung der Ausgliederung zur Neugründung auf eine Kapitalgesellschaft wird dadurch bedingt, dass bei Personengesellschaften die Gründung einer Einpersonen-Gesellschaft begrifflich ausgeschlossen ist[70]. Durch vorherige Gründung einer Personenhandelsgesellschaft und anschließender Ausgliederung zur Aufnahme kommt man zum gleichen Ergebnis[71].

36 Das **Gründungsverfahren** der Kapitalgesellschaft richtet sich gem. § 135 Abs. 2 Satz 1 nach dem AktG und GmbHG, soweit sich nicht aus den auf die Ausgliederung anzuwendenden Vorschriften des Verschmelzungs- und Spaltungsrechts etwas besonderes ergibt.

4. Ausgliederungsfolgen

37 Nach § 131 Abs. 1 Nr. 1 geht das Vermögen einschließlich der Verbindlichkeiten der Stiftung im Wege der partiellen Gesamtrechtsnachfolge entsprechend den Regelungen des Ausgliederungsplans oder -vertrags auf den übernehmenden Rechtsträger über.

38 Die §§ 161 ff. enthalten keine dem § 155 entsprechende Regelung, die bei der Ausgliederung des gesamten Unternehmens durch den Einzelkaufmann das Erlöschen der Firma mit der Eintragung vorsieht. Es ist allerdings ein allgemeiner **Grundsatz des Firmenrechts**, dass die Firma erlischt, wenn kein Handelsgewerbe mehr betrieben wird[72]. Der übernehmende Rechtsträger kann die Firma fortführen, ggf. unter Weglassung des dann zumeist irreführenden Begriffs „Stiftung". § 125 Satz 1 iVm. § 18 schließt als Spezialregelung mit seinen geringeren Voraussetzungen (Einwilligung des übertragenden Rechtsträgers ist nicht Voraussetzung) die Heranziehung von § 22 HGB nicht aus[73].

III. Weitere Umstrukturierungsmöglichkeiten

39 Andere **Umstrukturierungsmöglichkeiten**, die auf Rechtsgrundlagen außerhalb des UmwG beruhen, sind praktisch bedeutsamer als die §§ 161 ff. Der in § 87 Abs. 2 BGB und

---

[67] Vgl. u. a. § 6 Abs. 1 StiftGHessen.
[68] § 125 Satz 1 iVm. § 40.
[69] Sehr streitig, vgl. *Stengel*, Stiftung und Personengesellschaft, S. 42 ff.
[70] Begr. RegE zu § 152, RegBegr. *Ganske* S. 183.
[71] *Karollus* in Lutter Umwandlungsrechtstage S. 185.
[72] *Emmerich* in Heymann § 17 HGB Rn 18 ff.
[73] *Teichmann* in Lutter § 132 Rn 48.

Möglichkeit der Ausgliederung   40–45 § 161

teilweise in der Literatur für die Zweckänderung benutzte Begriff der Umwandlung sollte dabei vermieden werden, da dieser durch § 1 Abs. 1 UmwG besetzt ist. Die Gestaltungsmöglichkeiten ergeben sich aus den §§ 80 ff. BGB, den Landesstiftungsgesetzen und den Vorschriften zu den Personenhandels- und Kapitalgesellschaften.

1. Sachgründung und Sacheinlage

Der wirtschaftliche Erfolg einer Ausgliederung kann außerhalb des UmwG durch eine **40** Sachgründung oder eine Sacheinlage erreicht werden. Die bisherigen Möglichkeiten auf dem Weg der Einzelrechtsnachfolge sind weiterhin anwendbar. Eine Verpflichtung zur Nutzung der Ausgliederung nach dem UmwG besteht nicht. Das Nebeneinander wird in der Gesetzesbegründung ausdrücklich bestätigt[74].

2. Stiftungsrechtliche Regelungen

Weitere Umstrukturierungsmöglichkeiten ergeben sich aus den Landesstiftungsgesetzen[75]. **41**

a) Zulegung. Durch das Landesrecht werden auf der Grundlage von § 85 BGB Aufhe- **42** bung und Zweckänderung ergänzt durch Zusammenlegung und Zulegung. Eine Umstrukturierung kann durch die Übertragung von Vermögen aus der Liquidierung einer oder mehrerer Stiftungen vorgenommen werden. Bei der Vermögensübertragung auf eine bestehende Stiftung handelt es sich um eine Zulegung. Die Zulegung durch die Aufsichtsbehörde ist nur unter den Voraussetzungen des § 87 Abs. 1 BGB zulässig[76]. Die Anknüpfung an § 87 ist anzunehmen, da durch eine solche hoheitliche Maßnahme nicht in eine „gesunde" Stiftung eingegriffen werden darf[77]. Auch diese Umstrukturierungsmaßnahme kann durch die Stiftungsorgane durchgeführt werden, bedarf aber der Zustimmung der Aufsichtsbehörde[78]. Der Vermögensübergang findet bei der Zulegung immer durch Einzelübertragung statt[79].

b) Zusammenlegung. Neben der Zulegung und unter den gleichen Voraussetzungen **43** können Stiftungen mit vergleichbarer Zwecksetzung zu einer neuen Stiftung zusammengelegt werden. Diese Maßnahme können wiederum entweder die Stiftungsbehörden oder – soweit nach Landesrecht vorgesehen – die Stiftungsorgane vornehmen. Die Zusammenlegung ist keine Verschmelzung[80]. Eine Verschmelzung würde die Gesamtrechtsnachfolge voraussetzen. Der Vermögensübergang findet als Einzelrechtsübertragung statt[81]. Teilweise haben die Landesgesetzgeber in den Stiftungsgesetzen die Gesamtrechtsnachfolge angeordnet[82].

aa) Gesetzgebungskompetenz vor UmwG. Die von den Ländern getroffenen Regelungen sind **44** mangels Gesetzgebungskompetenz unzulässig[83]. Das UmwG stützt diese Ansicht.

Die **Gesamtrechtsnachfolge** ist im Vergleich zur Einzelrechtsnachfolge ein gesetzlich **45** geregelter Ausnahmefall. Der Bund hat von seiner Gesetzgebungskompetenz in den Sach-

---

[74] Begr. RegE zu § 1, RegBegr. *Ganske* S. 43, 44; dazu auch *Kallmeyer* ZIP 1994, 1746, 1749; *Feddersen/Kiem* ZIP 1994, 1078, 1079.
[75] Nach § 87 Abs. 1 BGB kann die zuständige Behörde bei Unmöglichkeit der Zweckerfüllung oder falls der Stiftungszweck das Gemeinwohl gefährdet, die Zweckbestimmung ändern oder die Stiftung aufheben. Dabei handelt es sich nicht um Umstrukturierungen.
[76] § 10 StiftG NW verweist ausdrücklich auf § 87 BGB.
[77] Zum zweckmäßigen Verfahren siehe Rn 47.
[78] Vgl. § 5 Abs. 1, 2 StiftG Bln.; § 10 StiftG Bbg; § 8 Abs. 1 Brem. StiftG; § 7 Abs. 1 Hmb. StiftG; § 9 Abs. 1, 2 StG Hessen (Antragsrecht der Stiftungsorgane); § 11 StiftG MV; § 7 StiftG Nds.; § 5 NRW StiftG; § 8 RhPf StiftG; § 7 StiftG Saarl.; § 5 StiftG SH; § 21 StiftG DDR.
[79] Zum Problem der Gesamtrechtsnachfolge bei der Zusammenlegung siehe Rn 43 ff.
[80] *Stengel* § 9 StiftGHessen S. 54.
[81] *Rawert* in Staudinger § 87 BGB Rn 10.
[82] § 14 Abs. 2 Satz 4 StiftG BW; § 5 Abs. 3 Satz 2 StiftG Bln.; § 6 Abs. 1 Satz 5 StiftG SH.
[83] So schon *Kneis/Kaja* S. 49 f.; *Stengel* § 9 StiftGHessen S. 54.

gebieten, in denen er die Universalsukzession gestatten wollte, nach Art. 74 GG Gebrauch gemacht. Deshalb muss, soweit nicht ausdrücklich durch den Gesetzgeber anders normiert, der Vermögensübergang im Wege der Einzelrechtsübertragung stattfinden. Ein Regelungsvorbehalt zugunsten des Landesgesetzgebers besteht nicht. Auch wenn die Zusammenlegung und die Zulegung von § 85 BGB erfasst werden[84], müsste für die Gesamtrechtsnachfolge ein besonderer Vorbehalt gegeben sein, wie ihn in anderem Zusammenhang Art. 126 EGBGB vorsieht[85]. Nichts anderes kann gelten, wenn der Landesgesetzgeber im Zusammenlegungsbeschluss das neue Stiftungsgeschäft sieht[86], denn auch hier ist der Vermögensübergang von der „Verfassung" dogmatisch zu trennen.

46 *bb) Gesetzgebungskompetenz durch UmwG.* Diese Einschätzung gilt insbesondere auf Grund von § 1 Abs. 2. Diese Vorschrift schließt andere Umstrukturierungsmaßnahmen nicht aus[87], allerdings kann der Vorteil der Gesamtrechtsnachfolge nur für Umwandlungen nach dem UmwG beansprucht werden[88]. Durch das Analogieverbot hat der Bundesgesetzgeber auf dem Sachgebiet der wirtschaftlichen Gestaltungsmöglichkeiten der erfassten Rechtsträger von seiner Gesetzgebungskompetenz Gebrauch gemacht. Die in den Landesgesetzen teilweise angeordnete Gesamtrechtsnachfolge wird deshalb von der Sperrwirkung der Art. 72, 74 GG erfasst und verdrängt.

47 **c) Zweckmäßige Vorgehensweise.** Unter Berücksichtigung der oben vertretenen Auffassung[89] sollte der Weg der Einzelübertragung gewählt werden, sei es durch Übertragung des Vermögens einer oder mehrerer liquidierter Stiftungen auf eine bestehende Stiftung oder auf eine neu gegründete Stiftung. Hierbei dürfte die der Zulegung entsprechende erste Variante praktikabler sein. Dazu führt die aufnehmende Stiftung eine Satzungs- und ggf. eine Zweckänderung durch und die übertragende Gesellschaft ändert die Anfallberechtigung zugunsten der übernehmenden Stiftung; anschließend wird die übertragende Stiftung aufgehoben und liquidiert und die Vermögensgegenstände werden entsprechend den jeweiligen Vorschriften übertragen[90].

48 Die **Liquidation** richtet sich gem. § 88 BGB nach den vereinsrechtlichen Vorschriften der §§ 45 Abs. 3 bis 53 BGB. In der Praxis der Stiftungen bereitet dabei § 51 BGB Schwierigkeiten, wonach der die Ausantwortung des Stiftungsvermögens an den Anfallberechtigten erst nach einem Jahr stattfinden darf. Der Sinn der Zusammenlegung oder Zulegung, die Verfolgung des Stiftungszwecks im Gewand einer neuen Stiftung fortzusetzen, wird dadurch zunichte gemacht. Obwohl der Erhaltungswille als Hintergrund der Aufhebung mit den anderen Erlöschensgründen nicht vergleichbar ist, muss wohl mit der allgM[91] die Sperrfrist in diesem Zusammenhang ebenfalls eingehalten werden. Die negativen Folgen der Sperrfrist auf die Zweckverfolgung können aber durch folgende Maßnahmen reduziert werden: Ist die aufnehmende Stiftung zur Vorfinanzierung des Stiftungszwecks in der Lage, können die Kosten der Vorfinanzierung über die im Sperrjahr erzielten Erträge aus dem Liquidationsüberschuss der übertragenden Stiftung saldiert werden.

49 **d) Veränderung der Rechtsnatur.** Denkbar ist die Veränderung der Rechtsnatur einer Stiftung, sei es von einer öffentlich-rechtlichen in eine bürgerlich-rechtliche Stiftung oder umgekehrt.

---

[84] *Neuhoff* in Soergel § 87 BGB Rn 5; *Rawert* in Staudinger § 87 BGB Rn 1.
[85] *Kneis/Kaja* S. 49 f.
[86] AA *Neuhoff* in Soergel § 87 BGB Rn 5.
[87] § 1 Rn 59 f.; *Lutter/Drygala* in Lutter § 1 Rn 34.
[88] Vgl. auch Einl. A Rn 82; *Priester* in ZHR 163 (1999) 187, 191.
[89] Siehe Rn 44 ff.
[90] *Stengel* § 9 StiftGHessen S. 54.
[91] *Reuter* in MünchKomm. § 88 BGB Rn 1; *Rawert* in Staudinger § 88 BGB Rn 1; *Heinrichs* in Palandt § 88 BGB Rn 1.

Daneben besteht nur die Möglichkeit der **Aufhebung** und **Neugründung** in der jeweils 50
anderen Rechtsform. Auf die Aufhebung einer öffentlich-rechtlichen Stiftung ist, soweit
durch Landesrecht nichts anderes vorgesehen[92], § 87 BGB entsprechend anzuwenden[93].

§ 162 Ausgliederungsbericht

(1) Ein Ausgliederungsbericht ist nur erforderlich, wenn die Ausgliederung nach § 164 Abs. 1 der staatlichen Genehmigung bedarf oder wenn sie bei Lebzeiten des Stifters von dessen Zustimmung abhängig ist.

(2) Soweit nach § 164 Abs. 1 die Ausgliederung der staatlichen Genehmigung oder der Zustimmung des Stifters bedarf, ist der Ausgliederungsbericht der zuständigen Behörde und dem Stifter zu übermitteln.

Übersicht

	Rn		Rn
I. Ausgliederungsbericht	1	1. Staatliche Genehmigung nach § 164 Abs. 1	7
1. Funktion	2	2. Zustimmung des Stifters	8
2. Inhalt	4	III. Übermittlungspflicht	9
3. Zuständigkeit	5		
II. Erforderlichkeit	6		

Literatur: Vgl. Literaturverzeichnis zu § 161.

I. Ausgliederungsbericht

§ 162 regelt für die **Ausgliederung** eines Unternehmens oder Unternehmensteils durch 1
eine Stiftung den Ausgliederungsbericht abweichend von der sonst im Spaltungsrecht anzuwendenden Vorschrift des § 127. Hintergrund ist wiederum die Rechtsform der Stiftung als anteilsinhaberloses Rechtssubjekt. Normzweck von § 127 ist die Aufklärung der Anteilsinhaber zur Vorbereitung auf deren notwendige Zustimmung zur Spaltung. Den Ausgliederungsbeschluss der Stiftung fasst in der Regel der Vorstand[1]. Ein Informationsinteresse im Fall der Stiftung können deshalb nur der Stifter oder die Aufsichtsbehörde besitzen, da ihnen teilweise die Zustimmung oder Genehmigung zur Ausgliederung obliegt.

1. Funktion

Der Ausgliederungsbericht hat die Funktion, einen an der Ausgliederungsentscheidung 2
nicht beteiligten, aber im Zuge des Ausgliederungsverfahrens zur Zustimmung berechtigten Dritten über die Umstrukturierung zu informieren. Zwei Fälle sind denkbar:
– Der Stiftungsbehörde obliegt die staatliche Genehmigung der Ausgliederung nach § 164 Abs. 1 iVm. den Landesstiftungsgesetzen[2].
– Die Satzungsänderung ist der Zustimmung des noch lebenden Stifters unterworfen.

Allerdings betrifft § 162 nur die **ausgliedernde Stiftung**. Bei der Ausgliederung zur 3
Aufnahme muss das aufnehmende Unternehmen nach § 127 den Anteilsinhabern berichten.

---

[92] § 21 Abs. 2 StiftG BW; Art 15 BayStG; § 21 iVm. § 18 LOG Saarl.; § 48 Abs. 1 LVwG SH; § 21 iVm. § 18 LOG NW (nur in Überschrift).
[93] *v. Campenhausen* in Seifart/v. Campenhausen § 18 Rn 9 ff.
[1] Siehe § 163.
[2] Dazu im Einzelnen § 164.

2. Inhalt

4 § 162 regelt nicht den notwendigen Inhalt des Ausgliederungsberichts. Deshalb gelten hierfür die Vorschriften des § 127 iVm. § 8 Abs. 1 Satz 2 bis 4 und Abs. 2. Ergänzend muss die spezifische Funktion des Ausgliederungsberichts für das Ausgliederungsverfahren der Stiftung berücksichtigt werden. Angaben zum Umtauschverhältnis erübrigen sich nur bei der Ausgliederung zur Neugründung oder zur Aufnahme durch eine 100%-ige Tochtergesellschaft. Die Stiftungsbehörde ist bei ihrer Zustimmungsentscheidung an das Gebot der Vermögenserhaltung gebunden[3]. Wird also auf eine Gesellschaft ausgegliedert, an der Dritte beteiligt sind, müssen im Ausgliederungsbericht die Werte des übertragenen Unternehmens und der erhaltenen Unternehmensanteile genannt werden[4].

3. Zuständigkeit

5 Der ursprüngliche Regierungsentwurf sah einen Abs. 2 Satz 2 vor, nach dem sämtliche Mitglieder des Vorstands und ggf. Aufsichts- oder Beiratsvorsitzender den Ausgliederungsbericht unterzeichnen mussten. Von dieser Regelung wurde dann mit der Begründung abgesehen, durch den Verweis auf die allgemeinen Vorschriften des Stiftungsrechts zu Satzungsänderungen in § 163 könne für § 162 nichts anderes gelten[5]. Unter Berücksichtigung dieser Gesetzesbegründung müssen die Landesgesetze herangezogen werden, wonach für Satzungsänderungen die Stiftungsorgane zuständig sind. Diese werden durch die Satzung bestimmt. Fehlt eine Regelung, liegt die Zuständigkeit gem. § 163 Abs. 2 (ebenso § 86 iVm. § 27 Abs. 3 BGB) beim Vorstand. Dementsprechend ist das berufene Organ oder der Vorstand auch für den Ausgliederungsbericht zuständig[6]. Gleiches gilt, wenn man in Anbetracht der fehlenden Regelung in § 162 die Zuständigkeitsbestimmung aus § 127 anwendet[7].

II. Erforderlichkeit

6 § 162 beschränkt die Erforderlichkeit eines **Ausgliederungsberichts** auf zwei Fälle: Die Ausgliederung bedarf der staatlichen Genehmigung nach § 164 Abs. 1 oder sie setzt die Zustimmung des lebenden Stifters voraus. Der Stifter kann nach § 127 Satz 2 iVm. § 8 Abs. 3 analog mit notarieller Beurkundung auf sein Recht verzichten. Die Möglichkeit eines solchen Verzichts besteht auch für die Stiftung. § 162 ist die umwandlungsrechtliche Ausformung eines stiftungsrechtlichen Informationsanspruchs als Instrument der Stiftungsaufsicht. Auf derartige Informationsansprüche kann die Behörde verzichten[8]. Eine sachgerechte Anerkennungsentscheidung setzt dann allerdings andere Informationsquellen voraus[9].

1. Staatliche Genehmigung nach § 164 Abs. 1

7 Eine staatliche Genehmigung ist dann Voraussetzung, wenn es die Landesstiftungsgesetze vorsehen (§ 164 Abs. 1). Die Stiftungsgesetze behandeln die Ausgliederung nicht ausdrücklich. Deshalb ist maßgebend, ob die Ausgliederung eine genehmigungspflichtige Satzungsänderung erfordert oder unter die in einigen Ländern vorgesehenen Rechtsgeschäfte mit

---

[3] *Hof* in Seifart/v. Campenhausen § 10 Rn 34 ff.
[4] *Rawert* in Lutter Rn 8; *Rieger* in Widmann/Mayer Rn 30 f.; aA offenbar BegrRegE zu § 127, *Ganske* S. 139.
[5] Begr. Stellungnahme BR zu § 162, *Ganske* S. 190.
[6] So auch ohne Begr. *Rawert* in Lutter Rn 9.
[7] *Rieger* in Widmann/Mayer Rn 32 ff.
[8] Vgl. *Hof* in Seifart/v. Campenhausen § 11 Rn 124; *Rieger* in Widmann/Mayer Rn 22; aA *Rawert* in Lutter Rn 6.
[9] IE auch *Rieger* in Widmann/Mayer Rn 22.

Genehmigungsvorbehalt fällt. Liegen diese Tatbestände vor, ist ein Ausgliederungsbericht zu erstellen[10].

2. Zustimmung des Stifters

Ein Ausgliederungsbericht ist nach § 162 Abs. 1 auch dann erforderlich, wenn die Ausgliederung die Zustimmung des Stifters voraussetzt. Der Zustimmungsvorbehalt zugunsten des Stifters kann sich aus zwei Gründen ergeben: Zunächst unterstellen einige Bundesländer die Satzungsänderung der Zustimmung des Stifters[11]. Weiterhin kann ein solcher auch auf einer satzungsrechtlichen Regelung beruhen.

III. Übermittlungspflicht

Neben die **Pflicht zur Erstellung eines Ausgliederungsberichts** tritt nach § 162 Abs. 2 die Übermittlungspflicht. Voraussetzung ist wiederum, dass eine staatliche Genehmigung oder die Zustimmung des Stifters erforderlich ist. Adressat der Übermittlung ist die nach Landesrecht zuständige Aufsichtsbehörde oder der Stifter. Die Formulierung „und" ist so zu verstehen, dass nur demjenigen, der sein Einverständnis erklären muss, der Ausgliederungsbericht übermittelt werden muss. Dies können bei Satzungsänderungen Behörde und Stifter sein.

Zur Übermittlung verpflichtet kann nur das **Vertretungsorgan** sein, das den Ausgliederungsbericht auch erstellt hat. Der Übermittlungszeitpunkt ist frei wählbar und naturgemäß unabhängig vom Ausgliederungsbeschluss nach § 163, da der Bericht allein der Behörde oder dem Stifter dient. Erst mit deren Genehmigung oder Zustimmung auf der Grundlage des Ausgliederungsberichts wird der Beschluss wirksam[12].

Unabhängig von dem Recht auf einen Ausgliederungsbericht gewähren die Landesstiftungsgesetze der Stiftungsbehörde ein **Unterrichtungsrecht**[13]. Dieses besteht also auch, falls die staatliche Genehmigung nicht notwendig ist und der Ausgliederungsbericht damit entfällt. Den Destinatären steht, sofern die Satzung nichts anderes bestimmt, nach Bundes- oder Landesrecht kein Unterrichtungsrecht zu[14].

§ 163 Beschluß über den Vertrag

(1) **Auf den Ausgliederungsbeschluß sind die Vorschriften des Stiftungsrechts für die Beschlußfassung über Satzungsänderungen entsprechend anzuwenden.**

(2) **Sofern das nach Absatz 1 anzuwendende Stiftungsrecht nicht etwas anderes bestimmt, muß der Ausgliederungsbeschluß von dem für die Beschlußfassung über Satzungsänderungen nach der Satzung zuständigen Organ oder, wenn ein solches Organ nicht bestimmt ist, vom Vorstand der Stiftung einstimmig gefaßt werden.**

(3) **Der Beschluß und die Zustimmung nach den Absätzen 1 und 2 müssen notariell beurkundet werden.**

---

[10] Zu den Voraussetzungen im Einzelnen siehe § 164 Rn 1 ff.
[11] Siehe *Hof* in Seifart/v. Campenhausen § 11 Rn 267 mwN.
[12] *Hof* in Seifart/v. Campenhausen § 7 Rn 190.
[13] §§ 9, 10 StiftG BW; Art. 20 BayStiftG; § 9 StiftG Bln.; §§ 7, 8 StiftG Bbg.; §§ 12, 13 Brem. StiftG; §§ 12, 13 HStG; §§ 15, 16 StiftG MV; §§ 11, 12 StiftG Nds.; §§ 7, 8 StiftG NW; § 9 StiftG RhPf.; §§ 11, 12 StiftG Saarl.; §§ 8 Abs. 2, 10, 11 StiftG SH; § 19 Abs. 1 und 2 StiftG DDR.
[14] Näher *Rawert* in Staudinger § 85 BGB Rn 10 ff.; *Blydt-Hansen* S. 123 f.

Übersicht

	Rn		Rn
I. Ausgliederungsbeschluss	1	3. Formerfordernis	5
1. Funktion	1	II. Aufhebungsmöglichkeiten des	
2. Verfahren	3	Ausgliederungsbeschlusses	6

Literatur: Vgl. Literaturverzeichnis zu § 161.

I. Ausgliederungsbeschluss

1. Funktion

1   Der Umwandlungsvorgang bedarf eines Beschlusses der Anteilsinhaber, die der Stiftung gerade fehlen. Deshalb erklärt § 163 Abs. 1 die Vorschriften des Stiftungsrechts über Satzungsänderungen für entsprechend anwendbar. Weil das Landesrecht die Beschlussfassung nicht abschließend regelt, enthält § 163 Abs. 2 eine Auffangregelung.

2   § 163 betrifft nur die **ausgliedernde Stiftung**. Für das übernehmende Unternehmen gilt § 125 iVm. § 13.

2. Verfahren

3   Nach den Landesstiftungsgesetzen fassen die Stiftungsorgane den Satzungsänderungsbeschluss oder ermöglichen eine solche Kompetenzzuweisung durch die Stiftungssatzung. Fehlt eine Satzungsbestimmung, ist der Stiftungsvorstand nach § 162 Abs. 2 zuständig. Die erforderliche Mehrheit bei der Beschlussfassung ergibt sich entweder aus der Stiftungssatzung oder der Beschluss muss nach § 163 Abs. 2 einstimmig gefasst werden.

4   Im Verfahren ist weiterhin zu beachten, dass in einigen Bundesländern über § 161 Abs. 1 die Zustimmung des noch lebenden Stifters notwendig ist, da diese auch für Satzungsänderungen vorausgesetzt wird. Das Zustimmungserfordernis eines Dritten kann sich ebenso aus der Satzung ergeben.

3. Formerfordernis

5   Die notarielle Beurkundung des Ausgliederungsbeschlusses und der notwendigen Zustimmungen ist nach § 163 Abs. 3 zwingend, auch wenn das Stiftungsrecht dies für Satzungsänderungen nicht vorsieht. Die Klarstellung im Hinblick auf § 125 Satz 1 iVm. § 13 Abs. 3 resultiert aus dem Wortlaut des § 13 Abs. 3, der von „Anteilsinhabern" spricht[1]. Die sonst im Stiftungsrecht fehlende notarielle Beurkundungspflicht begründet der Gesetzgeber mit dem Ziel, eine Umgehung der sonst für die Einzelübertragung vorgeschriebenen Beurkundungspflicht zu verhindern[2].

II. Aufhebungsmöglichkeiten des Ausgliederungsbeschlusses

6   Grundsätzlich kann gegen den **Ausgliederungsbeschluss** Klage gem. § 125 Satz 1 iVm. § 14 Abs. 1 erhoben werden. Die praktische Relevanz dieser Möglichkeit ist als gering einzuschätzen. IdR wird es am einklagbaren Anspruch mangeln. Denn Organmitglieder können nur die Verletzung organschaftlicher Rechte geltend machen[3]. Destinatäre müssten nach dem

---

[1] RegBegr. *Ganske* S. 169.
[2] RegBegr. *Ganske* S. 42.
[3] *BGH* NJW 1994, 184, 185.

Landesrecht oder der Satzung klagbare Rechte besitzen[4]. Der Stifter kann sich nur auf einen ggf. vorhandenen Zustimmungsvorbehalt berufen.

Durch diesen engen Anwendungsbereich der Klage nach § 14 Abs. 1 verbleibt es idR bei der **Rechtmäßigkeitsprüfung** durch die Aufsichtsbehörde. Sie kann einen Ausgliederungsbeschluss nach den Landesstiftungsgesetzen beanstanden und aufheben. 7

§ 164 Genehmigung der Ausgliederung

(1) Die Ausgliederung bedarf der staatlichen Genehmigung, sofern das Stiftungsrecht dies vorsieht.

(2) Soweit die Ausgliederung nach Absatz 1 der staatlichen Genehmigung nicht bedarf, hat das Gericht des Sitzes der Stiftung die Eintragung der Ausgliederung auch dann abzulehnen, wenn offensichtlich ist, daß die Verbindlichkeiten der Stiftung ihr Vermögen übersteigen.

Übersicht

	Rn		Rn
I. Genehmigungspflichtige Ausgliederung	1	2. Satzungsänderungen	3
1. Genehmigungserfordernis nach den Landesstiftungsgesetzen	2	3. Genehmigungspflichtige Rechtsgeschäfte	4
		II. Genehmigungsfreie Ausgliederung	5

Literatur: Vgl. Literaturverzeichnis zu § 161.

I. Genehmigungspflichtige Ausgliederung

Ob bei der Ausgliederung einer rechtsfähigen Stiftung die staatliche Genehmigung Voraussetzung ist, wird durch den Verweis in § 164 Abs. 1 dem Landesrecht überlassen. Die **Genehmigungsbedürftigkeit** unterliegt in den Stiftungsgesetzen der Länder unterschiedlichen Maßstäben. Die Frage nach der Genehmigungspflicht der Ausgliederung kann für die Stiftungsorgane im Zuge ihrer Entscheidung schwierig zu beurteilen sein. Um Rechtssicherheit zu erlangen und sich im Zweifelsfall nicht auf die heilende Wirkung des § 131 Abs. 2 verlassen zu müssen, sollten die Stiftungsorgane ein vorsorgliches Negativattest bei der zuständigen Stiftungsbehörde einholen[1]. Es ist zu erwarten, dass Registergerichte im Fall der genehmigungsfreien Ausgliederung[2] regelmäßig vor der Eintragung die Vorlage eines Negativattests verlangen werden[3]. 1

1. Genehmigungserfordernis nach den Landesstiftungsgesetzen

Die Ausgliederung selbst ist nach keinem der Landesstiftungsgesetze genehmigungspflichtig. Jedoch müssen Satzungsänderungen immer genehmigt werden[4]; bestimmte Rechtsgeschäfte sind teilweise genehmigungs- oder anzeigepflichtig. Sofern die Ausgliederung unter 2

---

[4] *OLG Hamburg* ZIP 1994, 1950 mit Anm. *Rawert* S. 1952 = FamRZ 1995, 895 mit Anm. *Mankowski* FamRZ 1995, 851.
[1] Zum Problemkreis siehe auch *Hartmann/Atzpodien*, FS Rittner, S. 147 ff.
[2] § 164 Abs. 2.
[3] Vgl. *Rawert* in Lutter Rn 23, 25.
[4] Ausnahme: § 9 Abs. 1 HStG – Antragsrecht der Stiftungsorgane.

diese Tatbestände subsumiert werden kann, ist eine stiftungsbehördliche Genehmigung erforderlich.

2. Satzungsänderungen

3   Mit der Ausgliederung werden regelmäßig Satzungsänderungen einhergehen, die genehmigungspflichtig sind[5].

3. Genehmigungspflichtige Rechtsgeschäfte

4   Einige Landesstiftungsgesetze sehen für bestimmte Rechtsgeschäfte der Stiftung eine Genehmigungs- oder Anzeigepflicht vor[6]. Die Ausgliederung eines Unternehmens oder Unternehmensteils kann von den genehmigungspflichtigen Rechtsgeschäften erfasst sein. Hierbei kommen insbesondere die Tatbestände der Vermögensumschichtung, der Grundstücksveräußerung oder der Rechtsgeschäfte mit Mitgliedern der Stiftungsorgane, falls diese im neuen oder aufnehmenden Rechtsträger auch eine Organstellung besitzen, in Betracht.

II. Genehmigungsfreie Ausgliederung

5   Eine nicht **genehmigungspflichtige** Ausgliederung wird der Ausnahmefall sein. § 164 Abs. 2 sieht dann eine erweiterte Prüfung durch das Registergericht vor. Über die formellen und materiellen **Eintragungsvoraussetzungen** des UmwG hinaus muss das Registergericht des Sitzes der Stiftung prüfen, ob die Stiftung überschuldet ist.

§ 165 Sachgründungsbericht und Gründungsbericht

Auf den Sachgründungsbericht (§ 5 Abs. 4 des Gesetzes betreffend die Gesellschaften mit beschränkter Haftung) ist § 58 Abs. 1, auf den Gründungsbericht (§ 32 des Aktiengesetzes) § 75 Abs. 1 entsprechend anzuwenden.

Übersicht

	Rn		Rn
I. Sachgründungsbericht bei Ausgliederung auf eine GmbH	1–2	II. Gründungsbericht bei Ausgliederung auf eine AG oder KGaA	3

Literatur: Vgl. Literaturverzeichnis zu § 161.

I. Sachgründungsbericht bei Ausgliederung auf eine GmbH

1   § 165 ergänzt die Gründungsvorschriften bei der Ausgliederung zur Neugründung einer Kapitalgesellschaft. Hintergrund der Regelung ist die fehlende vorherige Vermögensprüfung der Stiftung und die Kapitalsicherung bei der übernehmenden Gesellschaft[1].

---

[5] § 6 Satz 1 StiftG BW; § 9 Abs. 3 Satz 1 BayStG; § 5 Abs. 1 Satz 3 StiftG Bln; § 10 Abs. 1 Satz 2 StiftG Bbg.; § 8 Abs. 2 Satz 1 Brem. StiftG; § 7 Abs. 3 Hmb. StiftG; § 9 Abs. 1 StiftG MV; § 7 Abs. 3 Satz 3 StiftG Nds.; § 5 Abs. 2 Satz 3 StiftG NW; § 8 Abs. 3 StiftG RhPf.; § 7 Abs. 3 Satz 2 StiftG Saarl.; § 21 Abs. 3 Satz 2 StiftG SA, § 5 Abs. 2 Satz 1 StiftG SH; § 21 Abs. 3 Satz 2 StiftG DDR.

[6] Anzeigepflicht: § 13 StiftG BW; § 9 StiftG SH; Genehmigungspflicht: Art. 27 BayStG.

[1] RegBegr. *Ganske* S. 194.

§ 165 bestätigt die Erforderlichkeit eines Sachgründungsberichts[2] nach § 5 Abs. 4 Satz 2   **2**
GmbHG und verlangt darüber hinaus, dass im Bericht nach § 165 iVm. § 58 Abs. 1 der Geschäftsverlauf und die Lage des übertragenden Rechtsträgers enthalten sind. Bei der Stiftung können diese Informationen sich lediglich auf das Stiftungsunternehmen beziehen[3]. Auch ohne den Verweis in § 165 würde § 58 über § 125 zur Anwendung kommen[4]. § 165 hat deshalb nur klarstellende Bedeutung.

II. Gründungsbericht bei Ausgliederung auf eine AG oder KGaA

Bei der Ausgliederung zur Neugründung einer AG oder KGaA erklärt § 165 auf den   **3**
Gründungsbericht (§ 32 AktG) § 75 Abs. 1 für entsprechend anwendbar. § 75 Abs. 1 entspricht dem Wortlaut von § 58 Abs. 1.

§ 166 Haftung der Stiftung

Durch den Übergang der Verbindlichkeiten auf übernehmende oder neue Gesellschaften wird die Stiftung von der Haftung für die Verbindlichkeiten nicht befreit. § 418 des Bürgerlichen Gesetzbuchs ist nicht anzuwenden.

Übersicht

	Rn		Rn
I. Haftung der Stiftung	1	II. Haftung des übernehmenden	
1. Übergang der Verbindlichkeiten	3	Rechtsträgers	5
2. Ausschluss von § 418 BGB	4		

Literatur: Vgl. Literaturverzeichnis zu § 161.

I. Haftung der Stiftung

Die Regelung in § 166 beruht auf der bei der Ausgliederung eines Unternehmens oder   **1**
Unternehmensteils durch eine Stiftung erfolgenden **partiellen Gesamtrechtsnachfolge**.
Danach gehen sämtliche Verbindlichkeiten, die Teil des Ausgliederungsplans oder -vertrags sind, auf den übernehmenden oder neuen Rechtsträger über[1]. § 166 entspricht § 156, der bei der Ausgliederung durch einen Einzelkaufmann gilt. Die Stiftung haftet neben dem neuen oder übernehmenden Rechtsträger für diese Verbindlichkeiten mit[2]. Die Regelung ist *lex specialis* zu § 133 Abs. 1 und Abs. 3 bis 5[3].

Im Außenverhältnis werden Stiftung und beteiligter Rechtsträger Gesamtschuldner; im   **2**
Innenverhältnis haftet der beteiligte Rechtsträger primär, da durch die Zuweisung im Ausgliederungsplan oder -vertrag eine anderweitige Bestimmung iSv. § 426 Abs. 1 BGB vorliegt[4]. Die Haftung besteht für fünf Jahre[5].

---

[2] Vgl. §§ 135 Abs. 2, 138.
[3] *Rawert* in Lutter Rn 5.
[4] *Hörtnagl* in Schmitt/Hörtnagl/Stratz Rn 1.
[1] Siehe § 161 Rn 37.
[2] § 166.
[3] *Rawert* in Lutter Rn 2.
[4] *Vossius* in Widmann/Mayer § 133 Rn 25 ff.; *Karollus* in Lutter § 156 Rn 19; *Heidenhain* NJW 1995, 2873, 2879.
[5] § 167.

1. Übergang der Verbindlichkeiten

3 Die Verbindlichkeiten, die Gegenstand des Ausgliederungsplans oder -vertrags sind, gehen im Bestand zum Zeitpunkt der Eintragung über. Die Ausgliederungsvereinbarung dient zur Abgrenzung der übergehenden von den verbleibenden Verbindlichkeiten.

2. Ausschluss von § 418 BGB

4 § 161 Abs. 2 schließt die Anwendung von § 418 BGB aus, wonach für die Forderung bestellte Bürgschaften und Pfandrechte im Zuge der Schuldübernahme erlöschen und die Hypothek entsprechend einem Gläubigerverzicht behandelt wird. § 161 Abs. 2 ordnet also an, dass bestellte Sicherungsrechte bestehen bleiben. Er bestätigt damit den Rechtsgedanken, dass in Fällen der Verschmelzung und Spaltung die §§ 417 ff. nicht anwendbar sein sollen[6]. Auch Sicherungsgrundschulden gehen mit über[7].

II. Haftung des übernehmenden Rechtsträgers

5 § 166 erfasst nicht die Haftung des übernehmenden Rechtsträgers. Für die Verbindlichkeiten, die er nach dem Ausgliederungsvertrag oder -plan übernommen hat, haftet er nach der allgemeinen Regel des § 131 Abs. 1 Nr. 1. Daneben kann sich eine Haftung – auch für nicht übernommene Verbindlichkeiten – aus § 133 Abs. 1 und 25 HGB ergeben.

§ 167 Zeitliche Begrenzung der Haftung für übertragene Verbindlichkeiten

Auf die zeitliche Begrenzung der Haftung der Stiftung für die im Ausgliederungs- und Übernahmevertrag aufgeführten Verbindlichkeiten ist § 157 entsprechend anzuwenden.

Übersicht

	Rn		Rn
I. Haftungszeitraum	1	II. Voraussetzungen des § 157	3

Literatur: Vgl. Literaturverzeichnis § 161.

I. Haftungszeitraum

1 Die **Haftung** der Stiftung für **übertragene Verbindlichkeiten** wird über eine entsprechende Anwendung des § 157 zeitlich begrenzt. § 167 spricht von den Verbindlichkeiten im Ausgliederungs- und Übernahmevertrag. Der Ausgliederungsplan bleibt unerwähnt. Es ist allerdings nicht ersichtlich, dass der Gesetzgeber die Anwendung des § 167 auf die Ausgliederung zur Aufnahme beschränken wollte, so dass auch die Ausgliederung zur Neugründung erfasst wird.

2 Der **Haftungszeitraum** ist § 157 zu entnehmen. Danach beschränkt sich die Haftung der Stiftung auf Verbindlichkeiten, die vor Ablauf von fünf Jahren fällig werden[1]. Fristbeginn ist

---

[6] *Rieble* in Staudinger § 418 BGB Rn 4; *ders.* ZIP 1997, 301, 309.
[7] *BGH* NJW 1992, 110, 111.
[1] § 157 Abs. 1 1. Halbs.

II. Voraussetzungen des § 157

§ 157 setzt zunächst voraus, dass iRd. Ausgliederung **Verbindlichkeiten** übertragen wurden. Maßgeblich ist die Nennung der Verbindlichkeiten in der jeweiligen Ausgliederungsvereinbarung. Unerheblich ist der Rechtsgrund der Verbindlichkeit[3]. Weiterhin müssen die Verbindlichkeiten innerhalb der Fünfjahresfrist fällig werden, sonst tritt in jedem Fall Enthaftung ein. Bei der Fristbestimmung ist § 157 Abs. 2 Satz 2 zu beachten. 3

Zusätzlich ist Voraussetzung, dass eine Verbindlichkeit bis zum Ablauf dieses Zeitraums geltend gemacht wird. Tritt dagegen **Enthaftung** ein, sei es durch das Verstreichen der Fünfjahresfrist oder die unterlassene Geltendmachung des Anspruchs, steht der Verbindlichkeit eine rechtsvernichtende Einwendung entgegen[4]. 4

Neunter Abschnitt. Ausgliederung aus dem Vermögen von Gebietskörperschaften oder Zusammenschlüssen von Gebietskörperschaften

§ 168 Möglichkeit der Ausgliederung

Die Ausgliederung eines Unternehmens, das von einer Gebietskörperschaft oder von einem Zusammenschluß von Gebietskörperschaften, der nicht Gebietskörperschaft ist, betrieben wird, aus dem Vermögen dieser Körperschaft oder dieses Zusammenschlusses kann nur zur Aufnahme dieses Unternehmens durch eine Personenhandelsgesellschaft, eine Kapitalgesellschaft oder eine eingetragene Genossenschaft oder zur Neugründung einer Kapitalgesellschaft oder einer eingetragenen Genossenschaft sowie nur dann erfolgen, wenn das für die Körperschaft oder den Zusammenschluß maßgebende Bundes- oder Landesrecht einer Ausgliederung nicht entgegensteht.

Übersicht

	Rn		Rn
A. Allgemeines	1	VI. Praktische Bedeutung	15
I. Regelungsbereich des Neunten Abschnitts	1	**B. Beteiligte**	17
II. Sinn und Zweck der Norm	4	I. Übertragender Rechtsträger	17
III. Systematische Stellung	6	1. Gebietskörperschaft	17
1. Überblick	6	2. Zusammenschlüsse von Gebietskörperschaften	19
2. Verhältnis zu den allgemeinen Spaltungsvorschriften	7	3. Mehrere übertragende Rechtsträger	21
3. Verhältnis zu der Privatisierungsform des Formwechsels	8	II. Unternehmen als Gegenstand der Ausgliederung	26
4. Analogieverbot	9	1. Begriff des Unternehmens	26
IV. Entstehungsgeschichte	12	a) Allgemeines	26
V. Spaltungs- und Verschmelzungsrichtlinie	14	b) Nicht rechtsfähige Anstalten des öffentlichen Rechts	30

---

[2] § 157 Abs. 2 Satz 1.
[3] Siehe § 157 Rn 5.
[4] *Vossius* in Widmann/Mayer § 157 Rn 31.

	Rn		Rn
2. Ausgliederung des ganzen Unternehmens	31	3. Vollzugsphase	65
3. Ausgliederung mehrerer Unternehmen	34	a) Registeranmeldung	65
III. Übernehmender oder neuer Rechtsträger	35	b) Anlagen der Anmeldung	69
1. Übernehmender Rechtsträger	35	aa) Allgemeines	69
2. Neu gegründeter Rechtsträger	40	bb) Erfordernis einer Schlussbilanz	70
3. Ausgliederung auf mehrere Rechtsträger	44	II. Ausgliederung zur Neugründung	75
C. Das Ausgliederungsverfahren	45	1. Anwendbare Vorschriften	75
I. Ausgliederung zur Aufnahme	49	2. Abweichungen im Verfahrensablauf	76
1. Vorbereitungsphase	50	a) Vorbereitungsphase	77
a) Ausgliederungs- und Übernahmevertrag	50	aa) Ausgliederungsplan	77
aa) Allgemeines	50	bb) Vertretung und Form der Vollmacht	82
bb) Angaben zu Folgen für die Arbeitnehmer	54	b) Beschlussphase	83
cc) Bezeichnung des Gegenstands der Ausgliederung	56	c) Vollzugsphase	84
dd) Vertretung und Form	57	**D. Kein entgegenstehendes Bundes- oder Landesrecht**	86
ee) Notarielle Beurkundung im Ausland	59	**E. Beihilfeverbot**	90
b) Informationspflichten	60	**F. Arbeitsrechtliche Aspekte**	92
2. Beschlussphase	62	I. Angestellte und Arbeiter des öffentlichen Diensts	93
a) Zustimmungsbeschluss	62	II. Beamte	97
b) Kapitalerhöhungsbeschluss	63	III. Personalrat	100

Literatur: *Besken/Langner,* Zum Übergangsmandat des Personalrats bei der privatisierenden Umwandlung, NZA 2003, 1239; *Blanke,* Das Übergangsmandat der Personalräte, Der Personalrat 2000, 349; *Böttcher/Krömker,* Abschied von der kommunalen AG in NW, NZG 2001, 590; *Borsch,* Ausgliederung kirchlicher Unternehmen auf Kapitalgesellschaften, DNotZ 2005, 10; *Caspers,* Das Gesetz zur Ergänzung der handelsrechtlichen Vorschriften über die Änderung der Unternehmensform, WM 1969 (Sonderbeilage 3), S. 3; *Deutsches Notarinstitut,* Ausgliederung aus dem Vermögen einer Gebietskörperschaft, DNotI-Report 1995, 181; *Gaß,* Die Umwandlung gemeindlicher Unternehmen, 2003; *Graf/Schröer,* Die Umwandlung kommunaler Eigenbetriebe in Gesellschaften mit privater Rechtsform, KommunalPraxis BY 2002, 178; *Hoppe/Uechtritz,* Handbuch Kommunale Unternehmen, 2004; *Klette,* Die rechtliche Verselbständigung von Unternehmen der Gebietskörperschaften und Gemeindeverbände, BB 1970, 376; *Limmer/Krauß* (Hrsg.), Vertragsmusterhandbuch für die Rechtspraxis, 1997; *Melchior,* Vollmachten bei Umwandlungsvorgängen – Vertretungshindernisse und Interessenkollisionen, GmbHR 1999, 520; *Meyer,* Notargebühren bei Einbringung eines ausgegliederten Bereichs eines Eigenbetriebes als Sacheinlage bei der Neugründung einer GmbH (§ 39 Abs. 4 KostO), JurBüro 1999, 354; *Müller,* Zweifelsfragen zum Umwandlungsrecht, WPg 1996, 857; *Pfeiffer,* Können katholische Kirchengemeinden ihre Unternehmen durch eine Ausgliederung nach Umwandlungsgesetz privatisieren?, NJW 2000, 3694; *Renner,* Die Vertretungsbefugnis der Bürgermeister in den neuen Bundesländern, NotBZ 1997, 49; *Schindhelm/Stein,* Der Gegenstand der Ausgliederung bei einer Privatisierung nach dem UmwG, DB 1999, 1375; *Schwarz,* Das neue Umwandlungsrecht, DStR 1994, 1694; *Steuck,* Die privatisierende Umwandlung, NJW 1995, 2887; *Suppliet,* Ausgliederung aus dem Vermögen von Gebietskörperschaften, NotBZ 1997, 37, 144; 1998, 210; 1999, 49; Ausgliederung nach § 168 UmwG – eine Möglichkeit zur Privatisierung von Unternehmen öffentlicher Körperschaften, 2005; *ders., Stopp,* Wege der Auflösung kommunaler Eigengesellschaften unter besonderer Berücksichtigung des Umwandlungsgesetzes, SächsVBl. 1999, 197.

Allgemein zur Privatisierung (Auswahl): *Bauer,* Privatisierungsimpulse und Privatisierungspraxis in der Abwasserentsorgung, VerwArch 1999, 561 ff.; *Berkemann,* Privatisierung der Verwaltungstätigkeit – Folgen für den Verwaltungsrechtsschutz, SächsVBl 2002, 279; *Blanke,* Das Übergangsmandat der Personalräte, PersR 2000, 349; *Blanke/Trümner,* Handbuch Privatisierung, 1998; *Bös/Schneider,* Private public partnership: Gemeinschaftsunternehmen zwischen Privaten und der öffentlichen Hand, ZGR 1996, 519; *Bolsenkötter,* Voraussetzungen für die Privatisierung kommunaler Dienstleistungen, DB 1993, 445; *Bonk,* Rechtliche Rahmenbedingungen einer Privatisierung im Strafvollzug, JZ 2000, 435; *Busch,* Die Nachhaftung des Anstalts- bzw. Gewährsträgers bei Privatisierung der Rechtsform öffentlich-rechtlicher Kreditinstitute, AG 1997, 357; *Canaris,* Die Enthaftungsregelung der §§ 26, 28 Abs. 3 HGB auf dem Prüfstand der Verfassung, FS Odersky, 1996, S. 753; *Di Fabio,* Privatisierung und Staatsvorbehalt, JZ 1999, 585; *Fabry/Augsten,*

Möglichkeit der Ausgliederung 1 § 168

Handbuch Unternehmen der öffentlichen Hand, 2002; *Fett*, Öffentlich-rechtliche Anstalten als abhängige Konzernunternehmen, 2000; *Fischer/Zwetkow*, Systematisierung der derzeitigen Privatisierungsmöglichkeiten auf dem deutschen Wassermarkt – Trennung von Netz und Betrieb als zusätzliche Option?, NVwZ 2003, 281; *Frenz*, Liberalisierung und Privatisierung in der Wasserwirtschaft, ZHR 166 (2002) 307; *Giesberts/Schmuck*, Privatisierung kommunaler Unternehmen und kalkulatorische Kosten in der Gebührenrechnung, DÖV 2003, 701; *Glauben*, Der Staat als Dritter – Verfassungsrechtliche Vorgaben und zivilrechtliche Konsequenzen, DRiZ 1999, 488; *Grziwotz*, Public Private Partnership und EG-Beihilfenrecht, WIB 1996, 895; *Habersack*, Private public partnership: Gemeinschaftsunternehmen zwischen Privaten und der öffentlichen Hand, ZGR 1996, 544; *Hardraht*, Zur Sanierung öffentlicher Haushalte durch Privatisierung öffentlicher Aufgaben, SächsVBl. 2003, 53; *Haug*, Funktionsvorbehalt und Berufsbeamtentum als Privatisierungsschranken, NVwZ 1999, 816; *Hecker*, Privatisierung unternehmenstragender Anstalten öffentlichen Rechts, Verwaltungs-Archiv 2001, 216; *ders.*, Wahrnehmung staatlicher Aufgaben durch Kapitalgesellschaften in privatem Anteilsbesitz, DÖV 2001, 119; *Hefekäuser*, Die Deutsche Telekom AG – Von der öffentlich-rechtlichen zur privatrechtlichen Zielsetzung in Unternehmen der öffentlichen Hand, ZGR 1996, 385; *Hellermann*, Risiken der Privatisierung vor dem Hintergrund kommunaler Einstandspflichten, SächsVBl. 2004, 249; *Jebens*, Vertragsgestaltung für Vergütungsregelungen bei der Übertragung öffentlicher Aufgaben auf private Unternehmen, DB 1995, 2125; *Kämmerer*, Privatisierung, 2001; *Keßler*, Die Kommunale GmbH, GmbHR 2000, 71; *Kirchhof*, Schuldübergang und Haftung bei der Privatisierung der Postunternehmen, NVwZ 1994, 1041; *Koenig/Kühling*, Grundfragen des EG-Beihilfenrechts, NJW 2000, 1065; *Kollhosser*, Der Wandel der Westfälischen Landschaft (gem. § 385 a AktG), AG 1988, 281; *Krölls*, Rechtliche Grenzen der Privatisierungspolitik, GewArch 1995, 129; *Kruse*, Privatisierungszwang für notleidende öffentliche Unternehmen?, EWS 2005, 66; *Laskowski*, Die deutsche Wasserwirtschaft im Kontext von Privatisierung und Liberalisierung, ZUR 2003, 1; *Löwer*, Privatisierung von Sparkassen, ZBB 1993, 108; *Mayen*, Privatisierung öffentlicher Aufgaben, DÖV 2001, 110; *Müller-Graff*, Gemeinschaftsrechtliche Rahmenbedingungen der Liberalisierung und Privatisierung der Energiewirtschaft, FS Tilmann, 2003, S. 721; *Neumann/Rux*, Einbindung öffentlich-rechtlicher Einrichtungen in einen privatrechtlichen Konzern?, DB 1996, 1659; *Reinhardt*, Die Deutsche Bahn AG – Von der öffentlich-rechtlichen zur privatrechtlichen Zielsetzung in Unternehmen der öffentlichen Hand, ZGR 1996, 374; *Ronellenfitsch*, Staat und Markt: Rechtliche Grenzen einer Privatisierung kommunaler Aufgaben, DÖV 1999, 705; *ders.*, Privatisierung und Regulierung des Eisenbahnwesens, DÖV 1996, 1028; *Schaub*, Arbeitsrechtliche Fragen der Privatisierung, Die Personalvertretung, 1998, 100; *ders.*, Arbeitsrechtliche Fragen bei der Privatisierung öffentlicher Betriebe und Einrichtungen, WIB 1996, 97; *Schipp*, Ausstieg aus der Zusatzversorgung, RdA 2001, 150; *O. Schmidt*, Das DSL-Bank-Modell, 1992; *R. Schmidt*, Der Übergang öffentlicher Aufgabenerfüllung in private Rechtsformen, ZGR 1996, 345; *Schoch*, Rechtsfragen der Privatisierung von Abwasserbeseitigung und Abfallentsorgung, DVBl. 1994, 1; *ders.*, Privatisierung von Verwaltungsaufgaben, DVBl. 1994, 962; *Schön*, Der Einfluß öffentlich-rechtlicher Zielsetzungen auf das Statut privatrechtlicher Eigengesellschaften der öffentlichen Hand, ZGR 1996, 429; *Schroeder*, Die Privatisierung öffentlicher Unternehmen und das EG-Beihilfenrecht, EWS 2002, 174; *Schroer*, Die Privatisierung öffentlicher Unternehmen und das EG-Beihilfenrecht, EWS 2002, 174; *Seifert/Metschkoll*, Privatisierung öffentlicher Aufgaben, DB 1991, 2449; *Spannowsky*, Öffentlichrechtliche Bindungen für gemischt-wirtschaftliche Unternehmen, ZHR 160 (1996) 560; *ders.*, Der Einfluß öffentlich-rechtlicher Zielsetzungen auf das Statut privatrechtlicher Eigengesellschaften in öffentlicher Hand – Öffentlich-rechtliche Vorgaben, insbesondere zur Ingerenzpflicht, ZGR 1996, 400; *Storr*, Der Staat als Unternehmer, 2001; *Tomerius/Breitkreuz*, Selbstverwaltungsrecht und „Selbstverwaltungspflicht", DVBl. 2003, 426; *Weiss*, Europarecht und Privatisierung, AöR 128 (2003) 91; *Wiedenfels*, Schnittstellen zwischen Personalvertretungsrecht und Betriebsverfassungsrecht, PersV 2001, 110; *Wiesemann*, Auswirkungen von Privatisierungen auf kommunale Benutzungsgebühren, NVwZ 2005, 391.

A. Allgemeines

I. Regelungsbereich des Neunten Abschnitts

Die Vorschriften des Neunten Abschnitts ermöglichen Gebietskörperschaften und Zu- 1
sammenschlüssen von Gebietskörperschaften die Überleitung der von ihnen betriebenen Unternehmen in eine privatrechtliche Rechtsform im Wege der Ausgliederung. Zulässig ist die Ausgliederung nur, wenn das maßgebende Bundes- und Landesrecht einer Ausgliederung nicht entgegensteht. Da es sich bei der Ausgliederung von Unternehmen der Gebietskörperschaften oder Zusammenschlüssen von Gebietskörperschaften um einen **Unterfall der**

Perlitt 1459

Spaltung handelt, sind grundsätzlich die allgemeinen Vorschriften des Spaltungsrechts[1] anwendbar.

2 Der Neunte Abschnitt regelt nur die **Besonderheiten** der Ausgliederung bei Gebietskörperschaften und deren Zusammenschlüssen. So wird der Kreis der möglichen übernehmenden Rechtsträger gegenüber den Regelungen des allgemeinen Spaltungsrechts beschränkt, und zwar im Fall der Ausgliederung zur Aufnahme auf Personenhandelsgesellschaften, Kapitalgesellschaften und eingetragene Genossenschaften, im Fall der Ausgliederung zur Neugründung auf Kapitalgesellschaften und eingetragene Genossenschaften. Des Weiteren werden die Besonderheiten des Ausgliederungsberichts[2], des Ausgliederungsbeschlusses[3] und des Wirksamwerdens[4] geregelt. Ferner finden sich Sonderregelungen zur Haftung für übergehende Verbindlichkeiten[5].

3 Die im Neunten Abschnitt enthaltenen Regelungen befassen sich nur mit den **zivilrechtlichen Voraussetzungen** der Ausgliederung. Vorschriften zur öffentlich-rechtlichen Zulässigkeit der Ausgliederung sind im UmwG nicht enthalten. Sie richtet sich allein nach den einschlägigen Bundes- und Landesgesetzen.

II. Sinn und Zweck der Norm

4 Durch die Vorschriften des Neunten Abschnitts soll eine Überführung von wirtschaftlichen Aktivitäten der öffentlichen Hand, insbesondere von Aufgaben im Bereich der kommunalen Daseinsvorsorge, auf private Rechtsträger erleichtert werden. Betroffen sind vor allem die **Regie- und Eigenbetriebe** der öffentlichen Hand. Zugunsten der Privatisierung öffentlicher Unternehmen und Aufgaben sprechen ordnungspolitische und finanzielle Aspekte. So wird an die Strukturmerkmale und Vorzüge einer marktwirtschaftlichen Ordnung gedacht. Im fiskalischen Bereich setzt man insbesondere auf Einspareffekte bei der öffentlichen Hand und erwartet von der handelsrechtlichen Rechtsform im Regelfall ein kostengünstigeres Wirtschaften[6].

5 Bei Privatisierungen wird zwischen formeller Privatisierung (sog. Organisationsprivatisierung) und materieller Privatisierung (sog. Aufgabenprivatisierung) unterschieden[7]. Beide **Privatisierungsarten** werden durch die verschiedenen Ausgliederungsvarianten ermöglicht.

III. Systematische Stellung

1. Überblick

6 Das UmwG eröffnet drei **Umwandlungsarten** unter Beteiligung der öffentlichen Hand. Neben der Ausgliederung und dem Formwechsel[8] ist die Vermögensübertragung von Kapitalgesellschaften auf den Bund, ein Bundesland, eine Gebietskörperschaft oder einen Zusammenschluss von Gebietskörperschaften geregelt[9].

---

[1] §§ 123 ff., 135 ff.
[2] § 169 Satz 1.
[3] § 169 Satz 2.
[4] § 171.
[5] §§ 172, 173.
[6] Vgl. die im Schrifttumsverzeichnis zur Privatisierung aufgeführte Literatur.
[7] Vgl. den Überblick bei *Kraffel/Volhard* in Semler/Volhard ÜN Hdb. § 20 Rn 69 ff. und *Suppliet* S. 38 ff. Zu Ausschreibungsverpflichtungen vgl. *Hardraht* Sächs. VBl. 2003, 53, 59 sowie *Heckschen* in Widmann/Mayer Rn 44 ff. und *Suppliet* S. 81 f.
[8] §§ 301 bis 304.
[9] §§ 174 ff. Vgl. dazu *Stopp* Sächs. VBl. 1999, 197.

2. Verhältnis zu den allgemeinen Spaltungsvorschriften

Die Umwandlung eines öffentlich-rechtlich organisierten Unternehmens in eine private Rechtsform im Wege der Ausgliederung ist nach der Systematik des UmwG ein Unterfall der Spaltung. Die Allgemeinen Vorschriften des Spaltungsrechts[10] finden daher Anwendung. Im Verhältnis zu den allgemeinen Spaltungsvorschriften enthalten die Regelungen des Neunten Abschnitts jedoch eine grundsätzliche **Einschränkung**, da für Gebietskörperschaften und deren Zusammenschlüsse von den drei Arten der Spaltung (Aufspaltung, Abspaltung und Ausgliederung) nur die Ausgliederung in Betracht kommt[11]. Die Aufspaltung würde eine Auflösung des übertragenden Rechtsträgers voraussetzen, was nicht ohne entsprechende gesetzliche Regelung und deshalb nicht iRd. UmwG möglich ist. Eine Abspaltung scheidet aus, da es der Gebietskörperschaft an Anteilseignern fehlt, auf die Anteile übertragen werden könnten. In Abweichung zu den allgemeinen Spaltungsvorschriften[12] ist außerdem nur die Ausgliederung von Unternehmen, nicht von Vermögensteilen möglich. Zudem ist der Kreis der übernehmenden bzw. neuen Rechtsträger gegenüber den allgemeinen Vorschriften[13] beschränkt.

3. Verhältnis zu der Privatisierungsform des Formwechsels

Als **weitere Möglichkeit** der Privatisierung von Unternehmen der öffentlichen Hand sieht das UmwG den Formwechsel vor[14]. Beide Privatisierungsformen unterscheiden sich in wesentlichen Punkten. So kommt als Ausgangsrechtsträger bei einem Formwechsel im Gegensatz zur Ausgliederung jede rechtsfähige Körperschaft oder Anstalt des öffentlichen Rechts in Betracht[15]. Auch ist ein Formwechsel nur dann statthaft, wenn dies durch Bundes- oder Landesrecht vorgesehen oder zugelassen ist[16]. Weiteres Unterscheidungskriterium der beiden Privatisierungsformen ist der Kreis der zulässigen Zielrechtsträger. Bei einem Formwechsel sieht das Gesetz nur Kapitalgesellschaften als zulässige Zielrechtsträger vor. Im Gegensatz dazu kommen bei der Ausgliederung die Unternehmensform der Kapitalgesellschaft, der Personenhandelsgesellschaft und der eG in Betracht.

4. Analogieverbot

Die vom UmwG ausdrücklich genannten Möglichkeiten der Ausgliederung aus dem Vermögen von Gebietskörperschaften oder deren Zusammenschlüssen sind abschließend und einer analogen Anwendung **nicht zugänglich**[17]. Die Ausgliederungsvorschriften sind auch nicht analog auf die gesetzliche Ausgliederung von Betrieben aus dem Vermögen eines Landes auf eine Anstalt oder Körperschaft des öffentlichen Rechts anwendbar[18].

---

[10] §§ 123 bis 137.
[11] Vgl. § 124 Rn 8.
[12] § 123 Abs. 3.
[13] Vgl. § 124 Abs. 1.
[14] §§ 301 bis 304.
[15] Vgl. § 301 Rn 15 ff.
[16] § 301 Abs. 2.
[17] § 1 Abs. 2. Ebenso *Gaß* S. 296 f. zur Umwandlung einer Kapitalgesellschaft in ein Kommunalunternehmen.
[18] Vgl. *BAG*, Urt. vom 8. 5. 2001 (9 AZR 95/00), NZA 2001, 1200. *BAG*, Urt. vom 22.10.2002, BB 2004, 1344. Vgl. auch *BAG* Urt. vom 2.3.2006 – 8 AZR 124/05 – NZA 2006, 848.

10 Das UmwG verweist ausdrücklich auf die Möglichkeit sonstiger Umwandlungen durch ein entsprechendes Bundes- oder Landesgesetz **ohne Rückgriff** auf das UmwG[19]. Davon hat die Praxis auch in erheblichem Umfang Gebrauch gemacht[20].

11 Unberührt bleibt selbstverständlich auch die Ausgliederung eines Unternehmens durch Übertragung der Vermögensgegenstände im Wege der Einzelrechtsnachfolge[21].

IV. Entstehungsgeschichte

12 Bereits im UmwG 1969 war die Ausgliederung aus dem Vermögen von Gebietskörperschaften vorgesehen. Hiernach war jedoch nur die Ausgliederung zur Neugründung einer AG oder GmbH möglich[22]. Im Verhältnis zum früheren Recht **erweitern** die Normen des Neunten Abschnitts die Ausgliederungsmöglichkeiten. Neben Aktiengesellschaften und Gesellschaften mit beschränkter Haftung können auch Personenhandelsgesellschaften, eingetragene Genossenschaften sowie Kommanditgesellschaften auf Aktien zulässige Zielrechtsträger einer Ausgliederung sein. Auch wurde die im früheren Recht nicht vorgesehene Ausgliederung zur Aufnahme ermöglicht.

13 Eine weitere Neuerung im Verhältnis zur alten Rechtslage besteht darin, dass das Gesetz den Zusammenschluss von Gebietskörperschaften ausdrücklich als zulässigen Ausgangsrechtsträger einer Ausgliederung nennt, während das frühere Recht nur Gebietskörperschaften und Gemeindeverbände vorsah. Damit erfasst das UmwG auch **Zweckverbände**, die früher nicht zweifelsfrei unter den Begriff Gemeindeverband subsumiert werden konnten[23]. Anders als nach dem früheren Umwandlungsrecht ist auch nicht erforderlich, dass die Ausgliederung durch Bundes- oder Landesrecht zugelassen sein muss. Es ist insofern ausreichend, wenn das maßgebende Bundes- oder Landesrecht der Ausgliederung nicht entgegensteht. Der Gesetzgeber empfand die alte Regelung als zu schwerfällig[24].

V. Spaltungs- und Verschmelzungsrichtlinie

14 Durch das Gesetz zur Bereinigung des UmwG sind insbesondere die SpaltRL und die VerschmRL der Europäischen Gemeinschaft umgesetzt worden[25]. Die SpaltRL hat zwar für die Ausgliederung von Unternehmen aus dem Vermögen einer Gebietskörperschaft keine unmittelbare Bedeutung. Daraus folgt jedoch nicht, dass die Richtlinie nur bei Spaltungen von Aktiengesellschaften zu berücksichtigen ist[26]. Da das allgemeine Spaltungsrecht für alle Arten der Spaltung und damit auch für die Ausgliederung aus dem Vermögen der öffentlichen Hand Anwendung findet, kann den Vorschriften der SpaltRL indirekte Wirkung zu-

---

[19] § 1 Abs. 2. Siehe RegBegr. *Ganske* S. 34 f. Vgl. auch § 8 Abs. 3 des Gesetzes über die Rechtsverhältnisse der Westfälischen Provinzial-Versicherungsanstalten, GVBl. NRW 2001, 780, demzufolge die Gewährträger der Anstalten das operative Geschäft auf eine oder mehrere Kapitalgesellschaften übertragen können, an denen die übertragenden Anstalten die Kapitalmehrheit erhalten sowie die Anstalten entsprechend den Vorschriften des UmwG sich vereinen oder ihre Rechtsform ändern können.
[20] Vgl. Rn 16 und § 301 Rn 12.
[21] Vgl. zur Frage einer analogen Anwendung von Vorschriften des UmwG auf diese Fälle § 1 Rn 61 ff. Zu möglichen Vorteilen der Ausgliederung bei den Beurkundungskosten vgl. *Kraffel/Volhard* in Semler/Volhard ÜN Hdb. § 20 Fn 230.
[22] §§ 57, 58 UmwG 1969.
[23] *Klette* BB 1970, 376, 377, Fn 15 mwN; *Wolff/Bachhof/Stober*[5] § 96 Rn 44 ff. und § 85 Rn 32; v. Unruh DVBl. 1997, 3 f.
[24] RegBegr. *Ganske* S. 196.
[25] Vgl. Einl. A Rn 41; *Heidenhain* EuZW 1995, 327.
[26] *Schwarz* DStR 1994, 1694, 1697.

kommen. Dies gilt vor allem vor dem Hintergrund des Gebots der einheitlichen Auslegung der Bestimmungen des UmwG[27]. Die **richtlinienkonforme Auslegung** der SpaltRL kann somit auch Bedeutung für die Ausgliederung erlangen.

VI. Praktische Bedeutung

Die praktische Bedeutung der Ausgliederung von Unternehmen aus dem Vermögen von Gebietskörperschaften ist nicht zu unterschätzen. Aus der Zeit vor Inkrafttreten des UmwG ist insbesondere auf die Ausgliederung von kommunalen Wohnungswirtschaftsbetrieben in den neuen Bundesländern auf der Grundlage des UmwG 1969 hinzuweisen[28]. Die **Privatisierungsanstrengungen** der öffentlichen Hand halten unvermindert an[29]. Die rechtliche Verselbstständigung von Unternehmen der Gebietskörperschaften ist insbesondere im Bereich der kommunalen Daseinsvorsorge relevant (Abwasser, Abfall, Verkehr, Krankenhäuser, etc.)[30]. Der Wegfall steuerlicher Privilegierung von Regie- und Eigenbetrieben als Hoheitsbetrieb kann ebenfalls zu einer Entscheidung der öffentlichen Hand zur Verwendung einer privaten Rechtsform (formale Privatisierung) führen[31]. Auch von der EU gehen Impulse für Privatisierungen aus, die aus dem Leitbild des offenen Markts mit freiem Wettbewerb hergeleitet werden und zu Handlungskonsequenzen führen[32].

Ein bedeutender Fall der Ausgliederung aus dem Vermögen des Bundes war die 1994 erfolgte Errichtung[33] der Deutsche Post AG, Deutsche Postbank AG und Deutsche Telekom AG als Rechtsnachfolger der drei Teilsondervermögen der **Deutschen Bundespost**, allerdings außerhalb des UmwG 1969[34]. Das Gesetz verweist[35] auf die aktienrechtlichen Gründungsvorschriften, welche Anwendung finden, soweit sich aus dem Gesetz nichts anderes[36] ergibt. Die eigentliche Gründung enthält das Gesetz nicht[37]. Deshalb erfolgte das Gründungsgeschäft durch notarielle Gründungsurkunde.

---

[27] *H. Schmidt* in Lutter Vor § 168 Rn 7; *Schwarz* DStR 1994, 1694, 1697; *BayObLG* ZIP 1998, 2002, 2005. Vgl. auch § 302 Rn 23.

[28] § 58 Abs. 1 UmwG 1969; *Messerschmidt* VIZ 1993, 373; *Keller* Rpfleger 1993, 94; *ders.* VIZ 1993, 536; *BGH* NZG 1998, 958; *BGH* WM 1997, 2410; *OLG Rostock* WM 1995, 1721; *BezG Gera* ZIP 1992, 1347 und Anm. dazu von *Neye* EWiR 1992, § 58 UmwG, 1/92, S. 1019.

[29] Vgl. Antwort der Bundesregierung „Perspektiven der Privatisierungspolitik des Bundes" vom 20. 11. 2000 auf die Große Anfrage vom 6. 6. 2000, BT-Drucks. 14/4696 sowie die aktuellen Stellungnahmen auf der Website des Bundesfinanzministeriums. *Heckschen* in Beck'sches Notar-Handbuch³ D IV Rn 77. Zur früheren Entwicklung *O. Schmidt*, Das DSL-Bank-Modell, S. 15 ff. Siehe auch § 7 Abs. 1 Satz 2 BHO.

[30] Vgl. auch Art. 1 §§ 16 ff. und Art. 13 des Gesetzes zur Förderung der Kreislaufwirtschaft zur Sicherung der umweltverträglichen Beseitigung von Abfällen, BGBl. I 1994 S. 2705.

[31] Vgl. § 4 Abs. 5 KStG, dazu *Suppliet* NotBZ 1997, 37.

[32] *Blanke/Trümner* S. 207 unter Hinweis auf die 3. EG-Richtlinie zur Schadensversicherung vom 18. 6. 1992.

[33] Vgl. Art. 3 Postneuordnungsgesetz, BGBl. I 1994 S. 2325, 2339 ff.

[34] Im ursprünglichen Gesetzesentwurf war noch eine Regelung enthalten gewesen, derzufolge ergänzend § 57 UmwG 1969 galt, vgl. *Busch* AG 1997, 357, 359 Fn 32.

[35] Art. 3 § 1 Abs. 3 Postneuordnungsgesetz.

[36] Vgl. zB Art. 3 § 15 Abs. 2 Postneuordnungsgesetz bezüglich der Anmeldung der Eintragung im Handelsregister.

[37] Vgl. Art. 3 § 1 Abs. 2 Postneuordnungsgesetz.

B. Beteiligte

I. Übertragender Rechtsträger

1. Gebietskörperschaft

17 Als ausgliederungsfähige Rechtsträger sind zunächst Gebietskörperschaften zugelassen. Sie sind dadurch gekennzeichnet, dass die Mitgliedschaft kraft Gesetzes durch den **Wohnsitz** aller Bewohner eines bestimmten abgegrenzten Teils des Staatsgebietes bestimmt wird[38]. Gebietskörperschaften iSd. Vorschrift sind die Gemeinden, die kreisfreien Städte, auf höherer Ebene die Gemeindeverbände wie Kreise und Landkreise, sowie ähnliche Kommunalkörperschaften nach dem jeweiligen Landesrecht[39]. Zu den Gebietskörperschaften gehören ferner der Bund und die einzelnen Bundesländer[40], wenngleich sie nicht unter den Begriff Gebietskörperschaft im engeren Sinn fallen. Auch die Formulierung der Vorschriften des UmwG zur Vermögensübertragung „Bund, Land, Gebietskörperschaft" ändert daran nichts, da sich die Abweichung aus der Weiterführung des Wortlauts der früheren Vorschriften erklären lässt[41].

18 Schließlich ist an die Kirchen und **kirchenrechtliche Gebietskörperschaften** zu denken[42]. Dieser Bereich wurde vom Gesetzgeber anscheinend nicht in dessen Überlegungen einbezogen[43], möglicherweise, weil es an einem praktischen Bedürfnis zu fehlen schien.

2. Zusammenschlüsse von Gebietskörperschaften

19 Neben den Gebietskörperschaften selbst können auch Zusammenschlüsse von Gebietskörperschaften zulässige Ausgangsrechtsträger einer Ausgliederung sein. Es handelt sich hierbei um **höhere Gemeindeverbände**, zumeist nicht gebietskörperschaftliche, sondern bundkörperschaftliche Gemeindeverbände, die selbst keine Gebietskörperschaften sind und deren Aufgaben typischerweise auf sozialem oder kulturellem Gebiet liegen, wie etwa die überörtliche Sozialhilfe, Landeswohlfahrtsverbände oder Versorgungskassen[44]. Zusammenschlüsse von Gebietskörperschaften sind darüber hinaus auch kommunale Zweck- und Versorgungsverbände wie Spezialkrankenkassen, Heilstätten, Museen, Archive oder andere zu speziellen Verwaltungsaufgaben geschaffene Zweckverbände. Aus der Verwaltungspraxis können hier Schulen-, Sparkassen- und Abwasserzweckverbände genannt werden[45].

20 Von einem Zusammenschluss iSd. Vorschrift kann allerdings nur dann gesprochen werden, wenn ein **körperschaftlicher Zusammenschluss** vorliegt. Andere kommunal verfassungsrechtliche Organisationsstrukturen kommen nicht in Betracht[46]. Sind Gebietskörperschaften

---

[38] *Wolff/Bachhof/Stober* § 87 Rn 31; *Rudolf* in Erichsen § 52 Rn 12; *Heckschen* in Widmann/Mayer Rn 135.

[39] Wie bspw. Gesamtgemeinden (Niedersachen), Ämter (Schleswig-Holstein), Verwaltungsgemeinschaften (Bayern) und Verbandsgemeinden (Rheinland-Pfalz).

[40] *H. Schmidt* in Lutter Rn 6; *Heckschen* in Widmann/Mayer Rn 135; *Hörtnagl* in Schmitt/Hörtnagl/Stratz § 124 Rn 52; *Suppliet* NotBZ 1997, 38; *Steuck* NJW 1995, 2887, 2888.

[41] Vgl. § 175 Nr. 1; § 359 AktG aF; §§ 57, 58 UmwG 1969; *H. Schmidt* in Lutter Rn 6.

[42] Vgl. dazu *Wolff/Bachof/Stober*⁴ § 87 Rn 16 ff. und § 84 Rn 21; *v. Campenhausen* Staatskirchenrecht, 3. Aufl. 1996, § 17.

[43] *Pfeiffer* NJW 2000, 3694, 3695. Inzwischen auch *Borsch* DNotZ 2005, 10 unter Hinweis auf die Kondek GmbH, AG Hannover, HRB 61577.

[44] *Hellermann* in Hoppe/Uechtritz § 7 Rn 142 ff. Für weitere Beispiele vgl. *Wolff/Bachhof/Stober* § 96 Rn 116 ff.

[45] Zu weiteren Beispielen vgl. *Wolff/Bachhof/Stober* § 96 Rn 46 und die weitere Literatur zum Verwaltungsrecht; *H. Schmidt* in Lutter Rn 8.

[46] *H. Schmidt* in Lutter Rn 8; *Suppliet* NotBZ 1998, 210 und *Suppliet* S. 131 f.

Möglichkeit der Ausgliederung 21–24 § 168

nur in Form einer interkommunalen Zusammenarbeit oder einer öffentlich-rechtlichen Vereinbarung miteinander verbunden, so fehlt es an einem übertragungsfähigen Rechtsträger. In beiden Fällen liegt lediglich eine interne Kooperation vor, ein neuer Rechtsträger wird damit nicht geschaffen[47].

3. Mehrere übertragende Rechtsträger

Umstritten ist, ob auch mehrere übertragende Rechtsträger, sei es in Form einer Gebietskörperschaft oder eines Zusammenschlusses von Gebietskörperschaften, gleichzeitig an einem Ausgliederungsvorgang beteiligt sein können[48]. 21

Die allgemeinen Spaltungsvorschriften sehen die **gleichzeitige Ausgliederung** von einem oder mehreren Unternehmen aus dem Vermögen mehrerer übertragender Rechtsträger nicht vor[49]. Dies beschränkt zwar vor allem bei Konzernumstrukturierungen die Gestaltungsmöglichkeiten, muss aber angesichts der Regelung des Wirksamwerdens der Ausgliederung nach derzeitiger Rechtslage hingenommen werden. Die Spaltungswirkungen treten nämlich mit Eintragung im Register am Sitz des übertragenden Rechtsträgers ein[50]. Bei mehreren übertragenden Rechtsträgern entstände insoweit eine unklare Rechtslage. 22

Die Frage bedarf allerdings bei der Ausgliederung aus dem Vermögen einer Gebietskörperschaft einer gesonderten Betrachtung. Zwar spricht zunächst auch hier gegen die Zulässigkeit der Beteiligung mehrerer übertragender Rechtsträger an einer Ausgliederung der **Wortlaut des Gesetzes**. So vertritt namentlich *H. Schmidt*[51] die Ansicht, dass die gleichzeitige Beteiligung mehrerer übertragender Rechtsträger weder bei einer Spaltung zur Aufnahme noch zur Neugründung möglich sei. Für diese Ansicht kann der Wortlaut der allgemeinen Spaltungsvorschrift[52] herangezogen werden, die nur von einem Rechtsträger spricht, der bei der Spaltung zur Neugründung von ihm (dem übertragenden Rechtsträger) zu gründen sei. Auch im Kontext des Neunten Abschnitts wird darauf hingewiesen, das System der allgemeinen Spaltungsvorschriften sei nicht auf die Beteiligung mehrerer übertragender Rechtsträger zugeschnitten, da die Spaltungswirkungen mit der Eintragung im Register am Sitz des übertragenden Rechtsträgers eintreten[53]. Gebe es mehrere übertragende Rechtsträger, müsse eine Regelung bestimmen, welche von den Registereintragungen konstitutive Wirkung habe. Auch sehe das UmwG bei einer Spaltung zur Neugründung nur einen Spaltungsplan[54] vor, während bei mehreren übertragenden Rechtsträgern ein nicht vorgesehener Spaltungsvertrag abgeschlossen werden müsse[55]. 23

Heckschen vertritt hingegen die Ansicht, dass die Ausgliederung eines von mehreren Rechtsträgern betriebenen Unternehmens in der Praxis Bedeutung haben könnte und auch durchführbar sei. Das Argument, der Zeitpunkt für die Wirksamkeit der Spaltung könne nicht zuverlässig festgestellt werden, sei für die Ausgliederung aus dem Vermögen von Gebietskörperschaften oder deren Zusammenschlüssen **nicht stichhaltig**[56]. Denn anders als iRd. allgemeinen Spaltungsvorschriften ist für die Wirksamkeit der Ausgliederung aus 24

---

[47] Vgl. *Wolff/Bachof/Stober*[4] § 96 Rn 105 ff. und § 92 sowie die weitere Literatur zum Verwaltungsrecht; *Suppliet* NotBZ 1998, 210.
[48] Vgl. auch *Zimmermann* in Rowedder GmbHG Anh. § 77 Rn 674 zu § 58 UmwG 1969.
[49] *Hörtnagl* in Schmitt/Hörtnagl/Stratz § 123 Rn 18 f. Vgl. § 123 Rn 19.
[50] § 131 Abs. 1.
[51] *H. Schmidt* in Lutter Rn 9; *Suppliet* S. 133; *Gaß* S. 194 unter Nennung eines Beispiels.
[52] § 123.
[53] § 131 Abs. 1.
[54] § 136.
[55] *Hörtnagl* in Schmitt/Hörtnagl/Stratz § 123 Rn 18, 19.
[56] *Heckschen* in Widmann/Mayer Rn 143 bis 145; vgl. zum UmwG 1969; *Schilling* in Hachenburg[7] Anh § 77 UmwG, § 57 Rn 2; *Klette* BB 1970, 376, 377. Offen gelassen *OLG Rostock* WM 1995, 1721, 1723.

dem Vermögen einer Gebietskörperschaft nur die Eintragung beim neu gegründeten bzw. aufnehmenden Rechtsträger maßgeblich.

25 Der letztgenannten Ansicht sollte gefolgt werden. Wird ein Unternehmen von zwei Gebietskörperschaften betrieben, die keinen Zusammenschluss iSd. Norm bilden, ist nicht ersichtlich, warum diese nicht einen **gemeinsamen Ausgliederungs- und Übernahmevertrag** erstellen sollten. Eine Abstimmung mit dem Registergericht empfiehlt sich.

II. Unternehmen als Gegenstand der Ausgliederung

1. Begriff des Unternehmens

26 **a) Allgemeines.** Die Möglichkeiten der Ausgliederung aus dem Vermögen von Gebietskörperschaften oder Zusammenschlüssen solcher Gebietskörperschaften werden dadurch eingeschränkt, dass Gegenstand einer Ausgliederung nicht ein Vermögensteil, sondern nur ein Unternehmen sein kann. Eine Legaldefinition des Unternehmensbegriffs enthält das UmwG nicht; ebenso existiert bislang keine Rechtsprechung zum Unternehmensbegriff des Neunten Abschnitts. Der hier relevante Unternehmensbegriff kann nur aus dem **Gesetzeszweck** entwickelt werden[57]. Der handelsrechtliche Unternehmensbegriff, der bei der Ausgliederung aus dem Vermögen eines Einzelkaufmanns herangezogen wird[58], kann hier nicht entsprechend verwandt werden. Der Unternehmensgegenstand öffentlicher Betriebe ist nicht durchgängig handelsgewerblicher Natur. Auch erfolgt nicht immer eine Eintragung im Handelsregister[59].

27 Aber auch der kommunalverfassungsrechtliche Unternehmensbegriff[60] des sog. **wirtschaftlichen Unternehmens** (Wirtschaftseinheiten der Gemeinde, die auch von privaten Rechtsträgern betrieben werden können) ist nicht anwendbar. Denn in Gemeindeordnungen wird der Begriff des Unternehmens im Zusammenhang mit der wirtschaftlichen Betätigung der Gemeinde verwendet[61] und umfasst weder Hoheitsbetriebe[62] noch die sog. Regiebetriebe[63], die aber gerade in den Anwendungsbereich der Norm fallen[64]. Die Unterscheidung zwischen öffentlichen Unternehmen und erwerbswirtschaftlichen bzw. nicht öffentlichen Unternehmen liegt dem Neunten Abschnitt des UmwG nicht zugrunde. Dessen Regelungen sollen vielmehr die Übertragung von öffentlichen, nicht aber unbedingt erwerbswirtschaftlichen Aufgaben auf private Rechtsträger erleichtern[65].

28 Schließlich führt auch die sich aus dem Steuerrecht ergebende Unterscheidung zwischen einem **Betrieb gewerblicher Art** von juristischen Personen des öffentlichen Rechts[66] und reinen Hoheitsbetrieben, die überwiegend der Ausübung der öffentlichen Gewalt dienen, nicht weiter.

29 Der Unternehmensbegriff kann daher nur mittels eines **funktionalen Verständnis** des Neunten Abschnitts bestimmt werden, der die Privatisierung von Regie- und Eigenbetrieben erleichtern soll. Es kommt daher nicht darauf an, ob diese Betriebe rein erwerbswirtschaftlich tätig sind oder ob sie öffentliche Aufgaben erfüllen[67]. Ausreichend ist, dass eine

---

[57] *H. Schmidt* in Lutter Rn 10. *Gaß* S. 191 und allgemein zu Reformvorschlägen für Kommunalunternehmen S. 36 ff. Vgl. zum folgenden auch *Suppliet* S. 143 ff.
[58] § 152. Vgl. § 152 Rn 19 ff.
[59] *Schindhelm/Stein* DB 1999, 1375; *H. Schmidt* in Lutter Rn 9.
[60] *Gern* Rn 725.
[61] Vgl. zB § 107 Abs. 1 Satz 3 NW GO; § 108 Nds. GO.
[62] *Gern* Rn 726.
[63] *Cronauge* Rn 30 ff.; *Hellermann* in Hoppe/Uechtritz § 7 Rn 23 ff.
[64] Vgl. Rn 29.
[65] *H. Schmidt* in Lutter Rn 11; *Schindhelm/Stein* DB 1999, 1375, 1376; *Steuck* NJW 1995, 2887, 2888.
[66] § 4 Abs. 5 KStG. Vgl. *Beinert* in Hoppe/Uechtritz § 11 Rn 6 ff.
[67] *Steuck* NJW 1995, 2887, 2888.

gewisse organisatorische Verselbstständigung gegeben ist und dass planmäßig und auf Dauer durch Zusammenfassung sachlicher und persönlicher Mittel Aufgaben wahrgenommen werden. Einer Gewinnerzielungsabsicht bedarf es hingegen nicht[68]. Die Merkmale dieses Unternehmensbegriffs erfüllen sowohl die Eigen- als auch die Regiebetriebe der Gebietskörperschaften und deren Zusammenschlüsse.

b) Nicht rechtsfähige Anstalten des öffentlichen Rechts. Der umwandlungsrechtliche Unternehmensbegriff ermöglicht es ferner, eine nicht rechtsfähige Anstalt des öffentlichen Rechts auszugliedern, da auch diese aufgrund ihrer Aufgaben **in privater Rechtsform** betrieben werden kann. Zwar wird dagegen eingewandt[69], die Gesetzesbegründung[70] nenne nur Eigen- und Regiebetriebe, die sich von nicht rechtsfähigen Anstalten unterscheiden[71]. Wie soeben erläutert, kann aber aus der Anknüpfung an die Begriffe Eigen- und Regiebetrieb kein umwandlungsrechtlicher Unternehmensbegriff abgeleitet werden[72]. Folgerichtig kann auch die nicht rechtsfähige Anstalt des öffentlichen Rechts als Unternehmen im Sinne der Norm angesehen werden[73]. Dies entspricht auch dem Zweck der Regelung, Privatisierungen zu erleichtern. Eine Abstimmung mit dem Registergericht empfiehlt sich.

2. Ausgliederung des ganzen Unternehmens

Nach dem Wortlaut der Vorschrift ist nur die Ausgliederung von Unternehmen, nicht von Vermögensteilen, aus dem Vermögen der Gebietskörperschaften oder deren Zusammenschlüssen möglich. Nach der Begründung des Regierungsentwurfs soll die Übertragung das auszugliedernde Unternehmen „nur als Ganzes" erfassen können[74]. Was dies in der Praxis bedeutet, ist umstritten. Die Formulierung sollte nicht so verstanden werden, dass die gestaltende Vermögenszuordnung[75], etwa das Zurückbehalten von nicht betriebsnotwendigen oder solchen Grundstücken, die nur verpachtet werden sollen, iRd. Privatisierung völlig ausgeschlossen wird. Es kann vielmehr als ausreichend angesehen werden, wenn der Unternehmenskern übertragen wird[76]. Denn anderenfalls wäre die Privatisierung von einzelnen Betrieben eines Unternehmens im Wege der Ausgliederung auf der Grundlage des UmwG nicht möglich, sondern nur über den umständlicheren Weg der Einzelrechtsnachfolge zu erreichen. Dieser Umstand spricht für ein **funktionales Verständnis** der Norm. Im Übrigen dürften gegen das Zurückbehalten von Verbindlichkeiten durch die öffentliche Hand aus Gläubigerschutzgesichtspunkten allemal keine Bedenken bestehen.

Wie auch im Fall der Ausgliederung eines Unternehmens aus dem Vermögen eines Einzelkaufmanns können weitere Vermögensgegenstände oder Verbindlichkeiten, die bis da-

---

[68] *Steuck* NJW 1995, 2887, 2888; *Schindhelm/Stein* DB 1999, 1375, 1376.
[69] *Hörtnagl* in Schmitt/Hörtnagl/Stratz Rn 3; *Suppliet* NotBZ 1997, 41; *Deutsches Notarinstitut*, Gutachten zum Umwandlungsrecht, S. 292.
[70] RegBegr. *Ganske* S. 195 f.
[71] *Gern* Rn 741 ff.
[72] *Schindhelm/Stein* DB 1999, 1375, 1376.
[73] *H. Schmidt* in Lutter Rn 10; *Schindhelm/Stein* DB 1999, 1375, 1377. Vgl. zum UmwG 1969 *Caspers* WM 1969 (Sonderbeilage 3), S. 13; *Klette* BB 1970, 377.
[74] RegBegr. *Ganske* S. 196. Anders § 152, der auch Teile des Unternehmens des Einzelkaufmanns erfasst.
[75] Im Fall der Deutsche Bahn AG musste bspw. das übergehende Vermögen zunächst konkretisiert und aufgeteilt werden, vgl. § 4 des Gesetzes über die Gründung einer Deutsche Bahn Aktiengesellschaft, BGBl. I 1993 S. 2386.
[76] So auch *Gaß* S. 192 f. Vgl. im Übrigen *Suppliet* NotBZ 1997, 37, 43: weiter Gestaltungsspielraum bei der „Zusammenstellung der Vermögensteile"; *Limmer* in Limmer Rn 2114 ff., insbesondere zur Betriebsaufspaltung. AA *H. Schmidt* in Lutter Rn 12.

hin nicht dem Unternehmen zugehörig waren, durch Aufnahme in den Ausgliederungsplan „umgewidmet" und damit dem Unternehmen **zugeordnet** werden[77].

33 Andererseits ist es nicht möglich, **bloße Vermögensteile** als solche auszugliedern[78]. Durch die Ausgliederung sollen klare Verhältnisse geschaffen werden, und dieses Ziel könnte durch die wahllose Ausgliederung von Vermögensteilen gefährdet werden[79].

3. Ausgliederung mehrerer Unternehmen

34 Trotz des insoweit scheinbar klaren Wortlauts der Norm, die die Ausgliederung „eines" Unternehmens zulässt, ist nicht erkennbar, dass der Gesetzgeber die gleichzeitige Ausgliederung mehrerer Unternehmen, die von einer Gebietskörperschaft oder einem Zusammenschluss betrieben werden, verhindern wollte. Die Ausgliederung von mehreren Unternehmen ist deshalb als **zulässig** anzusehen[80]. Dies entspricht auch dem, was zum früheren Recht vertreten wurde[81] und was für die Ausgliederung aus dem Vermögen eines Einzelkaufmanns gilt[82].

III. Übernehmender oder neuer Rechtsträger

1. Übernehmender Rechtsträger

35 Im Wege der Ausgliederung zur Aufnahme können Gebietskörperschaften oder deren Zusammenschlüsse ein Unternehmen auf bereits bestehende **Personenhandelsgesellschaften**, Kapitalgesellschaften oder eingetragene Genossenschaften übertragen. Damit erweitert die Norm den Kreis der zulässigen Zielrechtsträger im Verhältnis zum UmwG 1969, wonach Personenhandelsgesellschaften als übernehmende Rechtsträger ausgeschlossen waren. Übernehmender Rechtsträger kann auch eine EWIV mit Sitz in Deutschland sein, da auf sie die maßgeblichen Vorschriften über die OHG entsprechend anzuwenden sind, sowie eine Europäische Gesellschaft (SE) mit Sitz in Deutschland[83].

36 Als übernehmende Rechtsträger sind hingegen Gesellschaften bürgerlichen Rechts, Vereine, Stiftungen, einzelkaufmännische Unternehmen und Körperschaften des öffentlichen Rechts ausgeschlossen[84]. In diesen Fällen bleibt nur die Möglichkeit einer Einzelrechtsübertragung des Unternehmens. Zulässig ist aber die Ausgliederung auf **in Gründung befindliche Rechtsträger**, wie die Vor-GmbH und die Vor-AG[85]. Keine zulässigen Zielrechtsträger sind dagegen Vorgründungsgesellschaften, da sie idR eine GbR darstellen und damit nicht tauglicher Rechtsträger sein können[86].

---

[77] *Heckschen* in Widmann/Mayer Rn 131; *H. Schmidt* in Lutter Rn 12; *Hörtnagl* in Schmitt/Hörtnagl/Stratz Rn 6; *Gaß* S. 199. Vgl. zu weiteren Einzelheiten § 152 Rn 60 ff.

[78] *H. Schmidt* in Lutter Rn 12; *Heckschen* in Widmann/Mayer Rn 125 ff.; *Schindhelm/Stein* DB 1999, 1375, 1377; *Steuck* NJW 1995, 2887, 2889; *Meyer* JurBüro 1999, 354.

[79] So wohl auch *Suppliet* NotBZ 1997, 37, 41 ff. mit eingehenden Erläuterungen.

[80] *H. Schmidt* in Lutter Rn 13; *Heckschen* in Widmann/Mayer Rn 132; *Hörtnagl* in Schmitt/Hörtnagl/Stratz Rn 5; *Gaß* S. 193.

[81] *Klette* BB 1970, 376, 377.

[82] *Karollus* in Lutter § 126 Rn 40; *ders.* in Lutter Umwandlungsrechtstage S. 157, 192. Vgl. auch § 152 Rn 47, § 161 Rn 27.

[83] Zur EWIV vgl. § 3 Rn 14; *H. Schmidt* in Lutter Rn 15. Zur SE vgl. Einl. C Rn 49 ff.; *Heckschen* in Widmann/Mayer Rn 87. Da § 125 Satz 1 nicht auf den Abschnitt bezüglich grenzüberschreitender Verschmelzung von Kapitalgesellschaften verweist, ist die Ausgliederung auf eine ausländische Kapitalgesellschaft weiterhin nicht möglich.

[84] *Heckschen* in Widmann/Mayer Rn 87; *H. Schmidt* in Lutter Rn 15.

[85] Vgl. *Suppliet* S. 135 f. mwN. Vgl. zur Verschmelzung § 3 Rn 48.

[86] *Heckschen* in Widmann/Mayer Rn 88.

Angesichts der **gesamtschuldnerischen Haftung** des übernehmenden Rechtsträgers für die Altverbindlichkeiten des übertragenden Rechtsträgers[87] kann es sich empfehlen, anstelle einer Ausgliederung zur Aufnahme durch eine bereits aktive Gesellschaft den übernehmenden Rechtsträger entweder vor oder im Zuge der Ausgliederung neu zu gründen[88]. 37

Neben den Regelungen des UmwG ist auch das öffentliche Recht bei der Auswahl des übernehmenden Rechtsträgers zu berücksichtigen. So verbietet in den meisten Bundesländern das jeweils anwendbare Kommunalrecht eine Umwandlung eines öffentlichen Unternehmens in eine Gesellschaftsform des Privatrechts, bei dem die Gebietskörperschaft **unbeschränkt haftet**. Damit scheidet für Privatisierungen im Bereich der Länder und Gemeinden die Rechtsform einer OHG oder einer KG bzw. KGaA, in der der übertragende Rechtsträger Komplementär werden soll, nach öffentlich-rechtlichen Vorschriften aus[89]. Im Bereich des Bundes gilt § 65 BHO. 38

Auch können öffentlich-rechtliche Vorgaben die Wahl der **Rechtsform der AG** beschränken. So ist etwa mit Wirkung zum 14. 7. 1999 in die Gemeindeordnung Nordrhein-Westfalen eine Neuregelung eingefügt worden, derzufolge Gemeinden Unternehmen und Einrichtungen in der Rechtsform einer AG nur gründen oder sich daran beteiligen dürfen, wenn der öffentliche Zweck nicht ebenso gut in einer anderen Rechtsform erfüllt wird oder erfüllt werden kann[90]. Ziel der Regelung ist, den Einfluss auf kommunale Unternehmen zu sichern und zu stärken. Vorstand und Aufsichtsrat einer AG sind nicht weisungsgebunden, so dass der Einfluss der Gemeinde geringer ist, als im Fall einer GmbH. Dagegen kommt eine GmbH & Co. KGaA, bei der die Gemeinde Gesellschafterin der Komplementär-GmbH ist, durchaus in Betracht, da hier die Gemeinde auf das Geschäftsführungsorgan entsprechenden Einfluss ausüben kann[91]. 39

2. Neu gegründeter Rechtsträger

Die Ausgliederung zur Neugründung bewirkt, dass die öffentliche Hand sämtliche Anteile am neuen Rechtsträger erhält. Sie ermöglicht die **formale Privatisierung**, d. h. die Betätigung öffentlicher Unternehmen in privater Rechtsform. Allerdings ist die Auswahl der Zielrechtsträger im Verhältnis zur Ausgliederung zur Übernahme eingeschränkt. Sie ist nur zulässig, wenn es sich bei dem Zielrechtsträger um eine Kapitalgesellschaft oder eine eingetragene Genossenschaft handelt. Diese Aufzählung der Zielrechtsträger ist abschließend, so dass andere Gesellschaftsformen ausscheiden. Bei einer Ausgliederung zur Neugründung kommen deshalb weder Personenhandelsgesellschaften noch Vereine, Stiftungen, Gebietskörperschaften oder Körperschaften des öffentlichen Rechts als Zielrechtsträger in Betracht. 40

Die KGaA ist zwar Kapitalgesellschaft, kann aber als möglicher Zielrechtsträger ausscheiden, wenn ausgliedernde Gebietskörperschaften oder deren Zusammenschlüsse eine **Komplementärstellung** bei der neu gegründeten Gesellschaft erhalten sollen[92]. Im Fall der KGaA dürften damit auch weitere Überlegungen zur Frage hinfällig sein, ob aus Sicht des KGaA-Rechts eine Gebietskörperschaft oder eine Anstalt des öffentlichen Rechts Komplementär einer KGaA sein kann[93]. 41

---

[87] § 133.
[88] *Supplìet* NotBZ 1997, 37, 40 hält die Ausgliederung zur Aufnahme sogar für eine höchst bedenkliche Vertragsgestaltung.
[89] Vgl. hierzu *Heckschen* in Widmann/Mayer Rn 73 f., 92 mwN.
[90] § 108 Abs. 3 GO NW, eingefügt durch Art. I des Ersten Gesetzes zur Modernisierung von Regierung und Verwaltung vom 15. 6. 1999 (GVBl. NW S. 386); dazu *Böttcher/Krömker* NZG 2001, 590 und *OLG Düsseldorf* DÖV 2001, 912.
[91] *Böttcher/Krömker* NZG 2001, 590, 593 f. *Schütz* KGaA-Handbuch § 11 Rn 417 mwN.
[92] Vgl. etwa § 96 Abs. 1 Nr. 3 Sächs. GO und die Übersicht bei *Heckschen* in Widmann/Mayer Rn 73 f., 369; *Gern* Rn 758. Problemlos möglich dagegen ist eine Ausgliederung auf eine KGaA als übernehmenden Rechtsträger, vgl. Rn 39.
[93] Insoweit von der BGH-Rechtsprechung überholt der Hinweis auf § 76 Abs. 3 AktG bei *Supplìet* NotBZ 1997, 37, 39.

42 Für den **Beitritt eines Dritten**, etwa einer von der Gebietskörperschaft gehaltenen Betriebs-GmbH, als Komplementär zum Zeitpunkt des Wirksamwerdens der Ausgliederung gelten die diesbezüglichen Vorschriften[94].

43 Bei einer neu gegründeten **Genossenschaft** ist zu beachten, dass die vorgesehene Mindestanzahl von drei Gründern innerhalb von sechs Monaten nach Eintragung sichergestellt sein muss[95].

3. Ausgliederung auf mehrere Rechtsträger

44 Eine Ausgliederung auf mehrere übernehmende Rechtsträger ist nicht möglich. Sie würde zu **registerrechtlichen Problemen** führen[96], da der Gesetzgeber für das Wirksamwerden auf die Eintragung der Ausgliederung im Register des übertragenen Unternehmens nicht abstellen konnte. Die Gesetzesbegründung erwähnt ausdrücklich die Möglichkeit, auf die letzte von mehreren Eintragungen im Handelsregister der übernehmenden oder neuen Rechtsträger abzustellen, beurteilt dies aber für die Praxis der Registergerichte als unnötig kompliziert[97]. Aufgrund der inzwischen entfallenen Sonderregelung[98] für juristisch unselbstständige Unternehmen der Gebietskörperschaften waren Regie- und Eigenbetriebe nicht eintragungspflichtig[99]. Die Regierungsbegründung führt des Weiteren aus, dass ein Bedürfnis für die gleichzeitige Ausgliederung auf mehrere übernehmende oder neue Rechtsträger im Bereich der öffentlichen Hand nicht bestehe[100]. Sollte es im Einzelfall erforderlich sein, Teile des Unternehmens auf andere Rechtsträger zu übertragen, besteht die Möglichkeit der nachfolgenden Spaltung oder der Übertragung im Wege der Einzelrechtsnachfolge.

C. Das Ausgliederungsverfahren

45 Ziel der Ausgliederung kann die Übertragung eines Unternehmens entweder auf eine bestehende oder auf eine neu gegründete Gesellschaft sein. In beiden Fällen richtet sich die Ausgliederung auf die Übertragung einer Gesamtheit von Vermögensgegenständen, und regelmäßig auch Verbindlichkeiten, auf einen anderen Rechtsträger gegen Gewährung einer Beteiligung. Wird nur ein Teil des Vermögens des übertragenden Rechtsträgers von der Ausgliederung erfasst, so handelt es sich um eine **partielle Gesamtrechtsnachfolge**[101].

46 Da es sich bei der Ausgliederung um eine Spaltung handelt[102], sind zum einen die allgemeinen Vorschriften des Spaltungsrechts[103], zum anderen die rechtsträgerspezifischen **besonderen Vorschriften**[104] anzuwenden[105].

---

[94] §§ 218 Abs. 2, 221. Vgl auch *Klette* BB 1970, 376, 378 zum UmwG 1969 sowie *Suppliet* S. 137 ff. und *Heckschen* in Widmann/Mayer Rn 369 ff.
[95] Vgl. § 80 Abs. 1 GenG; *Suppliet* NotBZ 1997, 37, 39.
[96] So RegBegr. *Ganske* S. 196; kritisch hierzu *Suppliet* NotBZ 1997, 37, 41.
[97] RegBegr. *Ganske* S. 196.
[98] § 36 HGB aF.
[99] Diese Vorschrift ist durch Art. 3 Nr. 18 des HRefG aufgehoben worden. Vgl. dazu, insbesondere zum früheren Anwendungsbereich und den damit verbundenen Unsicherheiten, die Gesetzesbegründung BT-Drucks. 13/8444 vom 29. 8. 1997, S. 57 ff.
[100] RegBegr. *Ganske* S. 196. Kritisch *Suppliet* NotBZ 1997, 37, 41.
[101] Vgl. § 123 Fn 9; § 131 Rn 7.
[102] § 123.
[103] §§ 123 bis 127.
[104] §§ 138 bis 173.
[105] Vgl. auch § 144 KostO; dazu *Suppliet* NotBZ 1999, 49, 54 f.

Möglichkeit der Ausgliederung   47–51 § 168

Dementsprechend entfällt eine Prüfung[106] (aber nicht die für eingetragene Genossen- 47
schaften geltenden Sondervorschriften[107]), die Möglichkeit der Firmenfortführung[108],
Vorschriften zu Umtauschverhältnis und Barabfindung[109], zur Verschmelzung ohne Kapitalerhöhung[110] und zur Bestellung von Treuhändern[111]. Darüber hinaus sind weitere
Vorschriften[112] **nicht anwendbar**[113].

Das Verfahren der privatisierenden Umwandlung entspricht der im UmwG vorgegebe- 48
nen Systematik. Danach vollzieht sich die Umwandlung in **drei Phasen**: Vorbereitungsphase, Beschlussphase und Vollzugsphase. Ferner ist zu beachten, dass der Verfahrensablauf
je nach gewählter Umwandlungsvariante (Ausgliederung zur Aufnahme oder Ausgliederung
zu Neugründung) variiert.

I. Ausgliederung zur Aufnahme

Bei der Ausgliederung eines öffentlichen Unternehmens zur Aufnahme durch einen schon 49
bestehenden Zielrechtsträger wird der übertragende Unternehmensträger **Anteilsinhaber**
des übernehmenden Zielrechtsträgers. Die Unternehmensaufgaben werden von einem Unternehmen in privater Rechtsform übernommen und fortgeführt. Der ausgliedernde Unternehmensträger erlangt durch die Übernahme der Beteiligung Einfluss auf den aufnehmenden
Rechtsträger.

1. Vorbereitungsphase

a) Ausgliederungs- und Übernahmevertrag. *aa) Allgemeines.* Im Vorfeld der Ausglie- 50
derung auf einen bereits bestehenden übernehmenden Rechtsträger ist ein Ausgliederungsvertrag bzw. dessen Entwurf durch die Vertretungsorgane der beteiligten Rechtsträger zu erstellen. Der **zwingenden Inhalt** des Ausgliederungsvertrags ergibt sich aus den allgemeinen
Spaltungsvorschriften[114]. Keine Anwendung finden allerdings die Regelungen des allgemeinen Spaltungsrechts zum Umtauschverhältnis und zu den Einzelheiten des Beteiligungser-
werbes[115].

Demnach hat der Ausgliederungsvertrag **Angaben** zum Namen oder zur Firma und 51
den Sitz der an der Ausgliederung beteiligten Rechtsträger zu enthalten[116]. Bei Gebietskörperschaften entfällt jedoch mangels Sitzes eine entsprechende Angabe. Dagegen muss
bei Zweckverbänden, die nach kommunalrechtlichen Bestimmungen einen Sitz haben
müssen, diese Angabe erfolgen. Der Ausgliederungsvertrag hat genaue Angaben über
Art und Umfang der vorgesehenen Beteiligungen am übernehmenden Rechtsträger zu
enthalten[117]. Ferner muss der Ausgliederungsvertrag den Zeitpunkt benennen, von dem
an die zu gewährenden Anteile Anspruch auf Teilnahme am Bilanzgewinn gewähren,

---

[106] §§ 9 bis 12.
[107] §§ 125, 96, 81.
[108] § 18.
[109] §§ 14 Abs. 2, 15 und 29 bis 34.
[110] §§ 54, 68.
[111] § 71.
[112] §§ 28, 43 Abs. 2 Satz 3, 50, 51, 57 und 74.
[113] *H. Schmidt* in Lutter Vor § 168 Rn 9 mwN.
[114] §§ 126 bis 135. Darüber hinaus kann der Vertrag etwa die Änderung der Satzung des übernehmenden Rechtsträgers vorsehen, um zB der öffentlichen Hand den notwendigen Einfluss einzuräumen,
vgl. *Gaß* S. 200. Zur Rechtsnatur vgl. *Suppliet* S. 76 ff.
[115] § 126 Nr. 3, 4, 10; so einhellig die Literatur, vgl. etwa *Heckschen* in Widmann/Mayer Rn 165 und
H. Schmidt in Lutter Vor 168 Rn 10.
[116] § 126 Abs. 1 Nr. 1.
[117] § 126 Abs. 1 Nr. 2.

sowie alle Besonderheiten dieses Gewinnanspruchs[118]. Der Ausgliederungsvertrag muss ferner den Stichtag nennen, von dem an die Handlungen des übertragenden Rechtsträgers als für Rechnung des übernehmenden Rechtsträgers vorgenommen gelten[119]. Sollte der übernehmende oder neue Rechtsträger Anteilsinhabern Sondervorteile (also etwa Anteile ohne Stimmrecht, Vorzugsaktien, Schuldverschreibungen oder Genussrechte) einräumen, ist dies im Ausgliederungsvertrag explizit anzugeben[120]. Zwar verfügen Gebietskörperschaften nicht über Anteilseigner, werden aber mit Wirksamkeit der Ausgliederung Anteilseigner, denen in diesem Zusammenhang Rechte eingeräumt werden könnten.

52 Im Ausgliederungsvertrag müssen nach Maßgabe der allgemeinen Spaltungsvorschriften auch Angaben darüber gemacht werden, ob Personen, die für das Zustandekommen des Spaltungsvertrags maßgeblich sind, **Sondervorteile** gewährt werden[121]. Für die Praxis ist bedeutsam, dass Personen, die für Gebietskörperschaften oder deren Zusammenschlüsse vertretungsbefugt sind, nicht wirksam zugesichert werden kann, beim übernehmenden oder neuen Rechtsträger Organfunktionen ausüben zu können[122], wenn solche Entscheidungen nach der Rechtsform des übernehmenden Rechtsträgers allein von den dort zuständigen Organen getroffen werden können.

53 Der Ausgliederungsvertrag sollte nur unter dem **Vorbehalt der Genehmigung** durch die zuständigen Aufsichtsbehörden abgeschlossen werden, soweit solche Genehmigungen erforderlich sind[123].

54 *bb) Angaben zu den Folgen für die Arbeitnehmer.* Die allgemeinen Spaltungsvorschriften bestimmen, dass im Ausgliederungsvertrag die Folgen der Ausgliederung für die Arbeitnehmer und ihre Vertretung und die insoweit vorgesehenen Maßnahmen anzugeben sind[124]. Die Bedeutung dieser Vorschrift für Gebietskörperschaften ist **umstritten**, denn sie knüpft an die Informationspflicht gegenüber dem Betriebsrat an, der bei Unternehmen der Gebietskörperschaften oder deren Zusammenschlüssen nicht vorhanden ist. Aus diesem Grund wird die Ansicht vertreten, dass die vorgesehenen Angaben nicht als zwingend einzustufen seien, soweit sie Arbeitnehmer und deren Vertretung bei einem auszugliedernden Unternehmen einer Gebietskörperschaft betreffen. Hinzu komme, dass sich Rechte der Personalvertretung nach dem Personalvertretungsrecht des Bundes und der Länder richteten und damit nicht Fragen der zivilrechtlichen Voraussetzungen der Umwandlung seien, sondern vielmehr die öffentlich-rechtliche Zulässigkeit der Ausgliederung berührt werde[125].

55 Eine andere Ansicht geht hingegen davon aus, dass an die Stelle des Betriebsrats der Personalrat tritt[126]. Somit müsse dieser entsprechend der Vorschrift des allgemeinen Spaltungsrechts informiert werden. Denn der Gesetzgeber habe die Information der Arbeitnehmer grundsätzlich gewünscht. Demnach sollen die entsprechenden Informationen auch im Ausgliederungsvertrag aufzunehmen sein[127]. Dieser Ansicht ist im Ergebnis beizupflichten. Es muss nämlich beachtet werden, dass das UmwG an etlichen Stellen Begriffe verwendet, die

---

[118] § 126 Abs. 1 Nr. 5.
[119] § 126 Abs. 1 Nr. 6.
[120] § 126 Abs. 1 Nr. 7; *Heckschen* in Widmann/Mayer Rn 170; *Suppliet* NotBZ 1998, 210, 212; *H. Schmidt* in Lutter Vor § 168 Rn 10.
[121] § 126 Abs. 1 Nr. 8.
[122] Vgl. § 5 Rn 73; *Lutter* in Lutter § 5 Rn 49; *Stratz* in Schmitt/Hörtnagl/Stratz § 5 Rn 75; *Suppliet* NotBZ 1998, 210, 212.
[123] Vgl. Rn 88.
[124] § 126 Abs. 1 Nr. 11.
[125] *H. Schmidt* in Lutter Vor § 168 Rn 10; *Suppliet* NotBZ 1997, 141, 144.
[126] An die Stelle des Personalrats könnten im Bereich der Kirchen die dort gebildeten Mitarbeitervertretungen treten, vgl. *Pfeiffer* NJW 2000, 3694, 3695.
[127] *Heckschen* in Widmann/Mayer Rn 186; *Steuck* NJW 1995, 2887, 2890; *Schaub* WIB 1996, 97, 98; *ders.* PersV 1998, 100, 101.

Möglichkeit der Ausgliederung 56–58 § 168

von Verweisnormen zwar ausdrücklich in Bezug genommen werden, die aber bei wörtlicher Auslegung keine Anwendung fänden. Die Folgen der Ausgliederung für Arbeitnehmer müssten im Übrigen auch dann berücksichtigt werden, wenn eine Verpflichtung zu entsprechenden Angaben im Ausgliederungsvertrag nicht bestände. Insbesondere ist anzugeben, welche Folgen sich für etwaige Beamte ergeben. Dies ist notwendig, da das Gesetz eine einzelgesetzliche Regelung der Ausgliederung, die solche Angaben enthalten könnte, nicht zwingend vorsieht.

cc) Bezeichnung des Gegenstands der Ausgliederung. Wichtigster Inhalt des Ausgliederungsvertrags ist die genaue Bezeichnung und Aufteilung der Gegenstände des Aktiv- und Passivvermögens, das übertragen werden soll[128]. Es muss mit **sachenrechtlicher Bestimmtheit** feststehen, welche Rechte, Verbindlichkeiten, aber auch Rechtsverhältnisse auf den neuen Rechtsträger übergehen sollen[129]. Dabei kann auf Urkunden, wie beispielsweise Bilanzen und Inventare, Bezug genommen werden, allerdings nur, soweit deren Inhalt eine Zuweisung der einzelnen Gegenstände ermöglicht[130]. Bei Grundstücken sind aufgrund des ausdrücklichen Verweises des UmwG[131] die Regelungen der Grundbuchordnung[132] zu beachten, so dass das Grundstück übereinstimmend mit dem Grundbuch oder durch Hinweis auf das Grundbuchblatt zu bezeichnen ist[133]. Ziel der Bezeichnungspflicht ist es, den Verfahrensbeteiligten, aber auch Dritten, eine Individualisierung der Vermögensgegenstände zu ermöglichen[134]. 56

dd) Vertretung und Form. Wer auf Seiten des aufnehmenden Rechtsträgers vertretungsbefugt ist, richtet sich nach dem jeweiligen Gesellschaftsvertrag bzw. der Satzung. Für die Gebietskörperschaft als Ausgangsrechtsträger handelt das nach dem **kommunalrechtlichen Organisationsrecht** zuständige Organ[135]. Die Vertretungsorgane können nach Maßgabe der allgemeinen Stellvertretungsregelungen auch Dritte zum Abschluss des Ausgliederungsvertrags bevollmächtigen[136]. Eine Vollmachtserteilung bedarf nach allgemeiner Ansicht keiner notariellen Beglaubigung[137]. Gleichwohl wird die notarielle Beurkundung der Vollmacht empfohlen, da die Bevollmächtigung durch eine öffentlich beglaubigte Vollmacht nachzuweisen ist[138]. 57

Der Ausgliederungsvertrag unterliegt der **Beurkundungspflicht**, so dass die Vorschriften des Beurkundungsgesetzes zu berücksichtigen sind[139]. Die Beurkundungspflicht erfasst nicht nur den Ausgliederungsvertrag selbst, sondern auch Nebenabreden, die nach dem Willen der 58

---

[128] § 126 Abs. 1 Nr. 9.
[129] *Heckschen* in Widmann/Mayer Rn 177 f.; *Steuck* NJW 1995, 2887, 2889; *Suppliet* NotBZ 1998, 210, 212. Für die Ausgliederung aus dem Vermögen einer Gebietskörperschaft gelten keine weniger strengen Anforderungen, auch wenn hier nur eine Ausgliederung eines Unternehmens als Ganzes möglich ist, vgl. *Limmer* in Limmer Rn 2125.
[130] *H. Schmidt* in Lutter Vor § 168 Rn 10; *Heckschen* in Widmann/Mayer Rn 179; *Kallmeyer* in Kallmeyer § 126 Rn 20. Vgl. zur Zulässigkeit sog. All-Klauseln BGH NZG 2003, 1172, 1174.
[131] § 126 Abs. 2 Satz 2.
[132] § 28 GBO.
[133] § 126 Rn 58; *Suppliet* NotBZ 1998, 210, 213.
[134] Zu den weiteren Anforderungen an die Kennzeichnung der Vermögensgegenstände vgl. die Kommentierung zu § 126.
[135] Vgl. hierzu die Übersicht bei *Heckschen* in Widmann/Mayer Rn 160. *Hirte/Hasselbach* DB 1996, 1611; *Renner* NotBZ 1997, 49; BGH WM 1999, 1637. Vgl. auch *Gaß* S. 202, insbesondere zu § 181 BGB. Zur Frage der Außenwirkung eines Ausgliederungsbeschlusses siehe § 169 Rn 9.
[136] *Heckschen* in Widmann/Mayer Rn 161; *H. Schmidt* in Lutter Vor § 168 Rn 10.
[137] *H. Schmidt* in Lutter Vor § 168 Rn 10; *Heckschen* in Widmann/Mayer Rn 161; *Melchior* GmbHR 1999, 520, 521. Vgl. auch Rn 82 und § 4 Rn 9.
[138] § 4 Rn 9; § 13 FGG; *H. Schmidt* in Lutter Vor § 168 Rn 10; *Heckschen* in Widmann/Mayer § 13 Rn 113, 114.
[139] §§ 125, 6 iVm. §§ 8 ff. BeurkG. Vgl. zum Beurkundungsverfahren *Suppliet* S. 187 bis 197.

Parteien mit dem Ausgliederungsvertrag rechtlich und wirtschaftlich verbunden sind, etwa Überlassungsvereinbarungen[140]. Die Nichtbeachtung der notariellen Form führt grundsätzlich zur Nichtigkeit des Ausgliederungsvertrags. Allerdings wird der Mangel der notariellen Form durch die Eintragung der Ausgliederung in das Register des übernehmenden Rechtsträgers geheilt[141].

59 *ee) Notarielle Beurkundung im Ausland.* Die Zulässigkeit einer Beurkundung im Ausland ist höchst **zweifelhaft**. Zu den Einzelheiten kann auf die allgemeinen Ausführungen verwiesen werden[142].

60 **b) Informationspflichten.** Die Anforderungen an die Unterrichtung der Anteilseigner bestimmen sich für den aufnehmenden Rechtsträger zum einen nach den jeweiligen Vorschriften des besonderen Teils des Verschmelzungsrechts, und zum anderen nach den jeweils anwendbaren gesellschaftsrechtlichen Bestimmungen. Inwieweit Gebietskörperschaften oder deren Zusammenschlüsse Informationspflichten unterliegen, richtet sich nach **kommunalrechtlichen Normen**[143].

61 Der Ausgliederungsvertrag oder sein Entwurf ist dem jeweiligen Betriebsrat spätestens einen Monat vor der Beschlussfassung der Anteilseignerversammlungen der beteiligten Rechtsträger über die Ausgliederung zuzuleiten. Wegen des fehlenden Betriebsrats bei Gebietskörperschaften oder deren Zusammenschlüssen ist umstritten, ob diese Regelung des Spaltungsrechts entsprechend anzuwenden ist. Gegen eine analoge Anwendung und damit gegen die Notwendigkeit der **Unterrichtung des Personalrats** wird vorgebracht, dass sich die Mitbestimmungsrechte der Beschäftigten im öffentlichen Dienst allein nach den jeweils anwendbaren Personalvertretungsgesetzen und nicht nach den Regelungen des UmwG richten würden[144]. Aufgrund des bestehenden Aufklärungsbedürfnisses der Arbeitnehmer und aus den oben genannten Gründen sollte aber der Personalrat über den Ausgliederungsvertrag rechtzeitig unterrichtet werden[145]. Zumindest sollte diese Frage mit dem Registergericht erörtert werden.

2. Beschlussphase

62 **a) Zustimmungsbeschluss.** Das UmwG sieht iRd. Beschlussfassung vor, dass sich das Erfordernis eines Zustimmungsbeschlusses beim übertragenden Rechtsträger ausschließlich nach dem öffentlichen Recht richtet. Dieser **Vorrang des öffentlichen Rechts** hat zur Folge, dass sich auch Form und Inhalt des Zustimmungsbeschlusses allein nach den jeweils anwendbaren öffentlich-rechtlichen Vorschriften richten[146]. Ist ein Zustimmungsbeschluss erforderlich, bedarf dieser keiner notariellen Beurkundung[147]. Der übernehmende Rechtsträger ist hingegen verpflichtet, einen notariell beurkundeten Zustimmungsbeschluss seiner Anteilsinhaber herbeizuführen[148]. Für die Art und Weise der Beschlussfassung sind die rechtsformspezifischen Regelungen zur beachten[149].

---

[140] *Suppliet* NotBZ 1997, 141, 142.
[141] § 131 Abs. 1 Nr. 4 iVm. § 171. Vgl. § 131 Rn 64. AA *Vossius* in Widmann/Mayer § 20 Rn 370.
[142] § 6 Rn 15.
[143] *Heckschen* in Widmann/Mayer Rn 191; *H. Schmidt* in Lutter Vor § 168 Rn 11; zum Ausgliederungsbericht siehe § 169.
[144] *H. Schmidt* in Lutter Vor § 168 Rn 11; *Suppliet* NotBZ 1997, 141, 144; iE auch *Deutsches Notarinstitut* DNotI-Report 1995, 181, 184.
[145] *Heckschen* in Widmann/Mayer Rn 186, 192; *Schaub* WM 1996, 96, 98; *ders.* PersV 1998, 100; *Gaß* S. 200 f., 204. Zum kirchlichen Raum siehe Rn 18.
[146] Vgl. § 169.
[147] Vgl. § 169 Rn 8.
[148] § 125 Satz 1 iVm. § 13 Abs. 1, Abs. 3.
[149] Für die AG § 65, für die GmbH §§ 50 ff., für die KGaA §§ 78 ff., für die Genossenschaft § 84 und für die Personenhandelsgesellschaft §§ 43 ff.

Möglichkeit der Ausgliederung 63–66 § 168

b) Kapitalerhöhungsbeschluss. Gliedert ein Rechtsträger Teile seines Vermögens aus, 63
bestimmt die allgemeine Spaltungsvorschrift, dass dem übertragenden Rechtsträger dafür im
Gegenzug eine Beteiligung am übernehmenden Rechtsträger gewährt werden muss. Bis zum
Inkrafttreten des Zweiten Gesetzes zur Änderung des UmwG bestand Uneinigkeit darüber,
ob eine Anteilsgewährung zwingend ist, insbesondere bei der Ausgliederung auf eine Gesellschaft, deren alleiniger Anteilseigner der Ausgangsrechtsträger ist. Befinden sich bereits
alle Anteile des übernehmenden Rechtsträgers in der Hand der Gebietskörperschaft oder des
Zusammenschlusses, wurde zum Teil die **Pflicht zur Anteilsgewährung** verneint[150]. Diese
Auffassung ist jedoch in Übereinstimmung mit der herrschenden Meinung abzulehnen[151].
Durch die Ergänzung von § 54 Abs. 1 hat sich die Diskussion erledigt.

Für eine **zwingende Anteilsgewährungspflicht** als Gegenleistung für die Vermögens- 64
vermehrung beim übernehmenden Rechtsträger sprach der Wortlaut der allgemeinen Spaltungsvorschrift, wonach die Vermögensübertragung nur gegen Gewährung von Anteilen
oder Mitgliedschaften möglich ist. Außerdem war dem Gesetzgeber bei der Neuregelung des
UmwG bewusst, dass die Anteilsgewährungspflicht in bestimmten Konstellationen keinen
rechten Sinn macht[152]. In Kenntnis dieses Umstands hat der Gesetzgeber gleichwohl nur
ausnahmsweise gestattet, dem übertragenden Rechtsträger keine Anteile zu gewähren[153]. Die
Normen, die Ausnahmen von der grundsätzlichen Pflicht zur Anteilsgewährung vorsehen,
waren nach dem Wortlaut der insoweit relevanten Verweisnorm[154] auf die Fälle der Ausgliederung gerade nicht anwendbar. Aus diesen Gründen war bislang auch bei der Ausgliederung
im Konzernverhältnis eine Anteilsgewährung vorzunehmen[155]. Die praktische Bedeutung
der nunmehr durch Ergänzung von § 54 Abs. 1 erfolgten Erleichterung schränkt allerdings
die Tatsache ein, dass die Gewährung neuer Anteile oft schon aus steuerlichen Gründen
gewünscht ist[156].

3. Vollzugsphase

a) Registeranmeldung. Aus der Verweisung auf die allgemeinen Spaltungsvorschrif- 65
ten[157] folgt, dass die Ausgliederung durch die Vertretungsorgane der beteiligten Rechtsträger
zur Eintragung in das Handelsregister anzumelden ist. Daher müssten an sich auch die Organe
von Gebietskörperschaften oder deren Zusammenschlüssen die Eintragung der Ausgliederung anmelden[158]. Grundsätzlich melden die Vertretungsorgane beim Register des Sitzes des
von ihnen vertretenen Rechtsträgers an. Damit ist zunächst auf jeden Fall eine Anmeldung
beim **Register des übernehmenden Rechtsträgers** erforderlich. Sie erfolgt durch dessen
Vertretungsorgane. Eine Beteiligung der Vertretungsorgane des übertragenden Rechtsträgers
bei dieser Anmeldung ist nicht vorgesehen.

Die Gebietskörperschaften oder deren Zusammenschlüsse haben generell **keine Anmel-** 66
depflicht[159], da das ausgegliederte Unternehmen nach Vorstellung des Gesetzgebers[160] nicht
in einem Register eingetragen sein musste. Deshalb hängt auch die Wirksamkeit der Ausgliederung nicht von der Eintragung im Register des Ausgangsrechtsträgers ab[161].

---

[150] *Kallmeyer* in Kallmeyer § 123 Rn 11 (unklar aber *ders.* in Kallmeyer § 126 Rn 6); *Suppliet* NotBZ
1998, 210, 211; *Ihrig* ZHR 160 (1996) 317.
[151] *Gaß* S. 197; *Suppliet* S. 140 ff. Vgl. aber § 126 Rn 31.
[152] Vgl. § 123 Rn 23 ff.
[153] Vgl. §§ 54, 68.
[154] § 125 Satz 1.
[155] *Heckschen* in Widmann/Mayer Rn 198; *Mayer* in Widmann/Mayer § 126 Rn 99; *Hörtnagl* in
Schmitt/Hörtnagl/Stratz Rn 47; aA noch *Dehmer*² § 126 Rn 38.
[156] §§ 20, 24 UmwStG.
[157] §§ 125, 16. Vgl. zur Prüfungskompetenz des Registergerichts *Suppliet* S. 201 ff.
[158] *Heckschen* in Widmann/Mayer Rn 210.
[159] Vgl. § 171.
[160] Vor Abschaffung von § 36 HGB aF.
[161] *H. Schmidt* in Lutter Vor § 168 Rn 15.

§ 168 67–70

67 Ist allerdings das auszugliedernde Unternehmen im Handelsregister eingetragen, so besteht eine Anmeldepflicht beim zuständigen Registergericht[162]. In einem solchen Fall wird vertreten[163], dass nur das Erlöschen der Firma und nicht die vorgenommene Ausgliederung einzutragen ist. Dies kann an sich nicht überzeugen. Zwar knüpft das Gesetz keinerlei umwandlungsrechtliche Folgen an eine Anmeldung der Ausgliederung beim Register des ausgegliederten Unternehmens der Gebietskörperschaft. Daraus folgt aber nicht, dass die allgemeinen Vorschriften[164] nicht anwendbar seien. Mangels rechtlicher Erheblichkeit dieser Frage wird allerdings in der Praxis die **Anmeldung des Erlöschens der Firma** ausreichen. Die Anmeldung ist durch die Vertretungsorgane des übertragenden Rechtsträgers beim zuständigen Registergericht vorzunehmen. Die Anmeldung kann allerdings entsprechend den allgemeinen Regelungen[165] auch durch das Vertretungsorgan des übernehmenden Rechtsträgers erfolgen.

68 Die Eintragung der Ausgliederung im Register des übernehmenden Rechtsträgers kann erst nach Eintragung einer damit verbundenen **Kapitalerhöhung** erfolgen. In der Praxis werden beide Vorgänge in einer Anmeldung kombiniert, und zwar unter Hinweis auf die gewünschte Eintragungsreihenfolge. Handelt es sich bei dem übernehmenden Rechtsträger um eine Personhandelsgesellschaft, so muss die Anmeldung durch alle vertretungsberechtigten Gesellschafter vorgenommen werden[166].

69 **b) Anlagen der Anmeldung.** *aa) Allgemeines.* Der Anmeldung zur Eintragung des übernehmenden Rechtsträgers sind bestimmte Unterlagen beizufügen. Diese werden in den **Allgemeinen Vorschriften des UmwG** näher bezeichnet. Dazu gehören der Ausgliederungsvertrag, der Ausgliederungsbeschluss des übernehmenden Rechtsträgers sowie ggf. die notariell beurkundeten Klageverzichtserklärungen der Anteilsinhaber des aufnehmenden Rechtsträgers oder der Beschluss des Prozessgerichts[167]. Außerdem ist der Anmeldung stets der Nachweis über den Zustimmungsbeschluss des zuständigen Organs der Körperschaft beizufügen[168].

70 *bb) Erfordernis einer Schlussbilanz.* Unklar ist, ob zu den notwendigen Unterlagen der Anmeldung eine Schlussbilanz des ausgegliederten Unternehmens gehört[169]. Das UmwG 1969[170] sah ausdrücklich vor, dass der Anmeldung die zugrunde gelegte Bilanz beizufügen ist. *Gaß* hält eine Vorlage in jedem Fall für erforderlich[171]. Der Wortlaut der allgemeinen Spaltungsvorschriften[172] betrifft allerdings nur die Anmeldung zum Register des Sitzes des übertragenden Rechtsträgers. Die nur teilweise bestehende Anmeldepflicht der Körperschaft[173] spricht gegen die Notwendigkeit, eine Schlussbilanz vorzulegen. Auch der Zweck der zeitnahen Vorlage der Schlussbilanz ist hier nicht in gleicher Weise einschlägig[174]. **Zweck der Vorlagepflicht** ist zunächst die Sicherstellung der Bilanzkontinuität[175]. Regie- und

---

[162] AA *H. Schmidt* in Lutter § 171 Rn 4.
[163] *H. Schmidt* in Lutter § 171 Rn 4.
[164] §§ 125, 16.
[165] §§ 16 Abs. 1 Satz 2, 129.
[166] Zu weiteren Einzelheiten siehe § 171 Rn 3 ff.
[167] §§ 125, 36 Abs. 1, 16 Abs. 3; siehe zu den weiteren notwendigen Unterlagen § 17.
[168] Vgl. hierzu und zu den weiteren Einzelheiten § 171 Rn 3 ff., 8.
[169] Vgl. zur Ausgliederung aus dem Vermögen eines Einzelkaufmanns § 154 Rn 6, 10 und *Karollus* in Lutter § 154 Rn 11; BayObLG ZIP 1998, 968. Vgl. auch LG Frankfurt GmbHR 1996, 542, 543 (unter Verweis auf § 124 KapErhG und § 345 AktG), dazu *Bartovics* GmbHR 1996, 514.
[170] § 58 Abs. 4 Satz 2 Nr. 4 UmwG 1969.
[171] *Gaß* S. 199 f.
[172] § 17 Abs. 2, 125, 135 Abs. 1. Siehe auch § 104 Abs. 2 für den nicht im Handelsregister eingetragenen wirtschaftlichen Verein; vgl. dazu § 99 Rn 116 aE.
[173] Rn 66.
[174] *Germann* GmbHR 1999, 591, 592.
[175] § 17 Rn 13. Vgl. auch § 17 Rn 23 zur Frage, ob auch eine Teilbilanz ausreicht und § 17 Rn 69 zum Erfordernis eines Wirtschaftsprüfertestats.

Eigenbetriebe[176] von Gemeinden, Gemeindeverbänden und Zweckverbänden unterliegen nach dessen entsprechender Ausnahmevorschrift[177] nicht den Bilanzierungsvorschriften des HGB, sondern den Rechnungslegungsvorschriften des Eigenbetriebsrechts, die sich aus den Eigenbetriebsgesetzen oder -verordnungen der Bundesländer ergeben[178]. Damit ist bereits unklar, ob durch Vorlage einer Schlussbilanz dem Zweck der Bilanzkontinuität gedient ist. Wertansätze, deren Ermittlung nicht handelsrechtlichen Grundsätzen entspricht, dürfen nicht in die Bilanz des übernehmenden Rechtsträgers übernommen werden, soweit dies zu einer Überbewertung führen würde. Jedenfalls dürfte es nicht die Absicht des Gesetzgebers gewesen sein, eigenständige Rechnungslegungspflichten nach HGB zu begründen, wo ansonsten keine solchen bestehen[179].

Weiterer Zweck der Vorlagepflicht ist es, den Gläubigern die Prüfung der Frage zu ermöglichen, ob sie Sicherheitsleistung[180] verlangen sollen[181]. Da Gebietskörperschaften aber nicht insolvenzfähig sind, scheidet dieser Zweck hier mangels Bedarf an Gläubigerschutz erkennbar aus. Schließlich dient die Vorlagepflicht dem Zweck der Kontrolle des Werts der Sacheinlage im Fall einer Kapitalerhöhung. Die Schlussbilanz ist allerdings dem Register des übernehmenden Rechtsträgers nicht vorzulegen, dieses muss sich die Schlussbilanz also erst beschaffen[182]. Auch der Anteilseignerversammlung des übernehmenden Rechtsträgers ist eine Schlussbilanz als Grundlage für deren Beschlussfassung nicht zwingend vorzulegen[183]. **71**

Nach alledem scheidet eine Anwendung der allgemeinen Vorschrift zur Vorlagepflicht[184] jedenfalls dann aus[185], wenn das ausgegliederte Unternehmen keiner handelsrechtlichen Rechnungslegungspflicht unterliegt. In diesem Fall sind anstelle einer Bilanz die jeweils **vorhandenen Rechnungsabschlüsse** vorzulegen[186]. Anderenfalls empfiehlt sich die – dann unschwer mögliche – Vorlage oder eine Abstimmung mit dem Registergericht[187]. **72**

Es muss aber berücksichtigt werden, dass dem Register des übernehmenden Rechtsträgers für die Werthaltigkeitsprüfung aufgrund der jeweils anwendbaren Vorschriften des GmbH- bzw. Aktienrechts[188] im Zweifel eine **Einbringungsbilanz** vorgelegt werden muss[189]. In diesem Fall macht es in der Praxis keinen erheblichen Unterschied, ob gleichzeitig eine entsprechende Schlussbilanz beizufügen ist[190]. Zudem dürfte die Aktivierung des übernommenen Vermögens zum Buchwert die Ausgliederung auf der Grundlage einer entsprechenden Schlussbilanz nahe legen[191]. **73**

---

[176] Für Eigenbetriebe des Bundes gilt allerdings § 87 BHO.
[177] § 263 HGB.
[178] *Budde/Kunz* in BeckBil-Komm. § 263 HGB Rn 2; *A/D/S* § 263 HGB Rn 6. Vgl. auch § 110 BHO.
[179] § 17 Rn 15; *Bork* in Lutter § 17 Rn 5; *Müller* WPg 1996, 857, 858; *Neumayer* DStR 1996, 872, 874; vgl. auch die ausführlichen Erläuterungen zum Verein § 99 Rn 111 ff.
[180] § 22.
[181] Dazu kritisch *Müller* WPg 1996, 857, 858 f. mit weiteren Erläuterungen zur Schlussbilanz.
[182] Die erfolgt ggf. iRd. in § 69 Abs. 1 Satz 1 2. Halbs. vorgesehenen Prüfung.
[183] Dies sieht das UmwG nicht vor, vgl. *Lutter* in Lutter § 5 Rn 42.
[184] § 17 Abs. 2.
[185] Dazu eingehend *Suppliet* NotBZ 1997, 141, 145 ff.; *ders.*, S. 182.
[186] *Bork* in Lutter § 17 Rn 5; *Heckschen* in Widmann/Mayer Rn 211, 290.
[187] Zum vergleichbaren Fall des Vereins siehe § 99 Rn 111 ff. mwN, Rn 116 aE. Daneben wird teilweise vertreten, eine Vorlagepflicht bestehe bereits dann, wenn entweder der Verein oder der übernehmende Rechtsträger bilanzierungspflichtig sei, vgl. *Hadding* in Lutter § 99 Rn 36 ff. und *Hadding/Hennrichs*, FS Boujong, 1996, S. 203, 227; aA *HFA* Stellungnahme 2/97, WPg 1997, 235.
[188] §§ 9 c, 56 Abs. 2 GmbHR, §§ 38 Abs. 2, 183 Abs. 3 Satz 3 AktG.
[189] Vgl. § 17 Rn 6, § 53 Rn 6 und § 69 Rn 26.
[190] So iE auch *Suppliet* NotBZ 1997, 141, 147.
[191] *Kraffel/Volhard* in Semler/Volhard ÜN Hdb. § 20 Rn 184 f.

74 Zum Umfang der Schlussbilanz und der Frage, ob ein Anhang beizufügen ist, gelten die allgemeinen Vorschriften[192].

II. Ausgliederung zur Neugründung

1. Anwendbare Vorschriften

75 Aus dem in der Vorschrift über die Spaltung zur Neugründung enthaltenen Verweis[193] ergibt sich, dass die **Regelungen des Zweiten Abschnitts** anzuwenden sind[194]. Von dieser Verweisnorm werden die Regelungen über die Anmeldung und Eintragung der Ausgliederung[195], die den Ausgliederungsvertrag betreffenden Vorschriften[196] sowie die Haftung des Verwaltungsträgers des übernehmenden Rechtsträgers[197] erfasst. Aus Abs. 2 der Vorschrift über die Spaltung zur Neugründung folgt desweiteren, dass die für die jeweilige Rechtsform des neuen Rechtsträgers geltenden Gründungsvorschriften anzuwenden sind, soweit sich aus dem UmwG nichts anderes ergibt. Da lediglich die Ausgliederung zur Neugründung einer Kapitalgesellschaft oder einer eingetragenen Genossenschaft zulässig ist, sind deren spezielle Gründungsbestimmungen zu beachten.

2. Abweichungen im Verfahrensverlauf

76 Die Ausgliederung von Neugründungen ist wie alle Umwandlungsfälle in drei Phasen aufgeteilt. Jedoch sind im Verhältnis zur Ausgliederung zur Aufnahme einige **Besonderheiten** zu berücksichtigen.

77 a) Vorbereitungsphase. *aa) Ausgliederungsplan.* Gebietskörperschaften oder deren Zusammenschlüsse schließen keinen Ausgliederungsvertrag mit dem aufnehmenden Rechtsträger, da dieser erst zu gründen ist. Vielmehr stellt das jeweilige Vertretungsorgan[198] einseitig einen **Spaltungs- bzw. Ausgliederungsplan**[199] auf. Hierbei handelt es sich um eine einseitige, nicht empfangsbedürftige Willenserklärung[200]. Aus der allgemeinen Spaltungsvorschrift folgt, dass der Ausgliederungsplan notariell beurkundet werden muss[201].

78 Der **Mindestinhalt** des Ausgliederungsplans hat den inhaltlichen Anforderungen des Ausgliederungs- und Übernahmevertrags zu entsprechen[202]. Daher muss der Plan den Namen der Gebietskörperschaft sowie den Namen bzw. Firma und Sitz des neu gegründeten Rechtsträgers enthalten[203]. Es müssen ferner Angaben über die der Gebietskörperschaft gewährten Anteile an dem neuen Rechtsträger gemacht werden[204]. Der Plan hat auch den Zeitpunkt anzugeben, von dem an die Handlungen der übertragenden Gebietskörperschaft in Bezug auf das übertragene Unternehmen als für Rechnung des neu gegründeten Rechts-

---

[192] Vgl. § 17.
[193] § 135.
[194] §§ 126 bis 134.
[195] § 16 Abs. 1.
[196] §§ 4, 7.
[197] § 27.
[198] Zur Vertretungsbefugnis siehe *Heckschen* in Widmann/Mayer Rn 160, 244; *H. Schmidt* in Lutter Vor § 168 Rn 18; *Renner* NotBZ 1997, 49; *Suppliet* NotBZ 1997, 141.
[199] § 136. § 57 Abs. 2 iVm. §§ 51, 52 UmwG 1969 sahen eine Umwandlungserklärung vor. Ein Vertragsmuster mit Formulierungsbeispielen ist abgedruckt bei *Limmer* in Limmer Rn 2137 ff. und bei *Suppliet* S. 234 ff.
[200] *Heckschen* in Widmann/Mayer Rn 245; *Suppliet* Notar BZ 1997, 141.
[201] §§ 136, 125 Satz 1 iVm. § 6.
[202] Vgl. dazu auch *Limmer* in Limmer/Krauß Teil 5 XI Muster 13.
[203] § 126 Abs. 1 Nr. 1.
[204] § 126 Abs. 1 Nr. 2.

Möglichkeit der Ausgliederung

trägers vorgenommen gelten[205]. Die genaue Bezeichnung und Aufteilung der Gegenstände des Aktiv- und Passivvermögens, die auf den neuen Rechtsträger übertragen werden sollen, muss ebenfalls erfolgen.

Außerdem sind die Folgen der Ausgliederung für die betroffenen Arbeitnehmer und Beamte aufzuführen[206]. Die Zuleitung des Ausgliederungsplans oder dessen Entwurfs an den Betriebsrat des übernehmenden Rechtsträgers entfällt, da dieser erst neu gegründet wird. Für die Informationspflichten gegenüber dem **Personalrat** des übertragenden Rechtsträgers gelten die obigen Ausführungen[207]. 79

Neben diesen umwandlungsrechtlichen Vorschriften sind die **Gründungsvorschriften** der jeweiligen neuen Gesellschaft zu beachten, da es sich im Fall der Ausgliederung zur Neugründung materiellrechtlich um eine Sachgründung handelt. 80

Der Ausgliederungsplan hat daher den neuen **Gesellschaftsvertrag bzw. die Satzung** zu enthalten oder mit entsprechendem Verweis als Anlage festzustellen[208]. Gesellschaftsvertrag und Satzung können nicht – anders als im Fall des Formwechsels einer Gebietskörperschaft[209] – durch Gesetz oder andere öffentlich-rechtliche Umwandlungsnormen festgestellt werden[210]. Die in den Gründungsvorschriften für die Genossenschaft vorgesehene Mindestzahl von Gründern muss aufgrund der insoweit anwendbaren Erleichterungen des UmwG nicht beachtet werden[211]. Im Fall der Genossenschaft darf aber, anders als bei der KGaA, die als Einpersonengesellschaft zulässig ist, die Zahl der Genossen nicht weniger als drei betragen, sonst droht nach sechs Monaten die Amtslöschung[212]. 81

bb) Vertretung und Form der Vollmacht. Nach allgM kann das vertretungsberechtigte Organ einen Dritten bevollmächtigen, den Ausgliederungsplan zu erstellen. Diese **Bevollmächtigung** bedarf jedoch abweichend zu der Ausgliederung zur Aufnahme der notariellen Beurkundung[213]. Die Notwendigkeit einer notariell beglaubigten Vollmacht ergibt sich hierbei nicht aus dem UmwG, sondern aus den rechtsformspezifischen Gründungsvorschriften des neuen Rechtsträgers[214]. Unklar ist, ob die von einer Behörde ordnungsgemäß unterschriebene und mit dem Amtssiegel versehene Erklärung der notariellen Beglaubigung bedarf. Wenngleich der *BGH*[215] und die überwiegende Literatur[216] dies im Grundsatz nicht für erforderlich halten, wird teilweise in der Literatur für den Fall, dass ein Gesetz die notarielle Beglaubigung ausdrücklich verlangt, entgegengesetzt argumentiert[217]. Vorsorglich sollte deshalb eine notarielle Beglaubigung oder eine Abstimmung mit dem zuständigen Registergericht erfolgen. 82

---

[205] § 126 Abs. 1 Nr. 6.
[206] Zu inhaltlichen Anforderungen an diese Angaben siehe § 126.
[207] Vgl. Rn 60 f.
[208] *H. Schmidt* in Lutter Vor § 168 Rn 18; *Heckschen* in Widmann/Mayer Rn 249, 259.
[209] Vgl. § 302 Rn 19; streitig.
[210] Die Errichtung der Deutsche Post AG, Deutsche Postbank AG und Deutsche Telekom AG als Rechtsnachfolger des Sondervermögens Deutsche Bundespost erfolgte durch Art. 3 § 1 des Gesetzes zur Neuordnung des Postwesens und der Telekommunikation vom 14. 9. 1994, BGBl. I S. 2325. Die Satzungen der Aktiengesellschaften wurden im Anhang zu diesem Gesetz aufgeführt. Die eigentliche Gründung erfolgte durch notarielle Beurkundung. Diese Ausgliederungen wurden aber ohne Rückgriff auf das UmwG 1969 durchgeführt, vgl. Rn 16.
[211] § 135 Abs. 2 Satz 3. § 4 GenG. Vgl. auch § 280 AktG aF.
[212] § 80 GenG.
[213] *Heckschen* in Widmann/Mayer Rn 256; *H. Schmidt* in Lutter Vor § 168 Rn 18; *Suppliet* NotBZ 1997, 141; *Melchior* GmbHR 1999, 521.
[214] Vgl. § 2 Abs. 2 GmbHG; §§ 23 Abs. 1 Satz 2, 280 Abs. 1 Satz 3 AktG.
[215] BGHZ 45, 362, 365 f.; *BayObLG* DNotZ 1976, 120.
[216] *Dilcher* in Staudinger (Voraufl.) § 125 BGB Rn 24 mwN.
[217] *Keidel/Kuntze/Winkler*, Freiwillige Gerichtsbarkeit, 13. Aufl. 1997, § 40 BeurkG Rn 4 f. mwN.

83 **b) Beschlussphase.** Ein Beschluss des neuen Rechtsträgers ist bereits wesensnotwendig nicht erforderlich. Inwieweit ein Beschluss der Körperschaft oder des Zusammenschlusses erforderlich ist, bestimmt sich nach dem jeweils maßgeblichen Bundes- oder Landesrecht.

84 **c) Vollzugsphase.** Die Anmeldung zum Handelsregister ist ausschließlich vom Vertretungsorgan der Gebietskörperschaft bzw. des Zusammenschlusses vorzunehmen. Die allgemeine Zuständigkeit sämtlicher Geschäftsführer der neuen Gesellschaft wird dadurch verdrängt. Die Anmeldung richtet sich an das Registergericht, in dessen Bezirk der neue Rechtsträger seinen Sitz haben soll[218]. **Umstritten** ist, ob nur die Eintragung der neuen Gesellschaft oder auch die Ausgliederung anzumelden ist. Anzumelden ist nur die Eintragung der neuen Gesellschaft, nicht die Ausgliederung, falls das übertragene Unternehmen im Handelsregister eingetragen ist und deshalb dort die Ausgliederung (zumindest aber das Erlöschen der Firma) eingetragen wird. Ansonsten sollte auch die Ausgliederung mit angemeldet werden[219].

85 In Abweichung von den allgemeinen Spaltungsvorschriften[220] wird die Ausgliederung zur Neugründung mit Eintragung des neuen Rechtsträgers wirksam.

D. Kein entgegenstehendes Bundes- oder Landesrecht

86 Die Ausgliederung von Unternehmen aus dem Vermögen von Gebietskörperschaften und Zusammenschlüssen von Gebietskörperschaften ist nur dann zulässig, wenn ihr Bundes- und Landesrecht nicht entgegenstehen. Das UmwG kehrt damit die nach dem UmwG 1969 geltende Rechtslage um[221]. Es ist nicht mehr erforderlich, dass eine Umwandlung durch Bundes- oder Landesrecht vorgesehen oder zugelassen wird. Die **Aufhebung des Zulassungsvorbehalts** stellt eine Vereinfachung der Ausgliederung dar und folgt der bereits zur alten Rechtslage teilweise vertretenen Ansicht[222], erlaubt sei, was nicht verboten ist.

87 Gesetzliche Regelungen, die ein ausdrückliches Verbot von Ausgliederungen enthalten, sind nicht ersichtlich[223]. Verschiedene **öffentlich-rechtliche Sonderregelungen**, die hier nicht aufgeführt werden können, sind zu beachten[224]. Beschränkungen können sich zunächst aus dem Verfassungs- und Haushaltsrecht ergeben[225]. Aus staatsorganisationsrechtlichen Gesichtspunkten können bestimmte Teilbereiche hoheitlicher Verwaltung als originäre Staatsaufgaben in Abgrenzung zur wirtschaftlichen Betätigung der Verwaltung nicht privatisiert werden. Dazu gehören namentlich die Kernbereiche der Eingriffsverwaltung, also die Justiz, Polizei, Bundeswehr, Zoll, Rechtspflege, Strafvollzug[226] und Steuererhebung[227]. Anderes

---

[218] § 137 Abs. 1. Auch wenn bei Gründung einer GmbH im Wege der Ausgliederung ein Unternehmen mit mehr als 500 Arbeitnehmern eingebracht wird, kommt eine gerichtliche Bestimmung von Aufsichtsratsmitgliedern analog § 104 AktG vor Eintragung der Gesellschaft nicht in Betracht, vgl. *BayObLG* NZG 2000, 932.

[219] Hierzu und zu den weiteren mit der Anmeldung verbundenen Fragen vgl. die Ausführungen bei §§ 170 und 171.

[220] § 131.

[221] *Heckschen* in Widmann/Mayer Rn 52, 392; *H. Schmidt* in Lutter Rn 17; *Steuck* NJW 1995, 2887, 2888.

[222] *Mayer* in Widmann/Mayer § 57 UmwG aF Rn 1306; *OLG Thüringen* GmbHR 1994, 716, 717 (nur Leitsatz).

[223] *Heckschen* in Widmann/Mayer Rn 38; *Suppliet* S. 209.

[224] Vgl. zB § 18 a Abs. 2 a WHG, dazu *Suppliet* NotBZ 1999, 49, 56. Vgl. auch *Mayen* DÖV 2001, 110.

[225] *Glauben*, DRiZ 1999, 488 ff.; eingehend O. *Schmidt*, Das DSL-Bank-Modell, S. 35 f., 83 ff. und 124 ff. (zu § 65 BHO). *Gaß* S. 196.

[226] *Bonk* JZ 2000, 435.

[227] Art. 33 Abs. 4 GG; *Krölls* GewA 1995, 129 ff.; *Di Fabio* JZ 1999, 591 mwN in Fn 60.

gilt für solche staatlichen Aufgaben, bei denen der Staat nur die Gewährleistung der Aufgabenwahrnehmung übernommen hat.

Im Bereich der kommunalen Selbstverwaltung gilt das Prinzip der organisatorischen Wahlfreiheit[228]. Die Kommunalgesetze der Länder enthalten aber **gesetzliche Vorgaben**, die bei der Privatisierung von öffentlichen Unternehmen zu berücksichtigen sind[229]. So finden sich zB in den Gemeindeordnungen und Bestimmungen über die Zulässigkeit der wirtschaftlichen Betätigung von Gemeinden. Voraussetzung für die Betätigung von Gemeinden in wirtschaftlichen Unternehmen kann etwa sein, dass der öffentliche Zweck nicht ebenso durch einen Eigenbetrieb erfüllt werden kann[230]. IRd. Ausgliederung ist ebenfalls zu beachten, dass diese im Bereich der Kommunen häufig von zusätzlichen Genehmigungen der Aufsichtsbehörde der jeweiligen Gebietskörperschaft abhängig sind[231]. 88

Zu weiteren **Beschränkungen** vgl. die Ausführungen zum Formwechsel einer Körperschaft[232]. 89

E. Beihilfeverbot

Der Ausgliederung von Eigen- und Regiebetrieben und die Neugründung von Eigengesellschaften kann die Bedeutung einer verbotenen **Kapitalzufuhr mit Beihilfecharakter** zukommen[233]. Beide Ausgliederungsvarianten können verbotene Kapitalbeteiligungsmaßnahmen darstellen[234]. Nach den maßgeblich europäischen Rechtsvorschriften sind aus staatlichen Mitteln gewährte Beihilfen gleich welcher Art, die durch die Begünstigung bestimmter Unternehmen oder Produktionszweige den Wettbewerb verfälschen oder zu verfälschen drohen, mit dem gemeinsamen Markt unvereinbar, soweit sie den Handel zwischen den Mitgliedsstaaten beeinträchtigen[235]. Die staatlichen Einrichtungen haben daher die Pflicht, vor der Gewährung einer Beihilfe die EU-Kommission zu informieren[236]. Wird dieser Pflicht zur Notifizierung nicht nachgekommen, ist die Beihilfe bereits aus formellen Gründen rechtswidrig[237]. Diese Vorschrift stellt ein Subventionsverbot mit Erlaubnisvorbehalt dar, das sich allerdings nicht unmittelbar an die Unternehmen, sondern an die Mitgliedstaaten der EU richtet[238]. 90

Aus diesem Grund ist der Registerrichter als staatliche Einrichtung gehalten, iRd. Eintragungsverfahrens die Erfüllung der **Notifizierungspflicht** in den Fällen nachzuprüfen, in denen die Ausgliederung hierzu offensichtlich Anlass bietet. Offensichtliche Fälle einer notifizierungspflichtigen Beihilfe liegen vor, wenn die Ausgliederung eines nicht überschuldeten Regie- und Eigenbetriebs auf einen überschuldeten Rechtsträger insbesondere zum Zweck der Sanierung des Zielrechtsträgers erfolgt oder wenn bei einer Ausgliederung durch Übernahme die Vermögensübertragung bei den Anteilseignern des übernehmenden Rechtsträgers zu einer Erhöhung der Beteiligungsrechte führt[239]. Die Notifizierungspflicht greift ein, 91

---

[228] BVerwGE 13, 47, 54; *Gern* Rn 174. Vgl. zB § 115 Abs. 1 Nds. GO.
[229] Vgl. hierzu die ausführliche Darstellung bei *Heckschen* in Widmann/Mayer Rn 397 ff. Vgl. zur Rechtskontrolle durch Aufsichtbehörden *Suppliet* S. 197 ff.
[230] *Suppliet* NotBZ 1997, 37, 39.
[231] Vgl. zB § 96 Abs. 4 GO Sachsen.
[232] § 301 Rn 31 ff.
[233] Art. 92 EGV. Vgl. dazu *Schroeder*, ZIP 1996, 2097.
[234] *Suppliet* NotBZ 1997, 141, 148 mwN.
[235] Zum Beihilfebegriff vgl. *Grziwotz* WIB 1996, 895, 896; *Koenig/Kühling* NJW 2000, 1065.
[236] Art. 93 Abs. 3 EGV.
[237] *Schröder* ZIP 1996, 2101.
[238] *Schröder* ZIP 1997, 2097; *Suppliet* NotBZ 1997, 141, 148.
[239] Siehe hierzu *Suppliet* NotBZ 1997, 141, 148 mwN.

wenn der Wert der Beihilfe mindestens Euro 100 000 beträgt[240]. Von einer unzulässigen Kapitalzufuhr kann aber nur gesprochen werden, wenn ein privater Kapitalgeber in der gleichen Situation unter normalen marktwirtschaftlichen Bedingungen dem Unternehmen kein Kapital zuführen würde[241].

F. Arbeitsrechtliche Aspekte

92 In diesem Abschnitt soll nur auf spezifische arbeitsrechtliche Aspekte eingegangen werden, die sich aus der **öffentlich-rechtlichen Rechtsform** des übertragenden Rechtsträgers ergeben. Zu den sonstigen arbeitsrechtlichen Aspekten wurde bereits bei der Kommentierung der allgemeinen Regelungen Stellung genommen[242].

I. Angestellte und Arbeiter des öffentlichen Diensts

93 Der Übergang von Angestellten und Arbeitern erfolgt nach der insoweit maßgeblichen Vorschrift des BGB[243]. Die Anwendbarkeit dieser Regelung bei einer privatisierenden Umwandlung war bis zum Inkrafttreten des neuen UmwG umstritten, ist aber im Gesetz ausdrücklich klar gestellt[244]. Aus der Anwendung der **Rechtsgrundsätze des Betriebsübergangs** folgt, dass der übernehmende Rechtsträger in die bestehenden Arbeitsverhältnisse eintritt[245]. Das *BAG*[246] hat allerdings für den Fall einer Ausgliederung eines als Regiebetrieb geführten Kreiskrankenhauses durch einen Landkreis ausdrücklich bestätigt, dass die Umwandlung nicht der gegenüber dem Betriebsübergang speziellere Tatbestand ist und die Voraussetzungen der Regelung des BGB selbstständig zu prüfen sind. Deshalb kommt ein Betriebsübergang auf den übernehmenden Rechtsträger schon vor Wirksamwerden der Ausgliederung in Betracht[247].

94 Behält die öffentliche Hand die Mehrheit der Anteile am privatisierten Unternehmen, wird die Mitgliedschaft im Arbeitgeberverband des öffentlichen Dienstes fortbestehen, ansonsten gelten die **Tarifverträge** nur noch kraft Nachwirkung[248]. Zu tariflichen Problemen beim Verbandswechsel siehe die allgemeinen Anmerkungen[249]. Aus der Geltung der Grundsätze des Betriebsübergangs folgt, dass es den von der Privatisierung betroffenen Arbeitnehmern frei steht, dem Übergang ihrer Arbeitsverhältnisse ohne Angaben von Gründen zu widersprechen[250].

---

[240] Sog. De-minimis-Beihilfe, siehe dazu *Grziwotz* WIB 1996, 895, 896; *Köning/Kühling* NJW 2000, 1065, 1070; *Bartosch* NJW 2001, 921, 925.
[241] *Spannowsky* ZHR 160 (1996) 578.
[242] Vgl. § 126 Rn 73, 85 ff. mwN; § 131 Rn 45 ff. mwN. Vgl. auch *Suppliet* S. 69 ff.
[243] § 613 a Abs. 1, Abs. 4 BGB.
[244] Vgl. § 324. Siehe aber auch § 324 Rn 38 zur Haftung des übertragenden Rechtsträgers nach § 133 (anstelle von § 613 a Abs. 2 BGB).
[245] Vgl. § 20 Rn 34 ff.; § 131 Rn 45 ff.; § 324 Rn 1 ff. und *Schaub* PersV 1998, 100 ff., demzufolge die Tarifverträge des öffentlichen Dienstes in die Einzelarbeitsverträge „absinken". Vgl. auch *BVerwG* ZIP 1999, 1816 zur Pflicht, Beiträge zur Insolvenzsicherung nach BetrAVG zu zahlen.
[246] *BAG* Urteil v. 25. 5. 2000, 8 AZR 416/99, NZA 2000, 1115 (*LArbG Niedersachsen*, Urteil v. 31. 5. 1999), mit Anm. *Hergenröder* in AR-Blattei ES, Nov. 2000, Nr. 161, S. 9 = ZIP 2000, 1630 mit Anm. *Bauer/Mengel* = EWiR § 613 a BGB 8/2000, 1009 (nur Leitsatz) mit Kurzkommentar *Joost*.
[247] Vgl. § 20 Rn 35; § 324 Rn 12.
[248] *Schaub* PersV 1998, 100, 102.
[249] § 20 Rn 41 f.; § 131 Rn 50 ff.
[250] *Heckschen* in Widmann/Mayer Rn 477; *Schaub* Arbeitsrecht-Handbuch S. 1017; *ders.* WIB 1996, 97, 98; *Steuck* NJW 1995, 2887, 2890; *Suppliet* NotBZ 1998, 210, 216; *Boecken* ZIP 1994, 1087, 1092.

Möglichkeit der Ausgliederung 95–98 § 168

Schwierigkeiten können sich ergeben, wenn Arbeitsverhältnisse nach den Tarifverträgen 95
des öffentlichen Dienstes nach Ablauf bestimmter Fristen **unkündbar** werden[251].

Im Rahmen privatisierender Umwandlungen ist die Zusatzversorgung der im öffentlichen 96
Dienst stehenden Angestellten und Arbeitnehmer zu beachten. Nach der Satzung der **Versorgungsanstalt** des Bundes und der Länder (VBL) ist die weitere Mitgliedschaft eines privaten Unternehmens u. a. davon abhängig, dass sich das Unternehmen mehrheitlich im Besitz der öffentlichen Hand befindet bzw. diese nach der Satzung des Unternehmens maßgeblichen Einfluss auf das Unternehmen ausübt[252]. Die Satzung der VBL[253] sieht verschiedene Modelle für die Zusatzversorgung im Fall der Privatisierung vor.

Der Übergang einer Versorgungsverbindlichkeit durch Spaltungsplan ist weder von einer Zustimmung des Versorgungsberechtigten noch des Pensions-Sicherungs-Vereins abhängig. Er wird auch nicht durch ausdrücklichen Widerspruch des Berechtigten verhindert. Auch § 4 BetrAVG ändert daran nichts[254].

II. Beamte

Eine besondere Problematik besteht in den Fällen der Ausgliederung dann, wenn in dem 97
ausgegliederten Unternehmen Beamte beschäftigt werden. Der aufnehmende Rechtsträger ist privatrechtlich organisiert und hat damit keine Dienstherrenfähigkeit. Die Beamtenverhältnisse können somit nicht mittels Ausgliederungsvertrags auf die privaten Rechtsträger übergeleitet werden[255]. Das UmwG selbst bietet zu dieser Problematik keine Lösungsansätze an. Vier Modelle sind entwickelt worden[256]:
– Entlassung aus dem Beamtenverhältnis auf Antrag und Begründung eines privaten Arbeitsverhältnisses, ggf. verbunden mit einer Nachversicherung;
– Gewährung von Sonderurlaub auf Antrag, und Begründung eines privaten Arbeitsverhältnisses;
– Dienstleistungsüberlassung und
– Zuweisung zur Dienstleistung an private Rechtsträger.

Die ersten beiden Lösungswege werden für die Praxis regelmäßig ausscheiden, da die 98
betroffenen Beamten nur in seltenen Fällen auf ihren Status verzichten werden, wenn ihnen nicht besondere Vorteile angeboten werden[257]. Auch der dritte Lösungsvorschlag, die Dienstleistungsüberlassung, wird in der Praxis kaum zu realisieren sein. Die Nachteile dieses Modells bestehen darin, dass der frühere öffentlich-rechtliche Arbeitgeber im Wege des Direktionsrechts über die Beamten auf die organisatorischen Abläufe des übernehmenden Rechtsträgers einwirken kann[258], was oft nicht gewünscht sein wird. Als Lösungsmöglich-

---

[251] *Schaub* Arbeitsrecht-Handbuch S. 1034.
[252] § 19 der Satzung der VBL. Vgl. ausführlich dazu *Schipp* RdA 2001, 150; *Schaub* PersV 1998, 100, 107 f.; *Lorenzen/Schuster* in Hoppe/Uechtritz § 12 Rn 69 ff.
[253] §§ 19, 20 VBL-Satzung und die entsprechenden Ausführungsbestimmungen. Vgl. dazu *Schipp* RdA 2001, 150, 153 ff.; *Schaub* PersV 1998, 100, 108; *Schweier* in Fabry/Augsten S. 199 ff. Vgl. auch *Gaß* S. 250 ff., insbesondere zu den entsprechenden Fragen bezüglich der Zusatzversorgungskasse der Kommunen (ZVK).
[254] BAG, Der Konzern 2005, 370 (LAG Düsseldorf NZA-RR 2004, 255), aA AG Hamburg ZIP 2005, 1249 ff.
[255] Art. 33 Abs. 4 GG, § 121 BRRG, wonach Dienstherrenfähigkeit ausschließlich dem Bund, den Ländern, Gemeinden, Gemeindeverbänden sowie den sonstigen Körperschaften, Anstalten und Stiftungen des öffentlichen Rechts zukommt. Vgl. *Heckschen* in Widmann/Mayer Rn 483 ff.
[256] Siehe zu den einzelnen Modellen die ausführliche Darstellung bei *Heckschen* in Widmann/Mayer Rn 486 ff.; vgl. auch *Steuck* NJW 1995, 2887, 2891; *Schweier* in Fabry/Augsten S. 196 ff.; *Lorenzen/Schuster* in Hoppe/Uechtritz § 12 Rn 199 ff.
[257] *Schaub* WiB 1996, 97, 103; *Heckschen* in Widmann/Mayer Rn 491 ff.
[258] *Steuck* NJW 1995, 2887, 2891.

keit bliebe demnach nur die Zuweisung der Beamten an den privaten Rechtsträger. Bei der Privatisierung der Bundespost und der Bundesbahn wurden dementsprechend hinsichtlich der beschäftigten Beamten besondere gesetzliche Regelungen erlassen[259].

99 Eine solche Zuweisung wurde lange Zeit dadurch erschwert, dass es, abgesehen von den Sonderregelungen für Bahn und Post, an einer allgemeinen Rechtsgrundlage fehlte. Die mit dieser Rechtslage verbundenen Schwierigkeiten wurden teilweise durch eine Neuregelung des Gesetzgebers aus dem Jahr 1997 behoben[260]. Kennzeichnend für das Zuweisungsmodell ist die Erhaltung der Dienstherrenstellung des bisherigen öffentlich-rechtlichen Dienstherrn auch nach der Zuweisung des Beamten an eine privatrechtliche Einrichtung. Der Dienstherr bleibt allein für personelle Angelegenheiten zuständig. Allerdings geht dieses Modell insoweit über die bloße Dienstleistungsüberlassung hinaus, als das Weisungsrecht kraft Zuweisungsverfügung auf den privatrechtlich organisierten Rechtsträger übertragen werden kann. Auch eine dauerhafte Zuweisung ist nunmehr möglich. Die Rechtsstellung des Beamten bleibt jedoch von der Zuweisung unberührt[261]. Da das **Problem der Überleitung** von Beamten letztlich nicht gelöst ist, ist der Anwendungsbereich des UmwG insoweit erheblich eingeschränkt.

III. Personalrat

100 Bei einer privatisierenden Umwandlung besteht **kein gesetzliches Übergangsmandat** des früheren Personalrats[262] und kann auch nicht durch tarifvertragliche Bestimmungen geschaffen werden, da dem der zwingende Charakter der Organisationsbestimmungen des BetrVG entgegensteht; eine analoge Anwendung der für den Betriebsrat geltenden Vorschrift[263] scheidet damit aus. Es handelt sich nicht um eine unbewusste planwidrige Regelungslücke im Gesetz. Dies ist durch das *LAG Köln*[264] ausdrücklich bestätigt worden. Die Frage ist allerdings sehr umstritten[265].

---

[259] Vgl. § 12 Abs. 2 und Abs. 4 Satz 2 Deutsche Bahn Gründungsgesetz, BGBl. I 1993 S. 2386; Art. 143 a Abs. 1 Satz 3 GG, Art. 143 b Abs. 3 GG.

[260] Am 1.7.1997 trat der neue § 123 a Abs. 2 BRRG in Kraft. Danach kann dem Beamten einer Dienststelle, die ganz oder teilweise in eine öffentlich-rechtlich organisierte Einrichtung ohne Dienstherreneigenschaft oder eine privatrechtlich organisierte Einrichtung der öffentlichen Hand umgewandelt wird, auch ohne seine Zustimmung eine seinem Amt entsprechende Tätigkeit bei dieser Einrichtung zugewiesen werden, wenn dringende öffentliche Interessen dies erfordern.

[261] § 123 a Abs. 3 BRRG.

[262] Die außerhalb des UmwG erfolgten Umwandlungen der DG Bank und der DSL Bank sahen eine entsprechende Übergangsregelung vor, § 14 des Gesetzes zur Umwandlung der Deutschen Genossenschaftsbank, BGBl. I 1998 S. 2102, und § 12 Abs. 1 DSL Bank-UmwG, BGBl. I 1999 S. 2441. Vgl. auch die Umwandlung der LBK Hamburg, HmbGVBl. 2005, 4. Weitere Beispiele bei *Blanke* PersR 2000, 349, 350.

[263] § 321 UmwG aF (vgl. *BAG* NZA 2000, 1350, *BAG* AuR 2001, 30 und *ArbG Berlin* NZA-RR 2002, 92 zum Übergangsmandat außerhalb des § 321), nunmehr § 21 BetrVG, dazu *BAG* NZA 2002, 1350.

[264] *LArbG Köln* PersR 2000, 380 mit detaillierten Literaturangaben zu anderen Ansichten; dazu kritisch *Joost* EWiR § 321 UmwG 1/2000, 1071. *LAG Bremen* Ez BAT Mai 2001 S. 51 ff. mit Anm. *Adam* zum Bereich des Personalvertretungsgesetzes Bremen. Vgl. auch *Suppliet* NotBZ 1998, 210, 217. Offen gelassen wird die Frage vom *BAG* ZIP 2000, 1630, 1634.

[265] *Lorenzen/Schuster* in Hoppe/Uechtritz § 12 Rn 172 ff.; *Schweier* in Fabry/Augsten S. 182 ff.; *Besgen/Langner* NZA 2003, 1239; *Kast/Freihube* DB 2004, 2530. Vgl. auch die detaillierten Angaben zu ablehnender und befürwortender Rechtsprechung bei *Blanke* PersR 2000, 349 ff. unter Verweis auf die Betriebsübergangsrichtlinie, abgedruckt in NZA 1998, 1211 ff., die „für öffentliche und private Unternehmen, die eine wirtschaftliche Tätigkeit ausüben", gilt, aber die „Übertragung von Aufgaben im Zuge einer Umstrukturierung von Verwaltungsbehörden" von ihrem Anwendungsbereich ausschließt.

Die Gegenansicht will die Vorschriften bezüglich des Übergangsmandats des Betriebsrats[266] **analog** anwenden. 101

Der Gesetzgeber hat – entgegen diesbezüglichen Erwartungen[267] – die Umsetzung des Art. 1 der Betriebsübergangsrichtlinie[268] durch das **BetrVG-Reformgesetz**[269] nicht dazu genutzt, Klarheit bezüglich der Frage des Übergangsmandats von Personalräten zu schaffen[270]. 102

Die **Beteiligung des Personalrats** an der Privatisierung richtet sich im Übrigen nach den einschlägigen Vorschriften des BPersVG und der Landespersonalvertretungsgesetze[271]. 103

§ 169 Ausgliederungsbericht; Ausgliederungsbeschluß

Ein Ausgliederungsbericht ist für die Körperschaft oder den Zusammenschluß nicht erforderlich. Das Organisationsrecht der Körperschaft oder des Zusammenschlusses bestimmt, ob und unter welchen Voraussetzungen ein Ausgliederungsbeschluß erforderlich ist.

Übersicht

	Rn		Rn
I. Allgemeines	1	träger nach öffentlich-rechtlichen Vorschriften	4
1. Sinn und Zweck der Norm	1		
2. Entstehungsgeschichte	2	c) Notwendigkeit des Ausgliederungsberichts beim übernehmenden Rechtsträger	5
II. Einzelerläuterungen	3		
1. Anwendungsbereich von Satz 1	3	2. Anwendungsbereich von Satz 2	8
a) Entbehrlichkeit des Ausgliederungsberichts beim übertragenden Rechtsträger nach UmwG	3	a) Ausgliederungsbeschluss des übertragenden Rechtsträgers	8
b) Erfordernis eines Ausgliederungsberichts beim übertragenden Rechts-		b) Ausgliederungsbeschluss des aufnehmenden Rechtsträgers	11

Literatur: Vgl. Literaturverzeichnis zu § 168.

I. Allgemeines

1. Sinn und Zweck der Norm

Satz 1 der Vorschrift ordnet an, dass ein Ausgliederungsbericht für den Ausgangsrechtsträger nach umwandlungsrechtlichen Vorschriften nicht erforderlich ist. Dies erklärt sich daraus, dass weder eine Gebietskörperschaft noch ein Zusammenschluss von Gebietskörperschaften über **Anteilseigner** verfügen, die durch einen Bericht zu informieren wären. Die Berichtspflicht für den übernehmenden Rechtsträger bleibt durch diese Regelung je- 1

---

[266] Nunmehr § 21 a BetrVG.
[267] *Joost* EWiR § 321 UmwG 1/2000, 1071, 1072; *Blanke* PersR 2000, 349; *Wiedenfels* PersV 2001, 110, 112.
[268] Vgl. BGBl. I 2001 S. 1852, 1855, Fn 1.
[269] Gesetz zur Reform des Betriebsverfassungsgesetzes, BGBl. I 2001 S. 1852.
[270] Die Gesetzesbegründung schweigt dazu, vgl. BT-Drucks. 14/5741 S. 38 f. Für die Schaffung vertraglicher Übergangsmandate *Ebert* ArbRB 2005, 58.
[271] Vgl. *Schaub* PersV 1998, 100, 103 ff.; *Gaß* S. 228 ff.; *Lorenzen/Schuster* in Hoppe/Uechtritz § 12 Rn 145 ff.; *Vogelgesang* PersV 2005, 4; *BVerwG* NZA-RR 2004, 276 (Vorinstanz *OVG NRW* NWVBl. 2003, 351).

doch unberührt. Satz 2 stellt klar, dass über das Erfordernis eines Ausgliederungsbeschlusses öffentlich-rechtliche Vorschriften entscheiden. Insoweit wiederholt die Norm den Grundsatz vom Vorrang des öffentlichen Rechts.

2. Entstehungsgeschichte

2   Das frühere Recht[1] enthielt keine Vorgaben zu einem Ausgliederungsbericht. Neu ist auch der Gesetzesvorbehalt in Satz 2 der Norm zugunsten des Organisationsrechts der Gebietskörperschaften. Allerdings war bereits früher **allgemein anerkannt**[2], dass sich die Frage der Notwendigkeit von Beschlüssen der Gebietskörperschaften nach öffentlich-rechtlichen Vorschriften richtet.

II. Einzelerläuterungen

1. Anwendungsbereich von Satz 1

3   **a) Entbehrlichkeit des Ausgliederungsberichts beim übertragenden Rechtsträger nach UmwG.** Satz 1 der Vorschrift weicht von den allgemeinen Spaltungsvorschriften des UmwG[3] ab, die für jeden beteiligten Rechtsträger einen schriftlichen Spaltungsbericht vorsehen. Der Verzicht auf einen solchen Ausgliederungsbericht für die Gebietskörperschaft oder den Zusammenschluss lässt sich damit begründen, dass bei Ausgliederungen Angaben zum **Umtauschverhältnis** sowie der Maßstab der Aufteilung im Gegensatz zur Aufspaltung und Abspaltung von vornherein nicht erforderlich sind[4]. Zudem gibt es weder bei einer Gebietskörperschaft noch dem Zusammenschluss Anteilseigner, die über eine Ausgliederung unterrichtet werden müssten. Die Gebietskörperschaft selbst bedarf ebenfalls keiner Unterrichtung über ihre eigene Entscheidung. Die Situation ähnelt der Ausgliederung aus dem Vermögen eines Einzelkaufmanns und einer rechtsfähigen Stiftung. Satz 1 entspricht den für diese Rechtsformen anwendbaren Regelungen[5]. Der gesellschaftsrechtliche Schutz von Minderheiten ist nicht auf eine Gebietskörperschaft anwendbar[6].

4   **b) Erfordernis eines Ausgliederungsberichts beim übertragenden Rechtsträger nach öffentlich-rechtlichen Vorschriften.** Die Verpflichtung zur Erstellung eines Ausgliederungsberichts kann sich aus **öffentlich-rechtlichen Vorschriften** ergeben. Satz 1 der Norm muss angesichts des Vorrangs öffentlich-rechtlicher Vorschriften so verstanden werden, dass bundes- und landesrechtliche Regelungen die Notwendigkeit eines Ausgliederungsberichts vorsehen können. Auch eine ggf. einzuholende Genehmigung einer Aufsichtsbehörde kann einen Bericht an diese erforderlich machen.

5   **c) Notwendigkeit des Ausgliederungsberichts beim übernehmenden Rechtsträger.** Für die Berichtspflicht des übernehmenden Zielrechtsträgers enthält Satz 1 der Vorschrift keine Regelung. Es verbleibt insoweit bei den **Regelungen des allgemeinen Spaltungsrechts**[7], wonach ein Ausgliederungsbericht erforderlich ist. Für eine Befreiung von dieser Berichtspflicht, insbesondere im Wege des Verzichts der Anteilseigner[8], oder für den Fall von Personenhandelsgesellschaften, bei denen alle Gesellschafter geschäftsführungsbe-

---

[1] §§ 57, 58 UmwG 1969.
[2] *Caspers* WM 1996 (Sonderbeilage 3), S. 3, 13.
[3] § 127.
[4] *H. Schmidt* in Lutter Rn 1.
[5] §§ 153, 162 Abs. 1. Vgl. RegBegr. *Ganske* S. 196.
[6] *H. Schmidt* in Lutter Rn 1; *Heckschen* in Widmann/Mayer Rn 2; *Hörtnagl* in Schmitt/Hörtnagl/Stratz Rn 1.
[7] § 127.
[8] Vgl. § 8 Abs. 3 Satz 1.

rechtigt sind, gelten die allgemeinen Regelungen des UmwG[9]. Von einem derartigen Verzicht kann zB in den Fällen der Organisationsprivatisierung Gebrauch gemacht werden, in denen die Ausgliederung auf ein Unternehmen erfolgt, welches sich bereits im alleinigen Anteilsbesitz der öffentlichen Hand befindet.

Nach den allgemeinen Vorschriften des UmwG zum Verschmelzungsbericht ist ein solcher Bericht nicht erforderlich, wenn alle Anteilsinhaber aller beteiligten Rechtsträger auf die Erstattung verzichten. Hier besteht eine **Besonderheit**. Da Gebietskörperschaften und ihre Zusammenschlüsse nicht über Anteilseigner verfügen, ist es für einen Verzicht auf Erstattung des Verschmelzungsberichts hinreichend, wenn nur die Anteilseigner des übernehmenden Rechtsträgers verzichten[10]. Insbesondere ist nicht ersichtlich, warum anstelle der nicht vorhandenen Anteilseigner die Organe der Körperschaft – neben den Anteilseignern des übernehmenden Rechtsträgers – einen Verzicht erklären sollten.

Schließlich ist bei der Ausgliederung auf eine **Genossenschaft** als übernehmenden Rechtsträger ein Gutachten des Prüfungsverbands darüber einzuholen, ob die Ausgliederung mit den Belangen der Genossen und der Gläubiger der Genossenschaft vereinbar ist[11].

2. Anwendungsbereich von Satz 2

a) **Ausgliederungsbeschluss des übertragenden Rechtsträgers.** Mit der Verweisung auf das öffentliche Recht hat der Gesetzgeber in Abweichung von den allgemeinen Grundsätzen des UmwG[12] bestimmt, dass sich die Notwendigkeit eines Ausgliederungsbeschlusses der Anteilseigner allein nach dem **Organisationsrecht der Gebietskörperschaft** oder des Zusammenschlusses richtet. Dieser Verzicht auf einen Zustimmungsbeschluss lässt sich wiederum damit erklären, dass es bei Gebietskörperschaften und deren Zusammenschlüssen keine Anteilseigner gibt, die über die Ausgliederung beschließen könnten oder müssten. Die Verweisung auf das öffentliche Recht gilt nicht nur für die Frage der Notwendigkeit eines Beschlusses, sondern auch die Art des Beschlussverfahrens. Abhängig von der Rechtsnatur der jeweiligen Gebietskörperschaft bestimmen demnach bundes- oder landesrechtliche Vorschriften, ob und in welcher Form ein Beschluss des zur Entscheidung berufenen Gremiums erfolgen muss[13]. Vorschriften über notwendige Beschlüsse der Gemeindevertretungen finden sich in verschiedenen Gemeindeordnungen[14]. Aus der Zuständigkeitszuweisung der Norm folgt desweiteren, dass der Zustimmungsbeschluss auch nicht der ansonsten erforderlichen notariellen Beurkundung bedarf[15], denn dem öffentlichen Recht ist die Beurkundung von internen Willensbildungen fremd[16].

Handelt das Vertretungsorgan der Gebietskörperschaft oder des Zusammenschlusses ohne die erforderliche **Zustimmung des zuständigen Gremiums**, etwa der Stadtverordnetenversammlung, ist die Ausgliederung zumeist umwandlungsrechtlich gleichwohl wirksam. Grund hierfür ist, dass nach den entsprechenden Regelungen der meisten Gemeindeordnungen der Zustimmungsbeschluss als bloßes Internum keine Auswirkungen auf die Wirksam-

---

[9] *H. Schmidt* in Lutter Rn 6; *Heckschen* in Widmann/Mayer Rn 4; *Hörtnagl* in Schmitt/Hörtnagl/Stratz Rn 1.
[10] *H. Schmidt* in Lutter Vor § 168 Rn 12.
[11] §§ 125, 81. *Heckschen* in Widmann/Mayer § 168 Rn 241; *H. Schmidt* in Lutter Vor § 168 Rn 12.
[12] Vgl. § 13 Abs. 1 iVm. § 125 Satz 1.
[13] Vgl. dazu die Übersicht bei *Heckschen* in Widmann/Mayer Rn 11 ff. und § 168 Rn 160. Dieses Erfordernis wird regelmäßig auch dann gelten, wenn das Unternehmen außerhalb des UmwG durch Einzelrechtsnachfolge übertragen wird, vgl. *Supplit* NotBZ 1999, 49, 56.
[14] ZB § 32 Abs. 2 Ziff. 15 Rheinland-Pfalz GO, § 51 Ziff. 12 Hess. GO, § 40 Abs. 1 Ziff. 10 Nds. GO, Art. 32 Abs. 2 Ziff. 7 Bay. GO.
[15] Vgl. § 13 Abs. 3.
[16] *Schmidt* in Lutter Rn 7; *Supplit* NotBZ 1999, S. 49; *Limmer* in Limmer Rn 2136. Zweifelnd *Deutsches Notarinstitut* DNotI-Report 1995, 181, 195.

keit der Handlungen kommunalrechtlicher Vertretungsorgane hat[17]. Hätte der Gesetzgeber dem Zustimmungsbeschluss Auswirkungen zukommen lassen wollen, so wäre dies angesichts der bereits vor der Entstehung des Gesetzes zu dieser Frage vertretenen Ansichten wohl explizit geregelt worden.

10 Zusätzlich ist zu prüfen, ob nach den jeweils anwendbaren öffentlich-rechtlichen Vorschriften die Zustimmung bzw. Genehmigung einer Rechts- oder Fachaufsichtsbehörde erforderlich ist. Dabei ist insbesondere darauf zu achten, ob solchen **Genehmigungsvorbehalten** eine Außenwirkung für das Handeln des jeweils zuständigen Vertretungsorgans der Gebietskörperschaft zukommt[18].

11 **b) Ausgliederungsbeschluss des aufnehmenden Rechtsträgers.** Für den aufnehmenden Rechtsträger findet Satz 2 keine Anwendung. Es verbleibt daher im Fall der Ausgliederung durch Aufnahme bei der Anwendung der **allgemeinen Bestimmungen** des Spaltungs- und Verschmelzungsrechts[19]. Daher ist ein Ausgliederungsbeschluss des übernehmenden Rechtsträgers zwingend erforderlich, der darüber hinaus auch zu beurkunden ist[20]. Das Erfordernis eines Ausgliederungsbeschlusses beim aufnehmenden Rechtsträger kann insbesondere auch nicht durch eine entsprechende Anwendung der Vorschrift über die Verschmelzung unter Beteiligung von Aktiengesellschaften entbehrlich werden[21]. Denn der zu übertragende Eigen- oder Regiebetrieb stellt keine Kapitalgesellschaft iSd. umwandlungsrechtlichen Vorschrift dar. Die übernehmende AG kann auch nicht zuvor Anteile an dem Eigen- oder Regiebetrieb erlangt haben, da eine Beteiligung an einem solchen Betrieb der Rechtsnatur nach bereits ausgeschlossen ist[22].

§ 170 Sachgründungsbericht und Gründungsbericht

Auf den Sachgründungsbericht (§ 5 Abs. 4 des Gesetzes betreffend die Gesellschaften mit beschränkter Haftung) ist § 58 Abs. 1, auf den Gründungsbericht (§ 32 des Aktiengesetzes) § 75 Abs. 1 entsprechend anzuwenden.

Übersicht

	Rn		Rn
I. Allgemeines	1	2. Gründungsbericht bei einer AG bzw. KGaA als Zielrechtsträger	5
1. Sinn und Zweck der Norm	1		
2. Entstehungsgeschichte	3	3. Bericht über den Geschäftsverlauf des übertragenden Rechtsträgers	8
II. Einzelerläuterungen	4		
1. Sachgründungsbericht bei einer GmbH als Zielrechtsträger	4		

Literatur: Vgl. Literaturverzeichnis zu § 168.

---

[17] *H. Schmidt* in Lutter Rn 7; *Heckschen* in Widmann/Mayer Rn 19; *Limmer* in Limmer Rn 2135 mwN; *Gern* Rn 369; *BGH* WM 1997, 2410, 2411; *Suppliet* S. 162. Anders *Gaß* S. 208 bezüglich der BayGO.
[18] *H. Schmidt* in Lutter Rn 8; *Limmer* in Limmer Rn 2135; *Suppliet* S. 162 f. Vgl. auch die detaillierten Ausführungen bei *Heckschen* in Widmann/Mayer Rn 12 ff. und § 168 Rn 160 mwN.
[19] Vgl. § 125.
[20] Vgl. § 125 Abs. 3. AA *Gaß* S. 206 f. für den Fall der Ausgliederung auf eine bestehende Eigengesellschaft.
[21] § 62 Abs. 1.
[22] *Suppliet* NotBZ 1999, 50 in Fn 9; so auch *Heckschen* in Widmann/Mayer Rn 33.

I. Allgemeines

1. Sinn und Zweck der Norm

Die Norm sieht vor, dass bei einer Ausgliederung zur Neugründung einer Kapitalgesellschaft im Fall der GmbH ein Sachgründungsbericht[1] und im Fall der AG ein Gründungsbericht[2] anzufertigen ist. Die Vorschrift ist mit den entsprechenden Regelungen für die Ausgliederung aus dem Vermögen des Einzelkaufmanns[3] und der Stiftung[4] wortgleich[5]. Durch die Verweisung auf die umwandlungsrechtlichen Vorschriften über den Gründungsbericht[6] sowie Sachgründungsbericht[7] ordnet die Norm ferner an, dass auch der Geschäftsverlauf und die Lage des übertragenden Rechtsträgers darzulegen sind. Die Anforderungen an den Inhalt des zu erstellenden Berichts werden damit erweitert. Die Angaben haben sich allerdings nur auf das ausgegliederte Unternehmen der Gebietskörperschaft, nicht hingegen auf die Gebietskörperschaft selbst zu erstrecken[8]. Sinn und Zweck der Norm ist der **Nachweis der Kapitalaufbringung** des neuen Rechtsträgers durch das auszugliedernde Vermögen und die Nachprüfbarkeit[9] durch das Registergericht[10]. 1

Die Vorschrift stellt nur eine **Klarstellung** dar, da es sich bei der Ausgliederung zur Neugründung um eine Spaltung handelt und sich somit die Pflicht zur Erstellung von Sachgründungs- bzw. Gründungsbericht bereits aus der Verweisung auf die allgemeinen Vorschriften ergibt[11]. 2

2. Entstehungsgeschichte

Die Norm enthält keine grundlegenden Neuregelungen. Bereits das UmwG 1969 sah für Umwandlungen von Unternehmen in eine Aktiengesellschaft einen Gründungsbericht vor, der auch den Geschäftsverlauf und die Lage des übertragenden Unternehmens darzustellen hatte[12]. Für die GmbH als Zielrechtsträger ergab sich das Erfordernis eines Sachgründungsberichts zwar nicht aus dem UmwG, aber aus dem GmbHG selbst[13]. Die **Darlegung des Geschäftsverlaufs** und die Lage des Unternehmens musste jedoch nach früherem Recht für die GmbH nicht erfolgen[14]. Nunmehr sieht die Norm sowohl für die AG als auch für die GmbH die Darlegung des Geschäftsverlaufs und die Lage des übertragenden Unternehmens im Sachgründungs- und Gründungsberichts vor. 3

---

[1] § 5 Abs. 4 GmbHG.
[2] § 32 AktG.
[3] § 159 Abs. 1.
[4] § 165.
[5] Vgl. RegBegr. *Ganske* S. 196.
[6] § 75.
[7] § 58.
[8] *Heckschen* in Widmann/Mayer Rn 5, 6; *H. Schmidt* in Lutter Rn 1; *Hörtnagl* in Schmitt/Hörtnagl/Stratz Rn 1.
[9] Vgl. §§ 9 c GmbHG; 38 Abs. 1, Abs. 2 AktG.
[10] *Suppliet* NotBZ 1997, 141, 145; vgl. RegBegr. *Ganske* S. 194, 196.
[11] §§ 135, 125, 58 Abs. 1, 75 Abs. 1.
[12] §§ 57 Abs. 2, 53 Abs. 1 UmwG 1969.
[13] § 5 Abs. 4 GmbHG.
[14] *Dehmer*[1] § 58 UmwG 1969 Anm. 4; *H. Schmidt* in Lutter Rn 4.

II. Einzelerläuterungen

1. Sachgründungsbericht bei einer GmbH als Zielrechtsträger

4 Der Inhalt des zu erstattenden Berichts bestimmt sich nach den insoweit maßgeblichen Vorschriften des GmbHG[15]. Der Bericht hat die wesentlichen Umstände für die **Angemessenheit der Leistung** als Sacheinlage zu enthalten. Darüber hinaus sind die Jahresergebnisse der beiden letzten Geschäftsjahre, soweit sie der Gebietskörperschaft oder dem Zusammenschluss vorliegen, anzugeben. Primäres Ziel des Sachgründungsberichts ist es, darzulegen, dass durch das auszugliedernde Reinvermögen das Stammkapital der neuen GmbH gedeckt wird[16]. Der Sachgründungsbericht ist mit der Anmeldung der Ausgliederung beim Register des neuen Rechtsträgers einzureichen[17]. Für die weiteren Anlagen gelten die allgemeinen Regelungen[18].

2. Gründungsbericht bei einer AG bzw. KGaA als Zielrechtsträger

5 Die Vorschrift regelt ihrem Wortlaut nach nur die Ausgliederung zur Neugründung einer GmbH oder AG. Bei der Neugründung einer KGaA im Wege der Ausgliederung wäre demnach ein Sachgründungsbericht nicht erforderlich. Auf die KGaA ist jedoch das Gründungsrecht der AG anwendbar[19]. Außerdem verweist die umwandlungsrechtliche Regelung der Verschmelzung unter Beteiligung einer KGaA[20] auf die besonderen Verschmelzungsvorschriften für Aktiengesellschaften. Aus dieser Verweisung ergibt sich ebenfalls die Notwendigkeit eines **Gründungsberichts für die KGaA**. Der Anwendungsbereich der Vorschrift erfasst demzufolge jede Ausgliederung zur Neugründung einer Kapitalgesellschaft[21].

6 Der Gründungsbericht für eine AG oder KGaA muss den relevanten **Vorgaben des AktG** genügen[22]. Damit hat der schriftliche Bericht die wesentlichen Umstände für die Angemessenheit der Sacheinlagen zu enthalten[23]. Dabei sind die Rechtsgeschäfte anzugeben, die auf den Erwerb durch die neue Gesellschaft hingezielt haben[24]. Die Vorschrift verlangt weiterhin Angaben zu den Anschaffungs- und Herstellungskosten des eingebrachten Vermögensteils und zu den Betriebserträgen aus den letzten beiden Geschäftsjahren[25]. Der Gründungsbericht hat darüber hinaus die für den Hergang der Gründung wesentlichen Umstände zu beschreiben[26]. Da den Mitgliedern des Vorstands und des Aufsichtsrats Sondervorteile, Belohnungen oder Entschädigungen geleistet werden können, hat der Bericht ggf. zur Art und Höhe von Sondervergütungen Angaben zu enthalten[27].

7 Kann die Gebietskörperschaft aufgrund fehlender öffentlich-rechtlicher **Rechnungslegungsvorschriften** keine Betriebsergebnisse oder Jahresergebnisse vorweisen, so kann sie hierzu auch nach umwandlungsrechtlichen Vorschriften nicht angehalten werden[28]. Auf das

---

[15] Vgl. die Kommentierungen zu § 5 Abs. 4 Satz 2 GmbHG.
[16] Vgl. *Heckschen* in Widmann/Mayer Rn 5.
[17] §§ 135, 8 Abs. 1 Nr. 4 GmbHG.
[18] §§ 137, 135, 125 iVm. 17.
[19] § 278 Abs. 3 AktG.
[20] § 78.
[21] *H. Schmidt* in Lutter Rn 5; *Heckschen* in Widmann/Mayer Rn 6; iE auch *Suppliet* NotBZ 1997, 141, 145.
[22] § 32 AktG.
[23] § 32 Abs. 2 Satz 1 AktG.
[24] § 32 Abs. 2 Satz 2 Nr. 1 AktG.
[25] § 32 Abs. 2 Satz 2 Nr. 2 und 3 AktG.
[26] § 32 Abs. 1 AktG.
[27] § 32 Abs. 3 AktG.
[28] IE auch *H. Schmidt* in Lutter Rn 6.

Fehlen sollte jedoch im Gründungsbericht bzw. Sachgründungsbericht hingewiesen werden. Der Gründungsbericht ist mit der Anmeldung zur Ausgliederung zum Register des neuen Rechtsträgers einzureichen[29].

3. Bericht über den Geschäftsverlauf des übertragenden Rechtsträgers

Der Sachgründungs- bzw. Gründungsbericht hat darüber hinaus Angaben über den Geschäftsverlauf und die Lage des übertragenden Unternehmens zu enthalten[30]. Der Inhalt des Berichts hat sich lediglich auf die auszugliedernden Eigen- und Regiebetriebe der Gebietskörperschaften oder deren Zusammenschlüsse zu beziehen. Denn die Allgemeinen verschmelzungsrechtlichen Vorschriften, auf welche die Norm verweist, gehen von der vollständigen Übertragung der Vermögenswerte des übertragenden Rechtsträgers aus. Bei der Ausgliederung geht jedoch nur ein Unternehmen des übertragenden Rechtsträgers über. Vor diesem Hintergrund rechtfertigt sich die entsprechende Anwendung dieser Vorschriften auf das Ausgliederungsrecht nur bezüglich des **auszugliedernden Vermögensteils**[31]. 8

Zu den weiteren Angaben zur Lage des Unternehmens über die Vermögens-, Finanz- und Ertragslage hinaus siehe die allgemeinen Erläuterungen[32]. 9

In Anlehnung an die Regelungen zum Sachgründungsbericht sowie Gründungsbericht[33] dürfte für die Darstellung des Geschäftsverlaufs und der Lage des übertragenen Unternehmens eine **zeitliche Begrenzung** auf die letzten zwei Jahre ausreichend aber auch erforderlich sein[34]. Die sich aus dem Bilanzrecht ergebenden sog. Sollangaben innerhalb des Lageberichts[35] sind bei der Berichterstattung ebenfalls zu beachten, obwohl die Norm keinen ausdrücklichen Verweis hierauf enthält. 10

§ 171 Wirksamwerden der Ausgliederung

Die Wirkungen der Ausgliederung nach § 131 treten mit deren Eintragung in das Register des Sitzes des übernehmenden Rechtsträgers oder mit der Eintragung des neuen Rechtsträgers ein.

Übersicht

	Rn		Rn
I. Allgemeines	1	c) Negativerklärung	6
1. Sinn und Zweck der Norm	1	d) Zustimmungsbeschluss	8
2. Entstehungsgeschichte	2	e) Schlussbilanz	9
II. Einzelerläuterungen	3	2. Wirkungen der Registereintragung	11
1. Das Eintragungsverfahren	3	3. Möglichkeit der Heilung von Mängeln der Ausgliederung	14
a) Allgemeines	3		
b) Inhalt der Anmeldung	4		

Literatur: *Schaefer*, Das Handelsrechtsreformgesetz nach dem Abschluß des parlamentarischen Verfahrens, DB 1998, 1269; *K. Schmidt*, Das Handelsrechtsreformgesetz, NJW 1998, 2161. Vgl. auch Literaturverzeichnis zu § 168.

---

[29] § 37 Abs. 4 Nr. 4 AktG.
[30] § 58 Abs. 1, 75 Abs. 1.
[31] *H. Schmidt* in Lutter Rn 7; *Hörtnagl* in Schmitt/Hörtnagl/Stratz Rn 1; *Heckschen* in Widmann/Mayer Rn 5, 6; *Supplement* NotBZ 1997, 141, 145.
[32] Vgl. § 58 Rn 8 f.; § 75 Rn 3.
[33] § 5 Abs. 4 Satz 2 GmbHG, § 32 Abs. 2 AktG.
[34] § 58 Rn 8; *Mayer* in Widmann/Mayer § 58 UmwG 1969 Rn 14; anders *H. Schmidt* in Lutter Rn 7, der ein Jahr als ausreichend ansieht.
[35] Vgl. § 289 Abs. 2 HGB.

I. Allgemeines

1. Sinn und Zweck der Norm

1 Die Ausgliederung wird mit deren Eintragung in das Register des Sitzes des übernehmenden oder des neuen Rechtsträgers wirksam. Damit hat der Gesetzgeber in Abweichung zum allgemeinen Spaltungsrecht[1] allein den Zielrechtsträger der Ausgliederung als Anknüpfungspunkt für das Wirksamwerden der Ausgliederung vorgesehen. Diese Abweichung resultiert aus einer früheren, bei Entstehung des Gesetzes aber noch geltenden handelsrechtlichen Vorschrift[2], wonach öffentliche Unternehmen nicht eintragungspflichtig waren. Da die Wirkungen der Ausgliederung an eine Registereintragung angeknüpft werden müssen, kann in Abweichung zum allgemeinen Spaltungsrecht allein die **Eintragung beim Zielrechtsträger** maßgebend sein, denn nur so ist eine Registereintragung sichergestellt[3].

2. Entstehungsgeschichte

2 Bereits das UmwG von 1969 sah die Handelsregistereintragung des zu errichtenden Rechtsträgers als maßgeblichen Zeitpunkt für das Wirksamwerden der Ausgliederung an[4]. Da die Ausgliederung zur Aufnahme nach alter Rechtslage nicht zulässig war, fehlte eine diesbezügliche Regelung. Die Norm enthält insoweit eine **sachliche Neuregelung** und bestimmt nunmehr für beide Formen der Ausgliederung die Eintragung beim Zielrechtsträger als maßgeblichen Wirksamkeitszeitpunkt.

II. Einzelerläuterungen

1. Das Eintragungsverfahren

3 **a) Allgemeines.** Die Anmeldung der Ausgliederung richtet sich nach den allgemeinen Spaltungsvorschriften[5]. Im Fall der Ausgliederung zur Neugründung sind auch die Regelungen zur Anmeldung und Eintragung der neuen Rechtsträger zu beachten[6]. Die Anmeldung zur Eintragung des neuen Rechtsträgers erfolgt ausschließlich durch den **Organvertreter der Körperschaft** oder des Zusammenschlusses[7]. Die allgemeine Zuständigkeit der sämtlichen Geschäftsführer der neuen Gesellschaft wird verdrängt. Zweckmäßig dürfte jedoch bereits in diesem Stadium die Mitwirkung der Mitglieder des Vertretungsorgans der neu zu gründenden Gesellschaft sein, da diese zu versichern haben, dass ihrer Bestellung keine Hindernisse entgegenstehen[8], und sie ihre Unterschriften zur Aufbewahrung beim Gericht zu zeichnen haben[9]. Die Anmeldung muss beim Register desjenigen Amtsgerichts erfolgen, in dessen Bezirk die neue Gesellschaft ihren Sitz haben soll[10]. Handelt es sich um eine Ausgliederung zur Aufnahme, sind die Vertretungsorgane des übernehmenden Rechtsträgers

---

[1] Eintragung der Ausgliederung sowohl im Register des übertragenden als auch des übernehmenden Rechtsträgers; § 130 Abs. 1 iVm. § 137 Abs. 1, Abs. 2.
[2] § 36 HGB aF ist durch Art. 3 Nr. 18 des HRefG, BGBl. I 1998 S. 1474, aufgehoben worden; vgl. dazu *K. Schmidt*, NJW 1998, 2161, 2168; *Schaefer* DB 1998, 1269, 1271.
[3] Vgl. RegBegr. *Ganske* S. 196 f.
[4] Vgl. §§ 55 Abs. 1, 57 Abs. 2, 58 Abs. 2 UmwG 1969.
[5] §§ 125, 16, 17.
[6] § 137.
[7] AllgM vgl. *Suppliet* NotBZ 1999, 49, 52.
[8] § 8 Abs. 3 GmbHG, § 37 Abs. 2 AktG; *Heckschen* in Widmann/Mayer § 168 Rn 283, 296.
[9] § 8 Abs. 5 GmbHG, § 37 Abs. 5 AktG; *Heckschen* in Widmann/Mayer § 168 Rn 283, 296.
[10] § 137 Abs. 1.

b) Inhalt der Anmeldung. Umstritten ist die Frage, ob bei der Ausgliederung zur Neugründung nur der neue Rechtsträger[12] oder auch die **Tatsache der Ausgliederung** zur Eintragung angemeldet werden müssen[13]. Für die letztgenannte Ansicht spricht, dass die ansonsten in den allgemeinen Regelungen des Spaltungsrechts[14] vorgesehene Eintragung der Ausgliederung beim übertragenden Rechtsträger nicht immer erfolgen kann und in der Norm auch nicht vorgesehen ist[15]. Im Ergebnis wird man deshalb jedenfalls dann die schlichte Anmeldung der neuen Gesellschaft zur Eintragung ausreichen lassen, wenn das übertragene Unternehmen bereits im Handelsregister eingetragen ist[16] und dort, wie im Regelfall von den allgemeinen Ausgliederungsvorschriften vorgesehen, die Eintragung der Ausgliederung, zumindest aber des Erlöschen der Firma, zu beantragen ist[17].

Nicht erforderlich dürfte die bei Sachgründungen sonst übliche **Versicherung** sein, dass das Vermögen der Gesellschaft bewirkt und zur freien Verfügung der Geschäftsführung steht[18], da der Eigentumsübergang erst mit Eintragung erfolgt. Da diese Versicherung aber teilweise verlangt wird[19] – auch wird vertreten, dass eine Versicherung abzugeben sei, derzufolge dem Übergang des Vermögens keine Hindernisse entgegenstehen[20] –, empfiehlt sich eine Abstimmung mit dem Registergericht.

c) Negativerklärung. IRd. Eintragungsverfahrens kann auch die sog. Negativerklärung[21] eine Rolle spielen. Die Vertretungsorgane haben bei der Anmeldung zu erklären[22], dass eine Klage gegen die Wirksamkeit des Umwandlungsbeschlusses nicht oder nicht fristgemäß erhoben, oder dass eine solche Klage rechtskräftig abgewiesen oder zurückgenommen worden ist. Diese Negativerklärung, auch Negativattest genannt, betrifft nur den Umwandlungsbeschluss beim übernehmenden Rechtsträger. Daraus ergibt sich, dass die Negativerklärung nur im Fall der Ausgliederung zur Aufnahme durch einen bestehenden Rechtsträger Bedeutung hat. Eine Negativerklärung bezüglich des übertragenden Rechtsträgers scheidet bei Gebietskörperschaften oder ihren Zusammenschlüssen nach allgM aus[23], da es keine Anteilsinhaber und damit auch **keine Klagemöglichkeit von Anteilsinhabern** gegen den Beschluss gibt. Denkbar ist allerdings ein verwaltungsrechtlicher Streit, etwa die Anfechtung eines Beschlusses durch ein Gemeinderatsmitglied im Rahmen eines Kommunalverfassungsstreits. Solche Fälle sind allerdings von der Negativerklärung nicht erfasst, soweit die Wirksamkeit des Ausgliederungsbeschlusses nicht beeinträchtigt wird[24].

---

[11] § 168 Rn 65 ff.
[12] *H. Schmidt* in Lutter Rn 4 ohne nähere Begründung.
[13] *Suppliet* NotBZ 1999, 49, 52.
[14] § 137 Abs. 2.
[15] Darauf stellt *Suppliet*, NotBZ 1999, 49, 52 ab.
[16] Davon ging der Gesetzgeber vor Wegfall von § 36 HGB aF offensichtlich nicht aus.
[17] Vgl. § 168 Rn 67.
[18] *Suppliet* NotBZ 1999, 52 mwN; *Heidenhain* in MünchVertrHdb., Bd. 1, Kap. XI.9 Anm. 5. Für die Verschmelzung bzw. Ausgliederung zur Aufnahme gelten bereits die in §§ 55, 69 enthaltenen Ausnahmeregelungen. Vgl. auch § 38 Rn 5, § 160 Rn 4.
[19] So anscheinend *Heckschen* in Widmann/Mayer § 168 Rn 296.
[20] *Mayer* in Widmann/Mayer § 135 Rn 61.
[21] § 16 Abs. 2.
[22] Vgl. § 16 Rn 13 ff.
[23] *H. Schmidt* in Lutter Rn 5; *Heckschen* in Widmann/Mayer § 168 Rn 207; ders. in Beck'sches Notar-Handbuch, D IV Rn 81; *Deutsches Notarinstitut*, Gutachten zum Umwandlungsrecht, S. 286 f.; *dass.* DNotI-Report 1995, 181, 184; *Limmer* in Limmer Rn 2130.
[24] Vgl. § 169 Rn 9.

Steht die Wirksamkeit des Ausgliederungsbeschlusses aus Sicht des anmeldenden Organs in Zweifel, darf keine Anmeldung erfolgen[25].

7   Ob ein Ausgliederungsbeschluss bei der Körperschaft oder dem Zusammenschluss notwendig ist, bestimmt sich nach dem für die Gebietskörperschaft geltendem Organisationsrecht[26]. Sollte nach diesen Vorschriften ein Ausgliederungsbeschluss erforderlich sein, so ist die Abgabe einer Negativerklärung gleichwohl nicht erforderlich, denn **etwaige kommunalverfassungsrechtliche Streitigkeiten** sollen vom Anwendungsbereich der Norm nicht erfasst werden[27].

8   **d) Zustimmungsbeschluss.** Der Anmeldung zum Register ist stets der Nachweis über den Zustimmungsbeschluss des zuständigen Organs der Körperschaft oder des Zusammenschlusses beizufügen[28]. Nachweise über die **staatliche Genehmigung**, insbesondere die Bestätigung der Rechtsaufsichtsbehörde, dürften in aller Regel der Anmeldung nur beizufügen sein, wenn dem Zustimmungs- bzw. Genehmigungsvorbehalt Außenwirkung zukommt[29] bzw. das Registergericht eine Bescheinigung verlangen kann[30].

9   **e) Schlussbilanz.** Bei der Anmeldung der Ausgliederung zum Handelsregister ist entgegen anders lautender Ansicht in der Literatur[31] die Einreichung einer Schlussbilanz des ausgegliederten Unternehmens **nicht zwingend erforderlich**[32]. Aus der in den allgemeinen Spaltungsvorschriften enthaltenen Verweisung[33] auf die Regelung über die beizufügende Schlussbilanz im Fall der Verschmelzung[34] ergibt sich nichts Gegenteiliges. Zu den Einzelheiten vgl. die Anmerkungen zu § 168[35].

10 Im Fall der Ausgliederung auf eine eG oder Neugründung einer eG ist stets ein **Prüfungsgutachten** durch den genossenschaftlichen Prüfungsverband zu erstellen und der Anmeldung beizufügen[36].

2. Wirkungen der Registereintragung

11 Durch die Eintragung im Register des übernehmenden oder neuen Rechtsträgers geht das ausgegliederte Unternehmen als Gesamtheit auf den aufnehmenden Rechtsträger über[37]. Nach Maßgabe des Ausgliederungs- und Übernahmevertrags oder Ausgliederungsplans wird die Gebietskörperschaft oder der Zusammenschluss **Anteilsinhaber** des übernehmenden oder neuen Rechtsträgers[38].

12 Zu den arbeitsrechtlichen Wirkungen wurde bereits bei § 168 Stellung genommen[39].

13 Besondere Fragen ergeben sich im Zusammenhang mit der **Grundrechtsbindung** und Grundrechtsberechtigung des ausgegliederten Unternehmens[40].

---

[25] *Supplit* NotBZ 1997, 37, 39.
[26] Vgl. § 169 Satz 2; § 169 Rn 8.
[27] *Heckschen* in Widmann/Mayer § 168 Rn 207; *H. Schmidt* in Lutter Rn 5.
[28] *Supplit* NotBZ 1999, 49, 52. AA *H. Schmidt* in Lutter Rn 4 (nur bei Außenwirkung des Zustimmungsbeschlusses).
[29] *H. Schmidt* in Lutter Rn 4; generell für die Beifügung *Supplit* NotBZ 1999, 49, 53.
[30] *Supplit* NotBZ 1997, 37, 39 Fn 22 mit entsprechenden Beispielen.
[31] *Gaß* S. 199 f.
[32] *H. Schmidt* in Lutter Rn 5; *Heckschen* in Widmann/Mayer Rn 211, 290.
[33] § 125.
[34] § 17 Abs. 2.
[35] § 168 Rn 70 ff.
[36] Vgl. §§ 148 Abs. 2 Nr. 2, 125 Satz 1, 81 Abs. 1 Satz 1, 86 bzw. 135 Abs. 2 Satz 1 und § 11 Abs. 2 Nr. 3 GenG; so auch *H. Schmidt* in Lutter Rn 5 und *Heckschen* in Widmann/Mayer § 168 Rn 241 ff.
[37] § 131 Abs. 1 Nr. 1. Zu umwandlungssteuerrechtlichen Aspekten vgl. *Ballreich*, Fallkommentar zum Umwandlungsrecht, 2. Aufl. 2002, S. 418 ff. Zu den Besonderheiten der Rechtsnachfolge in öffentlich-rechtlichen Rechtspositionen vgl. *Supplit* S. 172 ff.
[38] Im Einzelnen siehe § 131.
[39] Vgl. § 168 Rn 93 ff.
[40] Vgl. *Supplit* NotBZ 1997, 37, 38 mwN.

3. Möglichkeit der Heilung von Mängeln der Ausgliederung

Ist der Ausgliederungsvertrag oder Ausgliederungsplan nicht notariell beurkundet worden[41], so wird dieser Mangel zum Schutz der Rechtssicherheit und -klarheit durch die Registereintragung beim übernehmenden oder neuen Rechtsträger geheilt[42]. Dies gilt auch für Mängel der Zustimmungsbeschlüsse und Verzichtserklärungen[43]. Ob die Registereintragung auch beim Nichtvorliegen der öffentlich-rechtlichen Ausgliederungsvoraussetzungen, etwa bei Fehlen von Zustimmungserklärungen der Rechtsaufsichtsbehörden, ihre **Heilungswirkung** entfaltet, ist bisher ungeklärt. Für eine analoge Anwendung der Vorschrift spricht sich namentlich *H. Schmidt*[44] aus. Dem dürfte angesichts der zu dieser Frage iRd. Formwechsels vertretenen Ansichten[45] zuzustimmen sein.

14

§ 172 Haftung der Körperschaft oder des Zusammenschlusses

Durch den Übergang der Verbindlichkeiten auf den übernehmenden oder neuen Rechtsträger wird die Körperschaft oder der Zusammenschluß von der Haftung für die Verbindlichkeiten nicht befreit. § 418 des Bürgerlichen Gesetzbuchs ist nicht anzuwenden.

Übersicht

	Rn		Rn
I. Allgemeines	1	d) Anspruch der Gläubiger auf Sicherheitsleistung	9
1. Sinn und Zweck der Norm	1	2. Nichtanwendbarkeit von § 418 BGB	14
2. Entstehungsgeschichte	2	3. Haftung des Zielrechtsträgers	15
3. Verhältnis zu der allgemeinen Haftungsnorm des UmwG	3	a) Haftung für übergegangene Altverbindlichkeiten	15
II. Einzelerläuterungen	4	b) Haftung für nicht übergegangene Verbindlichkeiten	
1. Haftung des übertragenden Rechtsträgers	4	aa) Grundsatz	16
a) Grundsatz	4	bb) Ausgleich im Innenverhältnis	17
b) Gesamtschuldnerische Haftung	7	c) Haftung für Neuverbindlichkeiten	18
c) Ausgleich im Innenverhältnis	8		

Literatur: *Rümker*, Anmerkungen zum Gläubigerschutz nach dem Regierungsentwurf eines Gesetzes zur Bereinigung des Umwandlungsrechts, Festgabe für Thorwald Hellner, WM Sonderheft 1994, S. 73; vgl. auch Literaturverzeichnis zu § 168.

I. Allgemeines

1. Sinn und Zweck der Norm

Die Vorschrift dient dem Schutz der Gläubiger des übertragenden Rechtsträgers, deren Verbindlichkeiten im Wege der partiellen Gesamtrechtsnachfolge[1] auf den übernehmenden Rechtsträger als neuen Schuldner übergehen. Durch den Übergang der Verbindlichkeiten

1

---

[41] §§ 6, 125.
[42] Vgl. § 131 Abs. 1 Nr. 4, §§ 135, 136.
[43] §§ 16 Abs. 2, 32 Abs. 2.
[44] *H. Schmidt* in Lutter Rn 8, 9 ohne nähere Begründung. *Suppliet* S. 164 differenziert zwischen der Konstitutivwirkung der Eintragung und Schadensersatzansprüchen im Innenverhältnis.
[45] Vgl. dazu § 304 Rn 5.
[1] §§ 171, 131.

§ 172 2–4

wird die Körperschaft oder der Zusammenschluss von der Haftung für diese Verbindlichkeiten nicht befreit. Vielmehr haften sie als Gesamtschuldner weiter fort. Satz 2 der Norm dient ebenfalls dem **Gläubigerschutz**. Entgegen der Allgemeinen zivilrechtlichen Regelung, wonach bei der Schuldübernahme Sicherungs- und Vorzugsrechte erlöschen[2], bleiben diese Rechte bei der Ausgliederung bestehen. Die Ausnahmeregelung des UmwG lässt sich damit erklären, dass in Abweichung von der Allgemeinen zivilrechtlichen Regelung der Schuldübernahme der Schuldnerwechsel im Fall einer Ausgliederung ohne oder sogar gegen dem Willen der Gläubiger erfolgt. Dieser Umstand muss durch einen umfassenden Gläubigerschutz, u. a. auch in Form des Fortbestands der Vorzugsrechte, kompensiert werden[3].

2. Entstehungsgeschichte

2   Bereits das UmwG 1969[4] sah sowohl die Mithaftung des übertragenden Rechtsträgers als auch den Fortbestand von Sicherungs- und Vorzugsrechten vor. Diese Regelung ist **unverändert übernommen** worden. Die gesamtschuldnerische Haftung des übertragenden und übernehmenden Rechtsträgers ist im Gegensatz zur früheren Norm[5] in der allgemeinen Regelung des Spaltungsrechts über den Schutz der Gläubiger und der Inhaber von Sonderrechten[6] enthalten.

3. Verhältnis zu der allgemeinen Haftungsnorm des UmwG

3   Die Vorschrift ist als Ergänzung zu der allgemeinen Haftungsnorm des UmwG[7] zu verstehen. Diese regelt die Haftung des übernehmenden Rechtsträgers und die gesamtschuldnerische Haftung aller an der Spaltung beteiligten Rechtsträger. Die Haftung des Ausgangsrechtsträgers bestimmt sich jedoch im Fall der Ausgliederung aus dem Vermögen einer Gebietskörperschaft nach den hier dargestellten Grundsätzen. Insoweit stellt die Vorschrift des Neunten Abschnitts eine **Spezialregelung** gegenüber der allgemeinen Haftungsnorm dar[8]. Die allgemeinen Regelungen des UmwG haben jedoch Bedeutung für die Frage, ob den Gläubigern ggf. ein Anspruch auf Sicherheitsleistung gegenüber der Körperschaft oder dem Zusammenschluss zustehen kann[9].

II. Einzelerläuterungen

1. Haftung des übertragenden Rechtsträgers

4   **a) Grundsatz.** Der übertragende Rechtsträger haftet für Verbindlichkeiten, die kraft Ausgliederungs- und Übernahmevertrag bzw. Ausgliederungsplan auf den übernehmenden Rechtsträger übergegangen sind, weiterhin fort[10]. Diese **Forthaftung** des übertragenden Rechtsträgers basiert auf einer gesetzlichen Gesamtschuldnerschaft, die auf einen Zeitraum von fünf Jahren beschränkt wird[11]. Erst nach dem Verstreichen der fünfjährigen Frist tritt

---

[2] § 418 BGB.
[3] *Rümker* WM Sonderheft 1994, S. 73, 75.
[4] §§ 57 Abs. 2, 58 Abs. 2 iVm. § 55 Abs. 2 Satz 1 und Satz 2 UmwG 1969.
[5] Vgl. § 55 Abs. 2 UmwG 1969.
[6] § 133.
[7] § 133.
[8] *H. Schmidt* in Lutter Rn 2.
[9] Vgl. dazu Rn 9 ff.
[10] § 172 Satz 1.
[11] § 173.

die Wirkung einer befreienden Schuldübernahme ein, und die Körperschaft oder der Zusammenschluss werden von der Haftung befreit[12].

Der **Umfang der Haftung** bemisst sich nach den im Ausgliederungs- und Übernahmevertrag bzw. Ausgliederungsplan enthaltenen Regelungen und betrifft die dort aufgeführten Verbindlichkeiten. Durch die Ausgliederung wird allerdings keine Haftung der Gebietskörperschaft oder des Zusammenschlusses für Altverbindlichkeiten des übernehmenden Rechtsträgers begründet.

Besonderheiten, die sich aus dem Wegfall von Anstaltslast bzw. Gewährträgerhaftung, insbesondere im Fall der Privatisierung eines **öffentlich-rechtlichen Kreditinstituts**, ergeben können[13], müssen durch entsprechende, öffentlich-rechtliche Vorschriften geregelt werden. Da die Gewährträgerhaftung für Altverbindlichkeiten nicht ohne Probleme entfallen kann, bedarf es entsprechender Sonderregelungen[14].

b) **Gesamtschuldnerische Haftung.** Die Gebietskörperschaft oder der Zusammenschluss haften gemeinsam mit dem übernehmenden oder neuen Rechtsträger als Gesamtschuldner[15] für die übergegangenen Verbindlichkeiten. Den Gläubigern der Körperschaft oder des Zusammenschlusses steht daher nach dem Wirksamwerden der Ausgliederung ein **Wahlrecht** zu, ob sie unmittelbar den übertragenden oder den übernehmenden neuen Rechtsträger für die bestehende Schuld in Anspruch nehmen. Diese gesamtschuldnerische Haftung des übertragenden Rechtsträgers wird auch in der allgemeinen Haftungsnorm des Spaltungsrechts[16] normiert, wonach alle an der Spaltung beteiligten Rechtsträgers als Gesamtschuldner haften. Vor diesem Hintergrund wird die Auffassung vertreten, dass die zusätzliche Anordnung der gesamtschuldnerischen Haftung überflüssig sei[17].

c) **Ausgleich im Innenverhältnis.** Nach den Regelungen der Gesamtschuldnerschaft des BGB[18] findet zwischen dem in Anspruch genommenen und den übrigen Gesamtschuldnern ein Ausgleich im Innenverhältnis statt. Die Ausgleichspflicht bestimmt sich hierbei nach den zwischen den Parteien getroffenen, schuldrechtlichen Bestimmungen. Durch die Ausgliederung des Eigen- oder Regiebetriebs soll nach dem Willen der Vertragspartner der übernehmende oder neue Rechtsträger **primärer Schuldner** der Verbindlichkeiten werden. Damit wird im Innenverhältnis die alleinige Verpflichtung des übernehmenden oder neuen Rechtsträgers zur Erfüllung der Verbindlichkeiten bestimmt[19]. Der übertragende Rechtsträger kann den zu seinen Gunsten bestehenden Ausgleichsanspruch gegen den übernehmenden oder neuen Rechtsträger schon vor einer Leistung an den Gläubiger in Form eines Befreiungsanspruch geltend machen[20].

d) **Anspruch der Gläubiger auf Sicherheitsleistung.** Die Gläubiger der übertragenden Gebietskörperschaft oder des Zusammenschlusses haben nach den allgemeinen Spaltungsvorschriften grundsätzlich einen Anspruch auf **Sicherheitsleistung** für ihre bei Wirksamwerden der Ausgliederung begründeten, aber noch nicht fälligen Forderungen[21].

---

[12] *H. Schmidt* in Lutter Rn 5. Zu den Folgen für sog. Körperschaftskredite, die dem ausgegliederten Unternehmen von Sparkassen gewährt wurden, vgl. *Graf/Schröer* Kommunal Praxis BY 2002, 178.
[13] Vgl. hierzu und zum Folgenden *Busch* AG 1997, 357, 359 f. mwN; *Canaris*, FS Odersky, S. 753 ff.
[14] Vgl. § 304 Rn 7 f. und § 173 Rn 8.
[15] §§ 421 ff. BGB.
[16] § 133.
[17] *Heckschen* in Widmann/Mayer Rn 2; *Hörtnagl* in Schmitt/Hörtnagl/Stratz Rn 1.
[18] §§ 421 ff. BGB.
[19] *H. Schmidt* in Lutter Rn 7. Vgl. auch § 9 Abs. 1 Deutsche Bahn Gründungsgesetz, BGBl. I 1993 S. 2386.
[20] Vgl. § 133 Rn 66.
[21] Vgl. § 133 Abs. 1, 125, 22.

10 Hier kommen zunächst Ansprüche gegen die Gebietskörperschaft wegen bei dieser **verbleibenden Verbindlichkeiten** in Betracht. Die Anwendbarkeit der diesbezüglichen Vorschrift des Spaltungsrechts auf Gebietskörperschaften ist umstritten. Für einen Anspruch auf Sicherheitsleistung spricht sich namentlich *H. Schmidt* aus[22]. *Heckschen* verneint hingegen einen entsprechenden Anspruch mit dem Argument, wegen der fehlenden Insolvenzfähigkeit der Gebietskörperschaft oder des Zusammenschlusses bestehe die Gefahr der Nichterfüllung nicht und mithin sei keine Schutzbedürftigkeit der Gläubiger gegeben[23].

11 Im Ergebnis führen beide Ansichten zu ähnlichen Ergebnissen: Denn es besteht Einigkeit, dass eine Gefährdung der Ansprüche gegen Gebietskörperschaften oder deren Zusammenschlüsse regelmäßig nicht vorliegen wird. Sollte jedoch ausnahmsweise eine **Gefährdung der Ansprüche** glaubhaft gemacht werden können, so kann Sicherheitsleistung verlangt werden.

12 Sodann kommen Ansprüche auf Sicherheitsleistung gegen den übernehmenden Rechtsträger zur Sicherung von auf diesen übergegangenen Verbindlichkeiten in Betracht. Ein solcher Fall könnte bei **übergegangene Verbindlichkeiten** dann vorliegen, wenn der Gläubiger geltend machen kann, dass die Erfüllung durch den übernehmenden Rechtsträger gefährdet ist und gleichzeitig die Mithaft der Gebietskörperschaft keinen ausreichenden Schutz bietet, da die Forderung erst nach Ablauf des Fünfjahreszeitraums[24] fällig wird[25].

13 Für Verbindlichkeiten, die auf den übernehmenden oder neuen Rechtsträger übergehen, können die Gläubiger jedoch keinen Anspruch auf Sicherheitsleistung gegen den übertragenden Rechtsträger geltend machen. Dies ergibt sich aus der allgemeinen Haftungsregelung des Spaltungsrechts[26], wonach nur derjenige zur Sicherheit verpflichtet ist, gegen den sich der zu sichernde Anspruch richtet. Mit dem Wirksamwerden der Ausgliederung gehen die Verbindlichkeiten entsprechend den Regelungen des Ausgliederungsvertrags bzw. Ausgliederungsplans auf den Zielrechtsträger über. Somit ist allein der übernehmende oder neue Rechtsträger der **Schuldner der Forderung**. Daran ändert auch die Mithaftung des übertragenden Rechtsträgers als Gesamtschuldner nichts.

2. Nichtanwendbarkeit von § 418 BGB

14 Die für die übergegangenen Verbindlichkeiten bestellten akzessorischen Sicherungsrechte wie Bürgschaften, Pfandrechte, Hypotheken, Sicherungsgrundschulden und Sicherungsübereignungen bleiben in Abweichung zur Allgemeinen zivilrechtlichen Vorschrift weiterhin bestehen. Die Gläubiger der übergegangenen Verbindlichkeiten können ihre Sicherungsrechte somit auch nach dem Wirksamwerden der Ausgliederung geltend machen. Der Fortbestand der Sicherungsrechte ist hierbei unabhängig von der fünfjährigen Frist[27], innerhalb derer die Forderungen geltend gemacht werden müssen. Das Fortbestehen der akzessorischen Sicherungsrechte ist eine Kompensation für den möglicherweise ungewollten Schuldnerwechsel. Aus Satz 2 der Vorschrift folgt desweiteren, dass mit der Forderung verbundene **Vorzugsrechte** im Fall des Insolvenzverfahrens über das Vermögen des übernehmenden oder neuen Rechtsträgers geltend gemacht werden können[28]. Dazu gehören Absonderungsrechte und Rechte an besonderen Vermögensmassen[29].

---

[22] *H. Schmidt* in Lutter Rn 9.
[23] *Heckschen* in Widmann/Mayer § 168 Rn 209. *Gaß* S. 214.
[24] § 173.
[25] Vgl. dazu § 173 Rn 6 f.
[26] § 133 Abs. 1 S. 2.
[27] § 173.
[28] Vgl. § 418 Abs. 2 BGB.
[29] §§ 49 ff. InsO, § 35 HypothekenbankG. Vgl. *Rieble* in Staudinger § 418 BGB Rn 27.

3. Haftung des Zielrechtsträgers

a) Haftung für übergegangene Altverbindlichkeiten. Durch die Ausgliederung gehen neben den ausgegliederten Vermögensteilen auch die **bis zum Wirksamwerden** der Ausgliederung durch den Regie- oder Eigenbetrieb begründeten Verbindlichkeiten auf den neuen bzw. übernehmenden Rechtsträger über[30]. Die Haftung umfasst die Verbindlichkeiten, die im Ausgliederungs- und Übernahmevertrag oder Ausgliederungsplan enthalten sind[31]. 15

b) Haftung für nicht übergegangene Verbindlichkeiten. *aa) Grundsatz.* Für nicht übergegangene Verbindlichkeiten haftet der übertragende Rechtsträger unbeschränkt fort. Für diese Verbindlichkeiten gilt dementsprechend die zeitliche Begrenzung der Haftung auf fünf Jahre nicht. Daneben haftet auch der übernehmende oder neue Rechtsträger für diese Verbindlichkeiten, obwohl sie nach dem Ausgliederungs- und Übernahmevertrag nicht auf ihn übergegangen sind. Diese **weitere gesamtschuldnerische Haftung** ergibt sich aus der zentralen Haftungsnorm des Spaltungsrechts[32]. Die gesamtschuldnerische Haftung des übernehmenden oder neuen Rechtsträgers erstreckt sich hierbei auf alle beim übertragenden Rechtsträger bis zum Zeitpunkt der Ausgliederung begründeten Verbindlichkeiten. In zeitlicher Hinsicht ist die Haftung des neuen oder übernehmenden Rechtsträgers auf die Dauer von fünf Jahren begrenzt[33]. 16

bb) Ausgleich im Innenverhältnis. Wird der übernehmende oder neue Rechtsträger von einem Gläubiger der Gebietskörperschaft für eine Verbindlichkeit in Anspruch genommen, die nicht auf ihn übergegangen ist, so hat er diese aufgrund der bestehenden Gesamtschuldnerschaft zunächst zu erfüllen. Im Innenverhältnis steht ihm jedoch ein **Ausgleichsanspruch** in voller Höhe gegen die Gebietskörperschaft oder den Zusammenschluss zu, da diese für nicht übergegangene Verbindlichkeiten primäre Schuldner bleiben[34]. 17

c) Haftung für Neuverbindlichkeiten. Verbindlichkeiten, die der neue bzw. übernehmende Rechtsträger **nach Wirksamwerden** der Ausgliederung begründet, lasten nur auf diesem selbst. Eine gesamtschuldnerische Haftung der Gebietskörperschaft oder des Zusammenschlusses für diese Verbindlichkeiten kommt nicht in Betracht. 18

§ 173 Zeitliche Begrenzung der Haftung für übertragene Verbindlichkeiten

Auf die zeitliche Begrenzung der Haftung für die im Ausgliederungs- und Übernahmevertrag aufgeführten Verbindlichkeiten ist § 157 entsprechend anzuwenden.

Übersicht

	Rn		Rn
I. Allgemeines	1	1. Fälligkeit innerhalb der Fünfjahresfrist	6
1. Sinn und Zweck der Norm	1	2. Gerichtliche Geltendmachung oder	
2. Entstehungsgeschichte	3	Erlass eines Verwaltungsakts	7
3. Anwendungsbereich der Vorschrift	4	3. Besonderheiten bei Kreditinstituten	8
II. Einzelerläuterungen	6		

---

[30] Vgl. § 131 Abs. 1 Nr. 1, § 135.
[31] Zu vergessenen Verbindlichkeiten und anderen Haftungsgründen vgl. § 133 Rn 37 ff.
[32] § 133 Abs. 1, Abs. 3.
[33] Vgl. § 133 Rn 26, 36. Vgl. aber die zehnjährige Frist gemäß § 133 Abs. 3 Satz 2.
[34] Vgl. § 133 Rn 36, 66.

Literatur: *Kainz*, Das Nachhaftungsbegrenzungsgesetz (NachhBG), DStR 1994, 620; *Leverenz*, Enthält § 160 HGB dispositives Recht?, ZHR 160 (1996) 75; *Lieb*, „Haftungsklarheit für den Mittelstand"?, GmbHR 1994, 657; *Nitsche*, Das neue Nachhaftungsbegrenzungsgesetz, ZIP 1994, 1919; *Reichold*, Das neue Nachhaftungsbegrenzungsgesetz, NJW 1994, 1617; *K. Schmidt*, Gläubigerschutz bei Umstrukturierung, ZGR 1993, 366; *Seibert*, Nachhaftungsbegrenzungsgesetz – Haftungsklarheit für den Mittelstand, DB 1994, 461; *Ulmer/Timmann*, Die Enthaftung ausgeschiedener Gesellschafter, ZIP 1992, 1. Vgl. auch Literaturverzeichnis zu § 168.

I. Allgemeines

1. Sinn und Zweck der Norm

1   Die Vorschrift verweist auf die Regelung über die zeitliche Begrenzung der Haftung für übergegangene Altverbindlichkeiten[1]. Aus dieser Verweisung ergibt sich, dass die Haftung der ausgliedernden Gebietskörperschaft oder des Zusammenschlusses für übergegangene Verbindlichkeiten auf einen Zeitraum von fünf Jahren beschränkt ist. Die Verbindlichkeiten sind innerhalb von fünf Jahren nach der Ausgliederung gerichtlich geltend zu machen, wobei bei öffentlich-rechtlichen Verbindlichkeiten der Erlass eines Verwaltungsakts ausreichend ist[2]. Dadurch wird **klargestellt**, dass auch bei der Ausgliederung von Unternehmen aus dem Vermögen von Gebietskörperschaften oder Gemeindeverbänden die einheitliche Ausschlussfrist für die Geltendmachung von Verbindlichkeiten gilt[3].

2   Neben dieser zeitlichen Begrenzung der Haftung enthält die Norm auch eine **sachliche Reduzierung** des Haftungsumfangs. Denn eine Haftung besteht für Altverbindlichkeiten nur dann, wenn sie vor Ablauf von fünf Jahren nach der Ausgliederung fällig werden. Für alle Verbindlichkeiten, die später als fünf Jahre nach der Eintragung der Ausgliederung fällig werden, greift die Enthaftungsregelung zugunsten der Körperschaft oder des Zusammenschlusses ein[4]. Die Enthaftungsvorschriften gelten nicht für Verbindlichkeiten, die bei der Körperschaft oder dem Zusammenschluss verblieben sind.

2. Entstehungsgeschichte

3   Die Vorschrift entspricht inhaltlich der Regelung im UmwG 1969[5] und der für die Stiftung geltenden Regelung[6].

3. Anwendungsbereich der Vorschrift

4   Aufgrund eines redaktionellen Versehens hat der Gesetzgeber nur die nach dem Ausgliederungs- und Übernahmevertrag übertragenen Verbindlichkeiten in den Gesetzeswortlaut aufgenommen. Die Enthaftungsregelung greift jedoch auch für solche Verbindlichkeiten ein, die nach einem Ausgliederungsplan auf den neuen Rechtsträger übergehen[7]. Darüber hinaus sind auch Verbindlichkeiten, die sich aus den **Anlagen des Ausgliederungs- und Übernahmevertrags** oder des Ausgliederungsplans ergeben, in den Anwendungsbereich der Vorschrift einzubeziehen. Hierzu gehören insbesondere Bilanzen und sonstige Buchhaltungsunterlagen, die dem Ausgliederungsvertrag bzw. Ausgliederungsplan beigefügt sind[8].

---

[1] § 157.
[2] Vgl. § 45 Rn 51.
[3] *Seibert* DB 1994, 461, 563; *Ulmer/Timmann* ZIP 1992, 9 zu § 160 HGB; *H. Schmidt* in Lutter Rn 1.
[4] Zu den inhaltsgleichen Vorschriften im HGB § 26 Abs. 1 Satz 1, §§ 157, 137 siehe *Canaris*, FS Odersky, S. 753, 764, der sich für die Verfassungswidrigkeit dieser Normen ausspricht. AA *H. Schmidt* in Lutter Rn 1.
[5] §§ 57 Abs. 2, 58 Abs. 2 UmwG 1969.
[6] § 167. Vgl. RegBegr. *Ganske* S. 197.
[7] *H. Schmidt* in Lutter Rn 5.
[8] §§ 168, 126 Abs. 2 Satz 3.

Einbringung im Wege der Einzelrechtsnachfolge **Anh. § 173**

Eine Sonderregelung enthält das UmwG für Verbindlichkeiten, die **vor dem 1. 1. 1995** 5
entstanden sind[9]. Neben dieser Spezialregelung findet die Vorschrift über die zeitliche Haftungsbegrenzung keine Anwendung.

II. Einzelerläuterungen

1. Fälligkeit innerhalb der Fünfjahresfrist

Die Gebietskörperschaft oder der Zusammenschluss haftet für alle übergehenden Verbind- 6
lichkeiten, die **vor Ablauf von fünf Jahren** nach dem Wirksamwerden der Ausgliederung fällig werden. Für die Fristberechnung sind die allgemeinen Vorschriften des BGB anzuwenden[10]. Im Übrigen kann auf die Anmerkungen zu § 157 verwiesen werden.

2. Gerichtliche Geltendmachung oder Erlass eines Verwaltungsakts

Der Gläubiger muss seinen Anspruch ferner innerhalb der Fünfjahresfrist gegenüber dem 7
übertragenden Rechtsträger **gerichtlich geltend machen**. Ab dem Zeitpunkt der Rechtshängigkeit der Klage ist die Fünfjahresfrist in ihrem Ablauf gehemmt[11]. Werden hingegen öffentlich-rechtliche Verbindlichkeiten geltend gemacht, reicht es zur Fristwahrung aus, wenn innerhalb der Fünfjahresfrist ein Verwaltungsakt erlassen wird.

3. Besonderheiten bei Kreditinstituten

Die zeitliche Begrenzung der Nachhaftung stellt sich insbesondere bei der Privatisierung 8
öffentlich-rechtlicher Kreditinstitute als problematisch dar. So wird angezweifelt, ob die Enthaftungsregelung einer verfassungsrechtlichen Prüfung standhalten würde[12]. Praktische Folgerungen ergeben sich daraus im Zusammenhang mit entsprechenden Sonderregelungen des öffentlichen Rechts, durch die die Problematik der Nachhaftung des Anstalts- bzw. Gewährträgers geregelt wird[13].

Anhang § 173 Einbringung im Wege der Einzelrechtsnachfolge

Übersicht[1]

	Rn		Rn
I. Allgemeines	1	d) Stellungnahme	10
1. Vorbemerkung	1	4. Entscheidungskriterien	11
2. Bestehen eines Wahlrechts	2	II. Ausgliederung durch Einbringung von Vermögensgegenständen	12
3. Analoge Anwendung des UmwG	4	1. Einbringung	12
a) Problemstellung	4	2. Gegenstand der Ausgliederung	14
b) Entstehungsgeschichte	5		
c) Meinungsstand	8		

---

[9] § 319.
[10] §§ 187 ff. BGB.
[11] Vgl. zu § 160 HGB *Reichold* NJW 1994, 1617, 1619; *Seibert* DB 1994, 461, 462.
[12] *Busch* AG 1997, 357, 361 f.; *Canaris,* FS Odersky, S. 753 ff.
[13] Vgl. § 304 Rn 7 f., auch bezüglich der Verständigung der EU und der Bundesrepublik Deutschland vom 17. 7. 2001.
[1] Der Verf. dankt Herrn Rechtsreferendar Michael Gottmann für die hilfreiche Unterstützung bei der Überarbeitung des Manuskripts für die Zweitauflage.

	Rn
III. Einbringungsvertrag	16
1. Inhalt	16
2. Form	18
3. Prüfung durch Vertragsprüfer	19
IV. Zustimmungsbeschluss der Obergesellschaft	21
1. Erfordernis eines Zustimmungsbeschlusses	21
a) Änderung des Unternehmensgegenstands	22
b) Vermögensveräußerung	27
c) „Holzmüller"-Grundsätze	29
aa) AG	29
bb) Andere Rechtsformen	44
d) Verhältnis zu den „Macrotron"-Grundsätzen	47
2. Mehrheit, Stimmverbot	48
3. Form	50
V. Beschluss der aufnehmenden Gesellschaft	51
VI. Informationspflichten	52
1. Erstattung eines Ausgliederungsberichts	52
a) Grundsatz	52
aa) AG	53
bb) GmbH	56
b) Inhalt	57
c) Form	62
2. Einladungsbekanntmachung	63
a) AG	63
b) GmbH	66

	Rn
3. Auslegung und Übersendung von Unterlagen	67
a) AG	67
aa) Ausgliederungsvertrag	68
bb) Bericht	69
cc) Bilanzen	70
b) GmbH	72
4. Berichterstattungspflicht der Geschäftsführung in der Gesellschafterversammlung	73
5. Verzicht	75
6. Informationspflichten unterhalb der „Holzmüller"-Schwelle	77
VII. Fristen	78
VIII. Wertkontrolle	79
IX. Rechtsfolge	82
1. Vermögensübergang	82
2. Haftung der Rechtsträger	84
3. Haftung der Organe	85
4. Sicherheitsleistung	86
X. Arbeitsrechtliche Aspekte	87
1. Einbindung des Betriebsrats	87
2. Übergang der Arbeitsverhältnisse	88
3. Mitbestimmungserhaltung	89
XI. Verfahrensfragen	90
1. Handelsregistereintragung	90
2. Anfechtung	93
3. Unterlassung, Rückabwicklung	94

Literatur: *Aha*, Vorbereitung des Zusammenschlusses im Wege der Kapitalerhöhung gegen Sacheinlage durch ein „Business Combination Agreement", BB 2001, 2225; *ders.*, Einzel- oder Gesamtrechtsnachfolge bei der Ausgliederung, AG 1997, 345; *Altmeppen*, Ausgliederung zwecks Organschaftsbildung gegen die Sperrminorität?, DB 1998, 49; *Arnold*, Mitwirkungsbefugnisse der Aktionäre nach Gelatine und Macrotron, ZIP 2005, 1573; *Barta*, Die „Gelatine"-Entscheidung des BGH: Auswirkungen auf die Beratungspraxis bei AG und GmbH, GmbHR 2004, R 289; *Bernhardt*, Unternehmensführung und Hauptversammlung, DB 2000, 1873; *Bohnet*, Die Mitwirkungskompetenzen der Hauptversammlung von Holding-Gesellschaften bei der Veräußerung von Unternehmensbeteiligungen, DB 1999, 2617; *Bork*, Ausgliederung durch Einzelrechtsübertragung – Entsprechende Anwendung von Vorschriften des UmwG J 1994 – „Badenwerk", EWiR 1997, 1147; *Büchel*, Vorzeitige Eintragung von Verschmelzung oder Formwechsel und die Folgen, ZIP 2006, 2289; *Bungert*, Grenzüberschreitendes Umwandlungsrecht: Gesamtrechtsnachfolge für im Ausland belegene Immobilien bei Verschmelzung deutscher Gesellschaften, FS Heldrich, 2005, S. 527; *ders.*, Festschreibung der ungeschriebenen „Holzmüller"-Hauptversammlungszuständigkeiten bei der Aktiengesellschaft, BB 2004, 1345; *ders.*, Ausgliederung durch Einzelrechtsübertragung und analoge Anwendung des Umwandlungsgesetzes, NZG 1998, 367; *DAV-Handelsrechtsausschuss*, Stellungnahme zum Regierungsentwurf eines Zweiten Gesetzes zur Änderung des Umwandlungsgesetzes, NZG 2006, 737; *Dietz*, Die Ausgliederung nach dem UmwG und nach Holzmüller, 2000; *Drinkuth*, Formalisierte Informationsrechte bei Holzmüller-Beschlüssen? AG 2001, 256; *Drygala*, Die Mauer bröckelt – Bemerkungen zur Bewegungsfreiheit deutscher Unternehmen in Europa, ZIP 2005, 1995; *Engelmeyer*, Ausgliederung durch partielle Gesamtrechtsnachfolge und Einzelrechtsnachfolge, AG 1999, 263; *Feddersen/Kiem*, Die Ausgliederung zwischen „Holzmüller" und neuem Umwandlungsrecht, ZIP 1994, 1078; *Fleischer*, Ungeschriebene Hauptversammlungszuständigkeiten im Aktienrecht: Von „Holzmüller" zu „Gelatine", NJW 2004, 2335; *Fuhrmann*, „Gelatine" und die Holzmüller-Doktrin: Ende einer juristischen Irrfahrt?, AG 2004, 339; *Fuhrmann/Linnerz*, Das überwiegende Vollzugsinteresse im aktien- und umwandlungsrechtlichen Freigabeverfahren, ZIP 2004, 2306; *Geßler*, Einberufung und ungeschriebene Hauptversammlungszuständigkeiten, FS Stimpel, 1985, S. 771; *Goette*, Organisation und Zuständigkeit im Konzer, AG 2006, 522; *Götze*, „Gelatine" statt „Holzmüller" – Zur Reichweite ungeschriebener Mitwirkungsbefugnisse der Hauptversammlung, NZG 2004, 585; *Groß*, Vorbereitung und Durchführung von Hauptversammlungsbeschlüssen zu Erwerb oder Veräußerung von Unternehmensbeteiligungen AG 1996, 111; *ders.*, Zuständigkeit der Hauptversammlung bei Erwerb und Veräußerung von Unternehmensbeteiligungen, AG 1994, 266; *Grunewald,* Die Auswirkungen der Macrotron-Entscheidung auf das kalte Delisting, ZIP 2004, 542; *Haarmann,* Der Begriff des Teilbetriebs im deutschen Steuerrecht, FS Widmann, 2000, S. 375; *Habersack,* Mitwirkungsrechte der Aktionäre nach Macrotron und Gelatine, AG 2005, 137; *ders.*, Die Mitgliedschaft – subjektives und „sonstiges" Recht, 1996; *Hecksehen,* Die Formbedürftigkeit der Veräußerung des gesamten Vermögens im Wege des „asset deal", NZG 2006, 772; *Heinsius,* Organzuständigkeit bei Bildung, Erweiterung und Umorganisation des Konzerns, ZGR 1984, 383; *Henze,* Holzmüller vollendet das 21. Lebensjahr, FS Ulmer, 2003, S. 211; *ders.*, Entscheidungen und Kompetenzen der Organe in der AG: Vorgaben der höchstrichterlichen Rechtsprechung, BB 2001, 53; *ders.*, Leitungsverantwortung des Vorstandes, BB 2000, 209; *Hirte,* Bezugsrechtsausschluss und Konzernbildung, 1986; *Hoffmann-Becking,* Der Einbringungsvertrag zur Sacheinlage eines Unternehmens oder Unternehmensteils in die Kapitalgesellschaft, FS Lutter, 2000, S. 453; *Hommelhoff,* Minderheitenschutz bei Umstrukturierungen, ZGR 1993, 452; *ders.*, Die Konzernleitungspflicht, 1982; *Hübner,* Die Ausgliederung von Unternehmensteilen in aktien- und aufsichtsrechtlicher Sicht, FS Stimpel, 1985, S. 791; *Hübner-Weingarten,* Rechtsprobleme beim Outsourcing von Service-Abteilungen in der Konzernpraxis, DB 1997, 2593; *Hüffer,* Zur Holzmüller-Problematik: Reduktion des Vorstandsermessens oder Grundlagenkompetenz der Hauptversammlung?, FS Ulmer, 2003, S. 279; *Joost,* „Holzmüller 2000" vor dem Hintergrund des Umwandlungsgesetzes, ZHR 163 (1999) 164; *Kallmeyer,* Anwendung von Verfahrensvorschriften des Umwandlungsgesetzes auf Ausgliederungen nach Holzmüller, Zusammenschlüsse nach der Pooling-of-Interest-Methode und die sog. übertragende Auflösung, FS Lutter, 2000, S. 1245; *ders.*, Das neue Umwandlungsgesetz, ZIP 1994, 1746; *Kessler,* Die Leitungsmacht des Vorstandes einer Aktiengesellschaft, AG 1995, 61; *Kiem,* Das Beurkundungserfordernis beim Unternehmenskauf im Wege des Asset Deals, NJW 2006, 2363; *Koppensteiner,* „Holzmüller" auf dem Prüfstand des BGH, Der Konzern 2004, 381; *Kort,* Neues zu „Holzmüller": Bekanntmachungspflichten bei wesentlichen Verträgen, AG 2006, 272; *ders.*, Bekanntmachungs- Berichts- und Informationspflichten bei „Holzmüller" – Beschlüssen der Mutter im Falle von Tochter – Kapitalerhöhungen zu Sanierungszwecken, ZIP 2002, 685; *Kurzwelly,* Neueste Rechtsprechung des Bundesgerichtshofs zum Gesellschaftsrecht, in Henze/Hoffmann-Becking (Hrsg.), RWS-Forum Gesellschaftsrecht 2001, S. 1; *Kropff,* Über die „Ausgliederung", FS Geßler, 1971 S. 111; *Kuntz,* Zur Möglichkeit grenzüberschreitender Verschmelzungen, EuZW 2005, 524; *Kusserow/Prüm,* Die Gesamtrechtsnachfolge bei Umwandlungen mit Auslandsbezug, WM 2004, 633; *Leinekugel,* Die Ausstrahlungswirkungen des Umwandlungsgesetzes, 2000; *Liebscher,* Ungeschriebene Hauptversammlungszuständigkeiten im Lichte von Holzmüller, Macrotron und Gelatine, ZGR 2005, 1; *ders.*, Konzernbildungskontrolle, 1995; *Lutter,* Zur Vorbereitung und Durchführung von Grundlagenbeschlüssen in Aktiengesellschaften, FS Fleck, 1988, S. 169; *ders.*, Organzuständigkeiten im Konzern, FS Stimpel, 1985, S. 825; *ders.*, Zur Binnenstruktur des Konzerns, FS Westermann, 1974, S. 347; *ders.*, Teilfusionen im Gesellschaftsrecht, FS Barz, 1974, S. 199; *Lutter/Leinekugel,* Kompetenzen von Hauptversammlung und Gesellschafterversammlung beim Verkauf von Unternehmensteilen, ZIP 1998, 225; *dies.*, Der Ermächtigungsbeschluß der Hauptversammlung zu grundlegenden Strukturmaßnahmen, ZIP 1998, 805; *Markwardt,* „Holzmüller" im vorläufigen Rechtsschutz, WM 2004, 211; *Marsch-Barner,* Zur „Holzmüller"-Doktrin nach „Gelatine", FS Schwark, 2006, S. 105; *Mecke,* Konzernstruktur und Aktionärsentscheid, 1992; *Mülbert,* Aktiengesellschaft, Unternehmensgruppe und Kapitalmarkt, 2. Aufl. 1996; *Priester,* Personengesellschaften im Umwandlungsrecht, DStR 2005, 788; *ders.*, Die klassische Ausgliederung – ein Opfer des Umwandlungsgesetzes 1994?, ZHR 163 (1999) 187; *v. Rechenberg,* Holzmüller – Auslaufmodell oder Grundpfeiler der Kompetenzverteilung in der AG, FS Bezzenberger, 2000, S. 359; *Reichert,* Mitwirkungsrechte und Rechtsschutz der Aktionäre nach Macrotron und Gelatine, AG 2005, 150; *ders.*, Die Ausstrahlungswirkung der Ausgliederungsvoraussetzungen nach UmwG auf andere Strukturänderungen, ZHR Beiheft 68, S. 25; *v. Riegen,* Gesellschafterschutz bei Ausgliederungen durch Einzelrechtsnachfolge, 1999; *Rosengarten,* The Holzmüller Doctrine: Still Crazy after All These Years?, Liber Amicorum Buxbaum, 2000, S. 445; *Schlitt,* Die gesellschaftsrechtlichen Voraussetzungen des regulären Delisting, ZIP 2004, 533; *Schlitt/Seiler,* Einstweiliger Rechtsschutz im Recht der börsennotierten Aktiengesellschaft, ZHR 166 (2002) 544; *K. Schmidt,* Vermögensveräußerung aus der Personengesellschaft, ZGR 1995, 675; *ders.*, Wider eine „lex Holzmüller", FS Heinsius, 1991, S. 715; *Schnorbus,* Gestaltungsfreiheit im Umwandlungsrecht, 2000; *Schockenhoff,* Informationsrechte der HV bei Veräußerung von Tochterunternehmens, NZG 2001, 921; *Schöne,* Mängel einer Unternehmensübernahme und ihre Folgen, in Semler/Volhard, Arbeitshandbuch für Unternehmensübernahmen, Bd. 1, 2001; *Seiler/Singhof,* Zu den Rechtsfolgen bei Nichtbeachtung von „Holzmüller"-Grundsätze, Der Konzern 2003, 313; *J. Semler,* Einschränkung der Verwaltungsbefugnisse in der Aktiengesellschaft, BB 1983, 1566; *Seydel,* Konzernbildungskontrolle bei der AG, 1995; *Sieger/Hasselbach,* Die Holzmüller-Entscheidung im Unterordnungskonzern, AG 1999, 241; *Simon,* Von „Holzmüller" zu „Gelatine" – Ungeschriebene Hauptversammlungszuständigkeiten im Lichte der BGH-Rechtsprechung, DStR 2004, 1482 (Teil I), 1528 (Teil II); *Timm,* Hauptversammlungskompetenzen und Aktionärsrechte in der Konzernspitze, AG 1980, 172; *Tröger,* Vorbereitung von Zustimmungsbeschlüssen bei Strukturmaßnahmen,

ZIP 2001, 2029; *ders.*, Informationsrechte der Aktionäre bei Beteiligungsveräußerungen, ZHR 165 (2001) 593; *Trölitzsch*, Aktuelle Tendenzen im Umwandlungsrecht, DStR 1999, 764; *Veil*, Aktuelle Probleme im Ausgliederungsrecht, ZIP 1998, 361; *Wahlers*, Konzernbildungskontrolle durch die Hauptversammlung der Obergesellschaft, 1995; *Weißhaupt*, Holzmüller-Informationspflichten nach den Erläuterungen des BGH in Sachen „Gelatine", AG 2004, 585; *ders.*, Der „eigentliche" Holzmüller-Beschluss, NZG 1999, 804; *Wendt*, Die Auslgeung des letzten Jahresabschlusses zur Vorbereitung der Hauptversammlung – Strukturmaßnahmen als „Saisongeschäft"?, DB 2003, 191; *H. P. Westermann*, Die Holzmüller-Doktrin – 19 Jahre danach, FS Koppensteiner, 2001, S. 259 ff.; *ders.*, Organzuständigkeit bei Bildung, Erweiterung und Umorganisation des Konzerns, ZGR 1984, 352; *Wiedemann*, Die Unternehmensgruppe im Privatrecht, 1988; *Wilde*, Informationsrechte und Informationspflichten im Gefüge der Gesellschaftsorgane, ZGR 1998, 423; *Winter*, Die Anfechtung eintragungsbedürftiger Strukturbeschlüsse de lege lata und de lege ferenda, FS Ulmer, 2003, S. 699; *Wollburg/Gehling*, Umgestaltung des Konzerns, FS Lieberknecht, 1997, S. 133; *Zeidler*, Die Hauptversammlung der Konzernmutter, NZG 1998, 91; *Zimmermann/Pentz*, „Holzmüller" – Ansatzpunkt, Klagefristen, Klageantrag, FS Welf Müller, 2001, S. 151.

I. Allgemeines

1. Vorbemerkung

1 Weitgehend gleiche wirtschaftliche Ergebnisse wie mittels einer Ausgliederung nach Maßgabe des UmwG[2] lassen sich im Wege einer Ausgliederung durch Einzelübertragung (auch als „klassische Ausgliederung" oder „wirtschaftliche Ausgliederung" bezeichnet) erzielen. Die Ausgliederung im Wege der Einzelrechtsnachfolge ist dadurch gekennzeichnet, dass die zum Gesellschaftsvermögen gehörenden und zur Ausgliederung vorgesehenen Vermögensgegenstände durch Einzelübertragung im Rahmen einer Sachgründung, Sachkapitalerhöhung oder unter Erhöhung der Rücklagen in eine oder mehrere bestehende oder eigens zu diesem Zweck neu gegründete Gesellschaften eingebracht werden[3]. Auf diese Weise lassen sich die gleichen Ziele wie durch eine Ausgliederung im Wege der partiellen Gesamtrechtsnachfolge[4] erreichen. So kann eine Einzelübertragung insbesondere zur Verlagerung von Teilbetrieben in Tochter- und Beteiligungsgesellschaften mit dem Ziel einer Trennung bzw. Zusammenlegung von Unternehmensbereichen[5] genutzt werden. Auch können Holding-Strukturen bei vollständiger Ausgliederung der operativen Geschäftsbereiche in Tochtergesellschaften geschaffen sowie Gemeinschaftsunternehmen bei gleichzeitiger Auslagerung von Unternehmensbereichen durch zwei oder mehrere Gesellschaften auf eine gemeinsame Tochtergesellschaft[6] gebildet werden[7].

2. Bestehen eines Wahlrechts

2 Die im UmwG vorgesehenen Umwandlungen sind entweder durch Universalsukzession (Verschmelzung, Ausgliederung) oder Identitätswahrung (Formwechsel) charakterisiert. Umwandlungen, die mit einer Gesamtrechtsnachfolge oder einer Identitätswahrung einher gehen, sind nur insoweit zulässig, wie sie im UmwG ausdrücklich vorgesehen sind[8].

---

[2] § 123 Abs. 3.

[3] Der Begriff der „Einbringung" ist dabei steuerrechtlichen Ursprungs, reicht jedoch in seinem gesellschaftsrechtlichen Gebrauch darüber hinaus, vgl. *Mayer* in Widmann/Mayer Anh. 5 Rn 1 ff. mwN.

[4] § 123 Abs. 3.

[5] Denkbar ist auch die Zusammenlegung von Unternehmensbereichen einer Gesellschaft mit denen eines Mehrheitsgesellschafters, so etwa im Fall „Dornier", *OLG Stuttgart* DB 2001, 854, 855.

[6] Eingehend dazu *Karollus* in Lutter Umwandlungsrechtstage S. 157, 174 ff. Gründe für eine Ausgliederung können zudem die Verbesserung der operativen Führung in der Tochtergesellschaft sowie die Erhöhung der Transparenz für die Anteilseignerseite sein, dazu auch *Bernhardt* DB 2000, 1873, 1875; zum Outsourcing von Service-Abteilungen vgl. *Hübner-Weingarten* DB 1997, 2593.

[7] Eine fallgruppenorientierte Betrachtung findet sich bei *Mayer* in Widmann/Mayer Anh. 5 Rn 12 ff.

[8] § 1 Abs. 2.

Einbringung im Wege der Einzelrechtsnachfolge 3 **Anh. § 173**

Dieser *numerus clausus* von Umwandlungsmöglichkeiten schließt Umstrukturierungsformen nach den allgemeinen Vorschriften indes nicht aus[9]. Das UmwG stellt nämlich keine abschließende Kodifikation des Umwandlungsrechts dar. Vielmehr sind, wie die Regierungsbegründung hervorhebt[10], die durch das UmwG eröffneten Möglichkeiten neben die nach allgemeinem Zivil- und Handelsrecht möglichen Methoden getreten[11]. Für die Ausgliederung wird dies nochmals explizit betont[12]. Ein Analogieverbot besteht nur insoweit, wie es um die Erweiterung der im UmwG vorgesehenen oder um die Schaffung neuer Umwandlungsmöglichkeiten geht[13]. Folglich besteht ein **Wahlrecht** zwischen einer Ausgliederung nach dem UmwG und einer Einbringung im Wege der Einzelrechtsnachfolge[14].

Soweit die Vermögensgegenstände auf eine im Ausland belegene Gesellschaft ausgegliedert werden sollen, kommt sogar nur eine Ausgliederung im Wege der Einzelrechtsübertragung in Betracht, da das UmwG eine Beteiligung **ausländischer Rechtsträger** nur für die Verschmelzung anerkennt[15]. Die durch das am 25.4.2007 in Kraft getretene Zweite Gesetz zur Änderung des UmwG (BGBl. I S. 542) bewirkte Öffnung für grenzüberschreitende Verschmelzungen erfolgte im Zuge der Umsetzung der EU-Verschmelzungsrichtlinie 2005/56/EG[16]. Von einer Öffnung auch der Spaltung/Ausgliederung und des Formwechsels für europäische Rechtsträger hat der Gesetzgeber bislang abgesehen.[17] Eine Einzelrechtsübertragung kann sich auch zur Vorbereitung von Verschmelzungen empfehlen, wenn etwa bei im Ausland belegenem Immobiliarvermögen das dortige Sachrecht mit dem Prinzip der Gesamtrechtsnachfolge in Konflikt steht[18]. Ist die AG noch nicht **zwei Jahre** im Handelsregister eingetragen, scheidet eine Ausgliederung nach dem UmwG, sofern sie nicht zur Neu-

---

[9] *OLG Frankfurt* ZIP 2004, 1458, 1459; *Kallmeyer* in Kallmeyer § 1 Rn 21; *Lutter/Drygala* in Lutter § 1 Rn 34; *Schnorbus* S. 17, 43; zust. *Mayer* in Widmann/Mayer Anh. 5 Rn 5.

[10] RegBegr. *Ganske* S. 44.

[11] Siehe Einl. A Rn 82 ff.; auch *Priester* DStR 2005, 788.

[12] In der RegBegr. heißt es: „ ... Wie schon einleitend zu § 1 bemerkt, treten die Umwandlungsarten, die dieses Gesetz eröffnet, neben die bereits nach allgemeinem Zivilrecht möglichen Methoden, ein Unternehmen umzustrukturieren. Dies gilt auch für die Ausgliederung ... ", RegBegr. *Ganske* S. 172.

[13] *Kallmeyer*, FS Lutter, S. 1245, 1248. Zu nennen sind etwa die Realteilung von Personengesellschaften auf deren Gesellschafter sowie der Formwechsel einer GbR in eine Kapitalgesellschaft, *Priester* ZHR 163 (1999) 187, 191.

[14] Einl. A Rn 82, 85; *Karollus* in Lutter Umwandlungsrechtstage S. 157, 192 f.; *Kallmeyer* in Kallmeyer § 123 Rn 16; *Habersack* in Emmerich/Habersack Vor § 311 AktG Rn 41; *Priester* ZHR 163 (1999) 187, 191; *Engelmeyer* AG 1999, 263, 264; *Mülbert* in Großkomm. § 119 AktG Rn 27; *Leinekugel* S. 62 f.; *v. Rechenberg*, FS Bezzenberger, S. 359, 367 f.; *K. Schmidt* ZGR 1995, 675, 676; zweifelnd *Feddersen/Kiem* ZIP 1994, 1078, 1086 f.

[15] §§ 122a bis 122l, die Mitbestimmung der Arbeitnehmer ist im MgVG vom 21.12.2006, BGBl. I 2006, 3332, geregelt. Vgl. zudem Einl. C Rn 21 ff.; *Karollus* in Lutter Umwandlungsrechtstage S. 157, 193; *Mayer* in Widmann/Mayer Anh. 5 Rn 7. Auf die EWIV findet das UmwG jedoch unmittelbare Anwendung, siehe § 214 Rn 12.

[16] ABl. EU L 310 vom 25.11.2005 S. 1.

[17] Zutreffend weist der HRA in seiner Stellungnahme zum Regierungsentwurf des Zweiten Gesetzes zur Änderung des Umwandlungsgesetzes (NZG 2006, 737, 740) darauf hin, dass die Grundgedanken der zur Verschmelzung ergangenen Entscheidung des EuGH vom 13.12.2005 – Rs. C-411/03 = ZIP 2005, 2311 „SEVIC Systems AG" für die Spaltung und den Formwechsel gleichermaßen gelten. Der EuGH hatte in dieser Entscheidung bereits auf Grundlage der Art. 43 und 48 EG geurteilt, dass das deutsche UmwG die Beteiligung von Rechtsträgern aus anderen EU-Mitgliedstaaten nicht generell von einer Verschmelzung mit inländischen Rechtsträgern ausschließen darf, vgl. *EuGH* ZIP 2005, 2311, 2313.

[18] *Bungert*, FS Heldrich, S. 527, 533; zum Kollisionsrecht insoweit auch *Kusserow/Prüm* WM 2005, 633.

gründung erfolgt, ebenfalls aus[19]. Auch dann kommt nur eine Ausgliederung im Wege der Einzelrechtsnachfolge in Betracht. Gleiches gilt für die nur teilweise im UmwG berücksichtigte GbR[20].

3. Analoge Anwendung des UmwG

a) Problemstellung. Dass eine Einbringung von Vermögensgegenständen im Wege der Einzelrechtsübertragung keine Umwandlung iSd. UmwG ist, besagt zunächst nur, dass die Bestimmungen des UmwG auf einen solchen Umstrukturierungsvorgang keine unmittelbare Anwendung finden[21]. Die Frage, ob die Vorschriften des UmwG **analog zur Anwendung** gelangen, ist damit noch nicht beantwortet. Dies gilt insbesondere für die im UmwG vorgesehenen Minderheitsrechte der Gesellschafter, die für eine Ausgliederung durch Einzelrechtsübertragung gesetzlich nicht vorgesehen sind.

b) Entstehungsgeschichte. Ob auch die Ausgliederung im Wege der Einzelrechtsnachfolge gesetzlich geregelt werden sollte, war im Gesetzgebungsverfahren umstritten. § 252 DiskE[22] hatte vorgesehen, dass die Vorschriften des UmwG entsprechend anzuwenden sind, wenn die Ausgliederung nicht nach Maßgabe der Spaltungsbestimmungen durchgeführt wird und es sich nicht um Geschäfte „im Rahmen des üblichen Geschäftsbetriebs des übertragenden Unternehmens" handelt. Aufgrund dieses Verweises auf § 204 DiskE bestand bei einer Ausgliederung aus dem Vermögen einer AG eine Zuständigkeit der Hauptversammlung, wenn „der Wert der insgesamt zu übertragenden Vermögensgegenstände der übertragenden Aktiengesellschaft abzüglich der zu übertragenden Verbindlichkeiten nicht weniger als 10% des Überschusses der Aktivseite der Schlussbilanz über deren Passivseite oder weniger als 10% des Grundkapitals beträgt". Bei Ausgliederungen unterhalb dieser Schwelle sollten die Prüfung der Ausgliederung, die Bekanntmachung des Ausgliederungsvertrags bzw. -plans, der Ausgliederungsbericht sowie der Beschluss der Gesellschafterversammlung entbehrlich sein.

Aufgrund der an diesem Regelungsvorschlag geübten Kritik[23] modifizierte der **RefE**[24] die Zuständigkeitsregelung der Gesellschafterversammlung. Unter Verzicht auf die Begründung von Schwellenwerten sah der RefE vor, dass die Regelungen des UmwG bei Ausgliederungen im Wege der Einzelrechtsübertragung anzuwenden sind, sofern ein Minderheitsquorum in der ausgliedernden Gesellschaft, das im Fall der AG mit 10% des Grundkapitals, im Fall der GmbH mit 20% des Stammkapitals angesetzt wurde, dies beantrage[25]. Auch diese Regelung wurde im Schrifttum abgelehnt, insbesondere unter Hinweis darauf, dass die Stimmen- und

---

[19] § 141. Vor Inkrafttreten des Zweiten Gesetzes zur Änderung des Umwandlungsgesetzes zum 25.4.2007 galt für diese Gesellschaften ein umfassendes Verbot der Spaltung nach dem UmwG. Die Regierungskommission Corporate Governance hat in ihrem Kommissionsbericht allerdings empfohlen, diese Vorschrift gänzlich zu streichen, vgl. *Baums*, Bericht der Regierungskommission Corporate Governance, Rn 196; krit. auch *HRA*, NZG 2006, 737, 743.

[20] §§ 3, 124, 175, 191, so dass für Umwandlungsvorgänge nach dem UmwG oftmals eine vorangehende Eintragung der GbR in das Handels- oder Partnerschaftsregister erforderlich ist, so dass diese zur OHG oder PartG wird. Zur Einbringung des Unternehmens einer GbR in eine bestehende GmbH ausführlich *Mayer* in Widmann/Mayer Anh. 5 Rn 430 ff.

[21] *Kallmeyer* in Kallmeyer § 1 Rn 21, zum Analogieverbot allgemein *Schnorbus* DB 2002, 1654 ff.

[22] Diskussionsentwurf für ein Gesetz zur Bereinigung des Umwandlungsrechts (DiskE) vom 3. 8. 1988, Beilage Nr. 214 a zum Bundesanzeiger vom 15. 11. 1988.

[23] So etwa *K. Schmidt* ZGR 1990, 580, 588; *ders.*, FS Heinsius, S. 715 ff.; *Krieger* ZGR 1990, 517, 526; weniger kritisch *Priester* ZGR 1990, 420, 435.

[24] Referentenentwurf für ein Gesetz zur Bereinigung des Umwandlungsrechts (RefE) vom 14. 4. 1992, Beilage Nr. 112 a zum Bundesanzeiger vom 20. 6. 1992.

[25] §§ 137, 141 RefE.

Beteiligungsverhältnisse im Gegensatz zur Wesentlichkeit der Maßnahme kein geeignetes Differenzierungskriterium seien[26].

Das 1994 in Kraft getretene **UmwG** verfolgt keines der beiden Regelungskonzepte. Unter Ausklammerung der „klassischen" Ausgliederung im Wege der Einzelrechtsübertragung wird lediglich die Ausgliederung durch Gesamtrechtsnachfolge geregelt. Die fehlende Einbindung in das UmwG soll jedoch – wie in der Regierungsbegründung hervorgehoben[27] – nicht dahin gehend verstanden werden, dass diese Umstrukturierungsmöglichkeit fortan unzulässig sein soll; vielmehr soll ihre Behandlung Rechtsprechung und Schrifttum vorbehalten bleiben.

c) Meinungsstand. Inwieweit bei Ausgliederungen im Wege der Einzelrechtsnachfolge die Bestimmungen des UmwG analog anwendbar sind, wird in Rechtsprechung und Schrifttum unterschiedlich beurteilt. Eine höchstrichterliche Entscheidung steht noch aus. Die instanzgerichtliche **Rechtsprechung** ist kontrovers. So hat das *LG Hamburg* die analoge Anwendbarkeit der Bestimmungen des UmwG bei einer Ausgliederung von Beteiligungen auf Holdinggesellschaften verneint[28]. Demgegenüber hat sich das *LG Karlsruhe* in einer Kostenentscheidung nach § 91 a ZPO für eine generelle analoge Anwendung der Vorschriften des UmwG ausgesprochen, dem wiederum das *LG München* entgegen getreten ist[29]. In dem der Entscheidung des *LG Karlsruhe* zugrunde liegenden Sachverhalt ging es um die Ausgliederung des fast gesamten Vermögens einer AG auf Tochtergesellschaften, in dem der Entscheidung des *LG München I* zugrunde liegenden Sachverhalt um eine Ausgliederung, deren Umfang deutlich unter der „Holzmüller"-Schwelle lag. Das *LG Karlsruhe* hat die entsprechende Anwendung der umwandlungsrechtlichen Vorschriften auf die angeblich gleiche Interessenlage bei den beiden Umstrukturierungsformen gestützt, im Unterschied dazu hat das *LG München I* eine solche Gleichartigkeit und darüber hinaus auch das Fehlen einer planwidrigen Regelungslücke ausdrücklich verneint. Das *LG Frankfurt* hat es im Fall einer Veräußerung des Vermögens einer Tochtergesellschaft für erforderlich gehalten, entsprechend §§ 186 Abs. 4 Satz 1, 293 a AktG, 8 UmwG einen Ausgliederungsbericht zu erstellen, diesen in der Hauptversammlung auszulegen und den Aktionären auf Aufforderung zu übersenden[30].

Die Meinungen im **Schrifttum** sind ebenfalls geteilt. Eine verbreitete Ansicht lehnt eine analoge Anwendung der Vorschriften des UmwG auf Ausgliederungen durch Einzelrechtsnachfolge generell ab[31]. Diese Meinung stellt zum einen auf die mangelnde Vergleichbarkeit der beiden Umstrukturierungsformen[32] sowie zum anderen darauf ab, dass es angesichts der beabsichtigten Nichteinbeziehung der Ausgliederung an einer planwidrigen Regelungs-

---

[26] Dazu etwa *Hennrichs* AG 1993, 461; *Kleindiek* ZGR 1992, 513; *Werner* WM 1993, 1178; *Zöllner* ZGR 1993, 334, 335.

[27] Siehe Rn 2.

[28] *LG Hamburg* AG 1997, 238 „Wünsche". Auch das BayObLG hat, allerdings für die übertragende Auflösung die analoge Anwendung der Bestimmungen über das umwandlungsrechtliche Spruchverfahren abgelehnt, *BayObLG* ZIP 1998, 2002 ff.

[29] *LG Karlsruhe* AG 1998, 99 „Badenwerk"; *LG München I* ZIP 2006, 2036 „Infineon".

[30] *LG Frankfurt* NZG 1998, 113 „Altana/Milupa"; keine Stellungnahme mehr zu dieser Frage in der Berufungsinstanz *OLG Frankfurt* ZIP 1999, 842, 845 sowie in der Revisionsinstanz *BGH* WM 2001, 569. Siehe Rn 52 ff.

[31] Siehe § 1 Rn 66 ff.; *Feddersen/Kiem* ZIP 1994, 1078, 1086, *Kallmeyer* ZIP 1994, 1746, 1749; *Karollus* in Lutter Umwandlungsrechtstage S. 157, 192 ff.; *Heckschen* DB 1998, 1385, 1386; *ders.* in Heckschen/Simon § 2 Rn 110, § 7 Rn 18; *Bungert* NZG 1998, 367, 368; *Aha* AG 1997, 345; *Bohnet* DB 1999, 2617; *Rosengarten*, FS Buxbaum, S. 445, 452 f.; *Bermel* in Goutier/Knopf/Tulloch § 1 Rn 47 ff.; *Schnorbus* S. 103 ff., 127 ff. zurückhaltend auch *Weißhaupt* NZG 1999, 804, 809; *H. P. Westermann*, FS Koppensteiner, S. 259, 265; *Hüffer*, FS Ulmer, S. 279, 288 f.; offen gelassen von *Engelmeyer* AG 1999, 263, 267.

[32] *Bungert* NZG 1998, 367, 368.

lücke fehlt[33]. Eine im Vordringen befindliche Auffassung nimmt demgegenüber an, dass die Ausgliederungsbestimmungen des UmwG auf Einbringungsvorgänge analog anzuwenden sind[34] oder sie jedenfalls eine Ausstrahlungswirkung auf Umstrukturierungsvorgänge außerhalb des UmwG entfalten[35].

10 **d) Stellungnahme.** Im Ausgangspunkt ist festzuhalten, dass § 1 Abs. 2 eine analoge Anwendung von einzelnen Vorschriften des UmwG auf Ausgliederungen im Wege der Einzelrechtsnachfolge nicht ausschließt[36]. Auch der Umstand, dass der Gesetzgeber anlässlich der Verabschiedung des UmwG zwar die Vorschriften über Unternehmensverträge[37] und die Eingliederung[38] an das UmwG angeglichen sowie in der Folgezeit auch den Ausschluss von Minderheitsaktionären[39] in vergleichbarer Weise normiert, die Ausgliederung im Wege der Einzelrechtsnachfolge aber nicht geregelt hat, kann nicht als Argument gegen die Annahme einer Zuständigkeit der Gesellschafterversammlung herangezogen werden[40]. Allerdings steht die unterbliebene Einbeziehung der „klassischen" Ausgliederung in die Systematik des UmwG einer umfassenden Analogie der Vorschriften des UmwG entgegen[41]. Diese lässt sich auch nicht unter Hinweis auf die Austauschbarkeit der Vorgänge begründen. Vielmehr muss im Einzelfall geprüft werden, ob eine Regelungslücke besteht, die durch eine Übertragung von umwandlungsrechtlichen Bestimmungen auf die „klassische" Ausgliederung im Wege der Einzelrechtsübertragung geschlossen werden kann. Die Erstreckung des § 123 Abs. 3 auf Bagatellfälle zeigt, dass die Einbeziehung der Ausgliederung in die Regelungssystematik des UmwG ihre Grundlage nicht in dem strukturändernden Charakter der Maßnahme, sondern in erster Linie in der Anordnung einer partiellen Gesamtrechtsnachfolge mit ihrer potenziell nachteiligen Wirkung zu Lasten der Gläubiger der Gesellschaft hat[42]. Eine Ausstrahlungswirkung kommt demnach nur insoweit in Betracht, wie die beiden Umstrukturierungsformen vergleichbar sind. Dies wird man nur dann annehmen können, wenn aufgrund des strukturändernden Charakters nach Maßgabe der „Holzmüller"-Grundsätze der Maßnahme ein Zustimmungsbeschluss der ausgliedernden Gesellschaft erforderlich ist. In diesem Fall erscheint es richtig, hinsichtlich der Information der Gesellschafter im Vorfeld des Gesellschafterbeschlusses eine Ausstrahlungswirkung im Grundsatz anzuerkennen[43]. Aber auch dann, wenn im Einzelfall eine analoge Anwendung einer Bestimmung des UmwG in Betracht kommt, zwingt dies keineswegs zu einer völligen Übernahme ihres Regelungsgehalts. Vielmehr gibt die Bestimmung nur eine Leitlinie für die Behandlung

---

[33] *Aha* AG 1997, 345, 356; *Bungert* NZG 1998, 367, 368; *Priester* ZHR 163 (1999) 187, 192, 197.
[34] *Veil* ZIP 1998, 361, 366, 368 („jedenfalls bezüglich des Beschlusserfordernisses"); im Grundsatz wohl auch *Bork* EWiR 1997, 1147, 1148.
[35] *K. Schmidt* ZGR 1995, 675, 677; *Lutter/Drygala*, FS Kropff, 1997, S. 191, 197; *Lutter/Leinekugel* ZIP 1998, 225 ff.; *Lutter* in Lutter Einl. Rn 45 ff.; *Altmeppen* DB 1998, 49, 51; *Trölitzsch* DStR 1999, 764, 766; *Reichert* ZHR Beiheft 68, S. 25, 36; *v. Rechenberg*, FS Bezzenberger, S. 359, 376 f.; *Leinekugel* S. 156 ff.
[36] *Reichert* ZHR Beiheft 68, S. 25, 36; *Kallmeyer*, FS Lutter, S. 1245, 1248; *Leinekugel* S. 177 ff.
[37] §§ 293 ff. AktG.
[38] §§ 319 ff. AktG.
[39] §§ 327 a ff. AktG.
[40] *Reichert* ZHR Beiheft 68, S. 25, 36; iE auch *Mülbert* S. 394.
[41] *Kallmeyer*, FS Lutter, S. 1245, 1249; *Mayer* in Widmann/Mayer Anh. 5 Rn 912; aA *LG Karlsruhe* AG 1998, 99.
[42] So zutreffend *Bungert* NZG 1998, 367, 369; den strukturellen Unterschied zwischen Einzel- und der Gesamtrechtsnachfolge nach dem UmwG betonend auch *LG München I* ZIP 2006, 2036, 2039.
[43] Zust. *Mayer* in Widmann/Mayer Anh. 5 Rn 910; ähnlich auch *LG München I* ZIP 2006, 2036, 2039, das zutreffend auf den Charakter einer Ausgliederung im Wege der Einzelrechtsnachfolge als Geschäftsführungsmaßnahme hinweist und bei Nichterreichen der „Holzmüller"-Schwelle eine Zuständigkeit der Hauptversammlung verneint.

der „klassischen" Ausgliederung vor[44]. Erforderlich ist stets das Bestehen einer konkreten Schutzlücke im Einzelfall[45].

4. Entscheidungskriterien

Die Ausgliederung nach dem UmwG hat die „klassische" Ausgliederung im Wege der Einzelrechtsnachfolge in der Praxis nicht verdrängt. Das liegt in erster Linie daran, dass beide Umstrukturierungsformen in verfahrensrechtlicher Hinsicht und mit Blick auf die Rechtsfolgen zum Teil erhebliche Unterschiede aufweisen[46]. Dieser Umstand dürfte – **sieht man von steuerlichen Erwägungen ab** – ausschlaggebend sein, auch wenn beide Umstrukturierungsformen zu weitgehend ähnlichen wirtschaftlichen Ergebnissen führen[47]. Ein **Vergleich** der beiden Umstrukturierungsvarianten ergibt, dass sich die Ausgliederung nach dem UmwG von der Ausgliederung im Wege der Einzelrechtsübertragung vor allem unterscheidet durch

– das regelmäßig aufwändigere Verfahren, insbesondere im Hinblick auf die Notwendigkeit von Berichten der Geschäftsführungsorgane[48] und Zustimmungsbeschlüssen der Gesellschafterversammlungen, namentlich bei Übertragung kleinerer Sachgesamtheiten[49];
– die Verpflichtung zur Unterrichtung des Betriebsrats[50];
– das Erfordernis, eine Ausgliederungsbilanz, die nicht älter als acht Monate ist, zugrunde zu legen[51];
– die fehlende Notwendigkeit der Zustimmung der Gläubiger zu einer befreienden Schuldübernahme aufgrund der partiellen Universalsukzession[52];
– die Haftung für die Verbindlichkeiten des übertragenden Rechtsträgers und den Anspruch der Gläubiger auf Sicherheitsleistung bei einer Gefährdung ihrer Forderungen[53];
– eine etwaige Mitbestimmungsbeibehaltung[54];
– das Bestehen einer Registersperre, die unter bestimmten Umständen im Unbedenklichkeitsverfahren überwunden werden kann[55].

II. Ausgliederung durch Einbringung von Vermögensgegenständen

1. Einbringung

Die Ausgliederung im Wege der Einzelrechtsnachfolge erfolgt durch Übertragung von einzelnen Vermögensgegenständen auf eine bereits bestehende oder eigens zu diesem Zweck gegründete Gesellschaft. Der in der Praxis am häufigsten anzutreffende Fall ist die Ausgliederung auf eine **Tochter- oder Beteiligungsgesellschaft**[56]. IdR werden die Vermögensgegenstände gegen Gewährung von Gesellschaftsanteilen der aufnehmenden Gesellschaft eingebracht. Die Einbringung kann im Rahmen einer Sachgründung oder Sachkapitalerhöhung vorgenommen werden. Bilanziell tritt an die Stelle der aktivierten Vermögensgegenstände

---

[44] *Reichert* ZHR Beiheft 68, S. 25, 36, 61; *Kallmeyer*, FS Lutter, S. 1245, 1249, aA *J. Semler* § 1 Rn 68.
[45] Zutreffend *Mayer* in Widmann/Mayer Anh. 5 Rn 911.
[46] *Karollus* in Lutter Umwandlungsrechtstage S. 157, 194 f.
[47] Siehe Rn 1.
[48] Siehe Rn 52 ff.
[49] Siehe Rn 21 ff.
[50] Siehe Rn 87.
[51] Siehe Rn 78.
[52] Siehe Rn 82.
[53] Siehe Rn 84.
[54] Siehe Rn 89.
[55] Siehe Rn 93.
[56] Vgl. weitere Fallgruppen bei *Mayer* in Widmann/Mayer Anh. 5 Rn 13.

ein Beteiligungsansatz. Es findet nur ein **Aktiventausch** und kein Anteilstausch statt. Die Ausgliederung vollzieht sich ausschließlich auf der Ebene des ausgliedernden Rechtsträgers. Beziffert der idR zeitgleich mit dem Gründungsprotokoll oder dem Kapitalerhöhungsbeschluss abzuschließende Einbringungsvertrag[57] einen über dem Nennbetrag der auszugebenden Anteile liegenden Einbringungswert der ausgegliederten Vermögensgegenstände[58], ist dieser Differenzwert in die Kapitalrücklage einzustellen. Dies gilt nach zutreffender Ansicht auch dann, wenn ein entsprechendes Aufgeld im Gründungsprotokoll oder dem Kapitalerhöhungsbeschluss nicht festgesetzt worden ist[59]. Möglich, wenn auch in der Praxis selten anzutreffen, ist auch die vollständige Einstellung der Vermögensgegenstände in die **Kapitalrücklagen**[60]. In diesem Fall besteht die Gegenleistung für die ausgliedernde Gesellschaft nicht in neuen Gesellschaftsanteilen, sondern (nur) in einer Erhöhung des inneren Werts der zuvor bereits gehaltenen Anteile. Vorteil einer bloßen Einstellung in die Rücklage ist die im Vergleich zu einer Kapitalerhöhung erleichterte Zugriffsmöglichkeit auf das Eigenkapital.

13 Denkbar ist auch eine Ausgliederung von der Tochter auf die **Mutter** („Ausgliederung von unten nach oben"). Dann ist jedoch zu beachten, dass der Erwerb von Anteilen an der Mutter durch die Tochter nach §§ 56 Abs. 2, 71 d AktG sowie den zu § 33 GmbHG entwickelten Grundsätzen[61] verboten ist[62]. In diesem Fall ist die Ausgliederung grundsätzlich nur ohne Anteilsgewährung möglich. Eine solche Gestaltung erweist sich aber als problematisch, wenn die Tochtergesellschaft über außenstehende Gesellschafter verfügt, wenn also die Tochtergesellschaft in diesem Fall keine angemessene Gegenleistung für die ausgegliederten Vermögensgegenstände erhält.

2. Gegenstand der Ausgliederung

14 Gegenstand der Ausgliederung sind in der Praxis häufig ein oder mehrere Teilbetriebe der Gesellschaft[63]. Ist an dem auszugliedernden Unternehmen ein stiller Gesellschafter beteiligt[64], können das aufnehmende Unternehmen und der stille Gesellschafter die Fortsetzung der stillen Gesellschaft vereinbaren, andernfalls wird das Gesellschaftsverhältnis aufgelöst[65]. Auf die Einräumung einer stillen Beteiligung an dem aufnehmenden Rechtsträger hat der stille Gesellschafter regelmäßig keinen Anspruch, jedoch können nach Maßgabe des Gesellschaftsvertrags Ansprüche des stillen Gesellschafters gegen das ausgliedernde Unternehmen auf Schadensersatz oder Unterlassung bzw. Rückgängigmachung der Ausgliederung in Betracht kommen[66]. Ein nur kraft Nießbrauch überlassenes Unternehmen kann durch den Nießbraucher nicht zu Eigentum, sondern nur in Form des Ausübungsrechts eingebracht werden[67]. Ein bloßer Ertragsnießbrauch an einem vom in diesem Fall Inhaber bleibenden

---

[57] Siehe Rn 16 ff. Zum Verhältnis des Einbringungsvertrags zum Gründungsprotokoll bzw. dem Kapitalerhöhungsbeschluss insgesamt vgl. *Hoffmann-Becking,* FS Lutter, S. 453 ff.

[58] Diese beziffern die Anschaffungskosten der aufnehmenden Gesellschaft iSv. §§ 253 Abs. 1 Satz 1, 255 HGB.

[59] *Hoffmann-Becking,* FS Lutter, S. 453, 465 ff. mit Nachweisen zur Frage, ob die Festsetzung eines Ausgabebetrags gesellschaftsrechtlich erforderlich ist, sowie zu bilanzrechtlichen Einzelfragen.

[60] § 272 Abs. 2 Nr. 4 HGB; vgl. *Priester* ZHR 163 (1999) 187 ff.

[61] Dazu etwa *Hueck/Fastrich* in Baumbach/Hueck § 33 GmbHG Rn 21.

[62] *Karollus* in Lutter Umwandlungsrechtstage S. 157, 178 ff.

[63] Zum steuerlichen Begriff des Teilbetriebs (siehe § 20 Abs. 1 Satz 1 UmwStG) *Haarmann,* FS Widmann, S. 375 ff.

[64] Bei Beschränkung einer stillen Beteiligung auf einen Teil eines Handelsgewerbes finden die §§ 230 ff. HGB nicht unmittelbar Anwendung, sondern nach Maßgabe der Interessenlage im Einzelfall lediglich analog in Ergänzung der allgemeinen Vorschriften über die GbR, vgl. *Blaurock,* Handbuch der Stillen Gesellschaft, 6. Aufl. 2003, Rn 5.33.

[65] *Mayer* in Widmann/Mayer Anh. 5 Rn 37 ff.

[66] *Mayer* in Widmann/Mayer Anh. 5 Rn 40 f.

[67] § 1059 BGB.

Nießbrauchsbesteller eingebrachten Unternehmen besteht nach der Einbringung fort[68]. Die Übertragung kann sich aber auch auf einzelne Vermögensgegenstände beschränken, die für die Gesellschaft nur von untergeordneter Bedeutung sind. Stehen diese unter Eigentumsvorbehalt[69] oder sind diese zur Sicherheit übereignet, kann nur ein Anwartschaftsrecht eingebracht werden[70]. Im Rahmen einer noch nicht im Handelsregister eingetragenen Kapitalerhöhung erst künftig entstehende Gesellschaftsanteile können nur aufschiebend bedingt auf den Zeitpunkt des Wirksamwerdens der Kapitalerhöhung eingebracht werden[71].

In einer **AG** sind der Ausgliederungsfähigkeit Grenzen durch die Leitungsverantwortung des Vorstands gezogen. Die Verpflichtung des Vorstands, die Gesellschaft unter eigener Verantwortung zu leiten[72], bedingt, dass sich der Vorstand durch eine Ausgliederung von Unternehmensfunktionen nicht seiner ihm obliegenden Leitungsaufgabe entäußern darf. Dementsprechend wird eine Ausgliederung von **unternehmerischen Zentralfunktionen**, zu denen etwa die Bereiche Unternehmensplanung, -organisation und -kontrolle zählen, als unzulässig angesehen[73]. Solange Gegenstand der Ausgliederung demgegenüber nur solche Bereiche sind, die nicht zu den unverzichtbaren Zentralfunktionen gehören, steht die Leitungsverantwortung einer Einbringung in eine Konzerngesellschaft nicht entgegen[74]. Für einem staatlichen Aufsichtsrecht unterliegende Unternehmen können sich weitere Grenzen der Auslagerung ergeben[75]. 15

III. Einbringungsvertrag

1. Inhalt

Die Ausgliederung der Vermögensgegenstände erfolgt auf Grundlage eines Vertrags zwischen der ausgliedernden und der aufnehmenden Gesellschaft. Die für den Fall einer „technischen" Ausgliederung nach dem UmwG bestehenden **Vorgaben** für den Inhalt des Ausgliederungsvertrags bzw. -plans[76] gelten für die Ausgliederung im Wege der Einzelrechtsnachfolge nicht[77]. Insbesondere besteht keine Verpflichtung, die Folgen der Ausgliederung für die Arbeitnehmer und ihre Vertretungen im Einbringungsvertrag zu beschreiben[78]. Nicht erforderlich ist auch die Angabe eines Ausgliederungsstichtags, es sei denn, die steuerliche Rückwirkungsfiktion[79] soll genutzt werden. In der Praxis wird ein Ausgliederungsstichtag dennoch häufig aus praktischen Gründen festgesetzt, um Erträge und Verluste aus dem ausgegliederten Teilbetrieb eindeutig abgrenzen zu können[80]. 16

---

[68] *Mayer* in Widmann/Mayer Anh. 5 Rn 43 mit dem zutreffenden Hinweis, dass sich die Zulässigkeit der Ausgliederung nach dem Nießbrauchsverhältnis bestimmt.
[69] § 449 BGB.
[70] *Mayer* in Widmann/Mayer Anh. 5 Rn 168.
[71] *Mayer* in Widmann/Mayer Anh. 5 Rn 344.
[72] § 76 Abs. 1 AktG.
[73] Vgl. *Henze* BB 2000, 209, 210; ders. BB 2001, 53, 57.
[74] *Huber* ZHR 152 (1988) 123, 167 ff.; *K. Schmidt* ZGR 1981, 455, 481 ff.; *Schwark* ZHR 142 (1978) 203, 216.
[75] Siehe etwa §§ 25a Abs. 2 und 3 KWG, 16 InvG, 33 Abs. 2 WpHG, 1 Abs. 3 BörsG (nach Inkrafttreten des Finanzmarkt-Richtlinie-Umsetzungsgesetzes voraussichtlich § 5 Abs. 3 BörsG sowie zusätzlich § 33 Abs. 3 WpHG, vgl. RegE, BT-Drucks. 16/4028 vom 12.1.2007). Zur Rechtslage des Outsourcing bei Kredit- und Finanzdienstleistungsinstituten *Hennrichs* WM 2000, 1561, 1562; *Eyles* WM 2000, 1217 ff.
[76] § 126 Abs. 1.
[77] *Aha* AG 1997, 345, 348.
[78] Vgl. § 126 Abs. 1 Nr. 11; zust. *Mayer* in Widmann/Mayer Anh. 5 Rn 913.
[79] § 20 Abs. 8 Satz 3 UmwStG.
[80] *Hoffmann-Becking*, FS Lutter, S. 453, 454.

17 Erforderlich ist, dass die auszugliedernden Vermögensgegenstände hinreichend konkretisiert sind. Dabei sind die Anforderungen an den sachenrechtlichen **Bestimmtheitsgrundsatz** zu wahren. Die erforderliche Konkretisierung wird durch die Bezugnahme auf Listen und Übersichten (sei es in Papierform oder elektronisch) vorgenommen, welche die „insbesondere" zu übertragenden Aktiva und Passiva, Verträge sowie Rechtsstellungen etc. enthalten[81]. Nicht genügend ist der alleinige Verweis auf Einbringungsbilanzen, da die einzelnen Positionen hier nur zusammengefasst sind[82]. Bei umfangreichen Ausgliederungsvorgängen wird in der Praxis häufig eine sog. Bezugsurkunde hergestellt[83]. Da auch bei Ausgliederungen nach dem UmwG die sachenrechtlichen Übertragungsgrundsätze einzuhalten sind[84], unterscheiden sich die Formalerfordernisse bei beiden Umstrukturierungsformen nicht erheblich[85]. Der Einbringungsvertrag kann weiter Bestimmungen über etwaige Besonderheiten der Gegenleistung (zB Einbringung zum einen Teil gegen Gewährung von Anteilen, zum anderen Teil gegen Begründung einer Darlehensverbindlichkeit der aufnehmenden gegenüber der ausgliedernden Gesellschaft) betreffend Gewährleistungen der ausgliedernden Gesellschaft, die dinglichen Übertragungsgeschäfte sowie das Vollzugsdatum enthalten[86].

2. Form

18 Im Fall einer Ausgliederung nach dem UmwG bedarf der Ausgliederungsvertrag bzw.-plan der notariellen Beurkundung[87]. Hierdurch soll vermieden werden, dass die Formvorschriften für die Einzelübertragung übergangen werden[88]. Anderes gilt bei der „klassischen" Ausgliederung durch Einzelrechtsübertragung. Insoweit besteht ein Protokollierungserfordernis nur insoweit, wie die Übertragung der auszugliedernden Gegenstände formbedürftig ist[89], was etwa bei Grundstücken oder GmbH-Geschäftsanteilen der Fall ist[90]. Für eine generelle Ausdehnung des umwandlungsrechtlichen Formerfordernisses auf Ausgliederungen im Wege der Einzelrechtsnachfolge besteht kein Bedürfnis[91]. In der Praxis werden Einbringungsverträge daher häufig privatschriftlich abgeschlossen[92].

3. Prüfung durch Vertragsprüfer

19 Bei der Aufspaltung und Abspaltung nach dem UmwG ist der Ausgliederungsvertrag oder sein Entwurf durch einen oder mehrere sachverständige Prüfer zu prüfen[93]. Da das UmwG die „technische" Ausgliederung von der Prüfungspflicht ausnimmt[94], ist im Fall einer Ausgliederung durch Einzelrechtsübertragung eine Vertragsprüfung (erst recht) nicht erforderlich[95]. Dies gilt auch, wenn es sich um eine Strukturmaßnahme iSd. „Holzmüller"-

---

[81] *Hoffmann-Becking,* FS Lutter, S. 453, 454.
[82] *Aha* AG 1997, 345, 348.
[83] Eine zwingende Beifügung in Bezug genommener Bilanzen, Listen etc. als Anlage zum Einbringungsvertrag wie im Rahmen von § 126 Abs. 2 Satz 3 ist bei der Ausgliederung im Wege der Einzelrechtsnachfolge jedoch nicht erforderlich, *Mayer* in Widmann/Mayer Anh. 5 Rn 913.
[84] *Kallmeyer* in Kallmeyer § 126 Rn 19; *Feddersen/Kiem* ZIP 1994, 1078, 1085.
[85] *Feddersen/Kiem* ZIP 1994, 1078, 1080; *Karollus* in Lutter Umwandlungsrechtstage S. 157, 195.
[86] Siehe die Zusammenstellung bei *Hoffmann-Becking,* FS Lutter, S. 453, 454 f.
[87] §§ 125, 6.
[88] RegBegr. *Ganske* S. 51.
[89] *Priester* ZHR 163 (1999) 187, 201; *Engelmeyer* AG 1999, 263, 264.
[90] § 311 b Abs. 1 BGB, § 15 Abs. 4 GmbHG. Formbedürftig ist auch die Ausgliederung des gesamten Vermögens, gem. § 311 b Abs. 3 BGB, dazu *Kiem* NJW 2006, 2363, sowie *Heckschen* NZG 2006, 772.
[91] *Reichert* ZHR Beiheft 68, S. 25, 57 f.; zust. *Mayer* in Widmann/Mayer Anh. 5 Rn 914.
[92] *Hoffmann-Becking,* FS Lutter, S. 453, 454; *Aha* BB 2001, 2225, 2231.
[93] § 125 Satz 1 iVm. § 9.
[94] § 125 Satz 2.
[95] So auch *Mayer* in Widmann/Mayer Anh. 5 Rn 915.

Entscheidung handelt. Eine analoge Anwendung der für die Aufspaltung oder Abspaltung geltenden Regelungen auf die Ausgliederung durch Einzelrechtsübertragung kommt insoweit nicht in Betracht[96].

Wird im Zuge der Ausgliederung bei der aufnehmenden AG das Kapital erhöht, hat eine Prüfung durch einen **Sachkapitalerhöhungsprüfer** stattzufinden[97]. Ist die aufnehmende Gesellschaft eine GmbH, ist, je nach der Praxis des zuständigen Registergerichts, entsprechend § 5 Abs. 4 Satz 2 GmbHG ein Sachkapitalerhöhungsbericht oder eine Werthaltigkeitsbescheinigung eines Wirtschaftsprüfers vorzulegen[98]. Soll die aufnehmende AG oder GmbH neu gegründet werden, kann zur Sicherstellung einer möglichst schnellen Eintragung der neuen Gesellschaft in das Handelsregister an ein Stufengründungsmodell mit zunächst erfolgender Bargründung und anschließender Einbringung der Vermögensgegenstände im Rahmen einer Kapitalerhöhung gegen Sacheinlage gedacht werden, wobei dann allerdings die Vorschriften über die Nachgründung zu beachten sind[99]. 20

IV. Zustimmungsbeschluss der Obergesellschaft

1. Erfordernis eines Zustimmungsbeschlusses

Bei Ausgliederungen nach Maßgabe des UmwG ist stets ein Gesellschafterbeschluss der ausgliedernden Gesellschaft (und bei Ausgliederungen zur Aufnahme auch ein Beschluss der aufnehmenden Gesellschaft) erforderlich. Dies gilt auch, wenn Gegenstand der Ausgliederung nur wirtschaftlich unbedeutende Vermögensgegenstände sind[100]. Eine Entscheidungskompetenz der Gesellschafterversammlung für die „klassische" Ausgliederung sieht das Gesetz ausdrücklich nicht vor. Sie kann daher nur aus allgemeinen Grundsätzen hergeleitet werden. 21

a) Änderung des Unternehmensgegenstands. Die Notwendigkeit einer Beteiligung der Gesellschafter kann sich zunächst aus einer Änderung des satzungsmäßigen Unternehmensgegenstands aufgrund der Ausgliederung ergeben. Der in der Satzung einer **AG** festgelegte Unternehmensgegenstand erfüllt eine Doppelfunktion. Zum einen dient er der Information des Geschäftsverkehrs über die Art und den Umfang der Aktivitäten der Gesellschaft[101]. Zum anderen zieht er im Innen- und Außenverhältnis die Grenze der Geschäftsführungsbefugnis[102]. Die Bestimmung und Änderung des Unternehmensgegenstands ist Sache der Gesellschafter, die auf diese Weise den Kompetenzrahmen für die Geschäftsführung vorgeben. Während nach früher hA der Vorstand nicht verpflichtet war, den Unternehmensgegenstand auszuschöpfen[103], nimmt die mittlerweile wohl überwiegende Meinung eine Verpflichtung des Vorstands an, die im Unternehmensgegenstand beschriebenen Tätigkeiten auch tatsächlich durchzuführen[104]. Danach bedarf es bei einer **dauerhaften Aufgabe** ei- 22

---

[96] *Aha* AG 1997, 345, 349; *Kallmeyer*, FS Lutter, S. 1245, 1255; *Zimmermann/Pentz*, FS W. Müller, S. 151, 171; aA wohl *Lutter* in Lutter Einl. Rn 49.
[97] § 183 Abs. 3 AktG.
[98] Vgl. BayObLGZ 1995, 35, 36; kritisch *Happ* BB 1985, 1927.
[99] *Mayer* in Widmann/Mayer Anh. 5 Rn 77, 316 ff., 582 ff.
[100] *Habersack* in Emmerich/Habersack Vor § 311 AktG Rn 46.
[101] Zuletzt OLG Stuttgart DB 2001, 854, 855.
[102] BGH WM 1981, 163, 164; *Hüffer* § 23 AktG Rn 21; *Heinsius* ZGR 1984, 383, 405; *W. Müller*, FS J. Semler, 1993, S. 195, 201 f.; *Kessler* AG 1995, 61, 66; *Lutter/Leinekugel* ZIP 1998, 225, 227.
[103] *Baumbach/Hueck* § 179 AktG Rn 9; *Kropff*, FS Geßler, 1970, S. 111, 119.
[104] *Hommelhoff* S. 58 ff.; *Lutter/Leinekugel* ZIP 1998, 225, 227 f.; *Mertens* AG 1978, 309, 311; *Wallner* JZ 1986, 721, 729; *Wiedemann* in Großkomm. 4. Aufl. 1994, § 179 AktG Rn 60; *Wiesner* in MünchHdbGesR Bd. 4 § 9 Rn 16; *Rosengarten*, FS Buxbaum, S. 445, 455. Im Grundsatz auch *Wollburg/Gehling*, FS Lieberknecht, S. 133, 141, nach deren Auffassung im Fall eines zustimmenden „Holzmüller"-Beschlusses ein Satzungsänderungserfordernis nicht besteht.

nes im Unternehmensgegenstand enthaltenen Tätigkeitsbereichs, der sich auf die Kerntätigkeit der Gesellschaft bezieht, einer formalen Satzungsänderung[105]. Das Erfordernis einer Satzungsänderung hängt also davon ab, dass die satzungsmäßigen Aktivitäten endgültig eingestellt werden[106]. Betreibt die Gesellschaft die Tätigkeit, wenn auch in reduzierter Form, weiter, ist eine Satzungsänderung nicht notwendig[107]. Auch wenn ein statutarischer Tätigkeitsbereich vorübergehend aufgegeben wird, muss die Satzung nicht geändert werden.

23 Ob in einer Ausgliederung von Unternehmensbereichen eine Änderung des Unternehmensgegenstands zu erblicken ist, weil in der Satzung umschriebene Unternehmensaktivitäten aufgegeben werden, ist im Wege der **Auslegung der Satzung** zu ermitteln[108]. Im Unternehmensgegenstand besonders aufgeführte Bereiche sind von der Gesellschaft abzudecken. Ihre Ausgliederung ist nur dann keine Satzungsänderung, wenn sie weiter-hin zu einem nicht unbeträchtlichen Teil von der Gesellschaft ausgeübt werden. Anders verhält es sich bei lediglich exemplarisch genannten Aktivitäten („insbesondere ... ")[109]. Diese stellen für die Geschäftsführung idR nur eine unverbindliche Vorgabe dar, so dass ihre Ausgliederung keine unzulässige Unterschreitung des Unternehmensgegenstands bewirkt.

24 Eine andere Frage ist, ob die Gesellschaft den Unternehmensgegenstand stets selbst **unmittelbar** ausfüllen muss, um eine Satzungsänderung entbehrlich zu machen. Eine verbreitete Meinung bejaht dies[110]. Die besseren Gründe sprechen indessen dafür, ein Satzungsänderungserfordernis zu verneinen, wenn die entsprechende Tätigkeit von einer Tochtergesellschaft fortgesetzt wird und die Muttergesellschaft über das Beteiligungsunternehmen weiterhin unternehmerisch tätig bleibt, sich also nicht auf die Wahrnehmung von Holding-Funktionen beschränkt[111]. In diesem Fall kann die Tätigkeit der Tochtergesellschaft der Muttergesellschaft zugerechnet werden[112]. Dies muss zumindest gelten, wenn der Unternehmensgegenstand der Obergesellschaft eine **Konzernklausel** enthält, nach der die Gesellschaft Tätigkeitsbereiche in Tochtergesellschaften ausgliedern oder Tätigkeiten mittelbar über Tochtergesellschaften ausüben kann[113].

25 Erweist sich danach eine Satzungsänderung als erforderlich, muss sie grundsätzlich **vor** dem Vollzug der Ausgliederung beschlossen werden, da sich die Entscheidung anderenfalls in einer bloß formalen Absegnung der Ausgliederung erschöpft. Anders ist dies, wenn der Vertrag Rücktrittsrechte vorsieht oder die Hauptversammlung dem Vertrag zuzustimmen hat und nicht auszuschließen ist, dass gegen den Beschluss Anfechtungsklage erhoben wird[114]. In diesen Fällen reicht es aus, wenn die Aktionäre die Satzungsänderung in der nächsten Hauptversammlung nach der Ausgliederung beschließen.

---

[105] *OLG Stuttgart* DB 2001, 854, 855.
[106] *Priester* ZHR 163 (1999) 187, 193; siehe auch *LG Frankfurt* DB 2001, 751, 752 („völlige Aushöhlung des Geschäfts- und Satzungszweckes der Beklagten").
[107] *Reichert* ZHR Beiheft 68, S. 25, 40.
[108] *OLG Stuttgart* DB 2001, 854, 855; *Lutter/Leinekugel* ZIP 1998, 225, 227; *Hueck/Fastrich* in Baumbach/Hueck § 3 GmbHG Rn 7 ff.; dazu auch *Koppensteiner,* Der Konzern 2004, 381, 382.
[109] *OLG Stuttgart* DB 2001, 854, 855; *Wollburg/Gehling,* FS Lieberknecht, S. 133, 141; *Lutter/Leinekugel* ZIP 1998, 225, 227.
[110] *Hommelhoff* S. 272 ff.; *Habersack* in Emmerich/Habersack Vor § 311 AktG Rn 31; *Tieves,* Der Unternehmensgegenstand der Kapitalgesellschaft, 1998, S. 479; wohl auch *Krieger* in MünchHdbGesR Bd. 4 § 69 Rn 4; wohl auch *Priester* ZHR 163 (1999) 187, 193.
[111] Vgl. dazu *Mülbert* S. 378 f.; zur diesbezüglichen Satzungsinterpretation *Koppensteiner,* Der Konzern 2004, 381, 382.
[112] *OLG Hamburg* ZIP 1980, 1000, 1006; *Mülbert* S. 379; *Reichert* ZHR Beiheft 68, S. 25, 40 f.; *Hübner,* FS Stimpel, S. 791, 794; *Westermann* ZGR 1984, 352, 362; *Henze,* FS Ulmer, S. 211, 217.
[113] BGH ZIP 2004, 993, 995 und 1001, 1003; BGHZ 83, 122, 130; *Koppensteiner* in Kölner Komm. Vorb. § 291 AktG Rn 37; *Lutter,* FS Stimpel, S. 825, 847; *Timm* AG 1980, 172, 179 ff.; *Krieger* in MünchHdbGesR, Bd. 4 § 69 Rn 4; *Reichert* ZHR Beiheft 68, S. 25; vgl. auch *Groß* AG 1994, 266 zum Erwerb und Veräußerung von Unternehmensbeteiligungen.
[114] Zu den Ausnahmen *Wollburg/Gehling,* FS Lieberknecht, S. 133, 142.

Einbringung im Wege der Einzelrechtsnachfolge 26–29 Anh. § 173

In der **GmbH** gelten diese Grundsätze entsprechend[115]. 26

b) Vermögensveräußerung. Verträge, in denen sich eine **AG** zur Übertragung des ganzen Gesellschaftsvermögens verpflichtet, unterliegen der Zustimmung der Hauptversammlung[116]. Eine Zuständigkeit der Hauptversammlung besteht im Fall einer Vermögensübertragung auch dann, wenn sich damit keine Änderung des Unternehmensgegenstands verbindet[117]. Eine die Zuständigkeit der Hauptversammlung begründende Vermögensveräußerung liegt auch dann vor, wenn bei der Gesellschaft unwesentliche Vermögensgegenstände verbleiben, die nicht mehr der Fortsetzung der Geschäftstätigkeit dienen können oder sollen[118]. Ob die Wesentlichkeitsschwelle überschritten ist oder nicht, beurteilt sich dabei nicht anhand eines Wertvergleichs[119], sondern danach, ob die Gesellschaft mit ihrem verbleibenden Vermögen den bisherigen Unternehmensgegenstand, wenn auch in reduziertem Umfang, weiter verfolgen kann[120]. Kann die Gesellschaft ihren bisherigen Betrieb, wenn auch nur eingeschränkt, fortsetzen, liegt eine Vermögensveräußerung nicht vor[121]. Ist der Tatbestand der Vermögensübertragung verwirklicht, ist bei Fehlen der Zustimmung der Hauptversammlung das Verpflichtungsgeschäft, nicht aber das dingliche Erfüllungsgeschäft unwirksam[122]. 27

Die Grundsätze gelten auch für die **GmbH**[123] und die **Personengesellschaft**[124], da der Rechtsgedanke des § 179 a AktG insoweit entsprechend anwendbar ist. 28

c) „Holzmüller"-Grundsätze. *aa) AG.* Unabhängig vom Vorliegen einer Satzungsänderung oder einer Vermögensveräußerung besteht das Erfordernis einer Zustimmung der Hauptversammlung, wenn es sich bei dem Ausgliederungsvorhaben um eine **strukturändernde Maßnahme** iSd. „Holzmüller"-Rechtsprechung handelt. Grundsätzlich stellt die Einbringung von Vermögensgegenständen in eine Tochtergesellschaft eine Maßnahme der Geschäftsführung dar, die der Vorstand in alleiniger Verantwortung umsetzen kann. Allerdings hatte der BGH den unternehmerischen Freiraum des Vorstands auf Grundlage von Vorarbeiten im Schrifttum[125] in dem seither viel besprochenen „Holzmüller"-Urteil vom 25. 2. 1982 nicht unerheblich eingeschränkt[126]. Dabei ging es um die Ausgliederung des ca. 80% des Betriebsvermögens ausmachenden Kernbereichs der unternehmerischen Tätigkeit eines Seehafenbetriebs auf eine neu gegründete Tochtergesellschaft[127]. Nach dem „Holzmüller"-Urteil ist der Vorstand zum Schutz der Minderheitsaktionäre vor einer Beeinträchtigung ihrer Mitgliedschaftsrechte und mitgliedschaftlich vermittelten Vermö- 29

---

[115] *Lutter/Leinekugel* ZIP 1998, 225, 233; *Reichert* ZHR Beiheft 68, S. 25, 48; *Zöllner* in Baumbach/Hueck § 53 GmbHG Rn 14.
[116] § 179 a AktG. Diese Bestimmung, die an § 361 AktG aF angeglichen ist, wurde durch Art. 6 Nr. 3 des UmwBerG 1994 eingeführt.
[117] Zum Erfordernis eines Gesellschafterbeschlusses bei einer Satzungsänderung siehe Rn 22 ff.
[118] BGHZ 83, 122, 128; *Hüffer* § 179 a Rn 5; *Kropff* in G/H/E/K § 361 AktG Rn 14; *Lutter/Leinekugel* ZIP 1998, 225, 226.
[119] So aber *Mertens,* FS Zöllner, 1998, S. 385, 386 ff.
[120] BGHZ 83, 122, 128; *Henze,* FS Boujong, 1996, S. 233, 244; *Habersack* in Emmerich/Habersack Vor § 311 AktG Rn 32; vgl. auch *BGH* DB 1995, 621, 622, wonach Verträge, mit denen sich eine KG zur Übertragung ihres gesamten Vermögens verpflichtet, der Zustimmung aller Gesellschafter bedürfen.
[121] BGHZ 83, 122, 128; *OLG Celle* ZIP 2001, 613, 615; *Hübner,* FS Stimpel, S. 791, 792 f.
[122] *K. Schmidt* ZGR 1995, 675, 680; *Hüffer* § 179 a AktG Rn 18; *Kraft* in Kölner Komm. § 361 AktG Rn 29.
[123] *Priester* in Scholz § 53 GmbHG Rn 177; *Ulmer* in Hachenburg § 53 GmbHG Rn 164; *K. Schmidt* ZGR 1995, 675, 678.
[124] *BGH* NJW 1995, 596; *K. Schmidt* ZGR 1995, 675 ff.
[125] *Lutter,* FS H. Westermann, S. 347 ff.; *ders.,* FS Barz, S. 199 ff.; *Timm,* Die Aktiengesellschaft als Konzernspitze, 1980; *ders.* AG 1980, 172 ff.; *Hommelhoff,* Die Konzernleitungspflicht; *Ulmer* AG 1975, 15; *Rehbinder,* FS Coing 1982, S. 423.
[126] BGHZ 83, 122 ff.
[127] Vgl. die vorinstanzliche Entscheidung des *OLG Hamburg* ZIP 1980, 1000.

gensinteressen verpflichtet, die Zustimmung der Hauptversammlung einzuholen, wenn die Maßnahme „so tief in die Mitgliedschaftsrechte der Aktionäre und deren im Anteilseigentum verkörpertes Vermögensinteresse eingreift, dass der Vorstand vernünftigerweise nicht annehmen kann, er dürfte sie ausschließlich in eigener Verantwortung treffen"[128]. Die Entscheidung des BGH ist im Schrifttum auf ein geteiltes Echo gestoßen[129]. Die instanzgerichtliche Rechtsprechung ist ihr weitgehend gefolgt[130]. Die Praxis hatte sich auf sie inzwischen als hinzunehmendes Datum eingestellt[131], wobei jedoch vielfach Unsicherheit über den Anwendungsbereich im Einzelnen mit der Folge zT übermäßiger Vorsicht verblieb[132]. Dies anerkennend hat der BGH im Rahmen seiner **„Gelatine"-Entscheidungen** vom 26.4.2004 die Gelegenheit zur Konkretisierung seiner „Holzmüller"-Rechtsprechung genutzt[133], wenngleich dadurch auch nicht alle Zweifelsfragen geklärt wurden[134].

30 Rechtfertigung für die Hauptversammlungszuständigkeit ist nicht ausschließlich, aber doch vorrangig die zu einer potenziellen Gefährdung der Aktionärsinteressen führende **Mediatisierung** der Kompetenz der Hauptversammlung[135]. Zwar ist im Ausgangspunkt festzuhalten, dass kein Anteilstausch, sondern nur ein Aktiventausch stattfindet[136], der die Interessen der Aktionäre nicht unmittelbar berührt. Die Ausgliederung führt indessen zu einer Verlagerung der Zuständigkeit von der Hauptversammlung auf den Vorstand, da dieser die Mitgliedschaftsrechte in der Beteiligungsgesellschaft wahrnimmt und demgemäß auch über das ausgegliederte Vermögen bestimmen kann. Dies gilt etwa für die Beschlussfassung über Kapitalerhöhungen und über die Gewinnverwendung in der Beteiligungsgesellschaft. Zudem wird das Auskunftsrecht der Aktionäre eingeschränkt, das sich zwar auf die Beziehungen zu der Beteiligungsgesellschaft[137], nicht aber zwangsläufig

---

[128] BGHZ 83, 122, 131.

[129] Befürwortend im Grundsatz etwa *Rehbinder* ZGR 1983, 92 ff.; *Geßler*, FS Stimpel, S. 771 ff.; *Hübner*, FS Stimpel, S. 791 ff.; *Lutter*, FS Stimpel, S. 825, 840 ff.; *ders.*, FS Fleck, S. 169 ff.; *U. H. Schneider*, FS Bärmann, 1975, S. 873, 881 ff.; *Timm* ZHR 153 (1989) 60, 68 ff.; *Emmerich* AG 1991, 303, 307; *Hirte* S. 162 ff.; *Wiedemann* S. 50 ff.; *Mecke* S. 161 ff.; *Seydel* S. 379 ff.; zust. ferner *Hüffer* § 119 AktG Rn 18; *Krieger* in MünchHdbGesR Bd. 4 § 69 Rn 7 f.; *Priester* ZHR 163 (1999) 187, 194 ff.; *Henze* BB 2000, 209, 211 f.; *ders.* BB 2001, 53, 60; *Reichert* ZHR Beiheft 68, S. 25; *Joost* ZHR 163 (1999) 164, 179 ff.; *Bernhardt* DB 2000, 1873 ff.; abl. etwa *Beusch*, FS Werner, 1984, S. 1, 21; *J. Semler* BB 1983, 1566; *Götz* AG 1984, 85, 90; *Heinsius* ZGR 1984, 383, 390 ff.; *Martens* ZHR 147 (1983) 377, 404 ff.; *Westermann* ZGR 1984, 352, 371 ff.; *Sünner* AG 1983, 169, 171 f.; *Werner* ZHR 147 (1983) 429, 450 ff.; *Kropff* ZGR 1984, 112, 113; *Koppensteiner* in Kölner Komm. Vorb. § 291 AktG Rn 44 ff.; kritisch auch *Kessler* AG 1995, 61, 73 ff.; differenzierend *Mülbert* S. 416 ff., 430 ff.; *ders.* in Großkomm. § 119 AktG Rn 17 mwN zum Streitstand.

[130] Vgl. etwa *OLG Celle* ZIP 2001, 613, 615; *LG Hannover* DB 2000, 1607; *OLG Frankfurt* DB 1999, 1004; *OLG München* WM 1996, 1462; *OLG Köln* ZIP 1993, 110 „Winterthur/Nordstern"; *LG Frankfurt* DB 2001, 751, 752; NZG 1998, 113; AG 1993, 297 „Hornblower/Fischer"; *LG Hannover* DB 2000, 1607; *LG Heidelberg* AG 1999, 135 „MLP"; *LG Düsseldorf* AG 1999, 94, 95; *LG Karlsruhe* AG 1998, 99; *LG Stuttgart* AG 1992, 236, 237; *LG Köln* AG 1992, 238; vgl. auch *öOHG* AG 1996, 382.

[131] Vgl. zur Empirik *Mayer* in Widmann/Mayer Anh. 5 Rn 924 mwN.

[132] *Bungert* BB 2004, 1345; vgl. auch *Fuhrmann* AG 2004, 339, 342; *Hüffer*, FS Ulmer, S. 279, 280.

[133] *BGH* ZIP 2004, 993, 996 mit Anm. *Altmeppen*; *BGH* ZIP 2004, 1001; begrüßend grds. auch *Habersack* AG 2005, 137, 149; *Barta* GmbHR 2004, R 289; *Bungert* BB 2004, 1345; *Fuhrmann* AG 2004, 339, 341.

[134] *Liebscher* ZGR 2005, 1, 2.

[135] *BGH* ZIP 2004, 993, 996; *Goette* AG 2006, 522, 525; *Lutter/Leinekugel* ZIP 1998, 805; *Joost* ZHR 163 (1999) 164, 167; *Habersack* in Emmerich/Habersack Vor § 311 AktG Rn 34; *ders.* AG 2005, 137, 140; *ders.* in Emmerich/Habersack KonzernR § 9 IV lit b; *Arnold* ZIP 2005, 1573, 1574; *Dietz* S. 272 ff.; aA *Lutter*, FS Stimpel, S. 825, 832; aA auch *Fleischer* NJW 2004, 2335, 2336 f.: „Veränderung des Investmentkontrakts zwischen Anteilseigner und Gesellschaft".

[136] Vermögensgegenstände gegen Gewährung von Gesellschaftsanteilen, *Altmeppen* DB 1998, 49, 52; *Mayer* in Widmann/Mayer Anh. 5 Rn 923.

[137] § 131 Abs. 1 Satz 2 AktG.

auch auf deren Angelegenheiten erstreckt[138]. Schließlich besteht aufgrund des Eingriffs in das Organisationsgefüge der Gesellschaft die Gefahr einer Vermögensverschiebung, wenn in der aufnehmenden Tochtergesellschaft außenstehende Gesellschafter vorhanden sind und der Wert der eingebrachten Vermögensgegenstände den Wert des der ausgliedernden Gesellschaft als Gegenleistung gewährten Anteils übersteigt[139]. Dieser Mediatisierungseffekt besteht gleichermaßen, wenn die Ausgliederung als Einstellung in die Rücklagen erfolgt[140].

Mit dem Zustimmungserfordernis soll den Aktionärsbelangen bereits präventiv Rechnung **31** getragen werden und diese nicht lediglich auf die nachträgliche Geltendmachung von Ersatzansprüchen gegen den Vorstand wegen pflichtwidriger Ausübung seiner Leitungsmacht verwiesen werden[141]. Hierfür kommt es allein auf den mit der Ausgliederung verbundenen Gefährdungstatbestand an, nicht notwendig ist das Vorliegen einer ggf. weitere Zustimmungserfordernisse mit sich bringenden Konzernleitungsmaßnahme[142].

Die dogmatische **Grundlage** für die Zuständigkeit der Hauptversammlung bei struk- **32** turändernden Beschlüssen war vor den „Gelatine"-Entscheidungen nicht abschließend geklärt[143]. In seiner „Holzmüller"-Entscheidung begründete der BGH und ihm nachfolgend die instanzgerichtliche Judikatur das Beschlusserfordernis der Hauptversammlung damit, dass das dem Vorstand zugebilligte Ermessen[144] angesichts der Intensität der Maßnahme („tiefer Eingriff") auf Null reduziert ist[145]. Dieser Auffassung ist entgegengehalten worden, dass der Zweck der Bestimmung des § 119 Abs. 2 AktG weniger darin liegt, Minderheitsgesellschafter zu schützen, als dem Vorstand die Möglichkeit zu eröffnen, durch eine Beschlussvorlage die persönliche Haftung zu vermeiden[146]. Eine sich bis zu den „Gelatine"-Entscheidungen im Vordringen befindliche Ansicht entwickelte die Hauptversammlungszuständigkeit demgegenüber aus einer Einzel- bzw. einer Gesamtanalogie zu den Regelungen über strukturändernde Maßnahmen[147]. Andere leiteten aus dem Konzerntatbestand zusätzliche Kompetenzen der Hauptversammlung der Obergesellschaft als „Grundorgan" des Konzerns ab[148] oder vertraten einen differenzierenden Standpunkt[149]. Die Konzernlösung wurde vom BGH in

---

[138] *Joost* ZHR 163 (1999) 164, 168; vgl. dazu auch *Dietz* S. 273 f.

[139] Vgl. BGH ZIP 2004, 993, 996: „ ... Auswirkungen auf die Rechtsstellung der Aktionäre, deren ihm anvertrautes Geld der Vorstand im Rahmen seiner Leitungstätigkeit zu verwalten hat"; vgl. auch LG *Frankfurt* AG 1993, 287, 288.

[140] *Reichert* ZHR Beiheft 68, S. 25, 66 f.

[141] BGH ZIP 2004, 993, 996.

[142] *Habersack* AG 2005, 137, 143.

[143] Ausführlich zu den diskutierten dogmatischen Ansatzpunkten *Dietz* S. 316 ff.

[144] § 119 Abs. 2 AktG.

[145] BGHZ 83, 122, 131; OLG *München* AG 1995, 232, 233; OLG *Celle* ZIP 2001, 613, 615; LG *Hannover* DB 2000, 1607; LG *Frankfurt* DB 2001, 751, 752; aus dem Schrifttum zustimmend etwa *F. J. Semler* in MünchHdbGesR, Bd. 4 § 34 Rn 40; *Reichert* ZHR Beiheft 68, S. 25, 45 f.; *Groß* AG 1996, 111, 112; *v. Rechenberg*, FS Bezzenberger, S. 359, 366 f.; wohl auch *Rosengarten*, FS Buxbaum, S. 445, 449; kritisch zu diesem dogmatischen Ansatz jedoch *Henze* BB 2001, 53, 60. Im Ergebnis zustimmend auch die Vorauf. Rn 31.

[146] Ablehnend auch *Henze*, FS Ulmer, S. 211, 218.

[147] Insbesondere §§ 13, 65 UmwG, §§ 179, 179 a, 293 Abs. 1 und 2, 319 Abs. 2 AktG. In diesem Sinne etwa *Timm* AG 1980, 172, 176 ff.; *Hübner*, FS Stimpel, S. 791, 795 ff.; *Krieger* in MünchHdbGesR, Bd. 4 § 69 Rn 6; *Habersack* in Emmerich/Habersack³ Vor § 311 AktG Rn 36; *Simon* in Heckschen/Simon § 4 Rn 19 f.; *Wiedemann* in Großkomm. § 179 AktG Rn 74, 76; *Priester* ZHR 163 (1999) 187, 195; *Mülbert* in Großkomm. § 119 AktG Rn 23 ff.; *ders.* S. 395 f.; *Weißhaupt* NZG 1999, 804, 806 f.; *Leinekugel* S. 224 f.; iE einschränkend zum „teleogischen Kern der umwandlungsrechtlichen Regelungen" *Joost* ZHR 163 (1999) 164, 184; *Dietz* S. 348 ff.; vgl. auch *Tröger* ZHR 165 (2001) 593, 604; kritisch *Hüffer*, FS Ulmer, S. 279, 289; auch nach „Gelatine" noch *Liebscher* ZGR 2005, 1, 22 mit Ausnahme von § 179 a AktG.

[148] *Lutter*, FS Stimpel, S. 825, 844 ff.; ähnlich *Henze* BB 2001, 53, 60.

[149] *Zimmermann/Pentz*, FS W. Müller, S. 151, 166 f.

den „Gelatine"-Entscheidungen ausdrücklich abgelehnt und dabei klargestellt, dass es sich insoweit um einen bloßen Rechtsreflex handelt[150]. Der zwar auf tatbestandlicher Seite gut begründbaren[151], eine Gesamtanalogie favorisierenden Auffassung hielt der BGH indes entgegen, dass sich die Rechtsfolge der herangezogenen Vorschriften von den „Holzmüller"-Fällen unterscheide, da letztere nur ein Zustimmungserfordernis im Innenverhältnis begründen, nicht aber zu einer Nichtigkeit getroffener Maßnahmen wegen fehlender Vertretungsmacht führen[152]. Im Rahmen seiner „Gelatine"-Entscheidungen entschied sich der BGH daher zur Kombination der zutreffenden Elemente beider Ansätze und versteht die ungeschriebene Hauptversammlungszuständigkeit in „Holzmüller"-Fällen seitdem als das Ergebnis einer offenen Rechtsfortbildung[153].

33 Insbesondere auch die Frage der **Reichweite** der Hauptversammlungszuständigkeit war vor „Gelatine" nicht abschließend beantwortet. Die vom BGH im „Holzmüller"-Urteil herangezogenen Kriterien (weit reichende strukturelle Maßnahme, Kernbereich unternehmerischer Tätigkeit, wertvollster Betriebsteil, Änderung der Unternehmensstruktur etc.) zeichneten sich durch eine große Unbestimmtheit aus. Deshalb wurden in der instanzgerichtlichen Rechtsprechung und dem rechtswissenschaftlichen Schrifttum Versuche unternommen, griffigere Abgrenzungsparameter zu entwickeln, mit deren Hilfe die „Wesentlichkeit" einer Strukturentscheidung iSd. „Holzmüller"-Entscheidung zuverlässig festgestellt werden kann. Eine Einigung auf einheitliche Aufgreifkriterien war indes nicht erfolgt[154]. So wurden von Rechtsprechung und Schrifttum unterschiedliche **Bemessungsgrundlagen** herangezogen, wie etwa der Anteil am Grundkapital, an der Bilanzsumme oder am Eigenkapital, die Höhe der Aktiva (bezogen nach Bilanz-, Substanz- und Ertragswerten) oder des relevanten Umsatzes, die Anzahl der betroffenen Beschäftigten oder die Prägung des Unternehmens. Dabei wurden die Angaben jeweils entweder auf die ausgliedernde Gesellschaft oder den Konzern bezogen. Zudem wurden bei der Beurteilung der Wesentlichkeit der Maßnahme unterschiedliche **Schwellenwerte** in Ansatz gebracht. Zum Teil wurde, insbesondere unter Hinweis auf eine seit Inkrafttreten des UmwG eingetretene Verschiebung des Regel-Ausnahme-Verhältnisses, in analoger Anwendung von § 62 eine 10%-Grenze befürwortet[155]. Die überwiegende Meinung sprach sich demgegenüber für zwischen 25%[156] und

---

[150] *BGH* ZIP 2004, 993, 996; zuvor bereits ablehnend *Joost* ZHR 163 (1999) 164, 172; *Dietz* S. 266 ff.

[151] So auch die Voraufl. Rn 31 mwN, iE jedoch der früheren Auffassung des BGH zustimmend.

[152] *BGH* ZIP 2004, 993, 997; zust. *Fuhrmann* AG 2004, 339, 341; siehe dazu auch Rn 43.

[153] *BGH* ZIP 2004, 993, 997 unter Hinweis auf *Geßler*, FS Stimpel, S. 771, 780; iE wohl zustimmend *Habersack* AG 2005, 137, 142 f.; *ders.* in Emmerich/Habersack Vor § 311 AktG Rn 40; *ders.* in Emmerich/Habersack KonzernR § 9 IV lit b; auch *Reichert* AG 2005, 150, 152 f.; kritisch *Fleischer* NJW 2004, 2335, 2337; *Weißhaupt* AG 2004, 585, 586; *Marsch-Barner*, FS Schwark S. 105, 111; offen lassend *Arnold* ZIP 2005, 1573, 1575; *ders.* auch zur Frage eines Initiativrechts der Hauptversammlung ZIP 2005, 1573, 1578.

[154] Vgl. den Überblick bei *Bungert* BB 2004, 1345, 1346.

[155] *LG Frankfurt* ZIP 1993, 830, 832 „Hornblower Fischer AG" (ja bei 50% des Umsatzes und 10% der Aktiva); *Mülbert* S. 436; *Seydel* S. 431 ff.; *Emmerich/Sonnenschein* KonzernR § 4 a V 3 a aE; *Habersack* in Emmerich/Habersack³ Vor § 311 AktG Rn 40 (10% des Gesamtwerts des Konzerns); vgl. auch *Kropff*, FS Geßler, S. 111, 124; *Geßler*, FS Stimpel, S. 771, 787 (10% des Eigenkapitals); *Hefermehl/Bungeroth* in G/H/E/K § 182 AktG Rn 116; vgl. auch *Lutter*, FS Stimpel S. 825, 850 ff.; *ders.* ZHR 151 (1987) 444, 452 ff.; *ders.*, FS Fleck, S. 169, 180 (20% bis 25% der bilanzmäßigen Aktiva oder 10% der Bilanzsumme oder des Umsatzes).

[156] Vgl. *LG Frankfurt* NZG 1998, 113, 115 („Altana/Milupa") (ja bei 23% der Bilanzsumme und 30% des Gesamtumsatzes oder wenn das Gesamtbild der Konzernaktivitäten prägend) – offen lassend aber die Berufungsinstanz *OLG Frankfurt* ZIP 1999, 842 sowie die Revisionsinstanz *BGH* WM 2001, 569; dazu ferner *Kurzwelly* RWS Forum Gesellschaftsrecht 2001, S. 1, 19 (Holzmüller „eher fernliegend"); *OLG Köln* ZIP 1993, 110, 114 (nein bei 8,25% des Beitragsaufkommens einer Versicherung); *Hirte* S. 100 ff. (25% des Vermögens, berechnet nach steuerlichen Teilwerten); *Liebscher* S. 89 (25% des Gesamtvermögens- oder Umsatzes der Muttergesellschaft); *Henssler*, FS Zöllner, 1998, S. 203, 213 (25%

Einbringung im Wege der Einzelrechtsnachfolge

50%[157] liegende Schwellenwerte aus[158], stellte aber auf unterschiedliche Bemessungsgrundlagen ab[159].

In den „Gelatine"-Entscheidungen betonte der BGH ausdrücklich die sich auf historische Erfahrungen stützende und in dieser Form auch vom Gesetzgeber des geltenden Aktienrechts ausdrücklich übernommene strikte Trennung zwischen der eigenverantwortlichen Geschäftsführungskompetenz des Vorstands und der Grundlagenkompetenz der für die Mitwirkung an der Leitung der AG aufgrund ihrer inhomogenen Zusammensetzung und Distanz zu einzelnen Geschäftsführungsmaßnahmen strukturell ungeeigneten Hauptversammlung[160]. Eine ungeschriebene Mitwirkungskompetenz der Hauptversammlung ist nach dieser Rechtsprechung nur ausnahmsweise und in engen Grenzen, und zwar dann anzunehmen, wenn die Maßnahme die für die Gesellschaft verfassungsgebende Grundlagenkompetenz der Hauptversammlung berührt und in ihren Auswirkungen nahezu einem allein durch eine Satzungsänderung herbeiführbaren Zustand entspricht[161]. Von einer Durchbrechung der gesetzlichen Kompetenzverteilung geht die neuere höchstrichterliche Rechtsprechung nunmehr erst dann aus, wenn der Bereich, auf den sich die Maßnahme erstreckt, in seiner Bedeutung für die Gesellschaft die Ausmaße der Ausgliederung in dem ursprünglich entschiedenen „Holzmüller"-Fall erreicht[162].

Zu Recht geht der BGH in seiner „Gelatine"-Rechtsprechung davon aus, dass eine zu enge Bindung des Vorstands an jeweils einzuholende Entschließungen der regelmäßig nur mit erheblichem Zeit- und Kostenaufwand einzuberufenden Hauptversammlung in einer global vernetzten, schnelle Entscheidungen verlangenden Wirtschaftsordnung gänzlich unpraktikabel wäre und eine Lähmung der Gesellschaft zur Folge hätte[163]. Ausgehend vom Anliegen der „Holzmüller"- und der „Gelatine"-Entscheidungen, nur solche Strukturentscheidungen erfassen zu wollen, die die verfassungsgebende Kernkompetenz der Hauptversammlung berühren, ist der Vorgabe, einen „Holzmüller"-Fall erst dann anzunehmen, wenn die Maßnahme einer Satzungsänderung nahezu entspricht, daher zuzustimmen. Ein Zustimmungserfordernis der Hauptversammlung ist somit nur dann zu bejahen, wenn etwa **80% des Aktivvermögens des Konzerns** und der **Kernbereich**[164] der unternehmerischen Ak-

---

des Jahresergebnisses der ausgliedernden Gesellschaft); *Krieger* in MünchHdbGesR Bd. 4 § 69 Rn 8 (nein bei weniger als ein Drittel der Konzernbilanzsumme und des Konzernumsatzes); *Priester* ZHR 163 (1999) 187, 196 (Teilbetrieb von erheblichem Gewicht); *Aha* AG 1997, 345, 348 (ja, wenn 25% des Gesamtertrags der übertragenden Gesellschaft); siehe auch *Hommelhoff* ZGR 1993, 452, 456 (25% des Gesellschaftsvermögens); *Rosengarten*, FS Buxbaum, S. 445, 454 (nein, bei weniger als 20% bis 25% des Umsatzes oder Unternehmenswerts).
[157] *OLG München* AG 1995, 232, 233 (ja, wenn einzig werthaltiger Vermögensgegenstand); *OLG Celle* ZIP 2001, 613, 615; *LG Hannover* DB 2000, 1607 (ja bei Verkauf des gesamten Vermögens); *LG Düsseldorf* AG 1999, 94, 95 (nein, wenn unter 50% der Aktiva der Gesellschaft und nicht Kernbereich der Tätigkeit); *Wollburg/Gehling*, FS Lieberknecht, S. 133, 149 ff. (idR ja wenn über 50%, mindestens aber über 25% des Vermögens der Obergesellschaft betroffen sind); *F. J. Semler* in MünchHdbGesR Bd. 4 § 34 Rn 41; *Veil* ZIP 1998, 361, 369 (ja bei 50% des Grundkapitals); *Wahlers* S. 217 ff. (ja bei 50% des Grundkapitals); *Groß* AG 1994, 266, 272.
[158] Vgl. auch *Altmeppen* DB 1998, 49, 51 (faktische Aufgabe oder Änderung des Unternehmensgegenstands); gegen eine Festlegung quantitativer Grenzen *Zimmermann/Pentz*, FS W. Müller, S. 151, 166 f.
[159] Auch die Voraufl. knüpfte in Rn 33 neben weiteren Erfordernissen an 50% des Konzernaktivvermögens an.
[160] BGH ZIP 2004, 993, 997.
[161] BGH ZIP 2004, 993, 998; zT kritisch *Arnold* ZIP 2005, 1573, 1575.
[162] BGH ZIP 2004, 993, 998; siehe dazu Rn 29; so auch bereits *Hüffer*, FS Ulmer, S. 279, 295.
[163] BGH ZIP 2004, 993, 998.
[164] Vgl. auch zeitlich zuvor *LG Duisburg* ZIP 2004, 76, 78 (noch unter Zugrundelegung eines Schwellenwerts von 50% der Bilanzsumme); auch bereits *Lutter/Leinekugel* ZIP 1998, 225, 230.

tivitäten betroffen sind[165]. Da jedoch auch die „Gelatine"-Rechtsprechung nicht an einen fixen Schwellenwert, sondern auf die Auswirkungen in materieller Hinsicht anknüpft, können auch der Anteil an der Bilanzsumme, am Eigenkapital, am Umsatz, an der Anzahl der Mitarbeiter sowie dem Ertrag, jeweils bezogen auf den Konzern[166], von Bedeutung sein[167], ohne dass bereits die Überschreitung auch nur einer dieser Kennziffern notwendigerweise zu einem „Holzmüller"-Fall führt[168].

36 Unbeschadet eines auch bei Konzernumstrukturierungen in Betracht kommenden Zustimmungserfordernisses[169] sind wie auch bisher bereits bestehende Konzernstrukturen zu berücksichtigen, so dass tendenziell höhere Maßstäbe immer dann anzulegen sind, wenn durch die Ausgliederung nicht erstmals ein Konzernverhältnis geschaffen wird, die ausgliedernde Gesellschaft also bereits über Tochtergesellschaften verfügt, oder wenn die aufnehmende Gesellschaft ebenso wie die ausgliedernde eine 100%-ige Tochter der Muttergesellschaft ist[170]. Während es in letzterem Fall an einem Mediatisierungseffekt fehlt, führt jedoch die Schaffung weiterer Ebenen in der Konzernhierarchie zu einer solchen Verringerung des Einflusses der Hauptversammlung der Obergesellschaft[171]. Große Zurückhaltung bei der Anwendung der „Holzmüller"-Grundsätze ist geboten, wenn die Obergesellschaft bereits nach ihrem Unternehmensgegenstand als Holding-AG konzipiert ist[172]. Wie auch der BGH ausdrücklich klarstellt, ist eine Suche lediglich nach Bagatellgrenzen fehl am Platz[173], insbesondere nachdem das UmwG auf eine Regelung der „Holzmüller"-Problematik bewusst verzichtet hat. Der Umstand, dass das UmwG, losgelöst von jeden Schwellenwerten, alle Ausgliederungsfälle erfasst, kann nicht als Legitimation dafür dienen, die Schwellenwerte für Ausgliederungsmaßnahmen im Wege der Einzelrechtsübertragung abzusenken. Wie auch in den den „Gelatine"-Entscheidungen zugrunde liegenden Fällen ist entscheidend, dass die Ausgliederung bei Zugrundelegung einer Konzernbetrachtung von solcher Bedeutung ist, dass sie die Wesentlichkeitsschwelle auf der Ebene der Obergesellschaft überschreitet[174]. Noch nicht abschließend geklärt ist, ob es daran fehlt, wenn der Obergesellschaft der Zugriff auf die ausgegliederten Vermögenswerte kraft schuldrechtlicher Vereinbarungen oder

---

[165] Zustimmend *Habersack* in Emmerich/Habersack Vor § 311 AktG Rn 46; *Bungert* BB 2004, 1345, 1347; *Arnold* ZIP 2005, 1573, 1575; *Mayer* in Widmann/Mayer Anh. 5 Rn 921; grds. auch *Fuhrmann* AG 2004, 339, 341; strenger noch die Voraufl. Rn 33 (50% des Konzernaktivvermögens).

[166] So auch *Götze* NZG 2004, 585, 589; *Liebscher* ZGR 2005, 1, 16; zust. *Reichert* AG 2005, 150, 154; *Arnold* ZIP 2005, 1573, 1576; aA wohl *Habersack* in Emmerich/Habersack Vor § 311 AktG Rn 46.

[167] Vgl. die insoweit nicht näher eingehende Aufzählung in *BGH* ZIP 2004, 993, 999; dazu auch *Bungert* BB 2004, 1345, 1347; *Fleischer* NJW 2004, 2335, 2339 Fn 76; *Barta* GmbHR 2004, R 289 f.; *Fuhrmann* AG 2004, 339, 341; für Vorrang der Ertragsbetrachtung *Simon* DStR 2004, 1482, 1485 f.; *Habersack* in Emmerich/Habersack Vor § 311 AktG Rn 47; *ders*. in Emmerich/Habersack KonzernR § 9 IV lit d; *Liebscher* ZGR 2005, 1, 15 f.

[168] Zutr. *Arnold* ZIP 2005, 1573, 1576: „Gesamtschau"; auch *Bungert* BB 2004, 1345, 1347; für lediglich indiziellen Charakter auch *Marsch-Barner*, FS Schwark S. 105, 115; *Liebscher* ZGR 2005, 1, 15; *Reichert* AG 2005, 150, 154; aA bzgl. Buchvermögen und Umsatz *Hüffer*, FS Ulmer, S. 279, 295.

[169] Vgl. den ausdrücklichen Hinweis in *BGH* ZIP 2004, 993, 996 f.

[170] So bereits vor „Gelatine" *Krieger* in MünchHdbGesR Bd. 4 § 69 Rn 8; insoweit zutr. *LG Frankfurt* AG 1993, 287, 288.

[171] *BGH* ZIP 2004, 993, 998 f. und 1001, 1003, jeweils unter Hinweis auf *Kubis* in MünchKomm. § 119 AktG Rn 74; zustimmend *Habersack* AG 2005, 137, 143; *ders*. in Emmerich/Habersack Vor § 311 AktG Rn 41, 45; zweifelnd *Götze* NZG 2004, 585, 589; *Arnold* ZIP 2005, 1573, 1576; *Mayer* in Widmann/Mayer Anh. 5 Rn 922; kritisch auch *Simon* DStR 2004, 1482, 1485.

[172] *Habersack* in Emmerich/Habersack Vor § 311 AktG Rn 47.

[173] *BGH* ZIP 2004, 993, 997; auch bereits die Voraufl. Rn 33; so aber früher *Habersack* in Emmerich/Habersack³ Vor § 311 AktG Rn 40; zutr. demgegenüber bereits *Priester* ZHR 163 (1999) 187, 195; *Altmeppen* ZIP 2004, 999 f.; nunmehr auch *Habersack* in Emmerich/Habersack Vor § 311 AktG Rn 46.

[174] Vgl. *BGH* ZIP 2004, 993, 999 und 1001, 1003.

Einbringung im Wege der Einzelrechtsnachfolge   37–39 **Anh. § 173**

über Beherrschungs- und Gewinnabführungsverträge erhalten bleibt[175]. Auch die bloße Veräußerung von Beteiligungen führt nicht zu einem „Holzmüller"-Zustimmungserfordernis, wenn es an einem Mediatisierungseffekt fehlt; daran fehlt es regelmäßig, weil sich die Veräußerung von Beteiligungen meist grundsätzlich nicht anders als die Veräußerung sonstiger Vermögensgegenstände in einer Bestandsveränderung des Gesellschaftsvermögens erschöpft und es sich dabei nicht um eine Maßnahme der Konzernbildung im engeren Sinne handelt[175a].

Bei der Beurteilung der Wesentlichkeit sind einzelne Maßnahmen nur **zusammenzurechnen,** wenn zwischen ihnen ein sachlicher und zeitlicher Zusammenhang besteht[176]. Diese Voraussetzungen liegen vor, wenn die verschiedenen Ausgliederungen Teil einer umfassenden Umstrukturierung der Unternehmensgruppe sind, was sich aus objektiven Merkmalen, wie etwa dokumentierten Vorstands- und Aufsichtsratsbeschlüssen, ergeben muss[177]. 37

Umstritten ist, ob der Ausgliederungsbeschluss einer **sachlichen Rechtfertigung** bedarf. Der BGH nahm hierzu im „Holzmüller"-Fall lediglich für den Sonderfall einer Kapitalerhöhung unter Bezugsrechtsausschluss auf Ebene der durch Ausgliederung entstandenen Tochtergesellschaft Stellung[178], in den „Gelatine"-Entscheidungen dagegen nicht. Nach einer verbreiteten Meinung ist wie beim Beschluss über den Bezugsrechtsausschluss eine Inhaltskontrolle vorzunehmen[179]. Der Eingriff in die Mitgliedschaftsrechte der Aktionäre müsse durch das Gesellschaftsinteresse gerechtfertigt sein. Jedoch dürften indessen die besseren Gründe dafür sprechen, dass bei Ausgliederungen eine materielle Beschlusskontrolle **nicht stattfindet**[180]. Bei der Ausgliederung handelt es sich um eine Maßnahme der Unternehmensreorganisation, mit der sich eine Verhältnismäßigkeitsprüfung nur schwer verträgt. Es verbleiben somit lediglich die allgemeinen Grenzen des Rechtsmissbrauchs[181]. 38

Hauptanwendungsbereich der „Holzmüller"-Grundsätze ist die **Begründung von Abhängigkeits- oder Konzernverhältnissen,** wie sie bspw. bei einer Ausgliederung auf eine neu gegründete Tochtergesellschaft stattfindet. Auf die Anteilsverhältnisse in der Tochtergesellschaft kommt es nicht entscheidend an. Ein Zustimmungserfordernis kommt demnach nicht nur in Betracht, wenn die übernehmende Gesellschaft im alleinigen oder mehrheitlichen Anteilsbesitz der ausgliedernden Gesellschaft steht, sondern auch, wenn sie hieran nur über eine Minderheitsbeteiligung verfügt[182]. Im Gegenteil sind die Interessen der Gesellschafter der ausgliedernden Gesellschaft hier sogar noch stärker berührt als bei einer 39

---

[175] So etwa *Bungert* BB 2004, 1345, 1348, lediglich im Hinblick auf Grundstücke zweifelnd; in diese Richtung auch *Arnold* ZIP 2005, 1573, 1576; aA *Habersack* AG 2005, 137, 143; *ders.* in Emmerich/Habersack Vor § 311 AktG Rn 45; wohl offen lassend *BGH* ZIP 2004, 1001, 1003.

[175a] *OLG Stuttgart* ZIP 2005, 1415, 1418, im Rahmen der Zurückweisung der Nichtzulassungsbeschwerde insoweit zustimmend *BGH* ZIP 2007, 24.

[176] *Krieger* in MünchHdbGesR Bd. 4 § 69 Rn 8; *Goette* AG 2006, 522, 526; vgl. bereits *Lutter*, FS Barz, 1974, S. 199, 215; zu eng *Hirte* S. 181 (Zusammenrechnung der Einzelmaßnahmen der letzten 5 Jahre).

[177] *Simon* DStR 2004, 1482, 1486; *Habersack* in Emmerich/Habersack Vor § 311 AktG Rn 47.

[178] Vgl. BGHZ 83, 122, 143 f.

[179] *Hirte* S. 162 ff.; *Krieger* in MünchHdbGesR Bd. 4 § 69 Rn 10; *Wiedemann* S. 57; *Martens*, FS Fischer, 1979, S. 437.

[180] *Weißhaupt* AG 2004, 585, 587; *Marsch-Barner*, FS Schwark S. 105, 118; *Liebscher* ZGR 2005, 1, 32; *Henze*, FS Ulmer, S. 211, 224; *Habersack* in Emmerich/Habersack Vor § 311 AktG Rn 51; *Lutter* ZGR 1982, 171; *Baums* AG 1994, 1, 5; *Wahlers* S. 192 ff.; *Feddersem/Kiem* ZIP 1994, 1078, 1084; *Weißhaupt* NZG 1999, 804, 810; *ders.* AG 2004, 585, 587; wohl auch *Simon* in Heckschen/Simon § 4 Rn 53 ff.; *Dietz* S. 380 f. Vgl. auch *LG Frankfurt* AG 1993, 287 (keine Überprüfung der Zweckmäßigkeit und Richtigkeit) sowie *OLG Frankfurt* ZIP 2006, 370, 372 (keine Inhaltskontrolle von Verschmelzungsbeschlüssen).

[181] *Liebscher* ZGR 2005, 1, 32.

[182] *Priester* ZHR 163 (1999) 187, 197; *Krieger* in MünchHdbGesR Bd. 4 § 69 Rn 8.

Ausgliederung auf eine alleinige Tochtergesellschaft[183]. Die „Holzmüller"-Doktrin erschöpft sich jedoch nicht darin, ein Instrument der Konzernbildungskontrolle zu sein[184]. Der BGH hatte auch in den „Gelatine"-Entscheidungen keinen Anlass zu einer abschließenden Festlegung Einzelner zustimmungspflichtiger Geschäftsführungsmaßnahmen, zieht einen Zustimmungsvorbehalt jedoch ausdrücklich auch bei einer Umbildung bereits vorhandener Konzernstrukturen in Erwägung[185]. Im hier interessierenden Zusammenhang bedeutet dies, dass auch **Ausgliederungsvorgänge bei Tochter- und Enkelgesellschaften** einen Zustimmungsvorbehalt auf der Ebene der Obergesellschaft nach sich ziehen können[186]. Die Ausgliederung auf Ebene der Tochtergesellschaft begründet ein Zustimmungserfordernis auf der Ebene der Hauptversammlung nur, wenn die Konzerntochter für den Gesamtkonzern von **erheblicher Bedeutung** ist[187] und die Ausgliederung sich sowohl auf die Tochtergesellschaft als auch die Muttergesellschaft **strukturändernd** auswirkt[188]. Ob eine Zuständigkeit der Gesellschafterversammlung der Obergesellschaft nur besteht, wenn die Tochter durch Ausgliederung wesentlicher Betriebsteile entstanden ist, ist umstritten[189].

40 Die Hauptversammlung muss ihre Zustimmung zum konkreten Ausgliederungsvorhaben erteilen. Das Vorhandensein einer **Konzernklausel** im Unternehmensgegenstand, die die Ausgliederung von Aktivitäten auf eine Tochtergesellschaft erlaubt, erweist sich als notwendig, nicht aber als ausreichend[190]. Vielmehr wird der Eingriff in die Mitgliedschaftsrechte nur durch einen auf die konkrete Umstrukturierung bezogenen Beschluss gerechtfertigt[191]. Eine statutarische Konzernklausel kann allenfalls die Änderung des Unternehmensgegenstands entbehrlich machen[192].

41 Gegenstand der Zustimmung sind grundsätzlich der Ausgliederungsvertrag oder sein **Entwurf**[193]. Dabei ist es ausreichend, wenn die Hauptversammlung dem unternehmerischen **Konzept** im Vorfeld der Strukturentscheidung zustimmt und den Vorstand ermächtigt, die erforderlichen Maßnahmen umzusetzen. Eine solche **Ermächtigung** wird man, da für den Hauptversammlungsbeschluss die Bestimmungen des UmwG keine analoge Anwendung finden[194], spätestens bereits seit der „Siemens/Nold"-Entscheidung des BGH[195] für zulässig

---

[183] So zutreffend *Joost* ZHR 163 (1999) 164, 172, 184.
[184] Zutreffend *Habersack* in Emmerich/Habersack Vor § 311 AktG Rn 34.
[185] BGH ZIP 2004, 993, 996 f.; zuvor bereits *Lutter*, FS Stimpel, S. 825, 849; *Mülbert* S. 437; *Habersack* in Emmerich/Habersack Vor § 311 AktG Rn 45; *Krieger* in MünchHdbGesR Bd. 4 § 69 Rn 33 ff.
[186] *Zimmermann/Pentz*, FS W. Müller, S. 151, 155; *Mayer* in Widmann/Mayer Anh. 5 Rn 921; *Habersack* in Emmerich/Habersack Vor § 311 AktG Rn 48.
[187] OLG Köln ZIP 1993, 110, 113 („wesentlicher Teil des Betriebsvermögens der Unternehmensgruppe"); *Habersack* AG 2005, 137, 149; *F. J. Semler* in MünchHdbGesR Bd. 4 § 34 Rn 43; vgl. bereits *U. H. Schneider* BB 1981, 249, 252.
[188] BGHZ 83, 122, 138; *Mayer* in Widmann/Mayer Anh. 5 Rn 922; *Altmeppen* DB 1998, 49, 52; *Reichert* in Semler/Volhard HV Hdb. § 5 Rn 95; *Reichert* AG 2005, 150, 158; *Arnold* ZIP 2005, 1573, 1577; zum vergleichbaren Fall eines Verkaufs des wesentlichen Vermögens der Tochtergesellschaften siehe OLG Celle ZIP 2001, 613, 614; LG Frankfurt NZG 1998, 113, 115. Zum Bestehen eines Zustimmungsvorbehalts bei Bestehen eines Beherrschungsvertrags *Sieger/Hasselbach* AG 1999, 241 ff.; *Habersack* in Emmerich/Habersack Vor § 311 AktG Rn 36 mwN; auch *Arnold* ZIP 2005, 1573, 1578 f.; *Simon* in Heckschen/Simon § 4 Rn 7 ff.
[189] Hierfür OLG Köln ZIP 1993, 110, 113 („oder ein zumindest vergleichbarer Sachverhalt").
[190] BGH ZIP 2004, 993, 995, 998; *Lutter/Leinekugel* ZIP 1998, 805, 808; *Habersack* in Emmerich/Habersack Vor § 311 AktG Rn 51; kritisch *Koppensteiner*, Der Konzern 2004, 381, 383; auch *Simon* DStR 2004, 1528, 1529 f.
[191] *Habersack* in Emmerich/Habersack Vor § 311 AktG Rn 51.
[192] Vgl. *Goette* AG 2006, 522, 526; siehe auch Rn 24.
[193] BGHZ 82, 188, 193 f.
[194] Zum Streitstand Rn 8 ff.
[195] BGHZ 136, 133, 138 ff.

Einbringung im Wege der Einzelrechtsnachfolge **42 Anh. § 173**

halten müssen[196], und zwar nicht nur dann, wenn die Gesellschaft zur Erhaltung ihrer Funktionsfähigkeit am Markt auf eine gesteigerte Handlungsfähigkeit angewiesen ist[197]. Dies wird nicht nur durch die Betonung einer schnellen unternehmerischen Handlungsfähigkeit durch den BGH in den „Gelatine"-Entscheidungen gestützt[198], sondern vor allem dadurch, dass einer der „Gelatine"-Entscheidungen ein solcher Ermächtigungsbeschluss zugrunde lag[199]. Gegenstand des Beschlusses ist dann die Zustimmung zum unternehmerischen Konzept, verbunden mit der Ermächtigung des Vorstands, die zur Umsetzung erforderlichen Maßnahmen durchzuführen. Voraussetzung ist, dass das unternehmerische Konzept und die Umsetzungsermächtigung hinreichend konkretisiert sind und die Umsetzung ohne weiteres erfolgen kann. Ob die Ermächtigung in zeitlicher Hinsicht maximal bis zur nächsten Hauptversammlung erteilt werden kann[200], erscheint noch nicht abschließend geklärt, eine derartige Beschränkung allerdings auch nicht erforderlich. In der „Macrotron"-Entscheidung führt der BGH zutreffend aus, dass die Hauptversammlung bei Fehlen einer gesetzlichen Regelung für die Dauer einer Ermächtigung grundsätzlich frei ist[201]. Dies lässt sich unbeschadet des gegenüber den „Gelatine"-Entscheidungen abweichenden dogmatischen Ansatzes dieser Entscheidung[202] auf die ebenfalls nicht auf einer gesetzlichen Regelung basierende „Holzmüller"-Ermächtigung übertragen. Ein Erfordernis für eine weiter gehende Kontrolle als der Möglichkeit des Widerrufs einer noch nicht ausgeübten Ermächtigung in der darauf folgenden Hauptversammlung besteht richtigerweise nicht[203].

Damit sich der Aktionär ein Bild von der geplanten Maßnahme verschaffen kann, ist das **42** Strukturkonzept in seinen **Eckpunkten** in den Ermächtigungsbeschluss zu übernehmen und anlässlich der Einladung zur Hauptversammlung bekannt zu machen[204]. Hierbei sind neben den Gründen der Ausgliederung, Aktiva und Passiva, die Gegenstand der Übertragung sind, die Gesellschaft, auf die die Übertragung erfolgen soll, sowie die Folgen, die sich mit der Ausgliederung verbinden, bekannt zu machen[205]. Soweit eine Bewertung erforderlich ist[206], ist es genügend, wenn der Ermächtigungsbeschluss vorsieht, dass die Ausgliederung auf der Grundlage eines Bewertungsgutachtens vollzogen wird[207]. Nicht zwingend erforderlich ist die genaue Festlegung der Gegenleistung. Die **Umsetzung** des Vorhabens muss dann vom

---

[196] Dafür etwa *Groß* AG 1996, 111, 114; *Lutter/Leinekugel* ZIP 1998, 805, 811 ff.; *Krieger* in MünchHdbGesR Bd. 4 § 69 Rn 9; *Reichert* ZHR Beiheft 68, S. 25, 26 ff.; *Reichert* in Semler/Volhard ÜN Hdb. § 17 Rn 61; *ders.* AG 2005, 150, 159; *Reichert* in Semler/Volhard HV Hdb. § 5 Rn 99 f.; *Kallmeyer*, FS Lutter, S. 1245, 1255; *H. P. Westermann*, FS Koppensteiner, S. 259, 274 f.; *Grunewald* AG 1990, 133, 136 f.; *Habersack* in Emmerich/Habersack Vor § 311 AktG Rn 51; *Arnold* ZIP 2005, 1573, 1578; *Rosengarten*, FS Buxbaum, S. 445, 450; *Wollburg/Gehling*, FS Lieberknecht, S. 133, 135; *Schockenhoff* NZG 2001, 921, 925; *Simon* in Heckschen/Simon § 4 Rn 118 ff.; offen gelassen von *LG Frankfurt* AG 1993, 287, 289 sowie von *OLG Frankfurt* ZIP 1999, 842 und *BGH* WM 2001, 569 („Altana/Milupa"); aA *LG Stuttgart* AG 1992, 236, 237, für den Fall einer statutarischen Ermächtigung; kritisch auch *Zeidler* NZG 1998, 91, 92 f. sowie *Tröger* ZIP 2001, 2029, 2039.
[197] So aber noch *LG Frankfurt* DB 2001, 751, 752.
[198] Siehe Rn 35; zutr. *Bungert* BB 2004, 1345, 1351.
[199] *BGH* ZIP 2004, 1001, 1002; zutreffend *Simon* DStR 2004, 1528.
[200] So aber *LG Frankfurt* DB 2001, 751, 753; *Henze*, FS Ulmer, S. 211, 233; *H. P. Westermann*, FS Koppensteiner, S. 259, 275; auch *Simon* in Heckschen/Simon § 4 Rn 123 sowie die Voraufl. Rn 39.
[201] *BGH* ZIP 2003, 387, 391.
[202] Siehe dazu Rn 47.
[203] *BGH* ZIP 2003, 387, 391; gegen eine Befristung zu Recht auch *Habersack* in Emmerich/Habersack Vor § 311 AktG Rn 51 mwN; strenger *LG Frankfurt* DB 2001, 751, 752 sowie noch die Voraufl. Rn 39.
[204] Siehe dazu im Einzelnen Rn 63 ff.
[205] *Lutter/Leinekugel* ZIP 1998, 805, 815; ähnlich, iE weniger streng *Simon* in Heckschen/Simon § 4 Rn 122.
[206] Siehe dazu Rn 79.
[207] *Lutter/Leinekugel* ZIP 1998, 805, 815.

Zustimmungsbeschluss der Hauptversammlung getragen werden. Ist dies der Fall, sind die später im Vollzug der Ermächtigung abgeschlossenen Verträge nicht nochmals der Hauptversammlung vorzulegen[208]. Abweichungen vom Konzept sind nur insoweit zulässig, wie sie von der Zustimmung der Hauptversammlung noch erfasst werden[209]. Dem Vorstand steht es jedoch frei, sich von der Hauptversammlung zur Umsetzung mehrerer Alternativkonzepte ermächtigen zu lassen, zwischen denen er dann im Rahmen seines unternehmerischen Ermessens in der konkreten Situation zum Umsetzungszeitpunkt wählen kann[210]. Ob es sich um einen Zustimmungsbeschluss zu einem konkreten Ausgliederungsvertrag oder um eine abstrakte Grundsatzentscheidung handelt, ist vom Empfängerhorizont eines objektiv urteilenden Aktionärs zu entscheiden[211]. Sind die Verträge bereits abgeschlossen, kommt die Fassung eines Ermächtigungsbeschlusses nicht mehr in Frage. In diesem Fall muss Gegenstand der Beschlussfassung der konkrete Ausgliederungsvertrag sein[212].

43 Hat der Vorstand ein zustimmungsbedürftiges Ausgliederungsvorhaben der Hauptversammlung vor dessen Umsetzung nicht vorgelegt, hat er sich pflichtwidrig verhalten. Die Hauptversammlung kann der Ausgliederung jedoch noch **nachträglich zustimmen (Genehmigung)**[213]. Unterlassungs- oder Beseitigungsklagen sind danach nicht mehr zulässig. Denkbar bleiben allenfalls Schadensersatzansprüche gegen den Vorstand. Allerdings haftet der Vorstand nicht allein deswegen auf Schadensersatz, wenn er die im Rahmen eines Konzeptbeschlusses erteilte Hauptversammlungsermächtigung geringfügig überschreitet[214]. Vielmehr bedarf es stets einer konkreten Verletzung des unternehmerischen Ermessens im Einzelfall. Unterhalb der durch den Unternehmensgegenstand der Verpflichtung zur Übertragung des ganzen Gesellschaftsvermögens[215] und die „Holzmüller"-Grundsätze gezogenen Grenzen spricht viel dafür, dass Strukturmaßnahmen den Safe Harbour des unternehmerischen Ermessens[216] nicht verlassen[217]. Zudem wird sich die Bezifferung eines Schadens in der Praxis regelmäßig als schwierig erweisen, da die Ausgliederung nur einen Aktiventausch darstellt[218]. Die Wirksamkeit der Ausgliederung im **Außenverhältnis** wird von einer (zunächst) unterbliebenen Zustimmung der Hauptversammlung nicht berührt, da sich die Nichtbeachtung der internen Vorlagepflicht nicht auf die Vertretungsmacht des Vorstands auswirkt[219]. Die der Außenwirkung des Ausgliederungsbeschlusses nach dem UmwG zugrunde liegende Wertung kann nicht auf das Aktienrecht übertragen werden[220].

---

[208] *Groß* AG 1996, 111, 115 f.; ebenso iE wohl *Reichert* in Semler/Volhard ÜN Hdb. § 17 Rn 62; *Tröger* ZIP 2001, 2029, 2042; aA *Schockenhoff* NZG 2001, 921, 925.
[209] Zur Frage einer Schadensersatzpflicht des Vorstands bei Abweichung siehe Rn 40.
[210] *Henze*, FS Ulmer, S. 211, 234.
[211] BGH ZIP 2001, 416, 417 „Altana/Milupa"; ebenso die Vorinstanz *OLG Frankfurt* DB 1999, 1004.
[212] Insoweit zutreffend *LG Frankfurt* DB 2001, 751, 752. Siehe aber auch Rn 41.
[213] BGH ZIP 2004, 993, 994; zust. *Simon* DStR 2004, 1528; BGHZ 83, 122, 135; *Habersack* in Emmerich/Habersack Vor § 311 AktG Rn 51; *Simon* in Heckschen/Simon § 4 Rn 127 und Rn 130 auch für analoge Anwendung der anfechtungsrechtlichen Fristen und Zustellungsbestimmungen bei klageweiser Durchsetzung; so auch *Fuhrmann* AG 2004, 339, 342.
[214] *Simon* in Heckschen/Simon § 4 Rn 125.
[215] § 179 a AktG.
[216] § 93 Abs. 1 Satz 2 AktG idF des UMAG (Gesetz zur Unternehmensintegrität und zur Modernisierung des Anfechtungsrechts vom 22.9.2005, BGBl. I S. 2802).
[217] *Habersack* AG 2005, 137, 146; *Barta* GmbHR 2004, R 289, 290.
[218] *Altmeppen* DB 1998, 49, 52. Siehe auch Rn 12 und 94.
[219] BGH ZIP 2004, 993, 997; BGHZ 83, 122, 132 ff.; *OLG Celle* ZIP 2001, 613, 616; *LG Hannover* DB 2000, 1607; *Seiler/Singhof*, Der Konzern 2003, 313, 316; *Priester* ZHR 163 (1999) 187, 202; *Joost* ZHR 163 (1999) 164, 184; *Simon* in Heckschen/Simon § 4 Rn 126; aA *Hübner*, FS Stimpel, S. 791, 798.
[220] *Henze*, FS Ulmer, S. 211, 221.

Anderes gilt nur, wenn die Grundsätze des Missbrauchs der Vertretungsmacht zur Anwendung gelangen[221].

bb) Andere Rechtsformen. Die vorgenannten Grundsätze gelten iE auch für die **GmbH**[222]. **44** Allerdings unterscheidet sich insoweit die Ausgangslage. In vielen Fällen enthält nämlich bereits die Satzung der GmbH einen Katalog von Geschäftsführungsmaßnahmen, die der Zustimmung der Gesellschafterversammlung unterliegen. In diesem Fall bedarf es eines Rückgriffs auf die „Holzmüller"-Rechtsprechung nicht. Insoweit kommt der Satzung Vorrang zu[223]. Im Übrigen lässt sich die Zuständigkeit der Gesellschafterversammlung bei strukturändernden Maßnahmen bereits aus der gesetzlichen Zuständigkeitsverteilung ableiten[224]. Anders als in der AG, deren Geschäfte der Vorstand selbstständig und eigenverantwortlich leitet, ist die Kompetenzverfassung der GmbH von einer umfassenden Zuständigkeit der Gesellschafterversammlung geprägt. Im Gegensatz zur Hauptversammlung einer AG ist die Gesellschafterversammlung einer GmbH befugt, der Geschäftsführung Weisungen zu erteilen, selbst wenn sich diese auf das Tagesgeschäft beziehen[225]. Mit diesem Weisungsrecht der Gesellschafterversammlung korrespondiert eine Verpflichtung der Geschäftsführung, außergewöhnliche Geschäftsführungsmaßnahmen der Gesellschafterversammlung zur Zustimmung vorzulegen[226]. Die Geschäftsführung ist daher – zumindest, wenn nach den oben für das Aktienrecht dargestellten Grundsätzen ein „Holzmüller"-Fall vorliegt – verpflichtet, eine Entscheidung der Gesellschafterversammlung herbeizuführen[227]. Insoweit ist zu beachten, dass die Vorlagepflicht der GmbH-Geschäftsführung keinesfalls enger gezogen werden kann als die des Vorstands einer AG. Im Gegenteil sind die Aufgreifkriterien für eine Vorlagepflicht in der GmbH niedriger anzusetzen, weil der GmbH-Geschäftsführer die Gesellschaft nicht eigenverantwortlich leitet, sondern einer weitgehenden Weisungsbefugnis der Gesellschafterversammlung unterliegt[228].

Fraglich ist, ob dies auch gilt, wenn die Satzung der GmbH **atypisch** ausgestaltet und das **45** Kompetenzgefüge durch Satzungsbestimmung an das einer AG angenähert ist. Dies kann sich etwa aus einer Einschränkung des Weisungsrechts oder der Begrenzung des Zustimmungsrechts auf einen enumerativen Katalog von Maßnahmen ergeben. Da die Kompetenzen des Vorstands einer AG größer sind als die der Geschäftsführung einer GmbH, spricht viel dafür, die Grenzen für vom dispositiven Gesetzesrecht abweichende Gestaltungen genau dort zu ziehen, wo aufgrund der zur AG entwickelten „Holzmüller"-Grundsätze eine Zuständigkeit der Hauptversammlung besteht[229].

---

[221] *Seiler/Singhof,* Der Konzern 2003, 313, 316; *Habersack* in Emmerich/Habersack Vor § 311 AktG Rn 53; *ders.* AG 2005, 137, 142 f.; *ders.* in Emmerich/Habersack KonzernR § 9 IV lit e, jeweils konzerninterne Maßnahmen hervorhebend; auf die Grundsätze des Missbrauchs der Vertretungsmacht als Abgrenzungskriterium abstellend *Altmeppen* ZIP 2004, 999, 1001; aufzeigend auch *Koppensteiner,* Der Konzern 2004, 381, 384.

[222] So auch *Barta* GmbHR 2004, R 289, 290; *Reichert* AG 2005, 150, 159; *Liebscher* ZGR 2005, 1, 2.

[223] OLG Stuttgart DB 2001, 854, 857.

[224] *Priester* ZHR 163 (1999) 187, 199; *Karollus* in Lutter Umwandlungsrechtstage S. 157, 194; *Emmerich* in Scholz GmbHG Anh. KonzernR Rn 62 f.; *Lutter/Leinekugel* ZIP 1998, 225, 231 f.; *Mayer* in Widmann/Mayer Anh. 5 Rn 927; siehe auch *Veil* ZIP 1998, 361, 366; *Sonntag,* Konzernbildungs- und Konzernleitungskontrolle bei der GmbH, 1990, S. 196 ff.

[225] § 37 GmbHG; *Lutter/Leinekugel* ZIP 1998, 225, 231; *Hommelhoff* ZGR 1978, 119, 129.

[226] *BGH* ZIP 1984, 310; *BGH* GmbHR 1991, 197; OLG Frankfurt AG 1988, 335, *U. H. Schneider* in Scholz § 37 GmbHG Rn 12 ff.; *Lutter/Hommelhoff* § 37 GmbHG Rn 10 f.; *Lutter,* FS Stimpel, S. 825, 836; *Lutter/Leinekugel* ZIP 1998, 225, 231; *Mayer* in Widmann/Mayer Anh. 5 Rn 924.

[227] *Mertens* in Hachenburg § 37 GmbHG Rn 10; *Mayer* in MünchHdbGesR Bd. 3 § 76 Rn 226.

[228] Zutreffend *Mertens* in Hachenburg § 37 GmbHG Rn 10; *Zöllner/Noack* in Baumbach/Hueck § 37 GmbHG Rn 11, mit Verweis auf § 49 Abs. 2 GmbHG.

[229] *Barta* GmbHR 2004, R 289, 290; *Lutter/Leinekugel* ZIP 1998, 225, 232; *Reichert* AG 2005, 150, 159, noch zweifelnd demgegenüber *ders.* ZHR Beiheft 68, S. 25, 49 ff.

46 Diese Grundsätze gelten auch für **Personengesellschaften** entsprechend[230].

47 **d) Verhältnis zu den „Macrotron"-Grundsätzen.** In seiner vor „Gelatine" ergangenen „Macrotron"-Entscheidung hat der BGH eine weitere ungeschriebene Hauptversammlungszuständigkeit anerkannt[231]. In der zum regulären Delisting ergangenen Entscheidung nahm der BGH diese Zuständigkeit ausdrücklich nicht aufgrund der „Holzmüller"-Grundsätze, sondern auf Grundlage der verfassungsrechtlichen Eigentumsgarantie[232] an, da durch das Delisting die insoweit auch geschützte Verkehrsfähigkeit des Aktieneigentums beeinträchtigt werde[233]. Der danach erforderliche Hauptversammlungsbeschluss kann mit einfacher Stimmenmehrheit gefasst werden und bedarf darüber hinaus keiner weiter gehenden sachlichen Rechtfertigung[234]. Vollständig geklärt ist das Verhältnis von „Holzmüller"- und „Macrotron"-Grundsätzen dennoch bislang nicht[235]. Entgegen der vom BGH in der „Macrotron"-Entscheidung ausdrücklich gegebenen Abgrenzung zu „Holzmüller"-Konstellationen[236] wird nach teilweise verbreiteter Auffassung für eine Zusammenführung der „Holzmüller"- und „Macrotron"-Grundsätze plädiert[237]. Angesichts des ausdrücklichen Verweises auf die „Macrotron"-Entscheidung in den Entscheidungsgründen zu „Gelatine"[238] deutet jedoch mehr darauf hin, dass der BGH auch künftig beide bereits in ihrer dogmatischen Grundlage unterschiedlichen Ansätze für die Herleitung einer ungeschriebenen Hauptversammlungszuständigkeit heranzuziehen beabsichtigt[239]. In jedem Fall kommt für Ausgliederungsfälle eine Hauptversammlungszuständigkeit nach den „Macrotron"-Grundsätzen nicht in Betracht. Denn die Verkehrsfähigkeit der Anteile an der ausgliedernden Gesellschaft wird durch die Ausgliederung nicht berührt. Etwaige Beeinträchtigungen mitgliedschaftlicher Rechte verdichten sich dagegen nur in den Grenzen der „Holzmüller"-Grundsätze zu einem Zustimmungserfordernis[240].

2. Mehrheit, Stimmverbot

48 Macht das Ausgliederungsvorhaben eine Änderung des Unternehmensgegenstands einer **AG** erforderlich oder stellt sich der Vorgang als Vermögensübertragung dar, bedarf es neben der einfachen Stimmenmehrheit mindestens einer Mehrheit von drei Vierteln des bei der

---

[230] *Karollus* in Lutter Umwandlungsrechtstage S. 157, 194; *K. Schmidt* ZGR 1995, 675, 681 f.; *Mayer* in Widmann/Mayer Anh. 5 Rn 927.
[231] BGH ZIP 2003, 387; vgl. dazu *Schlitt* ZIP 2004, 533; zum kalten Delisting im Lichte der „Macrotron"-Entscheidung *Grunewald* ZIP 2004, 542.
[232] Art. 14 Abs. 1 GG.
[233] BGH ZIP 2003, 387, 389 f.; kritisch dazu *Schlitt* ZIP 2004, 533, 535; *Habersack* AG 2005, 137, 138; *ders.* in Emmerich/Habersack Vor § 311 AktG Rn 38; *ders.* in Emmerich/Habersack KonzernR § 9 IV lit c. Zur vermögensmäßigen Kompensation fordert der BGH weiterhin ein Pflichtangebot an die Aktionäre, dessen Angemessenheit der Überprüfung im Spruchverfahren unterliegt, BGH ZIP 2003, 387, 390. Mit der Änderung des § 29 Abs. 1 Satz 1 durch das Zweite Gesetz zur Änderung des Umwandlungsgesetzes vom 19.4.2007, BGBl. I S. 542, wurde die dortige Verpflichtung zur Unterbreitung eines Abfindungsangebots auch auf denjenigen Fall eines sog. „kalten Delistings" im Wege einer Verschmelzung eines börsennotierten auf eine nicht börsennotierte AG erweitert.
[234] BGH ZIP 2003, 387, 389, 391.
[235] *Arnold* ZIP 2005, 1573, 1575.
[236] BGH ZIP 2003, 387, 389.
[237] So etwa *Liebscher* ZGR 2005, 1, 19, der entgegen der hM auch im „Macrotron"-Fall eine Beeinträchtigung der Mitgliedschaft annimmt; insoweit zustimmend, eine Zusammenführung jedoch ablehnend auch *Reichert* AG 2005, 150, 155, 158.
[238] Vgl. *BGH* ZIP 2004, 993, 996.
[239] *Habersack* AG 2005, 137, 138; *ders.* in Emmerich/Habersack Vor § 311 AktG Rn 38; *ders.* in Emmerich/Habersack KonzernR § 9 IV lit c; zustimmend *Arnold* ZIP 2005, 1573, 1576.
[240] Siehe Rn 35 ff.

Beschlussfassung vertretenen Grundkapitals[241]. Die Satzung kann insofern nur eine größere Kapitalmehrheit vorsehen. Durch die „Gelatine"-Rechtsprechung wurde auch geklärt, welches Mehrheitserfordernis gilt, wenn die Maßnahme der Hauptversammlung aufgrund der „Holzmüller"-Grundsätze vorgelegt wird. Wie bereits einer zuvor verbreiteten Meinung zufolge ist auch hier eine **satzungsändernde Dreiviertelmehrheit** erforderlich[242]. Dies gilt selbst dann, wenn die Satzung eine Konzernklausel enthält oder für Satzungsänderungen die einfache Kapitalmehrheit genügen lässt[243]. Entscheidend ist, dass die Ausgliederung qualitativ einer Satzungsänderung bzw. Vermögensübertragung nahe kommt, nicht ihr formeller Charakter als Geschäftsführungsmaßnahme[244]. In dieser Anknüpfung an die Berührung mitgliedschaftlicher Rechte liegt auch der rechtfertigende Unterschied zur auf Grundlage des Eigentumsschutzes nach Art. 14 Abs. 1 GG nur eine einfache Mehrheit fordernden Entscheidung des BGH im „Macrotron"-Fall[245]. Für die **GmbH** kann insoweit nichts anderes gelten[246].

Für Gesellschafter der ausgliedernden Gesellschaft, die gleichzeitig an der aufnehmenden **49** Gesellschaft beteiligt sind, besteht kein **Stimmverbot**[247]. Aufgrund des körperschaftlichen Charakters ergibt sich ein Stimmrechtsverbot bei einer ausgliedernden GmbH auch nicht aus § 47 Abs. 4 GmbHG[248]. Auch wenn die Satzung der ausgliedernden Gesellschaft eine Vinkulierungsklausel enthält, besteht kein besonderes **Zustimmungserfordernis** analog § 13 Abs. 2 zugunsten des durch diese Satzungsbestimmung Begünstigten[249]. Auch eine analoge Anwendung von § 50 Abs. 2 mit der Folge einer Zustimmungspflicht zugunsten eines mit Minderheits- oder Geschäftsführungsrechten ausgestatteten Gesellschafters kommt nicht in Betracht.

3. Form

Bei Ausgliederungen nach dem UmwG ist der Zustimmungsbeschluss der Hauptver- **50** sammlung der ausgliedernden **AG** notariell zu beurkunden[250]. Da die Ausgliederung im

---

[241] §§ 179 Abs. 2 Satz 2, 179 a Abs. 1 Satz 1 AktG.
[242] *BGH* ZIP 2004, 993, 998; vgl. zuvor *Henze,* FS Ulmer, S. 211, 221; zustimmend *Mayer* in Widmann/Mayer Anh. 5 Rn 928; *Bork* EWiR 1997, 1147, 1148; *Altmeppen* DB 1998, 49, 50 f.; *Mertens* in Kölner Komm. § 76 AktG Rn 52; *Krieger* in MünchHdbGesR, Bd. 4 § 69 Rn 11; *Reichert* ZHR Beiheft 68, S. 25, 50 f.; *Bohnet* DB 1999, 2617, 2621; *Lutter/Leinekugel* ZIP 1998, 225, 230 f.; dies. *Lutter/Leinekugel* ZIP 1998, 805, 806; *Weißhaupt* NZG 1999, 804, 806, 811; *Zimmermann/Pentz*, FS W. Müller, S. 151, 157, 170; *Leinekugel* S. 225; *Simon* in Heckschen/Simon § 4 Rn 115.
[243] § 179 Abs. 2 Satz 2 AktG; *BGH* ZIP 2004, 993, 998; zustimmend *Habersack* in Emmerich/Habersack Vor § 311 AktG Rn 50; *Fleischer* NJW 2004, 2335, 2339; *Weißhaupt* AG 2004, 585, 587; grds. auch *Bungert* BB 2004, 1345, 1349 mit dem Hinweis auf die Möglichkeit der Aufnahme auch der Ausgliederungsmöglichkeit in den Unternehmensgegenstand; vgl. nunmehr auch *Hüffer* § 119 AktG Rn 20: folgerichtig, aber sachlich nicht notwendig; bereits zuvor für Dreiviertelmehrheit auch *Priester* ZHR 163 (1999) 187, 199 f.; zuvor aA (einfache Mehrheit) mit dem Hinweis auf den Charakter als Geschäftsführungsmaßnahme *Hüffer* FS Ulmer, S. 279, 298; *Immenga* BB 1992, 2446, 2448; *F. J. Semler* in MünchHdbGesR Bd. 4 § 34 Rn 42; *Koppensteiner* AG 1995, 96; *Liebscher* S. 92 f.; *Wiedemann* S. 50 ff.; *Bungert* NZG 1998, 367, 370; *Groß* AG 1996, 111, 118; *Wollburg/Gehling*, FS Lieberknecht, S. 133, 137; differenzierend die Voraufl. Rn 44.
[244] *BGH* ZIP 2004, 993, 998; zustimmend *Simon* DStR 2004, 1528 (mit Ausnahme der freiwilligen Beschlussvorlage); zuvor bereits *Leinekugel* S. 76 f.
[245] *Bungert* BB 2004, 1345, 1349. Vgl. zur „Macrotron"-Entscheidung eingehend *Schlitt* ZIP 2004, 533; *Grunewald* ZIP 2004, 542.
[246] *Mayer* in Widmann/Mayer Anh. 5 Rn 928.
[247] Dazu im Einzelnen *Reichert* ZHR Beiheft 68, S. 25, 52; zustimmend *Mayer* in Widmann/Mayer Anh. 5 Rn 928.
[248] *OLG Stuttgart* DB 2001, 854, 858.
[249] *Reichert* ZHR Beiheft 68, S. 25, 54; *Aha* AG 1997, 345, 356.
[250] §§ 125, 13 Abs. 3 Satz 1.

Wege der Einzelrechtsübertragung außerhalb des Registerverfahrens stattfindet[251], besteht zwar grundsätzlich kein Bedürfnis für eine Ausdehnung dieses Formerfordernisses auf Einbringungsvorgänge[252]. Da der BGH nach seiner „Gelatine"-Rechtsprechung jedoch für „Holzmüller"-Beschlüsse eine Dreiviertelmehrheit fordert[253], ergibt sich ein Beurkundungserfordernis auch für nicht börsennotierte Gesellschaften bereits aus allgemeinen Grundsätzen[254]. Auch für die **GmbH** dürfte es sich in der Praxis aus Gründen der Vorsorge empfehlen, diese Grundsätze einzuhalten[255].

V. Beschluss der aufnehmenden Gesellschaft

51 Das UmwG sieht für den Fall der Ausgliederung zur Aufnahme vor, dass auch die Untergesellschaft der Ausgliederung zustimmen muss[256]. Dies ist bei Ausgliederungen im Wege der Einzelrechtsnachfolge anders. Hier bedarf es eines Gesellschafterbeschlusses der aufnehmenden Gesellschaft im Zusammenhang mit der Ausgliederung nur, wenn die Einbringung im Rahmen einer Kapitalerhöhung erfolgt. Ist die aufnehmende Gesellschaft Kapitalgesellschaft, bedarf der Kapitalerhöhungsbeschluss der notariellen Beurkundung[257]. Allerdings ist bei der „klassischen" Ausgliederung auf der Ebene der aufnehmenden Gesellschaft ein Bezugsrechtsausschluss erforderlich, während das Bezugsrecht der Aktionäre bei einer Ausgliederung auf eine AG nach dem UmwG gesetzlich ausgeschlossen ist[258]. Den Gesellschaftern der ausgliedernden Gesellschaft steht ein gesetzliches Bezugsrecht hinsichtlich der neuen Anteile der aufnehmenden Gesellschaft nicht zu[259].

VI. Informationspflichten

1. Erstattung eines Ausgliederungsberichts

52 *a) Grundsatz.* Bei Ausgliederungen nach dem UmwG haben die Vertretungsorgane jedes an der Spaltung beteiligten Rechtsträgers einen ausführlichen schriftlichen Ausgliederungsbericht zu erstatten, der nur entbehrlich ist, wenn alle Anteilsinhaber auf ihn verzichten oder sich alle Anteile des übertragenden Rechtsträgers in der Hand des übernehmenden Rechtsträgers befinden[260].

53 *aa) AG.* Ob ein Bericht auch bei Ausgliederungen durch Einzelrechtsübertragungen zu erstatten ist, ließ sich der „Holzmüller"-Entscheidung nicht entnehmen. Dies sagt allerdings nichts aus, da die Entscheidung zu einem Zeitpunkt ergangen ist, bevor die Erstattung eines Verschmelzungsberichts durch Umsetzung der 3. (Fusions-)EG-Richtlinie in das deutsche Recht gesetzlich vorgeschrieben wurde[261]. Allerdings gehen auch die „Gelatine"-Entscheidungen auf die Frage einer Berichtspflicht nicht ein. Aus dem zugrunde liegenden Sachverhalt geht lediglich hervor, dass ein Bericht vorlag[262]. Die Ablehnung einer Ge-

---

[251] Siehe Rn 90 f.
[252] *Reichert* ZHR Beiheft 68, S. 25, 57.
[253] Siehe Rn 48.
[254] § 130 Abs. 1 Satz 3 AktG.
[255] AA *Mayer* in Widmann/Mayer Anh. 5 Rn 929.
[256] §§ 125, 13.
[257] §§ 182 Abs. 1, 130 Abs. 1 AktG, 53 Abs. 2 GmbHG.
[258] § 142 Abs. 1 iVm. § 69: dazu auch *Karollus* in Lutter Umwandlungsrechtstage S. 157, 196.
[259] *OLG Stuttgart* DB 2001, 854, 858.
[260] §§ 127 Satz 2, 8 Abs. 3. Dazu im Einzelnen § 127 Rn 48 ff.
[261] § 340 a AktG aF.
[262] Vgl. *BGH* ZIP 2004, 1000, 1002.

samtanalogie zu einen Bericht fordernden Vorschriften als dogmatische Grundlage für die Hauptversammlungszuständigkeit durch den BGH beantwortet die Frage vor dem Hintergrund der nunmehr herangezogenen offenen Rechtsfortbildung ebenfalls nicht[263]. Auch das Nichterfordernis eines Berichts nach der „Macrotron"-Entscheidung[264] kann infolge des abweichenden dogmatischen Ansatzes nicht herangezogen werden[265].

Das Meinungsbild zu dieser Frage bleibt uneinheitlich. Nach einer verbreiteten Ansicht **54** bedarf es keines formalisierten Ausgliederungsberichts[266]. Das Informationsbedürfnis der Aktionäre könne auch auf andere Weise, etwa durch Berichterstattung in der Hauptversammlung, befriedigt werden. Demgegenüber nimmt die überwiegende Auffassung eine Verpflichtung zur Erläuterung strukturändernder Maßnahmen in Form eines Vorstandsberichts an[267]. Eine sich nach den „Gelatine"-Entscheidungen neu formierende Auffassung differenziert nach dem Beschlussgegenstand. Mit dem Argument, dass das nunmehr klargestellte Eingreifen der „Holzmüller"-Grundsätze nur im Ausnahmefall[268] auf Grundlage einer nunmehr offenen Rechtsfortbildung[269] zu einer Verschiebung der Begründungslast für ein Berichtserfordernis führe, bejaht diese Ansicht eine Berichtspflicht nur noch für „Holzmüller"-pflichtige Konzeptbeschlüsse, die noch keine vertragliche Ausprägung erfahren haben[270]. Bei der Beschlussfassung über einen bereits konkret vorliegenden Ausgliederungsvertrag bzw. dessen Entwurf sei ein Bericht zwar auf freiwilliger Basis möglich und ggf. empfehlenswert, jedoch nicht erforderlich, da dann zum einen die Bekanntgabe des wesentlichen Vertragsinhalts ausreichend sei, und zum anderen ein Wertungsvergleich mit den Fällen der Gesamtvermögensübertragung[271], die keinen Bericht erfordern, einer Analogie zur umwandlungsrechtlichen Berichtspflicht[272] entgegenstehe[273].

Dem ist nicht zuzustimmen. Soll die Hauptversammlung aufgrund des strukturändern- **55** den Charakters der Maßnahme über die Zustimmung zu der Ausgliederung entscheiden, besteht ein Bedürfnis der Aktionäre, im Vorfeld der Hauptversammlung sachgerecht informiert zu werden, um auf dieser Grundlage die Entscheidung über die Zustimmung fällen zu können[274]. Auf ihr gesetzliches Auskunftsrecht in der Hauptversammlung gem. § 131 AktG können die Aktionäre deshalb nicht verwiesen werden. Auch reicht die Veröffentlichung des wesentlichen Inhalts des Ausgliederungsvertrags in der Hauptversammlungseinladung nicht

---

[263] Siehe Rn 32; *Reichert* AG 2005, 150, 158; vgl. auch *Weißhaupt* AG 2004, 585, 588 f.
[264] BGH ZIP 2003, 387, 391.
[265] Siehe Rn 47; *Reichert* AG 2005, 150, 158; iE auch *Weißhaupt* AG 2004, 585, 590.
[266] LG Hamburg DB 1997, 515, 517; *Henze*, FS Ulmer, S. 211, 234; *Priester* ZHR 163 (1999) 187, 200 f.; *Hüffer* § 119 AktG Rn 19; *ders.*, FS Ulmer, S. 279, 280; *Kallmeyer*, FS Lutter, S. 1245, 1251; *Wilde* ZGR 1998, 423, 452; *Trölitzsch* DStR 1999, 764, 765; *Rosengarten*, FS Buxbaum, S. 445, 451; *Kort* ZIP 2002, 685, 688; *Mayer* in Widmann/Mayer Anh. 5 Rn 930.
[267] LG Frankfurt NZG 1998, 113, 115 f. (keine Stellungnahme zu dieser Frage in der Berufungsinstanz *OLG Frankfurt* ZIP 1999, 842, 845 sowie in der Revisionsinstanz *BGH* WM 2001, 569); LG Karlsruhe AG 1998, 99, 102; *Habersack* in Emmerich/Habersack Vor § 311 AktG Rn 52; *ders.* in Emmerich/Habersack KonzernR § 9 IV lit e; *Bungert* BB 2004, 1345, 1351; *Groß* AG 1996, 111, 116 f.; *Lutter*, FS Fleck, S. 169, 170; *Reichert* ZHR Beiheft 68, S. 25, 60 f.; *ders.* AG 2005, 150, 159; *ders.* in Semler/Volhard HV Hdb. § 5 Rn 71, 73 f.; *Schöne* in Semler/Volhard ÜN Hdb. § 34 Rn 94; *Zimmermann/Pentz*, FS W. Müller, S. 151, 170; *Krieger* in MünchHdbGesR Bd. 4 § 69 Rn 11; *Aha* AG 1997, 345, 349; *Feddersen/Kiem* ZIP 1994, 1078, 1080; tendenziell auch *Marsch-Barner*, FS Schwark S. 105, 118; *Weißhaupt* NZG 1999, 804, 806, 808; einschränkend *ders.* AG 2004, 585, 589; *Dietz* S. 371 ff.; *Tröger* ZIP 2001, 2029, 2035; für Einzelfallbetrachtung *Simon* in Heckschen/Simon § 4 Rn 110.
[268] Siehe Rn 35 ff.
[269] Siehe Rn 32.
[270] *Weißhaupt* AG 2004, 585, 589.
[271] § 179 a AktG; siehe Rn 27.
[272] § 127 iVm. § 8 Abs. 1 Satz 2 bis 4, Abs. 2 und 3.
[273] *Weißhaupt* AG 2004, 585, 589 f.
[274] *Hommelhoff* ZGR 1993, 452, 454.

aus, um das bereits im Vorfeld bestehende Informationsbedürfnis der Aktionäre zu befriedigen[275]. Zudem würde sich dann die ohnehin regelmäßig große Anzahl an Auskunftsbegehren in der Hauptversammlung noch weiter erhöhen. Der Erstellung eines Berichts bedarf es demgegenüber nur dann nicht, wenn die Ausgliederungsmaßnahme keinen strukturändernden Charakter aufweist[276]. Auf den Konkretisierungsgrad der Maßnahme kommt es dagegen nicht an[277].

56 *bb) GmbH.* Das Informationsbedürfnis der Gesellschafter des ausgliedernden Rechtsträgers unterscheidet sich nicht danach, ob die Gesellschaft als AG oder GmbH verfasst ist. Damit ist auch für die GmbH im Grundsatz eine Verpflichtung zur Berichterstattung zu bejahen.

57 **b) Inhalt.** Die grundsätzliche Anerkennung einer Berichterstattungspflicht zwingt allerdings nicht zu der Annahme, dass der Bericht in allen Belangen den Vorgaben der umwandlungsrechtlichen Bestimmungen[278] zu entsprechen hat[279]. Vielmehr geben diese Bestimmungen nur eine Leitlinie für den Inhalt des Berichts vor[280]. Es muss ausreichen, wenn in dem Bericht die Ausgliederungsmaßnahme dargestellt und bewertet wird, damit sich die Gesellschafter ein Bild darüber verschaffen können, ob die Ausgliederung den gesetzlichen Anforderungen genügt. Der Bericht darf sich nicht in einer bloßen Darstellung der Maßnahme erschöpfen; vielmehr ist auch auf die Gründe und die Auswirkungen der Maßnahme einzugehen. Der Ausgliederungsbericht hat demgemäß idR darzustellen, wobei die Anforderungen an die Berichtsintensität nicht überspannt werden dürfen,:
– die Art und Weise der **Ausgliederung** (Einbringung im Wege der Sachgründung oder Sachkapitalerhöhung);
– die übergehenden **Aktiva** und **Passiva** unter Angabe der Buchwerte;
– die Wesentlichen wirtschaftlichen **Gründe** für die Ausgliederung;
– die Kapitalausstattung der aufnehmenden Gesellschaft,
– den Nominalbetrag der an die ausgliedernde Gesellschaft gewährten Geschäftsanteile;
– die übergehenden Umsatz- und Ertragsanteile[281];
– die kapitalmäßige Ausstattung der übernehmenden bzw. neuen Gesellschaft[282];
– die übergehenden Arbeitsverhältnisse und die wesentlichen Folgen der Ausgliederung für die Arbeitnehmer;
– die wesentlichen Folgen der Ausgliederungsmaßnahme[283];
– die künftige Umsatz- und Ertragsentwicklung, sofern prognostizierbar;
– die wichtigsten **bilanziellen Folgen** (zB Fortführung der Buchwerte in der GmbH)[284].

58 Fraglich ist, ob der Bericht Ausführungen zur **Bewertung** der ausgegliederten Unternehmensteile enthalten muss. Da bei einer Ausgliederung kein Anteilstausch stattfindet und auch kein Barabfindungsangebot zu unterbreiten ist, wird man dies grundsätzlich nicht annehmen können[285]. Dies gilt namentlich bei einer Ausgliederung auf 100%-Töchter. Ausführungen zur Angemessenheit der Gegenleistungen sollen demgegenüber erforderlich sein, wenn der übernehmende Rechtsträger nicht im alleinigen Anteilsbesitz des übertragenden Gesellschaf-

---

[275] Siehe auch Rn 77.
[276] *Bungert* NZG 1998, 367, 370.
[277] So auch *Habersack* in Emmerich/Habersack Vor § 311 AktG Rn 52.
[278] § 127 iVm. § 8 Abs. 1 Satz 2 bis 4, Abs. 2 und 3.
[279] AA LG Karlsruhe AG 1998, 100, 102.
[280] *Groß* AG 1996, 111, 116; *Reichert* ZHR Beiheft 68, S. 25, 61; *ders.* in Semler/Volhard HV Hdb. § 5 Rn 80; abw. *Kallmeyer*, FS Lutter, S. 1245, 1253, der § 131 AktG als Maßstab heranzieht.
[281] *Groß* AG 1996, 111, 116.
[282] LG Karlsruhe AG 1998, 100, 102 f.
[283] Vgl. *Groß* AG 1996, 111, 116.
[284] *Groß* AG 1996, 111, 116.
[285] *Kallmeyer*, FS Lutter, S. 1245, 1254; *Schöne* in Semler/Volhard ÜN Hdb. § 34 Rn 94; *Dietz* S. 373. Offen lassend *Tröger* ZIP 2001, 2029, 2036. Siehe auch Rn 79.

ters steht[286]. Beim Umfang der Angaben zur Bewertung ist stets zu beachten, dass Zweck der Berichterstattungspflicht lediglich die Ermöglichung einer **Plausibilitätsprüfung** ist. Die Informationen müssen nicht so weitgehend sein, dass der Gesellschafter in der Lage ist, eine eigene Unternehmensbewertung anzustellen[287].

Ist Gegenstand der Beschlussfassung noch nicht das konkrete Vorhaben, sondern nur das unternehmerische **Konzept,** sind die geplante Strukturmaßnahme sowie die Auswirkungen auf die Aktionäre darzustellen[288]. 59

Haben sich zwischen dem Abschluss des Ausgliederungsvertrags und dem Zeitpunkt der Beschlussfassung durch die Hauptversammlung wesentliche **Veränderungen** des auszugliedernden Vermögens ergeben, hat der Vorstand der Hauptversammlung einen **Nachtragsbericht** zu erstatten[289]. Dies entspricht der Rechtslage bei der Spaltung[290], folgt aber für die „klassische" Ausgliederung aus allgemeinen Grundsätzen[291]. 60

Die Grundsätze gelten auch, wenn es sich bei dem ausgliedernden Rechtsträger um eine **GmbH** handelt. Allerdings sind die Anforderungen an die Berichtsintensität etwas abgeschwächt, da nicht unberücksichtigt bleiben darf, dass der Gesellschafter einer GmbH gegenüber einem Aktionär ein weitaus umfassenderes Auskunftsrecht[292] hat, dessen Geltendmachung überdies auch nicht auf die Gesellschafterversammlung beschränkt ist. Auch die Geschäftsführung der GmbH ist nach allgemeinen Grundsätzen zur Erstattung eines Nachtragsberichts verpflichtet, sofern sich nach der Vorlage des Berichts Veränderungen ergeben haben[293]. 61

c) Form. Die Berichte müssen vom Vorstand **schriftlich** abgefasst[294] und in vertretungsberechtigter Zahl **unterschrieben** werden[295]. Der Nachtragsbericht ist jedoch nicht notwendigerweise schriftlich zu erstatten; es reicht aus, wenn der Vorstand die Veränderungen in der Haupt- bzw. Gesellschafterversammlung erläutert[296]. 62

2. Einladungsbekanntmachung

a) AG. Die Anforderungen, die an die Einladungsbekanntmachung zu stellen sind, wenn das Ausgliederungsvorhaben aufgrund seines strukturändernden Charakters der Hauptversammlung vorgelegt wird, sind umstritten. Die Bekanntmachungspflicht des wesentlichen Inhalts des Vertrags bei zustimmungsbedürftigen Verträgen gilt auch für Ausgliederungen nach dem UmwG[297]. Darüber hinaus ist bei Ausgliederungen zur Neugründung die Satzung des übernehmenden Rechtsträgers bekannt zu geben[298]. Auf Ausgliederungen im Wege der Einzelrechtsnachfolge gelangt § 124 Abs. 2 Satz 2 AktG nicht unmittelbar 63

---

[286] *Aha* AG 1997, 345, 349; offenbar auch *LG Karlsruhe* AG 1998, 99, 103; siehe auch *Groß* AG 1996, 111, 116.
[287] *Groß* AG 1996, 111, 116.
[288] *Lutter/Leinekugel* ZIP 1998, 805, 814; *Krieger* in MünchHdbGesR Bd. 4, § 69 Rn 11; siehe auch Rn 41.
[289] *Schlitt* in Semler/Volhard HV Hdb. § 12 Rn 87; *Feddersem/Kiem* ZIP 1994, 1078, 1080; weitergehend *Simon* in Heckschen/Simon § 4 Rn 124 bzgl. der nachträglichen Berichterstattung bei Ermächtigungsbeschlüssen.
[290] § 143 Satz 1.
[291] *Hommelhoff* in Lutter § 143 Rn 10; *Feddersem/Kiem* ZIP 1994, 1078, 1080.
[292] § 51 a GmbHG.
[293] So auch *Hommelhoff/Schwab* in Lutter § 143 Rn 19; siehe Rn 60.
[294] *Kallmeyer,* FS Lutter, S. 1245, 1253; aA *Mayer* in Widmann/Mayer Anh. 5 Rn 932.
[295] *Reichert* in Semler/Volhard HV Hdb. § 5 Rn 80; vgl. zur hM zum Bericht nach § 293 a AktG *Hüffer* § 293 a AktG Rn 10.
[296] *Kallmeyer* in Kallmeyer § 143 Rn 1; aA offenbar *Hommelhoff/Schwab* in Lutter § 143 Rn 17.
[297] *OLG Stuttgart* DB 1997, 217; *LG Hanau* ZIP 1996, 422; *Aha* AG 1997, 345, 349.
[298] §§ 135, 125, 37.

zur Anwendung, da die Wirksamkeit der Ausgliederung im Außenverhältnis nicht von der Erteilung der Zustimmung der Hauptversammlung abhängig ist[299]. Jedoch wurde bereits vor Inkrafttreten des UmwG 1994 eine analoge Anwendung des § 124 Abs. 2 Satz 2 AktG befürwortet, wenn die Ausgliederung aufgrund ihres strukturändernden Charakters der Hauptversammlung zur Zustimmung vorzulegen ist[300]. Dies erweist sich als zutreffend[301]. Erfüllt die Ausgliederungsmaßnahme die „Holzmüller"-Kriterien und fällt sie demgemäß in die Kompetenz der Hauptversammlung, müssen sich die Aktionäre in gleicher Weise über die Maßnahme informieren können wie bei einer Ausgliederung nach dem UmwG, bei der die Zustimmung der Hauptversammlung Wirksamkeitsvoraussetzung ist. Die mittlerweile hM in Rechtsprechung[302] und Schrifttum[303] geht demgemäß zu Recht davon aus, dass der **wesentliche Inhalt** des **Ausgliederungsvertrags** in der Einladung bekannt zu machen ist. Dabei macht es in der Sache keinen Unterschied, ob man die Vorlagepflicht an die Hauptversammlung aus einer Gesamtanalogie zu den Vorschriften des UmwG oder mit dem BGH nunmehr auf Grundlage einer offenen Rechtsfortbildung ableitet. Steht der Ausgliederungsvertrag unter der aufschiebenden Bedingung der Zustimmung der Hauptversammlung der ausgliedernden Gesellschaft, gehört das Recht der Vertragsparteien auf den Eintritt dieser Bedingung zu verzichten, zum wesentlichen Vertragsinhalt[304]. Die Bekanntmachungspflicht soll selbst dann bestehen, wenn die Informationen für die Gesellschaft **nachteilig** sind, da § 124 Abs. 2 Satz 2 AktG keinen entsprechenden Vorbehalt enthält[305]. Insoweit erscheint es richtiger, berechtigte Geheimschutzinteressen der Gesellschaft im Rahmen einer Abwägung mit dem Informationsbedürfnis der Aktionäre, dem infolge des Ausnahmecharakters von „Holzmüller"-Fällen allerdings gewichtige Bedeutung zukommt, zu berücksichtigen[306].

64 Die Bekanntmachung des wesentlichen Vertragsinhalts ist indessen nur möglich, wenn der Inhalt des Vertrags im Zeitpunkt der Fassung des Zustimmungsbeschlusses bereits feststeht. Da es ausreichend ist, wenn die Hauptversammlung dem Ausgliederungskonzept zustimmt, muss dies nicht notwendigerweise der Fall sein. Soll die Hauptversammlung einen **Ermächtigungsbeschluss** fassen[307], ist es genügend, wenn das unternehmerische Konzept in seinen

---

[299] Siehe Rn 43.
[300] *Lutter*, FS Fleck, S. 169, 176.
[301] So auch *Hüffer*, FS Ulmer, S. 279, 299 f.; *Habersack* in Emmerich/Habersack Vor § 311 AktG Rn 52.
[302] BGH ZIP 2001, 416, 418 „Altana/Milupa" (Verkauf des Geschäftsbetriebs durch Konzerntochter); siehe auch Vorinstanzen OLG Frankfurt DB 1999, 1004, 1105 („liegt nahe") sowie *LG Frankfurt* NZG 1998, 114, 115; ferner *LG Frankfurt* DB 2001, 751 sowie *LG München I*, Der Konzern 2006, 701, 702. Auch das OLG München AG 1995, 232, 233 hat eine analoge Anwendung des § 124 Abs. 2 Satz 2 AktG angenommen, allerdings offen gelassen, ob die Auslegung des Vertrags zur Einsichtnahme ausreicht; aA *LG Düsseldorf* AG 1999, 94 ff.
[303] *Hüffer* § 124 AktG Rn 11; *Reichert* ZHR Beiheft 68, S. 25, 58 f.; *Schlitt* in Semler/Volhard HV Hdb. § 4 Rn 179; *Krieger* in MünchHdbGesR Bd. 4 § 69 Rn 11; *Schöne* in Semler/Volhard ÜN Hdb. § 34 Rn 94; *Habersack* in Emmerich/Habersack Vor § 311 AktG Rn 52; *Aha* AG 1997, 345, 350; *Feddersem/Kiem* ZIP 1994, 1078, 1080; *Mayer* in Widmann/Mayer Anh. 5 Rn 933; *Marsch-Barner*, FS Schwark S. 105, 117; *Wilde* ZGR 1998, 423, 452; *Weißhaupt* NZG 1999, 804, 806, 808; *ders.* AG 2004, 585, 588; *Tröger* ZIP 2001, 2029, 2030; *Simon* in Heckschen/Simon § 4 Rn 109, 113; kritisch *Kort* ZIP 2002, 685, 686.
[304] *LG Frankfurt* DB 2001, 751, 752; siehe auch *OLG Schleswig* ZIP 2006, 421, 425: steigende Anforderungen an den Inhalt der Tagesordnungserläuterung, je einschneidender der Vertrag in die Struktur der Gesellschaft eingreift, dazu *Kort* AG 2006, 272; siehe auch *LG München I*, Der Konzern 2006, 701, 702; das die Auffassung vertritt, dass auch die wesentlichen Parameter eines der Kaufpreisermittlung zugrunde gelegten Sachverständigengutachtens in die Einladungsbekanntmachung aufzunehmen seien.
[305] *Groß* AG 1996, 111, 115.
[306] *Habersack* in Emmerich/Habersack Vor § 311 AktG Rn 52; wohl weitergehend *Weißhaupt* AG 2004, 585, 591.
[307] Siehe Rn 41.

Eckpunkten bekannt gemacht wird[308]. Es reicht dann aus, wenn die Essentialia des Vorhabens dargestellt, erläutert und bewertet werden[309]. Es ist daher nicht notwendig, dass in der Einladung ein konkreter Vertrag oder auch nur ein Vertragsentwurf bekannt gemacht wird.

Ob auch der **Ausgliederungsbericht** des Vorstands analog § 124 Abs. 2 Satz 2 AktG 65 seinem wesentlichen Inhalt nach in der Einladungsbekanntmachung zu veröffentlichen ist, ist umstritten. Für den ganzen oder teilweisen Bezugsrechtsausschluss wurde eine Pflicht zur Bekanntmachung des Berichts bejaht[310]. Richtigerweise sind diese Grundsätze nicht auf sonstige der Zustimmung der Hauptversammlung unterliegende Strukturmaßnahmen auszudehnen[311]. Bis zu einer klärenden höchstrichterlichen Entscheidung legt eine auf die Vermeidung von Anfechtungsklagen gerichtete Praxis es nahe, neben dem wesentlichen Inhalt des Vertrags auch die Eckpunkte des Berichts des Vorstands bekannt zu machen[312]. Da der Vorstandsbericht allen Aktionären zugänglich ist, ist eine knapp gefasste Übersicht über die wesentlichen Eckpunkte in jedem Fall genügend.

b) GmbH. Bei Einberufung der Gesellschafterversammlung einer GmbH sind die 66 Gegenstände der Tagesordnung mitzuteilen[313]. Eine entsprechende Verpflichtung, Beschlussvorschläge der Verwaltung und Verträge, über deren Zustimmung die Gesellschafterversammlung beschließen soll, im wesentlichen Wortlaut bekannt zu machen[314], sieht das GmbHG nicht vor. Dennoch spricht viel dafür, eine Verpflichtung zur Bekanntmachung des wesentlichen Inhalts des **Ausgliederungsvertrags** auch bei der GmbH zu verlangen[315]. Allerdings ist die Wesentlichkeitsschwelle in der GmbH angesichts des weiterreichenden Informationsrechts des GmbH-Gesellschafters höher anzusetzen als in der AG[316].

3. Auslegung und Übersendung von Unterlagen

a) AG. Wird die Ausgliederung nach Maßgabe des UmwG durchgeführt, sind der Aus- 67 gliederungsvertrag, der Ausgliederungsbericht sowie die Jahresabschlüsse und Lageberichte für die letzten drei Geschäftsjahre und, wenn der letzte Jahresabschluss älter als sechs Monate ist, ein Zwischenabschluss vom Zeitpunkt der Einberufung an in den Geschäftsräumen sowie in der Hauptversammlung auszulegen und den Gesellschaftern auf Verlangen zu übersenden[317]. Darüber hinaus ist der Ausgliederungsvertrag oder sein Entwurf vor der Einberufung der Hauptversammlung beim Handelsregister einzureichen[318].

---

[308] *Weißhaupt* AG 2004, 585, 588.
[309] *Lutter*, FS Fleck, S. 169, 176; *Lutter/Leinekugel* ZIP 1998, 805, 814; *Reichert* ZHR Beiheft 68, S. 25, 59 f.; *Schlitt* in Semler/Volhard HV Hdb. § 4 Rn 180; vgl. auch *LG Frankfurt* DB 2001, 751, 752, das die Festlegung einer Untergrenze für die Gegenleistung fordert. Zudem müssen die Informationen einen solchen Detaillierungsgrad aufweisen, dass die Aktionäre in der Lage sind, die vorgeschlagene Strukturmaßnahme mit Alternativen abzuwägen.
[310] Vgl. BGHZ 120, 141, 156; *Hüffer* § 186 AktG Rn 23; *Quack* ZGR 1983, 257, 263; *Timm* DB 1982, 211, 217; aA *Marsch* AG 1981, 211, 213.
[311] *Dietz* S. 376.
[312] *Groß* AG 1996, 111, 116; *Schlitt* in Semler/Volhard HV Hdb. § 4 Rn 181; *Weißhaupt* NZG 1999, 804, 808; *ders.* AG 2004, 585, 590; aA *Steiner*, Die Hauptversammlung der Aktiengesellschaft, 1995, § 1 Rn 57; anders *Mayer* in Widmann/Mayer Anh. 5 Rn 931: Annahme einer Pflicht zur Veröffentlichung der wesentlichen Gründe und Auswirkungen bei Verzicht auf ein formelles Berichtserfordernis. Die Begründung des Vorhabens darf sich nicht in einem einzelnen Schlagwort wie „strategische Gründe" erschöpfen, *LG München I*, Der Konzern 2006, 701, 702.
[313] § 51 Abs. 2 GmbHG.
[314] Vgl. § 124 Abs. 2 AktG.
[315] So auch *Mayer* in Widmann/Mayer Anh. 5 Rn 934; auch *Zöllner* in Baumbach/Hueck § 51 GmbHG Rn 26 (ausdrücklich allerdings nur für Unternehmensverträge); ebenso *Hüffer* in Hachenburg § 51 GmbHG Rn 25.
[316] Siehe Rn 44.
[317] §§ 125, 63 Abs. 3, 64.
[318] §§ 125, 61.

68 aa) *Ausgliederungsvertrag.* Hat die Hauptversammlung aufgrund des strukturändernden Charakters dem Ausgliederungsvorhaben zuzustimmen[319], ist auch der Ausgliederungsvertrag auszulegen[320]. Auch insoweit liegt die Erwägung zugrunde, dass die Aktionäre ihre Entscheidung in der Hauptversammlung nicht eigenverantwortlich treffen können, wenn ihnen der Vertrag nicht zugänglich gemacht wird. Auszulegen ist der Vertrag grundsätzlich in seinem **vollständigen Wortlaut.** Anders als bei der Bekanntmachung reicht die Auslegung seines wesentlichen Inhalts nicht aus[321]. Neben dem Hauptvertrag oder seinem Entwurf müssen alle anderen Vereinbarungen ausgelegt werden, die mit dem Hauptvertrag in Zusammenhang stehen[322]. Soweit die Vertragswerke nicht in deutscher Sprache abgefasst sind, ist eine Übersetzung bereitzustellen[323]. Die Auslegungspflicht besteht nicht, wenn die Hauptversammlung noch nicht über die konkrete Strukturmaßnahme entscheiden und sie nur einen Ermächtigungsbeschluss fassen soll und ihr demgemäß lediglich das Konzept vorgelegt wird[324]. Da dem Informationsbedürfnis der Aktionäre durch die Auslegung des Ausgliederungsvertrags Genüge getan wird, bedarf es einer zusätzlichen Einreichung des Vertrags zum **Handelsregister** nicht[325].

69 bb) *Bericht.* Hat der Vorstand der Hauptversammlung über die Ausgliederungsmaßnahme aufgrund deren strukturändernden Charakters Bericht zu erstatten[326], muss der Bericht von der Einberufung an zur Einsicht in dem Geschäftsraum der Gesellschaft ausliegen[327].

70 cc) *Bilanzen.* Nimmt man eine Informationspflicht im Vorfeld der Hauptversammlung an, spricht viel dafür, auch eine Verpflichtung zu bejahen, die **Jahresabschlüsse** des ausgliedernden Rechtsträgers der vergangenen drei Geschäftsjahre in der Hauptversammlung auszulegen, soweit diese bereits festgestellt sind oder nach den bilanzrechtlichen Vorschriften hätten aufgestellt werden müssen[328]. Die Abschlüsse der aufnehmenden Gesellschaft sind von der Auslegungspflicht nur erfasst, wenn an der Gesellschaft eine Drittbeteiligung besteht[329]. Eine Pflicht zur Aufstellung und Auslegung eines **Zwischenabschlusses** ist wegen dessen

---

[319] Siehe Rn 29 ff.
[320] Vgl. dazu *BGH* ZIP 2001, 416 „Altana/Milupa"; ebenso Vorinstanz *OLG Frankfurt* DB 1999, 1004 (Vertrag über Veräußerung des Geschäftsbetriebs der Tochtergesellschaft gem. § 179 a AktG); *LG München* BB 2001, 1648; *OLG München* AG 1995, 232, 233; *LG Frankfurt* NZG 1998, 113, 116; *LG Karlsruhe* AG 1998, 99, 102 ff.; *Schöne* in Semler/Volhard ÜN Hdb. § 34 Rn 94; *Feddersen/Kiem* ZIP 1994, 1078, 1080; *Reichert* ZHR Beiheft 68, S. 25, 61; *Schlitt* in Semler/Volhard HV Hdb. § 6 Rn 2 ff.; *Habersack* in Emmerich/Habersack Vor § 311 AktG Rn 52; *Krieger* in MünchHdbGesR Bd. 4 § 69 Rn 11; *Wilde* ZGR 1998, 423, 452; *Aha* AG 1997, 345, 350; *Mayer* in Widmann/Mayer Anh. 5 Rn 935; aA *Bungert* NZG 1998, 367, 370; kritisch auch *Zeidler* NZG 1998, 91, 93; *Kort* ZIP 2002, 685, 688 f.; *Hüffer*, FS Ulmer, S. 279, 300; für Einzelfallbetrachtung *Simon* in Heckschen/Simon § 4 Rn 114.
[321] *LG Frankfurt* NZG 1998, 114, 116.
[322] *J. Semler* BB 1983, 1566, 1567; einschränkend *Weißhaupt* NZG 1999, 804, 808 f.; *ders.* AG 2004, 585, 591; auch *Götze* NZG 2004, 585, 589.
[323] *LG München* BB 2001, 1648; zustimmend *Mayer* in Widmann/Mayer Anh. 5 Rn 936; *Habersack* in Emmerich/Habersack Vor § 311 AktG Rn 52.
[324] *Reichert* ZHR Beiheft 68, S. 25, 61; *Krieger* in MünchHdbGesR Bd. 4 § 69 Rn 11; *Groß* AG 1996, 111, 117.
[325] *Aha* AG 1997, 345, 350.
[326] Siehe Rn 52 ff.
[327] *LG Frankfurt* NZG 1998, 113, 116; *Habersack* in Emmerich/Habersack Vor § 311 AktG Rn 52; *Schlitt* in Semler/Volhard HV Hdb. § 6 Rn 6; *Krieger* in MünchHdbGesR Bd. 4 § 69 Rn 11; *Groß* AG 1996, 111, 116; *Feddersen/Kiem* ZIP 1994, 1078, 1080; *Weißhaupt* NZG 1999, 804, 808.
[328] *OLG Hamburg* AG 2003, 441, 442 f.; zu Unrecht strenger noch die Vorinstanz *LG Hamburg* AG 2003, 109, dazu *Wendt* DB 2003, 191; *LG Karlsruhe* AG 1998, 99, 101 ff.; *Reichert* ZHR Beiheft 68, S. 25, 61; *Schlitt* in Semler/Volhard HV Hdb. § 6 Rn 10; *Aha* AG 1997, 345, 350; *Mayer* in Widmann/Mayer Anh. 5 Rn 936.
[329] *Reichert* ZHR Beiheft 68, S. 25, 61; zustimmend *Mayer* in Widmann/Mayer Anh. 5 Rn 936.

beschränkten Aussagegehalts nicht geboten[330]. Ein Zwischenabschluss gibt nämlich keinen Aufschluss darüber, welche Gegenstände von der Ausgliederung betroffen sind. Eine **Einbringungsbilanz** ist zwar insoweit aussagekräftiger. Gleichwohl kann allein aus ihrem Informationsgehalt keine Verpflichtung zu ihrer Auslegung hergeleitet werden, da es an einer gesetzlichen Pflicht zur Aufstellung mangelt[331].

Die Auslegung hat von der Einberufung der Hauptversammlung an in dem Geschäftsraum und in der Hauptversammlung zu erfolgen. Den Aktionären ist auf Verlangen eine Abschrift dieser Unterlagen zu übersenden[332]. **71**

b) GmbH. Bei Ausgliederungen nach dem UmwG sind der Ausgliederungsvertrag und der Ausgliederungsbericht den Gesellschaftern zusammen mit der Einberufung der Gesellschafterversammlung, die über die Zustimmung beschließen soll, zu übermitteln[333]. Eine entsprechende Verpflichtung wird man auch bei Ausgliederungen im Wege der Einzelrechtsnachfolge verlangen müssen, sofern die Gesellschafterversammlung über die Zustimmung zu der Maßnahme zu entscheiden hat[334]. Die **Übersendungsfrist** unterliegt den allgemeinen Grundsätzen. Demnach ist es grundsätzlich ausreichend, wenn den Gesellschaftern die Vorlagen mit einem zeitlichen Vorlauf von mindestens einer Woche übersandt werden, sofern die Satzung der Gesellschaft keine längere Frist bestimmt[335]. Weitergehende Auslegungs- und Übersendungspflichten im Vorfeld der Gesellschafterversammlung bestehen nicht. **72**

4. Berichterstattungspflicht der Geschäftsführung in der Gesellschafterversammlung

Das UmwG sieht bei einer Ausgliederung einer AG eine Verpflichtung des Vorstands vor, den Ausgliederungsvertrag oder seinen Entwurf zu Beginn der Verhandlung mündlich zu erläutern[336]. Für Ausgliederungen im Wege der Einzelübertragung mit strukturänderndem Charakter kann nichts anderes gelten. Der Vorstand hat den zugrunde liegenden Vertrag oder das Strukturkonzept den Aktionären in der Hauptversammlung zu erläutern[337]. Der **wesentliche Inhalt** des Vertrags ist darzustellen; zudem muss auf die **Gründe** für die Ausgliederung und ihre **Konsequenzen** in wirtschaftlicher und rechtlicher Hinsicht eingegangen werden[338]. Dies gilt auch, wenn Gegenstand der Beschlussfassung ein Ermächtigungsbeschluss ist[339]. In diesem Fall ist in der nächsten Hauptversammlung von der Umsetzung der Ausgliederungsmaßnahme oder über den Stand der Angelegenheit zu berichten[340]. **73**

---

[330] *Reichert* ZHR Beiheft 68, S. 25, 61; *Dietz* S. 377; aA *LG Karlsruhe* AG 1998, 100, 102.
[331] *Reichert* ZHR Beiheft 68, S. 25, 61; *Schlitt* in Semler/Volhard HV Hdb. § 6 Rn 10; aA wohl *Habersack* in Emmerich/Habersack Vor § 311 AktG Rn 52; wohl auch *Mayer* in Widmann/Mayer Anh. 5 Rn 936.
[332] *Lutter,* FS Fleck, S. 168, 176; *Reichert* ZHR Beiheft 68, S. 25, 61; *Schlitt* in Semler/Volhard HV Hdb. § 6 Rn 14 ff.; *Habersack* in Emmerich/Habersack Vor § 311 AktG Rn 52; differenzierend *Groß* AG 1996, 111, 116 f. (nur Übersendung des Vorstandsberichts).
[333] §§ 125, 47.
[334] *Reichert* ZHR Beiheft 68, S. 25, 58; wie hier *Mayer* in Widmann/Mayer Anh. 5 Rn 937.
[335] *Reichert* ZHR Beiheft 68, S. 25, 63; *Winter* in Lutter § 47 Rn 15, kritisch *Kallmeyer* in Kallmeyer § 47 Rn 3, der die Frist für zu kurz bemessen hält. Allerdings wird man die Einhaltung der Wochenfrist auch dann fordern müssen, wenn die Satzung der GmbH eine kürzere Frist vorsieht. Ob die Wochenfrist statutarisch verkürzt werden kann, ist ohnehin äußerst umstritten; dagegen etwa *OLG Naumburg* NZG 2000, 44; *Zöllner* in Baumbach/Hueck § 51 GmbHG Rn 39.
[336] §§ 125, 64 Abs. 1 Satz 2.
[337] *Reichert* ZHR Beiheft 68, S. 25, 61; *Schlitt* in Semler/Volhard HV Hdb. § 12 Rn 87; *Habersack* in Emmerich/Habersack Vor § 311 AktG Rn 52; *Groß* AG 1996, 111, 117; *Wilde* ZGR 1994, 423, 452; *Weißhaupt* NZG 1999, 804, 808; für Einzelfallbetrachtung *Simon* in Heckschen/Simon § 4 Rn 111.
[338] *Groß* AG 1996, 111, 117.
[339] *Lutter/Leinekugel* ZIP 1998, 805, 816; siehe Rn 42.
[340] *BGH* ZIP 2003, 387, 391; *Lutter/Leinekugel* ZIP 1998, 805, 816.

74 Haben sich zwischen dem Abschluss des Ausgliederungsvertrags und dem Zeitpunkt der Beschlussfassung durch die Hauptversammlung **Veränderungen** des auszugliedernden Vermögens ergeben, sind die Veränderungen in der Hauptversammlung darzustellen[341]. Hat die Geschäftsführung keinen schriftlichen Nachtragsbericht vorgelegt, sind alle wesentlichen Veränderungen in der Gesellschafterversammlung mündlich zu erläutern[342]. Keiner Erläuterung bedürfen jedoch solche Angaben, die bereits in den Berichten enthalten und weiterhin zutreffend sind[343].

5. Verzicht

75 Das UmwG sieht vor, dass bei einer Ausgliederung einer 100%-igen Tochtergesellschaft auf die Muttergesellschaft ein Ausgliederungsbericht nicht zu erstatten ist[344]. Dieser Rechtsgedanke ist auf die Ausgliederung im Wege der Einzelrechtsnachfolge übertragbar. Bei einer Ausgliederung von der Tochter zur Mutter läge bezogen auf die Aktionäre der Muttergesellschaft jedoch mangels Mediatisierung bereits kein „Holzmüller"-Fall vor. Für den umgekehrten, in der Praxis weitaus bedeutsameren Fall der Ausgliederung auf eine 100%-ige Tochtergesellschaft findet nach herrschender und richtiger Meinung § 8 Abs. 3 keine Anwendung[345], so dass auch bei der Einbringungsvariante keine Ausnahme veranlasst ist.

76 Auf die im Zusammenhang mit der Vorbereitung und Durchführung der Hauptversammlung bestehenden Formalien können die Anteilseigner der beteiligten Rechtsträger **verzichten**[346]. Richtigerweise bedarf ein solcher Verzicht nicht der notariellen Form[347]. Gleichwohl empfiehlt es sich in der Praxis aufgrund des in § 8 Abs. 3 Satz 2 vorgesehenen Formerfordernisses, vorsorglich die notarielle Form einzuhalten.

6. Informationspflichten unterhalb der „Holzmüller"-Schwelle

77 Fraglich ist, ob die vorstehend dargestellten Formalien auch zu beachten sind, wenn eine Vorlagepflicht nach den „Holzmüller"-Grundsätzen nicht besteht, die Gesellschafterversammlung aber gleichwohl über die Zustimmung zu der Maßnahme entscheiden soll. Zum Teil wird dies verneint[348]. Der BGH hat demgegenüber in seinem „Altana/Milupa"-Urteil entschieden, dass den Vorstand die Bekanntmachungspflicht nach § 124 Abs. 2 Satz 2 AktG und die Pflicht zur Auslage der Vorlagen (einschließlich des Vertragstexts) auch dann trifft, wenn er der Hauptversammlung eine Angelegenheit der Geschäftsführung freiwillig zur Entscheidung vorlegt[349]. Dem ist zuzustimmen. Sind die Gesellschafter aufgerufen, über eine Maßnahme Beschluss zu fassen, wird der Grad ihres Informationsbedürfnisses nicht dadurch beeinflusst, ob die Vorlagepflicht aus einer gesetzlichen Verpflichtung oder einer freiwilligen Entscheidung der Geschäftsführung folgt. Nur bei einer ausreichenden Information können

---

[341] Siehe bereits Rn 60.
[342] *Schlitt* in Semler/Volhard HV Hdb. § 12 Rn 87.
[343] Zutreffend *Weißhaupt* AG 2004, 585, 590 f.; vgl. auch § 131 Abs. 3 Nr. 7 AktG idF des UMAG vom 22.9.2005, BGBl. I S. 2802.
[344] § 125 iVm. § Abs. 3.
[345] *Feddersen/Kiem* ZIP 1994, 1078, 1081.
[346] *Reichert* in Semler/Volhard HV Hdb. § 5 Rn 80; *Schlitt* in Semler/Volhard HV Hdb. § 12 Rn 88; *Mayer* in Widmann/Mayer Anh. 5 Rn 938.
[347] *Reichert* ZHR Beiheft 68, S. 25, 61; zust. *Mayer* in Widmann/Mayer Anh. 5 Rn 938.
[348] *Zöllner* in Kölner Komm. § 124 AktG Rn 25; *Mülbert* in Großkomm. § 119 AktG Rn 51; *Groß* AG 1996, 111, 115; *Wilde* ZGR 1998, 423, 446 ff.; *Drinkuth* AG 2001, 256 ff.; *Tröger* ZIP 2001, 2029, 2031, 2035; *ders.* ZHR 165 (2001) 593, 599.
[349] BGH ZIP 2001, 416 ff.; dem folgend LG München BB 2001, 1648. Ebenso *Schlitt* in Semler/Volhard HV Hdb. § 4 Rn 172 jeweils mwN; *Schockenhoff* NZG 2001, 921, 925 und wohl auch *Aha* BB 2001, 2225, 2232. Vgl. aber *Hüffer* § 124 AktG Rn 10: Vorlage des gesamten Vertragswerks grundsätzlich nicht erforderlich.

die Gesellschafter ihre Entscheidung in Kenntnis der Tragweite fällen[350]. Dies gilt nicht nur für die Bekanntmachungspflicht, sondern auch für die Berichterstattungspflicht. Das Informationsrecht in der Hauptversammlung erweist sich hierfür als nicht ausreichend, da den Aktionären, gerade bei umfangreichen Verträgen, eine Vorbereitung im Vorfeld der Hauptversammlung möglich sein muss[351].

VII. Fristen

Der Anmeldung einer Ausgliederung nach dem UmwG muss eine Bilanz des ausgliedernden Rechtsträgers beigeschlossen werden, die auf einen höchstens **acht Monate** vor der Anmeldung liegenden Stichtag aufgestellt worden ist[352]. Dieses Erfordernis kann sich insbesondere dann als hinderlich erweisen, wenn mehrere Umwandlungsvorgänge hintereinander geschaltet werden sollen[353]. Bei Ausgliederungen im Wege der Einzelrechtsnachfolge ist eine Achtmonatsfrist nicht zu beachten. In diesem Fall ist es aus gesellschaftsrechtlicher Sicht nicht notwendig, der Ausgliederung eine Schlussbilanz zugrunde zu legen[354]. Insoweit besteht für eine Ausstrahlungswirkung kein Anlass. Bedeutung hat die Achtmonatsfrist nur unter steuerlichen Gesichtspunkten für die Rückwirkung des Übertragungsstichtags[355].

VIII. Wertkontrolle

Einer Wertkontrolle bedarf es immer dann, wenn die aufnehmende Gesellschaft nicht im alleinigen Anteilsbesitz der ausgliedernden Gesellschaft steht. Sind an der aufnehmenden Gesellschaft **Dritte** oder Gesellschafter der ausgliedernden Gesellschaft beteiligt, begründet dies für die Minderheitsgesellschafter der ausgliedernden Gesellschaft eine potenzielle Interessengefährdung. Die auszugliedernden Vermögensgegenstände sind daher vor der Einbringung nach Maßgabe der anerkannten Grundsätze der Unternehmensbewertung zu bewerten[356]. Werden gleichzeitig Unternehmensaktivitäten des Mehrheitsgesellschafters der ausgliedernden Gesellschaft ausgegliedert, bestehen gegen die Bestellung eines gemeinsamen Gutachters im Grundsatz keine Bedenken[357].

Soweit ein Gesellschafterbeschluss erforderlich ist, findet eine Überprüfung zunächst im Wege der **Anfechtungsklage** statt. Die Gesellschafter sind aufgrund ihrer gesellschaftsrechtlichen Treupflicht gehalten, bei der Ausübung ihres Stimmrechts auf die Interessen der Gesellschaft und der anderen Gesellschafter angemessen Rücksicht zu nehmen. Dies ist nicht der Fall, wenn einer Ausgliederung zugestimmt wird, die zu einer unangemessen niedrigen Gegenleistung erfolgt. Dann ist der zugrunde liegende Gesellschafterbeschluss anfechtbar[358]. Die gerichtliche Überprüfung der zugrunde liegenden Bewertungsentscheidung hat jedoch einen Bewertungsspielraum anzuerkennen[359].

---

[350] *BGH* ZIP 2001, 416, 418.
[351] Zust. *Mayer* in Widmann/Mayer Anh. 5 Rn 939; siehe auch Rn 50.
[352] §§ 125, 17 Abs. 2.
[353] Dazu *Aha* AG 1997, 345, 351.
[354] *Engelmeyer* AG 1999, 263, 266.
[355] § 20 Abs. 8 Satz 3 UmwStG.
[356] *OLG Stuttgart* DB 2001, 854, 859.
[357] Zu möglichen Anfechtungsgründen *OLG Stuttgart* DB 2001, 854, 860; siehe auch *LG München I*, Der Konzern 2006, 700, 702, nach dessen Auffassung die wesentlichen Parameter eines Bewertungsgutachtens bereits in die Einladungsbekanntmachung aufzunehmen seien.
[358] *OLG Stuttgart* DB 2001, 854, 859 f.
[359] OLG Stuttgart ZIP 2004, 1145, 1150 (n.rkr.).

81 Abzulehnen ist demgegenüber die teilweise, insbesondere von *Lutter* vertretene Auffassung, nach der Fehler im Preisbildungsprozess bei Strukturentscheidungen nicht im Wege einer Anfechtungsklage, sondern im Rahmen eines **Spruchstellenverfahrens** geltend zu machen sind[360]. Bereits bei einer Ausgliederung nach dem UmwG sind die Vorschriften über das Spruchverfahren nicht anwendbar[361]. Insoweit fehlt es für die Ausgliederung im Wege der Einzelrechtsnachfolge bereits an einer Grundlage für eine Analogie[362]. Anderes gilt selbst dann nicht, wenn an der aufnehmenden Gesellschaft Dritte beteiligt sind. Für den insoweit ähnlich gelagerten Fall der übertragenden Auflösung hat auch die Rechtsprechung eine analoge Anwendung der Vorschriften über das Spruchstellenverfahren abgelehnt[363]. Soweit ein Gesellschafterbeschluss nicht erforderlich ist, verbleibt es bei möglichen Schadensersatzansprüchen gegen die Geschäftsführung.

IX. Rechtsfolge

1. Vermögensübergang

82 Während bei der Ausgliederung nach dem UmwG mit der Eintragung der Ausgliederung in das Handelsregister des Sitzes der übertragenden AG im Grundsatz[364] eine partielle Gesamtrechtsnachfolge *uno actu* stattfindet[365], beschränkt sich die Wirkung bei der Einbringungsvariante auf eine **Einzelrechtsnachfolge**. Dies bedingt zwangsläufig, dass für eine befreiende Schuldübernahme die Zustimmung der Gläubiger erforderlich ist[366]. Die Übertragung von Vertragsverhältnissen und Verbindlichkeiten hängt damit immer von der Zustimmung des Vertragspartners bzw. Gläubigers ab. Dies kann sich in der Praxis zuweilen als hinderlich erweisen[367]. Hilfsweise kann für den Fall verweigerter Zustimmung ein Schuldbeitritt der aufnehmenden Gesellschaft vereinbart werden[368]. Zustimmungserfordernisse können auch bei der Übertragung von Gesellschaftsanteilen bestehen[369].

83 Der Eigentumsübergang bei der Einbringungsvariante vollzieht sich nach den Regeln des bürgerlichen Rechts[370], wohingegen bei der Ausgliederung nach UmwG der **Eigentumsübergang** mit der Eintragung in das Handelsregister erfolgt. Der Einbringungsvertrag kann daher vorsehen, dass der dingliche Übergang mit Vertragsschluss stattfindet. Auf die Eintragung der Kapitalerhöhung beim übernehmenden Rechtsträger kommt es nicht an.

2. Haftung der Rechtsträger

84 Bei der „klassischen" Ausgliederung im Wege der Einbringung gegen Anteilsgewährung haftet der übernehmende Rechtsträger nur für diejenigen Verbindlichkeiten, die von ihm

---

[360] *Lutter* in Lutter Einl. Rn 49.
[361] § 125 Satz 1 iVm. § 4 Abs. 2, 15, 32 und 34.
[362] *Kallmeyer*, FS Lutter, S. 1245, 1258 f.
[363] B*VerfG* ZIP 2000, 1670 „Moto-Meter"; *OLG Stuttgart* ZIP 1997, 362 „Moto-Meter"; *BayObLG* ZIP 1998, 2002 „Magna Media/WEKA".
[364] Eine Ausnahme von diesem Prinzip begründete bislang § 132, der jedoch mit Inkrafttreten des Zweiten Gesetzes zur Änderung des UmwG zum 25.4.2007 aufgehoben wurde.
[365] § 131 Abs. 1 Nr. 1.
[366] § 415 BGB.
[367] Dazu etwa *Aha* AG 1997, 345, 352.
[368] *Mayer* in Widmann/Mayer Anh. 5 Rn 101 mit dem zutreffenden Hinweis auf § 415 Abs. 3 BGB.
[369] §§ 15 Abs. 5, 17 Abs. 1 GmbHG, § 68 Abs. 2 Satz 1 AktG. Bei Anteilen an Personengesellschaften ist mangels abweichender gesellschaftsvertraglicher Bestimmung die Zustimmung sämtlicher Gesellschafter erforderlich.
[370] §§ 398, 415, 873, 929 BGB.

Einbringung im Wege der Einzelrechtsnachfolge **Anh. § 173**

tatsächlich übernommen worden sind[371]. Demgegenüber besteht bei einer Ausgliederung nach dem UmwG eine gesamtschuldnerische Haftung des übertragenden und des übernehmenden Rechtsträgers für alle bis vor dem Wirksamwerden der Spaltung bestehenden Verbindlichkeiten[372]. Diese gesamtschuldnerische Haftung kann, freilich nur in Ausnahmefällen, zu einer Verdoppelung der zu bilanzierenden Verbindlichkeiten führen[373]. Dies kann insbesondere von Bedeutung sein, wenn in dem ausgliedernden Unternehmen hohe vertragliche oder gesetzliche Verbindlichkeiten bestehen. Die gesamtschuldnerische Haftung wird durch den ohne die Zustimmung des Gläubigers erfolgenden Übergang der Verbindlichkeiten auf das aufnehmende Unternehmen gerechtfertigt. Da im Fall der Einzelrechtsübertragung keine partielle Universalsukzession eintritt, kommt eine entsprechende Anwendung des § 133 UmwG nicht in Betracht[374]. Im Innenverhältnis können die Vertragsparteien des Einbringungsvertrags die Haftung etwa durch Freistellungsvereinbarungen abweichend regeln[375]. Für eine Ausweitung des Gläubigerschutzes besteht kein Anlass[376]. Die Arbeitnehmer und die Gläubiger der ausgliedernden Gesellschaft sind durch §§ 415, 613 a BGB ausreichend geschützt[377]. Folglich dürfte sich die Ausgliederung im Wege der Einzelrechtsübertragung namentlich dann als vorzugswürdig erweisen, wenn der übernehmende Rechtsträger verkauft oder in ein Gemeinschaftsunternehmen umgewandelt werden soll[378]. Die Mängelhaftung kann im Einbringungsvertrag frei geregelt werden[379]. Führen Mängel der eingebrachten Vermögensgegenstände zu einer Verletzung von Kapitalaufbringungsvorschriften, gelten die Allgemeinen gesellschaftsrechtlichen Regeln.

3. Haftung der Organe

Das UmwG sieht für den Fall einer Ausgliederung eine gesamtschuldnerische Pflicht der Geschäftsführungs- und Aufsichtsorgane zum Ersatz des Schadens vor, den der jeweilige Rechtsträger, seine Anteilsinhaber oder seine Gläubiger bei der Ausgliederung erleiden[380]. Danach kommt eine Haftung etwa in Betracht, wenn die Ausgliederung auf einen Rechtsträger erfolgt, an dem Dritte beteiligt sind, und der Wert der dem ausgliedernden Rechtsträger als Gegenleistung gewährten Anteile im Verhältnis zum Wert der ausgegliederten Vermögensgegenstände unangemessen niedrig ist. Eine Haftung der Organe **gegenüber der Gesellschaft** ist in einer solchen Situation auch bei Ausgliederungen im Wege der Einzelrechts-

---

[371] Zur Anwendung von § 25 HGB bei Einbringung eines Unternehmens bei Firmenkontinuität vgl. *Mayer* in Widmann/Mayer Anh. 5 Rn 188 f.
[372] § 133 Abs. 1 Satz 1, Abs. 3. Durch die Änderung des § 133 Abs. 3 durch das Zweite Gesetz zur Änderung des Umwandlungsgesetzes vom 19.4.2007, BGBl. I S. 542, wurden Versorgungsansprüche nach dem Betriebsrentengesetz einem besonderen Schutz unterstellt.
[373] *Karollus* in Lutter Umwandlungsrechtstage S. 157, 197; *Aha* AG 1997, 345, 352; *Feddersen/Kiem* ZIP 1994, 1078, 1083. Die Bilanzierungspflicht über die im Innenverhältnis zu tragenden Verbindlichkeiten hinaus besteht im Grundsatz nur dann, wenn eine Inanspruchnahme tatsächlich droht, dazu im Einzelnen § 133 Rn 26 ff.
[374] So zutr. *Reichert* ZHR Beiheft 68, S. 25, 63; *Habersack* in Emmerich/Habersack Vor § 311 AktG Rn 55; *Engelmeyer* AG 1999, 263, 266; *Kallmeyer* ZIP 1994, 1746, 1750; im Grundsatz auch *Veil* ZIP 1998, 361, 369. Gleiches gilt für die spezielle Regelung des § 134, die eine Haftung für Sozialplanverbindlichkeiten bei einer Betriebsspaltung anordnet, dazu *Aha* AG 1997, 345, 353.
[375] *Mayer* in Widmann/Mayer Anh. 5 Rn 104 f.
[376] Zust. *Mayer* in Widmann/Mayer Anh. 5 Rn 940.
[377] Zum Übergang von Arbeitsverhältnissen siehe Rn 83.
[378] *Kallmeyer* in Kallmeyer § 123 Rn 16.
[379] Streitig ist dagegen die (analoge) Anwendbarkeit der kaufrechtlichen Gewährleistungsvorschriften (so die hM), vgl. dazu die Nachweise bei (die Anwendung der §§ 433 ff. BGB ablehnend) *Mayer* in Widmann/Mayer Anh. 5 Rn 159 f., 351.
[380] §§ 125, 25.

nachfolge denkbar. Die Haftung gegenüber den Gläubigern und Gesellschaftern unterliegt den allgemeinen Regeln[381].

4. Sicherheitsleistung

86   Die bei der Ausgliederung nach dem UmwG bestehende gesamtschuldnerische Haftung der beteiligten Rechtsträger wird durch das Recht der Gläubiger, bei Gefährdung ihrer Forderungen Sicherheit verlangen zu können, flankiert[382]. Ein solches Recht der Gläubiger besteht bei der Ausgliederung im Wege der Einzelrechtsübertragung **nicht**[383]. Da die Gläubiger dem Übergang der Verbindlichkeit auf den übernehmenden Rechtsträger zustimmen müssen[384], besteht insoweit auch kein Bedürfnis für eine Ausstrahlungswirkung.

X. Arbeitsrechtliche Aspekte

1. Einbindung des Betriebsrats

87   Bei Ausgliederungen nach dem UmwG ist der Ausgliederungsvertrag oder -plan spätestens einen Monat vor dem Tag der Gesellschafterversammlung eines jeden beteiligten Rechtsträgers, die über die Zustimmung zum Ausgliederungsvertrag bzw. -plan zu beschließen hat, dem zuständigen Betriebsrat dieses Rechtsträgers zuzuleiten. Dies ist gegenüber dem Registergericht nachzuweisen[385]. Zweck der Regelung ist, dem Betriebsrat eine frühzeitige Information über die Ausgliederung und die mit ihr verbundenen Folgen für die Arbeitnehmer zu geben, um die sozialverträgliche Durchführung des Ausgliederungsvorgangs zu erleichtern[386]. Eine entsprechende Verpflichtung sieht das Gesetz für Ausgliederungen im Wege der Einzelrechtsnachfolge nicht vor[387]. Eine Ausstrahlungswirkung der umwandlungsrechtlichen Bestimmungen ist insoweit nicht veranlasst[388]. Es verbleibt bei der Anwendung der allgemeinen betriebsverfassungsrechtlichen Bestimmungen. Danach hat der Betriebsrat ein **Mitwirkungs- und Mitbestimmungsrecht** bei Betriebsänderungen, die wie eine Betriebsspaltung wesentliche Nachteile für die Belegschaft oder für erhebliche Teile der Belegschaft zur Folge haben können[389]. Liegt eine Betriebsänderung vor, ist ein Interessenausgleich durchzuführen und ein Sozialplan aufzustellen[390]. Betriebsänderungen, die wesentliche Nachteile für die Belegschaft zur Folge haben können, sind bei einer Einschränkung oder Stilllegung von Betriebsteilen stets anzunehmen. Dies ist bei einer Ausgliederung idR der Fall[391].

2. Übergang der Arbeitsverhältnisse

88   Bilden die ausgegliederten Vermögensgegenstände einen Betrieb oder Betriebsteil, tritt der aufnehmende Rechtsträger in die Rechte und Pflichten aus den im Zeitpunkt des Über-

---

[381] §§ 93 Abs. 5, 116, 147 AktG.
[382] §§ 133 Abs. 1, 22.
[383] *Aha* AG 1997, 345, 354.
[384] § 415 BGB.
[385] §§ 126 Abs. 3, 125 iVm. § 17 Abs. 1. Auf das Erfordernis der Zuleitung kann der Betriebsrat nach hM nicht verzichten; *Willemsen* in Kallmeyer § 5 Rn 76; *Lutter/Drygala* in Lutter § 5 Rn 103; anderes gilt für die Einhaltung der Frist, zutreffend *Priester* in ZHR 163 (1999) 187 ff., siehe auch die weiteren Nachweise bei § 215 Rn 19.
[386] RegBegr. *Ganske* S. 50.
[387] *Engelmeyer* AG 1999, 263, 265; *Aha* AG 1997, 345, 356.
[388] Zust. *Mayer* in Widmann/Mayer Anh. 5 Rn 941.
[389] §§ 111 ff. BetrVG.
[390] § 112 BetrVG.
[391] *Hübner-Weingarten* DB 1997, 2593, 2594.

gangs bestehenden Arbeitsverhältnissen ein[392]. Die Arbeitnehmer können einem Übergang ihres Arbeitsverhältnisses **widersprechen**. Da die Widerspruchsfrist von der Erfüllung der dem einen oder anderen Teil obliegenden Informationspflichten gegenüber den Arbeitnehmern abhängt[393], empfiehlt sich eine ausdrückliche Vereinbarung zwischen den Parteien des Einbringungsvertrags, wer diese Pflichten zu erfüllen hat[394].

3. Mitbestimmungserhaltung

Sind Gegenstand der Ausgliederung auch Arbeitsverhältnisse, kann die Reduzierung der Arbeitnehmeranzahl dazu führen, dass das bisher einschlägige Mitbestimmungssystem nicht mehr anwendbar ist. Für den Fall, dass die Ausgliederung nach Maßgabe des UmwG vollzogen wird, ordnet das UmwG eine Erhaltung der Mitbestimmung im übertragenden Rechtsträger für eine Dauer von fünf Jahren nach dem Wirksamwerden der Spaltung an[395]. Dieser Regelung, die aufgrund eines politischen Kompromisses aufgenommen wurde, lässt sich kein verallgemeinerungsfähiges Prinzip entnehmen, das eine analoge Anwendung auf Ausgliederungen im Wege der Einzelrechtsübertragung erlauben würde. Eine Mitbestimmungsbeibehaltung findet bei einer Ausgliederung im Wege der Einzelrechtsübertragung **nicht statt**[396]. Insoweit verbleibt es bei den allgemeinen Zurechnungsregelungen[397]. 89

XI. Verfahrensfragen

1. Handelsregistereintragung

Die Wirksamkeit einer Ausgliederung nach dem UmwG hängt von der Handelsregistereintragung bei der übertragenden Gesellschaft und dem übernehmenden Rechtsträger ab[398]. Bei einer Ausgliederung im Wege der Einzelrechtsübertragung bedarf es einer Handelsregistereintragung bei der ausgliedernden Gesellschaft grundsätzlich nicht, selbst wenn es sich um die Übertragung des gesamten Vermögens handelt[399]. Da es bei einer Einzelrechtsübertragung nicht zu einer partiellen Rechtsnachfolge kommt, erweist sich eine Registerpublizität als nicht erforderlich. Da mit einer Ausgliederung im Wege der Einzelrechtsnachfolge kein Gläubigerwechsel einher geht, besteht für eine Ausdehnung dieses Publizitätserfordernisses kein Bedürfnis[400]. Auch wenn im Zuge der Ausgliederung eine Kapitalerhöhung bei der aufnehmenden Gesellschaft beschlossen wird, hängt die Wirksamkeit der Einbringung der Vermögensgegenstände im Grundsatz nicht von der Eintragung der Kapitalerhöhung ab. 90

Eine Handelsregistereintragung bei der übertragenden Gesellschaft ist dann erforderlich, wenn wegen der Änderung des Unternehmensgegenstands[401] gleichzeitig eine Änderung der Satzung beschlossen wird. Wenn in der Hauptversammlung Widerspruch zu Protokoll gegeben wird, kann das Registergericht die Eintragung der Satzungsänderung bis zum Ablauf der Anfechtungsfrist aussetzen. Die Aussetzung kann im Fall der Erhebung einer Anfechtungsklage bis zur rechtskräftigen Entscheidung verlängert werden. Dem Gericht steht insoweit 91

---

[392] § 613 a BGB.
[393] § 613 a Abs. 5, Abs. 6 Satz 1 BGB.
[394] *Mayer* in Widmann/Mayer Anh. 5 Rn 171.
[395] § 325.
[396] *Reichert* ZHR Beiheft 68, S. 25, 64 f.; *Habersack* in Emmerich/Habersack Vor § 311 AktG Rn 55.
[397] § 2 DrittelbG; § 5 MitbestG.
[398] § 131.
[399] *Reichert* ZHR Beiheft 68, S. 25, 56 f.; *Priester* ZHR 163 (1999) 187, 202.
[400] So auch *Mayer* in Widmann/Mayer Anh. 5 Rn 942.
[401] Siehe Rn 22 ff.

Ermessen zu, wobei es das Interesse der Gesellschaft an einer zeitnahen Eintragung gegen die Erfolgsaussichten der Anfechtungsklage abzuwägen hat[402].

92 Einer Handelsregistereintragung bedarf es auch dann, wenn es im Wege von Anwachsungsmodellen zum Ausscheiden von Gesellschaftern und dadurch bedingt zur Auflösung der Gesellschaft und zum Erlöschen von deren Firma kommt. Dies richtet sich auch dann, wenn dadurch bei wirtschaftlicher Betrachtung eine Verschmelzung stattfindet, nach den allgemeinen handelsrechtlichen Regeln[403].

2. Anfechtung

93 Der nach Maßgabe des UmwG gefasste Ausgliederungsbeschluss der Anteilseigner kann von den Gesellschaftern innerhalb eines Monats angefochten werden[404]. Anfechtungsgrund kann etwa eine unzureichende Information vor oder in der Hauptversammlung sein. Ist eine solche Anfechtungsklage anhängig, darf das Registergericht den Ausgliederungsbeschluss nicht in das Handelsregister eintragen[405]. Zur Überwindung dieser Registersperre kann der ausgliedernde Rechtsträger beim zuständigen Prozessgericht den Antrag stellen, dass in einem Eilverfahren durch Beschluss festgestellt wird, dass die Anfechtungsklage der Eintragung nicht entgegensteht, wenn die Klage unzulässig oder offensichtlich unbegründet ist oder wenn das Interesse der beteiligten Rechtsträger und ihrer Anteilsinhaber vorrangig erscheint[406]. Bei einer Ausgliederung durch Einzelrechtsübertragung kommt eine Anfechtung nur in Betracht, wenn die Maßnahme aufgrund ihres satzungs- oder strukturändernden Charakters der Gesellschafterversammlung zur Zustimmung vorgelegt wurde[407]. In diesem Fall können die Gesellschafter die Ausgliederung im Wege einer Anfechtungsklage überprüfen lassen[408]. Allerdings führt die Anfechtung des Beschlusses zu **keiner Registersperre**[409]. Mangels Registersperre besteht auch keine Notwendigkeit für ein Eilverfahren in analoger Anwendung von § 16 Abs. 3 UmwG[410]. Die Gesellschafter der ausgliedernden Gesellschaft können die Ausgliederung daher grundsätzlich nicht verhindern. Sie können allenfalls versuchen, die Ausgliederung vor ihrem Vollzug im Rahmen einer einstweiligen Verfügung aufzuhalten[411]. Eine andere Frage ist, ob die Geschäftsführung der ausgliedernden Gesellschaft sich aufgrund des nicht auszuschließenden Rückabwicklungsrisikos[412] und drohender Schadensersatzklagen im Fall einer erfolgreichen Anfechtung faktisch an einem Vollzug der Ausgliederung gehindert sieht[413].

---

[402] *Wollburg/Gehling*, FS Lieberknecht, S. 133, 137; weitergehend dazu auch *Winter*, FS Ulmer, S. 699 ff.

[403] Zur Klarstellung kann es sich empfehlen, das Nichtstattfinden einer Liquidation in die Anmeldung mit aufzunehmen, *OLG Frankfurt* ZIP 2004, 1458, 1459 f.

[404] § 125 iVm. § 14 Abs. 1.

[405] § 125 iVm. § 16 Abs. 2. Siehe dazu auch *BGH* AG 2006, 934 mit Besprechung von *Büchel* ZIP 2006, 2289.

[406] § 125 iVm. § 16 Abs. 3. Zum überwiegenden Vollzugsinteresse *Fuhrmann/Linnerz* ZIP 2004, 2306, 2308 ff.; siehe auch *OLG Frankfurt* ZIP 2006, 370. Die Einfügung des § 16 Abs. 3 Satz 7 durch das Zweite Gesetz zur Änderung des Umwandlungsgesetzes vom 19.4.2007, BGBl. I S. 542, stellte wie auch bereits zuvor schon *BGHZ* 168, 48, 50 ff. klar, dass die Rechtsbeschwerde im Freigabeverfahren ausgeschlossen ist. Die im gleichen Zug erfolgte Einfügung des Satz 4 n.F. soll der Vereinheitlichung mit § 246a Abs. 3 Satz 5 AktG dienen.

[407] Siehe Rn 29 ff.

[408] *LG Hannover* DB 2000, 1607.

[409] Statt vieler *Feddersen/Kiem* ZIP 1994, 1078, 1084.

[410] *Aha* AG 1997, 345, 355; aA *Mayer* in Widmann/Mayer Anh. 5 Rn 945.

[411] *Aha* AG 1997, 345, 355.

[412] Siehe Rn 94 f.

[413] Zu möglichen Schadensersatzansprüchen *Altmeppen* DB 1998, 49, 52. Allgemein zu den Pflichten des Vorstands bei angefochtenen Vorstandsbeschlüssen etwa *Volhard* ZGR 1996, 55 ff.

3. Unterlassung, Rückabwicklung

Holt der Vorstand die Zustimmung der Hauptversammlung pflichtwidrig nicht ein, hat **94** jeder Aktionär einen aus der Mitgliedschaft erwachsenden **Unterlassungs-** und auf **Rückabwicklung** gerichteten Beseitigungsanspruch[414]. Es handelt sich um eine Einzelklagebefugnis, die jedem Aktionär unabhängig von der Höhe seiner Beteiligung zusteht[415]. Soweit es um den Anspruch auf Unterlassung geht, können die Aktionäre auch eine **einstweilige Verfügung** bewirken[416]. Theoretisch denkbar sind **Schadensersatzansprüche** bei erfolgter Ausgliederung. Da es sich bei der Ausgliederung um einen neutralen Aktiventausch handelt[417], dürfte es idR an einem Schaden fehlen, der noch nicht allein in der unterlassenen Mitwirkung der Hauptversammlung liegt[418]. Der BGH hat in diesem Zusammenhang festgestellt, dass diese Ansprüche nur in den durch die gesellschaftsrechtliche Treupflicht und das Rücksichtnahmegebot gesetzten Grenzen ausgeübt werden können[419]. Er hat dabei erwogen, dass die Zeit bis zur Erhebung der Klage zur **Monatsfrist** des § 246 Abs. 1 AktG „nicht außer Verhältnis" stehen darf[420]. Dem ist zuzustimmen, da eine Rückabwicklung nach Verstreichenlassen eines längeren Zeitraums für die Gesellschaft mit einem erheblichen Schaden verbunden sein kann[421]. Die Frist beginnt mit Kenntnisnahme des Aktionärs von der (geplanten) Ausgliederungsmaßnahme[422].

Eine **Rückabwicklung** der Ausgliederung wird sich nicht selten als praktisch oder recht- **95** lich undurchführbar erweisen[423]. Sie ist denkbar, wenn die Ausgliederung auf eine 100%-ige Tochtergesellschaft erfolgt, also rein konzernintern dimensioniert ist. Auch bei einer Ausgliederung auf abhängige Gesellschaften mit geringfügiger Drittbeteiligung kann eine Rückabwicklung möglich sein[424]. Anderes wird aber gelten, wenn an der aufnehmenden Gesellschaft Dritte mit ausreichender Sperrminorität beteiligt sind. In solchen Fällen wird eine Rückabwicklung daran scheitern, dass dem übertragenden Rechtsträger die rechtlichen Möglichkeiten zur Wiederherstellung des früheren Zustands fehlen[425]. Da der BGH die rechtliche Wirksamkeit einer auch ohne Zustimmung der Hauptversammlung vollzogenen Ausgliederungsmaßnahme besonders betont[426], kann ein Rückabwicklungsbegehren jedenfalls nicht auf eine behauptete Unwirksamkeit der betreffenden Rechtsgeschäfte gestützt werden[427].

---

[414] BGHZ 83, 122, 133 ff.; *Habersack* in Emmerich/Habersack Vor § 311 AktG Rn 54; *Schöne* in Semler/Volhard ÜN Hdb. § 34 Rn 95; *Altmeppen* DB 1998, 49, 51; *Karollus* in Lutter Umwandlungsrechtstage S. 157, 195; aA offenbar *Aha* AG 1997, 345, 355.
[415] *Seiler/Singhof*, Der Konzern 2003, 313, 315; *Altmeppen* ZIP 2004, 999, 1001.
[416] §§ 935, 940 ZPO; *Seiler/Singhof*, Der Konzern 2003, 313, 316; dazu ausführlich *Markwardt* WM 2004, 211; zum einstweiligen Rechtsschutz auch *Schlitt/Seiler* ZHR 166 (2002) 544.
[417] Vermögensgegenstände gegen Gewährung von Gesellschaftsanteilen, *Altmeppen* DB 1998, 49, 52; *Mayer* in Widmann/Mayer Anh. 5 Rn 923.
[418] *Seiler/Singhof*, Der Konzern 2003, 313, 320, 325 f.; *Simon* in Heckschen/Simon § 4 Rn 128. Siehe auch Rn 43.
[419] BGHZ 83, 122, 135, vgl. auch *LG Koblenz* DB 2001, 1660 ff.
[420] BGHZ 83, 122, 136.
[421] *Altmeppen* DB 1998, 49, 51 f.; zu weitgehend demgegenüber *Zimmermann/Pentz*, FS W. Müller, S. 151, nach denen die Erhebung einer Klage ein Jahr nach Erlangung der Kenntnis „in jedem Fall akzeptabel" ist.
[422] *Altmeppen* DB 1998, 49, 51 f.; *Sieger/Hasselbach* AG 1999, 241, 248; *Dietz* S. 383.
[423] So auch *Seiler/Singhof*, Der Konzern 2003, 313, 318.
[424] Weitergehend *Schöne* in Semler/Volhard ÜN Hdb. § 34 Rn 95, wonach die Rückabwicklung in solchen Fällen „ohne weiteres möglich und durchsetzbar" sei. Vgl. ferner *Habersack* S. 356, der die Rückabwicklung bei der Ausgliederung in abhängige Unternehmen für in aller Regel möglich hält.
[425] Zutreffend *Schöne* in Semler/Volhard ÜN Hdb. § 34 Rn 95; *Habersack* S. 356 (Unmöglichkeit der Naturalrestitution); *Simon* in Heckschen/Simon § 4 Rn 129.
[426] Siehe Rn 43.
[427] So zutreffend *Simon* DStR 2004, 1482, 1484.

Aber auch unterhalb dieser Schwelle können die Regelung des § 82 Abs. 1 AktG und die Grundsätze des rechtsgeschäftlichen Vertrauensschutzes einer Rückübertragung entgegenstehen[428]. Den Aktionären verbleibt insoweit das Instrument der **Feststellungsklage**[429].

---

[428] Vgl. *Sieger/Hasselbach* AG 1999, 241, 248.
[429] *Seiler/Singhof,* Der Konzern 2003, 313, 319.

Viertes Buch. Vermögensübertragung

Erster Teil. Möglichkeit der Vermögensübertragung

§ 174 Arten der Vermögensübertragung

(1) Ein Rechtsträger (übertragender Rechtsträger) kann unter Auflösung ohne Abwicklung sein Vermögen als Ganzes auf einen anderen bestehenden Rechtsträger (übernehmender Rechtsträger) gegen Gewährung einer Gegenleistung an die Anteilsinhaber des übertragenden Rechtsträgers, die nicht in Anteilen oder Mitgliedschaften besteht, übertragen (Vollübertragung).

(2) Ein Rechtsträger (übertragender Rechtsträger) kann
1. unter Auflösung ohne Abwicklung sein Vermögen aufspalten durch gleichzeitige Übertragung der Vermögensteile jeweils als Gesamtheit auf andere bestehende Rechtsträger,
2. von seinem Vermögen einen Teil oder mehrere Teile abspalten durch Übertragung dieses Teils oder dieser Teile jeweils als Gesamtheit auf einen oder mehrere bestehende Rechtsträger oder
3. aus seinem Vermögen einen Teil oder mehrere Teile ausgliedern durch Übertragung dieses Teils oder dieser Teile jeweils als Gesamtheit auf einen oder mehrere bestehende Rechtsträger

gegen Gewährung der in Absatz 1 bezeichneten Gegenleistung in den Fällen der Nummer 1 oder 2 an die Anteilsinhaber des übertragenden Rechtsträgers, im Falle der Nummer 3 an den übertragenden Rechtsträger (Teilübertragung).

Übersicht

	Rn		Rn
I. Allgemeines	1	b) Aufspaltende Teilübertragung	16
1. Sinn und Zweck der Norm	1	c) Abspaltende Teilübertragung	17
2. Entstehungsgeschichte	8	d) Ausgliedernde Teilübertragung	18
3. Rechtstatsachen	10	3. Gegenleistung	20
II. Einzelerläuterungen	11	a) Form	20
1. Vollübertragung	11	b) Angemessenheit	22
a) Begriff	11	c) Vorhandener Anteilsbesitz	23
b) Gegenstand	12	d) Festlegung durch Dritte	27
2. Teilübertragung	14	e) Empfänger	28
a) Begriff	14		

Literatur: *Baumann,* Rechtliche Grundprobleme der Umstrukturierung von Versicherungsvereinen auf Gegenseitigkeit in Versicherungs-Aktiengesellschaften, VersR 1992, 905; *Bayer/Wirth,* Eintragung der Spaltung und Eintragung der neuen Rechtsträger, ZIP 1996, 817; *Diehl,* Übertragung von Versicherungsbeständen im Konzern unter Beteiligung von VVaG, VersR 2000, 268; *Entzian/Schleifenbaum,* Bestandsübertragung und neues Umwandlungsgesetz, ZVersWiss 1996, 521; *Fuhrmann/Simon,* Praktische Probleme der umwandlungsrechtlichen Ausgliederung, AG 2000, 49; *Schmidt,* Totalausgliederung nach § 123 Abs. 3 UmwG, AG 2005, 26; *Wilke,* Das Umwandlungsgesetz in der Sicht der Versicherungswirtschaft, VW 1969, 907.

I. Allgemeines

1. Sinn und Zweck der Norm

1   Die im Vierten Buch geregelte Vermögensübertragung ist nach der Verschmelzung und der Spaltung die **dritte Umwandlungsart**. Die beiden ersten sehen zwingend die Gewährung von Anteilen oder Mitgliedschaften des übernehmenden oder neuen Rechtsträgers an die Anteilsinhaber des übertragenden Rechtsträgers vor. Demgegenüber verlangt die Vermögensübertragung die Gewährung einer Gegenleistung an die Anteilsinhaber des übertragenden Rechtsträgers oder diesen selbst, die **nicht in Anteilen oder Mitgliedschaften** besteht.

2   Die Vermögensübertragung dient idR als Auffangtatbestand für Sonderfälle. Zutreffend ist die Bezeichnung als **„Ersatzrechtsinstitut"** für Vorgänge, die mit der Verschmelzung oder der Spaltung vergleichbar sind[1]. Die Begründung zum Gesetzentwurf formuliert pauschal, dass es sich um Fälle handelt, bei denen es wegen der Struktur der beteiligten Rechtsträger **nicht** zu einem **Umtausch von Anteilen** kommen kann. Es bestünde aber ein Bedürfnis, auch diesen Rechtsträgern die Umwandlung durch Gesamt- oder Sonderrechtsnachfolge zu erleichtern[2]. Das ist nicht uneingeschränkt zutreffend. Ist ein VVaG übertragender und eine Versicherungs-AG übernehmender Rechtsträger, kann die Abfindung in Aktien bestehen, wenn der Weg der Verschmelzung gewählt wird[3]. Hier finden nicht die Vorschriften über die Vermögensübertragung, sondern die der Verschmelzung Anwendung. Auch die Übertragung im Wege der Verschmelzung auf eine neu gegründete Versicherungs-AG ist zulässig[4]. Gleiches gilt für die Verschmelzung zweier Versicherungsvereine auf Gegenseitigkeit, die das Gesetz ausdrücklich zulässt[5].

3   In der Praxis dürfte die rechtspolitische Problematik einer **missbräuchlichen Gestaltung** der Vermögensübertragung eine mehr als untergeordnete Rolle spielen. Das macht jedoch den Hinweis auf die Grundsätze des „Feldmühle"-Urteils des BVerfG mit der Forderung nach einer effektiven Missbrauchskontrolle[6] und auf die vom BGH entwickelte **Treupflichtbindung** zwischen den Gesellschaftern[7] nicht entbehrlich. Andererseits bedarf die Vermögensübertragung nach wohl hM keiner sachlichen Rechtfertigung[8].

4   Die **Arten** der Vermögensübertragung sind der bisherigen Systematik des Gesetzes nachgebildet. Die **Vollübertragung** entspricht ihrem Wesen nach der Verschmelzung, die **Teilübertragung** der Spaltung. Wie bei der Spaltung werden drei Unterarten – die aufspaltende, abspaltende und ausgliedernde Teilübertragung – unterschieden.

5   Streng begrenzt ist der Kreis der **beteiligten Rechtsträger**. Das Gesetz ermöglicht Übertragungen von Kapitalgesellschaften auf die öffentliche Hand. Daneben beschränkt es die Vermögensübertragung auf bestehende – nicht neu gegründete – Versicherungsgesellschaften als übertragende oder aufnehmende Gesellschaften[9]. Zulässig sind iRd. Vermögensübertragung nur Übertragungen zwischen **unterschiedlichen Rechtsträgern**. Eine Umwandlung zwischen Rechtsträgern derselben Art sieht das Gesetz vor, soweit die Vorschriften über Verschmelzung oder Spaltung Anwendung finden.

---

[1] *Sagasser/Watrin* in Sagasser/Bula/Brünger U Rn 2.
[2] RegBegr. *Ganske* S. 198.
[3] § 109 Satz 2.
[4] Siehe § 109 Rn 31.
[5] § 109 Satz 1.
[6] BVerfGE 14, 263 = NJW 1962, 1667.
[7] BGHZ 103, 184, 194 f. = NJW 1988, 1579 „Linotype"; BGHZ 129, 136, 142 f. = NJW 1995, 1739 „Girmes"; *Hüffer* § 53 a AktG Rn 2, 10, 14 f.; vgl. auch *Baumann* VersR 1992, 905, 909.
[8] Zur Verschmelzung *Lutter/Drygala*, FS Kropff, 1997, S. 191, 216; vgl. auch *Hüffer* § 179 a AktG Rn 10; § 179 AktG Rn 29.
[9] § 175.

Insbesondere für die Vermögensübertragung gilt, dass die **Gesetzessystematik** einer 6 schnellen Information nicht dienlich ist. Der Grund liegt in der Verweisungstechnik, die bereits das Verständnis der Spaltung erschwert. Dort werden die Vorschriften der Verschmelzung für entsprechend anwendbar erklärt, soweit sie nicht von der Verweisung ausgenommen sind oder eine spezielle Regelung gilt. Mit Recht wird schon hier von einem „diffizilen Verweisungssystem" gesprochen[10]. Für die Vermögensübertragung ist die Verweisungskette jeweils um ein Glied zu verlängern, was das Verständnis zusätzlich belastet[11]. Von 16 Paragrafen des Vierten Buches regeln allein neun, welche Vorschriften des Zweiten oder Dritten Buches, jeweils unterteilt in Allgemeine und Besondere Vorschriften, anzuwenden oder nicht anzuwenden sind. Die Formulierung von der „Pfadsuche im Verweisungsdschungel des neuen Umwandlungsrechts"[12] hat nichts an Aktualität eingebüßt. Für die Kommentierung bedeutet das, dass auf Wiederholungen nicht ganz verzichtet werden kann, bedingt andererseits eine Vielzahl von Verweisungen.

Die Vorschriften über die Vermögensübertragung gelten nicht für Übertragungen, die 7 im Wege der **Einzelrechtsnachfolge** vollzogen werden sollen. Das ist zB der Fall, wenn sich eine AG durch Vertrag zur Übertragung des ganzen Gesellschaftsvermögens verpflichtet, ohne dass die Übertragung unter die Vorschriften des Gesetzes fällt. Insoweit gilt die Sonderbestimmung des Aktiengesetzes[13].

2. Entstehungsgeschichte

Das Gesetz fasst Regelungen zusammen, die früher im AktG und VAG enthalten waren. 8 Schon bisher konnte eine AG oder KGaA ihr Vermögen als Ganzes ohne Abwicklung auf den Bund, ein Land, einen Gemeindeverband oder eine Gemeinde übertragen[14]. Das Gesetz spricht nunmehr von Kapitalgesellschaften, bezieht also die GmbH ein[15]. Die zweite aktienrechtliche Vermögensübertragung galt der Versicherungs-AG, die ihr Vermögen als Ganzes ohne Abwicklung auf einen VVaG übertragen konnte[16]. Das VAG regelte die Vermögensübertragung eines VVaG, die auf eine AG oder ein öffentlich-rechtliches Versicherungsunternehmen zulässig war[17]. Das Gesetz hat die Möglichkeiten des öffentlich-rechtlichen Versicherungsunternehmens ausgeweitet, das nunmehr den übrigen Rechtsträgern gleichgestellt ist[18].

Voraussetzung war in allen Fällen des früheren Rechts die **Übertragung** des Vermögens 9 **als Ganzes** verbunden mit dem Untergang des übertragenden Rechtsträgers. Eine Teilübertragung kannten weder das AktG noch das VAG. Im Gefolge der erstmaligen Zulassung der Spaltung hat das Gesetz den Weg der Teilübertragung eröffnet, der austauschbar neben die Einzelübertragung tritt[19].

3. Rechtstatsachen

Der Gesetzgeber hat mit seinen Vorschriften über die Vermögensübertragung die **Bedürf-** 10 **nisse der Praxis** zumindest nach derzeitigem Kenntnisstand falsch eingeschätzt. Das gilt zunächst für die Voll- oder Teilübertragung von einer Kapitalgesellschaft auf Betriebsformen

---

[10] *Bayer/Wirth* ZIP 1996, 817; kritisch ebenso *Teichmann* in Lutter § 123 Rn 16 und § 125 Rn 1.
[11] Zu den speziellen arbeitsrechtlichen Vorschriften vgl. §§ 321 bis 325; *Zerres* ZIP 2001, 359.
[12] *Bayer/Wirth* ZIP 1996, 817.
[13] § 179 a AktG; zur Entstehungsgeschichte *Hüffer* § 179 a AktG Rn 2.
[14] § 359 AktG aF.
[15] § 175 Nr. 1.
[16] § 360 AktG aF.
[17] §§ 44 b und 44 c VAG aF; für kleinere VVaG § 53 a VAG aF.
[18] § 175 Nr. 2 c).
[19] *Teichmann* in Lutter § 123 Rn 8.

§ 174 11, 12   Viertes Buch. Vermögensübertragung

des öffentlichen Rechts. Damit soll die steuerfreie Rückumwandlung nach vorangegangener „Privatisierung" ermöglicht werden. Unter der Geltung des Gesetzes ist hiervon offenbar in keinem Fall Gebrauch gemacht worden. Nicht viel glanzvoller ist die Bilanz für die Versicherungsgesellschaften. Diesen stehen iRd. VAG mit dem Rechtsinstitut der **Bestandsübertragung** Wege zur Verfügung, die deutlich geringere Formvorschriften enthalten[20]. Seit Erlass des Gesetzes sind in der Zuständigkeit des Bundesaufsichtsamts für das Versicherungswesen (BAV) bis zum Ende des Jahres 2001 lediglich sieben Vermögensübertragungen iSd. UmwG genehmigt worden, ausnahmslos ohne größere Bedeutung. Seit Mai 2002 ist die Bundesanstalt für Finanzdienstleistungsaufsicht (BaFin) zuständig, deren Veröffentlichungen bis einschließlich April 2005 nicht eine einzige Vermögensübertragung zu entnehmen ist. In dem genannten Zeitraum haben BAV und BaFin 380 Bestandsübertragungen und 94 Verschmelzungen genehmigt. Das erklärt, warum die im Gesetz geregelte Vermögensübertragung zumindest bisher in Rechtsprechung und Literatur ein Schattendasein führt[21]. Hinzu kommt, dass das UmwStG die im Regelfall erwünschte Buchwertfortführung an die Gewährung einer Gegenleistung in Gesellschaftsrechten bindet, soweit nicht eine Gegenleistung überhaupt entfällt[22]. Damit scheiden alle Fälle aus, in denen eine Versteuerung stiller Reserven ausgeschlossen wird[23].

II. Einzelerläuterungen

1. Vollübertragung

11 **a) Begriff.** Von der Verschmelzung unterscheidet sich die Vollübertragung in mehrfacher Hinsicht. Die Gegenleistung darf **nicht in Anteilen oder Mitgliedschaften** bestehen. Zugelassen sind lediglich **bestehende** Rechtsträger. Die Möglichkeit der Übertragung im Wege der Neugründung scheidet aus. Eine weitere Unterscheidung betrifft die Anzahl der beteiligten Rechtsträger. Bei der Vollübertragung sind diese jeweils beschränkt auf **einen übertragenden** und **einen übernehmenden Rechtsträger.** Hier hat das Gesetz jedoch die Notwendigkeit gesehen, iRd. Teilübertragung eine solche auf mehrere bestehende Rechtsträger zuzulassen[24]. Auch unterscheidet sich die Vollübertragung von der Verschmelzung durch einen wesentlich kleineren Kreis der zulässigerweise beteiligten Rechtsträger[25].

12 **b) Gegenstand.** Eine Vollübertragung setzt voraus, dass das Vermögen im Wege der **Gesamtrechtsnachfolge** als **Ganzes** auf den übernehmenden Rechtsträger übertragen wird. Nur dann kann der übertragende Rechtsträger ohne Abwicklung erlöschen. Die Zurückbehaltung einzelner Vermögensgegenstände macht den Übertragungsvertrag und damit die Vermögensübertragung unwirksam[26]. Sollen Teile des Vermögens von der Übertragung ausgeschlossen werden, ist der Weg der Teilübertragung zu wählen. Ferner kommt eine Umdeutung des Übertragungsvertrags in eine **aktienrechtliche** Verpflichtung zur Übertragung des ganzen Gesellschaftsvermögens im Wege der **Einzelrechtsnachfolge** in Betracht. Insoweit ist trotz einheitlicher Formulierung eine Auslegung möglich, die das Zurückbleiben unwesentlichen Vermögens bei der AG toleriert, da im Gegensatz zur Vollübertragung hier die AG

---

[20] Siehe § 178 Rn 4; im Einzelnen Anh. § 119 Rn 1 ff.
[21] *Stengel* in Haritz/Benkert Einf. Rn 47: „Praktisch weitgehend irrelevant"; der Verzicht auf die Kommentierung der §§ 176 bis 189 auch in der 3. Aufl. des Kommentars von *Kallmeyer* weist in dieselbe Richtung. Siehe auch *Stoye-Benk* Rn 303.
[22] §§ 11 und 15 UmwStG; siehe auch § 178 Rn 6, Anh. UmwStG.
[23] Zum Konzern siehe Rn 23 ff.
[24] § 174 Abs. 2.
[25] § 175.
[26] So bereits *Kropff* in G/H/E/K § 359 AktG aF Rn 13.

nicht mit der Eintragung erlischt[27]. Ist der übertragende Rechtsträger eine Versicherungs-AG, ein öffentlich-rechtliches Versicherungsunternehmen oder ein VVaG, kann eine **Bestandsübertragung** nach den Vorschriften des VAG in Betracht kommen.

Die Verpflichtung betrifft das bei **Wirksamwerden der Übertragung** vorhandene Vermögen. Veränderungen zwischen dem Abschluss des Übertragungsvertrags und dem Wirksamwerden der Übertragung sind unproblematisch, soweit die Veränderung in dem durch die Weiterführung des Rechtsträgers bedingten Rahmen erfolgt. Eine darüber hinausgehende Veränderung des Vermögens beeinflusst die Gegenleistung. Die Rechtsfolgen reichen vom Schadensersatz bis zum Rücktritt[28].

2. Teilübertragung

a) Begriff. Vermögensgegenstände werden im Wege der partiellen Gesamtrechtsnachfolge oder **Sonderrechtsnachfolge** übertragen. So wie die Vollübertragung eine enge Verwandte der Verschmelzung ist, gilt dies für die Teilübertragung bezogen auf die im Zweiten Buch geregelte Spaltung. Die **Arten** der Spaltung sind identisch: Aufspaltung, Abspaltung und Ausgliederung. Für alle Arten der Spaltung darf auf der übertragenden Seite nur **ein** Rechtsträger stehen. Auf der übernehmenden Seite sind bei der Aufspaltung mehrere Rechtsträger begrifflich Voraussetzung. Bei der Abspaltung und Ausgliederung besteht Wahlfreiheit zwischen einem oder mehreren Rechtsträgern. Gemeinsam ist Spaltung und Teilübertragung, dass nur bei der Aufspaltung der übertragende Rechtsträger ohne Abwicklung erlischt. Abweichend von den Vorschriften über die Spaltung kommen für die übernehmende Seite nur **bestehende Rechtsträger** in Betracht. Die Möglichkeit der Neugründung ist bei der Teilübertragung nicht gegeben.

Der entscheidende Unterschied zur Spaltung liegt in der zu erbringenden **Gegenleistung**. Diese darf bei der Teilübertragung nicht in Anteilen oder Mitgliedschaften bestehen. Möglich ist jeder andere **Vermögensvorteil**. Im Fall der Aufspaltung und Abspaltung kommt die Gegenleistung wie bei der Vollübertragung den Anteilsinhabern zugute. Nur bei der Ausgliederung steht sie dem übertragenden Rechtsträger zu.

b) Aufspaltende Teilübertragung. Die Aufspaltung wird auch als Spiegelbild der Verschmelzung bezeichnet[29]. Ein Rechtsträger teilt unter Auflösung ohne Abwicklung sein **gesamtes Vermögen** auf. Notwendig sind mindestens zwei übernehmende Rechtsträger. Die Gegenleistung kommt den Anteilsinhabern des sich aufspaltenden Rechtsträgers zu. Die Übertragung der Vermögensteile erfolgt im Wege der Sonderrechtsnachfolge oder partiellen Universalsukzession[30].

c) Abspaltende Teilübertragung. Im Gegensatz zur Aufspaltung bleibt bei der Abspaltung der **übertragende Rechtsträger** als verkleinertes Unternehmen **bestehen**. Voraussetzung ist, dass nicht das gesamte Vermögen übertragen wird. Möglich ist die Übertragung eines Teils oder mehrerer Teile des Vermögens auf einen oder mehrere andere, bereits bestehende Rechtsträger. Die Gegenleistung steht den Anteilsinhabern des sich spaltenden Rechtsträgers zu, insoweit parallel zur Aufspaltung[31].

d) Ausgliedernde Teilübertragung. Die Ausgliederung entspricht der Abspaltung. Der entscheidende Unterschied ist, dass die Gegenleistung nicht den Anteilsinhabern, sondern dem **übertragenden Rechtsträger** selbst zugute kommt. Anders als bei der Abspaltung

---

[27] Siehe § 179 a AktG, der § 361 AktG aF ersetzt; für eine großzügige Auslegung *Hüffer* § 179 a AktG Rn 5.
[28] *Kraft* in Kölner Komm.¹ § 341 AktG aF Rn 3 und 22.
[29] *Ganske* WM 1993, 1117, 1118.
[30] Zu den Einzelheiten siehe § 123 Rn 12.
[31] Zu den Einzelheiten der Abspaltung siehe § 123 Rn 14.

wird dessen Vermögen nicht vermindert, es findet lediglich eine Vermögensumschichtung statt[32]. Damit stellt das Gesetz ein geeignetes Mittel für die Konzernbildung zur Verfügung[33]. Das gilt jedoch in erster Linie für die Ausgliederung des Dritten Buches mit der zwingenden Gewährung von Gesellschaftsanteilen des übernehmenden Rechtsträgers an den übertragenden Rechtsträger. Die Gewährung einer nicht in Anteilen bestehenden Gegenleistung ist im Rahmen konzern-organisatorischer Maßnahmen kaum vorstellbar. Damit verliert die ausgliedernde Teilübertragung wesentlich an Bedeutung. Hierzu tragen auch der begrenzte Kreis der Rechtsträger und die unterschiedlichen Rechtsformen auf der übertragenden und übernehmenden Seite bei.

19 Die ausgliedernde Übertragung wird in ihrer Zulässigkeit dann unterschiedlich beurteilt, wenn sie das **Gesamtvermögen** des übertragenden Rechtsträgers umfasst. Der Zulässigkeit steht nach allgM der Wortlaut „aus seinem Vermögen"[34] nicht entgegen. Als unproblematisch gilt deshalb die Übertragung aller Teile des Vermögens auf **mehrere** übernehmende Rechtsträger[35]. Dagegen ist umstritten, ob eine alle Teile des Vermögens umfassende Ausgliederung auf **einen** übernehmenden Rechtsträger zulässig ist[36]. Begründet wird die Ablehnung mit dem Hinweis, die Zulassung einer ausgliedernden Übertragung des gesamten Vermögens auf einen übernehmenden Rechtsträger liefe auf eine Vollübertragung hinaus, die dort nicht als Ausgliederung zugelassen sei[37]. Diese Argumentation überzeugt nicht. Im Gegensatz zur Vollübertragung wird der übertragende Rechtsträger bei der Ausgliederung niemals vermögenslos, weil er im Gegenzug Anteile oder eine andere Gegenleistung erhält[38]. Für die Zulässigkeit sprechen auch praktische Gründe. Die übernehmende Gesellschaft sollte nicht gezwungen werden, eine weitere Tochtergesellschaft als zweiten übernehmenden Rechtsträger anzubieten, um die Bedenken auszuschließen.

3. Gegenleistung

20 a) Form. Der Regelfall des Gesetzes ist die Gewährung von Anteilen oder Mitgliedschaften des übernehmenden oder neuen Rechtsträgers an die Anteilsinhaber der übertragenden Rechtsträger[39]. Nur als Ausnahme sieht das Gesetz Barabfindungen vor. Der volle Wert der übertragenden Anteile ist unter bestimmten Voraussetzungen im Fall der Mischverschmelzung ebenso vorgeschrieben wie beim Formwechsel[40]. Von einer Zuzahlung spricht das Gesetz, falls die Verbesserung des Umtauschverhältnisses geboten ist[41]. Charakteristikum der **Vermögensübertragung** ist, dass die Gegenleistung gerade nicht in Anteilen oder Mitgliedschaften bestehen darf. Angesichts des klaren Wortlauts des Gesetzes sind auch Anteile oder Mitgliedschaften dritter Rechtsträger nicht erfasst[42]. Das Gesetz wählt bewusst eine negative Formulierung. Die Art der Gegenleistung wird nicht festgelegt. Damit ist ein hohes Maß an Flexibilität gegeben, über ihren praktischen Wert jedoch nichts ausgesagt.

---

[32] *Teichmann* in Lutter § 123 Rn 23.
[33] Zu den Motiven *Fuhrmann/Simon* AG 2000, 49.
[34] § 174 Abs. 2 Nr. 3.
[35] *H. Schmidt* in Lutter Rn 17.
[36] Ablehnend *H. Schmidt* in Lutter Rn 17 und AG 2005, 26 ff. Für Zulässigkeit ohne Unterscheidung der Anzahl der übernehmenden Rechtsträger: § 123 Rn 17; *Hörtnagl* in Schmitt/Hörtnagl/Stratz § 123 Rn 22; *Teichmann* in Lutter § 123 Rn 23; ausf. *Karollus* in Lutter Umwandlungsrechtstage S. 157, 160, 176 ff.
[37] *H. Schmidt* in Lutter Rn 17.
[38] Zutr. *Karollus* in Lutter Umwandlungsrechtstage S. 157, 177.
[39] Verschmelzung § 2, Spaltung § 123.
[40] § 29 Abs. 1 Satz 1, § 207 Abs. 1 Satz 1.
[41] § 15 Abs. 1.
[42] AA *H. Schmidt* in Lutter Rn 8; *Schwarz* in Widmann/Mayer Rn 9; *Stratz* in Schmitt/Hörtnagl/Stratz Rn 7. – An der in der 1. Aufl. vertretenen Auffassung wird unter Hinweis auf Rn 2 festgehalten.

Die einfachste, im Regelfall wohl auch geeignetste Gegenleistung, ist die **Barabfindung**[43]. Beispiele für Alternativen sind versicherungstechnische Abfindungen in Form von zeitweiliger Prämienfreiheit, Erhöhung der Versicherungssumme oder der Gewinnanteile[44]. Entscheidend hierfür ist die **Rechtsform** des übertragenden Rechtsträgers. Für Aktionäre einer Versicherungs-AG scheidet eine solche Alternative schon deshalb aus, weil sie nicht zwangsläufig zu den Versicherten der AG gehören. Auch für öffentlich-rechtliche Versicherungsunternehmen ist eine solche Art der Abfindung kaum denkbar. Allein bei den Mitgliedern eines VVaG sind versicherungstechnische Abfindungen vorstellbar[45], die aber unter dem Gesichtspunkt der fehlenden Angemessenheit zur Makulatur werden können. 21

b) Angemessenheit. Das Gesetz fordert in wenigen Bestimmungen ausdrücklich die Angemessenheit der Gegenleistung[46]. In den Vorschriften über die Vermögensübertragung wird nur für den Fall, dass das Vermögen eines VVaG auf eine AG oder ein öffentlich-rechtliches Versicherungsunternehmen übertragen wird, ausdrücklich eine angemessene Gegenleistung verlangt[47]. Das ist für die Festlegung der Höhe der Abfindung jedoch ohne Belang. Der Grund für die unterschiedlichen Formulierungen ist im früheren Recht zu suchen. Das VAG sah die Angemessenheit der Gegenleistung ausdrücklich vor, im AktG fehlte ein entsprechender Hinweis. Der Gesetzgeber hat die Vorschriften insoweit wortgetreu jeweils aus dem früheren Recht übernommen. Entscheidend ist, dass die **Angemessenheit** der Gegenleistung zu den **maßgeblichen Grundsätzen des Umwandlungsrechts** zählt[48]. Damit gelten die Grundsätze über die Ermittlung des angemessenen Umtauschverhältnisses und der angemessenen Barabfindung bei der Verschmelzung auch für die Vermögensübertragung. Anzuwenden sind die Regeln ordnungsmäßiger Unternehmensbewertung. Zu ersetzen ist der **Verkehrswert der Beteiligung** mit dem Ziel der Gleichbehandlung sämtlicher Anteilsinhaber aller betroffenen Rechtsträger[49]. Das gilt uneingeschränkt für die Anteilsinhaber der AG und öffentlich-rechtlicher Versicherungsunternehmen, bedarf für den VVaG der Berücksichtigung spezifischer Gegebenheiten[50]. 22

c) Vorhandener Anteilsbesitz. Organisatorische Maßnahmen im Konzern können ohne Gegenleistung erfolgen. Das gilt zunächst für die **Vollübertragung** von einer Tochter- auf die Muttergesellschaft. Ausgangspunkt ist, dass bei einer Verschmelzung Anteile des übernehmenden an dem übertragenden Rechtsträger vom Anteilsaustausch ausgenommen bleiben[51]. Entsprechend gilt bei der Vermögensübertragung, dass sich der Anteilsinhaber nicht selbst aus seinem Vermögen eine Gegenleistung gewähren kann[52]. Die Gegenleistung entfällt vollständig oder teilweise in Abhängigkeit von der Höhe der Beteiligung. Gleiche Grundsätze gelten für den eher unwahrscheinlichen Fall der Übertragung von der Mutter- auf die Tochtergesellschaft, da der übertragende Rechtsträger aufgelöst wird. 23

---

[43] Zur Diskussion vor Einfügung des § 44 b VAG *Wilke* VW 1969, 907, 909.
[44] *Hübner* in Lutter § 181 Rn 7.
[45] Sie finden deshalb Erwähnung zu § 181 und insbes. zu § 44 b VAG aF, vgl. *Frey* in Prölss[10] § 44 b VAG Rn 19.
[46] § 29 Abs. 1 Satz 1; § 207 Satz 1; zur Angemessenheit der Methode für das vorgeschlagene Umtauschverhältnis § 12 Abs. 2 Satz 2 Nr. 2, siehe § 9 Rn 30 ff.
[47] § 181 Abs. 1.
[48] Vgl. § 12 Abs. 2 Satz 1; *H. Schmidt* in Lutter Rn 10; *Hübner* in Lutter § 178 Rn 10 sieht in der Notwendigkeit einer Dreiviertel-Beschluss-Mehrheit eine begrenzte Richtigkeitsgewähr, was als Begründung nicht überzeugt, vgl. hierzu *Lutter* in Lutter § 5 Rn 18 unter Hinweis auf die Zustimmungsnotwendigkeit aller Anteilsinhaber bei fehlender Angemessenheit.
[49] Zu den Einzelheiten: *Müller* in Kallmeyer § 30 Rn 4 ff.; *Lutter* in Lutter § 5 Rn 18.
[50] Siehe § 181 Rn 8 f.
[51] Vgl. *Lutter* in Lutter § 5 Rn 15.
[52] *H. Schmidt* in Lutter Rn 9; *Gaß*, Die Umwandlung gemeindlicher Unternehmen, 2003, S. 281 f.

24 Bei der **Teilvermögensübertragung** ist es problematischer, ob bei einer vorhandenen Beteiligung keine Gegenleistung zu gewähren ist. Ausgangspunkt sind die Vorschriften über die Spaltung. Auf- und Abspaltung sind hier ohne Gewährung irgendwelcher Anteile zulässig[53]. Aus der Gesetzessystematik wird geschlossen, dass demgegenüber eine **Ausgliederung** ohne Anteilsgewährung nicht in Betracht kommt[54].

25 Für die **abspaltende Vermögensübertragung** ist die Anwendung dieser Grundsätze dann unproblematisch, wenn sich **alle Anteile** des übertragenden Rechtsträgers im Besitz des übernehmenden Rechtsträgers befinden. Ist das nicht der Fall, besteht ein wesentlicher Unterschied zur Teilvermögensübertragung. Bei der Abspaltung erhalten die außenstehenden Anteilsinhaber des übertragenden Rechtsträgers Anteile an dem übernehmenden Rechtsträger. Sie sind insoweit unverändert an dem übertragenen Vermögensteil beteiligt. Das ist bei der Vermögensübertragung, da die Gegenleistung in bar oder einem äquivalenten Entgelt erfolgt, nicht gegeben. Auch hier gilt, dass sich der Anteilsinhaber nicht selbst aus seinem Vermögen eine Gegenleistung gewähren kann. In Höhe seiner Beteiligung entfällt die Gegenleistung, die übrigen Anteilsinhaber sind durch eine angemessene Gegenleistung zu entschädigen. Die **ausgliedernde Teilübertragung** gewährt nach der Systematik des Gesetzes die Gegenleistung dem übertragenden Rechtsträger. Der Gesichtspunkt, dass eine Gegenleistung aus dem eigenen Vermögen unzulässig ist, gilt daher nur mittelbar und nur in der Höhe der Beteiligung des übernehmenden Rechtsträgers. Eine wirtschaftlich sinnvolle Lösung erfordert, dass die volle Gegenleistung dem übertragenden Rechtsträger zugute kommt. Eine Ausnahme ist allenfalls bei einer Beteiligung zu 100% denkbar, jedoch unter Gläubigerschutzgesichtspunkten problematisch.

26 Selbst diese enge Auslegung wäre unzulässig, wenn die Vorschriften der Vermögensübertragung dahin ausgelegt werden müssten, dass **jegliche Übertragung** eine **Gegenleistung** erfordert[55]. Das überzeugt nicht. Sowohl die Vorschriften über die Verschmelzung als auch diejenigen über die Spaltung verlangen ausdrücklich die Gewährung von Anteilen oder Mitgliedschaften des übernehmenden Rechtsträgers an die Anteilsinhaber der übertragenden Rechtsträger. Gleichwohl lässt das Gesetz für beide Umwandlungsarten den Wegfall der Gegenleistung zu[56]. Entsprechend muss eine Vermögensübertragung im Ausnahmefall ohne Gegenleistung zulässig sein. Diese Wertung hat **steuerliche Konsequenzen** bei Vorliegen eines Teilbetriebs[57]. Auch für Aufspaltung oder Abspaltung, nicht jedoch für die Ausgliederung[58], sieht das UmwStG Steuerneutralität vor, allerdings unter der weiteren Voraussetzung, dass eine Gegenleistung nicht gewährt wird oder in Gesellschaftsrechten besteht[59]. Für die Vollübertragung hat die Finanzverwaltung im Fall der Beteiligung zu 100% den steuerneutralen Vermögensübergang ausdrücklich anerkannt[60].

27 **d) Festlegung durch Dritte.** Die Bestimmung der Gegenleistung kann nach hM einem Dritten überlassen werden. Dies entspricht der Kommentierung zum früheren Aktienrecht unter Hinweis auf Vorschriften des BGB zur Bestimmung der Leistung durch einen Dritten[61]. Abweichend von der Kommentierung zum früheren Recht wird allerdings die

---

[53] § 131 Abs. 1 Nr. 3 Satz 1 2. Halbs.; *Karollus* in Lutter Umwandlungsrechtstage S. 157, 180; *Entzian/Schleifenbaum* ZVersWiss 1996, 521, 534.
[54] § 131 Abs. 1 Nr. 3 Satz 3, siehe *Karollus* in Lutter Umwandlungsrechtstage S. 157, 180.
[55] So ausdrücklich *Diehl* VersR 2000, 268, 271 f.; *Entzian/Schleifenbaum* ZVersWiss 1996, 521, 535 unter Hinweis auf § 181.
[56] Hierzu *Bärwaldt* in Haritz/Benkert Vorb. §§ 11–13 UmwStG Rn 4.
[57] Siehe *Haritz* in Haritz/Benkert § 15 UmwStG Rn 20 ff.
[58] § 1 Abs. 1Satz 2 UmwStG.
[59] § 15 Abs. 1 Satz 1 iVm. § 11 Abs. 1 Satz 1 Nr. 2 UmwStG.
[60] BMF-Schreiben vom 25. 3. 1998, BStBl. I S. 267, 301, Tz. 11.15 (UmwSt-Erlass). Siehe auch Anh. UmwStG.
[61] § 317 BGB; *H. Schmidt* in Lutter Rn 8; *Schwarz* in Widmann/Mayer Rn 9; *Kraft* in Kölner Komm.¹ § 359 AktG aF Rn 7.

Angemessenheit der Gegenleistung bei der Festlegung durch den Dritten verlangt[62]. Mit derselben Logik könnte auch die Bestimmung der Gegenleistung durch den übernehmenden oder übertragenden Rechtsträger[63] zulässig sein, was nicht problematisiert wird. Vorstellbar ist die Bestimmung durch einen Dritten nur für den Fall, dass sich der übernehmende und der übertragende Rechtsträger nicht auf die Höhe der Gegenleistung einigen können, damit also ein **Schiedsgutachten** vereinbaren[64]. Andererseits muss die Frage gestellt werden, wie die zur Entscheidung über die Vermögensübertragung aufgerufenen Organe ihrer Verantwortung gerecht werden, wenn sie in einem so entscheidenden Punkt die Festlegung einem Dritten übertragen. Unabhängig davon, dass an der Zulässigkeit erhebliche Zweifel bestehen, ist von einem solchen Verfahren dringend abzuraten.

e) **Empfänger.** Parteien des Übertragungsvertrags sind die beteiligten Rechtsträger, nicht die Anteilsinhaber. Der Anspruch auf die Gegenleistung steht daher zunächst dem übertragenden Rechtsträger zu. Er ist aber gerichtet auf die Leistung an die Anteilsinhaber[65]. Nach allgM ist der Übertragungsvertrag auch im Zweifel als Vertrag zugunsten Dritter anzusehen[66]. Damit erwerben die Anteilsinhaber einen **unmittelbaren Anspruch** gegenüber dem übernehmenden Rechtsträger auf Gewährung der Gegenleistung[67]. Der **Zeitpunkt** für die Erbringung der Gegenleistung ist im Gesetz ausdrücklich nur für den Fall vorgeschrieben, dass ein Treuhänder bestellt werden muss[68]. Die Fälligkeit der Gegenleistung richtet sich mangels vertraglicher Bestimmungen nach den Vorschriften des BGB[69]. Besonderheiten gelten für die Maßstäbe, nach denen die Gegenleistung zu verteilen ist, falls ein VVaG übertragender Rechtsträger[70] ist. 28

§ 175 Beteiligte Rechtsträger

Eine Vollübertragung ist oder Teilübertragungen sind jeweils nur möglich
1. von einer Kapitalgesellschaft auf den Bund, ein Land, eine Gebietskörperschaft oder einen Zusammenschluß von Gebietskörperschaften;
2. a) von einer Versicherungs-Aktiengesellschaft auf Versicherungsvereine auf Gegenseitigkeit oder auf öffentlich-rechtliche Versicherungsunternehmen;
   b) von einem Versicherungsverein auf Gegenseitigkeit auf Versicherungs-Aktiengesellschaften oder auf öffentlich-rechtliche Versicherungsunternehmen;
   c) von einem öffentlich-rechtlichen Versicherungsunternehmen auf Versicherungs-Aktiengesellschaften oder auf Versicherungsvereine auf Gegenseitigkeit.

Übersicht

	Rn		Rn
I. Allgemeines	1	1. Übernehmende Rechtsträger	5
II. Übertragungen auf die öffentliche Hand	5	2. Übertragende Rechtsträger	7

---

[62] *H. Schmidt* in Lutter Rn 8.
[63] § 315 BGB.
[64] Siehe *Gottwald* in MünchKomm. § 317 BGB Rn 28.
[65] *H. Schmidt* in Lutter Rn 11.
[66] Zum früheren Recht *Kropff* in G/H/E/K § 359 AktG aF Rn 16; *Kraft* in Kölner Komm.¹ § 359 AktG aF Rn 7.
[67] § 328 BGB.
[68] § 71; zB § 178 Rn 20.
[69] § 271 BGB.
[70] § 181.

	Rn		Rn
III. Versicherungs-AG als übertragender Rechtsträger	8	V. Öffentlich rechtliches Versicherungsunternehmen als übertragender Rechtsträger	15
IV. VVaG als übertragender Rechtsträger	13		

Literatur: *Benkel,* Der Versicherungsverein auf Gegenseitigkeit, 2002; *Böttcher/Krömker,* Abschied von der kommunalen AG in NW?, NZG 2001, 590; *Ehlers,* Die Anstalt öffentlichen Rechts als neue Unternehmensform der kommunalen Wirtschaft, ZHR 167 (2003) 546; *Gaß,* Die Umwandlung gemeindlicher Unternehmen, 2003; *Hoppmann,* Vorstandskontrolle im Versicherungsverein auf Gegenseitigkeit, Diss. Osnabrück 2000; *Hübner,* Der Versicherungsverein auf Gegenseitigkeit als Konzernspitze bei internen Strukturmaßnahmen, FS Wiedemann, 2002, S. 1033; *Münch,* Rückumwandlung einer GmbH in eine Betriebsform des öffentlichen Rechts, insbes. in einen Eigenbetrieb, DB 1995, 550; *Nicolaysen,* Die Veräußerung der Hamburger Feuerkasse und die Verwendung des Erlöses, VersR 1994, 633; *Peiner* (Hrsg.), Grundlagen des Versicherungsvereins auf Gegenseitigkeit, 1995; *Rieger,* Die Öffentlichen Versicherer nach dem Wegfall des Monopols, ZfV 1995, 310; *Swiss Re,* Versicherungsvereine bzw. Versicherungsgenossenschaften, Sigma 1999 Nr. 4; *Spannowsky,* Öffentlich-rechtliche Bindungen für gemischt-wirtschaftliche Unternehmen, ZHR 160 (1996) 560; *Stopp,* Wege der Auflösung kommunaler Eigengesellschaften unter besonderer Berücksichtigung des Umwandlungsgesetzes, SächsVBl. 1999, 197; *Weigel,* Möglichkeiten der Konzernentwicklung und Eigenkapitalbildung beim VVaG, VersR 1993, 1429.

I. Allgemeines

1 Das Gesetz folgt der Systematik für die Verschmelzung und die Spaltung. Es regelt nach den Arten der Vermögensübertragung nunmehr zwingend und abschließend die zur Beteiligung **zugelassenen Rechtsträger**. Damit ist zugleich der Kreis möglicher Vermögensübertragungen verbindlich bestimmt. Weder wird eine Ausweitung auf andere Rechtsträger noch auf andere Fälle der Vermögensübertragung zugelassen.

2 Zwei Fälle regelt das Gesetz. Der **öffentlichen Hand** wird die Übernahme des Vermögens einer Kapitalgesellschaft eröffnet. Im Übrigen sind Vermögensübertragungen auf **Versicherungsunternehmen** beschränkt und nur dann zugelassen, wenn es sich nicht um dieselbe Rechtsform handelt. So ist eine Voll- oder Teilübertragung von einer Versicherungs-AG nur auf einen VVaG oder auf ein öffentlich-rechtliches Versicherungsunternehmen vorgesehen. Dies gilt entsprechend umgekehrt für diese Rechtsträger. Damit sind allerdings die Möglichkeiten des UmwG nicht erschöpft.

3 **Versicherungs-Aktiengesellschaften**[1] können miteinander wie andere Aktiengesellschaften auch verschmolzen werden. Insoweit gelten abgesehen von der aufsichtsrechtlichen Genehmigung[2] keine Besonderheiten. Zulässig ist ferner die Verschmelzung zweier VVaG miteinander[3]. Sind eine Versicherungs-AG und ein VVaG beteiligt, wird von der sog. **„Mischverschmelzung"** gesprochen. Sie ist beschränkt auf die Aufnahme des VVaG durch eine Versicherungs-AG im Fall der Verschmelzung[4]. Der umgekehrte Fall der Verschmelzung einer Versicherungs-AG auf einen VVaG scheitert an dem unterschiedlichen Charakter der Anteile. Der VVaG kann eine Mitgliedschaft nur bei Bestehen eines Versicherungsverhältnisses vermitteln[5]. Hieran aber werden die Aktionäre nur in Ausnahmefällen interessiert sein. Außerdem müssen sie berücksichtigen, dass sie bei der Beendigung des Versicherungsverhältnisses die Mitgliedschaft verlieren. Für **öffentlich-rechtliche Versicherungsunternehmen** bestehen entsprechende Gestaltungsmöglichkeiten nur aufgrund Bundes- oder Landesrecht[6].

---

[1] Begriffsbestimmung siehe Rn 8.
[2] § 14 a VAG.
[3] § 109 Satz 1.
[4] § 109 Satz 2.
[5] § 20 Satz 2 VAG.
[6] *Stratz* in Schmitt/Hörtnagl/Stratz § 3 Rn 3.

Mit der Festlegung der Arten der Vermögensübertragung und der hieran zulässigerweise 4
beteiligten Rechtsträger ist der **Rahmen** bestimmt, innerhalb dessen Vermögensübertragungen stattfinden können. Ausführliche Verweisungen gelten – unterteilt nach beteiligten Rechtsträgern – dem **Ablauf** der Vermögensübertragung. Angesprochen ist der größere Teil des Vierten Buches. Viertes Buch. Vermögensübertragung

II. Übertragungen auf die öffentliche Hand

1. Übernehmende Rechtsträger[7]

Das Gesetz eröffnet der öffentlichen Hand die Möglichkeit der **Ausgliederung** eines 5
Unternehmens[8]. Der Wechsel in die private Rechtsform der Personenhandelsgesellschaft, einer Kapitalgesellschaft oder einer eingetragenen Genossenschaft ist mit der Hoffnung auf eine größere Beweglichkeit und Flexibilisierung verbunden. Führung nach kaufmännischen Grundsätzen und Ersatz der fiskalischen Kontrolle durch die des Aufsichtsrats und Abschlussprüfers[9] entsprechen wirtschaftspolitischer Zielsetzung. Andere Erwartungen wie Haftungsbegrenzung und haushaltsrechtliche Überlegungen haben sich jedoch in vielen Fällen als Irrtum erwiesen. Es hat sich gezeigt, dass die Ausgliederung teilweise mehr Probleme hervorruft als solche löst[10]. Die Vermögensübertragung eröffnet den **Rückweg** zum Eigen- oder Regiebetrieb ohne Auflösung stiller Reserven, indem sie die Gesamtrechtsnachfolge zulässt und eine Abwicklung der übertragenden Gesellschaft entbehrlich macht[11]. Die Attraktivität ist in der Praxis jedoch bisher nicht erkennbar geworden.

Als **übernehmende Rechtsträger** kommen der Bund, ein Land, eine Gebietskörper- 6
schaft (Gemeinde, Stadt, Landkreis) oder ein Zusammenschluss von Gebietskörperschaften (Zweckverband) in Betracht. Handelt es sich um eine Vollübertragung, muss sie sich auf **einen** übernehmenden Rechtsträger beschränken[12]. Das gilt **nicht** für die **Teilübertragung**. Der Wortlaut könnte eine andere Auslegung nahe legen. Entscheidend ist jedoch die iRd. Arten der Vermögensübertragung gegebene gesetzliche Definition der Teilübertragung[13]. Davon geht auch die Gesetzesbegründung aus, die das Interesse an einer Übertragung auf mehrere übernehmende Rechtsträger vor allem im Bereich der Energieversorgungsunternehmen sieht[14]. Das können mehrere Gemeinden sein, aber auch Mischformen, zB ein Land und eine Gebietskörperschaft. Die Aufzählung der möglichen Übernehmer ist abschließend. Die entsprechende Anwendung auf Körperschaften, Stiftungen oder Anstalten des öffentlichen Rechts mit eigener Rechtspersönlichkeit ist nicht möglich[15]. Auch auf privatrechtliche Gesellschaften, an denen die öffentliche Hand ganz oder teilweise beteiligt ist, finden die Vorschriften der Vermögensübertragung keine Anwendung. Für sie gelten die Möglichkeiten der Verschmelzung, der Spaltung oder des Formwechsels.

---

[7] Der Ablauf der Vermögensübertragung ist in den §§ 176, 177 geregelt.
[8] § 168, der ausdrücklich nur von Gebietskörperschaften oder einem Zusammenschluss von Gebietskörperschaften spricht, zu denen aber auch der Bund und die Länder zählen, vgl. *H. Schmidt* in Lutter § 168 Rn 6.
[9] *Kropff* in G/H/E/K § 359 AktG aF Rn 4; zum Privatisierungstrend *Spannowsky* ZHR 160 (1996) 560, 565; einschränkend siehe *Böttcher/Krömker* NZG 2001, 590.
[10] *Stopp* SächsVBl. 1999, 197; *Ehlers* ZHR 167 (2003) 546, 547. – Ausf. zu den Gründen *Gaß* S. 276 ff.
[11] *Münch* DB 1995, 550; *Stopp* SächsVBl. 1999, 197.
[12] § 174 Abs. 1.
[13] IE allgM, vgl. *H. Schmidt* in Lutter Rn 5.
[14] RegBegr. *Ganske* S. 201; *Gaß* S. 281.
[15] So bereits zu § 359 AktG aF *Kropff* in G/H/E/K Rn 9; ferner *Ehlers* ZHR 167 (2003) 546, 577 und insbes. *Gaß* S. 294 ff.

2. Übertragende Rechtsträger

7   Das Gesetz beschränkt die Vermögensübertragung auf **Kapitalgesellschaften**[16]. Die Einbeziehung der GmbH war vor Erlass des Gesetzes nicht vorgesehen. Auch ist der Kreis der zugelassenen Rechtsträger bei der Ausgliederung weiter gefasst. Hier sind zusätzlich Personenhandelsgesellschaften und eingetragene Genossenschaften einbezogen.

III. Versicherungs-AG als übertragender Rechtsträger[17]

8   Das Gesetz selbst definiert die Versicherungs-AG nicht. Voraussetzung ist die **Erlaubnis der Aufsichtsbehörde** zum Betrieb von Versicherungsgeschäften, der Gegenstand des Unternehmens sein muss[18]. Das Betreiben weiterer Geschäfte ist unschädlich. Es ist jedoch zu berücksichtigen, dass für Versicherungsgesellschaften nur solche Geschäfte zulässig sind, die mit den Versicherungsgeschäften in unmittelbarem Zusammenhang stehen[19].

9   Die **zulässigen Unternehmensformen** sind begrenzt. Für andere Kapitalgesellschaften als die AG, so die KGaA und die GmbH, ist die Vermögensübertragung schon deshalb nicht zulässig, weil die Erlaubnis zum Betrieb von Versicherungsgeschäften insoweit nur Aktiengesellschaften erteilt werden darf[20]. Eine weitere versicherungsspezifische Beschränkung ergibt sich aus dem Grundsatz der **Spartentrennung**. Die Erlaubnis zum Betrieb der Lebensversicherung und die Erlaubnis zum Betrieb anderer Versicherungssparten schließen einander aus. Dies gilt entsprechend für die Krankenversicherung[21]. Damit ist zB die Übertragung eines Lebensversicherers auf einen Kraftfahrzeugversicherer unzulässig.

10 **Übernehmende Rechtsträger** können öffentlich-rechtliche Versicherungsunternehmen oder VVaG sein. Im Gegensatz zum Formwechsel, den das Gesetz für kleinere Vereine ausdrücklich nicht zulässt[22], fehlt hier eine entsprechende Einschränkung. Nach der gesetzlichen Definition haben **kleinere VVaG** bestimmungsgemäß einen sachlich, örtlich oder dem Personenkreis nach eng begrenzten Wirkungskreis[23]. In der Literatur wird der Ausschluss des kleineren VVaG als übernehmender Rechtsträger iRd. Vermögensübertragung mit der im Dritten Abschnitt getroffenen Sonderregelung des Gesetzes begründet[24]. Hiernach kann ein kleinerer VVaG sein Vermögen nur im Wege der Vollübertragung auf eine Versicherungs-AG oder auf ein öffentlich-rechtliches Versicherungsunternehmen übertragen. In dieser Bestimmung wird eine abschließende Regelung der Beteiligungsfähigkeit des kleineren VVaG gesehen[25].

11 Diese Auslegung berücksichtigt nicht, dass die Beschränkung auf die Vollübertragung für den kleineren VVaG in dem Abschnitt des Gesetzes steht, der sich lediglich mit der **Übertragung** des Vermögens eines VVaG beschäftigt und nicht mit der Übernahme durch einen VVaG. Auch die weitere Begründung, dass der kleinere Verein nicht im Handelsregister eingetragen ist und deshalb die auf die Registereintragung abstellenden Vorschriften des Ver-

---

[16] Vgl. § 3 Abs. 1 Nr. 2.
[17] Zum Verfahren der Vermögensübertragung vgl. §§ 178, 179.
[18] § 5 Abs. 1 iVm. § 7 Abs. 1, § 5 Abs. 3 Nr. 1 VAG. Diese Erlaubnis besaßen 2003 334 Aktiengesellschaften mit einem Marktanteil von rund 80%, BaFin-Jahresbericht 2003 (Teil B), Tabelle 030.
[19] § 7 Abs. 2 VAG.
[20] § 7 Abs. 1 VAG.
[21] § 8 Abs. 1 a VAG.
[22] § 291 Abs. 1.
[23] § 53 Abs. 1 VAG.
[24] § 185.
[25] *H. Schmidt* in Lutter Rn 8; so auch zu § 53 a VAG aF *Frey* in Prölss[10] Rn 2; zu § 360 AktG aF *Kraft* in Kölner Komm. Rn 5; aA *Stratz* in Schmitt/Hörtnagl/Stratz Vorb. § 174–189 Rn 3 mit unzutr. Hinweis auf abweichende Auffassung dieses Kommentars, siehe Rn 11; jedoch entspr. hM *ders.* § 178 Rn 1.

schmelzungsrechts nicht passen[26], überzeugt nicht. IRd. Verschmelzung hat das Gesetz eine Alternative bereit gestellt, die auch hier Anwendung zu finden hat. Bei kleineren Vereinen treten an die Stelle der Anmeldung zur Eintragung in das Register der Antrag an die Aufsichtsbehörde auf Genehmigung, an die Stelle der Eintragung in das Register und ihrer Bekanntmachung die Bekanntmachung im Bundesanzeiger[27].

Schon bisher wurde die Vermögensübertragung als zulässig angesehen, wenn der kleinere VVaG durch die Aufnahme der AG zum **großen VVaG** wird und bereits vor der Eintragung der Vermögensübertragung die Aufsichtsbehörde ihn bindend als solchen anerkennt[28]. Von diesen Grundsätzen ist auch für die Vermögensübertragung auszugehen[29]. Anderseits ist für den **kleinsten VVaG** eine Umwandlung nach dem Gesetz nicht zulässig[30].

IV. VVaG als übertragender Rechtsträger[31]

Ein Verein, der die Versicherung seiner Mitglieder nach dem Grundsatz der Gegenseitigkeit betreiben will, wird dadurch rechtsfähig, dass ihm die Aufsichtsbehörde erlaubt, als „Versicherungsverein auf Gegenseitigkeit" Geschäfte zu betreiben[32]. Mit dem VVaG wird im Gegensatz zur AG als Rechtsform allgemeiner Art eine **eigene versicherungsspezifische Rechtsform** zur Verfügung gestellt. Sie wird in der Literatur auch als die natürliche Rechtsform eines Versicherungsunternehmens bezeichnet[33]. Der VVaG ist ein privates Versicherungsunternehmen in der Form eines rechtsfähigen Vereins, dessen **Mitglieder die Versicherten** sind[34]. Es gibt keine kapitalmäßige Beteiligung. Nach hier vertretener Auffassung kann auch der **kleinere Verein** übernehmender Rechtsträger sein[35]. Das gilt nicht in gleicher Weise für die Entscheidung der Frage, ob der kleinere Verein unbeschränkt übertragender Rechtsträger sein kann. Die Vermögensübertragung ist abschließend im Gesetz geregelt[36]. Zulässig ist hiernach nur die Vollübertragung. Die Teilübertragung ist ausgeschlossen.

Die **übernehmenden Rechtsträger** sind auf die Versicherungs-AG und öffentlich-rechtliche Versicherungsunternehmen beschränkt. Die Aufzählung ist abschließend.

V. Öffentlich-rechtliches Versicherungsunternehmen als übertragender Rechtsträger[37]

Die Erlaubnis zum Betreiben von Versicherungsgeschäften darf nur Aktiengesellschaften, Versicherungsvereinen auf Gegenseitigkeit sowie Körperschaften und Anstalten des öffentlichen Rechts erteilt werden[38]. Für die beiden Letztgenannten gilt der Oberbe-

---

[26] So *H. Schmidt* in Lutter Rn 8.
[27] § 118 Satz 2.
[28] *Kraft* in Kölner Komm. § 360 AktG aF Rn 6.
[29] *H. Schmidt* in Lutter Rn 8.
[30] § 157 a Abs. 1 und 3 VAG.
[31] Zum Verfahren der Vermögensübertragung vgl. §§ 180 bis 187.
[32] § 15 VAG. Diese Erlaubnis hatten 2003 86 große und 186 kleinere VVaG, BaFin-Jahresbericht 2003 (Teil B), Tabelle 030.
[33] *Weigel* VersR 1993, 1429, 1442; *Weigel* in Prölss Vor § 15 VAG Rn 36.
[34] Zur Begriffsbestimmung und Bedeutung siehe § 109 Rn 14 f.; *Hoppmann* S. 35 ff.; *Benkel* S. 5 ff.; *Hübner*, FS Wiedemann, S. 1033.
[35] Siehe Rn 10 f.
[36] §§ 185 bis 187.
[37] Zum Verfahren der Vermögensübertragung vgl. §§ 188, 189.
[38] § 7 Abs. 1 VAG. Zu den Begriffen vgl. *Kaulbach* in Fahr/Kaulbach § 7 VAG Rn 3 und 4.

griff des öffentlich-rechtlichen Versicherungsunternehmens[39]. Nach Abschaffung der Monopol-Anstalten handelt es sich ausschließlich um **Wettbewerbsunternehmen**, die den Betrieb von Versicherungsgeschäften zum Gegenstand haben und nicht Träger der Sozialversicherung sind[40]. Öffentlich-rechtliche Versicherungsunternehmen können nur durch hoheitlichen Akt ins Leben gerufen werden. Im Gegensatz zur AG und zum VVaG sind Gebietskörperschaften oder andere öffentlich-rechtliche Institutionen als Träger faktisch Eigentümer. Sie haben die Aufgabe, besonders umschriebene Unternehmenstätigkeiten im öffentlichen Interesse wahrzunehmen[41]. Der Hinweis in der Literatur, Neugründungen seien seit Ende des Ersten Weltkriegs nicht mehr erfolgt[42], ist falsch[43]. Eine Beschränkung hinsichtlich der Versicherungssparten besteht mit Ausnahme der Spartentrennung nicht. In Betracht kommen insbesondere Kraftfahrzeug-, Lebens-, Kranken-, Haftpflicht-, Unfall- und Rückversicherer. Weitere Beispiele öffentlich-rechtlicher Versicherungsunternehmen des öffentlichen Dienstes oder der Kirchen haben ausschließlich die Alters-, Invaliditäts- oder Hinterbliebenenversorgung zum Gegenstand[44].

16   Voraussetzung für die Anwendung der Vorschriften über die Vermögensübertragung ist eine **Körperschaft** oder **Anstalt** des öffentlichen Rechts. Betreibt die öffentliche Hand Versicherungsgeschäfte durch eine AG, gelten die Regeln für die Versicherungs-AG[45], obwohl diese auch zu den öffentlichen Versicherern gezählt werden[46].

Zweiter Teil. Übertragung des Vermögens oder von Vermögensteilen einer Kapitalgesellschaft auf die öffentliche Hand

Erster Abschnitt. Vollübertragung

§ 176 Anwendung der Verschmelzungsvorschriften

(1) **Bei einer Vollübertragung nach § 175 Nr. 1 sind auf die übertragende Kapitalgesellschaft die für die Verschmelzung durch Aufnahme einer solchen übertragenden Gesellschaft jeweils geltenden Vorschriften des Zweiten Buches entsprechend anzuwenden, soweit sich aus den folgenden Vorschriften nichts anderes ergibt.**

(2) **Die Angaben im Übertragungsvertrag nach § 5 Abs. 1 Nr. 4, 5 und 7 entfallen. An die Stelle des Registers des Sitzes des übernehmenden Rechtsträgers tritt das Register des Sitzes der übertragenden Gesellschaft. An die Stelle des Umtauschverhältnisses der Anteile treten Art und Höhe der Gegenleistung. An die Stelle des Anspruchs nach § 23 tritt ein Anspruch auf Barabfindung; auf diesen sind § 29 Abs. 1, § 30 und § 34 entsprechend anzuwenden.**

---

[39] Vgl. § 60 VAG, eingefügt durch das VersBilanzRichtlinienG. Die Erlaubnis besaßen 2003 22 öffentlich-rechtliche Versicherungsunternehmen, BaFin-Jahresbericht 2003 (Teil B), Tabelle 030.
[40] Zur Bestandsaufnahme nach dem Wegfall des Monopols in der Unterteilung nach Bundesländern *Rieger* ZfV 1995, 310; Jahrbuch 2001 der öffentlichen Versicherer, S. 13 ff.
[41] *Weigel* in Prölss Vor § 15 VAG Rn 31.
[42] *Weigel* in Prölss Vor § 15 VAG Rn 31.
[43] Bis 1942 Oldenburg, Braunschweig, Berlin; nach der Wiedervereinigung ÖSA in Magdeburg und Sparkassenversicherungen in Sachsen.
[44] § 1 Abs. 2 Satz 2 VAG.
[45] *H. Schmidt* in Lutter Rn 9.
[46] Jahrbuch 2005, Die öffentlichen Versicherer, S. 87 ff.

(3) Mit der Eintragung der Vermögensübertragung in das Handelsregister des Sitzes der übertragenden Gesellschaft geht deren Vermögen einschließlich der Verbindlichkeiten auf den übernehmenden Rechtsträger über. Die übertragende Gesellschaft erlischt; einer besonderen Löschung bedarf es nicht.

(4) Die Beteiligung des übernehmenden Rechtsträgers an der Vermögensübertragung richtet sich nach den für ihn geltenden Vorschriften.

Übersicht

	Rn		Rn
I. Allgemeines	1	d) Form	16
II. Geltung der Verschmelzungsvorschriften	2	e) Kündigung	17
		2. Übertragungsrecht	19
1. Übertragende Kapitalgesellschaft	2	3. Übertragungsprüfung	19
2. Übernehmende öffentliche Hand	5	4. Übertragungsbeschluss	21
III. Ablauf der Übertragung	7	a) Vorbereitung des Beschlusses	21
1. Übertragungsvertrag	7	b) Versammlung der Anteilsinhaber	25
a) Zuständigkeit	7	c) Mängel der Beschlussfassung	29
b) Entwurf	9	5. Eintragung in das Handelsregister und Bekanntmachung	32
c) Inhalt	10		

Literatur: *Hoffmann-Becking,* Rechtsschutz bei Informationsmängeln im Unternehmensvertrags- und Umwandlungsrecht, Gesellschaftsrecht 2001, RWS-Forum 20, S. 55; *Schuster,* Konzern- und verfassungsrechtliche Probleme der Privatisierung öffentlicher Unternehmen, FS W. Müller, 2001, S. 135; *ders.,* Zur Privatisierung von Anstalten des öffentlichen Rechts, FS Bezzenberger, 2000, S. 757; *Stopp,* Wege der Auflösung kommunaler Eigengesellschaften unter besonderer Berücksichtigung des Umwandlungsgesetzes, SächsVBl. 1999, 197.

I. Allgemeines

Mit dem Zweiten Teil der Vorschriften über die Vermögensübertragung beginnen die Bestimmungen, die im Wesentlichen durch **Verweisung** den Ablauf der Übertragung festlegen. Das Gesetz regelt getrennt die Verweisung für die Vollübertragung und die Teilübertragung. Für beide gilt, dass eine Übertragung nur von einer Kapitalgesellschaft auf den Bund, ein Land, eine Gebietskörperschaft oder einen Zusammenschluss von Gebietskörperschaften möglich ist. Das Gesetz greift auf das frühere Recht zurück[1], verzichtet allerdings auf die Aufzählung anwendbarer Vorschriften zugunsten einer **Global-Verweisung** unter Beschränkung auf abweichende Regelungen.

II. Geltung der Verschmelzungsvorschriften

1. Übertragende Kapitalgesellschaft

Bei einer **Vollübertragung** sind auf die übertragende Kapitalgesellschaft die für die Verschmelzung durch Aufnahme einer solchen Gesellschaft jeweils geltenden Vorschriften des Zweiten Buches entsprechend anzuwenden. Das gilt für die Allgemeinen Vorschriften mit Ausnahme der Verschmelzung durch Neugründung, ferner für die Besonderen Vorschriften mit der Regelung für die GmbH[2], die AG[3] und die KGaA[4].

---

[1] § 359 AktG aF.
[2] §§ 46 bis 55.
[3] §§ 60 bis 72.
[4] § 78.

3 Das Gesetz bestimmt im Einzelnen, welche Allgemeinen Vorschriften **nicht anwendbar** oder zu **ersetzen** sind. Auch ohne ausdrückliche Erwähnung gilt das für die gesetzliche Definition der Arten der Verschmelzung und der Aufzählung der verschmelzungsfähigen Rechtsträger[5]. Hier haben die Bestimmungen über die Vermögensübertragung Vorrang. Weitere Beispiele für die nicht passende entsprechende Anwendung beziehen sich auf die Wirkung der Eintragung[6] und die Einzelheiten zum Inhalt des Verschmelzungsvertrags[7]. Diese passen deshalb nicht, weil die öffentliche Hand keine Anteile gewähren kann. Zudem stellt die Vermögensübertragung gerade auf den Fall ab, dass die Gegenleistung nicht in Anteilen besteht. Aus diesem Grund werden die gesetzlich geforderten Angaben über den Inhalt des Verschmelzungsvertrags insoweit ausdrücklich eingeschränkt[8].

4 An die Stelle der fehlenden Anteilsgewährung treten Art und Höhe der **Gegenleistung**[9]. Besonderheiten gelten für die Eintragung in das **Register**. Grundsätzlich schreibt das Gesetz die Eintragung in das Register auch des übernehmenden Rechtsträgers vor[10]. Da die öffentlich-rechtlichen Rechtsträger nicht in ein Register eingetragen sind, tritt an die Stelle des Registers des Sitzes des übernehmenden Rechtsträgers das Register des Sitzes der übertragenden Gesellschaft. Eine weitere Ausnahmevorschrift gilt dem sog. **Verwässerungsschutz**, der den Inhabern von Sonderrechten einen Individual-Anspruch auf ein gleichwertiges Recht in dem übernehmenden Rechtsträger gewährt[11]. Für die öffentliche Hand als Übernehmer ist eine andere Ausgestaltung gefordert, weil gleichwertige Sonderrechte nicht denkbar sind[12]. Der Anspruch soll daher auf eine angemessene Barabfindung gerichtet sein.

2. Übernehmende öffentliche Hand

5 Die Beteiligung des übernehmenden Rechtsträgers an der Vermögensübertragung richtet sich nach den für ihn geltenden Vorschriften[13]. Die Begründung des Gesetzes[14] bezeichnet dies als Klarstellung, um dann hinzuzufügen: „Es versteht sich von selbst, dass die Maßnahmen, die nach **Staats- und Verwaltungsrecht** für einen öffentlich-rechtlichen Rechtsträger erforderlich sind, den dafür maßgebenden Vorschriften folgen müssen." Das bezieht sich vor allem auf Berichts- und Prüfungspflichten, ferner auf Zustimmungs- oder Genehmigungsvorbehalte[15].

6 Auch wenn die Verschmelzungsvorschriften nicht für anwendbar erklärt werden, ist in Anlehnung an die Kommentierung zum früheren Recht davon auszugehen, dass sie teilweise gelten[16], zB für die Notwendigkeit der notariellen Beurkundung[17].

---

[5] §§ 2 und 3.
[6] § 20 Abs. 1 Nr. 3.
[7] § 46.
[8] § 5 Abs. 1 Nr. 4, Nr. 5 und Nr. 7. Das gilt hinsichtlich der direkten Anwendung auch für § 5 Abs. 1 Nr. 2, obwohl das Gesetz diese Regelung nicht ausdrücklich ausnimmt. Die Gewährung von Anteilen oder Mitgliedschaften an dem übernehmenden Rechtsträger scheidet jedoch aus.
[9] § 176 Abs. 2 Satz 3. Zu den Einzelheiten siehe Rn 11.
[10] § 16 Abs. 1 Satz 1.
[11] § 176 Abs. 2 Satz 4 iVm. § 23; siehe Rn 12.
[12] RegBegr. *Ganske* S. 201.
[13] § 176 Abs. 4; *Gaß* S. 286.
[14] RegBegr. *Ganske* S. 201.
[15] *H. Schmidt* in Lutter Rn 13; vgl. das Beispiel der SächsGemO bei *Stopp* SächsVBl. 1999, 197, 200.
[16] *Kraft* in Kölner Komm. § 359 AktG aF Rn 8.
[17] Siehe Rn 16.

III. Ablauf der Übertragung

1. Übertragungsvertrag

a) Zuständigkeit. Das Gesetz verlangt den Abschluss eines Verschmelzungsvertrags[18], entsprechend hier den Abschluss eines Vermögensübertragungsvertrags. Der Vertragsabschluss erfolgt durch die satzungsmäßigen Vertreter. Da nach dem Gesetz als **übertragende Rechtsträger** nur Kapitalgesellschaften zugelassen sind, sind für die AG der Vorstand, für die KGaA die persönlich haftenden Gesellschafter und für die GmbH die Geschäftsführer zuständig. Notwendig ist die Mitwirkung in vertretungsberechtigter Zahl[19].

Für den **übernehmenden Rechtsträger** verweist das Gesetz pauschal auf die insoweit geltenden Vorschriften[20]. Es gilt das Primat der öffentlich-rechtlichen Vorschriften[21]. Maßgebend ist für Gebietskörperschaften oder einen Zusammenschluss von Gebietskörperschaften das nach Landesrecht zuständige Vertretungsorgan[22]. Zustimmungsvorbehalte und Kompetenznormen haben lediglich im Innenverhältnis Bedeutung[23].

b) Entwurf. Der Regelfall ist der Abschluss des Übertragungsvertrags mit anschließender Vorlage an das zur Zustimmung berufene Organ. Das Gesetz eröffnet jedoch ausdrücklich die Alternative, zunächst nur einen detaillierten Vertragsentwurf aufzustellen[24]. Wenn die Zustimmung ungewiss ist, können so Notarkosten gespart werden[25]. Im Übrigen gelten für den Entwurf dieselben Regeln wie für den abzuschließenden Übertragungsvertrag selbst[26].

c) Inhalt. Das Gesetz bestimmt detailliert den **Mindestinhalt** des Verschmelzungsvertrags[27]. Das gilt mit den aus der Natur der Vermögensübertragung folgenden Modifikationen auch für den insoweit zwingenden Vertrag[28]. Notwendig ist die **Bezeichnung der beteiligten Rechtsträger**. Anzugeben sind Firma und Sitz des übertragenden Rechtsträgers, Name und Ort des übernehmenden Rechtsträgers der öffentlichen Hand[29]. Zum wesentlichen Inhalt gehört die Vereinbarung über die „**Übertragung des Vermögens als Ganzes**" unter Auflösung des übertragenden Rechtsträgers ohne Abwicklung[30].

An die Stelle des zum Inhalt des Verschmelzungsvertrags gehörenden Umtauschverhältnisses der Anteile treten hier als notwendiger Vertragsbestandteil Art und Höhe der **Gegenleistung**[31]. Für den Verschmelzungsvertrag sind u. a. Einzelheiten der Übertragung der Anteile des übernehmenden Rechtsträgers Vertragsbestandteil[32]. Diese Angaben entfallen iRd. Ver-

---

[18] § 4 Abs. 1.
[19] Zu den Einzelheiten und zur unechten Gesamtvertretung siehe § 4 Rn 8 ff.
[20] § 176 Abs. 4.
[21] *Heckschen* in Widmann/Mayer § 168 Rn 39.
[22] Ausführliche Darstellung der Genehmigungserfordernisse im öffentlichen Recht der einzelnen Bundesländer bei *Heckschen* in Widmann/Mayer § 168 Rn 95 ff., 148.
[23] Str., ebenso *Heckschen* in Widmann/Mayer § 168 Rn 95 ff.
[24] § 4 Abs. 2.
[25] *Grunewald* in G/H/E/K § 340 AktG aF Rn 4.
[26] Zu den Einzelheiten siehe § 4 Rn 8 ff.; auch zu der Frage, ob die Nichteinhaltung der Vertretungsbestimmungen geheilt werden kann, wenn der Vertrag selbst später von vertretungsberechtigten Personen abgeschlossen wird.
[27] § 176 Abs. 1 iVm. § 5; siehe § 5 Rn 5 ff.; siehe auch § 110 Rn 8.
[28] § 176 Abs. 1 iVm. § 5.
[29] § 176 Abs. 1; siehe auch § 5 Rn 5.
[30] § 176 Abs. 1; siehe auch § 5 Rn 7.
[31] § 176 Abs. 2 Satz 3. Zu Form und Angemessenheit der Gegenleistung siehe § 174 Rn 20 ff.; § 178 Rn 13.
[32] § 5 Abs. 1 Nr. 4.

mögensübertragung, ohne dass das Gesetz wie zB bei der Teilübertragung[33] regelt, was an ihre Stelle zu treten hat. Aus dem Gesamtzusammenhang ergibt sich, dass dies nur die **Einzelheiten der Gegenleistung** sein können[34]. Unabhängig von der rechtlichen Verpflichtung besteht Einvernehmen über die Zweckmäßigkeit von Angaben, über die Bewirkung der Gegenleistung, den Zeitpunkt hierfür und zB die Benennung eines **Treuhänders** für die Empfangnahme der Gegenleistung[35]. Befinden sich alle Anteile der übertragenden Kapitalgesellschaft im Besitz der öffentlichen Hand, entfallen die Angaben über die Gegenleistung[36].

12 Ein weiterer Fall der Barabfindung ergibt sich beim Wegfall von **Sonderrechten**. Den Inhabern solcher Rechte kann ein Anspruch auf ein gleichwertiges Recht in dem übernehmenden Rechtsträger nicht gewährt werden. Gleichwertige Sonderrechte an der öffentlichen Hand sind nicht denkbar[37]. Ausdrücklich gefordert wird insoweit die Angemessenheit der Barabfindung, die Berücksichtigung der Verhältnisse im Zeitpunkt der Beschlussfassung über die Vermögensübertragung sowie die Verzinsung mit dem Ablauf des Tags, an dem die Eintragung im Handelsregister des Sitzes der übertragenden Gesellschaft erfolgt[38].

13 Zum Mindestinhalt gehört die Angabe des **Stichtags**, d. h. des Zeitpunkts, von welchem an die Handlungen der übertragenden Kapitalgesellschaft im Innenverhältnis als für Rechnung der öffentlichen Hand gelten[39].

14 Jeder **besondere Vorteil**, der einem Mitglied eines Vertretungsorgans oder eines Aufsichtsorgans oder dem Abschlussprüfer gewährt wird, ist im Übertragungsvertrag anzugeben[40]. Ausgenommen sind Zuwendungen, auf die ein Rechtsanspruch besteht[41].

15 Darzustellen sind letztlich die **Folgen** der Vermögensübertragung **für die Arbeitnehmer** und ihre Vertretungen sowie die insoweit vorgesehenen Maßnahmen[42]. Die übertragende Kapitalgesellschaft muss den Vertrag oder Entwurf dem Betriebsrat vorlegen. Die Zuleitung hat spätestens einen Monat vor dem Tag der Versammlung der Anteilsinhaber zu erfolgen, die zur Billigung aufgerufen ist[43]. Zusätzlich ist eine in 2002 erfolgte Änderung des BGB zu berücksichtigen[44]. Hiernach sind alle von einem Übergang betroffenen Arbeitnehmer vor dem Übergang in Textform über den Zeitpunkt oder den geplanten Zeitpunkt des Übergangs, die rechtlichen, wirtschaftlichen und sozialen Folgen des Übergangs für die Arbeitnehmer sowie die hinsichtlich der Arbeitnehmer in Aussicht genommenen Maßnahmen zu unterrichten.

16 **d) Form.** Der Verschmelzungsvertrag muss **notariell** beurkundet werden[45]. Das gilt aufgrund der gesetzlichen Verweisung entsprechend für den Übertragungsvertrag, dessen gesamter Inhalt notariell zu beurkunden ist. Die Beurkundung kann **vor** der Versammlung der Anteilseigner der Kapitalgesellschaft und Erfüllung der Zustimmungserfordernisse auf Seiten der öffentlichen Hand erfolgen[46]. Rechtlich unbedenklich ist, die notarielle Beurkundung bis zur Erfüllung aller Zustimmungserfordernisse zurückzustellen. Damit ist neben der Mög-

---

[33] § 177 Abs. 2.
[34] Siehe § 178 Rn 11; aA *H. Schmidt* in Lutter Rn 15.
[35] *H. Schmidt* in Lutter Rn 15. Die Verpflichtung zur Bestellung eines Treuhänders beschränkt sich auf die AG (§ 71) und die KGaA (§ 78), für die GmbH besteht das Erfordernis nicht.
[36] § 176 Abs. 1 iVm. § 5 Abs. 2.
[37] § 176 Abs. 2 Satz 4; RegBegr. *Ganske* S. 201.
[38] § 176 Abs. 2 Satz 4 iVm. § 29 Abs. 1, § 30 iVm. § 15 Abs. 2 und § 34.
[39] § 176 Abs. 1 iVm. § 5 Abs. 1 Nr. 6.
[40] § 176 Abs. 1 iVm. § 5 Abs. 1 Nr. 8. – LAG Nürnberg ZIP 2005, 398 = EWiR § 5 UmwG 1/05, 441 *(Graef)*.
[41] *Fuhrmann/Simon* AG 2000, 49, 55.
[42] § 176 Abs. 1 iVm. § 5 Abs. 1 Nr. 9. Gilt auch auf der Ebene des übernehmenden Rechtsträgers der öffentlichen Hand, vgl. *Gaß* S. 285 und 200 f.; aA *H. Schmidt* in Lutter Rn 15.
[43] § 176 Abs. 1 iVm. § 5 Abs. 3.
[44] § 613 a Abs. 5 BGB (Informationspflicht) und § 613 a Abs. 6 BGB (Widerspruchsrecht).
[45] § 6.
[46] Entspr. *Lutter* in Lutter § 6 Rn 4.

lichkeit, nur einen Entwurf vorzulegen[47], eine weitere Alternative gegeben, um bei Zweifeln über die Zustimmung ggf. Kosten zu sparen.

e) Kündigung. Enthält der Vertrag die Vereinbarung einer **aufschiebenden Bedingung**, gilt ein Kündigungsrecht, das bindend für den Verschmelzungsvertrag vorgeschrieben wird[48]. Ist die Bedingung binnen fünf Jahren nach Abschluss des Vertrags nicht eingetreten, kann jeder Teil den Vertrag anschließend mit halbjähriger Frist kündigen. Zulässig ist es, im Verschmelzungsvertrag eine kürzere Zeit als fünf Jahre zu vereinbaren. 17

2. Übertragungsbericht

Die Verschmelzung erfordert die Vorlage eines Verschmelzungsberichts. In entsprechender Anwendung ist für die Vermögensübertragung die Erstattung eines schriftlichen Übertragungsberichts, hier beschränkt auf das Vertretungsorgan des übertragenden Rechtsträgers, vorgeschrieben[49]. Die Verpflichtung, einen Bericht zu erstatten, dient der vorbereitenden Unterrichtung der Anteilsinhaber. Sie sollen durch ausführliche Vorabinformationen in die Lage versetzt werden, sich ein eigenes Urteil darüber zu bilden, ob die Vermögensübertragung wirtschaftlich sinnvoll und gesetzmäßig ist[50]. Gefordert wird eine eingehende Erläuterung des **Übertragungsvertrags** oder seines Entwurfs. Von besonderer Bedeutung ist die **Angemessenheit der Gegenleistung** für die Vermögensübertragung, die verständlich zu begründen ist[51]. Die Verpflichtung zur Erstattung des Übertragungsberichts beschränkt sich auf die übertragende Kapitalgesellschaft. Für die öffentliche Hand finden die für sie geltenden Vorschriften und nicht das Recht der Vermögensübertragung Anwendung[52]. Der Bericht ist auch für die Kapitalgesellschaften nicht erforderlich, wenn sich alle Anteile im Besitz der öffentlichen Hand befinden. Das Gesetz sieht ferner die Möglichkeit vor, dass die Anteilsinhaber insgesamt auf die Erstattung des Berichts in notarieller Form verzichten[53]. Hierbei ist allein auf die Anteilsinhaber der Kapitalgesellschaft abzustellen. 18

3. Übertragungsprüfung

Auch die Übertragungsprüfung dient – wie der Bericht – dem Schutz der Anteilsinhaber. Zu prüfen ist durch einen oder mehrere sachverständige Prüfer der **Übertragungsvertrag** oder sein Entwurf[54]. Aufgabe der Prüfer ist die Feststellung, ob der Vertrag oder Entwurf den gesetzlichen Anforderungen entspricht. Dies umfasst neben der Vollständigkeit und Richtigkeit der Angaben insbesondere die Angemessenheit der Gegenleistung. Hierüber haben die Prüfer einen schriftlichen Bericht zu erstatten, für den das Gesetz ausdrücklich eine Darstellung der Methoden verlangt, die der Ermittlung der Gegenleistung zugrunde liegen[55]. Die **Zweckmäßigkeit** der Vermögensübertragung ist ebenso wie der **Übertragungsbericht** nach hM nicht Gegenstand der Prüfung[56]. 19

---

[47] Siehe Rn 9.
[48] § 176 Abs. 1 iVm. § 7.
[49] § 176 Abs. 1 iVm. § 8. – Keine Notwendigkeit der Unterschrift durch sämtliche Vorstandsmitglieder einer AG, vgl. *KG Berlin* AG 2005, 205 = EWiR § 8 UmwG 1/05, 135 (*Linnerz*); aA *Gehling* § 8 Rn 5.
[50] § 8 Rn 2 und 12; *Marsch-Barner* in Kallmeyer § 8 Rn 1.
[51] § 8 Rn 22 ff.
[52] § 176 Abs. 4.
[53] § 176 Abs. 1 iVm. § 8 Abs. 3.
[54] § 176 Abs. 1 iVm. § 9.
[55] § 176 iVm. § 12.
[56] § 9 Rn 16 f.; *Müller* in Kallmeyer § 9 Rn 10; zur Einbeziehung des Verschmelzungsberichts in die Prüfung § 9 Rn 17 ff.

20 Zwingend vorgeschrieben ist die Prüfung für die AG und die KGaA[57]. Ein Verzicht ist unter denselben Voraussetzungen wie beim Übertragungsbericht möglich[58]. Dem Verzicht ist gleichgestellt, wenn sich alle Anteile der übertragenden AG oder KGaA im Besitz der öffentlichen Hand befinden. Geringere Anforderungen bestehen für die **GmbH**. Hier ist eine Übertragungsprüfung nur auf Verlangen eines ihrer Gesellschafter erforderlich[59]. Für den übernehmenden Rechtsträger der öffentlichen Hand ist auch insoweit auf das für ihn geltende Recht zu verweisen.

4. Übertragungsbeschluss

21 **a) Vorbereitung des Beschlusses.** Voraussetzung für die Wirksamkeit der Vermögensübertragung ist auf Seiten der übertragenden Kapitalgesellschaft die Zustimmung der Anteilseignerversammlung[60]. Die Notwendigkeit eines Übertragungsbeschlusses gilt auch dann, wenn sich alle Anteile im Besitz der öffentlichen Hand befinden[61].

22 Die Ladung der Anteilseigner sowie die Anforderungen an die Tagesordnung richten sich nach den allgemeinen Regeln. Aufgrund der entsprechenden Anwendung der Vorschriften über die Verschmelzung sind zusätzliche Erfordernisse zu beachten. Dies ist für die **AG** und **KGaA** die Notwendigkeit, den Übertragungsvertrag oder seinen Entwurf vor der Einberufung der Hauptversammlung, die über die Zustimmung beschließen soll, zum **Handelsregister** einzureichen[62]. Das Gericht hat die Einreichung bekannt zu machen. Ferner sind von der Einberufung der Hauptversammlung an in dem Geschäftsraum **der Gesellschaft** zur Einsicht auszulegen[63]:
– der Übertragungsvertrag oder dessen Entwurf;
– die **Jahresabschlüsse** der Gesellschaft einschließlich Lageberichte für die letzten drei Geschäftsjahre;
– eine **Zwischenbilanz**, falls sich der letzte Jahresabschluss auf ein Geschäftsjahr bezieht, das mehr als sechs Monate vor dem Abschluss des Übertragungsvertrags oder der Aufstellung des Entwurfs abgelaufen ist;
– der Übertragungsbericht;
– der **Prüfungsbericht** des Übertragungsprüfers.

23 Für die **GmbH** schreibt das Gesetz vor, den Übertragungsvertrag oder seinen Entwurf sowie den Übertragungsbericht den Gesellschaftern spätestens zusammen mit der Einberufung der Gesellschafterversammlung, die über die Zustimmung beschließen soll, zu übersenden[64]. Die Jahresabschlüsse und Lageberichte der letzten drei Geschäftsjahre sind von der Einberufung an zur Einsicht durch die Gesellschafter auszulegen[65]. Eine bestimmte Frist für den Stichtag der Bilanz ist nicht zu beachten, eine Zwischenbilanz damit in keinem Fall erforderlich. Macht ein Gesellschafter von seinem Recht Gebrauch, den Vertrag oder dessen Entwurf prüfen zu lassen[66], fehlt im Gesetz eine ausdrückliche Verpflichtung, den Prüfungsbericht an die Gesellschafter zu übersenden. Der Auffassung, die abgeleitet aus der Informationspflicht die Übersendung verlangt, ist zuzustimmen[67].

---

[57] §§ 60, 78.
[58] § 176 Abs. 1 iVm. § 9 Abs. 3, § 8 Abs. 3.
[59] § 48 Satz 1.
[60] § 176 Abs. 1 iVm. § 13 Abs. 1.
[61] *Stopp* SächsVBl. 1999, 197, 201.
[62] § 176 Abs. 1 iVm. §§ 61, 78.
[63] § 176 Abs. 1 iVm. § 63 Abs. 1. – Zur Definition „letzte drei Geschäftsjahre" siehe § 63 Rn 12 und *OLG Hamburg* AG 2003, 441.
[64] § 176 Abs. 1 iVm. § 47.
[65] § 176 Abs. 1 iVm. § 49 Abs. 2.
[66] § 176 Abs. 1 iVm. § 48 Satz 1.
[67] Siehe § 47 Rn 8; *Winter* in Lutter § 47 Rn 7.

Für den **übernehmenden Rechtsträger** ist erneut darauf hinzuweisen, dass sich die Beteiligung der öffentlichen Hand an der Vermögensübertragung nicht nach den Bestimmungen des Gesetzes, sondern nach den für ihn geltenden Vorschriften richtet[68]. Diese können vor allem festlegen, ob und wie die Organe zu beteiligen sind, wer der Vermögensübertragung – einschließlich übergeordneter Behörden – zuzustimmen hat und ob eine Prüfung voranzugehen hat[69]. Mit der Zulassung der Vermögensübertragung von einer Kapitalgesellschaft auf die öffentliche Hand hat der Gesetzgeber eine Entscheidung getroffen, die nur durch Bundesrecht wieder geändert werden kann. Das bedeutet, dass andere Vorschriften die Vermögensübertragung nicht ausschließen oder die Beteiligung des übernehmenden Rechtsträgers am Vorgang verbieten können[70].

b) Versammlung der Anteilsinhaber. Der zur Wirksamkeit der Übertragung erforderliche Beschluss kann nur in einer Versammlung der Anteilsinhaber gefasst werden[71]. Dieser Beschluss muss **notariell** beurkundet werden[72]. Im Übrigen ist nach den Rechtsformen der Kapitalgesellschaft zu unterscheiden.

Für die **AG** und die **KGaA** ist zunächst auf die Verpflichtung hinzuweisen, diejenigen Unterlagen, die bereits in dem Geschäftsraum der Gesellschaft zur Einsicht ausgelegt werden mussten, nunmehr auch in der Hauptversammlung auszulegen[73]. Der Vorstand hat den Übertragungsvertrag oder seinen Entwurf zu Beginn der Verhandlung mündlich zu erläutern[74]. Zur Verschmelzung bestimmt das Gesetz weiterhin, dass jedem Aktionär auf Verlangen in der Hauptversammlung Auskunft auch über alle für die Verschmelzung wesentlichen Angelegenheiten der **anderen beteiligten Rechtsträger** zu geben ist[75]. Für die öffentliche Hand als übernehmenden Rechtsträger ist eine entsprechende Anwendung auszuschließen[76]. Insoweit ist jedoch auf das Auskunftsrecht der Aktionäre zu verweisen[77]. Die Gründe für die Vermögensübertragung und insbesondere die Ermittlung der Gegenleistung sind auch dann Angelegenheiten der Gesellschaft, wenn solche der übernehmenden öffentlichen Hand betroffen sind[78].

Der Beschluss der **AG**-Hauptversammlung bedarf einer Mehrheit, die mindestens drei Viertel des bei der Beschlussfassung vertretenen Grundkapitals umfasst[79]. Die Satzung kann eine größere Kapitalmehrheit und weitere Erfordernisse bestimmen. Besondere Regeln gelten für den Fall, dass mehrere Gattungen von Aktien vorhanden sind[80]. Zusätzliche Erfordernisse bestehen für die **KGaA**. Der Beschluss bedarf der Zustimmung **aller** persönlich haftender Gesellschafter, auch der nicht geschäftsführenden. Die Satzung kann jedoch Mehrheitsentscheidungen vorsehen[81].

Für die **GmbH** bestimmt das Gesetz Mehrheitserfordernisse, die denen der AG entsprechen[82]. Eine ausdrückliche Regelung trifft das Gesetz für **statuarische Sonderrechte** einzelner Gesellschafter[83]. Dem Verschmelzungsbeschluss der übertragenden Gesellschaft müs-

---

[68] § 176 Abs. 4.
[69] *Schwarz* in Widmann/Mayer Rn 25.
[70] Ebenso *Schwarz* in Widmann/Mayer Rn 25.
[71] § 176 iVm. § 13 Abs. 1 Satz 2.
[72] § 176 iVm. § 13 Abs. 3 Satz 1.
[73] § 176 Abs. 1 iVm. § 64 Abs. 1 Satz 1.
[74] § 176 Abs. 1 iVm. § 64 Abs. 1 Satz 2.
[75] § 176 Abs. 1 iVm. § 64 Abs. 2.
[76] So bereits zum früheren Recht *Kropff* in G/H/E/K § 359 AktG aF Rn 21.
[77] § 131 AktG.
[78] Ebenso *Kropff* in G/H/E/K § 359 AktG aF Rn 21.
[79] § 176 Abs. 1 iVm. § 65 Abs. 1 Satz 1.
[80] § 176 Abs. 1 iVm. § 65 Abs. 2, wortgleich mit § 182 Abs. 2 AktG.
[81] § 176 Abs. 1 iVm. § 78 Satz 3; vgl. § 285 AktG.
[82] § 176 Abs. 1 iVm. § 50 Abs. 1 Satz 1 und 2.
[83] § 176 Abs. 1 iVm. § 50 Abs. 2.

sen diese Gesellschafter zustimmen. Bei der Vermögensübertragung generell und bei der öffentlichen Hand als übernehmenden Rechtsträger ist die Beeinträchtigung zwangsläufig. Daraus wird gefolgert, dass für eine Anwendung der Vorschriften, die die Zustimmung der betroffenen Gesellschafter fordern, kein Raum ist[84]. Das überzeugt nicht. Auf den Wortlaut des Gesetzes kann sich diese Auslegung nicht berufen. Entscheidend ist, dass Vorzugsrechte nach allgemeinen Grundsätzen **nicht ohne Zustimmung** der Berechtigten entzogen werden können[85]. Es erscheint nicht gerechtfertigt, danach zu unterscheiden, ob die Beeinträchtigung vermeidbar ist oder nicht. Die Inhaber der Sonderrechte sollen entscheiden, ob die gewährte Gegenleistung[86] attraktiv genug ist, die Rechte aufzugeben. Als *ultima ratio* bleibt der Ausschluss der Gesellschafter[87].

29 c) **Mängel der Beschlussfassung.** Das Gesetz regelt nicht, auf welchem Wege Verschmelzungsbeschlüsse angegriffen werden können. Das bleibt den Allgemeinen Vorschriften für die jeweilige Rechtsform überlassen[88]. Zulässig sind Anfechtungs- oder Nichtigkeitsklagen[89]. Bei der Verschmelzung ist umstritten, ob der Zustimmungsbeschluss der übertragenden Gesellschaft einer **sachlichen Rechtfertigung** bedarf[90]. Im Gegensatz zur Verschmelzung erhalten bei der Vermögensübertragung die überstimmten Anteilseigner der übertragenden Gesellschaft keine neue Mitgliedschaft. Der Kommentie-rung zum früheren Recht folgend muss daher angenommen werden, dass der Übertragungsbeschluss hier einer **Inhaltskontrolle** unterliegt[91]. Die Notwendigkeit einer Missbrauchskontrolle folgt aus der vom Gesetz eröffneten Möglichkeit, einer Minderheit durch Mehrheitsbeschluss ihre Beteiligung zu nehmen und sie auf eine Abfindung in Geld zu verweisen[92].

30 Für die Klage bestimmt das Gesetz eine **Frist** von einem Monat nach der Beschlussfassung[93]. Das dient der möglichst schnellen Klarheit über die Bestandskraft des Übertragungsbeschlusses. Wird die Frist versäumt, erfolgt die Eintragung mit der Folge, dass die Übertragungswirkungen nicht mehr beseitigt werden können.

31 Eine Klage gegen die Wirksamkeit des Beschlusses kann von den Anteilsinhabern der übertragenden Kapitalgesellschaft nicht darauf gestützt werden, dass die **Gegenleistung** zu niedrig bemessen sei[94]. Die Unangemessenheit der Gegenleistung, d. h. die **Höhe** und nicht die Art, ist im **Spruchverfahren** zu überprüfen[95]. Das gilt auch für die Barabfindung, die an Inhaber von Sonderrechten zu zahlen ist[96].

---

[84] *H. Schmidt* in Lutter Rn 22.
[85] *Winter* in Lutter § 50 Rn 13.
[86] Siehe Rn 12.
[87] Zu den Voraussetzungen *Hueck/Fastricht* in Baumbach/Hueck Anh. § 34 GmbHG Rn 2 ff. Vgl. auch die Kommentierung zu § 35 BGB.
[88] *Bork* in Lutter § 14 Rn 4.
[89] §§ 241 ff. AktG, § 14 Abs. 1. Die aktienrechtlichen Vorschriften gelten auch für die GmbH, vgl. *Lutter/Hommelhoff* Anh. § 47 GmbHG Rn 1. Zur Anfechtungsklage gegen Umwandlungsbeschlüsse bei wertbezogenen Informationsmängeln vgl. *BGH* DB 2001, 319 und 471; eine Übertragung der Rspr. auf die Barabfindung ist unzulässig, da diese wie der Umtausch ein Essentialia der Vermögensübertragung ist, siehe *Hoffmann-Becking*, Gesellschaftsrecht, 2001, S. 55, 64; vgl. auch *Sinewe* DB 2001, 690.
[90] Befürwortend zB *Zöllner* in Kölner Komm. AktG Einl. Rn 55; ablehnend *Grunewald* in G/H/E/K, § 340 c AktG aF Rn 16; lt. hM bedarf es nach dem UmwG keiner sachlichen Rechtfertigung, siehe dazu § 13 Rn 23 mwN; *Zimmermann* in Kallmeyer § 93 Rn 12; differenzierend *Lutter/Drygala* in Lutter § 13 Rn 31 ff.
[91] *Kropff* in G/H/E/K § 359 AktG aF Rn 22.
[92] *Kropff* in G/H/E/K § 359 AktG aF Rn 7.
[93] § 14 Abs. 1.
[94] § 176 Abs. 1 iVm. § 14 Abs. 2.
[95] Für Anträge vor dem 1.9.2003 §§ 305 ff. aF; für spätere Anträge gilt das Gesetz über das gesellschaftsrechtliche Spruchverfahren (SpruchG) v. 12.6.2003. Kommentierung siehe Anh. SpruchG.
[96] Ebenso *H. Schmidt* in Lutter Rn 23; zu den Sonderrechten siehe Rn 4.

5. Eintragung in das Handelsregister und Bekanntmachung

An die Stelle des Registers des Sitzes der übernehmenden öffentlichen Hand tritt das **32** Register des Sitzes der **übertragenden** Gesellschaft[97]. Die Anmeldung hat das Vertretungsorgan der übertragenden Kapitalgesellschaft vorzunehmen. Das auf Seiten der öffentlichen Hand zuständige Vertretungsorgan ist zur Anmeldung berechtigt[98]. In Übereinstimmung mit der Kommentierung zum früheren Recht ist davon auszugehen, dass etwa erforderliche **aufsichtsbehördliche Genehmigungen** auf Seiten der öffentlichen Hand der Anmeldung beigefügt werden müssen. Eine Prüfungspflicht des Registergerichts ist gleichwohl wegen der verwaltungsinternen Natur abzulehnen[99].

Mit der Eintragung der Vermögensübertragung in das Handelsregister des Sitzes der übertragenden Gesellschaft geht deren **Vermögen** einschließlich der Verbindlichkeiten auf den übernehmenden Rechtsträger über. Gleichzeitig erlischt die übertragende Gesellschaft, ohne dass es einer besonderen Löschung bedarf[100]. **Mängel** der Vermögensübertragung lassen die Wirkungen der Eintragung **unberührt**[101]. Die Vermögensübertragung ist wirksam, gleichgültig um welchen Mangel es sich handelt. Eine Rückübertragung findet nicht statt[102]. **33**

Zweiter Abschnitt. Teilübertragung

§ 177 Anwendung der Spaltungsvorschriften

(1) Bei einer Teilübertragung nach § 175 Nr. 1 sind auf die übertragende Kapitalgesellschaft die für die Aufspaltung, Abspaltung oder Ausgliederung zur Aufnahme von Teilen einer solchen übertragenden Gesellschaft geltenden Vorschriften des Dritten Buches sowie die dort für entsprechend anwendbar erklärten Vorschriften des Zweiten Buches auf den vergleichbaren Vorgang entsprechend anzuwenden, soweit sich aus den folgenden Vorschriften nichts anderes ergibt.

(2) § 176 Abs. 2 bis 4 ist entsprechend anzuwenden. An die Stelle des § 5 Abs. 1 Nr. 4, 5 und 7 tritt § 126 Abs. 1 Nr. 4, 5, 7 und 10.

Übersicht

	Rn		Rn
I. Allgemeines	1	a) Zuständigkeit	7
II. Geltung der Spaltungsvorschriften	2	b) Inhalt	8
1. Übertragende Kapitalgesellschaft	2	2. Übertragungsbericht	10
2. Übernehmende öffentliche Hand	6	3. Übertragungsprüfung	11
III. Ablauf der Teilübertragung	7	4. Übertragungsbeschluss	12
1. Übertragungsvertrag	7	5. Eintragung in das Handelsregister	13

Literatur: *Heidenhain,* Spaltungsvertrag und Spaltungsplan, NJW 1995, 2873; *Mayer,* Erste Zweifelsfragen bei der Unternehmensspaltung, DB 1995, 861; *Wolf,* Interessenkonflikte bei der Unternehmensteilung durch Spaltung, Der Konzern 2003, 661.

---

[97] § 176 Abs. 2 Satz 2.
[98] § 176 Abs. 1 iVm. §§ 16 und 17; aA iSd. Verpflichtung § 122 Rn 12 Fn 17 (*Maier-Reimer*).
[99] *Kropff* in G/H/E/K § 359 AktG aF Rn 23.
[100] § 176 Abs. 3.
[101] Siehe § 20 Rn 82 ff.
[102] So bereits zu § 352 AktG aF *Grunewald* in G/H/E/K Rn 2.

I. Allgemeines

1 Die Teilübertragung dient, wie der Name sagt, der Übertragung von Vermögensteilen. Sind mehrere übernehmende Rechtsträger beteiligt, kann die Addition der Vermögensteile das gesamte Vermögen umfassen, so bei der aufspaltenden Teilübertragung[1]. Ihrem Wesen nach entspricht die Teilübertragung der **Spaltung**. Konsequenterweise verweist das Gesetz, der bisherigen Systematik folgend, für die übertragende Kapitalgesellschaft auf die für die Aufspaltung, Abspaltung oder Ausgliederung geltenden Vorschriften des Dritten Buches[2]. Die dort in Bezug genommenen Vorschriften des Zweiten Buches werden entsprechend angewendet[3]. Auch für die Ausnahmen bedient sich das Gesetz der Verweisung, was die Übersicht zusätzlich erschwert[4].

II. Geltung der Spaltungsvorschriften

1. Übertragende Kapitalgesellschaft

2 Die Anwendung der Spaltungsvorschriften bezieht sich auf die übertragende Kapitalgesellschaft. Verwiesen wird auf die Vorschriften für die Spaltung zur Aufnahme[5]. Wie generell bei der Vermögensübertragung ist eine Spaltung zur Neugründung nicht zulässig. Für die entsprechende Anwendung der Vorschriften des Dritten und des Zweiten Buches kommt es darauf an, welchem **Typ der Spaltung** die Teilübertragung entspricht[6]. Dies ist von zwei Entscheidungen abhängig. Im Fall der Aufspaltung wird die übertragende Kapitalgesellschaft aufgelöst, bei der Abspaltung oder Ausgliederung bleibt sie bestehen. Weiterhin ist zu entscheiden, wem die Gegenleistung zufließen soll. Im Fall der Aufspaltung oder Abspaltung kommt sie den Anteilseignern zugute, bei der Ausgliederung der übertragenden Gesellschaft.

3 Die Besonderen Vorschriften der Spaltung treffen Regelungen für die AG und KGaA[7] sowie die GmbH[8]. Zusätzliche Anforderungen stellt das Gesetz an das **Alter** der AG und KGaA. Für diejenigen Gesellschaften, die noch nicht zwei Jahre im Register eingetragen sind, ist eine Spaltung nicht zulässig[9].

4 Im Übrigen wird für die Spaltung auf die **Verschmelzungsvorschriften** des Zweiten Buches verwiesen. Demnach werden die Regelungen über die Verschmelzung durch Aufnahme angewendet, soweit eine Kapitalgesellschaft übertragender Rechtsträger ist. Einige Vorschriften finden bei der Spaltung keine Anwendung. So ist eine Verschmelzungsprüfung auch dann erforderlich, wenn sich alle Anteile des übertragenden Rechtsträgers im Besitz der öffentlichen Hand befinden[10]. Das gilt angesichts des klaren Wortlauts auch für die Abspaltung, wenngleich eine Begründung nur für die Aufspaltung ersichtlich ist[11]. Umfangreicher sind die Ausnahmen im Fall der **Ausgliederung**. Die Prüfung entfällt. Das gilt auch für

---

[1] Siehe § 174 Rn 16.
[2] §§ 123 ff.
[3] §§ 2 ff.
[4] § 177 Abs. 2. *H. Schmidt* in Lutter Rn 4 spricht iVm. §§ 179, 184, 189 zutr. von den wohl kompliziertesten Vorschriften des Gesetzes.
[5] §§ 123 bis 134.
[6] RegBegr. *Ganske* S. 201.
[7] §§ 141 bis 146.
[8] §§ 138 bis 140.
[9] § 141.
[10] § 125 Satz 1 iVm. § 9 Abs. 2.
[11] Vgl. *Teichmann* in Lutter § 125 Fn 1 S. 1385.

Abfindungsvorschriften, die deshalb nicht passen, weil die Gegenleistung dem übertragenden Rechtsträger und nicht den Anteilseignern zugute kommt[12].

Damit ist das Ende der Verweisungskette immer noch nicht erreicht. Das Gesetz verweist auf die iRd. Vollübertragung für die Verschmelzungsvorschriften geltenden Besonderheiten[13]. Einschließlich der weiteren Verweisungen[14] bedeutet dies vereinfacht, dass bestimmte für den Spaltungs- und Übernahmevertrag geltende Bestimmungen keine Anwendung finden. Damit wird berücksichtigt, dass die Gegenleistung hier nicht in der Gewährung von Anteilen besteht. Im Übrigen ist auf die Kommentierung zur Vollübertragung zu verweisen[15].

2. Übernehmende öffentliche Hand

Das Gesetz verweist ohne Einschränkung oder sonstige Änderungen insoweit auf die Bestimmungen für die Vollübertragung[16]. Damit wird klargestellt, dass sich die Beteiligung der öffentlichen Hand an der Teilübertragung auch hier nach den für sie geltenden Vorschriften richtet[17].

III. Ablauf der Teilübertragung

1. Übertragungsvertrag

a) Zuständigkeit. An die Stelle eines Spaltungs- und Übernahmevertrags tritt der Vertrag über die Teilübertragung und -übernahme. Die Zuständigkeit zum Abschluss entspricht sowohl für die übertragende Kapitalgesellschaft als auch für den übernehmenden Rechtsträger, d. h. die öffentliche Hand, der Vollübertragung[18]. Zulässig ist gleichfalls ein Entwurf mit den bei der Vollübertragung geforderten Voraussetzungen[19]. Sind auf der übernehmenden Seite mehrere Rechtsträger beteiligt, ist ein **einheitlicher Vertrag** notwendig. Dadurch soll erreicht werden, dass die Anteilsinhaber bei ihrer Entscheidung den gesamten Vorgang kennen und der Beschlussfassung zugrunde legen können[20]. Das bedeutet, dass einheitliche geschäftspolitische Maßnahmen in einem einzigen Vertrag ihren Niederschlag finden müssen. Im Fall der Abspaltung und Ausgliederung sind spätere geschäftspolitische Maßnahmen jedoch nicht ausgeschlossen[21].

b) Inhalt. Der für den Vertrag über die Vermögensübertragung vorgeschriebene Mindestinhalt gilt im Wesentlichen auch für die Teilübertragung[22]. Die gesetzlichen Vorschriften über den Inhalt des Spaltungs- und Übernahmevertrags sind weitgehend den Anforderungen an den Inhalt des Verschmelzungsvertrags nachgebildet[23]. Die entscheidende **Besonderheit** liegt in der Kennzeichnung der **Vermögensteile**. Erforderlich ist die genaue Bezeichnung und Aufteilung der Gegenstände des Aktiv- und Passivvermögens, die an jeden der übernehmenden Rechtsträger übertragen werden. Auch die übergehenden Betriebe und Betriebs-

---

[12] § 125 Satz 1 und 2.
[13] § 177 Abs. 2 Satz 1 iVm. § 176 Abs. 2 bis 4.
[14] § 177 Abs. 2 Satz 2.
[15] Siehe § 176 Rn 3 und 4.
[16] § 177 Abs. 2 Satz 1 iVm. § 176 Abs. 4.
[17] Siehe § 176 Rn 5.
[18] Siehe § 176 Rn 7 und 8.
[19] Siehe § 176 Rn 9.
[20] § 177 Abs. 1 iVm. § 126; RegBegr. *Ganske* S. 154.
[21] Missverständlich *Heidenhain* NJW 1995, 2873.
[22] Siehe § 176 Rn 10 ff.
[23] § 177 iVm. § 126.

teile müssen unter Zuordnung zu den übernehmenden Rechtsträgern genannt werden[24]. Die Zuordnung der Aktiva und Passiva an die verschiedenen Rechtsträger hat als sichere Grundlage der kraft Gesetzes eintretenden Sonderrechtsnachfolge **zweifelsfrei** zu erfolgen[25]. Für die Aufteilung des Vermögens gewährt das Gesetz erhebliche Freiheit. Die Beteiligten können grundsätzlich jeden Gegenstand jedem beliebigen übernehmenden Rechtsträger zuweisen[26]. Eine Einschränkung gilt für die Überleitung von **Arbeitsverhältnissen** dann, wenn wegen des Übergangs eines Betriebs oder Betriebsteils der übernehmende Rechtsträger kraft Gesetzes in die Rechte und Pflichten eines bestehenden Arbeitsverhältnisses eintritt[27]. In diesem Fall hat die Bezeichnung der Arbeitsverhältnisse im Vertrag deklaratorische Bedeutung, im Übrigen ist sie unverzichtbar[28].

9 Keine Besonderheiten ergeben sich zur **Gegenleistung** und deren **Angemessenheit**. Auch bei der Teilübertragung treten an die Stelle des Umtauschverhältnisses der Anteile Art und Höhe der Gegenleistung[29]. Im Fall der Ausgliederung gilt keine Ausnahme[30]. Der Vertrag muss auch für die Ausgliederung festlegen, welche Anteile am übernehmenden Rechtsträger dem Übertragenden zu gewähren sind. Entsprechend ist hier die nicht in Anteilen oder Mitgliedschaften bestehende Gegenleistung zu bezeichnen[31]. Zum **Stichtag**, der Gewährung besonderer **Vorteile** an Mitglieder eines Vertretungsorgans und der Darstellung der Folgen für die **Arbeitnehmer**[32] ist auf die Kommentierung zur Vollübertragung zu verweisen. Dasselbe gilt für die Form des Übertragungsvertrags und seine Kündigung[33].

2. Übertragungsbericht

10 Für die Teilübertragung schreibt das Gesetz gleichfalls einen ausführlichen schriftlichen Bericht vor, der nur von dem Vertretungsorgan der übertragenden Kapitalgesellschaft zu erstatten ist[34]. Ebenso wie bei der Vollübertragung dient der Bericht dem Interesse der Anteilsinhaber. Diese sollen beurteilen können, ob die Teilübertragung **wirtschaftlich sinnvoll** und **gesetzmäßig** ist[35]. Besondere Bedeutung kommt bei der Teilübertragung wie bei der Spaltung dem **Gläubigerschutz** zu. Im Übertragungsbericht sind die Einstands- und Haftungsrisiken zu kommentieren[36]. Dies umfasst die wirtschaftlichen Aussichten der Erfüllung der Verbindlichkeiten. Zum Spaltungsbericht fordert das Gesetz bei Aufspaltung und Abspaltung eine ausführliche Darstellung des Umtauschverhältnisses[37]. Die bei der Teilübertragung an die Stelle des Umtauschverhältnisses tretende Berichterstattung über Art und Höhe der

---

[24] § 126 Abs. 1 Nr. 9; vgl. zum Bestimmtheitserfordernis *Wolf*, Der Konzern 2003, 661, 663 f.; *Mayer* DB 1995, 861, 864.
[25] *Heidenhain* NJW 1995, 2873, 2876.
[26] RegBegr. *Ganske* S. 155.
[27] *BAG* ZIP 2000, 1630 mit Anm. *Bauer* zu § 613 a BGB: siehe auch § 324. – Gilt nicht für Versorgungsverbindlichkeiten: *BAG*, Der Konzern 2005, 370 = EWiR § 126 UmwG 1/05, 583 *(Matthießen)*.
[28] RegBegr. *Ganske* S. 155.
[29] § 176 Abs. 2 Satz 3.
[30] § 126 Abs. 1 Nr. 3, 4 und 10 bezieht sich ausschließlich auf die Aufspaltung und Abspaltung.
[31] *Priester* in Lutter § 126 Rn 34; *Mayer* in Widmann/Mayer § 126 Rn 30 ff. In diesem Fall ist nicht der Verkehrswert der Beteiligung (§ 174 Rn 22), sondern der Verkehrswert der jeweils übertragenen Vermögensteile zu ersetzen (*H. Schmidt* in Lutter § 177 Rn 7). Im Regelfall wird das zu dem gleichen wirtschaftlichen Ergebnis führen, es sei denn, dass bei der Beteiligung ein Börsenkurs relevant für die Bewertung ist.
[32] Die Notwendigkeit der Information des Betriebsrats ergibt sich aus § 126 Abs. 3.
[33] Siehe § 176 Rn 13 bis 15.
[34] § 177 Abs. 1 iVm. § 127.
[35] Siehe § 176 Rn 18.
[36] § 127 Rn 19; *Hommelhoff/Schwab* in Lutter § 127 Rn 20; siehe auch § 177 Abs. 1 iVm. § 133 zum Gläubigerschutz.
[37] § 127 Satz 1.

Gegenleistung beschränkt sich nicht auf die Aufspaltung und Abspaltung. Auch im Fall der Ausgliederung verlangt das Informationsbedürfnis der Anteilseigner der übertragenden Kapitalgesellschaft, über die Höhe der Gegenleistung und ihre Angemessenheit ausführlich zu berichten[38].

3. Übertragungsprüfung

Einen Prüfungsbericht fordert das Gesetz für die **Aufspaltung** und **Abspaltung**[39]. Wie bei der Vollübertragung ist die Prüfung zwingend für die AG und die KGaA vorgeschrieben[40]. Ein Verzicht ist möglich. Bei der Spaltung und Teilübertragung, beschränkt auf Aufspaltung und Abspaltung, ist der Prüfungsbericht auch dann vorgeschrieben, wenn sich alle Anteile des übertragenden Rechtsträgers in der Hand des übernehmenden Rechtsträgers befinden[41]. Geringere Anforderungen bestehen für die GmbH[42]. Bei der **Ausgliederung** findet eine Prüfung nicht statt[43].

4. Übertragungsbeschluss

In der Vorbereitung des Beschlusses gibt es für die Teilübertragung im Vergleich zur Vollübertragung nur eine Besonderheit. Da eine Übertragungsprüfung bei der **Ausgliederung** nicht stattfindet, entfällt sowohl die Auslegung des Prüfungsberichts in dem Geschäftsraum als auch in der Hauptversammlung[44]. Zur Beschlussfassung der Versammlung der Anteilsinhaber ist auf die Kommentierung zur Vollübertragung zu verweisen[45]. Das gilt im Grundsatz auch für die Mängel der Beschlussfassung[46]. Die Ausnahme betrifft wiederum die Ausgliederung. Für die Verschmelzung bestimmt das Gesetz, dass eine Klage gegen die Wirksamkeit des Beschlusses eines **übertragenden** Rechtsträgers nicht darauf gestützt werden kann, dass das Umtauschverhältnis der Anteile zu niedrig bemessen ist. An die Stelle der Klage tritt das Spruchverfahren[47]. Im Zusammenhang mit der Spaltung wird diese Regelung im Fall der Ausgliederung ausdrücklich ausgenommen[48]. Bezogen auf diese Art der Teilübertragung kann damit eine Klage darauf gestützt werden, dass die für die übertragende Kapitalgesellschaft vorgesehene Gegenleistung zu niedrig bemessen ist[49].

5. Eintragung in das Handelsregister

Die formellen Voraussetzungen für die Eintragung, die nur zum Register der übertragenden Kapitalgesellschaft erfolgt, sind mit denen der Vollübertragung identisch[50]. Auch das Vertretungsorgan des **übernehmenden** Rechtsträgers ist zur Anmeldung berechtigt[51]. Die Wirkung der Eintragung in das Handelsregister ist abhängig von der Art der Teilübertragung. Die Kapitalgesellschaft erlischt nur im Fall der Aufspaltung[52]. Im Übrigen gehen der

---

[38] *H. Schmidt* in Lutter Rn 9.
[39] § 177 iVm. § 125 Satz 1 und § 9 Abs. 1.
[40] Siehe § 176 Rn 20.
[41] § 177 Abs. 1 iVm. § 125 Satz 1, der § 9 Abs. 2 nicht für entsprechend anwendbar erklärt.
[42] Siehe § 176 Rn 20.
[43] § 177 Abs. 1 iVm. § 125 Satz 2.
[44] Siehe § 176 Rn 21 und 26.
[45] Siehe § 176 Rn 25 ff.
[46] Siehe § 176 Rn 29.
[47] §§ 14 Abs. 2 und 15 unter Verweisung auf die Vorschriften des Spruchverfahrensgesetzes (SpruchG).
[48] § 177 Abs. 1 iVm. § 125 Satz 1 und § 14 Abs. 2.
[49] Ohne Differenzierung *Schwarz* in Widmann/Mayer Rn 14; aA § 125 Rn 9 (*Stengel/Schwanna*).
[50] Siehe § 176 Rn 32.
[51] § 177 Abs. 1 iVm. § 129.
[52] § 177 iVm. § 176 Abs. 3 Satz 2; siehe auch § 176 Rn 33.

abgespaltene oder ausgegliederte Teil des Vermögens einschließlich der Verbindlichkeiten als Gesamtheit auf den übernehmenden Rechtsträger über. An die Stelle der Gesamtrechtsnachfolge tritt die **partielle Gesamtrechtsnachfolge**[53]. Mängel werden ebenso geheilt wie bei der Vollübertragung[54].

Dritter Teil. Vermögensübertragung unter Versicherungsunternehmen

Erster Abschnitt. Übertragung des Vermögens einer Aktiengesellschaft auf Versicherungsvereine auf Gegenseitigkeit oder öffentlich-rechtliche Versicherungsunternehmen

Erster Unterabschnitt. Vollübertragung

§ 178 Anwendung der Verschmelzungsvorschriften

(1) Bei einer Vollübertragung nach § 175 Nr. 2 Buchstabe a sind auf die beteiligten Rechtsträger die für die Verschmelzung durch Aufnahme einer Aktiengesellschaft und die für einen übernehmenden Versicherungsverein im Falle der Verschmelzung jeweils geltenden Vorschriften des Zweiten Buches entsprechend anzuwenden, soweit sich aus den folgenden Vorschriften nichts anderes ergibt.

(2) § 176 Abs. 2 bis 4 ist entsprechend anzuwenden.

(3) **Das für ein übernehmendes öffentlich-rechtliches Versicherungsunternehmen maßgebende Bundes- oder Landesrecht bestimmt**, ob der Vertrag über die Vermögensübertragung zu seiner Wirksamkeit auch der Zustimmung eines anderen als des zur Vertretung befugten Organs des öffentlich-rechtlichen Versicherungsunternehmens oder einer anderen Stelle und welcher Erfordernisse die Zustimmung bedarf.

Übersicht

	Rn		Rn
I. Allgemeines	1	1. Übertragungsvertrag	10
1. Sinn und Zweck der Norm	1	2. Übertragungsbericht	14
2. Rechtstatsachen	4	3. Übertragungsprüfung	15
II. Geltung der Verschmelzungsvorschriften	7	4. Übertragungsbeschluss	16
1. Übertragende Versicherungs-AG	7	a) Vorbereitung des Beschlusses	16
2. Übernehmender VVaG	8	b) Beschluss	17
3. Übernehmendes öffentlich-rechtliches Versicherungsunternehmen	9	5. Aufsichtsbehördliche Genehmigung	18
		6. Treuhänder	20
III. Ablauf der Übertragung	10	7. Eintragung in das Handelsregister und Bekanntmachung	21

Literatur: *Armbrüster*, Eigentumsschutz im Kapitalgesellschaftsrecht – Auswirkungen der Judikatur des BVerfG zur Lebensversicherung, ZGR 2006, 683; *Baumann*, Rechtliche Grundprobleme der Umstrukturierung von Versicherungsvereinen auf Gegenseitigkeit in Versicherungs-Aktiengesellschaften, VersR 1992, 905; *Biewer*, Die Umwandlung eines Versicherungsvereins auf Gegenseitigkeit in eine Aktiengesellschaft, Diss. Hamburg, 1998; *Bungert/Eckert*, Unternehmensbewertung nach Börsenwert, BB 2000, 1845; *Diehl*, Übertragung von

---

[53] § 123 Rn 6 und Fn 9.
[54] Siehe § 176 Rn 33.

Versicherungsbeständen im Konzern unter Beteiligung von VVaG, VersR 2000, 268; *Entzian/Schleifenbaum*, Bestandsübertragung und neues Umwandlungsgesetz, ZVersWiss 1996, 521; *Fahr/Kaulbach*, VAG, Kommentar, 2. Aufl. 1997; *Forster*, Zur angemessenen Barabfindung (§ 305 AktG), FS Claussen, 1997, S. 91; *Oetker*, „Partielle Universal-Sukzession" und Versicherungsvertrag, VersR 1992, 7; *Piltz*, Unternehmensbewertung und Börsenkurs im aktienrechtlichen Spruchstellenverfahren, ZGR 2001, 185; *Schenke*, Versicherungsrecht im Fokus des Verfassungsrechts – die Urteile des BVerfG vom 26. Juli 2005, VersR 2006, 871; *Westerfelhaus*, IDW-Unternehmensbewertung verkennt Anforderungen der Praxis, NZG 2001, 673; *Wilke*, Das Umwandlungsgesetz in der Sicht der Versicherungswirtschaft, VW 1969, 907; *Wilm*, Abfindung zum Börsenkurs, NZG 2000, 234.

I. Allgemeines

1. Sinn und Zweck der Norm

Der Dritte und damit letzte Teil der Vorschriften über die Vermögensübertragung gilt der Übertragung unter **Versicherungsunternehmen**. Damit eröffnet das Gesetz weitere Möglichkeiten über die Verschmelzung hinaus, die für die Versicherungs-AG und den VVaG im Grundsatz zulässig sind. So können Versicherungs-AG miteinander wie andere Aktiengesellschaften auch verschmolzen werden. Insoweit gelten abgesehen von der aufsichtsrechtlichen Genehmigung[1] keine Besonderheiten. Zulässig ist ferner die Verschmelzung zweier VVaG[2]. Sind eine Versicherungs-AG und ein VVaG beteiligt, wird von der sog. **„Mischverschmelzung"** gesprochen. Sie ist beschränkt auf die Aufnahme des VVaG durch eine Versicherungs-AG[3]. Verschmelzungen öffentlich-rechtlicher Versicherungsunternehmen sind nur aufgrund von Bundes- oder Landesgesetz zulässig[4].

Ergänzend stellt das Gesetz die **Vermögensübertragung** zur Verfügung, jeweils als Voll- oder Teilübertragung. Sie ist für **rechtsformgleiche** Versicherungsunternehmen unzulässig. Geöffnet wird die Übertragung, wenn Versicherungs-AG, VVaG oder öffentlich-rechtliche Versicherungsunternehmen in unterschiedlicher Zusammensetzung beteiligt sind[5].

Die **Definition** der **Vollübertragung** gilt auch für die Vermögensübertragung unter Versicherungsunternehmen[6]. Von der Verschmelzung unterscheidet sie sich vor allem durch die Gegenleistung, die nicht in Anteilen oder Mitgliedschaften des übernehmenden Rechtsträgers bestehen darf.

2. Rechtstatsachen

Das Gesetz widmet der **Vermögensübertragung** unter **Versicherungsunternehmen** zwölf Paragrafen, im umgekehrten Verhältnis zur praktischen Bedeutung. Den Versicherungsunternehmen steht durch das Institut der **Bestandsübertragung** ein unkomplizierterer und flexiblerer Weg zur Verfügung[7]. Dieses Institut hat sich bewährt[8]. Auch besteht nicht die Unklarheit, inwieweit Spaltungen – hier Teilübertragungen – unter Beteiligung eines VVaG durch das Gesetz beschränkt werden[9]. Zusammengefasst ist die Bestandsübertragung nach dem VAG aus folgenden **Gründen** für die Unternehmen attraktiver[10]:

---

[1] § 14 a Satz 1 VAG.
[2] § 109 Satz 1.
[3] § 109 Satz 2.
[4] *Stratz* in Schmitt/Hörtnagl/Stratz § 3 Rn 3.
[5] Siehe § 175 Rn 2.
[6] Im Einzelnen § 174 Rn 11.
[7] § 14 VAG; siehe Anh. § 119 zu § 14 VAG; *Hübner* in Lutter Anh. 1 § 189 Rn 13 ff.; *Benke* S. 307 ff.
[8] Siehe § 181 Rn 2 und 6.
[9] Siehe § 184 Rn 5 f.
[10] Vgl. insbes. *Entzian/Schleifenbaum* ZVersWiss 1996, 521, 528 ff. und den Hinweis auf Genehmigungen in § 174 Rn 10.

- Umstrukturierungen sind sowohl zwischen Unternehmen unterschiedlicher **Rechtsform** als auch zwischen Unternehmen gleicher Rechtsform zulässig.
- Der Bestandsübertragungsvertrag erfordert lediglich die einfache **Schriftform**. Einzelne **Folgewirkungen** der Umwandlung für bestimmte Gruppen (einschließlich etwaiger den Organmitgliedern gewährter Vorteile) sind im Vertrag nicht aufzuzeigen.
- Das VAG fordert keine vergleichbaren **Publizitätspflichten** im Vorfeld von Umstrukturierungen.
- Ein gesetzlich normiertes **Mitspracherecht** des obersten Organs ist nur für den VVaG als übertragendes Unternehmen vorgesehen. Die aktienrechtlichen Erfordernisse bleiben in allen Fällen unberührt.

5 In der 1. Auflage zählten zu den attraktiven Gründen für die Bestandsübertragung die auf der Basis höchstrichterlicher Rechtsprechung gesicherten Grundsätze für die Angemessenheit der **Gegenleistung**. Davon kann zumindest für die Bestandsübertragung von Lebensversicherungen nicht mehr gesprochen werden. Das BVerfG hat durch Urteil vom 26.7.2005 die für die Aufsichtsbehörde (BaFin) geltenden Bestimmungen des VAG insoweit als mit dem Eigentumsschutz des Grundgesetzes für unvereinbar erklärt und dem **Gesetzgeber** eine **Frist bis zum 31.12.2007** gesetzt, eine mit der Verfassung konforme Regelung zu treffen[11]. Hierfür zeichnen sich Leitlinien im Sinne einer umfassenden Prüfung durch die Aufsichtsbehörde zur Wahrung der Belange der Versicherten ab, ohne dass dem Gesetzgeber vom BVerfG Vorgaben im Einzelnen gemacht werden. Damit bleibt die gesetzliche Neuordnung abzuwarten, die auch Bestimmungen des UmwG tangieren dürfte.

6 Auf dem Weg zur Vermögensübertragung steht eine zweite, im Regelfall noch höhere Hürde in Gestalt des **Steuerrechts**. Charakteristikum der Vermögensübertragung ist die Gewährung einer Gegenleistung an die Anteilsinhaber des übertragenden Rechtsträgers, die **nicht in Anteilen** oder Mitgliedschaften besteht[12]. Demgegenüber gewährt das UmwStG Steuerneutralität nur, falls die Gegenleistung in Gesellschaftsrechten besteht oder die Übertragung ohne Gegenleistung erfolgt[13]. Damit wird die Vermögensübertragung für Versicherungsunternehmen in vielen Fällen zur **Bedeutungslosigkeit** verurteilt.

II. Geltung der Verschmelzungsvorschriften

1. Übertragende Versicherungs-AG

7 Das Gesetz verweist auf die für die Verschmelzung geltenden Vorschriften des Zweiten Buches. Angesprochen sind zunächst die **Allgemeinen Vorschriften** mit Ausnahme der Verschmelzung durch Neugründung. Von den **Besonderen Vorschriften** finden nur die Regelungen für die AG Anwendung, da die Rechtsformen der GmbH und KGaA für den Betrieb von Versicherungsgeschäften nicht zugelassen sind. Es folgt ein weiterer Schritt in der Verweisungssystematik, indem Teile der für die Übertragung des Vermögens einer Kapitalgesellschaft auf die öffentliche Hand geltenden Bestimmungen für entsprechend anwendbar erklärt werden[14].

2. Übernehmender VVaG

8 Als beteiligter Rechtsträger kommt nur ein **bestehender VVaG** in Betracht. Das entspricht den Regeln für alle Fälle der Vermögensübertragung[15]. Die hM beschränkt die Mög-

---

[11] BVerfG NJW 2005, 2363, 2376 = EWiR § 14 VAG 1/05, 647 (*Schwintowski*): Unvereinbarkeit des § 14 Abs. 1 Satz 3 iVm. § 8 VAG mit Art. 2 Abs. 1 und Art. 14 Abs. 1 GG. Hierzu kritisch *Schenke* VersR 2006, 871, 875 ff.
[12] § 174 Abs. 1 und 2.
[13] §§ 15, 20 UmwStG; vgl. *Diehl* VersR 2000, 268.
[14] § 178 iVm. § 176 Abs. 2 bis 4.
[15] Siehe § 174 Rn 11.

lichkeit einer Vermögensübertragung auf den **großen VVaG**. Nach der hier vertretenen Auffassung ist diese Einschränkung nicht gerechtfertigt[16].

3. Übernehmendes öffentlich-rechtliches Versicherungsunternehmen

Das Gesetz lässt nunmehr auch eine Vollübertragung durch eine Versicherungs-AG auf öffentlich-rechtliche Versicherungsunternehmen zu[17]. Ausdrücklich weist das Gesetz auf das für ein übernehmendes öffentlich-rechtliches Versicherungsunternehmen maßgebende Bundes- oder Landesrecht hin. Dieses bestimmt, ob der Vertrag über die Vermögensübertragung zu seiner Wirksamkeit auch der **Zustimmung** eines anderen als des zur Vertretung befugten Organs des öffentlich-rechtlichen Versicherungsunternehmens oder einer anderen Stelle und welcher Erfordernisse die Zustimmung bedarf[18]. Der Abschluss des Übertragungsvertrags erfolgt auf Seiten des öffentlich-rechtlichen Versicherungsunternehmens durch das vertretungsbefugte Organ. Die Zuständigkeit für die zustimmende Beschlussfassung unterliegt dem öffentlich-rechtlichen Unternehmensrecht[19]. Zustimmungserfordernisse können zunächst in der **Satzung** geregelt sein oder sich aus Bundes- oder Landesrecht ergeben. Fehlt in der Satzung eine ausdrückliche Zustimmungskompetenz, wird in der Literatur die Zuständigkeit der Beschlussorgane des öffentlich-rechtlichen Versicherungsunternehmens bejaht[20]. Zu der früheren entsprechenden Regelung des VAG wurde bei fehlender Zustimmungskompetenz angenommen, dass sie durch ein besonderes Gesetz geschaffen werden muss[21]. Hierfür sprechen die besseren Gründe.

III. Ablauf der Übertragung

1. Übertragungsvertrag

Der **Vertragsabschluss** erfolgt durch die satzungsmäßigen Vertreter[22]. Das sind für die AG und den VVaG der Vorstand. Für das öffentlich-rechtliche Versicherungsunternehmen ist es das vertretungsbefugte Organ, das nicht als Vorstand bezeichnet sein muss[23]. Für die Möglichkeit, zunächst einen **Entwurf** anzufertigen, bestehen keine Besonderheiten[24].

Der gesetzliche **Mindestinhalt** des Vertrags unterscheidet sich nicht von den Anforderungen, die das Gesetz bei der Übertragung des Vermögens einer Kapitalgesellschaft auf die öffentliche Hand bestimmt[25]. Das gilt auch für Angaben über die **Gegenleistung**, die an die Aktionäre der übertragenden AG als Ausgleich für den Verlust ihrer Aktien zu entrichten ist. Für die Vollübertragung treten an die Stelle des Umtauschverhältnisses der Anteile Art und Höhe der Gegenleistung[26].

Zumindest Art und Höhe der **Gegenleistung** gehören also zwingend zum **Inhalt des Übertragungsvertrags**. Allenfalls können Zweifel bestehen, ob dies auch für die Einzel-

---

[16] Siehe § 175 Rn 16 f.
[17] § 175 Nr. 2 a); nach § 44 c Abs. 1 VAG aF war die Übertragung von einem VVaG auf ein öffentlich-rechtliches Unternehmen möglich, die Übertragung von einer Versicherungs-AG wird neu gewährt.
[18] § 178 Abs. 3.
[19] *Hübner* in Lutter Rn 21.
[20] *Hübner* in Lutter Rn 21; *Wilke* VW 1969, 907, 910.
[21] *Frey* in Prölss, 10. Aufl., § 44 c VAG aF Rn 3.
[22] § 4 Abs. 1.
[23] § 78 AktG; § 34 VAG; für das öffentlich-rechtliche Versicherungsunternehmen siehe Rn 8.
[24] Siehe § 176 Rn 9.
[25] Siehe § 176 Rn 10.
[26] § 176 Abs. 2 Satz 3.

heiten der Gegenleistung gilt[27]. Eine sachliche Notwendigkeit, die Gegenleistung aus dem Vertrag herauszuhalten, ist nicht erkennbar. Eine frühere Literaturmeinung glaubte, die Gegenleistung sei bewusst den beteiligten Rechtsträgern überlassen worden, sie sei Gegenstand der Beschlussfassung der zustimmenden Organe[28]. Für eine solche Einschränkung fehlt jeder Anhaltspunkt. Aus Sicht der Aktionäre ist neben der Entscheidung, ob die Übertragung überhaupt sinnvoll und gesetzmäßig ist, die Art und Höhe der Gegenleistung entscheidend. Ihr Beschluss über Zustimmung oder Ablehnung benötigt eine klare Grundlage. Das gilt ebenso für den vorhergehenden Übertragungsbericht und die entsprechende Prüfung[29]. Die Gegenleistung wird damit zu einem der zentralen, wenn nicht dem zentralen Punkt des Übertragungsvertrags.

13   Auch muss die Gegenleistung **angemessen** sein. Die gegenteilige Auffassung könnte darauf hinweisen, dass das Gesetz im Zusammenhang mit der Gewährung der Gegenleistung eine ausdrückliche Bestimmung nur für den Fall trifft, dass ein VVaG sein Vermögen auf eine AG oder ein öffentlich-rechtliches Versicherungsunternehmen überträgt[30]. Andererseits zählt – und das ist entscheidend – die Angemessenheit der Gegenleistung zu den maßgeblichen Grundsätzen des Umwandlungsrechts[31]. Für die **Bewertung der Aktien** gelten keine Besonderheiten. Angemessen ist eine Abfindung, die dem ausscheidenden Aktionär eine volle Entschädigung für das verschafft, was seine Beteiligung an dem arbeitenden Unternehmen wert ist, die damit dem vollen Wert seiner Beteiligung entspricht. Handelt es sich um eine börsennotierte AG, ist der Börsenwert zu berücksichtigen[32].

2. Übertragungsbericht

14   Die Vertretungsorgane **jedes** der an der Vermögensübertragung beteiligten Rechtsträgers haben einen ausführlichen schriftlichen Bericht zu erstatten[33]. Ein gemeinsamer Bericht ist zulässig[34]. Für die öffentlich-rechtlichen Versicherungsunternehmen gilt keine Ausnahme[35]. Der **Inhalt** entspricht den allgemeinen Anforderungen an den Übertragungsbericht im Rahmen der Vermögensübertragung[36].

3. Übertragungsprüfung

15   Eine solche Prüfung ist nur für die beteiligte **Versicherungs-AG** vorgeschrieben[37]. Die Prüfung gilt dem Verschmelzungsvertrag oder seinem Entwurf[38]. Für den VVaG oder das öffentlich-rechtliche Versicherungsunternehmen besteht keine Prüfungspflicht. Das gilt auch im Fall einer Barabfindung[39].

---

[27] § 178 Abs. 2 iVm. § 176 Abs. 2 Satz 3, der § 5 Abs. 1 Nr. 4 für nicht anwendbar erklärt; siehe auch § 176 Rn 11.
[28] *Hübner* in Lutter[2] Rn 6.
[29] Siehe § 176 Rn 18 f.
[30] § 181.
[31] Siehe § 174 Rn 22.
[32] BVerfGE 100, 289, 307 ff. = DB 1999, 1693; *BGH* ZIP 2001, 734 = DB 2001, 969 „DAT/Altana"; *Stilz* ZGR 2001, 875; vgl. *Piltz* ZGR 2001, 185; *Bungert* BB 2001, 1163; *Bungert/Eckert* BB 2000, 1845; *Erb* DB 2001, 523; *Wilm* NZG 2000, 234; vgl. ferner *Forster*, FS Claussen, S. 91 ff.; *Westerfelhaus* NZG 2001, 673 ff.
[33] § 178 Abs. 1 iVm. § 8.
[34] § 8 Abs. 1 Satz 1 2. Halbs.
[35] Siehe auch § 180 Rn 7.
[36] Siehe § 176 Rn 18.
[37] § 178 Abs. 1 iVm. § 60 Abs. 1 und § 9 Abs. 1.
[38] Siehe § 176 Rn 19.
[39] § 30 Abs. 2 setzt voraus, dass eine Barabfindung zwingend angeboten werden muss, was für die Vermögensübertragung nicht Voraussetzung ist; vgl. *Müller* in Kallmeyer § 30 Rn 16.

4. Übertragungsbeschluss

a) Vorbereitung des Beschlusses. Die Anforderungen an die **AG** und den **VVaG** sind im Gesetz an verschiedenen Stellen geregelt, inhaltlich jedoch identisch. Das gilt für die Bekanntmachung des Übertragungsvertrags[40], die Vorbereitung der Hauptversammlung der AG und der Versammlung der obersten Vertretung des VVaG[41] sowie die Durchführung der Versammlung[42]. Das Gesetz beschränkt diese Notwendigkeiten auf die AG und den VVaG. Das öffentlich-rechtliche Versicherungsunternehmen unterliegt dem für ihn maßgebenden öffentlich-rechtlichen Unternehmensrecht.

b) Beschluss. Für den Übertragungsbeschluss der Hauptversammlung der **AG** gelten gegenüber der Vermögensübertragung auf die öffentliche Hand keine Besonderheiten[43]. Entsprechend sind die Mehrheitserfordernisse für den **VVaG**[44]. Der Übertragungsbeschluss der obersten Vertretung bedarf einer Mehrheit von drei Vierteln der abgegebenen Stimmen. Die Satzung kann eine größere Mehrheit und weitere Erfordernisse bestimmen. Auch insoweit stellt das Gesetz strengere Anforderungen als sie für die **Bestandsübertragung** bestehen. Zwar bedarf der Beschluss nach der gesetzlichen Regelung grundsätzlich auch für den VVaG einer Dreiviertelmehrheit der abgegebenen Stimmen. Die Satzung kann jedoch anderes bestimmen[45]. Eine Bestandsübertragung ist demnach aufgrund einfacher Mehrheit wirksam, falls die Satzung eine entsprechende Regelung enthält. Für die öffentlich-rechtlichen Versicherungsunternehmen gelten besondere Zustimmungserfordernisse[46].

5. Aufsichtsbehördliche Genehmigung

Nach früherem Recht bedurfte die Verschmelzung zweier VVaG der Genehmigung durch die Aufsichtsbehörde[47]. Im Zusammenhang mit dem Erlass des Gesetzes sieht das VAG nunmehr **für jede Umwandlung** eines Versicherungsunternehmens, damit auch für die Vollübertragung, die Genehmigung der Aufsichtsbehörde vor[48]. Das Genehmigungserfordernis gilt für alle beteiligten Rechtsträger: die Versicherungs-AG, den VVaG und das öffentlich-rechtliche Versicherungsunternehmen[49].

Die Aufsichtsbehörde prüft die Einhaltung versicherungsspezifischer Erfordernisse, so u. a. die Wahrung der Belange der Versicherungsnehmer und die Erfüllbarkeit der Verpflichtungen[50]. Ferner kann die Genehmigung versagt werden, wenn Vorschriften über die **Umwandlung** nicht beachtet worden sind[51]. Strittig ist, ob die Aufsichtsbehörde auch die **Angemessenheit** der Gegenleistung zu prüfen hat. Die ablehnende Stellungnahme zum früheren Recht erfolgte mit der Begründung, dass die Zivilgerichte in einem besonderen Verfahren zu entscheiden hatten und deshalb ein Bedürfnis nach doppelter Prüfung mit der Gefahr divergierender Entscheidungen von Zivil- und Verwaltungsgerichten nicht gegeben sei[52].

---

[40] § 178 Abs. 1 iVm. § 61 und § 111.
[41] § 178 Abs. 1 iVm. § 63 und § 112 Abs. 1.
[42] § 178 Abs. 1 iVm. § 64 Abs. 1 und § 112 Abs. 2. Siehe im Übrigen § 176 Rn 21 f.
[43] Siehe § 176 Rn 27; zu den Mängeln der Beschlussfassung § 176 Rn 29.
[44] § 178 iVm. § 112 Abs. 3.
[45] § 44 Satz 2 VAG.
[46] Siehe Rn 8.
[47] § 44 a Abs. 2 Satz 4 VAG aF.
[48] § 14 a Satz 1 VAG.
[49] *Hübner* in Lutter Rn 12 und Rn 22.
[50] *Kaulbach* in Fahr/Kaulbach § 14 a VAG Rn 3.
[51] § 14 a Satz 3 VAG.
[52] *Frey* in Prölss, 10. Aufl., § 44 b VAG aF Rn 10; aA *Goldberg/Müller*, VAG, 1980, § 44 b VAG aF Rn 19. Nach *Wilke* VW 1969, 907, 910 hatte die Aufsichtsbehörde den Gesetzgeber ohne Erfolg vor einer möglichen Zweigleisigkeit gewarnt. Zur Entstehungsgeschichte *Baumann* VersR 1992, 905, 906.

Für das UmwG soll im Hinblick auf das Spruchverfahren gleiches gelten[53]. Das BVerwG hat im Rahmen der Bestandsübertragung die Prüfungsbefugnis des BAV (jetzt BaFin) bejaht[54]. Maßgebend sind dabei die Belange der Versicherten in ihrer Gesamtheit[55]. Die Diskussion muss nach dem Urteil des BVerfG v. 26.7.2005 zumindest hinsichtlich der Lebensversicherung neu geführt werden, wobei die Kritik des Gerichts an der Zweigleisigkeit für alle Versicherungssparten gelten dürfte[56]. Hier betrifft die Angemessenheit der Gegenleistung allerdings die Aktionäre der Versicherungs-AG, die nicht zu den Versicherten gehören müssen. Aktionärseigenschaft und Versicherungsverhältnis sind völlig getrennt. Die Notwendigkeit einer aufsichtsbehördlichen Prüfung ist daher insoweit nicht zu erkennen.

6. Treuhänder

20   Bei einer Verschmelzung unter Beteiligung von Aktiengesellschaften verlangt das Gesetz die Bestellung eines Treuhänders für den Empfang der zu gewährenden Aktien und der baren Zuzahlungen[57]. Die Verschmelzung darf erst eingetragen werden, wenn der Treuhänder dem Gericht angezeigt hat, dass er im Besitz der Aktien und der im Verschmelzungsvertrag festgesetzten baren Zuzahlungen ist[58]. Die vom Gesetz geforderte entsprechende Anwendung der Vorschriften des Zweiten Buches bedeutet, dass für den Erhalt und die Weiterleitung der Gegenleistung auch bei der Vermögensübertragung ein Treuhänder zu bestellen ist[59]. Im Fall der **Barzahlung** ergeben sich keine Probleme. Eine andere Gegenleistung ist hier auch kaum vorstellbar, da die Aktionäre nicht zwangsläufig Versicherungsnehmer der übertragenden Kapitalgesellschaft sind.

7. Eintragung in das Handelsregister und Bekanntmachung

21   Die Verpflichtung zur Anmeldung der Vermögensübertragung beschränkt sich auf die Vorstände der AG und des VVaG[60]. Öffentlich-rechtliche Versicherungsunternehmen werden nicht im Handelsregister geführt. An die Stelle des Registers des Sitzes des übernehmenden Rechtsträgers tritt hier das Register des Sitzes der übertragenden Gesellschaft[61]. Sind eine Versicherungs-AG oder ein VVaG beteiligt, haben **beide Vertretungsorgane** die Übertragung anzumelden[62]. Im Übrigen bestehen zur Eintragung in das Handelsregister und zur Bekanntmachung sowie zu den Rechtsfolgen einer Eintragung keine Besonderheiten[63].

22   Zu den Rechtswirkungen gehört, dass die **Versicherungsverhältnisse** in der Lage übergehen, in der sie sich befinden. Ein **Rücktritts-** oder **außerordentliches Kündigungsrecht** aus Gründen der Vermögensübertragung wird den Versicherten teilweise pauschal verweigert[64]. Zutreffend ist, dass kein Sonderkündigungsrecht für alle Tatbestände der Gesamtrechtsnachfolge besteht. Andererseits ist auf das Recht zur Kündigung aus **wichtigem Grund** hinzuweisen[65]. Das gilt für alle Dauerschuldverhältnisse, setzt allerdings voraus, dass

---

[53] *Kaulbach* in Fahr/Kaulbach § 14 a VAG Rn 4 aE; *Hübner* in Lutter zu § 180 Rn 8 ohne ausdrückliche eigene Stellungnahme, keine Stellungnahme zu § 178; vgl. auch *Hübner* in Peiner (Hrsg.), Grundlagen des Versicherungsvereins auf Gegenseitigkeit, 1995, S. 169.
[54] VersR 1996, 569, 572; siehe § 181 Rn 6.
[55] *Biewer* S. 144.
[56] BVerfG NJW 2005, 2363, 2365 li.Sp., 2374 f.
[57] § 71 Satz 1; vgl. auch § 360 Abs. 4 AktG aF.
[58] § 71 Abs. 1 Satz 2.
[59] § 178 Abs. 1 iVm. § 71; aA bei Beteiligung öffent.-rechtl. Versicherungsunternehmen *Stratz* in Schmitt/Hörtnagl/Stratz Rn 5 g.
[60] § 178 Abs. 1 iVm. § 16.
[61] § 178 Abs. 2 iVm. § 176 Abs. 2 Satz 2.
[62] Nunmehr ebenso *Hübner* in Lutter § 179 Rn 10.
[63] Siehe § 176 Rn 32 und 33.
[64] *Hübner* in Lutter Rn 15.
[65] *Grunewald* in Lutter § 20 Rn 50.

dem Versicherungsnehmer die Fortführung des Vertrags unter Berücksichtigung aller Umstände und unter Abwägung der beiderseitigen Interessen nicht zumutbar ist[66].

Zweiter Unterabschnitt. Teilübertragung

§ 179 Anwendung der Spaltungsvorschriften

(1) Bei einer Teilübertragung nach § 175 Nr. 2 Buchstabe a sind auf die beteiligten Rechtsträger die für die Aufspaltung, Abspaltung oder Ausgliederung zur Aufnahme von Teilen einer Aktiengesellschaft und die für übernehmende Versicherungsvereine auf Gegenseitigkeit im Falle der Aufspaltung, Abspaltung oder Ausgliederung von Vermögensteilen geltenden Vorschriften des Dritten Buches und die dort für entsprechend anwendbar erklärten Vorschriften des Zweiten Buches auf den vergleichbaren Vorgang entsprechend anzuwenden, soweit sich aus den folgenden Vorschriften nichts anderes ergibt.

(2) § 176 Abs. 2 bis 4 sowie § 178 Abs. 3 sind entsprechend anzuwenden.

Übersicht

	Rn		Rn
I. Allgemeines	1	3. Übertragungsprüfung	8
II. Geltung der Spaltungsvorschriften	2	4. Übertragungsbeschluss	9
III. Ablauf der Übertragung	6	5. Aufsichtsbehördliche Genehmigung	10
1. Übertragungsvertrag	6	6. Eintragung in das Handelsregister und Bekanntmachung	11
2. Übertragungsbericht	7		

Literatur: *Bayer/Wirth*, Eintragung der Spaltung und Eintragung der neuen Rechtsträger, ZIP 1996, 817; *Diehl*, Übertragung von Versicherungsbeständen im Konzern unter Beteiligung von VVaG, VersR 2000, 268.

I. Allgemeines

Möglich sind die aufspaltende, abspaltende und ausgliedernde Teilübertragung durch eine Versicherungs-AG. Als übernehmende Rechtsträger kommen ein VVaG oder ein öffentlich-rechtliches Versicherungsunternehmen in Betracht. Die Spaltung unter Beteiligung von **VVaG** ist aufgrund einer Bestimmung in den Besonderen Vorschriften des Dritten Buches über die Spaltung problematisch[1]. 1

II. Geltung der Spaltungsvorschriften

Die Kommentierung zur Übertragung von Vermögensteilen einer Kapitalgesellschaft, mit den Besonderheiten für das Alter der AG, gilt für die übertragende **Versicherungs-AG** ohne Ausnahme[2]. 2

Wie bei der Vollübertragung kommt als **übernehmender** Rechtsträger auch bei der Teilübertragung nur ein **bestehender VVaG** in Betracht, der nach hM ein großer VVaG sein muss[3]. Im Fall der **echten Spaltung** ergeben sich ebenso Einschränkungen bei der Betei- 3

---

[66] § 314 BGB eingefügt durch das Gesetz zur Modernisierung des Schuldrechts, vgl. *Heinrichs* in Palandt § 314 BGB Rn 1; *Oetker* VersR 1992, 7, 12.
[1] § 151; siehe Rn 3 f.
[2] Siehe § 177 Rn 2 ff.
[3] Siehe § 175 Rn 10 f.

ligung eines VVaG[4]. Zutreffend wird in der Literatur betont, dass die Spaltung der AG in ihren unterschiedlichen Formen insoweit nicht in Betracht kommt[5]. Die an die Aktionäre der Versicherungs-AG zu entrichtende Gegenleistung besteht bei der Spaltung in Anteilen oder Mitgliedschaften an dem übernehmenden Rechtsträger. Die Mitgliedschaft in einem VVaG ist jedoch an die Begründung eines Versicherungsverhältnisses geknüpft[6]. In der Versicherungs-AG ist der Aktienbesitz andererseits völlig unabhängig vom Abschluss eines Versicherungsverhältnisses. Die Folge ist, dass weder Auf- bzw. Abspaltung noch die Ausgliederung auf einen VVaG zulässig sind. Das Charakteristikum der Voll- oder **Teilübertragung** ist demgegenüber, dass die Gegenleistung nicht in Anteilen oder Mitgliedschaften gewährt werden darf. Damit steht einer Teilübertragung ein solches Hindernis nicht im Wege.

4 Dem widersprechen auch nicht die **Besonderen Vorschriften** über die Spaltung unter Beteiligung von **VVaG**[7]. Ausdrücklich für zulässig erklärt wird die Aufspaltung und Abspaltung eines **übertragenden**, nicht jedoch eines übernehmenden Vereins, auf Versicherungsvereine auf Gegenseitigkeit oder Versicherungs-Aktiengesellschaften[8]. Die Ausgliederung eines Versicherungsvereins wird stark eingeschränkt und ist nur auf eine GmbH zulässig, was die Übertragung von Versicherungsverträgen ausschließt[9]. Mit Recht wird diese Regelung des Gesetzes als Ergebnis des Zusammenhangs zwischen **Mitgliedschaft** und **Versicherungsverhältnis** beim VVaG gewertet[10]. Den Aktionären der Versicherungs-AG können äquivalente Anteile am VVaG nicht vermittelt werden. Die **Teilübertragung** kennt das Problem nicht. Die Gegenleistung besteht gerade nicht in Anteilen oder Mitgliedschaften. Daraus folgt, dass für den übernehmenden VVaG dem Gesetz keine Einschränkungen zu entnehmen sind. Das gilt für Auf- und Abspaltung ebenso wie für die Ausgliederung. Die Vorschriften über die Teilübertragung sind als *lex specialis* gegenüber den Besonderen Vorschriften des Gesetzes zu werten[11]. Der Praxis ist mit einer solchen Auslegung allerdings wenig geholfen. Der Grund liegt in der fehlenden Steuerneutralität, die voraussetzt, dass die Gegenleistung in Gesellschaftsrechten besteht oder die Übertragung ohne Gegenleistung erfolgt[12].

5 Die Zulässigkeit eines **öffentlich-rechtlichen** Versicherungsunternehmens als übernehmender Rechtsträger kommt in der Überschrift des Abschnitts und in der Verweisung auf das öffentlich-rechtliche Unternehmensrecht zum Ausdruck[13]. Geregelt sind die Notwendigkeit der Zustimmung und deren Erfordernisse[14].

III. Ablauf der Übertragung

1. Übertragungsvertrag

6 Für den Vertragsabschluss bestehen keine Besonderheiten. Abschlussberechtigt sind die satzungsmäßigen Vertreter[15]. Der **Mindestinhalt des Vertrags** richtet sich nach den ge-

---

[4] § 123 ff.
[5] *Diehl* VersR 2000, 268, 270.
[6] § 20 Satz 2 VAG.
[7] § 151.
[8] § 151 Satz 1.
[9] § 151 Satz 2.
[10] *Diehl* VersR 2000, 268, 270 Fn 21; RegBegr. *Ganske* S. 182.
[11] Mit überzeugender Begr. *Diehl* VersR 2000, 268, 271; aA zur Ausgliederung *Hübner* in Lutter Rn 7; vgl. auch *Entzian/Schleifenbaum* ZVersWiss 1996, 521, 525; *Stratz* in Schmitt/Hörtnagl/Stratz Rn 4.
[12] § 178 Rn 6; *Diehl* VersR 2000, 268, 271.
[13] § 179 Abs. 2 iVm. § 178 Abs. 3.
[14] Siehe § 178 Rn 10.
[15] Siehe § 178 Rn 10.

setzlichen Anforderungen im Fall der Spaltung zur Aufnahme[16]. An die Stelle des dort geregelten Umtauschverhältnisses der Anteile tritt Art und Höhe der Gegenleistung[17]. Daraus folgt, welche Vorschriften des Gesetzes für den Mindestinhalt des Spaltungsvertrags auf die Teilübertragung anzuwenden sind. Eine detaillierte Regelung ist dem Gesetz hier nicht zu entnehmen. Probleme entstehen daraus nicht[18]. Für den Inhalt gelten damit keine Besonderheiten[19].

2. Übertragungsbericht

Die Erstattung eines Übertragungsberichts ist für alle Arten der Vermögensübertragung, so auch für die Teilübertragung, vorgeschrieben[20]. Die Vertretungsorgane **jedes** an der Teilübertragung beteiligten **Rechtsträgers** müssen einen ausführlichen Bericht erstatten. Besondere Vorschriften bestehen nicht[21]. Das gilt auch für die Ausnahmen. Ein Bericht ist nicht erforderlich, falls alle Anteilsinhaber auf die Erstattung des Berichts verzichten oder sich alle Anteile des **übertragenden** Rechtsträgers in der Hand des übernehmenden befinden[22].

3. Übertragungsprüfung

Der Prüfungsbericht ist für die beteiligte **AG** im Fall der **Aufspaltung** und **Abspaltung** zwingend vorgeschrieben[23]. Gegenstand der Prüfung für die AG ist der Übertragungsvertrag oder sein Entwurf, nicht jedoch die Zweckmäßigkeit der Teilübertragung[24]. Für den VVaG besteht die Notwendigkeit einer Übertragungsprüfung ebenso wenig wie für das öffentlich-rechtliche Versicherungsunternehmen. Für alle gilt, dass im Fall der **Ausgliederung** eine Prüfung nicht zwingend vorgeschrieben ist[25].

4. Übertragungsbeschluss

Für die Vorbereitung des Beschlusses und die Beschlussfassung selbst sind die Bestimmungen zu beachten, die auch für die **Vollübertragung** gelten[26]. Entsprechend ist die Sonderregelung für ein übernehmendes öffentlich-rechtliches Versicherungsunternehmen anzuwenden. Bundes- oder Landesrecht entscheidet, ob der Vertrag weiterer Zustimmung bedarf[27].

5. Aufsichtsbehördliche Genehmigung

Jede Umwandlung eines Versicherungsunternehmens nach dem Gesetz bedarf der Genehmigung der Aufsichtsbehörde[28]. Die Notwendigkeit besteht für **alle** beteiligten Versicherungsgesellschaften. Gegenüber der Vollübertragung bestehen keine Besonderheiten[29].

---

[16] § 179 Abs. 1 iVm. § 126.
[17] § 179 Abs. 2 iVm. § 176 Abs. 2 Satz 3.
[18] Im Gegensatz zu § 177 Abs. 2 Satz 2. IE ebenso *Hübner* in Lutter Rn 5.
[19] Siehe § 177 Rn 8.
[20] § 179 Abs. 1 iVm. § 127.
[21] Siehe § 177 Rn 10.
[22] § 8 Abs. 3. Gehören der übertragenden Gesellschaft 100% der Anteile an der übernehmenden Gesellschaft, besteht die Ausnahme nicht, vgl. *Karollus* in Lutter Umwandlungsrechtstage S. 157, 167.
[23] § 179 Abs. 1 iVm. § 125 Satz 1 und § 60 Abs. 1.
[24] Siehe § 177 Rn 11.
[25] § 179 Abs. 1 iVm. § 125 Satz 2.
[26] Siehe § 178 Rn 16.
[27] § 179 Abs. 2 iVm. § 178 Abs. 3.
[28] § 14 a VAG.
[29] Siehe § 178 Rn 18.

§ 180　　　　　　　　　　　　　　　　　　　Viertes Buch. Vermögensübertragung

6. Eintragung in das Handelsregister und Bekanntmachung

11 Die Verpflichtung zur Anmeldung obliegt den Vorständen der Versicherungs-AG und des VVaG. Das Vertretungsorgan des öffentlich-rechtlichen Versicherungsunternehmens ist berechtigt, die Übertragung zum Register der Versicherungs-AG anzumelden[30]. Bei Beteiligung eines **VVaG** erfolgt die Anmeldung zum Handelsregister **beider** Unternehmen[31]. Das gilt entgegen der Verweisungstechnik des Gesetzes auch für die **Eintragung**[32]. Soweit lediglich Kapitalgesellschaften und die öffentliche Hand beteiligt sind, ist die Beschränkung auf ein Register sinnvoll und notwendig, da die öffentlich-rechtlichen Rechtsträger nicht in ein Register eingetragen sind[33]. Eine entsprechende Anwendung in den Fällen, in denen **zwei** Handelsregister geführt werden, ist ohne Berechtigung. Im Übrigen bestehen zur Eintragung in das Handelsregister und zur Rechtswirkung gegenüber der Vollübertragung keine Besonderheiten[34].

Zweiter Abschnitt. Übertragung des Vermögens eines Versicherungsvereins auf Gegenseitigkeit auf Aktiengesellschaften oder öffentlich-rechtliche Versicherungsunternehmen

Erster Unterabschnitt. Vollübertragung

§ 180 Anwendung der Verschmelzungsvorschriften

(1) Bei einer Vollübertragung nach § 175 Nr. 2 Buchstabe b sind auf die beteiligten Rechtsträger die für die Verschmelzung durch Aufnahme eines Versicherungsvereins und die für eine übernehmende Aktiengesellschaft im Falle der Verschmelzung jeweils geltenden Vorschriften des Zweiten Buches entsprechend anzuwenden, soweit sich aus den folgenden Vorschriften nichts anderes ergibt.

(2) § 176 Abs. 2 bis 4 sowie § 178 Abs. 3 sind entsprechend anzuwenden.

(3) Hat ein Mitglied oder ein Dritter nach der Satzung des Vereins ein unentziehbares Recht auf den Abwicklungsüberschuß oder einen Teil davon, so bedarf der Beschluß über die Vermögensübertragung der Zustimmung des Mitglieds oder des Dritten; die Zustimmung muß notariell beurkundet werden.

Übersicht

	Rn		Rn
I. Allgemeines	1	4. Übertragungsbeschluss	9
II. Geltung der Verschmelzungsvorschriften	3	a) Vorbereitung des Beschlusses	9
		b) Beschluss	10
III. Ablauf der Übertragung	5	5. Aufsichtsbehördliche Genehmigung	11
1. Übertragungsvertrag	5	6. Treuhänder	12
2. Übertragungsbericht	7	7. Eintragung in das Handelsregister	13
3. Übertragungsprüfung	8	8. Unterrichtung der Mitglieder	14

---

[30] § 179 Abs. 1 iVm. § 130; im Einzelnen *Bayer/Wirth* ZIP 1996, 817, 818 f.
[31] Ebenso *Hübner* in Lutter Rn 9 für die Anmeldung und nunmehr nach Rn 10 auch für die Eintragung.
[32] § 179 Abs. 2 iVm. § 176 Abs. 2 Satz 2.
[33] RegBegr. *Ganske* S. 201.
[34] Siehe § 178 Rn 21 f.

Literatur: *Benke,* Der Versicherungsverein auf Gegenseitigkeit, 2002; *Biewer,* Die Umwandlung eines Versicherungsvereins auf Gegenseitigkeit in eine Aktiengesellschaft, Diss. Hamburg, 1998; *Peiner* (Hrsg.), Grundlagen des Versicherungsvereins auf Gegenseitigkeit, 1995; siehe auch Literaturverzeichnis zu § 178.

I. Allgemeines[1]

Ein **VVaG** konnte schon nach bisherigem Recht sein Vermögen als Ganzes ohne Abwicklung auf eine AG oder ein öffentlich-rechtliches Versicherungsunternehmen übertragen[2]. Das Gesetz hat die entsprechenden Regelungen aus dem VAG übernommen. Die Gestaltungsmöglichkeiten für den VVaG sind insoweit größer geworden, als nunmehr das Gesetz neben der generell neu eingeführten Unternehmensspaltung auch die **Verschmelzung** auf eine Versicherungs-AG zur Verfügung stellt[3]. 1

Die Bestimmungen des Zweiten Abschnitts, die von der Übertragung des Vermögens eines VVaG ohne Einschränkung sprechen, gelten nur für den **großen VVaG**. Insoweit besteht Einvernehmen, ungeachtet der Streitfrage, ob ein kleinerer VVaG auch übernehmender Rechtsträger sein kann[4]. Bei der übernehmenden AG muss es sich um eine Versicherungs-AG handeln. Die Vollübertragung steht der Verschmelzung nahe. Das Vermögen des VVaG geht durch **Gesamtrechtsnachfolge** auf die Versicherungs-AG oder das öffentlich-rechtliche Versicherungsunternehmen über. 2

II. Geltung der Verschmelzungsvorschriften

Der Verweisungstechnik des Gesetzes folgend werden zunächst für den übertragenden VVaG und die übernehmende AG die jeweils geltenden Verschmelzungsvorschriften des Zweiten Buches für entsprechend anwendbar erklärt, soweit sie nicht ausdrücklich ausgenommen sind. Das gilt für die **Allgemeinen Vorschriften** mit Ausnahme der Verschmelzung durch Neugründung[5]. IRd. **Besonderen Vorschriften** sind die Bestimmungen über die Verschmelzung von VVaG und über die Verschmelzung unter Beteiligung von Aktiengesellschaften maßgebend[6]. 3

Die Regelungen für den VVaG gelten auch bei der Übertragung auf ein **öffentlich-rechtliches Versicherungsunternehmen**. Eine **entsprechende** Anwendung ist geboten, da eine Verschmelzung gegen Gewährung von Anteilen ausscheidet. Dagegen ist die Zulässigkeit einer Übertragung unter Gewährung einer anderen Gegenleistung vom Gesetz ausdrücklich vorgesehen. Für das öffentlich-rechtliche Versicherungsunternehmen sind die insoweit geltenden Regeln zu beachten[7]. 4

III. Ablauf der Übertragung

1. Übertragungsvertrag

Die Zuständigkeit zum Abschluss des Vertrags und die Möglichkeit zur Vorlage eines Entwurfs unterliegen keinen Besonderheiten[8]. Auch der gesetzliche **Mindestinhalt** des Vertrags 5

---

[1] Zur Bedeutung siehe § 178 Rn 4 ff.
[2] §§ 44 b und 44 c VAG aF.
[3] § 109 Satz 2.
[4] Siehe § 175 Rn 10 f.
[5] Weitere Ausnahmen ergeben sich durch die Verweisung auf § 176 Abs. 2 bis 4.
[6] §§ 60 ff., 110 ff.
[7] § 180 Abs. 2 iVm. § 178 Abs. 3.
[8] Siehe § 178 Rn 10.

unterscheidet sich nicht von den Anforderungen, die an die Übertragung des Vermögens einer Versicherungs-AG gestellt werden[9]. Die **Abfindung** ist notwendiger Inhalt des Vertrags. Die abweichende Auffassung behauptet, dass nach dem Wortlaut des Gesetzes der Zustimmungsbeschluss die Abfindung zu bestimmen hat. Diese Rechtsauffassung wurde bereits zum VAG vertreten, dessen Regelung wortgleich in das Gesetz übernommen worden ist[10]. Die als Beleg herangezogene Regelung des Gesetzes[11] bestimmt, **wer** bei der Verteilung der Gegenleistung zu berücksichtigen ist. Ferner ist die Notwendigkeit normiert, durch Beschluss der obersten Vertretung den **Maßstab** für die Aufteilung auf die Mitglieder festzulegen. Damit werden Forderungen gestellt, die den Gegebenheiten des VVaG Rechnung tragen. Das alles hat erst einen Sinn, wenn die Gegenleistung **insgesamt** zwischen den Vertragspartnern vereinbart worden ist. Hierzu ist die Zustimmung der obersten Vertretung des VVaG erforderlich, die im Übrigen entscheidet, wer beteiligt wird und nach welchem Maßstab. Zu Recht sprach das VAG und spricht das Gesetz an anderer Stelle[12] vom „vereinbarten" Entgelt[13].

6 Zur Vereinbarung der Gegenleistung gehören zwei Seiten, die ihre Übereinkunft **in den Vertrag** aufzunehmen haben. Das gilt generell. Die Parteien können sich nicht darauf berufen, dass das Gesetz **im Zusammenhang** mit der Gewährung der Gegenleistung eine ausdrückliche Bestimmung nur für den VVaG trifft[14]. Diese Auslegung ergibt sich aus der Verweisung des Gesetzes auf den zwingenden Mindestinhalt des Verschmelzungsvertrags[15]. Zudem besteht für die Versicherungs-AG keine Ausnahmebestimmung, die Grundlage einer anderen Auslegung sein könnte.

2. Übertragungsbericht

7 Die Anwendung der Verschmelzungsvorschriften verlangt von den Vertretungsorganen **jedes** der an der Übertragung beteiligten Rechtsträgers die Erstattung eines ausführlichen schriftlichen Berichts[16]. Das gilt auch für die öffentlich-rechtlichen Versicherungsunternehmen. Der Hinweis des Gesetzes auf das für ein übernehmendes öffentlich-rechtliches Versicherungsunternehmen maßgebende Bundes- oder Landesrecht gilt nur den Erfordernissen der **Zustimmung**[17]. Das öffentlich-rechtliche Unternehmensrecht ist jedoch für den Fall maßgebend, dass auf die Erstattung eines Übertragungsberichts ausdrücklich verzichtet wird.

3. Übertragungsprüfung

8 Die Notwendigkeit, einen Bericht unabhängiger, sachverständiger Prüfer zur Überprüfung des Vertrags vorzulegen, beschränkt sich auf die beteiligte **Versicherungs-AG**[18].

4. Übertragungsbeschluss

9 **a) Vorbereitung des Beschlusses.** Für die **AG** und den **VVaG** gilt, dass der Übertragungsvertrag zum Register einzureichen und vom Gericht bekannt zu machen ist[19]. Weitere Pflichten gelten der Vorbereitung der Beschlussfassung, um die Informationsmöglichkeiten der zur Entscheidung Aufgerufenen sicherzustellen[20]. Diese Erfordernisse sind auf die AG

---

[9] Siehe § 178 Rn 11.
[10] *Frey* in Prölss[10] § 44 b VAG aF Rn 3 und 17; aA *Stratz* in Schmitt/Hörtnagl/Stratz § 181 Rn 2.
[11] § 181 Abs. 2.
[12] § 181 Abs. 4.
[13] AA *Frey* in Prölss, 10. Aufl., § 44 b VAG aF Rn 3, der hier ein Redaktionsversehen sieht.
[14] § 181 Abs. 2 und 3.
[15] § 180 iVm. § 5 Abs. 1 Nr. 3.
[16] § 180 Abs. 1 iVm. § 8; siehe § 178 Rn 14 und § 176 Rn 18.
[17] § 180 Abs. 2 iVm. 178 Abs. 3.
[18] § 180 Abs. 1 iVm. § 60 Abs. 1 und 9 Abs. 1; siehe § 176 Rn 20.
[19] § 180 Abs. 1 iVm. § 61 und § 111.
[20] § 180 Abs. 1 iVm. § 63 und § 112 Abs. 1 und 2.

und den VVaG beschränkt. Das öffentlich-rechtliche Versicherungsunternehmen unterliegt dem für ihn maßgebenden öffentlich-rechtlichen Unternehmensrecht[21].

b) Beschluss. Der Beschluss der **AG**-Hauptversammlung bedarf ebenso wie derjenige der obersten Vertretung des **VVaG** einer Mehrheit, die mindestens drei Viertel des bei der Beschlussfassung vertretenen Grundkapitals bzw. der abgegebenen Stimmen beträgt[22]. Gegenstand der Beschlussfassung der obersten Vertretung des VVaG ist außer der Zustimmung zum Vertrag und damit zur vereinbarten Gegenleistung deren Verteilung[23]. Für die Hauptversammlung der AG liegt in der Zustimmung zum Vertrag das Einverständnis zur Art und Höhe der Abfindung[24]. Eine Besonderheit ist für den übertragenden VVaG zu berücksichtigen, falls **unentziehbare Rechte** auf den Abwicklungsüberschuss insgesamt oder einen Teil bestehen[25]. Grundsätzlich gibt es ein solches Sonderrecht nicht[26]. Es kann einem Mitglied oder einem Dritten eingeräumt werden. Voraussetzung ist eine ausdrückliche Regelung in der **Satzung**[27]. Zur Wahrung der Rechte, die im Fall der Vermögensübertragung zur Auflösung ohne Abwicklung beim VVaG führen, sieht das Gesetz vor, dass die durch die Satzung begünstigten Mitglieder oder Dritte in notariell beurkundeter Form der Übertragung **zustimmen** müssen. Die Zustimmung kann vor oder in der Versammlung der obersten Vertretung, aber auch nachträglich gegeben werden[28]. Sie muss jedoch bei der Anmeldung zum Handelsregister und der Genehmigung der Aufsichtsbehörde in notariell beurkundeter Form vorliegen[29].

5. Aufsichtsbehördliche Genehmigung

Besonderheiten für die Vermögensübertragung durch den **VVaG** bestehen nicht. Das gilt auch für die Prüfungsbefugnis der Gegenleistung, die nicht unangemessen sein darf[30].

6. Treuhänder

Der Notwendigkeit, einen Treuhänder durch den übertragenden **VVaG** zu bestellen, widmet das Gesetz eine eigene Bestimmung[31].

7. Eintragung in das Handelsregister

Zur Anmeldung sind bei Beteiligung einer Versicherungs-AG **beide** Unternehmen verpflichtet. Bei Beteiligung eines öffentlich-rechtlichen Unternehmens ist dieses berechtigt, die Übertragung zum Register des VVaG anzumelden[32]. Die Eintragung der Vermögensübertragung hat zunächst im Handelsregister am Sitz des **VVaG** zu erfolgen, sodann am Sitz der Versicherungs-AG[33]. Für das öffentlich-rechtliche Versicherungsunternehmen wird ein Register nicht geführt. Besonderheiten bestehen nicht. Das gilt auch für die Rechtsfolgen der Eintragung[34].

---

[21] Siehe § 178 Rn 16.
[22] § 180 Abs. 1 iVm. § 65 Abs. 1 Satz 1 und § 112 Abs. 3 Satz 1. Zu den Mängeln der Beschlussfassung siehe § 176 Rn 29.
[23] § 181 Abs. 2.
[24] AA *Hübner* in Lutter Rn 4.
[25] § 180 Abs. 3.
[26] *Frey* in Prölss[10] § 44 b VAG aF Rn 4.
[27] *Kaulbach* in Fahr/Kaulbach § 48 VAG Rn 4.
[28] §§ 183 und 184 BGB.
[29] *Hübner* in Lutter Rn 5.
[30] *Biewer* S. 144; siehe § 181 Rn 22.
[31] § 183.
[32] § 180 Abs. 1 iVm. § 16 Abs. 1.
[33] § 180 Abs. 1 iVm. § 19 Abs. 1 Satz 1; siehe § 179 Rn 11.
[34] Siehe § 176 Rn 33.

8. Unterrichtung der Mitglieder

14 Sobald die Vermögensübertragung wirksam geworden ist, verlangt das Gesetz in einer eigenen Bestimmung die Unterrichtung der Mitglieder des übertragenden **VVaG**[35].

§ 181 Gewährung der Gegenleistung

(1) Der übernehmende Rechtsträger ist zur Gewährung einer angemessenen Gegenleistung verpflichtet, wenn dies unter Berücksichtigung der Vermögens- und Ertragslage des übertragenden Vereins im Zeitpunkt der Beschlußfassung der obersten Vertretung gerechtfertigt ist.

(2) In dem Beschluß, durch den dem Übertragungsvertrag zugestimmt wird, ist zu bestimmen, daß bei der Verteilung der Gegenleistung jedes Mitglied zu berücksichtigen ist, das dem Verein seit mindestens drei Monaten vor dem Beschluß angehört hat. Ferner sind in dem Beschluß die Maßstäbe festzusetzen, nach denen die Gegenleistung auf die Mitglieder zu verteilen ist.

(3) Jedes berechtigte Mitglied erhält eine Gegenleistung in gleicher Höhe. Eine andere Verteilung kann nur nach einem oder mehreren der folgenden Maßstäbe festgesetzt werden:
1. die Höhe der Versicherungssumme,
2. die Höhe der Beiträge,
3. die Höhe der Deckungsrückstellung in der Lebensversicherung,
4. der in der Satzung des Vereins bestimmte Maßstab für die Verteilung des Überschusses,
5. der in der Satzung des Vereins bestimmte Maßstab für die Verteilung des Vermögens,
6. die Dauer der Mitgliedschaft.

(4) Ist eine Gegenleistung entgegen Absatz 1 nicht vereinbart worden, so ist sie auf Antrag vom Gericht zu bestimmen; § 30 Abs. 1 und § 34 sind entsprechend anzuwenden.

Übersicht

	Rn		Rn
I. Allgemeines	1	4. Satzungsmaßstab für Überschussverwendung	16
II. Gegenleistung	5	5. Satzungsmaßstab für Vermögensverteilung	17
1. Arten der Gegenleistung	5		
2. Höhe der Gegenleistung	6	6. Dauer der Mitgliedschaft	18
III. Anspruchsberechtigte	11	7. Kombination mehrerer Kriterien	19
IV. Maßstab der Aufteilung	12	V. Gerichtliche Überprüfung	20
1. Höhe der Versicherungssumme	13	1. Prüfungsgegenstand	20
2. Höhe der Beiträge	14	2. Verhältnis zu anderen Verfahren	21
3. Höhe der Deckungsrückstellung	15		

Literatur: *Baumann*, Rechtliche Grundprobleme der Umstrukturierung von Versicherungsvereinen auf Gegenseitigkeit in Versicherungs-Aktiengesellschaften, VersR 1992, 905; *Benke*, Der Versicherungsverein auf Gegenseitigkeit, 2002; *Biewer*, Die Umwandlung eines Versicherungsvereins auf Gegenseitigkeit in eine Aktiengesellschaft, Diss. Hamburg, 1998; *Hoffmann-Becking*, Das neue Verschmelzungsrecht in der Praxis, FS Fleck, 1988, S. 105; *Hülsmann*, Gesellschafterabfindung und Unternehmensbewertung nach der Ertragswertmethode im Lichte der Rechtsprechung, ZIP 2001, 450; *Reichert*, Ausstrahlungswirkungen der Ausgliederungsvoraussetzungen nach UmwG auf andere Strukturänderungen, ZHR-Beiheft 68, 1999, S. 30; *Stuirbrink/Geib/Axer*, Die Abfindung der Mitglieder eines Lebens-VVaG, WPg 1991, 29; *Widhofer-Mohnen*, Die Übernahme eines VVaG durch einen VVaG oder durch eine Versicherungsaktiengesellschaft, VersR 1972, 236.

---

[35] Vgl. § 182.

I. Allgemeines

Die Mitgliedschaft im VVaG ist kein jederzeit realisierbarer Vermögenswert. Das gilt unabhängig von der dogmatischen Frage, ob und in welchem Umfang die Mitgliedschaft ein Recht auf Beteiligung am Vereinsvermögen gewährt[1]. Der Unterschied zum Aktienbesitz, insbesondere börsennotierter Gesellschaften, ist gravierend.

In drei Fällen besteht bei Vorliegen der Voraussetzungen Anspruch auf eine Abfindung, soweit der Verlust der Mitgliedschaft nicht auf die Beendigung des Versicherungsverhältnisses zurückzuführen ist[2]. Zu nennen ist zunächst der Anspruch auf das im Fall der **Liquidation** nach der Berichtigung der Schulden verbleibende Vereinsvermögen[3]. Der zweite Fall ist die **Bestandsübertragung**. Das VAG sieht hierfür eine Entschädigung nicht ausdrücklich vor. Seit der Entscheidung des BVerwG vom 12. 12. 1995 ist davon auszugehen, dass zumindest für den Fall der nahezu vollständigen Übertragung des Versicherungsbestands den ausscheidenden Mitgliedern ein Entgelt als Ausgleich des Verlusts der Mitgliedschaft zu leisten ist[4]. Die Verpflichtung zur Zahlung einer Gegenleistung wird mit der **entsprechenden Anwendung** der inzwischen aufgehobenen und in das UmwG übernommenen Bestimmungen über die Vermögensübertragung durch einen VVaG begründet[5]. Die Rechtsprechung des BVerwG hat nach dem Urteil des BVerfG v. 26.7.2005 zumindest hinsichtlich der Bestandsübertragung von Lebensversicherungsverträgen keine Gültigkeit mehr[6].

Im dritten Fall, der **Vermögensübertragung** eines VVaG auf eine AG oder ein öffentlich-rechtliches Versicherungsunternehmen nach den Regeln des UmwG, ist der übernehmende Rechtsträger aufgrund der wörtlichen Übernahme des VAG-Textes zur Gewährung einer angemessenen Gegenleistung verpflichtet. Das gilt im Grundsatz unabhängig davon, welchen Beitrag das Mitglied zur Bildung des Vereinsvermögens geleistet hat. Der Aktionär bezahlt den Kurswert als Äquivalent für den Vermögenswert, den er erwirbt. Das Mitglied eines VVaG schließt lediglich einen wirtschaftlich in sich geschlossenen Versicherungsvertrag ab. Das Entgelt wird damit an die **zufällig** bei der Vermögensübertragung vorhandenen Mitglieder verteilt, unabhängig davon, ob ihre Beitragsleistung in der Vergangenheit den Umfang der Beteiligung rechtfertigt; das Gesetz verlangt lediglich eine **Mindestzeit** der Mitgliedschaft von drei Monaten[7]. Zugestanden wird, die Dauer der Mitgliedschaft zum Maßstab der Verteilung zu machen[8]. Das allerdings erfordert einen ausdrücklichen Beschluss der obersten Vertretung des VVaG.

Zur wesentlichen Charakteristik der **Vermögensübertragung** gehört, dass die Gegenleistung an die Anteilsinhaber des übertragenden Rechtsträgers nicht in Anteilen oder Mitgliedschaften bestehen darf. Auf Einzelheiten verzichtet das Gesetz. Lediglich für die Gegenleistung, die an die Mitglieder eines VVaG zu entrichten ist, finden sich detaillierte Vorschriften[9]. Das ist verständlich, soweit Bestimmungen über die **Verteilung** der Gegenleistung ge-

---

[1] Das *BVerfG* spricht in seinem Urt. v. 26.7.2005, NJW 2005, 2363, 2372 li.Sp. vom verfassungsrechtlichen „Schutz des mit der Mitgliedschaft verbundenen Eigentumsrechts". Siehe auch Anh. § 119 Rn 71; *Biewer* S. 58 ff., insbes. S. 69; *Benke* S. 140 f.
[2] Insoweit verfassungsrechtlich unbedenklich, vgl. *BVerfG* NJW 2005, 2363, 2372.
[3] § 48 Abs. 2 VAG; *Biewer* S. 28 ff.; *Hübner* in Lutter Anh. 1 § 189 Rn 46 iVm. der Gesamtbestandsübertragung.
[4] *BVerwG* VersR 1996, 569, 571 ff.; siehe *Präve* in Prölss § 14 VAG Rn 28; *Hübner* in Lutter Anh. 1 § 189 Rn 49 ff.
[5] § 181, §§ 44 b und 44 c VAG aF; vgl. auch *Baumann* VersR 1992, 905, 907.
[6] *BVerfG* NJW 2005, 2363; siehe § 178 Rn 5 und § 181 Rn 21.
[7] Siehe Rn 11. Das Urteil des *BVerfG* NJW 2005, 2363, 2372 re.Sp. stellt pauschal auf die von den Mitgliedern gezahlten Beiträge ab, unabhängig davon, wann sie geleistet wurden.
[8] § 181 Abs. 3 Nr. 6.
[9] § 181.

§ 181 5–7   Viertes Buch. Vermögensübertragung

troffen werden. Der ausdrückliche Hinweis auf die erforderliche **Angemessenheit** der Gegenleistung dürfte dem Umstand zu verdanken sein, dass der Text des VAG insoweit wörtlich übernommen wurde. Eine Besonderheit wird iRd. Gesetzes hierdurch nicht normiert[10].

II. Gegenleistung

1. Arten der Gegenleistung

5   Das UmwG verzichtet – wie das VAG – darauf, Bestimmungen über die Art der Gegenleistung zu treffen, soweit sie nicht in Anteilen oder Mitgliedschaften besteht. In Betracht kommt daher **jeder vermögenswerte Gegenstand**. Hierbei sollte die **Barzahlung** im Interesse der Transparenz im Vordergrund stehen. Sie bildet in der Praxis die Regel[11]. In der Literatur wird auf die Möglichkeit **versicherungsspezifischer Abfindungen** hingewiesen: Zeitweilige Prämienfreiheit, Erhöhung der Versicherungssumme oder der Gewinnanteile[12]. Das ist für die Mitglieder eines VVaG deshalb eine grundsätzlich denkbare Gegenleistung, weil Mitglied nur werden kann, wer ein Versicherungsverhältnis mit dem Verein begründet[13]. Problematisch ist jedoch die Feststellung der **Angemessenheit** der Gegenleistung in jedem **Einzelfall**. Diese Frage wird selten vertieft. Nach hier vertretener Auffassung kommen Anteile oder Mitgliedschaften an **anderen** nicht **beteiligten** Rechtsträgern durch Hingabe von Aktien oder Geschäftsanteilen nicht in Betracht[14].

2. Höhe der Gegenleistung

6   Das Gesetz verpflichtet zur **Angemessenheit** der Gegenleistung und bindet diese an die Voraussetzung, dass eine solche unter Berücksichtigung der Vermögens- und Ertragslage des übertragenden Vereins gerechtfertigt ist. Einfacher ausgedrückt ist die der Vermögens- und Ertragslage angemessene Gegenleistung zu erbringen. Für die Bemessung im Einzelnen war die Rechtsprechung des BVerwG zur **Bestandsübertragung** des größeren Teils des Versicherungsbestands schon bisher nur beschränkt hilfreich, da sie sich mit der Forderung begnügte, dass das Entgelt „nicht zu unangemessenen Ergebnissen" führen dürfe[15].

7   Das Gesetz verlangt schlicht die **Angemessenheit** der Abfindung. Der Hinweis auf die Rechtfertigung der Gegenleistung durch die Vermögens- und Ertragslage des VVaG stellt insoweit keine Besonderheit dar, als im Fall der nachhaltigen Wertlosigkeit ohnehin keine Abfindung zu leisten ist. Ausgangspunkt sind die **allgemeinen Grundsätze der Unternehmensbewertung**. Versicherungsspezifisch ist zu berücksichtigen, dass die zur Bedeckung von versicherungstechnischen Rückstellungen notwendigen Vermögenswerte nicht in die Bewertung einzubeziehen sind[16]. Angemessen ist die Gegenleistung, wenn der **Verkehrswert der Beteiligung** angeboten wird[17]. Zu leisten ist ein voller wirtschaftlicher Ersatz für den Verlust der gesellschaftlichen Beteiligung. **Wie** der Wert des Unternehmens zu ermitteln ist, sagt das Gesetz nicht. Damit sollen auch neuere Entwicklungen der Betriebswirtschaftslehre zur Unternehmensbewertung berücksichtigt werden können[18].

---

[10] Siehe § 174 Rn 22.
[11] *Schwarz* in Widmann/Mayer § 174 Rn 9.
[12] *Hübner* in Lutter Rn 7.
[13] § 20 Satz 2 VAG.
[14] Siehe § 174 Rn 20.
[15] BVerwG VersR 1996, 569, 572; *Biewer* S. 138 ff., insbes. S. 144.
[16] *Hübner* in Lutter Anh. 1 § 189 Rn 53.
[17] BVerfG NJW 2005, 2363, 2371 re.Sp.: Das Entgelt muss einen vollen Ausgleich für den Verlust der Mitgliedschaft bieten. Vgl. auch *Hübner* in Lutter Rn 5; *Schwarz* in Widmann/Mayer Rn 9; *Grunewald* in Lutter § 30 Rn 2; *Frey* in Prölss[10] § 44 b VAG aF Rn 18.
[18] *Lutter* in Lutter § 5 Rn 23.

Vorherrschend ist die **Ertragswertmethode**, d. h. die Kapitalisierung des Zukunftser- 8
trags[19]. Diese Art der Bewertung ist für den **VVaG** problematisch. Der erzielte, an die Mitglieder zu verteilende Überschuss, taugt nicht als Grundlage der Bewertung[20]. Ebenso wie bei einem öffentlich-rechtlichen Versicherungsunternehmen ist die Gewinnmaximierung nicht Unternehmenszweck des VVaG[21]. Der nicht primär auf Gewinn gerichtete Vereinszweck wird bereits bei der Höhe der Versicherungsprämien berücksichtigt, die die Mitglieder zu zahlen haben. Von Bedeutung ist ferner unter dem Gesichtspunkt der Ausschüttung die Notwendigkeit des VVaG, für die **Kapitalausstattung** selbst Sorge tragen zu müssen, ohne den Kapitalmarkt in Anspruch nehmen zu können. Das heißt, dass die Eigenkapitalbildung nur über Gewinne möglich ist, die idR den Gewinnrücklagen zugeführt werden. Der Überschuss nach dem VAG versteht sich als Bilanzgewinn **nach** Rücklagendotierung. Damit fehlt es insoweit für die Ertragswertmethode an einer aussagefähigen Grundlage. Das gilt auch dann, wenn der Gewinn vor Rücklagenbildung zugrunde gelegt wird[22].

Von größerer Bedeutung ist der **Substanzwert.** Notwendig ist die Einbeziehung der stil- 9
len Reserven[23]. Eine am vollen wirtschaftlichen Wert des Unternehmens orientierte Bewertung wird noch einen Schritt weiter gehen müssen und versuchen, den am **Markt** erzielbaren **Verkaufswert** zu bestimmen. Das kann zB eine Einbeziehung des verdienten Beitrags bedeuten und der Relation des Entgelts hierzu, die für Übernahmen in der Vergangenheit in anderen Fällen Geltung gehabt hat. Voraussetzung sind allerdings vergleichbare Portefeuilles.

Das Gesetz bestimmt als maßgeblichen **Zeitpunkt** für die Bewertung den Tag der 10
Beschlussfassung der obersten Vertretung[24]. In aller Regel weicht der Stichtag der Vermögensübertragung und der Stichtag der Schlussbilanz von dem Zeitpunkt der Beschlussfassung der obersten Vertretung ab. Das bedeutet, dass der für den VVaG ermit-telte Unternehmenswert auf den Zeitpunkt der Beschlussfassung „fortgerechnet" werden muss[25]. In der praktischen Konsequenz sind **außerordentliche Entwicklungen**, die in der Zwischenzeit eingetreten sind und zum Stichtag der vorbereitenden Bewertungsarbeiten noch nicht absehbar waren, bei der Beurteilung der Angemessenheit zu berücksichtigen[26].

III. Anspruchsberechtigte

Jedes Mitglied ist zu berücksichtigen, das dem Verein seit mindestens **drei Monaten** vor 11
dem Beschluss angehört hat[27]. Die Beschlussorgane können jedoch bestimmen, dass eine kürzere Zugehörigkeit als drei Monate zur Abfindung berechtigt, zB im Interesse eines praktikableren Stichtags[28]. Der Anspruch entsteht mit dem Beschluss des obersten Organs des VVaG, ggf. der späteren Beschlussfassung der Hauptversammlung der AG[29]. Mit der Anmeldung der Vermögensübertragung zum Handelsregister wird der Anspruch fällig.

---

[19] *Hübner* in Lutter Rn 5; zum Stand der Rspr. und standardisierter Verfahren vgl. *Hülsmann* ZIP 2001, 450; *Forster*, FS Claussen, S. 91; *Westerfelhaus* NZG 2001, 673.
[20] § 38 Abs. 1 Satz 1 VAG.
[21] Vgl. *Biewer* S. 65; *Baumann* VersR 1992, 905, 913.
[22] AA *Stuirbrink/Geib/Axer* WPg 1991, 29, 69 ff., insbes. 71; *Hübner* in Lutter Anh. 1 § 189 Rn 58.
[23] Eine Berücksichtigung der stillen Reserven wurde bereits in der Voraufl. gefordert. Das BVerfG NJW 2005, 2363, 2374 li.Sp., vermisst im Gesetz Hinweise darauf, ob bei der Wertbestimmung die stillen Reserven der übertragenen Vermögenswerte rechnerisch teilweise zu berücksichtigen sind. Eine Auseinandersetzung mit der Frage, ob die Bestimmung der Bewertungsmethode Aufgabe des Gesetzgebers ist, fehlt ebenso wie eine Auseinandersetzung mit den spezifischen Gegebenheiten eines VVaG.
[24] § 181 Abs. 1; entspr. § 30 Abs. 1 Satz 1.
[25] *Müller* in Kallmeyer § 30 Rn 11.
[26] *Hoffmann-Becking* zu § 305 Abs. 3 Satz 2 AktG, FS Fleck, S. 105, 117.
[27] § 181 Abs. 2 Satz 1; zur Fristberechnung *H. Schmidt* in Lutter § 180 Rn 10.
[28] *Frey* in Prölss[10] § 44 b VAG aF Rn 17.
[29] *Hübner* in Lutter Rn 4.

IV. Maßstab der Aufteilung

12 In dem Beschluss, durch den dem Übertragungsvertrag zugestimmt wird, sind die Maßstäbe festzusetzen, nach denen die Gegenleistung auf die Mitglieder zu verteilen ist[30]. Hierbei gilt der **Grundsatz**, dass jedes Mitglied bei der Verteilung der Gegenleistung zu berücksichtigen ist und eine Gegenleistung in gleicher Höhe erhält[31]. Die Verteilung nach **Köpfen** entspricht vereinsrechtlichen Vorstellungen, nicht jedoch den wirtschaftlichen Gegebenheiten[32]. Das Gesetz lässt folgerichtig eine andere Verteilung zu, die jedoch nicht beliebig erfolgen kann. Die Verteilung hat nach einem der folgenden Maßstäbe oder in der Kombination mehrerer zu erfolgen:

1. Höhe der Versicherungssumme

13 Dieses Kriterium dürfte vor allem in der Personenversicherung praktiziert werden[33], muss sich jedoch nicht hierauf beschränken.

2. Höhe der Beiträge

14 Eingeschlossen sind die vertraglichen Nebengebühren, nicht jedoch die Versicherungssteuer[34].

3. Höhe der Deckungsrückstellung

15 Das Gesetz lässt diesen Maßstab für die **Lebensversicherung** zu. In der Literatur wird der Standpunkt vertreten, dass über den Wortlaut hinaus eine Beteiligung dort zulässig ist, wo zu der jeweiligen Versicherungsart ein **Deckungskapital** gebildet wird[35]. Angesichts des klaren Wortlauts und mit Rücksicht darauf, dass der Gesetzgeber eine abschließende Regelung treffen wollte[36], ist die Zulässigkeit dieses Verteilungsmaßstabs auf die Lebensversicherung zu beschränken[37].

4. Satzungsmaßstab für Überschussverwendung

16 Das VAG schreibt für die Satzung vor, dass niemand von der Verteilung ausgeschlossen werden darf. Der Maßstab der Verteilung wird aber dem Satzungsgeber überlassen[38].

5. Satzungsmaßstab für Vermögensverteilung

17 Maßgebend sind die Bestimmungen des VAG. Das nach der Berichtigung der Schulden verbleibende Vereinsvermögen wird an die Mitglieder, die zur Zeit der Auflösung vorhanden waren, nach demselben Maßstab verteilt, nach dem der Überschuss verteilt worden ist[39]. Die Satzung kann eine andere Verteilung des Vermögens bestimmen[40].

---

[30] § 181 Abs. 2 Satz 2.
[31] § 181 Abs. 2 Satz 1 und Abs. 3 Satz 1; entspr. § 44 b Abs. 4 Satz 3 VAG aF.
[32] *Zöllner* in Kölner Komm.¹ § 385 e AktG Rn 10.
[33] Vgl. *Frey* in Prölss¹⁰ § 44 b VAG aF Rn 20.
[34] *Frey* in Prölss¹⁰ § 44 b VAG aF Rn 20.
[35] *Hübner* in Lutter Rn 10; *Fahr/Kaulbach* VAG, 1993, § 44 b VAG aF Rn 8.
[36] Ausdr. *Hübner* in Lutter Rn 9.
[37] Ebenso *Frey* in Prölss, 10. Aufl., § 44 b VAG aF Rn 20.
[38] § 38 Abs. 2 VAG; vgl. *Weigel* in Prölss § 38 VAG Rn 8.
[39] § 48 Abs. 2 VAG.
[40] § 48 Abs. 3 VAG.

Gewährung der Gegenleistung 18–21 § 181

6. Dauer der Mitgliedschaft

Diese wird idR mit der Dauer des **Versicherungsverhältnisses** übereinstimmen, so dass 18
für ein weiteres Aufteilungskriterium kein Bedürfnis besteht.

7. Kombination mehrerer Kriterien

Im Interesse wirtschaftlicher Gerechtigkeit liegt eine Kombination nahe, die neben der 19
Höhe der Versicherungssumme oder Beiträge vor allem die **Dauer** der geleisteten Beiträge berücksichtigt[41].

V. Gerichtliche Überprüfung

1. Prüfungsgegenstand

Ist das Mitglied der Auffassung, dass die Gegenleistung zu niedrig bemessen oder entgegen 20
der gesetzlichen Verpflichtung nicht vereinbart worden ist, kann der Beschluss zur Vermögensübertragung nicht mit einer Klage angegriffen werden. Der Beschluss bleibt wirksam.
Ausschließlicher Rechtsbehelf ist der Antrag auf gerichtliche Entscheidung im Verfahren der Freiwilligen Gerichtsbarkeit, das sog. **Spruchverfahren**. Im Zusammenhang mit
der Gewährung der Gegenleistung regelt das Gesetz die gerichtliche Überprüfung nur für
den Fall, dass eine Gegenleistung überhaupt nicht vereinbart worden ist[42]. Die Regelung
für die Alternative der fehlenden Angemessenheit findet sich nunmehr im Spruchverfahrensneuordnungsgesetz (SpruchG) vom 12.6.2003[43]. Zur Angemessenheit gehören nicht nur
die Höhe der Abfindung, sondern auch deren Elemente. So können die **Maßstäbe**, nach
denen die Abfindung verteilt, und die **Art**, in der sie gewährt werden soll, überprüft werden.
Die Angemessenheit erstreckt sich ferner auf die Entscheidung, ob berechtigte Mitglieder
unberücksichtigt geblieben sind[44].

2. Verhältnis zu anderen Verfahren

Ob die Aufsichtsbehörde auch die **Angemessenheit** der Gegenleistung zu prüfen hat, 21
wurde in Rechtsprechung und Literatur unterschiedlich beurteilt[45]. Mit dem Urteil des
BVerfG[46] vom 26.7.2005 ist davon auszugehen, dass das Grundgesetz einen vollen Ausgleich
für den erlittenen Verlust der Mitgliedschaft fordert. Das hat die Aufsichtsbehörde in vollem
Umfang zu prüfen und zwar – obwohl das Urteil den Verlust der Mitgliedschaft wegen
der Übertragung von Lebensversicherungsverträgen betrifft –, geltend für alle Versicherungssparten. Entscheidend ist der Verlust der Mitgliedschaft. Die Gefahr divergierender
Entscheidungen der Verwaltungs- und Zivilgerichtsbarkeit besteht bis zu einer gesetzlichen
Neuordnung, ist jedoch nicht auf die Angemessenheit des Entgelts beschränkt. Schon
nach bisheriger Auffassung hat die Aufsichtsbehörde zB zu prüfen, ob die Beschlüsse der
Hauptversammlung des obersten Organs wirksam gefasst wurden[47]. Eine darauf gestützte
Anfechtungsklage ist zulässig, obwohl die Aufsichtsbehörde und mit ihr die Verwaltungsgerichte zu einem anderen Ergebnis als die zivilgerichtliche Überprüfung kommen können.
Die Sinnhaftigkeit einer solchen Doppelgleisigkeit ist zu bezweifeln, vom Gesetzgeber
jedoch offenbar bisher gewollt.

---

[41] *Zöllner* in Kölner Komm., 1. Aufl., § 385 e AktG aF Rn 12.
[42] § 181 Abs. 4.
[43] § 1 Nr. 4 SpruchG.
[44] *Frey* in Prölss[10] § 44 b VAG aF Rn 22.
[45] Siehe § 178 Rn 19.
[46] *BVerfG* NJW 2005, 2363, 2371 ff.
[47] *Frey* in Prölss[10] § 44 b VAG aF Rn 10.

§ 182 Unterrichtung der Mitglieder

Sobald die Vermögensübertragung wirksam geworden ist, hat das Vertretungsorgan des übernehmenden Rechtsträgers allen Mitgliedern, die dem Verein seit mindestens drei Monaten vor dem Beschluß der obersten Vertretung über die Vermögensübertragung angehört haben, den Wortlaut des Vertrags in Textform mitzuteilen. In der Mitteilung ist auf die Möglichkeit hinzuweisen, die gerichtliche Bestimmung der angemessenen Gegenleistung zu verlangen.

Übersicht

	Rn		Rn
I. Mitteilung	1	III. Frist	5
II. Mitteilungsempfänger	4		

I. Mitteilung

1 Geregelt werden die Informationspflichten des übernehmenden Rechtsträgers gegenüber den Mitgliedern des VVaG. Zu übermitteln ist der Wortlaut des **Übertragungsvertrags**. Notwendig ist anstelle der früher vorgeschriebenen Schriftform nunmehr die Unterrichtung in Textform[1]. Zur Mitteilung verpflichtet ist das **Vertretungsorgan** des übernehmenden Rechtsträgers. In der Literatur wurde eine Vertretung für zulässig erklärt[2]. Dem ist angesichts des klaren Wortlauts nicht zuzustimmen. Ein praktisches Bedürfnis für eine extensive Gesetzesauslegung ist nicht zu erkennen.

2 Das Gesetz verpflichtet den übernehmenden Rechtsträger, die Mitglieder des VVaG auf die Möglichkeit hinzuweisen, die **gerichtliche Bestimmung** der **angemessenen** Gegenleistung zu verlangen[3]. Eine gerichtliche Überprüfung kann selbst dann erfolgen, wenn keine Gegenleistung festgelegt worden ist. Auch insoweit besteht daher die Verpflichtung zu einem entsprechenden Hinweis.

3 In einem weiteren Punkt ist der Gesetzestext ergänzungsbedürftig. Die **Verteilung** der Gegenleistung erfolgt in dem Beschluss, durch den dem Übertragungsvertrag zugestimmt wird[4]. Eine Prüfung durch das Mitglied, ob das Spruchverfahren in Anspruch genommen werden soll, ist damit ohne Kenntnis des Beschlusses nicht möglich. Zum VAG wurde daher bereits zutreffend der Standpunkt vertreten, dass den Mitgliedern auch der **Beschluss** über die Abfindungsregelung mitzuteilen ist[5].

II. Mitteilungsempfänger

4 Adressaten sind alle Mitglieder des VVaG, die dem Verein seit mindestens **drei Monaten** vor dem Beschluss der obersten Vertretung über die Vermögensübertragung angehört haben. Die Mitteilung hat auch dann zu erfolgen, wenn eine Abfindung **nicht** zugesprochen worden ist[6]. Andererseits löst eine zugesprochene Abfindung die Mitteilungspflicht aus, wenn die Mitgliedschaft kürzer als drei Monate gedauert hat[7].

---

[1] Siehe § 126 b BGB; geändert durch das Gesetz zur Anpassung der Formvorschriften des Privatrechts und anderer Vorschriften an den modernen Rechtsgeschäftsverkehr, BGBl. I 2001 S. 1542.
[2] So bereits *Frey* in Prölss[10] § 44 b VAG aF Rn 9.
[3] § 182 Satz 2; siehe § 181 Rn 20 f.
[4] § 181 Abs. 2 und 3.
[5] *Frey* in Prölss[10] § 44 b VAG aF Rn 9.
[6] *Hübner* in Lutter Rn 2.
[7] *Frey* in Prölss[10] § 44 b VAG aF Rn 9.

III. Frist

Das Gesetz verlangt die Versendung der Mitteilung, **„sobald"** die Vermögensübertragung wirksam geworden ist, d. h. nach der Eintragung ins Handelsregister. Angesichts der Dreimonatsfrist für die Einleitung des Spruchverfahrens ist davon auszugehen, dass dies iSv. **unverzüglich** zu verstehen ist. Die Mitteilung hat damit ohne schuldhaftes Zögern, wenn auch nicht sofort, zu erfolgen [8]. 5

§ 183 Bestellung eines Treuhänders

(1) Ist für die Vermögensübertragung eine Gegenleistung vereinbart worden, so hat der übertragende Verein einen Treuhänder für deren Empfang zu bestellen. Die Vermögensübertragung darf erst eingetragen werden, wenn der Treuhänder dem Gericht angezeigt hat, daß er im Besitz der Gegenleistung ist.

(2) Bestimmt das Gericht nach § 181 Abs. 4 die Gegenleistung, so hat es von Amts wegen einen Treuhänder für deren Empfang zu bestellen. Die Gegenleistung steht zu gleichen Teilen den Mitgliedern zu, die dem Verein seit mindestens drei Monaten vor dem Beschluß der obersten Vertretung über die Vermögensübertragung angehört haben. § 26 Abs. 4 ist entsprechend anzuwenden.

Übersicht

	Rn		Rn
I. Allgemeines	1	III. Aufgaben	5
II. Bestellung	3		

I. Allgemeines

Die Bestellung eines **Treuhänders** für den Empfang der zu gewährenden Gegenleistung ist im Gesetz kein Sonderfall. Die Verpflichtung trifft den übertragenden Rechtsträger im Fall der Verschmelzung[1]. Aus der Verweisungs-Systematik folgt die entsprechende Verpflichtung des übertragenden VVaG[2]. Einer besonderen Regelung bedurfte es allenfalls bei der Beteiligung eines öffentlich-rechtlichen Versicherungsunternehmens. 1

Der Treuhänder ist für den **Empfang** der Gegenleistung zu bestellen. Das ist bei vereinbarter Barzahlung ohne Probleme[3]. Bei **versicherungstechnischen Abfindungen** scheidet eine Inbesitznahme aus. Das wird in der Literatur – soweit ersichtlich – nicht problematisiert. Die nahe liegende Forderung, dass sich der Treuhänder in diesem Fall in geeigneter Weise von der Durchführung der Gegenleistung zu überzeugen hat, ist nicht ohne praktische Probleme. Zu den Aufgaben gehört die Sicherstellung der im Vertrag festgelegten Gegenleistung ebenso wie die durch Beschluss der obersten Vertretung festgelegte Verteilung auf die Mitglieder[4]. Besteht die Gegenleistung in einer Verbesserung der Versicherungsverträge, hat der Treuhänder konsequenterweise die Abgabe verbindlicher Angebote durch die übernehmende Versicherungs-AG oder das öffentlich-rechtliche Versicherungsunternehmen zu prüfen. 2

---

[8] *Kramer* in MünchKomm. § 121 BGB Rn 7.
[1] § 71 Abs. 1.
[2] § 180 Abs. 1 iVm. § 71 Abs. 1.
[3] Maßgebend sind die Regeln des § 22 Abs. 2 Satz 1 und 2 VAG, vgl. *Frey* in Prölss[10] § 44 b VAG aF Rn 24.
[4] Siehe Rn 5.

II. Bestellung

3 Ist für die Übertragung eine **Gegenleistung** vereinbart worden, hat der Vorstand des übertragenden VVaG den Treuhänder zu bestellen[5]. Die Benennung erfolgt zweckmäßigerweise bereits im Übertragungsvertrag, wobei Treuhänder jede natürliche oder juristische Person sein kann. Voraussetzung ist die Unabhängigkeit von den an der Vermögensübertragung beteiligten Rechtsträgern[6]. **Vertragliche Beziehungen** zwischen VVaG und Treuhänder kommen erst mit dem Abschluss eines entsprechenden Vertrags zustande[7].

4 Ist eine Abfindung nicht vereinbart worden, erfolgt die Bestellung des Treuhänders **von Amts wegen** durch das Gericht, falls der übernehmende Rechtsträger im Spruchverfahren zur Gewährung einer Gegenleistung verpflichtet wird[8]. In diesem Fall steht die Gegenleistung dem gesetzlichen Normalfall folgend den Mitgliedern zu gleichen Teilen zu, die dem VVaG seit mindestens drei Monaten vor dem Beschluss der obersten Vertretung über die Vermögensübertragung angehört haben[9].

III. Aufgaben

5 Der **Empfang** der Gegenleistung ist dem Registergericht des übertragenden VVaG anzuzeigen. Ein laufendes Spruchverfahren steht der Eintragung nicht im Wege[10]. Dem Treuhänder obliegt, auch wenn das im Gesetz nicht ausdrücklich geregelt wird, ferner die **Verteilung** der Gegenleistung. Maßgebend ist der Beschluss der obersten Vertretung des VVaG oder der gesetzliche Verteilungsmaßstab, falls eine Gegenleistung erst im Spruchverfahren festgelegt wird. Die Verteilung erfolgt nach Eintragung der Vermögensübertragung[11].

6 Ist eine Abfindung vereinbart und korrigiert das Gericht den Beschluss der obersten Vertretung, lebt die Aufgabe des **Treuhänders** nicht wieder auf. Zuständig sind nunmehr allein die Vertretungsorgane des übernehmenden Rechtsträgers[12].

IV. Vergütung

7 Der Treuhänder hat Anspruch auf **Auslagenersatz** und eine angemessene **Vergütung**. Der Rechtsanspruch folgt aus dem der Bestellung zugrunde liegenden Vertrag. Wird der Treuhänder durch das Gericht bestellt, setzt das Gericht die Auslagen und die Vergütung fest[13].

Zweiter Unterabschnitt. Teilübertragung

§ 184 Anwendung der Spaltungsvorschriften

(1) **Bei einer Teilübertragung nach § 175 Nr. 2 Buchstabe b sind auf die beteiligten Rechtsträger die für die Aufspaltung, Abspaltung oder Ausgliederung zur Aufnahme**

---

[5] Nicht der Aufsichtsrat, wie im Fall des § 71 VAG; vgl. *Hübner* in Lutter Rn 2.
[6] *Kraft* in Kölner Komm. § 346 AktG aF Rn 46.
[7] *Hübner* in Lutter Rn 3.
[8] § 183 Abs. 2 Satz 1.
[9] § 183 Abs. 2 Satz 2.
[10] *Hübner* in Lutter § 184 Rn 5.
[11] *Hübner* in Lutter § 184 Rn 6.
[12] Vgl. *Frey* in Prölss[10] § 44 b VAG aF Rn 24.
[13] § 183 Abs. 2 Satz 3 iVm. § 26 Abs. 4.

von Teilen eines Versicherungsvereins auf Gegenseitigkeit und die für übernehmende Aktiengesellschaften im Falle der Aufspaltung, Abspaltung oder Ausgliederung geltenden Vorschriften des Dritten Buches und die dort für entsprechend anwendbar erklärten Vorschriften des Zweiten Buches auf den vergleichbaren Vorgang entsprechend anzuwenden, soweit sich aus den folgenden Vorschriften nichts anderes ergibt.

(2) § 176 Abs. 2 bis 4 sowie § 178 Abs. 3 sind entsprechend anzuwenden.

Übersicht

	Rn		Rn
I. Allgemeines	1	1. Übertragungsvertrag	8
II. Gegenleistung	2	2. Übertragungsbericht	9
1. Aufspaltende Teilübertragung	2	3. Übertragungsprüfung	10
2. Abspaltende Teilübertragung	3	4. Übertragungsbeschluss	11
3. Ausgliedernde Teilübertragung	5	5. Aufsichtsbehördliche Genehmigung	12
III. Geltung der Spaltungsvorschriften	6	6. Eintragung in das Handelsregister	13
IV. Ablauf der Übertragung	8		

Literatur: *Biewer*, Die Umwandlung eines Versicherungsvereins auf Gegenseitigkeit in eine Aktiengesellschaft, Diss. Hamburg, 1998; *Diehl*, Übertragung von Versicherungsbeständen im Konzern unter Beteiligung von VVaG, VersR 2000, 268; *Entzian/Schleifenbaum*, Bestandsübertragung und neues Umwandlungsgesetz, ZVersWiss 1996, 521; *Lüer*, Corporate Governance im VVaG und im VVaG-Konzern, VersR 2000, 407; *Weigel*, Möglichkeiten der Konzernentwicklung und Eigenkapitalbildung beim VVaG, VersR 1993, 1429.

I. Allgemeines

Die Formulierung des Gesetzes zur Anwendung der Spaltungsvorschriften ist, abgesehen vom „Rollentausch" der Rechtsträger[1], für alle Fälle der **Teilübertragung** wortgleich. Die im Gefolge der Spaltung eingeführte Teilübertragung war dem früheren Recht unbekannt. Die Kommentierung kann daher auf Vorbilder nicht zurückgreifen. Die hieraus resultierende Schwierigkeit wird für den Fall des übertragenden VVaG durch zwei Probleme verstärkt, die sich in den anderen Fällen der Teilübertragung nicht stellen. Das betrifft einmal Besonderheiten der **Gegenleistung** und zum anderen Schwierigkeiten, die aus der pauschalen Verweisung auf die **Besonderen Vorschriften** der Spaltung und der hier formulierten Beschränkung resultieren, falls VVaG beteiligt sind[2]. 1

II. Gegenleistung

1. Aufspaltende Teilübertragung

Die rechtliche Beurteilung folgt den **Arten** der Teilübertragung[3]. Im Fall der aufspaltenden Teilübertragung teilt ein Rechtsträger unter Auflösung ohne Abwicklung sein gesamtes Vermögen auf. Für das Mitglied eines VVaG bedeutet dies den **Verlust der Mitgliedschaft**. Die Verpflichtung zur Gegenleistung ist bei der Teilübertragung anders als bei der Vollübertragung[4] nicht ausdrücklich geregelt. Anzuwenden sind damit die für das Umwandlungsrecht geltenden Grundsätze, die auch beim Fehlen einer gesetzlichen Grundlage eine **angemes-** 2

---

[1] *Schwarz* in Widmann/Mayer Rn 2.
[2] § 151.
[3] Siehe § 174 Rn 14 ff.
[4] § 181.

sene Gegenleistung für den Verlust der Mitgliedschaft fordern[5]. Das gilt mit der Maßgabe, dass den Besonderheiten der Wertermittlung eines VVaG Rechnung zu tragen ist[6].

2. Abspaltende Teilübertragung

3   Bei der abspaltenden Teilübertragung wird nicht das gesamte Vermögen übertragen. Der übertragende Rechtsträger bleibt als verkleinertes Unternehmen bestehen. Führt die Teilübertragung zum **Verlust der Mitgliedschaft**, gilt für die Festlegung eines angemessenen Entgelts dasselbe wie bei der aufspaltenden Teilübertragung. Die Aufgabe der Mitgliedschaft ist jedoch nicht selbstverständlich. Hinzuweisen ist auf den Sachverhalt, der dem Urteil des BVerwG vom 21. 12. 1993 „VHV"[7] zugrunde lag. Die Satzung des übertragenden VVaG regelte hier die Aufrechterhaltung der Rechte der von einer Bestandsübertragung betroffenen Mitglieder. Sie behielten ihre Mitgliedschaftsrechte am Vereinsvermögen in den Fällen, die die Satzung im Einzelnen aufzählte. Das Urteil spricht von einer **Restmitgliedschaft**, die aufrechterhalten wird, sofern das Versicherungsverhältnis ununterbrochen besteht[8]. Im **Fehlen einer Entschädigungsregelung** wird vorbehaltlich einer sich im Einzelfall aus allgemeinen Gesichtspunkten ergebenden Entschädigungspflicht keine zu beanstandende Benachteiligung der betroffenen Mitglieder gesehen. Entscheidend ist hiernach, dass die durch die Übertragung betroffenen Mitglieder hinsichtlich des Vereinsvermögens so gestellt werden, **als ob** ihr Versicherungsverhältnis nicht auf ein anderes Unternehmen übertragen worden, sondern bei dem VVaG verblieben wäre[9].

4   Diese Grundsätze sollten auch für die abspaltende Teilübertragung gelten. Das Gesetz fordert eine Gegenleistung für den **Verlust der Mitgliedschaft**. Bleibt sie aufrechterhalten, ist kein Rechtsgrund ersichtlich, der eine Gegenleistung rechtfertigen könnte. Das gilt zumindest dann, wenn die Fortsetzung nicht nur einer Restmitgliedschaft, sondern einer **Vollmitgliedschaft** gewährleistet ist[10]. Hierzu gehört die Aufrechterhaltung des Anspruchs aus Überschussbeteiligung[11], der Stimmrechte und des Rechts auf einen Anteil am Liquidationserlös. Maßgeblich ist die Dauer des übertragenen Versicherungsverhältnisses bei der übernehmenden Gesellschaft. Zu empfehlen ist, die Aufrechterhaltung der genannten Rechte auch dann vorzusehen, wenn derselbe Versicherungsnehmer im unmittelbaren zeitlichen Anschluss mit der anderen Gesellschaft einen neuen Versicherungsvertrag zur Deckung eines gleichartigen Risikos abschließt. Die Aufrechterhaltung der Mitgliedschaft bedeutet **nicht** tatsächlich eine **Abfindung**[12]. Die Notwendigkeit einer Gegenleistung entfällt, was bedeutet, dass auch die Steuerneutralität gegeben ist[13].

3. Ausgliedernde Teilübertragung

5   Die ausgliedernde Teilübertragung entspricht dem Grundsatz der Abspaltung. Das entscheidende Kriterium ist jedoch, dass die Gegenleistung nicht den Anteilsinhabern, sondern dem **übertragenden Rechtsträger** selbst zugute kommt. Das führt für den VVaG bei der Übertragung von Versicherungsverträgen zu unangemessenen Ergebnissen. Unabhängig von

---

[5] Siehe § 174 Rn 22; *Hübner* in Lutter Rn 6; *Biewer* S. 118.
[6] Siehe § 181 Rn 8 f.
[7] VersR 1994, 797 = NJW 1994, 2559.
[8] *BVerwG* VersR 1994, 797, 798 = NJW 1994, 2559, 2560; zu den Einzelheiten auch *Biewer* S. 115 f.; *Lüer* VersR 2000, 407, 411.
[9] *BVerwG* VersR 1994, 797, 798 = NJW 1994, 2559, 2560. Für das Urteil des *BVerfG* NJW 2005, 2363, bestand keine Veranlassung, zu dieser Alternative Stellung zu nehmen. Hierzu auch *Weber-Rey/Guinomet* AG 2002, 278, 284.
[10] Ohne Differenzierung für die Notwendigkeit einer Gegenleistung *Diehl* VersR 2000, 268, 274.
[11] *Biewer* S. 116.
[12] *Biewer* S. 116.
[13] § 15 Abs. 1 Satz 1 iVm. § 11 Abs. 1 Satz 1 Nr. 2 UmwStG.

der Frage, ob das Gesetz durch die Verweisung auf das Dritte Buch die Ausgliederung stark einschränkt[14], würden bei Zulassung einer Ausgliederung und damit der Gewährung der Gegenleistung an den VVaG die verbleibenden Mitglieder ungerechtfertigt bereichert und die ausscheidenden Mitglieder ohne Entschädigung bleiben[15]. Die juristische Problematik ist jedoch aus **steuerlichen Gründen** idR ohne praktische Bedeutung. Das UmwStG begünstigt nur Spaltungen im engeren Sinne, d. h. Auf- und Abspaltungen[16]. Im Fall der Ausgliederung ist eine Fortführung der Buchwerte nicht zulässig. Die Steuerneutralität ist nicht gegeben, die Ausgliederung damit unattraktiv.

III. Geltung der Spaltungsvorschriften

Das Gesetz verweist allgemein auf die für die Aufspaltung, Abspaltung oder Ausgliederung geltenden Vorschriften des Dritten Buches. Das legt die Annahme nahe, dass für den übertragenden VVaG **alle Arten** der Teilübertragung in Betracht kommen. Für die Ausgliederung gilt das jedoch nicht, falls Versicherungsverträge mitübertragen werden sollen[17]. Weitere Einschränkungen ergeben sich dann, wenn aus dem Dritten Buch der Sechste Abschnitt Anwendung findet, der die Spaltung unter Beteiligung von VVaG regelt. Hiernach ist die Spaltung nur durch **Aufspaltung** oder **Abspaltung** zulässig und nur in der Weise, dass die Teile eines **übertragenden** Vereins entweder auf VVaG oder auf Versicherungs-Aktiengesellschaften übergehen[18]. Damit wäre die **Übertragung auf öffentlich-rechtliche Versicherungsunternehmen** unzulässig. Andererseits schließt die Überschrift des Zweiten Abschnitts der Vermögensübertragung unter Versicherungsunternehmen die öffentlich-rechtlichen Versicherungsunternehmen auch hinsichtlich der Teilübertragung ein. Hinzu kommt, dass die im Rahmen der Teilübertragung erfolgte Verweisung auf Bundes- oder Landesrecht[19] ins Leere gehen würde, wenn eine Teilübertragung von einem VVaG auf ein öffentlich-rechtliches Versicherungsunternehmen nicht möglich wäre. Davon ist nicht auszugehen[20]. 6

Die **Besonderen Spaltungsvorschriften** bestimmen ferner, dass ein VVaG im Wege der **Ausgliederung** einen Vermögensteil auf eine GmbH übertragen kann, sofern damit keine Übertragung von Versicherungsverträgen verbunden ist[21]. Angesichts der fehlenden Steuerneutralität[22] hat die Frage, ob diese Einschränkung auch für die Teilübertragung gilt, lediglich akademischen Charakter. 7

IV. Ablauf der Übertragung

1. Übertragungsvertrag

Die Anforderungen des Gesetzes entsprechen denen, die für den Fall gelten, dass eine Versicherungs-AG übertragender Rechtsträger ist[23]. Zum **Mindestinhalt** gehören Art und Höhe der Gegenleistung, falls eine solche gewährt werden muss. Das gilt auch für die Einzelheiten der Gegenleistung. 8

---

[14] Siehe Rn 8.
[15] Siehe § 151 Rn 3.
[16] *Haritz* in Haritz/Benkert § 15 UmwStG Rn 1; *Schaumburg/Schumacher* in Lutter Anh. 3 § 189 Rn 1.
[17] Siehe Rn 5.
[18] § 151 Satz 1; zum übernehmenden VVaG siehe § 179 Rn 4.
[19] § 184 Abs. 2 iVm. § 178 Abs. 3.
[20] IE ebenso *Hübner* in Lutter Rn 4; *Stratz* in Schmitt/Hörtnagl/Stratz Rn 3.
[21] § 151 Satz 2.
[22] Siehe Rn 6.
[23] Siehe § 179 Rn 6.

2. Übertragungsbericht

9   Auch insoweit gelten gegenüber den Anforderungen des Gesetzes, falls eine Versicherungs-AG übertragender Rechtsträger ist, keine Besonderheiten[24].

3. Übertragungsprüfung

10   Die Notwendigkeit besteht im Fall der Beteiligung einer Versicherungs-AG für die Aufspaltung oder Abspaltung, nicht jedoch die Ausgliederung[25].

4. Übertragungsbeschluss

11   Anzuwenden sind zunächst die Spaltungsvorschriften[26]. Für die Vollübertragung hat der Gesetzgeber ausdrücklich bestimmt, dass in dem Zustimmungsbeschluss zum Übertragungsvertrag die Maßstäbe für die Verteilung der Gegenleistung zu bestimmen sind[27]. Die Interessenlage der Mitglieder ist bei der **Teilübertragung** um kein Jota anders. Das legt eine analoge Anwendung nahe, die ebenso für die Unterrichtung der Mitglieder wie für die Bestellung eines Treuhänders gilt[28].

5. Aufsichtsbehördliche Genehmigung

12   Die Notwendigkeit besteht für jede beteiligte Versicherungsgesellschaft[29].

6. Eintragung in das Handelsregister

13   Die Verpflichtung zur Anmeldung obliegt dem Vorstand des VVaG und bei Beteiligung der Versicherungs-AG als übernehmender Rechtsträger dem Vorstand dieser Gesellschaft. Das Vertretungsorgan eines öffentlich-rechtlichen Versicherungsunternehmens ist zur Anmeldung berechtigt[30]. **Anmeldung** und **Eintragung** folgen gleichen Regeln. Bei der Beteiligung einer Versicherungs-AG ergibt sich daraus die Notwendigkeit der Eintragung im Handelsregister beider Unternehmen. Die Wirkung der Eintragung entspricht der der Teilübertragung in allen anderen Fällen. An die Stelle der Gesamtrechtsnachfolge tritt die partielle Gesamtrechtsnachfolge[31]. Der übertragende VVaG erlischt nur im Fall einer Teilübertragung durch Aufspaltung.

Dritter Abschnitt. Übertragung des Vermögens eines kleineren Versicherungsvereins auf Gegenseitigkeit auf eine Aktiengesellschaft oder auf ein öffentlich-rechtliches Versicherungsunternehmen

§ 185 Möglichkeit der Vermögensübertragung

Ein kleinerer Versicherungsverein auf Gegenseitigkeit kann sein Vermögen nur im Wege der Vollübertragung auf eine Versicherungs-Aktiengesellschaft oder auf ein öffentlich-rechtliches Versicherungsunternehmen übertragen.

---

[24] Siehe § 179 Rn 7.
[25] Siehe § 179 Rn 8.
[26] Siehe § 179 Rn 9.
[27] § 181 Abs. 2 Satz 1.
[28] §§ 182 und 183.
[29] Zu den Einzelheiten § 178 Rn 18 f.
[30] Siehe § 179 Rn 11.
[31] Siehe § 177 Rn 13.

Anzuwendende Vorschriften   §186

Übersicht

	Rn		Rn
I. Begriffsbestimmung	1	II. Zulässige Übertragungsarten	2

I. Begriffsbestimmung

Kleinere Vereine sind solche, die nach ihrer Satzung einen eng begrenzten Wirkungskreis 1 haben, der sachlich, örtlich oder auf den Personenkreis bezogen beschränkt sein kann[1]. Die Prüfung, ob die Voraussetzungen eines großen oder kleinen VVaG gegeben sind, ist Aufgabe der **Aufsichtsbehörde**[2]. Die Entscheidung ist bindend, unabhängig von der tatsächlichen Entwicklung, die den großen VVaG auch dann nicht zu einem kleinen macht, wenn die Geschäftstätigkeit hinter den Erwartungen zurückbleibt[3].

II. Zulässige Übertragungsarten

Die zulässigen Übertragungsvorgänge waren früher in einer Bestimmung des VAG gere- 2 gelt[4]. Der Systematik des Gesetzes folgend finden sich nunmehr zunächst Vorschriften über die Verschmelzung kleinerer Vereine[5]. Die **Vermögensübertragung** ist inhaltlich unverändert aus dem VAG in drei Paragrafen des Gesetzes übernommen worden[6]. Hieraus ergeben sich zwei Einschränkungen für den kleineren Verein.

Zulässig ist lediglich eine **Vollübertragung**, jedoch nicht eine Teilübertragung durch den 3 kleinen VVaG. Diese Beschränkung ist angesichts der geringen Größe eines solchen VVaG verständlich. Als übernehmende Rechtsträger kommen ausschließlich eine Versicherungs-AG oder ein öffentlich-rechtliches Versicherungsunternehmen in Betracht. Das folgt aus der Unzulässigkeit der Vermögensübertragung innerhalb gleicher Rechtsformen[7].

Die Literatur schließt aus der Formulierung des Gesetzes, dass eine Übertragung **auf** 4 einen **kleineren VVaG** nicht zulässig ist[8]. Der Wortlaut zwingt hierzu nicht. Auch sachliche Gründe sind für die Einschränkung nicht gegeben[9].

§ 186 Anzuwendende Vorschriften

Auf die Vermögensübertragung sind die Vorschriften des Zweiten Abschnitts entsprechend anzuwenden. Dabei treten bei kleineren Vereinen an die Stelle der Anmeldung zur Eintragung in das Register der Antrag an die Aufsichtsbehörde auf Genehmigung, an die Stelle der Eintragung in das Register und ihrer Bekanntmachung die Bekanntmachung im elektronischen Bundesanzeiger nach § 187.

---

[1] *Weigel* in Prölss § 53 VAG Rn 2.
[2] § 53 Abs. 4 VAG.
[3] *Weigel* in Prölss § 53 VAG Rn 2.
[4] § 53 a VAG aF.
[5] §§ 118 und 119.
[6] §§ 185 bis 187.
[7] Siehe § 175 Rn 2.
[8] So bereits zu § 53 a VAG aF *Frey* in Prölss[10] Rn 2; ebenso *H. Schmidt* in Lutter § 175 Rn 8 und *Hübner* in Lutter § 178 Rn 3; *Schwarz* in Widmann/Mayer Rn 3.
[9] Siehe § 175 Rn 10 f.

Fonk

Übersicht

	Rn		Rn
I. Allgemeines	1	2. Zustimmungsbeschluss	3
II. Ablauf der Übertragung	2	3. Aufsichtsbehördliche Genehmigung	5
1. Übertragungsvertrag	2		

I. Allgemeines

1 Auch hinsichtlich der anzuwendenden Vorschriften folgt das Gesetz der Systematik des **VAG** mit der Verweisung auf die für den großen VVaG geltenden Vorschriften[1]. Abweichungen ergeben sich insbesondere aus der fehlenden Eintragung des kleineren VVaG im Handelsregister.

II. Ablauf der Übertragung

1. Übertragungsvertrag

2 Für den kleineren VVaG bestehen insoweit keine Besonderheiten. Gegenstand des Vertrags ist die Übertragung des Vermögens auf eine Versicherungs-AG oder ein öffentlich-rechtliches Versicherungsunternehmen ohne Abwicklung. Der Vertrag muss die **Abfindung** enthalten, die den Mitgliedern zum Ausgleich des Verlusts ihrer VVaG-Mitgliedschaft zu gewähren ist[2]. Zu dem Teil des Vertrags, der nicht zwingend ist, zählt lediglich der Maßstab für die **Verteilung** der Gegenleistung.

2. Zustimmungsbeschluss

3 Der Beschluss der obersten Vertretung eines kleineren Vereins über die Vermögensübertragung kann nur **in einer Versammlung** dieses Gremiums gefasst werden und ist **notariell** zu beurkunden[3]. Das gilt auch dann, wenn die Satzung die schriftliche Abstimmung außerhalb einer Versammlung zwingend vorsieht[4]. Notwendig ist die Zustimmung mit einer Mehrheit von drei Vierteln der abgegebenen Stimmen, soweit nicht durch die Satzung zusätzliche Erfordernisse statuiert werden.

4 Die aktienrechtlichen Regeln über die Nichtigkeit und Anfechtbarkeit eines Beschlusses gelten nicht[5]. Jeder Beteiligte kann sich auf die **Unwirksamkeit** berufen und auf entsprechende Feststellung klagen. Es gilt die Monatsfrist des Gesetzes[6]. Eine Klage kann jedoch nicht auf die Behauptung unzureichender Gegenleistung gestützt werden. Die Unangemessenheit der **Gegenleistung** ist im **Spruchverfahren** zu überprüfen[7].

3. Aufsichtsbehördliche Genehmigung

5 Jede Vermögensübertragung eines Versicherungsunternehmens bedarf der Genehmigung der Aufsichtsbehörde[8]. Bei kleineren Vereinen ersetzt der Antrag auf aufsichtsbehördliche

---

[1] §§ 180 bis 183; bisher § 53 a VAG aF.
[2] Nunmehr ebenso *Hübner* in Lutter § 185 Rn 3.
[3] § 186 Abs. 1 Satz 1 und § 180 Abs. 1 Satz 1 iVm. § 112 Abs. 3 Satz 1 und § 13 Abs. 3. Zum früheren Recht § 53 a Abs. 2 VAG aF.
[4] *Frey* in Prölss[10] § 53 a VAG aF Rn 4.
[5] So bereits zu § 53 VAG aF unter Hinweis auf § 32 BGB: *Frey* in Prölss[10] Rn 4; siehe auch § 176 Rn 29.
[6] § 14 Abs. 1; *Hübner* in Lutter Rn 4.
[7] § 1 Nr. 4 SpruchG; siehe auch § 176 Rn 31.
[8] § 14 a VAG; siehe auch § 178 Rn 18.

Genehmigung die **Anmeldung** zur Eintragung in das **Handelsregister**. Dem Antrag auf Genehmigung kommt somit eine Doppelfunktion zu, da der kleinere VVaG nicht im Handelsregister eingetragen ist[9]. Zu den notwendigen Erklärungen des Vorstands gehört die Versicherung, dass die Unwirksamkeit des Übertragungsbeschlusses nicht klageweise geltend gemacht worden ist[10].

§ 187 Bekanntmachung der Vermögensübertragung

Sobald die Vermögensübertragung von allen beteiligten Aufsichtsbehörden genehmigt worden ist, macht bei einer Vermögensübertragung auf ein öffentlich-rechtliches Versicherungsunternehmen die für den übertragenden kleineren Verein zuständige Aufsichtsbehörde die Vermögensübertragung und ihre Genehmigung im elektronischen Bundesanzeiger bekannt.

Übersicht

	Rn		Rn
I. Öffentlich-rechtliches Versicherungsunternehmen	1	II. Versicherungs-AG	2
		III. Wirkung der Eintragung	3

I. Öffentlich-rechtliches Versicherungsunternehmen

Im Fall der **Verschmelzung** ist die für den **übernehmenden** kleineren Verein zuständige Aufsichtsbehörde zur Bekanntmachung berufen[1]. Abweichend hiervon hatte der Gesetzgeber schon im VAG bei einer Vermögensübertragung auf ein öffentlich-rechtliches Versicherungsunternehmen die für den **übertragenden** kleineren Versicherungsverein zuständige Aufsichtsbehörde mit der Bekanntmachung betraut[2]. Das Gesetz widmet dieser Ausnahme einen eigenen Paragrafen.

II. Versicherungs-AG

Dem Schweigen des VAG folgend fehlt eine ausdrückliche Regelung für die Bekanntmachung bei Beteiligung einer Versicherungs-AG. In der Literatur wird daher angenommen, dass die Bekanntmachung im Bundesanzeiger durch die für die Versicherungs-AG zuständige **Aufsichtsbehörde** vorzunehmen ist. Begründet wird diese Auffassung mit einer entsprechenden Anwendung der Bekanntmachung im Fall der Verschmelzung kleinerer Vereine[3] und mit der Sondervorschrift über die Bekanntmachung der Vermögensübertragung bei Beteiligung öffentlich-rechtlicher Versicherungsunternehmen[4]. Selbstverständlich ist, dass eine Anmeldung der Vermögensübertragung zur Eintragung in das Register mit anschließender Bekanntmachung der Eintragung für diejenigen Rechtsträger ausscheidet, für die ein **Register** nicht geführt wird. Das aber trifft auf die Versicherungs-AG nicht zu. Deshalb gelten für sie die ganz normalen Regeln. Zuständig ist der Vorstand[5]. Neben die für den kleineren VVaG durch die Aufsichtsbehörde zu veranlassende Bekanntmachung tritt die Bekanntmachung der Eintragung durch das Registergericht am Sitz der Versicherungs-AG.

---

[9] *Frey* in Prölss[10] § 53 a VAG aF Rn 6.
[10] *Hübner* in Lutter Rn 5.
[1] § 119.
[2] § 53 a Abs. 3 VAG aF.
[3] § 119.
[4] *Hübner* in Lutter § 186 Rn 7.
[5] §§ 16 ff.

III. Wirkung der Eintragung

3 Erfolgt die Vermögensübertragung auf ein öffentlich-rechtliches Versicherungsunternehmen, geht das Vermögen des kleineren Vereins mit der Bekanntmachung durch die für ihn zuständige Aufsichtsbehörde im Wege der Gesamtrechtsnachfolge auf das öffentlich-rechtliche Versicherungsunternehmen über[6]. Eine andere Rechtslage ergibt sich bei Beteiligung einer Versicherungs-AG. Maßgebend ist die Eintragung im Register der Versicherungs-AG, die die Zustimmung aller beteiligten Aufsichtsbehörden voraussetzt[7].

Vierter Abschnitt. Übertragung des Vermögens eines öffentlich-rechtlichen Versicherungsunternehmens auf Aktiengesellschaften oder Versicherungsvereine auf Gegenseitigkeit

Erster Unterabschnitt. Vollübertragung

§ 188 Anwendung der Verschmelzungsvorschriften

(1) Bei einer Vollübertragung nach § 175 Nr. 2 Buchstabe c sind auf die übernehmenden Rechtsträger die für die Verschmelzung durch Aufnahme geltenden Vorschriften des Zweiten Buches sowie auf das übertragende Versicherungsunternehmen § 176 Abs. 3 entsprechend anzuwenden, soweit sich aus den folgenden Vorschriften nichts anderes ergibt.

(2) § 176 Abs. 2 und 4 sowie § 178 Abs. 3 sind entsprechend anzuwenden.

(3) An die Stelle der Anmeldung zur Eintragung in das Register treten bei den öffentlich-rechtlichen Versicherungsunternehmen der Antrag an die Aufsichtsbehörde auf Genehmigung, an die Stelle der Eintragung in das Register und ihrer Bekanntmachung die Bekanntmachung nach Satz 2. Die für das öffentlich-rechtliche Versicherungsunternehmen zuständige Aufsichtsbehörde macht, sobald die Vermögensübertragung von allen beteiligten Aufsichtsbehörden genehmigt worden ist, die Übertragung und ihre Genehmigung im elektronischen Bundesanzeiger bekannt.

Übersicht

	Rn		Rn
I. Allgemeines	1	3. Übertragungsprüfung	5
II. Geltung der Verschmelzungs-		4. Übertragungsbeschluss	6
vorschriften	2	5. Aufsichtsbehördliche Genehmigung	7
III. Ablauf der Übertragung	3	6. Treuhänder	8
1. Übertragungsvertrag	3	7. Bekanntmachung	9
2. Übertragungsbericht	4		

Literatur: *Böttcher/Krömker,* Abschied von der kommunalen AG in NW?, NZG 2001, 590; *Hoppmann,* Vorstandskontrolle im Versicherungsverein auf Gegenseitigkeit, Diss. Osnabrück 2000; *Münch,* Rückumwandlung

---

[6] § 187.
[7] § 20.

einer GmbH in eine Betriebsform des öffentlichen Rechts, insbes. in einen Eigenbetrieb, DB 1995, 550; *Nicolaysen,* Die Veräußerung der Hamburger Feuerkasse und die Verwendung des Erlöses, VersR 1994, 633; *Peiner* (Hrsg.), Grundlagen des Versicherungsvereins auf Gegenseitigkeit, 1995; *Rieger,* Die Öffentlichen Versicherer nach dem Wegfall des Monopols, ZfV 1995, 310; *Swiss Re,* Versicherungsvereine bzw. Versicherungsgenossenschaften, Sigma 1999 Nr. 4; *Spannowsky,* Öffentlich-rechtliche Bindungen für gemischt-wirtschaftliche Unternehmen, ZHR 160 (1996) 560; *Stopp,* Wege der Auflösung kommunaler Eigengesellschaften unter besonderer Berücksichtigung des Umwandlungsgesetzes, SächsVBl. 1999, 197; *Weigel,* Möglichkeiten der Konzernentwicklung und Eigenkapitalbildung beim VVaG, VersR 1993, 1429.

I. Allgemeines

Das AktG und das VAG kannten keine Vermögensübertragung durch ein **öffentlich-rechtliches Versicherungsunternehmen**[1]. Beabsichtigte ein öffentlich-rechtliches Versicherungsunternehmen die Vermögensübertragung auf einen VVaG, waren zwei Schritte erforderlich: die Umwandlung in eine AG[2] und die anschließende Vermögensübertragung auf den VVaG[3]. Das Gesetz eröffnet den direkten Weg und lässt die Übertragung sowohl auf einen **VVaG** als auch auf eine **Versicherungs-AG** zu. Die praktische Bedeutung ist wenigstens bisher nicht ersichtlich[4]. 1

II. Geltung der Verschmelzungsvorschriften

Die Beteiligung eines öffentlich-rechtlichen Versicherungsunternehmens führt zu zwei Besonderheiten, die für alle Fälle der Vermögensübertragung gelten. Die erste gilt dem Hinweis, dass durch Bundes- oder Landesrecht bestimmt wird, ob der **Vertrag** über die Vermögensübertragung zu seiner Wirksamkeit auch der **Zustimmung** eines anderen als des zur Vertretung befugten Organs des öffentlich-rechtlichen Versicherungsunternehmens oder einer anderen Stelle und welcher Erfordernisse die Zustimmung bedarf[5]. Die zweite Besonderheit ergibt sich aus der **fehlenden Registereintragung** des öffentlich-rechtlichen Versicherungsunternehmens. Die Rechtsfolgen sind ohne Verweisung geregelt[6]. Der Inhalt entspricht insoweit den für kleinere Vereine in zwei Paragrafen getroffenen Bestimmungen[7]. Die **Versicherungsaufsichtsbehörde** tritt hier in einer Doppelfunktion auf[8]. Die Verweisungen im Übrigen enthalten keine Besonderheiten, erschweren allenfalls das Verständnis[9]. 2

III. Ablauf der Übertragung

1. Übertragungsvertrag

Das Gesetz verlangt den Abschluss eines Vertrags oder einen entsprechenden Entwurf. Der Vertragsabschluss erfolgt durch die vertretungsberechtigten Organe. Das ist der Vorstand für die AG und den VVaG, für das öffentlich-rechtliche Versicherungsunternehmen das vertre- 3

---

[1] Zur Begriffsbestimmung siehe § 175 Rn 15.
[2] § 385 a AktG aF; jetzt § 301.
[3] § 360 AktG aF.
[4] Für den Formwechsel nach § 301 ist zumindest ein Fall bekannt.
[5] § 188 Abs. 2 iVm. § 178 Abs. 3; siehe 178 Rn 9 und *Hübner* in Lutter Rn 3 f.
[6] § 188 Abs. 3.
[7] §§ 186 Abs. 1 Satz 2 und 187.
[8] Siehe § 186 Rn 5.
[9] So verweist § 180 Abs. 2 auf § 176 Abs. 2 bis 4, während § 188 in Abs. 1 die entsprechende Anwendung von § 176 Abs. 3, die sehr missverständlich ist, regelt und im Übrigen die Bezugnahme auf § 176 Abs. 2 und 4 in den zweiten Absatz verweist.

tungsbefugte Organ, das nicht als Vorstand bezeichnet sein muss[10]. Für den **Mindestinhalt** gelten die sich aus der Natur der Vermögensübertragung ergebenden Modifikationen[11]. Die Abfindung ist notwendiger Inhalt des Vertrags[12].

2. Übertragungsbericht

4   Die entsprechende Anwendung der Verschmelzungsvorschriften verlangt einen Bericht für jedes beteiligte Unternehmen. Das gilt grundsätzlich auch für die öffentlich-rechtlichen Versicherungsunternehmen[13].

3. Übertragungsprüfung

5   Das Erfordernis eines Berichts unabhängiger, sachverständiger Prüfer beschränkt sich auf die beteiligte **Versicherungs-AG**[14].

4. Übertragungsbeschluss

6   Für die Vorbereitung des Beschlusses und die erforderlichen Mehrheiten bestehen keine Besonderheiten[15]. Weitere Zustimmungserfordernisse auf Seiten des öffentlich-rechtlichen Versicherungsunternehmens können sich aufgrund von Bundes- oder Landesrecht ergeben[16].

5. Aufsichtsbehördliche Genehmigung

7   Jede Umwandlung eines Versicherungsunternehmens bedarf der Genehmigung der Versicherungsaufsichtsbehörde[17]. Notwendig ist die Genehmigung **aller** für die beteiligten Versicherungsunternehmen zuständigen Versicherungsaufsichtsbehörden[18]. Der Antrag an die Aufsichtsbehörde auf Genehmigung ersetzt für das **öffentlich-rechtliche Versicherungsunternehmen** die für andere Versicherungsgesellschaften notwendige Anmeldung zur Eintragung in das Register[19]. Das öffentlich-rechtliche Versicherungsunternehmen hat dem Antrag auf aufsichtsbehördliche Genehmigung die **Unterlagen** beizufügen, die im Übrigen dem Register einzureichen sind[20].

6. Treuhänder

8   Grundsätzlich ist für den Erhalt und die Weiterleitung der Gegenleistung auch bei der Vermögensübertragung ein Treuhänder zu bestellen. Die Übertragung darf erst im Register eingetragen werden, wenn der Treuhänder dem Gericht angezeigt hat, dass er im Besitz der Gegenleistung ist[21]. Da das öffentlich-rechtliche Versicherungsunternehmen in keinem Register eingetragen ist, kann **nicht** von der Verpflichtung ausgegangen werden, einen Treuhänder zu bestellen. Jedoch dürfte die Einschaltung eines Treuhänders und die Mitteilung

---

[10] Siehe § 178 Rn 10.
[11] Siehe § 176 Rn 10.
[12] Siehe § 178 Rn 11.
[13] Siehe § 180 Rn 7.
[14] Siehe § 180 Rn 8.
[15] Siehe § 180 Rn 9.
[16] § 188 Abs. 2 iVm. § 178 Abs. 3.
[17] § 14 a VAG.
[18] *Kaulbach* in Fahr/Kaulbach VAG, 2. Aufl. 1997, § 14 a Rn 2.
[19] § 188 Abs. 3 Satz 1.
[20] Zur aufsichtsbehördlichen Prüfung im Einzelnen § 178 Rn 18 f.
[21] Siehe § 178 Rn 20.

über den Empfang der Gegenleistung an die Aufsichtsbehörde zweckmäßig sein. Auch insoweit tritt dann die Aufsichtsbehörde an die Stelle des Gerichts.

7. Bekanntmachung

Die für das öffentlich-rechtliche Versicherungsunternehmen zuständige **Aufsichtsbehörde** macht, sobald die Vermögensübertragung von allen beteiligten Aufsichtsbehörden genehmigt worden ist, die Übertragung und ihre Genehmigung im Bundesanzeiger sowie in den weiteren Blättern bekannt, die für die Bekanntmachung des Amtsgerichts bestimmt sind, in dessen Bezirk das öffentlich-rechtliche Versicherungsunternehmen seinen Sitz hat[22]. Die Bekanntmachung ersetzt die Eintragung in das Register und deren Bekanntmachung[23]. Mit der Bekanntmachung ist die Vermögensübertragung wirksam[24]. 9

Diese Grundsätze gelten für das **übertragende** öffentlich-rechtliche Versicherungsunternehmen. Unabhängig davon finden auf die beteiligte Versicherungs-AG und den VVaG die allgemeinen Regeln Anwendung. Notwendig ist die Eintragung in das Register der **übernehmenden** Versicherungsgesellschaft[25]. Die Bekanntmachung durch die Aufsichtsbehörde des öffentlich-rechtlichen Versicherungsunternehmens setzt damit die Eintragung im Register der Versicherungs-AG oder des VVaG ebenso voraus wie die Genehmigung der für diese Unternehmen zuständigen Aufsichtsbehörden[26]. 10

Zweiter Unterabschnitt. Teilübertragung

§ 189 Anwendung der Spaltungsvorschriften

(1) **Bei einer Teilübertragung nach § 175 Nr. 2 Buchstabe c** sind auf die übernehmenden Rechtsträger die für die Aufspaltung, Abspaltung oder Ausgliederung zur Aufnahme geltenden Vorschriften des Dritten Buches und die dort für entsprechend anwendbar erklärten Vorschriften des Zweiten Buches auf den vergleichbaren Vorgang sowie auf das übertragende Versicherungsunternehmen § 176 Abs. 3 entsprechend anzuwenden, soweit sich aus den folgenden Vorschriften nichts anderes ergibt.

(2) § 176 Abs. 2 und 4, § 178 Abs. 3 sowie § 188 Abs. 3 sind entsprechend anzuwenden.

Übersicht

	Rn		Rn
I. Allgemeines	1	3. Übertragungsprüfung	6
II. Geltung der Spaltungsvorschriften	2	4. Übertragungsbeschluss	7
III. Ablauf der Übertragung	4	5. Aufsichtsbehördliche Genehmigung	8
1. Übertragungsvertrag	4	6. Bekanntmachung	9
2. Übertragungsbericht	5		

Literatur: *Heidenhain*, Spaltungsvertrag und Spaltungsplan, NJW 1995, 2873; *Mayer*, Erste Zweifelsfragen bei der Unternehmensspaltung, DB 1995, 861.

---

[22] § 188 Abs. 3 Satz 2.
[23] § 188 Abs. 3 Satz 1.
[24] § 188 Abs. 1 iVm. § 20.
[25] § 19 Abs. 1 Satz 1.
[26] Die Rechtslage ist mit § 187 nicht vergleichbar, der ausdrücklich nur für Übertragungen auf ein öffentlich-rechtliches Versicherungsunternehmen Anwendung findet.

I. Allgemeines

1 Das frühere Recht kannte die **Teilübertragung** nicht. Dieser Weg ist damit auch für öffentlich-rechtliche Versicherungsunternehmen erst durch das UmwG eröffnet worden.

II. Geltung der Spaltungsvorschriften

2 Die Systematik der gesetzlichen **Verweisung** folgt bei der Anwendung der Spaltungsvorschriften derjenigen der Vollübertragung[1]. Das gilt für die ein Verständnis nicht erleichternden Verweisungen in den ersten beiden Absätzen[2]. Dagegen macht die Tatsache, dass für das öffentlich-rechtliche Versicherungsunternehmen ein Register nicht geführt wird, eine weitere Verweisung verständlich[3].

3 Für die zulässigen **Arten der Teilübertragung** gelten keine Besonderheiten. Probleme ergeben sich auch hier bei der Beteiligung eines **VVaG**. IRd. Besonderen Vorschriften des Dritten Buches wird die Aufspaltung und Abspaltung eines übertragenden, nicht jedoch eines übernehmenden Vereins für zulässig erklärt. Die Möglichkeit der Ausgliederung wird so stark eingeschränkt, dass sie nahezu bedeutungslos ist[4]. Nach der hier vertretenen Auffassung bestehen für den **übernehmenden** VVaG bei der Teilübertragung keine Einschränkungen, was für die Aufspaltung und Abspaltung ebenso gilt wie für die Ausgliederung[5]. Damit kann die ausdrückliche Erwähnung der **Ausgliederung** im Gesetz[6] nicht als Redaktionsversehen gewertet werden[7]. Angesichts der steuerrechtlichen Situation kommt der Frage jedoch kaum praktische Bedeutung zu[8].

III. Ablauf der Übertragung

1. Übertragungsvertrag

4 Abschlussberechtigt sind die satzungsmäßigen Vertreter. Für den Vertragsabschluss und den Mindestinhalt des Vertrags bestehen keine Besonderheiten[9].

2. Übertragungsbericht

5 Die Erstattung eines solchen Berichts ist auch für die Teilübertragung vorgeschrieben und zwar für jeden an der Teilübertragung beteiligten Rechtsträger[10].

3. Übertragungsprüfung

6 Der Prüfungsbericht ist bei Beteiligung einer Versicherungs-AG im Fall der Aufspaltung und Abspaltung zwingend vorgeschrieben. Die Prüfung entfällt bei der Ausgliederung[11].

---

[1] § 188.
[2] Siehe § 188 Rn 2 aE und Fn 9.
[3] § 189 Abs. 2 iVm. § 188 Abs. 3.
[4] § 151 Satz 1 und 2.
[5] Siehe § 179 Rn 4.
[6] § 189 Abs. 1.
[7] AA *Hübner* in Lutter Rn 3.
[8] Siehe § 184 Rn 5.
[9] Siehe § 179 Rn 6.
[10] Siehe § 179 Rn 7.
[11] Siehe § 179 Rn 8.

4. Übertragungsbeschluss

Für die Vorbereitung des Beschlusses und die Beschlussfassung selbst sind die Bestimmungen zu beachten, die auch für die Vollübertragung gelten[12]. Eine Sonderregelung betrifft das übertragende öffentlich-rechtliche Versicherungsunternehmen. Bundes- oder Landesrecht entscheidet, ob der Vertrag weiterer Zustimmung bedarf[13]. 7

5. Aufsichtsbehördliche Genehmigung

Die Notwendigkeit besteht auch hier für jede beteiligte Versicherungsgesellschaft[14]. 8

6. Bekanntmachung

Das Gesetz verweist für die Teilübertragung auf die iRd. Vollübertragung getroffene Regelung. Diese ist deshalb notwendig, weil das öffentlich-rechtliche Versicherungsunternehmen nicht im Register eingetragen ist. Weitere Besonderheiten bestehen für die Teilübertragung nicht[15]. 9

---

[12] Siehe § 179 Rn 9.
[13] § 189 Abs. 2 iVm. § 178 Abs. 3.
[14] § 14 a VAG; siehe § 179 Rn 10.
[15] Siehe § 188 Rn 9.

Fünftes Buch. Formwechsel

Erster Teil. Allgemeine Vorschriften

§ 190 Allgemeiner Anwendungsbereich

(1) Ein Rechtsträger kann durch Formwechsel eine andere Rechtsform erhalten.

(2) Soweit nicht in diesem Buch etwas anderes bestimmt ist, gelten die Vorschriften über den Formwechsel nicht für Änderungen der Rechtsform, die in anderen Gesetzen vorgesehen oder zugelassen sind.

Übersicht

	Rn		Rn
I. Allgemeines	1	5. Prüfungs- und Informationspflichten	17
1. Sinn und Zweck der Norm	2	6. Einberufung und Ladung der Anteilsinhaber	19
a) Begriff des Formwechsels	3	7. Beschluss der Anteilsinhaber	20
b) Wahrung der Identität des Rechtsträgers	4	8. Registeranmeldung, Eintragung und Bekanntmachung	21
2. Gründe für einen Formwechsel	5	9. Sonstiges	22
3. Entstehungsgeschichte	9	III. Änderung der Rechtsform außerhalb des UmwG (Abs. 2)	23
4. Internationaler Formwechsel	11	1. Analogieverbot, *numerus clausus*	24
II. Ablauf eines Formwechsels (Abs. 1)	12	2. Kein Entgegenstehen des UmwG	25
1. Vorbereitung	13	3. Fälle des Rechtsformwechsels iSd. Abs. 2	26
2. Umwandlungsbericht	14		
3. Entwurf des Umwandlungsbeschlusses	15		
4. Vermögensaufstellung	16		

Literatur: *Behrens,* Die Umstrukturierung von Unternehmen durch Sitzverlegung oder Fusion über die Grenze im Lichte der Niederlassungsfreiheit im Europäischen Binnenmarkt (Art. 52 und 58 EWGV), ZGR 1994, 1; *ders.,* Identitätswahrende Sitzverlegung einer Kapitalgesellschaft von Luxemburg in die Bundesrepublik Deutschland, RIW 1986, 590; *Dörrie,* Erbrecht und Gesellschaftsrecht bei Verschmelzung, Spaltung und Formwechsel, GmbHR 1996, 245; *Eilers/Müller-Eising,* Die Umwandlung als neue Form des Unternehmenskaufes, WiB 1995, 449; *Finken/Decher,* Die Umstrukturierung des Familienunternehmens in eine Aktiengesellschaft, AG 1989, 391; *Fischer,* Formwechsel zwischen GmbH und GmbH & Co. KG, BB 1995, 2173; *Graf,* Umwandlungen aus der Sicht des Registergerichts, BWNotZ 1995, 103; *Halasz/Kloster/Kloster,* Umwandlungen von GmbH und GmbH & Co. KG in eine GmbH & Co. KGaA, GmbHR 2002, 310, 359; *Hennrichs,* Zum Formwechsel und zur Spaltung nach dem neuen Umwandlungsgesetz, ZIP 1995, 794; *Impelmann,* Die Verschmelzung und der Formwechsel von Unternehmen nach dem neuen Umwandlungsrecht, DStR 1995, 769; *Kallmeyer,* Der Einsatz von Spaltung und Formwechsel nach dem UmwG 1995 für die Zukunftssicherung von Familienunternehmen, DB 1996, 28; *ders.,* Der Ein- und Austritt der Komplementär-GmbH einer GmbH & Co. KG bei Verschmelzung, Spaltung und Formwechsel nach dem UmwG 1995, GmbHR 1996, 80; *ders.,* Der Formwechsel der GmbH oder GmbH & Co. in die AG oder KGaA zur Vorbereitung des Going public, GmbHR 1995, 888; *ders.,* Die Kommanditgesellschaft auf Aktien – eine interessante Rechtsformalternative für den Mittelstand?, DStR 1994, 977; *ders.,* Das neue Umwandlungsgesetz, ZIP 1994, 1746; *Knobbe-Keuk,* Umzug von Gesellschaften in Europa, ZHR 154 (1990) 325; *Knopf/Söffing,* Einzelaspekte zur Umwandlung einer Kapitalgesellschaft in eine Personengesellschaft nach dem neuen UmwStG, BB 1995, 850; *Kronke,* Deutsches Gesellschaftsrecht und grenzüberschreitende Strukturänderungen, ZGR 1994, 26; *Kußmaul/Junker,* Renaissance des Umwandlungsmodells?, BB 1999, 2002; *Lutter,* Umstrukturierung von Unternehmen über die Grenze: Versuch eines Resümees, ZGR 1994, 87; *H.-J. Mertens,* Die formwechselnde

Umwandlung einer GmbH in eine Aktiengesellschaft mit Kapitalerhöhung und die Gründungsvorschriften, AG 1995, 561; *Meyer-Landrut/Kiem,* Der Formwechsel einer Publikumsaktiengesellschaft – Erste Erfahrungen aus der Praxis, Teil I, WM 1997, 1361, Teil II, WM 1997, 1413; *Priester,* Mitgliederwechsel im Umwandlungszeitpunkt, DB 1997, 560; *ders.,* Kapitalgrundlage beim Formwechsel, DB 1995, 911; *ders.,* Das neue Umwandlungsrecht aus notarieller Sicht, DNotZ 1995, 427; *K. Schmidt,* Formwechsel zwischen GmbH und GmbH & Co. KG, GmbHR 1995, 693; *Schwedhelm,* Die Umstrukturierung von Kapitalgesellschaften in Personengesellschaften zur Vorbereitung der Unternehmensnachfolge, ZEV 2003, 8; *Timm,* Einige Zweifelsfragen zum neuen Umwandlungsrecht, ZGR 1996, 247; *Veil,* Der nicht-verhältniswahrende Formwechsel von Kapitalgesellschaften – Eröffnet das neue Umwandlungsgesetz den partiellen Ausschluß von Anteilsinhabern?, DB 1996, 2529; *ders.,* Umwandlung einer Aktiengesellschaft in eine Gesellschaft mit beschränkter Haftung, 1996; *v. Braunschweig,* Gestaltungsmöglichkeiten nach neuem Umwandlungs- und Umwandlungssteuerrecht bei fremdfinanziertem Erwerb von Kapitalgesellschaftsanteilen, WiB 1996, 609; *v. Busekist,* Der Formwechsel des Vereins in die Aktiengesellschaft nach den §§ 190 ff., 272 ff. UmwG 1994, 2004; *von der Osten,* Die Umwandlung einer GmbH in eine GmbH & Co., GmbHR 1995, 438; *Zürbig,* Der Formwechsel einer Personengesellschaft in eine Kapitalgesellschaft, Diss. Münster (Westfalen) 1999.

I. Allgemeines

1   Beim **Formwechsel** handelt es sich um die vierte Möglichkeit der Umwandlung nach dem UmwG[1]. Anders als bei Verschmelzung, Vermögensübertragung und Spaltung findet beim Formwechsel **kein Vermögensübergang** von einem Rechtsträger auf einen anderen statt. Vielmehr ändert derselbe Rechtsträger nur sein „rechtliches Gewand", d. h. es ändert sich seine Einordnung in das System der Rechtsformen.

1. Sinn und Zweck der Norm

2   § 190 bestimmt den allgemeinen Anwendungsbereich des Formwechsels und leitet das Fünfte Buch des UmwG[2] ein. Das Fünfte Buch enthält in seinem Ersten Teil allgemeine Vorschriften[3] und im Zweiten Teil besondere Vorschriften[4] über den Formwechsel. Es ist in sich geschlossen und selbstständig. Im Unterschied zum Spaltungsrecht wird nur in Einzelfällen auf die Vorschriften des Verschmelzungsrechts[5] verwiesen. Daraus ergibt sich im Fall eines Formwechsels folgende **Rangfolge der Rechtsanwendung**: Nach § 1 als allgemeiner Vorschrift des Umwandlungsrechts gelten zunächst die §§ 190 bis 213 als allgemeine Vorschriften des Formwechselrechts und sodann die §§ 214 bis 304 als besondere Vorschriften für verschiedene bestimmte Formwechselfälle. Diese Vorschriften sind zwingend, soweit das Gesetz nicht ausdrücklich abweichende Regelungen zulässt[6]. Allerdings sind ergänzende Bestimmungen in Verträgen, Satzungen, Beschlüssen oder Willenserklärungen möglich, es sei denn, das UmwG enthält insoweit eine abschließende Regelung[7].

3   **a) Begriff des Formwechsels.** Der Begriff des Formwechsels ist nicht im UmwG definiert. In Anlehnung an § 190 Abs. 1 ist hierunter aber grundsätzlich die Änderung der Rechtsform eines Rechtsträgers unter Beibehaltung seiner rechtlichen und wirtschaftlichen Identität zu verstehen.

4   **b) Wahrung der Identität des Rechtsträgers.** Wesentliches Merkmal des Formwechsels ist der Fortbestand der rechtlichen und wirtschaftlichen Identität des Rechtsträgers trotz eines Wechsels der Rechtsform. Die rechtliche Identität wird gewahrt, weil die im Rechts-

---

[1] Vgl. § 1 Abs. 1.
[2] §§ 190 bis 304.
[3] §§ 190 bis 213.
[4] §§ 214 bis 304.
[5] Zweites Buch.
[6] § 1 Abs. 3 Satz 1.
[7] § 1 Abs. 3 Satz 2; vgl. hierzu § 1 Rn 84.

verkehr auftretende juristische Einheit vor und nach dem Formwechsel unverändert dieselbe bleibt. Da deshalb auch keine Vermögensübertragung stattfindet, hat der Formwechsel zudem keinen Einfluss auf den Bestand des Unternehmens des Rechtsträgers, so dass auch dessen wirtschaftliche Identität gewahrt bleibt[8].

2. Gründe für einen Formwechsel

Die Gründe für einen Formwechsel können vielfältiger Natur sein. So bietet sich zunächst grundsätzlich der Formwechsel einer **Personengesellschaft in eine Kapitalgesellschaft** an, wenn die Möglichkeit der Haftungsbeschränkung auf das Gesellschaftskapital (vor allem bei einer ungeklärten Unternehmensnachfolge) genutzt werden soll. Auch bieten Kapitalgesellschaften wie die GmbH oder die AG gegenüber den Personengesellschaften den Vorteil, dass hier die Geschäftsführung einem Nichtgesellschafter überlassen werden darf (Prinzip der Fremd- oder Drittorganschaft), während der Geschäftsführer einer Personengesellschaft auch Gesellschafter derselben sein muss (Prinzip der Selbstorganschaft). Demgegenüber steht beim Formwechsel eines **Vereins in eine Kapitalgesellschaft** neben der beabsichtigten Trennung von Mitgliedern und Management häufig auch die Anpassung der Gesellschaftsform an den gewandelten Vereinszweck im Vordergrund[9].

Der **Formwechsel in eine GmbH** ist insbesondere interessant, wenn man sich die flexible Handhabung dieser Rechtsform zunutze machen will. So eignet sich diese Rechtsform bspw. bei einer 100%-igen Konzerntochter, da diese mangels Minderheitsgesellschafter als GmbH unproblematischer zu leiten ist als etwa eine AG.

Demgegenüber bietet sich der **Formwechsel in eine AG oder KGaA** vor allem dann an, wenn eine Gesellschaft den Gang an die Börse plant *(going public)*, da nur Aktien und Kommanditaktien zum Börsenhandel zugelassen werden können. Für Gesellschaften, die ein starkes Unternehmenswachstum aufweisen und daher in verstärktem Maße Kapital benötigen, stellt der Gang an die Börse häufig eine weit kostengünstigere Gelegenheit zur Kapitalbeschaffung dar als zum Beispiel die Fremdfinanzierung. Ein weiterer Vorteil der Rechtsform der AG ist die gesetzlich vorgeschriebene unabhängige Stellung des Vorstands in der Gesellschaft, die einerseits für interne Konflikte weniger anfällig ist und andererseits für qualifiziertes Fremdmanagement attraktiver sein kann als die Position eines Geschäftsführers einer GmbH, dem das Gesetz und häufig auch die Satzung weit weniger Gestaltungsspielraum

---

[8] Das Identitätskonzept des Gesetzgebers stößt im Schrifttum zum Teil auf Kritik; vgl. *Bärwaldt/ Schabacker* ZIP 1998, 1293 ff.; *Haritz/Bärwaldt* in BeckHdb. Personengesellschaften § 9 Rn 61 jeweils mwN. Unter Hinweis auf die – sicherlich unbestreitbaren – praktischen Anwendungsschwierigkeiten, die dieses Identitätskonzept in einigen Fällen mit sich bringt, wird der Formwechsel als „modifizierte Neugründung" verstanden. Die Neugründung werde hierbei insoweit modifiziert, wie die Vorschriften des UmwG über den Formwechsel von den Gründungsvorschriften des allgemeinen Gesellschaftsrechts abwichen. Zwei wesentliche Modifikationen seien dabei das Fehlen der Auflösung des formwechselnden Rechtsträgers sowie das Fehlen einer Übertragung des Vermögens des formwechselnden Rechtsträgers auf den Rechtsträger neuer Rechtsform, was sich aus § 202 Abs. 1 Nr. 1 UmwG ergebe; vgl. eingehend *Bärwaldt/Schabacker* ZIP 1998, 1293, 1297. Es bleibt abzuwarten, ob sich diese Rechtsauffassung durchsetzen wird. Hierbei dürfte entscheidend sein, ob es dem Schrifttum gelingen wird, die Modifikation des Fehlens einer Vermögensübertragung dogmatisch überzeugend zu begründen. Die Übertragung von (beweglichem) Vermögen kann rechtsgeschäftlich, kraft Gesetzes oder (wenn auch selten) durch Hoheitsakt erfolgen. Wenn nach vorstehender Ansicht eine Vermögensübertragung qua Gesetz ausgeschlossen sein, das Gesetz also selbst die Entbehrlichkeit der Vermögensübertragung (und nicht nur der Übertragungshandlung) anordnen soll, stellt sich die Frage, wie das Vermögen beim Rechtsträger neuer Rechtsform „ankommen" kann, wenn die Vermögensübertragung gar nicht, auch nicht kraft gesetzlicher Anordnung, stattfinden soll; siehe auch § 197 Rn 1 ff.

[9] ZB im Fall des sog. „scheinbaren Idealvereins" wie eines Bundesliga-Fußballvereins; vgl. *Vossius* in Widmann/Mayer Rn 39.

einräumt[10]. Schließlich wird der Formwechsel in eine AG auch gewählt, um das Vertrauen in die Gesellschaft zu erhöhen, da zB die Rechtsform der GmbH nicht immer einen seriösen Ruf genießt.

8 Der Formwechsel von einer **Kapitalgesellschaft in eine Personengesellschaft** ist ebenfalls häufig anzutreffen. Gründe für einen Formwechsel einer Kapitalgesellschaft in eine Personenhandelsgesellschaft können die bloße Vermeidung von Kosten, die Vermeidung der Publizität („Flucht aus den Publizitätsvorschriften des HGB"[11]) und vor allem die Vermeidung der Mitbestimmung der Arbeitnehmer („Flucht aus der Mitbestimmung"[12]) sein; gerade für letzteres bietet sich der Formwechsel an, da die Regelungen der §§ 322 bis 325, die eine zeitlich begrenzte Erhaltung des *status quo* der Rechte der Arbeitnehmer vorsehen, bei einem Formwechsel keine Anwendung finden[13].

3. Entstehungsgeschichte

9 Der Begriff des Formwechsels wurde vor dem heute geltenden UmwG 1994 gesetzlich nicht verwendet. Vielmehr unterschied der Gesetzgeber zwischen einer reinen „**formwechselnden Umwandlung**", die in verschiedenen Vorschriften des AktG und des HGB geregelt waren, und einer „**übertragenden Umwandlung**", die im Wesentlichen im bisherigen UmwG 1969 vorgesehen war[14]. Lediglich die formwechselnde Umwandlung entsprach rechtstechnisch dem heutigen Formwechsel. Hiernach konnte ein Unternehmen seine Rechtsform ohne Liquidation und ohne Einzelübertragung seiner Aktiva und Passiva ändern. Angesichts der strukturellen Unterschiede zwischen Personengesellschaften (Gesamthandsgemeinschaften) und Kapitalgesellschaften (juristische Personen) sowie der damit verbundenen unterschiedlichen Vermögenszuordnung[15] war ein solcher Formwechsel nur zwischen Unternehmen der gleichen „Kategorie"[16] möglich, d. h. nur innerhalb von Kapitalgesellschaften (zB GmbH in AG) oder Personengesellschaften (zB OHG in KG) sowie im Fall eines Wechsels von einer Personengesellschaft zu einem Einzelunternehmen[17]. Für weitere Fälle des Formwechsels stand das Institut der übertragenden Umwandlung zur Verfügung, bei der das Vermögen des die Rechtsform ändernden Rechtsträgers auf eine gleichzeitig neu errichtete oder bereits bestehende Gesellschaft ohne Liquidation übertragen wurde. Hiernach war zB ein Wechsel der Rechtsform eines Unternehmens in der Rechtsform einer Personengesellschaft in die Rechtsform einer Kapitalgesellschaft (zB OHG in GmbH) und umgekehrt möglich.

10 Mit dem UmwG 1994 wurde die Unterscheidung zwischen formwechselnder und übertragender Umwandlung aufgegeben. Nunmehr werden alle Fälle des Wechsels der

---

[10] Zu erwähnen ist hier vor allem das Weisungsrecht der GmbH-Gesellschafter gegenüber den Geschäftsführern und die in der Praxis häufig anzutreffenden Beiräte einer GmbH. Beides gibt es bei einer AG nicht; vgl. hierzu auch *Kallmeyer* GmbHR 1995, 888.

[11] *Vossius* in Widmann/Mayer Rn 38.

[12] *Decher* in Lutter Vor Rn 9.

[13] *Decher* in Lutter Vor Rn 10. Aus arbeitsrechtlicher Sicht sind aber die folgenden Vorschriften zu beachten: § 203 (Mitglieder eines Aufsichtsrats bleiben für den Rest ihrer Amtszeit beim Rechtsträger im Amt), § 197 Satz 2 (bezweckt eine frühzeitige Beteiligung der Arbeitnehmervertreter im Fall einer Diskontinuität der Aufsichtsratsmandate), § 194 Abs. 1 Nr. 7 (Hinweis im Umwandlungsbeschluss auf Folgen des Formwechsels für die Arbeitnehmer und ihre Vertretungen sowie auf entsprechend vorgesehene Maßnahmen) sowie § 194 Abs. 2 (Vorlage des Umwandlungsbeschlussentwurfs beim Betriebsrat spätestens einen Monat vor Beschlussfassung).

[14] Siehe hierzu auch Einl. A Rn 58 f.

[15] Bei Personengesellschaften erfolgt die Zuordnung des Vermögens an die Gesellschafter zur gesamten Hand, während bei juristischen Personen das Vermögen diesen selbst zugeordnet ist; vgl. auch *Lutter* in Lutter Einl. Rn 6.

[16] *Lutter* in Lutter Einl. Rn 6.

[17] *Vossius* in Widmann/Mayer Rn 10.

Rechtsform als reine Formwechsel unter Wahrung der Identität des Rechtsträgers (Rechtsvereinheitlichung) und in einem Gesetz systematisch zusammengefasst (Rechtsbereinigung). Außerdem hat der Gesetzgeber zu den bisherigen Möglichkeiten der formwechselnden und übertragenden Umwandlung weitere Formwechselfälle gesetzlich legitimiert und damit ein weiteres Ziel der gesetzlichen Regelung, nämlich die Schließung von Regelungslücken, erreicht[18].

4. Internationaler Formwechsel

Der Formwechsel eines ausländischen Rechtsträgers in eine inländische Rechtsform ist nicht nach dem UmwG möglich, da der formwechselnde Rechtsträger seinen Sitz im Inland haben muss[19]. Aber auch der umgekehrte Fall, also der Rechtsformwechsel eines inländischen Rechtsträgers in eine ausländische Rechtsform, scheidet nach dem UmwG aus, da das Gesetz diese Möglichkeit nicht ausdrücklich vorsieht und das Analogieverbot[20] einer entsprechenden Anwendung der Vorschriften zum Formwechsel entgegensteht[21]. Als Alternative für einen internationalen Formwechsel kommt eine Auflösung des formwechselnden Rechtsträgers im Inland und eine Neugründung im Ausland bzw. umgekehrt in Betracht[22], bei Personengesellschaften auch die Anwachsung.

II. Ablauf eines Formwechsels (Abs. 1)

Der **Ablauf eines Formwechsels** entspricht in seinen Grundzügen der allgemeinen Konzeption des UmwG. Nach einer Vorbereitungsphase folgt die Beschlussphase und im Anschluss daran die Vollzugsphase.

1. Vorbereitung

In der Vorbereitungsphase ist zunächst zu prüfen, ob das Unternehmen bzw. der Rechtsträger, dessen Rechtsform gewechselt werden soll, überhaupt umwandlungsberechtigt ist[23], und ob die angestrebte andere Rechtsform als Zielrechtsform nach dem UmwG erlaubt ist[24]. Außerdem wird geprüft, welche Anforderungen entfallen können, weil die Gesellschafter sich einig sind. Der Normalfall ist nicht der nachstehend beschriebene gesetzliche Regelfall, sondern der Verzicht auf alle verzichtbaren Anforderungen. Das sind: Umwandlungsbericht einschließlich Vermögensaufstellung, Barabfindungsangebot und dessen Prüfung, Formalitäten der Einberufung der Anteilseignerversammlung und Anfechtungsrecht. Dadurch wird der Formwechsel zu einer technisch unkomplizierten Strukturmaßnahme, die in der Praxis kaum Schwierigkeiten macht. Die gesamte gesetzgeberische Regelungsentfaltung kommt – von Ausnahmen abgesehen – nur bei Publikumsgesellschaften zur Geltung, d. h. beim Formwechsel einer AG in eine andere Rechtsform oder zB in seltenen Fällen der Publikums-KG ohne Zwischenschaltung eines Treuhänders.

---

[18] *Decher* in Lutter Vor Rn 5.
[19] § 1 Abs. 1 Nr. 4; vgl. auch Einl. C Rn 19 ff.; § 1 Rn 18 ff.
[20] Vgl. zum Analogieverbot Rn 24.
[21] *BayObLG* AG 1992, 456; (noch) *Decher* in Lutter Rn 13. AA *Behrens* ZGR 1994, 1, 10, der sich für die Zulassung eines solchen Formwechsels ausspricht; vgl. hierzu auch *Kronke* ZGR 1994, 26, 31; *Knobbe-Keuk* ZHR 154 (1990) 325, 334 ff.
[22] *BayObLG* AG 1992, 456, 457.
[23] Dies ergibt sich aus § 191 Abs. 1.
[24] Vgl. §§ 191 Abs. 2, 214, 225 a, 272 und 291.

2. Umwandlungsbericht

14 Das gesellschaftsrechtliche Vertretungsorgan des formwechselnden Rechtsträgers hat einen schriftlichen Umwandlungsbericht über die beabsichtigte Umwandlung zu entwerfen, in dem der Formwechsel sowie die künftige Beteiligung der Anteilsinhaber an dem Rechtsträger rechtlich und wirtschaftlich erläutert und begründet werden[25]. Der Umwandlungsbericht dient als formalisierte Informationsquelle vor allem bei Unternehmen mit einem großen Gesellschafterkreis[26]. Die Erstellung eines Umwandlungsberichts ist seinem Zweck gemäß nicht erforderlich, wenn entweder nur ein Anteilsinhaber an dem formwechselnden Rechtsträger beteiligt ist oder, wie erläutert, sämtliche Anteilsinhaber auf seine Erstattung verzichten[27].

3. Entwurf des Umwandlungsbeschlusses

15 Der Umwandlungsbericht muss einen Entwurf des Umwandlungsbeschlusses enthalten, dessen Mindestinhalt gesetzlich vorgeschrieben ist[28]. Falls ein Umwandlungsbericht nicht erforderlich ist, muss der Beschlussentwurf gleichwohl angefertigt werden, wenn der formwechselnde Rechtsträger über einen Betriebsrat verfügt[29].

4. Vermögensaufstellung

16 Nach § 192 Abs. 2 aF war dem Umwandlungsbericht eine Vermögensaufstellung beizufügen, in der die Gegenstände und Verbindlichkeiten des formwechselnden Rechtsträgers mit ihrem wirklichen Wert am Tag der Berichterstellung aufzuführen waren. Das Zweite Gesetz zur Änderung des Umwandlungsgesetzes hat § 192 Abs. 2 aufgehoben[30].

5. Prüfungs- und Informationspflichten

17 Eine Prüfung des Formwechsels sieht das UmwG im Unterschied zur Verschmelzung und Spaltung nicht vor. Allerdings können bestimmte Prüfungen aus anderen Gründen erforderlich sein: So ist die Prüfung der Angemessenheit der dem Gesellschafter angebotenen Barabfindung[31], die Gründungsprüfung beim Formwechsel in eine AG oder KGaA[32] sowie ein Sachgründungsbericht beim Formwechsel einer Personenhandelsgesellschaft in eine GmbH[33] erforderlich.

18 Verfügt der formwechselnde Rechtsträger über einen Betriebsrat, muss auch dieser informiert werden. Ihm ist der Entwurf des Umwandlungsbeschlusses spätestens einen Monat vor dem Tag der Versammlung der Anteilsinhaber zuzuleiten[34].

6. Einberufung und Ladung der Anteilsinhaber

19 Am Ende der Vorbereitungsphase steht die Einberufung und Ladung der Anteilsinhaber zu einer Anteilsinhaberversammlung, in deren Verlauf die Anteilsinhaber über die Umwandlung

---

[25] § 192 Abs. 1 Satz 1.
[26] *Vossius* in Widmann/Mayer Rn 45.
[27] § 192 Abs. 2 Satz 1. Gleiches gilt für den Fall eines Formwechsels einer Personengesellschaft, wenn alle Gesellschafter der formwechselnden Gesellschaft zur Geschäftsführung befugt sind (§ 215).
[28] Maßgeblich ist hier § 194 Abs. 1; zusätzlicher Beschlussinhalt ergibt sich aus den Sondervorschriften der §§ 218, 234, 243, 253, 263, 276, 285 und 294. Vgl. zur Anfechtbarkeit des Beschlusses §§ 195 Abs. 2 und 210.
[29] Vgl. § 194 Abs. 2.
[30] Zweites Gesetz zur Änderung des Umwandlungsgesetzes vom 19.4.2007, BGBl. I S. 542.
[31] §§ 207, 208, 30 Abs. 2, 10 bis 12.
[32] § 220 Abs. 3 Satz 1 iVm. § 33 Abs. 2 AktG.
[33] §§ 219, 220 Abs. 2 UmwG, § 5 Abs. 4 Satz 2 GmbHG.
[34] § 194 Abs. 2.

zu beschließen haben. Die Ladung erfolgt nach den für die bisherige Rechtsform geltenden gesetzlichen und gesellschaftsvertraglichen Bestimmungen der Gesellschaft[35].

7. Beschluss der Anteilsinhaber

Im Anschluss an die Vorbereitungsphase folgt die Beschlussphase. Der Formwechsel bedarf wie die übrigen Umwandlungsvorgänge nach dem UmwG eines notariell beurkundeten Beschlusses der Anteilsinhaber[36]. Der Beschluss kann nur in einer Versammlung gefasst werden[37], weshalb zB Umlaufbeschlüsse nicht zulässig sind. Der Beschluss der Anteilsinhaber bedarf je nach Rechtsform des formwechselnden oder neuen Rechtsträgers der qualifizierten Mehrheit oder Einstimmigkeit, wobei das Gesetz differenzierende Mehrheitserfordernisse durch Gesellschaftsvertrag, Satzung oder Statut zulässt[38]. In einigen Fällen verlangt das Gesetz über die erforderliche Mehrheit hinaus die Zustimmung einzelner Anteilsinhaber, die sowohl vor dem Beschluss (Einwilligung) als auch nach dem Beschluss (Genehmigung) in notariell beurkundeter Form[39] erteilt werden kann[40]. Das Zustimmungserfordernis besteht bspw. in Fällen der Vinkulierung[41], falls ein Anteilsinhaber durch den Formwechsel die Stellung eines persönlich haftenden Gesellschafters erlangen soll[42] oder wenn Anteilsinhaber Einbußen bezüglich ihrer Beteiligung hinnehmen müssen[43]. Soweit es den **Ablauf der Versammlung** angeht, richtet sich dieser zunächst nach den geltenden Vorschriften für den jeweiligen formwechselnden Rechtsträger. Vereinzelt enthält das UmwG aber darüber hinaus auch besondere Bestimmungen, wie bspw. die Verpflichtung, den unterzeichneten Umwandlungsbericht in der Versammlung auszulegen und uU mündlich zu erläutern[44].

8. Registeranmeldung, Eintragung und Bekanntmachung

In der dritten und letzten Phase des Formwechsels, der Vollzugsphase, wird der Formwechsel beim zuständigen Registergericht angemeldet, eingetragen und bekannt gemacht[45]. Mit der konstitutiven Registereintragung wird der Formwechsel wirksam, d. h. vollzogen[46].

9. Sonstiges

Neben der Registereintragung kann in der Vollzugsphase noch eine Richtigstellung tatsächlicher Angaben im Grundbuch vorzunehmen sein, wenn zum Vermögen des Rechtsträgers Grundstücke gehören. Falls der Rechtsträger an Rechtsstreitigkeiten oder anderen öf-

---

[35] *Vossius* in Widmann/Mayer Rn 66. Das UmwG enthält aber für die Mitteilung des Umwandlungsberichts und des Abfindungsangebots Sondervorschriften, vgl. §§ 216, 230 bis 232, 238, 239, 251, 260, 261, 274, 283 oder 292.
[36] § 193 Abs. 1 Satz 1, Abs. 3 Satz 1.
[37] § 193 Abs. 1 Satz 2.
[38] Vgl. im Einzelnen §§ 217, 233, 240 bis 242, 252, 262, 275, 284 und 293.
[39] § 193 Abs. 2 iVm. Abs. 3 Satz 1.
[40] *Vossius* in Widmann/Mayer Rn 69 ff.
[41] § 193 Abs. 2.
[42] §§ 217 Abs. 3, 233 Abs. 1, Abs. 2 Satz 3.
[43] §§ 241 Abs. 1 und 2, 50 Abs. 2, 242.
[44] Vgl. §§ 232, 261 Abs. 1 oder 274 Abs. 2. Im Fall eines Formwechsels einer Personenhandelsgesellschaft sind die zustimmenden Gesellschafter namentlich in der Beschlussniederschrift zu nennen (§ 217 Abs. 2), da nur für diese die Gründungsvorschriften Geltung besitzen (§ 219). Wenn den überstimmten Gesellschaftern somit zwar eine Beteiligung an einer Kapitalgesellschaft aufgedrängt wird, so unterliegen sie jedoch zumindest nicht der Gründerhaftung nach dem Recht der neuen Rechtsform des Rechtsträgers; vgl. *Vossius* in Widmann/Mayer Rn 75.
[45] §§ 198, 199, 201, 202. Anmeldepflichtige und -berechtigte ergeben sich aus §§ 222, 225 c, 235 Abs. 2 und 246 Abs. 1.
[46] § 202.

fentlichen Verfahren beteiligt ist, ist an eine Berichtigung des Rubrums zu denken; auch sind ggf. Vollstreckungsklauseln für und gegen den formwechselnden Rechtsträger unter Vorlage beglaubigter Registerauszüge zu berichtigen. Handelt es sich bei der neuen Rechtsform um eine AG, müssen die bisherigen Gesellschaftsanteile in Aktien umgetauscht werden[47] bzw. Aktien neu ausgegeben werden[48].

III. Änderung der Rechtsform außerhalb des UmwG (Abs. 2)

23 Ein Formwechsel ist nur möglich, wenn er entweder nach den Bestimmungen des UmwG zulässig ist oder nur einem anderen Bundes- oder Landesgesetz ausdrücklich vorgesehen ist[49]. Daraus folgt zweierlei:

1. Analogieverbot, numerus clausus

24 Zum einen kann der Kreis der zulässigen Formwechselfälle nicht durch analoge Anwendung der Vorschriften des UmwG erweitert werden (Analogieverbot)[50]. § 191 legt enumerativ[51] fest, welcher Rechtsträger nach seiner bisherigen Rechtsform als formwechselnder Rechtsträger und/oder als Rechtsträger neuer Rechtsform überhaupt in Betracht kommt. Nicht genannte Rechtsträger können nicht an einem Formwechsel nach dem UmwG beteiligt sein[52]. Ferner ergibt sich aus den Besonderen Vorschriften des Fünften Buches abschließend, welcher Rechtsträger welche andere Rechtsform nach dem UmwG annehmen kann[53]. Man spricht insoweit von einem *numerus clausus* der Umwandlungsfälle nach dem UmwG[54].

2. Kein Entgegenstehen des UmwG

25 Zum anderen steht das UmwG den Vorschriften anderer Gesetze, die eine Änderung der Rechtsform außerhalb des UmwG erlauben, nicht entgegen. Dies stellt § 190 Abs. 2 klar, wonach die Vorschriften anderer Gesetze über einen Wechsel der Rechtsform vom UmwG unberührt bleiben. Dies gilt insbesondere für die Umwandlung einer AG in eine **Europäische Gesellschaft (SE)**[55] oder einer eG in eine Europäische Genossenschaft (SCE)[56].

3. Fälle des Rechtsformwechsels iSd. Abs. 2

26 Formwechselfälle außerhalb des UmwG sind im Wesentlichen[57] die Formwechselvarianten durch Änderung des Vertrags oder der Geschäftstätigkeit der Personengesellschaft sowie der Anwachsung in der Personengesellschaft. Ferner kann eine KGaA die Rechtsform einer AG erlangen, wenn der einzige persönlich haftende Gesellschafter ausscheidet und die übrigen Gesellschafter die Gesellschaft fortsetzen[58]. Schließlich kann eine AG in eine SE oder eine eG in eine SCE umgewandelt werden[59].

---

[47] §§ 248, 266 bis 269, 281, 298 bis 299.
[48] § 197 Satz 1 UmwG iVm. § 41 Abs. 4 AktG.
[49] § 1 Abs. 1 Nr. 4 iVm. Abs. 2.
[50] *Decher* in Lutter Rn 13; vgl. auch § 1 Rn 73 ff.
[51] *Meister/Klöcker* in Kallmeyer Rn 11.
[52] *Decher* in Lutter Rn 12 mwN.
[53] *Meister/Klöcker* in Kallmeyer Rn 11.
[54] *Meister/Klöcker* in Kallmeyer Rn 12; *Decher* in Lutter Rn 14.
[55] Zur Europäischen Gesellschaft (SE) siehe Einl. C Rn 49 ff.
[56] Zur Europäischen Genossenschaft (SCE) siehe Einl. C Rn 64 ff.
[57] Vgl. weitere Fälle bei *Vossius* in Widmann/Mayer § 191 Rn 22.
[58] *Decher* in Lutter Rn 15; *Meister/Klöcker* in Kallmeyer Rn 14; *Kallmeyer* ZIP 1994, 1746, 1751.
[59] Siehe Einl. C Rn 55 ff. und Rn 64 ff.

§ 191 Einbezogene Rechtsträger

(1) Formwechselnde Rechtsträger können sein:
1. Personenhandelsgesellschaften (§ 3 Abs. 1 Nr. 1) und Partnerschaftsgesellschaften;
2. Kapitalgesellschaften (§ 3 Abs. 1 Nr. 2);
3. eingetragene Genossenschaften;
4. rechtsfähige Vereine;
5. Versicherungsvereine auf Gegenseitigkeit;
6. Körperschaften und Anstalten des öffentlichen Rechts.

(2) Rechtsträger neuer Rechtsform können sein:
1. Gesellschaften des bürgerlichen Rechts;
2. Personenhandelsgesellschaften und Partnerschaftsgesellschaften;
3. Kapitalgesellschaften;
4. eingetragene Genossenschaften.

(3) Der Formwechsel ist auch bei aufgelösten Rechtsträgern möglich, wenn ihre Fortsetzung in der bisherigen Rechtsform beschlossen werden könnte.

Übersicht

	Rn		Rn
I. Allgemeines	1	6. Körperschaften und Anstalten des öffentlichen Rechts	8
II. Formwechselnder Rechtsträger (Abs. 1)	2	7. Weitere Rechtsträger	11
1. Personenhandelsgesellschaften und Partnerschaftsgesellschaften	2	III. Rechtsträger neuer Rechtsform (Abs. 2)	13
2. Kapitalgesellschaften	4	1. Gesellschaften bürgerlichen Rechts	13
3. Eingetragene Genossenschaften	5	2. Weitere Rechtsträger	14
4. Rechtsfähige Vereine	6	IV. Zulässige Kombinationsmöglichkeiten	15
5. Versicherungsvereine auf Gegenseitigkeit	7	V. Formwechsel bei aufgelösten Rechtsträgern (Abs. 3)	16

Literatur: *Maurer*, Allgemeines Verwaltungsrecht, 16. Aufl. 2006; *Henssler*, Partnerschaftsgesellschaftengesetz, 1997; *K. Schmidt*, Die Freiberufliche Partnerschaft, NJW 1995, 1; *ders.*, Umwandlung von Vorgesellschaften? §§ 41 AktG, 11 GmbHG und umwandlungsrechtlicher numerus clausus, FS Zöllner, 1998, S. 521; *Wolff/Bachof/Stober*, Verwaltungsrecht II, 5. Aufl. 1987. Vgl. auch Literaturverzeichnis zu § 190.

I. Allgemeines

§ 191 bestimmt **abschließend**[1] diejenigen Rechtsträger, die an einem Formwechsel beteiligt sein können. Die Vorschrift enthält in Abs. 1 eine Aufzählung der zulässigen **formwechselnden Rechtsträger** und in Abs. 2 eine Aufzählung der erlaubten **Rechtsträger neuer Rechtsform**. Aus der Vorschrift ergibt sich jedoch nicht, dass jedem formwechselnden Rechtsträger nach Abs. 1 auch jede aufgeführte Rechtsform nach Abs. 2 als neue Unternehmensform zur Verfügung steht. Die zulässigen **Kombinationsmöglichkeiten** lassen sich vielmehr erst den Besonderen Vorschriften des Fünften Buches entnehmen. § 191 Abs. 3 schließlich stellt klar, dass auch der **Formwechsel eines aufgelösten Rechtsträgers** möglich ist, allerdings nur dann, wenn die Fortsetzung der Gesellschaft in ihrer bisherigen Rechtsform beschlossen werden könnte.

---

[1] Vgl. zur EWIV Rn 11.

II. Formwechselnder Rechtsträger (Abs. 1)

1. Personenhandelsgesellschaften und Partnerschaftsgesellschaften

2 Formwechselnde Rechtsträger können zunächst Personenhandelsgesellschaften und Partnerschaftsgesellschaften sein. Zu den **Personenhandelsgesellschaften** zählen die OHG und die KG[2] einschließlich der Kapitalgesellschaft & Co. KG und der Stiftung & Co. KG[3].

3 **Partnerschaftsgesellschaften** sind Gesellschaften, in denen sich Angehörige Freier Berufe zur Ausübung ihrer Berufe zusammenschließen[4]. Sie werden erst mit Eintragung in einem Partnerschaftsregister im Verhältnis zu Dritten wirksam[5]. Ursprünglich waren Partnerschaftsgesellschaften nicht im UmwG als formwechselnde Rechtsträger vorgesehen. Erst seit einer Änderung des Gesetzes im Jahre 1998 stellen auch sie umwandlungsfähige Rechtsträger dar[6].

2. Kapitalgesellschaften

4 Als formwechselnde Rechtsträger kommen ferner Kapitalgesellschaften in Betracht. Zu diesen zählen die GmbH, die AG und die KGaA[7].

3. Eingetragene Genossenschaften

5 Eingetragene Genossenschaften sind Gesellschaften von nicht geschlossener Mitgliederzahl, welche die Förderung des Erwerbs oder der Wirtschaft ihrer Mitglieder mittels gemeinschaftlichen Geschäftsbetriebs bezwecken (Genossenschaften) und in einem Genossenschaftsregister eingetragen sind[8]. Auch sie können formwechselnde Rechtsträger sein.

4. Rechtsfähige Vereine

6 Auch rechtsfähige Vereine zählen zu den möglichen formwechselnden Rechtsträgern. Hierunter versteht man alle eingetragenen Idealvereine iSd. §§ 21, 55 ff. BGB, alle altrechtlichen (nicht eingetragenen) rechtsfähigen Vereine (Art. 163 EGBGB) sowie alle rechtsfähigen wirtschaftlichen Vereine iSd. § 22 BGB[9]. Ausländische Vereine iSd. § 23 BGB können hingegen nicht formwechselnde Rechtsträger sein, da sie in Ermangelung eines Sitzes im Inland von einer Umwandlung, und damit auch von einem Formwechsel, ausgeschlossen sind[10]. Schließlich scheiden nichtrechtsfähige Vereine iSd. § 54 BGB bereits begrifflich als formwechselnde Rechtsträger aus.

5. Versicherungsvereine auf Gegenseitigkeit (VVaG)

7 Der VVaG stellt Selbsthilfeeinrichtung genossenschaftlicher Art dar, welche durch staatliche Konzession geschaffen wird[11]. Versicherungsvereine auf Gegenseitigkeit sind im VAG geregelt und in der Praxis heute nur noch selten anzutreffen.

---

[2] § 191 Abs. 1 Nr. 1 iVm. § 3 Abs. 1 Nr. 1.
[3] RegBegr. *Ganske* S. 212.
[4] § 1 Abs. 1 PartGG.
[5] § 7 Abs. 1 PartGG.
[6] Gesetz zur Änderung des Umwandlungsgesetzes, des Partnerschaftsgesellschaftsgesetzes und anderer Gesetze vom 22. 7. 1998, BGBl. I S. 1878. Das Gesetz trat mit Wirkung zum 1. 8. 1998 in Kraft.
[7] § 191 Abs. 1 Nr. 2 iVm. § 3 Abs. 1 Nr. 2. Siehe zur Europäischen Gesellschaft (SE) Einl. C Rn 49 ff.
[8] §§ 1 Abs. 1 und 10 GenG. Siehe zur Europäischen Genossenschaft (SCE) Einl. C Rn 64 ff.
[9] *Vossius* in Widmann/Mayer Rn 12.
[10] § 1 Abs. 1; vgl. auch § 1 Rn 41 f.
[11] § 15 VAG; vgl. auch *Laumann* in Goutier/Knopf/Tulloch Rn 12.

6. Körperschaften und Anstalten des öffentlichen Rechts

Schließlich können Körperschaften und Anstalten des öffentlichen Rechts formwechselnde Rechtsträger sein.

Bei einer **Körperschaft des öffentlichen Rechts** handelt es sich um eine durch staatlichen Hoheitsakt, d. h. durch Gesetz oder aufgrund gesetzlicher Ermächtigung errichtete, mitgliedschaftlich verfasste Organisation des öffentlichen Rechts, die öffentliche Aufgaben mit idR hoheitlichen Mitteln unter staatlicher Aufsicht wahrnimmt[12]. Beispiele hierfür sind berufsständische Organisationen in der Form von Kammern, Innungen und Innungsverbänden, Träger von Sozialversicherungen, Wasser- und Bodenverbände oder Waldwirtschaftsgenossenschaften[13].

Die **Anstalt des öffentlichen Rechts** ist hingegen eine organisatorische Zusammenfassung persönlicher und sachlicher Mittel zu einer verselbstständigten Verwaltungseinheit, die bestimmte Verwaltungsaufgaben wahrnimmt, insbesondere Leistungen an ihre Benutzer erbringt[14]. Hierzu zählen die öffentlichen Sparkassen, die Kreditanstalt für Wiederaufbau, aber auch Bibliotheken, Museen, Theater oder Rundfunkanstalten[15]. Körperschaften und Anstalten des öffentlichen Rechts werden durch staatlichen Hoheitsakt gebildet und müssen Rechtsfähigkeit besitzen, um als formwechselnde Rechtsträger in Betracht zu kommen[16]. Außerdem ist für den Formwechsel erforderlich, dass das für die Körperschaft oder Anstalt maßgebliche Bundes- oder Landesrecht den Formwechsel vorsieht oder zulässt[17].

7. Weitere Rechtsträger

Andere als die vorgenannten Rechtsträger können nicht formwechselnde Rechtsträger sein, da die Aufzählung in Abs. 1 abschließend ist und eine entsprechende Anwendung der Vorschrift aufgrund des Analogieverbots ausscheidet. Namentlich bedeutet dies, dass die **GbR**, die unternehmenstragende **Erbengemeinschaft** oder die **Vorgesellschaft** nicht als formwechselnder Rechtsträger in Betracht kommen[18]. Eine Ausnahme bildet die **Europäische Wirtschaftliche Interessenvereinigung (EWIV)**. Obwohl auch sie nicht ausdrücklich als möglicher formwechselnder Rechtsträger in den Katalog des Abs. 1 aufgenommen worden ist, gehört sie nach herrschender Ansicht[19] auch zu den in den Formwechsel einbezogenen Rechtsträgern, da die EWIV als besondere Form der OHG gilt und vorbehaltlich einer besonderen Regelung die Vorschriften für die OHG auf die EWIV entsprechend anzuwenden sind[20]. Daher wird auch die EWIV von der Vorschrift des § 191 Abs. 1 miterfasst.

Im Fall einer im Geltungsbereich des UmwG gegründeten **Europäischen Gesellschaft (SE)** ist streitig, ob diese formwechselnder Rechtsträger iSd § 191 Abs. 1 sein kann[21]. Dies wäre nur denkbar, wenn Art. 66 SE-VO hinsichtlich des Formwechsels keine abschließende

---

[12] *Maurer* § 23 Rn 37; *Wolff/Bachof/Stober* § 84 Rn 12.
[13] *H. Schmidt* in Lutter § 301 Rn 4; *Wolff/Bachof/Stober* § 95 Rn 12, 21, § 96 Rn 11, § 97 Rn 7.
[14] *Maurer* § 23 Rn 47; *Wolff/Bachof/Stober* § 98 Rn 1, 6.
[15] *Wolff/Bachof/Stober* § 98 Rn 22.
[16] § 301 Abs. 2. Ob und inwieweit dies der Fall ist, ergibt sich aus dem jeweiligen staatlichen Errichtungsakt; *H. Schmidt* in Lutter § 301 Rn 6.
[17] § 301 Abs. 2.
[18] Vgl. aber § 3 Rn 48.
[19] *Decher* in Lutter Rn 2 mwN; *Lutter* in Lutter § 3 Rn 4 mwN; *Stratz* in Schmitt/Hörtnagl/Stratz Rn 10; aA *Vossius* in Widmann/Mayer Rn 9.
[20] § 1 EWIV-Ausführungsgesetz vom 14. 4. 1988, BGBl. I S. 514.
[21] Vgl. *Marsch-Barner* in Kallmeyer Anh Rn 15.

Regelung wäre[22]. Nach richtiger Ansicht ist dies allerdings zu verneinen[23]. Eine SE ist daher kein formwechselnder Rechtsträger iSd § 191 UmwG.

III. Rechtsträger neuer Rechtsform (Abs. 2)

1. Gesellschaften des bürgerlichen Rechts

13   Als Rechtsträger neuer Rechtsform kommt zunächst die GbR in Betracht. Diese Regelung ist nicht selbstverständlich. Vielmehr handelt es sich um die einzige Vorschrift im gesamten UmwG, in der die GbR als Rechtsträger in eine Umwandlung einbezogen ist[24]. Der Formwechsel in eine GbR ist nur durch eine Kapitalgesellschaft als Ausgangsrechtsform möglich[25].

2. Weitere Rechtsträger

14   Weitere Rechtsträger neuer Rechtsform können Personenhandelsgesellschaften, Partnerschaftsgesellschaften (PartG), Kapitalgesellschaften und eingetragene Genossenschaften sein[26]. Die **PartG** kommt als Rechtsträger neuer Rechtsform nur dann in Betracht, wenn alle Anteilsinhaber des formwechselnden Rechtsträgers natürliche Personen sind, die einen Freien Beruf ausüben, da nur diesen Personen die Rechtsform der PartG offen steht[27].

IV. Zulässige Kombinationsmöglichkeiten

15   Welche Möglichkeiten eines Formwechsels nach dem UmwG bestehen, lässt sich § 191 allein nicht entnehmen, sondern ergibt sich erst in Verbindung mit den Einzelbestimmungen der Besonderen Vorschriften des Fünften Buches. Folgende Kombinationsmöglichkeiten sind insoweit zulässig:

Von \ In	GbR	OHG	KG	PartG	GmbH	AG[1)]	KGaA	eG[2)]
GbR		Nein	Nein	Nein	Nein	Nein	Nein	Nein
oHG	Nein		Nein	Nein	Ja §§ 214–225	Ja §§ 214–225	Ja §§ 214–225	Ja §§ 214–225
KG	Nein	Nein		Nein	Ja §§ 214–225	Ja §§ 214–225	Ja §§ 214–225	Ja §§ 214–225
PartG	Nein	Nein	Nein		Ja §§ 225 a–225 c	Ja §§ 225 a–225 c	Ja §§ 225 a–225 c	Ja §§ 225 a–225 c

---

[22] Bejahend *Marsch-Barner* in Kallmeyer Anh. Rn 15; *Oplustil/Schneider* NZG 2003, 13, 16; *Happ* in Lutter § 226 Rn 4 Fn 5; *Vossius* in Widmann/Mayer § 20 Rn 425 und einschränkend (nur AG) in ZIP 2005, 741, 748. Verneinend *Kalss/Zollner* RdW 2004, 587, 589. Siehe auch Einl. C Rn 49 ff., 62.
[23] Zur Begründung siehe Einl. C Rn 62 f.
[24] Vgl. auch *Decher* in Lutter Rn 4.
[25] § 226 Abs. 1.
[26] Vgl. zu diesen Rechtsformen die Ausführungen unter Rn 2 bis 5.
[27] § 1 Abs. 1 Satz 1 und 3 PartGG.

Von \ In	GbR	OHG	KG	PartG	GmbH	AG[1]	KGaA	eG[2]
GmbH	Ja §§ 226, 228–237	Ja §§ 226, 228–237	Ja §§ 226, 228–237	Ja §§ 226, 228–237		Ja §§ 226, 238–250	Ja §§ 226, 238–250	Ja §§ 226, 251–257
AG[1]	Ja §§ 226, 228–237	Ja §§ 226, 228–237	Ja §§ 226, 228–237	Ja §§ 226, 228–237	Ja §§ 226, 238–250		Ja §§ 226, 238–250	Ja §§ 226, 251–257
KGaA	Ja §§ 226–237	Ja §§ 226–237	Ja §§ 226–237	Ja §§ 226–237	Ja §§ 226, 227, 238–250	Ja §§ 226, 227, 238–250		Ja §§ 226, 227, 251–257
eG[2]	Nein	Nein	Nein	Nein	Ja §§ 258–271	Ja §§ 258–271	Ja §§ 258–271	
rechtsfähiger Verein	Nein	Nein	Nein	Nein	Ja §§ 272, 273–282	Ja §§ 272–282	Ja §§ 272–282	Ja §§ 272, 283–290
VVaG	Nein	Nein	Nein	Nein	Nein	Ja §§ 291–300	Nein	Nein
Körp./Anstalt ö.R.	Nein	Nein	Nein	Nein	Ja §§ 301–304	Ja §§ 301–304	Ja §§ 301–304	Nein

[1]) Zur Europäischen Gesellschaft (SE) siehe Rn 12 und Einl. C Rn 49 ff.
[2]) Zur Europäischen Gesellschaft (SCE) siehe Einl. C Rn 64 ff.

V. Formwechsel bei aufgelösten Rechtsträgern (Abs. 3)

Nach § 191 Abs. 3 ist der Formwechsel eines aufgelösten Rechtsträgers nur möglich, wenn seine Fortsetzung in der bisherigen Form beschlossen werden könnte[28]. Die Vorschrift dient dem Gläubigerschutz. Es können hiernach nur solche aufgelösten Rechtsträger durch Formwechsel umgewandelt werden, die im Zeitpunkt des Formwechselbeschlusses noch über Vermögen verfügen, das den Gläubigern nach dem Formwechsel als Haftungsmasse zur Verfügung steht[29].

Die **Fortsetzung einer aufgelösten Gesellschaft ist im Fall einer OHG oder KG** noch möglich, solange die Gesellschaft noch nicht vollbeendet ist, d. h. die Gesellschaft sich noch in der Abwicklungsphase (Liquidation) befindet[30]. Haben allerdings die Gesellschafter der OHG oder KG eine andere Art der Auseinandersetzung als die Abwicklung oder den Formwechsel vereinbart, kann eine aufgelöste OHG oder KG ihre Rechtsform nicht mehr wechseln[31].

---

[28] Maßgeblich ist insoweit das jeweilige allgemeine Recht der Rechtsform; vgl. hierzu siehe § 3 Rn 35 ff.
[29] RegBegr. *Ganske* S. 236; *Meister/Klöcker* in Kallmeyer Rn 18.
[30] *Hopt* § 131 HGB Rn 30, 2.
[31] § 214 Abs. 2 iVm. § 145 HGB.

§ 192

Fünftes Buch. Formwechsel

18   Die **Fortsetzung einer aufgelösten Gesellschaft** ist **im Fall einer AG** noch möglich, solange noch nicht mit der Verteilung des Vermögens unter die Aktionäre begonnen wurde[32]. Entsprechendes gilt für die **GmbH**[33] und die **eG**[34].

19   Nach Eröffnung eines **Insolvenzverfahrens** ist ein Formwechsel ausgeschlossen, es sei denn, das Verfahren wurde auf Antrag des Schuldners eingestellt oder nach Bestätigung eines Insolvenzplans aufgehoben[35]. Wird hingegen das Insolvenzverfahren mangels Masse nicht eröffnet oder eingestellt, ist die Fortsetzung der Gesellschaft nicht mehr möglich[36].

§ 192 Umwandlungsbericht

(1) Das Vertretungsorgan des formwechselnden Rechtsträgers hat einen ausführlichen schriftlichen Bericht zu erstatten, in dem der Formwechsel und insbesondere die künftige Beteiligung der Anteilsinhaber an dem Rechtsträger rechtlich und wirtschaftlich erläutert und begründet werden (Umwandlungsbericht). § 8 Abs. 1 Satz 2 bis 4 und Abs. 2 ist entsprechend anzuwenden. Der Umwandlungsbericht muß einen Entwurf des Umwandlungsbeschlusses enthalten.

(2) Ein Umwandlungsbericht ist nicht erforderlich, wenn an dem formwechselnden Rechtsträger nur ein Anteilsinhaber beteiligt ist oder wenn alle Anteilsinhaber auf seine Erstattung verzichten. Die Verzichtserklärungen sind notariell zu beurkunden.

Übersicht

	Rn		Rn
I. Allgemeines	1	f) Grenzen der Offenlegungspflicht	17
II. Überblick	4	g) Entwurf des Umwandlungs-	
III. Umwandlungsbericht (Abs. 1)	6	beschlusses	20
1. Inhalt	6	2. Berichtspflichtiger	21
a) Rechtliche und wirtschaftliche Gründe für den Formwechsel	6	3. Form des Umwandlungsberichts	22
b) Rechtliche und wirtschaftliche Auswirkungen des Formwechsels	10	IV. Entbehrlichkeit des Umwandlungsberichts (Abs. 2)	23
c) Erläuterung der Barabfindung	12	1. Verzicht	24
d) Besondere Schwierigkeiten bei der Bewertung	15	2. Personenhandelsgesellschaften	29
e) Verbundene Unternehmen	16	3. Einpersonengesellschaften	31
		V. Mängel des Umwandlungsberichts	33

Literatur: *Engelmeyer,* Informationsrechte und Verzichtsmöglichkeiten im Umwandlungsgesetz, BB 1998, 330; *Hüffer,* Die gesetzliche Schriftform bei Berichten des Vorstands gegenüber der Hauptversammlung, FS Claussen, 1997, S. 171; *Neye,* Das neue Umwandlungsrecht vor der Verabschiedung im Bundestag, ZIP 1994, 917; *Schulze-Osterloh,* Bilanzierung nach dem Referentenentwurf eines Gesetzes zur Bereinigung des Umwandlungsrechts, ZGR 1993, S. 420; *Zürbig,* Der Formwechsel einer Personengesellschaft in eine Kapitalgesellschaft, 1999.

---

[32] § 274 Abs. 1 Satz 1 AktG.
[33] *OLG Düsseldorf* GmbHR 1979, 276, 277; *Lutter* in Lutter § 3 Rn 16; *Schulze-Osterloh* in Baumbach/Hueck § 60 GmbHG Rn 52.
[34] § 79 a Abs. 1 Abs. 1 GenG.
[35] Für die AG gilt § 274 Abs. 2 Nr. 1 AktG. Zur Auflösung einer AG durch gerichtliche Feststellung eines Mangels der Satzung siehe § 274 Abs. 2 Nr. 2 AktG. Für die OHG und KG gelten §§ 144 Abs. 1, 161 Abs. 2 HGB.
[36] *Decher* in Lutter Rn 11 mwN.

I. Allgemeines

Nach der gesetzgeberischen Vorstellung ist für jeden Formwechsel grundsätzlich ein Umwandlungsbericht zu erstellen. Diese Pflicht stellt insoweit den Formwechsel der Verschmelzung und der Spaltung gleich, die ebenfalls die Notwendigkeit eines Berichts der Vertretungsorgane kennen[1]. Der Umwandlungsbericht ist unabhängig von der Rechtsform zu erstellen. Anders als Verschmelzungs- und Spaltungsbericht[2] beruht der Umwandlungsbericht beim Formwechsel nicht auf Vorgaben des europäischen Rechts. Er unterscheidet sich von diesen auch dadurch, dass kein Vermögensübergang und grundsätzlich auch kein Umtauschverhältnis der Anteile erläutert werden muss, sondern der Schwerpunkt der Darstellung auf der qualitativen Veränderung der Beteiligung liegt.

Der Umwandlungsbericht dient vor allem dem **Schutz der Anteilsinhaber.** Diesen wird durch den Bericht ein **formalisiertes Informationsrecht** zur Seite gestellt, um sie in die Lage zu versetzen, ihr Stimmrecht bei dem Umwandlungsbeschluss in Kenntnis aller für den Formwechsel relevanten Umstände sachgerecht auszuüben[3] und die erwarteten Vorteile gegen die möglichen Risiken abwägen. Der Umwandlungsbericht soll den Anteilsinhabern rechtzeitig[4] vor der Durchführung der Beschluss fassenden Anteilsinhaberversammlung eine zuverlässige Entscheidungsgrundlage zur Meinungsbildung verschaffen[5]. Die ohnehin bestehende passive Informationspflicht[6] der Vertretungsorgane des Rechtsträgers wird auf diese Weise um eine **aktive Unterrichtungspflicht** ergänzt. Eine solche Unterrichtungspflicht ist vor allem in Rechtsträgern mit einem größeren Anteilsinhaberkreis wichtig[7], da dort regelmäßig Beteiligung und Geschäftsführung auseinander fallen und der Anteilsinhaber nur begrenzt Zugang zu Informationen hat. Deshalb ist der Umwandlungsbericht dort entbehrlich, wo ein solches Informationsdefizit vom Gesetzgeber nicht vermutet wird, wie bspw. bei Beteiligung nur eines Anteilsinhabers oder bei einem Verzicht aller Anteilsinhaber auf die Unterrichtung[8].

Die Anteilsinhaber, die den Formwechsel ablehnen, können zudem anhand des Umwandlungsberichts den Umwandlungsbeschluss überprüfen. Viele Unwirksamkeitsklagen stützen sich dementsprechend auch auf Mängel des Umwandlungsberichts. Deshalb ist bei seiner Abfassung höchste Sorgfalt geboten. Klagen gegen den Umwandlungsbeschluss, die eine nicht vorhandene oder nicht hinreichende Information der Anteilsinhaber über das Umtauschverhältnis oder bezüglich eines Barabfindungsangebots im Umwandlungsbericht rügen, sind gleichwohl weitgehend ausgeschlossen[9]. Die Anteilsinhaber werden insoweit auf das Spruchverfahren verwiesen[10].

II. Überblick

Der Umwandlungsbericht muss den Formwechsel ausführlich rechtlich und wirtschaftlich erläutern und begründen. Dabei ist auf die künftige Beteiligung der Anteilsinhaber des form-

---

[1] §§ 8, 36 Abs. 1 Satz 1, 127, 135 Abs. 1 Satz 1.
[2] Art. 9 VerschmRL; Art. 7 SpaltRL.
[3] *LG Essen* AG 1999, 329.
[4] *OLG Frankfurt am Main* NZG 2004, 732, 733.
[5] *LG Mainz* DB 2001, 1136; *OLG Düsseldorf* AG 1999, 418 (zum Verschmelzungsbericht).
[6] § 131 AktG.
[7] RegBegr. *Ganske* S. 214.
[8] RegBegr. *Ganske* S. 214.
[9] *BGH* NJW 2001, 1425, 1426; *BGH* NJW 2001, 1428, 1429.
[10] Siehe im Einzelnen § 195 Rn 22 ff., § 210 Rn 4 f.

wechselnden Rechtsträgers einzugehen. Der Umwandlungsbericht muss den **Entwurf des Umwandlungsbeschlusses** (beim Formwechsel in eine Kapitalgesellschaft, eG oder PartG samt eines **Entwurfs des Gesellschaftsvertrags**[11]**, der Satzung**[12] **oder des Statuts**[13] **des Rechtsträgers neuer Rechtsform**) enthalten und diesen erläutern. Durch den Verweis auf die Regelungen zum Verschmelzungsbericht ist darüber hinaus im Umwandlungsbericht auf besondere **Schwierigkeiten bei der Bewertung** des Rechtsträgers hinzuweisen[14]. Handelt es sich beim formwechselnden Rechtsträger um ein **verbundenes Unternehmen**[15], sind Angaben über alle für den Formwechsel wesentlichen Angelegenheiten der anderen verbundenen Unternehmen zu machen[16]. Nicht in den Umwandlungsbericht aufgenommen werden müssen jedoch solche Angaben, deren Bekanntwerden geeignet ist, dem Rechtsträger oder einem verbundenen Unternehmen einen **nicht unerheblichen Nachteil** zuzufügen. Die Gründe hierfür sind wiederum im Umwandlungsbericht anzuführen[17]. Bis zum Inkrafttreten des Zweiten Gesetzes zur Änderung des Umwandlungsgesetzes war dem Umwandlungsbericht auch eine Vermögensaufstellung beizufügen. In dieser waren die Gegenstände und Verbindlichkeiten des formwechselnden Rechtsträgers mit dem wirklichen Wert anzusetzen. Nach berechtigter Kritik hat sich der Gesetzgeber entschlossen, von diesem Erfordernis Abstand zu nehmen. Der Nachweis der Werthaltigkeit werde durch die Gründungsprüfung gewährleistet, die wegen der Verweisung in § 197 sowieso erforderlich sei; eine für die Beteiligten unliebsame Aufdeckung der stillen Reserven sei gerade nicht erforderlich.

5 Der Umwandlungsbericht und damit auch die Vermögensaufstellung sind jedoch **entbehrlich**, wenn nur ein Anteilsinhaber am formwechselnden Rechtsträger beteiligt ist oder alle Anteilsinhaber auf ihn in notarieller Form verzichten. Diese als Ausnahme konzipierten Befreiungstatbestände stellen in der Praxis den Regelfall dar. Für **Personenhandelsgesellschaften** ist der Umwandlungsbericht darüber hinaus entbehrlich, wenn alle Gesellschafter zur Geschäftsführung befugt sind[18].

III. Umwandlungsbericht (Abs. 1)

1. Inhalt

6 a) **Rechtliche und wirtschaftliche Gründe für den Formwechsel.** Der Umwandlungsbericht hat den geplanten Formwechsel rechtlich und wirtschaftlich ausführlich zu erläutern und zu begründen. Es empfiehlt sich, zunächst den formwechselnden Rechtsträger, seine Entwicklung, seine Konzernstruktur und Beteiligungen darzustellen[19]. Weiterhin sind alle wesentlichen Vor- und Nachteile des Formwechsels für das Unternehmen und die Anteilsinhaber darzulegen[20]. Es muss erkennbar werden, dass und warum der Formwechsel ein geeignetes Mittel zur Verfolgung der unternehmerischen Strategie ist. Andere in Frage kommende gesellschaftsrechtliche Strukturmaßnahmen als Alternativen zum Formwechsel sind darzustellen. Dabei ist aufzuzeigen, warum im Vergleich die Vorteile des Formwechsels überwiegen und andere Maßnahmen nicht gleichwertig sind[21]. Der Umwandlungsbericht

---

[11] §§ 218 Abs. 1, 225 c, 234 Nr. 3, 243; 263 Abs. 1, 276 Abs. 1, 302.
[12] §§ 218 Abs. 1, 225 c, 243, 263 Abs. 1, 276 Abs. 1, 294 Abs. 1, 302.
[13] §§ 218 Abs. 1, 225 c, 253 Abs. 1, 285 Abs. 1.
[14] § 192 Abs. 1 Satz 2 iVm. § 8 Abs. 1 Satz 2.
[15] § 15 AktG.
[16] § 192 Abs. 1 Satz 2 iVm. § 8 Abs. 1 Satz 3.
[17] § 192 Abs. 1 Satz 2 iVm. § 8 Abs. 2.
[18] § 215.
[19] Ebenso *Decher* in Lutter Rn 16.
[20] *Decher* in Lutter Rn 18.
[21] Es ist dagegen nicht erforderlich, dass der Formwechsel verhältnismäßig im Sinne einer Abwägung aller beteiligten Interessen ist.

muss darüber hinaus auf die weiter gehenden unternehmerischen Ziele eingehen, die mit dem Formwechsel verfolgt werden.

Der Umwandlungsbericht muss über die **wirtschaftlichen Hintergründe** des Form- 7 wechsels informieren. Die Anteilsinhaber müssen sich auf Grund der Angaben im Umwandlungsbericht ein Bild über die wirtschaftliche Zweckmäßigkeit des Formwechsels machen können. Der Formwechsel ist aus betriebswirtschaftlicher Sicht darzustellen. Auch steuerliche Hintergründe für den Formwechsel sind, ebenso wie die **steuerlichen Auswirkungen**, darzulegen[22].

Zweck des Umwandlungsberichts ist es nicht, den Formwechsel bis in alle Einzelheiten 8 nachvollziehbar zu machen. Er muss und soll die Anteilsinhaber nicht in die Lage versetzen, den Formwechsel auf seine inhaltliche Richtigkeit und rechtliche Korrektheit überprüfen zu können[23], da dies nicht Aufgabe der Anteilsinhaber ist.

Der Umwandlungsbericht hat **ausführlich** zu sein. Wie detailliert die Angaben des Um- 9 wandlungsberichts sein müssen, geht aus dem Gesetz nicht hervor. Um nicht Klagen gegen den Umwandlungsbeschluss herauszufordern, fasst die Praxis den Umwandlungsbericht eher zu ausführlich als zu knapp ab. Doch sollte der Bericht nicht übertrieben lehrbuchhafte Ausmaße annehmen. Nicht ausreichend ist ein Bericht, der lediglich den Inhalt des Umwandlungsbeschlusses paraphrasiert[24] oder sich auf Erwägungen zum Sinn und Zweck von Unternehmensumstrukturierungen im Allgemeinen beschränkt. Alle für die Beurteilung des Formwechsels durch die Anteilsinhaber relevanten Informationen müssen im Umwandlungsbericht enthalten sein. Für die Auslegung des unbestimmten Rechtsbegriffs „ausführlich" ist es sinnvoll, auf die einschlägige Rechtsprechung zurückzugreifen, die bisher zum Verschmelzungsbericht ergangen ist[25]. Der Verschmelzungsbericht diente sowohl im Inhalt als auch in seiner Fassung dem Gesetzgeber als Vorbild für § 192[26].

b) Rechtliche und wirtschaftliche Auswirkungen des Formwechsels. Der Um- 10 wandlungsbericht soll die rechtlichen und wirtschaftlichen Folgen des Formwechsels erläutern und begründen. Den Schwerpunkt bildet hierbei die künftige Beteiligung der Anteilsinhaber am Rechtsträger neuer Rechtsform. Abweichend vom Verschmelzungs- und Spaltungsbericht steht bei der künftigen Beteiligung nicht eine eventuelle quantitative, sondern die **qualitative Veränderung** im Vordergrund. Die Veränderungen, die der Formwechsel – vor allem für die Rechtsstellung der Anteilsinhaber – mit sich bringt, sind zu erklären. Dabei sind qualitative Änderungen in der Rechtsstellung darzustellen. Das betrifft zB die Übertragbarkeit der Anteile, den Verbleib von Sonder- und Informationsrechten sowie die Minderheitsrechte. Es ist aber nicht erforderlich, ausführlich auf solche Veränderungen einzugehen, die sich bereits aus dem Gesetzestext selbst ergeben. Dann genügt der einfache Hinweis auf das neue Normenregime[27]. Wesentliche Veränderungen dagegen, die nicht als allgemein bekannt angesehen werden können oder sich nicht unmittelbar aus dem jeweils einschlägigen Fachgesetz ergeben, sind im Umwandlungsbericht näher zu erläutern[28]. Ebenso ist auf die künftige Rechtsstellung des einzelnen Anteilsinhabers einzugehen, wenn diese in der künftigen Gesellschaftsverfassung abweichend von der gesetzlichen Vorstellung geregelt ist. Darzu-

---

[22] Vgl. zum Verschmelzungsvertrag *OLG Düsseldorf* AG 1999, 418, 420; *OLG Hamm* AG 1999, 422, 424.
[23] *OLG Düsseldorf* AG 2002, 47, 48; *Decher* in Lutter Rn 9 f: „Plausibilitätskontrolle". Vgl. zum entsprechenden Problem beim Verschmelzungsvertrag *OLG Düsseldorf* AG 1999, 418, 420; *OLG Hamm* AG 1999, 422, 424.
[24] *BGH* ZIP 1990, 168 „DAT/Altana II" (zum Verschmelzungsbericht).
[25] ZB BGHZ 107, 296 ff. „Kochs/Adler" = ZIP 1989, 980; *BGH* ZIP 1990, 168 „DAT/Altana II"; *BGH* ZIP 1990, 1560, 1561 „SEN".
[26] Siehe § 8 Rn 11 ff.
[27] *LG Heidelberg* AG 1996, 523 ff.
[28] *LG Heidelberg* AG 1996, 523, 526.

stellen sind auch die wirtschaftlichen Auswirkungen des Formwechsels. Diese können zB in einer unterschiedlichen **Besteuerung** der Anteile vor und nach dem Formwechsel liegen.

11 Findet abweichend vom Normalfall auch eine **quantitative Veränderung** der Beteiligung der Anteilsinhaber statt, hat der Umwandlungsbericht zu deren Ausmaß Stellung zu nehmen. Dies betrifft insbesondere den **nichtverhältniswahrenden** Formwechsel.

12 c) **Erläuterung der Barabfindung.** Der formwechselnde Rechtsträger ist verpflichtet, jedem Anteilsinhaber, der dem Umwandlungsbeschluss widerspricht, den Erwerb seiner Anteile oder Mitgliedschaften gegen eine angemessene Barabfindung anzubieten[29]. Die **Höhe dieser Barabfindung** ist im Umwandlungsbericht zu erläutern und zu begründen[30]. Dabei sollte auf deren **Angemessenheit** sowie den Inhalt der gesetzlichen Regeln der §§ 207 ff. eingegangen werden. Die Erläuterung darf sich aber nicht darauf beschränken, die Grundsätze darzulegen, nach denen die Abfindungswerte ermittelt wurden[31]. Keine Erläuterung in diesem Sinne ist allein ein Verweis auf die Vermögensaufstellung iSd. Abs. 2[32].

13 Die Notwendigkeit, die Barabfindung zu erläutern, ergibt sich nicht direkt aus dem Wortlaut des § 192, der § 8 Abs. 1 Satz 1 von der Verweisung ausnimmt. Hieraus und aus der fehlenden Erwähnung der Barabfindung in § 192 ist jedoch nicht zu schließen, der Gesetzgeber habe die Barabfindung im Gegensatz zu § 8 ausdrücklich nicht zum Gegenstand der Erläuterungen machen wollen. Eine bewusste Entscheidung des Gesetzgebers ist weder den Materialien noch den übrigen Vorschriften zum Formwechsel zu entnehmen[33]. Eine Bezugnahme auf § 8 Abs. 1 Satz 1 war nicht möglich, weil dort verschmelzungsspezifische Umstände erwähnt werden. Die entsprechende Verpflichtung ergibt sich **mittelbar** aus der Tatsache, dass das Abfindungsangebot zwingender Teil des Umwandlungsbeschlusses ist[34]. Dieser ist wiederum Teil des Umwandlungsberichts[35], in dem die wesentlichen Folgen des Umwandlungsbeschlusses, mithin auch des Barabfindungsangebots, darzustellen sind[36]. Das Abfindungsangebot hat wirtschaftliche Auswirkungen für die ausscheidenden und verbleibenden Anteilsinhaber. Der Umwandlungsbericht erläutert nur dann ausführlich, wenn er auch das Barabfindungsangebot kommentiert. Auch der Verweis darauf, dass besondere Schwierigkeiten bei der Bewertung des Rechtsträgers dargelegt werden müssen, deutet darauf hin, dass die Barabfindung zu erläutern ist.

14 Mangelhafte Erläuterungen des Barabfindungsangebots im Umwandlungsbericht können nicht durch eine Anfechtungsklage, sondern nur im Spruchverfahren geltend gemacht werden[37].

15 d) **Besondere Schwierigkeiten bei der Bewertung**[38]. Der Umwandlungsbericht hat zu besonderen Schwierigkeiten bei der Bewertung des Rechtsträgers Stellung zu nehmen[39].

---

[29] § 207.
[30] AllgM, vgl. auch *BGH* NJW 2001, 1425, 1426; *BGH* NJW 2001, 1428; *KG* AG 1999, 126, 128; *LG Mainz* DB 2001, 1136, 1137; *Decher* in Lutter Rn 31; *Mayer* in Widmann/Mayer Rn 44; *Meister/Klöcker* in Kallmeyer Rn 9; *Zürbig* S. 84. Zu den Konsequenzen des Fehlens einer solchen Erläuterung siehe § 210 Rn 5.
[31] *BGH* ZIP 1990, 1560, 1561; *KG* AG 1999, 126, 128.
[32] *OLG Frankfurt am Main* NZG 2004, 732, 733.
[33] RegBegr. *Ganske* S. 53, 54.
[34] § 194 Abs. 1 Nr. 6.
[35] § 192 Abs. 1 Satz 3.
[36] Vgl. dazu sehr ausführlich *KG* AG 1999, 126, 128.
[37] *BGH* NJW 2001, 1425 ff.; *BGH* NJW 2001, 1428 ff.; siehe Rn 33 ff.
[38] § 192 Abs. 1 Satz 2 iVm. § 8 Abs. 1 Satz 2.
[39] § 192 iVm. § 8 Abs. 1 Satz 2. Der Hinweis auf Schwierigkeiten bei der Bewertung bezieht sich nicht auf die Festsetzung der in der Vermögensaufstellung anzugebenden Werte. Dies ergibt sich schon daraus, dass sich der Verweis auf den Verschmelzungsbericht bezieht, der eine solche Vermögensaufstellung nicht kennt, und auch systematisch der Vermögensaufstellung voransteht; so auch *Decher* in Lutter Rn 39; aA *Meister/Klöcker* in Kallmeyer Rn 13.

Dabei ist zu erklären, ob konkrete Bewertungsprobleme aufgetreten sind und, wenn ja, welche das waren und wie sie gelöst wurden. Es ist nicht ausreichend, pauschal auf allgemeine Schwierigkeiten bei Unternehmensbewertungen zu verweisen[40]. IdR dürfte hieraus aber kein Problem entstehen, da – außer beim nichtverhältniswahrenden Formwechsel – die Anteile beim Formwechsel gleich bleiben. Dass auf die Folgen für die Beteiligung der Anteilsinhaber einzugehen ist[41], ergibt sich für den Umwandlungsbericht bereits aus § 192 Abs. 1 Satz 1.

e) Verbundene Unternehmen[42]. Ist der formwechselnde Rechtsträger ein verbundenes Unternehmen[43], sind in dem Bericht Angaben über alle für den Formwechsel wesentlichen Angelegenheiten der anderen verbundenen Unternehmen zu machen[44]. Die Auskunftspflicht des Vertretungsorgans erstreckt sich auch hierauf[45]. Die Angabe von Angelegenheiten verbundener Unternehmen kann jedoch dann unterbleiben, wenn sich die Rechtsverhältnisse des formwechselnden Rechtsträgers zu den verbundenen Unternehmen nicht ändern und damit für den Formwechsel nicht relevant werden.

f) Grenzen der Offenlegungspflicht[46]. In den Bericht brauchen Tatsachen **nicht** aufgenommen zu werden, deren Bekanntwerden geeignet ist, dem formwechselnden Rechtsträger oder einem verbundenen Unternehmen einen **nicht unerheblichen Nachteil** zuzufügen. Die Vorschrift lehnt sich an das Auskunftsverweigerungsrecht des § 131 Abs. 3 AktG an[47]. Ein solcher Nachteil ist jede nicht nur geringfügige **Beeinträchtigung legitimer Interessen** des Unternehmens, auch außerhalb eines Schadens iSd. §§ 249 ff. BGB[48]. Das Auskunftsverweigerungsrecht greift nicht erst dann ein, wenn der Gesellschaft mit Gewissheit durch die Auskunftserteilung Nachteile entstehen werden[49]. Erfasst von der Geheimhaltung werden vielmehr auch Informationen, die geeignet sind, der Konkurrenz eine Abschätzung der Stellung des Rechtsträgers im Markt und seiner Unternehmensstrategie zu ermöglichen und damit seine Wettbewerbsfähigkeit zu gefährden. Dazu können zB die Offenlegung einzelner Ertragsquellen[50], interner Kalkulationen oder der Preispolitik[51] gehören. Bei der Beurteilung, ob die Preisgabe einer Information einen nicht unerheblichen Nachteil verursacht, sind die Vor- und Nachteile der Offenbarung miteinander abzuwägen. Eine Abwägung des Geheimhaltungsinteresses des Unternehmens mit dem Informationsinteresse der Anteilsinhaber findet dagegen nicht statt[52].

Das Geheimhaltungsinteresse kann auch mit den in **§ 131 Abs. 3 Nrn. 2 bis 6 AktG** genannten Interessenlagen begründet werden[53]. Die dort angeführten Informationsverwei-

---

[40] *Mayer* in Widmann/Mayer § 8 Rn 42; zum Verschmelzungsbericht nach § 340 a AktG aF *Kraft* in Kölner Komm. § 340 a AktG Rn 18.
[41] § 192 Abs. 1 Satz 2 iVm. § 8 Abs. 1 Satz 2.
[42] § 192 Abs. 1 Satz 2 iVm. § 8 Abs. 1 Satz 3 und 4.
[43] § 15 AktG.
[44] § 192 Abs. 1 Satz 2 iVm. § 8 Abs. 1 Satz 3 und 4.
[45] § 192 Abs. 1 Satz 2 iVm. § 8 Abs. 1 Satz 4.
[46] § 192 Abs. 1 Satz 2 iVm. § 8 Abs. 2.
[47] RegBegr. *Ganske* S. 53, 54.
[48] Vgl. *Mayer* in Widmann/Mayer § 8 Rn 50.
[49] *LG Mainz* WM 1987, 1129; 1130 zu § 131 Abs. 3 Nr. 1 AktG: Die Eignung zur Nachteilszufügung ist dabei ausreichend. Insoweit ist ein abstrakter Maßstab anzulegen. Es kommt für die Beurteilung nicht auf die subjektive Sicht des Vertretungsorgans, sondern auf eine vernünftige kaufmännische Beurteilung an.
[50] *LG Mainz* WM 1987, 1129.
[51] *LG Mainz* WM 1987, 1129; *OLG Zweibrücken* WM 1990, 185.
[52] *LG Mainz* WM 1987, 1129, 1130; *Lutter* in Lutter § 8 Rn 45.
[53] Ebenso *Decher* in Lutter Rn 47; *Mayer* in Widmann/Mayer § 8 Rn 47; *Bungert* DB 1995, 1384, 1389; zum Verschmelzungsbericht und § 131 Abs. 3 Nr. 2 AktG *Keil*, Der Verschmelzungsbericht nach § 340 a AktG, 1990, S. 85 f.

gerungsrechte sind Unterfälle der Generalklausel des § 131 Abs. 3 Nr. 1 AktG, auf der die Formulierung des § 8 Abs. 2 basiert[54]. Durch die Anknüpfung an diese Generalklausel sind auch die speziellen Auskunftsverweigerungsrechte von § 8 Abs. 2 umfasst. Dies hatte der BGH für den Verschmelzungsbericht schon anerkannt[55]. Der Gesetzesbegründung ist nicht zu entnehmen, dass diese Rechtsprechung durch das UmwG eingeschränkt werden sollte. Das Auskunftsverweigerungsrecht des UmwG orientiert sich am aktienrechtlichen Standard, der im Vergleich zu den Vorschriften anderer Rechtsformen, insbesondere zu § 51 a Abs. 2 GmbHG, eine niedrigere Grenze für ein Geheimhaltungsrecht zieht. Weiter gehende Auskunftsrechte der Anteilsinhaber bleiben unberührt[56].

19 Der Bericht hat ggf. die **Gründe für eine Geheimhaltung bestimmter Tatsachen darzulegen**. Ein pauschaler Hinweis auf die Schädlichkeit weiter gehender Ausführungen oder auf ein generelles Geheimhaltungsinteresse der Gesellschaft ist nicht ausreichend[57]. Die Gründe für die Geheimhaltung müssen vielmehr so detailliert dargestellt werden, dass dem Anteilsinhaber eine Plausibilitätskontrolle möglich ist. Das Verhältnis von Schaden und Nutzen der Veröffentlichung ist anzugeben[58]. Es sind konkrete Umstände zu benennen, aus denen ohne Offenbarung der schädlichen Tatsachen selbst die schädlichen Auswirkungen einer solchen Offenbarung deutlich werden[59]. UU kann aus der Begründung der Nichtoffenlegung auf die geheim gehaltene Tatsache geschlossen werden. Darum endet die Pflicht zur Angabe von Gründen dort, wo sie selber geeignet ist, Nachteile zu verursachen[60]. Weshalb Tatsachen nicht offen gelegt werden, muss im Umwandlungsbericht selbst erklärt werden. Eine – mündliche – Erklärung hierzu in der Anteilsinhaberversammlung ist nicht ausreichend[61]. Die Anteilsinhaber müssen durch den Umwandlungsbericht in die Lage versetzt werden, sich auf die Durchführung der Versammlung vorzubereiten, um dort von ihren Auskunftsrechten sachgemäß Gebrauch machen zu können[62].

20 g) Entwurf des Umwandlungsbeschlusses. Dem Umwandlungsbericht ist der Entwurf des Umwandlungsbeschlusses beizufügen. Dieser muss rechtlich und wirtschaftlich erläutert werden, falls dies noch nicht iRd. Darstellung der rechtlichen und wirtschaftlichen Folgen des Formwechsels erfolgte. Die Erläuterung hat dem Anteilsinhaber alle im Umwandlungsbeschluss angesprochenen Umstände, die nicht aus sich heraus verständlich sind, plausibel zu machen.

2. Berichtspflichtiger

21 Der Umwandlungsbericht ist von dem Vertretungsorgan des formwechselnden Rechtsträgers zu erstellen. Die Pflicht obliegt dem **gesamten Vertretungsorgan**, und zwar unabhängig davon, wie die Vertretungsmacht konkret ausgestaltet ist. Eine Mitwirkungspflicht besteht auch für diejenigen Organmitglieder, die den Formwechsel ablehnen. Divergierende Ansichten einzelner Organmitglieder sind, sofern sie sich nicht ausräumen lassen, ebenfalls

---

[54] RegBegr. *Ganske* S. 53, 54.
[55] *BGH* ZIP 1990, 168, 169 „DAT/Altana II".
[56] So auch *Lutter* in Lutter § 8 Rn 46; *Mayer* in Widmann/Mayer § 8 Rn 50.
[57] Zum entsprechenden Problem beim Verschmelzungsvertrag nach § 340 a AktG aF BGHZ 107, 296, 305 = ZIP 1989, 980 „Kochs Adler"; *BGH* ZIP 1990, 168, 169 „DAT/Altana II"; *BGH* ZIP 1990, 1560, 1561 „SEN".
[58] *BGH* ZIP 1990, 1560, 1562 „SEN".
[59] Zum entsprechenden Problem beim Verschmelzungsvertrag nach § 340 a aF AktG *BGH* ZIP 1990, 1560, 1562 „SEN".
[60] So auch *Meister/Klöcker* in Kallmeyer Rn 34.
[61] Dies folgt aus dem insoweit eindeutigen Wortlaut des § 8 Abs. 2; vgl. auch BGHZ 107, 296, 305; *BGH* ZIP 1990, 1560, 1562 „SEN"; *Mayer* in Widmann/Mayer § 8 Rn 53; aA *Bermel* in Goutier/Knopf/Tulloch § 8 Rn 41.
[62] *BGH* ZIP 1990, 1560, 1562 „SEN".

Umwandlungsbericht 22–24 § 192

in den Bericht aufzunehmen. Eine rechtsgeschäftliche **Vertretung** bei der Abfassung, auch durch andere Mitglieder des Vertretungsorgans, ist **nicht zulässig**[63]. Der Umwandlungsbericht ist keine Willenserklärung, sondern eine Wissenserklärung[64]. Die unrichtige Wiedergabe der Verhältnisse des Rechtsträgers im Umwandlungsbericht ist mit Strafe bedroht[65].

3. Form des Umwandlungsberichts

Der Umwandlungsbericht ist schriftlich zu verfassen und von sämtlichen Organmitgliedern[66] zu unterschreiben. „Schriftlich" meint die Schriftform iSd. § 126 BGB[67]. Die Unterschriften müssen sich sowohl auf den Umwandlungsbericht als auch auf den Entwurf des Umwandlungsbeschlusses beziehen. Allerdings ist **nur** das **Original** eigenhändig zu unterschreiben. Auf Kopien reicht der Vermerk „Der Vorstand" oder eine ähnliche Formulierung für die Kennzeichnung der Herkunft des Berichts[68]. 22

IV. Entbehrlichkeit des Umwandlungsberichts (Abs. 2)

Der Umwandlungsbericht samt der Vermögensaufstellung[69] ist entbehrlich, wenn an dem formwechselnden Rechtsträger nur ein Anteilsinhaber beteiligt ist, alle Anteilsinhaber auf den Umwandlungsbericht verzichten oder bei einer Personenhandelsgesellschaft alle Gesellschafter zur Geschäftsführung berechtigt sind[70]. Der Umwandlungsbericht dient allein dem Schutz der Anteilsinhaber. Verzichten diese auf den Schutz oder sind sie nicht schutzbedürftig, weil sie als Geschäftsführer oder Alleingesellschafter bereits umfassend am Umwandlungsprozess beteiligt sind, ist der Schutz entbehrlich. 23

1. Verzicht

Die Aufstellung eines Umwandlungsberichts entfällt, wenn **alle** Anteilsinhaber in notariell beurkundeter Form[71] auf ihn verzichten. Die Verzichtserklärung ist eine einseitige empfangsbedürftige Willenserklärung, die gegenüber dem formwechselnden Rechtsträger zu erklären ist. 24

---

[63] Vgl. auch *Stratz* in Schmitt/Hörtnagl/Stratz Rn 4; *Mayer* in Widmann/Mayer Rn 25; *Grunewald* in G/H/E/K § 340 a aF AktG Rn 18.
[64] Siehe dazu auch *Hüffer,* FS Claussen, S. 171, 179 ff.
[65] § 313 Abs. 1 Nr. 1.
[66] Schon die Strafbarkeit eines unrichtigen Umwandlungsberichts verlangt die Unterzeichnung durch sämtliche Mitglieder des Vertretungsorgans (vgl. nur die Regelung in § 78 2. Halbs. GmbHG, in der alle in § 82 GmbHG unter Strafe gestellten falschen Angaben ausnahmsweise von sämtlichen Geschäftsführern abgegeben werden müssen). Siehe auch § 8 Rn 7; ebenso *Decher* in Lutter Rn 4; *Meister/Klöcker* in Kallmeyer Rn 38; *Hüffer,* FS Claussen, S. 171, 177; LG Berlin NZG 2004, 337, 338 (zum Verschmelzungsbericht); aA KG AG 2005, 205; *Mayer* in Widmann/Mayer Rn 25, § 8 Rn 13 f.; *K. Müller* NJW 2000, 2001.
[67] Dass der Gesetzgeber die Schriftform des § 126 BGB auch dann meint, wenn er „nur" von „schriftlich" spricht, ergibt sich bereits aus § 766 Satz 1 BGB, in dem unter der amtlichen Überschrift „Schriftform der Bürgschaftserklärung" von der Erforderlichkeit einer „schriftlichen Bürgschaftserklärung" die Rede ist. Die unlängst vom Zaun gebrochene Diskussion, ob „schriftlich" auch einen Umwandlungsbericht ohne die Unterzeichnung durch das Vertretungsorgan des formwechselnden Rechtsträgers zulässt (so *Fuhrmann* AG 2004, 135, 136; KG AG 2005, 205), ist deshalb nicht nachvollziehbar. IE ebenso *Stratz* in Schmitt/Hörtnagl/Stratz § 192 Rn 4; gleichfalls zur selben Problematik beim Verschmelzungsbericht *Marsch-Barner* in Kallmeyer § 8 Rn 3.
[68] So auch *Decher* in Lutter Rn 4.
[69] RegBegr. *Ganske* S. 214, 215.
[70] § 215.
[71] § 192 Abs. 2; es handelt sich um die Beurkundung von Willenserklärungen, so dass sich die Beurkundung nach §§ 6 ff. BeurkG richtet; vgl. auch LG Stuttgart GmbHR 2001, 977.

25 Die Beurkundung des Verzichts dient dem **Nachweis** gegenüber dem Registergericht sowie der **Warnung** des Anteilsinhabers und ist deshalb nicht entbehrlich. Sie wird praktischerweise anlässlich der Beurkundung des Umwandlungsbeschlusses erfolgen. In diesem Fall kann allerdings der Beschluss nicht gefasst werden, wenn überraschend ein Gesellschafter doch nicht auf die Erstellung des Umwandlungsberichts verzichtet. Mangels Beurkundung wäre auch eine vorherige Verpflichtung, bei der Beschlussfassung auf den Umwandlungsbericht zu verzichten, unwirksam[72].

26 Der Verzicht kann auch bereits **vor** dem Umwandlungsbeschluss erklärt werden. Verzicht und Umwandlungsbeschluss müssen aber zeitlich noch so zusammenhängen, dass der Anteilsinhaber zur Zeit seines Verzichts auch ungefähr von dem konkreten Umwandlungsvorgang Kenntnis hat. Deshalb ist ein pauschaler Verzicht iRd. Gesellschaftsvertrags zeitlich weit vor dem Formwechsel unzulässig[73].

27 Spätestens bei der **Anmeldung** des Formwechsels bei dem Registergericht muss der Verzicht vorliegen, da er als Anlage der Anmeldung einzureichen ist[74].

28 **Mängel** der notariellen Beurkundung werden mit der Eintragung des Formwechsels in das Handelsregister geheilt[75].

2. Personenhandelsgesellschaften

29 Der Umwandlungsbericht ist auch dann entbehrlich, wenn bei einer Personenhandelsgesellschaft alle Gesellschafter zur Geschäftsführung berechtigt sind[76], zB bei der OHG[77].

30 Ist dies nicht der Fall, besteht auch hier die Möglichkeit eines Verzichts auf den Umwandlungsbericht. Eine notarielle Verzichtserklärung allein der nicht geschäftsführungsberechtigten Gesellschafter ist ausreichend. Zweck des Umwandlungsberichts ist der Schutz der nicht direkt am Formwechsel beteiligten Gesellschafter[78]. Die geschäftsführenden Gesellschafter wirken aber am Formwechsel persönlich mit und können auch sämtliche diesbezüglichen geschäftlichen Unterlagen der Gesellschaft einsehen. Sie sind deshalb nicht schutzbedürftig. Ein förmlicher notarieller Verzicht ist damit überflüssig[79].

3. Einpersonengesellschaften[80]

31 Ist an dem formwechselnden Rechtsträger nur ein Anteilsinhaber beteiligt, bedarf es keines Umwandlungsberichts. Dieser ist wegen seiner beherrschenden Stellung im Rechtsträger umfassend informiert.

32 Für die Frage, ob nur **ein** Anteilsinhaber am Rechtsträger beteiligt ist, ist auf den Zeitpunkt des Wirksamwerdens des Formwechsels abzustellen. **Nicht** hiervon erfasst ist die Variante mehrerer Anteilsinhaber, die alle von einem Dritten zu 100% beherrscht werden, einen Stimmbindungsvertrag geschlossen oder ihre Anteile gepoolt haben[81]. Der Gesetzgeber hat an anderer Stelle im UmwG die Problematik von Beherrschungsverhältnissen gesehen und gelöst[82]. Es besteht kein Bedürfnis, das Registergericht mit der Überprüfung evtl. kompli-

---

[72] Der Mangel des Umwandlungsbeschlusses würde aber mit dem nachträglichen notariellen Verzicht geheilt werden, vgl. *Mayer* in Widmann/Mayer § 8 Rn 60.
[73] So auch *Lutter/Drygala* in Lutter § 8 Rn 51.
[74] § 199.
[75] § 202 Abs. 1 Nr. 3.
[76] § 215.
[77] § 114 Abs. 1 HGB.
[78] Vgl. Rn 36.
[79] So auch *Mayer* in Widmann/Mayer Rn 21; *Joost* in Lutter § 215 Rn 11; aA *Meister/Klöcker* in Kallmeyer Rn 57.
[80] Zur Poolung von Stimmrechten grds. *Bärwaldt* in BeckHdb. Personengesellschaften § 20 Rn 18 bis 24.
[81] So aber *Laumann* in Goutier/Knopf/Tulloch Rn 36.
[82] §§ 8 Abs. 3, 9 Abs. 2; vgl. auch *Mayer* in Widmann/Mayer Rn 24.

zierter Beherrschungsverträge zu belasten und so den Formwechselvorgang zu verzögern. Bei einer 100%-igen Beherrschung oder einer entsprechenden Situation dürfte ein förmlicher Verzicht aller Anteilsinhaber auf den Umwandlungsbericht leicht zu erlangen sein.

V. Mängel des Umwandlungsberichts

Mängel des Umwandlungsberichts bieten die Hauptangriffsfläche für Klagen gegen den Formwechsel und können so den gesamten Umwandlungsvorgang blockieren. Wenn der Umwandlungsbericht inhaltlich nicht vollständig ist oder unter sonstigen formellen oder materiellen Fehlern leidet, ist grundsätzlich der **Umwandlungsbeschluss** bei Kapitalgesellschaften[83], eingetragenen Genossenschaften[84] und VVaG[85] **anfechtbar**[86], bei Personenhandelsgesellschaften und rechtsfähigen Vereinen[87] **nichtig**. 33

Die **Klage** kann nicht darauf gestützt werden, dass die Anteile an dem Rechtsträger neuer Rechtsform zu niedrig bemessen seien oder die Barabfindung zu niedrig sei[88]. Ebenfalls keinen Anfechtungsgrund bietet nach Auffassung des BGH die fehlende oder unzulängliche Erläuterung des Barabfindungsangebots[89]. Insoweit greife der Klageausschluss des § 210 ein. Dem Anteilsinhaber steht damit nur noch das **Spruchverfahren** offen[90]. 34

Der Umwandlungsbeschluss von **Kapitalgesellschaft, eG und VVaG** ist jedoch nur dann anfechtbar, wenn seine Fehlerhaftigkeit auf einem mangelhaften Umwandlungsbericht beruht. Der mangelhafte Umwandlungsbericht muss für das Abstimmungsverhalten in der Anteilsinhaberversammlung **kausal** geworden sein, indem zB Informationsrechte verletzt wurden. **Maßstab** ist dabei, ob ein **objektiv urteilender Anteilsinhaber** anders abgestimmt hätte, wenn ihm ein mangelfreier Umwandlungsbericht vorgelegen hätte[91]. Der BGH[92] geht bei einem offensichtlich mangelhaften Umwandlungsbericht davon aus, dass ein objektiv urteilender Anteilsinhaber dem Umwandlungsbeschluss wegen der Bedeutung, die der rechtlichen und wirtschaftlichen Erläuterung für die Minderheitsanteilsinhaber zukommt, **nicht zugestimmt hätte**. Bei einer solchen Sachlage beruhe die Zustimmung auf dem mangelhaften Bericht und damit auf einem Gesetzesverstoß. Wann ein offensichtlich mangelhafter Umwandlungsbericht vorliegt, geht aus der Rechtsprechung nicht eindeutig hervor. In der Konsequenz könnte quasi jeder Fehler des Umwandlungsberichts zur Anfechtbarkeit des Umwandlungsbeschlusses führen[93]. Dies gilt umso mehr, als in den Umwandlungsbericht ohnehin nur für den Formwechsel relevante Tatsachen aufzunehmen sind. Ein Fehlen von unerheblichen Tatsachen stellt nicht nur keinen offensichtlichen Mangel, sondern gar keinen Mangel dar[94]. Diese Konsequenz wird jedoch dadurch abgeschwächt, dass nach 35

---

[83] § 243 Abs. 1 AktG (analog).
[84] § 51 GenG, vgl. *Müller* § 51 GenG Rn 1 f.; *Metz* in Lang/Weidmüller § 51 GenG Rn 39.
[85] Vgl. § 36 VAG iVm. § 243 Abs. 1 AktG.
[86] Auch bei völligem Fehlen eines Umwandlungsberichts ist der Beschluss der Anteilsinhaberversammlung nicht nichtig, sondern nur anfechtbar, so auch *Lutter* in Lutter § 8 Rn 54.
[87] *Hadding* in Soergel § 32 BGB Rn 36 f.
[88] §§ 195, 210.
[89] BGH NJW 2001, 1425 ff.; *Marsch-Barner* in Kallmeyer § 8 Rn 34; aA zur Auskunftserteilung über den Barabfindungsprüfungsbericht nach §§ 208, 30 LG Heidelberg, DB 1996, 1768; OLG Karlsruhe ZIP 1989, 988, 989 „SEN" zum Verschmelzungsbericht; *Lutter/Drygala* in Lutter § 8 Rn 55; *Mayer* in Widmann/Mayer § 8 Rn 69; *Meister/Klöcker* in Kallmeyer Rn 63.
[90] Vgl. im Einzelnen § 210 Rn 5.
[91] St.Rspr.; vgl. BGHZ 36, 121, 140; 107, 296, 307; 119, 1, 18 f.; 122, 211, 239; BGH WM 1990, 140, 143; BGH NJW 1988, 1579, 1580; BGH NJW 1987, 3186, 3187; BGH NJW 2005, 828, 830.
[92] BGH WM 1990, 140, 144; BGHZ 107, 296, 307; BGH ZIP 1990, 1560, 1562 „SEN".
[93] So *Stratz* in Schmitt/Hörtnagl/Stratz § 8 Rn 39 f.
[94] Vgl. sehr treffend auch *Lutter/Drygala* in Lutter § 8 Rn 54.

§ 193 Fünftes Buch. Formwechsel

der Rechtsprechung des BGH eine Klage wegen fehlerhafter oder fehlender Information über das Barabfindungsangebot und wohl auch das Umtauschverhältnis[95] ausgeschlossen ist. Durch diese Entscheidungen des BGH kann in Zukunft der Großteil der Beschwerden wegen Mängeln des Umwandlungsberichts allein im Spruchverfahren geltend gemacht werden. Ein weiter gehender, auch andere Berichtsmängel erfassender Klageausschluss kann in den Entscheidungen des BGH dagegen nicht gesehen werden.

36 Eine Kausalität **besteht nicht,** wenn der Anteilsinhaber die notwendigen Informationen bereits rechtzeitig vor der Anteilsinhaberversammlung besaß und sich auf die Versammlung vorbereiten konnte[96].

37 Der Mangel des Umwandlungsberichts wird grundsätzlich **nicht** dadurch **geheilt,** dass das Vertretungsorgan die fehlende Information in der Anteilsinhaberversammlung nachreicht[97]. Der Umwandlungsbericht soll der **Vorbereitung** der Anteilsinhaber auf die Versammlung dienen. Diesem Zweck wird die Information **in** der Versammlung nicht gerecht[98]. Der Umwandlungsbericht ist **nicht mangelhaft** und damit nicht anfechtbar, wenn er **nach** Fertigstellung durch neue Tatsachen inhaltlich **unrichtig** wird und er vom Vertretungsorgan in der Anteilsinhaberversammlung richtig gestellt wird[99].

38 Die Anfechtbarkeit entfällt nicht automatisch dadurch, dass der Anteilsinhaber in der Versammlung nicht nach der fehlenden Information fragt oder überhaupt keine Einsicht in den vorhandenen Umwandlungsbericht genommen hat[100]. Jedoch legt dies sehr nahe, dass es an der Kausalität des Mangels für den Beschluss fehlte.

39 Eine Klage gegen den Umwandlungsbeschluss wegen Mängeln des Umwandlungsberichts verhindert die Eintragung des Formwechsels[101]. Diese Blockade des Formwechsels wird dadurch abgemildert, dass das Prozessgericht die Eintragung des Formwechsels freigeben kann, soweit die Klage – nach summarischer Prüfung – der Eintragung nicht entgegensteht[102].

§ 193 Umwandlungsbeschluß

(1) Für den Formwechsel ist ein Beschluß der Anteilsinhaber des formwechselnden Rechtsträgers (Umwandlungsbeschluß) erforderlich. Der Beschluß kann nur in einer Versammlung der Anteilsinhaber gefasst werden.

(2) Ist die Abtretung der Anteile des formwechselnden Rechtsträgers von der Genehmigung einzelner Anteilsinhaber abhängig, so bedarf der Umwandlungsbeschluß zu seiner Wirksamkeit ihrer Zustimmung.

(3) Der Umwandlungsbeschluß und die nach diesem Gesetz erforderlichen Zustimmungserklärungen einzelner Anteilsinhaber einschließlich der erforderlichen Zustimmungserklärungen nicht erschienener Anteilsinhaber müssen notariell beurkundet werden. Auf Verlangen ist jedem Anteilsinhaber auf seine Kosten unverzüglich eine Abschrift der Niederschrift des Beschlusses zu erteilen.

---

[95] Siehe im Einzelnen § 210 Rn 5 und § 195 Rn 22 f.
[96] So auch *Mayer* in Widmann/Mayer § 8 Rn 70.
[97] *LG München* AG 2000, 86 ff.; *LG Mainz* DB 2001, 1136, 1138; *Stratz* in Schmitt/Hörtnagl/Stratz § 8 Rn 39 f.; *Mayer* in Widmann/Mayer § 8 Rn 73; *Marsch-Barner* in Kallmeyer § 8 Rn 35.
[98] So auch hinsichtlich der Vermögensaufstellung als Teil des Umwandlungsberichts *OLG Frankfurt am Main* NZG 2004, 732, 733.
[99] *Decher* in Lutter Rn 16; *Mayer* in Widmann/Mayer § 8 Rn 73; *Marsch-Barner* in Kallmeyer § 8 Rn 35.
[100] *Stratz* in Schmitt/Hörtnagl/Stratz § 8 Rn 41; *Mayer* in Widmann/Mayer § 8 Rn 75.
[101] § 198 Abs. 3 iVm. § 16 Abs. 2.
[102] § 198 Abs. 3 iVm. § 16 Abs. 3.

Übersicht

	Rn		Rn
I. Allgemeines	1	2. Zustimmungserteilung	27
II. Umwandlungsbeschluss (Abs. 1)	3	IV. Form des Umwandlungsbeschlusses und der Zustimmung einzelner Anteilsinhaber (Abs. 3 Satz 1)	28
1. Vorbereitung und Durchführung der Versammlung der Anteilsinhaber	3	V. Abschriftserteilung (Abs. 3 Satz 2)	29
2. Versammlung der Anteilsinhaber	8	VI. Mängel des Umwandlungsbeschlusses	30
3. Abstimmung	9	1. Beschlussmängel	30
4. Stellvertretung bei der Abstimmung	12	2. Rechtsfolgen	31
5. Inhalt	17	3. Geltendmachung	32
III. Zustimmung einzelner Anteilsinhaber (Abs. 2)	18	VII. Kosten	33
1. Anwendungsbereich	19		

Literatur: *Kiem*, Die Stellung der Vorzugsaktionäre bei Umwandlungsmaßnahmen, ZIP 1997, 1627; *Melchior*, Vollmachten bei Umwandlungsvorgängen – Vertretungshindernisse und Interessenkollisionen, GmbHR 1999, 520; *Reichert*, Folgen der Anteilsvinkulierung für Umstrukturierungen von Gesellschaften mit beschränkter Haftung und Aktiengesellschaften nach dem Umwandlungsgesetz 1995, GmbHR 1995, 176; *H. Schmidt*, Mehrheitsklauseln für Umwandlungsbeschlüsse in Gesellschaftsverträgen nach neuem Umwandlungsrecht, FS Brandner, 1996, S. 133; *Tiedtke*, Kostenrechtliche Behandlung von Umwandlungsvorgängen nach dem Umwandlungsgesetz (Teil II), ZNotP 2001, 260; *Usler*, Der Formwechsel nach dem neuen Umwandlungsrecht, MittRhNotK 1998, 21; *Zürbig*, Der Formwechsel einer Personengesellschaft in eine Kapitalgesellschaft, 1999.

I. Allgemeines

Der Formwechsel verändert die Verfassung des Rechtsträgers und ist daher nur auf Grund eines Beschlusses der Anteilsinhaber möglich. Dieser muss in einer **Versammlung** der Anteilsinhaber gefasst werden. Andere Formen der Beschlussfassung sind nicht zulässig. Auf diese Weise soll eine umfassende Information der Anteilsinhaber durch Rede und Gegenrede sichergestellt werden. Sie wäre durch eine Beschlussfassung zB im Umlaufverfahren nicht im gleichen Maß gewährleistet. Ist die Abtretung von Anteilen von der Genehmigung einzelner Anteilsinhaber abhängig, ist der Umwandlungsbeschluss bis zu deren Zustimmung schwebend unwirksam. Ein einmal gefasster Umwandlungsbeschluss kann bis zur Eintragung des Formwechsels durch einen formfreien gegenläufigen Beschluss mit einfacher Mehrheit[1] wieder aufgehoben werden. Der Umwandlungsbeschluss selbst führt noch nicht zur Änderung der Rechtsform, sondern erst die **Eintragung** in das jeweils für das Wirksamwerden des Formwechsels bestimmte Register[2]. Ein wirksamer Beschluss begründet jedoch die Pflicht des Vertretungsorgans, die für das Wirksamwerden des Formwechsels notwendigen Schritte auszuführen[3]. 1

Anders als Verschmelzung und Spaltung ist der Formwechsel ein einaktiger Vorgang, weshalb der Umwandlungsbeschluss auch die Funktion der schuldrechtlichen Grundlage dieses Umwandlungsvorgangs übernehmen und deshalb – ähnlich den Inhaltsvorgaben für Verschmelzungs- und Spaltungsvertrag – Mindestangaben über den Formwechsel aufweisen 2

---

[1] Sofern nicht der Gesellschaftsvertrag, die Satzung oder das Statut für einfache Beschlüsse eine andere Mehrheit vorschreibt. Vgl. *Decher* in Lutter Rn 31; zur entsprechenden Rechtslage bei der Aufhebung von Gesellschaftsvertrags-/Satzungsänderungen bei GmbH/AG *Ulmer* in Hachenburg § 53 GmbHG Rn 73; *K. Schmidt* in Scholz § 45 GmbHG Rn 33; *Zimmermann* in Rowedder § 53 GmbHG Rn 56; *Zöllner* in Baumbach/Hueck § 53 GmbHG Rn 35; *Bungeroth* in G/H/E/K § 179 AktG Rn 142; *Zöllner* in Kölner Komm. § 179 AktG Rn 162; aA *Priester* in Scholz § 53 GmbHG Rn 193; *Zimmermann* in Kallmeyer Rn 37.

[2] §§ 202 Abs. 1, 198 bzw. § 235 Abs. 1 Satz 1.

[3] *Decher* in Lutter Rn 31.

muss[4]. § 193 entspricht in Aufbau und Inhalt der Vorschrift über den Verschmelzungsbeschluss[5].

II. Umwandlungsbeschluss (Abs. 1)

1. Vorbereitung und Durchführung der Versammlung der Anteilsinhaber

3   Das Vertretungsorgan des formwechselnden Rechtsträgers hat den Entwurf des Umwandlungsbeschlusses zu fertigen und den Anteilsinhabern zusammen mit dem Umwandlungsbericht[6] zu übermitteln[7].

4   Die Vorbereitung und Durchführung der Anteilsinhaberversammlung richtet sich grundsätzlich nach den für die jeweilige Rechtsform des formwechselnden Rechtsträgers einschlägigen Gesetzen sowie ergänzend nach den Vorschriften des Zweiten Teils[8], die mitunter besondere Anforderungen an Form und Inhalt der Ladung stellen. Da die Unterrichtungspflichten allein dem Schutz der Anteilsinhaber dienen, können diese auf deren Erfüllung verzichten[9]. Die Verzichtserklärung sollte aber zu Nachweiszwecken (insbesondere gegenüber dem Registergericht) schriftlich und – wie in der Praxis üblich – schon in der Niederschrift über den Umwandlungsbeschluss abgegeben werden.

5   Der Formwechsel ist den Anteilsinhabern[10] von Personenhandelsgesellschaften, PartG, GmbH, eG, VVaG und rechtsfähigen Vereinen spätestens mit der Einberufung der Anteilsinhaberversammlung als Gegenstand der Beschlussfassung in Textform anzukündigen[11]. Bei formwechselnden eG, rechtsfähigen Vereinen und VVaG ist in der Ankündigung darüber hinaus auf die für die Beschlussfassung erforderlichen Mehrheiten sowie auf die Möglichkeit der Erhebung eines Widerspruchs gegen den Umwandlungsbeschluss und die sich daraus ergebenden Rechte hinzuweisen[12]. Im Fall des Formwechsels einer AG oder KGaA ist der Formwechsel als Tagesordnungspunkt in den Gesellschaftsblättern bekannt zu machen[13].

6   Sofern ein **Umwandlungsbericht** nicht entbehrlich ist, muss dieser den Anteilsinhabern von Personenhandelsgesellschaften, PartG und GmbH samt dem Entwurf des Umwandlungsbeschlusses spätestens mit der Einberufung zusammen mit einem **Abfindungsangebot**[14] übersandt werden[15]. Bei AG, KGaA, eG, rechtsfähigem Verein und VVaG reicht es grundsätzlich aus, allein das Abfindungsangebot zu übersenden und den Umwandlungsbericht ab Einberufung der Anteilsinhaberversammlung im Geschäftsraum des Rechtsträgers zur Einsicht der Anteilsinhaber auszulegen[16]. Nur auf ausdrückliches Verlangen eines Anteilsinhabers ist diesem der Umwandlungsbericht unverzüglich und auf Kosten der Gesellschaft

---

[4] § 194 Abs. 1.
[5] § 13.
[6] § 192 Abs. 1 Satz 3.
[7] Übersendung: §§ 216, 225 b, 230 Abs. 1, 238 Satz 1, 251 Abs. 1 Satz 1; Auslegen in dem Geschäftsraum: §§ 260 Abs. 2, 274 Abs. 1, 283 Abs. 1, 292 Abs. 1.
[8] §§ 214 bis 304.
[9] *Usler* MittRhNotK 1998, 21, 38.
[10] Bei der Personenhandels- und der PartG nur den von der Geschäftsführung ausgeschlossenen Anteilsinhabern, §§ 216, 225 b Satz 2.
[11] § 126 b BGB iVm. §§ 216, 225 b Satz 2, 230 Abs. 1, 238 Satz 1, 251 Abs. 1 Satz 1, 260 Abs. 1 Satz 1, 274 Abs. 1 Satz 1, 283 Abs. 1, 292 Abs. 1.
[12] §§ 260 Abs. 1 Satz 2, 274 Abs. 1, 283 Abs. 1, 292 Abs. 1.
[13] §§ 124 Abs. 1, 278 Abs. 3 AktG.
[14] § 207.
[15] §§ 216, 225 b Satz 2, 230 Abs. 1, 231 Satz 1.
[16] §§ 230 Abs. 2 Satz 1, 231, 238 Satz 1, 251 Abs. 1 Satz 1, 260 Abs. 2 Satz 1, 274 Abs. 1 Satz 1, 283 Abs. 1 Satz 1, 292 Abs. 1.

Umwandlungsbeschluß   7–9 § 193

zu übersenden[17]. Für GmbH, AG und KGaA kann von der Übersendung des Abfindungsangebots abgesehen werden, wenn dieses stattdessen im elektronischen[18] Bundesanzeiger und – fakultativ – in den sonst bestimmten Gesellschaftsblättern bekannt gemacht wird[19].

Auch für die **Durchführung** der Anteilsinhaberversammlung sind vorrangig die entsprechenden allgemeinen Vorschriften für die einzelnen Rechtsträger zu beachten. Zusätzlich verlangt das UmwG jedoch, dass bei allen Rechtsträgern mit Ausnahme der Personenhandelsgesellschaften und der PartG der Umwandlungsbericht während der Versammlung ausliegt[20]. Darüber hinaus hat das Vertretungsorgan von AG, KGaA, eG[21], VVaG und rechtsfähigem Verein den Entwurf des Umwandlungsbeschlusses zu Beginn der Versammlung mündlich zu erläutern[22]. Da die Vorschriften über die Durchführung der Versammlung allein den erschienenen Anteilsinhabern dienen, können diese auf deren Beachtung (einstimmig) verzichten[23]. 7

2. Versammlung der Anteilsinhaber

Als eine die Grundlagen des Rechtsträgers verändernde Entscheidung darf der Umwandlungsbeschluss einzig in einer Versammlung der Anteilsinhaber gefasst werden. Diese Kompetenzzuweisung ist zwingend und kann auch nicht durch vertragliche Vereinbarungen abgeändert werden. Ebenso wenig kann die Entscheidungsbefugnis durch die Anteilsinhaberversammlung selbst auf andere Gesellschaftsorgane übertragen werden. Der eindeutige Wortlaut der Norm („in der Versammlung") schließt auch ein schriftliches Umlaufverfahren aus, eine Stimmabgabe außerhalb der Versammlung ist grundsätzlich[24] nicht gültig[25]. Zulässig ist dagegen eine Vertretung in der Versammlung[26]. 8

3. Abstimmung

Stimmberechtigt sind grundsätzlich **alle Anteilsinhaber** des formwechselnden Rechtsträgers. Auch die Inhaber stimmrechtsloser Anteile von Personengesellschaften[27] sind zur Abstimmung über den Umwandlungsbeschluss befugt, da dieser einen Eingriff in den Kernbereich ihrer Rechtsstellung bedeutet[28]. Dagegen haben stimmrechtslose Anteile anderer Rechtsträger auch unter dem UmwG idR kein Stimmrecht[29]. 9

---

[17] §§ 230 Abs. 2 Satz 2, 238 Satz 1, 251 Abs. 1 Satz 1, 260 Abs. 2 Satz 1, 274 Abs. 1 Satz 1, 283 Abs. 1 Satz 1, 292 Abs. 1.
[18] Vgl. § 12 GmbHG, §§ 25, 278 Abs. 3 AktG.
[19] §§ 231 Satz 2, 238 Satz 1.
[20] §§ 232 Abs. 1, 239 Abs. 1, 251 Abs. 2, 261 Abs. 1 Satz 1, 274 Abs. 2, 283 Abs. 2, 292 Abs. 2.
[21] Auf der Generalversammlung einer eG ist zudem das nach § 259 zu erstattende Prüfungsgutachten gem. § 261 Abs. 1 Satz 1 aE auszulegen und in der Generalversammlung gem. § 261 Abs. 2 Satz 1 zu verlesen; außerdem kann der Prüfungsverband an der Generalversammlung beratend teilnehmen, § 261 Abs. 2 Satz 2.
[22] §§ 232 Abs. 2, 239 Abs. 2, 251 Abs. 2, 261 Abs. 1 Satz 2, 274 Abs. 2, 283 Abs. 2, 292 Abs. 2.
[23] *Vossius* in Widmann/Mayer § 232 Rn 29 ff.; *Usler* MittRhNotK 1998, 21, 39.
[24] Zu den Ausnahmen vgl. §§ 217 Abs. 1 Satz 1, 225 c, 233 Abs. 1.
[25] *Decher* in Lutter Rn 5.
[26] Siehe Rn 12.
[27] Zum vertraglichen Stimmrechtsausschluss; vgl. BGHZ 20, 363, 367 ff.; BGH NJW 1993, 2100, 2101; *Hopt* in Baumbach/Hopt § 119 HGB Rn 13; *Martens* in Schlegelberger § 119 HGB Rn 37; *Stengel* in BeckHdb. Personengesellschaften § 3 Rn 495 f.; aA *Emmerich* in Heymann § 119 HGB Rn 25.
[28] Eine Ausnahme besteht lediglich für die stimmrechtslose Komplementär-GmbH einer personengleichen GmbH & Co. KG, siehe § 217 Rn 9; wie hier *Joost* in Lutter § 217 Rn 6; *H. Schmidt* in Lutter § 43 Rn 9; *Vossius* in Widmann/Mayer § 43 Rn 80 f.; vgl. auch BGHZ 20, 363; aA *Zimmermann* in Kallmeyer Rn 4.
[29] Anders nur, wenn für den Formwechsel die Zustimmung aller Anteilsinhaber – wie zB in § 233 Abs. 1 – gefordert wird (siehe dazu die Übersicht in Rn 11); so auch *Happ* in Lutter § 233 Rn 5; *Schäfer*,

10 Gegenstand der Beschlussfassung ist grundsätzlich der Umwandlungsbeschluss in der Fassung des vom Vertretungsorgan aufgestellten Entwurfs. Der letztlich gefasste Beschluss kann hiervon jedoch auch abweichen. Wegen der Pflicht zur vorherigen Information des Betriebsrats[30] darf, sofern ein Betriebsrat besteht, eine Veränderung zu dem dem Betriebsrat zugeleiteten Beschlussentwurf nicht die Folgen für die Arbeitnehmer betreffen[31]. Sollte sich die Notwendigkeit einer veränderten Beschlussfassung abzeichnen, empfiehlt sich in Grenzfällen eine Abstimmung mit dem zuständigen Registerrichter.

11 Die erforderlichen **Mehrheitsverhältnisse** richten sich grundsätzlich nach den Vorschriften des Zweiten Teils. Abgesehen von ggf. abweichenden Regelungen in den Gesellschaftsverträgen[32], ergeben sich so folgende Mehrheitserfordernisse[33]:

Form-wechselnder Rechtsträger	Neue Rechtsform	Erforderliche Mehrheiten und Zustimmungen	Normen
OHG, EWIV, KG	Kapitalgesellschaft, eG[34]	**alle** Gesellschafter; Gesellschaftsvertrag kann Mehrheitserfordernis bis auf drei Viertel der abgegebenen Stimmen absenken	§§ 217 Abs. 1; 252 Abs. 1
PartG	Kapitalgesellschaft, eG[35]	**alle** Gesellschafter; Gesellschaftsvertrag kann Mehrheitserfordernis bis auf drei Viertel der abgegebenen Stimmen absenken	§§ 225 c; 217 Abs. 1; 252 Abs. 1
GmbH, AG	GbR, OHG, EWIV, PartG	**alle** Gesellschafter/Aktionäre	§ 233 Abs. 1
GmbH/AG	KG	GmbH: **mind. drei Viertel** der abgegebenen Stimmen; AG: **mind. drei Viertel** des vertretenen Grundkapitals; Gesellschaftsvertrag/Satzung kann strengeres Mehrheitserfordernis vorsehen; **Zustimmung** aller künftigen Komplementäre	§ 233 Abs. 2
GmbH/AG	AG, GmbH	GmbH: **mind. drei Viertel** der abgegebenen Stimmen; AG: **mind. drei Viertel** des vertretenen Grundkapitals; Gesellschaftsvertrag/Satzung kann strengeres Mehrheitserfordernis vorsehen	§ 240 Abs. 1

Der stimmrechtslose GmbH-Geschäftsanteil, 1997, S. 226; aA *Dirksen* in Kallmeyer § 233 Rn 5. Davon abgesehen richtet sich die Stimmberechtigung nach dem jeweils einschlägigen Recht des formwechselnden Rechtsträgers, dieses sieht nur ausnahmsweise ein Stimmrecht stimmrechtsloser Anteile vor, so nach Maßgabe des § 141 AktG für Vorzugsaktionäre, deren Vorzugsrecht durch den Formwechsel entfällt, vgl. *Kiem* ZIP 1997, 1627, 1630; *Happ* in Lutter § 240 Rn 9.

[30] § 194 Abs. 2.
[31] OLG *Naumburg* DB 1997, 466; *Usler* MittRhNotK 1998, 21, 39; *Vollrath* in Widmann/Mayer Rn 7; *Mayer* in Widmann/Mayer § 5 Rn 261.
[32] Vgl. *Decher* in Lutter § 193 Rn 10.
[33] Zur Europäischen Gesellschaft (SE) siehe Einl. C Rn 49 ff., insbes. zu deren Fähigkeit zum Formwechsel Rn 62 f.
[34] Die Umwandlung in eine GbR, eine PartG oder eine Personenhandelsgesellschaft anderer Rechtsform vollzieht sich außerhalb des UmwG; siehe § 190 Rn 26.
[35] Die Umwandlung in eine GbR oder eine Personenhandelsgesellschaft vollzieht sich außerhalb des UmwG; siehe § 190 Rn 26.

Form- wechselnder Rechtsträger	Neue Rechtsform	Erforderliche Mehrheiten und Zustimmungen	Normen
GmbH/AG	KGaA	GmbH: **mind. drei Viertel** der abgegebenen Stimmen; AG: **mind. drei Viertel** des vertretenen Grundkapitals; Gesellschaftsvertrag/Satzung kann strengeres Mehrheitserfordernis vorsehen; **Zustimmung** aller künftigen Komplementäre	§ 240 Abs. 1, 2
GmbH/AG	eG	bei Nachschusspflicht lt. Statut: **alle** Gesellschafter/Aktionäre; **sonst:** bei GmbH **mind. drei Viertel** der abgegebenen Stimmen; bei AG **mind. drei Viertel** des vertretenen Grundkapitals; Gesellschaftsvertrag/Satzung kann strengeres Mehrheitserfordernis vorsehen	§ 252 Abs. 1, 2
KGaA	GbR, OHG, EWIV, PartG	**alle** Komplementäre und Kommanditaktionäre	§ 233 Abs. 1, 3 Satz 1
KGaA	KG	**mind. drei Viertel** des vertretenen Grundkapitals; Satzung kann strengeres Mehrheitserfordernis vorsehen; **Zustimmung** aller bisherigen Komplementäre; Satzung kann Mehrheitserfordernis insoweit bis auf einfache Mehrheit absenken; **Zustimmung** aller künftigen Komplementäre	§ 233 Abs. 2, 3
KGaA	GmbH	**mind. drei Viertel** des vertretenen Grundkapitals; Satzung kann strengeres Mehrheitserfordernis vorsehen; **Zustimmung** aller Komplementäre; Satzung kann Mehrheitserfordernis insoweit bis auf einfache Mehrheit absenken	§ 240 Abs. 1, 3
KGaA	AG	**mind. drei Viertel** des vertretenen Grundkapitals; Satzung kann strengeres Mehrheitserfordernis vorsehen oder Mehrheitserfordernis bis auf einfache Mehrheit absenken; **Zustimmung** aller Komplementäre; Satzung kann Mehrheitserfordernis insoweit bis auf einfache Mehrheit absenken	§ 240 Abs. 1, 3
KGaA	eG	bei Nachschusspflicht lt. Statut: **alle** Komplementäre und Kommanditaktionäre; **sonst: mind. drei Viertel** des vertretenen Grundkapitals; Satzung kann strengeres Mehrheitserfordernis vorsehen; **Zustimmung** aller Komplementäre; Satzung kann Mehrheitserfordernis insoweit bis auf einfache Mehrheit absenken	§ 252 iVm. § 240 Abs. 3
eG	GmbH, AG	**mind. drei Viertel,** bei Widerspruch 9/10 der abgegebenen Stimmen; Statut kann strengeres Mehrheitserfordernis vorsehen	§ 262 Abs. 1

Form-wechselnder Rechtsträger	Neue Rechtsform	Erforderliche Mehrheiten und Zustimmungen	Normen
eG	KGaA	**mind. drei Viertel,** bei Widerspruch mind. 9/10 der abgegebenen Stimmen; Statut kann strengeres Mehrheitserfordernis vorsehen; **Zustimmung** aller künftigen Komplementäre	§ 262 iVm. § 240 Abs. 2
rechtsfähiger Verein	GmbH/AG	bei Zweckänderung: **alle** Mitglieder; **sonst:** **mind. drei Viertel,** bei Widerspruch mind. 9/10 der erschienenen Mitglieder; Satzung kann strengeres Mehrheitserfordernis vorsehen	§ 275 Abs. 1, 2
rechtsfähiger Verein	KGaA	bei Zweckänderung: **alle** Mitglieder; **sonst:** **mind. drei Viertel,** bei Widerspruch mind. 9/10 der erschienenen Mitglieder; Satzung kann strengeres Mehrheitserfordernis vorsehen; **Zustimmung** aller künftigen Komplementäre	§ 275 iVm. § 240 Abs. 2
rechtsfähiger Verein	eG	bei Zweckänderung oder Nachschusspflicht lt. Statut: **alle** Mitglieder; **sonst: mind. drei Viertel,** bei Widerspruch mind. 9/10 der erschienenen Mitglieder; Satzung kann strengeres Mehrheitserfordernis vorsehen	§ 284 iVm. § 275 Abs. 2
VVaG	AG	**mind. drei Viertel,** bei Widerspruch mind. 9/10 der abgegebenen Stimmen; Satzung kann strengeres Mehrheitserfordernis vorsehen	§ 293
Körperschaften und Anstalten des öffentlichen Rechts	GmbH/AG/ KGaA	Mehrheitserfordernis richtet sich nach öffentlich-rechtlichem Umwandlungsrecht; bei Formwechsel in **KGaA** jedenfalls Zustimmung der künftigen **Komplementäre**	§§ 302; 193 Abs. 2

4. Stellvertretung bei der Abstimmung

12 Die Zulässigkeit einer **Stellvertretung** bei der Abstimmung über den Umwandlungsbeschluss wird durch das UmwG nicht geregelt. Maßgeblich ist das jeweilige rechtsformspezifische Recht. Eine Vertretung durch Bevollmächtigte ist grundsätzlich **zulässig**[36], bei OHG, EWIV, KG, PartG und rechtsfähigen Vereinen jedoch nur insoweit, als deren Organverfassung dies gestattet[37]. Das Formerfordernis des § 193 Abs. 3 (notarielle Beurkundung von Zustimmungserklärungen) erstreckt sich nicht auf die Bevollmächtigung[38], so dass eine notarielle Beurkundung idR nicht erforderlich ist. Die **Form** der Vollmachtserteilung richtet sich aber nach dem Recht des formwechselnden Rechtsträgers: Sofern bei OHG, EWIV, KG, PartG und rechtsfähigen Vereinen eine Vertretung statutarisch gestattet wird, empfiehlt es sich allein unter Beweisgesichtspunkten (insbesondere gegenüber dem Registergericht), die Vollmacht auch dann schriftlich zu erteilen, wenn die entsprechende Organverfassung

---

[36] § 47 Abs. 3 GmbHG, § 134 Abs. 3 Satz 1 AktG, § 278 Abs. 3 iVm. § 134 Abs. 3 Satz 1 AktG, § 43 Abs. 5 GenG, § 36 Satz 1 VAG iVm. § 134 Abs. 3 Satz 1 AktG (bei VVaG jedoch nur, wenn die Mitgliederversammlung das oberste Organ ist). Zur PartG vgl. *Henssler* § 6 PartGG Rn 68: Vertretung nur durch Angehörige der gleichen Berufsgruppe.

[37] Zu OHG, EWIV, KG und PartG: *Stengel* in BeckHdb. Personengesellschaften § 3 Rn 500; zum rechtsfähigen Verein: *Reichert,* Handbuch des Vereins- und Verbandsrechts, 10. Aufl. 2005, Rn 1418.

[38] § 167 Abs. 2 BGB.

Formfreiheit gestattet³⁹. Bei eG⁴⁰ und VVaG⁴¹ ist ohnehin eine schriftliche Bevollmächtigung vonnöten. Bei den Kapitalgesellschaften schließlich ist auf Grund des insoweit entsprechend anwendbaren Gründungsrechts eine notariell errichtete oder beglaubigte Vollmacht erforderlich⁴².

Bei **minderjährigen Anteilsinhabern** ist ggf. ein Pfleger zu bestellen⁴³. Daneben haben die gesetzlichen Vertreter idR eine vormundschaftsgerichtliche Genehmigung einzuholen⁴⁴, da mit dem Umwandlungsbeschluss auch der Gesellschaftsvertrag/die Satzung/das Statut des Rechtsträgers neuer Rechtsform beschlossen wird und der Formwechsel durch den Verweis auf die Gründungsvorschriften einer Neugründung gleichgestellt wird⁴⁵. Der Formwechsel stellt nach überwiegender Auffassung⁴⁶ nicht lediglich eine genehmigungsfreie Gesellschaftsvertragsänderung, sondern einen genehmigungspflichtigen Vorgang dar. Insoweit bedarf es nicht einmal einer Bezugnahme auf die Lehre von der modifizierten Neugründung⁴⁷. Der Verweis auf das Gründungsrecht in § 197 soll nämlich die allgemein bestehenden Schutzvorschriften – auch solche zu Gunsten Minderjähriger – im UmwG zur Anwendung bringen⁴⁸.

13

Eine Stimmabgabe per **Boten** ist dagegen **nicht zulässig,** da ausweislich des Wortlauts von Abs. 1 Satz 2 der Beschluss in der Versammlung gefasst werden muss. Hiervon kann auch – anders als außerhalb des UmwG – nicht durch eine entsprechende Regelung in dem Gesellschaftsvertrag/der Satzung/dem Statut abgewichen werden, da § 193 zwingend ist⁴⁹.

14

Nimmt ein Anteilsinhaber nicht nur selbst an der Beschlussfassung teil, sondern vertritt er zugleich einen oder mehrere andere Anteilsinhaber, ist **§ 181 BGB** zu beachten⁵⁰. Zwar kann in der Vollmachtserteilung eine konkludente Befreiung vom Selbstkontrahierungsverbot liegen, doch erspart eine mindestens schriftlich erteilte⁵¹ Vollmacht, die ausdrücklich eine Befreiung von den Beschränkungen des § 181 BGB enthält, eine überflüssige Diskussion⁵².

15

---

³⁹ *Zimmermann* in Kallmeyer Rn 11; zum rechtsfähigen Verein: *Reichert,* Handbuch des Vereins- und Verbandsrechts, 10. Aufl. 2005, Rn 1420.
⁴⁰ § 43 Abs. 5 Satz 2 GenG.
⁴¹ Sofern die Satzung nichts anderes bestimmt, § 36 Satz 3 VAG iVm. § 134 Abs. 3 Satz 2 AktG.
⁴² § 197 Satz 2 iVm. § 2 Abs. 2 GmbHG, §§ 23 Abs. 1 Satz 2, 278 Abs. 3 AktG; so auch *Mayer* in Widmann/Mayer § 197 Rn 25; *Laumann* in Goutier/Knopf/Tulloch Rn 8; aA *Decher* in Lutter Rn 6; *Zimmermann* in Kallmeyer Rn 11.
⁴³ §§ 1629 Abs. 2, 1795 Abs. 1 BGB.
⁴⁴ §§ 1643, 1822 Nr. 3 BGB. Dies gilt jedenfalls in allen Fällen, in denen es auf die Stimme des Minderjährigen ankommt. Ebenso *Vollrath* in Widmann/Mayer Rn 22; enger *Zimmermann* in Kallmeyer Rn 13; aA *Stratz* in Schmitt/Hörtnagl/Stratz Rn 10.
⁴⁵ Vgl. auch *Vollrath* in Widmann/Mayer Rn 22; aA *Arnold* § 240 Rn 31; *Happ* in Lutter § 240 Rn 24; *Zimmermann* in Kallmeyer Rn 13; *Stratz* in Schmitt/Hörtnagl/Stratz Rn 10, die eine Zustimmung zum Umwandlungsbeschluss einer Satzungsänderung gleich stellen und diese für genehmigungsfrei halten. Ob eine Satzungsänderung nicht der Genehmigungspflicht gem. § 1822 Nr. 3 BGB unterfällt, ist aber umstritten; vgl. hierzu *Schwab* in MünchKomm. § 1822 BGB Rn 27.
⁴⁶ Zum Streitstand über die Genehmigungspflicht bei Änderungen des Gesellschaftsvertrags vgl. *Schwab* in MünchKomm. § 1822 BGB Rn 28.
⁴⁷ Dazu *Bärwaldt/Schabacker* ZIP 1998, 1293, sowie § 197 Rn 2 ff.
⁴⁸ Ebenso *Vollrath* in Widmann/Mayer Rn 22.
⁴⁹ Für AG, eG und VVaG ergibt sich dies bereits aus den jeweils einschlägigen rechtsformspezifischen Normen, siehe jeweils statt aller *Hüffer* § 134 AktG Rn 33; *Müller* § 43 GenG Rn 4 a; *Weigel* in Prölss § 36 VAG Rn 9; zur GmbH vgl. *Hüffer* in Hachenburg § 47 GmbHG Rn 105; aA *Vossius* in Widmann/Mayer § 217 Rn 9, § 233 Rn 12; *Decher* in Lutter Rn 6.
⁵⁰ *Zimmermann* in Kallmeyer Rn 12; *Heinrichs* in Palandt § 181 BGB Rn 11 a.
⁵¹ Bei dem Formwechsel in die GmbH ist eine notariell errichtete oder beglaubigte Vollmacht notwendig. Siehe auch Rn 12.
⁵² Siehe auch § 217 Rn 8.

16 Ob die Willenserklärung **vollmachtloser Vertreter** zulässig ist, richtet sich nach dem jeweils einschlägigen Spezialgesetz, da sich auch hierzu im UmwG keine Regelung findet[53].

5. Inhalt

17 Der notwendige Inhalt des Umwandlungsbeschlusses wird von § 194 sowie den rechtsformspezifischen Regeln festgelegt[54]. Das UmwG stellt an den Inhalt des Umwandlungsbeschlusses keine materiellen Anforderungen dahin gehend, dass der Formwechsel **sachlich gerechtfertigt** sein muss[55]. Entsprechende von Rechtsprechung und juristischem Schrifttum für eine materielle Kontrolle wichtiger Beschlüsse von Aktiengesellschaften und GmbH entwickelte Anforderungen, dass der Beschluss im Interesse der Gesellschaft liegen, zur Verfolgung des Unternehmenszwecks erforderlich und das angemessene Mittel sein müsse[56], hat der Gesetzgeber ausdrücklich nicht in das UmwG übernommen. Sie sind wegen des im UmwG verankerten Schutzes der Anteilsinhaber auch nicht erforderlich[57].

III. Zustimmung einzelner Anteilsinhaber (Abs. 2)

18 Unabhängig von den in der konkreten Konstellation geltenden Mehrheitserfordernissen[58] hängt die Wirksamkeit des Umwandlungsbeschlusses zusätzlich von der Erteilung der Zustimmung derjenigen Anteilsinhaber ab, ohne deren Zustimmung[59] Anteile am formwechselnden Rechtsträger nicht wirksam abgetreten werden können. Dieses Zustimmungserfordernis beruht ebenso wie die übrigen Zustimmungserfordernisse iRd. Formwechsels[60] auf dem in § 35 BGB niedergelegten Gedanken, dass Sonderrechte nicht ohne Zustimmung des Betroffenen beeinträchtigt werden dürfen[61]. Eine Beeinträchtigung anderer Rechte durch den Formwechsel soll dagegen keine Zustimmungspflicht des Betroffenen begründen. Die Interessen solcher Betroffener werden nach Auffassung des Gesetzgebers hinreichend durch die gerichtliche Überprüfung des Umtauschverhältnisses und ggf. eine Barabfindung gewahrt[62].

---

[53] Ebenso *Decher* in Lutter Rn 6; *Vollrath* in Widmann/Mayer Rn 28 f. Demnach ist eine Willenserklärung eines vollmachtlosen Vertreters bei Genehmigung nach hM wirksam für die GmbH, vgl. *Zöller* in Baumbach/Hueck § 47 GmbHG Rn 37; *K. Schmidt* in Scholz § 47 GmbHG Rn 87, im Übrigen aber unzulässig; vgl. für die AG/KGaA: *Hüffer* § 134 AktG Rn 23; für die eG: *Beuthien* § 43 GenG Rn 23; *Müller* § 43 GenG Rn 57; für den VVaG: *Prölss* § 36 VAG Rn 11.

[54] §§ 218, 225 c, 234, 243, 253, 263, 276, 285, 294; siehe jeweils die Kommentierung dort.

[55] RegBegr. *Ganske* S. 216, 61; *OLG Düsseldorf* DB 2003, 1318, 1319; *OLG Frankfurt a.M.* NJoZ 2006, 870, 879; vgl. auch *Decher* in Lutter Rn 12; *Vollrath* in Widmann/Mayer Rn 52; *Zimmermann* in Kallmeyer Rn 10; *Pfeifer*, Schutzmechanismen bei der Umwandlung von Kapitalgesellschaften, 2001, Rn 360.

[56] BGHZ 71, 40, 46 „Kali + Salz"; 125, 239, 241; *Hüffer* § 186 AktG Rn 25; *Lutter/Hommelhoff* § 55 GmbHG Rn 23.

[57] Vgl. zB *OLG Düsseldorf* DB 2003, 1318, 1319: „bloße Missbrauchskontrolle".

[58] Siehe dazu Rn 11.

[59] Die Beschränkung des gesetzlichen Wortlauts auf Anteilsinhaber, ohne deren Genehmigung (= nachträgliche Zustimmung, vgl. § 184 Abs. 1 BGB) eine Anteilsabtretung nicht wirksam erfolgen kann, kann nur auf einem gesetzgeberischen Versehen beruhen: Der Gesetzgeber wollte die Fälle, in denen die Wirksamkeit der Abtretung an eine Einwilligung (= vorherige Zustimmung, vgl. § 183 BGB) geknüpft wird, sicherlich nicht von den hiesigen Zustimmungserfordernissen ausnehmen.

[60] Siehe die Übersicht Rn 11 und zB §§ 217 Abs. 1 Satz 1, 225 c, 233 Abs. 1, Abs. 2 Satz 1 iVm. §§ 50 Abs. 2, 65 Abs. 2, § 240 Abs. 1 Satz 1 iVm. § 50 Abs. 2, § 241 Abs. 1 Satz 1, § 241 Abs. 2 iVm. § 50 Abs. 2, § 241 Abs. 3, § 242, § 252 Abs. 2, Abs. 2 iVm. §§ 50 Abs. 2, 65 Abs. 2, § 252 Abs. 3 iVm. § 240 Abs. 2, § 240 Abs. 3, § 262 Abs. 2 iVm. § 240 Abs. 2, § 275 Abs. 1, Abs. 3 iVm. §§ 240 Abs. 2, 284, 303 Abs. 2.

[61] RegBegr. *Ganske* S. 216.

[62] RegBegr. *Ganske* S. 216, 60.

1. Anwendungsbereich

Abs. 2 betrifft den Formwechsel von Rechtsträgern, deren Organverfassung die Abtretung von Anteilen von einer Genehmigung bestimmter Anteilsinhaber abhängig macht.

Eine **Zustimmung** ist erforderlich, wenn der Gesellschaftsvertrag/die Satzung/das Statut des formwechselnden Rechtsträgers die Zustimmung **durch einzelne Anteilsinhaber**, aber auch durch die Anteilsinhaber **insgesamt** vorsieht. Hinsichtlich einer statutarischen Regelung, die eine Zustimmung aller Anteilsinhaber vorschreibt, ist der Wortlaut des § 193 Abs. 2 („einzelner") unklar. Das Erfordernis einer einstimmigen Zustimmung aller vorhandenen Gesellschafter soll aber im gleichen Maß den einzelnen Anteilsinhaber in seinen Individualrechten schützen wie eine Regelung, die die Zustimmung Einzelner vorsieht. Hierdurch ist jeder Einzelne berechtigt, die Abtretung zu verhindern[63].

Dieser Gedanke kommt auch zum Tragen, wenn sich das Erfordernis der Zustimmung aller Anteilsinhaber nicht aus der jeweiligen Organverfassung, sondern aus Allgemeinen gesetzlichen Regelungen herleitet[64]. Abs. 2 beschränkt sich ausweislich des Wortlauts nicht auf statutarische Zustimmungspflichten. Dies ist vor allem wichtig bei OHG, EWIV, KG und PartG, die zwar für den Umwandlungsbeschluss eine qualifizierte Mehrheitsentscheidung zulassen, die Abtretung von Anteilen mitunter aber nicht im Gesellschaftsvertrag geregelt haben, so dass nach allgemeinem Recht eine Zustimmung aller Gesellschafter erforderlich wird. Auch hier hat somit jeder einzelne Anteilsinhaber das Recht, die Anteilsübertragung zu verhindern.

Das Gleiche gilt für den Fall, dass ausweislich der Organverfassung für eine Abtretung von Anteilen ein zustimmender Beschluss der **Anteilsinhaberversammlung** mit **100% aller vorhandenen Stimmen** nötig ist[65]. Eine Klausel, die für einen Beschluss die **Mehrheit aller abgegebenen Stimmen** vorsieht, begründet dagegen keine Zustimmungspflicht iSd. Abs. 2[66].

Kein Zustimmungserfordernis besteht in den Fällen, in denen statutarisch für die Abtretung die Zustimmung des **formwechselnden Rechtsträgers selbst**[67], der **Anteilsinhaberversammlung** oder eines ihrer sonstigen **Organe** nötig ist[68].

Ebenso ist die Regelung des Abs. 2 nicht anwendbar, wenn lediglich **mittelbar**[69] die Zustimmung einzelner Anteilsinhaber für eine Abtretung vorgesehen ist, zB wenn für eine Genehmigung ein mit 90%-iger Mehrheit zu fassender Beschluss der Anteilsinhaberversammlung erforderlich ist und ein Minderheitsgesellschafter 20% der Anteile hält. Seine faktisch bestehende Zustimmungspflicht beruht nicht auf einem Sonderrecht iSd. Abs. 2, sondern lediglich auf einer Mehrheitsregelung, die vom insoweit eindeutigen Wortlaut der Norm nicht mehr erfasst wird.

Auch die Begründung einer Zustimmungspflicht durch lediglich **schuldrechtliche** Vereinbarungen außerhalb des Gesellschaftsvertrags/der Satzung/des Statuts führt **nicht** zur Anwendung von § 193 Abs. 2[70], ebenso wenig Klauseln, die erst für den Rechtsträger **neuer**

---

[63] So auch *Reichert* GmbHR 1995, 176, 179; *Decher* in Lutter Rn 18; *Vollrath* in Widmann/Mayer Rn 40.

[64] Ebenso *Lutter* in Lutter § 13 Rn 23, einschränkend *Reichert* GmbHR 1995, 176, 181; aA *H. Schmidt* in Lutter Umwandlungsrechtstage S. 78; *Decher* in Lutter Rn 20; *Vollrath* in Widmann/Mayer Rn 39.

[65] Ebenso *Decher* in Lutter Rn 18; *Mayer* in Widmann/Mayer § 50 Rn 103; *Reichert* GmbHR 1995, 176, 180; *M. Winter* in Lutter Umwandlungsrechtstage S. 42; *Vollrath* in Widmann/Mayer Rn 40.

[66] *Vollrath* in Widmann/Mayer Rn 40.

[67] RegBegr. *Ganske* S. 216, 61; *Reichert* GmbHR 1995, 176, 180.

[68] So auch *Decher* in Lutter Rn 19; *Stratz* in Schmitt/Hörtnagl/Stratz Rn 17; *Zimmermann* in Kallmeyer Rn 17; dies entspricht auch der hM zu § 376 Abs. 2 Satz 2 AktG aF, der §§ 13 Abs. 2, 193 Abs. 2 als Vorbild diente, vgl. RegBegr. *Ganske* S. 61.

[69] *Lutter* in Lutter § 13 Rn 25; *Vollrath* in Widmann/Mayer Rn 40.

[70] *Decher* in Lutter Rn 22.

Rechtsform zu einer Beschränkung der Abtretbarkeit führen. Keine Sonderrechte nach § 193 Abs. 2 haben ferner die Inhaber von **Vorkaufs- und/oder Vorerwerbsrechten**[71].

26 Unabhängig von der Regelung in Abs. 2 können sich Zustimmungserfordernisse auch aus weiteren Vorschriften des UmwG ergeben, so zB im Fall des Formwechsels einer GmbH aus §§ 241 Abs. 2, 50 Abs. 2, wenn besondere Rechte von Anteilsinhabern in der Geschäftsführung, bei der Bestellung der Geschäftsführer oder hinsichtlich eines Vorschlagsrechts für die Geschäftsführung beeinträchtigt werden[72].

Im Güterstand der Zugewinngemeinschaft lebende Anteilsinhaber haben § 1365 BGB zu beachten, sofern die Beteiligung an dem formwechselnden Rechtsträger ihr gesamtes Vermögen betrifft[73]. Im Fall der Gütergemeinschaft muss die Stimmabgabe gemeinsam erfolgen.

2. Zustimmungserteilung

27 Die Zustimmung ist eine Willenserklärung. Ihre Abgabe ist grundsätzlich sowohl vor der Beschlussfassung (Einwilligung) als auch nachträglich (Genehmigung) möglich[74]. Die Zustimmung ist gegenüber dem formwechselnden Rechtsträger, nicht gegenüber den anderen Anteilsinhabern abzugeben. Sie bedarf der notariellen Beurkundung[75], kann aber im Gegensatz zu der auf den Umwandlungsbeschluss selbst gerichteten Erklärung auch durch einen Boten erfolgen. Bis zu ihrer Erteilung ist der Umwandlungsbeschluss schwebend unwirksam[76]. Dem Anteilsinhaber kann zwar eine Frist[77] zur Erteilung der Zustimmung gesetzt werden[78], erzwungen werden kann sie jedoch nicht. Wird sie versagt, ist der Umwandlungsbeschluss endgültig unwirksam[79], so dass eine nach vorheriger Versagung erteilte Zustimmungserklärung ins Leere geht. Bis zu der Fassung des Umwandlungsbeschlusses ist eine zuvor erteilte Zustimmung formfrei widerruflich[80].

IV. Form des Umwandlungsbeschlusses und der Zustimmung einzelner Anteilsinhaber (Abs. 3 Satz 1)

28 Der Umwandlungsbeschluss mit dem gesetzlich vorgeschriebenen Mindestinhalt[81] sowie die Zustimmungserklärungen müssen notariell beurkundet werden[82]. Die Beurkundung des Umwandlungsbeschlusses erfolgt in Protokollform durch Niederschrift[83]. Die Zustimmungserklärungen werden als Willenserklärungen ebenfalls durch Niederschrift beurkundet[84]. Durch die Beurkundung des Umwandlungsbeschlusses werden auch für die mit dem

---

[71] *Decher* in Lutter Rn 24.
[72] Siehe hierzu § 50 Rn 24 ff. sowie *Reichert* GmbHR 1995, 176, 183 ff. Weitere Zustimmungserfordernisse enthalten zB die §§ 217 Abs. 1 Satz 1, Abs. 3, 221 Satz 2, 233 Abs. 1, 241 Abs. 3.
[73] Vgl. *Thiele* in Staudinger § 1365 BGB Rn 59 ff.; aA für den Formwechsel zwischen Kapitalgesellschaften *Arnold* § 240 Rn 34.
[74] §§ 182 ff. BGB. Eine Ausnahme bildet die Zustimmung des beitretenden persönlich haftenden Gesellschafters einer KGaA, vgl. §§ 221 Satz 2, 240 Abs. 2 Satz 2, 262 Abs. 2, 303 Abs. 2 Satz 2 und die Kommentierung zu diesen Vorschriften.
[75] Abs. 3 Satz 1; siehe Rn 28.
[76] *Decher* in Lutter Rn 26.
[77] §§ 108 Abs. 2, 177 Abs. 2 BGB analog.
[78] Ebenso *Vollrath* in Widmann/Mayer Rn 43; *Zimmermann* in Kallmeyer Rn 22.
[79] Vgl. *Decher* in Lutter Rn 26; *Zimmermann* in Kallmeyer Rn 23.
[80] § 183 BGB.
[81] § 194 Abs. 1.
[82] Zur Beurkundung im Ausland siehe § 6 Rn 15.
[83] §§ 36 ff. BeurkG.
[84] In der Form eines Verhandlungsprotokolls, §§ 8 ff. BeurkG. Die Aufnahme eines Tatsachenprotokolls gem. §§ 36 ff. ist insoweit nicht ausreichend, vgl. *Usler* MittRhNotK 1998, 21, 43. Werden Umwandlungsbeschluss und Zustimmungserklärung zusammen beurkundet, ist somit insgesamt ein Verhandlungsprotokoll zu errichten.

Umwandlungsbeschluss beschlossene Organverfassung des Rechtsträgers neuer Rechtsform bestehenden Formvorschriften gewahrt. Ohne notarielle Beurkundung ist der Beschluss nichtig. Ein Mangel der notariellen Beurkundung wird aber – ein eher theoretischer Fall – durch die Eintragung des Formwechsels in das Register geheilt[85].

V. Abschriftserteilung (Abs. 3 Satz 2)

Jedem Anteilsinhaber ist auf Verlangen eine Abschrift der Niederschrift des Umwandlungsbeschlusses zu erteilen. Dieses Recht haben **alle** Anteilsinhaber, auch diejenigen, die dem Rechtsträger erst beim Formwechsel beitreten[86]. Den Anteilsinhabern soll möglich sein, den Umwandlungsbeschluss zu überprüfen und zu entscheiden, ob sie eine Klage gegen den Umwandlungsbeschluss erheben. Eine Abschrift der außerhalb des Beschlusses erteilten Zustimmungserklärungen kann dagegen nicht verlangt werden. Die Pflicht zur Abschriftserteilung trifft den formwechselnden Rechtsträger, nicht den beurkundenden Notar[87]. Bei einer Weigerung kann der Anteilsinhaber sein Recht zwangsweise durchsetzen, das Registergericht kann hierzu gegen den Rechtsträger ein Zwangsgeld von bis zu € 5.000 festsetzen[88]. Die Kosten der Abschriftserteilung hat der jeweilige Anteilsinhaber zu tragen; sie dürfen pauschaliert werden, müssen jedoch angemessen sein.

29

VI. Mängel des Umwandlungsbeschlusses

1. Beschlussmängel

Mängel des Umwandlungsbeschlusses können sowohl bei der Stimmabgabe als auch hinsichtlich Form oder Inhalt des Umwandlungsbeschlusses auftreten. Die Stimmabgabe bei der Fassung von gesellschaftsrechtlichen Beschlüssen ist eine Willenserklärung, deren Wirksamkeit sich nach den Vorschriften des BGB richtet[89]. Die Nichtigkeit der Willenserklärung hat jedoch nur dann Auswirkungen auf den Umwandlungsbeschluss, wenn dieser gerade auf der betreffenden Stimme beruht, er also ohne diese Stimme nicht zustande gekommen wäre[90]. Der Verstoß gegen Form- oder Verfahrensvorschriften führt nur dann zur Nichtigkeit bzw. Anfechtbarkeit des Umwandlungsbeschlusses, wenn der Mangel für das Abstimmungsergebnis kausal war[91]. Ein materieller Mangel des Beschlusses kann in einem Verstoß gegen eine gesetzliche Vorschrift oder die guten Sitten, nicht aber darin liegen, dass der Beschluss sachlich nicht gerechtfertigt ist[92].

30

2. Rechtsfolgen

Mängel des Umwandlungsbeschlusses mit Ausnahme der Beurkundungsmängel werden durch die Eintragung des Formwechsels in das maßgebliche Register nicht geheilt[93]. Der

31

---

[85] § 202 Abs. 1 Nr. 3; siehe § 202 Rn 32.
[86] So auch *Usler* MittRhNotK 1998, 21, 43; der Gesetzgeber hat den Beitritt bisher nicht beteiligter Anteilsinhaber beim Formwechsel ausdrücklich nur für den Formwechsel in eine KG und KGaA vorgesehen. Nach der hier vertretenen Auffassung (siehe die Kommentierung zu § 197 Rn 3, 9) muss ein Beitritt neuer Anteilsinhaber jedoch in allen Fällen des Formwechsels möglich sein.
[87] So auch *Vollrath* in Widmann/Mayer Rn 33; *Zimmermann* in Kallmeyer Rn 30.
[88] § 316 Abs. 1.
[89] BGHZ 14, 264, 267.
[90] BGHZ 14, 264, 267 ff.; *Hopt* in Baumbach/Hopt § 119 HGB Rn 24.
[91] *Hopt* in Baumbach/Hopt § 119 HGB Rn 31; *F. J. Semler* in MünchHdbGesR Bd. 4 § 41 Rn 30; BGHZ 36, 121, 139; 49, 209, 211; 59, 369, 375; 86, 1, 22; *BGH* NJW 1987, 1263.
[92] Siehe Rn 17.
[93] Arg. ex contrario § 202 Abs. 1 Nr. 3.

Formwechsel genießt jedoch mit der Eintragung Bestandsschutz. Ob ein Nichtbeschluss, ein nichtiger, unwirksamer oder lediglich ein anfechtbarer Beschluss[94] vorliegt, ist von der Rechtsform des formwechselnden Rechtsträgers abhängig und richtet sich nach den allgemein für diesen Rechtsträger geltenden Vorschriften. Das UmwG enthält insoweit keine Regelung. IdR sind die Beschlüsse von Kapitalgesellschaften, eG und VVaG nur mit einer Gestaltungsklage angreifbar, so dass der Umwandlungsbeschluss – von den wenigen Ausnahmen der Nichtigkeit[95] abgesehen – ansonsten Wirksamkeit entfaltet. Dagegen sind fehlerhafte Beschlüsse von Personengesellschaften und Vereinen idR nichtig[96].

3. Geltendmachung

32   Die Geltendmachung von Beschlussmängeln richtet sich nach dem für die jeweilige Rechtsform des formwechselnden Rechtsträgers einschlägigen Recht[97]. Dieses wird durch das UmwG lediglich durch die Einführung einer Frist von einem Monat ab der Beschlussfassung[98] modifiziert. Zudem wird der Anteilsinhaber wegen der Geltendmachung bestimmter Mängel auf die Durchführung eines Spruchverfahrens verwiesen[99].

VII. Kosten

33   Der Notar erhält für die Beurkundung des Umwandlungsbeschlusses das Doppelte der vollen Gebühr[100]. Die Höhe der Gebühr richtet sich dabei nach dem Wert des Aktivvermögens des formwechselnden Rechtsträgers[101], beträgt maximal aber € 5.000[102]. Die Kosten der Beurkundung von Zustimmungserklärungen berechnen sich nach dem Geschäftswert des Anteils bzw. der Beteiligung des Zustimmenden[103]. Es fällt eine volle Gebühr an[104]. Für Verzichtserklärungen ist ebenfalls eine volle Gebühr zu erheben[105], der Geschäftswert ist nach freiem Ermessen zu ermitteln[106]. Nicht in den Gebühren enthalten ist eine über die Protokollierung hinausgehende beratende Tätigkeit des Notars. Diese ist gesondert mit der Hälfte der vollen Gebühr zu berechnen[107].

---

[94] Hierzu im Einzelnen *K. Schmidt* GesR § 15 II.
[95] Eine Aufzählung von Nichtigkeitsgründen enthält § 241 AktG.
[96] AllgM; zu den Personengesellschaften BGHZ 81, 263, 264; *Hopt* in Baumbach/Hopt § 119 HGB Rn 31; *Martens* in Schlegelberger § 119 HGB Rn 9; *Ulmer* in MünchKomm. § 709 BGB Rn 88 f.; zu den rechtsfähigen Vereinen BGHZ 59, 369, 371; BGHZ 59, 369, 371; *BGH* NJW 1971, 879, 880; *BGH* NJW 1975, 2101; *Stöber*, Handbuch zum Vereinsrecht, 9. Aufl. 2004, Rn 580 ff. AA *K. Schmidt* GesR § 24 III 3 f).
[97] Siehe § 195 Rn 3.
[98] § 195.
[99] § 195 Abs. 2 iVm. § 196 Satz 2, § 210 iVm. § 212 Satz 1; siehe im Einzelnen § 195 Rn 22, § 210 Rn 5.
[100] §§ 141, 47 KostO.
[101] § 41 c Abs. 2 KostO. Vgl. *Tiedtke* ZNotP 2001, 260.
[102] § 47 Satz 2 KostO.
[103] § 40 KostO.
[104] Sofern die Zustimmung ein eigenes Rechtsgeschäft darstellt, weil der Anteilsinhaber zB auf Sonderrechte o. ä. verzichtet. Vgl. hierzu auch *Vollrath* in Widmann/Mayer Rn 82 ff.; *Usler* MittRhNotK 1998, 21, 58.
[105] § 36 Abs. 1 KostO. Zum Geschäftswert von Zustimmungs- und Verzichtserklärungen vgl. *Tiedtke* ZNotP 2001, 260.
[106] § 30 Abs. 1 KostO; vgl *Usler* MittRhNotK 1998, 21, 58; *LG Stuttgart* GmbHR 2001, 977.
[107] § 147 Abs. 2 KostO. Der Geschäftswert richtet sich hierbei nach § 30 Abs. 1 KostO; vgl. *Tiedtke* ZNotP 2001, 260; *Vollrath* in Widmann/Mayer Rn 60 Fn 2 mwN, Rn 67.

§ 194 Inhalt des Umwandlungsbeschlusses

(1) In dem Umwandlungsbeschluß müssen mindestens bestimmt werden:
1. die Rechtsform, die der Rechtsträger durch den Formwechsel erlangen soll;
2. der Name oder die Firma des Rechtsträgers neuer Rechtsform;
3. eine Beteiligung der bisherigen Anteilsinhaber an dem Rechtsträger nach den für die neue Rechtsform geltenden Vorschriften, soweit ihre Beteiligung nicht nach diesem Buch entfällt;
4. Zahl, Art und Umfang der Anteile oder der Mitgliedschaften, welche die Anteilsinhaber durch den Formwechsel erlangen sollen oder die einem beitretenden persönlich haftenden Gesellschafter eingeräumt werden sollen;
5. die Rechte, die einzelnen Anteilsinhabern sowie den Inhabern besonderer Rechte wie Anteile ohne Stimmrecht, Vorzugsaktien, Mehrstimmrechtsaktien, Schuldverschreibungen und Genussrechte in dem Rechtsträger gewährt werden sollen, oder die Maßnahmen, die für diese Personen vorgesehen sind;
6. ein Abfindungsangebot nach § 207, sofern nicht der Umwandlungsbeschluß zu seiner Wirksamkeit der Zustimmung aller Anteilsinhaber bedarf oder an dem formwechselnden Rechtsträger nur ein Anteilsinhaber beteiligt ist;
7. die Folgen des Formwechsels für die Arbeitnehmer und ihre Vertretungen sowie die insoweit vorgesehenen Maßnahmen.

(2) Der Entwurf des Umwandlungsbeschlusses ist spätestens einen Monat vor dem Tage der Versammlung der Anteilsinhaber, die den Formwechsel beschließen soll, dem zuständigen Betriebsrat des formwechselnden Rechtsträgers zuzuleiten.

Übersicht

	Rn		Rn
I. Allgemeines	1	a) Zahl und Umfang	13
II. Mindestinhalt des Umwandlungsbeschlusses (Abs. 1)	5	b) Art der Beteiligung	20
1. Rechtsform des Rechtsträgers nach dem Formwechsel (Nr. 1)	5	5. Sonderrechte an dem Rechtsträger neuer Rechtsform (Nr. 5)	21
2. Name oder Firma des Rechtsträgers neuer Rechtsform (Nr. 2)	6	6. Abfindungsangebot (Nr. 6)	27
3. Künftige Beteiligung der bisherigen Anteilsinhaber (Nr. 3)	7	7. Folgen für die Arbeitnehmer (Nr. 7)	30
4. Zahl, Art und Umfang der neuen Anteile oder Mitgliedschaften (Nr. 4)	12	III. Fakultativer Inhalt des Umwandlungsbeschlusses	34
		IV. Zuleitung des Umwandlungsbeschlusses an den Betriebsrat (Abs. 2)	38

Literatur: *Bärwaldt/Schabacker*, Der Formwechsel als modifizierte Neugründung, ZIP 1998, 1293; *Blechmann*, Die Zuleitung des Umwandlungsvertrags an den Betriebsrat, NZA 2005, 1143; *Engelmeyer*, Die Informationsrechte des Betriebsrats und der Arbeitnehmer bei Strukturänderungen, DB 1996, 2542; *Flesch*, Die Beteiligung von 5-DM-Aktionären an der GmbH nach einer formwechselnden Umwandlung, ZIP 1996, 2153; *Geck*, Die Spaltung von Unternehmen nach dem neuen Umwandlungsrecht, DStR 1995, 416; *Melchior*, Die Beteiligung von Betriebsräten an Umwandlungsvorgängen aus Sicht des Handelsregisters, GmbHR 1996, 833; *K. Müller*, Die Zuleitung des Verschmelzungsvertrages an den Betriebsrat nach § 5 Abs. 3 UmwG, DB 1997, 713; *Stohlmeier*, Zuleitung der Umwandlungsdokumentation und Einhaltung der Monatsfrist, BB 1999, 1394; *Usler*, Der Formwechsel nach dem neuen Umwandlungsrecht, MittRhNotK 1998, 21; *Veil*, Der nicht-verhältniswahrende Formwechsel von Kapitalgesellschaften, DB 1996, 2529.

I. Allgemeines

Abs. 1 der Norm setzt die für jeden Umwandlungsbeschluss im Rahmen eines Formwechsels erforderlichen Angaben fest. Der Katalog des Abs. 1 ist **zwingend**[1]. Es ist deshalb ratsam,

---

[1] § 1 Abs. 3 Satz 1, siehe auch *BayObLG* AG 1996, 468.

alle Punkte des Abs. 1 im Umwandlungsbeschluss anzusprechen, auch wenn sich die Angabe im konkreten Fall in einer Negativerklärung erschöpft[2] (zB weil Sonderrechte nach Abs. 1 Nr. 5 nicht gewährt wurden). Damit werden unnötige Rückfragen des Registergerichts vermieden. Ein Verzicht auf die Mindestangaben ist nicht möglich, selbst wenn der Umwandlungsbeschluss einstimmig beschlossen werden würde. Der vorgeschriebene Mindestinhalt wird durch die rechtsformspezifischen Vorschriften im Zweiten Teil ergänzt[3].

2   Die Vorschrift soll zum einen sicherstellen, dass die Anteilsinhaber über den Formwechsel hinreichend informiert werden. Zum anderen soll sie bewirken, dass nach dem Formwechsel die Stellung eines Anteilsinhabers und die daraus resultierenden Rechte eindeutig zugeordnet werden können.

3   Soweit sich die nach Abs. 1 erforderlichen Angaben mit solchen decken, die – wie regelmäßig – auch Inhalt des Gesellschaftsvertrags, der Satzung oder des Statuts des Rechtsträgers neuer Rechtsform sind, kann hierauf **verwiesen** werden[4]. Der Gesellschaftsvertrag oder die Satzung müssen dazu Bestandteil des Umwandlungsbeschlusses sein[5].

4   Der Entwurf des Umwandlungsbeschlusses muss einen Monat vor der beschlussfassenden Anteilsinhaberversammlung dem **Betriebsrat** zugeleitet werden[6]. Durch die Information der Arbeitnehmervertretung soll eine möglichst sozialverträgliche Durchführung des Formwechsels sichergestellt werden[7].

II. Mindestinhalt des Umwandlungsbeschlusses (Abs. 1)

1. Rechtsform des Rechtsträgers nach dem Formwechsel (Nr. 1)

5   Der Umwandlungsbeschluss muss angeben, welche Rechtsform der Rechtsträger nach dem Formwechsel erhalten soll. Der Beschluss muss deutlich machen, dass ein Formwechsel erfolgt. Dabei ist es nicht zwingend, das Wort „Formwechsel" zu verwenden[8]. Es reicht aus, wenn sich dies aus dem Kontext ergibt[9]. Mit der Festsetzung der neuen Rechtsform werden der rechtliche Rahmen für die Gestaltung des künftigen Organisationsstatuts und die auf den Formwechsel anwendbaren Gründungsvorschriften festgelegt[10].

2. Name oder Firma des Rechtsträgers neuer Rechtsform (Nr. 2)

6   Im Beschluss muss der Name[11] oder die Firma[12] des Rechtsträgers neuer Rechtsform genannt werden. Die Zulässigkeit von Name oder Firma richtet sich nach § 200 sowie den rechtsformspezifischen Namens- oder Firmenvorschriften[13]. Es besteht hierdurch auch für die GbR der Zwang, sich einen Namen zu geben.

---

[2] *Decher* in Lutter Rn 3.
[3] §§ 218, 225 c, 234, 243, 253, 263, 276, 285, 294.
[4] RegBegr. *Ganske* S. 217.
[5] Dieses ist der Fall bei dem Formwechsel von Personenhandelsgesellschaften, Partnerschaftsgesellschaften oder Kapitalgesellschaften in Kapitalgesellschaften oder in eingetragene Genossenschaften sowie bei dem Formwechsel von eingetragenen Genossenschaften, rechtsfähigen Vereinen und Versicherungsvereinen auf Gegenseitigkeit; §§ 218 Abs. 1 Satz 1, 225 c, 243 Abs. 1 Satz 1, 253 Abs. 1 Satz 1, 263 Abs. 1 Satz 1, 276 Abs. 1, 285 Abs. 1, 294 Abs. 1 Satz 1.
[6] Sofern der Betriebsrat hierauf nicht verzichtet, vgl. § 5 Rn 145 f. Zur Zuleitung neuestens *Blechmann* NZA 2005, 1143.
[7] RegBegr. *Ganske* S. 218, 50.
[8] Das Wort „Umwandlung" sollte wegen der Verwechslungsgefahr mit der Verschmelzung, Spaltung oder Vermögensübertragung vermieden werden, vgl. § 1 Abs. 2.
[9] Vgl. zum früheren Recht *J. Semler/Grunewald* in G/H/E/K § 369 AktG Rn 7.
[10] § 197 Satz 1.
[11] Von GbR oder PartG.
[12] Von OHG, KG, GmbH, AG, KGaA und eG.
[13] § 197 Satz 1 iVm. § 2 PartGG, §§ 17 ff. HGB, § 4 GmbHG, §§ 4, 278 Abs. 3 AktG, § 3 GenG.

3. Künftige Beteiligung der bisherigen Anteilsinhaber (Nr. 3)

Im Umwandlungsbeschluss ist die Beteiligung der bisherigen Anteilsinhaber nach den für die neue Rechtsform geltenden Vorschriften aufzuführen, soweit ihre Beteiligung nicht entfällt. Dabei ist es nicht erforderlich, alle bisherigen Anteilsinhaber namentlich aufzuführen[14]. Nach § 194 Abs. 1 Nr. 3 muss im Umwandlungsbeschluss nur mitgeteilt werden, **ob** bzw. **dass** die bisherigen Anteilsinhaber auch solche des Rechtsträgers neuer Rechtsform werden.

Weiterhin ist mitzuteilen, ob iRd. Formwechsels Anteilsinhaber aus dem Rechtsträger **ausscheiden**[15] oder diesem **beitreten**. Gesetzlich ist ein **Ausscheiden** von Anteilsinhabern für die persönlich haftenden Gesellschafter einer formwechselnden KGaA[16] sowie uU für Mitglieder eines VVaG, die dem formwechselnden Verein weniger als drei Jahre angehören, vorgesehen[17]. Daneben ist nach der hier vertretenen dogmatischen Einordnung des Formwechsels als modifizierter Neugründung[18] auch das Ausscheiden jedes anderen Anteilsinhabers, wie zB der nach dem Formwechsel überflüssigen, nicht am Vermögen beteiligten Komplementär-GmbH einer GmbH & Co. KG[19], möglich. Der Austritt aus der Gesellschaft[20] erfordert dann aber die Zustimmung des austretenden Anteilsinhabers.

Ein **Beitritt** bisher nicht am Rechtsträger beteiligter Dritter ist für den künftigen persönlich haftenden Gesellschafter einer KGaA eindeutig gesetzlich geregelt[21]. Darüber hinaus steht es nach der hier vertretenen Auffassung über die Rechtsnatur des Formwechsels den Anteilsinhabern aber frei, auch in anderen Konstellationen mit dem Formwechsel neue Anteilsinhaber als Gründer aufzunehmen[22]. Nur so wird es möglich, ohne komplizierte Umgehungsvorgänge einen Formwechsel zB in eine Kapitalgesellschaft & Co. KG oder aus einer Einpersonenkapitalgesellschaft in eine Personenhandelsgesellschaft durchzuführen[23].

Das Ausscheiden bzw. der Beitritt von Anteilsinhabern steht auch nicht in Widerspruch zu § 194 Abs. 1 Nr. 3. Die Norm ordnet an, dass der Umwandlungsbeschluss angeben muss, ob bisherige Anteilsinhaber am Rechtsträger neuer Rechtsform beteiligt sein werden. Eine Aussage, ob **nur** bisherige Anteilsinhaber am Rechtsträger neuer Rechtsform beteiligt sein dürfen, wird aber gerade nicht getroffen[24]. Ein materiell-rechtliches Gebot der Anteilsinhaberidentität in dem Sinne, dass Berechtigte, die zum Zeitpunkt der Eintragung des Formwechsels Anteilsinhaber sind, auch Anteilsinhaber an dem Rechtsträger neuer Rechtsform werden, ist der Norm nicht zu entnehmen[25]. Die vom Gesetzgeber postulierte Identität des Personenkreises[26] hat sich im Gesetz nicht niedergeschlagen und kann somit auch für die Auslegung nicht Maßstab sein[27].

---

[14] Ebenso *Decher* in Lutter Rn 7; aA *Laumann* in Goutier/Knopf/Tulloch Rn 7.
[15] AA *Meister/Klöcker* in Kallmeyer Rn 26: lediglich zweckmäßig.
[16] §§ 233 Abs. 3 Satz 3, 247 Abs. 3, 255 Abs. 3.
[17] § 294 Abs. 1 Satz 2.
[18] Vgl. § 197 Rn 1 ff.
[19] Für diesen Fall iE nunmehr ebenso *Decher* in Lutter § 202 Rn 15.
[20] Vgl. im Einzelnen *Bärwaldt/Schabacker* ZIP 1998, 1293 ff.
[21] §§ 218 Abs. 2, 243, 263.
[22] AA *Decher* in Lutter § 190 Rn 3.
[23] Siehe § 197 Rn 13 sowie *Happ* in Lutter § 228 Rn 30; *Haritz/Bärwaldt* in BeckHdb. Personengesellschaften § 9 Rn 67 ff., 73 ff.; *Rottnauer* EWiR 2000, 457 zu BayObLG ZIP 2000, 230; für diesen Fall iE nunmehr auch *Decher* in Lutter § 202 Rn 15.
[24] So aber *Meister/Klöcker* in Kallmeyer Rn 25.
[25] Ebenso *Veil* DB 1996, 2529 f. zu §§ 194 Abs. 1 Nr. 4, 202; aA BayObLG NZG 2003, 829, 830.
[26] RegBegr. *Ganske* S. 217.
[27] Siehe § 197 Rn 13; *Bärwaldt/Schabacker* ZIP 1998, 1293, 1298. Vor einer Umsetzung des Formwechsels auf Basis dieser Auffassung ist jedoch bis auf weiteres eine vorherige Abstimmung mit dem Registergericht geboten.

11 Durch die Mitteilung nach § 194 Abs. 1 Nr. 3 wird weiterhin nicht ausgeschlossen, dass zwischen Umwandlungsbeschluss und Eintragung des Formwechsels Anteile am formwechselnden Rechtsträger im Wege der Einzelrechtsnachfolge übertragen werden[28].

4. Zahl, Art und Umfang der neuen Anteile oder Mitgliedschaften (Nr. 4)

12 Mit der Eintragung des Formwechsels in das zuständige Register[29] werden die Anteilsinhaber des bisherigen Rechtsträgers kraft Gesetzes nach den für die neue Rechtsform geltenden Vorschriften am Rechtsträger neuer Rechtsform beteiligt[30]. Die Ausgestaltung der Mitgliedschaft am Rechtsträger ändert sich. Um Klarheit über den Umfang und die Art der Beteiligung zu schaffen, muss aus dem Umwandlungsbeschluss eindeutig hervorgehen, wie die Beteiligung der jeweiligen Anteilsinhaber konkret gestaltet ist. Die Differenzierung zwischen „Mitgliedschaft" bei personalistisch strukturierten Rechtsträgern und „Anteil" bei körperschaftlich organisierten Rechtsträgern spielt dabei für die Angaben im Umwandlungsbeschluss keine Rolle. Sofern sich Zahl, Art und Umfang der Anteile oder Mitgliedschaften bereits aus dem angefügten Gesellschaftsvertrag, der Satzung oder dem Statut ergeben, kann hierauf verwiesen werden[31].

13 a) **Zahl und Umfang.** Der Umwandlungsbeschluss muss die Zahl und den Umfang der Anteile oder Mitgliedschaften am Rechtsträger neuer Rechtsform bestimmen, die insgesamt ausgegeben werden. Dabei sind die Beschränkungen durch das zwingende Recht des neuen Normensystems zu beachten. So kann ein Anteilsinhaber in personalistisch organisierten Rechtsträgern immer nur eine Mitgliedschaft erwerben. Weiterhin sind gesetzlich vorgeschriebene Mindestnennbeträge zu berücksichtigen. Wegen der Anwendung des Gründungsrechts[32] ist es bei einem **Formwechsel in eine GmbH** nicht möglich, mehrere Geschäftsanteile zu übernehmen[33]. Hierfür besteht auch kein praktisches Bedürfnis, da die Geschäftsanteile im Falle einer späteren Veräußerung ggf. nach Bedarf geteilt werden können. § 194 Abs. 1 Nr. 4 stellt keine dem GmbHG entgegen stehende Spezialvorschrift dar, da lediglich abstrakt für alle Rechtsträger eine Aussage getroffen wird, ohne hierbei das GmbH-Gründungsrecht verdrängen zu wollen[34].

14 Beim Formwechsel einer AG mit **1 € Aktien** oder einer ähnlich kleinen Stückelung in eine GmbH können Anteile von Anteilsinhabern, die nicht den vollen Betrag eines Geschäftsanteils von € 50[35] erreichen bzw. eine ungerade Zahl von Aktien halten, zusammengefasst werden[36]. Der Vorstand der formwechselnden AG ist für die Zusammenlegung zuständig. Er kann nach pflichtgemäßem Ermessen frei entscheiden, welche Anteile zusammengelegt werden[37]. Die betroffenen Anteilsinhaber bilden eine Bruchteilsgemeinschaft[38], sofern sie sich nicht vertraglich zur gemeinschaftlichen Verwaltung ihres Anteils

---

[28] *BayObLG* ZIP 2000, 230, 231; *BayObLG* NZG 2003, 829, 830 (zur AG); zustimmend *Wälzholz* DStR 2003, 1269; vgl. auch *Meister/Klöcker* in Kallmeyer Rn 25.
[29] § 198.
[30] § 202.
[31] RegBegr. *Ganske* S. 218.
[32] § 197 Satz 1.
[33] § 5 Abs. 2 GmbHG. Ebenso *Busch* AG 1999, 555, 557; *Joost* in Lutter § 218 Rn 9; *Zürbig*, Der Formwechsel einer Personenhandelsgesellschaft in eine Kapitalgesellschaft, 1999, S. 74; aA *Decher* in Lutter Rn 10; *Laumann* in Goutier/Knopf/Tulloch Rn 11; *Meister/Klöcker* in Kallmeyer Rn 33; *Stratz* in Schmitt/Hörtnagl/Stratz § 197 Rn 8. Im Zuge der geplanten GmbH-Rechts-Reform soll § 5 Abs. 2 GmbHG gestrichen werden, womit sich dieser Streit erledigen wird.
[34] Vgl. § 197 Rn 24.
[35] § 243 Abs. 3 Satz 2. Siehe aber Fn 40.
[36] *Flesch* ZIP 1996, 2153, 2155; *Kraft* in Kölner Komm. § 373 AktG Rn 22; *J. Semler/Grunewald* in G/H/E/K § 373 AktG Rn 13.
[37] § 226 AktG analog, vgl. hierzu *Oechsler* in MünchKomm. § 226 AktG Rn 4.
[38] §§ 741 ff. BGB.

zusammenschließen und so zu einer GbR[39] werden. Den Anteilsinhabern bleibt es jedoch unbenommen, freiwillig der Gesellschaft ihre Aktien bzw. verbleibende Spitzenbeträge zur Verwertung zur Verfügung zu stellen[40].

Im Umwandlungsbeschluss muss auf den **Umfang** der künftigen Beteiligung hingewiesen werden. Der Umfang hängt außer von der künftigen Rechtsnatur auch von der Ausgestaltung durch Gesellschaftsvertrag, Satzung oder Statut ab. Es ist jedoch nicht Aufgabe des Umwandlungsbeschlusses, den Umfang der künftigen Beteiligung zu erläutern[41]. Eine Erklärung des Umwandlungsbeschlusses erfolgt im Umwandlungsbericht[42]. 15

Bei einem Formwechsel aus einer Personenhandelsgesellschaft **in eine Kapitalgesellschaft** sind die Kapitalkonten dem gezeichneten Kapital bzw. der Kapitalrücklage oder der Gewinnrücklage zuzuordnen. Sonstige Konten der Personenhandelsgesellschaft werden zu Fremdkapital. Weiterhin sind die Kapitalaufbringungsvorschriften zu beachten[43]. 16

Beim Formwechsel in eine **Personenhandelsgesellschaft** sind die den Anteilsinhabern einzuräumenden Kapitalkonten sowie die Zuordnung des Kapitals des formwechselnden Rechtsträgers zu denselben anzugeben. Ferner ist die Höhe der Einlage der Kommanditisten zu nennen[44]. 17

Anders als bei der Spaltung[45] enthält das UmwG keine ausdrückliche Regelung eines **nicht verhältniswahrenden** Formwechsels[46], also einer Veränderung der Beteiligungsquoten vor und nach der Umwandlung. Zwar fehlt es bei den §§ 190 ff. – anders als bei der Spaltung[47] – an einer ausdrücklichen Regelung. Ein solcher ist dennoch zulässig. Dies folgt aus der Tatsache, dass eine Änderung des Umfangs der Beteiligung ein Minus zum Austritt eines Anteilsinhabers[48] darstellt. Zudem enthält das Gesetz nicht nur keine entgegen stehenden Sondervorschriften[49], sondern setzt den nicht verhältniswahrenden Formwechsel sogar voraus[50]. Auch die Gesetzesbegründung enthält keine gegenteiligen Aussagen. Eine Veränderung der Beteiligungsquoten setzt jedoch die **Zustimmung** der betroffenen Anteilsinhaber voraus[51]. Betroffen sind dabei nicht nur die Anteilsinhaber, deren Beteiligung sich verringert, sondern auch diejenigen, denen mit einer höheren Beteiligung höhere Risiken aufgebürdet werden[52]. 18

---

[39] §§ 705 ff. BGB.

[40] Vgl. auch *Flesch* ZIP 1996, 2153, 2155. Dieses Problem wird sich aber wohl im Zuge der GmbH-Rechts-Reform erledigen, da die Vorgaben des § 5 Abs. 1 2. Halbs. und Abs. 3 Satz 2 GmbHG (Mindeststammeinlage pro Gesellschafter von € 100; Teilbarkeit durch 50) entfallen und § 243 Abs. 3 Satz 2 entsprechend angepasst werden soll. Ein GmbH-Geschäftsanteil soll dann noch auf volle Euro lauten müssen.

[41] Dies muss auch dann gelten, wenn die neue Beteiligungsstruktur zwar faktisch zu unterschiedlichen Einflussmöglichkeiten der Anteilsinhaber auf das Vertretungsorgan des Rechtsträgers neuer Rechtsform führt, der Gleichbehandlungsgrundsatz aber (noch) nicht verletzt ist, vgl. *BGH* DStR 2005, 1539, 1541.

[42] Siehe § 192 Rn 6 ff. Ebenso *Decher* in Lutter Rn 15; aA *Laumann* in Goutier/Knopf/Tulloch Rn 12.

[43] Siehe § 220 Rn 7 ff.

[44] § 234 Nr. 2.

[45] § 128.

[46] Bei dem nicht verhältniswahrenden Formwechsel sind die Formvorschriften des Rechtsgeschäfts zu beachten, das der Verschiebung zugrunde liegt.

[47] § 128.

[48] Vgl. dazu Rn 8 ff.

[49] Vgl. *Bärwaldt/Schabacker* ZIP 1998, 1293, 1298; ebenso *Decher* in Lutter § 202 Rn 21; *Meister/Klöcker* in Kallmeyer Rn 34; *Vollrath* in Widmann/Mayer Rn 17; *Veil* DB 1996, 2529, 2530; *Fischer* BB 1995, 2173, 2176.

[50] §§ 241 Abs. 1 Satz 1, 242, 243 Abs. 3 Satz 1.

[51] Dazu ausführlich *Haritz/Bärwaldt* in BeckHdb. Personengesellschaften § 9 Rn 81 ff.; *Veil* DB 1996, 2529 ff.

[52] Vgl. *Haritz/Bärwaldt* in BeckHdb. Personengesellschaften § 9 Rn 81; aA *Vollrath* in Widmann/Mayer Rn 17.

19 Sind die Anteile an dem Rechtsträger neuer Rechtsform zu niedrig bemessen oder stellt die Mitgliedschaft keinen ausreichenden Gegenwert für die bisherige Beteiligung dar, steht dem Anteilsinhaber lediglich ein Anspruch auf bare Zuzahlung gegen den Rechtsträger zu[53]. Eine Klage gegen die Wirksamkeit des Umwandlungsbeschlusses aus diesem Grund ist ausgeschlossen[54]. Dies gilt nicht bei einer fehlenden Zustimmung beim nicht verhältniswahrenden Formwechsel. Ein solcher Mangel des Umwandlungsbeschlusses kann vom Betroffenen mit einer Klage angegriffen werden[55].

20 **b) Art der Beteiligung.** Die Art der künftigen Beteiligung wird durch die Rechtsform des neuen Rechtsträgers festgelegt. Geschäftsanteile einer GmbH bestehen zB mit der Eintragung des Formwechsels in eine AG als Aktien fort. Bei der Bestimmung der Beteiligung reicht es aus, die gesetzliche Bezeichnung in den Umwandlungsbeschluss aufzunehmen. Auf genauere Ausgestaltungen durch den Gesellschaftsvertrag, die Satzung oder das Statut braucht nicht eingegangen zu werden. Stellt das künftig für die Gesellschaft geltende Gesetz verschiedene Arten von Anteilen zur Auswahl, wie Nennbetrags- oder Stückaktien, ist zu differenzieren, welcher Gattung die künftigen Anteile angehören. Welche Stimmkraft dem einzelnen Anteil zukommt, betrifft dagegen nicht die Art der Beteiligung und ist daher bei den Angaben zu den Sonderrechten[56] zu behandeln. Genauere Erläuterungen über die Änderung in der Beteiligungsform gehören nicht in den Umwandlungsbeschluss, sondern sind dem Umwandlungsbericht vorbehalten[57].

5. Sonderrechte an dem Rechtsträger neuer Rechtsform (Nr. 5)

21 Der Umwandlungsbeschluss muss auf Rechte, die einzelnen Anteilsinhabern sowie den Inhabern besonderer Rechte gewährt werden sollen, eingehen oder die Maßnahmen darstellen, die für diese Personen vorgesehen sind.

22 Den übrigen Anteilsinhabern soll ermöglicht werden, die Einhaltung des gesellschaftsrechtlichen Gleichbehandlungsgrundsatzes zu überprüfen[58]. Nicht erwähnt werden müssen an dieser Stelle deshalb Sonderrechte, die **allen** Anteilsinhabern gleichmäßig gewährt werden[59]. Ebenfalls kein Sonderrecht iSd. Nr. 5 ist eine bare Zuzahlung gemäß § 196; sie muss daher – anders als das Abfindungsangebot gemäß Nr. 6 – nicht im Umwandlungsbeschluss erwähnt werden[60]. Regelmäßig wird es sich um die Fortschreibung von bereits beim formwechselnden Rechtsträger bestehenden Sonderrechten handeln. Können auf Grund der Rechtsnatur des Rechtsträgers neuer Rechtsform Sonderrechte nicht fortgeschrieben werden, ist der hierfür gefundene Ausgleich in den Umwandlungsbeschluss aufzunehmen[61]. Besondere Rechte, die sich kraft Gesetzes an den Formwechsel knüpfen, sind an dieser Stelle aufzuführen[62]. Werden in der Zielrechtsform keine Sonderrechte gewährt, sollte der Umwandlungsbeschluss eine entsprechende Negativaussage enthalten.

23 Durch die Erwähnung im Umwandlungsbeschluss werden die Sonderrechte nicht begründet. Die wirksame Errichtung bestimmt sich nach den jeweils dafür einschlägigen Normen des Gründungsrechts.

---

[53] § 196.
[54] § 195 Rn 22 ff.
[55] Siehe § 195 Rn 30 sowie *Veil* DB 1996, 2529, 2531; *Decher* in Lutter § 195 Rn 19.
[56] § 194 Abs. 1 Nr. 5.
[57] Siehe Rn 15.
[58] *Usler* MittRhNotK 1998, 21, 32.
[59] So auch *Decher* in Lutter Rn 17; diese sind aber ggf. unter Nr. 4 darzustellen.
[60] *Decher* in Lutter Rn 18.
[61] *Usler* MittRhNotK 1998, 21, 32.
[62] AA *Meister/Klöcker* in Kallmeyer Rn 37. Die faktische größere Einflussmöglichkeit eines Gesellschafters des Rechtsträgers neuer Rechtsform und/oder ein aus der neuen Gesellschafterstellung resultierender Vorteil eines Gesellschafters stellt lt. BGH wohl keinen Sondervorteil dar, *BGH* DStR 2005, 1539, 1542.

Ebenfalls nach dem Recht der jeweils angestrebten Rechtsform richtet sich, welche **konkreten Rechte** den einzelnen Anteilsinhabern gewährt werden können. Die Norm zählt – nicht abschließend – einzelne Sonderrechte auf. Im Umwandlungsbeschluss sind daher alle Sonderrechte wie Vorzugsaktien, Mehrstimmrechtsaktien, Schuldverschreibungen, Genussrechte, aber auch Vetorechte, Vorkaufsrechte usw. aufzuführen. 24

Ist wegen des für den neuen Rechtsträger geltenden Rechts eine Gewährung entsprechender Rechte nach dem Formwechsel nicht möglich, sind dem betroffenen Anteilsinhaber solche Rechte zu gewähren, die dem untergehenden Recht sowohl rechtlich als auch wirtschaftlich am nächsten kommen. 25

Die Gruppe der **Inhaber besonderer Rechte** meint diejenigen Personen, die nach §§ 204, 23 geschützt werden sollen. Es muss sich hierbei nicht notwendig um Anteilsinhaber handeln, eine Berechtigung allein schuldrechtlicher Natur ist aber nicht ausreichend. Der Person muss ein mitgliedschaftsähnliches oder gesellschaftsrechtlich typisiertes Vermögensrecht zustehen[63]. Der Umwandlungsbeschluss muss aufführen, welche gleichwertigen Rechte dem betroffenen Personenkreis am Rechtsträger neuer Rechtsform eingeräumt werden. 26

6. Abfindungsangebot (Nr. 6)

Der Umwandlungsbeschluss muss ein Barabfindungsangebot für diejenigen Anteilsinhaber enthalten, die Widerspruch zur Niederschrift gegen den Umwandlungsbeschluss erklären werden[64]. Ihnen ist eine angemessene Barabfindung für den Erwerb ihrer umgewandelten Anteile oder Mitgliedschaften anzubieten. In diesem Zusammenhang könnte das Vertretungsorgan des formwechselnden Rechtsträgers den Anteilsinhabern erklären, dass der Rechtsträger neuer Rechtsform sich auch den Anteilsinhabern gegenüber an das Barabfindungsangebot gebunden halten wird, die zur Sicherung ihrer Abfindung zwar den Widerspruch erklären, im Interesse der formwechselwilligen Anteilsinhaber zuvor aber für den Formwechsel stimmen werden[65]. 27

Das Abfindungsangebot muss bereits im Entwurf des Umwandlungsbeschlusses enthalten sein[66] und die Höhe der angebotenen Abfindung pro Anteil genau bezeichnen[67]. Ferner muss darauf hingewiesen werden, dass das Angebot nur innerhalb der Ausschlussfrist des § 209 angenommen werden kann[68]. 28

Das Angebot einer Barabfindung kann im Umwandlungsbeschluss lediglich dann **unterbleiben**, wenn dieser zu seiner Wirksamkeit der Zustimmung **aller** Anteilsinhaber bedarf[69] oder nur **ein** Anteilsinhaber am Rechtsträger beteiligt ist[70]. Weiterhin entfällt die Notwendigkeit eines Abfindungsangebots im Umwandlungsbeschluss, wenn **alle** Anteilsinhaber hierauf **verzichten**[71]. Dies ist im Gesetz zwar nicht ausdrücklich vorgesehen. Ein Abfin- 29

---

[63] Siehe § 23 Rn 4 ff.
[64] § 207.
[65] Gegen die Zulässigkeit des janusköpfigen Abstimmungsverhaltens *Kalss* § 207 Rn 7; *Vollrath* in Widmann/Mayer § 29 Rn 24; *Grunewald* in Lutter § 29 Rn 10; *Stratz* in Schmitt/Hörtnagl/Stratz § 207 Rn 4 und § 29 Rn 16; wie hier *Bonow* § 270 Rn 6 (ausdrücklich allerdings nur für eG); *Marsch-Barner* in Kallmeyer § 29 Rn 13; *Meister/Klöcker* in Kallmeyer § 207 Rn 15; *Vossius* in Widmann/Mayer Formwechsel Rn 143; *Decher* in Lutter § 207 Rn 10; *Sagasser/Sickinger* in Sagasser/Bula/Brünger R Rn 40. Für die Zulässigkeit der Janusköpfigkeit in diesem Zusammenhang spricht auch die Gesetzesbegründung zur entprechenden Frage bei der baren Zuzahlung, vgl. § 196 Rn 8 aE.
[66] § 192 Abs. 1 Satz 3.
[67] AllgM *Sagasser/Sickinger* in Sagasser/Bula/Brünger R Rn 39 mit Verweis auf § 231; *Decher* in Lutter Rn 21.
[68] *Usler* MittRhNotK 1998, 21, 32.
[69] *Decher* in Lutter Rn 22. Siehe zu den Mehrheitserfordernissen § 193 Rn 11.
[70] *Decher* in Lutter Rn 23.
[71] *Decher* in Lutter Rn 23, § 207 Rn 24; *Meister/Klöcker* in Kallmeyer Rn 46; *Usler* MittRhNotK 1998, 21, 33; zur Zulässigkeit eines Verzichts *Vollrath* in Widmann/Mayer § 207 Rn 20.

dungsangebot in den Umwandlungsbeschluss aufzunehmen wäre aber formelhaft, wenn von Anfang an feststeht, dass kein Anteilsinhaber dem Formwechsel widersprechen wird. Der Verzicht bedarf darüber hinaus, ebenso wie der Verzicht auf die Prüfung des Barabfindungsangebots[72], der **notariellen Beurkundung**[73].

7. Folgen für die Arbeitnehmer (Nr. 7)

30 Im Umwandlungsbeschluss sind die Folgen des Formwechsels für die Arbeitnehmer und ihre Vertretungen aufzuführen. Die Angabe dient der frühzeitigen Unterrichtung der Arbeitnehmer und ihrer Vertretungen[74] sowohl über individual- als auch kollektivarbeitsrechtliche Veränderungen. Es ist aber zu berücksichtigen, dass der Formwechsel weitaus geringere Auswirkungen für die Arbeitnehmer und ihre Vertretungen als eine Verschmelzung oder Spaltung hat[75]. Es ändern sich weder die Arbeitsverträge noch wird die Stellung des Betriebsrats beeinflusst[76]. Auch Tarifverträge oder Betriebsvereinbarungen bleiben bestehen.

31 Für den Umwandlungsbeschluss relevante Folgen können allein auf der Ebene der **Mitbestimmung** entstehen. Mit dem Formwechsel in eine GbR, Personenhandelsgesellschaft oder PartG entfällt idR[77] die Unternehmensmitbestimmung. Wird eine AG mit weniger als 500 Arbeitnehmern, die deshalb mitbestimmt ist, weil sie keine Familiengesellschaft ist und vor dem 10. 8. 1994 eingetragen wurde[78], in eine GmbH umgewandelt, entfällt der Aufsichtsrat und damit die Mitbestimmung. Dagegen hat der Formwechsel aus einer eG in eine Kapitalgesellschaft und umgekehrt keine Auswirkungen auf Aufsichtsrat und Mitbestimmung[79]. Bewirkt der Formwechsel keine Veränderung, ist eine entsprechende Feststellung im Umwandlungsbeschluss ausreichend.

32 Neben dem Mitbestimmungsstatut kann der Formwechsel Auswirkungen auf die **Haftungsverfassung** haben, die den Arbeitnehmern und ihren Vertretungen mitzuteilen sind. Der Wegfall der persönlichen Haftung von Gesellschaftern betrifft die Arbeitnehmer als Gläubiger des Rechtsträgers und ist daher unter Hinweis auf die Nachhaftung[80] in den Umwandlungsbeschluss aufzunehmen[81].

33 Die Vorschrift entspricht der Regelung zum Verschmelzungsvertrag[82], so dass auf die dortige Kommentierung[83] verwiesen wird.

III. Fakultativer Inhalt des Umwandlungsbeschlusses

34 Über die Mindestangaben der Nrn. 1 bis 7 hinaus können im Umwandlungsbeschluss weitere Tatsachen angegeben werden. Insbesondere sollte beim Formwechsel aus der Kapitalgesellschaft in eine Personenhandelsgesellschaft darüber nachgedacht werden, ob der Gesellschaftsvertrag des Rechtsträgers neuer Rechtsform darin aufgenommen wird[84]. Dagegen

---

[72] § 208 iVm. § 30 Abs. 1.
[73] *Usler* MittRhNotK 1998, 21, 33.
[74] RegBegr. *Ganske* S. 50.
[75] *Stratz* in Schmitt/Hörtnagl/Stratz Rn 9.
[76] Das Betriebsverfassungsrecht ist weitestgehend rechtsformneutral ausgestaltet.
[77] Ausnahmen bildet die Mitbestimmung nach §§ 4, 5 MitbestG.
[78] § 1 Abs. 1 Satz 1 Nr. 1 DrittelbG.
[79] *Schmitz-Riol* S. 76 ff.
[80] §§ 224, 237, 249, 257.
[81] Ebenso *Vollrath* in Widmann/Mayer Rn 50.
[82] § 5 Abs. 1 Nr. 9.
[83] § 5 Rn 76 ff.
[84] In allen anderen Fällen ist dieses nach den Sondervorschriften des Zweiten Teils des Vierten Buches ohnehin zwingend, vgl. §§ 218 Abs. 1, 225 c, 234 Nr. 3, 243 Abs. 1, 253 Abs. 1, 263 Abs. 1, 276 Abs. 1, 285 Abs. 1, 294 Abs. 1, 302.

spricht zwar, dass der Gesellschaftsvertrag dann zusammen mit dem Umwandlungsbeschluss zu den öffentlich einsehbaren Registerakten sowie an den nach Abs. 2 zu informierenden Betriebsrat gelangt[85]. Andererseits kann der Gesellschaftsvertrag möglicherweise durch die Aufnahme in einen **mehrheitlich** zu fassenden Umwandlungsbeschluss ebenfalls mehrheitlich (statt einstimmig) beschlossen werden[86]. Die Frage weist eine gewisse Nähe zu der Möglichkeit von Mehrheitsentscheidungen über nicht verhältniswahrende Formwechsel auf. Überträgt man die dazu vorgeschlagenen Lösungen, ergibt sich, dass ein **Mehrheitsbeschluss über den Formwechsel** nur die **Angaben im Gesellschaftsvertrag** betreffen kann, die nach dem UmwG für den **Formwechsel ohnehin erforderlich** sind[87]. **Abweichungen** vom gesetzlichen Leitbild bedürfen dagegen der **Einstimmigkeit**, wie sie bei Neugründung der PartG zum Zeitpunkt des Formwechsels notwendig wäre. Diese Lösung entspricht der Rechtsnatur des Formwechsels als einer modifizierten Neugründung[88]. Danach gilt das Gründungsrecht, soweit nicht das UmwG etwas anderes regelt. Eine andere Regelung wird im UmwG nur in Bezug auf einen dem gesetzlichen Leitbild entsprechenden Gesellschaftsvertrag iSd. §§ 105 ff. HGB, §§ 705 ff. BGB, nicht jedoch in Bezug auf einen hiervon abweichenden Gesellschaftsvertrag getroffen.

Für Gesellschaftsvertrag, Satzung oder Statut spezialgesetzlich vorgeschriebene **Formvorschriften**[89] werden durch die Aufnahme der Niederschrift zusammen mit dem Umwandlungsbeschluss gewahrt[90].

Es ist grundsätzlich nicht erforderlich, im Umwandlungsbeschluss einen Umwandlungsstichtag festzulegen. Dieser hat auch handelsrechtlich keine Auswirkungen[91], da beim Formwechsel keine Handelsbilanzen aufzustellen sind. Wird dagegen ein steuerlicher Umwandlungsstichtag festgelegt, sind selbstverständlich auch die Bilanzen auf diesen Tag bzw. den folgenden Tag[92] aufzustellen[93].

Zur Beschleunigung der Eintragung des Formwechsels ist zu raten, in den Umwandlungsbeschluss ausdrücklich einen **Verzicht** der Gesellschafter auf die Erhebung einer **Anfechtungsklage** aufzunehmen[94]. Anderenfalls müsste das Registergericht wegen der Negativerklärung[95] mit der Eintragung bis zum Ablauf der einmonatigen Präklusionsfrist[96] warten.

---

[85] AA offenbar *Laumann* in Goutier/Knopf/Tulloch § 199 Rn 16.
[86] Für eine Mehrheitsentscheidung *Decher* in Lutter Rn 37; *Happ* in Lutter § 234 Rn 37; *Meister/Klöcker* in Kallmeyer Rn 17; anders *Vollrath* in Widmann/Mayer Rn 59 f.: Eine Mehrheitsentscheidung sei dann nicht zulässig, wenn die Satzung der Kapitalgesellschaft für eine Satzungsänderung eine höhere Mehrheit vorsehe als für den Umwandlungsbeschluss erforderlich.
[87] Siehe Rn 5 bis Rn 33. Gleiches soll lt. *OLG Schleswig* NZG 2003 830, 831 für die seitens der Kommanditisten der Komplementärin einer Publikums-GmbH & Co. KG im Gesellschaftsvertrag erteilten Handelsregistervollmachten gelten.
[88] Siehe § 197 Rn 3.
[89] § 23 Abs. 1 AktG; § 2 Abs. 1 GmbHG; § 5 GenG; § 17 Abs. 2 VAG.
[90] Vgl. nur § 244 Abs. 2 für den Formwechsel zwischen Kapitalgesellschaften.
[91] Handelsrechtlich ist der Umwandlungsstichtag als der Zeitpunkt, von dem an die Handlungen der Rechtsträgers als für den Rechtsträger neuer Rechtsform vorgenommen werden, immer der Tag des Wirksamwerdens des Formwechsels, also der Tag der Eintragung in das Register, § 202.
[92] Eröffnungsbilanz.
[93] Vgl. § 14 UmwStG.
[94] § 198 Abs. 3 iVm. § 16 Abs. 2.
[95] § 198 Abs. 3 iVm. § 16 Abs. 2.
[96] § 195 Abs. 1.

IV. Zuleitung des Umwandlungsbeschlusses an den Betriebsrat (Abs. 2)

38 Der **Entwurf** des Umwandlungsbeschlusses ist spätestens einen Monat vor der Versammlung der Anteilsinhaber, die den Formwechsel beschließen soll, dem zuständigen Betriebsrat zuzuleiten. Wegen der Einzelheiten wird auf die Kommentierung zu § 5 Abs. 3 verwiesen[97].

§ 195 Befristung und Ausschluß von Klagen gegen den Umwandlungsbeschluß

(1) Eine Klage gegen die Wirksamkeit des Umwandlungsbeschlusses muß binnen eines Monats nach der Beschlußfassung erhoben werden.

(2) Eine Klage gegen die Wirksamkeit des Umwandlungsbeschlusses kann nicht darauf gestützt werden, daß die in dem Beschluß bestimmten Anteile an dem Rechtsträger neuer Rechtsform zu niedrig bemessen sind oder daß die Mitgliedschaft kein ausreichender Gegenwert für die Anteile oder die Mitgliedschaft bei dem formwechselnden Rechtsträger ist.

Übersicht

	Rn		Rn
I. Allgemeines	1	c) Sonstige Klagen	9
II. Klage gegen die Wirksamkeit des Umwandlungsbeschlusses (Abs. 1)	3	2. Kläger und Beklagter	12
1. Klagearten	5	3. Klagefrist	13
a) Personengesellschaften und Vereine	6	4. Wirkungen der Klageerhebung	21
b) Kapitalgesellschaften, eG und VVaG	7	III. Beschränkung der Klagegründe (Abs. 2)	22

Literatur: *Bokelmann*, Eintragung eines Beschlusses – Prüfungskompetenz des Registerrichters bei Nichtanfechtung, rechtsmissbräuchlicher Anfechtungsklagen und bei Verschmelzung, DB 1994, 1341; *Bork*, Beschlussverfahren und Beschlusskontrolle nach dem Referentenentwurf eines Gesetzes zur Bereinigung des Umwandlungsrechts, ZGR 1993, 343; *Henze*, Aspekte und Entwicklungstendenzen der aktienrechtlichen Anfechtungsklage in der Rechtsprechung des BGH, ZIP 2002, 97; *Rettmann*, Die Rechtmäßigkeitskontrolle von Verschmelzungsbeschlüssen, 1998; *K. Schmidt*, Zur gesetzlichen Befristung der Nichtigkeitsklage gegen Verschmelzungs- und Umwandlungsbeschlüsse, DB 1995, 1849; *Schöne*, Die Klagefrist des § 14 Abs. 1 UmwG, DB 1995, 1317; *Timm*, Einige Zweifelsfragen zum neuen Umwandlungsgesetz, ZGR 1993, 247.

I. Allgemeines

1 Entsprechend dem aktienrechtlichen Standard[1] wurde durch das UmwG eine **einheitliche Klagefrist** für Klagen gegen den Umwandlungsbeschluss **aller formwechselnden Rechtsträger** eingeführt. Eine solche Frist existierte vor dem Inkrafttreten des UmwG außer für die AG nur für die eG[2] und für den VVaG[3].

---

[97] § 5 Rn 140 ff.

[1] § 246 Abs. 1 AktG. Für die Anfechtungsklage gegen Beschlüsse einer GmbH gilt nicht die Monatsfrist des § 246 AktG analog, sondern „eine nach den Umständen des Einzelfalls zu bemessende angemessene Frist", BGHZ 111, 224 = NJW 1990, 2625; vgl. dazu *K. Schmidt* GesR § 36 III 4. b).

[2] § 51 Abs. 1 Satz 2 GenG.

[3] § 36 Satz 1 VAG iVm. § 246 AktG.

Eine Klage gegen den Umwandlungsbeschluss kann nicht darauf gestützt werden, dass 2 die Anteile am Rechtsträger neuer Rechtsform zu niedrig bemessen worden seien oder die Mitgliedschaft keinen ausreichenden Gegenwert für die Anteile oder die Mitgliedschaft beim formwechselnden Rechtsträger darstelle. Der Streit hierüber soll das zeitnahe Wirksamwerden des Formwechsels nicht verzögern. Den betroffenen Anteilsinhabern wird zum Ausgleich die Möglichkeit gewährt, die Angemessenheit der neuen Beteiligung in einem Spruchverfahren nach dem SpruchG durch ein Gericht nachprüfen zu lassen. Ggf. können sie eine bare Zuzahlung verlangen[4]. Die Beschränkung der Klagemöglichkeiten steht in engem Zusammenhang mit der durch eine Klage gegen den Umwandlungsbeschluss eintretenden Registersperre[5], die die Eintragung des Formwechsels verzögert. Die Vorschrift entspricht der Regelung bei Verschmelzung und Spaltung[6].

II. Klage gegen die Wirksamkeit des Umwandlungsbeschlusses (Abs. 1)

Der Umwandlungsbeschluss ist wie jeder andere Beschluss eines Rechtsträgers mittels einer Klage angreifbar. Die Gründe hierfür können sowohl formeller als auch materieller Art sein. § 195 ist jedoch **keine Anspruchsgrundlage** für Klagen gegen den Umwandlungsbeschluss. Die materiellen Voraussetzungen für eine Klage müssen entsprechend den rechtsformspezifischen allgemeinen Vorschriften vorliegen[7]. Dabei ist das Recht der Rechtsform des formwechselnden Rechtsträgers und nicht das für den Rechtsträger neuer Rechtsform geltende maßgeblich.

Die Vorschrift erfasst durch ihren bewusst weit gefassten Wortlaut nicht nur Anfechtungsklagen, sondern **alle Klagearten**, mit denen die Nichtigkeit, Unwirksamkeit oder Anfechtbarkeit eines Beschlusses von Anteilsinhabern geltend gemacht werden kann[8]. Die weite Fassung der Norm beruht auf der in Rechtsprechung und Schrifttum vorherrschenden Meinung[9] zur Wirksamkeit von Beschlüssen von Personenhandelsgesellschaften[10] und Vereinen[11]. Beschlüsse dieser Rechtsträger sind danach entweder nichtig oder wirksam. Dies kann nur mittels einer Feststellungsklage, nicht aber in Parallele zum AktG mittels Anfechtungsklage geltend gemacht werden. Der Gesetzgeber wollte durch seine Formulierung nicht in diesen Streit eingreifen[12].

1. Klagearten

Abs. 1 erfasst alle Klagen, die sich gegen die Wirksamkeit des Umwandlungsbeschlusses 5 richten.

a) **Personengesellschaften und Vereine.** Für den Bereich der Personengesellschaften[13] und Vereine ist die sich gegen die Nichtigkeit des Umwandlungsbeschlusses richtende allgemeine **Feststellungsklage**[14] erfasst[15].

---

[4] § 196 Satz 1.
[5] § 198 Abs. 3 iVm. § 16 Abs. 2. Diese kann durch das Unbedenklichkeitsverfahren nach § 198 Abs. 3 iVm. § 16 Abs. 3 überwunden werden.
[6] §§ 14, 125.
[7] OLG *Naumburg* GmbHR 1998, 382.
[8] RegBegr. *Ganske* S. 63.
[9] AA *K. Schmidt* GesR § 24 III 3. f).
[10] BGHZ 81, 263, 264; *Hopt* in Baumbach/Hopt § 119 HGB Rn 31; *Martens* in Schlegelberger § 119 HGB Rn 9; *Ulmer* in MünchKomm. § 709 BGB Rn 88 f.
[11] BGHZ 59, 369, 371; BGHZ 59, 369, 371; *BGH* NJW 1971, 879, 880; *BGH* NJW 1975, 2101; *Stöber*, Handbuch zum Vereinsrecht, 9. Aufl. 2004, Rn 580 ff.
[12] RegBegr. *Ganske* S. 63.
[13] Dies betrifft hier OHG, KG, PartG und EWIV.
[14] § 256 ZPO.
[15] *Hopt* in Baumbach/Hopt § 119 HGB Rn 119, 32; *Bork* in Lutter § 14 Rn 4.

7   **b) Kapitalgesellschaften, eG und VVaG.** Für die Kapitalgesellschaften[16], eG und VVaG umfasst die Vorschrift die **Anfechtungs-, Nichtigkeits- und Feststellungsklage.** Für den Bereich der Nichtigkeitsklage wird damit unstreitig für die Kapitalgesellschaften die dreijährige Frist[17] zur Geltendmachung drastisch verkürzt[18]. Mit dem Ablauf der Monatsfrist tritt anders als bei der aktienrechtlichen Nichtigkeitsklage keine Heilung des Mangels ein[19].

8   Die Frist gilt bei **Kapitalgesellschaften** ebenfalls für die **Feststellungsklage** von Anteilsinhabern nach § 256 ZPO[20]. Weder der Wortlaut der Norm noch die Gesetzesbegründung[21] lassen erkennen, dass die Feststellungsklage nicht der Monatsfrist unterfallen sollte. Der Gesetzgeber wollte alle Klagen der Anteilsinhaber zeitlich befristen, um den Formwechsel zu beschleunigen und eine Eintragung in das Handelsregister zu ermöglichen. Die Feststellungsklage richtet sich ebenfalls gegen die Wirksamkeit des Umwandlungsbeschlusses, auch wenn sie nur Wirkung *inter partes* entfaltet. Es ist nicht ersichtlich, warum nur eine Art der Feststellungsklage, nämlich die Nichtigkeitsfeststellungsklage[22], durch eine Frist von einem Monat beschränkt ist, die allgemeine Feststellungsklage dagegen unbegrenzt geltend gemacht werden kann. Zudem unterliegt bei Personengesellschaften und Vereinen die allgemeine Feststellungsklage gegen den Umwandlungsbeschluss auch der Monatsfrist. IdR dürfte es den Anteilsinhabern jedoch für die Erhebung einer allgemeinen Feststellungsklage am Feststellungsinteresse fehlen, da ihnen die Nichtigkeitsklage offen steht[23]. Ein solches Feststellungsinteresse kann für die Anteilsinhaber auch nicht nachträglich durch den Ablauf der Frist für eine Nichtigkeitsklage entstehen[24]. Dies liefe der eindeutigen Beschleunigungsintention des Gesetzgebers zuwider[25]. Mit Ablauf der Frist für die Nichtigkeitsklage entfällt auch das berechtigte Interesse des Anteilsinhabers an einer Feststellung nach § 256 ZPO.

9   **c) Sonstige Klagen.** Feststellungsklagen nach § 256 ZPO von Personen, die weder am Rechtsträger beteiligt sind, noch zu den Vertretungsorganen gehören (Dritte), werden von der Monatsfrist nicht erfasst[26]. Eine solche Klage berührt nicht die Wirksamkeit des Umwandlungsbeschlusses und steht damit einer Eintragung des Formwechsels in das für den neuen Rechtsträger maßgebende Register nicht entgegen. Dieser Fall dürfte in der Praxis jedoch selten vorkommen.

10   Ebenso wenig unterfallen **Unterlassungsklagen**[27] bzw. **einstweilige Verfügungen** gegen die Durchführung des Formwechsels der Monatsfrist[28], sofern sie sich nicht unmittelbar gegen die Wirksamkeit des Umwandlungsbeschlusses richten.

---

[16] Zur Europäischen Gesellschaft (SE) siehe Einl. C Rn 49 ff., insbes. zum Formwechsel Rn 54 f.

[17] § 242 Abs. 2 Satz 1 AktG.

[18] Vgl. *Marsch-Barner* in Kallmeyer § 14 Rn 9; *K. Schmidt* DB 1995, 1849, 1850. Kritisch dazu *Bork* ZGR 1993, 353, 355.

[19] Siehe dazu Rn 20.

[20] Ebenso *Bermel* in Goutier/Knopf/Tulloch § 14 Rn 5; *Bork* in Lutter § 14 Rn 5; *Decher* in Lutter § Rn 6; *Marsch-Barner* in Kallmeyer § 14 Rn 6; *Meister/Klöcker* in Kallmeyer Rn 9; *Rettmann* S. 60 f.; aA *K. Schmidt* DB 1995,1849; *Heckschen* in Widmann/Mayer § 14 Rn 19.

[21] RegBegr. *Ganske* S. 63 f.

[22] § 249 AktG; diese stellt nach der hM eine Feststellungsklage dar, vgl. zB RGZ 170, 83, 87 f.; BGHZ 70, 384, 387; OLG Düsseldorf DB 1997, 1170; *Geßler* in G/H/E/K § 249 AktG Rn 4; *Hüffer* § 249 AktG Rn 2; *Schöne* DB 1995, 1317, 1321; aA *K. Schmidt* GesR § 15 II 1. d); *ders.* DB 1995, 1849.

[23] OLG Hamburg ZIP 1995, 1513, vgl. auch *K. Schmidt* DB 1995, 1849, 1850.

[24] So aber *K. Schmidt* DB 1995, 1849, 1850.

[25] *Decher* in Lutter Rn 6.

[26] *Bork* in Lutter § 14 Rn 6; *Decher* in Lutter Rn 6; *Marsch-Barner* in Kallmeyer § 14 Rn 6; *Schöne* DB 1995, 1317, 1321; *Vollrath* in Widmann/Mayer Rn 6; *Rettmann* S. 61 f.; aA *Bermel* in Goutier/Knopf/Tulloch § 14 Rn 6.

[27] In Betracht kommen zB Unterlassungsklagen bei Konzernverhältnissen wegen fehlender interner Zustimmungen.

[28] So auch *Decher* in Lutter Rn 7; *Heckschen* in Widmann/Mayer § 14 Rn 16, *Marsch-Barner* in Kallmeyer Rn 8; *Vollrath* in Widmann/Mayer Rn 8; aA *Bermel* in Goutier/Knopf/Tulloch § 14 Rn 5.

Klagen gegen **andere Beschlüsse**, die mit dem Umwandlungsbeschluss in Zusammenhang stehen, wie beispielsweise die Nichtigkeitsklage gegen einen mit dem Formwechsel in Zusammenhang stehenden Kapitalerhöhungsbeschluss[29], unterliegen ebenfalls nicht der Monatsfrist. 11

2. Kläger und Beklagter

§ 195 Abs. 1 betrifft nur Klagen von Anteilsinhabern oder Organen bzw. Organmitgliedern[30]. **Klagegegner** ist bei juristischen Personen der formwechselnde Rechtsträger. Im Übrigen ist die Klage gegen sämtliche Gesellschafter zu richten. Maßgeblich ist dabei die Rechtsform zur Zeit der Klageerhebung. 12

3. Klagefrist

Die Monatsfrist ist – ebenso wie ihr aktienrechtliches Vorbild[31] – eine materiell-rechtliche Ausschlussfrist, keine Verjährungs- oder prozessuale Frist[32]. Daher sind auch die Vorschriften der ZPO über Fristen[33] oder die Wiedereinsetzung in den vorherigen Stand[34] nicht anwendbar. Auch die Hemmungs- und Neubeginnvorschriften des BGB gelten nicht[35]. Die Fristberechnung richtet sich vielmehr nach §§ 187 ff. BGB. 13

Die Frist **beginnt** an dem Tag, an dem der Umwandlungsbeschluss gefasst wurde. Als solcher gilt bei einer mehrtägigen Anteilsinhaberversammlung erst der letzte Tag der Versammlung[36]. Unerheblich für den Fristbeginn ist es dagegen, wann den Anteilsinhabern eine Niederschrift des Umwandlungsbeschlusses erteilt[37] wird. Für die Berechnung wird der Tag der Beschlussfassung nicht mitgezählt[38]. 14

Die Frist **endet** an dem Tag des nächsten Monats, der durch seine Zahl dem Tag entspricht, an dem der Beschluss gefasst wurde[39]. Ist dieser Tag ein Samstag, Sonntag oder Feiertag, tritt an seine Stelle der nächste Werktag. Die Frist läuft **unabhängig** von der **Kenntnis** der Anteilsinhaber von der Beschlussfassung[40]. Dies kann im Fall eines „Geheimbeschlusses" für den nichtgeladenen Anteilsinhaber dazu führen, dass die Geltendmachung seiner Rechte nach Fristablauf nur noch durch eine Schadensersatzklage möglich ist. Er bleibt deshalb auf die Prüfung des Registerrichters angewiesen[41], der von Amts wegen den Umwandlungsbeschluss auf Grund der eingereichten Unterlagen auf Nichtigkeitsgründe[42] zu prüfen hat[43]. 15

Die Frist wird durch **Klageerhebung** gewahrt. Die Klage gilt grundsätzlich durch Zustellung der Klageschrift als erhoben[44]. Die Frist wird auch durch **Einreichung** der 16

---

[29] AllgM, *Heckschen* in Widmann/Mayer § 14 Rn 17; *Marsch-Barner* in Kallmeyer § 14 Rn 8.
[30] Zu den Klagemöglichkeiten von Organen bzw. Organmitgliedern vgl. das jeweils für die Rechtsform einschlägige Recht.
[31] § 246 Abs. 1 AktG.
[32] *Bork* in Lutter § 14 Rn 7; *Vollrath* in Widmann/Mayer Rn 9; *Meister/Klöcker* in Kallmeyer Rn 16; *Rettmann* S. 65.
[33] §§ 221 ff. ZPO.
[34] §§ 233 ff. ZPO.
[35] §§ 203 ff. BGB.
[36] *Heckschen* in Widmann/Mayer § 14 Rn 20.
[37] § 193 Abs. 3 Satz 2; *OLG Düsseldorf* AG 2002, 47, 48.
[38] § 187 Abs. 1 BGB.
[39] §§ 188 Abs. 2, 193 BGB.
[40] *Hüffer* in G/H/E/K § 246 AktG Rn 34; *Zöllner* in Kölner Komm. § 246 AktG Rn 11 f.
[41] Ebenso *Schöne* DB 1995, 1317, 1320; *Vollrath* in Widmann/Mayer Rn 12.
[42] Ein solcher könnte sich zB bei der AG aus der fehlenden Ladung des Anteilsinhabers zur Hauptversammlung ergeben, vgl. § 241 Nr. 1 AktG iVm. § 121 AktG.
[43] Vgl. zur Prüfungskompetenz des Registerrichters *Bokelmann* DB 1994, 1341, 1342.
[44] § 253 Abs. 1 ZPO.

Klage gewahrt[45], wenn die Zustellung demnächst erfolgt[46]. Hierfür obliegt dem Kläger die Darlegungs- und Beweislast. Die Fristwahrung umfasst jedoch nur die in der Klage dargelegten Unwirksamkeitsgründe. Diese sind in ihrem Wesentlichen tatsächlichen Kern darzulegen[47]. Nach Ablauf der Frist **nachgereichte Tatsachen** sind **präkludiert** und werden nicht berücksichtigt. Möglich bleibt dagegen eine andere oder weiter gehende rechtliche Würdigung bereits vorgetragener Tatsachen sowie eine Ergänzung oder Berichtigung von Tatsachen, soweit dies nicht eine Klageänderung darstellt[48].

17 Die Frist wird auch durch Einreichung eines ordnungsgemäßen **Prozesskostenhilfeantrags** gewahrt, sofern diesem eine Klageschrift beigefügt ist, die nach der Bewilligung von Prozesskostenhilfe zugestellt werden kann[49]. Die Fristwahrung durch Prozesskostenhilfeantrag entspricht für das Recht der GmbH und des VVaG – anders als bei der AG[50] – der vorherrschenden Auffassung[51]. Es ist nicht ersichtlich, dass der Gesetzgeber hieran etwas ändern wollte. Ebenso wenig sind aus dem UmwG Gründe zu erkennen, die eine unterschiedliche Behandlung von AG einerseits und GmbH und VVaG andererseits beim Formwechsel rechtfertigen würden. Allein die Wahrung der Frist durch die Einreichung eines Prozesskostenhilfeantrags entspricht dem Verfassungsgebot, mittellosen Parteien den Rechtsschutz nicht unverhältnismäßig zu erschweren[52].

18 Die Monatsfrist ist **zwingend**[53]. Sie kann weder durch den Gesellschaftsvertrag noch durch die Prozessparteien verlängert oder verkürzt[54] werden[55].

19 Da es sich um eine materiell-rechtliche Frist handelt, ist die verspätet eingereichte Klage nicht als unzulässig, sondern als **unbegründet** abzuweisen[56]. Der Fristablauf stellt eine vom Gericht von Amts wegen zu berücksichtigende Tatsache dar[57].

20 Der Fristablauf hat dennoch **keine materiell heilende Wirkung** auf Mängel des Umwandlungsbeschlusses[58]. Die Heilung von Mängeln richtet sich allein nach § 202. Der Beschluss bleibt auch nach dem ungenutzten Verstreichen der Monatsfrist rechtswidrig bzw. nichtig. So hat nach alter Rechtslage wird das Registergericht beispielsweise bei völligem Fehlen einer Vermögensaufstellung gemäß § 192 Abs. 2 aF auch nach Ablauf der Anfechtungsfrist die Eintragung des Formwechsels verweigert[59]. Das Registergericht bleibt

---

[45] § 167 ZPO.
[46] BGHZ 32, 318, 322; *BGH* AG 1974, 320, 321.
[47] St.Rspr., vgl. nur RGZ 91, 316, 323; RGZ 125, 143, 155; *BGH* WM 1994, 2160, 2162; *BGH* NJW 1987, 780; BGHZ 15, 177, 180 f.; BGHZ 120, 141, 156 = WM 1992, 2098; *KG* AG 1999, 126, 127.
[48] *OLG Düsseldorf* AG 2002, 47, 48.
[49] Vgl. § 167 ZPO. Ebenso *Bork* in Lutter § 14 Rn 9; *Hüffer* § 246 AktG Rn 25; *K. Schmidt* in Großkomm. § 246 AktG Rn 21; iE auch *OLG Frankfurt* NJW 1966, 838 mit Anm. *Lüke*; aA *Vollrath* in Widmann/Mayer Rn 13; *Heckschen* in Widmann/Mayer § 14 Rn 22.
[50] Für die hM zu § 246 AktG, die einen Prozesskostenhilfeantrag nicht für ausreichend hält, vgl. *Hüffer* § 246 AktG Rn 25; *ders.* in MünchKomm. § 246 AktG Rn 39 f.; *F. J. Semler* in MünchHdbGesR Bd. 4 § 41 Rn 70.
[51] Für die GmbH: *Zöllner* in Baumbach/Hueck Anh. § 47 GmbHG Rn 150; *Raiser* in Hachenburg Anh. § 47 GmbHG Rn 183; *K. Schmidt* in Scholz § 45 GmbHG Rn 145; für den VVaG: BGHZ 98, 295 = NJW 1987, 255; *BGH* NJW-RR 1989, 675; *Prölss* in Prölss/Martin VVG, § 12 VVG Rn 64.
[52] BGHZ 98, 295, 299 = NJW 1987, 255.
[53] § 1 Abs. 3.
[54] Zu einer Verkürzung bei der KG vgl. *BGH* NJW 1995, 1218.
[55] AllgM. *Laumann* in Goutier/Knopf/Tulloch Rn 7 f.; *Marsch-Barner* in Kallmeyer § 14 Rn 2; *Vollrath* in Widmann/Mayer Rn 14.
[56] RGZ 123, 204, 207; *OLG Frankfurt* WM 1984, 209, 211; *Meister/Klöcker* in Kallmeyer Rn 16; *Hüffer* § 246 AktG Rn 20.
[57] Zu § 246 Abs. 1 AktG *BGH* NJW 1952, 98, 99; *BGH* NJW 1998, 3344, 3345.
[58] *Bokelmann* DB 1994, 1341, 1341; *Meister/Klöcker* in Kallmeyer Rn 18 f.; *K. Schmidt* DB 1995, 1849.
[59] *OLG Frankfurt am Main* NZG 2004, 732, 733.

zum Schutz öffentlicher Interessen vor der Eintragung des Formwechsels berechtigt und verpflichtet, den Umwandlungsbeschluss auf etwaige offensichtliche Mängel zu prüfen und die Eintragung ggf. abzulehnen[60]. Nach der Eintragung kann die Rückgängigmachung des Formwechsels jedoch selbst bei begründeter Anfechtungsklage nicht verlangt werden[61].

4. Wirkungen der Klageerhebung

Bei fristgerechter Erhebung einer Klage gegen den Umwandlungsbeschluss kann das Vertretungsorgan des formwechselnden Rechtsträgers die zur Eintragung des Formwechsels erforderliche **Negativerklärung**[62] nicht abgeben. Der Formwechsel ist zunächst blockiert. Ein bereits begonnenes Eintragungsverfahren wird ausgesetzt[63]. Wird der Formwechsel trotz fristgemäßer Klage eingetragen, kann der Anfechtungskläger sein Individualinteresse nur noch als Schadensersatzanspruch weiterverfolgen; das Rechtsschutzbedürfnis bleibt insoweit bestehen[64]. 21

III. Beschränkung der Klagegründe (Abs. 2)

Eine Klage gegen den Umwandlungsbeschluss kann nicht darauf gestützt werden, dass das Umtauschverhältnis falsch bemessen sei oder die Mitgliedschaft keinen ausreichenden Gegenwert für die Anteile oder Mitgliedschaft am formwechselnden Rechtsträger darstelle. Als Ausgleich verbleibt dem betroffenen Anteilsinhaber das **gerichtliche Spruchverfahren** nach dem SpruchG, in dem ein Ausgleich durch **bare Zuzahlung**[65] erlangt werden kann. Anders als der Anspruch auf Barabfindung nach § 207 setzt der Ausgleich durch bare Zuzahlung nicht voraus, dass der Anteilsinhaber in der Anteilsinhaberversammlung seinen Widerspruch äußert[66]. Durch diese Regelung wird eine eventuell erforderliche Nachbesserung der Gegenleistung erreicht, ohne den Formwechsel durch eine Registersperre[67] zu behindern[68]. Die Beschränkung von Klagen durch Abs. 2 wird ergänzt durch die Beschränkung von Klagen gegen den Umwandlungsbeschluss wegen der Bemessung des Barabfindungsangebots[69]. 22

Die Regelung des Abs. 2 ist für den Formwechsel **neu** eingeführt worden, knüpft aber inhaltlich an §§ 352 c Abs. 1 Satz 1 AktG aF, 31 a Abs. 1 Satz 1 KapErhG, 13 Abs. 1 Satz 1 UmwG aF an. Dort war der Ausschluss jedoch auf die Anfechtungsklagen beschränkt. 23

Die Beschränkung bezieht sich auf **alle** von Abs. 1 erfassten **Klagearten**, d. h. Anfechtungs-, Nichtigkeits- und allgemeine Feststellungsklage. 24

Eine Klage ist auch dann ausgeschlossen, wenn das Umtauschverhältnis **grob falsch** ermittelt[70] oder krasse Fehler gemacht wurden[71]. Allein bei einem vorsätzlich schädigenden Verhalten, bei dem § 826 BGB eingreifen würde, kann wegen eines **Verstoßes gegen das** 25

---

[60] *Bork* ZGR 1993, 343, 356; *Bork* in Lutter § 14 Rn 12; *Meister/Klöcker* in Kallmeyer Rn 18 f.; *K. Schmidt* DB 1995, 1849; dieses entspricht auch der Rechtslage zu § 246 AktG; aA *Heckschen* in Widmann/Mayer § 14 Rn 31 f. Zum Umfang des Prüfungsrechts *Bokelmann* DB 1994, 1341, 1343 f.
[61] § 202 Abs. 3, § 198 Abs. 3 iVm. § 16 Abs. 3 Satz 8 Halbs. 2.
[62] § 198 Abs. 3 iVm. § 16 Abs. 2.
[63] Siehe § 16 Rn 16 ff.
[64] OLG *Hamburg* NZG 2004, 729, 731 zur Verschmelzung; vgl. § 198 Abs. 3 iVm. § 16 Abs. 3 Satz 8 Halbs. 1.
[65] § 196.
[66] *Bork* ZGR 1993, 343, 354.
[67] § 198 Abs. 3 iVm. § 16 Abs. 2.
[68] Die Geltendmachung von Ansprüchen im Spruchverfahren führt nicht zu einer Registersperre.
[69] § 210.
[70] *Heckschen* in Widmann/Mayer § 14 Rn 44; *Decher* in Lutter Rn 13; zweifelnd wegen Verstoßes gegen Art. 9 Abs. 1, Art. 14 GG *Laumann* in Goutier/Knopf/Tulloch Rn 13.
[71] OLG *Düsseldorf* AG 1999, 418, 419.

Willkürverbot die Berufung auf Abs. 2 versagt werden[72]. In diesem Fall liegt der Unwirksamkeitsgrund jedoch nicht in dem unzulänglichen Umtauschverhältnis, sondern in der Art und Weise des Zustandekommens des Umwandlungsbeschlusses[73].

26 Eine Klage gegen den Umwandlungsbeschluss wegen einer unzureichenden Beteiligung am neuen Rechtsträger[74] ist als unzulässig abzuweisen.

27 Eine solche Klage führt zwar zunächst zu einer Registersperre[75], kann aber vom Gericht durch einen **Beschluss** nach **§ 198 Abs. 3 iVm. § 16 Abs. 3** nach **summarischer Prüfung** beendet werden. Der rechtskräftige Unbedenklichkeitsbeschluss ersetzt die Negativerklärung[76], so dass die Voraussetzungen für eine Eintragung des Formwechsels wieder vorliegen.

28 Werden mit derselben Klage auch **andere Unwirksamkeitsgründe** geltend gemacht, ist die Klage **insoweit zulässig**. Sofern die Anteilsinhaber geltend machen, das Umtauschverhältnis sei im Umwandlungsbericht nicht oder falsch **erläutert** worden, ist angesichts der Rechtsprechung des BGH zum entsprechenden Problem bei § 210 die Zulässigkeit zweifelhaft[77]. Die fehlende Information der Anteilsinhaber ist jedoch im Spruchverfahren zur Erlangung eines finanziellen Ausgleichs nicht adäquat nachholbar, so dass eine hierauf gestützte Klage zulässig bleiben muss. Ein Vorstoß des Bundesrats im Gesetzgebungsverfahren, nach dem auch schon die nicht hinreichende Erläuterung des Umtauschverhältnisses nach § 14 Abs. 2 nicht zur Anfechtung berechtigen sollte, wurde vom Gesetzgeber ausdrücklich nicht in den Gesetzestext aufgenommen[78].

29 Außerdem ist auch eine Klage zulässig, die die **fehlende Zustimmung** von Anteilsinhabern iRd. nicht verhältniswahrenden Formwechsels beanstandet[79]. Diese betrifft nicht die Bemessung der Anteile.

30 Aus der Beschränkung der Klagegründe nach Abs. 2 folgt im Gegenzug, dass **andere Klagen** zur Beanstandung von Fehlern des Umwandlungsbeschlusses[80] nicht ausgeschlossen sind, soweit dadurch Interessen der Anteilsinhaber geschützt werden sollen[81]. Daraus folgt **materiell-rechtlich** zudem, dass allein ein zu niedrig bemessenes Umtauschverhältnis nicht zur Unwirksamkeit des Umwandlungsbeschlusses führen kann[82].

---

[72] *OLG Düsseldorf* AG 1999, 418, 419; *Bork* in Lutter § 14 Rn 13; *Decher* in Lutter § 195 Rn 13; *Stratz* in Schmitt/Hörtnagl/Stratz § 14 Rn 28; aA *Marsch-Barner* in Kallmeyer § 14 Rn 13.

[73] *OLG Düsseldorf* DB 2003, 1318, 1319: „Missbrauch".

[74] Siehe Rn 22.

[75] AA *Decher* in Lutter Rn 12.

[76] Siehe § 16 Rn 21 ff.

[77] *BGH* NJW 2001, 1425; *BGH* NJW 2001, 1428 mit Anm. *Bärwaldt* GmbHR 2001, 251; siehe § 210 Rn 5. Der BGH hat seine einschlägige frühere Rechtsprechung (*BGH* NJW-RR 1990, 350 zu § 352 c AktG, BGHZ 122, 211, 238 zu § 304 AktG; *BGH* NJW 1995, 3115 zu § 305 Abs. 5 AktG), soweit es das Abfindungsangebot betrifft, durch diese Entscheidungen ausdrücklich aufgegeben. Ähnlich *Heckschen* in Widmann/Mayer § 14 Rn 42; *Hommelhoff* ZGR 1990, 447, 474; *ders.* ZGR 1993, 452, 467; *Boujong*, FS Kellermann, 1991, S. 1, 14 f.; *Arbeitskreis Umwandlungsrecht* ZGR 1993, 321, 323. AA *OLG Düsseldorf* AG 1999, 418, 420; *Decher* in Lutter Rn 16; *Stratz* in Schmitt/Hörtnagl/Stratz § 14 Rn 29; *Meister/Klöcker* in Kallmeyer Rn 30.

[78] *Neye* S. 138.

[79] Ebenso *Decher* in Lutter Rn 19; *Veil* DB 1996, 2529, 2530.

[80] ZB Verfahrensfehler bzw. Verstöße gegen zwingende Vorschriften des UmwG wie zB §§ 193, 194.

[81] Wohl nicht in den Fällen des § 194 Abs. 1 Nr. 7 und Abs. 2; vgl. § 194 Rn 35; so auch *Decher* in Lutter Rn 19.

[82] *Bork* ZGR 1993, 343, 346.

§ 196 Verbesserung des Beteiligungsverhältnisses

Sind die in dem Umwandlungsbeschluß bestimmten Anteile an dem Rechtsträger neuer Rechtsform zu niedrig bemessen oder ist die Mitgliedschaft bei diesem kein ausreichender Gegenwert für die Anteile oder die Mitgliedschaft bei dem formwechselnden Rechtsträger, so kann jeder Anteilsinhaber, dessen Recht, gegen die Wirksamkeit des Umwandlungsbeschlusses Klage zu erheben, nach § 195 Abs. 2 ausgeschlossen ist, von dem Rechtsträger einen Ausgleich durch bare Zuzahlung verlangen. Die angemessene Zuzahlung wird auf Antrag durch das Gericht nach den Vorschriften des Spruchverfahrensgesetzes bestimmt. § 15 Abs. 2 ist entsprechend anzuwenden.

Übersicht

	Rn		Rn
I. Allgemeines	1	4. Kein ausreichender Gegenwert der Mitgliedschaft	13
II. Anspruchsvoraussetzungen	7	III. Anspruchsinhalt	14
1. Anspruchsberechtigter	8	1. Gegenstand des Anspruchs	14
2. Anspruchsschuldner	10	2. Zinsen (§ 196 Satz 3 iVm. § 15 Abs. 2)	17
3. Zu niedrige Bemessung des Beteiligungsverhältnisses	11	IV. Geltendmachung der Zuzahlung	18
		V. Verzicht auf die Zuzahlung	20

Literatur: *Schulenburg*, Die Antragsberechtigung gemäß §§ 15, 305 ff. UmwG und die „Informationslast" des Antragstellers im Spruchverfahren, AG 1998, 74; *Wiesen*, Der materielle Gesellschafterschutz: Abfindung und Spruchverfahren, ZGR 1990, 503.

I. Allgemeines

Durch den Anspruch auf bare Zuzahlung soll dem Anteilsinhaber, dessen Anteil an dem Rechtsträger neuer Rechtsform zu niedrig bemessen ist oder für den die Mitgliedschaft am Rechtsträger neuer Rechtsform keinen ausreichenden Gegenwert für die Anteile oder die Mitgliedschaft bei dem formwechselnden Rechtsträger darstellt, ein Ausgleich für den durch § 195 Abs. 2 angeordneten Klageausschluss gegeben und somit sein Beteiligungswert iRd. Formwechsels geschützt werden[1]. Jeder Anteilsinhaber, der nicht gegen eine Barabfindung[2] aus dem Rechtsträger neuer Rechtsform ausscheidet, soll in einem gesondert im SpruchG geregelten Spruchverfahren die Angemessenheit des Beteiligungsverhältnisses durch ein Gericht überprüfen lassen können. Der Vermögenswert der Beteiligung eines Anteilsinhabers soll durch den Formwechsel grundsätzlich nicht beeinträchtigt werden: Falls der Anteilsinhaber auf Grund einer wirksamen Mehrheitsentscheidung dennoch eine Beeinträchtigung seiner bisherigen Position hinnehmen muss, soll diese durch eine bare Zuzahlung ausgeglichen werden. 1

Der praktische Anwendungsbereich dieser Vorschrift ist gering. Im Regelfall werden die Beteiligungsverhältnisse am formwechselnden Rechtsträger denen der Anteilsinhaber des Rechtsträgers neuer Rechtsform entsprechen. Für eine bare Zuzahlung besteht deshalb regelmäßig kein Anlass[3]. 2

Die Vorschrift entspricht den jeweiligen Regelungen bei Verschmelzung sowie Auf- und Abspaltung[4]. Die bare Zuzahlung ist zu verzinsen. Wegen der Einzelheiten der **Verzinsung** der baren Zuzahlung verweist das Gesetz auf die entsprechende Vorschrift zur Verschmel- 3

---

[1] *BGH* WM 1997, 890, 892 zu § 28 Abs. 2 LAnpG.
[2] §§ 207 ff.
[3] Zu den seltenen Ausnahmen siehe Rn 11 ff.
[4] §§ 15 Abs. 1, 125.

zung[5]. Die Geltendmachung eines **weiteren Schadens** wird durch § 196 nicht ausgeschlossen[6].

4 Die Bestimmung regelt den Zuzahlungsanspruch **abschließend,** gleichgültig welche Rechtsträger an dem Formwechsel beteiligt sind[7].

5 Die Möglichkeit, eine bare Zuzahlung zu verlangen, ist **zwingend** vorgeschrieben[8] und kann auch nicht durch Gesellschaftsvertrag, Satzung oder Statut abbedungen werden. Dahin gehende Bestimmungen wären nichtig. Es steht dem Anteilsinhaber aber frei, auf den Anspruch zu verzichten[9].

6 Die Geltendmachung des Anspruchs auf bare Zuzahlung im Spruchverfahren stellt kein Eintragungshindernis für den Formwechsel dar.

II. Anspruchsvoraussetzungen

7 Für einen Anspruch auf bare Zuzahlung müssen alle für eine Klage gegen die Wirksamkeit des Umwandlungsbeschlusses nötigen Voraussetzungen vorliegen[10]. Zusätzlich muss die Klagemöglichkeit wegen § 195 Abs. 2 ausgeschlossen sein. Darüber hinaus muss einer der in § 196 bezeichneten Nachteile vorliegen.

1. Anspruchsberechtigter

8 Die Zuzahlung steht jedem Anteilsinhaber des formwechselnden Rechtsträgers zu, dessen Recht, gegen die Wirksamkeit des Umwandlungsbeschlusses Klage zu erheben, nach § 195 Abs. 2 ausgeschlossen ist, sofern er nicht mit dem Formwechsel aus dem Rechtsträger ausscheidet[11]. Anders als für die Barabfindung[12] ist es **nicht nötig,** dass der Anteilsinhaber seinen **Widerspruch zur Niederschrift** erklärt[13]. Auch muss er nicht gegen den Formwechsel gestimmt haben[14]. Zudem schließt die ausdrückliche Zustimmung zum Umwandlungsbeschluss den Anspruch nicht aus, sofern hierin nicht auf Grund der Umstände des Einzelfalls ein Verzicht auf die Geltendmachung eines entsprechenden Anspruchs zu sehen ist[15]. Der Gesetzgeber wollte Anteilsinhaber, die einen Formwechsel grundsätzlich befürworten, nicht dazu zwingen, gegen diesen stimmen zu müssen, um die Angemessenheit der ihnen angebotenen Gegenleistung überprüfen zu lassen[16].

9 Anspruchsvoraussetzung ist nicht, dass der Anteilsinhaber schon zur Zeit des Umwandlungsbeschlusses am Rechtsträger beteiligt war. Es reicht aus, wenn der Anteilsinhaber seinen Anteil nach der Fassung des Umwandlungsbeschlusses im Wege der Gesamtrechtsnach-

---

[5] § 196 Satz 2 iVm. § 15 Abs. 2 Satz 1.
[6] § 196 Satz 2 iVm. § 15 Abs. 2 Satz 2.
[7] Die Vorschriften des Zweiten Teils, §§ 214 bis 304, enthalten keine abweichenden Aussagen.
[8] § 1 Abs. 3.
[9] Siehe Rn 20.
[10] Es müssen also die allgemeinen Voraussetzungen einer Feststellungs- oder Gestaltungsklage gegen den Gesellschafterbeschluss vorliegen.
[11] ZB der Komplementär einer formwechselnden KGaA im Fall des § 233 Abs. 3 Satz 3.
[12] § 207 Abs. 1 Satz 1.
[13] Anders früher § 352 c Abs. 2 AktG, § 31 a Abs. 2 KapErhG zur Verschmelzung.
[14] *Meister/Klöcker* in Kallmeyer Rn 11; vgl. zur Janusköpfigkeit beim Abfindungsangebot § 194 Rn 27.
[15] Ebenso *Decher* in Lutter Rn 6; vgl. zum entsprechenden Fall des § 28 Abs. 2 LAnpG *BGH* NZG 1999, 88.
[16] RegBegr. *Ganske* S. 66.

folge¹⁷ oder durch Einzelrechtsnachfolge erwirbt¹⁸. Voraussetzung ist nur, dass bereits bei dem Rechtsvorgänger die Voraussetzungen zur Geltendmachung des Anspruchs auf bare Zuzahlung vorlagen¹⁹. Der Anspruch entfällt nicht dadurch, dass der Anteilsinhaber nach dem Wirksamwerden des Formwechsels aus dem Rechtsträger ausscheidet, auch wenn er den Anspruch bis dahin noch nicht geltend gemacht hat²⁰.

2. Anspruchsschuldner

Der Anspruch richtet sich gegen „den Rechtsträger". Dies ist, da der Anspruch erst mit dem Wirksamwerden des Formwechsels entsteht, der Rechtsträger neuer Rechtsform, vertreten durch das jeweilige Vertretungsorgan. Wird dem Begehren des Anspruchsberechtigten durch den Rechtsträger nicht entsprochen, ist der Anspruch im Spruchverfahren nach dem SpruchG gerichtlich geltend zu machen. Es ist aber auch möglich, den bis zum Wirksamwerden des Formwechsels aufschiebend bedingten Anspruch bereits gegenüber dem formwechselnden Rechtsträger in seiner ursprünglichen Rechtsform geltend zu machen. Der Wortlaut der Vorschrift schließt dies nicht aus²¹. [10]

3. Zu niedrige Bemessung des Beteiligungsverhältnisses

Sind die in dem Umwandlungsbeschluss bestimmten Anteile an dem Rechtsträger neuer Rechtsform zu niedrig bemessen, hat der betroffene Anteilsinhaber einen Anspruch auf Zuzahlung. Ob Anteile zu niedrig bemessen sind, bestimmt sich durch eine vergleichende Bewertung der dem Anteilsinhaber zustehenden Anteile vor und nach dem Formwechsel. Der Anteilsinhaber muss eine **individuelle Benachteiligung**²² erlitten haben. Veränderungen, die auf Grund des Formwechsels alle Anteilsinhaber gleichmäßig treffen, berechtigen nicht zu einem Ausgleich durch bare Zuzahlung²³. Anders als bei Verschmelzung oder Auf- bzw. Abspaltung wird der Wert des Rechtsträgers durch den verhältniswahrenden Formwechsel idR nicht berührt, so dass die Anteilsquote gleich bleiben wird. Etwas anderes gilt, wenn iRd. Formwechsels ein Anteilsinhaber ausscheidet und das Gesellschaftsvermögen durch einen Abfindungsanspruch gemindert wird oder ein Anteilsinhaber beitritt und sich das Vermögen des Rechtsträgers vergrößert. Probleme bei der Bemessung der Anteile können ferner entstehen, wenn bestimmte Sonderrechte im neuen Rechtsträger nicht gewährt werden können²⁴ und durch eine Erhöhung der Anteilsquote ausgeglichen werden müssen. [11]

Auch ein **nicht verhältniswahrender** Formwechsel führt zu einer abweichenden Beteiligung von Anteilsinhabern nach dem Formwechsel. Dieser ist regelmäßig zustimmungspflichtig²⁵. Die Zustimmung zum Umwandlungsbeschluss schließt aber einen Anspruch auf bare Zuzahlung nicht aus²⁶. Es steht den Anteilsinhabern auch in diesem Fall offen, die Angemessenheit des Umtauschverhältnisses im Spruchverfahren überprüfen zu lassen²⁷. [12]

---

[17] *Decher* in Lutter Rn 6; *Bork* in Lutter § 15 Rn 2; *Krieger* in Lutter Umwandlungsrechtstage S. 279; *Heckschen* in Widmann/Mayer § 15 Rn 7.2.
[18] AllgM, siehe nur *Meister/Klöcker* in Kallmeyer Rn 12; *Bork* in Lutter § 15 Rn 2; *Heckschen* in Widmann/Mayer § 15 Rn 7.3; *Krieger* in Lutter Umwandlungsrechtstage S. 280 mwN.
[19] Hieran werden aber mangels des Erfordernisses eines Widerspruchs gegen den Umwandlungsbeschluss keine weiteren Anforderungen gestellt. Vgl. auch *Schulenberg* AG 1998, 74, 79 f.; *Heckschen* in Widmann/Mayer § 15 Rn 7.3.
[20] BGH WM 1997, 890, 892 zur entsprechenden Regelung des § 28 Abs. 2 LAnpG.
[21] *Meister/Klöcker* in Kallmeyer Rn 14, 23.
[22] OLG Düsseldorf NZG 2005, 280, 282.
[23] *Decher* in Lutter Rn 11.
[24] § 194 Abs. 1 Nr. 5.
[25] Siehe § 194 Rn 18 f.
[26] Siehe Rn 8.
[27] *Decher* in Lutter Rn 9; *Meister/Klöcker* in Kallmeyer Rn 8; aA *Vollrath* in Widmann/Mayer Rn 8; *Laumann* in Goutier/Knopf/Tulloch Rn 5.

4. Kein ausreichender Gegenwert der Mitgliedschaft

13 Ein Anspruch auf bare Zuzahlung besteht ebenfalls, wenn die Mitgliedschaft am Rechtsträger neuer Rechtsform keinen ausreichenden Gegenwert für den Anteil oder die Mitgliedschaft am formwechselnden Rechtsträger darstellt. Zu vergleichen ist somit der Wert der Anteile bzw. Mitgliedschaft vor dem Formwechsel mit dem Wert der Mitgliedschaft nach dem Formwechsel. Ein Nachteil besteht vor allem in den Fällen, in denen einzelnen Anteilsinhabern zustehende Sonderrechte[28] bei dem neuen Rechtsträger nicht exakt abgebildet werden konnten. Soweit die Veränderung der Natur des Anteils oder der Mitgliedschaft aber alle Anteilsinhaber trifft, weil sie durch den Übergang in eine andere Rechtsform bedingt ist (zB bei verminderter Fungibilität der neuen Beteiligung[29]), berechtigt sie nicht zu einer baren Zuzahlung. Vorbehalte gegen die Natur der Mitgliedschaft nach dem Formwechsel als solche können darüber hinaus nur durch ein Ausscheiden gegen Barabfindung gelöst werden[30].

III. Anspruchsinhalt

1. Gegenstand des Anspruchs

14 Der Anspruch ist auf eine bare Zuzahlung in Höhe der festgestellten Wertdifferenz zwischen dem tatsächlichen Wert des Anteils oder der Mitgliedschaft nach dem Formwechsel und dem im Spruchverfahren auf den Zeitpunkt der Beschlussfassung[31] ermittelten angemessenen Wert gerichtet. Der Anspruch besteht in einer Geldleistung und nicht einer „Verbesserung des Beteiligungsverhältnisses", wie die amtliche Überschrift nahe legt[32]. Dies kann auch nicht vertraglich abbedungen werden, da die Regelung des UmwG **zwingend** ist[33].

15 Der Anspruch **entsteht** mit dem Wirksamwerden des Formwechsels, also der Eintragung der neuen Rechtsform in das zuständige Register.

16 Der Anspruch wird nicht dadurch beeinträchtigt, dass seine Geltendmachung uU das gesetzlich vorgeschriebene Stamm- oder Grundkapital beeinträchtigt[34]. In diesem Fall entsteht aber eine Differenzhaftung derjenigen Anteilsinhaber, die als Gründer gelten und deren Vorteil durch die bare Zuzahlung ausgeglichen werden soll[35].

2. Zinsen (§ 196 Satz 3 iVm. § 15 Abs. 2)

17 Die bare Zuzahlung ist mit dem Ablauf des Tags, an dem die Eintragung des Formwechsels als bekannt gemacht gilt[36], mit jährlich zwei vom Hundert über dem jeweiligen Basiszinssatz gem. § 1 des Diskontsatz-Überleitungs-Gesetzes zu verzinsen. Hierdurch soll verhindert werden, dass der in Anspruch genommene Rechtsträger das Spruchverfahren verzögert[37]. Die Geltendmachung eines weiteren Schadens wird durch die Zinsregelung nicht beein-

---

[28] Vgl. § 194 Abs. 1 Nr. 5.
[29] *OLG Düsseldorf* NZG 2005, 280, 282.
[30] Vgl. auch *Meyer-Landrut/Kiem* WM 1997, 1413, 1420.
[31] Ebenso *Bork* in Lutter § 15 Rn 3. Hierbei ist der Rechtsgedanke des § 305 Abs. 3 Satz 2 AktG entsprechend heranzuziehen.
[32] Ebenso *Decher* in Lutter Rn 15.
[33] § 1 Abs. 3.
[34] *Decher* in Lutter Rn 16; *Meister/Klöcker* in Kallmeyer Rn 18; offen lassend *BGH* WM 1997, 890, 892 zu § 28 Abs. 2 LAnpG.
[35] Vgl. *Meister/Klöcker* in Kallmeyer Rn 18. Die Differenzhaftung darf in diesem Fall nicht alle Anteilsinhaber treffen (siehe § 197 Rn 33), da sonst auch der nach § 196 Anspruchsberechtigte für seinen eigenen Anspruch haftete.
[36] § 201 Satz 1.
[37] RegBegr. *Ganske* S. 66.

IV. Geltendmachung der Zuzahlung

Der Anspruch ist zunächst formlos und unbeziffert gegenüber dem Rechtsträger alter oder neuer Rechtsform geltend zu machen. Erfüllt letzterer den Anspruch nicht, ist binnen einer **Frist von drei Monaten,** nachdem der Formwechsel als bekannt gemacht gilt, ein Antrag auf Durchführung eines **Spruchverfahrens** zu stellen[40]. Das Gericht überprüft sodann die Angemessenheit der Bemessung der Anteile bzw. ob die Mitgliedschaft einen ausreichenden Gegenwert darstellt[41]. Das Spruchverfahren endet mit einem (feststellenden) Beschluss, der für und gegen alle wirkt[42]. Er ist aber **nicht vollstreckbar** und ggf. in einer weiteren Verfahrensstufe mittels einer Leistungsklage gerichtlich durchzusetzen[43]. 18

Könnte eine nach § 195 Abs. 2 ausgeschlossene Klage sowohl auf § 196 (bare Zuzahlung) als auch auf die §§ 207, 212 (Barabfindung) gestützt werden, so kann der Anteilsinhaber die entsprechenden Anträge auf Durchführung eines Spruchverfahrens kumulativ stellen und sogar noch nach Abschluss des Verfahrens, höchstens aber bis zur zeitlichen Grenze des § 209 Satz 2 für eine der beiden Alternativen (bare Zuzahlung und Verbleib in der Gesellschaft oder Barabfindung und Ausscheiden aus der Gesellschaft) optieren[44]. 19

V. Verzicht auf die Zuzahlung

Jeder Anteilsinhaber kann vollständig oder teilweise auf seinen Anspruch auf bare Zuzahlung verzichten. Der Verzicht kann formlos gegenüber dem Rechtsträger erklärt werden. Es muss aus der Erklärung aber unzweifelhaft hervorgehen, dass der Anteilsinhaber den Anspruch auf bare Zuzahlung aufgibt[45]. Allein die Zustimmung zum Umwandlungsbeschluss enthält noch keinen konkludenten Verzicht auf die bare Zuzahlung[46]. 20

§ 197 Anzuwendende Gründungsvorschriften

Auf den Formwechsel sind die für die neue Rechtsform geltenden Gründungsvorschriften anzuwenden, soweit sich aus diesem Buch nichts anderes ergibt. Vorschriften, die für die Gründung eine Mindestzahl der Gründer vorschreiben, sowie die Vorschriften über die Bildung und Zusammensetzung des ersten Aufsichtsrats sind nicht anzuwenden. Beim Formwechsel eines Rechtsträgers in eine Aktiengesellschaft ist § 31 des Aktiengesetzes anwendbar.

---

[38] Dies entspricht allgemeinen zivilrechtlichen Gedanken, vgl. zB § 288 Abs. 4 BGB.
[39] *Zürbig,* Der Formwechsel einer Personengesellschaft in eine Kapitalgesellschaft, 1999, S. 171 Fn 109.
[40] § 4 Abs. 1 Satz 1 Nr. 4 SpruchG.
[41] Vgl. Rn 11 ff.
[42] §§ 11, 13 SpruchG.
[43] Vgl. § 16 SpruchG.
[44] OLG *Schleswig* ZIP 2004, 2433, 2434 mit zust. Anm. *Klöcker/Frowein* EWiR 2005, 321.
[45] Vgl. *BGH* NZG 1999, 88.
[46] *Decher* in Lutter Rn 6; *Meister/Klöcker* in Kallmeyer Rn 11; siehe Rn 8.

Übersicht

	Rn		Rn
I. Allgemeines	1	a) Gründer	37
1. Sinn und Zweck der Norm	1	b) Satzung	38
2. Entstehungsgeschichte	4	c) Bestellung der Organe und des Abschlussprüfers	44
II. Verweis auf die Gründungsvorschriften (Satz 1)	6	d) Gründungsbericht und Gründungsprüfung	47
1. Reichweite des Verweises	6	e) Anmeldung	50
2. Personengesellschaften	7	f) Anlagen	51
a) GbR	10	g) Haftung	53
b) OHG	11	h) Nachgründungsvorschriften	51
c) KG	12	5. SE	55a
d) EWIV	16	6. KGaA	56
e) PartG	17	7. Eingetragene Genossenschaft	62
3. GmbH	18	8. SCE	66a
a) Gesellschaftsvertrag	20	III. Nicht anwendbare Gründungsvorschriften (Sätze 2 und 3)	67
b) Bestellung der Organe	27	1. Mindestzahl von Gründern	68
c) Gründungsbericht	28	2. Bildung und Zusammensetzung des ersten Aufsichtsrats	69
d) Anmeldung und Eintragung	29		
e) Anlagen der Anmeldung	32		
f) Haftung	33		
4. AG	36		

Literatur: *Bärwaldt/Schabacker,* Der vorsorgliche Formwechsel in eine OHG beim Formwechsel einer Kapitalgesellschaft in eine GbR, NJW 1999, 623; *dies.,* Der Formwechsel als modifizierte Neugründung, ZIP 1998, 1293; *Beuthien/Helios,* Die Umwandlung als transaktionslose Rechtsträgertransformation – Zur Neuordnung des Umwandlungsrechts, NZG 2006, 369; *Busch,* Die Deckung des Grundkapitals bei Formwechsel einer GmbH in eine Aktiengesellschaft, AG 1995, 555; *Eckert,* Der Formwechsel einer Kapitalgesellschaft in eine Personengesellschaft und seine Auswirkung auf öffentlich-rechtliche Erlaubnisse, ZIP 1998, 1950; *Fischer,* Formwechsel zwischen GmbH und GmbH & Co. KG, BB 1995, 2173; *Gottschalk,* Der „erste" Aufsichtsrat bei Umwandlung einer Anstalt öffentlichen Rechts in eine mitbestimmte Aktiengesellschaft, NZG 2003, 713; *Halasz/Kloster/Kloster,* Umwandlungen von GmbH und GmbH & Co. KG in eine GmbH & Co. KGaA, GmbHR 2002, 359; *Heidinger,* Die Haftung der BGB-Gesellschafter beim Formwechsel aus einer GmbH, GmbHR 1996, 890; *Hennrichs,* Zum Formwechsel und zur Spaltung nach dem neuen Umwandlungsgesetz, ZIP 1995, 794; *Hergeth/Mingau,* Mitbestimmung und Aufsichtsratsbesetzung bei Umwandlung einer Personengesellschaft in eine Aktiengesellschaft, DStR 1999, 1948; *Joost,* Die Bildung des Aufsichtsrats beim Formwechsel einer Personenhandelsgesellschaft in eine Kapitalgesellschaft, FS Claussen, 1997, S. 187; *Kallmeyer,* Der Ein- und Austritt der Komplementär-GmbH einer GmbH & Co. KG bei Verschmelzung, Spaltung und Formwechsel nach dem UmwG 1995, GmbHR 1996, 80; *Limmer,* Der Identitätsgrundsatz beim Formwechsel in der Praxis, FS Widmann, 2000, S. 51; *Martens,* Nachgründungskontrolle beim Formwechsel einer GmbH in eine AG, ZGR 1999, 548; *Priester,* Gründungsrecht contra Identitätsprinzip, FS Zöllner, 1998, S. 449; *ders.,* Kapitalgrundlage beim Formwechsel, DB 1995, 911; *K. Schmidt,* Volleinzahlungsgebot beim Formwechsel in die AG oder GmbH, ZIP 1995, 1385; *ders.,* Formwechsel zwischen GmbH und GmbH & Co. KG, GmbHR 1995, 693; *Wiedemann,* Identität beim Rechtsformwechsel, ZGR 1999, 568; *Wiedemann* Identität beim Rechtsformwechsel, ZGR 1999, 568, 578; *Zürbig,* Der Formwechsel einer Personengesellschaft in eine Kapitalgesellschaft, 1999.

I. Allgemeines

1. Sinn und Zweck der Norm

1 Der Gesetzgeber stellte bei der Reform des UmwG die wirtschaftliche, rechtliche und personelle Identität des Rechtsträgers vor und nach dem Formwechsel in den Vordergrund. Es sollte sich allein die rechtliche Organisation des Rechtsträgers ohne das Erfordernis einer Vermögensübertragung und einer Liquidation ändern[1]. Andererseits wurde jedoch befürchtet,

---

[1] RegBegr. Ganske S. 220. Beuthien/Helios NZG 2006, 369 ff. wollen eine „transaktionslose Rechtsträgertransformation" sogar für Verschmelzung und Spaltung konstruieren.

Anzuwendende Gründungsvorschriften 2–4 § 197

dass die Gründungsvorschriften der neuen Rechtsform – soweit strenger als beim formwechselnden Rechtsträger – unterlaufen werden[2]. Deshalb sind diese nach Satz 1 grundsätzlich auf den Formwechsel anzuwenden. Da aber eine komplette Neugründung beim Formwechsel vermieden werden sollte, wird, so der Gesetzgeber, der Grundsatz der Anwendbarkeit des Gründungsrechts vor allem durch die besonderen Vorschriften des Zweiten Teils eingeschränkt[3].

Sucht man dort Einschränkungen, die auf eine Realisierung des soeben beschriebenen 2 gesetzgeberischen Konzepts der umfassenden Identität hinweisen, wird man jedoch nicht fündig. Spezialregelungen zum allgemeinen Gründungsrecht sind nur vereinzelt vorhanden und erleichtern im Vergleich zur Neugründung den Formwechsel kaum. Es besteht ein offenbarer Widerspruch zwischen dem Konzept des Gesetzgebers von einer umfassenden Identität des Rechtsträgers vor und nach der Umwandlung einerseits[4] und der gleichwohl vorgesehenen, quasi unbeschränkten Anwendbarkeit der (Neu-)Gründungsvorschriften andererseits[5]. Wäre der Rechtsträger neuer Rechtsform tatsächlich mit dem formwechselnden Rechtsträger identisch, bedürfte es keiner Anwendung der Gründungsvorschriften. Denn was bereits existiert, muss nicht neu gegründet werden.

§ 197 ist wegen dieser Diskrepanz von vielen Seiten als verfehlt kritisiert worden[6], und es 3 finden sich zahlreiche Erklärungsversuche für die dogmatische Einordnung der Verweisung unter Beibehaltung der Identitätsprämisse[7]. Das Konzept der umfassenden Identität kann jedoch in der Praxis nicht aufrechterhalten werden[8], soweit es mehr besagen soll, als dass der formwechselnde Rechtsträger nicht liquidiert wird und keine Vermögensübertragung stattfindet[9]. Die dogmatische Einordnung der Rechtsnatur des Formwechsels gelingt am ehesten, wenn man sich vom Gedanken der Identität löst[10], diese als reine Fiktion betrachtet[11] und den Formwechsel entsprechend der Verweisung des § 197 als Neugründung[12] ansieht, die durch die Vorschriften der §§ 190 bis 304 modifiziert wird. Dieses Verständnis des Formwechsels gestattet die sachgerechte Lösung zahlreicher Probleme, die sich anlässlich des Beitritts oder des Ausscheidens von Gesellschaftern ergeben (zB bei einem Formwechsel aus einer Kapitalgesellschaft in die GmbH & Co. KG). Auch der allgemein als zulässig betrachtete nicht verhältniswahrende Formwechsel lässt sich nur durch das Konzept der modifizierten Neugründung dogmatisch bruchlos begründen.

2. Entstehungsgeschichte

Der Verweis auf die für die neue Rechtsform geltenden Gründungsvorschriften in § 197 4 soll laut Gesetzesbegründung auch für den Formwechsel garantieren, dass die für die neue Rechtsform uU strengeren Gründungsanforderungen des allgemeinen Gesellschaftsrechts nicht umgangen werden[13]. Entsprechende Normen fanden sich bereits früher für die

---

[2] So beim Formwechsel aus Personenhandelsgesellschaften in Kapitalgesellschaften; vgl. RegBegr. *Ganske* S. 20.
[3] RegBegr. *Ganske* S. 220.
[4] § 202 Abs. 1 Nr. 1.
[5] So auch *Heckschen* ZAP 1997 Fach 15 S. 219 („Etikettenschwindel"); *Priester*, FS Zöllner, S. 449 ff., 450.
[6] *Decher* in Lutter Umwandlungsrechtstage S. 211; *Happ* in Lutter Umwandlungsrechtstage S. 241 f.; *Joost* in Lutter Umwandlungsrechtstage S. 255.
[7] ZB *Decher* in Lutter Rn 5 mwN; *Mayer* in Widmann/Mayer Rn 3; *Laumann* in Goutier/Knopf/Tulloch Rn 3.
[8] *Bärwaldt/Schabacker* ZIP 1998, 1293 mwN.
[9] *Hennrichs* ZIP 1995, 794, 797.
[10] Vgl. *Laumann* in Goutier/Knopf/Tulloch Rn 3: „die Identitätsthese des Gesetzgebers steht auf schwachen Füßen"; *Wiedemann* ZGR 1999, 568, 578.
[11] *Hennrichs* ZIP 1995, 794, 796.
[12] So auch *Priester* DB 1995, 911, 913.
[13] RegBegr. *Ganske* S. 220.

formwechselnde Umwandlung in den §§ 378 AktG aF (Umwandlung einer GmbH in eine AG), 362 Abs. 4 AktG aF (Umwandlung einer AG in eine KGaA) und 385 a AktG aF (Umwandlung einer Körperschaft oder Anstalt des öffentlichen Rechts in eine AG) sowie für die errichtende/übertragende Umwandlung in §§ 41, 47 UmwG aF (Umwandlung einer Personenhandelsgesellschaft in eine AG/KGaA bzw. GmbH). Im Unterschied zu diesen Vorschriften verweist § 197 jedoch nicht nur auf einzelne Vorschriften des jeweiligen Gründungsrechts, sondern umfassend auf das gesamte Gründungsrecht, soweit sich aus dem Fünften Buch nichts anderes ergibt. Ähnliche Verweisungen finden sich in § 36 für die Verschmelzung und § 135 für die Spaltung.

5 Die Vorschrift beruht zum Teil auf **Gemeinschaftsrecht**, welches in Art. 13 der Zweiten Gesellschaftsrechtlichen Richtlinie[14] für den Formwechsel in eine AG die Einhaltung der Gründungsvorschriften des AktG vorschreibt.

II. Verweis auf die Gründungsvorschriften (Satz 1)

1. Reichweite des Verweises

6 Satz 1 verweist auf die für die neue Rechtsform geltenden Gründungsvorschriften, soweit sich aus diesem Buch nichts anderes ergibt. Mit dieser Verweisung ordnet das Gesetz eine Analogie an. Die jeweiligen Gründungsvorschriften sind dabei aber **nur auf den Formwechsel selbst** und nicht auf die ursprüngliche Gründung des formwechselnden Rechtsträgers anzuwenden. Die früher zum Teil zu § 378 AktG aF vertretene gegenteilige Auffassung[15] ist weder mit dem eindeutigen Wortlaut der Norm („auf den Formwechsel") noch mit der Intention des Gesetzgebers, eine Umgehung der Gründungsvorschriften zu verhindern, vereinbar. Die analoge Anwendung des Gründungsrechts muss unter Zugrundelegung der hier vertretenen Lehre von der modifizierten Neugründung[16] – wie bei der Verschmelzung durch Neugründung[17] und der Spaltung zur Neugründung[18] – auch beim Formwechsel dazu führen, dass in den Fällen, in denen bei originärer Gründung eines Rechtsträgers neuer Rechtsform eine **Vor-Gesellschaft** entstünde, mit dem Umwandlungsbeschluss parallel zum formwechselnden Rechtsträger eine Vor-Gesellschaft entsteht. Diese erstarkt mit dem Wirksamwerden des Formwechsels zum Rechtsträger neuer Rechtsform; zugleich wird fingiert, dass der formwechselnde Rechtsträger durch das Wirksamwerden des Umwandlungsbeschlusses mit dem Rechtsträger neuer Rechtsform identisch ist.

2. Personengesellschaften

7 Der Formwechsel in eine Personengesellschaft (GbR, OHG, KG, EWIV und PartG) ist nur den Kapitalgesellschaften möglich[19]. Vom UmwG unberührt bleiben die allgemeinen Regeln des HGB über den Wechsel von der Rechtsform einer GbR in eine Personenhandelsgesellschaft und umgekehrt. Auch die identitätswahrende Umwandlung innerhalb der Personenhandelsgesellschaften[20] sowie die Umwandlung einer GbR in eine PartG und umgekehrt werden nicht erfasst[21].

---

[14] Zweite Gesellschaftsrechtliche Richtlinie des Rates vom 13. 12. 1976, 77/91/EWG, ABl. 1977 Nr. L 26/1.
[15] *Zöllner* in Kölner Komm. § 378 AktG Rn 3, 5.
[16] Rn 3.
[17] § 36 Rn 23, 25, 27, 28, 42 f., 56 f., 61, 63.
[18] Die Kommentierung von § 135 verweist auf die in Fn 17 wiedergegebenen Fundstellen.
[19] *Arg. ex contrario* § 226 im Verhältnis zu §§ 258, 272, 291, 301.
[20] RegBegr. *Ganske* S. 210.
[21] § 2 Abs. 2 PartGG; siehe auch *Bärwaldt* in BeckHdb. Personengesellschaften § 18 Rn 61.

Die **Beteiligungsfähigkeit** an der Personengesellschaft richtet sich ebenfalls nach den 8
Gründungsvorschriften. Dies gewinnt vor allem Bedeutung für an der formwechselnden Kapitalgesellschaft beteiligte **Personengesamtheiten**, die zur Auseinandersetzung gezwungen wären, lehnte man ihre Beteiligung an einer Personenhandelsgesellschaft ab. Zwar konnte die GbR nach der früher vorherrschenden Meinung[22] nicht Gesellschafterin einer Personenhandelsgesellschaft sein. Zwischenzeitlich hat die Rechtsprechung die Rechtsfähigkeit der GbR[23] sowohl als beschränkt haftende[24] als auch als unbeschränkt haftende Gesellschafterin einer Personenhandelsgesellschaft anerkannt[25]. Daraus resultierende Fragen im Zusammenhang mit der Registerpublizität von Personenhandelsgesellschaften werden durch die sekundäre Eintragungspflicht der GbR plausibel gelöst[26].

Beim Formwechsel aus einer **Einpersonen-Kapitalgesellschaft** in eine Personengesell- 9
schaft stellt sich die Frage, ob der Beitritt von mindestens einem weiteren Gesellschafter, der für das Entstehen der Gesellschaft erforderlich ist, zulässig ist. Von den Anhängern eines eng verstandenen Identitätsprinzips wird diese Möglichkeit verneint. Damit müsste vor dem Formwechsel noch mindestens ein weiterer Gesellschafter in die formwechselnde Gesellschaft aufgenommen werden. Nach der hier vertretenen Ansicht stehen dem Beitritt eines weiteren Gesellschafters beim Formwechsel keine speziellen Regelungen des UmwG entgegen[27]. Dieser ist damit möglich[28].

a) GbR. Für die Gründung einer GbR müssen mindestens zwei Gründer vorhanden sein. 10
Die Suspendierung des Mindestzahlerfordernisses in Satz 2 gilt hier nicht, da bei einer GbR das Vorhandensein von mindestens zwei Gesellschaftern Wesensmerkmal und damit Existenzvoraussetzung ist. Die Umwandlung einer **Einpersonen-Kapitalgesellschaft** in eine GbR ist daher nur zulässig, wenn im Zuge des Formwechsels noch mindestens ein weiterer Gesellschafter beitritt[29]. Der Gesellschaftsvertrag muss nicht mit dem Umwandlungsbeschluss festgestellt werden[30]. Da die GbR nicht in das Handelsregister eingetragen wird und somit keine entsprechenden Gründungsregeln existieren, gelten für die Anmeldung, Eintragung und Bekanntmachung des Formwechsels allein die Normen des UmwG[31]. Der Sitz der GbR muss im Umwandlungsbeschluss angegeben werden[32]. Die GbR **entsteht** nach dem hiesigen

---

[22] BGH NJW-RR 1990, 798, 799; *Hopt* in Baumbach/Hopt[30] § 105 HGB Rn 29; *Happ/Bruckhorst* in MünchHdbGesR Bd. 1 § 5 Rn 21; einschränkend *Emmerich* in Heymann § 105 HGB Rn 46 („trotz unübersehbarer Bedenken").
[23] Insbes. *BGH*, NJW 1998, 376 (GbR als Gesellschafterin an einer GbR); BGHZ 146, 341 = NJW 2001, 1056 ([Teil-]Rechts- und Parteifähigkeit der [Außen-]GbR); *LG Berlin* NZG 2003, 580 (GbR als Komplementärin einer KG).
[24] BGHZ 148, 291 = NJW 2001, 3121 (GbR als Kommanditistin einer KG), durch den Gesetzgeber in § 162 Abs. 1 Satz 2 bestätigt.
[25] *LG Berlin* NZG 2003, 580, 581 (zur KG); *Schmidt/Bierly* NJW 2004, 1210; *Hopt* in Baumbach/Hopt § 105 HGB Rn 28; schon vorher *K. Schmidt* in Schlegelberger § 105 HGB Rn 71; *von Gerkan* in Röhricht/v.Westphalen § 105 HGB Rn 64 a; *Breuninger*, Die BGB-Gesellschaft als Rechtssubjekt im Wirtschaftsverkehr, Diss. Tübingen 1990, S. 60 f.; *Brodersen*, Die Beteiligung der BGB-Gesellschaft an den Personenhandelsgesellschaften, 1988, S. 15 ff.
[26] *LG Berlin* NZG 2003, 580, 581; *Schmidt/Bierly* NJW 2004, 1210, 1211.
[27] So auch *Happ* in Lutter § 228 Rn 30.
[28] Jede andere Lösung drehte das juristische Rad in eine Zeit zurück, zu der die Gründung einer Einpersonen-Kapitalgesellschaft noch nicht möglich war. Einen solchen Rückschritt hatte der Gesetzgeber bei der Neuregelung des Formwechsels sicherlich nicht im Sinn. In der Praxis sollte jedoch, solange diese Rechtsfrage umstritten ist, das Registergericht vor dem Formwechsel konsultiert werden.
[29] *Happ* in Lutter § 228 Rn 30; *Bärwaldt/Schabacker* ZIP 1998, 1293, 1298.
[30] Dies ergibt sich *ex contrario* aus §§ 194, 218 Abs. 1, 225 c; 243 Abs. 1, 253 Abs. 1, 263 Abs. 1, 276 Abs. 1, 294; ist nach dem Gründungsrecht eine Beurkundung des Gesellschaftsvertrags nicht nötig, wird diese auch nicht durch den Formwechsel erforderlich.
[31] §§ 198 Abs. 1, 199, 235 (Anmeldung), 202 (Eintragung) und 201 (Bekanntmachung).
[32] § 234 Nr. 1.

Verständnis des Formwechsels als modifizierte Neugründung **bereits mit dem Umwandlungsbeschluss** und besteht dementsprechend bis zum Wirksamwerden des Formwechsels parallel zum formwechselnden Rechtsträger[33].

11 **b) OHG.** Auch für die Gründung einer OHG müssen mindestens zwei Gesellschafter vorhanden sein. Beim Formwechsel einer Einpersonen-Kapitalgesellschaft muss dementsprechend mindestens ein weiterer Gesellschafter im Zeitpunkt des Formwechsels beitreten. Wie generell beim Formwechsel in eine Personengesellschaft muss der Gesellschaftsvertrag nicht im Umwandlungsbeschluss festgestellt werden, sondern kann unabhängig davon abgeschlossen werden. Der **Unternehmensgegenstand** wird häufig den Betrieb eines Handelsgewerbes umfassen[34]. Dies ist jedoch nicht (mehr) zwingend erforderlich[35]. Wie bei der originären Gründung findet das Firmenrecht des HGB auf die **Firma** der OHG Anwendung. Bei einer Firmenfortführung muss die Firma ggf. den Vorgaben des HGB angepasst werden[36]. Der **Sitz** der OHG muss im Umwandlungsbeschluss angegeben werden[37]. Der Formwechsel muss grundsätzlich bei dem für den formwechselnden Rechtsträger zuständigen Registergericht angemeldet werden[38]. Hat die künftige OHG keine natürliche Person als Gesellschafter, sind zusätzlich die Grundsätze über Kapitalaufbringung und Kapitalerhaltung nach dem GmbHG zu berücksichtigen[39]. Die Anmeldung richtet sich nach §§ 106, 108 HGB. Sie ist jedoch nicht von sämtlichen Gesellschaftern, sondern von dem Vertretungsorgan des formwechselnden Rechtsträgers durchzuführen. Die Bekanntmachung der OHG richtet sich nach § 201. Nach dem hiesigen Verständnis des Formwechsels als modifizierte Neugründung kann die OHG, soweit sie ein Handelsgewerbe betreibt, ab dem Umwandlungsbeschluss mit dem Beginn ihrer Geschäfte auch schon **vor ihrer Eintragung in das Handelsregister** entstehen[40]. Deshalb ist für den formwechselnden Rechtsträger zu beachten, dass mit der Entstehung der OHG auch schon vor dem Wirksamwerden des Formwechsels deren künftige Gesellschafter insofern persönlich haften, als sie für die OHG handeln.

12 **c) KG.** Die Gründungsvorschriften für die OHG finden, auch in Bezug auf ihr Entstehen vor ihrer Eintragung in das Handelsregister, auf den Formwechsel in eine KG entsprechende Anwendung[41]. Der Umwandlungsbeschluss muss jedoch zusätzlich die **Namen der Kommanditisten**[42] sowie den **Betrag der Einlagen** angeben[43]. Es empfiehlt sich für die formwechselnde Kapitalgesellschaft mit unbekannten Aktionären, die letztlich gewollte Fassung des Gesellschaftsvertrags der KG mit dem Umwandlungsbeschluss zusammen zu beschließen. Die Mehrheitsverhältnisse des UmwG finden dann Anwendung[44]. Für eine spätere Änderung des Gesellschaftsvertrags nach Eintragung des Formwechsels wäre sonst eine schwer herstellbare Einstimmigkeit erforderlich.

13 Beim Formwechsel in eine **GmbH & Co. KG** entsteht bei Beibehaltung des Konzepts einer umfassenden, also auch personellen Identität des Rechtsträgers das Problem des Beitritts der nicht am Vermögen beteiligten Komplementär-GmbH. Aus wirtschaftlichen Grün-

---

[33] Siehe Rn 6.
[34] § 228 Abs. 1 iVm. § 105 Abs. 1 HGB.
[35] § 228 Abs. 1 iVm. § 105 Abs. 2 HGB.
[36] § 200 Abs. 2 iVm. § 19 HGB.
[37] § 234 Nr. 1.
[38] § 235 Abs. 2 2. Fall iVm. § 198 Abs. 1. Zu den Ausnahmen siehe § 198 Abs. 2.
[39] § 129 a Satz 1 HGB iVm. §§ 32 a, 32 b GmbHG.
[40] §§ 123 Abs. 2, 105 Abs. 2 HGB.
[41] § 161 Abs. 2 HGB.
[42] Zu den Anforderungen an die Ermittlung der Namen unbekannter Aktionäre vgl. *BayObLG* ZIP 1996, 1467. Können dennoch einige Aktionäre nicht ermittelt werden, greifen die §§ 213, 35.
[43] § 234 Nr. 2, § 162 Abs. 1 HGB.
[44] Ausführlich dazu § 194 Rn 34 sowie *Vollrath* in Widmann/Mayer § 194 Rn 60; *Happ* in Lutter § 234 Rn 40.

den[45] kann es nachteilig[46] sein, wenn die Komplementär-GmbH am Vermögen der KG beteiligt ist. Ein Beitritt der Komplementär-GmbH erst nach dem Formwechsel scheidet aus Haftungsgründen regelmäßig aus[47]. Ist die Komplementär-GmbH dagegen schon Gesellschafterin des formwechselnden Rechtsträgers, ist sie an diesem zwangsläufig auch vermögensmäßig beteiligt. Betrachtet man den Formwechsel als modifizierte Neugründung, auf die das jeweilige Gründungsrecht anwendbar ist, wäre ein Beitritt der Komplementär-GmbH, d. h. ein Wechsel des Gesellschafterbestands, beim Formwechsel zulässig, wenn dieser nicht durch vorrangige Normen des UmwG ausgeschlossen wird. Zwar könnte man in den Normen des UmwG[48] abschließende Sonderregelungen für den Formwechsel sehen. Es ist auch nicht zu verkennen, dass der Gesetzgeber eine solche Regelung beabsichtigt hat[49]. Diese Absicht hat sich im Gesetz selbst jedoch nicht niedergeschlagen[50]. Insbesondere zwingen § 202 Abs. 1 (Wirkungen der Eintragung) und die Parallelnorm des § 194 Abs. 1 Nr. 3 (Mindestinhalt des Umwandlungsbeschlusses) nicht zu der Annahme, dass der Gesellschafterbestand vor und nach dem Formwechsel identisch zu sein habe[51]. Beide Normen regeln nämlich nur das **Entfallen** einer Beteiligung, nicht dagegen den **Beitritt** neuer Gesellschafter. Es ist auch nicht der Fall, dass „nach diesem Buch" gar kein Beitritt neuer Gesellschafter vorgesehen wäre[52]. Dem Neugründungsrecht gehen somit keine Sondervorschriften des UmwG vor. Dem Beitritt einer Komplementär-GmbH beim Formwechsel steht damit nichts entgegen[53]. Die Versagung dieser Möglichkeit widerspräche auch der grundsätzlichen Entscheidung des Gesetzgebers, den Formwechsel in die GmbH & Co. KG zuzulassen. Daran gehen die Lösungen der Vertreter des Identitätskonzepts[54] vorbei.

14 Der Formwechsel einer dem MitbestG unterliegenden Kapitalgesellschaft in eine Kapitalgesellschaft & Co. KG entbindet die künftige Komplementärin nicht davon, den mitbestimmten Aufsichtsrat beizubehalten[55].

15 Weiterhin sind die Grundsätze über Kapitalaufbringung und Kapitalerhaltung nach dem GmbHG zu berücksichtigen[56].

16 d) EWIV. Der Formwechsel in eine EWIV ist zulässig, da diese als Handelsgesellschaft iSd. HGB gilt[57] und damit unter die in § 226 erwähnten Personenhandelsgesellschaften fällt[58]. Die Eintragung der EWIV ist konstitutiv für deren Entstehung[59]. Ab dem Umwandlungsbe-

---

[45] Anderenfalls geht die Möglichkeit ungeschmälerter Verlustzuweisungen an die späteren Kommanditisten verloren; außerdem droht die Gefahr verdeckter Gewinnausschüttungen, wenn der vermögensmäßig beteiligten Komplementär-GmbH neben der Haftungsvergütung keine angemessene Gewinnbeteiligung eingeräumt wird, vgl. *Binz/Sorg*, Die GmbH & Co. KG, 10. Aufl. 2005, § 16 Rn 148.
[46] Allerdings wird die Bedeutung des Problems wegen der Möglichkeit, mit einer Minimierung des Vermögensanteils der Komplementär-GmbH die negativen wirtschaftlichen Folgen für die Kommanditisten sehr gering zu halten, in der Literatur stark überbewertet.
[47] Ansonsten haften sämtliche Gesellschafter bis zum Beitritt der Komplementär-GmbH unbeschränkt persönlich, § 128 HGB.
[48] ZB § 233 Abs. 3 Satz 3.
[49] RegBegr. *Ganske* S. 209 f.
[50] So soll zB § 233 Abs. 3 Satz 3 vor allem eine Abweichung zum früheren Recht darstellen, nach dem der persönlich haftende Gesellschafter einer KGaA ausscheiden musste.
[51] AA *BayObLG* NZG 2003, 829, 830. Siehe § 194 Rn 10.
[52] Vgl. § 221.
[53] So auch *Wiedemann* ZGR 1999, 568, 579; nunmehr auch *Decher* in Lutter § 202 Rn 15, der allerdings am Identitätskonzept festhält.
[54] *Vossius* in Widmann/Mayer § 228 Rn 100 f.; *Priester* DNotZ 1995, 427, 449; *Heckschen* ZAP 1997 Fach 15, S. 219, 225; *von der Osten* GmbHR 1995, 438, 439.
[55] § 4 MitbestG.
[56] § 172 a HGB iVm. §§ 32 a, 32 b GmbHG.
[57] § 1 EWIV-AusfG.
[58] Ebenso *Happ* in Lutter § 226 Rn 4; *Vossius* in Widmann/Mayer § 226 Rn 11.
[59] *Ganske*, Das Recht der Europäischen Wirtschaftlichen Interessenvereinigung (EWIV), 1988, S. 41.

schluss besteht die EWIV jedoch bereits als Vor-EWIV, auf die das Recht der OHG anwendbar ist[60].

17 **e) PartG.** Der Formwechsel in eine PartG setzt voraus, dass die Anteilsinhaber des formwechselnden Rechtsträgers natürliche Personen sind, die einen Freien Beruf iSd. § 1 Abs. 2 PartGG ausüben[61]. Diese Voraussetzung muss spätestens im Zeitpunkt des Wirksamwerdens des Formwechsels, also mit der Eintragung in das Partnerschaftsregister vorliegen. Der Umwandlungsbeschluss muss auch den Partnerschaftsgesellschaftsvertrag enthalten[62]. Das Vertretungsorgan des formwechselnden Rechtsträgers muss den Formwechsel sowohl zum Handelsregister des formwechselnden Rechtsträgers als auch zum Partnerschaftsregister der künftigen PartG anmelden[63]. Die PartG ist nach dem hiesigen Verständnis des Formwechsels als modifizierte Neugründung zwischen dem Umwandlungsbeschluss und ihrer Eintragung in das Partnerschaftsregister eine GbR, die parallel zu dem formwechselnden Rechtsträger existiert. Bei einem Handeln für die neue Gesellschaft vor deren Eintragung ist deshalb zu beachten, dass die Haftungsbegrenzung des § 8 Abs. 2 PartGG noch nicht eingreift.

3. GmbH

18 Der Formwechsel in eine GmbH aus anderen Kapitalgesellschaften (AG, KGaA), Personenhandelsgesellschaften, Partnerschaftsgesellschaften, eingetragenen Genossenschaften, rechtsfähigen Vereinen sowie Körperschaften und Anstalten des öffentlichen Rechts ist möglich. Dabei sind die Gründungsvorschriften des GmbHG[64] unter folgenden Modifikationen anwendbar:

19 Die Gründung einer GmbH ist bereits nach **§ 1 GmbHG** mit nur einem Gründer möglich. § 197 Satz 2 ist hier überflüssig.

20 **a) Gesellschaftsvertrag.** Der Gesellschaftsvertrag muss die in § 3 GmbHG aufgezählten Angaben enthalten. Aufgeführt werden müssen somit:
– Firma und Sitz der Gesellschaft;
– der Gegenstand des Unternehmens;
– der Betrag des Stammkapitals;
– die Stammeinlagen.

21 Soweit diese mit den von § 194 geforderten Angaben identisch sind, ist ein Verweis auf den Gesellschaftsvertrag im Umwandlungsbeschluss zulässig[65]. Ebenfalls angegeben werden müssen die von der Gesellschaft zu tragenden **Kosten** des Formwechsels. Beim Formwechsel einer Kapitalgesellschaft muss der Gesellschaftsvertrag der GmbH Festsetzungen über Sondervorteile, Gründungsaufwand, Sacheinlagen und Sachübernahmen übernehmen, die in der Satzung oder dem Gesellschaftsvertrag des formwechselnden Rechtsträgers enthalten sind[66]. Entsprechend diesem Rechtsgedanken sind darüber hinaus auch Sondervorteile, die erst anlässlich des Formwechsels gewährt werden, in den Gesellschaftsvertrag aufzunehmen. § 26 AktG gilt analog[67].

22 Ebenfalls angegeben werden muss die **Höhe des Stammkapitals** der neuen Gesellschaft. Dieses hat mindestens € 25.000 zu betragen[68]. § 220 Abs. 1 zieht für den Formwechsel einer

---

[60] Vgl. *Bärwaldt* in BeckHdb. Personengesellschaften § 19 Rn 7 zur Entstehung der EWIV außerhalb eines Umwandlungsvorgangs.
[61] § 228 Abs. 2.
[62] § 234 Nr. 3.
[63] § 198 Abs. 1, 2 Satz 2, 3.
[64] §§ 1 bis 11 GmbHG.
[65] RegBegr. *Ganske* S. 217.
[66] § 243 Abs. 1 Satz 2.
[67] *Mayer* in Widmann/Mayer § Rn 27.
[68] § 5 Abs. 1 GmbHG. Das Mindeststammkapital soll im Zuge der bevorstehenden GmbH-Rechts-Reform auf € 10.000 gesenkt werden.

Personenhandelsgesellschaft eine **Höchstgrenze** für den Betrag des Stammkapitals. Danach darf es den Wert des Vermögens des formwechselnden Rechtsträgers nicht übersteigen. Das Stammkapital wird durch das Vermögen des formwechselnden Rechtsträgers gestellt. Es muss aber nicht in voller Höhe als Stammkapital der GmbH übernommen werden. Für gegenteilige Auffassungen finden sich wie bei der Verschmelzung[69] und Spaltung keine Anhaltspunkte im Gesetz. Für den **Wert des Vermögens** des formwechselnden Rechtsträgers sind dessen wahre Vermögenswerte, also sein **Reinvermögen** und nicht die Buchwerte maßgeblich[70].

Die **Stammeinlage** eines jeden Gesellschafters muss mindestens € 100 betragen und durch 50 teilbar sein[71]. Für den **Formwechsel einer Kapitalgesellschaft** regelt § 243 Abs. 3 Satz 2 **abweichend** die Mindesthöhe der Stammeinlage von € 50 und verlangt eine Teilbarkeit durch zehn.

Nach dem Formwechsel kann ein Anteilsinhaber, der zB zuvor mehrere Aktien besaß, **nicht mehrere Geschäftsanteile** an der GmbH halten[72]. § 5 Abs. 2 GmbHG, der die Übernahme mehrerer Geschäftsanteile untersagt, ist hier gem. § 197 Satz 1 anwendbar, und wird auch nicht durch vorrangige Normen des UmwG verdrängt. Zwar spricht § 194 Abs. 1 Nr. 4 von „Zahl, Art und Umfang der Anteile ..., welche die Anteilsinhaber durch den Formwechsel erlangen sollen", dies ist aber allgemein auf alle Fälle der Umwandlung bezogen und trifft keine spezielle Aussage für den Formwechsel in die GmbH.

Der formwechselnde Rechtsträger kann eine neue **Firma** wählen oder die alte beibehalten. In jedem Fall muss nach dem Formwechsel der Zusatz „mbH" oder ein vergleichbarer Zusatz enthalten sein[73].

Der **Formvorschrift** des **§ 2 Abs. 1 GmbHG** (Unterzeichnung des Gesellschaftsvertrags durch alle Gesellschafter) wird dadurch Genüge getan, dass der Umwandlungsbeschluss notwendig zu beurkunden und der Gesellschaftsvertrag notwendiger Bestandteil des von allen Gesellschaftern (bei Mehrheitsbeschlüssen von allen positiv votierenden Gesellschaftern[74]) zu unterzeichnenden Umwandlungsbeschlusses ist[75]. Bevollmächtigte bedürfen einer notariell errichteten oder beglaubigten Vollmacht[76].

b) Bestellung der Organe. Die **Bestellung der Organe** richtet sich nach § 6 GmbHG[77]. Sie erfolgt im Gesellschaftsvertrag[78] oder durch einen getrennten Gesellschafterbeschluss[79] und muss spätestens mit der Anmeldung des Formwechsels vollzogen sein[80].

c) Gründungsbericht. Beim Formwechsel von Kapitalgesellschaften, eingetragenen Genossenschaften oder rechtsfähigen Vereinen ist der Sachgründungsbericht iSv. § 5 Abs. 4 GmbHG **entbehrlich**[81]. Dagegen ist beim Formwechsel einer Personenhandelsgesellschaft

---

[69] Siehe § 36 Rn 33.
[70] *Joost* in Lutter § 220 Rn 13; *Mayer* in Widmann/Mayer Rn 38; *Vossius* in Widmann/Mayer § 220 Rn 16 f.; *Priester* DB 1995, 911.
[71] § 5 Abs. 1, Abs. 3 Satz 2 GmbHG. Vgl. zur geplante Abschaffung dieser Vorgaben iRd. bevorstehenden GmbH-Rechts-Reform § 194 Rn 14 Fn 40.
[72] So auch *Busch* AG 1995, 555; 557; *Joost* in Lutter § 218 Rn 9; *Mayer* in Widmann/Mayer Rn 40; *Zürbig* S. 74; aA *Meister/Klöcker* in Kallmeyer Rn 10; *Laumann* in Goutier/Knopf/Tulloch § 218 Rn 8. Der Streit wird sich aber mit der geplanten Streichung des § 5 Abs. 2 GmbHG iRd. bevorstehenden GmbH-Rechts-Reform erledigen.
[73] § 200 iVm. § 4 GmbHG.
[74] §§ 219 Satz 2, 225 c, 244 Abs. 2; § 263 iVm. § 218 Abs. 1 Satz 2; § 276.
[75] § 9 Abs. 1 Satz 2 BeurkG.
[76] § 2 Abs. 2 GmbHG.
[77] Zur Bestellung eines mitbestimmten Aufsichtsrats siehe Rn 44.
[78] § 6 Abs. 3 Satz 2 GmbHG.
[79] § 46 Nr. 5 GmbHG, sofern nicht nach den Mitbestimmungsgesetzen der Aufsichtsrat zuständig ist.
[80] §§ 222 Abs. 1, 246 Abs. 2, 265 Satz 1, 278 Abs. 1, 302.
[81] §§ 245 Abs. 4, 264 Abs. 2, 277.

oder einer PartG ein Sachgründungsbericht erforderlich. Dieser ist schriftlich zu erstatten und von allen Gesellschaftern, die dem Formwechsel zugestimmt haben, zu unterschreiben. Er muss darlegen, dass das Vermögen des formwechselnden Rechtsträgers mindestens das Stammkapital der künftigen GmbH deckt[82]. Er hat zusätzlich Angaben zum bisherigen Geschäftsverlauf und zur Lage der formwechselnden Gesellschaft zu enthalten[83].

29 **d) Anmeldung und Eintragung.** Die Anmeldung zur Eintragung des Rechtsträgers neuer Rechtsform ins Handelsregister richtet sich nach § 7 GmbHG, der allerdings durch das UmwG weit reichend modifiziert wird. Anmeldepflichtig ist das Vertretungsorgan des formwechselnden Rechtsträgers. Die Anmeldung ist beim Register des formwechselnden Rechtsträgers vorzunehmen. Ausnahmen hiervon bestehen für den Fall einer Sitzverlegung oder der Maßgeblichkeit eines anderen Registers[84]. Die Vorschriften des **§ 7 Abs. 2 GmbHG** sind auch beim Formwechsel auf bisher in zulässiger Weise nicht voll eingezahlte Anteile anwendbar. Gegenteiliges ergibt sich weder aus dem Wortlaut noch dem Zweck des § 197[85]. Sofern es sich um ausstehende Bareinlagen handelt, brauchen diese auch für den Formwechsel nicht voll eingezahlt zu werden[86]. Sie werden auch durch den Formwechselvorgang nicht zu voll einzuzahlenden Sacheinlagen[87]. Der Schutzzweck des § 197 verlangt nur, dass beim Formwechsel eventuell strengeres Gründungsrecht nicht umgangen wird. Strengere Anforderungen an den Formwechsel als an die schlichte Gründung einer GmbH werden dagegen nicht gestellt. Die Vorschrift des § 7 Abs. 3 GmbHG (Bewirkung der Sacheinlagen) ist beim Formwechsel überflüssig, da das Vermögen des formwechselnden Rechtsträgers mit der Eintragung kraft Gesetzes übergeht[88].

30 Die **Prüfung der Eintragungsfähigkeit durch das Gericht**[89] betrifft insbesondere die Kapitalaufbringung bei dem Rechtsträger neuer Rechtsform, nicht jedoch die ursprüngliche Gründung des formwechselnden Rechtsträgers[90].

31 Die **Eintragung der GmbH**[91] richtet sich nach § 10 GmbHG. Die **Bekanntmachung** der Eintragung erfolgt im Bundesanzeiger und mindestens einem anderen Blatt[92].

32 **e) Anlagen der Anmeldung.** Zu den Anlagen der Anmeldung vgl. § 199 Rn 3, 8[93].

33 **f) Haftung.** Die **Differenzhaftung** der Gesellschafter[94] greift auch beim Formwechsel ein, um die Kapitalaufbringung zu sichern und die Gläubiger zu schützen. Die für den Formwechsel stimmenden[95] Anteilsinhaber des formwechselnden Rechtsträgers haften verschuldensunabhängig bis zur vollen Höhe der Stammeinlage. Deren Wert richtet sich nicht nach den Buchwerten, sondern nach dem Reinvermögen des formwechselnden Rechtsträgers[96]. Stichtag für die Beurteilung der Vermögenslage ist der Tag der Anmeldung des Formwech-

---

[82] § 220 Abs. 2.
[83] § 220 Abs. 2.
[84] § 198 Abs. 2 Satz 2.
[85] *Decher* in Lutter Rn 14; *K. Schmidt* ZIP 1995, 1385, aA *Mayer* in Widmann/Mayer Rn 54.
[86] *Decher* in Lutter Rn 14; *K. Schmidt* ZIP 1995, 1385, 1389; aA für den Formwechsel einer Personenhandelsgesellschaft *Joost* in Lutter § 220 Rn 14 f.
[87] *K. Schmidt* ZIP 1995, 1385, 1389.
[88] § 202 Abs. 1.
[89] § 9 c GmbHG.
[90] Statt aller *Decher* in Lutter Rn 31.
[91] Im Gegensatz zur Eintragung des Formwechsels in das Register des formwechselnden Rechtsträgers nach § 198, siehe § 198 Rn 2 f.
[92] § 201 Satz 1, vgl. auch §§ 10 f. HGB.
[93] § 8 GmbHG.
[94] § 9 GmbHG.
[95] So auch *Joost* in Lutter § 219 Rn 4; *Dirksen* in Kallmeyer 219 Rn 6; aA *Mayer* in Widmann/Mayer Rn 64, § 219 Rn 22; *Decher* in Lutter § 197 Rn 38.
[96] Siehe oben Rn 22.

sels[97]. Dieselbe Haftung trifft auch den **Kommanditisten** einer formwechselnden KG[98]. Nach dem Wortlaut legt § 219 Satz 2 fest, dass alle für den Formwechsel stimmenden Anteilsinhaber des formwechselnden Rechtsträgers bei der Anwendung der Gründungsvorschriften als Gründer gelten. Davon werden nicht nur die persönlich haftenden, sondern auch die beschränkt haftenden Anteilsinhaber erfasst[99]. Möchte der Kommanditist die persönliche Haftung während des Formwechsels vermeiden, muss er vor dem Formwechsel ausscheiden, gegen den Formwechsel stimmen oder sich der Stimme enthalten[100].

Eine **Haftung für falsche Angaben** der Mitglieder der Vertretungs- bzw. Aufsichtsorgane anlässlich des Formwechsels und der Errichtung des neuen Rechtsträgers findet vorrangig in § 205 eine Anspruchsgrundlage. Nur subsidiär ist hierfür auf Gründungsrecht[101] zurückzugreifen. Die Wirksamkeit eines **Verzichts** auf Ansprüche wegen falscher Angaben richtet sich mangels Sondervorschriften allein nach Gründungsrecht[102], während die **Verjährung** dieser Ansprüche jeweils im einschlägigen Gesetz geregelt ist[103]. 34

Grundsätzlich anwendbar ist auch § 11 Abs. 1 GmbHG, wonach die neue GmbH vor der Eintragung als solche nicht besteht. Mit dem Umwandlungsbeschluss entsteht jedoch nach hiesigem Verständnis des Formwechsels als modifizierte Neugründung eine **Vor-GmbH** wie bei einer regulären Gründung auch. Diese Vor-GmbH existiert damit zeitgleich neben dem formwechselnden Rechtsträger bis zur Eintragung des Rechtsträgers neuer Rechtsform in das Handelsregister. Die **Haftung** für ein **Handeln für die GmbH vor deren Eintragung** trifft die Handelnden persönlich und solidarisch[104]. Geschäfte werden auch nach dem Umwandlungsbeschluss grundsätzlich vom noch bestehenden formwechselnden Rechtsträger getätigt. Somit kommt es idR nicht zu einem Handeln im Namen der (Vor-)GmbH[105]. Eine Handelndenhaftung scheidet damit aus. Geschäfte nach der Fassung des Umwandlungsbeschlusses begründen Rechte und Pflichten für den formwechselnden Rechtsträger, wenn nicht ausdrücklich im Namen der künftigen GmbH gehandelt wird. Im Übrigen erlischt die Handelndenhaftung, wenn die Verbindlichkeit bei Entstehung der GmbH mit der Eintragung auf diese übergeht[106]. 35

4. AG[107]

Der Verweis auf das Gründungsrecht der AG bezieht sich nicht allein auf die Vorschriften der §§ 23 bis 53 AktG mit dem Titel „Gründung der Gesellschaft", sondern auf alle für die Gründung einer AG relevanten Vorschriften des AktG, sofern sie nicht durch die speziellen Vorschriften des Formwechsels modifiziert werden. Das Gründungsrecht des AktG ist nach 36

---

[97] *Priester*, FS Zöllner, S. 449, 458; *Dirksen* in Kallmeyer § 220 Rn 5; aA *Laumann* in Goutier/Knopf/Tulloch Rn 17: Maßgeblich ist der Stichtag der Vermögensaufstellung nach § 192 aF.
[98] Ebenso *Priester* DNotZ 1995, 427, 452; *Mayer* in Widmann/Mayer Rn 65; aA *Joost* in Lutter § 219 Rn 5.
[99] Dagegen *Wolf* ZIP 1996, 1200, der eine teleologische Reduzierung des § 219 mit dem Identitätsgedanken begründet. Dieser ist jedoch, wie oben aufgeführt, im Gesetz nicht umgesetzt und daher auch nicht zur Begründung einer Einschränkung des eindeutigen Wortlauts einsetzbar.
[100] Vgl. zur Problematik auch *Bärwaldt/Schabacker* NJW 1998, 1909 ff.
[101] § 9 a GmbHG.
[102] § 9 b Abs. 1 GmbHG.
[103] § 205 Abs. 2 für den Anspruch aus § 205 Abs. 1, § 9 b Abs. 2 GmbHG für den Anspruch aus § 9 a GmbHG.
[104] § 11 Abs. 2 GmbHG, ebenso *Decher* in Lutter Rn 41; *Mayer* in Widmann/Mayer Rn 73; aA *Joost* in Lutter § 219 Rn 4.
[105] Nach den Grundsätzen des betriebsbezogenen Geschäfts wird grundsätzlich der formwechselnde Rechtsträger verpflichtet.
[106] Vgl. *Hueck/Fastrich* in Baumbach/Hueck § 11 GmbHG Rn 53.
[107] Zur Europäischen Gesellschaft (SE), deren Gründung und Fähigkeit zum Formwechsel siehe Einl. C Rn 49 ff.

dem Gesetzeswortlaut auch im Fall des Formwechsels einer KGaA in eine AG anwendbar. Dies erscheint unnötig, da das Gründungsrecht des AktG bereits bei der Gründung der KGaA beachtet wurde und eine Umgehung strengerer Vorschriften insoweit nicht zu befürchten ist. Der eindeutige Wortlaut des § 245 Abs. 3 Satz 1 verbietet jedoch eine dahin gehende teleologische Reduktion des § 197. Gleiches gilt für den Formwechsel einer AG in eine KGaA.

37 **a) Gründer.** Wer als Gründer der AG gilt, wird aber zum größten Teil durch das UmwG festgelegt:
– Für die formwechselnde **Personenhandelsgesellschaft** oder **PartG** gelten grundsätzlich die bisherigen Gesellschafter als Gründer[108]. Diese trifft damit die an die Gründerstellung geknüpften Rechtsfolgen wie die Erstellung des Gründungsberichts und die Gründerhaftung. Dies gilt im Fall eines **Mehrheitsbeschlusses** aber **nicht** für diejenigen Gesellschafter, die dem Umwandlungsbeschluss **nicht zugestimmt** haben[109].
– Bei der formwechselnden **GmbH** gelten die dem Formwechsel zustimmenden Gesellschafter als Gründer[110].
– Bei der formwechselnden **KGaA** gelten nur die persönlich haftenden Gesellschafter als Gründer[111]. Im Fall einer Mehrheitsentscheidung nach § 240 Abs. 3 Satz 2 sind nur diejenigen Komplementäre Gründer, die auch für den Formwechsel gestimmt haben[112]. Zwar unterscheidet § 245 Abs. 3 nicht zwischen einer Mehrheitsentscheidung und einer einstimmigen Zustimmung. Wie auch beim Formwechsel von Personengesellschaften ist jedoch nicht zu rechtfertigen, einem überstimmten Komplementär auch noch die Risiken der Gründerhaftung aufzubürden.
– Für die Gründereigenschaft bei der formwechselnden **Körperschaft oder Anstalt** des öffentlichen Rechts verweist § 302 auf das öffentlich-rechtliche Umwandlungsrecht.
– Bei **eG, rechtsfähigem Verein** und **VVaG** gelten die Anteilsinhaber des formwechselnden Rechtsträgers als Gründer[113]. Allerdings ist dabei zu berücksichtigen, dass für diese Rechtsträger bestimmte Rechtsfolgen der Gründereigenschaft nicht anwendbar sind, so zB die Gründerhaftung nach § 46 AktG[114].

38 **b) Satzung.** Für den Inhalt und die Festsetzung der Satzung ist § 23 AktG maßgeblich. Die Satzung muss in nahezu allen Fällen des Formwechsels in die AG im Umwandlungsbeschluss enthalten sein[115]. Die notarielle Beurkundung der Satzung entfällt und wird durch die **notarielle Beurkundung** des Umwandlungsbeschlusses ersetzt. Damit ist auch eine gesonderte **Unterzeichnung** der Satzung entbehrlich. Eine Ausnahme hiervon bildet nur der Formwechsel von Körperschaften und Anstalten des öffentlichen Rechts[116].

39 Die **Firma** der AG als Rechtsträger neuer Rechtsform muss den Zusatz „Aktiengesellschaft" oder eine Abkürzung dieser Bezeichnung enthalten[117]. Die bisher geführte Firma kann unter Beifügung eines solchen Zusatzes beibehalten werden[118].

40 Das **Grundkapital** der AG muss mindestens € 50.000 betragen[119]. Eine **Höchstgrenze** des festsetzbaren Kapitals wird durch das nach Abzug der Schulden verbleibende Vermögen

---

[108] §§ 219, 225 c.
[109] §§ 219 Satz 2, 225 c.
[110] § 245 Abs. 1.
[111] § 245 Abs. 3.
[112] So auch *Rieger* in Widmann/Mayer § 245 Rn 37; *Halasz/Kloster/Kloster* S. 359; aA *Happ* in Lutter § 245 Rn 23.
[113] § 28 AktG.
[114] § 264 Abs. 3 Satz 2, § 277, § 295.
[115] §§ 218, 225 c, 243 Abs. 1, 263 Abs. 1, 276 Abs. 1, 294 Abs. 1.
[116] Siehe § 302 Rn 27.
[117] § 4 AktG.
[118] § 200.
[119] § 7 AktG.

des formwechselnden Rechtsträgers gesetzt[120]. Es wird auch die Ansicht vertreten[121], dass im Fall des Formwechsels zwischen Kapitalgesellschaften das Formwechselverbot bei **materieller Unterbilanz** nicht gelte. § 245 Abs. 1 Satz 2 sei dahin gehend teleologisch zu reduzieren. Dies ist mit dem eindeutigen Wortlaut der Vorschrift nicht zu vereinbaren[122]. Beim Formwechsel einer GmbH bzw. KGaA kann zudem die Höhe des Grundkapitals **nicht frei festgesetzt** werden. Das bisherige Stamm- bzw. Grundkapital wird automatisch zum Grundkapital der AG[123]. Dies kann bei einer formwechselnden GmbH mit einem Stammkapital von weniger als € 50.000 eine vorherige **Kapitalerhöhung** erforderlich machen. In allen anderen Fällen des Formwechsels in eine AG ist die Höhe des Grundkapitals dagegen frei bestimmbar. Es besteht keine Verpflichtung, das Kapital des formwechselnden Rechtsträgers in voller Höhe als Grundkapital der künftigen AG zu übernehmen.

Die **Form, Mindestbeträge und Gattung der Aktien** richten sich nach dem Gründungsrecht. Die Satzung muss Angaben über Gattung und Stimmrechte enthalten. Auf Grund des Prinzips der Gleichbehandlung[124] setzt die Ausgabe von Aktien verschiedener Gattung an Anteilsinhaber, die beim formwechselnden Rechtsträger Inhaber gleicher Beteiligungen waren, deren Zustimmung im Umwandlungsbeschluss voraus. **41**

Die Satzung muss die iRd. Formwechsels neu gewährten **Sondervorteile** sowie den **Gründungsaufwand** festsetzen[125]. Da die Sondervorteile auch im Umwandlungsbeschluss aufgeführt werden müssen[126], kann darin auf die Satzung Bezug genommen werden[127]. Eine Wiederholung wäre überflüssig. Festsetzungen über Sondervorteile, Gründungsaufwand[128], Sacheinlagen und Sachübernahmen im Gesellschaftsvertrag einer formwechselnden Kapitalgesellschaft sind in die Satzung zu **übernehmen**[129]. Dabei sind die Fristen nach § 26 Abs. 4, 5 AktG zu beachten. Ansonsten gehen die daraus resultierenden Rechte mit dem Formwechsel unter. **42**

Die Verweisung des § 197 umfasst auch § 27 Abs. 1 AktG. In der Satzung müsste dementsprechend der Gegenstand der Sacheinlage, die Person, von der die Gesellschaft neuer Rechtsform den Gegenstand erwirbt, sowie der Nennbetrag am Grundkapital, auf den sich die Einlage bezieht, festgesetzt werden. Da die Sacheinlage beim Formwechsel im Vermögensübergang vom formwechselnden Rechtsträger besteht, genügt der Hinweis, die Gesellschaft sei durch den Formwechsel aus der genau bezeichneten Gesellschaft entstanden. Dies gilt unabhängig davon, ob die formwechselnde Gesellschaft seinerzeit im Wege der Sachgründung oder der Bargründung entstanden ist[130]. Die Gefahr der Umgehung der strengeren Sachgründungsvorschriften besteht auch bei einer ursprünglichen Bargründung. Denn die ursprünglichen Bareinlagen könnten zur Zeit des Formwechsels nicht mehr als solche vorhanden sein. **43**

c) Bestellung der Organe und des Abschlussprüfers. Die Bestellung von Aufsichtsrat, Vorstand und Abschlussprüfer richtet sich grundsätzlich nach §§ 30, 31 AktG. Wegen § 197 **44**

---

[120] §§ 220 Abs. 1, 225 c, 245 Abs. 1 Satz 2, 264 Abs. 1, 277, 295, 303 Abs. 1.
[121] *Happ* in Lutter § 245 Rn 12, 13; *ders.* in Lutter Umwandlungsrechtstage S. 223, 242 ff.
[122] *Busch* AG 1995, 555; *Stratz* in Schmitt/Hörtnagl/Stratz § 245 Rn 6; *Meister/Klöcker* in Kallmeyer § 245 Rn 45; *Rieger* in Widmann/Mayer § 245 Rn 49; *Laumann* in Goutier/Knopf/Tulloch § 245 Rn 7; *Priester*, DB 1995, 911; *K. Schmidt*, ZIP 1995, 1395; *Halasz/Kloster/Kloster* S. 360 Fn 92.
[123] § 247 Abs. 1.
[124] *Konow* GmbHR 1973, 121; allg. *G. Hueck*, Der Grundsatz der gleichmäßigen Behandlung im Privatrecht, 1958, S. 35 ff.
[125] § 26 Abs. 1, 2 AktG.
[126] § 194 Abs. 1 Nr. 5.
[127] RegBegr. *Ganske* S. 217.
[128] Hierbei kommt es uU in der Praxis zu einer doppelten Aufführung von Sondervorteilen und Gründungsaufwand in der neuen Satzung.
[129] § 243 Abs. 1 Satz 2, siehe § 243 Rn 14.
[130] *Mayer* in Widmann/Mayer Rn 42; aA *Decher* in Lutter Rn 16.

Satz 2 sind jedoch die Vorschriften über die Bestellung des ersten **Aufsichtsrats** nicht anwendbar[131]. Das hat dann keine Auswirkungen, wenn beim formwechselnden Rechtsträger schon ein mitbestimmter Aufsichtsrat vorhanden ist und sich an dessen Zusammensetzung nichts ändert[132]. Ist dagegen erstmalig ein mitbestimmter Aufsichtsrat zu wählen oder ändert sich dessen Zusammensetzung, wird der neue Aufsichtsrat nach Durchführung des Statusverfahrens gem. §§ 97 ff. AktG gebildet[133].

45 Das Vertretungsorgan des formwechselnden Rechtsträgers wird trotz der vermeintlichen Identität[134] der Rechtsträger nicht automatisch **Vorstand** der AG. Der neue Aufsichtsrat muss spätestens bis zur Anmeldung den Vorstand bestellt haben, da dieser an ihr mitzuwirken verpflichtet ist[135].

46 Der **Abschlussprüfer** ist durch die Gründer zu bestellen[136]. Die Bestellung ist notariell zu beurkunden. Zur Vermeidung unnötiger Kosten ist es sinnvoll, sie im Umwandlungsbeschluss vorzunehmen.

47 **d) Gründungsbericht und Gründungsprüfung.** Die Gründer der neuen AG haben einen schriftlichen Bericht über den Hergang der Gründung **(Gründungsbericht)** zu erstatten[137], der neben den Erfordernissen des § 32 Abs. 2, 3 AktG auch den bisherigen Geschäftsverlauf und die Lage der formwechselnden Gesellschaft darlegen muss[138]. Im Gegensatz zum Umwandlungsbericht kann auf den Gründungsbericht **nicht verzichtet** werden, da dieser nicht Bestandteil des Umwandlungsberichts[139] und folglich die Verzichtsmöglichkeit[140] nicht eröffnet ist. Die Erstattung eines Gründungsberichts ist jedoch **entbehrlich**, wenn es sich beim formwechselnden Rechtsträger um eine **eG**, einen **rechtsfähigen Verein** oder einen **VVaG** handelt[141].

48 Die Gründung der AG ist durch die Mitglieder des Vorstands und des Aufsichtsrats der durch den Formwechsel entstehenden AG zu **prüfen**[142]. Darüber hinaus ist für **alle** formwechselnden Rechtsträger eine **Gründungsprüfung** durch einen oder mehrere **Gründungsprüfer** vorgeschrieben[143]. Diese werden, wenn nicht der beurkundende Notar die Prüfung übernimmt, vom Gericht bestellt[144]. Wollen die Gründer den Bestellungsvorgang beschleunigen, besteht zum einen die Möglichkeit, das Gericht bereits vorab um die Bestellung des oder der Gründungsprüfer zu bitten. Die Gerichte kommen dieser Bitte in der Praxis idR dann nach, wenn der (oder die) vorgeschlagene(n) Gründungsprüfer gegenüber dem Gericht schriftlich erklärt, keine Vergütungs- und Auslagenersatzansprüche gegen das Bundesland des Gerichtssitzes geltend zu machen. Der Bestellungsvorgang kann zum anderen auch dadurch abgekürzt werden, dass die Beteiligten die Industrie- und Handelskammer bereits von sich aus einschalten und dem Bestellungsantrag bereits deren Unbedenklichkeitsbescheinigung beifügen.

---

[131] §§ 30 Abs. 1 bis 3, 31 AktG. § 30 Abs. 4 AktG ist keine Vorschrift über die Bildung und Zusammensetzung des ersten Aufsichtsrats und damit anwendbar.
[132] § 203 Satz 1.
[133] Siehe dazu Rn 69 ff. und § 203 Rn 10 mwN.
[134] Vgl. Rn 1 f.
[135] § 222.
[136] § 30 Abs. 1 Satz 1 AktG, der insoweit anwendbar ist, da er keine Vorschrift über die Bestellung des ersten Aufsichtsrats darstellt.
[137] § 32 Abs. 1 AktG.
[138] §§ 220 Abs. 2; 225 c; 245 Abs. 1, 3; 303.
[139] § 192.
[140] § 192 Abs. 2.
[141] §§ 264 Abs. 3 Satz 2, 277, 295.
[142] § 33 Abs. 1 AktG.
[143] §§ 220 Abs. 3, 245 Abs. 1 Satz 2 und Abs. 3 Satz 2, 264 Abs. 3 Satz 1, 277, 295; die in § 33 Abs. 2 AktG genannten Tatbestandsvoraussetzungen müssen dabei nicht erfüllt sein.
[144] § 33 Abs. 3 Satz 2 AktG. Die früher zwingend vorgesehene Anhörung der Industrie- und Handelskammer steht nunmehr im Ermessen des Gerichts.

Über die Prüfung haben sowohl die Mitglieder von Vorstand und Aufsichtsrat als auch die Gründungsprüfer einen Bericht zu erstellen (**Gründungsprüfungsbericht**[145]), der vom Gründungsbericht zu unterscheiden ist[146]. 49

e) Anmeldung. Die Anmeldung einer AG beim Handelsregister richtet sich grundsätzlich nach den §§ 36, 37 AktG. Deren Bestimmungen werden teilweise rechtsformspezifisch durch das UmwG verdrängt. Der Formwechsel von Personenhandelsgesellschaft, PartG, eG oder rechtsfähigem Verein ist von den Mitgliedern des künftigen Vorstands und den bis dahin gewählten[147] Aufsichtsratsmitgliedern anzumelden[148]. Der Formwechsel von GmbH, KGaA oder VVaG wird vom bisherigen Vertretungsorgan angemeldet[149]. 50

f) Anlagen. Zu den Anlagen vgl. § 199 Rn 3, 7. 51

Der Formwechsel wird im Bundesanzeiger und in mindestens einem anderen Blatt **bekannt gemacht**[150]. 52

g) Haftung. Grundsätzlich anwendbar ist auch § 41 Abs. 1 Satz 1 AktG, wonach die neue AG vor der Eintragung als solche nicht besteht. Mit dem Umwandlungsbeschluss entsteht jedoch nach hiesigem Verständnis des Formwechsels als modifizierte Neugründung eine **Vor-AG** wie bei einer regulären Gründung auch. Diese Vor-AG existiert damit zeitgleich neben dem formwechselnden Rechtsträger bis zur Eintragung des Rechtsträgers neuer Rechtsform in das Handelsregister. Ein Handeln im Namen der AG vor deren Eintragung löst für den **Handelnden** eine persönliche Haftung aus[151]. Dabei ist jedoch zu beachten, dass Geschäfte auch nach dem Umwandlungsbeschluss grundsätzlich vom noch bestehenden formwechselnden Rechtsträger getätigt werden. Somit kommt es idR nicht zu einem Handeln im Namen der bis zur Eintragung des Formwechsels parallel zum formwechselnden Rechtsträger bestehenden (Vor-)AG. Dennoch können ausdrücklich für die künftige AG abgeschlossene Verträge von dieser nach ihrer Eintragung genehmigt werden. 53

Daneben können Ansprüche gegen an der Gründung beteiligte Personen[152] nach §§ 46 bis 49 AktG entstehen. Soweit sich solche Ansprüche gegen Gründer richten, ist die Beschränkung der Gründereigenschaft auf bestimmte Personen zu beachten[153]. Die Gründerhaftung[154] entfällt jedoch beim Formwechsel von eG, rechtsfähigem Verein und VVaG[155]. 54

h) Nachgründungsvorschriften. Für den Formwechsel in eine AG gelten die Vorschriften über eine Nachgründung[156]. Danach werden in den ersten zwei Jahren nach dem Wirksamwerden des Formwechsels geschlossene Verträge der Gesellschaft erst mit der Zustimmung der Hauptversammlung und der Eintragung in das Handelsregister wirksam[157]. Diese Bedingungen betreffen aber nur Verträge mit Gründern oder mit mehr als 10% des 55

---

[145] § 34 Abs. 2 Satz 1 AktG.
[146] Siehe Rn 47.
[147] Siehe Rn 44.
[148] §§ 222, 225 c, 265, 278.
[149] §§ 246 Abs. 1, 296.
[150] § 201. Der Inhalt von Eintragung und Bekanntmachung richtet sich nach §§ 39, 40 AktG. Dabei wird § 40 Abs. 1 Nr. 4 AktG (Name und Wohnort der ersten Aufsichtsratsmitglieder) nicht durch § 197 Satz 2 verdrängt, da sich ersterer nicht auf die Bildung und Zusammensetzung des ersten Aufsichtsrats bezieht.
[151] § 41 Abs. 1 Satz 2 1. Halbs. AktG.
[152] Gründer, andere Personen neben den Gründern, Vorstandsmitglieder, Aufsichtsratsmitglieder sowie Gründungsprüfer.
[153] Siehe Rn 37.
[154] § 46 AktG.
[155] Siehe Rn 37.
[156] §§ 52, 53 AktG.
[157] §§ 220 Abs. 3 Satz 2, 225 c, 245 Abs. 1 Satz 2, Abs. 3 Satz 2, 264 Abs. 3 Satz 3, 277, 295, 303 Abs. 1 jeweils iVm. § 52 Abs. 1 AktG.

Grundkapitals an der Gesellschaft beteiligten Aktionären[158]. § 52 AktG kommt aber gemäß § 245 UmwG nF bei einem Formwechsel einer KGaA gar nicht und bei einem Formwechsel einer GmbH nur zur Anwendung, wenn die GmbH vor Wirksamwerden des Formwechsels nicht bereits länger als zwei Jahre in das Register eingetragen war.

5. SE

55a Trotz der weitestgehenden Gleichstellung der SE mit den nationalen Aktiengesellschaften, Art. 10 SE-VO, scheidet die SE sowohl als formwechselnder Rechtsträger als auch als neuer Rechtsträger eines Formwechsels gemäß den §§ 190 ff. UmwG aus; Art. 66 SE-VO ist insoweit abschließend. Insbesondere die hier interessierende Schaffung einer SE durch Formwechsel ist in Artt. 2 Abs. 4, 37 SE-VO abschließend geregelt. Die Frage nach den anzuwendenden Gründungsvorschriften stellt sich insoweit für die SE nicht.

6. KGaA

56 Für den Formwechsel in eine KGaA gilt, auch in Bezug auf das Entstehen einer Vor-KGaA vor dem Wirksamwerden des Formwechsels, das Gründungsrecht der KGaA[160], welches seinerseits auf das Gründungsrecht der AG verweist[161]. Damit ergeben sich zu den vorstehenden Ausführungen folgende Modifizierungen:

57 Das UmwG verlangt in allen Fällen des Formwechsels in eine KGaA die **Zustimmung** all jener Gesellschafter zum Umwandlungsbeschluss, die später die Stellung eines **persönlich haftenden Gesellschafters** innehaben sollen[162].

58 Die Stellung eines **Komplementärs** der KGaA ist dabei abweichend vom Postulat der personellen Identität nicht an die Beteiligung am formwechselnden Rechtsträger geknüpft. Der Komplementär kann auch erst **im Zuge des Formwechsels beitreten**[163]. Nach der hier vertretenen Auffassung zur Rechtsnatur des Formwechsels als modifizierter Neugründung steht auch dem Beitritt von Kommanditaktionären iRd. Formwechsels nichts entgegen.

59 **Gründer** der KGaA iRd. Formwechsels sind:
– bei einer formwechselnden **Personenhandels- oder Partnerschaftsgesellschaft** grundsätzlich sämtliche Gesellschafter des formwechselnden Rechtsträgers sowie iRd. Formwechsels beitretende Komplementäre[164], bei Mehrheitsentscheidungen nur die zustimmenden Gesellschafter sowie ebenfalls die iRd. Formwechsels beitretenden Komplementäre[165];
– bei einer formwechselnden **GmbH** die zustimmenden Gesellschafter sowie die iRd. Formwechsels beitretenden Komplementäre[166];
– bei einer formwechselnden **AG** nur die künftigen Komplementäre[167];
– bei einer formwechselnden **eG**, einem **rechtsfähigen Verein** oder einem **VVaG** sämtliche Mitglieder[168].

60 Nach hM ist abweichend von § 280 Abs. 1 Satz 1 AktG auch die Gründung einer **Einpersonen-KGaA** zulässig[169].

---

[158] § 52 Abs. 1 Satz 1 AktG.
[160] §§ 278 ff. AktG.
[161] § 278 Abs. 3 AktG.
[162] §§ 217 Abs. 3, 240 Abs. 2, 262 Abs. 2, 275 Abs. 3, 303 Abs. 2.
[163] §§ 221, 240 Abs. 2 Satz 2, 262 Abs. 2, 275 Abs. 3, 303 Abs. 2 Satz 2.
[164] §§ 219 Satz 1, 225 c.
[165] §§ 219 Satz 2, 225 c.
[166] § 245 Abs. 1 Satz 1.
[167] § 245 Abs. 2 Satz 1.
[168] § 197 Satz 1 iVm. §§ 278 Abs. 3, 28 AktG.
[169] Zu den Einzelheiten siehe Rn 68.

Der **Anmeldung** der KGaA sind neben den genannten[170] Unterlagen beim Formwechsel 61
einer Personenhandelsgesellschaft die Urkunden über den Beitritt aller beitretenden persönlich haftenden Gesellschafter in Ausfertigung oder beglaubigter Abschrift beizufügen[171].

7. Eingetragene Genossenschaft

Beim Formwechsel in eine eG ergeben sich durch die Anwendung des Gründungs- 62
rechts[172] folgende Besonderheiten[173]:

Die **Firma** der eG muss den Zusatz „eingetragene Genossenschaft" oder die Abkürzung 63
„eG" enthalten[174]. Die bisher geführte Firma kann unter Beifügung eines solchen Zusatzes beibehalten werden[175].

Die Satzung der Genossenschaft bedarf abweichend von § 5 GenG nicht nur der Schrift- 64
form, sondern wird als Bestandteil des Umwandlungsbeschlusses **notariell beurkundet**[176].
Eine **Unterzeichnung** der Satzung **durch sämtliche Mitglieder der Genossenschaft ist entbehrlich**[177], was den Formwechsel aus Rechtsträgern mit einer Vielzahl von Anteilsinhabern erleichtert.

Die **Bestellung von erstem Vorstand und Aufsichtsrat** erfolgt durch die künftigen 65
Mitglieder der (Vor-)eG. Es besteht keine Regelungslücke. Deshalb kann die Zuständigkeit für die erste Bestellung von Organen nicht der Anteilsinhaberversammlung des formwechselnden Rechtsträgers übertragen werden[178].

Der Formwechsel muss beim Genossenschaftsregister und bei dem Register des form- 66
wechselnden Rechtsträgers angemeldet werden[179]. Beim Formwechsel einer Personenhandelsgesellschaft bzw. einer PartG sind alle künftigen Mitglieder von Vorstand und Aufsichtsrat zuständig[180]. Beim Formwechsel von Kapitalgesellschaften oder rechtsfähigen Vereinen hat die Anmeldung dagegen ausschließlich durch deren jeweiliges Vertretungsorgan zu erfolgen[181]. Mit der Genossenschaft sind deren künftige **Vorstandsmitglieder anzumelden**[182].

8. SCE

Trotz dem in Art. 9 SCE-VO verankerten Grundsatz der Nichtdiskriminierung der SCE 66a
gegenüber nationalen Genossenschaften, scheidet die SCE sowohl als formwechselnder Rechtsträger als auch als neuer Rechtsträger eines Formwechsels gemäß den §§ 190 ff. UmwG aus; Art. 76 SCE-VO ist insoweit abschließend. Insbesondere die hier interessierende Schaffung einer SCE ist in Artt. 2 Abs. 1 Spiegelstrich 5, 35 SCE-VO abschließend geregelt. Die Frage nach den anzuwendenden Gründungsvorschriften stellt sich insoweit für die SCE nicht.

---

[170] § 199 Rn 3, 7.
[171] §§ 223, 225 c.
[172] §§ 1 bis 16 GenG. Zur Europäischen Genossenschaft (SCE) siehe Einl. C Rn 64 ff.
[173] Zur Mindestzahl von drei Genossen Rn 68.
[174] § 3 GenG.
[175] § 200.
[176] §§ 253 Abs. 1 Satz 1, 285 Abs. 1 iVm. § 193 Abs. 3.
[177] § 253 Abs. 1 Satz 2.
[178] AA, allerdings ohne auf die Entstehung der Vor-eG durch den Umwandlungsbeschluss einzugehen, *Happ* in Lutter § 253 Rn 24; *Schwarz* in Widmann/Mayer § 253 Rn 5.
[179] § 198 Abs. 2 Satz 2 und 3.
[180] § 222 Abs. 1 Satz 1, 225 c.
[181] §§ 254 Abs. 1, 286.
[182] §§ 222 Abs. 1 Satz 2, 225 c, 254 Abs. 2, 286.

III. Nicht anwendbare Gründungsvorschriften (Sätze 2 und 3)

67 § 197 Satz 2 konkretisiert den Vorrang des Umwandlungsrechts gegenüber dem Gründungsrecht. Die Vorschriften über eine Mindestzahl von Gründern und die Bildung und Zusammensetzung des ersten Aufsichtsrats sind nicht anwendbar.

1. Mindestzahl von Gründern

68 Soweit das Gründungsrecht eine Mindestzahl von Gründern vorschreibt, gilt diese für den Formwechsel nicht. Nachdem die Einpersonen-AG zugelassen wurde, betrifft dies vor allem die KGaA. Für deren Gründung sind grundsätzlich fünf Personen erforderlich[183]. Auch die eG ist erfasst, da sich zu deren Gründung mindestens drei Personen zusammenfinden müssen[184]. Obwohl § 197 Satz 2 von den Mindestgründerzahlen befreit, sind die Einpersonenhandels- oder -partnerschaftsgesellschaften weiterhin nicht zulässig. Personengesellschaften müssen *per definitionem* aus mindestens zwei Beteiligten bestehen. Daran ändert auch § 197 Satz 2 nichts[185]. In solch einem Fall ist der Kreis der Anteilsinhaber des formwechselnden Rechtsträgers vor dem Formwechsel oder – nach der hier vertretenen Auffassung[186] – auch mit dem Formwechsel selbst zu erweitern. Das durch Satz 2 gewährte Privileg bezieht sich zudem nur auf die Phase des Formwechsels. Dieser soll erleichtert werden, da formwechselnde Rechtsträger oft die vorgeschriebene Mindestgründerzahl nicht erreichen[187]. Keineswegs verzichtet die Vorschrift auf die Einhaltung der Vorschriften über die Mindestzahl von Anteilsinhabern. Praktische Auswirkungen hat dies allerdings nur für die **eG**, da nach der überwiegenden Meinung bei der KGaA ohnehin nach Gründung die Einpersonen-KGaA anerkannt wird[188]. Dies bedeutet für die eG, dass es während des Formwechsels ausreichend ist, wenn an ihr mindestens ein Mitglied beteiligt ist. Soweit der formwechselnde Rechtsträger eine Personenhandels- oder PartG ist, hat die künftige eG sechs Monate[189] Zeit, um die Mindestmitgliedszahl von drei[190] zu erreichen[191]. Bei Kapitalgesellschaften oder rechtsfähigen Vereinen als formwechselnden Rechtsträgern beträgt die Frist ein Jahr[192].

2. Bildung und Zusammensetzung des ersten Aufsichtsrats

69 Die Vorschriften über die Bildung und Zusammensetzung des ersten Aufsichtsrats sind auf den Formwechsel nicht anwendbar. Dies betrifft Rechtsträger neuer Rechtsform, bei denen nach dem Formwechsel ein mitbestimmter Aufsichtsrat neu oder anders als beim formwechselnden Rechtsträger zu bilden ist[193]. Dieser Aufsichtsrat soll nach dem Willen des Gesetzgebers kein „erster" Aufsichtsrat iSv. § 30 AktG sein; diese Vorschrift ist daher unanwendbar. Damit wollte der Gesetzgeber die Vertretung der Arbeitnehmer im Aufsichtsrat zum Zeitpunkt sicherstellen, an dem der Formwechsel wirksam wird[194]. Vor Inkrafttreten des Zweiten Gesetzes zur Änderung des Umwandlungsgesetzes war umstritten, ob der Ausschluss des Sat-

---

[183] § 280 Abs. 1 Satz 1 AktG.
[184] § 4 GenG.
[185] Ebenso *Meister/Klöcker* in Kallmeyer Rn 55; *Rieger/Vollrath* in Widmann/Mayer Rn 237.
[186] Siehe § 36 Rn 70.
[187] RegBegr. *Ganske* S. 221.
[188] Vgl. *J. Semler/Perlitt* in MünchKomm. § 280 AktG Rn 30 mwN; aA *v. Godin/Wilhelmi* § 280 AktG Anm. 2.
[189] § 80 Abs. 1 GenG.
[190] § 4 GenG.
[191] *Arg. ex contrario* §§ 255 Abs. 2, 288 Abs. 2.
[192] § 255 Abs. 2; § 288 Abs. 2.
[193] *Arg. ex contrario* § 203 Satz 1.
[194] RegBegr. *Ganske* S. 221.

zes 2 2. Halbs. auch § 31 AktG betrifft. Der Gesetzgeber hat diese Frage nunmehr in einem klarstellenden Satz 3 verneint. Auch § 113 Abs. 2 AktG über die Vergütung der Aufsichtsratsmitglieder bleibt anwendbar[195]. Sie betrifft nicht die Bildung und Zusammensetzung des Aufsichtsrats, sondern dessen Bezahlung.

Ändert sich mit dem Formwechsel das Rechtsregime, nach dem der neue Aufsichtsrat **70** zu bilden ist, muss das **Statusverfahren**[196] durchgeführt werden[197]. Anderenfalls läge ein Verstoß gegen § 96 Abs. 2 AktG vor. Kommen die danach zuständigen Entscheidungsträger (Vorstand und/oder Gericht) zu dem Ergebnis, dass es sich beim Aufsichtsrat des Rechtsträgers neuer Rechtsform um einen nicht mitbestimmten Aufsichtsrat handelt, wird dieser durch die Anteilsinhaber des formwechselnden Rechtsträgers gewählt. Unterfällt der Aufsichtsrat dem Mitbestimmungsrecht, sind Aufsichtsratmitglieder auch von den Arbeitnehmern zu wählen. Die Wahl der Arbeitnehmervertreter kann zu einer erheblichen **Verzögerung** führen. Ohne den Aufsichtsrat – zumindest bei Gründung einer AG und KGaA – kann für eine längere Zeit kein Vorstand bestellt werden. Dieser muss gemeinsam mit dem Aufsichtsrat den Formwechsel anmelden[198]. So behindert die verzögerte Aufsichtsratsbestellung das Wirksamwerden des Formwechsels. Dem kann dadurch begegnet werden, dass das Statusverfahren rechtzeitig – bestenfalls einige Monate – vor der Beschlussfassung über den Formwechsel eingeleitet und ggf. vor Anmeldung des Formwechsels die Bestellung eines **Notaufsichtsrats**[199] durch das Gericht erwirkt wird. Dieser bestellt dann den zur Durchführung des Formwechsels erforderlichen Vorstand[200].

Beim **Formwechsel in eine GmbH** entsteht dieses Problem nicht. Die mitbestimmungs- **71** rechtlichen Vorschriften greifen erst ab der Entstehung der GmbH, nicht aber im Gründungsstadium ein. An der Anmeldung der neuen GmbH muss also der Aufsichtsrat noch nicht mitwirken[201].

§ 198 Anmeldung des Formwechsels

(1) **Die neue Rechtsform des Rechtsträgers ist zur Eintragung in das Register, in dem der formwechselnde Rechtsträger eingetragen ist, anzumelden.**

(2) **Ist der formwechselnde Rechtsträger nicht in einem Register eingetragen, so ist der Rechtsträger neuer Rechtsform bei dem zuständigen Gericht zur Eintragung in das für die neue Rechtsform maßgebende Register anzumelden. Das gleiche gilt, wenn sich durch den Formwechsel die Art des für den Rechtsträger maßgebenden Registers ändert oder durch eine mit dem Formwechsel verbundene Sitzverlegung die Zuständigkeit eines anderen Registergerichts begründet wird. Im Falle des Satzes 2 ist die Umwandlung auch zur Eintragung in das Register anzumelden, in dem der formwechselnde Rechtsträger eingetragen ist. Diese Eintragung ist mit dem Vermerk zu versehen, daß die Umwandlung erst mit der Eintragung des Rechtsträgers neuer Rechtsform in das für diese maßgebende Register wirksam wird, sofern die Eintragungen in den Registern aller beteiligten Rechtsträger nicht am selben Tag erfolgen. Der Rechtsträger neuer Rechtsform darf erst eingetragen werden, nachdem die Umwandlung nach den Sätzen 3 und 4 eingetragen worden ist.**

(3) **§ 16 Abs. 2 und 3 ist entsprechend anzuwenden.**

---

[195] *Rieger* in Widmann/Mayer Rn 166 ff.; aA *Meister/Klöcker* in Kallmeyer Rn 61; *Decher* in Lutter Rn 48; dies soll nach Ansicht des Gesetzgebers *de lege lata* auch für § 31 AktG gelten, was in einem neuen Satz 3 durch das Zweite Gesetz zur Änderung des Umwandlungsgesetzes klargestellt werden soll.
[196] §§ 97 ff. AktG.
[197] Siehe § 203 Rn 10 mwN.
[198] §§ 222 Abs. 1 Satz 1, 225 c, 265 Abs. 1 Satz 1, 278 Abs. 1.
[199] § 104 Abs. 2 AktG.
[200] *Meister/Klöcker* in Kallmeyer Rn 69 f.; *Mayer* in Widmann/Mayer Rn 13 ff.; *Laumann* in Goutier/Knopf/Tulloch Rn 13; abweichend *Joost*, FS Claussen, S. 187, 193.
[201] So auch *Vossius* in Widmann/Mayer § 222 Rn 17 f.; siehe auch *BayObLG* GmbHR 2000, 982.

Übersicht

	Rn		Rn
I. Allgemeines	1	3. Personenhandelsgesellschaft	9
II. Anmeldung beim Register des formwechselnden Rechtsträgers (Abs. 1)	2	4. Sonstige	10
		5. Form	11
III. Anmeldung beim Register des Rechtsträgers neuer Rechtsform (Abs. 2 Satz 1)	3	VII. Anmeldepflichtige	12
		VIII. Registerverfahren	13
		1. Prüfung des Formwechsels	13
IV. Anmeldungen bei Eintragung des Rechtsträgers neuer Rechtsform in ein Register anderer Art (Abs. 2 Satz 2, 1. Fall)	4	2. Prüfung der Neugründung	16
		3. Negativerklärung (§ 16 Abs. 2 und Abs. 3)	17
		4. Entscheidung des Registergerichts	19
V. Anmeldungen bei Sitzverlegung (Abs. 2 Satz 2, 2. Fall)	5	5. Inhalt der Eintragung	22
		6. Reihenfolge der Eintragungen	23
VI. Inhalt und Form der Anmeldung	6	7. Rechtsmittel	25
1. AG, KGaA	7	8. Kosten	26
2. GmbH	8	a) Gerichtskosten	26
		b) Notargebühren	30

Literatur: *Berninger,* Handelsregistereintragung des Formwechsels einer AG in die Rechtsform der GmbH bzw. umgekehrt, GmbHR 2004, 659; *Priester,* Das neue Umwandlungsrecht aus notarieller Sicht, DNotZ 1995, 427; *K. Schmidt,* Volleinzahlungsgebot beim Formwechsel in die AG oder GmbH?, ZIP 1995, 1385; siehe auch Literaturverzeichnis zu § 16.

I. Allgemeines

1   Wie alle Umwandlungen[1] wird der Formwechsel mit seiner – konstitutiven – **Registereintragung** wirksam[2], die **nicht von Amts** wegen, sondern aufgrund einer Anmeldung vorgenommen wird. Beim Formwechsel ist Gegenstand der Anmeldung die neue Rechtsform des Rechtsträgers oder der Rechtsträger neuer Rechtsform[3]. Die Vorschrift regelt die Registerzuständigkeit für die Anmeldung des Formwechsels bei dem voreingetragenen Rechtsträger[4], dem nicht voreingetragenen Rechtsträger[5] und dem Rechtsträger, der die Art oder den Sitz des Registers wechselt[6]. Abs. 3 verweist auf die Regelungen zur Negativerklärung und zum Unbedenklichkeitsverfahren[7], weil die Interessenlage der Beteiligten beim Formwechsel mit der bei der Verschmelzung vergleichbar ist[8].

II. Anmeldung beim Register des formwechselnden Rechtsträgers (Abs. 1)

2   Abs. 1 regelt den Fall, dass der formwechselnde Rechtsträger bereits im Handelsregister eingetragen ist und der Rechtsträger in seiner neuen Rechtsform ebenfalls dort einzutragen ist. Dann ist die **neue Rechtsform** des Rechtsträgers zur Eintragung allein in dieses Register anzumelden, und zwar zu der bisherigen Abteilung des Handelsregisters (A oder B).

---

[1] Vgl. §§ 20, 131.
[2] § 202.
[3] Näher Rn 6.
[4] § 198 Abs. 1.
[5] § 198 Abs. 2 Satz 1.
[6] § 198 Abs. 2 Satz 2.
[7] § 16 Abs. 2 und 3; siehe hierzu umfassend § 16 Rn 13 ff.
[8] RegBegr. *Ganske* S. 223.

Dabei wird das Registerblatt des formwechselnden Rechtsträgers geschlossen und ein neues Registerblatt mit einer neuen HR-Nummer angelegt. Das geschieht selbst dann, wenn sich die Art des Registers nicht ändert, sondern etwa nur die Abteilung[9]. Praktisch bedeutsam ist Abs. 1 vor allem für den Formwechsel von einer Personengesellschaft in eine Kapitalgesellschaft[10] und umgekehrt[11], von einer Kapitalgesellschaft in eine Kapitalgesellschaft anderer Rechtsform[12] und von einem VVaG in eine AG[13].

III. Anmeldung beim Register des Rechtsträgers neuer Rechtsform (Abs. 2 Satz 1)

Abs. 2 Satz 1 erfasst den Fall, dass der formwechselnde Rechtsträger bislang noch nicht in einem Register eingetragen ist. Hierunter fallen etwa Formwechsel (nicht eingetragener) wirtschaftlicher Vereine und einer Körperschaft/Anstalt des öffentlichen Rechts[14]. Dann ist der **Rechtsträger neuer Rechtsform** beim zuständigen Registergericht des (Satzungs-) Sitzes des Rechtsträgers neuer Rechtsform zur Eintragung anzumelden.

IV. Anmeldungen bei Eintragung des Rechtsträgers neuer Rechtsform in ein Register anderer Art (Abs. 2 Satz 2, 1. Fall)

Zwei Anmeldungen sind erforderlich, wenn sich die „Art"[15] des für den Rechtsträger maßgebenden Registers durch den Formwechsel ändert, also etwa beim Wechsel einer Personen- oder Kapitalgesellschaft in eine Genossenschaft und umgekehrt sowie beim Wechsel eines rechtsfähigen Vereins in eine Kapitalgesellschaft oder eine eG[16]. Dann ist **sowohl** bei dem für den formwechselnden Rechtsträger zuständigen Registergericht **als auch** bei dem Registergericht, das für den Rechtsträger neuer Rechtsform zuständig ist, anzumelden. Eine **andere Abteilung** ist **keine andere „Art"** des Registers.

V. Anmeldungen bei Sitzverlegung (Abs. 2 Satz 2, 2. Fall)

Ebenfalls zwei Anmeldungen sind erforderlich, wenn beim Formwechsel die Änderung des Sitzes des Rechtsträgers eine Änderung der Registerzuständigkeit zur Folge hat. Eigenständige Bedeutung hat dieser Fall nur, wenn sich nicht schon die Art des zuständigen Registers ändert[17].

---

[9] *Zimmermann* in Kallmeyer Rn 3; *Priester* DNotZ 1995, 427, 453.
[10] §§ 214 ff.
[11] §§ 228 ff.
[12] §§ 238 ff.
[13] §§ 291 ff.
[14] §§ 301 ff.; *Zimmermann* in Kallmeyer Rn 4; *Vossius* in Widmann/Mayer Rn 13. Für Körperschaften oder Anstalten des öffentlichen Rechts gilt dies freilich nur, wenn diese noch nicht im Handelsregister (Abteilung A) eingetragen sind (vgl. zur Rechtslage nach Abschaffung des § 36 HGB durch das HRefG, BGBl. I 1998 S. 1474; *Hopt* in Baumbach/Hopt § 33 HGB Rn 2). Sind sie hingegen eingetragen, ist nach § 198 Abs. 1 oder bei Sitzverlegung nach § 198 Abs. 2 2. Fall anzumelden.
[15] Unterschiedliche Registerarten sind zB das Handelsregister, Partnerschaftsregister, Vereinsregister oder das Genossenschaftsregister. Vgl. hierzu *Stratz* in Schmitt/Hörtnagl/Stratz Rn 5 f.
[16] Zur Eintragungsreihenfolge siehe Rn 23.
[17] Wie das bei den in Abs. 2 Satz 1 (siehe Rn 3) und Abs. 2 Satz 2, 1. Fall (siehe Rn 4) geschieht: Die Sitzverlegung ist bereits von den dort getroffenen Regelungen erfasst.

VI. Inhalt und Form der Anmeldung

6 Der Inhalt der Anmeldung richtet sich nach der Eintragungszuständigkeit des Registergerichts. Ist nach § 198 Abs. 1 nur das Registergericht des formwechselnden Rechtsträgers zuständig, ist **die neue Rechtsform** anzumelden. Ist nach § 198 Abs. 2 Satz 1 oder 2 das Registergericht des Rechtsträgers neuer Rechtsform zuständig, ist dort **der Rechtsträger in seiner neuen Rechtsform** anzumelden. In den Fällen des § 198 Abs. 2 Satz 2 (Änderung der Registerart, Sitzverlegung) ist **die Umwandlung** zusätzlich beim Registergericht des formwechselnden Rechtsträgers anzumelden[18]. Beim Formwechsel einer Kapitalgesellschaft in eine GbR ist statt der neuen Rechtsform ebenfalls **die Umwandlung** der Gesellschaft anzumelden[19]. Den **weiteren Inhalt der Anmeldung** bestimmt das Gründungsrecht des neuen Rechtsträgers[20]:

1. AG[21], KGaA

7 Anzumelden sind die **Satzung**, die **Vorstandsmitglieder**[22] und deren Vertretungsbefugnis, abstrakt und konkret[23]. Sie haben zu versichern, dass ihrer Bestellung keine Hindernisse entgegenstehen[24]. Nicht erforderlich ist die bei der Gründung der AG oder KGaA abzugebende Erklärung, dass die Leistungen auf die Einlage eingezahlt sind und zur freien Verfügung des Vorstands stehen[25], da mangels Vermögensübertragung keine Einlage zu leisten ist. Für die Umwandlung unter Kapitalgesellschaften ist dies ausdrücklich geregelt[26]. Nichts anderes kann für die Umwandlung von anderen Rechtsträgern, insbesondere Personengesellschaften, in eine Kapitalgesellschaft gelten.

2. GmbH

8 Anzumelden sind der **Gesellschaftsvertrag** und die **Geschäftsführer**. Auch bei der GmbH ist eine Erklärung über die freie Verfügbarkeit der geleisteten Einlage[27] unnötig[28]. Die Geschäftsführer haben allerdings bei der Anmeldung zu versichern, dass ihrer Bestellung keine Hindernisse entgegenstehen[29]. Sie müssen ihre Vertretungsbefugnis abstrakt und konkret angeben[30].

3. Personenhandelsgesellschaft

9 Die Anmeldung der OHG und der KG muss zusätzlich den Namen, Vornamen, Geburtsdatum und Wohnort **jedes Gesellschafters** sowie die Firma, Sitz der Gesellschaft und An-

---

[18] § 198 Abs. 2 Satz 3.
[19] Die Anmeldung des Formwechsels einer Kapitalgesellschaft in die GbR ist nicht in § 198 geregelt, sondern in § 235. Siehe dort.
[20] Wegen der Bezeichnung unbekannter Anteilsinhaber siehe § 35 Rn 8.
[21] Zur Europäischen Gesellschaft (SE) siehe Einl. C Rn 49 ff.
[22] § 246 Abs. 2. Für die persönlich haftenden Gesellschafter in der KGaA gilt Entsprechendes.
[23] § 37 Abs. 3 AktG.
[24] § 37 Abs. 2 AktG.
[25] § 37 Abs. 1 AktG; *Priester* DNotZ 1995, 427, 452; *Zimmermann* in Kallmeyer Rn 14, 13; aA K. Schmidt ZIP 1995, 1385, 1391; *Decher* in Lutter Rn 15 f. mwN „aus Gründen äußerster rechtlicher Vorsorge empfehlenswert, aber an sich vom Gedanken der Identität nicht gefordert"; hierzu § 246 Rn 16.
[26] § 246 Abs. 3; siehe hierzu § 246 Rn 15 ff.
[27] § 8 Abs. 2 Satz 1 GmbHG.
[28] Siehe Rn 7.
[29] § 8 Abs. 3 Satz 1 GmbHG.
[30] § 8 Abs. 4 GmbHG.

gaben zur Vertretungsmacht der Gesellschafter enthalten[31]. Bei der KG muss ferner der Betrag der **Einlage jedes Kommanditisten**[32] angegeben werden. Aus Gründen der Zweckmäßigkeit können ferner der Geschäftszweig und die Geschäftsräume angegeben werden[33]. Angaben über den Beginn der Gesellschaft sind nicht nötig[34]. Bestehen Zweifel über die Eintragungsfähigkeit der OHG als solche, weil nicht klar ist, ob tatsächlich ein Handelsgewerbe betrieben wird, kann sich die vorsorgliche ggf. bedingte Anmeldung als GbR empfehlen[35].

4. Sonstige

– Beim Formwechsel in eine **PartG** sind Name, Sitz und Gegenstand der PartG sowie die Partner unter Angabe von Namen, Vornamen, Zugehörigkeit zu dem in der PartG ausgeübten Beruf, das Geburtsdatum, der Wohnort und die Vertretungsmacht jedes Partners anzumelden[36].   **10**
– Beim Formwechsel in eine **EWIV** haben deren sämtliche Geschäftsführer die Gesellschafter unter Angabe von Namen, Vornamen, Geburtsdatum und Wohnsitz, ggf. Rechtsform des Gesellschafters, Sitz, Ort und Nummer der Registereintragung anzumelden[37].
– Beim Formwechsel in eine **eG** sind anzumelden die Satzung[38], die Vorstandsmitglieder und ihre Vertretungsbefugnis[39].

5. Form

Die Anmeldungen zur Eintragung in das Handelsregister sind elektronisch in öffentlich beglaubigter Form einzureichen; das Gleiche gilt für eine Vollmacht zur Anmeldung[40].   **11**

VII. Anmeldepflichtige

Wer die **Anmeldung vorzunehmen** hat, richtet sich nach den **besonderen Vorschriften** des Formwechsels für die einzelnen Rechtsträger[41]. Wo das Vertretungsorgan des formwechselnden Rechtsträgers anzumelden hat, genügt Anmeldung in vertretungsberechtigter Zahl oder in unechter Gesamtvertretung[42]. Bevollmächtigung ist außer bei höchstpersönlichen Erklärungen zulässig.   **12**

---

[31] § 106 Abs. 2 HGB.
[32] §§ 162 Abs. 1, 106 Abs. 2 Nr. 1 HGB.
[33] § 24 HRV.
[34] § 106 Abs. 2 Nr. 3 HGB ist aufgehoben durch das 1. Justizmodernisierungsgesetz vom 24.8.2004, BGBl. I S. 2198.
[35] Siehe § 235 Rn 10.
[36] §§ 3 Abs. 2, 4 Abs. 1 und 2 PartGG. Auch ist die Zugehörigkeit jedes Partners zu dem Freien Beruf, den er in der PartG ausübt, anzumelden, § 4 Abs. 2 Satz 1 PartGG.
[37] § 2 Gesetz zur Ausführung der EWG-Verordnung über die Europäische wirtschaftliche Interessenvereinigung (EWIV-Ausführungsgesetz), BGBl. I 1988 S. 514. Vgl. zur EWIV § 191 Rn 11.
[38] §§ 265 Satz 1, 222 Abs. 1 Satz 1.
[39] § 222 Abs. 1 Satz 2; § 11 Abs. 3 GenG. Siehe zur Europäischen Genossenschaft (SCE) Einl. C Rn 64 ff.
[40] § 12 Abs. 1 HGB. Seit Inkrafttreten des Gesetzes über elektronische Handelsregister und Genossenschaftsregister sowie das Unternehmensregister, BGBl. I S. 2553, am 1.1.2007 sind Dokumente elektronisch einzureichen.
[41] Für die Personengesellschaft siehe § 222 Rn 8 ff., 21 ff., 25, die Kapitalgesellschaft §§ 235 Rn 6 ff., 246 Rn 1 ff., 254 Rn 2 ff., die Genossenschaft § 265 Rn 4 f., den Verein § 278 Rn 3, für den VVaG § 296 Rn 1 ff. und für die PartG § 225 c Rn 1.
[42] *Zimmermann* in Kallmeyer Rn 8 mwN. Anderenfalls bringt das Gesetz es zum Ausdruck, vgl. § 222 Abs. 1 „alle Mitglieder des künftigen Vertretungsorgans".

VIII. Registerverfahren

1. Prüfung des Formwechsels

13 Die Prüfung des Formwechsels hat wegen der Irreversibilität der Eintragung[43] besondere Bedeutung. Das Registergericht hat zu prüfen, ob die Voraussetzungen für die Eintragung des Formwechsels in formeller und materieller Hinsicht vorliegen.

14 Die **formelle** Prüfung betrifft alle Eintragungsvoraussetzungen, wie
– die örtliche und sachliche Zuständigkeit des Registergerichts;
– die Anmeldeberechtigung[44];
– die Einhaltung der Form der Anmeldung[45];
– die Vollständigkeit der Anlagen[46].

15 **Materiell** prüft das Registergericht die – auch formelle – Ordnungsmäßigkeit des Formwechsels, insbesondere die Wirksamkeit des Umwandlungsbeschlusses.

2. Prüfung der Neugründung

16 Das zuständige Registergericht[47] prüft die Ordnungsmäßigkeit der Errichtung des neuen Rechtsträgers nach den jeweiligen Gründungsvorschriften. Dazu gehört bei der Kapitalgesellschaft als neuem Rechtsträger insbesondere die **Deckung des Nennbetrags des Stamm-/Grundkapitals** durch das nach Abzug der Schulden verbleibende Vermögen des formwechselnden Rechtsträgers[48]. Dies ist durch Vorlage der Bilanz des formwechselnden Rechtsträgers nachzuweisen. Bestehen Zweifel an der Werthaltigkeit der Sacheinlage, etwa weil die Nettobuchwerte nicht den Nennbetrag des Kapitals erreichen[49], hat das Gericht von Amts wegen weitere Nachforschungen, etwa durch Anfordern eines Sachverständigengutachtens, anzustellen[50]. Stellt das Gericht eine Wertdifferenz fest, ist sie durch Barzahlung auszugleichen und die Zahlung dem Registergericht zu versichern[51], anderenfalls die Eintragung abzulehnen.

3. Negativerklärung (§ 16 Abs. 2 und Abs. 3)

17 Die Vertretungsorgane des formwechselnden Rechtsträgers haben bei der Anmeldung der Eintragung der neuen Rechtsform bzw. des Rechtsträgers neuer Rechtsform zu erklären, dass eine Klage gegen die Wirksamkeit des Umwandlungsbeschlusses nicht oder nicht fristgemäß erhoben oder eine solche Klage rechtskräftig abgewiesen worden ist[52]. „Vertretungsorgan" sind die jeweils anmeldepflichtigen Personen[53]. Die Negativerklärung muss sich auf

---

[43] § 202 Rn 34.
[44] Für Personengesellschaften: § 222; für Kapitalgesellschaften: §§ 235, 246, 254; für Genossenschaften: §§ 265, 222 Abs. 1 und 3; für Vereine: §§ 278, 222 Abs. 1 und 3.
[45] Öffentliche Beglaubigung, § 12 Abs. 1 HGB, § 129 BGB.
[46] § 199.
[47] Vgl. Rn 3 bis 5.
[48] §§ 220 Abs. 1 bzw. 245 ff.; *Zimmermann* in Kallmeyer Rn 19; *Decher* in Lutter § 198 Rn 25; *Priester* DNotZ 1995, 427, 452.
[49] *Zimmermann* in Kallmeyer Rn 19.
[50] § 12 FGG. *Decher* in Lutter § 198 Rn 25; *K. Schmidt* ZIP 1995, 1385, 1390 f.; zur Werthaltigkeit der Sacheinlage nach § 9 GmbHG vgl. *OLG Düsseldorf* BB 1995, 1372.
[51] §§ 8 Abs. 2 GmbHG, 27 Abs. 1 Satz 1 AktG, bei AG, KGaA ist die Zahlung durch Bankbestätigung nachzuweisen, § 37 Abs. 1 Satz 3 AktG.
[52] § 16 Abs. 2 und 3 sind über die Verweisung des Abs. 3 auch bei der Umwandlung durch Formwechsel anwendbar, vgl. ausführlich *Decher* in Lutter Rn 31 ff.; siehe § 16 Rn 13 ff.
[53] *Vossius* in Widmann/Mayer Rn 33 f.; *Decher* in Lutter Rn 19; *Zimmermann* in Kallmeyer Rn 28.

alle Klagen beziehen, die sich gegen den Beschluss richten und innerhalb der Monatsfrist erhoben worden sind[54], und kann wirksam erst nach Ablauf der Frist für die Erhebung einer Klage abgegeben werden.

Wird keine Negativerklärung abgegeben, darf die neue Rechtsform bzw. der Rechtsträger neuer Rechtsform nicht eingetragen werden, es sei denn, es liegt eine Verzichtserklärung der klageberechtigten Anteilseigner vor oder das für die Klage zuständige Registergericht hat rechtskräftig festgestellt, dass die Erhebung der Klage der Eintragung nicht entgegensteht[55]. **18**

4. Entscheidung des Registergerichts

Ist formwechselnder Rechtsträger bzw. Rechtsträger neuer Rechtsform eine Kapitalgesellschaft oder ein VVaG, entscheidet der **Registerrichter**[56]. In allen anderen Fällen entscheidet der Rechtspfleger[57]. **19**

Liegen alle Eintragungsvoraussetzungen vor, stellt das Gericht **spätestens einen Monat** nach Eingang der Anmeldung[58] durch **Eintragungsverfügung** den Wortlaut der Eintragung fest. Gleichzeitig werden der Wortlaut der Veröffentlichung[59] sowie die Benachrichtigung der Beteiligten[60] verfügt. Die Verfügung hat einen Vermerk über den Tag der Eintragung und die Stelle des Handelsregisters zu enthalten[61]. **20**

Auf der Grundlage der Eintragungsverfügung wird die **Eintragung in das Register**[62] vorgenommen. Ist der bisherige Rechtsträger in einem anderen Register oder in einer anderen Registerabteilung eingetragen, wird er dort gelöscht. **21**

5. Inhalt der Eintragung

Einzutragen ist im Handelsregister des formwechselnden Rechtsträgers die neue Rechtsform. Ist diese in einem anderen Register einzutragen als der formwechselnde Rechtsträger, sind zwei Eintragungen erforderlich; der Formwechsel im alten, die neue Rechtsform im neuen Register. **22**

6. Reihenfolge der Eintragungen

Sind zwei Eintragungen notwendig[63], ist der Formwechsel **zunächst beim bisherigen Registergericht** einzutragen[64] und mit dem Vermerk zu versehen, dass die Umwandlung erst mit der Eintragung des Rechtsträgers neuer Rechtsform in das für diesen zuständige Register wirksam wird, sofern die Eintragungen in den Registern aller beteiligten Rechtsträger nicht am selben Tag erfolgen[65]. Erst danach ist mit konstitutiver Wirkung der Rechtsträger neuer Rechtsform in das für ihn zuständige Register einzutragen[66]. Bleibt die Zuständigkeit **23**

---

[54] Vgl. § 16 Rn 15. Vgl. *BGH* NZG 2006, 956.
[55] §§ 198 Abs. 3, 16 Abs. 3 Satz 1. Zu dem Verfahren zur Überwindung der Registersperre vgl. im Einzelnen § 16 Rn 21 ff.
[56] § 17 Nr. 1 lit. c RPflG.
[57] § 3 Nr. 2 lit. d RPflG.
[58] § 25 Abs. 1 Satz 2 HRV. Liegen behebbare Eintragungshindernisse vor, hat das Gericht innerhalb derselben Frist eine Zwischenverfügung zu erlassen, § 25 Abs. 1 Satz 3 HRV.
[59] §§ 10, 11 HGB.
[60] §§ 27 Satz 2, 36, 37 HRV.
[61] § 15 Satz 2 HRV.
[62] Vgl. das Beispiel bei *Vossius* in Widmann/Mayer § 201 Rn 23.
[63] Änderung der Art des Registers oder des Sitzes, Abs. 2 Satz 2 1. und 2. Fall; dazu Rn 3 ff.
[64] § 198 Abs. 2 Satz 3.
[65] § 198 Abs. 2 Satz 4. Die mögliche Entbehrlichkeit des Vorläufigkeitsvermerks wurde durch das Zweite Gesetz zur Änderung des Umwandlungsgesetzes vom 19.4.2007 neu eingeführt.
[66] § 198 Abs. 2 Satz 5.

des Registergerichts bestehen[67], schreibt das Gesetz keine Reihenfolge der Eintragungen vor. Es entspricht aber der Praxis der Registergerichte, das neue Registerblatt mit einer neuen HR-Nummer erst anzulegen, nachdem der Formwechsel im Registerblatt des formwechselnden Rechtsträgers eingetragen ist.

24 Die **Verletzung** der vorgeschriebenen Eintragungsreihenfolge hat **keine Auswirkungen** auf die Wirksamkeit der Umwandlung[68]. Die Eintragung in das bisherige Register ist aber nachzuholen[69]. Bei der Anmeldung des Rechtsträgers neuer Rechtsform ist die Voreintragung der Umwandlung durch beglaubigten Handelsregisterauszug nachzuweisen. Eine Benachrichtigung des Gerichts von Amts wegen ist anders als bei der Verschmelzung[70] und der Spaltung zur Neugründung[71] nicht vorgeschrieben.

7. Rechtsmittel

25 Gegen jede Zwischenverfügung und gegen die Ablehnung ist die einfache **Beschwerde** zum LG[72], gegen dessen Entscheidung die weitere Beschwerde zum OLG statthaft[73]. Gegen die Eintragung gibt es kein Rechtsmittel. Eine nicht statthafte Beschwerde kann aber in eine Anregung auf Amtslöschung umgedeutet werden[74].

8. Kosten

26 **a) Gerichtskosten.** Die Gerichtskosten in Handels-, Partnerschafts- und Genossenschaftsregistersachen ergeben sich aus der Handelsregistergebührenverordnung (HRegGebV)[75].

27 Ist ein eingetragener Verein formwechselnder Rechtsträger oder Rechtsträger neuer Rechtsform, bestimmt sich der Geschäftswert nach § 29 iVm. § 30 Abs. 2 KostO. Bei der Eintragung in das Vereinsregister ist danach zu unterscheiden, ob sich die Eintragung auf den formwechselnden oder den Rechtsträger neuer Rechtsform bezieht. Im ersten Fall wird eine volle Gebühr, im letzten Fall das Doppelte der vollen Gebühr fällig[76].

28 Gehört zum Vermögen des formwechselnden Rechtsträgers Grundbesitz, ist das Grundbuch zu berichtigen. Dafür fällt nur ein Viertel der vollen Gebühr an[77]. Der Wert berechnet sich nach §§ 67 Abs. 3, 30 KostO[78].

29 Die durch Bekanntmachung des Formwechsels[79] anfallenden Veröffentlichungskosten sind als Auslagen des Gerichts[80] zu erstatten.

30 **b) Notargebühren.** Die **Notargebühren** entsprechen denen bei der Anmeldung einer Verschmelzung[81]. Beim Geschäftswert ist zu unterscheiden, ob der formwechselnde Rechtsträger bisher in einem Register eingetragen war bzw. ob sich der Sitz oder die Art des für den formwechselnden Rechtsträger maßgebenden Registers ändert. War der formwechselnde Rechtsträger bisher in einem Register eingetragen und ändert sich der Sitz oder die Art des

---

[67] § 198 Abs. 1.
[68] § 202 Abs. 3; zur Heilung von Umwandlungsmängeln ausf. § 202 Rn 34 ff.
[69] *Zimmermann* in Kallmeyer Rn 22; *Stratz* in Schmitt/Hörtnagl/Stratz Rn 10.
[70] § 19 Abs. 2; siehe hierzu § 19 Rn 17.
[71] § 137 Abs. 3 Satz 1; siehe hierzu § 137 Rn 19.
[72] § 19 FGG.
[73] § 27 FGG.
[74] §§ 142, 143 FGG. Vgl. § 19 Rn 11.
[75] Siehe § 19 Rn 13.
[76] § 80 Abs. 1 Nr. 2 oder Nr. 1 KostO.
[77] § 67 KostO; *Lappe* in Korintenberg/Lappe/Bengel/Reimann § 60 KostO Rn 16.
[78] *Lappe* in Korintenberg/Lappe/Bengel/Reimann § 67 KostO Rn 26.
[79] § 201.
[80] § 137 KostO.
[81] Siehe § 16 Rn 11 f.

Registers nicht[82], handelt es sich um eine spätere Anmeldung, und der Wert bestimmt sich in Handelsregistersachen nach § 41 a Abs. 4 KostO. War der formwechselnde Rechtsträger bisher nicht in einem Register eingetragen[83], handelt es sich um eine Ersteintragung, und der Wert ist in Handelsregistersachen gem. § 41 a Abs. 1 Nr. 1 bzw. Nr. 5 bzw. § 41 a Abs. 3 KostO zu bestimmen. Ändert sich der Sitz oder die Art des Registers[84], handelt es sich bei dem Rechtsträger neuer Rechtsform um eine Erstanmeldung[85], bei dem formwechselnden Rechtsträger um eine spätere Anmeldung[86]. Bei einer Anmeldung zum Partnerschaftsregister gilt für den Geschäftswert § 41 b KostO, in Genossenschafts- und Vereinsregistersachen § 29 iVm. § 30 Abs. 2 KostO.

§ 199 Anlagen der Anmeldung

Der Anmeldung der neuen Rechtsform oder des Rechtsträgers neuer Rechtsform sind in Ausfertigung oder öffentlich beglaubigter Abschrift oder, soweit sie nicht notariell zu beurkunden sind, in Urschrift oder Abschrift außer den sonst erforderlichen Unterlagen auch die Niederschrift des Umwandlungsbeschlusses, die nach diesem Gesetz erforderlichen Zustimmungserklärungen einzelner Anteilsinhaber einschließlich der Zustimmungserklärungen nicht erschienener Anteilsinhaber, der Umwandlungsbericht oder die Erklärungen über den Verzicht auf seine Erstellung, ein Nachweis über die Zuleitung nach § 194 Abs. 2 sowie, wenn der Formwechsel der staatlichen Genehmigung bedarf, die Genehmigungsurkunde beizufügen.

Übersicht

	Rn		Rn
I. Allgemeines	1	2. Bei Anmeldung einer GmbH	8
II. Rechtsformunabhängige Anlagen	2	3. Bei Anmeldung einer eG	9
III. Rechtsformabhängige Anlagen	6	4. Bei Anmeldung einer Personengesellschaft	10
1. Bei Anmeldung einer AG, KGaA	7		

I. Allgemeines

Die Vorschrift entspricht in ihrem Regelungsgehalt § 17 und listet für die Anmeldung der neuen Rechtsform bzw. des Rechtsträgers neuer Rechtsform die erforderlichen Anlagen auf, die das Registergericht in die Lage versetzen sollen, die formellen und materiellen Voraussetzungen der Eintragung zu prüfen[1]. Die Liste ist nicht abschließend[2]. Hinzu kommen die durch besondere Regelungen und das Gründungsrecht des neuen Rechtsträgers verlangten Unterlagen. **1**

II. Rechtsformunabhängige Anlagen

Die in § 199 genannten Anlagen sind unabhängig von der Rechtsform bei jeder Anmeldung der neuen Rechtsform bzw. des Rechtsträgers neuer Rechtsform beizufügen. **2**

---

[82] Fall des § 198 Abs. 1.
[83] Fall des § 198 Abs. 2 Satz 1.
[84] Fälle des § 198 Abs. 2 Satz 2.
[85] Wert gem. § 41 a Abs. 1 Nr. 1 bzw. Nr. 5 bzw. § 41 a Abs. 3 KostO.
[86] Wert gem. § 41 a Abs. 4 KostO.
[1] Zum früheren Recht vgl. *Decher* in Lutter Rn 1. Zur elektronischen Form der Dokumente siehe § 17 Rn 1.
[2] Die Vorschrift zählt nur die Anlagen auf, die „außer den sonst erforderlichen Unterlagen" der Anmeldung beizufügen sind.

3 In notarieller Ausfertigung[3] oder in öffentlich beglaubigter Abschrift[4] sind beizufügen:
- Niederschrift des Umwandlungsbeschlusses[5];
- Zustimmungserklärungen einzelner Anteilsinhaber sowie nicht erschienener Anteilsinhaber, soweit diese erforderlich sind[6];
- Erklärung über einen evtl. Verzicht auf die Erstellung des Umwandlungsberichts[7].

4 In Urschrift oder einfacher Abschrift sind beizufügen:
- Niederschrift des Umwandlungsberichts[8], falls nicht auf dessen Erstellung verzichtet wurde;
- Nachweis über die rechtzeitige Zuleitung des Entwurfs des Umwandlungsbeschlusses an den Betriebsrat[9] etwa durch Vorlage einer datierten Empfangsquittung des Betriebsratsvorsitzenden. Besteht kein Betriebsrat, ist eine entsprechende Negativerklärung des formwechselnden Rechtsträgers abzugeben[10];
- ggf. notwendige staatliche Genehmigungen[11].

5 Ändert sich durch den Formwechsel die Art des Registers oder wird die Zuständigkeit eines anderen Registergerichts begründet[12], muss dem künftigen Registergericht zum Nachweis der Voreintragung des Formwechsels im Handelsregister des formwechselnden Rechtsträgers außerdem ein beglaubigter Handelsregisterauszug vorgelegt werden.

III. Rechtsformabhängige Anlagen

6 Zusätzlich zu diesen rechtsformunabhängigen Unterlagen sind der Anmeldung Unterlagen beizufügen, deren Vorlage nach dem einschlägigen Gründungsrecht[13] und den besonderen Vorschriften[14] erforderlich ist:

1. Bei Anmeldung einer AG, KGaA

7
- Satzung nebst notarieller Urkunde über deren Feststellung[15];
- Berechnung des Aufwands für den Formwechsel[16];
- Ausfertigung oder beglaubigte Abschrift der Urkunde über die Bestellung des Aufsichtsrats[17];
- eine Liste der Mitglieder des Aufsichtsrats, aus welcher Name, Vorname, ausgeübter Beruf und Wohnort der Mitglieder ersichtlich sind[18];

---

[3] § 49 BeurkG.
[4] § 42 BeurkG. Dokumente sind elektronisch einzureichen, § 12 Abs. 2 HGB; siehe § 17 Rn 1.
[5] Zu Inhalt und Fassung des Umwandlungsbeschlusses §§ 193, 194.
[6] Vgl. im Einzelnen unter § 193 Rn 18 ff.
[7] § 192 Abs. 2; zum Verzicht auf den Umwandlungsbericht § 192 Rn 23 ff.
[8] § 192 Abs. 1.
[9] § 194 Abs. 2.
[10] Hierfür verlangt das *LG Duisburg* GmbHR 1996, 372 übertriebenerweise eine eidesstattliche Versicherung.
[11] Beim Formwechsel nur in Ausnahmefällen erforderlich, zB beim Formwechsel von Körperschaften/Anstalten öffentlichen Rechts vgl. § 301 Abs. 2; hierzu § 301 Rn 31 ff., 38; beim Formwechsel einer VVaG nach § 14 a VAG, dazu umfassend Anh. § 119 Rn 81 ff., vgl. *Zimmermann* in Rowedder Anh. § 77 GmbHG Rn 110.
[12] Vgl. § 198 Abs. 2 Satz 2 Fall 1 und 2; siehe § 198 Rn 4 f.
[13] § 197 Satz 1.
[14] Vgl. §§ 223, 265 Satz 2.
[15] § 37 Abs. 4 Nr. 1 AktG.
[16] § 37 Abs. 4 Nr. 2 AktG.
[17] §§ 197 Satz 2, 203 UmwG, § 30 Abs. 1 AktG.
[18] § 37 Abs. 4 Nr. 3a AktG.

Anlagen der Anmeldung 8 § 199

- (privatschriftlicher) Beschluss über die Bestellung des Vorstands[19];
- Gründungsbericht[20] und externer Gründungsprüfungsbericht[21];
- Ausfertigung oder beglaubigte Abschrift der Urkunde über die Bestellung des Abschlussprüfers für das erste Voll- oder Rumpfgeschäftsjahr[22];
- Werthaltigkeitsnachweis, dass der Nennbetrag des Grundkapitals das nach Abzug der Verbindlichkeiten verbleibende Vermögen des formwechselnden Rechtsträgers nicht übersteigt, zB Bilanz;
- Versicherung, dass keine Bestellungshindernisse vorliegen[23] (in öffentlich beglaubigter Form), falls nicht schon in der Anmeldung enthalten;
- eine Erklärung zur Kapitalaufbringung[24];
- bei der KGaA: Ausfertigung oder beglaubigte Abschrift der Urkunden über den Beitritt persönlich haftender Gesellschafter[25];
- eine etwa erforderliche staatliche Genehmigung[26].

2. Bei Anmeldung einer GmbH

- Gesellschaftsvertrag[27], falls nicht im Umwandlungsbeschluss enthalten; 8
- eine von den Geschäftsführern in vertretungsberechtigter Zahl unterzeichnete (privatschriftliche) Liste der Gesellschafter[28]. Unbekannte Aktionäre (Formwechsel einer AG, KGaA) sind in der Liste mit den auf die Aktie entfallenden Geschäftsanteilen aufzuführen[29];
- (privatschriftlicher) Beschluss über die Bestellung der Geschäftsführer einschließlich deren konkreter Vertretungsbefugnis[30];
- Sachgründungsbericht[31], der von den Gründern[32] zu unterzeichnen ist[33];
- Werthaltigkeitsnachweis, dass der Nennbetrag des Stammkapitals das nach Abzug der Verbindlichkeiten verbleibende Vermögen des formwechselnden Rechtsträgers nicht übersteigt[34];
- Versicherung, dass keine Bestellungshindernisse vorliegen[35] (in öffentlich beglaubigter Form), falls nicht schon in der Anmeldung enthalten;
- eine Erklärung zur Kapitalaufbringung[36];

---

[19] § 37 Abs. 4 Nr. 3 AktG.
[20] § 32 AktG.
[21] §§ 220 Abs. 3 UmwG, 33 Abs. 2, 34 Abs. 3 AktG.
[22] § 30 Abs. 1 AktG.
[23] § 37 Abs. 2 AktG.
[24] § 37 Abs. 1 AktG; sie ist beim Formwechsel einer GmbH oder KGaA in eine AG entbehrlich, § 246 Abs. 3.
[25] § 223.
[26] § 37 Abs. 4 Nr. 5 AktG. Siehe zur Europäischen Gesellschaft (SE) Einl. C Rn 64 ff.
[27] Die Unterzeichnung durch Gesellschafter ist nicht erforderlich, §§ 244 Abs. 2, 263 Abs. 1, 276 Abs. 1.
[28] §§ 222 Abs. 1, 246 Abs. 1 UmwG iVm. § 8 Abs. 1 Nr. 3 GmbHG.
[29] §§ 213, 35.
[30] §§ 6 Abs. 2 Satz 2, 8 Abs. 4 GmbHG.
[31] Nicht erforderlich bei Formwechsel von AG, KGaA, eG und rechtsfähigem Verein, §§ 245 Abs. 4, 264 Abs. 2, 277.
[32] §§ 219 (alle Gesellschafter der formwechselnden Personenhandelsgesellschaft), 245 (für den Formwechsel stimmende Gesellschafter).
[33] § 5 Abs. 4 GmbHG; Bevollmächtigung ist dabei nicht zulässig, vgl. *Winter* in Scholz § 5 GmbHG Rn 98 ff.
[34] Vgl. §§ 220 Abs. 1, 245, 264 Abs. 1.
[35] § 8 Abs. 3 GmbHG.
[36] § 8 Abs. 2 GmbHG; sie ist beim Formwechsel aus AG und KGaA in die GmbH entbehrlich, § 246 Abs. 3.

§ 200   Fünftes Buch. Formwechsel

– eine etwa erforderliche staatliche Genehmigung[37].
– ggf. eine Urkunde über die Bestellung der Aufsichtsratsmitglieder, falls diese vor der Eintragung bestellt wurden[38], sowie
– eine Liste der Mitglieder des Aufsichtsrats, aus welcher Name, Vorname, ausgeübter Beruf und Wohnort der Mitglieder ersichtlich sind[39].

3. Bei Anmeldung einer eG

9   – Satzung in Ausfertigung oder beglaubigter Abschrift sowie eine weitere[40] Abschrift[41];
– Abschrift der Urkunden über die Bestellung des Vorstands und des Aufsichtsrats[42];
– Urschrift oder beglaubigte Abschrift des Prüfungsgutachtens[43].

4. Bei Anmeldung einer Personengesellschaft

10   Weitere Unterlagen sind nicht erforderlich.

§ 200 Firma oder Name des Rechtsträgers

(1) **Der Rechtsträger neuer Rechtsform darf seine bisher geführte Firma beibehalten, soweit sich aus diesem Buch nichts anderes ergibt. Zusätzliche Bezeichnungen, die auf die Rechtsform der formwechselnden Gesellschaft hinweisen, dürfen auch dann nicht verwendet werden, wenn der Rechtsträger die bisher geführte Firma beibehält.**

(2) **Auf eine nach dem Formwechsel beibehaltene Firma ist § 19 des Handelsgesetzbuchs, § 4 des Gesetzes betreffend die Gesellschaften mit beschränkter Haftung, §§ 4, 279 des Aktiengesetzes oder § 3 des Genossenschaftsgesetzes entsprechend anzuwenden.**

(3) **War an dem formwechselnden Rechtsträger eine natürliche Person beteiligt, deren Beteiligung an dem Rechtsträger neuer Rechtsform entfällt, so darf der Name dieses Anteilsinhabers nur dann in der beibehaltenen bisherigen oder in der neu gebildeten Firma verwendet werden, wenn der betroffene Anteilsinhaber oder dessen Erben ausdrücklich in die Verwendung des Namens einwilligen.**

(4) **Ist formwechselnder Rechtsträger oder Rechtsträger neuer Rechtsform eine Partnerschaftsgesellschaft, gelten für die Beibehaltung oder Bildung der Firma oder des Namens die Absätze 1 und 3 entsprechend. Eine Firma darf als Name einer Partnerschaftsgesellschaft nur unter den Voraussetzungen des § 2 Abs. 1 des Partnerschaftsgesellschaftsgesetzes beibehalten werden. § 1 Abs. 3 und § 11 des Partnerschaftsgesellschaftsgesetzes sind entsprechend anzuwenden.**

(5) **Durch den Formwechsel in eine Gesellschaft des bürgerlichen Rechts erlischt die Firma der formwechselnden Gesellschaft.**

Übersicht

	Rn		Rn
I. Allgemeines	1	2. Ausnahme: Formwechsel in GbR (Abs. 5)	4
II. Zulässige Firmierung	3		
1. Fortführung (Abs. 1 Satz 1)	3		

---

[37] § 8 Abs. 1 Nr. 6 GmbHG. Anderenfalls sollte in der Anmeldung erklärt werden, dass der Gegenstand des Unternehmens keiner staatlichen Genehmigung bedarf.
[38] § 52 Abs. 2 GmbHG iVm. § 37 Abs. 4 Nr. 3 AktG.
[39] § 52 Abs. 2 GmbHG iVm. § 37 Abs. 4 Nr. 3a AktG.
[40] Privatschriftliche, vgl. § 8 GenRegV.
[41] § 11 Abs. 2 Nr. 1 GenG.
[42] § 11 Abs. 2 Nr. 2 GenG.
[43] §§ 259, 265 Satz 2. Siehe zur Europäischen Genossenschaft (SCE) Einl. C Rn 64 ff.

Firma oder Name des Rechtsträgers 1–4 **§ 200**

	Rn		Rn
3. Rechtsformzusatz (Abs. 1 Satz 2, Abs. 2)	5	III. Einwilligung natürlicher Personen (Abs. 3)	9
4. § 19 HGB	7	IV. Partnerschaftsgesellschaften (Abs. 4)	12
5. § 22 HGB	8		

I. Allgemeines

Beim Formwechsel muss die künftige Firmierung des formwechselnden Rechtsträgers zwingend im Umwandlungsbeschluss geregelt werden[1]. § 200 privilegiert die Beibehaltung der bisherigen Firma und ergänzt und erweitert ähnlich wie § 18 die allgemeinen firmenrechtlichen Regelungen. Dabei steht die Firmenkontinuität im Mittelpunkt[2]. Der Grundsatz der Beibehaltung der Firma wird in Abs. 1 Satz 2, Abs. 2 und 3 allerdings relativiert. Abs. 4 trägt den Besonderheiten der PartG Rechnung und wahrt das Persönlichkeitsrecht eines ausscheidenden Namensgebers. Beim Formwechsel einer Kapitalgesellschaft in eine (nicht firmenrechtsfähige) GbR erlischt die Firma ersatzlos[3]. 1

Die Regelungen sind zwingend und abschließend. Möglich bleibt daneben die Firmenneubildung nach den allgemeinen Regeln[4] unter Verzicht auf die Privilegierungen des § 200. 2

II. Zulässige Firmierung

1. Fortführung (Abs. 1 Satz 1)

Grundsätzlich darf der Rechtsträger die bisher zulässig geführte Firma beibehalten, sofern sich aus den §§ 190 bis 304 nichts anderes ergibt[5]. Die Beibehaltung der Firma ist nicht abhängig von der Weiterführung des Geschäftsbetriebs, da iRd. Formwechsels ohnehin keine Übertragung von Vermögen stattfindet. Ein Nachfolgehinweis ist nicht zulässig, da der Rechtsträger seine eigene Firma beibehält. Er führt keine fremde Firma fort[6]. Wird die bisherige Firma nur teilweise fortgeführt, ein anderer Teil aber geändert, liegt eine Firmenneubildung vor[7]. Hierfür gelten die allgemeinen Regeln[8]. 3

2. Ausnahme: Formwechsel in GbR (Abs. 5)

Der Grundsatz der Firmenkontinuität wird beim Formwechsel in eine GbR durchbrochen. Die Firma des formwechselnden Rechtsträgers erlischt mit dem Wirksamwerden des Formwechsels[9], d. h. mit dessen Eintragung im Register[10], da die GbR nicht zur Führung einer Firma berechtigt ist[11]. Die gegenteilige Auffassung, Abs. 5 wolle nur verhindern, dass 4

---

[1] § 194 Abs. 1 Nr. 2.
[2] § 200 Abs. 1 Satz 1; vgl. RegBegr. *Ganske* S. 225.
[3] § 200 Abs. 5.
[4] §§ 17 ff. HGB.
[5] § 200 Abs. 1 Satz 1. Dies ist außerhalb von § 200 derzeit nicht der Fall.
[6] *Meister/Klöcker* in Kallmeyer Rn 22 mwN.
[7] Dies ist nicht der Fall, wenn nur der Rechtsformzusatz, nicht aber auch die Firma selbst geändert wird, vgl. *OLG Frankfurt* DB 1999, 733, 734.
[8] *Meister/Klöcker* in Kallmeyer Rn 23.
[9] § 200 Abs. 5; dazu *Meister/Klöcker* in Kallmeyer Rn 32 mwN.
[10] § 202.
[11] *Sprau* in Palandt § 705 BGB Rn 25; *Meister/Klöcker* in Kallmeyer Rn 32; *Stratz* in Schmitt/Hörtnagl/Stratz Rn 12; *Kögel* GmbHR 1996, 168, 174; aA *K. Schmidt* HandelsR S. 347 ff.; *ders.* DB 1987, 1181.

die Vorteile des § 200 auch GbR zukommen, wozu aber nicht die Firma erlöschen müsse[12], widerspricht der Gesetzesbegründung[13].

3. Rechtsformzusatz (Abs. 1 Satz 2, Abs. 2)

5 Auf die **Rechtsform** der formwechselnden Gesellschaft hinweisende **Bezeichnungen** dürfen **nicht beibehalten** werden[14]. Diese Einschränkung der Firmenkontinuität dient dem Interesse der Firmenklarheit und Firmenwahrheit[15]. Nachdem der Formwechsel wirksam geworden ist, muss die Firma die aktuelle Rechtsform erkennen lassen. Da kein Nachfolgezusatz zulässig ist[16], würde die ursprüngliche andere Rechtsform den Rechtsverkehr verwirren.

6 Umgekehrt besteht die Pflicht, in der nach dem Formwechsel beibehaltenen Firma auf die **neue Rechtsform hinzuweisen,** falls dies nach dem allgemeinen Firmenrecht erforderlich ist[17]. Die Rechtsformbezeichnung muss nicht ausgeschrieben werden, es genügt jede allgemein verständliche Abkürzung[18].

4. § 19 HGB

7 Dem neuen Rechtsträger bleibt es unbenommen, eine mit § 19 HGB vereinbare neue Firma zu wählen. Die **Firmenneubildung** richtet sich dann nach den allgemeinen Vorschriften über die Satzungsänderung und nach allgemeinem Firmenrecht[19].

5. § 22 HGB

8 Die Regeln über die Firmenfortführung gem. § 22 HGB gelten hingegen beim Formwechsel nicht, da kein Vermögenserwerb vorliegt[20].

III. Einwilligung natürlicher Personen (Abs. 3)

9 Die Verwendung des **Namens eines ausscheidenden Anteilseigners** für die Fortführung oder die Neubildung der Firma bedarf der **ausdrücklichen Einwilligung** des Anteilseigners oder dessen Erben[21]. Nicht ausreichend ist die Erklärung eines Testamentsvollstreckers, Nachlassverwalters oder -pflegers oder Insolvenzverwalters[22]. Die Beteiligung des ausscheidenden Anteilseigners muss im Zuge des Formwechsels „entfallen". Das gilt auch, wenn er erst aufgrund eines Barabfindungsangebots nach Wirksamwerden des Formwechsels ausscheidet[23]. Es gilt nicht, wenn er bereits vor der Beschlussfassung über den Formwechsel ausscheidet[24].

---

[12] Die *Laumann* in Goutier/Knopf/Tulloch Rn 23 denn auch für „fehlerhaft" hält; wohl zust. *Decher* in Lutter Rn 13.
[13] Vgl. RegBegr. *Ganske* S. 226.
[14] § 200 Abs. 1 Satz 2; vgl. die Beispiele bei *Decher* in Lutter Rn 8.
[15] *Meister/Klöcker* in Kallmeyer Rn 25; *Decher* in Lutter Rn 8.
[16] Siehe Rn 3.
[17] § 200 Abs. 2; allgemeines Firmenrecht: § 19 HGB, § 4 GmbHG, §§ 4, 279 AktG, §§ 2, 3 GenG.
[18] *Hopt* § 19 HGB Rn 20.
[19] Vgl. *Decher* in Lutter Rn 14 f.
[20] Mit Einschränkungen bejaht *Hopt* § 22 HGB Rn 16 ff. die Anwendbarkeit beim Wechsel der Rechtsform.
[21] § 200 Abs. 3. Vgl. auch § 18 Abs. 2; siehe § 18 Rn 8.
[22] Str., siehe *Decher* in Lutter Rn 11 mwN.
[23] *Stratz* in Schmitt/Hörtnagl/Stratz Rn 10; zum Barabfindungsangebot im Umwandlungsbeschluss siehe § 194 Rn 27 ff.
[24] Vgl. *Decher* in Lutter Rn 11.

Die Einwilligung muss in sachlichem und zeitlichem Zusammenhang mit dem Form- 10
wechsel[25] erklärt werden. Sie bedarf keiner besonderen Form und kann nur ausdrücklich, also
nicht stillschweigend, erteilt werden[26]. Aus der Erklärung muss zweifelsfrei der Wille hervorgehen, die Firmenfortführung zu gestatten. Die bloße Duldung der Firmenfortführung
genügt daher nicht[27].

Wird die Einwilligung in die Fortführung der bisherigen Firma nicht erteilt, scheitert 11
deren Beibehaltung insgesamt[28], da die Firma grundsätzlich nur vollständig weitergeführt
werden kann.

IV. Partnerschaftsgesellschaften (Abs. 4)

Abs. 4 wurde im Zuge der Ausdehnung des Formwechsels auf Partnerschaftsgesellschaften 12
neu eingefügt[29]. Die Abs. 1 und 3 sind entsprechend auf die PartG als formwechselnden
Rechtsträger oder als Rechtsträger neuer Rechtsform anzuwenden. Soll eine Firma als Name
einer PartG fortgeführt werden, muss sie den Namen einer natürlichen Person enthalten[30].
Die Ausübung einzelner Berufe in der Partnerschaft kann ausgeschlossen oder von weiteren
Voraussetzungen abhängig gemacht werden[31]. Die Führung der Zusätze „und Partner" oder
„Partnerschaft" ist nur einer PartG iSd. PartGG gestattet[32].

§ 201 Bekanntmachung des Formwechsels

Das für die Anmeldung der neuen Rechtsform oder des Rechtsträgers neuer Rechtsform zuständige Gericht hat die Eintragung der neuen Rechtsform oder des Rechtsträgers neuer Rechtsform nach § 10 des Handelsgesetzbuchs ihrem ganzen Inhalt nach bekanntzumachen.

Übersicht

	Rn		Rn
I. Inhalt der Bekanntmachung	1	II. Wirkung der Bekanntmachung	5

I. Inhalt der Bekanntmachung

Die Vorschrift entspricht § 19 Abs. 3[1]. Sie regelt die Veröffentlichung der Eintragung des 1
Formwechsels beim neuen Rechtsträger bzw. Rechtsträger neuer Rechtsform[2].

---

[25] *Decher* in Lutter Rn 11; *Meister/Klöcker* in Kallmeyer Rn 27; vgl. auch *Ammon* in Röhricht/v. Westphalen § 22 HGB Rn 21; *Hüffer* in Großkomm. § 22 HGB Rn 26.
[26] *Meister/Klöcker* in Kallmeyer Rn 27; *Decher* in Lutter Rn 11.
[27] *Bork* in Lutter § 18 Rn 5.
[28] *Meister/Klöcker* in Kallmeyer Rn 26.
[29] Vgl. näher *Decher* in Lutter Rn 2 f. Vgl. auch § 18 Abs. 3; siehe § 18 Rn 9 f.
[30] § 200 Abs. 4 Satz 2 iVm. § 2 Abs. 1 PartGG.
[31] § 200 Abs. 4 Satz 3 iVm. § 1 Abs. 3 PartGG; zB § 8 ApothG, der Apothekern nur die Kooperation als GbR oder oHG erlaubt; im Einzelnen *Ulmer* in MünchKommBGB § 1 PartGG Rn 65 ff.
[32] § 200 Abs. 4 Satz 4 iVm. § 11 PartGG; siehe auch § 18 Rn 9 f.; zum in § 11 Satz 2 und 3 PartGG vorgesehenen Bezeichnungsschutz für formwechselnde Altgesellschaften vgl. *OLG Frankfurt* DB 1999, 733, 734.

[1] Dazu § 19 Rn 18 f.
[2] Die Vorschrift wurde durch das Gesetz über elektronische Handelsregister und Genossenschaftsregister (EHUG) vom 10.11.2006, BGBl. I S. 2553, geändert.

2 Das zuständige Registergericht[3] hat die Eintragung der neuen Rechtsform bzw. des Rechtsträgers neuer Rechtsform ihrem ganzen Inhalt nach **von Amts wegen** nach § 10 HGB[4] zu veröffentlichen.

3 Bekannt zu machen ist der gesamte Wortlaut der verfügten Eintragung. Die Bekanntmachung hat außerdem die bei einer regulären Gründung zu veröffentlichenden Angaben zu enthalten[5]. In der Bekanntmachung ist ausdrücklich zu erwähnen, dass die neue Gesellschaft „durch Formwechsel" entstanden ist. Schließlich sind die Gläubiger auf ihr Recht hinzuweisen, Sicherheitsleistung zu verlangen[6]. Unterbleibt dieser Hinweis, ist die Bekanntmachung zwar wirksam, der fehlende Hinweis kann aber Amtshaftungsansprüche auslösen[7].

II. Wirkung der Bekanntmachung

5 Die Wirksamkeit des Formwechsels tritt mit der Eintragung ein[8]. Die Bekanntmachung der Eintragung verlautbart sie nur[9]. Der Zeitpunkt der Bekanntmachung ist jedoch u. a. von Bedeutung für den Beginn folgender Fristen:
– Sechsmonatsfrist für die Anmeldung von Gläubigeransprüchen[10];
– fünfjährige Verjährungsfrist für Schadensersatzansprüche[11];
– Zweimonatsfrist für die Annahme des Angebots auf Barabfindung[12];
– Möglichkeit der anderweitigen Veräußerung des Anteils durch den Anteilsinhaber während der Angebotsfrist[13];
– Fortdauer und zeitliche Begrenzung der persönlichen Haftung ausgeschiedener Anteilsinhaber[14];
– Dreimonatsfrist für den Antrag auf gerichtliche Entscheidung im Spruchverfahren[15].

§ 202 Wirkungen der Eintragung

(1) Die Eintragung der neuen Rechtsform in das Register hat folgende Wirkungen:
1. Der formwechselnde Rechtsträger besteht in der in dem Umwandlungsbeschluß bestimmten Rechtsform weiter.
2. Die Anteilsinhaber des formwechselnden Rechtsträgers sind an dem Rechtsträger nach den für die neue Rechtsform geltenden Vorschriften beteiligt, soweit ihre Beteiligung nicht nach diesem Buch entfällt. Rechte Dritter an den Anteilen oder

---

[3] Siehe § 198 Rn 2 ff.
[4] Die Bundesländer haben eine gemeinsame Internetplattform für die Handelsregisterbekanntmachungen geschaffen: www.handelsregisterbekanntmachungen.de. Gem. Art. 61 Abs. 4 EGHGB sind die Eintragungen noch bis zum 31.12.2008 zusätzlich in einer Tageszeitung oder einem sonstigen Blatt bekannt zu machen. Diese neue Form der Bekanntmachung wurde durch das Gesetz über elektronische Handelsregister und Genossenschaftsregister sowie das Unternehmensregister (EHUG) vom 10.11.2006, BGBl. I S. 2553, eingeführt; siehe hierzu: *Nedden-Boeger* FGPrax 2007, 1; *Seibert/Decker* DB 2006, 2446.
[5] § 197 Satz 1 UmwG iVm. § 106 HGB, § 162 Abs. 2 HGB, § 10 Abs. 3 GmbHG, ggf. § 52 Abs. 2 GmbHG, §§ 39, 40 AktG, § 282 AktG, § 12 GenG.
[6] §§ 204, 22 Abs. 1 Satz 3.
[7] Siehe § 22 Rn 44.
[8] § 202.
[9] *Decher* in Lutter Rn 7; *Zimmermann* in Kallmeyer Rn 5.
[10] §§ 204, 22 Abs. 1.
[11] § 205 Abs. 2.
[12] § 209 Satz 1.
[13] §§ 209, 211; *Meister/Klöcker* in Kallmeyer § 211 Rn 11.
[14] §§ 224 Abs. 3, 237, 249, 257.
[15] § 4 Abs. 1 Satz 1 Nr. 4 SpruchG. Siehe Anh. SpruchG § 4.

Mitgliedschaften des formwechselnden Rechtsträgers bestehen an den an ihre Stelle tretenden Anteilen oder Mitgliedschaften des Rechtsträgers neuer Rechtsform weiter.

3. Der Mangel der notariellen Beurkundung des Umwandlungsbeschlusses und gegebenenfalls erforderlicher Zustimmungs- oder Verzichtserklärungen einzelner Anteilsinhaber wird geheilt.

(2) Die in Absatz 1 bestimmten Wirkungen treten in den Fällen des § 198 Abs. 2 mit der Eintragung des Rechtsträgers neuer Rechtsform in das Register ein.

(3) Mängel des Formwechsels lassen die Wirkungen der Eintragung der neuen Rechtsform oder des Rechtsträgers neuer Rechtsform in das Register unberührt.

Übersicht

	Rn		Rn
I. Allgemeines	1	1. Identität der Anteilsinhaber	19
1. Sinn und Zweck der Norm	1	a) Formwechsel von der GmbH & Co. KG in eine Kapitalgesellschaft	21
2. Entstehungsgeschichte	3	b) Umwandlung einer Kapitalgesellschaft in eine GmbH & Co. KG	22
II. Eintragung des Formwechsels	5	2. Identität der Beteiligung	23
III. Fortbestand des Rechtsträgers in veränderter Rechtsform (Abs. 1 Nr. 1)	7	3. Wandel der Mitgliedschaftsrechte	24
1. Identität des Rechtsträgers	7	V. Fortbestand der Rechte Dritter (Abs. 1 Nr. 2 Satz 2)	27
a) Eigentum	8	VI. Mängel der Beurkundung (Abs. 1 Nr. 3)	32
b) Schuldrechtliche Beziehungen	9	VII. Sonstige Mängel der Umwandlung (Abs. 3)	34
c) Vollmachten	10	1. Zweck und Reichweite des Abs. 3	34
d) Öffentlich-rechtliche Beziehungen	11	2. Umfang der Wirkung der Eintragung	35
2. Veränderung der Rechtsform	12	a) Fehlender Umwandlungsbeschluss	36
a) Auswirkungen auf die Gläubiger	13	b) Gesetzlich ausgeschlossene Umwandlung	37
b) Auswirkungen auf gesetzliche Vertreter	14	c) Verbot des Zwangsausschlusses	38
c) Auswirkungen auf die Firma	15	d) Amtslöschung nach Eintragung?	39
d) Auswirkungen auf Unternehmensverträge	16	e) Einbeziehung anderer Mängel?	40
e) Auswirkungen auf öffentlich-rechtliche Beziehungen	17		
IV. Kontinuität der Mitgliedschaft (Abs. 1 Nr. 2 Satz 1)	18		

Literatur: *Bärwaldt/Schabacker*, Der Formwechsel als modifizierte Neugründung, ZIP 1998, 1293; *Eckert*, Der Formwechsel einer Kapitalgesellschaft in eine Personengesellschaft und seine Auswirkungen auf öffentlich-rechtliche Erlaubnisse, ZIP 1998, 150; *Gutheil*, Die Auswirkung von Umwandlungen auf Unternehmensverträge nach §§ 291, 292 AktG und die Rechte außenstehender Aktionäre, 2001; *Hennrichs*, Formwechsel und Gesamtrechtsnachfolge bei Umwandlungen, 1995; *Kort*, Bestandsschutz fehlerhafter Strukturänderungen im Kapitalgesellschaftsrecht, 1998; *K. Mertens*, Die stille Beteiligung an der GmbH und ihre Überleitung bei Umwandlungen in die AG, AG 2000, 32; *Priester*, Mitgliederwechsel im Umwandlungszeitpunkt, DB 1997, 560; *K. Schmidt*, Formwechsel zwischen GmbH und GmbH & Co. KG, GmbHR 1995, 693; *Stegemann/Middendorf*, Das Schicksal der Unterbeteiligung bei Formwechsel der Hauptgesellschaft, BB 2006, 1084; *Veil*, Umwandlung einer AG in eine GmbH, 1996; *Veith*, Der Gläubigerschutz beim Formwechsel nach dem Umwandlungsgesetz, 2003; *Wiedemann*, Identität beim Rechtsformwechsel, ZGR 1999, 568.

I. Allgemeines

1. Sinn und Zweck der Norm

Die Vorschrift regelt die **Wirkungen der Eintragung** des Formwechsels in das für den Rechtsträger maßgebliche Register. Abs. 1 regelt den Fortbestand des Rechtsträgers in der neuen Rechtsform[1], die Kontinuität der Mitgliedschaft und der an ihr bestehenden Rechte[2] sowie die Heilung bestimmter Mängel der Umwandlung[3]. Abs. 2 betrifft den Fall, dass der formwechselnde Rechtsträger in keinem Register eingetragen war. Abs. 3 behandelt die Heilung sonstiger Mängel des Formwechsels.

2   Abs. 1 Nr. 1 ist geprägt durch das die §§ 190 ff. bestimmende legislatorische Konzept der **Identität des Rechtsträgers** bei Wechsel der rechtlichen Form, durch das die Umwandlung generell erleichtert werden soll[4]. Das bedeutet, ein Unternehmen bleibt auch dann derselbe Rechtsträger, wenn es die Rechtsform – etwa von GmbH zu AG – und zudem die Rechtszuständigkeit – etwa von Gesamthand zu juristischer Person – verändert. Dadurch erübrigt sich nicht nur das aufwendige Verfahren einer Auflösung und Neugründung, das den Vermögenstransfer im Wege der Einzelübertragung aller Aktiva und Passiva nach den für sie jeweils maßgeblichen Vorschriften verlangt[5], sondern auch der Vermögensübergang durch Gesamtrechtsnachfolge, da der Rechtsträger trotz der Umwandlung seine Identität beibehält. § 202 folgt zwar in wichtigen Grundzügen dem Regelungsmuster der §§ 20 und 131, unterscheidet sich von diesen Vorschriften jedoch insbesondere dadurch, dass wegen des Identitätskonzepts eine Gesamtrechtsnachfolge überflüssig ist.

2. Entstehungsgeschichte

3   Vorschriften, durch die ein Formwechsel erleichtert werden sollte, fanden sich zum ersten Mal in den §§ 80 und 81 GmbHG 1892 für die Umwandlung einer AG in eine GmbH. Diese Regelung wollte vor allem kleineren Unternehmen mit der GmbH eine im Vergleich zur AG einfachere Form der Kapitalgesellschaft zur Verfügung stellen. Von besonderer Bedeutung für die Entwicklung des Formwechsels war das UmwG vom 5. 7. 1934: Es erleichterte die Umwandlung von Kapital- in Personengesellschaften und sollte die Abkehr von den – nach nationalsozialistischer Auffassung unerwünschten – Kapitalgesellschaften fördern. Dieses Gesetz wurde nach 1945 nicht aufgehoben, sondern mehrfach[6] novelliert, um die Anpassung der rechtlichen Struktur des Unternehmens an gewandelte Umstände erleichtern.

4   Diesem Ziel dienten auch die §§ 362 ff. AktG[7], die sich jedoch anderer Instrumente bedienten: § 1 UmwG 1969 sah für den Übergang zwischen Personen- und Kapitalgesellschaften Gesamtrechtsnachfolge vor, während die §§ 365, 368, 372, 381 für Umwandlungen zwischen Kapitalgesellschaften vom Prinzip der Kontinuität des Rechtsträgers ausgingen. § 202 ist an die Stelle dieser vielfältigen und wenig übersichtlichen Bestimmungen getreten. Er schafft eine **einheitliche Regelung** für alle Fälle des Formwechsels.

II. Eintragung des Formwechsels

5   Die Eintragung der neuen Rechtsform ist die **Voraussetzung der in § 202 angeordneten Rechtsfolgen;** sie hat konstitutive Wirkung. Maßgeblich für ihren Eintritt ist der Zeitpunkt, in dem die Eintragung erfolgt. Diese Regelung ist **zwingend**[8]. Sie soll die Sicherheit des Rechtsverkehrs und die Prüfung der Ordnungsmäßigkeit des Umwandlungsvorgangs durch den Registerrichter gewährleisten[9].

---

[1] § 202 Abs. 1 Nr. 1.
[2] § 202 Abs. 1 Nr. 2.
[3] § 202 Abs. 1 Nr. 3.
[4] Dazu *Wiedemann* ZGR 1999, 568, 571 ff. Dieses Konzept ist freilich nicht ausnahmslos umgesetzt worden; dazu *Bärwaldt/Schabacker* ZIP 1998, 1293 ff.
[5] Dazu näher § 20 Rn 2 mwN.
[6] 1956, 1965 und 1969.
[7] Vom 28. 8. 1969, ersetzt mit Wirkung zum 1. 1. 1995.
[8] Die Anteilsinhaber können nur die schuldrechtliche Verpflichtung eingehen, sich so zu stellen, als habe der Formwechsel zu einem anderen Zeitpunkt stattgefunden; *Decher* in Lutter Rn 9.
[9] Dazu näher § 20 Rn 5.

Der Formwechsel ist gem. § 198 Abs. 1 grundsätzlich in dem **Register des formwech-** 6
selnden Rechtsträgers einzutragen. Diese Vorschrift erfasst alle Fälle des Formwechsels zwischen im Handelsregister eingetragenen Handelsgesellschaften. Ist der formwechselnde Rechtsträger – etwa eine Körperschaft oder Anstalt des öffentlichen Rechts[10] oder ein konzessionierter wirtschaftlicher Verein[11] – in keinem Register eingetragen, ist der Rechtsträger in das **für die neue Rechtsform zuständige Register** einzutragen[12]. **Ändert sich** durch den Formwechsel auch **das Register** (etwa durch Umwandlung einer Genossenschaft oder eines eingetragenen Vereins in eine Kapitalgesellschaft), ist der Formwechsel zunächst im bislang maßgeblichen Register und anschließend im Register der neuen Rechtsform einzutragen[13]. In allen diesen Fällen treten die Wirkungen iSv. § 202 Abs. 1 mit der **Eintragung in das Register der neuen Rechtsform** ein[14].

III. Fortbestand des Rechtsträgers in veränderter Rechtsform (Abs. 1 Nr. 1)

1. Identität des Rechtsträgers

Der ursprüngliche Rechtsträger besteht nach der Eintragung des Formwechsels in der 7
durch den Umwandlungsbeschluss bestimmten Rechtsform weiter[15]. Diese Kontinuität erstreckt sich auf die Rechtsbeziehungen zur Umwelt. Sie werden durch den Wechsel der Rechtsform im Zweifel nicht berührt. Es bedarf keines Übergangs von Aktiva und Passiva, auch nicht im Wege der Gesamtrechtsnachfolge. Denn der Rechtsträger bleibt Inhaber seiner bisherigen Berechtigungen, Schuldner der eingegangenen Verbindlichkeiten und Gläubiger der ihm erwachsenen Forderungen.

a) **Eigentum.** Ist der Rechtsträger als Eigentümer oder als Inhaber eines Rechts an ei- 8
nem Grundstück im **Grundbuch** eingetragen, wird das Grundbuch durch den Formwechsel nicht unrichtig. Deshalb bedarf es keiner Grundbuchberichtigung gem. 22 GBO. Es genügt die Richtigstellung der Bezeichnung des Berechtigten, die von Amts wegen vorzunehmen ist[16]. Das gilt auch für die **GbR**, die für den Fall des Formwechsels nunmehr als grundbuchfähig anzuerkennen ist[17]. Entsprechendes gilt für die anderen **öffentlichen Register** wie Patentrolle, Markenregister usw.[18]

b) **Schuldrechtliche Beziehungen.** Ebenso bestehen **schuldrechtliche Beziehungen** 9
grundsätzlich unverändert fort: Verträge bleiben verbindlich; der Rechtsträger bleibt Schuldner seiner Verbindlichkeiten und Gläubiger der ihm zustehenden Forderungen[19]. Das gilt insbesondere auch für **Arbeits- und Dienstverträge**. Da es zu keinem Inhaberwechsel gekommen ist, bedarf es keines Eintritts in die Arbeitsverhältnisse gem. § 613 a BGB[20]. Ebenso

---

[10] §§ 301 bis 304.
[11] §§ 22 BGB; 272 ff.
[12] § 198 Abs. 2 Satz 1.
[13] § 198 Abs. 2 Satz 2, 3 und 5.
[14] § 202 Abs. 2.
[15] § 202 Abs. 1 Nr. 1.
[16] *Decher* in Lutter Rn 38. Zu den Kosten dieser Korrektur vgl. *OLG Oldenburg* DB 1997, 1126 f.; *BayObLG* NZG 1998, 690, 691.
[17] So – in einem *obiter dictum* – *OLG Düsseldorf* WM 1997, 2032, 2033; zust. *Decher* in Lutter Rn 38; *Laumann* in Goutier/Knopf/Tulloch Rn 14; *Timm* NJW 1995, 3209, 3214; anders noch *LG Wuppertal* EWiR 1996, 1119 (*Witzorrek*); *Vossius* in Widmann/Mayer Rn 38.1. Bestärkend nunmehr die Anerkennung der Rechtsfähigkeit der Außen-GbR durch BGHZ 146, 341, 343 ff.
[18] *Meister/Klöcker* in Kallmeyer Rn 19.
[19] Zu Ausnahmen siehe Rn 12 ff.
[20] *Meister/Klöcker* in Kallmeyer Rn 27 mwN; *Decher* in Lutter Rn 31.

verhält es sich mit einer **stillen Gesellschaft**, die mit dem formwechselnden Rechtsträger vereinbart worden ist; sie überdauert den Wechsel der Rechtsform. Grundsätzlich bedarf die Umwandlung auch keiner Zustimmung des stillen Gesellschafters; ein derartiges Erfordernis kann sich aber aus dem die stille Gesellschaft begründenden Vertrag ergeben. Die Verweigerung der Zustimmung kann den Rechtsformwechsel nicht verhindern, sein Vollzug kann den stillen Gesellschafter zur sofortigen Kündigung und zu Schadensersatz berechtigen. Bei Umwandlung in eine AG wird die stille Gesellschaft zum Teilgewinnabführungsvertrag, der zur Eintragung in das Handelsregister anzumelden ist[21]. Auch die **Unterbeteiligung** an einem Gesellschaftsanteil wird durch den Formwechsel nicht berührt.

10   c) **Vollmachten.** Auch **Prokura,** Handlungsvollmacht und sonstige Bevollmächtigungen bleiben unberührt[22]. Dagegen endet die **Organstellung** der gesetzlichen Vertreter des Rechtsträgers mit der Eintragung des Formwechsels[23]. Die Dienstverträge mit den gesetzlichen Vertretern bleiben jedoch bestehen, soweit in ihnen keine abweichende Vereinbarung getroffen worden ist[24]. Die Organstellung der Aufsichtsratsmitglieder endet in der Regel[25].

11   d) **Öffentlich-rechtliche Beziehungen.** Schließlich bleiben auch die **öffentlich-rechtlichen Beziehungen** des Rechtsträgers grundsätzlich unverändert. **Rechtsstreitigkeiten** werden ohne Unterbrechung fortgeführt. Die vor der Rechtsanhängigkeit vollzogene Umwandlung einer Kapital- in eine Personengesellschaft lässt die Parteifähigkeit auch dann unberührt, wenn unter der alten Rechtsform geklagt wird; es handelt sich lediglich um eine unzutreffende Parteibezeichnung, die durch Berichtigung des Rubrums zu beheben ist[26]. **Vollstreckbare Titel** bleiben für und gegen den Rechtsträger wirksam. Unter Umständen ist die Bezeichnung des Schuldners oder des Gläubigers zu berichtigen. § 727 ZPO ist nicht anzuwenden. Ebenso bleiben öffentlich-rechtliche **Erlaubnisse und Genehmigungen** idR rechtswirksam[27]. Anders verhält es sich mit Zulassungserfordernissen, die bestimmte Betätigungen an bestimmte Rechtsformen knüpfen[28].

2. Veränderung der Rechtsform

12   Die Rechtsbeziehungen des fortbestehenden Rechtsträgers können freilich dadurch tangiert werden, dass sich mit der Rechtsform die auf ihn anzuwendenden Vorschriften geändert haben: Die Identität des Rechtsträgers wird modifiziert durch die **Diskontinuität des rechtlichen Regimes.** Das betrifft in nahezu jedem Fall das **Innenverhältnis.** Denn durch den Formwechsel ändern sich sowohl die Beziehungen der Anteilsinhaber zueinander als auch zum Rechtsträger und zugleich dessen inneres Gefüge. Deshalb ist es ratsam, die Satzung oder den Gesellschaftsvertrag auch dort neu festzustellen, wo dies nicht vorgeschrieben ist[29]. Trotz der Identität des Rechtsträgers können auch die **Außenbeziehungen** in vielen Fällen modifiziert werden:

13   a) **Auswirkungen auf die Gläubiger.** Im Rahmen schuldrechtlicher Beziehungen kann der Wandel der Rechtsform die Stellung der **Gläubiger** beeinträchtigen. Deshalb wird ihnen in § 204, der auf den § 22 verweist, Anspruch auf Sicherheitsleistung eingeräumt[30].

---

[21] § 292 Abs. 1 Nr. 2 AktG; dazu *K. Mertens* AG 2000, 32, 37 f.; *Decher* in Lutter Rn 49.
[22] *OLG Köln* GmbHR 1996, 773 f.; *Decher* in Lutter Rn 41.
[23] §§ 222 Abs. 1 Satz 2, 246; *Decher* in Lutter Rn 44; *Meister/Klöcker* in Kallmeyer Rn 24.
[24] *BGH* ZIP 1997, 1106, 1107 f.; *BGH* NJW 1989, 1928, 1930 f.; zum alten Recht *J. Semler/Grunewald* in G/H/E/K § 365 AktG Rn 7.
[25] § 203 Rn 2.
[26] *OLG Köln* ZIP 2004, 238, 239 f.; *Decher* in Lutter Rn 46; *Meister/Klöcker* in Kallmeyer Rn 15.
[27] *BFH* NZG 2004, 439 f.; *Decher* in Lutter Rn 43; *Meister/Klöcker* in Kallmeyer Rn 20.
[28] Siehe Rn 17.
[29] *Meister/Klöcker* in Kallmeyer Rn 22; *Decher* in Lutter Rn 11.
[30] Dazu näher § 204 Rn 3.

b) **Auswirkungen auf gesetzliche Vertreter.** Der Formwechsel **beendet die Organ- 14 stellung der gesetzlichen Vertreter** des formwechselnden Rechtsträgers[31]. Sie sind nach den für die geänderte Form maßgeblichen Bestimmungen neu zu bestellen.

c) **Auswirkungen auf die Firma.** Die **Firma** darf grundsätzlich beibehalten werden. 15 Im Einzelfall können Änderungen aber geboten sein. Das gilt insbesondere für die Firmenzusätze, die sich auf die Rechtsform beziehen[32].

d) **Auswirkungen auf Unternehmensverträge. Unternehmensverträge** werden 16 durch den Formwechsel grundsätzlich nicht tangiert. Das gilt in jedem Fall, wenn sich der Formwechsel beim herrschenden Unternehmen vollzieht. Bei der abhängigen Gesellschaft ist zu unterscheiden. Ist sie nach dem Formwechsel AG oder GmbH, dann bleibt der Unternehmensvertrag unberührt; das trifft auch auf eine Kapitalgesellschaft & Co. KG zu, solange ihr persönlich haftender Gesellschafter nicht eine natürliche Person ist, die nicht zum Kreis des herrschenden Unternehmens gehört, und das herrschende Unternehmen selbst nicht an der Personengesellschaft beteiligt ist[33]; und nach einer verbreiteten Meinung soll das auch für Personenhandelsgesellschaften gelten, wenn alle Gesellschafter zustimmen und das herrschende Unternehmen sie im Innenverhältnis von ihrer unbeschränkten Haftung freistellt[34]. Für die GbR und die Genossenschaft ist das jedenfalls für Beherrschungs- und Gewinnabführungsverträge nicht möglich; der Formwechsel in eine dieser Rechtsformen muss zur Beendigung dieser Verträge führen. Zudem kann der Formwechsel steuerliche Folgen, insbesondere den Verlust der Organschaft, auslösen. Das kann ein wichtiger Grund sein, der zur fristlosen Kündigung des Unternehmensvertrags berechtigt[35]. Da sowohl der Formwechsel bei der abhängigen Gesellschaft wie auch das Schicksal des Unternehmensvertrags von den Intentionen des herrschenden Unternehmens abhängen, handelt es sich primär um ein Problem unternehmensrechtlicher Planung. Der Formwechsel und der Unternehmensvertrag sollten im Vorfeld der Umwandlung gesellschafts- und steuerrechtlich sorgfältig aufeinander abgestimmt werden.

e) **Auswirkungen auf öffentlich-rechtliche Beziehungen.** Schließlich wird der 17 Grundsatz, dass die **öffentlich-rechtlichen Beziehungen** des Rechtsträgers durch den Formwechsel nicht berührt werden[36], dort durchbrochen, wo die Erteilung der für eine bestimmte Tätigkeit erforderlichen Erlaubnis an besondere Rechtsformen geknüpft wird[37]. In diesen Fällen des **Rechtsformzwangs** erlischt die Erlaubnis oder Zulassung, wenn eine Rechtsform gewählt wird, für die sie nicht erteilt werden kann. Gewerberechtliche Zulassungen, etwa die Gaststättenerlaubnis, werden durch einen Formwechsel zwischen Kapital- und Personenhandelsgesellschaft nicht zum Erlöschen gebracht[38].

IV. Kontinuität der Mitgliedschaft (Abs. 1 Nr. 2 Satz 1)

Die Anteilsinhaber bleiben trotz des Formwechsels an dem Rechtsträger – nunmehr nach 18 den für die neue Rechtsform geltenden Vorschriften – beteiligt[39]. Daraus folgen zwei Grundsätze, die jedoch beide nicht ausnahmslos gelten:

---

[31] Vgl. Rn 10.
[32] Vgl. § 200 und die Kommentierung dieser Vorschrift.
[33] OLG *Düsseldorf* ZIP 2004, 753, 756; dazu näher *K. Müller* BB 2002, 157, 160.
[34] *K. Müller* BB 2002, 157, 160; *Emmerich* in *Emmerich/Habersack* § 297 AktG Rn 42; *Decher* in Lutter Rn 51 mwN.
[35] § 297 AktG; dazu *Decher* in Lutter Rn 51.
[36] Vgl. Rn 11.
[37] Siehe § 20 Rn 70.
[38] *Eckert* ZIP 1998, 1950 ff.; teilweise abweichend *Gaiser* DB 2000, 361, 363.
[39] § 202 Abs. 1 Nr. 2 Satz 1.

- Wer bisher Anteilsinhaber war, soll dies bleiben (Identität der Anteilsinhaber).
- Die Beteiligungsverhältnisse sollen durch den Formwechsel nicht verändert werden (Identität der Beteiligungen).

1. Identität der Anteilsinhaber

19 Abs. 1 Nr. 2 Satz 1 postuliert das Prinzip, dass der Formwechsel weder das Ausscheiden bisheriger noch den Zutritt neuer Anteilsinhaber bewirkt, und verweist zugleich auf die im UmwG angeordneten **Ausnahmen**. Sie betreffen vor allem die **KGaA**. Bei dieser kann der Formwechsel die Aufnahme[40] wie das Ausscheiden[41] der Komplementärin zur Folge haben. Bei der Umwandlung eines VVaG in eine AG können erst kürzlich beigetretene Mitglieder ausgeschlossen werden[42]. Mit diesen Bestimmungen will das UmwG die Ausnahmen vom Grundsatz der Identität der Anteilsinhaber **abschließend** regeln[43]. Der Umwandlungsbeschluss hat auch keine Verfügungsbeschränkungen zur Folge. Soll eine AG in eine KG umgewandelt werden, dann können die Aktionäre bis zum Zeitpunkt der Eintragung nach den allgemeinen Vorschriften über ihre Aktien verfügen; die Erwerber werden mit Eintragung Gesellschafter der KG[44].

20 Schwierigkeiten bereiten die Umwandlungen, an denen **Mischtypen** wie die **Kapitalgesellschaft und Co.** bzw. die Stiftung und Co. beteiligt sind. Hier geht es vor allem um das Schicksal der als persönlich haftende Gesellschafter fungierenden Rechtsträger. Praktisch besonders bedeutsam ist der Formwechsel zwischen Kapitalgesellschaft und GmbH & Co. KG[45].

21 **a) Formwechsel von der GmbH & Co. KG in eine Kapitalgesellschaft.** Der Formwechsel von der GmbH & Co. KG in eine Kapitalgesellschaft lässt sich in der Weise vollziehen, dass die Umwandlung der KG in eine aus den Kommanditisten bestehende Kapitalgesellschaft beschlossen und mit der Komplementär-GmbH ihr zeitgleiches Ausscheiden vereinbart wird. Daneben besteht die Möglichkeit, die KG dadurch „auf" die Komplementär-GmbH umzuwandeln, dass diese – idR nach einer Kapitalerhöhung – alle Kommanditanteile erwirbt und zugleich ihre Firma verändert[46].

22 **b) Umwandlung einer Kapitalgesellschaft in eine GmbH & Co. KG.** Beim umgekehrten Vorgang der Umwandlung einer Kapitalgesellschaft in eine GmbH & Co. KG können die Gesellschafter der Kapitalgesellschaft die Umwandlung in eine KG beschließen, eine GmbH gründen und mit dieser vereinbaren, dass sie ohne Kapitalbeteiligung zum Zeitpunkt des Formwechsels in die KG eintreten soll. Die Anmeldungen zur Eintragung in das Handelsregister sind entsprechend abzufassen. Auf diese Weise vermeiden die Gesellschafter, dass sie sich als Kommanditisten dem Risiko der unbeschränkten Haftung aussetzen.

---

[40] §§ 194 Abs. 1 Nr. 4, 217 Abs. 3, 219 Satz 2, 221.
[41] §§ 236, 247 Abs. 3, 255 Abs. 3.
[42] § 294 Abs. 1 Satz 2.
[43] *Decher* in Lutter Rn 13; RegBegr. *Ganske* S. 227.
[44] *BayObLG* NZG 2003, 829, 830.
[45] Zum Meinungsstand § 197 Rn 12 ff. sowie *v. d. Osten* GmbHR 1995, 438, 439; *Decher* in Lutter Rn 14 ff. mwN; *Vossius* in Widmann/Mayer § 228 Rn 45 und 95 ff.; *Bärwaldt/Schabacker* ZIP 1998, 1293 f., 1298; *K. Schmidt* GmbHR 1995, 693 ff.; *Veil* DB 1996, 2529, 2530; *Wiedemann* ZGR 1999, 568, 578; OLG Brandenburg NZG 1999, 219 ff.; zwar aufgehoben durch BGHZ 142, 1, 5, aber nur deshalb, weil für alle 512 LPG-Mitglieder ein Treuhandkommanditist zwischengeschaltet werden sollte; der 2. Zivilsenat stellte fest, dass diese Ausgestaltung mit einer identitätswahrenden Umwandlung nicht vereinbar ist. Zur legislatorischen und judiziellen Anerkennung der GmbH & Co. KG als eigenständiger Rechtsform siehe *Kübler/Assmann* GesR § 22 Abs. 2 mwN.
[46] *K. Schmidt* GmbHR 1995, 693, 696.

2. Identität der Beteiligung

Da die Umwandlung nur die Form und nicht die Identität des Rechtsträgers berührt, bleiben die Beteiligungen auch in ihrer Proportionalität prinzipiell bestehen. Die Anteilsinhaber bleiben im gleichen Verhältnis wie bisher beteiligt. Der Formwechsel vollzieht sich **verhältniswahrend**[47]. Dieser Grundsatz ist nicht zwingend, das Gesetz lässt es vielmehr zu, dass die Beteiligungsverhältnisse durch den Umwandlungsbeschluss modifiziert werden[48]. Nicht jeder Formwechsel zwischen Kapitalgesellschaft und GmbH & Co. KG bewirkt eine Modifikation der Beteiligungsverhältnisse. Ein- oder Austritt der Komplementär-GmbH können so ausgestaltet werden, dass Kapitalbeteiligung und Stimmgewicht faktisch unverändert bleiben[49]. Das gilt auch für den Fall, dass eine Tochtergesellschaft der Mehrheitsaktionärin zur Komplementärin bestellt wird und die Mehrheitsaktionärin ebenso wie die Minderheitsaktionäre die Rechtsstellung von Kommanditisten erhalten; dieser Gestaltung stehen weder das Gebot der Kontinuität der Mitgliedschaft noch der Gleichbehandlungsgrundsatz entgegen; und auch die gesellschaftsrechtliche Treupflicht ist nicht verletzt[50].

3. Wandel der Mitgliedschaftsrechte

Auch dort, wo die Identität der Anteilsinhaber und der Beteiligungen gewahrt bleibt, modifiziert jeder Formwechsel die mit dem Anteilsbesitz verknüpften **Befugnisse und Pflichten**, da die Mitgliedschaft durchweg rechtsformspezifisch geregelt ist. Wird der Wechsel in eine Rechtsform vollzogen, die im Gesetz überwiegend dispositiv geregelt wird, können die Unterschiede durch darauf abzielende Bestimmungen im Gesellschaftsvertrag oder in der Satzung ausgeglichen werden. So kann das Mehrheitsprinzip von der GmbH auf die Personengesellschaft oder das Erfordernis der Einstimmigkeit von dieser auf die GmbH übertragen werden. Diese Möglichkeit endet an den Schranken des **zwingenden Rechts**. Da die §§ 51 a GmbHG und 131 AktG der Modifikation durch die Satzung weitgehend entzogen sind, verändert jeder Formwechsel zwischen GmbH und AG die Informationsrechte der Anteilsinhaber[51].

Die Veränderung der Mitgliedschaftsrechte fällt insbesondere beim **Wechsel zwischen Kapital- und Personengesellschaft** ins Gewicht. Wird eine GmbH in eine OHG oder GbR umgewandelt, dann entfällt mit der Eintragung die strikte Bindung des Gesellschaftsvermögens gem. §§ 30 ff. GmbHG. An ihre Stelle tritt die persönliche Haftung der Gesellschafter für die neuen und alten Verbindlichkeiten. Wird der Formwechsel in der umgekehrten Richtung, d. h. von der Personengesellschaft in die GmbH, vollzogen, wird den Gesellschaftern mit der Eintragung der unbeschränkte Zugriff auf das Gesellschaftsvermögen verwehrt. Zum Ausgleich entfällt die persönliche Haftung für die neuen Verbindlichkeiten des Rechtsträgers. Für die vor Eintragung entstandenen Verbindlichkeiten haften die Gesellschafter aber bis zum Ablauf der fünfjährigen Verjährungsfrist weiter[52].

Soweit einem Anteilsinhaber durch Satzung oder Gesellschaftsvertrag **Sonderrechte** eingeräumt waren, bestehen diese fort, wenn im Umwandlungsbeschluss nichts anderes bestimmt wird und die neue Rechtsform derartige Gestaltungen zulässt. Trifft dieses nicht zu, entfallen die Sonderrechte. Das ist vor allem bei der Umwandlung in eine AG zu beachten, da das Aktienrecht weder Mehrstimmrechte noch einen satzungsmäßigen Anspruch auf Geschäftsführung und Vertretung oder ein entsprechendes Recht auf Bestellung von Vorstands-

---

[47] *Meister/Klöcker* in Kallmeyer Rn 37.
[48] Vgl. § 194 Rn 18.
[49] AA *Decher* in Lutter Rn 20.
[50] BGH WM 2005, 1462, 1463 ff.
[51] *Decher* in Lutter Rn 22.
[52] §§ 224 und 249; das entspricht der generellen Regelung durch das Nachhaftungsgesetz; vgl. auch *Meister/Klöcker* in Kallmeyer Rn 42 mwN.

mitgliedern zulässt[53]. Für den Wegfall der Sonderrechte werden die betroffenen Gesellschafter nur insoweit entschädigt, als dies im Umwandlungsbeschluss vorgesehen ist. Sie werden dadurch geschützt, dass der Formwechsel ihrer individuellen Zustimmung bedarf[54].

V. Fortbestand der Rechte Dritter (Abs. 1 Nr. 2 Satz 2)

27 Rechte Dritter an den Anteilen oder Mitgliedschaften des formwechselnden Rechtsträgers bestehen an den an ihre Stelle tretenden Anteilen und Mitgliedschaften des Rechtsträgers in seiner neuen Rechtsform fort[55]. Diese Rechtsfolge ergibt sich bereits aus dem Konzept der Identität des Rechtsträgers[56] und aus der Kontinuität der Mitgliedschaft[57]. Abs. 1 Nr. 2 Satz 2 hat insoweit lediglich **Klarstellungsfunktion**.

28 Anders als gem. § 20 Abs. 1 Nr. 3 Satz 2[58] findet keine dingliche Surrogation statt. Das erübrigt sich, weil die Drittberechtigung am identischen Anteil fortbesteht. Es bedarf keinerlei Bestellungs- oder Übertragungsakte. Die Rechte bleiben schlicht und einfach bestehen, da es keinen Rechtsgrund für ihren Wegfall gibt.

29 Die hM geht davon aus, dass die Vorschrift nur für **dingliche Rechte** wie das Pfandrecht und den Nießbrauch gilt[59]. Das ist nicht zwingend, aber angesichts der bloß klarstellenden Funktion der Norm unschädlich.

30 Der Fortbestand dinglicher Rechte kann strukturelle Auswirkungen iRd. neuen Rechtsform entfalten. Wird eine AG in eine GmbH umgewandelt, und ist nur ein Teil der Aktien eines bestimmten Aktionärs mit einem Pfandrecht oder Nießbrauch belastet, setzt sich diese Beteiligung nicht in einem, sondern in zwei Geschäftsanteilen – einem mit dem Pfandrecht oder Nießbrauch behafteten und einem unbelasteten – fort[60]. Erwirbt der Anteilsinhaber einen Anspruch auf bare Zuzahlung gem. § 196 oder auf Abfindung gem. § 207, setzen sich Pfandrecht und Nießbrauch kraft dinglicher Surrogation gem. §§ 1075, 1287 BGB an diesen Ansprüchen fort[61].

31 Für **schuldrechtliche Belastungen** von Anteilen oder Mitgliedschaften, etwa Unterbeteiligungen oder Treuhandbindungen, gilt grundsätzlich dasselbe: Sie setzen sich kraft der Kontinuität der Mitgliedschaft an dem identisch bleibenden Anteil fort[62]. Ist unklar, ob die Bindung auch für die veränderte Rechtsform gelten soll, ist der Umfang ihrer Weitergeltung durch **Auslegung** der zugrunde liegenden Vereinbarung zu ermitteln. In Betracht kommt auch der Wegfall der Bindung oder ihre Ablösung gegen Zahlung einer Entschädigung.

VI. Mängel der Beurkundung (Abs. 1 Nr. 3)

32 Durch die Eintragung des Formwechsels werden **Mängel der Beurkundung des Umwandlungsbeschlusses geheilt**. Dasselbe gilt für Mängel der Beurkundung eventuell erfor-

---

[53] *Decher* in Lutter Rn 25. Das Verbot von Mehrstimmrechten folgt aus § 12 Abs. 2 AktG, das Verbot der Sonderrechte hinsichtlich der Geschäftsführung aus der Bestellungskompetenz des Aufsichtsrats.
[54] So § 193 Abs. 2 für den Fall der Vinkulierung. Die anderen Fälle sind entsprechend dieser Vorschrift oder gem. § 35 BGB ebenso zu behandeln; *Decher* in Lutter Rn 25.
[55] § 202 Abs. 1 Nr. 2 Satz 2.
[56] § 202 Abs. 1 Nr. 1; vgl. Rn 2 und 7.
[57] § 202 Abs. 1 Nr. 2 Satz 1; vgl. Rn 18 ff.
[58] Vgl. § 20 Rn 80.
[59] *Meister/Klöcker* in Kallmeyer Rn 46; *Decher* in Lutter Rn 26; zum alten Recht *J. Semler/Grunewald* in G/H/E/K § 372 AktG Rn 12.
[60] Ebenso *Decher* in Lutter Rn 27.
[61] RGZ 142, 373, 378 f.; *Meister/Klöcker* in Kallmeyer Rn 46; *Decher* in Lutter Rn 27.
[62] *Decher* in Lutter Rn 28.

derlicher **Zustimmungs- und Verzichtserklärungen einzelner Anteilsinhaber**[63]. Beispiele solcher Mängel sind die unzulässige Beurkundung im Ausland[64], ihr völliges Fehlen, das angesichts der Mitwirkung des Registerrichters freilich wenig wahrscheinlich ist, und vor allem die fehlerhafte oder unvollständige Beurkundung[65].

Heilung bedeutet, dass der Umwandlungsbeschluss in der aus dem Register ersichtlichen Fassung wirksam und maßgeblich ist. Auf unvollständiger Beurkundung beruhende Lücken des Umwandlungsbeschlusses sind durch Auslegung zu schließen. Die Heilung verhindert nicht, dass die für den Mangel Verantwortlichen gem. §§ 205, 206 haftbar gemacht werden[66]. Alle übrigen Mängel, die sich nicht auf die Beurkundung beziehen, werden nicht von Abs. 1 Nr. 3, sondern von Abs. 3 erfasst[67]. 33

VII. Sonstige Mängel der Umwandlung (Abs. 3)

1. Zweck und Reichweite des Abs. 3

Diese Vorschrift bestimmt, dass die in Abs. 1 **angeordneten Wirkungen der Eintragung von Mängeln des Formwechsels unberührt** bleiben. Sie entspricht der für die Verschmelzung[68], der für die Spaltung[69] und zudem der für die Umwandlung der landwirtschaftlichen Produktionsgenossenschaften der früheren DDR[70] getroffenen Regelung. All diesen Vorschriften liegt die Überlegung zugrunde, dass die Rückabwicklung einer vollzogenen Umwandlung nicht nur die Beteiligten, sondern auch den Rechtsverkehr mit erheblichen Unsicherheiten und beträchtlichen Kosten belastet. Diese Nachteile sollen vermieden werden[71]. Dieser Regelungszweck bestimmt die Auslegung dieser Bestimmungen. Sie sollen nicht die Unwirksamkeit der Umwandlung *(ex tunc)* durch eine gesellschaftsrechtliche Rückabwicklung *(ex nunc)* ersetzen, sondern die definitive **Heilung** der der Umwandlung anhaftenden Mängel bewirken. Der Wechsel von der bisherigen in die neue Rechtsform soll in keiner Weise rückgängig gemacht werden. Der Heilungseffekt erschöpft sich aber in der Irreversibilität der Umwandlung. Er schließt weder **Ansprüche auf Schadensersatz** gegen den jeweils Verantwortlichen[72] noch die einvernehmliche Rückumwandlung in den *status quo ante* aus. 34

2. Umfang der Wirkung der Eintragung

Ist der Umwandlungsbeschluss mit Mängeln behaftet, können die Betroffenen seine Eintragung durch fristgerechte Klageerhebung verhindern[73]. Durch die Eintragung wird der Formwechsel gegen die Folgen dieser Mängel immunisiert. Er entfaltet seine Rechtsfolgen auch dann, wenn der Umwandlungsbeschluss nichtig oder anfechtbar ist oder wenn die erforderlichen Zustimmungs- oder Verzichtserklärungen fehlen oder mit Mängeln behaftet sind. Das gilt im Grundsatz **unabhängig von der Art und Schwere des Mangels**[74]. Nur in 35

---

[63] Das ergibt sich aus § 202 Abs. 1 Nr. 3.
[64] Vgl. § 6 Rn 15 bis 17.
[65] *Decher* in Lutter Rn 54; *Meister/Klöcker* in Kallmeyer Rn 50.
[66] *Decher* in Lutter Rn 55; *Meister/Klöcker* in Kallmeyer Rn 54.
[67] Siehe Rn 34 ff.
[68] § 20 Abs. 2; siehe § 20 Rn 84 ff.
[69] § 131 Abs. 2; siehe § 131 Rn 65 ff.
[70] §§ 37 Abs. 2 LAnpG 1990 und 34 Abs. 3 LAnpG 1991.
[71] Dazu und zum Folgenden § 20 Rn 85 ff. mwN.
[72] BGHZ 132, 353, 359; *Decher* in Lutter Rn 64.
[73] § 195 Abs. 1. Ausnahmsweise kann gem. § 16 Abs. 3 trotz Klageerhebung eingetragen werden.
[74] BGHZ 132, 353, 359; 138, 371, 375; *BGH* ZIP 1995, 422 f.; *Decher* in Lutter Rn 57; *Meister/Klöcker* in Kallmeyer Rn 56.

den folgenden Ausnahmefällen ist der Wechsel der Rechtsform **trotz Eintragung** in das zuständige Register **unwirksam**:

36 a) **Fehlender Umwandlungsbeschluss.** Das gilt zunächst für den Fall, dass ein **Umwandlungsbeschluss nicht zustande gekommen** ist[75]. Zu Recht stellt die Judikatur keine hohen Anforderungen an dieses Zustandekommen. Es genügt, dass der Wille der Anteilsinhaber zur Umwandlung in irgend einem Beschluss zum Ausdruck gekommen ist[76]. Fehlt es selbst daran, ist es trotz Eintragung nicht zum Wechsel der Rechtsform gekommen.

37 b) **Gesetzlich ausgeschlossene Umwandlung.** Der **spezifische Umwandlungsvorgang**, d. h. der Wechsel von der (besonderen) bisherigen Rechtsform in die (besondere) neue Rechtsform, muss **gesetzlich zugelassen** sein. Der Formwechsel ist trotz Eintragung unwirksam, wenn er den *numerus clausus* der Umwandlungsmöglichkeiten verletzt oder verlässt[77]. Dieser Grundsatz, der für die Umwandlung von landwirtschaftlichen Produktionsgenossenschaften nach dem LAnpG 1990 entwickelt worden ist, hat umfassende Geltung für alle Umwandlungsformen. Seine Bedeutung wird gewiss dadurch beschränkt, dass das neue Umwandlungsrecht nunmehr nahezu alle Rechtsformen des deutschen Gesellschaftsrechts erfasst und dem Rechtsformwechsel zugänglich macht. Es bleibt aber weiterhin ausgeschlossen, einen deutschen Rechtsträger in eine frei erfundene oder in eine ausländische Rechtsform, etwa eine „Einzelpersonenanstalt" liechtensteinischen Rechts[78], umzuwandeln. Daran vermag auch eine Eintragung nichts zu ändern.

38 c) **Verbot des Zwangsausschlusses.** Unklar und streitig ist, wie dort verfahren werden soll, wo der Formwechsel den erzwungenen Ausschluss (*squeeze out*) von Anteilseignern zur Folge hat. Der BGH hat der Eintragung die Heilungswirkung versagt, weil nicht „allen Mitgliedern die Beteiligung an dem Nachunternehmen ermöglicht" worden war[79]. Diese Judikatur schränkt den von Abs. 3 aus guten Gründen geforderten Bestandsschutz erheblich ein. Deshalb wird dafür plädiert, die Heilung zuzulassen und den zu Unrecht ausgeschlossenen Anteilseignern einen schuldrechtlichen Anspruch auf Einräumung einer Beteiligung zu gewähren, die dem Umfang der bisherigen Mitgliedschaft entspricht[80]. Diese Auffassung hat den Nachteil, dass sie den verfassungsgebotenen Schutz[81] der Ausgeschlossenen erheblich reduziert: Bis zur Rechtskraft des Urteils, das den Rechtsträger zu ihrer Wiederaufnahme verpflichtet, haben sie ihre Beteiligung eingebüßt. Deshalb ist eine vermittelnde Lösung vorzuziehen, die dem Anschluss die Wirksamkeit versagt und damit den betroffenen Mitgliedern unmittelbar die Beteiligung an dem Rechtsträger in der neuen Rechtsform einräumt[82]. Wo sich dies als nicht möglich erweist, sollte weiterhin vom Vorrang des verfassungsgebotenen Anteilseignerschutzes ausgegangen und dem Formwechsel der Bestandsschutz versagt werden.

39 d) **Amtslöschung nach Eintragung?** Es geschieht nicht selten, dass die mit dem Rechtsformwechsel (oder mit einer Verschmelzung oder Spaltung) unzufriedenen Anteilseigner

---

[75] BGHZ 132, 353, 360; 138, 371, 374.
[76] OLG *Brandenburg* ZIP 1995, 1457, 1458.
[77] BGHZ 132, 353, 360; 137, 134, 141; 138, 371, 375; *BGH* ZIP 1999, 840, 841; *Decher* in Lutter Rn 59; kritisch *K. Schmidt* ZIP 1998, 181, 185. Der BGH verankert den Grundsatz des *numerus clausus* wegen des „eigentumsrechtlichen Mitgliederschutzes" im Verfassungsrecht (BGHZ 132, 353, 357 und 360). Das ist wenig einleuchtend: Die Umwandlung in eine nicht zugelassene Rechtsform ist auch dann unwirksam, wenn ihr alle Mitglieder des bisherigen Rechtsträgers zugestimmt haben.
[78] Vgl. BGHZ 53, 182, 183 f.
[79] BGHZ 138, 371, 375; 142, 1, 5.
[80] *Decher* in Lutter Rn 63.
[81] BVerfGE 14, 263, 276 ff.: Der Zwangsausschluss ist nur zulässig, wenn er durch Gesetz ausdrücklich gestattet ist, das zudem ausreichende Entschädigung gewährleistet.
[82] So *OLG Karlsruhe* ZIP 2003, 78, 79.

beim Registergericht die Amtslöschung der Eintragung wegen Mangels einer wesentlichen Voraussetzung[83] beantragen; beanstandet wird insbesondere, dass die Eintragung (noch) nicht erfolgen durfte, weil die Klagefrist gem. § 14 Abs. 1 noch nicht abgelaufen oder eine Anfechtungsklage bereits erhoben und deshalb die Registersperre gemäß § 16 Abs. 2 zu beachten war[84]. In diesen Fällen ist die **Amtslöschung nicht zulässig**. Ihre Voraussetzungen richten sich nicht nach § 142 FGG, sondern nach der spezielleren Bestimmung des § 144 Abs. 1 FGG, die die Amtslöschung für Kapitalgesellschaften auf die Fälle der Nichtigkeit gemäß § 275 f. AktG beschränkt[85]. Auch in diesen Fällen überwiegt das Interesse an der Wirksamkeit des Formwechsels die Belange einzelner Gesellschafter, denen zudem in anderer Weise, etwa durch Ansprüche auf Schadensersatz[86] oder durch Amtshaftung[87], Rechnung getragen werden kann.

e) Einbeziehung anderer Mängel? Die in Abs. 3 angeordnete Heilung beschränkt sich auf den Vorgang des Wechsels der Rechtsform; andere Mängel, die etwa der Gründung des formwechselnden Rechtsträgers anhaften, werden von der Heilungswirkung ebenso wenig erfasst wie andere Beschlüsse, die mit dem Umwandlungsbeschluss zusammen gefasst worden sind[88]. Das gilt grundsätzlich auch für Beschlüsse, die **Kapitalerhöhungen oder -herabsetzungen** zum Gegenstand haben. Derartige Beschlüsse sind aber dann anders zu beurteilen, wenn sie gefasst worden sind, um den **Rechtsformwechsel zu ermöglichen**[89]; dazu werden sie von dem Bestandsschutz miterfasst, da anders der Umwandlung die Grundlage entzogen werden könnte. Für die Verschmelzung, an der eine AG beteiligt ist, ergibt sich dieser Effekt nach Inkrafttreten des UMAG[90] aus § 249 Abs. 1 Satz 2 AktG: Dort werden Hauptversammlungsbeschlüsse, die die Voraussetzungen für eine Umwandlung gemäß § 1 schaffen, in den Anwendungsbereich des § 20 Abs. 2 einbezogen; diese Vorschrift ist entsprechend anzuwenden, wo es um die Wirkung einer Spaltung gemäß § 131 Abs. 2 oder einen Rechtsformwechsel gemäß § 202 Abs. 3 geht.

40

§ 203 Amtsdauer von Aufsichtsratsmitgliedern

Wird bei einem Formwechsel bei dem Rechtsträger neuer Rechtsform in gleicher Weise wie bei dem formwechselnden Rechtsträger ein Aufsichtsrat gebildet und zusammengesetzt, so bleiben die Mitglieder des Aufsichtsrats für den Rest ihrer Wahlzeit als Mitglieder des Aufsichtsrats des Rechtsträgers neuer Rechtsform im Amt. Die Anteilsinhaber des formwechselnden Rechtsträgers können im Umwandlungsbeschluß für ihre Aufsichtsratsmitglieder die Beendigung des Amtes bestimmen.

---

[83] § 142 Abs. 1 FGG.
[84] *OLG Hamm* NZG 2001, 569; ähnlich *OLG Frankfurt am Main* NZG 2003, 790 für einen Fall der Verschmelzung.
[85] So schon *OLG Rostock* ZIP 1994, 1062, 1063 f. für den Fall der Umwandlung einer LPG in eine eG; *OLG Hamm* NZG 2001, 569, 570 f. für die Umwandlung einer AG in eine KG; ebenso für die Verschmelzung *BayObLG* NZG 2000, 50, 51; *OLG Frankfurt*, Der Konzern 2003, 412, 413; *OLG Frankfurt* NZG 2003, 790, 791; *OLG Hamburg* NZG 2003, 981, 982 f.; und für einen *squeeze out OLG Düsseldorf* 2004, 612, 613.
[86] *OLG Hamburg* NZG 2003, 981, 983.
[87] *OLG Frankfurt am Main* NZG 2003, 790, 791.
[88] *OLG Düsseldorf* ZIP 2001, 1717, 1722; *BayObLG* NZG 2003, 829, 830; *Meister/Klöckner* in Kallmeyer Rn 57; *Decher* in Lutter Rn 65 f.
[89] Zur entsprechenden Rechtslage bei der Verschmelzung siehe § 20 Rn 95 ff.
[90] Gesetz zur Unternehmensintegrität und Modernisierung des Anfechtungsrechts, BGBl. 2005 I S. 2802.

Übersicht

	Rn		Rn
I. Sinn und Zweck der Norm	1	formwechselnden Rechtsträgers im Umwandlungsbeschluss (Satz 2)	8
II. Kontinuität des Amts der Aufsichtsratsmitglieder (Satz 1)	3	c) Durchführung des Statusverfahrens nach den §§ 97 ff. AktG	9
1. Bildung und Zusammensetzung des Aufsichtsrats beim Rechtsträger neuer Rechtsform in gleicher Weise wie beim formwechselnden Rechtsträger	3	III. Rechtsfolgen bei Änderung der Bildung und/oder Zusammensetzung des Aufsichtsrats beim Rechtsträger neuer Rechtsform	10
2. Rechtsfolgen	7	1. Durchführung des Statusverfahrens nach §§ 97 ff. AktG	10
a) Fortdauer des Amts der Aufsichtsratsmitglieder des formwechselnden Rechtsträgers	7	2. Wahl eines neuen Aufsichtsrats	11
b) Ausnahme: Beendigung des Amts der Aufsichtsratsmitglieder der Anteilsinhaber des		3. Rechtsfolgen bei Nichtdurchführung eines notwendigen Statusverfahrens	12

Literatur: *Finken/Decher,* Die Umstrukturierung des Familienunternehmens in eine Aktiengesellschaft, AG 1989, 391; *Fitting/Wlotzke/Wißmann,* Mitbestimmungsgesetz, 2. Aufl. 1978; *Göz,* Statusverfahren bei Änderungen in der Zusammensetzung des Aufsichtsrats, ZIP 1998, 1523; *Ulmer/Habersack/Henssler,* Mitbestimmungsrecht, 2. Aufl. 2006; *Heinsius,* Die Amtszeit des Aufsichtsrats mitbestimmter Gesellschaften mit beschränkter Haftung und mitbestimmter Aktiengesellschaften bei formwechselnder Umwandlung, FS Stimpel, 1985, S. 571; *Hoffmann-Becking,* Amtszeit und Vergütung des Aufsichtsrats nach formwechselnder Umwandlung einer GmbH in eine Aktiengesellschaft, AG 1980, 269; *Köstler,* Amtsende des Aufsichtsrats nach formwechselnder Umwandlung einer GmbH in eine Aktiengesellschaft?, BB 1993, 81; *Krause-Ablaß/Link,* Fortbestand, Zusammensetzung und Kompetenzen des Aufsichtsrats nach Umwandlung einer AG in eine GmbH, GmbHR 2005, 731; *Mengel,* Umwandlungen im Arbeitsrecht, Diss. Köln 1996; *Raiser,* Mitbestimmungsgesetz, 4. Aufl. 2002; *Werner/Kindermann,* Umwandlung mittelständischer Unternehmen in eine Aktiengesellschaft: Gesellschaftsrechtliche Vor- und Nachteile und Verfahren, ZGR 1981, 17; *Zöllner,* Amtsverlust und Amtskontinuität des Aufsichtsrats bei formwechselnder Umwandlung, DB 1973, 2077.

I. Sinn und Zweck der Norm

1 Die Vorschrift trägt der wirtschaftlichen und rechtlichen Kontinuität eines formwechselnden Rechtsträgers auch für das Amt der Aufsichtsratsmitglieder Rechnung, sofern sich durch den Formwechsel das auf die Bildung und Zusammensetzung des Aufsichtsrats anwendbare Recht nicht ändert[1]. Diese von der Unternehmenspraxis angeregte Regelung soll den Formwechsel vereinfachen und Kosten sparen[2]. Die Anteilsinhaber haben aber die Möglichkeit, für die von ihnen zu bestellenden Aufsichtsratsmitglieder etwas anderes zu bestimmen[3].

2 Aus der Vorschrift folgt im Umkehrschluss, dass die Amtszeit der Aufsichtsratsmitglieder des formwechselnden Rechtsträgers endet, wenn der Aufsichtsrat beim Rechtsträger neuer Rechtsform anders als beim formwechselnden Rechtsträger zu bilden und zusammenzusetzen ist[4]. In diesem Fall wird der Aufsichtsrat mit dem Wirksamwerden des Formwechsels ohne Durchführung eines Statusverfahrens aufgelöst[5]. Die Amtszeit der Aufsichtsratsmitglie-

---

[1] RegBegr. *Ganske* S. 229.
[2] RegBegr. *Ganske* S. 229.
[3] § 203 Satz 2.
[4] *Decher* in Lutter Rn 8; *Meister/Klöcker* in Kallmeyer Rn 2; aA *Krause-Ablaß/Link* GmbHR 2005, 731 ff.
[5] *Raiser* § 6 MitbestG Rn 19.

der endet[6]. Einer Abberufung bedarf es nicht[7]. Die Anteilsinhaber können die Fortdauer des Aufsichtsratsamts nicht anordnen, sondern nur neue Aufsichtsratsmitglieder bestellen[8]. Es spielt dabei keine Rolle, ob es sich um einen obligatorischen oder fakultativen Aufsichtsrat handelt[9]. Die Amtszeit der Aufsichtsratsmitglieder endet ebenfalls, wenn beim Rechtsträger neuer Rechtsform kein Aufsichtsrat mehr zu bilden ist[10]. Die hM im gesellschaftsrechtlichen Schrifttum hatte schon für das alte Recht bei formwechselnden Umwandlungen – insbesondere bei der Umwandlung einer GmbH in eine AG und umgekehrt – eine Beendigung des Amts der Aufsichtsratsmitglieder angenommen[11]. Davon geht auch der Gesetzgeber aus, allerdings nur in den Fällen, in denen der Formwechsel tatsächlich zu einer Änderung der rechtlichen Voraussetzungen für die Bildung und Zusammensetzung des Aufsichtsrats führt[12]. In den Fällen, in denen keine Änderung des rechtlichen Rahmens für den Aufsichtsrat eintritt, bejahte das mitbestimmungsrechtliche Schrifttum bereits für das bisherige Recht die Kontinuität des Amts der Aufsichtsratsmitglieder[13]. Durch § 203 ist dies nun ausdrücklich geregelt worden[14].

II. Kontinuität des Amts der Aufsichtsratsmitglieder (Satz 1)

1. Bildung und Zusammensetzung des Aufsichtsrats beim Rechtsträger neuer Rechtsform in gleicher Weise wie beim formwechselnden Rechtsträger

Die Regelung setzt zunächst voraus, dass für den formwechselnden Rechtsträger ein **Aufsichtsrat** gebildet worden ist[15]. Ferner muss der Aufsichtsrat vor und nach dem Formwechsel **in gleicher Weise gebildet und zusammengesetzt** sein. Dieses Merkmal ist erfüllt, wenn der Aufsichtsrat nach denselben gesetzlichen Vorschriften zu errichten ist[16]. Die Vorschrift findet daher keine Anwendung beim Formwechsel eines Rechtsträgers mit einem **fakultativen Aufsichtsrat** in einen Rechtsträger neuer Rechtsform mit einem obligatorischen

---

[6] *Raiser* § 6 MitbestG Rn 19; *Decher* in Lutter Rn 3; *Meister/Klöcker* in Kallmeyer Rn 2. Das Erlöschen des Amts eines Aufsichtsratsmitglieds lässt grundsätzlich dessen Dienstvertrag unberührt; dessen Beendigung richtet sich nach allgemeinen Grundsätzen, *Meister/Klöcker* in Kallmeyer Rn 3.
[7] *Meister/Klöcker* in Kallmeyer Rn 2; *Laumann* in Goutier/Knopf/Tulloch Rn 2, 3.
[8] *Meister/Klöcker* in Kallmeyer Rn 2.
[9] *Decher* in Lutter Rn 3; *Meister/Klöcker* in Kallmeyer Rn 4.
[10] *Decher* in Lutter Rn 9.
[11] *Zöllner* DB 1973, 2077; *Werner/Kindermann* ZGR 1981, 17, 36 (für die Umwandlung einer GmbH in eine AG); *Hoffmann-Becking* AG 1980, 269 f. (für die Umwandlung einer GmbH in eine AG); *Zöllner* in Kölner Komm. § 363 AktG Rn 19, § 365 AktG Rn 5, § 368 AktG Rn 5, § 370 AktG Rn 8, § 372 AktG Rn 5, § 377 AktG Rn 12, § 384 AktG Rn 12, § 385 d AktG Rn 42, § 385 f AktG Rn 4, § 385 m AktG Rn 36; *J. Semler/Grunewald* in G/H/E/K § 370 AktG Rn 14, § 377 AktG Rn 13, § 384 AktG Rn 13, § 385 f AktG Rn 4, § 385 m AktG Rn 26, § 387 AktG Rn 14 (für Amtskontinuität allerdings bei der Umwandlung einer AG in eine KGaA und umgekehrt, § 363 AktG Rn 22, § 365 AktG Rn 8, § 366 AktG Rn 29, § 368 AktG Rn 4); *Raiser* in Hachenburg § 52 GmbHG Rn 57 (für die Umwandlung einer GmbH in eine AG); aA *Köstler*, BB 1993, 81, 82 (für die Umwandlung einer GmbH in eine AG); *Finken/Decher* AG 1989, 391, 399; *Heinsius*, FS Stimpel, S. 571, 575 ff.; *Meyer-Landrut* in Großkomm. § 363 AktG Anm. 3, § 366 AktG Anm. 6, § 377 AktG Anm. 2, § 384 AktG Anm. 6, § 385 AktG, § 385 m AktG Anm. 3, § 393 AktG Anm. 4 (für eine Amtsdiskontinuität allerdings bei Umwandlung einer GmbH in eine AG, § 370 AktG Anm. 3).
[12] RegBegr. *Ganske* S. 229.
[13] *Fitting/Wlotzke/Wißmann* § 6 MitbestG Rn 27; *Ulmer* in Ulmer/Habersack § 6 MitbestG Rn 36 f.
[14] RegBegr. *Ganske* S. 229.
[15] *Decher* in Lutter Rn 10; *Vossius* in Widmann/Mayer Rn 4, 20.
[16] *Meister/Klöcker* in Kallmeyer Rn 7, 9 f.

Aufsichtsrat oder umgekehrt[17]. Sie ist nach ihrem Zweck nur anwendbar, „soweit sich durch den Formwechsel das auf die Bildung und Zusammensetzung des Aufsichtsrats anwendbare Recht nicht ändert"[18]. Die anwendbaren rechtlichen Vorschriften müssen unverändert bleiben[19]. Das ist nicht der Fall, wenn der Aufsichtsrat des Rechtsträgers vor und nach dem Formwechsel nur aufgrund des Gesellschaftsvertrags oder der Satzung in gleicher Weise zu bilden ist, zB bei einem Formwechsel einer GmbH mit nicht mehr als 500 Arbeitnehmern, bei der freiwillig ein Aufsichtsrat ohne Arbeitnehmervertreter gebildet worden ist, in eine AG oder umgekehrt. Die Bildung des Aufsichtsrats ist in diesem Fall nur beim formwechselnden oder beim Rechtsträger neuer Rechtsform zwingend, sodass der Aufsichtsrat beim Rechtsträger neuer Rechtsform nicht in gleicher Weise wie beim formwechselnden Rechtsträger gebildet wird[20].

4   Der Aufsichtsrat ist nur dann in gleicher Weise gebildet und zusammengesetzt, wenn sich auch „die zahlenmäßige Zusammensetzung des Aufsichtsrats nicht ändert"[21], d. h. die Zahl der Aufsichtsratsmitglieder gleich bleibt. Dabei kommt es nicht auf die Identität der Personen der Aufsichtsratsmitglieder an. Es ist unschädlich, wenn im Zuge des Formwechsels ein Aufsichtsratsmitglied sein Amt niederlegt[22].

5   Formwechsel, bei denen zwar sowohl der formwechselnde Rechtsträger als auch der Rechtsträger neuer Rechtsform zwingend einen Aufsichtsrat haben müssen, dieser aber unterschiedlich gebildet oder zusammengesetzt wird, sind die Ausnahme. Das ist zB bei einem Formwechsel einer eG in eine Kapitalgesellschaft[23] mit mehr als 500 bzw. mehr als 2000 Arbeitnehmern der Fall, da die Mitglieder des Aufsichtsrats in der neuen Rechtsform keine Genossen sein müssen[24].

6   Der Aufsichtsrat beim Rechtsträger neuer Rechtsform wird insbesondere in gleicher Weise wie beim formwechselnden Rechtsträger gebildet und zusammengesetzt[25]
– beim Formwechsel einer KGaA in eine AG und umgekehrt;
– beim Formwechsel einer AG oder KGaA in eine GmbH und umgekehrt, sofern die Gesellschaft mehr als 500 Arbeitnehmer beschäftigt;
– beim Formwechsel eines VVaG mit mehr als 500 Arbeitnehmern und nicht mehr als 2 000 Arbeitnehmern in eine AG oder KGaA;
– beim Formwechsel einer von § 4 Abs. 1 oder § 5 Abs. 2 MitbestG erfassten Kapitalgesellschaft & Co. KG mit mehr als 2 000 Arbeitnehmern in eine Kapitalgesellschaft und umgekehrt;
– beim Formwechsel einer AG in eine GmbH und umgekehrt, sofern das MitbestG, MontanMitbestG oder das MitbestErgG Anwendung findet.

2. Rechtsfolgen

7   **a) Fortdauer des Amts der Aufsichtsratsmitglieder des formwechselnden Rechtsträgers.** Die Mitglieder des Aufsichtsrats bleiben für den Rest ihrer Wahlzeit als Aufsichtsratsmitglieder des Rechtsträgers neuer Rechtsform im Amt. Maßgeblich ist die Wahlzeit des

---

[17] *Decher* in Lutter Rn 7; *Meister/Klöcker* in Kallmeyer Rn 11; *Vossius* in Widmann/Mayer Rn 10; aA *Laumann* in Goutier/Knopf/Tulloch Rn 4, 7, 8, 9.
[18] RegBegr. *Ganske* S. 229.
[19] *Meister/Klöcker* in Kallmeyer Rn 11.
[20] *Decher* in Lutter Rn 7.
[21] RegBegr. *Ganske* S. 229; so auch *Meister/Klöcker* in Kallmeyer Rn 8; aA *Laumann* in Goutier/Knopf/Tulloch Rn 4.
[22] *Vossius* in Widmann/Mayer Rn 15.
[23] Siehe näher § 258.
[24] *Decher* in Lutter Rn 11.
[25] Zu mitbestimmungsneutralen Formwechseln siehe auch *Seibt* in Willemsen/Hohenstatt/Schweibert/Seibt F Rn 62 f.; *Stratz* in Schmitt/Hörtnagl/Stratz Rn 2.

jeweiligen Aufsichtsratsmitglieds[26]. Die Vorschrift will die individuelle Amtszeit nicht verlängern, sondern bloß erhalten. Die Amtskontinuität gilt auch für **Ersatzmitglieder**[27]. Nachgerückte Ersatzmitglieder bleiben für den Rest der Amtszeit im Amt. Noch nicht nachgerückte Ersatzmitglieder sind auch nach dem Formwechsel Ersatzmitglieder des Aufsichtsrats des Rechtsträgers neuer Rechtsform[28].

b) Ausnahme: Beendigung des Amts der Aufsichtsratsmitglieder der Anteilsinhaber des formwechselnden Rechtsträgers im Umwandlungsbeschluss (Satz 2). Die Anteilsinhaber haben die Möglichkeit, ihre Vertreter im Aufsichtsrat abzuberufen[29]. Wie das Wort „ihre" zeigt, hat die Vorschrift insbesondere mitbestimmte Unternehmen vor Augen[30]. Die Kontinuität der Aufsichtsratsmandate der Arbeitnehmer bleibt durch eine Abberufung der Anteilsinhabervertreter unberührt[31]. Den Arbeitnehmern steht für ihre Vertreter im Aufsichtsrat kein vergleichbares Abberufungsrecht zu[32]. Die Anteilsinhaber können sämtliche oder einzelne ihrer Vertreter im Aufsichtsrat abberufen[33]. Die Abberufung hat die Beendigung des Amts der abberufenen Aufsichtsratsmitglieder zur Folge. Da das Gesetz keinen Zeitpunkt für die Beendigung vorgibt, können die Anteilsinhaber in ihrem Beschluss jeden Beendigungszeitpunkt zwischen dem Tag des Umwandlungsbeschlusses und dem Ablauf der regulären Amtszeit bestimmen[34]. Nach dem eindeutigen Wortlaut sind die Anteilseignervertreter im Aufsichtsrat im **Umwandlungsbeschluss** abzuberufen. Es soll aber auch ausreichen, dass der Abberufungsbeschluss formal gesondert gefasst wird, wenn er in einem inneren Zusammenhang mit dem Umwandlungsbeschluss steht[35]. Der Abberufungsbeschluss kann jedenfalls nicht mehr nach Wirksamwerden des Formwechsels gefasst werden. In diesem Fall wird das Amt nicht mehr nach § 203 Satz 2 beendet, vielmehr handelt es sich um eine vorzeitige Abberufung nach den jeweils anwendbaren Regeln[36].

c) Durchführung des Statusverfahrens nach den §§ 97 ff. AktG. Liegen die Voraussetzungen für die Fortdauer des Amts der Aufsichtsratsmitglieder vor, ist **kein Statusverfahren** nach den §§ 97 ff. AktG durchzuführen, weil der Rechtsträger weiterhin nach den für ihn maßgeblichen gesetzlichen Vorschriften zusammengesetzt ist[37]. Nach Ablauf der Amtszeit der Aufsichtsratsmitglieder ist vor der Neuwahl kein Statusverfahren erforderlich[38].

---

[26] *Meister/Klöcker* in Kallmeyer Rn 13; *Vossius* in Widmann/Mayer Rn 23.
[27] *Meister/Klöcker* in Kallmeyer Rn 12; *Decher* in Lutter Rn 5; *Laumann* in Goutier/Knopf/Tulloch Rn 5.
[28] *Decher* in Lutter § 203 Rn 5; *Meister/Klöcker* in Kallmeyer Rn 12.
[29] § 203 Satz 2.
[30] *Decher* in Lutter Rn 26; *Vossius* in Widmann/Mayer Rn 27.
[31] *Decher* in Lutter Rn 26; *Hörtnagl* in Schmitt/Hörtnagl/Stratz Rn 4.
[32] *Vossius* in Widmann/Mayer Rn 28.
[33] *Meister/Klöcker* in Kallmeyer Rn 14; *Vossius* in Widmann/Mayer Rn 29 f.
[34] *Decher* in Lutter Rn 27; *Vossius* in Widmann/Mayer Rn 33 ff.
[35] *Vossius* in Widmann/Mayer Rn 31 f.; *Decher* in Lutter Rn 27; weitergehend wohl *Laumann* in Goutier/Knopf/Tulloch Rn 12, wonach der Abberufungsbeschluss nach dem Umwandlungsbeschluss und vor der Eintragung der Umwandlung noch nachgeholt werden kann, sofern keine Sonderrechte von Anteilsinhabern berührt werden.
[36] *Meister/Klöcker* in Kallmeyer Rn 14; *Decher* in Lutter Rn 27.
[37] *Meister/Klöcker* in Kallmeyer Rn 15; *Decher* in Lutter § 203 Rn 14; aA *Laumann* in Goutier/Knopf/Tulloch Rn 6, 7, 8.
[38] *Raiser* § 6 MitbestG Rn 19.

III. Rechtsfolgen bei Änderung der Bildung und/oder Zusammensetzung des Aufsichtsrats beim Rechtsträger neuer Rechtsform

1. Durchführung des Statusverfahrens nach §§ 97 ff. AktG

10 Ändert sich durch den Formwechsel die Bildung und Zusammensetzung des Aufsichtsrats, ist das Statusverfahren nach den §§ 97 ff. AktG[39] einzuleiten[40], in dem die Bildung und Zusammensetzung des Aufsichtsrats verbindlich geklärt werden. Der Aufsichtsrat kann nur nach Durchführung eines Statusverfahrens nach anderen als den zuletzt angewandten gesetzlichen Vorschriften zusammengesetzt werden[41]. Es tritt also nicht automatisch ein Wechsel in der Zusammensetzung des Aufsichtsrats ein, wenn die Voraussetzungen für die Fortsetzung des Amts der Aufsichtsratsmitglieder nicht vorliegen. Der Wechsel muss vielmehr erst mit Hilfe des Statusverfahrens herbeigeführt werden[42]. Das Statusverfahren ist vorsorglich auch durchzuführen, wenn der Aufsichtsrat vollständig wegfällt[43] oder wenn erstmals ein Aufsichtsrat gebildet werden muss[44].

2. Wahl eines neuen Aufsichtsrats

11 Ist beim Rechtsträger neuer Rechtsform erstmals ein Aufsichtsrat zu bilden oder wird bei ihm der Aufsichtsrat in anderer Weise als beim formwechselnden Rechtsträger gebildet und zusammengesetzt, muss ein neuer Aufsichtsrat gewählt werden[45]. Ist das **Statusverfahren** oder ein **gerichtliches Verfahren** über die Zusammensetzung des Aufsichtsrats zum Zeitpunkt der Beschlussfassung über den Formwechsel noch nicht abgeschlossen oder noch nicht eingeleitet, muss der neue Aufsichtsrat beim Rechtsträger neuer Rechtsform entsprechend den zuletzt angewandten gesetzlichen Vorschriften zusammengesetzt werden[46]. Das gilt selbst dann, wenn der Aufsichtsrat bisher nur aus Anteilseignervertretern zusammengesetzt war und nach dem Formwechsel ein mitbestimmter Aufsichtsrat zu bilden ist[47] oder wenn durch den Formwechsel die Bildung eines Aufsichtsrats eigentlich nicht mehr notwendig ist[48].

---

[39] Die §§ 96 Abs. 2, 97 ff. AktG gelten auch für die KGaA (§ 278 Abs. 3 AktG), die GmbH (§ 27 EGAktG, § 1 Abs. 1 Nr. 3 DrittelbG, § 6 Abs. 2 Satz 1 MitbestG 1976, § 3 Abs. 2 MontanMitbestG, § 3 Abs. 1 Satz 2 MitBestErgG), die eG (§ 1 Abs. 1 Nr. 5 DrittelbG, § 6 Abs. 2 Satz 1 MitbestG 1976) und den VVaG (§ 35 Abs. 3 VAG).

[40] *Mengel* S. 431 f.; *Meister/Klöcker* in Kallmeyer Rn 15; *Decher* in Lutter Rn 14. Wegen Einzelheiten dieses Verfahrens wird auf *Göz* ZIP 1998, 1523 sowie die einschlägigen Kommentare verwiesen, zB *Hüffer* § 96 AktG Rn 13, §§ 97 ff. AktG.

[41] § 96 Abs. 2 AktG.

[42] BVerfGE 25, 371, 394 für einen Wechsel in der Mitbestimmungsform.

[43] *Decher* in Lutter Rn 14; aA *Seibt* in Willemsen/Hohenstatt/Schweibert/Seibt F Rn 68.

[44] RegBegr. *Ganske* S. 24; *Decher* in Lutter Rn 15; *Meister/Klöcker* in Kallmeyer § 197 Rn 74; *Göz* ZIP 1998, 1524 f.; aA *Raiser* in Hachenburg § 52 GmbHG Rn 161; *Hommelhoff* in Lutter/Hommelhoff § 52 GmbHG Rn 22.

[45] Wegen der dabei auftretenden Besonderheiten siehe § 197 Rn 69 ff.; dazu auch *Stratz* in Schmitt/Hörtnagl/Stratz Rn 4.

[46] BVerfGE 25, 371, 394; *Decher* in Lutter Rn 14.

[47] *Decher* in Lutter Rn 22.

[48] *Decher* in Lutter Rn 14, 22, sofern die Bildung eines Aufsichtsrats nicht gegen die für den Rechtsträger neuer Rechtsform maßgebende Rechtsordnung verstößt.

3. Rechtsfolgen bei Nichtdurchführung eines notwendigen Statusverfahrens

Wird der neue Aufsichtsrat ohne Durchführung eines Statusverfahrens nach anderen als den vor dem Formwechsel maßgebenden gesetzlichen Vorschriften zusammengesetzt, liegt ein Verstoß gegen § 96 Abs. 2 AktG vor. Die entsprechenden Beschlüsse der Anteilseigner über die Bestellung des Aufsichtsrats und die Wahlen der Arbeitnehmer zum Aufsichtsrat sind in diesem Fall nichtig. Das folgt aus einer (unmittelbaren oder analogen) Anwendung von § 250 Abs. 1 Nr. 1 AktG[49]. 12

§ 204 Schutz der Gläubiger und der Inhaber von Sonderrechten

Auf den Schutz der Gläubiger ist § 22, auf den Schutz der Inhaber von Sonderrechten § 23 entsprechend anzuwenden.

Übersicht

	Rn		Rn
I. Allgemeines	1	II. Schutz der Gläubiger	3
1. Sinn und Zweck der Norm	1	III. Schutz der Inhaber von Sonderrechten	4
2. Entstehungsgeschichte	2		

Literatur: *Brause*, Stimmrechtslose Vorzugsaktien bei Umwandlungen, 2002; *Fischer*, Formwechsel zwischen GmbH und GmbH & Co. KG, DB 1995, 21, 73; *Hüffer*, Der Schutz besonderer Rechte in der Verschmelzung, FS Lutter, 2000, S. 1227; *Jäger*, Sicherheitsleistung für Ansprüche aus Dauerschuldverhältnissen bei Kapitalherabsetzung, Verschmelzung und Beendigung eines Unternehmensvertrages, DB 1996, 1069; *Kiem*, Die Stellung der Vorzugsaktionäre bei Umwandlungsmaßnahmen, ZIP 1997, 1627; *Reichert*, Folgen der Anteilsvinkulierung für Umstrukturierungen von Gesellschaften mit beschränkter Haftung und Aktiengesellschaften nach dem UmwandlungsG 1995, GmbHR 1995, 176; *Rinnert*, Auswirkungen eines Formwechsels einer AG in eine GmbH auf das bedingte Kapital zur Sicherung von Bezugsrechten, NZG 2001, 865; *Schröer*, Sicherheitsleistung für Ansprüche aus Dauerschuldverhältnissen bei Unternehmensumwandlungen, DB 1999, 317; *Veil*, Umwandlung einer Aktiengesellschaft in eine Gesellschaft mit beschränkter Haftung, 1996; *Zöllner*, Grundsatzüberlegungen zur umfassenden Umstrukturierbarkeit der Gesellschaftsformen nach dem Umwandlungsgesetz, FS Claussen, 1997, S. 423; *Zürbig*, Der Formwechsel einer Personengesellschaft in eine Kapitalgesellschaft, 1999; siehe auch die Literaturangaben zu §§ 22 und 23.

I. Allgemeines

1. Sinn und Zweck der Norm

Obwohl bei der formwechselnden Umwandlung die Identität des Rechtsträgers erhalten 1 bleibt, weil kein Vermögen übertragen und daher die Haftungsmasse dem Gläubiger nicht unmittelbar unterzogen wird[1], kann durch einen Rechtsformwechsel die Position des Gläubigers beeinträchtigt werden. Durch einen Wechsel von der Kapitalgesellschaft in eine Personengesellschaft fallen etwa die Kapitalschutzvorschriften[2] weg. Das Gesetz reagiert auf diese Gefahr mit der Übernahme der entsprechenden verschmelzungsrechtlichen Regelungen generell für Gläubiger nach § 22 und speziell für Inhaber von Sonderrechten nach § 23.

---

[49] *Decher* in Lutter Rn 24; *Wißmann* in Widmann/Mayer Anhang 2 (Mitbestimmungsrecht) Rn 97.1.
[1] Siehe nur *Zöllner*, FS Claussen, S. 423 ff.
[2] § 30 GmbHG, § 57 AktG.

2. Entstehungsgeschichte

2 Für die formwechselnde Umwandlung einer AG in eine GmbH sind §§ 374 und 388 AktG aF Vorgängerregelungen. Für die übertragende Umwandlung sahen §§ 7, 16, 19, 20, 22, 23, 24 UmwG aF entsprechende Regelungen vor. Maßgeblicher Unterschied der genannten Regelungen und der geltenden Rechtslage ist das nunmehrige Erfordernis der Glaubhaftmachung der Gefährdung durch den Gläubiger gem. § 22.

II. Schutz der Gläubiger

3 Zum Schutz der Gläubiger ist § 22 entsprechend anwendbar. Dies bedeutet, dass den Gläubigern des formwechselnden Rechtsträgers bei Vorliegen der Voraussetzungen Sicherheit zu leisten ist[3]. Ergänzt wird ebenso wie nach der Verschmelzung der Gläubigerschutz beim Formwechsel durch die Schadensersatzpflicht der Verwaltungsträger des formwechselnden Rechtsträgers gem. § 205 und § 206. Bei Personengesellschaften kommt zusätzlich das Instrument der Nachhaftung persönlich haftender Gesellschafter bzw. Partner gem. §§ 224, 225 c, 237, 249 und 257 hinzu. Anspruchsberechtigt sind alle Gläubiger des formwechselnden Rechtsträgers. Da nur ein Rechtsträger involviert ist, stellt sich die Frage der Umwandlungsrichtung nicht. Sicherheitsleistung kann nur für Ansprüche verlangt werden, die bereits vor der Bekanntmachung des Wirksamwerdens des Formwechsels begründet wurden. Der Gläubiger hat die Gefährdung seines Anspruchs glaubhaft zu machen.

III. Schutz der Inhaber von Sonderrechten

4 Ebenso wie bei der Verschmelzung sind den Inhabern von **Sonderrechten** in einem formwechselnden Rechtsträger, die kein Stimmrecht gewähren, insbesondere den Inhabern von Anteilen ohne Stimmrecht, Wandelschuldverschreibungen, Gewinnschuldverschreibungen und Genussrechten gleichwertige Rechte in dem Rechtsträger neuer Rechtsform zu gewähren. Der Zweck der Regelung liegt wegen der Identität des Rechtsträgers und der mangelnden Vermögensübertragung nicht im Verwässerungsschutz wie im Verschmelzungsrecht, sondern im Schutz vor rechtsformbedingten Beeinträchtigungen der Sonderrechte[4]. Grundsätzlich sind wegen der Identität des Rechtsträgers die gleichen Rechte (schuldrechtlicher Natur) zu gewähren. Ist eine völlige Gleichstellung rechtsformbedingt nicht möglich, stellt die vorliegende Regelung sicher, dass zumindest die gleichwertigen Rechte zu gewähren sind[5].

5 Die Regelung gilt für **alle Fälle** des Formwechsels, da das Gesetz keine abweichenden Regelungen vorsieht. Da beim Rechtsformwechsel das Vermögen nicht übertragen wird, ist im Regelfall die Gewährung der gleichen Rechte möglich. Der Anwendungsbereich der Bestimmung ist daher im Vergleich zu § 23 eingeschränkt und nur auf jene Fälle anwendbar, in denen die Gewährung gleicher Rechte nicht möglich ist, was wiederum von der jeweiligen Rechtsform abhängt, etwa ein Bezugs- oder Optionsrecht[6]. Der Anwendungsbereich richtet sich nach § 23[7]. In erster Linie ist ein Recht gleicher Art zu gewähren[8]. Nur wenn dies nicht möglich ist, können gleichwertige Rechte gewährt werden, wofür die wirtschaftliche Gleichwertigkeit maßgeblich ist. Höherwertige Rechte können gewährt werden, wenn

---

[3] Siehe dazu ausführlich § 22.
[4] *Meister/Klöcker* in Kallmeyer Rn 11.
[5] *Decher* in Lutter Rn 22.
[6] *Meister/Klöcker* in Kallmeyer Rn 23.
[7] Siehe § 23 Rn 4 ff.
[8] *Decher* in Lutter Rn 27; *Meister/Klöcker* in Kallmeyer Rn 23.

damit nicht in die Rechte der sonstigen Anteilsinhaber bzw. Berechtigten eingegriffen wird[9]. Inhabern von Wandelschuldverschreibungen oder Optionsanleihen ist beim Rechtsformwechsel, ähnlich wie nach § 23, mit einem Bezugsrecht auf Anteile der neuen Rechtsform nicht gedient, vielmehr ist ihnen, gleich wie nach § 23 ein Austrittsrecht zu gewähren[10]. Dasselbe gilt bei Bezugsrechten auf Anteile, die künftig einer Verfügungsbeschränkung unterliegen. Sonst sind bloß die Ausgabebedingungen der schuldrechtlichen Sonderrechte sowie die Satzungsbestimmungen in der für die neue Rechtsform maßgeblichen Art und Weise entsprechend anzupassen[11]. Die entsprechende Regelung ist gem. § 194 Abs. 1 Nr. 5 zwingender Bestandteil des Umwandlungsbeschlusses.

§ 205 Schadenersatzpflicht der Verwaltungsträger des formwechselnden Rechtsträgers

(1) Die Mitglieder des Vertretungsorgans und, wenn ein Aufsichtsorgan vorhanden ist, des Aufsichtsorgans des formwechselnden Rechtsträgers sind als Gesamtschuldner zum Ersatz des Schadens verpflichtet, den der Rechtsträger, seine Anteilsinhaber oder seine Gläubiger durch den Formwechsel erleiden. § 25 Abs. 1 Satz 2 ist entsprechend anzuwenden.

(2) Die Ansprüche nach Absatz 1 verjähren in fünf Jahren seit dem Tage, an dem die anzumeldende Eintragung der neuen Rechtsform oder des Rechtsträgers neuer Rechtsform in das Register bekannt gemacht worden ist.

Übersicht

	Rn		Rn
I. Allgemeines	1	c) Verschulden	12
1. Sinn und Zweck der Norm	1	3. Ersatzberechtigte	13
2. Entstehungsgeschichte	2	a) Rechtsträger	14
II. Die Schadenersatzpflicht (Abs. 1)	3	b) Anteilsinhaber	15
1. Die Ersatzpflichtigen	3	c) Gläubiger	16
a) Mitglieder des Vertretungsorgans	4	4. Schaden	18
b) Mitglieder des Aufsichtsorgans	5	5. Haftungsausschluss	19
c) Zeitpunkt der Organzugehörigkeit	6	6. Verhältnis zu anderen Bestimmungen	20
d) Haftung als Gesamtschuldner	7	a) Spruchverfahren	21
2. Haftungsgrund	8	b) Sicherheitsleistung	22
a) Prüfung der Vermögenslage	9	III. Verjährung (Abs. 2)	23
b) Abfassung des Umwandlungsbeschlusses	11		

I. Allgemeines

1. Sinn und Zweck der Norm

Die Vorschrift statuiert Schadensersatzverpflichtungen der Organmitglieder des formwechselnden Rechtsträgers zugunsten dieses Rechtsträgers, seiner Anteilsinhaber und seiner Gläubiger. In diesem Punkt weicht sie von den allgemeinen Regeln des Gesellschaftsrechts ab. Abs. 2 vereinheitlicht die Verjährung der Ersatzansprüche. 1

---

[9] *Decher* in Lutter Rn 29; *Meister/Klöcker* in Kallmeyer Rn 24.
[10] Siehe § 23 Rn 14.
[11] *Decher* in Lutter Rn 30.

2. Entstehungsgeschichte

2 Für das Umwandlungsrecht hat die Bestimmung keine Vorgänger. Sie folgt aber entsprechenden Regelungen im Recht der Verschmelzung[1].

II. Die Schadenersatzpflicht (Abs. 1)

1. Die Ersatzpflichtigen

3 Die **Mitglieder des Vertretungsorgans** und – soweit vorhanden – die **Mitglieder des Aufsichtsorgans** eines formwechselnden Rechtsträgers sind zum Ersatz der aus der Umwandlung resultierenden Schäden verpflichtet.

4 a) **Mitglieder des Vertretungsorgans** sind bei AG, Genossenschaft und Verein die Mitglieder des Vorstands, bei der GmbH die Geschäftsführer und bei den Personenhandelsgesellschaften sowie bei der KGaA die nicht von der Geschäftsführung und/oder Vertretung ausgeschlossenen persönlich haftenden Gesellschafter. Die hM stellt für diesen Personenkreis allein auf die Vertretungsmacht ab[2]. Das wird dem Zweck der Vorschrift nicht gerecht. Denn die Einbeziehung des Aufsichtsorgans zeigt, dass es um die Befugnis geht, über die Verwaltung fremden Vermögens zu entscheiden. Deshalb sind nicht nur die vertretungsberechtigten, sondern auch die nur geschäftsführungsbefugten Gesellschafter in den Kreis der potentiell Haftenden einzubeziehen. Das kann auch für geschäftsführende Kommanditisten gelten[3].

5 b) **Mitglieder des Aufsichtsorgans** sind die in den Aufsichtsrat gewählten Vertreter der Anteilseigner wie der Arbeitnehmer, und zwar ohne Rücksicht darauf, ob dieses Gremium gesetzlich vorgeschrieben[4] oder im Gesellschaftsvertrag der GmbH vorgesehen[5] ist. Auch andere freiwillig gebildete Gremien wie Beiräte, Verwaltungsräte und Gesellschafterausschüsse[6] können den Aufsichtsorganen zuzurechnen sein. Das gilt aber nur dann, wenn ihnen irgend welche Entscheidungsbefugnisse eingeräumt worden sind. Gremien mit ausschließlich beratender Funktion sind keine Aufsichtsorgane[7].

6 c) **Zeitpunkt der Organzugehörigkeit.** Für den **Zeitpunkt der Organzugehörigkeit** kommt es allein auf das pflichtwidrige und schädigende Verhalten an. Die Haftung wird nur durch Handlungen begründet, die von einem Mitglied des Vertretungs- oder Aufsichtsorgans begangen worden sind. Nicht erforderlich ist, dass die in Anspruch genommene Person auch später, etwa bei Wirksamwerden der Umwandlung, noch Mitglied des Gremiums war[8].

7 d) **Haftung als Gesamtschuldner.** Mehrere Verpflichtete haften als **Gesamtschuldner.** Der Geschädigte kann von jedem vollen Ersatz verlangen. Soweit dieser geleistet hat, werden die übrigen Verpflichteten frei[9]. Diese sind im Zweifel dem Leistenden zum Ausgleich verpflichtet[10].

---

[1] Vgl. § 25 Rn 1 f.
[2] *Decher* in Lutter Rn 2; *Meister/Klöcker* in Kallmeyer Rn 6; zu § 25 ebenso *Grunewald* in Lutter § 25 Rn 4 und *Marsch-Barner* in Kallmeyer § 25 Rn 3.
[3] Anders *Decher* in Lutter Rn 2 und *Meister/Klöcker* in Kallmeyer Rn 6.
[4] Vgl. §§ 95 ff. AktG, 76 ff. BetrVG 1952, 1 ff. MitbestG.
[5] § 52 GmbHG.
[6] Für letztere aA *Decher* in Lutter Rn 4 und *Meister/Klöcker* in Kallmeyer Rn 7.
[7] So die ganz hM; siehe *Decher* in Lutter Rn 4 mwN und – zu § 25 – § 25 Rn 5 ebenfalls mwN; aA *Grunewald* in Lutter § 25 Rn 5.
[8] *Decher* in Lutter Rn 3 mwN.
[9] § 205 Abs. 1 Satz 1; § 421 BGB.
[10] § 426 BGB.

2. Haftungsgrund

8 Für den **Haftungsgrund** verweist Abs. 1 Satz 2 auf § 25 Abs. 1 Satz 2. Dort wird auf die **Verletzung der Sorgfaltspflicht** bei der Prüfung der Vermögenslage der Rechtsträger und beim Abschluss des Verschmelzungsvertrags abgestellt. Andere Pflichtverletzungen werden nicht erfasst[11]. Die Fassung des § 25 Abs. 1 Satz 2 lässt keinen Zweifel daran, dass die **Beweislast** insoweit den potentiell Ersatzpflichtigen aufgebürdet wird. Sie haben sich durch den Nachweis zu exkulpieren, dass sie ihrer Sorgfaltspflicht genügt haben[12].

9 a) **Prüfung der Vermögenslage.** Der Verweisung auf § 25 Abs. 1 Satz 2 ist zunächst zu entnehmen, dass die Verletzung der Sorgfaltspflicht bei der **Prüfung der Vermögenslage des formwechselnden Rechtsträgers** zum Schadensersatz verpflichten soll. Funktion und Umfang dieser Sorgfaltspflicht sind nicht ganz klar. Anders als bei der Verschmelzung kommt es im Regelfall der Umwandlung auf die präzise Erfassung der involvierten Werte nicht an. Es ist anzunehmen, dass sich die Sorgfaltspflicht vor allem auf die Erstattung des **Umwandlungsberichts** bezieht[13]. Die **Anteilsinhaber** können benachteiligt sein, wenn der gem. § 196 zu leistende Ausgleich unzutreffend festgelegt wird. Deshalb sind die Organmitglieder zu umsichtiger Ermittlung und Prüfung verpflichtet. Soweit sie nicht persönlich interessiert sind, stehen ihnen aber – hier wie sonst – breite Spielräume eigenverantwortlicher Einschätzung und Beurteilung offen[14].

10 Die wohl hM nimmt an, dass die Sorgfaltspflicht bei Erstellung des Umwandlungsberichts auch gegenüber den **Gläubigern** besteht. Sie können durch unrichtige Wertangaben veranlasst werden, auf Sicherheitsleistung gem. § 204 zu verzichten[15]. Dem steht entgegen, dass die Anteilsinhaber gem. § 192 Abs. 2 auf den Umwandlungsbericht verzichten können. Daraus folgt, dass den einschlägigen Bestimmungen **keine Pflichten zum Schutz der Gläubiger** entnommen werden können.

11 b) **Abfassung des Umwandlungsbeschlusses.** Der Verweisung des Abs. 1 Satz 2 auf § 25 Abs. 1 Satz 2 ist weiter zu entnehmen, dass die Verletzung der Sorgfaltspflicht bei der **Abfassung des** dem Verschmelzungsvertrag entsprechenden **Umwandlungsbeschlusses** die Haftung der Organmitglieder auslösen soll. Dazu zählen die zu beobachtenden Formvorschriften und die besonderen Zustimmungserfordernisse ebenso wie die vorschriftsmäßige Berichterstattung und Auskunftserteilung gegenüber den Anteilsinhabern, ohne deren Zustimmung der Umwandlungsbeschluss nicht zustande kommt[16]. Auch ein wirtschaftlich nachteiliger Formwechsel kann auf einem Sorgfaltsverstoß beruhen[17]. Auch hier verfügen die Organmitglieder über beträchtlichen Spielraum der Einschätzung und Beurteilung[18].

12 c) **Verschulden.** Die Haftung der Organmitglieder setzt neben der objektiven Pflichtwidrigkeit individuelles **Verschulden** voraus. Auch hierfür gilt die erwähnte Beweislastumkehr[19]. Es ist Sache der Organmitglieder, sich zu exkulpieren. Für die Ersatzpflicht genügt jede Fahrlässigkeit. Das gilt auch für die von den Gläubigern geltend gemachten Ansprüche[20].

---

[11] Vgl. § 25 Rn 8 ff.
[12] *Decher* in Lutter Rn 20; *Meister/Klöcker* in Kallmeyer Rn 19.
[13] § 192 Abs. 1; *Decher* in Lutter Rn 14.
[14] BGHZ 135, 244, 251 ff. „ARAG/Garmenbeck".
[15] *Decher* in Lutter Rn 15; *Meister/Klöcker* in Kallmeyer Rn 16.
[16] *Decher* in Lutter Rn 16; *Meister/Klöcker* in Kallmeyer Rn 16.
[17] *Decher* in Lutter Rn 16.
[18] Vgl. § 25 Rn 10.
[19] Vgl. Rn 8.
[20] Vgl. § 25 Rn 11.

3. Ersatzberechtigte

13 D. h. potentielle Gläubiger des Anspruchs auf Schadensersatz, sind der formwechselnde Rechtsträger, seine Anteilsinhaber und seine Gläubiger.

14 **a) Rechtsträger.** Zu Recht wird angenommen, dass **Ansprüche des formwechselnden Rechtsträgers** selten sein werden. Als Beispiel wird eine Umwandlung genannt, die zu steuerlichen Nachteilen oder anderen Verlusten führt[21]. Die Organmitglieder haften aber nicht für das Ergebnis ihrer Tätigkeit, sondern allein für die Verletzung der ihnen auferlegten Sorgfaltspflicht[22].

15 **b) Anteilsinhaber.** Auch Ansprüche der **Anteilsinhaber** werden nur selten entstehen. Soweit dem formwechselnden Rechtsträger Schadensersatzforderungen zustehen, haben die Anteilsinhaber keinen Anspruch auf Ausgleich des ihnen durch die Minderung des Werts ihrer Beteiligung entstandenen Reflexschadens, da anders die Gefahr einer doppelten Inanspruchnahme des Schädigers drohte[23]. Soweit sie Sonderrechte verlieren oder ihre Beteiligung beeinträchtigt wird, können sie im Spruchstellenverfahren bare Zuzahlung verlangen, durch die der ihnen zugefügte Nachteil ausgeglichen wird[24].

16 **c) Gläubiger.** Auch den **Gläubigern** wird nur selten ein Schadensersatzanspruch gegen die Organmitglieder erwachsen. Umwandlungsbericht und Vermögensaufstellung sind nicht zu ihrem Schutz bestimmt[25]. Verschlechtert sich ihre Position durch einen dem Rechtsträger zugefügten Schaden, stehen ihnen keine eigenen Ansprüche zu. Insofern gilt dasselbe wie für die Anteilsinhaber[26].

17 Die Gläubiger sind vor allem betroffen, wenn die neue Rechtsform – etwa wegen Wegfalls der unbeschränkten persönlichen Haftung der Anteilsinhaber – weniger Schutz bietet als die bisherige. Diese Erhöhung des Gläubigerrisikos wird durch §§ 204, 22 erfasst. Es ist deshalb nicht anzunehmen, dass sie in den Schutzbereich des § 205 fällt[27].

4. Schaden

18 Der zu **ersetzende Schaden** erfasst nicht alle negativen Folgen des Rechtsformwechsels, sondern nur die Beeinträchtigungen, die **auf der Pflichtverletzung** beruhen[28]. Der Ersatzanspruch setzt voraus, dass die Umwandlung durch Eintragung vollzogen worden ist. Er richtet sich allein auf finanziellen Ausgleich. Naturalrestitution durch Rückabwicklung des Formwechsels ist ausgeschlossen[29].

5. Haftungsausschluss

19 Die Ersatzansprüche entfallen nicht schon deshalb, weil die Anteilsinhaber den Formwechsel im Umwandlungsbeschluss gebilligt haben. Damit würde § 205 zumindest für den formwechselnden Rechtsträger und die Anteilsinhaber ins Leere laufen[30]. Die Anteilsinhaber können aber nachträglich auf die Ersatzansprüche verzichten oder sich über sie vergleichen[31].

---

[21] *Decher* in Lutter Rn 7 mwN.
[22] Siehe Rn 9 und 11.
[23] *Decher* in Lutter Rn 8 mwN; siehe auch § 25 Rn 14 f.
[24] § 196, SpruchG.
[25] Siehe Rn 10.
[26] Siehe Rn 15.
[27] Siehe § 25 Rn 16.
[28] *Decher* in Lutter Rn 21.
[29] § 202 Abs. 3; *Decher* in Lutter Rn 22.
[30] *Decher* in Lutter Rn 23; siehe auch § 25 Rn 18.
[31] Bei der AG sind die Restriktionen des § 93 Abs. 4 Satz 3 AktG zu beachten. *Meister/Klöcker* in Kallmeyer Rn 4.

Ersatzansprüche der Gläubiger werden durch einen solchen Verzicht oder Vergleich nicht berührt[32].

6. Verhältnis zu anderen Bestimmungen

Das **Verhältnis** des § 205 **zu anderen Bestimmungen** ist wenig übersichtlich. Generell hat zu gelten, dass andere Anspruchsgrundlagen durch diese Vorschrift nicht verdrängt oder ausgeschlossen werden. Das gilt insbesondere für Forderungen gegen den formwechselnden Rechtsträger und seine Organe. Umgekehrt ist es möglich, dass der Ausgleich gem. § 205 durch andere Schutzvorkehrungen eingeschränkt wird: 20

a) **Spruchverfahren.** Werden **Anteilsinhaber** des formwechselnden Rechtsträgers durch die Umwandlung pflichtwidrig benachteiligt, können sie bare Zuzahlung im Spruchverfahren verlangen[33]. Die Säumnis, von dieser Möglichkeit Gebrauch zu machen, begründet ein Mitverschulden, das dem Ersatzanspruch gem. § 254 Abs. 2 BGB entgegengehalten werden kann[34]. Das Spruchverfahren muss gem. § 4 Abs. 1 SpruchG binnen drei Monaten nach der Bekanntmachung der Eintragung des Rechtsformwechsels beantragt werden. Ein Mitverschulden setzt voraus, dass dem Geschädigten schon vor Ablauf dieser Frist Umstände bekannt waren, die geeignet sind, Zweifel an der Angemessenheit der durch die Umwandlung bewirkten Änderungen der Anteilsrechte zu wecken. 21

b) **Sicherheitsleistung.** Den durch den Formwechsel gefährdeten **Gläubigern** eröffnen §§ 204, 22 die Möglichkeit, binnen sechs Monaten nach Bekanntmachung der Eintragung der Umwandlung Sicherheit zu verlangen. Die Gläubiger sind in der Bekanntmachung auf dieses Recht hinzuweisen. Auch hier begründet das Versäumnis, von dieser Möglichkeit Gebrauch zu machen, ein die Haftung milderndes oder ausschließendes **Mitverschulden**. Dadurch wird die für die Gläubiger ohnehin geringe Bedeutung des § 205 weiter geschmälert. 22

III. Verjährung (Abs. 2)

Die in Abs. 1 erwähnten Ansprüche **verjähren in fünf Jahren**[35]. Die Verjährungsfrist beginnt mit dem Tag, an dem die anzumeldende Eintragung der neuen Rechtsform oder des Rechtsträgers neuer Rechtsform bekannt gemacht worden ist. Die Bekanntmachung erfolgt nach § 10 HGB[36]. Es kommt nicht darauf an, ob der Ersatzberechtigte seine Beeinträchtigung kannte oder erkennen konnte[37]. 23

§ 206 Geltendmachung des Schadenersatzanspruchs

Die Ansprüche nach § 205 Abs. 1 können nur durch einen besonderen Vertreter geltend gemacht werden. Das Gericht des Sitzes des Rechtsträgers neuer Rechtsform hat einen solchen Vertreter auf Antrag eines Anteilsinhabers oder eines Gläubigers des formwechselnden Rechtsträgers zu bestellen. § 26 Abs. 1 Satz 3 und 4, Abs. 2, Abs. 3 Satz 2 und 3 und Abs. 4 ist entsprechend anzuwenden; an die Stelle der Blätter für die öffentlichen Bekanntmachungen des übertragenden Rechtsträgers treten die entsprechenden Blätter des Rechtsträgers neuer Rechtsform.

---

[32] Siehe § 25 Rn 21.
[33] §§ 1 ff. SpruchG.
[34] Siehe auch § 25 Rn 23 f.
[35] § 205 Abs. 2. Zu der entsprechenden Regelung bei der Verschmelzung vgl. § 25 Rn 31.
[36] § 201.
[37] *Decher* in Lutter Rn 25.

Übersicht

	Rn		Rn
I. Allgemeines	1	4. Rechtsstellung des besonderen Vertreters	8
1. Sinn und Zweck der Norm	1	a) Partei kraft Amtes	8
2. Entstehungsgeschichte	2	b) Vergütung und Aufwendungsersatz	9
II. Der besondere Vertreter	3	c) Haftung	10
1. Funktion	3	**III. Verfahren**	11
2. Bestellung	4	1. Aufforderung	11
3. Antragsberechtigung	5	2. Anmeldung	12
a) Anteilsinhaber	5	3. Einziehung	13
b) Gläubiger	6	4. Verteilung des Erlöses	14
c) Formwechselnder Rechtsträger	7		

I. Allgemeines

1. Sinn und Zweck der Norm

1 Die Vorschrift sieht für die Geltendmachung der von § 205 erfassten Ansprüche ein besonderes Verfahren vor. Die Geltendmachung dieser Ansprüche obliegt einem gerichtlich bestellten **besonderen Vertreter**. Dieser handelt nicht nur für den formwechselnden Rechtsträger, sondern auch für dessen Anteilsinhaber und Gläubiger. Dadurch sollen ein Wettlauf zwischen diesen (möglicherweise) Berechtigten unterbunden, die Abwicklung durch einen einzigen Prozess ermöglicht und eine dem Liquidationsverfahren entsprechende Verteilung des Erlöses gewährleistet werden.

2. Entstehungsgeschichte

2 Die Vorschrift hat im Umwandlungsrecht keinen Vorläufer. Sie folgt der Regelung im Verschmelzungsrecht[1], die an die Stelle früherer Bestimmungen getreten ist[2].

II. Der besondere Vertreter

1. Funktion

3 Die Geltendmachung und Durchsetzung der in § 205 geregelten Ansprüche ist einem besonderen Vertreter vorbehalten. Der Rechtsträger, seine Anteilsinhaber und Gläubiger sind von der gerichtlichen Geltendmachung ihrer Ansprüche ausgeschlossen. Erheben sie Klage, ist diese **als unzulässig abzuweisen**. Sie können jedoch einem von dem besonderen Vertreter geführten Prozess als Nebenintervenienten beitreten[3].

2. Bestellung

4 Der besondere Vertreter wird auf Antrag durch das Amtsgericht am Sitz des formwechselnden Rechtsträgers bestellt[4]. Neben der Antragsberechtigung[5] hat das Gericht zu prüfen, ob es ein **sachliches Bedürfnis** für die Bestellung gibt. Dazu hat der Antragsteller **glaubhaft** zu machen, dass die Voraussetzungen des § 205 vorliegen. Die Auswahl des besonderen Vertreters steht im Ermessen des Gerichts. Der Antragsteller kann unverbindliche Vorschläge

---

[1] § 26.
[2] Vgl. § 26 Rn 2.
[3] *Decher* in Lutter Rn 3; vgl. § 26 Rn 3.
[4] § 206 Abs. 1 Satz 2 iVm. § 145 ff. FGG.
[5] Dazu Rn 5 ff.

Geltendmachung des Schadenersatzanspruchs 5–10 § 206

machen⁶. Gegen die Entscheidung des AG kann sofortige Beschwerde erhoben werden⁷. Die darauf ergehende Entscheidung kann mit der weiteren Beschwerde angefochten werden⁸.

3. Antragsberechtigung

a) Anteilsinhaber. Antragsberechtigt ist jeder **Anteilsinhaber** des formwechselnden Rechtsträgers, der diese Rechtsposition im Augenblick der Umwandlung inne hat. Die Antragsberechtigung bleibt bei dem ursprünglichen Inhaber auch dann, wenn der Anteil später im Wege der **Einzelrechtsnachfolge** übertragen worden ist. Die Antragsberechtigung kann nicht abgetreten werden. Sie geht allein im Wege der **Gesamtrechtsnachfolge**, etwa durch Vererbung, über⁹. 5

b) Gläubiger. Auch die **Gläubiger** des formwechselnden Rechtsträgers sind antragsberechtigt. Das sind sie aber nur dann, wenn sie von dem Rechtsträger¹⁰ und aus einer ihnen gem. §§ 204, 22 eingeräumten Sicherheit keine Befriedigung erlangen können. Diese Voraussetzungen haben sie glaubhaft zu machen. Der Versuch einer Zwangsvollstreckung ist nicht erforderlich¹¹. 6

c) Formwechselnder Rechtsträger. Der **formwechselnde Rechtsträger** ist nicht antragsberechtigt. Auch insoweit folgt § 206 dem Muster des § 26. Dort allerdings wird der potentiell ersatzberechtigte übertragende Rechtsträger nicht erwähnt, weil er durch die Verschmelzung erloschen ist. Der formwechselnde Rechtsträger, dem Ansprüche gem. § 205 Abs. 1 zustehen können, wäre in der Lage, die Bestellung eines besonderen Vertreters zu beantragen¹². Für ihn muss ein Anteilsinhaber handeln, der somit auch dann antragsberechtigt ist, wenn er durch den Schaden, der beim Rechtsträger eingetreten ist, nur mittelbar beeinträchtigt ist¹³. 7

4. Rechtsstellung des besonderen Vertreters

a) Partei kraft Amtes. Entgegen der Bezeichnung im Gesetz handelt der besondere Vertreter nicht in fremdem, sondern in **eigenem Namen**. Er ist weder Vertreter des Rechtsträgers noch des Antragsberechtigten oder Gläubigers, sondern **Partei kraft Amtes**¹⁴. 8

b) Vergütung und Aufwendungsersatz. Der besondere Vertreter hat **Anspruch auf Vergütung** und auf **Ersatz seiner Aufwendungen**. Dafür verweist Satz 3 auf § 26 Abs. 4¹⁵. 9

c) Haftung. Der besondere Vertreter hat sein Amt uneigennützig und mit der gebotenen Sorgfalt wahrzunehmen. Verletzt er diese Pflichten, ist er dem Anspruchsberechtigten zum **Schadensersatz** verpflichtet. Rechtsgrundlage des Anspruchs sind die Vorschriften, die für die Liquidatoren der Rechtsform des Rechtsträgers nach dessen Umwandlung gelten¹⁶. 10

---

⁶ Dazu näher § 26 Rn 4.
⁷ § 206 Abs. 1 Satz 3 iVm. § 26 Abs. 1 Satz 4 und §§ 22 ff. FGG.
⁸ § 27 FGG.
⁹ Vgl. § 26 Rn 5 mwN.
¹⁰ Das ergibt sich aus der Verweisung in Satz 3 auf § 26 Abs. 1 Satz 3.
¹¹ Vgl. § 26 Rn 6.
¹² *Decher* in Lutter Rn 8.
¹³ *Meister/Klöcker* in Kallmeyer Rn 10.
¹⁴ *Decher* in Lutter Rn 4; *Meister/Klöcker* in Kallmeyer Rn 6. Zu den daraus abzuleitenden Folgen siehe § 26 Rn 9.
¹⁵ Siehe § 26 Rn 10.
¹⁶ Siehe § 26 Rn 11.

III. Das Verfahren

1. Aufforderung

11 Der besondere Vertreter hat die **Anteilsinhaber** und die **Gläubiger** des Rechtsträgers **aufzufordern**, ihre Ansprüche gem. § 205 anzumelden. Dafür verweist Satz 3 auf § 26 Abs. 2. Der Aufruf hat in den Blättern für die öffentliche Bekanntmachung des Rechtsträgers neuer Rechtsform zu erfolgen[17]. Im Übrigen ist auf die Kommentierung des § 26 Abs. 2 zu verweisen[18].

2. Anmeldung

12 Für die **Anmeldung** ist keine besondere Form vorgeschrieben. Die Anteilsinhaber und Gläubiger haben dem Vertreter die Auskünfte zu erteilen, die er für die Geltendmachung und Durchsetzung der Ansprüche benötigt. Vor der Erlösverteilung ist die Anteilsinhaber- bzw. Gläubigerstellung nachzuweisen.

3. Einziehung

13 Der besondere Vertreter hat die von seiner Bestellung erfassten Ansprüche **geltend zu machen und beizutreiben**. Dabei stehen ihm weite Entscheidungsspielräume offen: Er befindet nach pflichtgemäßem Ermessen, ob Klage erhoben, Rechtsmittel eingelegt und/oder Vergleiche abgeschlossen werden sollen[19].

4. Verteilung des Erlöses

14 Satz 3 verweist auf § 26 Abs. 3, der bestimmt, dass die Auslagen und die Vergütungen des besonderen Vertreters vorab zu begleichen sind. Dannach sind die **Gläubiger** – voll oder anteilig – zu befriedigen. Bleibt ein Überschuss, werden die Ansprüche der **Anteilsinhaber** – wiederum voll oder anteilig – erfüllt. Es werden nur diejenigen Anteilsinhaber und Gläubiger berücksichtigt, die ihre Ansprüche fristgemäß angemeldet haben[20].

§ 207 Angebot der Barabfindung

(1) Der formwechselnde Rechtsträger hat jedem Anteilsinhaber, der gegen den Umwandlungsbeschluß Widerspruch zur Niederschrift erklärt, den Erwerb seiner umgewandelten Anteile oder Mitgliedschaften gegen eine angemessene Barabfindung anzubieten; § 71 Abs. 4 Satz 2 des Aktiengesetzes ist insoweit nicht anzuwenden. Kann der Rechtsträger auf Grund seiner neuen Rechtsform eigene Anteile oder Mitgliedschaften nicht erwerben, so ist die Barabfindung für den Fall anzubieten, daß der Anteilsinhaber sein Ausscheiden aus dem Rechtsträger erklärt. Der Rechtsträger hat die Kosten für eine Übertragung zu tragen.

(2) § 29 Abs. 2 ist entsprechend anzuwenden.

---

[17] § 206 Satz 3 2. Halbs.
[18] § 26 Rn 12 bis 16.
[19] Vgl. dazu § 26 Rn 14 mwN.
[20] Dazu und zu weiteren Einzelheiten § 26 Rn 15 f.

Angebot der Barabfindung 1–3 § 207

Übersicht

	Rn		Rn
I. Allgemeines	1	4. Zu hohes Angebot	10
1. Sinn und Zweck der Norm	1	**III. Durchführung des Austrittsrechts**	11
2. Anwendungsbereich	2	1. Erwerb eigener Aktien –	
3. Entstehungsgeschichte	5	Kapitalerhaltung	11
4. Preisgaberecht	6	2. Erwerb eigener Anteile	12
II. Voraussetzungen des Austrittsrechts	7	3. Ausscheiden des Anteilsinhabers	13
1. Voraussetzungen des Barabfindungs-		4. Freiwilliges Angebot	14
anspruchs: Widerspruch	7	5. Übernahmerecht	15
2. Form des Angebots	8	6. Kosten	16
3. Inhalt des Angebots	9	7. Verzicht	17

Literatur: *App,* Das Spruchstellenverfahren bei der Abfindung von Gesellschaftern nach einer Umwandlung, DB 1995, 267; *Bärwaldt,* Das Ausscheiden des Kommanditisten ohne Nachhaftung, NJW 1998, 1909; *Jäger,* LG Heidelberg – Anfechtung eines Umwandlungsbeschlusses wegen Verletzung des Auskunftsrechts, WiB 1997, 308; *Kalss,* Das Austrittsrecht als modernes Instrument des Kapitalgesellschaftsrechts, wbl 2001, 366; *dies.,* Anlegerinteressen, 2000; *Kalss/Oppitz/Zollner,* Kapitalmarktrecht I, 2004; *Kalss/Zollner,* Kapitalmarktrechtliche Überlegungen zum Squeeze out börsennotierter Unternehmen, ÖBA 2004, 237; *Koppensteiner,* Abfindung bei Aktiengesellschaften und Verfassungsrecht, wbl 2003, 707; *Meyer-Landrut/Kiem,* Formwechsel einer Publikumsaktiengesellschaft, Teil 2, WM 1997, 1413; *Schindler,* Das Austrittsrecht in Kapitalgesellschaften, 1999; *Veil,* Umwandlung einer AG in eine Gesellschaft mit beschränkter Haftung, 1996; *ders.,* Umwandlung einer AG in eine GmbH, EWiR 1996, 901; *Veith,* Der Gläubigerschutz beim Formwechsel nach dem Umwandlungsgesetz, 2003; *Wilm,* Abfindung zum Börsenkurs, NZG 2000, 234; siehe auch das Literaturverzeichnis zu § 29.

I. Allgemeines

1. Sinn und Zweck der Norm

Das Austrittsrecht ist neben der Information und der Mitwirkung an der Entscheidungsfindung ein wesentlicher ergänzender Bestandteil des Minderheitenschutzes und Anlegerschutzes im Allgemeinen. Im Austrittsrecht gem. § 207 kommt ebenso wie nach § 29 erste Alternative der allgemeine Rechtsgedanke zum Ausdruck, dass den Anteilsinhabern bei einem Rechtsformwechsel, der ggf. eine nachhaltige Veränderung der Rechtsposition der Anteilsinhaber mit sich bringt, ein Austrittsrecht zusteht, weil die Fortführung der Mitgliedschaft unzumutbar ist[1]. 1

2. Anwendungsbereich

§ 207 ist zwingend, sodass abweichende Regelungen im Gesellschaftsvertrag, in der Satzung oder in einem begleitendem schuldrechtlichen Vertrag unwirksam sind. § 207 ist rechtsformübergreifend auf alle Formen des Rechtsformwechsels anzuwenden und findet seine sachliche Parallelregelung in § 29. Die Verklammerung wird durch den Verweis in Abs. 2 besonders deutlich. 2

§ 207 ergänzt die Regelung nach § 196: Dem Anteilsinhaber steht es frei, in der Gesellschaft zu verbleiben, wofür er unter Umständen eine bare Zuzahlung erhält, oder er scheidet aus der Gesellschaft gegen Barabfindung aus, wofür er Widerspruch gegen die Entscheidung des Formwechsels in der Haupt- oder sonstigen Eigentümerversammlung erheben muss. Die Abfindungsregelung nach geltendem Recht gilt grundsätzlich für alle Fälle des Formwechsels. Ausgenommen sind der Formwechsel einer Kapitalgesellschaft in eine GbR oder OHG, 3

---

[1] Siehe § 29 Rn 20; *Decher* in Lutter Rn 3; ferner *Wiedemann* ZGR 1978, 477, 484; *Schindler* S. 90, 110; *Kalss* Anlegerinteressen S. 496; *Kalss* wbl 2001, 366, 373.

weil die Einstimmigkeit der Beschlussfassung die Gesellschafter schützt. Des weiteren bedarf es keines Abfindungsangebots beim Formwechsel von Personenhandelsgesellschaften, wenn vertraglich keine Mehrheitsentscheidung zugelassen wird. Wiederum schützt die Einstimmigkeit. Die formwechselnde Umwandlung von Rechtsträgern mit nur einem Anteilsinhaber bedarf – wegen seiner notwendigen Zustimmung – gem. § 194 Abs. 1 Nr. 6 keines Barabfindungsangebots. Schließlich kann ein Abfindungsangebot in Hinblick auf § 193 Abs. 2 entbehrlich sein, wenn durch eine Vinkulierung die Interessen der Anteilsinhaber gesichert werden. Keine Anwendung findet § 207 bei einem Rechtsformwechsel von einer AG in eine KGaA und umgekehrt[2] sowie bei der Umwandlung eines körperschaftssteuerbefreiten rechtsfähigen Vereins gemäß § 282 Abs. 2 und von Körperschaften und Anstalten des öffentlichen Rechts[3]. Beim Rechtsformwechsel einer KGaA ist für die Abfindung des Komplementärs § 207 wegen der Sonderregelung in § 227 nicht anzuwenden.

4 § 207 ist auch auf das nach einem regulären Delisting durchzuführende Spruchverfahren anzuwenden[4].

3. Entstehungsgeschichte

5 Die Vorläuferbestimmungen bilden §§ 369 Abs. 4, 375 und 388 AktG aF für die formwechselnde Umwandlung einer AG/KG aA in eine GmbH. Einzelne Regelungen wurden aus §§ 11 und 24 UmwG aF übernommen.

4. Preisgaberecht

6 Das Austrittsrecht gegen Gewährung einer Barabfindung ist vom sog. Abandon- oder Preisgaberecht zu unterscheiden, das nach §§ 383, 385 i, 385 m Abs. 5, 382 AktG aF[5] vorgesehen war, wonach widersprechende Gesellschafter ihre Aktien der Gesellschaft zur Veräußerung an Dritte überlassen konnten. Beim Preisgaberecht haben die Gesellschafter keinen Anspruch auf eine Gegenleistung, sondern müssen sich darauf verlassen, dass tatsächlich ein Abnehmer gefunden wird[6].

II. Voraussetzungen des Austrittsrechts

1. Voraussetzungen des Barabfindungsanspruchs: Widerspruch

7 Jeder Anteilsinhaber hat einen Anspruch auf Barabfindung, der gegen den Umwandlungsbeschluss Widerspruch zur Niederschrift erklärt hat. Dem Widerspruch zur Niederschrift steht es gleich, wenn der Anteilsinhaber zu Unrecht zur Versammlung der Anteilsinhaber nicht zugelassen wurde oder die Versammlung nicht ordnungsgemäß einberufen war oder der Gegenstand der Beschlussfassung nicht ordnungsgemäß bekannt gemacht worden ist[7]. Für die Erklärung des Widerspruchs zur Niederschrift gelten die gleichen Voraussetzungen wie nach § 29, d. h. sie muss in der Versammlung abgegeben werden. Vorheriges Einreichen ist ebenso wenig gestattet wie Nachreichen[8]. Der Anteilsinhaber muss auch gegen die Umwandlung stimmen[9]. Die zwingende Abgabe eines Widerspruchs dient der Überschaubarkeit

---

[2] § 250.
[3] § 302 Satz 2.
[4] *BayObLG* DB 2005, 214 = AG 2005, 288 = NZG 2005, 312.
[5] Heute noch in § 27 GmbHG, § 510 HGB.
[6] Siehe § 33 Rn 4. Siehe auch *Schindler* S. 7; *Kalss* Anlegerinteressen S. 497; *Wiedemann* ZGR 1978, 485; *Wiedemann* GesR Bd. I, S. 471.
[7] § 207 Abs. 2 iVm. § 29 Abs. 2. Zum Sonderfall von unbekannten GmbH-Gesellschaftern vgl. *Hanseatisches OLG in Bernen* DB 2003, 1498 = BB 2003, 1525.
[8] Vgl. § 29 Rn 22.
[9] Vgl. § 29 Rn 21.

der zu leistenden Barabfindung und damit der Rechtssicherheit und Rechtmäßigkeitskontrolle für den gesamten Umwandlungsvorgang[10].

2. Form des Angebots

Da beim Rechtsformwechsel nur ein Rechtsträger betroffen ist, wird den austrittswilligen Anteilsinhabern das Abfindungsangebot als Teil des Umwandlungsbeschlusses unterbreitet[11]. Da der Umwandlungsplan bereits einen Entwurf des Umwandlungsbeschlusses enthalten muss, findet sich darin auch das Abfindungsangebot. Das Abfindungsangebot ist den Anteilsinhabern spätestens mit der Einladung zu der Versammlung, die über den Formwechsel beschließen soll, mitzuteilen[12]. Das Abfindungsangebot ist entweder zu übersenden oder durch Bekanntmachung im Bundesanzeiger oder in sonst bestimmten Gesellschaftsblättern mitzuteilen[13]. Der Entwurf des Umwandlungsbeschlusses muss bereits die konkrete Höhe der Barabfindung, die vom rechtsformwechselnden Rechtsträger angeboten wird, enthalten[14]. Das Abfindungsangebot aufgrund der Beschlussfassung ist zum Handelsregister einzureichen, da eine Ausfertigung oder öffentlich beglaubigte Abschrift der Niederschrift des Umwandlungsbeschlusses gem. § 199 der Anmeldung des Formwechsels beizufügen ist. Die Höhe des Abfindungsangebots ist daher gem. §§ 9, 9 a HGB öffentlich.

3. Inhalt des Angebots

Der Inhalt des Angebots, insbesondere der Abfindungsbetrag muss so konkret bestimmt sein, sodass es durch eine Erklärung der Anteilsinhaber gem. § 209 einfach angenommen werden kann. Die Angabe einer Formel zur Ermittlung der angemessenen Barabfindung ist nicht ausreichend[15]. Eine Barabfindung ist zwingend vorgesehen. Sonstige Vermögenswerte, insbesondere Wertpapiere, dürfen nicht alternativ, sondern nur kumulativ angeboten werden[16]. Die Barabfindung muss angemessen sein[17]. Die Angemessenheit der Barabfindung wird im Spruchverfahren überprüft[18]. Hinzu kommt die Abtretung der Anteile oder die Erklärung des Ausscheidens aus dem Rechtsträger als Gegenleistung zur Barabfindung[19]. Die Übertragung der Anteile an den Rechtsträger neuer Rechtsform ist nur möglich, wenn er die Anteile erwerben kann. Ist hingegen der Erwerb eigener Anteile nach den jeweiligen Rechtsvorschriften nicht zugelassen (Personengesellschaften und eG), kann der Rechtsträger neuer Rechtsform die Anteile nicht übernehmen, sondern er hat eine Abfindung gegen Ausscheiden der jeweiligen Anteilsinhaber zu zahlen. Rechtstechnisch wird der ausscheidende Anteilsinhaber zunächst Anteilsinhaber des Rechtsträgers neuer Rechtsform und scheidet erst nach Wirksamwerden des Formwechsels aus dem Rechtsträger neuer Rechtsform aus[20]. Das Angebot richtet sich auf den Abschluss eines schuldrechtlichen Geschäfts über die Leistung der Barabfindung Zug um Zug gegen Abtretung der Anteile oder Mitgliedschaften an dem Rechtsträger oder die Erklärung des Austritts aus dem Rechtsträger. Der Anspruch auf Erfüllung des Vertrags kann durch Leistungsklage durchgesetzt werden[21].

---

[10] *Meister/Klöcker* in Kallmeyer Rn 17.
[11] § 194 Abs. 1 Nr. 6.
[12] §§ 216, 231, 238, 251, 260, 274, 283, 292.
[13] Vgl. *Meister/Klöcker* in Kallmeyer Rn 20.
[14] *Decher* in Lutter Rn 8; *Meister/Klöcker* in Kallmeyer Rn 28.
[15] *Meister/Klöcker* in Kallmeyer Rn 28; *Decher* in Lutter Rn 15.
[16] *Decher* in Lutter Rn 15; *Meister/Klöcker* in Kallmeyer Rn 28.
[17] § 208 iVm. § 30 Abs. 1.
[18] § 210 iVm. § 212 und SpruchG
[19] *Meister/Klöcker* in Kallmeyer Rn 27; *Decher* in Lutter Rn 15.
[20] *Decher* in Lutter Rn 14.
[21] *Meister/Klöcker* in Kallmeyer Rn 42.

4. Zu hohes Angebot

10 Ist das Angebot auf Barabfindung zu hoch, greift der Klagsausschluss nicht. Da in diesen Fällen die bleibenden Anteilsinhaber benachteiligt werden, die keine Anteilsberechtigung im Spruchverfahren haben, steht ihnen als Rechtsbehelf nur die Unwirksamkeitsklage (Anfechtungsklage) offen, die ggf. mit der Registersperre verbunden ist[22]. Während bei der Verschmelzung bei einem zu hohen Barabfindungsbetrag vor allem die Anteilsinhaber der übernehmenden Gesellschaft benachteiligt werden, die sich mit der Anfechtung wehren können, sind dies beim Rechtsformwechsel jene Anteilsinhaber, die in der Gesellschaft verbleiben wollen. Es sind aber die gleichen wie vor dem Rechtsformwechsel, da nur ein Rechtsträger betroffen ist[23].

III. Durchführung des Austrittsrechts

1. Erwerb eigener Aktien – Kapitalerhaltung

11 Ist der umgewandelte Rechtsträger eine AG (KGaA), berechtigt § 71 Abs. 1 Nr. 3 AktG zum Erwerb eigener Aktien zum Zweck der Abfindung von Aktionären und zwar auch dann, wenn sie nicht voll eingezahlt sind. § 71 Abs. 2 Satz 3 AktG steht dem Erwerb nicht entgegen. Die allgemeinen Grenzen des Erwerbs eigener Aktien wie das maximale Gesamtvolumen von 10% des Grundkapitals gem. § 71 Abs. 2 Satz 1 AktG darf nicht überschritten werden. Zudem ist der Erwerb nur zulässig, wenn die AG im Zeitpunkt des Erwerbs in der Lage ist, für die eigenen Aktien gem. § 272 Abs. 4 HGB eine Rücklage zu bilden, ohne dadurch das Grundkapital oder eine kraft Gesetzes oder Satzung zu bildende Rücklage zu mindern, die nicht an die Aktionäre ausgeschüttet werden darf. Tatsächlich gebildet werden muss die Rücklage aber erst im Jahresabschluss. Ein Verstoß gegen die Regelungen des Aktienerwerbs macht aber weder das sachenrechtliche Geschäft gem. § 71 Abs. 4 Satz 1 AktG noch nach der ausdrücklichen Regelung in Abs. 1 Satz 1 Halbs. 2 das schuldrechtliche Geschäft unwirksam. Deshalb ist auch eine Zurückhaltung und Rückabwicklung der Abfindungszahlung gem. § 57 Abs. 1 Satz 1 AktG und § 62 Abs. 1 Satz 1 AktG nicht zulässig[24]. Generell wird aber die Regelung von § 57 AktG zur Erhaltung des Grundkapitals nicht ausgeschlossen, sondern die Barabfindung unterliegt den allgemeinen Schranken (zB überhöhter Betrag). Ist bereits im Zeitpunkt des Umwandlungsbeschlusses erkennbar, dass die Wahrnehmung des Austrittsrechts zu einem unzulässigen Erwerb der Aktien führt, ist der Umwandlungsbeschluss rechtswidrig bzw. anfechtbar und darf nicht eingetragen werden[25]. Wird die Umwandlung trotzdem eingetragen, ist zwar das Titelgeschäft wirksam, die Übertragung muss aber unterbleiben[26].

2. Erwerb eigener Anteile

12 Ist der Rechtsträger neuer Rechtsform eine GmbH, erleichtert § 33 Abs. 3 ähnlich wie das Aktienrecht den Erwerb eigener Anteile. Der Erwerb ist innerhalb einer Frist von sechs Monaten zulässig, wenn die Gesellschaft die Rücklage für eigene Anteile gem. § 272 Abs. 4 HGB im Zeitpunkt des Erwerbs bilden kann, ohne dass das Stammkapital oder eine kraft Gesellschaftsvertrag zu bildende Rücklage, die nicht zur Ausschüttung an die Gesellschafter

---

[22] *Decher* in Lutter § 210 Rn 6; *Vollrath* in Widmann/Mayer § 210 Rn 14; *Grunewald* in Lutter § 32 Rn 2; *Stratz* in Schmitt/Hörtnagl/Stratz § 32 Rn 4; aA *Marsch-Barner* in Kallmeyer § 32 Rn 3; *Meister/Klöcker* in Kallmeyer § 210 Rn 10.
[23] Vgl. § 212 Rn 5.
[24] *Meister/Klöcker* in Kallmeyer Rn 34; *Decher* in Lutter Rn 19.
[25] *Decher* in Lutter Rn 18; *Grunewald* in Lutter § 29 Rn 24; *Meister/Klöcker* in Kallmeyer Rn 35.
[26] *Stratz* in Schmitt/Hörtnagl/Stratz § 29 Rn 10; *Marsch-Barner* in Kallmeyer § 29 Rn 27.

verwendet werden darf, gemindert wird. Gleich wie nach Aktienrecht ist der Erwerb eigener Anteile zulässig, wenn sie nicht voll eingezahlt sind. Ein Verstoß gegen die Regelungen über den Erwerb eigener Anteile macht zwar das dingliche Geschäft nicht unwirksam, mangels einer Parallelregelung zum Aktienrecht in § 207 ist hingegen das schuldrechtliche Geschäft unwirksam[27]. Nach den Rechtsfolgen von §§ 30 und 31 GmbHG kann daher die Gesellschaft die Leistung der Barabfindung verweigern und eine bereits geleistete Barabfindung zurückfordern. So betrachtet genießen die Kapitalerhaltungsvorschriften gegenüber dem Individualinteresse eines Gesellschafters und dessen Austrittsrecht den Vorrang. Die unterschiedliche Regelung führt zu einer Wertungsdiskrepanz zwischen GmbH und AG, die aber wegen der ausdrücklichen Bezugnahme des UmwG auf das AktG allein durch eine Analogie nicht ohne weiteres überbrückt werden kann. Ist der Verstoß gegen § 33 bereits vor Fassung des Umwandlungsbeschlusses erkennbar, ist dieser rechtswidrig, darf nicht in das Handelsregister eingetragen werden und ist anfechtbar[28].

3. Ausscheiden des Anteilsinhabers

Kann ein Rechtsträger wegen seiner Rechtsform eigene Anteile oder Mitgliedschaften 13 nicht erwerben und erklärt ein Anteilsinhaber seinen Austritt, ist ihm die Barabfindung ohne Übernahme des Anteils anzubieten (Abschichtung). Der Anteilsinhaber wird zunächst Anteilsinhaber des Rechtsträgers neuer Rechtsform und kann seinen Austritt gegen Barabfindung erklären[29]. Beispiele sind die GbR, Personenhandelsgesellschaften, die PartG, die eG und der e.V. Die Austrittserklärung folgt den Regelungen der jeweiligen Rechtsform. Bei der GbR, den Personengesellschaften und der PartG führt der Austritt zum Erlöschen der Beteiligung und zum Anwachsen des Anteils am Vermögen des Rechtsträgers bei den übrigen Anteilsinhabern[30].

4. Freiwilliges Angebot

Da das Gesetz von der Übernahme durch den Rechtsträger neuer Rechtsform ausgeht, 14 kann die Schranke der Kapitalerhaltung weder bei der AG noch bei der GmbH einfach dadurch überwunden werden, dass ein Dritter die Anteile anstatt des Rechtsträgers übernimmt. Die Gestaltungsmöglichkeit des freiwilligen Angebots im Vorfeld einer rechtsformwechselnden Umwandlung bietet eine Alternative[31]. Ein Vorteil des freiwilligen öffentlichen Kaufangebots liegt darin, dass die Durchführung nicht an die Formvorschriften des UmwG (formalisierte Berichte einerseits, Erhebung des Widerspruchs in der Hauptversammlung andererseits) gebunden ist, so dass es sowohl aus der Sicht des austrittswilligen Aktionärs als auch des Rechtsträgers einfacher durchgeführt werden kann. Zugleich wird sichergestellt, dass die Mehrheit, die für den Rechtsformwechsel erforderlich ist, mangels des Erfordernisses des Widerspruchs und der ablehnenden Stimmabgabe leichter erreicht werden kann[32]. Das freiwillige Übernahmeangebot unterliegt nicht dem Spruchverfahren.

5. Übernahmerecht

Notieren die Aktien an einem organisierten (Börsen-)Markt, unterliegt das freiwillige 15 Übernahmeangebot gem. § 2 Abs. 1 WpÜG dem Übernahmerecht[33], sofern es sich um ein öffentliches Angebot, d. h. um ein Angebot an alle und nicht bloß an einige ausgewählte

---

[27] *Meister/Klöcker* in Kallmeyer Rn 28; aA *Decher* in Lutter Rn 20.
[28] *Meister/Klöcker* in Kallmeyer Rn 39.
[29] *Meister/Klöcker* in Kallmeyer Rn 41.
[30] § 738 BGB und § 138 HGB.
[31] *Meister/Klöcker* in Kallmeyer Rn 40.
[32] *Meyer-Landrut/Kiem* WM 1997, 1413, 1420 f.
[33] § 2 Abs. 1 WpÜG; insbes. §§ 10 ff. WpÜG.

Gesellschafter handelt. Beim freiwilligen Übernahmeangebot von börsennotierten Gesellschaften ist das WpÜG anzuwenden, was insbesondere die Überwachung durch BAWe sowie die materiellen Regelungen der Gleichbehandlung nach sich zieht. Weichen das freiwillige Übernahmeangebot des Mehrheitsaktionärs und das Barabfindungsangebot voneinander ab, ist etwa das freiwillige Angebot niedriger als ein nachfolgendes Barabfindungsangebot, das uU durch ein Spruchverfahren erhöht worden ist, erscheint es geboten, den Mehrheitsaktionär zu verpflichten, den höheren Betrag den bereits freiwillig ausgetretenen Gesellschaftern nachzuzahlen[34]. Das WpÜG sieht bei öffentlichen Angeboten gem. § 23 Abs. 5 die Nachbesserungspflicht für nachfolgende Angebote jedenfalls innerhalb eines Jahres vor.

6. Kosten

16 Die Kosten für die als Gegenleistung zu gewährende Übertragung der Anteile oder Mitgliedschaften trägt der übernehmende Rechtsträger neuer Rechtsform, insbesondere etwa die anfallenden Kosten der notariellen Beurkundung bei Übertragung eines GmbH-Geschäftsanteils[35].

7. Verzicht

17 Der Verzicht auf Barabfindung ist notariell zu beurkunden[36]. Alle Anteilsinhaber müssen verzichten. Nur dann ist er wegen § 194 Abs. 1 Nr. 6 wirksam. Damit die Angabe einer Barabfindung entfallen kann, bedarf es eines gültigen Verzichts bereits vor Beschlussfassung, nämlich vor der notwendigen Offenlegung des Entwurfs des Umwandlungsbeschlusses und damit einhergehend des Barabfindungsangebots. Entsprechend § 199 ist die Verzichtserklärung zum Handelsregister einzureichen[37]. Auch ohne ausdrückliche Regelung ist ein Verzicht auf die Barabfindung durch einzelne Anteilsinhaber zulässig. Dies ist zweckmäßig, um etwa jedenfalls die Regelungen der Kapitalerhaltung einzuhalten (maximal die Summe von 10%) oder eine konkrete Planung für den Liquiditätsabfluss zu haben[38]. Die Pflicht, ein Barabfindungsangebot zu stellen, korreliert mit dem Anspruch auf Barabfindung, der jedenfalls besteht, unabhängig davon, ob der formwechselnde Rechtsträger tatsächlich alle erforderlichen Voraussetzungen dafür erfüllt, insbesondere wenn er etwa das Barangebot nicht im Umwandlungsbeschluss anfügt[39].

§ 208 Inhalt des Anspruchs auf Barabfindung und Prüfung der Barabfindung

Auf den Anspruch auf Barabfindung ist § 30 entsprechend anzuwenden.

Übersicht

	Rn		Rn
I. Allgemeines	1	III. Prüfung der Barabfindung	8
II. Der Anspruch auf Barabfindung	3		

Literatur: Siehe Literaturverzeichnis zu § 30.

---

[34] Zum österreichischen Recht *Kalss/Zollner* ÖBA 2004, 239, 240 f.; *Kalss/Oppitz/Zollner* Kapitalmarktrecht § 23 Rn 34.
[35] § 15 Abs. 3 GmbHG.
[36] § 30; *Decher* in Lutter Rn 22; *Meister/Klöcker* in Kallmeyer Rn 45.
[37] *Meister/Klöcker* in Kallmeyer Rn 45; *Decher* in Lutter Rn 23.
[38] *Meister/Klöcker* in Kallmeyer Rn 46; *Decher* in Lutter Rn 22; *Priester* DNotZ 1995, 427, 450.
[39] *Meister/Klöcker* in Kallmeyer Rn 5, 7.

I. Allgemeines

Die Vorschrift verweist auf § 30 und die dort angeführten weiteren Vorschriften. Somit sehen die §§ 208 und 30 Abs. 1 Satz 1 im Verhältnis zum früheren Recht eine allgemeine Regelung für die Fälle des Formwechsels vor, die in der Praxis von Bedeutung sind. Eine Prüfung der Angemessenheit der Barabfindung durch einen Umwandlungsprüfer wird in § 208 analog zu § 30 Abs. 2 vorgesehen, da der Austritt eines Anteilsinhabers aus einem Unternehmen von ebenso großer Bedeutung ist wie das Umtauschverhältnis für die im Unternehmen verbleibenden Anteilsinhaber[1]. 1

Bei einem Formwechsel ist die Prüfung auf die Angemessenheit der Barabfindung beschränkt. Aus Kostengründen wird auf eine umfassende Prüfung der Umwandlung, wie sie zB bei einer Verschmelzung, Spaltung oder Vermögensübertragung vorgesehen ist, verzichtet[2]. 2

II. Der Anspruch auf Barabfindung

Bei der Bemessung der Barabfindung müssen die Verhältnisse des formwechselnden Rechtsträgers im Zeitpunkt der Beschlussfassung berücksichtigt werden[3]. Hierzu gehört auch die Rechtsform vor dem Formwechsel, da sich daraus Einflüsse für die Bewertung ergeben können (zB Steuerwirkungen oder Risikobeurteilung)[4]. 3

Da die Barabfindung gem. § 207 Abs. 1 Satz 1 „angemessen" sein muss, hat der ausscheidewillige Anteilsinhaber Anspruch auf den vollen wirtschaftlichen Wert seiner Anteile[5]. Abfindungsklauseln in bestehenden Gesellschaftsverträgen dürfen deshalb bei der Bestimmung der angemessenen Barabfindung nicht berücksichtigt werden[6]. Entsprechend kann der Anspruch der ausscheidewilligen Anteilsinhaber auf Zahlung einer Barabfindung nach dem vollen wirtschaftlichen Wert nicht im Umwandlungsbeschluss eingeschränkt werden. 4

Zur Ermittlung der angemessenen Barabfindung ist regelmäßig von dem Vertretungsorgan des formwechselnden Rechtsträgers eine Unternehmensbewertung durchzuführen. Die iRd. Unternehmensbewertung anzuwendenden Methoden bestimmen sich nach den allgemein akzeptierten Prinzipien in Rechtsprechung, Theorie und Praxis[7]. 5

Sofern ein ggf. zu berücksichtigender Börsenkurs nicht höher ist, ergibt sich die Barabfindung unabhängig von der Höhe der Beteiligung für alle Anteilsinhaber als quotaler Anteil am festgestellten Unternehmenswert. Nicht zulässig sind Minderheitsabschläge oder Paketzuschläge[8]. Wertunterschiede, die auf besonderen Ausstattungsmerkmalen (zB abweichende Gewinnverteilung, Anteile ohne Stimmrecht oder mit Mehrfachstimmrecht) beruhen, sind bei der Wertermittlung zu berücksichtigen[9]. 6

Entsprechend §§ 209, 30 Abs. 2 Satz 1, 15 Abs. 2 ist die Barabfindung nach Ablauf des Tages, an dem die Eintragung des Formwechsels nach § 201 Satz 1 bekannt gemacht gilt, zu verzinsen[10]. Darüber hinaus ist die Geltendmachung eines weiteren Schadens nicht ausgeschlossen[11]. 7

---

[1] Vgl. RegBegr. *Ganske* S. 233 und 85.
[2] Vgl. *Decher* in Lutter Rn 2.
[3] Vgl. § 30 Rn 4.
[4] Vgl. *Müller* in Kallmeyer Rn 2.
[5] Siehe zur Angemessenheit selbst § 30 Rn 4 ff.
[6] Vgl. *Decher* in Lutter Rn 6.
[7] Siehe zu den Methoden §§ 9 Rn 34 ff., 30 ff. Rn 7 ff.
[8] B*VerfG* AG 1999, 568.
[9] OLG Düsseldorf DB 2002, 783.
[10] Siehe zu Höhe und Beginn der Verzinsung § 30 Rn 1, 20 ff.
[11] Vgl. *Müller* in Kallmeyer Rn 5.

III. Prüfung der Barabfindung

8 Sofern nicht von der Verzichtsmöglichkeit des § 30 Abs. 2 Satz 3 Gebrauch gemacht worden ist, ist die Angemessenheit der anzubietenden Barabfindung stets zu prüfen[12]. Die Prüfung stellt eine Pflichtprüfung dar, ist also unabhängig von einem Antrag der Anteilsinhaber[13].

9 Bezüglich der Bestellung, Stellung und Verantwortlichkeit des Prüfers sowie des Prüfungsberichts gelten über §§ 208, 30 Abs. 2 Satz 2 die Vorschriften der §§ 10 bis 12 analog. Auf die diesbezüglichen Erläuterungen wird verwiesen.

§ 209 Annahme des Angebots

Das Angebot nach § 207 kann nur binnen zwei Monaten nach dem Tage angenommen werden, an dem die Eintragung der neuen Rechtsform oder des Rechtsträgers neuer Rechtsform in das Register bekannt gemacht worden ist. Ist nach § 212 ein Antrag auf Bestimmung der Barabfindung durch das Gericht gestellt worden, so kann das Angebot binnen zwei Monaten nach dem Tage angenommen werden, an dem die Entscheidung im elektronischen Bundesanzeiger bekanntgemacht worden ist.

Übersicht

	Rn		Rn
I. Allgemeines	1	2. Form des Austritts und Vertretung	5
1. Entstehungsgeschichte und Anwendungsbereich	1	3. Durchführung des Austritts	6
2. Gewöhnlicher Verlauf	2	III. Abfindung	7
3. Gerichtliche Entscheidung	3	1. Belastungsfreie Abfindung	7
II. Ausübung des Austritts	4	2. Mitgliedschaft im Rechtsträger neuer Rechtsform	8
1. Teilweiser Austritt	4	3. Fälligkeit	9

Literatur: *Grunewald*, Probleme bei der Aufbringung der Abfindung für ausgetretene GmbH-Gesellschafter, GmbHR 1991, 185; *Veil*, Umwandlung einer Aktiengesellschaft in eine Gesellschaft mit beschränkter Haftung, 1996.

I. Allgemeines

1. Entstehungsgeschichte und Anwendungsbereich

1 Die Vorgängerregelungen bilden §§ 375 Abs. 1 und 388 AktG aF für die formwechselnde Umwandlung einer AG/KGaA in eine GmbH und umgekehrt. § 209 ist rechtsformübergreifend gestaltet. Sein Anwendungsbereich wird nicht durch abweichende Bestimmungen eingeschränkt. In der Sache entspricht die Regelung für den Rechtsformwechsel der verschmelzungsrechtlichen Regelung[1]. Die Regelung bestimmt die Frist, innerhalb derer das Barabfindungsangebot[2] angenommen werden kann. Das Gesetz unterscheidet **zwei Fristen**,

---

[12] §§ 208, 30 Abs. 2.
[13] Zu den Folgen einer unzulässigerweise unterbliebenen Prüfung vgl. die Erläuterungen zu § 12 Rn 3.
[1] § 31.
[2] § 207.

nämlich jene für die schlichte Durchführung des Rechtsformwechsels und jene, bei der das Barabfindungsangebot einer gerichtlichen Überprüfung unterzogen wird. Die zuletzt genannte Frist kann sehr spät, uU erst nach Ablauf der ersten Frist, beginnen.

2. Gewöhnlicher Verlauf

Das Angebot[3] kann nur innerhalb von zwei Monaten nach dem Tag angenommen werden, an dem die Eintragung des Rechtsformwechsels in das Register bekannt gemacht worden ist[4]. Die konkrete Dauer der Frist hängt daher von der Zeitspanne zwischen Eintragung (Wirksamwerden) und Bekanntmachung (was uU etwa bei Erhebung einer Unwirksamkeitsklage länger dauern kann), verlängert um die Zweimonatsfrist ab dem Bekanntmachungszeitpunkt ab. Für die Berechnung der Zweimonatsfrist gelten die allgemeinen zivilrechtlichen Regelungen[5]. Die Frist ist eine materiell rechtliche **Ausschlussfrist**: Läuft die Frist ab, erlischt der Anspruch auf Barabfindung. Eine Wiedereinsetzung in den vorigen Stand oder ein sonstiger Rechtsbehelf ist bei einem Fristversäumnis nicht möglich[6]. Der Austritt ist nur dann rechtzeitig, wenn er dem übernehmenden Rechtsträger zugeht[7]. Wie nach allgemeinem Zivilrecht kann sie als einseitige Erklärung bis zum Zugang ohne weiteres widerrufen werden. Ab dem Zugang kann sie nur unter Einhaltung der Allgemeinen schuldrechtlichen Regelungen aufgehoben werden (zB Irrtum).

3. Gerichtliche Entscheidung

Hat irgendein Anteilsinhaber eine gerichtliche Entscheidung über die Angemessenheit der Barabfindung eingeleitet[8], setzt die Bekanntmachung der das Verfahren abschließenden Entscheidung des Gerichts[9] die Frist zur Annahme des uU geänderten Barabfindungsangebots noch einmal in Lauf. Die zweite Frist beträgt konstant zwei Monate. Die beiden Fristen nach Satz 1 (schlichte Eintragung des Rechtsformwechsels) und Satz 2 (gerichtliche Entscheidung über die Barabfindung) sind voneinander unabhängig. Wer den Antrag zur Überprüfung der Angemessenheit der Barabfindung gestellt hat, ist für die Auslösung des nochmaligen Fristenlaufs und für die nochmalige Berechtigung des Austrittsrechts unerheblich[10]. Es muss daher nicht der Austretende sein. Damit der Austritt aber überhaupt erklärt werden kann, muss der jeweilige Anteilsinhaber Widerspruch in der Gesellschafterversammlung erhoben haben[11]. Die noch einmal in Lauf gesetzte Annahmefrist beträgt wiederum zwei Monate. Ihr Lauf beginnt mit der Bekanntmachung der gerichtlichen Entscheidung im elektronischen Bundesanzeiger. Die Frist läuft mit der Bekanntmachung der Entscheidung, jedenfalls unabhängig davon, ob das Barangebot tatsächlich erhöht wurde oder gleich geblieben ist[12]. Wird das gerichtliche Verfahren nicht durch Entscheidung, sondern auf andere Weise beendet, etwa durch Vergleich der Anteilsinhaber, läuft die Frist ab Abschluss des Vergleichs oder – wenn vorgenommen – ab der Bekanntmachung der Beendigung im elektronischen Bundesanzeiger[13].

---

[3] § 209 Satz 1.
[4] § 201.
[5] §§ 187 Abs. 2 Satz 1, 188 Abs. 2 BGB.
[6] *Stratz* in Schmitt/Hörtnagl/Stratz Rn 3; *Grunewald* in Lutter § 31 Rn 2; *Marsch-Barner* in Kallmeyer § 31 Rn 3.
[7] § 130 BGB.
[8] § 207 iVm. SpruchG.
[9] § 310.
[10] *Grunewald* in Lutter § 31 Rn 3.
[11] § 207; *Grunewald* in Lutter § 31 Rn 3 Fn 6.
[12] *Stratz* in Schmitt/Hörtnagl/Stratz Rn 6.
[13] Vgl. *Marsch-Barner* in Kallmeyer § 31 Rn 9.

II. Ausübung des Austritts

1. Teilweiser Austritt

4 Verfügt ein Anteilsinhaber über mehrere Anteile, steht es ihm frei, mit allen Anteilen oder nur mit einem Teil seiner Anteile den Austritt zu erklären[14]. Ein teilweiser Austritt ist auch möglich, wenn die Anteilsinhaber im Rechtsträger neuer Rechtsform jeweils nur über einen Anteil verfügen (GmbH oder Personengesellschaft). Maßgeblich ist seine Rechtsstellung im ehemaligen übertragenden Rechtsträger. Der bloß teilweise Austritt muss nur rechtstechnisch möglich sein, wie etwa in der Personengesellschaft durch Teilabfindung.

2. Form des Austritts und Vertretung

5 Die Austrittserklärung ist **formfrei**. Es bedarf nicht einmal unbedingt einer schriftlichen Erklärung, allein der Austrittswille muss deutlich erkennbar sein[15]. Der Austritt muss **nicht persönlich**, sondern kann auch von einem Vertreter erklärt werden[16]. Die Erklärung ist wegen der Einseitigkeit bedingungsfeindlich.

3. Durchführung des Austritts

6 Der Austritt wird **Zug um Zug** gegen die Gewährung der Abfindung erklärt. Der Anteilsinhaber ist verpflichtet, seinen Anteil dem übernehmenden Rechtsträger zu übertragen. Solange der Anteilsinhaber an der Übertragung nicht mitwirkt, kann der Rechtsträger neuer Rechtsform die Bezahlung der Barabfindung verweigern[17]. Die Übertragung folgt den Regelungen für den Anteil nach der jeweiligen Rechtsform, zB durch notarielle Beurkundung für die Übertragung von GmbH-Anteilen.

III. Abfindung

1. Belastungsfreie Abfindung

7 Die Barabfindung iRd. Rechtsformwechsels muss so gestaltet sein, dass sie der austrittswillige Gesellschafter behalten kann und für ihn keine zusätzlichen Belastungen damit verbunden sind. Während bei einer AG dem Aktionär bei Auszahlung der Abfindung keine Haftung droht, könnte dies bei der GmbH der Fall sein, nämlich wenn ihm die Barabfindung entgegen § 30 GmbHG aus dem gebundenen Vermögen erbracht wird. Dies stellt keine ordnungsgemäße Erfüllung der Abnahmeverpflichtung des übernehmenden Rechtsträgers dar, bildet zugleich einen Sorgfaltsverstoß der Organmitglieder und führt zu einer Ablehnung der Eintragung des Rechtsformwechsels in das Handelsregister. Bis zur ordnungsgemäßen Erfüllung der Barabfindung kann der Gesellschafter die Barabfindung seines Geschäftsanteils verweigern, ohne seinen Anspruch auf Bezahlung zu verlieren, wenn er nur rechtzeitig seinen Austritt erklärt hat. Hat er den Anteil hingegen bereits übertragen, kann er Zug um Zug gegen Rückzahlung der Abfindung die Rückübertragung des Anteils verlangen[18]. Wenn der Anteilsinhaber den Austritt rechtzeitig erklärt hat, verfällt der Abfindungsanspruch nicht und

---

[14] *Grunewald* in Lutter § 31 Rn 4; *Marsch-Barner* in Kallmeyer § 29 Rn 19; aA *Bermel* in Goutier/Knopf/Tulloch § 29 Rn 35.
[15] *Stratz* in Schmitt/Hörtnagl/Stratz Rn 4; *Grunewald* in Lutter § 31 Rn 3; *Marsch-Barner* in Kallmeyer § 31 Rn 4.
[16] § 164 BGB.
[17] § 273 BGB; *Marsch-Barner* in Kallmeyer § 31 Rn 6.
[18] *Grunewald* in Lutter § 31 Rn 5 ff.; *Marsch-Barner* in Kallmeyer § 31 Rn 7.

er kann ihn ab der erstmaligen Möglichkeit der Abfindungsleistung aus dem ungebundenen Vermögen realisieren, ohne unbedingt den Weg der Auflösung beschreiten zu müssen. Es reicht eine Sistierung des Anspruchs[19].

2. Mitgliedschaft im Rechtsträger neuer Rechtsform

Der Fristenlauf geht davon aus, dass die Austrittserklärung erst nach Wirksamkeit des Rechtsformwechsels erklärt wird und der austrittswillige Anteilsinhaber Mitglied des Rechtsträgers neuer Rechtsform wird. Er kann dort auch seine Mitgliedschaftsrechte ausüben[20]. Anteilsinhaber haben daher bis zum Ablauf der Fristen, in der sie das Abfindungsangebot annehmen können, alle Rechte im übernehmenden Rechtsträger und können ihr Stimmrecht ebenso wie sonstige Rechte wahrnehmen[21]. Hat ein austrittswilliger Anteilsinhaber sein Austrittsvorhaben bereits erklärt, ist von ihm im Rahmen seiner gesellschaftsrechtlichen Treuepflicht zu erwarten, dass er in Ausübung seiner Rechte Zurückhaltung übt[22]. 8

3. Fälligkeit

Das Gesetz verzichtet auf eine besondere Regelung für die Fälligkeit der Barabfindung; vielmehr ist sie sofort, nämlich Zug um Zug gegen Übertragung der Anteile bzw. Abgabe der Austrittserklärung zu leisten. 9

§ 210 Ausschluß von Klagen gegen den Umwandlungsbeschluß

Eine Klage gegen die Wirksamkeit des Umwandlungsbeschlusses kann nicht darauf gestützt werden, daß das Angebot nach § 207 zu niedrig bemessen oder daß die Barabfindung im Umwandlungsbeschluß nicht oder nicht ordnungsgemäß angeboten worden ist.

Übersicht

	Rn		Rn
I. Allgemeines	1	II. Beschränkung der Klagegründe	4

Literatur: *Bärwaldt*, Zum Ausschluß der Anfechtungsklage bei fehlender Information über Grundlagen des Barabfindungsangebots, GmbHR 2001, 251; *Heckschen*, Beschränkung des Klagerechts im Umwandlungsverfahren, NotBZ 2001, 206; *Henze*, Aspekte und Entwicklungstendenzen der aktienrechtlichen Anfechtungsklage in der Rechtsprechung des BGH, ZIP 2002, 97; *Kallmeyer*, Zum Verweis auf das Spruchstellenverfahren bei Verstoß gegen das Auskunftsrecht über abfindungsrelevante Fragen, GmbHR 2001, 204; *Kleindiek*, Abfindungsbezogene Informationsmängel und Anfechtungsausschluss, NZG 2001, 552; *Luttermann*, Keine Anfechtungsklage bei Verletzung abfindungswertbezogener Informationspflichten, Anm. zu BGH vom 18. 12. 1999 – II ZR 1/99, BB 2001, 382.

I. Allgemeines

Die Vorschrift steht in engem Zusammenhang mit dem Klageausschluss bei zu niedriger Bemessung der Anteile an dem Rechtsträger neuer Rechtsform bzw. wenn die Mitglied- 1

---

[19] Vgl. *Grunewald* in Lutter § 31 Rn 8 (für eine Auflösung).
[20] *Grunewald* in Lutter § 31 Rn 9 f.
[21] *Grunewald* in Lutter § 31 Rn 10.
[22] *Grunewald* in Lutter § 31 Rn 10; siehe ferner BGHZ 88, 328; *Lutter/Hommelhoff* § 34 GmbHG Rn 40.

schaft keinen ausreichenden Gegenwert für die Anteile oder Mitgliedschaft bei dem formwechselnden Rechtsträger darstellt[1]. Sie soll verhindern, dass ein Formwechsel durch eine Klage gegen das Barabfindungsangebot nicht zur Eintragung in das Register gelangt[2]. Stattdessen wird das Klagebegehren der Anteilsinhaber in das Spruchverfahren nach dem SpruchG verlagert. Dort kann unabhängig vom Wirksamwerden des Formwechsels die im Tatsächlichen uU schwierige Frage der Bewertung eines Anteils entschieden werden. Materiellrechtlich bedeutet der Klageausschluss nach § 210, dass die dort aufgeführten Gründe die Wirksamkeit des Umwandlungsbeschlusses unberührt lassen. Eine entsprechende Regelung findet sich sowohl für den Verschmelzungs- als auch den (Auf- bzw. Ab-)Spaltungsvertrag[3].

2 Die Vorschrift trägt einem Ausgleich der Interessen des Rechtsträgers und der in ihm verbleibenden Anteilsinhaber an einer zügigen Durchführung der Umwandlung einerseits und der anlässlich der Umwandlung ausscheidenden Gesellschafter an der Wahrung ihrer schutzwürdigen Vermögensinteressen andererseits Rechnung[4].

3 § 210 betrifft alle Fälle des Formwechsels – unabhängig von der bisherigen oder künftigen Rechtsform. Die besonderen Vorschriften[5] enthalten keine ergänzenden Regelungen.

II. Beschränkung der Klagegründe

4 Klagen gegen den Umwandlungsbeschluss, die sich darauf stützen, dass das Barabfindungsangebot[6] zu niedrig bemessen oder dass die Barabfindung im Umwandlungsbeschluss nicht oder nicht ordnungsgemäß angeboten worden ist, sind **unzulässig**. Dies betrifft **alle** Klagearten, mit denen grundsätzlich für die jeweilige Rechtsform die Nichtigkeit, Anfechtbarkeit oder sonstige Unwirksamkeit des Umwandlungsbeschlusses geltend gemacht werden kann[7]. Wird dennoch aus den genannten Gründen eine Klage erhoben, löst diese keine Registersperre aus, die Eintragung des Formwechsels wird hierdurch nicht verzögert[8]. Es ist damit auch ausgeschlossen, dass der Registerrichter von sich aus die Eintragung wegen offensichtlicher Mängel des Umwandlungsbeschlusses hinsichtlich des Barabfindungsangebots ablehnt. Anderenfalls würde der Formwechsel blockiert, was durch den Ausschluss der Klage in § 210 gerade verhindert werden soll[9].

5 Der Klageausschluss umfasst folgende Mängel des Umwandlungsbeschlusses:
– **zu niedrige Bemessung des Barabfindungsangebots** für Anteilsinhaber, die ihren Widerspruch zur Niederschrift gegen den Umwandlungsbeschluss erklärt haben[10]. Die Rüge der Unangemessenheit desselben ist auf das Spruchverfahren beschränkt, in dem das Gericht eine angemessene Barabfindung festsetzt[11].
– **Fehlen eines Barabfindungsangebots im Umwandlungsbeschluss**; grundsätzlich muss den Anteilsinhabern im Umwandlungsbeschluss ein Barabfindungsangebot gemacht werden[12]; das vollständige Fehlen desselben führt aber anders als zB ein fehlendes Aus-

---

[1] § 195 Abs. 2.
[2] § 198 Abs. 3 iVm. § 16 Abs. 2: Registersperre wegen Klagen gegen den Umwandlungsbeschluss.
[3] §§ 32, 125.
[4] *BGH* NJW 2001, 1425.
[5] §§ 214 ff.
[6] § 207.
[7] Insbes. die Nichtigkeits-, Anfechtungs- und allgemeine Feststellungsklage.
[8] Vgl. *BGH* NJW 2001, 1425; ebenso *Decher* in Lutter Rn 3, *Stratz* in Schmitt/Hörtnagl/Stratz Rn 4; aA *Meister/Klöcker* in Kallmeyer Rn 7.
[9] *BGH* NJW 2001, 1425, 1426; ebenso *Meister/Klöcker* in Kallmeyer Rn 8; nunmehr wohl auch *Decher* in Lutter Rn 3.
[10] § 207 Abs. 1 Satz 1.
[11] § 212.
[12] § 194 Abs. 1 Nr. 6.

gleichsangebot bei einem Beherrschungs- und Gewinnabführungsvertrag[13] nicht zur Nichtigkeit des Umwandlungsbeschlusses.
- **nicht ordnungsgemäßes Barabfindungsangebot**; dieses betrifft zum einen die Fälle, in denen das Angebot unklar, widersprüchlich oder unvollständig ist, darüber hinaus aber nach Ansicht des *BGH*[14] auch sämtliche Verstöße gegen die zu Gunsten der Anteilsinhaber angeordneten Informations- bzw. Mitteilungspflichten des Rechtsträgers im Zusammenhang mit dem Barabfindungsangebot[15]. Damit ist nach Ansicht des BGH auch dann eine Klage gegen den Umwandlungsbeschluss ausgeschlossen, wenn dieser auf einem mangelhaften Umwandlungsbericht beruht, der entgegen § 192[16] keine oder eine unzureichende Information der Anteilsinhaber über das Abfindungsangebot enthält[17]. Ein solcher Verstoß gegen Informationspflichten stelle ein nicht ordnungsgemäßes Angebot iSd. Vorschrift dar. Der BGH hat damit seine frühere Rechtsprechung zur Information der Aktionäre und der daraus folgenden Klagemöglichkeiten im Rahmen eines Umwandlungsvorgangs ausdrücklich aufgegeben. Die Entscheidung des BGH geht jedoch über eine am Wortlaut orientierte Auslegung der Norm hinaus und führt dazu, dass es die Organe des formwechselnden Rechtsträgers weitestgehend in der Hand haben, jegliche Informationen bezüglich einer Barabfindung zurückzuhalten, ohne dass dies die Wirksamkeit des Umwandlungsbeschlusses berührt[18]. Die Begründung ist zudem dogmatisch fragwürdig. Es mangelt für eine Ausweitung des Anwendungsbereichs des § 210 vom fehlerhaften Umwandlungsbeschluss auf einen fehlerhaften Umwandlungsbericht im Wege der Analogie bereits an einer Regelungslücke[19]. Zudem kann erst die Information über das Barabfindungsangebot die Anteilsinhaber in die Lage versetzen, darüber zu entscheiden, ob sie ein Abfindungsangebot annehmen oder das Spruchverfahren beantragen.
- **zu hohe Bemessung des Barabfindungsangebots**; ebenfalls vom Klageausschluss erfasst werden Klagen des bei dem Rechtsträger verbleibenden Anteilsinhabers, die sich darauf stützen, das Abfindungsangebot wäre zu hoch bemessen[20]. Dieser Fall wird im Gesetz zwar nicht ausdrücklich erwähnt, beinhaltet aber die Rüge, der dem Anteilsinhaber zustehende, mit dem Barabfindungsangebot belastete Anteil am neuen Rechtsträger stelle keinen ausreichenden Gegenwert für seine bisherige Beteiligung dar, so dass eine Klage bereits nach § 195 Abs. 2 ausgeschlossen ist und der verbleibende Anteilsinhaber lediglich eine bare Zuzahlung[21] verlangen kann[22].

§ 211 Anderweitige Veräußerung

Einer anderweitigen Veräußerung des Anteils durch den Anteilsinhaber stehen nach Fassung des Umwandlungsbeschlusses bis zum Ablauf der in § 209 bestimmten Frist Verfügungsbeschränkungen nicht entgegen.

---

[13] § 304 Abs. 3 Satz 1 AktG; anders dagegen auch § 305 AktG.
[14] *BGH* NJW 2001, 1425, 1426; *BGH* NJW 2001, 1428, 1429.
[15] Vgl. §§ 192 Abs. 1 Satz 3, 193; 194 Abs. 1 Nr. 6; 238 iVm. 230, 231; 239, 208, 30.
[16] Siehe § 192 Rn 12 ff. dazu *BGH* NJW 2001, 1425, 1426.
[17] Ebenso *Vollrath* in Widmann/Mayer Rn 9; aA noch *KG* AG 1999, 126, 128; *LG Heidelberg* AG 1996, 523 ff.
[18] Vgl. *Bärwaldt* GmbHR 2001, 251; kritisch ebenfalls *Kallmeyer* GmbHR 2001, 204; *Luttermann* BB 2001, 382, 384; aA *Witt* WuB II N § 210 UmwG 1.01; *Heckschen* NotBZ 2001, 206; siehe auch § 212 Rn 7, vgl. ferner § 8 Rn 78 f.
[19] Zutreffend *Kallmeyer* GmbHR 2001, 204.
[20] Ähnlich wohl *BGH* NJW 2001, 1425, 1427; *BGH* NJW 2001, 1428, 1430. Ebenso *Meister/Klöcker* in Kallmeyer Rn 10; aA *Decher* in Lutter Rn 6; *Vollrath* in Widmann/Mayer Rn 14.
[21] § 196 Satz 1.
[22] *Meister/Klöcker* in Kallmeyer Rn 10.

Übersicht

	Rn		Rn
I. Allgemeines	1	4. Verfügungsbeschränkung	7
1. Entstehungsgeschichte	1	III. Durchführung der Übertragung	7
2. Anwendungsbereich	2	1. Ausübung des Rechts	7
II. Voraussetzungen der Veräußerung	3	2. Frist für die Geltendmachung	8
1. Veräußerbare Beteiligung	3	3. Widerspruch	9
2. Übertragungsbeschränkung	4	4. Preisgaberecht	11
3. Übertragung	5		

Literatur: *Neye,* Partnerschaft und Umwandlung, ZIP 1997, 722; *Reichert,* Folgen der Anteilsvinkulierung für Umstrukturierungen von Gesellschaften mit beschränkter Haftung und Aktiengesellschaften nach dem Umwandlungsgesetz 1995, GmbHR 1995, 176; siehe auch Literaturverzeichnis zu § 33.

I. Allgemeines

1. Entstehungsgeschichte

1 § 211 hat seine Vorgängerbestimmungen in §§ 375 Abs. 4 und 388 AktG aF, die sich nur auf die formwechselnde Umwandlung einer AG/KGaA in eine GmbH und umgekehrt bezogen haben. Die Neufassung von § 211 durch das Gesetz zur Änderung des UmwG, des PartGG und anderen Gesetzen[1] stellt klar, dass beim formwechselnden Rechtsträger alle Verfügungsbeschränkungen, unabhängig davon, ob sie auf Vertrag oder Gesetz beruhen, die freie Veräußerung des Anteils durch einen zum Austritt berechtigten Anteilsinhaber, d. h. einem der dem Formwechsel widersprochen hat, nicht behindern[2].

2. Anwendungsbereich

2 In Ergänzung zu § 207, der den formwechselnden Rechtsträger zum Angebot einer angemessenen Abfindung verpflichtet und umgekehrt dem Austrittsberechtigten den Anspruch auf Übernahme seines Anteils einräumt, steht es dem Austrittsberechtigten trotz Bestehens einer Verfügungsbeschränkung zu, seinen Anteil an jeden beliebigen Dritten zu veräußern. Ähnlich wie bei der Verschmelzung[3] soll der Austrittsberechtigte nicht gezwungen werden, im Rechtsträger neuer Rechtsform dauernd zu verbleiben. Während § 207 die Übernahme des Anteils durch den Rechtsträger selbst normiert, öffnet § 211 die Übertragung an jeden dritten Übernehmer. Bestehen keine Verfügungsbeschränkungen, bedarf es der Anwendung der Sonderregelung nicht, da es dem Anteilsinhaber ohnehin freisteht, seinen Anteil jedem Dritten zu übertragen. Die Regelung verstärkt den Minderheitenschutz im Fall gesetzlicher oder statutarischer Verfügungsbeschränkungen. Die Regelung ist rechtsformübergreifend, d. h. erfasst alle Fälle des Rechtsformwechsels. Das Gesetz enthält keine abweichenden Bestimmungen. Inhaltlich entspricht die Vorschrift § 33 für die Verschmelzung.

II. Voraussetzungen der Veräußerung

1. Veräußerbare Beteiligung

3 Die vorliegende Bestimmung setzt eine Veräußerung des Anteils voraus und verlangt daher dessen Veräußerbarkeit[4], d. h. Übertragbarkeit. Die Regelung ist eine Spezialbestimmung,

---

[1] BGBl. I 1998 S. 878.
[2] *Neye* ZIP 1997, 722, 725; *Neye* DB 1998, 1649.
[3] § 33.
[4] RegBegr. *Ganske* S. 86; *Grunewald* in Lutter § 33 Rn 3.

die die Beeinträchtigungen der Übertragbarkeit für den Fall des Rechtsformwechsels partiell außer Kraft setzt. Die Übertragbarkeit einer Beteiligung hängt von der Rechtsform ebenso ab wie vom jeweiligen Gesellschaftsvertrag[5]. Erfasst werden jedenfalls Aktien, GmbH-Anteile, es sei denn, es ist ausnahmsweise deren Unübertragbarkeit bestimmt[6]. Auch Personengesellschaftsbeteiligungen, deren Anteile zwar grundsätzlich nicht übertragbar sind, die aber durch den Gesellschaftsvertrag übertragbar gestellt werden können, unterliegen der Bestimmung[7]. Dasselbe gilt für den e. V.[8].

2. Übertragungsbeschränkung

Bestehen derartige gesellschaftsvertragliche oder statutenmäßige Beschränkungen bzw. Ermächtigungen, ist § 211 anzuwenden[9]. Wenn der Gesellschaftsvertrag oder das Statut im Grundsatz die Übertragbarkeit anerkennt, soll dies auch im Sonderfall des Rechtsformwechsels möglich sein. Aus der gesellschaftsvertraglichen Öffnung ist die Ablehnung der vollkommenen Abschottung gegen neue Anteilsinhaber erkennbar, weshalb die Handlungsmöglichkeiten der Übertragung des Anteils für den jeweils Berechtigten nicht bloß auf das Recht gegenüber dem eigenen Rechtsträger[10] eingeschränkt sein soll. Bei nichtübertragbaren Mitgliedschaften ist § 211 nicht anzuwenden, da der Sonderfall des Rechtsformwechsels nicht dazu führen soll, dass ein unerwünschtes Eindringen von dritter Seite geöffnet wird[11].

3. Übertragung

Maßgeblich ist die Übertragung, somit das Verfügungsgeschäft (Modus), da auf sie die jeweilige Verfügungsbeschränkung zielt. Die Qualifikation des zugrunde liegenden schuldrechtlichen Vertrags ist für die Anwendbarkeit von § 211 unerheblich. Veräußerung iSv. § 211 erfasst nicht nur entgeltliche Kauf- oder Tauschgeschäfte, sondern auch sonstige schuldrechtliche Verträge (zB Schenkung). Übertragung bedeutet jeder Anteilstransfer an eine vom übernehmenden Rechtsträger verschiedene Person, d. h. Außenstehende als auch andere Anteilsinhaber[12].

4. Verfügungsbeschränkung

Jede Einschränkung der Übertragbarkeit oder sonstigen Verfügung fällt unter die Bestimmung. Das sind allgemeine Vinkulierungsbestimmungen wie die Zustimmung der anderen oder einzelner anderer Anteilsinhaber oder eines Vertretungs-, Aufsichts- oder sonstigen Organs oder eines gesellschaftsfremden Dritten. Verfügungsbeschränkungen müssen auf das dingliche Rechtsgeschäft zielen, bei deren Nichtbeachtung das Geschäft unwirksam ist. Im Fall einer schuldrechtlichen Vereinbarung, etwa eines Vorkaufsrechts, greift § 211 nicht[13]. Formvorschriften (zB notarielle Beurkundung) sind nicht als Verfügungsbeschränkungen iSd. vorliegenden Bestimmung anzusehen und fallen nicht in den Anwendungsbereich.

---

[5] *Marsch-Barner* in Kallmeyer § 33 Rn 4; *Grunewald* in Lutter § 33 Rn 3; aA *Reichert* GmbHR 1995, 176, 190.
[6] *Lutter/Hommelhoff* § 15 GmbHG Rn 39.
[7] *Hopt* in Baumbach/Hopt § 105 HGB Rn 69 ff.
[8] §§ 38, 40 BGB.
[9] *Marsch-Barner* in Kallmeyer § 33 Rn 4; aA *Bermel* in Goutier/Knopf/Tulloch § 33 Rn 4; *Vollrath* in Widmann/Mayer § 33 Rn 9.
[10] § 207.
[11] *Grunewald* in Lutter § 33 Rn 4.
[12] *Meister/Klöcker* in Kallmeyer Rn 10.
[13] *Grunewald* in Lutter § 33 Rn 10; *Vollrath* in Widmann/Mayer § 33 Rn 7.

III. Durchführung der Übertragung

1. Ausübung des Rechts

7 Nach dem Gesetz ist es unerheblich, ob die Verfügungsbeschränkung im übertragenen Rechtsträger oder im übernehmenden Rechtsträger besteht[14]. Die Regelung ist bezogen auf Verfügungsbeschränkungen im Rechtsträger alter Rechtsform überschießend und daher auf die Fallkonstellationen von Verfügungsbeschränkungen beim Rechtsträger neuer Rechtsform einzuschränken, da nur so der Zweck der Regelung, Belastungen aus Anlass der Umwandlung auszugleichen, erreicht werden kann.[15] Die Übertragung ist aber schon nach dem Umwandlungsbeschluss – vor Eintragung und Wirksamkeit der Umwandlung – unter den erleichterten Bedingungen zulässig[16].

2. Frist für die Geltendmachung

8 Die „privilegierte" Form der Veräußerung muss innerhalb des Zeitraums zwischen der Fassung des Verschmelzungsbeschlusses und dem Ablauf der in § 209 bestimmten Frist vorgenommen werden[17]. Mängel, die zur Erhebung der Unwirksamkeitsklage berechtigen, hindern den Fristlauf nicht. Wird eine Veräußerung vor der Beschlussfassung vorgenommen, weil jedenfalls mit dem Umwandlungsbeschluss zu rechnen ist, gilt die Befreiung von der Verfügungsbeschränkung nicht. Vielmehr ist die beschränkende Regelung einzuhalten und ggf. die notwendige Zustimmung einzuholen. Ist die Frist erst einmal in Gang gesetzt worden, endet sie mit Ablauf der in § 209 bestimmten Zeitspanne. Das bedeutet, dass dieses Recht noch lange nach Eintragung der Umwandlung wahrgenommen werden kann und der Rechtsträger neuer Rechtsform das Hinzukommen neuer Gesellschafter in diesem Zeitraum trotz einer Vinkulierung akzeptieren muss.

3. Widerspruch

9 Obwohl eine ausdrückliche Regelung in § 211 nicht vorgesehen ist, bedarf es zur Inanspruchnahme des erleichterten Übertragungsrechts des Widerspruchs in der Eigentümerversammlung[18]. Dies ergibt sich aus dem systematischen Zusammenhang von § 207, der das Austrittsrecht ausdrücklich an den Widerspruch bindet, und § 211, der nur eine Variante der erleichterten Aufgabe der Mitgliedschaft normiert. Das Widerspruchserfordernis ist zweckgerecht, da sich der Rechtsträger neuer Rechtsform und die weiterhin beteiligten Gesellschafter ein Bild machen können sollen, ob bestimmte Anteilseigner in der übernehmenden Gesellschaft nicht mehr weiterhin Teilhaber sein wollen und ob sie mit neuen Gesellschaftern zu rechnen haben, deren Einstieg sie nicht verhindern können.

10 Das Widerspruchserfordernis ist auch nicht zu belastend, da es jedenfalls auch für die Inanspruchnahme des Austrittsrechts erforderlich ist. Nach § 207 wird wegen des Liquiditätsabflusses der übernehmende Rechtsträger selbst belastet und es liegt daher umso mehr in seinem und im Interesse der anderen Anteilsinhaber zu wissen, ob bestimmte Anteilsinhaber ihre Mitgliedschaft aufgeben wollen. Mindestens ebenso bedeutsam ist aber der Neuzugang von uU nicht erwünschten Gesellschaftern, so dass die vorzeitige Unterrichtung Gelegenheit gibt, dass sich die übernehmende Gesellschaft und deren Gesellschafter darauf einrichten[19].

---

[14] *Stratz* in Schmitt/Hörtnagl/Stratz Rn 1; *Decher* in Lutter Rn 2, 5.
[15] Vgl. aber *Grunewald* in Lutter § 33 Rn 11.
[16] Siehe § 33 Rn 6 f.
[17] Siehe § 209 Rn 2 f.
[18] *Grunewald* in Lutter § 33 Rn 6; *Marsch-Barner* in Kallmeyer § 33 Rn 5; *Bermel* in Goutier/Knopf/Tulloch § 33 Rn 6; ferner *Reichert* GmbHR 1995, 176, 198.
[19] *Grunewald* in Lutter § 33 Rn 6.

Der Widerspruch muss weder spezifiziert noch begründet werden. Es genügt die schlichte Erklärung des Widerspruchs in der Gesellschafterversammlung. Der Anteilsinhaber muss damit im Zeitpunkt der Beschlussfassung implizit kundgeben, ob er seine Rechte auf Barabfindung, anderweitige Veräußerung oder Erhebung einer Unwirksamkeitsklage wahrnimmt. Er kann – trotz des Widerspruchs – auch in der übernehmenden Gesellschaft verbleiben. Nur Anteilsinhaber, die das Recht nach § 207 wahrnehmen können, sind auch zum erleichterten Übertragungsrecht nach § 211 berechtigt, so dass sich auch daraus das Widerspruchserfordernis ableitet. Der Widerspruch ist nur unter jenen Voraussetzungen nicht erforderlich, wie er auch nach § 207 iVm. § 29 Abs. 2 für entbehrlich gehalten wird. Droht wirklich die Gefahr, dass eine unerwünschte Person Gesellschafter des übernehmenden Rechtsträgers neuer Rechtsform werden soll, könnte der Umwandlungsbeschluss wieder aufgehoben werden. Jedenfalls können Gesellschafter der übernehmenden Gesellschaft oder die Gesellschaft selbst versuchen, den Anteil zu erwerben[20].

4. Preisgaberecht

Das erleichterte Übertragungsrecht ist vom sog. Preisgaberecht (Abandonrecht) zu unterscheiden[21]. Dabei stellte der austrittswillige Gesellschafter seinen Anteil der Gesellschaft zur Verfügung, die sich zu bemühen hatte, den Anteil zu veräußern[22]. Einen Rechtsanspruch auf Veräußerung hatte der Gesellschafter aber nicht[23]. Die Veräußerung findet auf dem Markt statt, nämlich entweder freihändig bei Bestehen eines Börsenpreises oder im Rahmen einer Versteigerung. Während § 211 nur eine Ergänzung zu § 207 bildet und dem Gesellschafter eine zusätzliche Handlungsvariante bietet, würde das Preisgaberecht das Risiko der Übertragbarkeit vollständig auf den Gesellschafter zurückverlagern[24].

11

§ 212 Gerichtliche Nachprüfung der Abfindung

Macht ein Anteilsinhaber geltend, daß eine im Umwandlungsbeschluß bestimmte Barabfindung, die ihm nach § 207 Abs. 1 anzubieten war, zu niedrig bemessen sei, so hat auf seinen Antrag das Gericht die angemessene Barabfindung zu bestimmen. Das gleiche gilt, wenn die Barabfindung nicht oder nicht ordnungsgemäß angeboten worden ist.

Übersicht

	Rn		Rn
I. Allgemeines	1	4. Rechtsfolge	7
1. Sinn und Zweck der Norm	1	III. Voraussetzungen der Nachbesserung	8
2. Anwendungsbereich im Vergleich zu den Vorgängerregelungen	2	1. Berechtigte	8
		2. Vollzogener Austritt	9
3. Entstehungsgeschichte	3	3. Ablehnende Stimmabgabe	10
II. Einzelne Fälle	4	4. Erwerb nach Beschlussfassung	11
1. Fallvarianten	4	IV. Schutzkreis	12
2. Zu niedriges Abfindungsangebot	5	1. Teilweise Annahme	12
3. Fehlendes oder nicht ordnungsgemäßes Angebot	6	2. Teilnahme an Erhöhung	13

---

[20] *Grunewald,* FS Boujong, 1996, S. 175, 197 f.
[21] § 27 GmbHG, § 510 HGB, § 383 AktG aF bei der formwechselnden Umwandlung.
[22] Siehe § 33 Rn 4, § 207 Rn 6.
[23] *Schindler,* Das Austrittsrecht in Kapitalgesellschaften, 1999, S. 7 f.; *Kalss* Anlegerinteressen S. 497; *dies.* wbl 2001, 366, 373; *Wiedemann* ZGR 1978, 485; *Wiedemann* GesR Bd. I S. 471.
[24] *Kalss* Anlegerinteressen S. 497.

Literatur: *Bachner*, Bewertungskontrolle bei Fusionen, 2000; *Luttermann*, Verlust der Antragsbefugnis im Spruchstellenverfahren nach Annahme des Barabfindungsangebots, EWiR 2001, 291; *v. Aerssen*, Die Antragsbefugnis im Spruchstellenverfahren des Aktiengesetzes und im Spruchstellenverfahren des UmwG, AG 1999, 249; siehe auch Literaturangaben zu § 207 und § 34.

I. Allgemeine Bestimmungen

1. Sinn und Zweck der Norm

1 Die Regelung entspricht sachlich der Regelung nach § 34 bei der Verschmelzung. Wiederum soll sichergestellt werden, dass zwar der Formwechsel nicht durch eine Anfechtung blockiert wird, die vermögenswerten Interessen der austrittswilligen Anleger aber gebührend in einem gerichtlichen Verfahren berücksichtigt werden. Parallele Regelungsanliegen finden sich in § 15 ebenso wie in §§ 32 und 34.

2. Anwendungsbereich im Vergleich zu den Vorgängerregelungen

2 Die §§ 210 und 212 dehnen den Anwendungsbereich des Klagsausschlusses aus und vergrößern umgekehrt zusammen mit § 1 Nr. 4 SpruchG zugleich den Anwendungsbereich des Spruchverfahrens. § 212 steht in unmittelbarem Zusammenhang mit §§ 210 und 207. § 207 gewährt ein Recht auf eine angemessene Barabfindung beim Formwechsel und ein Recht auf deren Überprüfung. § 210 schließt die Unwirksamkeitsklage im streitigen Verfahren aus, was durch die vorliegende Bestimmung von § 212 dadurch abgefedert und ergänzt wird, dass die von der Unwirksamkeitsklage ausgenommenen Rechtsmängel der besonderen Überprüfung gemäß §§ 1 ff. SpruchG zugewiesen werden[1]. Die Regelung gilt rechtsformübergreifend für alle Fälle des Formwechsels gleichermaßen. Die Regelung ist zwingend und kann nicht abbedungen werden.

3. Entstehungsgeschichte

3 Vorgängerregelungen waren §§ 375 Abs. 2, 388 AktG aF und §§ 13, 19, 20, 22, 23, 24 UmwG aF.

II. Einzelne Fälle

1. Fallvarianten

4 Die Norm erfasst die Fälle der zu niedrigen Festlegung der Abfindung im Verschmelzungsvertrag, des völligen Fehlens einer Festlegung im Verschmelzungsvertrag sowie der nicht ordnungsgemäßen Festlegung[2].

2. Zu niedriges Abfindungsangebot

5 Ausdrücklich wird die Unwirksamkeitsklage nur bei einem zu niedrigem Barabfindungsangebot ausgeschlossen. Ist die Abfindung hingegen zu hoch bemessen, ist eine Unwirksamkeitsklage (Anfechtung) durch die sonstigen verbleibenden Anteilseigner des Rechtsträgers neuer Rechtsform, die durch den erhöhten Vermögensabfluss eine Beeinträchtigung erlei-

---

[1] Ausf. Anh. SpruchG.
[2] Pendant zu § 32.

den können, zulässig³. Sie müssen die allgemeinen Voraussetzungen, insbesondere den Widerspruch, erfüllen. Eine Unwirksamkeitsklage wegen anderer Gründe, u. a. wegen Verfahrensmängeln, wegen Nichteinhaltung des Gleichbehandlungsgebots, wegen Verletzung der Treuepflicht etc., wird durch die Bestimmung nicht ausgeschlossen⁴.

3. Fehlendes oder nicht ordnungsgemäßes Angebot

Der Ausschluss der Unwirksamkeitsklage in § 210 ist weiter als jener in § 14 Abs. 2, da die vorliegende Bestimmung die Unwirksamkeitsklage auch dann ausschließt, wenn im Umwandlungsplan die Barabfindung nicht angeboten wird. §§ 210 und 212 verfolgen das Ziel, zu einem angemessenen Ausgleich der Interessen der Gesellschaft sowie der ihr auch künftig angehörenden Gesellschafter einerseits und der aus Anlass des Rechtsformwechsels ausscheidenden Gesellschafter andererseits beizutragen. Um das berechtigte Unternehmensinteresse abzusichern und die beschlossene Strukturmaßnahme zügig durchführen zu können, wird der Umfang der Eintragungssperre⁵, die uU die Gesellschaft wirtschaftlich hart treffen kann, beschränkt. Den schutzwürdigen Interessen der Anteilsinhaber, die sich für einen Austritt entscheiden, wird dadurch Rechnung getragen, dass die Höhe der ihnen zustehenden Abfindung⁶ im gerichtlichen Spruchverfahren⁷ überprüft und festgesetzt wird. Das Verfahren soll sicherstellen, dass die im Wege des Austritts aufgegebene Beteiligung mit einem vollen Wertausgleich korreliert⁸.

4. Rechtsfolge

Obwohl das gänzliche Fehlen des Angebots im Umwandlungsplan den gravierendsten Mangel zu Lasten der ausscheidewilligen Anteilsinhaber darstellt und unterschiedliche Regelungen die Information gegenüber den Anlegern sicherstellen sollen, sieht § 210 ausdrücklich für das fehlende oder das nicht ordnungsgemäße Abfindungsangebot den Ausschluss der Unwirksamkeitsklage vor. Es verlagert damit die ausschließliche Entscheidung über das Angebot in das Spruchverfahren⁹. Fehlt das Barabfindungsangebot zur Gänze, sind sämtliche damit verbundenen im UmwG für die Umwandlung angeordneten Informationspflichten und Rechte der Anteilsinhaber berührt. Mangels Angebots wird es im Umwandlungsbericht nicht erläutert, bezieht sich die Prüfung nicht darauf und wird die Information dem Anteilsinhaber nicht vorweg zur Verfügung gestellt. Selbst im Fall des äußersten Informationsdefizits sieht das Gesetz ausdrücklich die Überweisung der gerichtlichen Überprüfung vom streitigen Verfahren über die Unwirksamkeit (insbesondere Anfechtung) in das Spruchverfahren vor[10].

---

[3] Siehe § 207 Rn 10. *BGH* vom 29. 1. 2001, II ZR 368/98, WM 2001, 467; *Grunewald* in Lutter § 32 Rn 2; *Stratz* in Schmitt/Hörtnagl/Stratz § 32 Rn 4; aA *Marsch-Barner* in Kallmeyer § 32 Rn 3; *v. Aerssen* AG 1999, 249, 254; nach dem österreichischen Recht sind die Anteilsinhaber der übernehmenden Gesellschaft ebenfalls im Überprüfungsverfahren gem. §§ 225 c ff. AktG antragslegitimiert, weshalb auch ihnen die Aktivlegitimation für eine Anfechtung genommen ist, siehe dazu *Bachner* in Kalss, Verschmelzung-Spaltung-Umwandlung, § 225 c öAktG Rn 5; *Bachner*, Bewertungskontrolle bei Fusionen, S. 104 ff.

[4] Vgl. *Schöne*, Die Spaltung unter Beteiligung von GmbH gem. §§ 123 UmwG, 1998, S. 134 ff.; zum österreichischen Recht siehe *Kalss*, Verschmelzung – Spaltung – Umwandlung, § 225 b öAktG Rn 5.

[5] § 198 iVm. § 16 Abs. 2 und 3.

[6] § 207.

[7] §§ 1 ff. SpruchG.

[8] *BGH* WM 2001, 467; *BGH* WM 2001, 306.

[9] *BGH* WM 2001, 467.

[10] *BGH* WM 2001, 467; kritisch *Wenger* EWiR 2001, 331; siehe auch § 210 Rn 5; vgl. § 8 Rn 80.

III. Voraussetzungen der Nachbesserung

1. Berechtigte

8 Das Verfahren wird nicht von Amts wegen geführt, sondern nur auf Antrag von Anteilsinhabern. Antragsberechtigt sind nur die Anteilsinhaber[11], die Widerspruch[12] gegen den Umwandlungsbeschluss zur Niederschrift erklärt haben, sofern nicht ausnahmsweise eine Befreiung vom Widerspruchserfordernis besteht[13]. Im Gegensatz dazu ist für die Antragsberechtigung im Spruchverfahren bei Unternehmensverträgen und bei der Eingliederung der Widerspruch nicht erforderlich.

2. Vollzogener Austritt

9 Hat ein Aktionär oder ein sonstiger Gesellschafter iRd. Rechtsformwechsels das Barabfindungsangebot bereits für seinen gesamten Aktienbesitz und ohne Vorbehalt angenommen, ist er bereits aus der Gesellschaft ausgeschieden und kann den Antrag nach § 212 sowie das Spruchverfahren nicht mehr anstrengen[14]. Das Spruchverfahren kann nur von einem antragsberechtigten Anteilsinhaber eingeleitet werden[15]. Die Antragsberechtigung ist aber durch die Annahme des Barabfindungsangebots erloschen.

3. Ablehnende Stimmabgabe

10 Der Antragsberechtigte muss nicht nur Widerspruch erheben, sondern er muss auch gegen den Rechtsformwechsel stimmen, um das Ausmaß des maximalen Liquiditätsabflusses für den übernehmenden Rechtsträger in verkraftbarem Ausmaß zu halten[16].

4. Erwerb nach Beschlussfassung

11 Wer die Anteile des formwechselnden Rechtsträgers erst nach dessen Beschlussfassung erwirbt, ist nicht antragsberechtigt, da er nicht Widerspruch zur Niederschrift erklärt hat[17]. Allein beim Anteilserwerb kraft Gesamtrechtsnachfolge kommt dem Erwerber der vom Vorbesitzer erhobene Widerspruch zugute und hält die Antragsberechtigung aufrecht[18]. Beim Erwerb kraft Einzelrechtsnachfolge muss der Rechtsnachfolger iRd. Erwerbsgeschäfts gegenüber dem Veräußerer seine vertraglichen Rechte für einen entsprechenden Ausgleich nützen.

---

[11] Entsprechend zu §§ 32 und 34.
[12] § 207.
[13] Siehe § 29 Rn 22. RegBegr. *Ganske* S. 87; *Marsch-Barner* in Kallmeyer § 34 Rn 1; *Grunewald* in Lutter § 34 Rn 3.
[14] *OLG Düsseldorf* vom 6. 12. 2000, 19 W 1/00, ZIP 2001, 158; *Luttermann* EWiR 2001, 291; *Decher* in Lutter Rn 4; *Grunewald* in Lutter § 34 Rn 3; *Marsch-Barner* in Kallmeyer § 34 Rn 3; *v. Aerssen* AG 1999, 249, 255.
[15] § 3 SpruchG.
[16] *Grunewald* in Lutter § 29 Rn 10; *Stratz* in Schmitt/Hörtnagl/Stratz § 29 Rn 13; *Schaub* NZ 1998, 626, 628; aA *Marsch-Barner* in Kallmeyer § 29 Rn 13; *v. Aerssen* AG 1999, 249, 255.
[17] *v. Aerssen* AG 1999, 249, 255.
[18] *Krieger* in Lutter Umwandlungsrechtstage S. 279.

IV. Schutzkreis

1. Teilweise Annahme

Bei nur teilweiser Annahme des Barabfindungsgebots von Inhabern mehrerer Anteile bleibt die Antragsbefugnis erhalten[19]. Stellt er einen Antrag auf Überprüfung der Abfindung, ist die Zulässigkeit nach den allgemeinen Grundsätzen missbräuchlicher Rechtsanwendung zu beurteilen.

2. Teilnahme an Erhöhung

Hat ein Anteilsinhaber zwar das Angebot schon zur Gänze angenommen, kann er zwar selbst nicht mehr den Antrag stellen, dass die Angelegenheit gerichtlich überprüft wird. Wenn aber ein anderer Anteilsinhaber von seinem Recht Gebrauch gemacht hat und das Gericht tatsächlich zur Auffassung kommt, dass die Abfindung nicht angemessen war und daher erhöht werden müsse, wird auch ein Anteilsinhaber, der bereits die Abfindung angenommen hat, von der *inter omnes*-Wirkung der gerichtlichen Entscheidung erfasst und hat Anspruch auf Nachzahlung der vom Gericht festgestellten Differenz[20].

§ 213 Unbekannte Aktionäre

Auf unbekannte Aktionäre ist § 35 entsprechend anzuwenden.

Übersicht

	Rn		Rn
I. Allgemeines	1	c) Formwechsel einer AG oder KGaA in eine Personenhandelsgesellschaft	6
1. Sinn und Zweck der Norm	1	II. Bezeichnung der unbekannten Aktionäre	7
2. Anwendungsbereich	2	III. Spätere Berichtigung	10
a) Formwechsel einer AG oder KGaA in eine GmbH	4		
b) Formwechsel einer AG oder KGaA in eine eG	5		

I. Allgemeines

1. Sinn und Zweck der Norm

Beim Formwechsel der AG oder KGaA in eine andere Rechtsform sind die Anteilsinhaber des Rechtsträgers neuer Rechtsform namentlich zu benennen[1]. Da bei Publikumsaktiengesellschaften Aktionäre häufig nicht bekannt sind, könnte ein Formwechsel an dieser Voraussetzung scheitern. Dieses technische Hindernis will die Vorschrift überwinden, indem sie auf § 35 verweist. Es reicht danach aus, dass unbekannte Aktionäre durch die Angabe des insgesamt auf sie entfallenden Teils des Grundkapitals der Gesellschaft und der auf sie nach dem

---

[19] *Luttermann* EWiR 2001, 291.
[20] § 34 Rn 15, § 13 SpruchG. *OLG Celle* WM 1979, 1031, 1033; *Meister/Klöcker* in Kallmeyer § 311 Rn 4; *v. Aerssen* AG 1999, 249, 255; *Luttermann* EWiR 2001, 291.
[1] Vgl. § 197 iVm. dem Gründungsrecht und § 234 Nr. 2 sowie § 244 Abs. 1 iVm. § 245 Abs. 2.

Formwechsel entfallenden Anteile bestimmt werden, sofern die Beteiligung dieser Aktionäre zusammen nicht mehr als 5 % des Grundkapitals der Gesellschaft umfasst[2].

2. Anwendungsbereich

2 Die Erleichterungen der §§ 213, 35 gelten nur beim Formwechsel der AG und der KGaA in eine andere Rechtsform. Eine entsprechende Anwendung auf andere Fälle des Formwechsels scheidet angesichts des Wortlauts der Vorschrift aus[3].

3 Voraussetzung ist, dass beim Formwechsel eine namentliche Benennung der Anteilsinhaber des formwechselnden Rechtsträgers gesetzlich vorgeschrieben ist. Das ist der Fall in den über § 197 anzuwendenden Gründungsvorschriften[4] und in den besonderen Regelungen des Zweiten Teils[5].

4 **a) Formwechsel einer AG oder KGaA in eine GmbH.** Beim Formwechsel einer AG oder KGaA in eine GmbH[6] hat die Geschäftsführung eine Liste der Gesellschafter[7] zum Handelsregister einzureichen.

5 **b) Formwechsel einer AG oder KGaA in eine eG.** Der Formwechsel einer AG oder KGaA in eine eG muss der Umwandlungsbeschluss die Beteiligung jedes Genossen mit mindestens einem Geschäftsanteil vorsehen[8]. Dazu sind die Anteilsinhaber namentlich zu nennen. Ferner ist die namentliche Nennung in der einzureichenden Mitgliederliste erforderlich[9].

6 **c) Formwechsel einer AG oder KGaA in eine Personenhandelsgesellschaft.** Beim Formwechsel in eine Personengesellschaft, sind sämtliche Gesellschafter zur Eintragung in das Handelsregister namentlich zu benennen[10]. Beim Formwechsel in eine KG sind die Kommanditisten im Umwandlungsbeschluss zu benennen[11]. Dies gilt auch dann, wenn der Formwechsel mit drei Vierteln des „vertretenen" Grundkapitals[12], also ohne die unbekannten Aktionäre, beschlossen wird, und wenn Aktionäre im Wege des Banken-Depotstimmrechts „im Namen dessen, den es angeht"[13] dem Formwechsel zustimmen[14], der Verwaltung also unbekannt bleiben.

II. Bezeichnung der unbekannten Aktionäre

7 Die namentlich zu bezeichnenden Aktionäre müssen dem formwechselnden Rechtsträger unbekannt geblieben sein. Die Gesellschaft hat allerdings Ermittlungen über die

---

[2] § 35 wurde durch das Zweite Gesetz zur Änderung des Umwandlungsgesetzes vom 19.4.2007, BGBl. I S. 542, neu gefasst. Näher hierzu § 35 Rn 1 ff.
[3] *Meister/Klöcker* in Kallmeyer Rn 1; *Decher* in Lutter Rn 2; *Vollrath* in Widmann/Mayer § 35 Rn 7; aA *Grunewald* in Lutter § 35 Rn 3; vgl. auch § 35 Rn 2. Zur Europäischen Gesellschaft (SE) siehe Einl. C Rn 49 ff.
[4] Zu den anwendbaren Gründungsvorschriften für die einzelnen Rechtsträger § 197.
[5] §§ 214 ff.; insbes. § 234 Nr. 2 sowie § 244 Abs. 1 iVm. § 245 Abs. 2. Auch § 253 Abs. 2 für den Formwechsel einer AG/KGaA in eine eG.
[6] § 197 UmwG iVm. § 8 Abs. 1 Nr. 3 GmbHG.
[7] § 40 GmbHG.
[8] § 253 Abs. 2 Satz 1.
[9] § 197 UmwG iVm. § 30 GenG. Zur Europäischen Genossenschaft (SCE) siehe Einl. C Rn 64 ff.
[10] § 197 UmwG iVm. §§ 106 Abs. 2 Nr. 1, 162 Abs. 1 HGB.
[11] § 234 Nr. 2.
[12] § 233 Abs. 2 Satz 1.
[13] § 135 Abs. 4 Satz 2 und 4 AktG.
[14] *Meister/Klöcker* in Kallmeyer Rn 3.

Identität der unbekannten Aktionäre anzustellen, bevor sie die Erleichterungen der §§ 213, 35 in Anspruch nehmen kann[15].

Bleiben die in den oben aufgeführten gesetzlichen Fällen namentlich zu bezeichnenden Aktionäre dem formwechselnden Rechtsträger trotz aller Bemühungen unbekannt, genügt die Bezeichnung durch die Angabe des insgesamt auf sie entfallenden Teils des Grundkapitals der Gesellschaft und der auf sie nach dem Formwechsel entfallenden Anteile. Um Missbräuche zu verhindern, besteht diese Möglichkeit der Bezeichnung nur dann, wenn die Beteiligung dieser Aktionäre maximal 5 % des Grundkapitals der Gesellschaft beträgt. Zudem ruht das Stimmrecht aus den betreffenden Aktien so lange, bis die Identität der Anteilsinhaber geklärt ist[16]. 8

Im Fall einer durch Mehrheitsbeschluss formgewechselten KG (mit unbekannten Kommanditisten) bietet es sich an, eine **Handelsregistervollmacht im Gesellschaftsvertrag** der KG aufzunehmen, da Anmeldungen zum Handelsregister durch sämtliche Gesellschafter zu bewirken sind[17]. 9

III. Spätere Berichtigung

Die Register oder Listen sind von Amts wegen zu berichtigen, sobald die Namen vormals unbekannter Aktionäre später bekannt werden[18]. 10

Zweiter Teil. Besondere Vorschriften

Erster Abschnitt. Formwechsel von Personengesellschaften

Erster Unterabschnitt. Formwechsel von Personenhandelsgesellschaften

§ 214 Möglichkeit des Formwechsels

(1) Eine Personenhandelsgesellschaft kann auf Grund eines Umwandlungsbeschlusses nach diesem Gesetz nur die Rechtsform einer Kapitalgesellschaft oder einer eingetragenen Genossenschaft erlangen.

(2) Eine aufgelöste Personenhandelsgesellschaft kann die Rechtsform nicht wechseln, wenn die Gesellschafter nach § 145 des Handelsgesetzbuchs eine andere Art der Auseinandersetzung als die Abwicklung oder als den Formwechsel vereinbart haben.

---

[15] Über deren Umfang siehe § 35 Rn 7; aA *Ihrig* § 234 Rn 11 f.
[16] §§ 213, 35 Satz 3.
[17] Vgl. §§ 108 Abs. 1, 161 Abs. 2 HGB. Zur Zulässigkeit von Handelsregistervollmachten im Gesellschaftsvertrag *OLG Schleswig* DB 2003, 1502; *Bandehzadeh* DB 2003, 1663. Alternativ ist die Bestellung eines Pflegers denkbar; vgl. hierzu *OLG Hamm* DB 2002, 2428; *OLG Bremen* DB 2003, 1498; *Meister/Klöcker* in Kallmeyer Rn 9
[18] §§ 213, 35 Satz 2; *Meister/Klöcker* in Kallmeyer Rn 10; *Decher* in Lutter Rn 7; *Schmittmann* AG 1998, 514, 516; siehe dazu ferner § 35 Rn 10.

Übersicht

	Rn		Rn
I. Allgemeines	1	III. Rechtsträger neuer Rechtsform	17
1. Sinn und Zweck der Norm	1	1. Kapitalgesellschaften; eG	17
2. Anwendungsbereich	4	2. Andere Rechtsformen	18
3. Entstehungsgeschichte	5	IV. Aufgelöste Gesellschaften	20
4. Rechtstatsachen	6	1. Grundsatz	20
II. Formwechselnde Rechtsträger	9	2. Liquidation	24
1. Personenhandelsgesellschaften	9	3. Insolvenz	25
a) OHG	10	4. Andere Art der Auseinandersetzung	26
b) KG	11	V. Verstöße, Rechtsfolgen	30
2. EWIV	12	VI. Andere Formen der Rechtsformänderung	32
3. PartG	13		
4. GbR	14		
5. Weitere Rechtsformen	16		

Literatur: *Bärwaldt/Schabacker*, Der Formwechsel als modifizierte Neugründung, ZIP 1998, 1293; *Costede*, Gestaltungsmöglichkeiten bei der Umgründung von Einzelfirmen und Personengesellschaften in Kapitalgesellschaften, GmbHR 1980, 43; *Fischer*, Formwechsel zwischen GmbH und GmbH & Co. KG, BB 1995, 2173; *Grunewald*, Rechtsmissbräuchliche Umwandlungen, FS Röhricht, 2005, S. 129; *Hennrichs*, Formwechsel und Gesamtrechtsnachfolge bei Umwandlungen, 1995; *ders.*, Zum Formwechsel und zur Spaltung nach dem neuen Umwandlungsgesetz ZIP 1995, 794; *Hirte*, Informationsmängel und Spruchverfahren, ZHR 167 (2003) 8; *Kallmeyer*, Die GmbH & Co. KG im Umwandlungsrecht, GmbHR 2000, 418; *ders.*, Gläubigerschutz bei der Umwandlung beteiligungsidentischer GmbH & Co. KG, GmbHR 2000, 541; *ders.*, Der Einsatz von Spaltung und Formwechsel nach dem UmwG 1995 für die Zukunftssicherung von Familienunternehmen, DB 1996, 28; *ders.*, Der Formwechsel der GmbH und GmbH & Co. KG zur Vorbereitung des Going Public, GmbHR 1995, 888; *ders.*, Der Ein- und Austritt der Komplementär-GmbH einer GmbH & Co. KG bei Verschmelzung, Spaltung und Formwechsel nach dem Umwandlungsgesetz 1995, GmbHR 1996, 80; *Limmer*, Der Identitätsgrundsatz beim Formwechsel in der Praxis, FS Widmann, 2000, S. 51; *Mecke*, Von der Personen- zur Kapitalgesellschaft, ZHR 153 (1989) 35; *Neye*, Die Änderungen im Umwandlungsrecht in der 13. Legislaturperiode, DB 1998, 1649; *Priester*, Personengesellschaften im Umwandlungsrecht, DStR 2005, 788; *ders.*, Mitgliederwechsel im Umwandlungszeitpunkt DB 1997, 560; *ders.*, Das neue Umwandlungsrecht aus notarieller Sicht, DNotZ 1995, 427; *K. Schmidt*, Formwechsel zwischen GmbH und GmbH & Co. KG, GmbHR 1995, 693; *ders.*, Die freiberufliche Partnerschaft, NJW 1995, 1; *Schmidt-Diemitz*, Probleme der Unterbeteiligung an einem Personengesellschaftsanteil bei Umwandlung der Personengesellschaft in eine Kapitalgesellschaft, DB 1978, 2397; *Schnorbus*, Gestaltungsfreiheit im Umwandlungsrecht, 2000; *Schulze zur Wiesche*, Die GmbH & Co. KG im neuen Umwandlungssteuerrecht, DB 1996, 1539; *Schroeder*, Rechtsprobleme bei der Entstehung einer Kommanditgesellschaft auf Aktien durch Umwandlung, 1991; *J. Semler*, Zur Umwandlung einer Personenhandelsgesellschaft in eine Aktiengesellschaft, FS Fleck, 1988, S. 331; *Stegemann/Middendorf*, Das Schicksal der Unterbeteiligung beim Formwechsel der Hauptgesellschaft, BB 2006, 1084; *Streck/Mack/Schwedhelm*, Verschmelzung und Formwechsel nach dem neuen UmwG, GmbHR 1995, 161; *Werner/Kindermann*, Umwandlung mittelständischer Unternehmen in eine Aktiengesellschaft: Gesellschaftliche Vor- und Nachteile und Verfahren, ZGR 1981, 17; *Wiedemann*, Identität beim Rechtsformwechsel, ZGR 1999, 568; *Zürbig*, Der Formwechsel einer Personengesellschaft in eine Kapitalgesellschaft, 1999.

I. Allgemeines

1. Sinn und Zweck der Norm

1 Die §§ 214 ff. enthalten spezielle Vorschriften für den Formwechsel von Personengesellschaften. Sie ergänzen damit die allgemeinen Bestimmungen über den Formwechsel[1].

2 **Abs. 1** schränkt die allgemeine Regelung des § 191 Abs. 2 über die Rechtsträger neuer Rechtsform in der Weise ein, dass Personenhandelsgesellschaften nur in die Rechtsform einer Kapitalgesellschaft oder einer eingetragenen Genossenschaft umgewandelt werden können.

---

[1] §§ 190 ff.

Hinter dieser Regelung steht die Erwägung des Gesetzgebers, dass für eine Umwandlung in eine andere Rechtsform ein Bedürfnis nicht hervorgetreten sei[2]. Die Umwandlung einer Personenhandelsgesellschaft in eine andere Rechtsform kommt damit nur außerhalb des UmwG in Betracht. Die Umwandlung außerhalb des UmwG ist nach den Vorstellungen des Gesetzgebers durch die speziellen Regelungen des UmwG nicht ausgeschlossen[3].

Abs. 2 schränkt die Möglichkeit eines Formwechsels für aufgelöste Rechtsträger weiter ein. Nach Ansicht des Gesetzgebers ist bei Vereinbarung einer anderweitigen Auseinandersetzung nicht sichergestellt, dass das Vermögen der aufgelösten Gesellschaft im Zeitpunkt des Umwandlungsbeschlusses noch vorhanden ist[4]. Diese Regelung ist rechtspolitisch jedoch wenig geglückt[5].

2. Anwendungsbereich

Die Regelung findet auf die OHG, die KG sowie auf die EWIV[6] Anwendung. Entsprechende Regelungen finden sich in § 39 für die Verschmelzung und in § 125 Satz 1 für die Spaltung.

3. Entstehungsgeschichte

Die formwechselnde Umwandlung einer Personenhandelsgesellschaft in eine GmbH, AG oder KGaA war bereits nach früher geltendem Recht zulässig[7]. **Abs. 1** entspricht insoweit altem Recht[8]. Allerdings war nach früherem Recht beim Formwechsel einer Personenhandelsgesellschaft in eine Kapitalgesellschaft eine Vermögensübertragung vorzunehmen. Nach neuem Recht gilt auch für den Formwechsel einer Personenhandelsgesellschaft das **Identitätsprinzip**[9]. Danach werden die Rechtspositionen des formwechselnden Rechtsträgers durch den Formwechsel nicht berührt. Eine Übertragung von Vermögensgegenständen findet nicht statt. Bildlich gesprochen wechselt der Rechtsträger lediglich sein Rechtskleid[10]. **Abs. 2** findet seine Wurzeln ebenfalls im alten Recht[11]. Indessen wird der Formwechsel einer aufgelösten Personenhandelsgesellschaft nunmehr nicht mehr von der Durchführung der Liquidation abhängig gemacht, sondern ist nur im Fall einer abweichenden Vereinbarung über die Auseinandersetzung unzulässig[12].

4. Rechtstatsachen

Umwandlungen von Personenhandelsgesellschaften in Kapitalgesellschaften sind in der Praxis häufig anzutreffen. Für eine solche Änderung der Rechtsform können vielfältige Motive bestehen[13]. Im Mittelpunkt der Überlegungen der Gesellschafter steht zumeist die Herbeiführung einer **Haftungsbegrenzung**. Die Verfassung des Unternehmens als Kapitalgesellschaft erleichtert zudem die Aufnahme von Investoren. Häufig ist der Rechtsformwechsel

---

[2] RegBegr. *Ganske* S. 236.
[3] RegBegr. *Ganske* S. 236.
[4] RegBegr. *Ganske* S. 236.
[5] Siehe dazu Rn 26.
[6] Siehe näher Rn 12.
[7] §§ 40 bis 49 UmwG 1969.
[8] §§ 40, 46 UmwG 1969.
[9] Siehe § 202 Rn 2, 7 ff.; vgl. ferner *Wiedemann* ZGR 1999, 568 ff.; *Ihrig* in Sudhoff § 55 Rn 5; *Limmer* in Limmer Rn 2145 f.
[10] *Decher* in Lutter Umwandlungsrechtstage S. 201, 205.
[11] §§ 40 Abs. 2, 46 Satz 2 UmwG 1969.
[12] RegBegr. *Ganske* S. 236; siehe Rn 26.
[13] Dazu *Vossius* in Widmann/Mayer Vor §§ 214 ff. Rn 1 ff.; *Laumann* in Goutier/Knopf/Tulloch Rn 3; *Zürbig* S. 6 ff.

in eine AG oder KGaA Teil der Vorbereitung des **Gangs an die Börse** *(Initial Public Offering)*, durch den zunächst personalistisch strukturierte Gesellschaften weiteres Eigenkapital generieren[14] und den Bekanntheitsgrad des Unternehmens erhöhen[15]. Hinzu kommt, dass die bei Kapitalgesellschaften bestehende Drittorganschaft die Möglichkeit einer Trennung von Management und Kapital eröffnet und damit die Attraktivität des Unternehmens für ein qualifiziertes Fremdmanagement steigert[16]. Dem Aspekt der Drittorganschaft kommt eine Bedeutung auch bei der Vorbereitung der **Unternehmensnachfolge** zu, wenn die Nachfolger des unternehmerisch tätigen Gesellschafters nicht bereit oder in der Lage sind, die Leitung der Gesellschaft zu übernehmen[17]. Aber auch für solche Unternehmen, die eine Zulassung ihrer Aktien zum Börsenhandel nicht anstreben, kann die Rechtsform der AG oder KGaA aufgrund der **Fungibilität** der Beteiligung vorteilhaft sein.

7 Schließlich können **steuerliche Gründe** für den Formwechsel einer Personenhandelsgesellschaft in eine Kapitalgesellschaft sprechen. So werden nach der Änderung der Besteuerungskonzeption von Kapitalgesellschaften aufgrund der Unternehmenssteuerreform die von der Gesellschaft erwirtschafteten Gewinne lediglich mit 25% Körperschaftsteuer (zzgl. Solidaritätszuschlag) und Gewerbesteuer belastet, während der Gewinn einer Personenhandelsgesellschaft unabhängig von der Ausschüttung mit dem uU höher liegenden persönlichen Einkommensteuersatz des Anteilseigners besteuert wird[18]. Motiv kann ferner die Vermeidung von Sonderbetriebsvermögen sein.

8 Die Änderung der Rechtsform muss nicht notwendigerweise nach Maßgabe der §§ 214 ff. erfolgen. Je nach Lage des Falles kann sich eine Umwandlung **außerhalb des UmwG**, insbesondere mit Hilfe des Anwachsungsmodells, als vorteilhafter erweisen[19].

II. Formwechselnde Rechtsträger

1. Personenhandelsgesellschaften

9 Personenhandelsgesellschaften sind in erster Linie Offene Handelsgesellschaften und Kommanditgesellschaften[20].

10 **a) OHG.** Eine Gesellschaft ist OHG, wenn ihr Zweck auf den Betrieb eines Handelsgewerbes unter gemeinschaftlicher Firma gerichtet oder wenn sie als OHG in das Handelsregister eingetragen und die Haftung aller Gesellschafter gegenüber Gesellschaftsgläubigern nicht beschränkt ist[21]. Dabei macht es für das Vorliegen einer OHG keinen Unterschied, ob die Gesellschafter natürliche Personen oder Kapitalgesellschaften bzw. sonstige juristische Personen sind. Auch die ausschließlich aus Kapitalgesellschaften bestehende OHG kann formwechselnder Rechtsträger sein.

11 **b) KG.** Personenhandelsgesellschaft ist ferner die KG. Eine KG ist dadurch charakterisiert, dass bei einem oder mehreren Gesellschaftern die Haftung gegenüber den Gesellschaftsgläubigern auf den Betrag einer bestimmten Vermögenseinlage beschränkt ist, während die übrigen Gesellschafter unbeschränkt haften[22]. Auch insoweit ist es ohne Relevanz, ob die Ge-

---

[14] *Decher* in Lutter Umwandlungsrechtstage S. 201, 202; *Kallmeyer* GmbHR 1995, 888 ff.; *ders.* DB 1996, 28, 29; *Limmer* in Limmer Rn 2181.
[15] *Finken/Decher* AG 1989, 391, 392.
[16] *Decher* in Lutter Umwandlungsrechtstage S. 201, 202.
[17] *Kallmeyer* DB 1996, 28, 30.
[18] IdW-FN, Sonderbeilage Heft 11/2000, S. 23.
[19] Siehe Rn 32 ff.
[20] § 3 Abs. 1.
[21] § 105 Abs. 1, 2 HGB.
[22] § 161 Abs. 1 HGB.

sellschafter natürliche oder juristische Personen sind. Formwechselnder Rechtsträger kann damit insbesondere auch die **Kapitalgesellschaft & Co.** (GmbH & Co. KG, AG & Co. KG) oder die Stiftung & Co. KG sein[23]. Die GmbH & Co. KGaA ist demgegenüber eine besondere Form der KGaA, so dass auf ihren Formwechsel nicht die §§ 241 ff., sondern die Bestimmungen über den Formwechsel von Kapitalgesellschaften[24] anwendbar sind.

2. EWIV

Das UmwG definiert die EWIV nicht ausdrücklich als tauglichen Rechtsträger für einen Formwechsel. Die EWIV gilt jedoch als Handelsgesellschaft[25], auf die die Vorschriften der OHG entsprechend anzuwenden sind. Der deutsche Gesetzgeber hat die EWIV damit als besondere Form der OHG ausgestaltet[26]. Auch aus den Gesetzesmaterialien zum UmwG lässt sich folgern, dass die EWIV jedenfalls nicht aus dem Kreis der formwechselnden Rechtsträger ausgenommen werden sollte[27]. Die EWIV kann somit formwechselnd in eine Kapitalgesellschaft oder eG umgewandelt werden[28]. Der abschließende Charakter des UmwG steht dem nicht entgegen.

3. PartG

Die PartG ist Personengesellschaft, aber keine Personenhandelsgesellschaft. Sie kann gleichwohl tauglicher Rechtsträger für einen Formwechsel in eine Kapitalgesellschaft oder eingetragene Genossenschaft sein. Die Möglichkeit einer Umwandlung in eine Kapitalgesellschaft oder eine eG bestimmt sich nach den speziellen Vorschriften §§ 225 a ff., die weitgehend auf die §§ 214 ff. verweisen.

4. GbR

Die GbR ist keine Personenhandelsgesellschaft. Wegen des abschließenden Charakters des UmwG[29] kommt daher eine Umwandlung in eine Kapitalgesellschaft oder eine eG nach Maßgabe der §§ 214 ff. nicht in Betracht[30]. Dies entspricht dem vormals geltenden Recht. In den Gesetzesmaterialien ist der Ausschluss eines technischen Formwechsels einer GbR mit dem hierfür vermeintlich fehlenden Bedürfnis begründet[31]. Ob diese Annahme zutreffend ist, wurde verschiedentlich angezweifelt. Auch die Gesellschafter einer GbR könnten ein Interesse daran haben, die Gesellschaft bei fortbestehender Identität in eine andere Rechtsform umzuwandeln[32]. Spätestens seit Inkrafttreten des HRefG[33] dürfte ein Bedürfnis tatsächlich nicht mehr bestehen, da eine GbR, auch wenn ihr Gewerbebetrieb kein Handelsgewerbe

---

[23] Vgl. nur *Joost* in Lutter Umwandlungsrechtstage S. 245, 246. Die Beteiligungsgleichheit bei der GmbH & Co. KG macht diese noch nicht zur Rechtsform *sui generis*, so dass sich hieraus grundsätzlich keine Erleichterungen für das Umwandlungsverfahren ableiten lassen, so aber *Kallmeyer* GmbHR 2000, 418, 421; *ders*. GmbHR 2000, 541.
[24] §§ 226 ff.
[25] § 1 des EWIV Ausführungsgesetzes vom 14. 4. 1988, BGBl. I 1988 S. 514.
[26] *Hopt* in Baumbach/Hopt Anh. § 160 HGB Rn 1.
[27] RegBegr. *Ganske* S. 212 f.; so zutr. auch *Joost* in Lutter Rn 5; siehe auch § 191 Rn 11.
[28] *Joost* in Lutter Rn 5; *K. Schmidt* NJW 1995, 1, 7; *Wertenbruch* ZIP 1995, 712, 713; *Schwelhelm* Rn 477, 482; *Laumann* in Goutier/Knopf/Tulloch Rn 8; *Decher* in Lutter Umwandlungsrechtstage S. 201, 204; *Zürbig* S. 13 ff.; aA *Vossius* in Widmann/Mayer Rn 7.
[29] § 1 Abs. 2.
[30] *Dirksen* in Kallmeyer Rn 4; *Joost* in Lutter Rn 4; *Laumann* in Goutier/Knopf/Tulloch Rn 8; *Decher* in Lutter Umwandlungsrechtstage S. 201, 205; *Zürbig* S. 16 ff.
[31] RegBegr. *Ganske* S. 235 f.
[32] So etwa *Joost* in Lutter Rn 4; *ders*. in Lutter Umwandlungsrechtstage S. 245, 246.
[33] HRefG vom 22. 6. 1998, BGBl. I 1998 S. 1474 ff.

darstellt oder wenn sie nur eigenes Vermögen verwaltet, durch Eintragung in das Handelsregister unproblematisch zur OHG werden kann[34].

15 Zudem kann eine GbR auch nach **allgemeinen Grundsätzen** zur Kapitalgesellschaft werden. Die in der Praxis am häufigsten anzutreffende Form ist die Einbringung der Anteile an der GbR in eine GmbH oder AG im Wege der Sachgründung oder Sachkapitalerhöhung[35]. Möglich ist auch der Eintritt einer GmbH/AG in die GbR bei nachfolgendem Austritt der GbR-Gesellschafter und damit verbundener Anwachsung des GbR-Vermögens bei der Kapitalgesellschaft[36].

5. Weitere Rechtsformen

16 Keine Personenhandelsgesellschaften sind die stille Gesellschaft, die Partenreederei sowie sonstige Gesamthandsgemeinschaften[37].

III. Rechtsträger neuer Rechtsform

1. Kapitalgesellschaften; eG

17 Mögliche Zielrechtsform eines Formwechsels einer Personenhandelsgesellschaft sind Kapitalgesellschaften und die eG. Das UmwG definiert als Kapitalgesellschaften Gesellschaften mit beschränkter Haftung, Aktiengesellschaften und Kommanditgesellschaften auf Aktien[38]. Hinzu kommt die eG. Ob dort eine volle, beschränkte oder keine Nachschusspflicht vorgesehen ist[39], ist ohne Belang. Eine Kapitalgesellschaft ist zwar auch die Societas Europaea (SE), ihre Entstehung richtet sich jedoch nach der dem UmwG vorrangigen VO (EG) Nr. 2157/2001 und steht im Wege des Formwechsels Personengesellschaften nicht offen[40]. Für die Entstehung der Europäischen Genossenschaft (Societas Cooperation Europaea – SCE) ist die VO (EG) Nr. 1435/2003 vorrangig maßgeblich, ein Formwechsel in eine SCE kann danach nur aus einer Genossenschaft heraus erfolgen[40a].

2. Andere Rechtsformen

18 Ein Formwechsel in eine andere Rechtsform ist nach Maßgabe des UmwG nicht möglich. Anders als eine Kapitalgesellschaft kann eine Personenhandelsgesellschaft insbesondere nicht nach Maßgabe des UmwG in eine **GbR** umgewandelt werden. Solange die Gesellschaft ein Handelsgewerbe betreibt oder kraft Eintragung als OHG gilt[41], behält die Gesellschaft ihre Eigenschaft als Personenhandelsgesellschaft. Entfallen die Voraussetzungen, wird die Personenhandelsgesellschaft bei Beibehaltung ihrer Identität automatisch zur GbR[42]. Entsprechendes gilt für den Wechsel einer OHG in die Rechtsform der KG, die im Zuge der gesellschaftsvertraglichen Einräumung einer Kommanditistenstellung ebenfalls außerhalb des UmwG erfolgt[43].

---

[34] § 105 Abs. 2 HGB.
[35] §§ 5 Abs. 4, 7 Abs. 3, 56 GmbHG, §§ 27, 36 a Abs. 2, 183 AktG.
[36] Vgl. dazu etwa *K. Schmidt* NJW 1995, 1, 7. Zu den Anwachungsmodellen siehe auch Rn 33 ff.
[37] *Vossius* in Widmann/Mayer Rn 8.
[38] § 3 Abs. 1.
[39] Vgl. § 6 Nr. 3 GenG.
[40] Art. 1 Abs. 2, Art. 2 VO (EG) Nr. 2157/2001, ABl. EU L 294 v. 10.11.2001, S. 1; vgl. dazu Gesetz über die Einführung der Europäischen Gesellschaft (SEEG) v. 22.12.2004, BGBl. I, S. 3675.
[40a] Art. 2, 5. Spiegelstrich VO (EG) Nr. 1435/2003. ABl. EU L 207 v. 18.8.2003, S. 1.
[41] § 105 Abs. 2 HGB.
[42] *Joost* in Lutter Rn 13; *Vossius* in Widmann/Mayer Rn 2.
[43] § 161 Abs. 1 HGB; vgl. auch *Priester* DStR 2005, 788, 792: Umwandlungen zwischen OHG, KG und GbR sind aus dem UmwG „ausgesperrt".

Der Formwechsel in einen rechtsfähigen **Verein**, einen **VVaG** oder in eine Körperschaft 19 bzw. **Anstalt öffentlichen Rechts**, ist, wie sich bereits aus den allgemeinen Regelungen ergibt[44], ebenfalls ausgeschlossen. Aufgrund des numerus clausus des UmwG weiterhin ausgeschlossen ist der Formwechsel in eine Gesellschaft ausländischer Rechtsform wie etwa der englischen Ltd., selbst wenn diese ihre Niederlassung im Inland hat[45].

IV. Aufgelöste Gesellschaften

1. Grundsatz

Die Auflösung der Gesellschaft beendet ihre Eigenschaft als formwechselnder Rechtsträger 20 nicht. Vielmehr kommt eine Umwandlung grundsätzlich während des Stadiums zwischen Auflösung und Vollbeendigung in Betracht. Voraussetzung für einen Formwechsel ist lediglich, dass die Fortsetzung der Gesellschaft in der bisherigen Rechtsform noch beschlossen werden könnte[46].

Vorbehaltlich einer abweichenden Regelung im Gesellschaftsvertrag wird die Gesellschaft 21 aufgelöst
- mit Zeitablauf bei befristeten Gesellschaftsverhältnissen;
- aufgrund Gesellschafterbeschluss;
- aufgrund Eröffnung des Insolvenzverfahrens über das Vermögen der Gesellschaft; sowie
- aufgrund gerichtlicher Entscheidung[47].

Mit der Auflösung ändert die Gesellschaft ihren Zweck; sie wird von einer werbenden 22 Gesellschaft zur Liquidationsgesellschaft.

Voraussetzung für den Fortbestand der Umwandlungsfähigkeit ist, dass die Gesellschafter 23 die Fortsetzung der Gesellschaft beschließen könnten. Bei aufgelösten Personenhandelsgesellschaften kann ein **Fortsetzungsbeschluss** grundsätzlich bis zu ihrer Vollbeendigung gefasst werden[48]. Eine Fortsetzung kommt nicht in Betracht, wenn das Gesellschaftsvermögen bereits vollständig auseinander gesetzt ist. Im Fall des Formwechsels einer GmbH & Co. KG scheidet ein Fortsetzungsbeschluss auch dann aus, wenn die Gesellschaft überschuldet ist[49]. Ein ausdrücklicher Fortsetzungsbeschluss der Gesellschafter ist nicht erforderlich[50]. Vielmehr ist der Fortsetzungsbeschluss im Beschluss über den Formwechsel enthalten[51]. Eines Fortsetzungsbeschlusses bedarf es auch dann nicht mehr, wenn der Auflösungstatbestand nach Fassung des Umwandlungsbeschlusses, aber vor Eintragung eintritt.

2. Liquidation

Dass iRd. Liquidation bereits mit der Verteilung des Gesellschaftsvermögens begonnen 24 wurde, steht dem Formwechsel nicht entgegen, sofern noch genügend Gesellschaftsvermö-

---

[44] § 191 Abs. 1 iVm. Abs. 2.
[45] *Lutter/Drygala* in Lutter § 1 Rn 26; vgl. zur Niederlassungsfreiheit europäischer Gesellschaften EuGH, Urt. v. 30.9.2003, RS. C-167/01 („Inspire Art") = BB 2003, 2195; Urt. v. 5.11.2002, RS. C-208/00 („Überseering") = BB 2002, 2402 sowie Urt. v. 13.12.2005, Rs. C – 411/03 („SEVIC Systems AG") = ZIP 2005, 2311. Auch das zum 25.4.2007 in Kraft getretene Zweite Gesetz zur Änderung des UmwG, BGBl I S. 542 beschränkte sich insoweit auf Regelungen zur Verschmelzung (§§ 122 a bis 122 l). Siehe dazu Anh. § 173 Rn 3 mwN.
[46] § 191 Abs. 3.
[47] § 131 Abs. 1 HGB. Zur Auflösung etwa *Salger* in Sudhoff § 45 Rn 8 ff.
[48] Dazu *K. Schmidt* ZHR 153 (1989) 281; *Salger* in Sudhoff § 45 Rn 68.
[49] BayObLG NZG 1998, 465; zur Überschuldung der GmbH & Co. KG *Salger* in Sudhoff § 48 Rn 17 ff.
[50] RegBegr. *Ganske*, S. 237; *Sagasser/Sickinger* in Sagasser/Bula/Brünger R Rn 72.
[51] *Joost* in Lutter Rn 12; *Laumann* in Goutier/Knopf/Tulloch Rn 14.

gen vorhanden ist, um das erforderliche Stamm- bzw. Grundkapital des neuen Rechtsträgers aufzubringen[52]. Anders als nach altem Recht[53] hängt der Formwechsel einer aufgelösten Gesellschaft nicht von der vollständigen Durchführung der Liquidation der Gesellschaft ab. Ein Bedürfnis für eine entsprechende Regelung hat der Gesetzgeber zu Recht verneint, da der Gläubigerschutz durch die Forthaftung des Rechtsträgers neuer Rechtsform sowie die fünf Jahre andauernde persönliche Nachhaftung der Anteilseigner der formwechselnden Gesellschaft gewährleistet wird[54].

3. Insolvenz

25 Nach früherem Recht konnte ein Formwechsel im Fall des Konkurses der Gesellschaft mangels Liquidation der Gesellschaft generell nicht beschlossen werden. Dieser Grundsatz gilt in dieser Allgemeinheit nicht mehr. Ein Formwechsel ist nach heute geltender Rechtslage vielmehr nur dann ausgeschlossen, wenn die Gesellschafter eine andere Art der Auseinandersetzung vereinbart haben[55] oder wenn die Gesellschafter die Fortsetzung der Gesellschaft nicht mehr beschließen können[56]. Dies gilt auch für den Fall der Eröffnung des Insolvenzverfahrens über das Vermögen der Gesellschaft[57]. So ist ein Formwechsel bei Aufhebung des Insolvenzverfahrens aufgrund rechtskräftiger Bestätigung des einen Fortbestand der Gesellschaft vorsehenden Insolvenzplans[58] oder nach Einstellung des Insolvenzverfahrens auf Antrag des Schuldners[59] weiterhin möglich. Eines besonderen Beschlusses über die Fortsetzung bedarf es nicht[60].

4. Andere Art der Auseinandersetzung

26 Nach **Abs. 2** kann eine aufgelöste Personenhandelsgesellschaft dann nicht mehr umgewandelt werden, wenn die Gesellschafter eine andere Art der Auseinandersetzung als die Liquidation oder den Formwechsel vereinbart haben[61]. Hinter dieser Einschränkung der Umwandlungsfähigkeit stehen in erster Linie **Gläubigerschutzerwägungen**. Nach den Vorstellungen des Gesetzgebers ist im Fall der Vereinbarung einer anderen Art der Auseinandersetzung nicht mehr sichergestellt, dass im Zeitpunkt der Fassung des Umwandlungsbeschlusses noch ausreichendes Vermögen zur Befriedigung der Gesellschaftsgläubiger der Gesellschaft vorhanden ist[62]. In **rechtspolitischer** Hinsicht ist die Regelung für Personenhandelsgesellschaften verfehlt, da die Gläubiger ausreichend geschützt sind[63], und zwar in doppelter Hinsicht: Zum einen muss das Gesellschaftsvermögen der formwechselnden Personengesellschaft mindestens den Betrag des Stamm- bzw. Grundkapitals des Rechtsträgers neuer Rechtsform erreichen[64]. Folglich erweist sich ein Formwechsel in eine Kapitalgesellschaft nur dann als zulässig, wenn das nach Abzug der Verbindlichkeiten vorhandene Aktivvermögen zur Deckung des Stamm- bzw. Grundkapitals ausreicht[65]. Zum anderen bleibt

---

[52] *Vossius* in Widmann/Mayer Rn 21; *Laumann* in Goutier/Knopf/Tulloch Rn 13.
[53] §§ 40 Abs. 2, 46 Satz 2 UmwG 1969.
[54] § 224 Abs. 2: RegBegr. *Ganske* S. 236.
[55] Abs. 2. Siehe Rn 26.
[56] § 191 Abs. 3.
[57] § 131 Abs. 1 Nr. 3 HGB.
[58] § 258 InsO.
[59] §§ 212, 213 InsO.
[60] Siehe Rn 23.
[61] Gem. § 145 HGB.
[62] RegBegr. *Ganske* S. 236.
[63] Ebenso *Joost* in Lutter Rn 8.
[64] § 220 Abs. 1.
[65] Siehe § 220 Rn 7 ff.

eine persönliche Haftung der Gesellschafter trotz des Formwechsels für eine Dauer von fünf Jahren bestehen[66].

Die Vereinbarung über eine andere Art der Auseinandersetzung kann entweder bereits im **Gesellschaftsvertrag** vorgesehen sein oder *ad hoc* anlässlich oder iRd. Auseinandersetzung beschlossen werden[67]. Eine andere Art der Auseinandersetzung kann bspw. in der **Übernahme** des Handelsgeschäfts durch einen Gesellschafter[68], der **Einbringung** der Vermögensgegenstände in eine Auffanggesellschaft oder der **Veräußerung** des Unternehmens an einen Dritten bestehen[69]. Darüber hinaus stellt auch die **Realteilung** des Gesellschaftsvermögens, bei der die Aktiva und Passiva (Unternehmensteile etc.) den einzelnen Gesellschaftern zugewiesen werden[70], eine andere Art der Auseinandersetzung dar. Gleiches gilt für den Abschluss eines **Liquidationsvergleichs**, iRd. die Gesellschafter das Vermögen der Gesellschaft auf einen Dritten als Treuhänder mit der Maßgabe übertragen, das Unternehmen zur Befriedigung der Gläubiger zu verwerten[71].

Nach hM steht bereits die bloße Vereinbarung einer anderweitigen Auseinandersetzung einer Umwandlung entgegen. Die Gesellschafter können den Formwechsel in eine Kapitalgesellschaft oder eingetragene Genossenschaft jedoch dann beschließen, wenn sie die Auseinandersetzungsvereinbarung **aufheben**. Dies gilt jedenfalls dann, wenn sie mit der Umsetzung der Vereinbarung noch nicht begonnen haben[72]. Nach dem Zweck des Gesetzes muss eine Aufhebung aber auch noch nach Beginn der Verteilung des Vermögens möglich sein, sofern noch genügend Gesellschaftsvermögen vorhanden ist, um das erforderliche Stamm- bzw. Grundkapital des neuen Rechtsträgers aufzubringen[73].

Der auf eine Aufhebung der Auseinandersetzungsvereinbarung gerichtete Beschluss bedarf grundsätzlich der **Einstimmigkeit**, sofern der Gesellschaftsvertrag nicht ausnahmsweise einen Mehrheitsbeschluss ausreichen lässt[74]. Aber auch wenn nach dem Gesellschaftsvertrag für die Aufhebung der Vereinbarung eine Mehrheitsentscheidung genügt, bedarf die Aufhebung der Zustimmung derjenigen Gesellschafter, zu deren Gunsten in der Vereinbarung Rechte begründet wurden[75]. IdR wird man in einem einstimmig gefassten Umwandlungsbeschluss gleichzeitig eine **konkludente** Aufhebung der Auseinandersetzungsvereinbarung erblicken können[76]. Anders ist dies, wenn die Umwandlung aufgrund eines Mehrheitsentscheids erfolgen kann[77], der Gesellschaftsvertrag aber für die Aufhebung der Auseinandersetzungsvereinbarung keine Abweichung vom Einstimmigkeitserfordernis vorsieht[78].

---

[66] § 224 Abs. 1, 2.
[67] *Stratz* in Schmitt/Hörtnagl/Stratz Rn 3; *Salger* in Sudhoff § 46 Rn 87.
[68] § 142 HGB aF.
[69] Vgl. *Sonnenschein/Weitemeyer* in Heymann § 145 HGB Rn 15; *Hopt* in Baumbach/Hopt § 145 HGB Rn 10; *Habersack* in Großkomm. § 145 HGB Rn 36; *Joost* in Lutter Rn 9; *Vossius* in Widmann/Mayer Rn 23; *Stratz* in Schmitt/Hörtnagl/Stratz Rn 3.
[70] *Habersack* in Großkomm. § 145 HGB Rn 36.
[71] Vgl. etwa BGH NJW 1979, 1987; *K. Schmidt* in Schlegelberger § 145 HGB Rn 42; *ders.* ZGR 1995, 675, 676; *Hopt* in Baumbach/Hopt § 145 HGB Rn 10.
[72] *Dirksen* in Kallmeyer Rn 8; *Joost* in Lutter Rn 10; *Stratz* in Schmitt/Hörtnagl/Stratz Rn 4.
[73] Siehe Rn 26; aA *Dirksen* in Kallmeyer Rn 8; *Stratz* in Schmitt/Hörtnagl/Stratz Rn 4; einschränkend *Joost* in Lutter Rn 10.
[74] *Dirksen* in Kallmeyer Rn 8. Zum insoweit einschlägigen Bestimmtheitsgrundsatz etwa *Hopt* in Baumbach/Hopt § 119 HGB Rn 37 ff.; *Ulmer* in MünchKomm. § 709 BGB Rn 72 ff.
[75] *Dirksen* in Kallmeyer Rn 8.
[76] *Vossius* in Widmann/Mayer Rn 26.
[77] § 217 Abs. 1 Satz 2 und 3.
[78] *Vossius* in Widmann/Mayer Rn 26.

V. Verstöße, Rechtsfolgen

30 Abs. 1 stellt **zwingendes Recht** dar[79]. Ein Formwechsel in einen Rechtsträger anderer Rechtsform ist von der Regelung nicht gedeckt und damit nichtig[80]. Wird der Beschluss trotzdem in das Handelsregister eingetragen, wird der Mangel selbst durch die Eintragung in das Handelsregister nicht geheilt[81]. § 202 Abs. 3 ist insoweit nicht einschlägig. Die Möglichkeit einer Änderung der Rechtsform nach den allgemeinen Vorschriften bleibt davon freilich unberührt.

31 Wurde die Umwandlung von den Gesellschaftern ungeachtet einer Vereinbarung über eine **anderweitige Auseinandersetzung** aufgrund eines Mehrheitsentscheids beschlossen, ist der Formwechselbeschluss unwirksam[82]. Wird die Vereinbarung über die anderweitige Auseinandersetzung nachträglich aufgehoben, soll der Umwandlungsbeschluss in diesem Fall nachträglich wirksam werden[83]. Dies erscheint zweifelhaft, da dem Umwandlungsbeschluss in diesem Fall eine aufschiebende Bedingung, nämlich der Abschluss der Aufhebungsvereinbarung, immanent wäre. Da der Bedingungseintritt in den Händen der Gesellschafter liegt, ist eine nachträgliche Wirksamkeit mit dem Gebot der Rechtssicherheit nur schwer zu vereinbaren. Ist dem Registergericht die Vereinbarung über die anderweitige Auseinandersetzung nicht bekannt und trägt es den Formwechselbeschluss ein, wird der Mangel mit der Eintragung geheilt[84]. Die Minderheitsgesellschafter sind dann auf Schadensersatzansprüche verwiesen.

VI. Andere Formen der Rechtsformänderung

32 § 214 ist trotz seines zwingenden Charakters nicht in der Weise abschließend, dass die Änderung der Rechtsform einer Personenhandelsgesellschaft nach den allgemeinen Vorschriften ausgeschlossen wäre[85]. Die in der Norm enthaltenen Beschränkungen gelten vielmehr nur für einen Formwechsel nach Maßgabe des UmwG.

33 Eine Umwandlung einer Personenhandelsgesellschaft in eine **Kapitalgesellschaft** kann auch im Wege der **Anwachsung** des Gesellschaftsvermögens erfolgen[86]. Die in der Praxis bedeutsamsten Fälle sind
– die **Einbringung** der Anteile an der Personenhandelsgesellschaft und ggf. der Komplementär-Gesellschaft in eine Kapitalgesellschaft im Wege der Sachgründung oder Sachkapitalerhöhung bei gleichzeitiger Anwachsung des Gesellschaftsvermögens bei der Kapitalgesellschaft bzw. die Einbringung der Kommanditanteile in die Komplementär-GmbH im Wege der Sachkapitalerhöhung bei der Komplementär-Gesellschaft gegen Gewährung von neuen Geschäftsanteilen[87];

---

[79] § 1 Abs. 3 Satz 1.
[80] *Joost* in Lutter Rn 14.
[81] *Dirksen* in Kallmeyer Rn 11; *Decher* in Lutter § 202 Rn 61.
[82] *Dirksen* in Kallmeyer Rn 7.
[83] *Dirksen* in Kallmeyer Rn 7.
[84] § 202 Abs. 3. *Dirksen* in Kallmeyer Rn 8.
[85] § 190 Abs. 2.
[86] Dazu etwa *Dirksen* in Kallmeyer Rn 12; *Joost* in Lutter Rn 15; *Vossius* in Widmann/Mayer Rn 14; *Priester* DNotZ 1995, 427, 455; *K. Schmidt* GmbHR 1995, 693, 696; *Zürbig* S. 9 ff.; *Schnorbus* S. 37 ff.
[87] Aufgrund des damit verbundenen Anschaffungsvorgangs lassen sich handelsbilanziell stille Reserven der Gesellschaft in offen ausgewiesenes Kapital umwandeln, vgl. *Sagasser/Sickinger* in Sagasser/Bula/Brünger R Rn 77. Zum Anwachsungs- bzw. Einbringungsmodell im Einzelnen *Schmidt-Diemitz/Moszka* in MünchVertrHdb. XII. 1 Anm. 2 (3), XII. 33; *Schwedhelm* Rn 1553 ff., 1636 ff.

– die **Einbringung** der einzelnen Vermögensgegenstände der Personenhandelsgesellschaft in eine Kapitalgesellschaft durch Einzelrechtsübertragung mit allen Aktiva und Passiva im Rahmen einer Sachgründung oder Sachkapitalerhöhung[88];
– das **Ausscheiden** aller Kommanditisten aus einer Kapitalgesellschaft & Co. KG mit oder ohne Abfindung mit der Folge, dass das Gesellschaftsvermögen der Komplementär-Gesellschaft oder einer zu diesem Zweck beigetretenen Kapitalgesellschaft anwächst[89].

Denkbare Fälle der Umwandlung einer Personenhandelsgesellschaft in eine andere **Personenhandelsgesellschaft** sind 34
– die Umwandlung einer **OHG** in eine **KG** durch Beitritt von Kommanditisten oder Änderung der Komplementär- in Kommanditbeteiligungen;
– die Umwandlung einer **KG** in eine **OHG** durch Austritt von Kommanditisten oder Änderung der Kommandit- in Komplementärbeteiligungen[90].

Die Umwandlung einer Personenhandelsgesellschaft in eine **GbR** erfolgt ohne weitere 35 Umsetzungsakte unter Beibehaltung der Identität durch Aufgabe oder Verlust des vollkaufmännischen Gewerbes bzw. Löschung der Eintragung im Handelsregister.

§ 215 Umwandlungsbericht

Ein Umwandlungsbericht ist nicht erforderlich, wenn alle Gesellschafter der formwechselnden Gesellschaft zur Geschäftsführung berechtigt sind.

Übersicht

	Rn		Rn
I. Allgemeines	1	c) EWIV	11
1. Sinn und Zweck der Norm	1	d) Stille Gesellschaft	12
2. Anwendungsbereich	2	2. Rechtsfolge	13
3. Entstehungsgeschichte	3	a) Kein Umwandlungsbericht	13
II. Umwandlungsbericht	4	b) Entwurf des Umwandlungsbeschlusses	14
III. Geschäftsführungsberechtigung aller Gesellschafter	5	c) Abfindungsangebot	16
1. Geschäftsführungsberechtigung	5	IV. Verzicht auf die Erstattung des Umwandlungsberichts	17
a) OHG	6		
b) KG, GmbH & Co. KG	9		

Literatur: Siehe Literaturverzeichnis zu § 214.

I. Allgemeines

1. Sinn und Zweck der Norm

Die Norm begründet eine Ausnahme zur allgemeinen Regelung, nach der das Vertre- 1 tungsorgan des formwechselnden Rechtsträgers verpflichtet ist, einen Umwandlungsbericht zu erstellen[1]. Der Umwandlungsbericht dient in erster Linie der Information derjenigen Gesellschafter, die sich aufgrund ihrer fehlenden Einbindung in die Unternehmensleitung nicht

---

[88] Zur Einbringung im Wege der Einzelrechtsübertragung ausführlich Anh. § 173.
[89] §§ 105 Abs. 3, 161 Abs. 2 HGB iVm. § 738 BGB, siehe auch *Schmidt-Diemitz/Moszka* in MünchVertrHdb. XII. 33 Anm. 2 (3); *Schnorbus* S. 32.
[90] Vgl. dazu *K. Schmidt* ZGR 1990, 580, 590 ff.; *Vossius* in Widmann/Mayer Rn 12; *Stratz* in Schmitt/Hörtnagl/Stratz Rn 1.
[1] § 192.

unmittelbar von dem geplanten Formwechsel und seinen Folgen unterrichten können. Nach den Erwägungen des Gesetzgebers besteht demgemäß kein Bedürfnis für eine gesonderte Unterrichtung der Gesellschafter, wenn diese bereits aufgrund ihrer Organstellung in die Vorbereitung und Umsetzung einbezogen sind oder zumindest die Möglichkeit haben, an dem Umwandlungsvorgang mitzuwirken[2]. Folgerichtig befreit die Norm von der Berichtspflicht, wenn alle Gesellschafter zur Geschäftsführung berechtigt sind.

2. Anwendungsbereich

2 Die Regelung findet auf den Formwechsel solcher Personenhandelsgesellschaften Anwendung, bei denen alle Gesellschafter zur Geschäftsführung berechtigt sind. Dabei kommt es auf die tatsächliche Ausgestaltung der Geschäftsführung im Gesellschaftsvertrag an. In Ausnahmefällen kann die Befreiung von der Berichtspflicht auch bei den Kapitalgesellschaften & Co. eingreifen[3]. Die Bestimmung entspricht der Regelung des § 41 für Verschmelzungen unter Beteiligung von Personenhandelsgesellschaften.

3. Entstehungsgeschichte

3 Die Vorschrift ist neu. Sie findet im alten Recht keine Entsprechung.

II. Umwandlungsbericht

4 Anlässlich des Formwechsels haben die geschäftsführenden Gesellschafter einen ausführlichen schriftlichen Bericht zu erstatten, in dem der Formwechsel und insbesondere die künftige Beteiligung der Anteilsinhaber an dem Rechtsträger rechtlich und wirtschaftlich erläutert werden[4]. Bestandteil des Umwandlungsberichts ist der Entwurf des **Umwandlungsbeschlusses**[5] sowie der künftige **Gesellschaftsvertrag** bzw. die künftige Satzung oder das künftige Statut als integrativer Teil des Umwandlungsbeschlusses[6]. Der Umwandlungsbericht muss insbesondere die Barabfindung erläutern, die den Gesellschaftern anzubieten ist, die Widerspruch gegen den Umwandlungsbeschluss erklären[7]. Ein Umwandlungsbericht ist dann nicht erforderlich, wenn alle Gesellschafter geschäftsführungsbefugt sind oder auf seine Erstattung verzichtet haben[8]. Der Umwandlungsbericht ist den Gesellschaftern spätestens mit der Einberufung der Gesellschafterversammlung, die über den Formwechsel beschließen soll, zu übersenden[9].

III. Geschäftsführungsbefugnis aller Gesellschafter

1. Geschäftsführungsberechtigung

5 Ein Umwandlungsbericht ist dann nicht erforderlich, wenn alle Gesellschafter zur Geschäftsführung berechtigt sind. Das Recht zur Geschäftsführung setzt die Befugnis voraus, an allen gewöhnlichen und außergewöhnlichen Maßnahmen des Geschäftsbetriebs mitzu-

---

[2] RegBegr. *Ganske* S. 93, 235.
[3] Dazu Rn 10.
[4] § 192 Abs. 1 Satz 1; näher dazu § 192 Rn 6 ff.
[5] § 192 Abs. 1 Satz 3.
[6] § 218. Eine Vermögensaufstellung (§ 192 Abs. 2 aF) ist seit Inkrafttreten des Zweiten Gesetzes zur Änderung des UmwG zum 25.4.2007 (BGBl I S. 542) nicht mehr erforderlich.
[7] Siehe § 192 Rn 12; *KG* AG 1999, 268.
[8] § 215, § 192 Abs. 2 nF (Abs. 3 aF).
[9] Siehe § 216 Rn 17.

wirken. Dabei kommt es ausschließlich auf das Recht zur Geschäftsführung, nicht auf die tatsächliche Ausübung von Geschäftsführungsfunktionen an[10].

a) OHG. Vorbehaltlich einer abweichenden Regelung im Gesellschaftsvertrag sind in der OHG alle Gesellschafter zur Geschäftsführung berechtigt und verpflichtet[11]. Beim Formwechsel einer OHG ist ein Umwandlungsbericht daher regelmäßig nicht erforderlich. Ob Einzel- oder Gesamtgeschäftsführungsbefugnis besteht, spielt in diesem Kontext keine Rolle. Sieht der Gesellschaftsvertrag vor, dass die Geschäftsführung einem oder mehreren Gesellschaftern übertragen wird und sind die übrigen Gesellschafter somit von der Geschäftsführung ausgeschlossen[12], ist ein Umwandlungsbericht zu erstatten. Gleiches gilt, wenn einem Gesellschafter die Geschäftsführung aufgrund einer gerichtlichen Entscheidung entzogen wurde[13]. Dass sich auch ein von der Geschäftsführung ausgeschlossener Gesellschafter aufgrund seines umfangreichen Informationsrechts von dem Formwechsel unterrichten kann[14], ist ohne Bedeutung.

Ob die Ausnahmeregelung auch dann eingreift, wenn ein nicht geschäftsführungsberechtigter Gesellschafter von einem Gesellschafter **beherrscht** wird, der seinerseits mit Geschäftsführungsbefugnis ausgestattet ist, ist umstritten[15]. Sofern es sich um eine 100%-ige Beteiligung handelt, dürfte dies zu bejahen sein. Anderes gilt indessen dann, wenn in dem abhängigen Unternehmen noch andere Gesellschafter vorhanden sind, deren Interessen zu berücksichtigen sind. Freilich kann das herrschende Unternehmen auch in diesem Fall seine Einflussmöglichkeiten auf die Geschäftsführung nutzen, um auf einen Verzicht hinzuwirken[16].

Verfügt die Gesellschaft über einen **Aufsichtsrat** oder **Beirat**, dem nach dem Gesellschaftsvertrag Mitwirkungsbefugnisse im Hinblick auf den Formwechsel eingeräumt sind, soll der Umwandlungsbericht nach einer vereinzelten Meinung nur dann entbehrlich sein, wenn die Organmitglieder einem geschäftsführenden Gesellschafter vergleichbare Einsichtsrechte in die Geschäftsunterlagen haben[17]. Nach dem klaren Wortlaut des Gesetzes ist dem nicht zu folgen, der ausschließlich auf den Ausschluss der Gesellschafter von der Geschäftsführung abstellt.

b) KG, GmbH & Co. KG. In einer KG sind die persönlich haftenden Gesellschafter zur Geschäftsführung berechtigt, während die Kommanditisten von der Geschäftsführung ausgeschlossen sind[18]. Bei einer KG ist die Erstellung eines Umwandlungsberichts damit grundsätzlich erforderlich. Der Gesellschaftsvertrag kann die Geschäftsführung jedoch anderweitig ausgestalten und die Kommanditisten ebenfalls mit Geschäftsführungsbefugnis ausstatten. UU kann den Kommanditisten sogar die alleinige Geschäftsführung zugewiesen werden[19]. Nur wenn neben den persönlich haftenden Gesellschaftern auch alle Kommanditisten aufgrund einer gesellschaftsvertraglichen Regelung zur Geschäftsführung berechtigt sind, ist die Erstellung eines Umwandlungsberichts entbehrlich. Die Verleihung von Geschäftsführungsbefugnis zugunsten einzelner Kommanditisten genügt nicht. Zudem muss die Geschäftsführungsbefugnis der Kommanditisten der eines persönlich haftenden Gesellschafters qualitativ vergleichbar sein. Die bloße Einräumung von beschränkten Mitwirkungsrechten, auch die Einräumung von **Zustimmungsvorbehalten** über den durch § 164 HGB gezogenen Rah-

---

[10] Einschränkend *Laumann* in Goutier/Knopf/Tulloch Rn 5 für den Fall, dass der Gesellschafter von seinen Mitgesellschaftern an der Geschäftsführung gehindert wird.
[11] § 114 Abs. 1 HGB.
[12] § 114 Abs. 2 HGB.
[13] § 117 HGB.
[14] § 118 Abs. 1 HGB.
[15] Dafür *Laumann* in Goutier/Knopf/Tulloch Rn 7; dagegen *Joost* in Lutter Rn 2.
[16] Zum Verzicht siehe Rn 17 ff.
[17] *Laumann* in Goutier/Knopf/Tulloch Rn 6.
[18] § 164 Satz 1 HGB.
[19] BGHZ 51, 198.

men hinaus, erweist sich daher als nicht ausreichend[20]. Ein Umwandlungsbericht ist auch dann erforderlich, wenn die Geschäftsführungsbefugnis eines persönlich haftenden Gesellschafters eingeschränkt oder ausgeschlossen ist[21].

10 Für die **GmbH & Co. KG** gilt Entsprechendes wie bei der gesetzestypisch verfassten KG. IdR erweist sich damit die Erstellung eines Umwandlungsberichts als erforderlich, da geschäftsführungsbefugt nur die persönlich haftenden Gesellschafter sind. Ein Umwandlungsbericht ist auch dann zu erstatten, wenn die Kommanditisten gleichzeitig Gesellschafter der Komplementär-Gesellschaft sind[22]. Anders liegen die Dinge, wenn die Kommanditisten gleichzeitig Gesellschafter und Geschäftsführer der Komplementär-GmbH sind[23]. In diesem Fall sind alle Gesellschafter mit Geschäftsführungsbefugnis ausgestattet, so dass nach dem Gesetzeszweck ein Umwandlungsbericht überflüssig ist. Richtigerweise gilt dies auch dann, wenn die Kommanditisten nur Geschäftsführer und nicht zugleich Gesellschafter der persönlich haftenden Gesellschafterin sind. Zum **Nachweis** des Bestehens der Geschäftsführungsberechtigung der Kommanditisten empfiehlt es sich, die entsprechende Regelung aus dem Gesellschaftsvertrag bei der Anmeldung des Formwechsels mit beim Handelsregister einzureichen[24].

11 c) **EWIV.** Die EWIV wird als OHG behandelt[25]. Die Ausnahmeregelung des § 215 kann damit auch auf die EWIV Anwendung finden. Die Geschäftsführung in der EWIV ist jedoch abweichend von der in der OHG geregelt. In der EWIV wird die Geschäftsführung grundsätzlich nicht von allen Gesellschaftern ausgeübt, sondern von einem oder mehreren Geschäftsführern, die entweder im Gesellschaftsvertrag oder durch Beschluss der Mitglieder hierzu bestellt werden[26]. Es gilt damit der Grundsatz der Fremdorganschaft. Im Regelfall erweist sich die Erstellung des Umwandlungsberichts damit als erforderlich. § 215 gelangt demnach nur dann zur Anwendung, wenn ausnahmsweise alle Gesellschafter mit Geschäftsführungsbefugnis ausgestattet sind.

12 d) **Stille Gesellschaft.** Das Vorhandensein eines stillen Gesellschafters ist für die Anwendbarkeit der Norm ohne Relevanz, selbst wenn der stille Gesellschafter über keine Geschäftsführungsbefugnis verfügt[27]. Stille Gesellschafter sind keine Gesellschafter iSv. § 215. Gleiches gilt für Unterbeteiligte[28].

2. Rechtsfolge

13 a) **Kein Umwandlungsbericht.** Sind alle Gesellschafter zur Geschäftsführung berechtigt, muss ein Umwandlungsbericht nicht erstattet werden[29].

---

[20] *Joost* in Lutter Rn 3; *Stratz* in Schmitt/Hörtnagl/Stratz Rn 1; *Laumann* in Goutier/Knopf/Tulloch Rn 4.
[21] *Vossius* in Widmann/Mayer Rn 10.
[22] *Joost* in Lutter Rn 4; *Dirksen* in Kallmeyer Rn 3; *Sagasser/Sickinger* in Sagasser/Bula/Brünger R Rn 84; aA für den Fall der beteiligungsgleichen GmbH & Co. KG *Laumann* in Goutier/Knopf/Tulloch Rn 4.
[23] *Dirksen* in Kallmeyer Rn 3; *Streck/Mack/Schwedhelm* GmbHR 1995, 161, 174.
[24] Strenger *Dirksen* in Kallmeyer Rn 2 („muss").
[25] Siehe § 214 Rn 12.
[26] Art. 19 Verordnung (EWG) Nr. 2137/85 des Rates über die Schaffung einer Europäischen wirtschaftlichen Interessenvereinigung (EWIV), ABl.EG Nr. L 199 S. 1.
[27] Zu den Mitwirkungsrechten des stillen Gesellschafters beim Formwechsel in eine AG siehe auch *Schlitt/Beck* NZG 2001, 688.
[28] Zur steuerlichen Behandlung von Unterbeteiligungen beim Formwechsel der Hauptgesellschaft siehe *Stegemann/Middendorf* BB 2006, 1084.
[29] Siehe § 192 Rn 23 ff.

b) Entwurf des Umwandlungsbeschlusses. Auch der Entwurf des Umwandlungsbeschlusses[30] ist Bestandteil des Umwandlungsberichts. Muss kein Umwandlungsbericht erstattet werden, ist auch die Erstellung eines Entwurfs des Umwandlungsbeschlusses grundsätzlich nicht erforderlich. 14

Der Entwurf des Umwandlungsbeschlusses dient jedoch nicht ausschließlich der Information der Gesellschafter. Vielmehr ist er spätestens einen Monat vor der Gesellschafterversammlung auch dem zuständigen **Betriebsrat** des formwechselnden Rechtsträgers zuzuleiten[31]. Damit stellt sich die Frage, ob der Entwurf des Umwandlungsbeschlusses trotz Geschäftsführungsbefugnis aller Gesellschafter dann nicht entbehrlich ist, wenn der formwechselnde Rechtsträger über einen Betriebsrat verfügt. Dies wird teilweise bejaht[32]. Dem ist zuzustimmen, da das Recht des Betriebsrats auf Information nicht zur Disposition der Gesellschafter steht. Damit bedarf es der Zuleitung des Entwurfs des Umwandlungsbeschlusses auch dann, wenn die Gesellschafter auf die Erstellung eines Umwandlungsberichts verzichtet haben[33]. 15

c) Abfindungsangebot. Anders als der Entwurf des Umwandlungsbeschlusses bildet das den widersprechenden Gesellschaftern zu unterbreitende Abfindungsangebot[34] keinen integrativen Bestandteil des Umwandlungsberichts. Die Unterbreitung eines Abfindungsangebots ist im Fall einer Mehrheitsentscheidung daher auch dann nötig, wenn alle Gesellschafter zur Geschäftsführung berechtigt sind[35]. 16

IV. Verzicht auf die Erstattung des Umwandlungsberichts

Im Übrigen ist ein Umwandlungsbericht dann nicht erforderlich, wenn die Gesellschafter auf seine Erstattung verzichten. Auch wenn das Gesetz dies für den Formwechsel von Personenhandelsgesellschaften nicht nochmals ausdrücklich wiederholt, bleibt die allgemeine Regelung über die Verzichtsmöglichkeit anwendbar[36]. Es müssen dabei nicht alle Gesellschafter den Verzicht erklären[37]. Aus dem Rechtsgedanken des § 215 lässt sich ableiten, dass die geschäftsführungsbefugten Gesellschafter kein Informationsbedürfnis haben. Folglich reicht es aus, wenn nur die **nicht geschäftsführungsbefugten** Mitglieder auf den Bericht verzichten[38]. Eine Zustimmung der geschäftsführungsbefugten Gesellschafter ist nicht erforderlich. Im Übrigen genügt es, wenn der Verzicht von den Gesellschaftern in der Gesellschafterversammlung erklärt wird, die über den Formwechsel beschließt[39]. Der Gesellschafter kann sich bei Abgabe der Verzichtserklärung vertreten lassen[40]. 17

Der Verzicht auf den Umwandlungsbericht erstreckt sich, ohne dass dies im Verzichtsbeschluss ausdrücklich bestimmt werden müsste, auch auf die Erstellung des Entwurfs des **Umwandlungsbeschlusses.** 18

Nicht entbehrlich ist die Erstellung des Entwurfs des Umwandlungsbeschlusses dann, wenn die formwechselnde Gesellschaft über einen **Betriebsrat** verfügt[41]. Insoweit setzt sich 19

---

[30] § 192 Abs. 1 Satz 3, § 218.
[31] § 194 Abs. 2.
[32] *Joost* in Lutter Rn 8; *ders.* ZIP 1995, 976, 977.
[33] Zur Verzichtsmöglichkeit Rn 17 ff.
[34] Siehe § 207; vgl. auch § 216 Rn 20.
[35] *Joost* in Lutter Rn 10; *Laumann* in Goutier/Knopf/Tulloch Rn 3.
[36] § 192 Abs. 2 nF (Abs. 3 aF); *Dirksen* in Kallmeyer Rn 5.
[37] Abw. von § 192 Abs. 2 nF (Abs. 3 aF).
[38] Siehe § 192 Rn 30; *Joost* in Lutter Rn 11; *Vossius* in Widmann/Mayer Rn 7; *Stratz* in Schmitt/Hörtnagl/Stratz Rn 2; aA *Dirksen* in Kallmeyer Rn 5.
[39] *Decher* in Lutter Umwandlungsrechtstage S. 201, 209; *Schwedhelm* Rn 1652.
[40] *Melchior* GmbHR 1999, 520.
[41] *Decher* in Lutter § 194 Rn 43; *Joost* in Lutter Umwandlungsrechtstage S. 245, 249.

der gesetzgeberische Zweck der Information der Arbeitnehmer zum Schutz des sozialen Friedens durch. Anders ist es, wenn ein Betriebsrat nicht gebildet wurde, sei es weil der Betrieb nicht die erforderliche Zahl von Arbeitnehmern beschäftigt, sei es weil die Wahl des Betriebsrats nicht erfolgt ist. Ein individuelles Informationsrecht der Arbeitnehmer besteht nicht[42]. Die Zulässigkeit eines Verzichts auf die Zuleitung durch den Betriebsrat selbst ist umstritten und wird von der hM lediglich hinsichtlich der Einhaltung der Monatsfrist bejaht[43], nicht aber auch hinsichtlich der Zuleitung insgesamt[44].

§ 216 Unterrichtung der Gesellschafter

Das Vertretungsorgan der formwechselnden Gesellschaft hat allen von der Geschäftsführung ausgeschlossenen Gesellschaftern spätestens zusammen mit der Einberufung der Gesellschafterversammlung, die den Formwechsel beschließen soll, diesen Formwechsel als Gegenstand der Beschlußfassung in Textform anzukündigen und einen nach diesem Buch erforderlichen Umwandlungsbericht sowie ein Abfindungsangebot nach § 207 zu übersenden.

Übersicht

	Rn		Rn
I. Allgemeines	1	2. Form	12
1. Sinn und Zweck der Norm	1	3. Zeitpunkt	13
2. Anwendungsbereich	3	V. Übersendung des Umwandlungsberichts	17
3. Entstehungsgeschichte	4		
II. Vertretungen der formwechselnden Gesellschaft	5	VI. Übersendung des Abfindungsangebots	20
1. OHG	6	1. Erforderlichkeit	20
2. KG; GmbH & Co. KG	7	2. Form und Zeitpunkt der Übersendung	23
3. EWIV	8	VII. Verzicht auf die Unterrichtung	24
III. Adressaten	9	VIII. Mängel der Unterrichtung	29
IV. Ankündigung des Formwechsels	11		
1. Inhalt	11		

Literatur: Siehe Literaturverzeichnis zu § 214.

I. Allgemeines

1. Sinn und Zweck der Norm

1 Die Regelung stellt die Information der von der Geschäftsführung ausgeschlossenen Gesellschafter im **Vorfeld** der über den Formwechsel beschließenden **Gesellschafterversammlung** sicher. Den Gesellschaftern soll ermöglicht werden, sich auf die Entscheidung vorzubereiten, ob sie dem Formwechsel zustimmen und damit die Rechtsstellung eines Gründers erlangen oder ob sie den Beschlussvorschlag ablehnen, ggf. das Abfindungsangebot annehmen und damit aus der Gesellschaft ausscheiden wollen.

---

[42] Insoweit zutreffend *Joost* in Lutter Rn 9.

[43] *LG Stuttgart* GmbHR 2000, 622 mit zust. Anm. *Kinzelmann*; *Mayer* in MünchHdbGesR Bd. 3 § 73 Rn 154; *Mayer* in Widmann/Mayer § 5 Rn 259, 266; *Melchior* GmbHR 1996, 833, 836 f.; *Müller* DB 1997, 713, 717; *Willemsen* in Kallmeyer § 5 Rn 76; DNotI-Report 7/2002, S. 51 f.

[44] *OLG Naumburg* NZG 2004, 734; *Lutter/Drygala* in Lutter § 5 Rn 102; *Willemsen* in Kallmeyer § 5 Rn 76; aA *Mayer* in Widmann/Mayer § 5 Rn 266; *Stohlmeier* BB 1999, 1394, 1396 f.

Die Verpflichtung, den Formwechsel als Gegenstand der Beschlussfassung anzukündigen und den Umwandlungsbericht sowie das Abfindungsangebot zu übersenden, stellt eine Besonderheit dar. Im Personengesellschaftsrecht ist eine Beschlussfassung in **Gesellschafterversammlungen** nicht ausdrücklich vorgesehen und demgemäß eine Pflicht zur Bekanntmachung einer Tagesordnung und einer Übersendung von Unterlagen ausdrücklich nicht normiert. Die Vorschrift korrespondiert mit der Regelung des § 193 Abs. 1 Satz 2, nach der über den Formwechsel nur im Rahmen einer Gesellschafterversammlung beschlossen werden darf. Gleichzeitig konkretisiert sie den allgemeinen Grundsatz, dass zu einer Gesellschafterversammlung einer Personengesellschaft nur unter Mitteilung der Beschlussgegenstände geladen werden darf [1]. Nach der Gesetzesbegründung konkretisiert die Regelung das gesetzliche **Kontrollrecht** der von der Geschäftsführung ausgeschlossenen Gesellschafter einer OHG; für die Kommanditisten schaffe die Bestimmung ein selbstständiges Auskunftsrecht[2]. Richtigerweise regelt die Vorschrift einen besonderen Fall der Informationspflicht der Geschäftsführung[3].

2. Anwendungsbereich

Die Regelung greift immer dann ein, wenn es mindestens einen von der Geschäftsführung ausgeschlossenen Gesellschafter gibt. Sie entspricht der Regelung des § 42 für Verschmelzungen unter Beteiligung von Personenhandelsgesellschaften. Weitere Parallelbestimmungen finden sich in den §§ 47, 230, 238.

3. Entstehungsgeschichte

Nach früherem Recht war die Information der Gesellschafter im Vorfeld der Gesellschafterversammlung nur teilweise geregelt. Vorgängerregelungen fanden sich im UmwG 1969 sowie im Aktienrecht[4].

II. Vertretungsorgan der formwechselnden Gesellschaft

Die Verpflichtung zur Ankündigung des Formwechsels als Gegenstand der Beschlussfassung und zur Übersendung des Umwandlungsberichts sowie des Abfindungsangebots trifft das Vertretungsorgan des formwechselnden Rechtsträgers. Zum Vertretungsorgan gehören diejenigen Gesellschafter, die die Gesellschaft organschaftlich im Außenverhältnis vertreten können. Die bloße Befugnis zur Geschäftsführung im Innenverhältnis ohne ein Recht zur Vertretung der Gesellschaft nach außen begründet keine Zugehörigkeit zum Vertretungsorgan.

1. OHG

Vorbehaltlich einer abweichenden Ausgestaltung des Gesellschaftsvertrags gehören zum Vertretungsorgan der OHG alle persönlich haftenden Gesellschafter, gleichgültig, ob nach

---

[1] *Ulmer* in Großkomm. § 119 HGB Rn 18; *Hopt* in Baumbach/Hopt § 119 HGB Rn 29; siehe Rn 14.
[2] RegBegr. *Ganske* S. 237, 93. Der Kommanditist verfügt neben dem Einsichtsrecht zur Überprüfung des Jahresabschlusses nach § 166 Abs. 1 HGB und dem außerordentlichen Informationsrecht nach § 166 Abs. 3 HGB über ein beschränktes, nicht speziell geregeltes Auskunftsrecht, dazu etwa *Hopt* in Baumbach/Hopt § 166 HGB Rn 11.
[3] Zur Unterscheidung zwischen Informationsrecht des Gesellschafters und der damit korrespondierenden Berichtspflicht der Geschäftsführung, siehe *Schlitt*, Informationsrechte des stillen Gesellschafters, 1996, S. 124.
[4] §§ 11 Nr. 2, 19 Abs. 3, 20 Satz 1, 22 Abs. 2, 23 Satz 1, 24 Abs. 1 Satz 1, Abs. 2 UmwG 1969; §§ 369 Abs. 4, 385 d, 385 m, 388 AktG aF.

§ 216　7–10　　　　　　　　　　　　　　　　　　　　Fünftes Buch. Formwechsel

dem Gesellschaftsvertrag Einzelvertretung[5] oder Gesamtvertretung[6] besteht. Für die Ankündigung und Übersendung gelten die allgemeinen Vertretungsregeln: Sieht der Gesellschaftsvertrag Einzelvertretungsmacht vor, kann die Unterrichtung durch einen Gesellschafter allein erfolgen. Bei Gesamtvertretungsmacht müssen, je nach Ausgestaltung des Gesellschaftsvertrags, alle oder mehrere Gesellschafter handeln. Sieht der Gesellschaftsvertrag eine gemischte Gesamtvertretung vor[7], kann die Unterrichtung durch einen Gesellschafter zusammen mit einem Prokuristen erfolgen[8]. Die Vornahme der Ankündigung und Übersendung durch einen Einzelprokuristen genügt nicht[9].

2. KG; GmbH & Co. KG

7　In der KG gilt Entsprechendes wie in der OHG. Die Kommanditisten sind von der organschaftlichen Vertretung zwingend ausgeschlossen[10]. Sie können die Unterrichtung auch dann nicht vornehmen, wenn ihnen Geschäftsführungsbefugnis verliehen ist. Die Ankündigung des Formwechsels und die Übersendung der Unterlagen hat daher ausschließlich durch den oder die persönlich haftenden Gesellschafter zu erfolgen. Im Fall der Kapitalgesellschaft & Co. (GmbH & Co. KG, AG & Co. KG) wird die KG durch die Komplementär-Gesellschaft vertreten, die ihrerseits durch ihr Vertretungsorgan handelt (Geschäftsführung, Vorstand).

3. EWIV

8　In der EWIV gilt der Grundsatz der Fremdorganschaft. Die Geschäftsführung wird danach grundsätzlich nicht von allen Gesellschaftern ausgeübt, sondern von einem oder mehreren Geschäftsführern, die entweder im Gesellschaftsvertrag oder durch Beschluss der Mitglieder bestellt werden[11]. Die Geschäftsführer sind einzeln zur Vertretung der EWIV befugt, wenn nicht der Gründungsvertrag die Vertretung durch zwei oder mehr gemeinschaftlich handelnde Geschäftsführer vorschreibt[12].

III. Adressaten

9　Alle von der **Geschäftsführung ausgeschlossenen** Gesellschafter sind vom Formwechsel zu unterrichten. Dies sind in der **OHG** diejenigen Gesellschafter, denen nach dem Gesellschaftsvertrag die Berechtigung zur Geschäftsführungsberechtigung entzogen ist[13]. In der **KG** sind dies zusätzlich die Kommanditisten, sofern diesen nicht ausnahmsweise Geschäftsführungsbefugnis eingeräumt wurde[14]. Ist persönlich haftender Gesellschafter eine Personenhandelsgesellschaft und schließt der Gesellschaftsvertrag der Komplementär-Gesellschaft einzelne Gesellschafter von der Geschäftsführung aus, begründet dies keine Unterrichtungspflicht nach § 216 gegenüber der Komplementär-Gesellschaft[15].

10　Eine Information der **geschäftsführenden Gesellschafter** sieht das Gesetz nicht ausdrücklich vor. Dies beruht auf der Erwägung, dass die geschäftsführenden Gesellschafter re-

---

[5] § 125 Abs. 1 HGB.
[6] § 125 Abs. 2 HGB.
[7] § 125 Abs. 3 HGB.
[8] *Joost* in Lutter Rn 7.
[9] *Joost* in Lutter Rn 6.
[10] § 170 HGB.
[11] Art. 19 EWIV-VO (Verordnung (EWG) Nr. 2137/85 des Rats über die Schaffung einer Europäischen wirtschaftlichen Interessenvereinigung (EWIV), ABl.EG Nr. L 1999 S. 1).
[12] Art. 20 Abs. 1 Unterabs. 1, Abs. 2 EWIV-VO.
[13] § 114 Abs. 2 HGB.
[14] Siehe § 215 Rn 9 f.
[15] *Laumann* in Goutier/Knopf/Tulloch Rn 6.

gelmäßig bereits aufgrund ihrer Organfunktion in die Vorbereitung des Formwechsels eingebunden sind und sich selbst über die geplante Umwandlung informieren können. Eine gesetzliche Verpflichtung, auch die geschäftsführungsbefugten Gesellschafter zu unterrichten, besteht demgemäß prinzipiell nicht. Anders verhält es sich dann, wenn die geschäftsführenden Gesellschafter, die den Formwechsel initiieren, einem anderen geschäftsführenden Gesellschafter den Zugang zu Informationen pflichtwidrig verweigern. In einem solchen Fall besteht ebenfalls eine Unterrichtungspflicht. Unterlassen sie in diesem Fall die Ankündigung des Formwechsels, handeln sie treuwidrig[16]. Der auf den Formwechsel gerichtete Beschluss ist dann unwirksam. In der Praxis empfiehlt es sich, vorsorglich alle Gesellschafter zu unterrichten[17].

IV. Ankündigung des Formwechsels

1. Inhalt

Der Beschluss über den Formwechsel ist zwingend in einer Gesellschafterversammlung zu fassen[18]. Gegenstand der Ankündigung ist der beabsichtigte Formwechsel der Gesellschaft als Gegenstand der Beschlussfassung. Besondere inhaltliche Anforderungen an die Ankündigung der Beschlussfassung bestehen nicht[19]. Formulierungen wie „Beschlussfassung über einen Formwechsel" oder auch nur „Umwandlung" sind ausreichend. Einzelheiten ergeben sich aus dem Entwurf des Umwandlungsbeschlusses, der Bestandteil des zu übersendenden Umwandlungsberichts ist. In aller Regel ist die Ankündigung Bestandteil der in der Einladung bekannt gemachten Tagesordnung für die Gesellschafterversammlung.

2. Form

Die Unterrichtung der Gesellschafter hat nach dem Wortlaut des Gesetzes in Textform zu erfolgen. Damit muss die Erklärung in einer Urkunde oder auf andere zur dauerhaften Wiedergabe in Schriftzeichen geeigneten Weise abgegeben, die Person des Erklärenden genannt und der Abschluss der Erklärung durch Nachbildung der Namensunterschrift oder anders erkennbar gemacht werden[20]. Die Übersendung per Telefax oder per E-Mail ist mithin genügend.[21] Die Ankündigung des Formwechsels und die Übersendung des Umwandlungsberichts sowie des Abfindungsangebots müssen nicht notwendigerweise in der gleichen Sendung enthalten sein. Der Formulierung „zusammen mit der Einberufung" kommt vielmehr nur eine zeitliche Bedeutung zu[22].

3. Zeitpunkt

Die Ankündigung des Formwechsels und die Übersendung der Unterlagen hat spätestens „zusammen mit der Einberufung" zur Gesellschafterversammlung, die über den Formwechsel beschließen soll, zu erfolgen. Man könnte § 216 so lesen, dass es für die Erfüllung des Unterrichtungserfordernisses ausreichend ist, wenn die Ankündigung und die Übersendung mit der Einladung zur Gesellschafterversammlung erfolgt, unabhängig davon, zu welchem Zeitpunkt die Gesellschafterversammlung einberufen wird. Dies wäre indessen zu kurz gegriffen und würde die Interessen der nicht geschäftsführenden Gesellschafter nicht ausreichend

---

[16] *Vossius* in Widmann/Mayer Rn 4.
[17] *Joost* in Lutter Rn 2; *Dirksen* in Kallmeyer Rn 7; *Stratz* in Schmitt/Hörtnagl/Stratz Rn 3.
[18] § 193 Abs. 1 Satz 2.
[19] *Stratz* in Schmitt/Hörtnagl/Stratz Rn 4.
[20] § 126 b BGB.
[21] *Heinrichs* in Palandt § 126 b BGB Rn 3.
[22] Siehe Rn 13.

berücksichtigen. Vielmehr ist dem Bedürfnis der Gesellschafter nach Information und ausreichender Vorbereitung auf die Gesellschafterversammlung nur dann Genüge getan, wenn auch die Einladung zur Gesellschafterversammlung rechtzeitig erfolgt[23].

14 Innerhalb welcher Frist die **Einladung zur Gesellschafterversammlung** zu erfolgen hat, regelt das UmwG nicht. Der Gesetzgeber hat hierfür kein Bedürfnis gesehen[24]. Auch die Allgemeinen handelsrechtlichen Regelungen sehen keine Ladungsfrist vor, was darin begründet liegt, dass das Personengesellschaftsrecht das Rechtsinstitut der Gesellschafterversammlung nicht ausdrücklich regelt[25]. Zumeist bestimmt der Gesellschaftsvertrag, innerhalb welcher Frist die Einladung zur Gesellschafterversammlung zu erfolgen hat. Fehlt es ausnahmsweise an einer ausdrücklichen Bestimmung, greift der allgemeine Grundsatz ein, dass die Einladung so rechtzeitig zu erfolgen hat, dass alle Gesellschafter an der Versammlung teilnehmen und sich auf die Gegenstände der Tagesordnung rechtzeitig vorbereiten können[26]. Vorbehaltlich einer speziellen Regelung im Gesellschaftsvertrag wird man, zumindest bei personalistisch verfassten Gesellschaften, die Einhaltung einer Frist von **einer Woche** idR als erforderlich, aber auch als ausreichend ansehen müssen[27].

15 Die Ankündigung des Formwechsels und die Übersendung der Unterlagen darf der Einberufung der Gesellschafterversammlung nicht nachfolgen. Für die Rechtzeitigkeit genügt die rechtzeitige **Absendung**; auf den Zugang beim Gesellschafter kommt es nicht an[28]. Die Unterrichtung der Gesellschafter über den beabsichtigten Formwechsel kann **früher** als die Einladung zur Gesellschafterversammlung vorgenommen werden. In der Praxis wird das freilich die Ausnahme sein.

16 Verfügt die Gesellschaft über einen **Betriebsrat**, ist der Entwurf des Umwandlungsbeschlusses dem zuständigen Betriebsrat spätestens einen Monat vor dem Tag der Gesellschafterversammlung zu übermitteln[29]. Da die Gesellschafter idR Anspruch darauf haben, zumindest zeitgleich mit dem Betriebsrat unterrichtet zu werden, hat die Ankündigung in diesem Fall mindestens **einen Monat** vor der Gesellschafterversammlung zu erfolgen[30].

V. Übersendung des Umwandlungsberichts

17 Spätestens mit der Einberufung der Gesellschafterversammlung, die über den Formwechsel beschließen soll, ist auch der Umwandlungsbericht[31] zu übersenden. Die Erstellung eines Umwandlungsberichts ist immer dann erforderlich, wenn nicht alle Gesellschafter geschäftsführungsbefugt sind oder auf seine Erstattung verzichtet haben[32]. Teil des Umwandlungsberichts ist der Entwurf des **Umwandlungsbeschlusses**[33] und der künftige **Gesellschaftsvertrag** bzw. die künftige Satzung oder das künftige Statut als integrativer Teil des Umwandlungsbeschlusses[34]. Nicht zwingend erforderlich ist, dass die Ankündigung des Formwechsels

---

[23] *Vossius* in Widmann/Mayer Rn 17; *Laumann* in Goutier/Knopf/Tulloch Rn 7.
[24] RegBegr. *Ganske* S. 237, 93.
[25] Allgemein dazu etwa *Martens* in Schlegelberger § 119 HGB Rn 5 ff.
[26] *Emmerich* in Heymann § 119 HGB Rn 7; *Sagasser/Sickinger* in Sagasser/Bula/Brünger R Rn 87.
[27] Arg. § 51 Abs. 1 Satz 2 GmbHG; zu weitgehend *Stratz* in Schmitt/Hörtnagl/Stratz Rn 2 f., nach dessen Ansicht mangels spezieller Regelungen im Gesellschaftsvertrag die Monatsfrist nach § 123 AktG maßgebend ist.
[28] *Joost* in Lutter Rn 8; *Laumann* in Goutier/Knopf/Tulloch Rn 8; siehe aber auch Rn 13.
[29] § 194 Abs. 2. Zur Verzichtsmöglichkeit des Betriebsrats § 215 Rn 19.
[30] *Dirksen* in Kallmeyer Rn 3; *Streck/Mack/Schwedhelm* GmbHR 1995, 161, 173.
[31] Siehe § 192 Rn 6 ff. sowie § 215 Rn 4.
[32] § 215, § 192 Abs. 2 nF (§ 192 Abs. 3 aF).
[33] § 192 Abs. 1 Satz 3.
[34] § 218. Eine Vermögensaufstellung (§ 192 Abs. 2 aF) ist seit Inkrafttreten des Zweiten Gesetzes zur Änderung des UmwG zum 25.4.2007 (BGBl I S. 542) nicht mehr erforderlich.

und die Übersendung des Umwandlungsberichts zeitgleich erfolgen, sofern die Unterrichtung spätestens mit der Einladung zur Gesellschafterversammlung erfolgt[35]. In der Praxis wird jedoch in der Regel entsprechend verfahren. Ist die Übersendung des Umwandlungsberichts nicht erforderlich, da alle Gesellschafter geschäftsführungsbefugt sind oder auf seine Erstattung verzichtet haben, ist grundsätzlich auch die gesonderte Übersendung des Entwurfs des Umwandlungsbeschlusses und des Gesellschaftsvertrags nicht geboten[36].

Der Umwandlungsbericht muss ebenfalls **schriftlich** verkörpert sein, da er sonst nicht übersandt werden kann. Die Unterzeichnung durch die geschäftsführenden Gesellschafter ist nicht erforderlich[37].

Anders als beim Formwechsel einer AG oder KGaA in eine Personengesellschaft[38] oder in eine Kapitalgesellschaft anderer Rechtsform[39] sieht das Gesetz für den Formwechsel einer Personenhandelsgesellschaft keine Verpflichtung vor, den Umwandlungsbericht von der Einberufung der Gesellschafterversammlung an, die über den Formwechsel beschließen soll, im Geschäftsraum zur Einsichtnahme der Gesellschafter **auszulegen**. Dies liegt darin begründet, dass der Umwandlungsbericht den Gesellschaftern der Personenhandelsgesellschaft zu übersenden ist, ohne dass es hierfür wie beim Formwechsel einer AG oder KGaA eines gesonderten Verlangens des Gesellschafters bedürfte. Angesichts des Umstands, dass der Gesetzgeber die Formalien für die Einberufung einer Gesellschafterversammlung einer Personenhandelsgesellschaft bewusst nicht geregelt hat[40], kommt eine analoge Anwendung der für den Formwechsel von Kapitalgesellschaften geltenden Bestimmungen nicht in Betracht[41].

VI. Übersendung des Abfindungsangebots

1. Erforderlichkeit

Zusammen mit dem Umwandlungsbericht ist den Gesellschaftern das Abfindungsangebot zu übersenden. Jedem Gesellschafter, der gegen den Umwandlungsbeschluss Widerspruch zur Niederschrift erklärt, ist der Erwerb der neuen Anteile gegen eine angemessene Barabfindung anzubieten[42]. Die Barabfindung muss die wirtschaftlichen Verhältnisse der formwechselnden Personenhandelsgesellschaft im Zeitpunkt der Fassung des Umwandlungsbeschlusses berücksichtigen[43].

Auf Verlangen eines Gesellschafters ist die Angemessenheit der Abfindung durch einen **Prüfer** zu prüfen[44]. Die Bestellung des Prüfers erfolgt durch die geschäftsführenden Gesellschafter oder auf deren Antrag durch das Gericht. Darauf, dass die angebotene Barabfindung zu niedrig bemessen oder nicht oder nicht ordnungsgemäß angeboten wurde, kann die Klage gegen den Umwandlungsbeschluss nicht gestützt werden[45]. Vielmehr ist der Gesellschafter insoweit auf das Spruchverfahren verwiesen[46]. Zu unterscheiden ist das Barabfindungsange-

---

[35] Siehe auch Rn 15.
[36] *Vossius* in Widmann/Mayer Rn 15 f. Siehe aber auch die Ausnahme Rn 10.
[37] KG ZIP 2005, 167 f.; siehe auch Rn 12; weitergehend *Joost* in Lutter Rn 4: Übersendung auch des Berichts in Textform genügt.
[38] § 230 Abs. 2 Satz 1.
[39] § 238 Satz 1.
[40] RegBegr. *Ganske* S. 93.
[41] Zutr. *Joost* in Lutter Rn 11; *Stratz* in Schmitt/Hörtnagl/Stratz Rn 1; aA *Laumann* in Goutier/Knopf/Tulloch § 214 Rn 4 ff.
[42] Siehe § 207. Der Erwerb von eigenen Geschäftsanteilen zur Abfindung von Gesellschaftern ist in § 33 GmbHG erleichtert.
[43] § 208 iVm. § 30.
[44] § 225.
[45] § 210.
[46] § 212 iVm. §§ 1 ff. SpruchG. Vgl. aber zur dennoch möglichen Anfechtung bei Verfolgung primär sachfremder Ziele *Grunewald*, FS Röhricht, S. 129, 134 f.

bot vom Recht des in der Gesellschaft verbleibenden Gesellschafters, eine Verbesserung des Beteiligungsverhältnisses durch **bare Zuzahlung** zu verlangen[47]. Liegen die Voraussetzungen für beide Ansprüche vor, besteht ein Alternativverhältnis: Entweder verbleibt der Gesellschafter in der Gesellschaft und begehrt eine bare Zuzahlung oder er verlangt die Auszahlung einer Barabfindung gegen Übertragung seiner Anteile[48].

22 Die Unterbreitung eines Abfindungsangebots ist dann nicht notwendig, wenn die Gesellschafter hierauf verzichtet haben oder wenn es der Gesellschaftsvertrag für den Formwechsel bei dem **Einstimmigkeitserfordernis** belässt. In letzterem Fall ist ein Widerspruch eines Gesellschafters nicht denkbar; vielmehr würde der widersprechende Gesellschafter dann die Umwandlung insgesamt verhindern[49]. Die Übersendung des Abfindungsangebots ist daher nur dann erforderlich, wenn der Gesellschaftsvertrag eine **mehrheitliche Beschlussfassung** vorsieht[50]. Beim Formwechsel von Personenhandelsgesellschaften ist die Unterbreitung eines Abfindungsangebots im Regelfall nicht erforderlich. Aber auch dann, wenn nach dem Gesellschaftsvertrag der Formwechsel aufgrund eines Mehrheitsbeschlusses erfolgen kann, können die Gesellschafter auf das Abfindungsangebot **verzichten**[51].

2. Form und Zeitpunkt der Übersendung

23 Das Abfindungsangebot ist spätestens mit der Einberufung der Gesellschafterversammlung, die über den Formwechsel beschließen soll, den Gesellschaftern zu übersenden. Das Abfindungsangebot muss **schriftlich** verkörpert sein; einer Unterzeichnung durch die geschäftsführenden Gesellschafter bedarf es nicht[52]. Eine Übersendung des Prüfungsberichts ist nicht geboten[53].

VII. Verzicht auf die Unterrichtung

24 Die Unterrichtungspflicht ist grundsätzlich **unabdingbar**. Der Gesellschaftsvertrag der Personenhandelsgesellschaft kann das Unterrichtungserfordernis damit nicht generell ausschließen[54].

25 Von der generellen Abdingbarkeit zu unterscheiden ist ein **Verzicht** der Gesellschafter im konkreten Fall. Wie auf die Erstattung des Umwandlungsberichts können die Gesellschafter auch auf die rechtzeitige Unterrichtung durch Ankündigung des Formwechsels und Übersendung von Umwandlungsbericht und Abfindungsangebot verzichten[55]. Dies folgt aus der Tatsache, dass die Bestimmung ausschließlich dem Schutz der Gesellschafter dient. Erwartet die Geschäftsführung, dass die Gesellschafter in der Gesellschafterversammlung einen Verzicht aussprechen, berührt die fehlende, unvollständige oder nicht rechtzeitige Unterrichtung die Wirksamkeit der Einladung nicht, wenn der Verzicht in der Gesellschafterversammlung tatsächlich erklärt wird[56].

---

[47] § 196.
[48] *Meister/Klöcker* in Kallmeyer § 207 Rn 8.
[49] Dem Fall des Einstimmigkeitserfordernisses steht der Fall gleich, dass der Gesellschaftsvertrag zwar eine Mehrheitsentscheidung eröffnet (zB drei Viertel der abgegebenen Stimmen), jeder Gesellschafter aber eine Sperrminorität (im Beispiel mehr als 25% der Stimmen) inne hat, *Joost* in Lutter Rn 5; aA *Decher* in Lutter § 194 Rn 22.
[50] *Joost* in Lutter Rn 5; *Dirksen* in Kallmeyer Rn 6; *Stratz* in Schmitt/Hörtnagl/Stratz Rn 6; *Laumann* in Goutier/Knopf/Tulloch Rn 13.
[51] Siehe § 207 Rn 17; *Meister/Klöcker* in Kallmeyer § 207 Rn 45; *Stoye-Benk* Rn 266; zweifelnd *Schmidt-Diemitz/Moszka* in MünchVertrHdb. XII. Anm. 21.
[52] *Joost* in Lutter Rn 5; insoweit auch *Stratz* in Schmitt/Hörtnagl/Stratz Rn 7.
[53] Nachweise zum Streitstand § 225 Rn 11.
[54] *Vossius* in Widmann/Mayer Rn 20; *Stratz* in Schmitt/Hörtnagl/Stratz Rn 8.
[55] *Joost* in Lutter Rn 9; *Dirksen* in Kallmeyer Rn 5.
[56] *Dirksen* in Kallmeyer Rn 5.

An einem vor der Gesellschafterversammlung erklärten Verzicht muss sich der Gesellschafter dann nicht festhalten lassen, wenn seit der Verzichtserklärung eine **wesentliche Veränderung** der Situation der Gesellschaft eingetreten ist oder den Gesellschaftern wesentliche Umstände erst nach der Verzichtserklärung bekannt geworden sind. Verlangt der Gesellschafter in einem solchen Fall eine Unterrichtung, handelt er nicht treuwidrig[57]. 26

Das für den Verzicht auf den Umwandlungsbericht vorgesehene Formerfordernis der **notariellen** Beurkundung greift beim Verzicht auf die Ankündigung **nicht** ein[58]. Anders als beim Umwandlungsbericht ist dem Registergericht gegenüber nicht der Nachweis zu führen, ob den Anforderungen an eine ordnungsgemäße Unterrichtung der Gesellschafter genügt wurde, so dass kein Dokumentationserfordernis besteht. Auch die Warnfunktion des Beurkundungserfordernisses kommt nur eingeschränkt zum Tragen, da der Gesellschafter seine Zustimmung zum Formwechsel in der Gesellschafterversammlung verweigern kann. In der Praxis dürfte es sich empfehlen, den Verzicht gemeinsam mit dem Formwechselbeschluss vorsorglich zu notarieller Urkunde zu erklären. 27

Erklären die Gesellschafter den Verzicht auf die Erstattung eines Umwandlungsberichts, beinhaltet diese Erklärung implizit auch den Verzicht auf dessen **Übersendung**[59]. Gleiches gilt für das Abfindungsangebot. 28

VIII. Mängel der Unterrichtung

Unterbleibt die rechtzeitige und vollständige Unterrichtung der Gesellschafter, kann der Gesellschafter die Zustimmung zum Formwechsel bereits aus diesem Grund verweigern. Dem Vorwurf des treuwidrigen Handelns sieht er sich nicht ausgesetzt. Fassen die Gesellschafter den Umwandlungsbeschluss trotz unzureichender Unterrichtung, soll der Umwandlungsbeschluss stets mit einem Mangel behaftet und demnach **unwirksam** sein[60]. Man wird jedoch verlangen müssen, dass der Fehler für das Beschlussergebnis kausal geworden ist. Soweit sich die Mängel im Bericht auf das Abfindungsangebot beziehen, kann dies keine Auswirkungen auf die Wirksamkeit des Beschlusses haben, da insoweit Informations-, Auskunfts- und Berichtspflichten nur iRd. Spruchverfahrens[61] gerügt werden können[62]. Ein Beschlussmangel liegt schließlich dann nicht vor, wenn die Gesellschafter auf die Ankündigung (ggf. auch konkludent) verzichtet haben. 29

Eine andere Frage ist, ob dieser Mangel mit der Eintragung des Umwandlungsbeschlusses in das Handelsregister geheilt wird. Dies wird teilweise mit der Begründung verneint, die Heilungsbestimmung des § 203 Abs. 3 nenne diesen Fall nicht[63]. Dem ist nicht zu folgen. Vielmehr umfasst die **Heilungswirkung** alle Unterrichtungsmängel im Vorfeld der Gesellschafterversammlung[64]. 30

§ 217 Beschluß der Gesellschafterversammlung

(1) **Der Umwandlungsbeschluß der Gesellschafterversammlung bedarf der Zustimmung aller anwesenden Gesellschafter; ihm müssen auch die nicht erschienenen Gesell-**

---

[57] Siehe auch § 42 Rn 14.
[58] *Joost* in Lutter Rn 9; aA wohl *Dirksen* in Kallmeyer Rn 5.
[59] *Vossius* in Widmann/Mayer Rn 22.
[60] *Dirksen* in Kallmeyer Rn 10; *Stratz* in Schmitt/Hörtnagl/Stratz Rn 8; *Sagasser/Sickinger* in Sagasser/Bula/Brünger R Rn 87.
[61] §§ 1 ff. SpruchG.
[62] BGH NJW 2001, 1425; NJW 2001, 1428, vgl. dazu auch *Hirte* ZHR 167 (2003) 8; zur Anfechtung aus Gründen des Rechtsmissbrauchs *Grunewald*, FS Röhricht, S. 129.
[63] *Dirksen* in Kallmeyer Rn 10.
[64] Zutreffend *Joost* in Lutter Rn 10.

schafter zustimmen. Der Gesellschaftsvertrag der formwechselnden Gesellschaft kann eine Mehrheitsentscheidung der Gesellschafter vorsehen. Die Mehrheit muß mindestens drei Viertel der abgegebenen Stimmen betragen.

(2) Die Gesellschafter, die im Falle einer Mehrheitsentscheidung für den Formwechsel gestimmt haben, sind in der Niederschrift über den Umwandlungsbeschluß namentlich aufzuführen.

(3) Dem Formwechsel in eine Kommanditgesellschaft auf Aktien müssen alle Gesellschafter zustimmen, die in dieser Gesellschaft die Stellung eines persönlich haftenden Gesellschafters haben sollen.

Übersicht

	Rn			Rn
I. Allgemeines	1		2. Dreiviertelmehrheit	19
1. Sinn und Zweck der Norm	1		3. Sachliche Rechtfertigung	21
2. Anwendungsbereich	4		4. Zustimmung nicht erschienener Gesellschafter	22
3. Entstehungsgeschichte	5		5. Zustimmung einzelner Gesellschafter	23
II. Umwandlungsbeschluss	6		6. Folgen der Zustimmungsverweigerung	25
III. Einstimmigkeit	7	V.	Zustimmung Dritter	26
1. Grundsatz	7	VI.	Durchführung der Gesellschafterversammlung	31
2. Zustimmung aller anwesenden Gesellschafter	8		1. Auslage des Umwandlungsberichts	31
3. Nicht erschienene Gesellschafter	10		2. Berichtspflichten in der Gesellschafterversammlung	32
4. Stimmrechtsausschluss	12	VII.	Rechtslage bis zur Eintragung des Umwandlungsbeschlusses	33
5. Zustimmungspflicht	13	VIII.	Niederschrift	37
a) Treupflicht	13	IX.	Umwandlung in KGaA	40
b) Stimmbindungsverträge	15			
IV. Umwandlung aufgrund Mehrheitsbeschlusses	16			
1. Zulassung im Gesellschaftsvertrag	16			

Literatur: *Binnewies,* Formelle und materielle Voraussetzungen von Umwandlungsbeschlüssen – beschlossen ist beschlossen?, GmbHR 1997, 727; *Kallmeyer,* Die GmbH & Co.KG im Umwandlungsrecht, GmbHR 2000, 418; *Mecke,* Von der Personen- zur Kapitalgesellschaft, ZHR 153 (1989) 35; *Michalski,* Bestimmtheitsgrundsatz und Mehrheitsprinzip, WiB 1997, 1; *Priester,* Mitgliederwechsel im Umwandlungszeitpunkt, DB 1997, 560; *Schlitt/Beck,* Spezielle Probleme bei stillen Beteiligungen im Vorfeld eines Börsengangs, NZG 2001, 688; *H. Schmidt,* Mehrheitsklauseln für Umwandlungsbeschlüsse in Gesellschaftsverträgen von Personenhandelsgesellschaften nach neuem Umwandlungsrecht, FS Brandner, 1996, S. 133; *Streck/Mack/Schwedhelm,* Verschmelzung und Formwechsel nach dem neuen UmwG, GmbHR 1995, 161; *H. Westermann,* Die Umwandlung einer Personenhandelsgesellschaft aufgrund eines Mehrheitsbeschlusses in eine Kapitalgesellschaft, Freundesgabe Hengeler, 1972, S. 240; *Zürbig,* Der Formwechsel einer Personengesellschaft in eine Kapitalgesellschaft, 1999.

I. Allgemeines

1. Sinn und Zweck der Norm

1 Die Bestimmung normiert die Anforderungen an den Umwandlungsbeschluss der Gesellschafterversammlung. Entsprechend dem im Recht der Personenhandelsgesellschaften allgemein geltenden Prinzip[1] bestimmt **Abs. 1 Satz 1**, dass der Umwandlungsbeschluss einstimmig zu fassen ist. **Abs. 1 Satz 2** gestaltet diesen Grundsatz jedoch satzungsdispositiv aus, indem er bestimmt, dass der Gesellschaftsvertrag auch eine Mehrheitsentscheidung vorsehen kann, und den Gesellschaftern damit Gestaltungsflexibilität eröffnet. Dies korrespon-

---
[1] § 119 Abs. 1 HGB.

diert mit der allgemeinen Regelung, dass der Gesellschaftsvertrag einer Personenhandelsgesellschaft Mehrheitsentscheidungen vorsehen kann[2]. Angesichts der Bedeutung des Formwechsels ordnet **Abs. 1 Satz 3** jedoch an, dass der auf den Formwechsel gerichtete Beschluss mindestens einer Mehrheit von drei Vierteln aller Stimmen bedarf [3]. Der Schutz der bei einem Mehrheitsentscheid überstimmten Gesellschafter wird dadurch gewährleistet, dass die Gesellschafter das Recht haben, gegen Barabfindung aus der Gesellschaft auszuscheiden[4].

Abs. 2 ordnet an, dass diejenigen Gesellschafter, die im Fall einer Mehrheitsentscheidung für den Formwechsel gestimmt haben, in der Niederschrift über den Umwandlungsbeschluss namentlich aufgeführt werden. Auf diese Weise wird dokumentiert, welche Gesellschafter Gründungsverantwortung tragen, weil sie für den Formwechsel gestimmt haben[5].

Für den Fall der Umwandlung in eine KGaA sieht **Abs. 3** das Erfordernis der Zustimmung aller Gesellschafter vor, die in der Gesellschaft die Stellung eines persönlich haftenden Gesellschafters übernehmen werden. Durch diese Regelung wird vermieden, dass Gesellschaftern gegen ihren Willen eine persönliche Haftung für Gesellschaftsverbindlichkeiten auferlegt wird[6].

2. Anwendungsbereich

Die Regelung findet auf alle Arten des Formwechsels von Personenhandelsgesellschaften sowie EWIV Anwendung. Für die Verschmelzung findet sich eine Parallelvorschrift in § 43.

3. Entstehungsgeschichte

Nach früherem Recht konnte der Umwandlungsbeschluss nur einstimmig gefasst werden[7]. Durch die Zulassung von Mehrheitsentscheidungen wurde die Möglichkeit eines Formwechsels von Personenhandelsgesellschaften erleichtert.

II. Umwandlungsbeschluss

Der Formwechsel bedarf eines entsprechenden Beschlusses der Gesellschafter. Gegenstand der Beschlussfassung ist der Formwechsel der Personenhandelsgesellschaft in eine Kapitalgesellschaft (GmbH, AG, KGaA) oder eG[8]. Der notariell zu beurkundende[9] Formwechselbeschluss muss in einer **Gesellschafterversammlung** gefasst werden[10]. Eine Beschlussfassung im Rahmen eines schriftlichen **Umlaufverfahrens** ist damit **nicht** zulässig, selbst wenn dies im Gesellschaftsvertrag generell zugelassen sein sollte[11]. Hieraus folgt nicht, dass alle Gesellschafter in der Versammlung zugegen sein müssen. Abwesende Gesellschafter können, entsprechend dem bisherigen Recht, ihre Zustimmung auch außerhalb der Gesellschafterversammlung erteilen. Die Beschlussfähigkeit der Gesellschafterversammlung richtet sich vielmehr nach allgemeinen Regeln. Sieht der Gesellschaftsvertrag keine spezielle Regelung vor, ist es ausreichend, wenn nur ein Gesellschafter in der Gesellschafterversammlung zugegen ist

---

[2] § 119 Abs. 2 HGB.
[3] RegBegr. *Ganske* S. 238 f.
[4] § 207 Abs. 1. Siehe auch § 225 Rn 4 ff.
[5] § 219 Satz 2.
[6] RegBegr. *Ganske* S. 239.
[7] §§ 42 Abs. 1, 48 Abs. 1 Satz 1 UmwG 1969, §§ 376 Abs. 3 Satz 2, 392 AktG aF.
[8] Siehe näher § 218.
[9] § 193 Abs. 3 Satz 1. IdR wird ein sog. Wahrnehmungsprotokoll errichtet, das nur vom Notar und nicht auch von den Gesellschaftern unterzeichnet wird, dazu im Einzelnen *Vossius* in Widmann/Mayer Rn 22.
[10] § 193 Abs. 1 Satz 2.
[11] *Joost* in Lutter Rn 3; *Vossius* in Widmann/Mayer Rn 9; *Laumann* in Goutier/Knopf/Tulloch Rn 1.

und die anderen Gesellschafter ihre Zustimmung nachträglich zu notarieller Erklärung abgeben, vorausgesetzt die Gesellschafterversammlung wurde zuvor ordnungsgemäß einberufen[12]. Die in § 217 vorgesehenen Anforderungen erstrecken sich auf den Umwandlungsbeschluss in seiner Gesamtheit sowie alle damit untrennbar verbundenen Abreden, insbesondere den Gesellschaftsvertrag, die Satzung oder das Statut des neuen Rechtsträgers[13].

III. Einstimmigkeit

1. Grundsatz

7 Der Umwandlungsbeschluss bedarf, soweit der Gesellschaftsvertrag keinen Mehrheitsentscheid ausreichen lässt, der Zustimmung aller Gesellschafter[14]. Dies entspricht dem allgemeinen Prinzip, dass Beschlüsse in Personenhandelsgesellschaften[15] und Partnerschaftsgesellschaften[16] grundsätzlich einstimmig gefasst werden. Die Art und die Höhe der Beteiligung spielen für das Zustimmungserfordernis keine Rolle.

2. Zustimmung der anwesenden Gesellschafter

8 Voraussetzung für den Formwechselbeschluss ist zunächst die Zustimmung aller anwesenden Gesellschafter. Als **anwesend** gelten nicht nur diejenigen Gesellschafter, die in der Gesellschafterversammlung persönlich zugegen sind, sondern auch diejenigen, die sich in der Gesellschafterversammlung von einem anderen Gesellschafter oder durch einen Dritten vertreten lassen. Eine **Vertretung** bei der Beschlussfassung ist zulässig, wenn sie entweder im Gesellschaftsvertrag generell vorgesehen ist oder die Gesellschafter ihr *ad hoc* zugestimmt haben[17]. Die vom Gesellschafter erteilte Vollmacht darf indessen keinen unwiderruflichen oder verdrängenden Charakter haben[18]. Vertritt ein Gesellschafter zugleich einen anderen Gesellschafter oder handelt ein Dritter im Namen zweier Gesellschafter, bedarf der Vertreter einer Befreiung von den Beschränkungen des § 181 BGB, da der Formwechselbeschluss ein Grundlagengeschäft darstellt[19]. **Stimmenthaltungen** können nicht als Zustimmung gewertet werden, stehen also bei Geltung des Einstimmigkeitsgrundsatzes einem Formwechsel entgegen[20]. Anwesende Gesellschafter müssen die Zustimmung in der Gesellschafterversammlung erklären[21]. Eine nachträgliche Zustimmung ist insoweit nicht möglich.

9 Besteht bei einer GmbH & Co. KG, wie häufig, zwischen den Gesellschaftern der Komplementär-GmbH und den Kommanditisten **Personenidentität**, ist die Zustimmung der Komplementär-GmbH entbehrlich[22]. Um mögliche Beanstandungen des Registergerichts zu vermeiden, sollte die persönlich haftende Gesellschafterin jedoch vorsorglich ebenfalls die Zustimmung zum Formwechsel erklären. Demgegenüber reicht es für die Entbehrlichkeit der Zustimmung nicht aus, dass ein Gesellschafter ein von einem Mitgesellschafter **abhängiges Unternehmen** ist[23]. In diesem Fall muss der herrschende Gesellschafter seinen Einfluss ausüben, um eine Zustimmung zu erreichen.

---

[12] *Vossius* in Widmann/Mayer Rn 10.
[13] *Vossius* in Widmann/Mayer Rn 6 f.
[14] § 217 Abs. 1 Satz 1.
[15] §§ 119 Abs. 1, 161 Abs. 2 HGB.
[16] § 6 Abs. 3 PartGG.
[17] *Hopt* in Baumbach/Hopt § 119 HGB Rn 21; vgl. auch *Melchior* GmbHR 1999, 520.
[18] Vgl. *BGH* GmbHR 1992, 464 (zur GmbH); *Laumann* in Goutier/Knopf/Tulloch Rn 21.
[19] *Dirksen* in Kallmeyer Rn 3.
[20] *Joost* in Lutter Rn 4.
[21] *Dirksen* in Kallmeyer Rn 3.
[22] *Kallmeyer* GmbHR 1996, 80, 82; *Dirksen* in Kallmeyer Rn 4.
[23] Zutreffend *Joost* in Lutter Rn 4.

3. Nicht erschienene Gesellschafter

Erforderlich ist weiter, das die in der Gesellschafterversammlung nicht erschienenen Gesellschafter dem Formwechselbeschluss zustimmen. Die Zustimmung muss den gesamten Beschlussinhalt umfassen. Dabei ist es ohne Relevanz, ob die abwesenden Gesellschafter ihre Zustimmung **vor oder nach** dem Umwandlungsbeschluss erklären[24]. Erklärt der Gesellschafter seine Zustimmung vor der Gesellschafterversammlung, muss aus seiner Erklärung eindeutig hervorgehen, auf welchen künftigen Umwandlungsbeschluss sie sich bezieht[25]. Der Umwandlungsbeschluss ist gefasst, sobald der Gesellschaft[26] die **letzte** außerhalb der Gesellschafterversammlung gefasste **Zustimmungserklärung** zugegangen ist. Anstelle der Gesellschaft kann auch die Gesellschafterversammlung, die über den Formwechsel beschließt, Empfänger der Zustimmungserklärung sein[27]. Die für den Formwechsel stimmenden Gesellschafter können ihre Erklärung widerrufen, wenn die Zustimmungserklärungen von den übrigen Gesellschaftern nicht innerhalb angemessener Frist abgegeben werden. Um Unklarheiten zu vermeiden, empfiehlt es sich, im Umwandlungsbeschluss zu bestimmen, innerhalb welcher Frist die anwesenden Gesellschafter an ihre Stimmabgabe gebunden sind[28].

Die Zustimmungserklärung hat zu **Protokoll** eines Notars zu erfolgen[29]. Dabei muss es sich nicht notwendigerweise um den Notar handeln, der auch den Formwechselbeschluss protokolliert hat.

4. Stimmrechtsausschluss

Ob auch Gesellschafter dem Umwandlungsbeschluss zustimmen müssen, die nach dem Gesellschaftsvertrag vom Stimmrecht ausgeschlossen sind, ist umstritten. Eine teilweise vertretene Auffassung verneint dies[30]. Gesellschafter, die nach dem Gesellschaftsvertrag generell vom Stimmrecht ausgeschlossen sind, hätten auch beim Formwechsel kein Stimmrecht. Ihr Schutz bemesse sich vielmehr nach §§ 204, 23. Die wohl hM nimmt demgegenüber unter Hinweis auf den Grundlagencharakter des Umwandlungsbeschlusses an, dass ein Stimmrechtsausschluss grundsätzlich **nicht eingreift**[31]. Dem ist zuzustimmen. Indem er die rechtliche Stellung des Gesellschafters grundlegend verändert, berührt der Formwechsel den Kernbereich der Mitgliedschaft. Auch der BGH hat – allerdings nicht für den Fall einer Umwandlung – entschieden, dass ein **Stimmrechtsausschluss** innerhalb des Kernbereichs der Mitgliedschaft **nicht** zum Tragen kommt[32]. Nichts anderes kann für den Formwechsel gelten. Eine Ausnahme ist mit dem BGH für den Fall einer beteiligungsgleichen **Kapitalgesellschaft & Co.** zu machen[33]. Ist die Komplementär-Gesellschaft hier, wie häufig, im Gesellschaftsvertrag vom Stimmrecht ausgeschlossen, hat sie beim Formwechsel kein Zustimmungsrecht. Soll die Komplementär-Gesellschaft bei einem Formwechsel in eine KGaA die Stellung eines persönlich haftenden Gesellschafters übernehmen, ist ihre Zustimmung aber auch in diesem Fall erforderlich[34].

---

[24] *Joost* in Lutter Rn 3; *Dirksen* in Kallmeyer Rn 3.
[25] *Vossius* in Widmann/Mayer Rn 36.
[26] Vgl. *Vossius* in Widmann/Mayer § 43 Rn 52; *Happ* in Lutter § 233 Rn 16.
[27] *Dirksen* in Kallmeyer Rn 3.
[28] *Vossius* in Widmann/Mayer Rn 92.
[29] *Joost* in Lutter Rn 3.
[30] *Laumann* in Goutier/Knopf/Tulloch Rn 19 f.; *Sagasser/Sickinger* in Sagasser/Bula/Brünger R Rn 88.
[31] *Joost* in Lutter Rn 6; *Vossius* in Widmann/Mayer Rn 42; *Schlitt*, Die Satzung der KGaA, 1999, S. 26; *Dirksen* in Kallmeyer Rn 5.
[32] BGHZ 20, 363, 369 f.; *BGH* NJW 1993, 2100, 2101.
[33] *Kallmeyer* GmbHR 2000, 418; siehe auch *Priester* DB 1997, 560, 567.
[34] § 217 Abs. 3.

5. Zustimmungspflicht

13 **a) Treupflicht.** Die Gesellschafter sind grundsätzlich nicht verpflichtet, dem Formwechsel zuzustimmen. In Ausnahmefällen kann sich eine Zustimmungspflicht aus der Treupflicht des Gesellschafters ergeben. Aufgrund des grundlegenden Charakters der Maßnahme wird sich eine Pflicht zur Zustimmung zum Formwechsel jedoch nur in seltenen Fällen begründen lassen[35]. Eine Zustimmungspflicht besteht, wenn der Formwechsel im Interesse der Gesellschaft dringend erforderlich ist[36]. Dies ist denkbar, wenn eine Gesellschaft dringend auf die Aufnahme von Mitteln auf dem Kapitalmarkt angewiesen ist und demnach in die Rechtsform der AG oder KGaA wechseln muss.

14 Besteht ausnahmsweise aufgrund der gesellschaftsrechtlichen Treupflicht eine **Zustimmungspflicht**, ersetzt die Stimmpflicht für sich genommen nach hM nicht die Zustimmungserklärung[37]. Vielmehr müssen die übrigen Gesellschafter den zur Zustimmung verpflichteten Gesellschafter zunächst auf Zustimmung verklagen. Die Zustimmung wird also nicht bereits durch die Treupflicht, sondern nur durch ein rechtskräftiges Urteil ersetzt[38]. Hat der Gesellschafter trotz der ihn treffenden Treupflicht gegen den Formwechsel gestimmt, ist die treuwidrig abgegebene Stimme zunächst wirksam und wird durch ein rechtskräftiges Urteil nicht revidiert. Folglich ist der zunächst gescheiterte Beschluss zu wiederholen[39].

15 **b) Stimmbindungsverträge.** Die Zulässigkeit von Stimmbindungsverträgen ist im Grundsatz anerkannt[40]. Stimmbindungsverträge können sich auf die Beschlussfassung über einen Formwechsel der Gesellschaft beziehen. Die Wirkung solcher Verträge ist jedoch ausschließlich eine schuldrechtliche, so dass die vertragliche Stimmbindung die Zustimmung nicht ersetzt. Vielmehr muss der aus einer Stimmbindungsvereinbarung Berechtigte die vertragsgemäße Stimmabgabe durchsetzen. Die Zustimmung wird damit erst durch ein rechtskräftiges Urteil ersetzt[41]. Die zuvor abredewidrig abgegebene Stimme ist wirksam; der Umwandlungsbeschluss ist in diesem Fall zu wiederholen[42]. In gleicher Weise trägt eine abredewidrig gegebene Zustimmung zum wirksamen Zustandekommen des Umwandlungsbeschlusses bei, so dass dem aus dem Stimmbindungsvertrag Berechtigten uU lediglich Schadensersatzansprüche gegen seinen Vertragspartner verbleiben können.

IV. Umwandlung aufgrund Mehrheitsbeschlusses

1. Zulassung im Gesellschaftsvertrag

16 Der Formwechsel kann auch aufgrund eines Mehrheitsbeschlusses erfolgen, sofern der Gesellschaftsvertrag der Personenhandelsgesellschaft eine entsprechende Regelung vorsieht[43]. Bei personalistisch strukturierten Gesellschaften muss sich eine solche Mehrheitsklausel jedoch am **Bestimmtheitsgrundsatz** messen lassen[44]. Dieser besagt, dass eine Gesellschaftsvertragsbestimmung, die Mehrheitsentscheidungen generell zulässt, nur

---

[35] *Joost* in Lutter Rn 7; *Vossius* in Widmann/Mayer Rn 39.
[36] *Zürbig* S. 106 ff.
[37] *Joost* in Lutter Rn 7; *Dirksen* in Kallmeyer Rn 6.
[38] § 894 ZPO.
[39] *Dirksen* in Kallmeyer Rn 6.
[40] BGH NJW 1951, 268; *Hopt* in Baumbach/Hopt § 119 HGB Rn 17; vgl. auch *Habersack* ZHR 164 (2000) 1 ff.; *Odersky*, FS Lutter, 2000, S. 557 ff.
[41] BGHZ 48, 163, 170 ff.; *Joost* in Lutter Rn 8.
[42] Siehe Rn 14.
[43] § 217 Abs. 1 Satz 2.
[44] BGHZ 85, 351, 355 ff. „Freudenberg"; BGH DB 1995, 90, 91; *Hopt* in Baumbach/Hopt § 119 HGB Rn 37 ff.; *Emmerich* in Heymann § 119 HGB Rn 28 ff.; *Kort* DStR 1993, 401, 404; zur Kritik etwa *Ulmer* in MünchKomm. § 709 BGB Rn 72 ff.; *Brändel*, FS Stimpel, 1985, S. 95, 101 ff.

gewöhnliche Maßnahmen abdeckt. Sofern auch für Maßnahmen mit weit reichenden Folgen für die Mitgliedschaftsstellung ein Mehrheitsbeschluss ausreichen soll, muss sich dies eindeutig aus dem Gesellschaftsvertrag ergeben. Eine die Rechtsstellung des Gesellschafters besonders berührende Maßnahme ist auch der Formwechsel einer Personenhandelsgesellschaft in eine Kapitalgesellschaft[45]. Einer verbreiteten Meinung zufolge muss die im Gesellschaftsvertrag enthaltene Klausel auch die **Art der Umwandlung** (Verschmelzung, Spaltung und Formwechsel) ausdrücklich bezeichnen[46]. Dies erscheint zu weitgehend. Da die Umwandlungsmöglichkeiten begrenzt und zudem in § 1 legal definiert sind, reicht es aus, wenn der Gesellschaftsvertrag einen Mehrheitsbeschluss „bei Umwandlungen" zulässt[47]. Eine gesonderte Hervorhebung des Formwechsels ist nicht erforderlich, da die Gesellschaft fortbesteht[48]. Aus kautelarischer Vorsorge empfiehlt es sich angesichts des Meinungsstreites gleichwohl, die Umwandlungsarten, bei denen ein Mehrheitsentscheid zulässig sein soll, im Gesellschaftsvertrag ausdrücklich zu benennen. Die Zielrechtsform muss nicht Gegenstand des Gesellschaftsvertrags sein. Bei **körperschaftlich** verfassten Familiengesellschaften und Publikumspersonengesellschaften greift der Bestimmtheitsgrundsatz nicht ein[49]. Dies gilt auch für den Formwechsel[50].

Die Gesellschafter können den Gesellschaftsvertrag auch erst unmittelbar vor der Fassung des Umwandlungsbeschlusses **ändern**, um eine Mehrheitsentscheidung zu ermöglichen. Dies erweist sich insbesondere dann als vorteilhaft, wenn einzelne Gesellschafter zwar nicht bereit sind, Gründerverantwortung zu übernehmen, aber doch dem Formwechsel nicht entgegenstehen wollen. Da nur diejenigen Gesellschafter als Gründer gelten[51], die für den Formwechsel gestimmt haben, eröffnet eine entsprechende Mehrheitsklausel die Möglichkeit, in der Gesellschaft zu verbleiben, aber gleichzeitig der Gründerverantwortung zu entgehen[52]. Praktische Bedeutung gewinnt diese Regelung insbesondere für Kommanditisten, die keiner Differenzhaftung ausgesetzt sein wollen[53]. Aufgrund ihrer den Formwechsel antizipierenden Wirkung müssen dem Beschluss über die Schaffung der **Mehrheitsklausel** der formwechselnden Gesellschaft grundsätzlich alle Gesellschafter zugestimmt haben[54]. 17

Im Fall einer personengleichen GmbH & Co. KG erweist es sich als zweckmäßig, für den Fall, dass ein Gesellschafter dem Formwechsel widerspricht, in der Satzung der Komplementär-GmbH ein Recht der übrigen Gesellschafter vorzusehen, den Anteil des widersprechenden Gesellschafters **einzuziehen**[55]. Auf diese Weise kann verhindert werden, dass ein Kommanditist, der dem Formwechsel widerspricht und von dem Abfindungsangebot Gebrauch macht, über die Komplementär-Gesellschaft an der Kapitalgesellschaft beteiligt bleibt. 18

---

[45] BGHZ 85, 350, 357; *Joost* in Lutter Rn 11; *Binnewies* GmbHR 1997, 727, 732; *Mecke* ZHR 153 (1989) 35, 42 ff.; *Westermann*, Freundesgabe Hengeler, S. 240, 247; *Michalski* WiB 1997, 1, 3.

[46] *Dirksen* in Kallmeyer Rn 8; *Streck/Mack/Schwedhelm* GmbHR 1995, 161, 169; noch weitergehend *Mecke* ZHR 153 (1989) 35, 49; ähnlich *Westermann*, Freundesgabe Hengeler, S. 240, 248; mit Recht ablehnend *Zürbig* S. 95 f.

[47] Ebenso *Priester* in Lutter Umwandlungsrechtstage S. 99, 115; *H. Schmidt*, FS Brandner, S. 133, 145 ff.; *Binnewies* GmbHR 1997, 727, 732; *Zürbig* S. 97; wohl auch *Joost* in Lutter Umwandlungsrechtstage S. 245, 252.

[48] *Vossius* in Widmann/Mayer Rn 77; siehe auch die Nachweise in Fn 47.

[49] BGHZ 71, 53, 58; BGHZ 85, 351, 358 ff.; *Mecke* ZHR 153 (1989) 35, 45 ff.; *Michalski* WiB 1997, 1, 3 ff.

[50] *H. Schmidt*, FS Brandner, S. 133, 147; *Binnewies* GmbHR 1997, 727, 733.

[51] § 219 Satz 2.

[52] Dazu bereits *Dirksen* in Kallmeyer Rn 1.

[53] Zur Differenzhaftung siehe § 219 Rn 12.

[54] *Dirksen* in Kallmeyer Rn 7. Anders ist dies nur dann, wenn nach dem Gesellschaftsvertrag auch die Mehrheitsklausel unter Beachtung des Bestimmtheitsgrundsatzes aufgrund eines Mehrheitsentscheids beschlossen werden kann.

[55] Vgl. bereits *Dirksen* in Kallmeyer Rn 7.

2. Dreiviertelmehrheit

19 Für den Fall eines Mehrheitsentscheids sieht das Gesetz vor, dass der Umwandlungsbeschluss mindestens mit einer Mehrheit von drei Vierteln der abgegebenen Stimmen gefasst werden muss[56]. Durch dieses Erfordernis soll der Bedeutung des Formwechsels Rechnung getragen werden. Das UmwG 1994 hatte noch vorgesehen, dass es einer Mehrheit von mindestes drei Vierteln „der Stimmen der Gesellschafter" bedarf. Nachdem durch das Gesetz zur Änderung des UmwG[57] klargestellt wurde, dass es auf die **abgegebenen Stimmen** ankommt, hat sich der Meinungsstreit, ob Bezugsgröße die Stimmen aller stimmberechtigten Gesellschafter[58] oder nur die abgegebenen Stimmen[59] sind, erledigt[60]. Gleichzeitig wurden die Mehrheitserfordernisse bei den verschiedenen Arten des Formwechsels und der Auflösung der Gesellschaft vereinheitlicht[61].

20 Abs. 1 Satz 3 ist in der Weise zwingend, dass der Gesellschaftsvertrag keine geringere Mehrheit bestimmen kann[62]. Ein höheres Mehrheitserfordernis kann indessen durchaus vorgesehen werden. Nach der gesetzlichen Regel erfolgt die Abstimmung in der Personenhandelsgesellschaft nach Köpfen[63]. Zumeist bestimmt der Gesellschaftsvertrag jedoch, dass nach **Kapitalanteilen** abgestimmt wird[64]. Der Gesellschaftsvertrag kann auch Mehrstimmrechte zugunsten bestimmter Gesellschafter begründen. Vorbehaltlich einer abweichenden Regelung im Gesellschaftsvertrag werden **Stimmenthaltungen** nicht nur nicht mitgerechnet[65], sondern wirken entsprechend den allgemeinen Grundsätzen des Personengesellschaftsrechts als Gegenstimmen[66]. Die erforderliche Mehrheit der abgegebenen Stimmen muss nicht notwendigerweise in der Gesellschafterversammlung erreicht worden sein, da abwesende Gesellschafter ihre Stimme auch **nachträglich** abgeben können[67]. Die Auffassung, die ausschließlich auf das Stimmverhalten in der Gesellschafterversammlung abstellt[68], übersieht, dass das UmwG zwar das Abhalten einer Gesellschafterversammlung, nicht jedoch die Abgabe aller Stimmen in der Gesellschafterversammlung fordert. Ein im Gesellschaftsvertrag vorgesehener **Stimmrechtsausschluss** greift idR nicht ein[69].

3. Sachliche Rechtfertigung

21 Das UmwG enthält keinen Hinweis darauf, dass der Umwandlungsbeschluss einer sachlichen Rechtfertigung bedarf. Damit ist die Frage, ob sich ein solches Erfordernis aus den allgemeinen Grundsätzen des Personengesellschaftsrechts herleiten lässt, jedoch noch nicht beantwortet. So entspricht es verbreiteter Meinung, dass Beschlüsse, die weit reichend in

---

[56] § 217 Abs. 1 Satz 3.
[57] Gesetz zur Änderung des Umwandlungsgesetzes, des Partnerschaftsgesellschaftsgesetzes und anderer Gesetze vom 22. 7. 1998, BGBl. I 1998 S. 1878.
[58] *Joost* in Lutter[1] Rn 14; *Laumann* in Goutier/Knopf/Tulloch Rn 16; *Streck/Mack/Schwedhelm* GmbHR 1995, 161, 179; *Lüttge* NJW 1995, 417, 422.
[59] *H. Schmidt*, FS Brandner, S. 133, 138.
[60] Dies übersehen *Sagasser/Sickinger* in Sagasser/Bula/Brünger R Rn 88.
[61] Vgl. etwa §§ 233 Abs. 2, 240 Abs. 1.
[62] *Dirksen* in Kallmeyer Rn 10.
[63] § 119 Abs. 2 HGB.
[64] Dazu auch *Joost* in Lutter Rn 15.
[65] So aber *Joost* in Lutter Rn 14; BGHZ 83, 36 (für den Verein).
[66] *Hopt* in Baumbach/Hopt § 119 HGB Rn 41; *Ulmer* in MünchKomm. § 709 BGB Rn 81; *Laumann* in Goutier/Knopf/Tulloch Rn 11, 18.
[67] Zutreffend *Joost* in Lutter Rn 13; *Dirksen* in Kallmeyer Rn 9; aA die wohl hM vgl. *Lutter/Drygala* in Lutter § 13 Rn 10; *Zimmermann* in Kallmeyer § 43 Rn 14; *H. Schmidt* in Lutter § 43 Rn 5. Zur Stimmabgabe außerhalb der Gesellschafterversammlung siehe Rn 10.
[68] So aber *Stratz* in Schmitt/Hörtnagl/Stratz Rn 1.
[69] Siehe Rn 12.

die Rechte der Gesellschafter eingreifen, einer **Inhaltskontrolle** unterliegen[70]. Hieraus wird unter Hinweis auf die Veränderung der rechtlichen Stellung des Gesellschafters vereinzelt der Schluss gezogen, dass auch der Beschluss über einen Formwechsel einer besonderen sachlichen Rechtfertigung bedarf[71]. Der Gesetzgeber hat diese Frage ausdrücklich offen gelassen[72]. Die wohl hA hält eine materielle Beschlusskontrolle beim Formwechsel für **nicht erforderlich**[73]. Dem ist zuzustimmen. Die Gesellschafter sind durch die besonderen umwandlungsrechtlichen Informationsrechte und Ausgleichsansprüche hinreichend geschützt. Dies gilt insbesondere für die Umwandlung einer Personenhandelsgesellschaft in eine Kapitalgesellschaft, da die Gesellschafter in der neuen Rechtsform auf ein aus ihrer Sicht besseres Haftungssystem treffen[74].

4. Zustimmung nicht erschienener Gesellschafter

Ebenso wie im Fall eines einstimmigen Beschlusses kann die Zustimmung beim Mehrheitsentscheid von den nicht erschienenen Gesellschaftern auch außerhalb der Gesellschafterversammlung erteilt werden[75]. Dies bedeutet, dass der Formwechsel, auch wenn in der Gesellschafterversammlung die erforderliche Dreiviertelmehrheit zunächst nicht erreicht wurde, noch wirksam beschlossen werden kann, wenn nicht erschienene Gesellschafter in ausreichender Zahl nachträglich ihre Zustimmung erteilen[76]. Der Formwechselbeschluss kommt mit Zugang der Zustimmungserklärung zustande, mit der die erforderliche Mehrheit erreicht wird[77].

5. Zustimmung einzelner Gesellschafter

Sieht der Gesellschaftsvertrag der formwechselnden Personenhandelsgesellschaft vor, dass einzelne Gesellschafter der Abtretung von Gesellschaftsanteilen zuzustimmen haben, hängt die Wirksamkeit des Umwandlungsbeschlusses grundsätzlich von ihrer Zustimmung ab[78]. Nach der gesetzlichen Regel ist die Abtretung von Anteilen an Personengesellschaften stets von der Zustimmung aller Gesellschafter abhängig[79]. Dies wirft die Frage auf, ob ein Zustimmungserfordernis auch dann besteht, wenn der Gesellschaftsvertrag keine die gesetzliche **Vinkulierung der Anteile** modifizierende Klausel vorsieht, gleichwohl aber einen Mehrheitsentscheid beim Formwechsel ausreichen lässt. Wollte man hier an einem Zustimmungserfordernis der Gesellschafter festhalten, würde die Mehrheitsklausel letztlich leerlaufen. Es erscheint daher zutreffend, ein Zustimmungsrecht von Gesellschaftern nur dann anzunehmen, wenn es nicht allgemein, sondern nur zugunsten einzelner Gesellschafter begründet wurde[80]. Diese Auslegung wird durch den Wortlaut des § 193 Abs. 2 gedeckt.

Zwar fehlt es für den Fall des Formwechsels einer Personenhandelsgesellschaft in eine Kapitalgesellschaft an einem ausdrücklichen Zustimmungsvorbehalt zugunsten des Inhabers

---

[70] Vgl. nur *Emmerich* in Heymann § 119 HGB Rn 35; einschränkend *Martens* in Schlegelberger § 119 HGB Rn 30 ff.; jeweils mwN.
[71] *Joost* in Lutter Rn 12; ähnlich *Laumann* in Goutier/Knopf/Tulloch Rn 12; vgl. auch *Hommelhoff* ZGR 1993, 452, 458.
[72] RegBegr. *Ganske* S. 61.
[73] *Decher* in Lutter § 193 Rn 12; *Zimmermann* in Kallmeyer § 193 Rn 10; *Heckschen* DB 1998, 1385, 1392; *Binnewies* GmbHR 1997, 727, 733; *Bayer* ZIP 1997, 1613, 1624; *Meyer-Landrut/Kiem* WM 1997, 1361, 1365; *Zürbig* S. 102; *Ihrig* in Sudhoff § 55 Rn 13.
[74] IE auch *Joost* in Lutter Rn 12.
[75] Siehe Rn 10.
[76] Zum Streitstand vgl. die Nachweise in Fn 67.
[77] *Vossius* in Widmann/Mayer Rn 96; siehe im Einzelnen Rn 19 f.
[78] § 193 Abs. 2.
[79] *Ulmer* in MünchKomm. § 719 BGB Rn 21 ff.
[80] AA *Zürbig* S. 104 f.; vgl. auch § 193 Rn 20.

von Sonderrechten. Aus dem allgemeinen Rechtsgedanken, dass **Sonderrechte** nur mit Zustimmung des Betroffenen entzogen werden dürfen[81], folgt jedoch, dass der Formwechselbeschluss auch bei Ausreichen eines Mehrheitsentscheids der Zustimmung der Inhaber von Sonderrechten bedarf, wenn das Sonderrecht durch den Formwechsel eingeschränkt würde[82].

6. Folgen der Zustimmungsverweigerung

25   Diejenigen Gesellschafter, die bei Zulässigkeit eines Mehrheitsbeschlusses gegen die Umwandlung stimmen, scheiden aufgrund ihrer ablehnenden Entscheidung nicht automatisch aus der Gesellschaft aus. Vielmehr bleiben sie aufgrund des Kontinuitätsprinzips nach Wirksamwerden des Formwechsels grundsätzlich an dem Rechtsträger neuer Rechtsform beteiligt[83]. Denjenigen Gesellschaftern, die gegen den Umwandlungsbeschluss **Widerspruch** zur Niederschrift erklärt haben, ist jedoch der Erwerb ihrer umgewandelten Mitgliedschaft gegen eine angemessene Barabfindung anzubieten[84]. Den betreffenden Gesellschaftern steht es frei, dieses Angebot anzunehmen. In jedem Fall werden die gegen den Formwechsel stimmenden Gesellschafter nicht als Gründer behandelt[85]. Die Gründerhaftung trifft sie somit auch dann nicht, wenn sie in der Gesellschaft verbleiben.

V. Zustimmung Dritter

26   Die Zustimmung **Dritter** zum Formwechsel ist grundsätzlich nicht erforderlich. Dies gilt auch dann, wenn der Gesellschaftsvertrag einem Dritten ein Stimmrecht einräumt[86]. Hat der Gesellschafter seinen Anteil an einen Dritten verpfändet, hängt der Zustimmungsbeschluss nicht von der Zustimmung des **Pfandgläubigers** ab, da das Stimmrecht beim Gesellschafter als Pfandrechtsbesteller verbleibt[87]. Das Pfandrecht setzt sich vielmehr an dem Anteil am Rechtsträger neuer Rechtsform fort[88]. Entsprechendes gilt beim **Nießbrauch**, da auch hier das Stimmrecht nach hM beim Nießbrauchsbesteller verbleibt[89]. Bei Begründung eines **Treuhandverhältnisses** am Gesellschaftsanteil ändert sich die dingliche Zuordnung des Gesellschaftsanteils. Folglich bedarf es im Außenverhältnis der Zustimmung des Treugebers nicht[90]. Ob seine Zustimmung im Innenverhältnis erforderlich ist, hängt von der Ausgestaltung der Treuhandvereinbarung ab. Aufgrund des Grundlagencharakters der Umwandlung besteht ein Zustimmungsrecht des **stillen Gesellschafters** zum Formwechsel[91]. Die Missachtung dieses lediglich intern wirkenden Zustimmungsrechts lässt die Wirksamkeit des Formwechsels jedoch unberührt[92].

27   **Minderjährige** werden bei der Beschlussfassung über den Formwechsel durch ihre Eltern vertreten[93]. Eine Zustimmung des **Vormundschaftsgerichts** ist notwendig, wenn beim Formwechsel im Namen des Minderjährigen für die Umwandlung gestimmt wird und er

---

[81] § 35 BGB.
[82] Zutr. *Zürbig* S. 105.
[83] §§ 194 Abs. 1 Nr. 3, 202 Abs. 1 Nr. 2.
[84] § 207. Siehe auch § 225 Rn 4 ff.
[85] § 219 Satz 2.
[86] *Joost* in Lutter Rn 5.
[87] *Vossius* in Widmann/Mayer Rn 46; *Schlitt* in Sudhoff § 37 Rn 7.
[88] § 202 Abs. 1 Nr. 2 Satz 2.
[89] *Schlitt* in Sudhoff § 38 Rn 16 ff.
[90] *Vossius* in Widmann/Mayer Rn 50.
[91] *Schlitt/Beck* NZG 2001 688, 689 f.
[92] *Schlitt/Beck* NZG 2001 688, 689; ähnlich *Joost* in Lutter Rn 4; *Dirksen* in Kallmeyer Rn 4.
[93] § 1629 BGB.

aufgrund dessen der Gefahr einer persönlichen Haftung (Gründerhaftung, Haftung als persönlich haftender Gesellschafter einer KGaA) ausgesetzt ist[94]. Anders ist dies dann, wenn im Namen des Minderjährigen gegen den Formwechsel gestimmt wird. Ist ein Elternteil gleichfalls an der Gesellschaft beteiligt, ist ein **Ergänzungspfleger** zu bestellen[95]. Das Handelsregister ist berechtigt, die Genehmigungsbedürftigkeit zu prüfen[96].

Die Zustimmung des **Ehegatten** eines im gesetzlichen Güterstand der Zugewinngemeinschaft lebenden Anteilsinhabers ist nicht erforderlich, auch wenn die Beteiligung im Wesentlichen sein gesamtes Vermögen darstellt[97]. Anders als bei der übertragenden Umwandlung nach altem Recht fehlt es nämlich aufgrund der Identität der Gesellschaft an einer Verfügung über den Anteil. 28

Ist über den Anteil eines verstorbenen Gesellschafters Testamentsvollstreckung angeordnet, ist aufgrund des Grundlagencharakters des Formwechsels neben der Zustimmung des **Testamentsvollstreckers** die Zustimmung der **Erben** einzuholen[98]. 29

Ist der Formwechsel in das Handelsregister eingetragen worden, obwohl eine erforderliche Zustimmung des Dritten **nicht** vorgelegen hat, ist der Formwechsel wirksam[99]. 30

VI. Durchführung der Gesellschafterversammlung

1. Auslage des Umwandlungsberichts

Anders als beim Formwechsel einer Kapitalgesellschaft in eine Personengesellschaft[100] oder in eine Kapitalgesellschaft anderer Rechtsform[101] sieht das Gesetz für den Formwechsel einer Personenhandelsgesellschaft keine Verpflichtung zur Auslage des Umwandlungsberichts in der Gesellschafterversammlung vor. Nach einer vereinzelten Auffassung sind die Regelungen für den Formwechsel einer Kapitalgesellschaft auf den Formwechsel einer Personenhandelsgesellschaft jedoch entsprechend anzuwenden[102]. Dem ist, selbst für kapitalistisch strukturierte Personenhandelsgesellschaften, indessen nicht zu folgen[103]. Die Gesellschafter sind durch die Übersendung des Umwandlungsberichts, die spätestens mit der Einberufung der Gesellschafterversammlung zu erfolgen hat[104], ausreichend geschützt. Dies gilt insbesondere, weil es für die Übersendung keines hierauf gerichteten Verlangens des Gesellschafters bedarf. Dass das Gesetz für den Formwechsel einer GmbH ergänzend die Auslage des Berichts in der Gesellschafterversammlung fordert, ist angesichts der auch bei der GmbH bestehenden Pflicht zur vorherigen Übersendung auch dort wenig sinnvoll[105]. Auch für die Verschmelzung sieht das Gesetz folgerichtig keine Auslage des Umwandlungsberichts vor[106]. 31

2. Berichtspflichten in der Gesellschafterversammlung

Im Fall eines Formwechsels einer AG oder einer KGaA in eine Personenhandelsgesellschaft oder eine Kapitalgesellschaft anderer Rechtsform hat das Vertretungsorgan den Entwurf des 32

---

[94] Vgl. § 219; *Joost* in Lutter Rn 9; *Dirksen* in Kallmeyer Rn 13; *Vossius* in Widmann/Mayer Rn 60 ff.
[95] §§ 1909, 1629 Abs. 2 Satz 1, 1795 BGB; *Joost* in Lutter Rn 9.
[96] *Vossius* in Widmann/Mayer Rn 65.
[97] Vgl. § 1365 BGB; *Joost* in Lutter Rn 10; *Dirksen* in Kallmeyer Rn 13; für eine analoge Anwendung aufgrund der Möglichkeit einer Ausfallhaftung etwa *Vossius* in Widmann/Mayer Rn 52 ff.
[98] *Dirksen* in Kallmeyer Rn 13.
[99] § 202 Abs. 3.
[100] § 232 Abs. 1.
[101] § 239 Abs. 1.
[102] *Laumann* in Goutier/Knopf/Tulloch § 214 Rn 4 ff.
[103] So bereits *Joost* in Lutter § 216 Rn 11.
[104] § 216.
[105] So zutreffend *Ihrig* § 232 Rn 5.
[106] § 49.

Umwandlungsbeschlusses zu Beginn der Hauptversammlung mündlich zu erläutern. An einer solchen Regelung mangelt es für den Formwechsel einer Personenhandelsgesellschaft. Für eine analoge Anwendung besteht kein Anlass[107]. Die Gesellschafter sind insoweit auf ihr Auskunftsrecht verwiesen.

VII. Rechtslage bis zur Eintragung des Umwandlungsbeschlusses

33   Bis zur Eintragung des Umwandlungsbeschlusses in das Handelsregister können die Gesellschafter den Umwandlungsbeschluss **ändern oder aufheben**[108]. Der Änderungs- oder Aufhebungsbeschluss bedarf der gleichen Mehrheit wie der Umwandlungsbeschluss. Er ist notariell zu beurkunden.

34   Der **Tod eines Gesellschafters** führt vorbehaltlich einer abweichenden Ausgestaltung des Gesellschaftsvertrags nicht zur Auflösung der Gesellschaft. Der Tod hat folglich auch keinen Einfluss auf die Wirksamkeit des Formwechselbeschlusses[109]. Die Gesellschaft wird vielmehr mit den Nachfolgern des verstorbenen Gesellschafters fortgesetzt.

35   Im Fall des **Ausscheidens** eines Gesellschafters und dem damit verbundenen Anwachsen seines Anteils zugunsten der übrigen Gesellschafter kann der Formwechselbeschluss idR geltungserhaltend dahin gehend ausgelegt werden, dass die verbleibenden Gesellschafter in dem Rechtsträger neuer Rechtsform *pro rata* erhöhte Anteile übernehmen[110]. Anderenfalls müssen die Gesellschafter einen Ergänzungsbeschluss fassen. Ein Formwechsel ist nicht mehr möglich, wenn vor dem Wirksamwerden des Formwechsels alle Gesellschafter bis auf einen aus der Gesellschaft ausgeschieden sind. Die Gesellschaft ist in diesem Fall liquidationslos erloschen[111].

36   **Veräußert** ein Gesellschafter seinen Anteil im Zeitraum zwischen der Fassung des Umwandlungsbeschlusses und dessen Eintragung in das Handelsregister, ist der Erwerber an die Zustimmungserklärung des Veräußerers gebunden, da das verbandschaftliche Verhältnis betroffen ist[112].

VIII. Niederschrift

37   Der Umwandlungsbeschluss sowie die außerhalb der Gesellschafterversammlung abgegebenen Zustimmungserklärungen von Anteilsinhabern sind notariell zu beurkunden[113]. Die **Beurkundung** des Umwandlungsbeschlusses erfolgt idR nach den Bestimmungen über die Protokollierung tatsächlicher Vorgänge in Form eines Wahrnehmensprotokolls[114]. Eine Unterzeichnung des Umwandlungsbeschlusses durch die Gesellschafter ist nicht erforderlich, andererseits aber auch nicht schädlich.

38   Im Fall einer **Mehrheitsentscheidung** muss die Niederschrift über den Formwechsel die Gesellschafter namentlich aufführen, die für den Formwechsel gestimmt haben[115]. Auf diese

---

[107] *Joost* in Lutter § 216 Rn 12.
[108] *Vossius* in Widmann/Mayer Rn 99.
[109] AA zum alten Recht *Vossius* in Widmann/Mayer Rn 100.
[110] *Vossius* in Widmann/Mayer Rn 109 f.
[111] *Salger* in Sudhoff § 46 Rn 8; vgl. auch *BayObLG* NZG 2001, 889.
[112] *Vossius* in Widmann/Mayer Rn 105 f.
[113] § 193 Abs. 3 Satz 1. Zu Fragen der Beurkundung eingehend *Vossius* in Widmann/Mayer Rn 116 ff.
[114] §§ 36 ff. BeurkG. Sie kann aber auch nach den Regeln über die Beurkundung von Willenserklärung nach §§ 8 ff. BeurkG aufgenommen werden, vgl. *OLG Köln* BB 1993, 317 f.; *Vossius* in Widmann/Mayer Rn 116; *Stratz* in Schmitt/Hörtnagl/Stratz § 218 Rn 5.
[115] § 217 Abs. 2.

Weise wird festgehalten, wer die Gründerverantwortung trägt. Denn die Gründerverantwortung trifft nur diejenigen Gesellschafter, die für den Formwechsel gestimmt haben[116]. Erteilt ein Gesellschafter seine Zustimmung außerhalb der Gesellschafterversammlung, wird er in der zwingenden notariellen Niederschrift gleichfalls namentlich benannt[117].

Wird der Umwandlungsbeschluss **einstimmig** gefasst, tragen alle Gesellschafter die Gründungsverantwortung. In diesem Fall erweist sich eine namentliche Benennung als entbehrlich[118]. Dies gilt auch dann, wenn der Gesellschaftsvertrag einen Mehrheitsbeschluss ausreichen lässt, aber gleichwohl alle Gesellschafter zugestimmt haben.

IX. Umwandlung in KGaA

Kommanditgesellschaften auf Aktien müssen mindestens über einen persönlich haftenden Gesellschafter verfügen[119]. Beim Formwechsel einer Personenhandelsgesellschaft in eine KGaA muss, wenn der Gesellschaft kein persönlich haftender Gesellschafter beitritt, der Umwandlungsbeschluss daher bestimmen, dass mindestens einer der bisherigen Gesellschafter die Rolle eines persönlich haftenden Gesellschafters übernimmt[120]. Korrespondierend hiermit bestimmt Abs. 3, dass dem Formwechsel in die KGaA alle Gesellschafter zustimmen müssen, die in dieser Gesellschaft die Stellung eines **persönlich haftenden Gesellschafters** einnehmen. Die Regelung betrifft bereits vorhandene Gesellschafter, während für neu hinzutretende Dritte § 221 gilt[121].

Das Zustimmungserfordernis greift unabhängig davon ein, ob der Formwechsel einen einstimmigen Beschluss erfordert oder nach dem Gesellschaftsvertrag mehrheitlich beschlossen werden kann, da niemandem ohne seine Zustimmung eine persönliche Haftung auferlegt werden soll[122]. Darüber hinaus ist die Zustimmung auch dann erforderlich, wenn der Gesellschafter bereits in der formwechselnden Personenhandelsgesellschaft die Rolle des Komplementärs übernommen hatte[123]. Er haftet nämlich in der KGaA für die vor dem Formwechsel begründeten Verbindlichkeiten fort, ohne sich auf die Nachhaftungsregelung des § 224 berufen zu können. Schließlich muss in einer formwechselnden Kapitalgesellschaft & Co. KG die Komplementär-Gesellschaft ihre Zustimmung auch dann erteilen, wenn sie, wie regelmäßig, nach dem Gesellschaftsvertrag vom Stimmrecht ausgeschlossen ist[124].

Sieht der Umwandlungsbeschluss vor, dass ein Gesellschafter in der KGaA die Rolle eines persönlich haftenden Gesellschafters übernimmt, ist den Anforderungen des Abs. 3 durch die bloße Zustimmungserklärung zum Formwechsel Genüge getan; einer **gesonderten** Zustimmungserklärung dieses Gesellschafters bedarf es **nicht**[125].

§ 218 Inhalt des Umwandlungsbeschlusses

(1) In dem Umwandlungsbeschluß muß auch der Gesellschaftsvertrag der Gesellschaft mit beschränkter Haftung oder die Satzung der Genossenschaft enthalten sein oder die Satzung der Aktiengesellschaft oder der Kommanditgesellschaft auf Aktien festgestellt werden. Eine Unterzeichnung der Satzung durch die Mitglieder ist nicht erforderlich.

---

[116] § 219 Satz 2.
[117] *Vossius* in Widmann/Mayer Rn 127.
[118] *Dirksen* in Kallmeyer Rn 11.
[119] § 278 AktG.
[120] § 218 Abs. 2.
[121] *Vossius* in Widmann/Mayer Rn 131.
[122] *Dirksen* in Kallmeyer Rn 12; siehe auch RegBegr. *Ganske* S. 239.
[123] *Joost* in Lutter Rn 18; *Vossius* in Widmann/Mayer Rn 129.
[124] *Dirksen* in Kallmeyer Rn 12.
[125] *Vossius* in Widmann/Mayer Rn 131; *Laumann* in Goutier/Knopf/Tulloch Rn 23.

§ 218

(2) Der Beschluß zur Umwandlung in eine Kommanditgesellschaft auf Aktien muß vorsehen, dass sich an dieser Gesellschaft mindestens ein Gesellschafter der formwechselnden Gesellschaft als persönlich haftender Gesellschafter beteiligt oder daß der Gesellschaft mindestens ein persönlich haftender Gesellschafter beitritt.

(3) Der Beschluß zur Umwandlung in eine Genossenschaft muß die Beteiligung jedes Mitglieds mit mindestens einem Geschäftsanteil vorsehen. In dem Beschluß kann auch bestimmt werden, daß jedes Mitglied bei der Genossenschaft mit mindestens einem und im übrigen mit so vielen Geschäftsanteilen, wie sie durch Anrechnung seines Geschäftsguthabens bei dieser Genossenschaft als voll eingezahlt anzusehen sind, beteiligt wird.

Übersicht

	Rn		Rn
I. Allgemeines	1	8. Sondervorteile und Gründungsaufwand	43
1. Sinn und Zweck der Norm	1	9. Weitere Regelungen	44
2. Anwendungsbereich	3	V. Umwandlung in eine KGaA	45
3. Entstehungsgeschichte	4	1. Grundsatz	45
II. Grundsatz	5	2. Persönlich haftende Gesellschafter	46
1. Gesellschaftsvertrag als Bestandteil des Umwandlungsbeschlusses	5	a) Allgemeines	46
		b) Vorhandene Gesellschafter	48
2. Mehrheiten	7	c) Beitretende Gesellschafter	49
3. Anwendung der Sachgründungsvorschriften	8	3. Satzungsinhalt	52
		a) Firma	52
III. Umwandlung in eine GmbH	10	b) Bezeichnung der persönlich haftenden Gesellschafter	53
1. Firma und Sitz	11		
2. Unternehmensgegenstand	13	c) Vermögenseinlage	54
3. Gesellschafter	14	VI. Umwandlung in eine eingetragene Genossenschaft	55
4. Stammkapital	15		
5. Stammeinlagen	17	1. Grundsatz	55
6. Geschäftsführung	24	2. Satzungsinhalt	56
7. Aufsichtsrat	26	a) Firma und Sitz	56
8. Weitere Regelungen	31	b) Unternehmensgegenstand	58
IV. Umwandlung in eine AG	32	c) Geschäftsanteil	59
1. Firma und Sitz	33	d) Nachschüsse	61
2. Unternehmensgegenstand	35	e) Rücklage	62
3. Gesellschafter	36	f) Vorstand	63
4. Grundkapital; Aktien	37	g) Aufsichtsrat	64
5. Einlagen	40	h) Generalversammlung	65
6. Vorstand	41	i) Weitere Regelungen	66
7. Aufsichtsrat	42	3. Unterzeichnung der Satzung	67

Literatur: *Binnewies,* Formelle und materielle Voraussetzungen von Umwandlungsbeschlüssen – beschlossen ist beschlossen?, GmbHR 1997, 727; *Buchner/Schlobach,* Die Auswirkung der Umwandlung von Gesellschaften auf die Rechtsstellung ihrer Organpersonen, GmbHR 2004, 1; *Joost,* Die Bildung des Aufsichtsrates beim Formwechsel einer Personenhandelsgesellschaft in eine Kapitalgesellschaft, FS Claussen, 1997, S. 187; *Kallmeyer,* Die GmbH & Co. KG im Umwandlungsrecht GmbHR 2000, 418; *ders.,* Der Ein- und Austritt der Komplementär-GmbH einer GmbH & Co. KG bei Verschmelzung, Spaltung und Formwechsel nach dem Umwandlungsgesetz 1995, GmbHR 1996, 80; *Kögel,* Firmenrechtliche Besonderheiten des neuen Umwandlungsrechts, GmbHR 1996, 168; *Kort,* Gesellschaftsrechtlicher und registerrechtlicher Bestandsschutz eingetragener fehlerhafter Umwandlungen und anderer Strukturänderungen, DStR 2004, 185; *Limmer,* Der Identitätsgrundsatz beim Formwechsel in der Praxis, FS Widmann, 2000, S. 51; *Parmentier,* Das Statusverfahren beim Formwechsel in eine Aktiengesellschaft, AG 2006, 476; *Priester,* Gründungsrecht contra Identitätsprinzip – Kapitalausstattung beim Formwechsel –, FS Zöllner, 1998, S. 449; *ders.,* Mitgliederwechsel im Umwandlungszeitpunkt DB 1997, 560; *Schlitt,* Die Satzung der KGaA, 1999; *Wiedemann,* Identität beim Formwechsel, ZGR 1999, 568; *Wolfsteiner,* Gründungsaufwand beim Formwechsel, FS Bezzenberger, 2000, S. 467; *Zürbig,* Der Formwechsel einer Personengesellschaft in eine Kapitalgesellschaft, 1999; siehe auch Literaturverzeichnis zu § 214.

I. Allgemeines

1. Sinn und Zweck der Norm

Die Bestimmung konkretisiert die inhaltlichen Anforderungen an den Umwandlungsbeschluss und ergänzt damit die allgemeine Regelung über seinen Mindestinhalt[1]. **Abs. 1 Satz 1** schreibt vor, dass in dem Beschluss über den Formwechsel der Gesellschaftsvertrag der GmbH, die Satzung der Genossenschaft oder die Satzung der AG bzw. der KGaA festgestellt werden muss. Nach den Erwägungen des Gesetzgebers machen die erheblichen strukturellen Unterschiede zwischen der Rechtsform der Personenhandelsgesellschaft einerseits und einer Kapitalgesellschaft bzw. Genossenschaft andererseits trotz der fortbestehenden Identität des Rechtsträgers die Einbeziehung des Gesellschaftsvertrags oder der Satzung in den Umwandlungsbeschluss erforderlich[2]. Anders als der Gesellschaftsvertrag einer Personenhandelsgesellschaft bedarf der Gesellschaftsvertrag einer GmbH, die Satzung einer AG oder die Satzung der Genossenschaft der notariellen bzw. schriftlichen Form[3]. **Abs. 1 Satz 2** sieht gegenüber der allgemeinen genossenschaftsrechtlichen Regelung, die die Unterzeichnung des Statuts durch alle Mitglieder verlangt[4], eine gewisse Erleichterung vor. 1

Abs. 2 korrespondiert mit der allgemeinen Bestimmung, nach der in der KGaA mindestens ein persönlich haftender Gesellschafter vorhanden sein muss[5]. In Abweichung zu allgemeinen Grundsätzen wird der Beitritt einer bislang an der formwechselnden Personenhandelsgesellschaft nicht beteiligten Person im Zuge des Formwechsels zugelassen, wodurch die Möglichkeit einer Umwandlung erleichtert wird. **Abs. 3** knüpft an die allgemeine Regelung über die Beteiligung der Anteilseigner an der Genossenschaft an[6]. 2

2. Anwendungsbereich

Die Regelung findet auf alle Arten des Formwechsels von Personenhandelsgesellschaften sowie EWIV Anwendung. 3

3. Entstehungsgeschichte

Abs. 1 entspricht im Wesentlichen dem alten Recht[7]. Die in Abs. 2 eröffnete Möglichkeit des Beitritts eines Gesellschafters hatte das UmwG 1969 nicht vorgesehen. Parallelvorschriften für den Beitritt bei der formwechselnden Umwandlung einer GmbH oder AG in eine KGaA fanden sich im AktG 1965[8]. Abs. 3 ist ebenfalls neu. 4

II. Grundsatz

1. Gesellschaftsvertrag als Bestandteil des Umwandlungsbeschlusses

Zwingender Bestandteil des Umwandlungsbeschlusses, der nur in einer Gesellschafterversammlung gefasst werden kann[9], ist der Gesellschaftsvertrag bzw. die Satzung oder das Statut des Rechtsträgers neuer Rechtsform[10]. Der Gesellschaftsvertrag oder die Satzung muss im 5

---

[1] § 194.
[2] RegBegr. *Ganske* S. 240.
[3] §§ 2 Abs. 1 Satz 1, 23 Abs. 1 Satz 1 AktG, § 5 GenG.
[4] § 11 Abs. 2 Nr. 1 GenG.
[5] § 278 Abs. 1 AktG.
[6] § 194 Abs. 1 Nr. 3.
[7] §§ 42 Abs. 2 Satz 1, 47 Abs. 1 Satz 2, 48 Abs. 2 UmwG 1969.
[8] §§ 362 Abs. 2 Satz 1, 389 Abs. 2 Satz 1 AktG 1965.
[9] § 193 Abs. 1 Satz 2.
[10] § 218 Abs. 1 Satz 1.

Umwandlungsbeschluss festgestellt werden. Soweit der Umwandlungsbeschluss nach den allgemeinen Vorschriften Angaben zu enthalten hat[11], die Teil des Gesellschaftsvertrags bzw. der Satzung sind, kann im Umwandlungsbeschluss hierauf Bezug genommen werden. Dies gilt namentlich für die nähere Bestimmung der Anteile oder sonstigen Mitgliedschaftsrechte an dem Rechtsträger neuer Rechtsform[12]. Wie bei der Neugründung einer Gesellschaft enthält der neue Gesellschaftsvertrag oder die neue Satzung über die gesetzlich zwingend erforderlichen Bestimmungen hinaus zumeist auch weitere **fakultative Regelungen**[13]. Diese werden von der Feststellung ebenfalls erfasst. Nicht möglich ist, dass die Gesellschafter in den Gesellschaftsvertrag oder die Satzung lediglich die gesetzlichen Mindestbestimmungen aufnehmen und außerhalb des Umwandlungsbeschlusses eine ergänzende Regelung treffen[14]. Etwas anderes gilt nur, soweit es sich bei den Regelungen um schuldrechtliche Nebenabreden handelt.

6 In der Praxis wird der Gesellschaftsvertrag oder die Satzung dem Umwandlungsbeschluss zumeist als **Anlage** beifügt. Weil der Umwandlungsbeschluss notariell zu **beurkunden** ist[15], gilt die Satzung als mit beurkundet[16]. Da es sich beim Formwechsel aufgrund des Identitätsprinzips nicht um eine Neuerrichtung der Gesellschaft handelt, ist eine Unterzeichnung der Satzung durch die Gesellschafter als Teil des Umwandlungsbeschlusses nicht erforderlich, andererseits aber auch nicht schädlich[17]. Für die eG sieht Abs. 1 Satz 3 einen ausdrücklichen Verzicht auf das Erfordernis der Unterzeichnung vor. Stimmen einzelne Gesellschafter dem Formwechsel **nachträglich** zu, umfasst die zu notarieller Urkunde zu erklärende Zustimmung auch den Gesellschaftsvertrag bzw. die Satzung des Rechtsträgers neuer Rechtsform. Eine ausdrücklich auf den neuen Gesellschaftsvertrag oder die neue Satzung bezogene Zustimmungserklärung ist nicht erforderlich[18].

2. Mehrheiten

7 Der Umwandlungsbeschluss bedarf grundsätzlich der Einstimmigkeit[19]. Lässt der Gesellschaftsvertrag der formwechselnden Personenhandelsgesellschaft einen **Mehrheitsbeschluss** ausreichen[20], erstreckt sich diese Regelung auch auf den Abschluss des neuen Gesellschaftsvertrags bzw. die Feststellung der künftigen Satzung. Einer ausdrücklichen hierauf bezogenen Mehrheitsklausel bedarf es nicht[21]. Anderes gilt ausnahmsweise, wenn der Gesellschaftsvertrag zwar den Formwechsel aufgrund eines Mehrheitsbeschlusses zulässt, für Änderungen des Gesellschaftsvertrags im Übrigen aber Einstimmigkeit (oder ein qualifiziertes Mehrheitserfordernis) vorsieht. In diesem Fall bedarf eine Änderung derjenigen gesellschaftsvertraglichen Bestimmungen, die aufgrund des Formwechsels notwendigerweise geändert werden müssen (Firma, Sitz, Unternehmensgegenstand etc.), der Einstimmigkeit (bzw. der höheren Mehrheit).

3. Anwendung der Sachgründungsvorschriften

8 Die allgemeinen Bestimmungen über den Formwechsel verweisen auf die für die neue Rechtsform geltenden Gründungsvorschriften[22]. Dieser Verweis steht in einem gewissen

---

[11] § 194 Abs. 1.
[12] RegBegr. *Ganske* S. 218.
[13] Vgl. *Joost* in Lutter Rn 4.
[14] *Stratz* in Schmitt/Hörtnagl/Stratz Rn 3.
[15] § 193 Abs. 3.
[16] § 37 Abs. 1 Satz 2 BeurkG. Die beim Formwechsel in eine eG nach § 5 GenG erforderliche Schriftform wird damit ebenfalls gewahrt.
[17] *Dirksen* in Kallmeyer Rn 2.
[18] *Dirksen* in Kallmeyer Rn 2.
[19] § 217 Abs. 1 Satz 1.
[20] § 217 Abs. 1 Satz 3.
[21] *Dirksen* in Kallmeyer Rn 3; siehe auch BGHZ 85, 350, 360 f. „Freudenberg".
[22] § 5 Abs. 4 Satz 1 GmbHG bzw. § 32 Abs. 2 AktG iVm. § 197 Satz 1.

Spannungsverhältnis zu dem für den Formwechsel charakteristischen **Identitätsprinzip**[23], da bei einer unterstellten Identität des Rechtsträgers an sich kein Anlass für die Anwendung von Gründungsvorschriften besteht[24]. Verbreitet wird daher die Auffassung vertreten, dass die Sachgründungsvorschriften beim Formwechsel nur insoweit anzuwenden sind, wie bei der Personenhandelsgesellschaft selbst Sacheinlagen erbracht wurden[25]. Soweit die Personenhandelsgesellschaft im Wege einer Bargründung entstanden sei, bestünde keine Gefahr, dass die Gründungsvorschriften unterlaufen werden könnten. Da iRd. Formwechsels keine Bareinlagen erbracht werden, sondern das Grund- bzw. Stammkapital durch das Vermögen des formwechselnden Rechtsträgers belegt wird, erscheint es indessen sachgerechter, die Sachgründungsvorschriften generell anzuwenden[26]. Dies ergibt sich auch aus dem Erfordernis, anlässlich des Formwechsels einen Sachgründungsbericht zu erstatten[27]. Allerdings kommt es beim Formwechsel aufgrund der Identität des Rechtsträgers anders als bei der Sachgründung zu keiner Vermögensübertragung, so dass es nur um eine sinngemäße Anwendung der Sachgründungsvorschriften gehen kann[28]. Da beim Formwechsel keine Gründung im eigentlichen Sinne stattfindet, gilt das Sachgründungsrecht zudem nur hinsichtlich der Kapitaldeckung, also nicht, soweit es um die Technik des Einbringungsvorgangs selbst geht[29].

Aus dem Befund, dass das Vermögen des formwechselnden Rechtsträgers Gegenstand der „Sacheinlage" ist, ergibt sich: Im Gesellschaftsvertrag bzw. der **Satzung** ist festzusetzen, dass die Gesellschafter die Einlagen durch den Formwechsel aufgebracht haben[30]. Ferner ist ein **Sachgründungsbericht** anzufertigen, iRd. die für die Angemessenheit der Leistungen für Sacheinlagen wesentlichen Umstände darzulegen und die Jahresergebnisse der beiden letzten Geschäftsjahre anzugeben sind[31]. Im Fall des Formwechsels haben Vorstand und Aufsichtsrat darüber hinaus einen **Gründungsprüfungsbericht** zu erstatten[32]. Ein Formwechsel in eine eingetragene Genossenschaft ist nicht erst seit der Zulassung von Sacheinlagen bei der Genossenschaft durch das Gesetz zur Einführung der Europäischen Genossenschaft und zur Änderung des Genossenschaftsrechts vom 14.8.2006 zulässig; vielmehr schloss auch die zuvor nicht mögliche Erbringung von Sacheinlagen einen Formwechsel nicht aus[33].

III. Umwandlung in eine GmbH

Beim Formwechsel in die GmbH muss der künftige Gesellschaftsvertrag der GmbH im Umwandlungsbeschluss enthalten sein. Der Gesellschaftsvertrag hat dabei den im GmbH-Gesetz vorgesehenen Mindestanforderungen zu entsprechen[34].

---

[23] Siehe auch § 214 Rn 5.
[24] Siehe § 197 Rn 2; auch *Hennrichs* ZIP 1995, 794, 797 („Identitätsfiktion"); *Bärwaldt/Schabacker* ZIP 1998, 1293, 1297 („modifizierte Neugründung"); *Busch* AG 1995, 555 („Fall der qualifizierten Satzungsänderung unter Wahrung der Identität"); *Zöllner,* FS Claussen, 1997, S. 423, 430 („Kurzformel für die automatische Überleitung des Vermögens"); ähnlich *Priester,* FS Zöllner, S. 449, 453 ff.; zum Identitätsgrundsatz auch *Limmer,* FS Widmann, S. 51 ff.; *Fischer* BB 1995, 2173, 2174 f.
[25] *Decher* in Lutter § 197 Rn 16; *Meister/Klöcker* in Kallmeyer § 197 Rn 18.
[26] *Joost* in Lutter Rn 1, 4; *Dirksen* in Kallmeyer Rn 9; *Stratz* in Schmitt/Hörtnagl/Stratz § 219 Rn 2; *Greve* in Engl E. 2 Rn 7; zum RefE bereits *Schulze-Osterloh* ZGR 1993, 420, 445.
[27] § 220 Abs. 2.
[28] Siehe auch *Mayer* in Widmann/Mayer § 197 Rn 4.
[29] So zutreffend *Priester,* FS Zöllner, S. 449, 456.
[30] § 5 Abs. 4 Satz 1 GmbHG; § 27 Abs. 1 Satz 1 AktG; *Stratz* in Schmitt/Hörtnagl/Stratz § 220 Rn 4. Formulierungsbeispiel bei *Schmidt-Diemitz/Moszka* in MünchVertrHdb. XII. 2.
[31] *Joost* in Lutter Rn 17, 31; siehe im Einzelnen § 220 Rn 24 ff.
[32] Siehe auch § 220 Rn 29 ff.
[33] BGBl I 2006, 1911; zum vorherigen Recht *Vossius* in Widmann/Mayer Rn 12.
[34] §§ 3 ff. GmbHG.

1. Firma und Sitz

11 Der Gesellschaftsvertrag der GmbH muss eine Regelung über die Firma und den Sitz der Gesellschaft enthalten[35]. Die **Firma** des Rechtsträgers neuer Rechtsform hat bereits nach den allgemeinen Bestimmungen Bestandteil des Umwandlungsbeschlusses zu sein[36]. Ihre Bildung richtet sich nach allgemeinen GmbH-rechtlichen Grundsätzen[37], modifiziert durch das umwandlungsrechtliche Kontinuitätsprinzip[38]. Die Gesellschafter können daher eine Sach-, Personen- oder Fantasiefirma wählen. Die GmbH kann die von der Personenhandelsgesellschaft geführte Firma fortführen[39]. In jedem Fall muss die neue Firma jedoch den Haftungsbeschränkungszusatz „mit beschränkter Haftung" enthalten[40]. Zusätze, die typischerweise auf eine Personenhandelsgesellschaft hinweisen (zB Nachfolgezusätze) dürfen in der neuen Firma nicht beibehalten werden[41]. Hinweise auf die Rechtsform der formwechselnden Personenhandelsgesellschaft (OHG etc.) müssen entfallen. Keinen Bedenken unterliegt die Firmierung einer vormaligen A & Co. OHG als A & Co. GmbH[42].

12 Der Gesellschaftsvertrag muss des Weiteren den **Sitz** der Gesellschaft benennen. IdR wird es sich dabei um den bisherigen Firmensitz handeln[43]. Dabei ist grundsätzlich der Ort zum Sitz der Gesellschaft zu bestimmen, an dem die Gesellschaft einen Betrieb hat oder an dem sich die Geschäftsleitung befindet oder die Verwaltung geführt wird[44]. Die Gesellschafter können jedoch anlässlich des Formwechsels auch eine Sitzverlegung beschließen. In diesem Fall wird der Formwechsel erst mit Eintragung der Gesellschaft in das für den neuen Sitz der Gesellschaft zuständige Handelsregister wirksam[45].

2. Unternehmensgegenstand

13 Notwendiger Inhalt des Gesellschaftsvertrags ist der Gegenstand des Unternehmens[46]. Zumeist wird der Unternehmensgegenstand mit dem der Personenhandelsgesellschaft übereinstimmen. Die Gesellschafter können den Unternehmensgegenstand anlässlich des Formwechsels aber auch erweitern oder einschränken[47].

3. Gesellschafter

14 Die Gründungsgesellschafter sind im Gesellschaftsvertrag nicht notwendigerweise zu benennen[48]. Wie bei einer Neuerrichtung einer GmbH ist keine Mindestgründerzahl erforderlich.

---

[35] § 3 Abs. 1 Nr. 1 GmbHG.
[36] § 194 Abs. 1 Nr. 2.
[37] § 4 GmbHG.
[38] § 200.
[39] Vgl. *OLG Frankfurt* DB 1999, 733 f. zur zulässigen Weiterführung des Zusatzes „& Partner" nach einem Formwechsel einer OHG in die GmbH.
[40] § 4 GmbHG iVm. § 220.
[41] *Joost* in Lutter Rn 5; *Kögel* GmbHR 1996, 168, 174.
[42] *Schmidt-Diemitz/Moszka* in MünchVertrHdb. XII. 1 Anm. 5.
[43] § 106 Abs. 2 Nr. 2 HGB.
[44] § 4 a Abs. 2 GmbHG.
[45] § 198 Abs. 2 Satz 4. Seit dem zum 25.4.2007 in Kraft getretenen Zweiten Gesetz zur Änderung des UmwG (BGBl I S. 542) enthält die Vorschrift eine Erleichterung, wonach es bei taggleicher Eintragung der Umwandlung in den Registern aller beteiligten Rechtsträger der Eintragung eines auf das neue Register verweisenden Vermerks nicht mehr bedarf.
[46] § 3 Abs. 1 Nr. 2 GmbHG.
[47] *Joost* in Lutter Rn 7.
[48] So iE auch *Stratz* in Schmitt/Hörtnagl/Stratz Rn 5; aA aber *Dirksen* in Kallmeyer Rn 4.

4. Stammkapital

Anders als bei Personenhandelsgesellschaften, die ein festes Kapital, an das Kapitalaufbringungs- und -erhaltungsvorschriften anknüpfen, nicht kennen, muss der Gesellschaftsvertrag der GmbH ein Stammkapital festsetzen[49]. Das Stammkapital hat mindestens Euro 25 000 zu betragen[50]. An die Höhe des Nominalbetrags ihrer Einlage in die formwechselnde Personengesellschaft sind die Gesellschafter bei der Festsetzung des Grundkapitals nicht gebunden. Der Nennbetrag des Stammkapitals darf das nach Abzug der Schulden verbleibende Vermögen nicht übersteigen[51]. Das Reinvermögen der Gesellschaft bildet damit die **Obergrenze** für die Stammkapitalziffer; es muss im Zeitpunkt der Eintragung des Formwechsels in das Handelsregister mindestens Euro 25 000 erreichen. Innerhalb dieser Grenzen sind die Gesellschafter sind in der Festsetzung des Stammkapitals grundsätzlich frei[52]. Entscheidend ist allein, dass das Stammkapital der GmbH durch das Reinvermögen der Gesellschaft gedeckt ist[53]. Liegt die geforderte Reinvermögensdeckung nicht vor, ist ein Formwechsel ausgeschlossen. Die Gesellschafter sind dann zunächst gezwungen, das Stammkapital vor dem Formwechsel entsprechend aufzufüllen[54]. Umgekehrt können die Gesellschafter ein im Vergleich zu dem Nominalbetrag ihrer Einlagen niedrigeres Stammkapital bei der GmbH festsetzen, ohne dass dabei die Kapitalherabsetzungsvorschriften beachtet werden müssten[55]. Die Gesellschafter sind schließlich nicht daran gehindert, im Zuge des Formwechsels eine **Kapitalerhöhung** gegen Erbringung weiterer Bar- oder Sacheinlagen zu beschließen[56].

Übersteigt das Reinvermögen der Gesellschaft die Summe der Stammeinlagen, können die entsprechenden Beträge in die **Rücklagen** eingestellt werden[57]. Alternativ ist auch eine Umwandlung in ein **Darlehen** der Gesellschafter im Verhältnis ihrer Beteiligung möglich[58], wobei es nicht notwendig sein soll, die Darlehenssumme im Einzelnen zu beziffern[59]. In Betracht kommt schließlich eine **Auszahlung** an die Gesellschafter. Für die Kommanditisten ist eine Auszahlung richtigerweise dann nicht mit einer Einlagenrückgewähr verbunden, wenn diese nach Eintragung des Formwechsels in nach Maßgabe der GmbH-rechtlichen Vorschriften zulässiger Weise erfolgt[60].

5. Stammeinlagen

Der Gesellschaftsvertrag der GmbH muss den Betrag der von jedem Gesellschafter übernommenen Stammeinlage enthalten[61]. Nach der allgemeinen Regelung sind im Umwandlungsbeschluss Zahl, Art und Umfang der Anteile, die die Anteilsinhaber durch den Form-

---

[49] § 3 Abs. 1 Nr. 3 GmbHG.
[50] § 5 Abs. 1 GmbHG. Der RegE eines Gesetzes zur Modernisierung des GmbH-Rechts und zur Bekämpfung von Missbräuchen (MoMiG) vom 23.5.2007 sieht ein Mindestkapital von Euro 10 000 vor. Damit hat sich der Gesetzgeber entschieden, am Konzept des Gläubigerschutzes durch ein Nominalkapital festzuhalten, vgl. zur Diskussion über Alternativen *Mülbert*, Der Konzern 2004, 151.
[51] § 220.
[52] *Joost* in Lutter Rn 9; *Laumann* in Goutier/Knopf/Tulloch Rn 7; *Wiedemann* ZGR 1999, 568, 580.
[53] Siehe § 220 Rn 7 ff.
[54] Zu Einzelheiten siehe § 220 Rn 17; *Limmer* in Limmer Rn 2165.
[55] *Limmer*, FS Widmann, S. 51, 62.
[56] *Laumann* in Goutier/Knopf/Tulloch Rn 16.
[57] *Joost* in Lutter Rn 9; *Dirksen* in Kallmeyer Rn 8.
[58] *Joost* in Lutter Rn 9; *Dirksen* in Kallmeyer Rn 8; *Schmidt-Diemitz/Moszka* in MünchVertrHdb. XII. 3 Anm. 3. Nach *Vossius* in Widmann/Mayer § 220 Rn 5 ist eine Gewährung als Darlehen durch die Gesellschafter erst möglich, nachdem der zunächst in die Rücklage eingestellte Betrag ihnen ausgeschüttet wurde. Differenzierend auch *Mayer* in MünchHdbGesR Bd. 3 § 73 Rn 335: Ausweis als Darlehensforderung nur hinsichtlich übertragener Privatkonten.
[59] *Dirksen* in Kallmeyer Rn 8; *Schwedhelm* Rn 1666.
[60] Str., siehe § 220 Rn 11.
[61] § 3 Abs. 1 Nr. 4 GmbHG.

wechsel erlangen sollen, anzugeben[62]. Die Gesellschafter müssen anlässlich des Formwechsels keine gesonderte Einlage erbringen. Da das Vermögen der formwechselnden Personenhandelsgesellschaft mit dem der GmbH identisch ist, erbringen die Gesellschafter ihre Einlage der Sache nach durch die Umwandlung der Personenhandelsgesellschaft in die GmbH. Genau betrachtet handelt es sich bei der Einlageerbringung demnach um eine Zuordnung von Stammeinlagen als Rechnungsgrößen[63]. Dem bei Gründung einer GmbH bestehenden Erfordernis, in der Satzung den Gegenstand der Sacheinlage und den Betrag der Stammeinlage, auf die sich die Sacheinlage bezieht, festzusetzen[64], wird beim Formwechsel dadurch genügt, dass der Gesellschaftsvertrag die Stammeinlagen nach den Gesellschaftern bezeichnet und bestimmt, dass die Gesellschafter die Sacheinlagen durch den Formwechsel der Gesellschaft in die Rechtsform der GmbH aufgebracht haben[65].

18 Jede Stammeinlage muss mindestens Euro 100 betragen[66]; ihr Betrag muss durch 50 teilbar sein[67]. Schließlich muss die Summe der Stammeinlagen mit der Stammkapitalziffer identisch sein. Ob den Gesellschaftern iRd. Formwechsels nur **eine** oder **mehrere Stammeinlagen** zugewiesen werden können, ist umstritten[68]. Nach dem Wortlaut des § 194 Abs. 1 Nr. 4 muss „die Zahl, Art und Umfang der Anteile" im Umwandlungsbeschluss bestimmt werden. Deshalb sprechen die besseren Gründe dafür, dass die Beschränkung auf die Übernahme eines Anteils beim Formwechsel nicht eingreift[69].

19 Ausgehend von der Höhe des Stammkapitals bestimmt sich die **Höhe** der von jedem Gesellschafter übernommenen Stammeinlage nach dem Verhältnis seiner Beteiligung am Gesellschaftsvermögen. Maßgebend ist dabei die gesellschaftsvertragliche Beteiligung der Gesellschafter an einem Liquidationsguthaben[70]. Sofern der Gesellschaftsvertrag ausnahmsweise keine abweichende Bestimmung enthalten sollte, richtet sich die Beteiligung der Gesellschafter am Vermögen nach Köpfen. Zumeist bestimmt der Gesellschaftsvertrag, dass sich die Beteiligung nach dem Verhältnis der Kapitalanteile der Gesellschafter bemisst. Der Gesellschaftsvertrag sieht idR die Bildung von Kapitalkonten vor, auf denen die Einlagen der Gesellschafter fest gebucht werden. Daneben bestehen regelmäßig variable Konten, auf denen Verluste, Gewinne, Zuzahlungen in die Rücklagen und Entnahmen gebucht werden. Beträge auf Konten mit **Eigenkapitalcharakter** (zB Rücklagenkonto) sind den auf den festen Kapitalkonten gebuchten Beträgen hinzuzurechnen oder von ihnen abzuziehen[71]. Alle anderen, insbesondere die auf den Darlehenskonten verbuchten Beträge, werden in der GmbH zu Fremdkapital.

20 Die Gesellschafter sind bei der Aufteilung der Stammeinlagen in der GmbH nicht an die im Gesellschaftsvertrag der Personenhandelsgesellschaft enthaltene Regelung gebunden. Sie können vielmehr auch einen **nichtverhältniswahrenden Formwechsel** beschließen[72].

---

[62] § 194 Abs. 1 Nr. 4.
[63] So zutreffend *Joost* in Lutter Rn 10.
[64] § 197 iVm. § 5 Abs. 4 Satz 1 GmbHG.
[65] *Joost* in Lutter Rn 12; *Dirksen* in Kallmeyer Rn 9.
[66] § 5 Abs. 1 GmbHG.
[67] § 5 Abs. 3 GmbHG. Der RegE eines Gesetzes zur Modernisierung des GmbH-Rechts und zur Bekämpfung von Missbräuchen (MoMiG) vom 23.5.2007 sieht nur noch eine auf volle Euro lautende Stammeinlage jedes Gesellschafters vor.
[68] Dafür *Dirksen* in Kallmeyer Rn 9; *Laumann* in Goutier/Knopf/Tulloch Rn 8; *Veil*, Umwandlung einer Aktiengesellschaft in eine Gesellschaft mit beschränkter Haftung, 1996, S. 104; *Happ* in Lutter Umwandlungsrechtstage S. 237; dagegen *Joost* in Lutter Rn 10.
[69] § 197 iVm. § 5 Abs. 2 GmbHG; vgl. aber auch § 197 Rn 24.
[70] *Joost* in Lutter Rn 11; *Dirksen* in Kallmeyer Rn 10; *Sagasser/Sickinger* in Sagasser/Bula/Brünger R Rn 78.
[71] *Dirksen* in Kallmeyer Rn 10; vgl. auch *Vossius* in Widmann/Mayer Rn 22; *Limmer* in Limmer Rn 2300.
[72] *Joost* in Lutter Rn 10; *Laumann* in Goutier/Knopf/Tulloch Rn 7; *Decher* in Lutter Umwandlungsrechtstage S. 201, 216; *Schwedhelm* Rn 1662; *Bayer* ZIP 1997, 1613, 1616; *Eilers/Müller-Eising* WiB 1995,

Die abweichende Verteilung der Anteile bedarf zumindest der Zustimmung der hiervon betroffenen Gesellschafter. Diese können nicht auf eine bare Zuzahlung verwiesen werden[73]. Ob eine Zustimmung aller Gesellschafter erforderlich ist, hängt davon ab, ob nach dem Gesellschaftsvertrag entsprechend der gesetzlichen Regel die Übertragung von Gesellschaftsanteilen an die Zustimmung aller Gesellschafter geknüpft ist. Anderenfalls könnten die Übertragungsbeschränkungen iRd. Formwechsels umgangen werden. Möglich ist auch, Geschäftsanteile zu bilden, denen bei der Gewinnverteilung ein **Vorzug** zukommt[74]. Auf diese Weise kann eine bei der Personenhandelsgesellschaft von den Kapitalkonten abweichende Gewinnverteilung perpetuiert werden. Sind die Anteile zu niedrig bemessen, kann eine Verbesserung des Beteiligungsverhältnisses durch Barzahlung erreicht werden[75].

Aufgrund des Kontinuitätsprinzips[76] muss grundsätzlich jeder Gesellschafter der Personenhandelsgesellschaft auch Gesellschafter der GmbH sein und deswegen eine Stammeinlage übernehmen[77]. Dies führt zu Problemen bei **Kapitalgesellschaften & Co.**, da dort die Komplementär-Gesellschaft idR nicht am Vermögen der formwechselnden Personenhandelsgesellschaft beteiligt ist und daher bei der GmbH keinen Geschäftsanteil mit einer Sacheinlage belegen kann[78]. Welche Konsequenzen sich hiermit verbinden, ist streitig. Nach der noch hM muss die Komplementär-GmbH vor dem Formwechsel von einem Kommanditisten (ggf. treuhänderisch) einen Teilkommanditanteil erwerben[79]. Ein Ausscheiden der Komplementär-Gesellschaft auf den Tag des Wirksamwerdens der Umwandlung in eine Kapitalgesellschaft sei aufgrund des Identitätsprinzips ausgeschlossen[80]. Nach einer im Vordringen befindlichen Meinung kann die nicht am Vermögen der Gesellschaft beteiligte Komplementär-Gesellschaft demgegenüber mit Wirksamwerden des Formwechsels aus der Gesellschaft ausscheiden[81]. Letzterer Ansicht ist zuzustimmen[82]. Die Rechtsinstitute des Ein- und Austritts von Gesellschaftern werden durch das UmwG nicht berührt. Das Identitätsprinzip soll nur einen unfreiwilligen Ausschluss von Gesellschaftern (*squeeze out*) verhindern[83]. Im Übrigen muss es, wenn man mit der ganz hM einen nicht verhältniswahrenden Formwechsel zulässt[84], konsequenterweise auch möglich sein, der Komplementär-GmbH in dem Rechtsträger neuer Rechtsform überhaupt keinen Anteil

---

449, 451; *Fischer* BB 1995, 2173, 2176; *Priester* DB 1997, 560, 566; *Limmer*, FS Widmann, S. 51, 63; *Veil* DB 1996, 2529; *Zürbig* S. 69 ff.; *Limmer* in Limmer Rn 2169.

[73] *Meister/Klöcker* in Kallmeyer § 196 Rn 8; *Zürbig* S. 70.

[74] § 29 Abs. 3 Satz 2 GmbHG; siehe *Dirksen* in Kallmeyer Rn 10; *Sagasser/Sickinger* in Sagasser/Bula/Brünger R Rn 79.

[75] Siehe dazu im Einzelnen § 196 Rn 11.

[76] § 202 Abs. 1 Nr. 1.

[77] *Joost* in Lutter Rn 11; *Dirksen* in Kallmeyer Rn 8; *Kallmeyer* ZIP 1994, 1746, 1751; *K. Schmidt* GmbHR 1995, 693.

[78] Aber auch dann, wenn die Komplementär-GmbH am Kapital der KG beteiligt ist, ist häufig nicht gewollt, dass sie an der GmbH beteiligt bleibt.

[79] *Decher* in Lutter § 202 Rn 16 f.; *von der Osten* GmbHR 1995, 438, 439 *Mayer* MittBayNot 1997, 329, 331; wohl auch *Laumann* in Goutier/Knopf/Tulloch Rn 13; *Schulze zur Wiesche* DB 1996, 1539, 1545; siehe auch Nr. 24 des Vorschlags des Handelsrechtsausschusses des DAV zur Änderung des Umwandlungsgesetzes vom April 2000, veröffentlicht unter anwaltsverein.de.

[80] Vgl. etwa *Mayer* in MünchHdbGesR Bd. 3 § 73 Rn 312.

[81] Im Ergebnis, wenn auch mit Unterschieden im Begründungsansatz *K. Schmidt* GmbHR 1995, 693, 696; *ders.* GesR § 13 II 3 e); *Kallmeyer* GmbHR 1995, 888, 889; *ders.* GmbHR 1996, 80; *Priester* DB 1997, 560, 566; *Zürbig* S. 58 ff., auch der BGH hat in einer zum LAnpG ergangenen Entscheidung angedeutet, dass der Beitritt eines Gesellschafters zulässig ist, vgl. *BGH* ZIP 1999, 1126, 1128; vgl. *BGH* ZIP 1995, 422, 425; offen gelassen vom *BayObLG* DNotI-Report 2000, 7.

[82] Siehe auch § 194 Rn 8.

[83] *Wiedemann* ZGR 1999, 568, 578.

[84] Siehe Rn 20.

§ 218 22–25　　　　　　　　　　　　　　　　　　　　Fünftes Buch. Formwechsel

zuzuweisen („nicht verhältniswahrender Formwechsel zu Null")[85]. In diesem Fall scheidet die Komplementär-Gesellschaft mit Wirksamwerden des Formwechsels aus der Gesellschaft aus.

22　Bis zu einer Klärung dieser Rechtsfrage empfiehlt es sich allerdings, den sicheren **Weg** zu gehen: Die Komplementär-Gesellschaft erwirbt von einem Kommanditisten aufgrund einer privatschriftlichen Vereinbarung treuhänderisch einen Teilkommanditanteil. Nach Eintragung der Herabsetzung der Kommanditeinlage des übertragenden Kommanditisten und des Formwechsels im Handelsregister überträgt die Komplementärin den dann zum Geschäftsanteil gewordenen Anteil auf den Kommanditisten zurück. **Alternativ** kommt in Betracht, dass die Komplementär-Gesellschaft vor dem Umwandlungsbeschluss aus der Gesellschaft ausscheidet. Da eine KG ohne Komplementär nicht denkbar ist, wird die Gesellschaft aufgelöst und zur Liquidationsgesellschaft[86]. Dies steht ihrer Umwandlung nicht entgegen, da die Gesellschafter die Fortsetzung der Gesellschaft noch beschließen können[87]. Der alternativ vorgeschlagene Weg[88], dass die Komplementär-Gesellschaft vor dem Formwechsel aus der Gesellschaft ausscheidet und an ihrer Stelle ein Kommanditist die Rolle des persönlich haftenden Gesellschafters übernimmt, ist zwar konstruktiv denkbar, hat indessen den durchgreifenden Nachteil, dass der neue Komplementär für die Altschulden in voller Höhe haftet[89].

23　Waren die Abtretung der Gesellschaftsanteile an der formwechselnden Personenhandelsgesellschaft entsprechend der gesetzlichen Regel an die Zustimmung der übrigen Gesellschafter geknüpft, kann die **Vinkulierung** durch eine entsprechende gesellschaftsvertragliche Klausel in die GmbH transformiert werden[90].

6. Geschäftsführung

24　IRd. Umwandlung sind darüber hinaus die Geschäftsführer der GmbH zu bestellen. Die Bestellung der Geschäftsführer erweist sich bereits deswegen als erforderlich, weil der Formwechsel durch die Mitglieder des künftigen Vertretungsorgans anzumelden ist[91]. Die Bestellung erfolgt grundsätzlich durch die Gesellschafter der formwechselnden Gesellschaft[92]. Sie kann entweder im Gesellschaftsvertrag oder im Umwandlungsbeschluss erfolgen[93]. Eine sich nachträglich als fehlerhaft herausstellende Bestellung lässt die Wirksamkeit des eingetragenen Formwechsels unberührt[94].

25　Anders ist es, wenn die Gesellschaft in den Anwendungsbereich des **MitbestG 1976** fällt. In diesem Fall erfolgt die Bestellung der Geschäftsführer nicht durch die Gesellschafter, sondern durch den Aufsichtsrat[95]. Zudem ist ein Arbeitsdirektor als gleichberechtigtes Mitglied der Geschäftsführung zu bestellen[96]. Handelt es sich bei dem formwechselnden Rechtsträger etwa um eine **GmbH & Co. KG**, die selbst oder gemeinsam mit ihren Konzernunter-

---

[85] *Priester* DB 1997, 560, 566; aA *Mayer* in MünchHdbGesR Bd. 3 § 73 Rn 313.
[86] *Salger* in Sudhoff § 45 Rn 5, 56 mwN. Anders ist dies nur in der zweigliedrigen Gesellschaft; diese erlischt bei Ausscheiden des Komplementärs bei gleichzeitiger Anwachsung des Vermögens beim Kommanditisten, vgl. dazu *Schlitt* in Sudhoff § 29 Rn 56 ff.
[87] *Dirksen* in Kallmeyer² Rn 12; aA *Mayer* in MünchHdbGesR Bd. 3 § 73 Rn 312. Siehe § 214 Rn 23.
[88] *Laumann* in Goutier/Knopf/Tulloch Rn 13.
[89] §§ 130, 128, 129 HGB; *Dirksen* in Kallmeyer² Rn 12.
[90] § 15 Abs. 5 GmbHG.
[91] § 222 Abs. 1.
[92] *Joost* in Lutter Rn 14.
[93] § 6 Abs. 3 Satz 2 GmbHG iVm. § 197.
[94] *Buchner/Schlobach* GmbHR 2004, 1, 4. Anders bei von vornherein gänzlich fehlendem Beschluss, *Kort* DStR 2004, 185, 186 mit Hinweisen zur obergerichtlichen Rechtsprechung zum Bestandsschutz eigetragener Umwandlungen.
[95] §§ 25, 31 MitbestG 1976.
[96] § 33 Abs. 1 MitbestG 1976.

nehmen regelmäßig mehr als 2000 Arbeitnehmer beschäftigt und bei deren Komplementär-Gesellschaft demgemäß ein mitbestimmter Aufsichtsrat zu bilden ist[97], erfolgt die Bestellung der Geschäftsführer durch den Aufsichtsrat der Komplementär-Gesellschaft[98].

7. Aufsichtsrat

Nach der gesetzlichen Regel ist bei der GmbH grundsätzlich kein Aufsichtsrat zu bilden[99]. **26** Die Notwendigkeit zur Bildung eines Aufsichtsrats kann sich jedoch aus den mitbestimmungsrechtlichen Vorschriften ergeben. War die Personenhandelsgesellschaft zunächst **mitbestimmungsfrei**, ist bei der Kapitalgesellschaft erstmals ein Aufsichtsrat zu bilden, wenn die Gesellschaft mehr als 500 Arbeitnehmer beschäftigt und demgemäß dem **DrittelbG** unterliegt[100] oder wenn sie über mehr als 2 000 Arbeitnehmer verfügt und demgemäß in den Anwendungsbereich des **MitbestG 1976** fällt.

Die Bestellung der **Anteilseignervertreter** erfolgt iRd. Umwandlungsbeschlusses durch **27** die Gesellschafter der Personenhandelsgesellschaft, d. h. vor Wirksamwerden des Formwechsels[101]. Umstritten ist, ob dies auch für die **Arbeitnehmervertreter** gilt. Nach einer vereinzelten Auffassung finden insoweit die aktienrechtlichen Bestimmungen über die Bildung und Zusammensetzung des ersten Aufsichtsrats[102] Anwendung[103]. Da das GmbH-Recht für die Bildung eines mitbestimmten Aufsichtsrats keine entsprechende Regelung vorsehe, sei die Lücke durch eine analoge Anwendung der aktienrechtlichen Vorschriften zu schließen. Eine andere Meinung nimmt unter Hinweis darauf, dass im Gründungsstadium der GmbH bis zur Eintragung in das Handelsregister kein mitbestimmter Aufsichtsrat zu bilden ist[104], an, dass es einer Mitwirkung der Aufsichtsratsmitglieder auf keinen Fall bedarf[105]. Die wohl hM steht auf dem Standpunkt, dass bis zum Wirksamwerden des Formwechsels die Arbeitnehmervertreter zwar bestellt sein müssen, die Bestellung erforderlichenfalls aber auch gerichtlich erfolgen kann[106]. Dem ist zuzustimmen. Zunächst ist zutreffend, dass die aktienrechtlichen Vorschriften über den ersten Aufsichtsrat angesichts des auch in der nF klaren Wortlauts des § 197 nicht anwendbar sind[107]. Auch der Gesetzgeber ist davon ausgegangen, dass die Vertretung der Arbeitnehmer im Aufsichtsrat bereits im Zeitpunkt des Wirksamwerdens des Formwechsels gesichert ist[108]. Die Bestellung der Arbeitnehmervertreter muss damit grundsätzl-

---

[97] §§ 4, 5 MitbestG 1976.
[98] *Dirksen* in Kallmeyer Rn 15. Siehe auch Rn 28.
[99] Vgl. § 52 GmbHG.
[100] §§ 4 Abs. 1, 1 Abs. 1 Nr. 3 DrittelbG. Arbeitnehmer von Konzernunternehmen werden zugerechnet, wenn ein Beherrschungsvertrag besteht oder das abhängige Unternehmen in das herrschende Unternehmen eingegliedert ist, § 2 Abs. 2 DrittelbG.
[101] *Joost* in Lutter Rn 16. Nach *Laumann* in Goutier/Knopf/Tulloch Rn 15 soll dann, wenn bei der Personenhandelsgesellschaft ein fakultativer Aufsichtsrat eingerichtet war, das Prinzip der Amtskontinuität zur Anwendung kommen. Dies erscheint wegen der möglicherweise unterschiedlichen Funktion eines solchen Kontrollgremiums zweifelhaft, so auch *Decher* in Lutter § 203 Rn 7.
[102] § 31 AktG.
[103] *Joost* in Lutter Rn 16; *ders.*, FS Claussen, S. 187 ff.; wohl auch *Laumann* in Goutier/Knopf/Tulloch Rn 34.
[104] HM BayObLG NJW-RR 2000, 1482; *Hueck/Fastrich* in Baumbach/Hueck § 6 GmbHG Rn 24 mwN; *Vossius* in Widmann/Mayer § 222 Rn 17; aA *Raiser* in Hachenburg § 52 GmbHG Rn 160.
[105] *Vossius* in Widmann/Mayer § 222 Rn 18; *Stratz* in Schmitt/Hörtnagl/Stratz § 222 Rn 3.
[106] *Dirksen* in Kallmeyer Rn 16.
[107] *Dirksen* in Kallmeyer Rn 16; *Decher* in Lutter § 203 Rn 23; *Bärwaldt/Jahntz*, Buchbesprechung zu Lutter, Umwandlungsgesetz, Kommentar, NJW 2001, 2312 f. Mit der Anfügung des § 197 Satz 3 durch das zum 25.4.2007 in Kraft getretene Zweite Gesetz zur Änderung des UmwG (BGBl I S. 542) griff der Gesetzgeber einen Vorschlag des DAV-Handelsrechtsausschusses (Nr. 23, abrufbar unter anwaltverein.de) auf, beschränkt die Anwendbarkeit des § 31 AktG jedoch ausdrücklich auf den Formwechsel in eine AG, siehe dazu unten Rn 42.
[108] RegBegr. *Ganske* S. 221.

ich bis zum Wirksamwerden des Formwechsels abgeschlossen sein[109]. Dieser Befund zwingt allerdings nicht zu der Annahme, dass die Durchführung des **Statusverfahrens**[110] und das langwierige, uU zu einer Verzögerung der Eintragung des Formwechsels führende Wahlverfahren der Arbeitnehmer in diesem Zeitpunkt bereits abgeschlossen sein muss. Vielmehr können die Arbeitnehmervertreter bis zum Abschluss des Wahlverfahrens zunächst **gerichtlich bestellt** werden[111]. Das Amt der gerichtlich bestellten Aufsichtsratsmitglieder endet mit der Wahl der Arbeitnehmervertreter nach Maßgabe der mitbestimmungsrechtlichen Vorschriften[112].

28 Verfügt bereits die Komplementär-Gesellschaft der formwechselnden Personenhandelsgesellschaft & Co. KG über einen mitbestimmten Aufsichtsrat nach dem **MitbestG 1976**, weil die KG oder ihre Konzernunternehmen über mehr als 2000 Arbeitnehmer beschäftigen[113], wird der Aufsichtsrat zum Aufsichtsrat der GmbH, ohne dass sich etwas an seiner Zusammensetzung aufgrund der Umwandlung ändern würde[114]. Das **Kontinuitätsprinzip** findet in diesem Fall jedenfalls analoge Anwendung.

29 Angaben über den mitbestimmten Aufsichtsrat im **Gesellschaftsvertrag** sind nicht zwingend erforderlich[115], aber üblich und zweckmäßig[116] und ggf. im Umwandlungsbeschluss zu machen[117]. Die Wahl der Anteilseignervertreter erfolgt außerhalb der Satzung im Umwandlungsbeschluss.

30 Unterfällt die GmbH nicht den mitbestimmungsrechtlichen Regeln, kann der künftige Gesellschaftsvertrag der GmbH einen **fakultativen** Aufsichtsrat vorsehen[118], dessen Mitglieder ausschließlich durch die Anteilseigner bestellt werden[119]. Die Bestellung ist Gegenstand des Umwandlungsbeschlusses[120].

8. Weitere Regelungen

31 Die Gesellschafter können im Zuge des Formwechsels weitere Verpflichtungen übernehmen (zB Erbringung weiterer Kapitaleinlagen)[121]. Auch insoweit bedarf es einer Regelung im Gesellschaftsvertrag der GmbH[122]. Hinsichtlich des **Gründungsaufwands**, der die gesamten Kosten des Formwechsels umfasst, gilt die aktienrechtliche Regelung entsprechend[123].

---

[109] Aus der Unanwendbarkeit des § 31 AktG folgt des Weiteren, dass der mitbestimmte Aufsichtsrat von Anfang an für eine volle Amtszeit zu wählen ist.
[110] §§ 97 ff. AktG.
[111] Dies ergibt sich aus einer zumindest analogen Anwendung von § 104 AktG. *Dirksen* in Kallmeyer Rn 14, 16; *Decher* in Lutter § 203 Rn 21; siehe auch Nr. 23 des Vorschlags des Handelsrechtsausschuss des DAV, veröffentlicht unter anwaltsverein.de. Die zum Gründungsstadium der GmbH ergangene Entscheidung des *BayObLG* NJW-RR 2000, 1482 steht dem nur scheinbar entgegen, da bei Formwechsel in die GmbH – anders als bei der Gründung – dem Aufsichtsrat eine Zuständigkeit hinsichtlich der Anmeldung zugewiesen ist.
[112] *Vossius* in Widmann/Mayer § 222 Rn 24.
[113] §§ 4, 5 MitbestG 1976.
[114] *Decher* in Lutter § 203 Rn 4; *Dirksen* in Kallmeyer Rn 15; *Zürbig* S. 76 f.; *Schlitt*, Die Satzung der KGaA, S. 26; *Buchner/Schlobach* GmbHR 2004, 1, 3; aA *Joost* in Lutter Rn 16.
[115] *Joost* in Lutter Rn 16.
[116] *Dirksen* in Kallmeyer Rn 16.
[117] § 194 Abs. 1 Nr. 7 UmwG.
[118] § 52 GmbHG.
[119] Zu Vereinbarungen über eine freiwillige Erweiterung der Mitbestimmung *Ihrig/Schlitt* NZG 1999, 333 ff.
[120] *Joost* in Lutter Rn 15.
[121] *Joost* in Lutter Rn 13.
[122] § 3 Abs. 2 GmbHG.
[123] Siehe Rn 43.

IV. Umwandlung in eine AG

Im Fall der Umwandlung einer Personenhandelsgesellschaft in eine AG muss die künftige 32
Satzung der AG im Umwandlungsbeschluss festgestellt werden. Die Satzung der AG hat den
im AktG vorgesehenen Mindestanforderungen zu entsprechen[124].

1. Firma und Sitz

Die Satzung muss die **Firma** der Gesellschaft bezeichnen[125]. Auch bei einer AG kann eine 33
Personen-, Sach- oder Fantasiefirma gebildet werden. Die Firma muss den Rechtsformzusatz
„Aktiengesellschaft" oder eine allgemein verständliche Abkürzung (zB AG) enthalten[126]. Zur
Firmenfortführung gilt das zur GmbH Gesagte[127].

Als **Sitz** hat die Satzung idR den Ort, an dem die Gesellschaft einen Betrieb unterhält 34
oder an dem sich die Geschäftsleitung befindet oder die Verwaltung geführt wird, zu bestimmen[128]. Der Sitz der Gesellschaft wird idR unverändert bleiben. Anlässlich des Formwechsels
kann aber auch eine Änderung des Sitzes beschlossen werden[129].

2. Unternehmensgegenstand

Die Satzung muss ferner den Gegenstand des Unternehmens enthalten[130]. Bei Industrie- 35
und Handelsunternehmen ist die Art der hergestellten bzw. gehandelten Erzeugnisse und
Waren anzugeben. Im Übrigen gelten die zur GmbH gemachten Ausführungen entsprechend[131].

3. Gesellschafter

Im Beschluss über den Formwechsel sind die Gründungsgesellschafter anzugeben[132]. Dies 36
sind grundsätzlich alle Gesellschafter. Ist nach dem Gesellschaftsvertrag eine Mehrheitsentscheidung zulässig, werden als Gründer nur diejenigen Gesellschafter behandelt, die für den
Formwechsel gestimmt haben. Wie bei der Neugründung gibt es keine Mindestzahl von
Gründern. Eine namentliche Nennung der künftigen Aktionäre in der Satzung ist nicht erforderlich.

4. Grundkapital, Aktien

In der Satzung ist das **Grundkapital** der Gesellschaft anzugeben[133]. Das Grundkapital hat 37
mindestens Euro 50 000 zu betragen[134]. Im Übrigen sind die Gesellschafter in der Festsetzung
des Grundkapitals grundsätzlich frei. Die Obergrenze des Grundkapitals wird indessen – wie
bei der GmbH – durch das Reinvermögen der formwechselnden Personenhandelsgesellschaft gezogen[135]. Die Gesellschafter können eine niedrigere Grundkapitalziffer als den Wert
des Vermögens der Gesellschaft wählen. Darüber hinaus können die Gesellschafter anlässlich

---

[124] § 23 Abs. 3 und 4 AktG.
[125] § 23 Abs. 3 Nr. 1 AktG.
[126] § 4 AktG.
[127] Siehe Rn 11.
[128] § 5 Abs. 2.
[129] Siehe Rn 12.
[130] § 23 Abs. 3 Nr. 2 AktG.
[131] Siehe Rn 13.
[132] § 23 Abs. 2 Nr. 1 AktG iVm. § 197 Satz 1.
[133] § 23 Abs. 3 Nr. 3 AktG.
[134] § 7 AktG.
[135] § 220 Abs. 1.

der Umwandlung weitere Bar- oder Sacheinlagen erbringen. Insoweit gilt das zur GmbH Ausgeführte entsprechend[136].

38 Aus der Satzung muss sich ferner ergeben, ob das Grundkapital in **Nennbetrags- oder Stückaktien** eingeteilt ist[137]. Bei der Ausgabe von Nennbetragsaktien sind der Nennbetrag und die Zahl der Aktien jeden Nennbetrags zu bezeichnen. Der Nennbetrag einer Aktie beträgt mindestens Euro 1[138]. Bei Stückaktien genügt die Angabe der Gesamtzahl der Aktien. Anlässlich des Formwechsels kann der zwingend einheitliche Anteil des Gesellschafters der Personenhandelsgesellschaft in **verschiedene Aktien** zerlegt werden.

39 Darüber hinaus können verschiedene **Aktiengattungen** begründet werden, indem die Aktien mit verschiedenen Rechten, insbesondere hinsichtlich der Verteilung des Gewinns und des Gesellschaftsvermögens, ausgestattet werden[139]. Bestehen verschiedene Gattungen, sind die einzelnen Gattungen sowie die hierauf entfallende Zahl von Aktien zu bezeichnen. Die Ausgabe von Vorzugsaktien kommt insbesondere dann in Betracht, wenn eine im Gesellschaftsvertrag der Personenhandelsgesellschaft enthaltene, von den Kapitalanteilen abweichende Gewinnberechtigung perpetuiert werden soll. Zu bestimmen ist schließlich, ob die Aktien der Gesellschaft auf den **Inhaber** oder den **Namen** lauten[140]. Sind Bareinlagen noch nicht vollständig geleistet, kommt nur die Ausgabe von Namensaktien in Betracht[141]. In dem Gesellschaftsvertrag der formwechselnden Personenhandelsgesellschaft begründete Nebenleistungsverpflichtungen können nur bei Ausgabe vinkulierter Namensaktien in die AG transportiert werden[142]. War die Abtretung der Gesellschaftsanteile an der formwechselnden Personenhandelsgesellschaft an die Zustimmung der übrigen Gesellschafter geknüpft, kann durch die Ausgabe **vinkulierter** Namensaktien die freie Abtretbarkeit der Mitgliedschaft weiter eingeschränkt werden.

5. Einlagen

40 Die Gesellschafter müssen anlässlich des Formwechsels keine gesonderte Einlage leisten. Vielmehr erbringen die Gesellschafter ihre (Sach-)Einlage durch die Umwandlung der Personenhandelsgesellschaft in die Rechtsform der AG. In der Satzung ist demgemäß festzusetzen, dass die Gesellschafter ihre Sacheinlage durch den Formwechsel der Gesellschaft in die Rechtsform der AG aufgebracht haben[143]. Jeder Gesellschafter muss mindestens eine Aktie übernehmen. Im Übrigen gelten die zur GmbH gemachten Ausführungen entsprechend[144].

6. Vorstand

41 Die Satzung muss ferner die Zahl der Vorstandsmitglieder oder die Regeln, nach denen diese Zahl festgelegt wird, bestimmen[145]. Die Vorstandsmitglieder selbst sind nicht in der Satzung zu benennen. Ihre Bestellung erfolgt vielmehr außerhalb der Satzung durch den Aufsichtsrat[146]. In dem Gesellschaftsvertrag der formwechselnden Personenhandelsgesellschaft vorgesehene Sonderrechte auf eine Geschäftsführerposition lassen sich aufgrund des zwingenden Kompetenzgefüges zwischen Vorstand, Aufsichtsrat und Hauptversammlung nicht in die Aktiengesellschaft übertragen. Insofern kommt nur eine schuldrechtliche Regelung in einer Aktionärsvereinbarung (Poolvertrag) in Betracht. Sofern die Gesellschaft in den An-

---

[136] Siehe Rn 15.
[137] § 23 Abs. 3 Nr. 4 AktG.
[138] § 8 Abs. 2 Satz 1 AktG.
[139] § 11 AktG.
[140] §§ 23 Abs. 3 Nr. 5, 10 Abs. 1 AktG.
[141] § 10 Abs. 2 Satz 1 AktG. Siehe dazu auch § 220 Rn 16.
[142] § 55 Abs. 1 AktG.
[143] § 27 AktG; siehe auch Rn 17.
[144] Siehe Rn 17 ff.
[145] § 23 Abs. 3 Nr. 6 AktG.
[146] § 84 AktG.

wendungsbereich des MitbestG 1976 fällt, ist wie bei der GmbH ein Arbeitsdirektor als gleichberechtigtes Vorstandsmitglied zu bestellen[147].

7. Aufsichtsrat

Anders als bei der GmbH ist bei der AG zwingend ein Aufsichtsrat zu bilden[148]. Die **42** Bestellung der Anteilseignervertreter erfolgt außerhalb der Satzung im Umwandlungsbeschluss. Beschäftigt die Gesellschaft weniger als 500 Arbeitnehmer, bleibt der Aufsichtsrat mitbestimmungsfrei[149]. Beträgt die Zahl der Arbeitnehmer zwischen 500 und 2 000, sind ein Drittel der Aufsichtsratsmitglieder von den Arbeitnehmern nach Maßgabe des DrittelbG zu wählen[150]. Beschäftigt die Gesellschaft idR mehr als 2 000 Arbeitnehmer, ist ein paritätisch mitbestimmter Aufsichtsrat nach dem MitbestG 1976 zu bilden[151]. Bis zum Inkrafttreten des Zweiten Gesetzes zur Änderung des UmwG zum 25.4.2007 (BGBl I S. 542) war wie bei der GmbH umstritten, ob die Wahl der Arbeitnehmervertreter bereits erfolgt sein muss[152]. Seit der Anfügung des § 197 Satz 3 ist dagegen klargestellt, dass Satz 2 der Vorschrift einer Anwendung des § 31 AktG beim Formwechsel in eine AG nicht entgegensteht[153]. Danach genügt es, wenn zunächst nur die Anteilseignervertreter bestellt werden, was eine beschleunigte Anmeldung des Formwechsels zur Eintragung ermöglicht[154].

Da die Neuregelung ermöglicht, vor der Anmeldung des Formwechsels zur Eintragung **42a** beschleunigenderweise auf eine Bestellung der Arbeitnehmervertreter zu verzichten, ist sie im Ansatz zu begrüßen. Zugleich wirft sie jedoch die Frage auf, ob § 31 AktG nunmehr stets anzuwenden ist. Dies hätte zur Folge, dass gemäß § 31 Abs. 3 AktG nach jedem Formwechsel in eine AG das sog. Statusverfahren nach den §§ 97 ff. AktG durchgeführt werden müsste. Auch wäre aufgrund der Inbezugnahme des § 30 Abs. 3 Satz 1 AktG in § 31 Abs. 5 AktG fraglich, ob die Anteilseignervertreter im Rahmen des Formwechsels wie bisher für eine reguläre Amtszeit nach § 102 AktG oder nur noch bis zur Entlastung für das erste nach dem Formwechsel endende Geschäftsjahr bestellt werden können. Für die Durchführung eines Statusverfahrens unmittelbar nach dem Formwechsel einer Personengesellschaft in eine AG besteht dann kein Anlass, wenn klar ist, dass der zu bildende Aufsichtsrat mitbestimmungsfrei ist und sich dieser somit bereits durch die Bestellung der Anteilseignervertreter im Rahmen des Formwechsels vollständig bilden lässt[155]. Insoweit ist auch kein Grund für eine verkürzte Amtszeit ersichtlich. Richtigerweise ist die Neuregelung des § 197 Satz 3 daher als bloße Option zu verstehen, § 31 AktG – falls gewünscht – anzuwenden und zunächst lediglich einen Rumpfaufsichtsrat zu bestellen; die Bestellung aller Aufsichtsratsmitglieder bereits im Rahmen des Formwechsels bleibt weiterhin möglich. Dafür spricht bereits der Wortlaut des § 197 Satz 3, der von „ist anwendbar" und nicht von „ist anzuwenden" spricht[156]. Auch hat der Gesetzgeber § 197 Satz 2 unverändert aufrecht erhalten, was insbesondere gegen eine verkürzte Amtszeit in Anwendung des § 30 Abs. 3 Satz 1 AktG „durch die Hintertür" spricht. Aus der (knappen) Begründung des Regierungsentwurfs lässt sich kein Regelungswille entnehmen, vom hergebrachten Grundsatz, dass der im Rahmen des Formwechsels bestellte Aufsichtsrat kein „erster Aufsichtsrat" im Sinne der Gründungsvorschriften ist[157], abzurücken[158]. Da-

---

[147] § 33 Abs. 1 MitbestG 1976, siehe auch Rn 25.
[148] § 95 AktG.
[149] § 96 AktG iVm. §§ 4 Abs. 1, 1 Abs. 1 Nr. 1 DrittelbG.
[150] § 4 Abs. 1 DrittelbG.
[151] § 1 MitbestG 1976.
[152] Siehe Rn 27 sowie noch die Voraufl.
[153] Siehe dazu auch oben Rn 27 zur GmbH.
[154] Siehe § 222 Rn 16.
[155] Zutreffend *Parmentier* AG 2006, 476, 484 (zum RefE).
[156] Die von *Parmentier* AG 2006, 476, 485 (zum RefE) insoweit geforderte ausdrückliche gesetzliche Klarstellung ist leider ausgeblieben.
[157] Vgl. nur *Decher* in Lutter § 197 Rn 48.
[158] Vgl. BT-Drucks. 16/2919 v. 12.10.2006, S. 19.

nach bedarf es der Durchführung eines Statusverfahrens unmittelbar nach dem Formwechsel richtigerweise nur dann, wenn die AG einen mitbestimmten Aufsichtsrat zu bilden hat, im Rahmen des Formwechsels aber von der Möglichkeit der Bestellung eines Rumpfaufsichtsrats nach § 197 Satz 3 iVm. § 31 Abs. 1 Satz 1 AktG Gebrauch gemacht wurde. Auch bei (ggf. vorsorglicher) Durchführung eines Statusverfahrens bestimmt sich ein etwaiges vorzeitiges Ende der Amtszeit der im Rahmen des Formwechsels bestellten Aufsichtsratsmitglieder richtigerweise ausschließlich nach § 31 Abs. 3 AktG, weil die Inbezugnahme des § 30 Abs. 3 Satz 1 AktG in § 31 Abs. 5 AktG aufgrund § 197 Satz 2 leer läuft[159]. Bringt das Statusverfahren keine Änderung der Zusammensetzung des im Rahmen des Formwechsels bestellten Aufsichtsrats zutage, gilt somit die im Bestellungsbeschluss bestimmte, lediglich durch § 102 AktG begrenzte Amtszeit.

8. Sondervorteile und Gründungsaufwand

43 Wurden anlässlich des Formwechsels einzelnen Gesellschaftern oder Dritten Sondervorteile eingeräumt, ist dies in der Satzung anzugeben[160]. Festzusetzen in der Satzung ist ferner der Gründungsaufwand, der zur Entschädigung oder Belohnung für den Formwechsel oder seine Vorbereitung gewährt wurde[161]. Dieser umfasst entsprechend den Gründungsregeln die Gerichts-, Notar- und Rechtsanwaltskosten[162].

9. Weitere Regelungen

44 Schließlich muss die Satzung eine Bestimmung über die Bekanntmachungen der Gesellschaft enthalten[163]. IdR bestimmt die Satzung den elektronischen Bundesanzeiger zum Gesellschaftsblatt.

V. Umwandlung in eine KGaA

1. Grundsatz

45 Eine Personenhandelsgesellschaft kann in eine KGaA umgewandelt werden. Für den Formwechsel in eine KGaA gilt grundsätzlich Entsprechendes wie für den Formwechsel in eine AG[164]. Die Satzung der KGaA muss im Umwandlungsbeschluss festgestellt werden. Anders als bei der Neugründung einer KGaA müssen an dem Formwechsel nicht mindestens fünf Personen mitwirken[165]. Die Umwandlung in eine KGaA kann daher auch erfolgen, wenn die Personenhandelsgesellschaft nur über zwei Gesellschafter verfügt.

2. Persönlich haftende Gesellschafter

46 **a) Allgemeines.** Wie bei einer KG ist das Vorhandensein mindestens eines persönlich haftenden Gesellschafters für die KGaA konstitutiv. Der Umwandlungsbeschluss muss daher vorsehen, dass die KGaA über mindestens einen persönlich haftenden Gesellschafter verfügt. In Abweichung von den allgemeinen Grundsätzen muss der Gesellschafter der formwechselnden Gesellschaft nicht bereits angehören, sondern kann ihr im Zuge des Formwechsels

---

[159] Für eine Anwendbarkeit des § 31 Abs. 5 AktG bei Bestellung eines Rumpfaufsichtsrats aber wohl *Parmentier* AG 2006, 476, 485.
[160] § 26 Abs. 1 AktG.
[161] § 26 Abs. 2 AktG.
[162] Einschränkend *Wolfsteiner*, FS Bezzenberger, S. 467 ff.
[163] § 23 Abs. 4 AktG.
[164] Vgl. § 278 Abs. 3 AktG.
[165] § 280 Abs. 1 AktG iVm. § 197 Satz 2; siehe auch *J. Semler/Perlitt* in MünchKomm. vor § 278 AktG Rn 96.

beitreten[166]. Der persönlich haftende Gesellschafter kann gleichzeitig Kommanditaktionär sein.

Persönlich haftender Gesellschafter können nicht nur natürliche Personen, sondern auch **juristische Personen** oder **Personenhandelsgesellschaften** sein. Dies war lange Zeit umstritten[167]. Der BGH hat in seinem Beschluss vom 24. 2. 1997 die Zulässigkeit einer kapitalistischen KGaA anerkannt[168]. Dem ist der Gesetzgeber durch die Neufassung des § 279 AktG iRd. HRefG gefolgt. Bei einer dem MitbestG 1976 unterfallenden KGaA ist keine Bestellung eines Arbeitsdirektors erforderlich[169]. 47

b) Vorhandene Gesellschafter. Die Rolle des Komplementärs kann zum einen von einem bereits vorhandenen Gesellschafter der Personenhandelsgesellschaft übernommen werden. Dabei kann es sich um vormalige persönlich haftende Gesellschafter oder Kommanditisten handeln[170]. Im Fall einer Umwandlung einer **Kapitalgesellschaft & Co.** in eine kapitalistische KGaA wird die Komplementär-Rolle in der zukünftigen KGaA häufig von der nicht am Vermögen der KG beteiligten Komplementär-GmbH übernommen; die vormaligen Kommanditisten werden dann zu Kommanditaktionären. Eine vorherige treuhänderische Übertragung eines Splitteranteils an die künftige Komplementär-Gesellschaft ist nicht erforderlich. Derjenige Gesellschafter, der in der KGaA die Funktion des persönlich haftenden Gesellschafters übernimmt, muss dem Formwechsel zustimmen, auch wenn er zuvor bereits als Komplementär beteiligt war[171]. Der Grundsatz der Kontinuität der Mitgliedschaft gebietet jedoch nicht, die Altgesellschafter auch an der Komplementär-Kapitalgesellschaft zu beteiligen[172]. 48

c) Beitretende Gesellschafter. Denkbar ist auch, dass ein persönlich haftender Gesellschafter der Gesellschaft im Zuge des Formwechsels beitritt. Der beitretende Gesellschafter kann alleiniger Komplementär der KGaA oder gemeinsam mit anderen persönlich haftenden Gesellschafter werden[173]. Die Beitrittserklärung ist notariell zu beurkunden[174]. Der beitretende persönlich haftende Gesellschafter muss dem Beschluss über den Formwechsel zustimmen[175]. Die Satzung der KGaA ist von ihm zu genehmigen[176]. Der beitretende Gesellschafter muss weder am Grundkapital beteiligt sein noch eine Kapitaleinlage zeichnen. Er kann in der KGaA auch als persönlich haftender Gesellschafter ohne Kapitalanteil fungieren, so dass sich sein Beitrag auf die Übernahme der persönlichen Haftung und der Organfunktion beschränkt[177]. 49

Der Beitritt eines persönlich haftenden Gesellschafters kann insbesondere dann erforderlich sein, wenn eine **GmbH & Co. KG** persönlich haftende Gesellschafterin einer KGaA werden soll. Der Grundsatz der rechtlichen Identität zwischen formwechselnder GmbH & Co. KG und KGaA schließt es aus, dass die unternehmenstragende GmbH & Co. KG selbst die Komplementär-Rolle übernimmt. In diesem Fall erweist es sich als erforderlich, dass der Gesellschaft ein zunächst nicht an ihr beteiligter Dritter beitritt. Eine vorherige Beteiligung der beitretenden GmbH & Co. KG an der Ausgangsgesellschaft ist nicht erforderlich[178]. 50

---

[166] §§ 218 Abs. 2, 221.
[167] Nachweise bei *Ihrig/Schlitt* ZHR Sonderheft 67, S. 33, 34.
[168] BGHZ 132, 392 ff.
[169] § 33 Abs. 1 Satz 2 MitbestG 1976.
[170] *Schlitt*, Die Satzung der KGaA, S. 24.
[171] Siehe § 217 Rn 41.
[172] *BGH* ZIP 2005, 1318, 1320 zum Formwechsel einer AG in eine GmbH & Co. KG.
[173] *Joost* in Lutter Rn 38.
[174] § 221 Satz 1.
[175] § 217 Abs. 3.
[176] § 221 Satz 2.
[177] *Schlitt*, Die Satzung der KGaA, S. 25.
[178] *Schlitt*, Die Satzung der KGaA, S. 25.

51 Die beitretenden Anteilseigner erlangen ihre **Rechtsstellung** als persönlich haftende Gesellschafter mit Wirksamwerden des Formwechsels durch Eintragung in das Handelsregister[179]. Von diesem Zeitpunkt an haften sie den Gläubigern der Gesellschaft auch für die vor dem Formwechsel bereits begründeten Verbindlichkeiten unbeschränkt. Da sich diese Rechtsfolge aus den allgemeinen Bestimmungen ergibt[180], war aus Sicht des Gesetzgebers eine gesonderte Regelung verzichtbar[181].

3. Satzungsinhalt

52 a) **Firma.** Insoweit gilt Entsprechendes wie bei einem Formwechsel in eine AG[182]. Sofern sich unter den Komplementären keine natürliche Person befindet, hat die Firma einen Haftungsbeschränkungszusatz zu enthalten[183].

53 b) **Bezeichnung der persönlich haftenden Gesellschafter.** Der persönlich haftende Gesellschafter ist in der Satzung mit Namen, Vornamen, Beruf und Wohnort aufzuführen[184]. Eine Benennung der Kommanditaktionäre ist nicht erforderlich.

54 c) **Vermögenseinlage.** Der persönlich haftende Gesellschafter einer KGaA kann anlässlich seines Beitritts eine Bar- oder Sacheinlage leisten. Er ist zur Einbringung einer Einlage indessen nicht verpflichtet. Die nicht auf das Grundkapital geleisteten Einlagen des persönlich haftenden Gesellschafters (Sondereinlagen) sind der Höhe und der Art nach in der Satzung festzusetzen[185]. Die Satzung der KGaA sieht für persönlich haftende Gesellschafter mit Kapitalanteil zumeist Gesellschafterkonten vor, wie sie regelmäßig in Gesellschaftsverträgen von Personenhandelsgesellschaften anzutreffen sind. Die Sondereinlage der Komplementärin wird dann auf einem festen Kapitalkonto gebucht[186].

VI. Umwandlung in eine eG

1. Grundsatz

55 Bei der Umwandlung einer Personenhandelsgesellschaft in eine eG muss die Satzung der eG im Umwandlungsbeschluss festgestellt werden. Anders als bei der Neugründung einer eG ist es nicht erforderlich, dass an dem Formwechselbeschluss mindestens drei Personen mitwirken[187].

2. Satzungsinhalt

56 a) **Firma und Sitz.** Die Satzung muss die **Firma** der Genossenschaft enthalten[188]. Die Firma muss den Rechtsformzusatz „eingetragene Genossenschaft" oder die Abkürzung „eG" enthalten[189]. Zur Fortführung der Firma gilt im Übrigen Entsprechendes wie bei der AG[190].

---

[179] Siehe auch § 221 Rn 9.
[180] § 278 Abs. 2 AktG iVm. § 161 Abs. 2, §§ 128, 130 HGB.
[181] RegBegr. *Ganske* S. 240.
[182] Siehe Rn 33.
[183] Ausführlich dazu etwa *Schlitt*, Die Satzung der KGaA, S. 91 ff.
[184] § 281 Abs. 1 AktG.
[185] § 281 Abs. 2 AktG.
[186] *Schlitt*, Die Satzung der KGaA, S. 124.
[187] § 280 Abs. 1 AktG iVm. § 197 Satz 2.
[188] § 6 Nr. 1 GenG.
[189] § 3 GenG. Das zuvor geltende Verbot, der Firma einen Zusatz beizufügen, der darauf hindeutet, ob und in welchem Umfang die Mitglieder zu Nachschüssen verpflichtet sind (§ 3 Abs. 2 GenG aF), ist durch das Gesetz zur Einführung der europäischen Genossenschaft und zur Änderung des Genossenschaftsrechts vom 14.8.2006, BGBl I S. 1911, entfallen.
[190] Siehe Rn 33.

Inhalt des Umwandlungsbeschlusses 57–60 **§ 218**

In der Satzung ist ferner der **Sitz** der Gesellschaft anzugeben. Es kann sich um den bisherigen Sitz oder einen neuen Sitz handeln. Im Fall einer anlässlich des Formwechsels beschlossenen Sitzverlegung ist zunächst die Sitzverlegung in das Handelsregister einzutragen[191]. 57

b) Unternehmensgegenstand. Die Satzung muss ferner den Gegenstand des Unternehmens angeben. Der Gegenstand einer eG muss sich auf die Förderung des Erwerbs oder der Wirtschaft ihrer Mitglieder oder deren sozialer oder kultureller Belange mittels eines gemeinschaftlichen Geschäftsbetriebs richten. Der Kreis möglicher Zwecksetzungen einer Genossenschaft wurde durch das Gesetz zur Einführung der Europäischen Genossenschaft und zur Änderung des Genossenschaftsrechts erweitert[192]. 58

c) Geschäftsanteil. Die Satzung der eG muss den Geschäftsanteil, d. h. den Betrag, bis zu dem sich die einzelnen Mitglieder beteiligen können, bestimmen[193]. Die Satzung kann vorsehen, dass sich ein Mitglied mit mehr als einem Geschäftsanteil beteiligen darf; es kann eine Höchstzahl festsetzen und weitere Voraussetzungen aufstellen[194]. Abs. 3 sieht in Umsetzung des Kontinuitätsprinzips vor, dass die Mitgliedschaft in der Genossenschaft die Beteiligung mit mindestens einem Geschäftsanteil erfordert[195]. Die Bildung von Teilrechten oder eine Mitberechtigung einzelner Mitglieder an einem Geschäftsanteil ist damit ausgeschlossen[196]. Der Beschluss kann auch bestimmen, dass jedes Mitglied bei der Genossenschaft mit so vielen Geschäftsanteilen beteiligt ist, wie sie durch Anrechnung seines Geschäftsguthabens bei dieser Genossenschaft als voll einbezahlt anzusehen sind[197]. Hieraus wird geschlossen, dass anders als bei einer Neugründung die Ausgabe von nicht voll eingezahlten Geschäftsanteilen unzulässig ist[198]. Bei einer solchen **gestaffelten Beteiligung** sind die Gesellschafter der formwechselnden Personenhandelsgesellschaft aufgrund des Gleichbehandlungsgrundsatzes zudem in dem Verhältnis ihrer Beteiligung am Gesellschaftsvermögen zu berücksichtigen[199]. Möglich ist aber auch, dass nicht nur Geschäftsanteile ausgegeben werden, sondern auch die Rücklage dotiert wird[200]. 59

Während der Geschäftsanteil lediglich ein Rechengröße darstellt[201], ist das **Geschäftsguthaben** des einzelnen Mitglieds maßgebend für die vermögensmäßige Beteiligung des Mitglieds[202]. Es handelt sich um den Betrag, der auf den Geschäftsanteil eingezahlt ist[203]. Das Geschäftsguthaben bemisst sich, sofern die Satzung nichts Abweichendes bestimmt, nach den Einzahlungen auf den Geschäftsanteil zuzüglich der Zuschreibungen von Gewinn und abzüglich der Abschreibungen von Verlusten. Beim Formwechsel einer Personenhandelsgesellschaft in eine eG ist den Gesellschaftern ihr Anteil am Vermögen der Gesellschaft als Geschäftsguthaben gutzuschreiben[204]. Die damit verbundene Notwendigkeit, beim Formwechsel stille Reserven aufzulösen, erklärt sich vor dem Hintergrund, dass das ausscheidende Mitglied auf Basis der Bilanz abgefunden wird und allenfalls noch an einer Ergebnisrücklage partizipiert[205]. Handelsbilanziell findet daher keine Kontinuität statt. 60

---

[191] Näher siehe Rn 34. Zur Europäischen Genossenschaft (SCE) siehe Einl. C Rn 64 ff.
[192] Gesetz vom 14.8.2006, BBBl I S. 1911; § 1 GenG nF.
[193] § 7 Abs. 1 GenG.
[194] § 7 a GenG.
[195] § 218 Abs. 3 Satz 1.
[196] *Vossius* in Widmann/Mayer Rn 30.
[197] § 218 Abs. 3 Satz 2.
[198] *Vossius* in Widmann/Mayer Rn 32.
[199] RegBegr. *Ganske* S. 240.
[200] *Vossius* in Widmann/Mayer Rn 37 f.
[201] *Lang/Weidmüller* § 7 GenG Rn 4 f.; *Beuthien* § 7 GenG Rn 1.
[202] § 19 GenG.
[203] *Lang/Weidmüller* § 7 GenG Rn 13; *Beuthien* § 7 GenG Rn 4.
[204] § 256 Abs. 1; *Stratz* in Schmitt/Hörtnagl/Stratz Rn 9; *Schmidt-Diemitz/Moszka* in MünchVertrHdb. XII 20 Anm. 19; vgl. auch *Schwarz* in Widmann/Mayer § 256 Rn 8.
[205] § 73 Abs. 2, 3 GenG.

61 **d) Nachschüsse.** Essentieller Bestandteil der Satzung ist eine Regelung, die bestimmt, ob die Mitglieder, wenn die Gläubiger im Fall eines Insolvenzverfahrens nicht befriedigt werden, unbeschränkt, beschränkt auf eine Summe oder gar keine Nachschüsse zu leisten haben[206].

62 **e) Rücklage.** Darüber hinaus muss die Satzung die Bildung einer gesetzlichen Rücklage vorsehen, die zur Deckung eines aus der Bilanz sich ergebenden Verlusts zu dienen hat[207]. Die Satzung hat insbesondere den Teil des in die Rücklage einzustellenden Jahresüberschusses sowie den Mindestbetrag der Rücklage festzulegen.

63 **f) Vorstand.** Eine eG muss über einen Vorstand verfügen[208]. Die Bestellung des Vorstands erfolgt außerhalb der Satzung. Grundsätzlich wird der aus zwei Mitgliedern bestehende Vorstand durch die Generalversammlung bestellt; die Satzung kann aber auch eine höhere oder bei Genossenschaften mit nicht mehr als 20 Mitgliedern auch eine niedrigere Zahl von Vorstandsmitgliedern vorsehen und die Zuständigkeit der Bestellung anderweitig regeln[209].

64 **g) Aufsichtsrat.** Bei der eG ist grundsätzlich ein Aufsichtsrat einzurichten[210]. Die Bestellung der Aufsichtsratsmitglieder erfolgt außerhalb der Satzung durch die Generalversammlung[211]. Der Aufsichtsrat verfügt über drei Mitglieder, sofern die Satzung keine größere Zahl festsetzt. In der Satzung ist außerdem die zur Beschlussfassung erforderliche Zahl an Aufsichtsratsmitgliedern zu bestimmen. Die Genossenschaft kann ebenfalls den mitbestimmungsrechtlichen Bestimmungen unterliegen.

65 **h) Generalversammlung.** Die Satzung muss Bestimmungen über die Einberufung der Generalversammlung, die Beurkundung ihrer Beschlüsse sowie über den Vorsitz der Versammlung enthalten[212]. In der Satzung muss des Weiteren von dem Wahlrecht Gebrauch gemacht werden, ob die Einberufung der Generalversammlung durch unmittelbare Benachrichtigung sämtlicher Mitglieder oder durch Bekanntmachung in einem öffentlichen Blatt zu erfolgen hat.

66 **i) Weitere Regelungen.** Schließlich muss die Satzung eine Bestimmung über die Form der Bekanntmachungen der Genossenschaft sowie über die öffentlichen Blätter, in welche diese aufzunehmen sind, enthalten[213].

3. Unterzeichnung der Satzung

67 Im Fall der Neugründung einer eG muss die Satzung von allen Mitgliedern unterzeichnet sein[214]. Dieses Erfordernis besteht bei einer Umwandlung nicht[215]. Auf diese Weise soll eine Umwandlung von Gesellschaften mit einem großen Anteilseignerkreis erleichtert werden[216].

---

[206] § 6 Nr. 3 GenG.
[207] § 7 Nr. 2 GenG.
[208] § 9 Abs. 1 GenG.
[209] § 24 Abs. 2 GenG.
[210] § 9 Abs. 1 GenG. Bei Genossenschaften mit nicht mehr als 20 Mitgliedern kann nach der Änderung der Vorschrift durch das Gesetz vom 14.8.2006 (siehe Rn 58) durch Satzungsbestimmung auf einen Aufsichtsrat verzichtet werden.
[211] § 36 Abs. 1 GenG.
[212] § 6 Nr. 4 GenG.
[213] § 6 Nr. 5 GenG.
[214] § 11 Abs. 2 Nr. 1 GenG.
[215] § 218 Abs. 1 Satz 2.
[216] RegBegr. *Ganske* S. 240.

§ 219 Rechtsstellung als Gründer

Bei der Anwendung der Gründungsvorschriften stehen den Gründern die Gesellschafter der formwechselnden Gesellschaft gleich. Im Falle einer Mehrheitsentscheidung treten an die Stelle der Gründer die Gesellschafter, die für den Formwechsel gestimmt haben, sowie beim Formwechsel in eine Kommanditgesellschaft auf Aktien auch beitretende persönlich haftende Gesellschafter.

Übersicht

	Rn		Rn
I. Allgemeines	1	2. Mehrheitsentscheidung	6
1. Sinn und Zweck der Norm	1	3. Formwechsel in die KGaA	8
2. Anwendungsbereich	2	III. Gründerpflichten	10
3. Entstehungsgeschichte	3	1. Formwechsel in GmbH	11
II. Gründer	4	2. Formwechsel in AG und KGaA	17
1. Einstimmigkeit	4	IV. Alternativgestaltungen	18

Literatur: *Priester*, Kapitalgrundlage beim Formwechsel, DB 1995, 911; *Wolf*, Die Haftung des Kommanditisten beim Formwechsel in die GmbH, ZIP 1996, 1200; *Zürbig*, Der Formwechsel einer Personengesellschaft in eine Kapitalgesellschaft, 1999; siehe auch Literaturverzeichnis zu § 214.

I. Allgemeines

1. Sinn und Zweck der Norm

Die Norm ergänzt die allgemeine Regelung, nach der bei einem Formwechsel die für die neue Rechtsform geltenden Gründungsvorschriften anzuwenden sind, soweit sich aus den besonderen Bestimmungen nichts anderes ergibt[1]. Da aufgrund des Identitätsgrundsatzes bei einem Formwechsel keine Gründung im engeren Sinne stattfindet, ist es erforderlich, die Gründereigenschaft zu definieren. Wird der Umwandlungsbeschluss einstimmig gefasst, werden nach **Satz 1** alle Gesellschafter des neuen Rechtsträgers notwendigerweise als Gründer behandelt, da der Formwechsel nicht ohne ihre Zustimmung zustande gekommen wäre. Die Behandlung des Formwechsels als **Sachgründung**[2] und die damit verbundene Anwendung des Gründungsrechts hat insbesondere zur Konsequenz, dass die Gesellschafter einen Sachgründungsbericht erstatten müssen und der Gründerverantwortung unterliegen. Für den Fall einer zulässigen Mehrheitsumwandlung bestimmt **Satz 2 1. Halbs.**, dass eine Gründungsverantwortung nur diejenigen Gesellschafter trifft, die für den Formwechsel gestimmt haben. Dahinter steht die Erwägung des Gesetzgebers, dass keinem Gesellschafter gegen seinen Willen eine Gründerhaftung auferlegt werden darf. Die Gründerverantwortung ist daher nicht Ausfluss der Gesellschafterstellung, sondern der Zustimmungsentscheidung zum Formwechsel. **Satz 2 2. Halbs.** erwähnt den beitretenden persönlich haftenden Gesellschafter einer KGaA gesondert, da er bei der Beschlussfassung über den Umwandlungsbeschluss nicht mitwirkt, sondern nur die Satzung der neuen Gesellschaft genehmigt. 1

2. Anwendungsbereich

Die Regelung betrifft nur den Formwechsel in eine GmbH, AG oder KGaA. Im Fall eines Formwechsel in eine eG kommt die Regelung praktisch nicht zum Tragen, da in einer eG an die Stellung des Gründers keine besonderen Rechtsfolgen geknüpft sind. 2

---

[1] § 197 Satz 1.
[2] Siehe dazu auch § 218 Rn 8 ff.; im Einzelnen siehe § 220 Rn 24 ff.

3. Entstehungsgeschichte

3 Die Regelung in **Satz 1**, nach der alle Gesellschafter als Gründer behandelt werden, entspricht sowohl bei der Umwandlung in eine AG bzw. KGaA[3] als auch bei der Umwandlung in eine GmbH[4] dem bisherigen Recht. Die Vorschrift von **Satz 2**, nach der bei einer Mehrheitsentscheidung nur diejenigen als Gründer gelten, die für den Formwechsel gestimmt haben oder beim Formwechsel in eine KGaA als persönlich haftende Gesellschafter beitreten, ist neu. Die Ergänzung war erforderlich, nachdem das Gesetz jetzt eine Mehrheitsentscheidung ausdrücklich zulässt[5] und beim Formwechsel in eine KGaA den Beitritt eines persönlich haftenden Gesellschafters ermöglicht[6].

II. Gründer

1. Einstimmigkeit

4 Satz 1 normiert den Grundsatz, dass alle Gesellschafter der formwechselnden Personenhandelsgesellschaft als Gründer zu behandeln sind. Diese Regelung korrespondiert mit der Bestimmung, dass der Umwandlungsbeschluss grundsätzlich der Zustimmung aller Gesellschafter bedarf. Die Gründerverantwortung trifft im Ausgangspunkt persönlich haftende Gesellschafter und **Kommanditisten** gleichermaßen[7].

5 Maßgebender **Zeitpunkt** für das Entstehen der Gründerverantwortung ist das Wirksamwerden des Formwechsels durch Eintragung in das Handelsregister[8]. Hieraus folgt: Hat ein Gesellschafter seine Beteiligung zwischen dem Umwandlungsbeschluss und der Eintragung des Formwechsels an einen Dritten **abgetreten**, ist der Dritte als Gründer zu behandeln[9]. Durch die Abtretung der künftigen Beteiligung an der formgewechselten Gesellschaft kann zwar der Dritte der Gründerhaftung entgehen; der Veräußerer, der im Zeitpunkt des Wirksamwerdens des Formwechsels Gesellschafter war, haftet jedoch weiter[10]. Auch der **Gesamtrechtsnachfolger** tritt in die Gründerverantwortung ein[11]. Keine Gründerverantwortung trifft denjenigen Gesellschafter, der mit Wirksamwerden der Umwandlung aus der Gesellschaft **ausscheidet**[12]. Ob ein solches Ausscheiden anlässlich des Formwechsels möglich ist, ist allerdings umstritten[13]. Praktische Relevanz hat ein Ausscheiden insbesondere für die nicht am Gesellschaftskapital beteiligte Komplementär-Gesellschaft einer Kapitalgesellschaft & Co. KG.

2. Mehrheitsentscheidung

6 Bei Vorliegen einer entsprechenden gesellschaftsvertraglichen Bestimmung kann der Umwandlungsbeschluss auch aufgrund eines Mehrheitsbeschlusses gefasst werden[14]. Im Fall einer

---

[3] § 41 Abs. 2 Satz 2 UmwG 1969.
[4] §§ 47 Abs. 1 Satz 2 Nr. 1, 47 Abs. 2 UmwG 1969.
[5] § 217 Abs. 1 Satz 2.
[6] § 218 Abs. 2.
[7] Zur Frage der Differenzhaftung der Kommanditisten siehe Rn 12.
[8] Vgl. § 202 Abs. 1 und 2.
[9] *Vossius* in Widmann/Mayer Rn 6. Zur den Folgen einer Veränderung im Gesellschafterkreis zwischen dem Formwechselbeschluss und der Eintragung des Formwechsels in das Handelsregister, siehe auch § 217 Rn 33.
[10] *Vossius* in Widmann/Mayer Rn 13 f.
[11] *Laumann* in Goutier/Knopf/Tulloch Rn 6.
[12] *Dirksen* in Kallmeyer Rn 2; *Laumann* in Goutier/Knopf/Tulloch Rn 3; aA *Joost* in Lutter Rn 3; *K. Schmidt* GmbHR 1995, 693, 695.
[13] Zum Meinungsstand siehe § 218 Rn 21.
[14] § 217 Abs. 1 Satz 2.

Mehrheitsentscheidung sind als Gründer nur diejenigen Gesellschafter zu behandeln, die für den Formwechsel gestimmt haben[15]. Dabei spielt es keine Rolle, ob die Zustimmung innerhalb oder außerhalb der Gesellschafterversammlung erteilt wurde[16]. Um der Gründerverantwortung zu entgehen, ist es nicht erforderlich, dass der nicht zustimmende Gesellschafter **Widerspruch** zu Protokoll erklärt hat. Im Fall eines Mehrheitsentscheids trifft auch denjenigen Gesellschafter keine Gründerverantwortung, der zwar gegen den Formwechsel gestimmt hat oder sich bei der Abstimmung der Stimme enthalten hat, aber von der Möglichkeit, gegen Barabfindung aus der Gesellschaft auszuscheiden[17], keinen Gebrauch macht[18].

Vor diesem Hintergrund kann es sich mitunter empfehlen, dass die Gesellschafter vor dem Formwechsel eine **Änderung des Gesellschaftsvertrags** beschließen, nach der der Formwechsel aufgrund eines Mehrheitsbeschlusses erfolgen kann. Auf diese Weise ist es, abhängig von den jeweiligen Beteiligungsverhältnissen, möglich, einzelne Gesellschafter von der Gründerverantwortung auszunehmen[19].

3. Formwechsel in die KGaA

Beim Formwechsel in die KGaA kann der Umwandlungsbeschluss vorsehen, dass ein persönlich haftender Gesellschafter der Gesellschaft mit Wirksamwerden des Formwechsels beitritt[20]. Wird von dieser Beitrittsmöglichkeit Gebrauch gemacht, gilt der beitretende Gesellschafter ebenfalls als Gründer. Im Fall eines solchen Beitritts im Zuge des Formwechsels, wird der neue Gesellschafter dann nach Satz 2 als Gründer behandelt[21]. Dies gilt sowohl bei einem einstimmig gefassten Umwandlungsbeschluss als auch im Fall eines Mehrheitsentscheids[22]. Der beitretende Gesellschafter haftet nach allgemeinen Grundsätzen auch für Verbindlichkeiten, die vor seinem Beitritt begründet wurden[23].

Ein **nach Wirksamwerden** des Formwechsels beitretender Gesellschafter gilt zwar nicht als Gründer[24]. Dies ändert freilich nichts an seiner Haftung auch für vor seinem Beitritt begründete Schulden[25].

III. Gründerpflichten

Der Inhalt der Gründerverantwortung ergibt sich aus den für die Zielrechtsform jeweils geltenden Gründungsvorschriften[26]. Hierzu gehört namentlich die Gründerhaftung.

1. Formwechsel in GmbH

Im Fall eines Formwechsels in die Rechtsform der GmbH besteht eine gesamtschuldnerische Gründerhaftung der Gesellschafter, wenn anlässlich des Formwechsels **falsche Angaben** gemacht werden[27]. Danach besteht eine Haftung insbesondere dann, wenn in dem

---

[15] § 219 Satz 2 1. Halbs.
[16] *Dirksen* in Kallmeyer Rn 3.
[17] Vgl. § 207.
[18] *Joost* in Lutter Rn 6; *Dirksen* in Kallmeyer Rn 3; zu Unrecht kritisch *Laumann* in Goutier/Knopf/Tulloch Rn 9 f.
[19] *Dirksen* in Kallmeyer Rn 3; *Dirksen* in Kallmeyer Rn 6; siehe auch § 217 Rn 17.
[20] § 218 Abs. 2.
[21] § 219 Satz 2 2. Halbs.; dies entspricht der allgemeinen Regel des § 280 Abs. 3 AktG.
[22] *Joost* in Lutter Rn 7; *Laumann* in Goutier/Knopf/Tulloch Rn 4.
[23] § 278 Abs. 2 AktG iVm. §§ 161 Abs. 2, 130 HGB; *Joost* in Lutter Rn 8.
[24] *Dirksen* in Kallmeyer Rn 4.
[25] *Joost* in Lutter Rn 9; *Dirksen* in Kallmeyer Rn 4.
[26] § 197.
[27] § 9 a GmbHG.

von den Gründern zu erstattenden **Sachgründungsbericht** falsche Angaben aufgenommen werden. Die **Verjährung** der Ansprüche aus der Gründerhaftung tritt fünf Jahre nach Wirksamwerden des Formwechsels ein[28].

12 Darüber hinaus kann die dem Umwandlungsbeschluss zustimmenden Gesellschafter eine **Differenzhaftung** treffen[29]. Nach allgemeinem Gründungsrecht haben die Gesellschafter, wenn der Wert der Sacheinlage im Zeitpunkt der Anmeldung der Gesellschaft zur Eintragung in das Handelsregister nicht den Betrag der dafür übernommenen Stammeinlage erreicht, die Differenz in Geld zu leisten[30]. Bei einem Formwechsel besteht eine Differenzhaftung des als Gründer zu behandelnden Gesellschafters demnach, wenn das auf ihn entfallende Reinvermögen der Gesellschaft im Zeitpunkt der **Anmeldung** des Formwechsels in das Handelsregister nicht den Nennbetrag des ihm iRd. Formwechsels zugewiesenen Geschäftsanteils abdeckt. In diesem Fall hat der Gesellschafter die Differenz in bar zu erbringen, auch wenn es sich nur um einen geringfügigen Betrag handelt. Die nach allgemeinem Gründungsrecht bestehende Ausfallhaftung[31] führt aufgrund der anteilsmäßigen Zuweisung des Gesellschaftsvermögens auf die Gesellschafter der Sache nach zu einer gesamtschuldnerischen Haftung der Gesellschafter[32]. Der Anwendungsbereich der Differenzhaftung dürfte in der Praxis indessen nicht sehr groß sein, da ein Formwechsel ohnehin nur dann zulässig ist, wenn das nach Abzug der Schulden verbleibende Vermögen der formwechselnden Gesellschaft den Nennbetrag des Stammkapitals erreicht[33].

13 Fraglich ist, ob die Differenzhaftung nicht nur die zustimmenden Gesellschafter trifft, sondern auch diejenigen, die dem Umwandlungsbeschluss ihre **Zustimmung versagt** haben. Eine verbreitete Meinung bejaht dies[34]. Die wohl hM lehnt dies ab[35]. Letzterer Ansicht ist zuzustimmen, da die Differenzhaftung der Sache nach Teil der Gründerverantwortung ist und die dissentierenden Gesellschafter der Gründungshaftung nicht unterliegen. Im Übrigen entspricht es dem Sinn und Zweck des Gesetzes, die Gesellschafter, die nicht für den Formwechsel gestimmt haben, vor einer Haftung zu bewahren.

14 Gleichfalls umstritten ist, ob auch diejenigen **Kommanditisten** der Differenzhaftung unterliegen, die ihre Kommanditeinlage zuvor in voller Höhe erbracht und nicht zurückerhalten haben. Nach einer vereinzelten, insbesondere von *Joost* vertretenen Auffassung ist dies nicht der Fall[36]. Die hM lässt demgegenüber eine solche Einschränkung nicht zu[37]. Dies überzeugt. Eine Differenzierung zwischen persönlich haftenden Gesellschaftern und Kommanditisten findet im Gesetzeswortlaut keine Stütze. Dies gilt auch, wenn der Kommanditist von der Möglichkeit Gebrauch macht, aus der Gesellschaft gegen Barabfindung auszuscheiden, da er zunächst noch Anteilseigner des Rechtsträgers neuer Rechtsform wird[38]. Ein Kommanditist kann der Gründerhaftung jedoch dadurch entgehen, dass er dem Formwechsel

---

[28] § 9 b GmbHG iVm. §§ 198, 202.
[29] *Joost* in Lutter Rn 4; *Dirksen* in Kallmeyer Rn 6; *Wolf* ZIP 1996, 1200, 1201 f.; aA nur *Busch* AG 1995, 555, 559.
[30] § 9 GmbHG. Zur Differenzhaftung *Hueck/Fastrich* in Baumbach/Hueck § 9 GmbHG Rn 1 ff.; *Walpert* WiB 1994, 177.
[31] Vgl. § 24 GmbHG.
[32] *Dirksen* in Kallmeyer Rn 6.
[33] § 220 Abs. 1.
[34] *Decher* in Lutter § 197 Rn 38; *Mayer* in Widmann/Mayer § 197 Rn 64; *Vossius* in Widmann/Mayer Rn 22 ff.
[35] *Joost* in Lutter Rn 4; *Dirksen* in Kallmeyer Rn 6; *Priester* DB 1995, 911, 914; ders. DNotZ 1995, 427, 452; *Kallmeyer* GmbHR 1995, 888, 890; *Bärwaldt/Jahntz* NJW 2001, 2312; *Zürbig* S. 150 f.
[36] *Joost* in Lutter Rn 5; ders. in Lutter Umwandlungsrechtstage S. 254, 256; ihm folgend *Wolf* ZIP 1996, 1200, 1203 ff.
[37] *Dirksen* in Kallmeyer Rn 2; *Vossius* in Widmann/Mayer Rn 25; *Stratz* in Schmitt/Hörtnagl/Stratz Rn 3; *Priester* DNotZ 1995, 427, 452; *Zürbig* S. 151 ff.
[38] Wie hier *Vossius* in Widmann/Mayer Rn 17; aA *Stratz* in Schmitt/Hörtnagl/Stratz Rn 3.

nicht zustimmt. Will er den Formwechsel nicht behindern, kann der Gesellschaftsvertrag vor Fassung des Umwandlungsbeschlusses dahin gehend geändert werden, dass ein Mehrheitsbeschluss ausreichend ist[39]. Haften die Kommanditisten allerdings, ist die Haftung nicht auf ihre Einlage beschränkt.

Daneben kann eine **Vorbelastungshaftung** der Gesellschafter bestehen, wenn das Aktivreinvermögen der Gesellschaft die Stammkapitalziffer im Zeitpunkt der **Eintragung** in das Handelsregister nicht erreicht[40]. Eine solche Vorbelastungshaftung kann auch beim Formwechsel entstehen, wenn das Stammkapital im Zeitpunkt der Eintragung des Formwechsels rechnerisch nicht mehr gedeckt ist[41]. 15

Streitig ist, ob die Gründer eine **Handelndenhaftung** treffen kann[42]. Richtigerweise ist dies abzulehnen. Zum einen wird bis zum Wirksamwerden des Formwechsels ausschließlich für den Rechtsträger alter Rechtsform gehandelt. Zum anderen knüpft die Haftung nicht, wie von § 219 verlangt, an die Stellung als (Gründungs-)Gesellschafter, sondern als Handelnder an. 16

2. Formwechsel in AG und KGaA

Hier gilt im Grundsatz Entsprechendes wie beim Formwechsel in die GmbH. Nach hM besteht auch bei Errichtung einer AG eine **Differenzhaftung**[43], die beim Formwechsel die als Gründer zu behandelnden Gesellschafter treffen kann. Daneben ist auch eine **Vorbelastungshaftung** im Aktienrecht anerkannt[44], die die Gesellschafter folglich auch beim Formwechsel treffen kann[45]. Darüber hinaus haften die als Gründer zu behandelnden Gesellschafter im Fall der Unrichtigkeit und Unvollständigkeit des anlässlich des Formwechsels zu erstattenden **Gründerberichts**[46]. Die zur GmbH gemachten Ausführungen zur **Handelndenhaftung** gelten entsprechend[47]. 17

IV. Alternativgestaltungen

Die Differenzhaftung kann sich insbesondere für die Kommanditisten einer KG nachteilig auswirken. Sofern die Zustimmung zumindest einiger Kommanditisten erforderlich ist und demgemäß nicht alle Kommanditisten durch Nichtzustimmung der Gründerhaftung entgehen können[48], kann sich aus der Sicht der Kommanditisten das **Anwachsungsmodell** als vorzugswürdig erweisen[49]. In diesem Fall werden die Anteile an der Personenhandelsgesellschaft im Rahmen einer Sachkapitalerhöhung in die Komplementärin oder in einen anderen als juristische Person verfassten Gesellschafter eingebracht. Alternativ scheiden alle Gesell- 18

---

[39] Siehe auch § 217 Rn 17.
[40] BGHZ 80, 129, 140 ff.; BGHZ 105, 300, 302 ff.; BGHZ 134, 333, 338; *Hueck/Fastrich* in Baumbach/Hueck § 11 GmbHG Rn 61.
[41] *Joost* in Lutter Rn 4; *Wolf* ZIP 1996, 1200, 1201.
[42] Dafür *Dirksen* in Kallmeyer Rn 5; iE § 197 Rn 35; *Bärwaldt/Schabacker* ZIP 1998, 1293, 1295, 1298. Dagegen *Joost* in Lutter Rn 4; *Vossius* in Widmann/Mayer Rn 21; *Zürn* S. 146 f.; *Wolf* ZIP 1996, 1200, 1201 (für den Kommanditisten). Zur Handelndenhaftung nach § 11 Abs. 2 GmbHG im Einzelnen *Hueck/Fastrich* in Baumbach/Hueck § 11 GmbHG Rn 45 ff.
[43] BGHZ 64, 52, 62; BGHZ 68, 191, 195; *Hüffer* § 9 AktG Rn 6; *Heider* in MünchKomm. § 9 AktG Rn 30; *Priester* DB 1995, 911, 914.
[44] *Hüffer* § 41 AktG Rn 8 ff.; *Pentz* in MünchKomm. § 41 AktG Rn 113 ff.
[45] *Joost* in Lutter Rn 4.
[46] § 46 AktG.
[47] § 41 Abs. 1 Satz 2 AktG, siehe dazu Rn 16; siehe auch *Hüffer* § 41 AktG Rn 18 ff.
[48] Siehe Rn 7.
[49] Hieraus im Hinblick auf den mit der Schaffung des UmwG verfolgten Zweck die Nichteinbeziehung der Kommanditisten in die Differenzhaftung folgernd *Joost* in Lutter Rn 5, siehe Rn 14.

schafter bis auf eine (ggf. zu diesem Zweck beigetretene) Kapitalgesellschaft aus der Gesellschaft aus[50]. In beiden Fällen wächst das Gesellschaftsvermögen bei der Kapitalgesellschaft an.

§ 220 Kapitalschutz

(1) Der Nennbetrag des Stammkapitals einer Gesellschaft mit beschränkter Haftung oder des Grundkapitals einer Aktiengesellschaft oder einer Kommanditgesellschaft auf Aktien darf das nach Abzug der Schulden verbleibende Vermögen der formwechselnden Gesellschaft nicht übersteigen.

(2) In dem Sachgründungsbericht beim Formwechsel in eine Gesellschaft mit beschränkter Haftung oder in dem Gründungsbericht beim Formwechsel in eine Aktiengesellschaft oder in eine Kommanditgesellschaft auf Aktien sind auch der bisherige Geschäftsverlauf und die Lage der formwechselnden Gesellschaft darzulegen.

(3) Beim Formwechsel in eine Aktiengesellschaft oder in eine Kommanditgesellschaft auf Aktien hat die Gründungsprüfung durch einen oder mehrere Prüfer (§ 33 Abs. 2 des Aktiengesetzes) in jedem Fall stattzufinden. Die für Nachgründungen in § 52 Abs. 1 des Aktiengesetzes bestimmte Frist von zwei Jahren beginnt mit dem Wirksamwerden des Formwechsels.

Übersicht

	Rn		Rn
I. Allgemeines	1	4. Anmeldung und Eintragung	18
1. Sinn und Zweck der Norm	1	5. Haftung	22
2. Anwendungsbereich	4	6. Bilanzierung	23
3. Entstehungsgeschichte	5	III. Gründungsbericht	24
4. Europäische Rechtsangleichung	6	1. Sachgründungsbericht bei Formwechsel in die GmbH	24
II. Kapitaldeckung	7	2. Gründungsbericht beim Formwechsel in die AG oder KGaA	27
1. Grundsatz	7		
2. Deckung des Stamm- und Grundkapitals	8	IV. Gründungsprüfung bei Formwechsel in AG oder KGaA	29
3. Ermittlung des Vermögens	12	1. Gründungsprüfung durch Vorstand und Aufsichtsrat	29
a) Wertmaßstab	12		
b) Zeitpunkt	15	2. Gründungsprüfung durch Prüfer	30
c) Ausstehende Einlagen	16	V. Nachgründung	32
d) Vermögensauffüllung	17		

Literatur: *Busch,* Die Deckung des Grundkapitals beim Formwechsel einer GmbH in eine Aktiengesellschaft, AG 1995, 555; *Fischer,* Formwechsel zwischen GmbH und GmbH & Co. KG, BB 1995, 2173; *Hennrichs,* Zum Formwechsel und zur Spaltung nach dem neuen Umwandlungsgesetz, ZIP 1995, 794; *Kallmeyer,* Der Formwechsel der GmbH oder GmbH & Co. KG in die AG oder KGaA zur Vorbereitung des Going public, GmbHR 1995, 888; *Limmer,* Der Identitätsgrundsatz beim Formwechsel in der Praxis, FS Widmann, 2000, S. 51; *Martens/Röttger,* Aktivierung des Geschäfts- und Firmenwertes bei Umwandlung einer Personenhandelsgesellschaft in eine GmbH nach §§ 46 ff. UmwG, DB 1990, 1097; *Mülbert,* Zukunft der Kapitalaufbringung/Kapitalerhaltung, Der Konzern 2004, 151; *Noelle,* Gegenstand der Umwandlungsprüfung nach § 378 Abs. 3 AktG, AG 1990, 475; *Petersen,* Der Gläubigerschutz im System des Umwandlungsrechts, Der Konzern 2004, 185; *Priester,* Personengesellschaften im Umwandlungsrecht, DStR 2005, 788; *ders.,* Gründungsrecht contra Identitätsprinzip – Kapitalausstattung bei Formwechsel, FS Zöllner, 1998, S. 449; *ders.,* Kapitalgrundlage beim Formwechsel, DB 1995, 911; *K. Schmidt,* Volleinzahlungsgebot beim Formwechsel in die AG oder GmbH?, ZIP 1995, 1385; *Schulze-Osterloh,* Bilanzierung nach dem Referentenentwurf eines Gesetzes zur Bereinigung des Umwandlungsrechts, ZGR 1993, 420; *Timmermans,* Kapitalaufbringung und Kapitalfestsetzung bei dem Formwechsel einer Personenhandelsgesellschaft in eine Kapitalgesellschaft, DB 1999, 948; *Trölitzsch,* Differenzhaftung für Sacheinlagen in Kapitalgesellschaften, 1998; *Zürbig,* Der Formwechsel einer Personengesellschaft in eine Kapitalgesellschaft, 1999; siehe auch Literaturverzeichnis zu § 214.

---

[50] Im Einzelnen siehe § 214 Rn 33.

I. Allgemeines

1. Sinn und Zweck der Norm

Die Bestimmung konkretisiert die allgemeine Regelung, nach der beim Formwechsel **1** grundsätzlich die für die neue Rechtsform geltenden Gründungsvorschriften anzuwenden sind[1]. Indem die Möglichkeit eines Formwechsels davon abhängig gemacht wird, dass das Reinvermögen der Gesellschaft den Nennbetrag des künftigen Stamm- bzw. Grundkapitals erreichen muss, setzt **Abs. 1** das für Kapitalgesellschaften geltende Prinzip der effektiven Kapitalaufbringung für den Formwechsel um. Die gesetzliche Kapitalbindung tritt als Surrogat an die Stelle der bei der Personengesellschaft charakteristischen persönlichen Haftung[2]. Nach den Erwägungen des Gesetzgebers muss zum Schutz der Gläubiger die Deckung des Stamm- bzw. Grundkapitals der Gesellschaft nicht nur bei der Gründung, sondern auch beim Formwechsel gesichert sein[3]. Dies erweist sich als notwendig, da die Kapitalaufbringung bei Personenhandelsgesellschaften keiner Kontrolle unterliegt. Die Gesellschaftsgläubiger können aufgrund des mit dem Formwechsel verbundenen Wechsels des Haftungssystems nach Ablauf der fünfjährigen Nachhaftungsfrist[4] nur noch auf das Gesellschaftsvermögen zurückgreifen. Deshalb muss sichergestellt sein, dass das Reinvermögen der Gesellschaft das festgesetzte Stamm- bzw. Grundkapital erreicht. Fehlt es an dieser Voraussetzung und sind auch die Gesellschafter nicht bereit, Zuzahlungen in das Gesellschaftsvermögen zu leisten, kommt ein Formwechsel nicht in Betracht. Die Gesellschaft muss mindestens über ein dem im Handelsregister ausgewiesenen Grund- bzw. Stammkapital entsprechendes Vermögen verfügen. Die Bestimmung zielt damit in erster Linie auf den **Schutz der neuen Gläubiger** der Gesellschaft ab[5], während die alten Gläubiger zusätzlich durch die, allerdings zeitlich begrenzte, Forthaftung der Gesellschafter geschützt sind.

Indem **Abs. 2** eine Darstellung des bisherigen Geschäftsverlaufs und der Lage der form- **2** wechselnden Gesellschaft verlangt, werden die allgemeinen Bestimmungen über den Inhalt des beim Formwechsel in die GmbH zu erstattenden Sachgründungsberichts und den beim Formwechsel in die AG und KGaA erforderlichen Gründungsbericht ergänzt. Die Berichte dienen als Grundlage für die vor dem Formwechsel noch nicht erfolgte Prüfung der ordnungsgemäßen Kapitalaufbringung. Die Vorschrift soll damit ebenfalls den Gläubigerschutz effektivieren.

Abs. 3 Satz 1 sieht vor, dass beim Formwechsel in eine AG oder KGaA stets eine Grün- **3** dungsprüfung stattzufinden hat. Berücksichtigt man, dass der Gesetzgeber den Formwechsel einer Personenhandelsgesellschaft als Sachgründung begreift[6], hat die Vorschrift nur klarstellenden Charakter. Gleiches gilt für **Satz 2**, der bestimmt, dass die für Nachgründungsverträge geltende Frist von zwei Jahren mit der Eintragung des Formwechsels in das Handelsregister beginnt.

2. Anwendungsbereich

Die Regelung gilt für alle Arten des Formwechsels von Personenhandelsgesellschaften und **4** EWIV in Kapitalgesellschaften. Auf Formwechsel in eingetragene Genossenschaften findet die Bestimmung keine Anwendung[7].

---

[1] § 197 Satz 1.
[2] *Petersen,* Der Konzern 2004, 185.
[3] RegBegr. *Ganske* S. 241.
[4] § 224 Abs. 1, 2.
[5] So zutreffend *Joost* in Lutter Rn 5.
[6] § 33 Abs. 2 Nr. 4 AktG (iVm. § 278 Abs. 3 AktG) iVm. § 197. Siehe auch § 218 Rn 8 ff.
[7] *Vossius* in Widmann/Mayer Rn 8.

3. Entstehungsgeschichte

5 Die Regelung über die Kapitaldeckung in **Abs. 1** ist für die Umwandlung einer Personenhandelsgesellschaft neu. Vorgängerregelungen bestanden für den Formwechsel einer eG oder eines VVaG in die Rechtsform der AG[8]. Die Bestimmung über die Erstattung eines Gründungsberichts in **Abs. 2** entspricht für den Formwechsel in die AG oder KGaA altem Recht[9]. Ihr Anwendungsbereich erfasst jetzt auch die Erstattung eines Sachgründungsberichts, der im Rahmen eines Formwechsels in eine GmbH zu erstatten ist[10]. Die Regelung über die Gründungsprüfung in **Abs. 3 Satz 1** entspricht dem früheren Recht für den Formwechsel in eine AG oder KGaA[11]. **Abs. 3 Satz 2** ist in dieser Weise neu; die Bestimmung findet eine Parallele in den früheren aktienrechtlichen Vorschriften für die Umwandlung einer GmbH in eine AG bzw. KGaA[12].

4. Europäische Rechtsangleichung

6 Soweit es den Formwechsel in eine AG betrifft, setzt die Bestimmung Art. 13 der Zweiten Richtlinie um, nach der bei einer Umwandlung einer Gesellschaft in die Rechtsform der AG die für die Gründung einer AG geltenden Vorgaben zu beachten sind[13].

II. Kapitaldeckung

1. Grundsatz

7 Abs. 1 macht die Zulässigkeit eines Formwechsels davon abhängig, dass der Nennbetrag des Stammkapitals einer GmbH oder des Grundkapitals einer AG oder KGaA das nach Abzug der Schulden verbleibende Vermögen der formwechselnden Personenhandelsgesellschaft nicht übersteigt. Die Vorschrift normiert damit den Grundsatz der **Reinvermögensdeckung** und gleichzeitig das Verbot einer Unterpari-Emission.

2. Deckung des Stamm- und Grundkapitals

8 Die Höhe des Stamm- bzw. Grundkapitals richtet sich nach den Allgemeinen gesellschaftsrechtlichen Bestimmungen. Beim Formwechsel in eine GmbH muss das Stammkapital mindestens Euro 25 000 betragen[14]. Das Grundkapital einer AG oder KGaA muss sich auf mindestens Euro 50 000 belaufen[15]. Stammkapital- und Grundkapital sind Teil der notwendigen Festsetzungen im Gesellschaftsvertrag der GmbH bzw. in der Satzung der AG/KGaA[16].

9 Das Stamm- bzw. Grundkapital ist von dem **Vermögen** der formwechselnden Gesellschaft zu unterscheiden. Unter dem Vermögen versteht man das nach Abzug der Schulden verbleibende Aktivvermögen der Gesellschaft[17]. Hierzu gehören alle Gegenstände, denen ein Vermögenswert beizumessen ist, unabhängig davon, ob sie bilanzierungsfähig oder -pflichtig sind[18]. Folglich sind auch selbst geschaffene immaterielle Vermögensgegenstände umfasst, so-

---

[8] §§ 385 m Abs. 4 Satz 2, 385 d Abs. 4 Satz 1 AktG 1965.
[9] § 43 Abs. 1 UmwG 1969.
[10] § 56 d UmwG 1969 erfasste nur die Umwandlung des Unternehmens eines Einzelkaufmanns durch Übertragung seines Vermögens auf die GmbH.
[11] § 43 Abs. 2 UmwG 1969.
[12] § 378 Abs. 4 § 289 Abs. 4 Satz 3 AktG 1965.
[13] Zweite Richtlinie des Rates vom 13. 12. 1976, 77/91/EWG, ABl. Nr. L 26 S. 1.
[14] § 5 Abs. 1 GmbHG. Vgl. zum RegE des MoMiG den Nachweis zu § 218 Rn 15.
[15] § 7 AktG (iVm. § 278 Abs. 3 AktG).
[16] Zu den Einzelheiten § 218 Rn 15, 37.
[17] *Joost* in Lutter Rn 8; *Vossius* in Widmann/Mayer Rn 12 ff.; *Laumann* in Goutier/Knopf/Tulloch Rn 6.
[18] *Vossius* in Widmann/Mayer Rn 14.

fern sie bewertbar sind. Im Gegensatz dazu stellt das **Stamm- bzw. Grundkapital** lediglich einen in der Bilanz der Gesellschaft ausgewiesenen Rechnungsposten dar[19]. Es kennzeichnet den Betrag, der aufgrund der zwingenden Kapitalschutzbestimmungen von den Gesellschaftern aufzubringen[20] und in der Folgezeit nicht wieder an sie zurückgezahlt werden darf[21]. Der Zusammenhang zwischen dem Vermögen und dem Kapital der Gesellschaft besteht darin, dass das Stamm- bzw. Grundkapital durch das Reinvermögen der Gesellschaft rechnerisch, wertmäßig und bilanziell abgedeckt sein muss[22].

Der Grundsatz der Reinvermögensdeckung soll den Weg eines Formwechsels in eine Kapitalgesellschaft bei Vorliegen einer **Unterbilanz** versperren. Eine Unterbilanz ist gegeben, wenn das nach Abzug der Schulden verbleibende Aktivvermögen geringer ist als das Kapital der Gesellschaft, anders gewendet, wenn die Aktiva der Kapitalgesellschaft die Summe aus (echten) Passiva und Stamm- bzw. Grundkapital nicht decken[23]. Demgegenüber liegt eine **Überschuldung** vor, wenn das Aktivvermögen der Gesellschaft geringer ist als die Verbindlichkeiten der Gesellschaft[24]. Durch die Etablierung des Erfordernisses der Reinvermögensdeckung soll sichergestellt werden, dass die Gläubiger der Gesellschaft über das zur Deckung der Verbindlichkeiten erforderliche Vermögen hinaus noch auf einen weiteren Haftungsfonds in Höhe des Festkapitals der Gesellschaft zugreifen können. 10

Unterschreitet das Reinvermögen das gesetzliche Mindestkapital, ist den Gesellschaftern entweder der Weg eines Formwechsels verschlossen oder sie müssen das Vermögen der Gesellschaft durch weitere Einlagen erhöhen[25]. Im Fall einer **Überschreitung** können die Gesellschafter den Betrag frei festsetzen, solange die Kapitalziffer durch das Reinvermögen der Gesellschaft abgedeckt ist. Die Höhe des Kapitals des Rechtsträgers neuer Rechtsform muss nicht dem Kapital der formwechselnden Personenhandelsgesellschaft entsprechen[26]. Der das Grund- bzw. Stammkapital übersteigende Betrag des Vermögens ist bei Verbleib in der Gesellschaft in die Kapitalrücklage einzustellen[27]. Beim Formwechsel einer KG in eine GmbH ist die Zulässigkeit einer nach Eintragung erfolgenden Ausschüttung des früheren, nun die Stammkapitalziffer der GmbH übersteigenden Kommanditkapitals streitig[28]. Die GmbH-rechtliche Kapitalerhaltung steht mangels Unterbilanz nicht entgegen[29]. Die umwandlungsrechtliche Nachhaftung[30] steht ebenfalls nicht entgegen, da infolge der Ausschüttung erst nach Eintragung eine persönliche Gläubigerverbindlichkeit nach §§ 171 f. HGB im Zeitpunkt des Formwechsels nicht bestand[31] und infolge bereits erfolgten Formwechsels § 174 HGB auf die Ausschüttung des nunmehr GmbH-Vermögens keine Anwendung mehr 11

---

[19] *Joost* in Lutter Rn 8.
[20] § 5 GmbHG, §§ 27, 36 a AktG.
[21] Während in der GmbH nach § 30 GmbHG nur das zur Deckung des Stammkapitals erforderliche Kapital nicht an die Gesellschafter ausgezahlt werden darf, ist der Kapitalerhaltungsschutz in der AG strenger, da abgesehen von einer Verwendung des Bilanzgewinns kein Vermögen der Gesellschaft an die Aktionäre zurück gewährt werden darf, § 57 AktG. In der GmbH besteht das Auszahlungsverbot erst Recht, wenn eine Unterbilanz bereits besteht oder eine Überschuldung herbeigeführt wird, vgl. *BGH* NJW 1990, 1730, 1732.
[22] *Joost* in Lutter Rn 8; *Dirksen* in Kallmeyer Rn 3.
[23] *Joost* in Lutter Rn 11; *Dirksen* in Kallmeyer Rn 5. Zur Unterscheidung zwischen formeller und materieller Unterbilanz siehe Rn 13 aE.
[24] *Joost* in Lutter Rn 11.
[25] Siehe Rn 17.
[26] Eine § 247 Abs. 1 entsprechende Bestimmung fehlt für den Formwechsel von Personengesellschaften. Im Ergebnis aA *Petersen*, Der Konzern 2004, 185, 186, dazu sogleich.
[27] § 272 Abs. 2 Nr. 1 HGB; *Vossius* in Widmann/Mayer Rn 5; siehe auch § 218 Rn 16.
[28] Für Zulässigkeit auch *Joost* in Lutter § 218 Rn 9.
[29] § 30 Abs. 1 GmbHG.
[30] § 224, zur Anwendung auf Kommanditisten dort Rn 8.
[31] *Wiedemann* ZGR 1999, 568, 581; aA *Veith*, Gläubigerschutz beim Formwechsel nach dem UmwG, 2003, S. 155 ff.

findet[32]. Aus § 174 2. Halbs. HGB nunmehr Kongruenz zwischen KG- und GmbH-Kapital zu fordern[33], geht fehl. Denn eine bereits gegen die KG begründete Verbindlichkeit wird infolge der Identitätswahrung ipso iure Verbindlichkeit der GmbH und fließt daher in die sowohl für § 220 als auch für die Ausschüttung maßgebliche Berechnung, ob eine Unterbilanz vorliegt, bereits mit ein.

3. Ermittlung des Vermögens

12 a) **Wertmaßstab.** Nach welchen Maßstäben das Vermögen der Gesellschaft zu bewerten ist, lässt sich dem Wortlaut des Gesetzes nicht entnehmen. Auch die Gesetzesmaterialien geben insoweit keinen Aufschluss. Als Maßstab kommen entweder die in der Bilanz ausgewiesenen Buchwerte, die Verkehrswerte oder die Liquidationswerte in Betracht. Zum früheren Recht entsprach es der hM, dass die wirklichen, unter Berücksichtigung des Zeitwerts der Vermögensgegenstände festzulegenden Werte maßgebend sind[34]. Der Formwechsel einer Personenhandelsgesellschaft in eine Kapitalgesellschaft war nicht als identitätswahrende Umwandlung, sondern als Übertragungstatbestand und damit als erleichterte Sachgründung konzipiert. Heute liegt dem Formwechsel ein anderes Konzept zugrunde. Aufgrund des Identitätsprinzips[35] findet kein Rechtsträgerwechsel und damit kein Anschaffungsvorgang statt[36]. Dies hat handelsrechtlich zur Konsequenz, dass der neue Rechtsträger die Buchwerte der Personenhandelsgesellschaft grundsätzlich fortzuführen hat[37]. Dies könnte Anlass dazu geben, hinsichtlich der Vermögensdeckung eine **Buchwertbetrachtung** vorzunehmen[38]. Eine solche Sichtweise würde sich auch in Einklang mit der hM zum Verbot der Herbeiführung einer Unterbilanz nach § 30 Abs. 1 GmbHG befinden, die ebenfalls auf die Buchwerte abstellt[39]. In diesem Fall wäre der Formwechsel bei Bestehen einer handelsrechtlichen (formellen) Unterbilanz ausgeschlossen[40].

13 Die **hM** stellt demgegenüber auf die **Verkehrswerte** ab[41]. Dem ist zuzustimmen. Zunächst lässt sich mit dem Identitätsprinzip allein die Maßgeblichkeit der Buchwerte nicht begründen. Ausgangspunkt bildet die Regelung, nach der beim Formwechsel die allgemeinen Vorschriften des Gründungsrechts anwendbar sind[42]. Da das Gesetz den Formwechsel einer Personenhandelsgesellschaft in eine Kapitalgesellschaft trotz Geltung des Identitätsgrundsatzes hinsichtlich der Kapitalaufbringung wie eine Sachgründung behandelt[43], sind bei der Prüfung der Kapitalaufbringung ebenfalls die Verkehrswerte zugrunde zu legen. Eine die Ansetzung der Buchwerte rechtfertigende Parallele zum Auszahlungsverbot nach § 30 GmbHG ist nicht gegeben, da im Zeitpunkt der Auszahlung eine Prüfung des Vermögens

---

[32] Siehe auch § 224 Rn 9.
[33] So aber *Petersen*, Der Konzern 2004, 185, 186.
[34] *Priester* in Scholz[7] GmbHG Anh. UmwG § 47 Rn 12; *Schilling* in Hachenburg[7] Anh. § 77 GmbHG, § 47 UmwG Rn 4.
[35] § 190 Abs. 1, § 202 Abs. 1 Nr. 1.
[36] *Dirksen* in Kallmeyer Rn 8.
[37] Siehe dazu etwa *Krop/Küting* BB 1995, 1023, 1024; *Schmidt-Diemitz/Moszka* in MünchVertrHdb. XII. Anm. 19; *Fischer/Olkus* BB 1998, 2191; zur Bilanzierung auch Rn 23.
[38] So denn *Kallmeyer* GmbHR 1995, 888, 889; wohl auch *Schulze zur Wiesche* DB 1996, 1539, 1545.
[39] RGZ 88, 428, 429 f.; *Hueck/Fastrich* in Baumbach/Hueck § 30 GmbHG Rn 10 f.
[40] So auch *Sagasser/Sickinger* in Sagasser/Bula/Brünger R Rn 90.
[41] *Joost* in Lutter Rn 13; *Dirksen* in Kallmeyer Rn 8; *Stratz* in Schmitt/Hörtnagl/Stratz Rn 6; *Vossius* in Widmann/Mayer Rn 17; *Laumann* in Goutier/Knopf/Tulloch Rn 10; *Schmidt-Diemitz/Moszka* in MünchVertrHdb. XII. 1 Anm. 15; *Busch* AG 1995, 555, 556 ff.; *Fischer* BB 1995, 2173, 2179; *Mertens*, AG 1995, 561; *Hennrichs* ZIP 1995, 794, 797; *Priester* DB 1995, 911 ff.; *ders.*, FS Zöllner, S. 449, 457; *ders.* DStR 2005, 788, 793; *Timmermans* DB 1999, 948 f.; *Bärwaldt/Schabacker* ZIP 1998, 1293, 1298; *Limmer*, FS Widmann, S. 51, 59; *Wolfsteiner*, FS Bezzenberger, 2000, S. 467, 472; *Zürbig* S. 137 ff.; *Limmer* in Limmer Rn 2293.
[42] § 197 Satz 1.
[43] Siehe näher § 218 Rn 8 ff.

der Gesellschaft nicht stattfindet und insoweit demgemäß zu Recht auf die Buchwerte abgestellt werden muss. Für die Maßgeblichkeit der Verkehrswerte spricht ferner, dass bei einer Umstrukturierung der Personenhandelsgesellschaft in eine Kapitalgesellschaft außerhalb des UmwG durch Einbringung der Anteile als Sacheinlage im Rahmen einer Sachgründung oder Sachkapitalerhöhung[44] ebenfalls die Verkehrswerte in Ansatz zu bringen sind. Da das Gesetz den Formwechsel erleichtern will, kann für den Formwechsel nach dem UmwG nur schwerlich etwas anderes gelten[45]. Ein weiterer Anhaltspunkt für die Maßgeblichkeit der Verkehrswerte ist die Regelung, dass in der früher erforderlichen Vermögensaufstellung nach dem insoweit eindeutigen Wortlaut des Gesetzes die Vermögensgegenstände mit ihrem wirklichen Wert anzusetzen waren[46]. Da stille Reserven zum Ausgleich einer handelsrechtlichen Unterbilanz herangezogen werden können, ist ein Formwechsel uU auch bei Vorliegen einer **formellen Unterbilanz** möglich[47].

Bei der Ermittlung der Verkehrswerte sind die zur **Bewertung** von Sacheinlagen bei der Gründung einer Kapitalgesellschaft entwickelten Regeln anwendbar[48]. Da Gegenstand der „Sacheinlage" ein Unternehmen ist, kommen die allgemeinen Grundsätze zur Unternehmensbewertung zum Tragen[49]. Danach wird der Wert des Unternehmens zumeist nach der Ertragswertmethode ermittelt.

b) Zeitpunkt. Maßgeblicher Zeitpunkt für die Frage der Reinvermögensdeckung ist die **Anmeldung** des Formwechsels zum Handelsregister[50]. Zu diesem Zeitpunkt muss das Stamm- bzw. Grundkapital durch das Vermögen der Gesellschaft abgedeckt sein. Nicht von der Vorschrift erfasst sind Ausschüttungen, die erst nach Eintragung des Formwechsels erfolgen[51].

c) Ausstehende Einlagen. Bei der Gründung einer GmbH sind Sacheinlagen vollständig zu leisten[52], während Bareinlagen nur zu einem Viertel einzuzahlen sind[53]. Die grundsätzliche Behandlung des Formwechsels als Sachgründung wirft die Frage auf, wie ausstehende Einlageverpflichtungen der Gesellschaft iRd. Umwandlung zu behandeln sind. Nach einer, insbesondere von *K. Schmidt* vertretenen, Auffassung können rückständige Einlageansprüche der Gesellschaft aktiviert werden, soweit sie vollwertig sind[54]. Ein Volleinzahlungsgebot besteht aufgrund der Identität des Rechtsträgers nicht[55]. Die Gegenansicht verweist darauf, dass der Formwechsel vom Gesetzgeber trotz prinzipieller Identität des Rechtsträgers insgesamt als Sachgründung zu behandeln ist[56]. Eine Regelung, die es erlaube, Bareinlagen nur

---

[44] Siehe auch § 214 Rn 33.
[45] *Dirksen* in Kallmeyer Rn 8; *Vossius* in Widmann/Mayer Rn 18.
[46] § 192 Abs. 2 aF. Die ersatzlose Streichung der Pflicht zur Vermögensaufstellung durch das zum 25.4.2007 in Kraft getretene Zweite Gesetz zur Änderung des Umwandlungsgesetzes (BGBl I S. 542) lässt dieses Argument unberührt. Grund für die Streichung war, dass der Gesetzgeber die Aufdeckung aller stillen Reserven anlässlich des Formwechsels als nicht notwendig ansah (Begründung RegE, BT-Drucks. 16/2919 S. 40 f.). Daraus folgt nicht, dass eine Aufdeckung stiller Reserven durch Ansatz der Verkehrswerte für Zwecke des Kapitalschutzes unzulässig ist.
[47] Zur Unzulässigkeit einer Buchwertaufstockung vgl. aber Rn 23.
[48] *Joost* in Lutter Rn 13.
[49] *Busch* AG 1995, 555, 558.
[50] *Priester*, FS Zöllner, S. 449, 458.
[51] *Petersen*, Der Konzern 2004, 185, 186. Insoweit gelten die Kapitalerhaltungsregeln der jeweiligen Kapitalgesellschaft. Siehe Rn 11 sowie § 224 Rn 9.
[52] § 7 Abs. 3 GmbHG, § 36 a Abs. 2 Satz 1 AktG.
[53] § 7 Abs. 2 Satz 1 GmbHG, § 36 a AktG.
[54] *K. Schmidt* ZIP 1995, 1385 ff.; *ders.* GesR § 13 II 3 c), ihm folgend *Decher* in Lutter § 197 Rn 14; *Dirksen* in Kallmeyer Rn 9; *Limmer*, FS Widmann, S. 51, 63; *ders.* in Limmer Rn 2170; *Zürbig* S. 141 f.
[55] Insoweit zust. *Priester* DStR 2005, 788, 794.
[56] *Joost* in Lutter Rn 15; wohl auch *Vossius* in Widmann/Mayer Rn 30; *Priester*, FS Zöllner, S. 449, 462 ff.; *ders.* DStR 2005, 788, 794, der danach differenziert, ob die Einlageansprüche zur Deckung des Nennkapitals erforderlich sind.

zu einem Viertel einzuzahlen, sei im UmwG nicht vorgesehen. Letztere Ansicht sieht sich dem Einwand ausgesetzt, dass aus der prinzipiellen Anwendbarkeit der allgemeinen Gründungsvorschriften nicht abgeleitet werden kann, dass ausstehende Bareinlageforderungen ihren Charakter ändern und zu Sacheinlagen werden. Es besteht kein Anlass, den Formwechsel strenger zu behandeln als die Gründung einer Gesellschaft[57]. Hinsichtlich der beim Formwechsel noch ausstehenden Einlagen der Gesellschafter gilt folglich Entsprechendes wie bei der Gründung: Ausstehende Sacheinlagen sind in voller Höhe zu leisten. Bareinlagen müssen mindestens zu einem Viertel erbracht sein. Sind sie in dieser Mindesthöhe vor dem Formwechsel nicht geleistet worden, ist dies vor der Eintragung des Formwechsels nachzuholen. Ein allgemeines Volleinzahlungsgebot besteht nicht.

17 d) **Vermögensauffüllung.** Reicht das Reinvermögen der Personenhandelsgesellschaft nicht aus, um das Mindestkapital oder einen höheren von den Gesellschaftern gewählten Betrag abzudecken, können die Gesellschafter weitere Bar- oder Sacheinlagen leisten, bis das Kapital durch das Reinvermögen abgedeckt wird[58]. Sacheinlagen sind in voller Höhe zu leisten[59]. Umstritten ist, ob Bareinlagen nur zu einem Viertel einzuzahlen sind. Zum Teil wird dies verneint[60]. Die Kapitaldeckung könne nur durch volleingezahltes Vermögen erfolgen. Richtigerweise gilt auch insoweit, dass der Formwechsel nicht strenger behandelt werden kann als die Neugründung einer Gesellschaft. Mithin genügt es, wenn Bareinlagen zu einem Viertel erbracht werden[61].

4. Anmeldung und Eintragung

18 Bei der Gründung einer Kapitalgesellschaft ist anlässlich der Anmeldung zu versichern, dass die Leistungen auf die Einlagen bewirkt sind und sich ihr Gegenstand endgültig zur freien Verfügung der Geschäftsführer bzw. des Vorstands befindet[62]. Dies wirft die Frage auf, ob eine entsprechende **Versicherung** im Zuge der Anmeldung des Formwechsels abzugeben ist. Eine verbreitete Auffassung hält die Abgabe einer solchen Erklärung für geboten[63]. Die Erforderlichkeit einer Anmeldungsversicherung ergebe sich aus dem allgemeinen Verweis auf die Gründungsbestimmungen. Zudem spräche für die Annahme einer solchen Pflicht ein Umkehrschluss aus der Regelung beim Formwechsel zwischen Kapitalgesellschaften, die eine Versicherung ausdrücklich für entbehrlich hält[64]. Nach der wohl überwiegenden und vorzugswürdigen Gegenansicht muss beim Formwechsel keine Versicherung abgegeben werden, dass die Einlagen bewirkt sind[65]. Denn das Vermögen wird nicht anders zugeordnet. Anders ist dies nur dann, wenn im Zuge des Formwechsels zusätzliche Einlagen erbracht werden[66]. Bis zu einer höchstrichterlichen Klärung dürfte es sich zur Vermeidung von Beanstandungen des Registergerichts in der Praxis jedoch empfehlen, vorsorglich eine Versicherung abzugeben. Beim **Inhalt** der Versicherung ist zu berücksichtigen, dass ein Einbringungsvor-

---

[57] So bereits zum früheren Recht *Zöllner* in Kölner Komm. § 385 d AktG Rn 34.
[58] *Priester,* FS Zöllner, S. 449, 466; *K. Schmidt* ZIP 1995, 1385, 1389; *Stratz* in Schmitt/Hörtnagl/Stratz Rn 3; *Joost* in Lutter Rn 12, 16; aA wohl *Vossius* in Widmann/Mayer Rn 30 ff. (Erhöhung der Einlagen nur vor Wirksamwerden des Formwechsels).
[59] § 56 a GmbHG, §§ 188 Abs. 2 Satz 1, 36 a AktG; *Joost* in Lutter Rn 16.
[60] *Joost* in Lutter Rn 19.
[61] *Dirksen* in Kallmeyer Rn 5; *K. Schmidt,* ZIP 1995, 1385, 1389; *Priester,* FS Zöllner, S. 449, 466; *ders.* DStR 2005, 788, 794.
[62] § 8 Abs. 2 GmbHG, § 37 Abs. 1 AktG.
[63] *Vossius* in Widmann/Mayer § 222 Rn 58; *Stratz* in Schmitt/Hörtnagl/Stratz § 222 Rn 11; *K. Schmidt* ZIP 1995, 1385, 1391; *Usler* MittRhNotK 1998, 21, 47.
[64] § 246 Abs. 3 AktG.
[65] *Joost* in Lutter Rn 20; *Dirksen* in Kallmeyer Rn 5; § 222 Rn 7; *Priester,* FS Zöllner, S. 449, 466 ff.; *ders.* DNotZ 1995, 427 ff., 452; *Zimmermann* in Kallmeyer § 198 Rn 13.
[66] *Priester,* FS Zöllner, S. 449, 468.

gang mangels Rechtsträgerwechsel nicht stattfindet. Da das Vermögen der umgewandelten Personenhandelsgesellschaft erst mit der Eintragung in das Handelsregister zum Vermögen der Kapitalgesellschaft wird, können die Mitglieder des künftigen Vertretungsorgans lediglich eine Erklärung des **Inhalts** abgeben, dass sich das Vermögen im gesamthänderisch gebundenen Vermögen der Gesellschafter befindet und mit der Eintragung des Formwechsels in die freie Verfügung der Mitglieder des Vertretungsorgans übergehen wird[67].

Das **Registergericht** hat bei der Prüfung, ob die Voraussetzungen des Formwechsels erfüllt sind, auch die Reinvermögensdeckung zu kontrollieren[68]. Um dem Registergericht die Überprüfung zu ermöglichen, ist der Anmeldung des Formwechsels ein **Nachweis** über die Deckung des Stamm- bzw. Grundkapitals beizufügen. Welche formalen Anforderungen dieser Nachweis zu erfüllen hat, ist nicht ausdrücklich bestimmt. Die Aufstellung einer handelsrechtlichen Schluss- oder Eröffnungsbilanz fordert das Gesetz nicht[69]. Die formwechselnde Personenhandelsgesellschaft hat jedoch eine auf den Übertragungsstichtag bezogene steuerliche Einbringungsbilanz aufzustellen[70]. Ergibt sich nach den dort ausgewiesenen Buchwerten bereits ein ausreichendes Reinvermögen, genügt die Vorlage dieser **Steuerbilanz** als Nachweis[71]. Ist dies nicht der Fall, muss der Nachweis auf andere Weise erbracht werden. Denkbar ist etwa die Vorlage einer ggf. nachträglich zum Zweck der Anmeldung gefertigte Vermögensaufstellung, in der die Vermögensgegenstände mit ihrem wirklichen Wert in Ansatz gebracht sind[72]. In einen solchen Vermögensstatus können dann auch Vermögenswerte, wie zB ein originär geschaffener Firmenwert, einbezogen werden, die in den Jahresabschluss nicht eingestellt werden konnten[73].

Bereits nach der vor dem Inkrafttreten des Zweiten Gesetzes zur Änderung des UmwG zum 25.4.2007 geltenden Rechtslage wurde der Nachweis in der Praxis zumeist durch Vorlage einer **Werthaltigkeitsbescheinigung** eines Wirtschaftsprüfers erbracht, wenn die nach damaligem Recht grundsätzlich noch erforderliche Vermögensaufstellung wegen Verzichts der Gesellschafter auf einen Umwandlungsbericht nicht erstellt werden musste[74]. Da die Pflicht zur Erstellung einer Vermögensaufstellung auch bei erforderlichem Umwandlungsbericht durch das Zweite Gesetz zur Änderung des UmwG ersatzlos entfallen ist, könnte dieser Form des Nachweises künftig gesteigerte Bedeutung zukommen. Dabei wird idR die Erstellung eines umfangreichen Bewertungsgutachtens nicht erforderlich sein. Vielmehr ist es grundsätzlich ausreichend, wenn der Wirtschaftsprüfer unter Bezugnahme auf den letzten **Jahresabschluss** und etwa vorhandene stille Reserven darlegt, dass sich keine wesentlichen Vermögensveränderungen ergeben haben und demgemäß ausreichendes Vermögen vorhanden ist. Die Bezugnahme auf den letzten Jahresabschluss ist jedenfalls dann ausreichend, wenn dieser nicht älter als acht Monate ist[75]. Dies ergibt sich aus dem Rechtsgedanken des § 17 Abs. 2 Satz 3. Wird der letzte Jahresabschluss zugrunde gelegt, kann es zweckmäßig sein, wenn die geschäftsführenden Gesellschafter anlässlich des Formwechsels erklären, dass in der Zwischenzeit keine Vermögensminderung eingetreten ist[76].

---

[67] So auch *Schmidt-Diemitz/Moszka* in MünchVertrHdb. XII. 3.
[68] Siehe auch *LG München* GmbHR 1996, 128 (zum alten Recht).
[69] *Busch* AG 1995, 555, 560; *Fischer* BB 1995, 2173, 2178; *Priester*, FS Zöllner, S. 449, 458; *ders.* DStR 2005, 788, 793.
[70] § 25 Abs. 1 Satz 2 UmwStG.
[71] *Dirksen* in Kallmeyer Rn 11; *Stratz* in Schmitt/Hörtnagl/Stratz Rn 7.
[72] *Dirksen* in Kallmeyer Rn 11; *Stratz* in Schmitt/Hörtnagl/Stratz Rn 7.
[73] *Priester*, FS Zöllner, S. 449, 458.
[74] *Dirksen* in Kallmeyer Rn 11; *Vossius* in Widmann/Mayer Rn 38; *Schmidt-Diemitz/Moszka* in MünchVertrHdb. XII. 1 Anm. 15. Siehe zur Streichung des § 192 Abs. 2 aF auch Fn 46.
[75] *Heckschen* DB 1998, 1385, 1398; *Priester*, FS Zöllner, S. 449, 459; *Germann* GmbHR 1999, 591; *Schmidt-Diemitz/Moszka* in MünchVertrHdb. XII. 3 Anm. 3.
[76] *Priester*, FS Zöllner, S. 449, 459; siehe auch § 222 Rn 14.

21 Hat das Gericht begründete Zweifel an der Vermögensdeckung, kann es im Rahmen seiner Amtsermittlung[77] weitere Nachweise verlangen[78]. Gelangt das Registergericht zur Überzeugung, dass das Stamm- bzw. Grundkapital nicht durch das Reinvermögen der Gesellschaft gedeckt ist, hat es die **Eintragung** des Formwechsels abzulehnen[79]. Erfolgt die Eintragung in das Handelsregister trotz fehlender Reinvermögensdeckung, berührt dies die Wirksamkeit des Formwechsels nicht[80]. Es besteht dann jedoch eine Haftung der Gesellschafter[81].

5. Haftung

22 Erweist sich nach der Eintragung des Formwechsels, dass das Reinvermögen im Zeitpunkt der Anmeldung zum Handelsregister nicht gedeckt war (sog. materielle Unterbilanz), das Vermögen der Gesellschaft also überbewertet war, besteht eine **Differenz- bzw. Vorbelastungshaftung** der Gesellschafter[82].

6. Bilanzierung

23 Die Identität der Gesellschaft bedingt, dass die Bilanzansätze der Personenhandelsgesellschaft in der Kapitalgesellschaft fortzuführen sind. Reichen die fortgeführten Buchwerte nicht aus, das Stamm- bzw. Grundkapital abzudecken, sondern ist dies nur unter Berücksichtigung von stillen Reserven möglich, führt die strenge Anwendung des Grundsatzes der Bilanzkontinuität an sich zu einer formellen Unterbilanz. Nach einer verbreiteten Auffassung kann zum Bilanzausgleich auf der Aktivseite ein **formwechselbedingter Sonderabzugsposten** gebildet werden, der ähnlich einem Verlustvortrag zu tilgen ist, bevor eine Gewinnausschüttung möglich ist[83]. Nach der Gegenansicht sollen die Buchwerte bis zur Erreichung der Stamm- bzw. Grundkapitalziffer aufgestockt werden können[84]. Letzteres lässt sich allerdings mit dem Grundsatz der Bilanzkontinuität[85] nur schwerlich in Einklang bringen. Daher ist der Auffassung, die die Bildung eines Unterschiedsbetrags fordert, der Vorzug zu geben.

III. Gründungsbericht

1. Sachgründungsbericht beim Formwechsel in die GmbH

24 Aufgrund des Verweises auf die Gründungsvorschriften ist beim Formwechsel einer Personenhandelsgesellschaft in eine GmbH ein Sachgründungsbericht zu erstellen[86]. Der Sachgründungsbericht ist auch dann zu fertigen, wenn ein Umwandlungsbericht zu erstellen ist. Sein Inhalt richtet sich im Grundsatz nach den allgemeinen Bestimmungen. Der Sachgrün-

---

[77] § 12 FGG.
[78] Die Verpflichtung, dem Umwandlungsbericht eine Vermögensaufstellung beizufügen, ist durch die Streichung des § 192 Abs. 2 durch das Zweite Gesetz zur Änderung des Umwandlungsgesetzes vom 19.4.2007 entfallen.
[79] § 9 c Abs. 1 GmbHG bzw. § 38 Abs. 1 AktG iVm. § 197 Satz 1; *Joost* in Lutter Rn 21.
[80] § 203 Abs. 3; *Dirksen* in Kallmeyer Rn 8; *Joost* in Lutter Rn 21; *Schmidt-Diemitz/Moszka* in MünchVertrHdb. XII. 12 Anm. 20; vgl. aber auch XII 1 Anm. 15.
[81] *Joost* in Lutter Rn 17, 22; siehe Rn 22.
[82] Vgl. § 9 Abs. 1 GmbHG. Zur Differenz- und Vorbelastungshaftung, die auch beim Formwechsel in eine AG eingreift, im Einzelnen § 219 Rn 12 ff. und 17.
[83] IDW (FA) 1/96, abgedruckt in WPg 1996, 508; *Müller* in Kallmeyer Rn 10; *Stratz* in Schmitt/Hörtnagl/Stratz Rn 11; *Timmermans* DB 1999, 948, 949; *Vossius* in Widmann/Mayer Rn 27 (Ausweisung als Bilanzverlust).
[84] *Joost* in Lutter Rn 23; *Priester* DB 1995, 911, 915 ff.; *ders.*, FS Zöllner, S. 449, 457; *ders.* DStR 2005, 788, 793 f.; *Laumann* in Goutier/Knopf/Tulloch Rn 21; aA *Busch* AG 1995, 555, 559.
[85] § 242 Abs. 1 Nr. 1 HGB.
[86] § 5 Abs. 4 Satz 2 GmbHG iVm. § 197 Satz 1.

dungsbericht hat Angaben über die Vorbereitung und die Auswirkungen des Formwechsels zu enthalten. Darüber hinaus sind die wesentlichen Umstände darzulegen, aus denen sich ergibt, dass das Reinvermögen der formwechselnden Personenhandelsgesellschaft das festgesetzte Stammkapital abdeckt[87]. Dabei ist ein Verweis auf den **Werthaltigkeitsnachweis** zur Reinvermögensdeckung im Regelfall ausreichend[88]. Auf Kapitalherabsetzungen im Vergleich zur Personengesellschaft ist einzugehen[89]. Auch wenn beim Formwechsel aufgrund des Identitätsprinzips kein Übergang eines Unternehmens stattfindet, hat der Bericht ferner die **Jahresergebnisse** der beiden letzten Geschäftsjahre zu enthalten, damit sich das Registergericht ein Bild über die Lage des Unternehmens verschaffen kann[90]. Anzugeben sind der Jahresüberschuss bzw. -fehlbetrag[91]. Angaben zu Bar- oder Sacheinlagen der Gesellschafter der formwechselnden Personengesellschaft muss der Bericht nicht notwendigerweise enthalten[92].

In Erweiterung der Berichterstattungspflicht nach den allgemeinen Gründungsbestimmungen sieht **Abs. 2** vor, dass im Sachgründungsbericht auch der bisherige **Geschäftsverlauf** und die **Lage** der formwechselnden Gesellschaft darzulegen sind. Die Darlegungen über die Lage der Gesellschaft haben sich an den zum Lagebericht entwickelten Grundsätzen zu orientieren[93]. Die Darlegung muss ein den tatsächlichen Verhältnissen der Gesellschaft entsprechendes Bild vermitteln. Dabei ist auf alle Vorgänge von besonderer Bedeutung, die sich nach dem Umwandlungsstichtag zugetragen haben und von denen die Beurteilung des Werts der Gesellschaft wesentlich abhängt, einzugehen. Hierzu zählen u. a. die voraussichtliche Produktentwicklung, der Erwerb oder der Verlust bedeutender Kunden, wesentliche Rechtsstreitigkeiten, die Wettbewerbssituation der Gesellschaft sowie sonstige Geschäftsvorfälle von besonderer Bedeutung[94]. Dabei ist auf positive und negative Entwicklungen in gleicher Intensität einzugehen. Der Zeitraum, auf den sich diese Angaben zu beziehen haben, wird in Abs. 2 zwar nicht ausdrücklich bestimmt. Den allgemeinen Gründungsbestimmungen ist jedoch zu entnehmen, dass die Darlegungen sich auf die **letzten beiden vollen Geschäftsjahre** zu erstrecken haben[95]. Existiert die Gesellschaft noch nicht länger als zwei Jahre, sind die Ausführungen für den entsprechend kürzeren Zeitraum zu machen.

Die Erstattung des Sachgründungsberichts obliegt den dem Formwechsel zustimmenden und demzufolge als Gründer zu behandelnden Gesellschaftern[96]. Die den Bericht erstattenden Gesellschafter haben den Bericht eigenhändig zu unterzeichnen; eine gewillkürte Vertretung ist nicht zulässig[97]. Für den Bericht ist die einfache Schriftform ausreichend; einer notariellen Beurkundung bedarf es nicht[98]. Der Sachgründungsbericht hat iRd. Formwechsels eigenständige Bedeutung. Er ist nicht Teil des Umwandlungsberichts, so dass die Gesellschafter auf seine Erstellung **nicht verzichten** können[99].

---

[87] *Vossius* in Widmann/Mayer Rn 37.
[88] *Vossius* in Widmann/Mayer Rn 38; siehe Rn 20.
[89] *Wiedemann* ZGR 1999, 568, 582; Siehe auch Rn 11.
[90] § 5 Abs. 4 Satz 2 GmbHG.
[91] § 275 Abs. 2 Nr. 20, Abs. 3 Nr. 19 HGB.
[92] *Timm* BB 1990, 433 ff. (zum alten Recht).
[93] Vgl. § 289 HGB.
[94] *Joost* in Lutter Rn 26.
[95] § 5 Abs. 4 Satz 2 GmbHG § 32 Abs. 2 Nr. 3 AktG; *Joost* in Lutter Rn 26; *Dirksen* in Kallmeyer Rn 14; *Noelle* AG 1990, 475, 479; *Friedrich* BB 1990, 741 ff.; *Schmidt-Diemitz/Moszka* in MünchVertrHdb. XII. 4 Anm. 1.
[96] Im Einzelnen dazu siehe § 219 Rn 4 ff.
[97] *Vossius* in Widmann/Mayer Rn 45; *Melchior* GmbHR 1999, 520, 521.
[98] *Dirksen* in Kallmeyer Rn 12.
[99] *Joost* in Lutter Rn 24; *Dirksen* in Kallmeyer Rn 12; *Laumann* in Goutier/Knopf/Tulloch Rn 26; *Streck/Mack/Schwedhelm* GmbHR 1995, 161, 173.

2. Gründungsbericht beim Formwechsel in die AG oder KGaA

27 Beim Formwechsel einer Personenhandelsgesellschaft in eine AG bzw. KGaA ist aufgrund des Verweises auf die Gründungsbestimmungen ein Gründungsbericht zu erstellen[100]. Der Gründungsbericht hat den **Hergang des Formwechsels** darzustellen[101]. Folglich sind Ausführungen zum Inhalt des Umwandlungsbeschlusses, zur Feststellung der künftigen Satzung, zur Höhe des Grundkapitals und der Beteiligungsverhältnisse, zur Bestellung der Mitglieder des Vorstands und des Aufsichtsrats sowie zur Übernahme von Aktien für Rechnung von Mitgliedern des Vorstands und des Aufsichtsrats bzw. der Ausbedingung von besonderen Vorteilen oder Belohnung für den Formwechsel oder seine Vorbereitung zu machen. Ferner hat der Gründungsbericht die Umstände darzulegen, aus denen sich ergibt, dass das Grundkapital durch das Reinvermögen der Gesellschaft gedeckt ist[102]. Dabei sind Angaben zu machen zu **vorausgegangenen Rechtsgeschäften**, die auf den Erwerb der Vermögensgegenstände durch die Gesellschaft gezielt haben[103]. Darunter sind nur solche Geschäfte zu verstehen, die gerade wegen des beabsichtigten Formwechsels erworben wurden, um mit ihnen das Grundkapital der Gesellschaft zu decken[104]. Mitzuteilen sind ferner **Anschaffungs- und Herstellungskosten** der Gegenstände, die in den letzten beiden Jahren vor der Fassung des Umwandlungsbeschlusses angeschafft oder hergestellt worden sind[105]. Da der Formwechsel als Übergang eines Unternehmens behandelt wird, sind darüber hinaus die **Betriebserträge** aus den letzten beiden Jahren anzugeben[106]. Anzugeben sind die Jahresüberschüsse bzw. -fehlbeträge[107]. Außerdem muss der Gründungsbericht Aufschluss über die iRd. Formwechsels gewährten Sondervorteile geben[108]. Wie der Sachgründungsbericht beim Formwechsel in die GmbH muss auch der Gründungsbericht beim Formwechsel in die AG Darlegungen über den **Geschäftsverlauf** der letzten **zwei Geschäftsjahre** sowie die Lage der Gesellschaft enthalten[109].

28 Der Gründungsbericht ist von den zustimmenden Gesellschaftern sowie – beim Formwechsel in die KGaA – von den beitretenden persönlich haftenden Gesellschaftern zu erstatten. Er bedarf der eigenhändigen Unterzeichnung[110]. Auch auf die Erstellung des Gründungsberichts kann **nicht verzichtet** werden[111].

IV. Gründungsprüfung beim Formwechsel in AG oder KGaA

1. Gründungsprüfung durch Vorstand und Aufsichtsrat

29 Beim Formwechsel in eine AG haben die Mitglieder des Vorstands und des Aufsichtsrats den Hergang des Formwechsels zu prüfen[112]. Beim Formwechsel in eine KGaA treten die persönlich haftenden Gesellschafter an die Stelle der Mitglieder des Vorstands. Die Prüfung hat sich insbesondere darauf zu erstrecken, ob die Angaben der Gründer über die Feststellung der Satzung, die Bestellung der Organe, die Übernahme der Aktien, die Einlagen auf das

---

[100] § 32 AktG (iVm. § 278 Abs. 3 AktG) iVm. § 197 Satz 1.
[101] § 32 Abs. 1 AktG.
[102] § 32 Abs. 2 Satz 1 AktG.
[103] § 32 Abs. 2 Satz 2 Nr. 1 AktG.
[104] *Schmidt-Diemitz/Moszka* in MünchVertrHdb. XII. 15 Anm. 2.
[105] § 32 Abs. 2 Satz 2 Nr. 2 AktG.
[106] § 32 Abs. 2 Satz 2 Nr. 3 AktG.
[107] *Schmidt-Diemitz/Moszka* in MünchVertrHdb. XII. 15 Anm. 4.
[108] § 32 Abs. 3 AktG; dazu auch *Vossius* in Widmann/Mayer Rn 47.
[109] Siehe Rn 24.
[110] Siehe Rn 26.
[111] *Dirksen* in Kallmeyer Rn 12.
[112] § 33 Abs. 1 AktG iVm. § 197 Satz 1.

Grundkapital und über etwaige Sondervorteile, den Gründungsaufwand und die Sacheinlage richtig und vollständig sind[113]. Darüber hinaus hat der Gründungsprüfungsbericht Darlegungen über die Deckung des Grundkapitals durch das Reinvermögen der Gesellschaft zu enthalten[114]. Der Gründungsbericht ist schriftlich zu erstatten[115].

2. Gründungsprüfung durch Prüfer

Anders als bei der Neugründung einer AG hat beim Formwechsel nach Abs. 3 Satz 1 stets eine Gründungsprüfung stattzufinden[116]. Hält man sich vor Augen, dass der Gesetzgeber den Formwechsel einer Personenhandelsgesellschaft in eine Kapitalgesellschaft bei der Kapitalaufbringung als Sachgründung behandelt, hat diese Regelung nur klarstellenden Charakter. Der Gründungsprüfungsbericht hat sich insbesondere auf die Deckung des Grundkapitals durch das Reinvermögen der Gesellschaft zu erstrecken. Die Bestellung der Gründungsprüfer erfolgt durch das zuständige Registergericht[117]. Die Gründungsprüfung kann nicht nach Maßgabe von § 33 Abs. 3 Satz 1 AktG idF des TransPuG durch den beurkundenden Notar erfolgen. 30

Beim Formwechsel in die **GmbH** findet eine gesonderte Gründungsprüfung durch die Geschäftsführung und einen gerichtlich bestellten Prüfer nicht statt[118]. 31

V. Nachgründung

Durch den allgemeinen Verweis auf die Gründungsvorschriften werden auch die Vorschriften über die Nachgründung in Bezug genommen[119]. Eine Nachgründung liegt vor, wenn eine AG oder KGaA innerhalb von zwei Jahren nach ihrer Eintragung in das Handelsregister von Gründern oder mit mehr als 10% des Grundkapitals an der Gesellschaft beteiligten Aktionären Vermögensgegenstände für eine Vergütung erwirbt, die 10% des Grundkapitals übersteigt[120]. Abs. 3 Satz 2 stellt klar, dass die **Zweijahresfrist** erst mit Wirksamwerden des Formwechsels beginnt[121]. Der Nachgründungsvertrag wird erst mit Zustimmung der Hauptversammlung und Eintragung in das Handelsregister wirksam. Diese Regelung ist zwingend. Der Umwandlungsbeschluss oder die Satzung können nichts anderes vorsehen. Beim Formwechsel in eine **GmbH** finden die Nachgründungsvorschriften keine Anwendung[122]. 32

§ 221 Beitritt persönlich haftender Gesellschafter

Der in einem Beschluß zur Umwandlung in eine Kommanditgesellschaft auf Aktien vorgesehene Beitritt eines Gesellschafters, welcher der formwechselnden Gesellschaft nicht angehört hat, muß notariell beurkundet werden. Die Satzung der Kommanditgesellschaft auf Aktien ist von jedem beitretenden persönlich haftenden Gesellschafter zu genehmigen.

---

[113] § 34 Abs. 1 AktG iVm. § 197 Satz 1.
[114] *Joost* in Lutter Rn 27.
[115] § 34 Abs. 2 AktG iVm. § 197 Satz 1.
[116] § 33 Abs. 2 AktG iVm. § 197 Satz 1. Beim Formwechsel einer Personenhandelsgesellschaft in eine GmbH ist eine Gründungsprüfung nicht erforderlich.
[117] § 33 Abs. 3 AktG.
[118] *Joost* in Lutter Rn 28.
[119] § 52 AktG iVm. § 197 Satz 1.
[120] Zur Nachgründung *Reichert* ZGR 2001, 554; *Werner* ZIP 2001, 1403.
[121] Für den Formwechsel von Kapitalgesellschaften wurde das Nachgründungsrecht durch die Änderungen des § 245 durch das Zweite Gesetz zur Änderung des Umwandlungsgesetzes vom 19.4.2007 (BGBl I S. 542) gelockert.
[122] *Joost* in Lutter Rn 30.

Übersicht

	Rn		Rn
I. Allgemeines	1	3. Form	6
1. Sinn und Zweck der Norm	1	4. Zeitpunkt	8
2. Anwendungsbereich	2	5. Rechtsstellung des Beitretenden	9
3. Entstehungsgeschichte	3	**III. Genehmigung der Satzung**	10
II. Beitritt eines persönlich haftenden Gesellschafters	4	1. Genehmigung	10
1. Beitritt	4	2. Form	11
2. Persönlich haftender Gesellschafter	5	3. Zeitpunkt	12
		IV. Mängel der Beitrittserklärung	14

Literatur: Siehe Literaturverzeichnis zu § 214.

I. Allgemeines

1. Sinn und Zweck der Norm

1 Beim Formwechsel einer Personenhandelsgesellschaft in eine KGaA muss sich an der Gesellschaft mindestens ein persönlich haftender Gesellschafter beteiligen. Dabei kann die Rolle des Komplementärs von einem der Gesellschaft bereits angehörenden Gesellschafter oder (alleine oder daneben) von einem beitretenden Dritten übernommen werden[1]. Für einen solchen Beitritt erstreckt die Norm die für Altgesellschafter geltenden Regelungen, nach denen der Umwandlungsbeschluss der notariellen Beurkundung bedarf[2] und in ihm die Satzung des Rechtsträgers neuer Rechtsform festgestellt werden muss[3], auf den der KGaA als Komplementär beitretenden Dritten. Das Formerfordernis dient zum einen der Rechtssicherheit; zum anderen will es den beitretenden Dritten angesichts der ihn treffenden Gründerhaftung vor Übereilung schützen[4].

2. Anwendungsbereich

2 Die Bestimmung findet nur Anwendung auf den Formwechsel einer Personenhandelsgesellschaft in eine KGaA. Sie gilt überdies nur für den Beitritt eines Dritten, während die Übernahme der Stellung des Komplementärs durch einen der Gesellschaft bereits angehörenden Gesellschafter an anderer Stelle geregelt ist[5].

3. Entstehungsgeschichte

3 Die Vorschrift ist für den Formwechsel einer Personenhandelsgesellschaft neu. Vorgängerregelungen fanden sich im AktG für die Umwandlung einer GmbH bzw. AG in eine KGaA[6]. Die Bestimmung geht über diese Regelungen insoweit hinaus, als der Beitretende als Gründer behandelt und ihm demgemäß die Gründerverantwortung auferlegt wird[7].

---

[1] § 218 Abs. 2.
[2] § 193 Abs. 3 Satz 1.
[3] § 218 Abs. 1 Satz 1.
[4] *Joost* in Lutter Rn 2.
[5] § 217 Abs. 3.
[6] §§ 389 Abs. 2 Satz 2 und 3, 362 Abs. 2 Satz 5 und 6 AktG aF.
[7] § 219 Satz 2.

II. Beitritt eines persönlich haftenden Gesellschafters

1. Beitritt

Als Ausnahme vom Grundsatz der Identität der Anteilseigner ist beim Formwechsel in eine KGaA der Beitritt eines persönlich haftenden Gesellschafters gestattet[8]. Voraussetzung ist, dass der Beitritt des Dritten im Umwandlungsbeschluss vorgesehen ist. Bei dem beitretenden Gesellschafter kann es sich auch um eine Personenhandelsgesellschaft oder eine juristische Person handeln, die ggf. eigens zu diesem Zweck gegründet wurde[9]. Da es der Grundsatz der rechtlichen Identität zwischen formwechselnder GmbH & Co. KG und KGaA ausschließt, dass die unternehmenstragende GmbH & Co. KG selbst die Komplementär-Rolle übernimmt, kann sich ein Beitritt eines persönlich haftenden Gesellschafters namentlich dann als notwendig erweisen, wenn eine **GmbH & Co. KG** die Rolle des persönlich haftenden Gesellschafters in der KGaA übernehmen soll[10]. 4

2. Persönlich haftender Gesellschafter

Im Zuge der Umwandlung ist nur ein Beitritt von persönlich haftenden Gesellschaftern möglich. Ein Beitritt von **Kommanditaktionären** ist ausgeschlossen. 5

3. Form

Bei der Beitrittserklärung handelt es sich um eine empfangsbedürftige Willenserklärung. Erfolgt die Beurkundung der Beitrittserklärung zu gesonderter Urkunde, ist diese der Gesellschaft in Ausfertigung oder beglaubigter Abschrift zuzuleiten. Einer Annahmeerklärung durch die Gesellschaft oder die übrigen Gesellschafter bedarf es nicht[11]. Die Beitrittserklärung kann grundsätzlich **nicht befristet** oder **bedingt** werden. Keinen Bedenken unterliegt es, wenn die Erklärung unter die Bedingung gestellt wird, dass der Beitritt erst mit Eintragung des Formwechsels wirksam wird[12]. Eine Rücknahme der Beitrittserklärung durch den Dritten ist nicht möglich[13]. Eine Stellvertretung beim Beitritt ist zulässig[14]. Die Vollmacht muss dann ebenfalls notariell beurkundet werden[15]. 6

Die auf den Beitritt gerichtete Erklärung des Dritten bedarf zu ihrer Wirksamkeit der **notariellen Beurkundung**[16]. Diese richtet sich nach den Allgemeinen beurkundungsrechtlichen Bestimmungen[17]. Die Beitrittserklärung kann entweder zusammen mit dem Umwandlungsbeschluss oder als gesonderte Erklärung beurkundet werden[18]. Handelt es sich bei dem beitretenden Dritten um eine eigens zu diesem Zweck gegründete Kapitalgesellschaft, ist es ausreichend, wenn die Feststellung ihrer Gründungssatzung zu gleicher Urkunde wie die 7

---

[8] § 218 Abs. 2.
[9] Siehe § 218 Rn 46 ff.
[10] Siehe auch § 218 Rn 49 ff.
[11] *Joost* in Lutter Rn 3; *Dirksen* in Kallmeyer Rn 3; *Stratz* in Schmitt/Hörtnagl/Stratz Rn 2; aA *Laumann* in Goutier/Knopf/Tulloch Rn 2.
[12] *Vossius* in Widmann/Mayer Rn 9.
[13] *Dirksen* in Kallmeyer Rn 6.
[14] *Stratz* in Schmitt/Hörtnagl/Stratz Rn 2.
[15] *Vossius* in Widmann/Mayer Rn 10.
[16] § 221 Satz 1.
[17] §§ 8 ff. BeurkG.
[18] *Joost* in Lutter Rn 3; aA *Vossius* in Widmann/Mayer Rn 12, nach dem die Beurkundung nur nach den Regeln über die Beurkundung von Willenserklärungen erfolgen darf; wohl auch *Laumann* in Goutier/Knopf/Tulloch Rn 3.

Beitrittserklärung des persönlich haftenden Gesellschafters zur KGaA und die Genehmigung der Satzung erklärt wird[19].

4. Zeitpunkt

8   Nach dem Wortlaut von Satz 1 muss die Beitrittserklärung in dem Umwandlungsbeschluss vorgesehen sein. Die Beitrittserklärung kann also von dem beitretenden Gesellschafter frühestens gleichzeitig mit dem Umwandlungsbeschluss abgegeben werden. Ein vorheriger Beitritt ist demnach nicht möglich[20]. Die Beurkundung kann jedoch zu gleicher Urkunde wie der Umwandlungsbeschluss erfolgen[21]. Der Beitritt muss andererseits vor der Anmeldung des Formwechsels zum Handelsregister erklärt werden, da die Beitrittsurkunde den Anmeldungsunterlagen beizufügen ist[22]. Dies gilt für alle im Rahmen des Umwandlungsbeschlusses vorgesehenen Beitritte persönlich haftender Gesellschafter[23]. Der Beitritt von (weiteren) persönlich haftenden Gesellschaftern nach der Eintragung des Formwechsels richtet sich nach allgemeinen Regeln[24].

5. Rechtsstellung des Beitretenden

9   Der beitretende Gesellschafter erlangt seine Stellung mit dem Wirksamwerden des Formwechsels durch Eintragung in das Handelsregister. Der beitretende Gesellschafter wird als Gründer behandelt[25]. Mithin trifft ihn die volle Gründerverantwortung, insbesondere unterliegt er einer etwaigen Differenzhaftung. Mit Wirksamwerden des Formwechsels trifft ihn die persönliche Haftung für die Verbindlichkeiten der Gesellschaft. Darüber hinaus haftet er nach allgemeinen Grundsätzen auch für die im Zeitpunkt des Formwechsels bereits begründeten Verbindlichkeiten[26].

III. Genehmigung der Satzung

1. Genehmigung

10   Die Satzung der KGaA ist im Umwandlungsbeschluss festzustellen[27]. Sie ist zudem von dem beitretenden Gesellschafter zu genehmigen[28]. Durch die Genehmigungserklärung bringt der Beitretende zum Ausdruck, dass er mit dem Inhalt der Satzung einverstanden ist. Dabei ist auf den Umwandlungsbeschluss samt Satzung Bezug zu nehmen[29]. Die Genehmigungserklärung kann sich uU **konkludent** aus der Beitrittserklärung ergeben. Dies gilt namentlich dann, wenn der Dritte in der Gesellschafterversammlung, die den Umwandlungsbeschluss fasst, persönlich zugegen ist[30]. Mit der Genehmigung wird die Satzung für den beitretenden Dritten verbindlich. Die Genehmigungserklärung ist ebenfalls

---

[19] *Dirksen* in Kallmeyer Rn 1.
[20] *Joost* in Lutter Rn 4; *Dirksen* in Kallmeyer Rn 5; *Stratz* in Schmitt/Hörtnagl/Stratz Rn 2; aA *Laumann* in Goutier/Knopf/Tulloch Rn 4; *Vossius* in Widmann/Mayer Rn 8.
[21] Siehe Rn 7.
[22] § 223.
[23] *Joost* in Lutter Rn 10.
[24] Dazu *Schlitt*, Die Satzung der KGaA, 1999, S. 133 ff.
[25] § 219 Abs. 2.
[26] *Dirksen* in Kallmeyer Rn 4; *Stratz* in Schmitt/Hörtnagl/Stratz § 218 Rn 7; *Assmann/Sethe* in Großkomm. vor § 278 AktG Rn 106.
[27] § 218 Abs. 1 Satz 1.
[28] § 221 Satz 2.
[29] *Vossius* in Widmann/Mayer Rn 18.
[30] *Vossius* in Widmann/Mayer Rn 19.

bedingungs- und befristungsfeindlich[31]. Eine Rücknahme der Genehmigungserklärung ist nicht möglich[32].

2. Form

Wie die Beitrittserklärung bedarf die Genehmigungserklärung der notariellen Beurkundung. 11

3. Zeitpunkt

Die Genehmigung kann als **nachträgliche** Zustimmung[33] vom beitretenden Gesellschafter erst erklärt werden, nachdem die übrigen Gesellschafter die Satzung mit Fassung des Umwandlungsbeschlusses festgestellt haben[34]. Zumeist erfolgt sie gleichzeitig mit der Beitrittserklärung; zwingend ist dies allerdings nicht, da es sich um zwei rechtlich unabhängige Erklärungen handelt[35]. In jedem Fall hat auch die Abgabe der Genehmigungserklärung vor der Anmeldung des Formwechsel zu erfolgen. 12

Wird die Satzung nach dem Beitritt, aber noch vor der Eintragung des Formwechsels **geändert**, ist § 221 nicht unmittelbar einschlägig. Zum Schutz des persönlich haftenden Gesellschafters bedarf es in diesem Fall jedoch einer neuerlichen Genehmigungserklärung des beitretenden Dritten, die ebenfalls notariell zu beurkunden ist[36]. 13

IV. Mängel der Beitrittserklärung

Für die KGaA ist das Vorhandensein mindestens eines persönlich haftenden Gesellschafters konstitutiv. Ist die Beitrittserklärung oder die Genehmigungserklärung des (als einziger Komplementär vorgesehenen) Dritten nichtig oder anfechtbar, darf das Registergericht die Eintragung des Formwechsels nicht vornehmen. Erfolgt die Eintragung gleichwohl, berührt dies die Wirksamkeit des Formwechsels zunächst nicht[37]. Es greifen die Regeln über den fehlerhaften Beitritt eines Gesellschafters ein[38]. 14

§ 222 Anmeldung des Formwechsels

(1) **Die Anmeldung nach § 198 einschließlich der Anmeldung der Satzung der Genossenschaft ist durch alle Mitglieder des künftigen Vertretungsorgans sowie, wenn der Rechtsträger nach den für die neue Rechtsform geltenden Vorschriften einen Aufsichtsrat haben muß, auch durch alle Mitglieder dieses Aufsichtsrats vorzunehmen. Zugleich mit der Genossenschaft sind die Mitglieder ihres Vorstandes zur Eintragung in das Register anzumelden.**

(2) **Ist der Rechtsträger neuer Rechtsform eine Aktiengesellschaft oder eine Kommanditgesellschaft auf Aktien, so haben die Anmeldung nach Absatz 1 auch alle Gesellschafter vorzunehmen, die nach § 219 den Gründern dieser Gesellschaft gleichstehen.**

(3) **Die Anmeldung der Umwandlung zur Eintragung in das Register nach § 198 Abs. 2 Satz 3 kann auch von den zur Vertretung der formwechselnden Gesellschaft ermächtigten Gesellschaftern vorgenommen werden.**

---

[31] Siehe Rn 6.
[32] *Dirksen* in Kallmeyer Rn 6.
[33] § 184 BGB.
[34] *Vossius* in Widmann/Mayer Rn 14; *Stratz* in Schmitt/Hörtnagl/Stratz Rn 4.
[35] *Dirksen* in Kallmeyer Rn 6; aA *Joost* in Lutter Rn 7.
[36] § 285 Abs. 2 und 3 AktG analog; *Joost* in Lutter Rn 8; *Dirksen* in Kallmeyer Rn 6.
[37] § 202 Abs. 3; *Joost* in Lutter Rn 9.
[38] *Laumann* in Goutier/Knopf/Tulloch Rn 7.

Übersicht

	Rn		Rn
I. Allgemeines	1	b) Anmeldungsinhalt	19
1. Sinn und Zweck der Norm	1	3. Formwechsel in KGaA	21
2. Anwendungsbereich	5	a) Anmeldungsverpflichtete	21
3. Entstehungsgeschichte	6	b) Anmeldungsinhalt	22
II. Anmeldung zum Handelsregister	7	4. Formwechsel in eG	24
1. Formwechsel in GmbH	7	a) Anmeldungsverpflichtete	25
a) Anmeldungsverpflichtete	8	b) Anmeldungsinhalt	26
b) Anmeldungsinhalt	13	**III. Registerwechsel**	27
2. Formwechsel in AG	16	**IV. Eintragung und Bekanntmachung**	29
a) Anmeldungsverpflichtete	16		

Literatur: *Bärwaldt/Jahntz,* Buchbesprechung zu Lutter, Umwandlungsgesetz, Kommentar, NJW 2001, 2312; *Büchel,* Voreilige Eintragung von Verschmelzung oder Formwechsel und die Folgen, ZIP 2006, 1289; *Fuhrmann/Linnerz,* Das überwiegende Vollzugsinteresse im aktien- und umwandlungsrechtlichen Freigabeverfahren, ZIP 2004, 2306; *Halfmeier,* Sind die Erfolgsaussichten der Anfechtungsklage bei der Interessenabwägung im Freigabeverfahren der §§ 16 Abs. 3 UmwG, 246 a AktG zu berücksichtigen?, WM 2006, 1465; *Melchior,* Vollmachten bei Umwandlungsvorgängen – Vertretungshindernisse und Interessenkollisionen, GmbHR 1999, 520; *Scheel,* Befristete und bedingte Handelsregistereintragungen bei Umstrukturierungen von Kapitalgesellschaften, DB 2004, 2355; siehe auch Literaturverzeichnis zu § 214.

I. Allgemeines

1. Sinn und Zweck der Norm

1 Die Bestimmung ergänzt und modifiziert die allgemeinen Vorschriften über die Anmeldung des Rechtsträgers neuer Rechtsform[1], indem sie die den Kreis der zur Anmeldung des Formwechsels verpflichteten Personen näher definiert. Hinsichtlich des für die Anmeldung zuständigen Gerichts, des Inhalts der Anmeldung sowie der beizufügenden Anlagen gelten die allgemeinen Bestimmungen[2].

2 **Abs. 1 Satz 1** sieht vor, dass die Anmeldung durch alle Mitglieder des künftigen Vertretungsorgans sowie durch die Mitglieder eines obligatorisch zu bildenden Aufsichtsrats zu erfolgen hat[3]. Vorbehaltlich der Regelung in Abs. 3 sind die gesetzlichen Vertreter der formwechselnden Personenhandelsgesellschaft an der Anmeldung nicht beteiligt. Für den Formwechsel in die eingetragene Genossenschaft sieht **Abs. 1 Satz 2** vor, dass mit der Umwandlung auch die Mitglieder des Vorstands zur Eintragung in das Handelsregister anzumelden sind. Auf diese Weise soll Klarheit über die Vertretungsverhältnisse geschaffen werden[4]. Für den Formwechsel in eine Kapitalgesellschaft fehlt es zwar an einer entsprechenden ausdrücklichen Vorschrift. Die Verpflichtung, das Vertretungsorgan des Rechtsträgers neuer Rechtsordnung anzumelden, ergibt sich jedoch aus den allgemeinen Vorschriften[5].

3 **Abs. 2** bestimmt in Übereinstimmung mit den allgemeinen Gründungsvorschriften, dass die Anmeldung eines Formwechsels in die Rechtsform der AG oder KGaA auch durch die als Gründer zu behandelnden Gesellschafter zu bewirken ist. Eine entsprechende Regelung wurde für den Formwechsel in die GmbH nicht als erforderlich angesehen, nachdem die

---

[1] § 198 UmwG; § 197 Satz 1 iVm. § 7 GmbHG § 36 AktG.
[2] §§ 198, 199 iVm. § 223.
[3] § 197 Satz 1 iVm. §§ 7 Abs. 1, 78 GmbHG; § 197 iVm. § 36 Abs. 1 AktG; § 197 iVm. §§ 287 Abs. 3, 36 Abs. 1 AktG.
[4] RegBegr. *Ganske* S. 243.
[5] § 197 Satz 1; *Dirksen* in Kallmeyer Rn 4.

Gesellschafter auch bei der Anmeldung einer Neugründung nicht zur Mitwirkung berufen sind[6].

Für den Fall, dass sich durch den Formwechsel die Art des für den Rechtsträger maßgebenden Registers ändert oder aufgrund einer anlässlich des Formwechsels beschlossenen Sitzverlegung die Zuständigkeit eines anderen Registergerichts begründet wird, bestimmt **Abs. 3**, dass die Anmeldung zum bisher zuständigen Registergericht alternativ auch durch die zur Vertretung berechtigten Gesellschafter der formwechselnden Personenhandelsgesellschaft erfolgen kann. Hierdurch soll das Anmeldungsprozedere erleichtert werden.

2. Anwendungsbereich

Die Norm gilt für alle Arten eines Formwechsels von Personenhandelsgesellschaften und EWIV in eine Kapitalgesellschaft oder eG.

3. Entstehungsgeschichte

Die Bestimmung ist in Teilen neu. Abs. 1 Satz 1 findet eine Vorgängerregelung im alten Recht[7]. Die früher geltende Bestimmung, dass der Formwechsel in eine GmbH auch durch die Gesellschafter anzumelden ist[8], ist entfallen. Damit wird der Formwechsel von Publikumspersonengesellschaften in die Rechtsform der GmbH vereinfacht.

II. Anmeldung zum Handelsregister

1. Formwechsel in GmbH

Für den Formwechsel in die Rechtsform der GmbH gilt grundsätzlich das für die GmbH geltende Gründungsrecht[9]. Anzumelden zur Eintragung ist die neue Rechtsform des Rechtsträgers[10]. Zuständig ist das Registergericht, bei dem der formwechselnde Rechtsträger eingetragen ist[11].

a) Anmeldungsverpflichtete. Die Anmeldung erfolgt durch die künftigen **Geschäftsführer** der GmbH. Diese werden im Gesellschaftsvertrag oder durch gesonderten Beschluss der Gesellschafter bestellt[12]. Die Anmeldung hat durch **alle** Geschäftsführer zu erfolgen. Demnach ist es nicht ausreichend, wenn die Geschäftsführer nur in vertretungsberechtigter Zahl mitwirken, wenn es noch weitere Geschäftsführer gibt.

Verfügt die GmbH nach den mitbestimmungsrechtlichen Vorschriften[13] über einen **obligatorischen Aufsichtsrat**, ist umstritten, ob dessen Mitglieder an der Anmeldung mitwirken müssen. Zum Teil wird dies unter Hinweis auf die ähnlich gelagerte Gründungssituation verneint[14]. Eine andere Auffassung nimmt demgegenüber eine Mitwirkungspflicht der Aufsichtsratsmitglieder an[15]. Dabei ist umstritten, ob die Arbeitnehmervertreter im Zeitpunkt der Anmeldung bereits bestellt sein müssen. Zum Teil wird dies verneint[16]. Zur Anmeldung seien nur diejenigen Aufsichtsratsmitglieder verpflichtet, die bereits gewählt worden sind.

---

[6] RegBegr. *Ganske* S. 243.
[7] § 43 Abs. 3 Satz 1 UmwG 1969.
[8] § 49 Abs. 1 Satz 1 UmwG 1969.
[9] § 197 Satz 1.
[10] § 198.
[11] § 198 Abs. 1.
[12] Siehe § 218 Rn 24 f.
[13] § 1 MitbestG 1976, § 1 DrittelbG.
[14] *Vossius* in Widmann/Mayer Rn 18; *Stratz* in Schmitt/Hörtnagl/Stratz Rn 3.
[15] *Joost* in Lutter Rn 5; *Dirksen* in Kallmeyer Rn 5; *Bärwaldt/Jahntz* NJW 2001, 2312, 2313.
[16] Siehe § 197 Rn 69 ff.; auch *Joost* in Lutter Rn 4; *Bärwaldt/Jahntz* NJW 2001, 2312, 2313.

Andere erstrecken die Anmeldungspflicht auch auf die Arbeitnehmervertreter[17]. Dem ist angesichts des eindeutigen Wortlaut des Gesetzes zu folgen. Die Arbeitnehmervertreter können jedoch erforderlichenfalls gerichtlich bestellt werden[18].

10 Sieht die Satzung der GmbH die Bildung eines **fakultativen** Aufsichtsrats vor, sind die Mitglieder dieses Gremiums nicht zur Anmeldung des Formwechsels verpflichtet[19]. Die Anmeldepflicht besteht nur für Mitglieder eines zwingend zu errichtenden Aufsichtsrats.

11 Eine Mitwirkung der **Gesellschafter** bei der Anmeldung ist nicht erforderlich, selbst dann nicht, wenn sie dem Formwechsel zugestimmt haben und demgemäß als Gründer zu behandeln sind. Abs. 2 erwähnt die GmbH als Zielrechtsform ausdrücklich nicht. Die im früheren Recht enthaltene Bestimmung, nach der auch die Gesellschafter zur Anmeldung verpflichtet waren[20], wurde nicht in das neue Recht übernommen, da sie nicht dem allgemeinen Gründungsrecht entsprach.

12 Die zur Anmeldung Verpflichteten können sich nicht **vertreten** lassen, da sie für die Richtigkeit der Anmeldung zivil- und strafrechtlich verantwortlich sind[21]. Verfügt die GmbH über mehrere Geschäftsführer, können diese ihre Anmeldung zu gesonderter Urkunde abgeben.

13 **b) Anmeldungsinhalt.** Der Inhalt der Anmeldung richtet sich nach den allgemeinen Bestimmungen über die Anmeldung des Formwechsels. Die Anmeldung muss sich demnach insbesondere auf den Formwechsel in die Rechtsform der GmbH, die Feststellung des Gesellschaftsvertrags, die Bestellung der Geschäftsführer sowie deren abstrakte und konkrete Vertretungsbefugnis erstrecken[22].

14 Die Geschäftsführer haben bei der Anmeldung ihre Unterschrift zu zeichnen. Gleichzeitig haben sie zu **versichern**, dass eine Klage gegen den Formwechselbeschluss nicht oder nicht fristgemäß erhoben oder eine solche **Klage** rechtskräftig abgewiesen oder zurückgenommen worden ist[23]. Darüber hinaus haben die Geschäftsführer zu versichern, dass keine Umstände vorliegen, die ihrer Bestellung nach § 6 Abs. 2 Satz 3 und 4 GmbHG entgegenstehen, und dass sie über ihre Auskunftspflicht belehrt worden sind[24]. Ob die Geschäftsführer außerdem eine **Versicherung** im Hinblick auf die von den Gesellschaftern übernommenen Einlagen abzugeben haben, ist umstritten. Man wird dies zu verneinen haben[25]. Eine Versicherung könnte allenfalls darauf gerichtet sein, dass sich das Vermögen der Personenhandelsgesell-

---

[17] *Dirksen* in Kallmeyer Rn 5.
[18] Zum Streitstand siehe § 218 Rn 27.
[19] *Joost* in Lutter Rn 5; *Dirksen* in Kallmeyer Rn 5; *Vossius* in Widmann/Mayer Rn 16, *Laumann* in Goutier/Knopf/Tulloch Rn 3.
[20] § 49 Abs. 1 Satz 1.
[21] §§ 9 a, 82 Abs. 1 Nr. 1, 2 und 5 GmbHG; BGHZ 116, 190, 199; *Joost* in Lutter Rn 3; *Dirksen* in Kallmeyer Rn 6; *Laumann* in Goutier/Knopf/Tulloch Rn 4; *Sagasser/Sickinger* in Sagasser/Bula/Brünger R Rn 95; vgl. auch *Melchior* GmbHR 1999, 520 ff.
[22] Siehe § 198 Rn 8. Zu den der Anmeldung beizufügenden Anlagen siehe §§ 199 Rn 2 ff., 8, 223 Rn 5.
[23] § 198 Abs. 3 iVm. § 16 Abs. 2. Diese sog. Negativerklärung kann, sofern kein Klageverzicht vorliegt, wirksam erst nach Ablauf der Monatsfrist nach § 195 abgegeben werden, *BGH* AG 2006, 934, 935. Zur Problematik u.A. einer nach § 167 ZPO „demnächst" erfolgenden Zustellung *Büchel* ZIP 2006, 2289, 2290 f. Siehe auch *Melchior* GmbHR 1999, 520. Nach § 16 Abs. 3 kann die ansonsten gegebene Registersperre im Wege eines Eilverfahrens überwunden werden, Beispiele aus der Rspr. zum insoweit erforderlichen überwiegenden Vollzugsinteresse (zu Fällen betreffend die AG) bei *Fuhrmann/Linnerz* ZIP 2004, 2306, 2309 ff., siehe auch *OLG Frankfurt* ZIP 2006, 370 sowie *Halfmeier* WM 2006, 1465. Die Einfügung des § 16 Abs. 3 Satz 7 durch das Zweite Gesetzt zur Änderung des Umwandlungsgesetzes vom 19.4.2007, BGBl I S. 542 stellt wie auch bereits zuvor schon *BGH* Z 168, 48, 50 ff. klar, dass die Rechtsbeschwerde im Freigabeverfahren ausgeschlossen ist. Die im gleichen Zug erfolgte Einfügung des Satz 4 nF soll der Vereinheitlichung mit § 246 a Abs. 3 Satz 5 AktG dienen.
[24] § 8 Abs. 3 GmbHG iVm. § 197 Satz 1.
[25] Zum Streitstand siehe § 220 Rn 18.

schaft im gesamthänderisch gebundenen Vermögen der Gesellschafter befindet und mit der Eintragung des Formwechsels in die freie Verfügung der Geschäftsführer übergehen wird[26]. Eine Erklärung des Inhalts, dass seit dem Stichtag der zum Nachweis der Vermögensdeckung vorgelegten Unterlagen[27] keine Vermögensminderung eingetreten ist, ist gesetzlich nicht vorgeschrieben, kann aber zweckmäßig sein, wenn damit zu rechnen ist, dass das Handelsregister Zweifel an der Vermögensdeckung äußert[28]. Eine solche Versicherung wäre nur von den **Geschäftsführern** der GmbH, nicht aber von den Mitgliedern des Aufsichtsrats abzugeben[29].

Einer Bekanntmachung der Zusammensetzung des **Aufsichtsrats** durch die Gesellschaft bedarf es nicht; diese hat vielmehr durch das Registergericht zu erfolgen[30].

2. Formwechsel in AG

a) **Anmeldungsverpflichtete.** Entsprechend den allgemeinen Bestimmungen ist die Anmeldung des Formwechsels in eine AG von allen Gründern sowie den Mitgliedern des Vorstands und des Aufsichtsrats zu bewirken. Hieraus folgt, dass der Aufsichtsrat alle Mitglieder des **Vorstands** vor der Anmeldung zu bestellen hat. Für die Mitwirkung der Mitglieder des **Aufsichtsrats** war nach dem bis zum Inkrafttreten des Zweiten Gesetzes zur Änderung des UmwG zum 25.4.2007 geltenden Recht wie beim Formwechsel in die GmbH streitig, ob es ausreichend ist, dass nur die bis dahin Bestellten die Anmeldung bewirken[31] oder ob zur Anmeldung alle Mitglieder verpflichtet sind, aus denen der Aufsichtsrat nach den jeweils geltenden gesetzlichen Bestimmungen zu bestehen hat[32]. Nachdem der Gesetzgeber durch das Zweite Gesetz zur Änderung des Umwandlungsgesetzes klargestellt hat, dass § 31 AktG beim Formwechsel in eine AG Anwendung findet, hat sich dieser Streit erledigt. Die Anmeldung ist nur von den bereits bestellten Anteilseignervertretern zu bewirken[33].

Neben den Mitgliedern des Vorstands und des Aufsichtsrats müssen nach **Abs. 2** die **Gesellschafter**, die für die Umwandlung gestimmt haben und demgemäß als Gründer zu behandeln sind, an der Anmeldung mitwirken. Die Mitwirkungspflicht der Gründer steht zwar in Einklang mit dem Gründungsrecht der AG, stellt aber innerhalb des UmwG eine Ausnahme dar[34]. So sind etwa beim Formwechsel einer GmbH in eine AG bzw. KGaA die Gründer nicht anmeldeverpflichtet. Als Gründer gelten diejenigen Gesellschafter, die für den Formwechsel gestimmt haben, wobei es keinen Unterschied macht, ob die Zustimmung in der Gesellschafterversammlung oder nachträglich erklärt wurde[35].

Eine **Vertretung** bei der Anmeldung ist angesichts der zivil- und strafrechtlichen Verantwortung[36] der Anmeldenden nicht zulässig[37]. Die Anmeldung kann von den Verpflichteten getrennt bewirkt werden[38]. In der Praxis geben die Gesellschafter zumeist gesonderte notari-

---

[26] Siehe dazu § 220 Rn 18.
[27] Siehe § 220 Rn 19.
[28] *Priester*, FS Zöllner, 1998, S. 449, 459.
[29] *Dirksen* in Kallmeyer Rn 7; *Stratz* in Schmitt/Hörtnagl/Stratz Rn 11.
[30] *Vossius* in Widmann/Mayer Rn 60.
[31] Siehe auch § 197 Rn 69 ff.; *Joost* in Lutter Rn 4; wohl auch *Stratz* in Schmitt/Hörtnagl/Stratz Rn 4 f.
[32] Hierfür *Dirksen* in Kallmeyer Rn 8; iE auch *Vossius* in Widmann/Mayer Rn 21 ff., nach dessen Ansicht § 222 zwar grundsätzlich nur die bereits gewählten Mitglieder erfasst, die Arbeitnehmervertreter zur Herstellung der Handlungsfähigkeit des Aufsichtsrats indessen gerichtlich bestellt werden müssen.
[33] § 197 Satz 3 nF; BGBl I S 542; siehe, auch zu weiteren mit der Neuregelung verbundenen Fragen, § 218 Rn 27 und 42 f.
[34] Zur rechtspolitischen Kritik *Vossius* in Widmann/Mayer Rn 35 ff., 43 ff.
[35] *Joost* in Lutter Rn 4.
[36] §§ 46, 48, 399 AktG iVm. § 197 Satz 1.
[37] BayObLGZ 1986, 454, 457; *Stratz* in Schmitt/Hörtnagl/Stratz Rn 5 f.
[38] *Dirksen* in Kallmeyer Rn 9.

ell zu beglaubigende Anmeldungserklärungen ab. Beim Formwechsel einer **Publikumspersonengesellschaft** in eine AG erweist sich ein solches Prozedere indessen als wenig praktikabel. In diesem Fall bietet es sich an, dass die als Gründer zu behandelnden Gesellschafter den vorbereiteten Gründungsbericht im Anschluss an die Gesellschafterversammlung bereits unterzeichnen[39] und ihre Unterschrift unter der Anmeldung beglaubigen lassen[40]. Es unterliegt auch keinen Bedenken, die Anmeldungserklärung bereits in die Urkunde über den Umwandlungsbeschluss bzw. die außerhalb der Gesellschafterversammlung abzugebende Zustimmungserklärung zu integrieren[41]. In diesem Fall ersetzt die notarielle Beurkundung die notarielle Beglaubigung[42].

19 **b) Anmeldungsinhalt.** Der Inhalt der Anmeldung richtet sich nach den allgemeinen Vorschriften über die Anmeldung des Formwechsels. Die Anmeldung muss sich demnach insbesondere auf den Formwechsel in die AG, die Feststellung der Satzung, die Zusammensetzung des Aufsichtsrats, die Bestellung der Mitglieder des Vorstands sowie deren abstrakte und konkrete Vertretungsbefugnis erstrecken[43].

20 Anlässlich der Anmeldung haben die Vorstandsmitglieder zu **versichern**, dass eine Klage gegen den Umwandlungsbeschluss nicht oder nicht fristgemäß erhoben oder eine solche Klage rechtskräftig abgewiesen oder zurückgenommen worden ist[44]. Darüber hinaus haben die Mitglieder des Vorstands zu versichern, dass keine Umstände vorliegen, die ihrer Bestellung nach § 76 Abs. 3 Satz 3 und 4 AktG entgegenstehen, und dass sie über ihre Auskunftspflicht belehrt worden sind[45]. Die Versicherungen sind nur von den Mitgliedern des Vorstands, nicht aber von den Aufsichtsratsmitgliedern oder den als Gründern zu behandelnden Gesellschaftern abzugeben[46]. Zur Einlagenversicherung und zur Bekanntmachung der Besetzung des Aufsichtsrats gilt das zur GmbH Gesagte entsprechend[47].

3. Formwechsel in KGaA

21 **a) Anmeldungsverpflichtete.** Für die KGaA gilt im Grundsatz Entsprechendes wie für die AG mit der Maßgabe[48], dass an die Stelle der Mitglieder des Vorstands die persönlich haftenden Gesellschafter treten. Die Anmeldung ist demgemäß von den persönlich haftenden Gesellschaftern, von den Mitgliedern des Aufsichtsrats sowie den als Gründern zu behandelnden Gesellschaftern zu bewirken. Dies gilt auch für der KGaA **beitretende** Komplementäre, die ebenfalls den Gründern gleichstehen[49]. Im Fall einer kapitalistischen KGaA trifft die Anmeldepflicht die Komplementär-Gesellschaft, die durch ihre Geschäftsführer/Vorstandsmitglieder organschaftlich vertreten wird. Zur Mitwirkung der Aufsichtsratsmitglieder gilt das zur AG Gesagte entsprechend[50].

22 **b) Anmeldungsinhalt.** Es gilt im Grundsatz Entsprechendes wie bei der AG. Die Anmeldung muss sich insbesondere auf den Formwechsel in die KGaA, die Feststellung der Satzung,

---

[39] Eine Vertretung durch Bevollmächtigte ist nach allgM indessen ausgeschlossen, vgl. nur *Hüffer* § 32 AktG Rn 2; aA nur *Vossius* in Widmann/Mayer Rn 40.
[40] *Vossius* in Widmann/Mayer Rn 39.
[41] *Dirksen* in Kallmeyer Rn 9.
[42] § 129 Abs. 2 BGB.
[43] Siehe § 198 Rn 7. Zu den der Anmeldung beizufügenden Anlagen Siehe § 199 Rn 2 ff. und § 223 Rn 5 ff.
[44] § 198 Abs. 3 iVm. § 16 Abs. 2. Siehe Fn 23.
[45] § 8 Abs. 3 GmbHG iVm. § 197 Satz 1.
[46] *Vossius* in Widmann/Mayer Rn 42.
[47] Siehe Rn 14 f.
[48] Siehe Rn 16 ff.
[49] § 219 Satz 2; *Vossius* in Widmann/Mayer Rn 29.
[50] Siehe Rn 16.

Die persönlich haftenden Gesellschafter haben im Zuge der Anmeldung zu **versichern**, dass eine Klage gegen den Formwechselbeschluss nicht oder nicht fristgemäß erhoben oder eine solche Klage rechtskräftig abgewiesen oder zurückgenommen worden ist[52]. Darüber hinaus haben die Komplementäre zu versichern, dass keine Umstände vorliegen, die ihrer Bestellung nach § 76 Abs. 3 Satz 3 und 4 AktG entgegenstehen, und dass sie über ihre Auskunftspflicht belehrt worden sind[53].

4. Formwechsel in eG

Anders als beim Formwechsel in eine Kapitalgesellschaft tritt bei einem Formwechsel in eine eG ein Registerwechsel ein. Während die Personenhandelsgesellschaft wie die Kapitalgesellschaften in das Handelsregister einzutragen ist, erfolgt die Eintragung von Genossenschaften in das Genossenschaftsregister[54]. Der Formwechsel ist folglich sowohl zum Genossenschaftsregister als auch zum Handelsregister der formwechselnden Personenhandelsgesellschaft anzumelden[55], wobei zunächst die Eintragung in das Handelsregister zu erfolgen hat. Der Formwechsel wird dann mit Eintragung des Rechtsträgers neuer Rechtsform in das Genossenschaftsregister wirksam.

a) Anmeldungsverpflichtete. Abweichend vom allgemeinen Gründungsrecht, nach dem die Anmeldung der Errichtung der Genossenschaft nur dem Vorstand obliegt, sind nach dem Wortlaut des § 222 zur Anmeldung des Formwechsels auch die Mitglieder des Aufsichtsrats verpflichtet[56]. Die künftigen Mitglieder der Genossenschaft müssen bei der Anmeldung hingegen nicht mitwirken[57].

b) Anmeldungsinhalt. Der Inhalt der Anmeldung richtet sich nach den allgemeinen Bestimmungen[58]. Mit dem Formwechsel ist die **Satzung** der Genossenschaft anzumelden[59]. Dies wird im Gesetz klarstellend hervorgehoben. Dabei ist eine Bezugnahme auf die im Umwandlungsbeschluss enthaltene Satzung ausreichend. Die Satzung muss von den Mitgliedern nicht unterzeichnet worden sein[60]. Abs. 1 Satz 2 bestimmt klarstellend, dass des Weiteren die Mitglieder des **Vorstands** zur Eintragung in das Register anzumelden sind. Eine entsprechende Anmeldungspflicht ergibt sich bereits aus den allgemeinen Regelungen[61]. Die Anmeldung des Vorstands erfolgt nur zum Genossenschaftsregister, nicht auch zum Handelsregister der formwechselnden Personenhandelsgesellschaft[62]. Anzumelden ist auch die **Vertretungsbefugnis** der Mitglieder des Vorstands. Zur Bekanntmachung über die Zusammensetzung des Aufsichtsrats gilt das zur GmbH Ausgeführte entsprechend[63].

---

[51] Siehe § 198 Rn 7.
[52] § 198 Abs. 3 iVm. § 16 Abs. 2. Siehe Fn 23.
[53] § 8 Abs. 3 GmbHG iVm. § 197 Satz 1.
[54] § 10 GenG.
[55] § 198 Abs. 2 Satz 2 und 3.
[56] *Joost* in Lutter Rn 8; *Stratz* in Schmitt/Hörtnagl/Stratz Rn 8; aA *Vossius* in Widmann/Mayer Rn 48.
[57] *Joost* in Lutter Rn 8.
[58] Siehe § 198 Rn 10.
[59] § 11 Abs. 2 Nr. 1 GenG iVm. § 197 Satz 1.
[60] *Vossius* in Widmann/Mayer Rn 49.
[61] § 11 Abs. 2 Nr. 2 GenG iVm. § 197 Satz 1.
[62] *Laumann* in Goutier/Knopf/Tulloch Rn 6.
[63] Siehe Rn 15.

III. Registerwechsel

27 Nach Abs. 1 und Abs. 2 hat die Anmeldung des Formwechsels grundsätzlich durch die künftigen Organe des Rechtsträgers neuer Rechtsform und beim Formwechsel in eine AG oder KGaA durch die Gründer zu erfolgen. Ändert sich wie beim Formwechsel einer Personenhandelsgesellschaft in eine eG die Art des für die neue Rechtsform maßgebenden Registers[64] oder beschließen die Gesellschafter anlässlich des Formwechsels eine Sitzverlegung, hat die Anmeldung des Formwechsels sowohl bei dem bislang zuständigen als auch dem künftig zuständigen Registergericht zu erfolgen[65]. In diesem Kontext sieht Abs. 3 vor, dass die Anmeldung bei dem **bislang zuständigen Registergericht** auch von den vertretungsberechtigten Gesellschaftern der formwechselnden Personenhandelsgesellschaft bewirkt werden kann. Hierin liegt eine Erleichterung gegenüber dem allgemeinen Prinzip, nach dem Anmeldungen zum Registergericht von allen Gesellschaftern vorzunehmen sind[66]. Dabei ist es genügend, wenn die Anmeldung durch Gesellschafter in vertretungsbefugter Zahl erfolgt; die Mitwirkung aller vertretungsberechtigten Gesellschafter ist nicht geboten[67]. Andererseits kann die Anmeldung nicht durch einen persönlich haftenden Gesellschafter in Gemeinschaft mit einem Prokuristen oder nur durch Prokuristen erfolgen[68]. Alternativ kann die Anmeldung auch von den künftigen Organen des Rechtsträgers neuer Rechtsform bewirkt werden[69].

28 Die Anmeldung zu dem **künftig zuständigen Registergericht** muss in jedem Fall durch die künftigen Organe des Rechtsträgers neuer Rechtsform vorgenommen werden. In der Praxis dürfte es sich daher in den meisten Fällen empfehlen, dass die Anmeldung zu beiden Registern einheitlich von den nach Abs. 1 und 2 zur Anmeldung Verpflichteten vorgenommen wird.

IV. Eintragung und Bekanntmachung

29 Mit der **Eintragung** des Formwechsels in das Handelsregister ist der Formwechsel abgeschlossen. Die formwechselnde Personenhandelsgesellschaft besteht dann als Kapitalgesellschaft oder eG fort[70]. Die Gesellschafter können der Eintragung keine Rückwirkung beimessen[71].

30 Beschließen die Gesellschafter anlässlich des Formwechsels zugleich eine **Sitzverlegung**, wird der Formwechsel zunächst in das Register der formwechselnden Personenhandelsgesellschaft mit dem Vermerk eingetragen, dass die Umwandlung erst wirksam wird, wenn die Eintragung des Formwechsels bei dem für die künftige Kapitalgesellschaft zuständigen Register erfolgt. Im zweiten Schritt wird die Umwandlung in das künftig zuständige Registergericht eingetragen[72]. Während der Eintragung in das Handelsregister der Personenhan-

---

[64] Der Wechsel innerhalb des Handelsregisters von Abteilung A (Personenhandelsgesellschaften) zu Abteilung B (Kapitalgesellschaften) stellt keine Änderung der Art des Registers dar.
[65] § 198 Abs. 2 Satz 2 und 3.
[66] § 108 HGB.
[67] *Joost* in Lutter Rn 11; *Dirksen* in Kallmeyer Rn 12; *Vossius* in Widmann/Mayer Rn 12.
[68] *Vossius* in Widmann/Mayer Rn 12; *Stratz* in Schmitt/Hörtnagl/Stratz Rn 10.
[69] *Joost* in Lutter Rn 11.
[70] § 202 Abs. 1 Nr. 1.
[71] Vgl. aber zu Argumenten für eine Zulässigkeit einer (iRd. Registerpraxis jedoch idR restriktiv gehandhabten) befristeten und bedingten Eintragung *Scheel* DB 2004, 2355.
[72] § 198 Abs. 2 Satz 3 und 4 AktG. Seit dem Zweiten Gesetz zur Änderung des UmwG vom 19.4.2007 (BGBl I S. 542) bedarf es erleichterungsweise keiner Eintragung eines Vermerks auf das neue

delsgesellschaft lediglich deklaratorische Bedeutung zukommt, hat die Eintragung in das für die Kapitalgesellschaft zuständige Register konstitutive Wirkung. Die bisherige Personenhandelsgesellschaft wird sodann gelöscht, ohne dass es eines gesonderten hierauf gerichteten Antrags bedürfte[73].

Nach der Eintragung erfolgt eine **Bekanntmachung** des Formwechsels durch das zuständige Registergericht[74].   31

§ 223 Anlagen der Anmeldung

Der Anmeldung der neuen Rechtsform oder des Rechtsträgers neuer Rechtsform sind beim Formwechsel in eine Kommanditgesellschaft auf Aktien außer den sonst erforderlichen Unterlagen auch die Urkunden über den Beitritt aller beitretenden persönlich haftenden Gesellschafter in Ausfertigung oder öffentlich beglaubigter Abschrift beizufügen.

Übersicht

	Rn		Rn
I. Allgemeines	1	1. Formwechsel in GmbH, AG und eG	5
1. Sinn und Zweck der Norm	1	2. Formwechsel in KGaA	6
2. Anwendungsbereich	3	a) Beitritt	7
3. Entstehungsgeschichte	4	b) Genehmigung der Satzung	8
II. Anlagen zur Anmeldung	5	c) Sonst erforderliche Unterlagen	9

Literatur: Siehe Literaturverzeichnis zu § 214.

I. Allgemeines

1. Sinn und Zweck der Norm

In Ergänzung der allgemeinen Vorschriften über die Anmeldung[1] bestimmt die Norm für den Formwechsel in eine KGaA, welche weiteren Unterlagen der Anmeldung beizufügen sind. Die Vorschrift zieht die verfahrensrechtliche Konsequenz daraus, dass beim Formwechsel in eine KGaA auch neue persönlich haftende Gesellschafter beitreten können. Auf diese Weise soll dem Registergericht die Prüfung des Gesellschafterbestands ermöglicht werden[2].   1

Die Vorschrift nimmt die bereits in den allgemeinen Bestimmungen angelegte Unterscheidung zwischen der Anmeldung der neuen Rechtsform und der des Rechtsträgers neuer Rechtsform auf. Beim Formwechsel einer Personenhandelsgesellschaft in eine Kapitalgesellschaft ist die neue Rechtsform zur Eintragung zum Handelsregister anzumelden. Wird anlässlich des Formwechsels zugleich eine Sitzverlegung beschlossen, ist der Rechtsträger neuer Rechtsform zu dem künftig zuständigen Gericht anzumelden.   2

Register mehr, wenn die Eintragung des Formwechsels in den Registern aller beteiligten Rechtsträger taggleich erfolgt.

[73] *Vossius* in Widmann/Mayer Rn 75.
[74] Die Bekanntmachung hat nach Inkrafttreten des EHUG (Gesetz über das elektronische Handelsregister und Genossenschaftsregister sowie das Unternehmensregister vom 10.11.2006, BGBl I S. 2553) gem. §§ 10 HGB nF, 201 UmwG elektronisch zu erfolgen, beachte bis zum 31.12.2008 jedoch auch die Übergangsvorschrift in Art. 61 Abs. 4 EGHGB.
[1] § 199.
[2] *Joost* in Lutter Rn 2.

2. Anwendungsbereich

3 Die Norm findet nur auf Formwechsel von Personenhandelsgesellschaften in die Rechtsform der KGaA Anwendung.

3. Entstehungsgeschichte

4 Die Bestimmung ist für den Formwechsel einer Personenhandelsgesellschaft neu. Sie entspricht der früher für den Fall einer Umwandlung einer GmbH oder AG in eine KGaA geltenden Regelung[3].

II. Anlagen zur Anmeldung

1. Formwechsel in GmbH, AG und eG

5 Beim Formwechsel in die GmbH sind die in § 199 genannten Anlagen der Anmeldung beizufügen[4].

2. Formwechsel in die KGaA

6 Die beizufügenden Anlagen beim Formwechsel in die KGaA entsprechen grundsätzlich denen beim Formwechsel in die AG[5]. Der Gründungsprüfungsbericht ist dabei von den persönlich haftenden Gesellschaftern und dem Aufsichtsrat zu erstatten. Anstelle des Aufsichtsratsbeschlusses über die Bestellung des Vorstands sind die Urkunden über die Bestellung bzw. den Beitritt der persönlich haftenden Gesellschafter und ihre Genehmigung der Satzung beizufügen.

7 **a) Beitritt.** Für den Formwechsel einer Personenhandelsgesellschaft in eine KGaA lässt es das Gesetz ausdrücklich zu, dass ein Dritter der KGaA als persönlich haftender Gesellschafter beitritt[6]. In diesem Fall ist der Anmeldung neben den im Übrigen erforderlichen Unterlagen auch die Urkunde über den Beitritt des neuen persönlich haftenden Gesellschafters beizufügen. Unter dem Beitritt versteht das Gesetz die hierauf bezogene Erklärung des neuen Komplementärs. Die Urkunde ist in Ausfertigung oder öffentlich beglaubigter Abschrift beizufügen[7]. Sieht der Umwandlungsbeschluss den Beitritt mehrerer persönlich haftender Gesellschafter vor, sind sämtliche Beitrittserklärungen vor Eintragung des Formwechsels abzugeben und die entsprechenden Urkunden der Anmeldung beizufügen[8]. Keiner gesonderten Urkunde bedarf es für den Fall, dass ein bisheriger Gesellschafter der Personenhandelsgesellschaft die Stellung des Komplementärs übernimmt. Seine Zustimmungserklärung ist ohnehin zu beurkunden und der Anmeldung beizuschließen[9].

8 **b) Genehmigung der Satzung.** Der beitretende Gesellschafter muss die Satzung der KGaA genehmigen[10]. Auch wenn dies in der Norm nicht ausdrücklich bestimmt ist, ist der Anmeldung auch eine Urkunde über die Genehmigungserklärung des beitretenden Gesellschafters beizufügen[11]. In den meisten Fällen ist die Genehmigungserklärung in der gleichen Urkunde wie der Beitritt zur Gesellschaft enthalten[12].

---

[3] § 390 Satz 2, § 364 Satz 2 AktG aF.
[4] Siehe im Einzelnen § 199 Rn 2 ff., 7 f.
[5] Siehe § 199 Rn 2 ff., 7.
[6] §§ 218 Abs. 2, 221.
[7] § 42 BeurkG.
[8] *Joost* in Lutter § 222 Rn 10; siehe auch § 221 Rn 8.
[9] §§ 193 Abs. 3 Satz 1, 199.
[10] § 221 Satz 2 AktG.
[11] *Joost* in Lutter Rn 5; *Dirksen* in Kallmeyer § 223; *Stratz* in Schmitt/Hörtnagl/Stratz Rn 1.
[12] Siehe § 221 Rn 7.

c) Sonst erforderliche Unterlagen. Hierunter sind die Unterlagen zu verstehen, aus 9
denen sich ergibt, dass die Voraussetzungen für den Formwechsel erfüllt sind[13]. Neben
dem Umwandlungsbericht, der Niederschrift über die Gesellschafterversammlung mit dem
Umwandlungsbeschluss samt Satzung der KGaA gehören hierzu der Gründungsbericht, der
Gründungsprüfungsbericht, der Bericht des Gründungsprüfers sowie die übrigen in § 199
genannten Dokumente[14].

§ 224 Fortdauer und zeitliche Begrenzung der persönlichen Haftung

(1) Der Formwechsel berührt nicht die Ansprüche der Gläubiger der Gesellschaft gegen einen ihrer Gesellschafter aus Verbindlichkeiten der formwechselnden Gesellschaft, für die dieser im Zeitpunkt des Formwechsels nach § 128 des Handelsgesetzbuchs persönlich haftet.

(2) Der Gesellschafter haftet für diese Verbindlichkeiten, wenn sie vor Ablauf von fünf Jahren nach dem Formwechsel fällig und daraus Ansprüche gegen ihn in einer in § 197 Abs. 1 Nr. 3 bis 5 des Bürgerlichen Gesetzbuchs bezeichneten Art festgestellt sind oder eine gerichtliche oder behördliche Vollstreckungshandlung vorgenommen oder beantragt wird; bei öffentlich-rechtlichen Verbindlichkeiten genügt der Erlass eines Verwaltungsakts.

(3) Die Frist beginnt mit dem Tage, an dem die Eintragung der neuen Rechtsform oder des Rechtsträgers neuer Rechtsform in das Register bekannt gemacht worden ist. Die für die Verjährung geltenden §§ 204, 206, 210, 211 und 212 Abs. 2 und 3 des Bürgerlichen Gesetzbuchs sind entsprechend anzuwenden.

(4) Einer Feststellung in einer in § 197 Abs. 1 Nr. 3 bis 5 des Bürgerlichen Gesetzbuchs bezeichneten Art bedarf es nicht, soweit der Gesellschafter den Anspruch schriftlich anerkannt hat.

(5) Die Absätze 1 bis 4 sind auch anzuwenden, wenn der Gesellschafter in dem Rechtsträger anderer Rechtsform geschäftsführend tätig wird.

Übersicht

	Rn		Rn
I. Allgemeines	1	c) Fälligkeit	17
1. Sinn und Zweck der Norm	1	d) Enthaftungsverhindernde Maßnahmen	18
2. Anwendungsbereich	3	aa) Feststellung der Verbindlichkeit	19
3. Entstehungsgeschichte	4	bb) Anerkenntnis	27
II. Fortdauer der Gesellschafterhaftung	6	cc) Vollstreckungshandlung	28
1. Schuldner	7	dd) Erlass eines Verwaltungsakts	30
a) Persönlich haftende Gesellschafter	7	e) Fristablauf	31
b) Kommanditisten	8	2. Rechtsfolge	34
2. Erfasste Verbindlichkeiten	10	IV. Haftung der Gesellschaft	37
a) Grundsatz	10	V. Innenverhältnis	38
b) Besondere Haftungsgründe	12	1. Verhältnis zur Gesellschaft	38
III. Haftungsbegrenzung	13	2. Verhältnis zu den übrigen Gesellschaftern	39
1. Voraussetzungen	13		
a) Grundsatz	13		
b) Erfasste Verbindlichkeiten	14		

---

[13] *Joost* in Lutter Rn 6.
[14] Siehe § 199 Rn 2 ff.

Literatur: *Bärwaldt/Schabacker,* Das Ausscheiden des Kommanditisten ohne Nachhaftung, NJW 1998, 1909; *Langohr-Plato,* Umwandlung und Nachhaftung: Neue rechtliche Aspekte in der betrieblichen Altersversorgung, MDR 1996, 325; *Limmer,* Der Identitätsgrundsatz beim Formwechsel in der Praxis, FS Widmann, 2000, S. 51; *Petersen,* Der Gläubigerschutz im System des Umwandlungsrechts, Der Konzern 2004, 185; *Reichold,* Das neue Nachhaftungsbegrenzungsgesetz, NJW 1994, 1617; *K. Schmidt/Schneider,* Haftungserhaltende Gläubigerstrategien beim Ausscheiden von Gesellschaftern bei Unternehmensübertragung, Umwandlung und Auflösung, BB 2003, 1961; *Seibert,* Nachhaftungsgesetz – Haftungsklarheit für den Mittelstand, DB 1994, 461; *Steinbeck,* Das Nachhaftungsbegrenzungsgesetz, WM 1996, 2041; *Wiedemann,* Identität beim Formwechsel, ZGR 1999, 568; *Zürbig,* Der Formwechsel einer Personengesellschaft in eine Kapitalgesellschaft, 1999.

I. Allgemeines

1. Sinn und Zweck der Norm

1 Die Bestimmung regelt die Haftung und Enthaftung der persönlich haftenden Gesellschafter der formwechselnden Personenhandelsgesellschaft. **Abs. 1** stellt zunächst den Grundsatz auf, dass der Formwechsel nicht zum Erlöschen der persönlichen Haftung führt. Damit wird klargestellt, dass die mit dem Formwechsel einer Personenhandelsgesellschaft in eine Kapitalgesellschaft oder eG verbundene Modifikation der Organisationsverfassung nichts an der Kontinuität der Haftung für Altverbindlichkeiten ändert[1]. Diese Klarstellung ist insofern bedeutsam, als die Gesellschafter mit dem Formwechsel regelmäßig auch auf eine Beendigung ihrer persönlichen Haftung abzielen[2]. An ihre Stelle treten die gläubigerschützenden Bestimmungen des Rechts der jeweiligen Kapitalgesellschaft hinsichtlich der Kapitalaufbringung und erhaltung[3].

2 **Abs. 2 bis 4** sehen in Anlehnung an die durch das Nachhaftungsbegrenzungsgesetz vom 18. 3. 1994[4] eingeführten Allgemeinen handelsrechtlichen Enthaftungsbestimmungen[5] eine Enthaftung der Gesellschafter vor. Die Regelung bezweckt die Vermeidung einer Endloshaftung der Gesellschafter. Der Gesellschafter soll nach Ablauf der Fünfjahresfrist sicher sein können, dass er aus der Verbindlichkeit der Gesellschaft nicht mehr persönlich in Haftung genommen werden kann. Die Haftungssituation beim Formwechsel entspricht der Sache nach der Lage beim Ausscheiden eines Gesellschafters. Die Regelung des **Abs. 5** ist vor dem Hintergrund der früheren Rechtsprechung zu sehen, nach der bei Umwandlung einer Personenhandelsgesellschaft in eine GmbH & Co. KG der vormalige persönlich haftende Gesellschafter unbeschränkt weiter haftete, wenn er in der Komplementär-Gesellschaft die Rolle des Geschäftsführers übernommen hatte[6].

2. Anwendungsbereich

3 Die Regelung gilt für alle Arten des Formwechsels einer Personenhandelsgesellschaft in eine Kapitalgesellschaft oder eG. Für die Verschmelzung findet sich eine Parallelvorschrift in § 45.

3. Entstehungsgeschichte

4 Die Regelung entspricht der Sache nach im Wesentlichen der Rechtslage unter dem UmwG 1969. Das Konzept hat sich allerdings geändert. Im Gegensatz zum jetzigen Ver-

---

[1] Vgl. RegBegr. *Ganske* S. 244.
[2] Vgl. RegBegr. *Ganske* S. 244.
[3] Siehe auch § 220 Rn 11.
[4] BGBl. I 1994 S. 560.
[5] § 160 HGB.
[6] BGHZ 78, 114; 118; *BGH* NJW 1983, 2256, 2258; *BGH* NJW 1983, 2940, 2941; BGHZ 108, 330, 341; *BAG* NZA 1990, 557 f.

ständnis, das von der Identität des Rechtsträgers geprägt ist, wurde der Formwechsel nach früherem Recht konzeptionell als Auflösung der Gesellschaft begriffen. Danach berührte der Formwechsel die Fortdauer der Haftung der persönlich haftenden Gesellschafter zunächst ebenfalls nicht[7]. Eine Begrenzung der Haftung begründete das alte Recht in der Weise, dass es eine fünfjährige Verjährungsfrist vorsah, die mit dem Ende des Tags zu laufen begann, an dem die Eintragung der Auflösung der Personenhandelsgesellschaft und das Erlöschen der Firma in das Handelsregister erfolgt ist[8]. Demgegenüber beginnt die Frist nach neuem Recht erst mit dem Tag, an dem die Eintragung des Formwechsels bekannt gemacht worden ist.

Durch das am 1. 1. 2002 in Kraft getretene Gesetz zur Modernisierung des Schuldrechts wurde § 224 an die neuen Verjährungsvorschriften des BGB angepasst, mit der Änderung des Abs. 3 Satz 1 durch das EHUG wurde der Umstellung auf die elektronische Registerführung Rechnung getragen[9].

II. Fortdauer der Gesellschafterhaftung

Nach Abs. 1 besteht eine generelle Forthaftung der persönlich haftenden Gesellschafter einer formwechselnden Personenhandelsgesellschaft für die bis zur Eintragung des Formwechsels begründeten Verbindlichkeiten.

1. Schuldner

a) Persönlich haftende Gesellschafter. Die Regelung bezieht sich zunächst auf die persönliche Haftung der Komplementäre für die Verbindlichkeiten der formwechselnden Gesellschaft[10]. Keine Anwendung findet Abs. 1 auf persönlich haftende Gesellschafter, die vor der Eintragung des Formwechsels aus der Gesellschaft ausgeschiedenen sind, selbst wenn das **Ausscheiden** wegen des anstehenden Formwechsels erfolgte[11]. Ausgeschiedene Gesellschafter haften den Gläubigern unabhängig von der späteren Umwandlung iRd. allgemeinen handelsrechtlichen Haftungsbegrenzungsregeln fort[12]. Anderes gilt für solche Gesellschafter, die der Gesellschaft vor dem Wirksamwerden des Formwechsels durch Eintragung in das Handelsregister als persönlich haftende Gesellschafter beigetreten sind. Sie haften nach allgemeinen Regeln für die vor ihrem **Beitritt** begründeten Verbindlichkeiten[13], so dass für sie auch die Forthaftungsregelung des Abs. 1 zur Anwendung gelangt[14]. Nach dem Wirksamwerden des Formwechsels beigetretene Gesellschafter haften für die Altverbindlichkeiten der Gesellschaft nicht.

b) Kommanditisten. Das Gesetz regelt ausdrücklich nur die Forthaftung der persönlich haftenden Gesellschafter. Die Fortdauer der Haftung der Kommanditisten ist von Abs. 1 nicht ausdrücklich erfasst. Jedoch besteht Einigkeit, dass eine etwaige persönliche Haftung der Kommanditisten im Zuge des Formwechsel ebenfalls nicht erlischt[15]. Vielmehr besteht

---

[7] §§ 44 Abs. 1 Satz 2, 49 Abs. 2 Satz 2 UmwG 1969. Die Regelung entspricht auch den früher für eine Umwandlung einer KGaA in eine GmbH oder AG geltenden Vorschriften, vgl. § 368 Satz 3, § 387 Abs. 2 Satz 2 AktG aF.
[8] §§ 45, 49 Abs. 4 UmwG 1969.
[9] BGBl. I 2001 S. 3138 (SchuModG); BGBl I 2006, S. 2553 (EHUG).
[10] § 128 HGB.
[11] *Joost* in Lutter Rn 4; *Dirksen* in Kallmeyer Rn 2.
[12] §§ 128, 160 HGB; *Joost* in Lutter Rn 4; aA offenbar *Laumann* in Goutier/Knopf/Tulloch Rn 6.
[13] § 130 HGB.
[14] *Joost* in Lutter Rn 4, *Dirksen* in Kallmeyer Rn 2; *Laumann* in Goutier/Knopf/Tulloch Rn 7.
[15] *Joost* in Lutter Rn 9; *Dirksen* in Kallmeyer Rn 13; *Stratz* in Schmitt/Hörtnagl/Stratz Rn 1; *Vossius* in Widmann/Mayer Rn 40 ff.; *Laumann* in Goutier/Knopf/Tulloch Rn 9; *Sagasser/Sickinger* in Sagasser/Bula/Brünger R Rn 99; *Wiedemann* ZGR 1999, 568, 581; *Limmer*, FS Widmann, S. 51, 60; *Zürbig* S. 122 f.

eine Haftung der Kommanditisten nach dem konzeptionellen Verständnis des Gesetzgebers iRd. Nachhaftungsregeln fort[16].

9 Kommanditisten können gegenüber den Gesellschaftsgläubigern aus verschiedenen Tatbeständen **persönlich haften**. Hierzu gehört zunächst die persönliche Haftung der Kommanditisten wegen noch nicht in das Gesellschaftsvermögen geleisteter Einlagen[17] sowie die Haftung wegen Rückzahlung der Einlage an die Kommanditisten[18]. Eine Haftung bis zur Höhe der Einlage besteht des Weiteren, wenn der Kommanditist Gewinnanteile entnimmt, obwohl sein Kapitalanteil durch Verlust oder durch die Entnahme unter den Betrag der geleisteten Einlage herabgemindert wird[19]. Unbeschränkt haftet der Kommanditist bei Zustimmung zur Aufnahme der Geschäfte vor Eintragung der Gesellschaft[20] sowie im Fall seines Beitritts für die in der Zeit zwischen seinem Beitritt und dessen Eintragung in das Handelsregister begründeten Verbindlichkeiten der Gesellschaft[21]. Hinsichtlich der an einen Kommanditisten im Fall seines Ausscheidens zu zahlenden **Abfindung** ist zu differenzieren. Eine vor Eintragung des Formwechsels gezahlte Abfindung kann zum Wiederaufleben der Kommanditistenhaftung führen. Nimmt der Kommanditist das ihm im Zuge des Formwechsels unterbreitete Angebot auf **Barabfindung** an[22], stellt dies keinen Fall der Rückzahlung der Kommanditeinlage dar, da die Zahlung aus dem Vermögen der umgewandelten Kapitalgesellschaft nach Eintragung des Formwechsels erfolgt[23]. Grenzen für die Auszahlung ergeben sich dann nur aus den allgemeinen kapitalgesellschaftsrechtlichen Kapitalerhaltungsregeln[24]. Dies gilt auch dann, wenn das Grundkapital der GmbH im Vergleich zur KG herabgesetzt wird. Der Kommanditist haftet nur dann nach § 174 2. Halbs. HGB iVm. § 224 Abs. 1, wenn die Herabsetzung noch in der Haftungsverfassung der KG erfolgte[25]. Diese Grundsätze gelten auch dann, wenn alle vormaligen Kommanditisten ausscheiden[26].

2. Erfasste Verbindlichkeiten

10 **a) Grundsatz.** Auf welchem **Rechtsgrund** die Verbindlichkeiten beruhen, ist für die Forthaftung irrelevant. Erfasst sind alle **vertraglichen** und **gesetzlichen** Ansprüche[27]. Hierzu gehören insbesondere Primär- und Sekundärverbindlichkeiten (Mängelgewährleistungsansprüche, Ansprüche aus der Verletzung von Nebenpflichten nach § 241 Abs. 2 BGB etc.) aus Vertrag, namentlich Ansprüche aus Anstellungsverhältnissen sowie aus einer betrieblichen Altersversorgung[28], Ansprüche aus einem Schuldverhältnis vor Vertragsaufnahme nach § 311 Abs. 2 BGB *(culpa in contrahendo)*, Delikt, ungerechtfertigter Bereicherung und sonstigen gesetzlichen Schuldverhältnissen sowie Verbindlichkeiten aus öffentlich-rechtlichen Rechtsverhältnissen (Steuern, Abgaben etc.).

---

[16] Zur Enthaftung siehe Rn 15.
[17] § 171 HGB; ähnlich *M. Fischer* BB 1995, 2173, 2178, nach dessen Ansicht sich beim Formwechsel in die GmbH die Haftung des Gesellschafters in eine solche nach §§ 19 Abs. 5, 31 Abs. 1 GmbHG umwandelt. Zur Haftung des Kommanditisten eingehend *Ihrig* in Sudhoff § 42 Rn 1 ff.
[18] § 172 Abs. 4 Satz 1 HGB.
[19] § 172 Abs. 4 Satz 2 HGB.
[20] § 176 Abs. 1 HGB.
[21] § 176 Abs. 2 HGB.
[22] §§ 208 f.
[23] *Joost* in Lutter Rn 8; *Dirksen* in Kallmeyer Rn 13; *Sagasser/Sickinger* in Sagasser/Bula/Brünger R Rn 99; *Bärwaldt/Schabacker* NJW 1998, 1909 ff.; *Wiedemann* ZGR 1999, 568, 581; *Limmer*, FS Widmann, S. 51, 62; *Zürbig* S. 125.
[24] § 30 GmbHG; *Joost* in Lutter Rn 8.
[25] Daraus zu Unrecht Kongruenz zwischen KG- und GmbH-Kapital fordernd *Petersen*, Der Konzern 2004, 185, 186; siehe § 220 Rn 11, § 218 Rn 16.
[26] *Bärwaldt/Schabacker* NJW 1998, 1909, 1910.
[27] *Joost* in Lutter Rn 5; *Vossius* in Widmann/Mayer Rn 9 ff.; *Laumann* in Goutier/Knopf/Tulloch Rn 11.
[28] Vgl. BGHZ 87, 288; *Langohr-Plato* MDR 1996, 325 ff.

Abs. 1 bezieht sich auf solche Verbindlichkeiten, die **vor dem Formwechsel** begründet 11
worden sind. Maßgeblicher Stichtag ist demnach der Tag, an dem die neue Rechtsform bzw.
der Rechtsträger neuer Rechtsform in das Handelsregister eingetragen wurde[29]. **Begründet**
ist eine Verbindlichkeit, wenn ihr Rechtsgrund vor der Eintragung des Formwechsels in der
Weise gelegt wurde, dass die wesentlichen Entstehungsvoraussetzungen vor dem maßgeblichen Zeitpunkt eingetreten sind, auch wenn noch nicht alle Voraussetzungen erfüllt sind[30].
Wie sich aus Abs. 2 ergibt, gehören hierzu insbesondere erst nach dem Formwechsel fällig werdende Forderungen. Bei vertraglichen Verbindlichkeiten ist somit der Abschluss des
Vertrags maßgebend. Bei deliktischen Verbindlichkeiten kommt es auf die Vollendung des
Tatbestands an[31]. Praktische Bedeutung entfaltet die Regelung namentlich für später fällig
werdende Ansprüche aus Dauerschuldverhältnissen. Sie ist jedoch nicht auf Dauerschuldverbindlichkeiten beschränkt[32].

b) Besondere Haftungsgründe. Auf Verbindlichkeiten, die der Gesellschafter persönlich eingegangen ist, ist die Norm nicht anwendbar[33]. Dies gilt auch dann, wenn der Gesellschafter die Verpflichtung (Bürgschaft, Garantie, abstraktes Schuldversprechen etc.) im Hinblick auf eine Verbindlichkeit der Gesellschaft übernommen hat. Die Änderung der Rechtsform der Gesellschaft wirkt sich auf derartige Verbindlichkeiten nicht aus. Sicherheiten, die der Gesellschafter ausschließlich für seine eigene gesellschafterliche Haftungsschuld gestellt hat, unterliegen jedoch der Enthaftung nach § 224[34]. 12

III. Haftungsbegrenzung

1. Voraussetzungen

a) Grundsatz. Ist der Formwechsel durch Eintragung in das Handelsregister wirksam geworden, tritt nach näherer Maßgabe von Abs. 2 bis 4 mit Ablauf von fünf Jahren eine Enthaftung ein. Die Weiterhaftung der Gesellschafter der formwechselnden Gesellschaft entspricht der aus der Gesellschaft ausscheidender Gesellschafter. Auf die zu § 160 Abs. 1 und 2 HGB entwickelten Grundsätze kann daher ergänzend zurückgegriffen werden[35]. 13

b) Erfasste Verbindlichkeiten. Die Haftungsbegrenzung gilt zunächst für die persönliche Haftung der **Komplementäre** für die Verbindlichkeiten der formwechselnden Gesellschaft[36]. Keine Anwendung finden die Haftungsbegrenzungsbestimmungen, soweit die Haftung der Gesellschafter auf einem besonderen Haftungsgrund beruht[37]. In die Gunst der Haftungsbegrenzung kommen nach **Abs. 5** auch diejenigen persönlich haftenden Gesellschafter der formwechselnden Gesellschaft, die beim Rechtsträger neuer Rechtsform eine geschäftsführende Tätigkeit übernehmen. Die ausdrückliche Anordnung erfolgte im Hinblick auf die Rechtsprechung, nach der vormals persönlich haftende Gesellschafter unbegrenzt weiter hafteten, die bei einer Umwandlung einer typisch verfassten Personenhandelsgesellschaft in eine GmbH & Co. KG in die Rolle des Kommanditisten rückten, aber gleichzeitig Geschäfts- 14

---

[29] § 202 Abs. 1 und 2.
[30] BGHZ 55, 267, 269: *BGH* NJW 1986, 1690; *Emmerich* in Heymann § 160 HBG Rn 7; *Ihrig* in Sudhoff § 41 Rn 22.
[31] *Dirksen* in Kallmeyer Rn 3.
[32] *Reichold* NJW 1994, 1617, 1620.
[33] *Joost* in Lutter Rn 11; *Dirksen* in Kallmeyer Rn 4; *Vossius* in Widmann/Mayer Rn 16; vgl. auch *Reichold* NJW 1994, 1617, 1629.
[34] *K. Schmidt/Schneider* BB 2003, 1961, 1965 f.
[35] *Joost* in Lutter Rn 13; zur Nachhaftung ausgeschiedener Gesellschafter nach neuem Recht etwa *Hopt* in Baumbach/Hopt § 160 HGB Rn 1 ff.
[36] Siehe Rn 7.
[37] Siehe Rn 12.

führer der Komplementär-GmbH wurden. Die Haftungsbegrenzung greift erst recht ein, wenn der vormalige persönlich haftende Gesellschafter, ohne Geschäftsführungsfunktion in der Kapitalgesellschaft zu übernehmen, über seine Beteiligung maßgeblichen Einfluss auf die Geschicke der Gesellschaft nehmen kann[38].

15   Keine Anwendung finden Enthaftungsbestimmungen beim **Formwechsel in eine KGaA**, wenn die bisherigen persönlich haftenden Gesellschafter auch in der KGaA als Komplementäre fungieren[39]. In diesem Fall erstreckt sich die Haftung der persönlich haftenden Gesellschafter der KGaA auch auf die vor dem Formwechsel bestehenden Verbindlichkeiten[40]. Dies ist gerechtfertigt, da die Gesellschafter ihre Stellung als persönlich haftende Gesellschafter im Zuge des Formwechsels beibehalten.

16   Anders als nach früherem Recht[41] erstreckt sich die Haftungsbegrenzungsregelung nicht ausdrücklich auch auf die **Kommanditisten**. Aus den Gesetzesmaterialien ergibt sich jedoch, dass die frühere Regelung in das jetzt geltende Recht übernommen werden sollte[42]. Es besteht kein Anlass, den Kommanditisten strenger zu behandeln als den persönlich haftenden Gesellschafter. Die Enthaftungsbestimmungen finden folglich auf den Kommanditisten entsprechende Anwendung[43].

17   c) **Fälligkeit.** Voraussetzung für eine Forthaftung ist nach Abs. 2 zunächst, dass die Forderung innerhalb der Fünfjahresfrist fällig geworden ist. Fälligkeit tritt in dem Zeitpunkt ein, ab dem der Gläubiger die Leistung verlangen kann[44]. Vorbehaltlich einer abweichenden Vereinbarung werden Forderungen mit ihrer **Entstehung** fällig[45]. Im Fall der Stundung wird der Fälligkeitszeitpunkt hinausgeschoben[46]. Praktische Relevanz erlangt die Enthaftungsregelung für **Dauerschuldverhältnisse**, da hieraus resultierende Ansprüche der Gläubiger bereits mit dem Abschluss des Vertrags begründet sind, auch wenn die Fälligkeit erst zu einem späteren Zeitpunkt eintritt[47]. Dies gilt insbesondere für Ansprüche aus Miet- und Pachtverträgen und Anstellungsverhältnissen. Auch Ansprüche aus Direktzusagen des Arbeitgebers im Rahmen einer betrieblichen Altersversorgung fallen häufig unter diese Regelung, da sie erst mit dem Eintritt des Versorgungsfalles fällig werden[48]. Die Fälligkeit kann auch bereits **vor** dem Formwechsel eingetreten sein. Für Ansprüche aus Dauerschuldverhältnissen, die erst **nach Ablauf** der Fünfjahresfrist fällig werden, haftet der Gesellschafter folglich nicht, auch wenn der Entstehungsgrund für die Verbindlichkeit vor dem Formwechsel gelegt wurde. Etwaige Einwendungen oder Einreden des Gesellschafters wirken sich auf den Eintritt der Fälligkeit nicht aus.

18   d) **Enthaftungsverhindernde Maßnahmen.** Weitere Voraussetzung für eine Haftung des Gesellschafters ist im Fall zivilrechtlicher Ansprüche, dass die fällige Forderung innerhalb der Fünfjahresfrist in einer in § 197 Abs. 1 Nr. 3 bis 5 BGB bezeichneten Art festgestellt ist oder eine gerichtliche oder behördliche Vollstreckungshandlung vorgenommen oder beantragt wird. Bei öffentlich-rechtlichen Verbindlichkeiten genügt daneben auch der Erlass eines Verwaltungsakts.

---

[38] *Seibert* DB 1994, 461, 462.
[39] *Joost* in Lutter Rn 15; *Dirksen* in Kallmeyer Rn 5; *Vossius* in Widmann/Mayer Rn 8.
[40] §§ 161 Abs. 2, 128 HGB iVm. § 278 Abs. 2 AktG.
[41] §§ 45, 49 Abs. 4.
[42] RegBegr. *Ganske* S. 245.
[43] *Joost* in Lutter Rn 17; *Dirksen* in Kallmeyer Rn 13; *Sagasser/Sickinger* in Sagasser/Bula/Brünger R Rn 99.
[44] *Heinrichs* in Palandt § 271 BGB Rn 1.
[45] § 271 BGB.
[46] *Heinrichs* in Palandt § 271 BGB Rn 12.
[47] BGHZ 36, 224, 228; *BGH* NJW 1985, 1899; *Dirksen* in Kallmeyer Rn 7.
[48] §§ 1 ff. BetrAVG; siehe auch *Seibert* DB 1994, 461, 462. Dem Arbeitnehmer stehen im Fall der Insolvenz der Gesellschaft Ansprüche gegen den Träger der Insolvenzsicherung zu (§§ 7 ff. BetrAVG).

aa) *Feststellung der Verbindlichkeit.* Die Feststellung der Verbindlichkeit in einer in § 197 **19** Abs. 1 Nr. 3 bis 5 BGB bezeichneten Art umfasst die rechtskräftige Feststellung des Anspruchs durch Urteil, Vollstreckungsbescheid oder Schiedsspruch, den Abschluss eines vollstreckbaren Vergleichs oder die Errichtung einer vollstreckbaren Urkunde sowie die Feststellung des Anspruchs iRd. Insolvenzverfahrens. Wird der Anspruch **innerhalb der Fünfjahresfrist** gegenüber dem Gesellschafter rechtskräftig festgestellt, schließt der Gesellschafter einen vollstreckbaren Vergleich ab, wird eine vollstreckbare Urkunde errichtet oder der Anspruch iRd. Insolvenzverfahrens festgestellt, dann tritt keine Enthaftung ein.

Im Fall einer rechtskräftigen Feststellung des Anspruchs gegen den Gesellschafter **vor** **20** **dem Wirksamwerden des Formwechsels** kommt es ebenfalls nicht zur Enthaftung nach § 224.[49] Ein Gläubiger, der ein rechtskräftiges Urteil, einen rechtskräftigen Vollstreckungsbescheid oder Schiedsspruch gegen einen Gesellschafter erwirkt hat, kann allein aufgrund eines wirksamen Formwechsels nicht dazu gezwungen sein, erneut – diesmal im Wege einer Vollstreckungshandlung – gegen den Gesellschafter innerhalb einer bestimmten Frist vorzugehen, um seinen Anspruch gegen den Gesellschafter nicht zu verlieren. Nichts anderes kann für vor Wirksamwerden des Formwechsels abgeschlossene vollstreckbare Vergleiche oder errichtete vollstreckbare Urkunden oder eine vor Wirksamwerden des Formwechsels im Insolvenzverfahren erfolgte Feststellung des Anspruchs gelten.

Nach Änderung des § 224 durch das Schuldrechtsmodernisierungsgesetz ist die **gericht-** **21** **liche Geltendmachung** des Anspruchs nicht mehr für die Verhinderung der Enthaftung ausreichend. Will der Gläubiger die Enthaftung des Gesellschafters über den Weg einer klageweisen Geltendmachung des Anspruchs verhindern, bedarf es vielmehr – über die gerichtliche Geltendmachung hinaus – eines rechtskräftigen Urteils oder eines gerichtlichen Vergleichs vor Ablauf der Fünfjahresfrist. Abs. 3 Satz 2 erklärt allerdings § 204 BGB für entsprechend anwendbar, wodurch die Rechtsverfolgung zur Hemmung der Ausschlussfrist führt. IE kommt es somit nach wie vor darauf an, dass der Gläubiger vor Ablauf der Fünfjahresfrist die Klage erhebt. Dabei ist § 270 Abs. 3 ZPO anwendbar mit der Folge, dass die Hemmung der Ausschlussfrist bereits mit Einreichung der Klage eintritt. Die Enthaftung kann danach auch dann verhindert werden, wenn die Klage nach Ablauf der Fünfjahresfrist zugestellt wird, sofern die Klage vor Ablauf der Frist eingereicht wird und die Zustellung demnächst erfolgt[50]. Die Erhebung einer Feststellungsklage mit einem anschließenden Feststellungsurteil ist genügend. Das Feststellungsinteresse folgt stets aus der Gefahr des Rechtsverlusts, selbst wenn der Gesellschafter die Forderung nicht bestreitet, solange er kein Anerkenntnis abgegeben hat[51]. Die Klage muss daher nicht notwendigerweise auf eine Leistung gerichtet sein.

Ist die Höhe des innerhalb der Frist fällig gewordenen Anspruchs nicht genau bezifferbar, **22** muss der Gläubiger zur Vermeidung des Rechtsverlusts eine **Feststellungsklage** erheben[52]. Innerhalb der Frist fällig werdende Ansprüche können durch Klage auf zukünftige Leistung geltend gemacht werden[53]. Erforderlich ist, dass die Haftung des Gesellschafters Streitgegenstand des Prozesses ist[54]. Die Klage muss sich gegen den persönlich haftenden Gesellschafter selbst richten, denn ein rechtskräftiges Urteil gegen die Gesellschaft oder einen Mitgesellschafter reicht zur Fristwahrung nicht aus.

Neben der Klageerhebung sind auch die übrigen der in § 204 Abs. 1 BGB genannten **23** Maßnahmen, bei denen am Ende des Verfahrens eine rechtskräftige Feststellung der Ver-

---

[49] So die ganz hM, *K. Schmidt/Schneider* BB 2003, 1961, 1963 mwN; auch im Rahmen der Verschmelzung, § 45 Rn 44; siehe aber für Fälle der Spaltung und Ausgliederung, *Maier-Reimer* § 133 Rn 93 f., § 157 Rn 16.
[50] § 270 Abs. 3 ZPO.
[51] Ähnlich *Joost* in Lutter Rn 24.
[52] § 256 ZPO.
[53] §§ 257 bis 259 ZPO.
[54] *Vossius* in Widmann/Mayer Rn 25.

bindlichkeit stehen kann, zur Vermeidung der Enthaftung geeignet, sofern sie vor Ablauf der Fünfjahresfrist erfolgen und es am Ende des Verfahrens tatsächlich zu einer rechtskräftigen Feststellung der Verbindlichkeit oder jedenfalls zu einem vollstreckbaren Vergleich kommt. Hierzu gehören insbesondere die Zustellung eines **Mahnbescheids**, die **Aufrechnung** im Prozess sowie die **Streitverkündung**[55]. Dazu gehört aber auch der Beginn eines schiedsrichterlichen Verfahrens, sofern mit dem Gläubiger eine **Schiedsabrede** getroffen wurde[56]. Die zwischen der Gesellschaft und dem Gläubiger getroffene Schiedsabrede erstreckt sich auch auf den persönlich haftenden Gesellschafter[57].

24 Auch die Zustellung eines Antrags auf Anordnung eines **Arrests** oder Erlass einer **einstweiligen Verfügung** sowie die Zustellung eines Antrags auf Bewilligung von **Prozesskostenhilfe** können iE dazu führen, dass die Enthaftung verhindert wird, obwohl die Feststellung der Verbindlichkeit in einer nach § 197 Abs. 1 Nr. 3 bis 5 BGB bezeichneten Art erst nach Ablauf von fünf Jahren erfolgt. Voraussetzung ist, dass innerhalb von sechs Monaten nach der rechtskräftigen Entscheidung oder dem anderweitigen Ende des Verfahrens die Erhebung der Klage auf Leistung oder Feststellung erfolgt und auf diese Klage hin die Verbindlichkeit rechtskräftig festgestellt wird oder jedenfalls ein vollstreckbarer Vergleich abgeschlossen wird[58].

25 Die Enthaftung wird durch den Abschluss eines vollstreckbaren Vergleichs oder die Errichtung einer vollstreckbaren Urkunde vor Ablauf der Fünfjahresfrist verhindert. **Vollstreckbare Vergleiche** sind der vor einem deutschen Gericht oder einer durch die Landesjustizverwaltung eingerichteten oder anerkannten Gütestelle abgeschlossene und der gem. § 118 Abs. 1 Satz 3 ZPO im Verfahren über die Bewilligung von Prozesskostenhilfe oder gem. § 492 Abs. 3 ZPO im selbstständigen Beweisverfahren zu richterlichem Protokoll genommene Vergleich[59]. Vollstreckbarer Vergleich kann auch ein schiedsrichterlicher Vergleich sein[60]. **Vollstreckbare Urkunden** sind die vor einem deutschen Notar oder deutschen Gericht errichteten Urkunden, in denen sich der Gesellschafter der sofortigen Zwangsvollstreckung unterwirft[61].

26 Eine Enthaftung tritt auch dann nicht ein, wenn innerhalb der Fünfjahresfrist die Verbindlichkeit iRd. Insolvenzverfahrens nach § 178 Abs. 1 InsO als festgestellt gilt oder durch rechtskräftige gerichtliche Entscheidung festgestellt ist[62]. Die Anmeldung der Forderung im Insolvenzverfahren führt zur Hemmung der Ausschlussfrist[63]. Bereits durch eine **Anmeldung im Insolvenzverfahren** vor Ablauf der Fünfjahresfrist kann daher eine Enthaftung verhindert werden, wenn der Anspruch später tatsächlich in dem betreffenden Insolvenzverfahren festgestellt wird.

27 bb) *Anerkenntnis.* Nach **Abs. 4** steht der Feststellung der Verbindlichkeit in einer in § 197 Abs. 1 Nr. 3 bis 5 BGB bezeichneten Art das **Anerkenntnis** des Gesellschafters gleich. Das Anerkenntnis hat nicht notwendigerweise den Anforderungen an ein abstraktes Schuldanerkenntnis[64] zu genügen. Aus der Erklärung des Gesellschafters muss sich jedoch mit hinreichender Klarheit ergeben, dass er die Forderung des Gläubigers anerkennt. Voraussetzung für ein wirksames Anerkenntnis ist die Einhaltung der Schriftform. Es muss daher vom Gesell-

---

[55] § 204 Abs. 1 Nr. 3, 5 und 6 BGB.
[56] § 204 Abs. 1 Nr. 11 BGB.
[57] Anderes gilt idR für den Kommanditisten, *Salger* in Sudhoff § 43 Rn 45 mwN.
[58] Vgl. § 224 Abs. 3 Satz 2 UmwG iVm. § 204 Abs. 1 Nr. 9 und 11, Abs. 2 Satz 1 BGB.
[59] § 794 Abs. 1 Nr. 1 ZPO.
[60] §§ 1053, 1055 ZPO.
[61] § 794 Abs. 1 Nr. 5 ZPO.
[62] §§ 180 ff. InsO.
[63] § 224 Abs. 3 Satz 2 UmwG iVm. § 204 Abs. 1 Nr. 10 BGB.
[64] § 781 BGB.

schafter unterzeichnet worden sein[65]. Einer Unterzeichnung durch den Gläubiger bedarf es nicht[66]. Das Anerkenntnis muss vom Gesellschafter innerhalb der Fünfjahresfrist abgegeben worden sein, da anderenfalls bereits Enthaftung eingetreten ist. Ein vor dem Wirksamwerden des Formwechsels abgegebenes Anerkenntnis vermeidet ebenfalls die Enthaftung, ohne dass es einer zusätzlichen Geltendmachung durch den Gläubiger, namentlich einer Vollstreckungshandlung, bedarf[67].

cc) Vollstreckungshandlung. Nach Änderung der Vorschrift durch das Schuldrechtsmodernisierungsgesetz kann die Ausschlussfrist auch dadurch gewahrt werden, dass eine auf den Anspruch bezogene gerichtliche oder behördliche Vollstreckungshandlung vorgenommen oder vom Gläubiger beantragt wird. Voraussetzung für die Vornahme einer Vollstreckungshandlung ist ein vollstreckbarer Titel. Ohne einen zugrunde liegenden Titel kann ein Antrag auf Vollstreckungshandlung nicht zu einer Verhinderung der Enthaftung führen. Die in § 197 Abs. 1 Nr. 3 bis 5 BGB genannten Titel erfassen im Wesentlichen alle vollstreckbaren Titel. Daher ist unklar, welche Fälle der Gesetzgeber mit der Einfügung dieser die Enthaftung verhindernden Maßnahme in Abs. 2 vor Augen hatte. Eine selbstständige Bedeutung könnte dem die Enthaftung verhindernden Tatbestand der Vollstreckungshandlung allenfalls dann zukommen, wenn man die Ansicht vertritt, dass eine Feststellung des Anspruchs vor dem Wirksamwerden des Formwechsels die Enthaftung nicht verhindert. Dies ist jedoch abzulehnen. 28

Die **Wirkung** der Vollstreckungshandlung – also die Verhinderung der Enthaftung – **entfällt**, wenn dem Antrag des Gläubigers nicht stattgegeben wird, der Antrag vor der Vollstreckungshandlung zurückgenommen oder die Vollstreckungshandlung auf Antrag des Gläubigers oder wegen Mangels der gesetzlichen Voraussetzungen aufgehoben wird[68]. 29

dd) Erlass eines Verwaltungsakts. Handelt es sich um eine **öffentlich-rechtliche Verbindlichkeit**, genügt nach Abs. 2 2. Halbs. zur Geltendmachung auch der Erlass eines Verwaltungsakts[69]. Relevant wird diese Regelung vor allem für steuerrechtliche oder sozialversicherungsrechtliche Verbindlichkeiten. Voraussetzung ist, dass die Haftung des Gesellschafters durch einen Verwaltungsakt geltend gemacht werden kann. Mit der Bekanntgabe gegenüber dem Adressaten ist der Verwaltungsakt erlassen[70]. Entscheidend ist, dass dem Gesellschafter der Verwaltungsakt innerhalb der Fünfjahresfrist bekannt gemacht wurde[71]. Eine bloße behördliche Mitteilung oder die Ankündigung eines Verwaltungsakts genügt nicht[72]. Die Rechtswidrigkeit des Verwaltungsakts steht der Fristwahrung nicht entgegen, solange der Verwaltungsakt nicht nichtig ist oder von einer sachlich unzuständigen Behörde erlassen wurde[73]. 30

e) Fristablauf. Die Fünfjahresfrist **beginnt** nach Abs. 3 Satz 1 mit dem Tag, an dem die Eintragung der neuen Rechtsform oder des Rechtsträgers neuer Rechtsform bekannt gemacht worden ist[74]. Die Bekanntmachung der Eintragung[75] der neuen Rechtsform oder 31

---

[65] § 126 BGB. Die Schriftform kann gem. § 126 Abs. 3 BGB durch die elektronische Form nach § 126 a BGB ersetzt werden, so auch *Joost* in Lutter Rn 28.
[66] *Joost* in Lutter Rn 28.
[67] AA für die Spaltung *Maier-Reimer* § 133 Rn 95; so wie hier dagegen *Ihrig* § 45 Rn 52.
[68] § 224 Abs. 3 Satz 2 UmwG iVm. § 212 Abs. 2 und 3 BGB.
[69] § 35 VwVfG.
[70] § 43 Abs. 1 VwVfG.
[71] § 41 VwVfG.
[72] *Joost* in Lutter Rn 30.
[73] §§ 43, 44 VwVfG. Zu Widerspruch und Anfechtungsklage siehe Rn 32.
[74] § 201.
[75] Vor dem 1.1.2007 war das Erscheinen des letzten der die Bekanntmachung enthaltenden Blätter entscheidend.

des Rechtsträgers neuer Rechtsform hat durch das zuständige Registergericht seit 1.1.2007 elektronisch erfolgen[76]. Die Frist **endet** fünf Jahre später mit Ablauf des Tags, der seiner Zahl nach dem Tag des Fristbeginns entspricht[77]. Fällt der letzte Tag der Frist auf einen Samstag, Sonntag oder Feiertag, endet die Frist am nächsten Werktag[78]. Ist die Bekanntmachung beispielsweise am 27. 7. 2006 erfolgt, endet die Frist mit dem Ablauf des 27. 7. 2011.

32 Auch wenn die Enthaftung rechtstechnisch keine Verjährung darstellt, ordnet das Gesetz in **Abs. 3 Satz 2** die entsprechende Geltung der §§ 204, 206, 210 und 211 BGB an, die bestimmte Fälle der Hemmung des Fristablaufs regeln. Im Fall der Hemmung wird der entsprechende Zeitlauf nicht mit eingerechnet[79]. § 204 BGB betrifft die **Hemmung durch Rechtsverfolgung**. Eine Hemmung der Fünfjahresfrist tritt danach u. a. ein durch die Erhebung der Klage auf Leistung oder auf Feststellung des Anspruchs, die Zustellung des Mahnbescheids, die Geltendmachung der Aufrechnung des Anspruchs im Prozess, die Zustellung der Streitverkündung, die Zustellung des Antrags auf Arrest oder einstweilige Verfügung, die Anmeldung des Anspruchs im Insolvenzverfahren, den Beginn des schiedsrichterlichen Verfahrens oder die Veranlassung der Bekanntgabe des erstmaligen Antrags auf Gewährung von Prozesskostenhilfe. Die Hemmung endet sechs Monate nach der rechtskräftigen Entscheidung oder anderweitigen Beendigung des eingeleiteten Verfahrens[80]. Die entsprechende Anwendbarkeit der Vorschrift über die Hemmung der Verjährung durch Rechtsverfolgung führt dazu, dass, obwohl zur Erhaltung der Haftung eine rechtskräftige Feststellung des Anspruchs erforderlich ist, die Erhebung der Klage oder der Klageerhebung gleichstehende Maßnahmen vor Ablauf der Fünfjahresfrist zur Verhinderung der Enthaftung ausreichend sein können. Hemmung analog § 204 BGB tritt auch während Widerspruchs oder Anfechtungsklage gegen einen haftungsfeststellenden Verwaltungsakt ein[81]. § 206 BGB betrifft die Hemmung der Verjährung bei **höherer Gewalt**. §§ 210 und 211 BGB regeln eine **Ablaufhemmung** für die Verjährung von Ansprüchen eines nicht voll geschäftsfähigen ohne gesetzlichen Vertreter und von Ansprüchen, die zu einem Nachlass gehören, solange die Erbschaft noch nicht angenommen ist oder der Anspruch aus anderen Gründen nicht geltend gemacht werden kann. Die Verweisung auf die §§ 210 und 211 BGB kann dazu führen, dass eine Haftung auch aus einem erst nach Ablauf von fünf Jahren fällig werdenden Anspruch besteht. Hängt nämlich die Fälligkeit eines Anspruchs von einer Kündigung oder sonstigen Maßnahme des Gläubigers ab, gebietet es der Sinn und Zweck der §§ 210, 211 BGB, dass deren Anwendbarkeit auch zu einer Hemmung der Fünfjahresfrist hinsichtlich der Fälligkeit führt. Danach kann eine Enthaftung in diesem Fall auch dann verhindert werden, wenn der Anspruch zwar nach Ablauf der regulären Fünfjahresfrist, aber vor dem durch §§ 210, 211 BGB hinausgeschobenen Fristende fällig wird[82].

33 Für den die Enthaftung verhindernden Tatbestand der Vollstreckungshandlung verweist Abs. 3 Satz 2 auf die Regelung des § 212 Abs. 2 und 3 BGB, wonach die verjährungsunterbrechende Wirkung von Vollstreckungshandlungen **entfällt**, wenn dem Antrag des Gläubigers nicht stattgegeben wird, der Antrag vor der Vollstreckungshandlung zurückgenommen oder die Vollstreckungshandlung auf Antrag des Gläubigers oder wegen Mangels der gesetzlichen Voraussetzungen aufgehoben wird. Für die Enthaftungsbestimmung des § 224 kann dies nur bedeuten, dass in den in § 212 Abs. 2 und 3 BGB genannten Fällen die Enthaftung durch die Vollstreckungshandlung nicht verhindert wird.

---

[76] § 201 iVm. § 10 HGB idF des EHUG, beachte bis zum 31.12.2008 auch die Übergangsvorschrift in Art. 61 Abs. 4 EGHGB.
[77] §§ 187 Abs. 1, 188 Abs. 2 BGB.
[78] § 193 BGB.
[79] § 209 BGB; *Vossius* in Widmann/Mayer Rn 55.
[80] § 204 Abs. 2 Satz 1 BGB.
[81] *K. Schmidt/Schneider* BB 2003, 1961, 1963 mit dem zutreffenden Hinweis, dass insoweit ein gesetzgeberischer Verweis auf § 53 Abs. 1 VwVfG die sachgerechtere Lösung wäre.
[82] Siehe auch § 133 Rn 88 ff.

2. Rechtsfolge

Mit der wirksamen Geltendmachung ist eine Enthaftung des Gesellschafters vorbehaltlich **34** der allgemeinen Verjährungs- oder Verwirkungsregeln ausgeschlossen[83]. Hat der Gläubiger seinen Anspruch gegen den Gesellschafter innerhalb der Fünfjahresfrist nicht geltend gemacht, erlischt dieser ohne weiteres. Die Frist stellt eine **Ausschlussfrist** und keine Verjährungsfrist dar[84]. Der Gesellschafter muss sich also nicht auf ein Leistungsverweigerungsrecht berufen; der Fristablauf ist vielmehr vom Gericht von Amts wegen zu berücksichtigen[85].

Bei der Fünfjahresfrist handelt es sich um eine Höchstfrist. Dem Gesellschafter bleiben **35** alle **Einwendungen** und Einreden, die der Gesellschaft oder dem Gesellschafter persönlich zustehen, erhalten[86]. Eine **Verjährung** zu einem früheren Zeitpunkt nach anderen Vorschriften bleibt unberührt. Ist die Verjährung durch eine Klage des Gläubigers gegen den Gesellschafter gehemmt, kann sich dieser nicht mehr auf eine gegenüber der Gesellschaft eingetretene Verjährung berufen. Wurde der Anspruch gegen den Gesellschafter durch eine rechtskräftige Entscheidung festgestellt, verjährt der Anspruch in 30 Jahren[87].

Die Nachhaftungsbestimmungen nach Abs. 2 bis 5 sind wie ihre handelsrechtlichen Paral- **36** lelbestimmungen **dispositives Recht**[88]. Die abweichende Vereinbarung zwischen Gläubiger und Gesellschafter kann auf eine Verlängerung oder Verkürzung der Frist, eine sonstige Modifizierung der Nachhaftungsvoraussetzungen oder gar auf einen völligen Ausschluss der Enthaftung gerichtet sein[89]. Im Gegensatz zum nur die Feststellung nach § 197 Abs. 1 Nr. 3 bis 5 BGB ersetzenden Anerkenntnis[90] erfasst nur ein vollständiger Ausschluss der Enthaftung auch nach Ablauf der Enthaftungsfrist fällig werdende Forderungen[91]. Im letzten Fall bleiben allerdings die allgemeinen Verjährungsbestimmungen unberührt[92]. Ist die Fünfjahresfrist bereits abgelaufen, kommt nur eine Neubegründung der Forderung in Betracht[93]. Eine Vereinbarung zwischen der Gesellschaft und dem Gläubiger oder zwischen Gesellschaft und Gesellschafter ist nicht ausreichend. Im Hinblick auf die gegenüber dem Anerkenntnis weiterreichende Wirkung eines vollständigen Ausschlusses der Enthaftung sprechen gute Gründe dafür, das Schriftformerfordernis nach Abs. 4 insoweit analog anzuwenden[94]. Im Übrigen bedarf die Abrede keiner Form und kann uU auch konkludent getroffen werden[95].

IV. Haftung der Gesellschaft

Die Haftung der Gesellschaft wird in § 224 nicht ausdrücklich geregelt[96]. Das Gesetz geht **37** insoweit von einer Haftungskontinuität aus. Aufgrund des Identitätsgrundsatzes haftet der Rechtsträger neuer Rechtsform iRd. allgemeinen Verjährungsregelungen für die Verbind-

---

[83] *Vossius* in Widmann/Mayer Rn 30.
[84] *Dirksen* in Kallmeyer Rn 11.
[85] *K. Schmidt/Schneider* BB 2003, 1961.
[86] *Vossius* in Widmann/Mayer Rn 20.
[87] § 197 Abs. 1 Nr. 3 BGB; vgl. *Dirksen* in Kallmeyer Rn 11.
[88] *Joost* in Lutter Rn 34; *Dirksen* in Kallmeyer Rn 12; *K. Schmidt/Schneider* BB 2003, 1961, 1964; aA *Ihrig* § 45 Rn 60; *Maier-Reimer* § 133 Rn 124.
[89] Eine Verlängerung ist nach § 202 Abs. 2 BGB bis zu einer Maximalfrist von 30 Jahren möglich, darüber hinaus verbleibt nur der vollständige Ausschluss der Enthaftung.
[90] Abs. 4, dazu Rn 27.
[91] *K. Schmidt/Schneider* BB 2003, 1961, 1965.
[92] *Joost* in Lutter Rn 34.
[93] In diesem Fall stehen dem Gesellschafter jedoch keine Erstattungs- bzw. Ausgleichsansprüche gegen die Gesellschaft bzw. die Mitgesellschafter zu; aA wohl *Laumann* in Goutier/Knopf/Tulloch Rn 22.
[94] *K. Schmidt/Schneider* BB 2003, 1961, 1965; teilw. aA noch die Voraufl.
[95] *Dirksen* in Kallmeyer Rn 12.
[96] *Joost* in Lutter Rn 12; *Dirksen* in Kallmeyer Rn 14.

lichkeiten fort[97]. Die Verbindlichkeiten der formwechselnden Personenhandelsgesellschaft werden zu Verbindlichkeiten der Kapitalgesellschaft bzw. eG. Die Verjährung des Anspruchs richtet sich nach allgemeinen Regeln. Der Formwechsel hat auf die Dauer der Verjährung keinen Einfluss.

V. Innenverhältnis

1. Verhältnis zur Gesellschaft

38 Die Enthaftungsbestimmungen gelten nur im Außenverhältnis zu den Gläubigern. Im Innenverhältnis bleiben die Gesellschafter zur Erbringung einer noch nicht geleisteten Einlage verpflichtet[98]. Wird der Gesellschafter nach dem Formwechsel von einem Gläubiger in Anspruch genommen, steht ihm ein Aufwendungsersatzanspruch gegen die Gesellschaft zu. Dies ist im Gesetz zwar nicht ausdrücklich vorgesehen. Die allgemeine handelsrechtliche Regelung, nach der dem Gesellschafter ein **Aufwendungsersatzanspruch** zusteht[99], kann mangels Vorhandensein einer Personenhandelsgesellschaft zwar keine unmittelbare Anwendung mehr finden. Dem Recht der Kapitalgesellschaften ist ein entsprechender Aufwendungsersatzanspruch unbekannt. Sinn und Zweck der Regelung gebieten es jedoch, dem Formwechsel hinsichtlich des Innenverhältnisses zwischen Gesellschafter und Gesellschaft keine Bedeutung zuzumessen. Dem Gesellschafter steht daher analog § 110 HGB, § 670 BGB trotz des Formwechsels ein Aufwendungsersatzanspruch zu[100]. Dies gilt für persönlich haftende Gesellschafter wie für Kommanditisten gleichermaßen.

2. Verhältnis zu den übrigen Gesellschaftern

39 Nach allgemeinen Regeln haften die persönlich haftenden Gesellschafter dem Gläubiger als Gesamtschuldner[101]. Die Gesellschafter sind im Fall einer Inanspruchnahme im Verhältnis untereinander **ausgleichspflichtig**[102]. Nach der Inanspruchnahme durch den Gläubiger kann der Gesellschafter seine Mitgesellschafter nur *pro rata* in Regress nehmen und muss den auf sich entfallenden Verlustanteil in Abzug bringen[103]. Aufgrund der ihn treffenden Treupflicht ist der Gesellschafter vor einer Inanspruchnahme seiner Mitgesellschafter gehalten, zunächst Befriedigung bei der Gesellschaft zu suchen[104]. Hat ein Gesellschafter an den Gläubiger geleistet, geht die Forderung des Gläubigers insoweit auf ihn über[105]. Diese Grundsätze gelten nach dem Formwechsel der Personenhandelsgesellschaft in eine Kapitalgesellschaft oder eingetragene Genossenschaft fort[106].

§ 225 Prüfung des Abfindungsangebots

Im Falle des § 217 Abs. 1 Satz 2 ist die Angemessenheit der angebotenen Barabfindung nach § 208 in Verbindung mit § 30 Abs. 2 nur auf Verlangen eines Gesellschafters zu prüfen. Die Kosten trägt die Gesellschaft.

---

[97] *Joost* in Lutter Rn 36; *Laumann* in Goutier/Knopf/Tulloch Rn 2.
[98] *Dirksen* in Kallmeyer Rn 13.
[99] § 110 HGB; BGHZ 37, 299, 301.
[100] *Joost* in Lutter Rn 37; *Dirksen* in Kallmeyer Rn 15; *Vossius* in Widmann/Mayer Rn 48; *Laumann* in Goutier/Knopf/Tulloch Rn 14.
[101] § 128 HGB.
[102] § 426 Abs. 1 BGB. Siehe auch § 45 Rn 58.
[103] BGHZ 37, 299, 302 ff.; BGHZ 39, 319, 323; *BGH* NJW 1986, 2430.
[104] BGHZ 37, 299, 303.
[105] § 426 Abs. 2 BGB.
[106] *Joost* in Lutter § 24 Rn 38; *Dirksen* in Kallmeyer Rn 16.

Prüfung des Abfindungsangebots 1–4 § 225

Übersicht

	Rn		Rn
I. Allgemeines	1	III. Prüfungsverlangen	7
1. Sinn und Zweck der Norm	1	1. Berechtigter	7
2. Anwendungsbereich	2	2. Form	8
3. Entstehungsgeschichte	3	3. Frist	9
II. Erforderlichkeit eines Abfindungsangebots	4	4. Verzicht	10
		IV. Prüfung	11
1. Grundsatz	4	V. Kosten	12
2. Einstimmiger Beschluss	5	VI. Gerichtliche Überprüfung	13
3. Mehrheitsbeschluss	6		

Literatur: Siehe Literaturverzeichnis zu § 214.

I. Allgemeines

1. Sinn und Zweck der Norm

Die Vorschrift schränkt die Pflicht zur Prüfung des Abfindungsangebots ein. Der formwechselnde Rechtsträger hat grundsätzlich jedem Gesellschafter, der gegen den Umwandlungsbeschluss Widerspruch zur Niederschrift erklärt, den Erwerb seiner umgewandelten Anteile gegen eine angemessene Barabfindung anzubieten[1]. Die Angemessenheit der Barabfindung ist durch einen Prüfer zu prüfen[2]. Die Unterbreitung eines Abfindungsangebots und dessen Prüfung ist entbehrlich, wenn der Umwandlungsbeschluss der Zustimmung aller Gesellschafter bedarf[3]. Für diesen Fall geht der Gesetzgeber davon aus, dass die Gesellschafter ihre Rechte bereits durch die Androhung eines möglichen Widerspruchs ausreichend wahren können[4]. Für den Fall der zulässigen Mehrheitsumwandlung bestimmt die Norm eine Erleichterung in der Weise, dass die Barabfindung nur auf Verlangen eines Gesellschafters zu prüfen ist. Die Regelung kehrt damit den Grundsatz der Pflichtprüfung in eine **fakultative Prüfungspflicht** um. Gleichzeitig bezweckt die Bestimmung, den Minderheitenschutz, insbesondere in Publikumspersonengesellschaften, zu gewährleisten[5]. 1

2. Anwendungsbereich

Die Regelung gilt für alle Fälle des Formwechsels einer Personenhandelsgesellschaft in eine Kapitalgesellschaft oder eG. Für die Verschmelzung findet sich eine Parallelvorschrift in § 44[6]. 2

3. Entstehungsgeschichte

Die Regelung ist neu. Sie findet im alten Recht keine Entsprechung. 3

II. Erforderlichkeit eines Abfindungsangebots

1. Grundsatz

Grundsätzlich hat der formwechselnde Rechtsträger jedem Gesellschafter, der gegen den Umwandlungsbeschluss Widerspruch zur Niederschrift erklärt hat, den Erwerb seiner um- 4

---

[1] § 207 Satz 1. Siehe auch § 216 Rn 20 ff.
[2] § 208 iVm. § 30 Abs. 2.
[3] Siehe Rn 4 f.
[4] Zutreffend *Vossius* in Widmann/Mayer Rn 2.
[5] RegBegr. *Ganske* S. 245 mit Verweis auf die Begründung zu § 44, RegBegr. *Ganske* S. 95.
[6] Zur Änderung des § 44 durch das Zweite Gesetz zur Änderung des UmwG vom 19.4.2007 (BGBl I S. 542) siehe unten Rn 9.

gewandelten Anteile gegen eine angemessene Barabfindung anzubieten[7]. Das Abfindungsangebot ist zwingender Teil des Umwandlungsbeschlusses[8]. Darauf, dass die angebotene Barabfindung zu niedrig bemessen oder nicht oder nicht ordnungsgemäß angeboten wurde, kann die Klage gegen den Umwandlungsbeschluss nicht gestützt werden[9]. Der Gesellschafter ist in diesen Fällen auf das Spruchverfahren verwiesen[10]. Das Barabfindungsangebot ist vom Recht des in der Gesellschaft verbleibenden Gesellschafters zu unterscheiden, eine Verbesserung des Beteiligungsverhältnisses durch bare Zuzahlung zu verlangen[11]. Liegen die Voraussetzungen für beide Ansprüche vor, besteht ein **Alternativverhältnis**: Entweder verbleibt der Gesellschafter in der Gesellschaft und begehrt eine bare Zuzahlung oder er verlangt die Auszahlung einer Barabfindung gegen Übertragung seiner Anteile[12].

2. Einstimmiger Beschluss

5   Erfordert der Umwandlungsbeschluss die Zustimmung aller Gesellschafter einschließlich der nicht erschienenen, bedarf es der Unterbreitung eines Abfindungsangebots ausnahmsweise nicht. In diesem Fall scheidet nämlich bei Widerspruch eines Gesellschafters ein Formwechsel von vorneherein aus, so dass auch die Unterbreitung eines Barabfindungsangebots nicht mehr geboten ist[13]. Die Norm soll entsprechend anwendbar sein, wenn ein Gesellschafter aufgrund seiner Treupflicht dem Formwechselbeschluss zustimmen muss[14]. Dies überzeugt nicht, da auch in diesem Fall ein einstimmiger Beschluss gegeben ist und kein Anlass erkennbar ist, die Gesellschaft durch die Zahlung eines Abfindungsguthabens zu belasten.

3. Mehrheitsbeschluss

6   Ein Widerspruch ist aber dann denkbar, wenn der Umwandlungsbeschluss nach dem Gesellschaftsvertrag der formwechselnden Personenhandelsgesellschaft aufgrund eines Mehrheitsbeschlusses gefasst werden kann[15]. In diesem Fall bedarf es der Unterbreitung eines Barabfindungsangebots. Kein Fall der Mehrheitsumwandlung ist gegeben, wenn der Gesellschaftsvertrag zwar eine Mehrheitsumwandlung zulässt, der Beschluss gleichwohl mit der Stimmen aller Gesellschafter gefasst wird[16].

III. Prüfungsverlangen

1. Berechtigter

7   Die Prüfung des Barabfindungsangebots auf seine Angemessenheit setzt ein entsprechendes Verlangen des Gesellschafters voraus. Die Prüfung ist daher fakultativ[17]. Nach dem Wortlaut des Gesetzes kann das Prüfungsverlangen von jedem Gesellschafter gestellt werden. Die Tatsache, dass die Prüfung des Abfindungsangebots in erster Linie dem Minderheitenschutz dient, legt die Annahme nahe, dass ein solches Verlangen nur Gesellschafter stellen können, die aufgrund ihres Widerspruchs die Unterbreitung eines Barabfindungsangebots verlangen

---

[7] § 207 Satz 1. Siehe auch § 216 Rn 20 ff.
[8] § 194 Abs. 1 Nr. 6.
[9] § 210.
[10] § 212 iVm. §§ 1 ff. SpruchG. Zur dennoch möglichen Anfechtung bei Verfolgung primär sachfremder Ziele *Grunewald*, FS Röhricht, 2005, S. 129, 134 f.
[11] § 196.
[12] *Meister/Klöcker* in Kallmeyer § 207 Rn 8.
[13] *Joost* in Lutter Rn 2; *Müller* in Kallmeyer Rn 2. Siehe auch § 207 Rn 3.
[14] *Vossius* in Widmann/Mayer Rn 11.
[15] § 217 Abs. 1 Satz 2.
[16] *Müller* in Kallmeyer Rn 2. Zum Begriff des Mehrheitsbeschlusses siehe auch § 217 Rn 16 ff.
[17] *Joost* in Lutter Rn 2.

können. Eine solche Sichtweise wäre indessen zu eng. Sie würde nicht berücksichtigen, dass eine zu hoch angesetzte Abfindung die in der Gesellschaft verbleibenden Gesellschafter vermögensmäßig benachteiligen würde. Da der ausscheidende Gesellschafter eine zu hoch bemessene Abfindung nicht zur Überprüfung stellen wird, haben die verbleibenden Gesellschafter ein berechtigtes Interesse an einer Überprüfung[18]. Das Recht, die Überprüfung der Abfindung verlangen zu können, steht damit jedem Gesellschafter zu[19]. Die Ausgestaltung seiner Gesellschafterstellung spielt keine Rolle.

2. Form

Eine besondere Form für das Prüfungsverlangen sieht das Gesetz nicht vor. Aus der Erklärung des Gesellschafters muss eindeutig hervorgehen, dass er das Abfindungsangebot zur Überprüfung stellen möchte[20]. Der Gesellschafter kann das Verlangen zur Niederschrift in der Gesellschafterversammlung schriftlich oder mündlich stellen[21]. Aus Sicht des Gesellschafters empfiehlt es sich, das Verlangen zu Nachweiszwecken schriftlich abzufassen. Eine Bevollmächtigung ist zulässig, wenn der Gesellschaftsvertrag die Ausübung von Gesellschafterrechten durch Dritte ermöglicht oder kein Mitgesellschafter widerspricht. Die Erklärung kann nicht befristet oder unter eine Bedingung gestellt werden[22].

3. Frist

Innerhalb welcher Frist das Prüfungsverlangen erklärt werden muss, bestimmt das Gesetz nicht. In jedem Fall kann der Gesellschafter die Überprüfung **vor** und **in der Gesellschafterversammlung** stellen, die über den Formwechsel beschließen soll, auch wenn dadurch das Prozedere des Formwechsels zeitlich in die Länge gezogen wird[23]. Grundsätzlich kann der Gesellschafter nicht auf das Spruchverfahren verwiesen werden, da dieses einen zusätzlichen Schutz gewähren soll. Auch der Ablauf der Anfechtungsfrist stellt keine starre Grenze dar, da die Anfechtungsklage gerade nicht auf ein zu niedrig bemessenes Abfindungsangebot gestützt werden kann[24]. Ein nach der Gesellschafterversammlung gestelltes Verlangen kann jedoch, je nach den Umständen des Einzelfalles, gegen die Treupflicht des Gesellschafters verstoßen und mithin **rechtsmissbräuchlich** sein[25]. Das Prüfungsverlangen kann höchstens bis zu dem Zeitpunkt gestellt werden, zu dem das Barabfindungsangebot selbst noch angenommen werden kann, d. h. bis zum Ablauf einer Frist von zwei Monaten nach dem Tage, an dem die Eintragung der neuen Rechtsform bekannt gemacht sorden ist[26]. Dementsprechend kann die Überprüfung höchstens innerhalb dieses Zeitraums verlangt werden[27], wobei das Verlangen eine angemessene Zeit vor Ablauf dieser Frist zu erklären ist, damit genügend Zeit für die Überprüfung bleibt[28]. Zulässig ist es, wenn im Gesellschaftsvertrag eine **Frist** bestimmt wird, innerhalb derer das Angebot von den Gesellschaftern angenommen werden muss[29].

---

[18] *Joost* in Lutter Rn 4; *Müller* in Kallmeyer Rn 3; wohl auch *Vossius* in Widmann/Mayer Rn 26; iE auch *Stratz* in Schmitt/Hörtnagl/Stratz Rn 4.
[19] Siehe auch § 30 Rn 26 ff.
[20] *Stratz* in Schmitt/Hörtnagl/Stratz Rn 2.
[21] *Joost* in Lutter Rn 5; *Laumann* in Goutier/Knopf/Tulloch Rn 3.
[22] *Vossius* in Widmann/Mayer Rn 17.
[23] *Vossius* in Widmann/Mayer Rn 20; *Müller* in Kallmeyer § 44 Rn 8.
[24] *Stratz* in Schmitt/Hörtnagl/Stratz Rn 4.
[25] *Vossius* in Widmann/Mayer Rn 21 ff.; *Müller* in Kallmeyer § 44 Rn 8; abw. *Laumann* in Goutier/Knopf/Tulloch Rn 5, nach dessen Ansicht den Gesellschafter in diesem Fall nur die Kostenlast trifft.
[26] §§ 209 Satz 1, 201 idF des EHUG vom 10.11.2006, BGBl I S. 2553
[27] *Joost* in Lutter Rn 6; *Müller* in Kallmeyer Rn 4; *Laumann* in Goutier/Knopf/Tulloch Rn 3.
[28] *Stratz* in Schmitt/Hörtnagl/Stratz Rn 4.
[29] *Müller* in Kallmeyer § 44 Rn 9.

Keinen durchgreifenden Bedenken unterliegt es, dass eine angemessene Frist in der Einladung zur Gesellschafterversammlung, die über den Formwechsel beschließen soll, gesetzt wird[30]. Das zum 25.4.2007 in Kraft getretene Zweite Gesetz zur Änderung des UmwG vom 19.4.2007 hat die verschmelzungsrechtliche Parallelvorschrift des § 44 dergestalt geändert, dass das Prüfungsverlangen nur noch innerhalb einer Woche ab Zugang der Unterlagen über die Verschmelzung gestellt werden kann. Eine wünschenswert erscheinende entsprechende Änderung des § 225 ist nicht erfolgt.

4. Verzicht

10 Die Prüfung des Abfindungsangebots ist – ebenso wie die Unterbreitung des Barabfindungsangebots selbst[31] – eingeschränkt dispositiv. Die Abfindungsberechtigten können zwar nicht generell[32], wohl aber im **konkreten Fall** auf die Prüfung oder die Erstellung eines Prüfungsberichts verzichten[33]. Die Verzichtserklärungen der Gesellschafter sind **notariell** zu beurkunden. Gesellschafter, die auf die Unterbreitung oder Prüfung des Barabfindungsangebots verzichtet haben, können die Prüfung nicht mehr verlangen[34], auch wenn der Verzicht nicht von allen Gesellschaftern erklärt wurde. Dem Prüfungsverlangen kann dann der Einwand unzulässiger Rechtsausübung entgegen gehalten werden. Haben alle Gesellschafter auf die Prüfung verzichtet, ist eine Prüfung insgesamt entbehrlich[35].

IV. Prüfung

11 Die Prüfung erfolgt durch einen Prüfer, der entweder von den geschäftsführenden Gesellschaftern oder auf deren Antrag durch das Gericht bestellt wird[36]. Die Prüfer haben über das Ergebnis ihrer Prüfung einen schriftlichen Bericht zu erstellen[37]. Nach herrschender und zutreffender Meinung ist der **Prüfungsbericht** den Gesellschaftern nicht zu übermitteln[38].

V. Kosten

12 Die Kosten der Überprüfung trägt die Gesellschaft. Die Haftung der persönlich haftenden Gesellschafter gegenüber den Prüfern bestimmt sich nach allgemeinen Grundsätzen[39].

VI. Gerichtliche Überprüfung

13 Über die Überprüfung durch den Prüfer hinaus können die Gesellschafter die Angemessenheit des Barabfindungsangebots gerichtlich überprüfen lassen[40]. Diese Überprüfungs-

---

[30] *H. Schmidt* in Lutter Umwandlungsrechtstage S. 76; *Müller* in Kallmeyer § 44 Rn 9; aA *Zimmermann*, FS Brandner, 1996, S. 167, 173.
[31] Siehe § 207 Rn 7, 17.
[32] *Vossius* in Widmann/Mayer Rn 28.
[33] § 208 iVm. § 30 Abs. 2 Satz 3.
[34] *Vossius* in Widmann/Mayer Rn 25; *Müller* in Kallmeyer Rn 1; *Stratz* in Schmitt/Hörtnagl/Stratz Rn 3.
[35] *Müller* in Kallmeyer Rn 5.
[36] § 225 iVm. § 30 Abs. 2 Satz 2 iVm. § 10.
[37] § 225 iVm. § 30 Abs. 2 Satz 2 iVm. § 12.
[38] *Dirksen* in Kallmeyer § 216 Rn 6; mit abweichender Empfehlung de lege ferenda *Decher* in Lutter § 208 Rn 28 jeweils mwN; abl. auch *BGH* BB 2001, 485 (Formwechsel AG in GmbH); aA *Vossius* in Widmann/Mayer Rn 33.
[39] § 128 HGB. Zum Erstattungsanspruch der persönlich haftenden Gesellschafter im Fall der Inanspruchnahme siehe § 224 Rn 38.
[40] § 212.

möglichkeit soll auch bei einem Verzicht auf die Prüfung durch einen Prüfer bestehen[41]. Dies erscheint zweifelhaft, sofern aus der Verzichtserklärung nicht konkret ein entsprechender Vorbehalt zum Ausdruck kommt.

Zweiter Unterabschnitt. Formwechsel von Partnerschaftsgesellschaften

§ 225 a Möglichkeit des Formwechsels

Eine Partnerschaftsgesellschaft kann auf Grund eines Umwandlungsbeschlusses nach diesem Gesetz nur die Rechtsform einer Kapitalgesellschaft oder einer eingetragenen Genossenschaft erlangen.

Übersicht

	Rn		Rn
I. Allgemeines	1	III. Rechtsträger neuer Rechtsform	5
1. Sinn und Zweck der Norm	1	IV. Verstöße, Rechtsfolgen	6
2. Entstehungsgeschichte	2	V. Andere Formen des Rechtsformwechsels	7
3. Rechtstatsachen	3		
II. Formwechsel einer PartG	4		

Literatur: *Neye*, Die Änderungen im Umwandlungsrecht in der 13. Legislaturperiode, DB 1998, 1649; *ders.*, Partnerschaft und Umwandlung, ZIP 1997, 722; *K. Schmidt*, Die Freiberufliche Partnerschaft, NJW 1995, 1; *Wertenbruch*, Partnerschaftsgesellschaft und neues Umwandlungsrecht, ZIP 1995, 712.

I. Allgemeines

1. Sinn und Zweck der Norm

Die §§ 225 a ff. regeln die Möglichkeit des Formwechsels einer PartG. Die Bestimmungen weichen, insbesondere aufgrund des in § 225 c enthaltenen generellen Verweises auf das Recht des Formwechsels von Personenhandelsgesellschaften, inhaltlich nicht von den §§ 214 bis 225 ab. Die Regelung des Formwechsels von Partnerschaftsgesellschaften hätte damit ohne weiteres auch in die §§ 214 ff. integriert werden können. Die Bestimmung des § 225 a, der den Kreis der neuen Rechtsformen auf Kapitalgesellschaften und eingetragene Genossenschaften beschränkt, entspricht inhaltlich § 214 Abs. 1. Auch insoweit soll es für einen Formwechsel in eine andere Rechtsform an einem Bedürfnis fehlen[1]. Für aufgelöste Partnerschaftsgesellschaften gilt § 214 Abs. 2 kraft der Verweisung in § 225 c. **1**

2. Entstehungsgeschichte

Die Zulässigkeit der Umwandlung einer PartG war im UmwG ursprünglich nicht vorgesehen. Die Möglichkeit einer Umwandlung wurde durch das Änderungsgesetz vom 22. 7. 1998 eingeführt[2], nachdem mit zunehmender Verbreitung das Bedürfnis erkannt worden war, die PartG in den Kreis der umwandlungsfähigen Rechtsträger einzubeziehen[3]. **2**

---

[41] *Joost* in Lutter Rn 9.
[1] RegBegr. BT-Drucks. 13/8808 S. 15.
[2] Gesetz zur Änderung des Umwandlungsgesetzes, des Partnerschaftsgesellschaftsgesetzes und anderer Gesetze vom 22. 7. 1998, BGBl. I 1998 S. 1878.
[3] RegBegr BT-Drucks. 13/8808 S. 8.

3. Rechtstatsachen

3 Die Anzahl der Partnerschaftsgesellschaften ist in den vergangenen Jahren stark angestiegen. 1998 wurden bereits mehr als 1600 Partnerschaftsgesellschaften gezählt[4]. Damit wird auch die Umwandlung einer PartG zunehmend an Bedeutung gewinnen. **Motive** für die Umwandlung einer PartG in eine Kapitalgesellschaft können etwa ein erhöhter Kapitalbedarf, die regionale Ausdehnung des Unternehmens oder die Aufnahme von Gesellschaftern aus anderen Berufsgruppen darstellen[5]. Praktische Relevanz wird insbesondere der Formwechsel der PartG in die Rechtsform der GmbH gewinnen (zB Architekten- oder Rechtsanwalts-GmbH)[6].

II. Formwechsel einer PartG

4 Formwechselnder Rechtsträger muss eine PartG iSv. §§ 1 ff. PartGG sein. Voraussetzung für den Formwechsel ist, dass die PartG im **Partnerschaftsregister** eingetragen ist. Vor der Eintragung handelt es sich um eine GbR[7], die nicht umwandlungsfähig ist[8]. Wird die Eintragung im Partnerschaftsregister gelöscht, betreiben die Gesellschafter die Tätigkeit jedoch weiter, wandelt sich die Gesellschaft in eine GbR um, so dass ein Formwechsel nicht möglich ist[9]. Wurde die PartG aufgelöst, ist ein Formwechsel nicht möglich, wenn die Gesellschafter eine andere Art der Auseinandersetzung als die Abwicklung oder den Formwechsel vereinbart haben.

III. Rechtsträger neuer Rechtsform

5 Die PartG kann in eine Kapitalgesellschaft oder in eine eG formwechselnd umgewandelt werden. Kapitalgesellschaften sind die GmbH, die AG oder die KGaA[10]. Voraussetzung für einen Formwechsel ist, dass die Kapitalgesellschaft nach dem jeweiligen Berufsrecht überhaupt eine zulässige Rechtsform ist[11].

IV. Verstöße, Rechtsfolgen

6 Umwandlungsbeschlüsse, die auf eine Umwandlung in eine andere Rechtsform als eine Kapitalgesellschaft oder eG gerichtet sind, sind nichtig[12]. Sie werden auch nicht durch Eintragung in das Handelsregister geheilt[13].

V. Andere Formen des Rechtsformwechsels

7 Wie beim Formwechsel einer Personenhandelsgesellschaft sind auch bei der PartG Umwandlungen außerhalb des UmwG denkbar. Praktische Relevanz dürfte insbesondere die

---

[4] *Neye* DB 1998, 1649.
[5] *Neye* DB 1998, 1649.
[6] *Joost* in Lutter Rn 2.
[7] *Ulmer* in MünchKomm. BGB § 7 PartGG Rn 4; *K. Schmidt* NJW 1995, 1, 3.
[8] Siehe näher § 214 Rn 14.
[9] *Joost* in Lutter Rn 3.
[10] Siehe § 214 Rn 17.
[11] BGHZ 124, 224 (Zulässigkeit einer Zahnbehandlungs-GmbH); *Wertenbruch* ZIP 1995, 712.
[12] Siehe § 214 Rn 30 f.
[13] Siehe § 214 Rn 30.

Umwandlung in eine GbR haben. Diese wird dadurch bewirkt, dass die Gesellschafter die Eintragung im Partnerschaftsregister löschen lassen und das Geschäft weiter betreiben[14]. Wird die freiberufliche Tätigkeit aufgegeben und ein Handelsgewerbe betrieben, wird eine aus dem Partnerschaftsregister ausgetragene Gesellschaft zur OHG und kann sich in das Handelsregister eintragen lassen[15]. Denkbar sind auch hier die Anwachsungsmodelle, insbesondere aufgrund der Einbringung der Anteile der PartG in eine Kapitalgesellschaft[16].

§ 225 b Umwandlungsbericht und Unterrichtung der Partner

Ein Umwandlungsbericht ist nur erforderlich, wenn ein Partner der formwechselnden Partnerschaft gemäß § 6 Abs. 2 des Partnerschaftsgesellschaftsgesetzes von der Geschäftsführung ausgeschlossen ist. Von der Geschäftsführung ausgeschlossene Partner sind entsprechend § 216 zu unterrichten.

Übersicht

	Rn		Rn
I. Allgemeines	1	2. Verzicht	4
II. Umwandlungsbericht	2	III. Unterrichtungspflicht	5
1. Erforderlichkeit	2		

Literatur: Siehe Literaturverzeichnis zu § 225 a.

I. Allgemeines

Die Bestimmung entspricht in **Satz 1** inhaltlich der Regelung in § 215. Der Vorschrift liegt ebenfalls die Erwägung zugrunde, dass unterrichtungsbedürftig nur solche Gesellschafter sind, die sich wegen ihrer fehlenden Geschäftsführungsbefugnis nicht eigenständig von dem geplanten Formwechsel unterrichten können. **Satz 2** regelt in Anlehnung an § 216 die Art und Weise der Unterrichtung der von der Geschäftsführung ausgeschlossenen Gesellschafter. Auf diese Weise soll sichergestellt werden, dass sich die nicht geschäftsführungsbefugten Gesellschafter angemessen auf die Gesellschafterversammlung vorbereiten können. Die Vorschrift enthält insgesamt keinen eigenständigen Regelungsgehalt.

II. Umwandlungsbericht

1. Erforderlichkeit

Grundsätzlich hat das Geschäftsführungsorgan des formwechselnden Rechtsträgers einen ausführlichen schriftlichen Bericht zu erstatten, in dem der Formwechsel rechtlich und wirtschaftlich erläutert und begründet wird[1]. Nach § 225 b ist ein Umwandlungsbericht nur dann erforderlich, wenn ein Partner von der Geschäftsführung ausgeschlossen ist. Da nach der gesetzlichen Regel in einer PartG alle Partner zur Geschäftsführung berechtigt sind, ist ein Umwandlungsbericht grundsätzlich nicht erforderlich[2]. Eine Pflicht zur Aufstellung ei-

---

[14] *Joost* in Lutter Rn 6; *Ulmer* in MünchKomm. BGB § 1 PartGG Rn 24.
[15] *Salger* in MünchHdbGesR Bd. 1 § 45 Rn 8.
[16] *K. Schmidt* NJW 1995, 1, 7; zu den weiteren Möglichkeiten der Umwandlung siehe auch § 214 Rn 33 f.
[1] § 192 Abs. 1.
[2] § 6 Abs. 3 PartGG, § 114 Abs. 1 HGB.

nes Umwandlungsberichts besteht demgemäß nur dann, wenn nach dem Gesellschaftsvertrag einzelne Partner von der **Geschäftsführung ausgeschlossen** sind.

3 In diesem Zusammenhang ist von Bedeutung, dass dem PartGG ein vom allgemeinen Personengesellschaftsrecht abweichendes Konzept der Geschäftsführung zugrunde liegt[3]. Danach ist das Recht zur Erbringung der beruflichen Leistungen von der Befugnis zur **Führung der sonstigen Geschäfte** zu unterscheiden. Da das Recht zur Erbringung von beruflichen Leistungen nicht ausgeschlossen werden kann, ist für die Pflicht zur Aufstellung des Umwandlungsberichts der Ausschluss eines Gesellschafters von der sonstigen Geschäftsführung maßgebend[4].

2. Verzicht

4 Der Aufstellung eines Umwandlungsberichts bedarf es nicht, wenn alle Partner, die von der Führung der sonstigen Geschäfte ausgeschlossen sind, auf seine Aufstellung verzichtet haben[5]. Die Verzichtserklärungen der Partner sind notariell zu beurkunden.

III. Unterrichtungspflicht

5 Abweichend von der gesetzlichen Regel, nach der die Beschlussfassung in der PartG nicht notwendigerweise in einer Gesellschafterversammlung erfolgen muss[6], kann der Beschluss über den Formwechsel nur in einer Gesellschafterversammlung gefasst werden. Die Unterrichtungspflicht im Vorfeld der Gesellschafterversammlung durch Ankündigung des Formwechsels als Gegenstand der Beschlussfassung und Übersendung des Umwandlungsberichts besteht gegenüber allen Partnern, die von der Führung der sonstigen Geschäfte ausgeschlossen sind. Der Inhalt der Unterrichtung bestimmt sich nach § 216.

§ 225 c Anzuwendende Vorschriften

Auf den Formwechsel einer Partnerschaftsgesellschaft sind § 214 Abs. 2 und die §§ 217 bis 225 entsprechend anzuwenden.

Übersicht

	Rn		Rn
I. Allgemeines	1	III. Unterrichtung der Gesellschafter	3
II. Aufgelöste PartG	2	IV. Haftung	4

Literatur: Siehe Literaturverzeichnis zu § 225 a.

I. Allgemeines

1 Die Vorschrift erklärt für den Formwechsel der PartG die Bestimmungen für den Formwechsel der Personenhandelsgesellschaft für anwendbar. Dieser Verweis korrespondiert mit der in weiten Teilen subsidiären Anwendbarkeit des Rechts der OHG. Besondere Regelungen hat der Gesetzgeber demgemäß als nicht erforderlich angesehen[1].

---

[3] *Ulmer* in MünchKomm. BGB § 6 PartGG Rn 13 ff.
[4] RegBegr. BT-Drucks. 13/8808 S. 15, 12.
[5] § 192 Abs. 2.
[6] *Michalski/Römermann* § 6 PartGG Rn 27 ff.
[1] RegBegr. BT-Drucks. 13/8808 S. 15.

II. Aufgelöste PartG

Eine Personenhandelsgesellschaft kann trotz ihrer Auflösung formwechselnd umgewandelt werden, sofern nicht die Gesellschafter eine andere Art der Auseinandersetzung als die Abwicklung oder den Formwechsel vereinbart haben[2]. Für die PartG, deren Liquidation sich nach den gleichen Regeln bemisst wie die einer Personenhandelsgesellschaft[3], gilt Entsprechendes.

III. Unterrichtung der Gesellschafter

§ 225 c nimmt in seinem Verweis zwar die Bestimmungen über die Entbehrlichkeit des Umwandlungsberichts sowie die Unterrichtung der Gesellschafter aus[4]. Dem Recht des Formwechsels von Personenhandelsgesellschaften sachlich entsprechende Regelungen sieht jedoch § 225 b vor.

IV. Haftung

Entsprechende Anwendung findet auch die Regelung über die Forthaftung der persönlich haftenden Gesellschafter für Verbindlichkeiten der formwechselnden Gesellschaft[5]. Dort ist zwar Bezug genommen auf die Haftungsbestimmung des § 128 Abs. 1 HGB, die jedoch inhaltlich der Haftung nach § 8 Abs. 1 PartGG entspricht. Soweit es nach dem 1. 8. 1998 entstandene Verbindlichkeiten betrifft, ist zu beachten, dass eine gesamtschuldnerische Haftung der Partner nicht besteht, sondern nur einzelne Partner neben der Partnerschaft für **berufliche Fehler** persönlich haften, wenn nur sie mit der Bearbeitung eines Auftrags befasst waren[6]. Auf diese Haftung finden die umwandlungsrechtlichen Fort- und Enthaftungsbestimmungen ebenfalls Anwendung.

Zweiter Abschnitt. Formwechsel von Kapitalgesellschaften

Erster Unterabschnitt. Allgemeine Vorschriften

§ 226 Möglichkeit des Formwechsels

Eine Kapitalgesellschaft kann auf Grund eines Umwandlungsbeschlusses nach diesem Gesetz nur die Rechtsform einer Gesellschaft des bürgerlichen Rechts, einer Personenhandelsgesellschaft, einer Partnerschaftsgesellschaft, einer anderen Kapitalgesellschaft oder einer eingetragenen Genossenschaft erlangen.

---

[2] § 214 Abs. 2.
[3] § 10 PartGG iVm. §§ 145 ff. HGB.
[4] §§ 215, 216.
[5] § 224.
[6] § 8 Abs. 2 PartGG, eingeführt durch Art. 1 a des Gesetzes zur Änderung des Umwandlungsgesetzes, des Partnerschaftsgesellschaftsgesetzes und anderer Gesetze vom 22. 7. 1998, BGBl. I 1998 S. 1878.

Übersicht

	Rn		Rn
I. Allgemeines	1	4. Rechtstatsachen, Praxisrelevanz, Motive für den Formwechsel	7
1. Gesetzessystematik; Sinn und Zweck der Norm	1	II. Einzelerläuterungen	9
2. Anwendungsbereich	3	1. Kapitalgesellschaft als formwechselnder Rechtsträger	9
3. Entstehungsgeschichte; Vergleich mit der übertragenden Umwandlung nach früherem Recht	4	2. Zielrechtsformen	10
		III. „Kaltes Delisting"	11

Literatur: *Feddersen/Kiem,* Die Ausgliederung zwischen „Holzmüller" und neuem Umwandlungsrecht, ZIP 1994, 1078; *Heckschen,* Die Entwicklung des Umwandlungsrechts aus Sicht der Rechtsprechung und Praxis, DB 1998, 1385, *Jäger,* Thema Börse (4): Wahl der richtigen Rechtsform, NZG 1999, 101; *Hirte,* Die Europäische Aktiengesellschaft, NZG 2002, 1; *Hügel,* Verschmelzung und Einbringung, 1993; *Joost,* „Holzmüller 2000" vor dem Hintergrund des Umwandlungsgesetzes, ZHR 163 (1999) 164; *Knopff/Söffing,* Einzelaspekte zur Umwandlung einer Kapitalgesellschaft in eine Personengesellschaft nach neuem UmwStG, BB 1995, 850; *Meyer-Landrut/Kiem,* Der Formwechsel einer Publikumsaktiengesellschaft, WM 1997, 1361; *Neye,* Die Änderungen im Umwandlungsrecht nach den handels- und gesellschaftsrechtlichen Reformgesetzen in der 13. Legislaturperiode, DB 1998, 1649; *ders.,* Partnerschaft und Umwandlung, ZIP 1997, 722; *Oplustil/Schneider,* Zur Stellung der Europäischen Aktiengesellschaft im Umwandlungsrecht, NZG 2003, 13; *Petersen,* Der Gläubigerschutz im Umwandlungsrecht, 2001; *Priester,* Die klassische Ausgliederung – ein Opfer des Umwandlungsgesetzes 1994?, ZHR 163 (1999) 187; *Richard/Weinheimer,* Der Weg zurück: Going Private, BB 1999, 1613; *Sarrazin,* Von der Kapital- in die Personengesellschaft, DStZ 1996, 321; *K. Schmidt,* Zum Analogieverbot des § 1 Abs. 2 UmwG – Denkanstöße gegen ein gesetzliches Denkverbot, FS Kropff, 1997, S. 259; *ders.,* Die Freiberufliche Partnerschaft. Zum neuen Gesetz zur Schaffung vom Partnerschaftsgesellschaften, NJW 1995, 1; *Thiel,* Wege aus der Kapitalgesellschaft – Gestaltungsmöglichkeiten und Zweifelsfragen, DB 1995, 1196; *Veil,* Umwandlung einer Aktiengesellschaft in eine Gesellschaft mit beschränkter Haftung, 1996; *Wertenbruch,* Partnerschaftsgesellschaft und neues Umwandlungsrecht, ZIP 1995, 712.

I. Allgemeines

1. Gesetzessystematik; Sinn und Zweck der Norm

1 Die Bestimmungen über den Formwechsel von Kapitalgesellschaften in einen Rechtsträger anderer Rechtsform bilden den Zweiten Abschnitt der Besonderen Vorschriften der §§ 226 bis 257 im Zweiten Teil des UmwG über den Formwechsel.

2 Die Vorschrift, nach der eine Kapitalgesellschaft aufgrund des Umwandlungsbeschlusses nur die Rechtsform einer Gesellschaft des bürgerlichen Rechts, einer Personenhandelsgesellschaft, einer PartG, einer anderen Kapitalgesellschaft oder einer eG erlangen kann, deckt sich mit dem in § 191 Abs. 2 abschließend bezeichneten Kreis der Rechtsformen, die beim Formwechsel als Zielrechtsform zur Verfügung stehen[1]. Insofern ist die Bestimmung ohne originär eigenen **Regelungsgehalt**. Die Vorschrift stellt aber klar, dass diese Zielrechtsformen auch beim Formwechsel einer Kapitalgesellschaft zur Verfügung stehen. Außerdem bestimmt sie, dass auch der Formwechsel einer Kapitalgesellschaft im Wege eines Umwandlungsbeschlusses erfolgt.

2. Anwendungsbereich

3 Die Bestimmung bezieht sich auf alle Fälle, in denen eine **Kapitalgesellschaft als Ausgangsrechtsform** formwechselnder Rechtsträger ist. Kapitalgesellschaften sind die GmbH, die AG und die KGaA[2].

---

[1] § 191 Rn 13 f.
[2] § 191 Abs. 1 Nr 2 iVm. 3 Abs. 1 Nr. 2; zu den Umwandlungsmöglichkeiten im Einzelnen siehe Tabelle in § 191 Rn 15.

3. Entstehungsgeschichte, Vergleich mit der übertragenden Umwandlung nach früherem Recht

Die Möglichkeit des Formwechsels einer Kapitalgesellschaft in eine Personengesellschaft oder eine Kapitalgesellschaft anderer Rechtsform war bislang als sog. übertragende Umwandlung im Fall des Formwechsels in die Personengesellschaft[3] und als identitätswahrende formwechselnde Umwandlung im Fall des Formwechsels in eine Kapitalgesellschaft anderer Rechtsform[4] geregelt. Das UmwG lehnt sich an die einschlägigen Bestimmungen des UmwG 1969 bzw. des AktG aF an. Neu eröffnet wurde die Möglichkeit, eine Kapitalgesellschaft in eine eG umzuwandeln[5]. Nachträglich wurde darüber hinaus die Möglichkeit eingefügt, eine Kapitalgesellschaft im Wege des Formwechsels auch in eine **PartG** umzuwandeln[6].

In Abweichung vom Regelungskonzept des früheren Rechts geht das UmwG auch beim Formwechsel einer Kapitalgesellschaft in eine Personengesellschaft von der **Identität** des formwechselnden Rechtsträgers aus[7]. Demgemäß stellt das Gesetz bei der Ausgestaltung der Rechtsfolgen des Formwechsels in eine Personengesellschaft[8] nicht mehr darauf ab, dass die Personengesellschaft keine juristische Person ist, sondern Gesamthandsgemeinschaft[9]. Das Vermögen des formwechselnden Rechtsträgers wird beim Formwechsel in die Personengesellschaft den Gesellschaftern der Personengesellschaft als gesamthänderisch verbundenes Vermögen zugeordnet. Das dem Gesetz zugrunde liegende Identitätsprinzip[10] macht eine Bestimmung über die Übertragung des Vermögens überflüssig[11].

Der Formwechsel der Kapitalgesellschaft in die Personengesellschaft hat abweichend vom früheren Recht nicht mehr zur Folge, dass lediglich die der übertragenden Umwandlung zustimmenden Anteilsinhaber zu Gesellschaftern der Personengesellschaft werden, während die übrigen Gesellschafter oder Aktionäre kraft Gesetzes ausscheiden[12]. Es gilt vielmehr das Prinzip der Identität und **Kontinuität des Gesellschafterkreises**[13]. Darüber hinaus hat das UmwG die insoweit bestehende Umwandlungssperre des alten Umwandlungsrechts[14] aufgegeben und auch den praktisch bedeutsamen Fall des Formwechsels in eine Kapitalgesellschaft & Co.[15] eröffnet.

4. Rechtstatsachen, Praxisrelevanz, Motive für den Formwechsel

Neben den bei den allgemeinen Vorschriften dargelegten Motiven[16] kommen insbesondere die folgenden Gründe für einen Formwechsel einer Kapitalgesellschaft in einen Rechtsträger anderer Rechtsform in Betracht:
– die je nach Art der Kapitalgesellschaft mehr oder minder starren **Formvorschriften** für die Vorbereitung und Durchführung von Gesellschafterversammlungen;

---

[3] Vgl. § 1 Abs. 1, 16 Satz 1, 19 Abs. 1, 20 Satz 1, 21 Abs. 1, 22 Abs. 1, 23 Satz 1, 24 Abs. 1 Satz 1 UmwG 1969.
[4] §§ 362 Abs. 1, 366 Abs. 1, 369 Abs. 1, 376 Abs. 1, 386 Abs. 1, 389 Abs. 1 AktG aF.
[5] §§ 251 ff.; siehe dazu RegBegr. *Ganske* S. 246; *Happ* in Lutter § 226 Rn 1.
[6] Gesetz zur Änderung des Umwandlungsgesetzes, des Partnerschaftsgesellschaftsgesetzes und anderer Gesetze vom 22. 7. 1998; BGBl. I 1998 S. 1978; zu den Motiven des Gesetzgebers, vgl. *Neye* DB 1998, 1649.
[7] Siehe § 190 Rn 4; § 202 Rn 7 ff.
[8] Zu den Rechtsfolgen eines Formwechsels siehe § 202.
[9] RegBegr. *Ganske* S. 246.
[10] Siehe § 190 Rn 4; § 202 Rn 7 ff.
[11] Vgl. zum alten Recht §§ 16 Satz 1, 19 Abs. 1, 20 Abs. 1, 21 Abs. 1, 22 Abs. 1, 23 Satz 1, 24 Abs. 1 Satz 1 UmwG 1969.
[12] So noch §§ 19 Abs. 1, 20 Satz 1, 22 Abs. 1, 23 Satz 1, 24 Abs. 1 Satz 1 UmwG 1969.
[13] Siehe hierzu § 202 Rn 19 ff.
[14] § 1 Abs. 2 Satz 1 UmwG 1969.
[15] Dazu RegBegr. *Ganske* S. 247 und S. 92.
[16] Siehe § 190 Rn 5 ff.

- die strengen Bindungen des Kapitalaufbringungs- und Kapitalerhaltungsrechts;
- die Meldepflichten bei Überschreiten von Beteiligungsschwellen nach § 20 AktG, § 21 WpHG, die häufig als belastend empfunden werden;
- Verringerung von Kosten (Aufsichtsrat, Hauptversammlung);
- Vermeidung der Mitbestimmung;
- Vermeidung der für Kapitalgesellschaften geltenden Publizitätsvorschriften (§§ 325 bis 329 HGB);
- die Notwendigkeit der Erstattung eines Abhängigkeitsberichts;
- bei börsennotierten Aktiengesellschaften die Verpflichtung zur Ad-hoc-Publizität;
- häufig auch **steuerliche Gesichtspunkte**[17], wie etwa die unterschiedliche Schenkung- und Erbschaftsteuerbelastung und die nach wie vor bestehenden Unterschiede im Hinblick auf die Ertragsteuerbelastung[18].

8   In einer Reihe von Fällen hat sich in der jüngeren Vergangenheit darüber hinaus mit einem Formwechsel der Kapitalgesellschaft in die Personengesellschaft die Zielsetzung verbunden, außerhalb des börsenrechtlichen, von einer entsprechenden Ermessensentscheidung der Börsenzulassungsstelle abhängigen Delistings einer an der Börse notierten AG über den Formwechsel den **Rückzug von der Börse** zu erreichen[19]. Die praktische Relevanz derartiger Umwandlungskonstellationen hat sich inzwischen relativiert, nachdem mit dem Gesetz zur Regelung von öffentlichen Angeboten zum Erwerb von Wertpapieren und von Unternehmensübernahmen[20] in den §§ 327 a bis 327 f AktG nF die Möglichkeit des Squeeze Out geschaffen wurde, mit der kraft Mehrheitsbeschluss der Hauptversammlung ein Mehrheitsgesellschafter, der mit mindestens 95% an der AG oder KGaA beteiligt ist, die zwangsweise Übertragung der Mitgliedschaft der außenstehenden Aktionäre auf sich selbst Zug um Zug gegen Zahlung eines angemessenen Entgelts durchsetzen kann[21]. In den Fällen, in denen die Voraussetzungen für einen Squeeze Out nicht erreichbar sind, hat der Formwechsel zum Zwecke des sog. „kalten Delisting"[22] aber nach wie vor Relevanz.

II. Einzelerläuterungen

1. Kapitalgesellschaft als formwechselnder Rechtsträger

9   Da die umwandlungsfähigen Kapitalgesellschaften[23] erst ab Eintragung im Handelsregister bestehen[24], ist ein Formwechsel im Stadium zwischen Errichtung der Kapitalgesellschaft und ihrer Eintragung unbeschadet der Anerkennung der Vorgesellschaft als Rechtsform *sui generis* ausgeschlossen[25]. Demgegenüber steht es dem Formwechsel nicht entgegen, wenn die Kapitalgesellschaft in das **Liquidationsstadium** überführt worden ist. Allerdings steht der Umwandlungsbeschluss einer Fortsetzungsentscheidung gleich. Entsprechend § 274 Abs. 1

---

[17] Zu weiteren steuerlichen Aspekten § 190 Rn 8.
[18] Für Einzelheiten zu den Änderungen durch das Gesetz zur Senkung der Steuersätze und zur Reform der Unternehmensbesteuerung vom 23. 10. 2000, BGBl. I 2000 S. 1433; siehe Anh. § 325.
[19] *LG München* ZIP 1999, 2017 „Macrotron"; *OLG München* DB 2001, 747; *Steck* AG 1998, 460, 466; *Zetzsche* NZG 2000, 1065, 1068 ff.
[20] Gesetz vom 20.12.2001, BGBl. I S. 3822.
[21] Dazu *Ehricke/Roth* DStR 2001, 1120; *Habersack* ZIP 2001, 1230.
[22] Zum „kalten Delisting" siehe Rn 11.
[23] GmbH, AG und KGaA; § 191 Abs. 1 Nr. 2 iVm. § 3 Abs. 1 Nr. 2.
[24] § 11 Abs. 1 GmbHG, § 41 Abs. 1 Satz 1 AktG.
[25] Siehe § 191 Rn 11 und für die Verschmelzung § 3 Rn 48; ebenso abl. *Marsch-Barner* in Kallmeyer § 3 Rn 9; *Decher* in Lutter § 190 Rn 12; *K. Schmidt*, FS Zöllner, 1999, S. 521, 524; *Heckschen* DB 1998, 1385, 1388.

S. 1 AktG[26] kommt deshalb nach Eintritt in das Abwicklungsstadium ein Formwechsel nur in Betracht, solange noch nicht mit der Verteilung des Vermögens begonnen worden ist[27].

2. Zielrechtsformen

Als Zielrechtsformen kommen beim Formwechsel der Kapitalgesellschaft alle in § 191 Abs. 2 genannten Rechtsträger in Betracht[28]. **10**

III. „Kaltes Delisting"

Folge des Formwechsels einer börsennotierten AG bzw. KGaA in eine andere, nicht börsenfähige Rechtsform ist ein **„kaltes Delisting"**, also ein Rückzug von der Börse ohne Einhaltung der an sich einschlägigen börsen- und gesellschaftsrechtlichen Vorschriften wegen Wegfalls der rechtsformspezifischen Notierungsvoraussetzung. Das ist vom Gesetzgeber gesehen und gebilligt worden[29]. Ein über den im UmwG generell vorgesehenen hinausgehender Schutz von Minderheitsaktionären besteht nicht[30]. Mit Recht hat die Rechtsprechung aber die Verpflichtung bejaht, in diesem Fall den Minderheitsaktionären die Möglichkeit des Ausscheidens gegen eine Abfindung zumindest zum Verkehrswert[31] einzuräumen[32]. **11**

§ 227 Nicht anzuwendende Vorschriften

Die §§ 207 bis 212 sind beim Formwechsel einer Kommanditgesellschaft auf Aktien nicht auf deren persönlich haftende Gesellschafter anzuwenden.

Übersicht

	Rn		Rn
I. Allgemeines	1	1. Ausscheiden eines Komplementärs	5
1. Sinn und Zweck der Norm	1	2. Abfindung	7
2. Anwendungsbereich	2	3. Vermögensaufstellung	9
3. Entstehungsgeschichte	3	4. Anspruchsgrundlage	10
4. Rechtstatsachen	4	III. Nachhaftung des ausscheidenden	
II. Einzelerläuterungen	5	persönlich haftenden Gesellschafters	11

---

[26] Dasselbe gilt nach allgM entsprechend § 274 Abs. 1 Satz 1 AktG, Art. 12 § 1 Abs. 3 Satz 1 GmbH-Novelle 1980 für die GmbH, *Lutter/Hommelhoff* § 60 GmbHG Rn 29.

[27] *Decher* in Lutter § 191 Rn 9: Rechtsträger muss noch über Vermögen verfügen. So auch *Meister/Klöcker* in Kallmeyer § 191 Rn 16 ff.

[28] Zu Einzelheiten siehe § 191 Rn 13 f.

[29] *Happ* in Lutter § 233 Rn 61.

[30] Ausf. *Meyer-Landrut/Kiem* WM 1997, 1361, 1367.

[31] Vgl. *BVerfG* ZIP 1999, 1436; *BGH* ZIP 2001, 734 „DAT/Altana".

[32] *Happ* in Lutter § 233 Rn 61. Im Fall des „kalten Delisting" durch Aufspaltung wurde dies bereits gerichtlich anerkannt, s. OLG Düsseldorf, AG 2005, 252; dazu *Pluskat* EWiR 2005, 275; desgl. LG Köln ZIP 2004, 220 (Vorinstanz) m. Anm. *de Boer* EWiR 2004, 879. Den Aktionären ist gemäß § 125, 29 Abs. 1 S. 2 UmwG ein Abfindungsangebot zu unterbreiten. Zuvor hatte schon der BGH für das reguläre Delisting ein Pflichtangebot der Aktiengesellschaft oder des Großaktionärs in Höhe des vollen Wertes des Aktieneigentums anerkannt, s. *BGH* ZIP 2003, 387 „Macrotron". Siehe dazu *Schlitt* ZIP 2004, 533; *Streit* ZIP 2003, 392; *Krämer/Theiß* AG 2003, 225; *Ekkenga* ZGR 2003, 878.

I. Allgemeines

1. Sinn und Zweck der Norm

1 Die besonderen Abfindungsregelungen für Gesellschafter, die gegen Barabfindung aus dem formwechselnden Rechtsträger ausscheiden[1], sind auf den persönlich haftenden Gesellschafter einer KGaA nicht anzuwenden. Die Abfindung des ausscheidenden persönlich haftenden Gesellschafters richtet sich vielmehr ausschließlich nach den Grundsätzen des Aktien- und Handelsrechts bzw. etwaiger Bestimmungen in der Satzung der formwechselnden KGaA[2].

2. Anwendungsbereich

2 Die Bestimmung beschränkt sich auf als KGaA verfasste formwechselnde Rechtsträger. Sie ist unabhängig davon anwendbar, ob der persönlich haftende Gesellschafter der KGaA eine natürliche Person ist oder selbst als Gesellschaft, etwa als GmbH oder GmbH & Co. KG, verfasst ist[3]. Die Bestimmung regelt nur die Abfindung des aus der formwechselnden KGaA ausscheidenden persönlich haftenden Gesellschafters. Für die **Kommanditaktionäre** der formwechselnden KGaA gelten demgegenüber die Regeln der §§ 207 bis 212, soweit nicht § 250 für den Formwechsel der KGaA in die AG deren Nichtgeltung anordnet[4].

3. Entstehungsgeschichte

3 Die Bestimmung war in dieser Fassung schon im RegE enthalten. Sie entspricht dem früheren Recht[5].

4. Rechtstatsachen

4 Der Formwechsel einer KGaA hat in der Praxis nur geringe Bedeutung. Wird die KGaA nicht mehr als passende Rechtsform angesehen, wird die KGaA in aller Regel in eine AG umgewandelt, indem der persönlich haftende Gesellschafter seinen Abfindungsanspruch gegen Gewährung neuer Aktien in die Gesellschaft einbringt und auf diese Weise die Stellung eines Aktionärs erlangt.

II. Einzelerläuterungen

1. Ausscheiden eines Komplementärs

5 Beim Formwechsel einer KGaA in eine Personengesellschaft scheidet der persönlich haftende Gesellschafter der KGaA aus der Gesellschaft aus, sofern er sein Ausscheiden auf den Zeitpunkt der Eintragung des Formwechsels erklärt hat[6]. Hat der persönlich haftende Gesellschafter keine **Ausscheidenserklärung** abgegeben, setzt sich seine Mitgliedschaft im Rechtsträger neuer Rechtsform fort[7]. Der persönlich haftende Gesellschafter hat beim

---

[1] §§ 207 bis 212, zu Einzelheiten siehe die dortigen Erläuterungen.
[2] RegBegr. *Ganske* S. 246.
[3] Dass der persönlich haftende Gesellschafter einer KGaA nicht notwendig eine natürliche Person sein muss, ist seit BGHZ 134, 392, 393 = ZIP 1997, 1027 anerkannt; zu den Konsequenzen siehe *Ihrig/Schlitt* ZHR Sonderheft 67.
[4] *Dirksen* in Kallmeyer § 227 Rn 3.
[5] §§ 368 Satz 2, 387 Abs. 2 Satz 1 AktG aF.
[6] §§ 236, 233 Abs. 3 Satz 3.
[7] Siehe § 236 Rn 4.

Formwechsel in die KG auch die Möglichkeit, in die Rolle eines beschränkt haftenden Kommanditisten zurückzutreten. Ein solcher Wechsel in der Art der Beteiligung und insbesondere im Umfang der übernommenen Haftung stellt kein Ausscheiden als Komplementär[8] mit zeitgleichem erneuten Eintritt in die Gesellschaft als Kommanditist dar. Für Verbindlichkeiten der Gesellschaft, die nach Wirksamwerden der Umwandlung in eine KG entstehen, haftet der ehemalige Komplementär in diesem Fall nur noch als Kommanditist[9].

Beim Formwechsel einer KGaA in eine Kapitalgesellschaft anderer Rechtsform oder in eine eG scheiden die Komplementäre der formwechselnden KGaA „als solche" kraft Gesetzes aus der Gesellschaft aus[10]. Ein Verbleiben in der Gesellschaft ist dem Komplementär nur möglich, wenn er sich an der Kapitalgesellschaft beteiligt. Dies kann er sowohl mit seiner Vermögenseinlage als auch mit sonstigem Vermögen tun[11]. 6

2. Abfindung

Die Abfindung eines ausscheidenden persönlich haftenden Gesellschafters bestimmt sich vorbehaltlich anderweitiger Bestimmungen im Gesellschaftsvertrag der KGaA nach § 278 Abs. 2 AktG iVm. § 161 Abs. 2 und § 105 Abs. 3 HGB. Danach steht dem ausscheidenden Komplementär im Grundsatz eine Abfindung in Höhe des Auseinandersetzungsguthabens nach Maßgabe der §§ 738 bis 740 BGB zu, sofern die Satzung keine abweichenden Sonderregelungen enthält[12]. Dies gilt unabhängig davon, ob der Komplementär zugleich auch Kommanditaktionär ist[13]. Die durchzuführende Auseinandersetzung berührt seine Aktien nicht. Insoweit bleibt es bei den Regeln der §§ 207 bis 212. Soweit der bisherige persönlich haftende Gesellschafter bei einem Formwechsel in eine KG als Kommanditist in der Gesellschaft verbleibt, kommt es nicht zu einer Auseinandersetzung[14]. 7

In aller Regel enthält die Satzung der KGaA für den Fall des Ausscheidens eines persönlich haftenden Gesellschafters detaillierte **Abfindungsregelungen**[15], die seinen Abfindungsanspruch insbesondere nach Art und Höhe abweichend von §§ 738 bis 740 BGB regeln[16]. Diese vertraglichen Sonderregelungen sind beim Ausscheiden des Komplementärs infolge des Formwechsels der KGaA uneingeschränkt anwendbar. **Inhaltlich** steht die Ausgestaltung der Abfindungsregelung weitgehend im Belieben der Gesellschafter[17]. Allerdings setzt der Grundsatz von Treu und Glauben dieser Dispositivität Grenzen, wenn der Verkehrswert und das ermittelte Auseinandersetzungsguthaben in erheblichem Maße divergieren[18]. 8

3. Vermögensaufstellung

Der Verweis auf die allgemeinen Abfindungsregelungen nach Aktien- und Handelsrecht bzw. weiter gehenden Bestimmungen der Satzung war bisher auch bei der bei einem 9

---

[8] Siehe hierzu § 237 Rn 4 ff. *Happ* in Lutter Rn 4; *Vossius* in Widmann/Mayer Rn 9.
[9] Zur Haftung siehe Rn 11.
[10] § 274 Abs. 3; 255 Abs. 3 enthält eine entsprechende Regelung für einen Formwechsel in eine eG.
[11] Näher zum Ausscheiden des Komplementärs beim Formwechsel in eine Kapitalgesellschaft § 247 Rn 9 ff.
[12] *Dirksen* in Kallmeyer Rn 2.
[13] *Vossius* in Widmann/Mayer Rn 22. Siehe auch § 247 Rn 10.
[14] *Vossius* in Widmann/Mayer Rn 25.
[15] Zu den Auseinandersetzungsregelungen in der Satzung der KGaA siehe § 229 Rn 7 f. in der Vorauflage.
[16] Beispiele bei *Schlitt* S. 33 ff.; *Happ* Aktienrecht, 2. Aufl. 2004, 1.03; *Hölters* in MünchVertrHdb. Bd. 1 V. 148.
[17] Vgl. zu den Gestaltungsmöglichkeiten *Piltz* BB 1994, 1021.
[18] Siehe hierzu § 229 Rn 7 ff. BGH NJW 1993, 2101; allg. zur Inhaltskontrolle von abfindungsbeschränkenden Klauseln im Personengesellschaftsrecht *Ulmer/Schäfer* ZGR 1995, 134; *Kort* DStR 1995, 1961; *Sigle* ZGR 1999, 659; *Mecklenbrauck* BB 2000, 2001.

§ 228   Fünftes Buch. Formwechsel

Formwechsel in die Personengesellschaft erforderlichen Vermögensaufstellung zu beachten[19]. Durch das Zweite Gesetz zur Änderung des UmwG wurde das Erfordernis der Vermögensaufstellung aufgehoben.

4. Anspruchsgrundlage

10   Die Bestimmung bestätigt, dass der Abfindungsanspruch eines im Zuge des Formwechsels einer KGaA aus der Gesellschaft ausscheidenden persönlich haftenden Gesellschafters nicht **Regelungsgegenstand** des Umwandlungsbeschlusses ist[20]. Der Abfindungsanspruch des ausscheidenden persönlich haftenden Gesellschafters findet seinen Rechtsgrund in der Satzung der KGaA und den allgemeinen Gesetzesbestimmungen. Er folgt aus dem mit dem Rechtsformwechsel verbundenen Ausscheiden des Komplementärs. Der Abfindungsanspruch entsteht mit Wirksamwerden des Formwechsels. Sofern die Satzung der KGaA nichts anderes bestimmt, wird der Anspruch mit diesem Zeitpunkt auch fällig[21].

III. Nachhaftung des ausscheidenden persönlich haftenden Gesellschafters

11   Für die Frage der Nachhaftung eines ausscheidenden persönlich haftenden Gesellschafters für die bestehenden Verbindlichkeiten des formwechselnden Rechtsträgers sind die allgemeinen Regeln maßgeblich[22]. Eine Sonderregelung für den Fall, dass der bisherige Komplementär einer KGaA bei einem Formwechsel in eine KG in die Rolle eines Kommanditisten zurücktritt, findet sich in § 237, der insoweit auf § 224 verweist. Der aus der Gesellschaft ausscheidende persönlich haftende Gesellschafter haftet für die bis zum Wirksamwerden des Formwechsels begründeten Verbindlichkeiten des formwechselnden Rechtsträgers als persönlich haftender Gesellschafter. Diese Haftung bleibt vom Ausscheiden aus der Gesellschaft unberührt, wird jedoch zeitlich begrenzt. Die **Nachhaftung** bestimmt sich nach Maßgabe der §§ 278 Abs. 2 AktG, 161 Abs. 2, § 160 HGB. § 224 Abs. 1 bestätigt dies für den Fall des Ausscheidens eines persönlich haftenden Gesellschafters beim Formwechsel einer Personengesellschaft ausdrücklich[23].

Zweiter Unterabschnitt. Möglichkeit des Formwechsels in eine Personengesellschaft

§ 228 Möglichkeit des Formwechsels

(1) Durch den Formwechsel kann eine Kapitalgesellschaft die Rechtsform einer Personenhandelsgesellschaft nur erlangen, wenn der Unternehmensgegenstand im Zeitpunkt des Wirksamwerdens des Formwechsels den Vorschriften über die Gründung einer offenen Handelsgesellschaft (§ 105 Abs. 1 und 2 des Handelsgesetzbuchs) genügt.

(2) Ein Formwechsel in eine Partnerschaftsgesellschaft ist nur möglich, wenn im Zeitpunkt seines Wirksamwerdens alle Anteilsinhaber des formwechselnden Rechtsträgers natürliche Personen sind, die einen Freien Beruf ausüben (§ 1 Abs. 1 und 2 des Partnerschaftsgesellschaftsgesetzes). § 1 Abs. 3 des Partnerschaftsgesellschaftsgesetzes bleibt unberührt.

---

[19] Zu Einzelheiten siehe §§ 192 Rn 23 ff., 229 Rn 6 in der Vorauflage.
[20] Zu den Regelungsgegenständen des Umwandlungsbeschlusses siehe § 194.
[21] *Happ* in Lutter Rn 6.
[22] *Happ* in Lutter Rn 7.
[23] Zur Ausgestaltung der Nachhaftung des ausscheidenden persönlich haftenden Gesellschafters siehe § 236 Rn 7.

Möglichkeit des Formwechsels § 228

Übersicht

	Rn		Rn
I. Allgemeines	1	2. Wahlfreiheit zwischen Personenhandels-	
1. Sinn und Zweck der Norm	1	gesellschaft und GbR	29
2. Anwendungsbereich	5	3. GbR als zwingende Zielrechtsform	30
3. Entstehungsgeschichte	6	4. Kein Formwechsel der Einpersonen-	
II. Formwechsel in die Personenhandels-		Kapitalgesellschaft	31
gesellschaft	7	5. Gesellschafterfähigkeit	32
1. Maßgeblichkeit des Unternehmens-		6. Hilfsformwechsel	33
gegenstands	7	a) Möglichkeit nach altem Recht	33
2. Kein Formwechsel der Einpersonen-		b) Möglichkeit nach neuem Recht	35
Kapitalgesellschaft	12	**IV. Haftungsfragen**	39
3. Gesellschaftereigenschaft	16	1. Formwechsel in die Personengesellschaft	39
4. Formwechsel in die Kapitalgesellschaft		2. Formwechsel in die OHG	41
& Co.	22	3. Formwechsel in KG	42
III. Formwechsel in eine GbR	28	4. Formwechsel in PartG	43
1. Rechtsformzwang	28	5. Formwechsel in GbR	44
		V. Formwechsel in die PartG	47

Literatur: *Ammon,* Gesellschaftsrechtliche und sonstige Neuerungen im Handelsrechtsreformgesetz, DStR 1998, 1474; *Bärwaldt/Schabacker,* Der vorsorgliche Formwechsel in eine OHG beim Formwechsel einer Kapitalgesellschaft in eine GbR, NJW 1999, 623; *dies.,* Der Formwechsel als modifizierte Neugründung, ZIP 1998, 1293; *Bayer,* Privatisierung und Restrukturierung volkseigener und genossenschaftlicher Unternehmen durch Umwandlung, ZGR 1998, Sonderheft 14, S. 22; *Börner,* Die Erbengemeinschaft als Gesellschafterin einer offenen Handelsgesellschaft, AcP 166 (1966) 426; *Brodersen,* Die Beteiligung der BGB-Gesellschaft an den Personengesellschaften, 1988; *Bungert,* Anmerkung zu BayObLG vom 4. 11. 1999, NZG 2000, 166; *Bydlinski,* Zentrale Änderungen des HGB durch das Handelsrechtsreformgesetz, ZIP 1998, 1169; *Eckert,* Der Formwechsel einer Kapitalgesellschaft in eine Personengesellschaft und seine Auswirkungen auf öffentlich-rechtliche Erlaubnisse, ZIP 1998, 1950; *Fischer,* Formwechsel zwischen GmbH und GmbH & Co. KG, BB 1995, 2173; *Hartmann/Hartmann,* Zur Frage der Beteiligung einer Gesellschaft bürgerlichen Rechts an Personengesellschaften, FS Werner, 1984, S. 217; *Heckschen,* Die Entwicklung des Umwandlungsrechts aus Sicht der Rechtsprechung und Praxis, DB 1998, 1385; *Heidinger,* Haftung des BGB-Gesellschafter beim Formwechsel aus einer GmbH, GmbHR 1996, 890; *Hennrichs/Kießling,* Die „GbR ohne persönliche Gesellschafterhaftung", WM 1997, 877; *Henze,* Neue Maßstäbe für die Auslegung des Umwandlungsrechts, BB 1999, 2208; *Hohner,* Zur Beteiligung von Personengesellschaften an Gesellschaften, NJW 1975, 718; *Kaligin,* Das internationale Gesellschaftsrecht der Bundesrepublik Deutschland, DB 1985, 1449; *Kallmeyer,* Der Ein- und Austritt der Komplementär-GmbH einer GmbH & Co. KG bei Verschmelzung, Spaltung und Formwechsel nach dem UmwG 1995, GmbHR 1996, 80; *ders.,* Der Einsatz von Spaltung und Formwechsel nach dem UmwG 1995 für die Zukunftssicherung von Familienunternehmen, DB 1996, 28; *ders.,* Der Formwechsel der GmbH oder GmbH & Co. in die AG oder KGaA zur Vorbereitung des Going Public, GmbHR 1995, 888; *Klamroth,* Beteiligung einer BGB-Gesellschaft an einer Personenhandelsgesellschaft, BB 1983, 796; *Mülbert,* Die rechtsfähige Personengesellschaft, AcP 199, 38; *von der Osten,* Die Umwandlung einer GmbH in eine GmbH & Co., GmbHR 1995, 438; *Picot/Meritz/Seydel,* Die Aktiengesellschaft bei Unternehmensverkauf und Restrukturierung, 2003; *Priester,* Mitgliederwechsel im Umwandlungszeitpunkt, DB 1997, 560; *Rohrbeck,* Die Gesellschaft bürgerlichen Rechts nach dem Inkrafttreten des Handelsrechtsreformgesetzes, NZG 1999, 104; *Röhricht,* Aktuelle höchstrichterliche Rechtsprechung, in VGR (Hrsg.), Gesellschaftsrecht in der Diskussion, 2002, 2003, S. 3; *Rottnauer,* Anm. zu BayObLG ZIP 2000, EWiR 2000, 457; *Schaefer,* Das Handelsrechtsreformgesetz nach dem Abschluß des parlamentarischen Verfahrens, DB 1998, 1269; *Schäfer,* Offene Fragen der Haftung des BGB-Gesellschafters, ZIP 2003, 1225; *K. Schmidt,* Die BGB-Außengesellschaft – rechts- und parteifähig, NJW 2001, 993; *ders.,* „Deklaratorische" und „konstitutive" Registereintragungen nach §§ 1 HGB, ZHR 162 (1999) 87; *ders.,* Umwandlung von Vorgesellschaften? §§ 41 AktG, 11 GmbHG und umwandlungsrechtlicher numerus clausus, FS Zöllner, 1999, S. 521; *ders.,* Das Handelsrechtsreformgesetz, NJW 1998, 2161; *ders.,* HGB-Reform und gesellschaftsrechtliche Gestaltungspraxis, DB 1998, 61; *ders.,* Entschränkungen der umwandlungsrechtlichen Eintragungswirkungen, ZIP 1998, 181; *ders.,* Formwechsel zwischen GmbH und GmbH & Co. KG, GmbHR 1995, 693; *Schön,* Die vermögensverwaltende Personenhandelsgesellschaft, DB 1998, 1169; *Scholz,* Die BGB-Gesellschaft nach dem Grundsatzurteil des BGH vom 29.1.2001, NZG 2002, 153; *Sigel,* Von der GmbH in die GmbH & Co. KG, GmbHR 1998, 1208; *Ulmer,* Die höchstrichterlich „enträtselte" Gesellschaft bürgerlichen Rechts, ZIP 2001, 585; *ders.,* Wege zum Ausschluß der persönlichen Gesellschafterhaftung in der Gesellschaft bürgerlichen Rechts, ZIP 1999, 509; *ders.*, Gesellschafterhaftung in der Gesellschaft bürgerlichen Rechts, ZIP 1999, 554; *ders.*, Gesellschaft bürgerlichen Rechts und Partnerschaftsgesellschaft, 3. Aufl. 1997; *Veil,* Der nicht-verhältniswahrende Formwechsel von Kapitalgesellschaften, DB 1996, 2529; *Wässner,* Akzessorische Gesellschafterhaftung und „Vielgestaltigkeit der Gesellschaft bürgerlichen Rechts" – ein Widerspruch?, ZIP 2003, 1235; *Weimar/Geitzhaus/Delp,* Die Stiftung & Co. KG als Rechtsform der Unternehmung, BB 1986, 1999.

I. Allgemeines

1. Sinn und Zweck der Norm

1 Abs. 1 bestätigt, dass das Gesetz den Formwechsel jedenfalls partiell wie eine **Neugründung**[1] behandelt. Die Möglichkeit des Formwechsels einer Kapitalgesellschaft in eine Personenhandelsgesellschaft wird nämlich vom Vorliegen der Voraussetzungen für die Gründung einer OHG[2] abhängig gemacht. Seit der HGB-Novelle von 1998[3] kommt der Bestimmung in Abs. 1 allerdings kaum noch praktische Bedeutung zu.

2 Abs. 2 macht den Formwechsel in die PartG davon abhängig, dass alle Anteilsinhaber des formwechslenden Rechtsträgers im Zeitpunkt seines Wirksamwerdens natürliche Personen sind, die einen **Freien Beruf** iSv. § 1 Abs. 1 und 2 PartGG ausüben. Auch dies bestätigt, dass der Formwechsel eine modifizierte Neugründung ist, weil nur unter diesen Voraussetzungen die Gründung einer PartG in Betracht kommt. Der heutige Abs. 2 ist mit Abs. 3 in der Fassung des § 228 vor dem Zweiten Gesetz zur Änderung des Umwandlungsgesetzes identisch.

3 Abs. 2 aF eröffnete bislang die Möglichkeit, im Umwandlungsbeschluss hilfsweise für den Fall, dass ein Formwechsel in die Personenhandelsgesellschaft aufgrund des Unternehmensgegenstands des formwechselnden Rechtsträgers nicht in Betracht kommt, zu bestimmen, dass die formwechselnde Gesellschaft die Rechtsform einer **GbR** erlangen soll. Weil der Formwechsel in die Personenhandelsgesellschaft praktisch niemals am Unternehmensgegenstand scheitert, hatte auch diese Regelung mit dem Handelsrechtsreformgesetz[4] wesentlich an Bedeutung verloren.

4 Der Wortlaut des Abs. 2 aF war im Übrigen missglückt, da er dahingehend verstanden werden konnte, dass der Formwechsel einer Kapitalgesellschaft in eine GbR dann ausgeschlossen ist, wenn die Gesellschaft als Personenhandelsgesellschaft eingetragen werden könnte. Zudem legte der Wortlaut einerseits den Umkehrschluss nahe, dass ein hilfsweiser Formwechsel in die Personenhandelsgesellschaft ausgeschlossen ist, andererseits schien er es nicht zuzulassen, hilfsweise anstelle der GbR die PartG zu wählen[5]. Die Bestimmung zum hilfsweisen Formwechsel in die GbR in Abs. 2 aF ist deshalb mit Recht mit dem Zweiten Gesetz zur Änderung des Umwandlungsgesetzes ersatzlos gestrichen worden.

2. Anwendungsbereich

5 Die Norm findet auf alle Fälle des Formwechsels einer Kapitalgesellschaft[6] in die OHG, die GbR oder die PartG Anwendung. Die Bestimmung regelt die Voraussetzungen und Grenzen eines Formwechsels in die Personengesellschaft aber nicht abschließend. Weitere Gründe können dem Formwechsel entgegenstehen[7].

---

[1] Siehe hierzu und zum Konzept des Formwechsels als „modifizierte Neugründung" insbes. § 197 mit dem Verweis auf die für die neue Rechtsform geltenden Gründungsvorschriften.
[2] § 105 Abs. 1 und 2 HGB.
[3] Handelsrechtsreformgesetz vom 22. 6. 1998, BGBl. I 1998 S. 1474.
[4] Handelsrechtsreformgesetz vom 22.6.1998, BGBl. I 1998, S. 1474.
[5] Siehe Rn 33 f.
[6] § 3 Abs. 1 Nr. 2: GmbH, AG, KGaA.
[7] Siehe Rn 7 ff.

3. Entstehungsgeschichte

Die Bestimmung grenzt den Kreis der Möglichkeiten des Formwechsels einer Kapitalgesellschaft in eine Personenhandelsgesellschaft in Anlehnung an § 21 UmwG 1969 ein. Die Möglichkeit nach Abs. 2 aF hilfsweise den Formwechsel in die GbR beschließen zu können, war gegenüber dem alten Recht neu. Zur Begründung verwies der Gesetzgeber darauf, dass im Einzelfall zweifelhaft sein könne, ob der Unternehmensgegenstand den Formwechsel in die Personenhandelsgesellschaft zulässt[8]. Für den umgekehrten Fall sollte dies nicht gelten. Diese Norm wurde nachträglich um Abs. 3 ergänzt[9]. Durch das Zweite Gesetz zur Änderung des Umwandlungsgesetzes wurde Abs. 2 aF ersatzlos aufgehoben, da der Gesetzgeber diese Regelung in Folge der Ausweitung der zulässigen Unternehmensgegenstände einer Personenhandelsgesellschaft als entbehrlich ansah[10]. An seine Stelle rückte der frühere Abs. 3. Die Möglichkeit eines hilfsweisen Formwechsels ist richtigerweise nunmehr für alle Personengesellschaften als Zielrechtsform eröffnet[11].

II. Formwechsel in die Personenhandelsgesellschaft

1. Maßgeblichkeit des Unternehmensgegenstands

Der Formwechsel der Kapitalgesellschaft in die Personengesellschaft ist grundsätzlich vom Gesetz anerkannt[12]. Er setzt voraus, dass der Unternehmensgegenstand der formwechselnden Kapitalgesellschaft im Zeitpunkt des Wirksamwerdens des Formwechsels den Vorschriften über die Gründung einer offenen Handelsgesellschaft[13] genügt[14]. Fälle, in denen diese Voraussetzung nicht erfüllt werden kann, sind nach der völligen Neukonzeption des **Kaufmannsbegriffs** im HGB[15] praktisch kaum mehr denkbar.

Jeder Gewerbetreibende, dessen Unternehmen einen nach Art und Umfang in kaufmännischer Weise eingerichteten Geschäftsbetrieb erfordert, ist Kaufmann[16]. Die Kaufmannseigenschaft des Gewerbetreibenden wird vermutet[17]. Dem Gesetz liegt ein einheitlicher Kaufmannsbegriff zugrunde, der auf dem Handelsgewerbe aufbaut und die früheren Kaufmannstatbestände der §§ 1 und 2 HGB aF zusammenfasst.

Sofern das **Handelsgewerbe** einen kaufmännischen Geschäftsbetrieb erfordert, ist die Kaufmannseigenschaft zu bejahen. Die Eintragung im Handelsregister hat in diesem Fall nur deklaratorische Bedeutung. Ist ein in kaufmännischer Weise eingerichteter Geschäftsbetrieb nicht erforderlich, ist grundsätzlich von der Nichtkaufmannseigenschaft auszugehen. Jedoch kann die Kaufmannseigenschaft auch von Kleingewerbebetreibenden durch Eintragung in das Handelsregister erlangt werden[18]. All dies gilt gleichermaßen auch für Gesellschaften[19]. Darüber hinaus kann auch eine Gesellschaft, die lediglich ihr eigenes Vermögen verwaltet, OHG und damit auch KG werden, sofern die Firma des Unternehmens in das Handelsregister eingetragen wird[20].

---

[8] RegBegr. *Ganske* S. 248.
[9] Gesetz zur Änderung des Umwandlungsgesetzes, des Partnerschaftsgesellschaftsgesetzes und anderer Gesetze vom 22. 6. 1998, BGBl. I 1998 S. 1978.
[10] BegrRegE BT-Drucks. 16/2919 S. 19.
[11] Siehe Rn 37 f.
[12] § 226.
[13] § 105 Abs. 1 und 2 HGB.
[14] § 228 Abs. 1.
[15] Handelsrechtsreformgesetz vom 22. 6. 1998, BGBl. I 1998 S. 1978.
[16] § 1 Abs. 2 HGB.
[17] Dies folgt aus der „es sei denn"-Formulierung in § 1 Abs. 2 HGB.
[18] § 2 HGB.
[19] § 105 Abs. 2 Satz 1; *K. Schmidt* ZHR 162 (1999) 87, 89 ff.
[20] § 105 Abs. 2 HGB.

10 Für den Formwechsel in die Personenhandelsgesellschaft bedeutet dies, dass in den Fällen, in denen das Handelsgewerbe der formwechselnden Kapitalgesellschaft keinen kaufmännisch eingerichteten Geschäftsbetrieb erfordert oder der Unternehmensgegenstand lediglich auf die Verwaltung des eigenen Vermögens gerichtet ist, der Umwandlungsbeschluss den Formwechsel in die Personenhandelsgesellschaft bestimmen und mit Eintragung der Gesellschaft als Personenhandelsgesellschaft auch herbeiführen kann. **Maßgeblicher Zeitpunkt,** zu dem der Unternehmensgegenstand den Vorschriften über die Gründung einer offenen Handelsgesellschaft genügen muss, ist der Zeitpunkt des Wirksamwerdens des Formwechsels. Es kommt also auf die Eintragung der neuen Rechtsform in das Register an[21]. Zu diesem Zeitpunkt wird dann zugleich dem Erfordernis nach § 105 Abs. 2 HGB Rechnung getragen.

11 Der Unternehmensgegenstand schließt den Formwechsel in die Personenhandelsgesellschaft also nur **ausnahmsweise aus;** zB bei der Verfolgung einer **klassisch freiberuflichen** Tätigkeit iSv. § 1 Abs. 1 und Abs. 2 PartGG[22] und bei einer reinen Innengesellschaft[23], die nicht als vermögensverwaltende Personengesellschaft in Betracht kommt[24], etwa Grundstücksgesellschaften zwischen Ehegatten.

2. Kein Formwechsel der Einpersonen-Kapitalgesellschaft

12 Der Personenhandelsgesellschaft liegt ein Schuldverhältnis zugrunde[25]. Deshalb setzt das Entstehen einer Personenhandelsgesellschaft stets die Beteiligung von mindestens zwei Gesellschaftern voraus[26]. Fällt einer von zwei Gesellschaftern weg, führt dies selbst bei Vorhandensein einer **Fortsetzungsklausel** im Gesellschaftsvertrag notwendig zur Beendigung der Gesellschaft. Der Anteil des wegfallenden Gesellschafters am Vermögen wächst dem verbleibenden Gesellschafter an.

13 Demgemäß kann im Wege des Formwechsels aus einer Kapitalgesellschaft keine Personenhandelsgesellschaft werden, wenn der formwechselnde Rechtsträger im Zeitpunkt des Wirksamwerdens des Formwechsels nur einen Gesellschafter hat. Beschließt eine Einpersonen-Kapitalgesellschaft einen Formwechsel in eine Personenhandelsgesellschaft, leidet der Beschluss an einem grundlegenden **Inhaltsmangel** und ist nichtig[27]. Eine Eintragung im Handelsregister kommt nicht in Betracht. Dasselbe gilt, wenn nach Beschlussfassung über den Formwechsel, aber vor Eintragung im Handelsregister, die Anteile an dem formwechselnden Rechtsträger in einer Hand zusammenfallen. Trägt das Registergericht gleichwohl ein[28], tritt mit **Eintragung** dasselbe Ergebnis ein wie beim Ausscheiden des Vorletzten von zwei Gesellschaftern einer Personenhandelsgesellschaft. Die Personengesellschaft wird *uno actu* beendet, das Vermögen wächst dem verbliebenen Gesellschafter an. Das unrichtig gewordene Handelsregister ist zu berichtigen und die Beendigung der eingetragenen Personenhandelsgesellschaft einzutragen. Eine **Rückabwicklung** des Formwechsels kommt nach Eintragung der Personenhandelsgesellschaft im Register demgegenüber schon aus Gründen des gebotenen Gläubigerschutzes nicht in Betracht[29].

---

[21] § 202 Abs. 1 Satz 1.
[22] *Ulmer,* GbR und PartG, § 1 PartGG Rn 16 f. weist zutr. darauf hin, dass im Anwendungsbereich von § 1 Abs. 1 Satz 2 PartGG ein Überschneidungsbereich von freiberuflicher und gewerblicher Tätigkeit besteht, der den Beteiligten die Möglichkeit gibt zwischen Personenhandelsgesellschaft und Partnerschaft als Zielrechtsform zu wählen; vgl. hierzu auch *Tettinger,* Der Konzern 2006, 844, 845.
[23] Dazu *K. Schmidt* DB 1998, 61 f.; *Schön* DB 1998, 1169.
[24] *Happ* in Lutter Rn 14.
[25] § 105 HGB iVm. § 705 BGB.
[26] Vgl. *K. Schmidt* GesR § 8 IV 2 lit. b; *Flume* Personengesellschaft § 7 III 3 aE; *Ulmer,* GbR und PartG, Vorb. § 723 BGB Rn 9, 17.
[27] Siehe 193 Rn 31.
[28] Zu den Folgen der Eintragung eines Formwechsels, der an Mängeln leidet, siehe § 202 Rn 32 ff.
[29] § 202 Abs. 3; insbes. § 202 Rn 34.

Soll eine Einpersonen-Kapitalgesellschaft in eine Personenhandelsgesellschaft umgewandelt werden, bedarf es deshalb des Beitritts eines zweiten Gesellschafters. Die besseren Gründe sprechen dafür, dass der Beitritt des zweiten Gesellschafters auf den Zeitpunkt des Wirksamwerdens des Formwechsels erfolgen kann[30], die Beteiligung also nicht schon zuvor erworben worden sein muss[31].

Solange diese Frage durch höchstrichterliche Rechtsprechung oder den Gesetzgeber nicht geklärt ist, empfiehlt sich für die gestaltende Praxis eine entsprechende **Vorabstimmung** mit dem zuständigen Handelsregister.

3. Gesellschaftereigenschaft

Der Kreis der Rechtssubjekte, die Gesellschafter einer Kapitalgesellschaft sein können, ist nicht in vollem Umfang deckungsgleich mit dem Kreis derjenigen, die als Gesellschafter einer Personenhandelsgesellschaft in Betracht kommen. Gehört zum Kreis der Anteilseigner der formwechselnden Kapitalgesellschaft ein Anteilsinhaber, der nicht Gesellschafter einer Personengesellschaft sein kann, kommt ein Formwechsel in die Personenhandelsgesellschaft nur in Betracht, wenn der Umwandlungsbeschluss entsprechende **Auseinandersetzungsregelungen** trifft. Anderenfalls darf das Registergericht den Formwechsel nicht eintragen[32].

Gesellschafter einer Personenhandelsgesellschaft können sein:
– natürliche Personen, gleich ob geschäftsfähig oder in der Geschäftsfähigkeit beschränkt[33];
– juristische Personen[34];
– Vorgesellschaften[35];
– Genossenschaften;
– OHG und die KG aufgrund ihrer rechtlichen Verselbständigung[36];
– GbR[37];
– rechtsfähige Vereine[38];
– **ausländische Gesellschaften**, sofern sie rechtlich eine vergleichbare Struktur wie Gesellschaften des deutschen Rechts haben, die als Gesellschafter an Personenhandelsgesellschaften beteiligt sein können. Juristische Personen ausländischen Rechts bedürfen der Anerkennung der nach Maßgabe ausländischer Rechtsordnung erworbenen Rechtsfähigkeit im Inland[39].

---

[30] Siehe Rn 22; *Bärwaldt/Schabacker* NJW 1999, 1293, 1298; zum vergleichbaren Fall des Beitritts der Komplementär-GmbH beim Formwechsel in die GmbH & Co. KG *K. Schmidt* GmbHR 1995, 693; *Meister/Klöcker* in Kallmeyer § 191 Rn 15 (abl.); *Dirksen* in Kallmeyer § 226 Rn 8; *Vossius* in Widmann/Mayer Rn 94; *Kallmeyer* GmbHR 1996, 80; *Priester* DB 1997, 560, 566; *Ihrig* in Sudhoff § 55 Rn 68.
[31] So aber *K. Schmidt* NJW 2001, 993; *Ulmer* ZIP 2001, 585, 595.
[32] Siehe Rn 19.
[33] *Happ* MünchHdbGesR Bd. 2 § 1 Rn 26.
[34] *Schilling* in Großkomm. § 161 HGB Anm. 21; *Hopt* § 105 HGB Rn 28.
[35] *K. Schmidt,* FS Zöllner, S. 521.
[36] § 124 HGB; *Schilling* in Großkomm. § 161 HGB Anm. 16; *Hopt* § 105 HGB Rn 28 und § 161 HGB Rn 3.
[37] BGH DB 2001, 423; *BayObLG* ZIP 2000, 2165; BGH DB 2001, 1983; wie hier die nun hM: *K. Schmidt* NJW 2001, 993; *Ulmer* ZIP 2001, 585, 595, der sich allerdings hinsichtlich der Funktion als Komplementär nicht festlegt; aA noch BGHZ 46, 291, 296; *Schilling* in Großkomm. § 161 HGB Anm. 19; *Ulmer*, GbR und PartG, § 705 BGB Rn 79; *Martens* in Schlegelberger § 161 HGB Rn 33 a; so wohl auch *Hopt* § 105 HGB Rn 29, abw. *ders.* aber in § 161 HGB Rn 4.
[38] Dies folgt aus der Anwendung von § 53 Abs. 1 BGB, wenn man die Gesellschafterfähigkeit einer GbR bejaht.
[39] *BayObLG* WM 1986, 968, 970; *Hopt* § 105 HGB Rn 28; einschränkend *Großfeld* in Staudinger IntGesR Rn 303 ff.

18 Keine Gesellschafter einer Personenhandelsgesellschaft können sein:
- Erbengemeinschaften[40];
- stille Gesellschaften[41];
- eheliche Gütergemeinschaften[42];
- Bruchteilsgemeinschaften[43];
- nicht rechtsfähige Vereine.

19 Ist an einer Kapitalgesellschaft, die in eine Personenhandelsgesellschaft umgewandelt werden soll, eine der vorgenannten Personengemeinschaften als Anteilsinhaber beteiligt, die nicht Gesellschafter der Personenhandelsgesellschaft sein kann, muss vor oder mit Fassung des Umwandlungsbeschlusses eine **Auseinandersetzung** über die gemeinsam gehaltenen Anteile an der Kapitalgesellschaft getroffen werden. Erfolgt die Auseinandersetzung nicht, darf das Handelsregister den Formwechsel nicht eintragen.

20 Erfolgt die Eintragung trotzdem, ist davon auszugehen, dass die Beteiligten der Personengemeinschaft, die nicht Gesellschafter der Personenhandelsgesellschaft werden können, anstelle der Personengemeinschaft selbst *pro rata* als Gesellschafter an der Personenhandelsgesellschaft beteiligt werden. Hierfür spricht die vergleichbare Situation, wenn bei mehreren Erben ein Anteil an einer Personengesellschaft zum Nachlass gehört.

21 Auch die durch die Eintragung des Formwechsels bewirkte Identität der Beteiligungen[44] steht dem nicht entgegen. Sofern eine Eintragung erfolgt, entspricht es dem **Identitätsprinzip** besser, eine unmittelbare *pro rata*-Beteiligung der an der Personengemeinschaft Beteiligten anzunehmen als von einem Ausscheiden der Gemeinschaft aus der Gesellschaft auszugehen.

4. Formwechsel in die Kapitalgesellschaft & Co

22 Die Möglichkeit des Formwechsels der Kapitalgesellschaft in eine als Kapitalgesellschaft & Co. verfasste Personenhandelsgesellschaft ist nach dem UmwG zulässig[45]. Hier soll regelmäßig eine Komplementär-GmbH die Rolle des **Vollhafters** übernehmen. Das zwingt zu vorbereitendem Gestaltungsaufwand, wenn die GmbH noch nicht Gesellschafterin der formwechselnden Kapitalgesellschaft ist, und führt zu Anschlussfragen, wenn die GmbH am Gesellschaftsvermögen der GmbH & Co. KG, wie häufig, nicht beteiligt sein soll. Die Anteilsinhaber des formwechselnden Rechtsträgers sind mit Wirksamwerden des Formwechsels, also bei Eintragung der neuen Rechtsform in das Register, nach den für die neue Rechtsform geltenden Vorschriften an dem Rechtsträger beteiligt[46]. Die Komplementär-GmbH muss deshalb spätestens im Zeitpunkt des Wirksamwerdens des Formwechsels an der formwechselnden Kapitalgesellschaft beteiligt sein, damit *uno actu* die GmbH & Co. KG entstehen kann. Es ist also nicht erforderlich, dass die Komplementär-GmbH bereits zum Zeitpunkt der Beschlussfassung über den Formwechsel Gesellschafter des formwechselnden Rechtsträgers ist[47].

23 Richtigerweise ist es weiter gehend auch zulässig, wenn die Komplementär-GmbH erst auf den Zeitpunkt des Wirksamwerdens des Formwechsels ihren **Beitritt** zur Gesellschaft erklärt

---

[40] Siehe hierzu Rn 20, sowie *Langhein* in Staudinger § 741 BGB Rn 141; *Martens* in Schlegelberger § 161 HGB Rn 34.

[41] *Happ* in MünchHdbGesR Bd. 1 § 47 Rn 40; *K. Schmidt* in Schlegelberger § 105 HGB Rn 79.

[42] *Hopt* § 105 HGB Rn 29; *Martens* in Schlegelberger § 161 HGB Rn 39.

[43] BGHZ 58, 316, 317; *Ulmer*, GbR und PartG, § 705 BGB Rn 83.

[44] § 202 Abs. 1 Nr. 2 Satz 1.

[45] Siehe § 191 Rn 2.

[46] § 202 Abs. 1 Nr. 2 Satz 1; sofern nicht die Beteiligung nach den Bestimmungen des UmwG entfällt.

[47] Zutr. BayObLGZ 1999, 345 = NZG 2000, 166; dem zust. *Bungert* NZG 2000, 166, 168; *Rottnauer* EWiR 2000, 457; enger demgegenüber *Sigel* GmbHR 1998, 1208, 1210; *Usler* MittRhNotK 1998, 21, 56.

und in der mit Eintragung der neuen Rechtsform als GmbH & Co. KG fortbestehenden Gesellschaft die Komplementärrolle übernimmt, ohne zuvor eine Beteiligung gehalten zu haben[48]. Nach anderer Auffassung[49] im Schrifttum wird es demgegenüber für erforderlich gehalten, dass die Komplementär-GmbH zunächst eine Beteiligung an der formwechselnden Kapitalgesellschaft erwirbt, bevor der Formwechsel in die GmbH & Co. KG eingetragen und damit wirksam werden kann. Diese Auffassung kann sich auf die **Gesetzesbegründung** stützen und muss deshalb, solange keine Klärung der Zweifelsfrage durch höchstrichterliche Rechtsprechung oder den Gesetzgeber selbst erfolgt ist, in der gestaltenden Praxis ernst genommen werden. In der Sache sollte aber nicht ernstlich streitig sein, dass das Umwandlungsrecht es nicht ausschließt, wenn Gesellschafter auf den Zeitpunkt des Wirksamwerdens einer Umwandlung ihr Ausscheiden aus dem Rechtsträger erklären oder umgekehrt nicht beteiligte Dritte ihren Beitritt erklären[50]. Das gilt für den Formwechsel ebenso wie für die Verschmelzung und die Spaltung. Der Austritt richtet sich in diesem Fall, vorbehaltlich abweichender Bestimmungen der Beteiligten, nach den Regeln des übertragenden, spaltenden oder formwechselnden Rechtsträgers. Der Eintritt untersteht dem Regelungsregime, das ab Wirksamwerden der Umwandlung gilt. Im Fall der Übertragung der Mitgliedschaft sollte vorsorglich dem Recht der alten und der neuen Rechtsform entsprochen werden.

Das Registergericht muss bei Eintragung des Formwechsels den auf diesen Zeitpunkt erklärten Beitritt der Komplementär-GmbH bereits berücksichtigen. Dafür spricht, dass im parallel liegenden Fall des Formwechsels in eine KGaA das Umwandlungsrecht den Beitritt eines persönlich haftenden Gesellschafters auf den Zeitpunkt des Wirksamwerdens des Formwechsels und als Voraussetzung für denselben anerkennt. Einer **entsprechenden Anwendung** auf den Formwechsel in die GmbH & Co. KG steht das Schweigen des UmwG nicht entgegen. Der Gesetzgeber hat die GmbH & Co. KG nämlich insgesamt – gerade anders als die KGaA – nicht als spezifischen Regelungsgegenstand des Umwandlungsrechts behandelt. 24

Angesichts des kontroversen Meinungsstands empfiehlt es sich aber dringend, die vorgesehene Gestaltung vorab mit dem **Registergericht** abzustimmen. Verbleiben Zweifel, sollte, sofern dem nicht unüberwindliche Schwierigkeiten entgegenstehen, die Komplementär-GmbH zunächst an der formwechselnden Kapitalgesellschaft beteiligt werden. Es bietet sich an, dies durch eine Minimalbeteiligung zu tun. Diese Beteiligung kann von einem Gesellschafter zur Verfügung gestellt oder im Wege der Kapitalerhöhung geschaffen werden. Ersteres ist einfacher und auch deshalb vorzugswürdig, weil die vermögensmäßige Beteiligung der Komplementär-GmbH im Regelfall in der KG wieder entfallen soll und die alten Beteiligungsproportionen fortzuführen sind. Es ist zulässig, im Umwandlungsbeschluss dem Gesellschafter, der der Komplementär-GmbH die Minimalbeteiligung zur Verfügung gestellt hat, den abgetretenen Nennbetragsanteil als Kommanditbeteiligung wieder einzuräumen und die vermögensmäßige Beteiligung der Komplementär-GmbH mit Null festzusetzen[51]. Voraussetzung für einen solchen **nicht verhältniswahrenden** Formwechsel ist aber entsprechend 25

---

[48] Wegweisend K. Schmidt GmbHR 1995, 693; Vossius in Widmann/Mayer Rn 94; Kallmeyer GmbHR 1996, 80; Priester DB 1997, 560, 566; Stratz in Schmitt/Hörtnagl/Stratz § 226 Rn 3; Happ in Lutter Rn 28.
[49] Vgl. Decher in Lutter § 202 Rn 14, jetzt aufgegeben, siehe dort Rn 15; Meister/Klöcker in Kallmeyer § 191 Rn 14; Happ in Lutter Umwandlungsrechtstage S. 225; Buyer, Änderungen der Unternehmensform: Handbuch zum neuen Umwandlungs- und Umwandlungssteuerrecht, 7. Aufl. 1999 Rn 213; Heckschen DB 1998, 1385, 1397; Kallmeyer ZIP 1994, 1746, 1751; Sagasser/Sickinger in Sagasser/Bula/Brünger R Rn 106.
[50] Vgl. Ihrig ZHR 160 (1996) 317; Priester DB 1997, 560; K. Schmidt GmbHR 1995, 693; Stratz in Schmitt/Hörtnagl/Stratz § 226 Rn 3.
[51] Vgl. Priester DB 1997, 560, 561; Decher in Lutter § 202 Rn 21 mwN; Dirksen in Kallmeyer § 226 Rn 7.

§ 128 Satz 1 die **Zustimmung aller Gesellschafter** oder zumindest dieselbe Zustimmung, die zur Übertragung vinkulierter GmbH-Anteile oder Aktien erforderlich ist[52].

26 Wenn, wie vorzugswürdig, bei der formwechselnden Kapitalgesellschaft und der GmbH & Co. KG **Beteiligungsidentität** bestehen soll, können die Gesellschafter *pro rata* ihrer Beteiligung an der formwechselnden Kapitalgesellschaft auch an der Komplementär-GmbH beteiligt sein.

27 Die Beteiligung an der Komplementär-GmbH kann auch aufschiebend bedingt mit der Eintragung des Formwechsels an den formwechselnden Rechtsträger übertragen werden, damit die GmbH & Co. KG sogleich als Einheitsgesellschaft entsteht. Denkbar ist auch, dass die Komplementär-GmbH die Beteiligung an dem formwechselnden Rechtsträger nur **treuhänderisch** von einem Gesellschafter eingeräumt wird mit der Maßgabe, dass der Anteil mit Eintragung des Formwechsels wieder an den Treugeber zurückfällt[53].

III. Formwechsel in eine GbR

1. Rechtsformzwang

28 Auch für die Entstehung der Personengesellschaft im Wege des Formwechsels besteht das Prinzip des Rechtsformzwangs. Daher kann eine GbR nicht im Wege des Formwechsels entstehen, wenn der Zweck der Gesellschaft auf den **Betrieb eines Handelsgewerbes** gerichtet ist, es sei denn, dass das Unternehmen nach Art und Umfang einen in kaufmännischer Weise eingerichteten Geschäftsbetrieb nicht erfordert[54]. Ist der Gesellschaftszweck auf den Betrieb eines Handelsgewerbes gerichtet und bedarf es eines kaufmännisch eingerichteten Geschäftsbetriebs, entsteht auch dann zwingend eine OHG, wenn der Umwandlungsbeschluss den Formwechsel in die GbR bestimmt und eine Eintragung des neuen Rechtsträgers im Handelsregister unterbleibt, aber im Handelsregister der formwechselnden Kapitalgesellschaft die Umwandlung eingetragen wird.

2. Wahlfreiheit zwischen Personenhandelsgesellschaft und GbR

29 Ist der Unternehmensgegenstand auf den Betrieb eines Handelsgewerbes gerichtet, ohne dass es eines kaufmännisch eingerichteten Geschäftsbetriebs bedarf, oder beschränkt sich der Unternehmensgegenstand auf die Verwaltung des eigenen Vermögens[55], können die Gesellschafter der formwechselnden Kapitalgesellschaft zwischen der Personenhandelsgesellschaft und der GbR als **Zielrechtsform** wählen. Entscheiden sich die Gesellschafter in dieser Konstellation für den Formwechsel in die Personenhandelsgesellschaft, entsteht diese mit Eintragung der neuen Rechtsform im Handelsregister. Bevorzugen sie die GbR, entsteht diese mit Eintragung der Umwandlung im Register der formwechselnden Kapitalgesellschaft[56].

3. GbR als zwingende Zielrechtsform

30 Es gibt Fälle, in denen der Formwechsel in die Personenhandelsgesellschaft ausgeschlossen und deshalb der Formwechsel in die GbR zwingend ist[57].

---

[52] Vgl. zum nicht verhältniswahrenden Formwechsel auch *Veil* DB 1996, 2529; vgl. aber *Meister/Klöcker* in Kallmeyer § 194 Rn 34: Zustimmung der betroffenen Anteilsinhaber; *Laumann* in Goutier/Knopf/Tulloch § 194 Rn 16.
[53] Vgl. *Decher* in Lutter § 202 Rn 16; *Dirksen* in Kallmeyer § 226 Rn 7 f.; *Stratz* in Schmitt/Hörtnagl/Stratz § 226 Rn 4.
[54] § 105 Satz 1 iVm. § 1 Abs. 2 HGB. Siehe Rn 7.
[55] Siehe Rn 9.
[56] § 235 Satz 1.
[57] Siehe Rn 18.

4. Kein Formwechsel der Einpersonen-Kapitalgesellschaft

Auch die GbR muss mindestens zwei Gesellschafter haben. Ein Formwechsel der Einpersonen-Kapitalgesellschaft in die GbR kommt deshalb nicht in Betracht[58]. 31

5. Gesellschafterfähigkeit

Wie bei den Personenhandelsgesellschaften können Bruchteilsgemeinschaften, Erbengemeinschaften und eheliche Gütergemeinschaften nicht Gesellschafter einer GbR sein[59]. Demgegenüber kommt die GbR selbst als Gesellschafter einer GbR in Betracht[60]. Dasselbe gilt für den nicht rechtsfähigen Verein[61]. 32

6. Hilfsformwechsel

a) Möglichkeit nach altem Recht. Abs. 2 idF vor dem Zweiten Gesetz zur Änderung des Umwandlungsgesetzes eröffnete die Möglichkeit, in Fällen, in denen der Unternehmensgegenstand der formwechselnden Kapitalgesellschaft dem Formwechsel in die Personenhandelsgesellschaft entgegenstand, im Umwandlungsbeschluss die hilfsweise Umwandlung in die **GbR** zu bestimmen. Wesentliche praktische Bedeutung kam dieser Regelung nach der Neukonzeption des Kaufmannsbegriffs durch das Handelsrechtsreformgesetz[62] allerdings nicht mehr zu. Immerhin kann aber etwa in Grenzbereichen der Freien Berufe iSv. § 1 Abs. 2 PartGG im Einzelfall zweifelhaft sein, ob das Registergericht der Entscheidung für die Wahl der Personenhandelsgesellschaft zu folgen bereit ist. Für diesen Fall war in Analogie zu § 228 Abs. 2 aF von der Zulässigkeit auszugehen, anstelle des hilfsweisen Formwechsels in die GbR hilfsweise auch den Formwechsel in die **PartG** vorzusehen. 33

Den umgekehrten Fall, hilfsweise anstelle des Formwechsels in die GbR den Formwechsel in die **Personenhandelsgesellschaft** für den Fall zu beschließen, dass der Unternehmensgegenstand einem Formwechsel in die GbR entgegensteht, sah das Gesetz hingegen nicht vor. Der Gesetzgeber[63] begründete dies damit, dass Personenhandelsgesellschaften der Eintragung in das Handelsregister bedürfen und diese Registereintragung konstitutive Wirkung hat, wenn die Personenhandelsgesellschaft im Wege des Formwechsels entstehen soll. Weil die GbR als solche nicht im Handelsregister eingetragen werde und deshalb die Rechtswirksamkeit des Formwechsels bei der Umwandlung in die GbR ausnahmsweise nur durch die Eintragung der Umwandlung in das Register der formwechselnden Kapitalgesellschaft ausgelöst werde, müsse bei einem Fehlschlagen des Formwechsels ein neues Umwandlungsverfahren stattfinden. Dabei sei dann die neue Rechtsform der Personenhandelsgesellschaft oder die Personenhandelsgesellschaft als solche in das Handelsregister einzutragen. Die damit intendierte Differenzierung zwischen der Zielrechtsform der GbR einerseits und der Personenhandelsgesellschaft andererseits war verfehlt[64]. In Anbetracht der Regierungsbegründung, aber insbesondere auch wegen des klaren Wortlauts der Norm, der den hilfsweisen Formwechsel nur für die GbR eröffnete, war jedoch davon auszugehen, dass eine hilfsweise Umwandlung in die Personenhandelsgesellschaft unzulässig und ein entsprechender Eintragungsantrag vom Handelsregister zurückzuweisen war[65]. 34

---

[58] Zu Einzelheiten siehe Rn 12 ff.
[59] *Ulmer*, GbR und PartG, § 705 BGB Rn 69 ff. Für den Fall, dass diese Anteile an der formwechselnden Gesellschaft halten, wird auf Rn 19 verwiesen.
[60] *BGH* DB 1997, 2425; *Ulmer*, GbR und PartG, § 705 BGB Rn 79.
[61] *Ulmer*, GbR und PartG, § 705 BGB Rn 80; *Habermeier* in Staudinger § 705 BGB Rn 29.
[62] Siehe Rn 7.
[63] §§ 198, 202; RegBegr. *Ganske* S. 248.
[64] Siehe zur Kritik die Voraufl. Rn 36 mwN.
[65] So auch zur alten Rechtslage etwa *Happ* in Lutter Rn. 21; *Dirksen* in Kallmeyer Rn 7.

35 **b) Möglichkeit nach neuem Recht.** Durch das **Zweite Gesetz zur Änderung des Umwandlungsgesetzes** wurde Abs. 2 aF ersatzlos gestrichen. Der Gesetzgeber hat dies damit begründet, dass nach der Änderung des § 105 Abs. 2 HGB durch das Handelsrechtsreformgesetz, wonach eine im Handelsregister eingetragene Gesellschaft eine OHG ist, die Regelung des Abs. 2 aF entbehrlich erscheine[66]. Der Gesetzgeber hat insoweit den Vorschlag des Handelsrechtsausschusses, die Regelung über den hilfsweisen Formwechsel auch auf andere Zielgesellschaften zu erstrecken[67], nicht aufgenommen.

36 Vor diesem Hintergrund wird teilweise angenommen, ein hilfsweiser Formwechsel sei nach geltendem Recht nicht mehr möglich[68]. Zwingend ist dieser Schluss indes nicht. Vielmehr ist davon auszugehen, dass nach der Streichung des Abs. 2 aF der Beschluss eines hilfsweisen Formwechsels **unabhängig von der Zielrechtsform**, d.h. für die GbR, die Personenhandelsgesellschaften als auch für die PartG **zulässig** ist. Da das Gesetz nicht mehr bestimmte Fälle eines Hilfsformwechsels regelt, ist die Grundlage des nach alter Rechtslage gebotenen Umkehrschlusses auf die Unzulässigkeit eines hilfsweisen Formwechsels in andere Rechtsformen als die GbR entfallen. Es ist nunmehr von der generellen Möglichkeit eines hilfsweisen Formwechsels auszugehen[69]. Mit Recht ist schon vor dem Zweiten Gesetz zur Änderung des Umwandlungsgesetzes darauf hingewiesen worden, dass die wünschenswerte Zulassung des hilfsweisen Formwechsels auch in die Personenhandelsgesellschaft nicht nur durch eine Änderung des § 228 Abs. 2 aF, sondern ebenso durch dessen Streichung erreicht werden konnte[70]. Gründe, warum die Fassung eines bedingten Umwandlungsbeschlusses nur aufgrund einer ausdrücklichen gesetzlichen Regelung möglich sein sollte, sind nicht ersichtlich[71].

37 Ob im Einzelfall ein hilfsweiser Formwechsel gewollt ist, ist durch Auslegung des Beschlusses über den Formwechsel zu ermitteln. Insbesondere der Wille zum hilfsweisen Formwechsel in eine GbR muss dabei wegen der damit im Vergleich zum Formwechsel in die KG verbundenen strengeren **Haftungsfolgen** im Beschluss eindeutig zum Ausdruck kommen[72].

38 Ist in dem Umwandlungsbeschluss ein hilfsweiser Formwechsel nicht enthalten und ist die gewollte Zielrechtsform mit dem Unternehmensgegenstand nicht vereinbar, so ist der Antrag auf Eintragung dieses Formwechsels durch das Handelsregister zurückzuweisen. Beschließen die Gesellschafter einer Kapitalgesellschaft jedoch einen Formwechsel in eine GbR, und erfolgt die Eintragung dieses Beschlusses im Handelsregister der formwechselnden Gesellschaft, obwohl der Unternehmensgegenstand die Gesellschaft zwingend zur Personenhandelsgesellschaft macht, so ist der Formwechsel wirksam. Eine Beseitigung der Eintragung mit der Wirkung, dass die Gesellschaft als GmbH fortbesteht, ist ausgeschlossen. Kraft **Rechtsformzwangs** entsteht dann ohne Eintragung im Handelsregister eine Personenhandelsgesellschaft, und zwar regelmäßig in Ermangelung von Festsetzungen über eine beschränkte Kommanditistenhaftung in der Rechtsform der OHG[73].

IV. Haftungsfragen

1. Formwechsel in die Personengesellschaft

39 Der Formwechsel in die Personengesellschaft wird mit Eintragung der neuen Rechtsform im Handelsregister, beim Formwechsel in die GbR mit Eintragung der Umwandlung im Re-

---

[66] RegBegr. Zweites Gesetz zur Änderung des Umwandlungsgesetzes, BT-Drucks. 16/2919 S. 19.
[67] *HRA* NZG 2000, 801, 808 unter Pkt. 25.
[68] *Tettinger*, Der Konzern 2006, 844, 848.
[69] So auch schon zum alten Recht *Bärwaldt/Schabacker* NJW 1999, 623, 624.
[70] *HRA* NZG 2000, 801, 808 unter Pkt. 25; *Stratz* in Schmitt/Hörtnagl/Stratz Rn 7.
[71] So auch *Tettinger*, Der Konzern 2006, 844, 846 f.
[72] *Dirksen* in Kallmeyer Rn 6.
[73] Ebenso *Happ* in Lutter Rn 23.

gister der formwechselnden Kapitalgesellschaft wirksam[74]. Ab diesem Zeitpunkt gilt für die Haftung der Gesellschafter das **Haftungsregime** der neuen Rechtsform. Demgemäß haften die Gesellschafter der OHG und GbR, die Vollhafter der KG unbeschränkt, die Kommanditisten beschränkt für Verbindlichkeiten der Gesellschaft[75].

Das ist unstreitig für Verbindlichkeiten, die ab dem Zeitpunkt des Wirksamwerdens des Formwechsels begründet werden. Fraglich ist demgegenüber die Haftung für Verbindlichkeiten des formwechselnden Rechtsträgers, die vor **Wirksamwerden** des Formwechsels bereits begründet waren und für die die Gesellschafter in der Kapitalgesellschaft nicht haften, weil sich ihre Haftung auf die Erbringung der geschuldeten Einlage beschränkt. Dabei ist zwischen den verschiedenen Zielrechtsformen zu differenzieren.

2. Formwechsel in OHG

Soweit eine Kapitalgesellschaft eine formwechselnde Umwandlung in eine OHG vornimmt, haften die Gesellschafter auch für vor dem Formwechsel begründete Verbindlichkeiten der Gesellschaft persönlich. Dies wird zumeist mit einem Rückgriff auf § 130 HGB[76] begründet, teilweise – präziser – auch in analoger Anwendung[77]. Dies erscheint überzeugender als die ebenfalls diskutierte Anwendung des § 128 HGB[78]. Zwar ist richtig, dass beim identitätswahrenden Formwechsel ein Eintritt in eine bestehende Gesellschaft nicht vorliegt. Jedoch folgt gerade aus der Wahrung der Identität beim Formwechsel, dass die **Altverbindlichkeiten** der Gesellschaft ebenfalls ihre **Identität** wahren. Die Gesellschafter treten daher mit dem Wirksamwerden des Formwechsels in die Haftung für bereits bestehende Verbindlichkeiten ein. Der durch den Formwechsel erfolgende Eintritt in die Haftung ist somit eher einem Eintritt in die Gesellschaft nach § 130 HGB als der laufenden Haftung gem. § 128 HGB gleichzustellen.

3. Formwechsel in KG

Für die Komplementäre einer durch einen Formwechsel aus einer Kapitalgesellschaft entstehenden KG gilt grundsätzlich dasselbe wie für die Gesellschafter einer OHG. Sie trifft die persönliche Haftung auch für Altverbindlichkeiten. Die auf die Höhe der Einlage beschränkte Haftung der Kommanditisten ist nicht auf § 171 HGB zu stützen, sondern auf den die Haftung beitretender Kommanditisten regelnden § 173 HGB. Eine Haftung kann sich aber nur dann ergeben, wenn das im Zeitpunkt des Wirksamwerdens des Formwechsels vorhandene Reinvermögen der formwechselnden Kapitalgesellschaft nicht ausreicht, um sämtliche Kommanditeinlagen zu decken[79].

4. Formwechsel in PartG

Auch beim Formwechsel in eine PartG entsteht eine uneingeschränkte persönliche Haftung auch für Altverbindlichkeiten. Rechtsgrundlage ist insoweit § 8 Abs. 1 Satz 2 PartGG iVm. § 130 HGB.

5. Formwechsel in GbR

Im Schrifttum ist zum Formwechsel in die GbR vertreten worden, dass die Gesellschafter für Altverbindlichkeiten der Gesellschaft auch nach Aufgabe der Doppelverpflichtungslehre

---

[74] § 202 Abs. 1 Nr. 1.
[75] Zur haftungsbefreienden Aufbringung der Kommanditeinlage beim Formwechsel in die KG durch das Reinvermögen der formwechselnden Kapitalgesellschaft siehe § 234 Rn 8.
[76] *Vossius* in Widmann/Mayer Rn 30.
[77] *K. Schmidt* ZGR 1990, 580, 583 f.
[78] Dafür *Mülbert* AcP 199, 38.
[79] Siehe § 234 Rn 8.

durch den BGH nicht persönlich haften[80]. Das ist zweifelhaft, weil die Regelung über das Recht zur Sicherheitsleistung[81] ein hinreichendes Äquivalent für den Wegfall der Kapitalschutzbestimmungen und für das gänzliche Fehlen von gläubigerschützenden Liquidationsbestimmungen darstellt.

45 Der Ausschluss der persönlichen Haftung ist zum Teil unter Rückgriff auf die **Doppelverpflichtungslehre** begründet worden[82]. Das lässt sich nach dem ausdrücklichen Bekenntnis des BGH zur akzessorischen Haftung auch in der GbR[83] nicht mehr aufrechterhalten. *Happ* begründet die Ablehnung einer persönlichen Haftung der GbR-Gesellschafter für Altverbindlichkeiten hingegen mit der These, dass für die Entscheidung der Haftungsfrage ein Rückgriff auf die Regeln des BGB wegen angeblicher **Spezialität des UmwG** nicht in Betracht käme[84]. Aus dem UmwG wiederum ergebe sich keine hinreichende Haftungsgrundlage. Soweit die Gesetzesbegründung von einer unbeschränkten persönlichen Haftung mit Wirksamwerden des Formwechsels ausgehe[85], sei unklar, ob sich dies auch auf Altverbindlichkeiten erstrecke[86]. Aus der *ratio* der §§ 224, 237 ergebe sich ein umwandlungsspezifisches Haftungskonzept, das in §§ 204, 22 einen hinreichenden Gläubigerschutz enthalte[87].

46 Angesichts der einschränkenden Voraussetzungen einer Sicherheitsleistung nach § 22 Abs. 1 (keine Fälligkeit; Glaubhaftmachung der Gefährdung) kann in §§ 204, 22 jedoch keine der persönlichen Haftung der Gesellschafter gleichwertige Sicherung der Gläubiger gesehen werden[88]. Zudem ist die Annahme einer Spezialität des UmwG gegenüber den allgemeinen Regeln zweifelhaft. Der Gesetzgeber hat es ausdrücklich nicht für erforderlich gehalten, wegen des Formwechsels in eine Gesamthand spezielle Regelungen zu treffen[89]. Darin liegt inzident ein Verweis auf die allgemeinen Regeln. Da zudem inzwischen auch von der Rechtsprechung eine akzessorische Haftung der GbR-Gesellschafter für die Verbindlichkeiten der Gesellschaft analog § 128 HGB angenommen wird[90], die mittlerweile auch die Analogie des § 130 HGB für Altverbindlichkeiten erfasst[91], lässt sich eine Differenzierung zwischen der persönlichen Haftung beim Formwechsel in eine OHG und derjenigen beim Formwechsel in eine GbR iE nicht rechtfertigen. Es ist daher auch bei dem Formwechsel in die GbR von einer unbeschränkten **persönlichen Haftung** der Gesellschafter für Altverbindlichkeiten der Gesellschaft auszugehen[92].

V. Formwechsel in die PartG

47 Auch der Formwechsel einer Kapitalgesellschaft in die PartG ist zulässig. Er ist jedoch davon abhängig, dass zum Zeitpunkt des Wirksamwerdens des Formwechsels alle Anteilsinhaber der formwechselnden Kapitalgesellschaft natürliche Personen sind, die einen **Freien Beruf** iSv. § 1 Abs. 1 und 2 des PartGG ausüben. Wirksam wird der Formwechsel im Zeit-

---

[80] *Happ* in Lutter[2] Rn 18 f. – jetzt im Hinblick auf *BGH* ZIP 2003, 899, der die Haftung aus § 130 HGB analog bejahte, aufgegeben. Zust. *Ulmer* ZIP 2001, 585, 598; *Schäfer* ZIP 2003, 1225, 1229; *Heidinger* GmbHR 1996, 890.
[81] § 204 iVm. § 22.
[82] *Heidinger* GmbHR 1996, 890, 892.
[83] *BGH* ZIP 2001, 330.
[84] *Happ* in Lutter[2] Rn 18 – jetzt aufgegeben.
[85] RegBegr. *Ganske* S. 252.
[86] *Happ* in Lutter[2] Rn 19 – jetzt aufgegeben.
[87] *Happ* in Lutter[2] Rn 19 – jetzt aufgegeben.
[88] *Ulmer* ZIP 1999, 554, 558; *Mülbert* AcP 1999, 38, 83 ff.
[89] RegBegr. *Ganske* S. 247.
[90] *BGH* GmbHR 1999, 1134; *BGH* ZIP 2001, 330.
[91] *BGH* ZIP 2003, 899.
[92] IE ebenso *Vossius* in Widmann/Mayer Rn 40.

punkt seiner Eintragung in das Partnerschaftsregister[93]. Im Zeitpunkt des Wirksamwerdens des Formwechsels müssen alle Voraussetzungen vorliegen, unter denen eine PartG entstehen kann.

Liegen diese Voraussetzungen nicht vor, kann der Formwechsel nur wirksam werden, wenn die Gesellschafter, die die persönlichen Anforderungen des PartGG nicht erfüllen, aus der Gesellschaft **ausscheiden**. Dies kann nach richtiger Auffassung mit Wirkung auf den Zeitpunkt des Wirksamwerdens des Formwechsels geschehen[94]. Die Ausscheidenserklärung kann zusammen mit dem Beschluss über den Formwechsel abgegeben werden. **48**

Erklären die betreffenden Gesellschafter nicht ihr Ausscheiden aus der Gesellschaft, darf das Registergericht den Formwechsel in die PartG nicht eintragen. Wird die PartG eingetragen, obwohl dem formwechselnden Rechtsträger Gesellschafter angehören, die nicht Partner einer PartG sein können, bleibt die **Wirksamkeit des Formwechsels** hiervon aber unberührt. Die Gesellschaft entsteht dann infolge des Rechtsformzwangs entweder als Personenhandelsgesellschaft oder als GbR. Das Registergericht kann die eingetragene PartG gem. § 160 b Abs. 1 iVm. § 142 FGG aus dem Partnerschaftsregister löschen[95]. **49**

§ 229 *(aufgehoben)*

§ 229 aufgehoben mWr 25.4.2007 durch G v. 19.4.2007 (BGBl. I. S. 542).
Die Norm betraf den Formwechsel einer KGaA in eine Personengesellschaft und enthielt besondere Regelungen für die bislang nach § 192 Abs. 2 aF erforderliche Vermögensaufstellung als Teil des Umwandlungsberichts. Satz 1 sah vor, dass diese nach den in der Satzung enthaltenen Grundsätzen für die Auseinandersetzung mit den persönlich haftenden Gesellschaftern vorzunehmen war. Satz 2 ließ für die Vermögensaufstellung einen anderen Stichtag als den grundsätzlich maßgeblichen Tag der Erstellung des Umwandlungsberichts zu. Vgl. zu den Einzelheiten die Voraufl. Als Folge der Streichung des § 192 Abs. 2 durch das Zweite Gesetz zur Änderung des Umwandlungsgesetzes wurde mit Art. 1 Nr. 29 auch § 229 aufgehoben.

§ 230 Vorbereitung der Versammlung der Anteilsinhaber

(1) Die Geschäftsführer einer formwechselnden Gesellschaft mit beschränkter Haftung haben allen Gesellschaftern spätestens zusammen mit der Einberufung der Gesellschafterversammlung, die den Formwechsel beschließen soll, diesen Formwechsel als Gegenstand der Beschlußfassung in Textform anzukündigen und den Umwandlungsbericht zu übersenden.

(2) Der Umwandlungsbericht einer Aktiengesellschaft oder einer Kommanditgesellschaft auf Aktien ist von der Einberufung der Hauptversammlung an, die den Formwechsel beschließen soll, in dem Geschäftsraum der Gesellschaft zur Einsicht der Aktionäre auszulegen. Auf Verlangen ist jedem Aktionär und jedem von der Geschäftsführung ausgeschlossenen persönlich haftenden Gesellschafter unverzüglich und kostenlos eine Abschrift des Umwandlungsberichts zu erteilen.

---

[93] § 198 Abs. 2 Satz 2, § 202 Abs. 1.
[94] Siehe Rn 23.
[95] *von Westphalen* in Meilicke/Graf von Westphalen/Hoffmann/Lenz, Partnerschaftsgesellschaftsgesetz, 1995, § 7 Rn 38; *Michalski/Römermann* § 1 PartGG Rn 17 c.

Übersicht

	Rn		Rn
I. Allgemeines	1	a) Frist	20
1. Sinn und Zweck der Norm	1	b) Form	21
2. Maßgeblichkeit der allgemeinen und rechtsformspezifischen Einberufungsregeln	2	c) Dispositivität	24
		4. Auslegung bzw. Übersendung des Umwandlungsberichts bei der AG bzw. KGaA	27
3. Entstehungsgeschichte	3	a) Auslegung	28
II. Vorbereitung der Anteilseignerversammlung	4	b) Erteilung einer Abschrift	30
1. Überblick	4	c) Abweichende Satzungsbestimmungen	31
2. Einberufung der Anteilseignerversammlung	6	5. Aufforderung zur Meldung an unbekannte Aktionäre	32
a) Zuständigkeit der Geschäftsführung	6	**III. Mängelfolgen**	33
b) Form und Inhalt	7	1. Einberufungsmängel	33
aa) Umwandlungsbeschluss	13	2. Heilung	35
bb) Gesellschaftsvertrag in der Zielrechtsform	15	3. Fehlende oder fehlerhafte Auslegung des Umwandlungsberichts	36
c) Adressaten	17	4. Registersperre und Eintragung	37
d) Frist	18		
3. Übersendung des Umwandlungsberichts	20		

Literatur: *Bihr*, Die kleine AG – „Rechtsform" für den Mittelstand?, BB 1999, 920; *Blanke*, Private Aktiengesellschaft und Deregulierung des Aktienrechts, BB 1994, 1505; *Gleichenstein/Stallbaum*, Zum Informationsrecht des Aktionärs nach § 175 Abs. 2 AktG, AG 1970, 217; *Hölters/Deilmann*, Die „kleine" Aktiengesellschaft, 1997; *Hoffmann-Becking*, Gesetz zur „kleinen AG" – unwesentliche Randkorrekturen oder grundlegende Reform?, ZIP 1995, 1; *Loritz*, Die Berechnung der Einberufungsfrist bei Gesellschafterversammlungen der GmbH, GmbHR 1992, 790; *Lutter*, Das neue „Gesetz für kleine Aktiengesellschaften und zur Deregulierung des Aktienrechts", AG 1993, 429; *Meyer-Landrut/Kiem*, Der Formwechsel einer Publikums-Aktiengesellschaft, WM 1997, 1361, 1413; *Priester*, Zivilrechtliche Probleme, in: Bericht über die Fachtagung 1994 des Instituts der Wirtschaftsprüfer in Deutschland e.V., 1995, S. 419; *Raiser*, Nichtigkeits- und Anfechtungsklagen, FS 100 Jahre GmbH-Gesetz, 1992, S. 587; *Schaaf*, Die Praxis der Hauptversammlung, 2. Aufl. 1999; *Schiessl*, Hauptversammlungen deutscher Aktiengesellschaften im Ausland, DB 1992, 823; *Seibert/Kiem*, Handbuch der kleinen AG, 4. Aufl. 2000; *Vogel*, Gesellschafterbeschlüsse und Gesellschafterversammlung, 2. Aufl. 1986; *Wahlers*, Die Satzung der kleinen Aktiengesellschaft, 2. Aufl. 2000; *Werner*, Bekanntmachung der Tagesordnung und bekanntmachungsfreie Anträge – Ein Beitrag zur Auslegung des § 124 AktG, FS Fleck, 1988, S. 401; *Wilde*, Informationsrechte und Informationspflichten im Gefüge der Gesellschaftsorgane, ZGR 1998, 423; *Zeilinger*, Mängel bei Einberufung der Gesellschafterversammlung, GmbHR 2001, 541.

I. Allgemeines

1. Sinn und Zweck der Norm

1   Die Norm regelt die notwendige Information der Gesellschafter einer in die Personengesellschaft formwechselnden Kapitalgesellschaft vor der über den Formwechsel entscheidenden Gesellschafterversammlung. Im Zentrum der Unterrichtungspflicht steht der **Umwandlungsbericht**, der den Gesellschaftern spätestens zu dem Zeitpunkt offen zu legen ist, in dem die Gesellschafter- bzw. Hauptversammlung einberufen wird. Es wird differenziert zwischen den GmbH-Gesellschaftern, denen der Umwandlungsbericht zuzusenden ist[1], und den Aktionären, denen der Umwandlungsbericht nur auf Verlangen zugeschickt wird[2]. Die Vorschrift geht insoweit ersichtlich von einem stärkeren Informationsinteresse der GmbH-

---

[1] § 230 Abs. 1.
[2] § 230 Abs. 2 Satz 2.

Gesellschafter aus[3]. Für die GmbH bestimmt die Norm darüber hinaus die Notwendigkeit, den Formwechsel mit der Einberufung in Textform anzukündigen. Sie entspricht den für die Verschmelzung geltenden Regelungen[4]. Abweichend von § 49 Abs. 1, der die Ankündigung der Verschmelzung „in der Einberufung" der Gesellschafterversammlung verlangt, bestimmt § 230 Abs. 1 lediglich, dass der Formwechsel „zusammen mit der Einberufung" anzukündigen ist. Daraus kann indessen nicht gefolgert werden, dass die Ankündigung des Formwechsels außerhalb der Einberufung in einem separaten Schreiben erfolgen könnte[5].

2. Maßgeblichkeit der allgemeinen und rechtsformspezifischen Einberufungsregeln

Die Bestimmung ergänzt die Allgemeinen und rechtsformspezifischen Regelungen des GmbH- und Aktienrechts über die Einberufung von Gesellschafterversammlungen und die Ankündigung von Beschlussgegenständen. Hinsichtlich der Einberufung der Gesellschafterversammlung einer formwechselnden GmbH erweitert sie die Vorschriften des GmbHG um die **Verpflichtung**, die Beschlussfassung über den Formwechsel spätestens zusammen mit der Einberufung der Gesellschafterversammlung in Textform anzukündigen. Das ist indessen nicht mehr als eine Klarstellung dessen, was nach richtiger Auffassung zum allgemeinen GmbH-Recht ohnedies gilt. Dort wird mit Recht verlangt, dass die Ankündigung der Beschlussgegenstände einer Gesellschafterversammlung so präzise sein muss, dass der Gesellschafter ohne Rückfrage erkennen kann, worüber verhandelt und Beschluss gefasst werden soll[6]. Jedenfalls bei Grundlagenbeschlüssen muss also der wesentliche Inhalt des Beschlusses, bei Verträgen, deren Wirksamkeit von der Zustimmung der Gesellschafterversammlung abhängig ist, deren wesentlicher Inhalt in der Ankündigung wiedergegeben werden[7]. Dem entspricht die Vorgabe in § 230 Abs. 1, den Formwechsel als Gegenstand der Beschlussfassung ausdrücklich mit der Einberufung der Gesellschafterversammlung anzukündigen. 2

3. Entstehungsgeschichte

§ 230 übernimmt die Inhalte des § 24 UmwG 1969 und erweitert sie. Die Norm war wortgleich bereits in § 291 DiskE und § 228 RefE enthalten. 3

II. Vorbereitung der Anteilseignerversammlung

1. Überblick

Über den Formwechsel der GmbH, AG oder KGaA in eine Personengesellschaft kann, vorbehaltlich allseitigen Verzichts der Gesellschafter auf Formen und Fristen der Beschlussfassung, nur Beschluss gefasst werden, wenn 4
– die beschließende Anteilseignerversammlung ordnungsgemäß einberufen worden ist;
– die Beschlussfassung über den Formwechsel in der Einberufung ausdrücklich angekündigt worden ist und
– den Gesellschaftern mit der Einberufung der Umwandlungsbericht übersandt (bei der GmbH) bzw. ausgelegt (bei der AG oder KGaA) worden ist.
Die **Ordnungsmäßigkeit der Einberufung** bestimmt sich nach Maßgabe der §§ 49 ff. GmbHG bzw. §§ 121 ff. AktG und etwaiger ergänzender Bestimmungen in der Satzung 5

---

[3] RegBegr. *Ganske* S. 248.
[4] §§ 47, 49 Abs. 1, 63.
[5] Siehe Rn 8.
[6] *Hüffer* in Hachenburg § 51 GmbHG Rn 21; *Zöllner* in Baumbach/Hueck § 51 GmbHG Rn 21.
[7] Vgl. *Hüffer* in Hachenburg § 51 GmbHG Rn 21, 24 f.; *Zöllner* in Baumbach/Hueck § 51 GmbHG Rn 22 f.; *K. Schmidt* in Scholz § 51 GmbHG Rn 19.

der formwechselnden Gesellschaft. Die Bestimmung in Abs. 1 über die Ankündigung des Formwechsels in Textform und die Übersendung des Umwandlungsberichts ergänzt die allgemeinen Regeln für die GmbH. Die Norm steht nicht zur Disposition abweichender Satzungsbestimmungen; sie werden von § 1 Abs. 3 Satz 1 ausgeschlossen. Demgegenüber können die Gesellschafter einvernehmlich einen Beschluss über den Formwechsel unter Verzicht auf Formen und Fristen und unter Verzicht auf Übersendung eines Umwandlungsberichts fassen. § 1 Abs. 3 Satz 1 steht dem nicht entgegen[8].

2. Einberufung der Anteilseignerversammlung

6 **a) Zuständigkeit der Geschäftsführung.** Nach den allgemeinen Vorschriften obliegt die Einberufung der Geschäftsführung. Das sind bei der GmbH die Geschäftsführer[9], bei der AG der Vorstand[10] und bei der KGaA die persönlich haftenden Gesellschafter[11].

7 **b) Form und Inhalt.** Bei der **GmbH** ist die Einberufung mittels eingeschriebenem Brief[12] unter Wahrung einer Frist von mindestens einer Woche zu bewirken. Die in Abs. 1 enthaltene Bestimmung, nach der der Formwechsel als Versammlungszweck in Textform angekündigt werden muss, macht Abs. 1 nicht zu einer abschließenden Sonderregel, die an die Form der Einberufung geringere Anforderungen als die Zusendung mit eingeschriebenem Brief stellt[13]. Dies folgt schon daraus, dass lediglich die Ankündigung des Formwechsels als Gegenstand der Beschlussfassung dem Textformerfordernis nach Abs. 1 unterliegt, während dort über die Einberufung im Übrigen keine Regelung getroffen wird. Die Einberufung soll den Zweck der Versammlung angeben[14]. Für die Beschlussfassung über den Formwechsel gilt indessen zwingend das Gebot der ausdrücklichen Ankündigung[15].

8 Nach dem Wortlaut von Abs. 1 soll bei der GmbH die Ankündigung des Formwechsels in **Textform** als Gegenstand der Beschlussfassung spätestens „zusammen" mit der Einberufung der Gesellschafterversammlung erfolgen. Das darf nicht dahin missverstanden werden, dass die Einberufung auf die Ankündigung des Formwechsels als Gegenstand der Tagesordnung verzichten und stattdessen die erforderliche Ankündigung separat, wenn auch zeitgleich mit der Einberufung, erfolgen könnte. Mit Recht entspricht es der ganz vorherrschenden Auffassung in der Literatur, dass schon nach allgemeinem GmbH-Recht **Grundlagenbeschlüsse** ihrem wesentlichen Inhalt nach in der Einberufung anzukündigen sind[16]. Angesichts der Bedeutung des Formwechsels kann kein Zweifel daran bestehen, dass auch die Beschlussfassung über den Formwechsel in der Einberufung als Gegenstand der Tagesordnung anzukündigen ist. Für die Verschmelzung bestimmt dies § 49 Abs. 1 ausdrücklich. Für den Formwechsel kann nichts anderes gelten. Das gilt selbst dann, wenn der beabsichtigte Formwechsel, etwa im Fall einer Unterrichtung des Betriebsrats unter Einhaltung einer Monatsfrist[17], bereits vor der förmlichen Einberufung zur Gesellschafterversammlung als Gegenstand der Beschlussfassung angekündigt wird. Auch in diesem Fall muss die förmliche Einberufung der Gesellschafterversammlung den Formwechsel ausdrücklich in der Tagesordnung ankündigen.

---

[8] Zutreffend für die Verschmelzung *M. Winter* in Lutter § 47 Rn 5 und § 49 Rn 3; *Dirksen* in Kallmeyer Rn 6 f.; *Sagasser/Sickinger* in Sagasser/Bula/Brünger R Rn 49; *Schmidt-Diemitz/Moszka* in MünchVertragsHdb. Bd. I XII 40 Anm. 3.
[9] § 49 Abs. 1 GmbHG.
[10] § 121 Abs. 2 Satz 1 AktG.
[11] § 283 Nr. 6 AktG.
[12] § 51 Abs. 1 GmbHG.
[13] IE so auch *Happ* in Lutter Rn 9.
[14] § 51 Abs. 2 GmbHG.
[15] Siehe Rn 33 f.
[16] Siehe Rn 2.
[17] § 194 Abs. 2.

Die eigentliche Bedeutung von Abs. 1 liegt denn auch nicht in der Verpflichtung zur Ankündigung des Formwechsels in der Einberufung zur Gesellschafterversammlung, sondern darin, dass über einen Formwechsel nur dann Beschluss gefasst werden kann, wenn der Umwandlungsbeschluss spätestens **mit der Einberufung** als Gegenstand der Beschlussfassung bekannt gegeben worden ist. Die Möglichkeit, Beschlussgegenstände noch mit einer Frist von drei Tagen nachzuschieben[18], gilt für Beschlüsse über den Formwechsel richtigerweise ebenso wenig wie für Verschmelzungsbeschlüsse[19]. Unberührt hiervon bleibt die Möglichkeit, dass alle Gesellschafter einvernehmlich auf die form- und fristgerechte Ankündigung des Formwechsels verzichten und *ad hoc* einen Beschluss über den Formwechsel fassen.

Die Ankündigung muss unmissverständlich klarstellen, dass in der Versammlung ein Beschluss über den Formwechsel der Gesellschaft gefasst werden soll[20]. Es ist ausreichend, die Ankündigung in Form eines entsprechenden Tagesordnungspunkts in der Einberufung der Gesellschafterversammlung zu bewirken[21]. Zusammen mit der Ankündigung des Formwechsels ist der Entwurf des neuen **Gesellschaftsvertrags** beizufügen[22]. Bei der Umwandlung in eine GmbH & Co. KG ist die Komplementärgesellschaft genau zu bezeichnen[23]. Die Ankündigung in Textform setzt im Übrigen die Beachtung der Textform § 126 b BGB voraus. Die Einberufung mit der Ankündigung des Formwechsels muss deshalb unter Angabe der Person des Einberufenden, vorzugsweise unter Angabe auch seiner die Einberufungsbefugnis begründenden Funktion, in einer Urkunde oder auf andere zur dauerhaften Wiedergabe in Schriftzeichen geeignete Weise erfolgen. Das Ende der Einberufung muss durch Nachbildung der Namensunterschrift oder anders erkennbar gemacht werden.

Bei der **AG bzw. KGaA** erfolgt die Einberufung in den Gesellschaftsblättern[24], wozu stets der elektronische Bundesanzeiger gehört[25]. Sind alle Aktionäre namentlich bekannt, kann sie auch bei der AG bzw. KGaA durch eingeschriebenen Brief erfolgen[26]. Die Tagesordnung ist bei der Einberufung der Hauptversammlung bekannt zu machen[27]. Das UmwG trifft keine hiervon abweichenden oder ergänzenden Bestimmungen über die **Ankündigung des Formwechsels**. Abweichend von Abs. 1 für die GmbH bestimmt das Gesetz insbesondere nicht, dass der Formwechsel als Gegenstand der Beschlussfassung in Textform anzukündigen ist. Daraus kann indessen nicht geschlossen werden, dass es einer solchen Ankündigung nicht bedarf. Insbesondere ändert der Umstand, dass der Entwurf des Umwandlungsbeschlusses auch in den Umwandlungsbericht aufzunehmen ist[28], nichts daran, dass der Formwechsel mit der Einberufung als Gegenstand der Tagesordnung anzukündigen ist. Dies gilt schon deshalb, weil der Umwandlungsbericht nicht mit der Einladung im Bundesanzeiger zu veröffentlichen ist, sondern nur in den Gesellschaftsräumen ausliegt und den Aktionären lediglich auf Verlangen zu übersenden ist.

Für die Frage, wie die Beschlussfassung über den Formwechsel in der Einladung zur Hauptversammlung anzukündigen ist, bleibt es demgemäß bei den **allgemeinen Regeln** für die Einberufung der Hauptversammlung. Was hieraus im Einzelnen folgt, ist streitig. Nach einem Urteil des *LG Hanau* sind beim Formwechsel einer AG in die GmbH bei der Einberufung zur Hauptversammlung sowohl der Wortlaut des vorgeschlagenen

---

[18] § 51 Abs. 4 GmbHG.
[19] Vgl. zutreffend *M. Winter* in Lutter § 49 Rn 5.
[20] *Stratz* in Schmitt/Hörtnagl/Stratz Rn 3 empfiehlt die Verwendung des Begriffs „Formwechsel".
[21] *Dirksen* in Kallmeyer § 17 Rn 5.
[22] *Dirksen* in Kallmeyer Rn 4; siehe für die PartG die Besonderheit in § 234 Rn 14.
[23] *LG Wiesbaden* DB 1998, 2052 zur Umwandlung einer AG.
[24] § 121 Abs. 3 AktG.
[25] § 25 Satz 1 AktG.
[26] § 121 Abs. 4 AktG.
[27] § 124 Abs. 1 AktG.
[28] § 192 Abs. 1 Satz 3 AktG.

Umwandlungsbeschlusses als auch der neue Gesellschaftsvertrag bekannt zu machen[29]. Demgegenüber ist im Schrifttum die Auffassung vertreten worden, der Gesetzgeber habe es beim Formwechsel ausdrücklich ausreichen lassen, dass der Entwurf des Umwandlungsbeschlusses lediglich als Bestandteil des Umwandlungsberichts zu veröffentlichen sei, der seinerseits nur in dem Geschäftsraum der Gesellschaft auszulegen und erst auf Verlangen zu übersenden sei[30]. Darüber hinaus spreche die Vergleichbarkeit mit der Verschmelzung dafür, dass der Umwandlungsbeschluss nur seinem wesentlichen Inhalt nach bekannt zu machen sei[31]. Dem ist nicht zu folgen. Richtigerweise ist der Umwandlungsbeschluss wie eine **Satzungsänderung** zu behandeln mit der Folge, dass analog § 124 Abs. 2 Satz 2 1. Alt. AktG der Beschlussvorschlag im Wortlaut zu veröffentlichen ist. Im Einzelnen gilt Folgendes:

13 *aa) Umwandlungsbeschluss.* Der Entwurf des Umwandlungsbeschlusses ist mit den nach § 124 Abs. 3 Satz 1 AktG erforderlichen Beschlussvorschlägen von Vorstand und Aufsichtsrat in der Einberufung mit dem **vollen Wortlaut** wieder zu geben. Eine Beschränkung auf die wesentlichen Inhalte unter Verweis auf den ausgelegten Umwandlungsbericht reicht nicht aus. Allenfalls im Hinblick auf die Bestimmung der Folgen des Formwechsels für die Arbeitnehmer und ihre Vertretungen[32], die ohnedies nicht der Gestaltung kraft Beschlusses zugänglich sind, sondern als Folge des Formwechsels eintreten, könnte anderes in Betracht kommen. Doch empfiehlt sich auch insoweit die Wiedergabe in vollem Wortlaut. Der Umwandlungsbeschluss hat einen Doppelcharakter als körperschaftlicher Willensakt des formwechselnden Rechtsträgers und als Entscheidung über den neuen Gesellschaftsvertrag des formwechselnden Rechtsträgers in der angestrebten Gesellschaftsform[33]. Er zielt auf eine **Grundlagenänderung** und geht über eine bloße Satzungsänderung deutlich hinaus. Die eigentliche Umwandlungserklärung[34] und die mit ihr einhergehenden weiteren Festsetzungen im Umwandlungsbeschluss[35] sind schon deswegen in der Einberufung im Wortlaut wieder zu geben[36]. **Änderungen des veröffentlichten Beschlussvorschlags** sind bis zur Entscheidung der Hauptversammlung nach den allgemeinen Regeln möglich. Maßgeblich ist danach, ob sich eine Änderung so auf den Beschlussvorschlag auswirkt, dass der **Zweck der Bekanntmachung** des Beschlussvorschlags berührt wird oder nicht. Dem Aktionär soll durch die Bekanntmachung die Vorbreitung auf die Hauptversammlung ermöglicht werden. Er soll entscheiden können, ob er seine Teilnahme an der Versammlung als notwendig erachtet. Entscheidend ist nach der Rechtsprechung, ob eine Änderung materiell von dem bekannt gemachten Beschlussvorschlag abweicht und wirtschaftlich auf etwas anderes hinausläuft als der angekündigte Beschlussvorschlag[37]. Der angekündigte Text des Gesellschaftsvertrags der Zielrechtsform kann danach noch geändert werden, wenn der Charakter der Zielrechtsform dem Grunde nach keine Änderung erfährt. Demgegenüber ist etwa die Auswechselung der Person des persönlich haftenden Gesellschafters beim Formwechsel in die KG regelmäßig von solcher Tragweite, dass eine Änderung im Anschluss an die Einberufung der Hauptversammlung nicht mehr in Betracht kommt. Es bedarf stattdessen einer neuen Gesellschafterversammlung unter Einhaltung der hierfür geltenden Formen und Fristen[38].

14 Für das Abfindungsangebot besteht eine besondere Verpflichtung zur gesonderten Bekanntmachung[39].

---

[29] ZIP 1996, 422, 423.
[30] *Meyer-Landrut/Kiem* WM 1997, 1413 f.
[31] *Riegger* in Widmann/Mayer § 238 Rn 12 f.
[32] Gem. § 194 Nr. 7; siehe hierzu § 194 Rn 30.
[33] *Happ* in Lutter Rn 35.
[34] § 194 Abs. 1 Nr. 1.
[35] § 194 Abs. 1 Nr. 2 bis 6.
[36] *Happ* in Lutter Rn 37.
[37] Vgl. zu den Einzelheiten *Werner* in Großkomm. § 124 AktG Rn 93.
[38] Zutr. LG Wiesbaden AG 1999, 47 f.; tendenziell so auch *Happ* in Lutter Rn 43.
[39] § 231.

bb) Gesellschaftsvertrag in der Zielrechtsform. Das UmwG schreibt für den Formwechsel von **15** der Kapitalgesellschaft in die Personengesellschaft nicht vor, dass der vorgesehene Gesellschaftsvertrag nach Maßgabe der Zielrechtsform Bestandteil des Umwandlungsbeschlusses sein muss. Er ist deshalb weder per se Bestandteil des Umwandlungsberichts[40] noch **notwendiger Gegenstand** der Einberufungsbekanntmachung. Ausreichend ist die Aufnahme der Vertrags-Essentialia in den Umwandlungsbeschluss nach Maßgabe des Mindestkatalogs in § 194 Abs. 1 UmwG (Rechtsform, Firma, Beteiligungen). Im Übrigen folgt die Gesellschaftsverfassung, wenn sich die Beschlussfassung der formwechselnden AG hierauf beschränkt, dem dispositiven Gesetzesrecht, weil sich auch aus § 197 und dem Verweis auf das allgemeine rechtsformspezifische Gründungsrecht insoweit keine weiteren Beschlussnotwendigkeiten ergeben.

Indessen liegt auf der Hand, dass eine Beschränkung auf die vorgenannten Vertrags- **16** Essentialia regelmäßig nicht sachgerecht ist. Hierfür spricht auch, dass jede weitere Änderung der gesellschaftsvertraglichen Verfassung des Zielrechtsträgers nach Maßgabe des dann geltenden dispositiven Gesetzesrechts nach Wirksamwerden des Formwechsels der Zustimmung aller Gesellschafter bedarf. Es ist deshalb dringend anzuraten, zusammen mit dem Formwechsel auch über die neue Gesellschaftsvertragsfassung zu beschließen, sei es, dass der Vertrag zum Inhalt des Umwandlungsbeschlusses selbst gemacht wird, sei es, dass zusammen mit dem Formwechsel auch über den Gesellschaftsvertrag in der Zielrechtsform Beschluss gefasst wird. Wird das zweite Verfahren gewählt, ist mit der Bekanntmachung der Einladung zur Hauptversammlung auch der **Wortlaut** des vorgeschlagenen Gesellschaftsvertrags bekannt zu machen[41].

c) Adressaten. Die Einberufung zu der über den Formwechsel entscheidenden Anteils- **17** eignerversammlung ist an **alle Gesellschafter** zu richten, auch an solche ohne Stimmrecht[42].

d) Frist. Die Einberufung hat bei der GmbH mindestens eine Woche vor der Gesell- **18** schafterversammlung zu erfolgen[43], soweit der Gesellschaftsvertrag nicht eine längere Frist vorsieht[44]. Die Frist berechnet sich ab dem Tag, an dem bei normaler postalischer Beförderung mit dem Zugang bei allen Gesellschaftern der GmbH zu rechnen ist[45]. Mit der **Wochenfrist** soll den Gesellschaftern also eine Dispositionsfrist eingeräumt werden, die sie in die Lage versetzt, an der Versammlung teilzunehmen. Dabei können sich für verschiedene Gesellschafter unterschiedliche Fristen ergeben, die von der zu erwartenden Postlaufzeit, zB ins außereuropäische Ausland, abhängig sind[46]. Praktisch empfiehlt sich aber die einheitliche Versendung unter Berücksichtigung der längsten zu erwartenden Postlaufzeit[47]. Im Fall der Inlandszustellung kann normalerweise mit einem Zugang binnen zwei Tagen nach Aufgabe zur Post gerechnet werden[48]. Sofern die Übersendung in das Ausland erfolgt, wird eine

---

[40] Nur für den Fall des Formwechsels in die Kapitalgesellschaft zutreffend, deshalb *Meyer-Landrut/Kiem* WM 1997, 1413.
[41] Gedanke des § 124 Abs. 2 Satz 2 AktG. IE zutreffend deshalb *Dirksen* in Kallmeyer Rn 9; *Happ* in Lutter Rn 41.
[42] BGH GmbHR 1985, 256; *Dirksen* in Kallmeyer Rn 6; *Lutter/Hommelhoff* § 51 GmbHG Rn 3; *Zöllner* in Baumbach/Hueck § 51 GmbHG Rn 3; wer Gesellschafter ist, ergibt sich aus § 16 Abs. 1 GmbHG.
[43] § 51 Abs. 1 Satz 2 GmbHG.
[44] Die Mindesteinladungsfrist von einer Woche darf nicht unterschritten werden; so auch *Lutter/Hommelhoff* § 51 GmbHG Rn 1.
[45] BGHZ 100, 264, 268.
[46] *Lutter/Hommelhoff* § 51 GmbHG Rn 9; *Zeilinger* GmbHR 2001, 541, 544 mwN.
[47] Ist die gesetzliche Mindestfrist in der Satzung verlängert, bedarf es nicht eines zusätzlichen Aufschlags um die Zustellungsdauer, OLG Brandenburg NZG 1999, 828.
[48] *Happ* in Lutter Rn 14; *Lutter/Hommelhoff* § 51 GmbHG Rn 9; *Zeilinger* GmbHR 2001, 541, 544.

Mindestfrist von vier Tagen anzusetzen sein[49]. Für die **Berechnung** des Laufs der Frist sind §§ 187 Abs. 1, 188 Abs. 2, 193 BGB maßgebend. Danach endet die Frist an dem Wochentag, der dem Wochentag der vorangegangenen Woche, in dem mit dem Zugang der Einberufung gerechnet werden durfte, entspricht[50]. Die Gesellschafterversammlung, die über den Formwechsel Beschluss fassen will, kann sodann am folgenden Tag stattfinden. Sofern das Fristende auf einen Sonnabend, Sonntag oder gesetzlichen Feiertag fällt, endet die Frist erst am nächsten Werktag[51]. Da die Gesellschafter über den vorgeschlagenen Formwechsel nicht später als ein Betriebsrat unterrichtet werden sollten, sollte die Ankündigung des Formwechsels gegenüber den Gesellschaftern spätestens einen Monat vor der Gesellschafterversammlung erfolgen, wenn ein Betriebsrat besteht[52].

19 Bei der AG bzw. KGaA hat die Einberufung mindestens einen **Monat** vor dem Termin der Hauptversammlung, bei Anmelde- oder Hinterlegungsbestimmungen in der Satzung einen Monat vor dem letzten Hinterlegungs- oder Anmeldungstag zu erfolgen[53]. Maßgeblich ist bei der Einberufung in den Gesellschaftsblättern das Erscheinungsdatum, also grundsätzlich der Tag der tatsächlichen Ausgabe[54]. Soweit die formwechselnde Gesellschaft in der Satzung mehrere Gesellschaftsblätter bestimmt hat, kommt es entscheidend auf das Erscheinungsdatum des letzten Blattes an[55]. Bei der Einberufung mittels **eingeschriebenem Brief** gilt der Tag der Absendung als Tag der Bekanntmachung[56]. Im Unterschied zur GmbH ist die voraussichtliche Postlaufzeit bei der AG bzw. KGaA irrelevant. Das lässt sich mit der insgesamt deutlich längeren gesetzlichen Einberufungsfrist rechtfertigen. Für die Fristberechnung gelten im Übrigen die §§ 187, 188 BGB; § 193 BGB ist nach hM nicht anzuwenden[57].

3. Übersendung des Umwandlungsberichts bei der GmbH[58]

20 **a) Frist.** Spätestens zusammen mit der Einberufung der Gesellschafterversammlung ist jedem Gesellschafter der GmbH, auch den nicht stimmberechtigten Anteilsinhabern, eine Abschrift des Umwandlungsberichts zu übersenden, soweit ein solcher nicht entbehrlich ist[59]. Der Bericht kann früher[60], keinesfalls aber später als mit der Einberufung der Gesellschafterversammlung übersandt werden. Als Mindestfrist gilt danach die **Wochenfrist** nach § 51 Abs. 1 Satz 2 GmbHG. Sofern sich aus der Satzung eine längere Einberufungsfrist ergibt, gilt diese entsprechend auch für die Übersendung des Umwandlungsberichts, die dann spätestens mit der fristgerechten Einladung erfolgen muss. Eine satzungsgemäße Abkürzung der Mindestladungsfrist wird im GmbH-Recht richtigerweise für unzulässig gehalten[61]. In jedem Fall ist bei Beschlussfassungen über einen Formwechsel der GmbH eine Unterschreitung der

---

[49] Jedenfalls für Zustellungen innerhalb Westeuropas, *Lutter/Hommelhoff* § 51 GmbHG Rn 9; außerdem *Hüffer* in Hachenburg § 51 GmbHG Rn 15.
[50] Vgl. nur *K. Schmidt* in Scholz § 51 GmbHR Rn 14; *Lutter/Hommelhoff* § 51 GmbHG Rn 8.
[51] Wohl aA *Happ* in Lutter Rn 15; wie hier *Lutter/Hommelhoff* § 51 GmbHG Rn 8; *Zeilinger* GmbHR 2001, 541, 544.
[52] Vgl. § 194 Abs. 2 UmwG.
[53] § 123 Abs. 1 und 2 AktG. Mit der Neufassung des AktG durch das UMAG (§ 123 Abs. 1 AktG) wird die Frist zukünftig 30 Tage vor dem Tag der Hauptversammlung betragen. Sieht die Satzung vor, dass die Aktionäre sich vor der Versammlung anmelden, muss die Einberufung 30 Tage vor dem Tag erfolgen, bis zu dessen Ablauf sich die Aktionäre anzumelden haben (§ 123 Abs. 2 AktG).
[54] *Hüffer* § 123 AktG Rn 2.
[55] *Werner* in Großkomm. § 121 AktG Rn 63.
[56] § 124 Abs. 4 Satz 1 2. Halbsatz AktG.
[57] *Happ* in Lutter Rn 25.
[58] Zum Inhalt des Umwandlungsberichts siehe § 192 Rn 6 ff.
[59] § 192 Abs. 2.
[60] Siehe Rn 9.
[61] *Lutter/Hommelhoff* § 51 GmbHG Rn 2; sehr zurückhaltend auch *Hüffer* in Hachenburg § 51 GmbHG Rn 34 und *K. Schmidt* in Scholz § 51 GmbHG Rn 4.

Wochenfrist selbst bei abweichender Satzungsbestimmung unbedingt zu vermeiden. Das ergibt sich schon daraus, dass trotz Einhaltung der formalen Einberufungs- und Ankündigungsfristen ein Beschlussmangel gegeben sein kann, falls Gesellschafter geltend machen können, dass sie angesichts der Bedeutung und Komplexität des Beschlussgegenstands innerhalb der Einladungsfrist keine ausreichende Möglichkeit gehabt haben, um sich hinreichend zu informieren[62]. Darüber hinaus ist der Gesetzgeber ersichtlich von einer zwingenden Wochenfrist im GmbH-Recht ausgegangen[63]. Schließlich ist die Frist von einer Woche ohnedies eher zu knapp bemessen und im Regelfall der Sache nach nicht als ausreichend anzusehen, um den Gesellschaftern eine angemessene Vorabbefassung mit dem Formwechsel zu ermöglichen. Für den Beginn und die **Berechnung der Übersendungsfrist** gilt das zur Einberufung der Gesellschafterversammlung Ausgeführte entsprechend[64].

b) Form. Das Gesetz trifft keine ausdrückliche Bestimmung dazu, in welcher Form der Umwandlungsbericht zu übersenden ist. Angesichts der Bedeutung, die der Umwandlungsbericht für die Unterrichtung der Gesellschafter hat, muss dasselbe gelten wie für die Einberufung der Gesellschafterversammlung. Demgemäß ist die Übersendung mit **eingeschriebenem Brief** zu bewirken. Dafür spricht auch, dass das Gesetz die Übersendung spätestens „zusammen mit der Einberufung" anordnet. Zweckmäßigerweise erfolgt die Übersendung, sofern sie zeitgleich mit der Einberufung erfolgt, in demselben eingeschriebenen Brief wie diese. Aber auch wenn der Umwandlungsbericht übersandt wurde, bevor die Gesellschafterversammlung förmlich einberufen wird, ist eine Übersendung durch eingeschriebenen Brief angesichts der Bedeutung der Informationen für die Gesellschafter unverzichtbar.

Anderes kann gelten, wenn die **Satzung** der GmbH für die Einberufung der Gesellschafterversammlung eine andere Form als diejenige der Einberufung mittels eingeschriebenen Briefs vorsieht[65]. In diesem Fall ist die Übermittlung des Umwandlungsberichts in der in der Satzung vorgesehenen Form zu bewirken. Das gilt jedenfalls dann, wenn die Satzung ausnahmsweise eine intensivere Form der Übermittlung, wie etwa die persönliche Aushändigung der Einberufung, vorsieht. Dann ist auch der Umwandlungsbericht auszuhändigen. Sieht die Satzung die Einberufung einer Gesellschafterversammlung durch Bekanntmachung in den **Gesellschaftsblättern** vor, reicht es aus, wenn in der Einladung darauf hingewiesen wird, dass der Umwandlungsbericht jedem Gesellschafter übersandt wird und bei der Gesellschaft eingesehen oder abgerufen werden kann[66]. Der Umwandlungsbericht ist auch in diesem Fall an die Gesellschafter zu versenden.

Sofern ein Gesellschaftsanteil mehreren **Mitberechtigten** gehört, genügt es, wenn der Umwandlungsbericht an einen der Mitberechtigten übersandt wird[67]. Im Zweifel empfiehlt es sich, vorsorglich allen Mitberechtigten die Einberufung der Gesellschafterversammlung sowie den Umwandlungsbericht zu übermitteln, soweit dies zumutbar ist[68]. Anderes gilt, wenn die Mitberechtigten einen **gemeinsamen Vertreter** bestellt haben. In diesem Fall ist die Übersendung an den gemeinsam bestellten Vertreter geboten und ausreichend. Die **GbR** ist, jedenfalls soweit sie als Außengesellschaft im Rechtsverkehr auftritt, richtigerweise kein Fall der Mitberechtigung iSd. § 18 GmbHG. In diesem Fall genügt es, wenn der Umwandlungsbericht an den oder die geschäftsführungs- und vertretungsberechtigten Gesellschafter der GbR übermittelt wird.

---

[62] Dazu *K. Schmidt* in Scholz § 51 GmbHG Rn 21 und *Hüffer* in Hachenburg § 51 GmbHG Rn 20.
[63] RegBegr. *Ganske* S. 250.
[64] Siehe Rn 18; vgl. hierzu BGHZ 100, 264, 267 f.; *Lutter/Hommelhoff* § 51 GmbHG Rn 9; *Zöllner* in Baumbach/Hueck § 51 GmbHG Rn 17; *Hüffer* in Hachenburg § 51 GmbHG Rn 15; *K. Schmidt* in Scholz § 51 GmbHG Rn 15.
[65] Vgl. *Hüffer* in Hachenburg § 51 GmbHG Rn 33 f. und *K. Schmidt* in Scholz § 51 GmbHG Rn 4.
[66] Die weitergehende Auffassung in der Voraufl. (Veröffentlichung des Umwandlungsberichts in den Gesellschaftsblättern) wird aufgegeben.
[67] § 18 Abs. 3 GmbHG.
[68] Vgl. *K. Schmidt* in Scholz § 51 GmbHG Rn 8.

24 c) **Dispositivität.** Das Recht der Gesellschafter bzw. Aktionäre auf Erhalt des Umwandlungsberichts kann in der Satzung nicht ausgeschlossen oder eingeschränkt werden. Entsprechende Regelungen sind mit § 1 Abs. 3 Satz 1 nicht vereinbar. Möglich ist eine Satzungsbestimmung, die den Umwandlungsbericht einer Prüfung unterwirft, die einer Verschmelzungsprüfung[69] ähnelt. Es bleibt den Gesellschaftern aber unbenommen, einvernehmlich auf die frist- und formgerechte Vorlage eines Umwandlungsberichts zu verzichten und ad hoc einen Beschluss über den Formwechsel zu fassen[70].

25 Die Verpflichtung zur Vorlage eines Umwandlungsberichts wird verbreitet als Konkretisierung des allgemeinen Auskunftsrechts der GmbH-Gesellschafter verstanden. Die Regelung geht allerdings insoweit über § 51 a GmbHG hinaus, als die entsprechenden Informationen nicht erst auf Anfrage erteilt werden, sondern dem Gesellschafter aktiv zur Verfügung zu stellen sind. Darüber hinaus wäre es unzutreffend, aus der Anknüpfung an das allgemeine Informationsrecht auf die Möglichkeit schließen zu wollen, im Einzelfall auf der Grundlage eines Beschlusses der Gesellschafterversammlung die Einsichtnahme in den Umwandlungsbericht verweigern zu können[71]. Insofern gehen die umwandlungsrechtlichen Bestimmungen[72] als abschließende Sonderregelungen vor. Danach müssen Tatsachen, deren Bekanntwerden der Gesellschaft einen nicht merklichen Nachteil zufügen können, nicht in den Bericht aufgenommen werden[73].

26 Um die Aktualität der mitgeteilten Daten zu gewährleisten, darf die dem Umwandlungsbericht beizufügende **Vermögensaufstellung** nicht auf einen Stichtag lauten, der länger als acht Monate vor dem Datum des Umwandlungsberichts liegt[74].

4. Auslegung bzw. Übersendung des Umwandlungsberichts bei der AG bzw. KGaA

27 Bei der Umwandlung einer AG bzw. KGaA in eine Personengesellschaft muss der Umwandlungsbericht nicht von vornherein jedem einzelnen Aktionär zukommen. Die Möglichkeit der Kenntnisnahme reicht insoweit aus.

28 a) **Auslegung.** Die Gesellschaft muss den Umwandlungsbericht, ab der Einberufung in ihrem Geschäftsraum auslegen[75]. Als **Zeitpunkt der Einberufung** ist in Abweichung von § 123 Abs. 1 AktG der Tag anzusehen, an dem das erste Gesellschaftsblatt mit der Einberufung der Hauptversammlung erscheint. Im Fall einer Einberufung mittels Einschreiben ist auf den Tag der Absendung abzustellen. Hierdurch soll die rechtzeitige Unterrichtung der Anteilseigner sichergestellt werden[76]. Das Erfordernis, den Umwandlungsbericht auszulegen, ergibt sich somit ab dem Zeitpunkt, zu dem mit einem berechtigten Einsichtswunsch gerechnet werden muss. Dies ist der Fall, sobald Aktionäre erstmals von der Einberufung zu der über die Umwandlung beschließenden Hauptversammlung auf die vorgesehene Art und Weise Kenntnis erlangen können. Die Pflicht zur Auslegung entspricht im Übrigen anderen Informationspflichten[77].

---

[69] Näher hierzu siehe § 9.
[70] *Dirksen* in Kallmeyer Rn 6 f.; *Sagasser/Sickinger* in Sagasser/Bula/Brünger R Rn 49; *Schmidt-Diemitz/Moszka* in MünchVertragsHdb. Bd. 1 XII 40 Anm. 3.
[71] Gem. § 51 a Abs. 2 GmbHG.
[72] § 192 Abs. 1 Satz 2 iVm. § 8 Abs. 2.
[73] Siehe § 192 Rn 17.
[74] LG *Mainz* ZIP 2001, 840.
[75] § 230 Abs. 2 Satz 1.
[76] RegBegr. *Ganske* S. 248.
[77] So zB die Pflicht zur Information über den Jahresabschluss, § 175 Abs. 2 Satz 1 AktG oder die Pflicht zur Auslage der Unternehmensvertragsunterlagen, §§ 293 f. AktG.

Auszulegen ist der Umwandlungsbericht samt Entwurf des Umwandlungsbeschlusses und 29
der Vermögensaufstellung. Die Auslegung erfolgt am **Sitz der Hauptverwaltung**[78]. Die
Möglichkeit der Einsichtnahme muss zu den üblichen Geschäftszeiten gewährt werden. Der
Umwandlungsbericht ist im Original von allen Mitgliedern des jeweiligen Vertretungsorgans
zu unterzeichnen. Soweit ein **Prüfungsbericht**[79] zu erstellen ist, ist dieser nicht auszulegen.
Er ist allerdings in der Hauptversammlung zu erörtern und unterliegt dem Fragerecht der
Aktionäre[80].

b) Erteilung einer Abschrift. Alle Aktionäre und etwaige von der Geschäftsführung 30
ausgeschlossene persönlich haftende Gesellschafter einer KGaA haben Anspruch auf kostenlose und unverzügliche Übersendung einer Abschrift des Umwandlungsberichts[81]. Auch
nicht stimmberechtigte Aktionäre haben Anspruch auf Erteilung einer Abschrift[82]. Die
Gesellschaft kann die Übersendung vom Nachweis der Aktionärsstellung abhängig machen.
Die **Kosten** für die Übersendung des Berichts, nicht aber für die Anforderung und den
Nachweis der Aktionärsstellung, hat die Gesellschaft zu tragen. In der Hauptversammlung
können die Aktionäre weitere Informationen nach Maßgabe des § 131 AktG verlangen.

c) Abweichende Satzungsbestimmungen. Auf die Auslegung des Umwandlungsbe- 31
richts kann nicht in der Satzung vorab generell verzichtet werden, da es sich insoweit um für
den Bestand der Gesellschaft grundlegende Informationen handelt[83].

5. Aufforderung zur Meldung an unbekannte Aktionäre

Beim Formwechsel in eine KG[84] und in den übrigen Konstellationen, in denen im Zuge 32
des Formwechsels die Gesellschafter namentlich benannt werden müssen[85], stellt sich die
Frage, ob die Gesellschaft gehalten ist, mit der Einberufung zur beschlussfassenden Hauptversammlung unbekannte Aktionäre zur Angabe ihres Aktienbesitzes unter **Namensnennung**
aufzufordern. In der Rechtsprechung ist dies postuliert worden[86]. Eine rechtliche Verpflichtung hierzu ist aus dem Gesetz indessen nicht abzuleiten.

III. Mängelfolgen

1. Einberufungsmängel

Verstöße gegen die Regeln zur Vorbereitung und Einberufung der Gesellschafterver- 33
sammlung können die Nichtigkeit oder Anfechtbarkeit eines gefassten Beschlusses über den
Formwechsel nach sich ziehen. Maßgebend sind insofern auch für die GmbH die §§ 241 ff.
AktG[87].

Der Umwandlungsbeschluss ist nichtig, wenn die Einberufung unter Verstoß gegen § 121 34
Abs. 2, 3 oder 4 erfolgt ist. Ein **Nichtigkeitsgrund** liegt insbesondere dann vor, wenn überhaupt keine Einberufung oder eine Einberufung durch Unbefugte erfolgte[88]. Weiterhin führt

---

[78] *Stratz* in Schmitt/Hörtnagl/Stratz Rn 5.
[79] §§ 208, 30 Abs. 2.
[80] *BGH* WM 2001, 467, 470.
[81] § 230 Abs. 2 Satz 2.
[82] *Happ* in Lutter Rn 47.
[83] *Vossius* in Widmann/Mayer Rn 55.
[84] Siehe § 234 Rn 6 ff.
[85] Dazu eingehend § 213 Rn 1 ff.
[86] *BayObLG* ZIP 1996, 1467; zurückhaltend *Happ* in Lutter Rn 49.
[87] *BGH* GmbHR 2003, 171; zur entsprechenden Geltung der Anfechtungsfrist des § 246 Abs. 1 AktG siehe aktuell *BGH* ZIP 2005, 706.
[88] BGHZ 87, 1, 2 für GmbH.

es im Regelfall zur Nichtigkeit, wenn die Einberufung nicht in der erforderlichen Form erfolgt oder die Mindestangaben in der Bekanntmachung fehlen[89]. Bei einer Einladung durch eingeschriebenen Brief führt es zur Nichtigkeit, wenn auch nur ein einziger Gesellschafter nicht eingeladen wird[90]. Demgegenüber führen Fehler bei der Berechnung der Einberufungsfrist oder eine unzureichende Mitteilung der Tagesordnung lediglich zur **Anfechtbarkeit** des Umwandlungsbeschlusses[91]. Dasselbe gilt für Verstöße gegen die spezifischen Vorgaben des § 230.

2. Heilung

35 Auch bei Einberufungsmängeln, die an sich die Nichtigkeit des Umwandlungsbeschlusses begründen, kommt es dann nicht zur Nichtigkeit, wenn alle Gesellschafter persönlich anwesend oder vertreten sind und keiner der Beschlussfassung widerspricht[92]. § 230 ergänzt die allgemeinen Formvorschriften für den Fall der Umwandlung. Es ist nicht zu erkennen, warum in diesem Zusammenhang eine Heilung durch die Zustimmung aller Betroffenen ausgeschlossen werden sollte[93].

3. Fehlende oder fehlerhafte Auslegung des Umwandlungsberichts

36 Wird der Umwandlungsbericht nicht oder fehlerhaft, etwa verspätet oder nicht kostenfrei, ausgelegt oder übersendet, führt dies im Regelfall ebenfalls zur Anfechtbarkeit des Umwandlungsbeschlusses, sofern nicht alle Gesellschafter ohne Widerspruch zugestimmt haben[94].

4. Registersperre und Eintragung

37 Fristgerecht eingereichte Klagen[95] gegen fehlerhafte Beschlüsse begründen eine Registersperre, die der Eintragung des Umwandlungsbeschlusses und damit dem Wirksamwerden der Umwandlung entgegensteht[96]. Mit Eintragung tritt hingegen **Bestandsschutz** der erfolgten Umwandlung und eine Heilung möglicherweise gegebener Mängel ein[97]. Die Eintragung eines fehlerhaften Umwandlungsbeschlusses führt allerdings nicht zu einer umfassenden Heilung aller Mängel. Vielmehr beschränkt sich der Bestandsschutz auf die Umwandlung als solche; andere Mängel, zB bezüglich gleichzeitig beschlossener Kapitalerhöhungen, können hingegen weiterhin geltend gemacht werden[98]. Es wird also die Fehlerhaftigkeit von gleichzeitig mit dem Umwandlungsbeschluss gefassten sonstigen Beschlüssen auch dann nicht geheilt[99], wenn sie in einem sachlichen Zusammenhang mit der Umwandlung stehen.

§ 231 Mitteilung des Abfindungsangebots

Das Vertretungsorgan der formwechselnden Gesellschaft hat den Gesellschaftern oder Aktionären spätestens zusammen mit der Einberufung der Gesellschafterversammlung oder der Hauptversammlung, die den Formwechsel beschließen soll, das Abfindungsangebot nach § 207 zu übersenden. Der Übersendung steht es gleich, wenn das Abfindungsangebot im elektronischen Bundesanzeiger und den sonst bestimmten Gesellschaftsblättern bekanntgemacht wird.

---

[89] *Happ* in Lutter Rn 51.
[90] BGHZ 36, 207, 211.
[91] *Happ* in Lutter Rn 52.
[92] § 51 Abs. 3 GmbHG; § 121 Abs. 6 AktG.
[93] *Stratz* in Schmitt/Hörtnagl/Stratz Rn 6.
[94] *Dirksen* in Kallmeyer Rn 11.
[95] § 195.
[96] §§ 198 Abs. 3, 16 Abs. 2 und 3; *Decher* in Lutter § 202 Rn 56.
[97] Siehe § 202 Rn 34.
[98] *Meister/Klöcker* in Kallmeyer § 202 Rn 58.
[99] *Decher* in Lutter § 202 Rn 58.

Übersicht

	Rn		Rn
I. Allgemeines	1	1. Notwendigkeit eines Abfindungsangebots	4
1. Sinn und Zweck der Norm	1	2. Verpflichtung des Vertretungsorgans	7
2. Anwendungsbereich	2	3. Zuleitung oder Bekanntmachung	8
3. Entstehungsgeschichte	3	4. Frist	10
II. Einzelerläuterungen	4	5. Mängelfolgen	11

Literatur: Siehe Literaturverzeichnis zu § 230.

I. Allgemeines

1. Sinn und Zweck der Norm

Alle Anteilsinhaber des formwechselnden Rechtsträgers sollen unmittelbaren Zugang zu 1
dem **Abfindungsangebot** nach § 207 haben. Dies ist wichtig, weil das Abfindungsangebot nur innerhalb von zwei Monaten nach dem Tag, an dem die Eintragung der neuen Rechtsform oder des Rechtsträgers neuer Rechtsform in das Register als bekannt gemacht gilt[1], angenommen werden kann[2]. Die bloße Verpflichtung zur Auslage in dem Geschäftsraum der formwechselnden Gesellschaft und zur kostenfreien Übersendung auf Anforderung[3] erschien dem Gesetzgeber deshalb mit Recht als nicht ausreichend. Die AG bzw. KGaA trifft eine weiter gehende Verpflichtung zur aktiven Information ihrer Aktionäre über das Abfindungsangebot als über die sonstige Umwandlung. Grundsätzlich genügt für den Umwandlungsbericht dessen Auslegung in dem Geschäftsraum und dessen Zusendung auf Anforderung[4]. Bei der GmbH sind die Regelungen hingegen identisch. Sie muss ohnehin den Formwechsel in der Einberufung der Gesellschafterversammlung ankündigen und den Umwandlungsbericht übersenden[5]. Der Regelung kommt deshalb für die GmbH primär ein klarstellender Charakter zu[6].

2. Anwendungsbereich

Die Verpflichtung zur Übersendung oder öffentlichen Bekanntmachung besteht in allen 2
Fällen des Formwechsels einer **Kapitalgesellschaft** in eine Personengesellschaft, in denen der formwechselnde Rechtsträger ein **Abfindungsangebot** nach § 207 zu machen hat. Das ist nicht der Fall, sofern der Umwandlungsbeschluss zu seiner Wirksamkeit der Zustimmung aller Anteilsinhaber bedarf[7] oder an dem formwechselnden Rechtsträger nur ein Anteilsinhaber beteiligt ist. Dasselbe gilt, wenn alle Gesellschafter der formwechselnden Kapitalgesellschaft auf das Abfindungsangebot verzichten[8]. Auch gegenüber einem persönlich haftenden Gesellschafter einer KGaA ist kein Barabfindungsangebot abzugeben[9].

---

[1] § 209 Satz 1.
[2] RegBegr. *Ganske* S. 250.
[3] § 230 Abs. 2.
[4] § 230 Abs. 2.
[5] Vgl. § 230 Abs. 1.
[6] *Vossius* in Widmann/Mayer § 231 Rn 2.
[7] § 194 Abs. 1 Nr. 6, siehe Rn 4.
[8] Siehe Rn 6.
[9] Siehe § 227 Rn 7.

3. Entstehungsgeschichte

3   Das früher geltende Recht enthielt in § 11 Nr. 2 und § 24 Abs. 2 Nr. 2 lit. b) UmwG 1969 entsprechende Vorschriften. Der Text ist unverändert aus dem RegE übernommen worden.

II. Einzelerläuterungen

1. Notwendigkeit eines Abfindungsangebots

4   Ein Abfindungsangebot ist beim Formwechsel einer Kapitalgesellschaft in eine Personengesellschaft im Regelfall zwingend[10]. Die Höhe der anzubietenden Barabfindung ist im Umwandlungsbericht rechtlich und wirtschaftlich plausibel zu erläutern[11]. Ausnahmsweise ist das Abfindungsangebot **entbehrlich**, sofern der formwechselnde Rechtsträger nur einen Gesellschafter hat oder wenn der Formwechsel der Zustimmung aller Gesellschafter bedarf[12]. Das Erfordernis der Zustimmung aller Gesellschafter besteht beim Formwechsel in die GbR, OHG und die PartG[13]. Für die EWIV und die Partenreederei fehlt eine ausdrückliche gesetzliche Bestimmung, doch folgt aus der unbeschränkten Haftung ihrer Gesellschafter aus § 233 Abs. 1, dass es auch hier der Zustimmung aller Gesellschafter des formwechselnden Rechtsträgers bedarf. **Erforderlich** ist ein Abfindungsangebot demgegenüber beim Formwechsel in eine KG (einschließlich der Kapitalgesellschaft & Co. KG), da hierüber mit qualifizierter Mehrheit beschlossen werden kann[14]. Dem ausscheidenden Komplementär einer formwechselnden KGaA ist kein Barabfindungsangebot zu machen[15].

5   Eines Abfindungsangebots nach § 207 bedarf es schließlich auch dann nicht, wenn alle Anteilsinhaber des formwechselnden Rechtsträgers auf dessen Vorlage **verzichten.** Allerdings wird der Verzicht auf das Abfindungsangebot idR erst in der den Formwechsel beschließenden Gesellschafterversammlung erklärt. Ein Absehen von der Vorlage eines Abfindungsangebots bei Einberufung der Gesellschafterversammlung kommt deshalb nur dort in Betracht, wo das Vertretungsorgan mit hinreichender Gewissheit davon ausgehen kann, dass alle Gesellschafter den Formwechsel unter Verzicht auf ein Abfindungsangebot mittragen. Der Verzicht bedarf der **notariellen Beurkundung**[16]. Ein Verzicht auf ein an sich erforderliches Abfindungsangebot kann nur mit Bezug auf den konkreten Einzelfall erfolgen. § 231 ist nicht generell in der Satzung abdingbar[17].

6   Soweit den Anteilsinhabern ein Umwandlungsbericht zu übersenden ist – also insbesondere bei der Umwandlung einer GmbH in eine Personengesellschaft[18] – enthält dieser den Entwurf des Umwandlungsbeschlusses, der wiederum das Abfindungsangebot enthält[19]. Sofern die Anteilsinhaber auf den Umwandlungsbericht verzichtet haben[20], ist ihnen unabhängig davon gleichwohl ein Abfindungsangebot zu machen und zu übersenden, sofern sich der Verzicht nicht ausdrücklich auch auf das Abfindungsangebot bezieht[21]. Insofern kommt § 231 auch bei der GmbH eine eigenständige Bedeutung zu[22].

---

[10] § 207.
[11] *KG* DB 1999, 86; insoweit bestätigt vom *BGH* ZIP 2001, 412. Zu den inhaltlichen Anforderungen an das Barabfindungsgebot siehe § 208.
[12] § 194 Abs. 1 Nr. 6.
[13] § 233 Abs. 1.
[14] § 233 Abs. 2; *Dirksen* in Kallmeyer Rn 2.
[15] Siehe § 227.
[16] *Happ* in Lutter Rn 8.
[17] *Vossius* in Widmann/Mayer Rn 16.
[18] § 230 Abs. 1; aber auch bei entsprechenden Satzungsvorschriften in AG oder KGaA.
[19] §§ 192 Abs. 1 Satz 2, 194 Abs. 1 Nr. 6.
[20] § 192 Abs. 2.
[21] *Dirksen* in Kallmeyer Rn 3.
[22] Vgl. *Stratz* in Schmitt/Hörtnagl/Stratz Rn 1; diese Fallgestaltung lässt *Vossius* in Widmann/Mayer Rn 2 außer Acht.

2. Verpflichtung des Vertretungsorgans

Die form- und fristgerechte Zuleitung bzw. Bekanntmachung des Abfindungsangebots obliegt dem Vertretungsorgan des formwechselnden Rechtsträgers, das auch für die Einberufung der Gesellschafterversammlung oder Hauptversammlung zuständig ist, die über den Formwechsel beschließen soll[23]. Bei der Verpflichtung des Vertretungsorgans zur Zuleitung bzw. Veröffentlichung des Abfindungsangebots bleibt es auch dann, wenn ausnahmsweise die Einladung nicht von dem Vertretungsorgan, sondern einem kraft Satzung zur Einberufung der Gesellschafterversammlung bzw. Hauptversammlung befugten Gesellschafter bewirkt wird. Das ist abgesehen vom eindeutigen Gesetzeswortlaut schon deshalb zwingend, weil der formwechselnde Rechtsträger bei Abgabe des Abfindungsangebots von seinem Vertretungsorgan vertreten wird.

3. Zuleitung oder Bekanntmachung

Das Abfindungsangebot ist zusammen mit der Einberufung der Anteilseignerversammlung, die den Umwandlungsbeschluss fassen soll, zu übersenden. Alternativ kann es im elektronischen Bundesanzeiger und den sonst bestimmten Gesellschaftsblättern bekannt gemacht werden. Das Vertretungsorgan des formwechselnden Rechtsträgers ist frei darin, die eine oder die andere Möglichkeit zu wählen. Nach dem Gesetzeswortlaut kann für die Zugänglichmachung des Abfindungsangebots auch ein anderer Weg gewählt werden als für die Einberufung der Gesellschafter- oder Hauptversammlung.

Voraussetzung einer Übersendung ist, dass die Anteilsinhaber namentlich bekannt sind[24]. Die Übersendung hat mittels eingeschriebenem Brief zu erfolgen[25]. Eine Bekanntmachung mittels der Gesellschaftsblätter, also zumindest im elektronischen Bundesanzeiger[26], kommt vor allem bei einer großen Zahl von Anteilsinhabern in Betracht. Dies gilt insbesondere, wenn die Gesellschafter der Gesellschaft nicht namentlich bekannt sind, in besonderem Maße naturgemäß für eine börsennotierte AG bzw. KGaA[27]. **Adressaten** der Bekanntmachung bzw. Übersendung sind grundsätzlich alle Anteilsinhaber, also die GmbH-Gesellschafter und die Aktionäre bzw. Kommanditaktionäre. Ausgenommen sind allerdings die Komplementäre einer KGaA. Anteilsinhaber ohne Stimmrecht sind uneingeschränkt gleich solchen mit Stimmrecht zu behandeln[28].

4. Frist

Das Abfindungsangebot ist den Berechtigten spätestens zusammen mit der Einberufung der über den Formwechsel entscheidenden Gesellschafter- bzw. Hauptversammlung zu machen. Die einzuhaltende Frist divergiert daher in Abhängigkeit von der Gesellschaftsform, soweit die jeweilige Satzung keine strengeren Regeln aufstellt. Grundsätzlich ist somit bei der **AG und KGaA** eine mindestens **einmonatige Frist** zu wahren[29], wobei es auf den Tag der Bekanntmachung in den Gesellschaftsblättern bzw. die Absendung der Einberufung ankommt[30]. Bei der **GmbH** beträgt die gesetzliche Einberufungsfrist nur **eine Woche**[31].

---

[23] § 49 Abs. 1 GmbHG iVm. § 230 bzw. § 121 Abs. 2 AktG iVm. § 230, § 283 Nr. 6 AktG iVm. § 230.
[24] *Stratz* in Schmitt/Hörtnagl/Stratz Rn 2.
[25] § 51 Abs. 1 GmbHG bzw. § 121 Abs. 4 AktG analog; *Dirksen* in Kallmeyer Rn 6. Siehe hierzu auch § 230 Rn 7.
[26] § 25 Satz 1 AktG; § 12 Satz 1, 3 GmbHG.
[27] *Stratz* in Schmitt/Hörtnagl/Stratz Rn 4.
[28] Siehe § 230 Rn 17.
[29] § 123 Abs. 1 AktG.
[30] Siehe zu den Einzelheiten § 230 Rn 28.
[31] § 51 Abs. 1 Satz 2 GmbHG.

§ 232 Fünftes Buch. Formwechsel

Abzustellen ist dabei auf den zu erwartenden **Zugang** bei allen Gesellschaftern, da die kurze Zwischenzeit als Dispositionsfrist den Gesellschaftern vollständig zur Verfügung stehen soll[32]. Soweit der Gesellschaftsvertrag keine längere Frist bestimmt, sollte die Gesellschafterversammlung dennoch möglichst mit einer längeren Frist einberufen oder das Abfindungsangebot bereits vorab gemacht werden[33]. Zumindest sollte sichergestellt werden, dass die Gesellschafter des formwechselnden Rechtsträgers über den vorgesehenen Umwandlungsbeschluss nicht später informiert werden als dessen Betriebsrat, also wenigstens einen Monat im Voraus[34]. Eine Rechtspflicht dazu besteht allerdings nicht[35].

5. Mängelfolgen

11   Ein Verstoß gegen § 231 führt – im Gegensatz zu der früheren Rechtslage – nicht zu einer Anfechtbarkeit oder gar Nichtigkeit des Umwandlungsbeschlusses. Eine Klage gegen den Umwandlungsbeschluss kann nicht darauf gestützt werden, dass das Barabfindungsangebot nicht oder nicht ordnungsgemäß angeboten worden ist[36]. Der Schutz der Anteilsinhaber erfolgt ausschließlich über die gerichtliche Überprüfung bzw. Bestimmung der Abfindung im **Spruchverfahren** gem. § 212[37]. Der Gesellschaftsvertrag kann hiervon nicht abweichen[38].

§ 232 Durchführung der Versammlung der Anteilsinhaber

(1) **In der Gesellschafterversammlung oder in der Hauptversammlung, die den Formwechsel beschließen soll, ist der Umwandlungsbericht auszulegen.**

(2) **Der Entwurf des Umwandlungsbeschlusses einer Aktiengesellschaft oder einer Kommanditgesellschaft auf Aktien ist von deren Vertretungsorgan zu Beginn der Verhandlung mündlich zu erläutern.**

Übersicht

	Rn		Rn
I. Allgemeines	1	IV. Auskunfts- und Informationsrechte	12
1. Regelungsinhalt	1	1. Allgemeine Auskunfts- und Informationsrechte	12
2. Anwendungsbereich	2	a) AG; KGaA	13
3. Verhältnis zum allgemeinen Recht	3	b) GmbH	14
4. Entstehungsgeschichte	4	2. Grenzen	15
II. Auslegung des Umwandlungsberichts	6	3. Verzicht	16
III. Erläuterung in der Hauptversammlung	7	V. Rechtsfolgen bei Verstoß	17
1. Geltung für AG und KGaA	7	1. Verstöße gegen § 232	17
2. Zeitpunkt	8	a) Mangelhafte Auslegung	17
3. Inhalt	9	b) Mangelhafte Erläuterung	19
4. Verpflichteter	11	2. Sonstige Informationsmängel	20
		3. Registersperre	21

---

[32] Siehe zu den Einzelheiten § 230 Rn 18.
[33] *Happ* in Lutter § 231 Rn 4; kritisch zu der kurzen Frist bei der GmbH auch *Dirksen* in Kallmeyer Rn 7.
[34] § 194 Abs. 2.
[35] *Stratz* in Schmitt/Hörtnagl/Stratz Rn 3. Zu den Einzelheiten einer Bekanntmachung durch die Geschäftsblätter siehe § 230 Rn 22.
[36] Siehe § 210 Rn 4.
[37] *Happ* in Lutter Rn 9.
[38] *Meister/Klöcker* in Kallmeyer § 212 Rn 5. Zu den Einzelheiten siehe §§ 210, 212.

Literatur: *Bayer,* Informationsrechte bei der Verschmelzung von Aktiengesellschaften, AG 1988, 323; *Groß,* Informations- und Auskunftsrecht des Aktionärs, AG 1997, 97; *Kretzschmar,* Zur Konkretisierung des Auskunftsrechts nach § 51 a GmbHG, AG 1987, 121; *Windbichler,* Die Rechte der Hauptversammlung bei Unternehmenszusammenschlüssen durch Vermögensübertragung, AG 1981, 169.

I. Allgemeines

1. Regelungsinhalt

Die Norm enthält spezifische Regelungen über die Durchführung der über den Formwechsel beschließenden Gesellschafter- bzw. Hauptversammlung. Geregelt ist die Information der Anteilsinhaber während der Versammlung durch die Auslegung des Umwandlungsberichts sowie für den Formwechsel einer AG oder KGaA dessen Erläuterung in der Hauptversammlung. 1

2. Anwendungsbereich

Abs. 1 findet Anwendung auf jeden Formwechsel einer **Kapitalgesellschaft** in eine Personengesellschaft. Abs. 2 regelt hingegen nur die vorausgehende mündliche Information der über den Formwechsel in eine Personengesellschaft beschließenden Hauptversammlung der formwechselnden AG bzw. KGaA durch das jeweilige Vertretungsorgan. 2

3. Verhältnis zum allgemeinen Recht

Die allgemeinen **Auskunftsrechte** der Anteilseigner werden durch die in der Norm enthaltenen Sonderbestimmungen weder modifiziert noch beschränkt. Die Norm entspricht den Grundsätzen für die Verschmelzung unter Beteiligung einer AG bzw. KGaA[1]. 3

4. Entstehungsgeschichte

Die **Regelung** über die Vorlage und mündliche Erläuterung des Umwandlungsberichts ist **neu**[2]. Lediglich für den Verschmelzungsvertrag enthielt § 340 d Abs. 5 AktG aF eine entsprechende Bestimmung. Zudem musste auch schon vor der Neufassung des UmwG bei bestimmten Umwandlungen die Umwandlungsbilanz der über die Umwandlung beschließenden Gesellschafter- bzw. Hauptversammlung vorgelegt werden[3]. 4

II. Auslegung des Umwandlungsberichts

Während der über den Formwechsel beschließenden Gesellschafter- bzw. Hauptversammlung muss der Umwandlungsbericht ausgelegt werden. Diese an das Aktienrecht angelehnte Bestimmung macht für das GmbH-Recht wenig Sinn, weil beim Formwechsel der GmbH der Umwandlungsbericht den Gesellschaftern bereits zuvor mit der Einberufung zugesandt werden muss[4]. Bei einer AG bzw. KGaA muss bereits ab der Einberufung der Hauptversammlung der Umwandlungsbericht in dem Geschäftsraum ausgelegt werden[5]. 5

---

[1] §§ 64 Abs. 1, 78 Satz 1 und 2; *Happ* in Lutter Rn 3.
[2] RegBegr. *Ganske* S. 251.
[3] Vgl. § 362 Abs. 3 Satz 1 AktG aF für die Umwandlung einer AG in eine KGaA, § 366 Abs. 3 Satz 1 AktG aF für die Umwandlung einer KGaA in eine AG, § 386 Abs. 2 Satz 1 AktG aF für die Umwandlung einer KGaA in eine GmbH und § 389 Abs. 3 Satz 1 AktG aF für die Umwandlung einer GmbH in eine KGaA.
[4] § 230 Abs. 1.
[5] § 230 Abs. 2.

Es wird die bereits zuvor bestehende Informationsverpflichtung für die Dauer der den Formwechsel beschließenden Versammlung also lediglich ergänzt. Von Bedeutung ist dies insbesondere gegenüber solchen Aktionären, die von ihrem Recht auf kostenlose Zusendung einer Abschrift[6] keinen Gebrauch gemacht haben. Auch im Übrigen soll sichergestellt werden, dass die Anteilsinhaber während der Entscheidungsfindung in der Versammlung jederzeit **Einblick** in den Umwandlungsbericht nehmen können[7]. Daher ist sicherzustellen, dass die Anteilsinhaber zumindest bis zur Beschlussfassung über den Formwechsel jederzeit Zugang zu dem Bericht haben. Eine Verlesung des Berichts ist nicht erforderlich. Einem hierauf gerichteten Verlangen von Gesellschaftern muss das Vertretungsorgan nicht entsprechen[8].

6 Der **Prüfungsbericht** über die Angemessenheit des Barabfindungsangebots[9] ist auch während der über den Formwechsel beschließenden Versammlung nicht auszulegen. Dies schließt aber nicht aus, dass die Gesellschafter bzw. Aktionäre aufgrund ihres allgemeinen Frage- und Informationsrechts auch insoweit weitere und detailliertere Auskünfte verlangen können[10].

III. Erläuterung in der Hauptversammlung

1. Geltung für AG und KGaA

7 Der Umwandlungsbericht einer formwechselnden AG bzw. KGaA ist zu Beginn der Verhandlung gegenüber der Hauptversammlung durch das Vertretungsorgan mündlich zu erläutern. Eine entsprechende Verpflichtung zur **aktiven Information** besteht gegenüber der Gesellschafterversammlung einer formwechselnden GmbH nicht[11].

2. Zeitpunkt

8 Mit dem Abstellen auf den „Beginn der Verhandlung" meint das Gesetz die Verhandlung des Tagesordnungspunkts, der den Beschluss über den Formwechsel beinhaltet. Zu Beginn der Erörterung dieses Tagesordnungspunkts ist eine Erläuterung durch das Vertretungsorgan erforderlich[12]. Vor der Aussprache und Diskussion über den Formwechsel muss berichtet werden, damit die Aktionäre den Bericht in der Diskussion berücksichtigen können. „Zu Beginn der Verhandlung" erfolgt die Erläuterung auch dann, wenn der Vorstand vor Eintritt in eine Generaldebatte berichtet. Demgegenüber ist eine spätere Erläuterung, namentlich nach der Erörterung des Tagesordnungspunkts, nicht ausreichend. In diesem Fall ist neuerlich Gelegenheit zur Erörterung zu geben.

3. Inhalt

9 Der Inhalt dieser Erläuterungsverpflichtung ist unter Berücksichtigung des Umstands zu bestimmen, dass bereits im Umwandlungsbericht der Formwechsel und die künftige Beteiligung der Anteilsinhaber ausführlich rechtlich und wirtschaftlich erläutert und begründet werden müssen[13]. Nach wie vor zutreffend ist die Rechtsprechung zum alten Recht, derzufolge die Erläuterungspflicht hinsichtlich eines Verschmelzungsvertrags nicht nur den Ver-

---

[6] § 230 Abs. 2 Satz 2.
[7] *Stratz* in Schmitt/Hörtnagl/Stratz Rn 1.
[8] *Dirksen* in Kallmeyer Rn 1.
[9] §§ 208, 30 Abs. 2.
[10] *Happ* in Lutter Rn 5, 12 ff.
[11] Die Gesellschafter einer GmbH haben Anspruch auf Information nach § 51 a GmbHG.
[12] *Vossius* in Widmann/Mayer Rn 21.
[13] § 192 Abs. 1 Satz 1.

tragsinhalt, sondern auch die Gründe für den Vertragsabschluss umfassen muss[14]. Aus § 232 Abs. 2 folgt grundsätzlich keine weiter gehende Erläuterungspflicht, als sie schon hinsichtlich des Umwandlungsberichts besteht[15]. Lediglich der **wesentliche Inhalt** sowie ggf. **eingetretene Veränderungen** seit Abfassung des Berichts sind mündlich darzulegen[16]. Es genügen grundsätzlich kurze, stichwortartige Bemerkungen, die insbesondere auf Bewertungsfragen und vor allem auf die rechtliche und wirtschaftliche Motivation des angestrebten Formwechsels eingehen sollen[17]. Dabei ist besonders auf eine für die Anteilseigner verständliche Darlegungsweise und auf zusammenfassende Ausführungen zu achten[18].

Nicht zu folgen ist der These, dass die Anforderungen an die mündlichen Erläuterungen umso niedriger sind, je mehr schriftliches Informationsmaterial den Aktionären zur Verfügung gestellt wird[19]. Die mündliche Zusammenfassung soll helfen, das Wesentliche vom weniger Erheblichen zu trennen. Je komplexer die zu berichtenden Umstände sind, desto ausführlicher muss die Erläuterung sein. Unbeschadet dessen kann die Erläuterung knapp ausfallen, weil der schriftliche Bericht eine ungleich bessere Informationsquelle darstellt.

4. Verpflichteter

Die Erläuterung findet bei der AG durch den Vorstand, bei einer formwechselnden KGaA durch den persönlich haftenden Gesellschafter statt. Welches Vorstandsmitglied bzw. welcher persönlich haftende Gesellschafter auftritt, bleibt der Entscheidung des Vertretungsorgans überlassen. Eine **Delegation** an Dritte ist nur in Teilaspekten, nicht aber hinsichtlich der Kernaussagen zulässig, und dies auch nur mit der Maßgabe, dass sich der Vorstand die Ausführungen des eingeschalteten Dritten zu Eigen macht. Während also zB die betriebswirtschaftlichen Bewertungsgrundlagen unmittelbar durch einen eingeschalteten Wirtschaftsprüfer dargelegt werden können, muss die wirtschaftliche und strategische Begründung des angestrebten Formwechsels durch das Vertretungsorgan selbst erfolgen[20].

IV. Auskunfts- und Informationsrechte

1. Allgemeine Auskunfts- und Informationsrechte

Neben dem Anspruch der Aktionäre auf mündliche Erläuterung bestehen uneingeschränkt die Allgemeinen gesellschaftsrechtlichen Auskunfts- und Informationsrechte nach Aktien- und GmbH-Recht.

a) AG; KGaA. Die Aktionäre sind bereits aufgrund des UmwG durch die Bereitstellung des Umwandlungsberichts[21] sowie die mündliche Erläuterung vor Beginn der Verhandlung[22] durch das Vertretungsorgan über den geplanten Formwechsel in eine Personengesellschaft zu informieren. Daneben steht uneingeschränkt der allgemeine **Auskunfts- und Informationsanspruch** aus § 131 AktG[23]. Die Aktionäre können ergänzende Angaben oder erweiternde Erläuterungen verlangen, die sich sowohl auf den Umwandlungsbericht selbst als auch auf sonstige mit dem Formwechsel in Verbindung stehende Fragen beziehen

---

[14] *Kraft* in Kölner Komm. § 340 d AktG Rn 14.
[15] *Happ* in Lutter Rn 7.
[16] *Stratz* in Schmitt/Hörtnagl/Stratz Rn 2.
[17] *Vossius* in Widmann/Mayer Rn 17, 26.
[18] *Happ* in Lutter Rn 7.
[19] So aber *Vossius* in Widmann/Mayer Rn 28.
[20] Insofern zutr. *Vossius* in Widmann/Mayer Rn 24 f.
[21] § 230 Abs. 2.
[22] § 232 Abs. 2.
[23] *Happ* in Lutter Rn 14.

können²⁴. Jeder Aktionär kann hinsichtlich aller für die sachgemäße Beurteilung der Tagesordnung erheblichen Aspekte des wirtschaftlichen und rechtlichen Hintergrunds Auskunft verlangen. Dieses Informationsrecht bezieht auch das **Barabfindungsangebot** sowie den zu seiner Beurteilung heranzuziehenden Prüfungsbericht²⁵ und die zugrunde liegende Bewertungsmethode ein. Im Übrigen kann auf die zu § 131 AktG entwickelten Grundsätze verwiesen werden²⁶.

14 **b) GmbH.** Die Gesellschafter einer in eine Personengesellschaft formwechselnden GmbH haben keinen Anspruch auf eine zusammenfassende mündliche Darstellung des rechtlichen und wirtschaftlichen Hintergrunds der geplanten Umwandlung²⁷. Ebenso wenig wie bei dem Formwechsel einer AG oder KGaA ist § 232 aber für die GmbH als abschließende Norm anzusehen. Das allgemeine **Auskunftsrecht**²⁸ gilt vielmehr uneingeschränkt auch hinsichtlich eines geplanten Formwechsels in eine Personengesellschaft. Es ist weit zu verstehen und erfasst grundsätzlich alles, was sich auf die Tätigkeit der Gesellschaft bezieht, zB ihre Geschäftsführung, ihre wirtschaftlichen Verhältnisse und ihre Beziehungen zu Dritten²⁹. Umfasst sind somit auch die wirtschaftlichen und rechtlichen Hintergründe einer Umwandlung sowie des Barabfindungsangebots³⁰. Das beinhaltet auch die Ergebnisse des Prüfungsberichts und die Bewertungsmethode. Zu allen diesen Aspekten kann der GmbH-Gesellschafter anlässlich der Beschlussfassung über den Formwechsel ausführliche Auskünfte von den Geschäftsführern und Einsichtnahme in die Geschäftsbücher verlangen. Zudem besteht das umfassende Informationsrecht auch außerhalb der Gesellschafterversammlung, also bereits vor deren Durchführung³¹.

2. Grenzen

15 Fraglich ist, ob die Gesellschafter in der Gesellschafterversammlung auch Informationen über Tatsachen und Erläuterungen zu Gesichtspunkten verlangen können, von deren Aufnahme in den Umwandlungsbericht wegen drohender Nachteile für die Gesellschaft zulässigerweise abgesehen worden ist³². Dies könnte iRd. GmbHRechts anders zu beantworten sein als bei dem Auskunftsrecht des Aktionärs. § 8 Abs. 2 entspricht sachlich dem Auskunftsverweigerungsrecht in § 131 Abs. 3 Nr. 1 AktG und lässt dementsprechend für die Nichtoffenlegung denselben Maßstab genügen, der für die Auskunftsverweigerung in der Hauptversammlung gilt. Demgegenüber kann in der GmbH **Auskunft und Einsicht** nur dann verweigert werden, wenn der Gesellschaft gerade von dem Gesellschafter, der Information verlangt, eine Schadenszufügung droht³³. Es genügt nicht schon die objektive Möglichkeit der Schadenszufügung, um eine Informationsverweigerung zu rechtfertigen³⁴. Richtigerweise ist davon auszugehen, dass das allgemeine Auskunftsrecht des GmbH-Gesellschafters neben den im UmwG bestimmten weiter gehenden Informationsbefugnissen besteht. Daraus folgt umgekehrt, dass sich die Einschränkung des allgemeinen Auskunftsrechts nach allgemeinen Maßstäben richtet und folglich Gesellschaftern im Rahmen eines Formwechsels nicht weiter gehend Informationen verweigert werden können, nur weil sie im Zusammenhang mit dem

---

²⁴ *Happ* in Lutter Rn 12.
²⁵ Siehe §§ 208 Rn 8, 30 Rn 26.
²⁶ Vgl. statt aller *Hüffer* § 131 AktG Rn 3 ff.
²⁷ *Dirksen* in Kallmeyer Rn 2.
²⁸ § 51 a GmbHG.
²⁹ *Lutter/Hommelhoff* § 51 a GmbHG Rn 7 ff.
³⁰ Gem. § 207.
³¹ OLG Köln NJW-RR 1987, 99, 100.
³² § 8 Abs. 2 Satz 1.
³³ § 51 Abs. 2 GmbHG.
³⁴ Vgl. *Hüffer* in Hachenburg § 51 a GmbHG Rn 46 ff.; *M. Winter*, Mitgliedschaftliche Treubindungen im GmbH-Recht, 1988, S. 121 ff.

Formwechsel stehen. Den Gesellschaftern ist deshalb Auskunft auch über solche Umstände zu geben, von deren Aufnahme in den Umwandlungsbericht die Geschäftsführung abgesehen hat, sofern nicht die Voraussetzungen für eine Auskunftsverweigerung nach § 51 a Abs. 2 GmbHG vorliegen oder das Informationsverlangen nach allgemeinen Grundsätzen treuwidrig ist[35].

3. Verzicht

Den Anteilsinhabern steht es frei, im Einzelfall auf ihre Informationsrechte zu verzichten[36]. **16** Ein konkludenter Verzicht ist insbesondere auch darin zu sehen, dass die Gesellschafter in der Versammlung auf die Einhaltung sämtlicher Formalia verzichten oder dass der Beschluss ohne Rüge des Mangels gefasst wird[37]. Dem steht die Beurkundungspflicht des § 30 Abs. 2 nicht entgegen, weil sich ein solcher Verzicht nicht auf die Prüfung der Barabfindung bezieht, sondern nur auf die Auskunft über diese Prüfung. Ein **genereller Ausschluss** in der Satzung ist nicht zulässig[38]. Das gilt entsprechend für AG und KGaA.

V. Rechtsfolgen bei Verstoß

1. Verstöße gegen § 232

a) Mangelhafte Auslegung. Wird der Umwandlungsbericht in der Versammlung nicht **17** oder nicht ordnungsgemäß ausgelegt, macht dies den Umwandlungsbeschluss im Regelfall anfechtbar[39]. Dabei ist, entsprechend den allgemeinen Grundsätzen zu Verfahrensfehlern bei der Verletzung von Informationspflichten, grundsätzlich von einer **Relevanz** des Mangels auszugehen. Dies gilt nicht, wenn vom Standpunkt eines vernünftigen Beurteilers aus zwischen dem Gesetzesverstoß und seinem konkreten Erscheinungsbild und der Vernichtung des Beschlusses als Sanktion kein angemessenes Verhältnis besteht[40]. Dem entspricht es, wenn man mit der jüngeren Rechtsprechung zur Relevanz von Informationsmängeln auf den Standpunkt eines objektiv urteilenden Gesellschafters abhebt[41].

Danach kann es an der Relevanz des Mangels für die Beschlussfassung fehlen, wenn die **18** fehlende oder mangelhafte Auslegung des Berichts in der Versammlung von keinem Gesellschafter gerügt wird[42]. Hingegen ist es unerheblich, ob der betreffende Aktionär zuvor von seinen Rechten auf **Übersendung** des oder **Einsicht** in den Umwandlungsbericht[43] keinen Gebrauch gemacht hat, obwohl ihm dies zumutbar gewesen wäre. Damit würde die in Abs. 1 statuierte Auslegungspflicht iE bedeutungslos[44]. Abs. 1 will eine dauerhafte Auskunfts- und Einsichtnahmemöglichkeit während der entscheidenden Gesellschafter- bzw. Hauptversammlung sichern, die von den sonstigen gegebenen Informationsmöglichkeiten unabhängig ist.

b) Mangelhafte Erläuterung. Eine fehlende oder unzureichende mündliche Erläute- **19** rung des Umwandlungsbeschlusses zu Beginn der Verhandlung führt ebenfalls zu einem Be-

---

[35] Zutreffend für die Verschmelzung *M. Winter* in Lutter § 49 Rn 10; näher dazu im Übrigen *Hüffer* in Hachenburg § 51 a GmbHG Rn 60; *K. Schmidt* in Scholz § 51 a GmbHG Rn 8; *Zöllner* in Baumbach/Hueck § 51 a GmbHG Rn 22.
[36] *Vossius* in Widmann/Mayer Rn 29.
[37] *Vossius* in Widmann/Mayer Rn 30 f.
[38] § 51 Abs. 3 GmbHG; *OLG Köln* NJW-RR 1987, 99.
[39] *Stratz* in Schmitt/Hörtnagl/Stratz Rn 3; *Happ* in Lutter Rn 16.
[40] Vgl. *Hüffer* in MünchKomm. § 243 AktG Rn 31 ff.; *Raiser* in Hachenburg Anh. § 47 GmbHG Rn 110, jeweils mwN.
[41] BGHZ 119, 1, 18 f. = NJW 1992, 2760; BGHZ 122, 211, 238 ff. = NJW 1993, 1976; *BGH* AG 1995, 462; *BGH* NJW 1995, 3115 f.; *OLG München* AG 1996, 327, 328; *LG Hanau* ZIP 1996, 422, 423.
[42] *Vossius* in Widmann/Mayer Rn 34.
[43] § 230 Abs. 2.
[44] So aber in der Tat *Vossius* in Widmann/Mayer Rn 35.

schlussmangel und damit zur Anfechtbarkeit des Beschlusses[45]. Die Anteilsinhaber müssen sich nicht auf die Möglichkeit der Einsichtnahme in den ausliegenden Umwandlungsbericht verweisen lassen, da schriftliche und mündliche Informationen grundsätzlich gleichwertig nebeneinander stehen[46].

2. Sonstige Informationsmängel

20   Verstöße gegen die sonst in der Gesellschafterversammlung bestehenden Informationsrechte, insbesondere die unzureichende Erteilung oder die Verweigerung von berechtigterweise beanspruchten Auskünften, führen ebenfalls zur Anfechtbarkeit des Umwandlungsbeschlusses, sofern, wie grundsätzlich bei Verletzung von Informationspflichten, von einer Relevanz des Mangels für die Beschlussfassung ausgegangen werden muss[47]. Sofern der Umwandlungsbericht inhaltlich unzureichend ist, wird dieser Mangel nicht durch eine nachholende **mündliche Informationserteilung** in der Gesellschafterversammlung geheilt. Demgegenüber entfällt die Anfechtbarkeit in diesem Fall dann, wenn der Umwandlungsbericht in der Versammlung nicht gerügt, eine Ergänzung nicht verlangt wird und kein Gesellschafter Einsicht in die vorhandenen Unterlagen genommen hat[48]. Mängel, die sich auf die Erläuterung des Barabfindungsangebots im Umwandlungsbericht beschränken, können demgegenüber nicht zur Anfechtbarkeit des Umwandlungsbeschlusses führen. Insofern sind die Gesellschafter auf die Geltendmachung des Mangels im Spruchverfahren nach dem SpruchG verwiesen[49].

3. Registersperre

21   Fristgerecht eingereichte Klagen eines Anteilsinhabers gegen fehlerhafte Beschlüsse[50] führen zu einer Registersperre, die einer Eintragung des Beschlusses und damit dem Wirksamwerden des Formwechsels entgegensteht[51]. Erfolgt die Eintragung, wird der Mangel geheilt[52].

§ 233 Beschluß der Versammlung der Anteilsinhaber

(1) Der Umwandlungsbeschluß der Gesellschafterversammlung oder der Hauptversammlung bedarf, wenn die formwechselnde Gesellschaft die Rechtsform einer Gesellschaft des bürgerlichen Rechts, einer offenen Handelsgesellschaft oder einer Partnerschaftsgesellschaft erlangen soll, der Zustimmung aller anwesenden Gesellschafter oder Aktionäre; ihm müssen auch die nicht erschienenen Anteilsinhaber zustimmen.

(2) Soll die formwechselnde Gesellschaft in eine Kommanditgesellschaft umgewandelt werden, so bedarf der Umwandlungsbeschluß einer Mehrheit von mindestens drei Vierteln der bei der Gesellschafterversammlung einer Gesellschaft mit beschränkter Haftung abgegebenen Stimmen oder des bei der Beschlußfassung einer Aktiengesellschaft oder einer Kommanditgesellschaft auf Aktien vertretenen Grundkapitals;

---

[45] *Vossius* in Widmann/Mayer Rn 36.
[46] *Vossius* in Widmann/Mayer Rn 37.
[47] Siehe Rn 17.
[48] Dazu eingehend § 192 Rn 33 ff., 38; für Heilung von Mangelfolgen durch nachgeschobene Auskünfte demgegenüber *Bermel* in Goutier/Knopf/Tulloch § 59 Rn 15 zum Verschmelzungsbericht sowie *Schöne* GmbHR 1995, 325, 334.
[49] Siehe § 192 Rn 14; BGH WM 2001, 467; aus der Literatur dazu *Bärwaldt* GmbHR 2001, 251; *Heckschen* NotBZ 2001, 206; *Sinewe* DB 2001, 690.
[50] § 195.
[51] §§ 198 Abs. 3, 16 Abs. 2 und 3; *Decher* in Lutter § 202 Rn 56; zur Aufhebung der Registersperre OLG *Düsseldorf* ZIP 2001, 1717.
[52] § 202 Abs. 3. Zuletzt OLG *Hamm* ZIP 2001, 569; *K. Schmidt* ZIP 1998, 181. Siehe § 202 Rn 32 ff.

Beschluß der Versammlung der Anteilsinhaber § 233

§ 50 Abs. 2 und § 65 Abs. 2 sind entsprechend anzuwenden. Der Gesellschaftsvertrag oder die Satzung der formwechselnden Gesellschaft kann eine größere Mehrheit und weitere Erfordernisse bestimmen. Dem Formwechsel müssen alle Gesellschafter oder Aktionäre zustimmen, die in der Kommanditgesellschaft die Stellung eines persönlich haftenden Gesellschafters haben sollen.

(3) Dem Formwechsel einer Kommanditgesellschaft auf Aktien müssen ferner deren persönlich haftende Gesellschafter zustimmen. Die Satzung der formwechselnden Gesellschaft kann für den Fall des Formwechsels in eine Kommanditgesellschaft eine Mehrheitsentscheidung dieser Gesellschafter vorsehen. Jeder dieser Gesellschafter kann sein Ausscheiden aus dem Rechtsträger für den Zeitpunkt erklären, in dem der Formwechsel wirksam wird.

Übersicht

	Rn		Rn
I. Allgemeines	1	a) Formwechsel einer GmbH	21
1. Sinn und Zweck der Norm	1	b) Formwechsel einer AG oder KGaA	23
2. Verhältnis zum allgemeinen Recht	3	c) Strengere Regelungen in Satzung bzw. Gesellschaftsvertrag	24
3. Anwendungsbereich	4	2. Zustimmung aller künftigen Komplementäre	25
4. Entstehungsgeschichte	5		
II. Allgemeine Beschlussgrundsätze	6	3. Sonderbeschlüsse nach § 65 Abs. 2	26
1. Beschlussverfahren/Stellvertretung	6	4. Zustimmungserfordernisse wegen der Beeinträchtigung von Minderheitsrechten nach § 50 Abs. 2	27
2. Besondere Zustimmungserfordernisse	9		
III. Beschlussanforderungen beim Formwechsel in eine GbR, OHG oder PartG	10	5. Treupflicht	28
		V. Formwechsel der KGaA	34
1. Grundsatz	10	1. Zustimmung der Komplementäre	34
a) Einstimmigkeit	11	2. Abweichende Satzungsbestimmungen	38
b) Zustimmung aller Gesellschafter	13	3. Ausscheiden von Komplementären	39
2. Verpflichtung zur Zustimmung	18	VI. Beschlussmängel	41
3. Rechtsfolgen bei fehlender Zustimmung	19	1. Ausgangspunkt	41
		2. Nichtigkeitsgründe	42
IV. Beschlussanforderungen beim Formwechsel in die KG	20	3. Anfechtbarkeit	43
1. Dreiviertelmehrheit	20		

Literatur: Bezzenberger, Vorzugsaktien ohne Stimmrecht, 1991; *Binnewies*, Formelle und materielle Voraussetzungen von Umwandlungsbeschlüssen – Beschlossen ist beschlossen?, GmbHR 1997, 727; *Fischer*, Zur Anwendung von § 181 BGB im Bereich des Gesellschaftsrechts, FS Hauß, 1978, S. 61; *Flume*, Die Rechtsprechung des II. Zivilsenats des BGH zur Treuepflicht des GmbH-Gesellschafters und des Aktionärs, ZIP 1995, 161; *Fortun,* Erfordernis vormundschaftlicher Genehmigung bei Unternehmensakquisitionen, NJW 1999, 754; *Grupp*, Der Börseneintritt und Börsenaustritt im Spannungsfeld individueller und institutioneller Interessen, 1995; *Heckschen*, Die Entwicklung des Umwandlungsrechts aus Sicht der Rechtsprechung und Praxis, DB 1998, 1385; *Henze*, Die Treuepflicht im Aktienrecht, BB 1996, 489; *Kellermann*, Anwendung körperschaftsrechtlicher Grundsätze auf die Publikums-KG, FS Stimpel, 1985, S. 295; *Kiem*, Die Stellung der Vorzugsaktionäre bei Umwandlungsmaßnahmen, ZIP 1997, 1627; *Klenke*, Der Rückzug mehrfach notierter Unternehmen von den deutschen Regionalbörsen, WM 1995, 1089; *Krämer/Theiß*, Delisting nach der Macrotron-Entscheidung des BGH, AG 2003, 225; *Lamprecht*, Haftung des Aktionärs für die treupflichtwidrige Stimmabgabe seines Stimmrechtsvertreters?, ZIP 1996, 1372; *Limmer*, Unternehmensumstrukturierungen vor und in der Insolvenz nach neuem Umwandlungsrecht, Kölner Schrift zur Insolvenzordnung, 1997, S. 929; *Lutter*, Gesellschaftsrecht und Kapitalmarkt, FS Zöllner, 1999, S. 363; *ders.,* Treupflichten und ihre Anwendungsprobleme, ZHR 162 (1998) 164; *ders.*, Zur inhaltlichen Begründung von Mehrheitsentscheidungen – Besprechung der Entscheidung BGH WM 1980, 378; *Lutter/Drygala*, Rechtsfragen beim Gang an die Börse, FS Raisch, 1995, S. 1413; *Lutter/Leinekugel*, Planmäßige Unterschiede im umwandlungsrechtlichen Minderheitenschutz?, ZIP 1999, 261; *Melchior*, Vollmachten bei Umwandlungsvorgängen – Vertretungshindernisse und Interessenkollisionen, GmbHR 1999, 520; *Messer*, Der Widerruf der Stimmabgabe, FS Fleck, 1988, S. 221; *Meyer-Landrut/Kiem*, Der Formwechsel einer Publikumsaktiengesellschaft, WM 1997, 1361; *Mülbert*, Aktiengesellschaft, Unternehmensgruppe und Kapitalmarkt, 1995; *Piltz*, Die Unternehmensbewertung in der

Ihrig 1893

Rechtsprechung, 3. Aufl. 1994; *Schäfer,* Der stimmrechtslose GmbH-Anteil, 1997; *H. Schmidt,* Mehrheitsklauseln für Umwandlungsbeschlüsse in Gesellschaftsverträgen von Personenhandelsgesellschaften nach neuem Umwandlungsrecht, FS Brandner, 1996, S. 133; *Schöne,* Die Spaltung unter Beteiligung von GmbH, 1998; *Schiessl,* Ist das deutsche Aktienrecht kapitalmarkttauglich?, AG 1999, 442; *Schwark/Geiser,* Delisting, ZHR 161 (1997) 739; *Steck,* „Going private" über das UmwG, AG 1998, 460; *Vollmer/Grupp,* Der Schutz der Aktionäre beim Börseneintritt und Börsenaustritt, ZGR 1995, 459; *Zöllner,* Grundsatzüberlegungen zur umfassenden Umstrukturierbarkeit der Gesellschaftsformen nach dem Umwandlungsgesetz, FS Claussen, 1997, S. 423.

I. Allgemeines

1. Sinn und Zweck der Norm

1 Die Norm regelt die **Mehrheits- und Zustimmungserfordernisse,** die an den Beschluss der Versammlung der Anteilsinhaber über den Formwechsel einer Kapitalgesellschaft in eine Personengesellschaft gestellt werden. Für den Formwechsel in eine GbR, OHG oder PartG ist die Zustimmung aller Anteilsinhaber erforderlich, weil diese infolge des Formwechsels künftig die unbeschränkte persönliche Haftung für die Verbindlichkeiten der Gesellschaft übernehmen[1]. Der Formwechsel in eine KG kann hingegen grundsätzlich auch mit einer Dreiviertelmehrheit beschlossen werden, doch müssen alle Gesellschafter zustimmen, die in der KG die Rolle des persönlich haftenden Gesellschafters übernehmen sollen[2]. Soweit eine KGaA einen Formwechsel beschließt, ist grundsätzlich, auch beim Formwechsel in die KG, die Zustimmung aller Komplementäre notwendig. Diese können zudem ihr Ausscheiden aus der Gesellschaft zum Zeitpunkt des Formwechsels erklären[3].

2 Die Vorschrift ist für AG, KGaA und GmbH einseitig zwingend. Der Gesellschaftsvertrag kann, ebenso wie generell für Satzungsänderungen, weiter gehende Beschlusserfordernisse, insbesondere höhere Mehrheiten und Zustimmungserfordernisse vorschreiben. Die Satzung kann aber keine geringeren Mehrheits- und Zustimmungserfordernisse statuieren als das Gesetz[4].

2. Verhältnis zum allgemeinen Recht

3 Die Vorschrift ergänzt die allgemeinen Regelungen zum Umwandlungsbeschluss[5] um **Sonderregelungen** für den Fall des Formwechsels einer Kapitalgesellschaft in eine Personengesellschaft. Die jeweiligen allgemeinen Bestimmungen über die Beschlussfassung in der Ausgangsrechtsform bleiben unberührt.

3. Anwendungsbereich

4 Die Vorschrift gilt ausschließlich für den Formwechsel einer Kapitalgesellschaft in eine GbR, OHG (einschließlich der EWIV), PartG oder KG[6].

4. Entstehungsgeschichte

5 Die Norm folgt den §§ 17 Abs. 1, 19 Abs. 2, 23 Satz 2 UmwG 1969. Im Gegensatz zu der früheren Regelung sieht sie aber nicht mehr zwingend das Ausscheiden der Komplementäre einer KGaA beim Formwechsel in eine Personengesellschaft vor[7].

---

[1] § 233 Abs. 1; RegBegr. *Ganske* S. 252.
[2] § 233 Abs. 2.
[3] § 233 Abs. 3.
[4] Siehe Rn 24.
[5] § 193.
[6] Vgl. §§ 217, 240 bis 242 für entsprechende Vorschriften bei anderen Fällen des Formwechsels.
[7] *Stratz* in Schmitt/Hörtnagl/Stratz Rn 1.

II. Allgemeine Beschlussgrundsätze

1. Beschlussverfahren/Stellvertretung

Das Verfahren bei der Beschlussfassung über den Formwechsel in eine Personengesellschaft richtet sich nach den allgemeinen Regeln für die jeweilige Rechtsform iVm. den allgemeinen Vorschriften des UmwG[8]. Jeder Anteilsinhaber kann sich bei der Beschlussfassung vertreten lassen[9]. Stellvertretung ist insbesondere aufgrund einer Bevollmächtigung iSd. § 164 BGB möglich, die sich inhaltlich ausdrücklich auf die Beschlussfassung über den Formwechsel beziehen muss. Eine gewöhnliche allgemeine Stimmrechtsvollmacht genügt nicht[10].

Bei der Bevollmächtigung eines Mitgesellschafters ist eine Befreiung vom Verbot des Selbstkontrahierens geboten[11]. Die Gestattung des Selbstkontrahierens kann auch konkludent erfolgen. Regelmäßig wird in der Bevollmächtigung eines Mitgesellschafters zur Ausübung der Stimmrechte zugleich die schlüssige Gestattung des Selbstkontrahierens liegen[12].

Ausreichend für die Beschlussfassung über den Formwechsel sind auch alle gesetzlichen Stellvertretungsrechte[13]. Parteien kraft Amtes sind aufgrund ihrer Funktion ebenfalls zur Abgabe von Willenserklärungen anstelle der von ihnen vertretenen (natürlichen oder juristischen) Person befugt[14].

2. Besondere Zustimmungserfordernisse

In der Satzung bzw. dem Gesellschaftsvertrag können besondere Zustimmungserfordernisse festgelegt werden. In bestimmten Fällen ist die **Zustimmung Dritter** von Gesetzes wegen erforderlich. Dies gilt insbesondere für die Vertretung in familiären Beziehungen[15]. Bei **Ehegatten** ist § 1365 BGB grundsätzlich anwendbar[16]. Zwar handelt es sich beim Formwechsel nicht um einen echten Einbringungsvorgang, da die Identität des Rechtsträgers nach dem Konzept des UmwG bestehen bleibt[17]. Die *ratio* des § 1365 BGB erfordert unter wirtschaftlichen Gesichtspunkten aber dennoch seine Anwendung zumindest in den Fällen, in denen die Beteiligung an der formwechselnden Gesellschaft das wesentliche Vermögen des betreffenden Ehegatten darstellt[18]. Durch den Formwechsel verlieren die Anteile regelmäßig ihre Fungibilität; an ihre Stelle tritt eine gesamthänderische Beteiligung am Gesellschaftsvermögen, über die eine freie Verfügbarkeit nicht mehr gegeben ist[19]. Zudem führt der Formwechsel in eine GbR, OHG oder PartG zwingend, derjenige in eine KG möglicherweise zu einer unbegrenzten persönlichen Haftung und somit zu einer erheblichen Gefährdung des

---

[8] §§ 193 ff.; zu Einzelheiten des Beschlussverfahrens siehe § 193 Rn 3 ff.
[9] Gem. § 47 Abs. 3 GmbHG, § 134 Abs. 3 AktG; zu Einzelheiten siehe § 193 Rn 12.
[10] *Happ* in Lutter Rn 39.
[11] § 193 Rn 15; *Dirksen* in Kallmeyer Rn 2; einschränkend für Publikumsgesellschaften aber *Happ* in Lutter Rn 41.
[12] BGH NJW 1976, 958, 959 und 1538, 1539; *Ulmer* in Hachenburg § 53 GmbHG Rn 55; *Bermel* in Goutier/Knopf/Tulloch § 50 Rn 13.
[13] ZB § 1629 BGB für die Vertretung Minderjähriger durch ihre Eltern.
[14] *Vossius* in Widmann/Mayer Rn 38; zB §§ 22 Abs. 1, 80 Abs. 1 InsO für den Insolvenzverwalter.
[15] Vgl. § 1795 BGB für die Bestellung eines Ergänzungspflegers bei Beteiligung der Eltern an der formwechselnden Gesellschaft und § 1822 Nr. 3 BGB beim Formwechsel in eine Personenhandelsgesellschaft bzw. Nr. 10 beim Formwechsel in eine GbR für die Zustimmung des Vormundschaftsgerichts bei Beteiligung Minderjähriger oder Betreuter.
[16] *Vossius* in Widmann/Mayer Rn 29.
[17] Daher gegen eine Anwendung des § 1365 BGB *Zimmermann* in Kallmeyer § 193 Rn 26.
[18] AA *Schlitt* § 217 Rn 28.
[19] *Happ* in Lutter Rn 49.

Vermögens[20]. Auch unter diesem Aspekt ist eine Anwendbarkeit des § 1365 BGB zu bejahen. Zustimmungsbedürftig ist nur eine „Ja-Stimme", jedoch nicht eine „Nein-Stimme", die keine Veränderung des Vermögensbestands zur Folge haben kann.

III. Beschlussanforderungen beim Formwechsel in eine GbR, OHG oder PartG

1. Grundsatz

10 Das Erfordernis der Zustimmung aller Anteilsinhaber beim Formwechsel einer Kapitalgesellschaft in eine GbR, eine OHG (einschließlich EWIV) oder eine PartG dient dem Schutz der fortan persönlich haftenden Gesellschafter[21].

11 **a) Einstimmigkeit.** Zustimmung aller ist mehr als einstimmige Beschlussfassung. Trotzdem ist notwendige, wenn auch nicht hinreichende Bedingung für den Formwechsel, dass der Beschluss in der **Versammlung** mit den Stimmen aller anwesenden Anteilsinhaber gefasst wird. Es spielt keine Rolle, ob der Gesellschafter Anteile mit oder ohne Stimmrecht hält. **Stimmenthaltung** ist nicht Zustimmung. Enthält sich auch nur ein Gesellschafter der Stimme, fehlt es mithin an einem Wirksamkeitserfordernis. Ein Anteilsinhaber kann sich nicht zunächst bei der Versammlung nicht an der Abstimmung beteiligen und dann später seine Zustimmung wie ein abwesender Anteilsinhaber erteilen[22]. Dies folgt aus dem Gesetzeswortlaut, der auf die notwendige Zustimmung aller in der beschlussfassenden Versammlung „anwesenden" Gesellschafter abhebt. Erschienen sind alle Gesellschafter, die in der Versammlung entweder persönlich anwesend oder ordnungsgemäß vertreten sind[23]. Mängel der **Bevollmächtigung** wie zB fehlende Schriftform führen dazu, dass der so „Vertretene" als nicht erschienen zu betrachten ist. Eine nachträgliche formlose Genehmigung der Erklärung eines vollmachtlosen Vertreters kommt nicht in Betracht[24]. Möglich und für eine wirksame Beschlussfassung notwendig ist danach eine außerhalb der Versammlung zu erklärende Zustimmung nur im Hinblick auf solche Gesellschafter, die in der Gesellschafterversammlung nicht erschienen und auch nicht ordnungsgemäß vertreten waren und demgemäß eine wirksame Stimme nicht abgeben **konnten**.

12 Die Notwendigkeit, den Umwandlungsbeschluss mit Zustimmung aller Gesellschafter in einer **Gesellschafterversammlung** zu fassen, schließt es nicht aus, dass lediglich ein einzelner Anteilsinhaber an der form- und fristgerecht einberufenen Gesellschafter- oder Hauptversammlung teilnimmt und seine Stimme für den Formwechsel abgibt. Auch in diesem Fall liegt eine Beschlussfassung iSd. Gesetzes vor. Alle übrigen nicht erschienenen Anteilsinhaber können ihre Zustimmung im Nachhinein individuell zu notarieller Form erklären[25]. Anderes gilt, sofern die Satzung die Beschlussfähigkeit der Versammlung von dem Erscheinen einer Mindestanzahl oder einer Mindestbeteiligungshöhe abhängig macht[26]. In diesem Fall ist ein trotz Fehlens der Beschlussfähigkeit gefasster Beschluss anfechtbar. Erfolgt keine Anfechtung, liegt auch in diesem Fall eine wirksame Beschlussfassung iSv.

---

[20] *Vossius* in Widmann/Mayer Rn 30.
[21] RegBegr. *Ganske* S. 252.
[22] *Happ* in Lutter Rn 8; *Dirksen* in Kallmeyer Rn 2.
[23] Vgl. *Vossius* in Widmann/Mayer Rn 46.
[24] *Happ* in Lutter Rn 7; *Dirksen* in Kallmeyer Rn 2; BayObLGZ 59, 255, 261.
[25] *Happ* in Lutter Rn 7, 15.
[26] Vgl. statt aller *Zöllner* in Baumbach/Hueck § 48 GmbHG Rn 2 a.

Abs. 1 vor. Eine Beschlussfassung im schriftlichen **Umlaufverfahren** kommt – anders als im allgemeinen GmbH-Recht[27] – nicht in Betracht[28].

b) Zustimmung aller Gesellschafter. Für einen wirksamen Umwandlungsbeschluss ist außerdem die **notariell beurkundete Zustimmung** sämtlicher Anteilsinhaber erforderlich, die nicht an der über den Formwechsel entscheidenden Versammlung teilgenommen haben[29]. Die Trennung zwischen der eigentlichen Beschlussfassung in der Versammlung und der späteren Zustimmung durch nicht anwesende Anteilsinhaber vereinfacht die Beschlussfassung. Es bedarf aber jedenfalls eines in der Versammlung gefassten Beschlusses, dem die abwesenden Anteilsinhaber zustimmen können[30]. 13

Bei der Zustimmung handelt es sich um eine einseitige empfangsbedürftige Willenserklärung[31]. Eine **ausdrückliche Zustimmung** ist auch dann erforderlich, wenn Anteilsinhaber zB aufgrund eines Stimmbindungsvertrags oder ausnahmsweise aus Treupflichtgründen zur Zustimmung verpflichtet sind[32]. Eine Fristsetzung zur Abgabe der Zustimmung ist im Umwandlungsbeschluss nicht zulässig. Möglich ist es aber, eine Regelung aufzunehmen, derzufolge der Beschluss hinfällig wird, wenn ihm nicht innerhalb einer bestimmten, angemessenen Frist alle nicht anwesenden Gesellschafter zugestimmt haben[33]. Die Gesellschaft wird beim Zugang von dem Vertretungsorgan, bei der GmbH also von den Geschäftsführern, bei der AG von den Vorstandsmitgliedern und bei der KGaA von den persönlich haftenden Gesellschaftern vertreten. Demgegenüber kommt es nicht darauf an, dass die Zustimmungserklärungen auch den übrigen Gesellschaftern zugehen[34]. 14

Die Zustimmung kann bereits **vor der Beschlussfassung** erklärt werden[35]. Eine solche Vorab-Zustimmung schließt den Anteilsinhaber nicht von der Teilnahme an der Versammlung aus. Es ist ihm weiterhin möglich, sein Auskunftsrecht geltend zu machen, mittels seines Rederechts Einfluss auf die Beschlussfassung zu nehmen[36] und gegen den Umwandlungsbeschluss zu stimmen oder sich der Stimme zu enthalten und so das wirksame Zustandekommen des Beschlusses zu verhindern[37]. 15

Die Zustimmungserklärung muss **hinreichend bestimmt** sein. Dies ist bei der nachträglichen Zustimmung unzweifelhaft, wenn eine Bezugnahme auf die Niederschrift über den Umwandlungsbeschluss erfolgt. Bei einer vorherigen Zustimmung ist eine Bezugnahme auf den Entwurf des Umwandlungsbeschlusses möglich und geboten. Dieser ist – vorbehaltlich eines Verzichts der Anteilsinhaber – im Umwandlungsbericht enthalten[38] und daher von jedem Anteilsinhaber vorab einzusehen[39]. Eine über redaktionelle Korrekturen hinausgehende Veränderung des Beschlusses bis zur Beschlussfassung in der Versammlung führt allerdings dazu, dass die vorherige Zustimmung zu dem Entwurf fehlgeht und eine erneute Zustimmung in der Versammlung bzw. bei Abwesenheit eine nachträgliche Zustimmungserklärung erforderlich wird[40]. 16

---

[27] § 48 Abs. 2 GmbHG.
[28] *Happ* in Lutter Rn 6.
[29] § 233 Abs. 1 iVm. § 193 Abs. 3 Satz 1; *Vossius* in Widmann/Mayer Rn 59.
[30] Siehe Rn 12.
[31] *Vossius* in Widmann/Mayer Rn 50.
[32] *Dirksen* in Kallmeyer Rn 5.
[33] *Vossius* in Widmann/Mayer Rn 53 f.
[34] Vgl. *Happ* in Lutter Rn 16; aus dem GmbH-Schrifttum: *K. Schmidt* in Scholz § 48 GmbHG Rn 65; *Zöllner* in Baumbach/Hueck § 48 GmbHG Rn 19; *Lutter/Hommelhoff* § 48 GmbHG Rn 12; *Hüffer* in Hachenburg § 48 GmbHG Rn 50.
[35] *Happ* in Lutter Rn 11; vgl. auch *Stratz* in Schmitt/Hörtnagl/Stratz Rn 6.
[36] *Happ* in Lutter Rn 12.
[37] Zur Parallelproblematik bei der Verschmelzung siehe § 44 Rn 25, 26.
[38] § 192 Abs. 1 Satz 3.
[39] Vgl. § 230.
[40] *Happ* in Lutter Rn 14.

17 Die nach der Beschlussfassung von dem abwesenden Gesellschafter erteilte Zustimmungserklärung ist **bindend**[41]. Dasselbe gilt für die Stimmabgabe der in der beschließenden Versammlung anwesenden Gesellschafter. Die Bindungswirkung dauert an, bis feststeht, ob der Beschluss zustande gekommen oder gescheitert ist.

2. Verpflichtung zur Zustimmung

18 Eine Verpflichtung zur Zustimmung besteht grundsätzlich nicht. Es steht jedem Anteilsinhaber frei, die Zustimmung zu einem Formwechsel zu verweigern. Eine Zustimmungsverpflichtung kraft **Treupflicht** ist angesichts der persönlichen Haftung in der Personengesellschaft kaum denkbar. Jedenfalls kommt sie allenfalls dann in Betracht, wenn der betreffende Anteilsinhaber gegen angemessene Abfindung ausscheiden und so eine persönliche Haftung vermeiden kann.

3. Rechtsfolge bei fehlender Zustimmung

19 Solange nicht alle nicht anwesenden Gesellschafter ihre Zustimmung erklärt haben, ist der Umwandlungsbeschluss schwebend unwirksam. Er wird erst mit Zugang der letzten Zustimmungserklärung wirksam. Zuvor darf keine Eintragung in das Handelsregister erfolgen. Wird trotzdem eingetragen, tritt Heilung ein[42].

IV. Beschlussanforderungen beim Formwechsel in die KG

1. Dreiviertelmehrheit

20 Die formwechselnde Umwandlung einer GmbH, AG oder KGaA in eine KG oder Kapitalgesellschaft & Co. KG kann durch **Mehrheitsbeschluss** mit Dreiviertelmehrheit beschlossen werden[43]. Alle künftigen persönlich haftenden Gesellschafter müssen zustimmen[44]. Der Gesellschaftsvertrag der formwechselnden Gesellschaft kann ein höheres Quorum und/oder sonstige, verschärfende Bestimmungen[45] festlegen; Erleichterungen sind unzulässig[46]. Ebenso erheblich sind ggf. im Gesellschaftsvertrag vorgesehene Zustimmungserfordernisse einzelner Gesellschafter (Vinkulierungsklauseln)[47].

21 **a) Formwechsel einer GmbH.** Der Formwechsel einer GmbH in eine KG (oder Kapitalgesellschaft & Co. KG) erfordert – vorbehaltlich einer strengeren Regelung im Gesellschaftsvertrag – eine Mehrheit von drei Vierteln der **abgegebenen Stimmen** für den Formwechsel[48]. Mehrstimmrechte sind zu berücksichtigen. Die Stimmen abwesender Gesellschafter oder Stimmenthaltungen werden nicht mitgezählt[49]. Ebenso wenig sind stimmrechtslose Gesellschaftsanteile zu berücksichtigen[50]. Im Gesellschaftsvertrag können weiter gehende Regelungen getroffen werden, die zB in Anlehnung an das Aktienrecht zusätzlich eine Kapitalmehrheit vorsehen können[51]. Zulässig sind nach Abs. 2 Satz 2 aber nur Satzungsbestimmungen, die eine größere Mehrheit oder zusätzliche Erfordernisse vorsehen[52].

---

[41] *Dirksen* in Kallmeyer Rn 2; *Happ* in Lutter Rn 17.
[42] § 202 Abs. 1 Nr. 3.
[43] § 233 Abs. 2 Satz 1.
[44] § 233 Abs. 2 Satz 3.
[45] *Vossius* in Widmann/Mayer Rn 67 f.
[46] § 233 Abs. 2 Satz 2; *Stratz* in Schmitt/Hörtnagl/Stratz Rn 3.
[47] *Dirksen* in Kallmeyer Rn 6.
[48] *Stratz* in Schmitt/Hörtnagl/Stratz Rn 3.
[49] *Dirksen* in Kallmeyer Rn 9.
[50] *Happ* in Lutter Rn 25.
[51] *Happ* in Lutter Rn 20.
[52] Siehe Rn 24.

Maßgeblich sind nur die in der Versammlung **abgegebenen Stimmen**. Soweit ein Vertreter ohne Vertretungsmacht auftritt, kann dessen Stimmabgabe genehmigt werden[53]. Im Unterschied zur Beschlussfassung nach Abs. 1 hängt die Wirksamkeit des Versammlungsbeschlusses beim Formwechsel in eine KG nicht von der Zustimmung aller Anwesenden ab. 22

b) Formwechsel einer AG oder KGaA. Beim Formwechsel einer AG oder KGaA in eine KG (oder Kapitalgesellschaft & Co. KG) bedarf der Umwandlungsbeschluss einer Mehrheit von drei Vierteln des bei der Beschlussfassung **vertretenen Grundkapitals**[54]. Stimmrechtslose Vorzugsaktien zählen bei der Berechnung des vertretenen Grundkapitals nicht mit[55]. Erforderlich ist außerdem eine Mehrheit der abgegebenen Stimmen[56]. Stimmenthaltungen zählen nicht[57]. 23

c) Strengere Regelungen in Satzung bzw. Gesellschaftsvertrag. In der Satzung bzw. dem Gesellschaftsvertrag können eine größere Mehrheit und/oder weitere Anforderungen festgelegt werden[58]. Die abweichende Bestimmung muss sich nicht konkret auf den Formwechsel beziehen. Ausreichend ist, dass allgemein für Satzungsänderungen eine größere als die gesetzliche Dreiviertelmehrheit vorgesehen ist, weil ein Formwechsel mindestens ebenso stark in das Organisationsgefüge der Gesellschaft eingreift wie eine Satzungsänderung[59]. Ein völliger **Ausschluss** eines künftigen Formwechsels im Gesellschaftsvertrag oder in der Satzung ist unbeachtlich. Er kann aber dahin gehend auszulegen sein, dass auch der Formwechsel in eine KG der Zustimmung aller Anteilsinhaber bedarf[60]. 24

2. Zustimmung aller künftigen Komplementäre

Alle künftigen Komplementäre müssen dem Formwechsel in eine KG zustimmen[61]. Kein Gesellschafter darf ohne seine Zustimmung kraft Mehrheitsentscheid in die unbeschränkte Haftung gedrängt werden. Das Zustimmungserfordernis gilt unabhängig davon, ob der Gesellschafter ansonsten Stimmrecht hat[62]. Die Zustimmungserklärung bedarf der notariellen Beurkundung. Sie kann auch außerhalb der beschlussfassenden Versammlung erteilt werden. Nicht erforderlich ist die Zustimmung künftiger Kommanditisten. Sie müssen auch dann nicht zustimmen, wenn das Reinvermögen der Gesellschaft die ihren Anteilsinhabern zugewiesene Kommanditeinlage nicht deckt und somit ein Haftungsrisiko für sie besteht[63]. Die gesetzliche Regelung ist eindeutig und abschließend. Gesellschafter, die der Auffassung sind, dass mangels ausreichenden Reinvermögens ein persönliches Haftungsrisiko besteht, sind darauf verwiesen, den Umwandlungsbeschluss anzufechten. 25

3. Sonderbeschlüsse nach § 65 Abs. 2[64]

Bei Vorhandensein **mehrerer Gruppen stimmberechtigter Aktien** muss jede Gruppe in gesonderter Abstimmung mit Dreiviertelmehrheit dem Formwechsel zustimmen[65]. Eines 26

---

[53] *Dirksen* in Kallmeyer Rn 9.
[54] Gem. § 233 Abs. 2 Satz 1. Die Möglichkeit der Umwandlung einer Kapitalgesellschaft in eine KG mit Mehrheitsbeschluss wird teilweise sowohl auf den eigentlichen Umwandlungsbeschluss als auch auf den für die umgewandelte Gesellschaft geltenden Gesellschaftsvertrag und die Erteilung von Handelsregistervollmachten erstreckt, *OLG Schleswig* DStR 2003, 1891 mit zust. Anm. *Wagner*.
[55] Zur Notwendigkeit eines Sonderbeschlusses siehe aber Rn 26.
[56] § 133 Abs. 1 AktG.
[57] *Happ* in Lutter Rn 23.
[58] § 233 Abs. 2 Satz 2.
[59] *Happ* in Lutter Rn 21.
[60] *Vossius* in Widmann/Mayer Rn 75.
[61] § 233 Abs. 2 Satz 3.
[62] *Happ* in Lutter Rn 28; *Vossius* in Widmann/Mayer Rn 82; *Dirksen* in Kallmeyer Rn 6, 11.
[63] So aber *Dirksen* in Kallmeyer Rn 11.
[64] Zu Einzelheiten siehe § 65 Rn 22 ff.
[65] § 233 Abs. 2 Satz 1 2. Halbs. iVm. § 65 Abs. 2.

Sonderbeschlusses der Vorzugsaktionäre ohne Stimmrecht bedarf es nicht. Ihnen sind gem. § 204 iVm. § 23 gleichwertige Rechte einzuräumen[66].

4. Zustimmungserfordernisse wegen der Beeinträchtigung von Minderheitsrechten nach § 50 Abs. 2[67]

27 Eine gesonderte Zustimmung zum Formwechsel einer **GmbH** in eine KG ist weiterhin erforderlich bei gesellschaftsvertraglich eingeräumten Minderheits- und Sonderrechten[68]. Der Beschluss bedarf der Zustimmung derjenigen Gesellschafter, denen im Gesellschaftsvertrag **Minderheitsrechte** oder besondere Rechte bei der Geschäftsführung, der Bestellung der Geschäftsführer oder hinsichtlich eines Vorschlagsrechts für die Geschäftsführung eingeräumt werden[69]. Diese Sonderrechte sollen den durch sie bevorrechtigten Gesellschaftern nicht ohne ihre Zustimmung entzogen werden können. Daraus folgt auch, dass eine gesonderte Zustimmung nicht erforderlich ist, wenn den Gesellschaftern in der neuen Rechtsform gleichwertige Rechte eingeräumt werden[70]. Für Abgabe und Zugang der Zustimmungserklärung gilt dasselbe wie für die Zustimmungserklärung nach Abs. 1[71].

5. Treupflicht

28 Der Formwechsel bedarf grundsätzlich **keiner** besonderen sachlichen **Begründung**. Der körperschaftliche Willensakt allein rechtfertigt den Formwechsel hinreichend. Das im UmwG detailliert vorgesehene Informations- und Beschlussverfahren sichert in Verbindung mit der Möglichkeit des Ausscheidens gegen eine angemessene Abfindung die Rechtsstellung auch der überstimmten Anteilsinhaber so weitgehend, dass es einer materiellen Inhaltskontrolle nicht bedarf[72].

29 Eine Anfechtungsklage kann abgesehen von Verstößen gegen Gesetz oder Satzung nur auf Fälle von Missbrauch[73], Ungleichbehandlungen oder Verstöße gegen die gesellschaftsrechtlichen Treupflichten gestützt werden[74]. Da sich solche Eingriffe nur aus dem Umwandlungsbeschluss, vor allem dem Gesellschaftsvertrag der Zielrechtsform, ergeben können, entfallen sie wegen des Einstimmigkeitserfordernisses beim Formwechsel in eine GbR, OHG oder PartG. Deshalb beschränkt sich die Kontrolle faktisch auf den Formwechsel einer Kapitalgesellschaft in eine KG[75].

30 Dabei ist zu bedenken, dass der Gesellschaftsvertrag nunmehr in Gänze notwendiger Bestandteil des Umwandlungsbeschlusses ist. Damit ist nun klargestellt, dass der Gesellschaftsvertrag ebenfalls mit Mehrheit beschlossen werden kann[76]. Inwieweit Rechtsmängel des im Wege des Mehrheitsbeschlusses gefassten Gesellschaftsvertrags Auswirkungen auf den Umwandlungsbeschluss haben, ist im Wege der Auslegung des Umwandlungsbeschlusses zu ermitteln. Entscheidend ist, ob dieser auch ohne die betreffende Regelung gefasst worden

---

[66] Siehe § 65 Rn 24, § 204 Rn 5; dgl. *Decher* in Lutter § 204 Rn 28. § 65 Abs. 2, der über § 240 Abs. 1 auch für den Formwechsel gilt, ist als *lex specialis* zu § 141 AktG anzusehen, vgl. § 65 Rn 24; § 240 Rn 14 mwN; *Grunewald* in Lutter § 65 Rn 8; *Zimmermann* in Kallmeyer § 65 Rn 22.
[67] Zu Einzelheiten siehe § 50 Rn 24 ff.
[68] § 233 Abs. 2 Satz 1. 2. Halbs. iVm. § 50 Abs. 2.
[69] *Happ* in Lutter Rn 30.
[70] Vgl. *Zimmermann* in Kallmeyer § 50 Rn 23.
[71] Siehe Rn 14.
[72] Siehe § 192 Rn 2 f.; *Happ* in Lutter Rn 53.
[73] Vgl. OLG Düsseldorf ZIP 2003, 1749; OLG Stuttgart DB 1997, 266; OLG Naumburg DB 1998, 251; alle Entscheidungen gehen aber *in concreto* nicht von einem Missbrauch aus.
[74] Vgl. BGHZ 71, 40, 46.
[75] *Happ* in Lutter Rn 54.
[76] Siehe § 234 Rn 19.

wäre⁷⁷. Zentralere Regelungen des Gesellschaftsvertrags sprechen eher für eine Einheitlichkeit iSd. § 139 BGB, während dies bei weniger bedeutenden Bestimmungen eher nicht der Fall ist[78].

Für die Beurteilung der **Rechtmäßigkeit** eines Umwandlungsbeschlusses lassen sich allgemeine Regeln kaum aufstellen. Die Rechtsprechung des BGH zum Formwechsel einer Personengesellschaft hat jedoch einige Grundsätze geliefert[79], die der BGH jetzt in einer aktuellen Entscheidung auch auf formwechselnde Kapitalgesellschaften übertragen hat[80]. So folgt aus der Allgemeinen gesellschaftsrechtlichen **Treupflicht**, dass die Organisation der Gesellschaft, die Kompetenzen ihrer Organe und die Rechtspositionen der einzelnen Gesellschafter nach Möglichkeit zu erhalten sind[81]. Ein Mehrheitsgesellschafter oder eine Gesellschaftergruppe darf außerdem nicht einseitig sachlich nicht gerechtfertigte Sondervorteile zu ihren eigenen Gunsten herbeiführen. Die Bestellung einer 100%igen Tochtergesellschaft der Mehrheitsgesellschafterin zur Komplementärin der KG stellt keinen Verstoß gegen den Gleichbehandlungsgrundsatz oder das Verbot der Verfolgung von Sondervorteilen (§ 243 Abs. 2 AktG) dar. Die Minderheitsaktionäre sind insbesondere nicht an der Komplementär-GmbH zu beteiligen[82]. 31

Von diesem Schutz **ausgenommen** sind solche Rechtspositionen, deren Beeinträchtigung sich als notwendige Rechtsfolge des Rechtsformwechsels der Gesellschaft darstellt. Darunter fallen etwa der Verlust von Steuervorteilen[83], die fehlende Beteiligung an der Komplementär-GmbH, der Wegfall der Börsenzulassung („going private") und grundsätzlich auch die eintretende Vinkulierung der Gesellschaftsanteile[84]. 32

Hinsichtlich des neuen **Gesellschaftsvertrags** ist aus dem Erfordernis, die Rechtspositionen der einzelnen Gesellschafter möglichst weitgehend zu erhalten, nicht zu folgern, dass der Gesellschaftsvertrag nur in den durch das Recht der Zielrechtsform gesetzlich zwingend vorgegebenen Aspekten geändert werden darf. Ausgangspunkt der Zulässigkeitsüberlegungen muss vielmehr das gesetzliche Leitbild der angestrebten Rechtsform sein. Dies folgt schon daraus, dass die gesetzlichen Regelungen auch eingreifen, soweit im Umwandlungsbeschluss keine Bestimmungen enthalten sind[85]. IRd. jeweiligen Ausgestaltung dieser Strukturen ist dann eine Annäherung an das zuvor gesellschaftsvertraglich Vereinbarte unter Berücksichtigung der jeweils besonderen Umstände des Einzelfalls möglich und gegebenenfalls auch erforderlich[86]. 33

V. Formwechsel der KGaA

1. Zustimmung der Komplementäre

Im gesetzlichen Regelfall müssen alle Komplementäre einer formwechselnden KGaA dem Umwandlungsbeschluss zustimmen[87]. Dem einzelnen Komplementär kommt somit – vorbe- 34

---

[77] Gem. § 139 BGB; *Happ* in Lutter Rn 55.
[78] *Happ* in Lutter Rn 55. Enthält der Gesellschaftsvertrag eine salvatorische Klausel, so verbleibt es bei der Teilnichtigkeit, BGH WM 2005, 1462, 1465.
[79] Vgl. zum Folgenden BGHZ 85, 351; das Urteil erging allerdings unter altem Recht.
[80] Zum Formwechsel einer AG in eine GmbH & Co. KG, siehe BGH WM 2005, 1462 ff.
[81] BGHZ 85, 351, 360; so auch BGH WM 2005, 1462, 1464; *Happ* in Lutter Rn 56.
[82] BGH WM 2005, 1462, 1464.
[83] Das gilt auch dann, wenn sich *uno actu* für den Mehrheitsgesellschafter Steuervorteile einstellen, BGH WM 2005, 1462, 1465.
[84] Vgl. ausführlich *Happ* in Lutter Rn 59 ff.
[85] *Happ* in Lutter Rn 63 f.
[86] Zu den Anforderungen an den neuen Gesellschaftsvertrag einer KG beim Formwechsel der AG in die KG, siehe ausf. BGH WM 2005, 1462, 1465 ff.
[87] § 233 Abs. 3 Satz 1.

haltlich anderweitiger Regelungen im Gesellschaftsvertrag – ein **Vetorecht** zu, das er durch bloße Nichtzustimmung ausüben kann. Dies entspricht der Regelung beim Formwechsel einer Personengesellschaft, bei dem grundsätzlich alle Gesellschafter zustimmen müssen[88]. Bei der KGaA bestimmt sich das Verhältnis der persönlich haftenden Gesellschafter untereinander, gegenüber den Kommanditaktionären sowie gegenüber Dritten nach dem Recht der KG[89]. Zudem verliert der Komplementär der KGaA durch den Formwechsel seine gesetzlich vorgesehene alleinige Geschäftsführungsbefugnis[90].

35 Die Zustimmung durch den oder die Komplementäre muss als empfangsbedürftige Willenserklärung **gegenüber der Hauptversammlung oder** gegenüber **dem Aufsichtsrat** erfolgen. Sie muss nicht in der Hauptversammlung abgegeben werden. Es genügt auch eine vorherige oder nachfolgende Zustimmung[91]. Sämtliche Zustimmungen bedürfen der notariellen Beurkundung[92]. Eine gesonderte Zustimmung ist nicht erforderlich, wenn in der Niederschrift sämtliche persönlich haftende Gesellschafter als in der Hauptversammlung erschienen und der Beschluss als einstimmig gefasst festgehalten werden, oder wenn die persönlich haftenden Gesellschafter in ihrer Eigenschaft als Kommanditaktionäre die Zustimmung erklärt haben[93]. Es gelten die Grundsätze zur Zustimmung der persönlich haftenden Gesellschafter zu Beschlüssen der Hauptversammlung entsprechend[94].

36 Ein Komplementär, der zugleich Kommanditaktionär ist, kann die Zustimmung gem. Abs. 3 Satz 1 abgeben, aber gleichzeitig in seiner Rolle als Kommanditaktionär gegen den Umwandlungsbeschluss stimmen und den Widerspruch zu Protokoll erklären. Auf diese Weise bleibt die Umwandlung möglich, der Komplementär kann aber als Aktionär gegen Abfindung aus der Gesellschaft ausscheiden, ohne dass darin ein widersprüchliches Verhalten zu sehen ist[95].

37 Stimmen nicht alle Komplementäre der formwechselnden KGaA dem Umwandlungsbeschluss zu, ist der Formwechsel gescheitert[96]. Soweit ein Formwechsel in eine KG vorgenommen wird und der bisherige Komplementär auch dort als persönlich haftender Gesellschafter fungieren soll, bedarf es einer weiteren, gesonderten Zustimmung[97]. Die Zustimmung als Komplementär der formwechselnden KGaA ersetzt diese nicht[98].

2. Abweichende Satzungsbestimmungen

38 Das Zustimmungserfordernis des Abs. 3 Satz 1 kann durch die Satzung nicht abbedungen werden[99]. Vom Gesetz vorgesehen ist aber die Möglichkeit, bei einem **Formwechsel in eine KG** eine **Mehrheitsentscheidung** der Komplementäre in der Satzung zuzulassen[100]. Dies betrifft ausschließlich die Umwandlung einer KGaA in eine KG[101]. Nicht eindeutig ist, ob diese Mehrheitsentscheidung durch eine Mehrheit aller persönlich haftenden Gesellschafter oder nur durch die Mehrheit von in einer Versammlung anwesenden Komplementären zu treffen ist[102]. Da im Regelfall die Zustimmung aller persönlich haftenden Gesellschafter er-

---

[88] § 217 Abs. 1.
[89] § 278 Abs. 2 AktG.
[90] § 278 Abs. 2 AktG iVm. §§ 114, 164 HGB.
[91] *Happ* in Lutter Rn 75.
[92] *Dirksen* in Kallmeyer Rn 12.
[93] *Happ* in Lutter Rn 75.
[94] § 285 Abs. 2 Satz 1 AktG.
[95] *Happ* in Lutter Rn 76; *Stratz* in Schmitt/Hörtnagl/Stratz Rn 7.
[96] *Vossius* in Widmann/Mayer Rn 118.
[97] § 233 Abs. 2 Satz 3.
[98] *Happ* in Lutter Rn 74.
[99] *Happ* in Lutter Rn 78.
[100] § 233 Abs. 3 Satz 2.
[101] RegBegr. *Ganske* S. 252.
[102] *Vossius* in Widmann/Mayer Rn 111.

forderlich ist, sprechen die besseren Gründe dafür, dass es sich insoweit um eine **Mehrheit aller Komplementäre** der formwechselnden KGaA handeln muss[103]. Dabei kommt es ausschließlich auf die Kopfzahl, nicht auf die Beteiligungshöhe an. In der Satzung können weitere Voraussetzungen oder eine größere als die gesetzlich vorgesehene (einfache) Mehrheit aufgestellt werden.

3. Ausscheiden von Komplementären

Jeder persönlich haftende Gesellschafter einer formwechselnden KGaA hat das Recht, mit Wirksamwerden des Formwechsels aus der Gesellschaft auszuscheiden. Dieses **Austrittsrecht** ist als solches unabhängig von der Zustimmung zum Formwechsel nach Abs. 3 Satz 1 und Satz 2. Es stellt ein notwendiges Korrektiv für die mögliche Mehrheitsentscheidung dar, ist aber nicht von einer solchen abhängig. Auch ein zustimmender Komplementär kann sein Ausscheiden erklären[104]. In der Austrittserklärung wird regelmäßig zugleich die **Zustimmung** zu einem Formwechsel zu sehen sein[105]. Die Austrittserklärung kann formlos erfolgen und ist nicht fristgebunden[106]. Allerdings wird zu Recht allgemein davon ausgegangen, dass die Erklärung **spätestens bis zur Beschlussfassung** über die Umwandlung abzugeben ist[107], damit die Hauptversammlung die Entscheidung über den Formwechsel in Kenntnis darüber treffen kann, ob die persönlich haftenden Gesellschafter aus der Gesellschaft ausscheiden oder nicht[108]. Ein erst später erklärter Austritt wäre treupflichtwidrig[109]. Soweit ein persönlich haftender Gesellschafter von seinem Austrittsrecht Gebrauch macht, scheidet er mit Wirksamwerden des Formwechsels aus der Gesellschaft aus[110]. 39

Ein genereller Ausschluss des Austrittsrechts in der **Satzung** ist unzulässig[111]. Dagegen ist das Austrittsrecht im Zusammenhang mit einem konkreten Formwechsel **verzichtbar**[112]. Praktische Relevanz wird dem indessen selten zukommen, weil die persönlich haftenden Gesellschafter frei darin sind, von dem Austrittsrecht keinen Gebrauch zu machen. 40

VI. Beschlussmängel

1. Ausgangspunkt

Die Behandlung fehlerhafter Beschlüsse über den Formwechsel einer Kapitalgesellschaft richtet sich nach den Allgemeinen aktienrechtlichen Regelungen[113]. Verstöße gegen Gesetz oder Satzung führen grundsätzlich zur Anfechtbarkeit des Umwandlungsbeschlusses, soweit sich nicht weiter gehend die Nichtigkeit des Beschlusses aus dem Gesetz ergibt. Umwandlungsbeschlüsse sind unwirksam, wenn eine erforderliche Individualzustimmung einzelner Gesellschafter fehlt. 41

2. Nichtigkeitsgründe

Die einzelnen Nichtigkeitsgründe sind in § 241 AktG aufgezählt. In Betracht kommt die Nichtigkeit des Beschlusses wegen: Einberufungsmängeln[114], Beurkundungsmän- 42

---

[103] So auch *Vossius* in Widmann/Mayer Rn 112.
[104] *Vossius* in Widmann/Mayer Rn 125.
[105] *Vossius* in Widmann/Mayer Rn 120.
[106] *Dirksen* in Kallmeyer Rn 13.
[107] *Happ* in Lutter Rn 82; aA wohl *Vossius* in Widmann/Mayer Rn 136.
[108] IE wie hier *Happ* in Lutter Rn 82.
[109] *Dirksen* in Kallmeyer Rn 13.
[110] Gem. § 236; *Stratz* in Schmitt/Hörtnagl/Stratz Rn 7.
[111] Skeptisch auch *Vossius* in Widmann/Mayer Rn 135.
[112] *Vossius* in Widmann/Mayer Rn 133.
[113] §§ 241 ff. AktG; das gilt auch für die GmbH; vgl. *Raiser* in Hachenburg Anh § 47 GmbHG Rn 1 ff.
[114] § 241 Nr. 1 AktG; Einberufungsmängel können geheilt werden, siehe § 230 Rn 33 f.

geln[115] oder Inhaltsmängeln[116]. Eine Nichtigkeit wegen inhaltlicher Mängel ist beim Formwechsel einer Kapitalgesellschaft in die Personengesellschaft allerdings praktisch kaum je denkbar. Sie kommt nur in Betracht, wenn der Beschluss seinem Inhalt nach Vorschriften zum Schutz von Gläubigern oder der Öffentlichkeit verletzt oder gegen die guten Sitten verstößt[117]. Die Annahme, der Umwandlungsbeschluss sei nichtig, wenn nicht die erforderlichen Mehrheiten zustande gekommen sind[118], geht zu weit. Maßgeblich ist, welche Feststellung über die Beschlussfassung der Versammlungsleiter trifft. Zählt er Stimmen falsch aus oder wertet er abgegebene Stimmen unzutreffend, begründet dies nur die Anfechtbarkeit des (fälschlich) festgestellten Beschlusses. Nichtigkeit tritt schließlich mit der rechtskräftigen Entscheidung ein, die den Beschluss für nichtig erklärt[119].

3. Anfechtbarkeit

43 Im Übrigen führt ein Beschlussmangel nur zur Anfechtbarkeit des Beschlusses[120]. Wird kein Widerspruch gegen den Beschluss eingelegt[121] bzw. in der GmbH dem Beschluss zugestimmt, besteht kein Anfechtungsrecht[122].

44 Anfechtbar sind namentlich
– Umwandlungsbeschlüsse, bei denen der Versammlungsleiter zu Unrecht das Erreichen der gesetzlich oder statutarisch erforderlichen Mehrheit der abgegebenen Stimmen oder des an der Beschlussfassung teilnehmenden Kapitals festgestellt hat;
– Umwandlungsbeschlüsse, die ohne Erreichen der erforderlichen Mehrheiten als gefasst notariell beurkundet worden sind;
– Umwandlungsbeschlüsse mit formellen Mängeln, namentlich Einberufungsmängeln, soweit sie nicht ausnahmsweise die Nichtigkeit des Umwandlungsbeschlusses begründen[120];
45 – Umwandlungsbeschlüsse, in deren Zusammenhang die Treupflicht oder der Gleichbehandlungsgrundsatz verletzt wird.

§ 234 Inhalt des Umwandlungsbeschlusses

In dem Umwandlungsbeschluß müssen auch enthalten sein:
1. die Bestimmung des Sitzes der Personengesellschaft;
2. beim Formwechsel in eine Kommanditgesellschaft die Angabe der Kommanditisten sowie des Betrages der Einlage eines jeden von ihnen;
3. der Gesellschaftsvertrag der Personengesellschaft. Beim Formwechsel in eine Partnerschaftsgesellschaft ist § 213 auf den Partnerschaftsvertrag nicht anzuwenden.

---

[115] § 241 Nr. 2 AktG; vgl. zur Möglichkeit der Heilung von Beurkundungsmängeln § 202 Rn 32 f.
[116] § 241 Nr. 3 und 4 AktG.
[117] Zu weitgehend deshalb *Happ* in Lutter Rn 84 mit dem Beispiel des Formwechsels in eine GbR, obwohl die Gesellschaft den Anforderungen des § 228 Abs. 1 iVm. § 105 Abs. 1 und 2 HGB genügt und deshalb nur die Umwandlung in eine OHG in Betracht kommt, oder bei fehlender Angabe zwingender Bestandteile wie der Kommanditisten und ihrer Einlage im Umwandlungsbeschluss.
[118] So aber *Happ* in Lutter Rn 84.
[119] § 241 Nr. 5 und 6 AktG.
[120] *Happ* in Lutter Rn 86.
[121] § 245 Nr. 1 AktG.
[122] Vgl. *Lutter/Hommelhoff* Anh § 47 GmbHG Rn 57 f.

Übersicht

	Rn		Rn
I. Allgemeines	1	cc) Haftung der Kommanditisten	9
1. Sinn und Zweck der Norm	1	c) Unbekannte Gesellschafter	10
2. Anwendungsbereich	2	aa) Keine Ermittlungspflicht	10
3. Entstehungsgeschichte	3	bb) Unbekannt gebliebene Gesellschafter	12
II. Inhalt des Umwandlungsbeschlusses	4	2. Gesellschaftsvertrag der Personengesellschaft	13
1. Besonderheiten beim Formwechsel einer Kapitalgesellschaft in eine Personengesellschaft	4	a) Grundsatz	14
a) Sitz des Rechtsträgers	5	b) Keine Anwendung von § 213 bei PartG	15
b) Formwechsel in KG	6	3. Mängelfolgen	16
aa) Bezeichnung der Kommanditisten	7	4. Festlegungen im Gesellschaftsvertrag	17
bb) Zeichnungsbetrag	8		

I. Allgemeines

1. Sinn und Zweck der Norm

Die Norm ergänzt die allgemeinen Bestimmungen über den Inhalt des Umwandlungsbeschlusses[1] für den Fall des Formwechsels einer Kapitalgesellschaft in eine Personengesellschaft. Im Umwandlungsbeschluss ist immer der künftige Sitz der Gesellschaft anzugeben. Außerdem sind beim Wechsel in eine KG die künftigen Kommanditisten nebst Höhe ihrer Beteiligungen festzusetzen. Schließlich muss der vollständige Gesellschaftsvertrag der Personengesellschaft im Umwandlungsbeschluss enthalten sein.

2. Anwendungsbereich

Nr. 1 und Nr. 3 Satz 1 finden auf alle Fälle des Formwechsels einer Kapitalgesellschaft in eine Personengesellschaft Anwendung. Nr. 2 und Nr. 3 Satz 2 enthalten spezielle Regelungen für den Formwechsel einer Kapitalgesellschaft in eine KG bzw. in eine PartG.

3. Entstehungsgeschichte

Nr. 1 und 2 beruhen auf den Regelungen zur „übertragenden Umwandlung" in § 17 Abs. 2 und § 20 Satz 2 UmwG 1969. Nr. 3 wurde in ihrer ursprünglichen Fassung iRd. Aufnahme der PartG in das UmwG eingefügt, um eine Parallelität zwischen sonstigen formbedürftigen Gründungsverträgen und dem Formwechsel in eine PartG zu schaffen[2]. Durch das Zweite Gesetz zur Änderung des Umwandlungsgesetzes wurde die Pflicht zur Aufnahme des Gesellschaftsvertrags in den Umwandlungsbeschluss auf alle Formwechsel in eine Personengesellschaft erstreckt. Damit soll die zwischenzeitlich entstandene Unsicherheit darüber, ob das Mehrheitserfordernis des § 233 Abs. 2 auch auf den Beschluss über den Gesellschaftsvertrag der Personengesellschaft Anwendung findet, ausgeschlossen werden. Die damit einhergehende Ausweitung des Schriftformerfordernisses für Gesellschaftsverträge erachtete der Gesetzgeber als angemessen[3].

---

[1] § 194.
[2] BegrRegE Erstes Gesetz zur Änderung des UmwG, BT-Drucks. 13/8808 S. 15 f.
[3] BegrRegE Zweites Gesetz zur Änderung des UmwG, BT-Drucks. 16/2919 S. 19; zust. *Drinhausen* BB 2006, 2313, 2317.

II. Inhalt des Umwandlungsbeschlusses

1. Besonderheiten beim Formwechsel einer Kapitalgesellschaft in eine Personengesellschaft

4 Neben den Mindestangaben nach den allgemeinen Regelungen[4] sind für den Formwechsel einer Kapitalgesellschaft in eine Personengesellschaft weitere Inhalte des Umwandlungsbeschlusses zwingend vorgeschrieben. Insbesondere muss nach der Neufassung der Nr. 3 durch das Zweite Gesetz zur Änderung des Umwandlungsgesetzes nunmehr auch der Gesellschaftsvertrag der Personengesellschaft in den Umwandlungsbeschluss aufgenommen werden. Einzelne Festsetzungen, die auch im Gesellschaftsvertrag erfolgen, hat der Gesetzgeber aber für so wichtig gehalten, dass sie darüber hinaus explizit im Umwandlungsbeschluss erfolgen müssen[5]. Im Übrigen kann dem Erfordernis, die Festsetzungen im Umwandlungsbeschluss zu treffen, auch dadurch genügt werden, dass in dem Umwandlungsbeschluss auf die entsprechende Festsetzung im Gesellschaftsvertrag, der einen Bestandteil des Umwandlungsbeschlusses bildet, Bezug genommen wird.

5 **a) Sitz des Rechtsträgers.** Der Umwandlungsbeschluss muss den Sitz der Personengesellschaft bestimmen[6]. Diese Bestimmung ist in erster Linie notwendig, um das für die Anmeldung zuständige Handelsregister zu bestimmen[7]. Die Notwendigkeit der Sitzbestimmung bezieht sich spätestens nach der Rechtsprechungsänderung zur Rechts- und Parteifähigkeit der GbR[8] auch auf diese[9], obwohl bei der GbR keine Registereintragung erfolgt. Der Sitz der Gesellschaft bestimmt sich nach dem Ort, an dem sich die **Geschäftsführung** tatsächlich befindet[10]. Im Zweifelsfall ist bei mehreren Orten derjenige der zentralen Geschäftsführung entscheidend. Eine anderweitige Festlegung mittels entsprechender Bestimmungen im Gesellschaftsvertrag oder auf vergleichbare Weise bleibt ohne rechtliche Wirkung[11]. Unbenommen bleibt es den Gesellschaftern, den Sitz der neuen Personengesellschaft abweichend vom bisherigen Sitz der formwechselnden Kapitalgesellschaft festzusetzen, sofern der neue Ort zukünftig Sitz der tatsächlichen Geschäftsleitung sein soll[12]. Eine solche Sitzverlegung im Zuge des Formwechsels ist mit dem Formwechsel zur Eintragung in das Handelsregister des bisherigen Rechtsträgers anzumelden.

6 **b) Formwechsel in KG.** Beim Formwechsel einer Kapitalgesellschaft in eine KG sind die Kommanditisten sowie der Betrag der Einlagen eines jeden von ihnen im Umwandlungsbeschluss anzugeben[13].

7 *aa) Bezeichnung der Kommanditisten.* Fehlt die Angabe der Kommanditisten im Umwandlungsbeschluss, ist dieser nichtig. Aus §§ 162 iVm. 106 HGB schließt die ganz hM, dass die Festsetzung unter Angabe von Namen, Vornamen, Beruf, Geburtsdatum und Wohnort erfolgen müsse, da diese im Handelsregister einzutragen sind[14]. Dem ist nicht zu folgen. Für die

---

[4] Siehe § 194 Rn 5 ff.
[5] RegBegr. *Ganske* S. 253.
[6] § 234 Nr. 1.
[7] § 198 Abs. 2 Satz 2; *Happ* in Lutter Rn 16.
[8] *BGH* ZIP 2001, 330.
[9] *Dirksen* in Kallmeyer Rn 2; jetzt auch *Happ* in Lutter Rn 16; aA *Vossius* in Widmann/Mayer Rn 3: nur Personenhandelsgesellschaften (allerdings vor *BGH* ZIP 2001, 330).
[10] Zur Bestimmung des Sitzes des Rechtsträgers siehe § 1 Rn 41 ff. und Einl. C Rn 18 ff.
[11] *BGH* BB 1957, 799.
[12] *Happ* in Lutter Rn 17; *Vossius* in Widmann/Mayer § 235 Rn 21.
[13] § 234 Nr. 2.
[14] *Happ* in Lutter Rn 19; *Dirksen* in Kallmeyer Rn 3; aus der älteren Lit. *Schilling* in Hachenburg[7] Anh. § 77 GmbHG § 20 UmwG Rn 3.

Festsetzung im Umwandlungsbeschluss reicht es aus, wenn sie so erfolgt, dass über die **Identität des Kommanditisten** kein Zweifel besteht. Dafür reicht die Angabe des Namens und des Wohnorts oder des Geburtsdatums regelmäßig aus. Davon unabhängig ist die Frage, welche Angaben bis zur Anmeldung des Formwechsels zu machen sind. Entscheidend ist, dass zu diesem Zeitpunkt die für die Handelsregistereintragung erforderlichen Daten wie Vornamen und Beruf beigebracht sind und mit der Anmeldung angegeben werden. Problematisch ist dies bei solchen Aktiengesellschaften, die mangels Namensaktien keinen Überblick über den Bestand ihrer Aktionäre haben[15]. Inwieweit in diesen Fällen eine Nachforschungspflicht besteht, ist umstritten[16].

bb) Zeichnungsbetrag. Anzugeben ist weiter die jeweilige Hafteinlage der Kommanditisten, also der Betrag, mit dem der Kommanditist im Außenverhältnis haftet. Nicht hinreichend ist die bloße Angabe der im Innenverhältnis versprochenen Pflichteinlage, die bereits nach den allgemeinen Regelungen anzugeben ist[17]. Zulässig ist ein sog. nicht verhältniswahrender Formwechsel durch eine mit Zustimmung aller Betroffenen vereinbarte Abweichung der neuen von der bisherigen Beteiligungsquote[18]. Die Einlagen der Gesellschafter werden durch das Reinvermögen der formwechselnden Gesellschaft erbracht. Ungeachtet der postulierten Identität des Rechtsträgers und der Beteiligungen behandelt das UmwG sie wie Sacheinlagen zum Zeitpunkt der Eintragung[19]. Die persönliche Haftung des Kommanditisten entfällt[20] demzufolge nur, wenn der auf ihn entfallende Anteil des tatsächlichen Reinvermögens der formwechselnden Kapitalgesellschaft zumindest den Wert der auf ihn entfallenden Haftsumme erreicht[21]. Ansonsten haftet er für die Differenz[22]. Eine über diese persönliche Differenzhaftung hinausgehende Sicherung der Kapitalaufbringung erfolgt nicht[23].

cc) Haftung der Kommanditisten. Eine Haftung der Kommanditisten wegen Geschäftsaufnahme vor Eintragung[24] kommt nicht in Betracht. Die alte Rechtsform bis zur Eintragung der neuen fort[25]. In der Übergangszeit zwischen dem Beschluss über die Umwandlung führt die Gesellschaft ihre Geschäfte noch nach dem für sie geltenden Recht fort.

c) Unbekannte Gesellschafter. *aa) Keine Ermittlungspflicht.* Ein erhebliches Problem für die Umwandlung einer Kapitalgesellschaft in eine Personengesellschaft und praktisch insbesondere für den Formwechsel einer AG bzw. KGaA in eine KG ergibt sich aus der Verpflichtung zur Nennung der künftigen Kommanditisten. Der Formwechsel einer Publikumsaktiengesellschaft mit teilweise unbekanntem Aktionärskreis in eine Publikumskommanditgesellschaft wird dadurch erheblich erschwert. Beim Wechsel in eine GbR, OHG oder PartG stellt sich das Problem der unbekannten Aktionäre in nochmals verschärfter Form: Solange nicht alle Anteilsinhaber bekannt sind, ist ein solcher Formwechsel aufgrund des Einstimmigkeitserfordernisses nicht möglich. Im Anschluss an die Entscheidung des BayObLG vom 5. 7. 1996[26] sind einige Fragen in diesem Zusammenhang mittlerweile als geklärt anzusehen.

§ 35 ist als allgemeine Vorschrift auch auf den Formwechsel einer AG oder KGaA in eine Personengesellschaft anzuwenden[27]. Als Ersatz für die namentliche Identifizierung ist daher

---

[15] *Happ* in Lutter Rn 19.
[16] Siehe Rn 10 ff.
[17] § 194 Abs. 1 Nr. 3 und Nr. 4; *Vossius* in Widmann/Mayer Rn 13.
[18] *Dirksen* in Kallmeyer Rn 4.
[19] *Stratz* in Schmitt/Hörtnagl/Stratz Rn 4.
[20] § 171 HGB.
[21] *Stratz* in Schmitt/Hörtnagl/Stratz Rn 4.
[22] BGHZ 95, 188, 197 f.
[23] *Dirksen* in Kallmeyer Rn 5.
[24] § 176 Abs. 1 HGB.
[25] Ausf. *Happ* in Lutter Rn 35.
[26] *BayObLG* ZIP 1996, 1467; Vorinstanz *LG Augsburg* ZIP 1996, 1011.
[27] *Happ* in Lutter Rn 20.

für unbekannt gebliebene Aktionäre die Nennung der Aktienurkunden auch im Rahmen eines Formwechsels zulässig[28]. Die Anwendbarkeit von § 35 ist nicht von der Darlegung ernsthafter Ermittlungsbemühungen durch die Gesellschaft abhängig[29]. Das BayObLG stellt allerdings die Forderung auf, die formwechselnde AG solle bereits bei der Einladung zur beschlussfassenden Hauptversammlung die Aktionäre auffordern, ihren Aktienbesitz offen zu legen[30]. Daran ist kritisiert worden, dass sich auch für eine solche eingeschränkte Ermittlungspflicht im Gesetz keine Stütze finde. Es sei auch nicht erkennbar, warum die Verletzung einer bloßen Soll-Vorschrift für die Beurteilung der Rechtmäßigkeit des Umwandlungsbeschlusses von Bedeutung sein solle[31]. In der Tat scheidet eine Anfechtungs- oder Nichtigkeitsklage gegen einen Umwandlungsbeschluss mit der Begründung, es habe keine hinreichenden Bemühungen zur Ermittlung unbekannter Aktionäre gegeben, im Ergebnis aus. Die erforderliche Einberufung der beschlussfassenden Hauptversammlung in den Gesellschaftsblättern[32] gibt jedem Aktionär die Möglichkeit, sich an der Beschlussfassung zu beteiligen. Der Zweck des § 35 verbietet es , sich darauf zu berufen, nicht hinreichend gesucht worden zu sein[33]. Dennoch ist es der formwechselnden Gesellschaft anzuraten, den Kreis der unbekannten Aktionäre nach Möglichkeit klein zu halten[34]. Um dieses Ziel zu erreichen, ist der vom BayObLG vorgeschlagene Weg, in der Einberufung zur beschlussfassenden Hauptversammlung die Aktionäre zur Meldung aufzufordern, nahe liegend. Soweit Aktionäre gleichwohl unbekannt bleiben, sind sie im Umwandlungsbeschluss – neben den zwingend mit Namen anzugebenden bekannten Aktionären – mit ihrer Aktienurkunde und möglichst nach Nummer und Nennbetrag bezeichnet aufzuführen. Ebenso werden sie dann zum Handelsregister angemeldet und eingetragen[35]. Werden der Gesellschaft zu einem späteren Zeitpunkt weitere vormalige Aktionäre bekannt, hat sie diese gegenüber dem Handelsregister anzuzeigen, um so eine Berichtigung des Handelsregisters von Amts wegen herbeizuführen[36].

12 bb) *Unbekannt gebliebene Gesellschafter.* Mit Recht ist die *ratio* der Pflicht, unbekannte Aktionäre im Umwandlungsbeschluss und bei der Eintragung mit ihrer Aktienurkunde zu bezeichnen[37], kritisiert worden[38]. Ein Konvolut von Aktiennummern bringt für den Rechtsverkehr keinerlei Erkenntniszugewinn. Hinzu kommt, dass sich der Kreis der tatsächlichen Aktionäre durch Übertragung der Anteile vor und nach der Hauptversammlung bis hin zur Eintragung des Formwechsels ohnedies verändern kann. Weder den übrigen (bekannten) Gesellschaftern noch den Gläubigern der Gesellschaft ist deshalb mit der Angabe der Aktiennummern gedient. Im besonderen Maße zeigt sich das Problem bei der Verwahrung von Aktien in **Girosammelverwahrung**. Sofern Aktien bekannter sowie unbekannter Aktionäre girosammelverwahrt werden, ist eine Zuordnung der Aktiennummern auf unbekannte Aktionäre nicht möglich. In Betracht kommt dann nur, die bekannten Aktionäre zu veranlassen, ihre Aktien aus der Girosammelverwahrung herauszunehmen, um auf diese Weise zu erreichen, dass die verbleibenden girosammelverwahrten Aktien allesamt auf unbekannte Aktionäre entfallen. In der Praxis funktioniert indessen auch dieses Vorgehen nur begrenzt,

---

[28] *BayObLG* ZIP 1996, 1467, 1469.
[29] *BayObLG* ZIP 1996, 1467, 1469; *LG Augsburg* ZIP 1996, 1011; wie hier *Dirksen* in Kallmeyer Rn 3; *Happ* in Lutter Rn 21; *Bayer* ZIP 1997, 1613, 1623.
[30] *BayObLG* ZIP 1996, 1467, 1469; zust. *Dirksen* in Kallmeyer Rn 3.
[31] *Happ* in Lutter Rn 21.
[32] § 121 Abs. 3 und Abs. 4 AktG.
[33] Das *BayObLG* ZIP 1996, 1467 hat insoweit keine Entscheidung getroffen, sondern die angenommene Unwirksamkeit nur auf die fehlende Angabe der bekannten Aktionäre/Kommanditisten gestützt.
[34] *Happ* in Lutter Rn 21.
[35] *Dirksen* in Kallmeyer Rn 3.
[36] § 213 iVm. § 35 Satz 2; *Happ* in Lutter Rn 30.
[37] § 213 iVm. § 35.
[38] Vgl. eingehend *Happ* in Lutter Rn 22 f. mwN.

weil regelmäßig auch bekannte Aktionäre, zumal wenn sie dem Formwechsel kritisch gegenüberstehen, keine Veranlassung sehen, ihre Aktien aus der Girosammelverwahrung in Streifbandverwahrung zu überführen. Gänzlich unmöglich ist dieses Verfahren im Übrigen, wenn die Anteile nicht mehr einzelverbrieft, sondern in einer girosammelverwahrten Globalurkunde verbrieft sind[39]. In den Fällen, in denen Urkunden ausgegeben sind, empfiehlt es sich indessen, zumindest die bekannten Aktionäre, die den Formwechsel unterstützen, zu veranlassen, ihre Aktien aus der Girosammelverwahrung zu entnehmen. Die dann noch in Girosammelverwahrung verbleibenden Aktiennummern entfallen alsdann auf bekannte und unbekannte Aktionäre. In der Praxis besteht weithin Bereitschaft bei den Registergerichten, sich mit einer entsprechenden pauschalen Angabe zufrieden zu geben. Dafür spricht, dass anderenfalls der Formwechsel in eine KG aus der Publikumsaktiengesellschaft praktisch unmöglich wäre. Ausweichmöglichkeiten wie die Pflegerbestellung nach §§ 1911 oder 1913 BGB scheiden ebenso aus wie die Möglichkeit, ein Einziehungsverfahren nach § 73 AktG durchzuführen. Dieses kann nicht dazu benutzt werden, unbekannte Aktionäre ihrer Mitgliedschaft zu berauben[40].

2. Gesellschaftsvertrag der Personengesellschaft

Ferner muss beim Formwechsel einer Kapitalgesellschaft in eine Personengesellschaft der Gesellschaftsvertrag der Personengesellschaft im Umwandlungsbeschluss enthalten sein[41]. **13**

a) Grundsatz. Grundsätzlich sind Gesellschaftsverträge bei Personengesellschaften nicht formbedürftig, weshalb sie eigentlich nicht notwendiger Bestandteil des Umwandlungsbeschlusses sind. Anders wäre für die PartG zu entscheiden, weil dieser stets der Schriftform bedarf[42]. Das Gesetz ordnet nunmehr jedoch für alle Personengesellschaften die Aufnahme des Gesellschaftsvertrags in den Umwandlungsbeschluss und damit die Schriftform des Vertrags an[43]. **14**

b) Keine Anwendung von § 213 bei PartG. Beim Formwechsel in eine PartG ist § 213 nicht anwendbar[44]. Die Bestimmung über die Nichtanwendbarkeit von § 213 macht indessen wenig Sinn, weil für die Umwandlung in eine PartG wegen der persönlichen Haftung der Gesellschafter in jedem Fall die Zustimmung aller Anteilsinhaber erforderlich ist[45]. Ohne sämtliche (Kommandit-)Aktionäre zu kennen und zu erreichen, ist ein Formwechsel in die PartG daher nicht möglich. **15**

3. Mängelfolgen

Ein Verstoß gegen die Bestimmungen des § 234 führt zur Nichtigkeit des Umwandlungsbeschlusses[46]. **16**

4. Festlegungen im Gesellschaftsvertrag

Im Gesellschaftsvertrag, der im Fall der Umwandlung einer Kapitalgesellschaft in eine Personengesellschaft abzuschließen ist, müssen die Anteilsinhaber nur die im Gesetz[47] festgeleg- **17**

---

[39] § 10 Abs. 5 AktG.
[40] Im Einzelnen dazu *Happ* in Lutter Rn 26 f.
[41] § 234 Nr. 3 Satz 1.
[42] § 3 PartG.
[43] Zum Zweck dieser Regelung: BegrRegE BT-Drucks. 16/2919 S. 19; zust. *Drinhausen* BB 2006, 2313, 2317.
[44] § 234 Nr. 3 Satz 2.
[45] § 233 Abs. 1; wie hier *Stratz* in Schmitt/Hörtnagl/Stratz Rn 6.
[46] § 241 Nr. 3 AktG; *BayObLG* ZIP 1996, 1467; *Stratz* in Schmitt/Hörtnagl/Stratz Rn 1; *Hüffer* § 241 AktG Rn 18.
[47] § 194 iVm. § 234.

§ 235　Fünftes Buch. Formwechsel

ten Regelungen treffen. Dies hindert sie aber nicht daran, zweckmäßigerweise bereits zu diesem Zeitpunkt einen vollständigen, ihren Bedürfnissen entsprechenden Gesellschaftsvertrag zu vereinbaren und so das Eingreifen der dispositiven Gesetzesregelungen zu vermeiden[48].

18　Es ist regelmäßig geboten, beim Formwechsel einer Kapitalgesellschaft in eine Personengesellschaft zumindest weitgehende gesellschaftsrechtliche Regelungen bereits im Umwandlungsbeschluss zu treffen[49]. In besonderem Maße regelungsbedürftig ist die Frage der Willensbildung der Gesellschaft, da mangels abweichender Bestimmung im Gesellschaftsvertrag sonst das gesetzliche Einstimmigkeitserfordernis eingreift[50]. Erhebliche Teile dieser zusätzlichen gesellschaftsvertraglichen Regelungen werden, wenn sie vorgesehen sind, als Sonderregelungen iSd. § 194 Abs. 1 Nr. 5 anzusehen sein. Sie müssen dann in den Umwandlungsbeschluss aufgenommen werden.

19　Soweit ein Formwechsel von der Kapitalgesellschaft in die Personengesellschaft mit Mehrheit beschlossen werden kann, also beim Formwechsel in eine KG[51], gilt diese Mehrheit auch für die Festsetzung des Gesellschaftsvertrags. Eine Trennung des Umwandlungsbeschlusses in einen mit Mehrheit und einen einstimmig zu beschließenden Teil lässt sich dem Gesetz nicht entnehmen.

20　Bei der **Anmeldung zum Handelsregister** ist es nicht erforderlich, den gesamten neuen Gesellschaftsvertrag einzureichen; vielmehr reicht es aus, auszugsweise die zwingenden Inhalte vorzulegen[52], um so die häufig unerwünschte Publizität zu vermeiden[53].

§ 235 Anmeldung des Formwechsels

(1) **Beim Formwechsel in eine Gesellschaft des bürgerlichen Rechts ist statt der neuen Rechtsform die Umwandlung der Gesellschaft zur Eintragung in das Register, in dem die formwechselnde Gesellschaft eingetragen ist, anzumelden. § 198 Abs. 2 ist nicht anzuwenden.**

(2) **Die Anmeldung nach Absatz 1 oder nach § 198 ist durch das Vertretungsorgan der formwechselnden Gesellschaft vorzunehmen.**

Übersicht

	Rn		Rn
I. Allgemeines	1	2. Anmeldepflichtige	6
1. Sinn und Zweck der Norm	1	3. Gegenstand der Anmeldung	9
2. Anwendungsbereich	3	a) Neue Rechtsform	9
3. Entstehungsgeschichte	4	b) Hilfsweise Umwandlung in GbR	10
II. Einzelerläuterungen	5	4. Zuständiges Register	11
1. Ohne Anmeldung keine Eintragung	5		

Literatur: *Bärwaldt/Schabacker*, Der vorsorgliche Formwechsel in eine OHG beim Formwechsel einer Kapitalgesellschaft in eine GbR, NJW 1999, 623; *Melchior*, Vollmachten bei Umwandlungsvorgängen – Vertretungshindernisse und Interessenkollisionen, GmbHR 1999, 520; *Meyer-Landrut/Kiem*, Der Formwechsel einer Publikumsaktiengesellschaft, WM 1997, 1361.

---

[48] Vgl. zu möglichen Regelungsgegenständen *Vossius* in Widmann/Mayer Rn 19 ff.
[49] *Dirksen* in Kallmeyer Rn 7. So sollten stets Bestimmungen über die Vertretung der Gesellschaft und die Stellung der Gesellschafter, wie Entnahme- und Kontrollrechte, Anteilsübertragung, Abfindung bei Ausscheiden, Gewinnverteilung etc., getroffen werden.
[50] *Happ* in Lutter Rn 37.
[51] § 233 Abs. 2.
[52] § 49 Abs. 5 iVm. § 42 Abs. 3 BeurkG.
[53] *Dirksen* in Kallmeyer Rn 8; zustimmend *Stratz* in Schmitt/Hörtnagl/Stratz Rn 6.

I. Allgemeines

1. Sinn und Zweck der Norm

Die GbR wird nicht in das Handelsregister eingetragen. Deshalb ist bei dem Formwechsel einer Kapitalgesellschaft in eine GbR die neue Rechtsform des Rechtsträgers nicht zur Eintragung in das Register des formwechselnden Rechtsträgers anzumelden[1]. Anstelle der neuen Rechtsform ist die **Umwandlung** der Kapitalgesellschaft in die GbR zur Eintragung in das Register, in dem der formwechselnde Rechtsträger eingetragen ist, anzumelden[2].

Der Formwechsel der Kapitalgesellschaft in eine Personengesellschaft ist von dem **Vertretungsorgan der formwechselnden Kapitalgesellschaft**[3] zur Eintragung anzumelden[4]. Die Anmeldung durch alle Gesellschafter, wie sie sonst nach den allgemeinen Gründungsregeln[5] vorgeschrieben ist, wäre etwa beim Formwechsel einer Publikumsaktiengesellschaft mit einer Vielzahl von ggf. unbekannten Aktionären unmöglich und soll vermieden werden[6].

2. Anwendungsbereich

Abs. 1 ist anwendbar auf die Fälle des Formwechsels einer Kapitalgesellschaft in eine GbR. Abs. 2 regelt die Anmeldepflicht für alle Fälle eines Formwechsels der Kapitalgesellschaft in die Personengesellschaft[7].

3. Entstehungsgeschichte

Abs. 1 hat im früheren Recht keinen Vorläufer. Er war wortgleich bereits im DiskE und im RegE enthalten. Abs. 2 entspricht § 4 Abs. 1 Satz 1 UmwG 1969.

II. Einzelerläuterungen

1. Ohne Anmeldung keine Eintragung

Die Anmeldung des Formwechsels ist Voraussetzung für eine Eintragung im Handelsregister. Erst mit Eintragung wird der Formwechsel wirksam[8]. Ohne Anmeldung darf die Eintragung nicht erfolgen[9].

2. Anmeldepflichtige

Die Anmeldung des Formwechsels der Kapitalgesellschaft in eine Personengesellschaft ist in allen Fällen unabhängig von der Zielrechtsform von dem **Vertretungsorgan** der formwechselnden Gesellschaft zu bewirken. Die Anmeldung obliegt bei der AG also dem Vorstand, bei der KGaA den persönlich haftenden Gesellschaftern, bei der GmbH den Geschäftsführern[10].

---

[1] Vgl. § 198 Abs. 1.
[2] § 235 Abs. 1.
[3] § 235 Abs. 2.
[4] Da die allgemeinen Bestimmungen über den Formwechsel die Anmeldepflichtigen nicht bestimmen (vgl. § 198, anders für die Verschmelzung § 16), wäre ohne § 235 Abs. 2 gem. § 197 das allgemeine Gründungsrecht anzuwenden.
[5] § 108 Abs. 1; § 161 Abs. 2 HGB.
[6] RegBegr. *Ganske* S. 253.
[7] Siehe § 228.
[8] § 202.
[9] Zu Einzelheiten der Anmeldung siehe § 198.
[10] Dazu RegBegr. *Ganske* S. 253.

§ 236

7 Die Anmeldung ist durch Mitglieder des Vertretungsorgans in **vertretungsbefugter Zahl** zu bewirken. Es bedarf, wie der Umkehrschluss zu § 222 belegt, nicht der Mitwirkung sämtlicher Mitglieder des Vertretungsorgans[11].

8 Unechte Gesamtvertretung ist zulässig[12], nicht jedoch die Vertretung durch Prokuristen allein. Die zur Vertretung Befugten können in vertretungsbefugter Zahl einen **Dritten** bevollmächtigen, die Anmeldung vorzunehmen. Die Vollmacht bedarf öffentlicher Beglaubigung[13]. Die abzugebende Negativerklärung[14] ist indessen von den zur Anmeldung Befugten **höchstpersönlich** abzugeben. Eine Anmeldung durch bevollmächtigte Dritte wird deshalb selten sinnvoll sein.

3. Gegenstand der Anmeldung

9 a) **Neue Rechtsform.** Grundsätzlich ist beim Formwechsel die neue Rechtsform des formwechselnden Rechtsträgers zur Eintragung anzumelden[15]. Abweichend hiervon bestimmt Abs. 1 für den Formwechsel in die GbR, dass die **Umwandlung der Gesellschaft** zur Eintragung in das Handelsregister einzutragen ist.

10 b) **Hilfsweise Umwandlung in GbR.** Der Umwandlungsbeschluss konnte nach § 228 Abs. 2 aF vorsehen, dass der Formwechsel in die GbR nur hilfsweise für den Fall, dass der Unternehmensgegenstand den Vorschriften über die Gründung einer OHG[16] nicht genügt, gewollt ist[17]. In diesem Fall war fraglich, ob zunächst nur die Eintragung des Formwechsels betrieben oder eine gleichzeitige Anmeldung mit der Maßgabe, dass die Eintragung der Umwandlung in eine GbR nur hilfsweise verfolgt wird, erfolgen solle[18]. Mit dem Wegfall der Möglichkeit eines hilfsweisen Umwandlungsbeschlusses[19] hat sich diese Frage erledigt.

4. Zuständiges Register

11 Einzutragen ist grundsätzlich sowohl in dem für die neue Rechtsform maßgeblichen als auch in dem für die bisherige Rechtsform zuständigen Register[20]. Bei der GbR erfolgt eine Eintragung nur im Register der Ausgangsrechtsform, weil die GbR nicht eintragungsfähig ist. Daher wird folgerichtig auch die Anwendung des § 198 Abs. 2 durch § 235 Abs. 1 Satz 2 ausgeschlossen[21].

§ 236 Wirkungen des Formwechsels

Mit dem Wirksamwerden des Formwechsels einer Kommanditgesellschaft auf Aktien scheiden persönlich haftende Gesellschafter, die nach § 233 Abs. 3 Satz 3 ihr Ausscheiden aus dem Rechtsträger erklärt haben, aus der Gesellschaft aus.

---

[11] *Happ* in Lutter Rn 9; *Dirksen* in Kallmeyer Rn 5; *Volhard* in Semler/Volhard HV Hdb. § 42 Rn 66, dort Fn 210.
[12] *Happ* in Lutter Rn 9.
[13] *Vossius* in Widmann/Mayer Rn 15.
[14] Nach § 198 Abs. 3 iVm. § 16 Abs. 2 und 3.
[15] § 198 Abs. 1.
[16] § 228 Abs. 1.
[17] Siehe auch § 228 Rn 33 ff.
[18] Siehe Vorauﬂ. Rn 10.
[19] Siehe § 228 Rn 35 ff.
[20] § 198 Abs. 2.
[21] *Stratz* in Schmitt/Hörtnagl/Stratz Rn 2.

Übersicht

	Rn		Rn
I. Allgemeines	1	b) Zeitpunkt	5
1. Sinn und Zweck der Norm	1	c) Folgen des Ausscheidens	6
2. Anwendungsbereich	2	d) Forthaftung des Ausscheidenden	7
3. Entstehungsgeschichte	3	2. Verbleiben des persönlich haftenden Gesellschafters in der Gesellschaft	10
II. Einzelerläuterungen	4	a) Grundsatz	10
1. Ausscheiden bei Ausscheidenserklärung	4	b) Haftung	11
a) Grundsatz	4		

Literatur: Siehe Literaturverzeichnis zu § 202 und § 234.

I. Allgemeines

1. Sinn und Zweck der Norm

Die persönlich haftenden Gesellschafter einer KGaA scheiden beim Formwechsel in die Personengesellschaft nur dann aus der Gesellschaft aus, sofern sie eine hierauf gerichtete Erklärung abgeben[1]. Diese Möglichkeit stellt die Bestimmung klar.

2. Anwendungsbereich

Die Norm findet ausschließlich beim Formwechsel einer KGaA in eine Personengesellschaft Anwendung. Auch hier regelt sie nur die Folgen einer Ausscheidenserklärung nach § 233 Abs. 3 Satz 3. Entgegen der zu weit gefassten Gesetzesüberschrift bestimmen sich die Folgen des Formwechsels der Kapitalgesellschaft in die Personengesellschaft im Übrigen nach § 202.

3. Entstehungsgeschichte

Nach altem Recht schied der persönlich haftende Gesellschafter einer KGaA bei einer Umwandlung in eine Personengesellschaft in jedem Fall aus der Gesellschaft aus. Dieser Regelfall wurde mit der Neuregelung zugunsten eines Verbleibens des persönlich haftenden Gesellschafters in der Gesellschaft umgekehrt[2].

II. Einzelerläuterungen

1. Ausscheiden bei Ausscheidenserklärung

a) Grundsatz. Der persönlich haftende Gesellschafter einer in die Personengesellschaft formwechselnden KGaA kann wählen, ob er mit Wirksamwerden des Formwechsels aus der Gesellschaft ausscheiden oder ob er als Gesellschafter in der Gesellschaft verbleiben will[3]. Gibt der persönlich haftende Gesellschafter eine Ausscheidenserklärung bis zur Beschlussfassung der Hauptversammlung über den Formwechsel ab, scheidet er mit Wirksamwerden des Formwechsels ohne weiteres und unabhängig von etwaigen Bestimmungen in der Satzung aus der Gesellschaft aus[4]. Die Vorschrift relativiert somit das Prinzip der **Kontinuität der**

---

[1] § 233 Abs. 3 Satz 3.
[2] § 233 Abs. 3 Satz 3; vgl. RegBegr. *Ganske* S. 254.
[3] § 233 Abs. 3 Satz 3. RegBegr. *Ganske* S. 254. Für Einzelheiten siehe § 233 Rn 39 f.
[4] *Vossius* in Widmann/Mayer Rn 5.

Mitgliedschaft beim Formwechsel[5]. Zumindest insoweit ist ein Wechsel im Gesellschafterkreis zeitgleich mit dem Wirksamwerden des Formwechsels möglich[6].

5 **b) Zeitpunkt.** Die Ausscheidensfolge ist aufschiebend bedingt. Sie tritt mit Wirksamwerden des Formwechsels ein[7]. Das ist beim Formwechsel der KGaA in eine GbR der Zeitpunkt der **Eintragung** der Umwandlung der KGaA im Handelsregister der formwechselnden KGaA[8], in den übrigen Fällen des Formwechsels in eine Personengesellschaft der Zeitpunkt der Eintragung der neuen Rechtsform in das für diese zuständige Register.

6 **c) Folgen des Ausscheidens.** Mit seinem Ausscheiden aus der Gesellschaft endet die mitgliedschaftliche Stellung des persönlich haftenden Gesellschafters. An die Stelle der Mitgliedschaft tritt im Regelfall ein **Abfindungsanspruch** gegen den formwechselnden Rechtsträger[9]. Sofern Rechte Dritter an der Mitgliedschaft bestehen, setzen sich diese am Abfindungsanspruch des ausscheidenden persönlich haftenden Gesellschafters fort.

7 **d) Forthaftung des Ausscheidenden.** Das Ausscheiden des persönlich haftenden Gesellschafters aus der formwechselnden KGaA befreit den Ausscheidenden nicht von seiner Haftung für Verbindlichkeiten der KGaA. Seine Haftung bleibt nach allgemeinen Grundsätzen auch nach seinem Ausscheiden bestehen[10]. Der Ausscheidende haftet für alle bis zum Wirksamwerden des Formwechsels begründeten Verbindlichkeiten der KGaA fort. Die Dauer der Nachhaftung beträgt fünf Jahre[11]. Die **Nachhaftungsfrist** beginnt mit dem Zeitpunkt des Ausscheidens, also dem Wirksamwerden des Formwechsels[12]. Abweichend von der Bestimmung über die Nachhaftung persönlich haftender Gesellschafter einer formwechselnden Personengesellschaft[13] kommt es also nicht auf den Zeitpunkt an, an dem Eintragung des Formwechsels bekannt gemacht worden ist[14].

8 Da es für das Wirksamwerden des Formwechsels auf die Eintragung in dem für die neue Rechtsform zuständigen Register ankommt, wenn nicht ein Formwechsel in eine GbR erfolgt, ist die KGaA bis zu ihrer Löschung noch im Handelsregister eingetragen, obwohl sie als solche nicht mehr besteht. Das Register zeigt mithin eine objektiv falsche Rechtslage. Um diesen Widerspruch zu vermeiden, hätte der Gesetzgeber eine Regelung schaffen müssen, die sicherstellt, dass zunächst, versehen mit einem entsprechenden Wirksamkeitsvorbehalt die Löschung der formwechselnden KGaA in der Handelsregisterabteilung B eingetragen wird, bevor der Formwechsel durch Eintragung in der Abteilung A der Zielrechtsform wirksam wird.

9 Fraglich ist, inwieweit Gläubiger geschützt werden, die in der Übergangszeit auf die Eintragung im Register und auf das Fortbestehen der KGaA vertrauen, sofern ausnahmsweise in Abteilung A bereits die Personengesellschaft eingetragen und nicht zeitgleich damit in Abteilung B die KGaA gelöscht wird. Der bisherige persönlich haftende Gesellschafter kann aufgrund eines **Rechtsscheintatbestands** für Verbindlichkeiten haften, die gegenüber Gläubigern der Gesellschaft nach der Eintragung des Formwechsels im Zielregister, aber vor der

---

[5] Siehe auch § 221 über den Beitritt von persönlich haftenden Gesellschaftern beim Formwechsel in die KGaA; zur Mitgliederkontinuität siehe § 202 Rn 18 ff.
[6] Zur im Übrigen insbesondere bei der Umwandlung in eine Kapitalgesellschaft & Co. umstrittenen Frage eines mit der Umwandlung zeitgleich einher gehenden Gesellschafterwechsels siehe § 228 Rn 22 ff.
[7] *Happ* in Lutter Rn 4; *Dirksen* in Kallmeyer Rn 1.
[8] Vgl. § 235 Abs. 1 Satz 1.
[9] Siehe § 227 Rn 5 ff.; *Vossius* in Widmann/Mayer Rn 8.
[10] Näher zum Ausscheiden von Komplementären siehe § 233 Rn 39 f.; *Happ* in Lutter Rn 5.
[11] § 278 Abs. 2 AktG iVm. §§ 161 Abs. 2, 160 Abs. 1 HGB.
[12] *Happ* in Lutter Rn 5; *Vossius* in Widmann/Mayer Rn 14.
[13] § 224 Abs. 3.
[14] § 201.

Löschung im Ausgangsregister im Vertrauen auf eine persönliche Haftung begründet werden. Eine Haftung entfällt, sofern der Gläubiger den Formwechsel positiv kannte[15]. Ist dem Gläubiger der Formwechsel unbekannt, darf er sich auf den Inhalt des aus seiner Sicht maßgebenden Registers verlassen[16]. Bei **grob fahrlässiger Unkenntnis** ist allerdings über § 15 HGB hinaus eine Rechtsscheinhaftung abzulehnen, weil ein schutzwürdiges Vertrauen in solchen Fällen nicht vorliegt. Eine gezielte Suche nach einer eventuellen Eintragung eines Formwechsels in einem anderen Register ist aber nicht zu fordern[17]. Das **Risiko trifft insoweit den Eintragungsverpflichteten**, der für eine möglichst umgehende Registerberichtigung zu sorgen hat. Die Gesellschaft trifft insoweit bis zu ihrer Löschung eine **Hinweispflicht** gegenüber ihren Gläubigern. Verstößt sie gegen diese, haftet der bisherige persönlich haftende Gesellschafter weiterhin akzessorisch aufgrund des durch die Registereintragung gesetzten Rechtsscheins, den er als zur Geschäftsführung befugter Gesellschafter regelmäßig mit zu vertreten hat.

2. Verbleiben des persönlich haftenden Gesellschafters in der Gesellschaft

a) Grundsatz. Der persönlich haftende Gesellschafter verbleibt, wenn er nicht sein Ausscheiden erklärt, in der formwechselnden KGaA. Die Ausgestaltung seiner Mitgliedschaft bestimmt sich nach Maßgabe des Umwandlungsbeschlusses und des Gesellschaftsvertrags des Rechtsträgers neuer Rechtsform. IdR behält er seine Stellung als **persönlich haftender Gesellschafter**[18]. Abweichend hiervon kann der persönlich haftende Gesellschafter beim Formwechsel in die KG in die Stellung des beschränkt haftenden Kommanditisten zurücktreten[19].

10

b) Haftung. Entscheidet sich der persönlich haftende Gesellschafter der formwechselnden KGaA für den Rücktritt in die Stellung des beschränkt haftenden Kommanditisten, bestimmt sich seine Forthaftung als persönlich haftender Gesellschafter für bis zum Wirksamwerden des Formwechsels begründete Verbindlichkeiten der Gesellschaft nach § 237 iVm. § 224[20]. Sofern der persönlich haftende Gesellschafter nicht in die Rolle eines beschränkt Haftenden zurücktritt, kommt es zu einem Nebeneinander der maßgeblichen Haftungsregime. Der vormalige persönlich haftende Gesellschafter der KGaA, der in der Gesellschaft verbleibt, haftet für die bis zum Wirksamwerden des Formwechsels begründeten Verbindlichkeiten der KGaA wie der einer Gesellschaft beitretende Vollhafter für die vor seinem Beitritt begründeten Verbindlichkeiten[21]. Daneben haftet der vormalige persönlich haftende Gesellschafter der formwechselnden KGaA für einen Zeitraum von fünf Jahren ebenso wie ein aus der Gesellschaft ausgeschiedener persönlich haftender Gesellschafter einer formwechselnden KGaA[22]. Für ab Wirksamwerden des Formwechsels begründete Verbindlichkeiten haftet er sodann nach Maßgabe seiner neuen Stellung als OHG-Gesellschafter, GbR-Gesellschafter, Partner einer PartG oder Komplementär einer KG.

11

---

[15] § 15 Abs. 1 HGB.
[16] Vgl. § 15 Abs. 1, Abs. 3 HGB.
[17] *Hopt* § 15 HGB Rn 7.
[18] So wohl auch *Dirksen* in Kallmeyer Rn 2.
[19] *Happ* in Lutter Rn 6.
[20] Im Einzelnen siehe § 224.
[21] Diese Haftung ergibt sich bei der OHG aus einer Analogie zu § 130 HGB, bei der KG aus §§ 161 Abs. 2, 130 HGB. Für die PartG verweist § 8 Abs. 1 Satz 2 PartGG auf § 130 HGB. Die persönliche Haftung für Altverbindlichkeiten in einer GbR ist nach der Aufgabe der Doppelverpflichtungslehre und wegen der analogen Anwendung des § 128 HGB durch die Rspr. ebenfalls aus § 130 HGB zu begründen. *Happ* in Lutter Rn 5; *Dirksen* in Kallmeyer Rn 2. Vgl. BGH GmbHR 1999, 1134; BGH ZIP 2001, 330; siehe auch § 237 sowie insbes. § 228 Rn 44 ff.
[22] § 278 Abs. 2 AktG iVm. § 161 Abs. 2 und § 160 analog; siehe hierzu Rn 7.

§ 237 Fortdauer und zeitliche Begrenzung der persönlichen Haftung

Erlangt ein persönlich haftender Gesellschafter einer formwechselnden Kommanditgesellschaft auf Aktien beim Formwechsel in eine Kommanditgesellschaft die Rechtsstellung eines Kommanditisten, so ist auf seine Haftung für die im Zeitpunkt des Formwechsels begründeten Verbindlichkeiten der formwechselnden Gesellschaft § 224 entsprechend anzuwenden.

Übersicht

	Rn		Rn
I. Allgemeines	1	1. Forthaftung als persönlich haftender Gesellschafter	4
1. Sinn und Zweck der Norm	1	2. Einzelheiten	5
2. Anwendungsbereich	2	3. Ausgleichsanspruch	6
3. Entstehungsgeschichte	3	III. Haftung in anderen Fällen des Formwechsels	7
II. Einzelerläuterungen	4		

I. Allgemeines

1. Sinn und Zweck der Norm

1   Der persönlich haftende Gesellschafter einer KGaA, die formwechselnd in eine KG umgewandelt wird, kann in die Stellung des beschränkt haftenden **Kommanditisten zurücktreten**. Für diesen Fall bestimmt die Norm die entsprechende Anwendung der Haftungsregelung in § 224 für bis zum Wirksamwerden des Formwechsels begründete Verbindlichkeiten der formwechselnden KGaA[1].

2. Anwendungsbereich

2   Die Bestimmung ist nur im Fall des Formwechsels einer KGaA in eine KG einschlägig[2]. Sie beschränkt sich auf eine klarstellende Regelung zur Haftung in der Kommanditistenstellung des zurücktretenden persönlich haftenden Gesellschafters der formwechselnden KGaA.

3. Entstehungsgeschichte

3   Die Norm ist die Nachfolgeregelung zu §§ 44 Abs. 1 Satz 2, 45 UmwG 1969. Sie dient nur der Klarstellung[3].

II. Einzelerläuterungen

1. Forthaftung als persönlich haftender Gesellschafter

4   Der Formwechsel lässt die Ansprüche von Gläubigern gegen den in die Kommanditistenstellung zurücktretenden Gesellschafter, für die dieser im Zeitpunkt des Formwechsels persönlich unbeschränkt haftet, unberührt[4]. Das Privileg der beschränkten Haftung kann der in die Kommanditistenstellung zurücktretende persönlich haftende Gesellschafter der formwechselnden KGaA nur für Verbindlichkeiten der Gesellschaft in Anspruch nehmen,

---

[1] *Happ* in Lutter Rn 3.
[2] *Vossius* in Widmann/Mayer Rn 2.
[3] *Vossius* in Widmann/Mayer Rn 1.
[4] § 278 Abs. 2 AktG iVm. § 161 Abs. 2; § 128 HGB analog; siehe § 227 Rn 11.

die **nach Wirksamwerden des Formwechsels** in die KG begründet worden sind[5]. Insoweit ist die Haftung des bisherigen persönlich haftenden Gesellschafters auf seine Einlage beschränkt[6].

2. Einzelheiten

Die Haftung des in die Kommanditistenstellung zurücktretenden Komplementärs einer formwechselnden KGaA für bis zum Wirksamwerden des Formwechsels eingegangene Verbindlichkeiten wird zwar aufrechterhalten, aber zeitlich beschränkt. Entsprechend den Bestimmungen für vollhaftende Gesellschafter einer formwechselnden[7] oder an einer Verschmelzung beteiligten[8] Personengesellschaft, die wegen des Formwechsels bzw. der Verschmelzung nicht mehr weiter persönlich haften, und für aus einer Personenhandelsgesellschaft ausscheidende Vollhafter[9] wird auch für bisherige KGaA-Komplementäre die **Nachhaftung** auf einen Zeitraum von fünf Jahren beschränkt[10]. Daher besteht keine Haftung, wenn der Anspruch erst nach Ablauf der fünfjährigen **Ausschlussfrist** fällig wird. Die Haftung entfällt, wenn der Anspruch nicht innerhalb der Frist geltend gemacht wird. Die Nachhaftungsfrist beginnt mit dem Zeitpunkt, mit dem die Eintragung der neuen Rechtsform nach § 201 in Verbindung mit § 10 HGB bekannt gemacht worden ist[11].

3. Ausgleichsanspruch

Ein Ausgleichsanspruch des aufgrund §§ 237, 224 in Anspruch genommenen ehemaligen persönlich haftenden Gesellschafters gegenüber der Gesellschaft bzw. ihren haftenden Gesellschaftern ergibt sich aus § 110 HGB[12] bzw. § 426 BGB. Dies gilt auch gegenüber anderen ehemaligen persönlich haftenden Gesellschaftern, deren Nachhaftung noch nicht erloschen ist. Die Inanspruchnahme der Gesellschafter untereinander kann insoweit nur anteilig erfolgen, wobei der jeweils selbst zu tragende Anteil abzuziehen ist[13]. Vor Inanspruchnahme seiner Mitgesellschafter muss der Ausgleichsberechtigte versuchen, bei der Gesellschaft selbst Regress zu nehmen[14].

III. Haftung in anderen Fällen des Formwechsels

In allen anderen Fällen des Formwechsels einer Kapitalgesellschaft in eine Personengesellschaft haften alle in der Gesellschaft verbleibenden, nunmehr unbeschränkt persönlich haftenden Gesellschafter auch für die Verbindlichkeiten, die die Gesellschaft vor Wirksamwerden des Formwechsels eingegangen ist[15].

---

[5] *Dirksen* in Kallmeyer § 237.
[6] § 172 Abs. 1 HGB.
[7] § 224 UmwG.
[8] § 45 UmwG.
[9] § 160 HGB.
[10] § 237 iVm. § 224 Abs. 2.
[11] § 237 iVm. § 224 Abs. 3.
[12] Vgl. BGHZ 37, 299, 301; *Joost* in Lutter § 224 Rn 37.
[13] *Dirksen* in Kallmeyer § 224 Rn 16.
[14] BGHZ 37, 299, 303; *Joost* in Lutter § 224 Rn 38.
[15] Siehe ausf. § 228 Rn 39 ff.

Dritter Unterabschnitt. Formwechsel in eine Kapitalgesellschaft anderer Rechtsform

§ 238 Vorbereitung der Versammlung der Anteilsinhaber

Auf die Vorbereitung der Gesellschafterversammlung oder der Hauptversammlung, die den Formwechsel beschließen soll, sind die §§ 230 und 231 entsprechend anzuwenden. § 192 Abs. 2 bleibt unberührt.

Übersicht

	Rn		Rn
I. Allgemeines	1	2. Vorbereitung der Hauptversammlung einer AG/KGaA	6
1. Systematische Stellung; Sinn und Zweck der Norm	1	3. Abfindungsangebot	7
2. Anwendungsbereich	2	4. Vollversammlungen; Verzicht auf die Maßnahmen nach §§ 230, 231	8
3. Entstehungsgeschichte	3	III. Vermögensaufstellung	9
4. Überblick	4	IV. Entbehrlichkeit des Umwandlungsberichts und Verzicht auf seine Erstattung (Satz 2)	15
II. Vorbereitung der Gesellschafter- bzw. Hauptversammlung (Satz 1)	5		
1. Vorbereitung der Gesellschafterversammlung einer GmbH	5		

Literatur: *Busch,* Die Deckung des Grundkapitals bei Formwechsel einer GmbH in eine Aktiengesellschaft, AG 1995, 555; *Kropff,* Aktiengesetz, 1965; *Schulze-Osterloh,* Bilanzierung nach dem Referentenentwurf eines Gesetzes zur Bereinigung des Umwandlungsrechts, ZGR 1993, 420; *Handelsrechtsausschuss des Deutschen Anwaltvereins (HRA),* Stellungnahme zum Referentenentwurf eines Gesetzes zur Bereinigung des Umwandlungsrechts, WM 1993, Sonderbeilage 2, Rn 135; *IdW,* Stellungnahme zum Referentenentwurf eines Gesetzes zur Bereinigung des Umwandlungsrechts, WPg 1992, 613.

I. Allgemeines

1. Systematische Stellung; Sinn und Zweck der Norm

1 Die Vorschriften des Dritten Unterabschnitts regeln den Formwechsel einer Kapitalgesellschaft in eine Kapitalgesellschaft anderer Rechtsform. Die allgemeinen Vorschriften des Formwechsels von Kapitalgesellschaften[1] sowie die allgemeinen Vorschriften des Formwechsels[2] sind nach der Systematik des Gesetzes im Übrigen anwendbar. Die Norm regelt die Vorbereitung der Versammlung der Anteilsinhaber einer Kapitalgesellschaft, die den Formwechsel in eine Kapitalgesellschaft anderer Rechtsform beschließen soll. Sie ergänzt für diesen speziellen Fall die allgemeinen Bestimmungen über die Einberufung der Gesellschafterversammlung einer GmbH[3] und über die Einberufung der Hauptversammlung einer AG oder KGaA[4].

---

[1] §§ 226 f.
[2] §§ 190 ff.
[3] §§ 48 ff. GmbHG.
[4] §§ 121 ff. AktG (für die KGaA iVm. § 278 Abs. 3 AktG).

2. Anwendungsbereich

§ 238 findet Anwendung auf die Vorbereitung der Anteilsinhaberversammlung von Kapitalgesellschaften[5], die den Formwechsel in eine Kapitalgesellschaft anderer Rechtsform beschließen soll. Soweit Satz 1 auf **§ 230 Abs. 1** verweist, betrifft dies ausschließlich die formwechselnde GmbH. Satz 1 iVm. **§ 230 Abs. 2** gilt ausschließlich für die formwechselnde AG oder KGaA. Satz 1 iVm. **§ 231** ist beim Formwechsel einer AG in eine KGaA und beim Formwechsel einer KGaA in eine AG nicht anwendbar, da in diesen Fällen ein gesetzliches Barabfindungsangebot ausgeschlossen ist[6]. Gleiches gilt beim Formwechsel einer KGaA in eine GmbH für die persönlich haftenden Gesellschafter[7]. Grundsätzlich setzt daher die **Anwendbarkeit von Satz 1 iVm. § 231** voraus, dass eine GmbH als formwechselnder Rechtsträger oder Rechtsträger neuer Rechtsform beteiligt ist. Die Verweisung auf § 231 ist auch in allen übrigen Fällen ohne Bedeutung, in denen die Abgabe eines Abfindungsangebots entbehrlich ist. Das ist der Fall, wenn der Umwandlungsbeschluss aus anderen Gründen der Zustimmung aller Anteilsinhaber bedarf[8] oder am formwechselnden Rechtsträger nur ein Anteilsinhaber beteiligt ist[9].

3. Entstehungsgeschichte

Vor Inkrafttreten des UmwG gab es keine den §§ 238 ff. vergleichbaren Spezialregelungen über die Einberufung von Anteilsinhaberversammlungen einer GmbH oder AG, die über die formwechselnde Umwandlung beschließen sollen. Lediglich für den Formwechsel einer KGaA in eine Kapitalgesellschaft anderer Rechtsform oder einer Kapitalgesellschaft in eine KGaA war die Vorlage einer Umwandlungsbilanz[10] sowie die Aufnahme eines Abfindungsangebots in die Bekanntmachung der Tagesordnung vorgesehen[11]. Die unterschiedliche Behandlung der KGaA einerseits und der AG und GmbH andererseits beim Formwechsel in eine Kapitalgesellschaft anderer Rechtsform wurde zugunsten einer einheitlichen Regelung aufgegeben. Der Regierungsentwurf zum UmwG sah noch eine Verweisung in Satz 1 auf § 229 vor, der die Grundsätze der Vermögensaufstellung beim Formwechsel einer KGaA in eine Personengesellschaft regelt. Diese Grundsätze sollten wegen des gleichen Informationsbedürfnisses auch für die Fälle des Formwechsels einer GmbH in eine AG und einer AG in eine GmbH gelten[12]. Gesetz wurde diese Verweisung jedoch nicht. Vielmehr hat der Gesetzgeber die Anwendbarkeit des § 192 Abs. 2, der für den Formwechsel die Beifügung einer Vermögensaufstellung zum Umwandlungsbericht anordnet, zur Erleichterung des Formwechsels zwischen Kapitalgesellschaften im weiteren Gesetzgebungsverfahren ausdrücklich ausgeschlossen[13]. Durch das Zweite Gesetz zur Änderung des Umwandlungsgesetzes wurde § 192 Abs. 2 aF ersatzlos gestrichen. Damit wurde auch der Ausschluss seiner Anwendung durch § 238 Satz 2 aF obsolet.

4. Überblick

Der Formwechsel einer Kapitalgesellschaft in eine Kapitalgesellschaft anderer Rechtsform setzt einen Beschluss der Anteilsinhaber der formwechselnden Kapitalgesellschaft voraus, der

---

[5] § 3 Abs. 1 Nr. 2: GmbH, AG, KGaA.
[6] § 250 iVm. § 207.
[7] § 227 iVm. § 207.
[8] § 194 Abs. 1 Nr. 6 1. Alt.
[9] § 194 Abs. 1 Nr. 6 2. Alt.
[10] §§ 362 Abs. 3 Satz 1, 366 Abs. 3 Satz 1, 386 Abs. 2 Satz 1, 389 Abs. 3 Satz 1 AktG 1965.
[11] § 369 Abs. 4 AktG 1965, siehe zu den Möglichkeiten der formwechselnden Umwandlung nach AktG 1965 *Rieger* in Widmann/Mayer Vor 238–250 Rn 7 ff.
[12] RegBegr. *Ganske* S. 255.
[13] AusschussB *Ganske* S. 256.

nur in einer Versammlung der Anteilsinhaber gefasst werden kann[14]. Die Einberufung dieser Versammlung richtet sich grundsätzlich nach den allgemeinen Bestimmungen[15]. Die Norm enthält weder eine Regelung für die **Zuständigkeit** zur Einberufung der Versammlung noch für die **Form** und **Frist** der Einberufung. Die Vorschrift modifiziert die allgemeinen Einberufungsbestimmungen hinsichtlich der Vorbereitung der Versammlung[16]. Insoweit gelten für den Formwechsel einer Kapitalgesellschaft in eine Kapitalgesellschaft anderer Rechtsform die gleichen Regelungen wie für den Formwechsel einer Kapitalgesellschaft in eine Personengesellschaft. Das betrifft die schriftliche Ankündigung des Formwechsels als Gegenstand der Beschlussfassung durch die Geschäftsführer einer formwechselnden GmbH sowie die Übersendung des Umwandlungsberichts[17]. Für die formwechselnde AG oder KGaA ist bestimmt, dass der Umwandlungsbericht von der Einberufung der Hauptversammlung an, die den Formwechsel beschließen soll, im Geschäftsraum der Gesellschaft zur Einsicht auszulegen und auf Verlangen jedem Aktionär oder von der Geschäftsführung ausgeschlossenen persönlich haftenden Gesellschafter unverzüglich und kostenlos eine Abschrift des Umwandlungsberichts zu erteilen ist[18]. Zusätzlich hat das Vertretungsorgan der formwechselnden Gesellschaft den Gesellschaftern oder Aktionären spätestens mit der Einberufung der Versammlung, die den Formwechsel beschließen soll, ein Abfindungsangebot[19] zu übersenden bzw. im elektronischen Bundesanzeiger und den sonst bestimmten Gesellschaftsblättern bekannt zu machen[20].

II. Vorbereitung der Gesellschafter- bzw. Hauptversammlung (Satz 1)

1. Vorbereitung der Gesellschafterversammlung einer GmbH

5   Die Einberufung der Gesellschafterversammlung einer GmbH, die den Formwechsel in eine AG oder KGaA beschließen soll, richtet sich nach den allgemeinen Bestimmungen[21] modifiziert durch die umwandlungsrechtlichen Vorschriften[22].

2. Vorbereitung der Hauptversammlung einer AG/KGaA

6   Die Einberufung der Hauptversammlung einer AG bzw. KGaA, die den Formwechsel in eine GmbH oder KGaA bzw. GmbH oder AG beschließen soll, richtet sich ebenfalls nach den allgemeinen Bestimmungen[23] modifiziert durch die Vorschriften des UmwG[24]. Auf den Formwechsel einer AG in eine KGaA und einer KGaA in eine AG ist § 231 jedoch nicht anwendbar[25].

3. Abfindungsangebot

7   Das Vertretungsorgan der formwechselnden Kapitalgesellschaft hat den Gesellschaftern oder Aktionären mit der Einberufung der Anteilseignerversammlung, die den Formwechsel

---

[14] § 193 Abs. 1.
[15] Siehe Rn 1.
[16] Siehe *Dirksen* in Kallmeyer Rn 4.
[17] § 238 Satz 1 iVm. § 230 Abs. 1.
[18] § 238 Satz 1 iVm. § 230 Abs. 2.
[19] § 207.
[20] § 238 Satz 1 iVm. § 231.
[21] §§ 48 ff. GmbHG.
[22] §§ 238 Satz 1, 230 Abs. 1, 231. Zu den Einzelheiten siehe §§ 230 f.
[23] §§ 121 ff. AktG (für die KGaA iVm. § 278 Abs. 3 AktG).
[24] §§ 238 Satz 1, 230 Abs. 2, 231; zu den Einzelheiten siehe §§ 230 f.
[25] § 250; siehe bereits Rn 2.

beschließen soll, ein Abfindungsangebot[26] zu übersenden. Der Übersendung steht die Bekanntmachung im elektronischen Bundesanzeiger und den sonst bestimmten Gesellschaftsblättern gleich[27]. Durch diese Regelung soll sichergestellt werden, dass die Anteilseigner einer Kapitalgesellschaft beim Formwechsel in eine Kapitalgesellschaft anderer Rechtsform aufgrund übereinstimmender Interessenlage in gleichem Umfang unterrichtet werden wie im Fall des Formwechsels in eine Personengesellschaft[28]. Fehlerhafte oder mangelhafte Informationen über die Barabfindung führen nicht zur Anfechtbarkeit des Umwandlungsbeschlusses[29]. Die Praxis hat hier eine erhebliche Erleichterung erfahren. Sie kann sich jetzt – sanktionslos – bei der Erläuterung des Abfindungsangebots kürzer fassen. Die Verweisung in Satz 1 auf § 231 findet nicht auf alle Formwechsel zwischen Kapitalgesellschaften Anwendung, sondern nur auf solche, in denen ein Abfindungsangebot zu unterbreiten ist[30]. Ohne Bedeutung ist § 231 zudem, wenn der Umwandlungsbeschluss nur mit der Zustimmung aller Anteilsinhaber wirksam wird. Gleiches gilt für die formwechselnde Einpersonen-Gesellschaft[31].

4. Vollversammlungen; Verzicht auf die Maßnahmen nach §§ 230, 231

Bei Vollversammlungen kann der Formwechsel auch ohne Einhaltung der die Einberufungsvorschriften modifizierenden Vorschriften[32] beschlossen werden, soweit kein Anteilseigner der Beschlussfassung widerspricht. Die §§ 121 Abs. 6 AktG, 51 Abs. 3 GmbHG finden auch insoweit Anwendung, da die Anteilseigner auf ihren Schutz verzichten können und die §§ 230, 231 keinen weitergehenden Schutzzweck verfolgen. In den Fällen, in denen ein Umwandlungsbericht entbehrlich ist[33], entfallen auch die Übersendungs- und Auslegungspflichten nach Satz 1 iVm. § 230. Die Pflicht zur Mitteilung des Abfindungsangebots besteht nicht, wenn die Anteilsinhaber auf ein Abfindungsangebot verzichten[34].

III. Vermögensaufstellung

Bis zum Inkrafttreten des Zweiten Gesetzes zur Änderung des Umwandlungsgesetzes war dem Umwandlungsbericht grundsätzlich eine Vermögensaufstellung beizufügen[35]. Von dieser Pflicht war der spezielle Fall des Formwechsels zwischen Kapitalgesellschaften ausgenommen[36].

Die Pflicht, eine Vermögensaufstellung beizufügen, war bereits bei Inkrafttreten des UmwG kontrovers diskutiert worden[37]. In Bezug auf § 238 Satz 2 aF wurde insbesondere die teleologische Reduktion des § 192 Abs. 2 aF für Fälle des Formwechsels unter Beteili-

---

[26] § 207. Zu den Einzelheiten siehe § 207 Rn 7 ff.
[27] § 238 Satz 1 iVm. § 231 Satz 2.
[28] RegBegr. *Ganske* S. 255.
[29] *BGH* AG 2001, 263, *BGH* ZIP 2001, 199 = BGH Report 2001, 204 mit Anm. *Mutter;* anders noch KG NZG 1999, 508, 509 f. = DB 1999, 86, 87 f.; ausführlich *Henze* ZIP 2002, 97, 101 ff.
[30] §§ 250 (Formwechsel einer AG auf eine KGaA oder einer KGaA auf eine AG), 227 (keine Anwendung der §§ 207 bis 212 auf Komplementäre einer KGaA); siehe im Einzelnen die Kommentierungen dieser Vorschriften und Rn 2.
[31] Siehe Rn 2. Für den Inhalt der Abfindung siehe § 231 Rn 4, § 208.
[32] §§ 230, 231.
[33] § 238 Satz 3 iVm. § 192 Abs. 2; siehe dazu Rn 15.
[34] Siehe *Happ* in Lutter Rn 8; zu Zulässigkeit und Wirkung eines solchen Verzichts siehe § 231 Rn 5 f.
[35] § 192 Abs. 2 aF.
[36] § 238 Satz 2 aF.
[37] Siehe RegBegr. *Ganske* S. 255 und AusschussB *Ganske* S. 255 f.; *Happ* in Lutter Umwandlungsrechtstage S. 223, 230 f.; *HRA* WM 1993, Sonderbeilage 2 Rn 135 ff.; *IdW* WPg 1992, 613, 621; *Busch* AG 1995, 555, 560; *Schulze-Osterloh* ZGR 1993, 429, 443 ff.

gung einer KGaA diskurtiert[38]. Gegen die Pflicht, eine Vermögensaufstellung beizufügen, sprechen vor allem die durch sie verursachte Zusatzbelastung sowie die durch sie bewirkte, aber nicht notwendige Aufdeckung stiller Reserven[39].

11   Diese Bedenken führten zur Abschaffung der Pflicht, nach § 192 Abs. 2 aF eine Vermögensaufstellung beizubringen. § 192 Abs. 2 aF wurde ersatzlos gestrichen. Dies wird zu Recht begrüßt[40]. Die Regelung des § 238 Satz 2 aF wurde folgerichtig gestrichen und § 238 Satz 3 aF – modifiziert – zu Satz 2.

IV. Entbehrlichkeit des Umwandlungsberichts und Verzicht auf seine Erstattung (Satz 2)

12   Satz 2 iVm. § 192 Abs. 2 stellt klar, dass ein Umwandlungsbericht nicht erforderlich ist, wenn am formwechselnden Rechtsträger nur ein Anteilsinhaber beteiligt ist oder wenn alle Anteilsinhaber auf seine Erstattung durch notariell zu beurkundende Erklärungen verzichten[41].

§ 239 Durchführung der Versammlung der Anteilsinhaber

(1) **In der Gesellschafterversammlung oder in der Hauptversammlung, die den Formwechsel beschließen soll, ist der Umwandlungsbericht auszulegen.**

(2) **Der Entwurf des Umwandlungsbeschlusses einer Aktiengesellschaft oder einer Kommanditgesellschaft auf Aktien ist von deren Vertretungsorgan zu Beginn der Verhandlung mündlich zu erläutern.**

Übersicht

	Rn		Rn
I. Allgemeines und Hinweis auf § 232	1	III. Erläuterung des Umwandlungsbeschlusses (Abs. 2)	5
II. Auslegung des Umwandlungsberichts (Abs. 1)	4		

I. Allgemeines und Hinweis auf § 232

1   Die Vorschrift enthält Sonderregelungen für die Fälle, in denen die Gesellschafter- bzw. die Hauptversammlung über den Formwechsel einer GmbH bzw. AG oder KGaA in eine Kapitalgesellschaft anderer Rechtsform beschließen soll. Sie ergänzt die allgemeinen Vorschriften des GmbH- bzw. Aktienrechts über die Durchführung der Gesellschafter- bzw. Hauptversammlung[1]. Während Abs. 1 für den Formwechsel einer GmbH, AG und KGaA in eine Kapitalgesellschaft anderer Rechtsform gilt, findet Abs. 2 ausschließlich auf den Formwechsel einer AG oder KGaA in eine Kapitalgesellschaft anderer Rechtsform Anwendung.

2   Die Norm entspricht wörtlich § 232, der die Durchführung der Versammlung der Anteilsinhaber einer Kapitalgesellschaft regelt, die über den Formwechsel in eine Personengesellschaft beschließt[2].

---

[38] Siehe hierzu Vorauf. Rn 12 ff.
[39] RegBegr., BT-Drucks. 16/2919 S. 19, zu Nummer 24 (§ 192); *Bayer/Schmidt* NZG 2006, 841, 846.
[40] *HRA* NZG 2006, 737, 743; *Bayer/Schmidt* NZG 2006, 841, 846 mwN.
[41] Siehe Rn 8; zu Einzelheiten siehe § 192 Rn 23 ff.
[1] §§ 51 ff. GmbHG; §§ 129 ff. AktG (für die KGaA iVm. § 278 Abs. 3 AktG).
[2] Im Einzelnen siehe § 232.

Die Regelung des § 239 wurde neu in das UmwG eingeführt. Das frühere Recht sah lediglich die Pflicht zur Vorlage der Umwandlungsbilanz bei einem Wechsel in die oder aus der Rechtsform der KGaA vor[3].

II. Auslegung des Umwandlungsberichts (Abs. 1)

Abs. 1 selbst enthält keinen ausdrücklichen Hinweis auf den Inhalt des auszulegenden Umwandlungsberichts. Dieser ergibt sich aus der allgemeinen Vorschrift des § 192 unter Berücksichtigung der Einschränkung des § 238. Bei der Umwandlung einer Kapitalgesellschaft in eine Kapitalgesellschaft anderer Rechtsform ist dem Umwandlungsbericht keine Vermögensaufstellung beizufügen[4]. Dies gilt nunmehr auch bei einem Formwechsel in eine Personengesellschaft[5].

III. Erläuterungen des Umwandlungsbeschlusses (Abs. 2)

Die in Abs. 2 statuierte **Erläuterungspflicht** ergänzt das allgemeine Auskunftsrecht im GmbH-[6] bzw. Aktienrecht[7]. Die Regelung ist wortgleich mit § 232 Abs. 2[8]. Da die Gesellschafter durch den Umwandlungsbericht schon vorab Informationen erhalten haben, geht es hier nur darum, die wesentlichsten Gesichtspunkte des Formwechsels nochmals in kompakter Form mündlich zu erläutern.

§ 240 Beschluß der Versammlung der Anteilsinhaber

(1) Der Umwandlungsbeschluß bedarf einer Mehrheit von mindestens drei Vierteln der bei der Gesellschafterversammlung einer Gesellschaft mit beschränkter Haftung abgegebenen Stimmen oder des bei der Beschlußfassung einer Aktiengesellschaft oder einer Kommanditgesellschaft auf Aktien vertretenen Grundkapitals; § 65 Abs. 2 ist entsprechend anzuwenden. Der Gesellschaftsvertrag oder die Satzung der formwechselnden Gesellschaft kann eine größere Mehrheit und weitere Erfordernisse, beim Formwechsel einer Kommanditgesellschaft auf Aktien in eine Aktiengesellschaft auch eine geringere Mehrheit bestimmen.

(2) Dem Formwechsel einer Gesellschaft mit beschränkter Haftung oder einer Aktiengesellschaft in eine Kommanditgesellschaft auf Aktien müssen alle Gesellschafter oder Aktionäre zustimmen, die in der Gesellschaft neuer Rechtsform die Stellung eines persönlich haftenden Gesellschafters haben sollen. Auf den Beitritt persönlich haftender Gesellschafter ist § 221 entsprechend anzuwenden.

(3) Dem Formwechsel einer Kommanditgesellschaft auf Aktien müssen ferner deren persönlich haftende Gesellschafter zustimmen. Die Satzung der formwechselnden Gesellschaft kann eine Mehrheitsentscheidung dieser Gesellschafter vorsehen.

---

[3] §§ 362 Abs. 3, 366 Abs. 3, 386 Abs. 2, 389 Abs. 3 AktG 1965.
[4] Das gilt auch für Umwandlungen unter Beteiligung einer KGaA. Für weitere Einzelheiten siehe § 238 Rn 10 f.
[5] Der eine Vermögensaufstellung fordernde § 192 Abs. 2 aF wurde durch das Zweite Gesetz zur Änderung des Umwandlungsgesetzes aufgehoben. Für weitere Einzelheiten siehe § 238 Rn 10 f.
[6] § 51 a GmbHG.
[7] § 131 AktG (für KGaA iVm. § 278 Abs. 3 AktG).
[8] Für weitere Einzelheiten siehe § 232 Rn 7 ff.

§ 240   1

Übersicht

	Rn		Rn
I. Allgemeines	1	c) Mehrheiten für den Sonderbeschluss	17
1. Sinn und Zweck der Norm	1	d) Gesonderte Abstimmung oder	
2. Anwendungsbereich	2	Versammlung	19
3. Entstehungsgeschichte	3	**IV. Zustimmungserfordernisse**	20
II. Mehrheitserfordernisse (Abs. 1)	6	1. Formwechsel in KGaA (Abs. 2)	20
1. Satzungsändernde Mehrheit als		a) Allgemeines	20
Grundsatz (Satz 1)	6	b) Bisheriger Gesellschafter wird	
2. Abweichende Satzungsbestimmungen		Komplementär	21
(Satz 2)	7	c) Beitritt eines Dritten	23
a) Größere oder geringere Mehrheit	8	2. Formwechsel aus KGaA (Abs. 3)	25
b) Weitere Erfordernisse	10	3. Sonderrechte	29
c) Vollständiger Ausschluss des		4. Dritte	31
Formwechsels?	11	a) Gericht, Pfleger usw.	31
III. Sonderbeschlüsse (Abs. 1 iVm. § 65 Abs. 2)	12	b) Eltern	33
1. Anwendungsbereich	12	c) Ehegatten	34
2. Einzelfragen	13	5. Sonderfälle	35
a) Formwechselnde AG oder KGaA	13	a) Vinkulierungen	35
b) Formwechselnde GmbH	15	b) Leistungsmehrung	36
		V. Beschlussmängel	37

Literatur: *Schäfer,* Der stimmrechtslose GmbH-Geschäftsanteil, 1997; *Brause,* Stimmrechtslose Vorzugsaktien bei Umwandlungen, 2002; *Volhard/Goldschmidt,* Nötige und unnötige Sonderbeschlüsse der Inhaber stimmrechtsloser Vorzugsaktien, FS Lutter, 2000, S. 779.

I. Allgemeines

1. Sinn und Zweck der Norm

1   Für den Formwechsel ist ein Beschluss der Anteilsinhaber des formwechselnden Rechtsträgers erforderlich. Umwandlungsbeschlüsse können ausschließlich in Gesellschafter- bzw. Hauptversammlungen gefasst werden[1]. Die Norm regelt die **Mehrheitserfordernisse** für den Beschluss, durch den die Anteilsinhaber einer Kapitalgesellschaft die Umwandlung in eine Kapitalgesellschaft anderer Rechtsform beschließen[2]. § 240 enthält gemeinsam mit den in §§ 241 und 242 getroffenen Bestimmungen eine abschließende Regelung der Mehrheitserfordernisse. Darüber hinaus stellt die Vorschrift gesonderte **Zustimmungserfordernisse** einzelner Anteilsinhaber auf. Die Fassung des Umwandlungsbeschlusses richtet sich grundsätzlich nach den allgemeinen für den formwechselnden Rechtsträger geltenden Bestimmungen. § 240 trifft hierzu ergänzende Regelungen. Im Allgemeinen kann der Umwandlungsbeschluss ebenso wie der Verschmelzungsbeschluss[3] nur mit denselben Mehrheiten beschlossen werden wie die Änderung des Gesellschaftsvertrags einer GmbH[4] oder der Satzung einer AG oder KGaA[5].

---

[1] § 193 Abs. 1 Satz 2.
[2] Zur Europäischen Gesellschaft (SE) siehe Einl. C Rn 49 ff., 62.
[3] §§ 50 Abs. 1 und 65 Abs. 1.
[4] § 53 Abs. 2 GmbHG.
[5] § 179 Abs. 2 AktG.

2. Anwendungsbereich

Der unübersichtliche Anwendungsbereich lässt sich am besten tabellarisch darstellen:

Formwechselnder Rechtsträger	Neuer Rechtsträger		
	AG[6]	GmbH	KGaA
AG[6]	–	§ 240 Abs. 1 Satz 1 1. Halbs. § 240 Abs. 1 Satz 1 2. Halbs. § 240 Abs. 1 Satz 2 1. Halbs.	§ 240 Abs. 1 Satz 1 1. Halbs. § 240 Abs. 1 Satz 1 2. Halbs. § 240 Abs. 1 Satz 2 1. Halbs. § 240 Abs. 2
GmbH	§ 240 Abs. 1 Satz 1 1. Halbs. § 240 Abs. 1 Satz 2 1. Halbs.	–	§ 240 Abs. 1 Satz 1 1. Halbs. § 240 Abs. 1 Satz 2 1. Halbs. § 240 Abs. 2
KGaA	§ 240 Abs. 1 Satz 1 1. Halbs. § 240 Abs. 1 Satz 1 2. Halbs. § 240 Abs. 1 Satz 2 1. Halbs. § 240 Abs. 1 Satz 2 2. Halbs. § 240 Abs. 3	§ 240 Abs. 1 Satz 1 1. Halbs. § 240 Abs. 1 Satz 1 2. Halbs. § 240 Abs. 1 Satz 2 1. Halbs. § 240 Abs. 3	–

3. Entstehungsgeschichte

Das AktG 1965 regelte den Formwechsel einer Kapitalgesellschaft in eine Kapitalgesellschaft anderer Rechtsform nicht einheitlich. Die Mehrheits- und Zustimmungserfordernisse wurden gesondert je nach Rechtsform des formwechselnden und des neuen Rechtsträgers geregelt.

Das UmwG vereinheitlichte diese Mehrheitserfordernisse und verlangt nunmehr für den Umwandlungsbeschluss eine nach den für den formwechselnden Rechtsträger maßgeblichen Vorschriften satzungsändernde Mehrheit, auch wenn das UmwG den Formwechsel entgegen der Auffassung unter früherem Recht[7] nicht mehr als Satzungsänderung behandelt[8]. Im UmwG wurden insbesondere die strengeren Mehrheitserfordernisse für den Formwechsel einer AG bzw. KGaA in eine GmbH aufgegeben, da die früher hierfür vorgebrachten Gründe – geringerer Gläubigerschutz infolge schwacher Publizitätserfordernisse und geringerer Minderheitenschutz bei der GmbH als neuer Rechtsträger – entfielen[9].

---

[6] Zur Europäischen Gesellschaft (SE) siehe ausf. Einl. C Rn 49 ff., 62.
[7] RegBegr. *Ganske* S. 257; zum AktG 1995 beispielhaft für den Formwechsel der AG in die KGaA *J. Semler/Grunewald* in G/H/E/K § 362 AktG Rn 10 mwN.
[8] RegBegr. *Ganske* S. 257; *Zöllner*, FS Claussen, 1997, S. 423, 434; ferner *Happ* in Lutter Rn 6.
[9] RegBegr. *Ganske* S. 257, 111 f.

5 Im Übrigen sind die Regelungen der Vorschrift teilweise ohne Vorbild im alten Umwandlungsrecht[10], teilweise entsprechen sie den bisherigen Bestimmungen ganz[11] oder teilweise[12].

II. Mehrheitserfordernisse (Abs. 1)

1. Satzungsändernde Mehrheit als Grundsatz (Satz 1)

6 Der Beschluss über den Formwechsel einer Kapitalgesellschaft in eine Kapitalgesellschaft anderer Rechtsform muss mit für den formwechselnden Rechtsträger satzungsändernder Mehrheit gefasst werden[13]. Vorbehaltlich abweichender Satzungsregelungen[14] ist für die formwechselnde GmbH eine Mehrheit von drei Vierteln der abgegebenen Stimmen erforderlich. Für die formwechselnde AG bzw. KGaA wird neben der einfachen Stimmenmehrheit eine Mehrheit von drei Vierteln des bei der Beschlussfassung vertretenen Grundkapitals verlangt. Diese Mehrheitserfordernisse entsprechen den Regelungen über den Zustimmungsbeschluss zur Verschmelzung bzw. über den Formwechsel einer Kapitalgesellschaft in eine KG[15]. Neben den satzungsändernden Mehrheitserfordernissen ist für die Beschlussfassung kein bestimmtes Quorum in Form einer am Stimmrecht oder am Grundkapital orientierten Mindestbeteiligung der Anteilsinhaber an der Gesellschafter- bzw. Hauptversammlung erforderlich[16].

2. Abweichende Satzungsbestimmungen

7 Keine Voraussetzung für die Umwandlung ist, dass sie als solche im Gesellschaftsvertrag oder in der Satzung vorgesehen ist. Wie bei der Umwandlung einer Kapitalgesellschaft in eine KG[17] können auch beim Formwechsel zwischen Kapitalgesellschaften die Mehrheitserfordernisse[18] statutarisch geändert werden[19]. Grundsätzlich ist die satzungsändernde Mehrheit jedoch Mindestvoraussetzung. Eine Ausnahme lässt das Gesetz für den Formwechsel der KGaA in die AG zu, bei dem die Satzung auch eine geringere Beschlussmehrheit bestimmen kann[20].

8 **a) Größere oder geringere Mehrheiten.** Der Gesellschaftsvertrag oder die Satzung können grundsätzlich für den Formwechsel in Kapitalgesellschaften anderer Rechtsform nur eine größere Mehrheit vorschreiben[21]. Für die formwechselnde GmbH kann daher eine über

---

[10] § 240 Abs. 1 Satz 1 2. Halbs. (Sonderbeschlüsse wurden nach altem Recht überwiegend nur nach § 179 Abs. 3 AktG für erforderlich gehalten; siehe zu § 362 AktG 1965 nur *J. Semler/Grunewald* in G/H/E/K § 362 AktG Rn 19) und § 240 Abs. 3 Satz 2.
[11] § 240 Abs. 1 Satz 2 1. Halbs. (für AG in KGaA: § 362 Abs. 2 Satz 3 AktG 1965; für KGaA in AG: § 366 Abs. 1 AktG 1965 iVm. §§ 278 Abs. 3, 179 Abs. 2 AktG; für GmbH in AG: § 376 Abs. 2 Satz 1 AktG 1965 iVm. § 53 Abs. 2 Satz 2 GmbHG; für GmbH in KGaA: § 389 Abs. 2 Satz 1 AktG 1965 iVm. § 53 Abs. 2 Satz 2 GmbHG), § 240 Abs. 1 Satz 2 2. Halbs. (siehe § 366 Abs. 1 AktG 1965 iVm. §§ 278 Abs. 3, 133 Abs. 1 AktG) und § 240 Abs. 3 Satz 1 (siehe §§ 366 Abs. 1, 386 Abs. 1 AktG).
[12] § 240 Abs. 2 Satz 1; siehe Rn 20.
[13] § 240 Abs. 1 Satz 1 1. Halbs.
[14] Siehe § 240 Abs. 1 Satz 2; siehe Rn 7 ff.
[15] §§ 50 Abs. 1, 65 Abs. 1, 233 Abs. 2 Satz 1 1. Halbs. Für Einzelheiten siehe die entsprechenden Kommentierungen. Zur Frage, ob die Satzung der KGaA auch eine einfache Mehrheit der Komplementäre vorsehen kann, siehe § 78 Rn 14 f.
[16] Siehe *Rieger* in Widmann/Mayer Rn 21.
[17] § 233 Abs. 2 Satz 2.
[18] Siehe Rn 6.
[19] § 240 Abs. 1 Satz 2.
[20] § 240 Abs. 1 Satz 2 2. Halbs.
[21] § 240 Abs. 1 Satz 2 1. Halbs. in Abweichung zu § 179 Abs. 2 AktG für eine formwechselnde AG.

die Dreiviertelmehrheit hinausgehende Stimmenmehrheit bzw. für die formwechselnde AG oder KGaA eine entsprechende Kapitalmehrheit statuiert werden. Beides kann bis hin zur Einstimmigkeit gehen[22]. Die Herabsetzung der erforderlichen Mehrheit durch die Satzung ist zwingend ausgeschlossen[23]. Für die formwechselnde AG bedeutet dies eine Abweichung von § 179 Abs. 2 Satz 2 AktG, der für satzungsändernde Beschlüsse grundsätzlich auch geringere Mehrheiten genügen lässt, wenn die Satzung es zulässt. Eine Satzungsbestimmung, die größere Beschlussmehrheiten vorschreibt, muss sich nicht ausdrücklich auf den Fall der Umwandlung oder gar den Formwechsel in die beabsichtigte Zielrechtsform beziehen[24]. Sind allgemein für Satzungsänderungen größere Mehrheiten vorgeschrieben, schließt dies erst recht auch die Fälle des Formwechsels zwischen Kapitalgesellschaften ein, da der Formwechsel zur Anwendung eines vollständigen anderen Normenkomplexes führt[25]. Sieht die Satzung (nur) für den Fall der Auflösung der Gesellschaft eine größere Mehrheit vor, kann dies nicht als Sonderregelung für den Formwechsel angesehen werden, da die Gesellschaft infolge des Formwechsels in anderer Rechtsform fortbesteht[26].

Lediglich die Satzung der KGaA kann für den Fall eines Formwechsels in eine AG eine geringere Mehrheit vorsehen[27]. Nach dem eindeutigen Wortlaut von Abs. 1 Satz 2 2. Halbs. gilt dies nicht für den umgekehrten Fall des Formwechsels einer AG in eine KGaA. Die Vorschrift ist § 179 Abs. 2 Satz 2 AktG nachgebildet. Die dort geltenden Grundsätze lassen sich daher übertragen. Die Satzung der KGaA kann für den Umwandlungsbeschluss lediglich das Erfordernis der Dreiviertelkapitalmehrheit absenken. Dabei muss immer mindestens eine absolute Mehrheit, d. h. eine Mehrheit von über 50% des bei der Beschlussfassung vertretenen Grundkapitals vorgesehen sein[28]. Die gänzliche Abschaffung des Mehrheitserfordernisses ist daher ebenfalls unzulässig. Neben der Kapitalmehrheit ist zudem immer die einfache Stimmenmehrheit erforderlich[29]. Im Gegensatz zur Bestimmung eines größeren Mehrheitserfordernisses[30] genügt es nicht, dass die Satzung generell für Satzungsänderungen eine geringere Kapitalmehrheit als drei Viertel zulässt[31]. Denn der Formwechsel stellt gegenüber der Satzungsänderung die einschneidendere Maßnahme dar. Im Übrigen ist der Formwechsel nach neuem Recht gerade nicht mehr als Satzungsänderung ausgestaltet[32].

b) Weitere Erfordernisse. Ferner können der Gesellschaftsvertrag bzw. die Satzung weitere Erfordernisse für den Umwandlungsbeschluss aufstellen[33]. Dabei darf es sich aber nur um strengere Anforderungen an die Beschlussfassung handeln, wie zB geheime Abstimmung, Erhöhung der erforderlichen Stimmenmehrheit, Quorum oder Mindestkapitalbe-

---

[22] *Dirksen* in Kallmeyer Rn 3 und 4; *Stratz* in Schmitt/Hörtnagl/Stratz Rn 2.
[23] § 240 Abs. 1 Satz 2.
[24] Siehe § 50 Rn 10; *Happ* in Lutter Rn 6; *Dirksen* in Kallmeyer Rn 3; *Rieger* in Widmann/Mayer Rn 27.
[25] Siehe § 50 Rn 10. IE auch *Happ* in Lutter Rn 6; *Dirksen* in Kallmeyer Rn 3; *Rieger* in Widmann/Mayer Rn 27.
[26] IE ebenso *Rieger* in Widmann/Mayer Rn 26.
[27] § 240 Abs. 1 Satz 2 2. Halbs.
[28] *Dirksen* in Kallmeyer Rn 7; *Rieger* in Widmann/Mayer Rn 30; *Stratz* in Schmitt/Hörtnagl/Stratz Rn 4 auf der Grundlage der zu § 179 Abs. 2 AktG entwickelten Grundsätze; siehe dort BGH NJW 1975, 212 f.; *Hüffer* § 179 AktG Rn 19.
[29] §§ 278 Abs. 3, 133 Abs. 1 AktG; siehe *Dirksen* in Kallmeyer Rn 7; *Rieger* in Widmann/Mayer Rn 30; *Stratz* in Schmitt/Hörtnagl/Stratz Rn 4.
[30] Siehe Rn 8.
[31] So auch *Happ* in Lutter Rn 6; *Rieger* in Widmann/Mayer § 240 Rn 32; auch *Stratz* in Schmitt/Hörtnagl/Stratz Rn 4.
[32] Siehe § 244 Rn 1.
[33] § 240 Abs. 1 Satz 2 1. Halbs.

teilung (bei der formwechselnden GmbH)[34]. Die in der Satzung geregelten weiteren Erfordernisse müssen sich nicht ausdrücklich auf die Umwandlung beziehen[35]. Wegen § 193 Abs. 1 Satz 1[36] und des Grundsatzes der Satzungsautonomie ist jede Satzungsbestimmung unzulässig, nach der der Umwandlungsbeschluss von der Zustimmung verbandsfremder Dritter abhängig sein soll[37].

11 **c) Vollständiger Ausschluss des Formwechsels?** Durch eine Satzungsregelung kann der Formwechsel nicht vollständig ausgeschlossen werden[38]. Eine solche Regelung wäre als unzulässige Selbstbeschränkung der Anteilsinhaberversammlungen nichtig. Eine entsprechende Satzungsregelung kann jedoch dahin umgedeutet werden, dass der Formwechsel einen einstimmigen Beschluss aller Anteilsinhaber voraussetzt[39].

III. Sonderbeschlüsse

1. Anwendungsbereich

12 Abs. 1 Satz 1 2. Halbs. verweist auf § 65 Abs. 2, der für Verschmelzungen unter Beteiligung einer AG oder KGaA[40] das Erfordernis von zusätzlichen Sonderbeschlüssen zum allgemeinen Verschmelzungsbeschluss der Gesellschafter regelt. Die Einbeziehung der formwechselnden GmbH in die Verweisung auf § 65 Abs. 2 scheidet in Anbetracht des eindeutigen Wortlauts dieser Bestimmung („Gattungen von Aktien") aus. Hinzu kommt, dass im Fall verschiedener Gattungen von Geschäftsanteilen die betreffenden Gesellschafter bereits anderweitig[41] hinreichend geschützt sind[42].

2. Einzelfragen

13 **a) Formwechselnde AG oder KGaA.** Aktien einer AG oder KGaA können verschiedene Rechte gewähren, namentlich bei der Verteilung des Gewinns oder des Gesellschaftsvermögens[43]. Insbesondere treten solche Gestaltungen bei *tracking stocks* auf [44]. Sind bei der AG oder KGaA mehrere dieser Aktiengattungen – etwa Stamm- und Vorzugsaktien ohne

---

[34] Siehe im Übrigen die Grundsätze über die Regelungen über Satzungsänderungen § 179 Abs. 2 Satz 3 AktG und § 53 Abs. 2 Satz 2 GmbHG bei *Hüffer* § 179 AktG Rn 22 f. und *Zöllner* in Baumbach/Hueck § 53 GmbHG Rn 41 ff.; siehe speziell zum Formwechsel *Happ* in Lutter Rn 7; *Rieger* in Widmann/Mayer Rn 23.

[35] Vgl. Ausführungen Rn 8 sowie *Rieger* in Widmann/Mayer Rn 27.

[36] Siehe § 193 Rn 8 ff.

[37] *Happ* in Lutter Rn 7; *Rieger* in Widmann/Mayer, Rn 25; sowie zum AktG 1965 *Zöllner* in Kölner Komm.1 §§ 376 AktG Anm. 14, 21, 366 AktG Anm. 17; *J. Semler/Grunewald* in G/H/E/K § 362 AktG Rn 18; § 366 Rn 17; 376 Rn 21; allgemein zu Satzungsänderung RGZ 169, 65, 80 f.; *Wiedemann* in Großkomm. § 179 AktG Rn 135 ff.; *Zöllner* in Kölner Komm. § 179 AktG Rn 170 ff.; *Hüffer* § 179 AktG Rn 22 f.; *Zöllner*, FS 100 Jahre GmbHG, 1992, S. 85, 119 f.; aA *Beuthien/Gätsch* ZHR 156 (1992) 459, 477 f.

[38] So auch *Rieger* in Widmann/Mayer Rn 24.

[39] Ein paralleles Problem besteht bei der Verschmelzung; hierzu § 50 Rn 12 und § 65 Rn 16 f.

[40] § 78 iVm. § 65 Abs. 2.

[41] § 241 Abs. 2 iVm. § 50 Abs. 2 regelt das Zustimmungserfordernis für Inhaber bestimmter Minderheitsrechte, und § 204 iVm. § 23 schützt die Inhaber von Sonderrechten; zur Reichweite des Schutzes von Sonderrechtsinhabern beim Formwechsel in die GmbH *Rinnert* NZG 2001, 865 ff.; siehe auch § 241 Rn 19 ff. und § 204 Rn 4 ff.

[42] Siehe *Happ* in Lutter Rn 10; *Rieger* in Widmann/Mayer Rn 34 ff.; iE aA *Laumann* in Goutier/Knopf/Tulloch Rn 17.

[43] § 11 AktG; zu verschiedenen Gattungen von Aktien siehe *Hüffer* § 11 AktG Rn 3 ff.; *Wiesner* in MünchHdbGesR Bd. 4 § 13 Rn 7 ff.

[44] Grundlegend *Sieger/Hasselbach* BB 1999, 1277 ff.

Stimmrecht[45] – vorhanden, erfordert der Umwandlungsbeschluss der AG oder der KGaA die **Zustimmung der stimmberechtigten Aktionäre jeder Gattung**[46]. Über die Zustimmung haben die Aktionäre jeder Gattung einen Sonderbeschluss zu fassen[47].

Keine Wirksamkeitsvoraussetzung für den Umwandlungsbeschluss ist ein Sonderbeschluss der Inhaber von Vorzugsaktien ohne Stimmrecht. Sie müssen dem Umwandlungsbeschluss grundsätzlich nicht zustimmen, da sie generell nicht stimmberechtigt sind. § 65 Abs. 2 greift daher bereits tatbestandlich nicht ein[48]. Allerdings ist ein Sonderbeschluss erforderlich, wenn das Stimmrecht wieder aufgelebt ist[49], also der Gewinnvorzug nicht bedient wurde[50]. Teilweise wird vertreten, dass analog § 141 AktG ein Sonderbeschluss der Vorzugsaktionäre erforderlich sei, wenn im Rechtsträger neuer Form kein dem Vorzugsrecht vergleichbares Sonderrecht geschaffen wird[51]. Diese Auffassung ist jedoch abzulehnen, da § 65 Abs. 2 gegenüber § 141 AktG *lex specialis* ist[52].

b) Formwechselnde GmbH. Abs. 1 Satz 1 2. Halbs. iVm. § 65 Abs. 2 findet auf den Formwechsel der GmbH in eine Kapitalgesellschaft anderer Rechtsform keine Anwendung[53]. Gleichwohl besteht auch für die GmbH die Möglichkeit, Vorzugsgeschäftsanteile zu schaffen[54]. In Ermangelung einer gesetzlichen Regelung richtet sich die Frage, ob die Inhaber von Vorzugsgeschäftsanteilen – ebenso wie die Inhaber von Vorzugsaktien bei der AG – dem Umwandlungsbeschluss *qua* Sonderbeschluss zustimmen müssen, nach dem ggf. auszulegenden **Satzungsinhalt**. Vorbehaltlich anders lautender Satzungsregelungen haben die Inhaber besonderer Anteilsgattungen analog § 179 Abs. 3 AktG einen Sonderbeschluss zu fassen, sofern das bisherige Verhältnis mehrerer Anteilsgattungen zum Nachteil einer Gattung in Folge des Formwechsels geändert werden soll[55]. Gleiches gilt, wenn durch den Formwechsel mit einer bestimmten Anteilsgattung verbundene Rechte entfallen, weil ihre Beibehaltung gegen zwingendes Aktienrecht verstößt. Dies kann etwa für Mehrstimmrechtsanteile der Fall sein[56]. Sind Gesellschaftern Minderheitsrechte iSv. § 50 Abs. 2 eingeräumt und werden diese durch den Formwechsel der GmbH beeinträchtigt, müssen diese Gesellschafter dem Umwandlungsbeschluss zusätzlich zum uU erforderlichen Sonderbeschluss sogar einzeln zustimmen[57]. Zudem kann ein Umwandlungsbeschluss auch

---

[45] § 139 Abs. 1 AktG.
[46] § 65 Abs. 2.
[47] § 240 Abs. 1 Satz 1 2. Halbs. iVm. § 65 Abs. 2 Satz 2.
[48] Siehe § 65 Rn 24; sowie AusschussB *Ganske* S. 112; *Happ* in Lutter Rn 9; *Dirksen* in Kallmeyer Rn 4.
[49] *Happ* in Lutter Rn 9; *Dirksen* in Kallmeyer Rn 4; *Kiem* ZIP 1997, 1627, 1630; umfassend auch *Brause* S. 115 ff.
[50] § 140 Abs. 2 AktG. Zum Wiederaufleben des Stimmrechts siehe *Bezzenberger* in Großkomm. § 140 AktG Rn 21 ff.; *Hüffer* § 140 AktG Rn 4 ff.; *T. Bezzenberger*, Vorzugsaktien ohne Stimmrecht, 1991, S. 94 ff.; *Reuter* AG 1985, 104, 105 f.; *Werner* AG 1971, 69, 75 f.
[51] So *Happ* in Lutter Rn 9; *Dirksen* in Kallmeyer Rn 4.
[52] Siehe auch *Grunewald* in Lutter § 65 Rn 8; *Bezzenberger* in Großkomm. § 141 AktG Rn 25; *Volhard/Goldschmidt*, FS Lutter, S. 779, 788 f.; *Bermel* in Goutier/Knopf/Tulloch § 65 Rn 19; zur Anwendbarkeit des § 141 AktG bei mittelbaren Beeinträchtigungen des mit der Aktie verbundenen Vorzugs siehe auch *Hillebrandt/Schremper* BB 2001, 533, 536 f.; einschränkend *Diekmann* § 65 Rn 24.
[53] Siehe Rn 2.
[54] Siehe nur *Raiser* in Hachenburg § 14 GmbHG Rn 17 ff.; *Winter* in Scholz § 14 GmbHG Rn 63; *G. Hueck/Fastrich* in Baumbach/Hueck § 14 GmbHG Rn 17; § 3 GmbHG Rn 31 ff.; 45 f.; § 5 GmbHG Rn 10; *Schiessl* in MünchHdbGesR Bd. 3 § 31 Rn 10 ff.
[55] Ebenso *Happ* in Lutter Rn 10; *Dirksen* in Kallmeyer Rn 3; zum AktG 1965 bereits *J. Semler/Grunewald* in G/H/E/K § 376 AktG Rn 18.
[56] *Happ* in Lutter Rn 10; zum AktG 1965 bereits *J. Semler/Grunewald* in G/H/E/K § 376 AktG Rn 18; sowie *Zöllner* in Kölner Komm.1 § 376 AktG Anm. 22.
[57] § 241 Abs. 2; siehe ausführlich § 241 Rn 18 ff.

die individuelle Zustimmung der Inhaber echter Sonderrechte erfordern[58]. Insoweit ist der Rechtsgedanke des § 35 BGB heranzuziehen[59]. Bei Sonderrechten handelt es sich um Mitgliedschaftsrechte, die einzelnen Gesellschaftern oder einer Gruppe von Gesellschaftern eine Vorzugsstellung vor anderen gewähren[60]. Als Beispiele sind etwa erhöhte Gewinnrechte, erhöhte Stimmrechte, Entsenderechte hinsichtlich Geschäftsführung, Mehrstimmrechte, Vetorechte usw. zu nennen. Im Einzelfall kann allerdings das Vorliegen eines wichtigen Grunds für die Einschränkung des Sonderrechts dazu führen, dass die Zustimmung von Sonderrechtsinhabern entbehrlichwird[61].

16 **Inhaber stimmrechtsloser Geschäftsanteile** sind idR für den Umwandlungsbeschluss nicht stimmberechtigt und müssen keinen Sonderbeschluss fassen, soweit nicht die Satzung anderes regelt[62]. Teilweise wird darüber hinaus vertreten, dass stimmrechtslose Gesellschafter ebenso wie stimmberechtigte Gesellschafter dem Umwandlungsbeschluss in den gesetzlich geregelten Fällen des § 241 zustimmen müssen[63].

17 **c) Mehrheiten für den Sonderbeschluss.** Ein Sonderbeschluss bedarf einer Mehrheit, die mindestens drei Viertel des bei der Beschlussfassung von der betreffenden Aktiengattung vertretenen Grundkapitals umfasst[64]; zusätzlich ist einfache Stimmenmehrheit erforderlich[65]. Das Erfordernis, dass jede Aktiengattung mit Dreiviertelmehrheit zustimmen muss, kann in der Praxis durchaus eine Hürde darstellen, weil auch Gattungen mit geringen Kapitalanteilen die Umwandlung verhindern können. Trotzdem ist ein Sonderbeschluss nicht nur bei Beeinträchtigung der Aktiengattung erforderlich[66]. Hiergegen spricht der eindeutige Gesetzeswortlaut[67].

18 Die Satzung kann **für Sonderbeschlüsse andere Mehrheiten oder weitere Erfordernisse** bestimmen. Grundsätzlich ist es unerheblich, ob diese Rechtsfolge § 240 Abs. 1 Satz 1 1. Halbs. iVm. Satz 2 2. Halbs. oder § 65 Abs. 2 Satz 3 iVm. Abs. 1 zu entnehmen ist. Ein Unterschied besteht jedoch für den **Formwechsel der KGaA in eine AG,** da § 240 Abs. 1 Satz 2 2. Halbs. auch eine geringere als die Dreiviertelkapitalmehrheit zulässt, § 65 Abs. 2 Satz 3 iVm. Abs. 1 Satz 2 jedoch nur eine größere. Mit der hM ist jedoch davon auszugehen, dass § 240 Abs. 1 Satz 2 2. Halbs. gegenüber § 65 Abs. 2 Satz 3 iVm. Abs. 1 Satz 2 *lex specialis* ist[68]. Die Satzung einer KGaA kann daher auch für den beim Formwechsel in eine AG zu fassenden Sonderbeschluss eine geringere als die Dreiviertelkapitalmehrheit vorsehen[69]. Regelungen in der Satzung, die nach § 240 Abs. 1 Satz 2 zulässige Bestimmungen über die erforderliche Beschlussmehrheit für Umwandlungsbeschlüsse treffen, sind auch auf die je-

---

[58] *Happ* in Lutter Rn 10; *Dirksen* in Kallmeyer Rn 3; zum AktG 1965 bereits *J. Semler/Grunewald* in G/H/E/K § 376 AktG Rn 18; sowie *Zöllner* in Kölner Komm.1 § 376 AktG Anm. 22.

[59] Zur analogen Anwendung des § 35 BGB im GmbH-Recht siehe nur RGZ 68, 210, 212; 80, 385, 389; 159, 272, 281; 170, 358, 368; BGHZ 48, 141; *BGH* WM 1989, 250, 252 sowie *Raiser* in Hachenburg § 14 GmbHG Rn 17; *Winter* in Scholz § 14 GmbHG Rn 18.

[60] Siehe die umfassenden Nachw. bei *Raiser* in Hachenburg § 14 GmbHG Rn 17 f.; *Winter* in Scholz § 14 GmbHG Rn 19; *G. Hueck/Fastrich* in Baumbach/Hueck § 14 GmbHG Rn 17.

[61] Siehe dazu nur allgemein *Raiser* in Hachenburg § 14 GmbHG Rn 24; *Winter* in Scholz § 14 GmbHG Rn 27.

[62] So *Happ* in Lutter Rn 11; *Dirksen* in Kallmeyer Rn 3.

[63] So *Schäfer* S. 223 ff.

[64] Siehe § 65 Rn 25.

[65] § 133 AktG.

[66] So aber *Veil,* Umwandlung einer Aktiengesellschaft in eine Gesellschaft mit beschränkter Haftung, 1996, S. 95 ff.

[67] Wohl ebenso *Dirksen* in Kallmeyer Rn 4; *Stratz* in Schmitt/Hörtnagl/Stratz Rn 3.

[68] Siehe nur *Happ* in Lutter Rn 8; *Rieger* in Widmann/Mayer Rn 39 ff.; nicht deutlich *Laumann* in Goutier/Knopf/Tulloch Rn 10.

[69] Siehe näher die Ausführungen zu § 240 Abs. 1 Satz 2 2. Halbs. in Rn 9 ff.

weiligen Sonderbeschlüsse zu übertragen[70], falls sich nicht im Einzelfall aus dem zugrunde liegenden Beschluss etwas anderes ergibt.

d) Gesonderte Abstimmung oder Versammlung. Über die Zustimmung zum Umwandlungsbeschluss muss jede Gruppe in gesonderter Abstimmung oder gesonderter Versammlung[71] mit der jeweils erforderlichen Mehrheit zustimmen[72]. 19

IV. Zustimmungserfordernisse

1. Formwechsel in KGaA

a) Allgemeines (Abs. 2). Wird eine GmbH oder eine AG in eine KGaA umgewandelt, bedarf der Umwandlungsbeschluss der Zustimmung derjenigen Anteilsinhaber, die in der KGaA die Stellung eines persönlich haftenden Gesellschafters[73] einnehmen sollen[74]. § 240 stellt sicher, dass die Übernahme der unbeschränkten persönlichen Haftung einem Gesellschafter nicht ohne dessen Zustimmung auferlegt werden kann[75]. Allein die Möglichkeit, gegen Barabfindung auszuscheiden[76], reicht, sofern sie überhaupt besteht[77], zum Schutz der Anteilsinhaber nicht aus[78]. Nach früherer Rechtslage setzte der Formwechsel in die KGaA den Beitritt eines persönlich haftenden Gesellschafters voraus[79]. Das UmwG unterscheidet nun zwischen der **Übernahme der Stellung des persönlich haftenden Gesellschafters durch einen am formwechselnden Rechtsträger beteiligten Anteilsinhaber**[80] und dem **Beitritt eines bisher nicht am formwechselnden Rechtsträger beteiligten Dritten als Komplementär**[81] und regelt das Zustimmungserfordernis unabhängig davon, auf welche Weise die Stellung als Komplementär eingenommen werden soll. Das Erfordernis der Zustimmung hängt wegen der Haftungsübernahme auch nicht davon ab, ob der Komplementär in der formwechselnden Gesellschaft stimmberechtigt ist[82]. 20

b) Bisheriger Gesellschafter wird Komplementär. Abs. 2 Satz 1 entspricht § 217 Abs. 3[83]. Wird ein bisher am formwechselnden Rechtsträger beteiligter Gesellschafter Komplementär, führt dies ohne zu erbringende besondere Einlage zu einer Beteiligung ohne Kapitaleinlage, da sein Anteil am Stamm- oder Grundkapital im Zuge des Formwechsels automatisch zu Grundkapital der KGaA wird[84]. Die erforderliche Zustimmungserklärung des zukünftigen Komplementärs bedarf der notariellen Form[85]. 21

Die **Zustimmung kann bereits vor Fassung des Umwandlungsbeschlusses** erteilt werden[86]. Es gelten die gleichen Grundsätze, die auch für die Zustimmung nach § 233 Abs. 1 Anwendung finden[87]. 22

---

[70] *Rieger* in Widmann/Mayer Rn 42.
[71] § 138 AktG.
[72] § 240 Abs. 1 Satz 1 2. Halbs. iVm. § 65 Abs. 2. Für Einzelheiten siehe § 65 Rn 22 ff.
[73] § 278 Abs. 1 AktG.
[74] § 240 Abs. 2 Satz 1.
[75] RegBegr. *Ganske* S. 258.
[76] § 207.
[77] Nicht für den Formwechsel einer AG in eine KGaA § 250.
[78] *Rieger* in Widmann/Mayer Rn 46; *Stratz* in Schmitt/Hörtnagl/Stratz Rn 7.
[79] Für Formwechsel der AG in die KGaA § 362 Abs. 2 AktG 1965; für Formwechsel einer GmbH in die KGaA § 389 Abs. 2 AktG 1965.
[80] § 240 Abs. 2 Satz 1.
[81] § 240 Abs. 2 Satz 2.
[82] Siehe *Dirksen* in Kallmeyer Rn 6.
[83] Siehe auch § 217 Rn 3.
[84] § 247 Abs. 1; siehe *Happ* in Lutter Rn 14.
[85] § 193 Abs. 3.
[86] *Happ* in Lutter Rn 15; *Rieger* in Widmann/Mayer Rn 50; *Stratz* in Schmitt/Hörtnagl/Stratz Rn 7.
[87] Siehe § 233 Rn 14 ff.

23 **c) Beitritt eines Dritten.** Auch ein Dritter, der bislang nicht Gesellschafter des formwechselnden Rechtsträgers war, kann im Wege des Beitritts die Stellung eines persönlich haftenden Gesellschafters erlangen. § 221 gilt für diesen Fall entsprechend[88].

24 Erst mit Wirksamkeit des Formwechsels beitretende Komplementäre können **dem Umwandlungsbeschluss erst nach seiner Fassung zustimmen**. Das Gesetz verweist für die Zustimmung des Beitretenden auf § 221 Satz 2, der von Genehmigung[89], also der nachträglichen Zustimmung, spricht[90]. Diese kann naturgemäß erst nach dem Beschluss über den Formwechsel erteilt werden[91]. Den mit dem Formwechsel beitretenden Komplementären kommen dadurch nicht die gleichen Mitwirkungsbefugnisse beim Zustandekommen des Umwandlungsbeschlusses zu wie einem Gesellschafter der formwechselnden Kapitalgesellschaft. Die Beitretenden können den Formwechsel mit ihrer Erklärung nur und erst dann billigen, wenn der Umwandlungsbeschluss von den Gesellschaftern bereits in einer bestimmten Weise beschlossen ist[92].

2. Formwechsel aus KGaA (Abs. 3)

25 Grundsätzlich richtet sich die Umwandlung einer KGaA in eine GmbH oder in eine AG nach den Vorschriften über die Umwandlung der AG. Die Satzung kann für den Beschluss der Kommanditaktionäre sowohl strengere Mehrheits- oder sonstige Erfordernisse aufstellen als auch eine geringere Mehrheit bestimmen[93].

26 Zusätzlich **müssen dem Formwechsel jedoch alle persönlich haftenden Gesellschafter zustimmen**[94]. Dieses Zustimmungserfordernis bestand bereits nach altem Recht[95]. Die persönlich haftenden Gesellschafter scheiden mit Wirksamwerden des Formwechsels durch Eintragung im Handelsregister als solche aus der Gesellschaft aus[96] und sollen ihre Gesellschafterstellung nicht ohne ihre Zustimmung verlieren[97]. Mangels gesetzlicher Regelung ist es angesichts Abs. 3 Satz 2 („Mehrheitsentscheidung") nicht zulässig, auf das Zustimmungserfordernis in der Satzung zu verzichten[98]. Anstelle der Zustimmung jedes persönlich haftenden Gesellschafters kann die Satzung jedoch eine Mehrheitsentscheidung dieser Gesellschafter vorsehen[99]. Wegen der Bedeutung muss sich die Möglichkeit der Mehrheitsentscheidung in der Satzung **ausdrücklich** auf den Formwechsel oder zumindest einen anderen Fall der Umwandlung beziehen[100]. Die Zustimmungserklärungen bzw. der Mehrheitsbeschluss bedürfen der notariellen Form[101].

27 Sind Komplementäre an der KGaA auch als Kommanditaktionäre beteiligt und stimmen sie bei der Beschlussfassung der Anteilsinhaber für den Formwechsel, verweigern aber ihre Zustimmung als Komplementär zum Umwandlungsbeschluss und erklären Widerspruch zu

---

[88] § 240 Abs. 2 Satz 2. Zu den Einzelheiten siehe § 221.
[89] § 240 Abs. 2 Satz 2.
[90] § 184 Abs. 1 BGB.
[91] Ebenso *Happ* in Lutter Rn 15; *Rieger* in Widmann/Mayer Rn 50; *Stratz* in Schmitt/Hörtnagl/Stratz Rn 8.
[92] *Happ* in Lutter Rn 15.
[93] § 240 Abs. 1 Satz 2 2. Halbs.; siehe Rn 7 ff.
[94] § 240 Abs. 3 Satz 1.
[95] §§ 366 Abs. 1, 386 Abs. 1 AktG 1965; siehe etwa *J. Semler/Grunewald* in G/H/E/K § 362 AktG Rn 15 ff.
[96] § 247 Abs. 3.
[97] *Happ* in Lutter Rn 16.
[98] § 1 Abs. 3 Satz 1; vgl. § 1 Rn 80 ff.; siehe auch *Happ* in Lutter Rn 17; *Dirksen* in Kallmeyer Rn 7; *Rieger* in Widmann/Mayer Rn 63; *Stratz* in Schmitt/Hörtnagl/Stratz Rn 5.
[99] § 240 Abs. 3 Satz 2.
[100] So *Rieger* in Widmann/Mayer Rn 65; strenger *Happ* in Lutter Rn 17, der nur vom Formwechsel spricht.
[101] § 193 Abs. 3 Satz 1. Für Einzelheiten siehe § 233 Rn 13 ff.

Protokoll, verhalten sie sich widersprüchlich. In diesem Fall ist es als gerechtfertigt anzusehen, dass sie auf Abgabe der notariellen Zustimmungserklärung nach Abs. 3 in Anspruch genommen werden können[102]. Im umgekehrten Fall gilt dies nicht. Sie dürfen als Kommanditaktionäre gegen den Umwandlungsbeschluss stimmen und Widerspruch zur Niederschrift erklären, um gegen Barabfindung ausscheiden zu können[103], ohne gleichzeitig gezwungen zu sein, auch in ihrer Eigenschaft als Komplementäre die Zustimmung zu verweigern[104]. Die gleiche Frage besteht im Übrigen bei der Umwandlung einer KGaA in eine KG. Dort gilt nichts anderes[105].

Die Zustimmung eines Komplementärs ist unter bestimmten Voraussetzungen **erzwingbar**[106]. Ein Anspruch auf Erteilung der Zustimmung besteht etwa, wenn bei einem persönlich haftenden Gesellschafter die besonderen Voraussetzungen vorliegen, die seinen Ausschluss aus der Gesellschaft rechtfertigen würden[107]. Die Zustimmungspflicht kann sich auch aus seiner gesellschaftsrechtlichen Treupflicht ergeben[108]. Allerdings ist hier besondere Zurückhaltung geboten. Der Komplementär darf die Kommanditaktionäre nicht dazu zwingen, ein Ausschlussverfahren gegen ihn erfolgreich durchzuführen, damit diese anschließend ohne Zustimmungserfordernis den Formwechsel beschließen können. Bei der Klage auf Erteilung der Zustimmung des Komplementärs handelt es sich um eine Leistungsklage. Ein entsprechendes Urteil ist nach § 894 ZPO zu vollstrecken[109]. 28

3. Sonderrechte

Stehen den Gesellschaftern Minderheits- oder Sonderrechte[110] zu, bedarf der Umwandlungsbeschluss ihrer Zustimmung. Denn durch den Formwechsel dürfen Sonderrechte einzelner Gesellschafter nicht ohne deren Einwilligung beeinträchtigt oder beseitigt werden. Dieses allgemeine verbandsrechtliche Prinzip ist in § 35 BGB verankert und gilt auch für die AG, KGaA und GmbH[111]. Im Recht des Formwechsels floss dieser weitreichende Schutz der Sonderrechtsinhaber in § 193 Abs. 2 ein. Diese Vorschrift macht die Wirksamkeit des Umwandlungsbeschlusses von der Zustimmung solcher Anteilsinhaber abhängig, die *qua* Satzung der Abtretung der Anteile des formwechselnden Rechtsträgers zustimmen müssen[112]. Darüber hinaus ordnet Abs. 2 iVm. § 50 Abs. 2 beim Formwechsel einer GmbH eine Zustimmungspflicht der Inhaber von Minderheitsrechten an[113]. Auch diese Vorschrift enthält einen allgemeinen Rechtsgedanken[114]. 29

Aus diesen Gründen müssen auch diejenigen Aktionäre oder Kommanditaktionäre einem Formwechsel gesondert zustimmen, die Inhaber von satzungsmäßigen Minderheits- oder Sonderrechten sind, falls diese Rechte durch den Formwechsel beeinträchtigt oder beseitigt werden[115]. 30

---

[102] *Happ* in Lutter Rn 19.
[103] § 207.
[104] *Happ* in Lutter Rn 19, siehe § 233 Rn 36.
[105] Siehe § 233 Rn 36.
[106] RGZ 82, 360, 361 ff.; *Happ* in Lutter Rn 20; *Rieger* in Widmann/Mayer Rn 61; *Stratz* in Schmitt/Hörtnagl/Stratz Rn 6; *Semler/Grunewald* in G/H/E/K § 361 AktG Rn 16.
[107] § 278 Abs. 2 AktG iVm. §§ 140, 133 HGB.
[108] Siehe *Rieger* in Widmann/Mayer Rn 61 mit ausführlicher Begründung; sowie *Happ* in Lutter Rn 20; *Stratz* in Schmitt/Hörtnagl/Stratz Rn 6.
[109] *Stratz* in Schmitt/Hörtnagl/Stratz Rn 6.
[110] Zum Begriff des Sonderrechts siehe Rn 15, dort auch zu Beispielen.
[111] Siehe bereits Rn 15.
[112] Siehe § 193 Rn 18 ff.
[113] Siehe Rn 15 sowie § 241 Rn 18 ff.
[114] RegBegr. *Ganske* S. 259.
[115] *Happ* in Lutter Rn 22; *Dirksen* in Kallmeyer Rn 4.

4. Dritte

31 **a) Gericht, Pfleger usw.** Die Zustimmung des Vormundschaftsgerichts[116] zum Formwechsel von Kapitalgesellschaften in Kapitalgesellschaften anderer Rechtsform ist, wenn an der formwechselnden Gesellschaft Minderjährige oder zu betreuende Volljährige beteiligt sind, im Regelfall nicht erforderlich[117]. Der Umwandlungsbeschluss bei Kapitalgesellschaften hat, sofern die Zielrechtsform ebenfalls Kapitalgesellschaft ist, insoweit lediglich die Qualität eines Satzungsänderungsbeschlusses, der nach Rechtsprechung[118] und überwiegender Meinung im Schrifttum[119] genehmigungsfrei ist.

32 Anders verhält es sich wegen drohender Haftungsfolgen für den Formwechsel von Kapital- in Personengesellschaften[120]. Bestehen diese auch für den Formwechsel zwischen Kapitalgesellschaften, kann die Genehmigung des Vormundschaftsgerichts erforderlich sein. Das ist etwa bei der Umwandlung einer AG oder KGaA in eine GmbH der Fall, wenn die Einlagen nicht voll erbracht sind und damit die Solidarhaftung des § 24 GmbHG droht. Der Umwandlungsbeschluss bedarf in diesem Fall der vormundschaftsgerichtlichen Genehmigung[121].

33 **b) Eltern.** Minderjährige Anteilsinhaber werden bei der Beschlussfassung durch ihre Eltern vertreten[122]. Sind diese zugleich Gesellschafter, ist ein Ergänzungspfleger zu bestellen[123]. Im Übrigen gelten hier die gleichen Grundsätze wie beim Formwechsel einer Kapitalgesellschaft in eine Personengesellschaft[124].

34 **c) Ehegatten.** Auch wenn ein Anteilsinhaber des formwechselnden Rechtsträgers im gesetzlichen Güterstand der Zugewinngemeinschaft lebt und es sich bei der Beteiligung an der Gesellschaft um sein gesamtes Vermögen iSv. § 1365 BGB handelt, ist es nicht erforderlich, dass sein Ehegatte der Stimmabgabe zustimmt[125]. Wegen der Identität von formwechselndem und neuem Rechtsträger kann dem Umwandlungsbeschluss richtigerweise nicht die Qualität einer Verfügung beigemessen werden[126]. Werden jedoch bislang nicht vinkulierte Anteile im neuen Rechtsträger Verfügungsbeschränkungen unterworfen, kann in der Beschränkung der Verfügungsgewalt über die Anteile auch eine Verfügung iSd. § 1365 BGB gesehen werden, die den Umwandlungsbeschluss zustimmungsbedürftig macht[127]. Lebt der Anteilseigner hingegen in Gütergemeinschaft, kann die Stimmabgabe nur durch beide Ehegatten gemeinsam erfolgen[128].

5. Sonderfälle

35 **a) Vinkulierung.** Ist die Abtretung von Geschäftsanteilen nach dem Gesellschaftsvertrag oder der Satzung an die Genehmigung einzelner Gesellschafter geknüpft, ist zur Siche-

---

[116] § 1822 Nr. 3 BGB.
[117] So ausdrücklich *Happ* in Lutter Rn 24; *Damrau* in Soergel § 1822 BGB Rn 25.
[118] BGHZ 38, 26; *BGH* WM 1972, 1368.
[119] *Dirksen* in Kallmeyer § 193 Rn 13 und § 240 Rn 5; *Happ* in Lutter Rn 24; aA *Vollrath* in Widmann/Mayer § 193 Rn 22. Vgl. hierzu die Ausführungen von *Bärwaldt* in § 193 Rn 13, der von einem generellen Zustimmungserfordernis des Vormundschaftsgerichts ausgeht.
[120] Siehe § 233 Rn 9 Fn 15.
[121] § 1822 Nr. 10 BGB. BGHZ 107, 23; *KG* NJW 1962, 54; *OLG Stuttgart* GmbHR 1980, 102; *Happ* in Lutter Rn 25; sowie umfassend *Damrau* in Soergel § 1822 BGB Rn 39.
[122] § 1629 BGB.
[123] § 1909 BGB.
[124] Siehe § 233 Rn 9 Fn 15.
[125] Ebenso *Happ* in Lutter Rn 27.
[126] Vgl. für den Formwechsel von Kapital- in Personengesellschaften § 233 Rn 9 und zum Formwechsel von Personenhandelsgesellschaften § 217 Rn 28; *Happ* in Lutter Rn 27; insoweit auch *Dirksen* in Kallmeyer § 193 Rn 26.
[127] *Happ* in Lutter Rn 27.
[128] *Dirksen* in Kallmeyer § 193 Rn 26.

rung der Sonderrechte dieser Anteilsinhaber deren Zustimmung zum Formwechsel erforderlich[129]. Gleiches gilt für Vinkulierungsklauseln im Falle des § 68 Abs. 2 Satz 3 AktG.

b) Leistungsmehrung. Für GmbH-Gesellschafter mit Nebeneinlageverpflichtungen ergibt sich deren Zustimmungspflicht aus § 241 Abs. 3[130]. Im Übrigen gehen die Gesetzesmaterialien für die sonstigen Fälle der Leistungsmehrung[131] iRd. Verschmelzung davon aus, dass keine generelle Zustimmungspflicht derjenigen Gesellschafter besteht, denen im neuen Rechtsträger höhere Pflichten auferlegt wurden[132]. Dies ist aber zu recht strittig[133]. Die Auferlegung zusätzlicher Pflichten kann mE. nicht durch bloßen Mehrheitsbeschluss geschehen. Immerhin bedarf es dazu außerhalb des Umwandlungsrechts sogar der Einzelzustimmung. Es ist daher anzuraten, die Zustimmungserklärung der betroffenen Gesellschafter einzuholen[134]. 36

V. Beschlussmängel

Hinsichtlich der Beschlussmängel kann auf die Ausführungen zu § 233 verwiesen werden[135]. Insoweit ergeben sich keine Besonderheiten. 37

§ 241 Zustimmungserfordernisse beim Formwechsel einer Gesellschaft mit beschränkter Haftung

(1) Werden durch den Umwandlungsbeschluß einer formwechselnden Gesellschaft mit beschränkter Haftung die Aktien in der Satzung der Aktiengesellschaft oder der Kommanditgesellschaft auf Aktien auf einen höheren als den Mindestbetrag nach § 8 Abs. 2 oder 3 des Aktiengesetzes und abweichend vom Nennbetrag der Geschäftsanteile der formwechselnden Gesellschaft gestellt, so muß dem jeder Gesellschafter zustimmen, der sich nicht dem Gesamtnennbetrag seiner Geschäftsanteile entsprechend beteiligen kann. § 17 Abs. 6 des Gesetzes betreffend die Gesellschaften mit beschränkter Haftung gilt insoweit nicht.

(2) Auf das Erfordernis der Zustimmung einzelner Gesellschafter ist ferner § 50 Abs. 2 entsprechend anzuwenden.

(3) Sind einzelnen Gesellschaftern außer der Leistung von Kapitaleinlagen noch andere Verpflichtungen gegenüber der Gesellschaft auferlegt und können diese wegen der einschränkenden Bestimmung des § 55 des Aktiengesetzes bei dem Formwechsel nicht aufrechterhalten werden, so bedarf der Formwechsel auch der Zustimmung dieser Gesellschafter.

Übersicht

	Rn		Rn
I. Allgemeines	1	II. Zustimmungserfordernis aufgrund nichtverhältniswahrenden Formwechsels (Abs. 1)	4
1. Sinn und Zweck der Norm	1		
2. Entstehungsgeschichte	2		
3. Anwendungsbereich	3	1. Allgemeines	4

---

[129] § 193 Abs. 2; auf die entsprechenden Ausführungen wird verwiesen; siehe § 193 Rn 18 ff.
[130] Siehe § 241 Rn 22 ff.
[131] § 53 Abs. 3 GmbHG § 180 Abs. 1 AktG § 707 BGB.
[132] RegBegr. *Ganske* S. 61.
[133] Siehe *Lutter* in Lutter § 13 Rn 29 f.
[134] So auch *Zimmermann* in Kallmeyer § 13 Rn 26.
[135] Siehe § 233 Rn 41 ff.

	Rn		Rn
2. Einzelfragen	6	2. Einzelfragen	19
a) Voraussetzungen des Zustimmungserfordernisses (Abs. 1 Satz 1)	7	IV. Zustimmungserfordernis aufgrund des Wegfalls von Nebenleistungspflichten (Abs. 3)	22
aa) Festsetzung eines den Mindestbetrag übersteigenden Betrags	8	1. Allgemeines	22
bb) Festsetzung der auf die Aktien entfallenden Beträge abweichend vom Nennbetrag der Geschäftsanteile	9	2. Einzelfragen	25
		V. Sonstige Zustimmungserfordernisse	29
		1. Vinkulierung	29
		2. Gesellschaftsvertrag	30
cc) Fehlende Möglichkeit der verhältniswahrenden Beteiligung	10	VI. Zustimmungserklärung	31
b) Stückaktien	13	VII. Fehlen der erforderlichen Zustimmung	33
c) Nennbetragsaktien	14	1. Unwirksamkeit des Umwandlungsbeschlusses	33
d) Teilung von Geschäftsanteilen (Abs. 1 Satz 2)	16	2. Unwirksamkeit der Festsetzung nach § 241 Abs. 1	34
e) Übergangsrecht	17	3. Eintragung und Bestandskraft	35
III. Zustimmungserfordernis aufgrund von Minderheits- und Sonderrechten (Abs. 2)	18	4. Schadensersatzansprüche	36
1. Allgemeines	18		

Literatur: *Reichert*, Folgen der Anteilsvinkulierung für Umstrukturierungen von Gesellschaften mit beschränkter Haftung und Aktiengesellschaften nach dem Umwandlungsgesetz 1995, GmbHR 1995, 176; *Ulrich*, Formzwang und Gestaltungsgrenzen bei Sonderrechten und Nebenleistungspflichten in der GmbH, ZGR 1985, 235; *Vetter*, Verpflichtung zur Schaffung von 1 Euro-Aktien?, AG 2000, 193; *Werner/Kindermann*, Umwandlung mittelständischer Unternehmen in eine Aktiengesellschaft, ZGR 1981, 17.

I. Allgemeines

1. Sinn und Zweck der Norm

1   Die Norm soll wie ihre Vorgängernormen vermeiden, dass GmbH-Gesellschafter, die beim Umwandlungsbeschluss über den Formwechsel in eine AG oder eine KGaA von einer Dreiviertelmehrheit überstimmt[1] wurden, ohne ihre Zustimmung in Folge der Verschmelzung Nachteile erleiden[2]. Nachteile können entstehen, wenn sich ein Gesellschafter nach der Umwandlung nicht mehr mit dem Gesamtbetrag der ihm vormals gehörenden GmbH-Geschäftsanteile an der AG oder der KGaA beteiligen kann bzw. etwaige Minderheits- und Sonderrechte durch den Umwandlungsbeschluss beeinträchtigt werden. Beschränkungen können auch Nebenleistungspflichten überstimmter Minderheitsgesellschafter erfahren, die häufig mit bestimmten Rechten einhergehen, wenn und soweit diese bei dem Formwechsel nicht aufrechterhalten werden können. Damit der GmbH-Gesellschafter diese Verschlechterungen nicht gegen seinen Willen hinnehmen muss, ordnet die Vorschrift für einzelne Fälle besondere Zustimmungserfordernisse für den Wechsel der GmbH in die Rechtsform einer AG oder einer KGaA an. § 241 ist letztlich ein Kompromiss zwischen der Zulassung eines nicht einstimmig beschlossenen Formwechsels und dem Schutz der Rechtspositionen überstimmter Anteilsinhaber.

2. Entstehungsgeschichte

2   Die Regelungen der Abs. 1 und 3 entsprechen inhaltlich der Rechtslage nach dem AktG 1965[3]. Abs. 2 ist ohne Vorbild. Neu gefasst wurde Abs. 1 Satz 1 aufgrund Art. 2

---

[1] Siehe zu den Mehrheitserfordernissen § 240 Rn 6 ff.
[2] Siehe etwa *Vetter* AG 2000, 193, 195 f.
[3] § 376 Abs. 2 Satz 3 und Abs. 4 AktG 1965.

des Stückaktiengesetzes[4] sowie des Zweiten Finanzmarktförderungsgesetzes[5] und des Euro-Einführungsgesetzes[6], durch die der Gesetzgeber den Mindestnennbetrag von Aktien auf € 1 abgesenkt und die Schaffung von Stückaktien ermöglicht hat[7].

3. Anwendungsbereich

Die Norm ist ausschließlich Sondervorschrift für den **Formwechsel einer GmbH in eine AG oder eine KGaA**. Den Formwechsel in die GmbH regelt die Vorschrift nicht.

II. Zustimmungserfordernis aufgrund nichtverhältniswahrenden Formwechsels (Abs. 1)

1. Allgemeines

Mit der Eintragung des Formwechsels im Handelsregister werden die bisherigen Geschäftsanteile an der GmbH zu Aktien an der Gesellschaft neuer Rechtsform[8]. Seit der Einführung der Stückaktie[9] können die Aktien entweder als Nennbetragsaktien oder als Stückaktien ohne Nennwert begründet werden[10]. Die durch die Aktien verkörperten Anteile am Grundkapital sind grundsätzlich so festzusetzen, dass sich jeder Gesellschafter der formwechselnden GmbH dem Gesamtnennbetrag seiner Geschäftsanteile entsprechend am Grundkapital des neuen Rechtsträgers beteiligen kann[11]. Das Gesetz lässt aber auch zu, dass die durch die Aktien begründeten Anteile am Grundkapital, die mit Wirksamwerden der Umwandlung an die Stelle der GmbH-Geschäftsanteile treten, nicht den ursprünglichen Nennbeträgen der Geschäftsanteile entsprechen. Die Gesellschafter können namentlich die durch die Aktien vermittelten Anteile am Grundkapital im Umwandlungsbeschluss und in der Satzung für die AG oder die KGaA abweichend vom Betrag der Anteile an der formwechselnden Gesellschaft festsetzen[12]. In diesem Fall muss der betroffene Gesellschafter jedoch zustimmen[13].

Abs. 1 Satz 1 begründet keinen Anspruch des GmbH-Gesellschafters darauf, am Grundkapital des neuen Rechtsträgers entsprechend dem Gesamtnennbetrag seiner Geschäftsanteile beteiligt zu werden[14]. Er hat also grundsätzlich **keinen Anspruch auf Wahrung der Anteilsverhältnisse beim Formwechsel einer GmbH in eine AG oder KGaA**. Jedoch steht eine nichtverhältniswahrende Aufteilung unter dem **Zustimmungsvorbehalt** der betroffenen Gesellschafter.

2. Einzelfragen

Durch den Formwechsel wird das bisherige Stammkapital der formwechselnden GmbH zum betragsmäßig identischen Grundkapital der AG oder KGaA[15], soweit keine Erhöhung

---

[4] Gesetz vom 25. 3. 1998, BGBl. I S. 590.
[5] Gesetz vom 26. 7. 1994, BGBl. I S. 1749.
[6] Gesetz vom 9. 6. 1998, BGBl. I S. 1242.
[7] Siehe § 8 Abs. 2 und 3 AktG.
[8] Vgl. § 202 Abs. 1 Nr. 2 Satz 1.
[9] Stückaktiengesetz vom 25. 3. 1998, BGBl. I S. 590.
[10] § 8 Abs. 1 AktG.
[11] Ebenfalls *Happ* in Lutter Rn 6; *Rieger* in Widmann/Mayer Rn 7; *Stratz* in Schmitt/Hörtnagl/Stratz Rn 2; *J. Semler/Grunewald* in G/H/E/K § 376 AktG Rn 40; wohl auch *Vetter* AG 2000, 193, 201; *Werner/Kindermann* ZGR 1981, 17, 34.
[12] § 243 Abs. 3 Satz 1; sowie § 197 UmwG, § 8 AktG.
[13] § 241 Abs. 1 Satz 1.
[14] Siehe *Stratz* in Schmitt/Hörtnagl/Stratz Rn 2; ferner *Laumann* in Goutier/Knopf/Tulloch Rn 9; aA *Dirksen* in Kallmeyer Rn 1.
[15] § 247 Abs. 1.

oder Herabsetzung im Wege der Satzungsänderung beschlossen wird[16]. Die Geschäftsanteile werden zu Nennbetragsaktien oder Stückaktien. In der Aufteilung der Aktien durch Umwandlungsbeschluss und Satzung sind die Gesellschafter iRd. § 8 AktG grundsätzlich frei.

7 a) **Voraussetzungen des Zustimmungserfordernisses.** Abs. 1 Satz 1 hat drei Voraussetzungen:
– Die beim neuen Rechtsträger ausgegebenen Aktien müssen auf einen höheren als den Mindestbetrag nach § 8 Abs. 2 und 3 AktG lauten.
– Die Aktien müssen abweichend vom Nennbetrag der Geschäftsanteile der formwechselnden GmbH gestellt sein.
– Die Vorschrift betrifft nur denjenigen Gesellschafter, der sich nicht dem Gesamtnennbetrag seiner Geschäftsanteile entsprechend am Grundkapital des neuen Rechtsträgers beteiligen kann.

8 aa) *Festsetzung eines den Mindestbetrag übersteigenden Betrags.* Nach dem Wortlaut von Abs. 1 Satz 1 müssen die drei genannten Voraussetzungen kumulativ vorliegen, um die Zustimmungspflicht auszulösen. Die Vorschrift erweckt daher den Eindruck, dass es Fälle gibt, bei denen etwa der Mindestbetrag festgesetzt wird, Gesellschafter sich aber dennoch nicht mit dem Gesamtnennbetrag ihrer Geschäftsanteile am neuen Rechtsträger beteiligen können. Entgegen früherer Rechtslage[17] sind solche Fälle nach jetziger Gesetzeslage jedoch nicht mehr denkbar. Werden Mindestbeträge festgesetzt, können alle bestehenden Geschäftsanteile in Aktien umgewandelt werden[18].

9 bb) *Festsetzung der auf die Aktien entfallenden Beträge abweichend vom Nennbetrag der Geschäftsanteile.* Die Aktien des neuen Rechtsträgers sind nur dann nicht abweichend vom Nennbetrag der Geschäftsanteile festgesetzt, wenn bei betragsmäßig gleichen Geschäftsanteilen entsprechende Aktien oder bei betragsmäßig unterschiedlichen Geschäftsanteilen diesen Anteilen entsprechend unterschiedliche Aktien ausgegeben werden. In allen übrigen Fällen ist das Tatbestandsmerkmal der abweichenden Festsetzung der auf die Aktien entfallenden Beträge erfüllt.

10 cc) *Fehlende Möglichkeit der verhältniswahrenden Beteiligung.* Können sich die Gesellschafter nicht entsprechend dem Gesamtnennbetrag ihrer Geschäftsanteile an der AG oder der KGaA beteiligen, ist ihre Zustimmung nach Abs. 1 erforderlich. Eine Zustimmungspflicht besteht zum einen, wenn **freie Spitzen** bleiben, die Geschäftsanteile der Gesellschafter also nicht vollständig in Aktien umgewandelt werden können[19]. Dies gilt auch bei geringfügigen Beeinträchtigungen[20]. Wird in diesen Fällen die Zustimmung erteilt, sind die Spitzen zusammenzulegen, soweit die Gesellschafter keine abweichende Regelung treffen[21]. Die aus den freien Spitzen gebildeten Aktien stehen den betreffenden Gesellschaftern gemeinschaftlich zu[22]. Sie können ggf. im Wege der öffentlichen Versteigerung verwertet werden[23].

11 Zum anderen ist die Zustimmung erforderlich, wenn der neu festgesetzte Nennbetrag der Aktien bzw. der auf die einzelne Stückaktie entfallende anteilige Betrag nicht erreicht wird und **der Gesellschafter sich überhaupt nicht am Grundkapital des neuen Rechtsträgers beteiligen kann**[24].

---

[16] § 243 Abs. 2.
[17] Dazu ausführlich *Rieger* in Widmann/Mayer Rn 12 ff.
[18] Näheres mit Beispielen siehe Rn 13 ff.
[19] Siehe etwa das Beispiel in Rn 14 bei einer Festsetzung des Nominalbetrags der Aktien auf € 200.
[20] Siehe *Veil* DB 1996, 2529, 2531. Siehe dazu auch die Beispiele in Rn 13 ff.
[21] § 248 Abs. 1.
[22] *Happ* in Lutter Rn 23; *Stratz* in Schmitt/Hörtnagl/Stratz Rn 4.
[23] § 248 Abs. 1 iVm. §§ 73, 226 AktG. Zu den Einzelheiten, insbesondere zu Verwertungsmöglichkeiten der aus der Zusammenlegung entstehenden Aktien siehe § 248 Rn 21 f.
[24] *Dirksen* in Kallmeyer Rn 3.

Beispiel:
Ein Gesellschafter hält einen Geschäftsanteil im Nennbetrag von € 1 000, beim neuen Rechtsträger bestehen jedoch ausschließlich Aktien im Nennbetrag von € 1 500.

Unschädlich ist, wenn der Nennwert der einzelnen Geschäftsanteile nicht dem Betrag entspricht, der auf die für die einzelnen Geschäftsanteile gewährten Aktien entfällt[25]. Eine Zustimmungspflicht besteht erst, wenn der **Gesamtnennwert** der Geschäftsanteile von dem **Gesamtbetrag** der auf die dafür gewährten Aktien abweicht.

b) **Stückaktien.** Bei Stückaktien darf der auf die einzelne Aktie entfallende anteilige Betrag des Grundkapitals € 1 nicht unterschreiten[26]. Da der Mindestnennbetrag der Stammeinlage eines GmbH-Gesellschafters € 100 beträgt und durch 50 teilbar sein muss[27], können jedem Gesellschafter bei einer statutarischen Festsetzung der Aktien auf einen Mindestbetrag von € 1 ohne Schwierigkeiten Aktien entsprechend dem Betrag seines Geschäftsanteils bzw. seiner Geschäftsanteile zugeteilt werden.

Beispiel:
A, B und C sind die einzigen Gesellschafter einer GmbH mit Geschäftsanteilen von nominal € 80 000, € 15 500 und € 4 500. Werden für die Aktien Mindestbeträge festgesetzt, sind A, B und C nach Wirksamwerden des Formwechsels mit 80 000, 15 500 und 4 500 Stückaktien mit einem rechnerischen Anteil von je € 1 am Grundkapital und damit entsprechend dem Gesamtnennbetrag ihrer Geschäftsanteile beteiligt. Ihre Einzelzustimmung ist folglich nicht erforderlich. C müsste hingegen zustimmen für den Fall, dass die Aktien des neuen Rechtsträgers einem rechnerischen Anteil von € 1 000 entsprechen, da er nach dem Formwechsel lediglich mit vier Aktien zu rechnerisch insgesamt € 4 000 und nicht mehr entsprechend seinem Geschäftsanteil von € 4 500 an der AG beteiligt wäre. Entsprechendes gilt für B.

c) **Nennbetragsaktien.** Bei Nennbetragsaktien kann der Formwechsel regelmäßig verhältniswahrend vollzogen werden. Da der Mindestnennbetrag eines GmbH-Geschäftsanteils € 100 beträgt, können immer Aktien gebildet werden, die dem Nennbetrag der Geschäftsanteile entsprechen.

Beispiel:
Im beschriebenen Fall[28] könnten Aktien mit einem Nennbetrag von je € 100 gebildet werden. A erhielte 800, B 155 und C 45 Aktien. Damit wären sie jeweils entsprechend ihrer ursprünglichen Geschäftsanteile beteiligt. Bei einem Nominalbetrag je Aktie von € 200 müssten B und C hingegen zustimmen, da sie jeweils nur 77 zu insgesamt € 15 400 bzw. 22 Aktien zu insgesamt € 4 400 erhielten und daher mit jeweils € 100 ausfallen würden.

Werden Aktien mit verschiedenen Nennbeträgen ausgegeben, kann die Stückelung unter Berücksichtigung des Gleichheitssatzes von den Gesellschaftern selbst gewählt werden[29].

Beispiel:
A hält einen Geschäftsanteil im Nennbetrag von € 10 000 und B zwei Geschäftsanteile im Nennbetrag von € 70 000 und € 20 000. Es werden beim neuen Rechtsträger 600 Aktien im Nennbetrag von je € 100 und 200 Aktien im Nennbetrag von je € 200

---

[25] Vgl. *Rieger* in Widmann/Mayer Rn 22.
[26] § 8 Abs. 3 Satz 3 AktG.
[27] § 5 Abs. 1 und 3 Satz 2 GmbHG. Nach dem Regierungsentwurf eines Gesetzes zur Modernisierung des GmbH-Rechts und zur Bekämpfung von Missbräuchen (MoMiG) soll in Zukunft die Mindeststammeinlage nur noch auf volle Euro lauten, kann also auch 1 € betragen.
[28] Siehe Rn 13.
[29] Siehe auch *Dirksen* in Kallmeyer Rn 3; *Stratz* in Schmitt/Hörtnagl/Stratz Rn 3; *J. Semler/Grunewald* in G/H/E/K § 376 AktG Rn 45.

ausgegeben. B kann die Stückelung seines Anteils in Höhe von insgesamt € 90 000 frei wählen, also etwa 500 Aktien zu € 100 und 200 Aktien zu € 200, sofern dadurch A nicht ungleich behandelt wird.

16 d) **Teilung von Geschäftsanteilen (Abs. 1 Satz 2).** § 17 Abs. 6 GmbHG, der eine Teilung von Geschäftsanteilen nur bei Veräußerung oder Vererbung zulässt, ausnahmsweise aber gestattet, dass eine Teilung im Gesellschaftsvertrag ausgeschlossen wird, findet auf den Formwechsel einer GmbH in eine AG oder KGaA keine Anwendung[30]. Entsprechende Regelungen im Gesellschaftsvertrag sind unbeachtlich. Im Grunde kann der Verweis auf § 17 Abs. 6 GmbHG nur bedeuten, dass diese Vorschrift keine entsprechende Anwendung findet. Denn eine etwaige „Teilung" von Geschäftsanteilen zum Zwecke der Zuteilung des Stammkapitals auf die künftigen Aktionäre findet kraft Gesetzes durch Wirksamwerden des Formwechsels statt. Mit der Eintragung des Formwechsels werden die Geschäftsanteile zu Aktien des neuen Rechtsträgers. Bis dahin bleiben die Geschäftsanteile unverändert[31].

17 e) **Übergangsrecht.** Einzelheiten zu Fragen zur Euro-Umstellung und damit zusammenhängenden Problemen des Übergangsrechts bis zum 31. 12. 2001 werden bei § 247 dargestellt. Anzuraten ist jedenfalls, dass Gesellschaften mit beschränkter Haftung mit einem auf DM lautenden Stammkapital vor einem Formwechsel die Umstellung auf Euro beschließen, da anderenfalls freie Spitzen entstehen, die eine Zustimmungspflicht der betreffenden Gesellschafter auslösen würden. Die Euro-Umstellung kann ggf. mit einer Kapitalerhöhung oder -herabsetzung nach Maßgabe des § 4 EGAktG oder § 86 GmbHG verbunden werden.

III. Zustimmungserfordernis aufgrund von Minderheits- und Sonderrechten

1. Allgemeines

18 Droht den Inhabern von Minderheitsrechten durch die Umwandlung die Beeinträchtigung bzw. der Verlust ihrer Rechte, ist die Umwandlung aufgrund des Verweises auf § 50 Abs. 2[32] nur mit Zustimmung der Betroffenen zulässig. Mit dem Verweis ist eine Angleichung an das Verschmelzungsrecht angestrebt.

2. Einzelfragen

19 Inhaber der in § 50 Abs. 2 bestimmten, durch den Gesellschaftsvertrag begründeten **Minderheitsrechte** hinsichtlich der Geschäftsführung, etwa entsprechende Vorschlagsrechte, müssen dem Umwandlungsbeschluss zustimmen, wenn in der Satzung der AG oder der KGaA kein geeignetes Äquivalent geschaffen wird. Dies kann zum einen deshalb der Fall sein, weil in die Satzung des neuen Rechtsträgers keine entsprechende Regelung aufgenommen wurde. Zum anderen kann ein Minderheitsrecht entfallen, wenn zwingende aktienrechtliche Vorschriften seiner Fortgeltung entgegenstehen. Dies ist etwa für das Recht eines Gesellschafters der Fall, Geschäftsführer der GmbH zu bestellen. Für Vorstandsmitglieder einer AG kann dies wegen der zwingenden Rechte des Aufsichtsrats aus §§ 84 ff. AktG nicht in die Satzung der AG aufgenommen werden[33].

---

[30] § 241 Abs. 1 Satz 2; Der Regierungsentwurf eines Gesetzes zur Modernisierung des GmbH-Rechts und zur Bekämpfung von Missbräuchen (MoMiG) sieht die Aufhebung von § 241 Abs. 1 Satz 2 vor.
[31] Siehe auch *Happ* in Lutter Rn 4; *Rieger* in Widmann/Mayer Rn 34 f.; *Stratz* in Schmitt/Hörtnagl/Stratz Rn 5.
[32] § 241 Abs. 2.
[33] Statt aller *Happ* in Lutter Rn 9.

20 Auch Inhaber von in § 50 Abs. 2 nicht genannten **Sonderrechten** müssen dem Umwandlungsbeschluss zustimmen, wenn ihre Rechte durch die Umwandlung verloren gehen. Sonderrechte können zB Sperrminoritäten, Mehrheitsstimmrechte, erhöhte Gewinnrechte oder besondere Informationsrechte[34] zum Gegenstand haben. Das Zustimmungserfordernis resultiert in diesem Fall aus dem Allgemeinen verbandsrechtlichen, auch für die GmbH geltenden Rechtsgedanken des § 35 BGB[35]. Zudem enthält § 50 Abs. 2 einen allgemeinen Rechtsgedanken[36], der eine entsprechende Anwendung auf Sonderrechte zulässt.

21 Teilweise wird eine **Einschränkung der aus § 241 iVm. § 50 Abs. 2 resultierenden Zustimmungspflicht von Sonderrechtsinhabern** im Anwendungsbereich des § 23 gefordert[37]. Zudem soll eine Zustimmungspflicht nicht für statutarische Sonderrechte gelten, die auf einer bestimmten Beteiligungsquote beruhen und dem Minderheitsgesellschafter daher nicht als Individualrechte zustehen[38]. Beiden Ansätzen, die Zustimmungspflicht von Sonderrechtsinhabern einzuschränken, ist nicht zuzustimmen. Der Anwendungsbereich des in § 35 BGB zum Ausdruck kommenden Rechtsgedankens gilt auch im Umwandlungsrecht uneingeschränkt[39].

IV. Zustimmungserfordernis aufgrund des Wegfalls von Nebenleistungspflichten

1. Allgemeines

22 Im GmbH-Recht können die Gesellschafter im Gesellschaftsvertrag beliebige Nebenleistungspflichten festlegen[40]. Das umfasst alle Arten von Gesellschafterpflichten, etwa Geld- und Sachleistungen, Handlungen, Dienstleistungen oder Unterlassungen[41]. Im Aktienrecht kann Aktionären hingegen nur auferlegt werden, wiederkehrende, nicht in Geld bestehende Leistungen zu erbringen, soweit die Übertragung der Aktien an die Zustimmung der Gesellschaft gebunden ist[42]. Das „klassische" Beispiel ist die mitgliedschaftliche Lieferpflicht der Zuckerrübenbauern[43]. Wiederkehrend sind Leistungen, die weder einmalig noch andauernd sind[44]. Der Leistungsbegriff ist iSd. § 241 Abs. 1 BGB zu verstehen[45]. Ob die Nebenleistungspflicht entgeltlich oder unentgeltlich erbracht wird, ist unerheblich, solange das eine oder das andere in der Satzung bestimmt ist[46].

23 Können die GmbH-rechtlichen Nebenleistungspflichten bei dem Formwechsel in Folge der einschränkenden Bestimmungen des **§ 55 AktG** nicht aufrechterhalten werden, müssen

---

[34] Zu Sonderrechten siehe § 240 Rn 29 f.
[35] Siehe bereits § 240 Rn 29 sowie RGZ 68, 210, 212; 80, 385, 389; 159, 272, 281; 170, 358, 368; BGHZ 48, 141; *BGH* WM 1989, 250, 252; *Happ* in Lutter Rn 10; *Dirksen* in Kallmeyer Rn 6.
[36] RegBegr. *Ganske* S. 259; ebenso *Veil,* Umwandlung einer Aktiengesellschaft in eine Gesellschaft mit beschränkter Haftung, 1996, S. 18; *Happ* in Lutter Rn 10; aA *Zöllner,* FS Claussen, 1997, S. 423, 435 Fn 30.
[37] So *Rieger* in Widmann/Mayer Rn 39.
[38] So *Reichert* GmbHR 1995, 176, 182.
[39] Siehe auch *Happ* in Lutter Rn 10; § 50 Rn 24 f.
[40] § 3 Abs. 2 GmbHG.
[41] Siehe nur *Hueck/Fastrich* in Baumbach/Hueck § 3 GmbHG Rn 32 ff.; *Ulrich* ZGR 1985, 235 ff.
[42] § 55 Abs. 1 AktG; zu den aktienrechtlichen Nebenleistungsverpflichtungen siehe nur *Hüffer* § 55 AktG Rn 3 ff.
[43] RegE 1965 BR-Drucks. 100/60 a und 100/60 b abgedruckt bei *Kropff,* Aktiengesetz, 1965, S. 72; siehe auch *Hüffer* § 55 AktG Rn 1; *Rieger* in Widmann/Mayer Rn 43 in Fn 4.
[44] *Lutter* in Kölner Komm. § 55 AktG Rn 6; *Hüffer* § 55 AktG Rn 4.
[45] *Lutter* in Kölner Komm. § 55 AktG Rn 5; *Hüffer* § 55 AktG Rn 3; aA wohl noch RGZ 49, 77, 78.
[46] § 55 Abs. 1 Satz 2 AktG.

die betroffenen Gesellschafter dem Formwechsel zustimmen[47]. Dies kann zum einen daher rühren, dass die Nebenleistungspflichten eines GmbH-Gesellschafters keine wiederkehrenden, nicht in Geld zu erbringenden Leistungen umfassen. Denn nur solche sind aktienrechtlich zulässig. Selbst wenn jedoch wiederkehrende, nicht in Geld zu erbringende Nebenleistungspflichten des GmbH-Gesellschafters bestehen, können diese Pflichten in der Satzung nicht aufrechterhalten werden, wenn es sich bei den Aktien des neuen Rechtsträgers nicht um **vinkulierte Namensaktien** handelt[48].

24 Der Grund für die Zustimmungspflicht besteht darin, dass auch der Wegfall von **Nebenleistungspflichten** den betreffenden Gesellschafter belasten kann. Denn häufig gehen Nebenleistungspflichten mit **Nebenleistungsrechten** einher[49]. Das ist bspw. bei entgeltlichen Lieferpflichten der Fall, da dann in der Vergütung und der Abnahmepflicht der Gesellschaft der besondere Vorteil besteht. Fallen solche Rechte in Folge des Formwechsels weg, rechtfertigt dies die Zustimmungspflicht des betreffenden Gesellschafters.

2. Einzelfragen

25 Aus diesen Gründen ist die **Zustimmung nicht erforderlich**, wenn der Gesellschafter durch den Wegfall der Nebenleistungspflichten ausschließlich begünstigt wird[50]. Ob dies der Fall ist, muss im Einzelfall im Wege der Auslegung ermittelt werden.

26 Der Gesellschafter muss dem Formwechsel ebenfalls nicht zustimmen, wenn die Auslegung des Gesellschaftsvertrags der GmbH ergibt, dass es sich bei den mit den Nebenleistungspflichten einhergehenden Rechten um ohne Zustimmung des betroffenen Gesellschafters **entziehbare Rechte** handelt[51]. Solche Rechte können auch im Wege der Satzungsänderung mit qualifizierter Mehrheit ohne Zustimmung des betroffenen Gesellschafters entzogen werden. Hier ist deshalb nur nötig, dass der Umwandlungsbeschluss mit satzungsändernder Mehrheit zustande kommt[52].

27 Die bloße **schuldrechtliche Vereinbarung einer Fortführung der Nebenleistungspflicht oder deren schuldrechtliche Neubegründung nach dem Formwechsel** lässt das Zustimmungserfordernis nicht entfallen, da die Nebenleistungspflicht in diesem Fall ebenfalls nicht, wie im § 55 gefordert, in der Satzung des neuen Rechtsträgers geregelt ist[53]. Sie ist mitgliedschaftlicher Natur. Das wird etwa relevant bei Tochtergesellschaften des formwechselnden Rechtsträgers in der Rechtsform einer GmbH, gegenüber der die vor dem Formwechsel gegenüber dem formwechselnden Rechtsträger bestehende Nebenleistungspflicht unproblematisch im Gesellschaftsvertrag neu begründet werden könnte.

28 Trotz des Wortlauts von Abs. 3 („einzelnen Gesellschaftern") besteht das Zustimmungserfordernis auch dann, wenn **alle Gesellschafter des formwechselnden Rechtsträgers aufgrund Satzungsbestimmung nebenleistungsverpflichtet waren** und diese Verpflichtung gleichmäßig für alle Gesellschafter durch den Formwechsel entfällt[54]. Die

---

[47] § 241 Abs. 3.
[48] § 68 Abs. 2 AktG.
[49] *Happ* in Lutter Rn 12; *Dirksen* in Kallmeyer Rn 7; *Rieger* in Widmann/Mayer Rn 52; *Stratz* in Schmitt/Hörtnagl/Stratz Rn 10.
[50] *Happ* in Lutter Rn 14; *Rieger* in Widmann/Mayer Rn 54; *Stratz* in Schmitt/Hörtnagl/Stratz Rn 10.
[51] HM, vgl. *Stratz* in Schmitt/Hörtnagl/Stratz Rn 10; *Happ* in Lutter Rn 13; *Rieger* in Widmann/Mayer Rn 57 ff.
[52] Ebenso *Rieger* in Widmann/Mayer Rn 58; *Happ* in Lutter Rn 13.
[53] Siehe *Happ* in Lutter Rn 15; *Rieger* in Widmann/Mayer Rn 55 f.; aA *Laumann* in Goutier/Knopf/Tulloch Rn 21.
[54] *Rieger* in Widmann/Mayer Rn 48 ff. Siehe zum ähnlich gelagerten Fall des Zustimmungserfordernisses bei Anteilsvinkulierung im Verschmelzungsrecht (§ 13 Abs. 2), sofern die Genehmigung zur Abtretung allen Gesellschaftern gleichmäßig obliegt, *Reichert* GmbHR 1995, 176, 179; *Winter* in Lutter Umwandlungsrechtstage S. 25, 42.

Regelung soll nicht vor einer Ungleichbehandlung gegenüber Mitgesellschaftern, sondern vor einem Verlust individueller Rechtspositionen schützen.

V. Sonstige Zustimmungserfordernisse[55]

1. Vinkulierung

Der Umwandlungsbeschluss bedarf der Zustimmung derjenigen Gesellschafter, von deren Genehmigung nach den Bestimmungen der Satzung der formwechselnden GmbH die Abtretung der Geschäftsanteile abhängig ist (Anteilsvinkulierung)[56]. 29

2. Gesellschaftsvertrag

Auch außerhalb des Umwandlungsrechts finden besondere statutarische Zustimmungsvorbehalte zugunsten einzelner Gesellschafter Beachtung[57]. Sieht der Gesellschaftsvertrag einen Zustimmungsvorbehalt lediglich allgemein für Satzungsänderungen vor, ist diese Bestimmung im Wege eines Erst-Recht-Schlusses auch für die Fälle der Umwandlung anzuwenden[58]. Satzungsmäßige Zustimmungsvorbehalte für den Fall der Auflösung sind für die Fälle der Umwandlung grundsätzlich nicht anwendbar[59]. 30

VI. Zustimmungserklärung

Die **Zustimmungserklärung** nach § 241 oder sonstiger Bestimmungen wird regelmäßig in der Gesellschafterversammlung erteilt, die über den Formwechsel beschließt. Sie kann aber auch außerhalb der Gesellschafterversammlung, und zwar vor oder nach ihr erteilt werden[60]. Sie muss aber spätestens zum Zeitpunkt der Anmeldung des Formwechsels zum Handelsregister vorliegen, weil die Zustimmungserklärung der Anmeldung beizufügen ist[61]. Im Einzelfall kann die Zustimmungserklärung aber noch bis zur Eintragung des Formwechsels im Handelsregister erteilt und nachgereicht werden[62]. Die Zustimmungserklärung kann nicht durch die positive Zustimmung zum Umwandlungsbeschluss iRd. Abstimmung ersetzt werden[63]. Wird die Zustimmungserklärung in der Gesellschafterversammlung erteilt, ist es aus diesem Grund empfehlenswert, sie ausdrücklich, am Besten sogar unter einem gesonderten Tagesordnungspunkt ins Protokoll aufzunehmen[64]. 31

Die Zustimmungserklärung bedarf der notariellen Beurkundung[65]. Der Gesellschaft oder der Gesellschafterversammlung ist eine Ausfertigung zuzuleiten. Diese oder eine beglaubigte Abschrift ist der Anmeldung zum Handelsregister zuzufügen[66]. 32

---

[55] Zu Sonderrechten und ähnlichem siehe § 240 Rn 15 ff., 29 f. und § 50 Rn 41 ff.
[56] § 193 Abs. 2; siehe § 193 Rn 18 ff.
[57] Siehe nur *Happ* in Lutter Rn 17; *Zöllner* in Kölner Komm. § 376 AktG Rn 21.
[58] Siehe hierzu § 240 Rn 8; ebenso *Happ* in Lutter Rn 11; *Rieger* in Widmann/Mayer Rn 63.
[59] Ebenso *Rieger* in Widmann/Mayer Rn 64.
[60] § 182 BGB; siehe *Happ* in Lutter Rn 18; *Dirksen* in Kallmeyer Rn 8; *Rieger* in Widmann/Mayer Rn 29; *Stratz* in Schmitt/Hörtnagl/Stratz Rn 11.
[61] § 199; siehe nur *Rieger* in Widmann/Mayer Rn 29.
[62] Ebenso *Dirksen* in Kallmeyer Rn 8; aA *Rieger* in Widmann/Mayer Rn 29.
[63] Vgl. *Happ* in Lutter Rn 19; *Dirksen* in Kallmeyer Rn 8; ähnlich *Rieger* in Widmann/Mayer Rn 31, der im Zweifel eine ausdrückliche Zustimmung neben der Zustimmung zum Umwandlungsbeschluss nur dann fordert, wenn die Tatsache der nichtverhältniswahrenden Beteiligung für den betroffenen Gesellschafter durch den Umwandlungsbeschluss nicht klar erkennbar ist.
[64] *Happ* in Lutter Rn 19; *Dirksen* in Kallmeyer Rn 8.
[65] § 193 Abs. 3 Satz 1 iVm. §§ 8 ff. BeurkG.
[66] § 199.

VII. Fehlen der erforderlichen Zustimmung

1. Unwirksamkeit des Umwandlungsbeschlusses

33 Solange die Zustimmung nach § 241 Abs. 2 und 3 auch nur eines betroffenen Gesellschafters fehlt, ist der Umwandlungsbeschluss grundsätzlich **schwebend unwirksam**[67]. Verweigert auch nur ein Gesellschafter, dessen Zustimmung nach diesen Bestimmungen erforderlich ist, die Zustimmung endgültig, führt dies zur **endgültigen Unwirksamkeit** des Umwandlungsbeschlusses[68].

2. Unwirksamkeit der Festsetzung nach § 241 Abs. 1

34 In den Fällen des Abs. 1 muss der betreffende Gesellschafter nicht dem Umwandlungsbeschluss, sondern (nur) der abweichenden Festlegung der Aktien des neuen Rechtsträgers zustimmen. Fehlt daher die nach Abs. 1 erforderliche Zustimmung, ist allein die Festlegung der Anteile am Grundkapital, nicht aber der Umwandlungsbeschluss unwirksam, vorausgesetzt natürlich, es wurde die erforderliche Mehrheit erreicht[69]. Die Wirksamkeit von Umwandlungsbeschluss und Festsetzung sind, sofern die Gesellschafter nichts Abweichendes beschlossen haben, voneinander unabhängig[70]. Fehlt die Zustimmung nach Abs. 1, sind die Anteile am Grundkapital nach erfolgter Anfechtung vom Gericht so festzusetzen, dass sich die Gesellschafter bestmöglich beteiligen können[71], also entweder entsprechend dem Gesamtnennbetrag der von ihnen gehaltenen Geschäftsanteile oder auf den gesetzlichen Mindestbetrag[72].

3. Eintragung und Bestandskraft

35 Ist der Umwandlungsbeschluss schwebend oder endgültig unwirksam bzw. fehlt die Zustimmung nach Abs. 1, stellt dies ein Eintragungshindernis dar. Der zuständige Registerrichter darf nicht eintragen[73]. Trägt er den Formwechsel trotz Fehlens der nach § 241 erforderlichen Zustimmung ein, wird der unwirksame Umwandlungsbeschluss bzw. die unwirksame Festsetzung der Nennbeträge bestandskräftig und die Wirkungen der Eintragung des Formwechsels[74] treten ein[75].

4. Schadensersatzansprüche

36 Der Gesellschafter, der seine Zustimmung verweigert hat und nun durch das Wirksamwerden des Formwechsels durch Eintragung betroffen ist, kann ggf. Amtshaftungs-[76] oder

---

[67] *Rieger* in Widmann/Mayer Rn 68; *Stratz* in Schmitt/Hörtnagl/Stratz Rn 12.
[68] *Happ* in Lutter Rn 21; *Dirksen* in Kallmeyer Rn 9; *Rieger* in Widmann/Mayer Rn 68; *Stratz* in Schmitt/Hörtnagl/Stratz Rn 12.
[69] *Happ* in Lutter Rn 21; *Dirksen* in Kallmeyer Rn 4; *Rieger* in Widmann/Mayer Rn 66.
[70] *Happ* in Lutter Rn 21; *Dirksen* in Kallmeyer Rn 9; aA *Zimmermann* in Rowedder Anh. § 77 GmbHG Rn 31.
[71] *Rieger* in Widmann/Mayer Rn 67; *Happ* in Lutter Rn 21.
[72] § 8 Abs. 2 und 3 AktG.
[73] *Dirksen* in Kallmeyer Rn 4; *Rieger* in Widmann/Mayer Rn 69; *Stratz* in Schmitt/Hörtnagl/Stratz Rn 7.
[74] § 202.
[75] Siehe nur *Rieger* in Widmann/Mayer Rn 36, 69; *Stratz* in Schmitt/Hörtnagl/Stratz Rn 7; *Dirksen* in Kallmeyer Rn 8.
[76] Vgl. *OLG Hamm* vom 9.11.2005, 11 U 70/04 = DB 2006, 36 = NZG 2006, 274; *BGH* vom 5.10.2006, III ZR 283/05 = DB 2006, 2563.

Schadenersatzansprüche geltend machen[77]. Diese erstrecken sich aber nicht auf eine Rückgängigmachung des Formwechsels[78].

§ 242 Zustimmungserfordernis beim Formwechsel einer Aktiengesellschaft oder einer Kommanditgesellschaft auf Aktien[1]

Wird durch den Umwandlungsbeschluß einer formwechselnden Aktiengesellschaft oder Kommanditgesellschaft auf Aktien der Nennbetrag der Geschäftsanteile in dem Gesellschaftsvertrag der Gesellschaft mit beschränkter Haftung abweichend vom Betrag der Aktien festgesetzt und ist dies nicht durch § 243 Abs. 3 Satz 2 bedingt, so muß der Festsetzung jeder Aktionär zustimmen, der sich nicht mit seinem gesamten Anteil beteiligen kann.

Übersicht

	Rn		Rn
I. Allgemeines	1	d) Fehlende Möglichkeit der verhältniswahrenden Beteiligung	10
1. Sinn und Zweck der Norm	1	2. Einzelfragen	11
2. Entstehungsgeschichte	4	a) Unbekannte Aktionäre	11
II. Zustimmungserfordernis aufgrund nicht verhältniswahrenden Formwechsels	5	b) Nicht verhältniswahrende Beteiligung in nur geringem Umfang	12
1. Tatbestand	5	III. Sonstige Zustimmungserfordernisse	13
a) Allgemeines	5	IV. Zustimmungserklärung	14
b) Abweichende Festsetzung der Nennbeträge	6	V. Fehlen erforderlicher Zustimmung	16
c) Ausnahme	9	VI. Anfechtung des Umwandlungsbeschlusses	19

Literatur: *Kuhn,* Die Umwandlung einer Aktiengesellschaft in eine Gesellschaft mit beschränkter Haftung, WM 1956, 970; *Rasner,* Durchführung und Wirkung der Umwandlung einer Aktiengesellschaft in eine GmbH, BB 1971, 1082; *Veil,* Die Registersperre bei der Umwandlung einer AG in eine GmbH, ZIP 1996, 1065.

I. Allgemeines

1. Sinn und Zweck der Norm

Die Vorschrift statuiert **Zustimmungserfordernisse einzelner (Kommandit-)Aktionäre**, die beim Formwechsel in die GmbH insoweit Nachteile erleiden, als sie sich nicht mit ihren gesamten bisherigen Aktien am Stammkapital des neuen Rechtsträgers beteiligen können[2]. Den umgekehrten Fall des Formwechsels einer GmbH in eine AG oder KGaA regelt die Vorschrift nicht. 1

Mit der Eintragung des Formwechsels im Handelsregister werden die bisherigen Aktien der formwechselnden AG oder KGaA zu Geschäftsanteilen der GmbH als Gesellschaft neuer Rechtsform[3]. Im Umwandlungsbeschluss müssen die Nennbeträge der zu übernehmenden 2

---

[77] §§ 205, 206; ebenfalls *Happ* in Lutter Rn 22; *Rieger* in Widmann/Mayer Rn 69.
[78] Vgl. *Kort* BB 2005, 1577, 1578, auch unter Berufung auf die gebotene Auslegung des Umwandlungsrechts analog § 246 a Abs. 4 Satz 2 AktG idF durch das UMAG.
[1] § 242 geänd. durch Art. 2 StückAG vom 25. 3. 1998, BGBl. I S. 590.
[2] Vgl. dazu die Parallelvorschrift des § 241 Abs. 1 Satz 1 für den Formwechsel einer GmbH.
[3] § 202 Abs. 1 Nr. 2 Satz 1.

Stammeinlagen festgesetzt werden[4]. Nach ihnen bestimmen sich die Geschäftsanteile der einzelnen Gesellschafter[5]. **In welcher Höhe die Nennbeträge der einzelnen Geschäftsanteile der GmbH als neuer Rechtsträger festgesetzt werden, steht grundsätzlich im Ermessen der Aktionäre der formwechselnden AG oder KGaA**, solange die Höhe des Stammkapitals der Höhe des Grundkapitals des formwechselnden Rechtsträgers entspricht[6] und der Gesamtbetrag der Stammeinlagen mit dem Stammkapital des neuen Rechtsträgers übereinstimmt[7]. Das Geschäftsführungsorgan des künftigen Rechtsträgers kann aber **nicht** im Umwandlungsbeschluss ermächtigt werden, die Nennbeträge der Geschäftsanteile nach eigenem Ermessen festzulegen[8]. Das Umwandlungsrecht setzt der Festsetzungsbefugnis der Anteilsinhaber weitere Grenzen: Der Mindestnennbetrag der einzelnen Geschäftsanteile muss € 50 betragen und durch zehn teilbar sein[9]. Diese Regelung weicht von den allgemeinen GmbH-rechtlichen Bestimmungen ab, nach denen die Stammeinlage jedes Gesellschafters mindestens € 100 betragen[10] und durch 50 teilbar sein muss[11]. Entsprechen jedoch die Nennbeträge der Geschäftsanteile nicht den Beträgen der Aktien, so bedarf die abweichende Festsetzung grundsätzlich der Zustimmung derjenigen Aktionäre, die sich nicht entsprechend ihrer Geschäftsanteile am Stammkapital des neuen Rechtsträgers beteiligen können.

3 Bei der Umwandlung einer AG und KGaA in eine GmbH sind, ebenso wie beim umgekehrten Fall des Formwechsels einer GmbH in eine AG oder KGaA[12], die Nennbeträge der Geschäftsanteile möglichst so festzusetzen, dass sich jeder Aktionär entsprechend dem Gesamtbetrag seiner Aktien am Stammkapital der GmbH beteiligen kann[13]. Gesetzlich zulässig ist jedoch auch hier eine abweichende Festsetzung[14]. Sie steht allerdings unter dem Zustimmungsvorbehalt betroffener Aktionäre. Daraus folgt, dass **kein (Kommandit-)Aktionär Anspruch auf Wahrung der Anteilsverhältnisse beim Formwechsel in die GmbH** hat, sondern lediglich das Recht, die Zustimmung zu verweigern. Zudem besteht kein Anspruch auf Mindeststückelung iSd. § 243 Abs. 3 Satz 2[15].

2. Entstehungsgeschichte

4 Die Vorschrift entspricht inhaltlich der bisherigen Regelung[16]. Die Vorschrift wurde durch Art. 2 Nr. 8 des Stückaktiengesetzes entsprechend der Neufassung von § 8 Abs. 2 und 3 AktG geändert[17]. Gegenüber dem früher geltenden Recht spielt die Norm jedoch eine erheblich größere Rolle, da nunmehr bereits eine qualifizierte Mehrheit für den Umwandlungsbeschluss genügt, während nach früherem Umwandlungsrecht meist ein einstimmiger Beschluss für eine Umwandlung erforderlich war[18].

---

[4] § 194 Abs. 1 Nr. 4.
[5] § 14 GmbHG.
[6] § 247 Abs. 1 2. Alt.
[7] § 5 Abs. 3 Satz 3 GmbHG.
[8] *Happ* in Lutter Rn 4; *Rieger* in Widmann/Mayer Rn 4.
[9] § 243 Abs. 3 Satz 2.
[10] § 5 Abs. 1 2. Halbs. GmbHG.
[11] § 5 Abs. 3 Satz 2 GmbHG.
[12] Siehe § 241 Rn 4.
[13] HM, *Stratz* in Schmitt/Hörtnagl/Stratz Rn 1; *Happ* in Lutter Rn 5; *Dirksen* in Kallmeyer Rn 1; *Rieger* in Widmann/Mayer Rn 5; für den insoweit wertungsmäßig vergleichbaren Fall der sanierenden Kapitalherabsetzung st.Rspr., vgl. BGH ZIP 2005, 985; BGH ZIP 1999, 1444.
[14] § 243 Abs. 3 Satz 1.
[15] Siehe auch *Stratz* in Schmitt/Hörtnagl/Stratz Rn 5.
[16] § 369 Abs. 6 Sätze 3 und 5 AktG 1965 (bzw. für den Formwechsel der KGaA iVm. § 388 AktG 1965).
[17] Gesetz vom 25. 3. 1998, BGBl. I S. 590.
[18] § 369 Abs. 2 AktG 1965.

II. Zustimmungserfordernis aufgrund nicht verhältniswahrenden Formwechsels

1. Tatbestand

a) Allgemeines. Der Zustimmungsvorbehalt einzelner Aktionäre setzt dreierlei voraus: 5
- Der Nennbetrag der Geschäftsanteile muss abweichend vom Betrag der Aktien der formwechselnden AG oder KGaA festgesetzt sein.
- Die abweichende Festsetzung darf nicht durch § 243 Abs. 3 Satz 2 bedingt sein.
- Der Zustimmungsvorbehalt besteht nur zugunsten solcher Aktionäre, die sich nicht mit ihrem gesamten Aktienanteil am Stammkapital des neuen Rechtsträgers beteiligen können. Die Zustimmung muss sich dabei auf die abweichende Festsetzung und nicht auf den Formwechsel beziehen[19].

b) Abweichende Festsetzung der Nennbeträge. Die Begriffe „Nennbetrag" und 6 „Gesamtnennbetrag" der Aktien wurden aufgrund der Einführung der Stückaktie durch das Stückaktiengesetz[20] durch den allgemeinen Begriff „Betrag der Aktien" ersetzt, der für Nennbetragsaktien und Stückaktien dem Nennbetrag bzw. dem rechnerischen Anteil der einzelnen Aktien am Grundkapital entspricht. Die Nennbeträge der Geschäftsanteile sind immer dann abweichend vom Betrag der Aktien festgesetzt, wenn entweder die von jedem einzelnen Gesellschafter gehaltenen Geschäftsanteile nicht mit den dafür gewährten Aktien korrespondieren oder der Gesamtnennbetrag vom Gesamtbetrag der gewährten Aktien abweicht.

> **Beispiel:**
> Keine abweichende Festsetzung liegt vor, wenn A und B je 100 Nennbetragsaktien zu je € 100 halten und ihnen dafür je ein Geschäftsanteil zu € 10 000 gewährt wird.

Am einfachsten ist die Umwandlung durchführbar, wenn **die Nennbeträge der Ge-** 7 **schäftsanteile den Beträgen der Aktien unmittelbar entsprechen**. Im erwähnten Beispiel wären A und B je 100 Geschäftsanteile zu € 100 zu gewähren. Dem steht nicht entgegen, dass einzelne Gesellschafter in Folge des Formwechsels uU mehrere Geschäftsanteile übernehmen müssen[21], obwohl bei Errichtung einer GmbH kein Gesellschafter mehr als eine Stammeinlage übernehmen könnte[22].

Der **Betrag der Geschäftsanteile kann für einzelne Aktionäre verschieden** festge- 8 setzt werden[23]. Auch wenn die Gesellschafter in der Festsetzung der Geschäftsanteile grundsätzlich frei sind[24], dürfen die Aktionäre aber nicht willkürlich unterschiedlich behandelt werden[25]. Dies folgt schon aus § 53 a AktG.

c) Ausnahme. Eine Zustimmung ist nicht erforderlich, wenn die abweichende Festset- 9 zung durch die nach § 243 Abs. 3 Satz 2 vorgeschriebenen Mindesterfordernisse bedingt ist. Die Abweichung muss daher rühren, dass anderenfalls Geschäftsanteile entstünden, die nicht mindestens € 50 betragen oder die nicht durch zehn teilbar sind. Solche Abweichungen sind denkbar, weil der Mindestnennbetrag von Nennbetragsaktien lediglich € 1 beträgt bzw. der

---

[19] *Stratz* in Schmitt/Hörtnagl/Stratz Rn 5.
[20] Gesetz vom 25. 3. 1998, BGBl. I S. 590.
[21] *Happ* in Lutter Rn 8; *Dirksen* in Kallmeyer Rn 2.
[22] § 5 Abs. 2 GmbHG.
[23] *Happ* in Lutter Rn 10; *Rieger* in Widmann/Mayer Rn 11; siehe auch § 5 Abs. 3 Satz 1 GmbHG.
[24] Siehe Rn 2.
[25] *Happ* in Lutter Rn 10; zu möglichen Folgen eines Verstoßes gegen den Gleichheitsgrundsatz Rn 19.

auf jede Stückaktie entfallende anteilige Betrag des Grundkapitals lediglich € 1 nicht unterschreiten darf[26].

Beispiel:
Halten A 74 995 und B 25 005 Stückaktien mit einem rechnerischen Anteil von je € 1, können ihnen lediglich 1499 bzw. 500 Geschäftsanteile mit einem Nennbetrag in Höhe von je € 50 gewährt werden. Jede andere Gestaltung würde entweder Geschäftsanteile mit einem geringeren Nennbetrag als € 50 oder eine nicht mehr durch zehn teilbare Anteilsanzahl erfordern. Beides würde gegen § 243 Abs. 3 Satz 2 verstoßen. Die abweichende Festsetzung ist daher durch § 243 Abs. 3 Satz 2 bedingt. Ohne das Eingreifen von § 243 Abs. 3 Satz 2 wäre sie aufgrund § 5 GmbHG unzulässig. A und B haben hier den Formwechsel zustimmungslos hinzunehmen, obwohl sie sich mit € 45 bzw. € 5 nicht am Stammkapital der GmbH beteiligen können.

10 d) **Fehlende Möglichkeit der verhältniswahrenden Beteiligung.** Der Zustimmungsvorbehalt besteht nur zugunsten solcher Aktionäre, die nicht Geschäftsanteile im Gesamtbetrag ihrer Aktien erhalten, ohne dass dies durch § 243 Abs. 3 Satz 2 begründet ist.

Beispiel:
A, B und C halten 95 000, 4 550 und 500 Aktien im Nennbetrag von je € 1. Werden nur Geschäftsanteile im Nennbetrag von € 100 gebildet, erhalten A 950, B 45 und C fünf Aktien: B kann sich mit einem Anteil in Höhe von € 50 am Stammkapital nicht beteiligen, ohne dass dies durch § 243 Abs. 3 Satz 2 veranlasst wäre. Diese Festsetzung würde somit seine Zustimmung erfordern.

2. Einzelfragen

11 a) **Unbekannte Aktionäre.** Wenn (Kommandit-)Aktionäre und damit der Gesamtbetrag der von ihnen gehaltenen Aktien bei der Beschlussfassung über den Formwechsel der GmbH unbekannt sind, bereiten Festsetzungen Schwierigkeiten, die die Zustimmung solcher Aktionäre erfordern. Denn die Zustimmung unbekannter Aktionäre kann uU nicht eingeholt werden. Da die Ausnahmevorschrift des § 242 iVm. § 243 Abs. 3 Satz 2 auch bei unbekanntem Aktionärskreis eingreift[27], sollten ausschließlich Geschäftsanteile mit einem Nennbetrag in Höhe von € 50 vorgesehen werden, da in diesem Fall die abweichende Festsetzung durch § 243 Abs. 3 Satz 2 bedingt und die Zustimmung unbekannter Aktionäre folglich nicht erforderlich wäre. Zumindest sollte die Festsetzung im Umwandlungsbeschluss möglichst flexibel gestaltet werden, etwa dergestalt, dass für jeden (Kommandit-)Aktionär Geschäftsanteile jeweils entsprechend der von ihm gehaltenen Aktien oder ein Geschäftsanteil in Höhe des Gesamtbetrags der von ihm gehaltenen Aktien festgesetzt wird[28]. Unzulässig ist aber der vereinzelt in der Praxis gewählte Weg, die Aktien aller unbekannten Aktionäre zu einem gemeinsamen Geschäftsanteil zusammenzulegen[29]. Durch eine solche Zusammenlegung würden ihre Mitgliedschaftsrechte in erheblichem Umfang eingeschränkt[30]. Im Übrigen wäre eine spätere Teilung des Geschäftsanteils nur noch im Fall der Veräußerung oder Vererbung zulässig[31]. Daran ändern auch die Liberalisierungen der §§ 213, 35 nichts.

12 b) **Nicht verhältniswahrende Beteiligung in nur geringem Umfang.** Das Zustimmungserfordernis entfällt nicht dadurch, dass sich der betreffende Gesellschafter nur mit ei-

---

[26] § 8 Abs. 2 Satz 1 und Abs. 3 Satz 3 AktG.
[27] Siehe nur *Stratz* in Schmitt/Hörtnagl/Stratz Rn 7.
[28] *Happ* in Lutter Rn 21; *Rieger* in Widmann/Mayer Rn 8 ff.
[29] *Happ* in Lutter Rn 23; *Rieger* in Widmann/Mayer Rn 9.1.
[30] Zum Eingriff in mitgliedschaftliche Rechte im Zuge des Formwechsels zwischen Kapitalgesellschaften *Veil* DB 1996, 2529, 2530.
[31] § 17 Abs. 6 GmbHG.

III. Sonstige Zustimmungserfordernisse[33]

Der Zustimmungsvorbehalt des § 193 Abs. 2 greift nicht ein, weil bei der AG oder KGaA die Übertragung von Aktien nur an die Zustimmung der Gesellschaft und nicht, wie bei der GmbH möglich[34], an die Zustimmung einzelner Gesellschafter gebunden werden kann[35]. **13**

IV. Zustimmungserklärung

Die Zustimmung muss **zu der von den Aktienbeträgen abweichenden Festsetzung** der Geschäftsanteile, nicht zum Umwandlungsbeschluss als solchem erteilt werden[36]. **14**

Wird diese Zustimmung **erteilt**, kann sich entweder der zustimmende Gesellschafter überhaupt nicht am Stammkapital des neuen Rechtsträgers beteiligen oder es verbleiben freie Spitzen. In Ermangelung einer anderen Vereinbarung werden die betreffenden Aktien oder Aktienteile zu einem oder mehreren Geschäftsanteilen zusammengelegt. Das Gleiche gilt, wenn Aktionäre durch die Vorschrift des § 243 Abs. 3 Satz 2 einen Beteiligungsverlust erleiden[37]. Die Gesellschaft bildet aus den eingereichten Aktien gemeinschaftliche Geschäftsanteile, an denen die Einreichenden als Bruchteilsgemeinschaft[38] oder als GbR[39] beteiligt werden[40]. **15**

V. Fehlen erforderlicher Zustimmung

Verweigern (Kommandit-)Aktionäre ihre nach § 242 erforderliche Zustimmung, ist ihnen gegenüber die **Festsetzung der Geschäftsanteile unwirksam**[41]. Soweit keine anderweitige Vereinbarung getroffen wurde, bleibt die Festsetzung gegenüber den nicht betroffenen Aktionären wirksam[42]. Da ohnehin nur die Festsetzung der Geschäftsanteile unter dem Vorbehalt der Zustimmung steht und nicht der Umwandlungsbeschluss selbst, lässt die Verweigerung der Zustimmung in Ermangelung eines anders lautenden Gesellschafterbeschlusses die Wirksamkeit des Umwandlungsbeschlusses unberührt[43]. **16**

Aktionäre, die berechtigt ihre Zustimmung verweigert haben, haben einen Anspruch gegen die Gesellschaft, dass die Nennbeträge der Geschäftsanteile für sie so festgesetzt werden, dass sie sich bestmöglich an der GmbH beteiligen können[44]. Dies entspricht dem Sinn und Zweck des Zustimmungsvorbehalts. Zuständig für die Neufestsetzung gegenüber dem Ak- **17**

---

[32] So auch *Stratz* in Schmitt/Hörtnagl/Stratz Rn 6; zweifelnd *Happ* in Lutter Umwandlungsrechtstage S. 223, 235.
[33] Siehe § 241 Rn 18 ff.
[34] § 15 Abs. 5 GmbHG; siehe nur *Hueck/Fastrich* in Baumbach/Hueck § 15 GmbHG Rn 42 f.
[35] § 68 Abs. 2 Satz 1 AktG.
[36] Hinsichtlich Form, Zeitpunkt und Inhalt der Zustimmungserklärung siehe § 241 Rn 31 f.
[37] § 248 Abs. 2 UmwG iVm. § 226 Abs. 1 Satz 1 und 2 AktG; siehe *Happ* in Lutter Rn 17; *Dirksen* in Kallmeyer Rn 6.
[38] §§ 741 ff. BGB; dazu kritisch *Rasner* BB 1971, 1082, 1083.
[39] §§ 705 ff. BGB.
[40] *Dirksen* in Kallmeyer Rn 17; *Veil* S. 1071.
[41] *Happ* in Lutter Rn 18; *Dirksen* in Kallmeyer Rn 7; *Rieger* in Widmann/Mayer Rn 25.
[42] *Happ* in Lutter Rn 18; *Dirksen* in Kallmeyer Rn 7; *Veil* S. 108.
[43] *Happ* in Lutter Rn 18; *Dirksen* in Kallmeyer Rn 7; *Rieger* in Widmann/Mayer Rn 25; *Veil* S. 108.
[44] *Happ* in Lutter Rn 19; *Dirksen* in Kallmeyer Rn 8; *Veil* S. 108.

§ 243 Fünftes Buch. Formwechsel

tionär ist die Geschäftsleitung der Gesellschaft. Ist ersichtlich, dass der Formwechsel von der AG oder der KGaA nicht ohne die Festsetzung der abweichenden Nennbeträge durchgeführt werden soll, kann eine solche Neufestsetzung nach dem Willen der Gesellschafter jedoch nicht verlangt werden. Den betroffenen Gesellschafter, der seine Zustimmung verweigert hat, wird man in diesem Fall wohl als berechtigt ansehen müssen, den Umwandlungsbeschluss insgesamt anzufechten[45].

18 Der Registerrichter darf bis zur Zuteilung angepasster Geschäftsanteile den Formwechsel nicht in das Handelsregister eintragen. Die fehlende Zustimmung stellt ein **Eintragungshindernis** dar[46]. Trägt der Registerrichter den Formwechsel trotz dieses Eintragungshindernisses ein, ist der Formwechsel dennoch wirksam[47].

VI. Anfechtung des Umwandlungsbeschlusses

19 Neben der Anfechtungsmöglichkeit solcher Aktionäre, die zulässigerweise die Zustimmung verweigert haben und denen keine maximale Beteiligung am Stammkapital eröffnet wurde[48], sind weitere Fälle denkbar, unter denen der Umwandlungsbeschluss angefochten werden könnte[49]. Dazu zählen der Verstoß gegen den Gleichheitsgrundsatz bei der Festsetzung von Geschäftsanteilen in unterschiedlicher Höhe[50] sowie die Festsetzung unverhältnismäßig hoher Geschäftsanteile[51]. Hingegen sind Steuervorteile, die in Folge eines Formwechsels (nur) bei einem (Mehrheits-)Aktionär eintreten, kein Anfechtungsgrund[52]. Neben einer Anfechtungsklage kann als flankierender Rechtsschutz eine einstweilige Verfügung in Betracht kommen, durch welche dem Vorstand die Anmeldung des Formwechsels untersagt wird[53]. Hingegen steht der Verwaltungsrechtsweg für einen Rechtsschutz gegen registergerichtliches Handeln nicht offen.

§ 243 Inhalt des Umwandlungsbeschlusses

(1) **Auf den Umwandlungsbeschluß ist § 218 entsprechend anzuwenden. Festsetzungen über Sondervorteile, Gründungsaufwand, Sacheinlagen und Sachübernahmen, die in dem Gesellschaftsvertrag oder in der Satzung der formwechselnden Gesellschaft enthalten sind, sind in den Gesellschaftsvertrag oder in die Satzung der Gesellschaft neuer Rechtsform zu übernehmen. § 26 Abs. 4 und 5 des Aktiengesetzes bleibt unberührt.**

(2) **Vorschriften anderer Gesetze über die Änderung des Stammkapitals oder des Grundkapitals bleiben unberührt.**

(3) **In dem Gesellschaftsvertrag oder in der Satzung der Gesellschaft neuer Rechtsform kann der auf die Anteile entfallende Betrag des Stamm- oder Grundkapitals abweichend vom Betrag der Anteile der formwechselnden Gesellschaft festgesetzt werden. Bei einer Gesellschaft mit beschränkter Haftung muß er in jedem Fall mindestens fünfzig Euro betragen und durch zehn teilbar sein.**

---

[45] So *Happ* in Lutter Rn 19 unter Hinweis auf eine Unwirksamkeit des Umwandlungsbeschlusses, welche die Literatur unter altem Recht annahm, etwa *Baumbach/Hueck* § 369 AktG Anm. 18; *Zöllner* in Kölner Komm. § 369 AktG Rn 96.
[46] *Dirksen* in Kallmeyer Rn 8; *Rieger* in Widmann/Mayer Rn 26.
[47] § 202 Abs. 3; dazu ausführlich *Veil* ZIP 1996, 1065, 1066 ff.
[48] Siehe Rn 17.
[49] Siehe ausführlich *Happ* in Lutter Rn 20.
[50] Siehe dazu Rn 9.
[51] Ebenso *J. Semler/Grunewald* in G/H/E/K § 369 AktG Rn 66.
[52] *BGH*, Urteil vom 9.5.2005, ZIP 2005, 1318, 1321.
[53] Vgl. *BVerfG*, Beschluss vom 13.10.2004, DB 2005, 1373 f.

Übersicht

	Rn
I. Allgemeines	1
1. Sinn und Zweck der Norm	1
2. Anwendungsbereich	2
3. Entstehungsgeschichte	3
II. Umwandlungsbeschluss (Abs. 1)	4
1. Allgemeine Angaben	4
2. Gesellschaftsstatut (Abs. 1 Satz 1 iVm. § 218)	6
a) Allgemeines	6
b) Inhalt des neuen Gesellschaftsvertrags bzw. der neuen Satzung	8
c) Zwingende Satzungsänderungen	9
d) Nicht durch den Formwechsel veranlasste Satzungsänderungen	11
3. Besondere Festsetzungen (Abs. 1 Satz 2 und 3)	14
a) Allgemeines	14
b) Möglichkeit der Abänderung besonderer Festsetzungen nach § 26 Abs. 4 AktG	16
c) Verzicht auf Übernahme besonderer Festsetzungen nach § 26 Abs. 5 AktG	17
d) Abänderung oder Beseitigung besonderer Festsetzungen über Sacheinlagen und Sachübernahmen	18
e) Folgen eines Verstoßes gegen § 243 Abs. 1 Satz 2	19
4. Besonderheiten bei der KGaA (Abs. 1 Satz 1 iVm. § 218)	20
III. Änderungen des Stammkapitals oder des Grundkapitals (Abs. 2)	21
1. Grundsatz	21
2. Maßgebliches Recht für die Kapitaländerung	23
IV. Festsetzung des Nennbetrags der Anteile (Abs. 3)	28
1. Allgemeines	28
2. Abweichende Festsetzung (Abs. 3 Satz 1)	29
3. Besondere Anforderungen (Abs. 3 Satz 2)	31
V. Aufsichtsrat	32

Literatur: *Abrell,* Der Begriff des aktienrechtlichen Sondervorteils bei entgeltlichen Geschäften der Gesellschaft mit ihrem Mehrheitsaktionär, BB 1974, 1463; *Mertens,* Die formwechselnde Umwandlung einer GmbH in eine Aktiengesellschaft mit Kapitalerhöhung und die Gründungsvorschriften, AG 1995, 561; *Meyer-Landrut/Kiem,* Der Formwechsel einer Publikumsaktiengesellschaft, WM 1997, 1361; *K. Schmidt,* Die Umwandlung einer GmbH in eine AG zu Kapitaländerungszwecken, AG 1985, 150; *Wiedemann,* Die nachträgliche Vinkulierung von Aktien und GmbH-Anteilen, NJW 1964, 282.

I. Allgemeines

1. Sinn und Zweck der Norm

Die Vorschrift regelt den Inhalt des Beschlusses zur Umwandlung von Kapitalgesellschaften in Kapitalgesellschaften anderer Rechtsform und ergänzt die allgemeine Regelung[1]. Abs. 1 unterstellt durch die Verweisung auf § 218 den Inhalt des Beschlusses über den Formwechsel zwischen Kapitalgesellschaften den Regelungen über den Inhalt des Formwechselbeschlusses von Personengesellschaften[2]. Er erweitert diese in Bezug auf die Gestaltung der neuen Satzung[3]. Abs. 2 regelt die Änderung des Grund- bzw. Stammkapitals des formwechselnden Rechtsträgers iRd. Formwechsels. Abs. 3 eröffnet Möglichkeiten, die Stückelung des Grund- bzw. Stammkapitals der neuen Rechtsform festzusetzen. 1

2. Anwendungsbereich

Die Vorschrift findet auf alle Formwechsel von der Rechtsform der AG, KGaA und GmbH in die Rechtsform der AG, KGaA und GmbH Anwendung. Abs. 1 Satz 1 verweist nicht auf den für Genossenschaften anwendbaren § 218 Abs. 1 Satz 2[4]. Soweit Abs. 1 Satz 1 2

---

[1] § 194.
[2] § 243 Abs. 1 Satz 1.
[3] § 243 Abs. 1 Satz 2, 3.
[4] Siehe auch *Rieger* in Widmann/Mayer Rn 16.

auf § 218 Abs. 2 verweist, betrifft dies nur den Formwechsel in die KGaA. Auch wird nicht auf § 218 Abs. 3 verwiesen, der lediglich Genossenschaftsanteile betrifft[5]. Soweit Abs. 1 Satz 3 auf § 26 Abs. 4 und 5 AktG verweist, gilt dies nicht nur für die AG, sondern sowohl für den Formwechsel in als auch für den Formwechsel aus der GmbH[6]. Abs. 3 Satz 2 regelt nur den Formwechsel in die GmbH.

2. Entstehungsgeschichte

3   Abs. 1 und 2 haben keine Entsprechung im AktG 1965. Im Verweis von Abs. 1 Satz 1 auf § 218 Abs. 1 finden sich die bisherigen Bestimmungen über den Formwechsel von Personenhandels- in Kapitalgesellschaften wieder[7]. Abs. 1 Satz 1 iVm. § 218 Abs. 2 entspricht inhaltlich den bisherigen Regelungen[8]. Die in Abs. 1 Satz 2 und 3 geregelte Übernahme besonderer Satzungsfestsetzungen war bisher für das Recht des Formwechsels nicht vorgesehen, sondern wurde dem Verschmelzungsrecht entnommen[9] und entspricht den heutigen Parallelvorschriften für die Verschmelzung[10]. Abs. 3 geht auf § 369 Abs. 6 AktG 1965[11] zurück. Abs. 3 Satz 2 wurde im Zuge der Einführung der Stückaktie und der Festsetzung des Mindestnennbetrags von Aktien auf € 1 durch das Stückaktiengesetz[12] und das Euro-Einführungsgesetz[13] geändert.

II. Umwandlungsbeschluss

1. Allgemeine Angaben

4   Die in den allgemeinen Vorschriften[14] geforderten inhaltlichen Mindestangaben sind auch für den Formwechsel zwischen Kapitalgesellschaften zwingend[15]. In der Praxis sollte der Umwandlungsbeschluss beim Formwechsel einer KGaA aus Gründen der Klarheit darauf hinweisen, dass die persönlich haftenden Gesellschafter der formwechselnden KGaA ausscheiden[16] und ihre Beteiligung somit entfällt[17].

5   Die Anteilsinhaber müssen im Umwandlungsbeschluss trotz des Erfordernisses, Zahl, Art und Umfang der durch den Formwechsel erlangten Anteile zu nennen[18], nicht namentlich aufgelistet werden[19]. Ausreichend ist die pauschale Angabe, wie viele Aktien oder Geschäftsanteile auf jeden einzelnen Anteilsinhaber entfallen, bzw. die Angabe des Maßstabs der Zuteilung (Beispiel: „Für jeden Geschäftsanteil an der A-GmbH im Nennbetrag von € x erhält dessen Inhaber y Aktien im Nennbetrag von je € z an der A-AG"). Dies ist vor allem bei

---

[5] Siehe auch *Stratz* in Schmitt/Hörtnagel/Stratz Rn 1; zum Formwechsel von Kapitalgesellschaften in die Genossenschaft siehe §§ 251 ff.
[6] Siehe auch *Rieger* in Widmann/Mayer Rn 22; hinsichtlich der Fristen aA *Laumann* in Goutier/Knopf/Tulloch Rn 20.
[7] Vgl. §§ 42 Abs. 2 Satz 1, 48 Abs. 2 UmwG aF.
[8] §§ 362 Abs. 2 Satz 1, 389 Abs. 2 Satz 1 AktG 1965.
[9] § 353 Abs. 4 Satz 2 und 3 AktG 1965.
[10] §§ 57, 74; vgl. auch RegBegr. *Ganske* S. 259 f.
[11] Für die KGaA galt dies iVm. § 388 AktG 1965.
[12] Gesetz vom 25. 3. 1998, BGBl. I S. 590.
[13] Gesetz vom 9. 6. 1998, BGBl. I S. 1242.
[14] § 194 Abs. 1.
[15] Siehe auch § 194; insbes. Rn 1.
[16] Siehe § 247 Rn 9.
[17] Siehe nur *Happ* in Lutter Rn 9; *Dirksen* in Kallmeyer Rn 5.
[18] § 194 Abs. 1 Nr. 4.
[19] *Happ* in Lutter Rn 11 ff.; *Dirksen* in Kallmeyer Rn 5; zur Frage der Erforderlichkeit der namentlichen Nennung persönlich haftender Gesellschafter beim Formwechsel in eine KGaA siehe Rn 20.

unbekannten Aktionären eine große Erleichterung[20]. Zu bestimmen ist auch, ob die Anteilsinhaber Geschäftsanteile, Stück- oder Nennbetragsaktien des neuen Rechtsträgers erlangen sollen und welchen Umfang diese haben. Der Umfang bestimmt sich nach der Anzahl und dem Nennbetrag der Anteile bzw. bei Stückaktien nach dem auf die einzelne Aktie entfallenden anteiligen Betrag des Grundkapitals. Die nach § 194 Abs. 1 Nr. 3 erforderlichen Bestimmungen können mit den nach § 194 Abs. 1 Nr. 4 erforderlichen Bestimmungen verbunden werden[21].

2. Gesellschaftsstatut (Abs. 1 Satz 1)

a) **Allgemeines.** Auf den Umwandlungsbeschluss ist § 218 entsprechend anzuwenden[22]. Der Verweis gilt nicht hinsichtlich der in § 218 enthaltenen Regelungen für die Genossenschaft[23]. Der Umwandlungsbeschluss muss den vollständigen Text des Gesellschaftsvertrags oder der Satzung des neuen Rechtsträgers und nicht nur die für den Formwechsel unerlässlichen Änderungen gegenüber dem bisherigen Gesellschaftsvertrag enthalten[24]. Diese Änderung zum bisherigen Recht[25] wird damit begründet, dass durch den Umwandlungsbeschluss klar dokumentiert werden soll, in welcher Fassung der Gesellschaftsvertrag oder die Satzung vom Zeitpunkt des Wirksamwerdens des Formwechsels an gilt. Im Übrigen diene dies dem Interesse eines einheitlichen Umwandlungsverfahrens[26]. Da der Umwandlungsbeschluss beim Handelsregister einzureichen ist[27], entspricht diese Voraussetzung auch den allgemeinen Bestimmungen, nach denen dem Handelsregister stets der vollständige Wortlaut des Gesellschaftsvertrags oder der Satzung zur Verfügung stehen muss[28].

Der Umwandlungsbeschluss muss beim Formwechsel in eine KGaA Angaben über die **Beteiligung oder den Beitritt eines** Komplementärs machen[29]. Beteiligen kann bzw. können sich ein oder mehrere Gesellschafter des formwechselnden Rechtsträgers. Die Verweisung auf § 218 ermöglicht beim Formwechsel in die KGaA auch Personen, die nicht dem formwechselnden Rechtsträger angehören, sich im Wege des Beitritts als persönlich haftende Gesellschafter zu beteiligen[30].

b) **Inhalt des neuen Gesellschaftsvertrags bzw. der neuen Satzung.** Hinsichtlich des Inhalts des neuen Gesellschaftsvertrags oder der neuen Satzung sind die Vorschriften des jeweiligen Gründungsrechts zu beachten, weil auch für den Formwechsel die für die neue Rechtsform geltenden Gründungsvorschriften maßgeblich sind[31]. Die Gesellschafter müssen bei der Beschlussfassung zudem die Beschränkungen aus Abs. 1 Satz 2 und 3 berücksichtigen[32]. Im Übrigen sind die Gesellschafter grundsätzlich bei der Gestaltung des Gesellschaftsvertrags bzw. der Satzung iRd. allgemeinen Bestimmungen frei[33]. Regelmäßig empfiehlt sich jedenfalls, soweit zulässig, die Aufnahme einer salvatorischen Klausel, damit eventuell

---

[20] Siehe § 242 Rn 11.
[21] *Happ* in Lutter Rn 9.
[22] § 243 Abs. 1 Satz 1.
[23] § 218 Abs. 1 Satz 2, Abs. 3; siehe auch *Stratz* in Schmitt/Hörtnagl/Stratz Rn 1 und *Rieger* in Widmann/Mayer Rn 16; zum Formwechsel von Kapitalgesellschaften in die Genossenschaft siehe §§ 251 ff.
[24] § 218 Abs. 1 Satz 1.
[25] Vgl. §§ 362 Abs. 2 Satz 4, 366 Abs. 2, 369 Abs. 5, 376 Abs. 3 Satz 1 AktG 1965.
[26] RegBegr. *Ganske* S. 259.
[27] § 199.
[28] §§ 54 Abs. 1 Satz 2 GmbHG, 181 Abs. 1 Satz 2 AktG; siehe auch RegBegr. *Ganske* S. 259.
[29] § 243 Abs. 1 Satz 1 iVm. § 218 Abs. 2.
[30] RegBegr. *Ganske* S. 259; zum Beitritt persönlich haftender Gesellschafter siehe näher bei § 221.
[31] § 197 Satz 1; siehe auch § 245. Siehe auch § 197 Rn 6 ff. sowie § 245 Rn 1 ff.
[32] Siehe hierzu Rn 14 ff.
[33] *Happ* in Lutter Rn 24; *Dirksen* in Kallmeyer Rn 9; *Rieger* in Widmann/Mayer Rn 12 ff.; *Meyer-Landrut/Kiem* WM 1997, 1361, 1368.

unzulässige Klauseln im Gesellschaftsvertrag bzw. in der Satzung nicht den Umwandlungsbeschluss infizieren[34].

9 c) **Zwingende Satzungsänderungen.** Mit jedem Formwechsel zwischen Kapitalgesellschaften müssen zwingende Satzungsänderungen einhergehen. Je nach Ausgangs- und Zielrechtsform ist die Satzung in unterschiedlicher Weise zu ändern. Zwingend ist die Firma an die neue Rechtsform anzupassen[35]. Zudem sind vor allem bei einem Formwechsel in die oder aus der GmbH terminologische Änderungen vorzunehmen, da das GmbHG und das AktG unterschiedliche Begriffe verwenden[36]. Zudem darf die neue Satzung nicht gegen zwingende gesetzliche Vorschriften verstoßen. Das betrifft bspw. die vom GmbH-Recht abweichende[37] grundsätzliche Weisungsfreiheit des Vorstands einer AG gegenüber Aktionären[38].

10 Wird der Umwandlungsbeschluss gefasst, **ohne dass die Satzung des neuen Rechtsträgers alle zwingend notwendigen Änderungen enthält**, führt dies nicht zur Unwirksamkeit des Umwandlungsbeschlusses[39]. Vielmehr finden die Grundsätze über Errichtungsmängel Anwendung[40]. Der Registerrichter kann zunächst unter den Voraussetzungen der §§ 38 Abs. 3 AktG, 9 c Abs. 2 GmbHG die Eintragung verweigern. Das setzt jedoch mangelnde, fehlende oder nichtige Satzungsbestimmungen voraus. Diese müssen selbst oder durch ihr Fehlen oder ihre Nichtigkeit Tatsachen oder Rechtsverhältnisse betreffen, die zwingend in der Satzung bestimmt, in das Handelsregister eingetragen werden oder vom Gericht bekannt zu machen sind. Gleiches gilt für eine Bestimmung, die ausschließlich gläubigerschützende oder im öffentlichen Interesse gegebene Vorschriften verletzt oder die Nichtigkeit der Satzung zur Folge hat. Das gilt auch, wenn entsprechende Folgen durch das Fehlen oder die Nichtigkeit einer Bestimmung eintreten. Wird trotzdem eingetragen, führt dies aber nicht dazu, dass Satzungsbestimmungen, die derartige Mängel aufweisen oder in sonstiger Weise gegen zwingendes Recht verstoßen, Anwendung finden[41].

11 d) **Nicht durch den Formwechsel veranlasste Satzungsänderungen.** Die Gesellschafter sind durch umwandlungsrechtliche Vorschriften nicht gehindert, den Gesellschaftsvertrag oder die Satzung auch insoweit zu ändern, als dies nicht durch den Formwechsel veranlasst ist. Sie können den Gesellschaftsvertrag oder die Satzung aus Anlass des Formwechsels auch nach Belieben vollständig neu fassen[42].

12 Fraglich ist allerdings, welche **Mehrheitserfordernisse bei nicht durch den Formwechsel veranlassten Satzungsänderungen** zu beachten sind. Der Umwandlungsbeschluss bedarf, vorbehaltlich abweichender Satzungsbestimmungen, einer Mehrheit von mindestens drei Viertel der abgegebenen Stimmen[43]. Da die für den neuen Rechtsträger geltende Satzung Bestandteil des Umwandlungsbeschlusses ist[44], läge es nahe, auch für die aus Anlass des Formwechsels zu beschließenden Satzungsänderungen nur eine Dreiviertelkapitalmehrheit zu fordern. Ein solcher Schluss ginge jedoch fehl. Das UmwG ist hier nämlich nicht abschließend, sondern lässt die allgemeinen GmbH- und aktienrechtlichen

---

[34] *BGH*, Urteil vom 9.5.2005, ZIP 2005, 1318, 1321.
[35] § 200.
[36] Als Beispiele seien hier genannt: Gesellschaftsvertrag/Satzung, Geschäftsführer/Vorstand, Gesellschafterversammlung/Hauptversammlung, Gesellschafter/Aktionäre, Geschäftsanteile/Aktien, Stammkapital/Grundkapital.
[37] § 37 Abs. 1 GmbHG.
[38] § 76 Abs. 1 AktG; siehe nur *Hüffer* § 76 AktG Rn 10; *Mertens* in Kölner Komm. § 76 AktG Rn 42.
[39] So auch *Happ* in Lutter Rn 31.
[40] Zu den Grundsätzen über Errichtungsmängel im Aktienrecht etwa *Hüffer* § 23 AktG Rn 43 mwN.
[41] *Happ* in Lutter Rn 32.
[42] *Happ* in Lutter Rn 33; *Dirksen* in Kallmeyer Rn 9; *Rieger* in Widmann/Mayer Rn 12.
[43] § 240 Abs. 1.
[44] § 243 Abs. 1 Satz 1 iVm. § 218 Abs. 1 Satz 1.

Bestimmungen unberührt[45]. Deshalb sind die außerhalb des UmwG für entsprechende Satzungsänderungen des alten Rechtsträgers nach Gesetz und Satzung vorgeschriebenen Mehrheitserfordernisse zu beachten[46].

Gleiches gilt im Grundsatz auch für Satzungsänderungen, die unter altem Gesellschaftsstatut der **Zustimmung einzelner Anteilsinhaber** bedürfen, weil in individuelle Mitgliedschaftsrechte eingegriffen wird[47]. Das wird in besonderer Weise bei der Einführung von Anteilsvinkulierungen aus Anlass des Formwechsels deutlich. Diese erfordert außerhalb des Umwandlungsrechts grundsätzlich die Zustimmung aller Gesellschafter[48]. Bei Anteilsvinkulierungen, die im Wege der Satzungsänderung aus Anlass des Formwechsels eingeführt werden, wird aber vertreten, dass diese abweichend davon keinem Zustimmungsvorbehalt der betroffenen Gesellschafter unterliegen. Die umwandlungsrechtlichen Normen[49] seien insoweit abschließend[50]. Zwar ist widersprechenden Anteilsinhabern das Recht eingeräumt, gegen Abfindung auszuscheiden[51]. Das UmwG begreift aber auch in anderen Fällen die Möglichkeit des Ausscheidens gegen Abfindung als zusätzliches, spezifisch umwandlungsrechtliches Schutzinstrument und nicht als Ersatz für gesellschaftsrechtliche Zustimmungserfordernisse. So entspricht es der **hM**, dass das Zustimmungserfordernis nicht entfällt, wenn gleichzeitig mit einer Verschmelzung durch Aufnahme die Vinkulierung der Anteile der aufnehmenden Gesellschaft beschlossen wird[52], obwohl auch in diesem Fall widersprechende Gesellschafter das Recht haben, gegen Abfindung auszuscheiden[53]. Zustimmungsvorbehalte für Satzungsänderungen nach altem Gesellschaftsstatut bleiben demnach von der Tatsache unberührt, dass die Satzung aus Anlass eines Formwechsels beschlossen wird. Dies gilt auch für Fälle, in denen sich etwa der Aktionärskreis beschränkt hat und die AG sich daher Gesellschaftstypen annähert, die in der Praxis ohnehin vinkulierte Anteile haben[54].

3. Besondere Festsetzungen (Abs. 1 Satz 2 und 3)

a) Allgemeines. Festsetzungen über Sondervorteile, Gründungsaufwand, Sacheinlagen und Sachübernahmen, die im Gesellschaftsvertrag oder der Satzung des formwechselnden Rechtsträgers enthalten sind, müssen in den Gesellschaftsvertrag oder die Satzung des neuen Rechtsträgers übernommen werden[55]. Die Vorschrift entspricht den Regelungen zur Ver-

---

[45] So auch *Happ* in Lutter Rn 36; *Rieger* in Widmann/Mayer Rn 14; *Veil* S. 134; aA wohl *Sagasser/Sickinger* in Sagasser/Bula/Brünger R Rn 33 zur Vinkulierung von Anteilen; *Meyer-Landrut/Kiem* WM 1997, 1361, 1368.

[46] Ebenso *Happ* in Lutter Rn 38; *Rieger* in Widmann/Mayer Rn 14; *Reichert* GmbHR 1995, 176, 193 f.

[47] IE auch *Happ* in Lutter Rn 34 ff., 38; *Rieger* in Widmann/Mayer Rn 14.

[48] § 180 Abs. 2 AktG; auch im GmbH-Recht ist die nachträgliche Einführung von Anteilsvinkulierungen von der Zustimmung aller betroffenen Gesellschafter abhängig; siehe nur RGZ 68, 211 ff.; *Hueck/Fastrich* in Baumbach/Hueck § 15 GmbHG Rn 39 mwN. Siehe allgemein zu nachträglichen Anteilsvinkulierungen *Meyer-Landrut/Kiem* WM 1997, 1361, 1368; *Reichert* BB 1985, 1496, 1499; *Wiedemann* NJW 1964, 282 ff.

[49] §§ 240 Abs. 1 Satz 1, 243 Abs. 1 Satz 1 iVm. 218 Abs. 1 Satz 1.

[50] So *Meyer-Landrut/Kiem* WM 1997, 1361, 1368; *Sagasser/Sickinger* in Sagasser/Bula/Brünger O Rn 35.

[51] § 207.

[52] Siehe *Hüffer* § 180 AktG Rn 6; *Reichert* GmbHR 1995, 176, 191; *Bermel/Müller* NZG 1998, 331, 333 f.

[53] § 29 Abs. 1 Satz 2.

[54] Anders *Happ* in Lutter Rn 37, soweit das Verbot der Durchsetzung unzulässiger Sondervorteile beachtet wird.

[55] § 243 Abs. 1 Satz 2; siehe allgemein zu Sondervorteilen *Hüffer* § 26 AktG Rn 2 f.; *Pentz* in Münch-Komm. § 26 AktG Rn 7 ff. sowie zum Gründungsaufwand *Hüffer* § 26 AktG Rn 5; *Pentz* in Münch-Komm. § 26 AktG Rn 26 ff.

§ 243 15–18   Fünftes Buch. Formwechsel

schmelzung oder der Spaltung zur Neugründung einer GmbH oder AG[56]. Später hinzukommende Anteilsinhaber und Gläubiger sollen über besondere Festsetzungen in der Satzung informiert werden, um mögliche Haftungsrisiken einschätzen zu können[57]. Dies gilt nicht für besondere Festsetzungen, die mit dem Formwechsel erstmals in den Gesellschaftsvertrag oder die Satzung aufgenommen werden. Nach dem Wortlaut von Abs. 1 Satz 2 müssen sie schon im Gesellschaftsvertrag oder der Satzung des alten Rechtsträgers enthalten gewesen sein[58]. Erstmals getroffene Festsetzungen sind ggf. aufgrund § 197 Satz 1 iVm. den jeweiligen Gründungsvorschriften in den Gesellschaftsvertrag oder die Satzung des neuen Rechtsträgers aufzunehmen[59]. Die besonderen Festsetzungen sind unabhängig davon in das neue Statut zu übernehmen, ob der Gründungsaufwand bereits beglichen ist oder die Sacheinlagen bzw. Sachübernahmen bereits vollständig erbracht sind[60].

15   Die Vorschriften des AktG, die die zeitlichen Grenzen der **Abänderbarkeit von besonderen Festsetzungen** und der Beseitigung entsprechender Satzungsbestimmungen regeln, bleiben unberührt[61]. Dies gilt sowohl für den Formwechsel in als auch für den Formwechsel aus der GmbH[62]. § 26 AktG gilt für die GmbH sinngemäß[63].

16   **b) Möglichkeit der Abänderung besonderer Festsetzungen nach § 26 Abs. 4 AktG.** Die besonderen Festsetzungen über Sondervorteile oder den Gründungsaufwand im Gesellschaftsvertrag oder der Satzung des formwechselnden Rechtsträgers können durch den Umwandlungsbeschluss nur geändert werden, wenn die Gesellschaft bereits fünf Jahre im Handelsregister eingetragen ist[64]. Abweichend davon ist seit 1. 1. 2002 auch schon vor Ablauf der Fünfjahresfrist die Umstellung auf DM lautender Betragsangaben auf Euro zulässig, weil es sich dabei nicht mehr um eine Änderung der Satzung bzw. des Gesellschaftsvertrags handelt, sondern nur um eine Fassungsberichtigung.

17   **c) Verzicht auf Übernahme besonderer Festsetzungen nach § 26 Abs. 5 AktG.** Auf die Übernahme besonderer statutarischer Festsetzungen hinsichtlich der Sondervorteile oder des Gründungsaufwands in den Gesellschaftsvertrag oder die Satzung des neuen Rechtsträgers kann erst verzichtet werden, wenn die formwechselnde Gesellschaft bereits 30 Jahre im Handelsregister eingetragen ist und die Rechtsverhältnisse, die den Festsetzungen zugrunde liegen, seit mindestens fünf Jahren abgewickelt sind[65].

18   **d) Abänderung oder Beseitigung besonderer Festsetzungen über Sacheinlagen und Sachübernahmen.** Die Vorschrift enthält keinen Verweis auf die aktienrechtliche Regelung über die Änderung oder Beseitigung statutarischer Festsetzungen über Sacheinlagen und Sachübernahmen[66]. Die Abänderung oder Beseitigung solcher Festsetzungen im Zuge des Formwechsels ist aber dennoch zuzulassen, wenn die Voraussetzungen des § 27 Abs. 5 iVm. § 26 Abs. 4 bzw. 5 AktG vorliegen. Dafür spricht, dass die Gesellschafter unter diesen Voraussetzungen auch außerhalb des Umwandlungsrechts zur Abänderung oder Beseitigung

---

[56] §§ 57, 74; siehe auch RegBegr. *Ganske* S. 259.
[57] *Happ* in Lutter Rn 25; *Rieger* in Widmann/Mayer Rn 19.
[58] *Happ* in Lutter Rn 25; *Rieger* in Widmann/Mayer Rn 20.
[59] *Happ* in Lutter Rn 25; *Rieger* in Widmann/Mayer Rn 20.
[60] Siehe *Dirksen* in Kallmeyer Rn 8; *Stratz* in Schmitt/Hörtnagl/Stratz Rn 3.
[61] § 243 Abs. 1 Satz 3 verweist auf § 26 Abs. 4 und 5.
[62] *Rieger* in Widmann/Mayer Rn 22; hinsichtlich der Fristen aA *Laumann* in Goutier/Knopf/Tulloch Rn 20.
[63] Siehe nur *Hüffer* § 26 AktG Rn 1.
[64] § 243 Abs. 1 Satz 3 iVm. § 26 Abs. 4 AktG; siehe im Einzelnen dazu *Hüffer* § 26 AktG Rn 9; *Pentz* in MünchKomm. § 26 AktG Rn 55 f.
[65] § 243 Abs. 1 Satz 3 iVm. § 26 Abs. 5 AktG; siehe im Einzelnen dazu *Hüffer* § 26 AktG Rn 10; *Pentz* in MünchKomm. § 26 AktG Rn 61 f.
[66] § 27 Abs. 5 AktG.

befugt sind[67]. Die Anwendbarkeit von § 27 Abs. 5 AktG folgt bereits aus der Bezugnahme auf die aktienrechtlichen Gründungsvorschriften in § 197 Satz 1[68].

e) Folgen eines Verstoßes gegen § 243 Abs. 1 Satz 2. Liegen die Voraussetzungen zur Änderung der statutarischen Festsetzungen über Sondervorteile, Gründungsaufwand, Sacheinlagen und Sachübernahmen nicht vor und werden sie trotzdem oder nur verändert in den neuen Gesellschaftsvertrag oder die neue Satzung übernommen, gehen die entsprechenden Rechte unter[69]. 19

4. Besonderheiten bei der KGaA (Abs. 1 Satz 1 iVm. § 218 Abs. 2)

Beim Formwechsel in eine KGaA muss der Umwandlungsbeschluss vorsehen, dass sich an dieser Gesellschaft mindestens ein bisheriger Gesellschafter der formwechselnden Gesellschaft als Komplementär beteiligt[70] oder dass der Gesellschaft mindestens ein Dritter als Komplementär beitritt[71]. Da die Satzung der KGaA ohnehin den Namen, Vornamen und Wohnort jedes persönlich haftenden Gesellschafters enthalten muss[72] und die Satzung Bestandteil des Umwandlungsbeschlusses ist, erübrigt sich die zusätzliche Angabe dieser Informationen im Umwandlungsbeschluss. 20

III. Änderungen des Stammkapitals oder des Grundkapitals (Abs. 2)

1. Grundsatz

Die Umwandlung lässt die Stammkapital- bzw. die Grundkapitalziffer des formwechselnden Rechtsträgers in der absoluten Höhe unberührt. Der Formwechsel bewirkt lediglich, dass das Stammkapital der formwechselnden GmbH zum Grundkapital des neuen Rechtsträgers oder das Grundkapital der in die Rechtsform der GmbH wechselnden AG oder KGaA zum Stammkapital der GmbH wird[73]. Trotz der allgemeinen Verweisung in § 197 Satz 1 auf das Gründungsrecht kann das Stamm- oder Grundkapital der neuen Gesellschaft iRd. Formwechsels nicht frei festgesetzt werden[74]. Soll das Stamm- oder Grundkapital des formwechselnden Rechtsträgers im Zuge des Formwechsels geändert werden, sind vielmehr die allgemeinen GmbH- bzw. aktienrechtlichen Bestimmungen über die Kapitalerhöhung oder -herabsetzung zu beachten. Damit soll gewährleistet werden, dass diese Schutzvorschriften durch den Formwechsel nicht umgangen werden können[75]. 21

Eine Kapitaländerung im Zuge des Formwechsels ist ohne weiteres zulässig[76]. Sie kann uU wegen der unterschiedlichen Mindestnennbeträge des Stamm-[77] und des Grundkapitals[78] erforderlich sein. 22

---

[67] *Happ* in Lutter Rn 27; *Rieger* in Widmann/Mayer Rn 23; *Stratz* in Schmitt/Hörtnagl/Stratz Rn 4; *Laumann* in Goutier/Knopf/Tulloch Rn 21.
[68] So *Laumann* in Goutier/Knopf/Tulloch Rn 21.
[69] *Happ* in Lutter Rn 28; *Rieger* in Widmann/Mayer Rn 26; *Stratz* in Schmitt/Hörtnagl/Stratz Rn 3; eingehend zu zivilrechtlichen Folgen auch *Hüffer* § 26 AktG Rn 9 f. iVm. 7.
[70] Dies kann beispielsweise auch eine an der AG als Minderheitsaktionärin beteiligte Tochtergesellschaft der Mehrheitsaktionärin sein, vgl. BGH, Urteil vom 9.5.2005, ZIP 2005, 1318.
[71] § 243 Abs. 1 Satz 1 iVm. § 218 Abs. 2.
[72] § 281 Abs. 1 AktG.
[73] § 247 Abs. 1.
[74] Ausdrücklich siehe auch RegBegr. *Ganske* S. 260.
[75] RegBegr. *Ganske* S. 260.
[76] *Happ* in Lutter Rn 43; *Dirksen* in Kallmeyer Rn 10 f.; *Mertens* AG 1995, 561, 562; *K. Schmidt* AG 1985, 150, 151 f.
[77] § 5 Abs. 1 GmbHG.
[78] § 7 AktG.

Beispiel:
Wird eine GmbH mit einem Stammkapital von € 25 000 in eine AG umgewandelt, bedarf es zur Aufbringung des Grundkapitals einer Kapitalerhöhung um mindestens € 25 000.

Kapitalherabsetzungen kamen bspw. im Rahmen einer Euro-Umstellung zur Glättung in Betracht[79].

2. Maßgebliches Recht für die Kapitaländerung

23   Ob GmbH- oder Aktienrecht auf die Kapitaländerung Anwendung findet, hängt grundsätzlich davon ab, welchem Recht der Rechtsträger im Zeitpunkt des Wirksamwerdens der Kapitaländerung unterliegt[80]. Sowohl Kapitaländerungen als auch der Formwechsel werden im Ausgangspunkt mit der jeweiligen Eintragung im Handelsregister wirksam[81]. Erfolgt daher die Eintragung der Kapitalmaßnahme vor der Eintragung des Formwechsels, ist das Recht des alten Rechtsträgers anwendbar, unabhängig davon, in welcher Reihenfolge die Anmeldungen zum Handelsregister erfolgten[82]; dies setzt allerdings voraus, dass in den Anmeldungen nicht eine bestimmte, abweichende Eintragungsreihenfolge verlangt wurde. In der Praxis empfiehlt sich, eine bestimmte Reihenfolge zu beantragen, um eine Kapitalmaßnahme beim Formwechsel GmbH- oder Aktienrecht zu unterwerfen.

24   Der Grundsatz der Maßgeblichkeit der Eintragung gilt uneingeschränkt für den Fall, dass **Kapitalmaßnahme und Formwechsel in ihrer Wirksamkeit nicht voneinander abhängen** sollen[83]. Der Rechtsverkehr darf grundsätzlich darauf vertrauen, dass bei Eintragung einer Kapitalmaßnahme im Handelsregister diese Kapitalmaßnahme in Einklang mit den maßgebenden Schutzvorschriften steht.

25   Soll die Wirksamkeit der Kapitaländerung von der Wirksamkeit des Formwechsels **abhängig** sein, wird zugelassen, dass die Eintragung der Kapitalmaßnahme vor der Eintragung des Formwechsels erfolgt, die Kapitalmaßnahme aber bereits dem Recht des neuen Rechtsträgers unterstellt wird[84]. Dafür spricht, dass es aufgrund des Abhängigkeitsverhältnisses ausgeschlossen ist, dass die nach dem Recht des neuen Rechtsträgers beschlossene Kapitaländerung vor der tatsächlichen Eintragung des Formwechsels wirksam wird. Die Abhängigkeit muss aber deutlich aus dem Beschluss über die Kapitaländerung und aus der Handelsregisteranmeldung hervorgehen[85]. Trotz der Anwendbarkeit des Rechts des neuen Rechtsträgers sollen jedoch im Rahmen von Kapitalerhöhungen bei der formwechselnden AG noch Aktien zu zeichnen bzw. bei der formwechselnden GmbH noch Geschäftsanteile zu übernehmen sein, die nach Wirksamwerden des Formwechsels und der Kapitalerhöhung als Geschäftsanteile bzw. Aktien zugeteilt werden[86]. Sowohl im Kapitalerhöhungsbeschluss[87] als auch bei der

---

[79] Siehe § 4 EGAktG sowie § 86 GmbHG. Siehe auch § 247 Rn 6.
[80] Siehe nur *Rieger* in Widmann/Mayer Rn 47 ff.; grundsätzlich auch *Happ* in Lutter Rn 45 ff.
[81] Für Kapitalmaßnahmen bei der GmbH § 54 Abs. 3 GmbHG und bei der AG §§ 189, 211 Abs. 1, 224 AktG; für den Formwechsel § 202.
[82] Siehe nur *Rieger* in Widmann/Mayer Rn 49.
[83] So *Rieger* in Widmann/Mayer Rn 47 ff.; einschränkend *Happ* in Lutter Rn 46, wonach auch bei Eintragung der Kapitalmaßnahme nach dem Formwechsel noch „altes" Recht gelten soll.
[84] *Happ* in Lutter Rn 47; *Mertens* AG 1995, 561, 562; *K. Schmidt* AG 1985, 150, 154 f.; aA wohl *Rieger* in Widmann/Mayer Rn 53 aE, der im Übrigen im Grundsatz davon ausgeht, dass die Kapitalmaßnahme nach der Eintragung des Formwechsels eingetragen wird (Rn 50 f.) und in diesem Fall ein Wahlrecht besteht, ob die Kapitalmaßnahme nach dem Recht des alten oder des neuen Rechtsträgers durchgeführt werden soll (Rn 52). Für Anwendung des Rechts der formwechselnden Gesellschaft auch *Dirksen* in Kallmeyer Rn 10; *Stratz* in Schmitt/Hörtnagl/Stratz Rn 6 f.
[85] Siehe nur *Rieger* in Widmann/Mayer Rn 51.
[86] Siehe nur *Happ* in Lutter Rn 47.
[87] *Happ* in Lutter Rn 47; *Stratz* in Schmitt/Hörtnagl/Stratz Rn 6.

Zeichnung der Aktien bzw. Übernahme der Geschäftsanteile[88] soll auf diesen Umstand hinzuweisen sein. Der darin liegende Widerspruch zum anzuwendenden Sachrecht kann nur durch Praktikabilitätserwägungen, nicht aber dogmatisch erklärt werden.

Wechselt eine AG mit noch nicht ausgenutztem **genehmigten Kapital** in die Rechtsform der GmbH, bei der ein genehmigtes Kapital generell nicht geschaffen werden kann, endet die entsprechende Ermächtigung des Vorstands[89]. 26

Bedingtes Kapital einer AG, die den Formwechsel in eine GmbH beschließt, kann nach Wirksamwerden des Formwechsels ebenfalls nicht aufrechterhalten werden. Hier ist entscheidend, ob – etwa aufgrund der Anleihebedingungen – die Möglichkeit besteht, dass die AG zwischen Beschlussfassung und Eintragung des Formwechsels Bezugsaktien ausgeben kann oder muss. Denn mit Ausgabe der Bezugsaktien ist das Grundkapital erhöht[90]. Ist eine Ausgabe von Bezugsaktien in diesem Zeitraum nicht ausgeschlossen, ist wohl im Hinblick auf § 247 das zukünftige Stammkapital des neuen Rechtsträgers nicht mit einer absoluten Ziffer, sondern unter Berücksichtigung der Ausgabe von Bezugsaktien anzugeben[91]. Im Übrigen stellt sich die Frage einer Schadensersatzpflicht der Inhaber von Schuldverschreibungen, die aufgrund des Formwechsels von ihren Wandlungsrechten keinen Gebrauch mehr machen können[92]. Praktisch wird diese Frage regelmäßig nicht, weil schon die Bedingungen der Schuldverschreibungen entsprechende Vorkehrungen enthalten. 27

IV. Festsetzung des Nennbetrags der Anteile (Abs. 3)

1. Allgemeines

Das Stamm- bzw. Grundkapital bleibt im Zuge des Formwechsels in seiner Höhe grundsätzlich unverändert. Es steht jedoch im freien Ermessen der Gesellschafter, im Gesellschaftsvertrag oder der Satzung des neuen Rechtsträgers einen vom Betrag der Anteile des formwechselnden Rechtsträgers abweichenden, auf die neuen Anteile entfallenden Betrag des Stamm- oder Grundkapitals festzusetzen[93]. Bei einer GmbH als neuem Rechtsträger muss der Nennbetrag der festzusetzenden Geschäftsanteile aber mindestens € 50 betragen und durch zehn teilbar sein[94]. 28

2. Abweichende Festsetzung (Abs. 3 Satz 1)

Die Nennbeträge der einzelnen Geschäftsanteile und der Nennbetragsaktien sind im Gesellschaftsvertrag und der Satzung anzugeben[95] sowie bei Stückaktien deren Anzahl[96]. Die Festsetzung lediglich im Umwandlungsbeschluss und nicht auch im Gesellschaftsvertrag oder der Satzung ist nicht ausreichend[97]. 29

Am einfachsten ist eine Umwandlung durchführbar, wenn die Nennbeträge der Geschäftsanteile den Beträgen der Aktien jeweils unmittelbar entsprechen. Eine abweichende Festsetzung ist zwar zulässig, kann aber u U unter dem Zustimmungsvorbehalt einzelner Ge- 30

---

[88] *Dirksen* in Kallmeyer Rn 11.
[89] *Happ* in Lutter Rn 48; *Rieger* in Widmann/Mayer Rn 67.
[90] § 200 AktG.
[91] *Happ* in Lutter Rn 48.
[92] *Happ* in Lutter Rn 48; ausführlich zur Auswirkung eines Formwechsels einer AG in eine GmbH auf das bedingte Kapital zur Sicherung von Bezugsrechten auch *Rinner* NZG 2001, 865 ff.
[93] § 243 Abs. 3 Satz 1.
[94] § 243 Abs. 3 Satz 2.
[95] § 3 Abs. 1 Nr. 4 GmbHG; § 23 Abs. 3 Nr. 4 AktG.
[96] § 23 Abs. 3 Nr. 4 AktG.
[97] *Rieger* in Widmann/Mayer Rn 29.

§ 244 Fünftes Buch. Formwechsel

sellschafter stehen, soweit sie sich nicht mit dem Gesamtbetrag ihrer bisherigen Anteile am Stamm- bzw. Grundkapital des neuen Rechtsträgers beteiligen können[98].

3. Besondere Anforderungen (Abs. 3 Satz 2)

31 Besondere Regeln gelten für den Formwechsel in die GmbH. Die Mindeststückelung weicht von den allgemeinen GmbH-rechtlichen Regelungen ab, nach denen die Stammeinlage jedes Gesellschafters mindestens € 100 betragen[99] und durch 50 teilbar sein muss[100].

V. Aufsichtsrat

32 Wird **eine GmbH mit Aufsichtsrat in eine AG oder KGaA** umgewandelt, ist eine (Neu-)Wahl der Aufsichtsratsmitglieder im Zuge des Formwechsels aufgrund der Amtskontinuität[101] nicht durchzuführen[102], es sei denn, die Anteilsinhaber erhöhen die Zahl der Anteilseignervertreter im Aufsichtsrat oder bestimmen im Umwandlungsbeschluss für die Aufsichtsratsmitglieder die Beendigung des Amts[103]. Gleiches gilt für den Formwechsel einer AG oder KGaA in eine GmbH mit Aufsichtsrat oder den Formwechsel zwischen einer AG und einer KGaA[104].

33 Beim **Formwechsel einer GmbH ohne Aufsichtsrat in eine AG oder KGaA** ist ein Aufsichtsrat zu bestellen[105].

§ 244 Niederschrift über den Umwandlungsbeschluß; Gesellschaftsvertrag

(1) In der Niederschrift über den Umwandlungsbeschluß sind die Personen, die nach § 245 Abs. 1 bis 3 den Gründern der Gesellschaft gleichstehen, namentlich aufzuführen.

(2) Beim Formwechsel einer Aktiengesellschaft oder einer Kommanditgesellschaft auf Aktien in eine Gesellschaft mit beschränkter Haftung braucht der Gesellschaftsvertrag von den Gesellschaftern nicht unterzeichnet zu werden.

Übersicht

	Rn		Rn
I. Allgemeines	1	II. Namentliche Nennung der Gründern	
1. Entstehungsgeschichte	1	gleichstehenden Personen (Abs. 1)	7
2. Anwendungsbereich	2	1. Bedeutung der Nennung	7
a) Formwechsel einer GmbH in eine AG oder KGaA	3	2. Einzelfragen zur Nennung	8
b) Formwechsel einer AG oder KGaA in eine GmbH	4	3. Verstoß gegen die Benennungspflicht	11
c) Formwechsel einer AG in eine KGaA	5	III. Keine Notwendigkeit zur Unterzeichnung des Gesellschaftsvertrags (Abs. 2)	13
d) Formwechsel einer KGaA in eine AG	6		

---

[98] Im Übrigen sowie im Hinblick auf Zustimmungserfordernisse siehe § 242 sowie zu Zustimmungserfordernissen beim Formwechsel einer GmbH § 241.
[99] § 5 Abs. 1 2. Halbs. GmbHG.
[100] § 5 Abs. 3 Satz 2 GmbHG; Einzelheiten siehe § 242; insbes. § 242 Rn 9 ff.
[101] § 203.
[102] *Happ* in Lutter Rn 53; *Dirksen* in Kallmeyer Rn 13.
[103] § 202 Satz 2.
[104] *Dirksen* in Kallmeyer Rn 13.
[105] § 95 AktG.

I. Allgemeines

1. Entstehungsgeschichte

Die Vorschrift führt den Grundsatz fort, dass die dem Formwechsel zustimmenden Gesellschafter in der Niederschrift des Umwandlungsbeschlusses namentlich aufzuführen sind[1]. Hintergrund ist, dass diese Gesellschafter wegen der Anwendung der aktienrechtlichen Gründungsvorschriften als Gründer gelten und haften[2]. Abs. 2 enthält eine Klarstellung, die der Gesetzgeber für geboten hielt, weil das UmwG den Formwechsel nicht (mehr) als Satzungsänderung behandelt[3]. 1

2. Anwendungsbereich

Die Notwendigkeit, den Gründern der Gesellschaft gleichstehende Personen in der notariellen Niederschrift über den Umwandlungsbeschluss namentlich aufzuführen, besteht in den folgenden Fällen: 2

a) Formwechsel einer GmbH in eine AG oder KGaA. Beim Formwechsel einer GmbH in eine AG oder eine KGaA sind die Gesellschafter, die für den Formwechsel gestimmt haben, sowie beim Formwechsel einer GmbH in eine KGaA auch beitretende persönlich haftende Gesellschafter zu nennen. Dies ergibt sich jeweils unmittelbar aus der Verweisung auf § 245 Abs. 1. 3

b) Formwechsel einer AG oder KGaA in eine GmbH. Abs. 1 findet anders als Abs. 2[4] auf den Formwechsel einer AG oder KGaA in eine GmbH keine Anwendung[5]. Dafür spricht nicht nur die Gesetzesbegründung[6], sondern auch der Gesetzeswortlaut. Abs. 1 verweist nicht auf § 245 Abs. 4, der allein den Formwechsel in die GmbH regelt[7]. 4

c) Formwechsel einer AG in eine KGaA. Nach der Gesetzesbegründung fällt dieser Formwechsel nicht unter Abs. 1[8]. Diese Auffassung steht aber im Widerspruch zum klaren Wortlaut des Gesetzes. Abs. 1 verweist ausdrücklich auf § 245 Abs. 2, der den Formwechsel einer AG in eine KGaA regelt. Hier treten an die Stelle der Gründer die persönlich haftenden Gesellschafter der Gesellschaft neuer Rechtsform. Sie sind deshalb in der Niederschrift über den Umwandlungsbeschluss nach Abs. 1 anzugeben[9]. 5

d) Formwechsel einer KGaA in eine AG. Beim Formwechsel einer KGaA in eine AG sind die persönlich haftenden Gesellschafter der formwechselnden Gesellschaft namentlich anzugeben[10]. 6

II. Namentliche Nennung der Gründern gleichstehenden Personen (Abs. 1)

1. Bedeutung

Die Nennung der den Gründern der Gesellschaft gleichstehenden Personen in der Niederschrift über den Umwandlungsbeschluss soll die Durchsetzung der Haftung als „Gründer" nach § 245 erleichtern[11]. 7

---

[1] RegBegr. *Ganske* S. 260.
[2] § 245; zur Verantwortlichkeit als Gründer *Busch* AG 1995, 555, 558 f.
[3] RegBegr. *Ganske* S. 261.
[4] Siehe *Rieger* in Widmann/Mayer.
[5] Irreführend *Happ* in Lutter Rn 9.
[6] Siehe RegBegr. *Ganske* S. 260.
[7] Zutreffend *Dirksen* in Kallmeyer Rn 5.
[8] Siehe RegBegr. *Ganske* S. 260.
[9] So auch *Happ* in Lutter Rn 8.
[10] § 245 Abs. 3 iVm. § 244 Abs. 1.
[11] *Rieger* in Widmann/Mayer Rn 6; *Happ* in Lutter Rn 4.

2. Einzelfragen zur Nennung

8 Aus dem Zweck der vereinfachten Durchsetzung der Gründerhaftung wird gefolgert, dass die Angaben den Anforderungen des Zivilprozessrechts[12] genügen müssen, um ggf. Haftungsansprüche unmittelbar gerichtlich durchsetzen zu können[13]. Dieser (strenge) Maßstab dürfte allerdings nicht mehr wertungsgerecht sein. Denn selbst beim Formwechsel in die AG die Liberalisierung des § 37 AktG durch das EHUG zeigt, dass die Angabe von Name, Vorname und Wohnort genügen sollte[14].

9 Bei Gesellschaftern in der Rechtsform der **GbR** genügt die namentliche Aufführung der Gesellschaft nicht[15]. Die Nennung ihrer Gesellschafter scheint – entgegen der in der Vorauflage vertretenen Auffassung – notwendig, um entsprechend dem Gesetzeszweck des Abs. 1 die Durchsetzung der Gründerhaftung zu erleichtern. Wer zu den Mitgliedern der GbR gehört, d. h. für die Verbindlichkeiten der Gesellschaft persönlich haftet, soll aus der Niederschrift über den Umwandlungsbeschluss unmittelbar ersehen werden können[16].

10 Ebenfalls bereits in der Niederschrift über den Umwandlungsbeschluss namentlich festzuhalten ist, wer außerhalb des Umwandlungsbeschlusses als persönlich haftender Gesellschafter der KGaA beitreten wird[17]. Zur Identifizierung des Beitretenden ist dessen gesonderte Beitrittserklärung nicht ausreichend, obwohl sie ebenfalls der notariellen Beurkundung bedarf[18]. Zwar kann im Zeitpunkt des Umwandlungsbeschlusses im Einzelfall meist noch nicht feststehen, ob ein persönlich haftender Gesellschafter beitritt. Nach dem Gesetzeswortlaut des § 221 Satz 1 muss der Beitritt des persönlich haftenden Gesellschafters jedoch schon im Beschluss zur Umwandlung der Personenhandelsgesellschaft vorgesehen sein[19]. Zumindest diese Gesellschafter sind auch in der Niederschrift über den Umwandlungsbeschluss nach Abs. 1 namentlich aufzuführen.

3. Verstoß gegen die Benennungspflicht

11 Ein Verstoß gegen Abs. 1 führt weder zur Unwirksamkeit noch zur Anfechtbarkeit des Umwandlungsbeschlusses[20]. Dies gilt sowohl, wenn die den Gründern gleichstehenden Personen überhaupt nicht genannt werden, als auch, wenn die Auflistung (nur) mangelhaft oder unvollständig ist.

12 Eine fehlende oder unzutreffende namentliche Nennung der Gründer führt zu einem Eintragungshindernis, welches das Registergericht befugt, die Eintragung des Formwechsels zu verweigern[21].

---

[12] §§ 253 Abs. 4, 130 Nr. 1 ZPO.
[13] Ähnlich *Rieger* in Widmann/Mayer Rn 12.
[14] *Stratz* in Schmitt/Hörtnagl/Stratz Rn 1 genügt sogar eine namentliche Auflistung, die eine Identifikation erlaubt; ähnlich großzügig *Dirksen* in Kallmeyer Rn 1 sowie *Happ* in Lutter Rn 3 f.
[15] AA *Happ* in Lutter Rn 4, der nun – entgegen seiner Voraufl. – der hier aufgegebenen Ansicht folgt.
[16] Dies entspricht der parallelen Wertung durch das Gesetz über elektronische Register und Justizkosten für Telekommunikation vom 10.12.2001, BGBl. I S. 3422, das mit dem neu eingefügten § 162 Abs. 1 Satz 2 HGB für den Fall, dass eine GbR Kommanditist einer KG ist, ausdrücklich bestimmt, dass auch die Gesellschafter der GbR entsprechend § 106 Abs. 2 HGB und spätere Änderungen in der Zusammensetzung zur Eintragung in das Handelsregister anzumelden sind.
[17] *Dirksen* in Kallmeyer Rn 2.
[18] So aber *Rieger* in Widmann/Mayer Rn 8; *Happ* in Lutter Rn 5.
[19] So die hM; zum Streit siehe im Einzelnen § 221 Rn 8.
[20] *Happ* in Lutter Rn 10; *Rieger* in Widmann/Mayer Rn 13; *Dirksen* in Kallmeyer Rn 6; aA die ältere aktienrechtliche Literatur, etwa *Meyer-Landrut* in Großkomm. § 376 AktG Rn 9.
[21] *Rieger* in Widmann/Mayer Rn 14; *Happ* in Lutter Rn 11; sowie *Dirksen* in Kallmeyer Rn 6.

III. Keine Notwendigkeit zur Unterzeichnung des Gesellschaftsvertrags (Abs. 2)

Beim Formwechsel einer AG oder einer KGaA in eine GmbH braucht der Gesellschaftsvertrag von den Gesellschaftern nicht unterzeichnet zu werden. Insbesondere bei Publikumsgesellschaften ist dies eine erhebliche Erleichterung für die Rechtspraxis. 13

Ungeklärt ist, ob aus Abs. 2 der Umkehrschluss zu ziehen ist, dass bei der Umwandlung einer GmbH in eine AG oder KGaA die Unterzeichnung durch alle Gesellschafter notwendig ist[22]. 14

Die Praxis wird aus Vorsichtsgründen gut beraten sein, beim Formwechsel in die AG bzw. KGaA die Satzung unterschreiben zu lassen, wenn dies möglich ist. Im Übrigen überzeugt das Argument von *Stratz* und *Rieger,* dass § 197 nicht auf die Formalien der Gründung verweise, mit der Folge, dass eine Unterzeichnung nach § 13 Abs. 1 BeurkG nicht notwendig sei[23]. 15

§ 245 Rechtsstellung als Gründer; Kapitalschutz

(1) Bei einem Formwechsel einer Gesellschaft mit beschränkter Haftung in eine Aktiengesellschaft oder in eine Kommanditgesellschaft auf Aktien treten bei der Anwendung der Gründungsvorschriften des Aktiengesetzes an die Stelle der Gründer die Gesellschafter, die für den Formwechsel gestimmt haben, sowie beim Formwechsel einer Gesellschaft mit beschränkter Haftung in eine Kommanditgesellschaft auf Aktien auch beitretende persönlich haftende Gesellschafter. § 220 ist entsprechend anzuwenden. § 52 des Aktiengesetzes ist nicht anzuwenden, wenn die Gesellschaft mit beschränkter Haftung vor dem Wirksamwerden des Formwechsels bereits länger als zwei Jahre in das Register eingetragen war.

(2) Beim Formwechsel einer Aktiengesellschaft in eine Kommanditgesellschaft auf Aktien treten bei der Anwendung der Gründungsvorschriften des Aktiengesetzes an die Stelle der Gründer die persönlich haftenden Gesellschafter der Gesellschaft neuer Rechtsform. § 220 ist entsprechend anzuwenden. § 52 des Aktiengesetzes ist nicht anzuwenden.

(3) Beim Formwechsel einer Kommanditgesellschaft auf Aktien in eine Aktiengesellschaft treten bei der Anwendung der Gründungsvorschriften des Aktiengesetzes an die Stelle der Gründer die persönlich haftenden Gesellschafter der formwechselnden Gesellschaft. § 220 ist entsprechend anzuwenden. § 52 des Aktiengesetzes ist nicht anzuwenden.

(4) Beim Formwechsel einer Aktiengesellschaft oder einer Kommanditgesellschaft auf Aktien in eine Gesellschaft mit beschränkter Haftung ist ein Sachgründungsbericht nicht erforderlich.

Übersicht

	Rn		Rn
I. Allgemeines	1	II. Gründerstellung beim Formwechsel	3
1. Sinn und Zweck der Norm	1	1. Formwechsel einer GmbH in eine AG (Abs. 1 Satz 1 1. Halbs.)	3
2. Übersicht über den Anwendungsbereich der Norm und die Gründerstellung beim Formwechsel	2	a) Für den Formwechsel stimmende Gesellschafter	4

---

[22] Dafür *Dirksen* in Kallmeyer Rn 7; dagegen *Stratz* in Schmitt/Hörtnagl/Stratz Rn 2; wohl ebenfalls für Unterzeichnung *Happ* in Lutter Rn 13.
[23] *Rieger* in Widmann/Mayer Rn 17; *Stratz* in Schmitt/Hörtnagl/Stratz Rn 2.

		Rn
b)	Zustimmende Gesellschafter	5
c)	Treuhänder/Strohmann	10
d)	Gründerstellung durch Unterlassen	11
e)	Minimierung der Haftungsrisiken	12
f)	Gesellschaftsrechtliche Treupflicht	13
g)	Ausscheiden vor Wirksamwerden des Formwechsels	15
h)	Einziehung	16
2.	Formwechsel einer GmbH in eine KGaA (Abs. 1 Satz 1 2. Halbs. 1. Alt.)	17
a)	Beitretende Komplementäre (Abs. 1 Satz 1 2. Halbs. 2. Alt.)	18
b)	Bisherige Gesellschafter als Komplementäre	19
3.	Formwechsel einer AG in eine KGaA (Abs. 2 Satz 1)	23
a)	Gründerstellung für Komplementäre	23
b)	Auskunftsanspruch des künftigen Komplementärs	24
c)	Für Formwechsel stimmende Aktionäre	25
d)	Zustimmende Aktionäre	26
4.	Formwechsel einer KGaA in eine AG (Abs. 3 Satz 1)	27
a)	Ausscheidende Komplementäre	28
b)	Überstimmte Komplementäre	31
5.	Formwechsel in eine GmbH (Abs. 4)	33
III.	**Aktienübernahmeerklärung**	34
IV.	**Deckung des Nennkapitals**	35
1.	Formwechsel einer GmbH in eine AG oder KGaA	35
a)	Gebot der Reinvermögensdeckung	36
b)	Berechnung des Reinvermögens	41
2.	Formwechsel einer AG in eine KGaA und umgekehrt	42

		Rn
3.	Formwechsel einer AG oder KGaA in eine GmbH	44
V.	**Gründungsbericht**	47
1.	Formwechsel einer GmbH in eine AG oder KGaA	47
a)	Verhältnis zum Umwandlungsbericht	48
b)	Berichtspflichtige	51
2.	Formwechsel einer AG in eine KGaA oder umgekehrt	54
3.	Formwechsel einer AG oder KGaA in eine GmbH	55
VI.	**Gründungsprüfung**	56
VII.	**Prüfung durch das Registergericht**	58
VIII.	**Haftung**	59
1.	Formwechsel einer GmbH in eine AG oder KGaA	59
a)	Maßgeblicher Zeitpunkt für die Sorgfalt	60
b)	Sorgfaltsmaßstab	61
c)	Tatsachen	62
2.	Formwechsel einer AG in eine KGaA oder umgekehrt	63
3.	Formwechsel einer AG oder KGaA in eine GmbH	64
IX.	**Nachgründung**	65
1.	Formwechsel einer GmbH in eine AG oder KGaA	65
a)	Zweijahresfrist	66
b)	Gesetzesbegründung	67
c)	Teleologische Reduktion	68
2.	Formwechsel einer AG in eine KGaA oder umgekehrt	69
3.	Formwechsel einer AG oder KGaA in eine GmbH	70

Literatur: *Bröcker,* Die aktienrechtliche Nachgründung, ZIP 1999, 1029; *Busch,* Die Deckung des Grundkapitals bei Formwechsel einer GmbH in eine AG, AG 1995, 555; *Finken/Decher,* Die Umstrukturierung von Familienunternehmens in eine Aktiengesellschaft, AG 1989, 391; *Handelsrechtsauschuss des Deutschen Anwaltvereins (HRA),* Vorschläge zur Änderung des Umwandlungsgesetzes, NZG 2000, 802; *Friedrich,* Der Lagebericht aus wettbewerbsrechtlicher Sicht, BB 1990, 741; *Gustavus,* Die Praxis der Registergerichte zur Versicherung des GmbH-Geschäftsführers über die Mindesteinlage, GmbHR 1987, 47; *Kallmeyer,* Der Formwechsel der GmbH oder GmbH & Co. in die AG oder KGaA zur Vorbereitung des Going public, GmbHR 1995, 888; *Knott,* Nachgründung im Anschluß an Börsengänge, BB 1999, 806; *Lutter/Happ,* Formular-Kommentar Bd. 2, Handels- und Wirtschaftsrecht II, 1982; *Martens,* Nachgründungskontrolle beim Formwechsel einer GmbH in eine AG, ZGR 1999, 548; *Melchior,* Vollmachten bei Umwandlungsvorgängen, GmbHR 1999, 520; *Mertens,* Die formwechselnde Umwandlung einer GmbH in eine Aktiengesellschaft mit Kapitalerhöhung und die Gründungsvorschriften, AG 1995, 561; *Noelle,* Gegenstand der Umwandlungsprüfung nach § 378 Abs. 3 AktG, AG 1990, 475; *Priester,* Gründungsrecht kontra Identitätsprinzip, FS Zöllner, 1998, S. 449; *ders.,* Kapitalgrundlage beim Formwechsel, DB 1995, 911; *ders.,* Das neue Umwandlungsrecht aus notarieller Sicht, DNotZ 1995, 427; *ders.,* Die Bedeutung der Umwandlungsprüfung, in IdW (Hrsg.), Reform des Umwandlungsrechts, 1993, S. 196; *ders.,* Kapitalausstattung und Gründungsrecht beim Umwandlung einer GmbH in eine AG, AG 1986, 29; *Rühl,* Rechtstatsachen zur Sacheinlage im GmbH-Recht, 1988; *Schiller,* Die Prüfung von Sacheinlagen im Rahmen der aktienrechtlichen Gründungsprüfung, AG 1992, 1; *K. Schmidt,* Volleinzahlungsgebot beim Formwechsel in die AG oder GmbH?, ZIP 1995, 1385; *ders.,* Gläubigerschutz bei Umstrukturierungen, ZGR 1993, 366; *ders.,* Unterbilanzhaftung – Vorbelastungshaftung – Gesellschafterhaftung, ZHR 1992, 93; *ders.,* Die Umwandlung einer GmbH in eine AG zu Kapitaländerungszwecken, AG 1985,

150; *Schöne*, Die vermögensverwaltende Personenhandelsgesellschaft, DB 1998, 1169; *Schröder*, Rechtsprobleme bei der Entstehung einer Kommanditgesellschaft auf Aktien durch Umwandlung, Baden-Baden 1991; *Timm*, Angaben zur Kapitalausstattung einer KG bei Umwandlung in eine AG?, BB 1990, 433; *Timmermans*, Kapitalaufbringung und Kapitalfestsetzung bei dem Formwechsel einer Personenhandelsgesellschaft in eine Kapitalgesellschaft, DB 1999, 948; *Trölitzsch*, Differenzhaftung für Sacheinlagen in Kapitalgesellschaften, 1998; *Veil*, Der nicht verhältniswahrende Formwechsel von Kapitalgesellschaften, DB 1996, 2529; *Vonnemann*, Die Feststellung der Überschuldung, 1989; *Wälzholz*, Aktuelle Probleme der Unterbilanz- und Differenzhaftung bei Umwandlungsvorgängen, AG 2006, 469; *Wiedemann*, Die Erfüllung der Geldeinlagepflicht bei Kapitalerhöhungen im Aktienrecht, ZIP 1991, 1257.

I. Allgemeines

1. Sinn und Zweck der Norm

Die Norm enthält Abweichungen und Konkretisierungen zu den allgemeinen Bestimmungen[1], nach denen grundsätzlich die für die neue Rechtsform geltenden Gründungsvorschriften Anwendung finden. Die Norm konkretisiert zum einen, wer bei der Anwendung der Gründungsvorschriften den Gründern gleichsteht. Zum anderen werden die mit der Gründung zusammenhängenden Regeln zur **Kapitalaufbringung** durch eine entsprechende Anwendung des § 220 modifiziert: Beim Wechsel zwischen den Rechtsformen von Kapitalgesellschaften gelten spezielle Bestimmungen zum Verbot der Unterpari-Emission, dem Inhalt des Gründungsberichts und zur Gründungsprüfung. Bei einem Formwechsel in eine GmbH ist nach Abs. 4 ein Sachgründungsbericht nicht erforderlich.

2. Übersicht über den Anwendungsbereich der Norm und die Gründerstellung beim Formwechsel

Formwechselnder Rechtsträger	Neuer Rechtsträger		
	AG	GmbH	KGaA
AG	–	§ 245 Abs. 4 Keine Gründer (str.)	§ 245 Abs. 2 Satz 1 Beitretende persönlich haftende Gesellschafter
GmbH	§ 245 Abs. 1 Satz 1 1. Halbs. Für den Formwechsel stimmende Gesellschafter Zustimmende Gesellschafter (hM)	–	§ 245 Abs. 1 Satz 1 2. Halbs. Für den Formwechsel stimmende Gesellschafter Beitretende persönlich haftende Gesellschafter Zustimmende Gesellschafter (hM)
KGaA	§ 245 Abs. 3 Satz 1 Vorhandene persönlich haftende Gesellschafter	§ 245 Abs. 4 Keine Gründer (str.)	–

---

[1] § 197 Satz 1. Ausf. zur Europäischen Gesellschaft (SE) siehe Einl. C Rn 49 ff.

II. Gründerstellung beim Formwechsel

1. Formwechsel einer GmbH in eine AG (Abs. 1 Satz 1 1. Halbs.)

3 Die Bestimmungen zum Formwechsel einer GmbH in eine AG oder KGaA entsprechen der früheren Rechtslage[2].

4 **a) Für Formwechsel stimmende Gesellschafter.** Für den Formwechsel einer GmbH in eine AG oder KGaA gelten diejenigen Gesellschafter als Gründer, „die **für den Formwechsel gestimmt** haben"[3]. Ein Gesellschafter, der beim Beschluss[4] über den Formwechsel mit „Ja" votiert hat, übernimmt die rechtliche Stellung eines Gründers der AG.

5 **b) Zustimmende Gesellschafter.** Die Gründerstellung kann einem Gesellschafter nicht dadurch zufallen, dass er bei der Beschlussfassung mit „Nein" stimmt, sich enthält oder nicht teilnimmt, zuvor oder danach aber seine für den Formwechsel erforderliche **Zustimmung** erklärt. Die Zustimmung eines Gesellschafters kann erforderlich sein, weil die Geschäftsanteile zu seinen Gunsten **vinkuliert** sind[5], weil er sich **nicht verhältniswahrend** an der AG oder KGaA beteiligen kann[6], weil er **Sonderrechte** inne hat[7] oder weil ihm **Nebenleistungspflichten** auferlegt werden[8].

6 Das Wort „gestimmt" in Abs. 1 spricht dafür, die Gründerstellung allein vom **Abstimmungsverhalten** beim Beschluss über den Formwechsel abhängig zu machen. Die **sprachliche Auslegung** spricht daher gegen eine Gründerstellung für Gesellschafter, die eine von ihnen geforderte Zustimmung zum Formwechsel erklärt haben.

7 Auch eine **systematische Auslegung** spricht gegen die Ausdehnung der Gründerstellung auf alle Gesellschafter, die dem Formwechsel zugestimmt haben: Ist der formwechselnde Rechtsträger eine AG, kann der Aktionär, der einer Übertragung der Aktien zustimmen muss, diese Zustimmung erklären, ohne dass er fürchten muss, als Gründer behandelt zu werden, weil § 245 Abs. 2 nicht einmal vorsieht, dass ein Aktionär haftet, der für den Formwechsel gestimmt hat[9].

8 Nach der hM gebietet jedoch der **Sinn und Zweck der Vorschrift**[10], auch „andere Personen, die beim Zustandekommen des Beschlusses positiv mitgewirkt haben", als Gründer zu behandeln. Sinn und Zweck der Vorschrift sei es, über die Anwendung der Gründungsbestimmungen, insbesondere die Gründerhaftung, vor allem im Interesse der Gläubiger der durch den Formwechsel entstehenden AG oder KGaA die **Aufbringung des Nominalkapitals** sicherzustellen. Das Interesse der Gläubiger, das auch Haftungsansprüche gegen die als Gründer geltenden Gesellschafter einschließt, müsse nur dann dem **Schutz des Gesellschafters** weichen, wenn ohne sein Zutun ein Formwechsel wirksam wurde. Ein Formwechsel komme jedoch gerade nicht ohne **aktive Mitwirkung eines Gesellschafters** zustande, wenn dieser zwar gegen den Umwandlungsbeschluss votiert, dann aber seine Vetomöglichkeiten nicht nutzt, indem er seine **Zustimmung erklärt**, ohne die der Formwechsel nicht wirksam werden kann. Nach dieser Auffassung wäre es unbillig, wenn ein Minderheitsgesellschafter, der mit seinen wenigen Stimmen für einen Formwechsel das Ergebnis der

---

[2] § 378 Abs. 1 2. Halbs. und § 389 Abs. 4 Satz 2 AktG 1965.
[3] § 245 Abs. 1 Satz 1.
[4] § 240 Abs. 1 Satz 1. Siehe zu den Mehrheitserfordernissen § 193 Rn 11.
[5] Siehe § 193 Rn 18 ff.
[6] § 241 Abs. 1.
[7] § 241 Abs. 2 iVm. § 50 Abs. 2.
[8] § 241 Abs. 3.
[9] Näher hierzu Rn 26.
[10] *Happ* in Lutter Rn 19. Inhaltsgleich *Stratz* in Schmitt/Hörtnagl/Stratz Rn 3; *Rieger* in Widmann/Mayer Rn 28 f.

Beschlussfassung nicht wesentlich beeinflussen konnte, eine Gründerstellung übernehmen müsste, zugleich aber Mitgesellschafter, deren Zustimmung zum Formwechsel erforderlich war, keine Verantwortung als Gründer trügen.

Die hM führt jedoch in anderen Fällen ebenfalls zu **unbilligen** oder zumindest **fragwürdigen Ergebnissen**: Wieso soll der Gesellschafter, der sich, nachdem er eine von ihm erforderliche Zustimmung erklärt hat, noch eines anderen besinnt und gegen den Beschluss über den Formwechsel stimmt, schlechter stehen als ein anderer Gesellschafter, bei dem dieser Sinneswandel eintrat, ohne dass er zuvor eine Zustimmung erklären musste? Und wie ist ein Gesellschafter zu behandeln, der am Formwechsel aktiv mitwirkt, indem er billigt, dass das Zustimmungserfordernis, zB die **Vinkulierungsklausel** oder sein **Sonderrecht**, im Gesellschaftsvertrag vor dem Formwechsel aufgehoben wird? 9

c) Treuhänder/Strohmann. Die früher vertretene Ansicht, dass beim Formwechsel als Gründer auch Personen haften, „für **deren Rechnung** die Gesellschafter, welche für die Umwandlung gestimmt haben, die Geschäftsanteile bei der Gründung der GmbH oder später, insbesondere vor der Umwandlung, erworben haben"[11], steht in Widerspruch zu § 46 Abs. 5 AktG. Dieser stellt für die Gründung einer AG klar, dass „**neben den Gründern**" auch die Personen verantwortlich sind, für deren Rechnung die Gründer Aktien übernommen haben. „Gründer" ist somit nur, wer als solcher bei der Gründung formal auftrat, nicht aber der **Treugeber**, für dessen Rechnung die Aktien übernommen werden[12]. Da das UmwG keine Regelung enthält, die den Kreis der Haftenden über die **Gründer** hinaus ausdehnt, haftet der **Hintermann** nicht, dessen **Strohmann** für einen Formwechsel gestimmt hat. 10

d) Gründerstellung durch Unterlassen. Bloße Untätigkeit führt nicht zur Gründerstellung. Wer die Möglichkeit gehabt hätte, den Formwechsel zu verhindern, dies aber nicht tat, gilt nicht als Gründer. Kein Gründer ist deshalb, wer an der Abstimmung über den Formwechsel nicht teilnimmt, wer sich enthält, wer selbst bei guten Erfolgsaussichten einen Formwechselbeschluss nicht anficht oder wer in einer Gesellschaftsvereinbarung enthaltene Sonderrechte und Vinkulierungsklauseln nicht nutzt, um einen Formwechsel zu unterbinden[13]. 11

e) Minimierung der Haftungsrisiken. Gerade in Gesellschaften, in denen alle Gesellschafter den Formwechsel anstreben, lassen sich zumeist Gestaltungen finden, bei denen letztlich nur ein Gesellschafter als Gründer haftet: Klauseln im Gesellschaftsvertrag, welche die Zustimmung eines Gesellschafters zum Formwechsel erfordern, werden vollständig aufgehoben oder zumindest in eine Gesellschaftervereinbarung verschoben. Möglich ist dann, dass bei der Abstimmung nur ein Gesellschafter für den Formwechsel stimmt, die anderen enthalten sich der Stimme oder nehmen gar nicht an der Abstimmung teil. 12

f) Gesellschaftsrechtliche Treupflicht. Die Gründerstellung kann nicht teleologisch reduziert werden. Ein Gesellschafter ist auch dann als Gründer zu behandeln, wenn er in Erfüllung seiner **gesellschaftsrechtlichen Treupflicht** für den Formwechsel gestimmt hat[14]. Der Gesetzgeber hat, wie Abs. 4 zeigt, einen formalen Ansatz bei der Gründerstellung gewählt: Beim Formwechsel einer KGaA in eine AG gilt sogar jeder Komplementär als Gründer, selbst wenn er gegen den Formwechsel gestimmt hat[15]. Dieser formale Ansatz würde aufgegeben, wenn es bei der Gründerstellung nach Abs. 1 nicht nur auf das **Stimmverhalten** eines Gesellschafters, sondern auch auf die **Beweggründe eines Gesellschafters** für sein Stimmverhalten ankäme. 13

---

[11] *v. Godin/Wilhelmi* § 378 AktG 1965 Rn 10.
[12] *Hüffer* § 28 AktG Rn 2; *Pentz* in MünchKomm. § 28 AktG Rn 5 ff.
[13] *Laumann* in Goutier/Knopf/Tulloch Rn 3 kritisiert, dass der Gesetzgeber nicht alle bei einem Formwechsel in der Gesellschaft verbleibenden Gesellschafter in die Gründerhaftung einbezogen hat.
[14] So aber *Rieger* in Widmann/Mayer Rn 30.
[15] Vgl. Rn 31.

14 Eine solche teleologische Reduktion widerspricht überdies den Prinzipien, die zur **Gründerstellung im Aktienrecht** entwickelt wurden. Eine Person, die als Gründer einer AG auftrat, kommt aus dieser Rechtsposition im Regelfall nur dann frei, wenn sie bei Übernahme der Gründerstellung geschäftsunfähig war. Liegt jedoch nur ein Grund vor, der zur **Anfechtung nach §§ 119, 123 BGB** berechtigt, so bleibt zumindest die Gründerhaftung bestehen, sofern der Gründer durch seine Teilnahme an der Satzungsfeststellung und durch seine Aktienübernahme einen **zurechenbaren Rechtsschein** gesetzt hat[16]. Auch im Fall eines Formwechsels verdient der Rechtsverkehr Schutz, wenn durch das Abstimmungsverhalten eines Gesellschafters oder seine Zustimmung der Rechtsschein gesetzt wird, er gelte als Gründer und hafte als solcher. Daher wird ein Gesellschafter aus der Gründerhaftung nicht einmal frei, wenn nach Wirksamwerden des Formwechsels ein Grund erkennbar wird, der ihm ermöglicht, seine Zustimmungserklärung **anzufechten**. Erst recht kann er sich nicht aus der Gründerstellung mit dem Argument befreien, er habe nur für den Formwechsel gestimmt, weil dies die gesellschaftsrechtliche Treupflicht geboten habe. Vorstellbar ist lediglich, dass der Gesellschafter, der aus **Gründerhaftung** in Anspruch genommen wird, einen **Freistellungsanspruch** gegen die Mitgesellschafter hat, denen gegenüber er unmittelbar oder mittelbar aus Treupflicht gehalten war, für den Formwechsel zu stimmen.

15 **g) Ausscheiden vor Wirksamwerden des Formwechsels.** Hat ein Gesellschafter für den Formwechsel gestimmt, kann er nicht mehr verlangen, dass die GmbH seinen Geschäftsanteil gegen eine Barabfindung erwirbt[17]. Gleichwohl ist denkbar, dass der Gesellschafter zwischen dem Beschluss über den Formwechsel und dessen Eintragung im Handelsregister aus der Gesellschaft ausscheidet. Geht der Geschäftsanteil im Wege der Gesamtrechtsnachfolge, zB durch Verschmelzung oder Erbfall, übernimmt der Rechtsnachfolger auch die Gründerstellung[18]. Wird der Geschäftsanteil durch Einzelrechtsnachfolge übertragen, zB an einen Dritten veräußert, tritt der Erwerber mit schuldbefreiender Wirkung anstelle des Veräußerers in die Gründerstellung ein[19]. Ohne eine solche Rechtsnachfolge in der Gründerstellung wäre es gestaltbar, dass niemand verbliebe, der als Gründer haftbar ist. Eine Gründerhaftung, die von der Mitwirkung am Gründungsbericht abhängt, löst dieses Problem nicht[20], weil die Verpflichtung, am Gründungsbericht mitzuwirken, erst daraus erwächst, dass die Gründerstellung auf den Rechtsnachfolger übergeht.

16 **h) Einziehung.** Wird der Geschäftsanteil eines für den Formwechsel stimmenden Gesellschafters zwischen dem Umwandlungsbeschluss und der Eintragung im Handelsregister eingezogen, haftet derjenige, dem der eingezogene Geschäftsanteil übertragen wird, oder wer einen neuen Geschäftsanteil übernimmt, der anstelle des eingezogenen ausgegeben wird. Eine Person, die nach einem Formwechsel einen eingezogenen oder einen neuen Geschäftsanteil übernimmt, ist so zu behandeln, als ob sie für den Formwechsel gestimmt habe. Anderenfalls wäre es möglich, durch Einziehung und Neuausgabe von Gesellschaftsanteilen zu erreichen, dass kein Gesellschafter bei Eintragung des Formwechsels als Gründer gilt.

2. Formwechsel einer GmbH in eine KGaA (Abs. 1 Satz 1 2. Halbs. 1. Alt.)

17 Beim Formwechsel einer GmbH in eine KGaA[21] gilt für die Gesellschafter, die für den Formwechsel gestimmt haben, grundsätzlich das Gleiche wie beim Formwechsel einer GmbH in eine AG[22].

---

[16] *Kraft* in Kölner Komm. § 28 AktG Rn 5 ff.; *Röhricht* in Großkomm. § 28 AktG Rn 3 f.; *Hüffer* § 28 AktG Rn 3.
[17] § 207 Abs. 1.
[18] Ebenso *Rieger* in Widmann/Mayer Rn 31; aA *Happ* in Lutter Rn 58.
[19] Ebenso *Rieger* in Widmann/Mayer Rn 31; aA *Happ* in Lutter Rn 58.
[20] So aber *Happ* in Lutter Rn 58.
[21] § 245 Abs. 1 Satz 1 2. Halbs. 1. Alt.
[22] Siehe Rn 4 bis 16.

a) **Beitretende Komplementäre (Abs. 1 Satz 1 2. Halbs. 2. Alt.).** Neben den Ge- 18
sellschaftern, die für einen Formwechsel gestimmt haben, gelten bei der KGaA aber auch
beitretende persönlich haftende Gesellschafter als Gründer[23]. Bei der Erfüllung ihrer
Verpflichtungen als Gründer iRd. Formwechsels können sie sich noch nicht auf organschaftliche und mitgliedschaftliche Befugnisse gegenüber der GmbH stützen. Zwischen dem beitretenden Komplementär und der formwechselnden GmbH entsteht jedoch ein besonderes
Rechtsverhältnis, aufgrund dessen der beitretende Komplementär u. a. Auskunft über die
rechtlichen und wirtschaftlichen Verhältnisse der GmbH und den Stand des Formwechsels
verlangen kann[24].

b) **Bisherige Gesellschafter als Komplementäre.** Von den Komplementären im Zeit- 19
punkt des Formwechsels sind nach dem **Wortlaut** des Abs. 1 nur diejenigen als Gründer zu
behandeln, die als persönlich haftender Gesellschafter erst beim Formwechsel **beitreten**. Es
ist jedoch vorstellbar, dass ein Gesellschafter an der Beschlussfassung über den Formwechsel nicht teilnimmt, aber zustimmt, Komplementär in der KGaA zu werden. In diesem Fall
kommt auch ihm wie einem beitretenden Komplementär die Gründerstellung zu, die er
mangels Zustimmung zum Formwechsel ansonsten nicht hätte.

Für eine entsprechende Anwendung des Abs. 1 auf bereits **vorhandene Gesellschafter**, 20
die zugestimmt haben, nach dem Formwechsel Komplementär zu sein, spricht eine **historische Auslegung**: In der Gesetzesbegründung[25] heißt es, dass Abs. 1 u. a. auf § 389 Abs. 4
AktG 1965 zurückgehe[26]. Dort war die Gründerstellung nicht auf **beitretende** Komplementäre beschränkt und sollte mit Abs. 1 auch nicht auf diese beschränkt werden.

Für diese Ansicht spricht ferner eine **systematische Auslegung** durch Vergleich mit dem 21
in Abs. 2 geregelten Formwechsel einer AG in eine KGaA: Bei diesem wird nicht zwischen
beitretenden und bereits vorhandenen Gesellschaftern unterschieden. Als Gründer gelten
alle, die bei Wirksamwerden des Formwechsels Komplementäre der KGaA sind.

Schließlich entspricht es auch dem **Sinn und Zweck** des Abs. 1, nicht nur die bei- 22
tretenden Komplementäre, sondern auch bereits vorhandene Gesellschafter, die einer Komplementärstellung zugestimmt haben, als Gründer zu behandeln. Aufgrund ihrer organ- und
mitgliedschaftlichen Befugnisse in der GmbH sind sie sogar besser als ein beitretender Dritter
in der Lage, ihre Verpflichtungen als Gründer zu erfüllen.

3. Formwechsel einer AG in eine KGaA (Abs. 2 Satz 1)[27]

a) **Gründerstellung für Komplementäre.** Jeder Komplementär gilt als Gründer. Abs. 2 23
kann im Gegensatz zu Abs. 1 nicht zu Missverständnissen führen, weil er nicht von **beitretenden** persönlich haftenden Gesellschaftern spricht[28].

b) **Auskunftsanspruch des künftigen Komplementärs.** Der künftige Komplementär 24
einer KGaA hat aufgrund seiner Gründerstellung und der persönlichen Haftung ein gesteigertes Bedürfnis, sich über die formwechselnde AG zu informieren. Dieses Informationsbedürfnis entfällt in der Praxis nicht schon deshalb, weil sich der künftige Komplementär im

---

[23] § 245 Abs. 1 Satz 1 2. Halbs. 2. Alt.
[24] Vgl. zu Einzelfragen dieses Rechtsverhältnisses Rn 24. Ist der künftige Komplementär der KGaA aber bereits Gesellschafter einer GmbH, wird er die Mehrzahl der benötigten Informationen bereits nach § 51 a Abs. 1 GmbHG erfragen können, während das Auskunftsrecht eines Aktionärs nach § 131 AktG häufig nicht ausreichen wird.
[25] RegBegr. *Ganske* S. 261.
[26] § 389 Abs. 4 AktG 1965 lautete: „An die Stelle der Gründer treten die Gesellschafter, die für die Umwandlung gestimmt haben, sowie die persönlich haftenden Gesellschafter".
[27] Die Regelung in § 245 Abs. 2 entspricht inhaltlich § 362 Abs. 4 Satz 2 AktG 1965.
[28] Siehe Rn 19 ff.

Regelfall über die formwechselnde AG informiert, bevor er zustimmt[29], Komplementär in der KGaA zu werden. In der Zeit zwischen der Zustimmungserklärung und dem Wirksamwerden des Formwechsels können sich Veränderungen ergeben, die für den künftigen Komplementär wichtig sind. Auch stellt sich das Problem eines Auskunftsanspruchs nicht nur für beitretende Komplementäre[30], sondern auch für künftige Komplementäre, die bereits Aktionäre des formwechselnden Rechtsträgers sind: § 131 AktG räumt dem Aktionär nur ein stark beschränktes Auskunftsrecht ein, das häufig nicht ausreicht, dem Informationsbedürfnis eines künftigen Komplementärs gerecht zu werden. Selbst wenn nach hM sich für den künftigen Komplementär schon aus dem Beitritts- oder Umwandlungsverhältnis ein weiter gehender Auskunftsanspruch ergibt[31], erscheint es ratsam, dieses Beitritts- oder Umtauschverhältnis bei Abgabe der Zustimmungserklärung durch eine **Vereinbarung mit der formwechselnden AG** näher zu konkretisieren und insbesondere Art und Umfang der Auskunft festzulegen. Empfehlenswert ist, dass bei einem kleinen Aktionärskreis auch **alle Aktionäre** dieser Vereinbarung **beitreten**, damit sie nicht gestützt auf § 131 Abs. 4 AktG verlangen, dass ihnen dieselben Auskünfte gegeben werden wie den künftigen Komplementären.

25 **c) Für Formwechsel stimmende Aktionäre.** Anders als bei einer formwechselnden GmbH gilt ein Aktionär nicht bereits deshalb als Gründer, weil er für den Formwechsel gestimmt hat. Die Gründe für diesen bereits vor Inkrafttreten des UmwG bestehenden Unterschied sind unklar: Der Unterschied könnte sich durch den typischerweise **kleineren Gesellschafterkreis** einer GmbH und den damit verbundenen größeren Einfluss des einzelnen Gesellschafters erklären[32]. Denkbar ist auch, dass der GmbH-Gesellschafter für sein Stimmverhalten als Gründer haften soll, weil er **weitergehende Auskunftsrechte** als ein Aktionär hat[33].

26 **d) Zustimmende Aktionäre.** Nicht nur beim Formwechsel einer GmbH, sondern auch bei einer AG kann es vorkommen, dass die Wirksamkeit des Formwechsels davon abhängt, dass ein einzelner Aktionär seine Zustimmung erklärt, zB weil die Aktien so vinkuliert sind, dass es seiner Zustimmung bedarf[34]. Hieraus kann sich aber keine Gründerstellung ergeben.

4. Formwechsel einer KGaA in eine AG (Abs. 3 Satz 1)

27 Anders als nach vorherigem Recht ist der Formwechsel einer KGaA in eine AG nicht mehr nur eine **Satzungsänderung**, sondern ein Rechtsformwechsel, auf den entsprechend dem in § 197 Satz 1 normierten Grundsatz die Gründungsvorschriften anzuwenden sind.

28 **a) Ausscheidende Komplementäre.** Beim Formwechsel einer KGaA in eine AG hängt im Gegensatz zum Formwechsel in eine KGaA[35] die Gründerstellung nicht von der Rechtsstellung ab, die ein Gesellschafter nach dem Formwechsel inne hat. Maßgeblich ist vielmehr die **Rechtsstellung vor dem Formwechsel**: Als Gründer gilt, wer Komplementär der formwechselnden KGaA ist. Nicht gesetzlich geregelt ist hingegen, ob die Komplementärstellung bei Gesellschafterbeschluss über den Formwechsel, bei der **Zustimmung** der Komplementäre zum Formwechsel oder bei **Eintragung** des Formwechsels (noch) bestehen muss.

---

[29] So wohl *Happ* in Lutter Rn 21; *Rieger* in Widmann/Mayer Rn 33. Im gleichen Sinn zu § 362 AktG 1965: *Grunewald* in G/H/E/K § 362 AktG Rn 39.
[30] So wohl aber *Rieger* in Widmann/Mayer Rn 33.
[31] *Happ* in Lutter Rn 21; *Rieger* in Widmann/Mayer Rn 33. Im gleichen Sinn zu § 362 AktG 1965: *Grunewald* in G/H/E/K § 362 AktG Rn 39.
[32] *Rieger* in Widmann/Mayer Rn 33.
[33] Vgl. § 51 a GmbHG und § 131 AktG.
[34] § 193 Rn 18 ff. Zur Vinkulierung und anderen Zustimmungserfordernissen bei einer GmbH siehe § 193 Rn 26.
[35] § 245 Abs. 1 2. Halbs. und § 245 Abs. 2 Satz 1.

Rückschlüsse auf den maßgeblichen **Zeitpunkt der Komplementärstellung** lassen sich aus **Sinn und Zweck der Norm** ziehen. Der Grund für diese Regelung könnte darin gesehen werden, dass der Komplementär typischerweise größeren Einfluss auf die Entscheidung über den Formwechsel hat[36]. Dies spräche dafür, denjenigen als Gründer zu betrachten, der beim Gesellschafterbeschluss über den Formwechsel Komplementär war.

Eine rechtshistorische Betrachtung spricht jedoch dafür, auf den Zeitpunkt der Eintragung abzustellen. Nach früherem Recht war der Rechtsformwechsel von einer KGaA zu einer AG eine **bloße Satzungsänderung**. Der Gesetzgeber sah keine Notwendigkeit, die Gründungsvorschriften entsprechend anzuwenden. Die Regierungsbegründung lässt erkennen, dass die Bestimmung eines Gründers erst erforderlich wurde, weil Art. 13 der **Zweiten Gesellschaftsrechtlichen Richtlinie**[37] vorsah, dass die Gründungsvorschriften beim Formwechsel zu beachten sind[38]. Da nach einem Formwechsel in eine AG regelmäßig nur noch eine Klasse Gesellschafter besteht und es rechtspolitisch nicht notwendig erschien, Aktionäre als Gründer zu behandeln, lag es nahe, ein Differenzierungskriterium zwischen Gesellschaftern, die als Gründer behandelt werden, und Gesellschaftern ohne Gründerstellung zu suchen, das vor dem Formwechsel lag. Für diesen Zweck ist es jedoch vollkommen ausreichend, wenn derjenige als Gründer gilt, der **bei Beginn der Eintragung des Formwechsels Komplementär** der KGaA war. Bedeutungslos ist hingegen, ob jemand bei der Beschlussfassung über den Formwechsel und/oder bei der Zustimmung der Komplementäre – bereits oder noch – persönlich haftender Gesellschafter der KGaA war.

b) Überstimmte Komplementäre. Die Anknüpfung der Gründerstellung an eine Rechtsposition vor dem Wirksamwerden des Formwechsels, nämlich die Komplementärstellung, kann dazu führen, dass ein Komplementär als Gründer haftet, obwohl er gegen den Formwechsel votiert hat, aber durch Mehrheitsentscheidung überstimmt worden ist[39]. *Rieger* sieht es nicht als gerechtfertigt an, die Gründerpflichten auch einem Komplementär aufzubürden, der gegen den Formwechsel gestimmt hat, und befürwortet deshalb eine **teleologische Reduktion** des Abs. 3[40]. *Happ* widerspricht und empfindet die formale Anknüpfung an die Komplementärstellung nicht als unbillig, weil der Komplementär aufgrund seiner ihm durch Satzung und Vertrag obliegenden Verpflichtungen bei der Durchführung des Formwechsels und insbesondere bei der Erstellung des Berichts nach § 32 AktG mitwirken müsse und hierzu aufgrund seiner Stellung in der Gesellschaft auch in der Lage sei[41]. Zwingt man aber einen Komplementär, der den Formwechsel ablehnt, in die Gründerstellung, besteht die Gefahr, dass der Komplementär beim Formwechsel obstruhiert.

Die **Obstruktionsgefahr** und unbillige Ergebnisse für den Komplementär lassen sich vermeiden, wenn dem überstimmten Komplementär ein Anspruch gegen seine Mitgesellschafter zugestanden wird, seine Komplementärstellung noch vor der Eintragung des Formwechsels in eine Kommanditistenstellung analog § 139 Abs. 1 HGB umzuwandeln. Sofern die Satzung keinen **Wechsel aus der Komplementär- in die Kommanditistenstellung** zulässt, gebietet die gesellschaftsrechtliche Treupflicht den Mitgesellschaftern, die Satzung zu ergänzen. Die schutzwürdigen Interessen Dritter, insbesondere der Gläubiger des formwechselnden Rechtsträgers, bleiben bei einem solchen Wechsel von der Komplementär- in die Kommanditistenstellung gewahrt, da es ausreicht, wenn die KGaA zum Zeitpunkt des Formwechsels nur noch einen Komplementär hat, der dann die Rechtsstellung eines Gründers übernimmt.

---

[36] *Rieger* in Widmann/Mayer Rn 33.
[37] Zweite Richtlinie des Rates zur Koordinierung des Gesellschaftsrechts vom 13. 12. 1976 (77/91/EWG), ABl. EG Nr. L 26 vom 31. 1. 1977 S. 1/5.
[38] RegBegr. Ganske S. 261.
[39] Siehe § 240 Rn 26 zur Möglichkeit, in einer Satzung eine Mehrheitsentscheidung der Komplementäre vorzusehen.
[40] *Rieger* in Widmann/Mayer Rn 37.
[41] *Happ* in Lutter Rn 23.

5. Formwechsel in eine GmbH (Abs. 4)

33 Das UmwG regelt nicht, wer beim Formwechsel einer AG oder einer KGaA in eine GmbH als Gründer zu gelten hat. Da für Formwechsel in andere Rechtsformen detaillierte Bestimmungen zur Gründerstellung bestehen[42], kann man aus dem Fehlen entsprechender Regelungen beim Formwechsel in die GmbH schließen, dass der Gesetzgeber beim Formwechsel in eine GmbH niemandem eine Gründerstellung zuweisen wollte[43]. Diese Ansicht wird ferner durch die Gesetzesbegründung gestützt, in der zum Ausdruck kommt, dass durch das Haftungssystem des Aktienrechts schon beim formwechselnden Rechtsträger ein hinreichender Kapitalschutz gegeben ist[44]. Schließlich spricht der Sinn und Zweck des Abs. 4 dafür, dass kein Gesellschafter als Gründer behandelt werden soll. Mit dem Verzicht auf einen Sachgründungsbericht in Abs. 4 ist der maßgebliche Anknüpfungspunkt für eine Gründerhaftung entfallen[45].

III. Aktienübernahmeerklärung

34 Beim Wechsel einer GmbH in die Rechtsform der AG oder KGaA muss die neue Satzung grundsätzlich den aktienrechtlichen Voraussetzungen entsprechen[46]. Der Angaben nach § 23 Abs. 2 AktG zur Aktienübernahme bedarf es aber nicht. Die Gründer werden durch Abs. 1 bestimmt. Ihre Namen stehen im Umwandlungsbeschluss und in etwaigen Zustimmungserklärungen[47]. Angaben zu den von den Gründern übernommenen Aktien und zum eingezahlten Betrag sind bei einem Formwechsel nicht erforderlich.

IV. Deckung des Nennkapitals

1. Formwechsel einer GmbH in eine AG oder KGaA

35 Beim Formwechsel in eine AG oder KGaA sind die besonderen Vorschriften zum Kapitalschutz zu beachten[48].

36 **a) Gebot der Reinvermögensdeckung.** Im Mittelpunkt der Überlegungen zum Kapitalschutz steht das **Gebot der Reinvermögensdeckung**[49]. Beim Formwechsel in eine AG oder KGaA bestehen noch immer einige Zweifel, ob das Grundkapital der AG oder KGaA bei Eintragung des Formwechsels durch Reinvermögen gedeckt sein muss und eine **materielle Unterpari-Emission** verboten ist.

37 Zwar verweist die Vorschrift auf alle Bestimmungen des § 220, in den **Gesetzesbegründungen** zu § 246 Abs. 3[50] und § 247 Abs. 1[51] wird aber davon gesprochen, dass die Möglichkeit eines Formwechsels trotz Unterbilanz **fortbestehe**. Da jedoch § 246 Abs. 3 und § 247 Abs. 1 sowohl Fälle eines Formwechsels in eine AG oder KGaA als auch eines Formwechsels in eine GmbH regeln, kann die Gesetzesbegründung auch so verstanden werden, dass

---

[42] § 245 Abs. 1 bis 3.
[43] *Happ* in Lutter Rn 24; aA *Laumann* in Goutier/Knopf/Tulloch Rn 13, der wohl die für den Formwechsel stimmenden Gesellschafter als Gründer ansieht.
[44] RegBegr. *Ganske* S. 261; vgl. zum früheren Recht: *J. Semler/Grunewald* in G/H/E/K Vorb. zu §§ 362 ff. AktG Rn 26.
[45] *Happ* in Lutter Rn 24; *Stratz* in Schmitt/Hörtnagl/Stratz Rn 5.
[46] § 23 AktG, vgl. § 197 Rn 38 ff.; zum Inhalt der neuen Satzung vgl. § 243 Rn 14 ff.
[47] *Happ* in Lutter Rn 26 unter Hinweis auf § 246 Abs. 3.
[48] § 245 Abs. 1 Satz 2 iVm. § 220; siehe auch § 220 Rn 7 ff.
[49] § 220 Rn 7.
[50] RegBegr. *Ganske* S. 262.
[51] RegBegr. *Ganske* S. 263.

zwar eine Möglichkeit zum Formwechsel trotz Unterbilanz fortbesteht, aber nur wenn der Rechtsträger in eine GmbH umgewandelt wird.

Selbst wenn die Gesetzesbegründung aber an diesen beiden Stellen **Redaktionsverse-** 38 **hen**[52] enthielte, könnte der Formwechsel bei Unterbilanz nicht einfach durch eine **teleologische Reduktion** gestattet werden, bei der nurmehr auf die Abs. 2 und 3, nicht aber auf **Abs. 1** des § 220 verwiesen würde[53]. Der Referentenentwurf zum UmwG enthielt noch keinen Verweis auf Abs. 1. Dies wurde als Mangel empfunden, dem man im Regierungsentwurf abhalf[54]. Es fällt daher schwer zu argumentieren, dass Sinn und Zweck der Norm gebieten, den Verweis auf § 220 Abs. 1 zu übergehen.[55]

Dem Vorschlag des **HRA**, die Verweisung aus § 245 auf § 220 Abs. 2 und 3 zu beschränken[56], steht EU-Recht entgegen: Nach Art. 12 iVm. Art. 9 Abs. 1 der **Zweiten Gesellschaftsrechtlichen Richtlinie** müssen zumindest 25% des Nennbetrags der Aktien geleistet werden[57]. Wurden Einlagen vor dem Formwechsel geleistet, sind die Voraussetzungen des Art. 12 iVm. Art. 9 Abs. 1 nur dann erfüllt, wenn bei Eintragung des Formwechsels noch mindestens 25% des Nominalkapitals vorhanden sind.

Ein Gebot der Reinvermögensdeckung, dass beim Formwechsel einer GmbH oder einer 40 AG in eine KGaA gar nicht anwendbar wäre, beim Formwechsel einer GmbH oder KGaA in eine AG zu einer Deckung von 25% des Grundkapitals zwänge und beim Formwechsel eines anderen Rechtsträgers in eine AG oder KGaA keine Unterbilanz zulässt, führt dazu, dass der Gläubiger nicht mehr überblickt, ob und in welchem Umfang er darauf vertrauen kann, dass das Nominalkapital als Haftungsmasse nach einem Rechtsformwechsel noch vorhanden ist. Auch nützt es aus Sicht des Gläubigers wenig, wenn der Rechtsträger nach einer Umwandlung in eine AG oder KGaA schärferen Kapitalerhaltungsregeln unterliegt, aber das Kapital bereits vor der Umwandlung aufgezehrt worden ist.

b) Berechnung des Reinvermögens. Für die Berechnung des Reinvermögens gelten 41 die zu § 220 entwickelten Regeln[58].

2. Formwechsel einer AG in eine KGaA und umgekehrt

Wird eine AG in eine KGaA oder eine KGaA in eine AG umgewandelt, gelten über die 42 Verweisung in Abs. 2 Satz 2 und Abs. 3 Satz 2 auf § 220 dieselben Kapitalschutzbestimmungen.

Die Geltung des **Gebots der Reinvermögensdeckung** beim Formwechsel von einer 43 AG in eine KGaA, obwohl sowohl vor als auch nach dem Formwechsel dieselben Kapitalaufbringungs- und -erhaltungsvorschriften zur Anwendung kommen[59], beruht nicht auf einem Mangel des UmwG, sondern auf Art. 13 der **Zweiten Gesellschaftsrechtlichen Richtlinie**: Diese Vorschrift sieht den Formwechsel in ein AG als eine Zäsur im Dasein eines Rechtsträgers an, welche die entsprechende Anwendung der scharfen Kapitalschutzvorschriften verlangt, die das Aktienrecht für die Gründung aufstellt.

---

[52] So *Picot/Müller-Eising* in Picot II Rn 445.
[53] So aber ursprünglich *Happ* in Lutter Umwandlungsrechtstage S. 223, 242 f., der diese Ansicht aber wohl aufgegeben hat: *Happ* in Lutter Rn 12.
[54] Ausführlich hierzu *Rieger* in Widmann/Mayer Rn 50.
[55] So nun auch *Dirksen* in Kallmeyer Rn 5.
[56] HRA NZG 2000, 802, 808.
[57] Zweite Richtlinie des Rates zur Koordinierung des Gesellschaftsrechts vom 13. 12. 1976 (77/91/EWG), ABl. EG Nr. L 26 vom 31. 1. 1977 S. 1/5.
[58] Vgl. § 220 Rn 7 ff.
[59] Dies empfindet *Rieger* in Widmann/Mayer Rn 54 als „kaum nachvollziehbar".

3. Formwechsel einer AG oder KGaA in eine GmbH

44 Abs. 4 verweist nicht auf die Kapitalschutzregeln des § 220. Eine Pflicht, eine bestimmte Kapitalausstattung beim Formwechsel einer AG oder KGaA in eine GmbH nachzuweisen, folgt auch nicht aus **§ 197 Satz 1**, der eine entsprechende Anwendung der Gründungsvorschriften anordnet[60].

45 Die Gesetzesbegründung zu § 245 deutet darauf hin, dass der Formwechsel in eine GmbH hinsichtlich des Kapitalschutzes unter erleichterten Bedingungen stattfinden soll. In der Begründung heißt es, dass beim Formwechsel in eine GmbH „die Gründungsvorschriften nur eine untergeordnete Rolle (spielen), weil in diesem Fall der formwechselnde Rechtsträger ohnehin schärferen Kapitalschutzvorschriften unterliegt"[61]. Diese Begründung ist jedoch wenig überzeugend, da auch die strengeren Kapitalvorschriften des Aktienrechts nicht verhindern können, dass die AG oder KGaA Verluste erwirtschaftet und das Stammkapital der GmbH bei Eintragung des Formwechsels schon größtenteils verloren sein kann. Das Kapital wird im maßgeblichen Zeitpunkt des Formwechsels nicht durch die **Kapitalaufbringungsvorschriften des GmbH-Rechts**, sondern nur durch die **Kapitalerhaltungsvorschriften des Aktienrechts** geschützt. Kapitalerhaltungsregeln können aber Kapitalaufbringungsvorschriften wirtschaftlich nicht ersetzen.

46 Für die Annahme, dass mit dem Verzicht auf den Sachgründungsbericht auch das Verbot des Formwechsels bei materieller Unterbilanz, die Prüfung der Werte des Reinvermögens durch das Registergericht und die Differenzhaftung des Gesellschafters entfallen sollten, spricht der Hinweis in der Gesetzesbegründung, dass die Regelung mit dem bisher geltenden Recht übereinstimmt. Beim bis dahin geltenden § 369 AktG 1965 hinderte aber eine Unterbilanz die Umwandlung in eine GmbH nicht und verpflichtete auch nicht, das Nennkapitaldefizit auszugleichen[62].

V. Gründungsbericht

1. Formwechsel einer GmbH in eine AG oder KGaA

47 Der Formwechsel einer GmbH in eine AG oder KGaA erfordert einen Gründungsbericht[63], der auch **„Bericht über den Formwechsel"** genannt wird[64]. Zur terminologischen Verwirrung führt aber vor allem, dass der Gründungsbericht im Schrifttum zum früheren Umwandlungsrecht als **„Umwandlungsbericht"** bezeichnet wurde[65]. Der Begriff „Umwandlungsbericht" ist nunmehr durch den Bericht nach § 192 Abs. 1 belegt, der mit dem Gründungsbericht jedoch gerade nicht identisch ist.

48 a) **Verhältnis zum Umwandlungsbericht.** Der Gründungsbericht kann nicht mit dem **Umwandlungsbericht** zusammengefasst werden. Der Umwandlungsbericht hat den geplanten Formwechsel rechtlich und wirtschaftlich ausführlich zu erläutern und zu begründen[66]. Er dient vor allem der Vorbereitung und Information der Anteilseigner im Hinblick auf die Beschlussfassung über den Formwechsel. Dementsprechend muss er vor der Be-

---

[60] Beim Formwechsel in die GmbH besteht keine Berichtspflicht; vgl. § 33 Abs. 2 Nr. 4 AktG für die AG und § 5 Abs. 4 GmbHG. Es fehlt somit ein wichtiges Instrument, mit dem ansonsten die Aufbringung des Nominalkapitals sichergestellt werden soll.
[61] RegBegr. *Ganske* S. 261.
[62] *Zöllner* in Kölner Komm. § 369 AktG Rn 77; *J. Semler/Grunewald* in G/H/E/K § 369 AktG Rn 49; *Meyer-Landrut* in Großkomm. § 369 AktG Anm. 13; *Baumbach/Hueck* § 369 AktG Anm. 15.
[63] § 197 iVm. § 32 AktG.
[64] Diesen Begriff verwendet *Happ* in Lutter Rn 36.
[65] *J. Semler/Grunewald* in G/H/E/K § 378 AktG Rn 6.
[66] Eingehend zum Inhalt des Umwandlungsberichts siehe § 192 Rn 6 ff.

schlussfassung erstellt, in den Geschäftsräumen des formwechselnden Rechtsträgers ausgelegt und auf Verlangen in Abschrift an die Anteilsinhaber gesandt werden.

Demgegenüber soll der **Gründungsbericht** sich weniger mit den Hintergründen der Umwandlung befassen, als den Hergang des Formwechsels wiedergeben. Er schließt daher u. a. auch eine Darstellung des Formwechselbeschlusses ein, der auf der Grundlage des Umwandlungsberichts gefasst wurde[67]. Der Umwandlungsbericht ist entbehrlich, wenn alle Anteilsinhaber des formwechselnden Rechtsträgers auf ihn **verzichten**[68]. Der Gründungsbericht steht demgegenüber nicht zur Disposition der Anteilsinhaber. 49

b) Berichtspflichtige. Während der Umwandlungsbericht vom Vertretungsorgan des formwechselnden Rechtsträgers zu erstatten ist[69], muss der Gründungsbericht von denjenigen erstellt werden, die als Gründer[70] gelten. 50

Die hM sieht es als ausreichend an, wenn der Gründungsbericht von Gründern unterzeichnet wird, die zusammen die für die Fassung des Umwandlungsbeschlusses **erforderliche Mehrheit repräsentieren**[71]. Hierfür spricht, dass es in einer GmbH mit vielen Gesellschaftern umständlich sein kann, wenn alle Anteilsinhaber, die für den Formwechsel gestimmt haben, den Gründungsbericht unterschreiben müssen. 51

Gegen die hM spricht jedoch, dass **§ 32 AktG** von einem Bericht **aller Gründer** ausgeht[72]. Diese Norm findet über § 197 auch Anwendung auf den Formwechsel, da § 245 Abs. 1 bis 3 nur spezielle Regeln zur Person der Gründer, nicht aber zu deren Berichtspflicht enthält[73]. Alle Gründer sind nach § 32 AktG verpflichtet, an der Erstellung eines ordnungsgemäßen Gründungsberichts mitzuwirken[74]. Geht man hingegen davon aus, dass nicht alle Gesellschafter, die für den Formwechsel stimmten, den Gründungsbericht unterzeichnen müssen, stellt sich die Frage, welche Gesellschafter unterschreiben müssen, damit die notwendige Mehrheit repräsentiert wird. Auch fragt sich, ob Gesellschafter ihre Unterschrift verweigern dürfen, obwohl sie für den Formwechsel gestimmt haben. Die hM nennt kein Kriterium, das Ungleichbehandlungen innerhalb der Gruppe der Gesellschafter, die für einen Formwechsel gestimmt haben, rechtfertigen könnte. 52

Gegen die hM spricht ferner, dass für das Registergericht und Personen, die an der Gesellschafterversammlung nicht teilnahmen, uU nicht einmal zu überprüfen ist, welches die erforderliche Mehrheit bei der Beschlussfassung war. Erstens kann es schon schwer fallen, die Namen aller bei der **Beschlussfassung teilnehmenden Gesellschafter** zu ermitteln: Der Niederschrift über die Gesellschafterversammlung muss **kein Teilnehmerverzeichnis** beigefügt werden[75]. Zweitens bedarf es einer Mehrheit von drei Vierteln der bei der Beschlussfassung **abgegebenen Stimmen**[76]. Will man die für die Beschlussfassung erforderliche Mehrheit errechnen, genügt es nicht, wenn in der Niederschrift die Gesellschafter namentlich aufgeführt werden, die für den Formwechsel gestimmt haben[77]. Es muss auch bekannt sein, welche Gesellschafter sich der Stimme enthalten haben, da diese Stimmen nicht 53

---

[67] Zu Einzelfragen des Gründungsberichts siehe § 197 Rn 47 und § 220 Rn 27 f.
[68] § 192 Abs. 2.
[69] § 192 Abs. 1.
[70] § 245 Abs. 1 Satz 1, Abs. 2 Satz 1 und Abs. 3 Satz 1.
[71] *Happ* in Lutter Rn 43. Vgl. zum früheren Umwandlungsrecht: *Meyer/Landrut* in Großkomm. § 378 AktG „Zu § 32". *J. Semler/Grunewald* in G/H/E/K § 378 AktG Rn 8; aA v. *Godin/Wilhelmi* § 378 AktG 1965 Anm 4.
[72] *Hüffer* § 32 AktG Rn 2.
[73] Jetzt auch *Dirksen* in Kallmeyer Rn 8.
[74] *Kraft* in Kölner Komm. § 32 AktG Rn 5; *Geßler* in G/H/E/K § 32 AktG Rn 5.
[75] Auf dieses Erfordernis verzichtet mittlerweile selbst § 130 Abs. 3 AktG, den Teile der Literatur entsprechend anwenden wollten.
[76] § 240 Abs. 1.
[77] § 245 Abs. 1 Satz 1 Alt. 1 iVm. § 244 Abs. 1.

als abgegeben gelten und bei der Berechnung der erforderlichen Mehrheit nicht mitzählen[78]. Eine Verpflichtung, in der Niederschrift der Gesellschafterversammlung festzuhalten, welche Gesellschafter gegen den Formwechsel gestimmt haben oder sich der Stimme enthielten, fehlt im Gesetz. Auch dies deutet darauf hin, dass alle Gesellschafter, die für einen Formwechsel stimmten, den Gründungsbericht unterschreiben müssen. Jeder Gesellschafter aus diesem Kreis hat ein **klagbares Mitwirkungsrecht** gegen die Mitgesellschafter, die ebenfalls für den Formwechsel stimmten.

2. Formwechsel einer AG in eine KGaA oder umgekehrt

54 Aus denselben Gründen, aus denen bei einem Formwechsel einer AG in eine KGaA oder einer KGaA in eine AG das Gebot der Reinvermögensdeckung gilt, ist bei einer solchen Umwandlung auch ein Gründungsbericht zu erstellen.

3. Formwechsel einer AG oder KGaA in eine GmbH

55 Eine Berichtspflicht sieht § 5 Abs. 4 GmbHG nur für den Fall einer Gründung mit Sacheinlagen oder Sachübernahmen vor. Im Fall eines Formwechsels einer AG oder KGaA ist aber auch dieser Sachgründungsbericht nicht erforderlich[79].

VI. Gründungsprüfung

56 Der Hergang des Formwechsels einer GmbH in eine AG oder KGaA ist nicht nur Gegenstand des Gründungsberichts, sondern auch Gegenstand mehrerer Prüfungen[80]. Auch beim Formwechsel einer AG in eine KGaA oder einer KGaA in eine AG finden Gründungsprüfungen durch Vorstand und Aufsichtsrat sowie durch den Gründungsprüfer statt.

57 Bei der Gründung einer GmbH und damit auch beim Formwechsel in eine GmbH ist eine Gründungsprüfung nicht vorgesehen.

VII. Prüfung durch das Registergericht

58 Sowohl beim Formwechsel in eine AG oder KGaA wie auch beim Formwechsel in eine GmbH wird der Umwandlungsvorgang durch das Registergericht kontrolliert. Die Registerprüfung beim Formwechsel in eine AG oder KGaA[81] geht dabei weiter als die bei Umwandlung in eine GmbH[82], da sie sich auch auf die Berichte erstreckt, die Gründer, Vorstand und Aufsichtsrat sowie Gründungsprüfer abgeben müssen.

VIII. Haftung

1. Formwechsel einer GmbH in eine AG oder KGaA

59 Werden beim Formwechsel in eine AG oder KGaA Bestimmungen des Gründungsrechts missachtet, droht eine persönliche Haftung der am Formwechsel beteiligten Personen. Haftungsschuldner können sein:
– die Gründer[83];

---

[78] Siehe § 65 Rn 11.
[79] § 245 Abs. 4.
[80] § 245 Abs. 1 Satz 2 iVm. § 220 Abs. 3 Satz 1; für Einzelheiten siehe § 220 Rn 29 ff.
[81] § 38 Abs. 2 AktG.
[82] § 9 c GmbHG.
[83] § 197 Satz 1 iVm. § 46 Abs. 1 bis 4 AktG.

– Personen, für deren Rechnung die Gründer gehandelt haben[84];
– die sog. Gründergenossen[85];
– Vorstandsmitglieder[86];
– Aufsichtsratsmitglieder[87];
– Gründungsprüfer[88].

a) Maßgeblicher Zeitpunkt für die Sorgfalt. Einem Gründer, nicht aber den anderen Haftungsschuldnern steht die Möglichkeit offen, sich von der Haftung zu befreien, wenn er „die die Ersatzpflicht begründenden Tatsachen weder kannte noch bei Anwendung der Sorgfalt eines ordentlichen Geschäftsmannes kennen musste"[89]. Happ meint, dass die „Sorgfalt eines **ordentlichen für die Umwandlung stimmenden Anteilseigners**" nicht genügt[90]. Dem ist insoweit zuzustimmen, als es nicht auf die Sorgfalt bei der Abstimmung über den Formwechsel ankommt. Maßgeblich ist vielmehr die **Sorgfalt bei der Erstellung des Gründungsberichts**. Folglich kann sich ein Gründer, der ohne eigene Prüfung für den Formwechsel gestimmt hat, auch noch exkulpieren, wenn er die Mängel der Umwandlung im Gründungsbericht aufdeckt. Käme es nämlich auf die „Sorgfalt bei der Abstimmung" an, müsste ein Gesellschafter bereits vor der Abstimmung die eigene Überprüfung abgeschlossen haben, obwohl er noch gar nicht weiß, ob der Formwechsel die erforderliche Mehrheit findet, und obwohl er noch nicht die Mitgesellschafter kennt, die mit ihm für einen Formwechsel stimmen und mit denen er die Aufgabenverteilung bei der Erstellung des Gründungsberichts absprechen kann.

b) Sorgfaltsmaßstab. Die für eine Exkulpation erforderliche „Sorgfalt eines ordentlichen Geschäftsmannes" verlangt nicht soviel wie die „Sorgfalt eines ordentlichen und gewissenhaften Geschäftsleiters" nach § 93 Abs. 1 AktG. Maßgeblich ist, was von einem Geschäftsmann erwartet werden kann, der sich als Gesellschafter bei einem Formwechsel beteiligt[91]. Von einem Gründer kann beispielsweise bei Angaben über Anschaffungs- und Herstellungskosten der formwechselnden GmbH nicht derselbe Kenntnisstand erwartet werden wie von Vorstandsmitgliedern.

c) Tatsachen. Während die Sorgfaltspflicht eines ordentlichen Aufsichtsratsmitglieds durch eine sinngemäße Geltung der Sorgfaltspflicht des Vorstands bestimmt wird[92], enthält § 46 Abs. 3 AktG eine eigene Definition des Sorgfaltsmaßstabs für Gründer. Diese Definition unterscheidet sich vom Sorgfaltsmaßstab für Vorstandsmitglieder dadurch, dass auf die **Kenntnis und das Kennenmüssen** „der die Ersatzpflicht begründenden **Tatsachen**" ankommt. Ein Gründer kann sich deshalb bereits exkulpieren, wenn er die dem Formwechsel entgegenstehenden Tatsachen in seinem Gründungsbericht erwähnt, ohne dass er die sich aus diesen Tatsachen ergebenden Rechtsfolgen untersucht.

2. Formwechsel einer AG in eine KGaA oder umgekehrt

Wenn man bei einem Formwechsel einer AG in eine KGaA oder einer KGaA in eine AG annimmt, es bestehe eine Verpflichtung zum Gründungsbericht[93] und zur Gründungsprü-

---

[84] § 197 Satz 1 iVm. § 46 Abs. 5 AktG.
[85] § 197 Satz 1 iVm. § 47 AktG.
[86] § 197 Satz 1 iVm. § 48 AktG.
[87] § 197 Satz 1 iVm. § 48 AktG.
[88] § 197 Satz 1 iVm. § 49 AktG.
[89] § 46 Abs. 3 AktG.
[90] *Happ* in Lutter Rn 54.
[91] Vgl. zur Gründung RGZ 95, 16, 17 f.; *BGH* NJW 1988, 909.
[92] §§ 116, 93 AktG.
[93] Siehe Rn 54.

fung[94], ist es folgerichtig, wenn auch dieselben Haftungsregeln wie beim Formwechsel einer GmbH in eine AG oder KGaA gelten.

3. Formwechsel einer AG oder KGaA in eine GmbH

64 Eine Gründerhaftung scheitert daran, dass das UmwG beim Formwechsel einer AG oder KGaA in eine GmbH niemand einem Gründer gleichstellt. Da kein Gründungsprüfer bestellt werden muss, kommt auch keine Haftung eines Gründungsprüfers in Betracht. Eine Haftung der Gesellschafter und Geschäftsführer, wie sie § 9 a Abs. 1 GmbHG vorsieht, greift ebenfalls nicht ein, da ein Formwechsel auch bei Unterbilanz möglich ist und damit auch keine Einzahlung fehlt[95].

IX. Nachgründung

1. Formwechsel einer GmbH in eine AG oder KGaA

65 Mit dem Zweiten Gesetz zur Änderung des Umwandlungsgesetzes wurde Abs. 1 Satz 3 angefügt. Der Umkehrschluss aus dem angefügten Satz lässt nunmehr klarer als zuvor erkennen, dass die Regeln zur Nachgründung[96] auch beim Formwechsel einer GmbH in eine AG oder KGaA gelten. Bislang folgte die Anwendung der Nachgründungsregeln allein aus der Verweisung in Satz 2[97]. Eine inhaltlich vergleichbare Regelung enthielten bereits § 378 Abs. 1 Halbs. 2 und § 389 Abs. 4 Satz 2 AktG 1965.

66 **a) Zweijahresfrist.** Die Nachgründungsregeln gelten nach § 52 Abs. 1 AktG „in den ersten zwei Jahren seit Eintragung der Gesellschaft in das Handelsregister". Mit Abs. 1 Satz 3 hat der Gesetzgeber jetzt klargestellt, dass die Zweijahresfrist nicht erst mit der Eintragung des Formwechsels in das Handelsregister beginnt, sondern bereits mit der Eintragung der GmbH bei ihrer Gründung[98].

67 **b) Gesetzesbegründung.** Die Anwendung der Nachgründungsregeln beim Formwechsel einer GmbH in eine AG oder KGaA ist als rechtspolitisch überflüssig bezeichnet worden, da sich „die Kapitalaufbringung bei einer GmbH nicht grundlegend von den Kapitalaufbringungsregeln des AktG unterscheidet"[99]. Tatsächlich sind die Kapitalaufbringungsregeln bei der GmbH zum Teil sogar noch schärfer, wie die Mithaftung der übrigen Gesellschafter für eine nicht erbrachte Stammeinlage[100] beweist.

68 **c) Teleologische Reduktion.** In der Vergangenheit wurde in der juristischen Literatur erwogen, die Verweisung auf die in der Praxis lästigen und häufig übersehenen Nachgründungsregeln durch eine auf den angeblichen Gesetzeswillen gestützte teleologische Reduktion zu korrigieren[101]. Mit den Ergänzungen durch das Zweite Gesetz zur Änderung des Umwandlungsgesetzes hat der Gesetzgeber aber zugleich einer teleologischen Reduktion, die auch den Formwechsel einer GmbH in eine AG oder KGaA erfasst, die Grundlage entzogen.

---

[94] Siehe Rn 56.
[95] Siehe Rn 44 ff.
[96] § 52 AktG.
[97] § 245 Abs. 1 Satz 2 iVm. § 220 Abs. 3 bzw. § 197.
[98] *Happ* in Lutter Rn 61.
[99] BT-Drucks. 548/06 S. 44.
[100] § 24 GmbHG.
[101] Vgl. *Happ* in Lutter Rn 59. Eine teleologische Reduktion auf Fälle „etwaiger Unterbilanzhaftung" befürwortete auch *Martens* ZGR 1999, 548, 565.

2. Formwechsel einer AG in eine KGaA oder umgekehrt

Die Geltung der Nachgründungsregeln ist bei einem Formwechsel einer AG in eine KGaA oder umgekehrt nicht sinnvoll, da beide Gesellschaftsformen identischen Kapitalaufbringungs- und Kapitalerhaltungsregeln unterliegen[102]. Fraglich ist jedoch, ob die Nachgründungsregeln durch bloße Änderung des UmwG, wie sie durch das Zweite Gesetz zur Änderung des Umwandlungsgesetzes[103] erfolgte, für nicht anwendbar erklärt werden können oder ob die Privilegierung des Formwechsels zwischen AG und KGaA nicht zuerst eine Änderung der Zweiten Gesellschaftsrechtlichen Richtlinie voraussetzt[104].

69

3. Formwechsel einer AG oder KGaA in eine GmbH

Das GmbH-Recht kennt keine „Nachgründung" oder vergleichbare Bestimmungen, die bei einem Formwechsel in eine GmbH zur Anwendung kommen könnten[105].

70

§ 246 Anmeldung des Formwechsels

(1) Die Anmeldung nach § 198 ist durch das Vertretungsorgan der formwechselnden Gesellschaft vorzunehmen.

(2) Zugleich mit der neuen Rechtsform oder mit dem Rechtsträger neuer Rechtsform sind die Geschäftsführer der Gesellschaft mit beschränkter Haftung, die Vorstandsmitglieder der Aktiengesellschaft oder die persönlich haftenden Gesellschafter der Kommanditgesellschaft auf Aktien zur Eintragung in das Register anzumelden.

(3) § 8 Abs. 2 des Gesetzes betreffend die Gesellschaften mit beschränkter Haftung und § 37 Abs. 1 des Aktiengesetzes sind auf die Anmeldung nach § 198 nicht anzuwenden.

Übersicht

	Rn		Rn
I. Zuständigkeit für die Anmeldung (Abs. 1)	1	3. Negativerklärung zu Klagen gegen den Umwandlungsbeschluss	8
1. Vertretungsorgan	1	4. Negativerklärung zu Betriebsräten	9
2. Erforderliche Anzahl von Organmitgliedern	2	5. Einzureichende Unterlagen	10
3. Unechte Gesamtvertretung	3	6. Besonderheiten beim Formwechsel in eine GmbH	11
4. Stellvertretung	4	7. Besonderheiten beim Formwechsel in eine AG	12
5. Pflicht zur Anmeldung	5	8. Besonderheiten beim Formwechsel in eine KGaA	13
II. Inhalt der Anmeldung (Abs. 2 und 3)	6	9. Unterbilanz beim Formwechsel in eine AG oder KGaA	14
1. Rechtsformunabhängiger allgemeiner Inhalt	6	10. Keine Erklärung zur Einzahlung der Einlagen (Abs. 3)	15
2. Gesetzliche Vertreter der Gesellschaft neuer Rechtsform	7		

Literatur: *Baums*, Eintragung und Löschung von Gesellschafterbeschlüssen, 1981; *Melchior*, Vollmachten bei Umwandlungsvorgängen, GmbHR 1999, 520; *Priester* in IdW (Hrsg.), Bericht über die Fachtagung 1994, S. 419; *Rasner*, Durchführung und Wirkung der Umwandlung einer Aktiengesellschaft in eine GmbH, BB 1971, 1082.

---

[102] *HRA* NZG 2000, 802, 808.
[103] Gesetz vom 19.4.2007, BGBl I S. 542.
[104] Hierzu eingehend Rn 39 f.
[105] Hierzu *Ulmer* ZHR 154 (1990) 128, 143.

I. Zuständigkeit für die Anmeldung (Abs. 1)

1. Vertretungsorgan

1   Zuständig für die Anmeldung des Formwechsels ist das **Vertretungsorgan der formwechselnden Gesellschaft**. Beim Formwechsel einer GmbH ist dies die Geschäftsführung[1] und beim Formwechsel einer AG der Vorstand[2]. Wechselt eine KGaA die Rechtsform, müssen die persönlich haftenden Gesellschafter anmelden, sofern sie nicht von der Geschäftsführung ausgeschlossen sind[3].

2. Erforderliche Anzahl von Organmitgliedern

2   Es müssen **nicht sämtliche Mitglieder** des Vertretungsorgans, sondern lediglich Mitglieder **in vertretungsberechtigter Zahl** anmelden. Dies zeigt ein Vergleich mit § 222 Abs. 1 Satz 1, der eine Anmeldung „durch alle Mitglieder des künftigen Vertretungsorgans" verlangt. Bei einer **systematischen Auslegung** fragt sich überdies, welche eigenständige Bedeutung Abs. 1 hätte, wenn genau wie bei den Gründungsvorschriften, auf die § 197 Satz 1 ohnehin verweist, alle Organmitglieder die Anmeldung unterzeichnen müssten[4]. Wieviele Organmitglieder im konkreten Fall die Anmeldung unterschreiben müssen, richtet sich nach den maßgebenden gesetzlichen Bestimmungen[5] sowie etwaigen besonderen Regelungen in der Satzung der formwechselnden Gesellschaft[6].

3. Unechte Gesamtvertretung

3   Im Gegensatz zur Anmeldung einer neu gegründeten Kapitalgesellschaft gelten für die Anmeldung des Formwechsels die allgemeinen Vertretungsregeln. Nach diesen ist auch eine unechte Gesamtvertretung möglich. Soweit die Satzung dies vorsieht, kann also ein Formwechsel auch durch ein Mitglied des Vertretungsorgans zusammen mit einem **Prokuristen** angemeldet werden[7]. Keine unechte Gesamtvertretung liegt vor, wenn der Formwechsel nicht durch Mitglieder des Vertretungsorgans, sondern nur durch einen oder mehrere Prokuristen angemeldet wird. Prokuristen, selbst wenn ihnen Einzelprokura erteilt wurde, können nicht als **Vertretungsorgan** der Gesellschaft handeln.

4. Stellvertretung

4   Das Vertretungsorgan oder einzelne Organmitglieder können sich bei der Anmeldung des Formwechsels durch **Bevollmächtigte** vertreten lassen, sofern die Vollmacht notariell beglaubigt oder beurkundet ist[8].

5. Pflicht zur Anmeldung

5   Die Anmeldung des Formwechsels kann vom zuständigen **Registergericht** nicht durch Festsetzung eines Zwangsgelds gegen die Mitglieder des Vertretungsorgans erzwungen wer-

---

[1] § 35 Abs. 1 GmbHG.
[2] § 78 Abs. 1 AktG.
[3] § 283 Nr. 1 AktG.
[4] Vgl. § 36 Abs. 1 AktG; vgl. *Baumbach/Hueck* § 7 GmbHG Rn 2.
[5] Vgl. §§ 35 ff. GmbHG §§ 76 ff. AktG sowie §§ 162 Abs. 2, 108, 125 ff. HGB iVm. § 278 Abs. 2 AktG.
[6] *Rieger* in Widmann/Mayer Rn 9.
[7] Vgl. *Happ* in Lutter Rn 7; *Rieger* in Widmann/Mayer Rn 10.
[8] Vgl. § 12 Abs. 2 Satz 1 HGB.

den[9]. Der Gesetzgeber hielt eine solche Maßnahme für nicht erforderlich, weil die Wirksamkeit der Umwandlung stets von ihrer Anmeldung und Eintragung im zuständigen Register abhängig ist, und glaubte, dass die Vertretungsorgane der beteiligten Rechtsträger selbst ein Interesse daran hätten, ihre Pflicht zur Anmeldung zu erfüllen[10]. Es sind jedoch Fälle vorstellbar, in denen bspw. der Vorstand einer AG befürchtet, nach einem Formwechsel in eine GmbH den Weisungen eines Gesellschafters folgen zu müssen. Melden die Mitglieder des Vertretungsorgans dann den Formwechsel nicht an oder betreiben das Anmeldungsverfahren schleppend, verletzen sie ihre **Organpflichten** und können nach den allgemeinen Regeln zur Sorgfaltspflicht und Verantwortlichkeit für etwaige Schäden durch die verspätete Eintragung des Formwechsels haftbar sein[11].

II. Inhalt der Anmeldung (Abs. 2 und 3)

1. Rechtsformunabhängiger allgemeiner Inhalt

Wechselt eine Kapitalgesellschaft ihre Rechtsform, ist der Formwechsel selbst, d. h. die neue Rechtsform, anzumelden. Ferner muss der Neuabschluss des Gesellschaftsvertrags bzw. die Feststellung der Satzung angemeldet werden. Die Bestellung der Vertretungsorgane für die neue Rechtsform ist ebenfalls eine anzumeldende Tatsache. Falls **Prokuren** auch nach dem Formwechsel fortbestehen sollen, hat der Prokurist die Firma der Gesellschaft neuer Rechtsform beim Handelsregister zu zeichnen. Falls eine **Zweigniederlassung** fortbestehen soll, ist nach der Eintragung des Formwechsels der **Rechtsformzusatz** im Register der Zweigniederlassung zu berichten. Auch ist in der Anmeldung die Lage der **Geschäftsräume** der Gesellschaft vor und nach dem Formwechsel anzugeben[12]. 6

2. Gesetzliche Vertreter der Gesellschaft neuer Rechtsform

Mit der Anmeldung des Formwechsels sind zugleich auch die gesetzlichen Vertreter der Gesellschaft neuer Rechtsform anzumelden: Beim Formwechsel in eine GmbH deren Geschäftsführer, beim Formwechsel in eine AG deren Vorstandsmitglieder und beim Formwechsel in eine KGaA deren persönlich haftende Gesellschafter. Aus den anzuwendenden Gründungsvorschriften ergibt sich die Verpflichtung, dass in der Anmeldung auch anzugeben ist, welche **Vertretungsbefugnis** die gesetzlichen Vertreter haben[13]. Die gesetzlichen Vertreter der Gesellschaft neuer Rechtsform haben ihre **Unterschrift** zur Aufbewahrung beim Registergericht zu zeichnen[14]. Sie müssen ferner in der Anmeldung versichern, dass keine Umstände ihrer Bestellung entgegen stehen und sie über die unbeschränkte Auskunftspflicht gegenüber dem Gericht belehrt worden sind[15]. 7

3. Negativerklärung zu Klagen gegen den Umwandlungsbeschluss

Die Vertretungsorgane haben bei der Anmeldung zu erklären, dass eine Klage gegen die Wirksamkeit des Umwandlungsbeschlusses nicht oder nicht fristgemäß erhoben oder eine solche Klage rechtskräftig abgewiesen oder zurückgenommen worden ist[16]. Diese Erklärung kann nur von Mitgliedern des Vertretungsorgans abgegeben werden, nicht aber von 8

---

[9] § 316 Abs. 2.
[10] RegBegr. *Ganske* S. 310 f.
[11] § 43 GmbHG, §§ 93, 283 Nr. 3 AktG
[12] § 24 HRV.
[13] Vgl. § 197 Satz 1 iVm. § 8 Abs. 4 GmbHG, §§ 37 Abs. 3, 282 AktG.
[14] Vgl. § 197 Satz 1 iVm. § 8 Abs. 5 GmbHG, §§ 37 Abs. 5, 283 Nr. 1 AktG.
[15] Vgl. § 197 Satz 1 iVm. § 8 Abs. 3 GmbHG, §§ 37 Abs. 2, 283 Nr. 1 AktG.
[16] § 198 Abs. 3 iVm. § 16 Abs. 2.

rechtsgeschäftlichen Bevollmächtigten, auch nicht von Prokuristen. Nur bei Mitgliedern des Vertretungsorgans kann davon ausgegangen werden, dass sie sich aufgrund ihrer gesetzlichen Stellung in der Gesellschaft Gewissheit verschaffen können, ob die Negativerklärung richtig ist. Eine Anmeldung durch Bevollmächtigte oder durch unechte Gesamtvertretung mit Prokuristen[17] kommt deshalb nur in Betracht, wenn es einer Negativerklärung nicht bedarf, weil alle klageberechtigten Gesellschafter in notariell beurkundeter Form auf eine Klage verzichtet haben oder das zuständige Prozessgericht festgestellt hat, dass die Erhebung der Klage der Eintragung nicht entgegensteht.

4. Negativerklärung zu Betriebsräten

9 Der Entwurf des Umwandlungsbeschlusses ist vorab dem zuständigen Betriebsrat der formwechselnden Gesellschaft zuzuleiten[18]. Wird die Zuleitung nicht nachgewiesen, besteht ein formelles Eintragungshindernis[19]. Falls kein Betriebsrat besteht, ist bei der Anmeldung eine entsprechende Versicherung abzugeben[20]. Diese Negativerklärung zu Tatsachen entspricht der Negativerklärung bei der Anmeldung[21]. Sie sollte deshalb vorsichtshalber nur vom Vertretungsorgan selbst und nicht von rechtsgeschäftlich Bevollmächtigten, auch nicht von Prokuristen abgegeben werden[22].

5. Einzureichende Unterlagen

10 Neben den Anlagen, die der Anmeldung nach den allgemeinen Vorschriften[23] beizufügen sind, ergibt sich aus dem Verweis auf die Geltung der Gründungsvorschriften[24], dass weitere Unterlagen zum Registergericht einzureichen sind. Sowohl beim Formwechsel in eine GmbH, als auch beim Formwechsel in eine AG oder KGaA, ist mit der Anmeldung auch die Urkunde über die Bestellung der Mitglieder des Vertretungsorgans einzureichen[25]. Überdies müssen alle Urkunden, auf denen die Mitglieder des Vertretungsorgans ihre Unterschrift gezeichnet haben, zur Aufbewahrung beim zuständigen Registergericht vorgelegt werden[26].

6. Besonderheiten beim Formwechsel in eine GmbH

11 Beim Formwechsel in eine GmbH muss eine **Liste der Gesellschafter** vorgelegt werden[27]. Diese Liste muss Namen, Vornamen, Beruf, Geburtsdatum und Wohnort der Gesellschafter und ihrer Geschäftsanteile enthalten. Die Liste bereitet Probleme, wenn beim Formwechsel einer AG in eine GmbH nicht feststeht, wie sich der Gesellschafterkreis künftig zusammensetzt. Insbesondere bei größeren Aktiengesellschaften sind häufig die für die Gesellschafterliste benötigten Angaben nicht bekannt. Sollte der Anteil eines unbekannten Gesellschafters in irgendeiner Weise identifizierbar sein, zB über laufende Nummern auf den Aktienurkunden, sind die Tatsachen, die die Identifizierung ermöglichen, in der Gesellschafterliste anzugeben[28].

---

[17] Siehe Rn 3.
[18] § 194 Abs. 2.
[19] Siehe § 5 Rn 140.
[20] Siehe § 5 Rn 148.
[21] § 16 Abs. 2, vgl. § 16 Rn 13.
[22] § 16 Rn 18.
[23] § 199.
[24] § 197 Satz 1.
[25] § 8 Abs. 1 Nr. 2 GmbHG, §§ 37 Abs. 4 Nr. 3, 283 Nr. 1 AktG; siehe § 199 Rn 7.
[26] § 8 Abs. 5 GmbHG, §§ 37 Abs. 5, 278 Abs. 3 AktG.
[27] § 8 Abs. 1 Nr. 3 GmbHG.
[28] Siehe § 234 Rn 11 ff.

7. Besonderheiten beim Formwechsel in eine AG

Beim Formwechsel in eine AG muss die **Zusammensetzung des Aufsichtsrats** durch das Registergericht bekannt gemacht werden[29]. Falls durch den Formwechsel eine Einpersonen-AG entsteht, hat der Alleingesellschafter dies dem Handelsregister mitzuteilen[30]. Ferner sind bei einem Formwechsel in eine AG der Gründungsbericht[31] sowie die Prüfungsberichte des Vorstands, des Aufsichtsrats und des Gründungsprüfers einzureichen[32].

8. Besonderheiten beim Formwechsel in eine KGaA

Die speziellen Regeln beim Formwechsel in eine AG finden entsprechende Anwendung, wenn ein Formwechsel in eine KGaA anzumelden ist. Allerdings bedarf es keiner Zeichnung der Firma durch die künftigen Mitglieder des Vertretungsorgans[33]. Empfehlenswert ist, der Anmeldung eine **Beitrittserklärung** der persönlich haftenden Gesellschafter beizufügen.

9. Unterbilanz beim Formwechsel in eine AG oder KGaA

Hat eine Kapitalgesellschaft, die in eine AG oder KGaA umgewandelt werden soll, in ihrem letzten Jahresabschluss eine **Unterbilanz** ausgewiesen, wird das Registergericht prüfen, ob der Formwechsel gegen das **Gebot der Reinvermögensdeckung** verstößt[34]. Es empfiehlt sich, bereits vor der Anmeldung mit dem Registergericht Kontakt aufzunehmen, um abzusprechen, ob und in welcher Form der Anmeldung ein **Wertnachweis über das Reinvermögen** beigefügt werden soll[35]. In der Praxis vieler Registergerichte reicht es nicht aus, dass der Gründungsbericht und die Gründungsprüfungsberichte Angaben zum Wert des Reinvermögens enthalten.

10. Keine Erklärung zur Einzahlung der Einlagen (Abs. 3)

Durch Abs. 3 wird die Anwendung des § 8 Abs. 2 GmbHG und des § 37 Abs. 1 AktG ausgeschlossen. Die Gesetzesbegründung ist insoweit missverständlich, als sie die Regelung in Abs. 3 mit der „beibehaltenen Möglichkeit eines Formwechsels bei Unterbilanz" rechtfertigt[36]. Ein Formwechsel bei **materieller Unterbilanz**, d. h. ohne dass das Nominalkapital durch Reinvermögen gedeckt wird, ist jedoch allenfalls beim Formwechsel in eine GmbH möglich[37].

Die Nichtanwendung von § 8 Abs. 2 GmbHG und § 37 Abs. 1 AktG ist gleichwohl gerechtfertigt: Eine Erklärung, die sich darauf bezieht, dass die Einlagen in die formwechselnde Gesellschaft bei **deren Gründung** erbracht wurden, ist überflüssig, weil eine entsprechende Erklärung schon mit der Anmeldung der neu gegründeten Gesellschaft abgegeben werden musste. Eine nochmalige Pflicht zur Abgabe einer Erklärung zu den Einlagen bei der Gründung folgt auch nicht aus den Unterschieden zwischen GmbH-Recht und Aktienrecht. Die Regelungen in § 8 Abs. 2 GmbHG und § 37 Abs. 1 AktG sind nahezu inhaltsgleich. Die Tatsache, dass § 37 Abs. 1 AktG etwas strenger ist, weil ein **Nachweis** verlangt wird, dass der eingezahlte Betrag endgültig zur **freien Verfügung** des Vorstands steht, kann nicht rechtfertigen, dass beim Formwechsel erneut eine auf den Zeitpunkt der Gründung der Gesellschaft bezogene Erklärung zur Einzahlung der Einlagen verlangt wird. Ein solcher Nachweis wäre bei einem Formwechsel nach Ablauf der Aufbewahrungspflichten für die Einzahlungsunterlagen häufig nicht mehr führbar.

---

[29] § 37 Abs. 3 AktG.
[30] § 42 AktG.
[31] Siehe § 245 Rn 47 ff.
[32] Vgl. § 37 Abs. 4 Nr. 4 AktG; siehe § 245 Rn 56 und 58 sowie § 220 Rn 29 ff.
[33] Vgl. § 278 Abs. 2 AktG, der jedoch §§ 161 Abs. 2, 108 Abs. 2 HGB nicht einschließt.
[34] Vgl. umfassend § 245 Rn 35 ff. und § 220 Rn 7 ff.
[35] Ebenso *Happ* in Lutter Rn 24.
[36] RegBegr. *Ganske* S. 262.
[37] Siehe § 245 Rn 44 ff.

17 Eine Erklärung zur Einzahlung der Einlagen ist aber auch dann nicht sinnvoll, wenn man sie nicht auf die Gründung der formwechselnden Gesellschaft, sondern auf den **Vorgang des Formwechsels** selbst bezieht. Versteht man den Formwechsel überhaupt als Einlage, wäre er eine **Sacheinlage**, bei der sämtliche Aktiva und Passiva der formwechselnden Gesellschaft nach Eintragung der Umwandlung das Vermögen der Gesellschaft neuer Rechtsform darstellen. Wenn aber sämtliche Aktiva und Passiva die „Sacheinlage" darstellen, wird diese automatisch in voller Höhe erbracht, da der Formwechsel selbst keine Vermögensminderung mit sich bringt[38].

§ 247 Wirkungen des Formwechsels

(1) **Durch den Formwechsel wird das bisherige Stammkapital einer formwechselnden Gesellschaft mit beschränkter Haftung zum Grundkapital der Gesellschaft neuer Rechtsform oder das bisherige Grundkapital einer formwechselnden Aktiengesellschaft oder Kommanditgesellschaft auf Aktien zum Stammkapital der Gesellschaft neuer Rechtsform.**

(2) **Durch den Formwechsel einer Kommanditgesellschaft auf Aktien scheiden deren persönlich haftende Gesellschafter als solche aus der Gesellschaft aus.**

Übersicht

	Rn		Rn
I. Verhältnis von Stamm- und Grundkapital (Abs. 1)	1	III. Ausscheiden eines Komplementärs (Abs. 2)	9
1. Identität des Nominalkapitals	1	1. Ausscheiden kraft Gesetzes	9
2. Formwechsel einer AG in eine KGaA oder umgekehrt	2	2. Komplementär als Kommanditaktionär	10
3. Sondereinlage eines Komplementärs	3	3. Abfindung	11
4. Einhaltung des Mindestnennkapitals	4	a) Komplementär mit Sondereinlage	12
5. Keine Identität des Nennbetrags	5	b) Beteiligung an den stillen Reserven	14
6. Umstellung auf Euro	6	4. Haftung	15
II. Rückwirkung der Kapitalherabsetzung und der Kapitalerhöhung	7	5. Anspruch des Komplementärs auf Beteiligung	17
1. Rückwirkung bei Kapitalherabsetzung	7	IV. Sonstige Wirkungen des Formwechsels	19
2. Rückwirkung bei Kapitalerhöhung	8		

Literatur: *Handelsrechtsausschuss des deutschen Anwaltvereins (HRA)*, Vorschläge zur Änderung des Umwandlungsgesetzes, NZG 2000, 802; *Heidinger*, Die Euro-Umstellung beim Formwechsel von Kapitalgesellschaften, NZG 2000, 532; *Neye*, Die Änderungen im Umwandlungsrecht nach den handels- und gesellschaftsrechtlichen Reformgesetzen in der 13. Legislaturperiode, DB 1998, 1649; *Priester*, Kapitalgrundlage beim Formwechsel, DB 1995, 911; *ders.*, Das neue Umwandlungsrecht aus notarieller Sicht, DNotZ 1995, 427; *Röder/Lingemann*, Schicksal von Vorstand und Geschäftsführer bei Unternehmensumwandlungen und Unternehmensveräußerungen, DB 1993, 1341; *K. Schmidt*, Volleinzahlungsgebot beim Formwechsel in die AG oder GmbH?, ZIP 1995, 1385; *ders.*, Die Umwandlung einer GmbH in eine AG zu Kapitaländerungszwecken, AG 1985, 150.

I. Verhältnis von Stamm- und Grundkapital (Abs. 1)

1. Identität des Nominalkapitals

1 Über die bloße Identität des Rechtsträgers hinaus[1] besteht bei einem Formwechsel zwischen Kapitalgesellschaften eine „erhöhte Identität", da sich das Nominalkapital beim Form-

---

[38] *Rieger* in Widmann/Mayer Rn 75.
[1] § 202 Rn 7.

wechsel nicht ändert[2]. Demgegenüber muss bspw. beim Formwechsel einer KG in eine Kapitalgesellschaft das Haftkapital nicht identisch mit dem Nominalkapital der Gesellschaft sein.

2. Formwechsel einer AG in eine KGaA oder umgekehrt

Der Wortlaut des Abs. 1 regelt nicht, ob das Nominalkapital auch bei einem Formwechsel von einer AG in eine KGaA oder umgekehrt identisch bleibt. Das Fehlen einer Regelung dürfte darauf zurückzuführen sein, dass bei einem solchen Formwechsel **keine begriffliche Änderung** eintritt, da bei beiden Rechtsformen von einem „Grundkapital" gesprochen wird. Eine Erklärung für das Fehlen einer gesetzlichen Regelung zur Identität könnte ferner sein, dass der Formwechsel zwischen AG und KGaA bis zum Inkrafttreten des UmwG als eine **bloße Satzungsänderung** ausgestaltet war. Aber auch ohne eine ausdrückliche gesetzliche Regelung sollte das Nominalkapital der formwechselnden Gesellschaft dem Nominalkapital der Gesellschaft neuer Rechtsform entsprechen[3].

3. Sondereinlage eines Komplementärs

Der Grundsatz der Identität gilt **nur für das Grundkapital einer KGaA**. Zum Grundkapital rechnen jedoch nicht Sondereinlagen, die ein Komplementär erbracht hat[4]. Im Falle eines Formwechsels erhält der Komplementär für seine Sondereinlage einen **Abfindungsanspruch**[5]. Will ein Komplementär sich an der GmbH oder AG beteiligen, die durch den Formwechsel entsteht, kann er entweder vor dem Formwechsel Kommanditaktionär werden oder nach dem Formwechsel Geschäftsanteile bzw. Aktien im Rahmen einer **Bar- oder Sachkapitalerhöhung** erwerben. Bei einer Sachkapitalerhöhung kann auch der Abfindungsanspruch eingebracht werden. Eine direkte Umwandlung der Sondereinlage in einen Geschäftsanteil bzw. in Aktien, bei der die Regeln der Sachkapitalerhöhung nicht beachtet werden müssen, scheidet hingegen aus.

4. Einhaltung des Mindestnennkapitals

Das Prinzip der Identität des Nominalkapitals tritt hinter den Grundsatz zurück, dass das Grundkapital einer AG oder KGaA € 50 000 betragen muss[6]. Vor dem Formwechsel einer GmbH kann deshalb noch eine Kapitalerhöhung erforderlich sein[7].

5. Keine Identität des Nennbetrags

Abs. 1 sieht nur eine Identität hinsichtlich des Gesamtbetrags des Nominalkapitals vor. Hinsichtlich des Nennbetrags der Anteile gibt es keine Identität[8].

6. Umstellung auf Euro

Der Grundsatz der Identität des Nominalkapitals wird überdies durch die Regelung zur Umstellung auf den Euro in § 318 Abs. 2 überlagert. Zwar kann die Gesellschaft ihr Nominalkapital auch nach dem 31. 12. 2001 weiter in DM führen. Durch die zwingenden Regelungen zu den **Mindestnennbeträgen** von Geschäftsanteilen und Aktien sowie durch die Rundung auf volle Cent bei der Umstellung dieser Mindestnennbeträge können sich

---

[2] § 247 Abs. 1.
[3] *Rieger* in Widmann/Mayer Rn 13 f. Vgl. *Happ* in Lutter Rn 3.
[4] § 281 Abs. 2 AktG.
[5] Siehe Rn 13 ff.; anders für die Verschmelzung § 78 Rn 25 ff.
[6] § 7 AktG.
[7] Näher hierzu § 243 Rn 21 f.
[8] Näher hierzu § 243 Rn 28 ff.

aber **Differenzen** zwischen dem Gesamtbetrag des Nominalkapitals **vor und nach dem Formwechsel** ergeben. Diese betragen jedoch stets weniger als der Mindestnennbetrag eines Anteils, d. h. € 1 beim Formwechsel in eine AG oder KGaA[9] bzw. € 50 beim Formwechsel in eine GmbH[10]. Die aus der Umstellung auf den Euro sich ergebende Differenz ist in einem vorübergehenden Abgrenzungsposten zur Kapitalumstellung auszuweisen[11].

II. Rückwirkung der Kapitalherabsetzung und der Kapitalerhöhung

1. Rückwirkung bei Kapitalherabsetzung

7   Durch das Zweite Gesetz zur Änderung des Umwandlungsgesetzes wurde der bisherige Abs. 2 gestrichen. Der Wortlaut dieses Absatzes verleitete zu dem Fehlschluss, beim Formwechsel einer AG oder KGaA in eine GmbH sei eine rückwirkende vereinfachte Kapitalherabsetzung unzulässig[12]. Der Gesetzgeber hat deshalb „auf Anregung der Praxis" den bisherigen Abs. 2 gestrichen[13]. Die Sanierung ist erleichtert, weil die Kapitalherabsetzung bereits im Jahresabschluss für das letzte vor der Beschlussfassung über die Kapitalherabsetzung abgelaufene Geschäftsjahr berücksichtigt werden kann[14]. Verluste, die durch die Kapitalherabsetzung beseitigt werden sollen, müssen nicht mehr bilanziell ausgewiesen werden. Diese **Rückwirkung** ist auch dann zulässig, wenn zwischenzeitlich ein Formwechsel stattgefunden hat und die letzte Jahresbilanz noch für die ursprüngliche Rechtsform der GmbH aufgestellt worden ist[15].

2. Rückwirkung bei Kapitalerhöhung

8   Werden Kapitalmaßnahmen zu Sanierungszwecken durchgeführt, wird häufig mit der Kapitalherabsetzung eine **anschließende Kapitalerhöhung** verbunden. Auch für diese Kapitalerhöhung besteht die Möglichkeit bilanzieller Rückwirkung[16]. Der Wortlaut des früheren Abs. 2 berücksichtigte diese Möglichkeit jedoch nicht. Auch wenn die Gesetzesbegründung die Streichung des bisherigen Abs. 2 nur damit rechtfertigt, dass die Möglichkeit der bilanziellen Rückwirkung beim Formwechsel in eine GmbH klargestellt werden sollte[17], darf daraus kein Umkehrschluss gezogen werden. Nicht nur eine Kapitalherabsetzung, sondern auch eine Kapitalerhöhung mit Rückwirkung ist möglich.

III. Ausscheiden eines Komplementärs (Abs. 2)

1. Ausscheiden kraft Gesetzes

9   Beim Formwechsel einer KGaA in die Rechtsform einer anderen Kapitalgesellschaft scheiden die Komplementäre mit dem Wirksamwerden des Formwechsels, d. h. mit der Eintragung der neuen Rechtsform im Handelsregister[18], als Komplementäre aus der Gesellschaft

---

[9] § 8 Abs. 2 Satz 1 AktG.
[10] § 243 Abs. 3 Satz 2.
[11] *Happ* in Lutter Rn 5. Krit. *Heidinger* NZG 2000, 532, 532 f. Siehe hierzu auch *Neye* DB 1998, 1649, 1655.
[12] Eingehend hierzu Vorauflage Rn 7 bis 10.
[13] So ausdrücklich die Gesetzesbegründung, BT-Drucks. 548/06 S. 44.
[14] § 234 Abs. 1 AktG.
[15] Vgl. die Gesetzesbegründung, BT-Drucks. 548/06 S. 44.
[16] § 58 f. Abs. 1 Satz 1 GmbHG und § 235 Abs. 1 Satz 1 AktG.
[17] BT-Drucks. 548/06 S. 44.
[18] § 202 Abs. 1.

aus[19]. Beim Formwechsel in eine Kapitalgesellschaft ist diese Rechtsfolge **zwingend**[20], weil es anders als bei einer Umwandlung in eine Personenhandelsgesellschaft nach dem Formwechsel keine persönlich haftenden Gesellschafter mehr gibt[21].

2. Komplementär als Kommanditaktionär

Hat der Komplementär zugleich die Stellung eines Kommanditaktionärs, wird diese durch Abs. 2 nicht berührt: Für seine bisherige Kommanditbeteiligung, nicht aber für daneben als Komplementär geleistete **Sondereinlagen**, erwirbt der Kommanditaktionär Geschäftsanteile an der durch den Formwechsel entstehenden GmbH bzw. Aktien an der entstehenden AG[22]. 10

3. Abfindung

Für den Verlust der Stellung als Komplementär ist keine Abfindung zu zahlen[23]. 11

a) Komplementär mit Sondereinlage. Hat ein Komplementär eine Sondereinlage erbracht[24], wandelt sich diese – anders als die Kommanditaktie – nicht automatisch mit dem Formwechsel in einen Geschäftsanteil an der GmbH oder eine Aktie an der AG um[25]. Dem Komplementär steht vielmehr ein Abfindungsanspruch zu, der eine **Auseinandersetzung** zwischen der Gesellschaft und dem Komplementär erforderlich macht. Die **Satzung** kann von den gesetzlichen Regeln[26] abweichende Regelungen für die Auseinandersetzung mit dem Komplementär enthalten. 12

Fehlt es an solchen Bestimmungen in der Satzung, ist nach den gesetzlichen Regelungen eine **Auseinandersetzungsbilanz** zu erstellen. Der sich ergebende Mehr- oder Minderwert ist im Verhältnis der Gewinn- oder Verlustbeteiligung, die der Sondereinlage zukam, dem ausscheidenden Komplementär zuzurechnen. Falls die Satzung keine abweichenden Bestimmungen trifft, entspricht der Auseinandersetzungsanspruch dem **inneren Wert** der Beteiligung des Komplementärs[27]. Strittig ist, ob der innere Wert der Beteiligung auch die noch **schwebenden Geschäfte** einschließt[28]. 13

b) Beteiligung an den stillen Reserven. Die gleichen Grundsätze wie für einen Komplementär mit Sondereinlage gelten auch, wenn die Satzung eine Beteiligung des Komplementärs an den **stillen Reserven** der KGaA vorsieht. In diesem Fall ist ebenfalls eine **Auseinandersetzung** zwischen der Gesellschaft und dem Komplementär erforderlich. Der Auseinandersetzungsanspruch ist auch hier grundsätzlich auf Geld gerichtet und wird von der Gesellschaft neuer Rechtsform geschuldet. 14

4. Haftung

Mit dem Ausscheiden des Komplementärs als solchem aus der Gesellschaft endet auch die persönliche Haftung für **neu entstehende Verbindlichkeiten** der Gesellschaft. Zwar soll eine **Rechtsscheinshaftung** auch für neu entstehende Verbindlichkeiten möglich sein, 15

---

[19] § 247 Abs. 2.
[20] *Stratz* in Schmitt/Hörtnagl/Stratz Rn 7; *Happ* in Lutter Rn 21; *Rieger* in Widmann/Mayer Rn 34. AA *Laumann* in Goutier/Knopf/Tulloch § 249 Rn 2.
[21] Siehe § 227 Rn 5.
[22] Siehe aber § 78 Rn 27.
[23] Siehe hierzu § 227 Rn 7; *Rieger* in Widmann/Mayer Rn 45.
[24] Vgl. § 281 Abs. 2 AktG.
[25] Siehe Rn 3.
[26] § 278 Abs. 2 AktG iVm. § 161 Abs. 2, § 105 Abs. 2 HGB und §§ 738 ff. BGB.
[27] *Rieger* in Widmann/Mayer Rn 42.
[28] Vgl. *Roolf/Vahl* DB 1983, 1964; *K. Schmidt* DB 1983, 2401.

insbesondere nach § 15 HGB[29]. Allerdings ist es schwer vorstellbar, wie nach der Eintragung eines Formwechsels in eine GmbH oder AG noch der Rechtsschein fortbestehen soll, der Komplementär hafte weiter persönlich. Schon die Eintragung der neuen Rechtsform GmbH oder AG dürfte diesen Rechtsschein zerstören.

16 Für die bis zur Wirksamkeit des Formwechsels **begründeten Verbindlichkeiten** der formwechselnden KGaA haftet der Komplementär im **Außenverhältnis** auch nach seinem Ausscheiden fünf Jahre lang[30]. Im **Innenverhältnis** steht dem ausgeschiedenen Komplementär jedoch ein **Freistellungsanspruch** gegenüber der umgewandelten KGaA zu[31].

5. Anspruch des Komplementärs auf Beteiligung

17 Die **gesellschaftsrechtliche Treupflicht** gebietet es nicht, einen Komplementär auch an der Kapitalgesellschaft neuer Rechtsform zu beteiligen, wenn er dies beansprucht[32]. Eines solchen Anspruchs bedarf es nicht, wenn der Formwechsel der KGaA der Zustimmung aller Komplementäre bedarf[33]. Aufgrund der starken Verhandlungsposition, die der Komplementär durch das Erfordernis seiner Zustimmung erlangt, ist es nicht notwendig, ihm einen Beteiligungsanspruch über das vage Konzept einer gesellschaftsrechtlichen Treuepflicht zu verschaffen.

18 Ein Anspruch auf Beteiligung aus gesellschaftsrechtlicher Treupflicht besteht aber auch dann nicht, wenn die Satzung der KGaA einen Formwechsel aufgrund einer **Mehrheitsentscheidung der Komplementäre** zulässt[34]. Der Komplementär, der akzeptiert, dass eine solche Mehrheitsentscheidung in der Satzung ermöglicht wird, nimmt zugleich in Kauf, dass er bei einem Formwechsel an der Gesellschaft neuer Rechtsform nicht mehr beteiligt ist. Für diese Annahme spricht, dass das Erfordernis der Zustimmung aller Komplementäre gerade damit begründet wird, dass die Komplementäre durch einen Formwechsel zum Ausscheiden aus der Gesellschaft gezwungen sein können[35].

IV. Sonstige Wirkungen des Formwechsels

19 Die sonstigen Wirkungen des Formwechsels ergeben sich im Wesentlichen aus §§ 202, 203. Sie sind durch das Prinzip der **Identität des formwechselnden Rechtsträgers** geprägt[36]. Aus der Identität folgt zB, dass vor der Eintragung des Formwechsels gefasste Gesellschafterbeschlüsse und erteilte Vollmachten wirksam bleiben. Bei Geschäftsführern und Vorstandsmitgliedern gibt es hingegen **keine Kontinuität der Organmitgliedschaft**[37]. Mit dem Wirksamwerden des Formwechsels endet die Mitgliedschaft im Vorstand bzw. in der Geschäftsführung. Die Umwandlung lässt hingegen die **Anstellungsverträge** unberührt. Im Regelfall verschafft der Formwechsel auch nur dem Geschäftsführer oder dem Vorstandsmitglied, nicht aber der formwechselnden Gesellschaft einen wichtigen Grund, das Anstellungsverhältnis zu kündigen[38].

---

[29] So *Happ* in Lutter Rn 24; *Zöllner* in Kölner Komm. § 368 AktG Rn 8; *J. Semler/Grunewald* in G/H/E/K § 368 AktG Rn 9; siehe auch § 249 Rn 3, § 224 Rn 7.
[30] § 278 Abs. 2 AktG iVm. §§ 161 Abs. 2, 160 Abs. 1, 128 HGB.
[31] § 278 Abs. 2 AktG iVm. §§ 161 Abs. 2, 105 Abs. 3 HGB und § 738 Abs. 1 Satz 2 BGB.
[32] AA *Laumann* in Goutier/Knopf/Tulloch Rn 14.
[33] § 240 Abs. 3 Satz 1.
[34] § 240 Abs. 3 Satz 2.
[35] § 240 Rn 26.
[36] § 202 Rn 7.
[37] § 202 Rn 14.
[38] BGH ZIP 1997, 1106; *Stratz* in Schmitt/Hörtnagl/Stratz Rn 8; *Meister/Klöcker* in Kallmeyer § 202 Rn 24.

§ 248 Umtausch der Anteile

(1) Auf den Umtausch der Geschäftsanteile einer formwechselnden Gesellschaft mit beschränkter Haftung gegen Aktien ist § 73 des Aktiengesetzes, bei Zusammenlegung von Geschäftsanteilen § 226 des Aktiengesetzes über die Kraftloserklärung von Aktien entsprechend anzuwenden.

(2) Auf den Umtausch der Aktien einer formwechselnden Aktiengesellschaft oder Kommanditgesellschaft auf Aktien gegen Geschäftsanteile einer Gesellschaft mit beschränkter Haftung ist § 73 Abs. 1 und 2 des Aktiengesetzes, bei Zusammenlegung von Aktien § 226 Abs. 1 und 2 des Aktiengesetzes über die Kraftloserklärung von Aktien entsprechend anzuwenden.

(3) Einer Genehmigung des Gerichts bedarf es nicht.

Übersicht

	Rn		Rn
I. Formwechsel einer GmbH in eine AG oder KGaA (Abs. 1)	1	II. Formwechsel einer AG oder KGaA in eine GmbH (Abs. 2)	23
1. Begriff des Umtauschs	1	1. Begriff des Umtauschs	23
2. Umtauschverfahren	3	2. Umtauschverfahren	24
a) Einfaches Umtauschverfahren	4	3. Hinterlegung	25
b) Aufforderung zur Abholung	5	4. Zusammenlegung	26
c) Kraftloserklärung	7	a) Eingereichte Aktien	27
d) Hinterlegung	9	b) Nicht eingereichte Aktien	29
aa) Voraussetzungen der Hinterlegung	10	III. Übertragung von Anteilen zwischen Wirksamkeit des Formwechsels und Kraftloserklärung	32
bb) Erfordernis der Kraftloserklärung	11	1. Formwechsel einer GmbH in eine AG oder KGaA	32
cc) Hinterlegungspflicht	12	2. Formwechsel einer AG oder KGaA in eine GmbH	33
dd) Rücknahmerecht	13	a) Spekulativer Handel mit Geschäftsanteilen	34
e) Anzeige an das Registergericht	14	b) Rechtsunsicherheit	35
3. Zusammenlegung	15	c) Zusammentreffen mehrerer Übertragungsformen	36
a) Mehrere Geschäftsanteile eines Gesellschafters	15	d) Kein guter Glaube an die Rechtsform und die Übertragungsform	37
b) Nicht beteiligungsfähige Spitzen mehrerer Gesellschafter	16	e) Beschränkte Bedeutung der Kraftloserklärung	39
aa) Gegenstand der Kraftloserklärung	17		
bb) Aufforderung zur Einreichung	20		
cc) Versteigerung	21		
dd) Veräußerung oder Erwerb von Spitzen	22		

Literatur: *von Gleichenstein*, Zur Formbedürftigkeit der Übertragung von Aktien während der Umwandlung einer Aktiengesellschaft in eine GmbH, AG 1957, 86; *Nibbe*, Die Anteile der GmbH bei Umwandlung aus einer AG, GmbHR 1960, 23; *Nielsen*, Zur Verwertung von sogenannten Spitzen bei der Umwandlung einer Aktiengesellschaft in eine GmbH nach §§ 263 ff. AktG, DB 1964, 97; *Rasner*, Durchführung und Wirkung der Umwandlung einer Aktiengesellschaft in eine GmbH, BB 1971, 1082.

I. Formwechsel einer GmbH in eine AG oder KGaA (Abs. 1)

1. Begriff des Umtauschs

Abs. 1 spricht von einem „Umtausch der Geschäftsanteile". Unklar bleibt jedoch, was eigentlich getauscht wird: Im Regelfall werden für Geschäftsanteile keine Anteilsscheine ausgegeben, die im körperlichen Sinn „umgetauscht" werden könnten. Selbst wenn ausnahmsweise **Anteilsscheine** für die Geschäftsanteile ausgegeben wurden, so sieht die herrschende

1

Meinung dies nicht als Umtausch an[1]. Anscheinend geht sie davon aus, dass ein „Umtausch" im eigentlichen Sinn nur vorliegt, wenn ein Wertpapier durch ein anderes ersetzt wird. Anders als Aktien sind die Anteilsscheine aber **keine Wertpapiere**, sondern nur **Beweisurkunden**[2].

2 **Entstehung der Mitgliedschaft ohne Umtausch.** Die Frage, in welchen Fällen ein „Umtausch" vorliegt, muss jedoch in der Praxis nicht beantwortet werden, da die Aktien an der aus dem Formwechsel hervorgegangenen AG oder KGaA auch ohne Umtausch entstehen. Die **Mitgliedschaftsrechte** an der Gesellschaft neuer Rechtsform entstehen nach § 202 Abs. 1 Nr. 2 allein durch die Eintragung des Formwechsels[3] und nicht durch den Umtausch von Anteilsscheinen in Aktienurkunden.

2. Umtauschverfahren

3 Wie ein Umtauschverfahren abläuft, hängt maßgeblich davon ab, wie die Anteilsinhaber mitwirken:

4 **a) Einfaches Umtauschverfahren.** Wirken die Anteilsinhaber mit, indem sie etwaige Anteilsscheine bei der Gesellschaft einreichen und Aktienurkunden abholen, so ist das Umtauschverfahren relativ einfach: Der Aktionär muss nachweisen, dass er zum Zeitpunkt des Formwechsels Gesellschafter der formwechselnden GmbH war. Die Anteilsscheine sind kein Nachweis der Gesellschafterstellung. Hingegen genügt es, wenn der Gesellschafter im Umwandlungsbeschluss als solcher aufgeführt worden ist[4]. Da der Umwandlungsbeschluss keine Verfügungssperre mit sich bringt, kann ein Gesellschafter seinen Geschäftsanteil aber auch noch nach dem Umwandlungsbeschluss erworben haben. Ist ein solcher Erwerb nicht mehr vor der Eintragung des Formwechsels bei der Gesellschaft angemeldet worden[5], muss der Gesellschafter beim Umtausch nachweisen, dass er einen Geschäftsanteil erworben hat, indem er die Übertragungsurkunde vorlegt.

5 **b) Aufforderung zur Abholung.** Holen die Aktionäre der neuen AG ihre Aktien nicht ab, so kann sie die AG zur Abholung auffordern[6], sobald der **Umwandlungsbeschluss gefasst** ist[7]. Zuvor ist eine Aufforderung nicht möglich[8]. Anderenfalls könnte die Geschäftsführung der GmbH zu einem Umtausch auffordern, bevor die GmbH-Gesellschafter durch die Einladung zur Gesellschafterversammlung überhaupt von der Absicht des Formwechsels erfahren haben. Überdies wäre eine solche Aufforderung irreführend, wenn die Gesellschafter den Beschluss über den Formwechsel dann doch nicht fassen.

6 Die Aufforderung bedarf nach Abs. 3 **keiner Genehmigung des Gerichts**, da sie beim Formwechsel – anders als bei aus anderen Gründen iSd. § 73 Abs. 1 AktG unrichtig gewordenen Aktienurkunden – keinen Rechtsverlust zur Folge hat. Im Übrigen gelten für die Aufforderung dieselben Regeln wie beim Umtausch von Aktien bei der Verschmelzung einer AG[9].

7 **c) Kraftloserklärung der Anteilsscheine.** Abs. 1 verweist auf zwei Formen der Kraftloserklärung: Für den reinen **Umtausch der Geschäftsanteile** wird auf § 73 AktG verwiesen, der eine Regelung zur Kraftloserklärung enthält; für die **Zusammenlegung von**

---

[1] *Happ* in Lutter Rn 4; *Rieger* in Widmann/Mayer Rn 9.
[2] RGZ 57, 415; *OLG Köln* GmbHR 1995, 293; *Winter* in Scholz § 14 GmbHG Rn 64.
[3] Vgl. § 202 Rn 24 ff.
[4] *Rieger* in Widmann/Mayer Rn 14.
[5] § 16 GmbHG
[6] §§ 73 Abs. 2, 64 Abs. 2 AktG.
[7] *Happ* in Lutter Rn 6; *Rieger* in Widmann/Mayer Rn 17.
[8] So aber *Stratz* in Schmitt/Hörtnagl/Stratz Rn 2.
[9] Näher hierzu § 72 Rn 3 ff.

Geschäftsanteilen ist § 226 AktG über die Kraftloserklärung von Aktien entsprechend anzuwenden. Die beiden Kraftloserklärungen müssen unterschieden werden:

Beim reinen Umtausch von Geschäftsanteilen in Aktien können Gegenstand der Kraftloserklärung nach § 73 AktG allenfalls **Anteilsscheine** sein. Falls Anteilsscheine für die Geschäftsanteile ausgegeben worden sind, gibt es jedoch kein praktisches Bedürfnis, diese für kraftlos zu erklären, weil ihnen auch vor dem Formwechsel keine reale rechtliche Kraft zukam: Weder sind die Anteilsscheine Wertpapiere noch sind sie erforderlich, um Mitgliedschaftsrechte auszuüben. Folgerichtig liegt es nach dem Wortlaut des § 73 Abs. 1 Satz 1 AktG[10] im **Ermessen der Gesellschaft**, d. h. des Vorstands oder des persönlich haftenden Gesellschafters, ob er die Anteilsscheine überhaupt für kraftlos erklärt.

d) Hinterlegung. Da für Geschäftsanteile nur selten Anteilsscheine ausgegeben werden, erschöpft sich die praktische Bedeutung des Abs. 1 weitgehend im Verweis auf die Hinterlegungsregeln des § 73 AktG.

aa) Voraussetzungen der Hinterlegung. § 73 Abs. 3 AktG bezieht sich zwar auf ein „Recht zur Hinterlegung", regelt aber nicht selbst die Voraussetzungen dieses Rechts. Zur Hinterlegung ist die Gesellschaft berechtigt, wenn der Aktionär sich im **Annahmeverzug** befindet, weil er die Aktie trotz der Aufforderung nicht binnen der gesetzten Frist abgeholt hat, wenn die Gesellschaft ihn **nicht kennt** oder er aus sonstigen Gründen **nicht erreichbar** ist[11].

bb) Erfordernis der Kraftloserklärung. Eine Hinterlegung der neuen Aktienurkunden ist nur zulässig, wenn Anteilsscheine, die für Geschäftsanteile ausgegeben worden sind, zuvor für kraftlos erklärt wurden[12]. Hierfür spricht der Wortlaut des § 73 Abs. 3 AktG, nach dem Aktien hinterlegt werden können, die an die „Stelle der für kraftlos erklärten" getreten sind.

cc) Hinterlegungspflicht. Liegen die Voraussetzungen für eine Hinterlegung vor, so fragt sich, ob die Gesellschaft nur zur Hinterlegung der Aktien **berechtigt oder auch verpflichtet** ist. Für eine Pflicht spricht der Wortlaut des § 73 Abs. 3 AktG[13] und die Literatur zur ähnlichen Vorschrift des § 226 Abs. 3 AktG[14]. Geht man jedoch mit der hM davon aus, dass es im Ermessen der Gesellschaft liegt, ob sie die Anteilsscheine überhaupt für kraftlos erklärt und sieht man die Kraftloserklärung der Anteilsscheine als Voraussetzung für eine Hinterlegung der Aktien an, dann muss der Gesellschaft auch bei der Hinterlegung ein Ermessen eingeräumt werden. Solange es im Ermessen der Gesellschaft steht, die Anteilsscheine für kraftlos zu erklären und damit die Voraussetzungen für die Hinterlegung zu schaffen, macht eine Hinterlegungspflicht keinen Sinn.

dd) Rücknahmerecht[15]. Sähe man die Gesellschaft als verpflichtet an, die neuen Aktienurkunden zu hinterlegen, so wäre es konsequent zu verlangen, dass die Gesellschaft nach § 376 Abs. 2 Nr. 1 BGB auf das **Recht zur Rücknahme der Aktien verzichtet**. Anderenfalls könnte sie die Hinterlegungspflicht faktisch umgehen, indem sie die hinterlegten Aktien nach kurzer Zeit zurücknimmt.

e) Anzeige an das Registergericht. Aus der Tatsache, dass der Umtausch der Anteile nach Abs. 3 nicht vom Gericht genehmigt werden muss, kann nicht geschlossen werden, dass es überflüssig ist, die Aushändigung oder Hinterlegung der Aktien an den Aktionär dem

---

[10] „... kann die Gesellschaft die Aktien ... für kraftlos erklären".
[11] § 372 BGB.
[12] *Rieger* in Widmann/Mayer Rn 19.
[13] „... sind ... zu hinterlegen".
[14] *Rieger* in Widmann/Mayer Rn 21. IE *Hüffer* § 73 AktG Rn 8; *Herbig* DJ 1935, 112, 115.
[15] Bejahend: *Rieger* in Widmann/Mayer Rn 21; *Hefermehl/Bungeroth* in G/H/E/K § 73 AktG Rn 50; *Herbig* DJ 1935, 112, 115. Verneinend: *Lutter* in Kölner Komm. § 73 AktG Rn 22; *v. Godin/Wilhelmi* § 382 AktG Anm. 4.

Registergericht anzuzeigen[16]. Eine Anzeige ist auch bei fehlendem Genehmigungserfordernis in der Praxis empfehlenswert, weil die Frage einer Hinterlegungspflicht[17] durch die Gerichte noch nicht beantwortet wurde und das Registergericht bei entsprechender Anzeige erkennen kann, dass die Gesellschaft eine etwaige Hinterlegungspflicht erfüllt hat. Allerdings kann die Anzeigepflicht beim Umtausch von GmbH-Anteilen nicht durch Zwangsgelder durchgesetzt werden, da § 248 nicht auf die aktienrechtliche Zwangsgeldregelung[18] verweist und die umwandlungsrechtliche Zwangsgeldregelung diesen Fall nicht erfasst[19].

3. Zusammenlegung

15 **a) Mehrere Geschäftsanteile eines Gesellschafters.** Hält **ein Gesellschafter** mehrere Geschäftsanteile an der formwechselnden GmbH, werden die Nennwerte der Geschäftsanteile addiert. Die Summe wird in die nach dem festgesetzten Umtauschverhältnis dem Gesellschafter zustehende Aktienzahl umgerechnet. Bei dieser Art der Zusammenlegung müssen die Voraussetzungen des § 226 AktG nicht beachtet werden.

16 **b) Nicht beteiligungsfähige Spitzen mehrerer Gesellschafter.** Das Zusammenlegungsverfahren nach § 226 AktG findet Anwendung, wenn ein Gesellschafter nicht im Gesamtnennbetrag seiner Geschäftsanteile an der Gesellschaft neuer Rechtsform beteiligt wird. In diesem Fall entstehen **nicht beteiligungsfähige Spitzen** bei **mehreren Gesellschaftern** in dem Umfang, in dem sich die Gesellschafter nicht beteiligen können. Jeder Gesellschafter, der am Rechtsträger neuer Rechtsform nicht im selben Verhältnis beteiligt wird, muss dem Formwechsel zustimmen[20].

17 *aa) Gegenstand der Kraftloserklärung.* Der Verweis auf die Kraftloserklärung iSd. § 226 AktG bei Zusammenlegung von Geschäftsanteilen ordnet nicht erneut die Kraftloserklärung der Anteilsscheine an[21]. Die Kraftloserklärung nach § 226 AktG hat eigenständige Bedeutung neben der Kraftloserklärung nach § 73 AktG, weil sie einen anderen Gegenstand hat:

18 Gegenstand der Kraftloserklärung bei der Zusammenlegung ist die **Veränderung des Mitgliedschaftsrechts**. Die Kraftloserklärung markiert im Zusammenlegungsverfahren den Zeitpunkt, zu dem der Vorstand bzw. persönlich haftende Gesellschafter durch Gestaltungserklärung das Mitgliedschaftsrecht „Aktie" dahin gehend verändert, dass die nicht beteiligungsfähigen Spitzen verwertet werden und mit anderen Spitzen zu einer neuen Aktie zusammengelegt werden können[22]. Die gestaltende Wirkung der Kraftloserklärung bezieht sich auf das **Mitgliedschaftsrecht selbst** und beschränkt sich nicht auf die **Verbriefung** des Mitgliedschaftsrechts[23].

19 Gegenstand dieser zweiten Kraftloserklärung nach Abs. 1 können deshalb auch nicht verbriefte Mitgliedschaftsrechte sein. Da Abs. 1 von einer „entsprechenden Anwendung" des § 226 AktG spricht, kann diese Norm auch in Fällen der Zusammenlegung von Geschäftsanteilen angewendet werden, in denen die **Mitgliedschaftsrechte unverbrieft** sind. Für eine solche Analogie spricht, dass die Zusammenlegung unverbriefter Aktien gesetzlich nicht geregelt ist und es keinen Grund gibt, weshalb die Zusammenlegung nicht beteiligungsfähiger Spitzen bei verbrieften Mitgliedschaftsrechten anders geregelt werden soll als bei unverbrieften.

---

[16] AA *Rieger* in Widmann/Mayer Rn 22.
[17] Näher hierzu Rn 12.
[18] § 407 Abs. 1 AktG.
[19] § 316.
[20] § 241 Rn 10.
[21] Näher hierzu Rn 7 f.
[22] § 226 Abs. 3 AktG.
[23] Zum Gegenstand der Kraftloserklärung nach § 73 AktG siehe Rn 8.

bb) Aufforderung zur Einreichung. Der Aufforderung zur Einreichung und der Androhung 20
der Kraftloserklärung[24] kommen bei der Zusammenlegung besondere Bedeutung zu. Die
Anteilsinhaber erfahren durch sie von der bevorstehenden Verwertung der nicht beteiligungsfähigen Spitzen und können dann auf eine möglichst günstige Verwertung achten.

cc) Versteigerung. Nach Ablauf des Aufforderungsverfahrens werden die nicht beteiligungs- 21
fähigen Spitzen zusammengelegt und die durch die Zusammenlegung entstandenen Aktien
öffentlich versteigert[25]. Der Versteigerungserlös ist an die vormaligen Inhaber der nicht beteiligungsfähigen Spitzen auszuzahlen. Die Zusammenlegung und Verwertung obliegt dem
Vertretungsorgan des Rechtsträgers neuer Rechtsform.

dd) Veräußerung oder Erwerb von Spitzen. Will ein Anteilsinhaber vermeiden, dass die von 22
ihm gehaltene Spitze öffentlich versteigert wird, kann er sie veräußern. Er kann auch Spitzen hinzuerwerben, die zusammengelegt eine Aktie ergeben. Einer **Zustimmung zur Veräußerung** von Teilen eines Geschäftsanteils[26] bedarf es dabei nicht. Bereits der Gesellschafterbeschluss über den Formwechsel mit nicht verhältniswahrender Beteiligung ist als Zustimmung zur Übertragung von Spitzen zwischen den Gesellschaftern zu verstehen. Die
öffentliche Versteigerung unterbleibt nur, wenn die **Übertragung** der Spitze der Gesellschaft **angemeldet** worden und die Anmeldung bei der Gesellschaft vor der Versteigerung
eingegangen ist[27]. Da die Übertragung einer Spitze nach Wirksamwerden des Formwechsels
keiner notariellen Form bedarf[28], genügt eine gemeinsame Anmeldung von Veräußerer und
Erwerber oder die Anmeldung durch eine Partei, der ein Original des zumindest schriftlichen
Übertragungsvertrags beigefügt ist.

II. Formwechsel einer AG oder KGaA in eine GmbH (Abs. 2)

1. Begriff des Umtauschs

Auch beim Formwechsel einer AG oder KGaA in eine GmbH findet im Regelfall kein 23
Umtausch im eigentlichen Sinn statt. Häufig sind die Aktien nicht verbrieft und fast nie werden Anteilsscheine an der neuen GmbH ausgegeben. Selbst wenn jedoch Aktienurkunden
und Anteilsscheine vorhanden sind, kommt nur den Aktienurkunden, nicht aber den Anteilsscheinen Wertpapiercharakter zu[29]. Da die Mitgliedschaft im Rechtsträger nicht davon
abhängt, wer Inhaber des Papiers ist, handelt es sich rechtlich allenfalls um einen Austausch
von Beweisurkunden.

2. Umtauschverfahren

Das Umtauschverfahren mit der Aufforderung zur Einreichung und der Kraftloserklärung 24
entspricht weitgehend dem beim Formwechsel einer GmbH in eine AG oder KGaA. Die
hM sieht die Gesellschaft hier aber entgegen dem Wortlaut von § 73 Abs. 1 AktG nicht nur
als berechtigt, sondern als verpflichtet an, die Aktien für kraftlos zu erklären[30]. Dies folgt aus
der Transportfunktion, die Aktienurkunden bei der Anteilsübertragung zukommen kann[31],
aus der ein gesteigertes Interesse des Rechtsverkehrs an der Kraftloserklärung erwächst.

---

[24] § 226 Abs. 2; näher zum formalen Ablauf § 72 Rn 3 ff.
[25] § 226 Abs. 3 AktG.
[26] § 17 GmbHG.
[27] § 16 Abs. 1 GmbHG.
[28] Näher hierzu Rn 32.
[29] Siehe Rn 1.
[30] *Stratz* in Schmitt/Hörtnagl/Stratz Rn 7; *Happ* in Lutter Rn 21; *Rieger* in Widmann/Mayer Rn 49; aA *Laumann* in Goutier/Knopf/Tuloch Rn 19.
[31] Näher hierzu Rn 33.

3. Hinterlegung

25 Anders als beim Formwechsel in eine AG oder KGaA ist § 73 Abs. 3 AktG beim Formwechsel in eine GmbH nicht anzuwenden. Hieraus folgt aber nur, dass die Gesellschaft nicht verpflichtet ist, dem Gericht anzuzeigen, dass der Anteilsschein ausgehändigt oder hinterlegt worden ist. Hingegen kann daraus nicht geschlossen werden, dass Anteilsscheine nicht hinterlegungsfähig sind[32]. Nach den subsidiär geltenden allgemeinen Bestimmungen zur Hinterlegung[33] können auch „sonstige Urkunden", die keine Wertpapiere sind, d. h. auch Beweisurkunden wie Anteilsscheine, hinterlegungsfähige Gegenstände sein[34].

4. Zusammenlegung

26 Wie beim Formwechsel in eine GmbH[35] liegt eine Zusammenlegung im eigentlichen Sinne nur vor, wenn **nicht beteiligungsfähige Spitzen mehrerer Anteilsinhaber** zu einem neuen Geschäftsanteil zusammengefasst werden. Dabei ist zu unterscheiden, ob die Anteilsinhaber ihre Aktien einreichen oder ob eine solche Einreichung trotz Aufforderung unterbleibt, obwohl nicht beteiligungsfähige Spitzen bestehen.

27 a) **Eingereichte Aktien.** Reicht ein Gesellschafter Aktien ein, die nicht vollständig in einen Geschäftsanteil umgewandelt werden können, kann er bestimmen, dass die Gesellschaft die Spitzenbeträge **für seine Rechnung** verwerten soll[36]. Alternativ kann er **sich mit anderen Aktionären zusammenschließen**, die ebenfalls nicht beteiligungsfähige Spitzen halten, um diese Spitzenbeträge gemeinsam in einen oder mehrere Geschäftsanteile umzutauschen. Der so erworbene Geschäftsanteil wird von Gesellschaftern entweder als GbR[37] oder als Bruchteilsgemeinschaft[38] gehalten[39].

28 Werden die Spitzenbeträge nicht zur Verwertung für Rechnung des Aktionärs eingereicht und schließen sich die Aktieninhaber auch nicht freiwillig zusammen, bleibt der Gesellschaft nur die Möglichkeit, die Spitzenbeträge selbst zu neuen **gemeinschaftlichen Geschäftsanteilen zusammenzufassen**. Die eingereichten Aktien sind zu vernichten. Einer besonderen Kraftloserklärung bedarf es nicht[40]. Im Übrigen gelten dieselben Regeln wie für nicht eingereichte Aktien.

29 b) **Nicht eingereichte Aktien.** Werden die Aktien mit den nicht beteiligungsfähigen Spitzen trotz Aufforderung nicht eingereicht, hat sie die Gesellschaft für kraftlos zu erklären[41]. Die Rechtswirkungen der Kraftloserklärung entsprechen denen bei der Zusammenlegung von GmbH-Geschäftsanteilen[42].

30 Für die kraftlos erklärten Aktien erhalten die Gesellschafter einen in **Bruchteilsgemeinschaft**[43] gehaltenen Geschäftsanteil an der neuen GmbH. Um die Geschäftsanteile möglichst fungibel zu machen und eine Aufhebung der Gemeinschaft zu erleichtern, hat die Geschäftsführung möglichst viele Geschäftsanteile zu bilden. Welche Spitzenbeträge welcher Gesellschafter im Einzelfall zu einem neuen Geschäftsanteil zusammengefasst werden, d. h. welche Gesellschafter in einer Bruchteilsgemeinschaft zusammentreffen, steht im Übrigen im **Ermessen der Geschäftsführung** der neuen GmbH.

---

[32] So wohl aber *Rieger* in Widmann/Mayer Rn 52.
[33] § 372 Satz 1 BGB.
[34] *Heinrichs* in Palandt § 372 BGB Rn 2.
[35] Siehe Rn 15 ff.
[36] § 226 Abs. 1 Satz 2 AktG.
[37] §§ 705 ff. BGB.
[38] §§ 741 ff. BGB.
[39] *Rieger* in Widmann/Mayer Rn 59; *Laumann* in Goutier/Knopf/Tulloch Rn 22.
[40] *J. Semler/Grunewald* in G/H/E/K § 373 AktG Rn 14.
[41] § 226 Abs. 1 Satz 1 AktG.
[42] Näher hierzu Rn 15 ff.
[43] Vgl. §§ 741 ff. BGB.

Abs. 2 verweist nicht auf § 226 Abs. 3 AktG. Die Gesellschaft kann den Geschäftsanteil **31** deshalb **nicht öffentlich versteigern**, ohne dass die Teilhaber der Bruchteilsgemeinschaft einer solchen Verwertung zugestimmt haben. Verlangt ein Teilhaber die Aufhebung der Bruchteilsgemeinschaft[44], wird diese ansonsten aufgehoben, indem der Geschäftsanteil verkauft wird. Gesellschafter, die nicht beteiligungsfähige Spitzen erhalten, sollten schon dem Umwandlungsbeschluss nur zustimmen, wenn einer Verfügung über die nach der Zusammenlegung entstehenden Geschäftsanteile keine Zustimmungserfordernisse entgegenstehen.

III. Übertragung von Anteilen zwischen Wirksamkeit des Formwechsels und Kraftloserklärung

1. Formwechsel einer GmbH in eine AG oder KGaA

Mit der Eintragung des Formwechsels werden die bisherigen Geschäftsanteile zu Aktien **32** der neuen AG oder KGaA. Folglich müssen die Anteile ab Eintragung des Formwechsels nach den Regeln für Aktien übertragen werden: Bei **unverbrieften Aktien** genügt eine einfache **Abtretung**[45]. Ansonsten können sie auch nach den **wertpapierrechtlichen Regeln** durch Indossament[46], Übereignung und Übergabe der Aktienurkunde oder nach § 18 Abs. 3 Depotgesetz[47] übertragen werden.

2. Formwechsel einer AG oder KGaA in eine GmbH

Mit der Eintragung des Formwechsels verkörpern nicht mehr die Aktien, sondern die **33** **Geschäftsanteile** die Mitgliedschaft in der Gesellschaft. Geschäftsanteile sind grundsätzlich durch eine in **notarieller Form** erklärte Abtretung[48] zu übertragen[49]. Die hM lässt jedoch eine Übertragung des Geschäftsanteils bis zur Kraftloserklärung der Aktienurkunde durch **Einigung und Übergabe** der Aktienurkunde nach §§ 929 ff. BGB zu[50].

a) Spekulativer Handel mit Geschäftsanteilen. Die hM eröffnet damit die Möglich- **34** keit zu leichtem und spekulativem Handel mit Geschäftsanteilen. Dies sollte durch die notarielle Übertragungsform in § 15 Abs. 3 GmbHG eigentlich ausgeschlossen werden[51]. Die bloße Verpflichtung, die Aktienurkunden kraftlos zu erklären, ist ohne Sanktionsandrohung aber ungeeignet, den dauerhaften spekulativen Handel mit Geschäftsanteilen zu verhindern.

b) Rechtsunsicherheit. Die Rechtssicherheit bei der Anteilsübertragung wird gerin- **35** ger, weil der notariellen Geschäftsanteilsabtretung größere Beweisfunktion zukommt als der Übereignung einer Aktienurkunde. Rechtliche Unsicherheit über einen wirksamen Geschäftsanteilserwerb kann aber auch aus Zweifeln über die Wirksamkeit der Kraftloserklärung erwachsen. Die Eintragung des Formwechsels im Handelsregister ist besser als die Kraftloserklärung geeignet, den Zeitpunkt zu markieren, ab dem Gesellschaftsanteile auf andere Weise, nämlich durch beurkundete Abtretungserklärung, übertragen werden müssen.

---

[44] Vgl. § 749 Abs. 1 BGB.
[45] § 413 BGB.
[46] § 68 Abs. 1 Satz 1 AktG.
[47] Gesetz über die Verwahrung und Anschaffung von Wertpapieren; vom 4. 2. 1937, RGBl. I S. 171 in der Neufassung vom 11. 1. 1995 BGBl. I S. 34.
[48] § 15 Abs. 3 GmbHG.
[49] *Happ* in Lutter Rn 32; *Rieger* in Widmann/Mayer Rn 72.
[50] BGHZ 21, 175, 178; *Stratz* in Schmitt/Hörtnagl/Stratz Rn 10; *Happ* in Lutter Rn 33; *Rieger* in Widmann/Mayer Rn 73; aA *OLG Hamburg* WM 1955, 474, 475.
[51] Vgl. BGHZ 13, 51 f.; *BGH* NJW 1996, 3339.

36 **c) Zusammentreffen mehrerer Übertragungsformen.** Die größten Bedenken rühren jedoch aus dem **Nebeneinander der Übertragungsformen** nach GmbH-Recht und Aktienrecht, das die hM in der Literatur zulässt[52].

Beispiel:
Tritt ein Gesellschafter seinen Geschäftsanteil an der neuen GmbH notariell beurkundet ab und erwirbt danach ein gutgläubiger Dritter denselben Anteil nochmals durch Einigung und Übergabe[53] der Aktienurkunde, führt die hM zu kaum lösbaren Problemen. Es ist nicht möglich, dass sowohl der Erwerber aus dem notariellen Vertrag wie auch der Erwerber der Aktienurkunde in ihrem Vertrauen auf das jeweilige Rechtsgeschäft geschützt werden. Anderenfalls würde sich die **Gesellschafterstellung** in der GmbH zu Lasten der Mitgesellschafter und Gläubiger **verdoppeln**. Würde man dem gutgläubigen Erwerber der Aktienurkunde die Gesellschafterstellung zugestehen, ginge dieser Vertrauensschutz zu Lasten des Erwerbers aus der notariellen Urkunde. Auf einen Erwerb durch notarielle Abtretungserklärung könnte man somit nur vertrauen, wenn sichergestellt ist, dass die vormalige AG die Aktien nicht verbrieft hat, die Aktienurkunde bei der Beurkundung übergeben wird oder bereits für kraftlos erklärt ist.

37 **d) Kein guter Glaube an die Rechtsform und die Übertragungsform.** Das Vertrauen des wahren Erwerbers auf den Erwerb durch notarielle Beurkundung ist schutzwürdiger als das Vertrauen eines gutgläubigen Erwerbers iSd. §§ 929 ff. BGB. Vom gutgläubigen Erwerber kann deshalb eine besonders sorgfältige Nachforschung verlangt werden. Ein gutgläubiger Erwerb ist ausgeschlossen, wenn sich der gutgläubige Erwerber vor dem Erwerb der Aktienurkunde nicht vergewissert, dass die Gesellschaft noch in der Rechtsform der AG besteht.

38 § 932 BGB schützt nur den **guten Glauben an das Eigentum** des Veräußerers. Er schützt weder den Glauben an das Fehlen von Übertragungshindernissen noch den **Glauben an den Fortbestand** der Gesellschaft in ihrer bisherigen **Rechtsform**. Folglich schützt er auch nicht das Vertrauen auf eine bestimmte Übertragungsform für Mitgliedschaftsrechte.

39 **e) Beschränkte Bedeutung der Kraftloserklärung.** Lehnt man eine Übertragung von Mitgliedschaftsrechten durch Übereignung der Aktienurkunden bereits ab Eintragung des Formwechsels und nicht erst mit Kraftloserklärung ab, verliert die Kraftloserklärung an Bedeutung. Sie wird aber nicht sinnlos, denn sie zerstört zusammen mit der Eintragung und Bekanntmachung des Formwechsels[54] den Rechtsschein des Fortbestands der AG und vermeidet so Irritationen des Rechtsverkehrs.

§ 249 Gläubigerschutz

Auf den Formwechsel einer Kommanditgesellschaft auf Aktien in eine Gesellschaft mit beschränkter Haftung oder in eine Aktiengesellschaft ist auch § 224 entsprechend anzuwenden.

---

[52] *Happ* in Lutter Rn 33; *Rieger* in Widmann/Mayer Rn 72.
[53] §§ 929, 932, 935 Abs. 2 BGB.
[54] § 201 Rn 4.

Übersicht

	Rn		Rn
I. Allgemeines	1	2. Verhältnis zum früheren Recht	4
1. Verweisung auf Nachhaftungsregeln	1	3. Haftungsverschärfung durch § 249	5
2. „Verbleibende" Komplementäre	2	4. Beweisrisiko für ordnungsgemäße Bekanntmachung	6
II. Einzelfragen	3		
1. Verhältnis zur allgemeinen Nachhaftung beim Ausscheiden	3		

I. Allgemeines

1. Verweisung auf Nachhaftungsregeln

Beim Formwechsel einer KGaA, die in eine andere Kapitalgesellschaft umgewandelt wird und bei welcher der Komplementär als solcher mit der Eintragung des Formwechsels aus der Gesellschaft ausscheidet[1], ordnet § 249 an, dass die Regelungen zur **Fortdauer und zeitlichen Begrenzung der persönlichen Haftung** eines Gesellschafters, die beim Formwechsel von Personenhandelsgesellschaften gelten, entsprechend anzuwenden sind. Dies bedeutet, dass der Komplementär aus Verbindlichkeiten der KGaA, für die er im Zeitpunkt des Formwechsels persönlich haftet, noch **fünf Jahre** nach dem Formwechsel in Anspruch genommen werden kann, sofern sie bis dahin fällig geworden sind[2]. 1

2. „Verbleibende" Komplementäre

Für die Nachhaftung ist es unerheblich, ob der Komplementär nach dem Formwechsel als Gesellschafter in der GmbH bzw. als Aktionär in der AG verbleibt. Gesellschafter der GmbH oder Aktionär der AG kann der Komplementär werden, wenn er vor dem Formwechsel zugleich Kommanditaktionär war oder mit bzw. nach dem Formwechsel als Gesellschafter oder Aktionär beitritt[3]. Diese zweite Verbindung als Gesellschafter ändert jedoch nichts daran, dass der Komplementär der formwechselnden KGaA **als solcher**, d. h. in seiner Eigenschaft als Komplementär, aus der Gesellschaft ausscheidet. Einen im rechtlichen Sinne „verbleibenden" Komplementär gibt es nicht[4]. 2

II. Einzelfragen

1. Verhältnis zur allgemeinen Nachhaftung beim Ausscheiden

Die Norm wurde früher unzutreffend als eine an sich überflüssige Klarstellung angesehen, weil sich die Weiterhaftung und die Nachhaftungsbegrenzung bereits aus den allgemeinen Regeln zur Nachhaftung beim Ausscheiden ergebe[5]. Nach § 160 Abs. 1 Satz 2 HGB beginnt die Frist für die fünfjährige Nachhaftung aber mit der **Eintragung in das Handelsregister**. Demgegenüber wird die Nachhaftungsfrist durch § 249 verlängert, weil die Nachhaftungsfrist erst an dem Tag beginnt, an dem die Eintragung des Formwechsels in das Register **bekannt gemacht** worden ist[6]. 3

---

[1] § 247 Rn 9; aA *Vossius* in Widmann/Mayer Rn 2.
[2] Näher hierzu § 224 Rn 1 ff.
[3] § 247 Rn 10.
[4] AA *Laumann* in Goutier/Knopf/Tulloch Rn 3.
[5] § 278 Abs. 2 AktG iVm. §§ 161 Abs. 2, 128, 160 HGB. *Vossius* in Widmann/Mayer Rn 1.
[6] §§ 224 Abs. 3, 201 iVm. § 10 HGB; siehe auch § 224 Rn 31. In diesem Sinne nunmehr auch *Stratz* in Schmitt/Hörtnagl/Stratz § 249; *Happ* in Lutter Rn 2; *Dirksen* in Kallmeyer § 249.

§ 250

2. Verhältnis zum früheren Recht

4   Entgegen der Regierungsbegründung[7] und der hM[8] hat die Vorschrift die Nachhaftung auch gegenüber dem früher geltenden Recht geändert. Das AktG 1965 enthielt keine eigene Regelung über den Beginn der Frist für die fünfjährige Fortdauer der Haftung. Es kam § 159 Abs. 2 HGB aF zur Anwendung. Nach diesem begann die Frist mit der **Eintragung ins Handelsregister**[9]. Die Fortdauer der Haftung ist demnach durch § 249 um den Zeitraum verlängert worden, der zwischen der Eintragung im Handelsregister und der Bekanntmachung liegt.

3. Haftungsverschärfung durch § 249

5   Die Verschärfung der Nachhaftung gegenüber dem früheren Recht und den allgemeinen Regeln zur Nachhaftung im HGB wird in ihrer praktischen Auswirkung bislang verkannt: Die Nachhaftungsfrist verlängert sich nämlich nicht nur um die Zeit, die zwischen der Eintragung des Formwechsels im Handelsregister und der Bekanntmachung verstreicht. Der vormalige Komplementär trägt auch das Risiko, dass diese Bekanntmachung versehentlich unterbleibt oder wesentliche Fehler enthält und damit unwirksam ist.

4. Beweisrisiko für ordnungsgemäße Bekanntmachung

6   Da die Einwendung, die Nachhaftungsfrist sei beendet, eine den vormaligen Komplementär begünstigende Tatsache ist, hat er zu beweisen, wann die Bekanntmachung erfolgt ist. Die bisherigen Probleme der Beweisführung[10] haben sich mit der alleinigen Bekanntmachung im elektronischen Bundesanzeiger seit dem 1.1.2007[11] erledigt. In Fällen, in denen der Formwechsel vor dem 1.1.2007 eingetragen wurde, kann der vormalige Komplementär aber noch vor dem Problem stehen, die Bekanntmachung des Formwechsels in allen Gesellschaftsblättern beweisen zu müssen.

§ 250 Nicht anzuwendende Vorschriften

Die §§ 207 bis 212 sind auf den Formwechsel einer Aktiengesellschaft in eine Kommanditgesellschaft auf Aktien oder einer Kommanditgesellschaft auf Aktien in eine Aktiengesellschaft nicht anzuwenden.

Übersicht

	Rn		Rn
I. Allgemeines	1	II. Inhalt	3
1. Verhältnis zum früheren Recht	1	1. Anspruch auf Übernahme der Aktien und Abfindung	3
2. Unveränderte Rechtsstellung des (Kommandit-)Aktionärs	2	2. Recht zur anderweitigen Veräußerung	4

---

[7] RegBegr. *Ganske* S. 264.
[8] *Happ* in Lutter Rn 1; *Laumann* in Goutier/Knopf/Tulloch Rn 1.
[9] § 278 Abs. 2 AktG iVm. §§ 161 Abs. 2, 159 Abs. 2 HGB aF. So *Zöllner* in Kölner Komm. § 368 AktG Rn 8; *J. Semler/Grunewald* in G/H/E/K § 368 AktG Rn 9.
[10] Siehe Voraufl. Rn 6 ff.
[11] Gesetz über elektronische Handelsregister und Genossenschaftsregister sowie das Unternehmensregister vom 10.11.2006, BGBl I S. 2553.

I. Allgemeines

1. Verhältnis zum früheren Recht

Die Vorschrift entspricht inhaltlich dem früheren Umwandlungsrecht. Auch das frühere Recht sah für den Formwechsel einer KGaA in eine AG oder umgekehrt **kein Abandon- oder Preisgaberecht** vor. Widersprechenden Anteilsinhabern muss grundsätzlich der Erwerb ihrer Anteile gegen eine Barabfindung angeboten werden[1]. Um die bisherige Rechtslage beim Formwechsel einer KGaA in eine AG oder umgekehrt beizubehalten, sind die Allgemeinen Vorschriften insoweit **unanwendbar**, wie sie einen **Anspruch auf Übernahme der Anteile und Abfindung** begründen.

2. Unveränderte Rechtsstellung des (Kommandit-)Aktionärs

Der Gesetzgeber hat im Fall eines Formwechsels einer KGaA in eine AG oder umgekehrt widersprechenden (Kommandit-)Aktionären keinen Anspruch auf Übernahme und Abfindung gewährt, weil die Rechtsstellung des (Kommandit-)Aktionärs bei diesen beiden Arten des Formwechsels „**im Wesentlichen unverändert** bleibt"[2]. Genau besehen verändert aber jeder Formwechsel – unmittelbar oder zumindest mittelbar – **einzelne Rechte** der Anteilsinhaber erheblich: Beim Formwechsel einer AG in eine KGaA hat ein Kommanditaktionär auf der einen Seite weniger Rechte, weil Komplementäre nicht abberufen werden können, während es dem von den Aktionären gewählten Aufsichtsrat zumindest möglich ist, die Bestellung der Vorstandsmitglieder nicht zu verlängern. Auch können bei einer KGaA Grundlagenbeschlüsse nicht allein von der Hauptversammlung gefasst werden, sondern bedürfen noch der Zustimmung der Komplementäre[3]. Auf der anderen Seite haben die Hauptversammlung und mittelbar der Kommanditaktionär mehr Rechte, weil die Feststellung des Jahresabschlusses[4] und alle außergewöhnlichen Geschäfte – nicht nur „Holzmüller"-Beschlüsse – der Zustimmung der Hauptversammlung der KGaA bedürfen[5]. Bei einer **saldierten Betrachtung** kann man die Einschätzung des Gesetzgebers teilen, dass sich weder die Stellung des Kommanditaktionärs bei einem Formwechsel in eine AG noch die des Aktionärs bei einem Formwechsel in eine KGaA so wesentlich ändert, dass ihm bei einem gegen seine Stimmen beschlossenen Formwechsel das Verbleiben in der Gesellschaft nicht mehr zugemutet werden kann. Die Betrachtung des Gesetzgebers ist dabei eine abstrakt generelle. Deshalb ist **keine teleologische Reduktion** gerechtfertigt, wenn der Aktionär oder Kommanditaktionär im Einzelfall darlegen kann, dass ein bestimmtes durch den Formwechsel verändertes Recht aufgrund der Besonderheiten der formwechselnden Gesellschaft erhebliche Bedeutung für ihn hat[6].

II. Inhalt

1. Anspruch auf Übernahme der Aktien und Abfindung

Durch § 250 entfällt der Anspruch widersprechender **Aktionäre** einer AG, die in eine KGaA umgewandelt wird, und widersprechender **Kommanditaktionäre**, deren KGaA zur

---

[1] §§ 207 bis 212.
[2] RegBegr. *Ganske* S. 264.
[3] § 285 Abs. 2 AktG.
[4] Vgl. § 286 Abs. 1 Satz 1 AktG und § 172 AktG.
[5] § 278 Abs. 2 AktG iVm. §§ 171 Satz 2, 116, 119, 164 HGB.
[6] Siehe aber § 78 Rn 34 ff.

AG wird, die Übernahme ihrer Aktien und eine Abfindung zu verlangen. Für **Komplementäre** ist die Vorschrift bedeutungslos, da für sie bereits in § 227 speziell geregelt ist, dass die §§ 207 bis 212 keine Anwendung finden[7]. Da beim Formwechsel einer KGaA in eine AG oder umgekehrt kein Anspruch auf Aktienübernahme besteht, müssen weder der Umwandlungsbeschluss noch der Umwandlungsbericht Angaben zum Barabfindungsangebot enthalten, obwohl die Geltung der §§ 194 Abs. 1 Nr. 6, 192 Abs. 1 Satz 3 nicht ausdrücklich durch § 250 aufgehoben wird[8].

2. Recht zur anderweitigen Veräußerung

4   Die Allgemeinen Vorschriften schützen den einem Formwechsel widersprechenden Anteilsinhaber nicht nur, indem er die Übernahme seiner Aktien gegen Barabfindung verlangen kann. Er hat grundsätzlich auch die befristete Möglichkeit, seine Anteile anderweitig zu veräußern, selbst wenn sie **vinkuliert** sind[9]. Da der Gesetzgeber im Formwechsel von einer KGaA in eine AG oder umgekehrt keine wesentliche Veränderung der Rechtsstellung des (Kommandit-)Aktionärs sah, hat er bei diesen beiden Arten des Formwechsels auch die Durchbrechung der Vinkulierung nicht anwenden wollen.

Vierter Unterabschnitt. Formwechsel in eine eingetragene Genossenschaft

§ 251 Vorbereitung und Durchführung der Versammlung der Anteilsinhaber

(1) Auf die Vorbereitung der Gesellschafterversammlung oder der Hauptversammlung, die den Formwechsel beschließen soll, sind die §§ 229 bis 231 entsprechend anzuwenden. § 192 Abs. 2 bleibt unberührt.

(2) Auf die Gesellschafterversammlung oder die Hauptversammlung, die den Formwechsel beschließen soll, ist § 239 Abs. 1, auf die Hauptversammlung auch § 239 Abs. 2 entsprechend anzuwenden.

Übersicht

	Rn		Rn
I. Übersicht zu den Regelungen des Vierten Unterabschnitts	1	aa) GmbH	9
		bb) AG	10
II. Einzelerläuterungen	4	cc) KGaA	11
1. Vorbereitung der Anteilsinhaberversammlung	4	c) Verweis auf § 192 Abs. 2	13
		2. Durchführung der Anteilsinhaberversammlung	14
a) Allgemeine Regelungen (Einberufung, Bekanntgabe von Unterlagen)	5	a) Auslage des Umwandlungsberichts	15
b) Rechtsformspezifische Besonderheiten	8	b) Erläuterung des Umwandlungsbeschlusses	16

---

[7] Siehe § 227 Rn 5 ff.
[8] *Stratz* in Schmitt/Hörtnagl/Stratz Rn 1; *Happ* in Lutter Rn 6.
[9] § 211.

I. Übersicht zu den Regelungen des Vierten Unterabschnitts

Gegenstand des Vierten Unterabschnitts ist speziell der Wechsel einer Kapitalgesellschaft (AG, KGaA, GmbH) in die Zielrechtsform Genossenschaft[1]. 1

Das Gesetz verzichtet auf eine ausgefeilte Verweisungstechnik wie bei der Spaltung, sondern wählt aus Gründen der Rechtssicherheit und zur Erleichterung der Rechtsanwendung[2] für den Rechtsformwechsel eine relativ geschlossene Darstellung im Fünften Buch des UmwG, ist aber nicht für alle Rechtsformen abschließend (zB GbR, OHG, KG)[3]. 2

In der Praxis ist die Umwandlung einer Kapitalgesellschaft in eine Genossenschaft kaum anzutreffen. Dies liegt aber nicht an angeblichen Schwächen der genossenschaftlichen Rechtsform[4], sondern an ihrem relativ geringen Bekanntheitsgrad in der gesellschaftsrechtlichen Praxis. ZB können die Grundprinzipien der demokratischen Selbstorganisation und der ausschließlich mitgliedernützigen Ausrichtung[5], aber auch die Vorteile der genossenschaftlichen Rückvergütung[6] sowie das unabhängige genossenschaftliche Prüfungswesen und die damit verbundene umfassende Betreuung und Beratung[7] für einen Rechtsformwechsel einer Kapitalgesellschaft genauso maßgebend sein wie für die Gründung einer neuen Genossenschaft. 3

II. Einzelerläuterungen

1. Vorbereitung der Anteilsinhaberversammlung

Zur Vorbereitung der Anteilsinhaberversammlung, die den Formwechsel beschließen soll[8], verweist Abs. 1 Satz 1 auf die Vorschriften der §§ 229 bis 231. 4

a) Allgemeine Regelungen (Einberufung, Bekanntgabe von Unterlagen). Bei allen Rechtsformen muss der Umwandlungsbeschluss in einer Versammlung der Anteilseigner gefasst werden[9]. Die Vorschriften zu deren Einberufung richten sich nach den für die jeweilige Rechtsform geltenden Vorschriften und ggf. deren Gesellschaftsvertrag bzw. Satzung. 5

Spätestens zugleich mit der Einberufung muss denjenigen, die nicht an der Erstattung des Umwandlungsberichts mitzuwirken haben (das ist das Vertretungsorgan[10]), die Möglichkeit gegeben werden, von dessen Inhalt Kenntnis zu nehmen. 6

Gleiches gilt nach § 231[11] für die Mitteilung des Abfindungsangebots[12] für ausscheidende Anteilseigner. Letzteres kann durch direkte schriftliche Mitteilung („übersenden") oder alternativ durch Bekanntmachung im elektronischen Bundesanzeiger bzw. den sonst bestimmten Gesellschaftsblättern erfolgen. 7

---

[1] Zu den möglichen Ausgangs- und Zielrechtsformen siehe § 190. Zur Europäischen Genossenschaft (SCE) siehe Einl. C Rn 64 ff.
[2] RegBegr. *Ganske* S. 265.
[3] § 190 Abs. 2; siehe § 190 Rn 23 ff.; vgl. *Beuthien* GenG §§ 190 ff. UmwG Rn 3.
[4] *Happ* in Lutter Rn 2.
[5] § 1 GenG; *Beuthien* § 1 GenG Rn 30.
[6] *Beuthien* § 19 GenG Rn 14.
[7] §§ 53 ff. GenG; *Beuthien* § 53 GenG Rn 4.
[8] § 193 Abs. 2.
[9] § 193 Abs. 1.
[10] § 192 Abs. 1 Satz 1.
[11] Vgl. § 231 Rn 10.
[12] Gem. § 207.

8 **b) Rechtsformspezifische Besonderheiten.** Rechtsformspezifisch gelten bei der Vorbereitung der Anteilsinhaberversammlung, die den Formwechsel beschließen soll, folgende Besonderheiten:

9 *aa) GmbH.* Für eine formwechselnde GmbH gilt § 230 Abs. 1[13]. Danach haben der oder die Geschäftsführer den Gesellschaftern spätestens zusammen mit der Einladung zur Gesellschafterversammlung[14] den Formwechsel als Beschlussgegenstand anzukündigen[15] und zugleich den Umwandlungsbericht (einschließlich Vermögensaufstellung) zu übersenden.

10 *bb) AG.* Für eine formwechselnde AG gilt § 230 Abs. 2[16]. Danach ist der Umwandlungsbericht ab der Einladung zur Hauptversammlung, die den Formwechsel beschließen soll, in den Geschäftsräumen der AG während der üblichen Geschäftszeiten[17] zur Einsicht der Aktionäre auszulegen und auf Verlangen eine Abschrift zu erteilen. Die Formvorschriften zur Berufung der Hauptversammlung ergeben sich aus §§ 121 ff. AktG.

11 *cc) KGaA.* Für eine formwechselnde KGaA gilt ebenfalls § 230 Abs. 2[18] mit der Besonderheit, dass jeder von der Geschäftsführung ausgeschlossene Komplementär, der daher den Verschmelzungsbericht nicht erstattet[19] ebenfalls Anspruch auf eine Abschrift des Verschmelzungsberichts hat.

12 Das Erfordernis einer Vermögensaufstellung besteht nicht mehr[20]. § 229 wurde durch das Zweite Gesetz zur Änderung des Umwandlungsgesetzes[21] gestrichen[22].

13 **c) Verweis auf § 192 Abs. 2.** Auf den Umwandlungsbericht kann, wie die Verweisung in Abs. 1 Satz 2 auf § 192 Abs. 2 ergibt, durch notariell zu beurkundende Erklärung aller Anteilseigner verzichtet werden[23]. Außerdem ist ein Umwandlungsbericht nicht erforderlich, wenn nur ein Anteilseigner vorhanden ist[24].

2. Durchführung der Anteilsinhaberversammlung

14 Für die **Durchführung der Anteilsinhaberversammlung**, die den Formwechsel beschließen soll, verweist Abs. 2 auf § 239 Abs. 1. Hinzu kommt die Sondervorschrift des § 239 Abs. 2 für die AG/KGaA. § 239 entspricht exakt § 232[25].

15 **a) Auslage des Umwandlungsberichts.** Nach § 239 Abs. 1 ist der Umwandlungsbericht, soweit ein solcher erforderlich ist, in der Anteilsinhaberversammlung auszulegen. Damit soll eine jederzeitige Information und Überprüfung durch die Anteilseigner sichergestellt werden.

16 **b) Erläuterung des Umwandlungsbeschlusses.** Nach § 239 Abs. 2 ist bei der AG und KGaA zusätzlich der Entwurf des Umwandlungsbeschlusses als Teil des Umwandlungsberichts durch das Vertretungsorgan der Gesellschaft mündlich zu erläutern. Die Erläuterung zwingt bei vorhandenem Umwandlungsbericht zur Aktualisierung[26].

---

[13] Vgl. § 230 Rn 7 ff.
[14] § 51 GmbHG.
[15] Zwingende Regelung gegenüber § 51 Abs. 2 GmbHG.
[16] Vgl. § 230 Rn 11 ff.
[17] *Stratz* in Schmitt/Hörtnagl/Stratz Rn 4.
[18] Vgl. § 230 Rn 11 ff.
[19] § 192 Abs. 1 Satz 1.
[20] § 229 aF.
[21] Vom 19.4.2007, BGBl I S. 542.
[22] Vgl. RegBegr. BR-Drucks. 548/06 S. 42 f.
[23] § 192 Abs. 3 aF wurde durch das Zweite Gesetz zur Änderung des Umwandlungsgesetzes zu § 192 Abs. 2.
[24] Ergänzend zu diesem Sonderfall vgl. § 255 Rn 14.
[25] Vgl. auch § 239 Rn 2.
[26] *Stratz* in Schmitt/Hörtnagl/Stratz § 232 Rn 2.

Diese Pflicht besteht auch dann, wenn ein Umwandlungsbericht nicht erstattet werden muss[27]. Auf diese Weise sind die wirtschaftlichen und rechtlichen Rahmenbedingungen des Formwechsels zumindest hinsichtlich der vorgegebenen Inhalte des § 194 darzustellen.

§ 252 Beschluß der Versammlung der Anteilsinhaber

(1) **Der Umwandlungsbeschluß der Gesellschafterversammlung oder der Hauptversammlung bedarf, wenn die Satzung der Genossenschaft eine Verpflichtung der Mitglieder zur Leistung von Nachschüssen vorsieht, der Zustimmung aller anwesenden Gesellschafter oder Aktionäre; ihm müssen auch die nicht erschienenen Anteilsinhaber zustimmen.**

(2) **Sollen die Mitglieder nicht zur Leistung von Nachschüssen verpflichtet werden, so bedarf der Umwandlungsbeschluß einer Mehrheit von mindestens drei Vierteln der bei der Gesellschafterversammlung einer Gesellschaft mit beschränkter Haftung abgegebenen Stimmen oder des bei der Beschlußfassung einer Aktiengesellschaft oder einer Kommanditgesellschaft auf Aktien vertretenen Grundkapitals; § 50 Abs. 2 und § 65 Abs. 2 sind entsprechend anzuwenden. Der Gesellschaftsvertrag oder die Satzung der formwechselnden Gesellschaft kann eine größere Mehrheit und weitere Erfordernisse bestimmen.**

(3) **Auf den Formwechsel einer Kommanditgesellschaft auf Aktien ist § 240 Abs. 3 entsprechend anzuwenden.**

Übersicht

	Rn		Rn
I. Allgemeines	1	b) Genossenschaft ohne Nachschusspflicht	7
II. Einzelerläuterungen	3	2. Besondere Zustimmungserfordernisse	8
1. Mehrheiten	3	3. Zustimmung von Komplementären (Abs. 3)	11
a) Genossenschaft mit Nachschusspflicht	4		

I. Allgemeines

Die Vorschrift konkretisiert § 193 Abs. 1 Satz 2 hinsichtlich der erforderlichen Mehrheiten für den Beschluss der Anteilsinhaber. 1

Besteht eine Nachschusspflicht[1], ist gem. Abs. 1 Einstimmigkeit gefordert, ansonsten genügt nach Abs. 2 eine Dreiviertelmehrheit bzw. die nach Satzung oder Gesellschaftsvertrag der formwechselnden Kapitalgesellschaft vorgesehene höhere Mehrheit. 2

II. Einzelerläuterungen

1. Mehrheiten

Die notwendigen **Mehrheiten** hängen davon ab, ob die Satzung der Genossenschaft eine Nachschusspflicht der Mitglieder vorsieht oder nicht[2]. 3

a) Genossenschaft mit Nachschusspflicht. Bei einer **eG mit Nachschusspflicht** ist gem. Abs. 1 Einstimmigkeit aller Anteilsinhaber erforderlich. Entgegen § 193 Abs. 1 Satz 2 4

---

[27] *Stratz* in Schmitt/Hörtnagl/Stratz Rn 7.
[1] § 105 GenG.
[2] Zu den Einzelheiten der Stimmabgabe und den sonstigen Beschlusserfordernissen vgl. *Happ* in Lutter § 233 Rn 3 ff.

kann die Zustimmung auch außerhalb der Anteilsinhaberversammlung erklärt werden. Sie muss nach § 193 Abs. 3 Satz 1 wie der Umwandlungsbeschluss der Anteilsinhaberversammlung notariell beurkundet werden[3].

5 Voraussetzung ist eine Nachschusspflicht in der Satzung der Genossenschaft[4]. Nachschusspflicht bedeutet, dass im Fall der Insolvenz über den Betrag der geleisteten und noch ausstehenden fälligen Pflichteinzahlungen auf gezeichnete Geschäftsanteile hinaus anteilig Zahlungen zu leisten sind, soweit das vorhandene Vermögen der eG zur Deckung der Schulden nicht hinreicht[5]. Die Höhe der Nachschusspflicht kann unbegrenzt oder, wenn die Satzung dies vorsieht, auf die Haftsumme begrenzt sein[6].

6 Die Zustimmung aller Anteilsinhaber ist deswegen notwendig, weil sich deren Haftungssituation bei der formwechselnden Kapitalgesellschaft, die eine solche Nachschussverpflichtung nicht kennt, verschlechtert. Denn bei einem verhältniswahrenden Formwechsel wird der bisherige Kapitalanteil voll in Geschäftsguthaben umgewandelt. Die Nachschusspflicht entsteht demgemäß grundsätzlich zusätzlich zur bisherigen Haftung[7]. Vgl. auch die entsprechende Regelung in § 233 Abs. 1 bei Formwechsel in eine GbR, OHG oder PartG.

7 b) **Genossenschaft ohne Nachschusspflicht.** Bei einer **eG ohne Nachschusspflicht** gilt Mehrheitsprinzip in der Anteilsinhaberversammlung, weil keine Haftungsverschärfung eintritt. Erforderlich ist mindestens eine Dreiviertelmehrheit, bei einer GmbH der abgegebenen Stimmen, bei einer AG/KGaA des vertretenen Grundkapitals[8]. Strengere Bestimmungen des Gesellschaftsvertrags bzw. der Satzung des formwechselnden Rechtsträgers sind zu beachten[9].

2. Besondere Zustimmungserfordernisse

8 Besondere Zustimmungserfordernisse ergeben sich aus Abs. 2 Satz 1 2. Halbs. iVm. §§ 50 Abs. 2 und 65 Abs. 2.

9 Sie sind Ausdruck des Minderheitenschutzes für Sonderrechtsinhaber der formwechselnden GmbH[10].

10 Sind bei einer AG verschiedene Aktiengattungen vorhanden, müssen die notwendigen Beschlüsse mit den entsprechenden qualifizierten Mehrheiten[11] durch gattungsbezogenen Sonderbeschluss der jeweiligen Aktionäre gefasst werden.

3. Zustimmung von Komplementären (Abs. 3)

11 Eine gesonderte **Zustimmung der Komplementäre** einer KGaA ist nach Abs. 3 iVm. § 240 Abs. 3 erforderlich. Während für den Beschluss der Kommanditaktionäre die Absätze 1 und 2 gelten[12], kann die Satzung der KGaA eine (einfache) Mehrheit bei mehreren persönlich haftenden Gesellschaftern vorsehen[13]. Ansonsten bleibt es bei dem Zustimmungserfordernis jedes Komplementärs[14].

---

[3] *Stratz* in Schmitt/Hörtnagl/Stratz Rn 3.
[4] Gem. § 6 Nr. 3 GenG.
[5] *Beuthien* § 101 GenG Rn 2.
[6] § 119 GenG.
[7] *Schwarz* in Widmann/Mayer Rn 2.
[8] Vgl. zu den Einzelheiten *Happ* in Lutter Rn 5.
[9] § 252 Abs. 2 Satz 2.
[10] § 50 Abs. 2, vgl. § 50 Rn 3.
[11] § 65 Abs. 2 Satz 3 mit Verweis auf dessen Abs. 1.
[12] *Happ* in Lutter Rn 10.
[13] § 240 Abs. 3 Satz 2.
[14] § 240 Abs. 3 Satz 1.

Grund für die Erleichterung in § 240 Abs. 3 Satz 2 ist, dass die Komplementäre im Zuge des Formwechsels ausscheiden[15] und demgemäß von einer Nachschusspflicht nicht betroffen sind[16]. 12

§ 253 Inhalt des Umwandlungsbeschlusses

(1) In dem Umwandlungsbeschluß muß auch die Satzung der Genossenschaft enthalten sein. Eine Unterzeichnung der Satzung durch die Mitglieder ist nicht erforderlich.

(2) Der Umwandlungsbeschluß muß die Beteiligung jedes Mitglieds mit mindestens einem Geschäftsanteil vorsehen. In dem Beschluß kann auch bestimmt werden, daß jedes Mitglied bei der Genossenschaft mit mindestens einem und im übrigen mit so vielen Geschäftsanteilen, wie sie durch Anrechnung seines Geschäftsguthabens bei dieser Genossenschaft als voll eingezahlt anzusehen sind, beteiligt wird.

Übersicht

	Rn		Rn
I. Allgemeines	1	1. Satzung der eG als notwendiger Inhalt des Beschlusses	2
II. Einzelerläuterungen	2	2. Beteiligung an der eG	7

I. Allgemeines

Die Vorschrift ergänzt § 194[1] insofern, als zum einen die Satzung der zukünftigen eG zwingender Bestandteil des Umwandlungsbeschlusses ist und demgemäß mitbeschlossen werden muss (Abs. 1) und zum anderen Regeln für die Beteiligung an der eG aufgestellt werden (Abs. 2). Abs. 2 entspricht § 218 Abs. 3 und im Wesentlichen § 80 Abs. 1 Satz 1[2]. 1

II. Einzelerläuterungen

1. Satzung der eG als notwendiger Inhalt des Beschlusses

Das Erfordernis der **Satzung der eG als notwendigem Inhalt des Umwandlungsbeschlusses** folgt der Bestimmung in § 218 Abs. 1[3]. Damit soll vor allem die notwendige Rechtsgrundlage nach den Vorschriften für die neue Rechtsform sichergestellt werden[4]. 2

Die Satzung muss den Bestimmungen des GenG entsprechen. Der Mindestinhalt (sog. „Pflichtinhalt") richtet sich nach §§ 6 und 7 GenG[5], insbesondere (wegen § 252) die Bestimmung über eine Nachschusspflicht[6]. 3

Darüber hinaus sind in der Praxis zusätzliche Regelungen (sog. „Freiinhalt") möglich und üblich. Die Genossenschaftsverbände halten spartenspezifische Mustersatzungen bereit[7]. 4

Die Satzung muss, anders als bei einer Neugründung der eG[8], nicht von den (zukünftigen) Mitgliedern unterzeichnet sein[9]. Das ist sachgerecht, weil es zum einen bei größerer 5

---

[15] § 255 Abs. 3.
[16] *Happ* in Lutter Rn 10.
[1] Siehe § 194 Rn 1.
[2] Siehe Rn 8. Zur Europäischen Genossenschaft (SCE) siehe Einl. C Rn 64 ff.
[3] Siehe § 80 Rn 25 ff.
[4] § 197; *Joost* in Lutter § 218 Rn 1.
[5] Vgl. *Beuthien* zu §§ 6, 7 GenG.
[6] *Stratz* in Schmitt/Hörtnagl/Stratz Rn 1.
[7] *Beuthien* § 6 GenG Rn 1.
[8] § 11 Abs. 2 Ziff. 1 GenG.
[9] § 253 Abs. 1 Satz 2.

§ 254 Fünftes Buch. Formwechsel

Gesellschafterzahl schwierig sein dürfte, die notwendigen Unterschriften zeitnah zu erhalten, wenn diese, wie die Erfahrung zeigt, nicht vollzählig an der Anteilsinhaberversammlung teilnehmen. Zum anderen dürften diejenigen, die gegen den Formwechsel stimmen und Widerspruch erklären, gleichwohl aber erst aus der aus dem umgewandelten Rechtsträger hervorgegangenen eG ausscheiden können[10], kaum bereit sein, die Satzung zu unterzeichnen.

6 Schließlich müssen auch die sonstigen Voraussetzungen für die Eintragung als Genossenschaft erfüllt sein[11].

2. Beteiligung an der eG

7 Die **Beteiligung an der eG** muss mindestens einen Geschäftsanteil betragen (Pflichtanteil[12]).

8 Darüber hinaus kann die Satzung sowohl eine weitergehende Pflicht-[13] als auch freiwillige Beteiligung[14] vorsehen. Diesem Spielraum entspricht die Regelung in Abs. 2, ebenso wie in § 218 und § 80 Abs. 1. Im Zuge des Formwechsels wird die bisherige Kapitalbeteiligung in Einlagen nach dem GenG, das ist das durch Geschäftsanteile gebundene Geschäftsguthaben, umgewandelt[15]. Sofern die bisherige Kapitalbeteiligung den Betrag des/der Geschäftsanteils/e übersteigt, ist der überschießende Betrag auszuzahlen. Um einen entsprechenden Kapitalabfluss zu vermeiden, sollte daher von der Möglichkeit der Umrechnung in mehrere Geschäftsanteile Gebrauch gemacht werden[16]. Dies muss sowohl in der Satzung zugelassen als auch im Umwandlungsbeschluss explizit angeordnet werden.

9 Bemerkenswert ist, dass Abs. 2 (ebenso § 218 Abs. 3) nur die Bildung **voll** eingezahlter Geschäftsanteile zulässt, Spitzenbeträge mithin immer auszuzahlen sind. Demgegenüber ist gem. § 80 Abs. 1 Ziff. 2. letzter Halbs. bei einer Verschmelzung auch die Zuordnung von nicht volleingezahlten Geschäftsanteilen möglich. Dadurch wird jeglicher Kapitalabfluss verhindert, aber ggf. auch eine zusätzliche Einzahlungsverpflichtung begründet.

10 Die hiervon abweichende Regelung in Abs. 2 ist vor dem Hintergrund des § 252 verständlich. Nach dessen Grundgedanken ist, im Gegensatz zum Verschmelzungsrecht, Einstimmigkeit aller Anteilsinhaber erforderlich, sofern sich im Zuge der Umwandlung zusätzliche Belastungen ergeben. Solche würden auch durch die Zulassung nicht voll eingezahlter Geschäftsanteile entstehen, so dass systematisch richtig Einstimmigkeit bei der Beschlussfassung gefordert werden müsste. Diese Folge wollte der Gesetzgeber jedoch auf den Fall der Nachschussverpflichtung beschränken.

§ 254 Anmeldung des Formwechsels

(1) **Die Anmeldung nach § 198 einschließlich der Anmeldung der Satzung der Genossenschaft ist durch das Vertretungsorgan der formwechselnden Gesellschaft vorzunehmen.**

(2) **Zugleich mit der Genossenschaft sind die Mitglieder ihres Vorstandes zur Eintragung in das Register anzumelden.**

---

[10] § 207.
[11] § 197; vgl. § 197 Rn 62 ff. sowie § 254 Rn 10 ff.
[12] § 7 Ziff. 1 GenG.
[13] § 16 Abs. 2 Ziff. 3 GenG.
[14] § 7 a GenG.
[15] § 256 Abs. 1.
[16] *Schwarz* in Widmann/Mayer § 255 Rn 4.

Übersicht

	Rn		Rn
I. Allgemeines	1	b) Mitglieder des (zukünftigen) Vorstands	9
II. Einzelerläuterungen	2	c) Negativerklärung	25
1. Anmeldepflichtige Personen	2	3. Anlagen zur Anmeldung	26
2. Gegenstände der Anmeldung	7		
a) Satzung	8		

I. Allgemeines

Die Vorschrift ergänzt § 198, der die anmeldepflichtigen Personen offen lässt, gibt aber nur verkürzt die Voraussetzungen für die Anmeldung wieder. Denn zusätzlich müssen gem. § 197 auch die bei der Gründung einer Genossenschaft einzuhaltenden Bestimmungen beachtet werden[1]. Schließlich sind die erforderlichen Anlagen[2] der Anmeldung beizufügen. **1**

II. Einzelerläuterungen

1. Anmeldepflichtige Personen

Vertretungsorgan zur Anmeldung ist, wie auch sonst beim Formwechsel von Kapitalgesellschaften[3], das des bisherigen Rechtsträgers. Das ist rechtssystematisch an sich eine Selbstverständlichkeit, weil es ein Vertretungsorgan des umgewandelten Rechtsträgers mangels Eintragung noch nicht geben kann. **2**

Nur bei echten Neugründungen (sozusagen „aus dem Nichts heraus") sind Vertretungspersonen der Vorgesellschaft, d. h. des gegründeten, aber noch nicht eingetragenen Rechtsträgers, vorhanden. Nach § 197, wonach generell die Gründungsvorschriften für die neue Rechtsform anzuwenden sind, hätte es nahe gelegen, ebenso beim Formwechsel zu verfahren. Allerdings gibt es bei Umwandlungsvorgängen keine echte Neugründungsphase für neue Rechtsträger. Diese legitimieren sich stets durch Ableitung von mindestens einem bestehenden Rechtsträger. **3**

Die Eintragung der Umwandlung hat immer konstitutive Wirkung, für den Formwechsel ergibt sich dies aus § 202[4]. Bis dahin bestehen die bisherigen Rechtsträger und deren Vertretungsorgane unverändert weiter. Es ist daher kein Grund ersichtlich, bei Umwandlungsvorgängen neben dem bisherigen Vertretungsorgan weitere, wenn auch auf den Formwechsel beschränkte, Vertretungszuständigkeiten zu schaffen. Neue Rechtsträger werden daher grundsätzlich durch die Vertretungsorgane der bisher schon vorhandenen Rechtsträger angemeldet. Dieses Prinzip wird auch bei der Verschmelzung zur Neugründung[5] bzw. der Spaltung zur Neugründung[6] einer eG eingehalten und gilt auch zumindest beim Formwechsel von Kapitalgesellschaften. **4**

Gleichwohl ist überraschenderweise beim Formwechsel einer Personengesellschaft in eine eG das zukünftige Vertretungsorgan (nebst zukünftigem Aufsichtsrat[7]) anmeldepflichtig[8] (das **5**

---

[1] §§ 11, 11 a GenG. Siehe zur Europäischen Genossenschaft (SCE) Einl. C Rn 64 ff.
[2] § 199.
[3] §§ 235 Abs. 2, 246 Abs. 1.
[4] *Decher* in Lutter § 202 Rn 7.
[5] § 97.
[6] § 139.
[7] Die Regelung ist rechtssystematisch nicht nachvollziehbar, so auch *Joost* in Lutter § 222 Rn 8. Das Gründungs- oder sonstige Recht der eG sieht keine Registeranmeldungen durch den Aufsichtsrat vor.
[8] § 222.

Gleiche gilt entsprechend auch beim Formwechsel einer eG[9]. Diese Regelung folgt zwar zumindest bezüglich des Vertretungsorgans dem allgemeinen Gründungsrecht einer eG, wonach der Vorstand der gegründeten, aber noch nicht eingetragenen (Vor-) Genossenschaft die Eintragung anzumelden hat[10]. Ein solches Vorgenossenschaftsstadium wie bei einer echten Neugründung gibt es beim Formwechsel vorhandener Rechtsträger in eine eG aber nicht. Eine einleuchtende Erklärung für die vom allgemeinen Prinzip abweichende Regelung in § 222 ist nicht ersichtlich.

6 Die Anmeldung durch das Vertretungsorgan des formwechselnden Rechtsträgers in vertretungsberechtigter Anzahl genügt. Nicht erforderlich ist die Mitwirkung aller Organmitglieder[11].

2. Gegenstände der Anmeldung

7 **Anmeldepflichtige Gegenstände** sind neben dem Formwechsel und der daraus entstehenden Genossenschaft:

8 **a) Satzung.** Die **Satzung** der neuen Genossenschaft[12].

9 **b) Mitglieder des (zukünftigen) Vorstands.** Das Gesetz regelt nicht, wie diese bestimmt werden, im Gegensatz zur Verschmelzung zur Neugründung, § 97 Abs. 2, der auch bei einer Spaltung zur Neugründung analog anzuwenden ist[13]. Eine entsprechende Verweisung aus den Vorschriften über den Formwechsel fehlt, eine planwidrige Gesetzeslücke kann aber deswegen nicht angenommen werden. Daher scheidet eine analoge Anwendung von § 97 aus. Das Vertretungsorgan des formwechselnden Rechtsträgers kommt damit als Bestellungsorgan für den Vorstand (und den Aufsichtsrat) der neuen Genossenschaft nicht in Betracht[14].

10 *aa)* § 197 ordnet die Geltung der Gründungsvorschriften für die neue Rechtsform an. Für die Gründungsphase selbst gibt es im GenG keine ausdrückliche Regelung. Die §§ 10 bis 13 GenG setzen eine erfolgreiche Gründung vielmehr bereits voraus[15]. Gleichwohl werden in der Praxis die Vorschriften des GenG auf die Gründungsphase ab Errichtung der Satzung (sog. „Vorgenossenschaft"[16]) entsprechend angewandt. Die Gründungsversammlung, in der die Satzung festgestellt wird, ist die erste Generalversammlung.

11 Nach Beschlussfassung über die Satzung (und dessen Unterzeichnung durch die Gründungsmitglieder) sind aus dem Kreis der Gründungsmitglieder die notwendigen Wahlen durchzuführen, damit die Vorgenossenschaft handlungs- und, im Hinblick auf § 11 GenG, eintragungsfähig wird.

12 Auf jeden Fall sind die Mitglieder des ersten Aufsichtsrats zu wählen, da hierfür immer die Generalversammlung zuständig ist[17]. Für die Wahl gelten ggf. bereits die Vorschriften der zuvor beschlossenen, wenn auch noch nicht eingetragenen Satzung.

13 Sofern die Satzung die Wahl der Vorstandsmitglieder durch die Generalversammlung vorsieht, sind diese entsprechend zu wählen. Falls, wie häufig in der Praxis anzutreffen, der Aufsichtsrat für die Wahl der Vorstandsmitglieder zuständig ist, muss sich der neu gewählte Aufsichtsrat konstituieren, ggf. laut beschlossener Satzung einen Vorsitzenden und dessen

---

[9] Gem. § 265, der auf § 222 verweist.
[10] § 11 Abs. 1 GenG.
[11] *Stratz* in Schmitt/Hörtnagl/Stratz Rn 1; *Happ* in Lutter Rn 7; grundsätzlich ebenso *Schwarz* in Widmann/Mayer Rn 4.
[12] Vgl. hierzu § 253 Rn 2 bis 5.
[13] § 135.
[14] So auch *Happ* in Lutter § 253 Rn 24.
[15] Vgl. zur Genossenschaftsgründung *Schulte* in Lang/Weidmüller § 13 GenG Rn 4 ff.
[16] *Schulte* in Lang/Weidmüller § 13 GenG Rn 4.
[17] § 36 Abs. 1 Satz 1 GenG.

Stellvertreter wählen (damit der Aufsichtsrat handlungsfähig wird) und anschließend die Vorstandsmitglieder bestellen. Vorstands- und Aufsichtsratsmitglieder müssen grundsätzlich Mitglieder der Genossenschaft sein und spätestens zum Zeitpunkt der Anmeldung[18] ihr Amt angenommen haben. Bei eingetragenen Genossenschaften bis zu 20 Mitgliedern kann auf den Aufsichtsrat verzichtet werden und der Vorstand aus einer Person bestehen.

bb) Für die Bestimmung der Vorstands- und Aufsichtsratsmitglieder im Zuge eines Rechtsformwechsels kann aufgrund der Verweisung in § 197 nichts anderes gelten:

(1) An die Stelle der Gründungsversammlung tritt die Anteilsinhaberversammlung des formwechselnden Rechtsträgers[19]. Diese stellt im Umwandlungsbeschluss[20] die Satzung der neuen Genossenschaft fest. Damit ist die Genossenschaft gegründet[21], wenn auch noch abhängig von der Eintragung des Formwechsels. Diese Bedingung tritt an die Stelle der Eintragung gem. § 13 GenG bei einer normalen Neugründung.

Da alle Anteilsinhaber des formwechselnden Rechtsträgers zunächst Mitglied der neuen Genossenschaft werden (auch, wenn sie gegen die Umwandlung gestimmt haben und später ausscheiden[22]), kann diese Anteilsinhaberversammlung schon unmittelbar nach gefasstem Formwechselbeschluss einer Genossenschaftsgründungsversammlung gleichgestellt werden.

Sie kann und muss daher im Anschluss an den Umwandlungsbeschluss den ersten Aufsichtsrat und, soweit hierfür nach der beschlossenen Satzung nicht der Aufsichtsrat zuständig ist, auch den ersten Vorstand wählen. Entsprechend sind in der Tagesordnung der Anteilsinhaberversammlung im Anschluss an den Umwandlungsbeschluss entsprechende Wahlen anzukündigen. Diese Wahlen sind nicht Gegenstand der notariellen Beurkundung iRd. Formwechsels, denn sie sind der Gründungsphase der Genossenschaft zuzurechnen, für die eine notarielle Beurkundung generell nicht erforderlich ist[23].

(2) Ist der Aufsichtsrat für die Bestellung der Vorstandsmitglieder zuständig, hat sich dieser unverzüglich zu konstituieren, den üblicherweise laut Satzung vorgesehenen Vorsitzenden und dessen Stellvertreter zu wählen und anschließend die Mitglieder des Vorstands zu bestellen. In der Praxis geschieht dies in einer Sitzungspause der Anteilsinhaberversammlung, damit das Ergebnis sofort bekannt gegeben werden kann. Über die Sitzung des Aufsichtsrats muss satzungsgemäß ein Protokoll angefertigt werden, das ebenfalls keiner notariellen Beurkundung bedarf.

cc) Ungeklärt ist der Fall, wenn die Zahl der Anteilseigner des formwechselnden Rechtsträgers geringer ist als die für die Besetzung der Organe nach dem GenG zwingend vorgesehene Mindestzahl von zwei Vorstands-[24] bzw. drei Aufsichtsratsmitgliedern[25] bzw. wenn sich aus dem Kreis der Anteilseigner und zukünftigen Mitgliedern nicht genügend Kandidaten zur Verfügung stellen. Denn die Organmitglieder müssen zugleich auch Genossenschaftsmitglieder sein[26]. Andererseits sind die Ämter miteinander unvereinbar[27]. Eine zu geringe Zahl an Vorständen bzw. Aufsichtsräten stellt iRd. Gründungsprüfung durch das Gericht[28] ein Eintragungshindernis dar. Es müssen daher mindestens fünf Genossenschaftsmitglieder, die zugleich entweder Vorstands- oder Aufsichtsratsmitglieder sind, bei der Anmeldung vorhan-

---

[18] § 11 GenG.
[19] So auch *Schwarz* in Widmann/Mayer § 253 Rn 5; *Happ* in Lutter § 253 Rn 24.
[20] § 253 Abs. 1 Satz 1.
[21] *Schulte* in Lang/Weidmüller § 13 GenG Rn 1.
[22] § 207.
[23] *Schulte* in Lang/Weidmüller § 11 GenG Rn 2.
[24] § 24 Abs. 2 GenG.
[25] § 36 Abs. 1 S. 1 GenG.
[26] § 9 Abs. 2 GenG.
[27] § 37 GenG.
[28] § 11 a Abs. 1 GenG.

den sein. Damit ist, auch wenn dies nicht sofort erforderlich ist, die gesetzliche Mitgliederzahl von mindestens drei Mitgliedern[29] erreicht[30].

20 (1) Diese Voraussetzungen liegen jedenfalls dann nicht vor, wenn die Zahl der Anteilseigner des formwechselnden Rechtsträgers geringer ist als fünf. Denn dann können die Organe der eG nicht ordnungsgemäß besetzt werden und der Formwechsel muss scheitern. Andererseits sieht das Gesetz aber ausdrücklich vor, dass ein Formwechsel in eine eG sogar dann möglich sein soll, wenn es nur einen Anteilseigner gibt[31]. Das kann nur gelingen, wenn zwischen dem Beschluss über den Formwechsel und der Anmeldung der neuen Genossenschaft ein Beitritt weiterer, bisher nicht als Anteilseigner vorhandener Mitglieder möglich ist, es sei denn, die Satzung verzichtet auf einen Aufsichtsrat und beschränkt den Vorstand auf eine Person.

21 (2) Nach Gründung der Genossenschaft (d. h. nach Annahme der Satzung, aber vor Eintragung) ist nach allgemeinem Genossenschaftsrecht der Beitritt von weiteren Personen zur Genossenschaft möglich. Dieser folgt den Regeln des § 15 GenG, d. h. er bedarf der Schriftform und muss die entsprechenden gesetzlichen Erklärungen enthalten[32]. Der Beitritt bedarf der Zulassung durch die Genossenschaft, mithin eines Beschlusses des Vorstands. So lange ein Vorstand nicht bestellt ist (etwa weil nicht genügend Kandidaten zur Verfügung standen), kann die Zulassung des Beitritts nur durch die Mitgliederversammlung erfolgen[33]. Dies ist in den genannten Fällen die einzige Möglichkeit, die nach dem GenG erforderliche Zahl von Mitgliedern zu erreichen.

22 (3) Fraglich ist allerdings, welche vermögensmäßige Beteiligung diese neuen Mitglieder neben den bereits vorhandenen Anteilsinhabern des formwechselnden Rechtsträgers haben. Sie müssen iRd. Beitritts mindestens einen Geschäftsanteil zeichnen und die entsprechenden Einzahlungen leisten. Da beim Formwechsel der wahre Wert der bisherigen Beteiligung als Geschäftsguthaben den bisherigen Anteilseignern zugeordnet wird, kann der Beitritt zur Vorgenossenschaft in Höhe des eingezahlten Geschäftsguthabens nur zu einer Bilanzverlängerung führen, die die Beteiligung der bisherigen Anteilseigner grundsätzlich nicht tangiert. Ggf. sind entsprechende Eintrittsgelder als Agio festzusetzen, wenn die Satzung der Genossenschaft das zulässt.

23 (4) Wenn von vornherein feststeht, dass weitere Mitglieder und zu welchen Mindestbedingungen (zB Eintrittsgeld als Agio) beitreten müssen, um eine Eintragung des Formwechsels in eine eG zu ermöglichen, ist auf diesen Umstand im Umwandlungsbericht einzugehen und im Umwandlungsbeschluss sind ggf. ergänzend Festlegungen zu einem Eintrittsgeld zu treffen.

24 dd) Schließlich ist bei der Anmeldung der Vorstandsmitglieder[34] auch anzugeben, welche Vertretungsbefugnis diese haben. Nach dem Gesetz besteht Gesamtvertretung[35]. Hiervon kann durch die Satzung abgewichen werden[36].

25 c) **Negativerklärung.** Schließlich hat das anmeldende Vertretungsorgan des rechtsformwechselnden Rechtsträgers die **Negativerklärung**[37] abzugeben.

---

[29] § 4 GenG.
[30] § 255 Abs. 2.
[31] § 251 Abs. 1 Satz 2 iVm. § 192 Abs. 2.
[32] *Schulte* in Lang/Weidmüller § 13 GenG Rn 2.
[33] *Beuthien* § 15 GenG Rn 1.
[34] § 197 UmwG iVm. § 11 Abs. 3 GenG.
[35] § 25 Abs. 1 Satz 1 GenG.
[36] § 25 Abs. 2 GenG; Einzelheiten vgl. *Beuthien* § 25 GenG Rn 3 bis 7.
[37] § 198 Abs. 3 iVm. § 16 Abs. 2; vgl. § 198 Rn 17 und § 16 Rn 13 f.

3. Anlagen zur Anmeldung

Folgende **Anlagen zur Anmeldung** sind erforderlich: 26
– Die Niederschrift des Umwandlungsbeschlusses einschließlich Satzung der neuen Genossenschaft in Ausfertigung oder öffentlich beglaubigter Abschrift;
– Der Umwandlungsbericht bzw. die diesbezüglichen Verzichtserklärungen[38];
– Der Nachweis über die rechtzeitige Zuleitung des Entwurfs des Umwandlungsbeschlusses an einen etwa bestehenden Betriebsrat (am besten Empfangsquittung);
– Die Bescheinigung eines genossenschaftlichen Prüfungsverbands über die Zulassung zum Beitritt[39]. Jede Genossenschaft muss einem genossenschaftlichen Prüfungsverband angehören[40]. Dieser hat eine gutachterliche Stellungnahme abzugeben, dass nach den persönlichen und wirtschaftlichen Verhältnissen, insbesondere der Vermögenslage, der Genossenschaft keine Gefährdung der Belange der Mitglieder und der Gläubiger zu besorgen ist[41]. Diese gutachterliche Stellungnahme erfordert eine gewisse Zeit, da bei formwechselnden Unternehmen erfahrungsgemäß wesentlich mehr Informationen und Zahlen zu verarbeiten sind als bei neu zu gründenden Genossenschaften. Insofern empfiehlt es sich, auch hinsichtlich der damit verbundenen eingehenden fachlichen und rechtlichen Beratung, bei einem anstehenden Formwechsel sich möglichst frühzeitig mit dem zuständigen genossenschaftlichen Prüfungsverband in Verbindung zu setzen[42].
– Eine Abschrift der Urkunden über die Bestellung des Vorstands und des Aufsichtsrats[43], soweit diese nicht bereits in der Niederschrift über den Umwandlungsbeschluss enthalten sind. In Betracht kommt insofern das Protokoll der Anteilsinhaberversammlung. Sofern der Vorstand vom Aufsichtsrat zu bestellen war, ist das entsprechende Sitzungsprotokoll vorzulegen.

§ 255 Wirkungen des Formwechsels

(1) **Jeder Anteilsinhaber, der die Rechtsstellung eines Mitglieds erlangt, ist bei der Genossenschaft nach Maßgabe des Umwandlungsbeschlusses beteiligt. Eine Verpflichtung zur Übernahme weiterer Geschäftsanteile bleibt unberührt. § 202 Abs. 1 Nr. 2 Satz 2 ist mit der Maßgabe anzuwenden, daß die an den bisherigen Anteilen bestehenden Rechte Dritter an den durch den Formwechsel erlangten Geschäftsguthaben weiterbestehen.**

(2) **Das Gericht darf eine Auflösung der Genossenschaft von Amts wegen nach § 80 des Genossenschaftsgesetzes nicht vor Ablauf eines Jahres seit dem Wirksamwerden des Formwechsels aussprechen.**

(3) **Durch den Formwechsel einer Kommanditgesellschaft auf Aktien scheiden deren persönlich haftende Gesellschafter als solche aus dem Rechtsträger aus.**

Übersicht

	Rn		Rn
I. Allgemeines	1	b) Geschäftsguthaben als Objekt von Rechten Dritter	12
II. Einzelerläuterungen	5	3. Ausschluss der Amtslöschung	13
1. Beteiligung an der eG	5	4. Ausscheiden persönlich haftender Gesellschafter einer KGaA	15
2. Rechte Dritter an den bisherigen Kapitalanteilen	9	5. Abfindung ausscheidender Gesellschafter	20
a) Dingliche Surrogation nach § 202 Abs. 1 Nr. 2 Satz 2	11		

---

[38] § 192 Abs. 2 Satz 1.
[39] § 197 iVm. § 11 Abs. 2 Nr. 3 GenG.
[40] § 54 GenG.
[41] Einzelheiten vgl. *Schulte* in Lang/Weidmüller § 11 GenG Rn 15 f.
[42] Nachweise bei *Lang/Weidmüller*[33] Anh. 6.
[43] § 197 UmwG iVm. § 11 Abs. 2 Ziff. 2 GenG.

I. Allgemeines

1 Die Vorschrift konkretisiert und ergänzt die allgemeine Regelung über die Wirkungen der Eintragung gem. § 202 hinsichtlich der Besonderheiten der eG nach Maßgabe des Umwandlungsbeschlusses. Dies betrifft zum einen die Umqualifizierung der bisherigen Kapitalbeteiligung in Geschäftsguthaben und die Zuordnung von Geschäftsanteilen[1], zum anderen ordnet es die Geltung der durch den Umwandlungsbeschluss festgestellten neuen Satzung an, wie sich aus der Möglichkeit einer Pflicht zur Zeichnung weiterer Geschäftsanteile nach Abs. 1 Satz 2 ergibt.

2 Abs. 1 Satz 3 stellt klar, dass Rechte Dritter an der bisherigen Kapitalbeteiligung nicht untergehen, sondern am Geschäftsguthaben fortbestehen.

3 Abs. 2 gewährt der neuen Genossenschaft eine gewisse Schonfrist, um die nach § 4 GenG geforderte Mindestzahl der Mitglieder durch Beitritt weiterer Personen zu ermöglichen.

4 Schließlich ordnet Abs. 3 das Ausscheiden von Komplementären aus einer KGaA an, weil die Genossenschaft einen persönlich haftenden Gesellschafter nicht kennt.

II. Einzelerläuterungen

1. Beteiligung an der eG

5 Die **Beteiligung an der eG** richtet sich nach dem Umwandlungsbeschluss. Auszugehen ist von dem Wert der bisherigen Kapitalbeteiligung[2]. Diese wird durch die Eintragung des Formwechsels in voller Höhe in Geschäftsguthaben umqualifiziert. Was mit dem Geschäftsguthaben geschieht, richtet sich nach der Satzung der neuen Genossenschaft und dem Umwandlungsbeschluss:

6 Entspricht das Geschäftsguthaben dem Pflichtanteil[3], ergeben sich keine weiteren Konsequenzen.

7 Ist das Geschäftsguthaben niedriger, entstehen möglicherweise zusätzliche Einzahlungspflichten[4], (Pflichteinzahlung auf den Geschäftsanteil[5])[6].

8 Übersteigt das Geschäftsguthaben den Pflichtanteil, kommt es darauf an, ob einerseits die Satzung der neuen eG die Beteiligung mit weiteren Geschäftsanteilen gestattet oder sogar zur Pflicht macht[7] und andererseits der Umwandlungsbeschluss die Zuordnung weiterer Geschäftsanteile vorsieht[8]. Ist dies nicht der Fall oder wird das Geschäftsguthaben nicht durch weitere, dadurch voll eingezahlte Geschäftsanteile gebunden[9], sind darüber hinausgehende Beträge des durch den Formwechsel entstandenen Geschäftsguthabens binnen sechs Monaten auszuzahlen[10].

2. Rechte Dritter an den bisherigen Kapitalanteilen

9 **Rechte Dritter an den bisherigen Kapitalanteilen** am formwechselnden Rechtsträger setzen sich am Geschäftsguthaben fort.

---

[1] § 253 Abs. 2.
[2] *Stratz* in Schmitt/Hörtnagl/Stratz Rn 4.
[3] § 253 Abs. 2 Satz 1.
[4] § 256 Abs. 3 Ziff. 3.
[5] § 7 Ziff. 3 GenG.
[6] *Stratz* in Schmitt/Hörtnagl/Stratz § 256 Rn 4.
[7] § 7 a GenG.
[8] § 253 Abs. 2 Satz 2.
[9] Vgl. § 253 Rn 9 f.
[10] § 256 Abs. 2.

Der Geschäftsanteil an der eG verkörpert, im Gegensatz zu Kapitalgesellschaften, keine Mitgliedschaftsrechte, insbesondere kein Stimmrecht, sondern bestimmt nur die maximale Höhe einer möglichen Einlage[11], zu deren Leistung das Mitglied ggf. auch verpflichtet sein kann (Pflichteinzahlung). Der Geschäftsanteil an einer eG kann daher nicht Gegenstand von Rechten Dritter sein.

a) Dingliche Surrogation nach § 202 Abs. 1 Nr. 2 Satz 2. Insoweit musste die Allgemeine dingliche Surrogation gem. § 202 Abs. 1 Nr. 2 Satz 2 an die besonderen Verhältnisse der eG angepasst werden (ebenso bei Verschmelzung[12])[13].

b) Geschäftsguthaben als Objekt von Rechten Dritter. Die Formulierung „Rechte Dritter am Geschäftsguthaben" (zB ein Pfandrecht) ist allerdings insoweit ungenau, als auch das Geschäftsguthaben im eigentlichen Sinne als Eigenkapital der eG keinen Rechten Dritter zugänglich ist[14]. Zulässig ist lediglich eine entsprechende Belastung des nach Ausscheiden aus der eG entstehenden zukünftigen Auseinandersetzungsguthabens gem. § 73 GenG, das in eine „Verpfändung des Geschäftsguthabens" umgedeutet werden kann[15]. Daraus folgt, dass eine Verwertung erst nach Ausscheiden möglich ist. Dies kann von dem Dritten durch Kündigung der Mitgliedschaft des Mitglieds[16] selbst herbeigeführt werden.

3. Ausschluss der Amtslöschung

Der **Ausschluss der Amtslöschung** nach Abs. 2 aufgrund zu geringer Mitgliederzahl ist eine Ausnahme zu § 197 und macht für die Dauer eines Jahres nach Eintragung des Formwechsels eine Nichterfüllung der bereits bei der Gründung normalerweise zu beachtenden Vorschrift des § 4 GenG, wonach der eG mindestens drei Mitglieder angehören müssen, folgenlos. Gleichwohl hat sich der Vorstand der eG um die unverzügliche Einwerbung neuer Mitglieder zu bemühen[17], denn Abs. 2 suspendiert die Vorschrift des § 4 GenG nicht generell.

Die Einpersonengründung einer eG[18] ist auch im Zuge eines Formwechsels grundsätzlich nicht denkbar, weil die eG zur Eintragung des Formwechsels mindestens zwei Vorstandsmitglieder[19] und drei Aufsichtsratsmitglieder[20] haben muss. Diese müssen zugleich Mitglieder der eG sein[21], wobei Doppelorganschaft ausgeschlossen ist[22]. Es müssen daher bei der Anmeldung des Formwechsels mindestens fünf Mitglieder der eG vorhanden sein, nicht aber bei Fassung des Umwandlungsbeschlusses[23]. Denn von diesen Vorschriften macht Abs. 2 keine Ausnahme. Allerdings kann die Satzung auf den Aufsichtsrat verzichten und einen Einpersonen-Vorstand vorsehen. In diesem Fall ist eine Einpersonen-Gründung möglich.

4. Ausscheiden persönlich haftender Gesellschafter einer KGaA

Deren **Ausscheiden** im Zuge des Formwechsels ist zwingend (Abs. 3). Denn die Rechtsform der eG kennt einen solchen Gesellschaftertypus nicht.

---

[11] *Schulte* in Lang/Weidmüller § 7 GenG Rn 5.
[12] § 87 Abs. 1 Satz 3 und 4.
[13] *Schwarz* in Widmann/Mayer Rn 6.
[14] Vgl. § 22 Abs. 4 GenG; *Schulte* in Lang/Weidmüller § 7 GenG Rn 5.
[15] *Schulte* in Lang/Weidmüller § 22 GenG Rn 16.
[16] § 66 GenG.
[17] § 34 GenG.
[18] *Stratz* in Schmitt/Hörtnagl/Stratz Rn 2; *Happ* in Lutter Rn 7.
[19] § 24 Abs. 2 GenG.
[20] § 36 Abs. 1 Satz 1 GenG.
[21] § 9 Abs. 2 GenG.
[22] § 37 Abs. 1 Satz 1 GenG.
[23] Vgl. § 254 Rn 19.

16 Gleichwohl scheidet der Komplementär nur „als solcher", d. h. in seiner Eigenschaft als persönlich haftender Gesellschafter, aus. Das schließt nicht aus, dass er gleichwohl als Mitglied der eG angehört, sofern der Umwandlungsbeschluss das bestimmt und er diesem zugestimmt hat. Gleiches gilt, wenn er bisher schon zugleich Kommanditaktionär war. Dann nimmt er nach Abs. 1 an dem Formwechsel teil[24].

17 Das Ausscheiden in seiner Eigenschaft als Komplementär begründet einen entsprechenden Abfindungsanspruch nach dem bisherigen Recht[25], ohne dass die Voraussetzungen des § 207 vorliegen müssen. Denn das Ausscheiden ist gesetzlich angeordnet. Allerdings kann der Umwandlungsbeschluss die Möglichkeit eröffnen, diesen gesetzlichen Abfindungsanspruch in Geschäftsguthaben bei Zuweisung entsprechender Geschäftsanteile umzuwandeln[26].

18 Ist der Komplementär zugleich Kommanditaktionär gewesen, muss er das Verfahren nach § 207 einhalten, wenn er auch in dieser Eigenschaft gegen Barabfindung ausscheiden will[27].

19 Die Nachhaftung des Komplementärs richtet sich nach §§ 257, 224.

5. Abfindung ausscheidender Gesellschafter

20 Jeder Gesellschafter des formwechselnden Rechtsträgers, mit Ausnahme des Komplementärs einer KGaA[28], wird mit der Eintragung des Formwechsels zunächst Mitglied der eG.

21 Sofern er gegen den Umwandlungsbeschluss gestimmt und entsprechend Widerspruch zur Niederschrift eingelegt hat[29] und das Abfindungsangebot fristgemäß[30] annimmt, scheidet er mit Wirkung ab dessen Annahme und Erklärung des Austritts aus der eG aus[31].

22 Satzungsmäßige Fristen für den Austritt nach der neuen Satzung der eG (mindestens drei Monate zum Geschäftsjahresende[32]) sind nicht einzuhalten, da § 207 insoweit *lex specialis* ist.

23 Da der Geschäftsanteil höchstpersönlich ist, geht er mit Verlust der Mitgliedschaft[33] unter und wächst den anderen Mitgliedern der eG nicht zu, anders bei Kapitalgesellschaften[34].

24 Der Anspruch auf die angebotene Abfindung ist in Geld durch die eG zu erfüllen[35]. Die Abfindung in Höhe des Geschäftsguthabens führt zu einer Bilanzverkürzung der eG (Minderung des Geldbestands auf der Aktivseite und entsprechende Kürzung des Eigenkapitals auf der Passivseite).

§ 256 Geschäftsguthaben; Benachrichtigung der Mitglieder

(1) Jedem Mitglied ist als Geschäftsguthaben der Wert der Geschäftsanteile oder der Aktien gutzuschreiben, mit denen es an der formwechselnden Gesellschaft beteiligt war.

(2) Übersteigt das durch den Formwechsel erlangte Geschäftsguthaben eines Mitglieds den Gesamtbetrag der Geschäftsanteile, mit denen es bei der Genossenschaft beteiligt ist, so ist der übersteigende Betrag nach Ablauf von sechs Monaten seit dem Tage, an dem die Eintragung der Genossenschaft in das Register nach § 201 Satz 2 als bekanntgemacht gilt, an das Mitglied auszuzahlen. Die Auszahlung darf jedoch nicht erfolgen, bevor die Gläubiger, die sich nach § 204 in Verbindung mit § 22 gemeldet haben, befriedigt oder sichergestellt sind.

---

[24] *Stratz* in Schmitt/Hörtnagl/Stratz Rn 7.
[25] Einzelheiten vgl. *Stratz* in Schmitt/Hörtnagl/Stratz Rn 7.
[26] Vgl. Rn 16.
[27] Siehe Rn 20 ff.
[28] Siehe Rn 15 ff.
[29] § 207.
[30] § 209.
[31] § 207 Abs. 1 Satz 2.
[32] § 65 Abs. 2 Satz 1 und 2 GenG.
[33] *Schaffland* in Lang/Weidmüller § 76 GenG Rn 3.
[34] *Stratz* in Schmitt/Hörtnagl/Stratz § 207 Rn 8.
[35] § 207 Abs. 1 Satz 1; *Stratz* in Schmitt/Hörtnagl/Stratz § 207 Rn 9.

(3) Die Genossenschaft hat jedem Mitglied unverzüglich nach der Bekanntmachung der Eintragung der Genossenschaft in das Register in Textform mitzuteilen:
1. den Betrag seines Geschäftsguthabens;
2. den Betrag und die Zahl der Geschäftsanteile, mit denen er bei der Genossenschaft beteiligt ist;
3. den Betrag der von dem Mitglied nach Anrechnung seines Geschäftsguthabens noch zu leistenden Einzahlung oder den Betrag, der nach Absatz 2 an ihn auszuzahlen ist;
4. den Betrag der Haftsumme der Genossenschaft, sofern die Mitglieder Nachschüsse bis zu einer Haftsumme zu leisten haben.

Übersicht

	Rn		Rn
I. Allgemeines	1	b) Überdeckung von Geschäftsanteilen:	
II. Einzelerläuterungen	4	Bare Zuzahlung	11
1. Geschäftsguthaben	4	c) Unterdeckung von Geschäftsanteilen	13
a) Gutschrift aus bisheriger Beteiligung	5	2. Mitteilungspflichten über Beteiligungsverhältnisse	18

I. Allgemeines

Die Vorschrift normiert den Grundsatz, dass durch den Formwechsel keine Vermögens- 1 einbuße der Anteilsinhaber eintritt. Die wertmäßige Beteiligung an der eG ergibt sich nicht aus den zugeordneten Geschäftsanteilen[1]. Diese begrenzen nur die Einlagemöglichkeiten des Mitglieds und sind in der Satzung der eG der Höhe nach festzulegen. Vermögensmäßig, auch hinsichtlich der Auseinandersetzung nach Ausscheiden[2] bzw. bei Liquidation[3], ist das Geschäftsguthaben für den Wert der Beteiligung maßgebend.

Abs. 2 ordnet die Auszahlung von nach Abs. 1 umqualifiziertem Geschäftsguthaben an, das 2 die im Umwandlungsbeschluss festgesetzten Einlagemöglichkeiten überschreitet (= Summe der Nominalbeträge der Geschäftsanteile), vgl. auch die Parallelvorschrift des § 87 Abs. 2. Gem. Abs. 2 Satz 2 haben Gläubiger allerdings Vorrang.

Abs. 3 entspricht § 89 Abs. 2 Nr. 1., 2. und 4. für den Fall der Verschmelzung. 3

II. Einzelerläuterungen

1. Geschäftsguthaben

Das **Geschäftsguthaben** repräsentiert den Wert der Beteiligung an der eG[4]. Es entsteht 4 durch Einzahlungen des Mitglieds auf gezeichnete Geschäftsanteile bzw. durch entsprechende Zuschreibungen von Gewinnanteilen oder genossenschaftlichen Rückvergütungen und kann sich durch Verlustabschreibungen vermindern[5].

a) Gutschrift aus bisheriger Beteiligung. Im Zuge des Formwechsels ist der Wert der 5 bisherigen Geschäftsanteile bzw. Aktien von Gesetzes wegen in Geschäftsguthaben (nicht Geschäftsanteile[6]) gutzuschreiben, d. h. als Einzahlung des Mitglieds in die eG zu werten. Die Zuordnung von Geschäftsanteilen ist dagegen Inhalt des Umwandlungsbeschlusses[7].

---

[1] *Stratz* in Schmitt/Hörtnagl/Stratz Rn 1.
[2] § 73 Abs. 2 GenG.
[3] § 91 GenG.
[4] Vgl. Rn 1.
[5] *Schulte* in Lang/Weidmüller § 7 GenG Rn 9 ff.
[6] *Stratz* in Schmitt/Hörtnagl/Stratz Rn 4.
[7] § 253 Abs. 1.

6 Bei der Bestimmung des Werts der umzuwandelnden Kapitalanteile ist ebenso wie bei der Bemessung des Barabfindungsangebots iSv. § 207 der sog. „innere Wert"[8] maßgebend, für dessen Ermittlung daher eine Unternehmensbewertung des formwechselnden Rechtsträgers erforderlich ist[9].

7 Das führt beim Formwechsel in die eG dazu, dass sämtliche stillen Reserven und Lasten aufzudecken sind, was insbesondere hinsichtlich stiller Reserven zu Steuernachteilen führen kann[10]. Der Wert sämtlicher nominellen bisherigen Kapitalanteile nebst offener Rücklagen sowie die aufgedeckten stillen Reserven bei Abzug der stillen Lasten sind als Geschäftsguthaben zuzuordnen.

8 Beim Formwechsel in eine Kapitalgesellschaft werden demgegenüber die offenen und stillen Reserven bei der Umqualifizierung der Kapitalanteile sozusagen „mitgenommen". Eine Aufdeckung von stillen Reserven (bzw. Lasten) bzw. persönliche Zuordnung offener Rücklagen ist nicht erforderlich, weil der innere Wert durch den Wechsel in die neue Rechtsform nicht verändert wird.

9 Das wäre zwar rein rechnerisch auch bei einer Umwandlung nur der bisherigen nominellen Kapitalanteile in Geschäftsguthaben zunächst nicht der Fall. Allerdings ist zu berücksichtigen, dass jedes Mitglied jederzeit versterben[11] bzw. bei nicht natürlichen Personen aufgelöst[12]), aus der eG austreten[13], oder, wenn die entsprechenden Voraussetzungen vorliegen, ausgeschlossen werden kann[14]. In diesen Fällen hat es lediglich Anspruch auf Auszahlung des Auseinandersetzungsguthabens, das aber grundsätzlich nur die Höhe des Geschäftsguthabens erreicht (Ausnahme: zusätzlicher Anteil an einer Ergebnisrücklage, die aber nicht schon beim Formwechsel, sondern erst aus zukünftigen Überschüssen gebildet werden kann[15]).

10 Eine andere Art der Auseinandersetzung, zB in der Satzung der eG, ist nicht zulässig, weil das GenG eine entsprechende Öffnungsklausel nicht enthält.

11 b) Überdeckung von Geschäftsanteilen: Bare Zuzahlung. Übersteigt das gem. Abs. 1 ermittelte Geschäftsguthaben die im Umwandlungsbeschluss bzw. in der Satzung festgesetzten Einlagemöglichkeiten (= Summe der Nominalbeträge der Geschäftsanteile), sind die überschießenden Beträge als bare Zuzahlung an das Mitglied auszuzahlen[16]. Das ist auch nach Genossenschaftsrecht systemgerecht, weil Einzahlungen, die nicht durch gezeichnete Geschäftsanteile gebunden sind, nicht als wertmäßige Beteiligung, d. h. Geschäftsguthaben (= Eigenkapital der eG), ausgewiesen werden dürfen, sondern Verbindlichkeiten darstellen[17].

12 Der Anspruch auf die bare Zuzahlung wird sechs Monate nach Wirksamwerden des Formwechsels fällig, nicht jedoch vor Befriedigung bzw. Sicherstellung der Gläubiger[18].

13 c) Unterdeckung von Geschäftsanteilen. Unmittelbar durch den Formwechsel können Zahlungspflichten der Mitglieder gegenüber der eG nur dann entstehen, wenn das sich ergebende Geschäftsguthaben nicht die Höhe des ersten (Pflicht-)Geschäftsanteils erreicht[19], und beschränkt sich auch auf diese Differenz. Darüber hinausgehende Zahlungspflichten wären unzulässig[20].

---

[8] *Stratz* in Schmitt/Hörtnagl/Stratz Rn 4 spricht dagegen von Verkehrswerten; *Happ* in Lutter Rn 3; *Schwarz* in Widmann/Mayer Rn 8.
[9] *Schwarz* in Widmann/Mayer Rn 3; *Happ* in Lutter Rn 3.
[10] *Schwarz* in Widmann/Mayer § 253 Rn 8; *Happ* in Lutter Rn 10.
[11] § 77 GenG.
[12] § 77 a GenG.
[13] § 65 Abs. 1 GenG.
[14] § 68.
[15] § 73 Abs. 3; *Schaffland* in Lang/Weidmüller § 73 GenG Rn 1.
[16] § 256 Abs. 2; vgl. auch die Parallelvorschrift des § 87 Abs. 2 und § 87 Rn 45 ff.
[17] *Schulte* in Lang/Weidmüller § 7 GenG Rn 16.
[18] §§ 204, 22.
[19] § 256 Abs. 3 Ziff. 3 1. Alt.
[20] AA *Stratz* in Schmitt/Hörtnagl/Stratz Rn 4.

Dies folgt daraus, dass die Umqualifizierung der bisherigen Kapitalanteile unmittelbar 14
beim Formwechsel zu keinen wirtschaftlichen Nachteilen für den Anteilsinhaber führen
darf[21]. Ausdruck hierfür ist die Regelung in § 253 Abs. 2 Satz 2 („. . . Geschäftsanteilen,
die . . . als **voll** eingezahlt anzusehen sind . . . ") iVm. Abs. 2. Das bedeutet, dass durch
die Umqualifizierung in Geschäftsguthaben und Zuweisung von Geschäftsanteilen keine nur
teilweise eingezahlten Geschäftsanteile mit entsprechenden Einzahlungspflichten entstehen
dürfen, mit Ausnahme des ersten (Pflicht-)Geschäftsanteils[22].

Ggf. ist die Höhe des einzelnen Geschäftsanteils im Umwandlungsbeschluss (bzw. in der 15
Satzung) so festzulegen, dass möglichst viel entstehendes Geschäftsguthaben durch volle Geschäftsanteile gebunden wird, um einen drohenden Kapitalabfluss durch bare Zuzahlungen
so gering wie möglich zu halten.

Davon zu unterscheiden ist die Möglichkeit, in der Satzung der eG eine Pflichtbeteiligung 16
vorzusehen. Die Pflichtbeteiligung begründet unmittelbar keine Einzahlungsansprüche der
eG, sondern zunächst nur eine Pflicht des Mitglieds zur Zeichnung neuer Geschäftsanteile,
wenn es bestimmte, in der Satzung genau definierte, objektive Kriterien erfüllt, die ihren
Ursprung in der Förderbeziehung zur eG haben müssen[23].

Erst mit (zukünftiger) Zeichnung neuer Geschäftsanteile entstehen ggf. weitere Ein- 17
zahlungspflichten[24]. Diese Pflichtbeteiligung folgt dann aber aus den Regeln der eG-
Rechtsform, die eine zulässige Folge des Formwechsels darstellen. Sie beruhen demgemäß nicht unmittelbar auf dem Wechsel der Rechtsform.

2. Mitteilungspflichten über Beteiligungsverhältnisse

Die **Mitteilungspflichten** nach Abs. 3 dienen der Sicherstellung der Information der 18
Mitglieder und Klarstellung ihrer persönlichen Beteiligungsverhältnisse in der neuen Rechtsform der eG.

Die Erfüllung der Mitteilungspflichten obliegt dem Vorstand der eG[25]. Die Mitglieder der 19
eG haben damit die Möglichkeit, ihre Rechtsposition hinsichtlich der Angemessenheit der
Höhe des zugeordneten Geschäftsguthabens und der Geschäftsanteile zu überprüfen[26].

Die Mitteilung hat wegen der kurzen Fristen[27] unverzüglich zu erfolgen. Da eine Verlet- 20
zung dieser Pflicht normalerweise nur zu einem Schadensersatzanspruch der eG als solcher
gem. § 34 GenG (diese hat dadurch jedoch direkt keinen Schaden), nicht aber des einzelnen
Mitglieds, führt, wird Abs. 3 als Schutzgesetz iSv. § 823 Abs. 2 BGB angesehen, der einen
persönlichen Schadensersatzanspruch des einzelnen Mitglieds begründet[28].

Der Schadensersatzanspruch richtet sich zunächst gegen die Vorstandsmitglieder persön- 21
lich, über § 31 BGB aber ggf. auch gegen die eG. Diese kann wiederum persönlichen Regress nehmen[29].

§ 257 Gläubigerschutz

Auf den Formwechsel einer Kommanditgesellschaft auf Aktien ist auch § 224 entsprechend anzuwenden.

---

[21] *BVerfG* BB 2000, 2011.
[22] Siehe § 253 Rn 7.
[23] *Schulte* in Lang/Weidmüller § 7 a GenG Rn 20 f.
[24] *Schulte* in Lang/Weidmüller § 7 GenG Rn 24; dies verkennt *Stratz* in Schmitt/Hörtnagl/Stratz Rn 4.
[25] § 34 GenG.
[26] §§ 196, 207 bis 212.
[27] § 209.
[28] *Stratz* in Schmitt/Hörtnagl/Stratz Rn 7.
[29] § 34 GenG.

Übersicht

	Rn		Rn
I. Allgemeines	1	2. Nachhaftung	5
II. Einzelerläuterungen	3	3. Freistellungsanspruch	7
1. Verweisung auf § 224	3		

Literatur: Siehe § 224.

I. Allgemeines

1 Die unbeschränkte Haftung des Komplementärs[1] endet grundsätzlich mit seinem Ausscheiden aus dem Rechtsträger. Im Zuge des Formwechsels ist das Ausscheiden zwingend in § 255 Abs. 3 angeordnet.

2 Der Komplementär kann gleichwohl für Ansprüche, die von der KGaA vor seinem Ausscheiden begründet worden sind, iRd. Nachhaftung in Anspruch genommen werden. Dies gilt auch bei Ausscheiden im Zuge eines Formwechsels des Rechtsträgers in eine eG. Hierfür gelten die Bestimmungen des § 224 entsprechend.

II. Einzelerläuterungen

1. Verweisung auf § 224

3 Durch die **Verweisung auf § 224** wird klargestellt, dass die Haftung des Komplementärs durch den Formwechsel grundsätzlich unberührt bleibt, auch dann, wenn er bei der neuen eG Vorstandsmitglied wird[2]. Die Haftung wird gem. § 224 begrenzt. Die Vorschrift ist insoweit § 160 HGB nachgebildet.

4 Einer besonderen Regelung im UmwG hätte es eigentlich nicht bedurft, weil § 253 Abs. 3 das Ausscheiden des persönlich haftenden Gesellschafters zwingend anordnet und die Haftungsbegrenzung schon aus dem für die KGaA allgemein geltenden Recht[3] folgt.

2. Nachhaftung

5 Die **Nachhaftung** ist auf Ansprüche begrenzt[4], die binnen fünf Jahren nach dem Ausscheiden fällig und gerichtlich geltend gemacht oder anerkannt werden, es sei denn, dass diese Ansprüche früher verjähren.

6 Für Verbindlichkeiten der eG, die nach seinem Ausscheiden aus der formwechselnden KGaA entstehen, haftet der Komplementär nach allgemeinem Recht nicht[5].

3. Freistellungsanspruch

7 Der ausgeschiedene Komplementär hat gegen die eG im Innenverhältnis allerdings einen **Freistellungsanspruch** nach allgemeinem Recht, wenn er iRd. Nachhaftung in Anspruch genommen wird[6].

---

[1] § 278 Abs. 2 AktG, §§ 161 Abs. 2, 128 HGB.
[2] § 224 Abs. 5.
[3] § 160 HGB iVm. § 278 Abs. 2 AktG, § 161 Abs. 2 HGB.
[4] § 224 Abs. 2.
[5] *Stratz* in Schmitt/Hörtnagl/Stratz Rn 1.
[6] *Stratz* in Schmitt/Hörtnagl/Stratz Rn 1.

Dritter Abschnitt. Formwechsel eingetragener Genossenschaften

§ 258 Möglichkeit des Formwechsels

(1) Eine eingetragene Genossenschaft kann auf Grund eines Umwandlungsbeschlusses nach diesem Gesetz nur die Rechtsform einer Kapitalgesellschaft erlangen.

(2) Der Formwechsel ist nur möglich, wenn auf jedes Mitglied, das an der Gesellschaft neuer Rechtsform beteiligt wird, als beschränkt haftender Gesellschafter ein durch zehn teilbarer Geschäftsanteil von mindestens fünfzig Euro oder als Aktionär mindestens eine volle Aktie entfällt.

Übersicht

	Rn		Rn
I. Allgemeines	1	2. Mindestbeteiligung der Mitglieder	9
II. Einzelerläuterungen	6	a) GmbH	13
1. Beschränkung der Umwandlungsmöglichkeit	6	b) AG/KGaA	17

I. Allgemeines

Nach bisherigem Recht konnte eine eG nur in eine AG formwechseln[1]. Abs. 1 erweitert die Möglichkeiten zwar auf alle Kapitalgesellschaften (GmbH, AG, KGaA). Der Weg in die Personengesellschaft bleibt der eG jedoch verwehrt mit Ausnahme derjenigen eingetragenen Genossenschaften, die aus einer landwirtschaftlichen Produktionsgenossenschaft nach dem LAnpG hervorgegangen sind[2]. Nur danach ist der Formwechsel in eine Personenhandelsgesellschaft oder GbR möglich. Letztere ist im landwirtschaftlichen Bereich der alten Bundesländer eine klassische Rechtsform. 1

Die Erweiterung der Rechtsformwechselmöglichkeiten entspricht einem praktischen Bedürfnis insbesondere für kleine eingetragene Genossenschaften, wenn die Zahl der Mitglieder unter die gesetzliche Mindestzahl von drei Mitgliedern[3] absinkt oder abzusinken droht. Der Löschung von Amts wegen[4] kann nur durch einen Wechsel in eine andere Rechtsform begegnet werden. 2

Ein weiteres Motiv ist in der Praxis die Beteiligung eines kapitalstarken privaten Dritten, der hierzu nur bereit ist, wenn er entsprechende gesellschaftsrechtliche Einflussmöglichkeiten erhält. Nach § 43 Abs. 2 Satz 1 GenG hat jedes Mitglied nur eine Stimme. Mehrstimmrechte sind zwar möglich, jedoch auf drei Stimmen begrenzt und gelten nicht bei Grundlagenbeschlüssen (zB Satzungsänderung)[5]. Für sog. „Unternehmergenossenschaften" (§ 43 Abs. 3 Ziff. 2 GenG) gilt ein Mehrstimmrecht bis 10 %. 3

---

[1] § 385 m AktG aF. Zur Europäischen Genossenschaft (SCE) siehe Einl. C Rn 64 ff.
[2] Vgl. § 38 a LAnpG.
[3] § 4 GenG.
[4] § 80 GenG.
[5] § 43 Abs. 2 GenG. Vgl. zu den Umwandlungsmotiven *Schmitz-Riol* S. 26 ff.

4 Durch den Formwechsel entfällt auch die Pflichtmitgliedschaft in einem Prüfungsverband, dem jede eG angehören muss[6]. In der Praxis wird jedoch meist eine Fortführung der Mitgliedschaft als freiwilliges Mitglied gewünscht, um weiterhin neben der Prüfung die umfassende Beratung (insbesondere betriebswirtschaftliche sowie Rechts- und Steuerberatung) und Betreuung (insbesondere Fachinformationen und Interessenvertretung) des Verbands[7] in Anspruch nehmen zu können. Voraussetzung ist allerdings, dass die aus der eG hervorgehende Kapitalgesellschaft dem Genossenschaftswesen dient[8] und sich in aller Regel durch entsprechende Bestimmungen im Gesellschaftsvertrag oder in der Satzung verbindlich zum Förderauftrag gegenüber den Gesellschaftern in entsprechender Anwendung des § 1 GenG bekennt (nicht eingetragene Genossenschaft in anderer Rechtsform)[9]. Für die Prüfung gelten allerdings auch in diesem Fall die spezifischen Regelungen des äußeren Rechtskleids (zB GmbH, AG)[10].

5 Abs. 2 fordert eine gewisse Mindestkapitalbeteiligung, die durch den Umwandlungsvorgang bereits in voller Höhe erbracht sein muss. Die Regelung dient vor allem dem Schutz von Mitgliedern mit geringem Geschäftsguthaben[11].

II. Einzelerläuterungen

1. Beschränkung der Umwandlungsmöglichkeit

6 Die **Beschränkung der Umwandlungsmöglichkeiten** auf Kapitalgesellschaften (GmbH, KGaA, GmbH[12]) entspricht im Wesentlichen derjenigen bei Personengesellschaften[13]. Für eine darüber hinausgehende Umwandlungsmöglichkeit wurde zutreffenderweise bisher kein praktisches Bedürfnis gesehen[14]. Nach Erweiterung der zulässigen Genossenschaftszwecke (§ 1 Abs. 1 GenG) in 2006 ist diese Auffassung nicht mehr haltbar.

7 Während jedes bisherige Mitglied der eG als beschränkt haftender Gesellschafter vorgesehen ist (Abs. 2), mithin an einer GmbH mit mindestens einem Geschäftsanteil bzw. bei einer AG/KGaA mit mindestens einer Aktie durch Umwandlung des Werts seiner Beteiligung an der eG beteiligt wird, muss bei einer KGaA zusätzlich mindestens ein persönlich haftender Gesellschafter als Komplementär bestimmt werden. Er kann aus dem Kreis der bisherigen Mitglieder der eG kommen[15] oder neu beitreten[16]. Dies ist im Umwandlungsbeschluss festzulegen[17].

8 Für den Umwandlungsbeschluss gilt das Organisationsrecht der formwechselnden eG nach Maßgabe der §§ 260 bis 262[18].

---

[6] § 54 GenG. Die Verfassungsmäßigkeit dieser rechtsformspezifischen Regelung ist durch die Entscheidung des *BVerfG* vom 19. 1. 2001, DB 2001, 473, höchstrichterlich bestätigt.
[7] Vgl. *Beuthien* § 54 GenG Rn 6 f.
[8] § 63 Abs. 2 GenG.
[9] Einzelheiten vgl. *Beuthien* § 63 b GenG Rn 2 sowie § 1 GenG Rn 57.
[10] § 63 Abs. 3 GenG.
[11] *Stratz* in Schmitt/Hörtnagl/Stratz Rn 6.
[12] Vgl. § 3 Abs. 1 Ziff. 2.
[13] §§ 214 Abs. 1, 272, 291.
[14] Siehe RegBegr. *Ganske* S. 270.
[15] § 262 Abs. 2 iVm. § 240 Abs. 2 Satz 1.
[16] § 262 Abs. 2 iVm. §§ 240 Abs. 2 Satz 2, 221.
[17] § 263 Abs. 1 iVm. § 218 Abs. 2.
[18] Siehe Kommentierung der §§ 260 bis 262.

2. Mindestbeteiligung der Mitglieder

Für die **Beteiligung der Mitglieder** an der Kapitalgesellschaft ist vom bisherigen Geschäftsguthaben bei der eG auszugehen und nicht von den Geschäftsanteilen[19] (missverständlich insoweit § 266 Abs. 1 Satz 1)[20]. 9

Nach dem GenG bestimmt der Geschäftsanteil nur die Höchstgrenze der möglichen Beteiligung an der eG[21] und muss für alle Mitglieder sein[22]. Mit dem Beitritt zur eG muss zwar mindestens ein (Pflicht-) Geschäftsanteil gezeichnet werden. Dieser repräsentiert weder den Wert der Beteiligung an der eG noch ist er Grundlage für bestimmte Mitgliedschaftsrechte, zB das Stimmrecht. Mitgliedschaftsrechte bestehen unabhängig von Höhe und Zahl der Geschäftsanteile. Demgemäß haben alle Mitglieder grundsätzlich auch nur eine Stimme[23]. Mehrstimmrechte (bis zu max. drei bzw. 10 % der Stimmen) können, müssen aber nicht an die Zeichnung weiterer Geschäftsanteile gebunden werden[24]. 10

Davon ist das Geschäftsguthaben zu unterscheiden, das zunächst den nominellen Wert der Beteiligung an einer eG darstellt[25]. Das Geschäftsguthaben entsteht durch Einzahlungen auf gezeichnete Geschäftsanteile. Nur dieses wird in der Bilanz der eG als persönlich zugeordnetes Eigenkapital ausgewiesen und kann vererbt[26] oder übertragen werden[27]. Es ist darüber hinaus Maßstab sowohl für die Gewinnbeteiligung und die Verlustzuweisung[28] als auch für die Beteiligung am Liquidationserlös[29]. Bei Austritt aus der eG bestimmt es die Höhe des Auseinandersetzungsguthabens[30]. An den Reserven der eG hat das ausscheidende Mitglied grundsätzlich keinen Anteil[31] (Ausnahme: den Mitgliedern zugeordnete thesaurierte Gewinnanteile[32]). 11

Bei der Zuweisung von Anteilen an der Kapitalgesellschaft ist nach der Zielrechtsform zu unterscheiden (Abs. 2): 12

a) GmbH. Bei einer **GmbH** richtet sich die Höhe des Geschäftsanteils nach der übernommenen Stammeinlage[33], die wiederum mindestens € 100[34] betragen und durch 50 teilbar[35] sein muss. Hiervon weicht Abs. 2 ab, da jeder Gesellschafter nur mit mindestens einem Geschäftsanteil in Höhe von € 50 beteiligt sein muss. Ist der Geschäftsanteil höher, muss er durch zehn teilbar sein. 13

Der Grund für diese Abweichung ist die Absicht, möglichst alle Mitglieder, auch diejenigen, deren Geschäftsguthaben die Mindestgrenzen nach dem GmbHG nicht erreicht, so weit wie möglich an der GmbH beteiligen zu können[36]. 14

Es können, soweit die Mindestbeteiligung gemäß Abs. 2 1. Alt. erreicht wird, bei darüber hinausgehenden Zuweisungen Teilrechte entstehen[37]. 15

---

[19] *Stratz* in Schmitt/Hörtnagl/Stratz Rn 7.
[20] Siehe § 266 Rn 3 ff.
[21] § 7 Ziff. 1.
[22] *Schulte* in Lang/Weidmüller § 7 GenG Rn 6.
[23] § 43 Abs. 2 Satz 1 GenG.
[24] *Schulte* in Lang/Weidmüller § 43 GenG Rn 68.
[25] Nach *Beuthien* § 7 GenG Rn 5 ist das Geschäftsguthaben der „bilanzmäßig erfasste vermögensrechtliche Kern der Mitgliedschaft".
[26] § 77 GenG.
[27] § 76 GenG.
[28] § 19 Abs. 1 GenG.
[29] § 91 Abs. 1 Satz 1 GenG.
[30] § 73 Abs. 1 GenG.
[31] § 73 Abs. 2 GenG.
[32] § 73 Abs. 3 GenG.
[33] § 14 GmbHG.
[34] § 5 Abs. 1 2. Halbs. GmbHG.
[35] § 5 Abs. 3 Satz 2 GmbHG.
[36] *Stratz* in Schmitt/Hörtnagl/Stratz Rn 6.
[37] Vgl. Erläuterungen zu § 266.

16 Ungeklärt ist die Frage, ob die Mindestanforderungen nach dem GmbHG nach Eintragung des Formwechsels zukünftig erfüllt werden müssen oder durch den Formwechsel insoweit vom GmbHG auf Dauer abweichen können. Das UmwG sieht eine entsprechende Übergangsregelung nicht vor, so dass insoweit eine unbegrenzt fortdauernde Abweichung nach dem Formwechsel möglich ist. Ob das rechtspolitisch sinnvoll ist, bleibt zweifelhaft, da auf diese Weise zweierlei Maß für Gesellschaften mit beschränkter Haftung entsteht.

17 b) **AG/KGaA.** Bei der **AG/KGaA** ist nach Einführung der Stückaktie und Herabsetzung des Mindestbetrags bei Nennbetragsaktien auf € 1[38] eine solche Stückelung möglich, dass alle Mitglieder die Mindestbeteiligung nach Abs. 2 erreichen.

18 Sollte dies tatsächlich nicht möglich sein, kann der Formwechsel nicht durchgeführt werden (Abs. 2 2. Alt.: „mindestens eine volle Aktie").

19 Teilrechte kommen bei einer Umwandlung einer eG in eine AG/KGaA daher nicht mehr in Betracht[39].

§ 259 Gutachten des Prüfungsverbandes

Vor der Einberufung der Generalversammlung, die den Formwechsel beschließen soll, ist eine gutachtliche Äußerung des Prüfungsverbandes einzuholen, ob der Formwechsel mit den Belangen der Mitglieder und der Gläubiger der Genossenschaft vereinbar ist, insbesondere ob bei der Festsetzung des Stammkapitals oder des Grundkapitals § 263 Abs. 2 Satz 2 und § 264 Abs. 1 beachtet sind (Prüfungsgutachten).

Übersicht

	Rn		Rn
I. Allgemeines	1	b) Umwandlungsbericht	20
II. Einzelerläuterungen	3	c) Umwandlungsbeschluss	22
1. Erfordernis des Prüfungsgutachtens	3	d) Zukünftige Beteiligung	25
2. Inhalt des Prüfungsgutachtens	12	e) Abfindungsangebot	26
a) Belange der Mitglieder und Gläubiger	16		

I. Allgemeines

1 Wie bei allen Umwandlungsvorgängen, an denen eine eG beteiligt ist, ist auch beim Formwechsel einer eG ein Prüfungsgutachten des gesetzlichen Prüfungsverbands zu erstatten[1]. Dagegen ist eine Prüfung des Formwechsels bei Rechtsträgern anderer Rechtsform nicht vorgesehen[2].

2 Das Gutachten des Verbands hat sich nicht nur dazu zu äußern, ob der Formwechsel mit den Belangen der Mitglieder und der Gläubiger vereinbar ist. Es muss speziell zu der Frage Stellung nehmen, ob bei der Festsetzung des Stamm- bzw. Grundkapitals die Vorschriften der § 263 Abs. 2 Satz 2 (grundsätzlich nur volle Aktien) bzw. § 264 Abs. 1 (Verbot der materiellen Unterpari-Emmission) beachtet ist.

---

[38] § 8 Abs. 2, 3 AktG.
[39] *Stratz* in Schmitt/Hörtnagl/Stratz Rn 8; *Bayer* in Lutter Rn 20.
[1] Vgl. §§ 81, 148 Abs. 2 Ziff. 2. Zur Europäischen Genossenschaft (SCE) siehe Einl. C Rn 64 ff.
[2] *Bayer* in Lutter Rn 2.

II. Einzelerläuterungen

1. Erfordernis des Prüfungsgutachtens

Das **Erfordernis des Prüfungsgutachtens** ergibt sich aus der besonderen Stellung und Aufgabe des genossenschaftlichen Prüfungsverbands[3].

Jede Genossenschaft muss zwingend einem genossenschaftlichen Prüfungsverband angehören[4]. Dessen Aufgabe ist neben der Prüfung der wirtschaftlichen Verhältnisse und der Ordnungsmäßigkeit der Geschäftsführung[5] die laufende Beratung und Betreuung seiner Mitglieder[6]. Der Verband hat daher aus der bisherigen Prüfung, Betreuung und Beratung der eG tief gehende Informationen und meist langjährige Erfahrungen über die wirtschaftliche und personelle Situation und Entwicklung der eG.

Das dort vorhandene Spezialwissen ist sofort verfügbar, so dass eine zeitnahe und kostensparende[7] Beurteilung des beabsichtigten Formwechsels möglich ist. Außerdem ist die Prüfungs- und Betreuungstätigkeit mitgliederorientiert (Förderauftrag[8]), hat jedoch gleichzeitig gewisse öffentliche[9], insbesondere Gläubigerschutzfunktionen. Dadurch rechtfertigt sich auch der gesetzliche Zwang der Verbandsmitgliedschaft[10].

Gerade bei dem nicht alltäglichen Formwechsel mit bisher unbekannten Regeln für die neue Rechtsform ist die besondere Sachkunde und der pflichtgemäße Rat des Verbands in seiner Betreuungsfunktion gefordert[11].

Das Prüfungsgutachten hat damit Informations-, ggf. auch Warnfunktion und dient somit der Transparenz des Formwechsels für die Entscheidung der Mitglieder[12]. Es muss entsprechend so abgefasst werden, dass es für ein durchschnittliches Mitglied verständlich bleibt[13]. Ergänzend ist auch die beratende Teilnahme des Prüfungsverbands an der beschließenden Generalversammlung vorgesehen[14].

Das Prüfungsgutachten ist vor der Generalversammlung auszulegen, ggf. ist hiervon dem Mitglied eine Abschrift zu erteilen[15], und vor der Beschlussfassung der Mitglieder im Wortlaut zu verlesen[16]. Es muss daher zwingend schriftlich erstattet werden[17].

Das Prüfungsgutachten ist durch den Vorstand der eG rechtzeitig vor der Generalversammlung beim Prüfungsverband anzufordern. Dessen Erstattung ist gesetzliche und satzungsgemäße Pflicht des Verbands und bedarf, wie auch die normalen Prüfungen gem. § 53 GenG, keines rechtsgeschäftlichen Prüfungsauftrags der eG[18]. Entsprechend hat der Verband auch einen gesetzlichen Kostenerstattungsanspruch[19].

---

[3] §§ 54 ff. GenG.
[4] § 54 GenG.
[5] §§ 55, 53 GenG.
[6] Vgl. *Beuthien* § 54 GenG Rn 6 f.
[7] Das war Motiv des Gesetzgebers, die Prüfung des Formwechsels bei Rechtsträgern anderer Rechtsform nicht anzuordnen, RegEBegr BR-Drucks. 75/94 zu § 192 Abs. 2 aF.
[8] § 1 GenG.
[9] Vgl. § 81 GenG.
[10] *BVerfG* DB 2001, 473, 475.
[11] *Beuthien* GenG §§ 190 ff. UmwG Rn 8.
[12] So auch *Stratz* in Schmitt/Hörtnagl/Stratz Rn 5.
[13] *Bayer* in Lutter Rn 15.
[14] § 261 Abs. 2 Satz 2.
[15] § 260 Abs. 3.
[16] § 261 Abs. 2 Satz 1.
[17] *Stratz* in Schmitt/Hörtnagl/Stratz Rn 4; *Bayer* in Lutter Rn 16.
[18] *Cario* in Lang/Weidmüller § 61 GenG Rn 2.
[19] § 61.

10 Ein Ablehnungsrecht des Verbands besteht daher, wie bei allen anderen gesetzlich angeordneten Prüfungen, grundsätzlich nicht (ggf. aber ein Zurückbehaltungsrecht, wenn die Erfüllung des Vergütungsanspruchs gefährdet erscheint. In diesen Fällen kann ein Tätigwerden von einem Vorschuss bzw. Sicherstellung abhängig gemacht werden[20]).

11 Auf das Prüfungsgutachten kann, ebenso wie im Fall der Verschmelzung[21] und der Spaltung[22], durch die eG bzw. die Mitglieder nicht verzichtet werden. Dies folgt zwanglos aus dem Umstand, dass dieses keines Auftrags der eG bedarf, sondern von Gesetzes wegen zu erstatten ist, mithin nicht zur Disposition der eG und deren Mitglieder steht. Da das Prüfungsgutachten im Übrigen auch Gläubigerinteressen dient, müssten diese als Drittbegünstigte ebenfalls einen Verzicht aussprechen, was kaum praktikabel wäre.

2. Inhalt des Prüfungsgutachtens

12 Der **Inhalt des Prüfungsgutachtens** bezieht sich zunächst auf die Frage, ob der Formwechsel mit den Belangen der Mitglieder und der Gläubiger zu vereinbaren ist. Nach allgM umfasst die Prüfung durch den Verband neben der reinen Rechtskontrolle auch, entsprechend seiner Betreuungsaufgabe[23], die Zweckmäßigkeit des Formwechsels[24].

13 Wegen der Vorlagepflicht beim Registergericht[25] wird die Einhaltung der gesetzlichen Bestimmungen und die Wahrung der Interessen der Mitglieder und der Gläubiger für den Rechtspfleger nachprüfbar transparent[26].

14 Entsprechend wird die Vorschrift als Schutzgesetz iSd. § 823 Abs. 2 BGB angesehen[27].

15 Zugrunde zu legen sind der Umwandlungsbericht des Vorstands, soweit ein solcher zu erstatten ist[28], und der Entwurf des Umwandlungsbeschlusses.

16 **a) Belange der Mitglieder und Gläubiger.** Die genossenschaftsrechtlich relevanten wirtschaftlichen Belange der Mitglieder können vor allem dadurch tangiert sein, dass der gesetzliche Förderauftrag des § 1 GenG in der neuen Rechtsform grundsätzlich entfällt[29]; gleiches gilt für das steuerlich anerkannte Instrument der genossenschaftlichen Rückvergütung[30]. Außerdem richtet sich das Stimmrecht zukünftig nach der Kapitalbeteiligung, auch ist eine Fremdorganschaft möglich (Vorstand und Aufsichtsrat der eG müssen dagegen Mitglieder sein[31]), wodurch das Selbstverwaltungsprinzip[32] aufgehoben wird.

17 Den bisherigen Verhältnissen sind die zukünftigen Bedingungen in der neuen Rechtsform gegenüber zu stellen und umfassend abzuwägen[33], ggf. auch steuerliche Unterschiede darzustellen[34].

18 Für die Gläubiger ist allein bedeutsam, ob ihre Forderung durch den Formwechsel beeinträchtigt wird. Das kann durch den Wegfall einer etwa bestehenden (beschränkten oder unbeschränkten[35]) Nachschusspflicht zukünftig nach Ablauf von zwei Jahren ab Eintragung

---

[20] *Cario* in Lang/Weidmüller § 61 GenG Rn 8.
[21] § 81, vgl. § 81 Rn 5.
[22] Vgl. § 148 Rn 22.
[23] Vgl. Rn 4.
[24] *Schmitz-Riol* S. 57; *Bayer* in Lutter Rn 8; *Stratz* in Schmitt/Hörtnagl/Stratz Rn 5; wohl auch *Schwarz* in Widmann/Mayer Rn 8.
[25] § 265 Satz 2.
[26] *Stratz* in Schmitt/Hörtnagl/Stratz Rn 6.
[27] *Stratz* in Schmitt/Hörtnagl/Stratz Rn 6; *Bayer* in Lutter Rn 7.
[28] § 260 Abs. 2 Satz 2 iVm. § 192 Abs. 2 2. Alt.: Verzicht aller Mitglieder in notarieller Form.
[29] *Schwarz* in Widmann/Mayer Rn 5.
[30] Zum Begriff vgl. *Beuthien* § 19 GenG Rn 14 ff.
[31] § 9 Abs. 2 GenG.
[32] *Beuthien* § 9 GenG Rn 4.
[33] *Bayer* in Lutter Rn 8; *Schwarz* in Widmann/Mayer Rn 5.
[34] *Stratz* in Schmitt/Hörtnagl/Stratz Rn 6.
[35] §§ 105, 119 GenG.

des Formwechsels[36] der Fall sein[37], insbesondere dann, wenn die Nachschusspflicht bei der Bewertung der Forderung eine erhebliche Rolle gespielt hat (zB iRd. Bonitätsprüfung bei Kreditvergaben einer Bank) und die Forderung ganz oder teilweise erst nach zwei Jahren ab Formwechsel fällig wird.

Jedenfalls ist auf die Möglichkeit der Sicherung hinzuweisen[38]. **19**

b) Umwandlungsbericht. Der Umwandlungsbericht des Vorstands ist Gegenstand der Prüfung durch den Verband[39] nach Maßgabe des § 192, auch hinsichtlich Vollständigkeit und Richtigkeit. Das betrifft nicht nur die Erfüllung der rechtlichen Randbedingungen und die korrekte Vermögensaufstellung, sondern auch die Darstellung der wirtschaftlichen Folgen des Formwechsels einschließlich der neuen Beteiligungsverhältnisse. **20**

Dies folgt daraus, dass der Prüfungsverband auch die Zweckmäßigkeit des vom Vorstand vorgeschlagenen Formwechsels zu beurteilen und sich demgemäß mit den Argumenten des Vorstands auseinander zu setzen hat. Der Umwandlungsbericht ist demnach nicht nur Informationsquelle für die Prüfung des Formwechsels, sondern auch dessen Gegenstand[40]. **21**

c) Umwandlungsbeschluss. Wenn auf den Umwandlungsbericht verzichtet wurde[41], gibt es keinen Entwurf des Umwandlungsbeschlusses als dessen Anlage[42], der zwecks Prüfung zur Verfügung steht. Die Formulierung des Beschlusses müsste daher erst in der Generalversammlung[43] vorliegen. **22**

Dem widerspricht allerdings die Regelung in § 194 Abs. 2, wonach der Entwurf dem Betriebsrat spätestens einen Monat vor der Beschlussfassung zuzuleiten ist. Außerdem wird die Auffassung vertreten, dass zusammen mit der Ankündigung des Formwechsels als Beschlussgegenstand der Generalversammlung (hiervon befreit auch der notarielle Verzicht auf den Umwandlungsbericht nicht) der Entwurf des Umwandlungsbeschlusses nebst seinen Bestandteilen (einschließlich Gesellschaftsvertrag bzw. Satzung der zukünftigen Kapitalgesellschaft) allen Mitgliedern übersandt werden muss[44]. Dem ist zuzustimmen. **23**

Für den Formwechsel der eG muss der Entwurf des Umwandlungsbeschlusses sogar darüber hinaus bereits zum Zeitpunkt der Anforderung des Prüfungsgutachtens beim Verband vorliegen, die zwingend **vor** der Einberufung der Generalversammlung erfolgen muss[45]. Denn aus dem Beschluss ergeben sich erst die notwendigen Festlegungen, die Gegenstand des Prüfungsgutachtens des Verbands sein sollen, vor allem hinsichtlich § 263 Abs. 2 Satz 2 und § 264 Abs. 1. **24**

d) Zukünftige Beteiligung. Das Prüfungsgutachten hat insbesondere darauf einzugehen, ob die Umqualifizierung des bisherigen Geschäftsguthabens in Anteile an der Kapitalgesellschaft den Vorschriften des § 263 Abs. 2 Satz 2 (möglichst vollständige Umqualifizierung des Geschäftsguthabens in Aktien[46]) und dem Verbot der Unterpari-Emission bzw. Reinvermögensdeckung[47] gem. § 264 Abs. 1 genügt. Letzteres dient ebenso dem Gläubigerschutz[48]. **25**

---

[36] § 271; siehe § 271 Rn 6.
[37] *Schmitz-Riol* S. 58.
[38] *Stratz* in Schmitt/Hörtnagl/Stratz Rn 8; *Bayer* in Lutter Rn 13.
[39] *Bayer* in Lutter Rn 12.
[40] *Schmitz-Riol* S. 60.
[41] § 260 Abs. 2 Satz 2 iVm. § 192 Abs. 2 2. Alt.
[42] *Stratz* in Schmitt/Hörtnagl/Stratz § 260 Rn 8.
[43] § 261 Abs. 1.
[44] Gem. § 262 Abs. 1; *Schwarz* in Widmann/Mayer § 260 Rn 4; *Schmitz-Riol* S. 63; *Bayer* in Lutter § 260 Rn 7; *LG Hanau* (zur Umwandlung einer AG in eine GmbH) ZIP 1996, 422, mit zust. Anm. *Dreher* EWIR 1996, 533 f.
[45] § 259 Abs. 1.
[46] Vgl. § 258 Rn 17.
[47] *Schwarz* in Widmann/Mayer § 264 Rn 2.
[48] *Bayer* in Lutter Rn 13.

26 e) **Abfindungsangebot.** Schließlich hat das Prüfungsgutachten auch das Abfindungsangebot gem. § 270 zum Gegenstand. Zwar normiert § 270 Abs. 2 Satz 1 eine eigenständige Pflicht des Vorstands, hierzu die gutachterliche Äußerung des Prüfungsverbands einzuholen. Dies ist jedoch nach zutreffender allgM schon aus ökonomischen Gründen Teil des ohnehin nach § 259 zu erstattenden Prüfungsgutachtens[49].

§ 260 Vorbereitung der Generalversammlung

(1) Der Vorstand der formwechselnden Genossenschaft hat allen Mitgliedern spätestens zusammen mit der Einberufung der Generalversammlung, die den Formwechsel beschließen soll, diesen Formwechsel als Gegenstand der Beschlußfassung in Textform anzukündigen. In der Ankündigung ist auf die für die Beschlußfassung nach § 262 Abs. 1 erforderlichen Mehrheiten sowie auf die Möglichkeit der Erhebung eines Widerspruchs und die sich daraus ergebenden Rechte hinzuweisen.

(2) Auf die Vorbereitung der Generalversammlung sind die §§ 229, 230 Abs. 2 und § 231 Satz 1 entsprechend anzuwenden. § 192 Abs. 2 bleibt unberührt.

(3) In dem Geschäftsraum der formwechselnden Genossenschaft ist außer den sonst erforderlichen Unterlagen auch das nach § 259 erstattete Prüfungsgutachten zur Einsicht der Mitglieder auszulegen. Auf Verlangen ist jedem Mitglied unverzüglich und kostenlos eine Abschrift dieses Prüfungsgutachtens zu erteilen.

Übersicht

	Rn		Rn
I. Allgemeines	1	4. Bekanntgabe des Abfindungsangebots	20
II. Einzelerläuterungen	2	5. Auslagepflichtige Unterlagen, Frist und Ort	21
1. Geltung allgemeinen Rechts	2	a) Umwandlungsbericht	22
2. Ankündigung des Formwechsels	7	b) Prüfungsgutachten	25
3. Hinweise auf Beschlussmehrheiten und Widerspruchsmöglichkeiten	10	c) Verweisung auf § 229	26
a) Beschlussmehrheiten	11	6. Rechtsfolgen bei Gesetzesverstoß	27
b) Widerspruchsmöglichkeiten	15		

I. Allgemeines

1 Die Vorschrift entspricht zunächst dem alten Recht[1] bei dem früher allein zulässigen Formwechsel einer eG in eine AG. Die Erweiterung auf die Auslegung des nach neuem Recht erforderlichen Umwandlungsberichts sowie des bereits früher notwendigen Gutachtens des zuständigen genossenschaftlichen Prüfungsverbands entspricht der Intention des neuen Umwandlungsrechts, die Informationsmöglichkeiten und -rechte der Mitglieder zu stärken[2].

2 Zuständig für den Umwandlungsbeschluss ist allein die Versammlung der Anteilseigner[3]. Das ist bei der eG die Generalversammlung[4] (bzw. Vertreterversammlung[5]).

---

[49] *Schmitz-Riol* S. 57; *Bayer* in Lutter Rn 14; *Schwarz* in Widmann/Mayer Rn 5.
[1] § 385 m AktG aF.
[2] *Bayer* in Lutter Rn 1.
[3] § 193 Abs. 1.
[4] § 43 GenG. Zur Europäischen Genossenschaft (SCE) siehe Einl. C Rn 64 ff.
[5] § 43 a GenG.

II. Einzelerläuterungen

1. Geltung allgemeinen Rechts

Für die Einberufung der Generalversammlung gilt zunächst **allgemeines Recht** gem. §§ 44 Abs. 1, 46 GenG.

Danach ist eine Generalversammlung vom Vorstand einzuberufen[6], die Einladungsfrist beträgt mindestens zwei Wochen[7] und hat in der in der Satzung vorgesehenen Weise zu erfolgen, d. h. entweder durch unmittelbare schriftliche Einladung an die Mitglieder (bzw. bei einer Vertreterversammlung an die Vertreter[8]) oder durch Bekanntgabe im genau zu bezeichnenden Veröffentlichungsorgan[9].

Aufgrund des klaren Wortlauts von Abs. 1 Satz 1 ist beim Formwechsel jedoch eine persönliche Einladung in Textform (§ 126 b BGB) vorgeschrieben. Die normalerweise in der Satzung vorgesehene Möglichkeit der Veröffentlichung in den Genossenschaftsblättern[10] ist hier nicht zulässig[11].

Die Tagesordnung soll nach § 46 Abs. 2 Satz 1 GenG mit der Einladung bekannt gegeben werden. Die Mindestankündigungsfrist beträgt drei Tage, die zwischen dem Zugang der Einladung und dem Tag der Generalversammlung liegen müssen[12].

2. Ankündigung des Formwechsels

Abweichend hiervon muss demgegenüber bereits in der Einladung die schriftliche **Ankündigung des Formwechsels als Beschlussgegenstand** enthalten sein[13]. Grund hierfür ist die besondere Ausgestaltung der Mehrheiten und des Widerspruchsrechts gemäß § 262 Abs. 1 Satz 2[14].

Bei Genossenschaften, bei denen an die Stelle der Generalversammlung die Vertreterversammlung getreten ist[15], ist die Ankündigung nebst Anlagen nicht nur an die Vertreter zu richten, sondern an alle Mitglieder[16]. Denn das besondere Widerspruchsrecht nach § 262 Abs. 1 Satz 2[17] steht allen Mitgliedern zu, nicht nur den Vertretern.

Außerdem führt die in § 262 Abs. 1 Satz 2 genannte Mindestanzahl von Widersprüchen (gleich, ob von Vertretern oder Nichtvertretern erhoben) zu der dort angeordneten 9/10-Mehrheit bei der Abstimmung auch in der Vertreterversammlung.

3. Hinweise auf Beschlussmehrheiten und Widerspruchsmöglichkeiten

Zugleich mit der Ankündigung ist ein **Hinweis auf die notwendigen Mehrheiten** und einen möglichen **Widerspruch** sowie die sich daraus ergebenden Rechte aufzunehmen.

a) Beschlussmehrheiten. Der Hinweis auf die **Beschlussmehrheiten** ist erforderlich, weil unter bestimmten Voraussetzungen aus Gründen des Minderheitenschutzes eine 9/10-

---

[6] § 44 Abs. 1 GenG.
[7] § 46 Abs. 1.
[8] § 43 a GenG.
[9] § 6 Ziff. 5 GenG.
[10] Aufgrund § 46 Abs. 1 GenG.
[11] *Bayer* in Lutter Rn 6; *Stratz* in Schmitt/Hörtnagl/Stratz Rn 3; *Schwarz* in Widmann/Mayer Rn 6.
[12] § 46 Abs. 2 Satz 2 GenG.
[13] § 260 Abs. 1.
[14] Vgl. § 262 Rn 27 ff.; Rn 11.
[15] Vgl. § 43 a GenG.
[16] § 260 Abs. 1 Satz 1.
[17] Siehe § 262 Rn 29.

Mehrheit statt der bei Umwandlungsvorgängen normalen Dreiviertelmehrheit notwendig ist[18].

12 In den Mustersatzungen der eG, die von der Genossenschaftsorganisation herausgegeben werden und die in der Praxis üblicherweise zur Anwendung kommen, ist generell eine 9/10-Mehrheit für den Formwechsel vorgeschrieben[19].

13 Bei Nutzung der Öffnungsklausel in § 262 Abs. 1 Satz 3 ist in den Mustersatzungen weiterhin vorgesehen, dass die Generalversammlung nur zu diesem Zweck einberufen sein darf, d. h. es muss eine außerordentliche Generalversammlung stattfinden mit dem einzigen Tagesordnungspunkt „Formwechsel".

14 Darüber hinaus müssen bei der Beschlussfassung mindestens $2/3$ aller Mitglieder anwesend oder vertreten sein (bei einer Vertreterversammlung die entsprechende Anzahl der Vertreter, die sich allerdings nicht vertreten lassen können). Wird dieses Quorum nicht erreicht, kann unter sonst gleichen Bedingungen zu einer weiteren Generalversammlung eingeladen werden, für die das $2/3$-Quorum nicht gilt. Diese weitere Generalversammlung muss innerhalb desselben Geschäftsjahres stattfinden. Ansonsten müsste der Vorgang wiederholt werden.

15 **b) Widerspruchsmöglichkeiten.** Der Hinweis zu den **Widerspruchsmöglichkeiten** gegen den Formwechsel muss sowohl auf einen Widerspruch in der Generalversammlung zur Niederschrift[20] als auch auf einen Widerspruch nach § 262 Abs. 1 Satz 2 eingehen.

16 Bei einer Vertreterversammlung sollte zur Vermeidung von Missverständnissen bei den Mitgliedern, die keine Vertreter sind, lediglich die zweite Alternative erwähnt werden. Denn ansonsten könnte dies als allgemeine Einladung zur Vertreterversammlung verstanden werden, zu der nur die Vertreter Zugang haben.

17 Die sich aus einem Widerspruch ergebenden Rechte, insbesondere die Option zur Annahme des Abfindungsangebots[21], sind ebenfalls darzustellen[22]. Ein Widerspruch gegen den Formwechsel kann entweder in der Versammlung zur Niederschrift[23] oder durch eingeschriebenen Brief, zu richten an die eG, bis spätestens drei Tage vor der Generalversammlung erhoben werden[24].

18 Die erste Alternative setzt die Anwesenheit in der Versammlung voraus, was bei einer Vertreterversammlung für die Nichtvertreter generell nicht gegeben ist.

19 Die zweite Alternative setzt die erforderliche Kenntnis der speziellen Widerspruchsmöglichkeit nach § 262 Abs. 1 Satz 2 voraus. Daher erschien dem Gesetzgeber ein besonderer Hinweis geboten, zumal die Regelung sehr stark von den entsprechenden Bestimmungen sowohl bei den sonstigen Umwandlungsvorgängen[25] als auch von § 51 GenG (Anfechtung) und § 67 a GenG (außerordentliches Kündigungsrecht bei bestimmten Satzungsänderungen) abweicht. Dort kann der Widerspruch nur nach der Beschlussfassung während der Versammlung zu Protokoll gegeben werden und ist an weitere Voraussetzungen geknüpft.

4. Bekanntgabe des Abfindungsangebots

20 Schließlich ist gleichzeitig mit der Ankündigung der Beschlussfassung das **Abfindungsangebot** gem. §§ 207, 270[26] zu übersenden[27].

---

[18] § 262 Abs. 1 Satz 2; siehe § 262 Rn 27.
[19] Vgl. § 31 Abs. 3 der Mustersatzungen, abgedruckt bei *Hettrich/Pöhlmann*, GenG, 1995, Anhang 2.
[20] § 207 Abs. 1 Satz 1.
[21] Gem. § 207.
[22] Vgl. Rn 19 ff.
[23] § 207 Abs. 1 Satz 1.
[24] Einzelheiten siehe § 262 Rn 27 ff.
[25] Vgl. §§ 90 Abs. 3, 125.
[26] Siehe § 207 Rn 7 und § 270 Rn 1.
[27] § 260 Abs. 2 iVm. § 231 Satz 1.

5. Auslagepflichtige Unterlagen, Frist und Ort

Durch die Auslage und die Zurverfügungstellung der nachstehenden Unterlagen sollen den Mitgliedern, wie bei den anderen Umwandlungsvorgängen auch[28], eine rechtzeitige und möglichst umfassende Informationsquelle geboten werden, denn normalerweise sind diese auf das Auskunftsrecht in der Generalversammlung[29] beschränkt. Das ist insbesondere dann notwendig, wenn im Fall einer Vertreterversammlung das Auskunftsrecht nur den Vertretern zusteht, weil nur diese Teilnehmer der Versammlung sind.

a) Umwandlungsbericht. Durch die Verweisung in Abs. 2 Satz 1 auf § 230 Abs. 2 besteht die Verpflichtung, ab der Einberufung zur General- bzw. Vertreterversammlung den Umwandlungsbericht mit sämtlichen Anlagen, d. h. Entwurf des Umwandlungsbeschlusses[30], soweit auf den Bericht nicht von allen Mitgliedern durch notarielle Erklärung verzichtet wurde[31], in dem Geschäftsraum der eG zur Einsicht der Mitglieder auszulegen und auf Verlangen kostenlose Abschriften zu erteilen[32].

In der Praxis hat es sich als zweckmäßig erwiesen, zumal bei größeren Genossenschaften mit entsprechend großer Verwaltung, in der Ankündigung den genauen Raum zu bezeichnen, in dem die Einsicht stattfinden kann (zB Sekretariat Vorstand) sowie die üblichen Geschäftszeiten anzugeben und eine gewisse Anzahl von Abschriften (Kopien), ggf. einen Stehsatz zur unverzüglichen Anfertigung weiterer Kopien bereitzuhalten.

Sollte die Ankündigung der Beschlussfassung über den Formwechsel schon vor der förmlichen Einladung zur Generalversammlung erfolgen, ist dieser Zeitpunkt maßgebend. Dies gilt insbesondere, wenn im Fall einer Vertreterversammlung neben der Ankündigung an alle Mitglieder[33] eine gesonderte, ggf. spätere, förmliche Einladung an die Vertreter zur Vertreterversammlung erfolgt.

b) Prüfungsgutachten. Außer dem Umwandlungsbericht ist auch das **Prüfungsgutachten** des Prüfungsverbands[34] in gleicher Weise auszulegen und eine Kopie auf Verlangen auszuhändigen.

c) Verweisung auf § 229. Bisher war die Verwweisung auf § 229 aF unklar[35]. Das Zweite Gesetz zur Änderung des Umwandlungsgesetzes hob § 229 aF ersatzlos auf.

6. Rechtsfolgen bei Gesetzesverstoß

Werden die Ankündigungs- bzw. Hinweispflichten nicht oder nicht vollständig erfüllt, kann ein Beschluss unter den Voraussetzungen des § 51 GenG angefochten werden[36].

Bei dennoch erfolgter Eintragung, die den Mangel heilt[37], ist der verantwortliche Vorstand ggf. schadensersatzpflichtig[38].

---

[28] § 82, 125.
[29] *Beuthien* § 43 GenG Rn 15; vgl. auch § 34 der Mustersatzungen für Genossenschaften, abgedruckt bei *Hettrich/Pöhlmann* GenG, 1995 Anhang 3.
[30] § 192 Abs. 1 Satz 3, § 260 Abs. 2.
[31] Gem. § 260 Abs. 2 iVm. § 192 Abs. 2.
[32] § 230 Abs. 2 Satz 2.
[33] Vgl. Rn 6 f.
[34] § 260 Abs. 3.
[35] Siehe hierzu Rn 26 ff. der Vorauflage.
[36] *Stratz* in Schmitt/Hörtnagl/Stratz Rn 3.
[37] § 202 Abs. 3.
[38] § 205.

§ 261 Durchführung der Generalversammlung

(1) In der Generalversammlung, die den Formwechsel beschließen soll, ist der Umwandlungsbericht, sofern er nach diesem Buch erforderlich ist, und das nach § 259 erstattete Prüfungsgutachten auszulegen. Der Vorstand hat den Umwandlungsbeschluß zu Beginn der Verhandlung mündlich zu erläutern.

(2) Das Prüfungsgutachten ist in der Generalversammlung zu verlesen. Der Prüfungsverband ist berechtigt, an der Generalversammlung beratend teilzunehmen.

Übersicht

	Rn		Rn
I. Allgemeines	1	3. Verlesen des Prüfungsgutachtens	21
II. Einzelerläuterungen	6	4. Teilnahme des Prüfungsverbands	25
1. Auslage von Unterlagen	6	5. Auskunftsansprüche	27
2. Erläuterung des Umwandlungsbeschlusses	13		

Literatur: *Dietrich*, Die Restzuständigkeit der Mitglieder bei Genossenschaften mit Vertreterversammlung, 2001.

I. Allgemeines

1 Für den Formwechsel bedarf es eines Beschlusses der Generalversammlung[1].

2 An die Stelle der Generalversammlung tritt bei Genossenschaften, die mehr als 1500 Mitglieder haben und wenn die Satzung dies vorsieht, die Vertreterversammlung[2]. Die Vertreterversammlung ersetzt die Generalversammlung[3]. Vertreter- und Generalversammlung schließen sich daher aus.

3 Die Vertreter werden in der Praxis aufgrund einer Wahlordnung (WahlO)[4] gewählt. Gebräuchlich sind Bezirks- oder Listenwahlen[5]. Die Wahlvorschläge werden von einem Wahlausschuss aufgestellt, der üblicherweise aus Mitgliedern von Vorstand und Aufsichtsrat und einer mindestens um ein Mitglied höheren Zahl von sonstigen Genossenschaftsmitgliedern, die von der General- bzw. Vertreterversammlung gewählt werden, besteht (§ 2 WahlO)[6].

4 Die Vertreter sind unabhängig und an Weisungen ihrer Wähler nicht gebunden. Sie haben ihr Amt pflichtgemäß im Gesamtinteresse der eG wahrzunehmen[7].

5 Im Übrigen folgt die Vorschrift dem Vorbild des § 83 für die Verschmelzung. Danach ist der erstattete Umwandlungsbericht und das Prüfungsgutachten des genossenschaftlichen Prüfungsverbands in der Versammlung auszulegen und der Umwandlungsbeschluss durch den Vorstand mündlich zu erläutern.

II. Einzelerläuterungen

1. Auslage von Unterlagen

6 Die vom Gesetz geforderte **Auslage von Unterlagen** umfassen den Umwandlungsbericht und das Gutachten des Prüfungsverbands. Diese sollten ggf. mehrfach vorgehalten wer-

---

[1] § 261 Abs. 1 Satz 1, § 193 Abs. 1. Zur Europäischen Genossenschaft (SCE) siehe Einl. C Rn 64 ff.
[2] § 43 a GenG.
[3] § 43 a Abs. 1 Satz 1 GenG.
[4] § 43 a Abs. 4 Satz 6 GenG.
[5] Musterwahlordnungen sind abgedruckt bei *Hettrich/Pöhlmann*, GenG, 1995, Anhang 4.
[6] WahlO bei *Hettrich/Pöhlmann* GenG, 1995, Anhang 4, S. 576 und 580.
[7] Zu Rechtsstellung der Vertreter *Dietrich* S. 62 ff.

den, um aus Gründen der Zeitökonomie die gleichzeitige Einsicht mehrerer Teilnehmer zu ermöglichen[8].

Aus dem Gesetz ergibt sich nicht, ob die Unterlagen im Original auszulegen sind. Da der Beschluss zum Formwechsel der notariellen Beurkundung bedarf[9], wird sich der Notar berufsüblich von der Erfüllung der gesetzlich vorgeschriebenen Rahmenbedingungen überzeugen und dies in seinem Protokoll vermerken[10], mithin auch davon, dass der zutreffende Text ausgelegt ist. Insoweit wird die Auslage entsprechender Kopien, im Zweifel ggf. notariell beglaubigt, ausreichend sein. 7

Darüber hinaus empfiehlt es sich, dass der Versammlungsleiter nach der Feststellung der Beschlussfähigkeit, aber vor Eintritt in die Tagesordnung auf die Auslage der Unterlagen ausdrücklich hinweist. Denn diese haben während der gesamten Versammlung auszuliegen, und nicht nur während der Erörterung des Tagesordnungspunkts „Formwechsel"[11]. 8

Streitig ist, ob neben dem Einsichtsrecht die Teilnehmer auch einen Anspruch darauf haben, während der Versammlung Abschriften zu erhalten. Dies wird zutreffender Weise von der hM abgelehnt[12], denn in § 261 ist dies, im Gegensatz zur Vorbereitungsphase[13], gerade nicht vorgesehen. 9

Werden bei einer Vertreterversammlung, wie vielfach üblich, neben den Vertretern auch die übrigen Mitglieder als „Gäste" eingeladen, spricht nichts dagegen, auch diesen die Einsicht während der Versammlung zu ermöglichen. Denn sie hätten ohnehin das Recht, in der Vorbereitungsphase Einsicht zu verlangen. 10

Der Umwandlungsbericht, soweit ein solcher zu erstatten war[14], ist in vollständiger, vom Vorstand unterschriebener Fassung nebst allen vorgeschriebenen Bestandteilen, das ist der Entwurf des Umwandlungsbeschlusses[15] (eine Vermögensaufstellung[16] ist nicht mehr erforderlich), zur Einsicht für die Teilnehmer auszulegen. 11

Entsprechendes gilt für das Prüfungsgutachten des Prüfungsverbands. 12

2. Erläuterung des Umwandlungsbeschlusses

Der Vorstand hat gem. Abs. 2 Satz 2 den Umwandlungsbeschluss zu Beginn, d. h. unmittelbar nach Aufruf des Tagesordnungspunkts „Formwechsel"[17] mündlich zu erläutern. Diese Erläuterung steht selbständig neben dem schriftlichen Verschmelzungsbericht. Es genügt daher nicht, dass der Verschmelzungsbericht verlesen wird. 13

Adressat der Verpflichtung ist der Vorstand als Organ. Dieser muss somit ein Mitglied ermächtigen, in seinem Namen die Erläuterung abzugeben. Es spricht aus Sinn und Zweck der Vorschrift aber nichts dagegen, die Erläuterung durch eine andere, ggf. besser geeignete Person vorzunehmen zu lassen, soweit nur deutlich gemacht wird, dass dies namens des Vorstands geschieht. 14

---

[8] So auch *Bayer* in Lutter Rn 4.
[9] § 193 Abs. 3 Satz 1.
[10] Vgl. Muster des notariellen Protokolls bei *Limmer* Rn 1368.
[11] Für Genossenschaften, die die Mustersatzung der Genossenschaftsorganisation verwenden, stellt sich das Problem nicht, da die Versammlung bei einem Formwechsel nur zu diesem Zweck einberufen werden darf, siehe Mustersatzungstexte bei *Hettrich/Pöhlmann* GenG, 1995, Anhang 2 und 3, jeweils § 31 Abs. 3; vgl. auch § 260 Rn 13.
[12] *Schwarz* in Widmann/Mayer Rn 4; *Schmitz-Riol* S. 64; *Beuthien* GenG §§ 190 ff. UmwG Rn 6; *Bayer* in Lutter Rn 4; aA *Stratz* in Schmitt/Hörtnagl/Stratz Rn 2.
[13] § 260 Abs. 3.
[14] § 262 Abs. 2 Satz 2 iVm. § 193 Abs. 3.
[15] § 192 Abs. 1 Satz 3.
[16] § 192 Abs. 2 aF wurde durch das Zweite Gesetz zur Änderung des Umwandlungsgesetzes aufgehoben.
[17] *Schwarz* in Widmann/Mayer Rn 5.

15 Gegenstand der mündlichen Erläuterung ist zum einen eine knappe Darstellung der wirtschaftlichen, rechtlichen und steuerlichen Gesichtspunkte für und ggf. auch gegen den geplanten Formwechsel[18], zum anderen aber auch eine knappe Erläuterung der Umqualifizierung der Anteile, d. h. der Beteiligungsverhältnisse in der neuen Rechtsform, darüber hinaus die wesentlichen Grundlagen der Satzung einer AG/KGaA bzw. des Gesellschaftsvertrags bei einer GmbH als Teil des Umwandlungsbeschlusses.

16 Des Weiteren ist auf das Abfindungsangebot[19] sowie die Bemessung seiner Höhe einzugehen[20].

17 Schließlich hat der Vorstand in seiner mündlichen Erläuterung auch neuere Erkenntnisse, die nicht mehr im Verschmelzungsbericht berücksichtigt werden konnten, darzulegen und ggf. zu bewerten[21].

18 Die Erläuterung des Umwandlungsbeschlusses hat, ebenso wie der Auskunftsanspruch der Versammlungsteilnehmer, seine Grenze dort, wo die Bekanntgabe von bestimmten Tatsachen geeignet sein können, dem Unternehmen nicht unerhebliche Nachteile zuzufügen[22].

19 Ein Verzicht auf die mündliche Erläuterung des Umwandlungsbeschlusses ist, im Gegensatz zum Verschmelzungsbericht[23] nicht möglich[24]. Das muss entsprechend auch für eine hierauf gerichtete Beschlussfassung der Generalversammlung gelten. Selbst eine einstimmige Beschlussfassung würde keinen wirksamen Verzicht auslösen.

20 Die Erstattung des Umwandlungsberichts, d. h. im Zweifel dessen Verlesung, kann demgegenüber zu einer erheblichen zeitlichen Belastung der Versammlung führen. Angesichts der in aller Regel kompakten Form des Verschmelzungsberichts mit entsprechender, für einen Laien nicht leicht nachvollziehbaren Darstellung der wirtschaftlichen und rechtlichen Zusammenhänge bleibt im Übrigen zweifelhaft, ob die Verlesung des Verschmelzungsberichts den Teilnehmern der Versammlung einen zusätzlichen Nutzen bringt. Aus diesem Grund ist stattdessen im Gesetz die mündliche Erläuterung des Umwandlungsbeschlusses vorgesehen. Eine Pflicht zur Erstattung des Umwandlungsberichts in der Versammlung ist daher abzulehnen[25]. Das schließt natürlich nicht aus, dass die mündliche Erläuterung auf diesen bzw. auf Teile hieraus zurückgreift, soweit dies sinnvoll ist.

3. Verlesen des Prüfungsgutachtens

21 Abs. 2 Satz 1 ordnet die **Verlesung des Prüfungsgutachtens** an. Hierauf kann nicht verzichtet werden[26]. Der vollständige Text des Prüfungsgutachtens ist somit vor der Beschlussfassung im Wortlaut vorzutragen. Eine nur auszugsweise Verlesung oder des zusammengefassten Ergebnisses ist dem Unterlassen der Verlesung gleichzustellen und berechtigt zur Anfechtung nach § 51 GenG[27].

22 Das Gesetz bestimmt nicht, im Gegensatz zur mündlichen Erläuterung in Abs. 1 Satz 2, wer das Prüfungsgutachten vorzutragen hat. Entsprechend kann jeder beliebige Versammlungsteilnehmer, auch ein Gast, das Prüfungsgutachten verlesen. Üblicherweise wird es aber von einem etwa anwesenden Vertreter des Prüfungsverbands vorgetragen. Nur der Vorstand hat eine Rechtspflicht gem. § 34 GenG, die Verlesung des Gutachtens zu übernehmen[28].

---

[18] *Schwarz* in Widmann/Mayer Rn 5.
[19] Gem. § 207.
[20] *Schmitz-Riol* S. 65.
[21] *Bayer* in Lutter Rn 6.
[22] § 8 Abs. 2; *Bayer* in Lutter Rn 7; *Schwarz* in Widmann/Mayer Rn 5.
[23] § 260 Abs. 2 Satz 2 iVm. § 192 Abs. 2.
[24] *Bayer* in Lutter Rn 8; *Schwarz* in Widmann/Mayer Rn 5.
[25] So auch in *Schmitz-Riol* S. 66; *Bayer* in Lutter Rn 5; *Schwarz* in Widmann/Mayer Rn 5; missverständlich insoweit *Beuthien* GenG §§ 190 ff. UmwG Rn 12, der von der mündlichen Erläuterung des Umwandlungsberichts spricht. Gemeint ist offensichtlich aber der Umwandlungsbeschluss.
[26] *Schwarz* in Widmann/Mayer Rn 7.
[27] *Schmitz-Riol* S. 67.
[28] *Stratz* in Schmitt/Hörtnagl/Stratz Rn 5.

Die Verlesung des Prüfungsgutachtens hat Informations- und ggf. Warnfunktion. Insbesondere soll es denjenigen Teilnehmern der Versammlung, die bisher von ihrem Einsichtsrecht keinen Gebrauch gemacht haben oder nicht machen konnten, neben der mündlichen Erläuterung durch den Vorstand auch die Bewertung des beabsichtigten Formwechsels durch einen neutralen Dritten, der zum einen fachkundig ist und zum anderen eine besondere Pflichtbeziehung zur eG und ihren Mitgliedern hat, zur Kenntnis gegeben werden. 23

Auf das Vorlesen des Prüfungsberichts kann nicht verzichtet werden, auch nicht durch Beschluss der Generalversammlung[29]. 24

4. Teilnahme des Prüfungsverbands

Die **Teilnahme des Prüfungsverbands** ist diesem nach dem UmwG freigestellt. Sofern er hiervon durch einen Vertreter Gebrauch macht, kann dieser nicht zurückgewiesen werden. Er kann während der gesamten Generalversammlung beratend tätig werden und sich zu Wort melden, nicht nur zu dem Tagesordnungspunkt Formwechsel[30]. 25

Aufgrund der besonderen Pflichtbindung zwischen Prüfungsverband und eG, insbesondere aufgrund der in den Satzungen der Prüfungsverbände enthaltenen Beratungsfunktion, kann sich im Einzelfall durchaus auch die Pflicht des Verbands ergeben, auf Anforderung der eG an der Generalversammlung teilzunehmen. Das dürfte insbesondere dann der Fall sein, wenn der Formwechsel besondere rechtliche oder tatsächliche Schwierigkeiten aufwirft, bei deren Erläuterung in der Versammlung ggf. fachkundiger Rat des Prüfungsverbands gewünscht wird. Eine Verpflichtung zur beratenden Teilnahme an der Generalversammlung erfolgt dann aber nicht nach den Bestimmungen des Umwandlungsrechts, sondern aus dem Satzungs- bzw. aus dem allgemeinen Vereinsrecht. Denn alle Prüfungsverbände haben in Deutschland entsprechend der gesetzlichen Vorgabe[31] die Rechtsform des e. V. 26

5. Auskunftsansprüche

Ergänzend zum allgemeinen **Auskunftsanspruch**[32] steht den Mitgliedern in der Versammlung (ggf. den Vertretern einer Vertreterversammlung) ein besonderes Auskunftsrecht entsprechend den Vorschriften des § 83 iVm. § 64 Abs. 2 zu[33]. 27

Der besondere Auskunftsanspruch nach dem UmwG hat seine Schranken in entsprechender Anwendung des § 8 Abs. 2. 28

Der Auskunftsanspruch ist vom Vorstand der eG, ggf. einem Bevollmächtigten, zu erfüllen. Dies gilt auch, soweit sich das Auskunftsverlangen auf den Inhalt des Prüfungsgutachtens des Verbands bezieht. In der Praxis wird allerdings ein etwa anwesender Vertreter des Prüfungsverbands diesbezügliche Fragen beantworten. 29

§ 262 Beschluß der Generalversammlung

(1) **Der Umwandlungsbeschluß der Generalversammlung bedarf einer Mehrheit von mindestens drei Vierteln der abgegebenen Stimmen. Er bedarf einer Mehrheit von neun Zehnteln der abgegebenen Stimmen, wenn spätestens bis zum Ablauf des dritten Tages vor der Generalversammlung mindestens 100 Mitglieder, bei Genossenschaften mit weniger als 1000 Mitgliedern ein Zehntel der Mitglieder, durch eingeschriebenen Brief Widerspruch gegen den Formwechsel erhoben haben. Die Satzung kann größere Mehrheiten und weitere Erfordernisse bestimmen.**

---

[29] Siehe Rn 11.
[30] *Schwarz* in Widmann/Mayer Rn 8.
[31] § 63 b Abs. 1 GenG.
[32] *Beuthien* § 43 GenG Rn 15; vgl. § 34 der Mustersatzungen, abgedruckt bei *Hettrich/Pöhlmann* GenG, 1995, Anhang 2 und 3.
[33] *Stratz* in Schmitt/Hörtnagl/Stratz Rn 4; *Schmitz-Riol* S. 66.

(2) **Auf den Formwechsel in eine Kommanditgesellschaft auf Aktien ist § 240 Abs. 2 entsprechend anzuwenden.**

Übersicht

	Rn		Rn
I. Allgemeines	1	2. Mehrheiten	25
II. Einzelerläuterungen	6	a) Dreiviertelmehrheit	26
1. Beschlussfassung über den Formwechsel	6	b) 9/10-Mehrheit	27
a) Mehrstimmrechte	7	c) Ergänzende Satzungsregelungen	34
b) Vertreterversammlung	10	3. Beschlussmängel	39
c) Abgegebene Stimmen	16	4. Besonderheiten für KGaA	42
d) Form der Abstimmung	18		

Literatur: *Dietrich*, Die Restzuständigkeit der Mitglieder bei Genossenschaften mit Vertreterversammlung, 2001.

I. Allgemeines

1 Für den Umwandlungsbeschluss ist ausschließlich die Generalversammlung[1], ggf. in Gestalt der Vertreterversammlung[2], als Versammlung der Anteilsinhaber iSv. § 193 Abs. 1 zuständig.

2 Die Zuständigkeit für den Umwandlungsbeschluss kann nicht auf andere Organe übertragen werden[3], auch nicht durch einstimmigen Beschluss der Generalversammlung und auch nicht durch eine Satzungsbestimmung. Eine solche Kompetenzzuweisung wäre nichtig[4].

3 Die General- bzw. Vertreterversammlung ist bei einfacher Mehrheit beschlussfähig, wenn mindestens drei Stimmberechtigte anwesend sind, da nur in diesem Fall eine Mehrheitsentscheidung möglich ist[5]. Bei qualifizierten Mehrheiten ist eine entsprechend höhere Zahl erforderlich, zB – wie in Abs. 1 vorgesehen – bei einer Dreiviertelmehrheit vier, bei einer 9/10-Mehrheit zehn Stimmberechtigte[6].

4 Für die Einberufung der Generalversammlung ist § 260 und für ihren Verlauf § 261 zu beachten[7].

5 Der Beschluss bedarf der notariellen Beurkundung[8]. Jedem Mitglied ist, gleich, ob er an der Versammlung teilgenommen hat oder nicht, eine kostenlose Abschrift der Versammlungsniederschrift zu erteilen[9]. Gegenstand des Anspruchs ist entsprechend dem Regelungszusammenhang das notarielle Protokoll. Davon zu unterscheiden ist das normale Versammlungsprotokoll gem. § 47 GenG, das parallel geführt werden muss, weil sich das notarielle Protokoll nur auf die umwandlungsrechtlichen Gegenstände beschränkt. Bezüglich dieser Niederschrift besteht nur ein Einsichtsrecht[10].

---

[1] § 43 GenG. Zur Europäischen Genossenschaft (SCE) siehe Einl. C Rn 64 ff.
[2] § 43 a Abs. 1 GenG; siehe auch Rn 10.
[3] *Bayer* in Lutter Rn 5; *Schmitz-Riol* S. 65; *Stratz* in Schmitt/Hörtnagl/Stratz Rn 2.
[4] *Schulte* in Lang/Weidmüller § 13 UmwG Rn 2 (für die Verschmelzung); *Bayer* in Lutter Rn 5.
[5] *Schmitz-Riol* S. 69 mN.
[6] *Beuthien* § 43 GenG Rn 7.
[7] Siehe Erläuterungen zu §§ 260, 261.
[8] § 193 Abs. 3 Satz 1; vgl. hierzu das Muster bei *Limmer* Rn 1368.
[9] § 193 Abs. 3 Satz 2.
[10] § 47 Abs. 4 Satz 1 GenG.

II. Einzelerläuterungen

1. Beschlussfassung über den Formwechsel

In der Generalversammlung hat jedes Mitglied eine Stimme[11], grundsätzlich unabhängig von der Zahl der von ihm gezeichneten Geschäftsanteile und der Höhe des Geschäftsguthabens[12].

a) Mehrstimmrechte. Zwar sind auch Mehrstimmrechte nach einem objektiven, genossenschaftsbezogenen Maßstab (zB Zahl der Geschäftsanteile, Höhe des Geschäftsguthabens, Umsatz mit der eG)[13] zulässig[14], jedoch bis höchstens drei bzw. bei Unternehmergenossenschaften bis 10 % der Stimmen[15]. Bei Beschlüssen, die nach dem Gesetz eine Mehrheit von drei Vierteln der Stimmen oder eine größere Mehrheit erfordern, gilt das Mehrstimmrecht aber grundsätzlich nicht[16].

Eine Ausnahme hiervon gilt, wenn der eG ausschließlich oder überwiegend eingetragene Genossenschaften als Mitglieder angehören[17] (sog. „Zentralgenossenschaften"[18]). In diesem Fall können unbeschränkt Mehrstimmrechte in der Satzung vorgesehen werden, zB gestaffelt nach der nominellen Kapitalbeteiligung (Geschäftsguthaben).

b) Vertreterversammlung. Die Generalversammlung als Versammlung der Anteilseigner der eG besteht in der besonderen Erscheinungsform als Vertreterversammlung[19], solange der eG mehr als 1500 Mitglieder angehören und die Satzung dies vorsieht[20].

Es verbleibt daher nur eine Restzuständigkeit aller Mitglieder, die Vertreter zu wählen (in der Praxis ist es üblich, dies in besonderen Wahlversammlungen nach einer Wahlordnung durchzuführen[21]) oder die Vertreterversammlung durch Satzungsänderung in einer Versammlung aller Mitglieder mit nur dieser Zuständigkeit wieder abzuschaffen[22]. Hierfür gelten die Vorschriften der §§ 43 ff. GenG.

Sinkt die Mitgliederzahl der eG unter die gesetzliche Mindestzahl von 1501 als Voraussetzung für die Einführung der Vertreterversammlung[23], erlischt diese automatisch, ohne dass es einer Satzungsänderung bedarf[24].

Vertreter können nur natürliche, unbeschränkt geschäftsfähige Personen sein, die zugleich Mitglied sein müssen und weder dem Vorstand noch dem Aufsichtsrat angehören (Ausnahme: gesetzliche Vertreter juristischer Personen und Personengesellschaften)[25].

Sie werden in der Praxis nach Maßgabe von Wahlordnungen iSv. § 43 a Abs. 4 Satz 6 GenG im Bezirks- oder Listenwahlsystem von den Mitgliedern gewählt. Vertreter sind unabhängig und an Weisungen ihrer Wähler nicht gebunden[26].

---

[11] § 43 Abs. 3 Satz 1 GenG.
[12] Vgl. aber Rn 7. Zu den Begriffen siehe *Beuthien* § 7 GenG Rn 1 und 4, vgl. auch § 258 Rn 10 und 11.
[13] *Beuthien* § 43 a GenG Rn 20.
[14] § 43 Abs. 3 Ziff. 1 GenG.
[15] § 43 Abs. 3 Ziff. 2 GenG.
[16] § 43 Abs. 3 Ziff. 1 Satz 3 GenG.
[17] § 43 Abs. 3 Ziff. 3 GenG.
[18] *Schulte* in Lang/Weidmüller § 43 GenG Rn 76.
[19] *Schulte* in Lang/Weidmüller § 43 a GenG Rn 6.
[20] § 43 a Abs. 1 GenG.
[21] Siehe Rn 14.
[22] § 43 a Abs. 7 GenG.
[23] § 43 a Abs. 1 GenG: mehr als 1500.
[24] *Schulte* in Lang/Weidmüller § 43 a GenG Rn 13.
[25] § 43 a Abs. 2 GenG.
[26] *Schulte* in Lang/Weidmüller § 43 a GenG Rn 60; *Dietrich* S. 62 ff.; vgl. auch § 261 Rn 3 f.

14 Stimmberechtigt in der Vertreterversammlung sind nur die Vertreter, die sich – im Gegensatz zu den Mitgliedern bei einer Generalversammlung[27] – im Verhinderungsfall nicht durch andere Personen vertreten lassen können[28].

15 **c) Abgegebene Stimmen.** Maßgebend sind nur die abgegebenen Stimmen, also die Ja- und Nein-Stimmen, Enthaltungen zählen nicht mit[29].

16 Daran ändert sich auch nichts, wenn zur Vereinfachung der Stimmenauszählung nach der sog. „Subtraktionsmethode" abgestimmt wird, wenn eine große Zahl von Ja-Stimmen erwartet werden kann. Dabei wird zunächst die Zahl der Stimmen in der Versammlung festgestellt (zB aufgrund einer permanenten Ein- und Ausgangskontrolle, wie sie bei Aktionärsversammlungen üblich und auch für General- bzw. Vertreterversammlungen der eG zu empfehlen sind), anschließend werden die Nein-Stimmen und die Enthaltungen abgefragt. Die rechnerische Differenz ergibt die Zahl der Ja-Stimmen. Die Zählmethode ist vor der Abstimmung zu erläutern.

17 **d) Form der Abstimmung.** Das GenG bestimmt nicht, ob geheim oder offen abzustimmen ist (Ausnahme: geheime Wahl der Vertreter[30]).

18 *aa)* Sofern die Satzung der eG nichts Näheres bestimmt[31], wird die Form der Abstimmung vom Versammlungsleiter oder durch Beschluss (mit einfacher Mehrheit[32]) der Generalversammlung festgelegt[33].

19 *bb)* Nach den Mustersatzungen, die von der Genossenschaftsorganisation herausgegeben[34] und in der Praxis üblicherweise verwandt werden, werden Abstimmungen und Wahlen grundsätzlich in offener Abstimmung durch Handzeichen oder mit (von der eG ausgegebenen) Stimmzetteln durchgeführt[35].

20 Sofern sich mindestens ein Viertel der abgegebenen Stimmen für einen Antrag auf geheime Abstimmung ausspricht, muss geheim abgestimmt werden[36]. Gleiches gilt auch bei einer Vertreterversammlung, wenn der Vorstand oder der Aufsichtsrat (jeweils als Organ) geheime Abstimmung verlangt.

21 *cc)* Wird beim Formwechsel einer eG geheim abgestimmt, stellt sich allerdings die Frage, wie überprüft werden kann, dass derjenige, der entweder vor[37] oder in der Generalversammlung bzw. als Vertreter in der Vertreterversammlung[38] gegen den Beschluss des Formwechsels Widerspruch erklärt, auch mit Nein gestimmt hat und hierauf gestützt späterhin das Abfindungsangebot annimmt[39]. Nur bei einer offenen Abstimmung könnten demgegenüber diejenigen, die mit Nein stimmen, namentlich erfasst werden.

22 Die Frage stellt sich deswegen, weil nach der überwiegenden Meinung der nichtgenossenschaftsrechtlichen Literatur nur derjenige das Abfindungsangebot annehmen kann, der in der Versammlung auch gegen den Beschluss gestimmt hat[40]. Konsequenterweise dürfte diese

---

[27] Vgl. § 43 Abs. 5 GenG.
[28] § 43 a Abs. 3 Satz 2 GenG.
[29] *Beuthien* § 43 GenG Rn 8.
[30] § 43 a Abs. 4 Satz 1 GenG.
[31] Vgl. Rn 20.
[32] § 43 Abs. 2 Satz 1 GenG.
[33] *Beuthien* § 43 GenG Rn 9.
[34] Abgedruckt bei *Hettrich/Pöhlmann* GenG, 1995, Anhang 2 und 3.
[35] § 33 Abs. 1 Satz 1 Mustersatzung.
[36] § 33 Abs. 1 Satz 2 Mustersatzung.
[37] § 262 Abs. 2 Satz 2.
[38] § 207 Abs. 1 Satz 1.
[39] § 209.
[40] Vgl. *Schmitz-Riol* S. 132 ff. mwN.

Auffassung daher eine geheime Abstimmung nicht zulassen[41], was zB von *Bayer*[42] gefordert wird.

Nach der genossenschaftsrechtlichen Literatur bleibt es der Satzung überlassen, ob es eine geheime Abstimmung zulässt oder nicht[43]. Hiervon wird in den Mustersatzungen für eingetragene Genossenschaften Gebrauch gemacht[44], so dass sich insoweit ein unauflöslicher Widerspruch ergäbe. Dieser Konflikt kann nur dadurch gelöst werden, dass entsprechend der hM in der genossenschaftsrechtlichen Literatur auch ein Widerspruch möglich ist, obwohl der Widersprechende für den Umwandlungsbeschluss stimmt[45]. 23

2. Mehrheiten

Die erforderlichen Mindestmehrheiten werden durch das Gesetz und ggf. in der Satzung bestimmt[46]. 24

a) Dreiviertelmehrheit. Nach Abs. 1 Satz 1 ist, wie bei anderen Umwandlungsvorgängen auch[47], eine Mehrheit von mindestens drei Vierteln der abgegebenen Stimmen[48] vorgeschrieben. 25

b) 9/10-Mehrheit. Nach Abs. 1 Satz 2 muss eine Mehrheit von 9/10 der abgegebenen Stimmen erreicht werden, wenn bis zum Ablauf des dritten Tags vor der Generalversammlung mindestens 100 oder bei eingetragenen Genossenschaften mit weniger als 1000 Mitgliedern 9/10 der Mitglieder durch eingeschriebenen Brief Widerspruch gegen den angekündigten[49] Umwandlungsbeschluss erhoben haben. 26

Der Tag der Generalversammlung ist bei der Fristberechnung[50] nicht mitzurechnen[51]. 27

Die erhöhte Mehrheit dient neben dem Minderheitenschutz, wie er etwa auch in § 45 GenG beim Einberufungsverlangen zu einer Generalversammlung zum Ausdruck kommt, vor allem dem Zweck, einen drohenden erheblichen Kapitalabfluss in der neuen Rechtsform zu erschweren und diesen nur zuzulassen, wenn mindestens 9/10 der Mitglieder bzw. Vertreter ihn in Kauf nehmen. Denn es muss damit gerechnet werden, dass die Widersprechenden auch das Abfindungsangebot gem. § 209 annehmen (vgl. auch die Parallelregelung in § 270)[52]. 28

Dehmer[53] und *Stratz*[54] wollen darüber hinaus im Fall einer Vertreterversammlung auch den Mitgliedern, die keine Vertreter sind, ein generelles Widerspruchsrecht einräumen[55]. Dies ist abzulehnen[56]. 29

Der Begriff „Widerspruch" muss nicht exakt verwandt werden. Es genügt, dass sich aus dem Schreiben ein entsprechender Wille ergibt[57] („Einspruch", „bin dagegen", „nicht ein- 30

---

[41] *Röhrich* in H/P/G/R § 90 UmwG Rn 3 (zur Verschmelzung); *Schmitz-Riol* S. 133.
[42] *Bayer* in Lutter Rn 6.
[43] Vgl. Rn 19.
[44] Vgl. Rn 20 f.
[45] *Beuthien* §§ 199 ff. GenG Rn 47; *Schulte* in Lang/Weidmüller § 90 UmwG Rn 3 (für den Fall der Verschmelzung); *Röhrich* in H/P/G/R § 90 UmwG Rn 3 (für die Verschmelzung). Vgl. auch § 270 Rn 4.
[46] § 262 Abs. 1 Satz 3.
[47] §§ 84, 125.
[48] Siehe Rn 11.
[49] § 260 Abs. 1.
[50] Vgl. *Schwarz* in Widmann/Mayer Rn 4.
[51] *Stratz* in Schmitt/Hörtnagl/Stratz Rn 8.
[52] *Schwarz* in Widmann/Mayer Rn 4 aE; *Schmitz-Riol* S. 131.
[53] *Dehmer*² Rn 2.
[54] *Stratz* in Schmitt/Hörtnagl/Stratz § 270 Rn 2.
[55] Analog § 90 Abs. 3 Satz 2.
[56] Vgl. § 270 Rn 6.
[57] *Stratz* in Schmitt/Hörtnagl/Stratz Rn 7.

verstanden" u.ä.). Dass sich der Widersprechende dabei ausdrücklich die Geltendmachung des Abfindungsanspruchs vorbehalten muss[58], ergibt sich aus dem Wortlaut der Vorschrift nicht.

31 Der Widerspruch muss schriftlich erfolgen (eingeschriebener Brief) und unterschrieben sein. Eine Begründung ist, wie bei einem Widerspruch zur Niederschrift in der Versammlung[59], nicht erforderlich[60].

32 Widersprüche mehrerer Mitglieder können in einem Schreiben (Sammelwiderspruch) oder in einem Briefumschlag[61] enthalten sein.

33 **c) Ergänzende Satzungsregelungen.** Diese sind aufgrund der Öffnungsklausel nach Abs. 1 Satz 3 nur zulässig, sofern sie mindestens gleichwertig sind oder die gesetzlichen Bestimmungen verschärfen. In den Mustersatzungen[62], die von eingetragenen Genossenschaften üblicherweise verwandt werden, ist hiervon Gebrauch gemacht worden.

34 Nach § 31 Abs. 3 der Mustersatzung bedarf der Beschluss über den Formwechsel einer Mehrheit von 9/10 der abgegebenen Stimmen.

35 Außerdem ist diese Versammlung nur beschlussfähig, wenn mindestens zwei Drittel aller Mitglieder bzw. Vertreter anwesend sind.

36 Wird dieses Quorum nicht erreicht, kann eine weitere Versammlung einberufen werden, für die nur dieses Quorum nicht mehr gilt. Die übrigen Voraussetzungen, insbesondere hinsichtlich §§ 260, 261, müssen selbstverständlich beachtet werden. Auch müssen mindestens zehn Stimmberechtigte anwesend sein, um eine Mehrheitsentscheidung zu ermöglichen[63]. Die weitere Versammlung muss in demselben Geschäftsjahr stattfinden, ansonsten gilt das Quorum erneut. Der Grund hierfür liegt darin, dass Austritte zum Ende eines Geschäftsjahrs wirksam werden[64]. Gleiches gilt für die Kündigung einzelner Geschäftsanteile[65]. Die sich daraus ergebenden Änderungen in der Mitglieder- und Kapitalstruktur sollen berücksichtigt werden.

37 Einziger Zweck der General- bzw. Vertreterversammlung darf nur der Formwechsel und die damit zusammenhängenden Beschlüsse sein.

3. Beschlussmängel

38 Beschlussmängel können zur Anfechtung gem. § 195 sowie § 51 GenG berechtigen. Die Klage muss binnen Monatsfrist nach der Beschlussfassung erhoben werden[66].

39 Im Übrigen müssen mangels Konkretisierung im UmwG die weiteren Voraussetzungen gem. § 51 GenG erfüllt sein[67].

40 Nichtigkeitsgründe, die mit der Feststellungsklage geltend zu machen sind, sind nach allgemeinem Recht zu beurteilen[68].

4. Besonderheiten für KGaA

41 Besonderheiten für den Formwechsel in eine KGaA bestehen gem. Abs. 2 iVm. § 240 Abs. 2 insoweit, als diejenigen Mitglieder, die zukünftig die Stellung eines persönlich haftenden Gesellschafters übernehmen sollen, dem Formwechsel persönlich zustimmen müssen.

---

[58] So aber *Stratz* in Schmitt/Hörtnagl/Stratz Rn 7.
[59] § 207 Abs. 1.
[60] *Stratz* in Schmitt/Hörtnagl/Stratz Rn 8.
[61] *Stratz* in Schmitt/Hörtnagl/Stratz Rn 8.
[62] Vgl. Rn 20.
[63] Vgl. Rn 3.
[64] §§ 65 Abs. 2 Satz 1, 67 a Abs. 2 Satz 2, 68 Abs. 1 Satz 1, 77, 77 a GenG, Ausnahme: § 76 GenG.
[65] § 67 b Abs. 1 Satz 1 GenG.
[66] § 195 Abs. 2, § 51 Abs. 1 Satz 2 GenG.
[67] *Schwarz* in Widmann/Mayer Rn 8.
[68] Vgl. Zusammenstellung bei *Schulte* in Lang/Weidmüller § 51 GenG Rn 12 ff.

Sofern der persönlich haftende Gesellschafter nicht aus dem Kreis der Mitglieder kommt, muss er, nachdem der Beschluss über den Formwechsel gefasst ist, neu beitreten, damit die KGaA eintragungsfähig wird. Hierzu verweist Abs. 2 über § 240 Abs. 2 Satz 2 auf § 221[69]. **42**

§ 263 Inhalt des Umwandlungsbeschlusses

(1) Auf den Umwandlungsbeschluß sind auch die §§ 218, 243 Abs. 3 und § 244 Abs. 2 entsprechend anzuwenden.

(2) In dem Beschluß ist bei der Festlegung von Zahl, Art und Umfang der Anteile (§ 194 Abs. 1 Nr. 4) zu bestimmen, daß an dem Stammkapital oder an dem Grundkapital der Gesellschaft neuer Rechtsform jedes Mitglied, das die Rechtsstellung eines beschränkt haftenden Gesellschafters oder eines Aktionärs erlangt, in dem Verhältnis beteiligt wird, in dem am Ende des letzten vor der Beschlußfassung über den Formwechsel abgelaufenen Geschäftsjahres sein Geschäftsguthaben zur Summe der Geschäftsguthaben aller Mitglieder gestanden hat, die durch den Formwechsel Gesellschafter oder Aktionäre geworden sind. Der Nennbetrag des Grundkapitals ist so zu bemessen, daß auf jedes Mitglied möglichst volle Aktien entfallen.

(3) Die Geschäftsanteile einer Gesellschaft mit beschränkter Haftung sollen auf einen höheren Nennbetrag als hundert Euro nur gestellt werden, soweit auf die Mitglieder der formwechselnden Genossenschaft volle Geschäftsanteile mit dem höheren Nennbetrag entfallen. Aktien können auf einen höheren Betrag als dem Mindestbetrag nach § 8 Abs. 2 und 3 des Aktiengesetzes nur gestellt werden, soweit volle Aktien mit dem höheren Betrag auf die Mitglieder entfallen. Wird das Vertretungsorgan der Aktiengesellschaft oder der Kommanditgesellschaft auf Aktien in der Satzung ermächtigt, das Grundkapital bis zu einem bestimmten Nennbetrag durch Ausgabe neuer Aktien gegen Einlagen zu erhöhen, so darf die Ermächtigung nicht vorsehen, daß das Vertretungsorgan über den Ausschluß des Bezugsrechts entscheidet.

Übersicht

	Rn		Rn
I. Allgemeines	1	2. Beteiligungshöhe und -verhältnisse	8
II. Einzelerläuterungen	2	a) Basis Geschäftsguthaben	11
1. Notwendiger Inhalt nach Abs. 1	2	b) Beteiligungsquote	19
a) Gesellschaftsvertrag/Satzung	4	c) Nennbetrag des Stamm- bzw. Grundkapitals	23
b) Persönlich haftender Gesellschafter bei KGaA	6	d) Prinzip der Reinvermögensdeckung	27
c) Unterschiedliche Höhe der Anteile	7	2. Bezugsrecht der Aktionäre	28

I. Allgemeines

Für den Mindestinhalt des Umwandlungsbeschlusses gilt zunächst § 194[1]. § 263 ergänzt diese Vorschrift. **1**

II. Einzelerläuterungen

1. Notwendiger Inhalt nach Abs. 1

Der notwendige Inhalt des Umwandlungsbeschlusses ergibt sich aus der Aufzählung in § 194[2]. **2**

---

[69] Siehe § 240 Rn 23.
[1] Vgl. Erläuterungen zu § 194. Zur Europäischen Genossenschaft (SCE) siehe Einl. C Rn 64 ff.
[2] Vgl. Erläuterungen zu § 194.

3 Die Firma der eG darf unverändert fortgeführt werden[3], der bisherige Rechtsformzusatz („eingetragene Genossenschaft", „eG"[4]) ist aber zu ersetzen durch den Firmenzusatz für die neue Rechtsform[5]. Ein Hinweis auf die bisherige Rechtsform ist unzulässig[6].

4 **a) Gesellschaftsvertrag/Satzung.** Die Verweisung in Abs. 1 auf § 218 bedeutet zunächst, dass der Gesellschaftsvertrag bzw. die Satzung der neuen Rechtsform Teil des Umwandlungsbeschlusses[7] sein muss.

5 Eine Unterzeichnung durch die Gesellschafter bei der Zielrechtsform GmbH ist nicht erforderlich[8]. Entsprechendes gilt für die Feststellung der Satzung[9]. Das ist sinnvoll, weil erfahrungsgemäß nicht alle Mitglieder an der Versammlung teilnehmen und die Einholung von Unterschriften praktische Schwierigkeiten bereiten könnte, zumal den Abkehrwilligen, die durch spätere Annahme des Abfindungsangebots[10] nur aus der neuen Rechtsform ausscheiden können, das Erfordernis ihrer Unterschrift kaum verständlich gemacht werden kann.

6 **b) Persönlich haftender Gesellschafter bei KGaA.** Bei der Zielrechtsform KGaA muss mindestens ein persönlich haftender Gesellschafter vorhanden sein[11]. Das kann entweder dadurch geschehen, dass ein oder mehrere Mitglieder die Stellung eines persönlich haftenden Gesellschafters übernehmen oder ein bisher Außenstehender zu diesem Zweck beitritt.

7 **c) Unterschiedliche Höhe der Anteile.** Schließlich ergibt sich aus der Verweisung auf § 243 Abs. 3, dass die Höhe der Anteile für die Gesellschafter bzw. Aktionäre unterschiedlich sein kann. Der Geschäftsanteil bei einer eG muss demgegenüber für alle Mitglieder gleich sein[12].

2. Beteiligungshöhe und -verhältnisse

8 Abs. 2 und 3 regeln die Beteiligung der Mitglieder in der neuen Rechtsform auf der Basis des bisherigen Geschäftsguthabens unter der Prämisse, dass die Umqualifizierung[13] der bisherigen Beteiligung zu einer möglichst vollständigen betragsmäßigen Transformation in Geschäftsanteile bzw. Aktien führt.

9 Bruchteile eines Geschäftsanteils bzw. von Aktien (sog. Teilrechte[14]) sollen wegen der damit verbundenen Reduzierung von Gesellschafterrechten[15] vermieden werden.

10 Die Vorschrift dient damit einer möglichst gerechten Verteilung des Stamm- bzw. Grundkapitals neuer Rechtsform und der damit verbundenen uneingeschränkten Gesellschafterrechte auf alle Mitglieder[16] und ist Ausdruck des Prinzips des verhältniswahrenden Anteilstauschs[17]. Diese Regelung ist zwingend. Von ihr kann nur durch einstimmigen Beschluss aller Mitglieder abgewichen werden[18].

---

[3] § 200 Abs. 1 Satz 1.
[4] § 3 GenG.
[5] GmbH, AG, KGaA.
[6] § 200 Abs. 1 Satz 2.
[7] § 218 Abs. 1.
[8] § 244 Abs. 2 (Ausnahme von § 2 Abs. 1 Satz 2 GmbHG).
[9] *Stratz* in Schmitt/Hörtnagl/Stratz Rn 3.
[10] § 209.
[11] § 218 Abs. 2.
[12] *Beuthien* § 7 GenG Rn 1.
[13] *Stratz* in Schmitt/Hörtnagl/Stratz § 266 Rn 1.
[14] § 266.
[15] Vgl. § 266 Rn 13.
[16] *Stratz* in Schmitt/Hörtnagl/Stratz Rn 2.
[17] *Schmitz-Riol* S. 88 ff.; vgl. Rn 11 ff.
[18] *Stratz* in Schmitt/Hörtnagl/Stratz Rn 5; *Bayer* in Lutter Rn 26; aA *Schmitz-Riol* S. 90.

a) **Basis Geschäftsguthaben.** Basis für die Beteiligung in der neuen Rechtsform ist das 11 Geschäftsguthaben[19], d. h. die Summe aller Einzahlungen des Mitglieds auf gezeichnete Geschäftsanteile, zuzüglich Gewinnzuschreibungen sowie genossenschaftliche Rückvergütungen[20] und vermindert um Verlustabschreibungen[21]. Denn das Geschäftsguthaben ist der zutreffende Maßstab für die Beteiligung des Mitglieds an der eG.

Allerdings wird als Stichtag der Feststellung der Geschäftsguthaben der letzte Bilanzstichtag 12 festgelegt. Da das Geschäftsguthaben eine variable Größe ist, können sich im Zeitraum zwischen Bilanzstichtag und Umwandlungsbeschluss zB durch Einzahlungen und Gutschriften sowie Abschreibungen Veränderungen ergeben. Diese werden von der Vorschrift ausdrücklich nicht erfasst. Ein ähnliches Problem ergibt sich auch bei der Verschmelzung, weil auch dort das Geschäftsguthaben zum Stichtag der Schlussbilanz der übertragenden Genossenschaft maßgebend ist[22].

Die gesetzliche Anordnung bleibt nur solange verhältniswahrend, als sich die Veränderungen 13 nach dem Bilanzstichtag auf die Geschäftsguthaben aller Mitglieder gleichmäßig auswirken, wie es bei Gewinnzu- und Verlustabschreibungen für das letzte Geschäftsjahr der Fall ist, soweit Maßstab hierfür das Geschäftsguthaben ist[23]. Einzahlungen und Gutschriften von Rückvergütungen nach dem Bilanzstichtag wirken sich dagegen nur individuell aus und werden von der gesetzlichen Regel nicht erfasst.

Gegen jederzeitige Einzahlungen auf noch nicht voll eingezahlte Geschäftsanteile kann 14 sich die eG nicht „wehren", diese müssen angenommen werden. Denn der Geschäftsanteil begrenzt nur die Höhe der zulässigen Einlage[24]. Erst darüber hinausgehende Zahlungen können verweigert werden.

Genossenschaftliche Rückvergütungen, die meist nur bei sog. Warengenossenschaften 15 (Gegensatz: Kreditgenossenschaften, d. h. Volksbanken und Raiffeisenbanken) gewährt werden, können dagegen durch entsprechenden Beschluss der Verwaltungsorgane in gewissem Umfang gesteuert werden, denn nach § 42 a Abs. 1 Satz 1 der Mustersatzung für Waren-eG[25] beschließen hierüber Vorstand und Aufsichtsrat vor Erstellung der Bilanz gemeinsam. Auf beschlossene Rückvergütungen besteht allerdings ein Rechtsanspruch, der mit ihrer Festsetzung fällig wird[26] und zu 50% den Geschäftsguthaben zuzuschreiben ist, solange Geschäftsanteile noch nicht voll eingezahlt sind. Auch hierdurch können sich zwangsläufig Veränderungen des Geschäftsguthabens ergeben, wenn solche Rückvergütungen erst nach dem Bilanzstichtag gutgeschrieben werden.

Eine Auszahlung insoweit „überschießender" Geschäftsguthaben, wie bei der Verschmelzung 16 als Regulativ vorgesehen[27], ist beim Formwechsel nicht vorgesehen. Hier ist das Prinzip der vollständigen Transformation des Geschäftsguthabens in Geschäftsanteile und Aktien, ggf. zu Teilrechten, zu beachten.

Das gleiche Problem entsteht, wenn nach dem Bilanzstichtag Mitglieder der eG beigetreten 17 sind[28]. Da diese im Zuge der Umwandlung nicht ausgeschlossen werden dürfen[29], demgemäß zwingend in der neuen Rechtsform zu beteiligen sind[30], stellt sich auch hier die Frage der korrekten verhältniswahrenden Beteiligung. Allerdings besteht nur in Ausnahme-

---

[19] § 263 Abs. 2 Satz 1.
[20] Zum Begriff vgl. *Beuthien* § 19 GenG Rn 14.
[21] *Beuthien* § 7 GenG Rn 4.
[22] § 87 Abs. 3.
[23] *Beuthien* § 19 GenG Rn 6 und 13.
[24] § 7 Ziff. 1 GenG.
[25] Abgedruckt bei *Hettrich/Pöhlmann* GenG, 1995, Anhang 3.
[26] § 42 a Abs. 1 Satz 3 und Abs. 2 Mustersatzung für Waren-eG.
[27] § 87 Abs. 2.
[28] *Bayer* in Lutter Rn 24.
[29] *Stratz* in Schmitt/Hörtnagl/Stratz Rn 5.
[30] *Schmitz-Riol* S. 102.

fällen ein Rechtsanspruch auf Beitritt zu einer eG[31], so dass Beitrittsanträge ohne Angabe von Gründen zurückgewiesen werden können[32]. Eines satzungsmäßigen Verbots bedarf es also nicht[33].

18 Die einzige Lösung eines solchen Konflikts besteht darin, den gesetzlichen Stichtag zur Feststellung der Beteiligung an der eG möglichst nahe an den Tag des Umwandlungsbeschlusses zu legen (vgl. insoweit auch die Parallelvorschrift zur Abfindung in § 30 iVm. §§ 270, 208, wonach die Verhältnisse zum Zeitpunkt der Beschlussfassung maßgebend sind). Insoweit bietet sich der Zeitpunkt der Vermögensaufstellung an. *Schmitz-Riol*[34], ihm folgend *Bayer*[35] und wohl auch *Stratz*[36] gehen ohne weiteres, aber zutreffend davon aus, dass wegen des Vorrangs des verhältniswahrenden Prinzips beim Formwechsel eine solche Abweichung zulässig ist. Diese muss entsprechend im Umwandlungsbeschluss bestimmt sein und im Umwandlungsbericht erläutert werden.

19 **b) Beteiligungsquote.** Zur Ermittlung der **Beteiligungsquote** ist das jeweilige Geschäftsguthaben ins Verhältnis zur Summe der Geschäftsguthaben aller Mitglieder, die zum Zeitpunkt des Umwandlungsbeschlusses Mitglieder der eG sind, zu setzen (sog. Quotenbemessungsregel[37]).

20 Anhand der so für jedes einzelne Mitglied ermittelten Beteiligungsquote, d. h. verhältniswahrend, ist die Zuweisung von Anteilen am Stamm- bzw. Grundkapital der Gesellschaft neuer Rechtsform vorzunehmen. Dabei ist die vom Gesetz vorgegebene Transformationsmethode (Abs. 2) mit den Beschränkungen des § 258 Abs. 2 und § 263 Abs. 3 Satz 1 und 2 sowie § 264 einzuhalten.

21 Eine Abweichung, etwa im Umwandlungsbeschluss, ist nicht zulässig[38]. Danach muss der nach Umqualifizierung des Geschäftsguthabens sich ergebende Kapitalanteil des einzelnen Mitglieds im Verhältnis zum Stamm- bzw. Grundkapital genauso groß sein wie sein bisheriges Geschäftsguthaben im Verhältnis zur Summe der Geschäftsguthaben aller Mitglieder der eG. Zu berücksichtigen sind dabei auch die Geschäftsguthaben der Mitglieder, die das Abfindungsangebot annehmen und ausscheiden[39]. Denn diese werden zunächst Gesellschafter in der neuen Rechtsform und scheiden erst aus dieser aus (vgl. § 207 Abs. 1 Satz 1: . . . Erwerb seiner **umgewandelten** Anteile . . .).

22 Nicht berücksichtigt wird aber das Geschäftsguthaben derjenigen Mitglieder, die persönlich haftende Gesellschafter bei Umwandlung in eine KGaA werden, ohne zugleich Kommanditaktionäre zu sein. Deren Vermögensbeteiligung ist unter Konsumtion ihres bisherigen Geschäftsguthabens individuell im Umwandlungsbeschluss bzw. in der Satzung festzulegen. In diesem Fall erhöht sich die Beteiligungsquote der Kommanditaktionäre entsprechend, da die Summe der in Bezug genommenen Geschäftsguthaben geringer wird[40].

23 **c) Nennbetrag des Stamm- bzw. Grundkapitals.** Die Transformation des Geschäftsguthabens in Kapitalanteile ist so vorzunehmen, dass möglichst keine sog. Teilrechte entstehen. Teilrechte sind nicht voll eingezahlte Geschäftsanteile bei einer GmbH bzw. Aktien bei der AG/KGaA[41], die dadurch entstehen, dass nach vollständiger Umrechnung des bisherigen

---

[31] *Schulte* in Lang/Weidmüller § 15 GenG Rn 13 ff.
[32] *Schmitz-Riol* S. 102.
[33] So aber *Bayer* in Lutter Rn 24.
[34] *Schmitz-Riol* S. 102.
[35] *Bayer* in Lutter Rn 24.
[36] *Stratz* in Schmitt/Hörtnagl/Stratz Rn 7.
[37] *Schmitz-Riol* S. 88.
[38] *Bayer* in Lutter Rn 24.
[39] *Schwarz* in Widmann/Mayer Rn 8; *Bayer* in Lutter Rn 24; *Beuthien* §§ 190 ff. UmwG Rn 20; *Stratz* in Schmitt/Hörtnagl/Stratz Rn 7; *Schmitz-Riol* S. 90; aA noch *Dehmer* 2 Rn 7.
[40] *Stratz* in Schmitt/Hörtnagl/Stratz Rn 7.
[41] *Schmitz-Riol* S. 79, bezeichnet im Gegensatz zu den Teilrechten voll eingezahlte Geschäftsanteile bzw. Aktien als „Vollrechte".

Geschäftsguthabens anhand der im Gesellschaftsvertrag bzw. in der Satzung vorgesehenen Nennbeträge der Anteile noch Spitzenbeträge verbleiben, die den Mindestbetrag des Geschäftsanteils bzw. einer Aktie nicht mehr erreichen[42]. Bei der Verschmelzung einer eG sind solche Spitzenbeträge grundsätzlich auszuzahlen[43]. Bei einem Formwechsel begründen diese Spitzenbeträge Teilrechte.

Die durch den Formwechsel entstandenen Teilrechte sind zwar selbstständig veräußerbar und vererblich[44]. Die Mitgliedschaftsrechte eines Aktienteilrechts ruhen jedoch[45]. Bei einer GmbH ist das Stimmrecht ggf. eingeschränkt, da nur je volle 50 € eines Geschäftsanteils eine Stimme gewähren[46]. Außerdem ist gesetzlicher Maßstab für die Gewinnverteilung der Geschäftsanteil[47]. Der Gesellschaftsvertrag kann aber hiervon abweichen[48]. *Schmitz-Riol*[49] will die nur für Aktien geltende Vorschrift des § 266 Abs. 3 sogar entsprechend auf Teilrechte bei einer GmbH anwenden. 24

Der Geschäftsanteil bzw. die Geschäftsanteile sind so zu bestimmen, ggf. mit unterschiedlichen Nennbeträgen zu schichten, dass möglichst viel Geschäftsguthaben transformiert wird. Dabei ist allerdings die Untergrenze von 50 € zu beachten. Darüber hinausgehende Geschäftsanteile müssen mindestens durch 10 teilbar sein[50]. Diese Transformation ist zwingend. Teilrechte können daher nur durch Geschäftsguthaben entstehen, das entweder 50 € nicht erreicht oder das nicht durch 10 teilbar ist. 25

Aktienteilrechte können nach der Novellierung des Aktienrechts (Mindestnennbetrag 1 €, Stückaktie) praktisch nicht mehr entstehen, da eine vollständige Transformation möglich ist[51]. 26

d) Prinzip der Reinvermögensdeckung. Das **Prinzip der Reinvermögensdeckung** muss bei der Festsetzung des Stamm- bzw. Grundkapitals beachtet werden[52]. 27

3. Bezugsrecht der Aktionäre

Das **Bezugsrecht der Aktionäre** kann bei einer AG bzw. KGaA im Fall einer satzungsgemäßen Ermächtigung zu einer bestimmten Kapitalerhöhung durch den Vorstand bzw. den persönlich haftenden Gesellschafter ausgeschlossen werden[53]. Diese Möglichkeit wird durch Abs. 3 Satz 3 ausgeschlossen. 28

§ 264 Kapitalschutz

(1) Der Nennbetrag des Stammkapitals einer Gesellschaft mit beschränkter Haftung oder des Grundkapitals einer Aktiengesellschaft oder einer Kommanditgesellschaft auf Aktien darf das nach Abzug der Schulden verbleibende Vermögen der formwechselnden Genossenschaft nicht übersteigen.

---

[42] Vgl. *Schmitz-Riol* S. 80 ff.
[43] § 87 Abs. 2.
[44] § 266 Abs. 1.
[45] § 266 Abs. 3, vgl. Erläuterungen zu § 266.
[46] § 47 Abs. 2 GmbHG.
[47] § 29 Abs. 3 Satz 1 GmbHG.
[48] § 29 Abs. 3 Satz 2 GmbHG.
[49] *Schmitz-Riol* S. 82 f.
[50] § 263 Abs. 1 iVm. § 243 Abs. 3 Satz 2; vgl. Beispiele bei *Stratz* in Schmitt/Hörtnagl/Stratz Rn 9 und 11.
[51] *Stratz* in Schmitt/Hörtnagl/Stratz Rn 8.
[52] § 264 Abs. 1, siehe Erläuterungen zu § 264.
[53] § 203 Abs. 3 AktG.

§ 264 1–4   Fünftes Buch. Formwechsel

(2) Beim Formwechsel in eine Gesellschaft mit beschränkter Haftung sind die Mitglieder der formwechselnden Genossenschaft nicht verpflichtet, einen Sachgründungsbericht zu erstatten.

(3) Beim Formwechsel in eine Aktiengesellschaft oder in eine Kommanditgesellschaft auf Aktien hat die Gründungsprüfung durch einen oder mehrere Prüfer (§ 33 Abs. 2 des Aktiengesetzes) in jedem Fall stattzufinden. Jedoch sind die Mitglieder der formwechselnden Genossenschaft nicht verpflichtet, einen Gründungsbericht zu erstatten; die §§ 32, 35 Abs. 1 und 2 und § 46 des Aktiengesetzes sind nicht anzuwenden. Die für Nachgründungen in § 52 Abs. 1 des Aktiengesetzes bestimmte Frist von zwei Jahren beginnt mit dem Wirksamwerden des Formwechsels.

Übersicht

	Rn		Rn
I. Allgemeines	1	b) Wertdifferenzen	9
II. Einzelerläuterungen	4	2. Sachgründungsbericht	11
1. Kapitaldeckung	4	3. Gründungsprüfung	12
a) Bewertungsfragen	6	4. Nachgründung	15

I. Allgemeines

1   Die Vorschrift soll die Kapital- oder Reinvermögensdeckung als Höchstgrenze[1] des Stamm- bzw. Grundkapitals neuer Rechtform sicherstellen und entspricht dem früheren § 385 m Abs. 4 AktG aF beim Formwechsel einer eG in eine AG.

2   Der Formwechsel wird einer Sachgründung gleich gestellt[2]. Dabei gelten grundsätzlich die Vorschriften der jeweiligen Rechtsform[3] mit der Erleichterung, dass ein Sachgründungs- (GmbH, Abs. 2) bzw. Gründungsbericht (AG/KGaA, Abs. 3. Satz 2) nicht zu erstatten ist.

3   Daraus folgt, dass die Sacheinlage in der Satzung bzw. im Gesellschaftsvertrag zugelassen werden muss[4]. Dabei genügt es anzugeben, dass die Gesellschaft durch Formwechsel entstanden ist[5].

II. Einzelerläuterungen

1. Kapitaldeckung

4   Die **Kapitaldeckung** wird dadurch sichergestellt, dass der Nennbetrag des Stamm- bzw. Grundkapitals nicht höher sein darf als das Reinvermögen der eG. Reinvermögen ist die Summe der vorhandenen Vermögenswerte abzüglich der Schulden. Damit sind sämtliche Gegenstände des Aktiv- und Passivvermögens (Anlagevermögen, Umlaufvermögen, Verbindlichkeiten, Rückstellungen für ungewisse Verbindlichkeiten[6]) gemeint[7]. Der Saldo ergibt den höchstzulässigen Nennwert des Stamm- bzw. Grundkapitals.

---

[1] *Schmitz-Riol* S. 92 f.
[2] *Stratz* in Schmitt/Hörtnagl/Stratz Rn 2.
[3] § 197 Satz 1 1. Halbs.
[4] § 27 Abs. 1 Satz 1 AktG, § 5 Abs. 4 Satz 1 GmbHG.
[5] *Stratz* in Schmitt/Hörtnagl/Stratz Rn 3.
[6] Vgl. § 266 Abs. 2 und 3 HGB.
[7] *Stratz* in Schmitt/Hörtnagl/Stratz Rn 3.

Der Nennbetrag des Stamm- bzw. Grundkapitals muss in der Satzung bzw. im Gesellschaftsvertrag angegeben werden[8]. Das Stammkapital einer GmbH muss mindestens € 25 000[9], das Grundkapital einer AG/KGaA mindestens € 50 000[10] betragen. Übersteigt das Reinvermögen das festgesetzte Stamm- bzw. Grundkapital, müssten entsprechende Rücklagen als Passivposten ausgewiesen werden. Das ist nur denkbar, wenn nicht das gesamte Reinvermögen auf die Mitglieder als Geschäftsanteil bzw. Aktien oder als Komplementärbeteiligung bei einer KGaA aufgeteilt wurde. Das ist zulässig, da das Gesetz beim Anteilstausch nur die Einhaltung des Prinzips der Verhältniswahrung fordert[11] und keine absolute Aufteilung verlangt.

a) **Bewertungsfragen.** Um festzustellen, ob Kapitaldeckung vorliegt, ist wegen des Vorrangs der Buchwertfortschreibung aufgrund des identitätswahrenden Formwechsels[12] zunächst von Buchwerten anhand der letzten Bilanz auszugehen[13], ggf. fortgeschrieben auf den Tag des Umwandlungsbeschlusses[14].

Wird danach noch keine Kapitaldeckung erreicht (sog. Unterbilanz[15]), ist eine Bewertung des Reinvermögens vorzunehmen, in der auch stille Reserven und ggf. selbst hergestellte immaterielle Vermögensgegenstände zu berücksichtigen sind, und in Form eines Status darzustellen. Ein Zwang zur Buchwertfortführung besteht insofern nicht[16].

Bei der Bewertung sind alle gängigen Bewertungsmethoden zulässig, wobei die Zeitwerte die Obergrenze bilden[17].

b) **Wertdifferenzen.** Sofern keine Reinvermögensdeckung erreicht wird, ist der Formwechsel nicht eintragungsfähig, es sei denn, dass die Mitglieder freiwillig eine ergänzende Barzahlung leisten, was nach zutreffender hM zwar zulässig ist[18], aber praxisfremd sein dürfte.

Stellt sich erst später eine bisher unerkannte Überbewertung des eingebrachten Reinvermögens heraus (entweder zu hohe Bewertung von Aktivvermögen oder zu geringer Ansatz von Gegenständen des Passivvermögens[19]), ist die Wertdifferenz zum Stamm- bzw. Grundkapital ebenfalls in bar auszugleichen. Die bereits anlässlich des Formwechsels ausgeschiedenen Mitglieder sind hieran entsprechend zu beteiligen[20]. Gleiches muss für den Fall gelten, dass der Formwechsel trotz erkennbarem Vorliegen einer Unterbilanz eingetragen und damit wirksam wird.

2. Sachgründungsbericht

Die Mitglieder der formwechselnden eG sind weder verpflichtet, bei der Zielrechtsform GmbH einen Sachgründungsbericht[21] vorzulegen noch bei der Zielrechtsform AG/KGaA

---

[8] § 23 Abs. 3 Ziff. 3 AktG, § 3 Abs. 1 Ziff. 3 GmbHG.
[9] § 5 Abs. 1 1. Halbs. GmbHG.
[10] § 7 AktG.
[11] Vgl. § 263 Rn 10.
[12] *Schmitz-Riol* S. 96 f.; *Stratz* in Schmitt/Hörtnagl/Stratz Rn 1.
[13] *Stratz* in Schmitt/Hörtnagl/Stratz § 263 Rn 6.
[14] § 192 Abs. 2 und das Erfordernis einer Vermögensaufstellung wurde durch das Zweite Gesetz zur Änderung des Umwandlungsgesetzes aufgehoben.
[15] *Schmitz-Riol* S. 94 f.
[16] Im Einzelnen *Schmitz-Riol* S. 97 f., der insofern sogar ein uneingeschränktes Wahlrecht zwischen Buchwerten und Verkehrswerten annimmt (S. 98).
[17] *Stratz* in Schmitt/Hörtnagl/Stratz Rn 5.
[18] Nachweise bei *Stratz* in Schmitt/Hörtnagl/Stratz Rn 2.
[19] Denn Gegenstand der „Sacheinlage" beim Formwechsel ist der Saldo „Reinvermögen", vgl. *Stratz* in Schmitt/Hörtnagl/Stratz Rn 3.
[20] *Schmitz-Riol* S. 94 f.
[21] § 5 Abs. 4 Satz 2 GmbHG.

§ 265 1   Fünftes Buch. Formwechsel

einen Gründungsbericht[22] zu erstatten[23]. Die Mitglieder sollen nach der Gesetzesbegründung[24] nicht den Gründern gleich gestellt werden. Eine Gründerhaftung nach § 46 AktG besteht daher nicht[25].

3. Gründungsprüfung

12   Eine **Gründungsprüfung**[26] ist nur beim Formwechsel in eine AG/KGaA zwingend erforderlich[27]. Allerdings sind die Befugnisse der Prüfer beschränkt, da nach Abs. 3 Satz 2 die § 35 Abs. 1 und 2 nicht anwendbar sind, d. h. dass bei Verweigerung von Auskünften und Nachweisen ein entsprechendes Begehren nicht durchgesetzt werden kann, da eine gerichtliche Entscheidung über die Auskunftspflicht ausgeschlossen ist.

13   Zum einen wird dies dadurch begründet, dass die strenge Gründerverantwortlichkeit für die Mitglieder nicht begründet werden soll[28].

14   Zum anderen erscheint die gesetzliche Wertung auch deswegen vertretbar, weil der gesetzliche Prüfungsverband im Rahmen seines Gutachtens nach § 259 alle umwandlungsrelevanten Tatsachen und Randbedingungen, auch die Einhaltung der Kapitalschutzregelungen nach § 264[29], prüfen und bewerten muss, insbesondere hinsichtlich der Belange der Gläubiger, in deren Interesse gerade die strenge Gründungsprüfung einer AG/KGaA liegt.

4. Nachgründung

15   Die **Nachgründungsvorschriften** der §§ 52, 53 AktG sind beim Formwechsel in eine AG/KGaA entsprechend anwendbar[30]. Abs. 3 Satz 3 stellt klar, dass die Zweijahresfrist gem. § 52 Abs. 1 AktG mit dem Wirksamwerden des Formwechsels[31] beginnt. Insoweit ergibt sich aber materiell keine Abweichung zum AktG.

§ 265 Anmeldung des Formwechsels

Auf die Anmeldung nach § 198 ist § 222 Abs. 1 Satz 1 und Abs. 3 entsprechend anzuwenden. Der Anmeldung ist das nach § 259 erstattete Prüfungsgutachten in Urschrift oder in öffentlich beglaubigter Abschrift beizufügen.

Übersicht

	Rn		Rn
I. Allgemeines	1	2. Anmeldepflichtige Personen	4
II. Einzelerläuterungen	2	3. Anlagen zur Anmeldung	6
1. Zuständiges Register	2		

I. Allgemeines

1   Die Vorschrift übernimmt im Wesentlichen die Regelungen des § 385 o AktG aF. Da die bisherige Zuständigkeit des Genossenschaftsregisters entfällt, ist die umgewandelte eG im für Kapitalgesellschaften zuständigen Handelsregister anzumelden.

---

[22] § 32 AktG.
[23] § 264 Abs. 2 bzw. Abs. 3 Satz 2.
[24] Begr. RegE BR-Drucks. 75/94 zu § 264 Abs. 2 und 3 UmwG.
[25] § 264 Abs. 3 Satz 2 2. Halbs.
[26] § 264 Abs. 3 Satz 1.
[27] § 33 Abs. 2 AktG
[28] Siehe Rn 12.
[29] Siehe § 259 Rn 25.
[30] § 197 Satz 1.
[31] § 202 Abs. 2.

II. Einzelerläuterungen

1. Zuständiges Register

Zuständiges Register für die formgewechselte Gesellschaft ist das Handelsregister (HRB). Dort ist der Formwechsel unter Vorlage der nach § 199 und Satz 2 geforderten Unterlagen anzumelden[1]. Die Eintragung hat konstitutive Wirkung.

Zuvor ist die Umwandlung (ohne Anlagen) auch beim bisher zuständigen Genossenschaftsregister anzumelden[2]. Die Eintragung hat lediglich deklaratorische Wirkung[3] und ist mit dem Vermerk zu versehen, dass die Umwandlung erst durch Eintragung bei dem für die neue Rechtsform zuständigen Register wirksam wird[4]. Die Eintragung im neuen Register darf erst nach Eintragung der Umwandlung im Genossenschaftsregister erfolgen[5].

2. Anmeldepflichtige Personen

Anmeldepflichtige Personen sind im Fall der Zielrechtsform GmbH alle Geschäftsführer. Im Fall der Zielrechtsform AG ist der Vorstand, bei der KG die geschäftsführenden persönlich haftenden Gesellschafter sowie die Mitglieder des für diese Rechtsformen zwingend vorgeschriebenen Aufsichtsrats anmeldepflichtig[6].

Die Anmeldung des Formwechsels bei dem bisher für die eG zuständigen Genossenschaftsregister kann auch vom bisherigen Vorstand der eG vorgenommen werden[7].

3. Anlagen zur Anmeldung

Anlagen zur Anmeldung beim (für die neue Rechtsform zuständigen[8]) Handelsregister sind die gem. § 199 vorzulegenden Urkunden, darüber hinaus auch das nach § 259 erstattete Prüfungsgutachten des zuständigen genossenschaftlichen Prüfungsverbands.

§ 266 Wirkungen des Formwechsels

(1) Durch den Formwechsel werden die bisherigen Geschäftsanteile zu Anteilen an der Gesellschaft neuer Rechtsform und zu Teilrechten. § 202 Abs. 1 Nr. 2 Satz 2 ist mit der Maßgabe anzuwenden, daß die an den bisherigen Geschäftsguthaben bestehenden Rechte Dritter an den durch den Formwechsel erlangten Anteilen und Teilrechten weiterbestehen.

(2) Teilrechte, die durch den Formwechsel entstehen, sind selbständig veräußerlich und vererblich.

(3) Die Rechte aus einer Aktie einschließlich des Anspruchs auf Ausstellung einer Aktienurkunde können nur ausgeübt werden, wenn Teilrechte, die zusammen eine volle Aktie ergeben, in einer Hand vereinigt sind oder wenn mehrere Berechtigte, deren Teilrechte zusammen eine volle Aktie ergeben, sich zur Ausübung der Rechte zusammenschließen. Der Rechtsträger soll die Zusammenführung von Teilrechten zu vollen Aktien vermitteln.

---

[1] § 265 Satz 1 iVm. § 198 Abs. 2 Satz 2.
[2] § 265 Satz 1 iVm. § 198 Abs. 2 Satz 3.
[3] *Stratz* in Schmitt/Hörtnagl/Stratz Rn 1.
[4] § 265 Satz 1 iVm. § 198 Abs. 2 Satz 3.
[5] § 198 Abs. 2 Satz 5.
[6] Vgl. Erläuterungen zu § 222.
[7] § 265 Satz 1 iVm. § 222 Abs. 3.
[8] *Stratz* in Schmitt/Hörtnagl/Stratz Rn 1.

Übersicht

	Rn		Rn
I. Allgemeines	1	a) Verkehrsfähigkeit	12
II. Einzelerläuterungen	3	b) Beschränkung von Gesellschafterrechten	13
1. Umwandlung der Geschäftsanteile	3	3. Rechte Dritter am Geschäftsguthaben	17
2. Teilrechte	8		

I. Allgemeines

1 Die Vorschrift ergänzt die allgemeine Regelung in § 202 zur Wirkung des Formwechsels und geht im Wesentlichen auf die früheren Bestimmungen des AktG zum Formwechsel einer eG in eine AG zurück[1].

2 Gem. § 202 Abs. 1 Ziff. 1 wird das identitätswahrende Fortbestehen des gegenständlichen Rechtsträgers, wenn auch zu den veränderten rechtlichen Rahmenbedingungen der neuen Rechtsform, angeordnet. Eine Vermögensübertragung findet daher nicht statt[2]. Abs. 1 Satz 1 konkretisiert diese Identität im Zuge der Umqualifizierung der Geschäftsanteile bei der eG[3].

II. Einzelerläuterungen

1. Umwandlung der Geschäftsanteile

3 Die Anordnung der **Umwandlung der Geschäftsanteile** (sog. „Umqualifizierung"[4]) in Abs. 1 Satz 1 bei der formwechselnden eG ist zunächst nicht ohne weiteres verständlich. Denn der Geschäftsanteil bei einer eG ist dem Geschäftsanteil an einer GmbH oder einer Aktie bei einer AG/KGaA nicht vergleichbar. Bestand und Umfang der Mitgliedsrechte (insbesondere das Stimmrecht[5] sowie die Gewinnverteilung[6]) sind im Gegensatz zu den Anteilen an einer GmbH oder AG/KGaA vom Geschäftsanteil grundsätzlich unabhängig.

4 Gem. § 7 Ziff. 1 GenG ist der Geschäftsanteil an einer eG eine abstrakte, in der Bilanz nicht ausgewiesene Größe, die lediglich den für alle Mitglieder gleichmäßig geltenden Höchstbetrag festlegt, mit dem sich der Einzelne mit Einlagen an der eG beteiligen kann[7]. Die Satzung kann jedoch die Zeichnung weiterer Geschäftsanteile zulassen[8], so dass sich die Einlagemöglichkeiten des Mitglieds entsprechend erhöhen.

5 Ausdruck und Maßstab der kapitalmäßigen Beteiligung an der eG ist dagegen das Geschäftsguthaben, das sind die Einzahlungen und sonstigen Gutschriften auf gezeichnete Geschäftsanteile[9]. Folgerichtig ist auch die Zuweisung von Anteilen in der neuen Rechtsform nach dem Verhältnis der bisherigen Kapitalbeteiligung, d. h. der Geschäftsguthaben, vorzunehmen[10] und nicht anhand der Geschäftsanteile.

6 Die Umqualifizierung regelt nicht den Umfang der Beteiligung, d. h. die Höhe der Anteile in der neuen Rechtsform. Diese wird im Umwandlungsbeschluss anhand der Geschäftsgut-

---

[1] Vgl. §§ 385 k, 385 n, 385 p AktG aF. Zur Europäischen Genossenschaft (SCE) siehe Einl. C Rn 64 ff.
[2] *Bayer* in Lutter Rn 4; *Schmitz-Riol* S. 106 f.
[3] Rn 8.
[4] *Schmitz-Riol* S. 108; *Stratz* in Schmitt/Hörtnagl/Stratz Rn 1.
[5] § 43 Abs. 3 Satz 1 GenG.
[6] § 19 Abs. 1 Satz 2 GenG.
[7] *Schulte* in Lang/Weidmüller § 7 GenG Rn 5 ff.
[8] § 7 a Abs. 1 GenG.
[9] *Schulte* in Lang/Weidmüller § 7 GenG Rn 5.
[10] § 263 Abs. 1 Satz 1.

haben bestimmt[11]. Im Gegensatz zu § 255 Abs. 1 Satz 1 nimmt § 266 zur Festlegung der zukünftigen Beteiligung zwar keinen ausdrücklichen Bezug auf den Umwandlungsbeschluss. Allerdings ergibt sich dies mittelbar aus § 263 Abs. 2 iVm. § 194 Abs. 1 Nr. 4.

Abs. 1 Satz 1 hat daher zunächst nur den Sinn, klarzustellen, dass die Geschäftsanteile 7 der bisherigen Rechtsform nicht untergehen und an ihre Stelle nichts Neues tritt, sondern lediglich nach den Regeln des neuen Rechtskleids eine zwar auch materiell veränderte („umqualifizierte"), aber im Kern noch vorhandene Identität behalten. Abs. 1 Satz 1 stellt daher lediglich einen rechtsformspezifischen Teilaspekt der in § 202 Abs. 1 Nr. 1 normierten Identitätsanordnung dar.

2. Teilrechte

Teilrechte werden durch die Umqualifizierung dann begründet, wenn der verhältniswah- 8 rende Anteilstausch[12] nicht zu einer vollständigen Zuteilung von vollen Anteilen geführt hat und entsprechende Spitzenbeträge verbleiben, gleich ob aufgrund mathematischer Gegebenheiten oder durch Missachtung der Aufteilungsregel in § 263 Abs. 2 Satz 2.

Die Entstehung von Teilrechten erfolgt durch das Gesetz und ist für den Betroffenen 9 bindend[13]. Eine Anfechtung des Umwandlungsbeschlusses ist insoweit ausgeschlossen[14]. Es besteht allenfalls die Möglichkeit, eine Verbesserung des Umtauschverhältnisses durch bare Zuzahlung im Spruchverfahren[15] zu erreichen.

Diese Spitzenbeträge sollen zwar als Eigenkapital gebunden bleiben, sind jedoch system- 10 widrig und sollen, jedenfalls ausdrücklich für die AG/KGaA, nur eine vorübergehende Erscheinung sein. Abs. 3 Satz 2 begründet daher die Pflicht (des Vertretungsorgans), für eine Zusammenführung der Aktien-Teilrechte durch geeignete Vermittlungstätigkeit zu sorgen[16]. Eine bestimmte Frist zur Zusammenführung ist jedoch nicht zu beachten, so dass Teilrechte auch eine Dauererscheinung sein können.

Teilrechte dürften für die Zielrechtsform AG/KGaA nach Herabsetzung des Mindest- 11 nennbetrags einer Aktie auf € 1[17] und der Einführung der Stückaktie[18] nur in Ausnahmefällen auftreten[19].

a) Verkehrsfähigkeit. Die **Verkehrsfähigkeit** von Teilrechten wird durch Abs. 2 aus- 12 drücklich angeordnet. Sie können also unbeschränkt vererbt oder veräußert werden. Das ist notwendig, weil Teilrechte nicht auf dem Willen der Beteiligten beruhen, sondern per Gesetz entstehen und die Nichtzulassung der Verkehrsfähigkeit einen übermäßigen Eingriff in die Eigentumsgarantie nach Art. 14 GG bedeuten würde. Dies gilt nicht für die Beschränkung von Gesellschafterrechten[20].

b) Beschränkung von Gesellschafterrechten. Für Aktien-Teilrechte ist die Ausübung 13 von Gesellschafterrechten suspendiert[21], zB das Stimmrecht, das Auskunftsrecht, der Dividendenanspruch und das Aktienbezugsrecht nach Kapitalerhöhung.

Die Ausübungssperre kann, soweit eine Zusammenführung in einer Hand nicht erfolgt[22], 14 nach Abs. 3 Satz 1 nur dadurch überwunden werden, dass die Aktionäre ihre Teilrechte zu

---

[11] *Stratz* in Schmitt/Hörtnagl/Stratz Rn 1. Siehe Rn 5.
[12] § 263 Abs. 1.
[13] § 202 Abs. 3.
[14] § 195 Abs. 2.
[15] §§ 196, 305 ff.
[16] *Bayer* in Lutter Rn 12.
[17] § 8 Abs. 2 Satz 1 AktG.
[18] § 8 Abs. 3 AktG.
[19] *Stratz* in Schmitt/Hörtnagl/Stratz § 263 Rn 8.
[20] Siehe Rn 11 f.
[21] § 266 Abs. 3 Satz 1.
[22] Siehe Rn 8.

§ 267   Fünftes Buch. Formwechsel

vollen Geschäftsanteilen bzw. Aktien zusammenführen und sich dabei entweder zur gemeinsamen Ausübung zusammenschließen oder ihre Teilrechte poolen (zB in Form einer GbR-Gesellschaft[23] oder durch Treuhandverhältnisse).

15 Für Teilrechte eines Geschäftsanteils bei einer GmbH fehlt eine entsprechende Regelung. Zutreffend wenden *Bayer*[24] und *Schwarz*[25] daher § 57 k GmbHG (für die Kapitalerhöhung) entsprechend auf den Formwechsel in eine GmbH an. Gleiches muss auch gelten für Abs. 3 Satz 2.

16 Gem. § 57 k GmbHG sind im Zuge einer Kapitalerhöhung entstehende Teilrechte eines GmbH-Anteils in gleicher Weise suspendiert wie Aktien-Teilrechte nach § 213 AktG bei der Kapitalerhöhung einer AG. Der tatsächliche Entstehungsgrund für solche Teilrechte ist stets eine Berechnungs- bzw. Zuordnungsunschärfe. Dies trifft auch auf den Formwechsel in eine AG/KGaA zu, wie sich aus Abs. 2 Satz 1 unmittelbar ergibt. Es ist kein Grund ersichtlich, Teilrechte eines GmbH-Geschäftsanteils anders zu behandeln als Aktien-Teilrechte.

3. Rechte Dritter am Geschäftsguthaben

17 **Rechte Dritter am Geschäftsguthaben** bleiben nach Abs. 1 Satz 2 durch den Formwechsel unberührt (dingliche Surrogation) und setzen sich an den Anteilen in der neuen Rechtsform bzw. etwaigen Teilrechten fort.

18 Rechte Dritter können bei einer eG weder am Geschäftsanteil noch am Geschäftsguthaben bestehen. Denn der Geschäftsanteil ist als abstrakte Höchstgrenze der Beteiligung nicht übertragbar[26]. Er begründet keine Gesellschafterrechte. Das Geschäftsguthaben ist zwar übertragbar[27], kann aber wegen § 22 Abs. 4 GenG nicht belastet werden. Abs. 1 Satz 2 ist daher dahin gehend auszulegen, dass die insoweit zulässigen Rechte Dritter am Auseinandersetzungsguthaben[28] gemeint sind[29].

§ 267 Benachrichtigung der Anteilsinhaber

(1) Das Vertretungsorgan der Gesellschaft neuer Rechtsform hat jedem Anteilsinhaber unverzüglich nach der Bekanntmachung der Eintragung der Gesellschaft in das Register deren Inhalt sowie die Zahl und, mit Ausnahme von Stückaktien, den Nennbetrag der Anteile und des Teilrechts, die auf ihn entfallen sind, in Textform mitzuteilen. Dabei soll auf die Vorschriften über Teilrechte in § 266 hingewiesen werden.

(2) Zugleich mit der Mitteilung ist deren wesentlicher Inhalt in den Gesellschaftsblättern bekanntzumachen. Der Hinweis nach Absatz 1 Satz 2 braucht in die Bekanntmachung nicht aufgenommen zu werden.

Übersicht

	Rn		Rn
I. Allgemeines	1	2. Bekanntmachung in den Gesellschaftsblättern	7
II. Einzelerläuterungen	2		
1. Persönliche Mitteilung	2		

---

[23] *Bayer* in Lutter Rn 11.
[24] *Bayer* in Lutter Rn 11.
[25] *Schwarz* in Widmann/Mayer Rn 5.
[26] Siehe Rn 4.
[27] Vgl. § 76 GenG.
[28] *Schaffland* in Lang/Weidmüller § 73 GenG Rn 3.
[29] *Stratz* in Schmitt/Hörtnagl/Stratz Rn 3.

I. Allgemeines

Die Vorschrift entspricht im Wesentlichen dem früheren § 385 l AktG aF, lediglich modifiziert hinsichtlich der zusätzlichen Zielrechtsform GmbH und KGaA. **1**

II. Einzelerläuterungen

1. Persönliche Mitteilung

Jedem Gesellschafter ist vom Inhalt der Eintragung des Formwechsels in Textform[1] unverzüglich Kenntnis zu geben. Die Mitteilung muss daher persönlich erfolgen, es sei denn, die Adresse des Gesellschafters ist unbekannt. Eine öffentliche Zustellung ist aber nicht erforderlich. In diesen Fällen verbleibt es bei der Veröffentlichung nach Abs. 2[2]. **2**

Die Mitteilung muss den Inhalt der Registereintragung wiedergeben, am einfachsten durch Wiedergabe des Textes[3]. **3**

Darüber hinaus ist gem. Abs. 1 Satz 1 dem einzelnen Gesellschafter seine individuelle Beteiligung in der neuen Rechtsform konkret nach Anzahl und Nennbetrag (außer bei Stückaktien) der Anteile mitzuteilen. Schließlich ist auch gem. Abs. 1 Satz 2 ein etwaiges Teilrecht anzugeben und in diesem Fall zugleich über die Folgen aus § 266 zu informieren. Diese konkreten Informationen sind notwendig, weil der Umwandlungsbeschluss normalerweise nur die abstrakte Umrechnungsformel angibt, ohne individuelle Werte zu nennen[4]. **4**

Weiterer Inhalt der Mitteilung ist beim Formwechsel in eine AG/KGaA die Aufforderung nach § 268[5]. **5**

Adressaten der Mitteilung sind sämtliche Anteilsinhaber in der neuen Rechtsform, soweit sie beschränkt haften (d. h. GmbH-Gesellschafter bzw. Aktionäre)[6], auch diejenigen, die bereits vor oder nach dem Umwandlungsbeschluss Widerspruch erhoben haben[7]. Nur bei denjenigen, die das Barabfindungsangebot bereits angenommen haben, kann auf die Mitteilung verzichtet werden[8]. **6**

2. Bekanntmachung in den Gesellschaftsblättern

Die **Bekanntmachung in den Gesellschaftsblättern** nach Abs. 2 hat zum gleichen Zeitpunkt zu erfolgen, zu dem die Mitteilung nach Abs. 1 erfolgt. **7**

Dabei ist der Inhalt der Eintragung im Handelsregister und mindestens die abstrakte Umrechnungsformel für die neue Beteiligung bekannt zu machen. Die individuelle Beteiligungsgrößen der Gesellschafter müssen dagegen nicht Gegenstand der Bekanntmachung sein[9]. **8**

Gleiches gilt für Teilrechte, auf deren Rechtsfolgen gem. Abs. 2 Satz 2 in der Bekanntmachung entsprechend auch nicht gesondert hingewiesen werden muss. **9**

---

[1] § 126 b BGB.
[2] *Schwarz* in Widmann/Mayer Rn 3; *Bayer* in Lutter Rn 3.
[3] *Stratz* in Schmitt/Hörtnagl/Stratz Rn 1.
[4] *Bayer* in Lutter Rn 4; *Schwarz* in Widmann/Mayer Rn 6.
[5] Siehe Erläuterungen zu § 268.
[6] *Schwarz* in Widmann/Mayer Rn 3.
[7] *Stratz* in Schmitt/Hörtnagl/Stratz Rn 2.
[8] *Stratz* in Schmitt/Hörtnagl/Stratz Rn 2; *Bayer* in Lutter Rn 3; *Schwarz* in Widmann/Mayer Rn 3.
[9] *Bayer* in Lutter Rn 6.

§ 268 Aufforderung an die Aktionäre; Veräußerung von Aktien

(1) In der Mitteilung nach § 267 sind Aktionäre aufzufordern, die ihnen zustehenden Aktien abzuholen. Dabei ist darauf hinzuweisen, daß die Gesellschaft berechtigt ist, Aktien, die nicht binnen sechs Monaten seit der Bekanntmachung der Aufforderung in den Gesellschaftsblättern abgeholt werden, nach dreimaliger Androhung für Rechnung der Beteiligten zu veräußern. Dieser Hinweis braucht nicht in die Bekanntmachung der Aufforderung in den Gesellschaftsblättern aufgenommen zu werden.

(2) Nach Ablauf von sechs Monaten seit der Bekanntmachung der Aufforderung in den Gesellschaftsblättern hat die Gesellschaft neuer Rechtsform die Veräußerung der nicht abgeholten Aktien anzudrohen. Die Androhung ist dreimal in Abständen von mindestens einem Monat in den Gesellschaftsblättern bekanntzumachen. Die letzte Bekanntmachung muß vor dem Ablauf von einem Jahr seit der Bekanntmachung der Aufforderung ergehen.

(3) Nach Ablauf von sechs Monaten seit der letzten Bekanntmachung der Androhung hat die Gesellschaft die nicht abgeholten Aktien für Rechnung der Beteiligten zum amtlichen Börsenpreis durch Vermittlung eines Kursmaklers und beim Fehlen eines Börsenpreises durch öffentliche Versteigerung zu veräußern. § 226 Abs. 3 Satz 2 bis 6 des Aktiengesetzes ist entsprechend anzuwenden.

Übersicht

	Rn		Rn
I. Allgemeines	1	2. Androhung der Veräußerung	7
II. Einzelerläuterungen	4	3. Veräußerung	9
1. Aufforderung zur Abholung der Aktien	4	4. Teilrechte	12

I. Allgemeines

1 Bei einem Formwechsel in eine AG/KGaA sind nach Abs. 1 in der Mitteilung an die Aktionäre und der Bekanntmachung nach § 267 Abs. 1 bzw. Abs. 2 ergänzende Hinweise zur Abholung der Aktien aufzunehmen.

2 Außerdem wird in Abs. 2 und 3 das Verfahren zur Behandlung nicht abgeholter Aktien geregelt.

3 Die Vorschrift entspricht im Wesentlichen dem § 214 AktG nach einer Kapitalerhöhung.

II. Einzelerläuterungen

1. Aufforderung zur Abholung der Aktien

4 Die **Aufforderung zur Abholung der Aktien**, die den Aktionären zustehen, muss gem. Abs. 1 Satz 1 sowohl in der persönlichen Mitteilung nach § 267 Abs. 1 als auch in der Bekanntmachung nach § 267 Abs. 2 enthalten sein[1].

5 Abholung meint den Abschluss des Begebungsvertrags und Übereignung der Aktienurkunde[2].

6 Zugleich mit der Aufforderung muss der Hinweis gegeben werden, dass die AG/KGaA zur Verwertung berechtigt ist, sofern die Aktien nicht binnen sechs Monaten zu der genau zu bezeichnenden Ort und Zeit abgeholt und die Verwertung in den Gesellschaftsblättern

---

[1] *Schwarz* in Widmann/Mayer Rn 3.
[2] *Schwarz* in Widmann/Mayer Rn 4; *Bayer* in Lutter Rn 4.

dreimal angedroht wurde. Dieser Hinweis kann in der Bekanntmachung nach § 267 Abs. 2 fehlen[3].

2. Androhung der Veräußerung

Die **Veräußerung** ist gem. Abs. 2 Satz 1 nach Ablauf von sechs Monaten seit der Aufforderung zur Abholung der Aktien durch Bekanntgabe in den Gesellschaftsblättern anzudrohen und gem. Abs. 2 Satz 2 und 3 mindestens zweimal mit einem Mindestabstand von je einem Monat, zuletzt vor Ablauf eines Jahres nach Bekanntmachung der Abholungsaufforderung, zu wiederholen. Wird dieses Verfahren nicht eingehalten, ist eine spätere Verwertung unzulässig[4].

Zur Veräußerung nicht abgeholter Aktien ist die Gesellschaft verpflichtet[5]. Adressat der Verpflichtung ist der Vorstand bzw. die geschäftsführenden persönlich haftenden Gesellschafter einer KGaA.

3. Veräußerung

Die **Veräußerung** nicht abgeholter Aktien darf gem. Abs. 3 nicht vor Ablauf von sechs Monaten seit der letzten Androhung der Veräußerung erfolgen.

Sie erfolgt entweder, bei börsennotierter AG/KGaA, durch Verkauf zum amtlichen Börsenpreis, wobei ein amtlicher Kursmakler einzuschalten ist, oder gem. Abs. 3 Satz 1 durch öffentliche Versteigerung.

Für letztere gelten gem. Abs. 3 Satz 2 neben den allgemeinen Bestimmungen der §§ 383 Abs. 2 und 3 Satz 1, 386 BGB die besonderen Vorschriften der § 226 Abs. 3 Satz 2 bis 6 AktG[6].

4. Teilrechte

Für **Teilrechte** fehlt es an einer gesetzlichen Regelung. Nach zutreffender Ansicht[7] ist auf Teilrechte § 268 entsprechend anzuwenden, da ansonsten eine Verselbstständigung der Teilrechte erfolgt, die vom Gesetzgeber gerade nicht gewollt ist[8].

§ 269 Hauptversammlungsbeschlüsse; genehmigtes Kapital

Solange beim Formwechsel in eine Aktiengesellschaft oder in eine Kommanditgesellschaft auf Aktien die abgeholten oder nach § 268 Abs. 3 veräußerten Aktien nicht insgesamt mindestens sechs Zehntel des Grundkapitals erreichen, kann die Hauptversammlung der Gesellschaft neuer Rechtsform keine Beschlüsse fassen, die nach Gesetz oder Satzung einer Kapitalmehrheit bedürfen. Das Vertretungsorgan der Gesellschaft darf während dieses Zeitraums von einer Ermächtigung zu einer Erhöhung des Grundkapitals keinen Gebrauch machen.

Übersicht

	Rn		Rn
I. Allgemeines	1	2. Grundlagenbeschlüsse	3
II. Einzelerläuterungen	2	3. Ausübung einer Kapitalerhöhungs-	
1. Bedeutung der 6/10-Grenze	2	ermächtigung	7

---

[3] § 268 Abs. 1 Satz 3; siehe Rn 4.
[4] *Stratz* in Schmitt/Hörtnagl/Stratz Rn 4.
[5] *Schwarz* in Widmann/Mayer Rn 4.
[6] Einzelheiten bei *Schwarz* in Widmann/Mayer Rn 8.
[7] *Schwarz* in Widmann/Mayer Rn 9; *Bayer* in Lutter Rn 11.
[8] Siehe § 266 Rn 10.

I. Allgemeines

1 Die Vorschrift übernimmt im Wesentlichen die bisherigen § 385 n Satz 2 iVm. § 385 l Abs. 4 Satz 1 und 2 AktG und erstreckt sie nun auch auf die KGaA.

II. Einzelerläuterungen

1. Bedeutung der 6/10-Grenze

2 Die **Bedeutung der 6/10-Grenze** liegt darin, dass wesentliche Entscheidungen über die Struktur der Gesellschaft erst getroffen werden können, wenn die bestimmte Mindestzahl an Aktien hieran mitwirken kann. Die Vorschrift dient daher vor allem dem Minderheitenschutz.

2. Grundlagenbeschlüsse

3 Sog. **Grundlagenbeschlüsse,** die also einer Kapitalmehrheit bedürfen, sind danach erst möglich, wenn mindestens 6/10 der Aktien abgeholt bzw. im Verfahren nach § 268 Abs. 3 veräußert worden sind.

4 Einer Kapitalmehrheit iSd. Vorschrift bedürfen Beschlüsse der Hauptversammlung, die über die einfache Mehrheit hinausgehen[1]. Die Gesellschaft bleibt daher zwar handlungsfähig, kann jedoch die beim Formwechsel festgelegte Struktur bis zur Erreichung der 6/10-Grenze nicht ändern.

5 Diese Regelung ist zwingend[2].

6 Kapitalmehrheiten[3] sind erforderlich bei Nachgründung[4], Satzungsänderungen[5], Kapitalerhöhung[6], genehmigtem Kapital[7], Kapitalherabsetzung[8], Auflösung[9], Fortsetzung nach Auflösung[10], Unternehmensverträge[11] und Eingliederung[12].

3. Ausübung einer Kapitalerhöhungsermächtigung

7 Die **Ausübung einer Kapitalerhöhungsermächtigung**, die im Zuge des Formwechsels beschlossen wurde, ist dem Vertretungsorgan folgerichtig entsprechend bis zur Erreichung der 6/10-Grenze untersagt, auch um eine Überfremdung der Gesellschaft zu verhindern, da die nicht abgeholten Aktien noch nicht bezugsberechtigt sind[13].

---

[1] *Schwarz* in Widmann/Mayer Rn 2; *Bayer* in Lutter Rn 4.
[2] *Bayer* in Lutter Rn 4.
[3] Siehe Rn 4.
[4] § 52 AktG.
[5] § 179 Abs. 2 AktG.
[6] §§ 182 Abs. 1, 193 Abs. 1 AktG.
[7] § 202 Abs. 2 AktG.
[8] §§ 222 Abs. 1, 229 Abs. 3 AktG.
[9] § 262 Abs. 1 Ziff. 2 AktG.
[10] § 274 Abs. 1.
[11] §§ 293 Abs. 1, 295 AktG.
[12] §§ 319 Abs. 2, 320 Abs. 1 AktG.
[13] *Schwarz* in Widmann/Mayer Rn 3; *Bayer* in Lutter Rn 5; *Stratz* in Schmitt/Hörtnagl/Stratz Rn 2.

§ 270 Abfindungsangebot

(1) Das Abfindungsangebot nach § 207 Abs. 1 Satz 1 gilt auch für jedes Mitglied, das dem Formwechsel bis zum Ablauf des dritten Tages vor dem Tage, an dem der Umwandlungsbeschluß gefaßt worden ist, durch eingeschriebenen Brief widersprochen hat.

(2) Zu dem Abfindungsangebot ist eine gutachtliche Äußerung des Prüfungsverbandes einzuholen. § 30 Abs. 2 Satz 2 und 3 ist nicht anzuwenden.

Übersicht

	Rn		Rn
I. Allgemeines	1	2. Erweiterung des Abfindungsangebots	7
II. Einzelerläuterungen	3	3. Gutachtliche Äußerung des Prüfungsverbands	8
1. Widerspruch als Voraussetzung des Abfindungsanspruchs	3		

I. Allgemeines

Das Abfindungsangebot nach § 207 steht nur denjenigen Mitgliedern zu, die in der General-[1] bzw. als Vertreter in der Vertreterversammlung[2] Widerspruch zur Niederschrift erklärt haben. Abs. 1 erweitert den Kreis der Adressaten des Abfindungsangebots auch auf die Mitglieder, die gem. § 262 Abs. 1 Satz 2 vorab durch eingeschriebenen Brief dem Formwechsel widersprochen haben. 1

Darüber hinaus ordnet Abs. 2 eine gutachtliche Äußerung des gesetzlichen Prüfungsverbands der eG zu dem Abfindungsangebot an. 2

II. Einzelerläuterungen

1. Widerspruch als Voraussetzung für den Abfindungsanspruch

Der Widerspruch als Voraussetzung für den Abfindungsanspruch kann auf zweierlei Weise erhoben werden: 3

Zum einen, wenn das Mitglied an der Versammlung teilnimmt (bei einer Vertreterversammlung haben nur die Vertreter ein Teilnahme- und Stimmrecht[3]) und Widerspruch zur Niederschrift[4] und zum anderen, wenn er vor der Beschlussfassung durch eingeschriebenen Brief Widerspruch erklärt[5]. 4

Stratz[6] und auch *Dehmer*[7] wollen auch denjenigen Mitgliedern, die bei einer Vertreterversammlung keine Vertreter sind und deswegen in der Versammlung weder teilnahme- noch stimmberechtigt sind, in analoger Anwendung des § 90 Abs. 3 Satz 2 ebenfalls ein Widerspruchsrecht einräumen. Das ist abzulehnen, weil zum einen die betreffenden Mitglieder durch die Möglichkeit des Vorabwiderspruchs nach § 262 Abs. 1 Satz 2 ausreichend geschützt sind[8], zum anderen die besonderen Funktionen des Vorabwiderspruchs, nämlich 5

---

[1] § 43 GenG.
[2] § 43 a GenG.
[3] § 43 a Abs. 1 GenG; vgl. § 262 Rn 15.
[4] § 207 Abs. 1 Satz 1.
[5] § 262 Abs. 1 Satz 2; vgl. § 262 Rn 27 ff.
[6] *Stratz* in Schmitt/Hörtnagl/Stratz Rn 2.
[7] *Dehmer*[2] Rn 2.
[8] So auch *Schwarz* in Widmann/Mayer Rn 5; *Bayer* in Lutter Rn 6.

§ 271 Fünftes Buch. Formwechsel

den drohenden Kapitalabfluss kalkulierbar zu machen und die Abstimmung ggf. an höhere Mehrheiten zu binden, obsolet wären[9].

6 Die Annahme des Abfindungsangebots setzt nicht voraus, dass das Mitglied in der Versammlung[10] gegen den Formwechsel gestimmt hat[11].

2. Erweiterung des Abfindungsangebots

7 Die Erweiterung des Abfindungsangebots nach Abs. 1 Satz 1 auf die Vorabwidersprechenden ist notwendig, weil ansonsten deren Widerspruch leer laufen würde, insbesondere wenn sie nicht als Vertreter in der Vertreterversammlung stimmberechtigt sind. Denn nach § 207 Abs. 1 Satz 1 kann der Widerspruch nur zur Niederschrift in der beschließenden Versammlung erklärt werden.

3. Gutachtliche Äußerung des Prüfungsverbands

8 Die nach Abs. 2 erforderliche gutachtliche Äußerung des Prüfungsverbands[12] folgt aus dessen besonderen Funktion und Aufgabenstellung[13].

9 Die gutachtliche Äußerung zur Angemessenheit des Barabfindungsangebots, das sich an den wahren Werten orientieren muss[14], ist Teil des Prüfungsgutachtens gem. § 259[15] und ist schriftlich zu erstatten.

10 Auf die gutachtliche Äußerung des Prüfungsverbands ebenso wie auf das Prüfungsgutachten nach § 259 kann nicht verzichtet werden, da Abs. 2 Satz 2 § 30 Abs. 2 Satz 3 ausdrücklich für unanwendbar erklärt.

§ 271 Fortdauer der Nachschußpflicht

Wird über das Vermögen der Gesellschaft neuer Rechtsform binnen zwei Jahren nach dem Tage, an dem ihre Eintragung in das Register nach § 201 Satz 2 als bekanntgemacht gilt, das Insolvenzverfahren eröffnet, so ist jedes Mitglied, das durch den Formwechsel die Rechtsstellung eines beschränkt haftenden Gesellschafters oder eines Aktionärs erlangt hat, im Rahmen der Satzung der formwechselnden Genossenschaft (§ 6 Nr. 3 des Genossenschaftsgesetzes) zu Nachschüssen verpflichtet, auch wenn es seinen Geschäftsanteil oder seine Aktie veräußert hat. Die §§ 105 bis 115 a des Genossenschaftsgesetzes sind mit der Maßgabe entsprechend anzuwenden, daß nur solche Verbindlichkeiten der Gesellschaft zu berücksichtigen sind, die bereits im Zeitpunkt des Formwechsels begründet waren.

Übersicht

	Rn		Rn
I. Allgemeines	1	2. Insolvenzverfahren	7
II. Einzelerläuterungen	3	3. Personenkreis	10
1. Nachschusspflicht bei Formwechsel	3		

---

[9] § 262 Rn 29.
[10] Siehe Rn 5.
[11] Siehe § 262 Rn 23 f.; aA *Schmitz-Riol* S. 132 f.; *Schwarz* in Widmann/Mayer Rn 6; *Bayer* in Lutter Rn 6.
[12] §§ 53 ff. GenG.
[13] Vgl. § 259 Rn 3 ff.
[14] *Bayer* in Lutter Rn 8.
[15] Vgl. § 259 Rn 26.

I. Allgemeines

Die Vorschrift beruht auf § 385 q AktG aF und erstreckt sich nun auch auf die KGaA und die GmbH. **1**

Sie soll die Rechtsstellung der Gläubiger der bisherigen eG in einem bestimmten Zeitraum erhalten in den Fällen, in denen bei der eG eine Nachschusspflicht bestand[1]. **2**

II. Einzelerläuterungen

1. Nachschusspflicht bei Formwechsel

Die Nachschusspflicht bei einem Formwechsel, soweit eine solche in der Satzung der eG vorgesehen war, entfällt. **3**

Gem. § 6 Ziff. 3 GenG muss die Satzung Bestimmungen darüber enthalten, ob die Mitglieder im Fall der Insolvenz unbeschränkte, beschränkte oder gar keine Nachschüsse zu leisten haben. Bei einer beschränkten Nachschusspflicht darf die in der Satzung betragsmäßig festzulegende sog. Haftsumme, bis zu der das Mitglied höchstens in Anspruch genommen werden kann, nicht niedriger sein als der Geschäftsanteil[2]. **4**

Bei der Kapitalgesellschaft ist die Haftung grundsätzlich auf das Gesellschaftsvermögen beschränkt. Ausnahmen bestehen lediglich bei den persönlich haftenden Gesellschaftern der KGaA und bei denjenigen Gesellschaften mit beschränkter Haftung, die im Gesellschaftsvertrag eine Nachschusspflicht vorsehen, was auch im Zuge eines Formwechsels denkbar ist[3]. **5**

Ansonsten werden die Mitglieder einer eG, die bisher eine Nachschusspflicht in der Satzung vorgesehen hatte, durch den Formwechsel in die Kapitalgesellschaft privilegiert und die Gläubiger entsprechend benachteiligt. Dies soll durch eine auf zwei Jahre beschränkte Nachhaftung nach den Regeln der bisherigen genossenschaftlichen Nachschusspflicht[4] ausgeglichen werden. **6**

2. Insolvenzverfahren

Ein eröffnetes[5] **Insolvenzverfahren** der aus dem Formwechsel der eG hervorgegangenen Gesellschaft, und zwar binnen zwei Jahren nach Bekanntmachung des Formwechsels, ist objektive Voraussetzung der Nachhaftung. **7**

Der Ablehnungsbeschluss zur Eröffnung des Insolvenzverfahrens genügt daher nicht. Allerdings sind bei der Prüfung, ob eröffnet wird oder nicht, die zu erwartenden Nachschüsse aufgrund der Nachhaftung mit zu berücksichtigen[6], so dass in der Praxis dieser Fall kaum eintreten dürfte. **8**

Nachschüsse können gem. § 105 GenG nur in Höhe des Fehlbetrags, höchstens jedoch die Haftsumme, soweit eine solche in der Satzung der ehemaligen eG bestimmt war, und darüber hinaus nur für Verbindlichkeiten der ehemaligen eG geltend gemacht werden, die zum Zeitpunkt des Formwechsels begründet waren[7]. Neugläubigeransprüche bleiben daher iRd. Nachhaftung außen vor. Zum Verfahren der Einziehung der Nachschüsse wird auf die genossenschaftliche Spezialliteratur verwiesen. **9**

---

[1] *Bayer* in Lutter Rn 2.
[2] § 119 GenG. Zum Begriff siehe *Schulte* in Lang/Weidmüller § 7 GenG Rn 2 ff. und § 266 Rn 4. Zur Europäischen Genossenschaft siehe Einl. C Rn 64 ff.
[3] *Stratz* in Schmitt/Hörtnagl/Stratz Rn 1.
[4] §§ 105 bis 115 a GenG.
[5] § 27 InsO.
[6] *Bayer* in Lutter § 266 Rn 7.
[7] *Stratz* in Schmitt/Hörtnagl/Stratz § 45 Rn 4.

3. Personenkreis

10 Zum betroffenen Personenkreis gehören zum einen die zum Zeitpunkt des Formwechsels vorhandenen ehemaligen Mitglieder, die GmbH-Gesellschafter oder Aktionär, ggf. auch nur mit Teilrechten[8], geworden sind, auch wenn sie bei Annahme des Barabfindungsangebots anschließend aus der Gesellschaft ausgeschieden sind.

11 Schließlich verbleiben nach Satz 1 letzter Halbs. auch diejenigen ehemaligen Mitglieder in der Nachhaftung, die später ihren Geschäftsanteil bzw. ihre Aktien veräußert haben. Diesen gleichgestellt sind jene, deren Anteile im Verwertungsverfahren nach § 268 Abs. 3 durch die Gesellschaft veräußert wurden[9].

Vierter Abschnitt. Formwechsel rechtsfähiger Vereine

Erster Unterabschnitt. Allgemeine Vorschriften

§ 272 Möglichkeit des Formwechsels

(1) Ein rechtsfähiger Verein kann auf Grund eines Umwandlungsbeschlusses nur die Rechtsform einer Kapitalgesellschaft oder einer eingetragenen Genossenschaft erlangen.

(2) Ein Verein kann die Rechtsform nur wechseln, wenn seine Satzung oder Vorschriften des Landesrechts nicht entgegenstehen.

Übersicht

	Rn		Rn
I. Allgemeines	1	1. Rechtsfähiger Verein als formwechselnder Rechtsträger	9
1. Sinn und Zweck der Norm	1	2. Neue Rechtsform	13
2. Entstehungsgeschichte	4	III. Allgemeine Einschränkungen	15
3. Umwandlungen von Vereinen außerhalb des UmwG	5	1. Vorbehalt der Satzung	15
		2. Vorbehalt des Landesrechts	18
II. Formwechselmöglichkeiten des Vereins	8	IV. Ablauf des Formwechsels rechtsfähiger Vereine und dessen Besonderheiten	19

Literatur: *Ballerstedt*, Mitgliedschaft und Vermögen beim rechtsfähigen Verein, FS Knur, 1972, S. 1; *Bergeest*, Die Verschmelzung des „Verein Hamburger Assecuradeure" mit dem „Verein Bremer Seeversicherer e. V." am 28. November 2000, FS Winter, 2002, S. 21; *Katschinski*, Die Umwandlung von Non-Profit-Organisationen, Non Profit Law Yearbook, 2001, S. 65; *ders.*, Die Verschmelzung von Vereinen, 1999; *Lettl*, Der vermögensrechtliche Zuweisungsgehalt der Mitgliedschaft beim Ideal-Verein, AcP 2003 (2003) 151; *ders.*, Wirtschaftliche Betätigung und Umstrukturierung von Ideal-Vereinen, DB 2000, 1449; *Oetker*, Der Wandel vom Ideal- zum Wirtschaftsverein, NJW 1991, 385; *Petersen*, Schenkungsteuer bei der identitätswahrenden Umwandlung eines Vereins in eine AG?, BB 1997, 1981; *Reichert*, Handbuch des Vereins- und Verbandsrechts, 10. Aufl. 2005; *Sauter/Schweyer/Waldner*, Der eingetragene Verein, 18. Aufl. 2005; *Stöber*, Handbuch des Vereinsrechts, 9. Aufl. 2004. Siehe ferner Literaturverzeichnisse zu §§ 99 und 149.

I. Allgemeines

1. Sinn und Zweck der Norm

1 Der Gesetzgeber wollte vor allem wirtschaftlichen Vereinen mit den §§ 272 ff. die Möglichkeit geben, eine zeitgemäße Rechtsform anzunehmen. Hierfür habe sich in der Praxis

---

[8] *Bayer* in Lutter § 266 Rn 4.
[9] *Bayer* in Lutter § 266 Rn 4.

ein Bedürfnis gezeigt[1]. Er dachte dabei nicht nur an konzessionierte Vereine iSv. § 22 BGB, sondern auch an solche eingetragenen Vereine, die tatsächlich einen wirtschaftlichen Geschäftsbetrieb betreiben. Zur Vermeidung von Abgrenzungsschwierigkeiten, ob ein e. V. tatsächlich wirtschaftliche Zwecke verfolgt oder nicht, hat das Gesetz jedem rechtsfähigen Verein den Formwechsel in eine eG oder Kapitalgesellschaft ermöglicht[2].

Zulässig ist damit auch die Umwandlung eines eingetragenen Idealvereins und die Weiterverfolgung dessen ideellen Zwecks in der Rechtsform der Kapitalgesellschaft[3]. 2

Dass der Gesetzgeber bei der Formulierung der §§ 272 ff. vor allem wirtschaftlich tätige Vereine im Blick hatte, zeigt sich darin, dass er sich bei ihrer Schaffung stark an den Vorschriften der Umwandlung einer eG oder eines VVaG in eine AG nach altem Recht orientierte[4]. 3

2. Entstehungsgeschichte

Vor Inkrafttreten des UmwG 1994 war die Umwandlung von Vereinen nur in sehr engen Rahmen möglich[5]. §§ 63 e bis 63 i GenG aF normierten die Verschmelzung genossenschaftlicher Prüfungsverbände in der Rechtsform des Vereins. Das alte UmwG regelte in § 62 UmwG aF nur die Umwandlung von wirtschaftlichen Altvereinen. Vorgängerregelungen zu den §§ 272 ff., die generell den Formwechsel rechtsfähiger Vereine zuließen, existierten nicht. 4

3. Umwandlungen von Vereinen außerhalb des UmwG

Als nicht gesetzlich geregelte Umwandlung ist bereits seit Inkrafttreten des BGB der sog. vereinsrechtliche Rechtsformwechsel in der Rspr.[6] und im Schrifttum[7] anerkannt. Dieser betrifft den Wechsel zwischen den Vereinsklassen, also die Konstellation, dass einem e. V., der sich überwiegend wirtschaftlich betätigt, die staatliche Genehmigung gem. § 22 BGB auf Antrag erteilt wird und er sich im Vereinsregister austragen lässt. Auch die umgekehrte Gestaltung des Wechsels vom wirtschaftlichen Verein in den e. V. ist im Wege des vereinsrechtlichen Rechtsformwechsels möglich. Hierzu muss sich der Verein im Vereinsregister eintragen lassen. Anschließend gibt er seine Konzession zurück[8]. Das Rechtsinstitut des vereinsrechtlichen Rechtsformwechsels geht zurück auf die Beratungen des BGB. In ihnen ist die Einführung einer ausdrücklichen Regelung über den Wechsel vom eingetragenen zum wirtschaftlichen Verein vorgeschlagen worden. Dieser Vorschlag konnte sich nicht durchsetzen. Er wurde mit dem Hinweis abgelehnt, dass die Lösung dieser Frage der Rechtsprechung und Literatur überlassen werden solle[9]. 5

---

[1] RegBegr. *Ganske* S. 255.
[2] RegBegr. *Ganske* S. 254.
[3] Nach § 1 GmbHG, § 3 AktG können die GmbH und AG zu jedem gesetzlich zulässigen Zweck errichtet werden, somit auch zur Verfolgung ideeller Zwecke.
[4] Vgl. auch *Krieger* in Lutter Rn 2.
[5] Siehe hierzu auch § 99 Rn 2 ff.
[6] *OLG Hamburg* OLGZ 59, 152, 158.
[7] *Steffen* in RGRK § 71 BGB Rn 3; *Reuter* in MünchKomm.³ § 41 BGB Rn 7; *Oetker* NJW 1991, 385, 391; *Stöber* Rn 768 f.; *Reichert* Rn 4200 ff.
[8] *Reichert* Rn 4201 und *Stöber* Rn 769; siehe hierzu auch die Schilderung von *Bergeest*, FS Winter, S. 21, 27 ff. zur Umwandlung des Vereins Hamburger Assecuradeure.
[9] *Mügdan* I, S. 653 f. Die Rechtsgrundlage des vereinsrechtlichen Rechtsformwechsels ist bis heute umstritten. Überwiegend wird seine Zulässigkeit damit begründet, dass der Verein im Zeitraum nach der Verleihung der staatlichen Genehmigung und der anschließenden Löschung im Vereinsregister seine Rechtsfähigkeit aus zwei Quellen speise; *BayObLG* OLGZ 59, 152, 158; *Steffen* in RGRK § 71 BGB Rn 3; *Reichert* Rn 4201; *Oetker* NJW 1991, 385, 391. Nach aA soll in diesem Fall die staatliche Genehmigung unter der aufschiebenden Bedingung der Löschung des Vereins im Vereinsregister stehen; *K. Schmidt* Verbandszweck S. 310 ff. Dagegen ist zu Recht eingewandt worden, dass bei rechtsgestaltenden Verwaltungsakten die Hinzufügung von aufschiebenden Bedingungen gem. § 36 VwVfG unzulässig sei; *OVG Hamburg* NJW 1975, 1900, 1902; *Reichert* Rn 276; *Oetker* NJW 1991, 391; *Reuter* in

6 Ferner kann sich nach heute hM[10] ein e. V. durch Verzicht auf seine Rechtsfähigkeit identitätswahrend in einen nicht rechtsfähigen Verein umwandeln, wenn von seinen Mitgliedern gleichzeitig die Fortsetzung in dieser Rechtsform beschlossen wird. Ein zwingendes Liquidationsgebot – wie es früher im Schrifttum[11] angenommen wurde – steht dem nicht entgegen[12]. Umgekehrt ist anerkannt, dass ein nicht rechtsfähiger Verein durch Registrierung im Vereinsregister identitätswahrend bzw. kontinuitätswahrend die Rechtsform eines e. V. erlangen kann[13].

7 Der vereinsrechtliche Rechtsformwechsel und die Umwandlung eines nicht rechtsfähigen Vereins in einen e. V. durch Registrierung bzw. der Verzicht eines e. V. auf seine Rechtsfähigkeit sind nach dem Inkrafttreten des neuen UmwG 1994 weiterhin möglich. Das Analogieverbot des § 1 Abs. 2 steht dem nicht entgegen[14]. Es gilt nur für die Umwandlungen nach dem UmwG im Wege der vollständigen oder partiellen Gesamtrechtsnachfolge und den Formwechsel gem. §§ 190 ff. Die Umstrukturierungen nach allgemeinen Regeln, die sich in der Praxis entwickelt haben, werden vom UmwG nicht erfasst und sollen ausweislich der Gesetzesbegründung nicht durch § 1 Abs. 2 verboten werden[15].

II. Formwechselmöglichkeiten des Vereins

8 Die Norm konkretisiert die Regelung des § 191 Abs. 1 Nr. 4 näher. Sie schränkt die nach § 191 an sich denkbaren Rechtsträger neuer Rechtsform beim Formwechsel eines rechtsfähigen Vereins weiter ein und regelt in Abs. 2 allgemeine Beschränkungen für eine solche Umwandlung.

1. Rechtsfähiger Verein als formwechselnder Rechtsträger

9 Rechtsfähige Vereine können nur formwechselnde Rechtsträger sein[16]. Gemeint sind damit eingetragene Vereine[17] und konzessionierte wirtschaftliche Vereine[18]. Letzteren werden altrechtliche Vereine gleichgestellt[19], auf die Art. 163 EGBGB Anwendung findet[20]. Formwechselfähig sind schließlich auch aufgelöste rechtsfähige Vereine[21], sofern sie ihre Fortsetzung in der bisherigen Rechtsform beschließen könnten.

MünchKomm.³ § 41 BGB Rn 7. Auch führt die Bedingungskonstruktion dazu, dass für eine juristische Sekunde der Verein zum Liquidationsverein würde. Nach richtiger Auffassung stützt beim vereinsrechtlichen Formwechsel der Verein seine Rechtsfähigkeit auf zwei Grundlagen. Nur so ist auch der umgekehrte Weg des vereinsrechtlichen Rechtsformwechsels aus dem wirtschaftlichen Verein in den e. V. zu erklären.

[10] *K. Schmidt* Verbandszweck S. 295 ff.; *K. Schmidt* GesR § 24 VII 2 b, S. 731; *Hadding* in Soergel Vor § 41 BGB Rn 4; *H. P. Westermann* in Erman § 43 BGB Rn 4; *Weick* in Staudinger § 47 BGB Rn 1; *Reuter* in MünchKomm. §§ 43, 44 BGB Rn 3; *Reichert* Rn 3793 ff.; *Stöber* Rn 764 ff.; *Kollhosser* ZIP 1984, 1437 ff.; *Böttcher* RPfleger 1988, 173 f.; *Oetker* NJW 1991, 389.
[11] *Flume*, Die juristische Person, 1983, § 6 I, S. 182; *Enneccerus/Nipperdey*, Allgemeiner Teil des Bürgerlichen Rechts, 1959, 1. Halbband, § 113 II 5, S. 685; für eine Liquidation im vereinfachten Verfahren für diesen Fall *Coing* in Staudinger¹² § 41 BGB Rn 15 a; *Steffen* in RGRK § 47 BGB Rn 2; *Sauter/Schweyer/Waldner* Rn 401.
[12] Anders bei wirtschaftlichen Vereinen, vgl. *Reuter* in MünchKomm. § 41 BGB Rn 4.
[13] RGZ 85, 350; BGH WM 1978, 115; *Wiedemann/Thüsing* WM 1999, 2238 ff.; *Reichert* Rn 309.
[14] Vgl. *Wiedemann/Thüsing* WM 1999, 2242; *Reuter* in MünchKomm § 41 BGB Rn 3, §§ 43, 44 BGB Rn 1 mwN.
[15] Einl. A Rn 82 ff; § 1 Rn 59 f.; *Stratz* in Schmitt/Hörtnagl/Stratz § 1 Rn 58.
[16] § 191 Abs. 1 Nr. 4.
[17] § 21 BGB.
[18] § 22 BGB.
[19] § 317 Satz 1; § 99 Rn 55 f.; § 317 Rn 3.
[20] AA *Vossius* in Widmann/Mayer Rn 8.
[21] § 191 Abs. 3.

Der Vorverein kann sich dagegen nicht an einem Formwechsel als Ausgangsrechtsträger beteiligen[22]. Er muss vielmehr zunächst durch Eintragung im Register oder Genehmigung durch die Aufsichtsbehörde die Rechtsfähigkeit erlangen. Statthaft ist es allerdings, dass ein solcher Vorverein bereits unter der aufschiebenden Bedingung der vorherigen Registrierung bzw. der Erlangung der Rechtsfähigkeit durch Genehmigung seinen Formwechsel beschließt. Vollzogen werden kann allerdings ein derartiger Beschluss erst nach Registrierung bzw. Genehmigung des Vereins.

Ebenfalls nicht beteiligungsfähig an einem Formwechsel ist der nicht rechtsfähige Verein. Soweit er sich allerdings als e. V. registrieren lässt, kann er anschließend als solcher nach Maßgabe der §§ 272 ff. umgewandelt werden.

Nicht umwandlungsfähig sind ausländische Vereine[23]. Dies gilt selbst dann, wenn ihnen nach § 23 BGB die Rechtsfähigkeit im Inland verliehen worden ist[24].

2. Neue Rechtsform

Ein rechtsfähiger Verein kann sich nur in eine Kapitalgesellschaft, also AG, GmbH oder KGaA, oder eine eG umwandeln[25]. Ein Formwechsel in eine GbR, Personenhandelsgesellschaft oder Partnerschaftsgesellschaft ist hingegen nicht zulässig. Der Gesetzgeber meinte, dass hierfür kein praktisches Bedürfnis bestehe[26].

Unter Anwendung allgemeiner Regeln kann allerdings ein Formwechsel eines rechtsfähigen Vereins in eine Personengesellschaft dadurch vollzogen werden, dass der Verein auf seine Rechtsfähigkeit verzichtet und seine Fortsetzung als nicht rechtsfähiger Verein beschließt[27]. Als solcher unterliegt er nach § 54 BGB den Vorschriften der GbR. Nimmt der Verband nunmehr ein Handelsgewerbe auf oder lässt er sich im Handelsregister registrieren, erlangt er die Rechtsform der OHG oder KG[28].

III. Allgemeine Einschränkungen

1. Vorbehalt der Satzung

Der Vorbehalt, dass die Satzung einem Formwechsel entgegensteht, ist für alle Vereine relevant. Entgegenstehende Satzungsbestimmungen iSd. Norm sind nicht nur solche, die ausdrücklich einen Formwechsel des Vereins untersagen, sondern auch solche, die sinngemäß einer derartigen Umwandlung entgegenstehen[29]. Letzteres ist im Einzelfall durch eine Auslegung festzustellen.

Eine entgegenstehende Satzungsregelung muss vor einem Formwechsel zunächst geändert werden[30]. Ausreichend ist auch eine gleichzeitige Änderung[31].

Unproblematisch ist eine Änderung der entgegenstehenden Satzungsklausel, wenn für ihre Änderung die gleichen oder geringere Mehrheiten oder Erfordernisse wie für den Formwechselbeschluss bestehen. Sofern der Formwechsel in der Mitgliederversammlung beschlossen wird, wird sich regelmäßig auch eine Mehrheit für die zu seiner Durchführung

---

[22] *Vossius* in Widmann/Mayer Rn 8.
[23] Siehe auch § 99 Rn 57; *Krieger* in Lutter Rn 5.
[24] *Vossius* in Widmann/Mayer Rn 8.
[25] § 272 Abs. 1.
[26] Vgl. RegBegr. *Ganske* S. 255.
[27] Nach hM besteht kein Liquidationsgebot für diesen Fall; *Reuter* in MünchKomm § 41 BGB Rn 3, §§ 43, 44 BGB Rn 1 mwN.
[28] Vgl. *Vossius* in Widmann/Mayer § 272 Rn 5 ff.; *Krieger* in Lutter Rn 7.
[29] *Krieger* in Lutter Rn 6.
[30] *Stratz* in Schmitt/Hörtnagl/Stratz Rn 2.
[31] Vgl. auch § 99 Rn 25.

erforderliche Satzungsänderung finden. Eine Satzungsklausel bildet daher nur dann eine effektive Umwandlungssperre, wenn für ihre Änderung besondere Erfordernisse einzuhalten sind.

2. Vorbehalt des Landesrechts

18 Der Vorbehalt landesgesetzlicher Regelungen betrifft in erster Linie wirtschaftliche Vereine. Sie erlangen nach § 22 BGB durch staatliche Verleihung ihre Rechtsfähigkeit. Ferner bedarf die Änderung ihrer Satzung gem. § 33 Abs. 2 BGB der Genehmigung. Das Landesrecht regelt die Erteilung dieser Genehmigungen. Der Gesetzgeber hielt es für möglich, dass derartige landesrechtlichen Vorschriften einem Formwechsel entgegenstehen[32]. Durch § 272 Abs. 2 will er ihre Beachtung sicherstellen. Allerdings sind derzeit einem Formwechsel entgegenstehende landesrechtliche Regelungen nicht ersichtlich.

IV. Ablauf des Formwechsels rechtsfähiger Vereine und dessen Besonderheiten

19 Das Formwechselverfahren bestimmt sich nach den §§ 190 ff., 272 ff. Für die Umwandlung eines Vereins in eine Kapitalgesellschaft oder eG sind folgende Voraussetzungen zu beachten:
– Erstattung des Umwandlungsberichts[33];
– Prüfung des Abfindungsangebots[34];
– Einberufung der Mitgliederversammlung nebst Auslegung des Umwandlungsberichts in dem Geschäftsraum und Versendung auf Verlangen[35];
– Auslegung des Umwandlungsberichts und dessen Erläuterung in der Mitgliederversammlung[36];
– Beschlussfassung in der Mitgliederversammlung[37];
– Gründungsprüfung beim Formwechsel in eine AG oder KGaA[38];
– Anmeldung und Eintragung des Formwechsels[39];
– Bekanntmachung des Formwechsels[40];
– Benachrichtigung der Anteilsinhaber bzw. Genossen[41].

Zweiter Unterabschnitt. Formwechsel in eine Kapitalgesellschaft

§ 273 Möglichkeit des Formwechsels

Der Formwechsel ist nur möglich, wenn auf jedes Mitglied, das an der Gesellschaft neuer Rechtsform beteiligt wird, als beschränkt haftender Gesellschafter ein durch zehn teilbarer Geschäftsanteil von mindestens fünfzig Euro oder als Aktionär mindestens eine volle Aktie entfällt.

---

[32] *Krieger* in Lutter § 272 Rn 6.
[33] §§ 192, 274 Abs. 1, 283 Abs. 1, 229.
[34] §§ 208, 30 Abs. 2.
[35] §§ 283 Abs. 1, 274 Abs. 1, 229, 230 Abs. 2, 231 Satz 1, 260 Abs. 1.
[36] §§ 283 Abs. 2, 274 Abs. 2, 239.
[37] §§ 193, 194, 275, 276, 284, 285.
[38] §§ 197, 277, 264 iVm. §§ 33 bis 35 AktG.
[39] §§ 198, 199, 286, 254, 278, 222 Abs. 1 und 3.
[40] §§ 201, 279, 287.
[41] §§ 289 Abs. 2, 256 Abs. 3, 281, 267, 268.

Übersicht

	Rn		Rn
II. Allgemeines	1	II. Inhalt	3

Literatur: Siehe Literaturverzeichnis zu § 272.

I. Allgemeines

Vorbild für die Regelung des § 273 war § 385 b Abs. 1 Satz 2 AktG aF, der die formwechselnde Umwandlung eines VVaG in eine Versicherungs-AG betraf[1]. Entsprechende Regelungen enthalten die §§ 258 Abs. 2, 291 Abs. 2. Die Norm ist durch das EuroEG vom 9. 6. 1998[2] neu gefasst worden. 1

§ 273 regelt die Mindestbeteiligung der Vereinsmitglieder an der neuen Kapitalgesellschaft. Er stellt sicher, dass jedes Vereinsmitglied an dem neuen Rechtsträger beteiligt wird. Letzteres wird durch die Norm dadurch erleichtert, dass sie die Mindestbeteiligung des § 5 Abs. 1 GmbHG und das Teilbarkeitserfordernis des § 5 Abs. 3 Satz 2 GmbHG herabsetzt. 2

II. Inhalt

Beim Formwechsel in eine GmbH sind die Geschäftsanteile so festzusetzen, dass auf jedes Vereinsmitglied ein durch zehn teilbarer Geschäftsanteil von mindestens € 50 entfällt[3]. Bei der Umwandlung in eine AG oder KGaA muss jedes Vereinsmitglied eine volle Aktie erhalten. Erforderlich ist hierfür nach § 8 Abs. 2 und 3 Satz 3 AktG, dass jede Aktie einen Mindestnennbetrag bzw. bei Stückaktien einen rechnerischen Anteil am Grundkapital von mindestens € 1 hat. 3

Die Ursprungsfassung der Norm verlangte noch Mindestteilrechte von zehn Deutschen Mark, obwohl das AktG 5-DM-Aktien[4] zuließ. Durch das EuroEG ist der Wortlaut des § 273 geändert und den nunmehr geltenden Mindestbeträgen des AktG angepasst worden. 4

§ 274 Vorbereitung und Durchführung der Mitgliederversammlung

(1) **Auf die Vorbereitung der Mitgliederversammlung, die den Formwechsel beschließen soll, sind die §§ 229, 230 Abs. 2, § 231 Satz 1 und § 260 Abs. 1 entsprechend anzuwenden.** § 192 Abs. 2 bleibt unberührt.

(2) **Auf die Mitgliederversammlung, die den Formwechsel beschließen soll, ist § 239 entsprechend anzuwenden.**

Übersicht

	Rn		Rn
I. Allgemeines	1	2. Einberufung der Mitgliederversammlung und Ankündigung der Beschlussfassung	5
II. Inhalt	2		
1. Umwandlungsbericht	2		

---

[1] RegBegr. *Ganske* S. 256.
[2] BGBl. I S. 1242.
[3] Vgl. zur Bestimmung des Umtauschverhältnisses auch § 276 Rn 6 ff.
[4] Vgl. zu den mit der Ursprungsfassung verbundenen Auslegungsfragen *Krieger* in Lutter[1] Rn 4; *Vossius* in Widmann/Mayer Rn 10 ff.

	Rn		Rn
3. Auslegung des Umwandlungsberichts ...	8	III. Rechtsfolgen des Verstoßes gegen § 274	10
4. Durchführung der Mitgliederversammlung	9		

Literatur: Siehe Literaturverzeichnis zu § 272.

I. Allgemeines

1 Die Norm regelt die Vorbereitung und Durchführung der Mitgliederversammlung des Vereins, die nach § 193 den Formwechsel in eine Kapitalgesellschaft beschließt. Sie ergänzt damit die §§ 192 und 193 sowie die Allgemeinen vereinsrechtlichen Regelungen über die Einberufung und Durchführung einer Mitgliederversammlung. Für die Vorbereitung der Mitgliederversammlung gelten dabei bezüglich der Unterrichtung und Information der Mitglieder dieselben Grundsätze wie beim Formwechsel einer eG in eine Kapitalgesellschaft[1]. Der Gesetzgeber[2] geht ausweislich der Gesetzesgründung davon aus, dass die Vereinsmitglieder wie die Genossen einer eG schutzbedürftiger sind als Anteilseigner einer Kapitalgesellschaft. Für die Durchführung der Mitgliederversammlung sieht der Gesetzgeber dagegen das gleiche Verfahren wie beim Formwechsel einer Kapitalgesellschaft in eine Kapitalgesellschaft anderer Rechtsform bzw. einer eG vor[3].

II. Inhalt

1. Umwandlungsbericht

2 Der Vorstand des Vereins hat einen Umwandlungsbericht aufzustellen, in dem der Formwechsel – insbesondere die künftige Beteiligung der Vereinsmitglieder an dem neuen Rechtsträger – rechtlich und wirtschaftlich zu erläutern und zu begründen ist[4]. Sofern ein Barabfindungsangebot zu unterbreiten ist, ist auch dieses nach hM[5] zu erläutern und zu begründen. Den Schwerpunkt des Umwandlungsberichts bilden die Ausführungen zu der Beteiligung der Mitglieder am neuen Rechtsträger. Sofern nicht alle Mitglieder gleichmäßig, sondern nach einem der in § 276 Abs. 2 aufgeführten Maßstäbe an dem neuen Rechtsträger beteiligt werden sollen, ist hierauf im Umwandlungsbericht hinzuweisen und der gewählte Beteiligungsmaßstab ist zu begründen. Bestandteile des Umwandlungsberichts sind der Entwurf des Umwandlungsbeschlusses[6] und die Satzung der neuen Kapitalgesellschaft. Sinn und Zweck der Vermögensaufstellung ist es, die Anteilsinhaber und Mitglieder des formwechselnden Rechtsträgers über seine Vermögenslage zu unterrichten.

3 Der rechtspolitisch zweifelhafte[7] § 229 ist durch das Zweite Gesetz zur Änderung des Umwandlungsgesetzes ersatzlos aufgehoben worden. Der Verweis des § 274 Abs. 1 auf die Norm geht daher ins Leere. Er war bereits vor der Gesetzesänderung zu Recht kritisiert worden[8].

---

[1] § 260 Abs. 1.
[2] RegBegr. *Ganske* S. 256.
[3] § 239; RegBegr. *Ganske* S. 257.
[4] § 192 Abs. 1.
[5] *Mayer* in Widmann/Mayer § 192 Rn 44; *Decher* in Lutter § 192 Rn 30 ff.; *Meister/Klöcker* in Kallmeyer § 192 Rn 9; *Stratz* in Schmitt/Hörtnagl/Stratz § 192 Rn 15 jeweils mwN.
[6] § 192 Abs. 1 Satz 3.
[7] *Happ* in Lutter § 229 Rn 6; *Dirksen* in Kallmeyer § 229 Rn 1; *Stratz* in Schmitt/Hörtnagl/Stratz § 229 Rn 1; *Vossius* in Widmann/Mayer Rn 4.
[8] *Krieger* in Lutter Rn 3; *Stratz* in Schmitt/Hörtnagl/Stratz Rn 2; *Vossius* in Widmann/Mayer Rn 4.

Nach der Neufassung des § 192 durch das Zweite Gesetz zur Änderung des Umwandlungsgesetzes ist dem Umwandlungsbericht keine Vermögensaufstellung mehr beizufügen.

Ein Umwandlungsbericht ist entbehrlich, wenn alle Vereinsmitglieder in notariell beurkundeter Erklärung auf ihn verzichten oder ihre Zahl auf ein Mitglied herabgesunken ist und dem Verein noch nicht die Rechtsfähigkeit nach § 73 BGB entzogen worden ist[9]. Beide Fälle dürften in der Praxis selten vorkommen. 4

2. Einberufung der Mitgliederversammlung und Ankündigung der Beschlussfassung

Für die Einberufung, den Ort und die Zeit der Mitgliederversammlung, die den Formwechsel beschließt, gelten die allgemeinen Regeln. Maßgeblich sind danach die Bestimmungen der Satzung gem. § 58 Nr. 4 BGB. Enthält das Statut keine Regelung zu diesen Fragen, liegt die Einberufungszuständigkeit beim Vorstand[10]. Dieser hat auch Ort und Zeit der Versammlung zu bestimmen, sofern die Mitgliederversammlung dies nicht selbst durch Beschluss regelt und die Satzung hierzu schweigt. Die Auswahl des Vorstands muss dabei den Mitgliedern zumutbar sein[11]. Bei der Einberufung hat der Vorstand ferner eine angemessene Frist einzuhalten. Angesichts der Bedeutung des Formwechsels erscheint dabei die Einhaltung einer Frist von einem Monat analog § 123 Abs. 1 AktG interessengerecht[12]. Nach § 32 Abs. 1 Satz 2 BGB sind iRd. Einberufung die Gegenstände der Beschlussfassung zu bezeichnen. Aus § 274 Abs. 1 ergeben sich darüber hinaus Besonderheiten für die Einberufung der Mitgliederversammlung, die über den Formwechsel beschließt. Während die Form der Einberufung im Regelfall im Ermessen des Vorstands steht, sofern die Satzung hierzu schweigt, ist der Formwechselbeschluss in Textform[13] als Gegenstand der Beschlussfassung anzukündigen[14]. Die Ankündigung muss ferner die Mehrheiten angeben, die nach § 275 für den Formwechselbeschluss erforderlich sind[15]. Die Mitglieder sind danach darüber zu informieren, ob der Beschluss der Zustimmung aller Mitglieder bedarf[16] oder ob eine Dreiviertelmehrheit genügt[17] und ob nach der Satzung weitere Erfordernisse bestehen[18]. Hinzuweisen ist auch auf die Voraussetzungen des § 275 Abs. 2 Satz 2, unter denen sich das Mehrheitserfordernis des § 275 Abs. 2 Satz 1 auf eine Neunzehntelmehrheit erhöht. Bei der Umwandlung in eine KGaA sind schließlich die Mitglieder darüber zu informieren, dass dem Formwechsel alle Mitglieder zustimmen müssen, die die Rechtsstellung eines persönlich haftenden Gesellschafters erhalten sollen. Zuletzt ist auf die Möglichkeit der Erhebung eines Widerspruchs und auf die sich daraus ergebenden Rechtsfolgen hinzuweisen. Dies betrifft sowohl die Erhöhung des Mehrheitserfordernisses nach § 275 Abs. 2 Satz 2 als auch das Recht, nach Maßgabe der §§ 207 ff., 282 Abs. 1 aus der neuen Kapitalgesellschaft gegen Abfindung auszuscheiden[19]. Bei steuerbegünstigten Vereinen ist bei Vorliegen der Voraussetzungen des § 282 Abs. 2 darauf hinzuweisen, dass die §§ 207 ff. ausnahmsweise unanwendbar sind. 5

---

[9] §§ 192 Abs. 2, 274 Abs. 1 Satz 2. Vgl. auch *Stratz* in Schmitt/Hörtnagl/Stratz Rn 3; *Krieger* in Lutter Rn 2; *Vossius* in Widmann/Mayer Rn 23.
[10] *Sauter/Schweyer/Waldner* Rn 157; *Reichert* Rn 1152; *Stöber* Rn 415.
[11] *Sauter/Schweyer/Waldner* Rn 173 f.; *Reichert* Rn 1243 ff.
[12] Vgl. auch *Hadding* in Lutter §§ 101, 102 Rn 2; *Katschinski*, Die Verschmelzung von Vereinen, S. 137 jeweils für den Zustimmungsbeschluss zur Verschmelzung.
[13] § 126 b BGB.
[14] §§ 274 Abs. 1, 260 Abs. 1 Satz 1.
[15] §§ 260 Abs. 1 Satz 2, 274 Abs. 1.
[16] § 275 Abs. 1.
[17] § 275 Abs. 2.
[18] § 275 Abs. 2 Satz 3.
[19] Vgl. auch *Krieger* in Lutter Rn 7.

6 Der Einberufung ist das Abfindungsangebot nach § 207 beizufügen, soweit es nicht zuvor den Mitgliedern zugesandt worden ist[20]. Eine Veröffentlichung oder eine bloße Auslegung in dem Geschäftsraum des Vereins genügt nicht. Dies folgt im Umkehrschluss daraus, dass § 274 Abs. 1 auf § 231 Satz 2 bewusst nicht verweist. Der Gesetzgeber[21] geht davon aus, dass Vereinsmitglieder schutzbedürftiger als Inhaber von Anteilen an Kapitalgesellschaften sind. Er verlangt daher, dass diese stets individuell durch Übersendung des Abfindungsangebots informiert werden. Die Übersendungspflicht bezieht sich dabei nur auf das Angebot selber, nicht erforderlich ist es, dass auch der Prüfungsbericht nach §§ 208, 30 mit übersandt wird[22].

7 Die Einhaltung der besonderen Anforderungen der §§ 274, 231 Satz 1, 260 Abs. 1 ist verzichtbar. Der Einhaltung einer besonderen Form bedarf es dabei nicht[23]. Zum Zwecke der Beweissicherung sollte allerdings der Verzicht schriftlich erfolgen. Eine Abbedingung der §§ 231 Satz 1 und 260 Abs. 1 durch die Satzung ist dagegen nicht möglich. Dem steht § 1 Abs. 3 Satz 1 entgegen.

3. Auslegung des Umwandlungsberichts

8 Nach §§ 274 Abs. 1, 230 Abs. 2 Satz 1 ist von der Einberufung der Mitgliederversammlung an der Umwandlungsbericht in dem Geschäftsraum des Vereins zur Einsichtnahme auszulegen. Dadurch sollen sich die Vereinsmitglieder schon vor der Versammlung über die geplante Umwandlung und ihre rechtlichen sowie wirtschaftlichen Folgen informieren können. Hinsichtlich des Orts und Zeitpunkts der Auslegung gelten die gleichen Grundsätze wie bei § 101[24]. Ferner hat jedes Mitglied nach §§ 230 Abs. 2 Satz 2, 274 Abs. 1 Anspruch auf kostenlose Erteilung einer Abschrift des Berichts[25]. Auch auf die Einhaltung des § 230 Abs. 2 können die Mitglieder formlos verzichten. Hingegen kann die Norm nicht durch die Satzung abbedungen werden[26].

4. Durchführung der Mitgliederversammlung

9 Für die Durchführung der Mitgliederversammlung gelten die allgemeinen Grundsätze. Besonderheiten ergeben sich lediglich aus der Verweisung des § 274 Abs. 2 auf § 239. Danach ist der Umwandlungsbericht während der Versammlung auszulegen und zu ihrem Beginn zu erläutern[27]. Hierdurch sollen die Mitglieder über die geplante Umwandlung informiert werden. Die Erläuterungspflicht des Vorstands erstreckt sich dabei auf die Mindestangaben der §§ 194 Abs. 1, 276, die Satzung der neuen Kapitalgesellschaft und die Berechnung des Abfindungsangebots.

III. Rechtsfolgen des Verstoßes gegen § 274

10 Nach richtiger Auffassung[28] sind auf Mängel des Umwandlungsbeschlusses eines Vereins die §§ 241 ff. AktG entsprechend anwendbar[29]. Verstöße gegen § 274 führen danach

---

[20] §§ 231 Satz 1, 274 Abs. 1.
[21] RegBegr. *Ganske* S. 256; *Krieger* in Lutter Rn 9; *Stratz* in Schmitt/Hörtnagl/Stratz Rn 5; *Vossius* in Widmann/Mayer Rn 15.
[22] *Vossius* in Widmann/Mayer Rn 15.
[23] *Vossius* in Widmann/Mayer Rn 23 und § 231 Rn 15 bis 21 i; *Krieger* in Lutter Rn 8.
[24] Vgl. §§ 101, 102 Rn 10 f.
[25] Vgl. dazu auch die Ausführung zu §§ 101, 102 Rn 12.
[26] *Vossius* in Widmann/Mayer Rn 23 und § 230 Rn 55 bis 58; *Krieger* in Lutter Rn 10.
[27] § 239 Abs. 2.
[28] Vgl. § 275 Rn 12 Fn 35.
[29] Vgl. auch § 275 Rn 12.

regelmäßig nur zur Anfechtbarkeit des Beschlusses[30]. Für die Geltendmachung von Beschlussmängeln gelten die Beschränkungen der §§ 195, 196, 210. Insbesondere müssen Beschlussmängel nach § 195 innerhalb einer Monatsfrist geltend gemacht werden. Eine Verletzung der Auskunfts- und Berichtspflichten in Bezug auf das Barabfindungsangebot fällt nach der Rechtsprechung des BGH unter § 210, d. h. sie kann nur iRd. Spruchverfahrens geltend gemacht werden[31]. Ferner können Verstöße gegen § 274 Schadensersatzansprüche gegen die Vorstände nach Maßgabe der §§ 205, 206 begründen[32].

§ 275 Beschluß der Mitgliederversammlung

(1) Der Umwandlungsbeschluß der Mitgliederversammlung bedarf, wenn der Zweck des Rechtsträgers geändert werden soll (§ 33 Abs. 1 Satz 2 des Bürgerlichen Gesetzbuchs), der Zustimmung aller anwesenden Mitglieder; ihm müssen auch die nicht erschienenen Mitglieder zustimmen.

(2) In anderen Fällen bedarf der Umwandlungsbeschluß einer Mehrheit von mindestens drei Vierteln der erschienenen Mitglieder. Er bedarf einer Mehrheit von mindestens neun Zehnteln der erschienenen Mitglieder, wenn spätestens bis zum Ablauf des dritten Tages vor der Mitgliederversammlung wenigstens hundert Mitglieder, bei Vereinen mit weniger als tausend Mitgliedern ein Zehntel der Mitglieder, durch eingeschriebenen Brief Widerspruch gegen den Formwechsel erhoben haben. Die Satzung kann größere Mehrheiten und weitere Erfordernisse bestimmen.

(3) Auf den Formwechsel in eine Kommanditgesellschaft auf Aktien ist § 240 Abs. 2 entsprechend anzuwenden.

Übersicht

	Rn		Rn
I. Allgemeines	1	b) Mehrheitserfordernis beim Formwechsel ohne Zweckänderung	8
II. Umwandlungsbeschluss	2	c) Größere Mehrheiten und weitere Erfordernisse aufgrund Satzungsregelung	10
1. Zuständigkeit	2		
2. Form	8		
3. Beschlussmehrheiten	11	d) Beschlussmängel	12
a) Mehrheitserfordernis bei Änderung des Vereinszwecks	4	III. Formwechsel in eine KGaA	13

Literatur: Siehe Literaturverzeichnis zu § 272.

I. Allgemeines

§ 275 regelt die Mehrheitserfordernisse des Formwechselbeschlusses. Er unterscheidet dabei nach dem Vorbild des § 33 Abs. 1 BGB zwischen Umwandlungen mit und ohne Zweckänderung. Im ersten Fall ist die Zustimmung aller Vereinsmitglieder erforderlich, da kein Mitglied die Änderung des Verbandszwecks gegen seinen Willen hinnehmen muss. Durch § 275 Abs. 1 will der Gesetzgeber[1] eine Umgehung der grundlegenden Vorschrift des § 33

---

[30] So auch *Vossius* in Widmann/Mayer Rn 29; a A *Krieger* in Lutter Rn 13, der davon ausgeht, dass nach der von der Rspr. vertretenen Kausalitätstheorie bzw. der von der hM vertretenen Relevanztheorie grundsätzlich sämtliche Beschlussmängel zur Nichtigkeit eines Vereinsbeschlusses führen, es sei denn, der Mangel war nicht kausal bzw. relevant für die Beschlussfassung.
[31] Vgl. *BGH* WM 2001, 306 f.; bestätigt durch *BGH* WM 2001, 465 f.; siehe dazu auch § 210 Rn 5.
[32] *Vossius* in Widmann/Mayer Rn 31; *Stratz* in Schmitt/Hörtnagl/Stratz § 260 Rn 3.
[1] RegBegr. *Ganske* S. 257.

Abs. 1 Satz 2 BGB verhindern. Es gelten daher die gleichen Erfordernisse wie bei einer Satzungsänderung, die den Vereinszweck modifiziert. Im Fall des Formwechsels ohne Zweckänderung muss zumindest die Mehrheit von drei Vierteln erreicht werden, wie sie das Vereinsrecht für Satzungsänderungen[2] und für die Auflösung des Vereins vorsieht[3]. In Anlehnung an die Vorschriften über den Formwechsel von Genossenschaften[4] ist im letztgenannten Fall darüber hinaus eine Neunzehntelmehrheit erforderlich, wenn sich vor der Beschlussfassung eine qualifizierte Minderheit gegen den Formwechsel ausspricht. Für die Umwandlung eines Vereins in eine KGaA ist darüber hinaus die Zustimmung der künftigen persönlich haftenden Gesellschafter nach §§ 275 Abs. 3, 240 Abs. 2 notwendig.

II. Umwandlungsbeschluss

1. Zuständigkeit

2 Zuständig für den Umwandlungsbeschluss ist die Mitgliederversammlung. Der Beschluss kann nur in einer Versammlung gefasst werden[5]. Die Beschlussfassung im schriftlichen Verfahren[6] ist damit nicht statthaft. Eine verdrängende Übertragung der Zuständigkeit auf ein anderes Organ ist unzulässig[7]. Darunter fällt allerdings nicht der Fall, dass die Satzung die Kompetenz für die Fassung des Formwechselbeschlusses einer Delegiertenversammlung überträgt. Diese ist – wie § 43 a GenG belegt – kein anderes Organ, sondern eine besondere Ausgestaltung der Mitgliederversammlung[8]. Statthaft ist es ferner, dass die Satzung nach § 275 Abs. 2 Satz 3 die Zustimmung eines weiteren Vereinsorgans als weiteres Erfordernis regelt[9].

2. Form

3 Der Umwandlungsbeschluss ist notariell zu beurkunden[10].

3. Beschlussmehrheiten

4 **a) Mehrheitserfordernis bei Änderung des Vereinszwecks.** Bei einer Änderung des Vereinszwecks durch den Formwechsel ist für den Umwandlungsbeschluss entsprechend § 33 Abs. 1 Satz 2 BGB die Zustimmung aller in der Versammlung anwesenden Mitglieder erforderlich[11]. Darüber hinaus müssen auch alle nicht erschienenen Mitglieder dem Formwechsel in notariell beurkundeter Form zustimmen[12]. Während es nach § 40 BGB für Zweckänderungen gem. § 33 Abs. 1 Satz 2 BGB zulässig ist, dass die Satzung Abweichungen vom Einstimmigkeitserfordernis vorsieht, steht dem für den Formwechselbeschluss § 1 Abs. 3 entgegen[13].

---

[2] § 33 Abs. 1 Satz 1 BGB.
[3] § 41 Satz 2 BGB.
[4] § 262.
[5] § 193 Abs. 1 Satz 2.
[6] § 32 Abs. 2 BGB.
[7] § 1 Abs. 3.
[8] Vgl. bereits § 103 Rn 4.
[9] Vgl. bereits § 103 Rn 5, 20.
[10] § 193 Abs. 3 Satz 1.
[11] § 275 Abs. 1.
[12] §§ 275 Abs. 1 und 193 Abs. 3 Satz 1.
[13] So auch *Krieger* in Lutter Rn 5, der zu Recht darauf hinweist, dass es Sinn und Zweck des § 275 Abs. 1 ist, eine Umgehung des § 33 Abs. 1 Satz 2 zu verhindern. Danach hätte der Gesetzgeber an sich entsprechend § 40 BGB eine Herabsetzung des Einstimmigkeitserfordernisses zulassen können. Dies hat er jedoch nicht getan. AA *Vossius* in Widmann/Mayer Rn 5, der anscheinend davon ausgeht, dass entgegen § 1 Abs. 3 die Satzung das Einstimmigkeitserfordernis herabsetzen kann.

Der Begriff der Zweckänderung des § 275 Abs. 1 ist identisch mit dem des § 33 Abs. 1 5
Satz 2 BGB. Er erfasst nicht schon jede Änderung des Wortlauts der Satzungsklausel über
den Zweck des Vereins. Der Zweck des Vereins ist vielmehr nach der Rechtsprechung des
BGH[14] der oberste Leitsatz der Vereinstätigkeit, um dessen Willen sich die Mitglieder zusammengeschlossen
haben und mit dessen Änderung kein Mitglied rechnen muss[15]. Eine
Zweckänderung liegt danach insbesondere vor, wenn der Charakter des Vereins umgestaltet
wird. Eine solche Änderung ist nach der Gesetzesbegründung insbesondere dann gegeben,
wenn ein Idealverein, dessen Zweck bisher nicht auf einen wirtschaftlichen Geschäftsbetrieb
gerichtet ist, in eine Kapitalgesellschaft umgewandelt wird, deren künftiger Unternehmensgegenstand
der Betrieb eines Handelsgewerbes ist[16]. Nicht jede Umwandlung eines Idealvereins
in eine Kapitalgesellschaft führt automatisch zu einer Zweckänderung iSd. § 275 Abs. 1,
auch wenn Kapitalgesellschaften nach § 13 Abs. 3 GmbHG, §§ 3, 278 Abs. 3 AktG kraft
Gesetzes als Handelsgesellschaften gelten[17]. Kapitalgesellschaften können zu jedem gesetzlich
zulässigen Zweck gegründet werden[18]. Möglich ist es daher auch, dass ein Idealverein
seinen nicht wirtschaftlichen Zweck nach Durchführung des Formwechsels lediglich in anderer
Rechtsform weiterbetreibt. Ein solcher Fall liegt insbesondere vor, wenn ein steuerbegünstigter
Verein nach der Umwandlung seinen bisherigen Zweck in der Rechtsform einer
gemeinnützigen Kapitalgesellschaft weiterbetreibt.

§ 275 Abs. 1 ist ferner wie § 33 Abs. 1 Satz 2 BGB auch dann anwendbar, wenn der Verein 6
nach dem Formwechsel seinen bisherigen Zweck wesentlich ergänzt oder beschränkt, nicht
jedoch bei unwesentlichen Änderungen[19].

Entgegen *Vossius*[20] lässt sich das Einstimmigkeitserfordernis des § 275 Abs. 1 nicht dadurch 7
vermeiden, dass der Verein zunächst seinen Formwechsel in eine Kapitalgesellschaft ohne
Zweckänderung vollzieht und danach der Gegenstand des Unternehmens der Kapitalgesellschaft
geändert wird. Eine solche Vorgehensweise stellt zum einen eine unzulässige Umgehung
des § 275 Abs. 1 dar[21]. Zum anderen enthält § 33 Abs. 1 Satz 2 BGB nach überwiegender
Auffassung einen allgemeinen, grundlegenden Rechtsgedanken, der über das Vereinsrecht
hinaus auch für andere Verbände Bedeutung hat. Er ist nach hM[22] auch auf die
Änderung des Zwecks – obersten Leitsatzes – einer Kapitalgesellschaft anwendbar. Beim Gestaltungsvorschlag
von *Vossius* ist zwar der Formwechsel mit Dreiviertelmehrheit nach § 275
Abs. 2 durchführbar, nicht jedoch die spätere Zweckänderung der Kapitalgesellschaft. Sie
bedarf analog § 33 Abs. 1 Satz 2 BGB der einstimmigen Zustimmung aller Anteilsinhaber
der Kapitalgesellschaft. Damit verfehlt die vorgeschlagene Gestaltung ihr Ziel.

b) Mehrheitserfordernis beim Formwechsel ohne Zweckänderung. Führt der 8
Formwechselbeschluss zu keiner Zweckänderung, ist es ausreichend, dass er mit einer

---

[14] BGHZ 96, 245, 251 f.
[15] Vgl. dazu *Reuter* in MünchKomm. § 33 BGB Rn 3; *Hadding* in Soergel § 33 BGB Rn 8; *Weick* in Staudinger § 33 BGB Rn 7; *Reichert* Rn 524 ff.; *Sauter/Schweyer/Waldner* Rn 147; *Stöber* Rn 629.
[16] RegBegr. *Ganske* S. 257.
[17] So auch *Vossius* in Widmann/Mayer Rn 10; *Krieger* in Lutter Rn 4.
[18] § 1 GmbHG, § 3 AktG. Vgl. dazu *Katschinski*, Die Umwandlung von Non-Profit-Organisationen, S. 67; *Priester* GmbHR 1999, 149 ff.
[19] Vgl. *Krieger* in Lutter Rn 3, *Vossius* in Widmann/Mayer Rn 8.
[20] *Vossius* in Widmann/Mayer Rn 11 ff.
[21] So zu Recht *Krieger* in Lutter Rn 6.
[22] BGHZ 96, 245; OLG Hamburg BB 1968, 267, 276; *K. Schmidt* GesR3 § 4 II 3, S. 65; *ders.* BB 1987, 558; *Zöllner*, Die Schranken mitgliedschaftlicher Stimmrechtsmacht bei den privatrechtlichen Personenverbänden, 1963, S. 24 ff.; *Priester* in Scholz³ § 53 GmbHG Rn 182 ff.; *Röhrich* in Großkomm. § 23 AktG Rn 91; *Wiedemann*, Die Übertragung und Vererbung von Mitgliedschaftsrechten bei Handelsgesellschaften, 1965, S. 33; *Flume*, Die juristische Person, 1983, § 9 II, S. 325; *Löffler* NJW 1989, 2659; *Reuter* ZGR 1987, 482; *Häuser/Beuthien* BB 1987, 6, 8; aA *Wiedemann* GesR S. 154 ff.

Dreiviertelmehrheit gefasst wird²³. Bei der Berechnung der Mehrheit kommt es dabei auf die abgegebenen Ja- und Nein-Stimmen an. Nicht erschienene Mitglieder sowie Stimmenthaltungen werden nicht mitgerechnet²⁴. Das UmwG regelt nicht die Beschlussfähigkeit der Mitgliederversammlung, die über die Umwandlung entscheidet. Sofern die Satzung nichts anderes bestimmt, ist daher nach allgemeinen Regeln die Anwesenheit nur eines Vereinsmitglieds ausreichend²⁵.

9 In Anlehnung an die Regelung des § 262 und deren Vorgängerregelung in § 385 d Abs. 2 Satz 5, § 385 m Abs. 2 Satz 5 AktG aF²⁶ erhöht sich das Mehrheitserfordernis auf neun Zehntel der erschienenen Mitglieder (= abgegebenen Stimmen), wenn eine qualifizierte Minderheit sich im Vorfeld der Mitgliederversammlung gegen die geplante Umwandlung ausspricht²⁷. Bei Vereinen mit weniger als 1000 Mitgliedern ist dies der Fall, wenn 10 % der Mitglieder, bei Vereinen mit mehr Mitgliedern, wenn mind. 100 Mitglieder vor der Versammlung Widerspruch gegen den geplanten Formwechsel einlegen. Der Begriff „Widerspruch" muss von den Vereinsmitgliedern dabei nicht verwandt werden, ausreichend ist es vielmehr, dass die Auslegung ihrer Äußerung ihre ablehnende Haltung gegenüber der geplanten Umwandlung erkennen lässt²⁸. Der Widerspruch ist durch eingeschriebenen Brief zu erklären und muss spätestens bis zum Ablauf des dritten Tags vor der Mitgliederversammlung dem Verein zugehen. Bei der Berechnung dieser Frist ist der Tag der Versammlung nicht mitzurechnen²⁹. Endet die Widerspruchsfrist an einem Samstag, Sonntag oder Feiertag, ist § 193 BGB nicht anwendbar³⁰. Es gelten insoweit für die Fristberechnung die gleichen Grundsätze wie bei § 123 Abs. 3 AktG³¹.

10 **c) Größere Mehrheiten und weitere Erfordernisse aufgrund Satzungsregelung.** Die Satzung des Vereins kann größere Mehrheiten und weitere Erfordernisse (zB die Zustimmung einzelner Mitglieder oder eines anderen Vereinsorgans, Mindestpräsenzen in der Mitgliederversammlung etc.) vorsehen³². Der Gestaltungsspielraum für derartige Satzungsregelungen ist groß. Es gelten hier die gleichen Grundsätze wie bei § 103³³.

11 Während bei Satzungsänderungen nach § 33 BGB auch die Einführung von Erleichterungen von gesetzlichen Mehrheitserfordernissen nach § 40 BGB statthaft ist, ist dies bei § 275 nicht zulässig. Dem steht der Grundsatz der Gesetzesstrenge des § 1 Abs. 3 entgegen³⁴.

12 **d) Beschlussmängel.** Die Rechtsfolgen von Beschlussmängeln richten sich nach den allgemeinen Regelungen. Danach sind nach richtiger Auffassung³⁵ die §§ 241 ff. AktG auch

---

²³ § 275 Abs. 2 Satz 1.
²⁴ *Krieger* in Lutter Rn 6; *Stratz* in Schmitt/Hörtnagl/Stratz Rn 3; *Vossius* in Widmann/Mayer Rn 4 sowie BGHZ 83, 335; *OLG Köln* NJW RR 1994, 1547; *Heinrichs* in Palandt § 32 BGB Rn 7.
²⁵ *Heinrichs* in Palandt § 32 BGB Rn 6; *Reuter* in MünchKomm. § 32 BGB Rn 46.
²⁶ Vgl. RegBegr. *Ganske* S. 258.
²⁷ § 275 Abs. 2 Satz 2.
²⁸ *Vossius* in Widmann/Mayer Rn 28; *Krieger* in Lutter Rn 7; *Stratz* in Schmitt/Hörtnagl/Stratz § 262 Rn 7.
²⁹ *Vossius* in Widmann/Mayer Rn 20; *Krieger* in Lutter Rn 7.
³⁰ *Vossius* in Widmann/Mayer Rn 21; *Krieger* in Lutter Rn 7.
³¹ *Vossius* in Widmann/Mayer Rn 21; so wohl auch *Krieger* in Lutter Rn 8 Fn 12.
³² § 275 Abs. 2 Satz 3.
³³ Vgl. § 103 Rn 11 ff., 20 ff.
³⁴ Ebenso *Krieger* in Lutter Rn 9.
³⁵ Nach richtiger Auffassung sind auch im Vereinsrecht die §§ 241 ff. AktG analog anwendbar, *K. Schmidt* GesR § 24 III 3 e und f, S. 701 ff.; *ders.* AG 1977, 243, 249 ff.; *Reuter* in MünchKomm. § 32 BGB Rn 55 ff. Die Rspr. (*BGH* NJW-RR 1992, 1209; NJW 1975, 2101; BGHZ 59, 369, 372; *BGH* NJW 1972, 879) und die hM (*Heinrichs* in Palandt § 32 BGB Rn 9; *H. P. Westermann* in Erman § 32 BGB Rn 6; *Weick* in Staudinger § 32 BGB Rn 26 ff.; *Reichert* Rn 1825 ff.; *Sauter/Schweyer/Waldner* Rn 212, 214 a) gehen dagegen davon aus, dass Beschlussmängel im Wege der allgemeinen Feststellungsklage geltend zu machen seien, wobei sie die Geltendmachung von Mängeln einschränken. Die Rspr. erreicht dies durch Kausalitätserwägungen, die hM greift hierzu auf das Rechtsinstitut der Treupflicht zurück.

im Vereinsrecht analog anzuwenden, allerdings mit zwei umwandlungsrechtlichen Besonderheiten. Nach §§ 195 Abs. 2, 210 kann eine Klage gegen den Formwechselbeschluss nicht darauf gestützt werden, dass die in dem Beschluss bestimmten Anteile am Rechtsträger neuer Rechtsform zu niedrig bemessen sind oder dass die Mitgliedschaft im neuen Rechtsträger kein ausreichender Gegenwert für die Anteile oder Mitgliedschaften bei dem formwechselnden Rechtsträger sind, oder dass die Barabfindung[36] zu niedrig bemessen oder nicht bzw. nicht ordnungsgemäß angeboten worden ist. An die Stelle des Klageverfahrens tritt in diesen Fällen das Spruchverfahren[37]. Ferner sieht § 195 Abs. 1 für Klagen gegen die Wirksamkeit des Umwandlungsbeschlusses eine Ausschlussfrist von einem Monat ab Beschlussfassung vor.

III. Formwechsel in eine KGaA

Für den Formwechsel eines Vereins in eine KGaA ist § 240 Abs. 2 entsprechend anwendbar[38]. Danach müssen alle Vereinsmitglieder dem Formwechsel zustimmen, die die Rechtsstellung eines persönlich haftenden Gesellschafters in der neuen KGaA übernehmen sollen[39]. Die mit dieser Rechtsstellung verbundene Übernahme der persönlichen Haftung kann ihnen nur zugemutet werden, wenn sie sich damit ausdrücklich einverstanden erklären[40]. Ihre Zustimmung ist notariell zu beurkunden[41]. 13

Soll die Stellung des persönlich haftenden Gesellschafters in der künftigen KGaA durch einen Außenstehenden übernommen werden, der nicht Mitglied des formwechselnden Vereins ist, findet über die Verweisung der §§ 275 Abs. 3, 240 Abs. 2 Satz 2 die Vorschrift des § 221 entsprechende Anwendung. Danach ist die Beitrittserklärung des persönlich haftenden Gesellschafters notariell zu beurkunden[42]. Jeder persönlich haftende Gesellschafter muss die Satzung der neuen KGaA anlässlich seines Beitritts oder danach genehmigen[43]. 14

§ 276 Inhalt des Umwandlungsbeschlusses

(1) **Auf den Umwandlungsbeschluß sind auch die §§ 218, 243 Abs. 3, § 244 Abs. 2 und § 263 Abs. 2 Satz 2, Abs. 3 entsprechend anzuwenden.**

(2) **Die Beteiligung der Mitglieder am Stammkapital oder am Grundkapital der Gesellschaft neuer Rechtsform darf, wenn nicht alle Mitglieder einen gleich hohen Anteil erhalten sollen, nur nach einem oder mehreren der folgenden Maßstäbe festgesetzt werden:**
1. **bei Vereinen, deren Vermögen in übertragbare Anteile zerlegt ist, der Nennbetrag oder der Wert dieser Anteile;**
2. **die Höhe der Beiträge;**
3. **bei Vereinen, die zu ihren Mitgliedern oder einem Teil der Mitglieder in vertraglichen Geschäftsbeziehungen stehen, der Umfang der Inanspruchnahme von Leistungen des Vereins durch die Mitglieder oder der Umfang der Inanspruchnahme von Leistungen der Mitglieder durch den Verein;**
4. **ein in der Satzung bestimmter Maßstab für die Verteilung des Überschusses;**
5. **ein in der Satzung bestimmter Maßstab für die Verteilung des Vermögens;**
6. **die Dauer der Mitgliedschaft.**

---

[36] § 207.
[37] §§ 196, 212.
[38] § 275 Abs. 3.
[39] § 240 Abs. 2 Satz 1.
[40] RegBegr. *Ganske* S. 258; *Stratz* in Schmitt/Hörtnagl/Stratz Rn 5.
[41] § 193 Abs. 3 Satz 1.
[42] § 221 Satz 1.
[43] Wegen der Einzelheiten wird auf die Kommentierung zu § 240 Rn 23 f., § 221 Rn 1 ff. verwiesen.

Übersicht

	Rn		Rn
I. Allgemeines	1	d) Verbot der Ermächtigung des Vorstands zum Bezugsrechtsausschluss beim genehmigten Kapital	11
II. Inhalt des Umwandlungsbeschlusses	4		
1. Feststellung der Satzung, persönlich haftender Gesellschafter	4	3. Beteiligung der Vereinsmitglieder an der neuen Kapitalgesellschaft	12
2. Festlegung der Höhe des Haftkapitals und der Nennbeträge der Geschäftsanteile und Aktien	6	4. Nichtverhältniswahrender „Anteilstausch"	17
a) Abweichende Nennbeträge	7	5. Grundsatz der Identität der Anteilsinhaber	18
b) Stückelung	8		
c) Vermeidung von Teilrechten	9		

Literatur: Siehe Literaturverzeichnis zu § 272.

I. Allgemeines

1 § 276 Abs. 1 ergänzt den nach § 194 erforderlichen Inhalt des Formwechselbeschlusses für die Umwandlung eines Vereins in eine Kapitalgesellschaft. Hierzu verweist die Vorschrift teilweise auf die Regelungen über den Formwechsel von Kapitalgesellschaften[1] und teilweise auf die Regelungen über den Formwechsel von eingetragenen Genossenschaften[2].

2 § 276 Abs. 2 trägt dem Umstand Rechnung, dass die Vereinsmitgliedschaft regelmäßig keine Beteiligung am Verbandsvermögen vermittelt[3]. Die Norm regelt daher, nach welchen Maßstäben die Beteiligung der Mitglieder am neuen Rechtsträger erfolgen kann, sofern diese nicht einen gleich hohen Anteil erhalten sollen. Die Regelung des § 276 Abs. 2 entspricht der für die Umwandlung eines VVaG in eine AG geltenden Bestimmung des § 385 e Abs. 2 AktG aF[4].

3 Ursprünglich enthielt § 276 Abs. 2 einen zweiten Satz. Dieser ist durch das Stückaktiengesetz vom 22. 7. 1998[5] aufgehoben worden.

II. Inhalt des Umwandlungsbeschlusses

1. Feststellung der Satzung, persönlich haftender Gesellschafter

4 Beim Formwechsel eines Vereins in eine Kapitalgesellschaft ist § 218 entsprechend anwendbar[6]. Entgegen dem weiter gehenden Wortlaut bezieht sich die Verweisung nur auf § 218 Abs. 1 Satz 1 und Abs. 2, nicht jedoch umfasst sie § 218 Abs. 1 Satz 2 und Abs. 3[7]. Letztere betreffen den Formwechsel in eine eG, der durch § 276 nicht geregelt wird. Nach §§ 218 Abs. 1 Satz 1, 276 Abs. 1 muss im Formwechselbeschluss der Gesellschaftsvertrag der künftigen GmbH enthalten sein bzw. die Satzung der neuen AG oder KGaA festgestellt werden. Einer Unterzeichnung des Gesellschaftsvertrags der GmbH bedarf es dabei nach der ausdrücklichen gesetzlichen Regelung des § 244 Abs. 2 nicht, der über § 276 Abs. 1 auf den Formwechsel von Vereinen entsprechend anwendbar ist. Gleiches gilt für die Satzung einer

---

[1] §§ 243 Abs. 3, 244 Abs. 2.
[2] § 263 Abs. 2 Satz 2, Abs. 3.
[3] RegBegr. *Ganske* S. 259.
[4] RegBegr. *Ganske* S. 259.
[5] BGBl. I S. 1878.
[6] § 276 Abs. 1.
[7] Vgl. auch *Stratz* in Schmitt/Hörtnagl/Stratz Rn 2.

AG oder KGaA, auch wenn hierfür eine ausdrückliche gesetzliche Regelung fehlt. Denn beim Formwechsel erfolgt die Feststellung der Satzung nicht durch den Abschluss eines Gesellschaftsvertrags, sondern durch Beschluss[8].

Beim Formwechsel in eine KGaA gilt über § 276 Abs. 1 § 218 Abs. 2 entsprechend. Danach muss entweder mindestens ein Vereinsmitglied die Rechtsstellung eines persönlich haftenden Gesellschafters übernehmen oder es muss ein Dritter als persönlich haftender Gesellschafter dem Verband mit Wirksamwerden des Formwechsels beitreten. **5**

2. Festlegung der Höhe des Haftkapitals und der Nennbeträge der Geschäftsanteile und Aktien

Bezüglich der Festlegung der Höhe des Stammkapitals und der Nennbeträge der Geschäftsanteile und Aktien bzw. der Zahl der Stückaktien verweist § 276 Abs. 1 auf § 243 Abs. 3 und § 263 Abs. 2 Satz 2 und Abs. 3. **6**

a) Abweichende Nennbeträge. Die Verweisung des § 276 Abs. 1 auf § 243 Abs. 3 Satz 1 ist von geringer Bedeutung. Die Vorschrift geht davon aus, dass bei dem Verein übertragbare Anteile bestehen, die auf einen bestimmten Nennbetrag lauten. Bedeutung hat diese Verweisung wohl nur für Vereine, die vor Inkrafttreten des BGB ihre Rechtsfähigkeit durch staatliche Verleihung erlangt haben. Nach den Vorschriften des BGB können solche Anteile am Vereinsvermögen nicht geschaffen werden[9]. Vielmehr sind die Vereinsmitglieder im Regelfall nicht am Vereinsvermögen beteiligt. Sofern Nennbeträge im Verein bestehen, erlaubt § 243 Abs. 3 Satz 1 den Nennbetrag der Geschäftsanteile und Aktien in der neuen Kapitalgesellschaft abweichend von denen des Vereins festzulegen. **7**

b) Stückelung. Von allgemeiner Bedeutung ist dagegen die Verweisung auf § 243 Abs. 3 Satz 2. Die Vorschrift enthält für die Bildung der Geschäftsanteile in der neuen GmbH Erleichterungen gegenüber § 5 Abs. 1, Abs. 3 Satz 2 GmbHG. Ausreichend ist es danach beim Formwechsel eines Vereins in eine GmbH, dass der Mindestnennbetrag der Geschäftsanteile € 50 beträgt und dass ein höherer Nennbetrag durch zehn teilbar ist. Für die Stückelung der Aktien beim Formwechsel in eine AG sieht dagegen § 243 Abs. 3 Satz 2 keine Erleichterung vor. Wie die §§ 276 Abs. 1, 263 Abs. 2 Satz 2 und Abs. 3 Satz 2 belegen, bleibt es hier bei den allgemeinen Regelungen des § 8 Abs. 2 und Abs. 3 AktG, wonach die Nennbetragsaktien auf mind. € 1 oder höhere Nennbeträge auf volle Euro lauten müssen bzw. der rechnerische Anteil des Grundkapitals, der auf Stückaktien entfällt, € 1 nicht unterschreiten darf. **8**

c) Vermeidung von Teilrechten. Mit der Verweisung des § 276 Abs. 1 auf § 263 Abs. 2 Satz 2 und Abs. 3 Satz 1 und 2 soll die Bildung von Teilrechten möglichst vermieden werden[10]. Beim Formwechsel eines Vereins in eine AG soll hierzu nach § 263 Abs. 2 Satz 2 das Grundkapital so bemessen werden, dass jedes Mitglied möglichst volle Aktien erhält. Nach § 263 Abs. 3 Satz 2 ist die Stückelung in Aktien mit einem höheren Betrag als dem Mindestbetrag nach § 8 Abs. 2 und 3 AktG nur möglich, sofern volle Aktien mit dem höheren Betrag an alle Mitglieder ausgegeben werden können[11]. Letzteres ist regelmäßig möglich, wenn Stückaktien gebildet werden. Zur Bildung von Teilrechten kann es nur ausnahmsweise bei Nennbetragsaktien kommen[12]. **9**

Auf den Formwechsel in eine GmbH ist § 263 Abs. 2 Satz 2 nicht anwendbar[13]. Bei der GmbH sollen nach dem Wortlaut des § 263 Abs. 3 Satz 1 die Nennbeträge der Geschäfts- **10**

---

[8] *Stratz* in Schmitt/Hörtnagl/Stratz Rn 2.
[9] Vgl. *Krieger* in Lutter Rn 5 und 10; *Ballerstedt*, FS Knur, S. 1, 5 ff.; *Reichert* Rn 738; *Reuter* in MünchKomm. § 41 BGB Rn 24.
[10] Vgl. *Krieger* in Lutter Rn 6; *Vossius* in Widmann/Mayer Rn 11.
[11] *Krieger* in Lutter Rn 6; *Stratz* in Schmitt/Hörtnagl/Stratz § 263 Rn 8.
[12] Vgl. hierzu Beispiel bei *Krieger* in Lutter Rn 6, Fn 2.
[13] *Krieger* in Lutter Rn 6.

anteile im neuen Rechtsträger auf einen höheren Betrag als € 100 nur gestellt werden, soweit auf die Mitglieder volle Geschäftsanteile mit dem höheren Nennbetrag entfallen. Mit der Mindeststückelung von € 100 nimmt die Vorschrift Bezug auf die Regelung des § 5 Abs. 1, Abs. 3 GmbHG. Dabei hat der Gesetzgeber offensichtlich übersehen, dass aufgrund der Verweisung des § 276 Abs. 1 auf § 243 Abs. 3 Satz 2 beim Formwechsel Erleichterungen bestehen. Danach ist es ausreichend, dass die neuen Geschäftsanteile mind. € 50 betragen. Dem Gesetzgeber ist damit ein Redaktionsversehen unterlaufen. Da § 263 Abs. 3 Satz 1 den Zweck verfolgt, die Bildung von Teilrechten weitgehend zu vermeiden, ist richtigerweise § 263 Abs. 3 Satz 1 so zu lesen, dass die Mindeststückelung von € 100 durch € 50 zu ersetzen ist[14].

11   **d) Verbot der Ermächtigung des Vorstands zum Bezugsrechtsausschluss beim genehmigten Kapital.** Soweit iRd. Formwechsels in eine AG oder KGaA ein genehmigtes Kapital geschaffen wird, ist es aufgrund des Verweises des § 276 Abs. 1 auf § 263 Abs. 3 Satz 3 nicht möglich, dass der Vorstand ermächtigt wird, das Bezugsrecht der Aktionäre auszuschließen. Statthaft ist es nur, dass die Satzung selbst einen solchen Bezugsrechtsausschluss regelt[15].

3. Beteiligung der Vereinsmitglieder an der neuen Kapitalgesellschaft

12   Anders als das Kapitalgesellschaftsrecht geht das Vereinsrecht vom Kopf- und nicht vom Kapitalprinzip aus. Alle Mitglieder des Vereins haben daher grundsätzlich gleiche Rechte und Pflichten[16]. Eine Beteiligung am Vermögen des Vereins kennt mangels abweichender Satzungsregelung das Vereinsrecht nicht. Diesem Umstand trägt § 276 Abs. 2 Satz 1 Rechnung, indem er anordnet, dass grundsätzlich alle Vereinsmitglieder an der neuen Kapitalgesellschaft gleich zu beteiligten sind[17].

13   Letzteres kann uU interessenwidrig sein. Daher gestattet § 276 Abs. 2 es, den Mitgliedern einen unterschiedlichen Anteil am neuen Rechtsträger zuzuweisen, sofern einer oder mehrere der in § 276 Abs. 2 aufgeführten Maßstäbe angewandt wird/werden. Die in der Norm aufgezählten Maßstäbe sind dabei abschließend[18]. Möglich ist es jedoch, sie zu kombinieren[19]. Statthaft ist es ferner, einen Teil des Kapitals der neuen Gesellschaft nach Köpfen und den Rest nach einem oder mehreren Maßstäben des § 276 Abs. 2 zu verteilen.

14   Die Mitglieder können nach freiem Ermessen den für die Verteilung der neuen Anteile anzuwendenden Maßstab auswählen. Sie entscheiden hierüber im Umwandlungsbeschluss. Ihr Auswahlermessen findet seine Grenzen im Willkürverbot des allgemeinen Gleichbehandlungsgrundsatzes und im Rechtsinstitut der Treupflicht[20].

15   Als Alternativmaßstäbe zum Kopfprinzip lässt § 276 Abs. 2 folgende Kriterien zu:
1. Bei Vereinen, deren Vermögen in übertragbare Anteile zerlegt ist, der Nennbetrag oder der Wert der Anteile;
2. die Höhe der Beiträge;
3. bei Vereinen, die zu ihren Mitgliedern oder einem Teil der Mitglieder in vertraglichen Geschäftsbeziehungen stehen, der Umfang der Inanspruchnahme von Leistungen des Vereins

---

[14] Vgl. dazu auch *Krieger* in Lutter Rn 7; *Stratz* in Schmitt/Hörtnagl/Stratz § 263 Rn 8. Zu weiteren Einzelheiten wird auf die Kommentierung zu § 263 Abs. 3 verwiesen.
[15] *Krieger* in Lutter Rn 8; *Vossius* in Widmann/Mayer Rn 14.
[16] *Weick* in Staudinger § 35 BGB Rn 13 ff.; *Reichert* Rn 771 ff.; *Sauter/Schweyer/Waldner* Rn 333; RGZ 73, 191.
[17] *Krieger* in Lutter Rn 10; *Vossius* in Widmann/Mayer Rn 17.
[18] *Stratz* in Schmitt/Hörtnagl/Stratz Rn 6; *Krieger* in Lutter Rn 14; *Vossius* in Widmann/Mayer Rn 19.
[19] *Stratz* in Schmitt/Hörtnagl/Stratz Rn 6; *Krieger* in Lutter Rn 14; *Vossius* in Widmann/Mayer Rn 18.
[20] *Vossius* in Widmann/Mayer Rn 30 bis 37; *Krieger* in Lutter Rn 10.

durch die Mitglieder oder der Umfang der Inanspruchnahme von Leistungen der Mitglieder durch den Verein;
4. ein in der Satzung bestimmter Maßstab für die Verteilung des Überschusses;
5. ein in der Satzung bestimmter Maßstab für die Verteilung des Vermögens;
6. die Dauer der Mitgliedschaft.

Die Nr. 1 des § 276 Abs. 2 betrifft nur altrechtliche Vereine[21]. Die Maßstäbe Nr. 2, 5 und 6 können sowohl auf eingetragene als auch wirtschaftliche Vereine angewandt werden. Dagegen sind die Maßstäbe Nr. 3 und 4 auf wirtschaftliche Vereine zugeschnitten[22]. Eine Leistungsbeziehung zwischen dem Verein und den Mitgliedern sowie umgekehrt ist beim e. V. allenfalls iRd. Nebenzweckprivilegs denkbar.

4. Nichtverhältniswahrender „Anteilstausch"

Auch wenn im Recht des Formwechsels eine § 128 entsprechende Vorschrift nicht existiert, ist heute allgemein anerkannt, dass ein sog. nichtverhältniswahrender Formwechsel zulässig ist, bei dem die Anteile im Rechtsträger neuer Rechtsform abweichend zu den Beteiligungsquoten im Ausgangsrechtsträger festgesetzt werden[23]. Voraussetzung dafür ist allerdings, dass dem Vorgehen sämtliche benachteiligten Anteilsinhaber/Mitglieder zustimmen[24]. Überträgt man diesen Rechtsgedanken auf den Formwechsel eines Vereins, ist es statthaft, dass im Formwechselbeschluss für einzelne Vereinsmitglieder abweichend von dem Kopfprinzip bzw. einem oder mehreren vom Verein gewählten Maßstab/Maßstäben nach § 276 Abs. 2 die Beteiligung am neuen Rechtsträger festgesetzt wird. Ein solches Vorgehen setzt allerdings die Zustimmung aller benachteiligten Vereinsmitglieder voraus.

5. Grundsatz der Identität der Anteilsinhaber

Abgesehen vom Fall des Formwechsels in eine KGaA geht die noch hM[25] davon aus, dass für den Formwechsel der Grundsatz der Identität der Anteilsinhaber gelte. Danach müssten sämtliche Mitglieder beim Formwechsel eines Vereins zwingend Anteilsinhaber der neuen Kapitalgesellschaft werden. Dem ist – wie jetzt auch der BGH[26] *obiter dictum* entschieden hat – nicht zu folgen. Zu Recht mehren sich die Stimmen[27], die es zulassen, dass einzelne Anteilsinhaber oder Mitglieder des Ausgangsrechtsträgers nach den allgemeinen Regeln zum Zeitpunkt des Wirksamwerdens des Formwechsels ausscheiden. Bedeutung hat dies auch für den Formwechsel von Vereinen. Soweit die Satzung nicht etwas anderes regelt, kann jedes Vereinsmitglied nach § 39 Abs. 1 BGB aus dem Verein auf den Zeitpunkt des Wirksamwerdens des Formwechsels austreten.

---

[21] *Krieger* in Lutter Rn 11; *Reuter* in MünchKomm. § 41 BGB Rn 24; *Katschinski*, Die Verschmelzung von Vereinen, S. 86.
[22] *Vossius* in Widmann/Mayer Rn 27.
[23] § 194 Rn 18; *Decher* in Lutter § 194 Rn 14 und § 202 Rn 21; *Meister/Klöcker* in Kallmeyer § 194 Rn 34 ff. und § 202 Rn 37; *Vollrath* in Widmann/Mayer § 194 Rn 17; *Stratz* in Schmitt/Hörtnagl/Stratz § 202 Rn 7; *Priester* DNotZ 1995, 451; *Sagasser/Sickinger* in Sagasser/Bula/Brünger R Rn 29.
[24] § 194 Rn 18; *Meister/Klöcker* in Kallmeyer § 194 Rn 34; *Stratz* in Schmitt/Hörtnagl/Stratz § 202 Rn 7 mwN.
[25] *Decher* in Lutter § 202 Rn 13 ff.; *Meister/Klöcker* in Kallmeyer § 202 Rn 28 ff.; *Vossius* in Widmann/Mayer § 202 Rn 45 f. und § 228 Rn 92 bis 104.
[26] BGH ZIP 2005, 1318 mit Anm. *Simon* NJW Spezial 2005, 459 f.
[27] So *K. Schmidt* GmbHR 1995, 693 ff.; *Kallmeyer* GmbHR 1996, 80 ff.; *Priester* DB 1997, 560 ff.; *Bärwaldt/Schabacker* ZIP 1998, 1293, 1294, 1298; *Bayer* ZIP 1997, 1617; *Wiedemann* ZGR 1999, 578; vgl. auch § 194 Rn 8, § 197 Rn 3.

§ 277 Kapitalschutz

Bei der Anwendung der für die neue Rechtsform maßgebenden Gründungsvorschriften ist auch § 264 entsprechend anzuwenden.

Übersicht

	Rn		Rn
I. Allgemeines	1	3. Gründerhaftung	6
II. Inhalt	2	4. Gründungsprüfung	8
1. Grundsatz der Reinvermögensdeckung	2	5. Nachgründung	9
2. Entbehrlichkeit eines Sachgründungsberichts/Gründungsberichts	5		

Literatur: Siehe Literaturverzeichnis zu § 272.

I. Allgemeines

1   Auf den Formwechsel finden nach § 197 die für die Gründung des neuen Rechtsträgers geltenden Vorschriften entsprechende Anwendung. Dies gilt auch für die Bestimmungen über die Sicherung der Kapitalaufbringung, soweit nicht das UmwG hierzu spezielle Regelungen enthält[1]. Diesbezüglich verweist § 277 für den Fall des Formwechsels eines Vereins auf die Vorschrift des § 264. Diese Norm regelt einerseits den Grundsatz der Reinvermögensdeckung und enthält andererseits Erleichterungen im Hinblick auf die Anwendung der Gründungsvorschriften des neuen Rechtsträgers beim Formwechsel.

II. Inhalt

1. Grundsatz der Reinvermögensdeckung

2   Anders als Kapitalgesellschaften haben Vereine kein Haftkapital. Zum Schutz der Gläubiger verbieten §§ 277, 264 Abs. 1 die Durchführung des Formwechsels, wenn der Nennbetrag des Stamm- bzw. Grundkapitals der neuen Gesellschaft nicht durch das nach Abzug der Schulden des Vereins verbleibende Vermögen (Reinvermögen) gedeckt ist. Entsprechende Parallelvorschriften bestehen auch für den Formwechsel von Personenhandelsgesellschaften[2] und Versicherungsvereinen auf Gegenseitigkeit[3] in eine Kapitalgesellschaft.

3   Für die Ermittlung des Werts des Vereinsvermögens gelten dabei dieselben Grundsätze wie bei §§ 220 Abs. 1, 264. Soweit das Eigenkapital des Vereins bei Buchwertansatz zur Deckung des Haftkapitals ausreicht, gilt regelmäßig der Nachweis der Kapitalaufbringung als erbracht[4]. Ist dies nicht der Fall, sind stille Reserven aufzudecken und es sind die wahren Werte des Vereinsvermögens zu ermitteln[5]. Erreicht das Reinvermögen auch danach nicht den Nennbetrag des Haftkapitals der neuen Gesellschaft, ist es möglich, die Differenz durch ergänzende

---

[1] *Meister/Klöcker* in Kallmeyer § 197 Rn 23 ff.; *Decher* in Lutter § 197 Rn 13 f.; *Stratz* in Schmitt/Hörtnagl/Stratz § 197 Rn 4 ff.
[2] § 220 Abs. 1.
[3] § 295.
[4] *Stratz* in Schmitt/Hörtnagl/Stratz § 264 Rn 4; *Bayer* in Lutter § 264 Rn 2; *Dirksen* in Kallmeyer § 220 Rn 7 f.; *Schwarz* in Widmann/Mayer § 264 Rn 2.
[5] *Stratz* in Schmitt/Hörtnagl/Stratz § 220 Rn 6 und § 264 Rn 4; *Joost* in Lutter § 220 Rn 13; *Bayer* in Lutter § 264 Rn 3 jeweils mwN.

Bareinzahlung auszugleichen[6]. Wird dies nicht gemacht, kann der Formwechsel nicht durchgeführt werden. Der fehlende Betrag kann nicht als offene Einlage gebucht werden[7].

Stellt sich erst nach Vollzug des Formwechsels heraus, dass das Vereinsvermögen überbewertet wurde, muss die Differenz zum Nennbetrag des Haft- bzw. Grundkapitals in bar geleistet werden[8].

2. Entbehrlichkeit eines Sachgründungsberichts/Gründungsberichts

Beim Formwechsel eines Vereins in eine GmbH müsste an sich ein Sachgründungsbericht[9] und ein Gründungsbericht[10] erstellt werden. Der Verweis des § 277 auf § 264 Abs. 2 und § 264 Abs. 3 Satz 2 befreit die Vereinsmitglieder, die für den Formwechsel gestimmt haben und damit als Gründer anzusehen sind, von diesen Pflichten. Denn die Unterzeichnung eines Sach- bzw. eines Sachgründungsberichts wäre oftmals wegen der Vielzahl der Vereinsmitglieder faktisch nicht durchführbar.

3. Gründerhaftung

Der Verweis des § 277 auf § 264 Abs. 3 Satz 2, nach dem § 46 AktG auf den Formwechsel eines Vereins in eine AG unanwendbar ist, befreit die Vereinsmitglieder von der Gründerhaftung. Der Gesetzgeber[11] geht davon aus, dass eine solche Haftung den Vereinsmitgliedern nicht zuzumuten ist.

Für die Gründerhaftung nach § 9 a GmbHG fehlt eine entsprechende gesetzliche Regelung in § 264 Abs. 2, obwohl hier die gleichen Erwägungen gelten. Richtigerweise wird daher angenommen, dass insoweit ein gesetzgeberisches Redaktionsversehen vorliegt und beim Formwechsel eines Vereins in eine GmbH § 9 a GmbHG analog § 264 Abs. 3 Satz 2 ebenfalls nicht anwendbar ist[12].

4. Gründungsprüfung

Beim Formwechsel eines Vereins in eine AG oder KGaA hat zwingend eine Gründungsprüfung[13] durch einen oder mehrere gerichtlich bestellte Prüfer zu erfolgen[14]. § 264 Abs. 3 Satz 2 befreit diesbezüglich die Mitglieder des formwechselnden Vereins von den Informationspflichten gegenüber den Gründungsprüfern nach § 35 Abs. 1 und 2 AktG.

5. Nachgründung

Zuletzt stellen §§ 277, 264 Abs. 3 Satz 3 klar, dass die Frist von zwei Jahren für nachgründungspflichtige Rechtsgeschäfte gem. § 52 AktG beim Formwechsel eines Vereins in eine AG erst mit Wirksamwerden der Umwandlung zu laufen beginnt.

---

[6] *Bayer* in Lutter § 264 Rn 4; *Stratz* in Schmitt/Hörtnagl/Stratz § 264 Rn 2 und § 220 Rn 3; *Priester*, FS Zöllner, 1998, S. 449, 466; *Dirksen* in Kallmeyer § 220 Rn 8; *Joost* in Lutter § 220 Rn 16.
[7] Bezüglich der Einzelheiten wird auf die Kommentierung zu § 264 Rn 9 f. verwiesen.
[8] § 197 iVm. § 36 a Abs. 2 AktG bzw. § 9 Abs. 1 GmbHG; *Stratz* in Schmitt/Hörtnagl/Stratz § 264 Rn 2; *Dirksen* in Kallmeyer § 220 Rn 8.
[9] § 197 iVm. § 5 Abs. 4 Satz 2 GmbH.
[10] § 197 iVm. § 32 AktG.
[11] RegBegr. *Ganske* S. 259.
[12] *Krieger* in Lutter Rn 3; *Vossius* in Widmann/Mayer Rn 8 ff.
[13] § 33 Abs. 2 Ziff. 4 AktG.
[14] §§ 277, 264 Abs. 3 Satz 1.

§ 278 Anmeldung des Formwechsels

(1) Auf die Anmeldung nach § 198 ist § 222 Abs. 1 und 3 entsprechend anzuwenden.

(2) Ist der formwechselnde Verein nicht in ein Handelsregister eingetragen, so hat sein Vorstand den bevorstehenden Formwechsel durch das in der Vereinssatzung für Veröffentlichungen bestimmte Blatt, in Ermangelung eines solchen durch dasjenige Blatt bekanntzumachen, das für Bekanntmachungen des Amtsgerichts bestimmt ist, in dessen Bezirk der formwechselnde Verein seinen Sitz hat. Die Bekanntmachung tritt an die Stelle der Eintragung der Umwandlung in das Register nach § 198 Abs. 2 Satz 3. § 50 Abs. 1 Satz 4 des Bürgerlichen Gesetzbuchs ist entsprechend anzuwenden.

Übersicht

	Rn		Rn
I. Allgemeines	1	1. Anmeldeverpflichtete/Anmeldungs-	
II. Inhalt	3	inhalt	4
		2. Bekanntmachung des Formwechsels	6

Literatur: Siehe Literaturverzeichnis zu § 272.

I. Allgemeines

1   Die durch den Formwechsel des Vereins entstehende neue Kapitalgesellschaft ist zur Eintragung in das für sie maßgebliche Register anzumelden[1]. Darüber hinaus ist der Formwechsel auch zum Register des formwechselnden Vereins anzumelden[2].

2   § 278 ergänzt und modifiziert die Regelung des § 198. Der Verweis des § 278 Abs. 1 auf § 222 Abs. 1 und 3 bestimmt die Anmeldepflichtigen und erweitert den Inhalt der Anmeldung. § 278 Abs. 2 regelt die Bekanntmachung des Formwechsels eines wirtschaftlichen Vereins für den Fall, dass dieser nicht im Handelsregister registriert ist und daher eine Eintragung in seinem Register nicht erfolgen kann. In diesem Fall ersetzt die Bekanntmachung die Eintragung im Register.

II. Inhalt

1. Anmeldeverpflichtete/Anmeldungsinhalt

3   Hinsichtlich der Anmeldeverpflichteten verweist § 278 Abs. 1 auf § 222 Abs. 1 und Abs. 3. Zu unterscheiden ist danach zwischen der Anmeldung zum Register der Kapitalgesellschaft neuer Rechtsform und zum Register des formwechselnden Vereins. Die Anmeldung zum Handelsregister der Kapitalgesellschaft neuer Rechtsform ist durch alle Mitglieder des zukünftigen Vertretungsorgans (bei der AG somit durch sämtliche Vorstände, bei der KGaA durch sämtliche persönlich haftende Gesellschafter und bei der GmbH durch sämtliche Geschäftsführer) vorzunehmen[3]. Zusätzlich ist die Anmeldung durch alle Mitglieder des Aufsichtsrats zu unterzeichnen. Für den Formwechsel in eine AG oder KGaA gilt letzteres stets, bei der Umwandlung eines Vereins in eine GmbH dagegen nur, wenn ein solcher Aufsichtsrat aufgrund gesetzlicher Vorschriften zwingend zu bilden ist, nicht dagegen bei einem nur fakultativen Aufsichtsrat[4].

---

[1] § 198 Abs. 2 Satz 1 und 2.
[2] § 198 Abs. 2 Satz 3.
[3] §§ 278 Abs. 1, 222 Abs. 1.
[4] Vgl. *Krieger* in Lutter Rn 3.

Zusätzlich zu den Angaben nach § 198 sind in der Handelsregisteranmeldung der neuen 4
Kapitalgesellschaft die Mitglieder des Geschäftsführungsorgans und ihre Vertretungsbefugnisse anzugeben[5]. Die neuen Geschäftsführer bzw. Vorstände haben dabei iRd. Anmeldung die Versicherungen nach § 8 Abs. 2 und 3 GmbHG bzw. § 37 Abs. 2 AktG abzugeben[6].

Die Anmeldung zum Register des formwechselnden Vereins kann abweichend davon sowohl 5
durch die Mitglieder des zukünftigen Vertretungsorgans der Kapitalgesellschaft neuer Rechtsform als auch durch den bisherigen Vereinsvorstand vorgenommen werden[7]. In letzterem Fall ist die Mitwirkung von Vorstandsmitgliedern in vertretungsberechtigter Anzahl ausreichend[8].

2. Bekanntmachung des Formwechsels

Soweit rechtsfähige Vereine ein Handelsgewerbe betreiben, können sie unter den Voraussetzungen 6
des § 33 HGB im Handelsregister eingetragen werden. § 278 Abs. 2 normiert eine Bekanntmachungspflicht für den Fall, dass ein Verein nicht im Handelsregister eingetragen ist. Nach allgemeiner Auffassung[9] ist die Regelung nur auf wirtschaftliche oder altrechtliche Vereine anwendbar. Sie gilt entgegen dem weitergefassten Wortlaut hingegen nicht für eingetragene Vereine. Letzteres ergibt sich einerseits aus der Gesetzesbegründung[10], in der es ausdrücklich heißt, dass § 278 Abs. 2 eine notwendige Ergänzung für wirtschaftliche Vereine regele. Andererseits bestätigt der Sinn und Zweck der Norm diese einschränkende Auslegung. Die Bekanntmachung des § 278 Abs. 2 soll die nicht mögliche Eintragung des Formwechsels in ein Register des Vereins nach § 198 Abs. 2 Satz 3 ersetzen. Eines solchen Surrogats bedarf es beim nicht im Handelsregister eingetragenen Idealverein nicht. Anders als beim wirtschaftlichen Verein kann beim e. V. nämlich die Eintragung des Formwechsels nach § 198 Abs. 2 Satz 3 stets im Vereinsregister durchgeführt werden.

Die Veröffentlichung nach § 278 Abs. 2 hat durch das für Veröffentlichungen in der Satzung 7
des Vereins bestimmte Blatt zu erfolgen, hilfsweise durch das Bekanntmachungsblatt nach § 10 HGB des Amtsgerichts, in dessen Bezirk der Verein seinen Sitz hat, sofern seine Satzung ein Bekanntmachungsblatt nicht regelt. Die Bekanntmachung gilt mit dem Ablauf des zweiten Tags nach der Veröffentlichung als erfolgt[11]. Sie ersetzt die Eintragung nach § 198 Abs. 2 Satz 3. Die konstitutive Eintragung des Formwechsels im Handelsregister der Kapitalgesellschaft neuer Rechtsform darf daher erst nach vorheriger Bekanntmachung des Formwechsels erfolgen[12].

§ 279 (aufgehoben)

§ 279 aufgehoben mWv 1. 1. 2007 durch G v. 10. 11. 2006 (BGBl. I S. 2553).

§ 280 Wirkungen des Formwechsels

Durch den Formwechsel werden die bisherigen Mitgliedschaften zu Anteilen an der Gesellschaft neuer Rechtsform und zu Teilrechten. § 266 Abs. 1 Satz 2, Abs. 2 und 3 ist entsprechend anzuwenden.

---

[5] §§ 278 Abs. 1, 222 Abs. 1 Satz 2.
[6] *Vossius* in Widmann/Mayer Rn 7 f.
[7] § 278 Abs. 1 iVm. § 222 Abs. 3.
[8] *Vossius* in Widmann/Mayer Rn 4.
[9] *Stratz* in Schmitt/Hörtnagl/Stratz Rn 2; *Krieger* in Lutter Rn 7; *Vossius* in Widmann/Mayer Rn 9 f.
[10] RegBegr. *Ganske* S. 260.
[11] § 278 Abs. 2 Satz 2 iVm. § 50 Abs. 1 Satz 4 BGB.
[12] § 198 Abs. 2 Satz 5.

Übersicht

	Rn		Rn
I. Allgemeines	1	III. Veräußerbarkeit und Ausübung von Teilrechten	3
II. Surrogation	2		

Literatur: Siehe Literaturverzeichnis zu § 272.

I. Allgemeines

1 Der Formwechsel wird mit der Eintragung in das Register der Gesellschaft neuer Rechtsform wirksam[1]. Die Mitglieder des Vereins werden damit zu Gesellschaftern der Kapitalgesellschaft neuer Rechtsform[2]. Beim Formwechsel eines Vereins in eine Kapitalgesellschaft können nicht nur volle Anteile entstehen, sondern auch Teilrechte gebildet werden[3]. § 280 stellt dementsprechend ergänzend zu § 202 Abs. 1 Nr. 2 klar, dass an die Stelle der Mitgliedschaft im Verein nicht nur volle Anteile, sondern auch Teilrechte treten können. Ferner regelt er durch den Verweis auf § 266 Abs. 1 Satz 2, Abs. 2 und 3 die rechtliche Behandlung solcher Teilrechte.

II. Surrogation

2 Nach § 280 iVm. § 266 Abs. 1 Satz 2 setzen sich dingliche Rechte Dritter (Pfandrecht, Nießbrauch) an der Vereinsmitgliedschaft an den durch den Formwechsel entstandenen Anteilen und Teilrechten fort. Die Bedeutung dieser Verweisung ist für den Formwechsel von Vereinen gering[4]. Beim Verein sind nach dem gesetzlichen Leitbild die Mitglieder nicht am Vereinsvermögen beteiligt. Mit Ausnahme des Anspruchs auf das anteilige Auseinandersetzungsguthaben und der Benutzung der Vereinseinrichtungen bestehen regelmäßig keine Wertrechte der Vereinsmitglieder[5]. Die Vereinsmitgliedschaft und die aus ihr fließenden Rechte sind nach § 38 BGB nicht übertragbar. Die Bestellung eines Pfandrechts oder Nießbrauchs an der Vereinsmitgliedschaft ist daher nur dann möglich, wenn sie aufgrund Satzungsregelung entgegen § 38 BGB übertragbar ist[6]. Sinnvoll ist eine solche Belastung der Mitgliedschaft nur, wenn mit ihr weitere Vermögensrechte (wie Gewinnansprüche bei wirtschaftlichen Vereinen oder Abfindungsansprüche beim Ausscheiden des Mitglieds)[7] aufgrund Satzungsregelung verbunden sind. Letzteres ist bei wirtschaftlichen oder altrechtlichen Vereinen denkbar. Bei eingetragenen Vereinen sind derartigen Satzungsregelungen enge Grenzen gesetzt[8].

III. Veräußerbarkeit und Ausübung von Teilrechten

3 Nach den §§ 280, 266 Abs. 2 sind etwaige durch den Formwechsel entstehende Teilrechte selbstständig veräußerlich und vererblich. Die aus ihnen resultierenden Rechte können nach

---

[1] § 202 Abs. 1.
[2] Vgl. § 202 Abs. 1 Nr. 2 Satz 1.
[3] § 276 Abs. 1.
[4] So auch *Stratz* in Schmitt/Hörtnagl/Stratz Rn 2.
[5] *Stöber* Rn 127; *Reuter* in MünchKomm. § 38 BGB Rn 29; *Hadding* in Soergel § 38 BGB Rn 29; *Reichert* Rn 736 ff.; *Lettl* AcP 203 (2003) 149 ff.
[6] *Hadding* in Soergel § 38 BGB Rn 31; *Reichert* Rn 658, 669.
[7] Vgl. dazu auch *Vossius* in Widmann/Mayer Rn 5 bis 7; *Krieger* in Lutter Rn 2.
[8] Vgl. bereits § 99 Rn 71 f. mwN.

Maßgabe des § 266 Abs. 3 Satz 1 nur gemeinschaftlich ausgeübt werden, wenn sich die Teilrechte, die eine Aktie ergeben, in einer Hand vereinigen oder sich Inhaber von Teilrechten zusammenschließen. Nach § 266 Abs. 3 Satz 2 hat der formwechselnde Rechtsträger die Zusammenführung von Teilrechten zu vollen Aktien zu vermitteln[9].

§ 281 Benachrichtigung der Anteilsinhaber; Veräußerung von Aktien; Hauptversammlungsbeschlüsse

(1) Auf die Benachrichtigung der Anteilsinhaber durch die Gesellschaft, auf die Aufforderung von Aktionären zur Abholung der ihnen zustehenden Aktien und auf die Veräußerung nicht abgeholter Aktien sind die §§ 267 und 268 entsprechend anzuwenden.

(2) Auf Beschlüsse der Hauptversammlung der Gesellschaft neuer Rechtsform sowie auf eine Ermächtigung des Vertretungsorgans zur Erhöhung des Grundkapitals ist § 269 entsprechend anzuwenden.

Übersicht

	Rn		Rn
I. Allgemeines	1	2. Aufforderung an die Aktionäre und Veräußerung von Aktien nach § 268	3
II. Inhalt	2	3. Sperre für Beschlüsse mit Kapitalmehrheit und die Ausübung eines genehmigten Kapitals	4
1. Mitteilung und Veröffentlichung nach § 267	2		

Literatur: Siehe Literaturverzeichnis zu § 272.

I. Allgemeines

Die Norm regelt die Benachrichtigung der Anteilsinhaber, die Aufforderung von Aktionären zur Abholung, die Veräußerung nicht abgeholter Aktien, die Beschränkung für die Fassung von Hauptversammlungsbeschlüssen, die einer Kapitalmehrheit bedürfen, und eine Sperre bzgl. der Ausnutzung einer Ermächtigung zur genehmigten Kapitalerhöhung durch Verweisung auf die §§ 267, 268, 269. Der Gesetzgeber geht dabei davon aus, dass beim Formwechsel rechtsfähiger Vereine und eingetragener Genossenschaften bzgl. der vorstehenden Fragen eine vergleichbare Interessenlage besteht[1]. 1

II. Inhalt

1. Mitteilung und Veröffentlichung nach § 267

Aufgrund der entsprechenden Anwendungen des § 267 Abs. 1 haben die Vertretungsorgane der neuen Kapitalgesellschaft jeden Anteilsinhaber in Textform[2] unverzüglich („ohne schuldhaftes Zögern" iSv. § 121 BGB) nach der Bekanntmachung der Eintragung der Gesellschaft in ihr Register über ihren Inhalt sowie die auf das einzelne Mitglied entfallenden Anteile und Teilrechte zu informieren. In dieser Mitteilung muss auf die Vorschriften des § 266 über die Bildung von Teilrechten hingewiesen werden. Zusätzlich ist nach § 267 Abs. 2 2

---

[9] Vgl. im Einzelnen die Kommentierung zu § 266 Rn 13 ff.
[1] RegBegr. *Ganske* S. 261.
[2] § 126 b BGB.

§ 282 Fünftes Buch. Formwechsel

der wesentliche Inhalt der Mitteilung in den Gesellschaftsblättern bekannt zu machen, ausgenommen hiervon ist lediglich der Hinweis auf § 266[3].

2. Aufforderung an die Aktionäre und Veräußerung von Aktien nach § 268

3   Für den Formwechsel eines Vereins in eine AG ist ferner § 268 entsprechend anwendbar. Danach sind die Aktionäre sowohl in der Mitteilung nach § 267 Abs. 1 Satz 1 als auch in der Bekanntmachung nach § 267 Abs. 2 aufzufordern, ihre Aktien abzuholen. IRd. Mitteilung, nicht jedoch bei der Bekanntmachung nach § 268 Abs. 1 Satz 3, sind die Aktionäre über das Verfahren einer eventuellen Veräußerung nicht abgeholter Aktien nach § 268 zu informieren[4]. Soweit nach dieser Bekanntmachung die Aktien nicht innerhalb von sechs Monaten abgeholt werden, ist eine Veräußerung der nicht abgeholten Aktien nach dreimaliger Androhung nach Maßgabe des § 268 Abs. 2 für Rechnung der Beteiligten möglich[5].

3. Sperre für Beschlüsse mit Kapitalmehrheit und die Ausübung eines genehmigten Kapitals

4   Bei einer neuen AG sind nach dem Formwechsel Beschlüsse, die nach dem Gesetz oder der Satzung einer Kapitalmehrheit bedürfen, untersagt, solange die nicht abgeholten oder nach § 268 Abs. 3 veräußerten Aktien nicht 60% des Grundkapitals erreichen[6]. Betroffen von der Sperre sind insbesondere Beschlüsse nach den §§ 52 Abs. 5, 179 Abs. 2, 179 a, 182 Abs. 1, 186 Abs. 3, 193 Abs. 1, 202 Abs. 2, 221 Abs. 1, 222 Abs. 1, 229 Abs. 3, 262 Abs. 1 Nr. 2, 274 Abs. 1, 293 Abs. 1, 295 Abs. 1, 319 Abs. 2 und 320 Abs. 1 AktG. Die Vorschrift des § 269 dient einerseits dem Schutz von Minderheiten[7]. Andererseits zwingt sie den Vorstand, notfalls das Verfahren nach § 268 durchzuführen, sofern einer der vorgenannten Beschlüsse gefasst werden soll. Ausnahmen von dieser Sperre sind anders als nach altem Recht nicht zugelassen[8].

5   Um eine Verwässerung der Beteiligung der ehemaligen Vereinsmitglieder zu verhindern, darf der Vorstand von der Ermächtigung zur Ausübung eines genehmigten Kapitals erst Gebrauch machen, wenn die abgeholten oder nach § 268 Abs. 3 veräußerten Aktien 60% des Grundkapitals erreichen. Auch diese Vorschrift dient dem Minderheitenschutz[9]. Würde zuvor eine Kapitalerhöhung durch Ausnutzung eines derartigen genehmigten Kapitals durchgeführt, bestünde die Gefahr, dass die neuen Aktien überproportional von Dritten übernommen werden, da die bisherigen Aktionäre zum größten Teil ihre Aktien noch nicht abgeholt haben und damit ihr Bezugsrecht nicht ausüben können.

§ 282 Abfindungsangebot

(1) **Auf das Abfindungsangebot nach § 207 Abs. 1 Satz 1 ist § 270 Abs. 1 entsprechend anzuwenden.**

(2) **Absatz 1 und die §§ 207 bis 212 sind auf den Formwechsel eines eingetragenen Vereins, der nach § 5 Abs. 1 Nr. 9 des Körperschaftsteuergesetzes von der Körperschaftsteuer befreit ist, nicht anzuwenden.**

---

[3] Wegen der Einzelheiten wird auf die Kommentierung zu § 267 Rn 2 ff. verwiesen.
[4] § 268 Abs. 1 Satz 2 und 3.
[5] Vgl. § 268 Abs. 3. Zu den näheren Einzelheiten wird auf die Kommentierung zu § 268 Rn 4 ff. verwiesen.
[6] § 269.
[7] *Vossius* in Widmann/Mayer § 269 Rn 1 und 281 Rn 10.
[8] Vgl. *Stratz* in Schmitt/Hörtnagl/Stratz § 269 Rn 1.
[9] Vgl. *Bayer* in Lutter § 269 Rn 5; *Stratz* in Schmitt/Hörtnagl/Stratz § 269 Rn 2; *Vossius* in Widmann/Mayer § 269 Rn 3.

Übersicht

	Rn		Rn
I. Allgemeines	1	5. Weitere steuerrechtliche Probleme des Formwechsels steuerbegünstigter Vereine	10
II. Erweiterung der Abfindungsregelung	2		
III. Ausschluss der Barabfindung	3	a) Ausschluss der Liquidationsüberschussbeteiligung wegen der Zweckbindung des Vereinsvermögens	11
1. Steuerbegünstigter Verein	4		
2. Unanwendbarkeit der §§ 207 bis 212	7	b) Grundsatz der zeitnahen Mittelverwendung	12
3. Austrittsrecht	8		
4. Analoge Anwendung auf sonstige steuerbegünstigte Körperschaften	9	c) Schenkungsteuer	13

Literatur: Siehe Literaturverzeichnis zu § 272.

I. Allgemeines

§ 282 Abs. 1 erweitert die Regelung des § 207 im Hinblick darauf, dass beim Verein der Widerspruch gegen den Formwechselbeschluss auch außerhalb der Mitgliederversammlung erklärt werden kann, die über die Umwandlung beschließt. § 282 Abs. 2 schränkt dagegen den Anwendungsbereich der §§ 207 bis 212 für steuerbegünstigte Vereine ein. **1**

II. Erweiterung der Abfindungsregelung

Der formwechselnde Verein hat Mitgliedern, die in der Versammlung gegen den Umwandlungsbeschluss Widerspruch erklären, eine angemessene Barabfindung für den Fall ihres Ausscheidens aus dem neuen Rechtsträger anzubieten. Dem Widerspruch in der Versammlung steht es gleich, wenn ein Mitglied zur Versammlung nicht zugelassen oder die Mitgliederversammlung nicht ordnungsgemäß einberufen oder der Formwechselbeschluss nicht ordnungsgemäß bekannt gemacht worden ist[1]. Beim Formwechsel eines Vereins in eine Kapitalgesellschaft kann der Widerspruch von den Mitgliedern nicht nur in der Versammlung, die die Umwandlung beschließt, sondern bereits zuvor durch eingeschriebenen Brief erhoben werden[2]. Beide Fälle sollen gleich behandelt werden. Hierzu verweist § 282 Abs. 2 auf § 270 Abs. 1. Nach diesen Normen kann ein Abfindungsangebot[3] auch von denjenigen Vereinsmitgliedern angenommen werden, die rechtzeitig und formgerecht[4] nach §§ 284, 275 Abs. 2 Satz 2 durch eingeschriebenen Brief dem Formwechselbeschluss widersprochen haben. **2**

III. Ausschluss der Barabfindung

§ 282 Abs. 2 dient den gleichen Zwecken wie § 104 a. Beide Normen enthalten eine Sonderregelung für steuerbegünstigte Vereine iSv. § 5 Abs. 1 Nr. 9 KStG. Das Vermögen derartiger Vereine unterliegt der Zweckbindung nach § 55 Abs. 1 AO. Die Gewährung von Abfindungen an die Mitglieder würde die Steuerbegünstigung des Verbandes gefährden. Auch stammt das Vermögen solcher Vereine oftmals aus zweckgebundenen Zuwendungen **3**

---

[1] §§ 207 Abs. 2, 29 Abs. 2.
[2] § 275 Abs. 2 Satz 2.
[3] § 207 Abs. 1 Satz 1.
[4] Siehe § 275 Rn 9.

der öffentlichen Hand oder von privater Seite, es soll daher nicht in Form von Abfindungen an die Mitglieder ausgezahlt werden. Beides soll durch § 104 a und § 282 Abs. 2 verhindert werden[5].

1. Steuerbegünstigter Verein

4 § 282 Abs. 2 gilt nur für körperschaftsteuerbefreite Vereine iSv. § 5 Abs. 1 Nr. 9 KStG. Dies sind solche, die ausschließlich und unmittelbar gemeinnützige, mildtätige oder kirchliche Zwecke iSd. §§ 51 bis 68 AO verfolgen. Unschädlich ist es, wenn ein solcher Verein einen sog. wirtschaftlichen Geschäftsbetrieb nach §§ 14, 64 AO unterhält und insoweit die Körperschaftsteuerbefreiung ausgeschlossen ist[6]. Denn die Überschüsse aus einem solchen steuerpflichtigen Geschäftsbetrieb unterliegen ebenfalls der gemeinnützigen Zweckbindung. Daher entspricht es dem gesetzgeberischen Anliegen, dass auch für diesen Teil des Vereinsvermögens keine Abfindung zu zahlen ist.

5 Dem Wortlaut des § 282 Abs. 2 ist nicht zu entnehmen, zu welchem Zeitpunkt die Voraussetzungen des § 5 Abs. 1 Nr. 9 KStG erfüllt sein müssen. Diese Frage ist wie bei § 104 a anhand des Normzwecks zu entscheiden. Maßgeblicher Zeitpunkt ist grundsätzlich die Eintragung des Formwechsels in das Register der neuen Rechtsform[7] und damit sein Wirksamwerden nach § 202 Abs. 1. Zu diesem Zeitpunkt kann erstmals das Abfindungsangebot angenommen werden mit der Folge, dass der Abfindungsanspruch entsteht[8]. In diesem Zeitpunkt droht erstmals dem übernehmenden Rechtsträger eine Gefährdung seines steuerlich begünstigten Status, wenn er in Verletzung der Zweckbindung seines Vermögens eine Abfindung zahlen müsste. Darüber hinaus müssen die Voraussetzungen des § 5 Abs. 1 Nr. 9 KStG beim Rechtsträger neuer Rechtsform bis zum Ablauf der Frist des § 209 fortbestehen. Entfällt die steuerliche Begünstigung des aufnehmenden Rechtsträgers nachträglich, ist dieser nicht mehr schutzbedürftig. Die Einschränkung des Minderheitenrechts der §§ 207 bis 212 ist nicht mehr durch die im öffentlichen Interesse liegende Erhaltung der gemeinnützigen, mildtätigen oder kirchlichen Zweckbindung des Vermögens des Rechtsträgers gerechtfertigt[9]. Daher lebt hier das Recht der Mitglieder, nach Maßgabe des § 212 Satz 2 notfalls im Spruchverfahren gegen Abfindung aus dem aufnehmenden Rechtsträger auszuscheiden, nachträglich wieder auf.

6 Der Nachweis gegenüber dem Vereinsregister über die steuerliche Begünstigung zum Zeitpunkt der Eintragung ist ggf. durch eine möglichst zeitnahe Bescheinigung[10] nach § 59 AEAO bzw. einen Freistellungsbescheid nachzuweisen[11]. Das Registergericht kann im Rahmen seiner Prüfung die Vorlage eines solchen Bescheids verlangen[12].

2. Unanwendbarkeit der §§ 207 bis 212

7 Nach § 282 Abs. 2 ist die Aufnahme eines Abfindungsangebots in den Formwechselbeschluss entbehrlich. Auch sind die das Abfindungsangebot betreffenden Vorschriften der §§ 208 bis 212 in diesem Fall unanwendbar. Soweit entgegen der Annahme der Beteiligten die Voraussetzungen der Steuerbegünstigung beim Verein zum Zeitpunkt des Wirksam-

---

[5] Vgl. auch § 104 a Rn 1; *Krieger* in Lutter Rn 2; *Stratz* in Schmitt/Hörtnagl/Stratz Rn 2; *Vossius* in Widmann/Mayer Rn 3.
[6] *Hadding/Hennrichs* in Lutter § 104 a Rn 5; *Vossius* in Widmann/Mayer § 104 a Rn 8.
[7] *Vossius* in Widmann/Mayer § 104 a Rn 9 ff.; *Hadding/Hennrichs* in Lutter § 104 a Rn 3.
[8] § 209.
[9] Vgl. dazu bereits § 104 a Rn 5; *Katschinski*, Die Umwandlung von Non-Profit-Organisationen, S. 84.
[10] Vgl. dazu auch *Stöber* Rn 64 f.
[11] *Hadding/Hennrichs* in Lutter § 104 a Rn 4; *Vossius* in Widmann/Mayer § 104 a Rn 16.
[12] Vgl. dazu *Vossius* in Widmann/Mayer § 104 a Rn 16 ff.

werdens der Umwandlung[13] nicht vorlagen[14] bzw. innerhalb der Frist des § 209 beim übernehmenden Rechtsträger wegfallen, bestimmen sich die Rechtsfolgen nach § 212[15].

3. Austrittsrecht

Unberührt bleibt bei Vorliegen der Voraussetzungen des § 282 Abs. 2 das Recht der Mitglieder, nach Maßgabe des § 39 BGB bzw. der Satzung bis zur Eintragung des Formwechsels aus dem Verein auszutreten. Ein außerordentliches Sonderaustrittsrecht ohne Einhaltung der in der Satzung geregelten Fristen nach § 39 Abs. 2 BGB begründet der Formwechsel dabei nur, sofern sich die Rechtsposition der Mitglieder aufgrund der Umwandlung erheblich verschlechtert[16] und der Erwerb von Anteilen in der neuen Kapitalgesellschaft ihnen nicht zumutbar ist.

4. Analoge Anwendung auf sonstige steuerbegünstigte Körperschaften

Die Unvereinbarkeit der Zahlung von Abfindungen im Rahmen eines Formwechsels mit der Vermögensbindung nach §§ 51 ff. AO ist kein rechtsformspezifisches Problem des Vereins, sondern betrifft alle steuerbegünstigten Verbände iSd. § 51 AO. Der Rechtsgedanke des § 282 Abs. 2 ist daher auch auf den Formwechsel einer steuerbegünstigten GmbH in eine AG und umgekehrt anzuwenden. Allerdings ist die Rechtsfolge in einem solchen Fall zu modifizieren. Nach § 55 Abs. 1 Nr. 2 AO dürfen Anteilsinhaber solcher Gesellschaften nicht mehr als ihre eingezahlten Kapitalanteile oder den gemeinen Wert ihrer geleisteten Sacheinlagen bei ihrem Ausscheiden zurückerhalten[17]. Nur darüber hinaus sind daher beim Formwechsel steuerbegünstigter Kapitalgesellschaften analog § 282 Abs. 2 Abfindungszahlungen nach §§ 207 ff. unzulässig.

5. Weitere steuerrechtliche Probleme des Formwechsels steuerbegünstigter Vereine

§ 282 Abs. 2 erfasst nicht alle Besonderheiten, die aus steuerrechtlicher Sicht beim Formwechsel eines steuerbegünstigten Vereins in eine Kapitalgesellschaft bestehen. Vielmehr sind zusätzlich folgende Gesichtspunkte zu beachten:

a) Ausschluss der Liquidationsüberschussbeteiligung wegen der Zweckbindung des Vereinsvermögens. Nach § 55 Abs. 1 Nr. 2 und 4 AO darf bei einem steuerbegünstigten Verein den Mitgliedern das Vereinsvermögen beim Ausscheiden aus dem Verband oder dessen Auflösung nicht ausgekehrt werden, hingegen dürfen die von den Gesellschaftern eingezahlten Kapitalanteile an Gesellschafter einer steuerbegünstigten Kapitalgesellschaft nach dieser Norm bei Ausscheiden oder Auflösung an diese zurückgezahlt werden. Beim Formwechsel eines Vereins in eine steuerbegünstigte Kapitalgesellschaft wird das Haftkapital durch das Vereinsvermögen aufgebracht. Es darf daher nicht bei Ausscheiden der Gesellschafter oder der Auflösung der neuen gemeinnützigen Kapitalgesellschaft an deren Gesellschafter nach § 55 Abs. 1 Nr. 2 und 4 AO zurückgezahlt werden, da die Kapitalanteile von diesen in einem solchen Fall nie eingezahlt wurden. Auch sie unterliegen daher der Zweckbindung. Etwas anderes gilt nur, wenn zur Aufbringung des Haftkapitals iRd. Formwechsels von den Vereinsmitgliedern ergänzende Bareinzahlungen geleistet wurden[18].

---

[13] § 202 Abs. 1.
[14] Vgl. dazu *Hadding/Hennrichs* in Lutter § 104 a Rn 3.
[15] Insbes. § 212 Satz 2.
[16] *Hadding/Hennrichs* in Lutter § 104 a Rn 6; *Vossius* in Widmann/Mayer § 104 a Rn 20 f.; *Katschinski*, Die Verschmelzung von Vereinen, S. 114; *Stöber* Rn 786 b; weiter *Sauter/Schweyer/Waldner* Rn 397.
[17] Vgl. dazu bereits § 104 a Rn 8.
[18] Vgl. dazu § 277 Rn 3.

12 **b) Grundsatz der zeitnahen Mittelverwendung.** Ferner ist beim Formwechsel eines steuerbegünstigten Vereins in eine Kapitalgesellschaft das Gebot der zeitnahen Mittelverwendung[19] zu beachten, wenn der steuerbegünstigte Status des Verbands nicht gefährdet werden soll. Danach dürfen iRd. Formwechsels keine vom Verein zeitnah zu verwendenden Mittel zur Aufbringung des Haftkapitals der neuen Kapitalgesellschaft verwandt werden, sondern nur Mittel, die diesem Gebot nicht unterliegen[20].

13 **c) Schenkungsteuer.** Die Finanzverwaltung ist der Auffassung, dass der Formwechsel eines Vereins in eine Kapitalgesellschaft nach § 7 Abs. 1 Nr. 9 ErbStG wegen der damit verbundenen Umgestaltung des Charakters der Mitgliedschaftsrechte nach § 7 Abs. 1 Nr. 9 ErbStG der Schenkungsteuer unterliege, wenn der Vereinszweck auf die Bindung von Vermögen gerichtet war[21]. Das steuerrechtliche Schrifttum[22] widerspricht dem zu Recht, da beim Formwechsel kein Rechtsträgerwechsel stattfindet. Die Annahme der Steuerpflicht durch die Finanzverwaltung stellt daher eine unzulässige Erweiterung des Steuertatbestands des § 7 Abs. 1 Nr. 9 ErbStG im Wege der Analogie dar.

Dritter Unterabschnitt. Formwechsel in eine eingetragene Genossenschaft

§ 283 Vorbereitung und Durchführung der Mitgliederversammlung

(1) **Auf die Vorbereitung der Mitgliederversammlung, die den Formwechsel beschließen soll, sind die §§ 229 und 230 Abs. 2, § 231 Satz 1 und § 260 Abs. 1 entsprechend anzuwenden. § 192 Abs. 2 bleibt unberührt.**

(2) **Auf die Mitgliederversammlung, die den Formwechsel beschließen soll, ist § 239 entsprechend anzuwenden.**

1 Die Vorschrift entspricht inhaltlich § 274. Auf die Kommentierung dort wird verwiesen.

§ 284 Beschluß der Mitgliederversammlung

Der Umwandlungsbeschluß der Mitgliederversammlung bedarf, wenn der Zweck des Rechtsträgers geändert werden soll (§ 33 Abs. 1 Satz 2 des Bürgerlichen Gesetzbuchs) oder wenn die Satzung der Genossenschaft eine Verpflichtung der Mitglieder der Genossenschaft zur Leistung von Nachschüssen vorsieht, der Zustimmung aller anwesenden Mitglieder; ihm müssen auch die nicht erschienenen Mitglieder zustimmen. Im übrigen ist § 275 Abs. 2 entsprechend anzuwenden.

---

[19] Allgemein zu diesem Grundsatz *Troll/Wallenhorst/Halacinsky*, Die Besteuerung gemeinnütziger Vereine und Stiftungen, 4. Aufl. 2000, S. 44 ff.; *Kießling/Buchner*, Gemeinnützigkeit im Steuerrecht, 7. Aufl. 2000, S. 118 ff.
[20] Vfg. OFD Rostock vom 21. 3. 2001 DStR 2001, 942; *Katschinski*, Die Umwandlung von Non-Profit-Organisationen, S. 84.
[21] FM Baden-Württemberg, Erl. vom 7. 12. 2000, ZEV 2001, 67 = DStR 2000, 2189; *Krieger* in Lutter § 272 Rn 4.
[22] *Petersen* BB 1997, 1981 ff.; *Grüter/Mitsch* DStR 2001, 1830 f.; *Meincke*, ErbStG, 13. Aufl. 2002, § 7 Rn 115; *Gebel* in Troll ErbStG, Loseblatt, § 7 Rn 344.

Übersicht

	Rn		Rn
I. Allgemeines	1	2. Mehrheitserfordernisse nach § 275 Abs. 2	6
II. Zuständigkeit und Form	2	3. Größere Mehrheiten und sonstige Erfordernisse nach § 275 Abs. 2 Satz 3	7
III. Beschlussmehrheiten	3		
1. Mehrheitserfordernisse bei Änderung des Vereinszwecks	3		

Literatur: Siehe Literaturverzeichnis zu § 272.

I. Allgemeines

§ 284 entspricht inhaltlich weitgehend § 275. Abweichend von dieser Norm erweitert er das Einstimmigkeitserfordernis auch auf den Fall, dass die Satzung der eG eine Verpflichtung der Mitglieder der Genossenschaft zur Leistung von Nachschüssen vorsieht. Insoweit greift die Vorschrift den Rechtsgedanken des § 252 Abs. 1 auf[1]. Danach kann den Vereinsmitgliedern nicht gegen ihren Willen aufgezwungen werden, Nachschüsse an den Verband zu leisten[2].   1

II. Zuständigkeit und Form

Zuständig für den Umwandlungsbeschluss ist die Mitgliederversammlung. Die Übertragung dieser Kompetenz auf ein anderes Organ ist nach § 1 Abs. 3 nicht zulässig. Darunter fällt allerdings nicht der Fall, dass die Satzung die Kompetenz zur Fassung des Formwechselbeschlusses einer Delegiertenversammlung überträgt. Diese ist nämlich kein anderes Organ, sondern eine besondere Ausgestaltung der Mitgliederversammlung[3]. Statthaft ist es ferner, die Zustimmung eines weiteren Organs als zusätzliches Erfordernis iSv. § 275 Abs. 2 Satz 3 einzuführen[4]. Zudem bedarf der Umwandlungsbeschluss der notariellen Beurkundung[5].   2

III. Beschlussmehrheiten

1. Mehrheitserfordernisse bei Änderung des Vereinszwecks

Wird iRd. Formwechsels der Vereinszweck geändert, ist es nach § 284 Satz 1 erforderlich, dass alle in der Versammlung anwesenden Mitglieder dem Formwechselbeschluss zustimmen. Darüber hinaus müssen auch alle nicht erschienenen Mitglieder dem Formwechsel in notariell beurkundeter Form[6] zustimmen[7].   3

Die Zustimmung sämtlicher Vereinsmitglieder ist ferner dann zur Durchführung des Formwechsels erforderlich, wenn die Satzung der durch den Formwechsel entstehenden Genossenschaft eine (beschränkte oder unbeschränkte)[8] Verpflichtung der Mitglieder der   4

---

[1] Vgl. RegBegr. *Ganske* S. 262. Zur Europäischen Genossenschaft (SCE) siehe Einl. C Rn 64 ff.
[2] *Krieger* in Lutter Rn 2.
[3] Vgl. § 275 Rn 2.
[4] Vgl. § 275 Rn 2.
[5] § 193 Abs. 3 Satz 1. Vgl. dazu § 103 Rn 6.
[6] § 193 Abs. 3 Satz 1.
[7] § 284 Satz 1 2. Halbs. Vgl. hierzu im Einzelnen die Kommentierung der insoweit inhaltsgleichen Vorschrift des § 275 Rn 4 ff.
[8] *Vossius* in Widmann/Mayer Rn 8.

§ 285 Genossenschaft zur Leistung von Nachschüssen vorsieht[9]. Eine solche persönliche Verpflichtung kann den Vereinsmitgliedern nicht entgegen ihren Willen aufgezwungen werden. Nach § 6 Nr. 3 GenG muss die Satzung einer Genossenschaft eine Aussage über die Nachschusspflicht der Mitglieder der Genossenschaft treffen. Das geringere Mehrheitserfordernis des § 275 Abs. 2, § 284 Satz 2 ist für den Formwechselbeschluss nur dann ausreichend, wenn die Satzung der Genossenschaft jegliche Nachschusspflicht ausschließt.

5 § 284 Abs. 1 ist nicht entsprechend anwendbar, sofern von den künftigen Genossen nach Anrechnung ihres Geschäftsguthabens noch Einzahlungen auf ihren Geschäftsanteil zu leisten sind, weil das Geschäftsguthaben hinter dem Betrag des Geschäftsanteils zum Zeitpunkt des Wirksamwerdens des Formwechsels zurückbleibt oder wenn die Satzung eine Verpflichtung zur Übernahme weiterer Geschäftsanteile vorsieht[10]. Das Problem der weiteren Einzahlungspflicht hat der Gesetzgeber in den §§ 289 Abs. 2, 256 Abs. 3 Nr. 3 geregelt. Dabei hat er anders als im Fall der Nachschusspflicht nicht das Erfordernis der Einstimmigkeit für den Umwandlungsbeschluss eingeführt. Insoweit fehlt es an einer ausfüllungsbedürftigen Lücke für eine analoge Anwendung des Rechtsgedankens des § 284 Satz 1. Auch die Verpflichtung zur Übernahme weiterer Geschäftsanteile rechtfertigt nicht die analoge Anwendung des Rechtsgedankens des § 284 Satz 1. Denn bereits nach dem allgemeinen Genossenschaftsrecht erfordert sie nicht einen einstimmigen Beschluss sämtlicher Verbandsmitglieder. Vielmehr begründet eine derartige Verpflichtung nur nach §§ 67 a, 16 Abs. 2 Nr. 4 GenG ein außerordentliches Kündigungsrecht derjenigen Genossen, die dem widersprechen[11].

2. Mehrheitserfordernisse nach § 275 Abs. 2

6 In allen übrigen Fällen verweist § 284 Satz 2 auf § 275. Danach reicht für den Formwechselbeschluss eines Vereins in eine eG regelmäßig eine Dreiviertelmehrheit aus. Dieses Mehrheitserfordernis erhöht sich auf die Mehrheit von neun Zehnteln der erschienenen Mitglieder, die sich ohne Enthaltungen an einer Abstimmung beteiligen, wenn spätestens bis zum Ablauf des dritten Tags vor der betreffenden Mitgliederversammlung 10% bzw. 100 Vereinsmitglieder durch eingeschriebenen Brief Widerspruch gegen den Formwechsel erhoben haben[12].

3. Größere Mehrheiten und sonstige Erfordernisse nach § 275 Abs. 2 Satz 3

7 Die Satzung des formwechselnden Vereins kann größere Mehrheiten und weitere Erfordernisse für den Formwechselbeschluss nach § 284 Abs. 2 iVm. § 275 Abs. 2 Satz 3 vorsehen[13].

§ 285 Inhalt des Umwandlungsbeschlusses

(1) Auf den Umwandlungsbeschluß ist auch § 253 Abs. 1 und Abs. 2 Satz 1 entsprechend anzuwenden.

(2) Sollen bei der Genossenschaft nicht alle Mitglieder mit der gleichen Zahl von Geschäftsanteilen beteiligt werden, so darf die unterschiedlich hohe Beteiligung nur nach einem oder mehreren der in § 276 Abs. 2 Satz 1 bezeichneten Maßstäbe festgesetzt werden.

---

[9] § 284 Abs. 1 Satz 1.
[10] *Krieger* in Lutter Rn 2; *Vossius* in Widmann/Mayer Rn 11 ff.
[11] Vgl. im Einzelnen dazu § 288 Rn 4 ff.
[12] Wegen der Einzelheiten vgl. Kommentierung zu § 275 Rn 9.
[13] Vgl. hierzu die Kommentierung zu § 275 Rn 10.

Übersicht

	Rn			Rn
I. Allgemeines	1	a)	Mindestens ein Geschäftsanteil	3
II. Inhalt des Umwandlungsbeschlusses	2	b)	Gleiche Anzahl von Geschäftsanteilen und abweichende Maßstäbe	4
1. Statut der Genossenschaft	2			
2. Beteiligung in der neuen Genossenschaft	3			

Literatur: Siehe Literaturverzeichnis zu § 272.

I. Allgemeines

§ 285 ergänzt § 194, indem er den Mindestinhalt des Umwandlungsbeschlusses im Hinblick auf die Besonderheiten des Genossenschaftsrechts erweitert. 1

II. Inhalt des Umwandlungsbeschlusses

1. Statut der Genossenschaft

Nach § 253 Abs. 1, auf den § 285 Abs. 1 verweist, muss der Umwandlungsbeschluss das 2 Statut der neuen Genossenschaft enthalten. Für den Inhalt gelten die Gründungsvorschriften des GenG[1]. Lediglich abweichend von den §§ 5, 11 Abs. 2 Nr. 1 GenG ist eine Unterzeichnung der Satzung durch alle Genossen nach § 253 Abs. 1 Satz 2 nicht erforderlich. Hierdurch soll der Formwechsel von Vereinen mit einer Vielzahl von Mitgliedern in eine Genossenschaft erleichtert werden.

2. Beteiligung in der neuen Genossenschaft

a) Mindestens ein Geschäftsanteil. Nach §§ 253 Abs. 2 Satz 1, 285 Abs. 1 muss der 3 Formwechselbeschluss eines Vereins in eine eG vorsehen, dass jedes Vereinsmitglied mindestens einen Geschäftsanteil erhält. Der Geschäftsanteil ist der Höchstbetrag, mit dem sich ein Genosse an der Genossenschaft beteiligen kann[2]. Er muss für alle Genossen gleich hoch sein[3]. Die Höhe des Nennbetrags und der Pflichteinzahlungen auf einen Geschäftsanteil regelt das Gesetz nicht. Sie sind im Statut der neuen eG nach § 7 Nr. 1 GenG festzulegen. Hier gelten die allgemeinen genossenschaftlichen Grundsätze. Für diese Festsetzung gelten die gleichen Grundsätze wie für eine Änderung der Nennbeträge der Geschäftsanteile und Pflichteinzahlungen bei einer Genossenschaft durch Satzungsänderung[4]. Danach ist es erforderlich, dass die Festlegung der Höhe des Nennbetrags und der Pflichteinzahlungen den Genossen wirtschaftlich zumutbar und insgesamt sachlich geboten ist[5]. Insoweit kommt es zu einer Vorwirkung der genossenschaftlichen Regelungen. Den Vereinsmitgliedern können nämlich etwaige Zahlungspflichten, die mit einer willkürlichen Festlegung der Nennbeträge der Geschäftsanteile und Pflichteinzahlungen verbunden wären, nur zugemutet werden, wenn dafür ein sachlicher Grund besteht.

b) Gleiche Anzahl von Geschäftsanteilen und abweichende Maßstäbe. § 285 4 Abs. 2 geht davon aus, dass alle Mitglieder des formwechselnden Vereins mit der gleichen

---

[1] § 197. Vgl. auch § 253 Rn 2 ff. Zur Europäischen Genossenschaft (SCE) siehe Einl. C Rn 64 ff.
[2] Vgl. *Pöhlmann* in H/P/G/R § 7 GenG Rn 2.
[3] Vgl. RGZ 64, 188, 193; *Pöhlmann* in H/P/G/R § 7 Rn 1; *Müller* § 7 GenG Rn 8.
[4] Vgl. auch *Krieger* in Lutter Rn 5.
[5] *Müller* § 16 GenG Rn 19 f.; *Pöhlmann* in H/P/G/R § 16 GenG Rn 7; ebenso *Krieger* in Lutter Rn 5.

Anzahl von Geschäftsanteilen an der neuen Genossenschaft zu beteiligen sind. Dies kann ausnahmsweise unangemessen sein. Durch Verweisung auf § 276 Abs. 2 lässt daher § 285 Abs. 2 es zu, dass den einzelnen Vereinsmitgliedern eine unterschiedlich hohe Anzahl von Geschäftsanteilen unter Anwendung eines oder mehrerer der in § 276 Abs. 2 aufgeführten Verteilungsmaßstäbe zugewiesen wird[6].

§ 286 Anmeldung des Formwechsels

Auf die Anmeldung nach § 198 sind die §§ 254 und 278 Abs. 2 entsprechend anzuwenden.

Übersicht

	Rn		Rn
I. Allgemeines	1	2. Erweiterung des Inhalts	3
II. Inhalt	2	3. Bekanntmachung statt Eintragung	4
1. Anmeldeverpflichteter	2		

Literatur: Siehe Literaturverzeichnis zu § 272.

I. Allgemeines

1 § 286 ergänzt die Vorschrift des § 198, indem er den Anmeldeverpflichteten regelt und den Inhalt der Anmeldung erweitert.

II. Inhalt

1. Anmeldeverpflichteter

2 Anders als beim Formwechsel eines Vereins in eine Kapitalgesellschaft[1] erfolgt die Anmeldung des Formwechsels in eine eG aufgrund der Verweisung des § 286 auf § 254 Abs. 1 durch den Vorstand des formwechselnden Vereins. Ausreichend ist es dabei, dass dieser durch seine Mitglieder in vertretungsberechtigter Anzahl handelt[2]. Die Regelung des § 286 betrifft sowohl die Anmeldung des Formwechsels des Vereins zum Vereinsregister als auch die Anmeldung der neuen Genossenschaft zur Eintragung in das Genossenschaftsregister[3].

2. Erweiterung des Inhalts

3 § 286 iVm. § 254 Abs. 2 erweitern den Inhalt der Anmeldung nach § 198 dahin gehend, dass zugleich mit der Anmeldung der Genossenschaft die Mitglieder ihres Vorstands zur Eintragung in das Genossenschaftsregister anzumelden sind[4].

3. Bekanntmachung statt Eintragung

4 § 286 verweist ferner auf § 278 Abs. 2. Diese Regelung betrifft entsprechend ihrem Sinn und Zweck ausschließlich den Fall, dass ein wirtschaftlicher oder altrechtlicher Verein nicht

---

[6] Zu den Einzelheiten vgl. § 276 Rn 13 ff.
[1] § 278 Abs. 1.
[2] *Vossius* in Widmann/Mayer Rn 4.
[3] *Vossius* in Widmann/Mayer Rn 3.
[4] Einzelheiten vgl. § 254 Rn 9 ff.

im Handelsregister eingetragen ist[5]. In einem solchen Fall kann die Umwandlung beim formwechselnden Rechtsträger nicht in ein Register eingetragen werden. Als Ersatz hierfür regelt § 278 Abs. 2 die Verpflichtung, den Formwechsel bekannt zu machen. Die Bekanntmachung ist Voraussetzung für die Eintragung der neuen Genossenschaft in ihrem Register[6].

§ 287 (aufgehoben)

§ 287 aufgehoben mWv 1. 1. 2007 durch G v. 10. 11. 2006 (BGBl. I S. 2553).

§ 288 Wirkungen des Formwechsels

(1) Jedes Mitglied, das die Rechtsstellung eines Mitglieds der Genossenschaft erlangt, ist bei der Genossenschaft nach Maßgabe des Umwandlungsbeschlusses beteiligt. Eine Verpflichtung zur Übernahme weiterer Geschäftsanteile bleibt unberührt. § 255 Abs. 1 Satz 3 ist entsprechend anzuwenden.

(2) Das Gericht darf eine Auflösung der Genossenschaft von Amts wegen nach § 80 des Genossenschaftsgesetzes nicht vor Ablauf eines Jahres seit dem Wirksamwerden des Formwechsels aussprechen.

Übersicht

	Rn		Rn
I. Allgemeines	1	3. Pflicht zur Übernahme weiterer Geschäftsanteile	4
II. Inhalt	2	4. Auflösung der Genossenschaft	8
1. Beteiligung	2		
2. Rechte Dritter	3		

Literatur: Siehe Literaturverzeichnis zu § 272.

I. Allgemeines

Die Norm entspricht inhaltlich § 255. Abs. 1 der Vorschrift ergänzt § 202 Abs. 1 Nr. 2. Abs. 2 regelt die Besonderheiten, die sich daraus ergeben, dass eine Genossenschaft – ebenso wie ein Verein nach § 73 BGB – mindestens drei Mitglieder haben muss. 1

II. Inhalt

1. Beteiligung

Mit Eintragung der neuen Genossenschaft im Genossenschaftsregister wird der Formwechsel wirksam[1]. Mit ihr erlangen die Vereinsmitglieder die Rechtsstellung eines Mitglieds der Genossenschaft. Der Umfang ihrer Beteiligung richtet sich nach dem Umwandlungsbeschluss[2]. Beides stellt § 288 Abs. 1 Satz 1 ergänzend zu § 202 Abs. 1 Nr. 2 noch einmal ausdrücklich klar. 2

---

[5] Vgl. § 278 Rn 6 f.
[6] Vgl. zu den Einzelheiten § 278 Rn 7.
[1] § 202 Abs. 1. Zur Europäischen Genossenschaft (SCE) siehe Einl. C Rn 64 ff.
[2] Vgl. § 285 Abs. 2.

2. Rechte Dritter

3 Nach § 288 Abs. 1 Satz 3 ist § 255 Abs. 1 Satz 3 entsprechend anwendbar. Danach setzen sich Rechte Dritter bzgl. der Vereinsmitgliedschaften an der Beteiligung an der neuen eG fort (sog. Surrogation). Dies gilt allerdings nur dann, wenn tatsächlich solche Rechte Dritter an den Mitgliedschaften bestanden. Voraussetzung dafür ist, dass abweichend von § 38 BGB die Vereinsmitgliedschaft übertragbar ausgestaltet war[3]. Dies dürfte nur in Ausnahmefällen zutreffen.

3. Pflicht zur Übernahme weiterer Geschäftsanteile

4 Die Satzung einer eG kann regeln, dass die Mitglieder der Genossenschaft weitere Geschäftsanteile übernehmen können oder sogar müssen[4]. Nach § 288 Abs. 1 Satz 2 bleibt eine solche statutarische Pflicht zur Übernahme weiterer Geschäftsanteile unberührt. Eine solche Regelung im Statut der durch den Formwechsel entstehenden Genossenschaft erfordert keinen einstimmigen Umwandlungsbeschluss[5]. Dies folgt im Umkehrschluss daraus, dass § 284 Abs. 1 Satz 1 nur für den Fall der Nachschusspflicht die Einstimmigkeit für den Umwandlungsbeschluss regelt.

5 Allerdings kann die Verpflichtung zur Übernahme weiterer Geschäftsanteile durch die Satzung der neuen Genossenschaft nicht willkürlich durch Mehrheitsbeschluss iRd. Formwechsels eingeführt werden. Nach allgemeinen genossenschaftsrechtlichen Grundsätzen[6] ist hierfür vielmehr erforderlich, dass die Übernahme weiterer Geschäftsanteile den Vereinsmitgliedern als zukünftigen Mitgliedern der Genossenschaft wirtschaftlich zumutbar ist und dass für die Maßnahme eine sachliche Rechtfertigung gegeben ist[7].

6 Der durch die Satzung der neuen Genossenschaft eingeführten Verpflichtung zur Übernahme weiterer Anteile können sich Vereinsmitglieder, die gegen den Formwechsel gestimmt haben, dadurch entziehen, dass sie von ihrem Recht zum Austritt gegen Abfindung nach den §§ 207, 290 Gebrauch machen. In einem solchen Fall gilt die Verpflichtung zur Übernahme weiterer Geschäftsanteile analog § 67 a Abs. 2 Satz 5 GenG gegenüber den austrittswilligen Mitgliedern nicht[8].

7 Für die Gewährung eines darüber hinausgehenden außerordentlichen Kündigungsrechts analog § 67 a GenG besteht entgegen der Auffassung von *Vossius*[9] kein Bedürfnis. Insoweit fehlt es an einer für eine solche Analogie notwendigen ausfüllungsbedürftigen Gesetzeslücke.

4. Auflösung der Genossenschaft

8 Nach § 4 GenG muss eine Genossenschaft mindestens drei Mitglieder haben. Diese Vorschrift ist auf den Formwechsel nicht anwendbar[10]. Nach allgemeinem Genossenschaftsrecht ist auf Antrag des Vorstands oder von Amts wegen eine eG aufzulösen, sofern die Zahl der Mitglieder der Genossenschaft drei nachhaltig unterschreitet[11]. In Ergänzung zu § 197 Satz 2 regelt § 288 Abs. 2, dass § 80 GenG nicht vor Ablauf eines Jahres seit dem Wirksamwerden des Formwechsels anwendbar ist. Mit den Regelungen des § 197 Satz 2 und des § 288 Abs. 2 will der Gesetzgeber Vereinen den Formwechsel in eine Genossenschaft auch dann ermög-

---

[3] Vgl. dazu auch § 280 Rn 2.
[4] § 7 a GenG.
[5] *Krieger* in Lutter Rn 2; *Vossius* in Widmann/Mayer Rn 7.
[6] Vgl. hierzu *Pöhlmann* in H/P/G/R § 7 a GenG Rn 6; *BGH* NJW 1978, 2595.
[7] *Krieger* in Lutter Rn 2.
[8] So zutr. *Krieger* in Lutter Rn 2.
[9] *Vossius* in Widmann/Mayer Rn 9 ff.
[10] § 197 Satz 2.
[11] § 80 GenG.

lichen, wenn ihre Mitgliederzahl drei unterschreitet. Während für diesen Fall § 197 Satz 2 die Möglichkeit der Durchführung des Formwechsels eröffnet, verhindert § 288 Abs. 2, dass der Genossenschaft nach Eintragung im Register gleich wieder nach § 80 GenG die Auflösung droht. Vielmehr gewährt § 288 Abs. 2 der durch den Formwechsel entstandenen Genossenschaft eine Übergangsfrist von einem Jahr, um weitere Mitglieder für die Genossenschaft zu gewinnen und so den Auflösungsgrund zu beseitigen. Die Frist beginnt mit dem Wirksamwerden des Formwechsels durch Eintragung im Genossenschaftsregister[12]. § 288 Abs. 2 hat weitgehend an Bedeutung verloren, nachdem durch das Gesetz zur Einführung der Europäischen Genossenschaft und zur Änderung des Genossenschaftsrechts die Mindestmitgliederzahl einer Genossenschaft von sieben auf drei herabgesetzt wurde und damit der Mindestmitgliederzahl eines Vereins nach § 73 BGB entspricht.

§ 289 Geschäftsguthaben; Benachrichtigung der Mitglieder

(1) **Jedem Mitglied der Genossenschaft kann als Geschäftsguthaben auf Grund des Formwechsels höchstens der Nennbetrag der Geschäftsanteile gutgeschrieben werden, mit denen es bei der Genossenschaft beteiligt ist.**
(2) **§ 256 Abs. 3 ist entsprechend anzuwenden.**

Übersicht

	Rn		Rn
I. Allgemeines	1	1. Geschäftsguthaben	2
II. Inhalt	2	2. Benachrichtigung	7

Literatur: Siehe Literaturverzeichnis zu § 272.

I. Allgemeines

§ 289 ergänzt § 194 Abs. 1 Nr. 4. und § 202 Abs. 1 Nr. 2. Ferner regelt er durch Verweisung auf § 256 Abs. 3 die Benachrichtigung der Genossen. **1**

II. Inhalt

1. Geschäftsguthaben

Das Geschäftsguthaben ist der Betrag, der tatsächlich auf den oder die Geschäftsanteile eines Genossen eingezahlt ist[1]. Der Geschäftsanteil dagegen gibt den Betrag wieder, bis zu welchem sich die Genossen an der eG beteiligen können[2]. Nur das Geschäftsguthaben repräsentiert die wirtschaftliche Beteiligung des Genossen am Verband. **2**

Nach allgemeinen genossenschaftlichen Grundsätzen darf das Geschäftsguthaben nicht den Nennbetrag des Geschäftsanteils übersteigen. Dementsprechend regelt § 289 Abs. 1, dass aufgrund des Formwechsels den künftigen Mitgliedern der Genossenschaft als Geschäftsguthaben höchstens der Nennbetrag der ihnen zugefallenen Geschäftsanteile gutgeschrieben werden kann. **3**

---

[12] § 202 Abs. 1.
[1] *Pöhlmann* in H/P/G/R § 7 GenG Rn 3; *Müller* § 7 GenG Rn 8. Zur Europäischen Genossenschaft (SCE) siehe Einl. C Rn 64 ff.
[2] Vgl. § 7 Nr. 1 GenG.

4 Beim Formwechsel einer Kapitalgesellschaft in eine Genossenschaft hat der Gesetzgeber diesen Grundsatz in § 256 Abs. 1 und 2 durchbrochen, um zu verhindern, dass die Gesellschafter der formwechselnden Kapitalgesellschaft durch die Umwandlung eine Vermögenseinbuße erleiden. Übersteigt danach das Geschäftsguthaben der Mitglieder der Genossenschaft den Gesamtbetrag ihrer Geschäftsanteile, ist der übersteigende Betrag an die Mitglieder der Genossenschaft nach Maßgabe der § 256 Abs. 2 auszuzahlen. Beim Formwechsel eines Vereins sah der Gesetzgeber dafür keine Notwendigkeit. Die Mitgliedschaft im Verein vermittelt ihren Inhabern keine Beteiligung an dessen Vermögen, die es ihrer Substanz nach zu erhalten gilt[3]. Zulässig ist es daher, dass die Summe aller Geschäftsguthaben der Mitglieder der Genossenschaft hinter dem Wert des Vereinsvermögens zurückbleibt. Ist dies der Fall, ist die Differenz zwischen beiden Werten den Rücklagen der Genossenschaft zuzuführen[4]. Eine Auszahlung an die Mitglieder der Genossenschaft ist anders als beim Formwechsel einer Kapitalgesellschaft in eine Genossenschaft nach § 256 Abs. 2 nicht statthaft. Ist beabsichtigt, den vollen Wert des Vereinsvermögens den zukünftigen Mitgliedern der Genossenschaft als Geschäftsguthaben zukommen zu lassen, ist es erforderlich, dass die Zahl und der Betrag der den Vereinsmitgliedern zugewiesenen Geschäftsanteile im Umwandlungsbeschluss so festgesetzt werden, dass die Summe des Reinvermögens des Vereins der Summe der Nennbeträge der Geschäftsanteile aller zukünftigen Mitglieder der Genossenschaft entspricht[5].

5 § 289 Abs. 1 schließt nicht aus, dass der Betrag des Geschäftsguthabens auch hinter dem Nennbetrag des Geschäftsanteils der Mitglieder der Genossenschaft – uU sogar hinter dem Betrag der Pflichteinzahlungen nach § 7 Nr. 1 GenG – zurückbleiben kann. Erreicht er noch nicht einmal den Wert der Pflichteinzahlungen, sind die Mitglieder der Genossenschaft verpflichtet, die Differenz nach Maßgabe der §§ 7 Nr. 1, 50 GenG nachzuzahlen. Darüber hinaus können sie freiwillige Einzahlungen bis zur Höhe ihres/ihrer Geschäftsanteils/-anteile erbringen. Eine solche Festlegung der Nennwerte der Geschäftsanteile und erst Recht der Pflichteinzahlungen über dem Wert der den einzelnen Vereinsmitgliedern gutzuschreibenden Geschäftsguthaben ist nach allgemeinen genossenschaftsrechtlichen Grundsätzen nur zulässig, wenn dafür eine sachliche Rechtfertigung vorliegt und die damit verbundenen Zahlungspflichten den Mitgliedern zumutbar sind[6]. Bei einem einstimmig zu fassenden Formwechselbeschluss ergibt sich die sachliche Rechtfertigung derartiger Festlegungen in der Satzung der neuen Genossenschaft aus der Zustimmung sämtlicher Mitglieder. Ist dagegen nur eine Dreiviertelmehrheit für den Umwandlungsbeschluss notwendig, dürften sachliche Gründe nur in Ausnahmefällen die Festsetzung der Nennbeträge der Geschäftsanteile und der Pflichteinzahlungen über dem Wert des Geschäftsguthabens rechtfertigen. Regelmäßig wird den Vereinsmitgliedern eine Zuzahlung iRd. Formwechsels wirtschaftlich nicht zumutbar sein.

6 Soweit iRd. Formwechsels durch die Festlegung des Nennbetrags der Geschäftsanteile und Pflichteinzahlungen Zahlungsverpflichtungen für die Vereinsmitglieder begründet werden, können sie sich diesen dadurch entziehen, dass sie gegen den Formwechsel stimmen und anschließend nach Maßgabe der §§ 207, 290 gegen Abfindung aus der Genossenschaft ausscheiden. In einem solchen Fall ist analog § 67 a Abs. 2 Satz 4 GenG davon auszugehen, dass die zusätzlichen Zahlungspflichten nicht die Mitglieder treffen, die von ihrem Austrittsrecht nach den §§ 207, 290 Gebrauch machen[7]. Ein darüber hinausgehendes Kündigungsrecht analog § 67 a GenG ist entgegen *Vossius*[8] nicht erforderlich. Insoweit fehlt es an einer ausfüllungsbedürftigen Gesetzeslücke für eine derartige Analogie.

---

[3] Vgl. RegBegr. *Ganske* S. 264.
[4] RegBegr. *Ganske* S. 265; *Krieger* in Lutter Rn 3; *Vossius* in Widmann/Mayer Rn 8.
[5] RegBegr. *Ganske* S. 265; *Krieger* in Lutter Rn 3.
[6] § 288 Rn 5.
[7] *Krieger* in Lutter Rn 2.
[8] *Vossius* in Widmann/Mayer Rn 12.

2. Benachrichtigung

Nach § 289 Abs. 2 ist die Vorschrift des § 256 Abs. 3 über die Benachrichtigung der Mitglieder der Genossenschaft auf den Formwechsel eines Vereins entsprechend anzuwenden. Nach Bekanntmachung der Eintragung der Genossenschaft in ihr Register hat diese jedem Mitglied der Genossenschaft unverzüglich den Betrag seines Geschäftsguthabens, den Betrag und die Zahl der Geschäftsanteile, mit denen er an ihr beteiligt ist, sowie den Betrag der von dem Mitglied der Genossenschaft nach Anrechnung seines Geschäftsguthabens noch zu leistenden Einzahlungen sowie etwaige Nachschusspflichten mitzuteilen. Eine Mitteilung nach § 256 Abs. 3 Nr. 3 über die an die Mitglieder der Genossenschaft nach § 256 Abs. 2 auszuzahlenden Beträge ist dagegen nicht erforderlich, da solche Auszahlungspflichten beim Formwechsel eines Vereins in eine Genossenschaft wegen der Unanwendbarkeit des 256 Abs. 2 nicht entstehen können[9].

7

§ 290 Abfindungsangebot

Auf das Abfindungsangebot nach § 207 Abs. 1 Satz 2 sind § 270 Abs. 1 sowie § 282 Abs. 2 entsprechend anzuwenden.

Übersicht

	Rn		Rn
II. Erweiterung des Abfindungsangebots	1	II. Ausschluss der Barabfindung	2

Literatur: Siehe Literaturverzeichnis zu § 272.

I. Erweiterung des Abfindungsangebots

§ 290 1. Halbs. trägt dem Umstand Rechnung, dass beim Verein der Widerspruch gegen den Formwechsel in eine Genossenschaft nicht nur in der Mitgliederversammlung, sondern nach §§ 284 iVm. 275 Abs. 2 Satz 2 bis zum Ablauf des dritten Tags vor der Versammlung durch eingeschriebenen Brief erhoben werden kann. Beide Fälle sollen gleich behandelt werden. Nach § 207 Abs. 1 Satz 2 hat der formwechselnde Verein Mitgliedern, die in der Versammlung gegen den Umwandlungsbeschluss Widerspruch erklären, eine angemessene Barabfindung für den Fall ihres Ausscheidens aus der neuen Genossenschaft anzubieten. Gem. §§ 290, 270 Abs. 1 kann dieses Angebot auch von denjenigen Vereinsmitgliedern angenommen werden, die rechtzeitig[1] und formgerecht nach §§ 284, 275 Abs. 2 Satz 2 durch eingeschriebenen Brief dem Formwechselbeschluss widersprochen haben.

1

II. Ausschluss der Barabfindung

Der Verweis des § 290 auf § 282 Abs. 2 für den Formwechsel eines Vereins in eine Genossenschaft läuft ins Leere, wenn man wie hier davon ausgeht, dass Voraussetzung für die Unanwendbarkeit der §§ 207 bis 212 ist, dass sowohl der Ausgangsrechtsträger im Zeitpunkt der Eintragung des Formwechsels im Register als auch der neue Rechtsträger bis zum Ablauf der

2

---

[9] *Stratz* in Schmitt/Hörtnagl/Stratz Rn 2; *Krieger* in Lutter Rn 5.
[1] Siehe § 275 Rn 9.

Frist des § 209 die Voraussetzungen der Steuerbefreiung erfüllen müssen[2]. Der Zweck einer eG ist nach der gesetzlichen Begriffsbestimmung des § 1 Abs. 1 GenG die Förderung des Erwerbs oder der Wirtschaft ihrer Mitglieder mittels gemeinschaftlichen Geschäftsbetriebs. Er ist nicht in Einklang zu bringen mit den Voraussetzungen der §§ 51 ff. AO für die Erlangung der Steuerbegünstigung des § 5 Abs. 1 Nr. 9 KStG. Begünstigt ist nach den Vorschriften nur die selbstlose Verfolgung gemeinnütziger, mildtätiger oder kirchlicher Zwecke.

Fünfter Abschnitt. Formwechsel von Versicherungsvereinen auf Gegenseitigkeit

§ 291 Möglichkeit des Formwechsels

(1) Ein Versicherungsverein auf Gegenseitigkeit, der kein kleinerer Verein im Sinne des § 53 des Versicherungsaufsichtsgesetzes ist, kann auf Grund eines Umwandlungsbeschlusses nur die Rechtsform einer Aktiengesellschaft erlangen.

(2) Der Formwechsel ist nur möglich, wenn auf jedes Mitglied des Vereins, das an der Aktiengesellschaft beteiligt wird, mindestens eine volle Aktie entfällt.

Übersicht

	Rn		Rn
I. Allgemeines	1	1. Grundkapital der Versicherungs-AG	10
1. Sinn und Zweck der Norm	1	a) Mindestbetrag	10
a) Einschränkung der Rechtsform	2	b) Höchstbetrag	12
b) Beschränkung der Umwandlung auf (große) Versicherungsvereine	3	c) Keine Umwandlung bei unzureichendem Grundkapital	13
c) Untergrenze der Beteiligung	6	2. Zuteilung mehrerer Aktien	14
d) Kein Formwechsel in einen VVaG	7	3. Ausschluss von Mitgliedern	15
2. Alternativen zum Formwechsel kleinerer Vereine	8	4. Behandlung des Gründungsstocks	16
II. Einzelerläuterungen	10	5. Genehmigung durch die Aufsichtsbehörde	17

I. Allgemeines

1. Sinn und Zweck der Norm

1 Die Vorschrift entspricht weitgehend der Regelung in § 385 d AktG aF.

2 a) **Einschränkung der Rechtsform.** Wegen des *numerus clausus* der Rechtsformen für Versicherungsunternehmen[1] ist ein Formwechsel eines VVaG nur in die Rechtsform einer Versicherungs-AG zulässig[2]. Das gilt wegen des entsprechenden *numerus clausus*[3] auch für Rückversicherungsvereine.

3 b) **Beschränkung der Umwandlung auf (große) Versicherungsvereine.** Trotz der unklaren Formulierung der Vorschrift[4] wird durch Abs. 1 ein Formwechsel kleinerer Vereine

---

[2] Siehe bereits *Katschinski*, Die Umwandlung von Non-Profit-Organisationen, S. 84 sowie § 282 Rn 5 f.
[1] § 7 Abs. 1 VAG.
[2] § 291 Abs. 1.
[3] § 120 Abs. 1 Satz 1 VAG.
[4] Nach dem Wortlaut des § 291 Abs. 1 werden lediglich die nach §§ 190 ff. möglichen Formen der Umwandlung für den (großen) VVaG eingeschränkt.

iSd. § 53 VAG grundsätzlich ausgeschlossen[5]. Versicherungsunternehmen mit beschränktem Geschäftsumfang sollen nicht in Form einer Versicherungs-AG geführt werden.

Aufgrund des sachlich, örtlich oder dem Personenkreis nach eng begrenzten Wirkungskreises unterliegen kleinere Vereine nur in begrenztem Umfang der Versicherungsaufsicht[6]. Durch einen Formwechsel in eine Versicherungs-AG würden Versicherungsunternehmen, die aus praktischen Erwägungen von der (vollen) Versicherungsaufsicht ausgenommen worden sind, ohne Änderung des Umfangs des Geschäftsbetriebs in vollem Umfang der Versicherungsaufsicht unterworfen.

Ein Formwechsel von Kleinstvereinen[7] ist bereits gem. § 157 a VAG ausgeschlossen.

c) Untergrenze der Beteiligung. Abs. 2 trägt dem § 8 Abs. 2 Satz 1 AktG und der Zulassung von Stückaktien ohne Nennbetrag durch das StückAG[8] Rechnung. Nunmehr ist jedem Mitglied des VVaG mindestens eine volle Aktie zu gewähren.

d) Kein Formwechsel in einen VVaG. Ein Formwechsel einer Versicherungs-AG in einen VVaG ist gem. § 191 Abs. 2 nicht möglich[9]. Grund hierfür ist die zwingende Verbindung von Versicherungsverhältnis und Mitgliedschaft[10]. Vereinzelt wird als Alternative eine Vermögensvollübertragung von einer Versicherungs-AG auf einen VVaG vorgeschlagen[11]. Hiergegen spricht, dass durch die Vermögensübertragung für die Aktionäre keine Mitgliedschaften am VVaG begründet werden können.

2. Alternativen zum Formwechsel kleinerer Vereine

Die in der Literatur erörterte Hilfskonstruktion[12] der Vermögensvollübertragung auf eine Versicherungs-AG ist keine Alternative zum Formwechsel des kleineren VVaG, da der kleinere Verein infolge der Vermögensübertragung aufgelöst wird, ohne dass die Mitglieder des kleineren Vereins Aktien an der übernehmenden Versicherungs-AG erhalten[13].

Als Alternative zum Formwechsel kommt jedoch die Verschmelzung eines kleineren Vereins auf eine (neu gegründete) Tochter-AG in Betracht. Ob diese Verschmelzung zulässig ist, ist wegen der gesetzlichen Wertung in Abs. 1 mehr als zweifelhaft. Da ein Formwechsel kleinerer Vereine aufsichtsrechtlich unerwünscht ist[14], begegnet eine solche Verschmelzung aufsichtsrechtlichen Bedenken.

II. Einzelerläuterungen

1. Grundkapital der Versicherungs-AG

a) Mindestbetrag. Weil beim Formwechsel eines VVaG auf jedes Mitglied mindestens eine volle Aktie entfallen muss, beläuft sich das Mindestgrundkapital der Versicherungs-AG wegen § 8 Abs. 2 Satz 1, Abs. 3 Satz 3 AktG auf einen €-Betrag in Höhe der Anzahl der Mitglieder[15].

---

[5] Wie hier *Vossius* in Widmann/Mayer Rn 5; *Hübner* in Lutter Rn 1.
[6] § 53 Abs. 1 VAG.
[7] Zum Begriff des Kleinstvereins siehe § 109 Rn 21.
[8] Gesetz über die Zulassung von Stückaktien vom 25. 3. 1998, BGBl. I 1998 S. 590.
[9] Siehe hierzu die Tabelle in § 191 Rn 15.
[10] Siehe § 109 Rn 14; *Hübner* in Lutter Rn 3.
[11] *Vossius* in Widmann/Mayer Rn 9 f.
[12] *Vossius* in Widmann/Mayer Rn 11.
[13] § 174 Abs. 1.
[14] Hierzu Rn 3 f.
[15] Zum Ausschluss von Mitgliedern beim Formwechsel siehe § 294 Rn 5, 19 ff.

11 Die Festsetzung des (Mindest-) Grundkapitals richtet sich grundsätzlich nach § 294 Abs. 2[16]. Unabhängig davon muss das Grundkapital der Versicherungs-AG mindestens € 50 000 betragen[17].

12 **b) Höchstbetrag.** Der Höchstbetrag des Grundkapitals der Versicherungs-AG ergibt sich aus §§ 295, 264 Abs. 1[18].

13 **c) Keine Umwandlung bei unzureichendem Grundkapital.** Sofern das Grundkapital der Versicherungs-AG wegen der Regelungen in §§ 295, 264 Abs. 1 auf einen Betrag festgesetzt werden müsste, der es nicht erlaubt, jedem Mitglied des formwechselnden VVaG eine Aktie im Nennbetrag von € 1[19] oder mit einem anteiligen Betrag am Grundkapital[20] von € 1 zuzuteilen, scheidet ein Formwechsel nach Abs. 1 aus.

2. Zuteilung mehrerer Aktien

14 Abs. 2 schließt nicht aus, dass alle oder einzelne Mitglieder des formwechselnden VVaG mehrere Aktien erhalten, soweit dies nach den Kapitalschutzvorschriften[21] möglich und mit dem Gleichbehandlungsgrundsatz[22] zu vereinbaren ist[23].

3. Ausschluss von Mitgliedern

15 Der Ausschluss von Mitgliedern beim Formwechsel richtet sich nach § 294[24].

4. Behandlung des Gründungsstocks

16 Die Behandlung des Gründungsstocks[25] beim Formwechsel entspricht der Behandlung des Gründungsstocks bei einer Mischverschmelzung[26].

5. Genehmigung durch die Aufsichtsbehörde

17 Der Formwechsel eines VVaG bedarf der Genehmigung der Aufsichtsbehörde[35].

§ 292 Vorbereitung und Durchführung der Versammlung der obersten Vertretung

(1) **Auf die Vorbereitung der Versammlung der obersten Vertretung, die den Formwechsel beschließen soll, sind die §§ 229 und 230 Abs. 2, § 231 Satz 1 und § 260 Abs. 1 entsprechend anzuwenden.**

(2) **Auf die Durchführung der Versammlung der obersten Vertretung, die den Formwechsel beschließen soll, ist § 239 entsprechend anzuwenden.**

---

[16] Siehe § 294 Rn 28 ff.
[17] § 7 AktG; zur Behandlung von Stückaktien iRd. § 7 AktG *Hüffer* § 7 AktG Rn 6.
[18] Siehe § 295 Rn 8 ff.
[19] § 8 Abs. 2 Satz 1 AktG.
[20] § 8 Abs. 3 Satz 3 AktG.
[21] §§ 295, 264 Abs. 1.
[22] § 294 Abs. 3 und § 21 Abs. 1 VAG.
[23] Zur Zuteilung von Aktien mit höheren Nennbeträgen als dem Mindestnennbetrag des § 8 Abs. 2 Satz 1 AktG siehe § 294 Rn 17.
[24] § 294 Rn 5, 19 ff.
[25] § 22 VAG.
[26] Siehe § 109 Rn 54.

Übersicht

	Rn		Rn
I. Allgemeines	1	5. Schriftliche Ankündigung des Formwechsels	15
1. Sinn und Zweck der Norm	1	6. Durchführung der Versammlung der obersten Vertretung	19
2. Entsprechende Anwendung der §§ 292 Abs. 1, 230 Abs. 2 Satz 2 auf die Verschmelzung und Spaltung	6	7. Auslegung des Berichts über die Prüfung der Barabfindung	20
II. Einzelerläuterungen	7	8. Anwendung der aktienrechtlichen Gründungsvorschriften gem. § 197	27
1. Vermögensaufstellung	7	a) Gründungsprüfung	27
2. Auslegung des Umwandlungsberichts (§§ 292 Abs. 1, 230 Abs. 2 Satz 1)	8	b) Nichtanwendung der Vorschriften der §§ 30, 31 AktG über die Zusammensetzung des Aufsichtsrats	28
3. Erteilung von Abschriften (§§ 292 Abs. 1, 230 Abs. 2 Satz 2)	10	9. Rechtsfolgen bei Verstoß	30
4. Übersendung des Abfindungsangebots	11		

I. Allgemeines

1. Sinn und Zweck der Norm

Die Vorschrift entspricht weitgehend § 385 d Abs. 2 Satz 2 und 3 AktG aF. Sie will die umfassende Information der Mitglieder vor und in der Versammlung der obersten Vertretung, die über den Formwechsel beschließt, sicherstellen. **1**

Durch die Verweisung auf § 239 wird nunmehr ausdrücklich die Erörterung des Entwurfs des Umwandlungsbeschlusses in der Versammlung der obersten Vertretung vorgeschrieben. Des Weiteren ist der Ersatz der schriftlichen Mitteilung an die Mitglieder über das Abfindungsangebot durch Bekanntmachung wegen des fehlenden Verweises auf § 231 Satz 2 ausgeschlossen[1]. **2**

Durch den Verweis auf § 260 Abs. 1 wird in Anlehnung an den Formwechsel von Genossenschaften eine Ankündigung des Formwechsels in Textform[2] an alle Mitglieder gesetzlich vorgeschrieben[3]. **3**

Sowohl der Ausschluss der Bekanntmachung des Abfindungsangebots als auch die Anordnung der Ankündigung des Formwechsels in Textform[4] verkennen die tatsächlichen Gegebenheiten beim Versicherungsverein. Sie führen in der Praxis bei der Durchführung des Formwechsels zu nicht unerheblichen Schwierigkeiten. **4**

Der verunglückte Verweis auf die Vorschrift des § 229 hat nach deren Streichung seinen Sinn verloren. **5**

2. Entsprechende Anwendung der §§ 292 Abs. 1, 230 Abs. 2 Satz 2 auf die Verschmelzung und Spaltung

Da das durch die Vorschrift geschützte Informationsinteresse der Mitglieder nicht nur beim Formwechsel, sondern auch bei der Verschmelzung und Spaltung besteht, haben die Mitglieder auch bei diesen Umwandlungen entsprechend dem Rechtsgedanken der §§ 292 Abs. 1, 230 Abs. 2 Satz 2 einen Anspruch auf Erteilung einer kostenlosen Abschrift des Verschmelzungs- bzw. Spaltungsberichts[5]. **6**

---

[1] Siehe im Einzelnen Rn 11 ff.
[2] § 126 b BGB.
[3] Siehe im Einzelnen Rn 15 ff.
[4] § 292 Abs. 1 iVm. § 260 Abs. 1.
[5] Hierzu § 112 Rn 3 ff.

II. Einzelerläuterungen

1. Vermögensaufstellung

7 Das Erfordernis nach § 192 Abs. 2 aF dem Umwandlungsbericht im Falle eines Formwechsels eine Vermögensaufstellung beizufügen, wurde durch das Zweite Gesetz zur Änderung des Umwandlungsgesetzes ersatzlos aufgehoben. Zugleich wurde die Regelung des § 229, welche Sonderbestimmungen für die Vermögensaufstellung beim Formwechsel einer KGaA traf und sich insoweit auf § 192 Abs. 2 aF bezog, gestrichen. Der in § 292 Abs. 1 fortbestehende Verweis auf § 229 geht nunmehr ins Leere und hat keinen Regelungsgehalt mehr.

2. Auslegung des Umwandlungsberichts (§§ 292 Abs. 1, 230 Abs. 2 Satz 1)

8 Nach § 192 Abs. 1 hat der Vorstand des formwechselnden VVaG einen schriftlichen Umwandlungsbericht zu erstatten, sofern nicht alle Mitglieder in notariell beurkundeter Form auf die Erstattung verzichten[6]. Eine Vertreterversammlung kann nicht wirksam auf die Erstattung verzichten, weshalb regelmäßig ein Bericht erforderlich ist.

9 Der Umwandlungsbericht, in dem der Formwechsel und die künftige Beteiligung der Mitglieder an der Versicherungs-AG rechtlich und wirtschaftlich zu erläutern sind[7], muss auch den Entwurf des Umwandlungsbeschlusses enthalten[8]. Der Umwandlungsbericht ist ab der Einberufung der obersten Vertretung, die über den Formwechsel beschließen soll, in dem Geschäftsraum[9] des VVaG zur Einsicht der Mitglieder auszulegen, d. h. muss spätestens zu diesem Zeitpunkt erstellt sein.

3. Erteilung von Abschriften (§§ 292 Abs. 1, 230 Abs. 2 Satz 2)

10 Das Recht auf Erteilung einer kostenlosen Abschrift des Umwandlungsberichts umfasst auch den im Umwandlungsbericht enthaltenen Entwurf des Umwandlungsbeschlusses[10].

4. Übersendung des Abfindungsangebots

11 Da beim Formwechsel von Versicherungsvereinen die Notwendigkeit eines Abfindungsangebots an die dem Formwechsel widersprechenden Mitglieder positiv geregelt ist[11], sieht Abs. 1 über die Verweisung auf § 231 Satz 1 die Übersendung des Abfindungsangebots an alle Mitglieder vor[12]. Infolge des fehlenden Verweises auf § 231 Satz 2 reicht eine Bekanntmachung des Abfindungsangebots im elektronischen Bundesanzeiger nicht aus[13].

12 Insbesondere bei mitgliederstarken Versicherungsvereinen dürfte diese Regelung mit nicht unerheblichen Schwierigkeiten in der Praxis verbunden sein, da bei Versicherungsvereinen kein Mitgliederregister[14] besteht.

---

[6] § 192 Abs. 3; zum Verzicht siehe § 192 Rn 36 ff.
[7] Zum Inhalt des Umwandlungsberichts siehe § 192 Rn 6 ff. und § 8 Rn 11 ff.
[8] §§ 192 Abs. 1 Satz 3, 294, 218 Abs. 1, 263 Abs. 3 Satz 2 und 3; siehe § 192 Rn 20.
[9] §§ 292 Abs. 1, 230 Abs. 2 Satz 1; siehe auch § 230 Rn 28 f.
[10] Zur Erteilung der Abschrift siehe § 230 Rn 30.
[11] §§ 292 Abs. 1, 231 Satz 1, 300, 207; zum Abfindungsangebot bei der Mischverschmelzung § 110 Rn 11.
[12] Siehe zur Übersendung des Abfindungsangebots § 231 Rn 8 f.
[13] *Hübner* in Lutter Rn 5.
[14] § 30 Abs. 1 GenG sieht für die Genossenschaft vor, dass der Vorstand eine Mitgliederliste zu führen hat.

In Anbetracht der Regelungen über die Mischverschmelzung[15], bei der das Abfindungs- 13
angebot als Bestandteil des Verschmelzungsvertrags[16] nur bekannt gemacht wird[17], ist kein
Grund ersichtlich, warum das Abfindungsangebot an alle Mitglieder des formwechselnden
VVaG übersendet werden muss.

Da die Mitglieder des VVaG weitgehend den Aktionären einer AG gleichgestellt sind[18], 14
überzeugt die Begründung des Regierungsentwurfs[19] nicht, die Mitglieder eines formwechselnden VVaG befänden sich in einer ähnlichen Lage wie die Genossen einer formwechselnden Genossenschaft[20].

5. Schriftliche Ankündigung des Formwechsels

Aufgrund der Verweisung auf § 260 Abs. 1 ist auch der Formwechsel allen Mitgliedern des 15
VVaG in Textform[21] anzukündigen. In der Ankündigung ist auf die für die Beschlussfassung
nach § 293 erforderlichen Mehrheiten[22] sowie auf die Möglichkeit des Widerspruchs[23] und
die sich daraus ergebenden Rechte[24] hinzuweisen.

Unter Berücksichtigung der tatsächlichen Verhältnisse beim VVaG ist nicht ersichtlich, 16
warum die Benachrichtigung über den Formwechsel beim VVaG anders als bei der Verschmelzung oder Spaltung nicht durch die Bekanntmachung der Einberufung der Versammlung der obersten Vertretung erfolgen kann[25].

Etwaigen Bedenken im Hinblick auf die Frist für den Widerspruch gem. §§ 300, 270 17
Abs. 1 bei Beschlussfassung durch eine Vertreterversammlung kann dadurch Rechnung ge-
tragen werden, dass für die Einberufung einer Vertreterversammlung, abweichend von §§ 36
VAG, 121 Abs. 6, 124 AktG, grundsätzlich die Bekanntmachung verlangt wird[26].

Durch dieses Erfordernis einer schriftlichen Ankündigung wird der Formwechsel von 18
Versicherungsvereinen unnötig erschwert, ohne dass die Regelung aufgrund der Struktur des
VVaG geboten ist[27].

6. Durchführung der Versammlung der obersten Vertretung

Aufgrund der Verweisung auf § 239 in Abs. 2 ist in der Versammlung der obersten Vertre- 19
tung, die über den Formwechsel beschließen soll, der Umwandlungsbericht[28] (einschließlich
des Entwurfs des Umwandlungsbeschlusses) auszulegen[29] und der Entwurf des Umwandlungsbeschlusses vom Vorstand des VVaG mündlich zu erläutern[30]. Dabei sind insbesondere
die Satzung der Versicherungs-AG[31], ein eventueller Ausschluss von Mitgliedern[32] sowie

---

[15] Siehe § 109 Rn 6, 9 f., 29 ff.
[16] § 29 Abs. 1 Satz 1.
[17] § 111.
[18] § 36 VAG.
[19] RegBegr. *Ganske* S. 292.
[20] Auch der rechtsfähige Verein, für den die Bekanntmachung des Abfindungsangebots ebenfalls gem.
§§ 274, 231 Satz 1 ausgeschlossen ist, führt ein Vereinsregister (§ 55 a BGB).
[21] § 126 b BGB.
[22] § 293 Satz 1.
[23] § 293 Satz 2.
[24] §§ 300, 270 Abs. 1 Satz 1, 293 Satz 2.
[25] Zur Einberufung der obersten Vertretung siehe § 111 Rn 8 ff.
[26] Siehe für die Verschmelzung § 111 Rn 9.
[27] RegBegr. *Ganske* S. 140.
[28] Rn 8 f.; siehe umfassend § 192.
[29] Siehe § 112 Rn 25.
[30] Hierzu § 232 Rn 7 ff.
[31] §§ 294 Abs. 1 Satz 1, 218 Abs. 1; näher hierzu § 218 Rn 5 f., 32 ff.
[32] § 294 Abs. 1 Satz 2.

die Beteiligung der Mitglieder am Grundkapital der Versicherungs-AG[33] und die Barabfindung[34] eingehend zu erläutern[35].

7. Auslegung des Berichts über die Prüfung der Barabfindung

20 Nach den allgemeinen Vorschriften der §§ 208, 30 ist die Angemessenheit der Barabfindung durch vom Gericht bestellte[36] Umwandlungsprüfer zu prüfen[37], sofern nicht alle Vereinsmitglieder in notariell beurkundeter Form auf die Prüfung verzichten[38].

21 Da die Vorschrift keine Regelung über die Auslegung des Prüfungsberichts[39] enthält, ist es fraglich, ob der Prüfungsbericht entsprechend §§ 292 Abs. 1, 230 Abs. 2 in dem Geschäftsraum des VVaG auszulegen und jedem Mitglied auf Verlangen eine Abschrift des Prüfungsberichts zu erteilen ist.

22 Da Mitglieder, die dem Formwechsel widersprechen, einen Anspruch auf angemessene Barabfindung haben[40], ist es erforderlich, dass sie sich vor Erhebung des Widerspruchs ein Bild von der Angemessenheit der Barabfindung machen können.

23 Erfolgt die Beschlussfassung über den Formwechsel durch die Mitgliederversammlung, können die Mitglieder in der Versammlung Auskunft über die Prüfung und den wesentlichen Inhalt des Prüfungsberichts verlangen[41] sowie Widerspruch zur Niederschrift erklären[42].

24 Diese Möglichkeiten bestehen nicht bei einer Beschlussfassung durch die Vertreterversammlung. Die Mitglieder müssten dann eine Entscheidung über den bis zum Ablauf des dritten Tages vor der Beschlussfassung zu erhebenden Widerspruch[43] ohne Kenntnis des Prüfungsberichts treffen.

25 Die Möglichkeit einer gerichtlichen Überprüfung der Angemessenheit der Barabfindung[44] stellt insoweit kein ausreichendes Korrektiv für das Recht auf umfassende Information dar.

26 Der Bericht über die Prüfung der Angemessenheit der Barabfindung ist jedenfalls in den Fällen, in denen eine Vertreterversammlung über den Formwechsel beschließt, in entsprechender Anwendung der §§ 112 Abs. 1 Satz 1, 63 Abs. 1 Nr. 5, 12 von der Einberufung der Vertreterversammlung[45] an in dem Geschäftsraum auszulegen. Jedem Mitglied ist auf Verlangen eine Abschrift des Prüfungsberichts zu erteilen.

8. Anwendung der aktienrechtlichen Gründungsvorschriften gem. § 197

27 **a) Gründungsprüfung.** Für die Gründungsprüfung gelten die allgemeinen Vorschriften der §§ 33 ff. AktG. Der Formwechsel wird im Hinblick auf die Kapitalaufbringung wie eine Sachgründung behandelt[46]. Die Bestellung des Gründungsprüfers durch das Gericht[47] kann bereits vor der Beschlussfassung über den Formwechsel erfolgen[48].

---

[33] § 294 Abs. 3.
[34] §§ 300, 207 Abs. 1 Satz 1, 270 Abs. 1.
[35] Zum Umfang der Erläuterungen und zum Auskunftsrecht der Mitglieder siehe § 112 Rn 27 ff.
[36] §§ 208, 30 Abs. 2 Satz 2, 10 Abs. 1; hierzu § 10 Rn 11 ff.
[37] Zum Gegenstand der Prüfung siehe § 30 Rn 26 ff.
[38] §§ 208, 30 Abs. 2 Satz 3; zum Verzicht auf die Prüfung § 30 Rn 28 ff.
[39] Anders im Vergleich dazu §§ 112 Abs. 1 Satz 1, Abs. 2 Satz 1, 63 Abs. 1 Nr. 5, 12.
[40] §§ 300, 207 Abs. 1 Satz 1, 270 Abs. 1; näher zum Barabfindungsangebot § 207 Rn 7 ff. und § 300 Rn 7 ff.
[41] § 36 VAG, § 131 Abs. 1 AktG.
[42] § 207 Abs. 1; siehe § 207 Rn 7.
[43] §§ 300, 270 Abs. 1.
[44] § 212 Satz 2; siehe § 212 Rn 4 ff.
[45] § 111 Rn 9.
[46] Streitig, vgl. § 197 Rn 3; *Mayer* in Widmann/Mayer § 197 Rn 3 f.; *Decher* in Lutter § 197 Rn 5 mwN.
[47] § 33 Abs. 3 AktG; § 197 Rn 48.
[48] § 197 Rn 48.

b) Zusammensetzung des Aufsichtsrats. Da Versicherungsvereine aufgrund ihrer 28 Rechtsform nur der Mitbestimmung nach Maßgabe des DrittelbG unterliegen können[49], führt der Formwechsel eines VVaG mit mehr als 2000 Arbeitnehmern zur Anwendung der Vorschriften des Mitbestimmungsgesetzes[50]. Aus einem Umkehrschluss zu § 203 Satz 1[51] folgt, dass das Amt der bisherigen Aufsichtsratsmitglieder in diesen Fällen mit Wirksamwerden des Formwechsels endet und neue Mitglieder zu bestellen sind.

§ 197 Satz 3 stellt nunmehr klar, dass im Falle des Formwechsels in eine AG § 31 AktG 29 Anwendung findet. Damit genügt vor der Eintragung des Formwechsels die Bestellung eines Rumpfaufsichtsrats. Die Wahl der Arbeitnehmervertreter muss nicht abgewartet werden.

9. Rechtsfolgen bei Verstoß

Die Rechtsfolgen eines Verstoßes gegen die Vorschrift entsprechen den Rechtsfolgen eines 30 Verstoßes gegen § 112[52].

§ 293 Beschluß der obersten Vertretung

Der Umwandlungsbeschluß der obersten Vertretung bedarf einer Mehrheit von mindestens drei Vierteln der abgegebenen Stimmen. Er bedarf einer Mehrheit von neun Zehnteln der abgegebenen Stimmen, wenn spätestens bis zum Ablauf des dritten Tages vor der Versammlung der obersten Vertretung wenigstens hundert Mitglieder des Vereins durch eingeschriebenen Brief Widerspruch gegen den Formwechsel erhoben haben. Die Satzung kann größere Mehrheiten und weitere Erfordernisse bestimmen.

Übersicht

	Rn		Rn
I. Allgemeines	1	b) Widerspruch bei Beschlussfassung durch Vertreterversammlung	9
1. Sinn und Zweck der Norm	1	c) Beginn der Mitgliedschaft	10
2. Entsprechende Anwendung des § 293 Satz 2 auf die Mischverschmelzung und auf die Auf- und Abspaltung auf Versicherungs-Aktiengesellschaften	4	d) Form und Frist des Widerspruchs	11
		e) Inhalt des Widerspruchs	13
		f) Keine satzungsmäßige Erschwerung des Widerspruchs	14
II. Einzelerläuterungen	5	3. Rechtsfolgen des Widerspruchs	15
1. Beschlussmehrheit (Satz 1)	5	4. Darlegungs- und Beweislast hinsichtlich der erforderlichen Mehrheit	16
2. Widerspruch (Satz 2)	7	5. Rechtsfolgen bei Verstoß	18
a) Widerspruchsberechtigte	7		

I. Allgemeines

1. Sinn und Zweck der Norm

Die Vorschrift übernimmt im Wesentlichen die Regelung des § 385 d Abs. 2 Sätze 3 bis 7 1 AktG aF. Die in Satz 1 für die Fassung des Umwandlungsbeschlusses vorgesehene Mehrheit von drei Vierteln der abgegebenen Stimmen entspricht den Mehrheitserfordernissen für die Beschlussfassung über die Verschmelzung[1], die Spaltung[2] und die Vermögensübertragung[3].

---

[49] § 1 Abs. 1 Nr. 4 DrittelbG.
[50] § 1 Abs. 1 MitbestG.
[51] § 294 Rn 15.
[52] § 112 Rn 39 ff.
[1] § 112 Abs. 3 Satz 1.
[2] §§ 151, 125, 112 Abs. 3 Satz 1; siehe § 151 Rn 27 ff.
[3] §§ 180 Abs. 1, 184 Abs. 1, 151, 125, 112 Abs. 3 Satz 1.

2   Das höhere Mehrheitserfordernis von neun Zehnteln der abgegebenen Stimmen bei Widerspruch von wenigstens hundert Mitgliedern des Versicherungsvereins[4] entspricht den Regelungen über den Formwechsel eingetragener Genossenschaften und rechtsfähiger Vereine[5]. Die Erleichterungen für kleinere Genossenschaften und Vereine wurden nicht übernommen, da ein Formwechsel kleinerer Vereine iSd. § 53 VAG nicht zulässig ist[6].

3   Die Erhöhung des Mehrheitserfordernisses dient – insbesondere im Hinblick auf die Möglichkeit des Ausschlusses von Mitgliedern nach § 294 Abs. 1 Satz 2[7] – dem Minderheitenschutz[8] und der Kapitalerhaltung des formwechselnden Rechtsträgers. Bei einer großen Zahl widersprechender Mitglieder sollen Formwechsel wegen des durch die Zahlung von Abfindungen[9] drohenden erheblichen Kapitalabflusses verhindert werden.

2. Entsprechende Anwendung des § 293 Satz 2 auf die Mischverschmelzung und auf die Auf- und Abspaltung auf Versicherungs-Aktiengesellschaften

4   Satz 2 ist wegen der vergleichbaren Interessenlage auch auf die Mischverschmelzung[10] entsprechend anzuwenden.

II. Einzelerläuterungen

1. Beschlussmehrheit (Satz 1)

5   Der Formwechsel bedarf im Regelfall eines Beschlusses der Versammlung der obersten Vertretung mit einer Mehrheit von drei Vierteln der abgegebenen Stimmen. Die oberste Vertretung kann die Mitgliederversammlung oder die Vertreterversammlung sein.

6   Jedes Mitglied der obersten Vertretung hat eine Stimme, soweit nicht die Satzung – zB bei der Vertreterversammlung nach Anzahl der Wahlberechtigten eines Wahlbezirks – etwas anderes bestimmt[11]. Die Satzung des VVaG kann gem. Satz 3 eine höhere Mehrheit oder besondere formelle Anforderung vorsehen.

2. Widerspruch (Satz 2)

7   **a) Widerspruchsberechtigte.** Die für die Beschlussfassung über den Formwechsel erforderliche Mehrheit erhöht sich auf neun Zehntel der abgegebenen Stimmen, wenn bis zum Ablauf des dritten Tages vor der Versammlung der obersten Vertretung wenigstens hundert Mitglieder dem Formwechsel widersprochen haben[12].

8   Zum Widerspruch berechtigt sind sämtliche Mitglieder des formwechselnden VVaG ohne Rücksicht auf Stimmrechtsregelungen in der Satzung. Das Widerspruchsrecht ist nicht abhängig von der Dauer der Mitgliedschaft[13], so dass auch Mitglieder, die durch den Umwandlungsbeschluss von der Beteiligung an der Versicherungs-AG ausgeschlossen werden sollen[14], dem Formwechsel widersprechen können.

---

[4] Siehe im Einzelnen Rn 7 ff.
[5] §§ 262 Abs. 1 Satz 2, 275 Abs. 2 Satz 2; siehe § 262 Rn 27 und § 275 Rn 9.
[6] § 291 Rn 3 ff.
[7] Im Einzelnen § 294 Rn 5, 19 ff.
[8] *Vossius* in Widmann/Mayer Rn 7.
[9] §§ 300, 207 Abs. 1 Satz 1, 270 Abs. 1.
[10] § 112 Rn 34.
[11] *Weigel* in Prölss § 36 VAG Rn 9.
[12] § 293 Satz 2.
[13] *Hübner* in Lutter § 293 Rn 3.
[14] § 294 Abs. 1 Satz 2; siehe zum Ausschluss § 294 Rn 5, 19 ff.

b) Widerspruch bei Beschlussfassung durch Vertreterversammlung. Die Möglichkeit des Widerspruchs nach Satz 2 besteht auch, wenn eine Vertreterversammlung[15] über den Formwechsel beschließt. In diesen Fällen kommt dem Widerspruch vor der Versammlung der obersten Vertretung auch im Hinblick auf die Barabfindung[16] besondere Bedeutung zu. Wegen der Einhaltung der Frist nach § 293 Satz 2 ist die Einladung der Vertreterversammlung grundsätzlich bekannt zu machen[17].

c) Beginn der Mitgliedschaft. Der für die Ausübung des Widerspruchsrechts maßgebliche Beginn der Mitgliedschaft ist regelmäßig der Beginn des Versicherungsverhältnisses, soweit nicht die Satzung etwas anderes bestimmt[18].

d) Form und Frist des Widerspruchs. Der Widerspruch ist durch eingeschriebenen Brief gegenüber dem formwechselnden VVaG zu erklären[19].

Der Widerspruch muss dem VVaG spätestens bis zum Ablauf des dritten Tages vor der Versammlung der obersten Vertretung zugehen. Da der Widerspruch materiellrechtliche Wirkung entfaltet, findet für die Berechnung des Fristablaufs § 193 BGB Anwendung[20].

e) Inhalt des Widerspruchs. Der Widerspruch muss nicht als solcher bezeichnet sein und bedarf keiner Begründung[21]. Es ist ausreichend, wenn aus der Mitteilung des jeweiligen Mitglieds hervorgeht, dass es mit dem Formwechsel nicht einverstanden ist.

f) Keine satzungsmäßige Erschwerung des Widerspruchs. Satz 3 bezieht sich nur auf die Regelungen über die Mehrheitserfordernisse für die Beschlussfassung in Satz 1 und Satz 2, nicht auf die notwendige Anzahl der erforderlichen Widersprüche.

3. Rechtsfolgen des Widerspruchs

Neben der Erhöhung des Mehrheitserfordernisses sichern sich die Mitglieder des formwechselnden VVaG durch die Erhebung des Widerspruchs[22] den Abfindungsanspruch gem. §§ 300, 207 Abs. 1, 270 Abs. 1 Satz 1[23].

4. Darlegungs- und Beweislast hinsichtlich der erforderlichen Mehrheit

In der Versammlung der obersten Vertretung hat der Versammlungsleiter neben den üblichen Feststellungen über die ordnungsgemäße Einberufung und die Feststellung der Beschlussfähigkeit die Feststellung über die Zahl der erhobenen Widersprüche zu treffen. Auf Verlangen ist jedem Mitglied in der Versammlung Einsicht in die schriftlichen Widersprüche zu gewähren.

Der teilweise vertretenen Auffassung[24], jedes Mitglied des formwechselnden VVaG habe Anspruch auf Mitteilung der Anschriften aller anderen Mitglieder, um sich von der Einhaltung des Satzes 2 zu überzeugen, ist nicht zuzustimmen. Im Gegensatz zu den Regelungen in §§ 100, 275 Abs. 2 Satz 2, bei denen es auf einen Prozentsatz von allen Vereinsmitgliedern

---

[15] Zum Begriff der Vertreterversammlung § 111 Rn 7.
[16] §§ 300, 270 Abs. 1, 207 Abs. 1 Satz 1; zur Barabfindung § 207 Rn 8 sowie § 300 Rn 7 ff.
[17] § 292 Rn 17, § 111 Rn 9.
[18] § 20 Satz 1 VAG; *Weigel* in Prölss § 20 VAG Rn 11.
[19] § 293 Satz 2.
[20] Siehe etwa BGHZ 99, 288, 291; aA *Krieger* in Lutter § 275 Rn 7; *Vossius* in Widmann/Mayer § 275 Rn 21.
[21] *Hübner* in Lutter Rn 3.
[22] § 293 Satz 2.
[23] Bei Beschlussfassung über den Formwechsel durch die Vertreterversammlung ist der Widerspruch gem. §§ 293 Satz 2, 270 Abs. 1 die einzige Möglichkeit zur Wahrung des Abfindungsanspruchs; hierzu § 300 Rn 5 und § 207 Rn 7 ff.
[24] *Vossius* in Widmann/Mayer Rn 6.

ankommt, stellt Satz 2 auf die Widersprüche einer genau bestimmten Zahl von Mitgliedern ab. Die Gesamtzahl der Mitglieder des VVaG ist insoweit ohne Bedeutung.

5. Rechtsfolgen bei Verstoß

18 Die Rechtsfolgen eines Verstoßes gegen § 293 entsprechen den Folgen eines Verstoßes gegen § 112[25].

§ 294 Inhalt des Umwandlungsbeschlusses

(1) Auf den Umwandlungsbeschluß sind auch § 218 Abs. 1 und § 263 Abs. 3 Satz 2 und 3 entsprechend anzuwenden. In dem Umwandlungsbeschluß kann bestimmt werden, daß Mitglieder, die dem formwechselnden Verein weniger als drei Jahre vor der Beschlußfassung über den Formwechsel angehören, von der Beteiligung an der Aktiengesellschaft ausgeschlossen sind.

(2) Das Grundkapital der Aktiengesellschaft ist in der Höhe des Grundkapitals vergleichbarer Versicherungsunternehmen in der Rechtsform der Aktiengesellschaft festzusetzen. Würde die Aufsichtsbehörde einer neu zu gründenden Versicherungs-Aktiengesellschaft die Erlaubnis zum Geschäftsbetrieb nur bei Festsetzung eines höheren Grundkapitals erteilen, so ist das Grundkapital auf diesen Betrag festzusetzen, soweit dies nach den Vermögensverhältnissen des formwechselnden Vereins möglich ist. Ist eine solche Festsetzung nach den Vermögensverhältnissen des Vereins nicht möglich, so ist der Nennbetrag des Grundkapitals so zu bemessen, daß auf jedes Mitglied, das die Rechtsstellung eines Aktionärs erlangt, möglichst volle Aktien entfallen.

(3) Die Beteiligung der Mitglieder am Grundkapital der Aktiengesellschaft darf, wenn nicht alle Mitglieder einen gleich hohen Anteil erhalten sollen, nur nach einem oder mehreren der folgenden Maßstäbe festgesetzt werden:
1. die Höhe der Versicherungssumme;
2. die Höhe der Beiträge;
3. die Höhe der Deckungsrückstellung in der Lebensversicherung;
4. der in der Satzung bestimmte Maßstab für die Verteilung des Überschusses;
5. ein in der Satzung bestimmter Maßstab für die Verteilung des Vermögens;
6. die Dauer der Mitgliedschaft.

Übersicht

	Rn
I. Allgemeines	1
1. Sinn und Zweck der Norm	1
a) Erweiterung des Inhalts des Umwandlungsbeschlusses	1
b) Regelungen bzgl. des Nennbetrags der auszugebenden Aktien	2
c) Verwässerungsschutz	3
d) Ausschluss von Mitgliedern	5
e) Festsetzung des Grundkapitals	7
f) Maßstab der Beteiligung der Mitglieder	12
2. Ausschluss von Mitgliedern bei der Verschmelzung und Spaltung	13
II. Einzelerläuterungen	14

	Rn
1. Neubestellung von Aufsichtsratsmitgliedern	14
2. Aktien mit höherem Betrag als dem Mindestbetrag nach § 8 Abs. 2 und 3 AktG	17
3. Keine Ermächtigung zum Ausschluss des Bezugsrechts gem. § 294 Abs. 1 Satz 1, 263 Abs. 3 Satz 3	18
4. Ausschluss von Mitgliedern gem. § 294 Abs. 1 Satz 2	19
a) Beginn der Mitgliedschaft	19
b) Berechnung der Dreijahresfrist	20
c) Gleichbehandlungsgrundsatz gem. § 21 Abs. 1 VAG	22

---

[25] Siehe § 112 Rn 39 ff.

Inhalt des Umwandlungsbeschlusses 1–5 § 294

	Rn		Rn
d) Widerspruchsrecht der auszuschließenden Mitglieder	24	5. Festsetzung des Grundkapitals der Versicherungs-AG	28
e) Kein Abfindungsanspruch ausgeschlossener Mitglieder	25	6. Gewährung von Teilrechten	33
		7. Beteiligungsmaßstab	34

I. Allgemeines

1. Sinn und Zweck der Norm

a) Erweiterung des Inhalts des Umwandlungsbeschlusses. Durch die Verweisung auf die Vorschrift des § 218 Abs. 1 Satz 1 wird klargestellt, dass im Umwandlungsbeschluss über den nach § 194 Abs. 1 notwendigen Inhalt[1] hinaus auch über die Satzung der Versicherungs-AG zu beschließen ist[2]. Infolge der Verweisung auf § 218 Abs. 1 Satz 2 ist eine (vielfach praktisch kaum durchführbare) Unterzeichnung der Satzung durch alle Mitglieder nicht erforderlich. **1**

b) Regelungen bzgl. des Nennbetrags der auszugebenden Aktien. Die Verweisung auf § 263 Abs. 3 Satz 2 stellt ergänzend zu § 291 Abs. 2[3] klar, dass Aktien mit einem höheren Nennbetrag als dem Mindestbetrag nach § 8 Abs. 2 und 3 AktG nur ausgegeben werden dürfen, wenn volle Aktien auf die Mitglieder entfallen[4]. Da § 291 Abs. 2 nur sicherstellt, dass jedes Mitglied wenigstens eine volle Aktie erhält, verhindert der Verweis auf § 263 Abs. 3 Satz 2 die Ausgabe von darüber hinausgehenden Teilrechten[5]. **2**

c) Verwässerungsschutz. Durch den Verweis auf § 263 Abs. 3 Satz 3 wird die Möglichkeit eingeschränkt, durch die Satzung der Versicherungs-AG genehmigtes Kapital[6] zu schaffen. Die Ermächtigung des Vorstands zur Erhöhung des Grundkapitals durch Ausgabe neuer Aktien[7] darf nicht auch die Ermächtigung zur Entscheidung über den Ausschluss des Bezugsrechts[8] beinhalten[9], weil der Umwandlungsbeschluss im Gegensatz zur Gründungsvereinbarung bei der AG nicht der Zustimmung aller Mitglieder bedarf. **3**

Da eine unmittelbar nach Wirksamwerden des Formwechsels einberufene Hauptversammlung ohne weiteres über die Ermächtigung zum Ausschluss des Bezugsrechts nach § 203 Abs. 2 Satz 1 AktG beschließen kann[10], muss der Sinn der Vorschrift auch wegen der mit einer Hauptversammlung verbundenen Kosten bezweifelt werden. Dies gilt insbesondere, wenn der Formwechsel des VVaG der Vorbereitung des Erwerbs anderer Versicherungsunternehmen gegen Ausgabe von Aktien dient[11]. **4**

d) Ausschluss von Mitgliedern. Der im Wesentlichen der früheren Rechtslage[12] entnommene Abs. 1 Satz 2 ermöglicht es, Mitglieder, die dem formwechselnden VVaG weniger als drei Jahre angehört haben, durch den Umwandlungsbeschluss von der Beteiligung an der Versicherungs-AG auszuschließen[13]. Abs. 1 Satz 2 beruht auf dem Gedanken, dass Mitglie- **5**

---

[1] § 194 Rn 5 ff.
[2] Siehe § 218 Rn 32 ff.; *Hübner* in Lutter Rn 2.
[3] § 291 Rn 10.
[4] *Vossius* in Widmann/Mayer Rn 5.
[5] AA offensichtlich *Bayer* in Lutter § 263 Rn 21 mit unzureichender Begründung.
[6] §§ 202 ff. AktG.
[7] § 202 Abs. 1 AktG.
[8] § 203 Abs. 2 Satz 1 AktG.
[9] § 263 Abs. 3 Satz 3; hierzu § 263 Rn 28.
[10] So auch *Vossius* in Widmann/Mayer Rn 7.
[11] Siehe auch § 109 Rn 3 f.
[12] § 385 e Abs. 1 AktG aF.
[13] Im Einzelnen Rn 19 ff.

§ 294 6–12

der, die dem formwechselnden VVaG erst kurze Zeit angehören, durch ihre Beitragszahlungen nur geringfügig zum Unternehmenswert beigetragen haben und ihre Mitgliedschaftsrechte damit noch keinen besonderen Schutz verdienen.

6 Diese Regelung ist nicht unbedenklich, da die Mitgliedschaft gem. Art. 14 Abs. 1 GG Schutz genießt[14] und nach Abs. 3 Nr. 6 die Dauer der Mitgliedschaft bei der Bemessung der Beteiligung an der Versicherungs-AG berücksichtigt werden kann.

7 **e) Festsetzung des Grundkapitals.** Abs. 2 verlangt eine Festsetzung des Grundkapitals der Versicherungs-AG in Höhe des Grundkapitals vergleichbarer Versicherungs-Aktiengesellschaften. Er verweist so auf die Verwaltungspraxis der Aufsichtsbehörde[15].

8 Abs. 2 Satz 3 stellt klar, dass eine Festsetzung des Grundkapitals nur in den Grenzen der §§ 295, 264 Abs. 1 erfolgen kann[16]. Damit diese Grenzen voll ausgeschöpft werden können, lässt Abs. 2 Satz 3, soweit jedes Mitglied mindestens eine volle Aktie erhält[17], ausnahmsweise die Ausgabe von Teilrechten zu[18].

9 Abs. 2 ist in mehrfacher Hinsicht verfehlt. Es dürfte in der Praxis kaum möglich sein, eine überprüfbare Vergleichbarkeit mit anderen Versicherungs-Aktiengesellschaften festzustellen. Das Aufsichtsrecht stellt bei der Erteilung der Erlaubnis zum Geschäftsbetrieb[19] nicht auf die Höhe des Grundkapitals, sondern auf die unbelasteten Eigenmittel in Höhe der nach Maßgabe der KapitalausstattungsVO[20] berechneten Solvabilitätsspanne[21] ab. Müsste die Aufsichtsbehörde einer vergleichbaren neu gegründeten Versicherungs-AG bei Festsetzung eines niedrigeren Grundkapitals die Erlaubnis zum Geschäftsbetrieb versagen, liefe Abs. 2 Satz 3 ins Leere, da in diesem Fall auch die Genehmigung der Umwandlung durch die Aufsichtsbehörde gem. § 14 a VAG[22] verweigert werden müsste.

10 Abs. 2 Satz 1 und Satz 2 ist deshalb dahingehend auszulegen, dass beim Formwechsel eines VVaG das Grundkapital der Versicherungs-AG unter Auflösung der stillen Reserven[23] in einer Höhe festzusetzen ist, die zusammen mit den anderen in § 53 c Abs. 3 VAG aufgeführten Eigenmitteln der notwendigen Solvabilitätsspanne entspricht, um auf diese Weise die Genehmigung durch die Aufsichtsbehörde nach § 14 a VAG sicherzustellen.

11 Abs. 2 Satz 3 erlaubt (unbeschadet einer möglichen Versagung der Genehmigung durch die Aufsichtsbehörde) in den Fällen, in denen eine solche Festsetzung wegen der Regelungen in §§ 295, 264 Abs. 1 nicht möglich ist, eine niedrigere Festsetzung des Grundkapitals. Hierdurch wird für kapitalschwache Versicherungsvereine im Hinblick auf die Notwendigkeit der Kapitalbeschaffung[24] die Möglichkeit des Formwechsels eröffnet.

12 **f) Maßstab der Beteiligung der Mitglieder.** Abs. 3 ermöglicht es, die Beteiligung der Mitglieder an der Versicherungs-AG abweichend vom satzungsmäßigen Maßstab für die Verteilung des Überschusses[25] und des Liquidationserlöses[26] auch nach Köpfen oder einem anderen in § 294 Abs. 3 Nr. 1 bis 3, 6 aufgeführten Maßstab festzulegen[27].

---

[14] BVerfG NJW 2005, 2363 ff.
[15] § 294 Abs. 2 Satz 1 und 2.
[16] Siehe § 264 Rn 4 ff.
[17] § 291 Abs. 2; § 291 Rn 10.
[18] § 294 Abs. 2 Satz 3 „möglichst volle Aktien".
[19] § 5 VAG.
[20] Verordnung über die Kapitalausstattung von Versicherungsunternehmen vom 13.12.1983, BGBl. I S. 1451, zuletzt geändert am 10.12.2003, BGBl. I S. 2478.
[21] § 53 c VAG; siehe Anh. § 119 Rn 37.
[22] Umfassend Anh. § 119 Rn 81 ff.
[23] § 220 Rn 12 ff.; *Stratz* in Schmitt/Hörtnagl/Stratz § 220 Rn 6; *Joost* in Lutter § 220 Rn 13; *Vossius* in Widmann/Mayer § 220 Rn 16.
[24] Zu den Maßnahmen der Kapitalbeschaffung §§ 182 ff. AktG.
[25] § 38 Abs. 2 VAG.
[26] § 48 Abs. 2 VAG.
[27] Im Einzelnen Rn 34 ff.

2. Ausschluss von Mitgliedern bei der Verschmelzung und Spaltung

13 Abs. 1 Satz 2 ist auf Mischverschmelzungen unter Berücksichtigung der generellen Bedenken gegen einen Mitgliederausschluss[28] entsprechend anwendbar[29].

II. Einzelerläuterungen

1. Neubestellung von Aufsichtsratsmitgliedern

14 Neben dem in § 194 Abs. 1 aufgeführten Inhalt und der Satzung der Versicherungs-AG[30] muss der Umwandlungsbeschluss formwechselnder Versicherungsvereine, die nach dem Formwechsel der Mitbestimmung nach den §§ 1 ff. MitbestG unterliegen, auch die Neubestellung des von den Anteilseignern zu wählenden Rumpfaufsichtsrats enthalten[31].

15 Nach § 203 Satz 1 bleiben die Mitglieder des Aufsichtsrats des formwechselnden VVaG nur dann als Mitglieder des Aufsichtsrats der Versicherungs-AG im Amt, wenn der Aufsichtsrat bei der Versicherungs-AG in gleicher Weise wie beim VVaG zu bilden ist[32].

16 Eine Bestellung der von den Anteilseignern zu wählenden Aufsichtsratsmitglieder ist auch in Fällen erforderlich, in denen es nach dem Formwechsel nicht zur Anwendbarkeit der §§ 1 ff. MitbestG kommt, sofern die oberste Vertretung im Umwandlungsbeschluss gem. § 203 Satz 2 die Beendigung des Amts der Anteilseignervertreter bestimmt. In letztgenanntem Fall enden die Mandate der Arbeitnehmervertreter im Aufsichtsrat nicht[33].

2. Aktien mit höherem Betrag als dem Mindestbetrag nach § 8 Abs. 2 und 3 AktG

17 Nach den §§ 294 Abs. 1 Satz 1, 263 Abs. 3 Satz 2 können Aktien auf einen höheren Nennbetrag als den Mindestbetrag nach § 8 Abs. 2 und 3 AktG nur gestellt werden, soweit auf die Mitglieder volle Aktien mit dem höheren Betrag entfallen. Durch die Festsetzung eines höheren Nennbetrags oder durch eine bestimmte Stückelung bei der Ausgabe von Stückaktien sollen keine Teilrechte iSd. § 213 AktG entstehen[34]. Da die Mitgliedschaftsrechte bei Teilrechten wegen der Regelung in § 213 Abs. 2 AktG erheblich beeinträchtigt werden, sollen Teilrechte möglichst vermieden werden[35].

3. Keine Ermächtigung zum Ausschluss des Bezugsrechts gem. § 294 Abs. 1 Satz 1, 263 Abs. 3 Satz 3

18 Dient der Formwechsel der Vorbereitung eines Unternehmenszusammenschlusses[36], zB dem Erwerb anderer Versicherungsunternehmen gegen Ausgabe von Aktien, empfiehlt es sich, den Ausschluss des Bezugsrechts bereits in der Ermächtigung zur Erhöhung des Grundkapitals zu beschließen[37]. Dem Vorstand verbleibt damit die Entscheidung, ob und in welchem Umfang vom genehmigten Kapital Gebrauch gemacht wird. Macht er hiervon Gebrauch, ist das Bezugsrecht der Aktionäre zwingend ausgeschlossen[38].

---

[28] Siehe Rn 6.
[29] § 112 Rn 37; § 151 Rn 29.
[30] §§ 294 Abs. 1 Satz 1, 218 Abs. 1; siehe 218 Rn 32 ff.
[31] Zur Möglichkeit der Bestellung eines Rumpfaufsichtsrats siehe § 292 Rn 29.
[32] Siehe umfassend hierzu § 203 Rn 3 ff.
[33] So auch § 203 Rn 8; *Vossius* in Widmann/Mayer § 203 Rn 23, 27; *Decher* in Lutter § 203 Rn 26.
[34] § 263 Rn 9.
[35] *Hüffer* § 213 AktG Rn 1, 4.
[36] Siehe Rn 4.
[37] §§ 202, 203 Abs. 1 Satz 1, 186 Abs. 3 und 4 AktG.
[38] *Hüffer* § 203 AktG Rn 8.

4. Ausschluss von Mitgliedern gem. § 294 Abs. 1 Satz 2

19 **a) Beginn der Mitgliedschaft.** Der für die Berechnung nach Abs. 1 Satz 2 maßgebliche Beginn der Mitgliedschaft ist regelmäßig der Beginn des Versicherungsverhältnisses, soweit die Satzung nicht etwas anderes bestimmt[39]. Die Satzung kann für den Beginn der Mitgliedschaft eine Rückwirkung auf einen vor dem Abschluss des Versicherungsvertrags liegenden Zeitpunkt vorsehen oder bestimmen, dass die Mitgliedschaft erst nach einer bestimmten Dauer des Versicherungsverhältnisses erworben wird[40].

20 **b) Berechnung der Dreijahresfrist.** Bei der Berechnung der Dreijahresfrist sind in den Fällen der Erbfolge[41], der Veräußerung[42], der Zwangsversteigerung[43] oder der Übernahme des versicherten Risikos durch Nießbrauch oder Pacht[44] die Zeiten der Mitgliedschaft der Rechtsvorgänger zu berücksichtigen[45]. In diesen Fällen geht die Mitgliedschaft des Rechtsvorgängers auf den Rechtsnachfolger über[46], soweit der Übergang nicht der Rechtsnatur der Versicherung widerspricht.

21 Der Tag des Beginns der Mitgliedschaft[47] und der Tag der Beschlussfassung der obersten Vertretung[48] werden bei der Fristberechnung nicht mitgerechnet.

22 **c) Gleichbehandlungsgrundsatz gem. § 21 Abs. 1 VAG.** Bei der Entscheidung über den Ausschluss von Mitgliedern ist der Gleichbehandlungsgrundsatz des § 21 Abs. 1 VAG zu berücksichtigen. Es darf nicht ohne sachlichen Grund zwischen einzelnen Mitgliedern oder Arten von Versicherungsverhältnissen differenziert werden.

23 Bedenkt man den Zweck des Abs. 1 Satz 2[49], ist wegen der Möglichkeit, die Dauer der Mitgliedschaft bei der Festsetzung der Beteiligung an der Versicherungs-AG zu berücksichtigen[50], weiterhin zu prüfen, ob ein Ausschluss von Mitgliedern im Hinblick auf ihren Beitrag bei der Schaffung der stillen Reserven überhaupt geboten erscheint.

24 **d) Widerspruchsrecht der auszuschließenden Mitglieder.** Die vom Ausschluss betroffenen Mitglieder des VVaG bleiben berechtigt, Widerspruch gegen den Formwechsel zu erheben[51].

25 **e) Kein Abfindungsanspruch ausgeschlossener Mitglieder.** Mitglieder, die nach Abs. 1 Satz 2 von der Beteiligung an der Versicherungs-AG ausgeschlossen sind, können keine Abfindung nach §§ 300, 207 Abs. 1 Satz 1, 270 Abs. 1 beanspruchen, da sie keine Aktien an der Versicherungs-AG erhalten, die sie an diese veräußern könnten[52].

26 Zweifelhaft ist, ob ausgeschlossenen Mitgliedern nicht nach allgemeinen Grundsätzen eine Abfindung für den Verlust der Mitgliedschaft zu gewähren ist[53]. Für die ausgeschlossenen Mitglieder sind die Auswirkungen des Formwechsels mit denen der Bestandsübertragung nach § 14 VAG vergleichbar, da die Versicherungsverhältnisse vom Ausschluss unberührt bleiben[54]. Da bei einem durch Bestandsübertragung auf eine Versicherungs-AG bewirkten

---

[39] § 20 Satz 1 VAG, siehe auch *Weigel* in Prölss § 20 VAG Rn 11.
[40] *Kaulbach* in Fahr/Kaulbach § 15 VAG Rn 5.
[41] §§ 1922 ff. BGB.
[42] §§ 69 Abs. 1, 151 Abs. 2, 158 h VVG.
[43] § 73 VVG.
[44] § 151 Abs. 2 VVG.
[45] So auch *Vossius* in Widmann/Mayer Rn 13; *Hübner* in Lutter Rn 4.
[46] *Weigel* in Prölss § 20 VAG Rn 41.
[47] § 187 Abs. 1 BGB.
[48] § 294 Abs. 1 Satz 2 „... weniger als drei Jahre vor der Beschlußfassung ...".
[49] Siehe Rn 5.
[50] § 294 Abs. 3 Nr. 6.
[51] § 293 Satz 2; siehe § 293 Rn 8.
[52] *Vossius* in Widmann/Mayer Rn 18; *Hübner* in Lutter Rn 4.
[53] Vgl. Anh. § 119 Rn 70 ff.
[54] *Vossius* in Widmann/Mayer Rn 19.

Mitgliedschaftsverlust die Betroffenen grundsätzlich für diesen Verlust zu entschädigen sind[55], spricht vieles dafür, auch den von der Beteiligung an der Versicherungs-AG ausgeschlossenen Mitgliedern einen Anspruch auf Entschädigung zu gewähren[56].

Abs. 1 Satz 2 steht einem solchen Entschädigungsanspruch nicht entgegen. Er eröffnet lediglich die Möglichkeit, erst kurze Zeit dem VVaG angehörende Mitglieder von der Beteiligung an der Versicherungs-AG auszuschließen. Er trifft jedoch keine Aussage über den Ausschluss von Ansprüchen wegen des Verlusts der Mitgliedschaft.

5. Festsetzung des Grundkapitals der Versicherungs-AG

Nach Abs. 2 Satz 1 und Satz 2 soll das Grundkapital der Versicherungs-AG unter Auflösung der stillen Reserven in einer Höhe festgesetzt werden, die zusammen mit anderen Eigenmitteln der erforderlichen Solvabilitätsspanne[57] entspricht[58].

Der Gründungsstock[59] ist nach Wirksamwerden des Formwechsels als nachrangige Verbindlichkeit iSd. § 53 c Abs. 3 Nr. 3 b VAG anzusehen. Das hierauf eingezahlte Kapital ist nur noch in beschränktem Umfang den Eigenmitteln zuzurechnen[60].

Dies kann – falls der Gründungsstock des VVaG weitgehend noch nicht getilgt ist – dazu führen, dass die Versicherungs-AG nach dem Formwechsel nicht mehr die Solvabilitätserfordernisse der KapitalausstattungsVO[61] erfüllt.

In diesen Fällen ist das Grundkapital auf den höchsten nach §§ 295, 264 Abs. 1 zulässigen Betrag festzusetzen[62], um zusammen mit den anderen Eigenmitteln die größtmögliche Solvabilität herzustellen.

Die Aufsichtsbehörde wird in diesen Fällen regelmäßig die Genehmigung nach § 14 a VAG nur unter der Auflage der Durchführung von Kapitalmaßnahmen[63] nach dem Wirksamwerden des Formwechsels erteilen[64].

6. Gewährung von Teilrechten

Abweichend von den Regelungen in den §§ 291 Abs. 2, 294 Abs. 1, 263 Abs. 3 Satz 2 ist in den Fällen des Abs. 2 Satz 3 auch die Zuteilung von Teilrechten iSd. § 213 AktG zulässig.

7. Beteiligungsmaßstab

Nach Abs. 3 kann die Beteiligung der Mitglieder des formwechselnden VVaG an der Versicherungs-AG entweder nach Köpfen oder nach Maßgabe eines oder der Kombination[65] verschiedener der in Abs. 3 Nr. 1 bis 6 aufgeführten Maßstäbe festgesetzt werden.

Neben den in Abs. 3 Nr. 4 und 5 aufgeführten satzungsmäßigen Verteilungsmaßstäben für die Überschüsse[66] und für den Liquidationserlös[67] des VVaG kann als Maßstab für die Beteiligung auch auf die Höhe der Versicherungssumme[68] abgestellt werden.

---

[55] *Beschlusskammer* VerBAV 1992, 3, 6; *BVerwG* VersR 1996, 569 ff.
[56] AA *Hübner* in Lutter Rn 4; *Zöllner* in Kölner Komm. § 385 e AktG Rn 8.
[57] Hierzu Anh. § 119 Rn 37.
[58] Siehe Rn 10.
[59] § 22 VAG, im Einzelnen § 109 Rn 48 ff.
[60] § 53 c Abs. 3 b und 3 c.
[61] Verordnung über die Kapitalausstattung von Versicherungsunternehmen vom 13.12.1983, BGBl. I S. 1451, zuletzt geändert am 10.12.2003, BGBl. I S. 2478.
[62] § 294 Abs. 2 Satz 3.
[63] §§ 182 ff. AktG.
[64] Zur Genehmigung unter Auflagen siehe Anh. § 119 Rn 65, 98.
[65] *Vossius* in Widmann/Mayer Rn 24; *Zöllner* in Kölner Komm. § 385 e AktG Rn 12.
[66] § 38 Abs. 2 VAG.
[67] § 48 Abs. 2 Satz 2, Abs. 3 VAG.
[68] § 294 Abs. 3 Nr. 1.

§ 295 Fünftes Buch. Formwechsel

36   Des Weiteren kann die Höhe der von den Mitgliedern gezahlten Beiträge[69] als Maßstab für die Beteiligung herangezogen werden. Beiträge umfassen Vorbeiträge, Nachschüsse, Umlagen[70] sowie vertragliche Nebengebühren, nicht jedoch die Versicherungssteuer[71].

37   Ein weiterer Maßstab für die Beteiligung ist nach dem Wortlaut des Abs. 3 Nr. 3 die Höhe der Deckungsrückstellung in der Lebensversicherung[72]. Auch bei anderen Versicherungen, bei denen Deckungsrückstellungen zu bilden sind (wie zB der Kranken-[73], Unfall-[74] und Haftpflichtversicherung[75]), könnte diese als Maßstab für die Beteiligung an der Versicherungs-AG dienen. Da der VVaG vor dem Formwechsel die Deckungsrückstellungen in diesen Versicherungen ohne weiteres durch eine Satzungsregelung bei der Verteilung des Überschusses und des Liquidationserlöses hätte berücksichtigen können[76], muss es möglich sein, den Verteilungsmaßstab des Abs. 3 Nr. 3 analog in allen Fällen, in denen Deckungsrückstellungen zu bilden sind, anzuwenden[77].

38   Als Maßstab für die Beteiligung kommt schließlich auch die Dauer der Mitgliedschaft[78] in Betracht[79].

39   Mit Blick auf den Gleichbehandlungsgrundsatz des § 21 Abs. 1 VAG[80] ist ein Maßstab bzw. eine Kombination von Maßstäben zu wählen, die den Beitrag der einzelnen Mitglieder an der Bildung des Unternehmenswerts des VVaG angemessen berücksichtigt.

40   Die Auswahl des Maßstabs für die Beteiligung an der Versicherungs-AG ist nur daraufhin überprüfbar, ob sie grob willkürlich ist[81].

41   Die aufsichtsrechtliche Prüfung gem. § 14 a VAG bezieht sich nur auf die Wahrung der Belange der Versicherten[82] als Versicherungsnehmer[83]. Die Belange der Versicherten als Mitglieder, die für die Beteiligung nach Abs. 3 von Bedeutung sind, sind deshalb nicht von der Aufsichtsbehörde zu prüfen[84].

§ 295 Kapitalschutz

Bei der Anwendung der Gründungsvorschriften des Aktiengesetzes ist auch § 264 Abs. 1 und 3 entsprechend anzuwenden.

Übersicht

	Rn		Rn
I. Allgemeines	1	a) Reinvermögensdeckung	1
1. Sinn und Zweck der Norm	1	b) Anordnung der Gründungsprüfung	2

---

[69] § 294 Abs. 3 Nr. 2.
[70] Im Einzelnen *Weigel* in Prölss § 24 VAG Rn 6 ff.
[71] *Hübner* in Lutter Rn 9.
[72] § 11 Abs. 1 Satz 1 VAG.
[73] §§ 12 Abs. 1 Nr. 2 und Abs. 5, 12 a und 12 c VAG.
[74] §§ 11 d, 11 VAG.
[75] § 11 e VAG.
[76] §§ 48 Abs. 2, 38 Abs. 2 VAG.
[77] *Hübner* in Lutter Rn 9; *Kaulbach* in Fahr/Kaulbach¹ § 44 b VAG Rn 8; aA *Vossius* in Widmann/Mayer Rn 28.
[78] Zur Ermittlung der Dauer der Mitgliedschaft siehe Rn 19 ff.
[79] § 294 Abs. 3 Nr. 6.
[80] Siehe auch Rn 22 ff.
[81] Siehe § 195 Abs. 2; hierzu § 195 Rn 25 sowie *Vossius* in Widmann/Mayer Rn 33; *Decher* in Lutter § 195 Rn 20.
[82] § 8 Abs. 1 Satz 1 Nr. 3 VAG.
[83] Siehe Anh. § 119 Rn 95 ff.
[84] AA anscheinend *Vossius* in Widmann/Mayer Rn 34 f.

	Rn		Rn
c) Befreiung der Mitglieder von den Gründungsvorschriften der §§ 32, 35 Abs. 1 und 2, 46 AktG	3	b) Art. 13 der Zweiten Gesellschaftsrechtlichen Richtlinie ...	6
d) Nachgründungsfrist	4	**II. Einzelerläuterungen**	8
2. Vereinbarkeit der Regelung mit EG-Recht	5	1. Reinvermögen	8
a) Art. 10 der Zweiten Gesellschaftsrechtlichen Richtlinie ...	5	2. Durchführung der Gründungsprüfung	10
		3. Rechtsfolgen bei Verstoß	11

I. Allgemeines

1. Sinn und Zweck der Norm

a) Reinvermögensdeckung. Da der formwechselnde VVaG zwar einen Gründungsstock[1], jedoch kein gebundenes Nennkapital hat[2], gibt es beim Formwechsel eines VVaG keine Kontinuität des Nennkapitals iSd. § 247 Abs. 1[3]. Deshalb darf das festzusetzende Grundkapital der Versicherungs-AG das Reinvermögen[4] des formwechselnden VVaG nicht übersteigen. Hierdurch wird eine Unterbilanz der Versicherungs-AG vermieden[5]. 1

b) Anordnung der Gründungsprüfung. Da sich die Notwendigkeit einer Gründungsprüfung bereits aus § 197 Satz 1, § 33 Abs. 2 Nr. 4 AktG ergibt[6], hat die Regelung in §§ 295, 264 Abs. 3 Satz 1 nur klarstellende Funktion. 2

c) Befreiung der Mitglieder von den Gründungsvorschriften der §§ 32, 35 Abs. 1 und 2, 46 AktG. Aus Praktikabilitätsgründen sind die Mitglieder des formwechselnden VVaG gem. §§ 295, 264 Abs. 3 Satz 2 von der Verpflichtung zur Erstellung eines Gründungsberichts[7], von den Auskunftspflichten gegenüber den Gründungsprüfern[8] und von der Gründungshaftung[9] befreit[10]. 3

d) Nachgründungsfrist. Durch die Verweisung auf § 264 Abs. 3 Satz 3 wird klargestellt, dass für die Berechnung der Zweijahresfrist des § 52 Abs. 1 AktG der Zeitpunkt der Eintragung des Formwechsels[11] maßgeblich ist[12]. 4

2. Vereinbarkeit der Regelungen des § 295 mit EG-Recht

a) Art. 10 der Zweiten Gesellschaftsrechtlichen Richtlinie. Art. 10 der Zweiten Gesellschaftsrechtlichen Richtlinie[13] schreibt beim Formwechsel zwar eine Gründungsprüfung 5

---

[1] Zum Begriff des Gründungsstocks § 109 Rn 48 ff.
[2] *Hübner* in Lutter Rn 1.
[3] Siehe § 247 Rn 1 ff.
[4] Im Einzelnen Rn 8 f.
[5] Zur Frage der Kontinuität des Nennkapitals gem. § 247 Abs. 1 bei der Unterbilanz einer formwechselnden Kapitalgesellschaft siehe § 245 Rn 36 ff.
[6] Siehe § 197 Rn 48.
[7] § 32 AktG.
[8] § 35 Abs. 1 AktG.
[9] § 46 AktG.
[10] Siehe hierzu § 264 Rn 11.
[11] § 202.
[12] Näher hierzu § 264 Rn 15.
[13] Zweite Richtlinie 77/91/EWG des Rates vom 13. 12. 1976 zur Koordinierung der Schutzbestimmungen, die in den Mitgliedstaaten den Gesellschaften im Sinne des Artikels 58 Absatz 2 des Vertrages im Interesse der Gesellschafter sowie Dritter für die Gründung der Aktiengesellschaft sowie für die Erhaltung und Änderung ihres Kapitals vorgeschrieben sind, um diese Bestimmungen gleichwertig zu gestalten, ABl. Nr. L 26 vom 31. 1. 1977 S. 1.

als solche, nicht jedoch ein konkretes Verfahren hierfür vor. Es ist insoweit unbedenklich, dass die Mitglieder des formwechselnden VVaG, die ohnehin nur geringen Einblick in die Verhältnisse des VVaG haben, durch §§ 295, 264 Abs. 3 Satz 2 von der Mitwirkung bei der Gründungsprüfung befreit werden.

6 **b) Art. 13 der Zweiten Gesellschaftsrechtlichen Richtlinie.** Fraglich erscheint indes, ob der Ausschluss der Gründerhaftung[14] mit Art. 13 der Zweiten Gesellschaftsrechtlichen Richtlinie[15] vereinbar ist. Dieser verbietet über die Verweisung auf Art. 2 und Art. 12 beim Formwechsel in eine AG die Befreiung der Aktionäre von der Einlagepflicht.

7 Da die Mitgliedschaft in einem VVaG ohne Leistung einer Einlage durch Abschluss eines Versicherungsvertrags begründet wird, dürfte die Befreiung von der Gründerhaftung jedoch zulässig sein[16]. Dem Gläubigerschutz wird nach Art. 13 der Zweiten Gesellschaftsrechtlichen Richtlinie[17] durch den Grundsatz der Reinvermögensdeckung[18] und die Anordnung der Gründungsprüfung[19] in ausreichendem Maße Rechnung getragen.

II. Einzelerläuterungen

1. Reinvermögen

8 Bei der Prüfung der Reinvermögensdeckung iSd. §§ 295, 264 Abs. 1 ist es zulässig, anstelle der Buchwerte[20] die Verkehrswerte der Vermögensgegenstände zugrunde zu legen[21]. Bei der Gründungsprüfung[22] ist stets der wirkliche Wert der Gegenstände und Verbindlichkeiten zu prüfen.

9 Nachschuss- und Umlageforderungen gegen die Mitglieder sind, soweit sie im Zeitpunkt der Beschlussfassung über den Formwechsel bereits entstanden sind, bei der Ermittlung des Reinvermögens zu berücksichtigen. Bei diesen Verpflichtungen der Mitglieder handelt es sich nicht um Einlageverpflichtungen, so dass es nicht auf die streitige Frage des Volleinzahlungsgebots[23] beim Formwechsel ankommt. Maßgeblicher Zeitpunkt für die Reinvermögensdeckung ist die Anmeldung der Umwandlung zum Handelsregister[24].

2. Durchführung der Gründungsprüfung

10 Der Hergang des Formwechsels ist durch die Mitglieder des Vorstands und des Aufsichtsrats[25] sowie durch einen vom Gericht bestellten Gründungsprüfer[26] zu prüfen. Gegenstand der Gründungsprüfung ist die Reinvermögensdeckung[27]. Der bei Gericht einzureichende Bericht über die Gründungsprüfung kann von jedermann eingesehen werden[28].

---

[14] §§ 295, 264 Abs. 3 Satz 2, § 46 AktG.
[15] Siehe Fn 13.
[16] *Hübner* in Lutter Rn 4.
[17] Siehe Fn 13.
[18] §§ 295, 264 Abs. 1; näher hierzu § 245 Rn 35 ff.
[19] §§ 295, 264 Abs. 3 Satz 1, § 33 Abs. 2 AktG.
[20] *Schwarz* in Widmann/Mayer § 264 Rn 2; *Stratz* in Schmitt/Hörtnagl/Stratz § 264 Rn 4 f.
[21] Siehe hierzu auch § 220 Rn 12 ff. AA *Joost* in Lutter Umwandlungsrechtstage S. 257 f.; *K. Schmidt* ZIP 1995, 1385.
[22] §§ 295, 264 Abs. 3 Satz 1.
[23] Im Einzelnen *K. Schmidt* ZIP 1995, 1385, 1386; *Joost* in Lutter Umwandlungsrechtstage S. 256, 257.
[24] § 220 Rn 15; zur Anmeldung des Formwechsels § 198.
[25] Zur Bestellung eines Rumpfaufsichtsrats § 292 Rn 29; § 294 Rn 14 ff.
[26] §§ 295, 264 Abs. 3 UmwG; § 33 Abs. 3 AktG.
[27] Hierzu § 264 Rn 4 ff.
[28] § 34 Abs. 2, Abs. 3 AktG.

3. Rechtsfolgen bei Verstoß

Wird das Grundkapital unter Verstoß gegen den Grundsatz der Reinvermögensdeckung festgesetzt oder eine Gründungsprüfung nicht ordnungsgemäß durchgeführt, besteht ein Eintragungshindernis[29]. Darüber hinaus haften die Vorstands- und Aufsichtsratsmitglieder[30] der Versicherungs-AG sowie die Gründungsprüfer[31], sofern sie bei der Gründungsprüfung ihre Pflichten verletzen, der Versicherungs-AG als Gesamtschuldner auf Ersatz des entstandenen Schadens. Neben Ansprüchen von Gläubigern der Versicherungs-AG gem. § 93 Abs. 5 AktG kommen im Übrigen strafrechtliche Sanktionen in Betracht (§§ 399 Abs. 1 Nr. 1, 403 AktG). 11

§ 296 Anmeldung des Formwechsels

Auf die Anmeldung nach § 198 ist § 246 Abs. 1 und 2 entsprechend anzuwenden.

Übersicht

	Rn		Rn
I. Allgemeines	1	a) Erklärung gem. §§ 198 Abs. 3, 16 Abs. 2 und 3	5
1. Sinn und Zweck der Norm	1	b) Erklärung über die Anfechtung der aufsichtsrechtlichen Genehmigung	6
a) Anmeldung durch den Vorstand des formwechselnden VVaG	1	c) Erklärung gem. §§ 37 Abs. 1, 36 Abs. 2, 36 a Abs. 2 AktG	7
b) Anmeldung der Vorstandsmitglieder der Versicherungs-AG	2	d) Erklärung gem. § 37 Abs. 2 AktG	8
c) Zuständiges Registergericht	3	e) Angaben über die Vertretungsbefugnis gem. § 37 Abs. 3 AktG	9
2. Entstehungsgeschichte	4	2. Rechtsfolgen bei Verstoß gegen die Vorschrift des § 296	10
II. Einzelerläuterungen	5		
1. Inhalt der Anmeldung	5		

I. Allgemeines

1. Sinn und Zweck der Norm

a) Anmeldung durch den Vorstand des formwechselnden VVaG. Der Vorstand des formwechselnden VVaG und nicht der künftige Vorstand oder der künftige Aufsichtsrat der AG muss die neue Rechtsform zur Eintragung in das Register anmelden[1]. 1

b) Anmeldung der Vorstandsmitglieder der Versicherungs-AG. Mit der Anmeldung der neuen Rechtsform sind zugleich die Vorstandsmitglieder der Versicherungs-AG zur Eintragung in das Register anzumelden[2]. 2

c) Zuständiges Registergericht. Die neue Rechtsform ist bei dem Registergericht, bei dem der formwechselnde VVaG eingetragen ist, anzumelden[3]. Soweit mit dem Formwechsel eine Sitzverlegung verbunden ist, gelten die Regelungen in § 198 Abs. 2 Satz 2 bis 5[4]. 3

---

[29] § 197, § 38 AktG.
[30] § 48 AktG.
[31] § 49 AktG, § 323 Abs. 1 bis 4 HGB.
[1] § 296 iVm. § 246 Abs. 1; siehe § 246 Rn 1 ff.
[2] § 296 iVm. § 246 Abs. 2; hierzu § 246 Rn 7.
[3] § 30 Abs. 1 Satz 1 VAG; siehe § 198 Rn 2.
[4] Hierzu näher § 198 Rn 5.

2. Entstehungsgeschichte

4 Die Vorschrift entspricht im Wesentlichen § 385 g Satz 1 AktG aF mit der Maßgabe, dass nun die neue Rechtsform[5] und nicht mehr der Umwandlungsbeschluss anzumelden ist.

II. Einzelerläuterungen

1. Inhalt der Anmeldung[6]

5 **a) Erklärung gem. §§ 198 Abs. 3, 16 Abs. 2 und 3.** Neben der Anmeldung der neuen Rechtsform[7] und den Mitgliedern des Vorstands der Versicherungs-AG[8] hat der Vorstand eine Negativerklärung über rechtshängige Anfechtungsklagen gegen den Umwandlungsbeschluss abzugeben[9].

6 **b) Erklärung über die Anfechtung der aufsichtsrechtlichen Genehmigung.** Da die (bestandskräftige) Genehmigung der Aufsichtsbehörde nach § 14 a VAG Eintragungsvoraussetzung ist[10], hat das Registergericht dem Rechtsgedanken des § 16 Abs. 2 Satz 2 entsprechend vom Vorstand des formwechselnden VVaG eine Negativerklärung über die Erhebung von Widersprüchen oder Anfechtungsklagen gegen die Genehmigung zu verlangen[11]. Die Anordnung der sofortigen Vollziehung gem. § 80 Abs. 2 Nr. 4 VwGO steht insoweit dem rechtskräftigen Beschluss nach § 16 Abs. 3 Satz 1 gleich[12].

7 **c) Erklärung gem. §§ 37 Abs. 1, 36 Abs. 2, 36 a Abs. 2 AktG.** Da § 296 nicht auf § 246 Abs. 3 verweist, hat der Vorstand bei der Anmeldung die Erklärung gem. §§ 37 Abs. 1, 36 Abs. 2, 36 a Abs. 2 AktG abzugeben[13]. Diese Erklärung ist wegen der fehlenden Kontinuität des Nennkapitals[14] erforderlich. Sie bezieht sich beim Formwechsel eines VVaG entsprechend auf die Reinvermögensdeckung nach §§ 295, 264 Abs. 1[15].

8 **d) Erklärung gem. § 37 Abs. 2 AktG.** Die Vorstandsmitglieder der Versicherungs-AG haben zu versichern, dass keine Umstände iSd. § 76 Abs. 3 Satz 3 und 4 AktG ihrer Bestellung entgegenstehen[16].

9 **e) Angaben über die Vertretungsbefugnis gem. § 37 Abs. 3 AktG.** In der Anmeldung ist zudem anzugeben, welche Vertretungsbefugnis die Vorstandsmitglieder der Versicherungs-AG haben.

2. Rechtsfolgen bei Verstoß gegen die Vorschrift des § 296

10 Die Rechtsfolgen eines Verstoßes gegen § 296 entsprechen den Rechtsfolgen eines Verstoßes gegen § 295[17].

---

[5] § 198 Abs. 1; siehe § 198 Rn 6.
[6] Zu den erforderlichen Anlagen beim Formwechsel in eine AG siehe § 199 Rn 7.
[7] § 198 Abs. 1; siehe § 198 Rn 6.
[8] §§ 296, 246 Abs. 2; siehe auch § 246 Rn 7.
[9] §§ 198 Abs. 3, 16 Abs. 2 und 3; siehe § 16 Rn 13 ff.
[10] § 199; siehe § 199 Rn 4.
[11] Siehe auch Anh. § 119 Rn 102.
[12] Im Einzelnen Anh. § 119 Rn 102.
[13] Vgl. § 246 Rn 15 ff.
[14] Zur Kontinuität des Nennkapitals beim Formwechsel von Kapitalgesellschaften § 247 Abs. 1.
[15] Zur Reinvermögensdeckung § 295 Rn 8 f. und § 220 Rn 7 ff.
[16] Siehe auch § 199 Rn 7.
[17] Siehe § 295 Rn 11.

§ 297 (aufgehoben)

§ 279 aufgehoben mWv 1. 1. 2007 durch G v. 10. 11. 2006 (BGBl. I S. 2553).

§ 298 Wirkungen des Formwechsels

Durch den Formwechsel werden die bisherigen Mitgliedschaften zu Aktien und Teilrechten. § 266 Abs. 1 Satz 2, Abs. 2 und 3 ist entsprechend anzuwenden.

Übersicht

	Rn		Rn
I. Allgemeines	1	1. Ausgabe von Teilrechten	7
1. Sinn und Zweck der Norm	1	2. Rechte Dritter	8
a) Umwandlung der Mitgliedschaftsrechte gem. § 298 Satz 1	1	a) Schutz nur dinglicher Rechte	8
		b) Gegenstand der dinglichen Rechte	9
b) Schutz der Rechte Dritter (§§ 298, 266 Abs. 1 Satz 2)	2	c) Gläubiger von ausgeschlossenen Mitgliedern	10
c) Rechtliche Selbstständigkeit von Teilrechten (§§ 298, 266 Abs. 2)	3	3. Verfügung über Teilrechte	11
d) Zusammenführung von Teilrechten (§§ 298, 266 Abs. 3)	4	4. Ausübung von Mitgliedschaftsrechten aus Teilrechten	12
2. Entstehungsgeschichte	6	5. Vermittlung der Zusammenführung von Teilrechten	14
II. Einzelerläuterungen	7		

I. Allgemeines

1. Sinn und Zweck der Norm

a) Umwandlung der Mitgliedschaftsrechte gem. § 298 Satz 1. Satz 1 stellt klar, dass 1 die bisherigen Mitgliedschaften infolge des Formwechsels zu Aktien und – in Ausnahmefällen[1] – zu Teilrechten iSd. § 213 AktG werden.

b) Schutz der Rechte Dritter (§§ 298, 266 Abs. 1 Satz 2). Da beim VVaG nicht über 2 die Mitgliedschaften als solche, sondern nur über den Anspruch auf den Überschuss[2] und den Liquidationserlös[3] verfügt werden kann[4], ordnen die §§ 298, 266 Abs. 1 Satz 2 zum Schutz der Gläubiger der Mitglieder an, dass zB durch Abtretung[5], Verpfändung[6], Nießbrauch[7] oder Pfändung[8] begründete Rechte Dritter am Überschuss oder Liquidationserlös nach dem Formwechsel an den Aktien oder Teilrechten an der Versicherungs-AG fortbestehen.

c) Rechtliche Selbstständigkeit von Teilrechten (§§ 298, 266 Abs. 2). Durch die 3 Regelung in §§ 298, 266 Abs. 2 wird klargestellt, dass aufgrund der Ausnahmeregelung in § 294 Abs. 2 Satz 3 geschaffene Teilrechte wie die durch Kapitalerhöhung aus Gesellschaftsmitteln geschaffenen Teilrechte[9] selbstständig veräußerlich und vererblich sind.

---

[1] Hierzu § 294 Rn 33.
[2] § 38 Abs. 1 Satz 1 VAG.
[3] § 48 Abs. 2 Satz 1 VAG.
[4] *Weigel* in Prölss § 38 VAG Rn 12.
[5] § 398 BGB.
[6] §§ 1273 ff. BGB.
[7] § 1075 BGB.
[8] §§ 828 ff. ZPO.
[9] § 213 AktG.

d) Zusammenführung von Teilrechten (§§ 298, 266 Abs. 3). § 266 Abs. 3 Satz 1 entspricht § 213 Abs. 2 AktG. Insoweit hat der Verweis in § 298 nur klarstellende Funktion.

Eigenständige Bedeutung haben jedoch die §§ 298, 266 Abs. 3 Satz 2, die der Versicherungs-AG die Verpflichtung auferlegen, die Zusammenführung von Teilrechten zu vollen Aktien zu vermitteln. Diese Verpflichtung beruht darauf, dass die Existenz von Teilrechten wegen der Ausübungssperre des § 213 Abs. 2 AktG zu vermeiden ist.

2. Entstehungsgeschichte

Die Regelungen des § 298 entsprechen den §§ 385 h Satz 2, 385 k AktG aF.

II. Einzelerläuterungen

1. Ausgabe von Teilrechten

Die Ausgabe von Teilrechten richtet sich nach den §§ 291 und 294[10].

2. Rechte Dritter

a) Schutz nur dinglicher Rechte. Rechte Dritter iSd. §§ 298, 266 Abs. 1 Satz 2 sind lediglich dingliche Rechte, wie zB die Rechte aufgrund (Sicherungs-)Abtretung[11], Nießbrauch[12], Verpfändung[13] und Pfändung[14], die sich im Wege der dinglichen Surrogation an den Aktien und Teilrechten der Versicherungs-AG fortsetzen.

b) Gegenstand der dinglichen Rechte. Die dinglichen Rechte können sich aufgrund der fehlenden Übertragbarkeit der Mitgliedschaften nur auf den satzungsmäßigen Anspruch auf den Überschuss oder den Liquidationserlös beziehen[15].

c) Gläubiger von ausgeschlossenen Mitgliedern. Werden Mitglieder durch den Umwandlungsbeschluss nach § 294 Abs. 1 Satz 2 von der Beteiligung an der Versicherungs-AG ausgeschlossen[16], fallen dingliche Rechte Dritter an den Ansprüchen auf Überschuss oder Liquidationserlös weg[17]. In diesen Fällen kommen Ansprüche des Gläubigers aus der Vereinbarung, die der Bestellung des dinglichen Rechts zugrunde liegt (zB einer Sicherungsabrede), in Betracht. Schadensersatzansprüche des Gläubigers gegen das ausgeschlossene Mitglied scheiden regelmäßig wegen eines fehlenden Verschuldens[18] aus.

3. Verfügung über Teilrechte

Teilrechte gem. § 213 AktG haben grundsätzlich die gleiche Rechtsqualität wie volle Aktien[19]. Da Teilrechte jedoch nicht verbrieft werden[20], können sie nicht nach §§ 929 ff. BGB, § 68 Abs. 1 AktG übertragen werden. Die Übertragung erfolgt stattdessen formlos gem. §§ 398, 413 BGB.

---

[10] § 294 Rn 2, 33.
[11] § 398 BGB.
[12] § 1075 BGB.
[13] §§ 1273 ff. BGB.
[14] §§ 828 ff. ZPO.
[15] Siehe Rn 2.
[16] § 294 Rn 19 ff.
[17] Hierzu § 20 Rn 80 f.
[18] § 280 Abs. 1 Satz 1 BGB.
[19] *Hüffer* § 213 AktG Rn 2.
[20] § 213 Abs. 2 Satz 1 AktG.

4. Ausübung von Mitgliedschaftsrechten aus Teilrechten

Die Ausübungssperre des § 266 Abs. 3 kann dadurch überwunden werden, dass ein Aktionär von anderen Aktionären Teilrechte erwirbt, die zusammen mit seinem Teilrecht eine volle Aktie ergeben, oder indem sich mehrere Aktionäre zwecks Ausübung ihrer Mitgliedschaftsrechte in einer GbR zusammenschließen[21]. Im letztgenannten Fall sind die Vorschriften des § 69 Abs. 1 und 3 AktG entsprechend anzuwenden[22].

12

In Betracht kommt auch, dass sich mehrere Aktionäre zu einer BGB-Gesellschaft zusammenschließen, die selbst Inhaberin der vollen Aktie wird und als Aktionärin die Mitgliedschaftsrechte unmittelbar selbst ausübt[23].

13

5. Vermittlung der Zusammenführung von Teilrechten

Nach §§ 298, 266 Abs. 3 hat die Versicherungs-AG die Zusammenführung von Teilrechten zu vollen Aktien zu vermitteln. In Anbetracht der Schwierigkeiten einer direkten Ansprache der Aktionäre dürfte die geschuldete Vermittlung am sinnvollsten dadurch erfolgen, dass ein Markt für den Handel mit Teilrechten geschaffen wird[24].

14

§ 299 Benachrichtigung der Aktionäre; Veräußerung von Aktien; Hauptversammlungsbeschlüsse

(1) **Auf die Benachrichtigung der Aktionäre durch die Gesellschaft ist § 267, auf die Aufforderung zur Abholung der ihnen zustehenden Aktien und auf die Veräußerung nicht abgeholter Aktien ist § 268 entsprechend anzuwenden.**

(2) **Auf Beschlüsse der Hauptversammlung der Aktiengesellschaft sowie auf eine Ermächtigung des Vorstandes zur Erhöhung des Grundkapitals ist § 269 entsprechend anzuwenden. Die Aufsichtsbehörde kann Ausnahmen von der entsprechenden Anwendung des § 269 Satz 1 zulassen, wenn dies erforderlich ist, um zu verhindern, daß der Aktiengesellschaft erhebliche Nachteile entstehen.**

Übersicht

	Rn		Rn
I. Allgemeines	1	b) Form der Mitteilung	16
1. Sinn und Zweck der Norm	1	2. Bekanntmachung gem. §§ 299, 267 Abs. 2	18
a) Entsprechende Anwendung der §§ 267, 268	1	3. Aufforderung an die Aktionäre, Veräußerung von Aktien	20
b) Sperre für Hauptversammlungsbeschlüsse	4	a) Geltung des § 268 bei Widerspruch gem. §§ 300, 207 Abs. 1 Satz 1, 270 Abs. 1	20
c) Keine Ausnutzung genehmigten Kapitals	6		
d) Dispens durch die Aufsichtsbehörde	11	b) Geltung des § 268 bei Ausschluss der Verbriefung	23
2. Entstehungsgeschichte	13		
II. Einzelerläuterungen	14	4. Ausnutzung von genehmigtem Kapital bei Bezugsrechtsausschluss durch die Satzung	29
1. Mitteilung gem. §§ 299, 267 Abs. 1 Satz 1 und 2	14		
a) Inhalt der Mitteilung	14		

---

[21] *Hübner* in Lutter Rn 6; *Baumbach/Hueck* § 213 AktG Rn 2.
[22] Umstritten, dafür *Lutter* in Kölner Komm. § 213 AktG Rn 5; *Zöllner* in Kölner Komm. § 385 k AktG Rn 6. AA *Hüffer* § 213 AktG Rn 4; *Bungeroth* in G/H/E/K § 213 AktG Rn 22; *Hirte* in Großkomm. § 213 AktG Rn 22.
[23] BGHZ 116, 86, 88; BGHZ 118, 83, 99.
[24] *Bayer* in Lutter § 266 Rn 12.

	Rn		Rn
5. Dispens durch die Aufsichtsbehörde gem. § 299 Abs. 2 Satz 2	30	b) Gründe für den Dispens der Aufsichtsbehörde	31
a) Ausnahme von § 269 Satz 2	30	c) Ermessensentscheidung der Aufsichtsbehörde	32

I. Allgemeines

1. Sinn und Zweck der Norm

1 **a) Entsprechende Anwendung der §§ 267, 268.** Abs. 1 verweist hinsichtlich der Benachrichtigung der Aktionäre über den Formwechsel und die ihnen gewährten Aktien und Teilrechte sowie hinsichtlich der Aufforderung zur Abholung der Aktien auf die Regelungen für den Formwechsel von Genossenschaften in §§ 267, 268.

2 Die Verweisung auf § 267 Abs. 1 Satz 1 führt ebenso wie der Ausschluss der Bekanntmachung des Abfindungsangebots nach §§ 292, 231 Satz 1 und die Mitteilung über den Formwechsel in Textform[1] zu nicht unerheblichen Schwierigkeiten[2].

3 Da der wesentliche Inhalt der Mitteilung in den Gesellschaftsblättern bekannt zu machen ist[3], ist nicht ersichtlich, warum die Benachrichtigung nach § 267 Abs. 1 mit der Aufforderung nach § 268 Abs. 1 nicht ausschließlich durch Bekanntmachung erfolgen kann[4].

4 **b) Sperre für Hauptversammlungsbeschlüsse.** In der Hauptversammlung der Versicherungs-AG können keine Beschlüsse gefasst werden, die neben der stets erforderlichen Stimmenmehrheit[5] nach Gesetz oder Satzung einer Kapitalmehrheit bedürfen[6], solange die abgeholten oder nach § 268 Abs. 3 veräußerten Aktien nicht insgesamt mindestens sechs Zehntel des Grundkapitals der Versicherungs-AG erreichen (§§ 299 Abs. 2 Satz 1, 269 Satz 1). Hiermit soll verhindert werden, dass unmittelbar nach Wirksamwerden des Formwechsels bei der Versicherungs-AG grundlegende Entscheidungen getroffen werden, obwohl ein großer Teil der Aktionäre mangels Abholung der Aktien noch nicht in der Lage ist, die Aktionärsrechte auszuüben.

5 Um eine dauerhafte Handlungsunfähigkeit zu vermeiden, wird durch das in den §§ 299, 268 Abs. 3 geregelte Recht zur Veräußerung nicht abgeholter Aktien ein notwendiges Korrektiv geschaffen.

6 **c) Keine Ausnutzung genehmigten Kapitals.** Aus Gründen des Aktionärsschutzes wird dem Vorstand der Versicherungs-AG unter den Voraussetzungen des § 269 Satz 1 gem. §§ 299, 269 Satz 2 auch die Ausnutzung genehmigten Kapitals[7] untersagt.

7 Diese Vorschrift ist im Hinblick auf §§ 294 Abs. 1 Satz 1, 263 Abs. 3 Satz 3 auszulegen. Hiernach kann die Satzung der Versicherungs-AG zwar die Ermächtigung des Vorstands zur Erhöhung des Grundkapitals[8], nicht jedoch die Ermächtigung zum Ausschluss des Bezugsrechts[9] vorsehen.

---

[1] § 126 b BGB.
[2] Vgl. § 292 Rn 4, 11 ff., 15 ff.
[3] § 267 Abs. 2.
[4] Im Einzelnen Rn 16 f.
[5] *BGH* NJW 1975, 212; *Hüffer* § 133 AktG Rn 13.
[6] ZB §§ 52 Abs. 5, 179 Abs. 2, 179 a, 182 Abs. 1, 193 Abs. 1, 202 Abs. 2, 221 Abs. 1 Satz 2, 222 Abs. 1 Satz 1, 229 Abs. 3, 237 Abs. 2 und 3, 262 Abs. 1 Nr. 2 AktG.
[7] §§ 202 ff. AktG.
[8] § 202 Abs. 1 AktG.
[9] § 203 Abs. 2 Satz 1 AktG.

Bei Ausnutzung eines genehmigten Kapitals unmittelbar nach Wirksamwerden des Form- **8** wechsels haben somit alle Aktionäre der Versicherungs-AG ein Bezugsrecht[10].

Die §§ 294 Abs. 1 Satz 1, 263 Abs. 3 Satz 3 hindern die Versammlung der obersten Ver- **9** tretung aber nicht, durch Umwandlungsbeschluss eine Satzung zu beschließen, die selbst das Bezugsrecht bei Ausnutzung des genehmigten Kapitals ausschließt[11].

Den Aktionären der Versicherungs-AG stehen dann keine schutzwürdigen Bezugsrechte **10** zu, und die Hauptversammlung muss der Ausnutzung des genehmigten Kapitals dementsprechend auch nicht zustimmen.

d) Dispens durch die Aufsichtsbehörde. Die Aufsichtsbehörde kann gem. § 299 **11** Abs. 2 Satz 2 Ausnahmen von § 269 Satz 1 zulassen, wenn dies erforderlich ist, um zu verhindern, dass der Versicherungs-AG erhebliche Nachteile entstehen. Kann aber mit Genehmigung der Aufsichtsbehörde zur Abwehr drohender Nachteile eine ordentliche Kapitalerhöhung[12] durchgeführt werden, ist nicht ersichtlich, warum nicht auch ein Dispens von § 269 Satz 2 möglich sein soll[13]. Satz 1 muss deshalb dahingehend ausgelegt werden, dass mit Genehmigung der Aufsichtsbehörde entgegen § 269 Satz 2 die Ausnutzung genehmigten Kapitals zur Abwehr von Nachteilen für die Versicherungs-AG auch dann zulässig ist, wenn in der Satzung das Bezugsrecht der Aktionäre nicht von vornherein ausgeschlossen wurde.

Da der Aufsichtsbehörde die Prüfung der Wahrung der Belange der Versicherten gem. § 8 **12** Abs. 1 Satz 1 Nr. 3 VAG obliegt[14], ist Abs. 2 Satz 2 dahingehend auszulegen, dass nur solche Nachteile der Versicherungs-AG einen Dispens durch die Aufsichtsbehörde zulassen, durch die die Belange der Versicherten gefährdet werden[15].

2. Entstehungsgeschichte

Die Vorschrift entspricht der Vorschrift des § 385 l AktG aF. **13**

II. Einzelerläuterungen

1. Mitteilung gem. §§ 299, 267 Abs. 1, 268 Abs. 1 Satz 1 und 2

a) Inhalt der Mitteilung. Den Aktionären der Versicherungs-AG ist der Inhalt der Ein- **14** tragung des Formwechsels im Register[16] sowie die Zahl und der Nennbetrag[17] der Aktien und Teilrechte[18], die auf sie entfallen, mitzuteilen[19].

Des Weiteren sind die Aktionäre in der Mitteilung auf die Vorschriften über Teilrechte in **15** § 266 Abs. 2 und 3 hinzuweisen[20] und unter Hinweis auf das Recht zur Veräußerung[21] der Aktien zur Abholung der Aktien aufzufordern[22].

b) Form der Mitteilung. Die Mitteilung an die Aktionäre bedarf der Textform[23]. Da **16** beim VVaG im Gegensatz zur Genossenschaft[24] kein Mitgliederregister geführt wird, ist die

---

[10] § 186 Abs. 1 AktG.
[11] Siehe § 294 Rn 18.
[12] §§ 182 ff. AktG.
[13] Im Einzelnen Rn 30 f.
[14] Vgl. Anh. § 119 Rn 95 ff.
[15] Im Einzelnen Rn 31.
[16] Zum Inhalt der Anmeldung § 296 Rn 5 ff.
[17] Soweit keine Stückaktien nach § 8 Abs. 3 AktG ausgegeben werden.
[18] Zu den Teilrechten § 294 Rn 2, 33.
[19] §§ 299, 267 Abs. 1.
[20] §§ 299, 267 Abs. 1 Satz 2.
[21] § 268 Abs. 3.
[22] § 268 Abs. 1 Satz 1 und 2.
[23] § 126 b BGB.
[24] § 30 Abs. 1 GenG.

Mitteilung in Textform an alle Aktionäre nach dem Formwechsel eines VVaG mit erheblichen Schwierigkeiten verbunden[25].

17 Insbesondere wegen der Bekanntmachung nach § 267 Abs. 2 Satz 1 erscheint es gerechtfertigt, von einer Mitteilung in Textform gem. § 267 Abs. 1 Satz 1 abzusehen.

2. Bekanntmachung gem. §§ 299, 267 Abs. 2

18 Der wesentliche Inhalt der Mitteilung nach §§ 267 Abs. 1 Satz 1, 268 Abs. 1 Satz 1 ist in den Gesellschaftsblättern der Versicherungs-AG[26] bekannt zu machen[27].

19 Entgegen §§ 267 Abs. 2 Satz 2, 268 Abs. 1 Satz 3 ist, sofern man eine schriftliche Mitteilung in Textform für entbehrlich hält[28], auch der Hinweis auf die Vorschriften über Teilrechte[29] und über die Veräußerung nicht abgeholter Aktien[30] bekannt zu machen.

3. Aufforderung an die Aktionäre, Veräußerung von Aktien

20 **a) Geltung des § 268 bei Widerspruch gem. §§ 300, 207 Abs. 1 Satz 1, 270 Abs. 1.** Die Aufforderung an die Aktionäre zur Abholung der ihnen zustehenden Aktien und die Veräußerung nicht abgeholter Aktien richten sich nach §§ 299, 268.

21 Aktien von Mitgliedern, die dem Formwechsel widersprochen[31] und das Abfindungsangebot innerhalb der Frist des § 209 Satz 1[32] angenommen haben, können nicht nach § 268 Abs. 3 veräußert werden. Das widersprechende Mitglied hat mit der Annahme des Abfindungsangebots einen Anspruch auf Zahlung der Barabfindung[33] gegen Übertragung der Aktien erworben.

22 Widerspricht ein Mitglied dem Formwechsel, nimmt aber das Abfindungsangebot nicht innerhalb der Frist des § 209 Satz 1 an, können seine Aktien nach § 268 Abs. 3 veräußert werden. Dies gilt auch, wenn die Frist zur Annahme des Abfindungsangebots nach § 209 Satz 2 noch nicht abgelaufen ist. Das Mitglied, das dem Formwechsel widerspricht, muss zunächst die ihm zustehenden Aktien abholen, um sich die Möglichkeit der Annahme des Abfindungsangebots nach § 209 Satz 2 offen zu halten.

23 **b) Geltung des § 268 bei Ausschluss der Verbriefung.** § 268 entspricht im Wesentlichen § 214 Abs. 1 bis 3 AktG. Bei der Kapitalerhöhung aus Gesellschaftsmitteln[34] ist hinsichtlich der ausgegebenen Aktien, wenn die Verbriefung nicht gem. § 10 Abs. 5 AktG ausgeschlossen ist, eine sachenrechtliche, auf Übereignung der Aktienurkunde gerichtete Begebung erforderlich[35]. Ohne eine Begebung entstehen die Mitgliedschaftsrechte aus den iRd. Kapitalerhöhung aus Gesellschaftsmitteln ausgegebenen Aktien nicht.

24 Aus diesem Grund lässt § 214 Abs. 3 AktG die Zwangsveräußerung von nicht abgeholten Aktien zu, um diese durch Veräußerung an Dritte begeben zu können.

25 Ist die Verbriefung der Aktien ausgeschlossen, können die Mitgliedschaftsrechte bereits mit der Eintragung des Kapitalerhöhungsbeschlusses gem. § 211 AktG unmittelbar bei den Aktionären zur Entstehung gelangen[36].

---

[25] Siehe auch § 292 Rn 11 ff.
[26] § 25 AktG.
[27] §§ 299, 267 Abs. 2.
[28] Siehe Rn 17.
[29] § 266 Abs. 2 und 3.
[30] § 268 Abs. 3.
[31] §§ 300, 207 Abs. 1 Satz 1, 270 Abs. 1.
[32] Hierzu § 209 Rn 2.
[33] §§ 208, 30; zur Barabfindung § 30 Rn 3 ff.
[34] §§ 207 ff. AktG.
[35] *Hüffer* § 214 AktG Rn 6.
[36] *Hüffer* § 214 AktG Rn 11.

Deshalb wird vertreten, die Regelung in § 214 Abs. 4 AktG sei gegenstandslos[37]. Dieser 26
Auffassung kann jedoch nicht gefolgt werden. Bestehen bei einer AG Inhaberaktien[38], können die ausgegebenen Aktien unabhängig von einer Verbriefung den Aktionären nicht ohne eine Zuteilung nach § 214 Abs. 4 AktG zugeordnet werden.

Obwohl eine dem § 214 Abs. 4 AktG entsprechende Regelung in § 268 fehlt, sollte § 214 27
Abs. 4 AktG entsprechend angewendet werden, wenn die Verbriefung der Aktien ausgeschlossen ist, da ansonsten eine Zuordnung der Aktien auch hier nicht möglich ist.

Trotz der fehlenden Regelung in § 268 umfasst das Recht zur Zwangsveräußerung auch 28
das Recht zur Veräußerung ggf. zusammen mit vollen Aktien ausgegebener Teilrechte[39].

4. Ausnutzung von genehmigtem Kapital bei Bezugsrechtsausschluss durch die Satzung

Die §§ 299, 269 Satz 2 schließen ein genehmigtes Kapital nicht aus, bei dem das Bezugs- 29
recht der Aktionäre in der Satzung[40] selbst ausgeschlossen worden ist[41].

5. Dispens durch die Aufsichtsbehörde gem. § 299 Abs. 2 Satz 2

a) Ausnahme von § 269 Satz 2. Die Aufsichtsbehörde kann unter den Voraussetzungen 30
des Abs. 2 Satz 2 auch die Kapitalerhöhung aufgrund einer Ermächtigung nach § 202 Abs. 1 AktG zulassen, wenn in der Satzung das Bezugsrecht der Aktionäre nicht ausgeschlossen worden ist[42]. Im Hinblick auf die Gründe für die Schaffung der Möglichkeit des Dispenses muss gerade die Ausnutzung des genehmigten Kapitals als flexibles Instrument der Kapitalbeschaffung möglich sein[43].

b) Gründe für den Dispens der Aufsichtsbehörde. Die Aufsichtsbehörde kann den 31
Dispens nach Abs. 2 Satz 2 erteilen, wenn die Belange der Versicherten iSd. § 8 Abs. 1 Satz 1 Nr. 3 VAG ausreichend gewahrt werden[44]. Ein Dispens kommt insbesondere in Betracht, wenn die Aufsichtsbehörde wegen der Solvabilitätsspanne des § 53 c VAG die Genehmigung nach § 14 a VAG nur unter der Auflage der Durchführung einer Kapitalerhöhung nach Wirksamwerden des Formwechsels erteilt hat[45] oder Maßnahmen der Missstandsaufsicht[46] einen solchen Dispens erforderlich machen.

c) Ermessensentscheidung der Aufsichtsbehörde. Die Entscheidung über den Dis- 32
pens steht im pflichtgemäßen Ermessen der Aufsichtsbehörde[47]. Da die Aufsichtsbehörde gem. § 81 Abs. 1 Satz 3 VAG die Versicherungsaufsicht nur im öffentlichen Interesse wahrnimmt[48], haben weder die Versicherungs-AG noch die Versicherten einen Anspruch auf Erteilung eines Dispenses.

---

[37] Vgl. *v. Godin/Wilhelmi* § 214 AktG Rn 7; aA *Hüffer* § 214 AktG Rn 11 f. (allerdings ohne Begründung).
[38] § 10 Abs. 1 AktG.
[39] Zu den Teilrechten im Einzelnen § 294 Rn 2, 33.
[40] §§ 294 Abs. 1 Satz 1, 218 Abs. 1.
[41] Rn 9.
[42] Rn 10.
[43] Vgl. insoweit *Vossius* in Widmann/Mayer Rn 15, der jedoch offensichtlich zunächst ein mit aufsichtsrechtlichem Dispens beschlossenes genehmigtes Kapital verlangt.
[44] Siehe dazu *Vossius* in Widmann/Mayer Rn 10.
[45] Siehe § 294 Rn 32.
[46] §§ 81 ff. VAG.
[47] *Vossius* in Widmann/Mayer Rn 9.
[48] Zur Entstehungsgeschichte des § 81 Abs. 1 Satz 3 VAG *Kollhosser* in Prölss § 81 VAG Rn 124.

33 Die Aufsichtsbehörde kann jedoch keine Maßnahmen der Missstandsaufsicht[49] gegen die Versicherungs-AG ergreifen, wenn die Erfüllung von Auflagen zur Genehmigung nach § 14 a VAG[50] mangels Dispenses nicht möglich ist.

34 Der Dispens kann von den Aktionären der Versicherungs-AG vor dem Verwaltungsgericht angefochten werden[51], wenn die Aufsichtsbehörde die schützwürdigen Rechte der Aktionäre als Dritter nicht ausreichend berücksichtigt hat und die Voraussetzungen des § 299 Abs. 2 Satz 2 nicht vorliegen. Eine solche Anfechtungsklage ist erforderlich, da es sich bei dem Dispens um einen privatrechtsgestaltenden Verwaltungsakt handelt, an den die ordentlichen Gerichte bei einer Anfechtungsklage gem. § 36 Satz 1 VAG, §§ 243 ff AktG gebunden sind. Vor der Erhebung der Anfechtungsklage ist ein Widerspruchsverfahren durchzuführen; Widerspruchsbehörde ist die BaFin selbst[52].

35 Wird der Dispens ohne Vorliegen der Voraussetzungen des § 299 Abs. 2 Satz 2 erteilt, kommen Amtshaftungsansprüche nach § 839 BGB, Art. 34 GG in Betracht.

§ 300 Abfindungsangebot

Auf das Abfindungsangebot nach § 207 Abs. 1 Satz 1 ist § 270 Abs. 1 entsprechend anzuwenden.

Übersicht

	Rn		Rn
I. Allgemeines	1	b) Notwendigkeit der Ablehnung des Formwechsels	8
1. Sinn und Zweck der Norm	1	c) Teilrechte als Gegenstand des Abfindungsangebots	12
2. Entstehungsgeschichte	3	d) Verzicht auf Barabfindungsangebot	13
3. Barabfindung bei der Mischverschmelzung	4	e) Ermittlung der Barabfindung	14
II. Einzelerläuterungen	5	3. Annahme des Barabfindungsangebots	15
1. Widerspruch	5	4. Klageausschluss/Spruchverfahren	16
2. Barabfindungsangebot	7		
a) Kein Anspruch auf Barabfindung für ausgeschlossene Mitglieder	7		

I. Allgemeines

1. Sinn und Zweck der Norm

1 Der Verweis auf § 270 Abs. 1 eröffnet den Mitgliedern des formwechselnden VVaG, die mit dem Formwechsel nicht einverstanden sind, die Möglichkeit, dem Formwechsel vor der Versammlung der obersten Vertretung durch eingeschriebenen Brief zu widersprechen und sich dadurch den Anspruch auf Barabfindung[1] zu sichern.

2 Die Möglichkeit des schriftlichen Widerspruchs ist insbesondere von Bedeutung, wenn eine Vertreterversammlung[2] über den Formwechsel beschließt. Dann ist der schriftliche Widerspruch die einzige Möglichkeit für die Mitglieder, den Anspruch auf Barabfindung zu wahren.

---

[49] §§ 81 ff. VAG.
[50] Siehe Anh. § 119 Rn 98, § 294 Rn 32.
[51] § 42 VwGO.
[52] § 73 Abs. 1 Nr. 2 VwGO.
[1] § 207 Abs. 1.
[2] § 29 VAG.

2. Entstehungsgeschichte

Die Regelung entspricht im Wesentlichen § 385 i AktG aF, wobei das Preisgaberecht nach §§ 385 i, 383 AktG aF durch das Recht auf Barabfindung nach § 207 ersetzt wurde.

3. Barabfindung bei der Mischverschmelzung

Auch bei Mischverschmelzungen auf eine Versicherungs-AG ist ein Barabfindungsangebot erforderlich. Hierfür spricht die Wertung des § 300.

II. Einzelerläuterungen

1. Widerspruch[3]

Der zur Wahrung des Abfindungsanspruchs nach § 207 Abs. 1 erforderliche Widerspruch kann sowohl durch eingeschriebenen Brief vor der Versammlung der obersten Vertretung[4] als auch zur Niederschrift in der Versammlung[5] erklärt werden.

Die Möglichkeit des schriftlichen Widerspruchs besteht auch für Mitglieder des formwechselnden VVaG, die zur Teilnahme an der Versammlung der obersten Vertretung zugelassen sind.

2. Barabfindungsangebot

a) Kein Anspruch auf Barabfindung für ausgeschlossene Mitglieder. Mitglieder, die von der Beteiligung an der Versicherungs-AG ausgeschlossen sind[6], können keine Barabfindung beanspruchen[7].

b) Notwendigkeit der Ablehnung des Formwechsels. Umstritten ist die Frage, ob das widersprechende Mitglied seinen Anspruch auf Barabfindung verliert, wenn es in der Versammlung der obersten Vertretung dem Formwechsel zustimmt.

Nach einer Auffassung[8] steht die Zustimmung zum Formwechsel bei der Beschlussfassung dem Abfindungsanspruch nicht entgegen. Demgegenüber hält eine andere Meinung[9] unter Hinweis auf die frühere Rechtslage nach § 375 AktG aF eine Ablehnung des Beschlusses für zwingend, um den Abfindungsanspruch zu wahren.

Der letztgenannten Meinung ist zuzustimmen[10]. Die Regelungen über den Widerspruch haben – wie sich aus § 293 Satz 2 ergibt – kapitalerhaltende Funktion[11]. § 71 Abs. 1 Nr. 3 AktG erlaubt zwar den Erwerb eigener Aktien im Zusammenhang mit dem Barabfindungsangebot nach § 207 Abs. 1, lässt aber die der Kapitalerhaltung dienenden Schranken des § 71 Abs. 2 AktG unberührt. Ein Formwechsel hat zu unterbleiben, wenn sich bei der Fassung des Umwandlungsbeschlusses abzeichnet, dass infolge der zu zahlenden Barabfindungen die Schranken des § 71 Abs. 2 AktG überschritten werden[12]. Ein dennoch gefasster Umwandlungsbeschluss ist rechtswidrig und damit anfechtbar[13].

---

[3] Zum Inhalt des Widerspruchs § 293 Rn 13; zur Berechnung der Frist für den Widerspruch § 293 Rn 12.
[4] §§ 300, 270 Abs. 1.
[5] § 207 Abs. 1 Satz 1; siehe zur Abgabe des Widerspruchs § 207 Rn 7.
[6] § 294 Abs. 1 Satz 2.
[7] § 294 Rn 25.
[8] *Decher* in Lutter § 207 Rn 10 f. mwN.
[9] *Hübner* in Lutter § 300 Rn 4 f.; *Zöllner* in Kölner Komm. § 375 AktG Rn 6.
[10] So auch § 29 Rn 21 und § 207 Rn 6.
[11] Siehe § 293 Rn 3.
[12] *Grunewald* in Lutter § 29 Rn 24; wohl auch § 207 Rn 11.
[13] § 207 Rn 11. Zur Anfechtung des Umwandlungsbeschlusses § 293 Rn 18.

11 Insoweit muss es auch als unzulässig angesehen werden, dass die dem Formwechsel widersprechenden Mitglieder erst dem Umwandlungsbeschluss zustimmen und später einen Anspruch auf Barabfindung geltend machen.

12 **c) Teilrechte als Gegenstand des Abfindungsangebots.** Das Barabfindungsangebot hat sich auch auf ggf. gewährte Teilrechte iSd. § 213 AktG[14] zu richten.

13 **d) Verzicht auf das Barabfindungsangebot.** Ein Barabfindungsangebot ist nicht erforderlich, sofern alle Mitglieder vor der Beschlussfassung über den Formwechsel hierauf verzichten[15]. Da der Verzicht nicht durch die Vertreterversammlung erfolgen darf, dürfte er beim Formwechsel von Versicherungsvereinen keine praktische Bedeutung haben.

14 **e) Ermittlung der Barabfindung.** Die Ermittlung der Barabfindung erfolgt nach allgemeinen Grundsätzen[16], wobei etwaige Abfindungen, die an nach § 294 Abs. 1 Satz 2 ausgeschlossene Mitglieder zu zahlen sind[17], iRd. Bewertung der Versicherungs-AG zu berücksichtigen sind.

3. Annahme des Barabfindungsangebots

15 Die Annahme des Barabfindungsangebots richtet sich nach § 209. Sie bedarf keiner besonderen Form[18] und kann auch lediglich hinsichtlich eines Teils der gewährten Aktien und Teilrechte erklärt werden[19]. Die Berechnung der Ausschlussfristen[20] des § 209 erfolgt nach §§ 187 Abs. 2 Satz 1, 188 Abs. 2 BGB.

4. Klageausschluss/Spruchverfahren

16 Nach § 210 kann der Umwandlungsbeschluss nicht mit der Begründung angefochten werden, dass die Barabfindung zu niedrig bemessen oder im Umwandlungsbeschluss nicht oder nicht ordnungsgemäß angeboten worden ist.

17 Als Korrektiv für den Klageausschluss dient die gerichtliche Überprüfung der Barabfindung nach § 212 iRd. Spruchverfahrens nach dem Spruchverfahrensgesetz.

Sechster Abschnitt. Formwechsel von Körperschaften und Anstalten des öffentlichen Rechts

§ 301 Möglichkeit des Formwechsels

(1) Soweit gesetzlich nichts anderes bestimmt ist, kann eine Körperschaft oder Anstalt des öffentlichen Rechts durch Formwechsel nur die Rechtsform einer Kapitalgesellschaft erlangen.

(2) Der Formwechsel ist nur möglich, wenn die Körperschaft oder Anstalt rechtsfähig ist und das für sie maßgebende Bundes- oder Landesrecht einen Formwechsel vorsieht oder zuläßt.

---

[14] Zur Gewährung von Teilrechten § 294 Rn 2, 33.
[15] § 29 Rn 27; *Marsch-Barner* in Kallmeyer § 29 Rn 17; *Eilers/Müller-Eising* WiB 1995, 449, 451; *Grunewald* in Lutter § 29 Rn 17.
[16] § 30 Abs. 1 Satz 1; näher hierzu § 30 Rn 4 ff.
[17] § 294 Rn 26.
[18] § 31 Rn 5; *Stratz* in Schmitt/Hörtnagl/Stratz § 31 Rn 4; *Marsch-Barner* in Kallmeyer § 31 Rn 4.
[19] § 31 Rn 4; *Grunewald* in Lutter § 31 Rn 4; *Marsch-Barner* in Kallmeyer § 29 Rn 19; aA *Bermel* in Goutier/Knopf/Tulloch § 29 Rn 35.
[20] § 209 Rn 2; *Meister/Klöcker* in Kallmeyer § 209 Rn 12.

Übersicht

	Rn		Rn
I. Allgemeines	1	dd) Unzulässige Rechtsträger	22
1. Sinn und Zweck der Norm	1	b) Zielrechtsträger	23
2. Entstehungsgeschichte	6	aa) Grundsatz der Beschränkung auf Zielrechtsträger	23
3. Verhältnis zu anderen Umwandlungsarten	8	bb) Zulässigkeit anderer Rechtsformen	26
a) Ausgliederung	8	2. Erlaubnis durch Bundes- oder Landesrecht	31
b) Vermögensübertragung	10	a) Grundsatz des Primats des öffentlichen Rechts	31
4. Praktische Bedeutung	11	b) Regelungsinhalt der Ermächtigungsgrundlage	33
II. Einzelerläuterungen	15	c) Beschränkungen	34
1. Beteiligte Rechtsträger	15	d) Aufsichtsrechtliche Genehmigung	38
a) Ausgangsrechtsträger	16		
aa) Begriff der Körperschaft	16		
bb) Begriff der Anstalt des öffentlichen Rechts	19		
cc) Erfordernis der Rechtsfähigkeit	21		

Literatur: *Bredow/Schick/Liebscher*, Privatisierung öffentlich-rechtlicher Sparkassen – Gegenwärtige Gestaltungsoptionen, insbesondere das Modell „Stralsund", BKR 2004, 102; *Thode*, Steuerliche Auswirkungen der Umwandlung von Hoheitsbetrieben in Wettbewerbsanstalten oder Kapitalgesellschaften, DB 1996, 2098; *Westermann*, Überlegungen zur Umwandlung einer juristischen Person öffentlichen Rechts in eine AG, FS Luther, 1976, S. 191. Vgl. auch Literaturverzeichnis zu § 168, insbesondere zur Privatisierung.

I. Allgemeines

1. Sinn und Zweck der Norm

Die Vorschrift besagt, dass Körperschaften und Anstalten des öffentlichen Rechts als formwechselfähige Ausgangsrechtsträger am Umwandlungsverfahren teilnehmen können[1]. Zielrechtsträger eines Formwechsels können nach den allgemeinen Vorschriften des UmwG zum Formwechsel[2] Personengesellschaften, Kapitalgesellschaften und eingetragene Genossenschaften sein. Davon abweichend regelt Satz 1 der Norm, dass im Fall des Formwechsels einer Körperschaft oder Anstalt des öffentlichen Rechts grundsätzlich nur Kapitalgesellschaften als Zielrechtsträger in Betracht kommen. Die Regelungen des Sechsten Abschnitts stellen daher **Sondervorschriften zum Formwechsel** unter Beteiligung von Körperschaften und Anstalten des öffentlichen Rechts dar, die die allgemeinen Vorschriften zum Formwechsel[3] ergänzen. Die allgemeinen Vorschriften zum Formwechsel sind stets ergänzend anzuwenden. 1

Der Gesetzgeber hat in den speziellen Vorschriften zur Privatisierung von öffentlich-rechtlichen Aufgaben in Form der Ausgliederung[4] und des Formwechsels[5] das **Verhältnis von privatem und öffentlichem Recht** klargestellt. Der Formwechsel von Körperschaften und Anstalten des öffentlichen Rechts richtet sich zunächst nach dem maßgeblichen 2

---

[1] § 191 Abs. 1 Nr. 6. Davon zu unterscheiden sind Umwandlungen unter Beteiligung von im UmwG nicht vorgesehenen Zielrechtsträgern durch spezialgesetzliche Regelung gem. § 1 Abs. 2. Vgl. die in §§ 2 ff. des Gesetzes vom 2. 7. 2002, GVBl. NRW 2002, 284 geregelte Abspaltung aus dem Vermögen der Westdeutschen Landesbank Girozentrale auf die neu errichtete Landesbank Nordrhein-Westfalen, eine rechtsfähige Anstalt des öffentlichen Rechts.
[2] § 191 Abs. 2.
[3] §§ 190 bis 213.
[4] §§ 168 ff.
[5] §§ 301 bis 304.

Bundes- und Landesrecht, das einen Formwechsel explizit vorsehen muss[6]. Des Weiteren kommen bundes- und landesrechtliche Regelungen vorrangig zur Anwendung, soweit sie Abweichungen zu den allgemeinen Vorschriften des Ersten Teils des UmwG enthalten[7]. Dadurch wird klargestellt, dass den Vorschriften des UmwG gegenüber öffentlich-rechtlichen Vorschriften lediglich subsidiäre Bedeutung zukommt.

3 Zum Normzweck der Regelungen des Sechsten Abschnitts enthält die Gesetzesbegründung keine näheren Angaben. Die Vorschriften über den Formwechsel ermöglichen es, Aufgaben, die durch Rechtsträger des öffentlichen Rechts wahrgenommen werden, auf Rechtsträger des Privatrechts zu übertragen und damit formell zu privatisieren. Die Funktion der Normen ist darin zu sehen, die Möglichkeiten des Formwechsels nach dem UmwG sachlich zu beschränken und dem Bundes- und Landesgesetzgeber einen eigenständigen Entscheidungsspielraum bei der **Ausgestaltung von Organisationsstrukturen** zu gewähren.

4 **Motive für einen Formwechsel** können die Flucht aus den Bindungen des öffentlichen Dienstrechts oder Haushaltsrechts sein. Zudem besitzt ein privatrechtlich organisierter Rechtsträger den Vorzug größerer unternehmerischer Freiheit[8]. Auch ist die Nichtöffentlichkeit[9] der privaten Rechtsform zu nennen. Ein weiterer Grund kann in der durch den Zugang zu den Kapitalmärkten erleichterten Beschaffung von Kapital liegen. So kann die Wahl der Rechtsform einer AG oder KGaA die Vorstufe zu einem Börsengang sein.

5 Schließlich kann der Formwechsel auch erfolgen, um die Voraussetzungen für eine Fusion mit einem anderen, privatrechtlichen Unternehmen zu schaffen[10]. Sieht das Gesetz ausdrücklich die **Umwandlung zum Zwecke der Fusion** vor, so kann schon vor Eintragung der Kapitalgesellschaft im Handelsregister ein entsprechender Fusionsbeschluss nach dem zu diesem Zeitpunkt noch geltenden Organisationsrecht gefasst werden, der dann nach Eintragung der Kapitalgesellschaft im Handelsregister vollzogen wird[11]. Hier empfiehlt sich allerdings eine ausdrückliche Regelung im Gesetz oder in der Satzung des Ausgangsrechtsträgers.

2. Entstehungsgeschichte

6 Bereits nach früherem Recht war der Formwechsel rechtsfähiger Körperschaften und Anstalten des öffentlichen Rechts in die Rechtsform der AG und GmbH zulässig[12], soweit eine bundes- oder landesrechtliche Ermächtigungsgrundlage vorlag. Der Formwechsel in eine **KGaA** war jedoch nicht vorgesehen.

7 Der Regierungsentwurf wurde auf Initiative des Bundesrats geändert, um auch einen Formwechsel durch **besondere gesetzliche Regelung** in andere als die in der Vorschrift genannten Rechtsformen zuzulassen[13].

---

[6] § 301 Abs. 2.
[7] § 302 Satz 1.
[8] Vgl. zu den Vorteilen der privaten Rechtsform *Hefekäuser* ZGR 1996, 385 ff., 392; *Reinhardt* ZGR 1996, 374 ff., 377, 381; *R. Schmidt* ZGR 1996, 345 ff., 348, 351; *Habersack* ZGR 1996, 544 ff.; *Schön* ZGR 1996, 429 ff.; *Spannowsky* ZGR 1996, 400 ff., 402; *Vossius* in Widmann/Mayer Rn 5; kritisch *Bös/Schneider* ZGR 1996, 519, 541.
[9] *Vossius* in Widmann/Mayer Rn 5.
[10] *H. Schmidt* in Lutter Vor § 301 Rn 3. Vgl. Art. 1 des Gesetzes zur Umwandlung der Bayerischen Staatsbank in eine AG vom 23. 7. 1970 (Bay. GVBl. 1970, 302) und *Westermann*, FS Luther, S. 192. Vgl. auch § 3 Abs. 2 des Gesetzes über die Vereinigung der Stadtsparkasse Frankfurt am Main mit der Frankfurter Sparkasse von 1822 (Polytechnische Gesellschaft), GVBl. Hessen I 1988 S. 345. Siehe auch *Blaß* Kreditwesen 2000, 29 und *Wendelstadt* Kreditwesen 2000, 20 zur Umwandlung der DSL Bank in eine AG durch Gesetz vom 16. 12. 1999, BGBl. I 1999 S. 2441 zwecks Verschmelzung mit der Deutsche Postbank AG.
[11] *Westermann*, FS Luther, S. 199 f.
[12] §§ 385 a bis c AktG aF und § 59 UmwG 1969.
[13] RegBegr. *Ganske* S. 297; vgl. Rn 26.

3. Verhältnis zu anderen Umwandlungsarten

a) Ausgliederung. Die Umwandlungsformen der Ausgliederung[14] und des Formwechsels[15] weisen zum einen **Unterschiede** hinsichtlich der zulässigen Ausgangs- und Zielrechtsträger und zum anderen verschiedene Anforderungen an die Maßgaben des Bundes- und Landesrechts auf. Bei einer Ausgliederung kommen als Ausgangsrechtsträger nur öffentlich-rechtliche Unternehmen einer Gebietskörperschaft oder eines Zusammenschlusses von Gebietskörperschaften in Betracht. Der Formwechsel ist rechtsfähigen Körperschaften oder Anstalten des öffentlichen Rechts möglich. Auch ist der Betrieb eines Unternehmens bei dieser Form der Umwandlung nicht erforderlich[16]. Der Anwendungsbereich des Formwechsels ist somit gegenüber der Ausgliederung weitergefasst, da er nicht auf Gebietskörperschaften beschränkt ist. Andererseits ist der Kreis der möglichen Zielrechtsträger für einen Formwechsel eingeschränkt. In Betracht kommen, vorbehaltlich anderweitiger bundes- oder landesrechtlicher Regelungen, nur Kapitalgesellschaften als neue Rechtsträger. 8

Der entscheidende Unterschied zur Ausgliederung besteht darin, dass das maßgebende Bundes- oder Landesrecht einen Formwechsel vorsehen oder zulassen muss[17]. Im Gegensatz zur Ausgliederung genügt es nicht, dass ein Formwechsel durch Bundes- oder Landesrecht nicht verboten wird. Sinn und Zweck der Notwendigkeit einer Ermächtigungsgrundlage liegt in den verschiedenen Aufgaben von öffentlich-rechtlichen Rechtsträgern, die eine jeweilige Einzelbetrachtung erfordert. Es soll daher dem Landes- oder Bundesgesetzgeber vorbehalten bleiben, über die **Formwechselfähigkeit** der jeweiligen Körperschaft oder Anstalt zu entscheiden[18]. Abstrakt generelle Bestimmungen über die Zulässigkeit des Formwechsels von Körperschaften und Anstalten des öffentlichen Rechts sind schon aufgrund der unterschiedlichen Gegebenheiten des jeweiligen Einzelfalls kaum zu erwarten. Dadurch erklärt sich, warum in der Vergangenheit regelmäßig Privatisierungen ausschließlich auf der Grundlage von Sondergesetzen erfolgt sind, soweit sie nicht bereits in der Satzung des Ausgangsrechtsträgers zugelassen waren[19]. Daran wird sich in Zukunft voraussichtlich nichts ändern[20]. 9

b) Vermögensübertragung. Die Vermögensübertragung[21] regelt den spiegelbildlich umgekehrten Fall der Ausgliederung, nämlich die Vermögensübertragung auf den Bund, ein Land, eine Gebietskörperschaft oder einen Zusammenschluss von Gebietskörperschaften. 10

4. Praktische Bedeutung

Bei der Beurteilung der praktischen Bedeutung des Formwechsel ist zu unterscheiden zwischen Umwandlungen auf Grundlage des UmwG und solchen, die ohne Rückgriff auf das UmwG erfolgen. Die praktische Relevanz der Vorschriften des UmwG für den Formwechsel von Körperschaften und Anstalten des öffentlichen Rechts ist gering[22]. Dies hängt zum einen damit zusammen, dass der Formwechsel nur auf der Grundlage ausdrücklicher gesetzlicher Regelungen möglich ist. Zum anderen ist es in Folge der vielfältigen Einzelaspekte jeder Umwandlung notwendig, für jeden einzelnen Fall des Formwechsels ein spezielles Landes- oder Bundesgesetz als Ermächtigungsgrundlage zu erlassen. Es liegt deshalb nahe, dass der Gesetzgeber die gesamte **Umwandlung ohne Rückgriff auf die Vorschriften des UmwG** durch ein Bundes- bzw. Landesgesetz regelt. So erfolgten zB die Umwand- 11

---

[14] §§ 168 ff.
[15] §§ 301 ff.
[16] *Vossius* in Widmann/Mayer Rn 8; *Heckschen* in Widmann/Mayer § 168 Rn 62.
[17] § 301 Abs. 2.
[18] *Stratz* in Schmitt/Hörtnagl/Stratz Rn 3; *Vossius* in Widmann/Mayer Rn 9.
[19] Vgl. Rn 26 ff.
[20] *Stratz* in Schmitt/Hörtnagl/Stratz Rn 3; *Semler/Grunewald* in G/H/E/K § 385 a AktG Rn 3 aF.
[21] §§ 174 ff.
[22] *Vossius* in Widmann/Mayer Rn 4; *Schwedhelm/Mack/Streck* GmbHR 1995, 161, 176 sprechen von der Lust an der Perfektion des Gesetzgebers.

§ 301 12–15   Fünftes Buch. Formwechsel

lungen der Deutschen Genossenschaftsbank und der DSL Bank durch Bundesgesetz[23] ohne Rückgriff auf Vorschriften des UmwG.

12 Zweifelsohne besteht ein **praktisches Bedürfnis** für Formwechsel[24]. Dieses Bedürfnis wird durch bedeutende Fälle der Umwandlung in die Rechtsform der AG illustriert, wie bspw. die der Berliner Pfandbrief-Bank[25], der Bodenkreditanstalt Westfälische Landschaft[26], der Bayerischen Staatsbank[27], der Hamburger Feuerkasse[28], der Deutschen Pfandbriefanstalt[29], der Gebäudehaftpflicht-Versicherung[30], der Landschaftliche Bank Schleswig-Holstein[31], der Feuersozietät Berlin Brandenburg, der Öffentliche Lebensversicherung Berlin Brandenburg[32] oder der Sparkassenversicherung Hessen-Nassau-Thüringen Gebäudeversicherung bzw. Lebensversicherung. Es bleibt aber abzuwarten, inwieweit Bund und Länder auch in Zukunft Umwandlungen vollständig durch eigene Gesetze außerhalb des UmwG regeln werden.

13 In diesem Zusammenhang ist besonders an die anstehende Privatisierung öffentlich-rechtlicher **Kreditinstitute** – auch im Zusammenhang mit dem Wegfall der Gewährträgerhaftung und der Modifizierung der Anstaltslast – zu denken[33].

14 Als Alternative zum Formwechsel kommt eine Privatisierung von Anstalten durch **Beteiligung privatrechtlicher Unternehmen** an der Anstalt, etwa im Wege einer stillen Gesellschaft, in Betracht, wobei insbesondere die mögliche **Privatisierung von Sparkassen** ein aktuelles und praktisch relevantes Thema darstellt[34].

II. Einzelerläuterungen

1. Beteiligte Rechtsträger

15 Der Anwendungsbereich der Vorschrift erfasst den Formwechsel einer Körperschaft oder Anstalt des öffentlichen Rechts in eine **Kapitalgesellschaft**[35]. Der Formwechsel in eine

---

[23] § 1 Abs. 1 Satz 2 des Gesetzes zur Umwandlung der deutschen Genossenschaftsbank (DG-Bank UmwG) vom 13. 8. 1998, BGBl. I 1998 S. 2102 (dazu *BGH*, Der Konzern 2004, 420); § 1 Abs. 1 Satz 2 des Gesetzes über die Umwandlung der Deutschen Siedlungs- und Landesrentenbank in eine Aktiengesellschaft vom 16. 12. 1999, BGBl. I 1999 S. 2441. Bei der Umwandlung durch Gesetz ist ggf. anwendbares Gemeinschaftsrecht zu beachten, vgl. § 197 Rn 5.
[24] *H. Schmidt* in Lutter Vor § 301 Rn 3.
[25] GVBl. Berlin 1992 S. 282.
[26] Die Umwandlung erfolgte 1987 ohne spezielles Gesetz auf Grundlage der Satzung, vgl. *Kollhosser* AG 1988, 281 ff.
[27] Bay. GVBl. 1970 S. 302 und 682.
[28] GVBl. Hamburg 1994 S. 105; dazu *Thode* DB 1996, 2098, 2100 mwN.
[29] BGBl. I 1988 S. 2310.
[30] GVBl. BW 1993 S. 505.
[31] Die Umwandlung erfolgte 1970 durch Beschluss des zuständigen Organs mit Zustimmung der Mutterinstitution und der Aufsichtsbehörden, vgl. *Kollhosser* AG 1988, 281, 282, Fn 4; *Busch* AG 1997, 357, 359.
[32] *GVBl. Brandenburg* 2003, 155.
[33] Vgl. § 304 Rn 8; *Rümker* in Schimansky/Bunte, Bankrechts-Handbuch, Bd. III, 2001, § 124 Rn 6, 20 ff. Vgl. auch die formwechselnde Umwandlung der Westdeutschen Landesbank Girozentrale in eine AG gem. §§ 8 ff. des Gesetzes zur Neuregelung der Rechtsverhältnisse der öffentlich-rechtlichen Kreditinstitute in Nordrhein-Westfalen vom 2. 7. 2002, GVBl. NRW 2002, 283.
[34] *Kraffel/Volhard* in Semler/Volhard ÜN Hdb. § 20 Rn 211 ff.; *Hecker* Verwaltungs-Archiv 2001, 261 und die Hinweise in Fn 45. Zur Sparkassenprivatisierung vgl. *Bredow/Schick/Liebscher* BKR 2004, 102; *Koch* NVwZ 2004, 578; *Kost/Geerling* BKR 2003, 690; *Meyer* NJW 2004, 1700; *Scheike*, Rechtliche Voraussetzungen für die materielle Privatisierung kommunaler Sparkassen, 2004; *Witte/Rafiqpoor* WM 2003, 1885; *Helmrich/Schick* BKR 2003, 882; *Schmidt*, Kreditwesen 2003, 180; *Preussner* BKR 2005, 309.
[35] § 301 Abs. 1, 1. Halbs.

Möglichkeit des Formwechsels 16–19 § 301

andere Rechtsform als die einer Kapitalgesellschaft kann durch Bundes- und Landesgesetz zugelassen werden[36].

a) Ausgangsrechtsträger. *aa) Begriff der Körperschaft.* Körperschaften des öffentlichen 16 Rechts sind durch staatliche Hoheitsakte geschaffene rechtsfähige, mitgliedschaftlich verfasste Organisationen, die öffentliche Aufgaben unter staatlicher Aufsicht wahrnehmen[37]. Sie werden durch ein Gesetz oder zumindest aufgrund einer gesetzlichen Ermächtigungsgrundlage errichtet. Erscheinungsformen sind **Gebiets- und Personalkörperschaften**. Zu den Gebietskörperschaften gehören Bund, Länder, Gemeinden, Landkreise und Landbezirke. Auch Zusammenschlüsse von Gebietskörperschaften, etwa kommunale Zweckverbände[38], können Ausgangsrechtsträger sein, soweit sie rechtsfähig sind[39].

Eine weitere Form der öffentlich-rechtlichen Körperschaften sind **kirchenrechtliche** 17 **Körperschaften** des öffentlichen Rechts, die durch autonomes Kirchenrecht errichtet und idR durch staatlichen Verleihungsakt zusätzlich als staatsrechtliche Körperschaft des öffentlichen Rechts qualifiziert werden[40]. Ihre Rechtsstellung ist streitig, die Grundbegriffe des öffentlich-rechtlichen Organisationsrechts dürften für sie aber entsprechend gelten[41]. Dieser Bereich[42] wurde vom Gesetzgeber anscheinend nicht in dessen Überlegungen einbezogen[43], vermutlich weil es an einem praktischen Bedürfnis fehlt.

Zu den **Personalkörperschaften** zählen die Industrie- und Handelskammern, die Hand- 18 werkskammern, die Handwerksinnungen und die Landwirtschaftskammern. Im Bereich der sog. Freien und zugleich staatlich gebundenen Berufe sind die Rechtsanwaltskammern, Ärztekammern, Zahnärztekammern, Apothekerkammern und Architektenkammern zu nennen. IRd. Sozialversicherungen sind die allgemeinen Ortskrankenkassen und Ersatzkassen, die Berufsgenossenschaften, Landesversicherungsanstalten und die Bundesversicherungsanstalt für Angestellte zu erwähnen. Weitere Erscheinungsformen der Körperschaften sind die Hochschulen. Ferner kommen sie in Form von Wasser- und Bodenverbänden, Jagdgenossenschaften, Fischereiwirtschaftsgenossenschaften und Siedlungsverbänden vor[44].

bb) Begriff der Anstalt des öffentlichen Rechts. Die Anstalt des öffentlichen Rechts stellt eine or- 19 ganisatorische Zusammenfassung persönlicher und sachlicher Mittel zur Wahrnehmung öffentlicher Aufgaben durch einen **Verwaltungsrechtsträger** dar. Sie besitzt im Gegensatz zur Körperschaft idR keine organisationsrechtliche Mitgliederstruktur. Die Benutzer der Anstalt sind daher nicht dessen Träger[45]. Zwar kann auch eine rechtsfähige Anstalt des öffentlichen Rechts eine Struktur besitzen, die einer AG nahe kommt[46]. Aber auch in solchen Fällen

---

[36] *Vossius* in Widmann/Mayer Rn 28.
[37] Zur Definition siehe *Maurer* § 23 Rn 30 ff.; *Rudolf* in Erichsen § 52 Rn 12 ff.; *Wolff/Bachof/Stober* § 87 Rn 7.
[38] Vgl. etwa Art. 2 Abs. 3 Bay. KommZG.
[39] *Vossius* in Widmann/Mayer Rn 18. Dazu dürfte nicht ein im Gründungsstadium befindlicher nichtrechtsfähiger Zweckverband gehören; vgl. zur Haftung der Gründungsmitglieder eines solchen gescheiterten Zweckverbands BGH NZG 2001, 327.
[40] *Wolff/Bachof/Stober* § 87 Rn 16 ff.
[41] *v. Campenhausen*, Staatskirchenrecht, 3. Aufl. 1996, § 17.
[42] Vgl. als Beispiel für die Errichtung einer rechtlich selbstständigen kirchlichen Einrichtung in der Rechtsform einer Anstalt des öffentlichen Rechts GVBl. NRW 1971 S. 194.
[43] *Pfeiffer* NJW 2000, 3694, 3695; vgl. § 168 Rn 18.
[44] *H. Schmidt* in Lutter Rn 4; *Vossius* in Widmann/Mayer Rn 18; *Maurer* § 23 Rn 30 ff., 35; *Wolff/Bachof/Stober* § 87 Rn 16 ff., § 97.
[45] *Maurer* § 23 Rn 46 ff., 52.; *Wolff/Bachof/Stober* § 88 Rn 20; *Rudolf* in Erichsen § 52 Rn 13.
[46] Vgl. § 5 Reichsbankgesetz, RGBl. II 1924 S. 235, und das Gesetz über die Deutsche Siedlungs- und Landesrentenbank vom 11. 7. 1989, BGBl. I S. 1421, welches in § 4 eine Beteiligung am Grundkapital und in § 11 Abs. 1 eine Hauptversammlung als Vertretung der Anteilseigner vorsah, dazu *Schmidt*, Das DSL-Bank-Modell, S. 57 ff. (die DSL Bank ist inzwischen in eine AG umgewandelt und auf die Postbank AG verschmolzen worden). *Kraffel/Volhard* in Semler/Volhard ÜN Hdb. § 20 Rn 66. Vgl. auch

fehlt das Recht der Anteilseigner, über ihren Einfluss die gesetzlich normierten Grundlagen des Unternehmens zu bestimmen, da öffentlich-rechtliches Organisationsrecht vorherrscht. Anstalts- und Kapitalträger wirken nicht mitgliedschaftlich, wie in einer Körperschaft, sondern extern auf die Anstalt ein[47].

20 Als **Beispiele** lassen sich im kulturellen Bereich Museen, Bibliotheken, Theater und Rundfunkanstalten nennen. Des Weiteren sind die Forschungsanstalten, öffentlich-rechtliche Schadens- und Feuerversicherungen, Versorgungskassen, Kranken- und Pflegeanstalten, Wasser-, Gas- und Kraftwerke und Datenzentralen zu erwähnen. Aber auch öffentliche Sparkassen und andere in der Rechtsform des öffentlichen Rechts organisierte Kreditinstitute, wie die Kreditanstalt für Wiederaufbau gehören zu den Anstalten des öffentlichen Rechts[48].

21 *cc) Erfordernis der Rechtsfähigkeit.* Die Körperschaft oder Anstalt des öffentlichen Rechts muss nach dem Wortlaut der Vorschrift rechtsfähig sein[49]. Körperschaften des öffentlichen Rechts sind meistens rechtsfähig, dagegen sind die weitaus meisten Anstalten nicht rechtsfähig. Die Frage der Rechtsfähigkeit richtet sich nach dem ihr zugrunde liegenden **staatlichen Errichtungsakt**. Sie erfolgt idR durch staatliche Verleihung[50]. Ist die Körperschaft oder die Anstalt des öffentlichen Rechts lediglich teilrechtsfähig[51], ist ein Formwechsel ausgeschlossen, da das Vermögen des Ausgangsrechtsträgers dem neuen Rechtsträger nicht ohne gesonderte Überleitungsakte, wie etwa durch einen Ausgliederungsvertrag, zugewiesen werden kann[52]. Die teilrechtsfähigen Körperschaften und Anstalten des öffentlichen Rechts weisen keine ausreichende vermögensmäßige Abgrenzung und Verselbstständigung gegenüber der staatlichen Verwaltung auf und sind deshalb nicht rechtsfähig iSd. Norm[53].

22 *dd) Unzulässige Rechtsträger.* Der Formwechsel von **Stiftungen des öffentlichen Rechts** ist ausgeschlossen. Es handelt sich hierbei zwar um juristische Personen des öffentlichen Rechts, die ebenfalls durch einen staatlichen Hoheitsakt, nämlich durch Gesetz oder aufgrund eines Gesetzes, errichtet werden. Jedoch stellen sie kraft öffentlichen Rechts rechtlich verselbstständigte Vermögensmassen dar, die einem bestimmten Personenkreis oder einer bestimmten Institutionen zugeordnet sind[54]. Im Gegensatz zur Anstalt und Körperschaft steht bei der Stiftung die Selbstständigkeit des Stiftungsvermögens im Vordergrund. Das Wesen der Körperschaft und der Anstalt des öffentlichen Rechts zeichnet sich hingegen durch ihre Rechtsbeziehung zu ihren Mitgliedern bzw. Benutzern aus[55].

23 **b) Zielrechtsträger.** *aa) Grundsatz der Beschränkung auf Zielrechtsträger.* Die Vorschrift lässt den Formwechsel im Gegensatz zu den allgemeinen Vorschriften über den Formwechsel nur auf eine **Kapitalgesellschaft** zu[56]. Als neue Rechtsträger kommen daher nur die Rechtsform der AG, GmbH und in Erweiterung zum früheren Recht die KGaA in Betracht.

24 **Öffentlich-rechtliche Beschränkungen** sind bei der Rechtsformwahl insbesondere bei der AG zu beachten[57].

Gaß S. 40; *Fett,* Öffentlich-rechtliche Anstalten als abhängige Konzernunternehmen, 2000, sowie das LBankG Berlin, das Gesetz zur Teilprivatisierung der Berliner Wasserbetriebe und *VerfGH Berlin* DVBl. 2000, 51; dazu *Hecker* Verwaltungs-Archiv 2001, 261.

[47] *Schmidt,* Das DSL-Bank-Modell, S. 149 f.
[48] *Maurer* § 23 Rn 48 ff., 53; *Wolff/Bachof/Stober* § 88 Rn 29; *H. Schmidt* in Lutter Rn 4; *Vossius* in Widmann/Mayer Rn 20.
[49] Beispielhaft lassen sich nennen die Bundesbank, die Bundesanstalt für Arbeit und die Sparkassen.
[50] *Maurer* § 23 Rn 39, 51; *Stratz* in Schmitt/Hörtnagl/Stratz Rn 2.
[51] Etwa die Deutsche Bundesbahn bis zu ihrer Ausgliederung auf die dadurch neugegründete Deutsche Bahn AG.
[52] *H. Schmidt* in Lutter Rn 6; *Vossius* in Widmann/Mayer Rn 23.
[53] *H. Schmidt* in Lutter Rn 6; *Westermann,* FS Luther, S. 191, 195.
[54] *Maurer* § 23 Rn 55.
[55] *Maurer* § 23 Rn 55.
[56] § 191 Abs. 2, § 3 Abs. 1 Nr. 2. Eine SE mit Sitz in Deutschland kann nicht Zielrechtsträger sein, vgl. Einl. C Rn 62 f.
[57] Vgl. § 168 Rn 39.

Bei der **KGaA** werden bereits öffentlich-rechtliche Vorschriften regelmäßig die Übernahme der Komplementärstellung durch die öffentliche Hand bzw. einen öffentlich-rechtlich organisierten Rechtsträger verbieten[58]. Für den Beitritt eines Dritten, etwa einer von der öffentlichen Hand gehaltenen Betriebs-GmbH, gelten die diesbezüglichen Regelungen des UmwG[59].

bb) Zulässigkeit anderer Rechtsformen. Abs. 1 Satz 1 der Vorschrift eröffnet dem Bundes- oder Landesgesetzgeber die Möglichkeit, durch eine **gesetzliche Regelung** den Formwechsel auf einen anderen Rechtsträger privater Rechtsform als denjenigen der Kapitalgesellschaft zuzulassen. Die Regelung entspricht der allgemeinen Vorschrift des UmwG[60], nach der eine Umwandlung außer in den vom UmwG geregelten Fällen durch Bundes- oder Landesrecht ausdrücklich zugelassen werden muss. Der Gesetzgeber wollte insbesondere solchen genossenschaftlichen Kreditinstituten, die als Körperschaft oder Anstalt des öffentlichen Rechts organisiert sind, den Formwechsel in eine eingetragene Genossenschaft des Privatrechts ermöglichen[61]. Der Formwechsel in eine andere Rechtsform als die einer Kapitalgesellschaft ist jedoch nicht nur auf die Rechtsform der Genossenschaft beschränkt. Bundes- oder landesrechtliche Vorschriften können bei einem bestehenden praktischen Bedürfnis auch den Formwechsel in andere Rechtsformen vorsehen[62].

Unklar ist hingegen, ob der **Kreis der neuen Zielrechtsträger** auf die in den allgemeinen Vorschriften zum Formwechsel[63] genannten weiteren Rechtsformen (GbR, Personengesellschaften und eingetragene Genossenschaften) beschränkt ist.

Teilweise wird vertreten, dass ein Formwechsel nach dem UmwG nur in diese weiteren Rechtsformen möglich ist. Durch eine **spezialgesetzliche Regelung** könne zwar eine Umwandlung in eine andere als die genannten Rechtsformen vorgenommen werden, die Umwandlung erfolge dann jedoch nicht mehr nach dem UmwG[64].

Namentlich *H. Schmidt*[65] ist hingegen der Ansicht, dass die in den allgemeinen Formwechselvorschriften aufgezählten **Rechtsformen nicht abschließend** sind. Der Bundes- oder der Landesgesetzgeber könne den Kreis der neuen Rechtsträger durch eine gesetzliche Regelung erweitern, und somit sei ein Formwechsel auch auf andere als die in den allgemeinen Vorschriften des UmwG genannten Rechtsformen zulässig. Dieser Auffassung sollte gefolgt werden. Für sie spricht insbesondere der Grundsatz der allgemeinen Regelung des UmwG, wonach es möglich ist, den Kreis der Zielrechtsträger durch gesetzliche Regelung zu erweitern[66]. Auch ist zu berücksichtigen, dass der Formwechsel sowieso in aller Regel einer neu geschaffenen öffentlich-rechtlichen Rechtsgrundlage bedarf. Warum diese dann aber nicht auch gleichzeitig einen nicht in den Formwechselvorschriften[67] zugelassenen Zielrechtsträger vorsehen sollte, ist nicht nachvollziehbar.

Allerdings dürfte idR für einen Formwechsel in eine andere als die von den allgemeinen Formwechselvorschriften vorgesehenen Rechtsformen kaum ein **praktisches Bedürfnis** bestehen[68]. Praktisch relevant ist aber der Übergang von einer öffentlich-rechtlichen Rechtsform in eine andere, so zB die **Überführung in die Trägerschaft von Anstalten** oder

---

[58] Vgl. § 168 Rn 38, 41.
[59] Vgl. §§ 218 Abs. 2, 221.
[60] § 1 Abs. 2.
[61] Vgl. die entsprechende Stellungnahme des Bundesrats und den Bericht des Rechtsausschusses bei RegBegr. *Ganske* S. 297.
[62] *Stratz* in Schmitt/Hörtnagl/Stratz Rn 4; *H. Schmidt* in Lutter Rn 10.
[63] § 191 Abs. 2.
[64] *Vossius* in Widmann/Mayer Rn 29.
[65] *H. Schmidt* in Lutter Rn 10.
[66] § 1 Abs. 2.
[67] § 191 Abs. 2.
[68] Siehe aber *Vossius* in Widmann/Mayer Rn 29, der auf einen möglichen Formwechsel der Industrie- und Handelskammern in rechtsfähige Vereine verweist.

Stiftungen öffentlichen Rechts[69]. Schließlich kann durch Gesetz eine GmbH formwechselnd in eine Anstalt des öffentlichen Rechts umgewandelt werden[70].

2. Erlaubnis durch Bundes- oder Landesrecht

31 **a) Grundsatz des Primats des öffentlichen Rechts.** Der Formwechsel einer Körperschaft oder Anstalt des öffentlichen Rechts bedarf einer ausdrücklichen bundes- oder landesrechtlichen Regelung. Im Gegensatz zur Ausgliederung von Unternehmen aus dem Vermögen von Gebietskörperschaften oder Zusammenschlüssen[71] muss der Formwechsel durch **Ermächtigungsgrundlage** ausdrücklich vorgesehen werden. Vorgesehen ist ein Formwechsel dann, wenn die Durchführung des Formwechsels durch Gesetz geregelt wird. Das Schweigen des Gesetzgebers ermöglicht keinen Formwechsel[72]. Für eine Zulassung ist ausreichend, wenn das Gesetz den Formwechsel schlicht erlaubt, ohne ihn näher zu regeln[73]. Generelle öffentlich-rechtliche Bestimmungen über die Zulässigkeit des Formwechsels von Körperschaften und Anstalten des öffentlichen Rechts hat der Gesetzgeber bisher nicht erlassen. Grund hierfür ist die vielfach unterschiedliche Ausgestaltung von Körperschaften und Anstalten des öffentlichen Rechts. Als Ermächtigungsgrundlage können sowohl Einzel- als auch Spezialgesetze dienen[74]. Aus dem Bereich der öffentlich-rechtlichen Banken lassen sich für einige Bundesländer Beispiele nennen[75].

32 Die Frage des Formwechsels kann bereits bei Errichtung des Ausgangsrechtsträgers oder durch spätere Änderung dessen **Satzung** geregelt worden sein[76]. Solche Regelungen dürfen aber nicht mit höherrangigem (Landesorganisations-) Recht kollidieren[77].

33 **b) Regelungsinhalt der Ermächtigungsgrundlage.** Der Gesetzgeber kann nach **freiem Ermessen** den Inhalt der Ermächtigungsgrundlage gestalten. Er ist nicht an bestimmte Arten der Erlaubnisform gebunden. Die gesetzliche Norm kann insbesondere Organe der Körperschaft oder Anstalt des öffentlichen Rechts ermächtigen, über den Formwechsel zu entscheiden[78]. Auch ein gewisser Mindestinhalt der Satzung kann vorgegeben werden[79]. Die Gesetzgebungskompetenz richtet sich nach der betroffenen Körperschaft oder der Anstalt des öffentlichen Rechts. Dem Bundesgesetzgeber fehlt es deshalb an der

---

[69] Vgl. *Volkert*, Die „Körperschaftsabspaltung", NVwZ 2004, 1438; *Ehlers* ZHR 167 (2003) 546; vgl. auch *BAG*, Urteil vom 22.10.2002, BB 2004, 1344 und *BAG,* Urteil vom 8.5.2001, NZA 2001, 1200, zur Ausgliederung auf eine Anstalt öffentlichen Rechts und *OFD Frankfurt am Main*, Verfügung vom 24.2.2003, DB 2003, 637, zur Anwendbarkeit des UmwStG auf die Vereinigung von Sparkassen.

[70] Vgl. zB das Gesetz zur Errichtung der Sächsischen Aufbaubank – Förderbank – vom 19.6.2003, SächsGVBl. 2003, 161.

[71] § 168.

[72] Vgl. § 168 Rn 86.

[73] *H. Schmidt* in Lutter Rn. 7. Vgl. aber *Gaß* S. 216 ff., der sich gegen ein restriktives Verständnis der Norm wendet, u.a. unter Verweis auf Art. 96 Satz 1 Nr. 1, Art. 92 BayGO.

[74] *Stratz* in Schmitt/Hörtnagl/Stratz Rn 3; *H. Schmidt* in Lutter Rn 7; *Vossius* in Widmann/Mayer Rn 26; *Schneider/Schlaus* DB 1970, 239; *Westermann*, FS Luther, S. 191, 196.

[75] § 36 Abs. 4 Saarl. Sparkassengesetz sieht eine Ermächtigung zur formellen Privatisierung vor; vgl. auch § 14 Ziff. 5 LBankG für die Landesbank Berlin, § 11 des Gesetzes vom 2. 7. 2002, GVBl. NRW 2002, 283, bzgl. der LBS Westdeutsche Landesbausparkasse, Art. 13 Abs. 1 Nr. 5 des Staatsvertrages Hessen-Thüringen über die Bildung einer gemeinsamen Sparkassenorganisation vom 10. 3. 1992 für die Umwandlung der Landesbank Hessen-Thüringen in eine AG, § 34 a des Entwurfs eines Gesetzes zur Änderung des Sparkassengesetzes für das Land Schleswig-Holstein, Landtag Schl.-H. Drucks. 15/578 und § 12 des Gesetzes über öffentlich-rechtliche Versicherungsanstalten in Schleswig-Holstein, GVBl. Schl.-H. 1995 S. 230.

[76] *H. Schmidt* in Lutter Rn 7 und 8 mwN; *Westermann*, FS Luther, S. 191, 196.

[77] *Kollhosser* AG 1988, 281, 282 ff.

[78] *Westermann*, FS Luther, S. 191, 196; *Kollhosser* AG 1988, 282; *H. Schmidt* in Lutter Rn 8.

[79] *Westermann*, FS Luther, S. 191, 197.

erforderlichen Regelungskompetenz, wenn die formwechselnde Körperschaft oder Anstalt des öffentlichen Rechts dem Landesrecht untersteht[80].

c) Beschränkungen. Das Recht des Formwechsels einer rechtsfähigen Körperschaft oder 34 Anstalt des öffentlichen Rechts in einen Rechtsträger privater Rechtsform unterliegt neben der erforderlichen bundes- oder landesrechtlichen Ermächtigungsgrundlage auch den immanenten Schranken der gesamten Rechtsordnung. Eine Kapitalgesellschaft kann zwar grundsätzlich zu jedem rechtlich zulässigem Zweck, auch mit öffentlich-rechtlicher Zielsetzung, errichtet werden[81]. Gleichwohl ist es nicht möglich, bestimmte hoheitliche Aufgaben durch eine Kapitalgesellschaft wahrnehmen zu lassen. So sprechen **staatsorganisationsrechtliche Gesichtspunkte** gegen die Privatisierung von Aufgaben der Verwaltung, die zum hoheitlichen Kernbereich gehören. Hierzu gehören von der Eingriffsverwaltung Justiz, Polizei, Bundeswehr, Zoll, Rechtspflege, Strafvollzug und Steuererhebung[82].

Aufgaben der Leistungsverwaltung können hingegen grundsätzlich durch Formwech- 35 sel privatisiert werden. Die Zulässigkeit formeller und materieller Privatisierungen richtet sich danach, ob die Wahrnehmung hoheitlicher Aufgaben in der Rechtsform der Kapitalgesellschaft möglich ist[83]. Die Ausübung von hoheitlichen Aufgaben durch eine Kapitalgesellschaft ist jedoch dann unzulässig, wenn für die Erfüllung dieser Aufgaben im Bereich des Privatrechts und mit dessen Mitteln keine Rechtsgrundlage gegeben ist. Möglich ist allerdings, dass der private Rechtsträger die Aufgaben als beliehenes Unternehmen übernimmt[84].

Zu beachten ist ferner, dass trotz der Übertragung von hoheitlichen Aufgaben auf private 36 Rechtsträger der **Einfluss und die Kontrollmöglichkeit** der öffentlichen Hand gewahrt bleiben muss[85]. Dies kann bspw. durch einen entsprechend eng gefassten satzungsmäßig bestimmten Gesellschaftszweck[86], durch konzernrechtliche Beherrschung, durch einen breiten Katalog von Zustimmungsvorbehalten in der Satzung der AG[87] und im GmbH-Recht durch die satzungsrechtliche Abweichung vom Prinzip der Weisungsungebundenheit des Aufsichtsratsmitglieds erfolgen[88]. Auch kann die Beachtung des Haushaltsgrundsätzegesetzes[89] in der Satzung festgeschrieben werden. Schließlich ist an Entsendungsrechte für den Aufsichtsrat zu denken[90].

Für die Vertretung der Gemeinden in Gesellschaftsorganen enthalten die **Gemeindeord-** 37 **nungen** einiger Bundesländer Regelungen[91]. Dasselbe gilt für Stimmrechtsbindungen oder Genehmigungsvorbehalte[92].

---

[80] *Kollhosser* AG 1988, 282.
[81] Dazu im Einzelnen *Schön* ZGR 1996, 429, 440 ff.
[82] *Krölls* GewA 1995, 129, 135; *Di Fabio* JZ 1999, 591.
[83] *Vossius* in Widmann/Mayer Rn 13.
[84] *Vossius* in Widmann/Mayer Rn 13.
[85] Hierzu und zum Folgenden *Gaß* S. 68 ff. (auch zur Insolvenzabwendungspflicht), 348 ff.; *Kraffel/Volhard* in Semler/Volhard ÜN Hdb. § 20 Rn 239 ff.; *Gern* Rn 761 ff.; *Keßler* GmbHR 2000, 71; *Bolsenkötter* DB 1993, 445; *VerfGH Berlin* NVwZ 2000, 794. Zum Verhältnis des Gesellschaftsrechts zum öffentlichen Recht *BVerwG* NVwZ 1991, 59; *Glauben* DRiZ 1999, 488, 493 f.; *OLG Karlsruhe* Rpfleger 1996, 161 zum Gemeinderat als Gesellschafterversammlung.
[86] *Habersack* ZGR 1996, 544, 551 ff.; *Westermann*, FS Luther, S. 191, 200 f.; *Pentz* in MünchKomm. § 23 AktG Rn 70 ff.
[87] § 111 Abs. 4 Satz 2 AktG.
[88] Siehe dazu ausführlich *Spannowsky* ZGR 1996, 400 ff.; *v. Rucksteschell* ZGR 1996, 429, 448 ff.
[89] §§ 53, 54 HGrG.
[90] *Schwintowski* NJW 1995, 1316; *ders*. NJW 1990, 1009.
[91] § 105 GemO BW, Art. 93 GO Bay, § 125 HGO, § 111 NGO, § 88 GemO Rhld-Pf, §§ 110 ff. KSVG Saar.
[92] Art. 93 Abs. 1 GO Bay., § 125 Abs. 1 HGO, § 111 Abs. 1 NGO, §§ 88 Abs. 1 und 89 GemO Rhld-Pf, §§ 110 ff. KSVG Saar.

38 **d) Aufsichtsrechtliche Genehmigung.** Zur Notwendigkeit einer aufsichtsrechtlichen Genehmigung wird in der Kommentierung des § 302 Stellung genommen[93].

§ 302 Anzuwendende Vorschriften

Die Vorschriften des Ersten Teils sind auf den Formwechsel nur anzuwenden, soweit sich aus dem für die formwechselnde Körperschaft oder Anstalt maßgebenden Bundes- oder Landesrecht nichts anderes ergibt. Nach diesem Recht richtet es sich insbesondere, auf welche Weise der Gesellschaftsvertrag oder die Satzung der Gesellschaft neuer Rechtsform abgeschlossen oder festgestellt wird, wer an dieser Gesellschaft als Anteilsinhaber beteiligt wird und welche Person oder welche Personen den Gründern der Gesellschaft gleichstehen; die §§ 28 und 29 des Aktiengesetzes sind nicht anzuwenden.

Übersicht

	Rn		Rn
I. Allgemeines	1	d) Abschluss des Gesellschaftsvertrags bzw. Feststellung der Satzung	19
1. Sinn und Zweck der Norm	1	aa) Feststellung durch öffentlich-rechtliche Normen	19
2. Primat des öffentlichen Rechts	2	bb) Inhalt	26
3. Entstehungsgeschichte	6	cc) Form	27
II. Einzelerläuterungen	7	e) Gründereigenschaft	28
1. Vorbereitungsphase	8	f) Unanwendbarkeit von §§ 28, 29 AktG	30
2. Beschlussphase	12	g) Aufsichtsrechtliche Genehmigung	31
a) Zustandekommen des Umwandlungsbeschlusses	12	3. Vollzugsphase	32
b) Inhalt des Umwandlungsbeschlusses	13	a) Registeranmeldung	32
c) Möglichkeit der Beschlussanfechtung	14	b) Wirksamwerden des Formwechsels	37
aa) Anteilsinhaber	15	c) Arbeitsrechtliche Aspekte	38
bb) Umfang der Beteiligung	17		
cc) Folgen des Formwechsels für die Mitarbeiter und ihre Vertretungen	18		

Literatur: *Gottschalk,* Der „erste" Aufsichtsrat bei Umwandlung einer Anstalt öffentlichen Rechts in eine mitbestimmte Aktiengesellschaft, NZG 2003, 713; *Meyer-Ladewig,* Die Umwandlung von Unternehmen in Gesellschaften mit beschränkter Haftung nach dem neuen handelsrechtlichen Umwandlungsgesetz, GmbHR 1969, 231; *ders.,* Die neuen handelsrechtlichen Vorschriften über die Änderung der Unternehmensform und ihre Bedeutung für das deutsche Gesellschaftsrecht, BB 1969, 1005; *Schneider/Schlaus,* Das neue Umwandlungsrecht III, DB 1970, 237; *Usler,* Der Formwechsel nach dem neuen Umwandlungsrecht, MittRhNotK 1998, 21. Vgl. auch Literaturverzeichnis zu § 168.

I. Allgemeines

1. Sinn und Zweck der Norm

1 Das Verfahren des Formwechsels ist in den Vorschriften des Fünften Buches des UmwG geregelt[1]. Diese Regelungen finden grundsätzlich auch auf einen Formwechsel einer Körperschaft oder Anstalt des öffentlichen Rechts Anwendung[2]. Nach Satz 1 der Norm gilt dies jedoch nur, soweit sich aus dem für den formwechselnden Rechtsträger einschlägigen

---

[93] Vgl. § 302 Rn 31.
[1] §§ 190 bis 213.
[2] *Vossius* in Widmann/Mayer Rn 9; *H. Schmidt* in Lutter Rn 4.

Bundes- oder Landesrecht nichts anderes ergibt. Die Vorschrift ordnet somit den prinzipiellen **Vorrang des öffentlichen Rechts** für den Formwechsel von Körperschaften und Anstalten des öffentlichen Rechts an. Damit sind die nachfolgenden Vorgaben für das Formwechselverfahren stets unter dem Vorbehalt des jeweils anwendbaren Bundes- oder Landesrechts zu sehen.

2. Primat des öffentlichen Rechts

Der Gesetzgeber hat die nur bedingte Eignung der umwandlungsrechtlichen Vorgaben für den Formwechsel von Körperschaften und Anstalten des öffentlichen Rechts erkannt und durch den Verweis auf gesonderte öffentlich-rechtliche Vorschriften gelöst. Aus diesem Vorrang des öffentlichen Rechts folgt, dass sich im Fall des Formwechsels einer Körperschaft oder Anstalt auch die jeweiligen Voraussetzungen der Registereintragung nicht ausschließlich nach dem UmwG, sondern primär nach öffentlich-rechtlichen Bestimmungen richten. Unklar ist allerdings, ob der Vorrang des öffentlichen Rechts auch für die im Gesetz enthaltenen **Sonderregelungen**[3] gilt, ob diese also durch gesonderte, öffentlich-rechtliche Vorschriften abbedungen werden können[4].

Satz 2 der Vorschrift sieht vor, dass der oder die **Anteilsinhaber** der Gesellschaft neuer Rechtsform durch öffentlich-rechtliches Umwandlungsrecht bestimmt werden. Dies ist notwendig, da in einer Körperschaft oder Anstalt des öffentlichen Rechts keine Anteilseigner vorhanden sind und insofern die allgemeinen Vorschriften des Formwechsels, die Anteilseigner voraussetzen, nicht anwendbar sind[5].

Der Gesetzgeber hat durch das UmwG nur die gesellschaftsrechtlichen Erfordernisse des Formwechsels geregelt. Die **öffentlich-rechtlichen Erfordernisse** des Formwechsels hat der Gesetzgeber hingegen nicht im UmwG geregelt. Für die Körperschaften und Anstalten, die dem Landesrecht unterstehen, fehlt dem Bund bereits die Gesetzgebungskompetenz. Unabhängig davon besteht aufgrund der vielfältigen Erscheinungsformen von Körperschaften und Anstalten die Notwendigkeit, flexible Einzelfalllösungen zu ermöglichen. Ein Verweis auf die allgemeinen Vorschriften des Formwechsels[6] scheidet aus, da diese auf privatrechtliche Rechtsformen zugeschnitten sind.

Der Vorrang der öffentlich-rechtlichen umwandlungsrechtlichen Regelungen gilt nicht nur für Bundes- oder Landesgesetze, sondern auch für auf **gesetzlicher Grundlage** erlassene Rechtsverordnungen, Vorschriften in der jeweiligen Satzung der Körperschaft oder Anstalt sowie durch Verwaltungsakt getroffene Regelungen[7].

3. Entstehungsgeschichte

Für die AG und die GmbH enthielten die bisher geltenden Vorschriften im Wesentlichen **entsprechende Regelungen**[8]. Das frühere Recht sah jedoch keinen ausdrücklichen allgemeinen Regelungsvorbehalt des öffentlich-rechtlichen Umwandlungsrechts vor, wie er sich nun in Satz 2 der Norm findet. Der Vorrang des öffentlichen Rechts war gleichwohl anerkannt[9].

---

[3] §§ 303, 304.
[4] Vgl. dazu Rn 21 ff.
[5] *H. Schmidt* in Lutter Vor § 301 Rn 4; zu den Begriffen vgl. *Maurer* § 23 Rn 30 ff., 46 ff.
[6] §§ 190 ff.
[7] *H. Schmidt* in Lutter Rn 4 mwN.
[8] Vgl. § 385 a Abs. 3 AktG aF und § 59 Abs. 2 und 3 UmwG 1969.
[9] *H. Schmidt* in Lutter Rn 3; *Westermann*, FS Luther, S. 191, 197.

II. Einzelerläuterungen

7   Wie bei jeder Umwandlungsform ist auch das Formwechselverfahren in **drei Phasen** untergliedert: Die Vorbereitungsphase, Beschlussphase und Vollzugsphase. Die nachfolgenden Ausführungen behandeln die Besonderheiten, die bei einem Formwechsel einer Körperschaft oder Anstalt des öffentlichen Rechts auftreten[10].

1. Vorbereitungsphase

8   Generell ist durch das Vertretungsorgan des formwechselnden Rechtsträgers ein **Umwandlungsbericht** zu erstellen, der die rechtlichen und wirtschaftlichen Aspekte des Formwechsels unter Bezugnahme auf die künftige Beteiligung der Mitglieder oder Träger des umwandelnden Rechtsträgers erläutert[11]. Ob ein Umwandlungsbericht durch das Vertretungsorgan des formwechselnden Rechtsträgers zu erstellen ist, bestimmt das für die Körperschaft oder Anstalt anzuwendende Bundes- oder Landesrecht. Fehlt es an einer entsprechenden Regelung, ist grundsätzlich ein Umwandlungsbericht zu erstellen.

9   Die Aufstellung eines Umwandlungsberichts ist jedoch **nicht erforderlich**, wenn die Anteilsinhaber dieses Schutzes nicht bedürfen. Dies ist dann der Fall, wenn der formwechselnde Rechtsträger nur einen Anteilsinhaber hat oder wenn alle Anteilsinhaber auf seine Erstattung in notarieller Form verzichten[12]. Weder bei der Körperschaft noch bei der Anstalt sind Anteilseigner vorhanden, sondern Mitglieder bzw. Träger. Es ist daher bei der Anstalt auf ihren Träger und bei der Körperschaft auf ihre Mitglieder abzustellen. Deshalb ist ein Umwandlungsbericht bei der formwechselnden Körperschaft nur dann entbehrlich, wenn diese entweder nur ein Mitglied hat oder alle Mitglieder auf die Erstattung eines Umwandlungsberichts verzichten[13]. Der Verzicht kann auch durch dasjenige Organ ausgesprochen werden, dem das jeweilige Gesetz die Beschlussfassung über den Formwechsel zuweist[14]. Die Anstalt hat idR nur einen Träger. In diesem Fall bedarf es bereits aufgrund der Ausnahmeregelung der allgemeinen Vorschriften über den Formwechsel[15] keines Umwandlungsberichts[16].

10 Aufgrund der Änderung von § 192 ist dem Umwandlungsbericht **keine Vermögensaufstellung** beizufügen[17]. Die Vermögensaufstellung hatte die Gegenstände und Verbindlichkeiten des formwechselnden Rechtsträgers aufzunehmen und mit dem Wert anzusetzen, der diesen am Tag der Erstellung des Umwandlungsberichts entspricht[18]. Eine Vermögensaufstellung war auch nach alter Rechtslage bereits dann entbehrlich, wenn auf einen Umwandlungsbericht verzichtet werden konnte[19].

11 Der Entwurf des Umwandlungsbeschlusses ist dem **Personalrat** zuzuleiten, da die diesbezüglichen Regelungen der allgemeinen Formwechselvorschriften analog anwendbar sind. Dies ist allerdings streitig[20].

---

[10] Zum allgemeinen Ablauf des Formwechsels siehe §§ 190 ff.
[11] § 192.
[12] § 192 Abs. 2.
[13] *Vossius* in Widmann/Mayer Rn 11; iE auch *H. Schmidt* in Lutter Vor § 301 Rn 5.
[14] *H. Schmidt* in Lutter Vor § 301 Rn 5.
[15] § 192 Abs. 2.
[16] *H. Schmidt* in Lutter vor § 301 Rn 5; *Vossius* in Widmann/Mayer § 302 Rn 12. Anders etwa im Fall eines Zweckverbandes mit mehreren Mitgliedern, vgl. *Gaß* S. 222.
[17] Siehe § 192 Abs. 2 aF.
[18] Vgl. § 192 Rn 23 ff. der Vorauflage.
[19] § 192 Abs. 2 (Abs. 3 aF); *Stratz* in Schmitt/Hörtnagl/Stratz § 192 Rn 18; *Mayer* in Widmann/Mayer § 192 Rn 58, 59; *Usler* MittRhNotK 1998, 21, 35 mwN.
[20] *Vossius* in Widmann/Mayer Rn 52; *Gaß* S. 223. AA *H. Schmidt* in Lutter Vor § 301 Rn 7. Vgl. dazu Rn 18 und § 168 Rn 61.

2. Beschlussphase

a) Zustandekommen des Umwandlungsbeschlusses. Nach Beendigung der Vorbereitungsphase haben die Anteilsinhaber über den Formwechsel in notarieller Form zu beschließen[21]. In Folge fehlender Anteilseigner bei der Körperschaft und Anstalt ist diese Regelung aber nur eingeschränkt anwendbar. Soweit das öffentlich-rechtliche Umwandlungsrecht keine Sonderregelungen über die **Zuständigkeit für Beschlussfassungen** enthält, ist der Begriff der Anteilseigner bei der Anstalt durch den Träger und bei der Körperschaft durch die Mitglieder, oder, soweit vorhanden, die Vertreterversammlung zu ersetzen[22]. Welche Mehrheit für den Umwandlungsbeschluss erforderlich ist, ist im UmwG nicht allgemein geregelt, sondern für jeden formwechselnden Rechtsträger gesondert festgelegt. Für den Formwechsel von Körperschaften und Anstalten des öffentlichen Rechts enthält das UmwG jedoch keine besonderen Vorschriften. Daher ist allein auf das für die jeweilige Körperschaft oder Anstalt des öffentlichen Rechts maßgebende Bundes- oder Landesgesetz abzustellen. Dieses bestimmt, welche Organe zur Beschlussfassung zuständig und welche Beschlussmehrheiten erforderlich sind. Jedoch kann das Bundes- oder Landesrecht auch vorsehen, dass der Umwandlungsbeschluss entfällt und durch einen Hoheitsakt in Form eines Gesetzes oder Verwaltungsakts ersetzt wird[23].

b) Inhalt des Umwandlungsbeschlusses. Der Inhalt des zu fassenden Umwandlungsbeschlusses ergibt sich aus der entsprechenden Anwendung der allgemeinen Vorschriften[24]. Aufgrund der fehlenden Anteilseigner des umgewandelten Rechtsträgers kommen die allgemeinen Vorschriften über den Inhalt des Umwandlungsbeschlusses jedoch nur **eingeschränkt** zur Anwendung. So muss der Umwandlungsbeschluss keinerlei Angaben über eine Beteiligung der bisherigen Anteilsinhaber an dem umgewandelten Rechtsträger enthalten, da diese Frage regelmäßig durch öffentlich-rechtliches Umwandlungsrecht festgelegt wird, also durch die den Formwechsel regelnde Vorschrift[25]. Auch die Festsetzung einer Barabfindung[26] kommt nicht in Betracht[27].

c) Möglichkeit der Beschlussanfechtung. Grundsätzlich können Umwandlungsbeschlüsse, soweit nicht nur die Verbesserung der Beteiligungsverhältnisse am umgewandelten Rechtsträger beabsichtigt wird, mit einer Unwirksamkeitsklage angegriffen werden[28]. Jedoch ist diese Vorschrift auf den Formwechsel von Körperschaften und Anstalten des öffentlichen Rechts nicht entsprechend anwendbar. Dies liegt zum einen daran, dass sich die Anfechtung eines Beschlusses einer juristischen Person des öffentlichen Rechts nur nach öffentlichem Recht richten kann. Zum anderen existiert infolge fehlender Anteilseigner der sonst mögliche materielle Zuzahlungsanspruch nicht[29]. **Rechtsschutzmöglichkeiten** sind daher allein dem öffentlichen Recht vorbehalten, soweit der Verwaltungsrechtsweg eröffnet ist[30]. Gegen Entscheidungen und Beschlüsse der Körperschaft oder Anstalt des öffentlichen Rechts kann daher ggf. eine Feststellungsklage[31] und gegen einen Verwaltungsakt[32], der den

---

[21] § 193 Abs. 1 Abs. 3 Satz 1.
[22] *H. Schmidt* in Lutter Vor § 301 Rn 6; *Vossius* in Widmann/Mayer Rn 19.
[23] *Stratz* in Schmitt/Hörtnagl/Stratz Rn 2; *H. Schmidt* in Lutter Vor § 301 Rn 6; *Vossius* in Widmann/Mayer Rn 19.
[24] § 194 Abs. 1.
[25] § 194 Abs. 1 Nr. 3 bis 5; so auch *H. Schmidt* in Lutter Vor § 301 Rn 7.
[26] §§ 194 Abs. 1 Nr. 6, 207.
[27] Vgl. aber die in Rn 16 erwähnte Möglichkeit eines Abfindungsangebots zur Entschädigung von Vermögensverlusten.
[28] § 195.
[29] § 195 Abs. 2; *H. Schmidt* in Lutter Vor § 301 Rn 6; *Vossius* in Widmann/Mayer Rn 72.
[30] § 40 Abs. 1 Satz 1 VwGO.
[31] Nach § 43 VwGO.
[32] § 35 VwVfG.

Umwandlungsbeschluss ersetzt, unter den in der VwGO genannten Voraussetzungen eine Anfechtungsklage[33] erhoben werden. Ist die Umwandlung in einem Gesetz oder aufgrund eines Gesetzes in einer Rechtsverordnung beschlos-sen worden, so kann diese nur im Wege einer Normenkontrollklage[34] angegriffen werden[35].

15 *aa) Anteilsinhaber.* Wie sich aus Satz 2 der Norm ergibt, regeln die öffentlich-rechtli-chen Vorschriften, wer Anteilsinhaber an der Gesellschaft neuer Rechtsform wird[36]. Es muss also öffentlich-rechtlich festgelegt werden, wer Aktionär der AG, Gesellschafter der GmbH sowie Komplementär und Kommanditaktionär der KGaA wird. Hierbei steht dem Gesetzgeber ein relativ weiter **Gestaltungsspielraum** zur Verfügung. So müssen in Abweichung vom Grundsatz der persönlichen Identität die Anteilsinhaber und Gründer nicht identisch sein[37]. Grenzen der Gestaltungsfreiheit ergeben sich allerdings regelmäßig aus speziellen öffentlich-rechtlichen Vorschriften; insbesondere ist die Übernahme der Stellung als persönlich haftender Gesellschafter regelmäßig nicht möglich[38].

16 Auch ist es nicht möglich, Mitglieder einer Körperschaft dadurch zu enteignen, dass sie ihre **Mitgliedschaftsrechte** ersatzlos verlieren und an ihrer Stelle ein Dritter Gesellschafter des Zielrechtsträgers wird[39]. Hier kommt aber eine schuldrechtliche Kompensation in Betracht, da die Mitgliedschaft bei der Körperschaft, anders als bei privaten Gesellschaftsformen, keine Beteiligung an deren – ggf. von den Mitgliedern aufgebrachten[40] – Vermögen, sondern ein Recht auf Teilnahme an deren Leistungen vermittelt; der Finanzbedarf wird dementsprechend durch Beiträge der Mitglieder gedeckt[41]. Möglich ist auch, an die Mitglieder ein Abfindungsangebot zu richten, mit dem der Vermögensverlust entschädigt wird[42].

17 *bb) Umfang der Beteiligung.* Soweit das öffentliche Umwandlungsrecht keine Vorgaben enthält, gelten die Bestimmungen des Gründungsrechts der jeweiligen Kapitalgesellschaft. Demnach ist es bei einem Formwechsel in eine GmbH und eine AG möglich, dass die Inhaberschaft nur einer einzigen Rechtsperson (Bund, Land, Gemeinde, Kreditinstitut) zugewiesen wird[43]. Bei einer **KGaA** bestimmte das Aktienrecht früher, dass an der Gründung fünf Aktionäre teilnehmen müssen[44]. Diese Gründungsvorschrift galt allerdings im Umwandlungsrecht nicht[45]. Das öffentlich-rechtliche Umwandlungsrecht kann auch nur einen Inhaber der Aktien festlegen und ihm die Stellung des persönlich haftenden Gesellschafters und gleichzeitig des einzigen Kommanditaktionärs zuweisen[46].

18 *cc) Folgen des Formwechsels für die Mitarbeiter und ihre Vertretungen.* Es ist umstritten, ob im Umwandlungsbeschluss entsprechend der allgemeinen Regelung über den Formwechsel[47] die Folgen der Privatisierung für die Arbeitnehmer und ihre Vertretungen dargestellt

---

[33] § 42 Abs. 1 VwGO.
[34] § 47 VwGO.
[35] *Vossius* in Widmann/Mayer Rn 73.
[36] *J. Semler/Grunewald* in G/H/E/K § 385 a AktG aF Rn 7.
[37] *Vossius* in Widmann/Mayer Rn 21.
[38] Vgl. dazu § 301 Rn 25.
[39] *Vossius* in Widmann/Mayer Rn 22 ff.
[40] *Westermann*, FS Luther, S. 200.
[41] *Rudolf* in Erichsen[11] § 52 Rn 11, 13. So war es auch im Fall der Westfälischen Landschaft, bei der eine reine „Benutzermitgliedschaft" ohne Begründung weiterer Vermögensrechte vorlag, vgl. *Kollhosser* AG 1988, 281, 284 f.
[42] *Vossius* in Widmann/Mayer Rn 37; *Stratz* in Schmitt/Hörtnagl/Stratz Rn 2; aA wohl *H. Schmidt* in Lutter Vor § 301 Rn 6.
[43] § 1 GmbHG; § 2 AktG.
[44] Vgl. § 280 AktG aF.
[45] Vgl. §§ 36 Abs. 2 Satz 3, 135 Abs. 2 Satz 3, 197 Satz 2; *H. Schmidt* in Lutter Rn 8.
[46] Vgl. zur Zulässigkeit der Einmann-KGaA *J. Semler/Perlitt* in MünchKomm. § 280 AktG Rn 30 ff.
[47] § 194 Abs. 1 Nr. 7.

werden müssen. Nach einer hierzu vertretenen Ansicht hat die Darstellung der Folgen des Formwechsels für die Arbeitnehmer und ihre Vertretungen und der insoweit vorgesehenen Maßnahmen keine Bedeutung, da beim formwechselnden Rechtsträger kein Betriebsrat vorhanden sei, dem der Entwurf des Umwandlungsbeschlusses zugeleitet werden könne; eine entsprechende Information der Personalvertretung sei im UmwG nicht vorgesehen[48]. Die Gegenansicht geht hingegen davon aus, dass an die Stelle des Betriebsrats iSd. allgemeinen Vorschriften über den Formwechsel[49] der Personalrat nach den Personalvertretungsgesetzen des Bundes und der Länder trete. Der Entwurf des Umwandlungsbeschlusses sei somit dem Personalrat mitzuteilen. Die **analoge Anwendung** der Norm folge aus der Schutzbedürftigkeit der Arbeitnehmer des formwechselnden Rechtsträgers[50]. Dieser zuletzt genannten Ansicht ist zu folgen[51].

d) Abschluss des Gesellschaftsvertrags bzw. Feststellung der Satzung. *aa) Feststellung durch öffentlich-rechtliche Normen.* Satz 2 der Norm verlangt, dass im Zuge der Umwandlung die Satzung der entstehenden AG oder KGaA bzw. der Gesellschaftsvertrag der entstehenden GmbH festgestellt oder abgeschlossen wird. Hierbei ist umstritten, ob sich dies nach **öffentlich-rechtlichen Umwandlungsnormen** oder nach den einschlägigen gesellschaftsrechtlichen Vorschriften bestimmt. 19

Namentlich *Vossius* vertritt die Ansicht, dass die Feststellung der Satzung oder des Gesellschaftsvertrags durch Gesetz, Rechtsverordnung oder Verwaltungsakt nicht möglich sei, da das UmwG insoweit eine **speziellere Regelung** enthalte[52]. Satz 2 der Norm ermögliche es nur, den Umwandlungsbeschluss als solchen durch einen Hoheitsakt zu ersetzen. Im Übrigen verbleibe es aber bei der Anwendung der jeweiligen gesellschaftsrechtlichen Vorschriften. Eine Ausnahme bestehe nur, wenn sich die gesamte Umwandlung außerhalb des UmwG vollziehe. 20

Die wohl hM steht hingegen auf dem Standpunkt, Satz 1 der Vorschrift stelle dem öffentlichen Recht einen unbegrenzten Regelungsspielraum zur Verfügung. Es sei deshalb möglich, den Gesellschaftsvertrag oder die Satzung unmittelbar durch ein Gesetz, eine Rechtsverordnung oder durch einen aufgrund einer gesetzlichen Ermächtigungsgrundlage ergangenen Verwaltungsakt festzustellen[53]. Das Gründungsrecht sei insoweit **subsidiär**. 21

Für die letztgenannte Auffassung sprechen erhebliche **Praktikabilitätsgründe**. Wenn bereits der Umwandlungsbeschluss durch öffentlich-rechtliche Regelung gefasst werden kann[54], wäre es widersinnig, die Feststellung der Satzung bzw. den Abschluss des Gesellschaftsvertrages dem Regelungsbereich des öffentlich-rechtlichen Umwandlungsrechts zu entziehen. Gerade angesichts der Tendenz der Praxis, Umwandlungen außerhalb des UmwG vorzunehmen[55], ist kein Grund dafür erkennbar, den Spielraum des UmwG weiter einzuengen. Darüber hinaus vermag der Hinweis auf die Anwendbarkeit der Gründungsvorschriften der neuen Rechtsform[56] nicht zu überzeugen. Die Überschrift von § 303 und 22

---

[48] *H. Schmidt* in Lutter Vor § 301 Rn 7.
[49] § 194 Abs. 1 Nr. 7.
[50] *Vossius* in Widmann/Mayer § 301 Rn 52.
[51] Zu den Gründen siehe § 168 Rn 54 f., 61.
[52] § 303 Abs. 1; *Vossius* in Widmann/Mayer Rn 62. So auch *Gaß* S. 225.
[53] *H. Schmidt* in Lutter Rn 6; *Stratz* in Schmitt/Hörtnagl/Stratz Rn 2; *Zöllner* in Kölner Komm. § 385 a AktG aF Rn 7; *J. Semler/Grunewald* in G/H/E/K § 385 a AktG aF Rn 6; *Zimmermann* in Rowedder Anh. § 77 Rn 212; *Dehmer*[1] § 59 UmwG 1969 Anm. 4; *Meyer-Ladewig* GmbHR 1969, 231, 234; *ders.* BB 1969, 1005, 1010. Vgl. auch *Gottschalk* NZG 2003, 713 zur öffentlich-rechtlichen Lösung bei der Bildung des Aufsichtsrats.
[54] *Vossius* in Widmann/Mayer Rn 19; *Stratz* in Schmitt/Hörtnagl/Stratz Rn 2; *H. Schmidt* in Lutter Rn 6, 7.
[55] Vgl. auch § 4 bzw. § 3 (Feststellung der Satzung im Anhang des Gesetzes) und § 1 Abs. 1 Satz 2 (Nichtanwendbarkeit der Vorschriften des UmwG) des DG-Bank-Umwandlungsgesetzes BGBl. I 1998, S. 2114 und des DSL Bank-Umwandlungsgesetzes BGBl. I 1999 S. 2441.
[56] § 303 Satz 1.

die Gesetzesbegründung[57] zeigen, dass diese Vorschrift auf den Kapitalschutz der neuen Gesellschaft abstellt[58]. Hieraus lässt sich jedoch nicht ableiten, dass auch die Vorschriften über den Abschluss des Gesellschaftsvertrags[59] oder über die Feststellung der Satzung der AG oder KGaA[60] zwingend zur Anwendung kommen müssen. Vielmehr ergibt sich aus den allgemeinen Vorschriften des UmwG[61], dass die jeweiligen Gründungsvorschriften nur insoweit Anwendung finden, soweit sich aus den übrigen Vorschriften des Formwechsels nichts Gegenteiliges ergibt. Satz 1 der Regelung sieht aber das Primat des öffentlich-rechtlichen Umwandlungsrechts beim Formwechsel von Anstalten und Körperschaften vor.

23 Daran ändert auch die Tatsache nichts, dass der in den allgemeinen Formwechselvorschriften enthaltene Verweis auf die für den jeweiligen neuen Rechtsträger anwendbaren Gründungsvorschriften[62] durch das **Gemeinschaftsrecht** vorgeprägt ist[63]. Dieses sieht zwar für den Formwechsel in eine AG die Einhaltung der Gründungsvorschriften des AktG vor[64]. Aber auch diese Regelung beruht auf dem Gedanken des Gläubigerschutzes, der durch die hier betroffene reine Formfrage nicht berührt wird.

24 Die Norm überlässt es somit dem öffentlichen Recht, zu bestimmen, auf welche Weise der Gesellschaftsvertrag oder die Satzung abgeschlossen bzw. festgestellt wird. Dem öffentlichen Recht ist dementsprechend auch vorbehalten, zu regeln, wer die **Kompetenz** zum Abschluss bzw. zur Feststellung des Gesellschaftsvertrags bzw. der Satzung hat. Diese können von einem Organ der Körperschaft oder Anstalt aufgrund schon bestehender oder noch zu schaffender Befugnisse[65] oder von einer durch Gesetz, Rechtsverordnung oder Verwaltungsakt besonders benannten Person festgestellt werden. Hierbei kommen natürliche Personen, juristische Personen des Privat- oder öffentlichen Rechts sowie Behörden in Betracht[66]. Enthält das öffentliche Recht keine Regelungen zum Abschluss des Gesellschaftsvertrags bzw. zur Feststellung der Satzung, so finden die gesetzlichen Regelungen Anwendung[67].

25 Auf **zwingende Gründungsvorschriften** verweist allerdings § 303, insbesondere im Zusammenhang mit Mindestkapital, Kapitalschutz, Gründungsprüfung und Verantwortlichkeit der Gründer. Diese Regelungen unterliegen nicht dem Vorrang des öffentlichen Rechts[68].

26 *bb) Inhalt.* Unabhängig davon, wie der Gesellschaftsvertrag oder die Satzung zustande kommen, müssen die gesetzlichen Vorschriften über den **Mindestinhalt der Satzung** bzw. des Gesellschaftsvertrags der GmbH, AG und KGaA zwingend eingehalten werden. Gleiches gilt für die Bestimmungen über die Mindestnennbeträge des Stamm- oder Grundkapitals sowie der Geschäftsanteile und Aktien. Dadurch wird sichergestellt, dass der Regelungsvorbehalt des öffentlich-rechtlichen Umwandlungsrechts in für den Rechtsverkehr besonders wichtigen Bereichen des Außengründungsrechts keine Anwendung findet[69].

---

[57] RegBegr. *Ganske* S. 298.
[58] *H. Schmidt* in Lutter Rn 7; *Stratz* in Schmitt/Hörtnagl/Stratz Rn 2.
[59] § 2 GmbHG.
[60] § 23 AktG.
[61] § 197 Satz 1.
[62] § 197 Satz 1.
[63] *Decher* in Lutter § 197 Rn 2; *Schwarz* DStR 1994, 1694, 1696 f.
[64] Art. 13 der Zweiten Gesellschaftsrechtlichen Richtlinie vom 13. 12. 1976, vgl. § 197 Rn 5.
[65] *Meyer-Ladewig* GmbHR 1969, 231, 234; *ders.* BB 1969, 1005, 1010; *Schneider/Schlaus* DB 1970, 237, 239.
[66] Vgl. Art. 2 Abs. 1 des Gesetzes zur Umwandlung der Bayerischen Staatsbank in eine AG, Bay. GVBl. 1970, S. 320; Art. 1 a (1) des inzwischen außer Kraft getretenen Gesetzes über das öffentliche Versicherungswesen, eingefügt durch Art. 46 des Gesetzes vom 25.6.1994, BayGVBl. 1994, S. 466, oder § 12 des Gesetzes über öffentlich-rechtliche Versicherungsanstalten, GVOBl. Schl.-H. 1995, 230.
[67] §§ 2, 3 GmbHG, § 23 Abs. 1 Satz 1 AktG.
[68] Vgl. die Ausführungen zu § 303.
[69] Zum Kapitalschutz des Rechtsträgers neuer Form siehe § 303.

cc) Form. Der Gesellschaftsvertrag bedarf grundsätzlich der notariellen Form[70]. Ebenso **27** muss die Satzung durch notarielle Beurkundung festgestellt werden[71]. Es ist umstritten, ob der Regelungsvorbehalt des öffentlich-rechtlichen Umwandlungsrechts auch die Form des Abschlusses des Gesellschaftsvertrages oder der Feststellung der Satzung umfasst[72]. Folgt man der zutreffenden hM zur Reichweite des Regelungsvorbehalts des öffentlichen Rechts, so ergibt sich daraus, dass bei einer Feststellung des Gesellschaftsvertrags oder der Satzung durch Gesetz, Rechtsverordnung oder Verwaltungsakt für eine **notarielle Beurkundung kein Raum** ist[73]. Dann ist nur noch fraglich und ebenfalls streitig, ob der Beurkundungszwang auch in den Fällen ausscheidet, in denen der Abschluss des Gesellschaftsvertrags oder die Feststellung der Satzung durch Organe der Körperschaft oder Anstalt oder durch hierfür bestimmte Personen selbst erfolgt. Ausgehend von dem weiten Regelungsvorbehalt des öffentlich-rechtlichen Gründungsrechts dürfte hier aus den soeben[74] genannten Gründen ein Beurkundungszwang ebenfalls ausscheiden[75].

e) Gründereigenschaft. Da der Formwechsel wie eine Neugründung durchzuführen **28** ist, müssen Personen vorhanden sein, die die Aufgaben der Gründer übernehmen. Mangels Anteilsinhaber bei der Körperschaft und Anstalt des öffentlichen Rechts bestimmt Satz 2 der Norm, dass vorrangig das öffentliche Recht die Gründer festlegt. Gründer müssen **benannt** werden, weil klargestellt werden muss, wer die Gründerpflichten zu übernehmen hat[76]. Diese bestehen in der Benennung des ersten Aufsichtsrats und Vorstands bzw. der Geschäftsführer. Als Gründer kommt grundsätzlich jede geschäftsfähige natürliche und juristische Person in Betracht, also auch der Bund oder ein Land[77]. Es reicht aus, wenn ein einziger Gründer festgelegt wird[78], und zwar auch im Fall der KGaA[79]. Es sollte darauf geachtet werden, dass die als Gründer Benannten sachverständig sind; iSd. Effektivität sollte ihre Zahl klein sein.

Fehlt eine öffentlich-rechtliche Festlegung der Gründer und sind solche auch nicht durch **29** Auslegung der Rechtsgrundlagen der Körperschaft bzw. Anstalt zu ermitteln, so haben diejenigen Personen bzw. dasjenige Organ **als Gründer zu gelten**, die die Satzung festgestellt bzw. den Gesellschaftsvertrag abgeschlossen haben, da ihnen aufgrund ihrer Rechtsstellung am ehesten Gründerpflichten aufgebürdet werden können[80].

f) Unanwendbarkeit von §§ 28, 29 AktG. Satz 2 letzter Halbs. der Norm schließt die **30** Anwendung der aktienrechtlichen Vorschriften aus, nach denen die Aktionäre, die die Satzung festgestellt haben, auch die Gründer der Gesellschaft sind[81] und mit der Übernahme aller Aktien durch die Gründer die Gesellschaft errichtet ist[82]. Diese aktienrechtlichen Vorschriften passen nicht, da zwischen den Personen, die die Satzung feststellen und den als Gründern eingesetzten Personen **keine Identität** bestehen muss. Der Umstand, dass die Anwendung der für die KGaA geltenden aktienrechtlichen Vorschriften[83] in Satz 2 der Norm nicht ausgeschlossen wird, kann nur auf einem redaktionellen Versehen des Gesetzgebers be-

---

[70] §§ 6 ff. BeurkG.
[71] § 23 Abs. 1 Satz 1 AktG.
[72] Siehe zum Streitstand bzgl. der früheren Rechtslage *H. Schmidt* in Lutter Rn 7.
[73] *Meyer-Ladewig* GmbHR 1969, 231, 234.
[74] Rn 22.
[75] *H. Schmidt* in Lutter Rn 7; aA *Vossius* in Widmann/Mayer Rn 51 bis 62.
[76] *J. Semler/Grunewald* in G/H/E/K § 385 a AktG aF Rn 8; *Kollhosser* AG 1988, 281, 284.
[77] *Kollhosser* AG 1988, 281, 284.
[78] § 197 Satz 2.
[79] Vgl. Rn 17.
[80] *Vossius* in Widmann/Mayer Rn 71; *H. Schmidt* in Lutter Rn 11; *J. Semler/Grunewald* in G/H/E/K § 385 a AktG aF Rn 8.
[81] § 28 AktG.
[82] § 29 AktG.
[83] § 280 Abs. 3 AktG.

ruhen. Denn es ist kein sachlicher Grund vorhanden, die KGaA in diesem Punkt abweichend von der AG zu behandeln[84]. Dies muss auch für den Formwechsel der öffentlich-rechtlichen Anstalt oder Körperschaft in die Rechtsform der GmbH gelten. Denn auch hier kann der Kreis der Personen, der den Gesellschaftsvertrag abschließt, und der Kreis der Gesellschafter auseinander fallen[85].

31 **g) Aufsichtsrechtliche Genehmigung.** Die Durchführung des Formwechsels ist regelmäßig von einer Genehmigung der zuständigen Rechts- und/oder Fachaufsichtsbehörde abhängig. So verlangt das VAG[86] für jede Umwandlung eines **Versicherungsunternehmens** eine Genehmigung der Aufsichtsbehörde[87]. Die Zuständigkeit dieser Fachaufsichtsbehörde liegt allerdings grundsätzlich beim Bund[88], während über die Umwandlung das jeweils zuständige Bundesland entscheidet, soweit die Regelung nicht in die Kompetenz des Bundes fällt. Hieraus ergibt sich ein Abstimmungsbedarf[89].

3. Vollzugsphase

32 **a) Registeranmeldung.** Auf die Anmeldung des Formwechsels finden die für die jeweilige Rechtsform maßgeblichen **Gründungsvorschriften**, nicht hingegen öffentlich-rechtliche Sonderregelungen Anwendung[90]. Die neue Rechtsform des Rechtsträgers ist bei dem Register des formwechselnden Rechtsträgers anzumelden[91], soweit die Körperschaft oder die Anstalt des öffentlichen Rechts bereits im Register eingetragen ist[92]. Anzumelden ist dagegen nicht der Formwechsel, sondern die Eintragung des Rechtsträgers neuer Rechtsform, wenn die Körperschaft oder die Anstalt des öffentlichen Rechts nicht im Register eingetragen ist[93].

33 Die Eintragung ist bei demjenigen **Register** vorzunehmen, das für die neue Kapitalgesellschaft zuständig ist[94]. Es gelten die allgemeinen Regelungen des AktG und GmbHG[95], sowie die allgemeinen Formwechselvorschriften[96].

34 Eine sog. **Negativerklärung** ist entgegen den allgemeinen Formwechselvorschriften nicht abzugeben[97].

35 Wer anmeldeberechtigt und -verpflichtet ist, richtet sich nach den allgemeinen Gründungsvorschriften für die jeweilige Rechtsform. Bislang konnte es wegen der Bildung des ersten Aufsichtsrats zu Verzögerungen kommen, die wegen des Vorbehalts einer öffentlich-rechtlichen Regelung umgangen werden konnten. Wurde der öffentlich-rechtliche Rechtsträger in eine mitbestimmte AG oder KGaA umgewandelt, musste der Anmeldung des Formwechsels beim Handelsregister grundsätzlich zunächst die Wahl der Arbeitneh-

---

[84] *H. Schmidt* in Lutter § 303 Rn 12; *Vossius* in Widmann/Mayer Rn 69.
[85] *J. Semler/Grunewald* in G/H/E/K § 385 a AktG aF Rn 8.
[86] § 14 a VAG.
[87] Allerdings findet das VAG auf bestimmte öffentlich-rechtliche Versicherungsunternehmen keine Anwendung, vgl. § 1 Abs. 3 VAG.
[88] § 146 VAG.
[89] *J. Semler/Grunewald* in G/H/E/K § 385 a AktG aF Rn 5 und *Zöllner* in Kölner Komm. § 385 a AktG aF Rn 6 weisen auf mögliche Konflikte hin.
[90] §§ 303 Abs. 1, 198. *Vossius* in Widmann/Mayer Rn 76; *H. Schmidt* in Lutter § 304 Rn 4.
[91] § 198 Abs. 1.
[92] *H. Schmidt* in Lutter Vor § 301 Rn 9; *K. Schmidt* NJW 1998, 2161, 2168; *Usler* MittRhNotK 1998, 21, 45.
[93] *H. Schmidt* in Lutter § 304 Rn 4.
[94] § 198 Abs. 2 Satz 1.
[95] § 36 Abs. 1 AktG; §§ 7 Abs. 1, 78 GmbHG.
[96] §§ 198, 199.
[97] §§ 198 Abs. 3, 16 Abs. 2. Vgl. dazu die entsprechenden Erläuterungen zur Ausgliederung aus dem Vermögen einer Gebietskörperschaft § 171 Rn 5.

Kapitalschutz; Zustimmungserfordernisse §303

mervertreter vorangehen, da eine Kontinuität des Aufsichtsrats gem. § 203 bei einem öffentlich-rechtlichen Ausgangsrechtsträger nicht in Betracht kommt[98] und vorher der für die Anmeldung erforderliche Vorstand nicht bestellt werden kann. Im Rahmen einer öffentlich-rechtlichen Lösung konnte die Bildung des ersten Aufsichtsrats jedoch durch Bundes- oder Landesgesetz dem Anwendungsbereich des UmwG entzogen werden, so dass die allgemeinen Vorschriften über die Gründung einer AG anwendbar wurden[99]. Inzwischen hat der Gesetzgeber in § 197 einen neuen Satz 3 angefügt, demzufolge beim Formwechsel in eine AG § 31 AktG anwendbar ist.

Als **Anlage** sind der Anmeldung beizufügen[100] bei Gründung einer GmbH der Sachgründungsbericht und Unterlagen zur Werthaltigkeit des übergehenden Vermögens, bei Gründung einer AG bzw. KGaA der Gründungsbericht der Gründer, der Gründungsprüfungsbericht des Vorstands und des Aufsichtsrats, der Bericht der gerichtlich bestellten Gründungsprüfer und die Angabe des Gründungsaufwands. 36

b) Wirksamwerden des Formwechsels. Durch die **Eintragung** in das Register wird der privatisierende Formwechsel wirksam. Soweit das öffentliche Recht nichts Gegenteiliges anordnet, ergeben sich die Wirkungen der Eintragung aus der allgemeinen Vorschriften über den Formwechsel[101]. Zu Besonderheiten beim Formwechsel öffentlich-rechtlicher Banken vgl. die gesonderten Ausführungen[102]. 37

c) Arbeitsrechtliche Aspekte. Der Formwechsel stellt keinen **Betriebsübergang** nach § 613 a BGB dar[103]. Durch den Formwechsel kann der Rechtsträger aus dem Anwendungsbereich des Bundesangestelltentarifvertrags fallen[104]. Auch kann die weitere Mitgliedschaft in der Versorgungsanstalt des Bundes und der Länder entfallen[105]. 38

Das Amt des **Personalrats** erlischt mit Wirksamwerden des Formwechsels. Ein Übergangsmandat ist im UmwG nicht vorgesehen[106], kann sich aber aus dem jeweils anwendbaren öffentlichen Recht ergeben[107]. Zum Beamtenstatus vgl. die Ausführungen zur Ausgliederung[108]. 39

§ 303 Kapitalschutz; Zustimmungserfordernisse

(1) **Außer den für die neue Rechtsform maßgebenden Gründungsvorschriften ist auch § 220 entsprechend anzuwenden.**

---

[98] Vgl. zu den Einzelheiten dieser Problematik § 197 Rn 44 und 69 ff.; *Gottschalk* NZG 2003, 713, 714.
[99] Der erste Aufsichtsrat besteht dann gemäß dem ansonsten bislang wegen § 197 Satz 2 aF nicht anwendbaren § 31 AktG nur aus Vertretern der Gründer.
[100] *Vossius* in Widmann/Mayer Rn 83.
[101] § 202.
[102] § 304 Rn 7.
[103] Vgl. § 324 Rn 4. Eine analoge Anwendung von § 613 a BGB scheidet aus, vgl. *Gaß* S. 254 ff. mit ausführlicher Begründung.
[104] Vgl. *Vossius* in Widmann/Mayer § 302 Rn 42; *Schweier* in Fabry/Augsten S. 189 ff., 194.
[105] Vgl. § 168 Rn 96.
[106] Vgl. § 168 Rn 100. AA *Gaß* S. 270 ff., der ein Übergangsmandat des Personalrats für bis zu sechs Monate aus einer analogen Anwendung von § 21 a BetrVG herleitet. Vgl. zum Übergangsmandat des Betriebsrats *BAG* NZA 2000, 1350.
[107] Vgl. zB § 3 des Gesetzes zur Umwandlung der Betriebsanstalt LBK Hamburg in eine Kapitalgesellschaft, HmbGVBl. 2004, 491.
[108] § 168 Rn 97 ff. *Gaß* S. 259 ff. Vgl. auch Art. 3 des Gesetzes zur Umwandlung der Bayerischen Staatsbank in eine AG, Bay. GVBl. 1970, 302 (Beurlaubung unter Fortfall der Dienstbezüge und Abschluss von Anstellungsverträgen).

(2) Ein Formwechsel in eine Kommanditgesellschaft auf Aktien bedarf der Zustimmung aller Anteilsinhaber, die in dieser Gesellschaft die Stellung eines persönlich haftenden Gesellschafters haben sollen. Auf den Beitritt persönlich haftender Gesellschafter ist § 221 entsprechend anzuwenden.

Übersicht

	Rn		Rn
I. Allgemeines	1	b) Gründungsprüfung	10
1. Sinn und Zweck der Norm	1	c) Nachgründungsvorschriften	11
2. Entstehungsgeschichte	2	d) Verantwortlichkeit der Gründer	12
II. Einzelerläuterungen	3	3. Formwechsel in die KGaA	13
1. Kapitalschutz	3	a) Zustimmung der Komplementäre	13
2. Gründungspflichten	6	b) Beitritt der Komplementäre	14
a) Sachgründungsbericht und Gründungsbericht	6	4. Nachhaftung	15

Literatur: *Priester*, Kapitalgrundlage beim Formwechsel, DB 1995, 911. Vgl. auch Literaturverzeichnis zu § 168.

I. Allgemeines

1. Sinn und Zweck der Norm

1 Abs. 1 der Vorschrift stellt klar, dass das Primat des öffentlichen Rechts[1] nicht für das gesamte **Außengründungsrecht** gilt, und wiederholt den Grundsatz, dass das für die neue Rechtsform maßgebliche Gründungsrecht Anwendung findet[2]. Zusätzlich ist die entsprechende Anwendung der Kapitalschutzregeln für die Umwandlung von Personengesellschaften in Kapitalgesellschaften vorgesehen. Durch die Verweisung wird vor allem sichergestellt, dass im Interesse des Gläubigerschutzes der Nennbetrag des Nominalkapitals durch das übergehende Vermögen gedeckt ist. Aus der Verweisung ergibt sich ferner die Verpflichtung, im Sachgründungsbericht oder Gründungsbericht den bisherigen Geschäftsverlauf darzulegen.

2 Abs. 2 regelt **Besonderheiten für den Formwechsel** der öffentlich-rechtlichen Anstalt bzw. Körperschaft in eine KGaA. So bedarf der Formwechsel der Zustimmung derjenigen Anteilsinhaber, die die Stellung eines persönlich haftenden Gesellschafters inne haben sollen. Hierdurch wird sichergestellt, dass kein Anteilsinhaber ohne sein ausdrückliches Einverständnis die persönliche Haftung übernehmen muss. Gemeint sein kann hiermit nur ein zukünftiger Anteilsinhaber der KGaA, da Körperschaft und Anstalt nicht über Anteilsinhaber verfügen. Damit trägt Abs. 2 dem Schutz der künftigen Komplementäre Rechnung; geregelt wird darüber hinaus deren Beitritt zur KGaA.

2. Entstehungsgeschichte

3 Den durch Verweis auf § 220 geregelten Kapitaldeckungsschutz sahen die früheren Umwandlungsvorschriften nicht explizit vor[3].

---

[1] Vgl. § 302 Abs. 1 Satz 1.
[2] *H. Schmidt* in Lutter Rn 1. Davon unberührt bleibt die Möglichkeit der Feststellung der Satzung durch Gesetz, streitig, vgl. § 302 Rn 19 ff.
[3] § 385 b AktG aF, § 59 UmwG 1969. Siehe aber §§ 34 AktG u. 9 c GmbHG.

II. Einzelerläuterungen

1. Kapitalschutz

Beim Formwechsel einer Körperschaft bzw. Anstalt des öffentlichen Rechts ist die Sicherstellung der Reinvermögensdeckung und die Beachtung von Gründungspflichten zu gewährleisten. Durch die Verweisung in Abs. 1 der Norm sind die Vorschriften für den Kapitalschutz bei der Umwandlung von Personengesellschaften in Kapitalgesellschaften anwendbar[4]. Daraus ergibt sich, dass das nach Abzug der Schulden verbleibende Vermögen der formwechselnden Körperschaft bzw. Anstalt des öffentlichen Rechts den Nennbetrag des Stammkapitals der entstehenden GmbH oder des Grundkapitals der entstehenden AG bzw. KGaA mindestens erreichen muss. Hierzu sind Vermögensgegenstände und Verbindlichkeiten in einer handelsrechtlichen Eröffnungsbilanz anzusetzen[5], und zwar auf den Zeitpunkt, zu dem der Formwechsel innenrechtlich als erfolgt gelten soll[6]. Die Bewertung muss ergeben, dass der erforderliche Nennbetrag durch das Vermögen des formwechselnden Rechtsträgers gedeckt ist[7]. Die **ordnungsgemäße Kapitalaufbringung** und deren Nachweis ist Voraussetzung für die Eintragung der neu geschaffenen Kapitalgesellschaft in das Handelsregister. Ist eine Deckung des Stammkapitals bzw. Grundkapitals durch das Reinvermögen nicht gegeben, so hat das Registergericht die Eintragung zu verweigern[8]. 4

Die Sicherstellung der Reinvermögensdeckung ist, ebenso wie **zwingende Vorschriften** des Gründungsrechts, nicht durch öffentlich-rechtliche Regelungen abdingbar[9]. 5

2. Gründungspflichten

a) Sachgründungsbericht und Gründungsbericht. Aus der Verweisung in Abs. 1 der Norm ergibt sich die Verpflichtung, bei einem Formwechsel in eine GmbH einen Sachgründungsbericht[10] bzw. bei einem Formwechsel in eine AG oder KGaA einen Gründungsbericht[11] zu erstellen. Darin ist die Lage und der bisherige Geschäftsverlauf der Anstalt bzw. Körperschaft darzulegen. Die Darstellungspflicht hinsichtlich der Lage erstreckt sich auf gegenwartsorientierte Angaben hinsichtlich der Finanz-, Vermögens- und Ertragslage[12]. Die Darstellung des Geschäftsverlaufs betrifft hingegen vergangenheitsorientierte Vorgänge. **Sinn und Zweck** ist es, die wirtschaftlichen Verhältnisse vor dem Formwechsel für den Rechtsverkehr darzustellen und offen zu legen. 6

Die in den allgemeinen Vorschriften zur Gründung von Kapitalgesellschaften[13] enthalten Informationspflichten bezüglich der Betriebserträge bzw. Jahresergebnisse der letzten beiden Geschäftsjahre sind auf Körperschaften und Anstalten nur anwendbar, soweit diese ein **Unternehmen** betreiben[14]. 7

---

[4] § 220.
[5] Vgl. *Vossius* in Widmann/Mayer Rn 9.
[6] *Vossius* in Widmann/Mayer § 302 Rn 31.
[7] Hierbei ist nach hM auf die Verkehrswerte abzustellen, vgl. § 220 Rn 13.
[8] §§ 197 iVm. 38 Abs. 1 AktG, 9 c GmbHG; vgl. hierzu § 220.
[9] Auf § 220 findet § 302 Satz 1 im Übrigen schon deshalb keine Anwendung, da jene Regelung nicht im ersten Teil, sondern im zweiten Teil der Formwechselvorschriften enthalten ist.
[10] § 5 Abs. 4 GmbHG.
[11] § 32 AktG.
[12] § 220 Abs. 2.
[13] § 32 Abs. 2 Satz 2 Nr. 3 AktG; § 5 Abs. 4 Satz 2 GmbHG.
[14] *Vossius* in Widmann/Mayer Rn 18 und § 302 Rn 84; *J. Semler/Grunewald* in G/H/E/K § 385 b AktG aF Rn 2.

8 Streitig ist, welchen **Zeitraum** die Darlegung des Geschäftsverlaufs umfassen muss. *H. Schmidt* steht auf dem Standpunkt, grundsätzlich müsse der Zeitraum seit Entstehung der Körperschaft oder Anstalt dargestellt werden[15]. Dabei sei jedoch der Funktion der Berichterstattung Rechnung zu tragen, ein den aktuellen tatsächlichen Verhältnissen entsprechendes Bild zu vermitteln. Vorgänge aus der Vergangenheit der Körperschaft oder Anstalt seien daher nur dann in die Darlegung des Geschäftsverlaufs aufzunehmen, wenn ihnen Bedeutung für die gegenwärtige Lage zukomme[16]. Die Reichweite der Berichterstattung hänge davon ab, ob bekannte Umstände des Geschäftsverlaufs Bedeutung für die aktuelle Beurteilung der Lage hätten, oder zumindest greifbare Anhaltspunkte für das Vorliegen solcher Umstände gegeben seien[17].

9 Laut *Vossius* kann sich entsprechend den gesellschaftsrechtlichen Vorschriften[18] eine Darstellung auf die beiden dem Jahr des Formwechsels vorangegangenen Kalenderjahre beschränken[19]. Eine Pflicht zur Darstellung der Lage seit Errichtung der Körperschaft ginge gerade bei älteren Körperschaften und Anstalten weit über den Zweck der Gründungsvorschriften hinaus. Deren Zweck sei die Sicherung der Kapitalaufbringung durch Informationen über noch aktuelle Vorgänge, nicht jedoch die Darstellung historischer Untersuchungen. Dem ist zuzustimmen. Eine Erstreckung der Darlegungspflicht auf die Lage der öffentlichen Unternehmen seit ihrer Entstehung ist im Regelfall unnötig. Denn die Sicherung des Kapitalschutzes wird durch diese weitergehenden Informationen nicht in einem höheren Maße gewährleistet. Gleichwohl kann es im Einzelfall geboten sein, auch über die **zeitliche Grenze von zwei Jahren** hinaus Informationen über die Körperschaft bzw. Anstalt darzulegen, wenn nämlich solche Informationen für die Ermittlung der Vermögensverhältnisse relevant sind.

10 b) **Gründungsprüfung.** Die auf den Formwechsel einer Anstalt bzw. Körperschaft anwendbaren Vorschriften des allgemeinen Formwechselrechts über den Kapitalschutz[20] stellen klar, dass beim Formwechsel in die AG oder KGaA neben der internen Gründungsprüfung durch den Vorstand und den Aufsichtsrat[21] in jedem Fall[22] auch eine **externe Prüfung** durch einen oder mehrere Prüfer (Gründungsprüfer) zu erfolgen hat[23]. Diese Regelung ist zwingend und unterliegt nicht dem Vorrang des öffentlichen Rechts[24]. Wird das öffentliche Unternehmen in eine GmbH umgewandelt, so statuiert weder das UmwG noch das GmbHG eine Pflicht zur externen Gründungsprüfung.

11 c) **Nachgründungsvorschriften.** Aufgrund der Verweisung in Abs. 1 der Norm finden auf den Formwechsel in die AG oder KGaA auch die Nachgründungsvorschriften Anwendung. Demnach werden Verträge der Gesellschaft, aufgrund derer sie vorhandene oder herzustellende Anlagen oder andere Vermögensgegenstände für eine den zehnten Teil des Grundkapitals übersteigende Vergütung erwerben soll, und die in den ersten zwei Jahren seit der Eintragung der Gesellschaft in das Handelsregister geschlossen werden, nur mit Zustimmung der Hauptversammlung und durch Eintragung in das Handelsregister wirksam. Diese

---

[15] *H. Schmidt* in Lutter Rn 5.
[16] *J. Semler/Grunewald* in G/H/E/K § 385 b AktG aF Rn 2.
[17] *H. Schmidt* in Lutter Rn 5; *Zöllner* in Kölner Komm. § 385 b AktG aF Rn 2.
[18] § 5 Abs. 4 Satz 2 GmbHG; § 32 Abs. 2 Satz 2 Nr. 2 und 3 AktG.
[19] *Vossius* in Widmann/Mayer Rn 16; *Caspers* WM 1969 (Sonderheft 3), S. 3, 9 zu § 43 Abs. 1 UmwG 1969; wohl auch *Westermann*, FS Luther, S. 198. Vgl. § 58 Rn 8, § 220 Rn 25.
[20] § 220 Abs. 3.
[21] § 33 Abs. 1 AktG.
[22] Eines Rückgriffs auf § 33 Abs. 2 Nr. 4 bedarf es deshalb nicht.
[23] Vgl. § 220 Rn 30.
[24] *H. Schmidt* in Lutter Vor § 301 Rn 8.

Nachgründungsfrist von zwei Jahren beginnt mit Wirksamwerden des Formwechsels[25], also mit Eintragung des Formwechsels in das Handelsregister[26].

d) Verantwortlichkeit der Gründer. Durch den in Abs. 1 der Norm enthaltenen Verweis auf die für die neue Rechtsform maßgeblichen Gründungsvorschriften gelten auch die Regelungen des Aktienrechts zur Verantwortlichkeit der Gründer[27]. Dies kann auch nicht durch eine den Formwechsel regelnde öffentlich-rechtlichen Bestimmung abbedungen werden[28], da insoweit der Verweis auf die Gründungsvorschriften **Vorrang** hat vor dem Primat des öffentlichen Rechts[29]. 12

3. Formwechsel in die KGaA

a) Zustimmung der Komplementäre. Abs. 2 Satz 1 bestimmt, dass im Fall des Formwechsels einer Körperschaft bzw. Anstalt des öffentlichen Rechts in eine KGaA der künftige Komplementär dem Formwechsel zustimmen muss. Hierdurch wird sichergestellt, dass kein bisheriger Anteilsinhaber ohne seine **ausdrückliche Zustimmung** die persönliche Haftung übernehmen muss. Das Vorliegen der Zustimmung ist Voraussetzung für die Eintragung des Formwechsels in das Handelsregister[30]. 13

b) Beitritt der Komplementäre. Beim Formwechsel einer Anstalt bzw. Körperschaft des öffentlichen Rechts wird nicht immer eine geeignete (juristische) Person für die Stellung des Komplementärs vorhanden sein. Aus diesem Grund ermöglicht es Abs. 2 Satz 2, dass ein bislang **nicht Beteiligter** im Zusammenhang mit dem Formwechsel als persönlich haftender Gesellschafter beitritt. Die Beitrittserklärung bedarf hierbei der notariellen Beurkundung[31]. Die Satzung der KGaA ist von dem Beitretenden zu genehmigen[32]. 14

4. Nachhaftung

Besonderheiten ergeben sich für den Formwechsel im Hinblick auf **Gewährträgerhaftung und Anstaltslast**[33]. 15

§ 304 Wirksamwerden des Formwechsels

Der Formwechsel wird mit der Eintragung der Kapitalgesellschaft in das Handelsregister wirksam. Mängel des Formwechsels lassen die Wirkungen der Eintragung unberührt.

Übersicht

	Rn		Rn
I. Allgemeines	1	3. Heilung	5
II. Einzelerläuterungen	1	4. Anspruch der Gläubiger auf Sicherheitsleistung	6
1. Registereintragung	2		
2. Wirkungen des Formwechsels	3	5. Nachhaftung des Anstaltsträgers	7

Literatur: Vgl. auch Literaturverzeichnis zu § 168.

---

[25] Vgl. § 304.
[26] Vgl. § 220 Rn 32.
[27] § 46 AktG.
[28] *H. Schmidt* in Lutter Vor § 301 Rn 8.
[29] Vgl. Rn 1.
[30] § 199.
[31] § 221 Satz 1.
[32] § 221 Satz 2.
[33] Vgl. dazu § 304 Rn 7.

I. Allgemeines

1 Die Vorschrift stellt in Satz 1 klar, dass die **Wirkungen des Formwechsels** einer Körperschaft oder Anstalt des öffentlichen Rechts erst mit der Eintragung der Kapitalgesellschaft in das Handelsregister eintreten. Ab dem Zeitpunkt der Eintragung besteht die Anstalt oder Körperschaft als Kapitalgesellschaft weiter. Auch Mängel des Formwechsels haben hierauf keinen Einfluss mehr.

II. Einzelerläuterungen

1. Registereintragung

2 Satz 1 der Norm macht deutlich, dass mit der Eintragung der Kapitalgesellschaft in das Handelsregister der Formwechsel vollzogen ist. Die bisherige Körperschaft oder Anstalt besteht als AG, KGaA oder GmbH fort. Eine generelle Regelung über die Zuständigkeit der Registeranmeldung enthält das Gesetz nicht[1]. Der Gesetzgeber hat diese Frage vielmehr iRd. jeweiligen rechtsträgerspezifischen Bestimmungen des Formwechsels behandelt[2]. Der Formwechsel von Körperschaften und Anstalten des öffentlichen Rechts ist jedoch der einzige Fall, in dem der Gesetzgeber die Registeranmeldung **nicht explizit normiert** hat. Es ist somit davon auszugehen, dass sich die Zuständigkeit für die Anmeldung in vollem Umfang aus dem Gründungsrecht des neuen Rechtsträgers ergibt[3].

2. Wirkungen des Formwechsels

3 Ab dem Zeitpunkt der Eintragung der Kapitalgesellschaft in das Handelsregister findet das Privatrecht des neuen Rechtsträgers Anwendung und die für die Körperschaft oder Anstalt maßgeblichen öffentlich-rechtlichen Vorschriften sind nicht mehr anzuwenden. Das Aktiv- und Passivvermögen der Körperschaft oder Anstalt wird von der Kapitalgesellschaft fortgeführt[4], ohne dass Übertragungsakte erforderlich sind. Denn die Anstalt oder Körperschaft besteht **identitätswahrend** und ohne Vermögensübergang als Kapitalgesellschaft fort.

4 Die Wirkungen des Formwechsels bestimmen sich darüber hinaus primär nach **öffentlichem Recht**[5]. Nur soweit das öffentliche Recht keine Sonderregelung enthält, verbleibt es bei den allgemeinen Vorschriften des Ersten Teils des UmwG[6].

3. Heilung

5 Satz 2 wiederholt den allgemeinen Grundsatz des UmwG[7], dass mit der Registereintragung Mängel des Formwechsels keinen Einfluss mehr auf die Wirkungen der erfolgten Eintragung haben[8]. Dies bedeutet auch, dass ein **Verwaltungsrechtsstreit** über die Wirksam-

---

[1] RegBegr. *Ganske* S. 22.
[2] §§ 222, 235, 246, 254, 265, 278, 286, 296.
[3] §§ 303, 302, 197; *H. Schmidt* in Lutter Rn 5; *Vossius* in Widmann/Mayer § 302 Rn 76. Zu den Einzelheiten der Registeranmeldung wird auf die Kommentierung zu § 198 verwiesen.
[4] RegBegr. *Ganske* S. 298. Zum Ansatz der Vermögenswerte bei der Kapitalgesellschaft (Buchwert oder Teilwert) vgl. § 126 Rn 57, Einl. B Rn 7 und *Schwedhelm* Rn 2068 mwN. Zum UmwG 1969 vgl. Widmann/Mayer Anh. 1, 5. Teil, Rn 6510.
[5] §§ 302, 202.
[6] §§ 202, 204 bis 212; so auch *J. Semler/Grunewald* in G/H/E/K § 385 c AktG aF Rn 5; *Vossius* in Widmann/Mayer Rn 4.
[7] § 202 Abs. 3.
[8] RegBegr. *Ganske* S. 298.

Wirksamwerden des Formwechsels 6–8 § 304

keit eines Umwandlungsbeschlusses bzw. eines der Umwandlung zugrunde liegenden Hoheitsakts im Zeitpunkt der Registereintragung in der Hauptsache erledigt ist[9]. Die Möglichkeit einer Nichtigkeitsklage ergibt sich aber aus den allgemeinen Vorschriften des AktG bzw. GmbHG[10].

4. Anspruch der Gläubiger auf Sicherheitsleistung

Obwohl die Körperschaft oder Anstalt des öffentlichen Rechts durch den Formwechsel 6 ihre Rechtsidentität bewahrt und die Haftungsmasse damit erhalten bleibt, kann ein Bedürfnis für den Gläubiger nach besonderem Schutz bestehen. Daher ist anerkannt[11], dass Gläubiger der Körperschaft oder Anstalt des öffentlichen Rechts nach Maßgabe der **Gläubigerschutzvorschriften**[12] für ihre Forderungen Sicherheitsleistungen verlangen können[13]. Ein solcher Anspruch auf Sicherheitsleistung besteht jedoch nur, falls das öffentliche Recht nichts Gegenteiliges bestimmt[14].

5. Nachhaftung der Anstaltsträger

Das UmwG enthält keine grundsätzliche Regelung über die **Haftungskontinuität** für 7 Altverbindlichkeiten in Bezug auf Anstaltslast und Gewährträgerhaftung[15].

Solange die öffentliche Hand mehrheitlich an dem umgewandelten Kreditinstitut beteiligt 8 bleibt und die Grundsätze der Anstaltslast und die Gewährträgerhaftung fortbestehen, stellt sich das Problem der Nachhaftung nicht. Anderenfalls wird man öffentlich-rechtliche Normen schaffen, die bezüglich der Gewährträgerhaftung eine Haftungskontinuität für Altverbindlichkeiten vorsehen[16]. Im Ergebnis wird man dazu auch in den Fällen kommen, bei denen zwar eine Anstaltslast, aber keine Gewährträgerhaftung vorliegt, wenngleich hier, insbesondere mangels Verpflichtung im Außenverhältnis, die Herleitung einer Verpflichtung der öffentlichen Hand erheblich größere Probleme bereitet[17]. In diesem Zusammenhang ist die Verständigung der EU und der Bundesrepublik Deutschland vom 17. 7. 2001 zu Anstaltslast und Gewährträgerhaftung zu nennen, welche von den einzelnen Bundesländern durch entsprechende Landesgesetze umzusetzen ist und das **Vertrauen der Gläubiger** auf Haftungskontinuität nur noch im Rahmen einer Stichtags- und Übergangsregelung schützt[18].

---

[9] *Vossius* in Widmann/Mayer Rn 8.
[10] §§ 275 ff. AktG; §§ 75 ff. GmbHG.
[11] Vgl. *H. Schmidt* in Lutter Rn 5; *Vossius* in Widmann/Mayer Rn 5.
[12] §§ 204, 22.
[13] Vgl. auch § 204.
[14] § 302 S. 1.
[15] Zu Anstaltslast und Gewährträgerhaftung vgl. *Rümker* in Schimansky/Bunte Bankrechtshandbuch, III, § 124 Rn 6 ff.; *Kinzl*, Anstaltslast und Gewährträgerhaftung, 2000, S. 33 ff.; *Herdegen* WM 1997, 1130.
[16] Vgl. *O. Schmidt*, Das DSL-Bank-Modell, 1992, S. 208 f. Art. 5 des Gesetzes zur Umwandlung der Bayerischen Staatsbank in eine AG; § 5 des Gesetzes über die Umwandlung der Berliner Pfandbrief-Bank in eine AG; § 4 Abs. 1 des Gesetzes über die Vereinigung der Stadtsparkasse Frankfurt am Main mit der Frankfurter Sparkasse 1822, GVBl. Hessen I 1988 S. 345 (vgl. Gesetz vom 18. 6. 2002, GVBl. Hessen I 2002 S. 260); hierzu und zu weiteren Beispielen *Busch* AG 1997, 357, 360. Vgl. auch § 11 (Haftung des Bundes für Altverbindlichkeiten) des DSL Bank-Umwandlungsgesetzes, BGBl. I 1999 S. 2441 und *Blaß* Kreditwesen 2000, 29, 31.
[17] Vgl. *Busch* AG 1997, 357, 360 f.; *Löwer* ZBB 1993, 108, 111; § 5 des Gesetzes über die Umwandlung der Deutschen Pfandbriefanstalt in eine AG, BGBl. I 1988 S. 2310.
[18] Vgl. Beschluss der Kommission Nr. E 10/2000 vom 8. 5. 2001 (ABl. C 146/6 vom 19. 6. 2002); Schreiben der Kommission an die Bundesrepublik Deutschland vom 27. 3. 2002 (veröffentlicht auf der Internet-Seite der EU); *Möschel* WM 2001, 1895; *Jarass* WM 2002, 941; *Quardt* EuZW 2002, 424; *Füßer* ZBB 2002, 300; *Gruson* WM 2003, 321; *Kemmler* DVBl. 2003, 100; Gesetz vom 3. 4. 2002 HmbGVBl. 2002 Nr. 10; Gesetze vom 30. 4. 2002 und vom 9. 7. 2002 GVBl. MV 2002, 182 und 451; Gesetz

§§ 305-312 (aufgehoben)

§§ 305 bis 312 aufgehoben mWv 1.9.2003 durch SpruchverfahrensneuordnungsG v. 12. 6. 2003 (BGBl. I S. 838). Siehe jetzt die Kommentierung des SpruchG im Anhang.

---

vom 28. 5. 2002 GBl. Brem. 2002, 131; Gesetz vom 27. 6. 2002 GVBl. Rhld.-Pf. 2002, 304; Gesetz vom 2. 7. 2002 GVBl. NRW 2002, 283; Gesetz vom 10. 7. 2002 GVBl. Bbg. 2002, 57; Gesetze vom 25. 7. 2002 Bay. GVBl. 2002, 324 und 332.

Sechstes Buch. Strafvorschriften und Zwangsgelder

§ 313 Unrichtige Darstellung

(1) Mit Freiheitsstrafe bis zu drei Jahren oder mit Geldstrafe wird bestraft, wer als Mitglied eines Vertretungsorgans, als vertretungsberechtigter Gesellschafter oder Partner, als Mitglied eines Aufsichtsrats oder als Abwickler eines an einer Umwandlung beteiligten Rechtsträgers bei dieser Umwandlung
1. die Verhältnisse des Rechtsträgers einschließlich seiner Beziehungen zu verbundenen Unternehmen in einem in diesem Gesetz vorgesehenen Bericht (Verschmelzungsbericht, Spaltungsbericht, Übertragungsbericht, Umwandlungsbericht), in Darstellungen oder Übersichten über den Vermögensstand, in Vorträgen oder Auskünften in der Versammlung der Anteilsinhaber unrichtig wiedergibt oder verschleiert, wenn die Tat nicht in § 331 Nr. 1 des Handelsgesetzbuchs mit Strafe bedroht ist, oder
2. in Aufklärungen und Nachweisen, die nach den Vorschriften dieses Gesetzes einem Verschmelzungs-, Spaltungs- oder Übertragungsprüfer zu geben sind, unrichtige Angaben macht oder über die Verhältnisse des Rechtsträgers einschließlich seiner Beziehungen zu verbundenen Unternehmen unrichtig wiedergibt oder verschleiert.

(2) Ebenso wird bestraft, wer als Geschäftsführer einer Gesellschaft mit beschränkter Haftung, als Mitglied des Vorstands einer Aktiengesellschaft, als zur Vertretung ermächtigter persönlich haftender Gesellschafter einer Kommanditgesellschaft auf Aktien oder als Abwickler einer solchen Gesellschaft in einer Erklärung nach § 52 Abs. 1 über die Zustimmung der Anteilsinhaber dieses Rechtsträgers oder in einer Erklärung nach § 140 oder § 146 Abs. 1 über die Deckung des Stammkapitals oder Grundkapitals der übertragenden Gesellschaft unrichtige Angaben macht oder seiner Erklärung zugrunde legt.

Übersicht

	Rn		Rn
I. Einführung	1	2. Tatobjekt: Ausführungen über Verhältnisse des Rechtsträgers in tatsächlicher und rechtlicher Hinsicht	33
1. Überblick über die Straftatbestände des UmwG	1	a) In Berichten	35
2. Überblick über Strafverfolgung und Strafverfahren	3	b) In Darstellungen oder Übersichten über den Vermögensstand	38
II. Allgemeines	5	c) In Vorträgen oder Auskünften in der Versammlung der Anteilsinhaber	42
1. Schutzzweck der Norm	5	3. Tathandlungen	43
2. Entstehungsgeschichte	10	a) Unrichtige Wiedergabe	43
III. Unrichtige Wiedergabe oder Verschleierung (Abs. 1 Nr. 1)	12	b) Verschleierung	45
1. Täterkreis	12	c) Handlungszusammenhang	46
a) Beteiligter Rechtsträger	13	4. Vollendung	48
b) Organmitglieder	14	5. Unterlassen	50
c) Einzelfälle	17	IV. Unrichtige Wiedergabe oder Verschleierung gegenüber Prüfern (Abs. 1 Nr. 2)	52
aa) Geschäftsführender Kommanditist	17	1. Täterkreis	52
bb) Faktische Ausübung ohne Organschaft	18	2. Tatobjekte	53
d) Täterschaft	22	a) Aufklärungen und Nachweise für Pflichtprüfungen nach dem UmwG	53
e) Teilnahme	30	b) Sonstige Prüfungen	55

§ 313 Sechstes Buch. Strafvorschriften und Zwangsgelder

	Rn			Rn
3. Tathandlung	57	VII.	Rechtfertigung	72
4. Vollendung	60	VIII.	Irrtümer	74
V. Falsche Versicherung (Abs. 2)	61		1. Tatbestandsirrtum	74
1. Täterkreis	61		2. Verbotsirrtum	76
a) Organmitglieder	61	IX.	Verhältnis der Tathandlungen untereinander und zu den Tathandlungen anderer Vorschriften (Konkurrenzen)	78
b) Faktische Ausübung ohne Organschaft	62			
c) Täterschaft und Teilnahme	63			
d) Beteiligter Rechtsträger	64		1. Vorrang des § 331 Nr. 1 HGB gegenüber § 313 Abs. 1 Nr. 1	78
2. Tatobjekt	65			
3. Tathandlung	66		2. Vorbereitungshandlungen	79
a) Unrichtige Angaben machen	66		3. Verhältnis von § 313 Abs. 1 Nr. 2 zu § 314	81
b) Unrichtige Angaben zugrunde legen	67			
c) Vollendung	68		4. Mehrfach verwirklichte Straftaten nach § 313	82
VI. Vorsatz	69	X.	Rechtsfolge und Verjährung	84

Literatur: *Achenbach/Wannemacher,* Beraterhandbuch zum Steuer- und Wirtschaftsstrafrecht, Loseblatt, 2. Liefg., Stand 1999; *Amelung* (Hrsg.), Individuelle Verantwortung und Beteiligungsverhältnisse bei Straftaten in bürokratischen Organisationen des Staates, der Wirtschaft und der Gesellschaft, 2000; *Baumgarte,* Die Strafbarkeit von Rechtsanwälten und anderen Beratern wegen unterlassener Konkursanmeldung, wistra 1992, 41; *Bungert,* Darstellungsweise und Überprüfbarkeit der Angaben über Arbeitnehmerfolgen im Umwandlungsvertrag, DB 1997, 2209; *Bruns,* Die sog. „tatsächliche" Betrachtungsweise im Strafrecht, JR 1984, 133; *Cadus,* Die faktische Betrachtungsweise, 1984; *Charchulla,* Die Figur der Organisationsherrschaft im Licht des Beteiligungssystems, 2000; *Diel,* Das Regressverbot als allgemeine Tatbestandsgrenze im Strafrecht, 1997; *Dierlamm,* Der faktische Geschäftsführer im Strafrecht – ein Phantom?, NStZ 1996, 153; *Dreher,* Die persönliche Verantwortlichkeit von Geschäftsleitern nach außen und die innergesellschaftliche Aufgabenteilung, ZGR 1992, 22; *Eidam,* Unternehmen und Strafe, 2. Aufl. 2001; *Enderle,* Blankettstrafgesetze, Verfassungs- und strafrechtliche Probleme von Wirtschaftsstraftatbeständen, 2000; *Erbs/Kohlhaas,* Strafrechtliche Nebengesetze, Loseblatt, 141. Liefg., Stand April 2001; *Gramich,* Die Strafvorschriften des Bilanzrichtliniengesetzes, wistra 1987, 157; *Hassemer,* Professionelle Adäquanz, wistra 1995, 41, 81; *Henssler,* Arbeitnehmerinformation bei Umwandlungen und ihre Folgen im Gesellschaftsrecht, FS Kraft, 1998, S. 219; *Hildesheim,* Die strafrechtliche Verantwortlichkeit des faktischen Mitgeschäftsführers in der Rechtsprechung des BGH, wistra 1993, 166; *Jakobs,* Strafrechtliche Haftung durch Mitwirkung an Abstimmungen, FS Miyazawa, 1995, S. 419; *Joerden,* Grenzen der Auslegung des § 84 Abs. 1 Nr. 1 GmbHG, wistra 1990, 1; *Lutz Meyer-Goßner,* Strafprozeßordnung, 48. Aufl. 2005; *Klussmann,* Strafbarkeit sog. Geschäftslagetäuschungen nach § 400 AktG 65, AG 1973, 221; *M. Köhler,* Strafrecht, Allgemeiner Teil, 1997; *Krack,* Die tätige Reue im Wirtschaftsstrafrecht, NStZ 2001, 505; *Kratzsch,* Das „faktische Organ" im Gesellschaftsrecht, ZGR 1985, 506; *M. Krüger,* Die Entmaterialisierungstendenz beim Rechtsgutsbegriff, 2000; *Kuhlen,* Grundfragen der strafrechtlichen Produkthaftung, JZ 1994, 1142; *Lackner/Kühl,* Strafgesetzbuch, 25. Aufl. 2004; *Langer,* Das Sonderverbrechen, 1972; Leipziger Kommentar zum Strafgesetzbuch, 11. Aufl. 1992 ff.; *Löwe-Krahl,* Beteiligung von Bankangestellten an Steuerhinterziehungen ihrer Kunden – Die Tatbestandsmäßigkeit berufstypischer Handlungen, wistra, 1995, 201; *Mallison,* Rechtsauskunft als strafbare Teilnahme, Diss. Tübingen, 1979; *Müller-Gugenberger/Bieneck,* Wirtschaftsstrafrecht, 3. Aufl. 2000; *Neudecker,* Die strafrechtliche Verantwortlichkeit der Mitglieder von Kollegialorganen, 1995; Nomos Kommentar zum Strafgesetzbuch, Loseblatt, 14. Liefg., Stand März 2003; *Pfeiffer,* Unterlassen der Verlustanzeige und des Konkurs- oder Vergleichsantrags nach § 84 GmbHG, FS Rowedder, 1994, S. 347; *Puppe,* Rechtsirrtum, Tatirrtum, Subsumtionsirrtum, GA 1990, 145; *Renzikowski,* Restriktiver Täterbegriff und fahrlässige Beteiligung, 1997; *Rotsch,* Unternehmen, Umwelt und Strafrecht – Ätiologie einer Misere, wistra 1999, 321; *ders.,* Individuelle Haftung in Großunternehmen, 1998; *Roxin,* Was ist Beihilfe, FS Myazawa, 1995, S. 501; 1KSchaal, Strafrechtliche Verantwortlichkeit bei Gremienentscheidungen in Unternehmen, 2001; *C. Schäfer,* Strafrechtliche Verantwortlichkeit des GmbH-Geschäftsführers, GmbHR 1993, 717; *K. Schmidt,* Die Strafbarkeit „faktischer Geschäftsführer" wegen Konkursverschleppung als Methodenproblem, FS Rebmann, 1989, S. 419; *Schönke/Schröder,* Strafgesetzbuch, 27. Aufl. 2006; *Stein,* Das faktische Organ, 1984; *dies.,* Die Normadressaten der §§ 64, 84 GmbHG und die Verantwortlichkeit von Nichtgeschäftsführern wegen Konkursverschleppung, ZHR 148 (1984) 207; *Volk,* Zum Strafbarkeitsrisiko des Rechtsanwalts bei Rechtsrat und Vertragsgestaltung, BB 1987, 139; *Weber,* Unrichtige Wiedergabe und Verschleierung, in Leffson/Rückle/Großfeld (Hrsg.), Handwörterbuch unbestimmter Rechtsbegriffe im Bilanzrecht des HGB, 1986, S. 319; *Weimar,* Grundprobleme und offene Fragen um den faktischen GmbH-Geschäftsführer, Teil 2,

Unrichtige Darstellung 1–4 § 313

GmbHR 1997, 538; *Weißer,* Kausalitäts- und Täterschaftsprobleme bei der strafrechtlichen Würdigung pflichtwidriger Kollegialentscheidungen, 1996; *Wessels/Beulke,* Strafrecht Allgemeiner Teil, 36. Aufl. 2006; *Zielinski,* Die Verletzteneigenschaft des einzelnen Aktionärs im Klageerzwingungsverfahren bei Straftaten zum Nachteil der Aktiengesellschaft, wistra 1993, 6.

I. Einführung

1. Überblick über die Straftatbestände des UmwG

Das UmwG enthält drei Straftatbestände[1], die sachlich an die gleichnamigen Tatbestände des AktG[2] und des HGB[3] angelehnt sind[4]. Die **Auslegung** zu den entsprechenden Tatbestandsmerkmalen der Strafvorschriften des AktG, des HGB und auch des GmbHG[5] durch Rechtsprechung und Literatur kann entsprechend herangezogen werden. Die **allgemeinen Regeln des StGB** finden Anwendung. 1

Die strafrechtlichen Vorschriften der §§ 313 bis 315 sollen die Einhaltung des durch das UmwG vorgeschriebenen Verfahrens sichern. 2
– § 313 stellt **falsche Angaben** durch Personen unter Strafe, die bei einer Umwandlung für einen an der Umwandlung beteiligten Rechtsträger handeln.
– § 314 stellt das Erstellen **falscher Berichte** oder das **Verschweigen erheblicher Umstände** in Prüfungsberichten externer Prüfer und deren Gehilfen unter Strafe.
– § 314 a stellt die Abgabe einer **falschen Versicherung** über die Leistung einer angemessenen Sicherheit unter Strafe.
– § 315 stellt das **unbefugte Offenbaren von Geheimnissen** eines an der Umwandlung beteiligten Rechtsträgers durch für ihn handelnde Personen oder durch externe Prüfer oder deren Gehilfen unter Strafe.

2. Überblick über Strafverfolgung und Strafverfahren[6]

Die Strafvorschriften der unrichtigen Darstellung[7] und der Verletzung der Berichtspflicht[8] sind **Offizialdelikte**, die von Amts wegen verfolgt werden. Die Strafvorschrift der Verletzung der Geheimhaltungspflicht[9] ist ein **Antragsdelikt**[10]. Antragsberechtigt ist nach § 315 Abs. 3 jeder der an der Umwandlung beteiligten Rechtsträger, in Satz 2 und 3 ist der Kreis der Antragsberechtigten erweitert[11]. 3

Sofern als Gericht des ersten Rechtszugs das Landgericht zuständig ist[12], ist für Straftaten nach dem UmwG eine Strafkammer als **Wirtschaftsstrafkammer** zuständig[13]. Das gilt auch für die Verhandlung und Entscheidung über das Rechtsmittel der Berufung gegen Urteile des Amtsgerichts[14]. 4

---

[1] §§ 313 bis 315.
[2] §§ 400, 403, 404 AktG.
[3] §§ 331 bis 333 HGB.
[4] RegBegr. *Ganske* S. 306 f.
[5] §§ 82, 85 GmbHG.
[6] Ausf. zum Ablauf des Strafverfahrens: *Hellmann* in Achenbach/Wannemacher § 1 Rn 2 ff.
[7] § 313.
[8] § 314.
[9] § 315.
[10] § 315 Abs. 3.
[11] § 315 Abs. 3 UmwG, § 77 Abs. 1 StGB; siehe § 315 Rn 42 f.
[12] Nach § 74 Abs. 1 GVG.
[13] § 74 c Abs. 1 Nr. 1 GVG.
[14] Nach § 74 Abs. 3 GVG.

II. Allgemeines

1. Schutzzweck der Norm

5 Durch den Straftatbestand der unrichtigen Darstellung[15] wird zum einen die Gesellschaft geschützt, zum anderen erstreckt sich der **Schutzbereich** auf die Anteilsinhaber[16]. Die gegenwärtigen und zukünftigen Gläubiger und die Arbeitnehmer sind in den Schutzbereich nicht einbezogen[17]. § 313 betrifft ausschließlich falsche Angaben im Zusammenhang mit Umwandlungen nach dem UmwG. Unter Strafe gestellt sind Angaben, welche die Entscheidungsgrundlage für den Beschluss der Anteilsinhaber über die Verschmelzung, Spaltung, Vermögensübertragung oder den Formwechsel unmittelbar oder mittelbar verfälschen[18]. Grundlage der Entscheidung sind die Berichte über die Verschmelzung[19], Spaltung[20], Vermögensübertragung[21] und den Formwechsel[22] sowie die Berichte der unabhängigen Prüfer[23].

6 Geschütztes **Rechtsgut**[24] ist das Vertrauen der Anteilsinhaber in die Richtigkeit und Vollständigkeit von bestimmten Erklärungen, die zur Vorbereitung der Umwandlungsbeschlüsse durch die dafür zuständigen Personen abgegeben werden[25]. Geschützt ist damit auch das Vermögen[26] der Anteilsinhaber, denn es handelt sich um Erklärungen, die für die Beurteilung der wirtschaftlichen Situation der Gesellschaft erforderlich sind und Einfluss auf Entscheidungen im Zusammenhang mit der Umwandlung haben können. Falsche Angaben in diesem Bereich können das Vermögen der Anteilsinhaber besonders gefährden[27].

7 Geschütztes Rechtsgut soll auch das Vertrauen der **Allgemeinheit** in die Richtigkeit der tatbestandlich aufgeführten Angaben sein[28]. Das ist wahrscheinlich zu weitgehend, dürfte aber wenig praktische Auswirkungen haben.

8 Da Inhalt und Zweck der Norm dazu dienen, die Gesellschaft und die Anteilsinhaber[29] vor Vermögensschäden zu schützen, handelt es sich um ein **Schutzgesetz**[30], dessen Verletzung einen **zivilrechtlichen Schadensersatzanspruch** begründen kann. Voraussetzung ist, dass der (tatsächlich oder vermeintlich) Geschädigte nachweist, er habe durch ein Verhalten im Vertrauen auf die Richtigkeit der gemachten Angaben einen Schaden erlitten.

---

[15] § 313.
[16] Zum Begriff des Anteilsinhabers siehe die Legaldefinition am Ende des § 2.
[17] RegBegr. *Ganske* S. 306 f.; *Henssler*, FS Kraft, 1998, S. 219, 246; aA *Kuhlen* in Lutter Rn 6; *Vosius* in Widmann/Mayer Rn 2; *Marsch-Barner* in Kallmeyer Rn 2.
[18] RegBegr. *Ganske* S. 306.
[19] § 8.
[20] § 127.
[21] §§ 176 ff.
[22] § 192.
[23] § 12.
[24] Ausf. zum Rechtsgüterschutz *Hassemer* in Nomos Kommentar Vor § 1 StGB Rn 255 mwN zum Meinungsstand; zur Auflösung des Rechtsgutsbegriffs im Wirtschaftsstrafrecht: *M. Krüger* S. 20 ff., der von einer positivrechtlichen Bestimmung des Rechtsgutsbegriffs ausgeht.
[25] *Geilen* in Kölner Komm. § 400 AktG Rn 2; *Otto* in Großkomm. § 400 AktG Rn 3, der in den Schutzbereich auch die Gesellschaft selbst mit einbezieht, *Tiedemann* in Scholz § 82 GmbHG Rn 10 sieht die Institution der GmbH als geschützt an; krit. zur Einbeziehung von Institutionen *M. Krüger* S. 20 ff.
[26] *Vosius* in Widmann/Mayer Rn 2 f. sieht nur das Vermögen als geschützt an.
[27] RegBegr. *Ganske* S. 306 f.
[28] *Kuhlen* in Lutter Rn 6; *Marsch-Barner* in Kallmeyer Rn 2; *Tiedemann* in Scholz § 82 GmbHG Rn 9; *Geilen* in Kölner Komm. § 400 AktG Rn 2 (Interessen der Öffentlichkeit).
[29] Wie der Entwurf hervorhebt, siehe RegBegr. Gankse S. 306 f.
[30] ISd. § 823 Abs. 2 BGB; vgl. *Kuhlen* in Lutter Rn 7; *Marsch-Barner* in Kallmeyer Rn 2; *Vosius* in Widmann/Mayer Rn 47 und 2 bis 3; *Ransiek* in Achenbach/Wannemacher § 28 Rn 110; zum Charakter einer Norm als Schutzgesetz: BGH ZIP 1991, 1597.

Unrichtige Darstellung 9–12 § 313

Der Kreis der geschützten Personen ist auch **strafprozessual** bedeutsam, nämlich hinsichtlich der Befugnisse und Rechte, die nach der StPO nur dem Verletzten zustehen[31], so zB im Adhäsionsverfahren[32] und im Klageerzwingungsverfahren[33] sowie als selbstständiger Prozessbeteiligter[34]. Der Verletztenbegriff der StPO ist nicht einheitlich und kann je nach Zweck der Vorschrift enger oder weiter ausgelegt werden[35]. Als Abgrenzungskriterium wird zum Teil auf die Unmittelbarkeit der Rechtsverletzung abgestellt, zum Teil wird der Schutzzweck der verletzten Norm herangezogen[36]. 9

2. Entstehungsgeschichte

Schon im HGB 1897 findet sich der Tatbestand der unrichtigen Darstellung, der vor allem auf den Gründungsschwindel zielte. Durch das AktG 1937 wurde der Schutzbereich erweitert[37]. Den Tatbestand der unrichtigen Darstellung gab es vor Inkrafttreten des UmwG am 1. 1. 1995 in verschiedenen Gesetzen, die neben der Strafvorschrift des UmwG überwiegend fortgelten. 10

Nicht geändert durch das UmwBerG[38] wurde die rechtsformunabhängige Strafvorschrift des HGB[39] und die entsprechenden Strafvorschriften des GenG[40], des VAG[41], des AktG[42], des PublG[43] und des SpTrUG[44]. Das KapErhG[45] wurde insgesamt aufgehoben[46]. Die Strafbestimmung über bestimmte wahrheitswidrige Erklärungen im Zusammenhang mit der Umwandlung einer AG in eine GmbH wurde aus dem AktG entfernt und ist nunmehr im UmwG[47] geregelt[48]. In das GmbHG[49] wurde eine neue Tatbestandsalternative aufgenommen[50]. Mit Gesetz vom 22. 7. 1998[51] wurde der Täterkreis des § 313 erweitert und erfasst nun auch vertretungsberechtigte Partner iSd. PartGG[52]. 11

III. Unrichtige Wiedergabe oder Verschleierung (Abs. 1 Nr. 1)

1. Täterkreis

Täter können nur natürliche Personen sein, die für einen an der Umwandlung beteiligten Rechtsträger in bestimmter Funktion tätig sind[53]. 12

---

[31] Vgl. *Kuhlen* in Lutter Rn 7.
[32] § 403 StPO.
[33] § 172 StPO.
[34] §§ 406 d ff. StPO.
[35] BGHSt 4, 202, 203; *OLG Braunschweig* wistra 1993, 31, 32.
[36] *Zielinski* wistra 1993, 6; *OLG Braunschweig* wistra 1993, 31, 32 mwN; gegen das Kriterium der Unmittelbarkeit BGHSt 4, 202, 204; vgl. aber *Meyer-Goßner* § 172 StPO Rn 9; § 403 StPO Rn 2, § 406 d StPO Rn 2.
[37] *Otto* in Großkomm. § 399 AktG Rn 1.
[38] Abgedruckt in *Neye* S. 467 ff.
[39] § 331 HGB.
[40] § 147 GenG.
[41] § 134 VAG.
[42] § 400 AktG.
[43] § 17 PublG.
[44] § 15 SpTrUG.
[45] § 36 KapErhG.
[46] Art. 5 UmwBerG.
[47] § 313 Abs. 2.
[48] *Otto* in Großkomm. § 399 AktG Rn 1.
[49] § 82 Abs. 1 Nr. 4 GmbHG.
[50] *Kuhlen* in Lutter Rn 1.
[51] BGBl. I 1998 S. 1878, 1880.
[52] *Kuhlen* in Lutter Rn 1.
[53] *Kuhlen* in Lutter Rn 9; *Marsch-Barner* in Kallmeyer Rn 3.

13 **a) Beteiligter Rechtsträger.** Wer als Rechtsträger im Einzelnen bei Umwandlungen beteiligt sein kann, ergibt sich aus den entsprechenden Normen des UmwG zur Verschmelzung[54], Spaltung[55], Vermögensübertragung[56] und zum Formwechsel[57].

14 **b) Organmitglieder.** Der Täter muss in einer bestimmten Beziehung zu dem an der Umwandlung beteiligten Rechtsträger stehen:
– Entweder als Mitglied eines Vertretungsorgans ohne Rücksicht auf die Rechtsform des Unternehmens. Bei einer GmbH sind dies die **Mitglieder der Geschäftsführung**, bei einer AG, einem Verein, einem genossenschaftlichen Prüfungsverband, einem VVaG oder einer eG der **Vorstand**[58], ebenso die stellvertretenden Vorstandsmitglieder. Erfasst sind auch vertretungsberechtigte Gesellschafter, d. h. **geschäftsführungsbefugte Gesellschafter** einer OHG oder Komplementäre einer KG oder einer KGaA[59] und vertretungsberechtigte **Partner** iSd. PartGG.
– Oder als Mitglied des **Aufsichtsrats** einer AG, GmbH, KGaA, eG oder VVaG[60]. Das Gesetz nennt ausschließlich das Mitglied „eines Aufsichtsrats" und nicht auch das Mitglied eines ähnlichen Organs[61]. Für die Begründung der Täterschaft reicht es daher nicht aus, dass es sich um das Mitglied eines Aufsichtsorgans mit der Kompetenz zur Überwachung der Geschäftsführung handelt. **Beiratsmitglieder** oder **Verwaltungsratsmitglieder** sind nicht erfasst[62].
– Oder als **Liquidator** (Abwickler), denn auch aufgelöste Unternehmen können unter bestimmten Voraussetzungen an einer Umwandlung beteiligt sein und werden dann durch ihre Liquidatoren vertreten[63].

15 Als **Täter** einer unrichtigen Darstellung in den jeweiligen **Berichten**[64] kommen nur die **Vertretungsorgane** in Betracht, da nur diese für die Erstattung des Berichts zuständig sind[65].

16 Ohne Einfluss auf die Täterqualität ist die **Regelung der Vertretungsmacht** (Einzel- oder Gesamtvertretung)[66]. **Beschränkungen der Geschäftsführungsbefugnis** im Innenverhältnis sind unerheblich. Ausreichend ist, dass die Beziehung zu dem Rechtsträger rechtswirksam ist; ob und wie die Funktion ausgefüllt wird, spielt keine Rolle.

17 **c) Einzelfälle.** *aa) Geschäftsführender Kommanditist.* Der geschäftsführende Kommanditist ist kein vertretungsberechtigter Gesellschafter iSd. Norm, auch dann nicht, wenn ihm Prokura erteilt ist, denn seine Vertretungsmacht beruht in diesem Fall auf Rechtsgeschäft und nicht auf seiner Organstellung[67].

18 *bb) Faktische Ausübung ohne Organschaft.* Ob auch die faktische Ausübung der jeweiligen Funktion als Mitglied des Vertretungsorgans, Aufsichtsrats oder als Abwickler zur Begründung der Täterschaft ausreicht, ist umstritten. Die faktische Ausübung der Funktion des **Ge-**

---

[54] § 3.
[55] § 124.
[56] § 175.
[57] § 191.
[58] *Vossius* in Widmann/Mayer Rn 12.
[59] *Vossius* in Widmann/Mayer Rn 12.
[60] *Vossius* in Widmann/Mayer Rn 12.
[61] Wie in § 82 Abs. 2 Nr. 2 GmbHG.
[62] Ebenso *Lutter/Hommelhoff* zu § 85 GmbHG Rn 2; *Tiedemann* in Scholz § 85 GmbHG Rn 3; aA *Kuhlen* in Lutter Fn 16.
[63] RegBegr. *Ganske* S. 307.
[64] § 313 Abs. 1 Nr. 1 Alt. 1.
[65] *Ransiek* in Achenbach/Wannemacher § 28 Rn 111.
[66] *Pfeiffer*, FS Rowedder, S. 347, 352 zu § 84 GmbHG.
[67] *Vossius* in Widmann/Mayer Rn 13.

Unrichtige Darstellung 19–21 § 313

sellschafters oder **Partners** ist in dem Zusammenhang nicht relevant, da der Gesetzeswortlaut hier die Vertretungsberechtigung voraussetzt, d. h. dass die Beziehung zum Unternehmen rechtswirksam bestehen muss[68].

Nach allgemeiner Auffassung wird die strafrechtlich relevante Tätereigenschaft von Funktionsträgern, die auf Grundlage eines zivilrechtlich **unwirksamen Bestellungsakts** tätig sind, bejaht[69]. Zum Teil wird die Auffassung damit begründet, dass sie der gesetzlichen Wertung bei der allgemeinen Organ- und Vertreterhaftung entspricht[70]. 19

Umstritten ist die Rechtslage bei gänzlich **fehlendem Bestellungsakt**[71]. Nach ständiger **Rechtsprechung des BGH** kann die tatsächliche Ausübung der Organtätigkeit die Tätereigenschaft begründen, ohne dass ein förmlicher Bestellungsakt zugrunde liegt[72]. Dabei muss das faktische Organ im **Einverständnis** mit dem Bestellungsorgan geschäftsführend tätig sein, was der BGH als einen **konkludenten Bestellungsakt** bewertet[73]. 20

Die Rechtsprechung des BGH zum faktischen Geschäftsführer verstößt gegen das **Gesetzlichkeitsprinzip**[74] und ist abzulehnen. Es ist schon zweifelhaft, ob die Ausdehnung der Strafbarkeit auf faktische Organe noch vom Wortlaut gedeckt ist oder eine verbotene Analogie darstellt[75]. Denn die Auslegung des Geschäftsführerbegriffs durch den BGH entspricht nicht den formalen gesetzlichen Bestimmungen[76]. Selbst wenn man hier eine 21

---

[68] *KG* NJW-RR 1997, 1126 zu § 14 Abs. 1 StGB „vertretungsberechtigtes Organ"; *Kuhlen* in Lutter Fn 19 mit dem Hinweis, das sie ggf. als faktische Geschäftsführer zur Verantwortung gezogen werden können; *Marsch-Barner* in Kallmeyer Rn 3; *Vossius* in Widmann/Mayer Rn 16.

[69] So schon die reichsgerichtliche Rspr., RGSt 16, 269, 270 f.; 64, 81, 84 f.; 72, 187, 191 f.; *K. Schmidt*, FS Rebmann, S. 419, 429; *C. Schäfer* GmbHR 1993, 717, 722; *Tiedemann* in Scholz § 82 GmbHG Rn 42 und § 84 GmbHG Rn 28; *Lutter/Hommelhoff* § 82 GmbHG Rn 2; *Kuhlen* in Lutter Rn 11; *Marsch-Barner* in Kallmeyer Rn 3; *Stein* S. 199 mit der Einschränkung, dass sich die Normadressatenschaft nur im Wege der Auslegung der einzelnen Straftatbestands ergeben kann.

[70] Gem. § 14 Abs. 3 StGB; *Stein* S. 194 ff.; *C. Schäfer* GmbHR, 717, 722; *K. Schmidt*, FS Rebmann, S. 419, 429. Bei den besonderen Organ- und Vertretertatbeständen des UmwG findet § 14 StGB keine Anwendung, da der Handelnde bereits Normadressat ist, vgl. BGHSt 31, 118, 122.

[71] Ausf. und krit. zur „faktischen Mitorganschaft" *Tiedemann* in Scholz § 84 GmbHG Rn 33 mwN zum Meinungsstand.

[72] BGHSt 3, 32; 21, 101, 103; 31, 118, 122; *BGH* NStZ 2000, 34, 35; *BGH* StV 1984, 461 f.; *BGH* wistra 1990, 60, 61. Zust: *Kuhlen* in Lutter Rn 11; *Vossius* in Widmann/Mayer Rn 15; *Marsch-Barner* in Kallmeyer Rn 10; *Pfeiffer*, FS Rowedder, S. 347, 351; *Fuhrmann* in G/H/E/K § 399 AktG Rn 10; *Fuhrmann* in Erbs/Kohlhaas A 116 § 399 AktG Anm. 4. a); *Fuhrmann/Schaal* in Rowedder § 82 GmbHG Rn 11; *Schaal* in Erbs/Kohlhaas G 131 § 82 GmbHG Anm. 2. b); ablehnend: *Lutter/Hommelhoff* § 82 GmbHG Rn 2; § 84 Rn 3; *Ransiek* in Achenbach/Wannemacher § 28 Rn 112, § 23 III Rn 242 ff.; *Stein* ZHR 148 (1984) 207, 222; *Kaligin* Urteilsanm. BB 1983, 790; vgl. *Joerden* Urteilsanm. JZ 2001, 309, 311; krit. wegen der Konturenlosigkeit des Begriffs des faktischen Geschäftsführers: *Kratzsch* ZGR 1985, 506, 512; *Dierlamm* NStZ 1996, 153, 154; vgl. auch *Hildesheim* wistra 1993, 166, 169.

[73] So auch *Vossius* in Widmann/Mayer Rn 15 f., der nur den Bereich der angemaßten Geschäftsführung ausklammert; krit. zur Rspr. des BGH *K. Schmidt*, FS Rebmann, S. 419, 425, der die Vorgehensweise des BGH als „Befreiung des Strafrechts vom zivilistischen Denken durch falsche Anwendung des Zivilrechts" bezeichnet.

[74] Art. 103 Abs. 2 GG, § 1 StGB.

[75] *Stein* ZHR 148 (1984) 207, 222 (Verstoß gegen das Analogieverbot); auch *K. Schmidt*, FS Rebmann, S. 419, 440 sieht die strafrichterliche Rechtsprechung „keineswegs" durch den Wortlaut gedeckt; aA *Bruns* JR 1984, 133 ff.; *Cadus* S. 145 ff. „teleologische Auslegung in den Grenzen des Wortlauts"; *Kratzsch* ZGR 1985, 507, 511, der diese Auslegung unter faktisch-funktionalen Gesichtspunkten mit dem möglichen Wortsinn für vereinbar hält.

[76] Vgl. §§ 6, 8 Abs. 1 Nr. 2, Abs. 3, 35 ff. GmbHG und zum Vorstand §§ 30, 76 ff. AktG; *Kaligin* Urteilsanm. BB 1983, 790; vgl. *Joerden* Urteilsanm. JZ 2001, 309, 311, wonach mit dem Begriff „als Geschäftsführer" zunächst einmal nur derjenige gemeint sein kann, der iSd. GmbHG bestellt worden ist; so auch *Stein* ZHR 148 (1984) 207, 223; dagegen: *Bruns* JR 1984, 133, 135 ff.

faktisch-funktionale Betrachtungsweise[77] für möglich hält, ist das Kriterium des faktischen Geschäftsführers zu konturenlos, um dem Bestimmtheitsgrundsatz Rechnung zu tragen[78].

22 **d) Täterschaft.** Wer als einer der genannten organschaftlichen Vertreter eine vorsätzliche unrichtige Darstellung in eigener Person vollzieht, ist stets **unmittelbarer Täter**[79].

23 Bei einer Verwirklichung des Tatbestands durch ein Gremium kommt **Mittäterschaft**[80] in Betracht. Voraussetzung ist das Vorliegen eines gemeinsamen Tatentschlusses der Beteiligten und ein objektiver Tatbeitrag eines jeden Einzelnen. Ein ausreichender Tatbeitrag soll die Mitwirkung an der **Kollegialentscheidung** oder deren nachträgliche Übernahme sein[81]. So sollen alle an einer Beschlussfassung teilnehmenden Organmitglieder für unrichtige Auskünfte, die aufgrund dieses Beschlusses erfolgen, und nicht nur das Mitglied, welches die Auskunft erteilt hat, haften[82]. Ebenso sollen für einen unrichtigen Bericht alle, die an seiner Erstellung beteiligt sind, haften und nicht nur die Mitglieder, die ihn unterzeichnen[83].

24 **Nicht entlasten** können soll sich das einzelne Mitglied damit, dass der entsprechende Beschluss auch ohne seine Mitwirkung so ausgefallen wäre[84]. Denn die Verantwortung an der Kollegialentscheidung treffe alle Mitglieder anteilig und gleichrangig[85]. Auch eine organisationsinterne **Verteilung der Zuständigkeiten** enthebe das einzelne Mitglied nicht seiner Verantwortung an den Entscheidungen des Kollegialorgans[86].

25 Die Abgabe einer **Gegenstimme** schließt eine Mittäterschaft aus, da ein gemeinsamer Tatentschluss fehlt[87]. Denkbar ist eine Strafbarkeit wegen pflichtwidrigen Unterlassens[88], wenn das überstimmte Mitglied der unrichtigen Darstellung nicht **widerspricht**[89]; das soll auch dann gelten, wenn es durch eine im Alleingang abgegebene unrichtige Auskunft eines anderen Organmitglieds überrascht wird[90].

---

[77] *Bruns* JR 1984, 133 ff.; krit. zur Reichweite der faktischen Betrachtungsweise *Cadus* S. 102 ff.; *K. Schmidt*, FS Rebmann, S. 419, 430 ff.; *Joerden* wistra 1990, 1 ff.

[78] *Kratzsch* ZGR 1985, 506, 512; *Dierlamm* NStZ 1996, 153, 154; vgl. auch *Hildesheim* wistra 1993, 166, 169, der im Interesse der Rechtssicherheit fordert, einen einheitlichen Maßstab zugrunde zu legen; *Weimar* GmbHR 1997, 538, 542 f. hält eine Begriffsbestimmung des faktischen Geschäftsführers für nicht möglich und nur am konkreten Einzelfall auszumachen.

[79] § 25 Abs. 1 1. Alt. StGB; *Cramer/Heine* in Schönke/Schröder Vorbem. §§ 25 ff. StGB Rn 75, § 25 StGB Rn 2 ff.

[80] § 25 Abs. 2 StGB.

[81] BGHSt 37, 106, 129 f.; *Kuhlen* in Lutter Rn 29; zu den verschiedenen Fallgruppen siehe *Weißer* S. 162 ff.; *Cramer/Heine* in Schönke/Schröder § 25 StGB Rn 76 ff.; *Ransiek* in Achenbach/Wannemacher § 28 Rn 112; § 23 III Rn 250; *Eidam* S. 259.

[82] *Kuhlen* in Lutter Rn 29; *Otto* in Großkomm. § 400 AktG Rn 44; *Geilen* in Kölner Komm. § 400 AktG Rn 55.

[83] *Vossius* in Widmann/Mayer Rn 21.

[84] BGHSt 37, 106, 128 ff.; NJW 2003, 526; zu den Zurechnungsproblemen bei Kollegialentscheidungen siehe *Schaal, Neudecker, Weißer, Jakobs*, FS Myazawa, S. 419 ff., 425; *Kuhlen* JZ 1994, 1142, 1146; *Eidam* S. 259.

[85] *Schaal* S. 43.

[86] BGHSt 37, 106, 123, hierzu *Dreher* ZGR 1992, 22, 54 ff.; *Neudecker* S. 33 ff., 41; *Kuhlen* in Lutter Rn 29; *Ransiek* in Achenbach/Wannemacher § 28 Rn 112, § 23 III Rn 249.

[87] *Ransiek* in Achenbach/Wannemacher § 28 Rn 112, § 23 III Rn 252.

[88] Siehe Rn 50.

[89] BGHSt 37, 106, 126, wonach jeder einzelne verpflichtet ist, „unter vollem Einsatz seiner Mitwirkungsrechte das ihm Mögliche und Zumutbare zu tun," um den gebotenen Beschluss herbeizuführen (bestätigt in *BGH* NJW 2003, 526), hierzu: *Dreher* ZGR 1992, 22, 43 ff.; *Geilen* in Kölner Komm. § 400 AktG Rn 55; *Kuhlen* in Lutter Rn 29; *Eidam* S. 260 ff.

[90] *Geilen* in Kölner Komm. § 400 AktG Rn 55.

Der Tatbestand kann auch als **mittelbarer Täter** verwirklicht werden. Das ist dann der 26
Fall, wenn sich der Täter zur Deliktsverwirklichung eines anderen als Werkzeug bedient,
so dass ihm der Tatbeitrag des die Tat Ausführenden als eigener zugerechnet werden
kann[91].

Schwierigkeiten bereitet die Annahme der mittelbaren Täterschaft, wenn der **Vorder-** 27
mann nicht zum Täterkreis gehört[92], wenn also ein Funktionsträger einen nicht sonderpflichtigen Mitarbeiter zu einer unrichtigen Darstellung veranlasst, und dieser vorsätzlich und
mit Unrechtsbewusstsein handelt.

Zum Teil wird vertreten, dass in solchen Fällen der Funktionsträger mittelbarer Täter kraft 28
Organisationsherrschaft ist[93]. Der BGH[94] erkennt die Figur der mittelbaren Täterschaft
kraft Organisationsherrschaft (sog. Täter hinter dem Täter) mittlerweile an und hält sie auch
bei **unternehmerischen Betätigungen** grundsätzlich für anwendbar[95]. Dabei handelt es
sich um eine Ausnahme von der Regel, dass der Hintermann regelmäßig nicht mittelbarer
Täter sein kann, wenn der Vordermann irrtumsfrei und uneingeschränkt schuldfähig handelt.
Voraussetzung der Annahme dieser Rechtsfigur ist, dass der Beitrag des Hintermanns durch
Ausnutzung von Organisationsstrukturen nahezu automatisch zu der gewollten Tatbestandsverwirklichung durch den Vordermann führt[96].

Abgesehen von grundsätzlichen Bedenken gegenüber dieser Rechtsfigur[97] ist die An- 29
wendbarkeit dieser Ausnahme auf unternehmerische Organisationsstrukturen zu Recht
umstritten[98]. Sie ist schon deshalb nicht einleuchtend, weil der vorausgesetzte **Automa-**
tismus der Tatausführung durch den voll tatbestandsmäßig handelnden Vordermann nur in
totalitären Systemen oder kriminellen Organisationen denkbar ist[99]. Bei wirtschaftlichen
Unternehmen kann von einem solchen Automatismus regelmäßig nicht ausgegangen
werden.

e) Teilnahme. Bei Fehlen der im Tatbestand vorausgesetzten **Sondereigenschaft** ist le- 30
diglich Anstiftung und Beihilfe möglich[100]. Wer also nicht zum Täterkreis gehört, etwa der
Hauptgesellschafter, leitende Angestellte, Berater oder Mitarbeiter, kann sich nur als Teilneh-

---

[91] § 25 Abs. 1 2. Alt. StGB; *Cramer/Heine* in Schönke/Schröder Vorbem. §§ 25 ff. StGB Rn 7, § 25 StGB Rn 6; zum Begriff der mittelbaren Täterschaft RGSt 39, 37, 40 f.

[92] Das kann zB bei der Tathandlung der falschen Angabe in Darstellungen und Übersichten über den Vermögensstand der Fall sein, etwa durch die benannte Auskunftsperson, den Leiter Presseabteilung, den Leiter Investor Relations Abteilung.

[93] So *Kuhlen* in Lutter Rn 28; *Vossius* in Widmann/Mayer Rn 20 für den Fall des dem Vorstand der Muttergesellschaft faktisch untergeordneten Geschäftsführers einer Tochtergesellschaft.

[94] Grundlegend BGHSt 40, 218, 236 (Mauerschützen) mit Anm. *Roxin* JZ 1995, 49; mit krit. Anm. *Jakobs* NStZ 1995, 26; BGH NStZ 1998, 568, 569 mit abl. Anm. *Dierlamm* S. 569 f.

[95] BGHSt 40, 218, 236 f.; *BGH* NStZ 1998, 568, 569.

[96] BGHSt 40, 218, 236; *Roxin* in Leipziger Komm. § 25 StGB Rn 128.

[97] *M. Köhler* StR AT Kap. 9 II.2.4.2.3., S. 510 mwN zum Meinungsstand; *Jakobs* NStZ 1995, 26, 27; *Renzikowski* S. 87 ff.; *Diel* S. 333.

[98] Dafür: *Kuhlen* in Lutter Rn 28; wohl auch *Vossius* in Widmann/Mayer Rn 20; *Kühl* in Lackner/Kühl § 25 StGB Rn 2, der allerdings auf geschäftsähnliche Gebilde im Bereich des organisierten Verbrechens abstellt; dagegen: *Rotsch* wistra 1999, 321, 326 f. und 368, 372; *ders.* S. 145 ff.; *Herzberg*, Mittelbare Täterschaft und Anstiftung in formalen Organisationen, in Amelung (Hrsg.) S. 33, 47; *M. Köhler* StR AT Kap. 9 II.2.4.2.3., S. 510; *Charchulla* S. 80; kritisch gegenüber einer Ausweitung auf moderne Wirtschaftsunternehmen: *Cramer/Heine* in Schönke/Schröder § 25 StGB Rn 25 a mwN zum Meinungsstand.

[99] Vgl. *Renzikowski* S. 90, der das Bild einer patriarchalischen Unternehmensleitung für unvereinbar hält mit dem individualistischen Prinzip einer freien Gesellschaft und mit der Achtung des Untergebenen als Person.

[100] §§ 26, 27 StGB; *Cramer/Heine* in Schönke/Schröder Vorbem. §§ 25 ff. StGB Rn 84; *Langer* S. 479.

§ 313   31–33   Sechstes Buch. Strafvorschriften und Zwangsgelder

mer strafbar machen[101]. Denkbar ist vor allem **Beihilfe**[102], etwa durch Beratung des Haupttäters[103]. In Betracht kommt aber auch eine **Anstiftung**[104], etwa wenn ein Hauptaktionär den Geschäftsführer zu falschen Angaben in einem Bericht veranlasst[105]. Das setzt voraus, dass der Sonderpflichtige mit **Unrechtseinsicht** handelt. Beruht die unrichtige Darstellung eines Sonderpflichtigen auf einer **Täuschung** durch einen Angestellten, entfällt mangels Haupttat die Strafbarkeit des Angestellten als Anstifter (oder Gehilfe)[106] und mangels Sonderpflicht die Strafbarkeit als mittelbarer Täter[107].

31 Für die Auskünfte von Angehörigen **rechtsberatender Berufe**[108] ist der Bereich der Strafbarkeit auf Unterstützungshandlungen zu beschränken, die über das **wertfreie Aufzeigen** von Handlungsalternativen hinausgehen[109].

32 Auch der **Sonderpflichtige** kann als Teilnehmer strafbar sein. Ob Täterschaft oder Teilnahme vorliegt, bestimmt sich nach den allgemeinen Regeln[110], denn die Zugehörigkeit zum Täterkreis ist zwar notwendige, aber nicht hinreichende Bedingung einer Täterschaft[111].

2. Tatobjekt: Ausführungen über Verhältnisse des Rechtsträgers in tatsächlicher und rechtlicher Hinsicht

33 Verhältnisse des Rechtsträgers sind alle Umstände, die für die Beurteilung des Rechtsträgers und den Umwandlungsvorgang von Bedeutung sein können[112]. Der Begriff wird nicht auf die **Vermögenslage** beschränkt und soll alle Umstände erfassen, die für die Gesellschaft in ihrem Wirtschaftsleben und in ihrem politischen und sozialen Umfeld erheblich sein können[113]. Mit einem derart weiten Begriff der Gesellschaftsverhältnisse als Bezugspunkt wird auch die banale, und nicht einmal schriftliche, Lüge unter Strafe gestellt, eine für das Strafrecht untypische Pönalisierung[114]. Gegen die Weite des Begriffs bestehen zu Recht **verfassungsrechtliche Bedenken**, da sowohl der Begriff selbst[115] als auch die Strafwürdigkeit und

---

[101] *Vossius* in Widmann/Mayer Rn 23 f.
[102] Zu den Voraussetzungen der Beihilfe: *Cramer/Heine* in Schönke/Schröder § 27 StGB Rn 1 ff.; zum Begriff der Beihilfe: *Roxin*, FS Myazawa, S. 501 ff.; vgl. BGHZ 105, 121, 133 f. zur Beihilfe bei einem Kapitalerhöhungsschwindel gem. § 399 Abs. 1 Nr. 4 AktG; zur Abgrenzung zwischen neutralen und deliktischen Beihilfehandlungen: *Ransiek*, Neutrale Beihilfe in formalen Organisationen, in Amelung (Hrsg.) S. 95 ff.
[103] *Kuhlen* in Lutter Rn 30; nach hM ist auch die bloße psychische Unterstützung (Bestärkung des Tatentschlusses) erfasst, siehe *Cramer/Heine* in Schönke/Schröder § 27 StGB Rn 12 mwN.
[104] Zu den Voraussetzungen der Anstiftung: *Cramer/Heine* in Schönke/Schröder § 26 StGB Rn 1 ff.
[105] *Vossius* in Widmann/Mayer Rn 25.
[106] *Otto* in Großkomm. § 400 AktG Rn 10 mit dem Beispiel des leitenden Angestellten, der im Finanzressort maßgeblichen Einfluss auf die Rechnungslegung hat.
[107] *M. Köhler* StR AT Kap. 9 II.2.4.2.3., S. 510.
[108] Ausf. zur Sonderstellung des Rechtsanwalts in der Rspr.: *Mallison* S. 76 ff.
[109] *Kuhlen* in Lutter Rn 30; ausf. zu dem Problem: *Hassemer* wistra 1995, 41 ff. und 81 ff.; *Löwe-Krahl* wistra 1995, 201, 105 (strafrechtliche Haftung dann, wenn sich den deliktischen Plänen angepasst wird); *Volk* BB 1987, 139, 141; *Cramer/Heine* in Schönke/Schröder § 27 StGB Rn 10 a.
[110] §§ 25 ff. StGB; *Langer* S. 470.
[111] So *Kuhlen* in Lutter Rn 27; aA wohl *Cramer/Heine* in Schönke/Schröder Vorbem. §§ 25 ff. Rn 84.
[112] Der Begriff „Verhältnisse" ist ebenso wie in §§ 400 Abs. 1 Nr. 1 AktG, 331 Abs. 1 Nr. 1 HGB auszulegen; für eine weite Auslegung: *Kuhlen* in Lutter Rn 14; *Marsch-Barner* in Kallmeyer Rn 4; *Vossius* in Widmann/Mayer Rn 29.
[113] RGSt 21, 172 ff.; 38, 195, 196; 41, 297 f.; 66, 425, 426; *Fuhrmann* in Erbs/Kohlhaas A 116 § 400 AktG Anm. 3; krit. *Geilen* in Kölner Komm. § 400 AktG Rn 20; *Otto* in Großkomm. § 400 AktG Rn 29; *Quedenfeld* in MünchKomm. § 331 HGB Rn 40.
[114] *Geilen* in Kölner Komm. § 400 AktG Rn 19; *Otto* in Großkomm. § 400 AktG Rn 29; *Weber* in Leffson/Rückle/Großfeld IV.2. S. 321.
[115] *Geilen* in Kölner Komm. § 400 AktG Rn 18.

Strafbedürftigkeit nicht ausreichend bestimmt sind[116]. Angesichts des Schutzbereichs[117] müssen sich die Angaben auf Verhältnisse beziehen, die für die Beurteilung der wirtschaftlichen Situation im Zusammenhang mit der Umwandlung von Bedeutung sind[118]. Ausdrücklich erfasst sind auch die Beziehungen zu verbundenen Unternehmen[119].

Die **Wiedergabe** der Verhältnisse kann schriftlich oder mündlich, aufgrund gesetzlicher Verpflichtung oder freiwillig, nach außen oder intern erfolgen[120].

a) In Berichten. Berichte iSd. § 313 Abs. 1 Nr. 1 sind nur die Verschmelzungs-[121], Spaltungs-[122], Übertragungs-[123] und Umwandlungsberichte[124].

Das Gesetz lässt es genügen, dass es sich um die im UmwG vorgesehenen Berichte handelt. Es ist also nicht erforderlich, dass die Erstattung der Berichte vorgeschrieben ist. Wird ein Bericht **freiwillig** abgegeben, obwohl auf seine Erstattung verzichtet wurde[125], ist er ebenso wie ein vorgeschriebener Bericht geeignet, auf die zu treffenden Entscheidungen Einfluss zu nehmen[126].

Falsche Angaben in **anderen Berichten**[127] als den ausdrücklich genannten werden nicht erfasst, können aber nach den Vorschriften des AktG[128] oder GmbHG[129] strafbar sein[130].

b) In Darstellungen oder Übersichten über den Vermögensstand[131]. Erfasst sind nur Darstellungen und Übersichten, die denjenigen **Rechtsträger** betreffen, für den der Handelnde tätig ist, nicht auch Auskünfte über die Vermögensangelegenheiten anderer beteiligter Rechtsträger[132]. Die Darstellungen und Übersichten müssen sich gleichermaßen auf den **Vermögensstand** beziehen[133] und den Eindruck einer gewissen **Vollständigkeit** vermitteln[134].

---

[116] Verstoß gegen das Bestimmtheitsgebot Art. 103 Abs. 2 GG, § 1 StGB; so auch *Otto* in Großkomm. § 400 AktG Rn 29; *Quedenfeld* in MünchKomm. § 331 HGB Rn 40; aA *Fuhrmann* in Erbs/Kohlhaas A 116 § 400 AktG Anm. 3.

[117] Siehe oben Rn 5 f.

[118] So *Quedenfeld* in MünchKomm. § 331 HGB Rn 41; *Otto* in Großkomm. § 400 AktG Rn 29 beschränkt die Verhältnisse der Gesellschaft auf solche, die die Entscheidung Dritter, mit der Gesellschaft in rechtliche oder wirtschaftliche Beziehung zu treten, beeinflussen können; *Geilen* in Kölner Komm. § 400 AktG Rn 19 hält eine Einschränkung auf Verhältnisse, die einen wirtschaftlichen Bezug haben, für nicht zwingend herleitbar.

[119] § 313 Abs. 1 Nr. 1; welche Unternehmen verbunden sind, ergibt sich gem. § 8 Abs. 1 Satz 3 UmwG aus § 15 AktG.

[120] *Klussmann* AG 1973, 221, 224; *Kuhlen* in Lutter Rn 15.

[121] § 8.

[122] §§ 127, 135 Abs. 1.

[123] §§ 176 ff.

[124] § 192; *Vossius* in Widmann/Mayer Rn 34.

[125] Vgl. §§ 8 Abs. 3, 41, 215.

[126] *Kuhlen* in Lutter Rn 17; *Marsch-Barner* in Kallmeyer Rn 6.

[127] ZB in dem Ausgliederungsbericht gem. § 162.

[128] §§ 399, 400 AktG.

[129] § 82 GmbHG.

[130] *Vossius* in Widmann/Mayer Rn 35; *Marsch-Barner* in Kallmeyer Rn 6.

[131] Vgl. die ausf. Beispiele aus der Rspr. in *Fuhrmann* in Erbs/Kohlhaas A 116 § 400 AktG Anm. 5. b).

[132] *Kuhlen* in Lutter Rn 18.

[133] *Kuhlen* in Lutter Rn 18; sehr weit *Fuhrmann* in G/H/E/K § 400 AktG Rn 16: alle Tatsachen, „die sich auf die wirtschaftliche Situation der Gesellschaft und auf ihre künftige wirtschaftliche Entwicklung auswirken können."

[134] Vgl. BT-Drucks. 10/318 S. 23 zu den gleichlautenden Begriffen in § 264 a Abs. 1 StGB; *Otto* in Großkomm. § 400 AktG Rn 32.

39 **Übersichten** sind Zusammenstellungen von Daten, die einen Gesamtüberblick über das Vermögen ermöglichen[135]. Erfasst sind Bilanzen aller Art[136], Modellrechnungen zur Unternehmensbewertung und dynamische Faktoren, wie etwa die Ertragsentwicklung[137]. Schriftform ist nicht vorausgesetzt, wird aber im Regelfall vorliegen. Eröffnungs- oder Jahresbilanzen und Lageberichte von Kapitalgesellschaften werden wegen der Subsidiaritätsklausel nicht von § 313, sondern ausschließlich von § 331 Nr. 1 HGB erfasst.

40 **Darstellungen** sind hingegen auch formlose Mitteilungen zwischen den Organen der Gesellschaft[138]. Erfasst sind mündliche Auskünfte, die ein Vorstands- oder Aufsichtsratsmitglied Organen eines Rechtsträgers erteilt, aber auch Äußerungen gegenüber der Öffentlichkeit oder Einzelpersonen[139].

41 Da der Gesetzgeber eine Darstellung über den Vermögensstand voraussetzt und nicht eine Darstellung, die lediglich auch Fragen des Vermögensstands berührt, muss es sich um Berichte handeln, die den Eindruck der **Vollständigkeit** erwecken[140], und sich nicht bloß auf einzelne Aspekte der Vermögenslage beschränken.[141]

42 **c) In Vorträgen oder Auskünften in der Versammlung der Anteilsinhaber.** Es handelt sich um die im UmwG vorgesehene Versammlung der Anteilsinhaber[142], in der über die Umwandlung beschlossen wird[143]. Erfasst sind sowohl Erläuterungen, die das Vertretungsorgan von sich aus zu erteilen hat, als auch Auskünfte auf Fragen von Anteilsinhabern, die keinen Informationsanspruch haben und das Organmitglied die Auskunft hätte verweigern können[144].

3. Tathandlungen

43 **a) Unrichtige Wiedergabe**[145]. Unrichtig ist eine Wiedergabe dann, wenn sie **objektiv** nicht mit der Wirklichkeit übereinstimmt[146], auf das subjektive Vorstellungsbild des Äußernden kommt es zunächst nicht an[147]. Die Vorschrift dient vorrangig dem Schutz vor zu guter Darstellung, betrifft aber auch die Fälle, in denen die Verhältnisse der Gesellschaft zu ungünstig dargestellt werden[148]. Der Inhalt der Erklärung ist vom **Empfängerhorizont** auszule-

---

[135] *Kuhlen* in Lutter Rn 19; *Otto* in Großkomm. § 400 AktG Rn 33; *Fuhrmann* in G/H/E/K § 400 AktG Rn 15.

[136] Wie Zwischenbilanzen, Kreditbilanzen, Sanierungsbilanzen, Liquidationsbilanzen.

[137] *Kuhlen* in Lutter Rn 19; *Vossius* in Widmann/Mayer Rn 36; *Marsch-Barner* in Kallmeyer Rn 7; *Geilen* in Kölner Komm. § 400 AktG Rn 43, 48; *Otto* in Großkomm. § 400 AktG Rn 33.

[138] *Otto* in Großkomm. § 400 AktG Rn 35; *Fuhrmann* in Erbs/Kohlhaas A 116 § 400 AktG Anm. 5. a).

[139] Krit. zur Konturenlosigkeit des Begriffs: *Kuhlen* in Lutter Rn 19 und *Geilen* in Kölner Komm. § 400 AktG Rn 45; *Fuhrmann* in G/H/E/K § 400 AktG Rn 14.

[140] *Otto* in Großkomm. § 400 AktG Rn 34; siehe Rn 38; vgl. BT-Drucks. 10/318 S. 23 zu den gleichlautenden Begriffen § 264 a StGB.

[141] So aber *Marsch-Barner* in Kallmeyer Rn 7; *Kuhlen* in Lutter Rn 19; *Geilen* in Kölner Komm. § 400 AktG Rn 45 (alle drei krit. zu dieser Ausweitung des Tatbestands); *Fuhrmann* in G/H/E/K § 400 AktG Rn 16.

[142] Gem. § 13 Abs. 1.

[143] *Kuhlen* in Lutter Rn 18; *Marsch-Barner* in Kallmeyer Rn 7; *Vossius* in Widmann/Mayer Rn 37.

[144] *Vossius* in Widmann/Mayer Rn 37, 38.

[145] Beispiele für unrichtige Wiedergaben aus der Rspr. in *Fuhrmann* in G/H/E/K § 400 AktG Rn 24 ff.; *Otto* in Großkomm. § 400 AktG Rn 45 ff.

[146] BayObLG wistra 1987, 191 „Widerspruch zwischen dem Inhalt der Aussage und dem tatsächlichen Geschehen"; *Kuhlen* in Lutter Rn 15; *Marsch-Barner* in Kallmeyer Rn 5; *Vossius* in Widmann/Mayer Rn 39; *Fuhrmann* in G/H/E/K § 400 AktG Rn 20; *Geilen* in Kölner Komm. § 400 AktG Rn 26; *Otto* in Großkomm. § 400 AktG Rn 13; *Lutter/Hommelhoff* § 82 GmbHG Rn 24; *Tiedemann* in Scholz § 82 GmbHG Rn 148; zur Bestimmtheit des Tatbestandsmerkmals „unrichtig" BGHSt 30, 285, 286.

[147] *Geilen* in Kölner Komm. § 400 AktG Rn 26; *Gramich* wistra 1987, 157, 159.

[148] *Kuhlen* in Lutter Rn 15; *Vossius* in Widmann/Mayer Rn 39; *Otto* in Großkomm. § 400 AktG Rn 23; *Lutter/Hommelhoff* § 82 GmbHG Rn 24; *Tiedemann* in Scholz § 82 GmbHG Rn 148.

gen[149]. Auch eine **unvollständige Erklärung** kann eine unrichtige Wiedergabe sein, wenn eine Vollständigkeit berechtigterweise erwartet werden konnte[150]. Bei unrichtiger Wiedergabe durch Unvollständigkeit liegt eine Tathandlung durch **aktives Tun** und nicht durch Unterlassen vor[151].

Erfasst sind neben **Tatsachen** auch **Werturteile**, d. h. Schätzungen, Bewertungen und Prognosen, sofern sie eine dem Beweis zugängliche Tatsachenbehauptung enthalten oder auf eine Tatsachengrundlage zurückzuführen sind[152]. Diese sind dann unrichtig, wenn entweder die zugrunde liegenden Tatsachen oder die gezogenen Folgerungen unzutreffend sind[153]. Im Hinblick auf den strafrechtlichen Bestimmtheitsgrundsatz sind iRd. Folgerungen **Bewertungsfehler** und **Beurteilungsmängel** auf grobe, unvertretbare Verstöße zu beschränken[154]. 44

b) Verschleierung. Eine Verschleierung liegt vor, wenn die objektiv zutreffenden Verhältnisse der Gesellschaft so dargestellt werden, dass sie sich nicht oder nur noch schwer erkennen lassen[155]. Das kann durch eine unübersichtliche, unklare oder in der Form irreführende Darstellung geschehen[156]. 45

Angesichts der Weite des Tatbestands ist die Tathandlung des Verschleierns auf den Bereich der Rechenschaftslegung (Bilanzierung) zu **beschränken**, da anderenfalls jede bewusst ausweichende oder taktierende Äußerung erfasst würde[157]. 46

c) Handlungszusammenhang. Das Handeln des Täters ist nur dann tatbestandsmäßig, wenn er in seiner Eigenschaft als Funktionsträger[158] eines an der Umwandlung beteiligten Rechtsträgers **während des Umwandlungsverfahrens** gehandelt hat[159]. 47

4. Vollendung

Die Tat ist mit Abgabe oder Zugang der jeweiligen Erklärung vollendet[160]. Eine Erklärung ist dann abgegeben, wenn eine Kundgabe gegenüber wenigstens einem Erklärungsempfänger erfolgt ist[161]. 48

Wird die Tat im Rahmen einer Gesellschafter- oder Hauptversammlung begangen, kann nach hier vertretener Auffassung bis zum Beginn der Abstimmung über die Umwandlungsmaßnahme eine **Berichtigung** erfolgen[162]. 49

---

[149] *Otto* in Großkomm. § 400 AktG Rn 15.
[150] *Kuhlen* in Lutter Rn 16; *Marsch-Barner* in Kallmeyer Rn 5; *Vossius* in Widmann/Mayer Rn 40; *Tiedemann* in Scholz § 82 GmbHG Rn 152.
[151] *Kuhlen* in Lutter Rn 15, 32; *Vossius* in Widmann/Mayer Rn 41; *Otto* in Großkomm. § 400 AktG Rn 31.
[152] *Otto* in Großkomm. § 400 AktG Rn 13.
[153] *Kuhlen* in Lutter Rn 15.
[154] *Geilen* in Kölner Komm. § 400 AktG Rn 27 mwN zu den unterschiedlichen Lösungsansätzen; *Marsch-Barner* in Kallmeyer Rn 5; *Kuhlen* in Lutter Rn 15; *Fuhrmann* in G/H/E/K § 400 AktG Rn 20.
[155] RGSt 68, 346, 349; *Geilen* in Kölner Komm. § 400 AktG Rn 38; *Otto* in Großkomm. § 400 AktG Rn 18.
[156] *Kuhlen* in Lutter Rn 16; *Marsch-Barner* in Kallmeyer Rn 5; Bedenken wegen des Bestimmtheitsgebots *Vossius* in Widmann/Mayer Rn 45.
[157] Für eine zurückhaltende Anwendung außerhalb dieses Bereichs: *Geilen* in Kölner Komm. § 400 AktG Rn 38.
[158] Siehe Rn 12 ff.
[159] *Kuhlen* in Lutter Rn 21; *Tiedemann* in Scholz § 82 GmbHG Rn 159.
[160] Ausf. zur Vollendung: *Klussmann* AG 1973, 221, 226; *Kuhlen* in Lutter Rn 31; *Vossius* in Widmann/Mayer Rn 7; *Fuhrmann* in G/H/E/K § 400 AktG Rn 42.
[161] *Kuhlen* in Lutter Rn 31.
[162] *Vossius* in Widmann/Mayer Rn 7.

5. Unterlassen

50 Die Tat kann auch durch Unterlassen begangen werden[163]. In Betracht kommt eine Garantenstellung gegenüber den Anteilsinhabern aus der treuhänderischen Stellung der Sonderpflichtigen[164].

51 War der Sonderpflichtige an einer unvollständigen Erklärung beteiligt oder hat er diese trotz etwaiger Prüfungspflichten unbeanstandet passieren lassen, so ist bei Vorliegen einer berechtigten Vollständigkeitserwartung von einer Tatbestandsverwirklichung durch positives Tun auszugehen[165]. In einem solchen Fall bedarf der Vorsatz besonderer Prüfung.

IV. Unrichtige Wiedergabe oder Verschleierung gegenüber Prüfern (Abs. 1 Nr. 2)

1. Täterkreis

52 Der Täterkreis einer Tat nach § 313 Abs. 1 Nr. 2 entspricht dem Täterkreis des § 313 Abs. 1 Nr. 1[166], mit Ausnahme der Aufsichtsratsmitglieder, denn diese haben nach dem UmwG den Prüfern keine Angaben zu machen[167].

2. Tatobjekte

53 a) **Aufklärungen und Nachweise für Pflichtprüfungen nach dem UmwG.** Vorausgesetzt ist eine Pflichtprüfung, also eine Prüfung, die aufgrund einer **Prüfungsanweisung** nach dem UmwG ergeht[168]. Das sind in erster Linie die Verschmelzungs-[169], Spaltungs-[170] und Übertragungsprüfungen[171]. Prüfungsgegenstand ist der Vertrag über die Umwandlung oder sein Entwurf[172]. Des Weiteren muss es sich um Aufklärungen oder Nachweise handeln, die einem Umwandlungsprüfer zu geben sind.

54 Die **Mitwirkungspflicht** des Vertretungsorgans umfasst alle Aufklärungen und Nachweise, die für eine sorgfältige Prüfung und zur Erreichung des Prüfungszwecks[173] notwendig sind[174]. **Freiwillige Angaben** fallen nicht unter den Tatbestand[175].

55 b) **Sonstige Prüfungen.** Eine Pflichtprüfung ist auch die Prüfung über die Angemessenheit des Barabfindungsangebots[176]. Die erforderlichen Aufklärungen und Nachweise sind dem Verschmelzungsprüfer zu erteilen[177]. Erfasst ist auch die Pflichtprüfung des genossenschaftlichen Prüfungsverbands, sofern er als Verschmelzungsprüfer tätig wird[178]. Begrifflich

---

[163] § 313 Abs. 1 Nr. 1 UmwG iVm. § 13 StGB; vgl. *Stree* in Schönke/Schröder § 13 StGB Rn 1 ff.
[164] Zu weit: *Vossius* in Widmann/Mayer Rn 42 (Garantenstellung gegenüber Gläubigern aus Ingerenz); vgl. zur Ingerenz: *Stree* in Schönke/Schröder § 13 StGB Rn 32 ff.
[165] *Kuhlen* in Lutter Rn 32; *Geilen* in Kölner Komm. § 400 AktG Rn 34; vgl. oben Rn 43.
[166] Rn 12 ff.
[167] Siehe § 11 Rn 9; § 125, §§ 176, 177; *Ransiek* in Achenbach/Wannemacher § 28 Rn 118.
[168] §§ 44, 48, 60, 78, 81 Abs. 2, 100, 125.
[169] §§ 9 bis 12.
[170] §§ 125, 9 bis 12.
[171] §§ 176 bis 180, 184, 186, 188, 189 iVm. §§ 125, 9 bis 12.
[172] Siehe § 5.
[173] *Hopt* § 320 HGB Rn 2.
[174] Das Auskunftsrecht des Prüfers ergibt sich aus: § 11 Abs. 1 iVm. § 320 Abs. 2 Satz 1 HGB; vgl. *Kuhlen* in Lutter Rn 20; *Vossius* in Widmann/Mayer Rn 52 ff.
[175] *Ransiek* in Achenbach/Wannemacher § 28 Rn 119.
[176] Gem. §§ 30 Abs. 2, 125, 208; aA *Vossius* in Widmann/Mayer Rn 54.
[177] § 30 Abs. 2 iVm. § 11 Abs. 1.
[178] § 81 Abs. 2.

Unrichtige Darstellung 56–62 § 313

nicht erfasst ist das Prüfungsgutachten für eine an der Verschmelzung beteiligte **eG**[179] und das Prüfungsgutachten für eine formwechselnde eG[180]. Denn bei diesen Prüfungen wird der Prüfer nicht als Umwandlungsprüfer tätig. Es kann aber eine Strafbarkeit wegen **unrichtiger Wiedergabe** der Vermögensverhältnisse des Rechtsträgers in Darstellungen und Übersichten in Betracht kommen[181].

Nicht erfasst ist auch die Gründungsprüfung im Zusammenhang mit der **Neugründung** 56 einer AG durch Verschmelzung, Spaltung oder aufgrund Formwechsels[182].

3. Tathandlung

Tathandlung ist die unrichtige Wiedergabe oder Verschleierung der Verhältnisse des 57 Rechtsträgers einschließlich seiner Beziehungen zu verbundenen Unternehmen[183] und sonstige unrichtige Angaben, die iRd. **Auskunftspflicht**[184] erteilt werden. Das sind alle Aufklärungen und Nachweise, die für eine sorgfältige Prüfung notwendig sind[185]. Die Auskunftspflicht besteht nur gegenüber den Verschmelzungs-, Spaltungs- und Übertragungsprüfern.

Eine Angabe ist dann unrichtig, wenn sie objektiv falsch ist, d. h. nicht mit der Wirklich- 58 keit übereinstimmt. Eine **Täuschung des Prüfers** ist nicht erforderlich, die falschen Angaben sind auch dann tatbestandsmäßig, wenn sie im Einverständnis mit dem Prüfer erfolgen[186].

Der Täter muss in seiner **Eigenschaft als Funktionsträger** für einen an der Umwand- 59 lung beteiligten Rechtsträger handeln, des Weiteren ist ein Handeln während des Umwandlungsverfahrens erforderlich[187].

4. Vollendung

Die Tat ist vollendet, wenn der Prüfer die für die Prüfung bestimmten Aufklärungen und 60 Nachweise erhalten hat. Bei schriftlichen Erklärungen genügt der Zugang. Bei mündlichen Erklärungen genügt die Mitteilung.

V. Falsche Versicherung (Abs. 2)

1. Täterkreis

a) Organmitglieder. Auch bei dieser Vorschrift handelt es sich um ein Sonderdelikt. 61 Taugliche Täter gem. Abs. 2 sind nur die Geschäftsführer einer GmbH, die Vorstände einer AG, die vertretungsberechtigten Komplementäre einer KGaA und die Abwickler einer GmbH, einer AG oder einer KGaA. Auch stellvertretende Amtsträger[188] sind erfasst[189].

b) Faktische Ausübung ohne Organschaft. Hinsichtlich einer möglichen Täterschaft 62 faktischer Organmitglieder gelten die Ausführungen unter Rn 18 ff.

---

[179] Nach § 81 Abs. 1.
[180] Nach § 259.
[181] Gem. § 313 Abs. 1; *Vossius* in Widmann/Mayer Fn 1 zu Rn 54.
[182] Nach § 34 AktG; *Vossius* in Widmann/Mayer Rn 54.
[183] Dazu gelten die zu § 313 Abs. 1 Satz 1 entwickelten Grundsätze entsprechend: Rn 43 ff.
[184] Das Auskunftsrecht des Prüfers ergibt sich aus § 11 Abs. 1 Satz 1; § 320 Abs. 1 Satz 2, Abs. 2 Satz 1 HGB.
[185] § 320 Abs. 2 Satz 1 HGB.
[186] *Vossius* in Widmann/Mayer Rn 60.
[187] Siehe Rn 47.
[188] Vgl. §§ 44, 69 Abs. 1 GmbHG, 94, 265 Abs. 1 AktG.
[189] *Marsch-Barner* in Kallmeyer Rn 10; BGHSt 6, 314, 315 f.

63 **c) Täterschaft und Teilnahme.** Ob der Sonderpflichtige Täter oder Teilnehmer ist, richtet sich nach den allgemeinen Regeln[190]. Personen, die nicht zu den Sonderpflichtigen gehören, können nur als Teilnehmer strafbar sein[191].

64 **d) Beteiligter Rechtsträger.** Im Fall einer falschen Versicherung bei **Anmeldung der Verschmelzung**[192] können Täter die Vertretungsorgane von beiden an der Verschmelzung beteiligten Rechtsträgern sein[193]. Täter einer falschen Versicherung bei **Anmeldung der Abspaltung oder der Ausgliederung** können nur die Vertretungsorgane des übertragenden Rechtsträgers sein[194].

2. Tatobjekt

65 Objekt der Tathandlungen sind Angaben, die gegenüber dem Registergericht nach den Vorschriften des UmwG zu machen sind. Das betrifft die **Erklärung über die erforderliche Zustimmung**[195] der Anteilsinhaber zum Verschmelzungsbeschluss[196] und die **Erklärungen über die Kapitalausstattung der Gesellschaft** im Rahmen einer Abspaltung oder einer Ausgliederung[197]. Die Gesetzesvorschriften zu den Erklärungen über die Kapitalausstattung[198] stellen auf die Gründungsvoraussetzungen ab[199], die Strafvorschrift bezieht sich ausdrücklich auf die Kapitalerhaltung.

3. Tathandlung

66 **a) Unrichtige Angaben machen.** Eine Angabe ist unrichtig, wenn sie objektiv falsch ist, also mit der tatsächlichen Sachlage nicht übereinstimmt[200]. Der Täter macht unrichtige Angaben, wenn er objektiv falsche Erklärungen abgibt[201].

67 **b) Unrichtige Angaben zugrunde legen.** Der Täter legt unrichtige Angaben zugrunde, wenn er auf objektiv falsche Unterlagen verweist, die iRd. Anmeldung zum Handelsregister bei der Umwandlung eingereicht werden[202]. Da die Versicherung nach den tatbestandlich aufgeführten Normen des UmwG als ausdrückliche Erklärung zu erfolgen hat, ist die Handlungsalternative des Zugrundelegens kaum denkbar[203].

68 **c) Vollendung.** Die Tat ist mit Eingang der Erklärung beim Handelsregister vollendet[204]. Ein strafbefreiendes Umkehrverhalten soll nach hier vertretener Ansicht noch bis zur Eintragung in das Register möglich sein.

---

[190] Vgl. Rn 22 ff.
[191] Vgl. Rn 30.
[192] Nach § 52 Abs. 1.
[193] *Vossius* in Widmann/Mayer Rn 64.
[194] Nach § 140 oder § 146 Abs. 1; *Vossius* in Widmann/Mayer Rn 63.
[195] Nach § 51 Abs. 1.
[196] Nach § 52 Abs. 1.
[197] Nach § 140 und § 146 Abs. 1.
[198] §§ 140, 146 Abs. 1.
[199] Zur zivilrechtlichen Auslegung des Erklärungsinhalts siehe § 140 Rn 2, § 146 Rn 8.
[200] *Ransiek* in Achenbach/Wannemacher § 28 Rn 123.
[201] *Vossius* in Widmann/Mayer Rn 69.
[202] *Vossius* in Widmann/Mayer Rn 70.
[203] *Vossius* in Widmann/Mayer Rn 71; *Ransiek* in Achenbach/Wannemacher § 28 Rn 123 zu § 52 Abs. 1.
[204] *Vossius* in Widmann/Mayer Rn 72.

VI. Vorsatz

Die Anforderungen an die Feststellung des Vorsatzes sind hoch. Das hat angesichts der **69** Weite des objektiven Tatbestands große Bedeutung für die Eingrenzung des Strafbarkeitsbereichs[205].

Da nichts anderes bestimmt ist, genügt **bedingter Vorsatz** (Eventualvorsatz). Ausrei- **70** chend ist, dass der Täter die Erfüllung des Tatbestands für möglich hält, er muss sie nicht anstreben oder als sicher voraussehen[206]. Die neuere Rechtsprechung des BGH nimmt bedingten Vorsatz an, wenn der Täter den Eintritt des tatbestandlichen Erfolgs als möglich und nicht ganz fern liegend erkennt und billigt oder sich um des erstrebten Zieles willen wenigstens mit ihm abfindet, mag ihm auch der Erfolgseintritt unerwünscht sein[207]. Dagegen ist bewusste Fahrlässigkeit anzunehmen, wenn der Täter mit der als möglich erkannten Tatbestandsverwirklichung nicht einverstanden ist und ernsthaft und nicht nur vage auf einen guten Ausgang vertraut.

Eine **unrichtige Darstellung**[208] ist bspw. dann strafbar, wenn der Täter die Unrichtig- **71** keit der gemachten Angaben als zumindest möglich erkennt und billigend in Kauf nimmt. Straflose Fahrlässigkeit liegt hingegen vor, wenn der Täter die Richtigkeit der Darstellung unterstellt, auch wenn er die Möglichkeit einer Unrichtigkeit erkennt[209].

VII. Rechtfertigung

Der Erklärungspflichtige kann aufgrund von **Schweigerechten** berechtigt sein, eine **un-** **72** **vollständige Erklärung** abzugeben. Ist die Berichtspflicht hinsichtlich geheimhaltungsbedürftiger Tatsachen eingeschränkt[210] und der Umwandlungsbericht deshalb unvollständig, entfällt bereits der Tatbestand. Da der Bericht eine Begründung für die Geheimhaltungsbedürftigkeit der betreffenden Tatsachen enthalten muss, kann nicht mehr von einer berechtigten Vollständigkeitserwartung durch die Anteilsinhaber ausgegangen werden[211]. Bei **positiv unrichtigen Erklärungen** lassen Schweigerechte weder den Tatbestand noch die Rechtswidrigkeit entfallen[212].

Wenn die unrichtigen Angaben erfolgen, um Schaden von der Gesellschaft abzuwen- **73** den, kommt auch ein **rechtfertigender Notstand**[213] in Betracht. Der Gesetzgeber hat sich mit der Ausgestaltung des Tatbestands der unrichtigen Darstellung[214] für den Vorrang der Publizitätspflichten ausgesprochen, was das Ergebnis der Interessenabwägung weitgehend festlegt[215].

---

[205] So *Kuhlen* in Lutter Rn 24; vgl. auch *Klussmann* AG 1973, 221, 227.
[206] *Cramer/Sternberg-Lieben* in Schönke/Schröder § 15 StGB Rn 72.
[207] BGHZ 36, 1, 9 = *BGH* NJW 1989, 781; NStZ 87, 323, 324 mit zust. Anm. *Rudolphi* NStZ 88, 175; das entspricht im Wesentlichen der hM im Schrifttum, vgl. *Cramer/Sternberg-Lieben* in Schönke/Schröder § 15 StGB Rn 81 a, 82, und ausf. zu neueren Entscheidungen des BGH in § 15 Rn StGB 87 ff.
[208] Gem. § 313.
[209] *Vossius* in Widmann/Mayer Rn 49; zur Abgrenzung vgl. auch *Klussmann* AG 1973, 221, 227.
[210] Gem. § 8 Abs. 2.
[211] Siehe Rn 43.
[212] RGSt 68, 245, 246; *Otto* in Großkomm. § 400 AktG Rn 22, 49; *Geilen* in Kölner Komm. § 400 AktG Rn 64.
[213] § 34 StGB.
[214] In § 313 UmwG und den vergleichbaren Tatbestände des AktG etc.
[215] *Geilen* in Kölner Komm. § 400 AktG Rn 66; *Otto* in Großkomm. § 400 AktG Rn 51.

VIII. Irrtümer

1. Tatbestandsirrtum

74 Ein Tatbestandsirrtum[216] liegt vor, wenn der Täter in Unkenntnis eines zum gesetzlichen Tatbestand gehörenden Umstands handelt[217]. Zu den Tatumständen gehören die Merkmale des Tatbestands, die Bezugsobjekte des Vorsatzes sind. Fehlt dem Täter die Kenntnis eines Tatbestandsmerkmals, handelt er **ohne Vorsatz**.

75 Macht der Täter deshalb unvollständige Angaben, weil er gar nicht weiß, dass er bestimmte Angaben machen muss, handelt er im Tatbestandsirrtum und damit unvorsätzlich[218]. Der Täter muss seine Verpflichtung zu vollständigen Angaben kennen, um vorsätzlich zu handeln[219].

2. Verbotsirrtum

76 Fehlt dem Täter bei Begehung der Tat das Unrechtsbewusstsein, und konnte er diesen Irrtum nicht vermeiden, handelt er **ohne Schuld**[220]. Nimmt der Täter irrig an, angesichts **geplanter Sanierungsmaßnahmen** die Lage der Gesellschaft besser darstellen zu können, handelt er im Verbotsirrtum[221]. Auch die irrige Annahme, nur **zu günstige Darstellungen** der Vermögenslage seien verboten, kann einen Verbotsirrtum begründen[222]. Macht der Täter iRd. § 313 Abs. 1 Nr. 1 **freiwillig Angaben**, die über den gesetzlich geforderten Umfang hinausgehen, und nimmt er an, diese seien nicht tatbestandsmäßig, befindet er sich im Verbotsirrtum[223]. Freiwillige Angaben iRd. § 313 Abs. 1 Nr. 2 sind nicht tatbestandsmäßig[224].

77 An die **Unvermeidbarkeit** des Verbotsirrtums legt die Rechtsprechung strenge Maßstäbe an[225]. Entscheidend ist, ob der Täter unter Berücksichtigung seiner Kenntnisse und Fähigkeiten die Möglichkeit hatte, das Unrecht der Tat einzusehen (sog. Gewissensanspannung)[226]. Sofern eine Möglichkeit bestanden hatte, qualifizierten Rechtsrat einzuholen, wird der Verbotsirrtum idR als vermeidbar eingestuft[227]. Bei **Organmitgliedern** wird man erwarten können, dass sie in Zweifelsfragen qualifizierten Rechtsrat bei entsprechend ausgerichteten Rechtsanwälten oder Notaren einholen.

IX. Verhältnis der Tathandlungen untereinander und zu den Tathandlungen anderer Vorschriften (Konkurrenzen)

1. Vorrang des § 331 Nr. 1 HGB gegenüber § 313 Abs. 1 Nr. 1

78 Aufgrund ausdrücklich geregelter Subsidiarität tritt § 313 Abs. 1 Nr. 1 zurück, wenn die Tat in § 331 Nr. 1 HGB mit Strafe bedroht ist. § 331 HGB erfasst die unrichtige Wieder-

---

[216] § 16 StGB Irrtum über Tatumstände.
[217] Zum Tatbestandsirrtum *Cramer/Sternberg-Lieben* in Schönke/Schröder § 16 StGB Rn 1 ff.; *Kühl* in Lackner/Kühl § 16 StGB Rn 1 ff.
[218] *Otto* in Großkomm. § 399 AktG Rn 96 mit weiteren Beispielen in Rn 98; *Geilen* in Kölner Komm. § 400 AktG Rn 68 f. mit weiteren Beispielen.
[219] *Tiedemann* in Scholz § 82 GmbHG Rn 174.
[220] § 17 StGB.
[221] *Tiedemann* in Scholz § 82 GmbHG Rn 181; *Geilen* in Kölner Komm. § 400 AktG Rn 69.
[222] *Tiedemann* in Scholz § 82 GmbHG Rn 181; *Geilen* in Kölner Komm. § 400 AktG Rn 69.
[223] *Tiedemann* in Scholz § 82 GmbHG Rn 174; siehe Rn 36.
[224] Siehe Rn 54.
[225] *Kühl* in Lackner/Kühl § 17 StGB Rn 7 mwN zur Rspr.
[226] *Wessels/Beulke* Rn 466.
[227] Ein falscher Rechtsrat führt nicht zur Unvermeidbarkeit: BGH NStZ 1993, 594 ff. mit krit. Anm. *Puppe*.

gabe oder Verschleierung der Verhältnisse einer Kapitalgesellschaft in der Eröffnungsbilanz, im Jahresabschluss und im Lagebericht sowie im Zwischenabschluss[228] durch Mitglieder des vertretungsberechtigten Organs oder Aufsichtsratsmitglieder. Bestimmte Verstöße gegen die Rechnungslegungsvorschriften sind nur Ordnungswidrigkeiten[229] und iRd. § 331 Abs. 1 HGB nicht strafbar. Sofern die Tat wegen § 334 Abs. 1 HGB eine bloße Ordnungswidrigkeit darstellt, ist ein Rückgriff auf § 313 Abs. 1 ausgeschlossen[230]. Die gesetzgeberische Entscheidung, nur erhebliche unrichtige Darstellungen in § 331 HGB unter Strafe zu stellen, ist bei der Auslegung der Subsidiaritätsklausel zu berücksichtigen.

2. Vorbereitungshandlungen

Dient eine Straftat der Verwirklichung einer anderen Straftat, liegt **Tateinheit** (Idealkonkurrenz)[231] vor[232]. Das ist der Fall, wenn unrichtige Angaben gemacht werden, um ein Vermögensdelikt, etwa Betrug[233] oder Untreue[234], vorzubereiten. Gleiches gilt, wenn eine Straftat begangen wird, um eine unrichtige Darstellung zu ermöglichen, etwa eine Urkundenfälschung[235] zur Täuschung eines Prüfers[236]. 79

Tatmehrheit (Realkonkurrenz)[237] ist denkbar, wenn etwa die unrichtigen Angaben zunächst nur im Hinblick auf die Übersicht über den Vermögensstand gemacht wurden und erst später, auf der Grundlage eines weiteren Entschlusses, zu einer Krediterlangung verwendet werden[238]. 80

3. Verhältnis von § 313 Abs. 1 Nr. 2 zu § 314

Sofern im Einverständnis mit einem Prüfer unrichtige Angaben gemacht werden, kommt eine Strafbarkeit wegen unrichtiger Darstellung in Betracht[239]. Die Strafbarkeit wegen Anstiftung zur Verletzung der Berichtspflicht tritt als **mitbestrafte Nachtat** im Wege der Gesetzeskonkurrenz zurück[240]. 81

4. Mehrfach verwirklichte Straftaten nach § 313

Verwirklicht eine Handlung mehrere Tatbestandsalternativen, wird idR Gesetzeskonkurrenz in Betracht kommen. Gesetzeskonkurrenz liegt vor, wenn eine Tatbestandsalternative als die speziellere anzusehen ist[241]. 82

Unrichtige Angaben gegenüber dem Registergericht zur Kapitalausstattung[242] erfüllen auch den Tatbestand der unrichtigen Wiedergabe von Verhältnissen des Rechtsträgers in Darstellungen über den Vermögensstand[243], § 313 Abs. 2 ist die speziellere Norm, § 313 83

---

[228] Nach § 340 a Abs. 3 HGB.
[229] Gem. § 334 Abs. 1 HGB.
[230] *Marsch-Barner* in Kallmeyer Rn 8; aA *Vossius* in Widmann/Mayer Rn 75; *Kuhlen* in Lutter Rn 33 Fn 98, der durch restriktive Auslegung des Tatbestands allerdings zum gleichen Ergebnis gelangt.
[231] § 52 StGB.
[232] Sog. Mittel-Zweck- oder Grund-Folge-Verknüpfung, *Kühl* in Lackner/Kühl § 52 StGB Rn 3.
[233] § 263 StGB; aber auch Kapitalanlagebetrug gem. § 264 a StGB, Kreditbetrug gem. § 265 b StGB, Subventionsbetrug gem. § 264 StGB.
[234] § 266 StGB.
[235] § 267 StGB.
[236] *Vossius* in Widmann/Mayer Rn 78 f.
[237] § 53 StGB.
[238] *Quedenfeld* in MünchKomm. § 331 HGB Rn 81.
[239] Gem. Abs. 1 Satz 2.
[240] AA *Vossius* in Widmann/Mayer Rn 60, 80 (Idealkonkurrenz).
[241] *Kuhlen* in Lutter Rn 33.
[242] Gem. Abs. 2.
[243] Gem. Abs. 1 Nr. 1.

Abs. 1 Nr. 1 tritt zurück[244]. Sofern unrichtige Angaben über den Vermögensstand gegenüber einem Prüfer gemacht werden, ist § 313 Abs. 1 Nr. 2 die speziellere Norm, § 313 Abs. 1 Nr. 1 tritt zurück[245].

X. Rechtsfolge und Verjährung

84 Die Strafdrohung beträgt bis zu drei Jahren Freiheitsstrafe oder Geldstrafe. Gewinne aus rechtswidrigen Taten können im Wege des Verfalls abgeschöpft werden[246]. Unter engen Voraussetzungen ist auch die Verhängung eines Berufsverbots[247] möglich.

85 Ausgehend vom Höchstmaß der Strafdrohung ist die **Straftat** in fünf Jahren verjährt[248]. Die Verjährung beginnt mit Beendigung der Tat[249]. Unabhängig von andauernden Nachwirkungen ist auch bei abstrakten Gefährdungsdelikten[250] die Tat mit Schaffung des rechtswidrigen Zustands beendet[251]. Maßgeblich ist die Ausführungshandlung und nicht die endgültige Rechtsgutsverletzung[252]. Die **Vollstreckungsverjährung** knüpft an die erkannte Strafe an[253]. Sie beginnt mit dem Tag, an dem der Strafausspruch rechtskräftig wird[254].

§ 314 Verletzung der Berichtspflicht

(1) Mit Freiheitsstrafe bis zu drei Jahren oder mit Geldstrafe wird bestraft, wer als Verschmelzungs-, Spaltungs- oder Übertragungsprüfer oder als Gehilfe eines solchen Prüfers über das Ergebnis einer aus Anlaß einer Umwandlung erforderlichen Prüfung falsch berichtet oder erhebliche Umstände in dem Prüfungsbericht verschweigt.

(2) Handelt der Täter gegen Entgelt oder in der Absicht, sich oder einen anderen zu bereichern oder einen anderen zu schädigen, so ist die Strafe Freiheitsstrafe bis zu fünf Jahren oder Geldstrafe.

Übersicht

	Rn		Rn
I. Allgemeines	1	aa) Falsche Berichterstattung	12
1. Schutzzweck der Norm	1	bb) Verschweigen erheblicher Umstände	16
2. Entstehungsgeschichte	3	b) Prüfergehilfe	17
II. Verletzung der Berichtspflicht	4	c) Vollendung	18
1. Täterkreis	4	d) Unterlassen	20
a) Prüfer und deren Gehilfen	4	4. Vorsatz	21
b) Sonderfall: Juristische Person als Prüfer	6	5. Qualifikation	22
c) Täterschaft und Teilnahme	7	a) Vornahme der Handlung gegen Entgelt	22
2. Tatobjekt	9	b) Vornahme der Handlung mit Bereicherungsabsicht	23
3. Tathandlung	11		
a) Prüfer	11		

---

[244] *Vossius* in Widmann/Mayer Rn 76; *Kuhlen* in Lutter Rn 23.
[245] *Vossius* in Widmann/Mayer Rn 77.
[246] §§ 73 ff. StGB als Maßregel.
[247] § 70 StGB als Maßregel.
[248] § 78 Abs. 1 Nr. 4 StGB.
[249] § 78 a Satz 1 StGB.
[250] BGHSt 36, 255, 257.
[251] *Stree/Sternberg-Lieben* in Schönke/Schröder § 78 a StGB Rn 11.
[252] *Kühl* in Lackner/Kühl § 78 a StGB Rn 3; BGHSt 36, 255, 257.
[253] §§ 79 bis 79 b StGB.
[254] § 79 Abs. 6 StGB; *Kühl* in Lackner/Kühl § 79 Rn 6 StGB.

	Rn		Rn
c) Vornahme der Handlung mit Schädigungsabsicht	24	V. Verhältnis der Tathandlungen untereinander und zu den Tathandlungen anderer Vorschriften (Konkurrenzen)	28
III. Rechtfertigung	25		
IV. Irrtümer	26	VI. Rechtsfolgen und Verjährung	30
1. Tatbestandsirrtum	26		
2. Verbotsirrtum	27		

Literatur: Siehe Literaturverzeichnis zu § 313.

I. Allgemeines

1. Schutzzweck der Norm[1]

Der Straftatbestand der unrichtigen Darstellung soll vor Vermögensschäden aufgrund unrichtiger Berichterstattung schützen[2]. Geschütztes Rechtsgut ist das Vertrauen der Allgemeinheit in die Richtigkeit der erteilten Prüfberichte[3]. Daneben schützt die Vorschrift die individuellen Interessen der geprüften Gesellschaft und deren Anteilsinhaber. Die Interessen der gegenwärtigen und zukünftigen Gläubiger sowie der Arbeitnehmer sind, entsprechend der zivilrechtlichen Verantwortlichkeit der Prüfer[4], in den Schutzbereich nicht einbezogen[5]. Die Berichte der Prüfer sind Grundlage für die Entscheidung der Anteilsinhaber über die Umwandlung[6], auf die Erstattung der Berichte kann daher verzichtet werden[7]. **1**

Der Tatbestand der unrichtigen Darstellung ist zu Gunsten der geprüften Gesellschaft und der Anteilsinhaber **Schutzgesetz** iSd. § 823 Abs. 2 BGB[8]. Dieser Schutz setzt voraus, dass der Geschädigte durch sein Verhalten einen Schaden erlitten hat, weil er auf die Richtigkeit der Angaben vertraut hat[9]. **2**

2. Entstehungsgeschichte

Die Verletzung der Berichtspflicht wurde zuerst im Aktienrecht unter Strafe gestellt[10]. Entsprechende Vorschriften finden sich im HGB[11], im PublG[12], im GenG[13] und im VAG[14]. Durch den Tatbestand der Verletzung der Berichtspflicht im UmwG sollen die geltenden Regelungen auf diejenigen Prüfer ausgedehnt werden, denen im Rahmen einer Umwandlung besondere Aufgaben zukommen[15]. **3**

---

[1] Vgl. die Erläuterungen zu § 313 Rn 5 ff.
[2] *Otto* in Großkomm. § 403 AktG Rn 2.
[3] *Kuhlen* in Lutter Rn 3; *Marsch-Barner* in Kallmeyer Rn 1.
[4] § 11 Abs. 2 Satz 2.
[5] AA *Kuhlen* in Lutter Rn 3; *Vossius* in Widmann/Mayer Rn 1.
[6] Vgl. RegBegr. *Ganske* S. 307.
[7] §§ 12 Abs. 3, 8 Abs. 3; siehe auch §§ 44, 48.
[8] Zum weiteren Schutzbereich des § 403 AktG: OLG Karlsruhe WM 1985, 940, 944.
[9] *Otto* in Großkomm. § 403 AktG Rn 3.
[10] § 318 a Nr. 1 HGB idF der VO vom 19. 9. 1931, heute § 403 AktG; ausführlich *Geilen* in Kölner Komm. § 403 AktG Rn 1; *Otto* in Großkomm. § 403 AktG Rn 1.
[11] § 332 HGB.
[12] § 18 PublG.
[13] § 150 GenG.
[14] § 137 VAG.
[15] RegBegr. *Ganske* S. 309.

II. Verletzung der Berichtspflicht

1. Täterkreis

4 **a) Prüfer und deren Gehilfen.** Täter können nur Verschmelzungs-, Spaltungs- oder Übertragungsprüfer und deren Gehilfen sein[16]. Sie müssen in ihrer Eigenschaft als Prüfer oder Prüfergehilfe handeln[17]. Die Prüfer werden von dem Vertretungsorgan oder auf dessen Antrag vom Gericht bestellt[18]. Ist der **gerichtliche Bestellungsakt** nichtig oder wegen Fehler bei der Bekanntmachung[19] nicht wirksam geworden, reicht es für die Begründung der Täterschaft nicht aus, wenn der Prüfer die bestimmte Prüfungstätigkeit vorgenommen hat[20]. Prüft der genossenschaftliche Prüfungsverband die Verschmelzung[21], ist er als Umwandlungsprüfer tätig und damit tauglicher Täter der Verletzung der Berichtspflicht[22].

5 **Prüfergehilfen** sind nur diejenigen, die den Prüfer bei seiner Prüfungstätigkeit unmittelbar unterstützen. Die Unterstützung muss einen spezifischen Bezug zu der Prüfungsaufgabe haben[23]. Der Prüfergehilfe muss für den Bericht oder Teile davon inhaltlich verantwortlich sein[24].

6 **b) Sonderfall: Juristische Person als Prüfer.** Sofern eine juristische Person, etwa eine Wirtschaftsprüfungsgesellschaft, als Prüfer bestellt ist, sind deren gesetzliche Vertreter in den Täterkreis einbezogen, wenn sie selbst für die Prüfung tätig geworden sind[25]. Außerdem müssen sie verhindern, dass von Personen, die an dem Prüfungsbericht beteiligt sind, ein unrichtiger Bericht erstellt wird, sofern sie dies erkennen[26]. Auch bei der Prüfungsgesellschaft angestellte Wirtschaftsprüfer können als Beauftragte Täter sein[27].

7 **c) Täterschaft und Teilnahme.** Ob der **Umwandlungsprüfer** Täter oder Teilnehmer ist, bestimmt sich nach den allgemeinen Regeln. **Prüfergehilfen** können die Tathandlungen nicht selbst vornehmen[28], sondern nur unter Mitwirkung des Prüfers oder durch den Prüfer. Sie können daher nicht als Täter, sondern nur als Mittäter oder mittelbare Täter strafbar sein[29].

---

[16] § 314 Abs. 1.
[17] Das ergibt sich aus dem Wortlaut des § 314 Abs. 1: „wer als (...)-prüfer oder als Gehilfe".
[18] § 10, welcher wegen der Verweisungsnormen in den §§ 125, 176 f. auch für die Spaltungs- und Übertragungsprüfer gilt.
[19] § 10 Abs. 3 UmwG, § 16 FGG.
[20] AA *Ransiek* in Achenbach/Wannemacher § 28 Rn 126, § 23 III Rn 311; *Kuhlen* in Lutter Rn 4; *Marsch-Barner* in Kallmeyer Rn 2; *Geilen* in Kölner Komm. § 403 AktG Rn 15; *Otto* in Großkomm. § 403 AktG Rn 10.
[21] Gem. § 81 Abs. 2.
[22] AA *Vossius* in Widmann/Mayer Rn 23, § 313 Rn 54.
[23] *Marsch-Barner* in Kallmeyer Rn 2; *Kuhlen* in Lutter Rn 4; *Vossius* in Widmann/Mayer Rn 8.
[24] *Ransiek* in Achenbach/Wannemacher § 28 Rn 126, § 23 III Rn 311.
[25] Gem. § 14 Abs. 1 StGB iVm. § 314 UmwG; *Marsch-Barner* in Kallmeyer Rn 3; *Kuhlen* in Lutter Rn 4; *Ransiek* in Achenbach/Wannemacher § 28 Rn 126, § 23 III Rn 311; *Otto* in Großkomm. § 403 AktG Rn 11; *Geilen* in Kölner Komm. § 403 AktG Rn 20 f.
[26] *Marsch-Barner* in Kallmeyer Rn 3; *Geilen* in Kölner Komm. § 403 AktG Rn 21; *Otto* in Großkomm. § 403 AktG Rn 11.
[27] Gem. § 14 Abs. 2 StGB; *Kuhlen* in Lutter Rn 4; *Marsch-Barner* in Kallmeyer Rn 3; *Vossius* in Widmann/Mayer Rn 8; *Otto* in Großkomm. § 403 AktG Rn 11; *Fuhrmann* in G/H/E/K § 403 AktG Rn 5; *Ransiek* in Achenbach/Wannemacher § 28 Rn 126, § 23 III Rn 311: jedenfalls als Prüfungsgehilfe.
[28] Siehe unten Rn 17.
[29] Nur in Bezug auf die 2. Handlungsmodalität *Kuhlen* in Lutter Rn 13.

Verletzung der Berichtspflicht   8–12 § 314

Wer nicht zum Täterkreis gehört, kann nur als **Teilnehmer** strafbar sein. Die Strafbarkeit 8
der Teilnahme setzt eine vorsätzlich begangene rechtswidrige Haupttat voraus[30]. Fehlt es
an einer solchen, etwa aufgrund einer gelungenen Täuschung des Prüfers, kommt nur eine
Strafbarkeit iRd. § 313 in Betracht[31].

2. Tatobjekt

Gegenstand der Tathandlung ist ein **Prüfungsbericht nach dem UmwG**. Voraussetzung 9
ist, dass es sich um eine aus **Anlass einer Umwandlung erforderliche Prüfung**[32] handelt.
Freiwillig durchgeführte Prüfungen[33] oder **Äußerungen außerhalb des schriftlichen
Berichts** sind vom Tatbestand nicht erfasst[34].

Pflichtprüfungen sind die Verschmelzungs-, Spaltungs- und Übertragungsprüfung sowie 10
die Prüfung der Angemessenheit des Barabfindungsangebots[35]. Aus Anlass einer Umwandlung erforderlich sind auch die genossenschaftlichen Prüfungen[36]. Wird der genossenschaftliche Prüfungsverband bloß gutachterlich tätig[37], ist mangels Täterqualität eine Strafbarkeit
aus § 314 ausgeschlossen[38]. In Betracht kommen kann aber eine Strafbarkeit wegen falscher
Berichte als Teilnehmer an einem Vermögensdelikt[39].

3. Tathandlung

a) **Prüfer.** Die Tathandlung besteht in dem falschen Berichten über das Ergebnis einer 11
aus Anlass einer Umwandlung erforderlichen Prüfung oder im Verschweigen erheblicher
Umstände im Prüfungsbericht. Der Übergang zwischen den Alternativen ist fließend. Ein
unvollständiger Prüfungsbericht kann das Prüfungsergebnis auch positiv verfälschen[40]. Eine
Täuschung der Adressaten ist nicht erforderlich[41].

aa) Falsche Berichterstattung. Das falsche Berichten ist auf das Ergebnis und nicht auf den 12
Gegenstand der Prüfung bezogen[42]. Ein Bericht ist dann falsch, wenn er vom ermittelten
Sachverhalt abweicht, unabhängig davon, ob die Feststellungen objektiv richtig oder falsch
sind. Da sich die Unrichtigkeit auf das Ergebnis beziehen muss, sind nur solche Darstellungen
erfasst, welche die zutreffende Wiedergabe des Prüfungsergebnisses berühren. Daher muss es
sich auch in der 1. Handlungsalternative um **erhebliche Umstände** handeln[43].

---

[30] Sog. limitierte Akzessorietät, siehe *Cramer/Heine* in Schönke/Schröder Vorbem. §§ 25 ff. StGB Rn 23 ff.
[31] *Vossius* in Widmann/Mayer Rn 12.
[32] D. h. um eine gesetzlich vorgeschriebene Prüfung nach §§ 9 bis 12 gem. §§ 44, 48, 60, 78, 100; § 125; §§ 176 Abs. 1, 177 Abs. 1; nach §§ 30 Abs. 2, 125, 208 und nach § 81.
[33] Vgl. §§ 9 Abs. 2, Abs. 3 iVm. 8 Abs. 3; aA *Kuhlen* in Lutter Rn 6, der das Merkmal der Erforder-
lichkeit nur auf die erste Tatbestandsalternative bezieht.
[34] *Vossius* in Widmann/Mayer Rn 21; *Marsch-Barner* in Kallmeyer Rn 2 und 7; *Otto* in Großkomm. § 403 AktG Rn 21; aA *Kuhlen* in Lutter Rn 6; siehe unten Rn 15.
[35] §§ 30 Abs. 2, 125, 208; aA *Vossius* in Widmann/Mayer Rn 23, § 313 Rn 54, der nur eine Verschmelzungs-, Spaltungs- und Übertragungsprüfung für tatbestandsmäßig hält; das ist dem Wortlaut des § 313 Abs. 1 Nr. 2, § 314 Abs. 1 nicht zu entnehmen.
[36] § 81 Abs. 1, Abs. 2.
[37] Gem. § 81 Abs. 1.
[38] Siehe Rn 4.
[39] Etwa 263, 266 StGB; so auch *Vossius* in Widmann/Mayer Rn 22 f.
[40] Vgl. *Geilen* in Kölner Komm. § 403 AktG Rn 23.
[41] *Geilen* in Kölner Komm. § 403 AktG Rn 36.
[42] *Kuhlen* in Lutter Rn 7; *Marsch-Barner* in Kallmeyer Rn 4; *Vossius* in Widmann/Mayer Rn 15; *Geilen* in Kölner Komm. § 403 AktG Rn 24; *Otto* in Großkomm. § 403 AktG Rn 17; *Fuhrmann* in G/H/E/K § 403 AktG Rn 9.
[43] *Kuhlen* in Lutter Rn 7; *Geilen* in Kölner Komm. § 403 AktG Rn 25; *Otto* in Großkomm. § 403 AktG Rn 20.

13 Ist der Bericht **objektiv falsch**, gibt er aber das vom Prüfer Ermittelte zutreffend wieder, fehlt es an einer tatbestandsmäßigen Handlung. Ist der Bericht **objektiv richtig**, gibt er aber das vom Prüfer Ermittelte falsch wieder, liegt eine falsche Berichterstattung vor. Dabei handelt es sich materiell um einen Fall des untauglichen Versuchs, der aufgrund der weiten Tatbestandsfassung der Verletzung der Berichtspflicht als vollendetes Delikt zu behandeln ist[44]. Geschützt wird nicht die Wahrheit des Prüfungsergebnisses, sondern die Richtigkeit des Berichts[45].

14 Auch **Wertungen** des Prüfers, die von den tatsächlichen Feststellungen nicht gedeckt sind, machen den Bericht falsch[46]. Keinen hinreichenden Grund in den tatsächlichen Feststellungen hat ein Prüfungsbericht auch dann, wenn der Prüfer überhaupt **nicht geprüft hat** und mitgeteilte Angaben ungeprüft und damit pflichtwidrig zugrundelegt. Auch wenn diese Angaben zutreffen sollten, ist der Bericht falsch[47]. Eine pflichtwidrige **Nichterstattung** des Berichts ist nicht tatbestandsmäßig, da es an einem Objekt fehlt, auf das sich das Vertrauen richten kann[48].

15 Falsches Berichten ist nur dann tatbestandlich erfasst, wenn es im **schriftlichen Prüfungsbericht** erfolgt[49]. Schon der Wortlaut des § 314 weist als Tatgegenstand auf den Prüfungsbericht hin. Darüber hinaus zeigt der besondere gesetzliche Sprachgebrauch in § 12 Abs. 1, dass sich die Handlung des Berichtens auf den schriftlichen Prüfungsbericht bezieht. Nicht tatbestandsmäßig sind daher **mündliche Auskünfte** oder partielle Angaben über das Prüfungsergebnis[50].

16 *bb) Verschweigen erheblicher Umstände.* Bezugspunkt ist wiederum das Ergebnis der Prüfung[51]. Erfasst ist das Verschweigen von Prüfungsfeststellungen, die für das Ergebnis der Prüfung von Bedeutung und damit **erheblich** sind. Es muss sich also um solche Tatsachen handeln, die in dem Bericht aufgeführt werden müssen. Das sind alle Tatsachen, auf die sich die Berichtspflicht erstreckt[52]. Die **Verweigerung** der Berichterstattung unterfällt nicht dem Schutzbereich der Norm[53].

17 **b) Prüfergehilfe.** Der Gesetzeswortlaut setzt voraus, dass der Prüfergehilfe „über das Ergebnis einer (...) Prüfung falsch berichtet oder erhebliche Umstände in dem Prüfungsbericht verschweigt." Die schriftliche Berichterstattung über das Prüfungsergebnis liegt nach der zivilrechtlichen Vorschrift in der ausschließlichen Verantwortung des Prüfers[54]. Die im

---

[44] So auch *Geilen* in Kölner Komm. § 403 AktG Rn 37 „trotz der grundsätzlich nicht vorgesehenen Versuchsstrafbarkeit".

[45] *Fuhrmann* in G/H/E/K § 403 AktG Rn 9; *Ransiek* in Achenbach/Wannemacher § 28 Rn 126, § 23 III Rn 313.

[46] *Kuhlen* in Lutter Rn 7; *Marsch-Barner* in Kallmeyer Rn 4; *Otto* in Großkomm. § 403 AktG Rn 19; *Geilen* in Kölner Komm. § 403 AktG Rn 26; *Fuhrmann* in G/H/E/K § 403 AktG Rn 9.

[47] *Kuhlen* in Lutter Rn 7; *Otto* in Großkomm. § 403 AktG Rn 19; *Fuhrmann* in G/H/E/K § 403 AktG Rn 10.

[48] *Otto* in Großkomm. § 403 AktG Rn 22; *Fuhrmann* in G/H/E/K § 403 AktG Rn 10; *Geilen* in Kölner Komm. § 403 AktG Rn 29 zur zweiten Handlungsalternative, siehe oben Rn 1.

[49] *Marsch-Barner* in Kallmeyer Rn 7; *Vossius* in Widmann/Mayer Rn 21; *Otto* in Großkomm. § 403 AktG Rn 21; *Otto* in Heymann § 332 HGB Rn 18; *Ransiek* in Achenbach/Wannemacher § 28 Rn 126, § 23 III Rn 314.

[50] AA *Geilen* in Kölner Komm. § 403 AktG Rn 28; *Fuhrmann* in G/H/E/K § 403 AktG Rn 10; *Fuhrmann* in Rowedder Vorb. §§ 82 bis 85 GmbHG Rn 36 zu § 332 HGB; *Kuhlen* in Lutter Rn 6, der durch die Ausdehnung des Tatbestandsmerkmals auf mündliche und partielle Auskünfte zu einer Verschiedenartigkeit der beiden Handlungsmodalitäten kommen will. Das ist nicht zwingend.

[51] Vgl. § 12 Abs. 1.

[52] Der notwendige Inhalt des Berichts richtet sich nach dem Prüfungszweck, vgl. § 12 Rn 6 ff.

[53] *Geilen* in Kölner Komm. § 403 AktG Rn 29 (evtl. Strafbarkeit aus § 266 StGB); *Otto* in Großkomm. § 403 AktG Rn 22; siehe oben Rn 1.

[54] § 12 Abs. 1.

c) Vollendung. Der Tatbestand ist mit Eingang des Prüfungsberichts bei dem gesetzlichen 18
Empfänger (dem Vertretungsorgan des Rechtsträgers oder dem Registergericht) vollendet.
Der **Versuch** ist nicht strafbar[58]. **Beendet** ist die Tat, wenn der Bericht von allen zuständigen
Empfängern zur Kenntnis genommen wurde[59].

Die rechtzeitige **Berichtigung** kommt dem Täter zugute[60]. Rechtzeitig ist die Berichti- 19
gung dann, wenn noch keine Maßnahmen auf der Grundlage des Berichts getroffen wurden,
es also noch nicht zu einer Beschlussfassung über die Umwandlung kam.

d) Unterlassen. Wird nach Abgabe des Berichts erkannt, dass unvorsätzlich ein falscher 20
Bericht erstattet wurde, also ein Bericht, der objektiv nicht mit dem Ergebnis der Prüfung
übereinstimmt, hat eine Korrektur zu erfolgen, solange noch keine Beschlussfassung vorliegt[61]. Ansonsten kommt eine **Unterlassungsstrafbarkeit** in Betracht[62]. Wird nach Abgabe des Berichts die objektive Unrichtigkeit des Prüfungsergebnisses erkannt, besteht keine
Berichtigungspflicht[63].

4. Vorsatz

Vorausgesetzt ist eine vorsätzliche Begehungsweise. Bedingter Vorsatz genügt[64]. 21

5. Qualifikation

a) Vornahme der Handlung gegen Entgelt. Entgelt ist jede in einem Vermögensvorteil 22
bestehende Gegenleistung[65]. Nicht erfasst sind immaterielle Vorteile und solche, die nicht in

---

[55] Das gleiche Problem findet sich bei § 403 AktG, vgl. die Kritik bei *Otto* in Großkomm. § 403 AktG Rn 9 und *Geilen* in Kölner Komm. § 403 AktG Rn 16; aA in Bezug auf die Tathandlung des Berichtens *Kuhlen* in Lutter Rn 13, der die Information des Prüfers durch den Prüfergehilfen genügen lässt; siehe aber Rn 17.
[56] Diese Frage auch aufwerfend *Geilen* in Kölner Komm. § 403 AktG Rn 16.
[57] *Marsch-Barner* in Kallmeyer Rn 2, 6; *Otto* in Großkomm. § 403 AktG Rn 9 durch Modifizierung der Tathandlung; ebenso *Geilen* in Kölner Komm. § 403 AktG Rn 17 im Wege einer berichtigenden Auslegung; *Fuhrmann* in G/H/E/K § 403 AktG Rn 4 fordert einen entscheidenden Tatbeitrag des Prüfergehilfen; iE ebenso *Kuhlen* in Lutter Rn 5, der unter Berücksichtigung der Abstufung von Täterschaft und Teilnahme in § 25 StGB Schreib- und Bürokräfte aus dem Täterkreis ausschließt; *Vossius* in Widmann/Mayer Rn 8 f., der von einem engen Begriff des Prüfergehilfen ausgeht und technisches Hilfspersonal vom Täterkreis ausschließt, eine mittelbare Täterschaft aber auch für den Prüfer unterstützende Buchhaltungskräfte für denkbar hält.
[58] §§ 12 Abs. 2, 23 Abs. 1 StGB.
[59] Statt aller *Ransiek* in Achenbach/Wannemacher § 28 Rn 126, § 23 III Rn 317.
[60] Vgl. *Kuhlen* in Lutter Rn 15 für Straflosigkeit auf „praktischem Weg"; ferner *Ransiek* in Achenbach/Wannemacher § 28 Rn 126, § 23 III Rn 318. Für die Zulassung einer § 158 StGB entsprechenden Berichtigungsmöglichkeit: *Geilen* in Kölner Komm. § 403 AktG Rn 38. Dagegen will *Vossius* in Widmann/Mayer Rn 4 nur eine Strafmilderung zulassen.
[61] § 13.
[62] § 314 Abs. 1 UmwG iVm. § 13 StGB; *Kuhlen* in Lutter Rn 14; *Vossius* in Widmann/Mayer Rn 5; aA *Geilen* in Kölner Komm. § 403 AktG Rn 34; *Tiedemann* in Scholz Vor §§ 82 ff. GmbHG Rn 81.
[63] *Ransiek* in Achenbach/Wannemacher § 28 Rn 126, § 23 III Rn 319.
[64] Vgl. § 313 Rn 70.
[65] § 11 Abs. 1 Nr. 9 StGB.

einem Austauschverhältnis stehen[66]. Der Vermögensvorteil muss gerade für die Tatbegehung gegeben werden[67]. Dies schließt das aufgrund des Prüfungsauftrags geschuldete Honorar aus[68]. Es reicht aus, dass die Gegenleistung vor der Tat vereinbart worden ist, die tatsächliche Gewährung des Vermögensvorteils ist nicht erforderlich[69]. Eine Zahlung ohne vorherige Vereinbarung, die erst nach der Tathandlung erfolgt, erfüllt den Qualifikationstatbestand nicht[70].

23 **b) Vornahme der Handlung mit Bereicherungsabsicht.** Bereicherungsabsicht ist gegeben, wenn es dem Täter darauf ankommt, durch die Tat für sich oder einen Dritten einen Vermögensvorteil zu erlangen[71]. Obwohl das Gesetz dies nicht ausdrücklich nennt, muss es sich um einen **rechtswidrigen Vermögensvorteil** handeln, da erst dann die Strafschärfung gerechtfertigt ist[72]. Es reicht also nicht, dass der Prüfer falsch berichtet, um das vereinbarte Honorar zu erhalten[73]. Der erstrebte Vermögensvorteil muss nicht eingetreten sein.

24 **c) Vornahme der Handlung mit Schädigungsabsicht.** Erforderlich ist eine Vermögensschädigung, eine Rufschädigung reicht nicht aus[74]. In Schädigungsabsicht handelt derjenige, dem es gerade darauf ankommt, durch die Tathandlung einen anderen schlechter zu stellen. Der Schaden muss nicht eintreten.

III. Rechtfertigung

25 Rechtfertigungsgründe kommen nur in Ausnahmefällen in Betracht. Obwohl dem Prüfer die im Gesellschaftsinteresse liegende Vermögensfürsorgepflicht obliegt, ist ein rechtfertigender Notstand[75] wegen eines Konflikts zwischen Gesellschaftsinteresse und Berichtspflicht ausgeschlossen. Die Verpflichtung zur Wahrheit und Vollständigkeit bei der Berichtsverpflichtung ist vorrangig[76].

IV. Irrtümer

1. Tatbestandsirrtum[77]

26 Der Vorsatz muss sich auf das Abweichen vom Prüfungsergebnis in einem erheblichen Punkt beziehen[78]. Ein Tatbestandsirrtum kommt in Betracht, wenn der Täter über die **Er-**

---

[66] *Kühl* in Lackner/Kühl § 11 StGB Rn 22.
[67] *Eser* in Schönke/Schröder § 11 StGB Rn 72.
[68] *Vossius* in Widmann/Mayer Rn 28; *Fuhrmann* in G/H/E/K § 403 AktG Rn 15.
[69] *Marsch-Barner* in Kallmeyer Rn 10; *Kuhlen* in Lutter Rn 11; *Ransiek* in Achenbach/Wannemacher § 28 Rn 126, § 23 III Rn 321; *Otto* in Großkomm. § 403 AktG Rn 31; *Fuhrmann* in G/H/E/K § 403 AktG Rn 15.
[70] *Marsch-Barner* in Kallmeyer Rn 10; *Otto* in Großkomm. § 403 AktG Rn 31.
[71] Absicht (*dolus directus* 1. Grades) als zielgerichteter Erfolgswille, vgl. *Cramer/Sternberg-Lieben* in Schönke/Schröder § 15 Rn 66.
[72] *Fuhrmann* in G/H/E/K § 403 AktG Rn 16; *Otto* in Großkomm. § 403 AktG Rn 32; vgl. *Lenckner* in Schönke/Schröder § 203 StGB Rn 74; *Cramer* in Schönke/Schröder § 271 StGB Rn 43; *BayObLG* StV 1995, 29 zu § 272 StGB aF; aA *Kuhlen* in Lutter Rn 11; *Vossius* in Widmann/Mayer Rn 29; *Marsch-Barner* in Kallmeyer Rn 10; *Ransiek* in Achenbach/Wannemacher § 28 Rn 126, § 23 III Rn 321; *BGH* NStZ 1993, 538, 539 zu § 203 Abs. 5 StGB.
[73] AA *Kuhlen* in Lutter Rn 11.
[74] *Otto* in Großkomm. § 403 AktG Rn 35 (Ausschluss immaterieller Nachteile); aA *Kuhlen* in Lutter Rn 11; *Marsch-Barner* in Kallmeyer Rn 10; *Vossius* in Widmann/Mayer Rn 29; vgl. *Lenckner* in Schönke/Schröder § 203 StGB Rn 74.
[75] § 34 StGB.
[76] *Otto* in Großkomm. § 403 AktG Rn 36; *Geilen* in Kölner Komm. § 403 AktG Rn 44.
[77] Zum Tatbestandsirrtum vgl. § 313 Rn 74 f.
[78] *Kuhlen* in Lutter Rn 10.

Falsche Angaben § 314 a

heblichkeit eines Umstands oder darüber irrt, dass ein Umstand der **Berichtspflicht** unterliegt[79].

2. Verbotsirrtum[80]

Ein Verbotsirrtum kommt in Betracht, wenn der Prüfer über das Ergebnis einer Prüfung 27 berichtet, **ohne selbst geprüft zu haben** und davon überzeugt ist, dass das Ergebnis richtig ist[81].

V. Verhältnis der Tathandlungen untereinander und zu den Tathandlungen anderer Vorschriften (Konkurrenzen)

Unrichtiges Berichten und Verschweigen erheblicher Umstände sind keine sachlich verschiedenen Handlungsalternativen. Durch eine sowohl unrichtige als auch lückenhafte Berichterstattung wird der Tatbestand nur einmal erfüllt[82]. 28

Führt die Verletzung der Berichtspflicht zu einem Vermögensschaden der Gesellschaft, kommt **Tateinheit**[83] mit Betrug[84] oder Untreue[85] in Betracht. 29

VI. Rechtsfolgen und Verjährung

Die Straftaten nach § 314 können wahlweise mit Freiheitsstrafe oder mit Geldstrafe geahndet werden. Erfüllt der Täter nur den Grundtatbestand, beträgt der Strafrahmen im Höchstmaß bis zu drei Jahren Freiheitsstrafe. Bei Verwirklichung des Qualifikationstatbestands erhöht sich der Strafrahmen im Höchstmaß auf bis zu fünf Jahren Freiheitsstrafe. Die Vorschriften über Verfall und Einziehung[86] finden Anwendung. In Betracht kommen kann auch ein Berufsverbot[87]. 30

Sowohl für das Grunddelikt als auch für die Qualifikation beträgt die **Verjährungsfrist** für die Strafverfolgung fünf Jahre[88]. Sie beginnt mit **Beendigung** der Tat[89]. 31

§ 314 a Falsche Angaben

Mit Freiheitsstrafe bis zu drei Jahren oder mit Geldstrafe wird bestraft, wer entgegen § 122 k Abs. 1 Satz 3 eine Versicherung nicht richtig abgibt.

Übersicht

	Rn		Rn
I. Entstehungsgeschichte	1	III. Verhältnis der Tathandlung zu den Tathandlungen anderer Vorschriften (Konkurrenzen)	3
II. Tathandlung	2		

---

[79] *Otto* in Großkomm. § 403 AktG Rn 38; teilweise abw. *Geilen* in Kölner Komm. § 403 AktG Rn 40 (bei irrtümlicher Sicht des Sachverhalts liegt ein Tatbestandsirrtum vor, bei irrtümlicher Bewertung der Beurteilungsfaktorten liegt lediglich ein Verbotsirrtum vor).
[80] Zum Verbotsirrtum vgl. § 313 Rn 76 f.
[81] *Otto* in Großkomm. § 403 AktG Rn 39; siehe oben Rn 14.
[82] *Geilen* in Kölner Komm. § 403 AktG Rn 48; *Otto* in Großkomm. § 403 AktG Rn 42.
[83] § 52 StGB.
[84] § 263 StGB.
[85] § 266 StGB.
[86] §§ 73 ff. StGB.
[87] § 70 StGB.
[88] § 78 Abs. 3 Nr. 4 StGB.
[89] § 78 a StGB.

§ 315　Sechstes Buch. Strafvorschriften und Zwangsgelder

I. Entstehungsgeschichte

1 Die Vorschrift ist durch das Zweite Gesetz zur Änderung des Umwandlungsgesetzes vom 19.4.2007[1] neu aufgenommen worden.

II. Tathandlung

2 Nach § 122 k Abs. 1 Satz 3 haben die Mitglieder des Vertretungsorgans eine Versicherung abzugeben, dass allen Gläubigern, die nach § 122 j einen Anspruch auf Sicherheitsleistung haben, eine angemessene Sicherheit geleistet wurde[2]. Die Abgabe einer nicht richtigen Versicherung wird mit § 314 a unter Strafe gestellt.

III. Verhältnis der Tathandlung zu den Tathandlungen anderer Vorschriften (Konkurrenzen)

3 Eine Tathandlung nach § 314 a kann in Tateinheit mit der Verletzung einer Berichtspflicht nach § 314 stehen, wenn die Versicherung nicht richtig ist und über das Ergebnis einer Prüfung falsch berichtet wird oder erhebliche Umstände in dem Prüfungsbericht verschwiegen werden.

§ 315 Verletzung der Geheimhaltungspflicht

(1) Mit Freiheitsstrafe bis zu einem Jahr oder mit Geldstrafe wird bestraft, wer ein Geheimnis eines an einer Umwandlung beteiligten Rechtsträgers, namentlich ein Betriebs- oder Geschäftsgeheimnis, das ihm in seiner Eigenschaft als

1. Mitglied des Vertretungsorgans, vertretungsberechtigter Gesellschafter oder Partner, Mitglied eines Aufsichtsrats oder Abwickler dieses oder eines anderen an der Umwandlung beteiligten Rechtsträgers,
2. Verschmelzungs-, Spaltungs- oder Übertragungsprüfer oder Gehilfe eines solchen Prüfers

bekannt geworden ist, unbefugt offenbart, wenn die Tat im Falle der Nummer 1 nicht in § 85 des Gesetzes betreffend die Gesellschaften mit beschränkter Haftung, § 404 des Aktiengesetzes, § 151 des Genossenschaftsgesetzes oder § 138 des Versicherungsaufsichtsgesetzes, im Falle der Nummer 2 nicht in § 333 des Handelsgesetzbuchs mit Strafe bedroht ist.

(2) Handelt der Täter gegen Entgelt oder in der Absicht, sich oder einen anderen zu bereichern oder einen anderen zu schädigen, so ist die Strafe Freiheitsstrafe bis zu zwei Jahren oder Geldstrafe. Ebenso wird bestraft, wer ein Geheimnis der in Absatz 1 bezeichneten Art, namentlich ein Betriebs- oder Geschäftsgeheimnis, das ihm unter den Voraussetzungen des Absatzes 1 bekannt geworden ist, unbefugt verwertet.

(3) Die Tat wird nur auf Antrag eines der an der Umwandlung beteiligten Rechtsträger verfolgt. Hat ein Mitglied eines Vertretungsorgans, ein vertretungsberechtigter Gesellschafter oder Partner oder ein Abwickler die Tat begangen, so sind auch ein Aufsichtsrat oder ein nicht vertretungsberechtigter Gesellschafter oder Partner antragsberechtigt. Hat ein Mitglied eines Aufsichtsrats die Tat begangen, sind auch die Mitglieder des Vorstands, die vertretungsberechtigten Gesellschafter oder Partner oder die Abwickler antragsberechtigt.

---

[1] BGBl. I 2007 S. 542.
[2] Siehe die Kommentierung zu § 122 k Abs. 1.

Verletzung der Geheimhaltungspflicht 1 § 315

Übersicht

	Rn		Rn
I. Allgemeines	1	a) Verwerten	28
1. Schutzzweck der Norm	1	b) Unbefugt	28
2. Entstehungsgeschichte	3	c) Gefahr eines Schadens	31
II. Verletzung der Geheimhaltungspflicht	4	3. Vollendung	32
1. Täterkreis	4	4. Vorsatz	34
a) Funktionsträger	4	IV. Rechtfertigung	35
b) Kenntniserlangung in der Eigenschaft als Funktionsträger	6	1. Gesetzliche Aussagepflichten	35
		2. Mutmaßliche Einwilligung	36
c) Täterschaft und Teilnahme	7	3. Höherrangige Interessen	37
2. Tatobjekt: Geheimnisse eines Rechtsträgers	8	V. Irrtümer	38
		1. Tatbestandsirrtum	38
3. Tathandlung	17	2. Verbotsirrtum	40
a) Offenbaren	17	VI. Strafantrag	42
b) Unbefugt	19	1. Antragsberechtigung	42
4. Vollendung	23	2. Antragstellung	44
5. Unterlassen	24	3. Antragsfrist	45
6. Vorsatz	25	VII. Verhältnis der Tathandlungen zueinander und zu den Tathandlungen anderer Vorschriften (Konkurrenzen)	46
7. Qualifikation	26		
III. Unbefugte Geheimnisverwertung	27		
1. Verhältnis zur unbefugten Offenbarung	27		
2. Tathandlung	28	VIII. Rechtsfolgen und Verjährung	50

Literatur: *Arians*, Der strafrechtliche Schutz des Geschäfts- und Betriebsgeheimnisses in der Bundesrepublik Deutschland, in: Oehler (Hrsg.), Der strafrechtliche Schutz des Geschäfts- und Betriebsgeheimnisses in den Ländern der Europäischen Gemeinschaft sowie in Österreich und der Schweiz, Bd. 1, 1978, S. 307; *Dannecker*, Der Schutz von Geschäfts- und Betriebsgeheimnissen, BB 1987, 1614; *Eutebach*, Die Verschwiegenheitspflicht der Aufsichtsratsmitglieder einer Aktiengesellschaft, Diss. Köln 1969; *Lutter*, Due diligence des Erwerbers beim Kauf einer Beteiligung, ZIP 1997, 613; *ders.*, Information und Vertraulichkeit im Aufsichtsrat, 2. Aufl. 1984; *Rützel*, Illegale Unternehmensgeheimnisse, GRUR 1995, 557; *Säcker*, Aktuelle Probleme der Verschwiegenheitspflicht der Aufsichtsratsmitglieder, NJW 1986, 803; *v. Stebut*, Gesetzliche Vorschriften gegen den Mißbrauch von Insiderinformationen, DB 1974, 613; *ders.*, Geheimnisschutz und Verschwiegenheitspflicht im Aktienrecht, 1972; *Stoffels*, Grenzen der Informationsweitergabe durch den Vorstand einer Aktiengesellschaft im Rahmen einer „Due Diligence", ZHR 165 (2001) 362; *Taeger*, Die Offenbarung von Betriebs- und Geschäftsgeheimnissen, 1999; *van Veenroy*, Das strafrechtliche Risiko des Geschäftsführers bei Verletzung von Geheimhaltungspflichten, GmbHR 1993, 609; *Volhard/Weber*, Gesellschaftsvertragliche Verschwiegenheits- und Offenbarungspflichten bei der Veräußerung von GmbH-Gesellschaftsanteilen, FS J. Semler, 1993, S. 387; *Wagner*, Die Rechtsprechung zu den Straftaten im Amt seit 1975, JZ 1987, 658; *Ziemons*, Die Weitergabe von Unternehmensinterna an Dritte durch den Vorstand einer Aktiengesellschaft, AG 1999, 492; siehe auch Literaturverzeichnis zu § 313.

I. Allgemeines

1. Schutzzweck der Norm

Durch den Straftatbestand der Verletzung der Geheimhaltungspflicht wird zum einen die **Gesellschaft** in ihrem Geheimhaltungsinteresse geschützt, zum anderen erstreckt sich der **Schutzbereich** auch auf die **Anteilsinhaber**, denn deren Interessen bilden mit den Interessen der Gesellschaft eine Einheit[1]. Nicht in den Schutzbereich einbezogen sind die Inte- 1

---

[1] So auch *Otto* in Großkomm. § 404 AktG Rn 2; *Marsch-Barner* in Kallmeyer Rn 1; *Kuhlen* in Lutter Rn 3; *Fuhrmann* in G/H/E/K § 404 AktG Rn 2; enger: *Vossius* in Widmann/Mayer Rn 1; *v. Stebut* DB 1974, 613, 616, die nur die Gesellschaft als geschützt ansehen.

ressen der **Arbeitnehmer**[2] und der **Gesellschaftsgläubiger**[3]. Das ergibt sich sowohl daraus, dass die Tathandlung deren Interessen nicht unmittelbar beeinträchtigen kann, als auch aus der Ausgestaltung des Antragsrechts[4]. Zugunsten des in den Schutzbereich einbezogenen Gesellschafts- und Personenkreises ist der Straftatbestand der Verletzung der Geheimhaltungspflicht **Schutzgesetz** iSd. § 823 Abs. 2 BGB.

2 Geschütztes **Rechtsgut** ist in erster Linie das **Vermögensinteresse** der beteiligten Rechtsträger[5]. Dieses Interesse soll vor Indiskretionen durch Berufsträger geschützt werden, die eine besondere Vertrauensstellung innehaben[6]. Geschützt ist damit auch das **Vertrauen** der beteiligten Rechtsträger in die Verschwiegenheit der Sonderpflichtigen.

2. Entstehungsgeschichte

3 Die Verletzung der Geheimhaltungspflicht wurde zuerst im Aktienrecht unter Strafe gestellt[7]. Die Paralleltatbestände[8] sind durch das UmwBerG nicht geändert worden. Sofern es gleichzeitig zu einem Verstoß gegen diese Strafvorschriften kommt, gehen sie dem § 315 UmwG vor[9]. Mit Gesetz vom 22. 7. 1998[10] wurde der Kreis der Täter und der Antragsberechtigten erweitert und erfasst nun auch vertretungsberechtigte Partner iSd. PartGG[11].

II. Verletzung der Geheimhaltungspflicht

1. Täterkreis

4 a) **Funktionsträger.** Die Tat ist ein **Sonderdelikt**. Taugliche **Täter** der Verletzung der Geheimhaltungspflicht sind zum einen die Mitglieder des Vertretungsorgans, die vertretungsberechtigten Gesellschafter oder Partner, die Mitglieder des Aufsichtsrats oder die Abwickler[12], zum anderen die Verschmelzungs-[13], Spaltungs- und Übertragungsprüfer sowie deren Gehilfen[14].

5 Taugliche Täter sind auch **faktische Organmitglieder**, nach hier vertretener Auffassung jedoch nur, wenn sie auf der Grundlage eines fehlerhaften Bestellungsakts tätig sind[15]. Andere als die genannten Funktionsträger können nur als **Teilnehmer** strafbar sein, also auch die faktischen Mitglieder eines Vertretungsorgans, deren Tätigwerden auf dem bloßen Einverständnis des Bestellungsorgans beruht[16].

---

[2] AA *Kuhlen* in Lutter Rn 3; *Geilen* in Kölner Komm. § 404 AktG Rn 11.
[3] Ebenso *Kuhlen* in Lutter Rn 3; *Vossius* in Widmann/Mayer Rn 1; *Marsch-Barner* in Kallmeyer Rn 1; *Geilen* in Kölner Komm. § 404 AktG Rn 11; *Otto* in Großkomm. § 404 AktG Rn 2.
[4] *Otto* in Großkomm. § 404 AktG Rn 2; *Fuhrmann* in G/H/E/K § 404 AktG Rn 2; aA *Kuhlen* in Lutter Rn 3, der aus der Antragsberechtigung diesen Schluss nicht zieht.
[5] *Kuhlen* in Lutter Rn 3; *Vossius* in Widmann/Mayer Rn 1; *Marsch-Barner* in Kallmeyer Rn 1.
[6] *Geilen* in Kölner Komm. § 404 AktG Rn 10.
[7] § 404 AktG; zu dessen Entstehungsgeschichte: *Geilen* in Kölner Komm. § 404 AktG Rn 1 ff.; *Otto* in Großkomm. § 404 AktG Rn 1; *v. Stebut* S. 79 ff.
[8] § 404 AktG, § 85 GmbHG, § 151 GenG, § 138 VAG, § 333 HGB.
[9] Gem. § 315 Abs. 1: § 85 GmbHG, § 404 AktG, § 151 GenG, § 138 VAG, § 333 HGB.
[10] BGBl. I 1998 S. 1878, 1880.
[11] *Kuhlen* in Lutter Rn 1.
[12] § 315 Abs. 1 Nr. 1.
[13] Das kann im Fall des § 81 Abs. 2 auch ein genossenschaftlicher Prüfungsverband sein.
[14] § 315 Abs. 1 Nr. 2.
[15] Zur Strafbarkeit des faktischen Organmitglieds vgl. § 313 Rn 18 ff.; wie hier *Otto* in Großkomm. § 404 AktG Rn 7; vgl. auch *Eutebach* S. 25 (Verschwiegenheitspflicht des Aufsichtsratsmitglieds bei nichtigem Bestellungsakt); aA *Kuhlen* in Lutter Rn 4, § 313 Rn 10 ff.; *Marsch-Barner* in Kallmeyer Rn 3; *Vossius* in Widmann/Mayer Rn 5, schließt den faktischen Geschäftsführer nur im Bereich der Geschäftsanmaßung aus dem Täterkreis aus; ebenso *Tiedemann* in Scholz § 85 GmbHG Rn 3 und 5.
[16] Vgl. § 313 Rn 18 ff.

b) Kenntniserlangung in der Eigenschaft als Funktionsträger. Das Gesetz setzt ausdrücklich voraus, dass das Geheimnis dem Täter in seiner **Eigenschaft als Funktionsträger** bekannt geworden sein muss. Das erfordert zum einen, dass die Tätermerkmale im **Zeitpunkt der Kenntnisnahme** von dem Geheimnis vorliegen müssen. Unerheblich ist, ob die Tätereigenschaft zum Zeitpunkt der Tathandlung, nämlich des unbefugten Offenbarens oder Verwertens, noch gegeben ist[17]. Tatbestandlich nicht erfasst ist der Fall, dass der Täter die betreffenden Informationen erlangt hat, bevor er die Tätereigenschaft besaß[18], auch wenn er später als Funktionsträger die vorher erlangten Informationen offenbart oder verwertet. Zum anderen ist erforderlich, dass dem Täter das Geheimnis in seiner die Sonderpflicht begründenden **Funktion** bekannt geworden ist. Die Offenbarung oder Verwertung einer **privaten Mitteilung** ist nicht tatbestandsmäßig[19].

c) Täterschaft und Teilnahme. Für die Abgrenzung zwischen Täterschaft und Teilnahme eines Sonderpflichtigen gelten die allgemeinen Regeln[20]. Ein Außenstehender kann nur Teilnehmer sein, dessen Strafe ist obligatorisch zu mildern[21].

2. Tatobjekt: Geheimnisse eines Rechtsträgers

Dem Tatbestand unterfallen alle Arten von **Unternehmensgeheimnissen**. Das sind alle das Unternehmen betreffende und nicht offenkundige Tatsachen, an deren Geheimhaltung das Unternehmen ein objektives Interesse hat und die nicht offenbart werden sollen[22]. Ob das Geheimnis auch einen sachlichen Bezug zur Umwandlung haben muss, ist streitig[23]. Das lässt sich dem Wortlaut der Norm zwar nicht entnehmen[24], die systematische Stellung spricht jedoch eher für eine solche Beschränkung[25]. Es muss sich also um Geheimnisse handeln, die im Zusammenhang mit einer Umwandlung erfahren werden. Das sind etwa die Geheimnisse, die im Rahmen einer *due diligence* weitergegeben werden[26].

Die besonders hervorgehobenen Betriebs- und Geschäftsgeheimnisse sind Regelbeispiele, die den Zweck haben, die praktisch wichtigsten Anwendungsbereiche aufzuzeigen[27]. **Betriebsgeheimnisse** beziehen sich idR auf den technischen Bereich, **Geschäftsgeheimnisse** auf den kaufmännischen Bereich[28]. Eine genaue Abgrenzung ist nicht immer möglich, aber auch nicht erforderlich, da beide Begriffe von dem Oberbegriff des Geheimnisses umfasst sind. Dieser erfasst darüber hinaus auch **immateriell** nachteilige Verletzungen der

---

[17] *Kuhlen* in Lutter Rn 4; *Marsch-Barner* in Kallmeyer Rn 3; *Lutter/Hommelhoff* § 85 GmbHG Rn 2; *Tiedemann* in Scholz § 85 GmbHG Rn 27: grundsätzliche Schweige- und Nichtverwertungspflicht nach dem Ausscheiden.
[18] *Marsch-Barner* in Kallmeyer Rn 3.
[19] *Marsch-Barner* in Kallmeyer Rn 3; *Vossius* in Widmann/Mayer Rn 8; *Otto* in Großkomm. § 404 AktG Rn 10; *Geilen* in Kölner Komm. § 404 AktG Rn 18; *Fuhrmann* in G/H/E/K § 404 AktG Rn 8; *Tiedemann* in Scholz § 85 GmbHG Rn 5.
[20] Vgl. hierzu § 313 Rn 32; *Kuhlen* in Lutter Rn 17; zur Abgrenzung: *Cramer/Heine* in Schönke/Schröder Vorbem. §§ 25 ff. StGB Rn 51 ff.
[21] Gem. §§ 28 Abs. 1, 49 Abs. 1 StGB.
[22] *Otto* in Großkomm. § 404 AktG Rn 13; siehe auch die Nachweise in Fn 31.
[23] So *Vossius* in Widmann/Mayer Rn 15; aA *Kuhlen* in Lutter Rn 7 Fn 27.
[24] *Kuhlen* in Lutter Fn 27.
[25] *Vossius* in Widmann/Mayer Rn 15.
[26] Zu deren Umfang siehe *Stoffels* ZHR 165 (2001) 262, 365 ff.
[27] *Geilen* in Kölner Komm. § 404 AktG Rn 20; *Kuhlen* in Lutter Rn 7; *Vossius* in Widmann/Mayer Rn 13; *Otto* in Großkomm. § 404 AktG Rn 12; ausf. zu den Begriffen der Betriebs- und Geschäftsgeheimnisse: *v. Stebut* S. 50 ff.
[28] RGSt 29, 426, 430; *Dannecker* BB 1987, 1614, 1615; *Geilen* in Kölner Komm. § 404 AktG Rn 21; *Eutebach* S. 16 f.

Geheimhaltungspflicht[29]. Das Unternehmen ist sowohl in seiner Wettbewerbsfähigkeit als auch in seinem Ansehen geschützt[30].

10 Der **Geheimnisbegriff**[31] enthält drei Komponenten, die kumulativ vorliegen müssen. Es muss sich um eine
- relativ unbekannte Tatsache handeln,
- deren Geheimhaltung objektiv geboten ist und
- die vom Geheimhaltungshaltungswillen der Gesellschaft getragen ist.

11 Eine Tatsache ist **relativ unbekannt**, wenn sie nur einem beschränkten Personenkreis bekannt ist und andere Personen sich nur mit erheblichem Aufwand legal Kenntnis verschaffen können[32]. Auch ein bekanntes technisches Verfahren kann ein Betriebsgeheimnis sein, wenn nur einem beschränkten Personenkreis bekannt ist, dass das Unternehmen dieses Verfahren anwendet[33].

12 Ein **objektives Geheimhaltungsinteresse** ist dann gegeben, wenn eine Offenbarung der Information zu einem materiellen oder auch immateriellen Schaden der Gesellschaft führen kann[34]. Das objektive Interesse ist erforderlich[35], um Belanglosigkeiten[36] und „willkürliche Geheimniskrämerei"[37] tatbestandlich auszuschließen.

13 Maßgeblich für die **Bekundung des Geheimhaltungswillens** der Gesellschaft ist das jeweils zuständige Organ[38]. Bei einer AG ist das idR die Gesamtheit der Vorstandsmitglieder[39] oder der Abwickler[40]. Bei einer GmbH ist die Gesamtheit der Gesellschafter als oberstes Willensbildungsorgan maßgebend, subsidiär auch der Geheimhaltungswille der Geschäftsführer[41]. Gleiches gilt bei einer Personenhandelsgesellschaft[42].

14 Da ein Teil dieser Organe auch als mögliche Täter in Betracht kommt, ist zur Vermeidung einer **Umgehung der Verschwiegenheitspflicht** ein sachlich nicht mehr vertretbarer Verzicht auf Geheimhaltung unwirksam, eine Berufung hierauf rechtsmissbräuchlich[43].

---

[29] *Kuhlen* in Lutter Rn 7; *Geilen* in Kölner Komm. § 404 AktG Rn 20; *BGH* ZIP 1996, 1341, 1342; *OLG Hamm* GmbHR 1988, 218; *v. Stebut* S. 39 ff.

[30] *Otto* in Großkomm. § 404 AktG Rn 12; ein Ansehensverlust wird allerdings idR auch geeignet sein, einen Vermögensschaden hervorzurufen, vgl. *v. Stebut* S. 39 f.

[31] Zum Geheimnisbegriff: *BGH* GRUR 1961, 40, 43; BGHSt 41, 140, 142; RGSt 29, 426, 430; *Arians* S. 326 ff.; *v. Stebut* S. 3 ff.; *ders.* DB 1974, 613 f.; *Volhard/Weber*, FS J. Semler, S. 387, 388 ff.; *Eutebach* S. 17 f.; *Dannecker* BB 1987, 1614, 1615.

[32] *Kuhlen* in Lutter Rn 5; *Marsch-Barner* in Kallmeyer Rn 4; *Geilen* in Kölner Komm. § 404 AktG Rn 23, 27 ff.; *Otto* in Großkomm. § 404 AktG Rn 14; *Arians* S. 328; *OLG Köln* NJWE-WettbR 1998, 145, 147 zu § 17 UWG.

[33] *OLG Hamm* WRP 1993, 36, 38.

[34] *OLG Hamm* GmbHR 1988, 218; *Geilen* in Kölner Komm. § 404 AktG Rn 40; *Otto* in Großkomm. § 404 AktG Rn 15; Fallbeispiele in *Lutter* S. 135.

[35] Zur Nowendigkeit einer objektiven Feststellung der Geheimhaltungsbedürftigkeit vgl. auch BGHZ 64, 325, 329 zu § 93 Abs. 1 AktG.

[36] *Kuhlen* in Lutter Rn 5; *Lutter/Hommelhoff* § 85 GmbHG Rn 4.

[37] *Geilen* in Kölner Komm. § 404 AktG Rn 25.

[38] *Geilen* in Kölner Komm. § 404 AktG Rn 30.

[39] *Kuhlen* in Lutter Rn 6; *Geilen* in Kölner Komm. § 404 AktG Rn 30 ff., 33; *Fuhrmann* in G/H/E/K § 404 AktG Rn 6; ausf. *v. Stebut* S. 95 ff., 98.

[40] § 265 AktG.

[41] *Kuhlen* in Lutter Rn 6, *Tiedemann* in Scholz § 85 GmbHG Rn 9; nach *Lutter/Hommelhoff* § 85 GmbHG Rn 4 soll bei einer Verzichtserklärung durch den Geschäftsführer mindestens zusätzlich die Zustimmung der Gesellschafterversammlung vorliegen; so auch *OLG Hamm* GmbHR 1988, 218, 219, mit Kurzkomm. *Schulze-Osterloh* in EWiR § 85 GmbHG 1/88, 167 f.; für einen Anspruch des Geschäftsführers auf geschäftsordnungsmäßige Festlegung der Befugnisse zur Geheimnisoffenbarung durch die Gesellschafter: *van Veenroy* GmbHR 1993, 609, 613 ff., 615 f.

[42] *Kuhlen* in Lutter Fn 24.

[43] *Kuhlen* in Lutter Rn 6; nach *Lutter/Hommelhoff* § 85 GmbHG Rn 4 soll durch das Zustimmungserfordernis der Gesellschafterversammlung vermieden werden, dass der Geschäftsführer den Verzicht auf

Verletzung der Geheimhaltungspflicht 15–17 § 315

Der **Geheimhaltungswille**[44] muss nicht ausdrücklich erklärt sein. Ist der aktuelle Wille 15 nicht feststellbar, kann auf das idR kongruente Geheimhaltungsinteresse der Gesellschaft zurück gegriffen werden[45]. Bei der Verletzung der Geheimhaltungspflicht handelt es sich um ein **Vorsatzdelikt**, für den Täter muss der Geheimhaltungswille also nicht nur **erkennbar** sein[46], er muss ihm sogar **bekannt** sein[47].

Das Geheimnis kann auch einen rechtswidrigen Sachverhalt betreffen (sog. **illegales Ge-** 16 **heimnis**). Das ist streitig, aber zu bejahen[48]. Denn es gibt keinen Allgemeinen strafrechtlichen Grundsatz, wonach gesetzwidrige Geheimnisse nicht anzuerkennen sind[49]. Der Begriff des Geheimnisses wird also nicht dadurch eingeschränkt, dass die Information einen rechtswidrigen Sachverhalt betrifft[50]. Eine andere Frage ist, ob das illegale Geheimnis schutzwürdig ist[51]. Das kann nur im Einzelfall entschieden werden[52].

3. Tathandlung

a) Offenbaren. Ein Geheimnis wird **offenbart**, wenn es einem Dritten mitgeteilt wird[53]. 17 Bei schriftlichen Mitteilungen genügt die Möglichkeit der Kenntnisnahme[54]. Die Verbreitung als Gerücht reicht aus, ebenso die Bestätigung einer Vermutung oder eines Gerüchts[55]. Dem Adressaten darf das Geheimnis noch nicht bekannt sein, nicht ausreichend ist die Mitteilung an einen bereits sicher Informierten[56]. Es genügt, dass der Kreis der Informierten um

---

Geheimhaltung zur Aufhebung der Strafdrohung gegen sich selbst erklären kann; so auch *OLG Hamm* GmbHR 1988, 218, 219; zur Offenbarung von Geheimnissen iRd. üblichen Geschäftsverkehrs vgl. *v. Veenroy* GmbHR 1993, 609, 612 f., 615, der diesen Bereich im Wege teleologischer Reduktion von der Strafbarkeit ausschließen will; vgl. auch *Volhard/Weber*, FS J. Semler, S. 387, 398 ff., wonach der Geschäftsführer einer GmbH nur dann nicht gegen das Verschwiegenheitsgebot verstößt, wenn ein konkret nachweisbares Gesellschaftsinteresse an der Offenbarung besteht; bei der Verzichtserklärung durch den Vorstand einer AG kann entsprechend die Billigung des Aufsichtsrats verlangt werden, vgl. *Vossius* in Widmann/Mayer Rn 17.

[44] Ausf. *v. Stebut* S. 21 ff.
[45] *Kuhlen* in Lutter Rn 5; *Marsch-Barner* in Kallmeyer Rn 4; *Geilen* in Kölner Komm. § 404 AktG Rn 34; *Ransiek* in Achenbach/Wannemacher § 28 Rn 140 hält einen Geheimhaltungswillen für nicht erforderlich, da bis zur tatsächlichen Offenbarung eine Information allein wegen ihrer Unbekanntheit geheim bleibt; ablehnend auch *Lutter/Hommelhoff* § 85 GmbHG Rn 4.
[46] Zum Erfordernis der Erkennbarkeit vgl. die Nachweise in *Arians* S. 331; *v. Stebut* S. 22 ff.
[47] *Arians* S. 331 f.; *Geilen* in Kölner Komm. § 404 AktG Rn 34.
[48] *Kuhlen* in Lutter Rn 8; *Marsch-Barner* in Kallmeyer Rn 5; *Vossius* in Widmann/Mayer Rn 14; *Otto* in Großkomm. § 404 AktG Rn 16; *Geilen* in Kölner Komm. § 404 AktG Rn 41 ff. mwN zum Meinungsstreit; aA *Eutebach* S. 18; *Rützel* GRUR 1995, 557 ff.
[49] *v. Stebut* S. 45 f., das ergibt sich auch nicht aus § 93 Abs. 2 StGB, so zutr. *Geilen* in Kölner Komm. § 404 AktG Rn 43; *Rützel* GRUR 1995, 557, 558; zum Schutz des „illegalen" Staatsgeheimnisses vgl. BGHSt 20, 342; 354 ff., 357 ff. und BVerfGE 191, 203 ff., wonach eine sofortige Unterrichtung der Öffentlichkeit nur bei einem evidenten, besonders schweren Verfassungsverstoß erforderlich oder gerechtfertigt ist.
[50] AA *Rützel* GRUR 1995, 557 ff. mwN zum Meinungsstand und einer detaillierten Auseinandersetzung mit der Gegenmeinung.
[51] Vgl. *Arians* S. 338 zu §§ 17 ff. UWG, wonach illegale Geheimnisse grundsätzlich keinen Schutz der Rechtsordnung verdienen.
[52] *Otto* in Großkomm. § 404 AktG Rn 16.
[53] *Kuhlen* in Lutter Rn 9; *Vossius* in Widmann/Mayer Rn 16; *Marsch-Barner* in Kallmeyer Rn 6; *Otto* in Großkomm. § 404 AktG Rn 25; *Geilen* in Kölner Komm. § 404 AktG Rn 52; *Fuhrmann* in G/H/E/K § 404 AktG Rn 9.
[54] *Tiedemann* in Scholz § 85 GmbHG Rn 14.
[55] RGSt 26, 5, 7; 38, 62, 65; 62, 65, 70; *Geilen* in Kölner Komm. § 404 AktG Rn 53; *Otto* in Großkomm. § 404 AktG Rn 25; *Fuhrmann* in G/H/E/K § 404 AktG Rn 9.
[56] *Kuhlen* in Lutter Rn 9; *Geilen* in Kölner Komm. § 404 AktG Rn 53; *Otto* in Großkomm. § 404 AktG Rn 25; *Fuhrmann* in G/H/E/K § 404 AktG Rn 9.

§ 315 18–21   Sechstes Buch. Strafvorschriften und Zwangsgelder

nur eine Person erweitert wird[57], auch wenn diese ihrerseits einer Verschwiegenheitspflicht unterliegt[58]. Allerdings wird es hier an einem objektiven Geheimhaltungsinteresse der Gesellschaft fehlen[59].

18 Auch im Zeitpunkt der Tathandlung muss es sich noch um ein **Geheimnis** der Gesellschaft handeln. Hat die Gesellschaft das Geheimnis **vor der Tat** offenbart und ist es dadurch offenkundig geworden, ist die Handlung nicht tatbestandsmäßig[60].

19 **b) Unbefugt.** Das Geheimnis muss **unbefugt** offenbart werden. Unbefugt ist jede Offenbarung, die dem Geheimhaltungsinteresse der Gesellschaft widerspricht[61]. Zulässige und gebotene Mitteilungen oder die Zustimmung des Verfügungsberechtigten lassen bereits den Tatbestand entfallen[62].

20 Liegt ein **genereller Offenbarungswille** des Geheimnisträgers vor[63], ist bereits ein tatbestandsmäßiges Handeln ausgeschlossen, da es mangels Geheimhaltungswillen an einem konstituierenden Element des Geheimnisbegriffs fehlt[64]. Ist der Geheimhaltungswille im **Einzelfall** aufgehoben, weil der Kreis der Geheimnisträger erweitert werden soll, liegt ein tatbestandsausschließendes Einverständnis vor[65]. Die Weitergabe des Geheimnisses in dem vorgegebenen Rahmen ist nicht unbefugt.

21 Auch im Bereich der **zulässigen** oder **gebotenen Auskünfte** besteht eine Offenbarungsbefugnis, die den Tatbestand ausschließt[66]. Zulässig ist in jedem Fall die **Unterrichtung der anderen Mitglieder** des jeweiligen Organs[67]; zulässig ist auch der grundsätzlich unbeschränkte **Informationsaustausch** zwischen **Vorstand** und **Aufsichtsrat**[68]. Auch die Offenbarung von Geheimnissen an **Außenstehende** durch einen Geschäftsführer im Rahmen seiner Geschäftsführungsbefugnis ist zulässig[69]. Das ist jedenfalls dann der Fall, wenn die Offenbarung von Geheimnissen mit der Teilnahme der GmbH am Geschäftsverkehr zwangsläufig verknüpft ist[70]. Im Fall eines **Unternehmenskaufs** oder einer Beteiligung ist

---

[57] *Geilen* in Kölner Komm. § 404 AktG Rn 52.
[58] *Kuhlen* in Lutter Rn 9; *Marsch-Barner* in Kallmeyer Rn 6; *Vossius* in Widmann/Mayer Rn 16; vgl. *BayObLG* NJW 1995, 1623 = NStZ 1995, 187 zu § 203 StGB.
[59] *Marsch-Barner* in Kallmeyer Rn 6.
[60] *Kuhlen* in Lutter Rn 10; *Otto* in Großkomm. § 404 AktG Rn 11.
[61] *Baumbach/Hefermehl* § 17 UWG Rn 38.
[62] *Kuhlen* in Lutter Rn 11 f.; *Vossius* in Widmann/Mayer Rn 17 f.; *Marsch-Barner* in Kallmeyer Rn 8; *Ransiek* in Achenbach/Wannemacher § 28 Rn 141 ff.; *Tiedemann* in Scholz § 85 GmbHG Rn 19 ff. (tatbestandsausschließend nur bei Zustimmung des Geheimnisträgers); *Otto* in Großkomm. § 404 AktG Rn 30, 3 (tatbestandsausschließend nur bei Befugniserteilung, durch welche der allgemeine Offenbarungswille des Geheimnisträgers zum Ausdruck kommt); grundsätzlich aA *Geilen* in Kölner Komm. § 404 AktG Rn 74 (lediglich die Information von Aufsichtsrat und Prüfern lassen wegen ihrer „Sozialadäquanz" den Tatbestand entfallen).
[63] Durch die für den Geheimhaltungswillen maßgeblichen Organmitglieder, siehe Rn 13.
[64] Siehe Rn 10 ff.
[65] *Tiedemann* in Scholz § 85 GmbHG Rn 20; *Ransiek* in Achenbach/Wannemacher § 28 Rn 141; *Arians* S. 358; enger *Geilen* in Kölner Komm. § 404 AktG Rn 76, tatbestandsausschließend nur, wenn auf die Geheimhaltung generell verzichtet wird, da nur dadurch ein Merkmal des Geheimnisbegriffs entfällt; ebenso *Otto* in Großkomm. § 404 AktG Rn 38 f.; zum tatbestandsausschließenden Einverständnis siehe *Lenckner* in Schönke/Schröder Vorbem. §§ 32 ff. StGB Rn 31 f.
[66] *Kuhlen* in Lutter Rn 11; *Vossius* in Widmann/Mayer Rn 17 f.; ausf. zum Umfang der Offenbarungsrechte des Vorstands einer AG *Ziemons* AG 1999, 492, 494 ff.
[67] *Marsch-Barner* in Kallmeyer Rn 8; *Ransiek* in Achenbach/Wannemacher § 28 Rn 144; *Taeger* S. 140 (zum Aufsichtsrat); *Säcker* NJW 1986, 803, 805 (zum Aufsichtsrat); grundsätzlich zust. *Eutebach* S. 28 f. (zum Aufsichtsrat).
[68] *Lutter* S. 148; zum Informationsrecht des Aufsichtsrats gegenüber dem Vorstand: *Taeger* S. 133 ff.
[69] *Kuhlen* in Lutter Rn 11; *van Veenroy* GmbHR 1993, 609 ff.; Entsprechendes muss für den Vorstand einer AG gelten.
[70] Vgl. *van Veenroy* GmbHR 1993, 609 ff., 611.

der Vorstand zur vorsichtigen Weitergabe von Informationen befugt *(due diligence)*, sofern ein Interesse seiner Gesellschaft an diesem Kaufinteressenten besteht[71]; ein Geschäftsführer darf dies nur mit Zustimmung der Gesellschafter[72].

Eine Offenbarungsbefugnis besteht auch in Erfüllung **gesetzlicher Pflichten**[73]. Das sind vor allem die **Auskunftspflichten** gegenüber den Anteilsinhabern[74]. Geboten ist auch die Unterrichtung der Prüfer über alle Geheimnisse der Gesellschaft, die diese für eine sorgfältige Prüfung benötigen und auf die sie einen gesetzlichen Informationsanspruch haben[75]. Ausdrücklich geregelt ist auch die Offenbarungsbefugnis von Aufsichtsratsmitgliedern, die auf Veranlassung einer Gebietskörperschaft in den Aufsichtsrat gewählt wurden[76]. Die Befugnis ist auf den Umfang der Berichtspflicht beschränkt. Auch gegenüber Dritten kann eine Auskunftspflicht begründet sein[77]. Ebenso können verwaltungsrechtliche Auskunftspflichten der Verschwiegenheitspflicht aus § 315 vorgehen[78]. Die Gesellschaft kann sich nicht auf ihr Geheimhaltungsinteresse berufen, wenn sie selbst eine gesetzliche Pflicht zur Auskunftserteilung trifft[79].

4. Vollendung

Die Tat ist vollendet, wenn das Geheimnis wenigstens einem Unbefugten mitgeteilt ist[80]. Bei Schriftstücken oder gespeicherten Informationen auf Datenträgern genügt die Übergabe oder der Zugang in den Herrschaftsbereich des Empfängers[81]. Der Versuch ist straflos. **Beendet** ist die Tat mit Kenntnisnahme durch den Empfänger[82].

5. Unterlassen

Die Tat kann auch durch Unterlassen begangen werden[83]. Die in § 315 genannten möglichen Täter sind entweder Beschützer-[84] oder Überwachergaranten[85]. Sie müssen daher die drohende Information Außenstehender oder deren Zugriff auf Geheimnisse verhindern[86].

---

[71] Ausf. *Stoffels* ZHR 165 (2001) 362, 371 ff., 376 ff.; *Ziemons* AG 1999, 492, 495.
[72] *Lutter* ZIP 1997, 613 ff., 620; *Lutter/Hommelhoff* § 85 GmbHG Rn 5; siehe auch Fn 43.
[73] Ausf. *v. Stebut* S. 112 ff.
[74] Nach §§ 49 Abs. 3, 64 Abs. 2, § 83 Abs. 1 Satz 3, § 102 Satz 2, § 112 Abs. 2 Satz 2, 125, 176 Abs. 1, 177 Abs. 1, 178 Abs. 1, 179 Abs. 1, 180 Abs. 1, 184 Abs. 1, 186, 188 Abs. 1, 189 Abs. 1 UmwG, § 131 AktG, § 51 a GmbHG, § 166 HGB. *Vossius* in Widmann/Mayer Rn 17; *Kuhlen* in Lutter Rn 11; *Marsch-Barner* in Kallmeyer Rn 8; *Tiedemann* in Scholz § 85 GmbHG Rn 21; zu den Informationspflichten gegenüber Gesellschaftern und Aktionären: *Lutter* ZIP 1997, 613, 614 ff., 616 ff.
[75] § 11 Abs. 1 UmwG iVm. § 320 Abs. 1 Satz 2 und Abs. 2 Satz 1 und 2 HGB. Vgl. *v. Stebut* S. 91 zu den Abschlussprüfern der AG; *Marsch-Barner* in Kallmeyer Rn 8; *Ransiek* in Achenbach/Wannemacher § 28 Rn 144; *Lutter* S. 150; *Geilen* in Kölner Komm. § 404 AktG Rn 75.
[76] § 394 AktG; ausf. *v. Stebut* S. 127.
[77] *Vossius* in Widmann/Mayer Rn 17: aus zivilrechtlichem Auskunftsanspruch nach §§ 242, 260, 261 BGB, Drittschuldnererklärung nach § 829 ZPO.
[78] Vgl. *Tiedemann* in Scholz § 85 GmbHG Rn 22.
[79] *v. Stebut* S. 114.
[80] *Kuhlen* in Lutter Rn 18; *Otto* in Großkomm. § 404 AktG Rn 32 mwN; *Geilen* in Kölner Komm. § 404 AktG Rn 66.
[81] *Kuhlen* in Lutter Rn 18; *Otto* in Großkomm. § 404 AktG Rn 32.
[82] *Tiedemann* in Scholz § 85 GmbHG Rn 44.
[83] § 315 Abs. 1 UmwG iVm. § 13 StGB.
[84] § 315 Abs. 1 Nr. 1.
[85] § 315 Abs. 1 Nr. 2.
[86] *Kuhlen* in Lutter Rn 17; *Tiedemann* in Scholz § 85 GmbHG Rn 14.

6. Vorsatz

25 Für die Verwirklichung des Tatbestandes genügt **bedingter Vorsatz**[87]. Dem Täter muss bewusst sein, dass es sich um ein Geheimnis eines an der Umwandlung beteiligten Rechtsträgers handelt. Er muss also die relative Unbekanntheit der Tatsache, das objektive Geheimhaltungsinteresse der Gesellschaft und den Geheimhaltungswillen der Geheimnisträger erfassen.

7. Qualifikation

26 Offenbart der Täter das Geheimnis gegen **Entgelt** oder **beabsichtigt** er, **sich oder einen anderen zu bereichern oder einen anderen zu schädigen**[88], handelt es sich um einen qualifizierten Fall der Verletzung der Geheimhaltungspflicht[89]. Die Qualifikationsmerkmale des § 315 Abs. 2 Satz 1 entsprechen denen des § 314 Abs. 2[90].

III. Unbefugte Geheimnisverwertung

1. Verhältnis zur unbefugten Offenbarung

27 Die unbefugte Geheimnisverwertung in § 315 Abs. 2 Satz 2 ist ein **eigenständiger Tatbestand**[91], der in engem sachlichen Zusammenhang mit den Qualifikationsmerkmalen der unbefugten Offenbarung steht[92]. Der **Schutzzweck** der Norm entspricht im Grundsatz dem der unbefugten Offenbarung[93], ist aber auf den Schutz materieller Interessen beschränkt[94]. Im Unterschied zur unbefugten Offenbarung ist das geschützte **Rechtsgut** nicht das Vertrauen in die Verschwiegenheit der Sonderpflichtigen, sondern das Vertrauen, dass diese kein Kapital aus den ihnen anvertrauten Geheimnissen schlagen[95]. Hinsichtlich **Täterkreis** und **Tatobjekt** verweist das Gesetz auf § 315 Abs. 1[96]; wie dort muss dem Täter das Geheimnis in seiner **Eigenschaft als Funktionsträger** bekannt geworden sein[97].

2. Tathandlung

28 a) **Verwerten**. Die **Tathandlung** besteht im unbefugten Verwerten eines Geheimnisses. Verwerten ist jede eigene **wirtschaftliche Nutzung** des im Geheimnis verkörperten Werts, um für sich oder einen anderen einen Gewinn zu erzielen[98].

---

[87] Zum bedingten Vorsatz siehe § 313 Rn 70.
[88] Zur Schadenszufügungsabsicht RGSt 29, 426, 432 f.
[89] § 315 Abs. 2 Satz 1.
[90] Zu den Voraussetzungen siehe § 314 Rn 22 ff.
[91] So auch *Kuhlen* in Lutter Rn 15; *Fuhrmann* in G/H/E/K § 404 AktG Rn 3; aA *Marsch-Barner* in Kallmeyer Rn 6 f. (Handlungsalternative); *Ransiek* in Achenbach/Wannemacher § 28 Rn 127 (Qualifikation).
[92] Vgl. BT-Drucks. 7/750 S. 244 zum entsprechenden § 204 StGB.
[93] § 315 Abs. 1, siehe Rn 1.
[94] Vgl. *Kühl* in Lackner/Kühl § 204 StGB Rn 1.
[95] *Lenckner* in Schönke/Schröder § 204 StGB Rn 1; *Geilen* in Kölner Komm. § 404 AktG Rn 10.
[96] Es gelten die Ausführungen unter Rn 4 ff., 8 ff.
[97] *v. Stebut* S. 76 f.
[98] BT-Drucks. 7/550 S. 244 zu § 204 StGB; RGSt 63, 205, 207; BayObLG NStZ 1984, 169 zu § 355 StGB; *Kuhlen* in Lutter Rn 15; *Marsch-Barner* in Kallmeyer Rn 7; *Vossius* in Widmann/Mayer Rn 29; *Ransiek* in Achenbach/Wannemacher § 28 Rn 156, 146; *Otto* in Großkomm. § 404 AktG Rn 27; *Geilen* in Kölner Komm. § 404 AktG Rn 55; *Fuhrmann* in G/H/E/K § 404 AktG Rn 11; *Tiedemann* in Scholz § 85 GmbHG Rn 15; *Lutter/Hommelhoff* § 85 GmbHG Rn 6; *Lenckner* in Schönke/Schröder § 204 StGB Rn 5/6; *Kühl* in Lackner/Kühl § 204 StGB Rn 4; *Arians* S. 392, 387.

Ein **Verwerten** liegt dann vor, wenn der Wert aus einem Geheimnis gezogen wird, indem es wirtschaftlich genutzt wird[99]. Das setzt einen **Verwertungserfolg** voraus[100]. Der in dem Geheimnis verkörperte Wert muss also realisiert[101], ein wirtschaftlicher Nutzen muss wirklich erzielt sein[102]. Mit der wirtschaftlichen Nutzung des Geheimnisses muss der Täter den **Zweck** verfolgen, einen **Gewinn** zu erzielen; ob ihm das gelingt, ist gleichgültig[103]. Der **Verkauf eines Geheimnisses** ist kein Verwerten, sondern ein Offenbaren gegen Entgelt[104]. 29

b) Unbefugt. Die Verwertung muss **unbefugt** erfolgen. Ein Einverständnis des Geheimnisträgers mit der Verwertung des Geheimnisses schließt den Tatbestand aus[105]; möglicherweise ist dann bereits kein Geheimnis mehr gegeben. 30

c) Gefahr eines Schadens. Durch die Verwertung muss dem an der Umwandlung beteiligten Rechtsträger die konkrete **Gefahr eines** materiellen **Schadens** entstehen[106]. Das ergibt sich aus dem Schutzzweck der Norm, der auf den Schutz materieller Interessen beschränkt ist. Diese Interessen sind erst dann berührt, wenn durch die Verwertung Nachteile drohen[107]. 31

3. Vollendung

Die Tat ist erst dann **vollendet**, wenn der Täter das Geheimnis in einer Weise verwertet hat, dass nach seiner Vorstellung eine Realisierung des angestrebten Gewinns unmittelbar bevorsteht[108]. Der **Versuch** ist straflos. Die tatsächliche Erzielung eines Gewinns setzt der Tatbestand nicht voraus. Erfasst ist auch eine Verwertung, die sich später als ein finanziell verlustreicher Fehlschlag herausstellt[109]. Um einen Verwertungserfolg annehmen zu können, muss im Hinblick auf die Gewinnerzielung aber wenigstens das Versuchsstadium erreicht sein[110]. Dadurch wird auch die Straflosigkeit des Verwertungsversuchs berücksichtigt[111]. 32

---

[99] RGSt 39, 83, 85; 63, 205, 207; *Wagner* JZ 1987, 658, 668.
[100] *Maiwald* Urteilsanm. zu BayObLG NStZ 1984, 169, 170; *Wagner* JZ 1987, 658, 668; *Kühl* in Lackner/Kühl § 204 Rn 4.
[101] *Tiedemann* in Scholz § 85 GmbHG Rn 15.
[102] *Wagner* JZ 1987, 664, 668.
[103] BayObLG NStZ 1984, 169; 170; *Kuhlen* in Lutter Rn 15; *Vossius* in Widmann/Mayer Rn 30; *Marsch-Barner* in Kallmeyer Rn 7; *Geilen* in Kölner Komm. § 404 AktG Rn 58; *Schünemann* in Leipziger Komm. § 204 StGB Rn 8; *Lenckner* in Schönke/Schröder § 204 StGB Rn 10.
[104] BT-Drucks. 7/550 S. 244 zu § 204 StGB; *Arians* S. 386 f.; *Ransiek* in Achenbach/Wannemacher § 28 Rn 156, 146; *Otto* in Großkomm. § 404 AktG Rn 28; *Geilen* in Kölner Komm. § 404 AktG Rn 59; *Tiedemann* in Scholz § 85 GmbHG Rn 18; *H. H. J. Niemeyer* in Müller/Gugenberger/Bieneck § 33 Rn 52 zu § 204 StGB; aA wohl *Kuhlen* in Lutter Rn 18; *Vossius* in Widmann/Mayer Rn 30.
[105] Siehe oben Rn 19 f.
[106] *Lenckner* in Schönke/Schröder § 204 StGB Rn 5/6; *Tiedemann* in Scholz § 85 GmbHG Rn 16; *Schünemann* in Leipziger Komm. § 204 StGB Rn 6; *Niemeyer* in Müller-Gugenberger/Bieneck § 33 Rn 171; vgl. auch *Kühl* in Lackner/Kühl § 204 StGB Rn 4; weiter: *Ransiek* in Achenbach/Wannemacher § 28 Rn 161, 146 (erfasst ist auch die konkrete Gefahr eines immateriellen Schadens); *v. Stebut* DB 1974, 613, 614 (die Möglichkeit einer Schadensentstehung reicht); aA *Kuhlen* in Lutter Rn 15; BayObLG NStZ 1984, 169; *Geilen* in Kölner Komm. § 404 AktG Rn 63 f.; *Otto* in Großkomm. § 404 AktG Rn 29.
[107] Vgl. *Ransiek* in Achenbach/Wannemacher § 28 Rn 161, 146; mit zutr. Begr. *Maiwald* NStZ 1984, 170 Anm. zu BayObLG NStZ 1984, 169 f. zu § 355 StGB.
[108] *Kuhlen* in Lutter Rn 18; *Marsch-Barner* in Kallmeyer Rn 10; *Vossius* in Widmann/Mayer Rn 30; *Geilen* in Kölner Komm. § 404 AktG Rn 58, 67; *Otto* in Großkomm. § 404 AktG Rn 34; *Lenckner* in Schönke/Schröder § 204 StGB Rn 10.
[109] *Geilen* in Kölner Komm. § 404 AktG Rn 69.
[110] Vgl. *Otto* in Großkomm. § 404 AktG Rn 33.
[111] *Otto* in Großkomm. § 404 AktG Rn 33.

33 Für die **Beendigung** kommt es auf den Abschluss der Ausführungshandlung an. Da sich die Verwertung eines Geheimnisses meist über einen längeren Zeitraum hinziehen wird, ist dieser Zeitpunkt schwer bestimmbar[112]. Eine Beendigung ist jedenfalls spätestens dann anzunehmen, wenn der angestrebte Gewinn realisiert worden ist.

4. Vorsatz

34 Für die Verwirklichung des Tatbestands ist **Vorsatz** erforderlich. Hinsichtlich Tätereigenschaft und Tatobjekt genügt **bedingter Vorsatz**. Dem Täter muss bewusst sein oder er muss es für möglich halten, dass es sich um ein Geheimnis eines an der Umwandlung beteiligten Rechtsträgers handelt und dass ihm dieses in seiner Eigenschaft als Funktionsträger bekannt geworden ist[113]. Obwohl das Gesetz keinen **direkten Vorsatz** verlangt, ist bedingter Vorsatz bei der Tathandlung des Verwertens nicht denkbar, denn die Tathandlung ist begrifflich auf die wirtschaftliche Nutzung eines Geheimnisses gerichtet, was direkten Vorsatz erfordert[114]. Dabei reicht es aus, dass der Täter zum Zweck der Gewinnerzielung handelt, er muss sich nicht sicher sein, ob ein Gewinn eintritt oder ob dieser lohnend ist[115].

IV. Rechtfertigung

1. Gesetzliche Aussagepflichten

35 Die Erfüllung prozessualer Pflichten geht der Geheimhaltungspflicht vor. **Aussagepflichten im Prozess** oder vor einem parlamentarischen Untersuchungsausschuss[116] rechtfertigen die Offenbarung des Geheimnisses dann, wenn kein Zeugnisverweigerungsrecht besteht[117].

2. Mutmaßliche Einwilligung

36 Die mutmaßliche Einwilligung der Geheimnisträger in die Offenbarung ist ein eigenständiger Rechtfertigungsgrund[118], der nur in Eil- und Notfällen in Betracht kommt[119]. Maßgebend ist der hypothetische Wille und nicht eine objektive Interessenabwägung[120]. Die Würdigung aller Umstände muss die Annahme rechtfertigen, dass der Geheimnisträger mit der Offenbarung einverstanden wäre.

3. Höherrangige Interessen

37 An eine Rechtfertigung nach § 34 StGB ist zB dann zu denken, wenn der Täter sich in einem Strafverfahren nicht auf andere Art verteidigen kann[121] oder in einem Zivilverfahren

---

[112] *Tiedemann* in Scholz § 85 GmbHG Rn 44.
[113] Vgl. Rn 25.
[114] Vgl. *Lenckner* in Schönke/Schröder § 204 StGB Rn 8; *Schünemann* in Leipziger Komm. § 204 StGB Rn 9.
[115] Vgl. *Lenckner* in Schönke/Schröder § 204 StGB Rn 8.
[116] Zum parlamentarischen Untersuchungsausschuss ausf. BVerfGE 76, 363, 367, 378 ff.; weitere Beispiele zu gesetzlich geregelten Aussagepflichten in *Eutebach* S. 27.
[117] *Tiedemann* in Scholz § 85 GmbHG Rn 23; *Geilen* in Kölner Komm. § 404 AktG Rn 79; *Otto* in Großkomm. § 404 AktG Rn 41; vgl. auch *Arians* S. 358.
[118] Ausf. *Lenckner* in Schönke/Schröder Vorbem. §§ 32 ff. StGB Rn 54 ff.
[119] *Geilen* in Kölner Komm. § 404 AktG Rn 77; *Tiedemann* in Scholz § 85 GmbHG Rn 24; *Fuhrmann* in G/H/E/K § 404 AktG Rn 10; *Otto* in Großkomm. § 404 AktG Rn 46 (nach den Grundsätzen des § 34 StGB).
[120] *Lenckner* in Schönke/Schröder Vorbem. §§ 32 ff. StGB Rn 54; aA *Otto* in Großkomm. § 404 AktG Rn 46.
[121] BGHSt 1, 366, 368; *Otto* in Großkomm. § 404 AktG Rn 44; *Fuhrmann* in G/H/E/K § 404 AktG Rn 10.

seine Ansprüche gegen die Gesellschaft nicht anders durchsetzen kann[122]. Ob eine Offenbarung gerechtfertigt werden kann, wenn dadurch eine **Strafverfolgung** ermöglicht werden soll, ist noch ungeklärt. Jedenfalls wird man das bei schweren Delikten annehmen können, insbesondere dann, wenn eine Wiederholung zu befürchten ist[123]. Betrifft das Geheimnis einen rechtswidrigen Sachverhalt (**illegales Geheimnis**[124]), ist eine Offenbarung dann gerechtfertigt, wenn der rechtswidrige Vorgang oder Zustand nicht anders beseitigt werden kann[125].

V. Irrtümer

1. Tatbestandsirrtum[126]

Irrt der Täter über die den Geheimnisbegriff konstituierenden Merkmale, befindet er sich in einem vorsatzausschließenden Tatbestandsirrtum[127]. Das ist etwa der Fall, wenn er fälschlich von einem generellen Verzicht auf die Geheimhaltung ausgeht. Ihm muss auch bewusst sein, dass ihm das Geheimnis in seiner dienstlichen Eigenschaft bekannt geworden ist; geht er irrig davon aus, er habe schon vor seiner Tätigkeit Kenntnis von dem Geheimnis gehabt, entfällt der Vorsatz[128]. Das Gleiche gilt, wenn der Täter fälschlich glaubt, er würde einen bereits Eingeweihten informieren[129]. **38**

Wenn der Täter hinsichtlich seiner Befugnis irrt, ein Geheimnis zu verwerten oder zu offenbaren, befindet er sich in einem vorsatzausschließenden Bewertungsirrtum[130]. Das ist etwa der Fall, wenn er fälschlich von einem einzelfallbezogenen Einverständnis ausgeht[131]. Nimmt der Täter irrig an, es liege kein Einverständnis vor, handelt es sich um einen – hier straflosen – untauglichen Versuch[132]. **39**

2. Verbotsirrtum[133]

Weiß der Täter, dass er durch sein Verhalten ein Geheimnis der Gesellschaft offenbart oder verwertet und irrt er über das strafrechtliche Verbot seines Verhaltens, befindet er sich in einem Verbotsirrtum[134]. Bei den Sonderpflichtigen wird man jedoch idR davon ausgehen können, dass ein solcher Irrtum vermeidbar ist und ihr Verhalten nicht entschuldigen kann[135]. Das Gleiche gilt, wenn der Täter irrig annimmt, dass die anderen an der Umwandlung beteiligten Rechtsträger nicht in den strafrechtlichen Schutz einbezogen seien. **40**

---

[122] BGHSt 1, 366, 368, wonach bereits anwaltliche Honorarforderungen ausreichen sollen, um anvertraute Privatgeheimnisse zu offenbaren; *Tiedemann* in Scholz § 85 GmbHG Rn 25; *Geilen* in Kölner Komm. § 404 AktG Rn 82; *Eutebach* S. 41 f.
[123] *Geilen* in Kölner Komm. § 404 AktG Rn 83; *Otto* in Großkomm. § 404 AktG Rn 45; vgl. auch *Lenckner* in Schönke/Schröder § 203 StGB Rn 32; *Tiedemann* in Scholz § 85 GmbHG Rn 26.
[124] Siehe Rn 16.
[125] *Geilen* in Kölner Komm. § 404 AktG Rn 42; *Eutebach* S. 27 geht sogar von einer Offenbarungspflicht aus.
[126] § 16 StGB; zum Tatbestandsirrtum siehe § 313 Rn 74.
[127] *Geilen* in Kölner Komm. § 404 AktG Rn 71; *Tiedemann* in Scholz § 85 GmbHG Rn 31; zur Bestimmung des Geheimnisbegriffs siehe Rn 10 ff.
[128] *Geilen* in Kölner Komm. § 404 AktG Rn 70; *Tiedemann* in Scholz § 85 GmbHG Rn 31.
[129] *Geilen* in Kölner Komm. § 404 AktG Rn 71.
[130] *Tiedemann* in Scholz § 85 GmbHG Rn 31; *Arians* S. 358; *v. Stebut* S. 108; aA *Geilen* in Kölner Komm. § 404 AktG Rn 70: Verbotsirrtum gem. § 17 StGB; zur irrigen Annahme eines Einverständnisses als Tatbestandsirrtum: *Lenckner* in Schönke/Schröder Vorbem. §§ 32 ff. StGB Rn 31.
[131] *Kuhlen* in Lutter Rn 13.
[132] *Lenckner* in Schönke/Schröder Vorbem. §§ 32 ff. StGB Rn 31.
[133] § 17 StGB; vgl. § 313 Rn 76 ff.
[134] *Tiedemann* in Scholz § 85 GmbHG Rn 32.
[135] Zur Vermeidbarkeit vgl. § 313 Rn 77.

41 Ein Verbotsirrtum liegt auch dann vor, wenn der Täter davon ausgeht, die Geheimhaltungspflicht des § 315 beziehe sich nur auf seine Amtszeit[136].

VI. Strafantrag

1. Antragsberechtigung

42 Antragsberechtigt sind die an der Umwandlung beteiligten **Rechtsträger**[137]. Der Wortlaut ist dahin gehend einzuschränken, dass nur die Rechtsträger antragsberechtigt sind, die in ihren eigenen Geheimhaltungsinteressen verletzt sind[138].

43 **Zuständig** für die Antragstellung ist grundsätzlich das zur gesetzlichen **Vertretung** berechtigte **Organ** des Rechtsträgers. Um Interessenkonflikte zu vermeiden, ist das **Antragsrecht** in Abs. 3 Satz 2 und 3 **erweitert**[139]. Hat ein Mitglied eines Vertretungsorgans, ein vertretungsberechtigter Gesellschafter oder Partner oder ein Abwickler die Tat begangen, geht das Antragsrecht auf die einzelnen Mitglieder des Aufsichtsrats und die nicht vertretungsberechtigten Gesellschafter oder Partner über[140]. Hat ein Mitglied des Aufsichtsrats die Tat begangen, sind auch einzelne Mitglieder des Vorstands, die vertretungsberechtigten Gesellschafter oder Partner oder die Abwickler zur Antragstellung berechtigt. **Anteilsinhaber** sind nicht antragsberechtigt[141].

2. Antragstellung

44 Der Strafantrag kann bei der Staatsanwaltschaft, bei den Polizeibeamten und -behörden und bei den Amtsgerichten gestellt werden[142]. Ist das Vertretungsorgan antragsberechtigt[143], reicht es bei einer **Gesamtvertretung** aus, wenn ein Mitglied des Gremiums den Strafantrag stellt, sofern die anderen Mitglieder innerhalb der Frist zustimmen[144]. Ein **zurückgenommener Antrag** kann nicht nochmals gestellt werden[145].

3. Antragsfrist

45 Die Antragsfrist beträgt drei Monate[146]. Die Frist beginnt mit Kenntnis der Antragsberechtigten von Tat und Täter. Grundsätzlich ist das Vertretungsorgan antragsberechtigt[147], es kommt also auf dessen Kenntnis an[148]. Bei einer Gesamtvertretung ist die Kenntnis sämtlicher Mitglieder des Vertretungsorgans erforderlich, um die Frist in Gang zu setzen[149]. Im Fall des erweiterten Antragsrechts[150], welches einzelne Mitglieder zur Antragstellung berechtigt[151],

---

[136] *Geilen* in Kölner Komm. § 404 AktG Rn 70; *Tiedemann* in Scholz § 85 GmbHG Rn 32.
[137] § 315 Abs. 3.
[138] *Kuhlen* in Lutter Rn 16.
[139] *Marsch-Barner* in Kallmeyer Rn 12.
[140] § 315 Abs. 3 Satz 2.
[141] Krit. hierzu *Vossius* in Widmann/Mayer Rn 33 f.
[142] § 158 Abs. 1 StPO.
[143] Siehe unten Rn 45.
[144] *Geilen* in Kölner Komm. § 404 AktG Rn 94.
[145] § 77 d Abs. 1 Satz 3 StGB.
[146] § 77 b Abs. 1 StGB.
[147] § 315 Abs. 3 Satz 1.
[148] *OLG Hamburg* MDR 1980, 598.
[149] RGSt 47, 338, 339; RGSt 68, 263, 265; *Ransiek* in Achenbach/Wannemacher § 28 Rn 136; *Tröndle/Fischer*, Strafgesetzbuch, 53. Aufl. 2006, § 77 b StGB Rn 6; *Stree/Sternberg-Lieben* in Schönke/Schröder § 77 b StGB Rn 4.
[150] § 315 Abs. 3 Satz 2 und 3.
[151] Vgl. den unterschiedlichen Wortlaut des § 404 Abs. 3 AktG, wonach auch im Fall des erweiterten Antragsrechts nur das Gremium antragsberechtigt ist.

besteht das Antragsrecht für jeden von ihnen selbstständig und unabhängig von dem des anderen[152].

VII. Verhältnis der Tathandlungen zueinander und zu den Tathandlungen anderer Vorschriften (Konkurrenzen)

Die Tathandlungen des Offenbarens und Verwertens schließen sich nicht gegenseitig aus. **46** Das Verwerten setzt kein Offenbaren voraus. Denkbar ist daher sowohl **Tateinheit**[153] als auch **Tatmehrheit**[154]. Geht dem Verwerten allerdings eine qualifizierte Geheimnisoffenbarung voraus, etwa weil der Täter Kapital für eine Verwertung erhalten will, bestimmt sich die Strafbarkeit ausschließlich nach Abs. 2 Satz 1[155], ebenso, wenn sich die wirtschaftliche Nutzung des Geheimnisses auf den Verkauf beschränkt[156].

Aufgrund ausdrücklich geregelter **Subsidiarität** tritt § 315 Abs. 1 Nr. 1 hinter § 85 **47** GmbHG, § 404 AktG, § 151 GenG oder § 138 VAG zurück. Ebenso tritt § 315 Abs. 1 Nr. 2 hinter § 333 HGB zurück.

§ 315 geht als **spezielle Norm** den §§ 203, 204 StGB vor[157]. Im Verhältnis zu § 17 UWG **48** ist aber **Tateinheit** anzunehmen, da dieser durch den höheren Strafrahmen das gesteigerte Handlungsunrecht erfasst[158]. Tateinheit ist auch möglich mit Untreue[159], Unterschlagung[160] und Diebstahl[161]. Im Verhältnis zum Diebstahl kann die anschließende Verwertung eine **mitbestrafte Nachtat** sein, wenn die weggenommene Sache den eigentlichen Wert des Geheimnisses verkörpert[162]. Gleiches muss für die Unterschlagung gelten[163].

VIII. Rechtsfolgen und Verjährung

Im Fall der unbefugten Offenbarung nach Abs. 1 beträgt die Strafdrohung Freiheitsstrafe **49** bis zu einem Jahr oder Geldstrafe. Erfüllt der Täter die Qualifikationsmerkmale des Abs. 2 Satz 1, erhöht sich der Strafrahmen auf bis zu zwei Jahren Freiheitsstrafe, wahlweise Geldstrafe. Der erhöhte Strafrahmen gilt auch für das unbefugte Verwerten nach Abs. 2 Satz 2. Wenn sich der Täter durch die Tat bereichert oder zu bereichern versucht hat, kann neben der Freiheitsstrafe zusätzlich eine Geldstrafe verhängt werden[164].

---

[152] § 77 b Abs. 3 StGB; RGSt 68, 263, 265.
[153] § 52 StGB.
[154] § 53 StGB; *Tiedemann* in Scholz § 85 GmbHG Rn 18; *Otto* in Großkomm. § 404 AktG Rn 52.
[155] *Tiedemann* in Scholz § 85 GmbHG Rn 18; *Lenckner* in Schönke/Schröder § 204 StGB Rn 12; *Kuhlen* in Lutter Rn 19.
[156] Siehe Rn 29.
[157] *Kuhlen* in Lutter Rn 19; *Vossius* in Widmann/Mayer Rn 36 f.; *Geilen* in Kölner Komm. § 404 AktG Rn 90; *Otto* in Großkomm. § 404 AktG Rn 52; aA *Fuhrmann* in G/H/E/K § 404 AktG Rn 19.
[158] Ausf.: *Tiedemann* in Scholz § 85 GmbHG Rn 37; *Kuhlen* in Lutter Rn 19; *Vossius* in Widmann/Mayer Rn 37; *Otto* in Großkomm. § 404 AktG Rn 53; *Geilen* in Kölner Komm. § 404 AktG Rn 90; aA *Arians* S. 397 (Spezialität).
[159] § 266 StGB; vgl. *BayObLG* wistra 1996, 28, 31 f.: zur Tateinheit zwischen Beihilfe zur unbefugten Verwertung von Geschäftsgeheimnissen, Untreue und Bestechlichkeit; *Otto* in Großkomm. § 404 AktG Rn 53; *Tiedemann* in Scholz § 85 GmbHG Rn 38.
[160] § 246 StGB; *Otto* in Großkomm. § 404 AktG Rn 53; *Tiedemann* in Scholz § 85 GmbHG Rn 38.
[161] § 242 StGB; *Geilen* in Kölner Komm. § 404 AktG Rn 90.
[162] *Tiedemann* in Scholz § 85 GmbHG Rn 38.
[163] So wohl auch *Otto* in Großkomm. § 404 AktG Rn 54.
[164] § 41 StGB.

50   Die **Verjährungsfrist** für die Strafverfolgung beträgt für Taten nach Abs. 1 drei Jahre[165] und für Taten nach Abs. 2 fünf Jahre[166]. Sie beginnt mit Beendigung der Tat[167].

§ 316 Zwangsgelder

(1) **Mitglieder eines Vertretungsorgans, vertretungsberechtigte Gesellschafter, vertretungsberechtigte Partner oder Abwickler, die § 13 Abs. 3 Satz 3 sowie § 125 Satz 1, § 176 Abs. 1, § 177 Abs. 1, § 178 Abs. 1, § 179 Abs. 1, § 180 Abs. 1, § 184 Abs. 1, § 186 Satz 1, § 188 Abs. 1 und § 189 Abs. 1, jeweils in Verbindung mit § 13 Abs. 3 Satz 3, sowie § 193 Abs. 3 Satz 2 nicht befolgen, sind hierzu von dem zuständigen Registergericht durch Festsetzung von Zwangsgeld anzuhalten; § 14 des Handelsgesetzbuchs bleibt unberührt. Das einzelne Zwangsgeld darf den Betrag von fünftausend Euro nicht übersteigen.**

(2) **Die Anmeldungen einer Umwandlung zu dem zuständigen Register nach § 16 Abs. 1, den §§ 38, 122 k Abs. 1, § 122 l Abs. 1, §§ 129 und 137 Abs. 1 und 2, § 176 Abs. 1, § 177 Abs. 1, § 178 Abs. 1, § 179 Abs. 1, § 180 Abs. 1, § 184 Abs. 1, §§ 188 Abs. 1, § 189 Abs. 1, §§ 198, 222, 235, 246, 254, 265, 278 Abs. 1, §§ 286 und 296 werden durch Festsetzung von Zwangsgeld nicht erzwungen.**

Übersicht

	Rn		Rn
I. Allgemeines	1	3. Rechtswidrigkeit/Verschulden	5
II. Zwangsgeldbewehrte Pflichten (Abs. 1)	2	4. Verfahren	6
1. Tatbestände	2	5. Höhe des Zwangsgelds	11
2. Verpflichtete Personen	3	III. Nicht zwangsgeldbewehrte Pflichten (Abs. 2)	12

I. Allgemeines

1   Die Vorschrift modifiziert § 14 Satz 1 HGB, wonach das Registergericht die Anmeldung und die Einreichung von Dokumenten durch die Verhängung von Zwangsgeld erzwingen kann. Der Katalog sanktionsfähiger Handlungen wird durch Verweis auf verschiedene Vorschriften des UmwG ergänzt[1], die Pflicht zur Anmeldung von Umwandlungen dagegen von der Zwangsgeldsanktion befreit[2].

II. Zwangsgeldbewehrte Pflichten (Abs. 1)

1. Tatbestände

2   Alle Tatbestände betreffen die Pflicht, den Anteilsinhabern beteiligter Rechtsträger auf Verlangen unverzüglich eine Abschrift des Vertrags (oder Plans)[3] oder seines Entwurfs und der Niederschrift des Beschlusses zu erteilen. Der gesetzliche **Katalog ist abschließend**. Handlungen, die weder darin noch in § 14 HGB aufgeführt sind, können nicht durch Zwangsgeld durchgesetzt werden. Das Gesetz baut insoweit auf das Eigeninteresse der betei-

---

[165] Gem. § 78 Abs. 1 Nr. 5 StGB.
[166] Gem. § 78 Abs. 1 Nr. 4 StGB.
[167] § 78 a StGB.
[1] § 316 Abs. 1.
[2] § 316 Abs. 2.
[3] Vgl. § 136.

ligten Rechtsträger an der Anmeldung, damit die Umwandlung durch Eintragung wirksam werden kann[4]. Auf ihre Vornahme müssen Beteiligte, die daran gleichfalls interessiert sind, ggf. beim ordentlichen Gericht klagen[5].

2. Verpflichtete Personen

Normadressaten des Abs. 1 sind nicht die beteiligten Rechtsträger, sondern deren **Vertretungsorgane**, bei AG, eG, Verein und VVaG also die Mitglieder des Vorstands, bei der GmbH die Geschäftsführer[6], bei OHG, KG und KGaA die vertretungsberechtigten persönlich haftenden Gesellschafter, und ggf. Abwickler[7], die persönlich für die Erfüllung der Handlungspflichten gegenüber dem Registergericht haften[8].

Gehören **mehrere Personen** dem Kreis der Verpflichteten an, richtet sich das Zwangsgeldverfahren gegen jede einzelne Person, allerdings mit Ausnahme derjenigen, die ihre Pflicht anerkennen und zur Mitwirkung an der erforderlichen Handlung bereit sind[9].

3. Rechtswidrigkeit/Verschulden

Ein Zwangsgeld kann nur bei rechtswidrigem Verhalten verhängt werden. Die Rechtswidrigkeit wird aber durch die objektive Pflichtwidrigkeit des Verhaltens indiziert. Nur vereinzelt sind Rechtfertigungsgründe denkbar, etwa technische Schwierigkeiten durch höhere Gewalt[10], sonst sind Zweifel nur theoretischer Natur[11]. Auf Verschulden kommt es dagegen nicht an, da das Zwangsgeld keine (Ordnungs-) Strafe, sondern eine Beugemaßnahme ist[12].

4. Verfahren

Das Zwangsgeldverfahren richtet sich nach den §§ 132 ff. FGG[13]. **Ausschließlich örtlich und sachlich zuständig** ist danach das Registergericht am Sitz des Rechtsträgers, dessen Organmitglieder eine der zwangsgeldbewehrten Pflichten nicht erfüllt haben. **Funktional zuständig** ist der Rechtspfleger, der das Verfahren **von Amts wegen** einleiten muss[14], sobald er von der Pflichtverletzung glaubhaft Kenntnis erlangt hat[15]. Das Gericht kann von Amts wegen ermitteln, falls Anhaltspunkte für eine Pflichtverletzung bestehen[16]. Eines förmlichen Antrags oder einer Antragsberechtigung zur Einleitung des Verfahrens bedarf es ebenfalls nicht, wohl aber einer schlüssigen Behauptung der Pflichtverletzung[17].

Das Gericht eröffnet das Verfahren mit einer **Einleitungsverfügung**, in der es dem Betroffenen unter **Androhung** eines ziffernmäßig bestimmten Zwangsgelds aufgibt, innerhalb

---

[4] RegBegr. *Ganske* S. 310 f.
[5] *Marsch-Barner* in Kallmeyer Rn 2; *Bork* in Lutter Rn 3.
[6] Auch als Vertretungsorgan der Komplementärin einer GmbH & Co. KG oder GmbH & Co. KGaA oder einer zum Abwickler bestellten juristischen Person, zB nach § 265 Abs. 2 Satz 3 AktG; vgl. *Vossius* in Widmann/Mayer Rn 11; *Bork* in Lutter Rn 5; *Marsch-Barner* in Kallmeyer Rn 4.
[7] § 265 AktG.
[8] OLG Hamm DB 1989, 821.
[9] *Marsch-Barner* in Kallmeyer Rn 4 mit Hinweis auf OLG Hamm JMBl. NRW 1959, 32.
[10] Vgl. *Vossius* in Widmann/Mayer Rn 14.
[11] *Marsch-Barner* in Kallmeyer Rn 5.
[12] *Bork* in Lutter Rn 6; *Vossius* in Widmann/Mayer Rn 16; *Marsch-Barner* in Kallmeyer Rn 5.
[13] Siehe dazu *Winkler* in Keidel/Kuntze/Winkler § 132 FGG Rn 22 ff.
[14] Kein Ermessen, vgl. OLG Hamm DB 1989, 821; LG Limburg BB 1963, 324; *Marsch-Barner* in Kallmeyer Rn 6; *Winkler* in Keidel/Kuntze/Winkler § 132 FGG Rn 22 mwN.
[15] Vgl. BayObLGZ 1978, 319, 322; *Marsch-Barner* in Kallmeyer Rn 6.
[16] § 12 FGG; *Bork* in Lutter Rn 8 mwN.
[17] *Vossius* in Widmann/Mayer Rn 19: Auf „querulatorische" Beschwerden hin wird das Gericht nicht tätig.

einer gesetzten Frist einer näher bezeichneten[18] gesetzlichen Verpflichtung nachzukommen oder die Unterlassung mittels Einspruchs zu rechtfertigen[19]. Geschieht keins von beidem, folgt die Festsetzung des Zwangsgelds[20]. Gleichzeitig wird die Verfügung unter Androhung eines erneuten Zwangsgelds wiederholt[21]. Dem Betroffenen werden außerdem die Kosten des Verfahrens auferlegt[22].

8   Der Betroffene kann gegen die Einleitungsverfügung **Einspruch** einlegen, über den das Gericht (Rechtspfleger), das die Verfügung erlassen hat, idR nach mündlicher Verhandlung, bei Säumnis des Beteiligten nach Lage der Sache entscheidet[23]. Wird der Einspruch für begründet erachtet, ist die Verfügung aufzuheben[24]. Anderenfalls wird der Einspruch verworfen und das angedrohte Zwangsgeld festgesetzt[25]. In diesem Fall hat das Gericht zugleich eine erneute Androhungsverfügung zu erlassen[26].

9   Gegen die Verwerfung des Einspruchs ist die **sofortige Beschwerde** zum Landgericht gegeben[27], ebenso gegen die Festsetzung des Zwangsgelds. War kein Einspruch eingelegt worden, kann die Beschwerde nicht darauf gestützt werden, dass die Androhungsverfügung nicht gerechtfertigt gewesen sei[28]. Der Einwand, die sanktionierte Pflicht bestehe gar nicht, ist damit präkludiert. Geltendmachen kann der Beschwerdeführer hingegen Verfahrensmängel, dass die gesetzte Frist zu kurz oder das angedrohte Zwangsgeld zu hoch bemessen sei[29]. Gegen die Entscheidung des Beschwerdegerichts ist die **sofortige weitere Beschwerde** als Rechtsbeschwerde zum OLG gegeben[30].

10   Hat ein Anteilsinhaber oder ein Dritter die **Festsetzung eines Zwangsgelds** gegen ein säumiges Organmitglied **beantragt**, steht ihm gegen die Entscheidung des Registergerichts, kein Zwangsgeld zu verhängen, die **einfache Beschwerde** zu[31]. Maßnahmen des Gerichts, die der Festsetzung des Zwangsgelds vorausgehen und nur vorbereitenden Charakter haben, sind dagegen unanfechtbar[32].

5. Höhe des Zwangsgelds

11   Das Zwangsgeld beträgt höchstens € 5 000[33]. Es kann auch wiederholt in dieser Höhe festgesetzt werden. Die Höhe des Zwangsgelds ist im Einzelfall nach dem öffentlichen Interesse an der Vornahme der Handlung zu bestimmen[34]. Bei fortdauernder Untätigkeit und wiederholter Zwangsgeldfestsetzung ist auch das Maß des Widerstands, der gebeugt werden soll, zu berücksichtigen[35]. Wegen des Beugecharakters kommt es für die Höhe auch auf die

---

[18] Vgl. dazu BayObLGZ 1967, 458, 463.
[19] § 132 Abs. 1 Satz 1 FGG.
[20] § 133 Abs. 1 FGG.
[21] § 133 Abs. 1 FGG.
[22] § 138 FGG.
[23] § 134 Abs. 2 FGG.
[24] § 135 Abs. 1 FGG.
[25] § 135 Abs. 2 FGG.
[26] § 135 Abs. 3 FGG.
[27] §§ 139 Abs. 1, 19 Abs. 2, 22 Abs. 1 FGG; zuständig ist die Kammer für Handelssachen, falls eine solche bei dem vorgesetzten LG gebildet ist, anderenfalls die Zivilkammer, vgl. § 30 FGG; zum Beschwerdeverfahren im Einzelnen *Winkler* in Keidel/Kuntze/Winkler § 139 FGG Rn 7 ff.
[28] § 139 Abs. 2 FGG.
[29] *Bork* in Lutter Rn 11; *Marsch-Barner* in Kallmeyer Rn 8, beide mit Hinweis auf *OLG Hamm* JMBl. NRW 1953, 185 f.
[30] §§ 27 bis 29 FGG.
[31] §§ 19, 20 FGG.
[32] Sie sind keine Verfügungen iSd. § 19 FGG, *BayObLG* RPfleger 1978, 59; *OLG Hamm* OLGZ 1965, 225; *Bork* in Lutter Rn 11; *Vossius* in Widmann/Mayer Rn 37.
[33] § 316 Abs. 1 Satz 2.
[34] *Marsch-Barner* in Kallmeyer Rn 9; *Bork* in Lutter Rn 7; aA *Vossius* in Widmann/Mayer Rn 24.
[35] Vgl. auch *Hüffer* § 407 AktG Rn 16.

wirtschaftlichen Verhältnisse des Verpflichteten an. Dagegen ist nach einhelliger Auffassung das Verschulden ohne Bedeutung[36].

III. Nicht zwangsgeldbewehrte Pflichten (Abs. 2)

Die Anmeldung einer Umwandlung kann nicht durch Zwangsgelder erzwungen werden. **12** Der Gesetzgeber hielt es für unnötig, die Pflicht zur Anmeldung mit Sanktionen zu belegen, weil die Umwandlung erst mit der Eintragung wirksam wird und deswegen regelmäßig ein besonderes Eigeninteresse der Vertretungsorgane an der möglichst raschen Anmeldung, andererseits kein öffentliches Interesse an der Erzwingbarkeit der konstitutiven Eintragung besteht[37]. Die Sanktionslosigkeit gilt nur für die in Abs. 2 aufgeführten Pflichten zur Anmeldung. Sie erfasst somit auch die Eintragung grenzüberschreitender Verschmelzungen nach §§ 122 k und 122 l, die nicht durch Zwangsgelder erzwungen werden kann[38].

Die Pflicht zur Einreichung von Unterlagen bei der Anmeldung[39] kann dagegen mit dem **13** allgemeinen Registerzwang nach § 14 HGB durchgesetzt werden[40].

---

[36] *Marsch-Barner* in Kallmeyer Rn 9; *Bork* in Lutter Rn 6.
[37] RegBegr. *Ganske* S. 310 f.; *Marsch-Barner* in Kallmeyer Rn 3; *Bork* in Lutter Rn 4 mwN.
[38] Neu eingefügt durch das Zweite Gesetz zur Änderung des Umwandlungsgesetzes vom 19. 4. 2007, BGBl. I S. 542.
[39] §§ 17, 125, 199.
[40] Str., wie hier *Vossius* in Widmann/Mayer Rn 4; *Bork* in Lutter Rn 4 mwN.

Siebentes Buch. Übergangs- und Schlußvorschriften

§ 317 Umwandlung alter juristischer Personen

Eine juristische Person im Sinne des Artikels 163 des Einführungsgesetzes zum Bürgerlichen Gesetzbuche kann nach den für wirtschaftliche Vereine geltenden Vorschriften dieses Gesetzes umgewandelt werden. Hat eine solche juristische Person keine Mitglieder, so kann sie nach den für Stiftungen geltenden Vorschriften dieses Gesetzes umgewandelt werden.

Übersicht

	Rn		Rn
I. Allgemeines	1	2. Umwandlungsmöglichkeiten	5
1. Sinn und Zweck der Norm	1	a) Körperschaftlich strukturierte	
2. Entstehungsgeschichte	2	Rechtsträger alten Rechts	6
II. Einzelerläuterungen	3	b) Mitgliederlose Rechtsträger alten	
1. Umwandlungsfähige Rechtsträger	3	Rechts	7

Literatur: *Arenz,* Eine Bank ohne Eigentümer: Die Hamburger Sparkasse, in: Gündisch/Seeler/Kieme, Recht und Juristen in Hamburg, 1994, S. 185.

I. Allgemeines

1. Sinn und Zweck der Norm

Die Vorschrift regelt die Umwandlungsmöglichkeiten für alle vor Inkrafttreten des BGB entstandenen juristischen Personen. Die Norm erfasst juristische Personen, denen die Rechtsfähigkeit vor dem 1. 1. 1900 verliehen wurde und die nach den Vorschriften des EGBGB[1] fortbestehen. Sie gibt ihnen die Möglichkeit, nach den für wirtschaftliche Vereine geltenden Vorschriften[2], und im Fall von mitgliederlosen Verbänden nach den für Stiftungen vorgesehenen Regelungen[3], eine Umwandlung zu betreiben. Zweck der Vorschrift ist es, diesen juristischen Personen des alten Rechts eine Übergangsmöglichkeit in eine zeitgemäßere Rechtsform und den Zugang zum Kapitalmarkt zu eröffnen[4]. Aus dieser vom Gesetzgeber verfolgten Zielrichtung ergibt sich, dass diese juristischen Personen nicht übernehmende, sondern lediglich übertragende Rechtsträger sein können. Da es nur noch wenige juristische Personen alten Rechts geben dürfte, ist die Bedeutung der Vorschrift in der Praxis als gering zu bewerten. Grund für die Schaffung dieser Norm dürfte vornehmlich die Existenz der in der Rechtsform einer alten juristischen Person Hamburger Rechts geführte Hamburger Sparkasse sein[5]. Bei ihr handelt es sich um eine sog. freie Sparkasse und juristische

1

---

[1] Art. 163 bis 166 bzw. Art. 182.
[2] § 317 Satz 1.
[3] § 317 Satz 2.
[4] RegBegr. *Ganske* S. 312.
[5] Zur Rechtsnatur der Hamburger Sparkasse RGZ 117, 257; *Arenz* S. 185 ff. mwN; Börsenzeitung Nr. 112 vom 14. 6. 2002, B 1. Vgl. auch die Frankfurter Sparkasse, welche zunächst als juristische Person nach altem Frankfurter Recht errichtet wurde; ihr sind 1902 die Rechte eines wirtschaftlichen

Person des privaten Rechts. Auf ihr Betreiben ist die Schaffung der Vorschrift maßgeblich zurückzuführen[6]. Inzwischen hat sie ihren gesamten Bankbetrieb nach Maßgabe von Satz 2 dieser Norm auf die Hamburger Sparkasse AG ausgegliedert. Die fortbestehende juristische Person alten Rechts firmiert unter HASPA Finanzholding[7].

2. Entstehungsgeschichte

2   Die Vorschrift ist an die frühere Norm des UmwG 1969 angelehnt[8]. Die jetzige Vorschrift erfasst jedoch nicht nur wirtschaftliche Vereine, sondern alle vor dem 1. 1. 1900 (Inkrafttreten des BGB) rechtskräftig entstandenen juristischen Personen, auf die das BGB nach dem Inhalt des Vereins- und Stiftungsrechts Anwendung findet. Für die juristischen Personen alten Rechts besteht darüber hinaus eine größere **Anzahl von Umwandlungsmöglichkeiten** als nach alter Rechtslage, die lediglich den Formwechsel vorsah.

II. Einzelerläuterungen

1. Umwandlungsfähige Rechtsträger

3   Zur Bestimmung des Kreises der umwandlungsfähigen Rechtsträger verweist die Vorschrift auf das **EGBGB**[9]. Die Umwandlung ist daher grundsätzlich allen juristischen Personen möglich, die bereits vor dem 1. 1. 1900 auf landesgesetzlicher Grundlage entstanden sind und nach ihrer Verfassung den Charakter von Vereinen oder Stiftungen haben[10]. Entgegen ihrem Wortlaut gilt die Norm nach einhelliger Auffassung auch für solche Rechtsträger alten Rechts, auf die Art. 163 EGBGB grundsätzlich nicht anwendbar ist. Insofern werden auch wirtschaftliche Altvereine iSd. EGBGB[11] sowie die im EGBGB aufgeführten sog. Realgemeinden[12], bayerische Vereine[13] und sächsische Vereine[14] vom Anwendungsbereich der Norm erfasst. Zwar ist nach allgM für diese weiteren juristischen Personen alten Rechts die allgemeine Übergangsvorschrift in Art. 163 EGBGB aus Gründen der Spezialität nicht anwendbar, da diese durch das EGBGB gesonderten Regelungen unterworfen werden[15]. Das Umwandlungsrecht enthält jedoch eine hierzu wiederum speziellere Regelung, deren Anwendungsbereich die wirtschaftlichen Vereine des EGBGB miterfasst.

4   Bereits nach dem früheren Recht[16] war einem wirtschaftlichen Verein, dem die Rechtsfähigkeit vor Inkrafttreten des BGB verliehen worden war, die Umwandlung eröffnet, sofern sein Vermögen in übertragbare Anteile zerlegt war. Dies sollte nach dem Willen des Gesetzgebers durch die Neufassung der Norm nicht aufgehoben werden. Die Umwandlungsmöglichkeiten juristischer Personen alten Rechts sollte durch die Norm vielmehr vergrößert

---

Vereins gem. § 22 BGB „beigelegt" worden, siehe die Präambel der Satzung der Frankfurter Sparkasse; 2005 wurde eine formwechselnde Umwandlung in die Rechtsform der AG durchgeführt. Vgl. auch *Bredow/Schick/Liebscher* BKR 2004, 102, Fn 37 und *Kost/Geerling* BKR 2003, 690 Fn 28.

[6] *Schwarz* in Widmann/Mayer Rn 3 verweist auf die Begründung zu § 402 des Diskussionsentwurfs, die – wenn auch nicht namentlich – auf dieses Unternehmen ausdrücklich Bezug nehme.

[7] Vgl. den Geschäftsbericht der Hamburger Sparkasse AG.

[8] Vgl. § 62 UmwG 1969; dazu *Caspers* WM 1969 (Sonderbeilage 3), S. 3, 14 f.

[9] Art. 163 EGBGB.

[10] Vgl. *Mayer* in Staudinger BGB Art. 163 EGBGB Rn 4 ff.

[11] Art. 82 EGBGB.

[12] Art. 164 EGBGB. Für diese gab es im früheren Recht mit § 60 UmwG 1969 eine gesonderte Bestimmung, vgl. dazu *Schneider/Schlaus* DB 1970, 237, 239 f.

[13] Art. 165 EGBGB.

[14] Art. 166 EGBGB.

[15] *Mayer* in Staudinger BGB Art. 163 EGBGB Rn 4 ff. mwN.

[16] § 62 UmwG 1969.

werden. Daher ist die Vorschrift, entgegen ihrem insoweit missglückten Wortlaut, nach **Sinn und Zweck** dahin gehend auszulegen, dass sie auch für die oben genannten Rechtsträger gilt, obwohl die maßgebliche Übergangsvorschrift des EGBGB[17] auf diese nicht direkt anwendbar ist[18].

2. Umwandlungsmöglichkeiten

Die Umwandlungsmöglichkeiten bestimmen sich nach der **Struktur des Rechtsträgers** alten Rechts. Sind sie körperschaftlich strukturiert, richtet sich ihre Umwandlung nach den Vorschriften für wirtschaftliche Vereine. Sind sie hingegen mitgliederlose Rechtsträger, bestimmt sich ihre Umwandlung nach den für Stiftungen geltenden Vorschriften.

a) Körperschaftlich strukturierte Rechtsträger alten Rechts. Für diese besteht zum einen die Möglichkeit der Verschmelzung. Da sie wirtschaftlichen Vereinen gleichgestellt sind, existiert für sie ferner die Möglichkeit der Spaltung[19]. Ihre Rolle ist hinsichtlich dieser Umwandlungsformen jedoch auf die des **übertragenden Rechtsträgers** beschränkt[20]. Eine weitere Umwandlungsmöglichkeit ist der Formwechsel. Dieser ist jedoch nur möglich, soweit die Satzung oder das auf den Rechtsträger anwendbare Landesrecht dem nicht entgegensteht[21]. Ferner ist der Formwechsel nur in die Rechtsform einer Kapitalgesellschaft oder einer eingetragenen Genossenschaft zulässig[22].

b) Mitgliederlose Rechtsträger alten Rechts. Auf diese altrechtlichen juristischen Personen finden ausschließlich die für Stiftungen vorgesehenen Umwandlungsmöglichkeiten Anwendung. Für diese Rechtsträger besteht daher nur die Möglichkeit der **Ausgliederung**[23]. Diese setzt voraus, dass die altrechtliche juristische Person ein Unternehmen betreibt und im Handelsregister eingetragen ist. Die Ausgliederung kann nur zur Aufnahme dieses Unternehmens oder Teilen dieses Unternehmens durch eine Personengesellschaft oder Kapitalgesellschaft oder zur Neugründung einer Kapitalgesellschaft erfolgen.

§ 318 Eingeleitete Umwandlungen; Umstellung auf den Euro

(1) **Die Vorschriften dieses Gesetzes sind nicht auf solche Umwandlungen anzuwenden, zu deren Vorbereitung bereits vor dem 1. Januar 1995 ein Vertrag oder eine Erklärung beurkundet oder notariell beglaubigt oder eine Versammlung der Anteilsinhaber einberufen worden ist. Für diese Umwandlungen bleibt es bei der Anwendung der bis zu diesem Tage geltenden Vorschriften.**

(2) **Wird eine Umwandlung nach dem 31. Dezember 1998 in das Handelsregister eingetragen, so erfolgt eine Neufestsetzung der Nennbeträge von Anteilen einer Kapitalgesellschaft als übernehmendem Rechtsträger, deren Anteile noch der bis dahin gültigen Nennbetragseinteilung entsprechen, nach den bis zu diesem Zeitpunkt geltenden Vorschriften. Wo dieses Gesetz für einen neuen Rechtsträger oder einen Rechtsträger neuer Rechtsform auf die jeweils geltenden Gründungsvorschriften verweist oder bei dem Formwechsel in eine Kapitalgesellschaft anderer Rechtsform die Vorschriften anderer Gesetze über die Änderung des Stammkapitals oder des Grundkapitals unberührt läßt, gilt dies jeweils auch für die entsprechenden Überleitungsvorschriften zur Einführung**

---

[17] Art. 163 EGBGB.
[18] *Schwarz* in Widmann/Mayer Rn 4; *Rawert* in Lutter Rn 5; *Mayer* in Staudinger BGB Art. 163 EGBGB Rn 43.
[19] §§ 123 ff.
[20] §§ 3 Abs. 2 Satz 1, 124.
[21] § 272 Abs. 2.
[22] § 272 Abs. 1.
[23] §§ 161 bis 167.

§ 318 1–3 Siebentes Buch. Übergangs- und Schlußvorschriften

des Euro im Einführungsgesetz zum Aktiengesetz und im Gesetz betreffend die Gesellschaften mit beschränkter Haftung; ist ein neuer Rechtsträger oder ein Rechtsträger neuer Rechtsform bis zum 31. Dezember 1998 zur Eintragung in das Handelsregister angemeldet worden, bleibt es bei der Anwendung der bis zu diesem Tage geltenden Gründungsvorschriften.

Übersicht

	Rn		Rn
I. Allgemeines	1	c) Verhältnis zum Umwandlungssteuerrecht	9
1. Sinn und Zweck der Norm	1	2. Umstellung auf den Euro (Abs. 2)	10
2. Entstehungsgeschichte	3	a) Bedeutung des EuroEG	10
II. Einzelerläuterungen	4	b) Anwendbarkeit der bis zum 31. 12. 1998 geltenden Regelungen	12
1. Anwendbarkeit der neuen Umwandlungsvorschriften (Abs. 1)	4	c) Anwendbarkeit der Übergangsvorschriften des GmbH- und Aktienrechts	15
a) Maßgebliche Vorbereitungshandlungen	4		
b) Ausschluss der Rechtswahlmöglichkeit	8	d) Formwechsel von Kapitalgesellschaften	20

Literatur: *Deutsches Notarinstitut,* Formwechsel einer 100 000 DM-GmbH in eine Aktiengesellschaft, DNotI-Report 2000, 103; *Harnacke,* Zur erstmaligen Anwendung des neuen Umwandlungssteuergesetzes, NWB 1995, 3037; *Heidinger,* Die Euroumstellung beim Formwechsel von Kapitalgesellschaften, NZG 2000, 532; *Neye,* Die Änderungen im Umwandlungsrecht nach den handels- und gesellschaftsrechtlichen Reformgesetzen in der 13. Legislaturperiode, DB 1998, 1649; *Orth,* Überlegungen zur erstmaligen Anwendung des UmwStG 1995, DB 1995, 169; *Schick/Trapp,* Die Konsequenzen der Einführung des Euro für die GmbH, GmbHR 1998, 209; *Seibert,* Die Umstellung des Gesellschaftsrechts auf den Euro, ZGR 1998, 1; *Sprockhoff,* Besonderheiten im Kapitalgesellschaftsrecht bei der Umstellung auf den Euro, NZG 1998, 889; *Steffan/Schmidt,* Die Auswirkungen der Euro-Einführung bei der GmbH, Genossenschaft und Personengesellschaft sowie im Umwandlungsrecht, DB 1998, 709; *dies.,* Die Änderungen des Gesellschaftsrechts durch das geplante Gesetz zur Einführung des Euro (EuroEG), DB 1998, 559.

I. Allgemeines

1. Sinn und Zweck der Norm

1   Abs. 1 der Vorschrift grenzt die Anwendbarkeit der Umwandlungsvorschriften gegenüber den Regelungen des früheren Umwandlungsrechts ab. Es wird hierbei danach differenziert, zu welchem Zeitpunkt **konkrete Vorbereitungshandlungen** für eine Umwandlung vorgenommen wurden. Seit dem Inkrafttreten des UmwG am 1. 1. 1995 sind mehr als elf Jahre vergangen, so dass sich die Bedeutung des Abs. 1 insofern erheblich reduziert hat.

2   Die neu eingefügte Übergangsregelung des Abs. 2 unterscheidet danach, ob eine Umwandlung zur Neugründung eines Rechtsträgers bzw. zum Wechsel in eine neue Rechtsform führt (Satz 2) oder ob sie ohne eine solche Strukturänderung erfolgt (Satz 1). Diese recht **komplizierte Übergangsregelung** ist durch die Euro-Einführung notwendig geworden.

2. Entstehungsgeschichte

3   Die Vorschrift orientiert sich an den entsprechenden Regelungen des früheren Rechts[1]. Durch das EuroEG vom 9. 6. 1998[2] neu eingefügt wurde die Übergangsregelung des Abs. 2, welche am 1. 1. 1999 in Kraft getreten ist.

---

[1] § 26 d EGAktG aF, § 37 a KapErhG.
[2] BGBl. I 1998 S. 1242.

II. Einzelerläuterungen

1. Anwendbarkeit der neuen Umwandlungsvorschriften (Abs. 1)

a) Maßgebliche Vorbereitungshandlungen. Nach Abs. 1 Satz 1 der Norm sind die Vorschriften des UmwG nicht auf solche Umwandlungen anwendbar, zu deren Vorbereitungen bereits vor dem 1. 1. 1995 ein Vertrag oder eine Erklärung beurkundet, notariell beglaubigt oder eine Versammlung der Anteilsinhaber einberufen worden war. Ist eine dieser Voraussetzungen gegeben, bleibt es bei Anwendung der bis zu diesem Tag geltenden Vorschriften des UmwG 1969. Aufgrund des unbestimmten und weiten Wortlauts der Norm ist jedoch eine einschränkende Auslegung des Abs. 1 Satz 1 vorzunehmen. Maßgebliche Vorbereitungshandlungen sind nur solche Rechtsakte, die gesetzlich zwingend vorgeschrieben sind und in einem unmittelbaren sachlichen und zeitlichen Zusammenhang mit dem Umwandlungsvorgang stehen[3]. Des Weiteren müssen diese Rechtsakte nach dem insoweit eindeutigen Wortlaut des Abs. 1 **notariell beurkundet oder notariell beglaubigt** sein.

Als ausreichende Vorbereitungshandlungen kommen im Wesentlichen der Abschluss eines Verschmelzungsvertrags[4] oder eines Spaltungs- und Übernahmevertrags[5] in Betracht. Daraus ergibt sich, dass Verträge, die anlässlich oder in Erwartung einer Umwandlung abgeschlossen worden sind, keine **relevanten Vorbereitungshandlungen** iSd. Abs. 1 darstellen.

Entsprechende **Einschränkungen** gelten auch für die notarielle Beurkundung oder Beglaubigung einer zur Vorbereitung der Umwandlung abgegebenen Erklärung. Erfasst werden nämlich nur solche Erklärungen, die in Bezug auf eine konkrete Umwandlung abgegeben worden sind[6].

Auch die letzte relevante Vorbereitungshandlung, die Einberufung einer Anteilsinhaberversammlung, unterliegt einer **restriktiven Auslegung**. Erfasst werden nur solche Einberufungen, die zur Durchführung der Umwandlung gesetzlich zwingend vorgeschrieben sind und in unmittelbarem sachlichen und zeitlichen Zusammenhang mit der Umwandlung stehen[7].

b) Ausschluss der Rechtswahlmöglichkeit. Die Abgrenzung zwischen altem und neuem Umwandlungsrecht bestimmt sich allein nach Abs. 1 der Norm. Liegt eine der genannten relevanten Vorbereitungshandlungen vor und ist diese vor dem 1. 1. 1995 vorgenommen worden, so ist die Anwendbarkeit des alten Rechts **zwingend**. Liegen die Voraussetzungen hingegen nicht vor, kommt das neue Umwandlungsrecht zur Geltung. Die Anwendbarkeit des neuen Rechts kommt darüber hinaus auch dann in Betracht, wenn eine bereits durchgeführte relevante Vorbereitungshandlung nachträglich wieder aufgehoben wird[8]. Die Anwendbarkeit der alten Rechtslage kann hingegen nicht nachträglich herbeigeführt werden.

c) Verhältnis zum Umwandlungssteuerrecht. Das Verhältnis der Norm zum Umwandlungssteuerrecht[9] ist zunächst kontrovers diskutiert worden[10]. Klärungsbedarf bestand,

---

[3] *Lutter* in Lutter Rn 3; *Hörtnagl* in Schmitt/Hörtnagl/Stratz Rn 4; *Schwarz* in Widmann/Mayer Rn 5.
[4] § 4.
[5] § 126.
[6] *Schwarz* in Widmann/Mayer Rn 5.
[7] *Lutter* in Lutter Rn 4; *Schwarz* in Widmann/Mayer Rn 6.
[8] *Lutter* in Lutter Rn 5; *Schwarz* in Widmann/Mayer Rn 12.
[9] Insbes. § 27 UmwStG. Vgl. dazu *BFH* vom 19. 5. 1998, BFHE 186, 234, der bestätigt, dass nicht auf das Datum des Vermögensübergangs, sondern auf den Zeitpunkt der vorbereitenden Rechtsakte abzustellen ist.
[10] Vgl. etwa *Orth* DB 1995, 169 ff. mwN.

da sich der Anwendungsbereich des UmwStG nach dem Wirksamwerden der Umwandlung und nicht nach relevanten Vorbereitungshandlungen richtet. Die Finanzverwaltung hat durch **BMF-Schreiben** vom 19. 12. 1994 diese Unklarheit dahin gehend gelöst, dass sowohl das alte Umwandlungssteuerrecht zur Anwendung kommt als auch das alte UmwG, sofern eine maßgebliche Vorbereitungshandlung nach Abs. 1 Satz 1 vorliegt[11].

2. Umstellung auf den Euro (Abs. 2)

10 a) **Bedeutung des EuroEG.** Das EuroEG[12] ist am **1. 1. 1999** in Kraft getreten. Dadurch ist der Euro zu einer eigenständigen, supranationalen Währung geworden und an die Stelle der nationalen Währungen der Mitgliedstaaten der europäischen Währungsunion getreten. Die nationalen Währungseinheiten blieben jedoch bis zum Ende der Übergangsphase am 31. 12. 2001 als Untereinheiten des Euro erhalten, wobei sie nur noch als unterschiedliche Bezeichnungen (Denominationen) des Euro zu betrachten waren. Der Euro ist seit dem 30. 6. 2002 ausschließliches gesetzliches Zahlungsmittel innerhalb der Europäischen Währungsunion.

11 Die Einführung des Euro hatte auch Auswirkungen auf das Umwandlungsrecht[13]. Entsprechend den Regelungen im AktG und im GmbHG ist die **Umstellung auf die Euro-Beträge** auch iRd. UmwG vorzunehmen, soweit es um die Beteiligung von Kapitalgesellschaften an Umwandlungen geht; Regelungen für Personengesellschaften hielt der Gesetzgeber nicht für notwendig. Die Betragsangaben im UmwG[14] mussten an die in Euro festgesetzten Nennbeträge des GmbHG und des AktG angeglichen werden.

12 b) **Anwendbarkeit der bis zum 31. 12. 1998 geltenden Regelungen.** Abs. 2 Satz 1 der Norm erfasst Umwandlungen, die **ohne eine Strukturänderung** erfolgen, bei denen es also weder zu einer Neugründung eines Rechtsträgers noch zum Wechsel in eine neue Rechtsform kommt. Die Vorschrift gilt daher insbesondere für die Fälle der Verschmelzung oder der Spaltung im Wege der Aufnahme. Die aufnehmenden Kapitalgesellschaften, die am 1. 1. 1999 bestanden, genießen nach den Überleitungsregelungen des Aktien- und GmbH-Rechts[15] Bestandsschutz für die Betragsangaben ihres Kapitals und die Nennbeträge der Beteiligungen. Die Aufnahme eines anderen Rechtsträgers war kein Anlass, die übernehmende Gesellschaft zur Umstellung auf den Euro und Glättung der Nennbeträge zu zwingen[16]. In solchen Fällen müssen die den Anteilsinhabern des übertragenen Rechtsträgers zu gewährenden Anteile einer GmbH weiterhin Nennbeträge in Höhe von mindestens 50 DM haben und durch zehn teilbar sein[17]. Die übrigen Anteile müssen Nennbeträge in Höhe von jeweils 500 DM haben und durch 100 teilbar sein[18]. Für diese sog. Altgesellschaften bleibt das bisherige Recht in der bis zum 31. 12. 1998 gültigen Fassung nicht nur während des Übergangszeitraums (1. 1. 1999 bis 31. 12. 2001), sondern auch darüber hinaus weiterhin maßgebend. Denn diese Altgesellschaften können die DM-Bezeichnung von Grundkapital, Stammkapital und Geschäftsanteil ebenso wie die bisherige Nennbetragsstückelung beibehalten[19].

13 Dieser **Bestandsschutz** gilt auch, wenn die übernehmende Gesellschaft zur Durchführung der Umwandlung während der Übergangszeit (1. 1. 1999 bis 31. 12. 2001) ihr Kapital

---

[11] StBl. 1995 I S. 42; *Rödder* WiB 1997, 850; kritisch *Harnacke* NWB 1995, 3037, 3038.
[12] BGBl. I 1998 S. 1242.
[13] Vgl. Art. 3 § 4 EuroEG.
[14] ZB §§ 46 Abs. 1 Satz 3, 54 Abs. 3 Satz 1, 55 Abs. 1 Satz 2, 243 Abs. 3 Satz 2, 258 Abs. 2, 263 Abs. 3 Satz 1, 273.
[15] Vgl. § 3 Abs. 2 EGAktG, § 86 Abs. 1 GmbHG.
[16] *Neye* DB 1998, 1649, 1654; *Lutter* in Lutter Rn 10.
[17] §§ 46 Abs. 1 Satz 3, 54 Abs. 3 Satz 1, 55 Abs. 1 Satz 2, 125.
[18] § 5 GmbHG aF.
[19] Vgl. *Steffan/Schmidt* DB 1998, 709.

erhöht hat. Denn nach den maßgeblichen Vorschriften[20] durften die zur Durchführung der Kapitalerhöhung ausgegebenen Anteile ebenfalls noch auf die früher zulässigen Nennbeträge lauten.

Der Bestandsschutz findet hingegen keine Anwendung mehr, wenn die Umwandlung erst nach **Ablauf der Übergangszeit** (31. 12. 2001) erfolgt und gleichzeitig von einer Kapitalerhöhung begleitet wird. Bei dieser Konstellation muss die Umwandlung des Kapitals und die Anpassung der Nennbeträge an das neue Recht erfolgen[21]. Dies hat zur Folge, dass die frühere Nennbetragseinteilung keine Anwendung mehr findet und die seit dem 1. 1. 1999 geltenden Euro-Beträge maßgeblich sind. Abs. 2 Satz 1 hat dann keine Bedeutung mehr. Bei der AG sind Nennbeträge von mindestens 1 Euro zu schaffen, höhere Aktiennennbeträge müssen auf volle Euro lauten. Die in Euro berechneten Nennbeträge der Geschäftsanteile der GmbH müssen durch zehn teilbar sein und auf mindestens 50 Euro lauten. Nur wenn die Umwandlung ohne eine Änderung des Grund- bzw. Stammkapitals erfolgt, bleibt es auch bei Umwandlungen nach dem 31. 12. 2001 bei den früher geltenden Nennbeträgen. 14

c) Anwendbarkeit der Übergangsvorschriften des GmbH- und Aktienrechts. 15
Abs. 2 Satz 2 der Norm erfasst die Fälle, bei denen die Umwandlung zur Neugründung eines Rechtsträgers oder zum Wechsel in eine **neue Rechtsform** führt[22]. Handelt es sich um Umwandlungsfälle, die vor dem 31. 12. 1998 zur Eintragung in das Handelsregister angemeldet worden sind, gilt die frühere Nennbetragseinteilung in DM. Dies ergibt sich aus Abs. 2 Satz 2 am Ende.

Falls die Umwandlung der Kapitalgesellschaft in der **Übergangszeit** erfolgt ist (1. 1. 1999 bis 31. 12. 2001), verweist Abs. 2 Satz 2 der Vorschrift auf die Übergangsvorschriften zur Einführung im EGAktG und im GmbHG. Demnach konnten bei einem neuen Rechtsträger oder Rechtsträger neuer Rechtsform, der während der Übergangszeit eingetragen worden ist, Kapital und Anteile in DM oder Euro festgesetzt werden. Es bestand insoweit eine Wahlmöglichkeit, was dem Grundsatz der größtmöglichen Wahlfreiheit während des Übergangszeitraums entsprach[23]. Erfolgte die Nennbetragseinteilung in DM, so galten gleichwohl schon die Vorschriften über Euro-Beträge, die dann zum festgelegten Kurs in DM umzurechnen waren. Zweck dieser Regelung ist es, die spätere zügige Umstellung auf den Euro zu ermöglichen, ohne eine Nennbetragsglättung der Anteile vornehmen zu müssen. Dies hatte für die GmbH zB zur Folge, dass ein Mindeststammkapital von DM 48 895,75 gewählt werden musste (Euro 25 000). Das Grundkapital der AG musste mindestens DM 97 791,50 (Euro 50 000) betragen. 16

Für die Änderung des Grundkapitals, um die Nennbeträge der Gesellschaft neuer Rechtsform in glatten Zahlen auszudrücken, werden in Abs. 2 Satz 2 auch die in den gesellschaftsrechtlichen Überleitungsvorschriften zugelassenen **Erleichterungen** für anwendbar erklärt. 17

Besonderheiten ergeben sich für Zielrechtsträger, die ausschließlich über **Stückaktien** verfügen, da diese auf keinen Nennbetrag lauten und damit eine erleichterte Umstellung möglich ist[24]. 18

Nach Ablauf der Übergangszeit, also seit dem **1. 1. 2002**, dürfen auch bei Umwandlungen Kapital und Anteile nur noch in Euro festgesetzt und eingetragen werden[25]. 19

d) Formwechsel von Kapitalgesellschaften. Besondere Fragen ergeben sich beim Formwechsel einer Kapitalgesellschaft in die Rechtsform einer anderen Kapitalgesellschaft. An sich führt der Formwechsel zur unveränderten Fortschreibung des Stamm- bzw. 20

---

[20] § 3 Abs. 2 Satz 2 EGAktG, § 86 Abs. 1 Satz 2 GmbHG.
[21] § 3 Abs. 5 EGAktG, § 86 Abs. 1 Satz 4 GmbHG.
[22] Vgl. *Deutsches Notarinstitut* DNotI-Report 2000, 103 f.
[23] Vgl. *Steffan/Schmidt* DB 1998, 709.
[24] *Deutsches Notarinstitut* DNotI-Report 2000, 103, 104.
[25] § 86 Abs. 1 Satz 3 GmbHG, § 3 Abs. 5 EGAktG.

Grundkapitals[26], was aber rechnerisch zu einem Verstoß gegen die bei Gründung geltenden Teilbarkeitsregelungen führen kann[27]. Lässt man dieses **Gebot der Haftungskontinuität** zugunsten der uneingeschränkten Anwendung der Übergangsvorschrift zurücktreten[28], so erlaubt man damit eine Reduzierung des Nennkapitals und verletzt Gläubigerschutzinteressen. Deshalb sollte der Verweis in Abs. 2 Satz 2 1. Halbs. so verstanden werden, dass er sich auch auf die diesbezügliche Sonderregelung[29] des Formwechselrechts für Kapitalgesellschaften bezieht, so dass diese Vorschrift eine entsprechende Kapitaländerung iRd. Formwechsels ermöglicht[30]. Eine Abstimmung mit dem Registergericht empfiehlt sich[31].

§ 319 Enthaftung bei Altverbindlichkeiten

Die §§ 45, 133 Abs. 1, 3 bis 5, §§ 157, 167, 173, 224, 237, 249 und 257 sind auch auf vor dem 1. Januar 1995 entstandene Verbindlichkeiten anzuwenden, wenn
1. die Umwandlung danach in das Register eingetragen wird und
2. die Verbindlichkeiten nicht später als vier Jahre nach dem Zeitpunkt, an dem die Eintragung der Umwandlung in das Register bekannt gemacht worden ist, fällig werden oder nach Inkrafttreten des Gesetzes zur zeitlichen Begrenzung der Nachhaftung von Gesellschaftern vom 18. März 1994 (BGBl. I S. 560) begründet worden sind.

Auf später fällig werdende und vor Inkrafttreten des Gesetzes zur zeitlichen Begrenzung der Nachhaftung von Gesellschaftern vom 18. März 1994 (BGBl. I S. 560) entstandene Verbindlichkeiten sind die §§ 45, 49 Abs. 4, §§ 56, 56 f Abs. 2, § 57 Abs. 2 und § 58 Abs. 2 des Umwandlungsgesetzes in der durch Artikel 10 Abs. 8 des Gesetzes vom 19. Dezember 1985 (BGBl. I S. 2355) geänderten Fassung der Bekanntmachung vom 6. November 1969 (BGBl. I S. 2081) mit der Maßgabe anwendbar, daß die Verjährungsfrist ein Jahr beträgt. In den Fällen, in denen das bisher geltende Recht eine Umwandlungsmöglichkeit nicht vorsah, verjähren die in Satz 2 genannten Verbindlichkeiten entsprechend den dort genannten Vorschriften.

Übersicht

	Rn		Rn
I. Allgemeines	1	a) Fälligkeit innerhalb von vier Jahren nach Bekanntmachung	9
1. Sinn und Zweck der Norm	1	b) Spätere Fälligkeit	10
2. Entstehungsgeschichte	3	aa) Bereits früher bestehende Umwandlungsmöglichkeit	11
II. Einzelerläuterungen	4	bb) Bisher nicht bestehende Umwandlungsmöglichkeit	12
1. Nach dem 31. 12. 1994 entstandene Verbindlichkeiten	4	4. Besonderheiten	14
a) Umwandlung nach neuem Recht	4	a) Dauerschuldverhältnisse	14
b) Umwandlung nach altem Recht	5	b) Geschäftsleitende Tätigkeit des Haftenden	16
2. Nach dem 26. 3. 1994 entstandene Verbindlichkeiten	8		
3. Bis zum 26. 3. 1994 entstandene Verbindlichkeiten	9		

Literatur: Siehe Literaturverzeichnis zu § 173.

---

[26] § 247.
[27] *Heidinger* NZG 2000, 532.
[28] *Happ* in Lutter § 243 Rn 42.
[29] § 243 Abs. 2.
[30] *Heidinger* NZG 2000, 532, 533.
[31] Zu weiteren, von Abs. 2 nicht geregelten Fällen vgl. *Karollus* in Lutter Rn 13.

I. Allgemeines

1. Sinn und Zweck der Norm

Die Vorschrift regelt die Nachhaftung von **persönlich haftenden Gesellschaftern**, die 1 anlässlich der Umwandlung als Anteilsinhaber ausscheiden, für zu diesem Zeitpunkt bestehende Verbindlichkeiten, sog. Altverbindlichkeiten. Die Norm knüpft an diejenigen Regelungen im UmwG an, die eine Enthaftung vorsehen[1]. Die Anwendung dieser Nachhaftungsregelungen kommt jedoch nicht bereits dann in Betracht, wenn eine Umwandlungsmaßnahme nach dem UmwG vorliegt. Es muss vielmehr darauf abgestellt werden, ob eine Enthaftung dem Gläubiger aus Vertrauensschutzgesichtspunkten zumutbar ist. Dies ist nicht der Fall, wenn die Verbindlichkeit vor Inkrafttreten des NachhBG[2], also bis zum 26. 3. 1994, entstanden und später als vier Jahre nach Bekanntmachung[3] fällig wird. Denn bei einer solchen Konstellation konnte der Gläubiger nicht mit einer Enthaftung des Schuldners rechnen. Deshalb wird sein Vertrauen in die zum Zeitpunkt des Entstehens der Verbindlichkeit bestehenden Nachhaftungsrechtslage geschützt.

Anders ist die Situation hingegen bei einer Verbindlichkeit, die nach dem 26. 3. 1994 2 entstanden ist. Hier konnte der Gläubiger mit einer Enthaftung rechnen. Anstelle der Nachhaftungsregeln des UmwG findet bei dieser Konstellation die vom NachhBG vorgesehene **Sonderverjährung** Anwendung, jedoch mit einer modifizierten Verjährungsfrist von einem Jahr.

2. Entstehungsgeschichte

Die Bestimmung enthält in Satz 1 und Satz 2 eine der früheren Vorschrift des UmwG 3 1969 in der Fassung des NachhBG nachgebildete Übergangsvorschrift[4]. Die **sachliche Aufrechterhaltung** dieser Regelung war möglich, da damit inhaltlich nur der Übergang zum NachhBG geregelt wird. Neu ist Satz 3 der Vorschrift. Dieser statuiert eine sinngemäße Anwendung der in Satz 2 genannten Vorschriften für die vom UmwG neu eingeführten Umwandlungsmöglichkeiten.

II. Einzelerläuterungen

1. Nach dem 31. 12. 1994 entstandene Verbindlichkeiten

a) Umwandlung nach neuem Recht. Die **Nachhaftungsvorschriften des UmwG** 4 sind auf Verbindlichkeiten anwendbar, die nach dem 31. 12. 1994, also mit oder nach dem Inkrafttreten des UmwG, entstanden sind. Dies ergibt sich aus Satz 1 der Norm. Maßgeblich für die Anwendung der Nachhaftungsvorschriften ist der Entstehungszeitpunkt der Verbindlichkeit, also der Vertragsabschluss oder die Erfüllung des gesetzlichen Entstehungstatbestands.

b) Umwandlung nach altem Recht. Umstritten ist hingegen, ob die Nachhaftungs- 5 vorschriften des UmwG auch solche Umwandlungen umfassen, die vor Inkrafttreten des UmwG am 1. 1. 1995 noch nach altem Umwandlungsrecht durchgeführt, aber nach dem 31. 12. 1994 **in das Register eingetragen** worden sind. *Vossius*[5] vertritt insoweit die An-

---

[1] §§ 45, 133 Abs. 1, 3 bis 5, 157, 167, 173, 224, 237, 249, 257.
[2] Gesetz zur zeitlichen Begrenzung der Nachhaftung von Gesellschaftern, BGBl. I 1994 S. 560.
[3] Vgl. auch § 13 Abs. 3 Satz 2 aF, geändert durch das EHUG vom 10. 11. 2006.
[4] § 65 a UmwG 1969. Vgl. dazu RegBegr. *Ganske* S. 313 und *Nitsche* ZIP 1994, 1919, 1923.
[5] *Vossius* in Widmann/Mayer Rn 10.

sicht, dass Gegenstand der Nachhaftungsvorschriften des neuen UmwG auch solche Umwandlungen seien. Dies ergebe sich aus Satz 1 Ziff. 1 der Norm, der lediglich voraussetzt, dass die Umwandlung „danach", also nach dem 31. 12. 1994, eingetragen wurde. In diesem Fall verbleibe es nicht bei den früher geltenden Nachhaftungsvorschriften, sondern es kämen die im 1. Halbs. der Norm genannten Vorschriften zur Anwendung. Dieses Ergebnis entspreche der Interessenlage. Der Gläubiger einer Verbindlichkeit dürfe in Abhängigkeit vom Zeitpunkt ihres Entstehens ein bestimmtes Vertrauen in eine Nachhaftungsrechtslage haben. Dieses Vertrauen sei bei einem Entstehen der Verbindlichkeit nach dem 31. 12. 1994 auf die Nachhaftungsrechtslage nach dem UmwG 1995 gerichtet, unabhängig davon, ob eine Umwandlung nach altem oder neuem Recht vorliege.

6 Demgegenüber stehen *Lutter* und *Hörtnagl* auf dem Standpunkt, dass das UmwG dann nicht anwendbar sei, wenn der Umwandlungsvorgang noch vor dem 1. 1. 1995 **eingeleitet** wurde[6]. Auch die Enthaftungsregelungen des neuen UmwG kämen dann nicht zur Anwendung, sondern höchstens die des UmwG 1969. Dies folge aus Sinn und Zweck der Vorschrift, die eine angemessene Berücksichtigung der Interessen der sog. Altgläubiger ermöglichen soll. Auch setze Satz 3 der Norm eine Umwandlung nach dem UmwG 1995 gerade voraus. Schließlich ergebe sich der Vorrang des § 318 auch aus der Gesetzesbegründung[7], derzufolge die Vorschrift solche Fälle betrifft, in denen „die allgemeine Übergangsvorschrift des § 318 nicht greifen kann (also die Umwandlung ausschließlich nach neuem Recht erfolgt)".

7 Der letztgenannten Ansicht sollte gefolgt werden. Bei der Norm handelt es sich nicht um eine Ausnahmeregelung im Verhältnis zu der allgemeinen Übergangsvorschrift des UmwG[8]. Vielmehr ergibt sich bei **systematischer Auslegung** unter Berücksichtigung der Gesetzesbegründung, dass §§ 318, 319 sich ergänzen und im Zusammenhang betrachtet werden müssen, um dem Anliegen der Regelungen, dem Schutz der Gläubiger, angemessen Rechnung zu tragen.

2. Nach dem 26. 3. 1994 entstandene Verbindlichkeiten

8 Eine Verbindlichkeit unterliegt ferner dann den Nachhaftungsvorschriften des neuen UmwG, wenn sie nach Inkrafttreten des NachhBG (d. h. nach und wohl auch am 26. 3. 1994) entstanden ist und die Umwandlung nach dem Inkrafttreten des UmwG in das Register eingetragen wurde[9]. Für Verbindlichkeiten, die zwischen Inkrafttreten des NachhBG und des neuen Umwandlungsrechts begründet worden sind, kann das neue Umwandlungsrecht angewandt werden, weil dieses die Regelungen des NachhBG inhaltlich übernimmt. Da die **Rechtsfigur der Enthaftung** mit diesem Gesetz eingeführt worden ist, konnte der Gläubiger bei einer danach entstandenen Verbindlichkeit folglich mit einer Enthaftung rechnen[10].

3. Bis zum 26. 3. 1994 entstandene Verbindlichkeiten

9 **a) Fälligkeit innerhalb von vier Jahren nach Bekanntmachung.** Bei dieser Fallgruppe der Enthaftung ist zunächst erforderlich, dass die Umwandlung nach dem 1. 1. 1995 in das Handelsregister eingetragen wurde. Ferner muss die Verbindlichkeit vor dem 26. 3. 1994 entstanden und innerhalb von vier Jahren nach Bekanntmachung[11] der Umwandlung fällig sein. Die vierjährige Frist soll eine **angemessene Reaktionszeit** des Gläubigers (mindestens ein Jahr) ermöglichen[12]. Dies ergibt sich aus Satz 1 Nr. 2 1. Alt. der Norm.

---

[6] *Karollus* in Lutter Rn 11 unter Verweis auf § 318; *Hörtnagl* in Schmitt/Hörtnagl/Stratz Rn 3.
[7] Vgl. RegBegr. *Ganske* S. 313.
[8] § 318.
[9] § 319 Satz 1 Nr. 1 iVm. Nr. 2 2. Alt.
[10] Vgl. auch RegBegr. *Ganske* S. 313.
[11] Vgl. auch § 19 Abs. 3 Satz 2 aF, geändert durch das EHUG vom 10. 11. 2006.
[12] Vgl. die Gesetzesbegründung des NachhBG, BT-Drucks. 12/1868 S. 13.

Liegen diese Voraussetzungen vor, sind die Enthaftungsregelungen des UmwG auf diese Verbindlichkeiten anwendbar.

b) Spätere Fälligkeit. Unter diese Fallgruppe fallen Verbindlichkeiten, die bis zum 26. 3. 10 1994 entstanden sind und erst zu einem späteren Zeitpunkt als **vier Jahre nach Bekanntmachung** fällig geworden sind. Die anzuwendenden Nachhaftungsvorschriften bestimmen sich bei diesen Verbindlichkeiten danach, ob die konkret vorgenommene Umwandlungsart bereits im alten Recht vorgesehen war oder nicht.

aa) Bereits früher bestehende Umwandlungsmöglichkeit. Liegt eine Umwandlung vor, die bereits vom alten Umwandlungsrecht vorgesehen war, so kommt Satz 2 der Vorschrift zur Geltung. Demnach sind die die Nachhaftung begrenzenden Verjährungsvorschriften des alten Umwandlungsrechts[13] in der Fassung vor Inkrafttreten des NachhBG anzuwenden. Zu beachten ist hierbei jedoch die in Satz 2 der Norm enthaltene Besonderheit, derzufolge nicht die übliche Fünfjahresfrist, sondern lediglich eine **Einjahresfrist** gilt. Diese Verjährungsfrist von einem Jahr beginnt ab Fälligkeit der Forderung. Altgläubigern verbleibt somit mindestens ein Jahr zur Geltendmachung der Forderungen[14].

bb) Bisher nicht bestehende Umwandlungsmöglichkeit. Bei dieser Fallgruppe geht es ebenfalls 12 um Verbindlichkeiten, die bis zum 26. 3. 1994 entstanden sind und erst vier Jahre nach Bekanntmachung fällig wurden. Es wurde jedoch eine Umwandlung vorgenommen, die nach den früheren Vorschriften nicht vorgesehen war. Die Nachhaftung für diese Verbindlichkeiten richtet sich gem. Satz 3 der Norm nach den die Nachhaftung begrenzenden **Verjährungsregelungen der ursprünglichen Fassung** des alten Umwandlungsrechts[15]. Satz 3 der Norm sieht eine sinngemäße Anwendung der in Satz 2 in Bezug genommenen Vorschriften vor[16]. Die Anwendungen dieser Normen auf die neuen Umwandlungsmöglichkeiten musste durch Satz 3 angeordnet werden, da die im alten Umwandlungsrecht vorgesehenen Enthaftungstatbestände unmittelbar nur die damals bekannten Umwandlungsmöglichkeiten erfassten.

Aus der sinngemäßen Anwendung des Satz 2 ergibt sich auch die entsprechende Verkürzung der Verjährungsfrist auf ein Jahr. Zwar ist der Wortlaut des Satz 3 insoweit nicht ganz eindeutig, es gibt jedoch keinen ersichtlichen Grund für eine Ungleichbehandlung gegenüber den soeben behandelnden Fällen. Sinn und Zweck der Übergangsregeln ist es, einen vernünftigen Kompromiss zwischen einer möglichst weiten Rückbeziehung des neuen Rechts auf Altfälle und der notwendigen Wahrung von Gläubigerinteressen herzustellen. Eine Verjährungsfrist von einem Jahr ab Fälligkeit der Verbindlichkeit ist für den Gläubiger insoweit zumutbar. Deshalb muss auch für die erst später fällig werdenden Forderungen, unabhängig von der jeweiligen Umwandlungsart, generell die einjährige Verjährungsfrist zur Geltung kommen. Denn nur so wird eine **Gleichbehandlung der Altgläubiger** erreicht[17].

4. Besonderheiten

a) Dauerschuldverhältnisse. In der Praxis spielt die Nachhaftung des ausgeschiedenen 14 Gesellschafters für Dauerschuldverhältnisse eine nicht unerhebliche Rolle. Von großer Bedeutung ist insbesondere die Nachhaftung für arbeitsrechtliche Dauerschuldverhältnisse und hier vor allem für Pensionszusagen[18]. Vor diesem Hintergrund hatte die Rechtsprechung im

---

[13] §§ 45, 49 Abs. 4, 56, 56 f Abs. 2, 57 Abs. 2, 58 Abs. 2 UmwG 1969 aF.
[14] *Reichold* NJW 1994, 1617, 1621.
[15] §§ 45, 49 Abs. 4, 56, 56 f Abs. 2, 57 Abs. 2 UmwG 1969 idF vor dem Inkrafttreten des Nachhaftungsgesetzes.
[16] Vgl. RegBegr. *Ganske* S. 313.
[17] Vgl. RegBegr. *Ganske* S. 313 und *Karollus* in Lutter Rn 10 mwN.
[18] Vgl. *BGH* NJW 1983, 2254; *BGH* NJW 1981, 175; *BAG* NJW 1983, 2283.

Fall des Ausscheidens eines persönlich haftenden Gesellschafters[19] für Verbindlichkeiten aus Dauerschuldverhältnissen bestimmte **Enthaftungsmöglichkeiten** geschaffen. Diese Fälle sind nunmehr durch das UmwG und das NachhBG endgültig obsolet, da das System der Nachhaftungsbegrenzung alle vor dem jeweiligen Stichtag abgeschlossenen Dauerschuldverhältnisse erfasst, auch wenn die jeweiligen Einzelverbindlichkeiten erst später fällig werden. Fraglich ist aber, ob die für das Ausscheiden von Komplementären im Wege der Rechtsfortbildung entwickelten Grundsätze auf die Enthaftungsregelungen des UmwG 1969 aF Anwendung finden können. *Vossius* ist insoweit der Ansicht, dass durch den Hinweis in Satz 2 auf die bisher geltenden Vorschriften das bisherige Recht weiter anwendbar sei. Daraus folgert er, dass dies auch für die rechtsfortbildende Enthaftungsrechtsprechung des BGH gelte[20]. Diese Schlussfolgerung unterstellt, dass der Gesetzgeber eine bloße Rechtsfortbildung der Rechtsprechung stillschweigend im Gesetz statuieren wollte[21].

15 Gleichwohl ist *Vossius* dahin gehend zuzustimmen, dass eine Anwendung dieser Grundsätze wünschenswert ist. Denn auch in den Fällen der Umwandlung von Unternehmen besteht ein praktisches Bedürfnis, zu verhindern, dass persönlich haftende Gesellschafter einer Endloshaftung aus Dauerschuldverhältnissen unterworfen sind[22]. Durch Anwendung dieser **Enthaftungsgrundsätze der Rechtsprechung** hat ein persönlich haftender Gesellschafter nur für solche Verbindlichkeiten aus Dauerschuldverhältnissen einzustehen, die bis zur ersten ordentlichen Kündigungsmöglichkeit oder innerhalb von fünf Jahren nach der Umwandlung fällig werden[23].

16 **b) Geschäftsleitende Tätigkeit des Haftenden.** Es stellt sich die Frage, ob in den Fällen, in denen das UmwG 1969 zur Anwendung kommt, die Enthaftungsregelungen auch dann Anwendung finden können, wenn der bis zur Umwandlung persönlich Haftende im neuen Rechtsträger eine geschäftsleitende Tätigkeit ausübt, etwa als geschäftsführender Kommanditist[24]. *Vossius* will konsequenterweise auch diese für das Ausscheiden von persönlich haftenden Gesellschaftern[25] **entwickelte Rechtsprechung** iRd. nach den Enthaftungsregelungen des UmwG 1969 aF zu beurteilenden Altfälle auf solche Personen anwenden, die im neuen Rechtsträger geschäftsführend tätig sind[26]. Denn diese behielten Einfluss auf die Geschicke der Gesellschaft, so dass ihnen das finanzielle Risiko zumutbar sei. *Karollus* steht hingegen auf dem Standpunkt[27], dass diese Einschränkung noch nie überzeugend gewesen sei und nicht zu den Wertungen des UmwG passe. Diese Ansicht verdient Zustimmung. Denn die Anwendung dieser Beschränkung würde gerade im Umwandlungsrecht zu großen Risiken für die Gesellschafter führen. Eine Enthaftung bzw. Sonderverjährung käme für sie infolge ihrer Stellung nicht in Betracht. Dies würde einen ausfernden Gläubigerschutz bedeuten und ist deshalb nicht mehr mit Sinn und Zweck der Normen vereinbar, die einen Kompromiss zwischen den Interessen der Gesellschafter an der Enthaftung und Gläubigerschutzinteressen darstellen.

---

[19] § 169 HGB aF.
[20] *Vossius* in Widmann/Mayer Rn 74 ff.
[21] Vgl. den Gesetzesentwurf des NachhBG, BT-Drucks. 12/1868 S. 10.
[22] Vgl. *K. Schmidt* ZGR 1993, 366, 378 ff.; *Lieb* GmbHR 1994, 657, 658, Fn 11.
[23] *Karollus* in Lutter Rn 7. Vgl. auch BGHZ 150, 373 (=DB 2002, 1316 = EWiR § 160 HGB 1/02, 719) zu § 160 HGB.
[24] Nunmehr geregelt in § 157 Abs. 4, vgl. dazu § 157 Rn 8. *BGH* NJW 1983, 2256; *Seibert* DB 1994, 461.
[25] § 169 HGB aF.
[26] *Vossius* in Widmann/Mayer Rn 87.
[27] *Karollus* in Lutter Rn 8.

§ 320 Aufhebung des Umwandlungsgesetzes 1969

Das Umwandlungsgesetz in der Fassung der Bekanntmachung vom 6. November 1969 (BGBl. I S. 2081), zuletzt geändert durch Artikel 2 des Gesetzes vom 18. März 1994 (BGBl. I S. 560), wird aufgehoben.

§ 321 (aufgehoben)

§ 322 Gemeinsamer Betrieb

Führen an einer Spaltung oder an einer Teilübertragung nach dem Dritten oder Vierten Buch beteiligte Rechtsträger nach dem Wirksamwerden der Spaltung oder der Teilübertragung einen Betrieb gemeinsam, gilt dieser als Betrieb im Sinne des Kündigungsschutzrechts.

Übersicht

	Rn		Rn
I. Allgemeines	1	III. Rechtsfolgen	12
1. Sinn und Zweck der Norm	1	1. Arbeitnehmerzahl	13
2. Entstehungsgeschichte	2	2. Anderweitige Beschäftigungsmöglichkeiten	14
II. Voraussetzungen – Führung eines gemeinsamen Betriebs	4	3. Sozialauswahl	15
1. Einheitlicher Leitungsapparat	4	4. Massenentlassungen	16
2. Keine analoge Anwendung der Vermutungsregel des § 1 Abs. 2 BetrVG	7	5. Stilllegung von Betriebsabteilungen	17
3. Auflösung des gemeinsamen Betriebs	11	6. Ausgleich zwischen den beteiligten Rechtsträgern	18

Literatur: *Bachner*, Individualarbeits- und kollektivrechtliche Auswirkungen des neuen Umwandlungsgesetzes, NJW 1995, 2881; *Bachner/Köstler/Matthießen/Trittin*, Handbuch Arbeitsrecht bei Unternehmensumwandlung und Betriebsübergang, 2. Aufl. 2003; *Bauer/Lingemann*, Das neue Umwandlungsrecht und seine arbeitsrechtlichen Auswirkungen, NZA 1994, 1057; *Boecken*, Unternehmensumwandlungen und Arbeitsrecht, 1996; Eine bessere Betriebsverfassung?, AuR 2001, 1; *Däubler/Kittner/Klebe*, Betriebsverfassungsgesetz, 10. Aufl. 2006; *Heinze*, Arbeitsrechtliche Fragen bei der Übertragung und Umwandlung von Unternehmen, ZfA 1997, 1; *Kallmeyer*, Das neue Umwandlungsgesetz, ZIP 1994, 1746; *Löwisch/Spinner*, Kommentar zum Kündigungsschutzgesetz, 9. Aufl. 2004; *Mengel*, Umwandlungen im Arbeitsrecht, Diss. Köln 1996; *Richardi*, Veränderungen in der Organisation der Betriebsverfassung nach dem Regierungsentwurf zur Reform des BetrVG, NZA 2001, 346; *ders.*, Die neue Betriebsverfassung, 2001; *Richardi/Dietz/Annuß/Thüsing*, Betriebsverfassungsgesetz, 10. Aufl. 2006; *Rieble*, Kompensation der Betriebsspaltung durch den Gemeinschaftsbetrieb mehrerer Unternehmen (§ 322 UmwG), FS Wiese, 1998, S. 453; *Schiefer/Korte*, Der Referentenentwurf eines Gesetzes zur Reform des Betriebsverfassungsgesetzes, NZA 2001, 71; *Schmädicke/Glaser/Altmüller*, Die Rechtsprechung zum gemeinsamen Betrieb in den Jahren 2001 bis 2004, NZA-RR 2005, 393; *Simon/Zerres*, Unternehmensspaltung und Arbeitsrecht, FS Leinemann, 2006, S. 255; *Ulrich*, Führt das neue Betriebsverfassungsgesetz zu einer Veränderung des Betriebsbegriffs?, FA 2001, 137; *Wlotzke*, Arbeitsrechtliche Aspekte des neuen Umwandlungsrechts, DB 1995, 40.

I. Allgemeines

1. Sinn und Zweck der Norm

Da die Rechtsfigur des gemeinsamen Betriebs im Kündigungsschutzrecht seit langem anerkannt ist[1], stellt die Vorschrift für bestimmte Umwandlungsfälle lediglich klar, dass ein

---

[1] *BAG* AP KSchG 1969 § 23 Nr. 4, Nr. 9 mwN; *BAG* AP KSchG 1969 § 1 Nr. 10; *BAG* NZA 1999, 590, 591; *BAG* NZA 1999, 932, 933.

von mehreren selbstständigen Unternehmen gemeinsam geführter Betrieb auch kündigungsschutzrechtlich als ein Betrieb gilt[2].

2. Entstehungsgeschichte

2 Mit § 322 aF[3] erkannte der Gesetzgeber erstmals ausdrücklich die vom BAG im Betriebsverfassungsrecht[4] und im Kündigungsschutzrecht[5] entwickelte und von der Literatur[6] gebilligte Rechtsfigur des gemeinsamen Betriebs an[7]. Kennzeichen des gemeinsamen Betriebs ist, dass mehrere rechtlich selbstständige Unternehmen (Rechtsträger) einen Betrieb im betriebsverfassungsrechtlichen bzw. kündigungsschutzrechtlichen Sinne gemeinsam führen, wobei die im Betrieb beschäftigten Arbeitnehmer arbeitsvertraglich den beteiligten Unternehmen und damit verschiedenen Arbeitgebern zugeordnet bleiben[8]. Das BAG sah durch § 322 Abs. 2 aF seine Rechtsprechung bestätigt[9].

3 Als Folge der Erweiterung von § 1 BetrVG[10] um Bestimmungen zum gemeinsamen Betrieb mehrerer Unternehmen im Zuge der Reform des Betriebsverfassungsgesetzes wurde § 322 Abs. 1 aF aufgehoben, während § 322 Abs. 2 aF zu § 322 nF wurde[11]. Die Regelung des § 322 Abs. 1 aF wurde durch die Neuregelung des § 1 Abs. 2 Nr. 2 BetrVG gegenstandslos, die einen Vermutungstatbestand für das Vorliegen eines gemeinsamen Betriebs im Fall der Spaltung von Unternehmen enthält[12].

II. Voraussetzungen – Führung eines gemeinsamen Betriebs

1. Einheitlicher Leitungsapparat

4 Die Vorschrift setzt voraus, dass die an einer **Spaltung** oder **Teilübertragung** beteiligten Rechtsträger nach dem Wirksamwerden der Umwandlung einen Betrieb gemeinsam führen. Die von der Rechtsprechung aufgestellten Voraussetzungen für die Annahme eines **gemeinsamen Betriebs** im Betriebsverfassungs- und im Kündigungsschutzrecht sind identisch: Ein

---

[2] RegBegr. *Ganske* S. 316; *Mengel* S. 277; *Willemsen* in Kallmeyer Rn 9; *Hörtnagl* in Schmitt/Hörtnagl/Stratz Rn 6; *Simon/Zerres*, FS Leinemann, S. 255, 261; aA *Joost* in Lutter Rn 13, der eine solche Klarstellung für überflüssig hält und in Analogie zu § 322 Abs. 1 aF eine widerlegbare Vermutung für die gemeinsame Führung des Betriebs auch iRd. Kündigungsschutzrechts annimmt.
[3] Der heutige § 322 nF war früher § 322 Abs. 2 aF. § 322 Abs. 1 aF hatte folgenden Wortlaut: „Wird im Falle des § 321 Abs. 1 Satz 1 die Organisation des gespaltenen Betriebes nicht geändert, so wird für die Anwendung des Betriebsverfassungsgesetzes vermutet, dass dieser Betrieb von den an der Spaltung beteiligten Rechtsträgern gemeinsam geführt wird."
[4] *BAG* AP BetrVG 1972 § 1 Nr. 1, 2, 5, 9; *BAG* AP BetrVG 1972 § 1 Gemeinsamer Betrieb Nr. 8.
[5] *BAG* AP KSchG 1969 § 23 Nr. 4, Nr. 9 mwN; *BAG* AP KSchG 1969 § 1 Nr. 10; *BAG* NZA 1999, 590, 591; *BAG* NZA 1999, 932, 933.
[6] *Fitting* § 1 BetrVG Rn 78; *Richardi* § 1 BetrVG Rn 64; *Ascheid* in Erfurter Komm. § 23 KSchG Rn 5; *Löwisch/Spinner* § 23 KSchG Rn 11.
[7] *Willemsen* in Kallmeyer Rn 2.
[8] *Joost* in Lutter Rn 2; *Richardi* in MünchHdbArbR § 31 Rn 41.
[9] *BAG* NZA 1999, 590, 592.
[10] § 1 Abs. 2 BetrVG hat folgenden Wortlaut:
„(2) Ein gemeinsamer Betrieb mehrerer Unternehmen wird vermutet, wenn
1. zur Verfolgung arbeitstechnischer Zwecke die Betriebsmittel sowie die Arbeitnehmer von den Unternehmen gemeinsam eingesetzt werden oder
2. die Spaltung eines Unternehmens zur Folge hat, dass von einem Betrieb ein oder mehrere Betriebsteile einem an der Spaltung beteiligten anderen Unternehmen zugeordnet werden, ohne dass sich dabei die Organisation des betroffenen Betriebs wesentlich ändert."
[11] Art. 3 Nr. 2 des BetrVerf-Reformgesetzes vom 23. 7. 2001, BGBl. 2001, S. 1852.
[12] RegBegr. Art. 3 Nr. 2 des BetrVerf-Reformgesetzes, BT-Drucks. I 14/5741 S. 53 f.

gemeinsamer Betrieb mehrerer rechtlich selbstständiger Unternehmen liegt vor, wenn die in einer Betriebsstätte vorhandenen materiellen und immateriellen Betriebsmittel für einen einheitlichen arbeitstechnischen Zweck zusammengefasst, geordnet und gezielt eingesetzt werden und der Einsatz der menschlichen Arbeitskraft von einem einheitlichen Leitungsapparat gesteuert wird[13]. Diese einheitliche Leitung muss sich auf die **wesentlichen Arbeitgeberfunktionen in den sozialen und personellen Angelegenheiten** erstrecken[14]. Die betroffenen Unternehmen müssen sich hierfür ausdrücklich oder zumindest stillschweigend zu einer gemeinsamen Führung rechtlich verbunden haben (sog. Führungsvereinbarung). Hierzu müssen die Funktionen des Arbeitgebers institutionell einheitlich für die beteiligten Unternehmen wahrgenommen werden[15]. Eine lediglich unternehmerische Zusammenarbeit genügt ebenso wenig wie eine konzernrechtliche Weisungsbefugnis oder eine steuerliche Organschaft[16].

Bei der Prüfung, ob ein gemeinsamer Betrieb vorliegt, sind die Gesamtumstände des Einzelfalls zu würdigen[17]. Folgende Gesichtspunkte können für das Vorliegen eines gemeinsamen Betriebs sprechen[18]: die gemeinsame Nutzung der technischen und immateriellen Betriebsmittel sowie die gemeinsame räumliche Unterbringung, die personelle, technische und organisatorische Verknüpfung der Arbeitsabläufe, das Vorhandensein einer unternehmensübergreifenden Leitungsstruktur zur Durchführung der arbeitstechnischen Zwecke, insbesondere zur Wahrnehmung der sich aus dem Direktionsrecht des Arbeitgebers ergebenden Weisungsbefugnisse[19], die gemeinsame Führung von Personalakten und Erstellung von Arbeitsverträgen[20], der Austausch von Arbeitskräften[21], der arbeitgeberübergreifende Personaleinsatz[22] bzw. die wechselseitige Tätigkeit eines im Hinblick auf die jeweilige Belegschaftszahl nicht unerheblichen Teils der Belegschaft der beteiligten Unternehmen[23], die gemeinsame Ausbildung von Auszubildenden[24], die personelle Verflechtung auf Gesellschafter- und Geschäftsführerebene[25] bzw. die Personenidentität der Geschäftsführung[26].

Allerdings genügt ein einzelnes Kriterium für sich allein noch nicht, um einen gemeinsamen Betrieb anzunehmen[27]. Da die gemeinsame räumliche Unterbringung nur ein Indiz für einen einheitlichen Betrieb ist[28], liegt allein dadurch, dass mehrere Unternehmen in denselben Räumen und mit etwa denselben sachlichen Mitteln tätig sind, noch kein gemeinsamer Betrieb vor[29]. Auch eine Personalunion der Geschäftsführer begründet nicht zwingend einen

---

[13] *BAG* NZA 2005, 1248, 1249; *BAG* NZA 2004, 618.
[14] *BAG* NZA 2005, 1248, 1249.
[15] *BAG* NZA 2005, 1248, 1249; *BAG* AP BetrVG 1972 § 1 Gemeinsamer Betrieb Nr. 22.
[16] *BAG* NZA 2001, 321, 324; *BAG* 25.5.2005 – 7 ABR 38/04 n.v.; *BAG* NZA 2005, 1248, 1249 f.
[17] *BAG* NZA 1998, 1110, 1111.
[18] Siehe auch *Fitting* § 1 BetrVG Rn 78 ff.; *Moll* in Großkomm. KündigungsR § 23 KSchG Rn 14 ff.; *Trümner* in Däubler/Kittner/Klebe § 1 BetrVG Rn 73 ff.
[19] *BAG* AP KSchG 1969 § 23 Nr. 4; *BAG* AP KSchG 1969 § 1 Nr. 10; *BAG* AP KSchG 1969 § 23 Nr. 4; *BAG* AP KSchG 1969 § 1 Nr 10; *BAG* NZA 1996, 1110, 1111.
[20] *BAG* NZA 2004, 618, 619.
[21] *BAG* AP KSchG 1969 § 15 Nr. 30; *BAG* AP BetrVG 1972 § 1 Nr. 9; *BAG* AP BetrVG 1972 § 1 Nr. 5.
[22] *BAG* NZA 1996, 1110, 1111.
[23] *BAG* AP KSchG 1969 § 1 Nr. 10.
[24] *BAG* AP BetrVG 1972 § 1 Nr. 5.
[25] *BAG* AP BetrVG § 1 Nr. 6.
[26] *BAG* AP KSchG 1969 § 1 Nr. 10.
[27] *Trümner* in Däubler/Kittner/Klebe § 1 BetrVG Rn 75.
[28] *BAG* AP BetrVG 1972 § 4 Nr. 3; *BAG* AP BetrVG 1972 § 1 Gemeinsamer Betrieb Nr. 10; *BAG* NZA 1998, 723, 724; *BAG* NZA 1996, 1110, 1111.
[29] *BAG* AP KSchG 1969 § 23 Nr. 4.

einheitlichen Leitungsapparat³⁰. Auch ein Privatunternehmen sowie eine Körperschaft des öffentlichen Rechts können einen gemeinsamen Betrieb bilden³¹.

2. Keine analoge Anwendung der Vermutungsregel des § 1 Abs. 2 BetrVG

7 Der Arbeitnehmer trägt die **Darlegungs- und Beweislast** für das Vorliegen eines von mehreren Unternehmen gemeinsam geführten Betriebs iSv. § 23 Abs. 1 Satz 2 KSchG³². Hierbei kommt dem Arbeitnehmer nicht die gesetzliche Vermutung des § 1 Abs. 2 BetrVG³³ in analoger Anwendung zugute³⁴. Die Voraussetzungen für die Annahme eines gemeinsamen Betriebs sind im Betriebsverfassungs- und Kündigungsschutzrecht zwar identisch³⁵. Angesichts des eindeutigen Gesetzeswortlauts und der Differenzierung zwischen Betriebsverfassungs- und Kündigungsschutzrecht in § 322 aF scheidet eine analoge Anwendung von § 1 Abs. 2 BetrVG jedoch aus³⁶. Im Kündigungsschutzrecht wird daher bei Vorliegen der Voraussetzungen des § 1 Abs. 2 BetrVG ein gemeinsamer Betrieb nicht gesetzlich vermutet.

8 Für die Praxis dürfte dies aber wenig relevant sein, da sich die Arbeitsgerichte im Kündigungsschutzprozess im Zweifel an der vorgefundenen betriebsverfassungsrechtlichen Organisation orientieren³⁷. Die Vermutungsregelung in § 1 Abs. 2 BetrVG ist für § 322 daher von Bedeutung, weil sie zumindest zu einem **Wechsel der Darlegungs- und Beweislast** führen kann.

9 Durch die Vermutungstatbestände des § 1 Abs. 2 BetrVG wird nicht das Bestehen eines gemeinsamen Betriebs, sondern lediglich die Existenz eines einheitlichen Leitungsapparats vermutet³⁸ Die **Vermutung** eines einheitlichen Leitungsapparats kann **widerlegt** werden. Im Fall des § 1 Abs. 2 Nr. 1 BetrVG (gemeinsamer Einsatz von Betriebsmitteln und Arbeitnehmern) können die betroffenen Unternehmen darlegen (und beweisen), dass sie jeweils ihre Arbeitgeberfunktionen in den sozialen und personellen Angelegenheiten getrennt ausüben, ein gemeinsamer Leitungsapparat also nicht existiert³⁹.

10 Nach § 1 Abs. 2 Nr. 2 BetrVG wird ein gemeinsamer Betrieb vermutet, wenn die **Spaltung eines Unternehmens** zur Folge hat, dass von einem Betrieb ein oder mehrere Betriebsteile einem an der Spaltung beteiligten anderen Unternehmen zugeordnet werden, ohne dass sich dabei die **Organisation** des betroffenen Betriebs **wesentlich ändert**. Die Regelung erfasst im Gegensatz zu § 322 Abs. 1 aF nicht nur die Spaltung nach dem UmwG, sondern auch im Wege der Einzelrechtsnachfolge⁴⁰. Die Anforderungen an eine wesentliche Änderung waren bereits bei § 322 Abs. 1 aF umstritten. Zum Teil wurde eine grundlegende

---

[30] *BAG* AP BetrVG 1972 § 1 Nr. 5.
[31] *BVerwG* NZA 2003, 115.
[32] *BAG* AP KSchG 1969 § 23 Nr. 4, Nr. 9; *BAG* NZA 1999, 590, 592; *BAG* NZA 1999, 932, 933; *Joost* in Lutter Rn 12.
[33] Früher: § 322 Abs. 1 aF.
[34] *Wlotzke* DB 1995, 40, 44; *Bauer/Lingemann* NZA 1994, 1057, 1060; *Heinze* ZfA 1997, 1, 12; *Boecken* Rn 290; *Willemsen* in Kallmeyer Rn 14 f. mwN; *Moll* in Großkomm. KündigungsR § 23 KSchG Rn 19; *Hörtnagl* in Schmitt/Hörtnagl/Stratz Rn 5; *Bermel* in Goutier/Knopf/Tulloch Rn 13; nunmehr auch *Wälzholz* in Widmann/Mayer Rn 12; aA *Joost* in Lutter Rn 13; wohl auch *Düwell* in Kasseler Hdb. 6.8 Rn 244.
[35] Siehe Rn 4.
[36] So zu § 322 aF *Moll* in Großkomm. KündigungsR § 23 KSchG Rn 19.
[37] *Willemsen* in Kallmeyer Rn 15.
[38] *BAG* NZA 2005, 1248, 1250; *BAG* NZA 2004, 618; so auch die Gesetzesbegründung: RegBegr. Art. 1 Nr. 2 c) des BetrVerf-Reformgesetzes, BT-Drucks. 14/5741 S. 33.
[39] *Richardi*, Die neue Betriebsverfassung, § 2 Rn 32: die Vermutung ist insbesondere widerlegt, wenn ein Trägerunternehmen die Führungsvereinbarung kündigt und die ihm zugeordneten Arbeitnehmer in anderen Bereichen einsetzt.
[40] RegBegr. Art. 1 Nr. 2 c) des BetrVerf-Reformgesetzes, BT-Drucks. 14/5741 S. 33.

Änderung der Betriebsorganisation gem. § 111 Satz 2 Nr. 4 BetrVG verlangt[41]. Nach der Gesetzesbegründung zu § 1 Abs. 2 Nr. 2 BetrVG dürfte jedoch darauf abzustellen sein, dass der einheitliche Leitungsapparat nicht beibehalten wird, d.h. die wesentlichen Arbeitgeberfunktionen in den sozialen und personellen Angelegenheiten nicht mehr gemeinsam ausgeübt werden. Greifen die Vermutungstatbestände des § 1 Abs. 2 BetrVG nicht ein, kann dennoch ein gemeinsamer Betrieb vorliegen, wenn der Einsatz der menschlichen Arbeitskraft von einem einheitlichen Leitungsapparat gesteuert wird[42].

3. Auflösung des gemeinsamen Betriebs

Die an der Umwandlung beteiligten Rechtsträger sind nicht gezwungen, einen bisher einheitlichen Betrieb nach der Spaltung als gemeinsamen Betrieb zu führen[43]. Sie können den gemeinsamen Betrieb auflösen, indem sie die einheitliche Leitung des Betriebs aufgeben. Dazu müssen sie insbesondere die Leitung in den sozialen und personellen Angelegenheiten trennen[44]. Wird bei einem Gemeinschaftsbetrieb der nur zu einem Unternehmen gehörende Teil stillgelegt, so liegt hierin regelmäßig auch die Auflösung des Gemeinschaftsbetriebs, insbesondere der einheitlichen personellen Leitung[45]. Der gemeinsame Betrieb wird durch seine Auflösung gespalten[46].

III. Rechtsfolgen

Das Kündigungsschutzrecht ist so anzuwenden, als habe die Spaltung des Betriebs nicht stattgefunden[47]. Die Rechtsfolge des § 322 ist nicht abdingbar[48] und zeitlich unbegrenzt[49]. Die Regelung gilt für alle im gemeinsamen Betrieb beschäftigten Arbeitnehmer, auch wenn sie vor der Umwandlung in keinem Arbeitsverhältnis zum übertragenden Rechtsträger gestanden haben[50].

1. Arbeitnehmerzahl

Der gemeinsam geführte Betrieb gilt als Betrieb iSd. Kündigungsschutzrechts. Bei der Ermittlung der für die Anwendbarkeit des KSchG notwendigen Arbeitnehmerzahl[51] ist demnach die Gesamtzahl aller im gemeinsamen Betrieb beschäftigten Arbeitnehmer entscheidend. Ohne Bedeutung ist, welchem der am gemeinsamen Betrieb beteiligten Rechtsträger die Arbeitnehmer individualarbeitsrechtlich zugeordnet sind[52].

---

[41] *Willemsen* in Kallmeyer² Rn 11 zu § 322 Abs. 1 aF.
[42] *BAG* NZA 2004, 618.
[43] *Joost* in Lutter Rn 16; *Willemsen* in Kallmeyer Rn 16; aA *Kallmeyer* ZIP 1994, 1746, 1757, wonach § 323 Abs. 1 die beteiligten Rechtsträger zwingt, zumindest für zwei Jahre einen gemeinsamen Betrieb gem. § 322 Abs. 2 zu vereinbaren.
[44] *BAG* ZIP 2005, 1189, 1190; *Joost* in Lutter Rn 16; *Willemsen* in Kallmeyer Rn 16; ausf. *Schmädicke/Glaser/Altmüller* NZA-RR 2005, 393, 398 f. mwN.
[45] *BAG* ZIP 2005, 1189, 1190 (unter Hinweis darauf, dass die einheitliche personelle Leitung im Einzelfall auch fortgeführt werden kann); *Moll* in Großkomm. KündigungsR § 23 KSchG Rn 18 b.
[46] *Richardi* in MünchHdbArbR § 31 Rn 45; *Rieble*, FS Wiese, S. 453, 477.
[47] *Willemsen* in Kallmeyer Rn 10 spricht davon, dass die kündigungsschutzrechtlichen Folgen der Spaltung gewissermaßen „neutralisiert" werden.
[48] *Boecken* Rn 304; *Joost* in Lutter Rn 15; *Willemsen* in Kallmeyer Rn 10.
[49] *Boecken* Rn 300; *Friedrich* in Gemeinschaftskomm. KSchG §§ 322, 323, 324 UmwG Rn 48; *Düwell* in Kasseler Hdb. 6.8 Rn 245.
[50] *Boecken* Rn 300; *Wälzholz* in Widmann/Mayer Rn 13.
[51] § 23 Abs. 1 Satz 2 KSchG.
[52] *BAG* NZA 2000, 214, 215; *Wlotzke* DB 1995, 40, 44; *Boecken* Rn 293; *Willemsen* in Kallmeyer Rn 23 mwN; *Joost* in Lutter Rn 14; *Wälzholz* in Widmann/Mayer Rn 16; *Hörtnagl* in Schmitt/Hörtnagl/Stratz Rn 7.

2. Anderweitige Beschäftigungsmöglichkeiten

14 Im Fall von betriebsbedingten Kündigungen ist für den gesamten gemeinsamen Betrieb zu prüfen, ob anderweitige Beschäftigungsmöglichkeiten gem. § 1 Abs. 2 Satz 2 Nr. 1 b KSchG bestehen[53]. Eine Kündigung ist auch dann sozial ungerechtfertigt, wenn es einen freien Arbeitsplatz in einem Betriebsbereich gibt, der rechtlich einem anderen beteiligten Rechtsträger zugewiesen ist[54]. Der Arbeitgeber hat Weiterbeschäftigungsmöglichkeiten in allen Betrieben seines Unternehmens zu berücksichtigen[55]. Nicht zu berücksichtigen sind Weiterbeschäftigungsmöglichkeiten in Betrieben des Unternehmens eines der am gemeinsamen Betrieb beteiligten Rechtsträger, dem der Arbeitnehmer vertraglich nicht zugeordnet ist[56]. Nach dem eindeutigen Wortlaut der Norm wird lediglich ein gemeinsamer Betrieb, nicht aber ein gemeinsames Unternehmen iSd. Kündigungsschutzrechts fingiert[57].

3. Sozialauswahl

15 Im Fall von betriebsbedingten Kündigungen sind alle Arbeitnehmer des gemeinsamen Betriebs in die Sozialauswahl gem. § 1 Abs. 3 KSchG einzubeziehen. Es ist unerheblich, wem die Arbeitnehmer vertraglich zugeordnet sind[58]. Hierdurch können Austauschkündigungen erforderlich werden[59].

4. Massenentlassungen

16 Bei der Frage, ob Massenentlassungen anzeigepflichtig sind[60], ist sowohl für die Zahl der zu entlassenden Arbeitnehmer als auch für die Gesamtzahl der beschäftigten Arbeitnehmer auf den gesamten gemeinsam geführten Betrieb abzustellen[61].

5. Stilllegung von Betriebsabteilungen

17 Im Fall der Stilllegung von Betriebsabteilungen ist im Hinblick auf § 15 Abs. 5 Satz 1 KSchG für sämtliche anderen Abteilungen des gemeinsamen Betriebs zu prüfen, ob Übernahmemöglichkeiten für die in den stillgelegten Abteilungen beschäftigten betriebsverfassungsrechtlichen Funktionsträger (zB Betriebsratsmitglieder) bestehen. Die betroffenen Funktionsträger müssen also auch in Betriebsabteilungen übernommen werden, die rechtlich einem anderen am gemeinsamen Betrieb beteiligten Rechtsträger zugeordnet sind[62]. Wird

---

[53] *BAG* NZA 2002, 1349, 1355; *BAG* AP KSchG 1969 § 1 Nr. 10; *Boecken* Rn 294; *Düwell* in Kasseler Hdb. 6.8 Rn 246; *Joost* in Lutter Rn 14; *Wälzholz* in Widmann/Mayer Rn 15; *Hörtnagl* in Schmitt/Hörtnagl/Stratz UmwR Rn 7.

[54] *Boecken* Rn 294; *Düwell* in Kasseler Hdb. 6.8 Rn 246; *Hörtnagl* in Schmitt/Hörtnagl/Stratz Rn 7.

[55] *Boecken* Rn 295; *Düwell* in Kasseler Hdb. 6.8 Rn 247; *Wälzholz* in Widmann/Mayer Rn 15.

[56] *Boecken* Rn 296; *Düwell* in Kasseler Hdb. 6.8 Rn 247; *Willemsen* in Kallmeyer Rn 10; *Wälzholz* in Widmann/Mayer Rn 15; *Friedrich* in Gemeinschaftskomm. KSchG §§ 322, 323, 324 UmwG Rn 51; wohl auch *BAG* AP KSchG 1969 § 1 Nr. 10; aA *Mengel* S. 276; *Wlotzke* DB 1995, 40, 44; *Bachner* NJW 1995, 2881, 2884; *Joost* in Lutter Rn 14.

[57] *Boecken* Rn 296; *Düwell* in Kasseler Hdb. 6.8 Rn 247; *Friedrich* in Gemeinschaftskomm. KSchG §§ 322, 323, 324 UmwG Rn 51.

[58] *BAG* AP KSchG 1969 § 1 Nr. 10; *BAG* AP KSchG 1969 § 1 Soziale Auswahl Nr. 23; *BAG* NZA 2004, 477, 478; *Wlotzke* DB 1995, 40, 44; *Boecken* Rn 297; *Mengel* S. 276; *Joost* in Lutter Rn 15; *Wälzholz* in Widmann/Mayer Rn 16; *Hörtnagl* in Schmitt/Hörtnagl/Stratz Rn 7; *Friedrich* in Gemeinschaftskomm. KSchG §§ 322, 323, 324 UmwG Rn 52; *KR-Weigand* § 23 KSchG Rn 67; *Düwell* in Kasseler Hdb. 6.8 Rn 248.

[59] *Willemsen* in Kallmeyer Rn 12.

[60] § 17 Abs. 1 KSchG.

[61] *Boecken* Rn 299; *Mengel* S. 276; *Friedrich* in Gemeinschaftskomm. KSchG §§ 322, 323, 324 UmwG Rn 53; *Wälzholz* in Widmann/Mayer Rn 18.

[62] *Boecken* Rn 298; *Düwell* in Kasseler Hdb. 6.8 Rn 249; *Friedrich* in Gemeinschaftskomm. KSchG §§ 322, 323, 324 UmwG Rn 54; *Wälzholz* in Widmann/Mayer Rn 17.

bei einem Gemeinschaftsbetrieb der zu einem Unternehmen gehörende Teil des Betriebs stillgelegt und hierdurch die einheitliche personelle Leitung aufgehoben[63], findet allerdings § 15 Abs. 4 KSchG auf die Funktionsträger des stillgelegten Betriebsteils Anwendung.

6. Ausgleich zwischen den beteiligten Rechtsträgern

Da die am gemeinsamen Betrieb beteiligten Rechtsträger nicht „Gesamt-Arbeitgeber" sämtlicher im Betrieb beschäftigter Arbeitnehmer sind, empfiehlt es sich, Ausgleichsregelungen dafür zu treffen, dass sich bestimmte personelle Maßnahmen nicht oder jedenfalls nicht ohne zusätzliche Kosten (zB zusätzliche Abfindungszahlungen) durchführen lassen[64]. **18**

§ 323 Kündigungsrechtliche Stellung

(1) **Die kündigungsrechtliche Stellung eines Arbeitnehmers, der vor dem Wirksamwerden einer Spaltung oder Teilübertragung nach dem Dritten oder Vierten Buch zu dem übertragenden Rechtsträger in einem Arbeitsverhältnis steht, verschlechtert sich auf Grund der Spaltung oder Teilübertragung für die Dauer von zwei Jahren ab dem Zeitpunkt ihres Wirksamwerdens nicht.**

(2) **Kommt bei einer Verschmelzung, Spaltung oder Vermögensübertragung ein Interessenausgleich zustande, in dem diejenigen Arbeitnehmer namentlich bezeichnet werden, die nach der Umwandlung einem bestimmten Betrieb oder Betriebsteil zugeordnet werden, so kann die Zuordnung der Arbeitnehmer durch das Arbeitsgericht nur auf grobe Fehlerhaftigkeit überprüft werden.**

Übersicht

	Rn		Rn
I. Sinn und Zweck der Norm	1	III. Zuordnung von Arbeitnehmern zu Betrieben oder Betriebsteilen in einem Interessenausgleich (Abs. 2)	19
II. Erhaltung der kündigungsrechtlichen Stellung des Arbeitnehmers (Abs. 1)	3	1. Zustandekommen eines Interessenausgleichs bei Verschmelzung, Spaltung oder Vermögensübertragung	19
1. Voraussetzungen	3		
a) Spaltung oder Teilübertragung	3		
b) Arbeitsverhältnis mit dem übertragenden Rechtsträger vor der Spaltung oder Teilübertragung	4	2. Zuordnung zu Betrieben oder Betriebsteilen durch namentliche Bezeichnung der Arbeitnehmer im Interessenausgleich	22
c) Verschlechterung der kündigungsrechtlichen Stellung des Arbeitnehmers aufgrund der Spaltung oder Teilübertragung	5	3. Überprüfbarkeit der Zuordnung auf grobe Fehlerhaftigkeit	24
aa) Kündigungsrechtliche Stellung	5	a) Zuordnungskompetenz	25
bb) Kausalität zwischen der Spaltung oder Teilübertragung und der Verschlechterung der kündigungsrechtlichen Stellung	8	b) Grobe Fehlerhaftigkeit	27
		c) Darlegungs- und Beweislast	30
		d) Frist	31
d) Einzelfälle	9	4. Rechtsfolgen der Zuordnung	32
2. Rechtsfolge: Zweijähriges Verschlechterungsverbot	17	a) Rechtliche Wirkung der Zuordnung	32
		b) Widerspruchsrecht der Arbeitnehmer	36
3. Abdingbarkeit des Abs. 1	18	c) Verhältnis zu § 99 BetrVG	37

Literatur: *Annuß,* Der Betriebsübergang nach „Ayse Süzen", NZA 1998, 70; *Bachner,* Der Betriebsübergang nach § 613 a BGB, AiB 1996, 291; *ders.,* Individualarbeits- und kollektivrechtliche Auswirkungen des neuen Umwandlungsgesetzes, NJW 1995, 2881; *Bauer,* Zuordnung von Arbeitsverhältnissen beim Betriebsübergang,

---

[63] Rn 11.
[64] *Willemsen* in Kallmeyer Rn 11.

DB 1983, 1097; *Bauer/Lingemann*, Das neue Umwandlungsrecht und seine arbeitsrechtlichen Auswirkungen, NZA 1994, 1057; *Boecken*, Unternehmensumwandlungen und Arbeitsrecht, 1996; *Däubler*, Das Arbeitsrecht im neuen Umwandlungsgesetz, RdA 1995, 136; *Däubler/Kittner/Klebe*, Betriebsverfassungsgesetz, 10. Aufl. 2006; *Düwell*, Umwandlung von Unternehmen und arbeitsrechtliche Folgen, NZA 1996, 393; *Hartmann*, Die privatautonome Zuordnung von Arbeitsverhältnissen nach Umwandlungsrecht, ZfA 1997, 21; *Heinze*, Arbeitsrechtliche Fragen bei der Übertragung und Umwandlung von Unternehmen, ZfA 1997, 1; *Herbst*, Arbeitsrecht im neuen Umwandlungsbereinigungsgesetz, AiB 1995, 5; *Hohenstatt*, Der Interessenausgleich in einem veränderten rechtlichen Umfeld, NZA 1998, 846; *v. Hoyningen-Huene/Windbichler*, Der Übergang von Betriebsteilen nach § 613 a BGB, RdA 1977, 329; *Kallmeyer*, Das neue Umwandlungsgesetz, ZIP 1994, 1746; *Kreitner*, Die Zuordnung von Arbeitsverhältnissen beim Betriebsinhaberwechsel, NZA 1990, 429; *Kreßel*, Arbeitsrechtliche Aspekte des neuen Umwandlungsbereinigungsgesetzes, BB 1995, 925; *Lieb*, Betriebs-(Teil-)Übergang bei zentraler Unternehmensorganisation, ZfA 1994, 229; *Löwisch/Spinner*, Kommentar zum Kündigungsschutzgesetz, 9. Aufl. 2004; *Mengel*, Umwandlungen im Arbeitsrecht, Diss. Köln 1996; *Moll*, Bedeutung und Voraussetzungen des Betriebsübergangs im Wandel, RdA 1999, 233; *Müller/Thüsing*, Die Zuordnung von Arbeitsverhältnissen beim Betriebsübergang, ZIP 1997, 1869; *Picot/Schnitker*, Arbeitsrecht bei Unternehmenskauf und Restrukturierung, 2001; *Richardi*, Betriebsverfassungsgesetz, 7. Aufl. 1998; *Trittin*, Das Umwandlungsgesetz, AiB 1996, 349; *Trümner*, „Kündigungsrechtliche Stellung" in § 323 Abs. 1 UmwG, AiB 1995, 309; *Willemsen*, Arbeitsrecht im Umwandlungsgesetz – Zehn Fragen aus Sicht der Praxis, NZA 1996, 791; *Wlotzke*, Arbeitsrechtliche Aspekte des neuen Umwandlungsrechts, DB 1995, 40; *Zwanziger*, Der Interessenausgleich – betriebliches Regelungsinstrument oder Muster ohne kollektiven Wert?, BB 1998, 477.

I. Sinn und Zweck der Norm

1   Die Vorschrift regelt zwei unterschiedliche Sachverhalte und Rechtsfragen. **Abs. 1** ist eine **besondere Bestimmung zum Kündigungsschutz**, nach der sich die „kündigungsrechtliche" Stellung eines Arbeitnehmers auf Grund einer Spaltung oder Teilübertragung für die Dauer von zwei Jahren nicht verschlechtert[1]. Sie bezweckt einen befristeten Bestandsschutz der Arbeitsverhältnisse bei Spaltungen und Teilübertragungen. Die Reichweite des Bestandsschutzes ist wegen des Streits über die Bedeutung des Begriffs der kündigungsrechtlichen Stellung[2] unklar. Die Vorschrift soll jedenfalls sicherstellen, dass die Arbeitnehmer weiter in den Geltungsbereich des Kündigungsschutzgesetzes fallen, auch wenn die von § 23 KSchG geforderte Arbeitnehmerzahl infolge der Spaltung oder Teilübertragung nicht mehr erreicht wird[3].

2   **Abs. 2** betrifft nicht den Kündigungsschutz. Er **schränkt die arbeitsgerichtliche Überprüfbarkeit der Zuordnung der Arbeitnehmer** zu einem Betrieb(steil) in einem Interessenausgleich in Anlehnung an § 125 InsO[4] **auf grobe Fehlerhaftigkeit ein**. Die Vorschrift wurde erst auf Empfehlung des Rechtsausschusses eingefügt[5]. Die in § 126 RefE vorgesehene Möglichkeit, die Arbeitsverhältnisse im Spaltungs- und Übernahmevertrag frei zuzuordnen, hat wegen der zwingenden Regelung des § 613 a BGB keinen Eingang ins Gesetz gefunden[6]. Daher können die Rechtsträger im Spaltungs- und Übernahmevertrag zwar Betriebe und Betriebsteile zu einzelnen Rechtsträgern, nicht aber Arbeitnehmer zu Betrieben, Betriebsteilen oder Rechtsträgern frei zuordnen. Insoweit ist Abs. 2 eine Sondervorschrift zu § 126 Abs. 1 Nr. 9 und § 613 a BGB iVm. § 324[7], bei der die beteiligten Rechtsträger allerdings

---

[1] Der Text der Vorschrift entspricht nur noch zum Teil dem Regierungsentwurf, siehe im Einzelnen RegBegr. *Ganske* S. 317 f.
[2] Siehe Rn 5 ff.
[3] So die RegBegr. *Ganske* S. 318.
[4] RAusschussB *Ganske* S. 318.
[5] *Schaumburg/Rödder* Rn 2.
[6] Ähnlich *Willemsen* in Kallmeyer § 324 Rn 59, der Abs. 2 für eine Art „Kompensation" hält, und *Annuß* in Staudinger § 613 a BGB Rn 308, die Abs. 2 als Ausdruck der Entscheidung gegen die freie Zuordnung der Arbeitsverhältnisse im Spaltungsplan sehen.
[7] RegBegr. *Ganske* S. 155, 163; dazu *Willemsen* NZA 1996, 791, 799; *ders.* in Kallmeyer § 324 Rn 52.

an die Vorgaben aus § 613 a BGB gebunden sind[8]. Der Anwendungsbereich des Abs. 2 ist somit auf Fälle begrenzt, in denen die Zuordnung des Arbeitnehmers zu einem bestimmten Betrieb oder Betriebsteil zweifelhaft ist oder die iRd. Verschmelzung, Spaltung oder Vermögensübertragung übertragenen Einheiten keinen Betrieb oder Betriebsteil darstellen[9]. Abs. 2 bezweckt damit, **in Zweifelsfällen** durch den Interessenausgleich **Klarheit über die Zuordnung von Arbeitnehmern** zu schaffen[10].

II. Erhaltung der kündigungsrechtlichen Stellung des Arbeitnehmers (Abs. 1)

1. Voraussetzungen

a) Spaltung oder Teilübertragung. Abs. 1 schützt im Fall einer Spaltung oder Teilübertragung vor einer nachteiligen Veränderung der kündigungsrechtlichen Stellung des Arbeitnehmers. Die Spaltung und Teilübertragung führen regelmäßig zu einer Veränderung der betrieblichen Organisationsstruktur und einer Verringerung der Arbeitnehmerzahlen in den neuen betrieblichen Strukturen. Eine **analoge Anwendung** auf die Verschmelzung und den Formwechsel ist abzulehnen. Diese Umwandlungsformen lassen die betriebliche Organisationsstruktur und damit auch die kündigungsrechtliche Stellung des Arbeitnehmers unberührt[11]. Es fehlt somit an der erforderlichen Kausalität („auf Grund") zwischen Umwandlung und Verschlechterung der kündigungsrechtlichen Stellung der Arbeitnehmer. Eine analoge Anwendung auf nicht vom UmwG erfasste Umstrukturierungsvorgänge scheidet gleichfalls aus[12]. Die kündigungsrechtliche Stellung des Arbeitnehmers ist bei nicht vom UmwG erfassten Umstrukturierungsvorgängen in § 613 a Abs. 4 BGB abschließend geregelt. 3

b) Arbeitsverhältnis mit dem übertragenden Rechtsträger vor der Spaltung oder Teilübertragung. Das Verschlechterungsverbot gilt nur für Arbeitnehmer, die vor dem Wirksamwerden der Spaltung oder Teilübertragung zu dem übertragenden Rechtsträger in einem Arbeitsverhältnis stehen. Maßgeblich ist der Zeitpunkt des Abschlusses des Arbeitsvertrags, nicht die tatsächliche Arbeitsaufnahme[13]. Abs. 1 greift unabhängig davon ein, ob das mit dem übertragenden Rechtsträger bestehende Arbeitsverhältnis mit Wirksamwerden der Spaltung oder Teilübertragung auf den übernehmenden Rechtsträger übergeht oder mit dem übertragenden Rechtsträger fortbesteht[14]. Demgegenüber fallen Arbeitnehmer des über- 4

---

[8] *Willemsen* in Kallmeyer § 324 Rn 59; *Joost* in Lutter Rn 38 f.; *Hörtnagl* in Schmitt/Hörtnagl/Stratz Rn 18 und 20; weitergehend wohl *Bauer/Lingemann* NZA 1994, 1057, 1061. Nach Ansicht von *Boecken* Rn 125 ff. ist der Anwendungsbereich von § 323 Abs. 2 auf Arbeitnehmer beschränkt, deren Arbeitsverhältnisse außerhalb von § 613 a Abs. 1 BGB übergehen. Dies findet im Wortlaut keine Stütze und würde den ohnehin schon engen Anwendungsbereich der Vorschrift weiter einschränken.
[9] *Wlotzke* DB 1995, 40, 45; *Kreßel* BB 1995, 925, 928; *Bermel* in Goutier/Knopf/Tulloch Rn 15; *Sagasser/Schmidt* in Sagasser/Bula/Brünger F Rn 13; *Düwell* in Kasseler Hdb. 6.8 Rn 205; *Willemsen* in Kallmeyer § 324 Rn 59; *Joost* in Lutter Rn 39; *Hörtnagl* in Schmitt/Hörtnagl/Stratz Rn 17 f.; aA *Berkowsky* in MünchHdbArbR § 141 Rn 76 f., wonach § 323 Abs. 2 Bestandteil des Betriebsänderungsprozesses ist.
[10] *Joost* in Lutter Rn 39; *Picot/Schnitker* Teil I D Rn 175; ähnlich *Annuß* in Staudinger § 613 a BGB Rn 310, wonach die Planungssicherheit erhöht werden soll.
[11] *Joost* in Lutter Rn 2; aA *Steffan* in Großkomm. KündigungsR Rn 17, der § 323 Abs. 1 analog auf die Verschmelzung anwenden möchte.
[12] BAG 15. 2. 2007 – 8 AZR 397/06; *Willemsen* NZA 1996, 791, 800; *ders.* in Kallmeyer Rn 19; *Steffan* in Großkomm. KündigungsR Rn 17; dies folgt schon aus dem Verbot des Transfers umwandlungsrechtlicher Wertungen. Siehe § 1 Rn 73 ff.
[13] *Hörtnagl* in Schmitt/Hörtnagl/Stratz Rn 5.
[14] *Joost* in Lutter Rn 9; *Steffan* in Großkomm. KündigungsR Rn 3; *Hörtnagl* in Schmitt/Hörtnagl/Stratz Rn 5.

nehmenden Rechtsträgers und nach der Umwandlung neu hinzukommende Arbeitnehmer nicht unter Abs. 1[15].

5 **c) Verschlechterung der kündigungsrechtlichen Stellung des Arbeitnehmers aufgrund der Spaltung oder Teilübertragung.** *aa) Kündigungsrechtliche Stellung.* Der Begriff der „kündigungsrechtlichen Stellung des Arbeitnehmers" ist unklar. Es ist umstritten, ob nur der rechtliche[16] (enge Auslegung) oder auch der faktische *status quo* (weite Auslegung)[17], d. h. auch die für die Anwendung der Normen maßgeblichen tatsächlichen Begleitumstände, für die Dauer von zwei Jahren gesichert werden sollen. Darüber hinaus ist streitig, ob „kündigungsrechtlich" restriktiv iSv. „kündigungsschutzrechtlich" zu verstehen ist[18] oder ob außer den Normen des KSchG auch sonstige kündigungsrechtliche Regelungen erfasst sind[19].

6 Abs. 1 stellt für einen Zeitraum von zwei Jahren lediglich sicher, dass die bisher für das Arbeitsverhältnis maßgeblichen kündigungsrechtlichen Normen auch nach der Spaltung oder Teilübertragung zur Anwendung kommen. Die Art ihrer Anwendung richtet sich ausschließlich nach den tatsächlichen Verhältnissen nach der Spaltung bzw. Teilübertragung[20]. Für diese **enge Auslegung** sprechen der Gesetzeswortlaut, die Gesetzesbegründung und die Gesetzessystematik: Aus der vom Gesetz geforderten Kausalität („auf Grund") der Spaltung bzw. Teilübertragung für die Verschlechterung der kündigungsrechtlichen Stellung folgt, dass Schutz nur vor solchen Beeinträchtigungen der kündigungsrechtlichen Stellung gewährt werden soll, die unmittelbar mit Wirksamwerden der Umwandlung eintreten. Eine weite Auslegung der Vorschrift würde auch solche Verschlechterungen der kündigungsrechtlichen Stellung erfassen, die sich mittelbar erst im weiteren Verlauf nach der Umwandlung zeigen[21]. Auch der Verweis auf § 23 Abs. 1 KSchG in der Gesetzesbegründung[22] weist darauf hin, dass der Gesetzgeber lediglich die weitere Anwendbarkeit der kündigungsrechtlichen Regelungen und nicht auch die Beibehaltung der kündigungsrechtlich relevanten Begleitumstände sicherstellen wollte[23]. Würde nicht nur der rechtliche, sondern auch der faktische *status quo* erhalten, wären die beteiligten Rechtsträger darüber hinaus verpflichtet, den Betrieb vorübergehend einheitlich iSd. KSchG weiterzuführen[24]. Hierdurch würde aber ihre Freiheit zu entscheiden, ob sie nach der Spaltung bzw. Teilübertragung einen Betrieb gemeinsam weiterführen wollen oder nicht, iE für die Dauer von zwei Jahren aufgehoben[25]. Das ist mit der verfassungsrechtlich abgesicherten unternehmerischen Freiheit nicht zu vereinbaren.

7 Gegen die restriktive Auslegung von „kündigungsrechtlich" iSv. „kündigungsschutzrechtlich" spricht aber ein Systemvergleich mit § 322. Hier wird der Begriff „Kündigungsschutzrecht" verwendet. Es ist auszuschließen, dass unterschiedliche Begriffe, die in zwei

---

[15] *Joost* in Lutter Rn 8.
[16] So *Willemsen* in Kallmeyer Rn 6 ff.; iE ebenso *Kreßel* BB 1995, 925, 928; *Joost* in Lutter Rn 10 ff.; *Steffan* in Großkomm. KündigungsR Rn 6 f.
[17] *Bachner* NJW 1995, 2881, 2884; *Kallmeyer* ZIP 1994, 1746, 1757; *Däubler* RdA 1995, 136, 143; *Herbst* AiB 1995, 5, 12; *Trümner* AiB 1995, 309, 313; *Trittin* AiB 1996, 349, 357; *Düwell* NZA 1996, 393, 397; *Boecken* Rn 275; *Mengel* S. 266 ff.
[18] So *Bauer/Lingemann* NZA 1994, 1057, 1060 f.; *Kreßel* BB 1995, 925, 928.
[19] So *Bachner* NJW 1995, 2881, 2884; *Trümner* AiB 1995, 309, 311; *Wlotzke* DB 1995, 40, 44; *Mengel* S. 269; *Joost* in Lutter Rn 10; *Willemsen* in Kallmeyer Rn 11; *Hörtnagl* in Schmitt/Hörtnagl/Stratz Rn 6; *Düwell* in Kasseler Hdb. 6.8 Rn 236; *Friedrich* in Gemeinschaftskomm. KSchG §§ 322, 323, 324 UmwG Rn 38.
[20] *Willemsen* NZA 1996, 791, 800; *ders.* in Kallmeyer Rn 10.
[21] *Willemsen* in Kallmeyer Rn 3.
[22] RegBegr. *Ganske* S. 318.
[23] *Willemsen* NZA 1996, 791, 800 (Fn 65).
[24] *Willemsen* in Kallmeyer Rn 7; *Steffan* in Großkomm. KündigungsR Rn 7; so vom Standpunkt der Gegenmeinung folgerichtig *Kallmeyer* ZIP 1994, 1746, 1757 und *Trümner* AiB 1995, 309, 313.
[25] *Willemsen* NZA 1996, 791, 800 (Fn 64); *ders.* in Kallmeyer Rn 7; *Steffan* in Großkomm. KündigungsR Rn 7.

aufeinander folgenden Vorschriften verwendet werden, dieselbe Bedeutung haben sollen[26]. Hierfür spricht auch die Gesetzesbegründung[27]. Der Begriff der kündigungsrechtlichen „Stellung" im Wortlaut der Vorschrift macht jedoch deutlich, dass die aufrecht zu erhaltenden kündigungsrechtlichen Regelungen dem Arbeitnehmer subjektive Rechtspositionen einräumen müssen. Normen, die den Arbeitnehmer lediglich reflexartig betreffen, werden somit nicht vom Anwendungsbereich des Abs. 1 erfasst[28].

bb) Kausalität zwischen der Spaltung oder Teilübertragung und der Verschlechterung der kündigungsrechtlichen Stellung. Das Verschlechterungsverbot gilt nur für Verschlechterungen, die Folge der Spaltung bzw. Teilübertragung sind. Vorgänge, die sich nachteilig auf die kündigungsrechtliche Stellung des Arbeitnehmers auswirken, deren Ursache aber zeitlich nach der Umwandlung entsteht (zB eine Personalreduzierung), werden also nicht von Abs. 1 erfasst[29]. Abs. 1 ist daher nicht anwendbar, wenn die an der Umwandlung beteiligten Rechtsträger einen Betrieb zunächst als gemeinsamen Betrieb weiterführen, ihn aber innerhalb von zwei Jahren nach Wirksamwerden der Umwandlung mit der Folge einer Verschlechterung der kündigungsrechtlichen Stellung der Arbeitnehmer auflösen[30]. In diesem Fall ist die Ursache für die Verschlechterung der kündigungsrechtlichen Stellung nicht mehr allein die Spaltung oder Teilübertragung. Etwas anderes gilt nur im Fall eines Rechtsmissbrauchs, wenn also die vorübergehende Gründung eines gemeinsamen Betriebs allein bezweckt, das Verschlechterungsverbot zu umgehen. In diesem Fall besteht das Verschlechterungsverbot, das zwei Jahre nach dem Wirksamwerden der Spaltung oder Teilübertragung endet[31]. Ein Rechtsmissbrauch dürfte aber schon wegen der gesetzlichen Vermutung für die Fortführung eines gemeinsamen Betriebs[32] kaum zu begründen sein.

d) Einzelfälle. Bleiben dem Arbeitnehmer seine Rechte bereits durch § 324 iVm. § 613 a Abs. 1 Satz 1 BGB unbefristet erhalten, ist der Tatbestand des Abs. 1 nicht erfüllt. Es fehlt an der erforderlichen Verschlechterung der kündigungsrechtlichen Stellung[33]. Dem Arbeitnehmer bleibt die beim bisherigen Arbeitgeber zurückgelegte Zeit der Betriebszugehörigkeit erhalten, was zB bei der Berechnung von Kündigungsfristen eine Rolle spielt.

Abs. 1 sichert die **weitere Anwendbarkeit des KSchG** für den Fall, dass die in § 23 Abs. 1 Satz 2 KSchG geforderten Arbeitnehmerzahlen nach der Spaltung bzw. Teilübertragung nicht mehr erreicht werden[34]. Die Vorschrift gewährleistet nicht das Recht auf Prüfung der Möglichkeit der **Weiterbeschäftigung**[35] des Arbeitnehmers an einem anderen Arbeitsplatz in einem anderen Unternehmen. Nach der Spaltung bzw. Teilübertragung sind Weiterbeschäftigungsmöglichkeiten des Arbeitnehmers lediglich innerhalb des Unternehmens, dem der Arbeitnehmer zugeordnet ist, zu berücksichtigen[36]. Die Annahme eines gemeinsamen Betriebs würde die im KSchG enthaltene Begrenzung auf das Unternehmen über-

---

[26] *Boecken* Rn 274; *Hörtnagl* in Schmitt/Hörtnagl/Stratz Rn 6.
[27] *Heinze* ZfA 1997, 1, 13; *Hörtnagl* in Schmitt/Hörtnagl/Stratz Rn 6; RegBegr. *Ganske* S. 316 ff.
[28] *Willemsen* in Kallmeyer Rn 11.
[29] *Joost* in Lutter Rn 21.
[30] AA *Joost* in Lutter Rn 26.
[31] Die Zweijahresfrist beginnt also nicht erst mit der Auflösung des gemeinsamen Betriebs, *Joost* in Lutter Rn 26.
[32] § 1 Abs. 2 BetrVG.
[33] Unklar deshalb *Joost* in Lutter Rn 24, wonach § 324 iVm. § 613 a Abs. 1 Satz 1 BGB Vorrang vor § 323 Abs. 1 genießt.
[34] Die Gesetzesbegründung nennt ausdrücklich diesen Fall, siehe RegBegr. *Ganske* S. 318; *Joost* in Lutter Rn 11.
[35] § 1 Abs. 2 KSchG.
[36] *Joost* in Lutter Rn 19; *Steffan* in Großkomm. KündigungsR Rn 6; *Düwell* in Kasseler Hdb. 6.8 Rn 241; *Wälzholz* in Widmann/Mayer Rn 9; aA *Kallmeyer* ZIP 1994, 1746, 1757; *Däubler* RdA 1995, 136, 143; *Trümner* AiB 1995, 309, 313; *Herbst* AiB 1995, 5, 12; *Boecken* Rn 275.

schreiten³⁷. Der kündigende Rechtsträger hat nach der Spaltung bzw. Teilübertragung auch keine Möglichkeit, die Umsetzung eines Arbeitnehmers in ein fremdes Unternehmen zu veranlassen³⁸.

11   Die **Sozialauswahl** nach § 1 Abs. 3 KSchG richtet sich allein nach den tatsächlichen Verhältnissen im Betrieb des kündigenden Rechtsträgers nach der Umwandlung³⁹. Aus Abs. 1 folgt nicht, dass ein übernehmender Rechtsträger, falls er kündigt, auch die Verhältnisse im Betrieb des übertragenden Rechtsträgers berücksichtigen muss. Der übernehmende Rechtsträger ist nicht berechtigt, die Arbeitsverhältnisse von Arbeitnehmern eines anderen Rechtsträgers zu kündigen. Die Verhältnisse im Betrieb des übertragenden Rechtsträgers sind nur bei Bestehen eines gemeinsamen Betriebs zu berücksichtigen⁴⁰. Zur Führung eines gemeinsamen Betriebs kann der übernehmende Rechtsträger aufgrund seiner unternehmerischen Wahlfreiheit jedoch nicht verpflichtet werden.

12   Scheidet ein bisher durch **den besonderen Kündigungsschutz für Organe der Betriebsverfassung und Personalvertretung**⁴¹ geschützter Arbeitnehmer infolge der Spaltung oder Teilübertragung aus dem jeweiligen Organ bzw. Amt aus, fingiert die Vorschrift den Fortbestand des Kündigungsschutzes nach § 15 KSchG für zwei Jahre⁴². Das gilt nicht, wenn der besondere Kündigungsschutz vor oder nach der Spaltung oder Teilübertragung aus anderen Gründen (zB keine Wiederwahl des Amtsinhabers) endet. Dann bleibt es beim nachwirkenden Kündigungsschutz⁴³. Umstritten ist jedoch, ob nach Ausscheiden des Organmitglieds die Vorschriften über den Kündigungsschutz für amtierende Organmitglieder⁴⁴ oder über den nachwirkenden Kündigungsschutz nach Beendigung der Amtszeit⁴⁵ anzuwenden ist. Praktische Bedeutung erlangt dieser Streit für die Frage, ob die Kündigung der früheren Mitglieder des Betriebsrats und sonstiger Amtsinhaber erst nach Vorliegen der nach § 103 BetrVG erforderlichen Zustimmung oder einer diese Zustimmung ersetzenden gerichtlichen Entscheidung zulässig ist. Da § 323 lediglich die kündigungsrechtliche Stellung, nicht aber die Beibehaltung der jeweiligen Amtsstellung fingiert, verlängert sich lediglich der nachwirkende Kündigungsschutz für ausgeschiedene Amtsträger auf einen Zeitraum von zwei Jahren⁴⁶. Das bedeutet, dass das Erfordernis der vorherigen Zustimmung nach § 103 BetrVG bzw. deren gerichtlicher Ersetzung nicht Voraussetzung für die Wirksamkeit der Kündigung gegenüber ehemaligen Amtsträgern ist.

13   Etwas anderes gilt für den Fall eines **Übergangsmandats** des Betriebsrats. Für die Dauer des Übergangsmandats gehört das Betriebsratsmitglied weiterhin dem Betriebsrat an, sodass die außerordentliche Kündigung nur nach § 15 Abs. 1 Satz 1 KSchG möglich ist. In diesem Fall ist der nach § 323 für die Dauer von zwei Jahren nachwirkende Sonderkündigungsschutz gem. § 15 Abs. 1 Satz 2 KSchG um die Dauer des Übergangsmandats zu kürzen, weil die

---

³⁷ *Düwell* in Kasseler Hdb. 6.8 Rn 241.
³⁸ *Joost* in Lutter Rn 19.
³⁹ BAG NZA 2006, 658, 660 f.; *Joost* in Lutter Rn 18; *Steffan* in Großkomm. KündigungsR Rn 7; *Willemsen* in Kallmeyer Rn 3; *Hörtnagl* in Schmitt/Hörtnagl/Stratz Rn 10; wohl auch *Düwell* in Kasseler Hdb. 6.8 Rn 243; aA *Bachner* NJW 1995, 2881, 2884; *Kallmeyer* ZIP 1994, 1746, 1757; *Däubler* RdA 1995, 136, 143; *Trümner* AiB 1995, 309, 313; *Herbst* AiB 1995, 5, 12; *Düwell* NZA 1996, 393, 397; *Boecken* Rn 275.
⁴⁰ *Joost* in Lutter Rn 18.
⁴¹ § 15 Abs. 1 und 2 KSchG.
⁴² *Joost* in Lutter Rn 13; *Düwell* in Kasseler Hdb. 6.8 Rn 238; *Friedrich* in Gemeinschaftskomm. KSchG §§ 322, 323, 324 UmwG Rn 43.
⁴³ § 15 Abs. 1 Satz 2, Abs. 2 Satz 2 KSchG.
⁴⁴ § 15 Abs. 1 Satz 1, Abs. 2 Satz 1 KSchG; *Joost* in Lutter Rn 13.
⁴⁵ § 15 Abs. 1 Satz 2, Abs. 2 Satz 2 KSchG; *Willemsen* in Kallmeyer Rn 13; *Willemsen* in Willemsen/Hohenstatt/Schweibert/Seibt H Rn 153; wohl auch BAG NZA 2001, 321, 324 („§ 323 I UmwG an Stelle von § 15 I 2 KSchG").
⁴⁶ *Willemsen* in Willemsen/Hohenstatt/Schweibert/Seibt H Rn 153.

Erhaltung der kündigungsrechtlichen Stellung des Arbeitnehmers die Dauer von insgesamt zwei Jahren nicht überschreiten kann. Für die Praxis ist allerdings bis zu einer höchstrichterlichen Klärung des Streits zu empfehlen, vorsorglich die Zustimmung des Betriebsrats[47] einzuholen, wenn eine außerordentliche Kündigung gegenüber früheren Organen der Betriebsverfassung oder anderen Amtsinhabern ausgesprochen werden soll. Existiert der Betriebsrat nicht mehr oder verweigert er die Zustimmung, ist die fehlende Zustimmung durch eine gerichtliche Entscheidung ersetzen zu lassen[48].

Abs. 1 ist nicht auf die Vorschriften über **Massenentlassungen** anzuwenden[49]. Diese verfolgen in erster Linie arbeitsmarktpolitische Ziele und nicht den Kündigungsschutz des einzelnen Arbeitnehmers[50]. Der Arbeitnehmer wird von dieser (Ordnungs-)Vorschrift, die eine wirksame Kündigung voraussetzt, nur reflexartig betroffen[51]. Die Anzeigepflicht nach § 17 KSchG richtet sich daher allein nach der Arbeitnehmerzahl nach der Umwandlung.

Betriebsverfassungsrechtliche Beteiligungsrechte des Betriebsrats im Zusammenhang mit Kündigungen von Arbeitsverhältnissen und deren Folgen[52] gehören nicht zur kündigungsrechtlichen Stellung des Arbeitnehmers. Entfallen diese Beteiligungsrechte infolge der Spaltung oder Teilübertragung, weil der Betrieb nun betriebsratslos ist oder Schwellenwerte nicht mehr erreicht werden, ist Abs. 1 nicht anwendbar[53]. Zum einen regeln die entsprechenden betriebsverfassungsrechtlichen Vorschriften nicht die individuelle kündigungsrechtliche Stellung des Arbeitnehmers[54]. Zum anderen wäre eine Erstreckung des Anwendungsbereichs auf kündigungsrechtlich relevante Beteiligungsrechte des Betriebsrats mit § 325 Abs. 2 unvereinbar. Nach dieser Vorschrift können die Beteiligungsrechte des Betriebsrats nur durch Abschluss einer Kollektivvereinbarung beibehalten werden[55].

Regelungen mit kündigungsrechtlichem Inhalt in Tarifverträgen und Betriebsvereinbarungen werden ebenfalls nicht erfasst (zB Unkündbarkeit, Verlängerung von Kündigungsfristen). Die Fortgeltung solcher Rechte ist durch § 324 iVm. § 613 a Abs. 1 Satz 2 bis 4 BGB und die Vorschriften zur (partiellen) Gesamtrechtsnachfolge abschließend geregelt[56]. Auf Auswahlrichtlinien nach § 95 BetrVG, die auf den Betrieb des übertragenden Rechtsträgers zugeschnitten sind und auf die tatsächlichen Verhältnisse des übernehmenden Rechtsträgers nicht passen, ist § 323 Abs. 1 ebenfalls nicht anzuwenden[57].

---

[47] § 103 BetrVG.
[48] Vgl. *BAG* AP KSchG 1969 § 15 Nr. 2 und Nr. 13.
[49] *Bauer/Lingemann* NZA 1994, 1057, 1061; *Willemsen* in Kallmeyer Rn 12; *Joost* in Lutter Rn 20; *Düwell* in Kasseler Hdb. 6.8 Rn 240; *Hörtnagl* in Schmitt/Hörtnagl/Stratz Rn 9; aA *Boecken* Rn 275; *Mengel* S. 266; *Wälzholz* in Widmann/Mayer Rn 10.
[50] *Willemsen* in Kallmeyer Rn 12; *Joost* in Lutter Rn 20.
[51] *Joost* in Lutter Rn 20; *Hörtnagl* in Schmitt/Hörtnagl/Stratz Rn 9.
[52] ZB § 99 BetrVG (Mitbestimmung bei personellen Einzelmaßnahmen), die §§ 102, 103 BetrVG (Mitwirkung des Betriebsrats bei Kündigungen) oder die §§ 111 ff. BetrVG (Interessenausgleich/Sozialplan bei Betriebsänderungen und Massenentlassungen).
[53] *Bauer/Lingemann* NZA 1994, 1057, 1060 f.; *Trümner* AiB 1995, 309, 312; *Boecken* Rn 277 f.; *Düwell* in Kasseler Hdb. 6.8 Rn 238; *Willemsen* in Kallmeyer Rn 14; *Wälzholz* in Widmann/Mayer Rn 4; aA *Herbst* AiB 1995, 5, 9, 12.
[54] *Willemsen* in Kallmeyer Rn 14.
[55] *Trümner* AiB 1995, 309, 312; *Boecken* Rn 278; *Willemsen* in Kallmeyer Rn 14.
[56] *Kreßel* BB 1995, 925, 928; *Bermel* in Goutier/Knopf/Tulloch Rn 11; iE ebenso *Heinze* ZfA 1997, 1, 14 und *Willemsen* in Kallmeyer Rn 16; aA (§ 323 Abs. 1 lex specialis gegenüber § 324) *Wlotzke* DB 1995, 40, 44; *Düwell* NZA 1996, 393, 397; *Joost* in Lutter Rn 25; *Preis* in Erfurter Komm. § 613 a BGB Rn 182; einschränkend *Boecken* Rn 303, wonach mit Beendigung des Kollektivvertrags vor Ablauf der Zweijahresfrist auch die Aufrechterhaltung der hierdurch bestimmten kündigungsrechtlichen Position durch § 323 Abs. 1 entfällt; differenzierend *Düwell* in Kasseler Hdb. 6.8 Rn 239 und *Steffan* in Großkomm. KündigungsR Rn 11, die § 323 Abs. 1 nur dann anwenden, wenn ein Tarifvertrag nach § 613 a Abs. 1 Satz 3 BGB die schuldrechtliche Weitergeltung der Beendigungsnormen des vor der Umwandlung geltenden Tarifvertrags verdrängt.
[57] *Joost* in Lutter Rn 17; wohl auch *Düwell* in Kasseler Hdb. 6.8 Rn 237.

2. Rechtsfolge: Zweijähriges Verschlechterungsverbot

17 Das Verbot der Verschlechterung der kündigungsrechtlichen Stellung gilt für die Dauer von zwei Jahren. Entscheidend ist der **Zeitpunkt des Zugangs der Kündigungserklärung**[58]. Die Zweijahresfrist beginnt mit dem Zeitpunkt des Wirksamwerdens der Spaltung oder Teilübertragung. Die Frist berechnet sich nach §§ 187 Abs. 1, 188 Abs. 2 BGB[59]. Nach Ablauf der Frist beurteilt sich die kündigungsrechtliche Stellung nach den objektiven Gegebenheiten. Im Insolvenzfall verdrängt § 113 Satz 1 InsO § 323 Abs. 1, soweit die kündigungsrechtliche Stellung des Arbeitnehmers dem Kündigungsrecht des Insolvenzverwalters entgegensteht[60].

3. Abdingbarkeit des Abs. 1

18 Das Verschlechterungsverbot ist zwingendes Recht, auf das der Arbeitnehmer nicht im Voraus verzichten kann[61]. Die privatautonomen Regelungsmöglichkeiten der Arbeitsvertragsparteien werden durch § 323 Abs. 1 aber nicht eingeschränkt. Nach der Umwandlung können daher – auch innerhalb der Zweijahresfrist – Vereinbarungen mit dem Arbeitnehmer getroffen werden, die die kündigungsrechtliche Stellung beeinträchtigen (zB ein Änderungs- oder ein Aufhebungsvertrag)[62]. Die Zulässigkeit solcher Änderungen richtet sich nach allgemeinen Grundsätzen[63].

III. Zuordnung von Arbeitnehmern zu Betrieben oder Betriebsteilen in einem Interessenausgleich (Abs. 2)

1. Zustandekommen eines Interessenausgleichs bei Verschmelzung, Spaltung oder Vermögensübertragung

19 Abs. 2 ermöglicht es Arbeitgeber und Betriebsrat bei einer **Verschmelzung, Spaltung oder Vermögensübertragung**, die Arbeitnehmer in einem Interessenausgleich einem bestimmten Betrieb oder Betriebsteil zuzuordnen. Auf einen Formwechsel ist die Vorschrift nicht entsprechend anwendbar, weil es nicht zu einer Übertragung von Arbeitnehmern kommt und die Identität der Betriebe unberührt bleibt. Eine analoge Anwendung auf einen Betriebsübergang außerhalb des UmwG ist gleichfalls ausgeschlossen.

20 Der **Interessenausgleich** kann nur freiwillig zustande kommen, ist also nicht erzwingbar[64]. Er ist schriftlich niederzulegen und vom Unternehmer und Betriebsrat zu unterschreiben[65]. Der Abschluss eines Interessenausgleichs nach Abs. 2 setzt nach hM **eine Betriebsänderung** voraus[66]. Abs. 2 findet daher hauptsächlich auf Spaltungen von Rechtsträgern Anwendung, die zugleich zu einer Spaltung von Betrieben[67] führen. Letzteres ist bei einer

---

[58] *Hörtnagl* in Schmitt/Hörtnagl/Stratz Rn 11.
[59] *Steffan* in Großkomm. KündigungsR Rn 4; *Hörtnagl* in Schmitt/Hörtnagl/Stratz Rn 11.
[60] BAG NZA 2006, 658, 659 f.
[61] *Joost* in Lutter Rn 23; *Steffan* in Großkomm. KündigungsR Rn 16; *Trittin* AiB 1996, 349, 355; *Willemsen* in Kallmeyer Rn 17.
[62] *Bauer/Lingemann* NZA 1994, 1057, 1061; *Joost* in Lutter Rn 23; *Willemsen* in Kallmeyer Rn 17.
[63] *Bauer/Lingemann* NZA 1994, 1057, 1061.
[64] *Joost* in Lutter Rn 40; *Willemsen* in Kallmeyer § 324 Rn 58.
[65] § 112 Abs. 1 Satz 1 BetrVG.
[66] *Bauer/Lingemann* NZA 1994, 1057, 1061; *Boecken* Rn 124; *Willemsen* in Kallmeyer § 324 Rn 58; *Joost* in Lutter Rn 34; *Wälzholz* in Widmann/Mayer Rn 21; *Hörtnagl* in Schmitt/Hörtnagl/Stratz Rn 12; *Bermel* in Goutier/Knopf/Tulloch Rn 17; wohl auch *Kreßel* BB 1995, 925, 928; *Fitting* §§ 112, 112 a BetrVG Rn 75; aA *Annuß* in Staudinger § 613 a BGB Rn 310; *Düwell* in Kasseler Hdb. 6.8 Rn 207 (der aber bei einer Verschmelzung für die Anwendbarkeit des § 323 Abs. 2 fordert, dass diese zeitlich und sachlich mit einer Betriebsänderung verbunden ist, da bei einer „reinen" Verschmelzung keine Zuordnungsprobleme entstehen können, Rn 130); wohl auch *Hohenstatt* NZA 1998, 846, 854 („erwägenswert").
[67] § 111 Satz 2 Nr. 3 BetrVG.

Verschmelzung regelmäßig nicht der Fall, weil diese die betriebliche Struktur unberührt lässt. ME sollte die Vorschrift auch dann greifen, wenn die Betriebsparteien ohne Betriebsänderung freiwillig eine Zuordnung der Arbeitnehmer in einem Interessenausgleich vereinbaren[68]. Das Erfordernis einer Betriebsänderung schränkt den ohnehin engen Anwendungsbereich der Vorschrift weiter ein.

Der Interessenausgleich muss **bei** einer Verschmelzung, Spaltung oder Vermögensübertragung, d. h. wegen der durch die Umwandlung eintretenden rechtlichen und tatsächlichen Veränderungen zustande kommen[69]. **21**

2. Zuordnung zu Betrieben oder Betriebsteilen durch namentliche Bezeichnung der Arbeitnehmer im Interessenausgleich

Die Arbeitnehmer werden einem bestimmten Betrieb oder Betriebsteil durch namentliche Bezeichnung im Interessenausgleich zugeordnet. Eine pauschale Bezugnahme auf Abteilungen oder Arbeitsgruppen genügt nicht[70]. Die Namensliste kann auch in einer Anlage zum Interessenausgleich enthalten sein, soweit feststeht, dass Interessenausgleich und Namensliste eine Urkunde bilden[71]. Im Interessenausgleich sollte auf die Namensliste als Anlage ausdrücklich Bezug genommen werden. Darüber hinaus empfiehlt es sich, Interessenausgleich und Namensliste körperlich zu verbinden, auch wenn die Rspr.[72] dieses Erfordernis für eine einheitliche Urkunde aufgegeben hat, falls sich die Einheit aus anderen Merkmalen ergibt. Nimmt der Interessenausgleich auf die Namensliste als Anlage ausdrücklich Bezug und ist die Namensliste mittels Heftmaschine mit dem Interessenausgleich fest verbunden, muss die Namensliste nicht unterschrieben sein[73]. In der Praxis sollte die Namensliste dennoch vorsorglich unterzeichnet werden. **22**

Werden die Arbeitnehmer in einem Interessenausgleich einem **Rechtsträger zugeordnet**, liegen die Voraussetzungen des Abs. 2 an sich nicht vor. Eine ergänzende Auslegung des Interessenausgleichs kann jedoch zu einer Zuordnung zu Betrieben oder Betriebsteilen führen, wenn die Zuordnung der Arbeitnehmer offensichtlich ist, d. h. nur ein Betrieb oder Betriebsteil existiert, dem die Arbeitnehmer zugeordnet werden können. Dies gilt bspw. nicht, wenn Arbeitnehmer einem übernehmenden Rechtsträger mit mehreren Betrieben oder Betriebsteilen, in denen sie bislang nicht tätig waren, zugeordnet werden. **23**

3. Überprüfbarkeit der Zuordnung auf grobe Fehlerhaftigkeit

Das Arbeitsgericht kann die Zuordnung der Arbeitnehmer im Interessenausgleich nur auf **grobe Fehlerhaftigkeit** überprüfen. Maßstab hierfür ist § 613 a BGB[74]. **Fehlerhaft** ist die Zuordnung, wenn sie objektiv unrichtig ist. **24**

---

[68] Das praktische Bedürfnis nach einer erleichterten Zuordnung von Arbeitnehmern zu bestimmten Betrieben und Betriebsteilen besteht ebenso, wenn die betriebliche Organisation unverändert bleibt. Das gilt bspw. bei der Spaltung eines Rechtsträgers ohne Spaltung seiner Betriebe oder der Übertragung von Arbeitnehmern, die einem gemeinsamen Betrieb mit nicht an der Umwandlung beteiligten Rechtsträgern angehört haben und nunmehr in die Organisation des übernehmenden Rechtsträgers eingefügt werden sollen. Auch ein Interessenausgleich, der ohne eine Betriebsänderung zustande kommt, vermittelt durch die kollektive Entscheidung der Betriebsparteien eine Richtigkeitsgewähr und hat außerdem eine Friedensfunktion: Der Arbeitnehmer wird eher bereit sein, die Zuordnung zu akzeptieren, wenn der Betriebsrat an ihr beteiligt war.
[69] *Hörtnagl* in Schmitt/Hörtnagl/Stratz Rn 13.
[70] *Düwell* in Kasseler Hdb. 6.8 Rn 208.
[71] *BAG* NZA 1998, 1110, 1111 f. (zu § 1 Abs. 5 KSchG).
[72] *BGH* NJW 1998, 58; *BAG* NZA 1998, 1110, 1111 (zu § 1 Abs. 5 KSchG).
[73] *BAG* NZA 1998, 1110, 1112 (zu § 1 Abs. 5 KSchG).
[74] *Joost* in Lutter Umwandlungsrechtstage S. 297, 321; *Joost* in Lutter Rn 41; *Willemsen* in Kallmeyer § 324 Rn 60; *Steffan* in Großkomm. KündigungsR Rn 25; *Hattesen* in Kasseler Hdb. 6.7 Rn 108; *Hörtnagl* in Schmitt/Hörtnagl/Stratz Rn 20.

25 a) **Zuordnungskompetenz.** Bei der Zuordnung der Arbeitnehmer zu Betrieben oder Betriebsteilen ist zunächst auf den **Willen der Beteiligten** abzustellen[75]. Es empfiehlt sich daher, sich mit den betroffenen Arbeitnehmern rechtzeitig vor der Umwandlung über eine Zuordnung zu einem Betrieb oder Betriebsteil zu einigen und den Arbeitnehmer in den gewünschten Betrieb oder Betriebsteil unter Beachtung der Beteiligungsrechte des Betriebsrats zu versetzen[76]. Fehlt es daran, kam es für die Zuordnung nach der früheren Rechsprechung darauf an, **für** welchen Betrieb oder Betriebsteil der Arbeitnehmer vor dem Betriebs(teil)übergang überwiegend tätig war[77]. Mittlerweile stellt das BAG in Anschluss an den EuGH[78] darauf ab, ob der Arbeitnehmer **in dem übertragenen Betrieb(steil)** arbeitet. Diese strukturorientierte Betrachtungsweise führt dazu, dass die Arbeitsverhältnisse von Arbeitnehmern in Verwaltungs- und Stabsfunktionen, die in eine zentrale Betriebsabteilung eingebunden und für den übergehenden Betrieb oder Betriebsteil lediglich tätig geworden sind, nur nach § 613 a BGB übergehen, wenn der Erwerber auch diese Abteilung übernimmt[79]. Hierfür genügt nicht, dass der Arbeitnehmer als Beschäftigter einer nicht übertragenen Abteilung Tätigkeiten für den übertragenen Betriebsteil erbracht[80] oder bestimmte Tätigkeiten mit Betriebsmitteln des übertragenen Betriebsteils verrichtet hat[81]. Es kommt dabei ferner nicht darauf an, ob der verbleibende Restbetrieb fortgesetzt werden kann[82].

26 Bei der Tätigkeit eines Arbeitnehmers für mehrere Betriebe oder Betriebsteile oder in einer zentralen Unternehmensorganisation hat sich die Zuordnung des Arbeitnehmers nach objektiven Kriterien zu richten; hierzu zählen insbesondere die Funktionen des Arbeitsplatzes, der Schwerpunkt der Tätigkeit des Arbeitnehmers und eine tatsächliche Eingliederung in den Betrieb oder Betriebsteil[83]. Widersprechen sich vertragliche und tatsächliche Zuordnung, so ist letztere maßgeblich[84]. Entscheidend für die Zuordnung eines Arbeitnehmers ist insbesondere, wer ihm Arbeitsanweisungen erteilt[85]. In Zweifelsfällen[86] hat der bisherige Arbeitgeber kraft seiner Organisationsgewalt ein **einseitiges Zuweisungsrecht**[87]. Diese Auf-

---

[75] *BAG* AP BGB § 613 a Nr. 31; *BAG* AP BetrAVG § 7 Nr. 23; kritisch *Müller-Thüsing* ZIP 1997, 1869, 1870 ff.
[76] §§ 99 ff. BetrVG.
[77] *BAG* AP BGB § 613 a Nr. 31; *BAG* AP BetrAVG § 7 Nr. 23.
[78] *EuGH* Slg. 1985, 519, 528 „Botzen" = ZIP 1985, 828, 829; *EuGH* AP EWG-Richtlinie Nr. 77/187 Nr. 5; *Joost* § 324 Rn 48; *Bauer/Mengel* Anm. zu BAG Urteil vom 25. 5. 2000, ZIP 2000, 1635, 1636.
[79] *Annuß* NZA 1998, 70, 76; *Willemsen* in Willemsen/Hohenstatt/Schweibert/Seibt G Rn 158; *Annuß* in Staudinger § 613 a BGB Rn 142.
[80] *BAG* DB 2006, 2818; *BAG* NZA 1998, 31, 33; *BAG* NZA 1998, 249, 251; *BAG* ZinsO 1999, 361 (redaktionelle Leitsätze).
[81] *BAG* DB 2006, 2818; *BAG* NZA 1998, 31, 33.
[82] *BAG* DB 2005, 892, 893; *BAG* NZA 1998, 249, 251; *BAG* ZinsO 1999, 361 (redaktionelle Leitsätze).
[83] *BAG* NZA 2004, 1383, 1389 mwN.
[84] *BAG* NZA 2004, 1383, 1389.
[85] *BAG* NZA 2004, 1383, 1389.
[86] Zweifelsfälle treten bspw. auf bei: Arbeitnehmern, bei denen eine tatsächliche Eingliederung in verschiedene Betriebe oder Betriebsteile möglich ist (zB „Springer"); Arbeitnehmern mit übergeordneten Tätigkeiten (zB Verwaltungs- und Stabsfunktionen) im Fall der Spaltung eines Betriebs in mehrere neue organisatorische Einheiten; Arbeitnehmern, die keinem Betrieb zugeordnet sind (zB wegen einer Auslandstätigkeit); Arbeitnehmern, deren Betrieb aufgelöst und mit anderen Betrieben des Erwerbers zusammengelegt wird; Arbeitnehmern, die dem Übergang ihres Arbeitsverhältnisses widersprochen haben und daher ihrem bisherigen Betrieb(steil) nicht mehr zuzuordnen sind; vgl. *BAG* NZA 1996, 974, 975 ff.; *Willemsen* in Willemsen/Hohenstatt/Schweibert/Seibt G Rn 157.
[87] *Annuß* NZA 1998, 70, 77; *Bauer* DB 1983, 1097; *Annuß* in Staudinger § 613 a BGB Rn 143; für eine versetzungsähnliche Zuordnungsentscheidung *Lieb* ZfA 1994, 229 ff.; ablehnend *Moll* RdA

fassung wird durch mehrere Urteile des BAG[88] gestützt. Gegen ein Wahlrecht des Arbeitnehmers spricht, dass er dem Übergang des Arbeitsverhältnisses widersprechen kann[89] und daher keines zusätzlichen Schutzes bedarf.

b) Grobe Fehlerhaftigkeit. Grob fehlerhaft ist die Zuordnung in Anlehnung an andere Vorschriften[90], wenn sie **schwerwiegend und offensichtlich unrichtig** ist, d. h. die Zuordnung sich **unter keinem Gesichtspunkt sachlich rechtfertigen lässt**[91]. Im Anwendungsbereich des § 613 a BGB ist dies bspw. anzunehmen, wenn die Zuordnung im Interessenausgleich von der bisherigen eindeutigen Zuordnung des Arbeitnehmers zu einem Betrieb oder Betriebsteil abweicht[92]. Das Gleiche gilt, wenn ein Arbeitnehmer, der als Springer für zwei Betriebe tätig gewesen ist, einem dritten Betrieb zugeordnet wird[93].

In allen Zweifelsfällen kann die Zuordnung im Interessenausgleich zwar fehlerhaft, grundsätzlich aber **nicht grob fehlerhaft** sein[94]. Sonst wäre das Anliegen des Gesetzgebers, im Interesse der Beteiligten Rechtssicherheit für Zweifelsfälle zu erlangen, kaum zu verwirklichen. So wird es bei der Ermittlung des Tätigkeitsschwerpunkts eines Arbeitnehmers häufig zu abweichenden Einschätzungen kommen, da es in diesen Fällen keine von der neueren Rechtsprechung anerkannten Zuordnungskriterien gibt[95]. Die Zuordnung eines Springers im Interessenausgleich nach seinem vermeintlichen Tätigkeitsschwerpunkt ist daher nicht grob fehlerhaft, wenn die Einschätzung der Betriebsparteien wegen einer Fehlgewichtung der Kriterien objektiv unrichtig ist. Der Arbeitnehmer kann bspw. nicht geltend machen, er habe in dem fraglichen Betrieb nur zu 40%, nicht aber überwiegend (also mindestens zu 51%) gearbeitet[96].

Die iRd. § 613 a BGB geltenden Maßstäbe versagen in Fällen, in denen Arbeitnehmer bislang keinem Betrieb oder Betriebsteil zugeordnet sind oder außerhalb des Anwendungsbereichs des § 613 a BGB durch Gesamtrechtsnachfolge übergehen[97]. Da dem Arbeitgeber ein

---

1999, 233, 240; für ein Wahlrecht des Arbeitnehmers *Bachner* AiB 1996, 291, 300; *v. Hoyningen-Huene/Windbichler* RdA 1977, 329, 334; *Müller/Thüsing* ZIP 1997, 1869, 1873 f.; *Preis* in Erfurter Komm. § 613 a BGB Rn 72; für einen vollständigen Ausschluss eines Übergangs des Arbeitsverhältnisses *Kreitner* NZA 1990, 429, 432; *Wank* in MünchHdbArbR § 124 Rn 123; *Willemsen* in Willemsen/Hohenstatt/Schweibert/Seibt G 159.

[88] *BAG* AP BGB § 613 a Nr. 256, 245; *BAG* NZA 1996, 974, 975. Das BAG geht beispielsweise davon aus, dass der Arbeitgeber diejenigen Arbeitnehmer, die dem Übergang ihres Arbeitsverhältnisses widersprechen und deshalb aus ihrem Beschäftigungsbetrieb ausscheiden, einseitig einem anderen Betrieb zuweisen kann. Es ist sachgerecht, dem Arbeitgeber dieses einseitige Zuweisungsrecht auch in anderen Fällen einzuräumen, in denen Arbeitnehmer nicht nach objektiven Kriterien einem Betrieb oder Betriebsteil zugeordnet werden können. Das gilt erst recht, wenn der Arbeitnehmer überhaupt keinem Betrieb zugeordnet ist, zB bei einer Auslandstätigkeit, vgl. *BAG* NZA 1996, 974, 977.

[89] § 613 a Abs. 6 BGB.

[90] § 125 Abs. 1 Satz 1 Nr. 2 InsO, § 1 Abs. 4 KSchG und § 1 Abs. 5 KSchG

[91] *Bauer/Lingemann* NZA 1994, 1057, 1061; *Joost* in Lutter Umwandlungsrechtstage S. 322 („offensichtlich der bisherigen Rechtslage nicht entspricht"); *Wlotzke* DB 1995, 40, 45 („offensichtlich fehlerhaft"); *Mengel* S. 154 („offensichtlich oder schwerwiegend fehlerhaft" oder „jede Angemessenheit vermissen lässt"); *Hörtnagl* in Schmitt/Hörtnagl/Stratz Rn 20.

[92] *Steffan* in Großkomm. KündigungsR Rn 25; *Hattesen* in Kasseler Hdb. 6.7 Rn 108; *Willemsen* in Willemsen/Hohenstatt/Schweibert/Seibt G Rn 162; *Wank* in MünchHdbArbR § 124 Rn 221; *Bachner* NJW 1995, 2881, 2884.

[93] IE *Hörtnagl* in Schmitt/Hörtnagl/Stratz Rn 20.

[94] *Annuß* in Staudinger § 613 a BGB Rn 312; wohl auch *Joost* in Lutter Rn 41.

[95] Es ist bereits unklar, welcher Zeitraum für die Beurteilung maßgeblich ist und welches Gewicht den einzelnen Kriterien bei der Ermittlung des Tätigkeitsschwerpunkts beizumessen ist.

[96] *Willemsen* in Willemsen/Hohenstatt/Schweibert/Seibt G Rn 161.

[97] ZB Arbeitnehmer im Ausland, „betriebslose" Arbeitnehmer nach Ausübung ihres Widerspruchsrechts sowie Arbeitnehmer, deren Betriebsteil (zB Stabsabteilung) gespalten und auf verschiedene Rechtsträger aufgeteilt werden soll; vgl. *BAG* NZA 1996, 974, 975 ff.; *Picot/Schnitker* Teil I D Rn 183 ff.

originäres Zuordnungsrecht zusteht, kann in diesen Fällen von einer groben Fehlerhaftigkeit nur dann ausgegangen werden, wenn die Entscheidung **willkürlich** ist[98]. Davon ist auszugehen, wenn sich die Zuordnung unter keinem Gesichtspunkt sachlich rechtfertigen lässt[99]. Eine bloße Unausgewogenheit dieser Entscheidung mag ermessensfehlerhaft, jedoch nicht grob fehlerhaft sein. Auch hier gilt, dass in allen Zweifelsfällen keine grobe Fehlerhaftigkeit anzunehmen ist[100].

30 c) **Darlegungs- und Beweislast.** *Der Arbeitnehmer trägt die* Beweislast für die grobe Fehlerhaftigkeit der Zuordnung[101]. Es gelten allerdings die Grundsätze der abgestuften Darlegungs- und Beweislast[102]. Danach muss der Arbeitnehmer zunächst darlegen, dass und aus welchen Gründen er eindeutig in einem anderen Betrieb oder Betriebsteil tätig oder diesem zuzuordnen ist. Damit ist der Arbeitnehmer nicht überfordert, da er seine eigene Tätigkeit sowie seine Zugehörigkeit zu einem Betrieb oder Betriebsteil einschätzen kann. Der Arbeitgeber muss dann substantiiert die Gesichtspunkte darlegen, die einen Zweifelsfall, d. h. eine Zuordnung zu mehreren Betrieben oder Betriebsteilen rechtfertigen können. Ist das geschehen, muss der Arbeitnehmer den Vortrag substantiiert bestreiten und notfalls beweisen, dass er eindeutig nur einem Betrieb oder Betriebsteil angehört bzw. zuzuordnen ist.

31 d) **Frist.** Das Gesetz bestimmt **keine Frist** für die Geltendmachung der groben Fehlerhaftigkeit der Zuordnung. Im Interesse der Rechtssicherheit ist die Frist heranzuziehen, innerhalb derer der Arbeitnehmer nach einem Betriebsübergang dem Übergang seines Arbeitsverhältnisses widersprechen muss[103]. Die grobe Fehlerhaftigkeit der Zuordnung muss also einen Monat nach Kenntniserlangung von der Zuordnung im Interessenausgleich geltend gemacht werden. Bis die Rechtsprechung dies klärt, empfiehlt es sich, im Interessenausgleich eine **Ausschlussfrist** zu vereinbaren[104] und den Interessenausgleich bekannt zu geben[105].

4. Rechtsfolgen der Zuordnung

32 a) **Rechtliche Wirkung der Zuordnung.** Der Abschluss eines Interessenausgleichs nach Abs. 2 entzieht die Zuordnung der Arbeitsverhältnisse in bestimmtem Umfang der gerichtlichen Überprüfung[106]. Die Zuordnung in einem Interessenausgleich wirkt daher in erster Linie **prozessual**[107], d. h. sie ist in allen Streitigkeiten, in denen die Zuordnung zu einem Betrieb oder Betriebsteil maßgeblich ist, nur auf grobe Fahrlässigkeit überprüfbar[108]. Der Zuordnungsentscheidung der Betriebsparteien im Interessenausgleich kommt insoweit keine normative Wirkung zu[109].

---

[98] *Hörtnagl* in Schmitt/Hörtnagl/Stratz Rn 20; ähnlich *Picot/Schnitker* Teil I D Rn 184 ff.
[99] Vgl. *Hörtnagl* in Schmitt/Hörtnagl/Stratz Rn 20; *Picot/Schnitker* Teil I D Rn 184 ff.
[100] *Annuß* in Staudinger § 613 a BGB Rn 312.
[101] *Boecken* Rn 132; *Joost* in Lutter Rn 41; *Steffan* in Großkomm. KündigungsR Rn 27; *Düwell* in Kasseler Hdb. 6.8 Rn 210; *Bermel* in Goutier/Knopf/Tulloch Rn 19; zweifelnd („dürfte") *Bauer/Lingemann* NZA 1994, 1057, 1061 und *Wlotzke* DB 1995, 40, 45.
[102] *Hörtnagl* in Schmitt/Hörtnagl/Stratz Rn 21; *Steffan* in Großkomm. KündigungsR Rn 27.
[103] *Mengel* S. 155; *Joost* in Lutter Rn 42; aA *Steffan* in Großkomm. KündigungsR Rn 28 (analog § 4 KSchG).
[104] *Düwell* in Kasseler Hdb. 6.8 Rn 211.
[105] Siehe *Fitting* § 77 BetrVG Rn 25 zur Bekanntgabe einer Betriebsvereinbarung im Betrieb.
[106] *Annuß* in Staudinger § 613 a BGB Rn 311.
[107] *Hohenstatt* NZA 1998, 846, 853.
[108] Dies gilt bspw. für die Anwendung des BetrVG und des Kündigungsschutzes oder die Sozialauswahl bei der betriebsbedingten Kündigung.
[109] *Hohenstatt* NZA 1998, 846, 853; *Hartmann* ZfA 1997, 21, 32; *Steffan* in Großkomm. KündigungsR Rn 29; *Berkowsky* in MünchHdbArbR § 141 Rn 79; *Annuß* in Staudinger § 613 a BGB Rn 311; aA *Zwanziger* BB 1998, 477 f. („begrenzt normative Wirkung"); ähnlich *Düwell* in Kasseler Hdb. 6.8

Die **Zuordnung wirkt** aber als Tatsachenregelung **unmittelbar auf das Arbeitsverhältnis**. Einer Umsetzung der Zuordnung iS einer Änderung des Arbeitsvertrags bedarf es daher nicht mehr[110]. Die Zuordnung in einem Interessenausgleich belegt die auf Tatsachen gestützte Auffassung der Betriebspartner, dass es zur Zuordnung des Arbeitnehmers zu einem bestimmten Betrieb oder Betriebsteil keiner weiteren Individualmaßnahmen (Änderungsvertrag oder Änderungskündigung) mehr bedarf, weil sich die Zuordnung an der bisherigen Beschäftigung orientiert und den maßgeblichen Arbeitsvertragsinhalt beachte, also vom Direktionsrecht des Arbeitgebers gedeckt ist. Die Zuordnung im Interessenausgleich ist die kollektive Ausübung des dem Arbeitgeber zustehenden Zuweisungsrechts. Ordnet der Arbeitgeber die Arbeitnehmer später nochmals und abweichend vom Interessenausgleich einem anderen Betrieb oder Betriebsteil zu, kann den Arbeitnehmern ein Anspruch auf **Nachteilsausgleich**[111] zustehen[112]. 33

Aus der Zuordnung in einem Interessenausgleich lässt sich nicht die **Zulässigkeit weiter gehender individualrechtlicher Maßnahmen** (zB Versetzung an einen anderen Ort) ableiten: Die Zuordnung im Interessenausgleich erweitert weder das Direktionsrecht des Arbeitgebers, noch ändert sie den Arbeitsvertrag[113]. Abs. 2 bewirkt nicht, dass eine ggf. zusätzliche notwendige individualrechtliche Maßnahme (Änderungsvertrag, Änderungskündigung) nur auf grobe Fehlerhaftigkeit überprüft werden kann[114]. 34

Eine grob fehlerhafte Zuordnung ist für den Arbeitnehmer und die Arbeitsgerichte unverbindlich[115]. 35

b) Widerspruchsrecht der Arbeitnehmer[116]. Das Widerspruchsrecht wird durch den Interessenausgleich nach Abs. 2 nicht beschränkt[117]. Widerspricht der zugeordnete Arbeitnehmer, hat er keinen Anspruch, einem anderen Betrieb zugeordnet zu werden[118]. 36

c) Verhältnis zu § 99 BetrVG. Der Betriebsrat hat bei Einstellungen und Versetzungen ein Mitbestimmungsrecht[119]. Der Arbeitgeber muss nicht noch zusätzlich in jedem Einzelfall die Zustimmung des Betriebsrats einholen, wenn die Zuordnung im Interessenausgleich ausnahmsweise eine Versetzung ist. Durch die einvernehmliche Zuordnung der Arbeitnehmer zu bestimmten Betrieben oder Betriebsteilen wird das Mitbestimmungsrecht des Betriebsrats bei Versetzungen verbraucht[120]. 37

Rn 129, wonach die kollektiv getroffene Zuordnungsentscheidung für die Betroffenen unmittelbar iSv. § 77 Abs. 4 BetrVG wirkt; *Däubler* RdA 1995, 136, 141 („gewisses Maß an Verbindlichkeit"); *ders.* in Däubler/Kittner/Klebe §§ 112, 112 a BetrVG Rn 16 (Gestaltungswirkung in Bezug auf einzelne Arbeitsverhältnisse).

[110] *Willemsen* in Kallmeyer § 324 Rn 61; *Picot/Schnitker* Teil I D Rn 179; aA *Hartmann* ZfA 1997, 21, 32; *Mengel* S. 109 ff.

[111] § 113 BetrVG.

[112] *Hörtnagl* in Schmitt/Hörtnagl/Stratz Rn 17; *Steffan* in Großkomm. KündigungsR Rn 29; *Hartmann* ZfA 1997, 21, 36 f. Ein Anspruch auf Nachteilsausgleich scheidet jedoch aus, wenn der Arbeitgeber den Arbeitnehmer mit dessen Zustimmung oder nach Feststellung der groben Fehlerhaftigkeit der Zuordnung im Interessenausgleich einem anderen Betrieb oder Betriebsteil zuordnet.

[113] *Düwell* in Kasseler Hdb. 6.8 Rn 132 f.; aA *Hartmann* ZfA 1997, 21, 33.

[114] AA *Hartmann* ZfA 1997, 21, 33.

[115] *Joost* in Lutter Rn 41.

[116] Ausf. zum Widerspruchsrecht § 324 Rn 49 ff.

[117] § 324 Rn 59; *Joost* in Lutter Rn 43.

[118] *BAG* NZA 1996, 974; *Joost* in Lutter Rn 43.

[119] § 99 BetrVG.

[120] *Willemsen* in Kallmeyer § 324 Rn 63; *Däubler* RdA 1995, 136, 141; *Hartmann* ZfA 1997, 21, 32; *Düwell* in Kasseler Hdb. 6.8 Rn 131.

5. Zuordnung im Umwandlungsvertrag

38 Kommt ein Interessenausgleich nicht zustande, kann der Arbeitgeber sein Zuweisungsrecht dadurch ausüben, dass er Zweifelsfälle (zB in einer anliegenden Personalliste) im Spaltungs- und Übernahmevertrag zuordnet[121]. Die Wirkung der Zuordnung hängt davon ab, ob es sich um eine Zuordnung im Rahmen oder außerhalb des § 613 a BGB handelt. Werden Arbeitsverhältnisse im Spaltungs- und Übernahmevertrag abweichend von § 613 a BGB zugeordnet, ist diese Zuordnung **ohne die Zustimmung der betroffenen Arbeitnehmer unwirksam**[122]. Ist der Arbeitnehmer hingegen dem richtigen Betrieb oder Betriebsteil zugeordnet worden, geht sein Arbeitsverhältnis nach § 613 a BGB über. In diesem Fall kommt dem Spaltungs- und Übernahmevertrag eine „quasi-konstitutive Bedeutung" zu[123]. Der Arbeitnehmer muss dieser Zuordnung nicht zustimmen. Er kann dem Übergang seines Arbeitsverhältnisses aber widersprechen[124]. Das Gericht kann die Zuordnung in vollem Umfang überprüfen[125].

39 Außerhalb des Anwendungsbereichs des § 613 a BGB ist auch eine rein **umwandlungsrechtliche Zuordnung** von Arbeitsverhältnissen zu Rechtsträgern, Betrieben und Betriebsteilen möglich[126]. IdR ist hierzu allerdings die Zustimmung der Arbeitnehmer erforderlich[127]. Das folgt aus § 613 Satz 2 BGB. Die Zustimmung muss nicht ausdrücklich erklärt werden, sondern kann sich auch aus den Umständen ergeben, zB wenn der Arbeitnehmers bei dem Rechtsträger, dem er im Spaltungs- und Übernahmevertrag zugeordnet wurde, seine Tätigkeit vorbehaltlos fortsetzt. Eine rein umwandlungsrechtliche Zuordnung kommt bspw. in Betracht, wenn lediglich einzelne Arbeitsverhältnisse (nicht aber ein Betrieb oder ein Betriebsteil) auf den übernehmenden Rechtsträger übertragen werden sollen, zB einzelne Arbeitnehmer aus einer übergeordneten Stabsabteilung[128]. Nach der Gesetzesbegründung zu § 126 ist in solchen Fällen die namentliche Bezeichnung der übergehenden Arbeitnehmer im Spaltungs- und Übernahmevertrag unverzichtbar[129]. § 613 a BGB ist auf den „umwandlungsrechtlichen" Übergang entsprechend anzuwenden[130].

40 **Widersprechen sich Zuordnungen** im Umwandlungsvertrag und im Interessenausgleich nach Abs. 2, **geht die Zuordnung im Interessenausgleich grundsätzlich vor**, weil der Gesetzgeber die Zuordnungskompetenz den Betriebsparteien und nicht den Anteilsinhabern zugewiesen hat[131]. Etwas anderes gilt, wenn die Zuordnung im Interessenausgleich grob fehlerhaft ist und die Zuordnung im Umwandlungsvertrag dem objektiven Recht entspricht. Wegen des grundsätzlichen Vorrangs der Zuordnung sollte der Interessenausgleich möglichst schon vor dem Beschluss der Anteilsinhaber über die Umwandlung abgeschlossen werden[132].

---

[121] IE *Willemsen* in Kallmeyer § 324 Rn 55.
[122] *Willemsen* in Kallmeyer § 324 Rn 53.
[123] *Willemsen* in Kallmeyer § 324 Rn 55.
[124] *Joost* in Lutter Rn 43.
[125] *Willemsen* in Kallmeyer § 324 Rn 55.
[126] Hierzu auch § 126 Rn 86 f.; *Däubler* RdA 1995, 136, 142; *Boecken* Rn 99 ff.; *Mengel* S. 218 ff.; *Willemsen* in Kallmeyer § 324 Rn 57; *Joost* in Lutter Rn 31; aA *Hartmann* ZfA 1997, 21, 26 ff.
[127] *Joost* in Lutter Rn 32 mwN.
[128] Ausf. *Willemsen* in Kallmeyer § 324 Rn 57.
[129] RegBegr. *Ganske* S. 155; *Willemsen* in Kallmeyer § 324 Rn 57.
[130] *Willemsen* in Kallmeyer § 324 Rn 57.
[131] *Willemsen* in Kallmeyer § 324 Rn 61 („privilegierte" Zuordnungskompetenz der Betriebsparteien); aA *Hörtnagl* in Schmitt/Hörtnagl/Stratz Rn 17 (Vorrang des Spaltungs- und Übernahmevertrags, aber Nachteilsausgleich nach § 113 BetrVG).
[132] So auch *Willemsen* in Kallmeyer § 324 Rn 62.

§ 324 Rechte und Pflichten bei Betriebsübergang

§ 613 a Abs. 1, 4 bis 6 des Bürgerlichen Gesetzbuchs bleibt durch die Wirkungen der Eintragung einer Verschmelzung, Spaltung oder Vermögensübertragung unberührt.

Übersicht

	Rn		Rn
I. Allgemeines	1	dd) Einzelvertragliche Bezugnahme	26
1. Sinn und Zweck der Norm	1	c) Betriebsvereinbarungen	29
2. Rechtsgrundverweisung	3	3. Kündigungsverbot	30
3. Erfasste Umwandlungsfälle	4	4. Fortsetzungs- und Wiedereinstellungsanspruch	33
II. Voraussetzungen für die Anwendbarkeit von § 613 a BGB	5	5. Haftung für Arbeitnehmeransprüche	37
1. Übergang eines Betriebs oder Betriebsteils	6	6. Unterrichtung der Arbeitnehmer	39
a) Betrieb oder Betriebsteil	6	a) Rechtsgrundlagen	39
b) Übergang	9	b) Inhalt der Unterrichtung	40
2. Rechtsgeschäft	11	c) Schuldner und Form der Unterrichtung	42
3. Wechsel des Betriebsinhabers – Zeitpunkt des Übergangs	12	d) Zeitpunkt der Unterrichtung	44
III. Rechtsfolgen	14	e) Rechtsfolgen fehlender, unvollständiger oder unrichtiger Unterrichtung	45
1. Übergang der Arbeitsverhältnisse	14	aa) Unbefristetes Widerspruchsrecht?	45
a) Arbeitnehmer	15		
b) Eintritt in die Rechte und Pflichten aus dem Arbeitsverhältnis	17	bb) Schadensersatzansprüche?	48
		7. Widerspruchsrecht des Arbeitnehmers	49
2. Fortgeltung von Kollektivvereinbarungen	20	a) Rechtsgrundlagen	49
a) Vorrang der kollektivrechtlichen Weitergeltung	20	b) Widerspruchsrecht bei Umwandlungen und Erlöschen des übertragenden Rechtsträgers	51
b) Tarifverträge	21	c) Widerspruchserklärung, Form und Frist	55
aa) Individualrechtliche Weitergeltung	21	d) Ausschluss des Widerspruchs	59
bb) Ausschluss der Transformation	22		
cc) Einjährige Veränderungssperre	23		

Literatur: *Altenburg/Leister*, Der Widerspruch des Arbeitnehmers beim umwandlungsbedingten Betriebsübergang und seine Folgen, NZA 2005, 15; *Annuß*, Die einzelvertragliche Bezugnahme auf Tarifverträge, BB 1999, 2558; *Bachner*, Individualarbeits- und kollektivrechtliche Auswirkungen des neuen Umwandlungsgesetzes, NJW 1995, 2881; *Bauer/Göpfert/von Steinau-Steinrück*, Aktienoptionen im Betriebsübergang, ZIP 2001, 1129; *Bauer/Haußmann*, Schöne Bescherung: Abschied von der Gleichstellungsabrede!, DB 2005, 2815; *Bauer/Lingemann*, Das neue Umwandlungsrecht und seine arbeitsrechtlichen Auswirkungen, NZA 1994, 1057; *Bauer/von Steinau-Steinrück*, Neuregelung des Betriebsübergangs: Erhebliche Risiken und viel mehr Bürokratie!, ZIP 2002, 457; *Berscheid*, Auswirkungen der arbeitsrechtlichen Vorschriften des Umwandlungsgesetzes auf die einzelnen Arbeitsverhältnisse, WPrax 1994 (Heft 23), 4; *Boecken*, Unternehmensumwandlungen und Arbeitsrecht, 1996; *ders.*, Der Übergang von Arbeitsverhältnissen bei Spaltung nach dem neuen Umwandlungsrecht, ZIP 1994, 1087; *Boewer*, Der Wiedereinstellungsanspruch, NZA 1999, 1121, 1177; *Bonanni*, Betriebsübergang und Widerspruchsrecht der Arbeitnehmer, ArbRB 2002, 19; *Däubler*, Das Arbeitsrecht im neuen Umwandlungsgesetz, RdA 1995, 136; *Dreher*, Die zeitlichen Grenzen des arbeitnehmerseitigen Widerspruchs bei Betriebsübergang, BB 2000, 2358; *B. Gaul*, Die einzelvertragliche Bezugnahme auf einen Tarifvertrag beim Tarifwechsel des Arbeitgebers, NZA 1998, 9; *B. Gaul/Otto*, Unterrichtungsanspruch und Widerspruchsrecht bei Betriebsübergang und Umwandlung, DB 2002, 634; *Graef*, Das Widerspruchsrecht nach § 613 a VI BGB beim umwandlungsbedingten Erlöschen des übertragenden Rechtsträgers, NZA 2006, 1078; *Grobys*, Die Neuregelung des Betriebsübergangs in § 613 a BGB, BB 2002, 726; *Hanau*, Die Rechtsprechung des BAG zur arbeitsvertraglichen Bezugnahme auf Tarifverträge, NZA 2005, 489; *Hauck*, Der Betriebsübergang nach § 613 a BGB – Voraussetzungen, Rechtsfolgen, Neuregelung – FS Leinemann, 2006, 223; *ders.*, Neueste Entwicklungen der Rechtsprechung zu § 613 a BGB, Sonderbeilage zu NZA Heft 18/2004, 17; *Heinze*, Ausgewählte Rechtsfragen zu § 613 a BGB, FS Schaub, 1998, S. 275; *ders.*, Arbeitsrechtliche

Fragen bei der Übertragung und Umwandlung von Unternehmen, ZfA 1997, 1; *Hennrichs,* Zum Formwechsel und zur Spaltung nach dem neuen Umwandlungsgesetz, ZIP 1995, 794; *Henssler,* Unternehmensumstrukturierung und Tarifrecht, FS Schaub, 1998, S. 311; *ders.,* Arbeitnehmerinformation bei Umwandlungen und ihre Folgen im Gesellschaftsrecht, FS Kraft, 1998, S. 219; *Herbst,* Arbeitsrecht im neuen Umwandlungsgesetz, AiB 1995, 5; *Hohenstatt/Grau* Arbeitnehmerunterrichtung beim Betriebsübergang, NZA 2007, 13; *Kallmeyer,* Spaltung nach neuem Umwandlungsgesetz: Anwendung des § 133 UmwG auf Arbeitnehmeransprüche?, ZIP 1995, 550; *ders.,* Das neue Umwandlungsgesetz, ZIP 1994, 1746; *Kania,* Tarifpluralität und Industrieprinzip, DB 1996, 1921; *ders.,* Tarifeinheit bei Betriebsübergang?, DB 1994, 529; *Kreßel,* Arbeitsrechtliche Aspekte des neuen Umwandlungsbereinigungsgesetzes, BB 1995, 925; *Lembke,* Die Ausgestaltung von Aktienoptionsplänen in arbeitsrechtlicher Hinsicht, BB 2001, 1469; *Lembke/Oberwinter,* Unterrichtungspflicht und Widerspruchsrecht beim Betriebsübergang, ZIP 2007, 310; *Lipinski,* Reichweite der Kündigungskontrolle durch § 613 a IV 1 BGB, NZA 2002, 75; *Meinel/Bauer,* Der Wiedereinstellungsanspruch, NZA 1999, 575; *Mengel,* Umwandlungen im Arbeitsrecht, Diss. Köln 1996; *C. Meyer,* Betriebsübergang – Die Novelle im Praktikerblick, AuA 2002, 159; *Picot/Schnitker,* Arbeitsrecht bei Unternehmenskauf und Restrukturierung; *Pröpper,* Präventive Vereinbarungen zwischen Arbeitgeber und Arbeitnehmer über das Widerspruchsrecht für den Fall eines Betriebsübergangs, DB 2000, 2322; *Reinecke,* Vertragliche Bezugnahme auf Tarifverträge in der neuen Rechtsprechung des Bundesarbeitsgerichts, BB 2006, 2637; *Rieble,* Verschmelzung und Spaltung von Unternehmen und ihre Folgen für Schuldverhältnisse mit Dritten, ZIP 1997, 301; *Schaub,* Der arbeitsrechtliche Betriebsübergang im Recht der Gesamtrechtsnachfolge, FS Wlotzke, 1996, S. 103; *Schiefer,* Rechtsfolgen des Betriebsübergangs nach § 613 a BGB, NJW 1998, 1817; *Seitz/Werner,* Arbeitsvertragliche Bezugnahmeklauseln bei Unternehmensumstrukturierungen, NZA 2000, 1257; *Simon/Zerres,* Unternehmensspaltung und Arbeitsrecht, FS Leinemann, 2006, S. 255; *dies.,* Aktuelle arbeitsrechtliche Besonderheiten bei der Spaltung von Unternehmen, FA 2005, 231; *Steffan,* Der Betriebsteil als „wirtschaftliche Einheit", NZA 2000, 687; *Wellenhofer-Klein,* Tarifwechsel durch Unternehmensumstrukturierung, ZfA 1999, 239; *Widlack,* Neues vom Betriebsübergang, FA 2001, 363; *Willemsen,* Arbeitsrecht im Umwandlungsgesetz – Zehn Fragen aus der Sicht der Praxis, NZA 1996, 791; *Willemsen/Lembke,* die Neuregelung von Unterrichtung und Widerspruchsrecht der Arbeitnehmer beim Betriebsübergang, NJW 2002, 1159; *Wlotzke,* Arbeitsrechtliche Aspekte des neuen Umwandlungsrechts, DB 1995, 40; *Worzalla,* Neue Spielregeln bei Betriebsübergang – Die Änderungen des § 613 a BGB, NZA 2002, 353; *Zerres,* Fortgeltung tarifvertraglicher Regelungen beim Betriebsübergang im Falle arbeitsvertraglicher Bezugnahme, NJW 2006, 3533; *ders.,* Arbeitsrechtliche Aspekte bei der Verschmelzung von Unternehmen, ZIP 2001, 359; vgl. ferner die Angaben zu § 20 und § 131.

I. Allgemeines

1. Sinn und Zweck der Norm

1 Die Vorschrift erklärt § 613 a Abs. 1, 4 bis 6 BGB auf die (partielle) Gesamtrechtsnachfolge bei übertragenden Umwandlungen (Verschmelzung, Spaltung, Vermögensübertragung) für unmittelbar anwendbar („bleibt unberührt")[1]. Dies wird durch die Entstehungsgeschichte[2] und die Gesetzesbegründung zur Erweiterung des Anwendungsbereichs der Vorschrift auf die neuen Abs. 5 und 6 des § 613 a BGB bestätigt[3]. Die Anwendung von § 613 a BGB auf übertragende Umwandlungen ist aufgrund einer richtlinienkonformen Auslegung zwingend[4]. Das BAG wandte § 613 a BGB im Fall einer Verschmelzung bereits vor Inkrafttreten des UmwG entsprechend an[5].

---

[1] *BAG* ZIP 2000, 1630, 1634 mwN; *Mengel* S. 75 ff.; *Joost* in Lutter Rn 3 mwN; *Willemsen* in Kallmeyer Rn 2; *Wank* in MünchHdbArbR § 124 Rn 210; aA *Berscheid* WPrax 1994 (Heft 23), 4, 6, 8; *Herbst* AiB 1995, 5, 10 f.

[2] RegBegr. und RAusschussB *Ganske* S. 163 f. zu § 132 und S. 155 zu § 126.

[3] BT-Drucks. 14/7760 S. 20.

[4] Die Richtlinie über die Wahrung von Ansprüchen der Arbeitnehmer beim Übergang von Unternehmen, Betrieben oder Betriebsteilen (Art. 1 der Richtlinie 77/187/EWG, ABl. Nr. L 61 vom 14. 2. 1977 S. 26, geändert durch Richtlinie 98/50/EG, ABl. Nr. L 201 vom 17. 7. 1998 S. 88., idF der Richtlinie 2001/23/EG, ABl. Nr. L 82 vom 12. 3. 2001 S. 16) gilt ausdrücklich auch für die Verschmelzung. Für die Spaltung folgt dies aus Art. 11 SpaltRL.

[5] *BAG* AP BetrAVG § 1 Zusatzversorgungskassen Nr. 42 = NZA 1994, 848; angedeutet auch in *BAG* AP TVG § 3 Verbandszugehörigkeit Nr. 14 = NZA 1995, 479.

Das Verhältnis der Umwandlungsvorschriften gegenüber § 613 a BGB ist noch nicht abschließend geklärt. Im Fall der Spaltung geht das BAG davon aus, dass die Umwandlung nicht der gegenüber dem Betriebübergang speziellere Tatbestand ist[6]. Bei der Verschmelzung sieht der erste Senat des BAG § 20 Abs. 1 Nr. 1 gegenüber § 613 a Abs. 1 Satz 1 BGB für den Übergang der Arbeitsverhältnisse als speziellere Vorschrift an[7]. Aus einer richtlinienkonformen Auslegung folgt, dass die Umwandlungsvorschriften hinter dem Schutz des § 613 a BGB nicht zurückbleiben können. § 613 a BGB ist beispielsweise zwingend auf diejenigen Umwandlungsarten anzuwenden, bei denen eine Zuordnung der Arbeitsverhältnisse zu verschiedenen Rechtsträgern in Betracht kommt, also insbesondere der Spaltung[8]. Im Übrigen bedarf es der Prüfung im Einzelfall, ob die Umwandlungsvorschriften gegenüber § 613 a BGB spezieller sind[9].

2. Rechtsgrundverweisung

§ 324 enthält eine Rechtsgrundverweisung[10], sodass die Voraussetzungen des Betriebsübergangs bei einer Verschmelzung, Spaltung oder Vermögensübertragung selbstständig zu prüfen sind[11]. In der Praxis ist zu beachten, dass sowohl der Tatbestand als auch der Zeitpunkt eines Betriebsübergangs vom Tatbestand und Zeitpunkt einer Umwandlung unabhängig sein können[12].

3. Erfasste Umwandlungsfälle

§ 613 a Abs. 1, 4 bis 6 BGB ist nur auf die **Verschmelzung, Spaltung oder Vermögensübertragung** anzuwenden. Die Gemeinsamkeit dieser Fälle besteht darin, dass Vermögen, wozu auch ein Betrieb oder Betriebsteil gehören kann, im Wege der (partiellen) Gesamtrechtsnachfolge von einem Rechtsträger auf einen anderen Rechtsträger übertragen wird und damit regelmäßig ein Wechsel der Rechtspersönlichkeit des Betriebsinhabers eintritt[13]. Auf einen Formwechsel findet § 613 a BGB keine Anwendung[14], weil der Wechsel der Rechtsform auf die Identität des Rechtsträgers und den Vertragspartner der Arbeitnehmer keinen Einfluss hat[15]. Insoweit kommt § 324 lediglich klarstellende Bedeutung zu, weil der Wechsel des Betriebsinhabers ohnehin Tatbestandsvoraussetzung für einen Betriebsübergang ist.

II. Voraussetzungen für die Anwendbarkeit von § 613 a BGB

Liegen die Voraussetzungen des § 613 a Abs. 1 BGB nicht vor, richtet sich der Übergang allein nach den Vorschriften zur (partiellen) Gesamtrechtsnachfolge[16]. Bei der Verschmelzung und Übertragung des gesamten Vermögens liegen regelmäßig die Voraussetzungen eines Betriebsübergangs vor. Insbesondere bei der Spaltung ist aber zu prüfen, ob

---

[6] *BAG* ZIP 2000, 1630, 1634.
[7] *BAG* NZA 2003, 449, 450. Ausf. § 20 Rn 35 ff.
[8] *Willemsen* in Willemsen/Hohenstatt/Schweibert/Seibt B Rn 88 ff.; *Wank* in MünchHdbArbR § 124 Rn 212.
[9] Siehe bspw. zur Haftung des übertragenden Rechtsträgers Rn 37 f.
[10] *Zerres* ZIP 2001, 359, 360; *Willemsen* in Kallmeyer Rn 2; *Preis* in Erfurter Komm. § 613 a BGB Rn 178; *Wank* in MünchHdbArbR § 124 Rn 211.
[11] *BAG* ZIP 2000, 1630, 1634.
[12] *BAG* ZIP 2000, 1630, 1634.
[13] *Steffan* in Großkomm. KündigungsR Rn 4.
[14] *BAG* ZIP 2000, 1630, 1633; *Wank* in MünchHdbArbR § 124 Rn 216 mwN.
[15] § 202 Abs. 1 Nr. 1.
[16] Siehe § 20 Rn 37.

ein Betrieb(steil) übernommen oder lediglich einzelne Vermögensgegenstände übertragen werden. Die folgenden Ausführungen konzentrieren sich im Wesentlichen auf die spezifisch umwandlungsrechtlichen Fragen des Betriebsübergangs.

1. Übergang eines Betriebs oder Betriebsteils

6 **a) Betrieb oder Betriebsteil.** Die Zuordnung des Betriebs oder Betriebsteils ist Gegenstand der vertraglichen Vereinbarung in den Umwandlungsverträgen, unterliegt also der Privatautonomie der Parteien. Die Definition der Begriffe „Betrieb" und „Betriebsteil" ist insbesondere für die Spaltung von besonderer Bedeutung, weil im Spaltungs- und Übernahmevertrag angegeben werden muss, welche Betriebe und Betriebsteile welchen übernehmenden Rechtsträger zuzuordnen sind[17]. § 613 a BGB definiert diese Begriffe nicht; sie sind jedoch entsprechend dem Zweck des § 613 a BGB sowie richtlinienkonform auszulegen[18]. Die Richtlinie unterscheidet nicht zwischen einem Betrieb und einem Betriebsteil, sondern definiert den Übergang in Anlehnung an die ständige Rechtsprechung des EuGH als „Übergang einer ihre Identität bewahrenden wirtschaftlichen Einheit im Sinne einer organisierten Zusammenfassung von Ressourcen zur Verfolgung einer wirtschaftlichen Haupt- oder Nebentätigkeit"[19].

7 Der Begriff „Einheit" bezieht sich auf eine organisierte Gesamtheit von Personen und Sachen zur auf Dauer angelegten Ausübung einer wirtschaftlichen Tätigkeit mit eigener Zielsetzung[20]. Eine Einheit darf nicht als bloße Tätigkeit verstanden werden. Die Identität der Einheit ergibt sich auch aus anderen Merkmalen wie ihrem Personal, ihren Führungskräften, ihrer Arbeitsorganisation, ihren Betriebsmethoden und ggf. den ihr zur Verfügung stehenden Betriebsmitteln[21]. Die bloße **Funktionsnachfolge** ist daher kein Betriebsübergang[22]. Die Einheit muss zwar hinreichend strukturiert und selbstständig sein, umfasst aber nicht notwendigerweise bedeutsame materielle oder immaterielle Betriebsmittel. In Branchen, in denen es im Wesentlichen auf die menschliche Arbeitskraft ankommt (zB Reinigung, Bewachung), kann eine Gesamtheit von Arbeitnehmern, die durch ihre gemeinsame Tätigkeit dauerhaft verbunden ist, eine wirtschaftliche Einheit darstellen[23]. Es hängt von der Struktur eines Betriebs oder Betriebsteils ab, welcher nach Zahl und Sachkunde zu bestimmende Teil der Belegschaft übernommen werden muss, um von der Übernahme einer bestehenden Arbeitsorganisation ausgehen zu können[24].

8 Auch beim Erwerb eines Betriebsteils ist entscheidend, ob die wirtschaftliche Einheit ihre Identität bewahrt[25]. Betriebsteile sind Teileinheiten (Teilorganisationen) des Betriebs. Bei den übertragenen sächlichen und immateriellen Betriebsmitteln muss es sich um eine orga-

---

[17] § 126 Abs. 1 Nr. 9.
[18] *Preis* in Erfurter Komm. § 613 a BGB Rn 5 f.; *Wank* in MünchHdbArbR § 124 Rn 6 f., 8 ff.
[19] Art. 1 Abs. 1 b der Richtlinie 77/187/EWG ABl. Nr. L 61 vom 14. 2. 1977 S. 26, geändert durch Richtlinie 98/50/EG, ABl. Nr. L 201 vom 17. 7. 1998 S. 88, idF der Richtlinie 2001/23/EG, ABl. Nr. L 82 vom 12. 3. 2001 S. 16.
[20] St. Rspr. des *BAG* im Anschluss an *EuGH* NZA 1997, 433 „Ayse Süzen"; *BAG* NZA 2004, 1383, 1385; *BAG* NJW 2000, 3226, 3227; *BAG* NZA 2000, 144; *BAG* ZIP 2000, 286; *BAG* NZA 1999, 648, 649 = NJW 2000, 92, 93; ausf. *Preis* in Erfurter Komm. § 613 a BGB Rn 5 ff. mwN.
[21] St. Rspr. des *BAG* im Anschluss an *EuGH* NZA 1997, 433 „Ayse Süzen"; *BAG* NZA 2004, 1383, 1385; *BAG* NZA 2000, 144; *BAG* ZIP 2000, 286; *BAG* NZA 1999, 648, 649 = NJW 2000, 92, 93.
[22] *BAG* NZA 1998, 534, 535 mwN; *BAG* NZA 1999, 483, 485; *BAG* NZA 1999, 648, 649; *BAG* NZA 1999, 869, 870; iE ebenso *BVerfG* NZA 1997, 931, 932.
[23] *EuGH* NZA 1999, 189, 190; *EuGH* NZA 1997, 433, 434 „Ayse Süzen"; *BAG* NZA 2004, 1383, 1386; *BAG* NZA 2000, 144, 145; *BAG* NZA 1999, 869, 870; *BAG* NZA 1999, 648, 649 = NJW 2000, 92, 94; *BAG* NZA 1998, 534 = NJW 1998, 2306, 2307 = AP BGB § 613 a Nr. 172 (zu B I 2 a).
[24] *BAG* NZA 2000, 144, 145; *BAG* NZA 1999, 869, 870; *BAG* NZA 1999, 648, 649 = NJW 2000, 92, 94; *BAG* NZA 1998, 534 = NJW 1998, 2306, 2307 = AP BGB § 613 a Nr. 172 (zu B I 2 b).
[25] Ausf. *Steffan* NZA 2000, 687.

nisatorische Untergliederung des gesamten Betriebs handeln, mit der innerhalb des betrieblichen Gesamtzwecks ein Teilzweck verfolgt wird, auch wenn es sich hierbei nur um eine untergeordnete Hilfsfunktion handelt[26]. Das Merkmal des Teilzwecks dient nur zur Abgrenzung der organisatorischen Einheit. Im Teilbetrieb müssen nicht andersartige Zwecke als im übrigen Betrieb verfolgt werden[27]. Die Wahrnehmung eines dauerhaften Teilzwecks führt aber nur dann zu einer selbstständig übergangsfähigen Einheit, wenn eine organisierte Gesamtheit von Personen und Sachen vorliegt. Die Übernahme nur eines Teils der Belegschaft kann in Verbindung mit der Fortführung nur eines Teils der bisherigen Arbeitsaufgabe zur Annahme des Übergangs eines Betriebsteils führen[28]. Es genügt nicht, dass ein oder mehrere Betriebsmittel ständig dem betreffenden Teilzweck zugeordnet sind oder ein oder mehrere Arbeitnehmer ständig bestimmte Aufgaben mit bestimmten Betriebsmitteln erfüllen[29]. Für eine selbstständige Teileinheit kann es sprechen, wenn Aufträge fest an bestimmte Betriebsmittel gebunden sind und die Arbeitnehmer bestimmte Arbeiten als Spezialisten arbeitsteilig ausführen[30].

b) **Übergang.** Ein Betriebs(teil)übergang setzt die **Wahrung der Identität der betreffenden wirtschaftlichen Einheit** voraus[31]. Bei der Prüfung, ob eine Einheit übergegangen ist, müssen sämtliche den betreffenden Vorgang kennzeichnende Tatsachen berücksichtigt werden. Teilaspekte der Gesamtwürdigung sind folgende Einzelkriterien **(7-Punkte-Katalog)**[32]:
– die Art des betreffenden Unternehmens oder Betriebs;
– der etwaige Übergang der materiellen Betriebsmittel wie Gebäude und bewegliche Güter;
– der Wert der immateriellen Aktiva im Zeitpunkt des Übergangs;
– die etwaige Übernahme der Hauptbelegschaft;
– der etwaige Übergang der Kundschaft;
– der Grad der Ähnlichkeit zwischen den vor und nach dem Übergang verrichteten Tätigkeiten und
– die Dauer einer eventuellen Unterbrechung dieser Tätigkeit[33].

Je nach der ausgeübten Tätigkeit und je nach den Produktions- oder Betriebsmethoden kommt den Kriterien unterschiedliches Gewicht zu[34]. Ein Teilbetriebsübergang setzt voraus, dass die übernommenen Betriebsmittel bereits beim früheren Betriebsinhaber die Qualität eines Betriebsteils hatten. Es reicht nicht aus, dass der Erwerber mit einzelnen bislang nicht teilbetrieblich organisierten Betriebsmitteln erst einen Betrieb oder Betriebsteil gründet[35].

---

[26] *BAG* NZA 2004, 1383, 1386; *BAG* NZA 2000, 144, 145; *BAG* NZA 1998, 31, 33; *BAG* NZA 1998, 534 = AP BGB § 613 a Nr. 172 (zu B I 2 a); *BAG* NZA 1998, 253, 254; *BAG* NZA 1994, 686, 688 = NJW 1995, 77, 76 = AP BGB § 613 a Nr. 105.
[27] *BAG* NZA 2000, 144, 145.
[28] *BAG* NZA 1998, 534, 535.
[29] *BAG* NZA 2000, 144, 145.
[30] *BAG* NZA 2000, 144, 145.
[31] St. Rspr. des *BAG* im Anschluss an *EuGH* NZA 1997, 433 „Ayse Süzen"; vgl. *BAG* NZA 2006, 1096, 1099 f.; *BAG* NZA 2006, 1101, 1103 f.; *BAG* NZA 2004, 1383, 1385; *BAG* NZA 2000, 144; *BAG* ZIP 2000, 286; *BAG* NZA 1999, 648, 649 = NJW 2000, 92, 93; ausf. *Preis* in Erfurter Komm. § 613 a BGB Rn 6 ff.
[32] Ausf. *Preis* in Erfurter Komm. § 613 a BGB Rn 10 ff.
[33] St. Rspr. des *BAG* im Anschluss an *EuGH* NZA 1997, 433 „Ayse Süzen"; vgl. *BAG* NZA 2000, 144; *BAG* ZIP 2000, 286; *BAG* NZA 1999, 648, 649 = NJW 2000, 92, 93.
[34] *BAG* NJW 2000, 3226, 3227.
[35] *BAG* NZA 2004, 1383, 1386; *BAG* NZA 2000, 144, 145; *BAG* NZA 1998, 253, 254.

2. Rechtsgeschäft

11 Der Betrieb oder Betriebsteil muss „durch Rechtsgeschäft" auf einen anderen Inhaber übergehen[36]. Der Begriff „Rechtsgeschäft" wird von der Rechtsprechung weit ausgelegt[37]. Der Übergang durch Rechtsgeschäft erfasst alle Fälle einer Fortführung der wirtschaftlichen Einheit im Rahmen vertraglicher oder sonst rechtsgeschäftlicher Beziehungen, ohne dass unmittelbare Vertragsbeziehungen zwischen dem bisherigen Inhaber und dem Erwerber bestehen müssen[38]. Der Verschmelzungs-, Spaltungs- oder Vermögensübernahmevertrag genügt als rechtsgeschäftliche Grundlage[39]. Dies ergibt sich auch aus der Gesetzesbegründung[40].

3. Wechsel des Betriebsinhabers – Zeitpunkt des Übergangs

12 Der Betriebsübergang tritt mit dem Wechsel in der Person des Inhabers des Betriebs ein: Der bisherige Inhaber muss seine wirtschaftliche Betätigung in dem Betrieb oder Betriebsteil einstellen, der neue Inhaber sie im Wesentlichen fortführen; einer besonderen Übertragung einer irgendwie gearteten Leitungsmacht bedarf es daneben nicht[41]. Allerdings tritt kein Wechsel der Inhaberschaft ein, wenn der neue „Inhaber" den Betrieb gar nicht führt[42]. Der Betriebsinhaberwechsel setzt voraus, dass der neue Rechtsträger die als wirtschaftliche Einheit organisierten materiellen, immateriellen und personellen Mittel tatsächlich im eigenen Namen nutzt[43].

13 Die Eintragung der Umwandlung im Handelsregister des übernehmenden Rechtsträgers führt idR zum Wechsel des Betriebsinhabers[44]. Ein **Betriebsübergang** ist aber auch schon **vor dem Wirksamwerden der Umwandlung** möglich. Für den Betriebsübergang ist allein die tatsächliche Betriebsfortführung durch den neuen Betriebsinhaber maßgebend. Tatbestand und Zeitpunkt eines Betriebsübergangs sind vom Tatbestand und Zeitpunkt einer Umwandlung unabhängig[45]. Eine beabsichtigte und in die Wege geleitete Umwandlung schließt daher nicht aus, dass ein Betrieb oder Betriebsteil schon vor Vollendung der Umwandlung durch Rechtsgeschäft (zB Verpachtung, Nutzungsüberlassung) übertragen und durch einen neuen Inhaber fortgeführt wird[46]. Entsprechend können die Rechtsfolgen aus § 613 a BGB bereits vor und unabhängig von den umwandlungsrechtlichen Vorschriften eintreten[47].

---

[36] § 613 Abs. 1 Satz 1 BGB.
[37] *BAG* NZA 2004, 1383, 1388; *Preis* in Erfurter Komm. § 613 a BGB Rn 58 ff.; kritisch *Joost* in Lutter Rn 12.
[38] *BAG* ZIP 2000, 1630, 1633; AP BGB § 613 a Nr. 197; *Preis* in Erfurter Komm. § 613 a BGB Rn 60; vgl. aber *BAG* NZA 2001, 1200 zur Ausgliederung auf eine Anstalt öffentlichen Rechts.
[39] *Joost* in Lutter Rn 14; *Preis* in Erfurter Komm. § 613 a BGB Rn 58; *Willemsen* in Kallmeyer Rn 12.
[40] RegBegr. *Ganske* S. 155.
[41] *BAG* NJW 2000, 3226, 3227; *BAG* NZA 1999, 704, 705; *BAG* NZA 1999, 648, 649 = NJW 2000, 92, 93; *BAG* NZA 1999, 310, 311; *BAG* NZA 1999, 715, 716; *Joost* in Lutter Rn 11.
[42] *BAG* NZA 1999, 704, 705; *BAG* NZA 1999, 310, 311; *BAG* NZA 1999, 715, 716.
[43] *BAG* ZIP 2000, 1630, 1634.
[44] *Joost* in Lutter Rn 8; als Zeitpunkt des Übergangs kann nicht rückwirkend der Verschmelzungs- oder Spaltungsstichtag vereinbart werden, *Willemsen* in Kallmeyer Rn 13.
[45] *BAG* ZIP 2000, 1630, 1634.
[46] *BAG* ZIP 2000, 1630, 1634; *Willemsen* in Kallmeyer Rn 14 ff.
[47] Die „Vorverlagerung" der arbeitsrechtlichen Folgen einer Umwandlung hat auch Auswirkungen auf den Umfang der Darstellung der Folgen einer Umwandlung für die Arbeitnehmer und ihre Vertretungen sowie die insoweit vorgesehenen Maßnahmen im Rahmen eines Umwandlungsvertrags; dazu § 5 Rn 94.

III. Rechtsfolgen

1. Übergang der Arbeitsverhältnisse

Kommt es bei der Verschmelzung, Spaltung und Vermögensübertragung zu einem Betriebs(teil)übergang, gehen die Arbeitsverhältnisse auf den übernehmenden Rechtsträger über[48]. Da § 613 a BGB zwingendes Recht darstellt[49], kann hiervon nicht zum Nachteil der Arbeitnehmer abgewichen werden[50]. Bei der Spaltung und Teilübertragung stellt sich die Frage, welche Arbeitnehmer welchem Rechtsträger zuzuordnen sind. Zwar können die Rechtsträger Betriebe und Betriebsteile insbesondere bei der Spaltung frei zuordnen. Den beteiligten Rechtsträgern ist es jedoch nicht gestattet, gegen den Willen der Arbeitnehmer eine von § 613 a BGB abweichende **Zuordnung der Arbeitnehmer** zu Betrieben oder Betriebsteilen vorzunehmen[51].

a) **Arbeitnehmer.** § 613 a Abs. 1 Satz 1 BGB erfasst nur „Arbeitsverhältnisse" und damit Arbeitnehmer[52]. Die Vorschrift gilt nicht für **ausgeschiedene Arbeitnehmer** (zB Pensionäre und Versorgungsanwärter)[53] und steht daher der Möglichkeit der freien Zuordnung von Pensionsverpflichtungen gegenüber diesen Personen an beliebige Rechtsträger bei der Spaltung nicht entgegen[54]. **Organmitglieder** juristischer Personen fallen nicht in den Anwendungsbereich der Vorschriften über einen Betriebsübergang, weil sie idR nicht als Arbeitnehmer anzusehen sind[55]. Bei der Verschmelzung gehen die Dienstverhältnisse der Organmitglieder aber gem. § 20 Abs. 1 Nr. 1 auf den übernehmenden Rechtsträger über[56]; bei der Spaltung ist nach der Art der Spaltung zu differenzieren[57].

Bei der Spaltung in der Form der Abspaltung oder Ausgliederung können besondere Schwierigkeiten auftreten, wenn das Organmitglied und dessen Dienstverhältnis beim übertragenden Rechtsträger verbleibt und daneben ein für die Dauer der Amtszeit des Organmitglieds **ruhendes Arbeitsverhältnis** existiert, das dem abgespaltenen bzw. ausgegliederten Betrieb oder Betriebsteil zuzuordnen ist. Dann geht (nur) das ruhende Arbeitsverhältnis des Organmitglieds nach § 613 a BGB auf den übernehmenden Rechtsträger über[58]. Ob die vorbehaltlose Fortsetzung des Dienstverhältnisses mit dem alten Rechtsträger als konkludenter Widerspruch den Übergang des ruhenden Arbeitsvertrags auf den übernehmenden Rechtsträger verhindert[59], ist wegen des Schriftformerfordernisses aus § 613 a Abs. 6 Satz 1 BGB zweifelhaft. Zur Vermeidung von Unsicherheiten ist zu empfehlen, rechtzeitig vor Eintritt der Umwandlungsfolgen mit den Organmitgliedern klare Regelungen über die Aufhebung bzw. Fortsetzung von ruhenden Arbeitsverhältnissen zu treffen.

---

[48] § 613 a Abs. 1 Satz 1 BGB iVm. § 324.
[49] St. Rspr., *BAG* AP BGB § 613 a Nr. 2; *BAG* AP BetrAVG § 1 Betriebsveräußerung Nr. 14 = NZA 1992, 1080, 1081; *Preis* in Erfurter Komm. § 613 a BGB Rn 82; *Annuß* in Staudinger § 613 a BGB Rn 32; *Wank* in MünchHdbArbR § 124 Rn 21.
[50] *Preis* in Erfurter Komm. § 613 a BGB Rn 82 f.
[51] Siehe ausf. § 323 Rn 2, 24 ff.; *Willemsen* in Kallmeyer Rn 51 ff.
[52] Ausf. *Annuß* in Staudinger § 613 a BGB Rn 23 ff. Hierzu gehören auch ruhende Arbeitsverhältnisse; *BAG* NZA 2005, 1411, 1414 f.
[53] *Annuß* in Staudinger § 613 a BGB Rn 245; *Willemsen* in Kallmeyer Rn 46 (für Versorgungsansprüche ausgeschiedener Arbeitnehmer).
[54] *Willemsen* in Kallmeyer Rn 64.
[55] *BAG* NZA 2003, 552; *BAG* NZA 1997, 509, 510 mwN; *Annuß* in Staudinger § 613 a BGB Rn 25.
[56] Siehe § 20 Rn 56 ff.
[57] Siehe § 131 Rn 57.
[58] *Hanau* in Erman § 613 a BGB Rn 43 mwN.
[59] So wohl *Annuß* in Staudinger § 613 a BGB Rn 25.

17 **b) Eintritt in die Rechte und Pflichten aus dem Arbeitsverhältnis.** Der **Eintritt** in die Rechte und Pflichten führt zu einem Austausch des Vertragspartners der Arbeitnehmer: Der neue Rechtsträger erhält die volle Arbeitgeberstellung und der bisherige Arbeitgeber scheidet aus dem Arbeitsverhältnis als Vertragspartei aus[60]. Vorbehaltlich der Sonderregelungen für Kollektivvereinbarungen wird der durchgehende Bestand des Arbeitsverhältnisses und die Aufrechterhaltung erworbener Rechte und Anwartschaften fingiert. Insbesondere bleibt die beim bisherigen Arbeitgeber zurückgelegte Zeit der Betriebszugehörigkeit auch gegenüber dem neuen Rechtsträger erhalten[61].

18 Der übernehmende Rechtsträger tritt nur in **Rechte und Pflichten aus dem Arbeitsverhältnis** ein. Eine Haftung für rückständige Sozialversicherungsbeiträge besteht nach § 613 a BGB nicht[62]. Im Einzelfall kann es zweifelhaft sein, ob bestimmte Leistungen Rechte und Pflichten aus dem Arbeitsverhältnis sind. Dies gilt bspw. für vom Arbeitgeber gewährte Darlehen, Mietwohnungen und Personalrabatte[63]. Werden **Aktienoptionen** nicht unmittelbar vom Arbeitgeber zugesagt, sondern auf der Grundlage eines zusätzlichen Gewährungsvertrags zwischen Arbeitnehmer und einer anderen juristischen Person (zB der Muttergesellschaft des Arbeitgebers), werden die Ansprüche auf die Optionen idR nicht Bestandteil des Arbeitsverhältnisses mit dem Arbeitgeber[64]. Auch eine (partielle) Gesamtrechtsnachfolge nach umwandlungsrechtlichen Vorschriften scheidet aus, wenn die Aktienoptionen nicht unmittelbar vom übertragenden Rechtsträger gewährt werden. Sind die Aktienoptionen hingegen Bestandteil des Arbeitsverhältnisses[65] (zB aufgrund einer ausdrücklichen Vereinbarung im Arbeitsvertrag), kann die Erfüllung der Verpflichtung zur Übertragung von Aktien unmöglich werden oder eine Anpassung nach den Grundsätzen über den Wegfall der Geschäftsgrundlage erforderlich machen, wenn der die Aktienoptionen gewährende Rechtsträger infolge der Umwandlung erlischt[66].

19 Der Grundsatz der **Gleichbehandlung** verpflichtet den übernehmenden Rechtsträger nicht, die Arbeitsbedingungen der übernommenen Arbeitnehmer an die besseren Arbeitsbedingungen der anderen Arbeitnehmer anzupassen[67]. Umgekehrt kann der übernehmende Rechtsträger die Arbeitsbedingungen nicht einseitig verschlechtern, wenn die Arbeitsbedingungen der übernommenen Arbeitnehmer besser sind als die Bedingungen der beim über-

---

[60] *Joost* in Lutter Rn 16.
[61] Der neue Rechtsträger muss daher die Zugehörigkeit zum Betrieb des ursprünglichen Arbeitgebers bei gesetzlichen und vertraglichen Rechten des Arbeitnehmers gegen sich gelten lassen, zB bei dem Eintritt des Kündigungsschutzes, der Berechnung von Kündigungsfristen, der Wartezeit beim Urlaub und Unverfallbarkeitsfristen der betrieblichen Altersversorgung; *BAG* AP BGB § 613 a Nr. 35; *BAG* AP § 1 BetrAVG Nr. 4.
[62] *Preis* in Erfurter Komm. § 613 a BGB Rn 81.
[63] Siehe *BAG* BB 2001, 2222 (Arbeitgeberdarlehen); *BAG* NZA 2005, 941 (Personalrabatt); ausf. *Preis* in Erfurter Komm. § 613 a BGB Rn 73, 77 (Werkswohnung).
[64] *BAG* NZA 2003, 487; *LAG Hessen* DB 2002, 794; *LAG Düsseldorf* NZA 1999, 981 für die Gewährung von Aktienoptionen durch eine ausländische Muttergesellschaft an die Arbeitnehmer der deutschen Tochtergesellschaft; *LAG Hessen* Urteil vom 10. 7. 2000 – 6 Sa 1010/99, nv. für die von der deutschen Konzernmutter an Arbeitnehmer in Tochtergesellschaften gewährten Namensgewinnscheine; *Gach* in Semler/Volhard ÜN Hdb. § 25 Rn 30; aA wohl *Lembke* BB 2001, 1469, 1474 (Fn 79).
[65] *Preis* in Erfurter Komm. § 613 a BGB Rn 73; aA *Bauer/Göpfert/von Steinau-Steinrück* ZIP 2001, 1129, 1131.
[66] Ähnlich *Gach* in Semler/Volhard ÜN Hdb. § 25 Rn 30 f.; *Willemsen* in Willemsen/Hohenstatt/Schweibert/Seibt G Rn 195 ff. Eine Vertragsanpassung kann bspw. darin bestehen, dem Arbeitnehmer die Teilnahme am Aktienoptions- oder vergleichbaren Mitarbeiterbeteiligungsprogramm des übernehmenden Rechtsträgers zu ermöglichen. Sonst ist an einen finanziellen Ausgleich zu denken, wobei die Schwierigkeit hier in der sachgerechten Bemessung liegt. Für die Verschmelzung ist § 23 zu beachten; siehe § 23 Rn 5 ff., 12 ff.
[67] *BAG* AP BGB § 242 Gleichbehandlung Nr. 41, 162; AP Art. 3 GG Nr. 291.

nehmenden Rechtsträger bereits beschäftigten Arbeitnehmer[68]. Für eine Änderung bedarf es einer einvernehmlichen Änderung des Arbeitsvertrags. Eine betriebsbedingte Änderungskündigung lässt sich nicht auf die Herstellung der Gleichbehandlung stützen[69].

2. Fortgeltung von Kollektivvereinbarungen

a) Vorrang der kollektivrechtlichen Weitergeltung. § 613 a Abs. 1 Satz 2 BGB 20
bestimmt, dass die den Inhalt des Arbeitsverhältnisses bestimmenden Rechtsnormen eines Tarifvertrags bzw. einer Betriebsvereinbarung bei einem Betriebsübergang Inhalt des Arbeitsvertrags werden (sog. **Transformation**). Mit dieser Transformation ins Arbeitsverhältnis verlieren die kollektivrechtlichen Bestimmungen ihre unmittelbare und zwingende Wirkung[70]. § 613 a Abs. 1 Satz 2 bis 4 BGB enthält somit Auffangregelungen für den Fall, dass der Erwerber kollektivrechtlich nicht an die beim Veräußerer geltenden Tarifverträge und Betriebsvereinbarungen gebunden ist[71]. Im Zusammenhang mit Umwandlungen greift § 613 a Abs. 1 Satz 2 bis 4 BGB insbesondere nicht ein, wenn ein Firmentarifvertrag durch (partielle) Gesamtrechtsnachfolge auf den neuen oder aufnehmenden Rechtsträger übergeht[72]. Es besteht ein **Vorrang der kollektivrechtlichen Weitergeltung**[73]. Die folgenden Ausführungen betreffen lediglich die **individualrechtliche Weitergeltung** von Kollektivvereinbarungen.

b) Tarifverträge. *aa) Individualrechtliche Weitergeltung.* Die individualrechtliche Weitergel- 21
tung bezieht sich nur auf den normativen Teil des Tarifvertrags. Der schuldrechtliche Teil regelt lediglich das Verhältnis der Tarifpartner zueinander, sodass eine individualrechtliche Weitergeltung nicht in Betracht kommt. Es gilt der Grundsatz der „statischen Weitergeltung", d.h. nur die **im Zeitpunkt des Betriebsübergangs** bestehenden tarifvertraglichen Rechte und Pflichten gelten individualrechtlich fort. An einer tariflichen Weiterentwicklung nimmt der Arbeitnehmer selbst dann nicht mehr teil, wenn die Änderung auf einen Zeitpunkt vor dem Betriebsübergang zurückwirken soll[74]. Die Regelungen eines Tarifvertrags werden auch dann zum Inhalt des Arbeitsverhältnisses, wenn der Tarifvertrag zum Zeitpunkt des Betriebsübergangs lediglich noch gem. § 4 Abs. 5 TVG nachwirkt[75].

bb) Ausschluss der Transformation. Die Transformation eines Tarifvertrags ist ausgeschlossen, 22
wenn die Rechte und Pflichten beim Erwerber (übernehmenden Rechtsträger) durch die Rechtsnormen eines anderen Tarifvertrags geregelt werden[76]. Nach der Rechtsprechung des BAG und der überwiegenden Auffassung in der Literatur ist hierfür die kongruente Tarifgebundenheit sowohl des neuen Betriebsinhabers als auch des Arbeitnehmers notwendig[77]. Es ist unerheblich, ob der Erwerber (Rechtsträger) bereits im Zeitpunkt des Übergangs an einen

---

[68] *BAG* AP AngestelltenkündigungsG § 2 Nr. 7; *Preis* in Erfurter Komm. § 613 a BGB Rn 75.
[69] *BAG* NZA 2000, 592; *BAG* AP KSchG § 2 Nr. 3 = DB 1982, 1776, 1777.
[70] Vgl. § 4 Abs. 1 Satz 1 TVG, § 77 Abs. 4 Satz 1 BetrVG.
[71] *BAG* BB 1995, 570, 573; *Joost* in Lutter Rn 31; *Preis* in Erfurter Komm. § 613 a BGB Rn 109 mwN.
[72] *BAG* NZA 1998, 1346, 1347 f.
[73] Siehe ausf. § 20 Rn 39 ff. und 49 ff.; § 131 Rn 50 ff. und 55 f.
[74] *BAG* NZA 1995, 740, 741; *LAG Brandenburg* DB 1992, 1145, 1146. Siehe *Preis* in Erfurter Komm. § 613 a BGB Rn 113 zu Normen eines Tarifvertrags, der vor dem Betriebsübergang abgeschlossen wurde, aber erst nach dem Übergang in Kraft tritt.
[75] *BAG* NZA 1992, 800, 801 f.
[76] § 613 Abs. 1 Satz 3 BGB.
[77] *BAG* NZA 2001, 1318, 1319 ff.; *BAG* NZA 2001, 510, 512 mwN; *BAG* AP BGB § 613 a Nr. 153; *BAG* NZA 1997, 890, 891; *BAG* NZA 1995, 1166, 1167; *Joost* in Lutter Rn 38; *Preis* in Erfurter Komm. § 613 a BGB Rn 119; aA *Heinze*, FS Schaub, S. 275, 289 f.; *Henssler*, FS Schaub, S. 311, 319 f.; *Schiefer* NJW 1998, 1817, 1821; *Wellenhofer-Klein* ZfA 1999, 239, 256 ff.; differenzierend *Kania* DB 1996, 1921, 1923 (bei Konkurrenz zweier DGB-Tarifverträge).

anderen Tarifvertrag gebunden war oder der andere Tarifvertrag erst nach dem Betriebsübergang Anwendung findet[78]. Der beim Erwerber kollektivrechtlich geltende neue Tarifvertrag verdrängt daher auch die individualrechtlich fortgeltenden Regelungen des übertragenden Rechtsträgers. Die ausschließende bzw. ablösende Wirkung des Tarifvertrags des übernehmenden Rechtsträgers betrifft allerdings nur diejenigen Gegenstände, die auch in dem für den Veräußerer geltenden Tarifvertrag geregelt waren. Decken sich die Regelungsbereiche, gelten die Regelungen des Erwerbertarifvertrags selbst dann, wenn sie gegenüber den Regelungen des Veräußerertarifvertrags ungünstiger sind[79]. Das Günstigkeitsprinzip steht dem nicht entgegen[80]. Dies gilt jedoch nur für die Zukunft. In bereits bestehende Anwartschaften kann das neue Kollektivrecht nicht eingreifen[81].

23 *cc) Einjährige Veränderungssperre.* Die in das Arbeitsverhältnis transformierten Regelungen aus einem Tarifvertrag dürfen nicht vor Ablauf eines Jahres nach dem Zeitpunkt des Betriebsübergangs zum Nachteil der Arbeitnehmer geändert werden[82]. Die einjährige Veränderungssperre verbietet allerdings nur eine individualrechtliche Verschlechterung der Arbeitsbedingungen. Eine Ablösung durch andere kollektive Regelungen ist jederzeit möglich[83]. Die einjährige Veränderungssperre greift nicht ein, wenn tarifvertragliche Bestimmungen z. Zt. des Betriebsübergangs lediglich noch nachwirken[84]. Da bereits der Betriebsveräußerer die Tarifregelungen durch eine einvernehmliche Regelung ablösen konnte[85], muss dies auch dann gelten, wenn während des Nachwirkungszeitraums ein Betriebsübergang eintritt.

24 Vor Ablauf der einjährigen Veränderungssperre können die transformierten Rechte und Pflichten aus Tarifverträgen geändert werden, wenn der Tarifvertrag nicht mehr gilt[86]. Dies kann der Fall sein, wenn der Tarifvertrag durch Fristablauf oder Kündigung endet oder wenn bei fehlender beidseitiger Tarifgebundenheit im Geltungsbereich eines anderen Tarifvertrags dessen Anwendung zwischen dem Betriebserwerber und dem Arbeitnehmer vereinbart wird[87]. Die Vereinbarung eines anderen Tarifvertrags, der für den Betrieb des Erwerbers einschlägig ist, ist entgegen dem Wortlaut auch dann möglich, wenn nur eine Partei nicht tarifgebunden ist[88]. Der Tarifvertrag muss insgesamt vereinbart werden; die Vereinbarung einzelner Regelungen genügt nicht[89]. Die Änderung ist auch zum Nachteil der Arbeitnehmer zulässig[90].

25 Nach Ablauf der Jahresfrist ist eine Änderung der in den Arbeitsvertrag transformierten Bestimmungen möglich. Praktisch kommt vor allem eine einvernehmliche Änderung der zuvor tarifvertraglich geregelten Bestimmungen in Betracht, weil eine auf die Änderung

---

[78] *BAG* DB 2005, 2141, 2142 f.; *BAG* NZA 1995, 1166, 1167; *BAG* AP BGB § 613 a Nr. 108 = NZA 1994, 1140, 1142; *Joost* in Lutter Rn 38; *Preis* in Erfurter Komm. § 613 a BGB Rn 121.
[79] *BAG* NZA 2001, 788, 790 f.; *BAG* NZA 1994, 1140, 1142; *Preis* in Erfurter Komm. § 613 a BGB Rn 121.
[80] *BAG* NZA 1995, 1166, 1168; *Kania* DB 1994, 529, 530; *Preis* in Erfurter Komm. § 613 a BGB Rn 121.
[81] *Preis* in Erfurter Komm. § 613 a BGB Rn 121.
[82] § 613 a Abs. 1 Satz 2 BGB.
[83] § 613 a Abs. 1 Satz 3 und 4 BGB. Siehe Rn 22.
[84] *BAG* NZA 1986, 422; *BAG* NZA 2002, 41, 43.
[85] § 4 Abs. 5 TVG.
[86] § 613 a Abs. 1 Satz 4 1. Alt. BGB.
[87] § 613 a Abs. 1 Satz 4 2. Alt. BGB.
[88] *Ascheid* in BGB-RGRK § 613 a BGB Rn 232; *Annuß* in Staudinger § 613 a BGB Rn 287; *Preis* in Erfurter Komm. § 613 a BGB Rn 118; *Wank* in MünchHdbArbR § 124 Rn 193; aA *Wellenhofer-Klein* ZfA 1999, 239, 259.
[89] *Annuß* in Staudinger § 613 a BGB Rn 287; *Preis* in Erfurter Komm. § 613 a BGB Rn 118; *Hattesen* in Kasseler Hdb. 6.7 Rn 197.
[90] Der Arbeitnehmer ist aber nicht verpflichtet, einer solchen Vereinbarung zuzustimmen; *Preis* in Erfurter Komm. § 613 a BGB Rn 118.

der Arbeitsbedingungen gerichtete betriebsbedingte Änderungskündigung regelmäßig sozial ungerechtfertigt sein dürfte[91].

dd) Einzelvertragliche Bezugnahme. Im Zusammenhang mit der Fortgeltung von Tarifverträgen ergeben sich insbesondere daraus erhebliche Schwierigkeiten, dass in vielen Branchen die Tarifverträge nicht nur auf die Gewerkschaftsmitglieder, sondern aufgrund **einzelvertraglicher Bezugnahme** auch auf alle nicht tarifgebundenen Arbeitnehmer angewendet werden[92]. Ist die Anwendbarkeit von Tarifverträgen einzelvertraglich vereinbart, geht diese Pflicht bereits gem. § 613 a Abs. 1 Satz 1 BGB auf den Betriebserwerber über[93]. Die Anwendung von Tarifverträgen hängt dann vom jeweiligen Inhalt der Bezugnahmeklausel ab.

Die Inbezugnahme der jeweils gültigen Tarifverträge ist bei Tarifbindung des Arbeitgebers im Zweifel als sog. **Gleichstellungsabrede** auszulegen, die die nicht oder anders organisierten mit den tarifgebundenen Arbeitnehmern gleichstellen soll[94]. Geht in diesem Fall ein Betrieb oder Betriebsteil auf einen anderen Arbeitgeber über, der nicht tarifgebunden ist, bleibt die Bezugnahmeklausel ohne materiellrechtliche Bedeutung, weil der Zweck der vertraglichen Gleichstellung der nicht organisierten mit den organisierten Arbeitnehmern nicht mehr erreicht werden kann[95]. Änderungen der in Bezug genommenen Tarifverträge nach dem Betriebsübergang sind unbeachtlich; spätere Gehaltserhöhungen stehen Arbeitnehmern mit einer Bezugnahmeklausel daher arbeitsvertraglich nach einem Betriebsübergang ebenso wenig zu wie einem organisierten Arbeitnehmer[96]. Das BAG beabsichtigt jedoch, diese Auslegungsregel nicht mehr auf Bezugnahmeklauseln anzuwenden, die seit Inkrafttreten des Schuldrechtsmodernisierungsgesetzes ab 1.1.2002 vereinbart worden sind, und zwar unter Hinweis auf die Unklarheitenregelung in § 305 c Abs. 2 BGB[97].

Die Gleichstellungsabrede bewirkt nicht, dass automatisch der beim übernehmenden Rechtsträger einschlägige Tarifvertrag nunmehr für die übergegangenen Arbeitnehmer Anwendung findet[98].

c) Betriebsvereinbarungen. Gilt die Betriebsvereinbarung nicht kollektivrechtlich fort[99], werden die Rechte und Pflichten aus der Betriebsvereinbarung in das Arbeitsverhältnis transformiert[100]. Der Begriff der Betriebsvereinbarung iSd. Vorschrift erfasst auch Gesamt- und Konzernbetriebsvereinbarungen[101], soweit sie für den übergehenden Betrieb(steil) gelten. Abgelaufene oder gekündigte Betriebsvereinbarungen werden gleichfalls Inhalt des Arbeitsverhältnisses, wenn sie nach § 77 Abs. 6 BetrVG nachwirken[102]. Vor Ablauf der einjährigen Veränderungssperre können die Rechte und Pflichten aus Betriebsvereinbarungen

---

[91] Vgl. *BAG* AP KSchG 1969 § 2 Nr. 14; *BAG* DB 1982, 1520.
[92] Ausf. *Hanau* NZA 2005, 489 ff.; *Seitz/Werner* NZA 2000, 1257; *Annuß* BB 1999, 2558; *B. Gaul* NZA 1998, 9.
[93] *BAG* AP BGB § 613 a BGB Nr. 101; *Seitz/Werner* NZA 2000, 1257, 1264; *Annuß* BB 1999, 2558, 2560.
[94] *BAG* NZA 2000, 154; zur Entwicklung der Rechtsprechung ausführlich *Reinecke* BB 2006, 2637 ff.
[95] *BAG* NZA 2000, 154, 155.
[96] *BAG* DB 2002, 431, 434; *BAG* NZA 2002, 634 (bei arbeitsvertraglicher Bezugnahme auf einen Tarifvertrag nach Verbandsaustritt des Arbeitgebers); aA *LAG Düsseldorf* LAGE BGB § 613 a Nr. 29.
[97] *BAG* NZA 2006, 607; kritisch: *Simon/Koch/Halbguth* ZIP 2006, 726 ff.; *dies.* EWS 2006, 400 sowie BB 2006, 2354; *Giesen* NZA 2006, 625 ff. *Bauer/Haußmann* DB 2005, 2815 f. Die Konsequenzen hieraus sind noch nicht vollständig absehbar; vgl. *Hanau* NZA 2004, 489 ff.; *Möller* NZA 2006, 579 ff.; *Zerres* NJW 2006, 3533 ff.
[98] Dazu *BAG* NZA 2001, 510, 511; *Preis* in Erfurter Komm. § 613 a BGB Rn 123. Etwas anderes gilt, wenn die Bezugnahmeklausel auch einen Tarifwechsel umfasst; dazu *Hanau* NZA 2005, 489, 491 f.; *Bauer/Haußmann* DB 2005, 2815 f.
[99] Siehe § 20 Rn 49 ff. und § 131 Rn 55 f. zur kollektivrechtlichen Fortgeltung.
[100] § 613 a Abs. 1 Satz 2 BGB.
[101] *Wank* in MünchHdbArbR § 124 Rn 202; ausführlich dazu *Gussen*, FS Leinemann, 2006, S. 207 ff.
[102] *Ascheid* in RGRK § 613 a BGB Rn 209.

verändert werden, wenn die Betriebsvereinbarung nicht mehr gilt[103]. Eine Transformation findet nicht statt, wenn die Rechte und Pflichten beim neuen Inhaber durch eine andere Betriebsvereinbarung geregelt werden[104], auch wenn diese erst nach dem Betriebsübergang abgeschlossen wird[105]. Es ist daher zu empfehlen, dass der übernehmende Rechtsträger nach der Betriebsübernahme mit den bei ihm bestehenden Betriebsräten den neuen Verhältnissen angepasste Betriebsvereinbarungen abschließt[106].

3. Kündigungsverbot

30 Die Kündigung des Arbeitsverhältnisses eines Arbeitnehmers durch den bisherigen Arbeitgeber oder durch den neuen Betriebsinhaber wegen des Übergangs eines Betriebs oder Betriebsteils ist unwirksam[107]. Das Recht zur Kündigung des Arbeitsverhältnisses aus anderen Gründen bleibt hierdurch unberührt[108], insbesondere besteht **kein Kündigungsverbot für die Dauer eines Jahres**. Eine Kündigung wird wegen des Betriebsübergangs ausgesprochen, wenn der Betriebsübergang die überwiegende Ursache bzw. der Beweggrund für die Kündigung ist[109]. Dabei ist ausschließlich auf die Verhältnisse bei Zugang der Kündigung abzustellen. Ein bevorstehender Betriebsübergang führt nur zur Unwirksamkeit der Kündigung, wenn der Betriebsübergang im Zeitpunkt des Zugangs der Kündigung bereits feststeht oder zumindest greifbare Formen angenommen hat[110].

31 Das Kündigungsverbot greift nicht, wenn es einen sachlichen Grund gibt, der „aus sich heraus" die Kündigung rechtfertigt[111]. Es schützt nicht vor Risiken, die jederzeit unabhängig vom Betriebsübergang eintreten können und führt insbesondere nicht zur Lähmung der als notwendig erachteten Maßnahmen[112]. Nach überwiegender Ansicht darf der Betriebsveräußerer kündigen, wenn der Erwerber zugleich mit der Betriebsübernahme die Belegschaft aus dringenden betrieblichen Erfordernissen verringern will, sog. **Veräußererkündigung mit Erwerberkonzept**[113].

32 Der Arbeitnehmer kann das **Arbeitsverhältnis** mit dem ursprünglichen Arbeitgeber oder – nach dem Betriebsübergang – mit dem neuen Rechtsträger **einvernehmlich beenden**[114]. Der Schutzzweck des § 613 a Abs. 4 BGB verbietet aber Umgehungsgeschäfte, die dem unveränderten Fortbestand des Arbeitsverhältnisses bei einem Betriebsübergang entgegenstehen. Folglich sind Aufhebungsverträge, Eigenkündigungen des Arbeitnehmers sowie die Vereinbarung von Befristungen unwirksam, wenn sie vom bisherigen oder neuen Betriebsinhaber veranlasst wurden, um den bestehenden Kündigungsschutz auszuschließen[115]. Demgegenüber sind Vereinbarungen auch ohne Vorliegen eines sachlichen

---

[103] § 613 a Abs. 1 Satz 4 BGB. Dies kann der Fall sein, wenn eine freiwillige Betriebsvereinbarung gem. § 88 BetrVG durch Kündigung oder Fristablauf endet.

[104] § 613 a Abs. 1 Satz 3 BGB. Zu Besonderheiten bei Betriebsvereinbarungen über die betriebliche Altersversorgung siehe *BAG* NZA 2002, 520.

[105] *BAG* NZA 2002, 41; *Preis* in Erfurter Komm. § 613 a BGB Rn 121 mwN.

[106] *Willemsen* in Kallmeyer Rn 27.

[107] § 613 a Abs. 4 Satz 1 BGB; ausf. *Preis* in Erfurter Komm. § 613 a BGB Rn 149 ff.; *Lipinski* NZA 2002, 75.

[108] § 613 a Abs. 4 Satz 2 BGB.

[109] St. Rspr., *BAG* NJW 1984, 627, 629; *BAG* NZA 1998, 251, 252; *BAG* NZA 1999, 311, 312.

[110] *BAG* NZA 1998, 251, 252; *BAG* NZA 1999, 311, 312.

[111] *BAG* NZA 1997, 148, 149 (Kündigung zur Rationalisierung des Betriebs zur Verbesserung der Verkaufschancen ist keine Kündigung wegen Betriebsübergangs; anders ist es aber, wenn der Interessent den Erwerb des Betriebs von der Kündigung abhängig macht).

[112] *BAG* NZA 1997, 148, 149.

[113] *BAG* AP BGB § 613 a Nr. 250; ausf. *Preis* in Erfurter Komm. § 613 a BGB Rn 165 ff. mwN.

[114] *BAG* AP BGB § 613 a Nr. 2.

[115] *BAG* NZA 1999, 926, 928 (Befristung); *BAG* AP BetrAVG § 1 Betriebsveräußerung Nr. 5 mit Anmerkung *Loritz* = *BAG* NZA 1988, 198, 199 (Aufhebungsvertrag) – sog. Lemgoer Modell; *BAG* BB 1989, 558, 559 (Aufhebungsvertrag, Eigenkündigung); *BAG* NZA 1995, 987, 988 (Aufhebungsvertrag, Befristung); *Schiefer* NJW 1998, 1817, 1823; *Preis* in Erfurter Komm. § 613 a BGB Rn 154 f.

Grunds wirksam, wenn sie auf das endgültige Ausscheiden des Arbeitnehmers aus dem Betrieb gerichtet sind[116].

4. Fortsetzungs- und Wiedereinstellungsanspruch

Einem wirksam gekündigten Arbeitnehmer steht nach der Rechtsprechung unter bestimmten Voraussetzungen ein Fortsetzungs- bzw. Wiedereinstellungsanspruch zu[117]. Der Arbeitnehmer hat einen Anspruch auf Fortsetzung des Arbeitsverhältnisses, wenn sich nach Ausspruch einer ordentlichen betriebsbedingten Kündigung noch **innerhalb der Kündigungsfrist der Kündigungssachverhalt ändert** (etwa ein bei Ausspruch der Kündigung noch nicht abzusehender Betriebsübergang stattfindet), der Arbeitgeber mit Rücksicht auf die Wirksamkeit der Kündigung noch keine Dispositionen getroffen hat und ihm die unveränderte Fortsetzung des Arbeitsverhältnisses zumutbar ist[118]. Kein Fortsetzungsanspruch besteht jedoch, wenn der Betriebsübergang erst nach Eröffnung eines Insolvenzverfahrens eintritt[119].

Findet der Betriebsübergang während der Kündigungsfrist statt, haben die gekündigten Arbeitnehmer demnach einen Anspruch gegen den Betriebsübernehmer, zu unveränderten Arbeitsbedingungen unter Wahrung ihres Besitzstands eingestellt zu werden[120]. Der Anspruch besteht im Fall einer Umwandlung gegenüber dem Rechtsträger, der den Betrieb oder Betriebsteil übernommen hat, dem der Arbeitnehmer angehört hat.

Der Anspruch ist unverzüglich, d. h. innerhalb von drei Wochen[121], nach Kenntniserlangung von den Betriebsübergang ausmachenden tatsächlichen Umständen gegenüber dem Betriebserwerber (übernehmenden Rechtsträger) geltend zu machen[122]. Der Anspruch darf nicht von Bedingungen abhängig gemacht werden, deren Eintritt der Betriebserwerber nicht beeinflussen kann[123].

Ungeklärt ist, ob ein Wiedereinstellungsanspruch besteht, wenn die Voraussetzungen für einen **Betriebsübergang erst nach Ablauf der Kündigungsfrist** geschaffen werden[124]. Eine Ausdehnung des Wiedereinstellungsanspruchs auf die Fälle, in denen ein Betrieb erst nach Beendigung der individuellen Kündigungsfrist übergeht, ist abzulehnen. Mit Ablauf der Kündigungsfrist endet das Arbeitsverhältnis mit allen Rechten und Pflichten[125]; der Arbeitnehmer ist nicht mehr dem übergehenden Betrieb zuzuordnen und kann daher auch nicht an der Schutzwirkung des § 613 a BGB teilhaben. Nach Ablauf der Kündigungsfrist ist daher der Rechtssicherheit und der notwendigen Dispositionsfreiheit des kündigenden Arbeitgebers der Vorrang einzuräumen[126].

5. Haftung für Arbeitnehmeransprüche

Der übernehmende Rechtsträger haftet nach § 613 a Abs. 1 BGB sowohl für die vor dem Betriebsübergang entstandenen als auch erst nach dem Betriebsübergang entstehenden Ansprüche der Arbeitnehmer. Besonderheiten bestehen für die **Haftung des übertragenden**

---

[116] *BAG* NZA 1999, 262, 263; *BAG* ZIP 1999, 320, 323.
[117] Ausf. *BAG* ZIP 2000, 1781 ff.; *Boewer* NZA 1999, 1121 ff., 1177 ff.; *Meinel/Bauer* NZA 1999, 575 ff.
[118] *BAG* ZIP 2000, 1781, 1783 ff.; *BAG* NZA 2000, 531, 533; *BAG* NZA 1998, 701, 703; *BAG* NZA 1997, 757, 758.
[119] *BAG* NZA 1999, 422, 425.
[120] *BAG* NZA 1998, 251.
[121] D. h. ohne schuldhaftes Zögern, § 121 BGB iVm. §§ 4, 7 KSchG analog.
[122] *BAG* NZA 1999, 311, 313; *ArbG Frankfurt a. M.* NZA-RR 1999, 580.
[123] *BAG* NZA 1999, 311, 314.
[124] Ablehnend *BAG* ZIP 2000, 1781; *BAG* NZA 1998, 254, 255 (7. Senat); offen gelassen von *BAG* NZA 1998, 701, 703 (2. Senat); bejahend *BAG* NZA 1998, 251, 252 und NZA 1999, 311, 313 (8. Senat).
[125] So im Ausgangspunkt auch *BAG* ZIP 2000, 1781, 1785.
[126] *Preis* in Erfurter Komm. § 613 a BGB Rn 159; iE ebenso *Boewer* NZA 1999, 1177, 1178.

Rechtsträgers. Erlischt der übertragende Rechtsträger mit der Umwandlung, scheidet eine Haftung aus[127]. Liegt der Betriebsübergang zeitlich vor der Umwandlung, haftet der übertragende Rechtsträger unmittelbar nach § 613 a BGB bis zu seinem umwandlungsbedingten Erlöschen.

38 Es ist umstritten, ob der übertragende Rechtsträger für die vor einer Spaltung entstandenen Arbeitnehmeransprüche umwandlungsrechtlich nach §§ 133, 134[128] oder „arbeitsrechtlich" nach § 613 a Abs. 2 BGB[129] haftet. Die gesetzlichen Regelungen sind nicht hinreichend klar: Einerseits verweist § 324 nicht auf § 613 a Abs. 2 BGB, und § 133 Abs. 1 Satz 2 lässt nur die Haftungsvorschriften des HGB, nicht aber § 613 a Abs. 2 BGB unberührt. Andererseits lässt § 613 a Abs. 3 BGB die Haftung des übertragenden Rechtsträgers nach § 613 a Abs. 2 BGB nur dann entfallen, wenn er durch die Umwandlung erlischt. Im Ergebnis sind die §§ 133, 134 gegenüber § 613 a Abs. 2 BGB spezieller[130]. Dies folgt aus dem Schutzzweck des § 613 a Abs. 2 BGB, der den Arbeitnehmer im Verhältnis zu den allgemeinen Vorschriften besser stellen will[131]. Dieser Schutzzweck würde in sein Gegenteil verkehrt, wenn die Arbeitnehmer wegen § 613 a Abs. 2 BGB bei Umwandlungen gegenüber anderen Gläubigern schlechter gestellt würden[132].

6. Unterrichtung der Arbeitnehmer

39 **a) Rechtsgrundlagen.** § 613 a Abs. 5 BGB verpflichtet den bisherigen Arbeitgeber (übertragenden Rechtsträger) oder den neuen Inhaber (übernehmenden Rechtsträger), die von einem Betriebsübergang betroffenen Arbeitnehmer vor dem Übergang in Textform zu unterrichten[133]. Durch die Information soll der Arbeitnehmer entscheiden können, ob er dem Übergang seines Arbeitsverhältnisses widerspricht. Dies folgt aus der Gesetzesbegründung[134] und dem systematischen Zusammenhang mit § 613 a Abs. 6 Satz 1 BGB. Die Unterrichtungspflicht und das Widerspruchsrecht sind miteinander verknüpft; die Widerspruchsfrist von **einem Monat** beginnt erst mit der Unterrichtung nach § 613 a Abs. 5 BGB[135].

40 **b) Inhalt der Unterrichtung**[136]. Zunächst sind die Arbeitnehmer über den **(geplanten) Zeitpunkt des Übergangs**[137] zu informieren. Da sich bei Umwandlungen der Zeitpunkt der Eintragung ins Handelsregister nicht genau vorher bestimmen lässt, ist die Angabe des voraussichtlichen Eintragungstermins[138] ausreichend[139]. Der Grund für den Übergang

---

[127] § 613 a Abs. 3 BGB.
[128] Dafür *Wlotzke* DB 1995, 40, 43; *Heinze* ZfA 1997, 1, 16; *Preis* in Erfurter Komm. § 613 a BGB Rn 187; *Joost* in Lutter Rn 77 ff.; *Willemsen* in Kallmeyer Rn 22; *Kallmeyer* in Kallmeyer § 133 Rn 10 (unter Aufgabe seiner früheren Auffassung in ZIP 1995, 550); *Annuß* in Staudinger § 613 a Rn 307; *Müller-Glöge* in MünchKomm. § 613 a BGB Rn 224. Nach *Kreßel* BB 1995, 925, 928 kommt § 613 a BGB eine ergänzende Funktion zu.
[129] Dafür *Däubler* RdA 1995, 136, 142; *Boecken* Rn 228 (unter Aufgabe seiner in ZIP 1994, 1087, 1094 vertretenen Auffassung).
[130] Siehe § 134 Rn 9 mwN.
[131] *Joost* in Lutter Rn 79; *Preis* in Erfurter Komm. § 613 a BGB Rn 187.
[132] *Joost* in Lutter Rn 79 mwN.
[133] Die Zuleitung des Umwandlungsvertrags an den Betriebsrat ersetzt die Unterrichtung der Arbeitnehmer nach § 613 a Abs. 5 BGB nicht. Die Informationspflicht ist von der Betriebsgröße, dem Bestehen einer Arbeitnehmervertretung und anderen Informationspflichten unabhängig.
[134] BT-Drucks. 14/7760 S. 19 unter Hinweis auf *BAG* – 2 AZR 313/92 und 2 AZR 50/92.
[135] Siehe Rn 57.
[136] Ein Beispiel für ein Unterrichtungsschreiben findet sich bei Beck'sches Formularbuch Arbeitsrecht 2005, S. 483 ff.
[137] § 613 a Abs. 5 Nr. 1 BGB.
[138] IdR innerhalb von 2 Monaten nach Anmeldung zur Eintragung.
[139] *Bonanni* ArbRB 2002, 19 f.; ähnlich *B. Gaul/Otto* DB 2002, 634, 635.

ist idR der **Rechtsgrund** für den Betriebsübergang (Verschmelzungsvertrag, Kaufvertrag, Pachtvertrag usw.)[140]. Ausgehend vom Sinn und Zweck der Unterrichtung, dem Arbeitnehmer eine sachgerechte Entscheidung über die Ausübung des Widerspruchs zu ermöglichen, müssen nach Auffassung des BAG zudem jene **unternehmerischen Gründe** zumindest schlagwortartig mitgeteilt werden, die sich im Falle eines Widerspruchs auf den Arbeitsplatz auswirken können[141]. **Die rechtlichen, wirtschaftlichen und sozialen Folgen** des Übergangs für die Arbeitnehmer[142] ergeben sich ausweislich der Gesetzesbegründung „vor allem" aus § 613 a BGB[143]. Unter Umständen kann dabei auch über **mittelbare Folgen** (zB etwaige Sozialplanansprüche nach einem Widerspruch und anschließender betriebsbedingter Kündigung durch den Betriebsveräußerer) zu informieren sein[144]. Zu den **hinsichtlich der Arbeitnehmer in Aussicht genommenen Maßnahmen**[145] gehören bspw. Umstrukturierungen[146], Weiterbildungsmaßnahmen im Zusammenhang mit geplanten Produktionsumstellungen und andere Maßnahmen, die die berufliche Entwicklung der Arbeitnehmer betreffen[147]. Ein Hinweis auf das Widerspruchsrecht ist gleichfalls erforderlich, wenn der Arbeitgeber beabsichtigt, widersprechenden Arbeitnehmern zu kündigen[148]. Neben den gesetzlichen Unterrichtungsgegenständen ist dem Arbeitnehmer Klarheit über die **Identität des Erwerbers** zu verschaffen. Hierzu gehört die genaue Bezeichnung und die Angabe des Sitzes bzw. der Adresse des Erwerbers[149]. Ferner ist der Gegenstand des Betriebsübergangs zu bezeichnen, d.h. welcher Betrieb, Betriebsteil oder Gemeinschaftsbetrieb vom Betriebübergang erfasst wird[150].

Unklar ist der erforderliche **Umfang der Unterrichtung**. Die Unterrichtung muss so ausführlich sein, dass die Arbeitnehmer die Folgen des Übergangs ihrer Arbeitsverhältnisse auf den neuen Inhaber oder des Verbleibs beim bisherigen Arbeitgeber abwägen und – ggf.

---

[140] *BAG* NZA 2006, 1268, 1271.

[141] *BAG* NZA 2006, 1268, 1271; ähnlich *Hauck* Sonderbeilage NZA Heft 18/2004, 17, 23; *C. Meyer* AuA 2002, 159, 160 (Erläuterungen des Erwerberkonzepts und der geplanten Unternehmensführung); *Willemsen/Lembke* NJW 2002, 1159, 1162; aA *Simon* in Voraufl. Rn 40 Fn 142; *Bonanni* ArbRB 2002, 19, 20; *B. Gaul/Otto* DB 2002, 634, 635; *Worzalla* NZA 2002, 353, 354; *Bauer/von Steinau-Steinrück* ZIP 2002, 457, 462 (Wahlrecht zwischen zugrunde liegendem Motiv).

[142] § 613 a Abs. 5 Nr. 3 BGB.

[143] Hierzu gehören insbesondere die Fragen der Weitergeltung oder Änderung der bisherigen Rechte und Pflichten aus dem Arbeitsverhältnis (zB die Feststellung oder Ablösung von Tarifverträgen und Betriebsvereinbarungen), der Haftung des bisherigen Arbeitgebers und des neuen Inhabers gegenüber dem Arbeitnehmer sowie des Kündigungsschutzes; BT-Drucks. 14/7760 S. 19; *B. Gaul/Otto* DB 2002, 634, 635; ausf. *Bauer/von Steinau-Steinrück* ZIP 2002, 457, 462 f. Siehe *BAG* ZIP 2005, 1978, 1980 und *Hauck* Sonderbeilage NZA Heft 18/2004, 17, 23 zu wirtschaftlichen und sozialen Folgen; *ders.*, FS Leinemann, S. 223, 236 f.

[144] *BAG* NZA 2006, 1271, 1276: Die Frage, ob ein Arbeitnehmer bei Widerspruch mit einer Kündigung rechnen muss und ob ihm ggf. eine Abfindung zusteht, sei für seine Willensbildung bezüglich der Ausübung des Widerspruchsrechts von erheblicher Bedeutung. Eine Unterrichtungspflicht hinsichtlich etwaiger Sozialplanansprüche sei allerdings nur zu bejahen, wenn solche tatsächlich in Betracht kommen könnten. Dazu auch *Lembke/Oberwinter* ZIP 2007, 310, 312.

[145] § 613 a Abs. 5 Nr. 4 BGB.

[146] ZB bereits konkret geplante Betriebsänderungen bzw. Abschluss eines Interessenausgleichs und Sozialplans bzw. entsprechende Verhandlungen hierüber; aA *Bauer/von Steinau-Steinrück* ZIP 2002, 457, 463.

[147] BT-Drucks. 14/7760, S. 19; *Widlak* FA 2001, 363 f.; *Bonanni* ArbRB 2002, 19, 20; *Hauck*, FS Leinemann, S. 223, 237.

[148] So jetzt *BAG* NZA 2006, 1268, 1272; aA *Bauer/von Steinau-Steinrück* ZIP 2002, 457, 463.

[149] Das folgt aus dem Zusammenspiel von § 613 a Abs. 5 und Abs. 1 Satz 1 BGB; vgl. Beschlussempfehlung und Bericht des Ausschusses für Arbeit und Sozialordnung, BT-Drucks. 14/8128 S. 6; so auch *BAG* NZA 2006, 1268, 1271. Die Angabe der Handelsregisternummer ist aber nicht erforderlich.

[150] *BAG* NZA 2006, 1268, 1271; *Lembke/Oberwinter* ZIP 2007, 310, 311.

nach weiter gehender Beratung oder Erkundigung – entscheiden können, ob sie ihr Widerspruchsrecht ausüben[151]. Daher reicht es – wie im Rahmen von §§ 5 Abs. 1 Nr. 9, 126 Abs. 1 Nr. 11 – nicht aus, lediglich pauschal darauf zu verweisen, dass sich die Folgen des Betriebsübergangs nach § 613 a BGB richten und der Arbeitnehmer keinerlei Nachteile zu befürchten habe[152]. § 613 a Abs. 5 BGB verlangt keine individuelle Unterrichtung der vom Betriebsübergang betroffenen Arbeitnehmer. Das folgt bereits aus dem Wortlaut („die Arbeitnehmer") der Vorschrift und wäre für den Arbeitgeber objektiv unmöglich bzw. jedenfalls unzumutbar[153]. Erforderlich ist jedoch eine konkrete betriebsbezogene Darstellung in einer für einen juristischen Laien möglichst verständlichen Sprache. Eine standardisierte Information muss etwaige Besonderheiten des Arbeitsverhältnisses erfassen[154]. Die Hinweise über die rechtlichen Folgen müssen präzise sein und dürfen **keine juristischen Fehler** beinhalten[155]. Im Zusammenhang mit den für die Arbeitnehmer in Aussicht genommenen Maßnahmen genügt es, die Art der Maßnahme (zB Zusammenlegung von betrieblichen Einheiten) und die Art der Veränderung für den Arbeitnehmer (zB Entlassung, Versetzung, Weiterbildungsmaßnahme) anzugeben. Grundlage für die Unterrichtung der Arbeitnehmer ist der **konkrete Planungs- und Kenntnisstand** des Arbeitgebers bzw. neuen Inhabers **im Zeitpunkt der Unterrichtung**[156].

42 **c) Schuldner und Form der Unterrichtung.** Schuldner der Unterrichtungspflicht sind sowohl der bisherige Arbeitgeber als auch der neue Inhaber. In der Gesetzesbegründung wird davon ausgegangen, dass sich der bisherige Arbeitgeber und der neue Inhaber untereinander verständigen, in welcher Weise sie ihre Informationspflicht erfüllen wollen[157]. Es ist zu empfehlen, dass sich der bisherige Arbeitgeber und der neue Inhaber über Art, Inhalt und Zeitpunkt der Unterrichtung einigen, zumal für den Fall der Nicht- oder Schlechterfüllung der Unterrichtungspflicht erhebliche Haftungsrisiken bestehen[158] und unklar ist, ob der bisherige Arbeitgeber und der neue Inhaber zur gegenseitigen Auskunft verpflichtet sind und hieraus Schadensersatzansprüche abgeleitet werden können[159].

43 Der Arbeitgeber bzw. der neue Inhaber haben die von dem Übergang betroffenen Arbeitnehmer in **Textform**[160] zu unterrichten. Die bloß mündliche Unterrichtung, zB im Rahmen einer Betriebsversammlung, reicht nicht aus. Da die Unterrichtung die einmonatige Widerspruchsfrist[161] auslöst, sollten sich die beteiligten Rechtsträger den Empfang der Unterrichtung zu Dokumentations- und Beweiszwecken schriftlich bestätigen lassen.

44 **d) Zeitpunkt der Unterrichtung.** Nach der gesetzlichen Regelung sind die Arbeitnehmer **vor dem Übergang** zu unterrichten. Bei Umwandlungen wird es sich regelmäßig anbieten, die Arbeitnehmer zeitgleich mit der Unterrichtung des zuständigen Betriebsrats nach §§ 5, 126 oder nach dem Beschluss der Gesellschafter über die Umwandlung zu informie-

---

[151] BT-Drucks. 14/7760 S. 19; *C. Meyer* AuA 2002, 159, 162.
[152] Siehe § 5 Rn 81; *OLG Düsseldorf* NZA 1998, 766, 767 (Verschmelzung); *B. Gaul/Otto* DB 2002, 634, 635.
[153] So auch *B. Gaul/Otto* DB 2002, 634, 635 (keine „individuelle, rechtsverbindliche objektive Rechtsberatung des Arbeitnehmers"); *Bauer/von Steinau-Steinrück* ZIP 2002, 457, 462; *C. Meyer* AuA 2002, 159, 162. *Willemsen/Lembke* NJW 2002, 1159, 1163; *Hauck* Sonderbeilage NZA Heft 18/2004, 17, 23 f. mwN.
[154] *BAG* NZA 2006, 1268, 1271. Es bleibt unklar, wie dies in der Praxis umzusetzen ist; kritisch auch *Hohenstatt/Grau* NZA 2007, 13, 14 f.
[155] *BAG* NZA 2006, 1268, 1272.
[156] *BAG* NZA 2006, 1268, 1270; *LAG Düsseldorf* ZIP 2005, 1752.
[157] BT-Drucks. 14/7760 S. 19.
[158] Siehe Rn 45 ff.
[159] Bejahend *Worzalla* NZA 2002, 353, 354.
[160] Ausf. *Heinrichs* in Palandt § 126 b BGB Rn 3 ff.
[161] § 613 a Abs. 6 Satz 1 BGB.

ren¹⁶². Geht der Betrieb bereits vor der Eintragung der Umwandlung auf den neuen Rechtsträger über, ist für die Unterrichtung der Arbeitnehmer auf den Zeitpunkt des Betriebsübergangs und nicht der Eintragung der Umwandlung abzustellen¹⁶³. Die Unterrichtungspflicht erlischt nicht automatisch mit dem Vollzug des Betriebsübergangs, sondern bleibt bestehen. Auch die **nicht rechtzeitige Unterrichtung** löst damit die Monatsfrist für die Erklärung des Widerspruchs aus¹⁶⁴. Sind die Arbeitnehmer auf der Grundlage des konkreten Planungs- und Kenntnisstands des Arbeitgebers bzw. neuen Inhabers¹⁶⁵ unterrichtet worden und treten später Änderungen ein¹⁶⁶, sind die Arbeitnehmer nicht noch einmal zu unterrichten¹⁶⁷.

e) Rechtsfolgen fehlender, unvollständiger oder unrichtiger Unterrichtung. *aa)* **45**
Unbefristetes Widerspruchsrecht? Unterbleibt die Unterrichtung der von einem Betriebsübergang betroffenen Arbeitnehmer, beginnt die Widerspruchsfrist von einem Monat aus § 613 a Abs. 6 Satz 1 BGB nicht zu laufen¹⁶⁸. Im Ergebnis können Arbeitnehmer damit **unbefristet widersprechen**. Nach der Gesetzesbegründung soll dies auch gelten, wenn der Arbeitnehmer **nicht vollständig** unterrichtet wird¹⁶⁹. Gleiches gilt für eine unrichtige Unterrichtung¹⁷⁰. Da Inhalt und Umfang der Unterrichtungspflicht durch die Rechtsprechung noch nicht hinreichend klar bestimmt sind, besteht eine erhebliche Unsicherheit¹⁷¹, ob die jeweilige Unterrichtung durch den Arbeitgeber ausreichend ist. Es besteht insbesondere für den bisherigen Arbeitgeber bei jeder Unterrichtung das **erhebliche Risiko**, dass diese nicht richtig oder vollständig ist und die Arbeitnehmer daher nach dem Betriebsübergang unbefristet widersprechen können¹⁷², obwohl sie bereits längere Zeit (zB mehr als 11 Monate) für den neuen Inhaber tätig geworden sind. Dem neuen Inhaber droht im Fall eines unbefristeten Widerspruchsrechts der **jederzeitige Verlust der übernommenen Arbeitnehmer**. Dies führt zu einer **unerträglichen Rechtsunsicherheit für die beteiligten Rechtsträger** und zu einer **zeitlich nahezu unbegrenzten Haftung des übertragenden Rechtsträgers**.

Die Rechtsfolgen bei der Nicht- oder Schlechterfüllung der Unterrichtungspflicht sind **46**
daher zu korrigieren. Da die Unterrichtung allein dazu dient, dem Arbeitnehmer eine Entscheidung über die Ausübung des Widerspruchsrechts zu ermöglichen, muss auch eine Unterrichtung mit unvollständigen oder falschen Angaben die Frist nach § 613 a Abs. 6 Satz 1 BGB auslösen, wenn Angaben fehlen oder falsch sind, die für die Entscheidungsfindung

---

¹⁶² Eine möglichst frühe Unterrichtung der Arbeitnehmer empfiehlt sich, weil der bisherige Arbeitgeber dann rechtzeitig Kenntnis davon hat, welche Arbeitnehmer er weiter beschäftigen muss bzw. kündigen kann. Für den neuen Inhaber ist die frühzeitige Information über widersprechende Arbeitnehmer hilfreich, um den Bedarf an Neueinstellungen abschätzen zu können. Als frühester Unterrichtungszeitpunkt wird derjenige Zeitpunkt anzusehen sein, in dem der neue Inhaber feststeht und die inhaltlichen Angaben nach § 613 a Abs. 5 BGB möglich sind.
¹⁶³ *BAG* NZA 2006, 1268, 1272; *BAG* ZIP 2000, 1630, 1634 mit zustimmender Anmerkung von *Bauer/Mengel* ZIP 2000, 1635, 1637 zur alten Rechtslage.
¹⁶⁴ BT-Drucks. 14/7716 S. 20; *Lembke/Oberwinter* ZIP 2007, 310, 311; *Grobys* BB 2002, 726, 729; *Widlak* FA 2001, 363, 364; *C. Meyer* AuA 2002, 159, 162; *Worzalla* NZA 2002, 353, 357; *BAG* NZA 1998, 750, 751 (zur alten Rechtslage); aA *Bauer/von Steinau-Steinrück* ZIP 2002, 457, 459.
¹⁶⁵ Siehe Rn 41.
¹⁶⁶ ZB wenn der Erwerber andere oder zusätzliche Maßnahmen durchzuführen plant, etwa den Abschluss eines Firmentarifvertrags statt des Eintritts in den einschlägigen Arbeitgeberverband.
¹⁶⁷ *LAG Düsseldorf* ZIP 2005, 1752, 1754 mwN; *Bauer/von Steinau-Steinrück* ZIP 2002, 457, 463. Das gilt auch dann, wenn die Änderung noch vor Ablauf der Monatsfrist zur Erklärung des Widerspruchs eintritt. AA *Hauck* Sonderbeilage NZA Heft 18/2004, 17, 24 mwN; *Worzalla* NZA 2002, 353, 354 für den Fall, dass der Betriebsübergang um erhebliche Zeit vorgezogen oder verschoben wird.
¹⁶⁸ *BAG* NZA 2006, 1268, 1270; *BAG* ZIP 2005, 1978, 1980 mwN.
¹⁶⁹ BT-Drucks. 14/7760 S. 19; *BAG* NZA 2006, 1268, 1270.
¹⁷⁰ *Worzalla* NZA 2002, 353, 355.
¹⁷¹ Vgl. die Stellungnahme des Arbeitsrechtsausschusses des DAV NZA 2002, Heft 2, VIII.
¹⁷² So *BAG* NZA 2006, 1406, 1409 mwN.

des Arbeitnehmers unbeachtlich sind[173]. Eine automatische Höchstfrist zur Ausübung des Widerspruchs ab dem Zeitpunkt des Betriebsübergangs wurde im Gesetzgebungsverfahren nicht aufgenommen[174]. Das BAG lehnt auch eine automatische **Verwirkung** nach Ablauf eines bestimmten Zeitraums (zB sechs Monate) ab[175]. Danach ist davon auszugehen, dass das Widerspruchsrecht ohne klare zeitliche Grenze nach den konkreten Umständen des Einzelfalls verwirkt werden kann[176]. Nach Ansicht des BAG können bei schwierigen Sachverhalten die Rechte des Arbeitnehmers erst nach längerer Untätigkeit verwirkt werden[177].

47 Zur **Vermeidung der erheblichen Risiken** ist insbesondere dem bisherigen Arbeitgeber zu empfehlen, die Arbeitnehmer **möglichst ausführlich zu informieren**. Im Übrigen sollten die beteiligten Rechtsträger die Haftungsfolgen für einen **„Rückfall von Arbeitnehmern"** im Innenverhältnis regeln und mit den Arbeitnehmern nach der Unterrichtung den Ausschluss des Widerspruchsrechts[178] vereinbaren.

48 *bb) Schadensersatzansprüche?* Wird der Arbeitnehmer nicht, nicht vollständig oder falsch unterrichtet und macht er von seinem Widerspruchsrecht in der einen oder anderen Weise Gebrauch, steht ihm nach hM **ein Schadensersatzanspruch** wegen etwa später erlittener Nachteile (zB Verlust des Arbeitsplatzes beim neuen Inhaber) zu[179]. Nach hM handelt es sich bei der Unterrichtungspflicht um eine Rechtspflicht, deren Verletzung Schadensersatzansprüche gem. § 280 BGB auslöst[180]. Dagegen spricht, dass die Unterrichtung dem Arbeitnehmer eine verständige Entscheidung über die Ausübung des Widerspruchsrechts ermöglichen, nicht jedoch seine Vermögensinteressen schützen soll[181]. Wie auch bei den arbeitsrechtlichen Angaben bei Umwandlungen handelt es sich um reine Wissenserklärungen[182]; der Unterrichtung kommt damit kein rechtsgeschäftlicher Bindungswille zu. Ausnahmsweise kann den Arbeitnehmern ein Schadensersatzanspruch im Fall einer **sittenwidrigen vorsätzlichen Schädigung**[183] zustehen. Überdies dürfte es regelmäßig an einem Schaden fehlen, insbesondere wenn der übertragende Rechtsträger infolge der Umwandlung erlischt oder der bisherige Arbeitgeber in der Unterrichtung bereits angekündigt hat, dass dem Übergang ihres Arbeitsverhältnisses widersprechende Arbeitnehmer entlassen werden. Die Verletzung der Unterrichtungspflicht führt nicht zur Unwirksamkeit einer Kündigung, die der Arbeitgeber gegenüber dem widersprechenden Arbeitnehmer ausspricht[184].

7. Widerspruchsrecht des Arbeitnehmers

49 **a) Rechtsgrundlagen.** Das Widerspruchsrecht des Arbeitnehmers bei einem Betriebsübergang ist seit langem anerkannt und in § 613 a Abs. 6 BGB ausdrücklich gesetzlich gere-

---

[173] Ähnlich *Grobys* BB 2002, 726, 729 (lediglich formelle Prüfungskompetenz der Gerichte).
[174] BT-Drucks. 14/8128 S. 4 f.
[175] *BAG* NZA 2006, 1406, 1409; *BAG* AP BGB § 613 a Nr. 263; *Preis* in Erfurter Komm. § 613 a BGB Rn 97 mwN.
[176] *BAG* NZA 2006, 1406, 1409; *BAG* AP BGB § 613 a Nr. 263; *Preis* in Erfurter Komm. § 613 a BGB Rn 97 mwN; aA *B. Gaul/Otto* DB 2002, 634, 637; *Bauer/von Steinau-Steinrück* ZIP 2002, 457, 464 (Verwirkung spätestens nach drei Monaten); *Worzalla* NZA 2002, 353, 357 (Ausschluss spätestens sieben Monate nach dem Betriebsübergang). Siehe *Grobys* BB 2002, 726, 730 zu Verwirkungsbeispielen.
[177] *BAG* NZA 2006, 1406, 1409 mwN.
[178] Siehe Rn 59 f.
[179] *BAG* NZA 2006, 1406, 1411 mwN.
[180] *BAG* NZA 2006, 1406, 1411 mwN.
[181] So auch *Grobys* BB 2002, 726, 727. Es ist für den Arbeitgeber oder neuen Inhaber überdies unzumutbar, für jeden einzelnen Arbeitnehmer eine „maßgeschneiderte" Information unter Berücksichtigung sämtlicher Besonderheiten des Einzelfalls zu erstellen; siehe Rn 41.
[182] *Grobys* BB 2002, 726, 727.
[183] § 826 BGB.
[184] *BAG* ZIP 2005, 1978, 1980 f.

gelt[185]. Der **Zweck des Widerspruchsrechts** besteht demnach darin, dem Arbeitnehmer nicht gegen seinen Willen einen neuen Arbeitgeber aufzudrängen.

Die rechtzeitige Ausübung des Widerspruchsrechts führt dazu, dass das Arbeitsverhältnis nicht auf den neuen Betriebsinhaber übergeht, sondern mit dem bisherigen Arbeitgeber fortgesetzt wird[186].

b) Widerspruchsrecht bei Umwandlungen und Erlöschen des übertragenden Rechtsträgers. Der Arbeitnehmer hat auch bei Betriebsübergängen im Zusammenhang mit den in § 324 genannten Umwandlungsformen ein Widerspruchsrecht[187]. Da beim Formwechsel kein Betriebsübergang vorliegt, kann der Arbeitnehmer nicht widersprechen. Es ist allerdings streitig, ob und mit welchen Folgen das Widerspruchsrecht des Arbeitnehmers besteht, wenn der bisherige Rechtsträger infolge der Umwandlung (Verschmelzung, Aufspaltung, Vollübertragung) erlischt[188]. Teilweise soll bei Erlöschen des früheren Rechtsträgers ein Widerspruchsrecht des Arbeitnehmers ausscheiden und ihm ein Recht zur außerordentlichen Lösung bzw. Kündigung des Arbeitsverhältnisses zustehen[189]. Nach anderer Ansicht besteht ein Widerspruchsrecht auch bei Erlöschen des Rechtsträgers und führt zur automatischen Beendigung des Arbeitsverhältnisses gegenüber sämtlichen Rechtsträgern[190].

Ein Widerspruchsrecht besteht nach dem Wortlaut – und entgegen der Gesetzesbegründung[191] zur Änderung von § 324 UmwG – auch, wenn der Rechtsträger infolge der Umwandlung erlischt. Das Widerspruchsrecht will nicht in erster Linie das Arbeitsverhältnis zum bisherigen Arbeitgeber erhalten[192]. Es bezweckt allein, dem Arbeitnehmer nicht gegen seinen Willen einen neuen Arbeitgeber aufzudrängen. Der Arbeitnehmer muss deshalb auch in den Fällen widersprechen können, in denen der übertragende Rechtsträger infolge der Um-

---

[185] Auch nach der Rechtsprechung des EuGH ist es mit Grundrechten des Arbeitnehmers nicht zu vereinbaren, wenn er verpflichtet würde, für einen Arbeitgeber zu arbeiten, den er nicht frei gewählt hat; *EuGH* NZA 1993, 169, 170 „Katsikas".

[186] Ausf. *Preis* in Erfurter Komm. § 613 a BGB Rn 101 ff.; zu den Besonderheiten beim Erlöschen des übertragenden Rechtsträgers siehe Rn 51 ff.

[187] *BAG* ZIP 2000, 1630, 1634 mit zust. Anm. von *Bauer/Mengel* ZIP 2000, 1635, 1637; *Simon/Zerres*, FS Leinemann, S. 255, 260 f.; *Willemsen* NZA 1996, 791, 798; *Bauer/Lingemann* NZA 1994, 1057, 1061; *Boecken* ZIP 1994, 1087, 1091 f. (für die Spaltung); *Wlotzke* DB 1995, 40, 43; *Kreßel* BB 1995, 925, 930; *Rieble* ZIP 1997, 301, 306; *Zerres* ZIP 2001, 359, 361; *Schaub*, FS Wlotzke, S. 103, 119; *Joost* in Lutter Rn 66; *Vollrath* in Widmann/Mayer Rn 16; *Willemsen* in Kallmeyer Rn 19; aA *Graef* NZA 2006, 1078 ff. mwN.; *Hennrichs* ZIP 1995, 794, 799; *Berscheid* WPrax 1994 (Heft 823), 4, 6 f., 8; *Heinze* ZfA 1997, 1, 5 f.

[188] Abweichend vom Normalfall kann der Widerspruch nicht zur Fortsetzung des Arbeitsverhältnisses mit dem übertragenden Rechtsträger führen; zudem stellt sich die Frage, wie sich ein Widerspruch auf nachvertragliche Rechte und Pflichten (betriebliche Altersversorgung, Wettbewerbsverbot) auswirkt.

[189] *LAG* Düsseldorf Urteil vom 15.11.2002, EzA-SD 1/2003; *Bachner* NJW 1995, 2881, 2882; *B. Gaul/Otto* DB 2002, 634, 636; *Stratz* in Schmitt/Hörtnagl/Stratz § 131 Rn 58; *Willemsen* in Kallmeyer Rn 47; ähnlich *Henssler*, FS Kraft, S. 219, 228; *Däubler* RdA 1995, 136, 140 für die Verschmelzung (bei der Aufspaltung soll der Widerspruch zu einer Arbeitgeberpluralität führen, S. 142); *Mengel* S. 168 ff.; teilweise differenzierend nach Umwandlungsformen: *Kreßel* BB 1995, 925, 930; *Wlotzke* DB 1995, 40, 43; *Hennrichs* ZIP 1995, 794, 799 (der dem Arbeitnehmer schon bei der Abspaltung und Ausgliederung kein Widerspruchsrecht zubilligt).

[190] *ArbG* Köln Urteil vom 30.7.2003 – 7 Ca 13056/02 (n.v.); *ArbG Münster* NZA-RR 2000, 467, 468; *Altenburg/Leister* NZA 2005, 15, 17 ff.; *Boecken* ZIP 1994, 1087, 1092; *Bauer/von Steinau-Steinrück* ZIP 2002, 457, 465; *Bauer/Lingemann* NZA 1994, 1057, 1061; *Grobys* BB 2002, 726, 730; *Rieble* ZIP 1997, 301, 306; *Simon/Zerres* FA 2005, 231, 232; *dies.*, FS Leinemann, S. 255, 260 f.; *Zerres* ZIP 2001, 359, 361; *Joost* in Lutter Rn 66; *Annuß* in Staudinger § 613 a BGB Rn 187.

[191] BT-Drucks. 14/7760 S. 20.

[192] *ArbG Münster* NZA-RR 2000, 467, 468.

wandlung erlischt[193]. Auch die Betriebsübergangsrichtlinie[194] bezweckt keine Fortsetzung des Arbeitsverhältnisses mit dem Betriebsveräußerer, wenn die Arbeitnehmer ihre Tätigkeit nicht für den Erwerber fortsetzen wollen[195]. Das Bestehen des Widerspruchsrechts setzt also nicht voraus, dass das Arbeitsverhältnis für den Fall seiner Ausübung mit dem bisherigen Arbeitgeber fortgesetzt werden kann[196]. Auch das BAG knüpfte die Anerkennung eines Widerspruchsrechts konsequenterweise nicht an den Erhalt des Arbeitsverhältnisses zum bisherigen Arbeitgeber. Der Wahlfreiheit des Arbeitnehmers wird durch die bloße Möglichkeit der außerordentlichen Kündigung nach § 626 BGB nicht hinreichend Rechnung getragen, weil die Frist für die Ausübung des Widerspruchs mit einem Monat deutlich länger ist als die Frist zum Ausspruch einer außerordentlichen Kündigung nach § 626 Abs. 2 BGB[197]. Ferner würde die Anerkennung eines außerordentlichen Kündigungsrechts den widersprechenden Arbeitnehmer wegen des Anspruchs aus § 628 Abs. 2 BGB beim Erlöschen des Rechtsträgers gegenüber allen anderen Fällen eines Betriebsübergangs besser stellen. Schließlich ginge ein zulässiger Widerspruch gegen einen vor einer Umwandlung vollzogenen Betriebsübergang durch die Eintragung der nachfolgenden Verschmelzung, Aufspaltung oder vollständigen Vermögensübertragung nachträglich ins Leere.

53 Allerdings sind die Rechtsfolgen des Widerspruchs bei Erlöschen des Rechtsträgers zu modifizieren (**modifizierte Rechtsfolgenlösung**). Übt der Arbeitnehmer sein Widerspruchsrecht aus und existiert der bisherige Arbeitgeber infolge der Umwandlung nicht mehr weiter, erlischt das Arbeitsverhältnis unabhängig von einer Kündigung mit der Eintragung der Umwandlung in das Handelsregister[198]. Soweit dem widersprechenden Arbeitnehmer im Fall der Beendigung des Arbeitsverhältnisses nachvertragliche Pflichten (zB Wettbewerbsverbot, Vertraulichkeit) obliegen oder Rechte (zB unverfallbare Anwartschaft auf Ruhegeld) zustehen, werden diese Verpflichtungen in Folge des Untergangs des früheren Arbeitgebers nicht gegenstandslos. Vielmehr bestehen die an die Beendigung des Arbeitsverhältnisses anknüpfenden Rechte und Pflichten nunmehr gegenüber den (partiellen) Gesamtrechtsnachfolgern[199]. Im Fall der Aufspaltung ist demnach derjenige Rechtsträger Schuldner der nachwirkenden Vertragspflichten, dem der Betrieb oder Betriebsteil zugeordnet ist, in dem der widersprechende Arbeitnehmer beschäftigt war. Lässt sich dies nicht feststellen, sind sämtliche durch Aufspaltung entstandenen Rechtsträger entsprechend § 131 Abs. 3 berechtigt und verpflichtet.

54 Geht der Betrieb bereits vor dem Erlöschen des übertragenden Rechtsträgers auf den übernehmenden Rechtsträger über, hat der Widerspruch zur Folge, dass das Arbeitsverhältnis mit dem ursprünglichen Rechtsträger bis zu dessen Erlöschen auflösend bedingt fortbesteht[200].

---

[193] *ArbG Münster* NZA-RR 2000, 467, 468; *Altenburg/Leister* NZA 2005, 15, 17 ff.; *Boecken* ZIP 1994, 1087, 1092 (für die Aufspaltung); *Simon/Zerres* FA 2005, 231, 232; *Rieble* ZIP 1997, 301, 306; *Joost* in Lutter Rn 66.

[194] Siehe Fn 4.

[195] *EuGH* BB 2002, 464, 467; *EuGH* NZA 1993, 169, 170 „Katsikas"; *EuGH* NZA 1990, 885; *Joost* in Lutter Rn 66.

[196] Dies entspricht bspw. der Rechtsfolge in England und Wales: Der Widerspruch führt zu einer automatischen Beendigung des Arbeitsverhältnisses mit dem bisherigen Arbeitgeber und dem neuen Inhaber, Section 4 (1), (8) Transfer of Undertakings (Protection of Employment) Regulations 2006 (TUPE 2006).

[197] *Simon/Zerres* FA 2005, 231, 232; aA *B. Gaul/Otto* DB 2002, 634, 636.

[198] Ebenso *Grobys* BB 2002, 726, 730; *Bauer/Lingemann* NZA 1994, 1057, 1061 (für die Aufspaltung); *Boecken* ZIP 1994, 1087, 1092 (für die Aufspaltung); *Joost* in Lutter Rn 66.

[199] *Simon/Zerres* FA 2005, 231, 232. Hierdurch wird dem Einwand Rechnung getragen, dass das Widerspruchsrecht nicht dazu führen dürfe, dass die rechtliche Basis für alle nachwirkenden Vertragspflichten entfalle.

[200] *Bauer/von Steinau-Steinrück* ZIP 2002, 457, 465; *Bauer/Mengel* Anm. zu *BAG* Urteil vom 25. 5. 2000, ZIP 2000, 1635, 1637; *Zerres* ZIP 2001, 359, 361.

Mit dem Erlöschen des übertragenden Rechtsträgers endet das Arbeitsverhältnis, nachvertragliche Rechte und Pflichten gehen mit dem Wirksamwerden der Eintragung durch (partielle) Gesamtrechtsnachfolge auf den bzw. die übernehmenden Rechtsträger über.

c) Widerspruchserklärung, Form und Frist. Der Widerspruch ist eine einseitige, empfangsbedürftige und rechtsgestaltende Willenserklärung. Der Wille zum Widerspruch gegen den Wechsel des Arbeitgebers muss eindeutig zum Ausdruck kommen[201]. Der Widerspruch bedarf keiner Begründung. Er kann als rechtsgestaltende Willenserklärung aber nicht an Bedingungen geknüpft werden[202] und ist nach Zugang nicht widerrufbar[203].

Der Widerspruch bedarf der **Schriftform**[204]. Wird das Arbeitsverhältnis nach einem formunwirksamen Widerspruch mit Wissen des ursprünglichen Arbeitgebers für einen längeren Zeitraum (zB mehrere Monate) fortgesetzt, kann im Einzelfall von einem Neuabschluss eines Arbeitsverhältnisses auszugehen sein[205].

Der Widerspruch ist innerhalb einer **Frist von einem Monat** zu erklären. Die Widerspruchsfrist beginnt, wenn der bisherige Arbeitgeber oder der neue Inhaber den Arbeitnehmer gem. § 613 a Abs. 5 BGB über den Betriebsübergang und dessen Folgen in Textform unterrichtet hat. Die Darlegungs- und Beweislast für den rechtzeitigen Zugang des Widerspruchs liegt beim Arbeitnehmer. Wird der Betriebsübergang ohne vorherige Unterrichtung des Arbeitnehmers vollzogen, beginnt die Widerspruchsfrist gleichfalls erst mit der Unterrichtung[206]. Eine einseitige Verkürzung der Widerspruchsfrist durch den Arbeitgeber ist unzulässig[207].

Der Arbeitnehmer kann **gegenüber dem bisherigen Arbeitgeber oder dem neuen Inhaber** widersprechen[208]. Danach ist es die Angelegenheit der beteiligten Rechtsträger, sich gegenseitig hierüber zu unterrichten[209].

d) Ausschluss des Widerspruchs. Da das Widerspruchsrecht nur dem Arbeitnehmer zusteht, kann es weder durch Betriebsvereinbarung noch durch Tarifvertrag ausgeschlossen werden[210]. Der Widerspruch des Arbeitnehmers kann **einzelvertraglich** ausgeschlossen werden[211]. In diesem Fall ist ein dennoch ausgesprochener Widerspruch unwirksam[212]. Dasselbe gilt, wenn der Arbeitnehmer mit dem bisherigen Arbeitgeber oder mit dem neuen Inhaber **den Übergang des Arbeitsverhältnisses vereinbart** hat[213]. Ferner kann der Arbeitnehmer auf sein Widerspruchsrecht **einseitig verzichten**. Solche Vereinbarungen oder ein

---

[201] Beanstandet der Arbeitnehmer bspw. im Zusammenhang mit einer Spaltung, dass er fehlerhaft dem übernehmenden Rechtsträger zugeordnet worden sei und bietet zugleich die Weiterarbeit bei seinem ursprünglichen Arbeitgeber (übertragenden Rechtsträger) an, wird hierin im Zweifel ein Widerspruch zu sehen sein.
[202] *BAG* ZIP 2005, 1978, 1979; *Preis* in Erfurter Komm. § 613 a BGB Rn 92.
[203] *BAG* NZA 2004, 481.
[204] § 126 BGB.
[205] Dieser Rechtsgedanke lässt sich § 15 Abs. 5 TzBfG entnehmen. Der übernehmende Rechtsträger, für den der Arbeitnehmer nicht tätig wird, hat in diesem Fall ein Recht zur außerordentlichen Kündigung wegen Vertragsaufsage bzw. Verweigerung der Arbeit.
[206] *BAG* ZIP 2005, 1978, 1980 mwN.
[207] So auch *B. Gaul/Otto* DB 2002, 634, 637.
[208] § 613 a Abs. 6 Satz 2 BGB.
[209] So bereits zur alten Rechtslage *BAG* NZA 2001, 840, 843.
[210] BAGE 26, 301, 312 = AP BGB § 613 a Nr. 1; *Annuß* in Staudinger § 613 a BGB Rn 200. Auch die zwischen Arbeitgeber und Betriebsrat in einem Interessenausgleich nach § 323 Abs. 2 vereinbarte Zuordnung eines Arbeitnehmers zu einem bestimmten Betrieb oder Betriebsteil schränkt das Widerspruchsrecht des Arbeitnehmers nicht ein. *Joost* in Lutter Rn 67; *Willemsen* in Kallmeyer Rn 20.
[211] Ausf. *Pröpper* DB 2000, 2322; ablehnend *Hauck* FS Leinemann, 2006, S. 223, 241.
[212] *BAG* NZA 1998, 750, 751.
[213] *BAG* NZA 1998, 750, 751.

Verzicht bedürfen nicht der Schriftform des § 613 a Abs. 6 BGB[214]. Dennoch empfiehlt sich die Schriftform zur Vermeidung von rechtlichen Unsicherheiten sowie zu Dokumentations- und Beweiszwecken.

60   Ein Ausschluss des Widerspruchsrechts in vorformulierten Arbeitsverträgen ist im Zweifel unwirksam[215]. Der Verzicht oder ein vertraglicher Ausschluss des Widerspruchsrechts ist aber wirksam, wenn ein Betriebsübergang konkret bevorsteht und der Arbeitnehmer nach § 613 a Abs. 5 BGB über den Betriebsübergang informiert worden ist[216]. Das Widerspruchsrecht unterliegt der Verwirkung[217]. Der Ausspruch des Widerspruchs durch eine Vielzahl von Arbeitnehmern (**kollektiver Widerspruch**) ist grundsätzlich zulässig, kann im Einzelfall aber **rechtsmissbräuchlich** sein[218].

§ 325 Mitbestimmungsbeibehaltung

(1) Entfallen durch Abspaltung oder Ausgliederung im Sinne des § 123 Abs. 2 und 3 bei einem übertragenden Rechtsträger die gesetzlichen Voraussetzungen für die Beteiligung der Arbeitnehmer im Aufsichtsrat, so finden die vor der Spaltung geltenden Vorschriften noch für einen Zeitraum von fünf Jahren nach dem Wirksamwerden der Abspaltung oder Ausgliederung Anwendung. Dies gilt nicht, wenn die betreffenden Vorschriften eine Mindestzahl von Arbeitnehmern voraussetzen und die danach berechnete Zahl der Arbeitnehmer des übertragenden Rechtsträgers auf weniger als in der Regel ein Viertel dieser Mindestzahl sinkt.

(2) Hat die Spaltung oder Teilübertragung eines Rechtsträgers die Spaltung eines Betriebes zur Folge und entfallen für die aus der Spaltung hervorgegangenen Betriebe Rechte oder Beteiligungsrechte des Betriebsrats, so kann durch Betriebsvereinbarung oder Tarifvertrag die Fortgeltung dieser Rechte und Beteiligungsrechte vereinbart werden. Die §§ 9 und 27 des Betriebsverfassungsgesetzes bleiben unberührt.

Übersicht

	Rn		Rn
I. Sinn und Zweck der Norm	1	e) Kein Tendenzschutz beim übertragenden Rechtsträger	13
II. Beibehaltung der Unternehmensmitbestimmung (Abs. 1)	2	f) Verhältnis zu anderen Beibehaltungsvorschriften	14
1. Voraussetzungen	2	2. Rechtsfolgen	17
a) Abspaltung oder Ausgliederung des übertragenden Rechtsträgers iSd. § 123 Abs. 2 und 3	2	a) Beibehaltung der Mitbestimmung beim übertragenden Rechtsträger	18
b) Wegfall der gesetzlichen Anwendungsvoraussetzungen für die Unternehmensmitbestimmung beim übertragenden Rechtsträger	4	b) Befristung der Beibehaltung der Mitbestimmung	20
c) Mindestzahl von Arbeitnehmern (Abs. 1 Satz 2)	8	c) Zusammensetzung des Aufsichtsrats	23
		d) Unterschreiten der Mindestzahl des Abs. 1 Satz 2 während des Beibehaltungszeitraums	24
d) Kausalität der Abspaltung oder Ausgliederung für den Verlust der Mitbestimmung	11	3. Zulässigkeit abweichender Vereinbarungen über die Mitbestimmungsbeibehaltung	25

---

[214] Dafür spricht, dass auch die Fortsetzung des Arbeitsverhältnisses mit dem ursprünglichen Arbeitgeber formfrei vereinbart oder erklärt werden kann. AA *B. Gaul/Otto* DB 2002, 634, 638.
[215] *Preis* in Erfurter Komm. § 613 a BGB Rn 98; *Bauer/von Steinau-Steinrück* ZIP 2002, 457, 464 f.; *B. Gaul/Otto* DB 2002, 634, 638; ausf. *Pröpper* DB 2000, 2322, 2323 ff. mwN.
[216] *Hauck* Sonderbeilage NZA Heft 18/2004, 17, 25.
[217] Siehe Rn 46.
[218] *BAG* NZA 2005, 43, 46 ff. mwN; *Preis* in Erfurter Komm. § 613 a BGB Rn 106; ausf. *Melot de Beauregard* DB 2005, 826 ff.

	Rn		Rn
4. Streitigkeiten	26	a) Tarifvertrag	34
III. Fortgeltung von Rechten oder Beteiligungsrechten des Betriebsrats (Abs. 2)	27	b) Betriebsvereinbarung	36
		c) Beibehaltungsfähige Rechte und Beteiligungsrechte des Betriebsrats ...	37
1. Voraussetzungen	27	d) Ausnahme: §§ 9 und 27 BetrVG (Abs. 2 Satz 2)	40
a) Spaltung oder Teilübertragung eines Rechtsträgers	27	e) Zeitlicher Zusammenhang der Vereinbarung zur Betriebsspaltung ...	41
b) Spaltung eines Betriebs	28	f) Dauer der Vereinbarung	42
c) Aus der Spaltung hervorgegangene Betriebe	30	3. Teilübertragung von einem privaten auf einen öffentlich-rechtlichen Rechtsträger und umgekehrt	43
d) Entfallen von Rechten oder Beteiligungsrechten des Betriebsrats	31	4. Streitigkeiten	44
2. Vereinbarung der Fortgeltung der Rechte oder Beteiligungsrechte des Betriebsrats	33		

Literatur: *Bachner,* Individualarbeits- und kollektivrechtliche Auswirkungen des neuen Umwandlungsgesetzes, NJW 1995, 2881; *Bachner/Köstler/Matthießen/Trittin,* Handbuch Arbeitsrecht bei Unternehmensumwandlung und Betriebsübergang, 2. Aufl. 2003; *Bartodziej,* Reform des Umwandlungsrechts und Mitbestimmung, ZIP 1994, 580; *Boecken,* Unternehmensumwandlungen und Arbeitsrecht, 1996; *Däubler,* Das Arbeitsrecht im neuen Umwandlungsgesetz, RdA 1995, 136; *Engels,* Fortentwicklung des Betriebsverfassungsrechts außerhalb des Betriebsverfassungsgesetzes, FS Wlotzke, 1996, S. 279; *B. Gaul,* Beteiligungsrechte von Wirtschaftsausschuß und Betriebsrat bei Umwandlung und Betriebsübergang, DB 1995, 2265; *Heinze,* Arbeitsrechtliche Fragen bei der Übertragung und Umwandlung von Unternehmen, ZfA 1997, 1; *Löwisch/Rieble,* Tarifvertragsgesetz 1992; *Mengel,* Umwandlungen im Arbeitsrecht, Diss. Köln 1996; *Neye,* Die Reform des Umwandlungsrechts, DB 1994, 2069; *Schaub,* Arbeitsrechts-Handbuch, 11. Aufl. 2005; *ders.,* Tarifverträge und Betriebsvereinbarungen beim Betriebsübergang und Umwandlung von Unternehmen, FS Wiese, 1998, S. 535; *Trittin,* Das Umwandlungsgesetz, AiB 1996, 349; *Wlotzke,* Arbeitsrechtliche Aspekte des neuen Umwandlungsrechts, DB 1995, 40.

I. Sinn und Zweck der Norm

Die Vorschrift trägt dem Umstand Rechnung, dass sich die Zahl der Arbeitnehmer infolge von Unternehmensumwandlungen verringern und dadurch die Voraussetzungen für die Unternehmensmitbestimmung und die betriebliche Mitbestimmung entfallen oder eingeschränkt werden können[1]. Sie ist erst durch die Beschlüsse des Vermittlungsausschusses eingefügt worden, weil die Verabschiedung des UmwBerG an der mangelnden Regelung der Umwandlungsfolgen für die Mitbestimmung zu scheitern drohte[2]. Abs. 1 bezweckt einen befristeten Schutz vor umwandlungsspezifischen Beeinträchtigungen des gesetzlichen Mitbestimmungsstatuts. Abs. 2 ermöglicht, infolge der Spaltung oder Teilübertragung des Betriebs entfallende (Beteiligungs-)Rechte des Betriebsrats durch eine Betriebsvereinbarung oder einen Tarifvertrag zu sichern[3]. 1

II. Beibehaltung der Unternehmensmitbestimmung (Abs. 1)

1. Voraussetzungen

a) Abspaltung oder Ausgliederung des übertragenden Rechtsträgers iSd. § 123 Abs. 2 und 3. Die Beibehaltung der Mitbestimmung gilt nur für den **übertragenden** 2

---

[1] Ausf. zur Bedeutung von Umwandlungen für die Unternehmensmitbestimmung *Bartodziej* ZIP 1994, 580 ff.; *Joost* in Lutter Rn 2 ff.

[2] Zum Gang des Gesetzgebungsverfahrens *Neye* DB 1994, 2069; *Düwell* in Kasseler Hdb. 6.8 Rn 10; zur Kritik siehe *Bartodziej* ZIP 1994, 580, 583 und *Willemsen* in Kallmeyer Rn 1 f.

[3] *Joost* in Lutter Rn 5; *Oetker* in Erfurter Komm.² Rn 1.

Rechtsträger. Die Unternehmensmitbestimmung für den **übernehmenden Rechtsträger** richtet sich nach den allgemeinen gesetzlichen Bestimmungen. Dies folgt sowohl aus dem Wortlaut als auch aus dem Zweck der Vorschrift, die Mitbestimmung lediglich aufrechtzuerhalten, nicht jedoch zu erweitern[4]. Die mitbestimmungsschädliche Folge der Spaltung muss bei dem Unternehmen eintreten, von dem ein Teil abgespalten oder ausgegliedert wird. Das ist nicht der Fall, wenn bei einem Unternehmen die Voraussetzungen des bisherigen Mitbestimmungsgesetzes entfallen, weil eine **Konzerntochtergesellschaft**, deren Arbeitnehmer dem Unternehmen auf Grund einer Konzernklausel[5] bisher zuzurechnen waren, einen Teil ihres Unternehmens auf ein konzernfremdes Unternehmen abspaltet oder ausgliedert[6]. Hiervon ist auch im Fall der mitbestimmten Kapitalgesellschaft & Co. KG keine Ausnahme zu machen ist. Zwar ist die Mitbestimmung in einem solchen Fall im Aufsichtsrat der Komplementär-Kapitalgesellschaft angesiedelt[7], Abs. 1 Satz 1 stellt aber – anders als § 1 MitbestBeiG – lediglich auf den übertragenden Rechtsträger und nicht auf „ein an dem Vorgang beteiligtes oder ein an ihm nicht beteiligtes Unternehmen" ab[8]. Vor dem Hintergrund des nahezu zeitgleich mit der Vorschrift verabschiedeten § 1 MitbestBeiG sowie der Entstehungsgeschichte des Abs. 1[9] ist die Vorschrift eng auszulegen[10].

3 Abs. 1 sieht die befristete Beibehaltung der Unternehmensmitbestimmung[11] nur für die **Abspaltung**[12] und die **Ausgliederung**[13] vor. In beiden Fällen bleibt der übertragende, sich spaltende Rechtsträger bestehen. Erlischt er zB durch Verschmelzung oder Aufspaltung, findet die Vorschrift keine Anwendung, selbst wenn dies der Mitbestimmungsvermeidung dient[14]. Für den Formwechsel enthält § 203 eine abschließende Sonderregelung[15]. Eine **analoge Anwendung** der Vorschrift auf andere Umwandlungsformen (zB die Teilübertragung) scheidet angesichts des eindeutigen Gesetzeswortlauts[16] und der Entstehungsgeschichte[17] aus. Im Gesetzgebungsverfahren wurde es ausdrücklich abgelehnt, alle Formen der Umwandlung in den Bestandsschutz einzubeziehen[18]. Vor diesem Hintergrund ist Abs. 1 erst recht nicht analog anwendbar, wenn die Zahl der Beschäftigten infolge einer rechtsgeschäftlichen Übertragung einzelner Betriebe oder Betriebsteile außerhalb der Umwandlungsvorschriften reduziert wird[19]. Dem steht das Verbot des Wertungstransfers[20] entgegen.

---

[4] *Willemsen* in Kallmeyer Rn 3; *Wlotzke* DB 1995, 40, 47; *Boecken* Rn 428; *Düwell* in Kasseler Hdb. 6.8 Rn 285; *Joost* in Lutter Rn 28; *Wißmann* in Widmann/Mayer Rn 7; *Oetker* in Erfurter Komm.[2] Rn 3.

[5] ZB § 5 MitbestG; § 2 Abs. 1 DrittelbG; dazu allgemein *Gach* in MünchKomm AktG § 5 MitbestG Rn 1 ff. und § 2 DittelbG Rn 1 ff.

[6] *Mengel* S. 419; *Seibt* in Willemsen/Hohenstatt/Schweibert/Seibt F Rn 110; *Wißmann* in Widmann/Mayer Rn 14; *Willemsen* in Kallmeyer Rn 3.

[7] Bejahend *Wißmann* in Widmann/Mayer Rn 15 (unter Hinweis darauf, dass ein mitbestimmtes Unternehmen faktisch die KG sein solle); verneinend *Seibt* in Willemsen/Hohenstatt/Schweibert/Seibt F Rn 111 (unter Hinweis auf den insoweit klaren Wortlaut, dass auf den „übertragenden Rechtsträger" abzustellen ist).

[8] So *Wißmann* in Widmann/Mayer Rn 14 für andere Fälle als die Kapitalgesellschaft und Co. KG.

[9] Näher hierzu siehe Rn 1.

[10] *Seibt* in Willemsen/Hohenstatt/Schweibert/Seibt F Rn 110; *Mengel* S. 420.

[11] Die Mitbestimmung richtet sich nach dem DrittelbG, MitbestG, MontanMitbestG und MitbestErgG.

[12] § 123 Abs. 2.

[13] § 123 Abs. 3.

[14] *Hörtnagl* in Schmitt/Hörtnagl/Stratz Rn 14.

[15] *Düwell* in Kasseler Hdb. 6.8 Rn 116, 179, 284; *Joost* in Lutter Rn 16 f.; *Willemsen* in Kallmeyer Rn 2; *Oetker* in Erfurter Komm.[2] Rn 2; *Wißmann* in Widmann/Mayer Rn 9.

[16] *Mengel* 454 f.; *Joost* in Lutter Rn 14 mwN; *Willemsen* in Kallmeyer Rn 2.

[17] *Hörtnagl* in Schmitt/Hörtnagl/Stratz Rn 9.

[18] *Däubler* RdA 1995, 136, 141; *Düwell* in Kasseler Hdb. 6.8 Rn 179.

[19] *Oetker* in Erfurter Komm.[2] Rn 2; *Joost* in Lutter Rn 18; *Boecken* Rn 427; *Wißmann* in Widmann/Mayer Rn 10.

[20] Siehe § 1 Rn 63 ff.

b) Wegfall der gesetzlichen Anwendungsvoraussetzungen für die Unternehmensmitbestimmung beim übertragenden Rechtsträger. Abs. 1 setzt weiter voraus, dass die gesetzlichen Voraussetzungen für die Beteiligung der Arbeitnehmer im Aufsichtsrat beim übertragenden Rechtsträger entfallen. Die gesetzlichen Voraussetzungen richten sich nach dem DrittelbG, MitbestG, MontanMitbestG sowie MitBestErgG. Da der Wortlaut auf die **gesetzlichen** Voraussetzungen abstellt, ist es unbeachtlich, ob das übertragende Unternehmen den Aufsichtsrat auch tatsächlich nach diesen gesetzlichen Vorschriften errichtet hat[21]. Insofern unterscheidet sich Abs. 1 von § 1 MitbestBeiG, der für die Beibehaltung die tatsächliche Anwendung eines Mitbestimmungsgesetzes voraussetzt[22]. 4

Der praktisch wichtigste Anwendungsfall des Abs. 1 ist das Absinken unter die nach DrittelbG[23] oder MitbestG[24] erforderliche Arbeitnehmerzahl[25]. Für Umwandlungsvorgänge in einem Unterordnungskonzern[26] ist Abs. 1 trotz Verringerung der Beschäftigtenzahlen allerdings nicht anwendbar, wenn die gesetzlich erforderliche Arbeitnehmerzahl dadurch erreicht wird, dass die Arbeitnehmer anderer Unternehmen über **Konzernzurechnungsbestimmungen**[27] mitzuzählen sind[28]. 5

Die Sicherung der Mitbestimmung erfordert nicht, dass das übertragende Unternehmen infolge der Abspaltung oder Ausgliederung überhaupt keiner Unternehmensmitbestimmung unterliegt. Vielmehr greift die Vorschrift auch ein, wenn die Anwendbarkeit des **bisherigen Mitbestimmungsgesetzes** entfällt und an sich ein anderes Mitbestimmungsgesetz zur Anwendung gelangen würde[29]. Das folgt aus dem Wortlaut, wonach die vor der Spaltung „geltenden Vorschriften" weiter anzuwenden sind[30]. Zweck der Vorschrift ist es, bestehende Mitbestimmungsrechte der Arbeitnehmer zu sichern und so auch den sofortigen Übergang von einer stärkeren zu einer schwächeren Mitbestimmungsform zu verhindern[31]. Die Mitbestimmungsgesetze sind auch zu unterschiedlich, als dass sie als gleichwertig betrachtet werden können[32]. 6

Demgegenüber schützt Abs. 1 Satz 1 nicht vor **Veränderungen innerhalb eines Mitbestimmungsgesetzes**[33], zB wenn infolge verringerter Arbeitnehmerzahlen eine Verkleinerung des nach § 7 Abs. 1 MitbestG gebildeten Aufsichtsrats erforderlich wird. Wenn das ursprüngliche Mitbestimmungsgesetz infolge der Verringerung der Arbeitnehmerzahl nur anders anzuwenden ist, entfallen nicht die gesetzlichen Voraussetzungen für die Beteiligung der Arbeitnehmer im Aufsichtsrat, weil das bisherige Mitbestimmungsgesetz beibehalten wird[34]. Dies gilt nicht nur für die Verringerung der Zahl der Aufsichtsratsmitglieder nach gesetzlichen, sondern auch nach **statuarischen Voraussetzungen**[35], wenn das Unternehmen die Größe des Aufsichtsrats abweichend von der gesetzlichen Größe festgelegt hat[36]. Die Ver- 7

---

[21] *Wißmann* in Widmann/Mayer Rn 5.
[22] *Wißmann* in Widmann/Mayer Rn 5.
[23] § 1 Abs. 1; dazu ausf. *Gach* in MünchKomm AktG § 1 MitbestG Rn 16 ff.
[24] § 1 Abs. 1 Nr. 2; dazu ausf. *Gach* in MünchKomm AktG § 1 DrittelbG Rn 8 ff.
[25] *Willemsen* in Kallmeyer Rn 6.
[26] § 18 AktG.
[27] § 2 DrittelbG, § 5 MitbestG.
[28] *Wißmann* in Widmann/Mayer Rn 21 und 26; *Willemsen* in Kallmeyer Rn 6; auch schon Rn 2.
[29] *Boecken* Rn 430; *Mengel* S. 420 f.; *Joost* in Lutter Rn 21; *Willemsen* in Kallmeyer Rn 5; *Wißmann* in Widmann/Mayer Rn 11; *Oetker* in Erfurter Komm.² Rn 5.
[30] *Willemsen* in Kallmeyer Rn 5.
[31] *Boecken* Rn 430; *Joost* in Lutter Rn 21; *Mengel* S. 421.
[32] *Joost* in Lutter Rn 3 f., 21.
[33] *Joost* in Lutter Rn 21; *Mengel* S. 421 f.; *Wißmann* in Widmann/Mayer Rn 12; aA *Trittin* AiB 1996, 349, 363; *Oetker* in Erfurter Komm.² Rn 5.
[34] So auch *Joost* in Lutter Rn 21; aA *Oetker* in Erfurter Komm.² Rn 7.
[35] § 7 Abs. 1 Satz 2 MitbestG, § 9 MontanMitbestG, § 5 Abs. 1 Satz 2 MitBestErgG.
[36] AA *Oetker* in Erfurter Komm.² Rn 7, der eine analoge Anwendung von § 325 Abs. 1 in Erwägung zieht.

ringerung der Zahl der Aufsichtsratsmitglieder tritt allerdings nicht automatisch ein. Der Aufsichtsrat bleibt vielmehr im Amt, bis das Statusverfahren nach den §§ 97 ff. AktG über eine Verringerung der Zahl der Aufsichtsratsmitglieder abgeschlossen ist[37].

8   c) **Mindestzahl von Arbeitnehmern (Abs. 1 Satz 2).** Hängt die Mitbestimmung von einer Mindestzahl von Arbeitnehmern ab, wird sie nur beibehalten, wenn nach der Abspaltung oder Ausgliederung die Zahl der Arbeitnehmer beim übertragenden Rechtsträger wenigstens **ein Viertel** der nach dem bisherigen Mitbestimmungsgesetz erforderlichen Mindestzahl beträgt. Damit müssen zur Beibehaltung der Mitbestimmung im Anwendungsbereich des MitbestG mindestens 501[38] und im Anwendungsbereich des DrittelbG noch mindestens 126[39] Arbeitnehmer regelmäßig beschäftigt werden. Dabei sind die Arbeitnehmer anderer Unternehmen mitzuzählen, soweit Konzernzurechnungsbestimmungen dies vorsehen[40]. Die notwendige Arbeitnehmermindestzahl richtet sich nach den gesetzlichen Vorschriften, die vor der Abspaltung oder Ausgliederung Anwendung finden[41]. Es ist auch nicht auf die Mindestzahl von Arbeitnehmern einer „schwächeren" Mitbestimmungsform abzustellen. Sinkt bspw. die Zahl der Arbeitnehmer in einem nach dem MitbestG mitbestimmten Unternehmen unter 500, findet subsidiär nicht das DrittelbG Anwendung, wenn das Unternehmen noch mehr als 125 Arbeitnehmer beschäftigt[42]. Abs. 1 sichert die Erhaltung der bestehenden, nicht aber einer anderen Mitbestimmungsform.

9   Bei der Berechnung der Mindestzahl ist auf die **idR** beschäftigten Arbeitnehmer abzustellen[43]. Ein kurzfristiges Absinken der Arbeitnehmerzahl unter ein Viertel der gesetzlichen Mindestzahl ist daher unbeachtlich[44]. Es ist unerheblich, ob die Mindestzahl von Arbeitnehmern bereits mit der Abspaltung oder Ausgliederung oder während des fünfjährigen Beibehaltungszeitraums unterschritten wird[45].

10 Wird die Mindestzahl von Arbeitnehmern unterschritten, kommt eine Mitbestimmungssicherung auch dann nicht mehr in Betracht, wenn die Mindestzahl später wieder erreicht werden sollte. Abs. 1 regelt die Erhaltung, nicht aber die erleichterte Wiedereinführung der Mitbestimmung nach ihrem Wegfall[46]. Scheidet eine Beibehaltung der Mitbestimmung wegen Unterschreitung der Arbeitnehmermindestzahl aus, bleibt der Aufsichtsrat jedoch bis zum Abschluss des Statusverfahrens nach den §§ 97 ff. AktG im Amt[47].

11 d) **Kausalität der Abspaltung oder Ausgliederung für den Verlust der Mitbestimmung.** Die Anwendungsvoraussetzungen für das bisherige Mitbestimmungsstatut müssen „durch" die Abspaltung oder Ausgliederung entfallen sein. Die Spaltung muss unmittelbar zur Folge haben, dass das übertragende Unternehmen nicht mehr die erforderliche Zahl von Arbeitnehmern beschäftigt, um das bisherige Mitbestimmungsgesetz weiter anwenden zu können. Eine Kausalität liegt nicht vor, wenn im **zeitlichen und sachlichen Zusammen-**

---

[37] Vgl. *Wißmann* in MünchHdbArbR § 378 Rn 2 ff.
[38] Das entspricht einem Viertel von 2001; das MitbestG fordert die Beschäftigung von idR „mehr als" 2000 Arbeitnehmern, § 1 Abs. 1 Nr. 2 MitbestG; ebenso *Oetker* in Erfurter Komm.² Rn 8; aA wohl *Willemsen* in Kallmeyer Rn 6 („500").
[39] Das entspricht einem Viertel von 501; das DrittelbG setzt die Beschäftigung von „mehr als" 500 Arbeitnehmern voraus, § 1 Abs. 1 DrittelbG; ebenso *Oetker* in Erfurter Komm.² Rn 8; aA wohl *Willemsen* in Kallmeyer Rn 6 („125").
[40] *Wißmann* in Widmann/Mayer Rn 33. Entsprechende Vorschriften sind zB § 2 DrittelbG, § 5 MitbestG.
[41] *Oetker* in Erfurter Komm.² Rn 8; *Joost* in Lutter Rn 26 f.
[42] AA *Fitting* § 76 BetrVG 1952 Rn 24 (21. Aufl.).
[43] *Boecken* Rn 435; *Fitting* § 76 BetrVG 1952 Rn 23.
[44] *Wißmann* in Widmann/Mayer Rn 37.
[45] Siehe Rn 24.
[46] *Mengel* S. 424; *Wißmann* in Widmann/Mayer Rn 37.
[47] *Oetker* in Erfurter Komm.² Rn 8.

hang mit der **Abspaltung oder Ausgliederung** weitere Maßnahmen getroffen werden, die zu einem Personalabbau beim übertragenden Rechtsträger führen[48]. Die Möglichkeit der Umgehung der Vorschrift durch eine geschickte zeitliche Abfolge der Personalabbaumaßnahme steht dem nicht entgegen[49]. Abs. 1 schützt nur vor dem Verlust der Unternehmensmitbestimmung infolge einer Abspaltung oder Ausgliederung[50]. Auch aus Gründen der Rechtssicherheit und wegen des eindeutigen Wortlauts ist für die Kausalität allein auf den Zeitpunkt der Spaltung abzustellen[51]. Damit sind Personalreduzierungen auch kurz nach der Eintragung der Spaltung im Handelsregister unbeachtlich. Umgekehrt entfällt die Kausalität der Spaltung für den Fortfall der Anwendungsvoraussetzungen eines bestimmten Mitbestimmungsgesetzes nicht dadurch, dass der folgende Personalabbau auch ohne die zuvor durchgeführte Spaltung zur Unterschreitung der gesetzlichen Mindestzahl von Arbeitnehmern geführt hätte[52].

Wechselt ein Unternehmen vor der Abspaltung oder Ausgliederung in eine nicht mitbestimmungsfähige Rechtsform, entfallen die Voraussetzungen für die Beteiligung der Arbeitnehmer im Aufsichtsrat durch den Formwechsel, so dass Abs. 1 nicht anwendbar ist[53]. **12**

e) Kein Tendenzschutz beim übertragenden Rechtsträger. Abs. 1 ist nicht anwendbar, wenn infolge der Abspaltung oder Ausgliederung beim übertragenden Rechtsträger der **Tendenzschutz** nach § 1 Abs. 2 DrittelbG oder nach § 1 Abs. 4 MitbestG eingreift. Die Beibehaltung der Unternehmensmitbestimmung nach Abs. 1 verstieße gegen die verfassungsrechtlichen Wertungen[54], auf denen der gesetzliche Ausschluss der Mitbestimmung beruht[55]. Abs. 1 ist daher verfassungskonform einschränkend auszulegen. **13**

f) Verhältnis zu anderen Beibehaltungsvorschriften. In bestimmten Fällen ordnen auch andere Vorschriften die Beibehaltung der bisherigen Mitbestimmungsregelungen an, wenn die gesetzlichen Anwendungsvoraussetzungen nicht mehr vorliegen. Insoweit stellt sich die Frage, ob diese Vorschriften neben Abs. 1 anwendbar oder **spezieller** als dieser sind. **§ 1 Abs. 3 MontanMitbestG** sieht bei Entfallen des vorausgesetzten **Unternehmenszwecks** oder der erforderlichen Zahl der beschäftigten Arbeitnehmer die Fortgeltung der Montan-Mitbestimmung für die Dauer von sechs Jahren vor. § 1 Abs. 3 MontanMitbestG ist spezieller als § 325 Abs. 1[56]. Der Gesetzgeber wollte durch die Einführung des § 325 die bisherige Unternehmensmitbestimmung sichern. Er wollte die Position der Arbeitnehmer nicht verschlechtern, was bei einer nur fünfjährigen Fortgeltung der Mitbestimmung nach Abs. 1 Satz 1 aber der Fall wäre[57]. Daher tritt § 325 Abs. 1 hinter § 1 Abs. 3 MontanMitbestG zurück, wenn die Voraussetzungen beider Vorschriften erfüllt sind. Die in den beiden Vorschriften vorgesehenen Beibehaltungsfristen sind nicht zusammenzuzählen, wenn beide durch die selbe Abspaltung oder Ausgliederung in Gang gesetzt werden[58]. Schließlich lässt **14**

---

[48] *Boecken* Rn 432; *Seibt* in Willemsen/Hohenstatt/Schweibert/Seibt F Rn 112 („Stichtagsprinzip"); *Joost* in Lutter Rn 22 ff.; *Willemsen* in Kallmeyer Rn 8; *Oetker* in Erfurter Komm.² Rn 9; aA *Wißmann* in Widmann/Mayer Rn 17 f.
[49] AA *Wißmann* in Widmann/Mayer Rn 17.
[50] IE ebenso *Oetker* in Erfurter Komm.² Rn 9.
[51] *Seibt* in Willemsen/Hohenstatt/Schweibert/Seibt F Rn 112.
[52] *Willemsen* in Kallmeyer Rn 8; aA *Wißmann* in Widmann/Mayer Rn 18.
[53] AA *Wißmann* in Widmann/Mayer Rn 19 für den Fall der rechtsmissbräuchlichen Umgehung der Mitbestimmungsbeibehaltung.
[54] Art. 4 und 5 GG.
[55] *Seibt* in Willemsen/Hohenstatt/Schweibert/Seibt F Rn 114; *Oetker* in Erfurter Komm.² Rn 6; *Willemsen* in Kallmeyer Rn 7; aA *Wißmann* in Widmann/Mayer Rn 23, 27 und 34.
[56] *Joost* in Lutter Rn 37; *Wißmann* in Widmann/Mayer Rn 45; *Willemsen* in Kallmeyer Rn 9; *Oetker* in Erfurter Komm.² Rn 6; aA *Heinze* ZfA 1997, 1, 17; *Boecken* Rn 437.
[57] *Wißmann* in Widmann/Mayer Rn 45; *Oetker* in Erfurter Komm.² Rn 6.
[58] *Wißmann* in MünchHdbArbR § 386 Rn 11.

eine während der sechsjährigen Beibehaltungsfrist nach § 1 Abs. 3 MontanMitbestG eintretende weitere Spaltung die zeitlich begrenzte Montan-Mitbestimmung unberührt, setzt also nicht einen Fünfjahreszeitraum nach § 325 Abs. 1 in Gang[59].

15 Aus den gleichen Gründen ist auch **§ 16 Abs. 2 MitbestErgG** spezieller als § 325 Abs. 1[60]. Von praktischer Bedeutung ist, dass die sechsjährige Fortgeltung der Montan-Mitbestimmung nach § 16 Abs. 2 iVm. § 3 Abs. 2 MitbestErgG nur zum Teil verfassungsgemäß ist, weil die in § 3 Abs. 2 Satz 1 Nr. 2 MitbestErgG festgelegte Arbeitnehmerzahl keinen ausreichenden Montan-Bezug vermittelt[61].

16 Die gleichzeitige Anwendung von § 325 Abs. 1 und **§ 1 MitbestBeiG** auf denselben Vorgang scheidet aus: § 325 Abs. 1 erfasst nur innerdeutsche Spaltungen, § 1 MitbestBeiG nur grenzüberschreitende Betriebsübergänge innerhalb der EU[62]. Beruht das auf das Unternehmen angewendete Mitbestimmungsstatut im Zeitpunkt der Spaltung nur noch auf der Fiktion des § 1 MitbestBeiG, steht dies der Beibehaltung der Mitbestimmung nach § 325 Abs. 1 allerdings nicht entgegen, da zu den „gesetzlichen Voraussetzungen" iSd. § 325 Abs. 1 auch diejenigen gehören, die im MitbestBeiG enthalten sind[63]. Mit der Spaltung beginnt dann die Beibehaltung der Mitbestimmung nach § 325 Abs. 1, die allerdings mit Ablauf des durch § 1 MitbestBeiG vorgesehenen Zeitraums endet. Sinkt die Arbeitnehmerzahl unter ein Viertel der gesetzlich geforderten Arbeitnehmermindestzahl, entfällt die Mitbestimmungsbeibehaltung[64].

2. Rechtsfolgen

17 Liegen die gesetzlichen Voraussetzungen vor, finden die vor der Spaltung **geltenden Vorschriften** noch für einen Zeitraum von fünf Jahren nach dem Wirksamwerden der Abspaltung oder Ausgliederung Anwendung.

18 **a) Beibehaltung der Mitbestimmung beim übertragenden Rechtsträger.** Das Mitbestimmungsgesetz wird nur beim übertragenden Rechtsträger beibehalten. Dies gilt auch dann, wenn der mitbestimmte Aufsichtsrat beim übertragenden Rechtsträger tatsächlich nach den falschen gesetzlichen Bestimmungen zusammengesetzt war. In diesem Fall bleibt das gesetzliche Vertretungsorgan verpflichtet, das Statusverfahren nach den §§ 97 ff. AktG einzuleiten, um den Aufsichtsrat nach den maßgeblichen gesetzlichen Vorschriften zusammenzusetzen[65].

19 Zu den geltenden Vorschriften, die die Beteiligung der Arbeitnehmer im Aufsichtsrat regeln, gehört das gesamte einschlägige Mitbestimmungsgesetz[66]. Dazu gehören auch die Regelungen über die innere Ordnung, die Rechte und Pflichten des Aufsichtsrats[67]. Die den Vorstand betreffenden Vorschriften, zB über die Bestellung eines Arbeitsdirektors[68], finden gleichfalls weiter Anwendung[69].

---

[59] *Wißmann* in Widmann/Mayer Rn 46.
[60] *Joost* in Lutter Rn 37; *Oetker* in Erfurter Komm.² Rn 6; *Willemsen* in Kallmeyer Rn 9; aA *Wißmann* in Widmann/Mayer Rn 25, wonach es zu keiner Konkurrenz kommen könne; § 325 Abs. 1 sei nicht anwendbar, da eine Spaltung eines unter das MitbestErgG fallenden Unternehmens keine negativen Auswirkungen auf die Anwendungsvoraussetzungen des MitbestErgG habe.
[61] BVerfG AP MitbestimmungsergänzungsG § 3 Nr. 2 = NZA 1999, 435 = NJW 1999, 1535.
[62] *Wißmann* in Widmann/Mayer Rn 43.
[63] *Wißmann* in Widmann/Mayer Rn 41.
[64] § 2 Abs. 2 MitbestBeiG bzw. § 325 Abs. 1 Satz 2; *Wißmann* in Widmann/Mayer Rn 42.
[65] Siehe Rn 4 und *Wißmann* in Widmann/Mayer Rn 29.
[66] *Joost* in Lutter Rn 29.
[67] *Oetker* in Erfurter Komm.² Rn 11; zB §§ 25 ff. MitbestG.
[68] § 33 Abs. 1 MitbestG, § 13 MontanMitbestG, § 13 MitbestErgG.
[69] *Joost* in Lutter Rn 29; *Oetker* in Erfurter Komm.² Rn 11; für eine analoge Anwendung von § 325 Abs. 1 *Mengel* S. 455; aA wohl *Willemsen* in Kallmeyer Rn 10 („restriktive Auslegung") (Fn 3).

b) Befristung der Beibehaltung der Mitbestimmung. Die Beibehaltung des bisherigen Mitbestimmungsstatuts ist auf **fünf Jahre** beschränkt. Die Frist beginnt mit dem Wirksamwerden der Abspaltung oder Ausgliederung. Sie wird nach §§ 187 Abs. 1, 188 Abs. 2 BGB berechnet[70]. Weitere Spaltungen oder Personalreduzierungen während der Fünfjahresfrist lassen die Beibehaltung der Mitbestimmung grundsätzlich unberührt[71]. 20

Mit Ablauf der Frist ist das Statusverfahren nach §§ 97 ff. AktG einzuleiten[72]. Die Bekanntmachung nach § 97 AktG ist erst nach Ablauf der fünfjährigen Beibehaltungsfrist möglich, da der Aufsichtsrat erst dann nicht mehr nach den maßgeblichen gesetzlichen Vorschriften zusammengesetzt ist[73]. 21

Erfüllt das Unternehmen während der fünfjährigen Beibehaltungsfrist wieder die spaltungsbedingt weggefallenen gesetzlichen Voraussetzungen, endet die Mitbestimmungsbeibehaltung nach Abs. 1. Die Unternehmensmitbestimmung beruht dann ohne formalen Akt wieder unmittelbar auf dem einschlägigen Gesetz[74]. Entfallen die gesetzlichen Voraussetzungen später auf Grund einer Abspaltung oder Ausgliederung erneut, beginnt eine neue fünfjährige Beibehaltung der Mitbestimmung[75]. Hat der erneute Wegfall andere Ursachen, etwa eine Personalreduzierung, liegt kein Fall des Abs. 1 vor. Trotzdem ist die Mitbestimmung noch bis zum Ende der ursprünglichen Fünfjahresfrist beizubehalten, wenn seit Eintragung der ersten mitbestimmungsschädlichen Spaltung noch keine fünf Jahre vergangen sind. Es wäre mit dem Zweck des Abs. 1 nicht zu vereinbaren, wenn die Mitbestimmung nur deshalb entfiele, weil während des Beibehaltungszeitraums vorübergehend die gesetzlichen Anwendungsvoraussetzungen wieder erfüllt wurden[76]. 22

c) Zusammensetzung des Aufsichtsrats. Wird das bisherige Mitbestimmungsstatut beibehalten, bleibt der bisherige Aufsichtsrat mit seinen Mitgliedern im Amt. Das Statusverfahren nach §§ 97 ff. AktG ist nur durchzuführen, wenn ein dem MitbestG unterfallendes Unternehmen nach der Abspaltung oder Ausgliederung einen kleineren Aufsichtsrat zu bilden hat[77]. Haben Aufsichtsratsmitglieder einen Sitz inne, der Arbeitnehmern des Unternehmens vorbehalten ist[78], und verlieren sie auf Grund der Abspaltung oder Ausgliederung ihre Unternehmenszugehörigkeit, endet ihr Aufsichtsratsamt automatisch mit der Spaltung gem. bzw. entsprechend § 24 Abs. 1 MitbestG[79]. Sind innerhalb der Fünfjahresfrist Neuwahlen zum Aufsichtsrat notwendig, kommen die vor der Abspaltung oder Ausgliederung geltenden Vorschriften zur Anwendung. 23

d) Unterschreiten der Mindestzahl des Abs. 1 Satz 2 während des Beibehaltungszeitraums. Wird während des fünfjährigen Beibehaltungszeitraums die Arbeitnehmermindestzahl des Abs. 1 Satz 2 unterschritten, endet die Mitbestimmungsbeibehaltung[80]. Die Ursache hierfür ist ohne Bedeutung[81]. Das beibehaltene Mitbestimmungssystem soll nicht außer Verhältnis zur Größe der Belegschaft stehen[82]. Es gibt daher keinen sachlichen Grund, das 24

---

[70] *Wißmann* in Widmann/Mayer Rn 28.
[71] Zur Ausnahme bei Absinken der Arbeitnehmerzahl unter ein Viertel der gesetzlich geforderten Arbeitnehmermindestzahl siehe Rn 24.
[72] *Joost* in Lutter Rn 30; *Mengel* S. 425; *Willemsen* in Kallmeyer Rn 10 ; *Oetker* in Erfurter Komm.² Rn 10; *Wißmann* in Widmann/Mayer Rn 50.
[73] *Wißmann* in Widmann/Mayer Rn 50.
[74] *Wißmann* in Widmann/Mayer Rn 31; wohl auch *Willemsen* in Kallmeyer Rn 10.
[75] *Wißmann* in Widmann/Mayer Rn 32.
[76] *Wißmann* in Widmann/Mayer Rn 32.
[77] *Wißmann* in Widmann/Mayer Rn 12, 38 und 48.
[78] Siehe § 7 Abs. 2 MitbestG und § 4 Abs. 2 DrittelbG.
[79] Ausf. *Wißmann* in Widmann/Mayer Rn 39 f.
[80] *Boecken* Rn 434; *Joost* in Lutter Rn 32; *Willemsen* in Kallmeyer Rn 10; *Wißmann* in Widmann/Mayer Rn 36; *Oetker* in Erfurter Komm.² Rn 8.
[81] *Wißmann* in Widmann/Mayer Rn 36.
[82] *Boecken* Rn 433.

spätere Absinken der Arbeitnehmerzahl unter die von Abs. 1 Satz 2 aufgestellten Zahlengrenzen anders zu behandeln als das sofortige Unterschreiten der Mindestzahl. Endet die Mitbestimmungsbeibehaltung, ist das Statusverfahren nach §§ 97 ff. AktG durchzuführen[83].

3. Zulässigkeit abweichender Vereinbarungen über die Mitbestimmungsbeibehaltung

25 Die befristete Beibehaltung der Mitbestimmung ist aufgrund von § 1 Abs. 3 Satz 1 zwingend[84]. Es kann mit den Arbeitnehmervertretungen also weder ein Verzicht auf die Mitbestimmungsbeibehaltung noch eine Verkürzung der Beibehaltungsfrist vereinbart werden[85]. Ebenso sind ergänzende Vereinbarungen nach § 1 Abs. 3 Satz 2 unzulässig[86]. Abs. 1 enthält eine abschließende Regelung[87]. Im Gesetzgebungsverfahren wurde der Vorschlag, die Beibehaltung des zuletzt angewendeten Mitbestimmungsgesetzes durch Tarifvertrag oder sonstige Vereinbarung der Tarifpartner zu ermöglichen[88], abgelehnt.

4. Streitigkeiten

26 Streitigkeiten über die richtige Zusammensetzung des mitbestimmten Aufsichtsrats entscheidet das **Landgericht**, in dessen Bezirk die Gesellschaft ihren Sitz hat, im Verfahren der freiwilligen Gerichtsbarkeit[89]. Solange das Statusverfahren nach §§ 97 ff. AktG nicht abgeschlossen ist, bleibt der bisherige Aufsichtsrat im Amt. Der Kontinuitätsgrundsatz erstreckt sich nicht nur auf die gesetzlichen Vorschriften, nach denen der Aufsichtsrat zusammenzusetzen ist, sondern auch auf die personelle Zusammensetzung[90]. Die Vorschriften des AktG[91] sind auf die KGaA[92], die GmbH[93], auf Erwerbs- und Wirtschaftsgenossenschaften[94] und auf VVaG[95] entsprechend anzuwenden.

III. Fortgeltung von Rechten oder Beteiligungsrechten des Betriebsrats (Abs. 2)

1. Voraussetzungen

27 a) *Spaltung oder Teilübertragung eines Rechtsträgers.* § 325 Abs. 2 Satz 1 setzt eine Spaltung oder eine Teilübertragung voraus. Er erfasst – anders als Abs. 1 – auch die Aufspaltung. Die Verschmelzung und der Formwechsel führen nicht automatisch zu einer Betriebsspaltung, so dass keine (Beteiligungs-)Rechte entfallen können[96]. Die Vorschrift findet keine Anwendung auf Betriebsspaltungen infolge anderer Vorgänge, etwa durch Aufteilung eines Betriebs auf mehrere Unternehmen im Wege der Einzelrechtsnachfolge[97].

---

[83] *Wißmann* in Widmann/Mayer Rn 49; *Oetker* in Erfurter Komm.[2] Rn 8.
[84] § 1 Rn 80.
[85] *Joost* in Lutter Rn 36.
[86] § 1 Rn 84 f.
[87] *Boecken* Rn 439; *Mengel* S. 415 f.; *Düwell* in Kasseler Hdb. 6.8 Rn 287.
[88] Siehe RAusschussB *Ganske* S. 319; *Boecken* Rn 440 f.; *Düwell* in Kassler Hdb. 6.8 Rn 287; *Oetker* in Erfurter Komm.[2] Rn 3.
[89] §§ 98, 99 Abs. 2 Satz 1 AktG.
[90] § 96 Abs. 2 AktG; OLG *Düsseldorf* AG 1996, 87.
[91] §§ 96 Abs. 2, 97 ff. AktG.
[92] § 278 Abs. 3 AktG.
[93] § 1 Abs. 1 Nr. 3 DrittelbG, § 6 Abs. 2 Satz 1 MitbestG 1976, § 3 Abs. 2 MontanMitbestG, § 3 Abs. 1 Satz 2 MitBestErgG und § 27 EAktG.
[94] § 1 Abs. 1 Nr. 5 DrittelbG, § 6 Abs. 2 Satz 1 MitbestG 1976.
[95] § 35 Abs. 3 Satz 1 VAG.
[96] *Joost* in Lutter Rn 39.
[97] *Boecken* Rn 406; *Mengel* S. 453 f.; *Oetker* in Erfurter Komm.[2] Rn 12; aA (analoge Anwendung) Bachner/Köstler/Matthießen/Trittin S. 59.

b) Spaltung eines Betriebs. Die Spaltung oder Teilübertragung muss die Spaltung eines 28
Betriebs im betriebsverfassungsrechtlichen Sinne zur Folge haben. Die Spaltung eines Betriebs liegt vor, wenn der Betrieb auf verschiedene Rechtsträger aufgeteilt wird[98]. Es müssen auf betrieblicher Ebene wesentliche Organisationsänderungen iSd. § 111 Satz 2 Nr. 3 BetrVG stattfinden[99]. Daran fehlt es, wenn der Betrieb nach der gesellschaftsrechtlichen Spaltung oder Teilübertragung als **gemeinsamer Betrieb**[100] erhalten bleibt, zumal dann weiterhin auf die Gesamtzahl der beschäftigten Arbeitnehmer abzustellen ist und (Beteiligungs-)Rechte des Betriebsrats nicht entfallen[101].

Die Spaltung des Betriebs muss die **Folge der gesellschaftsrechtlichen Spaltung oder** 29
Teilübertragung, d. h. das unmittelbare tatsächliche Ergebnis der durch die Umwandlung bewirkten Veränderungen sein[102]. Abs. 2 beschränkt sich daher auf die Spaltung von Betrieben des übertragenden Rechtsträgers[103].

c) Aus der Spaltung hervorgegangene Betriebe. Aus dem Wortlaut des Abs. 2 („aus 30
der Spaltung hervorgegangene Betriebe") lässt sich ableiten, dass infolge der Spaltung **selbstständige Betriebe** entstehen müssen[104]. Die Vorschrift ist daher nicht anwendbar, wenn die aus der Spaltung hervorgegangenen Betriebe in einen anderen Betrieb eingegliedert werden oder mit einem anderen Betrieb einen gemeinsamen Betrieb bilden[105]. Aus der Spaltung hervorgegangen sind sowohl der nun selbstständige Betrieb beim übernehmenden Rechtsträger als auch der beim übertragenden Rechtsträger verbleibende Restbetrieb. Die neu entstandenen Einheiten müssen allerdings **betriebsratsfähig** sein[106], d. h. es müssen idR mindestens fünf ständige wahlberechtigte Arbeitnehmer, von denen drei wählbar sind, beschäftigt werden[107]. Die Betriebsratsfähigkeit kann nicht abweichend vom Gesetz durch Tarifvertrag oder Betriebsvereinbarung festgelegt werden[108]. Das folgt mittelbar aus der zwingenden Regelung in Abs. 2 Satz 2, die § 9 BetrVG von einer Fortgeltungsvereinbarung ausschließt[109].

d) Entfallen von Rechten oder Beteiligungsrechten des Betriebsrats. Die Betriebs- 31
spaltung muss bei den aus der Spaltung hervorgegangenen Betrieben zu einem Entfallen von Rechten oder Beteiligungsrechten des Betriebsrats führen. In erster Linie kommen gesetzliche Rechte oder Beteiligungsrechte des Betriebsrats, die von einer bestimmten Arbeitnehmerzahl abhängen, in Betracht[110].

---

[98] Vgl. § 21 a Abs. 1 Satz 1 und Abs. 3 BetrVG.
[99] *Boecken* Rn 407; *Wißmann* in Widmann/Mayer Rn 56.
[100] Vgl. § 1 Abs. 2 BetrVG.
[101] *Joost* in Lutter Rn 40; *Willemsen* in Kallmeyer Rn 13.
[102] *Hörtnagl* in Schmitt/Hörtnagl/Stratz Rn 16.
[103] *Wißmann* in Widmann/Mayer Rn 58, der § 325 Abs. 2 auch anwenden will, wenn der Betrieb des übernehmenden Rechtsträgers einem vom übertragenden Rechtsträger aufgenommenen Betrieb zugeschlagen wird.
[104] Vgl. auch § 21 a Abs. 1 Satz 1 und Abs. 3 BetrVG.
[105] *Oetker* in Erfurter Komm.² Rn 13; aA *Wißmann* in Widmann/Mayer Rn 60, wonach auch alle Betriebe, denen nach der Spaltung ein die Voraussetzungen nach § 325 Abs. 2 erfüllender Betriebsteil neben anderen angehört, aus der Spaltung hervorgegangen ist, da der Begriff „hervorgegangen" nicht die Existenz des Betriebs überhaupt, sondern nur dessen Bestand nach der Spaltung voraussetzt.
[106] *Wlotzke* DB 1995, 40, 46; *Boecken* Rn 412; *Joost* in Lutter Rn 39 und 50; *Wißmann* in Widmann/Mayer Rn 57; *Oetker* in Erfurter Komm.² Rn 13.
[107] § 1 Abs. 1 BetrVG.
[108] *Däubler* RdA 1995, 136, 145; *Boecken* Rn 412; *Joost* in Lutter Rn 50; *Oetker* in Erfurter Komm.² Rn 13; *Wißmann* in Widmann/Mayer Rn 64.
[109] *Wißmann* in MünchHdbArbR § 33 Rn 31; *Joost* in Lutter Rn 50.
[110] Bei den Beteiligungsrechten handelt es sich im Wesentlichen um die §§ 99, 110 Abs. 2, 111 ff. BetrVG (mindestens 21 Arbeitnehmer), § 106 BetrVG (mindestens 101 Arbeitnehmer), §§ 95 Abs. 2, 110 Abs. 1 BetrVG (mindestens 1001 Arbeitnehmer). Die Rechte des Betriebsrats sind alle sonstigen Rechte, zB das Recht auf Freistellung von Betriebsratsmitgliedern, § 38 BetrVG; hierzu gehört aber

32 Da der Wortlaut des Abs. 2 nicht voraussetzt, dass gesetzliche Rechte entfallen müssen, können die entfallenden (Beteiligungs-)Rechte des Betriebsrats auch auf Tarifvertrag oder Betriebsvereinbarung beruhen[111]. Dies ist zB der Fall, wenn ein aus der Spaltung hervorgegangener Betrieb aus dem Anwendungsbereich des Tarifvertrags herausfällt oder die Betriebsvereinbarung für ihn nicht mehr gilt[112].

2. Vereinbarung der Fortgeltung der Rechte oder Beteiligungsrechte des Betriebsrats

33 Für jeden aus der Spaltung hervorgegangenen Betrieb, der die Voraussetzungen des Abs. 2 erfüllt, kann durch Betriebsvereinbarung oder Tarifvertrag die Fortgeltung der entfallenen (Beteiligungs-)Rechte des Betriebsrats vereinbart werden. Wurde bereits in einem Tarifvertrag eine Fortgeltungsvereinbarung getroffen, ist der Abschluss einer weiter gehenden Betriebsvereinbarung dennoch zulässig. Der Tarifvertrag genießt bei betriebsverfassungsrechtlichen Normen keinen Vorrang nach § 77 Abs. 3 BetrVG[113]. Es gilt das Günstigkeitsprinzip nach § 4 Abs. 3 TVG[114].

34 **a) Tarifvertrag.** Die Fortgeltung der (Beteiligungs-)Rechte des Betriebsrats kann zwar sowohl durch einen (unternehmensbezogenen) Verbands- als auch durch einen Firmentarifvertrag vereinbart werden[115]. Da es um die Regelung betrieblicher Fragen geht, wird **in der Praxis** allerdings ein **Firmentarifvertrag** abgeschlossen[116]. Ein auf den Abschluss eines solchen Tarifvertrags gerichteter Arbeitskampf ist zulässig[117]. Da der Tarifvertrag betriebsverfassungsrechtliche Fragen betrifft, genügt die Tarifgebundenheit des Arbeitgebers[118], d. h. der Tarifvertrag gilt auch für die Arbeitnehmer, die nicht Mitglied der tarifschließenden Gewerkschaft sind. Es ist nach hM nicht notwendig, dass wenigstens ein Arbeitnehmer Mitglied der tarifschließenden Gewerkschaft ist[119].

35 Die Fortgeltung von (Beteiligungs-)Rechten kann sowohl für den übertragenden als auch den übernehmenden Rechtsträger in einem einzigen Tarifvertrag vereinbart werden. Dies ist durch einen Verbandstarifvertrag möglich, wenn der übertragende und der übernehmende Rechtsträger jeweils Mitglied im tarifschließenden Arbeitgeberverband sind[120]. Übertragender und aufnehmender Rechtsträger können einen **gemeinsamen Firmentarifvertrag** abschließen, wenn die vertragsschließende Gewerkschaft nach ihrer Satzung für beide Rechtsträger zuständig ist. Streitig ist, ob der übertragende Rechtsträger mit Wirkung für den übernehmenden Rechtsträger die Fortgeltung von (Beteiligungs-)Rechten des Betriebsrats vereinbaren kann[121]. Da Firmentarifverträge bei der Spaltung nicht generell

---

auch das Recht nach § 106 BetrVG, bei mehr als 100 Arbeitnehmern einen Wirtschaftsausschuss zu bilden; *Boecken* Rn 410; *Joost* in Lutter Rn 52; *Oetker* in Erfurter Komm.² Rn 15; jetzt auch *Wißmann* in Widmann/Mayer Rn 65.

[111] *Willemsen* in Kallmeyer Rn 12; *Joost* in Lutter Rn 49; *Wißmann* in Widmann/Mayer Rn 59; *Fitting* § 1 BetrVG Rn 175; aA *Oetker* in Erfurter Komm.² Rn 16.

[112] *Wißmann* in Widmann/Mayer Rn 63.

[113] *Boecken* Rn 415; *Düwell* in Kasseler Hdb. 6.8 Rn 257; *Fitting* § 77 BetrVG Rn 73; wohl auch *Willemsen* in Kallmeyer Rn 15.

[114] *Wißmann* in Widmann/Mayer Rn 69.

[115] *Düwell* in Kasseler Hdb. 6.8 Rn 257; *Joost* in Lutter Rn 44; *Oetker* in Erfurter Komm.² Rn 18.

[116] *Wlotzke* DB 1995, 40, 46; *Boecken* Rn 414; *Wißmann* in Widmann/Mayer Rn 71.

[117] *Boecken* Rn 416; *Oetker* in Erfurter Komm.² Rn 18; *Wißmann* in Widmann/Mayer Rn 71; offen gelassen von *Joost* in Lutter Rn 45 („keine praktische Relevanz").

[118] § 3 Abs. 2 BetrVG; *Joost* in Lutter Rn 44; *Wißmann* in Widmann/Mayer Rn 71.

[119] BAG AP TVG § 4 Tarifkonkurrenz Nr. 20; BAG NZA 1991, 202, 204; *Oetker* in Wiedemann § 3 TVG Rn 130; *Joost* in Lutter Rn 44; aA *Franzen* in Erfurter Komm. § 3 TVG Rn 17.

[120] *Willemsen* in Kallmeyer Rn 16.

[121] Bejahend *Willemsen* in Kallmeyer Rn 16; *Oetker* in Erfurter Komm.² Rn 19 differenziert danach, ob die Fortgeltungsvereinbarung in den Spaltungsplan aufgenommen wird.

im Wege der partiellen Gesamtrechtsnachfolge auf den übernehmenden Rechtsträger übergehen, kann die Fortgeltung von betriebsverfassungsrechtlichen Rechten in einem Firmentarifvertrag nur dann mit Wirkung für den aus der Betriebsspaltung hervorgehenden Betrieb des übernehmenden Rechtsträgers getroffen werden, wenn die Parteistellung dem übernehmenden Rechtsträger im Spaltungs- und Übernahmevertrag bzw. im Spaltungsplan zugeordnet wird[122] oder der übertragende Rechtsträger als Vertreter[123] des übernehmenden Rechtsträgers handelt[124].

b) Betriebsvereinbarung. Eine Betriebsvereinbarung nach Abs. 2 ist freiwillig[125] und kann daher nicht durch die Anrufung der Einigungsstelle erzwungen werden[126]. Es ist gesetzlich nicht geregelt, welcher Betriebsrat für den Abschluss einer Betriebsvereinbarung über die Fortgeltung von (Beteiligungs-)Rechten **zuständig** ist[127]. Zwischen dem Restbetrieb und dem daraus hervorgegangenen neuen Betrieb ist zu unterscheiden. Für den **Restbetrieb** des übertragenden Rechtsträgers bleibt dessen Betriebsrat zuständig, so dass auch schon vor der Spaltung oder Teilübertragung eine Fortgeltungsvereinbarung für den Restbetrieb abgeschlossen werden kann[128]. Im Übrigen ist streitig, ob sich die Zuständigkeit des Betriebsrats des übertragenden Rechtsträgers auch auf den infolge der Spaltung neu entstandenen Betrieb des übernehmenden Rechtsträgers erstreckt[129]. Der Betriebsrat des übertragenden Rechtsträgers kann grundsätzlich keine Betriebsvereinbarung für den **Betrieb des übernehmenden Rechtsträgers** abschließen, wenn dort ein Betriebsrat besteht. Hat der Betriebsrat des übertragenden Rechtsträgers ein **Übergangsmandat**, kann er auch Betriebsvereinbarungen nach Abs. 2 für den neuen Betrieb abschließen[130]. Gleiches gilt, wenn die (Gesamt-)Betriebsvereinbarungen des übertragenden Rechtsträgers kollektivrechtlich fortgelten[131]. Innerhalb ihres Zuständigkeitsbereichs können auch der Gesamt- oder Konzernbetriebsrat die Fortgeltung von (Beteiligungs-)Rechten vereinbaren[132].

c) Beibehaltungsfähige Rechte und Beteiligungsrechte des Betriebsrats. Es kann nur die Fortgeltung von Rechten und Beteiligungsrechten vereinbart werden, die der Betriebsrat bereits im gespaltenen Betrieb hatte. Beibehaltungsfähig sind alle gesetzlichen Rechte und Beteiligungsrechte des Betriebsrats. Obwohl eine ausdrückliche Regelung fehlt, kann entsprechend Abs. 2 auch die Beibehaltung des Wirtschaftsausschusses vereinbart werden[133], weil es sich hierbei um ein „Hilfsorgan" des Betriebsrats handelt[134].

---

[122] Siehe § 131 Rn 51 ff.; *Oetker* in Erfurter Komm.² Rn 19.
[123] § 164 BGB.
[124] Zur Vertretung bei einem Firmentarifvertrag *BAG* NZA 2001, 1149, 1150 f.; *BAG* NZA 1998, 1346, 1347.
[125] § 88 BetrVG.
[126] *Boecken* Rn 415; *Düwell* in Kasseler Hdb. 6.8 Rn 257; *Joost* in Lutter Rn 47; *Oetker* in Erfurter Komm.² Rn 18; *Willemsen* in Kallmeyer Rn 15; *Wißmann* in Widmann/Mayer Rn 70; *Mengel* S. 358.
[127] Siehe zur Zuständigkeit des Betriebsrats grundsätzlich § 5 Rn 142 sowie §§ 50, 58 BetrVG.
[128] *Boecken* Rn 218; iE ebenso *Joost* in Lutter Rn 46; *Willemsen* in Kallmeyer Rn 16.
[129] Bejahend *Joost* in Lutter Rn 46; *Schaub*, FS Wiese, S. 535, 545; ablehnend *Boecken* Rn 418; *Willemsen* in Kallmeyer Rn 16; differenzierend *Oetker* in Erfurter Komm.² Rn 19, der annimmt, dass die Vereinbarung den übernehmenden Rechtsträger bindet, wenn sie in den Spaltungsplan aufgenommen wird.
[130] § 21 a Abs. 1 Satz 1 BetrVG; *Boecken* Rn 418; *Engels*, FS Wlotzke, S. 279, 292 f.; *Düwell* in Kasseler Hdb. 6.8 Rn 259; *Willemsen* in Kallmeyer Rn 16; *Joost* in Lutter Rn 46.
[131] Dazu *BAG* NZA 2003, 670 ff.; § 131 Rn 55 mwN.
[132] *Joost* in Lutter Rn 46.
[133] *Däubler* RdA 1995, 136, 145; *B. Gaul* DB 1995, 2265; *Boecken* Rn 409; *Düwell* in Kasseler Hdb. 6.8 Rn 260; *Willemsen* in Kallmeyer Rn 13; *Joost* in Lutter Rn 52; *Oetker* in Erfurter Komm.² Rn 15; nunmehr auch *Wißmann* in Widmann/Mayer Rn 65.
[134] *Joost* in Lutter Rn 52; nunmehr auch *Wißmann* in Widmann/Mayer Rn 65.

38 Infolge der Unternehmensbezogenheit des Gesamtbetriebsrats kann nicht vereinbart werden, nunmehr beim übernehmenden Rechtsträger beschäftigte Betriebsratsmitglieder in den beim übertragenden Unternehmen bestehenden Gesamtbetriebsrat zu entsenden[135]. Gehört daher ein aus der Spaltung hervorgegangener Betrieb nicht mehr zum Unternehmen, endet damit zwingend die Mitgliedschaft im Gesamtbetriebsrat. Entsprechendes gilt bei Entfallen der Konzernzugehörigkeit für den Konzernbetriebsrat[136].

39 Auch die auf einem Tarifvertrag oder einer Betriebsvereinbarung beruhenden Rechte und Beteiligungsrechte des Betriebsrats können beibehalten werden[137]. Ebenso ist die durch Betriebsabsprachen[138] näher ausgestaltete Position des Betriebsrats beibehaltungsfähig[139].

40 **d) Ausnahme: §§ 9 und 27 BetrVG, Abs. 2 Satz 2.** Nach Abs. 2 Satz 2 bleiben die §§ 9 und 27 BetrVG unberührt. Die Größe des Betriebsrats und die Bildung und Zusammensetzung eines Betriebsausschusses können daher nicht durch Betriebsvereinbarung oder Tarifvertrag beibehalten werden, sondern richten sich allein nach den objektiven Gegebenheiten.

41 **e) Zeitlicher Zusammenhang der Vereinbarung zur Betriebsspaltung.** Die Fortgeltungsvereinbarung muss in einem nahen zeitlichen Zusammenhang mit der Spaltung oder Teilübertragung getroffen werden[140]. Zwar sieht Abs. 2 hierfür keine Frist vor. Es kann aber nicht mehr von einer „Fortgeltung" der Rechte und Beteiligungsrechte gesprochen werden, wenn der zeitliche Zusammenhang zur Spaltung oder Teilübertragung fehlt. Eine Fortgeltungsvereinbarung, die erst ein Jahr nach der Betriebsspaltung getroffen wird, kann daher nicht mehr auf Abs. 2 gestützt werden[141].

42 **f) Dauer der Vereinbarung.** Die Dauer der Fortgeltungsvereinbarung ist zeitlich nicht beschränkt. Sie kann befristet oder unbefristet abgeschlossen werden[142]. Ist eine entsprechende Betriebsvereinbarung befristet, wirkt sie nur nach, wenn eine Nachwirkung ausdrücklich vereinbart wird. Die Betriebsparteien können eine unbefristete Betriebsvereinbarung mit einer Frist von 3 Monaten kündigen[143]. Auch ein Tarifvertrag kann befristet werden. Haben die Tarifvertragsparteien hierzu keine Regelung getroffen, gilt die dreimonatige Kündigungsfrist entsprechend[144].

3. Teilübertragung von einem privaten auf einen öffentlich-rechtlichen Rechtsträger und umgekehrt

43 Findet eine Teilübertragung von einem privaten auf einen öffentlich-rechtlichen Rechtsträger oder umgekehrt statt, wechselt der Anwendungsbereich des BetrVG zum Anwendungsbereich der Personalvertretungsgesetze oder umgekehrt. Da Abs. 2 lediglich den

---

[135] *Joost* in Lutter Rn 51; *Oetker* in Erfurter Komm.² Rn 15; iE auch *Mengel* S. 357 und *Willemsen* in Kallmeyer Rn 13; aA *Däubler* RdA 1995, 136, 145.
[136] *Joost* in Lutter Rn 51.
[137] *Däubler* RdA 1995, 136, 145; *Mengel* S. 356; *Joost* in Lutter Rn 49; *Willemsen* in Kallmeyer Rn 13; *Wißmann* in Widmann/Mayer Rn 59; wohl auch *Bachner* NJW 1995, 2881, 2886; für die Rechte aus einer Betriebsvereinbarung *Wlotzke* DB 1995, 40, 46 und *Boecken* Rn 413; aA *Oetker* in Erfurter Komm.² Rn 16.
[138] Hierunter sind formlose Absprachen zwischen Betriebsrat und Arbeitgeber zu verstehen, die nicht die Rechtsqualität einer Betriebsvereinbarung haben und nicht deren Formvorschriften unterliegen, *Schaub* § 231 Rn 3.
[139] *Däubler* RdA 1995, 136, 145; *Willemsen* in Kallmeyer Rn 13.
[140] *Joost* in Lutter Rn 48; *Wißmann* in Widmann/Mayer Rn 68.
[141] *Wißmann* in Widmann/Mayer Rn 68.
[142] *Düwell* in Kasseler Hdb. 6.8 Rn 258; *Willemsen* in Kallmeyer Rn 11; *Wißmann* in Widmann/Mayer Rn 68; *Joost* in Lutter Rn 49; *Oetker* in Erfurter Komm.² Rn 17.
[143] § 77 Abs. 5 BetrVG.
[144] *Wißmann* in Wittmann/Mayer Rn 71 mwN.

Betriebs-, nicht aber den Personalrat erwähnt, ist fraglich, ob die Fortgeltung von Rechten vereinbart werden kann, die dem Betriebs- bzw. Personalrat nach dem einschlägigen Gesetz nicht zustehen. Das ist aufgrund der erheblichen Unterschiede zwischen dem BetrVG und den Personalvertretungsgesetzen zu verneinen[145].

4. Streitigkeiten

Wird die Fortgeltung von (Beteiligungs-)Rechten in einer Betriebsvereinbarung geregelt, ist bei Streitigkeiten das arbeitsgerichtliche Beschlussverfahren eröffnet[146]. Über Streitigkeiten aus einem (Fortgeltungs-)Tarifvertrag entscheiden die Arbeitsgerichte im Urteilsverfahren[147]. **44**

Anhang UmwStG
Steuerliche Grundlagen des Umwandlungsrechts

	Rn		Rn
Vorbemerkung zum SEStEG		4. Die Ebene der übernehmenden Körperschaft (§ 12 UmwStG)	80
A. Verschmelzung	1	a) Überblick	80
I. Verschmelzung von Körperschaften	1	b) Ansatz und Bewertung der übernommenen Wirtschaftsgüter (§ 12 Abs. 1 UmwStG)	84
1. Allgemeines	1	c) Übernahmegewinn oder -verlust	88
a) Überblick, Regelungszweck der §§ 11 bis 13 UmwStG	1	d) Eintritt in die Rechtsstellung der übertragenden Körperschaft (§ 12 Abs. 3 UmwStG)	104
b) Anwendungsbereich	11	e) Kein Eintritt in Verlustvorträge (§ 12 Abs. 3 iVm. § 4 Abs. 2 Satz 2 UmwStG)	110
c) Verschmelzungsvarianten	17	aa) Überblick	110
d) Steuerbilanzen, steuerlicher Übertragungsstichtag	25	bb) Verhältnis zu den körperschaftsteuerlichen Mantelkaufvorschriften (§ 8 Abs. 4 KStG)	131
e) Vergleich zum früheren Recht	34	f) Verschmelzung und steuerlicher Eigenkapitalausweis	136
2. Kreis der erfassten Rechtsträger	36	5. Die Ebene der Anteilseigner (§ 13 UmwStG)	139
3. Die Ebene der übertragenden Körperschaft (§ 11 UmwStG)	47	a) Überblick, Regelungsinhalt	139
a) Vermeidung eines Übertragungsgewinns durch Buchwertansatz	47	b) Erfasste Körperschaften	149
b) Steuerneutralität nur auf Antrag	53	c) Eintritt in die steuerliche Rechtsstellung	150
c) Maßgeblichkeit der Handelsbilanz/Schlussbilanz?	55	II. Verschmelzung unter Beteiligung von Personengesellschaften	165
d) Sicherstellung der Besteuerung (§ 11 Abs. 2 Satz 1 Nr. 1 UmwStG)	61	1. Verschmelzung einer Körperschaft auf eine Personengesellschaft	165
e) Inländisches Besteuerungsrecht (§ 11 Abs. 2 Satz 1 Nr. 2 UmwStG)	66a	a) Steuerlicher Übertragungsstichtag und Rückwirkung	167
f) Keine Gegenleistung oder Gesellschaftsrechte (§ 11 Abs. 2 Satz 1 Nr. 3 UmwStG)	67	b) Wertansatz	174
aa) Keine Gegenleistung	69		
bb) Gewährung von Gesellschaftsrechten	71		
cc) Gewährung weiterer Gegenleistungen	74		
g) Übertragungsgewinn	78		

---

[145] *Wißmann* in Widmann/Mayer Rn 66; *Fitting* § 1 BetrVG Rn 178; einschränkend *Willemsen* in Kallmeyer Rn 17, der keine Bedenken hat, die jeweils geringeren Anwendungsvoraussetzungen eines grundsätzlich in beiden Gesetzen verankerten Rechts des Betriebsrats bzw. Personalrats für den neuen Betrieb zu vereinbaren.
[146] § 2 a ArbGG.
[147] § 2 Abs. 1 Nr. 1 ArbGG; *Oetker* in Erfurter Komm.² Rn 20.

	Rn		Rn
c) Fiktion der Beteiligung an der übertragenden Kapitalgesellschaft ...	177	cc) Eintritt in die Rechtsstellung der übertragenden Gesellschaft bzw. ihrer Gesellschafter (§ 23 UmwStG)	303
d) Ermittlung und Besteuerung des Übernahmeergebnisses	186	(1) Allgemeines	303
e) Besteuerung offener Rücklagen	187a	(2) Buchwertansatz (§ 23 Abs. 1 UmwStG)	305
f) Auswirkungen auf den Gewinn der übernehmenden Personengesellschaft	188	(3) Zwischenwertansatz und Ansatz gemeiner Wert bei Gesamtrechtsnachfolge (§ 23 Abs. 2 UmwStG)	311
2. Verschmelzung Personengesellschaft auf Körperschaft	193	(4) Ansatz gemeiner Wert bei Einzelrechtsnachfolge (§ 23 Abs. 4 UmwStG)	316
a) Allgemeines	193		
aa) Überblick, Regelungszweck der §§ 20 bis 22 UmwStG	193	(5) Steuerliche Vergünstigungen für Übernahmefolgegewinne (§ 23 Abs. 6 iVm. § 6 Abs. 1, 3 UmwStG)	321
bb) Anwendungsbereich der §§ 20 ff. UmwStG	204		
cc) Steuerbilanzen, steuerlicher Übertragungsstichtag, Maßgeblichkeit der Handelsbilanz	206	(6) Erhöhungsbetrag (§ 23 Abs. 2 UmwStG)	321a
dd) Gewerbesteuer	214	e) Auswirkungen auf der Ebene der Anteilseigner (§ 20 Abs. 3, 4, § 22 UmwStG)	322
ee) Vergleich zum früheren Recht .	218		
ff) Alternativen zur Verschmelzung nach dem UmwG	219	aa) Überblick	322
b) Kreis der erfassten Rechtsträger	225	bb) Einbringungsgewinn/Veräußerungsgewinn und die steuerlichen Folgen für die Gesellschafter	324
c) Die Ebene der übertragenden Gesellschaft (§ 20 Abs. 1 UmwStG)	231		
aa) Der Einbringende	231		
bb) Vermeidung eines Übertragungs- bzw. Einbringungsgewinns, Wertansatz	234	cc) Besteuerungsfolgen für die neuen Anteile	331
		(1) Allgemeines (einbringungsgeborene Anteile, § 21 UmwStG aF)	331
cc) Die Einbringung eines qualifizierten Vermögens (Einbringungsgegenstand)	241	(2) Die nachgelagerte Besteuerung der Einbringung (§ 22 UmwStG)	334
dd) Gewährung neuer Anteile als Gegenleistung	255		
ee) Einbringungsgewinn/Veräußerungsgewinn	262		
ff) Zeitpunkt der Einbringung/ steuerlicher Übertragungsstichtag (§ 20 Abs. 5, 6 UmwStG)	269	(3) Verlagerung stiller Reserven auf andere Gesellschaftsanteile, Wertabspaltungstheorie	351
		3. Verschmelzung einer Personengesellschaft auf eine andere Personengesellschaft	352
d) Die Ebene der übernehmenden Kapitalgesellschaft (§ 20 Abs. 2, § 23 UmwStG)	272	a) Rückwirkung und Bilanzierung beim Einbringenden	353
aa) Überblick	272	b) Gegenstand der Einbringung, Einbringender	356
bb) Der Wertansatz bei der übernehmenden Gesellschaft (§ 20 Abs. 2 UmwStG)	277	c) Mitunternehmerstellung	359
		d) Bilanzierung bei der übernehmenden Personengesellschaft	361
(1) Ansatz bei der übernehmenden Gesellschaft	277	e) Besteuerung des Einbringungsgewinns	373
(2) Buchwert, gemeiner Wert, Zwischenwert	288	f) Sonstige Auswirkungen der Verschmelzung	380
(3) Einschränkungen des Bewertungsrechts (§§ 20 Abs. 2 Satz 2, Nr. 2, Satz 4 UmwStG)	290	**B. Spaltung**	386
		I. Übersicht	386
(4) Maßgeblichkeit der Handelsbilanz für die Steuerbilanz	297	1. Das zivilrechtliche Konzept	386

	Rn
2. Das steuerliche Spaltungsrecht	395
a) Die Spaltung nach dem UmwStG	395
b) Umstrukturierungsmöglichkeiten außerhalb des UmwStG	402
c) Die Geschichte des steuerlichen Spaltungsrechts im UmwStG	405
3. Gang der Darstellung	408
II. Spaltung aus einer Körperschaft auf eine Körperschaft	409
1. Allgemeines	409
a) Überblick	409
b) Anwendungsbereich	425
c) Spaltungsvarianten	428
d) Steuerbilanzen, steuerlicher Übertragungsstichtag	430
e) Vergleich zum früheren Recht	437
2. Kreis der erfassten Rechtsträger	439
3. Die Ebene der übertragenden Körperschaft (§§ 15, 11 UmwStG)	444
a) Überblick, Vermeidung eines Übertragungsgewinns durch Buchwertansatz	444
b) Der Teilbetrieb iSv. § 15 Abs. 1 UmwStG	450
aa) Überblick	450
bb) Echter Teilbetrieb iSv. § 15 Abs. 1 Satz 1 UmwStG	452
cc) Mitunternehmeranteil als fiktiver Teilbetrieb (§ 15 Abs. 1 Satz 3 UmwStG)	468
dd) Beteiligung an Kapitalgesellschaften als fiktiver Teilbetrieb (§ 15 Abs. 1 Satz 3 UmwStG)	474
c) Die Einschränkungen für eine steuerneutrale Spaltung (§ 15 Abs. 2 UmwStG)	478
aa) Überblick	478
bb) Erwerb oder Aufstockung von Mitunternehmeranteilen oder Beteiligungen (§ 15 Abs. 2 Satz 1 UmwStG)	481
cc) Vollzug der Veräußerungen an außenstehende Personen (§ 15 Abs. 2 Satz 2 UmwStG)	487
dd) Schaffung der Voraussetzungen für eine Veräußerung (§ 15 Abs. 2 Satz 3, 4 UmwStG)	492
ee) Trennung von Gesellschafterstämmen (§ 15 Abs. 2 Satz 5 UmwStG)	510
d) Verweis auf die Verschmelzungsvorschriften (§ 15 Abs. 1 iVm. § 11 UmwStG)	514
4. Die Ebene der übernehmenden Körperschaft (§§ 15, 12 UmwStG)	522
a) Rechtsnachfolge	522
b) Verlustvorträge und Aufteilung	526
c) Spaltung und steuerlicher Eigenkapitalausweis	531

	Rn
5. Die Auswirkungen der Auf-/Abspaltung auf der Ebene der Anteilseigner (§§ 15, 13 UmwStG)	535
a) Überblick	535
b) Aufteilungsmaßstab	539
c) Spaltungsgeborene Anteile und Anteile iSv. § 50 c EStG	543
III. Spaltung auf eine Personengesellschaft als übernehmender Rechtsträger	546
1. Spaltung aus einer Kapitalgesellschaft auf eine Personengesellschaft	546
a) Übergehendes Vermögen als Teilbetrieb	550
b) Steuerliche Bewertung	556
c) Ermittlung des Übernahmeergebnisses	562
d) Verlustabzug	565
e) Körperschaftsteuerliche Sonderpositionen	567
2. Spaltung einer Personengesellschaft auf eine Personengesellschaft	568
a) Grundlagen	568
b) Auf- und Abspaltung als Anwendungsfall steuerlicher Realteilungsgrundsätze?	572
c) Voraussetzungen der Steuerneutralität bei Realteilung	575
d) Wertausgleichsanspruch	591
IV. Spaltung aus einer Personengesellschaft auf eine Körperschaft einschließlich Ausgliederung aus einem Einzelunternehmen und einer Körperschaft	595
1. Überblick	595
2. Kreis der erfassten Rechtsträger	604
3. Die Ebene des spaltenden Rechtsträgers (§§ 20, 21 UmwStG)	611
4. Die Ebene der übernehmenden Kapitalgesellschaft (§ 20 Abs. 2, § 21 Abs. 1, § 23 UmwStG)	619
5. Auswirkungen auf der Ebene der Anteilseigner (§ 20 Abs. 3, 4, § 22 UmwStG)	622
C. Formwechsel	624
I. Überblick	624
1. Das zivilrechtliche Konzept	624
2. Das steuerliche Formwechselrecht	632
3. Steuerliche Bilanzen anlässlich des Formwechsels	649
4. Grenzen der Fiktion des Vermögensübergangs	654
5. Änderungen durch das SEStEG	654a
6. Gang der Darstellung	655
II. Formwechsel einer Kapitalgesellschaft in einer Personengesellschaft	657
1. Steuerliche Rückwirkung	658
2. Bilanzierung bei dem formwechselnden Rechtsträger	662

Anh. UmwStG   Siebentes Buch. Übergangs- und Schlußvorschriften

	Rn		Rn
3. Bilanzierung bei dem Rechtsträger neuer Rechtsform	674	2. Kreis der erfassten Rechtsträger	716
4. Ermittlung des Übernahmeergebnisses	677	3. Die Ebene der formwechselnden Personengesellschaft (§§ 25, 20 UmwStG)	720
5. Auswirkungen auf Gesellschafter, deren Anteile bei der Ermittlung des Übernahmeergebnisses nicht einbezogen werden	696	4. Die Ebene der übernehmenden Kapitalgesellschaft (§§ 25, 20 Abs. 2, § 23 UmwStG)	725
6. Gewerbesteuer	701	5. Auswirkungen auf der Ebene der Anteilseigner (§§ 25, 20 Abs. 3, 4, § 22 UmwStG)	728
III. Formwechsel einer Personengesellschaft in eine Kapitalgesellschaft	705		
1. Allgemeines	705		

Literatur zum UmwStG 1995: *Arthur Andersen,* Steuerreform 2001, 2001; *Blumers,* Ausgliederung und Spaltung und wesentliche Betriebsgrundlagen, DB 1995, 496; *Bogenschütz,* Umwandlung einer Kapitalgesellschaft in eine KGaA, FS Widmann, 2000, S. 163; *Bordewin/Brandt,* UmwStG, Kommentar zum Einkommensteuergesetz, Grundwerk; Loseblatt-Slg., Stand: 2002; *Breuninger,* Der Formwechsel als hybrides Gestaltungsinstrument, FS Widmann, 2000, S. 203; *Broski,* Step-up-Modelle beim Unternehmenskauf, FR 2002, 181; *Budde/Förschle,* Sonderbilanzen, 3. Aufl. 2002; *Bunjes/Geist,* Umsatzsteuergesetz (UStG), 6. Aufl. 2000; *Döll/Fuhrmann,* Erwerb der Anteile einer Kapitalgesellschaft und anschließende Verschmelzung auf die Muttergesellschaft – das Zusammenspiel von § 8 Abs. 4 KStG und § 12 Abs. 3 Satz 2 UmwStG, DStR 2000, 1166; *Dötsch* u. a., UmwStG, Kommentar zum KStG und EStG, Loseblatt-Slg. Stand: 2006; *Dötsch,* Körperschaftsteuerlicher Verlustabzug – Anwendung von § 8 Abs. 4 KStG und § 12 Abs. 3 Stz 2 UmwStG, DB Beilage 8/99; *Dötsch/Pung,* UmwStG, § 29, 40 Abs. 1 und 2 KStG: Das Einführungsschreiben des BMF vom 16.12.2003, DB 2004, 208; *Dreissig,* Steuerliche Zweifelsfragen bei der Verschmelzung einer Muttergesellschaft auf ihre Tochtergesellschaft („down-stream merger"), StbJb 1994/95, 209; *Eggers/Fleischer/Wischott,* DStR-Fachliteratur-Auswertung: Grunderwerbsteuer, DStR 1998, 1903; *Förster,* Kauf und Verkauf von Unternehmen nach dem UntStFG, DB 2002, 1394; *Haarmann,* Der Begriff des Teilbetriebs im deutschen Steuerrecht, FS Widmann, 2000, S. 375; *Haritz,* Unternehmenssteuerreform 2001: Begünstigte Veräußerungsgewinne bei einbringungsgeborenen Anteilen, DStR 2000, 1537; *ders.,* Verschmelzung einer GmbH auf eine KGaA – eine steuerrechtliche Mischumwandlung, DStR 1996, 1192; *Haritz/Paetzold,* Bilanzielle Verknüpfungen und der Maßgeblichkeitsgrundsatz bei Verschmelzungen, FR 1998, 352; *Haritz/Slabon,* Steuernachteile für Minderheitsgesellschafter bei Umwandlungen, GmbHR 1997, 401; *Haritz/Wagner,* Steuerneutralität bei nichtverhältniswahrender Abspaltung, DStR 1997, 181; *Haritz/Wisniewski,* Das BMF-Schreiben zum Umwandlungssteuergesetz, GmbHR 2004, 150; *dies.,* Zur Verfassungswidrigkeit von Vorschriften des UntStRFoG (f), GmbHR 2001, 212; *Heimann/Frey,* Auswirkungen der formellen Verfassungswidrigkeit von Steuergesetzen: Die wundersame Auferstehung verlässlicher Verlustnutzungsregelungen? Besprechung des BFH-Beschl. v. 29. 11. 2000 – IR 38/99, GmbHR 2001, 171; *Hermann/Heuer/Raupach,* UmwStG, Kommentar zur Einkommensteuer und Körperschaftsteuer einschl. Nebengesetze, 20. Aufl. 1993; *Herzig,* Gestaltung steuerorientierter Umstrukturierungen im Konzern, DB 2000, 2236; *Herzig/Förster,* Problembereiche bei der Auf- und Abspaltung von Kapitalgesellschaften nach neuem Umwandlungssteuerrecht, DB 1995, 338; *dies.,* Steueränderungsgesetz 1992: Die Umsetzung der Fusionsrichtlinie in deutsches Steuerrecht, DB 1992, 911 ff., 959 ff.; *Herzig/Momen,* Die Spaltung von Kapitalgesellschaften im neuen Umwandlungssteuergesetz, DB 1994, 2157 ff., 2210 ff.; *Hofmeister,* Zum Übergang des Verlustabzugs bei Verschmelzungen von Kapitalgesellschaften, FS Widmann, 2000, S. 413; *Hörger,* Die Spaltung von Kapitalgesellschaften, FR 1994, 765; *Hörger/Mentel/Schulz,* Ausgewählte Fragen zum Steuerentlastungsgesetz 1999/2000/2002, Unternehmensumstrukturierungen, DStR 1999, 565; *Krebs,* Zur Veräußerung von Anteilen an einer Kapitalgesellschaft nach der Spaltung, BB 1997, 1817; *Kröner,* Überlegungen zur Verlustnutzung vor dem Hintergrund des Erlaßentwurfs zu §§ 8 Abs. 1 KStG und 12 Abs. 3 Satz 2 UmwStG, DStR 1998, 1495; *Märkle,* Neue Beratungssignale der Rechtsprechung zur Mitunternehmerschaft, DStR 2000, 797; *Momen,* Veräußerung durch Spaltung: Die Mißbrauchsklausel des § 15 Abs. 3 Satz 2 UmwStG auf dem Prüfstand, DStR 1997, 355; *Müller/Maiterth,* Die Anpassung des gesonderten steuerlichen Eigenkapitalausweises von Körperschaften bei Kapitaländerungen in Umwandlungsfällen, DStR 2002, 746; *Neu,* Übernahmeerfolg und Beteiligungskorrekturgewinn nach § 12 Abs. 2 UmwStG bei der Verschmelzung von Kapitalgesellschaften – Rechtslage und Beratungsperspektiven, GmbHR 1996, 896; *Orth,* Umwandlung durch Anwachsung, DStR 1999, 1011 ff., 1053 ff.; *Pahlke/Franz,* Grunderwerbsteuergesetz (GrErwStG), 3. Aufl. 2005; *Patt/Rasche,* Unternehmenssteuerreform: Tarifermäßigung nach § 34 EStG (§§ 20 Abs. 5 und 24 Abs. 3 UmwStG) sowie für Gewinne aus der Veräußerung einbringungsgeborener Anteile (§ 21 UmwStG), FR 2001, 175; *Prinz,* Verlustnutzung bei Verschmelzung nach dem Gesetz zur Fortsetzung der Unternehmenssteuerreform; FR 1997, 881; *Pung,* Steuersenkungsgesetz: Änderung des UmwStG, DB 2000, 1835; *Rau/Dürrwächter*, UStG, 8. Aufl. 1997; *Rödder*, DStR-Fachliteratur-Auswertung: Umwandlungssteuergesetz, DStR 1997, 483; *ders.*, Wertaufholungsgebot betreffend Beteiligungen und Umstrukturierung, DStR 1999, 1019; *Rödder/Beckmann*, Ein neues Teilbetriebsverständnis im UmwStG tut not!, DStR 1999, 751; *Rödder/Wochinger*, Besteuerung des down-stream merger, FR 1999, 1; *Roos/Annuß*, Steuerliche Gestaltung des Unternehmenskaufs durch das Mitunternehmerschaftsmodell – eine Vorteilhaftigkeitsanalyse, DStR 2000, 954; *Schaumburg*, Die KGaA als Rechtsform für den Mittelstand?, DStZ 1998, 525; *ders.*, Die Verlustnutzung von Kapitalgesellschaften und Personenhandelsgesellschaften nach neuem Umwandlungssteuerrecht, FR 1995, 211; *ders.*, Inländische Umwandlungen mit Auslandsbezug, GmbHR 1996, 414; *Schaumburg/Piltz*, Internationales Umwandlungssteuerrecht, 1997; *Schmidt*, EStG, 26. Aufl. 2007; *Schulze zur Wiesche*, Die steuerliche Behandlung von Spaltungs- und Ausgliederungsvorgängen im Rahmen von Personengesellschaften, DStZ 2004, 366; *Schütz/Dümischen*, Einheitliche Anwendung von § 20 UmwStG auf Sacheinlagen bei der Kommanditgesellschaft auf Aktien, DB 2000, 2446; *Seibt*, Unternehmenskauf und -verkauf nach dem Steuersenkungsgesetz, DStR 2000, 2061; *Streck/Posdziech*, Verschmelzung und Formwechsel nach neuem UmwStG, GmbHR 1995, 271 ff., 357 ff.; *Strobl-Haarmann*, Der Teilbetrieb der Fusionsrichtlinie und seine Umsetzung im deutschen Recht, FS Widmann, 2000, S. 553; *Thiel*, Europäisierung des Umwandlungssteuerrechts: Grundprobleme der Verschmelzung, DB 2005, 2316; *ders.*, Umwandlungssteuerrecht im Wandel – Vom Anrechnungsverfahren zum Halbeinkünfteverfahren, FS Widmann, 2000, *ders.*, Die Spaltung (Teilverschmelzung) im UmwG und im UmwStG – neue Möglichkeiten zur erfolgsneutralen Umstrukturierung von Kapitalgesellschaften, DStR 1995, 237 ff., 276 ff.; S. 567; *Thiel/Eversberg/van Lishaut/Neumann*, Der Umwandlungssteuer-Erlaß 1998, GmbHR 1998, 397; *van Lishaut/Förster*, Steuersenkungsgesetz: Anteilsveräußerungen im neuen Recht, GmbHR 2000, 1121; *Wagner*, Unternehmensübertragung zum Umsatzsteuer-Nulltarif?, FS Widmann, 2000, S. 607; *Weber-Grellet*, Die Unmaßgeblichkeit der Maßgeblichkeit im Umwandlungsrecht, BB 1997, 653; *Wochinger*, Nichtverhältniswahrende Spaltung, FS Widmann, 2000, S. 639.

Weiterführende Literatur zum UmwStG 1995 (siehe Vorauflage)
Weiterführende Literatur zu europarechtlichen Aspekten und dem Entwurf eines SEStEG: *Blumers/Kinzl*, Änderungen der Fusionsrichtlinie: Warten auf den EuGH, BB 2005, 971; *Birk*, Das sog. „Europäische" Steuerrecht, FR 2005, 121; *Cordewener*, Deutsche Unternehmensbesteuerung und europäische Grundfreiheiten – Grundzüge des materiellen und formellen Rechtsschutzsystems der EG, DStR 2004, 6; *Dötsch/Pung*, Das EuGH-Urteil in der Rs. SEVIC: Mögliche Auswirkungen auf das Umwandlungssteuerrecht, Der Konzern 2006, 258; *Engert*, Umstrukturierung unter Beteiligung von EU-Auslandsgesellschaften im Deutschen Steuerrecht, DStR 2004, 664; *Fischer*, Modalität und (Steuer-)Gerechtigkeit in Europa, FR 2004, 630; *Förster/Felchner*, Umwandlung von Kapitalgesellschaften in Personenunternehmen nach dem Referentenwurf zum SEStEG, DB 2006, 1072; *Hahn*, Der Entwurf des SEStEG: Geplante Änderungen bei grenzüberschreitenden Fusionen, GmbHR 2006, 617; *ders.*, Formwechsel und Sitzverlegung nach dem künftigen Gesetz über steuerliche Begleitmaßnahmen zur Einführung der europäischen Gesellschaft und zur Änderung weiterer steuerrechtlicher Vorschriften, IStR 2005, 677; *Hallaß/Kloster*, Vorschreitende Europäisierung des Rechts grenzüberschreitender Unternehmenszusammenschlüsse, DStR 2004, 1324; *Haritz/Wisniewski*, Steuerneutrale Umwandlung über die Grenzen, Anmerkung zum Vorschlage der Europäischen Kommission zur Änderung der steuerlichen Fusionsrichtlinie, GmbHR 2004, 28; *Hirte*, Die Europäische Aktiengesellschaft – ein Überblick nach Inkrafttreten der deutschen Ausführungsgesetzgebung, DStR 2005, 653; *zu Hohenlohe/Rautenstrauch/Adrian*, Der Entwurf des SEStEG: Geplante Änderungen bei inländischen Verschmelzungen, GmbHR 2006, 623; *Kessler/Achilles-Huk*, Die europäische Aktiengesellschaft im Spannungsfeld zwischen nationalem Steuergesetzgeber und EuGH, IStR 2003, 715; *Körner*, Europarecht und Wegzugsbesteuerung – Das EuGH-Urteil „De Lasteyrie du Saillant", IStR 2004, 424; *van Lishaut*, Europarechtliche Perspektiven des UmwStG sowie der Wegzugsbesteuerung, FR 2004, 1301; *Rödder*, Gründung und Sitzverlegung der Europäischen Aktiengesellschaft (SE), DStR 2005, 893; *ders*, Deutsche Unternehmensbesteuerung im Visier des EuGH, FS Wassermeyer, 2005, 163; *ders.*, Deutsche Unternehmensbesteuerung im Visier des EuGH, DStR 2004, 1629; *Schaumburg*, Der Wegzug von Unternehmen, FS Wassermeyer, 2005, S. 411; *Schindler*, Hughes de Lasteyrie du Saillant als Ende der (deutschen) Wegzugsbesteuerung?, IStR 2004, 300; *Schnitger*, Verstoß der Wegzugsbesteuerung (§ 6 AStG) und weitere Entstrickungsnormen des deutschen Ertragsteuerrechts gegen die Grundfreiheiten des EG-Vertrages, BB 2004, 804; *Schön*, Besteuerung im Binnenmarkt – Die Rechtsprechung des EuGH zu den direkten Steuern, IStR 2004, 289; *Schönherr/Lemaitre*, Der Entwurf des SEStEG: Geplante Änderungen im Einkommen-, Körperschaft- und Gewerbesteuergesetz, GmbHR 2006, 561; *Thiel*, Europäisierung des Umwandlungssteuerrechts: Grundprobleme der Verschmelzung, DB 2005, 2316; *Wassermeyer*, Verliert Deutschland im Fall der Überführung von Wirtschaftsgütern in eine ausländische Betriebsstätte das Besteuerungsrecht?, DB 2006, 1176; *ders.*, Steuerliche Konsequenzen aus dem EuGH-Urteil „Hughes de Lasteyrie du Saillant", GmbHR 2004, 613.

Literatur zum UmwStG idF. des SEStEG: *Benecke*, Internationalisierung des Ertragsteuerrechts durch das SEStEG – ein Überblick, StuB 2007, 3; *Benecke/Schnitger*, Letzte Änderungen der Neuregelungen des

Anh. UmwStG Siebentes Buch. Übergangs- und Schlußvorschriften

UmwStG und der Entwicklungsnormen durch das SEStEG – Beschlussempfehlung und Bericht des Finanzausschusses, IStR 2007, 22; *dies.,* Neuregelung des UmwStG und der Entstrickungsnormen durch das SEStEG, IStR 2006, 765; *Benz / Rosenberg,* Einbringungsvorgänge nach dem Regierungsentwurf des SEStEG, BB 2006, Special 8, 51; *Bilitewski,* Gesetz über steuerliche Begleitmaßnahmen zur Einführung der Europäischen Gesellschaft und zur Änderung weiterer steuerrechtlicher Vorschriften (SEStEG) – Ein erster Überblick, FR 2007, 57; *Blumenberg / Lechner,* Der Regierungsentwurf des SEStEG: Entstrickung und Sitzverlegung bei Kapitalgesellschaften, Neuerungen beim Einlagenkonto, Körperschaftsteuerminderung und -erhöhung sowie sonstige Änderungen im Körperschaftsteuerrecht, BB 2006, Special 8, 25; *Bodden,* Verschmelzung und Formwechsel von Kapitalgesellschaften auf gewerbliche Personengesellschaften nach dem SEStEG (§§ 3-10 UmwStG n.F.), FR 2007, 66; *Bödefeld,* Missbrauchsregelung des § 26 UmwStG nach dem Regierungsentwurf des SEStEG, BB 2006, Special 8, 77; *D. Carlé / T. Carlé / Korn,* Umwandlungen, Praxisleitfaden Umwandlung und Einbringung nach neuem Recht, 2007; *T. Carlé,* Entstrickung im Ertragsteuerrecht, KÖSDI 2007, 15401; *Damas,* Einführung in das neue Umwandlungssteuerrecht, DStZ 2007, 129; *Dörfler / Rautenstrauch / Adrian,* Einbringung in eine Kapitalgesellschaft nach dem SEStEG-Entwurf, BB 2006, 1711; *Dötsch / Pung,* SEStEG: Die Änderungen des UmwStG (Teil I), DB 2006, 2704; *dies.,* SEStEG: Die Änderungen der UmwStG (Teil II), DB 2006, 2763; *dies.,* SEStEG: Die Änderungen des KStG, DB 2006, 2648; *Drinhausen / Gesell,* Gesellschaftsrechtliche Gestaltungsmöglichkeiten grenzüberschreitender Mobilität von Unternehmen in Europa, BB 2006, Special 8, 3; *Eicker / Orth,* SEStEG: Überblick über die wesentlichen Änderungen gegenüber dem Regierungsentwurf vom 12.07.2006, IWB 23 / 2006, Fach 3, Deutschland, Gruppe 1, 2135; *Erkis,* Die Besteuerung der Europäischen (Aktien-)Gesellschaft-Societas Europaea (SE), 2006; *Ernsting,* Auswirkungen des SEStEG auf die Bilanzierung von Körperschaftsteuerguthaben in Jahresabschlüssen nach HGB und IFRS, DB 2007, 180; *Förster / Ott,* Formwechsel einer GmbH in eine GmbH & Co. KG nach Maßgabe des SEStEG – Fallbeispiele, 2007; *Förster / Wendland,* Einbringung von Unternehmensteilen in Kapitalgesellschaften, Auswirkungen des SEStEG auf Umwandlungsvorgänge, BB 2007, 631; *Förster,* SEStEG: Rechtsänderungen im EStG, DB 2007, 72; *Gille,* Missbrauchstypisierungen im neuen Umwandlungssteuerrecht: Verstoß gegen die Fusionsrichtlinie? IStR 2007, 194; *Grotherr,* Neuerungen bei der Wegzugsbesteuerung (§ 6 AStG) durch das SEStEG, IWB 2 / 2007, Fach 3, Deutschland, Gruppe 1, 2153; *Förster / Felchner,* Auszahlung des Körperschaftsteuerguthabens nach dem SEStEG, DStR 2007, 280; *Hageböke / Käbisch,* Zur Ausdehnung des Anwendungsbereichs des UmwStG i.d.F. SEStEG-E auf Grund der Diskriminierungsverbote in Art. 24 OECD-MA, IStR 2006, 849; *Hahn,* Kritische Erläuterungen und Überlegungen zum Entwurf des SEStEG, IStR 2006, 797; *Haritz,* Die Langlebigkeit einbringungsgeborener Anteile, GmbHR 2007, 169; *Hegemann / Querbach,* Umwandlungsrecht. Grundlagen und Steuern (Juli 2007); *Herlinghaus,* Sacheinbringungen nach dem SEStEG: Verschaffung des wirtschaftlichen Eigentums fällt unter §§ 1 Abs. 3, 20 Abs. 1 UmwStG!, FR 2007, 286; *Hoffmann,* Der Ausgleichsposten nach § 4 g EStG i.d.F. des SEStEG, DB 2007, 652; *ders.,* Körperschaftsteuerguthaben nach SEStEG, PiR 2007, 59; *Hörtnagl,* Europäisierung des Umwandlungssteuerrechts – SEStEG, Stbg 2006, 471; *Hruschka,* Die Internationalisierung des KStG nach dem SEStEG, StuB 2006, S. 631; *Kessler / Spengel,* Checkliste potenzielle EG-rechtswidriger Normen des deutschen direkten Steuerrechts – Update 2007, DB 2007, Beilage 1, S. 3; *Kinzl,* Beschluss des Bundeskabinetts über den Entwurf eines SEStEG: Einführung und Verschmelzung von Kapital- auf Personengesellschaften, AG 2006, 580; *Klingebiel,* SEStEG (Stand: 12.07.2006) – Umwandlung einer Körperschaft in eine Personengesellschaft, Der Konzern 2006, 600; *Korn / Strahl,* Einbringung eines Betriebs oder Mitunternehmeranteils nach Maßgabe des SEStEG, 2007; *Lausterer,* Die Wegzugsbesteuerung nach dem Regierungsentwurf des SEStEG, BB 2006, Special 8, 80; *Lemaitre / Schönherr,* Die Umwandlung von Kapitalgesellschaften in Personengesellschaften durch Verschmelzung und Formwechsel nach der Neufassung des UmwStG durch das SEStEG, GmbHR 2007, 173; *Lemke,* Steuerrechtsausschuss des Deutschen Anwaltvereins: Stellungnahme zum Gesetz über die steuerlichen Begleitmaßnahmen zur Einführung der europäischen Gesellschaft und zur Änderung weiterer steuerlicher Vorschriften (SEStEG), NZG 2006, 819; *Ley,* Einbringungen nach §§ 20, 24 UmwStG in der Fassung des SEStEG, FR 2007, 109; *Ley / Bodden,* Verschmelzung und Spaltung von inländischen Kapitalgesellschaften nach dem SEStEG (§§ 11-15 UmwStG n. F.), FR 2007, 265; NWB-Sonderheft 1 / 2007, SEStEG: Das neue Konzept der Verstrickung und Entstrickung sowie die Neufassung des Umwandlungssteuergesetzes (4. Januar 2007), Neue Wirtschafts-Briefe; *Olbing,* Neuerungen für nationale Umwandlungen nach dem SEStEG – Übersicht zur neuen Systematik im Umwandlungsteuerrecht, GmbH-StB 2007, 51; *Orth,* Einbringung eines wirtschaftlichen Geschäftsbetriebs oder eines Betriebs gewerblicher Art in eine Kapitalgesellschaft nach dem UmwStG i.d.F. des SEStEG, DB 2007, 419; *Ortmann-Babel / Bolik,* Praxisprobleme des SEStEG bei der Auszahlung des Körperschaftsteuerguthabens nach § 37 KStG n.F., BB 2007, 73; *Ott,* Umwandlung einer Kapitalgesellschaft in eine Personengesellschaft nach den Änderungen durch das SEStEG, StuB 2007, 163; *ders.,* Auszahlung des Körperschaftsteuerguthabens nach dem SEStEG, StuB 2007, 87; *Patt,* Die steuerliche Behandlung der Einbringung von Unternehmensteilen in eine Kapitalgesellschaft oder Europäische Genossenschaft und des Anteilsaustauschs nach dem SEStEG, Der Konzern 2006, 730; *Plewka / Marquardt,* Grenzüberschreitende Umstrukturierung nach dem SEStEG, 2007; *PricewaterhouseCoopers AG,* Reform des Umwandlungssteuerrechts. SEStEG für nationale und grenzüberschreitende Reorganisationen, 2007; *Prinz,* SEStEG und Bilanzrecht:

Wegfall des umwandlungssteuerlichen Maßgeblichkeitsprinzips, StuB 20007, 125; *Ritzer / Rogall / Stangl*, Die Einbringung in eine Kapitalgesellschaft nach dem SEStEG – Grundzüge der geplanten Neuregelung für Inlandssachverhalte, WPg 2006, 1210; *Rödder / Schumacher*, Das SEStEG – Überblick über die endgültige Fassung und die Änderungen gegenüber dem Regierungsentwurf, DStR 2007, 369; *dies.*, Das kommende SEStEG – Teil II: Das geplante neue Umwandlungssteuergesetz – Der Regierungsentwurf eines Gesetzes über steuerliche Begleitmaßnahmen zur Einführung der Europäischen Gesellschaft und zur Änderung weiterer steuerrechtlicher Vorschriften, DStR 2006, 1525; *dies.*, Das kommende SEStEG – Teil I: Die geplanten Änderungen des EStG, KStG und AStG – Der Regierungsentwurf eines Gesetzes über steuerliche Begleitmaßnahmen zur Einführung der Europäischen Gesellschaft und zur Änderung weiterer steuerrechtlicher Vorschriften, DStR 2006, 1481; *Schäfer / Blumenberg*, Regierungsentwurf des SEStEG im Überblick, BB 2006, Special 8, 1; *Schaflitzl / Widmayer*, Die Besteuerung von Umwandlungen nach dem Regierungsentwurf des SEStEG, BB 2006, Special 8, 36; *Schloßmacher*, Neues Umwandlungssteuergesetz (UmwStG), Einführung und Kommentierung der Änderungen des UmwStG durch das SEStEG, 2007; *Schneider*, Änderungen im Körperschaftsteuerrecht nach dem SEStEG, Stellungnahme des Finanzausschusses führte zu wesentlichen Änderungen des Regierungsentwurfs, NWB Fach 4, 5139; *Stadler / Elser*, Der Regierungsentwurf des SEStEG: Einführung eines allgemeinen Entstrickungs- und Verstrickungstatbestandes und anderen Änderungen des EStG BB 2006, Special 8, 18; *Streck / Binnewies*, Hat das verfassungswidrige Fiskalspiel mit dem Körperschaftsteuerguthaben nunmehr das Schlussdrittel erreicht? – Zugleich Anmerkung zum BFH-Urteil vom 8.11.2006 – I R 69, 70/05, DB 2007, 359; *Töben / Reckwardt*, Entstrickung und Verstrickung privater Anteile an Kapitalgesellschaften, Änderungen durch das SEStEG, FR 2007, 159; *Thomas Wachter*, Aktuelle Entwicklungen im Bereich der Erbschaft- und Schenkungssteuer, ZNotP 2007, 45; *Winkeljohann / Furhmann*, SEStEG: Einlagekonto, Körperschaftsteuer-Guthaben und Nachversteuerung von EK 02-Beträgen auf dem Weg nach Europa, DB 2006, 1862.

Vorbemerkung zum SEStEG

Das bisherige UmwStG 1995 zeichnete sich dadurch aus, dass es im Wesentlichen nur rein inländische Umwandlungen erfasste, indem es auf Rechtsträger abstellte, die ihren Sitz im Inland hatten bzw. im Inland unbeschränkt steuerpflichtig waren[1]. Mit dem „Gesetz über steuerliche Begleitmaßnahmen zur Einführung der Europäischen Gesellschaft und zur Änderung weiterer steuerrechtlicher Vorschriften (**SEStEG**)"[2] hat der Gesetzgeber das bisherige UmwStG durchgreifend geändert. Neben rein inländischen Sachverhalten sind künftig auch grenzüberschreitende Umwandlungen in der Europäischen Union (EU) und im Europäischen Wirtschaftsraum (EWR) erfasst („Europäisierung des UmwStG"). Drittlandsfälle sind dagegen nur in wenigen Bereichen geregelt („keine Globalisierung des UmwStG").

Wesentliche Teile des bisherigen UmwStG 1995, insbesondere auch Aufbau und Gliederung des Gesetzes, bleiben jedoch erhalten und gelten fort. Auch künftig werden rein inländische Umwandlungsvorgänge einen Hauptanwendungsfall des UmwStG bilden. Daher wird in der folgenden Übersicht an der bisherigen Struktur festgehalten und auf die wichtigsten Änderungen des UmwStG idF des SEStEG hingewiesen. Wegen weiterführender Einzelheiten, insbesondere zu internationalen Sachverhalten, wird auf die bisher erschienene Literatur verwiesen[3]. Soweit nachfolgend das „UmwStG" zitiert wird, ist damit das UmwStG idF des SEStEG gemeint. Hinweise auf Literatur, vor allem Kommentarliteratur, beziehen sich noch überwiegend auf das bisherige UmwStG aF[4].

Die wichtigsten Änderungen des neuen UmwStG betreffen folgende Komplexe[5]:

---

[1] § 1 Abs. 5 UmwStG aF.
[2] Gesetz vom 7.12.2006, BGBl. 2006 I S. 2782 = BStBl. 2007 I S. 4. Die Unternehmenssteuerreform 2008 konnte nicht mehr berücksichtigt werden.
[3] Siehe Literaturhinweise.
[4] Zum Redaktionsschluss lagen noch keine weiterführenden Kommentierungen, insbesondere Neuauflagen vor. Erste Ausführungen bei *Möhlenbrock* in *Dötsch* u.a. Einf. UmwStG (SEStEG) Rn 1 ff.
[5] Übersicht bei *Dötsch / Pung* DB 2006, 2704, 2763; *Blumenberg / Schäfer* SEStEG S. 101 ff., 143 ff.

- Erweiterung des Geltungsbereichs des UmwStG auf grenzüberschreitende Sachverhalte[6] und Rechtsträger mit Sitz/Ansässigkeit in der EU/im EWR–Bereich[7] (vgl. § 1 UmwStG).
- Ersetzung des bisherigen Bewertungswahlrechts (Buchwert, Zwischenwert, Teilwert) durch den Grundsatz, den gemeinen Wert (statt Teilwert) anzusetzen und auf **Antrag** den Buchwert (bzw. Zwischenwert), wenn (u.a.) das deutsche Besteuerungsrecht gesichert bleibt.
- Aufgabe des Grundsatzes der Maßgeblichkeit der Handels- für die Steuerbilanz bei Ausübung der im UmwStG vorgesehenen Bewertungsrechte[8].
- Volle Versteuerung der offenen Rücklagen im Fall des Vermögensübergangs bei Verschmelzung/Formwechsel auf eine Personengesellschaft, auch dann, wenn ein Gesellschafter an der Ermittlung des Übernahmeergebnisses teilnimmt (§ 7 UmwStG).
- Kein Übergang von Verlustvorträgen bei Verschmelzung/Spaltung zwischen Kapitalgesellschaften[9].
- Ausweitung des Konzepts des 5%-igen nicht abziehbaren Betriebsausgabenabzugs für Übernahmegewinne[10].
- Abschaffung des Instituts der sog. „einbringungsgeborenen Anteile" (§ 21 UmwStG aF) und Einführung des neuen Konzepts der nachträglichen Besteuerung des zugrunde liegenden Einbringungsvorgangs („Siebtelungsregelung")[11] in § 22 UmwStG.
- Differenzierung der Einbringungsfälle in Sacheinlage (Betrieb, Teilbetrieb, Mitunternehmeranteil, geregelt in § 20 UmwStG) und Anteilstausch von Kapitalgesellschaftsbeteiligungen (geregelt in § 21 UmwStG).
- Keine Rückbeziehung des Umwandlungsstichtags bei grenzüberschreitenden Umwandlungen, wenn dies zu sog. weißen Einkünften führen würde (§ 2 Abs. 3 UmwStG).

Zusammenfassend lässt sich sagen, dass in vielen Fällen Umwandlungen wie bisher (ertrag-)steuerneutral durchgeführt werden können. Anders als bisher ist dafür jedoch regelmäßig ein **Antrag** erforderlich. Durch die Ausweitung des UmwStG auf grenzüberschreitende Vorgänge in der EU/im EWR-Bereich sind damit, zumindest für Umwandlungsvorgänge innerhalb dieses Gebiets[12], Umwandlungen ertragsteuerneutral möglich.

A. Verschmelzung

I. Verschmelzung von Körperschaften

1. Allgemeines

1 **a) Überblick, Regelungszweck der §§ 11 bis 13 UmwStG.** Die nachfolgende Darstellung befasst sich mit den steuerlichen Folgen der Verschmelzung einer Körperschaft auf eine andere Körperschaft (Verschmelzung durch Aufnahme) und der Verschmelzung mehrerer Körperschaften auf eine neue Körperschaft (Verschmelzung durch Neugründung)[13]. Im

---

[6] Auslandsumwandlungen müssen Umwandlungen nach dem UmwG vergleichbar sein, § 1 Abs. 1, 3 UmwStG.

[7] Gründung und Sitz sowie Geschäftsleitung innerhalb der EU/des EWR bzw. bei natürlichen Personen Ansässigkeit innerhalb der EU/des EWR, § 1 Abs. 2, 4 UmwStG.

[8] Zwar nicht im UmwStG explizit geregelt, aber bisher allgemeines Verständnis.

[9] Erweitert auf verrechenbare Verluste und nicht ausgeglichene negative Einkünfte; im Zuge der Unternehmenssteuerreform 2008 soll dies auch für den sog. Zinsvortrag (§ 4 h Abs. 1 Satz 2 EStG – E) gelten, vgl. Art. 5 REG-E Unternehmenssteuerreform 2008 vom 14.3.2007.

[10] § 4 Abs. 7 Satz 1 UmwStG, § 12 Abs. 2 Satz 2 UmwStG iVm. § 8 b Abs. 3 KStG.

[11] *Dötsch/Pung* DB 2006, 2763 ff. mit Einzelheiten.

[12] Drittlandsfälle sind nur vereinzelt geregelt, vgl. *Dötsch/Pung* DB 2006, 2704 Fn 12, 2705.

[13] Wegen der Verschmelzung einer Körperschaft auf eine Personengesellschaft/natürliche Person siehe Rn 165 ff. und einer Personengesellschaft auf eine Körperschaft siehe Rn 193 ff.

Mittelpunkt steht die Verschmelzung von Kapitalgesellschaften, insbesondere Gesellschaften mit beschränkter Haftung und Aktiengesellschaften. Diese Gesellschaften sind in der Praxis am häufigsten an Verschmelzungen zwischen Körperschaften beteiligt.

Die Verschmelzung nach dem UmwG[14] zeichnet sich dadurch aus, dass ein Rechtsträger ohne Abwicklung aufgelöst wird und sein Vermögen als Ganzes im Wege der Gesamtrechtsnachfolge auf einen anderen Rechtsträger übertragen wird. Das **UmwG** erleichtert Verschmelzungen zwischen Körperschaften, indem es den aufwendigen Weg über die Liquidation einer Körperschaft und die Übertragung ihres Vermögens im Wege der Einzelrechtsnachfolge im Rahmen einer (Sach-)Gründung/(Sach-)Kapitalerhöhung einer anderen Körperschaft vermeidet. **2**

Das **UmwStG**[15] unterstützt dieses Ziel, Umstrukturierungen zB in Form von Verschmelzungen zu erleichtern, indem es u. a. auch für die als Körperschaften strukturierten verschmelzungsfähigen Rechtsträger[16] eine (ertrag-)steuerneutrale Verschmelzung ermöglicht[17]. Einschlägig sind die §§ 11 bis 13 UmwStG, die auch für die Gewerbesteuer gelten[18] und durch § 2 UmwStG über den steuerlichen Übertragungsstichtag ergänzt werden[19]. Flankierende Regelungen finden sich darüber hinaus im KStG[20]. **3**

Neben der Verschmelzung erfassen die §§ 11 bis 13, 19 UmwStG grundsätzlich auch die **Vermögensübertragung** in der Form der **Vollübertragung** gem. § 174 Abs. 1 UmwG[21]. Die nachfolgenden Ausführungen gelten daher prinzipiell entsprechend für die Vermögensübertragung in Form der Vollübertragung. Besonderheiten sind jedoch zu beachten[22]. Da im Zuge einer Vermögensübertragung qua Gesetz eine Gegenleistung nicht in Anteilen oder Mitgliedschaften besteht, scheidet eine steuerneutrale Vermögensübertragung in zahlreichen Gestaltungen aus[23]. Die folgende Darstellung konzentriert sich auf die in der Praxis häufig vorkommenden Verschmelzungen. **4**

Gäbe es die Vorschriften im UmwStG[24] nicht, würden sich die steuerlichen Folgen einer Verschmelzung zwischen Körperschaften nach den Allgemeinen steuerlichen Vorschriften richten, insbesondere der Liquidationsbesteuerung nach § 11 KStG. Eine steuerlich neutrale Verschmelzung[25] wäre nicht möglich[26]. **5**

---

[14] §§ 2 ff. UmwG.

[15] D. h. Erster (§ 2 UmwStG), Dritter (§§ 11 bis 13 UmwStG), Fünfter Teil (§ 19 UmwStG).

[16] Zum Kreis der Rechtsträger siehe Rn 36 ff.

[17] Zum steuerlichen Verschmelzungsrecht von Körperschaften nach UmwStG 1995 siehe nur *Bärwaldt* in Haritz/Benkert Vor §§ 11–13 UmwStG Rn 1 ff.; *Sagasser* in Sagasser/Bula/Brünger L Rn 8 ff.; *Schmitt* in Schmitt/Hörtnagl/Stratz Vor §§ 11–13 UmwStG Rn 1 ff.; *Dötsch* in Dötsch u. a. Vor §§ 11–13 UmwStG nF (2001) Rn 1 ff.; alle mwN.

[18] § 19 UmwStG.

[19] Die steuerlichen Folgen einer Verschmelzung einer Körperschaft auf eine Personengesellschaft/ natürliche Person sind im Ersten (§ 2 UmwStG), Zweiten (§§ 3 bis 8, 10 UmwStG) und Fünften Teil (§ 18 UmwStG) geregelt, die Verschmelzung einer Personengesellschaft auf eine Körperschaft in Form einer Kapitalgesellschaft im Sechsten Teil (§§ 20 bis 23 UmwStG) und einer Personengesellschaft auf eine Personengesellschaft im Siebten Teil (§ 24 UmwStG). Zu Einzelheiten siehe die jeweilige Darstellung.

[20] § 29 KStG iVm. § 28 und § 40 Abs. 1, 3 KStG.

[21] Siehe dazu § 174 Rn 11 ff.; zu steuerlichen Aspekten *Sagasser/Watrin* in Sagasser/Bula/Brünger W Rn 3 ff.; *Bärwaldt* in Haritz/Benkert § 11 UmwStG Rn 3; *Schmitt* in Schmitt/Hörtnagl/Stratz § 11 UmwStG Rn 4.

[22] Dazu wird auf die entsprechende Kommentarliteratur verwiesen, siehe Fn 9

[23] Vgl. BMF-Schreiben zum UmwStG vom 25. 3. 1998, BStBl. I 1998 S. 268 ff. (im Folgenden „UmwStE"), Tz. 11.15; *Schmitt* in Schmitt/Hörtnagl/Stratz § 11 UmwStG Rn 4.

[24] §§ 11 bis 13, 19 UmwStG.

[25] Nach § 8 b Abs. 1 KStG sind für Körperschaften Ausschüttungen steuerfrei, 5% gelten als nichtabzugsfähige Betriebsausgabe (§ 8 b Abs. 5 S. 1 KStG), sodass wirtschaftlich 95% steuerfrei sind. Gem. § 3 Nr. 40 a, b EStG wird bei natürlichen Personen nur die Hälfte der Dividende steuerlich erfasst.

[26] Dazu auch *Haritz* in Haritz/Benkert § 15 UmwStG Rn 23; für Aufspaltungen, bei denen die Voraussetzungen für die Steuerneutralität nicht vorliegen, *Herzig/Förster* DB 1995, 338, 339.

6 Das UmwStG stellt daher in den §§ 11 bis 13 UmwStG ein Regelungskonzept bereit, das unter den dort genannten Voraussetzungen eine steuerneutrale Verschmelzung ermöglicht. Dabei ist zwischen **drei Ebenen** zu unterscheiden: der Ebene der übertragenden Körperschaft, der Ebene der übernehmenden Körperschaft und der Ebene der Anteilseigner.

7 Die §§ 11 bis 13 UmwStG gelten nicht nur für die Körperschaftsteuer – bzw. Einkommensteuer natürlicher Personen als Anteilseigner –, sondern auch für die Ermittlung des Gewerbeertrags und damit für die **Gewerbesteuer** (§ 19 UmwStG)[27].

8 Zu beachten ist, dass sich das UmwStG nur auf die Ertragsteuern bezieht, nicht auf Verkehr- und Verbrauchsteuern. Bei einer Verschmelzung kann bspw. **Grunderwerbsteuer** anfallen, wenn zum Vermögen der übertragenden Gesellschaft Grundstücke iSd. Grunderwerbsteuergesetzes gehören[28] oder Beteiligungen an Gesellschaften, die Grundstücke besitzen. Angesichts des hohen Grunderwerbsteuersatzes von 3,5% ist diese gegenwärtige Steuerbelastung eine spürbare Belastung bei konzerninternen Verschmelzungen.

9 **Umsatzsteuer** fällt dagegen regelmäßig nicht an, da eine nicht steuerbare Übertragung des Vermögens im Ganzen[29] vorliegt[30].

10 Die steuerliche Behandlung der Verschmelzung zwischen Körperschaften in den §§ 11 bis 13 UmwStG unterscheidet sich von der steuerlichen Behandlung der Verschmelzung einer Körperschaft auf eine Personengesellschaft bzw. natürlichen Person[31] einerseits und der Verschmelzung einer Personengesellschaft auf eine Kapitalgesellschaft[32] andererseits. Es ist daher in der praktischen Rechtsanwendung erforderlich, den für eine Verschmelzungsvariante einschlägigen Normenbereich heranzuziehen und die steuerlichen Folgen allein anhand der für die jeweils einschlägige Verschmelzung maßgebenden steuerlichen Vorschriften des UmwStG (ggf. KStG) zu beurteilen.

11 **b) Anwendungsbereich.** Das Verschmelzungssteuerrecht des Dritten und Fünften Teils des Umwandlungssteuerrechts[33] gilt zunächst für Umwandlungen iSd. § 1 UmwG, d. h. für Verschmelzungen zwischen Körperschaften nach den §§ 2 ff. UmwG. Erfasst werden sowohl die Verschmelzung durch Neugründung als auch die Verschmelzung durch Aufnahme. Die **Vermögensübertragung (Vollübertragung)** ist dagegen nur auf einen bestehenden Rechtsträger möglich.

11a Durch das SEStEG wurde ferner das Verschmelzungssteuerrecht des UmwStG auch auf „vergleichbare ausländische Vorgänge"[34] erweitert. Dabei ist zum einen zu vergleichen, ob die beteiligten Rechtsträger mit Körperschaften (Kapitalgesellschaften) iSv. §§ 11, 12, UmwStG vergleichbar sind, zum anderen, ob die sich nach ausländischem Recht ergebenden Rechtsfolgen mit denen einer deutschen Verschmelzung vergleichbar sind (zB Auflösung des übertragenen Rechtsträgers ohne Abwicklung, Gesamtrechtsnachfolge).

12 Umstrukturierungen, die nicht nach dem UmwG vollzogen werden, fallen nicht darunter. Dies betrifft zB die **Anwachsung** von Vermögen auf einen verbleibenden Gesellschafter einer Personengesellschaft. Zivilrechtlich liegt zwar ebenfalls eine Gesamtrechtsnachfolge vor, steuerlich wird dieser Fall aber als Einzelrechtsübertragung angesehen. Die steuerlichen Folgen richten sich nicht nach dem UmwStG, sondern nach den allgemeinen Vorschriften.

---

[27] Dazu *Haritz* in Haritz/Benkert § 19 UmwStG Rn 1 ff.
[28] Siehe § 1 Abs. 1 Nr. 3 GrErwStG und dazu mit Einzelheiten *Pahlke/Franz* § 1 GrErwStG Rn 167; *Seeger/Leonard*, FS Widmann, 2000, S. 539.
[29] § 1 Abs. 1 a UStG.
[30] Dazu u. a. *Husmann* in Rau/Dürrwächter § 1 UStG Rn 286; *Wagner*, FS Widmann, S. 607 ff.; *Zeuner* in Bunjes/Geist § 1 UStG Rn 51.
[31] §§ 3 ff. UmwStG.
[32] §§ 20 ff. UmwStG.
[33] §§ 11 bis 13 UmwStG und § 19 UmwStG.
[34] § 1 Abs. 1, 3 UmwStG; vgl. dazu *Dötsch/Pung* DB 2006, 2704, 2705.

Steuerliche Grundlagen des Umwandlungsrechts   13–15 **Anh. UmwStG**

Da eine Verschmelzung nach dem UmwG die Gewährung von Anteilen oder Mitgliedschaften des übernehmenden Rechtsträgers voraussetzt, hat dies zu der Frage geführt, ob nur Verschmelzungen erfasst sind, bei denen eine Gegenleistung gewährt wird, oder auch sonstige Verschmelzungen ohne Gewährung von Gegenleistungen[35]. Praktisch relevant ist zB der Fall einer Verschmelzung der Tochter- auf die (alleinige) Muttergesellschaft, die ohne Gewährung neuer Anteilsrechte[36] stattfindet *(upstream merger)*. Nach hM erfasst das UmwG auch diese Fälle[37]. 13

Das Umwandlungssteuerrecht ist an die zivilrechtliche Auffassung zwar nicht gebunden, es darf eigenständig beurteilen, ob eine Verschmelzung nach dem UmwG vorliegt; die Finanzverwaltung betont aber, dass bei dieser Frage regelmäßig von der registerrechtlichen Entscheidung auszugehen sei[38]. Dementsprechend akzeptiert die Finanzverwaltung die Verschmelzung einer Tochter- auf ihre Muttergesellschaft auch dann, wenn keine Gegenleistung gewährt wird[39]. 14

Grenzüberschreitende Verschmelzungen wurden von den §§ 11 bis 13, 19 UmwStG aF nicht erfasst. Ob nur inländische Umwandlungsfälle dem UmwG unterlagen[40], war umstritten[41]. Das SEStEG hat den Anwendungsbereich des Verschmelzungssteuerrechts ausgedehnt, so dass die §§ 11 bis 13, 19 UmwStG auch auf vergleichbare ausländische Vorgänge anwendbar sind, wenn die beteiligten Rechtsträger Kapitalgesellschaften sind, die innerhalb der EU / des EWR-Bereichs gegründet worden sind und dort ihren Sitz und ihre Geschäftsleitung haben[42]. Danach sind bspw. folgende Umwandlungsfälle prinzipiell vom UmwStG erfasst[43]: 15

– Verschmelzung einer inländischen Kapitalgesellschaft auf eine EU-/EWR-Kapitalgesellschaft („Hinausverschmelzung")[44].

– Verschmelzung einer ausländischen EU-/EWR-Kapitalgesellschaft auf eine inländische Kapitalgesellschaft („Hereinverschmelzung")[45].

– Verschmelzung zwischen inländischen Kapitalgesellschaften mit ausländischem Betriebsstättenvermögen.

– Verschmelzung von EU-/EWR-Kapitalgesellschaften mit inländischem Betriebsstättenvermögen.

Zusammenfassend lässt sich festhalten, dass durch das SEStEG das deutsche Verschmelzungssteuerrecht europäisiert wurde, da Verschmelzungen innerhalb der EU und dem EWR-Bereich dem Anwendungsbereich prinzipiell unterfallen. Drittlandsfälle sind dagegen

---

[35] Siehe *Bärwaldt* in Haritz/Benkert Vor §§ 11–13 UmwStG Rn 2, 3 ff.
[36] Vgl. zB §§ 54 Abs. 1 Nr. 1, 68 Abs. 1 Nr. 1, 78 Satz 1 UmwG.
[37] Dazu *Bärwaldt* in Haritz/Benkert Vor §§ 11–13 UmwStG Rn 4 mwN.
[38] Siehe Tz. 01.07 UmwStE.
[39] Siehe Tz. 11.12, 11.13 UmwStE; dazu auch *Dötsch* in Dötsch u. a. Vor §§ 11–13 UmwStG nF (2001) Rn 7, 8.
[40] So hM, siehe *Schmitt* in Schmitt/Hörtnagl/Stratz Vor §§ 11–13 UmwStG Rn 6 mwN einerseits und *Kallmeyer* in Kallmeyer § 1 Rn 15 und Einl. C Rn 26 andererseits.
[41] Siehe mit weiteren Einzelheiten Einl. B Rn 20 und zu grenzüberschreitenden Umwandlungen allgemein Einl. C.
[42] § 1 Abs. 2 Nr. 1 UmwStG.
[43] Weitere Beispielsfälle bei *Schaflitzl / Widmayer* in *Blumenberg / Schäfer* SEStEG S. 107, 116.
[44] Zur Frage, ob die allgemeinen Entstrickungsvorschriften auf den Fall der Hinausverschmelzung Anwendung finden (§ 4 Abs. 1 Satz 3 EStG, § 12 Abs. 1 KStG) siehe verneinend *Dötsch / Pung* DB 2006, 2704, 2705, da das UmwStG als *lex specialis* vorgehe.
[45] Dabei gilt nicht § 4 Abs. 1 Satz 7 EStG; vielmehr sind die Wertansätze in der steuerlichen Übertragungsbilanz, also in diesem Fall die der ausländischen Besteuerung zugrunde gelegten Werte, maßgebend, vgl. *Dötsch / Pung* DB 2006, 2704, 2705.

grundsätzlich weiter nach den allgemeinen Vorschriften, nicht nach dem UmwStG, zu beurteilen[46].

Voraussetzung für eine steuerneutrale Verschmelzung ist regelmäßig (u.a.), dass das inländische Besteuerungsrecht nicht ausgeschlossen oder beschränkt wird[47]. Um das prüfen zu können, hat der Gesetzgeber den zur Steuerneutralität führenden Buchwertansatz an einen entsprechenden **Antrag** geknüpft. Grundsätzlich sind regelmäßig im Verschmelzungsfall die gemeinen Werte anzusetzen[48].

16 (Z.Zt. unbelegt)

17 c) **Verschmelzungsvarianten.** Verschmelzungen kommen zwischen bisher nicht verbundenen Unternehmen und verbundenen (Konzern-)Unternehmen vor.

18 Kennzeichen der Verschmelzung bisher unverbundener Unternehmen ist, dass ein angemessenes Wertverhältnis der beteiligten Rechtsträger zueinander ermittelt wird und die Anteilseigner der übertragenden Gesellschaft, die ihre Anteile verlieren, eine angemessene Gegenleistung erhalten. Diese Gegenleistung besteht in Gesellschaftsrechten und – ergänzend – häufig in baren Zuzahlungen („Spitzenausgleich"). Alternativ kann ein Gesellschafter, der der Verschmelzung widerspricht, auch ein angebotene Barabfindung[49] annehmen. In diesen Fällen besteht die den Gesellschaftern der übertragenden Gesellschaft angebotene Gegenleistung regelmäßig nicht nur in Gesellschaftsrechten, sondern auch in sog. **anderen Wirtschaftsgütern.** Die damit einhergehenden steuerlichen Fragen konzentrieren sich daher nicht nur auf die Steuerneutralität des Vermögensübergangs, sondern auch auf die steuerliche Behandlung der anderen Wirtschaftsgüter (wie zB Zuzahlungen und Barabfindungen)[50].

19 Bei **verbundenen Unternehmen** („Konzernverschmelzung") geht es vor allem um die Steuerneutralität der Verschmelzung und den Übergang von Verlustvorträgen. Organisatorisch und betriebswirtschaftlich angestrebte Konzentrationen von Geschäftsbereichen sollen möglichst ohne steuerliche Belastungen vollzogen werden. Die Frage der steuerlichen Behandlung von Zuzahlungen oder etwa Barabfindungen stellt sich nicht in der Schärfe, zumindest dann nicht, wenn keine außenstehenden Gesellschafter vorhanden sind.

20 Im Mittelpunkt des Interesses stehen vor allem die Folgenden drei Verschmelzungsvarianten: *upstream merger, downstream merger* und *sidestream merger*[51].

21 Wenn eine Tochtergesellschaft auf ihre alleinige Muttergesellschaft verschmolzen wird *(upstream),* fällt die Beteiligung an der Tochtergesellschaft weg, neue Anteilsrechte dürfen nicht gewährt werden[52]. An die Stelle der entfallenden Beteiligung tritt das übergehende Vermögen. Diese Verschmelzungsvariante ist in der Praxis häufig. Obwohl keine Gegenleistung gewährt wird, ist sie im Umwandlungsrecht und von der Finanzverwaltung akzeptiert[53].

---

[46] *Dötsch / Pung* DB 2006, 2704, 2705 mit Hinweis auf die Ausnahme in § 13 UmwStG durch § 12 Abs. 2 Satz 2 KStG.

[47] § 11 Abs. 2 Nr. 2 UmwStG.

[48] § 11 Abs. 1 UmwStG, Ausnahme: Pensionsrückstellungen, für die § 6 a EStG gilt. Damit hat der Gesetzgeber das frühere uneingeschränkte Wahlrecht zwischen Buchwert, Zwischenwert und Teilwert dahin modifiziert, dass grundsätzlich ein Grundsatz- / Ausnahmeverhältnis gilt. Zu den Unterschieden Teilwert (früheres UmwStG) und gemeiner Wert (aktuelles UmwStG), vgl. *Benz / Rosenberg* in Blumenberg / *Schäfer* SEStEG S. 153.

[49] Vgl. zB § 29 UmwG.

[50] Näheres u. a. bei *Schmitt* in Schmitt/Hörtnagl/Stratz § 11 UmwStG Rn 88 ff.; *Dötsch* in Dötsch u. a. § 11 UmwStG nF (2001) Rn 32 mit Fallübersicht.

[51] Umfassend dazu *Bärwaldt* in Haritz/Benkert Vor §§ 11–13 UmwStG Rn 3 ff.

[52] §§ 54 Abs. 1 Nr. 1, 68 Abs. 1 Nr. 1, 78 Satz 1 UmwG; zu *upstream* Verschmelzungen auf nicht zu 100% beteiligte Gesellschaften oder bei wechselseitiger Beteiligung vgl. nur *Dötsch* in Dötsch u. a. Vor §§ 11–13 UmwStG nF (2001) Rn 11 ff., 25.

[53] Vgl. Tz 11.12, 11.13 UmwStE; verneinend zu der Frage, ob eine Verschmelzung zu Buchwerten (bzw. Schuldenüberhang) der Tochter- auf die Muttergesellschaft eine vGA iSv. § 8 Abs. 3 KStG darstellt, *Dötsch* in Dötsch u. a. Vor §§ 11–13 UmwStG nF (2001) Rn 5; *Wassermeyer*, Der Konzern 2005, 424; aA uU Finanzverwaltung.

Steuerlich stand bei dieser Variante insbesondere die Frage im Vordergrund, inwieweit Verlustvorträge der Tochtergesellschaft von der Muttergesellschaft genutzt werden können. Das geht nach dem UmwStG idF des SEStEG nicht mehr.

Wenn umgekehrt eine Muttergesellschaft auf ihre Tochtergesellschaft verschmolzen wird **22** *(downstream)*, erlischt die Muttergesellschaft, ihr Vermögen geht auf die Tochtergesellschaft über. Die Verschmelzung kann entweder mit einer Kapitalerhöhung bei der Tochtergesellschaft einhergehen oder ohne Kapitalerhöhung, wenn die Muttergesellschaft Anteile an der Tochtergesellschaft hält[54]. Erhalten die Anteilseigner der Muttergesellschaft bei einer Verschmelzung ohne Kapitalerhöhung als Ersatz für ihre wegfallende Beteiligung die bisher zum Vermögen der Muttergesellschaft gehörende Beteiligung an der Tochtergesellschaft, ist es umwandlungsrechtlich noch nicht endgültig geklärt, ob dieser Erwerb direkt erfolgt oder im Wege des Durchgangs-/Zwischenerwerbs der übernehmenden Gesellschaft[55]. Ferner ist fraglich, ob diese Verschmelzungsvariante von dem UmwStG gedeckt ist[56]. Gewichtige Argumente sprechen für die Auffassung, dass der *downstream merger* im Wege des Durchgangserwerbs unmittelbar vom UmwG erfasst ist, sodass auch die §§ 11 bis 13 UmwStG ebenfalls unmittelbar anwendbar sind[57]. Die **Finanzverwaltung** neigt dagegen dem Direkterwerb zu, hält aber die §§ 11 bis 13 UmwStG für entsprechend anwendbar, und zwar aus Billigkeitsgründen, verlangt dafür aber einen übereinstimmenden Antrag aller an der Umwandlung Beteiligten[58].

Der *downstream merger* bleibt ein praktisch sinnvolles Gestaltungsmittel[59]. Unter der Geltung **23** des UmwStG 1977 wurde er insbesondere eingesetzt, wenn eine Tochtergesellschaft Verlustvorträge hatte, die im Fall eines *upstream merger* verloren gingen. Unter dem alten UmwStG 1995 ging zwar ein Verlustvortrag mit über, doch unter sehr einschränkenden Voraussetzungen[60]. Ein *downstream merger* kann einen Ausweg darstellen, diese Einschränkungen zu vermeiden. Dies gilt erst recht für das aktuelle UmwStG idF SEStEG, da danach keine Verlustvorträge übergehen.

Die Verschmelzung von Schwestergesellschaften *(sidestream)* wird von der Finanzverwal- **24** tung als direkter Anwendungsfall der §§ 11 bis 13 UmwStG akzeptiert[61]. Nach ihrer Auffassung ist handelsrechtlich zwingend eine Kapitalerhöhung mit Gewährung von Anteilen vorgeschrieben, die aber nicht den gesamten übertragenen Vermögenswert umfassen muss[62]. In

---

[54] Vgl. §§ 54 Abs. 4 Satz 2 Nr. 2, 68 Abs. 1 Satz 2 Nr. 2 UmwG; eine Kapitalerhöhung ist dagegen zwingend, wenn die Muttergesellschaft keine Anteile an der Tochtergesellschaft hat; vgl. *Bula/Schlösser* in Sagasser/Bula/Brünger K Rn 59 ff.

[55] Zu dem Meinungsstand Direkterwerb vs. Durchgangserwerb vgl. *Bula/Schlösser* in Sagasser/Bula/Brünger K Rn 60; *Bärwaldt* in Haritz/Benkert Vor §§ 11–13 UmwStG Rn 8 ff.

[56] Vgl. *Dötsch* u. a. DB 1998 Beilage Nr. 7, S. 25; *ders.* in Dötsch u. a. Vor §§ 11–13 UmwStG nF (2001) Rn 16 mwN; *Rödder/Wochinger* FR 1999, 1 ff.

[57] Zustimmend *Bärwaldt* in Haritz/Benkert Vor §§ 11–13 UmwStG Rn 12 und insbes. § 11 UmwStG Rn 24 mit zutreffendem Hinweis auf die Steuerneutralität; aA aber wohl *Dötsch* in Dötsch u. a. Vor §§ 11–13 UmwStG nF (2001) Rn 18.

[58] Siehe Tz. 11.24 ff. UmwStE zu der Auffassung der Finanzverwaltung bei einem *downstream merger*; insbes. Tz. 11.27 hinsichtlich der Steuerneutralität bei eigenen Anteilen und deren Einziehung; siehe auch Rn 54 f. und BMF-Schreiben vom 16.12.2003, BStBl. I S. 786 Rn 15; dazu *Haritz/Wisniewski* GmbHR 2004, 150, 152 f.

[59] Siehe auch *Sagasser* in Sagasser/Bula/Brünger L Rn 23 und *Sagasser/Ködderitzsch* in Sagasser/Bula/Brünger J Rn 156.

[60] Vgl. § 12 Abs. 3 Satz 2 UmwStG aF; siehe detailliert Vorauflage Rn 110 ff.

[61] Vgl. Tz 11.14 UmwStE; Details u. a. bei *Dötsch* in Dötsch u. a. Vor §§ 11–13 UmwStG nF (2001) Rn 26 ff.; siehe auch BMF-Schreiben vom 16.12.2003, BStBl. I S. 786 Rn 19.

[62] Tz 11.14 UmwStE; *Bula/Schlösser* in Sagasser/Bula/Brünger K Rn 62 ff. unter Hinweis auf die Rspr.

der umwandlungsrechtlichen Literatur wird darauf hingewiesen, dass eine Kapitalerhöhung nicht erforderlich sei[63].

25 **d) Steuerbilanzen, steuerlicher Übertragungsstichtag.** Zu unterscheiden ist zwischen der Bilanzierung[64] auf der Ebene der übertragenden Körperschaft, sog. Übertragungsbilanz, und der übernehmenden Körperschaft, sog. Übernahmebilanz.

26 Die **übertragende Körperschaft** hat eine steuerliche Schlussbilanz aufzustellen[65]. Dabei handelt es sich nicht um eine Verschmelzungsbilanz, die die Substanz des Rechtsträgers, bewertet zu Verkehrswerten, erfasst[66]. Es handelt sich vielmehr um eine eigene steuerliche Bilanz. Sie darf nicht mit der umwandlungsrechtlichen Schlussbilanz[67] verwechselt werden.

27 Die **übernehmende Körperschaft** muss keine eigene steuerliche Übernahmebilanz aufstellen. Die Verschmelzung stellt einen laufenden (bzw. im Neugründungsfall ersten) Geschäftsvorfall dar. Die Abbildung der Verschmelzung bzw. Vermögensübertragung in der Bilanz erfolgt im Fall der Verschmelzung zur Aufnahme in der ersten Jahresbilanz nach der Verschmelzung, im Fall der Verschmelzung zur Neugründung in der Eröffnungsbilanz des übernehmenden Rechtsträgers[68]. Insoweit als die Folgen der Verschmelzung in einer dieser regulären Bilanzen erfasst werden, lässt sich durchaus von „Übernahmebilanz" bzw. „Übernahmebilanzierung" sprechen[69].

28 Das Verhältnis zwischen der Schlussbilanz und der Übernahmebilanz im Verschmelzungssteuerrecht unterscheidet sich grundlegend vom Verhältnis zwischen der Schluss- und Übernahmebilanz im Umwandlungsrecht:
– Im **Umwandlungsrecht** gelten für die Schlussbilanz die Vorschriften über die Jahresbilanz und deren Prüfung entsprechend[70], so dass dort die Ansätze und Bewertungen des übertragenden Rechtsträgers beizubehalten sind (striktes Buchwertprinzip). Der übernehmende Rechtsträger ist dagegen frei, die übernommenen Gegen-stände wie bisher in der Schlussbilanz auszuweisen, anzusetzen und zu bewerten (Buchwertmethode) oder neue Ansätze und Werte zu wählen (Neubewertungsmethode)[71].
– Im **Umwandlungssteuerrecht** hatte bisher die übertragende Körperschaft bisher das Wahlrecht, entweder die bisherigen Ansätze und Werte beizubehalten oder – bis zur Höhe der Teilwerte – neu zu bewerten[72]. Dagegen hat die übernehmende Körperschaft in ihrer Übernahmebilanz zwingend die Ansätze in der steuerlichen Schlussbilanz zu übernehmen, eine Neubewertung ist nicht möglich[73]. Diese Bindung an die Wertansätze in der steuerlichen Schlussbilanz bleibt auch nach dem UmwStG idF des SEStEG bestehen[74]. Neu ist,

---

[63] Weitere Nachweise bei *Bärwaldt* in Haritz/Benkert Vor §§ 11–13 UmwStG Rn 21 mwN auch zur Gegenauffassung.
[64] Zu Einzelheiten der Bilanzen in Verschmelzungsfällen siehe *Budde/Zerwas* in Budde/Förschle Sonderbilanzen F Rn 77 ff. (Verschmelzungsschlussbilanzen) und I 1 ff. (Übernahmebilanzierung); *Bula/Schlösser* in Sagasser/Bula/Brünger K Rn 1 ff.; *Gassner*, FS Widmann, 2000, S. 343 ff.
[65] § 11 Abs. 1 Satz 1 UmwStG.
[66] Diese Bilanz kann maßgebend für die Ermittlung eines angemessenen Umtauschverhältnisses sein; vgl. dazu *Budde/Zerwas* in Budde/Förschle Sonderbilanzen F Rn 78.
[67] Nach § 17 Abs. 2 UmwG.
[68] Zu weiteren Einzelheiten siehe § 24 Rn 1 ff. mwN.
[69] Vgl. dazu auch *Eisele*, Technik des betrieblichen Rechnungswesens, 7. Aufl. 2002, S. 918; *Förschle/Hoffmann* in Budde/Förschle Sonderbilanzen I Rn 1 ff.
[70] § 17 Abs. 2 Satz 2 UmwStG; *Budde/Zerwas* in Budde/Förschle Sonderbilanzen F Rn 77 ff.
[71] § 24 UmwG, dazu u. a. *Müller* in Kallmeyer § 24 Rn 21 ff., 36 ff.
[72] § 11 Abs. 1 UmwStG aF, vorausgesetzt, dass die in § 11 Abs. 1 UmwStG aF genannten Voraussetzungen gegeben sind.
[73] Vgl. § 12 Abs. 1 Satz 1 iVm. § 4 Abs. 1 UmwStG aF.
[74] § 12 Abs. 1 UmwStG.

Steuerliche Grundlagen des Umwandlungsrechts **29–32 Anh. UmwStG**

dass die übertragende Kapitalgesellschaft prinzipiell die gemeinen Werte anzusetzen hat; auf Antrag kann sie jedoch die bisherigen Buchwerte fortführen oder höhere (Zwischen-) Werte ansetzen, wenn (u.a.) das inländische Besteuerungsrecht gesichert bleibt[75].

Da die Finanzverwaltung[76] sich bisher dezidiert auf den **Grundsatz der Maßgeblichkeit** der umwandlungsrechtlichen Schlussbilanz für die steuerliche Schlussbilanz berufen hat, lief das steuerliche Bewertungswahlrecht auf der Ebene der übertragenden Körperschaft in der Praxis leer. Bei dieser sehr engen Sicht der Dinge hätte weder die übertragende noch die übernehmende Körperschaft die Möglichkeit, neue Bilanzansätze oder zumindest neue Werte anlässlich der Verschmelzung anzusetzen. 29

Dagegen wendet sich zu Recht die ganz hM in der Literatur[77] und die Rechtsprechung[78]. Im aktuellen UmwStG idF SEStEG hat sich der Gesetzgeber vom Grundsatz der Maßgeblichkeit getrennt[79]. 30

Bilanzstichtag für die steuerliche Schlussbilanz ist der steuerliche Übertragungsstichtag. Dieser Stichtag ist nicht mit dem sog. Verschmelzungsstichtag[80] identisch. Der **Verschmelzungsstichtag** ist der Zeitpunkt, von dem an die Handlungen des übertragenden Rechtsträgers als auf Rechnung des übernehmenden Rechtsträgers vorgenommen gelten. Der übertragende Rechtsträger hat eine Schlussbilanz aufzustellen[81]. Der steuerliche Übertragungsstichtag ist der Tag, auf den der übertragende Rechtsträger die Schlussbilanz aufzustellen hat. Die Wahl eines anderen steuerlichen Übertragungsstichtags sei nicht möglich[82]. Nach Auffassung der Finanzverwaltung[83] und der hA in der Literatur[84] ist die Schlussbilanz auf den Schluss des Tages aufzustellen, der dem Verschmelzungsstichtag vorangeht. 31

Das Einkommen und das Vermögen der übertragenden Körperschaft sowie der Übernehmerin sind so zu ermitteln, als ob das Vermögen der Körperschaft **mit Ablauf des Stichtags**[85] der Bilanz, die dem Vermögensübergang zugrunde liegt, ganz oder teilweise auf die Übernehmerin übergegangen wäre. Das Gleiche gilt für die Ermittlung der Bemessungsgrundlagen bei der Gewerbesteuer[86]. Übertragung und Übernahme erfolgen steuerlich in demselben Veranlagungszeitraum, so dass auch Übertragungsgewinne und Übernahmegewinne bzw. -verluste im gleichen Zeitraum anfallen[87]. 32

---

[75] § 11 Abs. 2 UmwStG.
[76] Vgl. Tz 02.02, 02.03 UmwStE; Tz 11.01 UmwStE.
[77] Vgl. nur *Dötsch* in Dötsch u. a. § 11 UmwStG nF (2001) Rn 7 mwN; *Schmitt* in Schmitt/Hörtnagl/Stratz § 11 UmwStG Rn 23; *Haritz/Paetzold* FR 1998, 352; siehe detaillierter Rn 55 ff.
[78] *FG München* vom 23.3.2004, EFG 2004, 1334 und vom 5.10.2000, EFG 2001, 32; vermittelnd *FG Baden-Württemberg* vom 4.3.2004 EFG 2004, 858. Vom BFH mit Urteil vom 19.10. 2005 – I R 38/04 – BStBl II 2006, S. 568 (DB 2006, 364) zur formwechselnden Umwandlung einer Personengesellschaft in eine Kapitalgesellschaft bestätigt. Zur Frage des Maßgeblichkeitsgrundsatzes bei Verschmelzung zweier Kapitalgesellschaften ist beim BFH ein Verfahren anhängig (AZ I R 97/06). Die Finanzverwaltung lässt offene Verfahren daher ruhen (vgl. OFD Rheinland DB 2007, 491).
[79] *Dötsch/Pung* DB 2006, 2704, 2705.
[80] Vgl. § 5 Abs. 1 Nr. 6 UmwG.
[81] § 17 Abs. 2 UmwG.
[82] So die Finanzverwaltung in Tz. 02.02, 02.03 UmwStE.
[83] Tz. 02.02 UmwStE.
[84] So *Budde/Zerwas* in Budde/Förschle Sonderbilanzen F Rn 89; *Lutter* in Lutter § 5 Rn 31; zur Kritik *Slabon* in Haritz/Benkert § 2 UmwStG Rn 3 mwN.
[85] Dazu BFH vom 22. 9. 1999, DStR 1999, 1983 zu § 2 Abs. 1 UmwStG 77 gegen Vorinstanz *Hess. FG* vom 30. 4. 1996, EFG 1996, 908.
[86] § 2 Abs. 1 Satz 2 UmwStG.
[87] Tz. 02.05 UmwStE.

33 Da die Bilanz auf einen bis zu acht Monate vor der Handelsregisteranmeldung der Verschmelzung liegenden Stichtag aufgestellt werden kann[88], kommt **steuerlich** eine **Rückwirkung** auf einen bis zu acht Monate zurückliegenden steuerlichen Übertragungsstichtag in Betracht[89]. In dem in der Praxis häufigen Fall, dass das Wirtschaftsjahr einer Gesellschaft dem Kalenderjahr entspricht, kann daher noch bis zum 31. 8. eines Jahres eine Verschmelzung mit steuerlicher Wirkung mit Ablauf des 31. 12. des zurückliegenden Jahres vorgenommen werden, sofern die Handelsregisteranmeldung der Verschmelzung spätestens am 31. 8. erfolgt. Dadurch kann erreicht werden, dass die umwandlungsrechtliche Schlussbilanz sowie die daraus abzuleitende steuerliche Schlussbilanz auf einen Stichtag aufgestellt werden können, zu dem bereits ein handelsrechtlicher Jahresabschluss erstellt ist.

34 **e) Vergleich zum früheren Recht.** Das UmwStG 1995 brachte im Vergleich zu dem bis dahin geltenden umwandlungssteuerlichen Verschmelzungsrecht zwischen Körperschaften eine wesentliche Verbesserung: den Übergang von Verlustvorträgen des übertragenden Rechtsträgers auf den übernehmenden Rechtsträger[90]. Das übrige Regelungskonzept wurde im Wesentlichen beibehalten[91]. Die Möglichkeit, dass der übernehmende Rechtsträger in die steuerlichen Verlustvorträge der übertragenden Körperschaften eintritt, wurde jedoch vom Gesetzgeber in der Zwischenzeit bereits wieder eingeschränkt[92]. Die Verfassungsmäßigkeit dieser Rechtsänderung ist nach Ansicht der Literatur[93] ernstlich zweifelhaft. Im UmwStG idF SEStEG hat der Gesetzgeber den Übergang von Verlustvorträgen wieder ganz abgeschafft.

35 Die Idee, dass sich durch die Neuregelung des Verlusttransfers insbesondere Gestaltungen wie der *downstream merger* erledigen[94], hatten sich nicht bestätigt. Auch weiterhin können die Umstände eines Verschmelzungsfalles so liegen, dass insbesondere aus Gründen der Verlustvortragsnutzung ein *downstream merger* vorteilhaft sein kann[95]. Das SEStEG hat darüber hinaus das UmwStG auf ausländische Verschmelzungen innerhalb der EU/EWR erweitert, die mit dem UmwG vergleichbar sind, und das bisherige Bewertungswahlrecht (Buchwert/Zwischenwert/Teilwert) dahin geändert, dass prinzipiell der gemeine Wert im Rahmen der steuerlichen Bilanzierung anzusetzen ist, auf Antrag aber der Buchwert oder ein (Zwischen-)Wert gewählt werden darf, wenn u.a. das inländische Besteuerungsrecht gesichert ist[96].

---

[88] § 17 Abs. 2 Satz 4 UmwG.
[89] Rechtsgrundlage § 2 Abs. 1 UmwStG; vgl. *Schmitt* in Schmitt/Hörtnagl/Stratz § 2 UmwStG Rn 20 ff. sowie § 11 UmwStG Rn 101. Zu beachten ist der neue § 2 Abs. 3 UmwStG, der eine steuerliche Rückwirkung dann nicht zulässt, wenn Einkünfte aufgrund abweichender Regelungen einer Verschmelzung in einem anderen Staat der Besteuerung entzogen würden.
[90] Vgl. § 12 Abs. 3 Satz 2 UmwStG.
[91] *Schaumburg* in Lutter Anh. § 122 Rn 86, 87.
[92] Mit Gesetz zur Fortsetzung der Unternehmenssteuerreform vom 29. 10. 1997, BGBl. I 1997, S. 2590.
[93] *Hübner/Schaden* DStR 1999, 2093 ff.; *Haritz* in Haritz/Benkert § 27 UmwStG Anm. 41, dagegen FG Baden-Württemberg vom 31. 3. 1999, EFG 1999, 864 ff. und BFH/NV 2005, 1399.
[94] So u. a. *Schaumburg* in Lutter Anh. § 122 Rn 87.
[95] *Sagasser* in Sagasser/Bula/Brünger L Rn 23; *Dreissig* StbJb 1994/1995, S. 209 ff. (insbes. zu Aspekten des *downstream mergers*); oben Rn 23.
[96] § 1 Abs. 1, 2 UmwStG, § 11 Abs. 1, 2 UmwStG.

Steuerliche Grundlagen des Umwandlungsrechts 36–39 **Anh. UmwStG**

2. Kreis der erfassten Rechtsträger

Das UmwG erfasst im Rahmen einer Verschmelzung die folgenden inländischen Körperschaften[97] als übertragende Rechtsträger: Kapitalgesellschaften[98], eingetragene Genossenschaften, eingetragene Vereine einschließlich wirtschaftlicher Vereine, genossenschaftliche Prüfungsverbände und Versicherungsvereine auf Gegenseitigkeit. **36**

Diese Rechtsträger sind Körperschaften iSv. § 1 Abs. 1 KStG und unterliegen daher als Körperschaften den §§ 11 bis 13 UmwStG. **37**

Diese Rechtsträger kommen – mit Ausnahme des Wirtschaftsvereins – auch als übernehmende Rechtsträger in Betracht. Sonderregelungen für bestimmte Rechtsträger, wie zB für Vereine[99], sind zu beachten. Nicht erfasst sind die Stiftung und die GmbH & Co. KG. **38**

Die folgende Übersicht zeigt im Überblick die möglichen Verschmelzungen mit inländischen Körperschaften nach dem UmwG. **39**

von \ auf	GmbH	AG[100]	KGaA	eG	eV/Wirtsch. Verein	gen. Prüfungsverb.	VVaG	Stiftung	Gebietskörpersch.
GmbH	+	+	+	+	–	–	–	–	–
AG[101]	+	+	+	+	–	–	–	–	–
KGaA	+	+	+	+	–	–	–	–	–
eG	+	+	+	+	–	–	–	–	–
eV/Wirtsch. Verein	+	+	+	+	+	–	–	–	–
gen. Prüfungsverb.	–	–	–	–	+	+	–	–	–
VVaG	–	+	–	–	–	–	+	–	–
Stiftung	–	–	–	–	–	–	–	–	–
Gebietskörpersch.	–	–	–	–	–	–	–	–	–

---

[97] Vgl. zum Kreis der verschmelzungsfähigen Rechtsträger § 3 UmwG. Zur grenzüberschreitenden Verschmelzung einer AG zwecks Gründung einer Europäischen (Aktien-)Gesellschaft gem. Artt. 2 Abs. 1, 17 SE-VO vgl. *Hörtnagl* in Schmitt/Hörtnagl/Stratz, Art. 2 SE-VO Rn 4 ff. mwN. Die Europäische (Aktien-)Gesellschaft ist eine AG und daher Adressat des deutschen UmwG (und UmwStG) wenn sie Sitz und Hauptverwaltung im deutschen Hoheitsgebiet hat; § 1 Abs. 2 Satz 2 UmwStG; vgl. *Schmitt* in Schmitt/Hörtnagl/Stratz § 11 UmwStG Rn 10. Siehe ausf. Einl. C Rn 82 ff. *EuGH* v. 13.12.2005 – Rs. C 411/03 („SEVIC Systems AG"), IStR 2006, 32 m. Anm. *Beul/Glatt*; *Dötsch/Pung*, Der Konzern 2006, 258.
[98] Streitig, ob sog. Vorgesellschaften und/oder Vorgründungsgesellschaften umfasst sind; vgl. *Bärwaldt* in Haritz/Benkert Vor §§ 11–13 UmwStG Rn 28 einerseits, *Schmitt* in Schmitt/Hörtnagl/Stratz § 11 UmwStG Rn 11, 17 andererseits.
[99] Vgl. zB § 99 UmwG.
[100] Zur Europäischen Gesellschaft (SE) siehe ausf. Einl. C Rn 85.
[101] Zur Europäischen Gesellschaft (SE) siehe ausf. Einl. C Rn 85.

39a Darüber hinaus hat der Gesetzgeber kürzlich die Richtlinie über die grenzüberschreitende Verschmelzung von EU-Kapitalgesellschaften[102] in nationales Recht umgesetzt[103]. Danach können Kapitalgesellschaften innerhalb der EU miteinander grenzüberschreitend verschmolzen werden. Damit besteht nun auch ein zivilrechtliches Regelungsgefüge für grenzüberschreitende Umwandlungen, zumindest für Verschmelzungen zwischen Kapitalgesellschaften. Soweit bisher lediglich das Umwandlungssteuerrecht grenzüberschreitende Vorgänge erfasst hat, zieht der zivilrechtliche Gesetzgeber jetzt nach. Auf andere Umwandlungen wie Spaltungen oder Formwechsel oder die Beteiligung anderer Rechtsträger als Kapitalgesellschaften (zB Personengesellschaften) sind die neuen Vorschriften im UmwG nicht anwendbar.

40 Die Finanzverwaltung hat ausdrücklich klargestellt, dass auch eine Kapitalgesellschaft, an der ein Dritter **atypisch** still beteiligt ist, sog. GmbH/AG & Still, von den Regeln der Verschmelzung von Körperschaften erfasst wird[104]. Dies war zweifelhaft, da derartige („hybride") Gesellschaften steuerlich als Mitunternehmerschaften[105] anzusehen sind. Die stille Beteiligung setzt sich – vorbehaltlich einer anderen vertraglichen Regelung durch die beteiligten Parteien – bei der übernehmenden Körperschaft fort.

41 In der Praxis am bedeutsamsten ist die **Verschmelzung von Kapitalgesellschaften** iSv. § 1 Abs. 1 Nr. 1 KStG. Die hier gegebene Übersicht über die steuerlichen Folgen der Verschmelzung von Körperschaften befasst sich vor allem mit diesem Fall; wegen der Folgen bei den anderen Rechtsträgern wird insbesondere auf die entsprechende Kommentarliteratur verwiesen.

42 Bei Verschmelzungen unter Beteiligung einer **KGaA** ist zu differenzieren:

43 Steuerlich wird die KGaA zwar als Kapitalgesellschaft eingestuft[106]. Soweit es aber um die steuerlichen Belange der persönlich haftenden Gesellschafter geht, werden sie insoweit „wie (Mit-)Unternehmer behandelt", als ihre „Gewinnanteile und Vergütungen als gewerbliche Einkünfte erfasst werden"[107]. Dementsprechend kann bei der Verschmelzung einer Kapitalgesellschaft auf eine KGaA durchaus von einer sog. Mischumwandlung[108] gesprochen werden: einerseits sind die Vorschriften über die Verschmelzung von Körperschaften anwendbar[109]; andererseits die Regeln über die Vermögensübertragung von einer Kapitalgesellschaft auf eine Personengesellschaft/natürliche Person[110], soweit es um den persönlich haftenden Gesellschafter geht und dieser am Vermögen der KGaA beteiligt ist[111].

44 Wenn der persönlich haftende Gesellschafter nicht am Vermögen der KGaA beteiligt ist (zB bei einer GmbH & Co. KGaA), kann auch eine Verschmelzung allein auf der Grundlage der Regel über die Verschmelzung von Körperschaften erfolgen[112].

---

[102] Richtlinie 2005/SG/EG vom 26.10.2005, ABl.EU vom 25.11.2005, Nr. L 310 S. 1; dazu *Neyl/Timm* DB 2006, 488.

[103] Siehe §§ 122 a ff. UmwG, eingefügt durch das Zweite Gesetz zur Änderung des Umwandlungsgesetzes vom 19.4.2007, BGBl. I S. 542 ff.

[104] Vgl. Tz. 01.4 UmwStE.

[105] Dazu *Schmidt* § 15 EStG Rn 340 ff.

[106] Vgl. § 1 Abs. 1 Nr. 1 KStG.

[107] § 15 Abs. 1 Satz 1 Nr. 3 EStG; BFHE 145, 76 = BStBl. II 1986, S. 72; dazu *Schmidt* § 15 EStG Rn 890 f.

[108] Dazu *Haritz* DStR 1996, 1192 f.; *ders.* GmbHR 1997, 590, 592 f.; *Bärwaldt* in Haritz/Benkert Vor §§ 11–13 UmwStG Rn 30; *Bogenschütz*, FS Widmann, S. 163 ff.; *Schaumburg* DStZ 1998, 525, 543; *Dötsch* in Dötsch u. a. Vor §§ 11–13 UmwStG nF Rn 31 ff.; *Kusterer* DB 2000, 250.

[109] §§ 11 bis 13 UmwStG.

[110] §§ 3 ff. UmwStG.

[111] Ansonsten sind die §§ 11 bis 13 UmwStG uneingeschränkt anzuwenden; vgl. *Bogenschütz*, FS Widmann, S. 163, 176, 177.

[112] *Bärwaldt* in Haritz/Benkert Vor §§ 11–13 UmwStG Rn 30.

Das Steuerrecht verlangte bisher, dass sowohl der übertragende als auch der übernehmende 45
Rechtsträger seinen „Sitz" im Inland hatte; die Körperschaften mussten im Inland unbeschränkt steuerpflichtig sein[113]. Maßgebend war, ob eine Körperschaft den Ort ihrer Geschäftsleitung im Inland hatte. Demnach konnten auch Gesellschaften, die ihren Satzungssitz im Ausland haben, den Ort ihrer Geschäftsleitung aber im Inland[114], unbeschränkt steuerpflichtig sein und – zumindest steuerlich – unter das UmwStG fallen. Diese doppelt ansässigen Gesellschaften[115] erkannte die Finanzverwaltung aber weder als übertragende noch als übernehmende Rechtsträger an[116]. Das neue UmwStG zieht den Kreis der erfassten Rechtsträger dagegen deutlich weiter: Es erfasst alle EU-/EWR-Kapitalgesellschaften, die nach den dort geltenden Rechtsvorschriften gegründet worden sind und innerhalb dem EU-/EWR-Bereich ihren Sitz und Ort der Geschäftsleitung haben; eine Europäische Gesellschaft und eine Europäische Genossenschaft gelten als eine nach den Rechtsvorschriften des Staates gegründete Gesellschaft, in dessen Hoheitsgebiet sich der Sitz der Gesellschaft befindet[117].

Hinsichtlich der **Vermögensübertragung** in Form der **Vollübertragung** sieht das 46
UmwG und dem folgend § 11 UmwStG folgende Fälle vor[118]:

von \ auf	Öffentliche Hand	VVaG	Öffentl.-rechtl. Versicherungs-unternehmen	Versicherungs-AG
GmbH	+	–	–	–
AG[119]	+	–	–	–
KGaA	+	–	–	–
Versicherungs-AG	–	+	–	–
VVaG	–	–	+	+
Öffentl.-rechtl. Versicherungs-unternehmen	–	+	–	+

3. Die Ebene der übertragenden Körperschaft (§ 11 UmwStG)

a) Vermeidung eines Übertragungsgewinns durch Buchwertansatz. Die übertra- 47
gende Körperschaft kann anlässlich ihrer Verschmelzung, d. h. der Übertragung ihres Vermögens, eine Aufdeckung ihrer stillen Reserven vermeiden, wenn
– sichergestellt ist, dass die im übergegangenen Vermögen enthaltenen stillen Reserven später bei der übernehmenden Körperschaft der Körperschaftsteuer unterliegen[120] und
– das Recht der Bundesrepublik Deutschland hinsichtlich der Besteuerung des Gewinns aus der Veräußerung der übertragenen Wirtschaftsgüter bei der übernehmenden Körperschaft nicht ausgeschlossen oder beschränkt wird[121].

---

[113] Vgl. § 1 Abs. 5 UmwStG aF.
[114] Diese Gesellschaften wurden bisher jedoch nicht als Kapitalgesellschaft iSv. § 1 Abs. 1 Nr. 1 KStG von der Finanzverwaltung beurteilt, sondern als andere Körperschaften nach § 1 Abs. 1 Nr. 5 KStG. Diese Auffassung ist aber zumindest für Gesellschaften innerhalb der EU und in Ländern, mit denen Deutschland entsprechende bilaterale Abkommen hat (zB USA) zu eng.
[115] Siehe *BFH* vom 23. 6. 1992, BStBl. II 1992, S. 972.
[116] Vgl. Tz. 01.03 UmwStE; vgl. auch *Schmitt* in Schmitt/Hörtnagl/Stratz § 11 UmwStG Rn 12, 16.
[117] Vgl. § 1 Abs. 2 UmwStG.
[118] Vgl. auch *Schmitt* in Schmitt/Hörtnagl/Stratz § 11 UmwStG Rn 14, 15; Tz. 00.14 UmwStE.
[119] Zur Europäischen Gesellschaft (SE) siehe Einl. C Rn 85 ff.
[120] § 11 Abs. 2 Nr. 1 UmwStG.
[121] § 11 Abs. 2 Nr. 2 UmwStG; neu durch das SEStEG eingefügt, um grenzüberschreitende Verschmelzungen innerhalb des EU-/EWR-Bereichs zu erfassen.

- eine Gegenleistung nicht gewährt wird oder in Gesellschaftsrechten besteht[122].

48 Technisch wird die Steuerneutralität dadurch erreicht, dass die übertragende Körperschaft in ihrer steuerlichen Schlussbilanz ihre bisherigen Buchwerte fortführen darf, wenn die vorgenannten Voraussetzungen gegeben sind. Dieser Ansatz erfolgt auf **Antrag** und ist einheitlich auszuüben.

49 Die übertragende Gesellschaft hat aber auch das Recht, höhere Werte bis hin zu den gemeinen Werten der einzelnen Wirtschaftsgüter anzusetzen[123].

50 Durch die Vorschrift des § 11 Abs. 2 UmwStG wird dem Steuerpflichtigen das Recht eingeräumt, eine Realisierung seiner stillen Reserven im Zuge des Vermögensübergangs zu vermeiden. Stattdessen tritt die übernehmende Gesellschaft in die „Fußstapfen" der übertragenden Gesellschaft ein und übernimmt die Wertansätze für die Vermögensgegenstände dieser Gesellschaft. Dadurch wird die Realisierung stiller Reserven nicht aufgehoben, sondern auf die Ebene der übernehmenden Gesellschaft verlagert und damit aufgeschoben[124].

51 Liegen die Voraussetzungen für die Fortführung der Buchwerte (mit anderen Worten für die Steuerneutralität) nicht vor, hat die übertragende Körperschaft die übergegangenen Wirtschaftsgüter mit dem Wert der für die Übertragung gewährten Gegenleistung anzusetzen oder – falls eine Gegenleistung nicht gewährt wird – mit dem gemeinen Wert[125]. In diesen Fällen entsteht also ein Übertragungsgewinn, der nach den allgemeinen Vorschriften besteuert wird.

52 In der folgenden Darstellung wird überblicksartig auf steuerliche Aspekte auf der Ebene der übertragenden Gesellschaft hingewiesen. Wegen Einzelheiten sei auf die einschlägige Kommentarliteratur verwiesen[126].

53 **b) Steuerneutralität nur auf Antrag.** Das UmwStG sieht seit dem SEStEG ein Antragserfordernis vor, um die Steuerneutralität zu erreichen. Bisher galt ein klassisches Bewertungswahlrecht. Lagen die gesetzlichen Voraussetzungen vor, griff die Steuerneutralität ein. Nach dem **SEStEG** sind dagegen die übertragenen Wirtschaftsgüter in der steuerlichen Schlussbilanz der übertragenden Körperschaft grundsätzlich mit dem gemeinen Wert auszuweisen. Auf Antrag des übertragenen Rechtsträgers können dagegen auch die steuerlichen Buchwerte (oder Zwischenwerte) des übertragenen Vermögens in der steuerlichen Schlussbilanz angesetzt werden, soweit u. a. das inländische Besteuerungsrecht sichergestellt ist.

54 Die Finanzverwaltung hat bisher bei einem *downstream merger* die Anwendbarkeit der §§ 11 bis 13 UmwStG an einen „übereinstimmenden Antrag alle an der Umwandlung Beteiligten" geknüpft[127]. Dies ist nicht vom Wortlaut des Gesetzes gedeckt und auch nicht geboten. Die Finanzverwaltung erläutert auch nicht näher, was formell (Form, Frist?) und materiell (Inhalt?) beantragt werden muss. Unpraktisch ist das Erfordernis, dass „alle an der Umwandlung Beteiligten" ihn stellen müssen. Gerade bei Publikumsgesellschaften wird es nicht möglich

---

[122] § 11 Abs. 2 Nr. 3 UmwStG.
[123] § 11 Abs. 2 UmwStG; vgl. *Dötsch* in Dötsch u. a. § 11 UmwStG nF (2001) Rn 3 ff. mit Hinweis auf das kritisierte praktische „Leerlaufen" dieses Wahlrechts nach altem UmwStG 1995 auf Grund der Auffassung der Finanzverwaltung über die Maßgeblichkeit der Schlussbilanz; vgl. Tz. 11.01 UmwStE und Rn 55 ff.
[124] Vgl. nur *Dötsch* in Dötsch u. a. Vor §§ 11–13 UmwStG nF (2001) Rn 2. Beachte: Die Steuerneutralität erfasst nicht die Verkehrs- und Verbrauchsteuern, insbes. nicht die Grunderwerbsteuern. Insbes. die Grunderwerbsteuer kann eine Verschmelzungsbremse darstellen, siehe Rn 8.
[125] § 11 Abs. 1 UmwStG. Bisher galt der Teilwert (§ 11 Abs. 2 UmwStG aF).
[126] ZB *Bärwaldt* in Haritz/Benkert § 11 UmwStG Rn 1 ff.; *Schmitt* in Schmitt/Hörtnagl/Stratz § 11 UmwStG Rn 1 ff.; *Dötsch* in Dötsch u. a. § 11 UmwStG nF (2001) Rn 1 ff.; alle mwN zum alten Recht; zum neuen UmwStG *Schaflitzl/Wimayer* in *Blumenberg/Schäfter* SEStEG S. 129 ff.
[127] Vgl. Tz. 11.24 UmwStE und BMF-Schreiben vom 16.12.2003, BStBl. I S. 786 Rn 15 mit krit. Anm. *Haritz/Wisniewski* GmbHR 2004, 150, 153; dazu *Dötsch* in Dötsch u. a. Vor §§ 11–13 UmwStG nF (2001) Rn 20, 21 (der wohl allgemein einen Antrag für erforderlich hält, *ders.* in Dötsch u. a. Vor §§ 11–13 UmsStG nF Rn 2); kritisch *Rödder/Wochinger* FR 1999, 1, 9.

sein, tatsächlich alle Anteilseigner zu erreichen[128]. Diese Gesellschaften könnten bereits aus diesem Grund keinen steuerneutralen *downstream merger* durchführen.

c) Maßgeblichkeit der Handelsbilanz/Schlussbilanz? Die übertragende Körperschaft hat bei Vorliegen der Voraussetzungen auf Antrag das Recht, die übergehenden Wirtschaftsgüter mit dem sich „nach den steuerlichen Vorschriften über die Gewinnermittlung" ergebenden Wert anzusetzen, sog. Buchwert[129]. Durch das „können" gibt der Gesetzgeber deutlich zu erkennen, dass wahlweise auch höhere Werte (Zwischen- oder höchstens gemeinen Werte) angesetzt werden können. Das Gesetz betont dies in § 11 Abs. 2 UmwStG. Danach ist grundsätzlich der Ansatz eines höheren Werts zulässig. Die gemeinen Werte der einzelnen Wirtschaftsgüter dürfen nicht überschritten werden[130]. **55**

Es stellte sich bisher die Frage, inwieweit dieses steuerliche Bewertungswahlrecht für die übertragende Körperschaft mit den Wertansätzen in der umwandlungsrechtlichen Schlussbilanz[131] harmoniert. Denn für die umwandlungsrechtliche Schlussbilanz gelten die Vorschriften über die Jahresbilanz entsprechend, d. h. die Buchwerte der Jahresbilanz sind zwingend in die Schlussbilanz zu übernehmen[132]; ein Bewertungswahlrecht besteht dort gerade nicht. Es wurden prinzipiell zwei Auffassungen vertreten: **56**

– Die **Finanzverwaltung** ist der Auffassung, dass aufgrund des Grundsatzes der Maßgeblichkeit der Handelsbilanz für die Steuerbilanz eine Bindung der steuerlichen Schlussbilanz an die umwandlungsrechtliche Schlussbilanz besteht[133]. Demnach kommt ein über dem Buchwert liegender Wertansatz prinzipiell nicht in Betracht, so dass das steuerliche Bewertungswahlrecht *de facto* leer läuft.

– Die ganz hM in der umwandlungssteuerlichen **Literatur** lehnt dagegen den Maßgeblichkeitsgrundsatz in diesen Verschmelzungsfällen ab[134]. Zu Recht wird betont, dass § 11 UmwStG eine ausdrückliche Durchbrechung des Maßgeblichkeitsgrundsatzes regelt.

– Die **Rechtsprechung** stellte bisher ebenfalls zunehmend den Maßgeblichkeitsgrundsatz in Frage[135].

Mit dem SEStEG hat der Gesetzgeber das Maßgeblichkeitsprinzip aufgegeben, so dass eine eigenständige steuerliche Bilanzierung besteht[136].

Regelmäßig zielt der Steuerpflichtige zwar darauf ab, in seiner Schlussbilanz die bisherigen Buchwerte fortzuführen und eine Aufstockung und eine damit einhergehende steuerliche Belastung zu vermeiden. Doch es sind durchaus auch Situationen denkbar, in denen eine Aufstockung *(step up)* auf höhere Werte erwünscht ist. **57**

---

[128] So auch *Bärwaldt* in Haritz/Benkert Vor §§ 11–13 UmwStG Rn 18.
[129] § 11 Abs. 2 UmwStG.
[130] § 11 Abs. 2 UmwStG.
[131] § 17 Abs. 2 UmwG.
[132] § 17 Abs. 2 UmwG.
[133] Vgl. Tz. 11.01 UmwStE unter Hinweis auf § 5 Abs. 1 EStG. Offensichtlich tendiert die Finanzverwaltung dazu, ihre strikte Auffassung über die Maßgeblichkeit aufzugeben, *Thiel* DB 2005, 2316, 2319; siehe § 24 Rn 10.
[134] Vgl. nur *Dötsch* in Dötsch Vor §§ 11–13 UmwStG nF (2001) Rn 7; *Haritz/Paetzold* FR 1998, 352; *Schmitt* in Schmitt/Hörtnagl/Stratz § 11 UmwStG Rn 19; alle jeweils mwN.
[135] FG München vom 23.3.2004, EFG 2004, 1334 und vom 5.10.2000 EFG 2001, 32; vermittelnd FG Baden-Württemberg vom 4.3.2004, EFG 2004, 858, das sich für das Bewertungswahlrecht, aber gegen ein Ansatzwahlrecht entscheidet. Der BFH hat die Entscheidung des FG München vom 23.3.2004 mit Urteil vom 19.10.2005 – I R 38/04 –, DB 2006, 364 zur formwechselnden Umwandlung einer Personengesellschaft in eine Kapitalgesellschaft bestätigt und sich gegen eine Maßgeblichkeit in diesem Fall ausgesprochen. Zum FG München Haritz/Wisniewski GmbHR 2004, 814; siehe § 24 Rn 90. – Dennoch hält die Finanzverwaltung offenbar für die Vergangenheit an der bisherigen Auffassung fest und wartet die Revisionsentscheidung des BFH (AZ I R 97/06) zur Frage des Maßgeblichkeitsgrundsatzes bei Verschmelzung zweier Kapitalgesellschaften ab (*OFD Rheinland* DB 2007, 491).
[136] *Dötsch / Pung* DB 2006, 2704, 2705.

Beispiel:
Eine GmbH soll auf eine AG verschmolzen werden. Die GmbH verfügt über Verlustvorträge von 100. Würde zu Buchwerten verschmolzen, gingen die Verlustvorträge nach dem neuen UmwStG unter[137]. Daher könnte alternativ die übertragende GmbH stille Reserven realisieren, den Realisierungsgewinn durch die Verlustvorträge kompensieren und der übernehmenden AG so eine höhere Abschreibungsbasis verschaffen. Aufgrund dieser höheren Abschreibungsbasis würde dann entsprechend höherer Aufwand auf der Ebene der übernehmenden Gesellschaft für die folgenden Jahre zur Verfügung stehen.[138]

58–60 (Z. Zt. unbelegt.)

61 **d) Sicherstellung der Besteuerung (§ 11 Abs. 2 Satz 1 Nr. 1 UmwStG).** Das Gesetz verlangt für die Steuerneutralität, dass u. a. sichergestellt ist, dass die in dem übergegangenen Vermögen enthaltenen stillen Reserven später bei der übernehmenden Körperschaft der Körperschaftsteuer unterliegen[139].

62 Davon ist regelmäßig auszugehen, wenn Vermögen von einer unbeschränkt körperschaftsteuerpflichtigen Körperschaft auf eine andere unbeschränkt körperschaftsteuerpflichtige Körperschaft übergeht[140]. Mit dem SEStEG wurde der Anwendungsbereich EU-/EWR-weit ausgedehnt, so dass künftig darauf abzustellen ist, dass es sich um eine Gesellschaft handelt, die innerhalb der EU/EWR gegründet worden ist und dort ihren Sitz und ihre Geschäftsleitung hat[141]. Die übergehenden Wirtschaftsgüter müssen beim übernehmenden Rechtsträger einer Besteuerung mit in- oder ausländischer Körperschaftsteuer unterliegen. Demnach scheidet bspw. ein Buchwert- oder Zwischenwertansatz aus, wenn der übernehmende Rechtsträger steuerbefreit ist oder ausländisches Betriebsstättenvermögen nicht mehr besteuert werden könnte[142].

63 Es muss nicht zu einer definitiven steuerlichen Belastung bei der übernehmenden Körperschaft kommen (im Sinne einer Körperschaftsteuer-Zahllast). Die Sicherstellung ist auch gegeben, wenn Gewinne mit etwaigen Verlustvorträgen verrechnet werden[143].

64 Die Sicherstellung der Besteuerung ist nur für stille Reserven zu beachten, die am Umwandlungsstichtag der inländischen Besteuerung unterliegen[144]. Das Erfordernis der Sicherstellung der Besteuerung der stillen Reserven gilt u. a. nicht für iRd. Umwandlung übergehendes ausländisches Betriebsstättenvermögen, dessen Besteuerung (aufgrund eines Doppelbesteuerungsabkommens) am Übertragungsstichtag einem anderen Staat zusteht[145].

65 Eine Sicherstellung der stillen Reserven ist zB dann nicht gegeben, wenn die übernehmende Körperschaft steuerbefreit[146] ist. Im letztgenannten Fall ist ein Buchwertansatz aber uU dann möglich, wenn das übergehende Vermögen in einem steuerpflichtigen Bereich (zB wirtschaftlicher Geschäftsbetrieb, Betrieb gewerblicher Art) übergeht.

66 Fraglich kann sein, ob im Fall der Verschmelzung einer **Kapitalgesellschaft & atypisch Still** stille Reserven verstrickt bleiben. Im Ergebnis ist dies zu bejahen, wenn und soweit sich die atypisch stille Beteiligung an der übernehmenden Gesellschaft fortsetzt. Zwar unterliegen

---

[137] § 12 Abs. 3 iVm § 4 Abs. 2 S. 2 UmwStG.
[138] Zu beachten ist die Mindestbesteuerung nach § 10 d Abs. 2 Satz 1 EStG, die nur bis EUR 1 Mio eine volle Verrechnung ermöglicht, darüber hinausgehende Gewinne lediglich zu 60%.
[139] § 11 Abs. 2 Nr. 1 Satz 1 UmwStG.
[140] Tz. 11.03 UmwStE.
[141] § 1 Abs. 2 Nr. 1 UmwStG.
[142] Weitere Beispielsfälle bei *Schafitzl/Widmayer* in *Blumenberg/Schäfer* SEStEG S. 130, 112 f.
[143] *Dötsch* in Dötsch u. a. § 11 UmwStG nF (2001) Rn 13.
[144] *Schaumburg* FR 1995, 211, 219; *Dötsch* in Dötsch u. a. § 11 UmwStG nF (2001) Rn 17.
[145] Siehe Tz. 11.04 UmwStE.
[146] Vgl. Tz. 11.03 UmwStE; *Dötsch* in Dötsch u. a. Anh. § 11 UmwStG nF (2001) Rn 18.

die stillen Reserven der Mitunternehmerschaft nicht der Körperschaftsteuer, doch muss eine teleologische Auslegung letztlich dazu führen, dass die stillen Reserven verstrickt bleiben[147].

e) Inländisches Besteuerungsrecht (§ 11 Abs. 2 Satz 1 Nr. 2 UmwStG). Weitere und durch das SEStEG neu eingefügte Voraussetzung für einen Buch- oder Zwischenwertansatz ist, dass das Recht der Bundesrepublik Deutschland hinsichtlich der Besteuerung des Gewinns aus der Veräußerung der übertragenen Wirtschaftsgüter bei der übernehmenden Körperschaft nicht ausgeschlossen oder beschränkt wird. Diese grenzüberschreitenden Sachverhalte setzen eine sorgfältige Prüfung voraus: So kann zB. das deutsche Besteuerungsrecht beschränkt sein, wenn ausländische Einkünfte vor der Verschmelzung durch die sog. Anrechnungsmethode im Inland erfasst werden, nach der Verschmelzung die Besteuerung aber durch Freistellung vermieden wird[148]. Das Besteuerungsrecht kann aber nur dann ausgeschlossen oder beschränkt werden, wenn schon vor der Verschmelzung ein inländisches Besteuerungsrecht bestand. Wenn zB. ausländische Einkünfte im Inland freigestellt sind (im Inland nicht erfasst wurden), so kann auch nach der Verschmelzung keine Beschränkung vorliegen, wenn die Freistellungsmethode eingreift. Es bleibt abzuwarten, in welchen Fällen die Finanzverwaltung eine Beschränkung des inländischen Besteuerungsrechts annehmen wird. So fragt sich zB., ob von einer Beschränkung des Besteuerungsrechts auszugehen ist, wenn nach der Umwandlung die Hinzurechnungsbesteuerung nicht mehr angewendet werden kann oder eine rein gewerbesteuerliche Entstrickung vorliegt[149].

f) Keine Gegenleistung oder Gesellschaftsrechte (§ 11 Abs. 2 Satz 1 Nr. 3 UmwStG). Neben der Sicherstellung der Besteuerung ist erforderlich, dass der übernehmende Rechtsträger entweder keine Gegenleistung gewährt[150] oder, wenn doch, in Form von „Gesellschaftsrechten"[151].

Bei **Vermögensübertragungen** iSd. § 174 Abs. 1 UmwG kommt eine steuerneutrale Verschmelzung daher nur in Betracht, wenn keine Gegenleistung gewährt wird, also in den Fällen, in denen die Vermögensübertragung auf den Anteilseigner bzw. das Mitglied der übertragenden Körperschaft erfolgt. Denn nach dem UmwG besteht die Gegenleistung bei Vermögensübertragungen nicht in Gesellschaftsrechten, so dass eine Steuerneutralität wegen Verstoßes gegen § 11 Abs. 2 Satz 1 Nr. 3 UmwStG bei Gewährung anderer Gegenleistungen als Gesellschaftsrechte ausscheidet[152]. Daher ist in diesen Fällen regelmäßig keine steuerneutrale Vermögensübertragung möglich.

aa) Keine Gegenleistung. Die **erste Alternative** betrifft in der Praxis vor allem den sog. upstream merger (Verschmelzung der Tochter- auf die Muttergesellschaft)[153]. Im Zuge der Verschmelzung wird der bisherige Beteiligungsansatz ausgebucht und das übergehende Vermögen sowie die Schulden eingebucht. Der übernehmende Rechtsträger darf sich selbst keine Gegenleistung gewähren[154].

---

[147] Dazu mwN *Bärwaldt* in Haritz/Benkert § 11 UmwStG Rn 26; aA *Schulte* NJW 1998, 3601; vgl. auch Rn 40.
[148] BT-Drucks. 16/2710 S. 37.
[149] Ablehnend zu recht *Schaflitzl/Widmayer* in *Blumenberg/Schäfer* SEStEG S. 130, 113.
[150] § 11 Abs. 2 Satz 1 Nr. 3 1. Alt. UmwStG.
[151] § 11 Abs. 2 Satz 1 Nr. 3 2. Alt. UmwStG.
[152] Siehe Rn 4 mwN; *Schmitt* in Schmitt/Hörtnagl/Stratz § 11 UmwStG Rn 4, 82.
[153] Ein weiteres Beispiel ist die wechselseitige Beteiligung mit *upstream merger*, dazu *Bärwaldt* in Haritz/Benkert § 11 UmwStG Rn 32.
[154] Vgl. zB §§ 54 Abs. 1 Nr. 1, 68 Abs. 1 Nr. 1 UmwG „Verbot der Kapitalerhöhung" bei Innehaben von eigenen Anteilen.

70 Die Finanzverwaltung sieht bei einem *upstream merger* in dem Wegfall der Beteiligung an der übertragenden Gesellschaft keine Rückgabe der Beteiligung an die übertragende Gesellschaft und darin keine Gegenleistung[155].

71 *bb) Gewährung von Gesellschaftsrechten.* Die **zweite Alternative** betrifft insbesondere die Fälle, in denen die Gesellschafter/Mitglieder der übertragenden Körperschaft eine Gegenleistung für den Wegfall ihrer Beteiligung erhalten. In der Praxis geschieht dies regelmäßig durch die Gewährung (neuer) Anteile im Rahmen einer Kapitalerhöhung der übernehmenden Gesellschaft. Denkbar ist es auch, dass die übernehmende Körperschaft zB eigene Anteile gewährt oder Leistungen, die nicht in Form von Gesellschaftsrechten bestehen, zB einen Spitzenausgleich in bar.

72 Eine steuerneutrale Verschmelzung setzt voraus, dass ausschließlich Gesellschaftsrechte gewährt werden. Woher die Gesellschaftsrechte stammen, ist unerheblich; es muss sich insbesondere nicht um „neue" Anteile handeln[156]. Das UmwStG spricht von „Gesellschaftsrechten", das UmwG – insoweit präziser – von Anteilen oder Mitgliedschaften. Es ist davon auszugehen, dass diese Begriffe auch im UmwStG gemeint sind[157]. Ob Gesellschaftsrechte Genussrechte umfassen, ist streitig[158].

73 Nicht geregelt ist, ob die übernehmende Körperschaft nicht auch Gesellschaftsrechte bzw. -anteile gewähren kann, die sie an anderen Gesellschaften/Körperschaften hält. Der Wortlaut des UmwStG schließt dies nicht aus; dennoch wird verlangt, dass es sich bei den gewährten Anteilen/Mitgliedschaften um eigene Gesellschaftsrechte des übernehmenden Rechtsträgers handelt[159].

74 *cc) Gewährung weiterer Gegenleistungen.* Wenn die übernehmende Körperschaft an die Anteilseigner der übertragenden Körperschaft **weitere Gegenleistungen** gewährt, die nicht in Gesellschaftsrechten bestehen, liegt ein teilentgeltlicher Vorgang vor. Da **insoweit** nicht die Voraussetzungen für einen Buchwertansatz bei der übertragenden Körperschaft vorliegen, sind stille Reserven anteilig zu realisieren[160]. Es ist daher bei den gewährten Gegenleistungen zu unterscheiden zwischen (unschädlichen) Gesellschaftsrechten und den (schädlichen) sonstigen Gegenleistungen. Diese sonstigen Gegenleistungen werden auch **Zuzahlungen** genannt. Zuzahlungen in diesem Sinne sind nach Auffassung der Finanzverwaltung[161] Barzuzahlungen (zB Spitzenausgleich), Barabfindungen an widersprechende Gesellschafter[162] oder sonstige Vermögenswerte an die übertragende Körperschaft oder deren Anteilseigner. In der Literatur wird insbesondere angezweifelt, ob die Barabfindungen iSd. UmwG darunter fallen[163]. Teilweise wird auch die Zahlung an die übertragende Körperschaft selbst (anstelle der Anteilseigner) nicht als Gegenleistung iSd. § 11 Abs. 2 Satz 1 Nr. 3 UmwStG gesehen[164].

---

[155] Siehe Tz. 11.13 UmwStE; verneinend zu einer vGA (§ 8 Abs. 3 KStG) bei Buchwertansatz *Dötsch* in Dötsch u. a. Vor §§ 11–13 UmwStG nF (2001) Rn 5.

[156] *Dötsch* in Dötsch u. a. § 11 UmwStG nF (2001) Rn 22. Abw. die Regelung bei Einbringungen in Kapitalgesellschaften nach § 20 Abs. 1 UmwStG, die zB einschlägig ist für Verschmelzungen von Personengesellschaften auf Kapitalgesellschaften.

[157] So auch *Dötsch* in Dötsch u. a. § 11 UmwStG nF (2001) Rn 22; *Bärwaldt* in Haritz/Benkert § 11 UmwStG Rn 33.

[158] Vgl. *Bärwaldt* in Haritz/Benkert § 11 UmwStG Rn 33; *Dötsch* in Dötsch u. a. § 11 UmwStG nF Rn 24.

[159] *Bärwaldt* in Haritz/Benkert § 11 UmwStG Rn 33.

[160] Nur „soweit" die Voraussetzungen nicht vorliegen, § 11 Abs. 2 Satz 1 UmwStG; vgl. *Dötsch* in Dötsch u. a. § 11 UmwStG nF (2001) Rn 12 mwN.

[161] Vgl. Tz. 11.05 UmwStE.

[162] Vgl. §§ 29, 125, 207 UmwG.

[163] U. a. *Schmitt* in Schmitt/Hörtnagl/Stratz § 11 UmwStG Rn 92; *Bärwaldt* in Haritz/Benkert § 11 UmwStG Rn 36; *Dötsch/van Lishaut/Wochinger* DB-Beilage 7/98, S. 25.

[164] *Bärwaldt* in Haritz/Benkert § 11 UmwStG Rn 38.

Die Gewährung von Zuzahlungen neben der Gewährung von Gesellschaftsrechten führt dazu, dass in der steuerlichen Schlussbilanz der übertragenden Körperschaft eine Buchwertaufstockung vorzunehmen ist und insoweit ein steuerpflichtiger Übertragungsgewinn entsteht. In der steuerlichen Schlussbilanz sind die stillen Reserven aufzudecken, wenn und soweit der Betrag der baren Zuzahlung den auf die Zuzahlung entfallenden anteiligen Buchwert übersteigt[165]. 75

Nach Auffassung der Finanzverwaltung[166] sind nur von der übernehmenden Körperschaft geleistete Zahlungen zu berücksichtigen. Die Parteien können daher anstelle der Zuzahlung durch die übernehmende Gesellschaft auch eine Zahlung durch die übertragende Gesellschaft vorsehen. Die Finanzverwaltung sieht darin entweder einen Erwerb eigener Anteile oder eine verdeckte Gewinnausschüttung oder eine „andere Ausschüttung"[167]. Möglich ist auch, dass nicht die übertragende oder übernehmende Gesellschaft eine Zahlung leistet, sondern einer ihrer Gesellschafter; darin liegt keine Gegenleistung iSv. § 11 Abs. 2 Nr. 3 UmwStG[168]. 76

Bei der Verschmelzung von Schwestergesellschaften *(sidestream merger)* ist fraglich, ob die übernehmende Gesellschaft Gesellschaftsrechte gewähren muss. Die hM bejaht dies[169]. Die Finanzverwaltung stimmt dem zu und sieht darin konsequenterweise keine schädliche Gegenleistung iSv. § 11 Abs. 1 Satz 1 Nr. 2 UmwStG aF[170]. 77

g) Übertragungsgewinn. Immer dann, wenn die Voraussetzungen für den Ansatz der Buchwerte in der steuerlichen Schlussbilanz der übertragenden Körperschaft nicht vorliegen[171], kann es zu einem steuerpflichtigen Gewinn auf der Ebene der übertragenden Körperschaft kommen. 78

Ein Übertragungsgewinn unterliegt der Besteuerung nach allgemeinen Grundsätzen[172]. Der Übertragungsgewinn entsteht mit Ablauf des steuerlichen Übertragungsstichtags[173]. 79

> **Beispiel:**
> Verschmelzungsstichtag 1. 1. 2007, Stichtag der Schlussbilanz 31. 12. 2006. Steuerlicher Übertragungsstichtag Ablauf 31. 12. 2006. Der Übertragungsgewinn ist also in 2006 zu erfassen.

4. Die Ebene der übernehmenden Körperschaft (§ 12 UmwStG)

a) Überblick. Aus Sicht der übernehmenden Körperschaft sind vor allem vier Bereiche[174] steuerlich relevant, die das UmwStG in seinem § 12 regelt: 80
– Ansatz und Bewertung der übernommenen Wirtschaftsgüter[175].
– Die steuerliche Behandlung eines Übernahmegewinns oder -verlusts[176].

---

[165] Dazu und zur Ermittlung des einzelnen Aufstockungsbetrags vgl. nur *Schmitt* in Schmitt/Hörtnagl/Stratz § 11 UmwStG Rn 93 ff.; *Dötsch* in Dötsch u. a. § 11 UmwStG nF (2001) Rn 32 ff. mit Beispielen.
[166] Vgl. Tz. 11.06 UmwStE.
[167] Siehe Tz. 11.08 UmwStE; differenzierend *Dötsch* in Dötsch u. a. § 11 UmwStG nF (2001) Rn 34.
[168] Siehe Tz. 11.10 UmwStE: Veräußerungserlös beim Zahlungsempfänger, Anschaffungskosten beim zahlenden Erwerber; zust. *Dötsch* in Dötsch u. a. § 11 UmwStG nF (2001) Rn 30.
[169] Siehe dazu *Bärwaldt* in Haritz/Benkert Vor §§ 11–13 UmwStG Rn 20, 21 und Rn 22 ff.
[170] Vgl. Tz. 11.14 UmwStE jetzt § 11 Abs. 1 Satz 1 Nr. 3 UmwStG.
[171] Vgl. § 11 Abs. 1 UmwStG.
[172] Einzelheiten bei *Dötsch* in Dötsch u. a. § 11 UmwStG nF (2001) Rn 40 mit Berechnungsschema zur Ermittlung des Übertragungsgewinns.
[173] § 2 Abs. 1 UmwStG.
[174] Zur steuerlichen Behandlung von Verschmelzungskosten siehe *BFH* vom 15. 10. 1997, BStBl. II 1998, S. 168; dazu *Christiansen*, FS Widmann, 2000, S. 231 ff.
[175] § 12 Abs. 1 UmwStG.
[176] § 12 Abs. 2 UmwStG.

- Der Eintritt in die Rechtsstellung der übertragenden Körperschaft[177].
- Die Möglichkeit, Verlustvorträge zu übernehmen[178].

81 § 12 Abs. 5 UmwStG regelt den Sonderfall, dass Vermögen in den nicht steuerpflichtigen oder steuerbefreiten Bereich der übernehmenden Körperschaft übergeht[179].

82 Die Regelungen in § 12 UmwStG werden durch die Vorschriften der §§ 29 Abs. 2, 40 Abs. 1, 4, 5 KStG ergänzt. Dort wird ua bestimmt, dass unbelastete Teilbeträge iSv. § 38 KStG und das steuerliche Einlagekonto der übernehmenden Körperschaft um die entsprechenden Beträge der übertragenden Körperschaft aufzustocken sind[180].

83 § 12 UmwStG gilt nicht nur in Fällen der Verschmelzung, sondern grundsätzlich auch in Fällen der Vermögensübertragung in Form der Vollübertragung[181].

83a Die wesentliche Änderung des § 12 UmwStG durch das SEStEG betrifft den Übergang der Verlustvorträge des übertragenden Rechtsträgers. Diese gehen nicht mehr über[182]. Zudem sind künftig 5 % eines Übernahmegewinns als nicht abzugsfähige Betriebsausgabe zu behandeln und steuerpflichtig[183].

84 **b) Ansatz und Bewertung der übernommenen Wirtschaftsgüter (§ 12 Abs. 1 UmwStG).**
Die übernehmende Körperschaft hat die auf sie übergegangenen Wirtschaftsgüter mit den in der steuerlichen Schlussbilanz der übertragenen Körperschaft enthaltenen Wert zu übernehmen[184]. Ein Wahlrecht für eine Neubewertung besteht nicht. Das UmwStG sieht eine zwingende **Wertverknüpfung** vor. Der Ansatz bei der übertragenden Körperschaft ist somit bindend für die übernehmende Körperschaft[185].

85 Umwandlungsrechtlich ist die übernehmende Körperschaft dagegen berechtigt, anstelle der Buchwerte auch höhere (Verkehrs-)Werte als Anschaffungskosten anzusetzen[186]. Dies schlägt steuerlich aber zunächst nicht auf die übernehmende Körperschaft durch. Der steuerliche Gesetzgeber orientiert sich nicht an der Bilanzierung bei der übernehmenden Gesellschaft, sondern an der Bilanzierung bei der übertragenden Gesellschaft[187]. Dadurch können die Handelsbilanz und die Steuerbilanz auseinander laufen. Wenn die übernehmende Körperschaft jedoch in ihrer Jahresbilanz höhere Werte als in der Schlussbilanz der übertragenden Körperschaft ansetzt[188], sind nach Auffassung der Finanzverwaltung die Wirtschaftsgüter an dem der Umwandlung folgenden Bilanzstichtag auch in der Steuerbilanz der übernehmenden Körperschaft insoweit bis zur Höhe der steuerlichen Anschaffungs- oder Herstellungskosten der übertragenden Körperschaft (ggf. gemindert um Absetzungen für Abnutzungen) erfolgswirksam aufzustocken[189]. Diese phasenverschobene Wertaufholung führt zu einem laufenden Gewinn des Folgejahres und soll ungemildert zu besteuern sein. Die Auffassung der Finanzverwaltung ist aber nicht vom Gesetz gedeckt. Sie wird daher zu Recht kritisiert[190].

---

[177] § 12 Abs. 3, 4 UmwStG.
[178] § 12 Abs. 3 iVm § 4 Abs. 2 Satz 2 UmwStG: Nicht mehr möglich.
[179] *Dötsch* in Dötsch u. a. § 12 UmwStG nF (2003) Rn 126 ff. zum UmwStG 1995.
[180] Siehe Rn 136 ff.
[181] *Schmitt* in Schmitt/Hörtnagl/Stratz § 11 UmwStG Rn 1.
[182] § 12 Abs. 3 iVm. § 4 Abs. 2 Satz 2 UmwStG.
[183] § 12 Abs. 2 Satz 2 UmwStG iVm. § 8 b Abs. 3 S. 1 KStG.
[184] § 12 Abs. 1 S. 1 UmwStG. Es gilt daher Gleiches wie beim Vermögensübergang einer Körperschaft auf eine Personengesellschaft/natürliche Person, was durch den Verweis in § 12 Abs. 1 UmwStG auf § 4 Abs. 1 UmwStG deutlich wird.
[185] Vgl. *Dötsch* in Dötsch u. a. § 12 UmwStG nF (2005) Rn 4; *Schmitt* in Schmitt/Hörtnagl/Stratz § 12 UmwStG Rn 7.
[186] § 24 UmwG.
[187] Siehe Rn 58 ff.
[188] § 24 UmwG.
[189] Vgl. Tz. 03.02 UmwStE.
[190] Vgl. nur *Dötsch* in Dötsch u. a. § 12 UmwStG nF (2005) Rn 5.

Steuerliche Grundlagen des Umwandlungsrechts 87–92 **Anh. UmwStG**

Aus dem Gesetz folgt keine Verpflichtung der übernehmenden Körperschaft, anlässlich 87
der Verschmelzung Übernahmebilanzen zu erstellen. Im Fall der Verschmelzung durch Neugründung ergibt sich aus der aufzustellenden Eröffnungsbilanz eine entsprechende Übernahmebilanz; im Fall der Verschmelzung durch Aufnahme wird die Verschmelzung als laufender Geschäftsvorfall behandelt, so dass auf den Übertragungsstichtag keine eigene Steuerbilanz aufzustellen ist[191].

c) Übernahmegewinn oder -verlust. Nach dem UmwStG bleibt ein Übernahmege- 88
winn oder ein Übernahmeverlust (Übernahmeergebnis) bei der Ermittlung des Gewinns der übernehmenden Körperschaft außer Ansatz[192]. Nach dem SEStEG gelten 5% eines Übernahmegewinns als Ausgaben bei der übernehmenden Körperschaft, die nicht als Betriebsausgaben abgezogen werden dürfen, sodass im Ergebnis nur 95% des Übernahmegewinns steuerbefreit ist[193].

Ermittelt wird das Übernahmeergebnis dadurch, dass vom Wert der übergegangenen 89
Wirtschaftsgüter[194] der Buchwert der wegfallenden Beteiligung an der übertragenden Körperschaft[195] (evtl. einschließlich der Anschaffungskosten für nach dem steuerlichen Übertragungsstichtag angeschaffte Anteile) und die Kosten für den Vermögensübergang abgezogen wird.

Offensichtlich spricht das UmwStG den Fall an, dass die übernehmende Körperschaft 90
bereits (zu 100%) an der übertragenden Körperschaft beteiligt ist. Es fragt sich daher, ob die gesetzliche Grundaussage auch auf die Verschmelzungsfälle erstreckt werden kann, in denen die übernehmende Körperschaft nicht (oder nicht zu 100%) an der übertragenden Körperschaft beteiligt ist und bspw. an die Anteilseigner der übertragenden Körperschaft eigene Anteile oder neue Anteile im Rahmen einer Kapitalerhöhung ausgibt. Dies wird zu Recht bejaht[196].

Neben der grundsätzlichen Steuerneutralität eines Übernahmeergebnisses kommt aber 91
ausnahmsweise eine Besteuerung in Betracht: Zum einen in Fällen eines Beteiligungskorrekturgewinns durch Hinzurechnungen nach § 12 Abs. 1 Satz 2 iVm. § 4 Abs. 1 Satz 2, 3 UmwStG, zum anderen in Fällen von Übernahmefolgegewinnen nach § 12 Abs. 4 iVm. § 6 UmwStG[197].

Das UmwStG durchbricht die prinzipielle Steuerneutralität in Verschmelzungsfällen nach 92
§ 12 Abs. 2 Satz 1 UmwStG[198], wenn die tatsächlichen Anschaffungskosten der übernehmenden Körperschaft den Buchwert der Anteile an der übertragenden Körperschaft übersteigen. In diesen Fällen ist der Unterschiedsbetrag dem Gewinn der übernehmenden Körperschaft hinzuzurechnen. Dieser sog. Hinzurechnungsbetrag – auch als Beteiligungskorrekturgewinn bekannt[199] – unterliegt der normalen Besteuerung auf der Ebene der übernehmenden Körperschaft[200]. Neu ist, dass bei der Hinzurechnung der in früheren Jahren steuerwirksam vorgenommenen (Teilwert-)Abschreibungen sowie § 6 b-Abzüge die Hinzurechnung begrenzt wird auf den gemeinen Wert des übertragenen Vermögens[201]. Dies war im

---

[191] *Dötsch* in Dötsch u. a. § 12 UmwStG nF (2005) Rn 3; *Wisniewski* in Haritz/Benkert § 12 UmwStG Rn 16.
[192] § 12 Abs. 2 Satz 1 UmwStG; vgl. auch Tz. 12.03 UmwStE.
[193] § 12 Abs. 2 S. 2 UmwStG iVm. § 8 b Abs. 3 S. 1 KStG.
[194] Nach § 12 Abs. 1 Satz 1 UmwStG.
[195] § 12 Abs. 2 Satz 1 iVm. § 4 Abs. 4 UmwStG.
[196] Dazu *Dötsch* in Dötsch u. a. Vor §§ 11–13 UmwStG nF (2001) Rn 7; aA *Wisniewski* in Haritz/Benkert § 12 UmwStG Rn 19. Zu einzelnen Fallgruppen siehe Vorauf. Anh. § 325 Rn 89 ff.
[197] Zum Ganzen *Schmitt* in Schmitt/Hörtnagl/Stratz § 12 Rn 26 ff. zum alten Recht.
[198] D. h. die Fälle, in denen die übernehmende Körperschaft Anteile an der übertragenden Körperschaft hält.
[199] *Neu* GmbHR 1996, 896; *Thiel*, FS Widmann, S. 567; *Rödder/Wochinger* FR 1999, 1 ff.
[200] Mit Einzelheiten zum alten Recht *Dötsch* in Dötsch u. a. § 12 UmwStG nF (2005) Rn 19 mwN.
[201] § 12 Abs. 1 Satz 2 iVm. § 4 Abs. 1 Satz 2 UmwStG.

bisher geltenden UmwStG nicht der Fall. Der Gesetzgeber kehrt mit der Deckelung auf den gemeinen Wert wieder zu der Regelung zurück, die vor der Änderung des § 12 Abs. 2 Satz 2 UmwStG aF galt[202].

93 Zu Differenzen zwischen den tatsächlichen Anschaffungskosten[203] und dem aktuellen Buchwert der Beteiligung an einer übertragenden Gesellschaft kommt es insbesondere in Fällen einer Teilwertabschreibung und/oder Übertragung von Veräußerungsgewinnen nach § 6 b EStG.

94 Im Ergebnis führt die Hinzurechnung dazu, dass entsprechende Teilwertabschreibungen oder § 6 b EStG Übertragungen steuerlich wieder rückgängig gemacht werden. Nach altem UmwStG sollte dadurch eine doppelte Verlustnutzung vermieden werden[204].

Beispiel:
Die A-AG hat auf ihre für 10 Mio. erworbene Beteiligung an der B-GmbH eine steuerwirksame Teilwertabschreibung in Höhe von 8 Mio. vorgenommen, der aktuelle Buchwert beträgt 2 Mio., der gemeine Wert 5 Mio. Die B-GmbH hat Verlustvorträge von 2 Mio. Die B-GmbH wird nun auf die A-AG verschmolzen. In Höhe der Differenz zwischen Buchwert und Wert des übergehenden Vermögens entsteht ein steuerlich unbeachtlicher Übernahmeverlust, § 12 Abs. 2 Satz 1 UmwStG. In Höhe der Differenz zwischen den tatsächlichen Anschaffungskosten (10 Mio.) und dem Buchwert (2 Mio.) ist der Gewinn um 8 Mio. zu erhöhen. Nach altem UmwStG war dieser Gewinn voll steuerpflichtig, eine Verrechnung mit dem Übernahmeverlust ist nicht zulässig[205]. Nach neuem Recht ist die Hinzurechnung gedeckelt auf den gemeinen Wert des übertragenen Vermögens, d.h. 5 Mio., so dass 3 Mio. voll steuerpflichtig sind. Die Verlustvorträge der B-GmbH gingen nach altem Recht auf die A-AG über und konnten von der A-AG genutzt werden, sofern die einschränkenden Voraussetzungen von § 12 Abs. 3 Satz 2 UmwStG aF erfüllt waren. Nach neuem Recht gehen die Verlustvorträge nicht auf die A-AG über.

95 Der Gewinn der übernehmenden Körperschaft ist unabhängig davon, wie lange die Teilwertabschreibung bereits zurückliegt, zu erhöhen. Der Gewinn ist in dem Veranlagungszeitraum zu erfassen, in den der steuerliche Übertragungsstichtag fällt.

96 Eine Hinzurechnung unterbleibt, wenn und soweit eine Gewinnminderung steuerlich nicht anerkannt wurde, zB in den Fällen, in denen eine Teilwertabschreibung bei sog. sperrbetragsinfizierten Anteilen nach § 50 c EStG ausschied oder bei nicht anerkannten Abschreibungen auf Beteiligungsgesellschaften nach § 8 b Abs. 3 KStG[206]. In diesen Fällen wirkte sich die Teilwertabschreibung steuerlich nicht aus, so dass keine Korrektur erforderlich ist.

97 In der Literatur werden verschiedene Varianten diskutiert, die die Folgen der Hinzurechnungsbesteuerung und des Beteiligungskorrekturgewinns vermeiden könnten. Neben der Veräußerung von Beteiligungen[207] wird auch ein *downstream merger* vorgeschlagen. Nach dem Wortlaut des Gesetzes tritt die Hinzurechnungsbesteuerung nur im Fall der Verschmelzung einer Tochtergesellschaft auf ihre Muttergesellschaft ein. Die Finanzverwaltung akzeptiert

---

[202] Dazu *Schmitt* in *Schmitt / Hörtnagl / Stratz* § 12 UmwStG 40 f.
[203] Zum Begriff Anschaffungskosten siehe *Schmitt* in Schmitt/Hörtnagl/Stratz § 12 UmwStG Rn 33; *Weber-Grellet* in Schmidt § 17 EStG Rn 156 ff.
[204] Vgl. *Dötsch* in Dötsch u. a. § 12 UmwStG nF (2005) Rn 22, 23; *Widmann* in Widmann/Mayer UmwStG 1977 Rz. 6108 zu § 15 Abs. 2 Satz 2 UmwStG 1977; zum Verhältnis zwischen dem Wertaufholungsgebot in § 6 Abs. 1 Nr. 1 Satz 4 EStG und der Hinzurechnung nach § 12 Abs. 2 Satz 2 UmwStG aF siehe nur *Dötsch* in Dötsch u. a. § 12 UmwStG nF (2005) Rn 40.
[205] Tz. 12.06 UmwStE; zust. *Schmitt* in Schmitt/Hörtnagl/Stratz § 12 UmwStG Rn 35.
[206] § 12 Abs. 2 Satz 3 UmwStG aF, jetzt § 12 Abs. 1 Satz 2 iVm. § 4 Abs. 1 Satz 2 UmwStG.
[207] *Prinz* FR 1997, 881, 888; *Dötsch* in Dötsch u. a. § 12 UmwStG nF (2005) Rn 25.

dies aber nicht. Sie fordert, dass der Hinzurechnungsbetrag noch dem Gewinn der übertragenden Muttergesellschaft hinzuzurechnen ist[208].

Bei einem *sidestream merger* (Verschmelzung von Schwestergesellschaften) erfolgt auch nach Auffassung der Finanzverwaltung zunächst keine Hinzurechnung. Stattdessen fordert die Verwaltung, dass „in geeigneter Weise" der Differenzbetrag zwischen den ursprünglichen Anschaffungskosten und dem Buchwert der Beteiligungen zum Verschmelzungsstichtag festzuhalten sei. Wenn im Anschluss an die Verschmelzung der Schwestergesellschaften die übernehmende Körperschaft auf die Muttergesellschaft verschmolzen wird, ist nach Auffassung der Finanzverwaltung aber eine Hinzurechnung vorzunehmen. **98**

Bei Verschmelzungen zwischen Schwestergesellschaften ist nach Auffassung der Finanzverwaltung eine Hinzurechnung wegen einer Teilwertabschreibung auf die Anteile an der verschmolzenen Schwestergesellschaft auch dann vorzunehmen, wenn die Beteiligung an der übernehmenden Schwestergesellschaft durch Veräußerung wegfällt[209]. **99**

Dies betrifft sowohl die Ebene der Verschmelzung der Schwestergesellschaften als auch die Verschmelzung auf die Muttergesellschaft (doppelte Prüfung)[210]. **100**

Forderungen und Verbindlichkeiten zwischen dem übernehmenden und dem übertragenden Rechtsträger gehen anlässlich der Verschmelzung infolge Konfusion unter. Dabei kann es zu einem Gewinn kommen, wenn die Forderung und die korrespondierende Verbindlichkeit zu unterschiedlichen Werten angesetzt sind oder eine Rückstellung gebildet wurde, ohne dass bei dem anderen Rechtsträger eine entsprechende Forderung ausgewiesen wurde[211]. **101**

Für diese sog. **Übernahmefolgegewinne**[212] kann zunächst eine Gewinnerhöhung durch Vereinigung einer Forderung mit einer Verbindlichkeit durch Bildung einer Rücklage vermieden werden. Diese Rücklage ist in den auf ihre Bildung Folgenden drei Wirtschaftsjahren mit mindestens je einem Drittel gewinnerhöhend aufzulösen. Zu beachten ist, dass diese Möglichkeit nur für die Vereinigung von Forderungen und Verbindlichkeiten eröffnet ist, nicht aber für Gewinne aus der Auflösung von Rückstellungen[213]. Soweit die übernehmende Körperschaft nicht die alleinige Anteilseignerin der übertragenden Körperschaft ist, kommt eine Neutralisierung durch Rücklagenbildung nur für denjenigen Teil des Übernahmefolgegewinns in Betracht, welcher der Beteiligung der übernehmenden Körperschaft am Kapital der übertragenden Körperschaft entspricht. **102**

Die Anwendbarkeit von § 6 UmwStG entfällt rückwirkend, wenn die Übernehmerin den auf sie übergegangenen Betrieb innerhalb von fünf Jahren nach dem steuerlichen Übertragungsstichtag in eine Kapitalgesellschaft einbringt oder ohne triftigen Grund veräußert[214]. **103**

d) Eintritt in die steuerliche Rechtsstellung der übertragenden Körperschaft (§ 12 Abs. 3 UmwStG). Als übernehmender Rechtsträger tritt die Körperschaft in die steuerlichen „Fußstapfen" des übertragenden Rechtsträgers ein, insbesondere bezüglich der Bewertung der übernommenen Wirtschaftsgüter, der Abschreibungen und der den Gewinn mindernden Rücklagen[215]. Dies gilt ebenfalls, wenn in der steuerlichen Schlussbilanz der übertragenden Gesellschaft nicht der Buchwert, sondern ein höherer Wert angesetzt ist. **104**

---

[208] Vgl. Tz. 12.07, 11.26 UmwStG; kritisch dazu *Schmitt* in Schmitt/Hörtnagl/Stratz § 12 UmwStG Rn 45, 46 mwN; *Fatouras* BB 2005, 1079; *Dötsch* in Dötsch u. a. § 12 UmwStG nF (2005) Rn 29.

[209] BMF-Schreiben vom 16.12.2003, BStBl. I S. 786 Rn 19; dazu *Haritz/Wisniewski* GmbHR 2004, 150, 153.

[210] Vgl. Tz. 12.08 UmwStE; weitere Einzelheiten bei *Schmitt* in Schmitt/Hörtnagl/Stratz § 12 UmwStG Rn 44 ff. mit Kritik an der Auffassung der Finanzverwaltung (Rn 46).

[211] Einzelheiten u. a. bei *Schmitt* in Schmitt/Hörtnagl/Stratz § 12 UmwStG Rn 48 ff.

[212] § 12 Abs. 4 iVm. § 6 UmwStG.

[213] *Wisniewski* in Haritz/Benkert § 12 UmwStG Rn 117.

[214] § 26 Abs. 1 UmwStG aF, § 6 Abs. 3 UmwStG nF.

[215] § 12 Abs. 3 iVm. §§ 4 Abs. 2, Abs. 3. Auch hinsichtlich § 5 KapErhStG, dazu *Schaumburg* in Lutter Anh. § 122 Rn 103. Einzelheiten bei *Schmitt* in Schmitt/Hörtnagl/Stratz § 12 UmwStG Rn 54 ff.; *Wisniewski* in Haritz/Benkert § 12 UmwStG Rn 39, 40 alle mwN.

105 Dieses gesetzliche Konzept deckt sich mit den Folgen bei einem Vermögensübergang einer Körperschaft auf eine Personengesellschaft/natürliche Person[216] und – in Grenzen – mit den Folgen in Einbringungsfällen[217].

106 Es entspricht dem Prinzip der Gesamtrechtsnachfolge. Ohne die gesetzliche Regelung würde die Verschmelzung nach den allgemeinen steuerlichen Vorschriften auf der Ebene der übernehmenden Körperschaft als normaler Anschaffungsvorgang gelten.

107, 108 (Z. Zt. unbelegt.)

109 Die steuerliche Rechtsnachfolge wirkt sich insbesondere auch auf Organschaften, Gesellschafterfremdfinanzierungen[218] und Sonderabschreibungen aus. Die übernehmende Körperschaft übernimmt eine etwaige Wertaufholungspflicht bei vorangegangener Teilwertabschreibung[219]. Steuerlich maßgebliche Besitzzeiten werden durch die Verschmelzung nicht unterbrochen[220], sie laufen weiter.

110 **e) Kein Eintritt in Verlustvorträge (§ 12 Abs. 3 iVm. § 4 Abs. 2 Satz 2 UmwStG).**
aa) Überblick. Die entscheidende Neuregelung des UmwStG 1995 für die Verschmelzung zwischen Körperschaften lag darin, dass körperschaftsteuerliche und gewerbesteuerliche Verlustvorträge des übertragenden Rechtsträgers auf die übernehmende Körperschaft übergingen[221]. Darin lag ein wesentlicher Unterschied zum UmwStG 1977 einerseits und den Regelungen über den Vermögensübergang auf eine Personengesellschaft/natürliche Person[222] und den Einbringungsfällen[223] andererseits, in denen die übernehmende Gesellschaft nicht in die steuerliche Rechtsstellung bezüglich der Verlustvorträge eintritt. Durch das **SEStEG** wurde diese Regelung abgeschafft. Verlustvorträge gehen nicht mehr auf die übernehmende Gesellschaft über[224]. Nach der Neuregelung sind nicht nur die vorhandenen Verlustvorträge erfasst, sondern auch „verrechenbare Verluste" und „vom übertragenen Rechtsträger nicht ausgeglichene negative Einkünfte[225].

Mit dieser einschneidenden Verschärfung kehrt der Gesetzgeber zu dem Rechtsstand zurück, der vor dem UmwStG 1995 bestand. Die wesentliche Erleichterung, die das UmwStG 1995 brachte, ist damit abgeschafft worden[226].

Im Rahmen einer Verschmelzung kommt daher nur eine Nutzung vorhandener Verluste auf der Ebene des übertragenen Rechtsträgers in Betracht, und zwar durch Ansatz eines höheren Werts als des Buchwerts. Im Idealfall würde der Aufstockungsbetrag exakt in Höhe der bestehenden Verlustvorträge oder des im laufenden Wirtschaftsjahres nicht ausgeglichenen Verlusts bemessen. Da für die steuerliche Bilanzierung auf der Ebene des übertragenen Rechtsträgers nach der Neuregelung des UmwStG durch das SEStEG auch das Maßgeb-

---

[216] Vgl. § 4 Abs. 2 UmwStG.
[217] Vgl. §§ 20, 23 UmwStG, 24 Abs. 4 UmwStG.
[218] Vgl. § 8 a KStG. Im Zuge der Unternehmenssteuerreform sollen die bisherigen Regelungen vollkommen neu gefaßt werden („Zinsschranke").
[219] *Schmitt* in Schmitt/Hörtnagl/Stratz § 12 UmwStG Rn 67 ff.
[220] § 12 Abs. 3 iVm. § 4 Abs. 2 UmwStG, dies ergibt sich auch aus der allg. Rechtsnachfolge in § 12 Abs. 3 UmwStG.
[221] § 12 Abs. 3 Satz 2 iVm. § 19 Abs. 2 UmwStG aF. Zum alten Recht siehe ausführlich Voraufl. Anh. § 325 Rn 110 ff.
[222] §§ 3 ff. UmwStG.
[223] §§ 20 ff., 24 UmwStG.
[224] § 12 Abs. 3 iVm. § 4 Abs. 2 S. 2 UmwStG.
[225] Vgl. § 4 Abs. 2 Satz 2 UmwStG; § 4 Abs. 2 Satz 2 UmwStG-E. IRd. Unternehmenssteuerreform 2008 plant der Gesetzgeber eine sog. Zinsschranke, vgl. § 4 h EStG-E; sofern ein sog. Zinsvortrag beim übertragenen Rechtsträger bestünde (§ 4 h Abs. 1 EStG-E), soll dieser ebenfalls iRd. Verschmelzung nicht übertragen werden können.
[226] Der Gesetzgeber hatte offenbar Sorge, dass ansonsten bei grenzüberschreitenden Verschmelzungen Auslandsverluste unter Berufung auf das EU-Recht nach Deutschland transportiert werden, *Dötsch/Pung* DB 2006, 2704, 2714 mwN.

lichkeitsprinzip nicht mehr gilt, kann der übertragene Rechtsträger trotz des zwingenden Buchwertansatzes nach § 17 Abs. 2 UmwG in seiner steuerlichen Schlussbilanz nach § 11 Abs. 1 Satz 1 UmwStG von der umwandlungsrechtlichen Schlussbilanz abweichende Werte ansetzen, max. aber den gemeinen Wert. Freilich ist ein Ausgleich mit Verlustvorträgen im Rahmen der sog. Mindestbesteuerung[227] unbeschränkt nur bis zu € 1 Mio. möglich. Eine darüber hinausgehende Aufstockung kann nur in Höhe bis zu 60 % der Verlustvorträge genutzt werden. Es kommt daher ggf. nicht zu einer vollen Verlustnutzung auf der Ebene des übertragenen Rechtsträgers, sondern nur zu einer eingeschränkten Nutzung, so dass in Höhe des € 1 Mio. übersteigenden Betrags Verlustvorträge definitiv verloren gehen.

Beispiel:
Die B-GmbH hat Verlustvorträge von 2 Mio. Der gemeine Wert der B-GmbH beträgt 3 Mio. Wird die B-GmbH auf die A-AG verschmolzen, gehen die Verlustvorträge von 2 Mio. nicht auf die A-AG über. Die B-GmbH wird daher prüfen, ob eine Aufstockung der übertragenen Wirtschaftsgüter in der steuerlichen Schlussbilanz möglich ist. Würde sie auf den gemeinen Wert von 3 Mio aufstocken, so könnte sie ihre bestehenden Verlustvorträge nur in Höhe von 1 Mio. im Rahmen der Mindestbesteuerung voll nutzen, darüber hinaus nur zu 60%. Sie könnte statt des Ansatzes des gemeinen Werts aber auch einen Zwischenwert ansetzen, zB in Höhe von 1 Mio., um eine Besteuerung des überschießenden Betrags im Rahmen der Mindestbesteuerung zu vermeiden.

z. Zt. unbelegt   111–130

bb) Verhältnis zu den körperschaftsteuerlichen Mantelkaufvorschriften (§ 8 Abs. 4 KStG). Das 131
Körperschaftsteuergesetz verlangt für den Verlustabzug nach § 10 d EStG[228], dass die betroffene Körperschaft nicht nur rechtlich, sondern auch wirtschaftlich mit der Körperschaft identisch ist, die den Verlust erlitten hat. Wirtschaftliche Identität liegt nach dem Gesetz[229] insbesondere dann nicht vor, wenn mehr als die Hälfte der Anteile an einer Kapitalgesellschaft übertragen werden und die Kapitalgesellschaft ihren Geschäftsbetrieb mit überwiegend neuem Betriebsvermögen fortführt oder wieder aufnimmt. Die Zuführung von neuem Betriebsvermögen ist lediglich in sog. Sanierungsfällen unschädlich, d. h. wenn die Zufuhr neuen Betriebsvermögens **allein** der Sanierung des Geschäftsbetriebs dient, der den verbleibenden Verlustabzug[230] verursacht hat, und die Kapitalgesellschaft den Geschäftsbetrieb in einem nach dem Gesamtbild der wirtschaftlichen Verhältnisse vergleichbaren Umfang in den folgenden fünf Jahren fortführt[231].

Der Gesetzesanwender darf sich nicht damit begnügen, in Verschmelzungsfällen nur die 132
Regeln des UmwStG[232] zu prüfen. Daneben ist auch die körperschaftsteuerliche Mantelkaufproblematik nach § 8 Abs. 4 KStG zu beachten[233]. Während es im Umwandlungssteuer-

---

[227] § 10 d Abs. 2 EStG.
[228] Gleiches gilt über § 10 a Satz 4 GewStG für die gewerbesteuerlichen Verlustvorträge.
[229] § 8 Abs. 4 Satz 2 KStG.
[230] ISd. § 10 d Abs. 4 Satz 2 EStG.
[231] Zu Einzelheiten vgl. *BMF* vom 16. 4. 1999, BStBl. I, S. 455, Tz. 3 ff.; *Lang* in Ernst & Young Körperschaftsteuergesetz KStG mit Nebenbedingungen, Kommentar, 2005; § 8 KStG Rn 1260 ff.; *Dötsch* in Dötsch § 8 KStG nF Rn 511 ff.
[232] § 12 Abs. 3 iVm. § 4 Abs. 2 S. 2 UmwStG.
[233] Darauf weist die Finanzverwaltung unmissverständlich hin, *BMF* vom 16. 4. 1999, BStBl. I, S. 455, Tz. 47. Im Rahmen der Unternehmenssteuerreform 2008 plant der Gesetzgeber eine deutliche Verschärfung der Mantelkaufvorschrift durch § 8 c KStG-E, der § 8 Abs. 4 KStG ersetzen soll. Dadurch würden Verlustvorträge bereits dann voll entfallen, wenn mehr als 50 % der Beteilung an der verlustvortragenden Kapitalgesellschaft übertragen würden; bei Übertragung von mehr als 25 bis 50 % würde ein quotaler Verlust der Verlustvorträge erfolgen, lediglich bei Übertragungen von 25 % und weniger blieben Verlustvorträge erhalten.

recht um die Nutzung nicht verbrauchter Verluste der übertragenden Körperschaft auf die übernehmende Körperschaft geht, stellt das Körperschaftsteuerrecht darauf ab, ob eigene Verluste der Körperschaft betroffen sein können.

Beispiel:
Die B-GmbH mit nicht verbrauchten Verlustvorträgen wird auf die A-GmbH, die ebenfalls über hohe nicht verbrauchte Verlustabzüge verfügt, verschmolzen. Nach der Verschmelzung sind an der A-GmbH die bisher nicht beteiligten Gesellschafter der B-GmbH zu mehr als 50% beteiligt. Sofern auch die übrigen Voraussetzungen von § 8 Abs. 4 KStG gegeben sind, kann die A-GmbH ihre **eigenen** Verlustvorträge nach § 8 Abs. 4 KStG nicht mehr verrechnen. Die nicht verbrauchten Verlustabzüge der B-GmbH gehen nach neuem UmwStG nicht auf die A-GmbH über; sie sind ggf. durch Ansatz höherer Werte in der steuerlichen Schlußbilanz zu nutzen[234].

133 Wenn eine Gewinngesellschaft auf eine Verlustgesellschaft verschmolzen wird, sind die **eigenen** Verlustvorträge der Verlustgesellschaft immer dann in Gefahr, wenn iRd. Verschmelzung die Gesellschafter der übertragenden Gesellschaft zu mehr als 50% Gesellschafter der aufnehmenden Gesellschaft werden und durch die Verschmelzung neues Betriebsvermögen in schädlichem Umfang dem aufnehmenden Rechtsträger zugeführt wird[235].

134, 135 (z. Zt. unbelegt.)

136 **f) Verschmelzung und steuerlicher Eigenkapitalausweis.** Das Verschmelzungssteuerrecht muss auch eine Regelung für die Behandlung des steuerlichen Eigenkapitals der übertragenden Körperschaft bei der übernehmenden Körperschaft bereithalten. Die entsprechenden Regelungen sind nicht im UmwStG enthalten, sondern im Körperschaftsteuergesetz[236].

137 Nach § 40 Abs. 1 KStG wird ein unbelasteter Teilbetrag gem. § 38 KStG der übertragenden Körperschaft den entsprechenden Beträgen der übernehmenden Körperschaft hinzugerechnet. Zu einer Körperschaftsteuererhöhung kann es in grenzüberschreitenden Verschmelzungsfällen kommen, wobei der Gesetzgeber für Verschmelzungen innerhalb der EU eine Stundungsregelung vorgesehen hat[237]. Ein Körperschaftsteuerguthaben iSv. § 37 KStG geht auf den übernehmenden Rechtsträger über und kann im Rahmen der neu eingeführten ratierlichen ausschüttungsunabhängigen Auszahlung des KStG-Guthabens von 2008 bis 2017 genutzt werden[238]. Nach § 29 Abs. 2 Satz 1 KStG wird der Bestand des sog. steuerlichen Einlagekontos[239] einer übertragenden Kapitalgesellschaft dem steuerlichen Einlagekonto der übernehmenden Körperschaft hinzugerechnet. Eine Hinzurechnung des Bestands des steuerlichen Einlagekontos unterbleibt jedoch im Verhältnis des Anteils der übernehmenden Körperschaft an dem übertragenden Rechtsträger[240]. Der Bestand des Einlagekontos der übernehmenden Körperschaft mindert sich anteilig im Verhältnis des Anteils des übertragenden Rechtsträgers an der übernehmenden Körperschaft[241].

---

[234] Vgl. Rn 110.
[235] Vgl. *BMF* vom 16. 4. 1999, BStBl. I, S. 455, Tz. 11; *Döll/Fuhrmann* DStR 2000, 1166; *Schmitt* in Schmitt/Hörtnagl/Stratz § 12 UmwStG Rn 111, 112 mit instruktivem Beispiel für den Fall eines *sidestream mergers*. Zum downstream merger Tz 11.30 UmwStE.
[236] Wegen Einzelheiten zum bisherigen Recht vgl. BMF-Schreiben vom 16.12.2003, BStBl. I S. 786 Rn 28 ff.; *Dötsch/Pung* DB 2004, 208 und DB 2005, 10, 13; *Müller/Maiterth* DStR 2002, 746 ff.; zum Ganzen *Schmitt* in Schmitt/Hörtnagl/Stratz § 12 UmwStG Rn 112 ff.
[237] § 40 Abs. 5, 6 KStG nF.
[238] Vgl. § 37 KStG nF, insbes. zum Stichtag der Ermittlung des Körperschaftsteuerguthabens, § 37 Abs. 4 KStG nF.
[239] Vgl. § 27 Abs. 1 KStG.
[240] § 29 Abs. 2 Satz 2 KStG.
[241] § 29 Abs. 2 Satz 3 KStG.

In Umwandlungsfällen iSd. § 1 UmwG regelt jetzt § 29 Abs. 1 KStG, dass das Nennkapital **138** einer übertragenden Kapitalgesellschaft als im vollem Umfang nach § 28 Abs. 2 Satz 1 KStG herabgesetzt gilt.

5. Die Ebene der Anteilseigner (§ 13 UmwStG)

a) Überblick, Regelungsinhalt.
§ 13 UmwStG betrifft die Ebene der Anteilseigner und **139** regelt die steuerlichen Auswirkungen der Verschmelzung auf den Untergang der Anteile an der übertragenden Körperschaft einerseits und dem Erhalt einer Gegenleistung in Form von Gesellschaftsrechten bzw. Anteilen an der übernehmenden Körperschaft andererseits. Das UmwStG erlaubt es, eine Verschmelzung nicht nur auf Ebene der übertragenden und der übernehmenden Körperschaft steuerneutral zu gestalten, sondern auch auf der Ebene der Anteilseigner. Daneben soll aber auch die bisherige steuerliche Verstrickung und Qualifikation der Anteile gesichert werden, so dass die Besteuerung der in den Anteilen der übertragenden Körperschaft vorhandenen stillen Reserven gewährleistet ist.

Das Gesetz sicherte in § 13 UmwStG aF diese Ziele dadurch, dass es zum einen in dem **140** Tausch der Anteile an der untergehenden Körperschaft gegen Anteile an der übernehmenden Körperschaft einen gewinnneutralen Anteilstausch sah und die bisherige steuerliche Verstrickung der Anteile konsequent an den erhaltenen Anteilen an der Körperschaft fortsetzt[242].

Der Aufbau von § 13 UmwStG aF orientierte sich an der steuerlichen Verstrickung der **141** Anteile: § 13 Abs. 1 UmwStG aF befasste sich mit Anteilen an Körperschaften im Betriebsvermögen; § 13 Abs. 2 UmwStG aF betraf Anteile an der übertragenden Körperschaft, die nicht zu einem Betriebsvermögen zählen und entweder nach § 17 EStG oder § 23 EStG steuerlich verstrickt waren; § 13 Abs. 3 UmwStG aF regelte die Folgen einer Verschmelzung für einbringungsgeborene Anteile iSd. § 21 UmwStG aF; § 13 Abs. 4 UmwStG aF befasste sich schließlich mit den Auswirkungen der Verschmelzung auf Sperrbeträge iSv. § 50 c EStG.

Ohne die Regelung von § 13 UmwStG würde der Tausch der Anteile an der übertragen- **142** den mit den Anteilen an der übernehmenden Kapitalgesellschaft (bzw. Körperschaft) ein grundsätzlich Gewinn realisierender Anschaffungs- und Veräußerungsvorgang sein,[243] der steuerpflichtig wäre[244].

§ 13 UmwStG aF war für die Anteilseigner strikt: Die Wertverknüpfung und die Steuer- **143** neutralität waren zwingend, es gab kein Wahlrecht. Dies galt selbst dann, wenn die übertragende Körperschaft nicht ihre Buchwerte in der Schlussbilanz ansetzte oder ansetzen musste, sondern höhere Werte und einen Übertragungsgewinn versteuerte. Für den Anteilseigner blieb es auch in diesen Fällen bei einem steuerneutralen Anteilstausch[245].

Der durch das SEStEG geänderte § 13 UmwStG ist konzeptionell an die neue Linie des **143a** UmwStG angepasst: Die Anteile eines Anteilseigners an der übertragenden Körperschaft gelten als zum gemeinen Wert veräußert und die an ihre Stelle tretenden Anteile an der übernehmenden Körperschaft (Kapitalgesellschaft) als mit diesem Wert angeschafft[246]. Dadurch kommt es zur Realisierung der in den Anteilen steckenden stillen Reserven. Auf **Antrag** sind die Anteile an der übernehmenden Gesellschaft jedoch mit dem Buchwert der Anteile an der übertragenden Gesellschaft anzusetzen, wenn
– das inländische Besteuerungsrecht hinsichtlich des Gewinns aus der Veräußerung der Anteile an der übernehmenden Körperschaft nicht ausgeschlossen oder beschränkt wird oder

---

[242] Vgl. nur *Schmitt* in Schmitt/Hörtnagl/Stratz § 13 UmwStG Rn 1; *Bärwaldt* in Haritz/Benkert § 13 UmwStG Rn 2.
[243] *Dötsch* in Dötsch u. a. § 13 UmwStG nF (2003) Rn 1; *Bärwaldt* in Haritz/Benkert § 13 UmwStG Rn 2.
[244] Vgl. § 6 Abs. 6 EStG.
[245] Vgl. Tz 13.01 UmwStE; *Dötsch* in Dötsch u. a. § 13 UmwStG nF (2003) Rn 3, 4; zur handelsbilanziellen Betrachtung vgl. nur *Budde/Zerwas* in Budde/Förschle Sonderbilanzen F Rn 125 ff.
[246] § 13 Abs. 1 UmwStG.

– die EU-Mitgliedstaaten bei einer Verschmelzung Art. 8 der Fusionsrichtlinie anzuwenden haben[247].

Der Anteilseigner kann entweder den gemeinen Wert oder – auf Antrag – den Buchwert ansetzen; ein Zwischenwertansatz ist nicht möglich.

Das neue Recht bietet im Vergleich zum bisherigen UmwStG 1995 mehr Flexibilität, da es keine strikte (Buchwert-)Verknüpfung vorsieht.

Welche steuerlichen Folgen ein höherer Wert hat, der den Buchwert bzw. die Anschaffungskosten[248] übersteigt, richtet sich nach der steuerlichen Verstrickung der Anteile; § 13 UmwStG aF enthielt dazu eine enumerative Aufzählung der einzelnen Fallgruppen[249]. § 13 UmwStG nF hat, insbesondere auch wegen des grenzüberschreitenden Anwendungsbereichs, darauf verzichtet. Für inländische Anteilseigner kann eine Steuerpflicht bestehen bei Anteilen, die zu einem Betriebsvermögen zählen oder die im Privatvermögen als wesentlich iSv. § 17 EStG verstrickt sind oder private Veräußerungsgeschäfte iSv. § 23 EStG vorliegen oder es sich um einbringungsgeborene Anteile iSv. § 21 UmwStG aF handelt.

144 Voraussetzung für die Anwendung von § 13 UmwStG ist, dass der Anteilseigner der übertragenden Körperschaft als Gegenleistung Anteile an der übernehmenden Körperschaft erhält. Damit sind insbesondere folgende Fälle nicht von § 13 UmwStG erfasst:
– Die Gewährung von Gegenleistungen, die nicht in Gesellschaftsrechten bzw. Anteilen bestehen (zB Zuzahlungen der übernehmenden Kapitalgesellschaft);
– die Zahlung einer Abfindung für einen der Verschmelzung widersprechenden und ausscheidenden Gesellschafter;
– ein *upstream merger*, da keine Gegenleistung gewährt wird.

145 Anteilseigner, deren Anteile an der übertragenden Körperschaft im Inland nicht steuerverhaftet sind, unterliegen nicht § 13 UmwStG[250].

146 Eine Barabfindung führt nach Auffassung der Finanzverwaltung beim Anteilseigner nach allgemeinen steuerlichen Grundsätzen zu Veräußerungserlösen bzw. zu sonstigen Bezügen iSd. § 20 Abs. 1 Nr. 1 EStG, je nachdem, ob bei der Kapitalgesellschaft ein Erwerb eigener Anteile oder eine verdeckte Gewinnausschüttung vorliegt[251]. Unseres Erachtens ist dies dahin zu präzisieren, dass der Anteilseigner, der seine Beteiligung vor der Verschmelzung veräußert oder eine Barabfindung annimmt, einen Veräußerungserlös erzielt und der Erwerber entsprechende Anschaffungskosten hat[252].

147 Eine bare Zuzahlung der übernehmenden Kapitalgesellschaft an verbleibende Anteilseigner soll – so die Finanzverwaltung – bei der übernehmenden Kapitalgesellschaft eine sonstige Leistung iSd. § 41 Abs. 1 KStG darstellen und beim Anteilseigner zu sonstigen Bezügen iSd. § 20 Abs. 1 Nr. 1 EStG führen[253]. Zutreffender wäre es aber, darin für den Anteilseigner einen Veräußerungserlös für die Teilaufgabe seiner Beteiligung zu sehen. Für die zahlende Körperschaft lägen dann aber keine Anschaffungskosten vor, da die übertragende Körperschaft den Buchwert ihrer übergehenden Wirtschaftsgüter entsprechend aufzustocken hat[254].

---

[247] Vgl. § 13 Abs. 2 UmwStG. Art. 8 Fusionsrichtlinie ist bspw. bei einer grenzüberschreitenden Verschmelzung einer deutschen auf eine tschechische Kapitalgesellschaft einschlägig, vgl. *Dötsch/Pung* DB 2006, 2704, 2714.
[248] Statt des Buchwerts sind die Anschaffungskosten maßgebend, wenn die Anteile nicht zu einem Betriebsvermögen gehören, § 13 Abs. 2 Satz 3 UmwStG.
[249] Vgl. dazu Voraufl. Rn 150 ff.
[250] *Dötsch* in Dötsch u. a. § 13 UmwStG nF (2003) Rn 13; abw. *Schaumburg* GmbHR 1996, 414, 421.
[251] Siehe Tz. 13.04 UmwStE.
[252] Vgl. *Dötsch* in Dötsch u. a. § 13 UmwStG nF (2003) Rn 9.
[253] Siehe Tz. 13.04 UmwStE; *Bärwaldt* in Haritz/Benkert § 13 UmwStG Rn 13 ff., insbes. auch zur Behandlung gemischter Gegenleistungen.
[254] Vgl. dazu *Dötsch* in Dötsch u. a. § 13 UmwStG nF (2003) Rn 10; *Bärwaldt* in Haritz/Benkert § 13 UmwStG Rn 13.

Da in Fällen der **Vermögensübertragung (Vollübertragung)** die Gegenleistung **148** nicht in Anteilen/Mitgliedschaften an der übernehmenden Körperschaft besteht, ist § 13 UmwStG nicht anwendbar. § 13 UmwStG setzt voraus, dass zumindest ein Teil der Gegenleistung in Anteilen an der übernehmenden Körperschaft besteht.

b) Erfasste Körperschaften. Bei der Anwendung von § 13 UmwStG ist darauf zu ach- **149** ten, ob der einschlägige Verschmelzungsfall und die dort beteiligten Körperschaften überhaupt von dem Gesetz erfasst sind. § 13 Abs. 2 bis 4 UmwStG aF galten trotz der Formulierung „Körperschaft" zutreffenderweise nur für Beteiligungen an übertragenden Kapitalgesellschaften[255]. Es ist nicht erforderlich, dass die Anteile an der übernehmenden Körperschaft, die iRd. Verschmelzung an die Anteilsinhaber der übertragenden Körperschaft gewährt werden, neue Anteile sind. Es muss sich lediglich um Anteile bzw. Mitgliedschaften einer übernehmenden Körperschaft handeln[256].

Aufgrund des erweiterten Anwendungsbereichs des UmwStG gilt § 13 UmwStG auch für **149a** Anteilseigner, die an EU-/EWR-Kapitalgesellschaften[257] beteiligt sind. Für Drittlandsfälle, d.h. Beteiligung an Gesellschaften in Ländern außerhalb der EU/EWR, gilt dies nur dann, wenn eine Verschmelzung innerhalb desselben ausländischen Staates vorliegt[258].

c) Eintritt in die steuerliche Rechtsstellung. Während es im Fall von § 13 Abs. 1 **150** UmwStG zu einer fingierten Veräußerung mit Realisierung der stillen Reserven und Wertverknüpfung[259] kommt, erlaubt es § 13 Abs. 2 Satz 1 UmwStG die bisherigen Werte fortzuführen. In diesem Fall treten die Anteile an der übernehmenden Körperschaft steuerlich an die Stelle der Anteile an der übertragenden Körperschaft[260]. Dadurch treten die Anteile an der übernehmenden Gesellschaft in die Fußstapfen bzw. in die Rechtsstellung der bisherigen Anteile ein. Konkret bedeutet dies, dass die steuerliche Qualifizierung der bisherigen Anteile übertragen wird auf die steuerliche Qualifizierung der neuen Anteile. Dabei treten u.a. folgende Fragen auf:

Geht das Gebot, frühere Teilwertabschreibungen auf die Beteiligungen im Fall der **151** Wertaufholung[261] wieder zuzuschreiben, auf die neuen Anteile über? Dies lässt sich mit guten Gründen verneinen: Zum einen liegt ein originärer Anschaffungsvorgang vor; zum anderen fehlt eine Vorschrift, die eine Steuerverhaftung anordnet (wie dies bspw. § 13 Abs. 4 UmwStG aF für sperrbetragsinfizierte Anteile nach § 50 c EStG vorschrieb)[262]. Nach der Gesetzesbegründung zum SEStEG soll dies jedoch zu bejahen sein[263].

(z. Zt. unbelegt.) **152–155**

Eine wesentliche Beteiligung iSv. § 17 EStG kann im Zuge der Verschmelzung zu ei- **156** ner unwesentlichen Beteiligung herabsinken. In diesem Fall setzt sich die steuerliche Verstrickung an den unwesentlichen Anteilen fort. Es handelt sich um sog. **verschmelzungsgeborene Anteile**[264]. Fraglich ist, ob diese Verstrickung auf Dauer bestehen bleibt[265] oder

---

[255] *Dötsch* in Dötsch u. a. § 13 UmwStG nF (2003) Rn 8; *Bärwaldt* in Haritz/Benkert § 13 UmwStG Rn 8 ff.; *Schmitt* in Schmitt/Hörtnagl/Stratz § 13 UmwStG Rn 16.
[256] *Sagasser* in Sagasser/Bula/Brünger L Rn 22.
[257] § 1 Abs. 2 Nr. 1 UmwStG.
[258] § 12 Abs. 2 Satz 3 KStG nF. Einer der Ausnahmefälle, in denen das neue UmwStG auch Drittstaatverschmelzungen steuerlich begünstigt.
[259] Veräußerungswert = Anschaffungswert.
[260] § 13 Abs. 2 Satz 2 UmwStG.
[261] Vgl. § 6 Abs. 1 Nr. 1 Satz 4 EStG.
[262] Zust. zum bisherigen Recht *Schmitt* in Schmitt/Hörtnagl/Stratz § 13 UmwStG Rn 21; *Rödder* DStR 1999, 1020; *Dötsch* in Dötsch u. a. § 13 UmwStG nF Rn 18; *Bärwaldt* in Haritz/Benkert § 13 UmwStG Rn 23.
[263] BT-Drucks. 16/2710 S. 41.
[264] § 13 Abs. 2 Satz 2 UmwStG als Rechtsgrundlage.
[265] So uU Finanzverwaltung in Tz. 13.10 UmwStE.

spätestens dann endet, wenn sich die Beteiligung so weit verringert, dass auch die ihr nach dem im Verschmelzungsvertrag festgelegten Umtauschverhältnis entsprechende Beteiligung an der übertragenden Gesellschaft nicht mehr die Voraussetzungen des § 17 EStG erfüllt hätte[266].

157 Eine unwesentliche Beteiligung kann zu einer wesentlichen Beteiligung erstarken. In diesem Fall gelten die neuen Anteile als wesentliche Anteile[267]. Die Anschaffungskosten der neuen Anteile werden sinnvollerweise mit dem gemeinen Werts dieser Anteile bemessen. In der Sache erfolgt so durch das Gesetz eine steuerneutrale Aufstockung. Die stillen Reserven, die in der Zeit der unwesentlichen Beteiligung entstanden sind, bleiben dadurch unversteuert.

158 Wer Anteile des Privatvermögens innerhalb eines Jahres anschafft und wieder veräußert und dabei einen Gewinn erzielt, muss ihn prinzipiell versteuern[268]. Gleiches gilt auch bei Tauschgeschäften wie hier anlässlich von Verschmelzungen. Das UmwStG erstreckt in § 13 Abs. 2 die Steuerneutralität auf Antrag aber auch auf Verschmelzungen innerhalb der Jahresfrist, so dass auch in diesen Fällen kein steuerpflichtiger Verschmelzungsgewinn auf Ebene der Anteilseigner entsteht. Die Anteile gelten als zu den Anschaffungskosten veräußert und die erhaltenen Anteile als zu diesem Wert angeschafft.

159 Kontrovers wird die Frage beurteilt, ob die Verschmelzung innerhalb der Spekulationsfrist ein Vorgang ist, der die Spekulationsfrist von einem Jahr unterbricht und eine neue Jahresfrist in Gang setzt, so die Finanzverwaltung[269], oder nicht[270].

160 Ein Anteilstausch iRd. Verschmelzung außerhalb der Spekulationsfrist ist nach den allgemeinen Regeln über Tauschvorgänge zu beurteilen. Es handelt sich um ein Veräußerungsgeschäft. Eine neue Spekulationsfrist beginnt. Die Anschaffungskosten der Anteile bemessen sich nach dem gemeinen Wert der Anteile der übertragenden Kapitalgesellschaft[271].

161 Wenn die Anteile an der übernehmenden Körperschaft steuerlich an die Stelle der Anteile an der übertragenden Körperschaft treten, setzt sich auch die Qualifizierung als einbringungsgeborene Anteile iSd. § 21 UmwStG aF oder als sperrbetragsverhaftete Anteile nach § 50 c EStG aF an den neuen Anteilen fort[272].

162–164 (Z. Zt. unbelegt)

II. Verschmelzung unter Beteiligung von Personengesellschaften

1. Verschmelzung einer Körperschaft auf eine Personengesellschaft

165 In der nachfolgenden Betrachtung stehen die Fälle im Vordergrund, bei denen der oder die übertragenden Rechtsträger Kapitalgesellschaften (GmbH, AG, KGaA) sind. Steuerlich macht es dabei keinen Unterschied, ob die Verschmelzung auf einen bereits bestehenden Rechtsträger (Verschmelzung durch Aufnahme) oder einen erst durch die Verschmelzung entstehenden Rechtsträger (Verschmelzung durch Neugründung) erfolgt.

---

[266] So die wohl hA in der Literatur vgl. nur *Bärwaldt* in Haritz/Benkert § 13 UmwStG Rn 34: *Hill* in Goutier/Knopf/Tulloch § 13 UmwStG Rn 10 alle mwN.

[267] Bisher § 13 Abs. 2 Satz 3 UmwStG aF.

[268] § 23 EStG. Durch die Unternehmenssteuerreform 2008 sollen künftig private Veräußerungsgeschäfte über nicht wesentliche Beteiligungen unabhängig von einer Spekulationsfrist besteuert werden, und zwar im Rahmen einer sog. Abgeltungssteuer mit pauschal 25 % ab dem Veranlagungszeitraum 2009.

[269] Siehe Tz. 13.08 UmwStE; zust. *Dötsch* in Dötsch u. a. § 13 UmwStG nF (2003) Rn 29; *Schmitt* in Schmitt/Hörtnagl/Stratz § 13 UmwStG Rn 40; *Rödder/Wochinger* FR 1999, 1.

[270] So u. a. *Bärwaldt* in Haritz/Benkert § 13 UmwStG Rn 28.

[271] *Dötsch* in Dötsch u. a. § 13 UmwStG nF (2003) Rn 29.

[272] Vormals in § 13 Abs. 3, 4 UmwStG aF geregelt; vgl. dazu Voraufl. Anh. § 325 Rn 161 ff.; zur Langlebigkeit einbringungsgeborener Anteile: *Haritz* GmbHR 2007, 169 ff.

166 Die steuerliche Behandlung der Verschmelzung von Kapital- auf Personengesellschaften hängt entscheidend davon ab, ob die übernehmende Personengesellschaft nach der Verschmelzung Betriebsvermögen im steuerlichen Sinne hat, also gewerblich, freiberuflich oder land- und forstwirtschaftlich tätig ist. Ist das der Fall, sind die §§ 3 bis 7, 10 und 18 UmwStG anzuwenden, die in vielen Fällen eine steuerneutrale Verschmelzung gewährleisten; anderenfalls kommt es über § 8 UmwStG zu einer Besteuerung der stillen Reserven der übertragenden Kapitalgesellschaft bei den Gesellschaftern der übernehmenden Personengesellschaft.

166a Das SEStEG brachte für die §§ 3 ff. UmwStG wesentliche Änderungen, auch konzeptioneller Art. Dies zeigt folgender Überblick:
– Bei dem Vermögensübergang ist grundsätzlich der gemeine Wert anzusetzen. Der Buchwert (oder ein höherer Zwischenwert) darf angesetzt werden, wenn u.a. das inländische Besteuerungsrecht gesichert ist[273].
– Eine Bindung an die Ansätze und Werte in der Handelsbilanz besteht nicht.
– Die offenen Rücklagen einer übertragenden Körperschaft (Kapitalgesellschaft) gelten künftig regelmäßig als an den Anteilseigner ausgeschüttet und unterliegen dem Kapitalertragsteuerabzug nach § 43 Abs. 1 Nr. 1 EStG[274].
– Der Buchwert der Anteile ist um steuerwirksam vorgenommene Teilwertabschreibungen und um Abzüge nach § 6 b EStG gewinnwirksam zu erhöhen und steuerpflichtig[275].
– Ein Übernahmeverlust bleibt wie bisher grundsätzlich außer Ansatz. Dies gilt aber in bestimmten Fällen nicht oder nicht uneingeschränkt, zB wenn die als ausgeschüttet geltenden offenen Rücklagen beim Anteilseigner (natürliche Person) als Einkünfte steuerlich erfasst werden[276] oder für bestimmte Anteile iSv. § 8 b Abs. 7, 8 Satz 1 KStG[277].
– Für Übernahmegewinne gelten die §§ 8 b KStG und § 3 Nr. 40 EStG unmittelbar, so dass bspw. 5 % eines Übernahmegewinns für Kapitalgesellschaften als nicht abzugsfähige Betriebsausgabe voll steuerpflichtig sind[278].
– Die Anwendungsbereiche der Vorschriften wurden um „vergleichbare ausländische Vorgänge" erweitert[279] und erfassen Kapitalgesellschaften innerhalb der EU-/des EWR[280] und natürliche Personen, die innerhalb der EU/des EWR ansässig sind[281].

Durch den erweiterten Anwendungsbereich der §§ 3 ff. UmwStG ist künftig zwischen inländischen und grenzüberschreitenden Umwandlungen zu differenzieren. Dabei sind insbesondere folgende Fälle zu beachten:
– Rein inländische Verschmelzungen, in denen sowohl die übertragende Kapitalgesellschaft als auch die übernehmende Personengesellschaft bzw. deren Anteilseigner im Inland unbeschränkt steuerpflichtig sind.
– Verschmelzung einer in der EU/EWR ansässigen Kapitalgesellschaft auf eine Personengesellschaft mit Sitz in der EU/EWR, an der inländische und EU/EWR ansässige Gesellschafter beteiligt sind.
– Verschmelzung einer inländischen Kapitalgesellschaft auf eine EU/EWR ansässige Personengesellschaft mit Beteiligung von inländischen und EU/EWR ansässigen Gesellschaftern („Hinausverschmelzung").

---

[273] § 3 Abs. 1, 2 UmwStG.
[274] § 7 UmwStG. Nach § 7 UmwStG aF galt das nur in den Fällen, in denen ein Anteilseigner nicht an der Ermittlung des Übernahmeergebnisses teilnahm, d.h. bzw. Anteilseigner, die eine nicht wesentliche Beteiligung im Privatvermögen hielten.
[275] § 4 Abs. 1 Satz 2 UmwStG.
[276] § 4 Abs. 6 Satz 4, 5 UmwStG.
[277] § 4 Abs. 6 Satz 2, 3 UmwStG.
[278] § 4 Abs. 7 UmwStG iVm. § 8 b Abs. 3 Satz 1 KStG.
[279] § 1 Abs. 1 Satz 1 Nr. 1 UmwStG.
[280] § 1 Abs. 2 Satz 1 Nr. 1 UmwStG definiert die in Betracht kommenden Gesellschaften.
[281] § 1 Abs. 2 Satz 1 Nr. 2 UmwStG.

– Verschmelzung einer EU / EWR ansässigen Kapitalgesellschaft auf eine im Inland ansässige Personengesellschaft mit Beteiligung von inländischen und EU / EWR ansässigen Gesellschaftern („Hereinverschmelzung").
– Verschmelzung einer inländischen Kapitalgesellschaft auf eine inländische Personengesellschaft mit Beteiligung von inländischen und EU / EWR ansässigen Gesellschaftern, die über ausländisches Betriebsstättenvermögen verfügen.
– Verschmelzung einer EU- / EWR ansässigen Kapitalgesellschaft auf eine EU / EWR ansässige Personengesellschaft mit inländischen Gesellschaftern und in der EU / EWR ansässigen Gesellschaftern mit inländischem Betriebsstättenvermögen.

Im Fall der Personengesellschaft kommt es nicht allein auf deren Ansässigkeit an, sondern darauf, wo ihre Gesellschafter steuerlich ansässig sind.

Verschmelzungen außerhalb der EU / des EWR sind vom erweiterten Anwendungsbereich des UmwStG prinzipiell nicht erfasst[282].

167 **a) Steuerlicher Übertragungsstichtag und Rückwirkung.** Steuerlicher Übertragungsstichtag[283] ist nach hM der dem handelsrechtlichen Verschmelzungsstichtag[284] vorausgehende Bilanzstichtag nach § 17 Abs. 2 UmwG. Die im Verschmelzungsvertrag vorgenommene Bestimmung des Verschmelzungsstichtags indiziert somit den steuerlichen Übertragungsstichtag; die abweichende Bestimmung eines steuerlichen Übertragungsstichtags ist nicht möglich.

168 Das Einkommen und das Vermögen der übertragenden Kapitalgesellschaft sowie der übernehmenden Personengesellschaft sind steuerlich so zu ermitteln, als sei das Vermögen der Kapitalgesellschaft mit Ablauf des steuerlichen Übertragungsstichtags auf die übernehmende Personengesellschaft übergegangen[285]. Dasselbe gilt auch für das Einkommen und das Vermögen der Gesellschafter der übernehmenden Personengesellschaft[286].

169 Die Steuerpflicht der übertragenden Kapitalgesellschaft endet – jedenfalls für die vom UmwStG erfassten Steuerarten – mit Ablauf des steuerlichen Übertragungsstichtags. Ein möglicher **Übertragungsgewinn**, der bei der übertragenden Kapitalgesellschaft aufgrund einer Neubewertung nach § 3 UmwStG entstehen kann, ist in deren letzte Veranlagung mit einzubeziehen. Die Einbuchung des übergehenden Vermögens bei der übernehmenden Personengesellschaft ist ein laufender Geschäftsvorfall, jedenfalls soweit es sich nicht um eine Verschmelzung durch Neugründung handelt.

170 Bei der Ermittlung des **Übernahmeergebnisses** iSv. § 4 Abs. 4 bis 6 UmwStG bei der übernehmenden Personengesellschaft ist ebenfalls auf den Ablauf des steuerlichen Übertragungsstichtags abzustellen. Die steuerlichen Auswirkungen bei der übertragenden Kapitalgesellschaft und bei der übernehmenden Personengesellschaft fallen also immer in denselben Veranlagungszeitraum.

171 Vor dem steuerlichen Übertragungsstichtag beschlossene **Gewinnausschüttungen**, die am Übertragungsstichtag noch nicht ausgekehrt worden waren, gelten unabhängig von ihrer tatsächlichen Auszahlung als zum steuerlichen Übertragungsstichtag vorgenommen. Soweit die Gesellschafter an der Verschmelzung teilnehmen und nicht innerhalb des Zeitraums zwischen dem steuerlichen Übertragungsstichtag und dem Wirksamwerden der Verschmelzung (Rückwirkungszeitraum) oder **gegen Abfindungen**[287] **ausscheiden**, gelten Ausschüttungen als ihnen mit dem steuerlichen Übertragungsstichtag zugeflossen. Werden Gewinnausschüttungen erst nach dem steuerlichen Übertragungsstichtag beschlossen oder finden ver-

---

[282] Zu weiteren Einzelheiten bei grenzüberschreitenden Verschmelzungen *Schaflitzl/Widmayer* in *Blumenberg/Schäfer* SEStEG S. 116 ff.
[283] § 2 Abs. 1 Satz 1 UmwStG. Neu angefügt wurde § 2 Abs. 3 UmwStG.
[284] § 5 Abs. 1 Nr. 6 UmwG.
[285] § 2 Abs. 1 UmwStG.
[286] § 2 Abs. 2 UmwStG.
[287] ISd. §§ 29 ff. UmwG.

deckte Gewinnausschüttungen im Rückwirkungszeitraum statt, ist wie folgt zu unterscheiden:
- Nehmen die Gesellschafter an der Umwandlung teil und werden sie später nicht nach §§ 29 ff. UmwG abgefunden, werden die Ausschüttungen fiktiv als Entnahmen der Gesellschafter aus der Personengesellschaft nach dem steuerlichen Übertragungsstichtag behandelt.
- Werden Anteile an der Kapitalgesellschaft im Rückwirkungszeitraum veräußert oder werden Gesellschafter später nach §§ 29 ff. UmwG abgefunden, werden die Gewinnausschüttungen auf der Ebene der übertragenden Kapitalgesellschaft so behandelt, als wären sie zum steuerlichen Übertragungsstichtag vorgenommen worden. Der Zufluss bei den Gesellschaftern ist von dieser Rückwirkung jedoch nicht erfasst; hier gelten die allgemeinen Grundsätze[288].

Im **Rückwirkungszeitraum** wirtschaftlich entstandene Vergütungen der Gesellschafter der übertragenden Kapitalgesellschaft, die Mitunternehmer der übernehmenden Personengesellschaft werden, für Tätigkeiten im Dienste der Gesellschaft oder für die Hingabe von Darlehen oder für die Überlassung von Wirtschaftsgütern stellen keine Betriebsausgaben dar, sondern sind Vergütungen iSv. § 15 Abs. 1 Satz 1 Nr. 2 EStG, die als Entnahmen aus der übernehmenden Personengesellschaft zu behandeln sind.

Dies gilt wiederum nicht für Gesellschafter der übertragenden Kapitalgesellschaft, die im Rückwirkungszeitraum oder später gegen Abfindungen[289] ausscheiden. Vergütungen an solche Gesellschafter sind, sofern sie wirtschaftlich nach dem steuerlichen Übertragungsstichtag entstanden sind, Betriebsausgaben der übernehmenden Personengesellschaft.

b) Wertansatz. Das UmwStG 1995 sah in § 3 UmwStG aF ein Bewertungswahlrecht zwischen Buchwert, Zwischenwert oder Teilwert vor, wenn das Vermögen der übertragenen Körperschaft Betriebsvermögen der übernehmenden Personengesellschaft oder übernehmenden natürlichen Person wurde. Durch das SEStEG wurde dieses Bewertungswahlrecht dahin modifiziert, dass grundsätzlich iRd. Umwandlung der gemeine Wert (statt Teilwert) anzusetzen ist[290]. Demnach sind in der steuerlichen Schlussbilanz der übertragenden Kapitalgesellschaft die stillen Reserven in den übergehenden Wirtschaftsgütern aufzudecken, und zwar einschließlich entgeltlich erworbener und selbst geschaffener immaterieller Wirtschaftsgüter und eines Firmenwerts[291]. Pensionsrückstellungen sind dagegen nach § 6 a EStG zu bewerten[292].

Auf **Antrag** können die übergehenden Wirtschaftsgüter abweichend vom gemeinen Wert einheitlich mit dem Buchwert[293] oder einem höheren Wert, höchstens jedoch mit dem gemeinen Wert, angesetzt werden, soweit[294]
- sie Betriebsvermögen der übernehmenden Personengesellschaft oder natürlichen Personen werden und sichergestellt ist, dass sie später der Besteuerung mit Einkommensteuer oder Körperschaftsteuer unterliegen und

---

[288] Tz. 02.34 UmwStE.
[289] ISv. §§ 29 ff. UmwG.
[290] § 3 Abs. 1 Satz 1 UmwStG.
[291] *Benz / Rosenberg* in *Blumenberg / Schäfer* SEStEG S. 153, dort auch zu Unterschieden zwischen Teilwert und gemeinem Wert.
[292] § 3 Abs. 1 Satz 2 UmwStG.
[293] Der Wert, der sich nach den steuerrechtlichen Vorschriften über die Gewinnermittlung in einer für den steuerlichen Übertragungsstichtag aufzustellenden Steuerbilanz ergibt oder ergäbe, § 1 Abs. 5 Nr. 4 UmwStG.
[294] Sodass bspw. die Einräumung von Darlehenskonten zu einer schädlichen Gegenleistung führen kann, nicht aber handelsrechtliche Kapitalkonten, auch wenn sie Entnahmen ermöglichen, dazu *Dötsch / Pung* DB 2006, 2704, 2709.

– das Recht der Bundesrepublik Deutschland hinsichtlich der Besteuerung des Gewinns aus der Veräußerung der übertragenen Wirtschaftsgüter bei den Gesellschaftern der übernehmenden Personengesellschaft oder bei den natürlichen Personen nicht ausgeschlossen oder beschränkt wird und
– eine Gegenleistung nicht gewährt wird oder in Gesellschaftsrechten besteht[295].

Der Antrag ist spätestens bis zur erstmaligen Abgabe der steuerlichen Schlussbilanz bei dem für die Besteuerung der übertragenen Körperschaft zuständigen Finanzamt zu stellen[296].

Bemerkenswert ist, dass nach dem neuen UmwStG keine Bindung an die Wertansätze in der handelsrechtlichen Schlussbilanz besteht[297]. Dies lässt sich nur mittelbar dem Gesetz entnehmen, entspricht aber bisher allgemeiner Meinung.

Die steuerliche Schlussbilanz ist künftig nicht nur von inländischen, sondern auch von ausländischen Körperschaften zu stellen, die vom sachlichen Anwendungsbereich des UmwStG umfasst sind[298].

Einen Sonderfall[299] regelt § 3 Abs. 3 UmwStG. Dort ist der Fall angesprochen, dass eine inländische Kapitalgesellschaft Vermögen in einer Betriebsstätte in einem anderen EU-Staat hat und Deutschland mangels Freistellungsmethode weiter das Besteuerungsrecht hat. Dieses Besteuerungsrecht könnte im Fall einer Hinaus-Verschmelzung[300] verloren gehen. Daher ist das übertragende Vermögen in der steuerlichen Übertragungsbilanz mit dem gemeinen Wert anzusetzen. Art. 10 Abs. 2 Fusionsrichtlinie gibt Deutschland jedoch auf, die Körperschaftsteuer auf den Übertragungsgewinn um eine fiktische ausländische Steuer zu ermäßigen. Die Steuer ermittelt sich fiktiv danach, wie hoch sie bei einer Veräußerung der übertragenen Wirtschaftsgüter zum gemeinen Wert wäre; sie ist nach den Grundsätzen des § 26 KStG auf die deutsche Steuer anzurechnen.

175 Die handelsrechtliche Bilanzierung bei der übernehmenden Personengesellschaft richtet sich nach § 24 UmwG. Danach besteht in der Handelsbilanz der übernehmenden Personengesellschaft ein **Wahlrecht**, die Buchwerte des übergehenden Vermögens fortzusetzen oder aber das übernommene Vermögen zu Anschaffungskosten anzusetzen. Die Anschaffungskosten können zB bei einer existenten Beteiligung der übernehmenden Personengesellschaft an der übertragenden Kapitalgesellschaft durch den bisherigen Beteiligungsansatz für die Anteile an der übertragenden Kapitalgesellschaft indiziert sein. Ansonsten werden die Anschaffungskosten indiziert durch den Wert der neu ausgegebenen Gesellschaftsanteile an der übernehmenden Personengesellschaft, die sich auch darin ausdrücken können, dass neben den Gesellschaftern einzeln zugerechneten Kapitalkonten gesamthänderisch gebundene Kapitalrücklagen gebildet werden.

176 Die handelsrechtliche Bilanzierung nach § 24 UmwG ist weder maßgeblich für die steuerrechtliche Bilanzierung bei der übernehmenden Personengesellschaft – hier gilt § 4 Abs. 1 UmwStG – noch besteht eine **„diagonale Maßgeblichkeit"** für die steuerliche Bilanzierung bei der übertragenden Kapitalgesellschaft. Die von der Finanzverwaltung vertretene These, die Ausübung des Bewertungswahlrechts nach § 24 UmwG bei der übernehmenden Personengesellschaft führe bei dem ersten Bilanzstichtag nach der Umwandlung zu einem Zwang zur Höherbewertung in der Steuerbilanz[301], hat im Gesetz keine Stütze[302].

177 **c) Fiktion der Beteiligung an der übertragenden Kapitalgesellschaft.** Gesellschaftsrechtlich ist es nicht Voraussetzung einer Verschmelzung, dass die übernehmende Personen-

---

[295] § 3 Abs. 2 Satz 1 Nr. 1, 2, 3 UmwStG.
[296] § 3 Abs. 2 Satz 2 UmwStG.
[297] *Dötsch/Pung* DB 2006, 2704, 2705.
[298] *Schaflitzl/Widmayer* in *Blumenberg/Schäfer* SEStEG S. 114.
[299] *Dötsch/Pung* DB 2006, 2704, 2709.
[300] Gleiches gilt im Fall einer Hinaus-Spaltung auf eine EU-Personengesellschaft.
[301] Tz. 03.02 UmwStE.
[302] *Haritz/Paetzold* FR 1998, 352.

gesellschaft an der übertragenden Kapitalgesellschaft beteiligt ist. Bei einer Verschmelzung durch Aufnahme kann eine solche Beteiligung bestehen (Beispiel: *up-stream merger*); bei einer Verschmelzung durch Neugründung ist eine solche Beteiligung denklogisch ausgeschlossen. Die steuerliche Ermittlung des Übernahmeergebnisses iSv. § 4 Abs. 4 und 5 UmwStG beruht aber auf der Fiktion einer Beteiligung der übernehmenden Personengesellschaft an der übertragenden Kapitalgesellschaft. Bei der Ermittlung des Übernahmeergebnisses bleibt der Wert der übergegangenen Wirtschaftsgüter außer Ansatz, soweit er auf Anteile an der übertragenden Kapitalgesellschaft entfällt, die am steuerlichen Übertragungsstichtag nicht zum Betriebsvermögen der übernehmenden Personengesellschaft gehören[303]. Weil gesellschaftsrechtlich eine Beteiligung der übernehmenden Personengesellschaft an der übertragenden Kapitalgesellschaft nicht erforderlich ist, wird eine solche Beteiligung in den Fällen des § 5 UmwStG für die steuerliche Ermittlung des Übernahmeergebnisses fingiert. § 5 UmwStG erfasst die folgenden Fälle.

Anschaffung. Hat die übernehmende Personengesellschaft **Anteile an der übertragenden Kapitalgesellschaft** nach dem steuerlichen Übertragungsstichtag **angeschafft,** ist das Übernahmeergebnis so zu ermitteln, als hätte sie die Anteile bereits am steuerlichen Übertragungsstichtag angeschafft. Der Anschaffung durch die Personengesellschaft selbst steht es gleich, wenn einer ihrer Gesellschafter die Anteile an der übertragenden Kapitalgesellschaft nach dem steuerlichen Übertragungsstichtag anschafft. Voraussetzung ist jedoch, dass dieser Gesellschafter inländisches Betriebsvermögen hat und die Anschaffung im Rahmen dieses Betriebsvermögens erfolgt[304].

Hierbei ist es irrelevant, ob der Gesellschafter beschränkt oder unbeschränkt steuerpflichtig ist. Es ist auch nicht notwendig, dass die Anschaffung im Sonderbetriebsvermögen der übernehmenden Personengesellschaft erfolgt, da § 5 UmwStG sich auch auf die Fälle erstrecken soll, in denen die Gesellschafterstellung zivilrechtlich erst durch die Verschmelzung entsteht.

Abfindung. Findet die übernehmende Personengesellschaft einen Anteilseigner der übertragenden Kapitalgesellschaft ab, ist ihr Gewinn gem. § 5 Abs. 1 2. Fall UmwStG so zu ermitteln, als hätte die übernehmende Personengesellschaft die Anteile am steuerlichen Übertragungsstichtag angeschafft. Der Begriff der Abfindung bezieht sich auf das in §§ 29 ff. UmwG geregelte formelle Abfindungsverfahren einschließlich der Durchführung eines Spruchverfahrens. Der aufgrund der Abfindung ausscheidende Gesellschafter scheidet zwar zivilrechtlich aus der übernehmenden Personengesellschaft aus, doch ist steuerlich aufgrund der Regelung des § 5 Abs. 1 2. Fall UmwStG ein zurückwirkendes Ausscheiden aus der übertragenden Kapitalgesellschaft anzunehmen[305]. Dies beruht darauf, dass die steuerliche Fiktion auf der Seite der übernehmenden Personengesellschaft – Anschaffung durch die übernehmende Personengesellschaft zum steuerlichen Übertragungsstichtag – bei dem ausscheidenden Gesellschafter automatisch zu der weiteren steuerlichen Fiktion führt, dass er zum selben Stichtag seine Gesellschafterposition verliert. Dadurch kann einem solchen Gesellschafter insbesondere nicht mehr der Gewinn oder Verlust des Zeitraums zwischen dem steuerlichen Übertragungsstichtag und einem tatsächlichen späteren zivilrechtlichen Ausscheiden nach dem Wirksamwerden der Verschmelzung zugerechnet werden[306].

Beteiligungen an der übertragenden Kapitalgesellschaft iSv. § 17 EStG, die am steuerlichen Übertragungsstichtag nicht zu einem Betriebsvermögen eines Gesellschafters der übernehmenden Personengesellschaft gehören, gelten gem. § 5 Abs. 2 UmwStG für die Ermittlung des Gewinns als an diesem Stichtag in das Betriebsvermögen der Personengesellschaft mit den Anschaffungskosten eingelegt. Die Vorschrift setzt nicht voraus, dass die Ver-

---

[303] § 4 Abs. 4 Satz 3 UmwStG.
[304] *Haritz* in Haritz/Benkert § 5 UmwStG Rn 46.
[305] *Haritz/Slabon* GmbHR 1997, 401.
[306] Tz. 02.10 UmwStE.

äußerung der wesentlichen Beteiligung[307] in der Bundesrepublik Deutschland steuerpflichtig ist[308]. Die Beteiligung muss im Privatvermögen eines unbeschränkt Steuerpflichtigen oder im Privatvermögen eines beschränkt Steuerpflichtigen liegen. Soweit die Beteiligung Betriebsvermögen darstellt, geht § 5 Abs. 3 UmwStG vor. Einbringungsgeborene Anteile an der übertragenden Kapitalgesellschaft iSv. § 21 UmwStG aF werden von § 5 Abs. 2 UmwStG nicht erfasst; hier gilt die Spezialvorschrift des § 5 Abs. 4 UmwStG aF.[309]

182 (Z. Zt. unbelegt.)

183 Gehören am steuerlichen Übertragungsstichtag Anteile an der übertragenden Kapitalgesellschaft zum **Betriebsvermögen** eines Gesellschafters der übernehmenden Personengesellschaft, ist der Gewinn so zu ermitteln, als seien die Anteile an diesem Stichtag zum Buchwert in das Betriebsvermögen der Personengesellschaft überführt worden.[310] Der Buchwert ist zu erhöhen um Abschreibungen sowie um Abzüge nach § 6 b EStG und ähnliche Abzüge, die in früheren Jahren steuerwirksam vorgenommen wurden. Auf einen sich daraus ergebenden Gewinn finden die allgemeinen Vorschriften des KStG oder des EStG Anwendung[311].

184 (Z. Zt. unbelegt.)

185 Ungeschriebenes Tatbestandsmerkmal aller vorstehenden Alternativen ist, dass der Anteilsinhaber Gesellschafter der übernehmenden Personengesellschaft sein muss oder durch die Verschmelzung Gesellschafter wird. Veräußert ein wesentlich Beteiligter seine Beteiligung während des Rückwirkungszeitraums an einen Dritten, nimmt nicht der veräußernde Anteilseigner, sondern der erwerbende Dritte an der Verschmelzung teil.

186 d) **Ermittlung und Besteuerung des Übernahmeergebnisses.** Die Vorschrift des § 4 Abs. 4 und 5 UmwStG ist vor dem Hintergrund des vom Gesetzgeber artifiziell unterstellten Grundfalls zu lesen: Die übernehmende Personengesellschaft ist alleinige Anteilseignerin an der übertragenden Kapitalgesellschaft. Faktisch liegt dieser Fall regelmäßig nur dann vor, wenn zuvor im Rahmen eines Unternehmenskaufs die gesamten Anteile an der übertragenden Kapitalgesellschaft erworben wurden. Ansonsten ergibt sich die Einbeziehung anderer Gesellschafter der übertragenden Kapitalgesellschaft aufgrund der einzelnen Tatbestandsvoraussetzungen des § 5 UmwStG. Nicht in die Ermittlung des Übernahmeergebnisses einbezogen werden nicht wesentlich beteiligte Gesellschafter[312].

187 § 4 Abs. 4 Satz 3 UmwStG schreibt vor, dass bei der Ermittlung des Übernahmeergebnisses der Wert der übergegangenen Wirtschaftsgüter außer Ansatz bleibt, soweit er auf Anteile an der übertragenden Kapitalgesellschaft entfällt, die am steuerlichen Übertragungsstichtag nicht zum Betriebsvermögen der übernehmenden Personengesellschaft gehören oder gemäß den einzelnen Tatbestandsalternativen des § 5 UmwStG nicht fiktiv als durch die Personengesellschaft angeschafft oder in diese eingelegt gelten[313].

---

[307] Gemeint ist damit die Beteiligung iSv. § 17 EStG, die durch das StSenkG auf 1% herabgesetzt wurde. Soweit der alte Gesetzeswortlaut hier und im Folgenden beibehalten wurde, dient dies lediglich der sprachlichen Vereinfachung und Veranschaulichung.

[308] Tz. 05.4 UmwStE.

[309] Diese ist nach § 27 Abs. 3 Nr. 1 UmwStG weiter anzuwenden. Zwar kennt das neue UmwStG nicht mehr die Figur der einbringungsgeborenen Anteile, so dass § 5 Abs. 4 UmwStG aF entfallen konnte; für alte ggf. im Rahmen einer Einbringung auch neu entstehende, einbringungsgeborene Anteile (zB § 20 Abs. 3 Satz 4 UmwStG) gilt die Vorschrift jedoch fort.

[310] § 5 Abs. 3 S. 1 UmwStG; die frühere Beschränkung auf inländisches Betriebsvermögen wurde aufgegeben.

[311] § 5 Abs. 3 Satz 1, 2 iVm. § 4 Abs. 1 Satz 3 UmwStG.

[312] Im Einzelnen Rn 696 und BMF-Schreiben vom 16.12.2003, BStBl. I S. 786 Rn 1 ff.; dazu Haritz/Wisniewski GmbHR 2004, 150.

[313] Zu den Einzelheiten der Ermittlung des Übernahmeergebnisses siehe Rn 677 ff. Zur Bedeutung von § 50 c EStG, insbesondere zu dessen Abs. 11, siehe Rn 687 ff. Zur Besteuerung eines Übernahmegewinns siehe Rn 693 und eines Übernahmeverlusts siehe Rn 694. Zu den gewerbesteuerlichen Auswirkungen des Übernahmeergebnisses siehe Rn 701 ff.

e) Besteuerung offener Rücklagen. Eine wesentliche konzeptionelle Änderung betrifft 187a
die Besteuerung offener Rücklagen. Diese sind beim Anteilseigner, ganz unabhängig davon,
ob er an der Ermittlung des Übernahmeergebnisses teilnimmt oder nicht, als Ausschüttungen
iSd. § 20 Abs. 1 Nr. 1 EStG zu erfassen[314]. Die fingierten Ausschüttungen unterliegen auch
dem Kapitalertragsteuerabzug[315], so dass die Umwandlung der (Kapital-)Gesellschaft auf
eine Personengesellschaft zu einer liquiditätsmäßigen Belastung führen kann: Je höher die
offenen Rücklagen sind, umso höher ist die liquiditätsmäßige Belastung der Umwandlung.
Erfasst werden die offenen Rücklagen der übertragenden Körperschaft, d.h. das Eigenkapital
abzüglich des Bestands des steuerlichen Einlagekontos[316].

Bedingt dadurch, dass künftig die offenen Rücklagen steuerlich erfasst werden, kommt es
auch zu einer gestuften Ermittlung des Übernahmeergebnisses[317]:
– Gewinnrücklagen werden über § 7 UmwStG als Kapitalertrag besteuert.
– Das übrige übergehende Vermögen (Nennkapital, Kapitalrücklagen) wird iRd. Übernahmegewinnermittlung iSd. §§ 4, 5 UmwStG einbezogen.

f) Auswirkungen auf den Gewinn der übernehmenden Personengesellschaft. Die 188
übernehmende Personengesellschaft hat die auf sie übergehenden Wirtschaftsgüter mit dem
Wert, der in der steuerlichen Schlussbilanz der übertragenden Kapitalgesellschaft gem. § 3
UmwStG ausgewiesen ist, zu übernehmen. Es besteht abweichend zur handelsrechtlichen
Regelung nach § 24 UmwG kein (steuerliches) Neubewertungswahlrecht auf der Ebene der
übernehmenden Personengesellschaft.

Die übernehmende Personengesellschaft tritt u. a. bezüglich der AfA einschließlich erhöh- 189
ter Abschreibungen und Sonderabschreibungen, der den steuerlichen Gewinn mindernden
Rücklagen sowie steuerlich relevanter Besitzzeiten in die Rechtsstellung der übertragenden
Kapitalgesellschaft ein. Hierbei spielt es keine Rolle, ob und wie die übertragende Kapitalgesellschaft von ihrem Bewertungsrecht gem. § 3 UmwStG Gebrauch gemacht hat. Nur für
Abschreibungen auf Gebäude greift unter besonderen Umständen die Sonderregelung des
§ 4 Abs. 3 UmwStG ein[318].

Verrechenbare Verluste, steuerliche Verlustvorträge oder nicht ausgeglichene negative Ein- 190
künfte der übertragenden Kapitalgesellschaft gehen nicht über[319]. Soweit Verluste das Vermögen der übertragenden Kapitalgesellschaft gemindert haben, findet dies bereits bei der
Ermittlung des Übernahmeergebnisses[320] seinen Niederschlag. Da ein Übernahmeverlust
aber steuerlich folgenlos für die Gesellschafter der übernehmenden Personengesellschaft wie
auch die Personengesellschaft selbst bleibt, sind Verlustvorträge verloren. Die betroffenen
Fälle wurden erweitert, um auch laufende Verluste im Wirtschaftsjahr der Umwandlung[321] zu
erfassen. Dies ist endgültig für die Gesellschafter, für die § 8 b KStG gilt, also insbesondere
Kapitalgesellschaften[322]. Das SEStEG hat dagegen für bestimmte Kapitalgesellschaften[323] und

---

[314] § 7 UmwStG. Nach dem UmwStG 1995 galt das nur für die Gesellschafter, die nicht an der Ermittlung des Übernahmeergebnisses teilnahmen, also insbes. die nicht wesentlich beteiligten Anteilseigner mit Beteiligungsbesitz im Privatvermögen.
[315] § 43 Abs. 1 Nr. 1 EStG.
[316] *Dötsch / Pung* DB 2006, 2704, 2709.
[317] Weitere Einzelheiten unter Rn 686 ff.; *Pung* in *Dötsch* u.a. UmwStG Vor § 7 (SEStEG) Rn 1 ff.
[318] Einzelheiten zum bisherigen Recht bei *Schmitt* in Schmitt/Hörtnagl/Stratz § 4 UmwStG Rn 65 ff.; *Benkert* in Haritz/Benkert § 4 UmwStG Rn 50 ff.
[319] §§ 4 Abs. 2 Satz 2, 18 Abs. 1 Satz 2 UmwStG. Dies soll auch für einen sog. „Zinsvortrag" gelten, der iRd. Unternehmenssteuerreform 2008 geplant ist (§ 4 h EStG-E).
[320] Gem. § 4 Abs. 4 UmwStG.
[321] Entgegen *BFH* BStBl. 2006 II S. 380.
[322] § 4 Abs. 6 Satz 1 UmwStG.
[323] § 8 b Abs. 7, 8 Satz 1 KStG, zB Versicherungen, Finanzunternehmen.

natürliche Personen eine begrenzte Nutzung eines Übernahmeverlusts eingeführt, soweit es zu einer Besteuerung der offenen Rücklagen kommt[324].

Übernahmegewinne unterliegen auf der Ebene der Personengesellschaft bzw. ihrer Gesellschafter der Besteuerung nach den allgemeinen Vorschriften[325]. Dabei ist für Kapitalgesellschaften zu berücksichtigen, dass 5 % eines Übernahmegewinns als nicht abzugsfähige Betriebsausgaben gelten und steuerpflichtig sind[326]. Ein Übernahmegewinn, so wird prognostiziert, wird nach dem Konzeptwechsel durch die Erfassung offener Rücklagen und der entsprechenden Verringerung eines Übernahmeergebnisses ein seltener Ausnahmefall sein[327].

191 IRd. Verschmelzung können auch **Übernahmefolgegewinne** auftreten, für die in § 6 UmwStG besondere Regelungen gefunden wurden. Ein Übernahmefolgegewinn liegt insbesondere dann vor, wenn Forderungen und Verbindlichkeiten zwischen der übertragenden Kapitalgesellschaft und der übernehmenden Personengesellschaft nicht in gleicher Höhe bilanziert worden sind oder bei einem der beteiligten Rechtsträger eine steuerlich anerkannte Rückstellung für eine ungewisse Verbindlichkeit gegenüber dem anderen gebildet worden war. Nach § 6 Abs. 2 UmwStG können Übernahmefolgegewinne auch nach hier bezweifelter Meinung dadurch entstehen, dass sich der Gewinn eines Gesellschafters der übernehmenden Personengesellschaft erhöht, wenn Sonderbetriebsvermögen vorliegt[328].

192 Durch eine den steuerlichen **Gewinn mindernde Rücklage** kann der Übernahmefolgegewinn kompensiert werden. Die Rücklage ist in den auf ihre Bildung Folgenden drei Wirtschaftsjahren jeweils zu einem Drittel gewinnhöhend aufzulösen. Die dadurch bewirkte Steuerstundung entfällt aber rückwirkend[329], wenn die übernehmende Personenhandelsgesellschaft den auf sie übergegangenen Betrieb innerhalb von fünf Jahren in eine Kapitalgesellschaft einbringt oder ohne triftigen Grund veräußert oder aufgibt.

192a Die Körperschaftsteuerschuld der übertragenden Körperschaft (Kapitalgesellschaft) erhöht sich für den Veranlagungszeitraum der Umwandlung um den Betrag, der nach § 38 KStG am Übertragungsstichtag für eine Ausschüttung als verwendet gelten würde[330]. Eine Körperschaftsteuerminderung sieht das UmwStG nicht mehr vor, da der Gesetzgeber das bisherige System einer ausschüttungsabhängigen Körperschaftsteuerminderung bei ordnungsgemäßen Gewinnausschüttungen zu Gunsten einer ausschüttungsunabhängigen ratierlichen Auszahlung des restlichen Körperschaftsteuerguthabens aufgegeben hat[331].

2. Verschmelzung Personengesellschaft auf Körperschaft

193 a) **Allgemeines.** aa) *Überblick, Regelungszweck der §§ 20 bis 22 UmwStG.* Die nachfolgende Darstellung befasst sich mit den steuerlichen Folgen der Verschmelzung einer Personengesellschaft auf eine andere Körperschaft. Im Mittelpunkt steht die Verschmelzung einer Personengesellschaft auf eine Kapitalgesellschaft, insbesondere auf eine GmbH oder AG. Das neue UmwStG behandelt sowohl die Verschmelzung auf eine Kapitalgesellschaft als auch auf eine eG.

194 Der Begriff der Personengesellschaft umfasst im Inland die Personenhandelsgesellschaften (OHG, KG) und Partnerschaftsgesellschaften[332], nicht aber zB vermögensverwaltende

---

[324] § 4 Abs. 6 Satz 2 bis 5 UmwStG.
[325] § 4 Abs. 7 UmwStG.
[326] § 4 Abs. 7 Satz 1 UmwStG iVm. § 8 b Abs. 3 Satz 2 KStG.
[327] *Dötsch / Pung* DB 2006, 2704, 2711.
[328] *Schmitt* in Schmitt/Hörtnagl/Stratz § 6 UmwStG Rn 16; kritisch *Schmitt-Ott* in Haritz/Benkert § 6 UmwStG Rn 28.
[329] Gem. § 6 Abs. 3 UmwStG.
[330] § 10 UmwStG.
[331] § 37 Abs. 4, 5 KStG; zu den damit einhergehenden Fragen *Dötsch/Pung* DB 2006, 2704, 2712.
[332] Siehe § 3 Abs. 1 Nr. 1 UmwG; soweit im Folgenden von Personengesellschaft gesprochen wird, sind damit die Personenhandelsgesellschaften und Partnerschaftsgesellschaften gemeint.

Gesellschaften bürgerlichen Rechts. Ausländische Personengesellschaft innerhalb der EU/ des EWR müssen damit vergleichbar sein, um unter das UmwStG zu fallen[333]. Das neue UmwStG hat den Anwendungsbereich auf ausländische Rechtsträger innerhalb der EU/ des EWR erweitert und erfasst künftig auch ausländische Verschmelzungen innerhalb der EU/des EWR, die mit den Vorschriften des UmwG vergleichbar sind[334]. Damit sind zahlreiche grenzüberschreitende Sachverhalte erfasst wie zB die Hinausverschmelzung einer inländischen Personengesellschaft auf eine ausländische in der EU/im EWR ansässige Kapitalgesellschaft, die Hereinverschmelzung einer in der EU/im EWR ansässigen Personengesellschaft bzw. deren Gesellschafter auf eine inländische Kapitalgesellschaft und/oder Verschmelzungen von inländischen Personengesellschaften mit ausländischem Betriebsstättenvermögen oder umgekehrt ausländischen Personengesellschaften mit inländischem Betriebsstättenvermögen[335]. Wenn eine Personengesellschaft verschmolzen wird, müssen sowohl die Personengesellschaft als auch deren Gesellschafter ihren Sitz und Ort der Geschäftsleitung bzw. gewöhnlichen Aufenthalt in der EU/EWR haben[336].

Das **UmwG** zeichnet sich dadurch aus, dass es im Grundsatz[337] Verschmelzungen zwischen Körperschaften und Verschmelzungen zwischen einer Personengesellschaft und einer Körperschaft dem gleichen Regelungskonzept unterstellt, d. h. den §§ 2 ff. UmwG. Dies gilt sowohl für die Verschmelzung durch Aufnahme als auch für die Verschmelzung durch Neugründung[338].

Die Verschmelzung einer Personengesellschaft mit einer Körperschaft[339] nach dem UmwG führt dazu, dass die übertragende Personengesellschaft ohne Abwicklung aufgelöst wird, ihr Vermögen auf eine bestehende oder neu gegründete Körperschaft im Wege der Gesamtrechtsnachfolge übertragen wird und den Gesellschaftern der übertragenden Personengesellschaft für den Verlust ihrer Mitgliedschaft Anteile an der übernehmenden Körperschaft gewährt werden.

Das **UmwStG** ermöglicht auch in diesen Verschmelzungsfällen eine steuerneutrale Umwandlung, sofern die Verschmelzung auf eine Kapitalgesellschaft oder eG erfolgt. Ohne die Regelungen im UmwStG würde angesichts der Vermögensübertragung und des Wechsels des Besteuerungskonzepts[340] aufgrund der allgemeinen steuerlichen Vorschriften eine steuerpflichtige Aufdeckung vorhandener stiller Reserven erfolgen. Dies war bei einer Verschmelzung einer Personengesellschaft auf eine eG bisher der Fall, da das UmwStG diese Verschmelzung nicht regelte, im Zuge des SEStEG aber entsprechend erweitert wurde.

Während das bisherige UmwStG die Steuerneutralität daran knüpfte, dass eine Verschmelzung auf eine unbeschränkt steuerpflichtige Kapitalgesellschaft iSv. § 1 Abs. 1 Nr. 1 KStG

---

[333] Dabei ist nicht allein die Ansässigkeit der Personengesellschaft als solche entscheidend, sondern die ihrer Gesellschafter, § 1 Abs. 4 Satz 1 Nr. 2 a) aa) UmwStG. Für Ansässige in einem Drittstaat gilt § 1 Abs. 4 Satz 1 Nr. 2 b), vgl. Rn. 233, 606a.

[334] § 1 Abs. 3 Nr. 1 UmwStG.

[335] Übersicht auch bei *Benz/Rosenberg* in *Blumenberg/Schäfer* SEStEG S. 152, 167.

[336] *Benz/Rosenberg* in *Blumenberg/Schäfer* SEStEG S. 150.

[337] Zu Einzelheiten über die Verschmelzung unter Beteiligung von Personengesellschaften siehe §§ 39 ff. UmwG, unter Beteiligung von Partnerschaftsgesellschaften § 45 a UmwG, unter Beteiligung einer GmbH §§ 46 ff. UmwG, unter Beteiligung von Aktiengesellschaften §§ 60 ff. UmwG, unter Beteiligung von Kommanditgesellschaften auf Aktien § 78 UmwG und die einschlägige Kommentierung oben.

[338] Die Verschmelzung eines Einzelunternehmens einer natürlichen Person mit einer Körperschaft ist nicht möglich; das UmwG behandelt diese Umstrukturierungen des Einzelunternehmens aus dem Vermögen einer natürlichen Person in eine Kapitalgesellschaft oder eG als Spaltung in Form der Ausgliederung, vgl. § 152 UmwG.

[339] D. h. Kapitalgesellschaft oder eG.

[340] Personengesellschaft (Mitunternehmerschaft) einerseits, §§ 15 Abs. 1 Satz 1 Nr. 2, 18 Abs. 1, 4 EStG, bei die Gesellschafter Einkommensteuersubjekt sind, und Körperschaft andererseits, § 1 Abs. 1 KStG, die selbst Rechts- und Steuersubjekt ist.

erfolgte, ist nun prinzipiell jede Kapitalgesellschaft oder Genossenschaft tauglicher übernehmender Rechtsträger, die innerhalb der EU/EWR gegründet wurde und dort Sitz und Geschäftsleitung hat[341].

198 Anders als die Verschmelzung zwischen Körperschaften behandelt das UmwStG die Verschmelzung einer Personengesellschaft mit einer Körperschaft bzw. Kapitalgesellschaft jedoch nicht eigenständig in einem gesonderten Teil des UmwStG[342], sondern iRd. Vorschriften über die **Einbringung** eines Betriebs in eine Kapitalgesellschaft gegen Gewährung von Gesellschaftsanteilen[343]. Einschlägig ist der Sechste Teil des UmwStG, d. h. die §§ 20 bis 23 UmwStG[344].

199 **Grundnorm** für eine steuerneutrale Verschmelzung ist **§ 20 UmwStG.** Dort ist geregelt, unter welchen Voraussetzungen eine steuerneutrale Einbringung möglich ist[345] und welche Rechtsfolgen dies hat[346], insbesondere zu welchen Werten die übernehmende Kapitalgesellschaft das Vermögen bewerten darf[347], welche Auswirkungen die Verschmelzung/Einbringung für die übertragende Gesellschaft bzw. ihre Gesellschafter hat[348] und zu welchem Übertragungsstichtag das Vermögen übergeht[349]. Die Auswirkungen auf die **übernehmende Kapitalgesellschaft (oder eG),** insbesondere die Frage der Rechtsnachfolge und des Eintritts in die steuerliche Rechtsstellung der Personengesellschaft sind (neben § 20 Abs. 2, 3 UmwStG) in **§ 23 UmwStG** geregelt. Die Besteuerungsfolgen für die **einbringende Gesellschaft** bzw. ihre Gesellschafter sind (neben § 20 Abs. 3, 4) in **§ 22 UmwStG** geregelt. Durch das **SEStEG** wurde in § 20 UmwStG die Einbringung von Betrieben/Teilbetrieben/Mitunternehmeranteilen in eine Kapitalgesellschaft oder eine Genossenschaft geregelt, während § 21 UmwStG die zentrale Vorschrift für den Anteilstausch geworden ist (Einbringung von Anteilen an einer Kapitalgesellschaft oder einer Europäischen Genossenschaft in eine andere Kapitalgesellschaft oder Genossenschaft gegen Gewährung neuer Anteile). Das Konzept der sog. „einbringungsgeborenen Anteile" in § 21 UmwStG aF wurde aufgegeben und durch ein neues System der nachträglichen Besteuerung des zugrunde liegenden Einbringungsvorgangs ersetzt („Siebtelungs-Regelung")[350]. Dennoch kann es auch weiterhin einbringungsgeborene Anteile geben. Zum einen aus Einbringungsvorgängen vor dem Systemwechsel oder in Neufällen durch die Infizierung neuer Anteile durch eingebrachte einbringungsgeborene Anteile[351].

200 (Z. Zt. unbelegt.)

---

[341] § 1 Abs. 4 Satz 1 Nr. 1 iVm. Abs. 2 Satz 1 Nr. 1 UmwStG.
[342] Vgl. §§ 2, 11 bis 13, 19 UmwStG für die Verschmelzung zwischen Körperschaften.
[343] Siehe Tz. 20.02 UmwStE; *Friederichs* in Haritz/Benkert Vor § 20 UmwStG Rn 12.
[344] § 23 UmwStG aF befasste sich bisher mit grenzüberschreitenden Einbringungen in der EU. Künftig regelt § 23 UmwStG die Folgen der Verschmelzung für den übernehmenden Rechtsträger. § 23 UmwStG aF wurde in den Anwendungsbereich der §§ 20, 21 UmwStG integriert. Einzelheiten zu § 23 UmwStG aF bei *Albrecht* in Haritz/Benkert § 23 UmwStG Rn 1 ff.; *Schmitt* in Schmitt/Hörtnagl/Stratz § 23 UmwStG Rn 1 ff.
[345] § 20 Abs. 1 UmwStG. Da im Zuge der Verschmelzung die Personengesellschaft je nach Sichtweise entweder ihren Betrieb einbringt oder die Gesellschafter ihre Mitunternehmeranteile, ist § 20 UmwStG, nicht § 21 UmwStG einschlägig. § 20 UmwStG ist die zentrale Vorschrift für die Einbringung eines Betriebs/Teilbetriebs/Mitunternehmeranteils gegen Gewährung neuer Gesellschaftsrechte, während § 21 die Einbringung von Kapitalgesellschaftsbeteiligungen regelt.
[346] § 20 Abs. 2 bis 8 UmwStG.
[347] § 20 Abs. 2 UmwStG.
[348] § 20 Abs. 3, 4 UmwStG.
[349] § 20 Abs. 5, 6 UmwStG.
[350] § 22 UmwStG; *Dötsch/Pung* DB 2006, 2763.
[351] Vgl. §§ 20 Abs. 3 Satz 4, 21 Abs. 2 Satz 6 UmwStG. Zur Weitergeltung siehe § 27 Abs. 3 Nr. 3 UmwStG.

Bei Verschmelzungen von Personengesellschaften auf Körperschaften[352] unterscheidet 201
sich das Umwandlungssteuerrecht in zahlreichen Punkten von der Verschmelzung einer
Körperschaft auf eine Körperschaft:
- Das Verschmelzungssteuerrecht für Körperschaften in den §§ 11 bis 13, 19 UmwStG erfasst nur Verschmelzungen nach dem UmwG oder vergleichbare ausländische Vorgänge.
- Das Einbringungsrecht erfasst dagegen sowohl Verschmelzung nach dem UmwG oder vergleichbare ausländische Vorgänge (im Wege der Gesamtrechtsnachfolge) als auch Vermögensübertragungen im Wege der Einzelrechtsübertragung[353].
- Während für die §§ 11 bis 13, 19 UmwStG die Steuerneutralität daran anknüpft, welchen Wert die übertragende Körperschaft in ihrer steuerlichen Schlussbilanz ansetzt, knüpft das Einbringungsrecht daran an, mit welchem Wert die aufnehmende Kapitalgesellschaft das übergehende Vermögen ansetzt.
- Während bisher nach UmwStG 1995 bei der Verschmelzung unter Körperschaften Verlustvorträge (noch) mit übergingen[354], war dies bei Einbringungen nicht der Fall. Dort gingen Verlustvorträge auf der Ebene der Personengesellschaft bzw. ihrer Gesellschafter unter[355]. Dies gilt jetzt auch bei Verschmelzungen unter Kapitalgesellschaften[356].
- Steuerneutrale Verschmelzungen unter Körperschaften verlangen (u. a.), dass entweder keine Gegenleistung gewährt wird oder, wenn doch, in Form von Gesellschaftsrechten[357]; ein *upstream merger* ist möglich. Eine steuerneutrale Verschmelzung einer Personengesellschaft auf eine Kapitalgesellschaft erfordert dagegen, dass die übernehmende Kapitalgesellschaft **neue** Gesellschaftsanteile an die einbringenden Gesellschafter gewährt.
- Fälle wie ein *upstream merger* einer Tochtergesellschaft auf die Muttergesellschaft (ohne Gewährung von neuen Gesellschaftsrechten) sind daher nicht steuerneutral möglich[358].

Wie bei Verschmelzungen zwischen Körperschaften ist auch bei Verschmelzungen von 202
Personengesellschaften auf Körperschaften/Kapitalgesellschaften die **Grunderwerbsteuer** zu beachten, wenn zum übertragenden Vermögen Grundstücke gehören[359]. Durch die Übertragung von Grundstücken iRd. Verschmelzung entsteht Grunderwerbsteuer in Höhe von 3,5% des relevanten Bedarfswerts[360]. Das UmwStG bezieht sich nur auf die Ertragsteuern, nicht aber auf Verkehrssteuern wie die Grunderwerbsteuer[361].

Prinzipiell fällt bei der Verschmelzung keine **Umsatzsteuer** an, da es sich bei der Ver- 203
schmelzung um die Übertragung des ganzen Betriebs handelt, so dass wie bei der Verschmel-

---

[352] §§ 11 bis 13, 19 UmwStG.

[353] Die steuerlichen Folgen der Ausgliederung eines Einzelunternehmens einer natürlichen Person in eine Kapitalgesellschaft (§ 152 UmwG) richten sich ebenfalls nach den §§ 20 ff. UmwStG ebenso wie die Übertragung des Vermögens einer Personengesellschaft auf eine Kapitalgesellschaft im Rahmen regulärer Sachgründungen oder Sachkapitalerhöhungen.

[354] § 12 Abs. 3 Satz 2 UmwStG aF.

[355] Vgl. dezidiert § 23 Abs. 5 UmwStG für gewerbesteuerliche Verlustvorträge und Verweis auf § 12 Abs. 3 Satz 1 aF, nicht aber auf § 12 Abs. 3 Satz 2 UmwStG aF in § 22 Abs. 1, 2 UmwStG aF.

[356] § 12 Abs. 3 iVm. § 4 Abs. 2 S. 2 UmwStG.

[357] Vgl. § 11 Abs. 2 Nr. 3 UmwStG.

[358] Auszuweichen ist in diesen Fällen auf Alternativgestaltungen, zB die Einbringung aller Mitunternehmeranteile in die Komplementär GmbH im Zuge eines sog. erweiterten Anwachsungsmodells, dazu Rn 225, und anschließend die Verschmelzung der GmbH auf die Mutter-GmbH.

[359] Oder Beteiligungen iSv. § 1 Abs. 2 a und § 1 Abs. 3 GrErwStG.

[360] Steuertatbestand § 1 Abs. 1 Nr. 3 GrErwStG, Steuersatz § 11 Abs. 1 GrErwStG und Wertermittlung § 8 Abs. 2 iVm. §§ 138 Abs. 2, 3 BewG; Einzelheiten bei *Pahlke/Franz* § 1 GrErwStG Rn 167 und koord. Länderlass *FM BW* vom 19. 12. 1997, BB 1998, 146.

[361] Die ursprünglich von der BReg. geplante Erleichterung bei der Grunderwerbsteuer für konzerninterne Umstrukturierungen konnte iRd. Gesetzes zur Fortführung der Unternehmenssteuerreform vom 20. 12. 2001, BGBl. I 2001, S. 3858 nicht verwirklicht werden. Auch im Zuge des SEStEG wurde dies nicht umgesetzt.

zung zwischen Körperschaften regelmäßig eine nicht steuerbare Übertragung des Vermögens im Ganzen vorliegt[362]. Sieht man in der Verschmelzung der Personengesellschaft die Einbringung von Mitunternehmeranteilen und nicht eines Betriebs, ist der Vorgang steuerbar, aber steuerbefreit[363].

204 *bb) Anwendungsbereich der §§ 20 ff. UmwStG.* Die Anwendbarkeit des Sechsten Teils des UmwStG beschränkt sich nicht nur auf Umwandlungen nach dem UmwG oder vergleichbare ausländische Vorgänge und die Verschmelzung von Personengesellschaften auf Kapitalgesellschaften[364]. Er erfasst neben Einbringungen im Wege der Gesamtrechtsnachfolge[365] nach dem UmwG oder vergleichbare ausländische Vorgänge auch Einbringungen durch Einzelrechtsnachfolge[366]. Das steuerliche Einbringungsrecht im Sechsten Teil des UmwStG[367] ist daher nicht nur auf die Verschmelzung von Personengesellschaften auf Kapitalgesellschaften beschränkt, sondern anwendbar u. a. auch auf die Spaltung[368] einer Personengesellschaft bzw. von Vermögensteilen einer Personengesellschaft auf Kapitalgesellschaften oder den Formwechsel einer Personengesellschaft in eine Kapitalgesellschaft[369]. Die nachfolgenden Ausführungen gelten daher auch für diese Fälle entsprechend.

205 Die umwandlungssteuerlichen Vorschriften zur Einbringung in den §§ 20 ff. UmwStG sind losgelöst von den Vorschriften im Ersten bis Fünften Teil des UmwStG[370]. Das steuerliche Einbringungsrecht ist von daher eine im Grundsatz eigenständige Materie.

206 *cc) Steuerbilanzen, steuerlicher Übertragungsstichtag, Maßgeblichkeit der Handelsbilanz.* Steuerliche Bilanzen schreiben die Einbringungsvorschriften[371] nicht ausdrücklich vor[372]. Dennoch ist anerkannt, dass die übertragende Personengesellschaft auf den steuerlichen Übertragungsstichtag eine steuerliche Einbringungsbilanz zu erstellen hat[373].

206a Besondere Bedeutung hat künftig auch die steuerliche Schlussbilanz und der Zeitpunkt, in dem die übernehmende Gesellschaft die steuerliche Schlussbilanz bei dem für die Besteuerung der übernehmenden Gesellschaft zuständigen Finanzamt einreicht. Denn das übergehende Betriebsvermögen darf abweichend von dem Grundsatz, die gemeinen Werte anzusetzen, auf Antrag mit dem Buchwert oder einem höheren Zwischenwert in der steuerlichen Schlussbilanz angesetzt werden, wenn u.a. das inländische Besteuerungsrecht gesichert ist. Dieser **Antrag** ist aber spätestens bis zur erstmaligen Abgabe der steuerlichen Schlussbilanz bei dem Finanzamt zu stellen[374].

---

[362] § 1 Abs. 1 a UStG; dazu *Husmann* in Rau/Dürrwächter § 1 UStG Rn 286 mwN; aA (uU) *Stadie* in Rau/Dürrwächter § 2 UStG Rn 601; vgl. zur Unternehmensübertragung auch *Wagner*, FS Widmann, S. 607 ff.

[363] § 4 Nr. 8 f UStG.

[364] So aber der Erste bis Fünfte Teil des UmwStG, vgl. § 1 Abs. 1 UmwStG. Für die steuerlichen Folgen bei Verschmelzungen auf Personengesellschaften ist der Siebte Teil des UmwStG (§ 24 UwStG) einschlägig.

[365] Vgl. Tz. 20.02 UmwStE.

[366] Vermögensübertragungen (Sacheinlagen) anlässlich von Sachgründungen oder Sachkapitalerhöhungen, vgl. Tz. 20.02 UmwStE.

[367] Für Verschmelzungen auf Personen(handels-)gesellschaften ist der Siebte Teil des UmwStG einschlägig, d. h. § 24 UmwStG.

[368] ISv. Auf-, Abspaltung und Ausgliederung, vgl. § 123 UmwG.

[369] Siehe § 25 UmwStG und Tz. 20.02 UmwStE für Sacheinlagen nach § 20 Abs. 1 UmwStG.

[370] ZB ist die rückwirkende Anknüpfung an einen Übertragungsstichtag in Einbringungsfällen in § 20 Abs. 5, 6 UmwStG geregelt, nicht in § 2 UmwStG; für den Anteilstausch nach § 21 UmwStG ist keine Rückwirkung geregelt.

[371] §§ 20 bis 22 UmwStG.

[372] Umfassend zur bisherigen Bilanzierung in Einbringungsfällen *Widmann* in Widmann/Mayer § 20 UmwStG Rn 1184 ff.

[373] So *Schaumburg* in Lutter Anh. § 122 Rn 136 unter Berufung auf § 20 Abs. 2 Satz 3 UmwStG aF.

[374] § 20 Abs. 2 Satz 2 UmwStG.

207 Auf der Ebene der übernehmenden Gesellschaft ist der Einbringungsvorgang entweder in der Eröffnungsbilanz (Verschmelzung durch Neugründung) oder in der ersten Jahresbilanz nach der Verschmelzung (Verschmelzung durch Aufnahme) zu erfassen. Die Verschmelzung stellt einen laufenden Geschäftsfall dar[375].

208 Die Verschmelzung wird zivilrechtlich mit Eintragung ins zuständige Register wirksam; zu diesem Zeitpunkt geht (u. a.), das Vermögen der Personengesellschaft einschließlich der Verbindlichkeiten auf die übernehmende Kapitalgesellschaft oder eG über[376].

209 Davon ist der Zeitpunkt zu unterscheiden, von dem an die Handlungen der übertragenden Personengesellschaft für Rechnung der übernehmenden Kapitalgesellschaft als vorgenommen gelten, sog. **Verschmelzungsstichtag**[377]. Steuerlich wird die Einbringung grundsätzlich zu dem Zeitpunkt wirksam, in dem wirtschaftliches Eigentum an dem eingebrachten Vermögen auf die Kapitalgesellschaft übergeht. Die Übertragung des wirtschaftlichen Eigentums erfolgt regelmäßig zu dem im Einbringungsvertrag, d. h. Verschmelzungsvertrag vorgesehenen Zeitpunkt des Übergangs von Nutzungen und Lasten[378]. Der steuerliche Übertragungsstichtag darf aber abweichend von dem vorgenannten Grundsatz auf Antrag der übernehmenden Kapitalgesellschaft um bis zu acht Monate zurückbezogen werden[379].

210 Als steuerlicher Übertragungsstichtag darf in Fällen der Verschmelzung der Stichtag angesehen werden, für den die Schlussbilanz jedes der übertragenden Unternehmen iSd. § 17 Abs. 2 UmwG aufgestellt ist; dieser Stichtag darf höchstens acht Monate vor der Anmeldung der Verschmelzung zur Eintragung in das Handelsregister liegen[380]. Diese Rückwirkung verlangt einen **Antrag** der übernehmenden Kapitalgesellschaft. Die Rückbeziehung nach § 20 Abs. 5, 6 UmwStG bedingt auch, dass die als Gegenleistung für das eingebrachte Vermögen gewährten Gesellschaftsanteile mit Ablauf des steuerlichen Übertragungsstichtags dem Einbringenden zuzurechnen sind.

Beispiel:
Verschmelzungsstichtag 1. 1., Stichtag der Schlussbilanz 31. 12. An diese Bilanz darf noch bis zum 31. 8. des Folgejahres angeknüpft werden, wenn die Anmeldung der Verschmelzung zur Eintragung in das Handelsregister bis dahin vorgenommen wird. Durch die rückbeziehende Anknüpfung auf den steuerlichen Übertragungstichtag 31. 12. gilt das Vermögen als mit Ablauf des 31. 12. eingebracht und die Gesellschaftsanteile ebenfalls mit Ablauf des 31. 12. dem Einbringenden gewährt[381].

210a Nach dem neuen UmwStG kommt eine steuerliche Rückwirkung nach § 20 Abs. 5, 6 UmwStG nur in Betracht, wenn ein Fall der Sacheinlage nach § 20 Abs. 1 UmwStG vorliegt. Dagegen ist bei einem Anteilstausch nach § 21 UmwStG keine Rückbeziehung nach dem Gesetzeswortlaut vorgesehen[382]. Da im Rahmen der Verschmelzung aber regelmäßig der gesamte Betrieb übergeht, wird insoweit eine steuerliche Rückwirkung auch für in diesem

---

[375] Siehe § 24 Rn 19.
[376] Vgl. § 20 Abs. 1 Nr. 1 UmwG.
[377] Vgl. § 5 Abs. 1 Nr. 6 UmwG.
[378] Vgl. Tz. 20.18 UmwStE und mit weiteren Einzelheiten *Schmitt* in Schmitt/Hörtnagl/Stratz § 20 UmwStG Rn 205 mit ablehnendem Hinweis auf die Auffassung des BFH, wonach eine Einbringung iSd. § 20 UmwStG voraussetze, dass die übertragenden Wirtschaftsgüter zivilrechtlich auf die übernehmende Kapitalgesellschaft übergehen müssen, *BFH* vom 16. 2. 1996, BStBl. II 1996, S. 342; vgl. auch *Märkle* DStR 2000, 797; *Schütz/Dümisch* DB 2000, 2446.
[379] Vgl. § 20 Abs. 5, 6 UmwStG.
[380] § 20 Abs. 6 Satz 1 UmwStG; zu weiteren Details siehe Tz. 20.8 ff. UmwStE; *Friederichs* in Haritz/Benkert § 20 UmwStG Rn 264 ff.
[381] Vgl. Tz. 20.19 ff. UmwStE mit Einzelheiten insbes. auch zum Verhältnis zwischen steuerlichen Rückwirkungsfunktionen und Rückbeziehung gesellschaftsrechtlicher Wirkungen (vgl. Tz. 20.20, 02. 08. UmwStE).
[382] Die Rückbeziehung nach § 2 UmwStG erfasst nicht den Einbringungsteil §§ 20 ff. UmwStG.

Zusammenhang übergehende Anteile möglich sein, wenn und soweit die übergehenden Anteile als Teil des übergehenden Betriebs gelten[383].

211 Kontrovers wurde zum UmwStG 1995 die Frage beurteilt, ob ein Wertansatz in der Handelsbilanz der übernehmenden Kapitalgesellschaft **maßgeblich** ist für die Bewertung in der Steuerbilanz der Kapitalgesellschaft und dadurch auch den Veräußerungspreis und die Anschaffungskosten des Einbringenden bestimmen kann[384]. Nach dem sog. Maßgeblichkeitsgrundsatz der Handelsbilanz für die Steuerbilanz sind steuerrechtliche Wahlrechte bei der Gewinnermittlung in Übereinstimmung mit der handelsrechtlichen Jahresbilanz auszuüben[385]. Voraussetzung ist, dass sowohl in der Handelsbilanz als auch bei der steuerlichen Gewinnermittlung (Steuerbilanz) korrespondierende Wahlrechte bestehen. Die Frage ist im Einbringungsrecht anders akzentuiert als im Verschmelzungssteuerrecht zwischen Körperschaften. Dort knüpft die steuerliche Bewertung an die Schlussbilanz des übertragenden Rechtsträgers an, in der zwingend die Ansätze der Jahresbilanz, d. h. prinzipiell die Buchwerte zu übernehmen sind. In der Handelsbilanz besteht gerade kein Bewertungswahlrecht[386]. Das steuerliche Einbringungsrecht knüpft dagegen an den Wertansatz bei der übernehmenden Kapitalgesellschaft an. Bei einer Verschmelzung gilt daher § 24 UmwG. Danach kann die übernehmende Kapitalgesellschaft sowohl die Buchwerte fortführen als auch höhere Werte ansetzen.

212 Die Finanzverwaltung bejahte daher den Grundsatz der Maßgeblichkeit. Setzt die Kapitalgesellschaft höhere Werte an, ist dies auch für die Steuerbilanz maßgeblich[387]. In bestimmten Konstellationen akzeptierte die Finanzverwaltung jedoch eine abweichende Bilanzierung in der Handels- und Steuerbilanz, zB wenn handelsrechtlich ein höherer Wertansatz zwingend ist[388].

213 Die Auffassung der Finanzverwaltung über die Reichweite des Maßgeblichkeitsgrundsatzes wird aber zu Recht kritisiert[389]. Entscheidend für die Frage ist, ob sowohl in der Handelsbilanz als auch in der Steuerbilanz ein Wahlrecht besteht. Die Frage spitzt sich daher darauf zu, ob § 24 UmwG umwandlungsrechtlich der übernehmenden Kapitalgesellschaft ein Bewertungswahlrecht gibt oder sie prinzipiell verpflichtet ist, die Zeitwerte anzusetzen[390]. Durch das SEStEG hat sich der Gesetzgeber im Umwandlungsteuerrecht generell von dem Maßgeblichkeitsprinzip gelöst. Für Umwandlungs- und Einbringungsfälle, die unter das neue UmwStG fallen, gilt daher allein die steuerliche Bewertung[391].

---

[383] Für die nachgelagerte Besteuerung nach § 22 UmwStG wird danach differenziert, ob das eingebrachte Betriebsvermögen auch Anteile an Kapitalgesellschaften oder eG enthält. Insoweit ist dann die Vorschrift des § 22 Abs. 2 UmwStG als *lex specialis* anzuwenden, § 22 Abs. 1 Satz 5 UmwStG.

[384] Siehe auch Rn 297 ff. und dazu Voraufl. Anh. § 325 UmwStG Rn 211 ff.

[385] § 5 Abs. 1 Satz 2 EStG.

[386] So dass die hM in der Literatur den Maßgeblichkeitsgrundsatz verneint, siehe Rn 25 und Rn 55; aA Finanzverwaltung Tz. 11.01 UmwStE.

[387] Tz. 20.26 UmwStE; *Dötsch* in Dötsch u. a. § 20 UmwStG Rn 782; *Friederichs* in Haritz/Benkert § 20 UmwStG Rn 176; *Merkert* in Bordewin/Brandt § 20 UmwStG Rn 93; *Thiel/Eversberg/van Lishaut/Neumann* GmbHR 1998, 397.

[388] Zum Ganzen vgl. Tz. 20.28, 20.29 UmwStE.

[389] *Weber-Grellet* BB 1997, 653; *Schmitt* in Schmitt/Hörtnagl/Stratz § 20 UmwStG Rn 243 ff., kritisch auch *Rödder* DStR 1997, 1353. Auch die Rspr. der Finanzgerichte zweifelt die Maßgeblichkeit an, vgl. FG München vom 23.3.2004, EFG 2004, 1334 und vom 5.10.2002, EFG 2001, 32; vermittelnd FG Baden-Württemberg vom 4.3.2004, EFG 2004, 858. Der BFH hat die Entscheidung des FG München vom 23.3.2004 mit Urteil vom 19.10.2005 – I R 38/04 –, DB 2006, 364 zur formwechselnden Umwandlung einer Personengesellschaft in eine Kapitalgesellschaft bestätigt, sich gegen eine Maßgeblichkeit in diesem Fall ausgesprochen.

[390] Vgl. *Friederichs* in Haritz/Benkert § 20 UmwStG Rn 178, 179 einerseits und *Schmitt* in Schmitt/Hörtnagl/Stratz § 20 UmwStG Rn 244 andererseits.

[391] *Dötsch/Pung* DB 2006, 2704, 2705; *Benz/Rosenberg* in Blumenberg/Schäfer SEStEG S. 158.

dd) *Gewerbesteuer.* Der Fünfte Teil des UmwStG[392] über die gewerbesteuerlichen Folgen 214
bei Vermögensübergang auf eine Personengesellschaft/natürliche Person oder eine Körperschaft gilt nicht für die Einbringungsvorschriften im Sechsten und Siebten Teil des UmwStG. Dort findet sich keine dezidierte Aussage zu den gewerbesteuerlichen Folgen einer Einbringung. Da die Einbringung steuerlich wie eine Veräußerung behandelt wird, gelten für die Verschmelzung einer Personengesellschaft auf eine Kapitalgesellschaft oder eG daher die allgemeinen gewerbesteuerlichen Vorschriften über die Veräußerung bzw. Einbringung von Betrieben, Teilbetrieben, Mitunternehmeranteilen und Kapitalgesellschaftsbeteiligungen durch natürliche Personen und Körperschaften[393]. Zu differenzieren ist demnach zwischen der Person des Einbringenden (natürliche Person oder Kapitalgesellschaft einschließlich Erwerbs- und Wirtschaftsgenossenschaft, VVaG), dem Einbringungsgegenstand (in Fällen der Verschmelzung einer Personengesellschaft entweder der „Betrieb" oder alle „Mitunternehmeranteile") und ob ein Einbringungsgewinn entsteht oder nicht.

Danach ist die Einbringung/Veräußerung gewerbesteuerneutral, wenn die übernehmende 215
Kapitalgesellschaft das Vermögen mit dem Buchwert ansetzt und kein Einbringungsgewinn/Veräußerungsgewinn entsteht. Es fehlt an einem zu versteuernden Gewerbeertrag. Dies gilt sowohl bei Einbringungen durch natürliche Personen als auch bei Einbringungen durch Körperschaften.

Wenn die Kapitalgesellschaft dagegen das Vermögen mit höheren als den Buchwerten ansetzt 216
und ein Einbringungsgewinn/Veräußerungsgewinn und damit auch ein Gewerbeertrag entsteht, gilt folgendes: Gleich, ob man in der Verschmelzung einer Personengesellschaft auf eine Kapitalgesellschaft die Einbringung aller Mitunternehmeranteile sieht[394] oder als Gegenstand der Einbringung den Betrieb der Personengesellschaft[395] ist ein Gewinn aus der Veräußerung oder Aufgabe eines Mitunternehmeranteils (bzw. eines Betriebs) gewerbesteuerpflichtig, soweit er nicht auf eine natürliche Person als unmittelbar beteiligten Mitunternehmer entfällt[396].

Für Körperschaften, die an einer Personengesellschaft beteiligt sind, ist durchaus auch eine 217
Steuerfreiheit eines anteiligen Einbringungs-/Veräußerungsgewinns nach § 8 b Abs. 2 iVm. § 8 b Abs. 6 KStG denkbar, soweit zum Vermögen der Personengesellschaft Beteiligungen an Körperschaften gehören. Nach § 8 b Abs. 2 KStG kann eine Körperschaft Beteiligungen an anderen Körperschaften, inbesondere Kapitalgesellschaften steuerfrei veräußern oder in Gesellschaften einbringen[397]. Dies gilt über § 8 b Abs. 6 KStG auch für die Veräußerung bzw. Einbringung von Beteiligungen an Kapitalgesellschaften durch eine Personengesellschaft, wenn und soweit die Gewinne einer daran beteiligten Körperschaft zuzurechnen sind. Da die Personengesellschaft aber ein eigenes Gewerbesteuersubjekt ist, hat die Finanzverwaltung ursprünglich verneint, dass dies nicht auf die Gewerbesteuer durchschlägt[398]. Nachdem aber auch die Rechtsprechung[399] dies anders sah, hat der Gesetzgeber mittlerweile § 7 Satz 4

---

[392] §§ 18, 19 UmwStG.
[393] Siehe *Schmitt* in Schmitt/Hörtnagl/Stratz § 20 UmwStG Rn 384 ff.; *Widmann* in Widmann/Mayer § 20 UmwStG Rn 1139.
[394] So die wohl hM in der Literatur, s. *Patt* in Dötsch u. a. § 20 UmwStG nF Rn 21 mwN; *Widmann* in Widmann/Mayer § 20 UmwStG Rn 427; *Merkert* in Bordewin/Brandt § 20 UmwStG Tz. 31.
[395] So zB *Hübl* in Hermann/Heuer/Raupach § 20 UmwStG Rn 61; *Sagasser* in Sagasser/Bula/Brünger L Rn 146; vgl. auch *Friederichs* in Haritz/Benkert § 30 UmwStG Rn 14 ff.
[396] Vgl. § 7 Satz 2 GewStG.
[397] Da 5% des Gewinns als nichtabziehbare Betriebsausgabe gelten, sind wirtschaftlich gesehen 95% steuerfrei (§ 8 b Abs. 3 S. 1 KStG).
[398] BMF vom 28.4.2003, BStBl. I S. 292 Rn 57, 58; vgl. *Schmitt* in Schmitt/Hörtnagl/Stratz § 20 UmwStG Rn 389; *van Lishaut/Förster* GmbHR 2000, 1121; *Rödder/Schumacher* DStR 2000, 353; vgl. auch *Strunk* BB 2001, 857 ff.
[399] FG Düsseldorf vom 12.1.2004, EFG 2004, 849.

218 ee) *Vergleich zum früheren Recht.* Der Achte Teil des UmwStG 1995 wurde im Vergleich zum Ersten bis Sechsten Teil des UmwStG 1977 durch das UmwStG 1995 und in der Folge nur geringfügig geändert. Im Wesentlichen sind alle Regelungen beibehalten worden[401]. Die Regelungen im § 23 UmwStG aF waren zunächst durch das Steueränderungsgesetz 1992[402] in § 20 Abs. 6, 8 UmwStG 1977 eingefügt worden und wurden durch das Standortsicherungsgesetz[403] eigenständig in § 23 UmwStG kodifiziert. Dagegen bringt das SEStEG wesentliche Änderungen des steuerlichen Einbringungsrechts im früheren Achten, jetzt Sechsten Teil des UmwStG. Neben der Ausweitung des Kreises der erfassten Vorgänge im EU/EWR-Ausland sowie der Rechtsträger auf Gesellschaften und natürliche Personen mit Ansässigkeit innerhalb der EU/des EWR sind dies insbesondere die Differenzierung nach Sacheinlage (§ 20 UmwStG) und Anteilstausch (§ 21 UmwStG) sowie der Systemwechsel weg von dem Rechtsinstitut der einbringungsgeborenen Anteile (§ 21 UmwStG aF) hin zu einer nachträglichen Besteuerung des Einbringungsvorgangs in § 22 UmwStG („Siebtelungs-Regelung"), die besonders ins Auge fallen. Daneben passt das SEStEG auch im Bewertungsrecht den Sechsten Teil an die neue Linie an: Grundsätzlich ist in Einbringungsfällen der gemeine Wert anzusetzen, auf **Antrag** darf der Buchwert oder ein höherer Zwischenwert angesetzt werden, wenn u.a. das inländische Besteuerungsrecht gesichert ist[404].

219 *ff) Alternativen zur Verschmelzung nach dem UmwG.* Die Verschmelzung einer Personengesellschaft auf eine Kapitalgesellschaft nach dem UmwG konkurriert mit anderen Umstrukturierungsmöglichkeiten. In der praktischen Arbeit sind alle in Betracht kommenden Varianten zu prüfen. Durch die Wahl der optimalen Umstrukturierungsform lassen sich spürbare Vorteile für die beteiligten Personen und Gesellschaften erzielen.

220 Der **Formwechsel** einer Personengesellschaft in eine Kapitalgesellschaft[405] ist immer dann anzudenken, wenn die Personengesellschaft Grundstücke besitzt. Bei einer Verschmelzung auf eine Kapitalgesellschaft fällt Grunderwerbsteuer an; der Formwechsel löst dagegen keine Grunderwerbsteuer aus, auch dann, wenn (Grund-)Vermögen auf eine Kapitalgesellschaft übertragen wird[406].

221 Bei den sog. **Anwachsungsmodellen**[407] bei Vorliegen einer Personengesellschaft macht man es sich zu Nutze, dass nach dem Gesetz[408] bei Ausscheiden aller Gesellschafter bis auf einen die Personengesellschaft erlischt und das Vermögen auf den Verbleibenden übergeht[409]. Das Anwachsungsmodell kommt in zwei Arten vor.

222 Als **klassische Anwachsung** bezeichnet man die Gestaltung, in der alle Gesellschafter bis auf einen aus einer Personengesellschaft, zB GmbH & Co. KG, ohne Abfindung ausscheiden.

---

[400] *Dötsch/Pung* DB 2005, 10; *Schmitt* in Schmitt/Hörtnagl/Stratz § 20 UmwStG Rn 389.

[401] Vgl. *Schmitt* in Schmitt/Hörtnagl/Stratz Vor § 20 UmwStG Rn 1.

[402] Vom 29. 2. 1992, BGBl. I 1992, S. 297.

[403] Vom 13. 9. 1993, BGBl. I 1993, S. 1569.

[404] Übersicht zu den Neuregelungen bei *Dötsch/Pung* DB 2006, 2763 ff.

[405] Nach den §§ 190 ff. UmwG; zu den steuerlichen Folgen siehe § 25 iVm. §§ 20 ff. UmwStG. Auch für den Formwechsel gelten die Einbringungsvorschriften der §§ 20 ff. UmwStG entsprechend.

[406] Siehe nur FM BW, Erlass vom 18. 8. 1997, GmbHR 1997, 1016 in Reaktion auf *BFH* vom 4. 12. 1996, BStBl. II 1997, S. 662; siehe *Pahlke/Franz* § 1 GrErwStG Rn 20 ff.; *Eggers/Fleischer/Wischott* DStR 1998, 1903.

[407] Umfassend *Orth* DStR 1999, 1011 ff., vgl. auch *Patt* in Dötsch u. a. § 20 UmwStG nF Rn 129, 146; *Schmitt* in Schmitt/Hörtnagl/Stratz § 20 UmwStG Rn 182, ff.

[408] Vgl. § 738 BGB, §§ 105 Abs. 3, 161 Abs. 2 HGB.

[409] Sofern eine entsprechende Regelung im Gesellschaftsvertrag oder anlässlich des Ausscheidens des vorletzten Gesellschafters getroffen ist. Zur Frage, ob § 24 UmwG auf die Anwachsung anzuwenden ist, siehe § 24 Rn 88 (bejahend).

In diesem Fall wächst das Vermögen dem verbleibenden Gesellschafter an. Wenn bspw. alle Kommanditisten auch Gesellschafter der Komplementär-GmbH sind[410], können die Kommanditisten ohne Abfindung aus der KG ausscheiden, so dass das Vermögen der KG der Komplementär-GmbH anwächst. Dabei handelt es sich prinzipiell um eine verdeckte Einlage der Kommanditisten in das Vermögen der GmbH und die steuerpflichtige Aufgabe des Mitunternehmeranteils der Kommanditisten an der KG. § 20 UmwStG greift mangels Gewährung neuer Gesellschaftsrechte nicht ein[411]. Diese Gestaltung ist daher regelmäßig nicht zu empfehlen.

In einzelnen Fällen kann dagegen die klassische Anwachsung sinnvoll sein, zB wenn an einer GmbH & Co. KG die Komplementärin nicht am Vermögen beteiligt ist[412] und nur ein Kommanditist, zB in der Rechtsform einer Kapitalgesellschaft, vorhanden ist: Die (nicht am Vermögen beteiligte) Komplementärin scheidet ohne Abfindung aus der KG aus; dadurch wächst das Vermögen dem einzigen Kommanditisten (in unserem Fall der Kapitalgesellschaft) an, der dadurch das Vermögen übernimmt. Die KG erlischt. Die klassische Anwachsung ist im vorgenannten Fall steuerneutral möglich[413]. **223**

Sind mehrere Kommanditisten vorhanden oder soll die Einbringung gem. den §§ 20 ff. UmwStG vollzogen werden, steht das Modell der sog. **erweiterten Anwachsung** zur Verfügung. Bei dieser Gestaltung erhöht zB bei einer GmbH & Co. KG die Komplementär-GmbH ihr Kapital durch eine ordentliche Kapitalerhöhung, die Kommanditisten bringen als Sacheinlage ihre Kommanditanteile an der KG in die GmbH ein mit der Folge, dass die Komplementärin dadurch alle Anteile an der KG übernimmt und ihr damit das Vermögen der KG anwächst. Da in diesem Fall durch die Kapitalerhöhung neue Gesellschaftsrechte von der GmbH gewährt werden, ist der Einbringungstatbestand nach § 20 UmwStG eröffnet und eine steuerneutrale Einbringung möglich[414]. **224**

b) Kreis der erfassten Rechtsträger. Das UmwG erlaubt die Verschmelzung von Personenhandelsgesellschaften (OHG, KG) und Partnerschaftsgesellschaften auf Kapitalgesellschaften (GmbH, AG[415], KGaA) und eingetragene Genossenschaften[416]. Siehe dazu die nachfolgende Übersicht: **225**

von	auf	GmbH	AG	KGaA	eG
OHG, KG		+	+	+	+
PartG		+	+	+	+

Verschmelzungen auf andere als die genannten Körperschaften sind nach dem UmwG nicht möglich. **226**

---

[410] Sog. beteiligungsidentische GmbH & Co. KG.
[411] Dazu *Wacker* in Schmidt § 16 EStG Rn 513.
[412] In der Praxis regelmäßig nicht der Fall bzw. Ziel gesellschaftsvertraglicher Regelung.
[413] Nicht nach § 20 UmwStG, da keine neuen Gesellschaftsanteile gewährt werden, aber uE gem. § 6 Abs. 3 EStG direkt oder analog. Dazu u. a. *Orth* DStR 1999, 1053 ff. Zum Anwachsungsmodell und zur Steuerneutralität nach § 6 Abs. 3 EStG vgl. aber auch *Glanegger* in Schmidt § 6 EStG Rn 473. Es empfiehlt sich regelmäßig, die Frage der Steuerneutralität vorab mit dem Finanzamt im Rahmen einer verbindlichen Auskunft zu klären.
[414] Zum erweiterten Anwachsungsmodell siehe Formularbeispiel und Anmerkungen bei *Schmidt-Diemitz/Moszka* in MünchVertrHdb. XIII 33–37; *Schmitt* in Schmitt/Hörtnagl/Stratz § 20 UmwStG Rn 185.
[415] Zur Europäischen Gesellschaft (SE) siehe Einl. C. Rn 49 ff.
[416] Vgl. § 3 Abs. 1 Nr. 1, 2, 3 iVm. §§ 39 ff., 45 a ff., 46 ff., 60 ff., 78, 79 ff. UmwG. Bei Verschmelzungen unter Beteiligung von Partnerschaftsgesellschaften sind insbes. auch etwaige standesrechtliche Vorschriften zu beachten.

227 So kann bspw. eine GmbH & Co. KG nicht unmittelbar auf eine Stiftung verschmolzen werden. Möglich ist dies mittelbar dadurch, dass die Stiftung alle Kommanditanteile an der KG und alle Anteile an der Komplementär-GmbH erwirbt, die Komplementärin anschließend ohne Abfindung aus der KG ausscheidet[417] und dadurch das Vermögen der KG im Wege der klassischen Anwachsung auf die Stiftung übergeht. Dieser Fall ist zwar kein Einbringungsfall iSv. §§ 20 ff. UmwStG, aber wohl steuerneutral aufgrund allgemeiner Vorschriften möglich[418].

228 Im UmwStG ist in § 20 UmwStG die Verschmelzung von Personenhandelsgesellschaften und Partnerschaftsgesellschaften auf Kapitalgesellschaften und neuerdings auf eine eG geregelt.[419]

229 Bei der Verschmelzung unter Beteiligung einer KGaA ist zu differenzieren: Soweit der Einbringende seine Sacheinlage auf das Grundkapital der KGaA leistet, liegt ein Einbringungsfall nach § 20 UmwStG vor; dies soll auch insoweit gelten, als dem Einbringenden neben der Gewährung von Aktien zusätzlich die Rechtsstellung eines Komplementärs der KGaA eingeräumt wird[420]. Soweit der Einbringende dagegen seine Sacheinlage als Vermögenseinlage des persönlich haftenden Gesellschafters erbringt, ist nicht § 20 UmwStG einschlägig, sondern § 24 UmwStG entweder unmittelbar oder entsprechend[421].

230 Die Verschmelzung auf eine GmbH & atypisch Still dürfte – wie bei der Verschmelzung zwischen Körperschaften – trotz der steuerlichen Mitunternehmerschaft der GmbH & atypisch Still als Einbringung in eine Kapitalgesellschaft zu würdigen sein.

230a Während das UmwStG 1995 rein inlandsbezogen war und insbesondere nur unbeschränkt steuerpflichtige Kapitalgesellschaften iSv. § 1 Abs. 1 Nr. 1 KStG als übernehmenden Rechtsträger akzeptierte, hat das SEStEG den Kreis der Rechtsträger deutlich erweitert. Künftig kommt als übernehmende Gesellschaft (einschließlich Genossenschaft) jede Gesellschaft in Betracht, die innerhalb der EU/des EWR gegründet und dort Sitz und Ort der Geschäftsleitung hat[422]. Eine Gesellschaft (oder Genossenschaft) gilt dabei als eine nach den Rechtsvorschriften des Staates gegründete Gesellschaft, in dessen Hoheitsgebiet sich der Sitz der Gesellschaft befindet[423].

231 c) Die Ebene der übertragenden Gesellschaft (§ 20 Abs. 1 UmwStG).
aa) Der Einbringende. Im Fall der Verschmelzung einer Personengesellschaft auf eine Körperschaft geht die Finanzverwaltung davon aus, dass Einbringende iSd. § 20 UmwStG stets die Gesellschafter (Mitunternehmer) der Personengesellschaft sind und nicht die Personengesellschaft selbst[424].

---

[417] Vorausgesetzt, die Komplementär-GmbH ist nicht am Vermögen der KG beteiligt.

[418] Gem. § 6 Abs. 3 EStG entsprechend. Alternativ könnte die Stiftung ihren Kommanditanteil im Zuge einer Kapitalerhöhung in die Komplementär-GmbH einbringen, sog. erweiterte Anwachsung. Zu den Anwachsungsmodellen siehe Rn 222.

[419] Für die bisher nicht geregelte Einbringung in eine eG wurde auch keine analoge Anwendung akzeptiert, vgl. *OFD Magdeburg* vom 6. 10. 1999, DB 1999, 2240.

[420] *Schütz/Dümischen* DB 2000, 2446, 2447; *Widmann* in Widmann/Mayer § 20 UmwStG Rn 476 mwN; *Friederichs* in Haritz/Benkert § 20 UmwStG Rn 142.

[421] Vgl. *Widmann* in Widmann/Mayer § 20 UmwStG Rn 686; *Friederichs* in Haritz/Benkert § 20 UmwStG Rn 142; aA jedoch *Schütz/Dümischen* DB 2000, 2446, 2448 ff., die § 24 UmwStG nicht für einschlägig halten, sondern auch in diesem Fall eine Einbringung nach § 20 UmwStG bejahen.

[422] § 1 Abs. 4 Satz 1 Nr. 1 iVm. §§ 1 Abs. 2 Satz 1 Nr. 1 UmwStG.

[423] § 1 Abs. 2 Satz 2 UmwStG.

[424] Tz 20.05 UmwStE unter Hinweis auf *BFH* vom 16. 2. 1996, BStBl. II 1996, S. 342, *Widmann* in Widmann/Mayer § 20 UmwStG Rn 427 zur Frage, ob eine Mitunternehmerschaft Einbringender sein kann; zum Ganzen *Schmitt* in Schmitt/Hörtnagl/Stratz § 20 UmwStG Rn 188 ff.; *Friederichs* in Haritz/Benkert § 20 UmwStG Rn 14; die Frage wird auch dann relevant, wenn nicht wie bei einer Verschmelzung das ganze Vermögen übertragen und die Personengesellschaft aufgelöst wird, sondern zB bei Ausgliederung von Vermögensteilen unter Fortbestand der Personengesellschaft.

Es liegt in der Konsequenz dieser Auffassung, dass die Verschmelzung einer Personengesellschaft auf eine Kapitalgesellschaft steuerlich so zu behandeln ist, als ob die Gesellschafter der Personengesellschaft ihre Mitunternehmeranteile[425] an der Personengesellschaft in die Kapitalgesellschaft einbringen und nicht die Personengesellschaft ihren Betrieb[426]. **232**

Einbringende können prinzipiell natürliche Personen und alle in § 1 Abs. 1 KStG genannten Körperschaften, Personenvereinigungen und Vermögensmassen sein[427]. Dies betrifft sowohl im Inland ansässige Personen als auch die innerhalb der EU/des EWR ansässigen Gesellschaften und natürlichen Personen[428]. Bei Personengesellschaften ist darauf zu achten, dass an dieser begünstige Rechtsträger beteiligt sind[429]. Personen, die im Drittstaat ansässig sind, kommen dann als Einbringender in Betracht, wenn das deutsche Besteuerungsrecht an den erhaltenen Anteilen nicht ausgeschlossen oder beschränkt ist[430]. Dies ist zB dann gegeben, wenn die Beteiligung zu einer inländischen Betriebstätte gehört oder wenn mit dem Drittstaat ein DBA besteht, das Deutschland das Besteuerungsrecht zuweist. **233**

bb) Vermeidung eines Übertragungs- bzw. Einbringungsgewinns, Wertansatz. Voraussetzung für eine steuerneutrale Verschmelzung einer Personenhandelsgesellschaft oder PartG auf eine Körperschaft ist im Grundsatz, dass ein Betrieb, Teilbetrieb, Mitunternehmeranteil oder eine mehrheitsvermittelnde Kapitalgesellschaftsbeteiligung[431] in eine Kapitalgesellschaft oder eG[432] eingebracht wird und dem Einbringenden dafür neue Anteile an der übernehmenden Gesellschaft (Sacheinlage) gewährt werden und das Besteuerungsrecht des Fiskus gewährleistet ist[433]. **234**

Liegen diese Voraussetzungen vor, kann die übernehmende Gesellschaft das eingebrachte Betriebsvermögen statt mit dem gemeinen Wert mit dem Buch- oder einem Zwischenwert, maximal mit dem gemeinen Wert in ihrer steuerlichen Schlussbilanz einheitlich ansetzen. Ein Antrag auf Ansatz eines niedrigeren als des gemeinen Werts ist möglich, soweit (i) sichergestellt ist, dass das übergehende Vermögen später bei der übernehmenden Körperschaft der Besteuerung mit Körperschaftsteuer unterliegt, (ii) die Passivposten des eingebrachten Betriebsvermögens die Aktivposten nicht übersteigen und (iii) das inländische Besteuerungsrecht hinsichtlich der Besteuerung des Gewinns aus der Veräußerung des eingebrachten Betriebsvermögens bei der übernehmenden Gesellschaft nicht ausgeschlossen oder beschränkt wird[434]. **235**

Durch den Ansatz des Buchwerts für das eingebrachte Vermögen durch die übernehmende Kapitalgesellschaft wird eine steuerneutrale Verschmelzung ermöglicht. Denn gem. § 20 Abs. 3 UmwStG gilt der Wert, mit dem die Kapitalgesellschaft das eingebrachte Betriebs- **236**

---

[425] Dies setzt voraus, dass die Personengesellschaft steuerlich als Mitunternehmerschaft anzusehen ist, also zB gewerblich oder freiberuflich tätig oder gewerblich geprägt ist. Eine vermögensverwaltende OHG oder KG, die als solche im Handelsregister eingetragen werden kann, §§ 105 Abs. 2, 161 Abs. 2 HGB, ist steuerlich keine Mitunternehmerschaft.

[426] So wohl die hM, vgl. nur *Patt* in Dötsch u. a. § 20 UmwStG nF Rn 21 mwN, auch mit Nachweisen zur Gegenauffassung; aA zB *Sagasser* in Sagasser/Bula/Brünger L Rn 146; *Hübl* in Hermann/Heuer/Raupach § 20 UmwStG Tz. 61; *Söffing* in Lademann/Söffing UmwStG, 4. Aufl. 1997, § 20 UmwStG Rn 40.

[427] Tz. 20.05 UmwStE.

[428] § 1 Abs. 2 iVm. § 1 Abs. 1 Nr. 1 UmwStG.

[429] § 1 Abs. 4 Satz 1 Nr. 2 a) aa) UmwStG; *Dötsch/Pung* DB 2006, 2763.

[430] § 1 Abs. 4 Satz 1 Nr. 2 b) UmwStG.

[431] Da im Rahmen der Verschmelzung der ganze Betrieb übergeht, wird regelmäßig § 20 Abs. 1 UmwStG einschlägig sein, auch dann, wenn zum Vermögen des Betriebs eine Beteiligung an einer Kapitalgesellschaft oder Genossenschaft gehört. Ansonsten ist für den Anteilstausch neuerdings § 21 UmwStG maßgeblich, für die Sacheinlage dagegen § 20 UmwStG.

[432] § 1 Abs. 2 Satz 1 Nr. 1 iVm. § 1 Abs. 3 Nr. 1 UmwStG.

[433] § 20 Abs. 2 UmwStG.

[434] § 20 Abs. 2 Satz 2 Nr. 1 bis 3 UmwStG.

vermögen ansetzt für den Einbringenden als Veräußerungspreis und als Anschaffungskosten der neuen Gesellschaftsanteile. Bei einem Buchwertansatz entspricht der Veräußerungspreis dem Buchwert des eingebrachten Betriebsvermögens, so dass ein Einbringungsgewinn bzw. Veräußerungsgewinn vermieden wird. Wenn dagegen die übernehmende Kapitalgesellschaft höhere Werte, zB Zwischen- oder gemeine Werte, ansetzt, entsteht in Höhe der Differenz zu den bisherigen Buchwerten/Anschaffungskosten des eingebrachten Vermögens ein Gewinn. Dieser sog. Einbringungs- oder Veräußerungsgewinn ist nach den allgemeinen Vorschriften zu versteuern; § 20 Abs. 4 UmwStG iVm. §§ 16, 34 EStG sehen unter bestimmten Voraussetzungen Vergünstigungen vor.

237 Übernehmende Kapitalgesellschaften mussten bisher nach dem Wortlaut von § 20 Abs. 1 Satz 1 UmwStG aF unbeschränkt steuerpflichtige Kapitalgesellschaften (GmbH, AG oder KGaA)[435] sein. Da die Finanzverwaltung ausländische Kapitalgesellschaften, die im Inland ihre Geschäftsleitung haben, zwar als unbeschränkt steuerpflichtig iSv. § 1 Abs. 1 KStG ansieht, diese aber nicht unter § 1 Abs. 1 Nr. 1 KStG erfasst,[436] kamen steuerneutrale Einbringungen nach Auffassung der Finanzverwaltung auf diese Rechtsträger bisher nicht in Betracht[437].

238 Diese Auffassung basiert auf der sog. Sitztheorie, nach der sich die Rechtsfähigkeit einer Gesellschaft nach der Rechtsordnung richtet, die am Verwaltungssitz gilt. Danach sind im Ausland gegründete Gesellschaften mit Verwaltungssitz in Deutschland nicht in Deutschland rechtsfähig. Diese Rechtsansicht ist zumindest für EU-Kapitalgesellschaften nicht mehr haltbar[438]. Nach Auffassung des EuGH kann eine in einem ausländischen EU-Mitgliedsstaat wirksam gegründete und dort im Register eingetragene Gesellschaft ihren Verwaltungssitz in jeden anderen Mitgliedsstaat verlegen und wirtschaftlich dort tätig sein, ohne die Eigenschaften einer rechtsfähigen Gesellschaft im Zuzugsstaat zu verlieren[439]. Der BGH hat diese Meinung des EuGH übernommen[440]. Danach können im EU-Ausland gegründete Kapitalgesellschaften ihren Sitz an den Ort der Geschäftsleitung nach Deutschland verlegen, ohne ihre Rechtsfähigkeit zu verlieren[441]. Konsequenterweise sind EU-Auslandsgesellschaften mit Verwaltungssitz im Inland auch gemäß § 1 Abs. 1 **Nr. 1** KStG unbeschränkt körperschaftsteuerpflichtig und können damit aufnehmende Gesellschaft iSv. § 20 Abs. 1 UmwStG aF sein[442].

238a § 20 Abs. 1 UmwStG idF des SEStEG erfasst nun Kapitalgesellschaften (und Genossenschaften) und erfasst damit alle Kapitalgesellschaften und Genossenschaften, die innerhalb der EU/des EWR gegründet sind und dort ihren Sitz und Ort der Geschäftsleitung haben[443]. Dies gilt auch für eine Europäische Gesellschaft (SE) oder Europäische Genossenschaft (SCE).

239 Die folgende Darstellung konzentriert sich auf Kapitalgesellschaften als übernehmende Rechtsträger.

240 Im Folgenden sollen wesentliche Aspekte des Tatbestands von § 20 Abs. 1, 2 UmwStG vorgestellt werden. Zu beachten ist, dass das steuerliche Einbringungsrecht in den §§ 20 ff.

---

[435] ISv. § 1 Abs. 1 Nr. 1 KStG.
[436] Sondern nach § 1 Abs. 1 Nr. 5 KStG, vgl. Abschnitt 2 Abs. 1 Satz 9 KStR 1995; *BFH* BStBl. II 1992 S. 972.
[437] Ungeachtet der Frage, ob und inwieweit dies zivilrechtlich möglich ist.
[438] *Schmitt* in Schmitt/Hörtnagl/Stratz § 20 UmwStG Rn 170 mit zahlreichen Nachw.
[439] *EuGH* IStR 2002, 809.
[440] *BGH* BB 2003, 915. Siehe auch *EuGH* v. 13.12.2005 – Rs. C 411/03 („SEVIC Systems AG") IStR 2006, 32 m. Anm. *Beul/Glatt*; *Dötsch/Pung*, Der Konzern 2006, 258.
[441] *Lutter* BB 2003, 7. Gleiches gilt auch für Gesellschaften in Ländern, mit denen Deutschland entsprechende bilaterale Abkommen hat, zB mit den USA, dazu *BGH* BB 2003, 810.
[442] *Dürr* IStR 2003, 469; *Schmitt* in Schmitt/Hörtnagl/Stratz § 20 UmwStG Rn 170.
[443] § 1 Abs. 2 Satz 1 Nr. 1 iVm. § 1 Abs. 3 Nr. 1 UmwStG, *Benz/Rosenberg* in *Blumenberg/Schäfer* SEStEG S. 151.

UmwStG anders als das Verschmelzungssteuerrecht der §§ 11 bis 13, 19 UmwStG nicht so dezidiert zwischen den Ebenen der übertragenden und übernehmenden Gesellschaft und ihrer Gesellschafter trennt. Insbesondere § 20 UmwStG ist eine Grundnorm, die Elemente und steuerliche Folgen für alle drei Ebenen enthält. Wichtig ist, dass nicht die übertragende Gesellschaft durch ihre Bewertungsentscheidung bestimmt, ob eine Einbringung steuerneutral ist oder nicht, sondern die übernehmende Kapitalgesellschaft.

cc) Die Einbringung eines qualifizierten Vermögens (Einbringungsgegenstand). Das UmwStG knüpft in § 20 Abs. 1 UmwStG die Möglichkeit einer steuerneutralen Verschmelzung daran an, dass eine qualifizierte Vermögensmasse in die Kapitalgesellschaft eingebracht wird: Es muss sich entweder um einen Betrieb, Teilbetrieb oder Mitunternehmeranteil handeln[444]. Die Übertragung eines einzelnen Wirtschaftsguts ist nicht begünstigt. **241**

Bisher erfasste § 20 UmwStG auch Kapitalgesellschaftsbeteiligungen, wenn sie mehrheitsvermittelnd waren[445]. Die Einbringung von Kapitalgesellschaftsbeteiligungen und neuerdings Anteilen an Genossenschaften ist jetzt zentral in § 21 UmwStG geregelt. Die Vorschrift erfasst prinzipiell alle Beteiligungen gleich, ob mehrheitsvermittelnd oder nicht[446]. Mehrheitsvermittelnde Beteiligungen können aber statt mit dem gemeinen Wert auch mit dem Buchwert oder einem höheren (Zwischen-)Wert angesetzt werden, wenn (u.a.) das inländische Besteuerungsrecht gesichert ist[447]. Die steuerneutrale Einbringung von qualifizierten Beteiligungen an (Kapital-)Gesellschaften und Genossenschaften ist daher möglich. **241a**

Diese Technik des Gesetzgebers – Steuerbegünstigungen an die Übertragung qualifizierter Vermögensmassen zu binden – zieht sich wie ein roter Faden durch das Ertragsteuerrecht[448]. Ausnahmen sind bei Übertragungen von Betriebsvermögen innerhalb von Mitunternehmerschaften vorgesehen[449]. **242**

Für Verschmelzungen hat dieses Kriterium nicht die ausschlaggebende Bedeutung wie bspw. bei Auf-/Abspaltungen oder Ausgliederungen von bestimmten Vermögensmassen. Denn durch die Auflösung des Rechtsträgers und den Übergang aller Aktiva und Passiva geht regelmäßig der gesamte Geschäftsbetrieb über, so dass regelmäßig das Erfordernis des Übergangs eines „Betriebs" iSv. § 20 Abs. 1 UmwStG gegeben sein wird[450] oder – je nach Auffassung über den Einbringungsgegenstand – alle Mitunternehmeranteile an der Personengesellschaft[451]. **243**

Die Einbringung eines „Betriebs" bzw. die Einbringung von Mitunternehmeranteilen iSv. § 20 Abs. 1 UmwStG erfordert, dass alle **wesentlichen Wirtschaftsgüter**[452] des Betriebs mit übergehen bzw. mit eingebracht werden. Nach Auffassung der Finanzverwaltung soll die Überlassung von Wirtschaftsgütern zur Nutzung nicht genügen[453]. Entscheidend **244**

---

[444] Siehe § 20 Abs. 1 UmwStG. Zur Frage, ob auch der Teil eines Mitunternehmeranteils erfasst ist, vgl. bejahend Finanzverwaltung Tz. 20.13 UmwStE; *Friederichs* in Haritz/Benkert § 20 UmwStG Rn 107; aA zB *Patt* in Dötsch u. a. § 20 UmwStG nF Rn 98 mwN.
[445] § 20 Abs. 1 Satz 2 UmwStG aF.
[446] Siehe § 21 Abs. 1 Satz 1 UmwStG.
[447] Qualifizierter Anteilstausch, §§ 21 Abs. 1 Satz 2, 21 Abs. 2 Satz 2 UmwStG.
[448] Vgl. zB § 6 Abs. 3 EStG, §§ 16, 34 EStG, §§ 15, 16 UmwStG, §§ 20, 24 UmwStG.
[449] Früher iRd. sog. Mitunternehmererlasses BMF vom 26. 12. 1977, BStBl. I 1978, S. 8 ff., jetzt in § 6 Abs. 5 EStG geregelt, dazu auch *OFD Koblenz* vom 17. 1. 2001, DB 2001, 839; Übersicht bei *Glanegger* in Schmidt § 6 EStG Rn 510 ff.; vgl. auch *Breidenbach/van Lishaut* DB 1999, 1234; *Herrmann/Neufang* BB 2000, 2599; *Brandenberg* FR 2000, 1182.
[450] So auch *Schaumburg* in Lutter Anh. § 122 Rn 129.
[451] Dazu bereits Rn 231 und *Patt* in Dötsch u. a. § 20 UmwStG Rn 21 mwN.
[452] Beispiele zu wesentlichen Betriebsgrundlagen bei *Schmitt* in Schmitt/Hörtnagl/Stratz § 20 UmwStG Rn 14 ff.
[453] Tz. 20.08 UmwStE; *BFH* vom 16. 2. 1996, BStBl. II 1996, S. 342; aA zu Recht *Herzig* DB 2000, 2236; *Rödder/Beckmann* DStR 1999, 751.

ist, dass mindestens das wirtschaftliche Eigentum auf die übernehmende Kapitalgesellschaft übertragen wird[454].

245 Die Übertragung aller für den Betrieb wesentlichen Wirtschaftsgüter bedeutet, dass zum einen die sich im Gesamthandsvermögen der Personengesellschaft befindlichen Wirtschaftsgüter erfasst sind und mit übertragen werden müssen. Dies wird bei einer Verschmelzung regelmäßig gegeben sein. Ausnahmen sind aber denkbar, wenn wesentliche Wirtschaftsgüter zB vor Verschmelzung entnommen oder in ein anderes Betriebsvermögen überführt werden. Zum anderen müssen aber auch die Wirtschaftsgüter übertragen werden, die zivilrechtlich und wirtschaftlich oder nur wirtschaftlich[455] im Eigentum eines Gesellschafters/Mitunternehmers stehen, aber dem Betrieb der Personengesellschaft oder der Beteiligung des Gesellschafters dienen. Es handelt sich dabei um das sog. **Sonderbetriebsvermögen,** das steuerlich zum Mitunternehmervermögen zählt[456]. Sonderbetriebsvermögen wird danach unterschieden, ob es dazu geeignet und bestimmt ist, dem Betrieb der Personengesellschaft zu dienen (sog. Sonderbetriebsvermögen I) oder der Beteiligung des Gesellschafters an der Personengesellschaft zumindest förderlich ist (sog. Sonderbetriebsvermögen II)[457].

246 Da das Sonderbetriebsvermögen zivilrechtlich dem Gesellschafter, nicht der Personengesellschaft gehört, muss es zusätzlich zum Übergang des Vermögens der Personengesellschaft qua UmwG noch im Wege der Einzelrechtsnachfolge durch den Mitunternehmer auf die Kapitalgesellschaft übertragen werden[458]. Die Übertragung der Wirtschaftsgüter des Sonderbetriebsvermögens muss mit der Verschmelzung einen einheitlichen Übertragungsakt darstellen.

247 Ursprünglich hat die Finanzverwaltung die Frage, wann „wesentliches Betriebsvermögen" vorliegt, strikt anhand der zu den einkommensteuerlichen Vorschriften ergangenen Rechtsprechung und Richtlinien beurteilt[459]. Danach konnte ein Wirtschaftsgut nicht nur dann für den Betrieb wesentlich sein, wenn es **funktional** betrachtet wesentlich war, sondern auch, wenn es erhebliche stille Reserven enthielt (sog. **quantitative** Betrachtungsweise).

248 Diese Auffassung hat die Verwaltung aber mittlerweile aufgegeben[460]. Sie akzeptiert nun grundsätzlich eine rein funktionale Sicht. Zu fragen ist, ob ein Wirtschaftsgut für den Betrieb funktional wesentlich ist[461]. Funktional wesentlich sind alle Wirtschaftsgüter, die nach Funktion, organisatorischer Zusammengehörigkeit und in Verbindung mit den persönlichen Mitteln und den Geschäftsbeziehungen den Betrieb bilden[462].

---

[454] *Widmann* in Widmann/Mayer § 20 UmwStG Rn 9; *Schmitt* in Schmitt/Hörtnagl/Stratz § 20 UmwStG Rn 12, 205; aA (uU) *BFH* vom 16. 2. 1996 BStBl. II 1996, S. 342 (zivilrechtliches Eigentum).

[455] Vgl. § 39 Abs. 2 Nr. 1 AO.

[456] BFHE 192, 534 = DStR 2000, 1768; *BFH* vom 5. 6. 1997 BStBl. II 1998, S. 14; 1995, 890; Tz. 20.08 UmwStE; BMF-Schreiben vom 16. 8. 2000, DStR 2000, 1603. Zum Sonderbetriebsvermögen *Schmidt* in Schmidt § 15 EStG Rn 506 ff.; *Märkle* DStR 2000, 797, 800; dies gilt auch vor dem Hintergrund von § 6 Abs. 5 Satz 3 – 6 EStG, vgl. *van Lishaut* DB 2000, 1784; *Schmitt* in Schmitt/Hörtnagl/Stratz § 20 UmwStG Rn 11 mwN.

[457] Dazu *Schmidt* in Schmidt § 15 EStG Rn 507 ff., dort auch zu der Unterscheidung in notwendiges und gewillkürtes Sonderbetriebsvermögen; *Patt* in Dötsch u. a. § 20 UmwStG Rn 88 ff.

[458] Ausf. dazu *Patt* in Dötsch u. a. § 20 UmwStG Rn 133 ff.

[459] Vgl. Tz 20.08 Satz 3 UmwStE; vgl. auch Tz. 15.02 UmwStE.

[460] Vgl. BMF vom 16. 8. 2000, BStBl. I 2000, S. 1253 unter Aufgabe der Auffassung in Tz. 20.08 Satz 3 und Tz. 15.02 UmwStE; eine Ausnahme macht die Finanzverwaltung bei Teilwerteinbringungen durch natürliche Personen, in diesen Fällen sei ohne weiteres eine Betriebsveräußerung iSv. §§ 16, 34 EStG handele. Kritisch dazu *Patt* in Dötsch u. a. § 20 UmwStG Rn 26.

[461] Siehe auch *BFH* vom 2. 10. 1997, BStBl. II 1998, S. 14, der die funktionale Betrachtungsweise für Veräußerungsfälle nach § 16 EStG betonte; vorsichtig zur Übertragung dieser Grundsätze auf Einbringungsfälle nach § 20 UmwStG *Patt* in Dötsch u. a. § 20 UmwStG Rn 26.

[462] *Schmitt* in Schmitt/Hörtnagl/Stratz § 20 UmwStG Rn 9, mit Bsp. (Rn 10 ff.); *Friederichs* in Haritz/Benkert § 20 UmwStG Rn 60; *Rödder/Beckmann* DStR 1999, 751.

Gleichzeitig hat die Finanzverwaltung aber die bisherige Beschränkung, dass nur Sonder- 249
betriebsvermögen I im Rahmen des Übergangs des wesentlichen Vermögens mit übertragen
werden müsse[463], in Frage gestellt. Die Verwaltung wendet die funktionale Betrachtungsweise unabhängig davon an, ob die Wirtschaftsgüter zum Gesamthandsvermögen, Sonderbetriebsvermögen I oder Sonderbetriebsvermögen II zählen[464].

§ 20 UmwStG ist prinzipiell nicht anwendbar, wenn wesentliche Wirtschaftsgüter zurück- 250
behalten werden; der Zurückbehalt unwesentlicher Wirtschaftsgüter schließt dagegen § 20
UmwStG für das eingebrachte Vermögen nicht aus[465].

Kontrovers wird diskutiert, ob bei Zurückbehalt wesentlicher Wirtschaftsgüter und 251
gleichzeitiger Übertragung qualifizierter Vermögensmassen (Teilbetrieb, Mitunternehmeranteile, qualifizierte Kapitalgesellschaftsbeteiligungen) eine steuerneutrale Einbringung vorliegen kann. Dies ist zu bejahen[466]; die Finanzverwaltung sieht dies uU anders[467].

Der Zurückbehalt wesentlicher Betriebsgrundlagen und die Überlassung an die überneh- 252
mende Kapitalgesellschaft zur Nutzung kann zu einer sog. **Betriebsaufspaltung** führen.
Die Übertragung einzelner Wirtschaftsgüter iRd. Begründung einer Betriebsaufspaltung
war zumindest bis zum 31. 12. 1998 steuerneutral möglich[468]. Die Finanzverwaltung
hat betont, dass die Grundsätze zur Überführung von einzelnen Wirtschaftsgütern im
Rahmen einer Betriebsaufspaltung iRd. § 20 UmwStG unberührt bleiben[469]. Seit dem
1. 1. 1999 ist dagegen die Übertragung einzelner Wirtschaftsgüter zu Buchwerten von
einem Besitzunternehmen in eine Betriebskapitalgesellschaft nach hM nicht mehr zulässig,
da nach § 6 Abs. 6 Satz 2 EStG der Ansatz zum Teilwert vorgeschrieben wird[470]. Für
Übertragungen ab dem 1. 1. 2001 sprechen gute Gründe dafür, wieder eine Buchwertfortführung zuzulassen. Sachlich ist es nicht zu rechtfertigen, eine Betriebsaufspaltung
mit einer Betriebskapitalgesellschaft und eine mitunternehmerische Betriebsaufspaltung
unterschiedlich zu beurteilen. § 6 Abs. 6 Satz 2 EStG ist teleologisch dahin zu reduzieren,
dass zumindest in Fällen der Betriebsaufspaltung eine Buchwertübertragung möglich
ist[471]. Etwaige Gestaltungen sollten aber mit der Finanzverwaltung abgestimmt werden.

Die Finanzverwaltung fordert, dass bei Einbringung eines Betriebs auch die dazu gehö- 253
renden Anteile an Kapitalgesellschaften mit einzubringen sind, sofern es sich um wesentliche
betriebliche Grundlagen handelt[472].

Wenn ausländisches Betriebsvermögen iRd. Verschmelzung mit übertragen wird, führt 254
dies nicht zwingend zu einer steuerpflichtigen Realisierung stiller Reserven. Ein Übertragungsgewinn unterliegt der inländischen Besteuerung nur, soweit Deutschland das Besteue-

---

[463] Siehe Tz. 20.08 Satz 2 UmwStE.
[464] BMF vom 16. 8. 2000, BStBl. I 2000, S. 1253.
[465] Vgl. dazu Tz. 20.09 UmwStE; zust. *Friederichs* in Haritz/Benkert § 20 UmwStG Rn 53; zum
ganzen *Schmitt* in Schmitt/Hörtnagl/Stratz § 20 UmwStG Rn 57 ff.; *Patt* in Dötsch u. a. § 20 UmwStG
Rn 38.
[466] So auch *Schaumburg* in Lutter Anh. § 122 Rn 130; *Friederichs* in Haritz/Benkert § 20 UmwStG
Rn 77; zum Streitstand *Schmitt* in Schmitt/Hörtnagl/Stratz § 20 UmwStG Rn 59.
[467] Unklar Tz. 20.09 UmwStE.
[468] Siehe dazu *Wacker* in Schmidt § 15 EStG Rn 877.
[469] Siehe Tz. 20.09 S. 2 UmwStE.
[470] Dazu *Wacker* in Schmidt § 15 EStG Rn 877.
[471] So dezidiert *Schmidt* in Schmidt[23] § 15 EStG Rn 877 aE. AA *Wacker* in Schmidt[26] § 15 EStG
Rn 877 aE.
[472] Siehe Tz. 20.08 UmwStE. In diesen Fällen liegt kein Erwerb iSv. § 20 Abs. 1 Satz 2 UmwStG
aF (jetzt § 21 UmwStG), sondern § 20 Abs. 1 Satz 1 UmwStG aF vor, *Widmann* in Widmann/Mayer
UmwStG § 20 (StSenkG) Rn 13; vgl. auch *Köster* FR 2000, 1263, 1265 f.

rungsrecht hat[473]. Die Zuordnung von inländischem Vermögen auf eine ausländische Betriebsstätte anlässlich der Verschmelzung ist als eigenständiger Vorgang zu würdigen[474].

255 *dd) Gewährung neuer Anteile als Gegenleistung.* Weitere Voraussetzung für die Anwendung von § 20 Abs. 1 UmwStG ist, dass die übernehmende Kapitalgesellschaft für das eingebrachte Vermögen neue Anteile gewährt. Erforderlich ist daher entweder eine Verschmelzung durch Neugründung mit Gewährung neuer Anteile oder eine Verschmelzung durch Aufnahme mit Kapitalerhöhung. Es genügt nicht, dass die Gesellschaft bereits bestehende, zB eigene, Anteile gewährt. Die Gegenleistung der Kapitalgesellschaft für das eingebrachte Vermögen muss zumindest zum Teil in neuen Gesellschaftsrechten bestehen. Auf die Höhe der Beteiligung kommt es nicht an[475]. Die Möglichkeit, das eingebrachte Betriebsvermögen teilweise durch Ausgabe neuer Anteile und teilweise durch Zuführung zu den offenen Rücklagen zu belegen, bleibt unberührt[476]. Es ist daher möglich – und in der gestaltenden Praxis üblich – einen Teil des übergehenden Vermögens auf die neuen Gesellschaftsanteile zu buchen und einen weiteren Teil in eine Kapitalrücklage einzustellen.

256 Wenn umwandlungsrechtlich keine neuen Gesellschaftsanteile gewährt werden dürfen, scheidet ein steuerneutraler *upstream merger* einer Tochterpersonengesellschaft auf die Mutterkapitalgesellschaft aus. Soweit beim *sidestream merger* oder *downstream merger* neue Anteile gewährt werden, kommt die Steuerneutralität prinzipiell in Betracht.

257 Mangels Gewährung neuer Gesellschaftsanteile ist die „verdeckte Einlage" keine Einbringung iSv. §§ 20, 21 UmwStG. Verdeckte Einlage bezeichnet zB die Übertragung von Wirtschaftsgütern in eine Kapitalgesellschaft unter Buchung des Einlagewerts ausschließlich in einer Kapitalrücklage[477]. Gesellschaftsrechtlich ist dies insoweit vorteilhaft, als die strengen Sachgründungs- bzw. -kapitalerhöhungsvorschriften vermieden werden können. Sog. verschleierte Sachgründungen oder verschleierte Sachkapitalerhöhungen sind ebenfalls nicht nach §§ 20, 21 UmwStG begünstigt[478]. Mangels Gewährung von Gesellschaftsanteilen liegt kein Fall von § 20 UmwStG vor, wenn eine GmbH & Co. KG durch Ausscheiden der Kommanditisten und Anwachsung ihrer Anteile gem. § 738 BGB auf die Komplementär-GmbH umgewandelt wird, ohne dass die Kommanditisten einen Ausgleich in Form neuer Gesellschaftsrechte an die GmbH erhalten[479].

258 Wenn dem Einbringenden keine Gegenleistung in Form von Gesellschaftsrechten gewährt wird, handelt es sich um eine echtes Veräußerungs-/Tauschgeschäft (zB Einbuchung der Gegenleistung als Verbindlichkeit bei der übernehmenden Kapitalgesellschaft). In diesen Fällen kommt eine Steuerneutralität nicht in Betracht.

259 Möglich ist es, dass die übernehmende Gesellschaft Gesellschaftsrechte gewährt, daneben aber auch **andere Wirtschaftsgüter.** Es liegt ein Fall des § 20 Abs. 1 UmwStG vor; es ist nicht erforderlich, dass die Kapitalgesellschaft ausschließlich neue Gesellschaftsrechte gewährt[480]. In diesen Fällen muss die Kapitalgesellschaft das übergehende Vermögen jedoch mindestens mit dem gemeinen Wert der anderen Wirtschaftsgüter ansetzen, wenn und soweit deren gemeiner Wert den Buchwert des eingebrachten Betriebsvermögens übersteigt[481].

---

[473] Siehe Tz. 20.08 iVm. Tz. 3.05 UmwStE.
[474] Siehe Tz. 20.08 iVm. Tz. 3.09 UmwStE und BMF-Schreiben vom 12. 2. 1990, BStBl. I 1990, S. 72.
[475] *Merkert* in Bordewin/Brandt § 20 UmwStG Rn 49; *Schmitt* in Schmitt/Hörtnagl/Stratz § 20 UmwStG Rn 211, 214.
[476] Vgl. § 272 Abs. 2 Nr. 4 HGB, Tz. 20.03 UmwStE mit Beispiel.
[477] Nach § 272 Abs. 2 Nr. 4 HGB.
[478] Siehe Tz. 20.04 UmwStE; *Schmitt* in Schmitt/Hörtnagl/Stratz § 20 UmwStG Rn 201 f.
[479] Siehe Tz. 20.04 UmwStE (§ 142 HGB wurde aufgehoben).
[480] So auch Tz. 20.03 UmwStE.
[481] Siehe § 20 Abs. 2 Satz 3 UmwStG.

Andere Wirtschaftsgüter umfassen zB Darlehen, Barmittel, eigene Anteile, sonstige Beteiligungen, Sachwerte oder Rechte[482]. Aus Sicht des Einbringenden wirkt sich die Gewährung anderer Wirtschaftsgüter neben neuen Gesellschaftsrechten so aus, dass er von den Anschaffungskosten seiner neuen Gesellschaftsanteile den gemeinen Wert der anderen Wirtschaftsgüter abziehen muss, § 20 Abs. 4 Satz 2 UmwStG. Durch diese Technik des Gesetzes wird eine sofortige Besteuerung vermieden. Die Versteuerung wird vielmehr in die Zukunft verlagert, wenn zB die Beteiligung veräußert wird und angesichts der niedrigeren Anschaffungskosten ein höherer Veräußerungsgewinn zu versteuern ist. **260**

Die Übernahme der Pensionsverpflichtungen einer Personengesellschaft durch die übernehmende Kapitalgesellschaft ist eine zusätzlich zu der Ausgabe neuer Anteile gewährte Gegenleistung iSd. § 20 Abs. 2 Satz 3, Abs. 3 Satz 3 UmwStG[483]. **261**

ee) *Einbringungsgewinn / Veräußerungsgewinn.* Im Fall einer Verschmelzung einer Körperschaft auf eine andere Körperschaft wird ein Übertragungsgewinn dadurch vermieden, dass die übertragende Körperschaft in ihrer Schlussbilanz die bisherigen Buchwerte ansetzt. Die übernehmende Körperschaft ist an diesen Wertansatz gebunden und tritt die Rechtsnachfolge an[484]. **262**

Das UmwStG übernimmt dieses Konzept nicht für die Verschmelzung einer Personengesellschaft auf eine Kapitalgesellschaft. Hier entscheidet iRd. Einbringungsvorschriften die übernehmende Kapitalgesellschaft über die Steuerneutralität durch ihre Bilanzierungsentscheidung: Liegen die in § 20 Abs. 1 und Abs. 2 Nr. 1-3 UmwStG genannten Voraussetzungen vor[485], darf die Kapitalgesellschaft das eingebrachte Betriebsvermögen (auch Sacheinlage genannt) mit seinem Buchwert oder einem höheren Wert ansetzen[486]. Bei dem Ansatz des eingebrachten Betriebsvermögens dürfen die gemeinen Werte der einzelnen Wirtschaftsgüter nicht überschritten werden[487]. Der Ansatz unterhalb des gemeinen Wert ist durch das SEStEG an einen **Antrag** gebunden. **263**

Ein Einbringungsgewinn entsteht daher immer dann, wenn der Veräußerungspreis (der dem Wertansatz bei der Kapitalgesellschaft entspricht[488]) höher ist als der Buchwert des eingebrachten Betriebsvermögens (abzüglich der Einbringungskosten). Decken sich die Werte (prinzipiell bei Buchwertansatz der Kapitalgesellschaft), wird ein Übertragungsgewinn vermieden. Die Verschmelzung der Personengesellschaft auf die Kapitalgesellschaft ist dann für den einbringenden Gesellschafter steuerneutral. **264**

Regelmäßig werden die Parteien bestrebt sein, die Verschmelzung steuerneutral zu vollziehen; in diesem Fall müssen die Buchwerte angesetzt werden[489]. Es empfiehlt sich, diese Folge bzw. Bilanzierungsentscheidung bereits im Verschmelzungsvertrag zu regeln, um eine spätere Diskussion zwischen den Parteien über diese Frage zu vermeiden. **265**

Das Bewertungswahlrecht der Kapitalgesellschaft ist antragsgebunden. Der Antrag ist spätestens bis zur erstmaligen Abgabe der steuerlichen Schlussbilanz bei dem für die Besteuerung der übernehmenden Gesellschaft zuständigen Finanzamt zu stellen, z.B., wenn die Kapitalgesellschaft die Steuererklärung für das Wirtschaftsjahr, in dem die Verschmelzung bzw. Einbringung stattgefunden hat, einschließlich der zugehörigen Bilanz beim Finanzamt einreicht. Aus der Bilanz muss sich ergeben, welchen Einbringungszeitpunkt die Kapitalgesellschaft **266**

---

[482] Vgl. *Schmitt* in Schmitt/Hörtnagl/Stratz § 20 UmwStG Rn 280 f. Beachte auch die umwandlungsrechtlichen Einschränkungen von Zuzahlungen, zB § 54 Abs. 4 UmwG.
[483] Siehe dazu mit Einzelheiten Tz. 20.41 ff. UmwStE; *Schmitt* in Schmitt/Hörtnagl/Stratz § 20 UmwStG Rn 321 ff.
[484] Siehe § 11 Abs. 2 UmwStG, § 12 Abs. 1 UmwStG.
[485] Siehe Rn 234 f.
[486] § 20 Abs. 2 Satz 2 UmwStG.
[487] § 20 Abs. 2 Satz 2 UmwStG.
[488] § 20 Abs. 3 Satz 1 UmwStG.
[489] Auch vor dem Hintergrund einer doppelten Verstrickung stiller Reserven durch den Buchwertansatz, und zwar auf Ebene der übernehmenden Kapitalgesellschaft und auf Ebene des Gesellschafters; zur Verstrickung nach neuem UmwStG *Dötsch/Pung* DB 2006, 2763, 2764.

wählt, inwieweit die in dem eingebrachten Vermögen ruhenden stillen Reserven aufgelöst werden und mit welchem Wert die eingebrachten Wirtschaftsgüter und Schulden demnach anzusetzen sind[490].

267 Für die Besteuerung der Kapitalgesellschaft und des Einbringenden ist ausschließlich die tatsächliche Bilanzierung durch die Kapitalgesellschaft maßgebend. Ob die Bilanzierung durch die Kapitalgesellschaft von etwaigen, mit dem Einbringenden getroffenen Vereinbarungen abweicht, ist steuerlich ohne Bedeutung[491]. Bereits durchgeführte Veranlagungen des Einbringenden sind ggf. zu berichtigen[492]. Da die Wahlrechtsausübung durch die Kapitalgesellschaft sich auch auf die steuerlichen Verhältnisse des Einbringenden auswirkt, kann die Kapitalgesellschaft keine Bilanzänderung vornehmen[493].

268 Im Einzelfall kann es sich aber auch empfehlen, anstatt des Buchwerts höhere Werte anzusetzen: Bspw. kann die Personengesellschaft bzw. können ihre Gesellschafter Verlustvorträge[494] haben, die im Zuge der Verschmelzung untergehen, da sie nicht auf die Kapitalgesellschaft übergehen. In diesen Fällen kann ein höherer Wertansatz genutzt werden, um die Verlustvorträge zu nutzen. Dies gilt vor allem für die Einkommen- bzw. Körperschaftsteuer, für die Gewerbesteuer nur dann, wenn die Einbringung auch tatsächlich gewerbesteuerpflichtig ist. Ein Einbringungsgewinn wird mit den Verlusten verrechnet, die Kapitalgesellschaft ihrerseits hat eine höhere Abschreibungsbasis und folglich höheren Abschreibungsaufwand in der Zukunft, der mit künftigen Gewinnen verrechnet werden kann. Da ein Einbringungsgewinn einerseits begünstigt sein kann, wenn er auf eine natürliche Person entfällt[495], andererseits eine höhere Abschreibungsbasis steuerliches Aufwandspotenzial schafft, kann in bestimmten Fällen auch eine Barwertbetrachtung zu einem steuerlichen Vorteil führen, wenn keine Verlustvorträge bei dem Einbringenden vorhanden sind[496].

269 *ff) Zeitpunkt der Einbringung/steuerlicher Übertragungsstichtag (§ 20 Abs. 5, 6 UmwStG).* Die Verschmelzung/Einbringung wird steuerrechtlich grundsätzlich zu dem Zeitpunkt wirksam, in dem das wirtschaftliche Eigentum an dem eingebrachten Vermögen auf die Kapitalgesellschaft übergeht. Wann das wirtschaftliche Eigentum übergeht, richtet sich regelmäßig nach dem im Einbringungsvertrag vorgesehenen Zeitpunkt des Übergangs von Nutzen und Lasten.

270 Das steuerliche Einbringungsrecht erlaubt aber auch, dass der steuerliche Übertragungsstichtag **auf Antrag** der übernehmenden Kapitalgesellschaft um bis zu acht Monate zurückbezogen wird[497]. Die Rückbeziehung hat zur Folge, dass auch die als Gegenleistung für das eingebrachte Vermögen gewährten Gesellschaftsanteile mit Ablauf des steuerlichen Übertragungsstichtags dem Einbringenden zuzurechnen sind.

271 Mit Beginn der steuerlichen Wirksamkeit der Einbringung geht auch die Besteuerung des eingebrachten Betriebs von dem Einbringenden auf die übernehmende Kapitalgesellschaft

---

[490] Tz. 20.31 UmwStE unter Hinweis auf R 15 Abs. 2 EStR 1996; *Schmitt* in Schmitt/Hörtnagl/Stratz § 20 UmwStG Rn 299. § 20 Abs. 2 Satz 2 UmwStG.

[491] *Merkert* in Borderwin/Brandt § 20 UmwStG Rn 86; *Dötsch* in Dötsch u. a. § 20 UmwStG Rn 791; *Friederichs* in Haritz/Benkert § 20 UmwStG Rn 170.

[492] Siehe Tz. 20.32 UmwStE unter Hinweis auf § 175 Abs. 1 Nr. 2 AO.

[493] Tz. 20.33 UmwStE unter Hinweis auf § 4 Abs. 2 Satz 2 EStG und *BFH* vom 15. 7. 1976, BStBl. II 1976, S. 748; *BFH* vom 9. 4. 1981, BStBl. II 1981, S. 620; *Schmitt* in Schmitt/Hörtnagl/Stratz § 20 UmwStG Rn 300 auch zu der Frage, inwieweit eine Bilanzberichtigung (§ 4 Abs. 2 Satz 2 EStG) in Betracht kommt.

[494] D. h. verrechenbare Verluste nach § 15 a EStG, dazu *Wacker* in Schmidt § 15 a EStG Rn 30 ff.

[495] Siehe § 20 Abs. 4 UmwStG, uU keine Gewerbesteuer.

[496] Vgl. *Schaumburg* in Lutter Anh. § 122 Rn 134; Einzelheiten bei *Widmann* in Widmann/Mayer § 20 UmwStG Rn 661 ff. Zu beachten ist aber die Mindestbesteuerung nach § 10 d Abs. 2 EStG, die bei Aufstockungen über € 1 Mio. keine volle Verlustnutzung (sondern nur zu 60 %) ermöglicht.

[497] § 20 Abs. 5, 6 UmwStG; in Fällen des Anteilstauschs nach § 21 UmwStG kommt eine Rückwirkung nicht in Betracht. Da iRd. Verschmelzung der gesamte Betrieb übergeht, kämen insoweit auch Anteile, die iRd. Betriebs mit übergehen, in den Genuss der Rückwirkung für die Sacheinlage.

über. Die steuerliche Rückwirkungsfiktion setzt nicht voraus, dass auch die gesellschaftsrechtlichen Voraussetzungen am steuerlichen Übertragungsstichtag vorliegen. So kommt bspw. eine rückwirkende Verschmelzung durch Aufnahme auch in Betracht, wenn die aufnehmende Gesellschaft am steuerlichen Übertragungsstichtag zivilrechtlich noch nicht besteht[498].

d) Die Ebene der übernehmenden Kapitalgesellschaft (§ 20 Abs. 2, § 23 UmwStG). *aa) Überblick.* Aus Sicht der übernehmenden Kapitalgesellschaft sind vor allem folgende Bereiche relevant, die das UmwStG zum einen in § 20 Abs. 2 UmwStG und zum anderen im § 23 UmwStG regelt: Der Ansatz und die Bewertung der übernommenen Wirtschaftsgüter[499], der Eintritt in die steuerliche Rechtsstellung der übertragenden Personengesellschaft bzw. ihrer Gesellschafter[500] und der Übergang von Verlustvorträgen.

Steuerliche Regelungen über die Behandlung eines Übernahmegewinns oder -verlusts auf der Ebene der übernehmenden Kapitalgesellschaft enthält das Einbringungsrecht in §§ 20 ff. UmwStG nicht[501]. Soweit ein Übernahmegewinn oder -verlust entsteht, unterliegt dieser den allgemeinen steuerlichen Vorschriften. Dies wird insbesondere in den Fällen relevant, in denen die übernehmende Gesellschaft bereits an der übertragenden Personengesellschaft beteiligt ist und sich keine neuen Gesellschaftsanteile iRd. Verschmelzung gewähren kann[502]. Die Steuerneutralität scheidet in diesen Fällen aus, da § 20 Abs. 1 UmwStG mangels Gewährung neuer Anteile an der übernehmenden Gesellschaft nicht eingreift.

Das UmwStG sieht auch nicht den Übergang von Verlustvorträgen vor. Durch die Verschmelzung bzw. Einbringung gehen daher etwaige Verlustvorträge auf der Ebene der Personengesellschaft bzw. ihrer Gesellschafter unter.

Die steuerlichen Auswirkungen der Verschmelzung bei der übernehmenden Kapitalgesellschaft hängen entscheidend davon ab, wie die übernehmende Gesellschaft das übertragene Betriebsvermögen bewertet: Zum Buchwert, Zwischen- oder gemeinen Wert und wie das Vermögen übergeht (durch Gesamtrechts- oder Einzelrechtsnachfolge)[503].

Je nach Wertansatz und Einbringungstechnik liegt ein Fall der Rechtsnachfolge (Buchwert-Einbringung), der modifizierten Rechtsnachfolge (Zwischenwert-Ansatz oder gemeiner Wertansatz mit Gesamtrechtsnachfolge) oder ein klassischer Veräußerungsfall vor (gemeiner Wertansatz bei Einzelrechtsnachfolge). Davon hängen u. a. Fragen ab[504] wie Eintritt in steuerlich relevante Vorbesitzzeiten (Weiterlaufen oder Unterbrechung), Fortführung von Absetzungen für Abnutzung, erhöhte Absetzungen und Sonderabschreibungen oder Neuberechnung, Möglichkeit von Bewertungsfreiheiten, Bestehen bleiben gewinnmindernder Rücklagen, steuerliche Vergünstigungen bei Erlöschen von Forderungen und Verbindlichkeiten und Umqualifizierung von Verbindlichkeiten in Dauerschulden durch die Verschmelzung/Einbringung.

bb) Der Wertansatz bei der übernehmenden Gesellschaft (§§ 20 Abs. 2 UmwStG). (1) Anzatz bei der übernehmenden Gesellschaft. Die übernehmende Kapitalgesellschaft hat prinzipiell das

---

[498] Tz. 20.20 iVm. 02.08 UmwStE, zu Einzelheiten der Rückbeziehung vgl. nur *Schmitt* in Schmitt/Hörtnagl/Stratz § 20 UmwStG Rn 223 ff. § 20 Abs. 6 Satz 4 UmwStG verweist auf § 2 Abs. 3 UmwStG, der entsprechend gilt; danach kommt eine Rückbeziehung nicht in Betracht, wenn Einkünfte aufgrund abweichender Regelungen zur Rückbeziehung in einem anderen Staat der Besteuerung entzogen würden.
[499] § 20 Abs. 2 UmwStG.
[500] § 23 UmwStG.
[501] Für Fälle des Vermögensübergangs auf eine Personengesellschaft/natürliche Person siehe dagegen § 4 Abs. 4 Satz 1 UmwStG, für Verschmelzungen zwischen Körperschaften siehe § 12 Abs. 2 Satz 1 UmwStG.
[502] ZB voller *upstream merger*.
[503] Vgl. § 23 Abs. 1 bis 4 UmwStG.
[504] Siehe *Friederichs* in Haritz/Benkert § 22 UmwStG Rn 2 zum bisherigen Recht.

übergehende Betriebsvermögen mit dem gemeinen Wert anzusetzen[505]. Auf **Antrag** kann die übernehmende Gesellschaft das übernommene Betriebsvermögen jedoch auch mit dem Buchwert oder einem höheren Wert, höchstens jedoch mit dem gemeinen Wert, ansetzen, soweit
- sichergestellt ist, dass das übernommene Betriebsvermögen später bei der übernehmenden Körperschaft der Besteuerung mit Körperschaftsteuer unterliegt,
- die Passivposten des eingebrachten Betriebsvermögens die Aktivposten nicht übersteigen; dabei ist das Eigenkapital nicht zu berücksichtigen,
- das Recht der Bundesrepublik Deutschland hinsichtlich der Besteuerung des Gewinns aus der Veräußerung des eingebrachten Betriebsvermögens bei der übernehmenden Gesellschaft nicht ausgeschlossen oder beschränkt wird.

Voraussetzung ist u. a., dass ein Fall einer qualifizierten Vermögensübertragung nach § 20 Abs. 1 UmwStG vorliegt[506] und als Gegenleistung neue Gesellschaftsanteile gewährt werden.

278 Das Wahlrecht darf nur einheitlich ausgeübt werden. Der Ansatz einzelner Wirtschaftsgüter mit dem Buchwert und anderer mit einem Zwischenwert und/oder gemeinen Wert ist nicht zulässig[507]. Das Wahlrecht bezieht sich jeweils auf die einzelne Sacheinlage. Werden mehrere Sacheinlagen bewirkt, dürfen sie unterschiedlich bewertet werden. Folgt man der hM, dass bei Verschmelzung einer Personengesellschaft auf eine Kapitalgesellschaft steuerlich eine Einbringung von Mitunternehmeranteilen vorliegt, können die von den Gesellschaftern jeweils eingebrachten Mitunternehmeranteile auch unterschiedlich bewertet werden. Dagegen ist es nicht möglich, einzelne Wirtschaftsgüter einer Sacheinlage unterschiedlich zu bewerten, zB das Sonderbetriebsvermögen zu anderen Werten als den dazu gehörenden Anteil am Gesamthandsvermögen[508].

279 Im Folgenden sollen die einzelnen Wertansätze und ihre Voraussetzungen skizziert werden.

280 *(2) Buchwert, gemeiner Wert, Zwischenwert.* **Buchwert** ist der Wert, mit dem der Einbringende das eingebrachte Betriebsvermögen im Zeitpunkt der Sacheinlage nach den steuerlichen Vorschriften über die Gewinnermittlung anzusetzen hat[509]. Beim Buchwertansatz sind zwingend die bisherigen Bilanz- und Wertansätze zu übernehmen. Selbstgeschaffene immaterielle Wirtschaftsgüter dürfen ebenso wenig wie ein Firmenwert/Geschäftswert angesetzt werden. Wenn sich die Ansätze in der steuerlichen Schlussbilanz des Einbringenden ändern (bspw. aufgrund einer steuerlichen Außenprüfung), führt dies zu einer entsprechenden Änderung des Buchwertansatzes bei der übernehmenden Kapitalgesellschaft[510]. Der steuerliche Buchwert des Einbringenden umfasst etwa bestehende Ergänzungsbilanzen ebenso wie Sonderbilanzen, wenn und soweit Sonderbetriebsvermögen auf die Kapitalgesellschaft übertragen wird[511].

281 Die tatsächliche Bilanzierung ist für die Ermittlung des Buchwerts nicht entscheidend, maßgebend ist der Wert, der bei zutreffender steuerlicher Bewertung anzusetzen wäre. Ist eine Einbringungsbilanz erstellt, sind deren Werte maßgebend, fehlt eine Einbringungsbilanz, sind die Buchwerte anzusetzen, die im Fall einer steuerlichen Einbringungsbilanz anzusetzen wären[512].

---

[505] § 20 Abs. 2 Satz 1 UmwStG. Für Pensionsrückstellungen gilt dagegen § 6 a EStG.
[506] Siehe auch Rn 232.
[507] § 20 Abs. 2 Satz 1 UmwStG; vgl. zum alten Recht *Widmann* in Widmann/Mayer § 20 UmwStG Rn 671; *Schmitt* in Schmitt/Hörtnagl/Stratz § 20 UmwStG Rn 296 ff.; *Patt* in Dötsch u. a. § 20 UmwStG nF Rn 151; aA *Friederichs* in Haritz/Benkert § 20 UmwStG Rn 174 ff.
[508] Vgl. mit Einzelheiten *Patt* in Dötsch u. a. § 20 UmwStG Rn 151, 152.
[509] § 20 Abs. 2 Satz 3 UmwStG aF; jetzt § 1 Abs. 5 Nr. 4 UmwStG.
[510] *Wolff* in Blümich § 20 UmwStG Rn 81.
[511] Vgl. *Tulloch* in Goutier/Knopf/Tulloch § 20 UmwStG Rn 47; *Schmitt* in Schmitt/Hörtnagl/Stratz § 20 UmwStG Rn 296; *Widmann* in Widmann/Mayer § 20 UmwStG Rn 752.
[512] *Schmitt* in Schmitt/Hörtnagl/Stratz § 20 UmwStG Rn 310; *Glade/Steinfeld* UmwStG, 3. Aufl. 1980, Rn 1069 ff.

(Z. Zt. unbelegt.) **282**

Durch die Fortführung der bisher angesetzten Wirtschaftsgüter und die Beibehaltung **283** ihrer Bewertung wird eine steuerneutrale Verschmelzung bzw. Einbringung ermöglicht. Von daher ist die Verschmelzung zu Buchwerten eine in der Praxis regelmäßig angestrebte Gestaltung.

Was sich hinter dem Begriff des **gemeinen Werts** verbirgt, ergibt sich nicht aus dem **284** UmwStG, sondern aus dem Bewertungsgesetz. Gemeiner Wert ist der Preis, der sich bei Veräußerung eines Wirtschaftsguts im gewöhnlichen Geschäftsverkehr ergibt[513]. Bisher hat das UmwStG statt auf den gemeinen Wert auf den Teilwert abgestellt[514]. Damit verfolgt der Gesetzgeber offenbar das Ziel, für einzelne Wirtschaftgüter auch einen Gewinnaufschlag anzusetzen und damit das deutsche Besteuerungsrecht vor allem dann, wenn es zu einer Entstrickung kommt, zu sichern[515]. Bei Ansatz des gemeinen Werts sind alle stillen Reserven aufzudecken, insbesondere auch die selbst geschaffenen immateriellen Wirtschaftsgüter ebenso wie der Firmenwert/Geschäftswert[516].

Beim Ansatz des eingebrachten Betriebsvermögens dürfen die gemeinen Werte der ein- **285** zelnen Wirtschaftsgüter nicht überschritten werden[517].

Durch den Ansatz des gemeinen Werts entsteht regelmäßig ein Einbringungs-/Veräuße- **286** rungsgewinn in Höhe der Differenz zum Buchwert des eingebrachten Vermögens[518]. Sofern nicht in Ausnahmefällen der höhere Wertansatz vorteilhaft ist[519], werden die Parteien bestrebt sein, eine Buchwerteinbringung zu erreichen. Ein Einbringungsgewinn, der durch Ansatz des gemeinen Werts – nicht eines Zwischenwerts – entsteht, ist begünstigt, wenn es sich bei dem Einbringenden um eine natürliche Person handelt[520]. Von daher sind die Einbringenden in diesen Fällen daran interessiert, dass die Finanzverwaltung der übernehmenden Kapitalgesellschaft darin folgt, dass der gewählte Ansatz auch dem gemeinen Wert entspricht.

Setzt die Kapitalgesellschaft das eingebrachte Betriebsvermögen mit dem gemeinen Wert **287** an und ergibt sich später, zB aufgrund einer Betriebsprüfung, dass die gemeinen Werte der eingebrachten Wirtschaftsgüter des Betriebsvermögens höher bzw. niedriger als die von der Kapitalgesellschaft angesetzten Werte sind, sind die Bilanzwerte der Kapitalgesellschaft iRd. allgemeinen Vorschriften grundsätzlich zu berichtigen[521].

Der übernehmenden Kapitalgesellschaft steht es bei Vorliegen der Voraussetzungen von **288** § 20 Abs. 1, Abs. 2 Satz 2 UmwStG frei, anstelle des Buchwerts einen höheren Wert, höchstens den gemeinen Wert anzusetzen. Sie kann sich daher auch für einen Wert unterhalb des gemeinen Werts entscheiden. Beim sog. **Zwischenwertansatz** sind grundsätzlich alle stillen Reserven anteilig aufzudecken[522]. Aufzustocken ist sowohl das Anlagevermögen als auch das Umlaufvermögen. Ein bestehender selbstgeschaffener Geschäfts-/Firmenwert ist nach Auffassung der Finanzverwaltung nur zu berücksichtigen, wenn und soweit die übrigen

---

[513] §§ 9 Abs. 2, 11 Abs. 2 BewG.
[514] Dazu ausf. Voraufl. Anh. § 325 Rn 284 ff.
[515] BT-Drucks. 16/2710 S. 28; *Benz/Rosenberg* in *Blumenberg/Schäfer* SEStEG S. 153.
[516] Vgl. zum Teilwert Tz. 22.11 UmwStE; *Merkert* in Bordewin/Brandt § 20 UmwStG Rn 90; *Friederichs* in Haritz/Benkert § 20 UmwStG Rn 201; *Dötsch* in Dötsch u. a. § 20 UmwStG nF Rn 776; *Schmitt* in Schmitt/Hörtnagl/Stratz § 20 UmwStG Rn 310.
[517] § 20 Abs. 2 Satz 2 UmwStG.
[518] Zu einem Einbringungsverlust siehe *Patt* in Dötsch u. a. § 20 UmwStG Rn 203 f.
[519] ZB bei bestehenden Verlustvorträgen der Einbringenden oder bei entsprechenden Vorteilen durch eine erhöhte Abschreibungsbasis.
[520] Siehe § 20 Abs. 4 UmwStG iVm. §§ 16, 34 EStG.
[521] Vgl. § 4 Abs. 2 EStG.
[522] Tz. 22.08 UmwStE; *Tulloch* in Goutier/Knopf/Tulloch § 20 UmwStG Rn 51.

Wirtschaftsgüter und Schulden mit dem Teilwert angesetzt sind, aber noch eine Differenz zu dem von der Kapitalgesellschaft anzusetzenden Wert verbleibt[523].

289 Der Ansatz von Zwischenwerten kommt bspw. dann in Betracht, wenn auf Ebene der übertragenen Gesellschaft bzw. ihrer Gesellschafter Verlustvorträge bestehen, die kleiner sind als die gemeinen Werte des Betriebsvermögens. Ein Ansatz zum Buchwert würde zum Untergang der Verlustvorträge führen, ein Ansatz zum gemeinen Wert zu einer partiellen Steuerpflicht. Durch Ansatz von Zwischenwerten werden zwar einerseits stille Reserven steuerpflichtig realisiert, doch kann der entsprechende Einbringungsgewinn mit bestehenden Verlustvorträgen verrechnet werden, so dass im Ergebnis eine steuerneutrale Einbringung möglich ist[524].

290 *(3) Einschränkungen des Bewertungsrechts (§§ 20 Abs. 2 Satz 2 Nr. 2, Satz 4 UmwStG).* Der Buchwertansatz ist in verschiedenen Fallkonstellationen nicht möglich:

291 Fallgruppe 1: **Negatives Kapital** der Personengesellschaft. Übersteigen die Passivposten des eingebrachten Betriebsvermögens die Aktivposten, hat die Kapitalgesellschaft das eingebrachte Betriebsvermögen mindestens so anzusetzen, dass sich die Aktivposten und die Passivposten ausgleichen; dabei ist das Eigenkapital nicht zu berücksichtigen[525]. Infolgedessen müssen die übertragende Personengesellschaft bzw. ihre Gesellschafter zunächst das Vermögen bis maximal zu den gemeinen Werten aufstocken, um das negative Kapital zu beseitigen. Diese Aufstockung ist prinzipiell steuerpflichtig, kann aber gegen etwaige bestehende Verlustvorträge gebucht und damit neutralisiert werden[526].

292 Die Gesellschafter können freilich die steuerpflichtige Aufstockung vermeiden, wenn sie vor der Verschmelzung Einlagen in das Gesellschaftsvermögen zur Beseitigung der Unterdeckung leisten. Stattdessen können auch betriebliche Schulden zurückbehalten werden[527]. Von der wohl hM ausgehend, dass bei Verschmelzung einer Personengesellschaft auf eine Kapitalgesellschaft Gegenstand der Einbringung der jeweilige Mitunternehmeranteil des Gesellschafters sei, ist für jeden einzelnen Gesellschafter zu prüfen, ob er einen positiven oder negativen Mitunternehmeranteil einbringt. In diesen Fällen kann durchaus trotz eines bestehenden positiven Sachvermögens eine (partielle) Aufdeckung stiller Reserven in Betracht kommen, wenn ein Gesellschafter über ein negatives steuerliches Kapital zum Einbringungsstichtag verfügt[528].

293 Fallgruppe 2: **Gewährung anderer Wirtschaftsgüter**[529]. Erhält der Einbringende neben den Gesellschaftsanteilen auch **andere Wirtschaftsgüter**, deren gemeiner Wert den Buchwert des eingebrachten Betriebsvermögens übersteigt, hat die Kapitalgesellschaft das eingebrachte Betriebsvermögen mindestens mit dem gemeinen Wert der anderen Wirtschaftsgüter anzusetzen[530]. Andere Wirtschaftsgüter betreffen nach Auffassung der Finanzverwaltung insbesondere die Übernahme der Pensionsverpflichtung durch eine Kapitalgesellschaft, wenn sie entsprechende Pensionsverpflichtungen der Gesellschafter der übertragenden Personengesellschaft übernimmt[531].

294–296 (Z.Zt. unbelegt.)

---

[523] Dazu Tz. 22.08 UmwStE; *Schmitt* in Schmitt/Hörtnagl/Stratz § 20 UmwStG Rn 319. Statt Teilwert gilt nun der gemeine Wert.

[524] Siehe zu den anzustellenden Überlegungen nur *Widmann* in Widmann/Mayer UmwStG § 20 Rn 661 ff. Zu beachten ist aber die sog. Mindestbesteuerung (§ 10 d Abs. 2 EStG), die einen vollen Verlustausgleich nur bis EUR 1 Mio zulässt, darüber nur zu 60 %.

[525] § 20 Abs. 2 Satz 2 Nr. 2 UmwStG.

[526] Vgl. mit Beispielen *Schmitt* in Schmitt/Hörtnagl/Stratz § 20 UmwStG Rn 260 ff.

[527] Siehe *Patt* in Dötsch u. a. § 20 UmwStG Rn 175.

[528] *Patt* in Dötsch u. a. § 20 UmwStG Rn 176 mit Beispiel.

[529] § 20 Abs. 2 Satz 4 UmwStG.

[530] Siehe Rn 260 und *Patt* in Dötsch u. a. § 20 UmwStG Rn 180.

[531] Zu Einzelheiten siehe Tz. 20.41 bis 20.47 UmwStE und *Schmitt* in Schmitt/Hörtnagl/Stratz § 20 UmwStG Rn 275 ff. mwN.

Steuerliche Grundlagen des Umwandlungsrechts   297–304   **Anh. UmwStG**

(4) Maßgeblichkeit der Handelsbilanz für die Steuerbilanz. Nach Auffassung der Finanzverwaltung ist das steuerliche Bewertungswahlrecht des § 20 Abs. 2 Satz 1 UmwStG aF in Übereinstimmung mit der handelsrechtlichen Jahresbilanz auszuüben. Die Verwaltung vertritt zum alten Recht die Ansicht, dass der Maßgeblichkeitsgrundsatz auch in Einbringungsfällen zu beachten sei[532]. Danach war der Wert, mit dem das eingebrachte Betriebsvermögen in der Handelsbilanz der Kapitalgesellschaft angesetzt wird, grundsätzlich auch für den Wertansatz in der Steuerbilanz der Kapitalgesellschaft und damit für die Ermittlung des Veräußerungsgewinns sowie der Anschaffungskosten der Gesellschaftsanteile nach § 20 Abs. 4 UmwStG aF maßgebend.   297

Die Literatur stimmt dieser Auffassung der Finanzverwaltung teils zu, teilweise lehnt sie sie ab[533]. Auch die Rechtsprechung äußert zunehmend Zweifel an der Maßgeblichkeitsdoktrin[534].   298

Im neuen UmwStG hat der Gesetzgeber den Maßgeblichkeitsgrundsatz aufgegeben, sodass eine von der Handelsbilanz losgelöste steuerliche Bilanzierung zulässig ist[535].   299

UE sprechen die überzeugenderen Argumente gegen eine Maßgeblichkeit der Handelsbilanz für die Steuerbilanz[536].   300

(Z.Zt. unbelegt.)   301–302

cc) Eintritt in die Rechtsstellung der übertragenden Gesellschaft bzw. ihrer Gesellschafter (§ 23 UmwStG). (1) Allgemeines. Die übernehmende Kapitalgesellschaft übernimmt das Vermögen („den Betrieb") der Personengesellschaft. Es stellt sich daher die Frage, ob und inwieweit die Kapitalgesellschaft in die steuerliche Rechtsstellung des Einbringenden eintritt[537]. Diese Frage beantwortet § 23 UmwStG nF (bisher § 22 UmwStG aF), der danach unterscheidet, ob eine Einbringung zum Buchwert[538] oder zu einem Zwischenwert bzw. gemeinen Wert im Wege der Gesamtrechtsnachfolge[539] oder zum gemeinen Wert im Wege der Einzelrechtsnachfolge[540] erfolgt.   303

Rechtsdogmatisch stellt die Einbringung im Zuge der Verschmelzung einen tauschähnlichen Veräußerungsvorgang dar, d. h. die Veräußerung gegen Gewährung von Anteilsrechten[541]. Daraus folgert die Finanzverwaltung, dass objektbezogene Kosten, zB eine bei der Einbringung anfallende Grunderwerbsteuer, als zusätzliche Anschaffungskosten der Wirt-   304

---

[532] Tz. 20.26 UmwStE unter Hinweis auf § 5 Abs. 1 Satz 2 EStG.

[533] Vgl. auch oben Rn 25, 55. Zum Meinungsstand siehe die Ausführungen bei *Schmitt* in Schmitt/Hörtnagl/Stratz § 20 UmwStG Rn 238 ff.; *Friederichs* in Haritz/Benkert § 20 UmwStG Rn 176 ff.; *Patt* in Dötsch u. a. § 20 UmwStG Rn 163 ff.; *Weber-Grellet* BB 1997, 653; *Widmann* in Widmann/Mayer § 20 UmwStG Rn 679; *Schaumburg* FR 1995, 211 ff., 222; *Schacht* in Budde/Förschle G Rn 70.

[534] Auch die Rspr. der Gerichte zweifelt die Maßgeblichkeit an, vgl. *FG München* vom 23.3.2004 und vom 5.10.2000, EFG 2004, 1334, EFG 2001, 32; vermittelnd *FG Baden-Württemberg* vom 4.3.2004, EFG 2004, 858. Der BFH hat die Entscheidung des FG München vom 23.3.2004 mit Urteil vom 19.10.2005 – I R 38/04 –, DB 2006, 364 zur formwechselnden Umwandlung einer Personengesellschaft in eine Kapitalgesellschaft bestätigt und sich gegen eine Maßgeblichkeit in diesem Fall ausgesprochen.

[535] *Dötsch / Pung* BB 2006, 2704, 2705; zu weiteren Aspekten des Maßgeblichkeitsprinzips in Altfällen ausf. Voraufl. Anh. § 325 Rn 299 ff.

[536] So u. a. auch *Schmitt* in Schmitt/Hörtnagl/Stratz § 20 UmwStG Rn 243 mwN. Siehe auch Voraufl. Anh. § 325 Rn 301 f. zu § 20 Abs. 2 Satz 2 UmwStG aF.

[537] ZB vollständiger Eintritt in die „Fußstapfen" des Einbringenden oder definitive Zäsur durch Betonung einer Anschaffung des übergegangenen Vermögens oder Kombination beider Elemente.

[538] § 23 Abs. 1 UmwStG.

[539] § 23 Abs. 3, Abs. 4 Alt. UmwStG.

[540] § 23 Abs. 4 Alt. UmwStG.

[541] Dazu die Finanzverwaltung Tz. 20.01 UmwStE; *BFH* vom 16. 2. 1996 BStBl. II 1996, S. 342; *Dötsch* in Dötsch u. a. § 30) UmwStG a F Rn 738; *Wacker* DB 1996, 2224; *Thiel/Ebersberg/van Lishaut/Neumann* GmbHR 1998, 397; *Schmitt* in Schmitt/Hörtnagl/Stratz § 22 UmwStG Rn 4.

schaftsgüter zu aktivieren sind und nicht sofort als Betriebsausgaben abgezogen werden können[542].

305 *(2) Buchwertansatz (§ 23 Abs. 1 UmwStG).* Bei der Buchwertfortführung tritt die Kapitalgesellschaft in die Rechtsstellung („Fußstapfen") des Einbringenden ein. § 23 Abs. 1 UmwStG verweist auf die entsprechend anwendbaren Vorschriften der §§ 4 Abs. 2 Satz 3 und 12 Abs. 3 1. Halbsatz UmwStG.

306 Durch den Verweis auf § 4 Abs. 2 Satz 3 UmwStG wird klargestellt, dass der Kapitalgesellschaft die Zeiträume der Zugehörigkeit von Wirtschaftsgütern zum Betriebsvermögen der übertragenden Gesellschaft zugerechnet werden. Dies ist zB bedeutsam bei der Bildung steuermindernder Rücklagen[543], Investitionszulagen[544], Fördergebietsvergünstigungen[545], Organschaftsvoraussetzungen[546] oder Schachtelprivilegien[547].

307 Durch den Verweis auf § 12 Abs. 3 erster Halbsatz UmwStG wird geregelt, dass die Kapitalgesellschaft in die steuerliche Rechtsstellung bezüglich der Bewertung der übernommenen Wirtschaftsgüter, der Absetzungen für Abnutzung und der den steuerlichen Gewinn mindernden Rücklagen eintritt[548]. Die Kapitalgesellschaft ist daher an die bisherige Abschreibungsbemessungsgrundlage der übertragenden Wirtschaftsgüter, die bisherige Abschreibungsmethode und die vom Einbringenden angenommene Nutzungsdauer gebunden[549].

308 (Z.Zt. unbelegt.)

309 **Verlustvorträge** der Personengesellschaft bzw. ihrer Gesellschafter gehen nicht auf die Kapitalgesellschaft über[550]. Für gewerbesteuerliche Verlustvorträge könnte man wegen des Objektsteuercharakters des Gewerbesteuerrechts durchaus anderer Auffassung sein, das Gesetz schließt aber den Übergang gewerbesteuerlicher Verlustvorträge definitiv aus (§ 23 Abs. 5 UmwStG)[551].

310 Bei Verschmelzungen einer Personengesellschaft auf eine Kapitalgesellschaft sind auch die Grundsätze über den sog. Mantelkauf zu beachten[552]. Demnach kann die übernehmende Kapitalgesellschaft **eigene** Verlustvorträge nur nutzen, wenn sie nicht nur rechtlich, sondern auch wirtschaftlich mit der Körperschaft identisch ist, die den Verlust erlitten hat. Die wirtschaftliche Identität liegt nach § 8 Abs. 4 Satz 2 KStG immer dann nicht mehr vor, wenn nach der Verschmelzung neu hinzukommende Gesellschafter zu mehr als 50% beteiligt sind[553] und der Kapitalgesellschaft entweder durch die Verschmelzung oder in einem Zeitraum von fünf

---

[542] Tz. 22.01 UmwStE; kritisch *Orth* GmbHR 1998, 511; *Schmitt* in Schmitt/Hörtnagl/Stratz § 22 UmwStG Rn 9, 19, § 20 Rn 333.
[543] § 6 b EStG.
[544] §§ 2, 5 Abs. 3 InvZulG.
[545] §§ 2 bis 4 FördergebietsG.
[546] § 14 Nr. 1 KStG; *Schmitt* in Schmitt/Hörtnagl/Stratz § 22 UmwStG Rn 32 ff.
[547] Vgl. §§ 26 Abs. 2 bis 4 KStG aF, § 9 Nr. 2 a, Nr. 7 GewStG; vgl. *Schmitt* in Schmitt/Hörtnagl/Stratz § 22 UmwStG Rn 36, 43 f.
[548] Dazu, insbes. zum Hintergrund der früheren Einfügung der Formulierung „insbesondere" in § 12 Abs. 3 Satz 1 UmwStG aF *Friederichs* in Haritz/Benkert § 22 UmwStG Rn 16 ff.; *Schmitt* in Schmitt/Hörtnagel/Stratz § 22 UmwStG Rn 20.
[549] Tz. 22.06 UmwStE; der Eintritt in die Rechtsstellung erfasst auch Sonderabschreibungen, BMF vom 15. 7. 1995, BStBl. I 1995, S. 374; *Schmitt* in Schmitt/Hörtnagl/Stratz § 22 UmwStG Rn 24.
[550] Dazu *Schmitt* in Schmitt/Hörtnagl/Stratz § 22 UmwStG Rn 25.
[551] Dazu *Friederichs* in Haritz/Benkert § 22 UmwStG Rn 18, 20.
[552] Vgl. § 8 Abs. 4 KStG, Tz. 22.03 UmwStE; weitere Einzelheiten *BMF*-Schreiben vom 16. 4. 1999, BStBl. I, S. 455, TZ 1 ff. IRd. Unternehmenssteuerreform 2008 ist geplant, die Vorschrift über den Mantelkauf dahin zu ändern, dass künftig bei einem unmittelbaren oder mittelbaren Anteilseignerwechsel von mehr als 50 % die Verlustvorträge entfallen (§ 8 c KStG-E); bei Anteilsübertragungen von mehr als 25 bis 50 % soll ein quotaler Untergang erfolgen; lediglich bei Anteilsübertragungen bis 25 % blieben Verlustvorträge voll bestehen.
[553] Oder bereits beteiligte Gesellschafter nach der Einbringung zusammen zu mehr als 50% höher an dem Kapital beteiligt sind als vorher, vgl. *Widmann* in Widmann/Mayer § 22 UmwStG Rn 577.

Jahren nach der Verschmelzung überwiegend neues Betriebsvermögen zugeführt wird. Die Zuführung von neuem Betriebsvermögen ist ausnahmsweise unschädlich, wenn sie allein der Sanierung des Geschäftsbetriebs dient, der den Verlust verursacht hat und der Geschäftsbetrieb in einem nach dem Gesamtbild der wirtschaftlichen Verhältnisse vergleichbarem Umfang in den Folgenden fünf Jahren fortgeführt wird[554].

(3) Zwischenwertansatz und gemeiner Wert bei Gesamtrechtsnachfolge (§ 23 Abs. 3 UmwStG). **311** Bei Ansatz von Zwischenwerten – gleiches gilt bei Ansatz von gemeinen Werten, wenn die Verschmelzung durch Gesamtrechtsnachfolge nach dem UmwG erfolgt – tritt die übernehmende Kapitalgesellschaft in die steuerliche Rechtsstellung des Einbringenden ein. Wie bei dem Buchwertansatz ist § 12 Abs. 3 erster Halbsatz UmwStG entsprechend anwendbar. Die Kapitalgesellschaft tritt daher also in die steuerliche Rechtsstellung bezüglich der Bewertung der übernommenen Wirtschaftsgüter, der Absetzungen für Abnutzung und der den steuerlichen Gewinn mindernden Rücklagen ein. Da die Gesellschaft aber nicht die Buchwerte fortführt, sondern die übernommenen Wirtschaftsgüter teilweise durch den Zwischenwertansatz aufstockt, modifiziert § 23 Abs. 3 UmwStG diesen Eintritt in die Rechtsstellung wie folgt:

Die Absetzungen für Abnutzungen oder Substanzverringerungen nach § 7 Abs. 1, 4, 5 **312** und 6 EStG sind vom Zeitpunkt der Einbringung an nach den Anschaffungs- oder Herstellungskosten des Einbringenden, vermehrt um den Unterschiedsbetrag zwischen dem Buchwert der einzelnen Wirtschaftsgüter und dem Wert, zu dem die Kapitalgesellschaft die Wirtschaftsgüter ansetzt, zu bemessen[555]; bei den Absetzungen für Abnutzungen nach § 7 Abs. 2 EStG tritt im Zeitpunkt der Einbringung an die Stelle des Buchwerts der einzelnen Wirtschaftsgüter der Wert, zu dem die Kapitalgesellschaft die Wirtschaftsgüter ansetzt[556].

Bei Ansatz von Zwischenwerten sind die in den Wirtschaftsgütern, Schulden und steuer- **313** freien Rücklagen ruhenden stillen Reserven um einen einheitlichen Vomhundertsatz aufzulösen. Dabei ist sowohl das Anlagevermögen (einschließlich der vom Einbringenden hergestellten immateriellen Anlagegüter) als auch das Umlaufvermögen zu berücksichtigen[557].

§ 23 Abs. 3 UmwStG verweist anders als Abs. 1 nicht auf § 4 Abs. 2 Satz 3 UmwStG. **314** Nach Auffassung der Finanzverwaltung greift die Besitzzeitanrechnung bei Einbringung zu Zwischenwerten daher nicht[558]. Die Regelungen zu den Sonderabschreibungen nach dem Fördergebietsgesetz und zur Investitionszulage bleiben dagegen unberührt[559].

Wie bei dem Buchwertansatz gehen Verlustvorträge nicht auf die übernehmende Kapital- **315** gesellschaft über.

Kommt es zu einer Erhöhung der Anschaffungskosten oder Herstellungskosten aufgrund **315a** einer rückwirkenden Besteuerung des Einbringungsgewinns nach § 23 Abs. 2 iVm. § 22 Abs. 1 UmwStG, gilt diese Erhöhung mit Beginn des Wirtschaftsjahres, in welches das die Besteuerung des Einbringungsgewinns auslösende Ereignis fällt und nicht der Zeitpunkt der Einbringung[560].

(4) Ansatz gemeiner Wert bei Einzelrechtsnachfolge (§ 23 Abs. 4 UmwStG). Bei Ansatz des ge- **316** meinen Werts durch die übernehmende Kapitalgesellschaft muss danach unterschieden werden, ob eine Einbringung im Wege der Einzelrechtsnachfolge oder Gesamtrechtsnachfolge vorliegt[561].

---

[554] § 8 Abs. 4 Satz 3 KStG.
[555] § 23 Abs. 3 Nr. 1 UmwStG.
[556] § 23 Abs. 3 Nr. 2 UmwStG; dazu mit Beispielen Tz. 22.10 UmwStE; *Schmitt* in Schmitt/Hörtnagl/Stratz § 22 UmwStG Rn 58 ff. mwN.
[557] Siehe Tz. 22.08 UmwStE und Rn 289 f. zum Zwischenwertansatz.
[558] Tz. 22.09 UmwStE.
[559] Vgl. Tz. 22.09 UmwStE mit Hinweis auf *BMF* vom 28. 10. 1993, BStBl. I 1993, S. 94 und *BMF* vom 14. 7. 1995, BStBl. I 1995, S. 374, *BMF* vom 12. 2. 1996, BStBl. I 1996, S. 111.
[560] § 23 Abs. 3 Satz 2 UmwStG.
[561] Anders noch das UmwStG 1977 (§§ 20, 23 UmwStG). Dort wurden alle Fälle als Anschaffungsgeschäfte behandelt.

317 Wenn eine Einzelrechtsnachfolge gegeben ist, liegt ein Anschaffungsgeschäft vor. Es findet in diesem Fall weder eine Zurechnung der Vorbesitzzeiten statt (keine Anwendbarkeit von § 4 Abs. 2 Satz 3 UmwStG), noch erfolgt ein Eintritt in die Rechtsstellung des Einbringenden (keine Anwendbarkeit von § 12 Abs. 3 erster Halbsatz UmwStG). Verlustvorträge gehen nicht über. Die Kapitalgesellschaft wird so behandelt, als hätte sie das übertragende Vermögen angeschafft. Es gelten die allgemeinen Vorschriften[562].

318 Wenn eine Gesamtrechtsnachfolge nach dem UmwG gegeben ist, handelt es sich um eine (modifizierte) Rechtsnachfolge. Es gelten die gleichen Grundsätze wie bei einem Zwischenwertansatz. Die Verschmelzung einer Personengesellschaft nach dem UmwG auf eine Kapitalgesellschaft vollzieht sich durch Gesamtrechtsnachfolge, so dass bei Ansatz des gemeinen Werts diese Fallgestaltung vorliegt.

319 Zu beachten ist, dass die Anwachsung des Vermögens auf einen Gesellschafter bei einer Personengesellschaft zwar zivilrechtlich als Gesamtrechtsnachfolge zu würdigen ist, steuerlich aber eine Einzelrechtsübertragung vorliegt[563]. Dies betrifft zB den Fall der Verschmelzung einer Personengesellschaft in der Rechtsform einer GmbH & Co. KG im Wege des erweiterten Anwachsungsmodells[564].

320 Erfolgt eine Einbringung sowohl im Wege der Gesamtrechtsnachfolge als auch im Wege der Einzelrechtsnachfolge, bspw. bei einer Verschmelzung einer Personengesellschaft auf eine GmbH mit gleichzeitigem Übergang des Sonderbetriebsvermögens im Wege der Einzelrechtsnachfolge, so ist der Vorgang nach Auffassung der Finanzverwaltung für Zwecke des § 23 Abs. 4 UmwStG einheitlich als Gesamtrechtsnachfolge zu beurteilen[565].

321 *(5) Steuerliche Vergünstigungen für Übernahmefolgegewinne (§ 23 Abs. 6 iVm. § 6 Abs. 1, 3 UmwStG).* Wenn im Zuge der Verschmelzung Forderungen und Verbindlichkeiten zwischen der Personengesellschaft und der Kapitalgesellschaft untergehen, die inkongruent bilanziert sind, kann es zu Übernahmefolgegewinnen oder -verlusten kommen. Übernahmefolgegewinne können dadurch zunächst steuerlich aufgefangen werden, dass die Kapitalgesellschaft eine den steuerlichen Gewinn mindernde Rücklage bildet. Diese Rücklage ist in den auf ihre Bildung Folgenden drei Wirtschaftsjahren mit mindestens je einem Drittel gewinnerhöhend aufzulösen[566]. Die Anwendbarkeit von § 6 UmwStG entfällt rückwirkend, wenn die übernehmende Kapitalgesellschaft den auf sie übergegangenen Betrieb innerhalb von fünf Jahren nach dem steuerlichen Übertragungsstichtag in eine Kapitalgesellschaft einbringt oder ohne triftigen Grund veräußert oder aufgibt[567].

321a *(6) Erhöhungsbetrag (§ 23 Abs. 2 UmwStG).* Durch das neue Konzept der nachgelagerten Besteuerung eines Einbringungsvorgangs in § 22 Abs. 1, 2 UmwStG kann es zu einer nachträglichen Besteuerung des Einbringungsvorgangs kommen. Der Steuerpflichtige hat in diesem Fall rückwirkend auf den Einbringungsvorgang einen Einbringungsgewinn zu versteuern. In diesen Fällen erlaubt § 23 Abs. 2 UmwStG dem Steuerpflichtigen, entsprechend der versteuerten Einbringungsgewinne I oder II einen höheren Wert bei dem übergegangenen Vermögen anzusetzen. Dieser sog. Erhöhungsbetrag[568] kann auf **Antrag** der übernehmenden Gesellschaft im Wirtschaftsjahr des Ereignisses, das die nachträgliche Besteuerung auslöst, angesetzt werden. Dabei sind bestimmte Voraussetzungen zu erfüllen, wie bspw., dass der Einbringende die auf den Einbringungsgewinn entfallende Steuer entrichtet hat und dies

---

[562] Vgl. *Friederichs* in Haritz/Benkert § 22 UmwStG Rn 48 ff. mwN.
[563] So die Finanzverwaltung Tz. 20.4, 22.14 UmwStE; *Schmitt* in Schmitt/Hörtnagl/Stratz § 22 UmwStG Rn 81; differenzierend *Friederichs* in Haritz/Benkert § 20 UmwStG Rn 45.
[564] Siehe Rn 224.
[565] Tz. 22.14 UmwStE zum bisherigen § 22 Abs. 3 UmwStG aF.
[566] § 22 Abs. 5 iVm. § 6 Abs. 1 UmwStG; hinsichtlich Darlehensforderungen iSd. §§ 16, 17 FördG 1990 vgl. § 22 Abs. 5 UmwStG iVm. § 6 Abs. 2 UmwStG.
[567] § 6 Abs. 3 UmwStG; bisher § 26 Abs. 1 UmwStG aF.
[568] § 23 Abs. 2 Satz 1 UmwStG.

durch Vorlage einer Bescheinigung des zuständigen Finanzamts nachgewiesen wurde[569]. Der Erhöhungsbetrag bleibt ohne Auswirkungen auf den Gewinn[570].

e) Auswirkungen auf der Ebene der Anteilseigner (§ 20 Abs. 3, 4 § 22 UmwStG). *aa) Überblick.* Aus Sicht der Gesellschafter der verschmolzenen Personengesellschaft sind vor allem folgende Fragen relevant:
– Entsteht ein Einbringungsgewinn bzw. Veräußerungsgewinn, wenn ja, wie wird dieser besteuert? Diese Fragen sind in §§ 20 Abs. 3, 4 UmwStG in Verbindung mit den allgemeinen Vorschriften geregelt.
– Wie hoch sind die Anschaffungskosten für die neuen Gesellschaftsanteile an der übernehmenden Kapitalgesellschaft? Die Antwort darauf gibt § 20 Abs. 3 UmwStG.
– Sind die neuen Anteile an der übernehmenden Kapitalgesellschaft in besonderer Weise steuerverstrickt? Diese Frage regelte bisher § 21 UmwStG aF: Dort war geregelt, dass im Fall einer Einbringung zu Buch- oder Zwischenwerten die neu erhaltenen Anteile an der übernehmenden Kapitalgesellschaft als sog. **einbringungsgeborene Anteile** einer besonderen steuerlichen Verstrickung unterliegen.

Das im Zuge des SEStEG modifizierte Einbringungsrecht hat das Konzept der einbringungsgeborenen Anteile aufgegeben und durch das neue System der nachträglichen Besteuerung des zugrunde liegenden Einbringungsvorgangs ersetzt („Siebtelungs-Regelung")[571]. Für bestehende einbringungsgeborene Anteile gilt das bisherige Recht fort[572], selbst neue Anteile können in bestimmten Fällen noch als einbringungsgeboren verstrickt werden[573]. Durch das Nebeneinander des alten und neuen Besteuerungskonzepts wird die steuerliche Behandlung in der Praxis eher kompliziert als vereinfacht[574].

bb) Einbringungsgewinn/Veräußerungsgewinn und die steuerlichen Folgen für die Gesellschafter. Unter welchen Voraussetzungen ein Einbringungsgewinn bzw. Veräußerungsgewinn entsteht, wurde bereits oben dargestellt[575].

Ein Gewinn wird auf der Ebene des Gesellschafters wie folgt besteuert: Einbringungs- bzw. Veräußerungsgewinne, die einer Körperschaft/Kapitalgesellschaft als Gesellschafter der Personengesellschaft zuzurechnen sind, sind nach den allgemeinen Vorschriften zu versteuern. Sie unterliegen der Körperschaftsteuer, dem Solidaritätszuschlag und ggf. der Gewerbesteuer[576]. Steuerfrei ist dieser Gewinn uU dann, wenn und soweit die Personengesellschaft Beteiligungen an Kapitalgesellschaften hält[577] und der Einbringungsgewinn darauf entfällt.

Ein Einbringungs- bzw. Veräußerungsgewinn, der einer natürlichen Person zuzurechnen ist, unterliegt der Besteuerung nach den allgemeinen Vorschriften (Einkommensteuer, Solidaritätszuschlag, ggf. Kirchensteuer uU Gewerbesteuer). Er kann nach dem UmwStG in Verbindung mit dem Einkommensteuergesetz begünstigt sein wenn die aufnehmende Gesellschaft (ua) den gemeinen Wert ansetzt.[578]

---

[569] VBL. § 23 Abs. 2 UmwStG, auch zu weiteren Voraussetzungen; *Benz / Rosenberg* in *Blumenberg / Schäfer* SEStEG S. 202 ff.
[570] § 23 Abs. 2 Satz 1 UmwStG.
[571] § 22 UmwStG.
[572] § 27 Abs. 3 Nr. 3 UmwStG.
[573] ZB § 20 Abs. 3 Satz 4 UmwStG; § 17 Abs. 6 EStG nF.
[574] Zur Langlebigkeit einbringungsgeborener Anteile *Haritz* GmbHR 2007, 169 ff.
[575] Siehe Rn 234, 262 ff.; die Begriffe Einbringungsgewinn und Veräußerungsgewinn werden hier synonym verwendet.
[576] Vgl. § 7 Satz 2 GewStG; *Förster* DB 2002, 1394 ff.
[577] Vgl. § 8 b Abs. 2 iVm. § 8 b Abs. 6 KStG. Da 5% des Veräußerungsgewinns als nichtabzugsfähige Betriebsausgabe gelten (§ 8 b Abs. 3 S. 1 KStG), sind wirtschaftlich nur 95% des Gewinns steuerfrei. Zur Anwendbarkeit der hälftigen Steuerfreiheit bei natürlichen Personen nach §§ 3 Nr. 40, 3 c EStG vgl. nur *Strunk* BB 2001, 857 ff.
[578] Vgl. § 20 Abs. 4 UmwStG (bisher § 20 Abs. 5 UmwStG aF) iVm. §§ 16 Abs. 4, 34 Abs. 1, 3 EStG und § 21 Abs. 3 UmwStG (bisher auch § 20 Abs. 5 UmwStG aF) (Dazu ausf. Vorauﬂ. Anh. § 325 Rn 327 ff.).

Anh. UmwStG 327–334   Siebentes Buch. Übergangs- und Schlußvorschriften

327–330 (Z.Zt unbelegt.)

331 *cc) Besteuerungsfolgen für die neuen Anteile. (1) Allgemeines (einbringungsgeborene Anteile, § 21 UmwStG aF).* Die neuen Anteile, die der Einbringende von der Kapitalgesellschaft erhält, unterlagen bisher als sog. einbringungsgeborene Anteile einer generellen Steuerverstrickung nach § 21 UmwStG aF, wenn die Verschmelzung/Einbringung zu Werten unterhalb des Teilwerts erfolgt, d. h. zu Buch- oder Zwischenwerten. Da in der Praxis regelmäßig der Buchwert gewählt wird, lagen auch regelmäßig steuerverstrickte einbringungsgeborene Anteile für die Gesellschafter vor. In all diesen Fällen richteten sich die steuerlichen Folgen hinsichtlich der Anteile nach § 21 UmwStG aF, der als *lex specialis* allen anderen steuerlichen Verstrickungstatbeständen für Kapitalgesellschaftsbeteiligungen vorgeht[579].

332 Die Einbringung von den im Privatvermögen gehaltenen Anteilen, die weder nach § 23 EStG, nach § 17 EStG noch nach § 21 UmwStG steuerverstrickt sind, führt nach Auffassung der Finanzverwaltung nicht zur Entstehung einbringungsgeborener Anteile, da die unmittelbare Veräußerung der Anteile ebenfalls nicht zu einer Steuerpflicht führen würde[580].

333 Die Einbringung zu Werten unterhalb des Teilwerts führte zu einer **Doppelverstrickung** der stillen Reserven: Zum einen auf der Ebene der aufnehmenden Gesellschaft (da die Gesellschaft die Buchwerte fortführt und die stillen Reserven nicht aufstockt), zum anderen auf der Ebene des Einbringenden (da der Wertansatz der Kapitalgesellschaft zugleich seine Anschaffungskosten bestimmt)[581].

333a Für alte einbringungsgeborene Anteile gilt § 21 UmwStG aF weiter fort[582]. Der Gesetzgeber hat durch das SEStEG zwar das Institut der einbringungsgeborenen Anteile aufgegeben und durch die nachgelagerte Besteuerung des Einbringungsvorgangs ersetzt. Neue einbringungsgeborene Anteile können jedoch weiterhin entstehen, wenn bspw. das eingebrachte Betriebsvermögen auch einbringungsgeborene Anteile iSv. § 21 Abs. 1 UmwStG aF umfasst. In diesem Fall gelten die erhaltenen Anteile auch insoweit als einbringungsgeboren iSv. § 21 Abs. 1 UmwStG aF[583].

334 *(2) Die nachgelagerte Besteuerung der Einbringung (§ 22 UmwStG).* Das neue Konzept beruht auf folgenden Eckpfeilern, die in § 22 UmwStG gesetzlich verankert sind[584]. Wie bisher für einbringungsgeborene Anteile gilt auch unter dem neuen Recht, dass das neue Besteuerungskonzept grundsätzlich dann eingreift, wenn die Einbringung unter dem gemeinen Wert stattfindet, also zum Buch- oder Zwischenwert erfolgt. Für das neue Recht ist dann weiter entscheidend, ob die Einbringung als Sacheinlage[585] oder als (qualifizierter) Anteilstausch[586] zu sehen ist. Danach entscheidet sich, ob gem. § 22 Abs. 1 UmwStG ein sog. **Einbringungsgewinn I** oder nach § 22 Abs. 2 UmwStG ein sog. **Einbringungsgewinn II** zu ermitteln ist, wenn innerhalb der ersten sieben Jahre nach der Einbringung entweder die im Zuge der Einbringung gewährten **erhaltenen** Anteile[587] oder die **eingebrachten**

---

[579] ZB §§ 17, 23 EStG, Anteile in Betriebsvermögen; siehe *Haritz* in Haritz/Benkert § 21 UmwStG Rn 2 aE; Tz. 21.02, 21.11 UmwStE.

[580] Zust. *Haritz* in Haritz/Benkert § 20 UmwStG Rn 128; zweifelnd *Schmitt* in Schmitt/Hörtnagl/Stratz § 21 Rn 11; aA *Patt* in Dötsch u. a. § 20 UmwStG Rn 108.

[581] Dazu *Patt* in Dötsch u. a. § 20 UmwStG Rn 14, insbes. zu der Frage, ob und wann es wegen der doppelten Verstrickung zu steuerlichen Doppelbelastungen kommt; *Tulloch* in Goutier/Knopf/Tulloch § 21 UmwStG Rn 9. Ob und inwieweit die doppelte Verstrickung im neuen Einbringungsrecht gilt, *Dötsch/Pung* DB 2006, 2763, 2764.

[582] § 27 Abs. 3 Nr. 3 UmwStG. Ausf. dazu Vorauf. Anh. § 325 Rn 331 ff.

[583] § 20 Abs. 3 Satz 4 UmwStG. Zum Nebeneinander beider Besteuerungskonzepte *Haritz* GmbHR 2007, 169 ff.; vgl. auch § 17 Abs. 6 EStG nF, dazu *Dötsch/Pung* DB 2006, 2772.

[584] Zu weiterführenden Einzelheiten *Dötsch/Pung* DB 2006, 2763 ff.; *Benz/Rosenberg* in Blumenberg/Schäfer SEStEG S. 174 ff.; *Schönherr/Lemaitre* GmbHR 2007, 459 ff. *Patt* in Dötsch u.a. § 22 UmwStG (SEStEG) Rn 1 ff., 14 ff. Nachfolgend werden nur die Grundzüge vorgestellt.

[585] § 20 UmwStG.

[586] § 21 UmwStG.

[587] Im Fall der Sacheinlage.

Anteile[588] veräußert werden. Wenn das eingebrachte Betriebsvermögen auch Anteile an Kapitalgesellschaften oder Genossenschaften umfasst, gelten insoweit die Regelungen nach § 22 Abs. 2 UmwStG[589] für diese Beteiligungen. Dieser Fall liegt zB dann vor, wenn im Zuge der Verschmelzung einer Personengesellschaft auf eine Kapitalgesellschaft im Vermögen der Personengesellschaft Anteile an in- oder ausländischen Kapitalgesellschaften sind.

Ein wesentlicher Unterschied zwischen den beiden Tatbeständen Sacheinlage und Anteilstausch besteht darin, dass das neue Besteuerungskonzept in den Fällen des Anteilstauschs nur für die Einbringenden gilt, die nicht zu den Personen gehören, die durch § 8 b Abs. 2 KStG begünstigt sind, also in der Praxis vor allem natürliche Personen. Für einbringende Kapitalgesellschaften gelten prinzipiell die allgemeinen steuerlichen Vorschriften auch bei Veräußerungen innerhalb der ersten sieben Jahre[590]. Im Fall der Sacheinlage ist dagegen jeder Einbringende, sei es natürliche Person, sei es Kapitalgesellschaft, von der Vorschrift erfasst. Bei der Einbringung von Unternehmensteilen durch eine Mitunternehmerschaft stellt sich auch hier wiederum die Frage, ob die Mitunternehmerschaft selbst oder die Mitunternehmer als Einbringende zu sehen sind[591].

Die nachträgliche Besteuerung im Fall einer **Sacheinlage** ist durch § 22 Abs. 1 UmwStG wie folgt strukturiert:

– Bei einer Veräußerung der im Zuge der Sacheinlage **erhaltenen** Anteile an der aufnehmenden Kapitalgesellschaft innerhalb von sieben Jahren nach der Einbringung[592] ist ein Veräußerungsgewinn zu splitten (i) in den Teil, der als Veräußerungsgewinn der Normalbesteuerung nach den allgemeinen Vorschriften unterliegt, und (ii) in den Teil, der als Gewinn aus der Einbringung rückwirkend im Wirtschaftsjahr der Einbringung als Gewinn des Einbringenden iSd. § 16 EStG zu versteuern ist, sog. **Einbringungsgewinn I**. Auf diesen Teil des Gewinns sind die §§ 16 Abs. 4, 34 EStG nicht anzuwenden[593]. Die Veräußerung der erhaltenen Anteile gilt insoweit als rückwirkendes Ereignis[594].

– **Einbringungsgewinn I** ist der Betrag, um der der gemeine Wert des eingebrachten Betriebsvermögens im Einbringungszeitpunkt nach Abzug der Kosten für den Vermögensübergang den Wert, mit dem die übernehmende Gesellschaft dieses eingebrachte Betriebsvermögen angesetzt hat, übersteigt, vermindert um jeweils ein Siebtel für jedes seit dem Einbringungszeitpunkt abgelaufene Zeitjahr. Diese Gewinnermittlungsvorschrift beinhaltet zwei wesentliche Aussagen: zum einen ist rückwirkend auf den Einbringungszeitpunkt der gemeine Wert des eingebrachten Vermögens zu bestimmen. Dies gibt der Praxis, insbesondere auch der Finanzverwaltung, mehr Steine als Brot, denn dies erfordert nachträglich eine Unternehmens- und Anteilsbewertung, die je länger die Einbringung zurückliegt, umso schwieriger wird[595]. Diese nachträgliche Wertermittlung gilt nicht nur in grenzüberschreitenden Umwandlungsfällen, sondern auch für reine Inlandsumwandlungen. Zum anderen schmilzt ein Einbringungsgewinn sukzessive um jeweils ein Siebtel pro abgelaufenem Zeitjahr. Nach Ablauf von sieben Jahren unterliegt daher ein Veräußerungsgewinn der Besteuerung nach den allgemeinen Vorschriften.

---

[588] So im Fall des Anteilstauschs.
[589] § 22 Abs. 1 Satz 5 UmwStG.
[590] Zur Frage, ob Kapitalgesellschaften, die zwar grundsätzlich nach 8 b Abs. 2 KSt begünstigt sind, aber als Adressat der §§ 8 b Abs. 7 oder 8 KStG nicht in den Genuss der Steuerfreiheit kommen, zum ausgenommenen Personenkreis gehören *Benz / Rosenberg* in *Blumenberg / Schäfer* SEStEG S. 194.
[591] Dazu *Benz / Rosenberg* in *Blumenberg / Schäfer* SEStEG S. 177, 178 mit Beispielen.
[592] Maßgebend ist der steuerliche Übertragungsstichtag als Einbringungszeitpunkt.
[593] § 22 Abs. 1 Satz 1 UmwStG.
[594] § 22 Abs. 1 Satz 2 UmwStG iVm. § 175 Abs. 1 Satz 1 Nr. 2 AO.
[595] Kritisch zu der neuen Regelung bspw. *Dötsch / Pung* DB 2006, 2763, 2766, die „kaum lösbare Probleme" erwarten.

339 — Der Gesetzgeber hat sich für diese Siebtelungs-Regelung entschieden, um den starken europarechtlichen Bedenken gegen das bisherige, feste System einer vollen Versteuerung der Veräußerung von einbringungsgeborenen Anteilen innerhalb der ersten sieben Jahre zu begegnen[596]. Ob die von ihm jetzt gewählte, flexible Regelung den europarechtlichen Anforderungen gerecht wird, ist zweifelhaft. Hintergrund der 7-Jahres-Frist ist das Bestreben des Gesetzgebers, steuerlich begünstigte Einbringungen unterhalb des gemeinen Werts nur dann zu akzeptieren, wenn sie nicht rechtsmissbräuchlich sind. Dies vermutet der Gesetzgeber innerhalb der ersten sieben Jahre pauschal, wenn auch dadurch abschwächend, dass der betroffene Betrag umso mehr abnimmt, je weiter die Einbringung zurückliegt. Ob diese allgemeine Annahme selbst in der neuen Form des § 22 UmwStG jedoch mit den europarechtlichen Vorgaben vereinbar ist, bleibt abzuwarten[597].

340 Im Fall eines **Anteilstauschs** sieht § 22 Abs. 2 UmwStG Folgendes vor:
- Für die **eingebrachten** Anteile, die innerhalb eines Zeitraums von sieben Jahren nach dem Einbringungszeitpunkt durch die übernehmende Gesellschaft veräußert werden, und der Einbringende keine durch § 8 b Abs. 2 KStG begünstigte Person ist, ist der Gewinn aus der Einbringung im Wirtschaftsjahr der Einbringung rückwirkend als Gewinn des Einbringenden aus der Veräußerung von Anteilen zu versteuern, sog. **Einbringungsgewinn II**[598]. § 16 Abs. 4 EStG ist nicht anzuwenden[599]. Die Veräußerung der eingebrachten Anteile gilt als rückwirkendes Ereignis[600]. Ein Veräußerungsgewinn ist daher auch in diesen Fällen zu splitten.
- **Einbringungsgewinn II** ist der Betrag, um den der gemeine Wert der eingebrachten Anteile im Einbringungszeitpunkt nach Abzug der Kosten für den Vermögensübergang den Wert, mit dem der Einbringende die erhaltenen Anteile angesetzt hat, übersteigt, vermindert um jeweils ein Siebtel für jedes seit dem Einbringungszeitpunkt abgelaufene Zeitjahr.
- Insoweit gilt wie bei der Sacheinlage, dass zum einen rückwirkend eine Anteilsbewertung stattzufinden hat, um festzustellen, wie hoch der gemeine Wert der eingebrachten Anteile im Einbringungszeitpunkt war. Zum anderen schmilzt dieser rückwirkend ermittelte Einbringungsgewinn wiederum pro abgelaufenem Zeitjahr um jeweils ein Siebtel, so dass nach Ablauf von sieben Jahren ein Veräußerungsgewinn der Besteuerung nach den allgemeinen Vorschriften unterliegt.

341 Zentrales Tatbestandsmerkmal der nachbelagerten Besteuerung in beiden Fällen der Sacheinlage und des Anteilstauschs ist die **Veräußerung**. Veräußerungsvorgänge sind insbesondere Anteilsübertragungen aufgrund von Kaufverträgen, aber auch Tauschvorgänge oder tauschähnliche Vorgänge[601]. Der Gesetzgeber hat darüber hinaus durch das SEStEG eine Reihe von Tatbeständen gesetzlich festgeschrieben, bei denen wie bei einer Veräußerung ein Einbringungsgewinn I oder II zu ermitteln ist[602]. Erfasst sind insbesondere folgende Tatbestände:
- Die unmittelbare oder mittelbare unentgeltliche Übertragung der Anteile auf eine Kapitalgesellschaft oder eine Genossenschaft[603].

---

[596] Vgl. § 8 b Abs. 4 KStG aF, § 3 Nr. 40 EStG aF.
[597] Zweifelnd *Dötsch / Pung* DB 2006, 2704, 2707 unter Hinweis auf das EuGH-Urteil vom 17.7.1997 in der Rs Leur Bloem (DB 1997, 1851), wonach schematisierende Fristenregelungen anstelle einer einzelfallbezogenen Beurteilung kritisch sind.
[598] § 22 Abs. 2 Satz 1 UmwStG.
[599] § 22 Abs. 2 Satz 1 UmwStG.
[600] § 22 Abs. 2 Satz 2 iVm. § 22 Abs. 1 Satz 2 UmwStG.
[601] Zum bisherigen Recht der Veräußerung einbringungsgeborener Anteile siehe Voraufl. Anh. UmwStG Rn 335 ff.
[602] § 22 Abs. 1 Satz 6 Nr. 1 bis 6 UmwStG, § 22 Abs. 2 Satz 6 iVm. Abs. 1 Satz 6 Nr. 1 bis 5 UmwStG; dazu detailliert *Benz / Rosenberg* in *Blumenberg / Schäfer* SEStEG S. 178 ff.
[603] § 22 Abs. 1 Satz 6 Nr. 1 UmwStG.

– Die entgeltliche Übertragung der Anteile durch einen Vorgang der §§ 20 Abs. 1, 21 Abs. 1 UmwStG oder aufgrund vergleichbarer ausländischer Vorgänge, es sei denn, es wird nachgewiesen, dass dies zu **Buchwerten** erfolgte[604].
– Die Liquidation der Kapitalgesellschaften oder eine Kapitalherabsetzung[605].
– Weitere Einbringungen, sog. Ketteneinbringungen, aufgrund der §§ 20 Abs. 1, 21 Abs. 1 UmwStG oder vergleichbarer ausländischer Vorgänge, es sei denn, es wird nachgewiesen, dass dies zu Buchwerten stattgefunden hat[606].
– In Fällen, in denen durch Wegzug die Voraussetzungen iSd. § 1 Abs. 4 UmwStG nicht mehr erfüllt sind[607].

Durch diese arrondierenden Tatbestände ist jede gesellschaftsrechtliche Maßnahme, insbesondere jede Umstrukturierung innerhalb der ersten sieben Jahre nach einer Verschmelzung/Einbringung sorgfältig daraufhin zu analysieren, ob sie nachteilige Auswirkungen auf die frühere Einbringung haben kann.

Um das Besteuerungsrecht des deutschen Fiskus zu sichern, legt das Gesetz dem Einbringenden **umfassende Nachweispflichten** auf: So ist in den dem Einbringungszeitpunkt folgenden sieben Jahren jährlich spätestens bis zum 31. Mai Nachweis darüber zu erbringen, wem mit Ablauf des Einbringungszeitpunktes (i) in den Fällen einer **Sacheinlage** die erhaltenen Anteile und die auf diesen Anteilen beruhenden Anteile und (ii) in den Fällen des **Anteilstauschs** die eingebrachten Anteile und die auf diesen Anteilen beruhenden Anteile zuzurechnen sind. Wird dieser Nachweis nicht erbracht, gelten die Anteile iSd. § 22 Abs. 1 oder Abs. 2 UmwStG als veräußert[608]. Ein Verstoß gegen diese Nachweispflichten kann daher sehr spürbare steuerlich nachteilige Folgen mit sich bringen. Eine sorgfältige Fristenüberwachung ist daher geboten. Bei welchem Finanzamt der Nachweis zu führen ist, ergibt sich nicht aus dem Gesetz. Dies kann sowohl das für die Einkommensbesteuerung des Gesellschafters zuständige Finanzamt sein als auch zentral das Finanzamt, das für die aufnehmende Kapitalgesellschaft zuständig ist[609].

In der Praxis werden auch Fälle vorkommen, bei denen Einbringungsgewinn I und Einbringungsgewinn II zusammentreffen[610].

> **Beispiel:**
> Im ersten Schritt wird ein Betrieb in eine KapGes 1 steuerneutral eingebracht, im zweiten Schritt dann die erhaltene Beteiligung an KapGes 1 in eine KapGes 2, die schließlich innerhalb der ersten sieben Jahre seit der Einbringung des Betriebs in KapGes 1 diese Beteiligung veräußert.

(Z.Zt unbelegt)

Es bedarf keiner prophetischen Begabung, um vorherzusehen, dass diese Fälle eine Vielzahl von steuerlichen Fragen aufwerfen werden.

(3) Verlagerung stiller Reserven auf andere Gesellschaftsanteile, Wertabspaltungstheorie. Besonderes Augenmerk ist auf die Verlagerung stiller Reserven auf andere Gesellschaftsanteile zu richten. So können iRd. Gesellschaftsgründung oder einer Kapitalerhöhung aus Gesellschaftsmitteln stille Reserven von einer Sacheinlage oder von einbringungsgeborenen Anteilen auf andere Anteile des Gesellschafters oder unentgeltlich auf Anteile Dritter übergehen. Ursprünglich hatte die Finanzverwaltung vertreten, dass insoweit eine Gewinnverwirklichung

---

[604] § 22 Abs. 1 Satz 6 Nr. 2 UmwStG. Darunter fallen insbes. auch Umstrukturierungen wie Verschmelzungen, Spaltungen, Formwechsel, Einbringungen, vgl. *Benz/Rosenberg* in *Blumenberg/Schäfer* SEStEG S. 179 ff. mit Beispielen.
[605] § 22 Abs. 1 Satz 6 Nr. 3 UmwStG.
[606] § 22 Abs. 1 Satz 6 Nr. 4, 5 UmwStG.
[607] § 22 Abs. 1 Satz 6 Nr. 6 UmwStG.
[608] § 22 Abs. 3 Satz 2 UmwStG.
[609] *Dötsch/Pung* DB 2006, 2763, 2767.
[610] *Dötsch/Pung* DB 2006, 2763, 2771 mit instruktivem Beispiel, das die ganze Komplexität andeutet.

eintritt, diese Auffassung aber mittlerweile aufgegeben. Nach Entscheidungen der Rechtsprechung[611] verneint nun auch die Finanzverwaltung die Gewinnverwirklichung, geht aber davon aus, dass die Steuerverstrickung sich auch auf Anteile oder Teile von Anteilen erstreckt, auf die stille Reserven im Rahmen von Gründungs- oder Kapitalerhöhungsvorgängen übergehen (sog. **Wertabspaltungstheorie**)[612]. Plastisch wurde von früher derivativen einbringungsgeborenen Anteilen gesprochen[613]. Wegen der Einzelheiten der im Zuge von Kapitalmaßnahmen eintretenden Steuerverstrickung sei auf die Kommentarliteratur verwiesen[614]. Der Gesetzgeber hat durch das SEStEG in § 22 Abs. 7 UmwStG nun *expressis verbis* geregelt, dass in den Fällen einer Sacheinlage oder eines Anteiltauschs unter dem gemeinen Wert andere Anteile mitverstrickt werden, insofern auf diese stille Reserven aufgrund einer Gesellschaftsgründung oder Kapitalerhöhung von den erhaltenen oder eingebrachten Anteilen oder von auf diesen Anteilen beruhenden Anteilen verlagert werden[615].

3. Verschmelzung einer Personengesellschaft auf eine andere Personengesellschaft

352 Bei der **Verschmelzung** einer Personengesellschaft **auf eine** andere **Personengesellschaft,** auf die im Folgenden eingegangen wird, wird die Verschmelzung steuerlich – wie auch die Ausgliederung aus dem Vermögen eines Einzelkaufmanns auf eine Personenhandelsgesellschaft[616] – dann als Einbringung iSd. § 24 UmwStG behandelt, wenn Betriebsvermögen gegeben ist. Während handelsrechtlich nur der übertragende Rechtsträger als Übertragender von Vermögen betrachtet wird, ist steuerrechtlich der **Kreis der Einbringenden** weiter: Bei einer Verschmelzung durch Aufnahme bringt nicht nur die übertragende Personengesellschaft – bzw. deren Gesellschafter –, sondern auch die übernehmende Personengesellschaft – bzw. deren Gesellschafter – die jeweiligen Betriebsvermögen ein. Bei einer Verschmelzung zur Neugründung sind stets alle übertragenden Personengesellschaften Einbringende iSd. Steuerrechts.

352a Durch das SEStEG wurde auch der Anwendungsbereich von § 24 UmwStG auf grenzüberschreitende Vorgänge[617] erweitert. Dabei ist zu beachten, dass § 24 UmwStG unabhängig davon anzuwenden ist, ob der Einbringende bzw. die aufnehmende Personengesellschaft in einem EU-/EWR-Staat oder in einem Drittstaat ansässig ist[618]. Abgesehen davon wurde § 24 durch das SEStEG um einen Abs. 5 erweitert, nach dem in bestimmten Fällen der Einbringung von zB Beteiligungen an Kapitalgesellschaften ein sog. Einbringungsgewinn II zu ermitteln ist. Ferner wurde das Bewertungsrecht des § 24 UmwStG mit den übrigen Vorschriften des UmwStG dahin vereinheitlicht, dass grundsätzlich der gemeine Wert für das übergehende Vermögen anzusetzen ist, auf Antrag dagegen der Buchwert oder ein Zwischenwert gewählt werden darf, wenn (u. a.) das inländische Besteuerungsrecht gesichert bleibt. Ansonsten blieben die Vorschriften über die Einbringung von Betriebsvermögen in eine Personengesellschaft nach § 24 UmwStG durch das SEStEG prinzipiell unberührt.

353 **a) Rückwirkung und Bilanzierung beim Einbringenden.** Handelsrechtlich muss die übertragende Personenhandelsgesellschaft[619] bei Verschmelzungen eine Schlussbilanz

---

[611] *BFH* vom 8. 4. 1992, BStBl. II 1992, S. 761 ff.; *BFH* vom 10. 11. 1992, BStBl. II 1994, S. 222.
[612] Tz. 21.14 UmwStE zu § 21 UmwStG aF.
[613] *Herzig/Rieck* DStR 1998, 97; vgl. dazu auch mit Bsp. *Schmitt* in Schmitt/Hörtnagl/Stratz § 21 UmwStG Rn 63 ff.
[614] Umfassend dazu zB *Haritz* in Haritz/Benkert § 21 UmwStG Rn 20 ff.; *Haritz/Wisniewski* GmbHR 2000, 789; *Schmitt* in Schmitt/Hörtnagl/Stratz § 21 UmwStG Rn 63 ff., 73 ff.
[615] § 22 Abs. 7 UmwStG.
[616] Gem. §§ 152 ff. UmwG.
[617] § 1 Abs. 3 Nr. 1 bis 4 UmwStG definiert die Fälle, in denen im Wege der Gesamtrechts- bzw. der Einzelrechtsnachfolge § 24 UmwStG anzuwenden ist.
[618] § 1 Abs. 4 Satz 2 UmwStG; *Dötsch/Pung* DB 2006, 2763, 2772.
[619] Übertragender Rechtsträger kann auch eine PartG sein.

nach § 17 Abs. 2 UmwG aufstellen; im Verschmelzungsvertrag ist der Verschmelzungsstichtag[620] anzugeben. Steuerrechtlich besteht hingegen das Wahlrecht, den steuerlichen Übertragungsstichtag auf den Zeitpunkt der handelsrechtlichen Schlussbilanz oder den zukünftigen Stichtag des tatsächlichen Vermögensübergangs, den Tag der Eintragung der Verschmelzung im Handelsregister, festzulegen. Regelmäßig wird von dem Wahlrecht dergestalt Gebrauch gemacht, dass die steuerliche Rückwirkung auf den Stichtag der handelsrechtlichen Schlussbilanz festgelegt wird. In jedem Fall hat auch die übernehmende Personengesellschaft – als weiterer Einbringender – eine steuerliche Übertragungsbilanz auf den **steuerlichen Übertragungsstichtag**[621] aufzustellen. In den steuerlichen Übertragungsbilanzen auf der Ebene der Einbringenden bestehen keine Ansatz- oder Bewertungswahlrechte; es sind die steuerlichen Buchwerte fortzuführen.

Anders als bei der Verschmelzung einer Kapitalgesellschaft auf eine Personengesellschaft oder auf eine andere Kapitalgesellschaft, bei der durch die Bestimmung des handelsrechtlichen Stichtags der Schlussbilanz gem. § 17 Abs. 2 UmwG über § 2 UmwStG auch der steuerliche Einbringungsstichtag festgelegt wird, ist die **steuerliche Rückwirkung** der Verschmelzung von Personengesellschaften miteinander **optional**. Von der Rückwirkungsmöglichkeit[622] wird jedoch regelmäßig Gebrauch gemacht. Der steuerliche Verschmelzungsstichtag ergibt sich dann aus dem Stichtag der handelsrechtlichen Schlussbilanz der übertragenden Personengesellschaft gem. § 17 Abs. 2 UmwG. Dieser Stichtag darf höchstens acht Monate vor der Anmeldung der Verschmelzung zur Eintragung in das Handelsregister liegen. **354**

Erfolgen neben der bei einer Verschmelzung an sich immer vorliegenden Gesamtrechtsnachfolge noch Einzelübertragungsakte, zB für Wirtschaftsgüter des Sonderbetriebsvermögens, ergreift die steuerliche Rückbeziehung auch die Einzelrechtsnachfolge[623]. **355**

b) Gegenstand der Einbringung, Einbringender. Nach dem Wortlaut des § 24 Abs. 1 UmwStG muss Gegenstand der Einbringung ein Betrieb, Teilbetrieb oder Mitunternehmeranteil sein. Da jedoch die Einbringung auch das Sonderbetriebsvermögen umfassen kann und das Ergebnis dieser Einbringung alle Gesellschafter trifft, ist umstritten, ob die **Mitunternehmerschaft oder der einzelne Mitunternehmer Einbringender** ist[624]. Die Frage kann aber im Ergebnis dahingestellt bleiben, da sich materiell keine unterschiedlichen steuerlichen Auswirkungen ergeben. Gewerbesteuerliche Verlustvorträge der Einbringenden gehen nicht verloren[625]. **356**

Die Antwort auf die Frage, wer Einbringender ist, impliziert auch eine Antwort darauf, was **Einbringungsgegenstand** ist. Wird auf den einzelnen Mitunternehmer abgestellt, gilt der Mitunternehmeranteil als eingebracht. Ist Einbringender die Personengesellschaft, wird ein Betrieb eingebracht. Hinsichtlich von Sonderbetriebsvermögen kann begrifflich immer nur der einzelne Mitunternehmer Einbringender sein. Es reicht für eine Einbringung iSv. § 24 UmwStG im Übrigen aus, wenn vor der Verschmelzung existentes Sonderbetriebsvermögen die Eigenschaft als Sonderbetriebsvermögen nicht verliert. Eine zivilrechtliche Übertragung auf die aufnehmende Personengesellschaft ist dann nicht erforderlich. **357**

Die Einbringung von Sonderbetriebsvermögen gilt steuerlich als Teil der Einbringung des Betriebs/des Mitunternehmeranteils; in diesem Fall ist die Diskussion einer entsprechenden Anwendung des § 24 UmwStG auf Einzelwirtschaftsgüter, die keinen Betrieb, Teilbetrieb **358**

---

[620] Gem. § 5 Abs. 1 Nr. 6 UmwG.
[621] §§ 24 Abs. 4, 20 Abs. 5, 6 UmwStG.
[622] Vgl. § 24 Abs. 4 iVm. § 20 Abs. 5 und 6 UmwStG.
[623] Tz. 24.07 UmwStE.
[624] Zum Streitstand *Schlößer* in Haritz/Benkert § 24 UmwStG Rn 38 mwN; *Schmitt* in Schmitt/Hörtnagl/Stratz § 24 UmwStG Rn 95 ff.
[625] *Güroff* in Glanegger/Güroff, Kommentar zum Gewerbesteuergesetz, 4. Aufl. 1999, § 10 a Rn 18.

oder Mitunternehmeranteil darstellen[626], überflüssig. Zudem dürfte die Neuregelung des § 6 Abs. 5 Satz 3 EStG einer Analogie des § 24 UmwStG auf Einzelwirtschaftsgüter den Boden entzogen haben.

359 **c) Mitunternehmerstellung.** Der Einbringende muss nach dem Wortlaut des § 24 Abs. 1 UmwStG Mitunternehmer werden. Mitunternehmer iSd. § 24 Abs. 1 UmwStG ist, wer aufgrund seiner gesellschaftsrechtlichen Beteiligung an der Personengesellschaft, in die das Betriebsvermögen eingebracht wird, Mitunternehmerinitiative entfalten kann und Mitunternehmerrisiko trägt[627]. Diese Kriterien sind regelmäßig erfüllt, wenn ein Gesellschafter der übertragenden Personengesellschaft auch – sei es als Kommanditist oder als persönlich haftender Gesellschafter – Gesellschafter der aufnehmenden Personengesellschaft wird. Bei Verschmelzungen von Personengesellschaften miteinander kommen andere ebenfalls als mitunternehmerische Engagements zu wertende Beteiligungen (Beispiel: atypisch stille Beteiligung) praktisch nicht in Betracht.

360 Die mitunternehmerische Stellung der Einbringenden bei der aufnehmenden Personengesellschaft muss sich in einem steuerlichen Kapitalkonto widerspiegeln, wenn eine Vermögensbeteiligung des Gesellschafters vereinbart ist. § 24 Abs. 1 UmwStG setzt keine Mindestbeteiligungsquote voraus. Die Einräumung schuldrechtlicher Forderungspositionen allein reicht nicht aus; sie können aber neben der Mitunternehmerstellung gewährt werden[628]. Ist der Einbringende bereits Mitunternehmer der aufnehmenden Personengesellschaft, so ist es ausreichend, dass seine Gesellschafterrechte – zB durch ein erhöhtes Gewinnbezugsrecht oder eine erhöhte Beteiligung am Vermögen und Liquidationserlös – gestärkt werden.

361 **d) Bilanzierung bei der übernehmenden Personengesellschaft.** Die übernehmende Personengesellschaft durfte bisher gem. § 24 Abs. 2 UmwStG aF das eingebrachte Betriebsvermögen in ihrer Bilanz einschließlich der Ergänzungsbilanzen für ihre Gesellschafter mit seinem Buchwert oder einem höheren Wert ansetzen. Es bestand ein **Bewertungswahlrecht** in der Bilanz und den Ergänzungsbilanzen der einzelnen Gesellschafter, die Buchwerte fortzuführen oder zu Teilwerten zu bewerten oder eine Bewertung zu Zwischenwerten vorzunehmen. Die Begriffe Bilanz und Ergänzungsbilanz beziehen sich auf die steuerliche Bilanzierung und nicht auf die Handelsbilanz[629]. Die Handelsbilanz spielte jedoch aufgrund der Maßgeblichkeit für die steuerliche Gesamthandsbilanz (ohne die Ergänzungsbilanzen für die Gesellschafter) eine wesentliche Rolle. Das Bewertungswahlrecht galt nicht bereits dann als ausgeübt, wenn die Handelsbilanz festgestellt worden ist, da erst durch die Ergänzungsbilanzen der Gesellschafter die Ausübung des Wahlrechts konkretisiert wird[630]. Zudem stellt die Verschmelzung handelsrechtlich nur einen laufenden Geschäftsvorfall bei der übernehmenden Personengesellschaft dar, der es nicht erzwingt, dass ein handelsrechtlicher Abschluss vorgelegt wird.

361a Nach der Neufassung von § 24 Abs. 2 Satz 1 UmwStG durch das SEStEG hat die Personengesellschaft das eingebrachte Betriebsvermögen in ihrer Bilanz einschließlich der Ergänzungsbilanzen für ihre Gesellschafter mit dem gemeinen Wert anzusetzen; für die Bewertung für Pensionsrückstellungen gilt § 6 a EStG. Auf **Antrag** kann das übernommene Betriebsvermögen jedoch mit dem Buchwert[631] oder einem höheren (Zwischen-)Wert, maximal mit dem gemeinen Wert, angesetzt werden, soweit (u.a.) das inländische Besteuerungsrecht hin-

---

[626] Dazu *Schlößer* in Haritz/Benkert § 24 UmwStG Rn 29 ff.
[627] BFH vom 3. 5. 1993 – GrS 2/92 – BStBl. II 1993, S. 616, 621.
[628] Zur Abgrenzung von Kapitalkonten und Forderungspositionen kann das BMF-Schreiben vom 30. 5. 1997, BStBl. I 1997, S. 627, zu § 15 a EStG analog herangezogen werden.
[629] *Schlößer* in Haritz/Benkert § 24 UmwStG Rn 82; aA *Widmann* in IdW, WP-Handbuch der Unternehmensbesteuerung. 2. Aufl. 1994, Rn Q 488.
[630] Missverständlich, Tz. 24.4 UmwStE mit Verweis auf Tz. 20.31.
[631] § 1 Abs. 5 Nr. 4 UmwStG.

sichtlich des eingebrachten Betriebsvermögens nicht ausgeschlossen oder beschränkt wird[632]. Wenn der Einbringende neben Gesellschaftsanteilen auch andere Wirtschaftsgüter erhält, deren gemeiner Wert den Buchwert des eingebrachten Betriebsvermögens übersteigt, hat die übernehmende Personengesellschaft das eingebrachte Betriebsvermögen mindestens mit dem gemeinen Wert der anderen Wirtschaftsgüter anzusetzen[633].

Das **Bewertungsrecht** wird **durch** die **übernehmende** und nicht durch die übertragende **Personengesellschaft** ausgeübt. Um Auseinandersetzungen zwischen den Gesellschaftern vorzubeugen, ist es zweckmäßig, bereits im Verschmelzungsvertrag vorzuschreiben, wie bei der Ausübung des Wahlrechts verfahren werden soll. Gesellschafter, gegen deren Interessen und Willen verstoßen wird, haben dann zumindest einen zivilrechtlichen Schadensersatzanspruch gegen die Organe der übernehmenden Personengesellschaft.

Schwierigkeiten bereitet jedoch der folgende Unterschied zwischen Gesellschafts-/Handelsrecht und Steuerrecht: Wird eine Personengesellschaft auf eine andere bestehende Personenhandelsgesellschaft verschmolzen, so erstreckt sich das Neubewertungsrecht nach § 24 UmwG nur auf das übergehende Vermögen und nicht auf das Vermögen der bestehenden Personengesellschaft, die das Vermögen übernimmt. Steuerlich sind jedoch beide Personengesellschaften als Einbringende mit der Folge zu betrachten, dass sowohl für das Vermögen der übertragenden wie das der übernehmenden Personengesellschaft ein Wahlrecht nach § 24 Abs. 2 Satz 1 UmwStG eröffnet wird. Die Verschmelzung durch Aufnahme wird deshalb steuerlich so behandelt, als sei sie eine Verschmelzung durch Neugründung iSv. § 2 Nr. 2 UmwG. Zur Vermeidung von Bewertungsdifferenzen zwischen dem übertragenen Vermögen und dem Vermögen des übernehmenden Rechtsträgers bietet es sich an, auch zivilrechtlich den Weg der Verschmelzung durch Neugründung zu gehen. Dies setzt voraus, dass die Transaktionskosten – wie zB Grunderwerbsteuer – keine übermäßige Hürde darstellen.

Das steuerliche **Bewertungsrecht** ist für das übergehende Vermögen **einheitlich** auszuüben. Vor dem Hintergrund dieses Grundsatzes gewinnt die Problemstellung Bedeutung, ob ein Betrieb oder jeweils Mitunternehmeranteile bei einer Verschmelzung als eingebracht gelten. Die Streitfrage kann aber auch hier offen bleiben, da sich der Grundsatz der einheitlichen Ausübung des Bewertungswahlrechts im Ergebnis jeweils nur auf das Betriebsvermögen eines einzelnen Mitunternehmers erstreckt.

Die Neubewertungsmöglichkeit in der Handelsbilanz der übernehmenden Personengesellschaft nach § 24 UmwG erstreckt sich hingegen (nur) auf das übergehende Vermögen im zivilrechtlichen Sinne und ist hinsichtlich dieses Vermögens einheitlich auszuüben. Diese handelsrechtliche Bewertung schlägt auf die steuerliche Gesamthandsbilanz auf Grund der Maßgeblichkeit durch; erst durch die jeweils spezifischen Ergänzungsbilanzen der einzelnen Mitunternehmer wird die einheitliche Bewertung auf der Ebene der Gesamthandsbilanz durchbrochen. Daher gilt der Grundsatz der einheitlichen Ausübung des steuerlichen Bewertungswahlrechts jeweils nur für die einzelnen Mitunternehmer und jeweils unter Gesamtschau von deren Anteil an der steuerlichen Gesamthandsbilanz, von Ergänzungsbilanz und ggf. Sonderbilanz.

Die einheitliche Ausübung des Bewertungswahlrechts bedeutet
– bei Buchwertfortführung,
   dass das gesamte Betriebsvermögen einschließlich des Sonderbetriebsvermögens im Saldo aus Gesamthandsbilanz, Ergänzungsbilanz und ggf. einer Sonderbilanz eines Gesellschafters nach der Verschmelzung ebenso hoch bewertet ist wie in der steuerlichen Übertragungsbilanz,
– bei Bewertung zu gemeinen Werten,

---

[632] § 24 Abs. 2 Satz 2 UmwStG.
[633] § 24 Abs. 2 Satz 3 iVm. § 20 Abs. 2 Satz 3 UmwStG.

dass für die gesamten eingebrachten Wirtschaftsgüter, einschließlich bisher nicht bilanzierter immaterieller Wirtschaftsgüter, jeweils gemeine Werte zu ermitteln und anzusetzen sind,
– bei einem Zwischenwertansatz,
dass die einzelnen Wirtschaftsgüter gleichmäßig und verhältnismäßig aufzustocken sind.

367 Eine differenzierte Wertaufstockung in dem Sinne, dass (schnell) abschreibbare Wirtschaftsgüter im Wert aufgestockt und für andere Wirtschaftsgüter die Buchwerte beibehalten werden, ist nach allgM unzulässig[634].

368 Die **Obergrenze** bei der Ausübung des Bewertungswahlrechts bildet der jeweils einzeln ermittelte **gemeine Wert** eines jeden Wirtschaftsguts. Bei einem Ansatz von Zwischenwerten brauchen selbst geschaffene immaterielle Wirtschaftsgüter nicht berücksichtigt zu werden[635]. Bei einem Teilwertansatz sind hingegen auch die selbst geschaffenen **immateriellen Wirtschaftsgüter** einschließlich eines Geschäfts- oder Firmenwerts zu bewerten und anzusetzen[636].

369 Eine Buchwertfortführung kann mit verschiedenen Methoden erreicht werden.

370 Es können erstens die Kapitalkonten in der steuerlichen Gesamthandsbilanz je nach der gewünschten gesellschaftsrechtlichen Beteiligungsquote festgesetzt werden und Mehr- oder Minderwerte für die einzelnen Gesellschafter in positiven oder negativen Ergänzungsbilanzen erfasst werden.

371 Alternativ kann das gesamte bisherige Eigenkapital der zu verschmelzenden Personenhandelsgesellschaften je nach der gewünschten gesellschaftsrechtlichen Beteiligungsquote auf die Gesamthand der Gesellschafter im Wege des Kapitalkontenausgleichs neu verteilt werden. Der jeweilige Zu- bzw. Abgang an Eigenkapital des einzelnen Gesellschafters wird dann durch negative Ergänzungsbilanzen im Fall des Zugangs und positive Ergänzungsbilanzen im Fall des Abgangs kompensiert.

372 Beide Lösungen können jedoch in Konflikt mit handelsrechtlichen Regelungen stehen, nach denen beim übernehmenden Rechtsträger (im Fall der Verschmelzung durch Aufnahme) in der handelsrechtlichen Gesamthandsbilanz keine Neubewertung erfolgen darf.

373 **e) Besteuerung des Einbringungsgewinns.** § 24 Abs. 3 Satz 1 UmwStG erklärt im Wege der Fiktion denjenigen Wert, mit dem die übernehmende Personengesellschaft das eingebrachte Betriebsvermögen ansetzt, zum Veräußerungspreis des Einbringenden. Der **Einbringungsgewinn** ergibt sich aus der Differenz zwischen Buchwert des eingebrachten Vermögens beim Einbringenden und dem fiktiven Veräußerungspreis abzüglich möglicher Kosten, die mit der Einbringung verbunden sind. Der Einbringungsgewinn ist steuerpflichtig. Dabei gilt für die

374 **Einkommensteuer:** Wird das eingebrachte Betriebsvermögen **nicht zum gemeinen Wert angesetzt,** unterliegt der Gewinn der normalen Einkommensbesteuerung.

375 Wird das eingebrachte Betriebsvermögen hingegen zum gemeinen Wert angesetzt, greifen Steuervergünstigungen, die gewissen Einschränkungen unterliegen, ein[637]. UE kommt eine Anwendung des § 34 Abs. 3 EStG unter den dort genannten Voraussetzungen in Betracht, wenn kein „Verkauf an sich selbst" iSd. § 16 Abs. 2 Satz 3 EStG vorliegt. Diese Regelung birgt erhebliches Streitpotenzial bei der Berechnung der Quote („soweit") des nichtbegünstigten Gewinns in sich[638].

376 Die Finanzverwaltung weicht hier aus profiskalischen Gründen von ihrer Auffassung, der einzelne Gesellschafter sei Einbringender, ab und meint, bei der Betrachtung, ob eine Ver-

---

[634] Zum Ganzen: *Schmitt* in Schmitt/Hörtnagl/Stratz § 24 UmwStG Rn 169 ff.; *Schlößer* in Haritz/Benkert § 24 UmwStG Rn 96.
[635] Tz. 24.13 iVm. Tz. 22.08 UmwStE.
[636] Tz. 24.4 iVm. Tz. 22.11 UmwStE.
[637] § 24 Abs. 3 Satz 2 UmwStG.
[638] *Schmitt* in Schmitt/Hörtnagl/Stratz § 24 UmwStG Rn 264 f.

äußerung an sich selbst vorliege, sei nicht auf den einzelnen Gesellschafter, sondern auf die Gesellschafter in ihrer gesamthänderischen Verbundenheit abzustellen[639].

Beispiel[640]:
An einer OHG sind vier Gesellschafter zu je 25% beteiligt. Die OHG soll auf eine KG mit nur einem Kommanditisten und einer nicht vermögensmäßig beteiligten Komplementär-GmbH verschmolzen werden, so dass bei der übernehmenden KG alle Gesellschafter (mit Ausnahme der Komplementärin) anschließend zu je 20% beteiligt sind. Die Einbringung erfolgt steuerlich zum Teilwertansatz.

Lösung nach BMF für die Gesellschafter der OHG:
Jeder Gesellschafter gibt 1/5 seiner Beteiligung an den bisherigen Kommanditisten ab, veräußert also 4/5 an sich selbst. Der aufgrund des Ansatz des gemeinen Werts entstehende Gewinn ist für jeden der Gesellschafter der OHG in Höhe von 4/5 nicht begünstigt und unterliegt zudem der Gewerbesteuer[641].

Lösung unter der Annahme, der einzelne Gesellschafter der OHG sei Einbringender:
Nur in Höhe von jeweils 1/5 liegt ein nicht begünstigter laufender Gewinn vor, denn jeweils 4/5 des Betriebsvermögens eines jeden einzelnen Gesellschafters sind an die anderen Gesellschafter der KG veräußert worden[642].

Körperschaftsteuer: Der Einbringungsgewinn unterliegt der Körperschaftsteuer, Steuerermäßigungen greifen nicht ein.

Gewerbesteuer: Soweit wegen § 24 Abs. 3 UmwStG laufender Gewinn entsteht („Verkauf an sich selbst"), unterliegt er auch der Gewerbesteuer. Ansonsten ist der Einbringungsgewinn steuerfrei. Dies gilt für Einbringende, die natürliche Personen sind. Sind die einbringenden Mitunternehmer Kapitalgesellschaften, greift nunmehr § 7 S. 2 GewStG ein.

Gewerbesteuerliche Verlustvorträge gehen insoweit über, wie Unternehmens- und Unternehmeridentität vorliegen. Einbringungsvorgänge, die zu einem Wechsel im Gesellschafterbestand führen, sind als partieller Unternehmerwechsel zu qualifizieren. Ein im Zeitpunkt der Einbringung bestehender gewerbesteuerlicher Verlustvortrag kann deshalb lediglich vom Einbringenden und nur in der Höhe seiner Beteiligung an der übernehmenden Personengesellschaft verwertet werden[643].

f) Sonstige Auswirkungen der Verschmelzung. Die sonstigen steuerlichen Auswirkungen der Verschmelzung sind im Wesentlichen davon abhängig, in welcher Weise das übergehende Betriebsvermögen nach § 24 Abs. 2 UmwStG – Buchwert, Zwischenwert, gemeiner Wert – angesetzt wird.

Bei einem Buchwertansatz gelten die §§ 24 Abs. 4, 23 Abs. 1, 4 Abs. 2 Satz 3, 12 Abs. 3 erster Halbsatz UmwStG mit der Folge, dass steuerlich u. a. eine Rechtsnachfolge eintritt für
– die Anrechnung von Besitzzeiten;
– AfA, erhöhte Absetzungen und Sonderabschreibungen[644];
– den steuerlichen Gewinn mindernde Rücklagen;
– die Anwendung von § 6 Abs. 1 Nr. 2 Satz 2 und 3 EStG.

Bei einem Zwischenwertansatz gelten die §§ 24 Abs. 4, 23 Abs. 3 und 12 Abs. 3 erster Halbsatz UmwStG mit den besonderen in § 23 Abs. 3 UmwStG enthaltenen Maßgaben, die die AfA betreffen.

---

[639] Tz. 24.16 UmwStE.
[640] Dem Beispiel im UmwStE Tz. 24.16 nachgebildet.
[641] So auch die entsprechende Lösung bei *Wacker* in Schmidt § 16 EStG Rn 111.
[642] Vgl. *Schlößer* in Haritz/Benkert § 24 UmwStG Rn 152.
[643] BFH vom 3. 5. 1993 – GrS 2/92 – BStBl. II 1993, S. 616; *Bordewin* DStR 1995, 313; *Schmitt* in Schmitt/Hörtnagl/Stratz § 24 UmwStG Rn 258; aA *Söffing* DB 1994, 1488.
[644] Zu Sonder-AfA nach FördG siehe *BMF* vom 14. 7. 1995, BStBl. I 1995, S. 374.

383 Bei einem Ansatz des gemeinen Werts differenziert das Gesetz zwischen Gesamtrechtsnachfolge, die bei Verschmelzungen nach dem UmwG stets gegeben ist, und Einzelrechtsnachfolge.

384 Eine Einzelrechtsnachfolge ist steuerlich als Anschaffung einzuordnen, während die Gesamtrechtsnachfolge mit Ansatz des gemeinen Werts ebenso wie ein Zwischenwertansatz zu behandeln ist.

385 Darüber hinaus verweisen die §§ 24 Abs. 4, 23 Abs. 6 UmwStG noch auf die Vorschriften über den Einbringungsfolgegewinn[645].

385a Das SEStEG hat § 24 UmwStG um einen neuen Abs. 5 ergänzt. Dort ist der Fall geregelt, dass eine nicht nach § 8 b Abs. 2 KStG begünstigte Person, d.h. insbesondere eine natürliche Person, eine Beteiligung an einer begünstigten Körperschaft (in der Praxis regelmäßig Kapitalgesellschaft) einbringt, an der als Mitunternehmer Personen beteiligt sind, die in den Genuss der Begünstigungen nach § 8 b Abs. 2 KStG kommen, wie zB. Kapitalgesellschaften[646]. Da es in diesen Fällen zu steuerbegünstigten Veräußerungsgewinnen dann kommen kann, wenn die aufnehmende Personengesellschaft die eingebrachte Beteiligung an der Kapitalgesellschaft veräußert[647], sieht § 24 Abs. 5 UmwStG vor, dass die §§ 22 Abs. 2, 3, 5, 7 UmwStG entsprechend gelten, soweit der Gewinn aus der Veräußerung der eingebrachten Beteiligung auf einen von § 8 b Abs. 2 KStG begünstigten Mitunternehmer entfällt[648]. Daher kommt es regelmäßig bei Verschmelzungen zwischen Personengesellschaften, zu deren Betriebsvermögen Kapitalgesellschaftsbeteiligungen gehören, zur Ermittlung eines sog. Einbringungsgewinns II, wenn innerhalb der ersten sieben Jahre eine Veräußerung der eingebrachten Beteiligung stattfindet, soweit an der aufnehmenden Personengesellschaft Kapitalgesellschaften beteiligt sind.

B. Spaltung

I. Übersicht

1. Das zivilrechtliche Konzept

386 Das UmwG 1995 regelt in seinem Dritten Buch die **Spaltung** von Vermögensteilen von einem Rechtsträger auf andere Rechtsträger im Wege einer sog. partiellen Gesamtrechtsnachfolge[649]. Die Spaltung kann auf bereits bestehende Rechtsträger (Spaltung zur Aufnahme) und auf dadurch neu gegründete Rechtsträger (Spaltung zur Neugründung) erfolgen.

387 Die Spaltung nach dem UmwG erfasst die Aufspaltung[650], die Abspaltung[651] und die Ausgliederung[652].

388 Zivilrechtlich kommt die Spaltung eines einzelnen Vermögensgegenstands ebenso in Betracht wie die Spaltung von qualifizierten Vermögensmassen[653].

389 Daher ist die Begründung einer sog. **Betriebsaufspaltung** nach dem UmwG ebenso möglich wie im Wege der Einzelrechtsnachfolge[654]. Kennzeichen der Betriebsaufspaltung

---

[645] § 6 Abs. 1 und 3 UmwStG.
[646] Beispiel bei *Dötsch / Pung* DB 2006, 2763, 2772.
[647] Nach § 8 b Abs. 2 KStG iVm. § 8 b Abs. 3 Satz 1 KStG in Höhe von 95 %, soweit der Veräußerungsgewinn auf die Kapitalgesellschaft als Mitunternehmerin entfällt.
[648] Dazu *Benz / Rosenberg* in *Blumenberg / Schäfer* SEStEG S. 214 ff. mit Beispielen.
[649] Zur partiellen Gesamtrechtsnachfolge siehe § 123 Rn 2 ff.
[650] Dazu § 123 Abs. 1 UmwG.
[651] Dazu § 123 Abs. 2 UmwG.
[652] Dazu § 123 Abs. 3 UmwG.
[653] ZB Betriebe, Teilbetriebe, Beteiligungen an Personengesellschaften/Mitunternehmerschaften oder Kapitalgesellschaften, siehe *Kallmeyer* in Kallmeyer § 123 Rn 1.
[654] Dazu nur *Kallmeyer* in Kallmeyer § 123 Rn 21.

ist, dass wesentliche Vermögensteile bei dem spaltenden Unternehmen zurückbleiben und der Gesellschaft, die den Betrieb führt, zur Nutzung überlassen werden. Es entsteht also ein Doppelunternehmen, bei dem die sog. Besitzgesellschaft wesentliche Wirtschaftsgüter hält und eine sog. Betriebsgesellschaft (regelmäßig Kapitalgesellschaft) den Betrieb führt und die wesentlichen Wirtschaftsgüter von der Besitzgesellschaft mietet oder pachtet[655].

Der Kreis der spaltungsfähigen Rechtsträger ist weit gezogen und an dem Kreis der verschmelzungsfähigen Rechtsträger in § 3 UmwG orientiert[656]. **390**

Die drei Spaltungsarten stehen nicht allgemein in allen Spaltungsfällen zur Verfügung. Es ist regelmäßig sorgfältig zu prüfen, ob und inwieweit bei Beteiligung verschiedener Rechtsträger eine bestimmte Spaltungsart möglich ist[657]. **391**

Die Spaltung des von einem Einzelkaufmann betriebenen Unternehmens, dessen Firma im Handelsregister eingetragen ist, oder von Teilen desselben kann nur in Form der Ausgliederung vollzogen werden, und nur zur Aufnahme dieses Unternehmens oder Unternehmensteils durch Personenhandelsgesellschaften, Kapitalgesellschaften oder eingetragene Genossenschaften oder zur Neugründung von Kapitalgesellschaften[658]. **392**

Das Spaltungsrecht ist quasi das Gegenstück zur Verschmelzung von Rechtsträgern ("umgekehrte Verschmelzung"). Es ist daher konsequent, wenn das UmwG auf die Vorschriften des Verschmelzungsrechts verweist, die zu einem großen Teil im Spaltungsrecht entsprechend anwendbar sind[659]. **393**

Dem Rechtsanwender bleibt es unbenommen, die von ihm angestrebte Struktur auch nach den allgemeinen Vorschriften, zB im Wege der Einzelrechtsnachfolge, zu gestalten. Dies ist zB in Ausgliederungsfällen eine echte Alternative zur Ausgliederung nach dem UmwG. Denn in der Praxis haben sich die haftungsrechtlichen Regelungen in § 133 UmwG als Spaltungsbremse entpuppt[660]. Eine Ausgliederung durch Einzelrechtsnachfolge (sog. interner *asset deal*) kann daher eine sinnvolle Alternative sein. **394**

2. Das steuerliche Spaltungsrecht

a) Die Spaltung nach dem UmwStG. Das UmwStG enthält anders als das zivilrechtliche UmwG keine in sich abgeschlossene Regelung, die alle zivilrechtlich möglichen Spaltungsarten umfasst. Der Rechtsanwender muss vielmehr differenzieren: **395**
– nach der Art der Spaltung (Auf- oder Abspaltung oder Ausgliederung);
– nach der Form des spaltenden und übernehmenden Rechtsträgers (Körperschaft, Personengesellschaft, natürliche Person) und
– nach dem Spaltungsobjekt (qualifiziert oder nicht qualifiziert[661]).

---

[655] Der Begriff der Betriebsaufspaltung stammt aus dem Steuerrecht, dazu mit Einzelheiten *Wacker* in Schmidt § 15 EStG Rn 800 ff.; die Übertragung einzelner Wirtschaftsgüter zu Buchwerten auf eine Betriebspersonengesellschaft ist nach § 6 Abs. 5 Satz 3 EStG möglich, nicht aber die Übertragung auf eine Betriebskapitalgesellschaft. Dies wird aber zu Recht von *Schmidt* in Schmidt[23] § 15 EStG Rn 877 gefordert. AA *Wacker* in Schmidt[26], § 15 EStG Rn 877.

[656] Vgl. § 124 iVm. § 3 Abs. 1 UmwG.

[657] Vgl. zB § 151 UmwG, der die Spaltung unter Beteiligung von Versicherungsvereinen auf Gegenseitigkeit nur durch Aufspaltung oder Abspaltung und nur in der Weise zulässt, dass die Teile eines übertragenden Vereins auf andere bestehende oder neue Versicherungsvereine auf Gegenseitigkeit oder auch Versicherungs-Aktiengesellschaften übergehen. Darüber hinaus kommt für einen VVaG nur die Ausgliederung eines Vermögensteils auf eine bestehende oder neue GmbH in Betracht, sofern keine Übertragung von Versicherungsverträgen damit verbunden ist, § 151 Satz 2 UmwG.

[658] Vgl. § 152 UmwG.

[659] § 125 UmwG.

[660] Im Einzelnen siehe § 133 Rn 1 ff.; *Kallmeyer* in Kallmeyer § 123 Rn 16 mit Vergleich der Ausgliederung nach UmwG und durch Einzelrechtsnachfolge.

[661] D. h. einzelne Wirtschaftsgüter.

396 Das Verständnis der Spaltung als umgekehrte Verschmelzung drückt sich auch in der Systematik des UmwStG aus. Prinzipiell sind die Vorschriften, die die steuerlichen Folgen der Verschmelzung eines Rechtsträgers auf einen anderen Rechtsträger regeln, auch für die steuerliche Behandlung einer Spaltung einschlägig. Dies sei in folgender Übersicht hervorgehoben:

– Die **Verschmelzung zwischen Körperschaften** ist in den §§ 11 bis 13, 19 UmwStG geregelt. Gleiches gilt über § 15 Abs. 1 UmwStG auch für die Aufspaltung und Abspaltung (sowie Vermögensübertragung in Form der Teilübertragung nach § 174 Abs. 2 UmwG) von einer Körperschaft auf eine andere Körperschaft. Nicht erfasst ist aber die Ausgliederung, die als Einbringung nach §§ 20, 21 UmwStG verstanden wird. Zu beachten ist, dass § 15 Abs. 1 (hinsichtlich der Definition des Spaltobjekts „Teilbetrieb") und § 15 Abs. 2 UmwStG (hinsichtlich gesetzlicher Missbrauchsfälle) spaltungsspezifische Regelungen enthalten.

– Die **Verschmelzung einer Körperschaft** auf eine Personengesellschaft oder natürliche Person ist in den §§ 3 bis 8, 10, 18 UmwStG geregelt. Gleiches gilt über § 16 UmwStG auch für die Aufspaltung oder Abspaltung von einer Körperschaft auf eine Personengesellschaft. Nicht erfasst ist die Ausgliederung, die als Einbringung verstanden wird und § 24 UmwStG untersteht. § 16 UmwStG verweist ebenfalls auf § 15 UmwStG und damit insbesondere auf die Definition des Teilbetriebs in § 15 Abs. 1 UmwStG und auf die gesetzlichen Missbrauchsfälle in § 15 Abs. 2 UmwStG[662].

– Die **Verschmelzung von Personengesellschaften** auf Kapitalgesellschaften ist als Einbringungsfall den §§ 20 bis 23 UmwStG unterstellt. Gleiches gilt auch für die Spaltung (Aufspaltung, Abspaltung, Ausgliederung) von Vermögen aus einer Personengesellschaft auf eine Kapitalgesellschaft. Die Ausgliederung eines Unternehmens bzw. Unternehmensteils durch einen Einzelkaufmann ist ebenfalls ein Einbringungsfall nach §§ 20 ff. UmwStG[663].

– Die **Verschmelzung von Personengesellschaften auf Personengesellschaften** wird als Einbringung angesehen und ist in § 24 UmwStG geregelt. Gleiches gilt für die Spaltung (Aufspaltung, Abspaltung, Ausgliederung) von Vermögen einer Personengesellschaft auf eine andere Personengesellschaft.

397 Diese Übersicht zeigt, dass je nach Spaltungsfall unterschiedliche Regelungskomplexe des UmwStG eingreifen oder – sofern der zivilrechtlich mögliche Spaltungsfall im UmwStG nicht geregelt ist – die allgemeinen Vorschriften. Ziel des UmwStG ist es, zivilrechtlich mögliche Spaltungen auch nicht durch steuerliche Belastungen zu behindern. Dabei handelt es sich aber nicht um ein allgemeines, tragendes Prinzip des steuerlichen Spaltungsrechts. Eine Steuerneutralität ist immer nur dann gegeben, wenn auch die gesetzlichen Voraussetzungen der einschlägigen Tatbestände vorliegen.

398 Gemeinsamer Nenner des umwandlungssteuerrechtlichen Spaltungsrechts ist es, die Steuerneutralität[664] des Vorgangs an die Übertragung von qualifiziertem Vermögen zu binden. Qualifizierte Spaltobjekte sind regelmäßig Betriebe, Teilbetriebe, Mitunternehmeranteile oder 100%-Beteiligungen an Kapitalgesellschaften[665] bzw. mehrheitsvermittelnde Anteile an

---

[662] Inwieweit durch den pauschalen Verweis auf „§ 15 UmwStG" auch auf die §§ 11 bis 13 UmwStG weiter verwiesen wird, ist streitig: siehe *Haritz* in Haritz/Benkert § 16 UmwStG Rn 12; *Hörtnagl* in Schmitt/Hörtnagl/Stratz § 16 UmwStG Rn 15.

[663] Ebenso die Ausgliederung von Vermögen aus einer Körperschaft auf eine Kapitalgesellschaft.

[664] Steuerneutralität iSv. Übertragung von Vermögen zu Buchwerten und damit ohne Gewinnrealisierung; dieser Fall wird in der Praxis regelmäßig angestrebt, die Umstände des Einzelfalls können aber auch so liegen, dass eine Übertragung zu höheren als den Buchwerten sinnvoll sein kann, zB bei Verlustvorträgen.

[665] So dezidiert § 15 Abs. 1 Satz 3 UmwStG, auch § 24 UmwStG sieht als fiktiven Teilbetrieb nur die 100%-ige Beteiligung an.

Kapitalgesellschaften[666]. Mit anderen Worten: Die Spaltung von einzelnen Wirtschaftsgütern ist aufgrund des UmwStG nicht begünstigt[667].

Das steuerliche Spaltungsrecht erlaubt eine bis zu 8-monatige Rückwirkung der steuerlichen Folgen einer Spaltung. Dies gilt für die Fälle der §§ 15, 16 UmwStG über § 2 Abs. 1 UmwStG[668] und für Einbringungsfälle nach §§ 20 Abs. 5, 6 UmwStG und § 24 Abs. 4 UmwStG[669]. 399

Interessanterweise hat der Gesetzgeber für die Auf- und Abspaltung von Vermögen aus einer Körperschaft auf eine andere Körperschaft oder Personengesellschaft eigenständige gesetzliche Missbrauchstatbestände geschaffen[670]. Tragender Gedanke ist, dass in Spaltungsfällen die Fortsetzung der unternehmerischen Tätigkeit im Gesellschafterkreis des übertragenden Rechtsträgers auch bei dem übernehmenden Rechtsträger gesichert werden soll[671]. 400

Die Spaltungen, die dem steuerlichen Einbringungsrecht unterliegen[672], kennen dagegen keine ausdrücklich im UmwStG geregelten Missbrauchstatbestände[673]. 401

Durch das SEStEG wurde das UmwStG wesentlich geändert, insbesondere der Anwendungsbereich auf Umstrukturierungen innerhalb der EU/EWR erweitert und als Regelfall die Bewertung des übertragenden Vermögens zum gemeinen Wert festgeschrieben; auf Antrag kommt der zur Steuerneutralität führende Buchwert oder ein (Zwischen-)Wert in Betracht. Ferner wurden insbesondere für den Fall des Vermögensübergangs von einer Körperschaft auf eine Personengesellschaft und des Vermögensübergangs auf eine Kapitalgesellschaft oder Genossenschaft bisher bekannte Konzepte durch neue Konzepte ersetzt[674]. Diese Änderungen strahlen auch auf das steuerliche Spaltungsrecht aus. Das SEStEG ließ aber die in den §§ 15, 16 UmwStG geregelte Spaltung im Wesentlichen unangetastet, sodass insbesondere auch die spaltungshindernden Vorschriften in § 15 Abs. 2 UmwStG (vormals § 15 Abs. 3 UmwStG aF) weiterleben. 401a

b) Umstrukturierungsmöglichkeiten außerhalb des UmwStG. Der Blick für steuerneutral mögliche Spaltungen darf nicht auf das UmwStG verengt werden. Auch das allgemeine Steuerrecht enthält gesetzliche Bestimmungen und Institute, die steuerneutrale Umstrukturierungen erlauben. Dies betrifft alle Spaltungsarten. Insbesondere in den Fällen, in denen ein qualifiziertes Spaltobjekt (Betrieb, Teilbetrieb, Mitunternehmeranteil, Kapitalgesellschaftsbeteiligung) fehlt, d. h. einzelne Wirtschaftsgüter übertragen werden sollen, die keinen Teilbetrieb darstellen, ist regelmäßig zu prüfen, ob die Umstrukturierung nicht aufgrund anderer Vorschriften erreicht werden kann[675]. 402

Bis zum 31. 12. 1998 hatte der Steuerpflichtige die Möglichkeit, einzelne Wirtschaftsgüter bei Begründung einer **Betriebsaufspaltung** oder während des Bestehens einer Betriebsaufspaltung steuerneutral auf eine Betriebskapitalgesellschaft zu übertragen[676]. Diese 403

---

[666] So dezidiert § 21 Abs. 1 Satz 2 UmwStG.
[667] Bei Vorliegen der Voraussetzungen, aber bei Übertragungen zwischen Mitunternehmer und Mitunternehmerschaft nach § 6 Abs. 5 EStG S. 3 ff.
[668] IVm. § 17 Abs. 2 UmwG; zum steuerlichen Übertragungsstichtag umfassend Tz. 02.01 UmwStE.
[669] Bei § 24 Abs. 4 UmwStG ist zu beachten, dass Einbringungen im Wege der Einzelrechtsnachfolge nicht der achtmonatigen Rückwirkung unterliegen. Auch bei einem Anteilstausch nach § 21 UmwStG sieht das neue UmwStG keine Rückwirkung vor.
[670] § 15 Abs. 2 UmwStG.
[671] Siehe *Haritz* in Haritz/Benkert § 15 UmwStG Rn 71; das Anknüpfen an qualifizierte Spaltobjekte dagegen soll verhindern, dass einzelne Wirtschaftsgüter steuerneutral gespalten werden.
[672] Nach den §§ 20, 24 UmwStG.
[673] In diesen Fällen kommt allenfalls der allgemeine Missbrauchsgedanke in § 42 AO zum Tragen.
[674] ZB allgemeine Besteuerung offener Rücklagen, kein Übergang von Verlustvorträgen, nachgelagerte Besteuerung eines Einbringungsvorgangs, siehe dazu Übersicht in der Vorbemerkung zum Anh. UmwStG.
[675] ZB nach § 6 Abs. 5 EStG.
[676] Dazu *Wacker* in Schmidt § 15 EStG Rn 800 ff., 877 mwN.

Möglichkeit besteht gegenwärtig bei Übertragungen nicht mehr, da § 6 Abs. 6 Satz 2 EStG den Ansatz der Teilwerte verlangt. Während dies ursprünglich auch für die Übertragung auf eine Betriebspersonengesellschaft galt, ist für Übertragungen nach dem 31. 12. 2000 nach **§ 6 Abs. 5 Satz 3 EStG** in diesen Fällen wieder die Buchwertübertragung einzelner Wirtschaftsgüter möglich[677].

404 Im Unterschied zum früheren Recht unter dem sog. Mitunternehmererlass hat der Steuerpflichtige jedoch kein Wahlrecht zum Ansatz eines Buchwerts oder höheren Werts, sondern er muss zwingend den Buchwert ansetzen. Überdies enthält § 6 Abs. 5 Satz 3 ff. EStG eine Reihe von Einschränkungen.

405 c) **Die Geschichte des steuerlichen Spaltungsrechts im UmwStG.** Spaltungen von Körperschaften waren im UmwStG 1977 nicht geregelt und sind durch die §§ 15, 16 UmwStG erstmals in das UmwStG 1995 eingeführt worden. Inhaltlich knüpft § 15 UmwStG an den sog. **Spaltungserlass**[678] an[679]. § 16 UmwStG ist ohne Vorläufer. Durch § 15 UmwStG wird die sog. **Fusionsrichtlinie** in Teilen in nationales Recht umgesetzt.

406 Für Treuhandunternehmen sah das Gesetz über die Spaltung von Treuhandvermögen bereits eine partielle Gesamtrechtsnachfolge vor. Die Finanzverwaltung hat es akzeptiert, dass aus Billigkeitsgründen diese Spaltungen ertragsteuerneutral gestaltet werden konnten[680].

407 Das steuerliche Einbringungsrecht der §§ 20 ff., 24 UmwStG ist dagegen eine im UmwStG vertraute Materie. Das UmwStG 1995 hat die Regelungen des UmwStG 1977 im Wesentlichen übernommen. Die nach dem **SEStEG** eingefügten Änderungen im UmwStG wirken sich auch auf das steuerliche Spaltungsrecht aus, zB durch den erweiterten Kreis der erfassten Rechtsträger innerhalb des EU-/EWR-Raums, dem grundsätzlichen Ansatz des gemeinen Werts sowie des Ausschlusses des Übergangs der Verlustvorträge. Rein spaltungsspezifische Besonderheiten blieben durch das SEStEG unangetastet.

3. Gang der Darstellung

408 Im Folgenden werden die Einzelnen nach dem UmwG möglichen Spaltungsvarianten steuerlich analysiert. Dies geschieht in Form eines Überblicks über Wesentliche steuerliche Aspekte[681]. Zunächst werden die steuerlichen Folgen der Spaltung aus Körperschaften auf Körperschaften dargestellt, anschließend die Spaltung von Kapitalgesellschaften und Personengesellschaften auf Personengesellschaften. Abgeschlossen wird die Übersicht mit den steuerlichen Folgen bei Spaltungen aus Personengesellschaften auf Kapitalgesellschaften einschließlich der Ausgliederung von Vermögen durch einen Einzelkaufmann und durch Körperschaften auf Körperschaften/Kapitalgesellschaften.

II. Spaltung aus einer Körperschaft auf eine Körperschaft

1. Allgemeines

409 a) **Überblick.** Das Dritte Buch des UmwG regelt in den §§ 123 ff. UmwG die Spaltung eines Rechtsträgers in Form der Aufspaltung, der Abspaltung und der Ausgliederung, und zwar entweder zur Aufnahme auf einen bereits bestehenden Rechtsträger oder zur Neugründung auf einen dadurch neu gegründeten Rechtsträger.

---

[677] Siehe *Glanegger* in Schmidt § 6 EStG Rn 532.
[678] BMF vom 9. 1. 1992, BStBl. I 1992 S. 47.
[679] Dazu *Haritz* in Haritz/Benkert § 15 UmwStG Rn 8, 9; vgl. auch Rn 439.
[680] BMF vom 8. 5. 1991, BStBl. I 1991 S. 743; mit Einzelheiten *Haritz* in Haritz/Benkert § 15 UmwStG Rn 10 ff., dort auch zu der Frage, ob diese Verwaltungsregelung zum 1. 1. 1995 durch das UmwStG 1995 außer Kraft getreten ist oder nicht.
[681] Für weiterführende Details siehe die einschlägige Kommentarliteratur.

Die **Vermögensübertragung in Form der Teilübertragung** nach § 174 Abs. 2 UmwG kommt nur zur Aufnahme auf einen oder mehrere bestehende Rechtsträger in Betracht. 410

Nachfolgend werden die Folgen der steuerlichen **Auf- und Abspaltung** aus einer Körperschaft auf eine andere Körperschaft[682] vorgestellt. Dafür hält der Fünfte Teil des UmwStG in **§ 15 UmwStG** iVm. §§ 11 bis 13, 19 spezielle Regelungen bereit. 411

Die **Ausgliederung** von Vermögen nach § 123 Abs. 3 UmwG in eine Körperschaft bzw. Kapitalgesellschaft ist dort nicht geregelt. Einschlägig ist dafür der Sechste Teil des UmwStG, d. h. **§§ 20 ff. UmwStG**[683]. Das steuerliche Einbringungsrecht des Sechsten Teils des UmwStG wird iRd. Verschmelzung einer Personengesellschaft auf eine Körperschaft/Kapitalgesellschaft und der Spaltung aus einer Personengesellschaft auf eine Körperschaft/Kapitalgesellschaft behandelt[684]. Die dortigen Ausführungen gelten entsprechend, so dass hier von einer gesonderten Darstellung der Ausgliederung von Vermögen auf eine Körperschaft/Kapitalgesellschaft abgesehen werden kann. 412

Neben der Auf- und Abspaltung erfasst § 15 UmwStG auch die **Vermögensübertragung** in Form der **Teilübertragung** nach § 174 Abs. 2 UmwG[685]. Soweit im Folgenden nicht besonders erwähnt, gelten die Ausführungen zur Spaltung entsprechend für die Vermögensübertragung in Form der Teilübertragung. 413

Die spaltungsrechtlichen Vorschriften des UmwStG dienen wie bei der Verschmelzung dem Ziel des UmwG, Umstrukturierungen auch in Form von Spaltungen zu erleichtern. Dazu sieht das steuerliche Spaltungsrecht die Möglichkeit vor, Vermögensübertragungen im Wege der partiellen Gesamtrechtsnachfolge steuerneutral zu vollziehen. Gäbe es die Vorschriften des UmwStG nicht, würden die allgemeinen Vorschriften eingreifen, so dass anlässlich des Vermögensübergangs durch eine Spaltung (u. a.) regelmäßig stille Reserven aufzulösen wären. Das Ziel, steuerneutrale Spaltungen zwischen Körperschaften zu ermöglichen, regelt § 15 UmwStG dadurch, dass es die §§ 11 bis 13 UmwStG für entsprechend anwendbar erklärt, wenn eine Körperschaft aufgespalten wird und dabei Teilbetriebe übertragen werden oder ein Teilbetrieb abgespalten wird und dabei ein Teilbetrieb zurückbleibt[686]. 414

Die Steuerneutralität ist daran geknüpft, dass eine qualifizierte Vermögensmasse in Form eines Teilbetriebs übertragen wird. Die Spaltung einzelner Wirtschaftsgüter ist daher steuerneutral nicht möglich. Das steuerliche Spaltungsrecht unterscheidet sich daher von der umwandlungsrechtlichen Spaltung. Dort ist es anerkannt, dass auch einzelne Vermögensgegenstände[687] im Wege der partiellen Gesamtrechtsnachfolge übertragen werden können. Da in der Praxis regelmäßig eine steuerneutrale Spaltung angestrebt wird, ist bereits iRd. zivilrechtlichen Gestaltung darauf zu achten, dass eine entsprechend qualifizierte Spaltmasse übertragen wird. 415

Die Auf- und Abspaltungen zwischen Körperschaften werden – wie im UmwG – als umgekehrte Fälle der Verschmelzung angesehen. Durch den Verweis auf die §§ 11 bis 13 UmwStG in § 15 Abs. 1 UmwStG ist wiederum zwischen drei Ebenen zu unterscheiden: Der Ebene der übertragenden Körperschaft, der Ebene der übernehmenden Körperschaft und der Ebene der Anteilseigner. Der wesentliche Inhalt der §§ 15, 11 ff. UmwStG ist wie folgt: 416

---

[682] Insbes. von Kapitalgesellschaften, da sie in der Praxis regelmäßig an Spaltungsvorgängen beteiligt sind.
[683] Siehe Tz. 20.02 UmwStE.
[684] Siehe Rn 193 ff. und Rn 595 ff.
[685] Siehe § 174 Rn 14 ff.; zu steuerlichen Aspekten *Haritz* in Haritz/Benkert § 15 UmwStG Rn 3; *Hörtnagl* in Schmitt/Hörtnagl/Stratz § 15 UmwStG Rn 25 f.
[686] § 15 Abs. 1 UmwStG. Teilbetrieb umfasst „echte" Teilbetriebe und „fiktive" Teilbetriebe in Form von Mitunternehmerbeteiligungen und 100%-Beteiligungen an Kapitalgesellschaften, § 15 Abs. 1 Satz 3 UmwStG.
[687] Nach teilweise bestrittener, aber hM auch nur ein Vermögensgegenstand.

417 Die **übertragende** Körperschaft hat grundsätzlich das gespaltene Vermögen mit dem gemeinen Wert anzusetzen. Sie darf weiterhin die Buchwerte fortführen und somit die Auflösung stiller Reserven und einen Übertragungsgewinn vermeiden, wenn dieses Vermögen einen **Teilbetrieb** darstellt[688] und die übrigen Voraussetzungen von § 11 Abs. 2 UmwStG vorliegen[689].

418 Die **übernehmende** Körperschaft übernimmt das Vermögen mit den Wertansätzen in der steuerlichen Schlussbilanz der übertragenden Körperschaft und tritt in die Rechtsstellung der übertragenden Körperschaft ein. Anteilige Verlustvorträge der übertragenden Gesellschaft können durch die Änderungen durch das SEStEG nicht mehr fortgeführt werden. Ein eigener Übernahmegewinn oder -verlust bleibt steuerlich außer Ansatz[690].

419 Die **Anteilseigner** können ihre Anteile steuerneutral gegen Anteile an der übernehmenden Körperschaft tauschen, wenn u.a. das inländische Besteuerungsrecht gesichert ist; ansonsten gelten die Anteile als zum gemeinen Wert veräußert und die an ihre Stelle tretenden Anteile an der übernehmenden Körperschaft als mit diesem Wert angeschafft[691].

420 In bestimmten, vom Gesetzgeber als rechtsmissbräuchlich angesehenen Fällen[692] ist auf der Ebene der übertragenden Gesellschaft § 11 Abs. 2 UmwStG nicht anwendbar, so dass eine steuerneutrale Spaltung zu Buchwerten nicht möglich ist.

421 Die §§ 11 bis 13 und 15 UmwStG gelten auch für die Ermittlung des Gewerbeertrags und damit für die **Gewerbesteuer**[693].

422 Zu beachten ist, dass sich das UmwStG nur auf Ertragsteuern bezieht, nicht auf Verkehrs- und Verbrauchsteuern. Bei einer Spaltung kann bspw. **Grunderwerbsteuer** anfallen, wenn Grundstücke[694] oder Gesellschaftsbeteiligungen an Personen- oder sonstigen Gesellschaften, zu deren Vermögen Grundstücke gehören, übertragen werden[695].

423 Hinsichtlich der **Umsatzsteuer** ist zu differenzieren: Wenn ein echter Teilbetrieb übergeht, wird es sich regelmäßig um eine nicht steuerbare Geschäftsveräußerung iSv. § 1 Abs. 1 a UStG handeln, da der Teilbetrieb regelmäßig einen in der Gliederung eines Unternehmens gesondert geführten Betrieb darstellen wird[696]. Die Übertragung von Mitunternehmeranteilen ist ebenso wie die Übertragung von Kapitalgesellschaftsbeteiligungen steuerbar, aber prinzipiell umsatzsteuerbefreit[697]. Liegen die Voraussetzungen eines Teilbetriebs bzw. eines gesondert geführten Betriebs nicht vor, kann die Spaltung umsatzsteuerbar und -pflichtig sein.

424 Ergänzt werden die umwandlungssteuerlichen Vorschriften der §§ 15, 11 bis 13, 19 UmwStG zum einen durch § 2 UmwStG hinsichtlich des steuerlichen Übertragungsstichtags, zum anderen durch Vorschriften im Körperschaftsteuergesetz bezüglich des steuerlichen Eigenkapitalausweises[698].

425 b) Anwendungsbereich. Das Spaltungssteuerrecht der §§ 15, 11, 19 UmwStG gilt **nur** für Auf- und Abspaltungen iSd. § 1 UmwG, d. h. für Auf- und Abspaltungen nach § 123

---

[688] § 15 Abs. 1 UmwStG.
[689] Im Fall der Abspaltung muss auch das zurückbleibende Vermögen zu einem Teilbetrieb gehören bzw. einen Teilbetrieb darstellen, § 15 Abs. 1 Satz 2 UmwStG.
[690] §§ 15, 12 Abs. 2 UmwStG.
[691] § 15 Abs. 1 iVm. § 13 Abs. 2 bzw. Abs. 1 UmwStG.
[692] Siehe § 15 Abs. 2 UmwStG.
[693] § 19 Abs. 1 UmwStG; dazu *Haritz* in Haritz/Benkert § 19 UmwStG Rn 1 ff.
[694] Siehe § 1 Abs. 1 Nr. 3 GrErwStG und dazu nur *Pahlke/Franz* § 1 GrErwStG Rn 168, koord. Länder-Erlass FM BW vom 19. 12. 1997, BB 1998, 146 unter II., III.
[695] Beteiligung iSv. § 1 Abs. 2 a, 3 GrErwStG in Höhe von mind. 95%, dazu *Pahlke/Franz* § 1 GrErwStG Rn 168.
[696] Vgl. Abschnitt 5 (3) S. 3 UStR 2005.
[697] § 4 Nr. 8 f. UStG; vgl. Abschnitt 66 (1) UStR 2005; zum Ganzen nur *Husmann* in Rau/Dürrwächter § 1 UStG Rn 286.
[698] § 29 iVm. § 28 und § 40 Abs. 2, 3, 5, 6 KStG; dazu Rn 531 ff.

Abs. 1, 2 UmwG. Erfasst werden sowohl die Spaltung zur Neugründung als auch die Spaltung zur Aufnahme.

§ 15 UmwStG erfasst auch die Vermögensübertragung in Form der Teilübertragung nach § 174 Abs. 2 UmwG. Sie ist nur auf einen bestehenden Rechtsträger möglich. **426**

Umstrukturierungen, die nicht nach dem UmwG vollzogen werden, unterliegen nicht den genannten Vorschriften. Dies betrifft insbesondere „Spaltungen" durch Einzelrechtsübertragungen, die sich außerhalb des UmwG vollziehen. In diesen Fällen ist regelmäßig eine Gewinnrealisierung sowohl auf der Gesellschafts- als auch auf der Gesellschafterebene geboten[699]. **427**

Ausländische Vorgänge innerhalb der EU / des EWR sind vom Anwendungsbereich erfasst, wenn die ausländische Auf- oder Abspaltung mit den betreffenden Rechtsinstituten des UmwG vergleichbar sind[700] und sowohl der übertragende als auch übernehmende Rechtsträger nach den Rechtsvorschriften eines Mitgliedstaats der EU oder des EWR gegründet wurde und dort sowohl Sitz als auch Ort der Geschäftsleitung hat[701]. Eine Europäische Gesellschaft (SE) und eine Europäische Genossenschaft (SCE) gelten nach den Vorschriften des Staates gegründet, in dessen Hoheitsgebiet sich der Sitz der Gesellschaft befindet, sodass zB eine in Deutschland ansässige SE als deutsche AG gilt. **427a**

c) Spaltungsvarianten. Das Spaltungsrecht wird insbesondere dadurch komplex, da es sich um eine partielle Gesamtrechtsnachfolge handelt und zahlreiche Kombinationsmöglichkeiten[702] bestehen. Wie bei einer Verschmelzung gibt es u. a. einen *upstream split* (Spaltung auf die bereits beteiligte Gesellschaft), einen *downstream split* (Spaltung auf Tochtergesellschaften) oder einen *sidestream split* (Spaltung auf Schwestergesellschaften). **428**

Bei der Verschmelzung handelt es sich um eine universelle Gesamtrechtsnachfolge, während es sich bei der Spaltung um eine partielle Gesamtrechtsnachfolge handelt, die ihre eigenen Fragen und Implikationen enthält, die weder in § 15 noch in den §§ 11 bis 13 oder § 19 UmwStG geregelt sind[703]. **429**

d) Steuerbilanzen, steuerlicher Übertragungsstichtag. Nach dem UmwG ist die übertragende Körperschaft verpflichtet, auf den Übertragungsstichtag eine **Schlussbilanz** zu erstellen, da gem. § 125 UmwG die Vorschriften über die Verschmelzung, d. h. § 17 Abs. 2 UmwG, entsprechend gelten[704]. Da die Vorschriften über die Jahresbilanz entsprechend gelten, hat die übertragende Körperschaft das zu übertragende Vermögen regelmäßig mit seinen Buchwerten anzusetzen. **430**

Die übernehmende Körperschaft erfasst die übergehenden Vermögensgegenstände bei einer Spaltung durch Neugründung in ihrer Eröffnungsbilanz und bei Spaltung durch Aufnahme im ersten ordentlichen Jahresabschluss nach der Spaltung. Sie kann das übergehende Vermögen entweder zu ihren Buchwerten oder höheren (Verkehrs-)Werten ansetzen[705]. **431**

§ 15 Abs. 2 UmwStG aF schrieb vor, dass die übertragende Körperschaft eine **Steuerbilanz** auf den steuerlichen Übertragungsstichtag aufzustellen hat[706]. Eigenständige Bedeutung **432**

---

[699] Vgl. *Dötsch* in Dötsch u. a. § 15 UmwStG nF Rn 25 und zu Spaltungsstrukturierungen in Form der Einzelrechtsnachfolge in Rn 6 (Spaltungsmodell) und Rn 7 (Abspaltungsmodell); *Herzig/Förster* DB 1995, 338; *Herzig/Momen* DB 1994, 2157; siehe aber auch Rn 404 ff.
[700] § 1 Abs. 1 Satz 1 Nr. 1 Satz 1 UmwStG.
[701] § 1 Abs. 2 Satz 1 Nr. 1 Satz 1 UmwStG.
[702] Vgl. ausführlich *Sagasser/Sickinger* in Sagasser/Bula/Brünger N Rn 1 ff.
[703] Vgl. zu Details die instruktiven Ausführungen von *Haritz* in Haritz/Benkert § 15 UmwStG Rn 150.
[704] Umfassend zu Spaltungsbilanzen *Budde/Klingberg* in Budde/Förschle G Rn 100 ff. (Spaltungsschlussbilanz bei Aufspaltung), Rn 300 ff. (Abspaltungs- und Ausgliederungsbilanzen) und *Förschle/Hoffmann* in Budde/Förschle I Rn 1 ff. zur Übernahmebilanzierung. §§ 125, 24 UmwG.
[705] Siehe auch Rn 84 ff.
[706] Umfassend zu der Steuerbilanz *Hörtnagl* in Schmitt/Hörtnagl/Stratz § 15 UmwStG Rn 106 ff.

hat dies für Abspaltungen[707], da die abspaltende Körperschaft anders als bei der Aufspaltung nicht untergeht. § 15 UmwStG idF. SEStEG enthält keine Verpflichtung mehr, eine Steuerbilanz zu erstellen. Dies läßt sich künftig aus der entsprechenden Anwendung der §§ 11 Abs. 1, 2 UmwStG herleiten. In der steuerlichen Bilanz ist das gesamte, nicht nur das übergehende Vermögen zu erfassen[708]. In der Praxis wird regelmäßig eine eigene spaltungsbedingte Steuerbilanz nur dann erforderlich sein, wenn der steuerliche Übertragungsstichtag nicht mit dem regulären Bilanzstichtag übereinstimmt[709].

433 Die übernehmende Körperschaft behandelt entsprechend der handelsbilanziellen Vorgabe bei einer Spaltung zur Neugründung den Vermögensübergang in der steuerlichen Eröffnungsbilanz und bei Spaltung zur Aufnahme als laufenden Geschäftsvorfall. Wenn der steuerliche Übertragungsstichtag mit dem regulären Abschlussstichtag übereinstimmt, wird der Vermögensübergang steuerlich bereits in der auf diesen Stichtag aufzustellenden Steuerbilanz aufgrund der Rückbeziehung nach § 2 Abs. 1 UmwStG erfasst. Anderenfalls erfolgt die Abbildung des Vermögensübergangs im nächsten auf den steuerlichen Übertragungsstichtag folgenden Abschluss[710].

434 Das Bewertungswahlrecht in § 11 Abs. 1 UmwStG aF für die übertragende Körperschaft lief in der Praxis leer, da die Finanzverwaltung sich auf den **Grundsatz der Maßgeblichkeit** der umwandlungsrechtlichen Schlussbilanz für die steuerliche Schlussbilanz berief. Dagegen wendet sich zu Recht die ganz hM in der Literatur und auch die Rechtsprechung[711].

434a Nach den Änderungen durch das SEStEG in UmwStG besteht keine Maßgeblichkeit der Handelsbilanz für die Steuerbilanz mehr[712].

435 Die Spaltung wird zivilrechtlich erst mit Eintragung im Handelsregister wirksam. Steuerlich ist aber der **steuerliche Übertragungsstichtag** maßgebend. Dies ist – wie bei der Verschmelzung zwischen Körperschaften – der Tag, auf den der übertragende Rechtsträger die Steuerbilanz aufzustellen hat. Da nach § 17 Abs. 2 Satz 4 UmwG die Bilanz auf einen bis zu acht Monate vor der Handelsregisteranmeldung der Spaltung liegenden Stichtag aufgestellt werden kann, kommt eine **Rückwirkung** auf einen bis zu acht Monate zurückliegenden steuerlichen Übertragungsstichtag in Betracht[713]. Die Parteien können somit durch Wahl eines entsprechenden Spaltungs- und Bilanzstichtags die Aufstellung von Zwischenbilanzen vermeiden.

436 Der umwandlungsrechtliche **Spaltungsstichtag**[714] ist vom steuerlichen Übertragungsstichtag zu unterscheiden. Wird ein Spaltungsstichtag auf den 1. 1. eines Jahres festgelegt, ist der steuerliche Übertragungsstichtag der Tag davor, d. h. der 31. 12. des vorangegangenen Jahres. Der Vermögensübergang erfolgt für steuerliche Zwecke sowohl für die übertragende

---

[707] Ebenso für Teilübertragungen iSv. § 174 Abs. 2 Nr. 2 UmwG.
[708] Zur Frage, ob nach dem UmwG eine Gesamt- oder lediglich eine Teilschlussbilanz erforderlich ist, siehe *IDW* HFA 1/98 Ziff. 11 (Gesamtbilanz genügt, keine Teilbilanzen); ebenso *Kallmeyer/Müller* in Kallmeyer § 125 Rn 23; *Bula/Schlösser* in Sagasser/Bula/Brünger O Rn 4; aA (Teilschlussbilanz ausreichend): *Widmann* in Widmann/Mayer § 24 Rn 163; *Dörner* WP-Hdb., 11. Aufl. 1998, Bd. II, E Rn 95; zum Ganzen auch *Hörtnagl* in Schmitt/Hörtnagl/Stratz § 17 UmwG Rn 50 ff.
[709] *Hörtnagl* in Schmitt/Hörtnagl/Stratz § 15 UmwStG Rn 111.
[710] *Hörtnagl* in Schmitt/Hörtnagl/Stratz § 15 UmwStG Rn 108, 112.
[711] Siehe Finanzverwaltung in Tz 11.01 UmwStE einerseits; *Dötsch* in Dötsch u. a. § 11 UmwStG Rn 7 ff. anderseits; siehe auch Rn 55 ff.; *FG München* vom 23.3.2004, EFG 2004, 1334 und vom 5.10.2000, EFG 2001, 32; *FG Baden-Württemberg* vom 4.3.2004, EFG 2004, 858. Der BFH hat die Entscheidung des FG München vom 23.3.2004 mit Urteil vom 19.10.2005 – I R 38/04 –, DB 2006, 364 zur formwechselnden Umwandlung einer Personengesellschaft in eine Kapitalgesellschaft bestätigt und sich gegen eine Maßgeblichkeit in diesem Fall ausgesprochen.
[712] *Dötsch/Pung* DB 2006, 2704, 2705.
[713] Rechtsgrundlage § 2 Abs. 1 UmwStG, vgl. nur *Dötsch* in Dötsch u. a. § 15 UmwStG nF Rn 55.
[714] Vgl. § 126 Abs. 1 Nr. 6 UmwG.

als auch für die übernehmende Körperschaft noch im Veranlagungszeitraum des zum 31. 12. laufenden Jahres.

e) Vergleich zum früheren Recht. Die Auf- und Abspaltung in § 15 UmwStG 1995 437 hatte keinen unmittelbaren gesetzlichen Vorläufer. Mit dem UmwG 1995 wurde erstmals in allgemeiner Form die Möglichkeit einer Spaltung im Wege der partiellen Gesamtrechtsnachfolge geschaffen. Der Gesetzgeber hat durch § 15 UmwStG[715] erstmals die steuerliche Behandlung dieser Spaltungsfälle modifiziert. Inhaltlich knüpft § 15 UmwStG teilweise an den sog. Spaltungserlass über die Spaltung von Kapitalgesellschaften an[716].

Das SEStEG hat § 15 UmwStG insbesondere dahingehend modifiziert, dass Verlustvor- 438 träge nicht mehr übergehen, und angeordnet, dass in den Fällen, in denen es an den Voraussetzungen eines Teilbetriebs mangelt, § 11 Abs. 2 und § 13 Abs. 2 UmwStG nicht anzuwenden sind[717]. § 15 Abs. 3 UmwStG aF entfiel, die bisherigen Missbrauchsregelungen, die durch das SEStEG unverändert blieben, sind jetzt in § 15 Abs. 2 UmwStG geregelt. Einen gesetzlichen Vorläufer des UmwG 1995 gab es lediglich im sog. Gesetz über die Spaltung von Treuhandunternehmen[718]. Dabei handelte es sich um eine Sonderregelung für von der Treuhandanstalt verwaltete Unternehmen. Das BMF[719] hatte dafür im Billigkeitswege steuerneutrale Spaltungen akzeptiert. Ob durch das Inkrafttreten des UmwStG 1995 dieser „Vorgriff auf eine gesetzliche Regelung"[720] hinfällig geworden und nicht mehr anwendbar ist, ist fraglich.

2. Der Kreis der erfassten Rechtsträger

Der Kreis der nach dem UmwG spaltungsfähigen Rechtsträger richtet sich nach § 124 439 iVm. § 3 Abs. 1 UmwG. Die nachfolgende Übersicht zeigt die danach möglichen **Auf- und Abspaltungsvarianten** aus einer Körperschaft auf eine andere Körperschaft.

Auf- und Abspaltung Körperschaft auf Körperschaft: 440

von \ auf	GmbH	AG[721]	KGaA	eG	e. V.	gen. Prüfungsverband	VVaG	Stiftung	Gebietskörperschaft
GmbH	+	+	+	+	–	–	–	–	–
AG[722]	+	+	+	+	–	–	–	–	–
KGaA	+	+	+	+	–	–	–	–	–
eG	+	+	+	+	–	–	–	–	–
e. V., wirtschaftl. Verein	+	+	+	+	+	–	–	–	–

---

[715] Sowie § 16 UmwStG für die Spaltungsfälle einer Körperschaft auf eine Personengesellschaft.
[716] *BMF* vom 9. 1. 1992, BStBl. I 1992, S. 47; *Haritz* in Haritz/Benkert § 15 UmwStG Rn 8; vgl. auch Rn 407 f.
[717] § 15 Abs. 1 Satz 2 UmwStG.
[718] Vom 5. 4. 1991, BGBl. I 1991, S. 854.
[719] Vgl. BMF-Schreiben vom 8. 5. 1991, BStBl. I 1991, S. 743.
[720] Vgl. *Dötsch* in Dötsch u. a. § 15 UmwStG nF (2006) Rn 22, dort auch zu dem Spaltungserlass sowie zu sonstigen Regelungen vor 1992 (in Rn 21); *Haritz* in Haritz/Benkert § 15 UmwStG Rn 10 f.
[721] Zur Europäischen Gesellschaft (SE) siehe Einl. C Rn 49 ff.
[722] Zur Europäischen Gesellschaft (SE) siehe Einl. C Rn 49 ff.; siehe auch siehe auch *EuGH* v. 13.12.2005 – Rs. C 411/03 („SEVIC Systems AG"), IStR 2006, 32 m. Anm. *Beul/Glatt*; *Dötsch/Pung*, Der Konzern 2006, 258.

von \ auf	GmbH	AG[721]	KGaA	eG	e. V.	gen. Prüfungsverband	VVaG	Stiftung	Gebietskörperschaft
gen. Prüfungsverband	–	–	–	–	–	+	–	–	–
VVaG	–	+	–	–	–	–	+	–	–
Stiftung	–	–	–	–	–	–	–	–	–
Gebietskörperschaft	–	–	–	–	–	–	–	–	–

441 An diesen Kreis spaltungsfähiger Rechtsträger iSv. § 1 Abs. 1 KStG knüpft auch § 15 UmwStG an[723]. Daneben wurde der Kreis der einbezogenen Rechtsträger durch das SEStEG auch auf EU/EWR-Gesellschaften erweitert, die nach Rechtsvorschriften eines Mitgliedstaats der Europäischen Union oder des EWR gegründet worden sind und deren Sitz und Ort der Geschäftsleitung sich innerhalb des Hoheitsgebiets einer dieser Staaten befindet[724]. Damit sind zumindest steuerlich die Rahmenbedingungen für steuerneutrale grenzüberschreitende Spaltungen innerhalb der EU/des EWR geschaffen.

442 Im Fall der Auf- und Abspaltung einer KGaA ist ebenfalls prinzipiell § 15 UmwStG maßgeblich. Soweit allerdings übergehendes Vermögen durch die Vermögenseinlage des persönlich haftenden Gesellschafters repräsentiert wird, ist eine analoge Anwendung der für die Auf- und Abspaltung auf Personengesellschaften geltenden §§ 16, 18 UmwStG geboten[725].

443 Hinsichtlich der **Vermögensübertragung** in Form der **Teilübertragung** sieht das UmwG, und dem folgend § 15 UmwStG folgende Fälle vor[726]:

von \ auf	Öffentliche Hand	VVaG	Öffentl.-rechtl. Versicherungsunternehmen	Versicherungs-AG
GmbH	+	–	–	–
AG[727]	+	–	–	–
KGaA	+	–	–	–
Versicherungs-AG	–	+	+	–
VVaG	–	–	+	+
Öffentl.-rechtl. Versicherungsunternehmen	–	+	–	+

[723] Einzelheiten zum Kreis der beteiligten Rechtsträger nach bisherigem Recht bei *Hörtnagl* in Schmitt/Hörtnagl/Stratz § 15 UmwStG Rn 28 ff.; *Dötsch* in Dötsch u. a. § 15 UmwStG Rn 14; *Waldow/Pols* DB 2001, 1334 (zur gemischt-wirtschaftlichen Kreditgenossenschaft).
[724] § 1 Abs. 2 Satz 1 Nr. 1 UmwStG.
[725] *Schaumburg* DStZ 1998, 525, 542.
[726] Vgl. auch *Hörtnagl* in Schmitt/Hörtnagl/Stratz § 15 UmwStG Rn 35 ff., 40; Tz. 11.03 UmwStE.
[727] Zur Europäischen Gesellschaft (SE) siehe Einl. C Rn 49 ff.

3. Die Ebene der übertragenden Körperschaft (§§ 15, 11 UmwStG)

a) Überblick, Vermeidung eines Übertragungsgewinns durch Buchwertansatz. 444
Die spaltende Körperschaft hat grundsätzlich das gespaltene Vermögen mit dem gemeinen Wert anzusetzen. Sie kann jedoch auf **Antrag** eine Aufdeckung der in den übertragenden Vermögen vorhandenen stillen Reserven vermeiden, wenn (i) auf die übernehmende Körperschaft Teilbetriebe iSv. § 15 Abs. 1 Satz 2, 3 UmwStG übergehen und im Fall der Abspaltung das verbleibende Vermögen ebenfalls zu einem Teilbetrieb der übertragenden Körperschaft gehört, (ii) sichergestellt ist, dass die im übergegangenen Vermögen enthaltenen stillen Reserven später bei der übernehmenden Körperschaft der Körperschaftsteuer unterliegen[728], (iii) das inländische Recht hinsichtlich der Besteuerung des Gewinns aus der Veräußerung der übertragenden Wirtschaftsgüter bei der übernehmenden Körperschaft nicht ausgeschlossen oder beschränkt wird, (iv) eine Gegenleistung nicht gewährt wird oder in Gesellschaftsrechten besteht[729] und (iv) die Anwendbarkeit von § 11 Abs. 2 UmwStG nicht durch bestimmte, in § 15 Abs. 2 UmwStG genannte Fälle ausgeschlossen ist.

Durch den Verweis in § 15 Abs. 1 Satz 1 UmwStG auf die entsprechend anwendbaren Vorschriften des § 11 UmwStG über die Verschmelzung einer Körperschaft auf eine andere Körperschaft kann unterschieden werden zwischen den „spaltungsspezifischen Voraussetzungen" für eine steuerneutrale Übertragung nach den §§ 15 Abs. 1 und Abs. 2 UmwStG sowie den sonstigen Voraussetzungen nach § 11 UmwStG. Da die letztgenannten Voraussetzungen bereits ausführlich beschrieben worden sind[730], werden sie im vorliegenden Zusammenhang nicht vertieft dargestellt. Die nachfolgende Darstellung konzentriert sich auf die spaltungsspezifischen Besonderheiten, d. h. auf die Erläuterungen des Begriffs „Teilbetrieb" in § 15 Abs. 1 UmwStG[731] und den Ausschlusstatbeständen des § 15 Abs. 2 UmwStG[732]. 445

Technisch wird die Steuerneutralität auf der Ebene der spaltenden Körperschaft dadurch 446
erreicht, dass die übertragende Körperschaft in ihrer steuerlichen Bilanz ihre bisherigen Buchwerte fortführen darf, wenn die vorgenannten Voraussetzungen gegeben sind. Die spaltende Gesellschaft hat aber auch das Recht, höhere Werte bis hin zu den gemeinen Werten der einzelnen Wirtschaftsgüter anzusetzen[733]. Während bisher ein gesetzliches Bewertungswahlrecht zwischen Teilwert, Zwischenwert und Buchwert bestand, hat das SEStEG im UmwStG als Regelbewertung den gemeinen Wert gesetzlich verankert. Auf **Antrag** können jedoch die Buchwerte oder höhere (Zwischen-)Werte, maximal die gemeinen Werte angesetzt werden, wenn u.a. das inländische Besteuerungsrecht gesichert bleibt. Durch die Möglichkeit einer steuerneutralen Spaltung wird die Realisierung der stillen Reserven im Zuge des Vermögensübergangs vermieden. Stattdessen tritt die übernehmende Körperschaft in die „Fußstapfen" der spaltenden Körperschaft ein und übernimmt die Wertansätze für die Vermögensgegenstände dieses Rechtsträgers. Dadurch wird die Realisierung der stillen Reserven nicht aufgehoben, sondern auf die Ebene der übernehmenden Körperschaft verlagert und damit aufgeschoben.

Liegen die Voraussetzungen für die Fortführung der Buchwerte (d. h. der Steuerneutralität) nicht vor oder wird kein Antrag auf Buchwertfortführung gestellt, hat die übertragende Körperschaft die übergegangenen Wirtschaftsgüter – mit dem gemeinen Wert[734] anzusetzen. In diesen Fällen entsteht also ein Übertragungsgewinn, der nach den allgemeinen Vorschriften besteuert wird. Fehlt es an den Voraussetzungen einer steuerneutralen Spaltung, zB weil 447

---

[728] §§ 15, 11 Abs. 2 Nr. 1 UmwStG.
[729] §§ 15 Abs. 1, 11 Abs. 2 Nr. 3 UmwStG.
[730] Siehe Rn 47 ff.
[731] Dazu Rn 454 ff.
[732] Dazu Rn 482 ff.
[733] §§ 15 Abs. 1, 11 Abs. 2 UmwStG; vgl. *Dötsch* in Dötsch u. a. § 11 UmwStG nF (2001) Rn 3 ff.
[734] § 15 Abs. 1, 11 Abs. 1 UmwStG.

kein Teilbetrieb vorliegt, war bisher die Aufspaltung nach allgemeinen Grundsätzen wie eine Liquidation der aufspaltenden Körperschaft zu behandeln, während die Abspaltung als Sachausschüttung an die Anteilseigner der übertragenden Körperschaft zum gemeinen Wert der Wirtschaftsgüter und als Einlage dieser Wirtschaftsgüter in die aufnehmende Körperschaft zu beurteilen ist[735]. Der neue § 15 Abs. 1 Satz 2 UmwStG führt dagegen nicht zur Anwendung der allgemeinen Vorschriften, sondern zur Nichtanwendung der §§ 11 Abs. 2, 13 Abs. 2 UmwStG. Dies führt dazu, dass auf der Ebene der übertragenden Gesellschaft die gemeinen Werte anzusetzen sind (Realisierung stiller Reserven) und anstelle einer Sachausschüttung nach bisherigem Recht nunmehr eine (anteilige) Anteilsveräußerung zum gemeinen Wert gem. § 13 Abs. 1 UmwStG fingiert wird[736].

448 Wichtig ist, dass bei Fehlen der Voraussetzungen für eine steuerneutrale Spaltung nur die stillen Reserven in den jeweils übertragenen Wirtschaftsgütern aufzudecken sind. Dies betrifft weniger die Aufspaltung, da in diesem Fall alle Wirtschaftsgüter übertragen werden, sondern vielmehr die Abspaltung. Wenn zB ein Geschäftsbereich abgespalten wird, der keinen Teilbetrieb darstellt, sind nur die stillen Reserven in dem abgespaltenen Vermögen zu realisieren, nicht aber in dem zurückbleibenden Vermögen bei der übertragenden Körperschaft[737].

449 Bisher war bei Nichtvorliegen der Teilbetriebsvoraussetzungen nach § 15 Abs. 1 Satz 1 UmwStG aF der Verweis auf die §§ 11 bis 13 UmwStG insgesamt ausgeschlossen ist, d. h. auf der Ebene der übertragenden und übernehmenden Körperschaft sowie ihrer Anteilseigner griffen die allgemeinen Vorschriften ein. Wenn dagegen einer der Ausschlusstatbestände nach § 15 Abs. 2 UmwStG vorliegt, ist lediglich die Ebene der übertragenden Gesellschaft davon betroffen. Denn § 15 Abs. 2 Satz 1 UmwStG schließt ausdrücklich nur die Anwendbarkeit von § 11 Abs. 2 UmwStG aus[738]. Der neue § 15 Abs. 1 Satz 2 UmwStG schränkt den generellen Verweis auf die §§ 11 bis 13 UmwStG insoweit ein, als dass die §§ 11 Abs. 2 und § 13 Abs. 2 UmwStG nicht einschlägig sind. Es kommt dann auf der Ebene der übertragenden Gesellschaft zur Realisierung der stillen Reserven durch den Ansatz des gemeinen Werts und auf Ebene der Anteilseigner zu einer fingierten Anteilsveräußerung.

450 **b) Der Teilbetrieb iSv. § 15 Abs. 1 UmwStG.** *aa) Überblick.* Die Anwendbarkeit der §§ 11 bis 13 UmwStG wird durch § 15 Abs. 1 UmwStG nur eröffnet, wenn das iRd. Spaltung übergehende Vermögen einen Teilbetrieb darstellt und in Abspaltungsfällen auch das zurückbleibende Vermögen zu einem Teilbetrieb gehört. Damit kommt dem Teilbetriebsbegriff eine entscheidende Bedeutung im Spaltungsrecht zu. Wenn es an dem Teilbetriebserfordernis fehlt, scheidet eine steuerneutrale Spaltung aus.

451 § 15 Abs. 1 UmwStG unterscheidet zwischen den sog. „echten Teilbetrieben"[739] und den sog. „fiktiven Teilbetrieben", die das Gesetz als Mitunternehmeranteil oder als Beteiligung an einer Kapitalgesellschaft, die das gesamte Nennkapital der Gesellschaft umfasst, definiert[740].

452 *bb) Echter Teilbetrieb iSv. § 15 Abs. 1 Satz 1 UmwStG.* Für die Steuerneutralität der Spaltung ist die Definition des **Teilbetriebs** von zentraler Bedeutung. Das Gesetz definiert den

---

[735] So dezidiert die Finanzverwaltung in Tz. 15.11 UmwStE; vgl. auch *Haritz* in Haritz/Benkert § 15 UmwStG Rn 23 f., 25 ff.

[736] *Schaflitzl / Widmayer* in *Blumenberg / Schäfer* SEStEG S. 138.

[737] Siehe Tz. 15.11 UmwStE; *Haritz* in Haritz/Benkert § 15 UmwStG Rn 25, dort auch zu der Konstellation, dass im Fall der Abspaltung das zurückbleibende Vermögen keinen Teilbetrieb darstellt; weitere Einzelheiten bei *Hörtnagl* in Schmitt/Hörtnagl/Stratz § 15 UmwStG Rn 93 ff. mit teilweise anderer Akzentuierung als *Haritz* in Haritz/Benkert § 15 UmwStG Rn 25.

[738] *Hörtnagl* in Schmitt/Hörtnagl/Statz § 15 UmwStG Rn 97; *Haritz* in Haritz/Benkert § 15 UmwStG Rn 72 ff.

[739] § 15 Abs. 1 Satz 1 UmwStG, gemeint sind die Teilbetriebe, die kraft ihrer gewerblichen Tätigkeit de facto Teilbetriebe sind.

[740] § 15 Abs. 1 Satz 3 UmwStG.

Begriff nicht. Die Finanzverwaltung wendet die Kriterien an, die von der Rechtsprechung und der Verwaltung für den Begriff des Teilbetriebs im Einkommensteuerrecht[741] entwickelt wurden[742]. Danach ist ein Teilbetrieb „ein mit einer gewissen Selbstständigkeit ausgestatteter, organisch geschlossener Teil eines Gesamtbetriebs, der als solcher lebensfähig ist."[743]

In der praktischen Rechtsanwendung ist es häufig schwierig, exakt zu bestimmen, ob ein Geschäftsbereich einen steuerlichen Teilbetrieb darstellt oder nicht. Der Rechtsanwender hat sich an den von der Rechtsprechung herausgebildeten und der Finanzverwaltung akzeptierten Kriterien zu orientieren[744]. 453

Danach sind die Merkmale „organisch geschlossener Teil des Gesamtbetriebs", „lebensfähig" und „gewisse Selbstständigkeit" nach den gesamten Umständen des einzelnen Falls zu untersuchen. Folgende Merkmale sind insbesondere maßgebend: Örtliche Trennung, Verwendung jeweils anderer Betriebsmittel, insbesondere eigenes Anlagevermögen, Einsatz verschiedenen Personals, eigene Preisgestaltung sowohl auf der Beschaffungs- als auch auf der Angebotsseite, unterschiedliche betriebliche Tätigkeiten, gesonderte Buchführung, Kostenrechnung, eigener Kundenstamm[745]. 454

Der steuerliche Begriff des Teilbetriebs ist eigenständig, entsprechend dem jeweiligen Normzweck der Vorschriften auszulegen. Er deckt sich insbesondere nicht mit den Begriffen des Betriebsteils[746], der Betriebsstätte[747] oder der Zweigniederlassung[748]. Mittlerweile ist aber auch nach Vorarbeiten in der Literatur[749] von der Rechtsprechung[750] und der Finanzverwaltung[751] anerkannt worden, dass für das umwandlungsrechtliche Teilbetriebsverständnis[752] eine ausschließlich funktionale Betrachtungsweise gilt. Wesentliche betriebliche Grundlagen eines Teilbetriebs sind damit alle Wirtschaftsgüter, die nach Funktion und organisatorischer Zusammengehörigkeit in Verbindung mit den persönlichen Mitteln und Geschäftsbeziehungen den Teilbetrieb bilden[753]. Demgegenüber wird in Betriebsveräußerungs-/-aufgabefällen nach § 16 EStG ein Teilbetrieb nicht nur durch die Wirtschaftsgüter gebildet, die ihm funktional dienen, sondern auch durch die Wirtschaftsgüter, die erhebliche stille Reserven enthalten (sog. quantitative Sichtweise)[754]. 455

Der Auffassung, dass der Begriff des Teilbetriebs im Ertragsteuerrecht nicht identisch, sondern vielmehr normspezifisch entsprechend des jeweiligen Regelungskontextes auszulegen ist, ist zuzustimmen[755]. Dabei ist zu beachten, dass es zum einen um die Frage geht, ob über- 456

---

[741] ISv. § 16 EStG und dazu Abschnitt 139 Abs. 3 EStR.
[742] Siehe Tz. 15.02 UmwStE mit Beispiel bzgl. Nichtvorliegens der Teilbetriebseigenschaft bei Zurückbleiben eines nicht betriebsnotwendigen („neutralen") Grundstücks.
[743] Vgl. *BFH* GrS BStBl. II 2000, S. 123; *BFH* vom 1. 2. 1989 BStBl. II 1989, S. 460; *Wacker* in Schmidt § 16 EStG Rn 140 ff., 143 mwN; *Reiß* in Kirchhof/Söhn, 1991, § 16 EStG B 250 f.
[744] Siehe dazu im Einzelnen die Nachweise bei *Wacker* in Schmidt § 16 EStG Rn 140 ff.
[745] Umfassend *Haarmann*, FS Widmann, S. 375, 377 mwN.
[746] Vgl. § 613 a BGB.
[747] § 12 AO.
[748] § 13 HGB.
[749] Vgl. nur *Blumers* DB 1994, 496; *Hörger/Schulz* DStR 1998, 233; *Rödder/Beckmann* DStR 1999, 751.
[750] Vgl. *BFH* vom 2. 10. 1987, BStBl. II 1998, S. 14.
[751] Vgl. BMF-Schreiben vom 16. 8. 2000, BStBl. I 2000, S. 1253.
[752] Vgl. §§ 15, 16, 20, 24 UmwStG.
[753] *Haritz* in Haritz/Benkert § 15 UmwStG Rn 35; *Blumers* DB 1995, 496, 497, *Hörtnagl* in Schmitt/Hörtnagl/Stratz § 15 UmwStG Rn 58.
[754] *BFH* vom 2. 10. 1997, BStBl. II 1998, S. 14; *Hörtnagl* in Schmitt/Hörtnagl/Stratz § 15 UmwStG Rn 58. Die andere Auffassung der Finanzverwaltung in Tz. 15.02 UmwStE zu § 15 UmwStG hat die Finanzverwaltung ausdrücklich aufgegeben, vgl. BMF-Schreiben vom 16. 8. 2000, DStR 2000 1603; vgl. auch *Patt* in Dötsch u. a. § 20 UmwStG Rn 26.
[755] So auch *Wacker* in Schmidt § 16 EStG Rn 141 mwN.

haupt ein Teilbetrieb vorliegt, zum anderen aber um die Frage, welche Anforderungen an die Übertragung eines Teilbetriebs gestellt werden[756].

457 In der neueren Literatur wird diskutiert, ob der Begriff des Teilbetriebs im UmwStG überhaupt nach nationalem Recht auszulegen ist oder nicht vielmehr entsprechend der Vorgaben in der sog. Fusionsrichtlinie[757]. Denn durch § 15 UmwStG wird diese Fusionsrichtlinie teilweise in nationales Recht umgesetzt. Der in der Fusionsrichtlinie verwendete Begriff des Teilbetriebs unterscheidet sich vom nationalen Begriff des Teilbetriebs. Er ist teils weiter, teils enger, u. a. wird das Merkmal der Selbstständigkeit als eigenständige Funktionsfähigkeit interpretiert und es wird auf eine eindeutige Tätigkeitsabgrenzung von Gesamt- und Teilbereich verzichtet[758].

458 Diese Sicht ist sicher zutreffend, wenn es um Umstrukturierungsvorgänge geht, an denen nicht nur inländische Kapitalgesellschaften beteiligt sind, sondern EU/EWR-Kapitalgesellschaften[759]. Wenn aber wie bei rein nationalen Spaltungen nach § 15 UmwStG nur inländische Körperschaften betroffen sind, war nach bisheriger Auffassung dagegen ein Rückgriff auf die Fusionsrichtlinie nicht möglich[760]. Eine andere Frage ist, ob eine darin liegende etwaige Schlechterstellung inländischer Rechtsträger nicht verfassungs- oder rechtswidrig ist[761]. Nachdem nun der Anwendungsbereich des UmwStG auf grenzüberschreitende Umwandlungsfälle innerhalb der EU/EWR ausgedehnt worden ist, sprechen gute Gründe dafür, auch die Definition des Teilbetriebs einheitlich anhand der zur Fusionsrichtlinie anerkannten Kriterien zu bestimmen.

459 Aus der Vielzahl der mit dem Teilbetriebserfordernis zusammenhängenden Fragen seien an dieser Stelle folgende Aspekte hervorgehoben[762]:

460 Die Teilbetriebseigenschaften müssen spätestens im Zeitpunkt des Beschlusses über die Spaltung vorliegen[763]. Ein **Teilbetrieb im Aufbau** genügt[764].

461 Dem Teilbetrieb müssen alle wesentlichen Wirtschaftsgüter, die zu dem Teilbetrieb gehören, zugeordnet und übertragen werden. Dies entscheidet sich primär nach funktionalen Kriterien[765]. Zu fragen ist, welche Wirtschaftsgüter nach ihrer Funktion und organisatorischen Zuordnung zum Teilbetrieb zählen.

---

[756] Siehe *Hörtnagl* in Schmitt/Hörtnagl/Stratz § 15 UmwStG Rn 49, 60 f.

[757] RL (EWG) Nr. 90/434 vom 23. 7. 1990 (ABl.EG Nr. L 225 S. 1); auch durch § 23 UmwStG aF teilweise in nationales Recht umgesetzt; dazu u. a. *Schmitt* in Schmitt/Hörtnagl/Stratz § 23 UmwStG Rn 23 ff.; *Herzig/Förster* DB 1992, 911; *Blumers/Kramer* DB 1993, 852.

[758] Zum Begriff siehe zB *EuGH* vom 13. 10. 1992, Rs. C-50/91, Slg. I 1992, S. 5225 ff.; *Schmitt* in Schmitt/Hörtnagl/Stratz § 23 UmwStG Rn 24 mwN; *Thömmes*, FS Widmann, 2000, S. 383 ff.; *Strobl-Haarmann*, FS Widmann, S. 553, 555 ff.

[759] Also insbes. in den Fällen der Einbringung innerhalb der europäischen Union, vgl. § 23 UmwStG aF (durch das SEStEG in §§ 20, 21 UmwStG integriert), aA die Finanzverwaltung, die eine einheitliche Auslegung des Begriffs propagiert, vgl. Tz. 23.01 UmwStE.

[760] So *Haritz* in Haritz/Benkert § 15 UmwStG Rn 34; *Hörtnagl* in Schmitt/Hörtnagl/Stratz § 15 UmwStG Rn 55; aA *Strobl-Haarmann*, FS Widmann, S. 553, 565.

[761] Siehe dazu *Knobbe-Keuk* DStR 1993, 425.

[762] Zu Details siehe zB *Haritz* in Haritz/Benkert § 15 UmwStG Rn 29 ff.; *Hörtnagl* in Schmitt/Hörtnagl/Stratz § 15 UmwStG Rn 47 ff.; *Dötsch* in Dötsch u.a. § 15 UmwStG nF (2006) Rn 65 ff., alle mwN.

[763] Tz. 15.10 UmwStE; zust. u. a. *Thiel* DStR 1995, 237, 240; *Knopf/Hill* in Goutier/Knopf/Tulloch § 15 UmwStG Rn 26; bisweilen wird auf das Wirksamwerden der Spaltung abgestellt: vgl. nur *Schaumburg* in Lutter Anh. § 151 Rn 12; teilweise auf den steuerlichen Übertragungsstichtag: *Sagasser/Fahrenberg* in Sagasser/Bula/Brünger P Rn 15.

[764] Tz. 15.10 UmwStE; zum Begriff H 139 Abs. 3 EStH 1996; *BFH* vom 1. 2. 1988, BStBl. II 1989, S. 458.

[765] Zur funktionalen Betrachtungsweise siehe insbes. *Hörtnagl* in Schmitt/Hörtnagl/Stratz § 15 UmwStG Rn 58.

Die Wirtschaftsgüter müssen auf die übernehmende Körperschaft übertragen werden. **462** Dazu muss das zivilrechtliche oder mindestens das wirtschaftliche Eigentum[766] übergehen. Die **Überlassung** einer wesentlichen betrieblichen Grundlage zur **Nutzung**, zB durch Vermietung oder Verpachtung, soll auch dann nicht ausreichen, wenn dies langfristig geschieht[767]. Diese Auffassung der Finanzverwaltung ist aber zu eng. Es muss genügen, dass die Wirtschaftsgüter zur Fortführung der unternehmerischen Aktivitäten zur Verfügung stehen. Dies kann auch im Wege eines Nutzungsüberlassungsverhältnisses sein[768]. Im Einzelfall ist jedoch zu prüfen, ob es möglich ist, zwar nicht das rechtliche Eigentum, so doch das wirtschaftliche Eigentum zu übertragen[769].

Die Auffassung der Finanzverwaltung, die Nutzungsüberlassung von Wesentlichen be- **463** trieblichen Grundlagen nicht zu akzeptieren, kann dazu führen, dass eine steuerneutrale Spaltung ausscheidet. Dies ist insbesondere dann der Fall, wenn eine wesentliche Betriebsgrundlage von mehreren Teilbereichen eines Unternehmens genutzt wird, und daher zwar zur Nutzung einem übertragenden Unternehmensbereich überlassen, nicht aber zum Eigentum übertragen werden kann.

> **Beispiel:**
> Fabrikationsgrundstücke oder immaterielle Wirtschaftsgüter (zB Patente, Marken) werden von verschiedenen Geschäftsbereichen genutzt.

Nach Auffassung der Finanzverwaltung liegen dann keine Teilbetriebe vor. Es handelt sich **464** dabei um sog. **spaltungshindernde Wirtschaftsgüter**[770].

Nach Auffassung der Finanzverwaltung müssen zB mehrfach genutzte Grundstücke zivil- **465** rechtlich real bis zum Zeitpunkt des Spaltungsbeschlusses aufgeteilt werden. Wenn aber eine reale Teilung des Grundstücks nicht zumutbar sei, bestehen nach Auffassung der Finanzverwaltung aus Billigkeitsgründen im Einzelfall jedoch keine Bedenken, eine ideelle Teilung (Bruchteilseigentum) im Verhältnis der tatsächlichen Nutzung unmittelbar nach der Spaltung ausreichen zu lassen[771].

> **Beispiel:**
> Das vorgenannte Fabrikationsgrundstück muss entweder real geteilt werden oder – wenn dies nicht zumutbar ist – zwischen der übertragenden und übernehmenden Körperschaft eine Bruchteilsgemeinschaft vereinbart und eine ideelle Teilung entsprechend dem Nutzungsverhältnis vorgenommen werden.

Wirtschaftsgüter, die keine wesentliche Grundlage eines Teilbetriebs darstellen, sog. **neu-** **466** **trales Vermögen,** können grundsätzlich jedem der Teilbetriebe zur Kapitalverstärkung zugeordnet werden[772]. Neutrales Vermögen umfasst vor allem liquide Mittel und Vermögensgegenstände des Umlaufvermögens, zB Kundenforderungen. Verbindlichkeiten zählen prinzipiell ebenfalls zum neutralen Vermögen, nicht aber Pensionsrückstellungen[773]. Die Zuordnung von neutralem Vermögen ist bis zum Spaltungsbeschluss möglich[774].

---

[766] § 39 Abs. 2 AO.

[767] Vgl. Tz. 20.08 UmwStE zu § 20 UmwStG; dazu auch *BFH* vom 16. 2. 1996, BStBl. II 1996, S. 342; *Hörtnagl* in Schmitt/Hörtnagl/Stratz § 15 UmwStG Rn 60.

[768] So auch (u. a.) *Haarmann,* FS Widmann, S. 375, 384; *Blumers* DB 1995, 496; *Rödder/Beckmann* DStR 1999, 751; *Herzig* DB 2000, 2236.

[769] ZB durch Abschluss eines langfristigen, unkündbaren, ausschließlichen Nutzungsrechts.

[770] Vgl. Tz. 15.07 UmwStE; *Hörtnagl* in Schmitt/Hörtnagl/Stratz § 15 UmwStG Rn 62; *Haritz* in Haritz/Benkert § 15 UmwStG Rn 37 f.; *Dötsch* in Dötsch u. a. § 15 UmwStG nF (2006) Rn 84.

[771] Siehe Tz. 15.07 UmwStE.

[772] Vgl. Tz. 15.08 UmwStG; *Haritz* in Haritz/Benkert § 15 UmwStG Rn 39.

[773] Vgl. *OFD Magdeburg* vom 11. 1. 1999, DB 1999, 179; *Hörtnagl* in Schmitt/Hörtnagl/Stratz § 15 UmwStG Rn 69; *Haritz* in Haritz/Benkert § 15 UmwStG Rn 40, insbes. zu Ausnahmen bei Bewertungseinheiten.

[774] Tz. 15.10 UmwStE.

467 Nach Auffassung der Finanzverwaltung sind **100%-Beteiligungen** an Kapitalgesellschaften dann kein eigenständiger Teilbetrieb iSd. § 15 Abs. 1 Satz 3 UmwStG, wenn sie einem Teilbetrieb als wesentliche Betriebsgrundlage zuzurechnen sind[775]. In diesem Fall müsse die Beteiligung zusammen mit dem Teilbetrieb übertragen werden; werde nur die 100%-Beteiligung übertragen, stelle das zurückbleibende Vermögen keinen Teilbetrieb mehr dar. Dies hat dann zur Folge, dass nicht ein Teilbetrieb übertragen wird, sondern ein einzelnes Wirtschaftsgut, so dass die Voraussetzungen der §§ 15, 11 bis 13 UmwStG nicht vorliegen. Diese Auffassung ist nicht überzeugend und auch nicht durch das Gesetz gedeckt[776].

468 *cc) Mitunternehmeranteil als fiktiver Teilbetrieb (§ 15 Abs. 1 Satz 3 UmwStG).* Ein Mitunternehmeranteil gilt als sog. fiktiver Teilbetrieb[777]. Demnach kommt eine steuerneutrale Spaltung von Anteilen an Personengesellschaften in Betracht[778].

469 Der Begriff des Mitunternehmeranteils stammt aus dem Steuerrecht und kennzeichnet Beteiligungen an Personengesellschaften (zB OHG, KG, GbR) einschließlich Beteiligungen an sog. Innengesellschaften ohne Gesamthandsvermögen (zB atypisch stille Beteiligung oder Unterbeteiligung), die sich steuerlich als Mitunternehmerschaft qualifizieren[779]. Voraussetzung für eine Mitunternehmerschaft ist eine gewerbliche Tätigkeit oder gewerbliche Prägung[780].

470 Der Begriff des Mitunternehmeranteils umfasst nicht nur das sog. **Gesamthandsvermögen** (Vermögen der Personengesellschaft als solcher), sondern auch Gegenstände, die einem Gesellschafter gehören und die er seiner Personengesellschaft überlässt, sog. **Sonderbetriebsvermögen** (SBV). Das Sonderbetriebsvermögen umfasst Wirtschaftsgüter, die zivilrechtlich oder wirtschaftlich im Eigentum des Mitunternehmers stehen und dazu geeignet und dazu bestimmt sind, den Betrieb der Mitunternehmerschaft (sog. Sonderbetriebsvermögen I) oder der Beteiligung des Mitunternehmers an der Mitunternehmerschaft (sog. Sonderbetriebsvermögen II) zu dienen[781].

471 Die steuerneutrale Übertragung des Mitunternehmeranteils erfordert, dass auch das Sonderbetriebsvermögen mit übertragen wird, sofern es sich um Wesentliche betriebliche Grundlagen handelt[782].

472 Die Finanzverwaltung akzeptiert es, dass auch ein **Teil eines Mitunternehmeranteils** steuerneutral übertragen werden kann[783]. In diesen Fällen muss nach Auffassung der Finanzverwaltung auch das uU vorhandene Sonderbetriebsvermögen anteilig mit übertragen werden[784].

473 Ob die Finanzverwaltung überhaupt an der Auffassung festhält, dass die Übertragung eines Teils eines Mitunternehmeranteils begünstigt ist, bleibt abzuwarten. Durch das Unterneh-

---

[775] Vgl. Tz. 15.06 UmwStE.
[776] Zu Recht ablehnend *Haritz* in Haritz/Benkert § 15 UmwStG Rn 36; *Hörtnagl* in Schmitt/Hörtnagl/Stratz § 15 UmwStG Rn 92.
[777] § 15 Abs. 1 Satz 3 UmwStG.
[778] Mit Einzelheiten *Hörtnagl* in Schmitt/Hörtnagl/Stratz § 15 UmwStG Rn 75 ff.; *Haritz* in Haritz/Benkert § 15 UmwStG Rn 50 ff.
[779] Umfassend zur Mitunternehmerschaft nur *Wacker* in Schmidt § 15 EStG Rn 250 ff., insbes. Rn 320 ff. zu einzelnen Arten; der Begriff in § 15 UmwStG stimmt mit dem in § 20 UmwStG überein.
[780] Vgl. § 15 Abs. 1 Nr. 2 EStG, § 15 Abs. 3 Nr. 2 EStG oder land- und forstwirtschaftliche (§ 13 Abs. 1, 7 EStG) oder freiberufliche Tätigkeit (§ 18 Abs. 1, 4 EStG).
[781] Vgl. BFH vom 7. 7. 1992, BStBl. II 1993, S. 328; BFH vom 30. 3. 1993, BStBl. II 1993, S. 864; umfassend zum SBV *Wacker* in Schmidt § 15 EStG Rn 517 ff.; siehe auch Rn 246 ff.
[782] *Hörtnagl* in Schmitt/Hörtnagl/Stratz § 15 UmwStG Rn 80 ff.
[783] Siehe Tz. 15.04 UmwStE.
[784] *Dötsch* in Dötsch u. a. § 15 UmwStG nF (2006) Rn 74, der für den Regelfall die Übertragung des SBV I als ausreichend ansieht; *Hörtnagl* in Schmitt/Hörtnagl/Stratz § 15 UmwStG Rn 83 mit Einzelheiten; BFH vom 12. 4. 2000, BB 2000, 2503; BFH vom 24. 8. 2000, DB 2000, 2147; siehe auch *Wacker* in Schmidt § 16 EStG Rn 410 f. mwN; aA *Haritz* in Haritz/Benkert § 15 UmwStG Rn 54.

mensssteuerfortentwicklungsgesetz[785] wurde in § 16 Abs. 1 Satz 2 EStG neu geregelt, dass Gewinne bei der Veräußerung eines Teils eines Mitunternehmeranteils laufende Gewinne sind und demnach nicht begünstigt versteuert werden können. Dies wurde auch in Einbringungsfällen für Einbringungs-/Veräußerungsgewinne durch § 20 Abs. 5 Satz 3 UmwStG aF (jetzt Abs. 4 Satz 1 UmwStG) eingeführt. Eine entsprechende Änderung im Grundtatbestand des § 15 Abs. 1 Satz 3 (oder § 20 Abs. 1 UmwStG) erfolgte dagegen nicht. Dies spricht dafür, dass die Finanzverwaltung auch weiterhin die Übertragung eines Teils eines Mitunternehmeranteils akzeptieren wird. Es ist zu vorsichtiger Steuerplanung und Abstimmung mit dem Finanzamt zu raten.

dd) Beteiligung an Kapitalgesellschaften als fiktiver Teilbetrieb (§ 15 Abs. 1 Satz 3 UmwStG). Das **474** Gesetz fingiert auch die 100%-ige Beteiligung am Nennkapital einer Kapitalgesellschaft als Teilbetrieb[786]. Andere Körperschaften als Kapitalgesellschaften sind nicht erfasst. Die Vorschrift umfasst sowohl inländische als auch ausländische Kapitalgesellschaften[787].

Voraussetzung für eine steuerneutrale Spaltung ist die vollständige Übertragung der 100%- **475** igen Beteiligung auf eine übernehmende Körperschaft. Eine Aufteilung der Beteiligung auf verschiedene Körperschaften kommt ebenso wenig in Betracht wie die Übertragung lediglich eines Teils der Beteiligung[788]. Eine 100%-ige Beteiligung liegt auch dann vor, wenn die Anteile vollständig oder teilweise von einem Treuhänder für die übertragende Körperschaft gehalten werden. In diesem Fall muss im Spaltungsund Übernahmevertrag oder Spaltungsplan das Treuhandverhältnis übertragen werden[789].

Die Finanzverwaltung lässt es im Billigkeitswege zu, dass einer 100%-Beteiligung die Wirt- **476** schaftsgüter oder Schulden zugeordnet werden, die im unmittelbaren wirtschaftlichen Zusammenhang mit der Beteiligung stehen[790]. Dazu gehören bei einer 100%-Beteiligung alle Wirtschaftsgüter, die für die Verwaltung der Beteiligung erforderlich sind (zB Ertragniskonten, Einrichtung)[791].

Die Finanzverwaltung sieht in einer 100%-Beteiligung an einer Kapitalgesellschaft, die **477** wesentliche Grundlage eines Teilbetriebs ist, keinen fiktiven Teilbetrieb[792].

c) Die Einschränkungen für eine steuerneutrale Spaltung (§ 15 Abs. 2 **478** **UmwStG).** *aa) Überblick.* Ein Buchwertansatz auf der Ebene der übertragenden Körperschaft gem. §§ 15 Abs. 1, 11 Abs. 1 UmwStG scheidet aus, wenn einer der Ausschlussfälle des § 15 Abs. 2 UmwStG (bisher Abs. 3) vorliegt.

(Z.Zt. unbelegt.) **479**

Im Einzelnen erfasst § 15 Abs. 2 UmwStG folgende angebliche Gestaltungsmissbräu- **480** che[793]:
– Erwerb oder Aufstockung von Mitunternehmeranteilen und Beteiligungen iSv. § 15 Abs. 1 UmwStG innerhalb eines Zeitraums von drei Jahren vor dem steuerlichen Übertragungsstichtag;

---

[785] Vom 20. 12. 2001, BGBl. I 2001, S. 3858.
[786] Siehe § 15 Abs. 1 Satz 3 UmwStG. Anders § 21 Abs. 1 Satz 2 UmwStG: dort genügt eine mehrheitsvermittelnde Beteiligung an einer Kapitalgesellschaft.
[787] So zu Recht *Herzig/Förster* DB 1995, 338, 342; *Hörtnagl* in Schmitt/Hörtnagl/Stratz § 15 UmwStG Rn 90.
[788] *Haritz* in Haritz/Benkert § 15 UmwStG Rn 55.
[789] *Hörtnagl* in Schmitt/Hörtnagl/Stratz § 15 UmwStG Rn 89; *Sagasser/Fahrenberg* in Sagasser/Bula/Brünger P Rn 18.
[790] Vgl. Tz. 15.09 UmwStE; dies gilt auch für die Zuordnung bei Mitunternehmeranteilen, Tz. 15.09 UmwStE.
[791] So Finanzverwaltung Tz. 15.09 UmwStE; kritisch *Hörtnagl* in Schmitt/Hörtnagl/Stratz § 15 UmwStG Rn 91, 86, der angesichts der Unbestimmtheit zu einer vorherigen verbindlichen Auskunft rät, was zugeordnet werden kann.
[792] Tz. 15.06 UmwStE, zur Kritik siehe Rn 467.
[793] Dazu mit Einzelheiten *Haritz* in Haritz/Benkert § 15 UmwStG Rn 70 ff.

- Vollzug der Veräußerung an außenstehende Personen durch die Spaltung;
- Schaffung der Voraussetzungen für eine Veräußerung durch die Spaltung;
- Trennung von Gesellschafterstämmen, ohne dass die Beteiligten an der übertragenden Körperschaft mindestens fünf Jahre vor dem steuerlichen Übertragungsstichtag beteiligt waren.

481 *bb) Erwerb oder Aufstockung von Mitunternehmeranteilen oder Beteiligungen (§ 15 Abs. 2 Satz 1 UmwStG).* Mitunternehmeranteile und 100%-Beteiligungen an Kapitalgesellschaften können dann nicht steuerneutral übertragen werden, wenn sie innerhalb eines Zeitraums von drei Jahren vor dem steuerlichen Übertragungsstichtag durch Übertragung von Wirtschaftsgütern, die kein Teilbetrieb sind, erworben oder aufgestockt worden sind[794].

482 Ziel des Gesetzes ist es, zu verhindern, dass einzelne Wirtschaftsgüter, die für sich genommen nicht steuerneutral gespalten werden könnten, zunächst auf eine Mitunternehmerschaft oder Kapitalgesellschaft übertragen werden, um sie anschließend iRd. Spaltung der fiktiven Teilbetriebe steuerneutral zu spalten[795]. Hierdurch soll die Umgehung der Teilbetriebsvoraussetzung des § 15 Abs. 1 Satz 1, 2 UmwStG verhindert werden[796].

483 In Abspaltungsfällen ist nicht nur erforderlich, dass ein Teilbetrieb übergeht, sondern dass auch das zurückbleibende Vermögen einen Teilbetrieb darstellt. Dies kann auch ein Mitunternehmeranteil oder eine 100%-Beteiligung an einer Kapitalgesellschaft sein. Die Finanzverwaltung weist aber darauf hin, dass in diesen Fällen der Missbrauchstatbestand in Abspaltungsfällen sowohl für das abgespaltene Vermögen als auch für den zurückbleibenden Teil gilt. Mit anderen Worten: Eine steuerneutrale Spaltung ist auch dann nicht möglich, wenn ein bei der übertragenden Körperschaft zurückbleibender Mitunternehmeranteil oder eine zurückbleibende 100%-Beteiligung iSd. § 15 Abs. 1 Satz 1 UmwStG innerhalb eines Zeitraums von drei Jahren vor dem steuerlichen Übertragungsstichtag durch Übertragung von Wirtschaftsgütern, die kein Teilbetrieb sind, erworben oder aufgestockt worden ist[797].

484 Diese Auffassung wird aber zu Recht von der ganz hM in der Literatur abgelehnt[798], denn § 15 Abs. 2 Satz 1 UmwStG bezieht sich rein nach dem Wortlaut auf die „Übertragung" von Wirtschaftsgütern, nicht aber auf die zurückbehaltenen Wirtschaftsgüter bei der spaltenden Körperschaft.

485 Schädlich ist der Erwerb und/oder die Aufstockung des Mitunternehmeranteils oder einer Kapitalgesellschaftsbeteiligung, wenn die Beteiligungen als Gegenleistung für die Übertragung von einzelnen Wirtschaftsgütern an die spaltende Körperschaft gewährt worden sind. Unschädlich ist dagegen ein entgeltlicher oder unentgeltlicher Erwerb durch die spaltende Körperschaft, der nicht auf die Übertragung von Wirtschaftsgütern zurückgeht, wie zB der Kauf oder der Erwerb durch Schenkung oder Erbanfall einer Beteiligung von einem Dritten[799]. Unschädlich ist es auch, wenn die Beteiligung zwar aufgestockt wird, die Aufstockung aber nicht auf der Einlage von Wirtschaftsgütern durch den Anteilseigner, sondern auf der Zuführung durch einen Dritten in die Kapitalgesellschaft beruht[800]. Auch der Verkauf von einzelnen Wirtschaftsgütern durch die übertragende Körperschaft an die Mitunternehmerschaft bzw. Kapitalgesellschaft ist prinzipiell unschädlich[801].

486 Während die Finanzverwaltung die verdeckte Einlage in eine Kapitalgesellschaft nicht als schädliche Aufstockung ansieht, vertritt sie für verdeckte Einlagen in eine Personengesell-

---

[794] § 15 Abs. 2 Satz 1 UmwStG; dazu *Hörtnagl* in Schmitt/Hörtnagl/Stratz § 15 UmwStG Rn 114 ff.
[795] RegE Begr BT-Drucks. 12/6885 zu § 15 UmwStG.
[796] Siehe Tz. 15.14 UmwStE.
[797] Siehe Tz. 15.15 UmwStE.
[798] Vgl. nur *Haritz* in Haritz/Benkert § 15 UmwStG Rn 18; *Hörtnagl* in Schmitt/Hörtnagl/Stratz § 15 UmwStG Rn 118; *Sagasser/Fahrenberg* in Sagasser/Bula/Brünger P Rn 32; *Hörger* FR 1994, 765, 767; *Herzig/Förster* DB 1995, 338, 344; *Schaumburg* in Lutter Anh. § 151 Rn 18.
[799] Tz. 15.20 UmwStE; *Hörtnagl* in Schmitt/Hörtnagl/Stratz § 15 UmwStG Rn 122.
[800] Tz. 15.19 UmwStE mit Beispiel.
[801] *Sagasser/Fahrenberg* in Sagasser/Bula/Brünger P Rn 31.

schaft/Mitunternehmerschaft eine andere Auffassung. Sie meint, dass bei Mitunternehmeranteilen im Ergebnis jede Einlage von Wirtschaftsgütern, die stille Reserven enthalten, in das Gesamthandsvermögen oder Sonderbetriebsvermögen innerhalb von drei Jahren vor dem steuerlichen Übertragungsstichtag schädlich sei, da dies zu einer Aufstockung der Beteiligung führe[802].

cc) *Vollzug der Veräußerung an außenstehende Personen (§ 15 Abs. 2 Satz 2 UmwStG).* Das Gesetz versagt in diesen Fällen die Steuerneutralität, weil durch die Veräußerung an außenstehende Personen die Fortsetzung des bisherigen unternehmerischen Engagements in anderer Rechtsform durch den bisherigen Gesellschafterkreis nicht mehr gegeben sei[803]. Entscheidend für den Tatbestand ist, dass **gerade durch die Spaltung** Gesellschafter zu dem Kreis der bisher bereits beteiligten Gesellschafter dazu kommen, die bisher nicht beteiligt waren. Das Gesetz selbst spricht davon, dass nur die Veräußerung bzw. der Vollzug der Veräußerung an **außenstehende** Personen schädlich ist[804]. Veränderungen der Beteiligungsverhältnisse unter den beteiligten Anteilseignern fallen nicht darunter. 487

Durch die Formulierung „durch die Spaltung" stellt das Gesetz klar, dass es nicht genügt, wenn neue Gesellschafter im Anschluss an die Spaltung, zB auf Grund einer nach der Spaltung stattfindenden Anteilsveräußerung, Gesellschafter werden[805]. 488

Bei Auf- oder Abspaltungen zur Neugründung wird vertreten, dass der Tatbestand des § 15 Abs. 2 Satz 2 UmwStG prinzipiell nicht eröffnet sei, da in der übernehmenden Körperschaft zwingend die Anteilsinhaber der übertragenden Körperschaft auch an der neuen Körperschaft beteiligt seien und ein Hinzutritt bislang nicht beteiligter Anteilsinhaber anlässlich der Spaltung zivilrechtlich nicht zu akzeptieren sei[806]. 489

In der Praxis ist insbesondere der Fall relevant, dass eine Spaltung auf einen bereits bestehenden Rechtsträger stattfindet (Spaltung zur Aufnahme). In diesem Fall sind am übernehmenden Rechtsträger bereits Gesellschafter beteiligt, die nach der Spaltung auch am übertragenen Vermögen beteiligt sind. In diesen Fällen liegt aber kein Vollzug einer Veräußerung gerade durch die Spaltung vor, zumindest dann nicht, wenn die Anteilseigner der übertragenden Körperschaft bei der Spaltung angemessen an dem übernehmenden Rechtsträger beteiligt werden[807]. Der Tatbestand ist also teleologisch dahin zu reduzieren, dass unter Veräußerung nicht bereits die Übertragung des der Spaltung unterworfenen Vermögens auf eine Körperschaft zu verstehen ist, an der Personen beteiligt sind, die zuvor nicht Anteilseigner der übertragenden Körperschaft waren[808]. 490

Die Finanzverwaltung hat klargestellt, dass Umstrukturierungen innerhalb verbundener Unternehmen iSd. § 271 Abs. 2 HGB und juristischer Personen des öffentlichen Rechts ein- 491

---

[802] Tz. 15.18, 15.17 UmwStE; aA für verdeckte Einlagen in Personengesellschaften u. a. *Hörtnagl* in Schmitt/Hörtnagl/Stratz § 15 UmwStG Rn 123 mwN; der Finanzverwaltung jedoch zust. u. a. *Knopf/Hill* in Goutier/Knopf/Tulloch § 15 UmwStG Rn 33.

[803] Siehe Tz. 15.22 UmwStE.

[804] Zum Ganzen: *Dötsch* in Dötsch u. a. § 15 UmwStG nF (2006) Rn 108 ff.; 118 ff.; *Hörtnagl* in Schmitt/Hörtnagl/Stratz § 15 UmwStG Rn 134 ff., der darauf hinweist, dass die Vorschrift unklar ist; *Haritz* in Haritz/Benkert § 15 UmwStG Rn 100 ff.

[805] In diesem Fall ist jedoch § 15 Abs. 2 Satz 3, 4 UmwStG zu beachten. Zum Begriff „außenstehende Personen" nur *Hörtnagl* in Schmitt/Hörtnagl/Stratz § 15 UmwStG Rn 197 ff.

[806] *Hörtnagl* in Schmitt/Hörtnagl/Stratz § 15 UmwStG Rn 135; aA *Haritz* in Haritz/Benkert § 15 UmwStG Rn 100 unter Hinweis auf *Bärwaldt/Schabacker* ZIP 1998, 1293; ebenso *Dötsch* in Dötsch u. a. § 15 UmwStG nF (2006) Rn 118.

[807] So auch *Momen* DStR 1997, 355; *Krebs* BB 1997, 1817; *Haritz* in Haritz/Benkert § 15 UmwStG Rn 103.

[808] So zu Recht *Haritz* in Haritz/Benkert § 15 UmwStG Rn 14; zust. *Dötsch* in Dötsch u. a. § 15 UmwStG nF 2006 Rn 120 in Fällen der Kapitalerhöhung gegen angemessenes Aufgeld, ansonsten aber ablehnend.

schließlich ihrer Betriebe gewerblicher Art keine Veräußerung an außenstehende Personen darstellen[809].

492 dd) *Schaffung der Voraussetzungen für eine Veräußerung (§ 15 Abs. 2 Satz 3, 4 UmwStG)*. Das Gesetz verneint die Steuerneutralität auch dann, wenn durch die Spaltung die Voraussetzungen für eine Veräußerung geschaffen werden[810]. Klarstellend heißt es dazu, dass davon auszugehen sei, wenn innerhalb von fünf Jahren nach dem steuerlichen Übertragungsstichtag Anteile einer an der Spaltung beteiligten Körperschaft, die mehr als 20% der vor Wirksamwerden der Spaltung an der Körperschaft bestehenden Anteile ausmachen, veräußert werden[811].

493 Der Tatbestand bezieht sich allein auf die Anteile an der übertragenden bzw. übernehmenden Gesellschaft, nicht aber auf die durch die Spaltung übertragenen einzelnen Wirtschaftsgüter oder die bei der übertragenden Körperschaft verbleibenden Wirtschaftsgüter. Diese Wirtschaftsgüter können übertragen werden, ohne die Steuerneutralität der Spaltung zu gefährden[812].

494 (Z.Zt. unbelegt.)

495 Zentrales Tatbestandselement ist die **Veräußerung**[813] an außenstehende Personen.

496 Unter Veräußerung ist dabei der Übergang des rechtlichen oder wirtschaftlichen Eigentums zu verstehen, der Abschluss eines schuldrechtlichen Übertragungsvertrags genügt noch nicht[814]. Die Auffassung, dass sich die Veräußerung begrifflich an § 23 EStG und damit bereits bei Abschluss eines entgeltlichen Vertrags mit Lieferverpflichtung orientiert, wurde aufgegeben[815].

497 Eine unentgeltliche Anteilsübertragung (Erbfolge, Erbauseinandersetzung, Realteilung) ist keine schädliche Veräußerung iSd. Tatbestands. Dies gilt aber nach Auffassung der Finanzverwaltung nicht bei Erbauseinandersetzungen mit Ausgleichszahlungen und Realteilungen, die nicht zum Buchwert erfolgen[816].

498 Die Finanzverwaltung hebt hervor, dass eine schädliche Veräußerung iSd. Tatbestands auch beim Übergang (Tausch) der Anteile im Rahmen einer Verschmelzung, Spaltung oder Einbringung in eine Kapitalgesellschaft gegeben ist[817]. Voraussetzung für die Versagung der Steuerneutralität ist aber auch hier, dass an **außenstehende** Personen veräußert wird. Dies ist in Umwandlungsfällen dann nicht der Fall, wenn die Gesellschafter vor und nach der Spaltung an allen beteiligten Rechtsträgern im gleichen Verhältnis beteiligt sind (zB Verschmelzung auf Schwestergesellschaften oder verhältniswahrende Auf- oder Abspaltungen)[818].

499 Anerkannt ist, dass die **Einbringung** von Gesellschaftsanteilen, die sich in einem Privatvermögen befinden, in eine Personengesellschaft oder Kapitalgesellschaft als Veräußerungen

---

[809] Siehe Tz. 15.26 UmwStE.
[810] § 15 Abs. 2 Satz 3 UmwStG.
[811] § 15 Abs. 2 Satz 4 UmwStG. Zur streitigen Frage, ob dies eine widerlegbare Vermutung oder unwiderlegbare gesetzliche Fiktion ist, siehe nur *Hörtnagl* in Schmitt/Hörtnagl/Stratz § 15 UmwStG Rn 148 f. mwN einerseits; *Haritz* in Haritz/Benkert § 15 UmwStG Rn 111 andererseits.
[812] So auch *Haritz* in Haritz/Benkert § 15 UmwStG Rn 110.
[813] Dazu u. a. *Hörtnagl* in Schmitt/Hörtnagl/Stratz § 15 UmwStG Rn 150 ff.
[814] *Hörger* FR 1994, 765, 768; *Hörtnagl* in Schmitt/Hörtnagl/Stratz § 15 UmwStG Rn 150; *Wacker* in Schmidt § 16 EStG Rn 21.
[815] So *Haritz* in Haritz/Benkert § 15 UmwStG Rn 113.
[816] Siehe Tz. 15.23 UmwStE; insbes. zu Realteilungen vgl. *Hörtnagl* in Schmitt/Hörtnagl/Stratz § 15 UmwStG Rn 153 mit kritischer Analyse.
[817] Siehe Tz. 15.24 UmwStE; zust. *Hörtnagl* in Schmitt/Hörtnagl/Stratz § 15 UmwStG Rn 156 zu Umwandlungsfällen; aA *Haritz* in Haritz/Benkert § 15 UmwStG Rn 114, der Umwandlungen nach dem UmwG nicht als Veräußerungen iSv. § 15 Abs. 3 Satz 3, 4 UmwStG aF (jetzt § 15 Abs. 2 Satz 3, 4 UmwStG) ansieht.
[818] So auch *Dötsch* u. a. DB 1998 Beilage Nr. 7, 31.

zu werten ist[819]. Gleiches gilt für eine **verdeckte Einlage** in eine Kapitalgesellschaft[820]. Die **Liquidation** und die **Kapitalherabsetzung** sind dagegen keine Veräußerungen. Auch die **Einziehung von GmbH-Geschäftsanteilen** ist keine Veräußerung, sofern sie unentgeltlich geschieht.

Eine **Kapitalerhöhung** innerhalb von fünf Jahren nach der Spaltung ist schädlich, wenn der Vorgang wirtschaftlich als Veräußerung von Anteilen durch die Gesellschafter zu werten ist. Die Aufnahme neuer Gesellschafter gegen angemessenes Aufgeld ist wirtschaftlich dagegen nicht als Veräußerung von Anteilen durch die Anteilseigner anzusehen, wenn die der Kapitalgesellschaft zugeführten Mittel nicht innerhalb der Fünfjahresfrist an die bisherigen Anteilseigner ausgekehrt werden[821]. **500**

Die **Umstrukturierung** innerhalb verbundener Unternehmen iSd. § 271 Abs. 2 HGB und juristischer Personen des öffentlichen Rechts einschließlich Betriebe gewerblicher Art ist keine Veräußerung an außenstehende Personen[822]. **501**

Da der Begriff der Veräußerung auf den Übergang des wirtschaftlichen Eigentums an den Anteilen abstellt, können auch **Optionsrechte** (zB Call- und/oder Putoptionen) durchaus zu einem Anteilsübergang führen, wenn durch die Vereinbarung derartiger Rechte bereits das wirtschaftliche Eigentum auf den Erwerber übergeht. Dies ist grundsätzlich bei kombinierten Put- und Calloptionen der Fall, zumindest dann, wenn der Kaufpreis bereits betragsmäßig fixiert ist[823]. **502**

Der scheinbar so klare Wortlaut, dass Anteilsveräußerungen **innerhalb von fünf Jahren nach dem steuerlichen Übertragungsstichtag** schädlich sind, wirft in der Praxis eine Reihe von Zweifelsfragen auf, zB bei Anteilsveräußerungen nach dem steuerlichen Übertragungsstichtag, aber vor Wirksamwerden der Spaltung im Handelsregister. In diesen Fällen ist eine teleologische Reduktion geboten. Derartige Anteilsveräußerungen sollten nicht schädlich iSd. Vorschrift sein[824]. **503**

Eine steuerschädliche Veräußerung iSv. § 15 Abs. 2 Satz 3, 4 UmwStG liegt nur vor, wenn mehr als 20% der Anteile der an der Spaltung beteiligten Gesellschaften veräußert werden (sog. **Bagatellgrenze**)[825]. **504**

Die Quote von 20% bezieht sich auf die Anteile an der übertragenden Körperschaft vor der Spaltung. Die Quote ist entsprechend dem Verhältnis der übergehenden Vermögensteile zu dem bei der übertragenden Gesellschaft vor der Spaltung vorhandenen Vermögen aufzuteilen, wie es idR im Umtauschverhältnis der Anteile im Spaltungs- und Übernahmevertrag oder im Spaltungsplan zum Ausdruck kommt. Auf die absolute Höhe des Nennkapitals der an der Spaltung beteiligten alten und neuen Gesellschafter sowie auf die Wertentwicklung der Beteiligungen kann es nicht ankommen[826]. **505**

---

[819] *BFH* vom 12. 2. 1980, BStBl. II 1980, S. 494; *BFH* vom 11. 8. 1999, BStBl. II 2000, S. 230, BMF-Schreiben vom 29. 3. 2000, BStBl. I 2000, S. 462; Tz. 15.24 UmwStE; *Haritz* in Haritz/Benkert § 15 UmwStG Rn 115.

[820] AA *Hörtnagl* in Schmitt/Hörtnagl/Stratz § 15 UmwStG Rn 155 gegen *Haritz* in Haritz/Benkert § 15 UmwStG Rn 115.

[821] Siehe Tz. 15.25 UmwStE; *Hörtnagl* in Schmitt/Hörtnagl/Stratz § 15 UmwStG Rn 154.

[822] Siehe Tz. 15.26 UmwStE.

[823] Zu näheren Einzelheiten des Übergangs des wirtschaftlichen Eigentums siehe *BFH* vom 10. 3. 1988, BStBl. II 1988, S. 834; *BFH* vom 30. 5. 1984, BStBl. II 1984, S. 825; *Haritz* in Haritz/Benkert § 15 UmwStG Rn 113.

[824] Zu weiteren Aspekten siehe *Haritz* in Haritz/Benkert § 15 UmwStG Rn 121 ff.

[825] Umfassend dazu *Hörtnagl* in Schmitt/Hörtnagl/Stratz § 15 UmwStG Rn 174; *Haritz* in Haritz/Benkert § 15 UmwStG Rn 125 ff.

[826] So dezidiert Tz. 15.28 UmwStE. Umfassend mit Berechnungsbeispielen *Hörtnagl* in Schmitt/Hörtnagl/Stratz § 15 UmwStG Rn 177 ff., 180 ff.

506 Das Gesetz stellt nicht auf die nominelle Beteiligung am Kapital ab. Relevanter Maßstab ist ein fiktiver Verkehrswert der Anteile zum Spaltungsstichtag[827]. Soweit einer der beteiligten Gesellschafter die 20%-Quote ausgeschöpft hat, dürfen die anderen Gesellschafter keine Veräußerung mehr vornehmen. Anderenfalls ist die Steuerneutralität nicht mehr gegeben. Dies benachteiligt insbesondere börsennotierte Aktiengesellschaften. Gerade Publikumsgesellschaften können nicht gewährleisten und nachweisen, dass nur Anteile, die 20% oder weniger des Werts der gespaltenen Gesellschaft ausmachen, an der Börse gehandelt werden. In der Literatur wird daher zu Recht gefordert, dass die Finanzverwaltung (im Erlasswege) eine Regelung schafft, durch die die 20%-Grenze zumindest in Fällen des anonymen Börsenhandels außer Kraft gesetzt wird[828].

507 Gerade bei Abspaltungen auf bestehende Körperschaften stellt sich die Frage, ob die an der übernehmenden, nicht aber an der übertragenden Körperschaft beteiligten Anteilseigner ihre bisher inne gehabten Anteile (Altanteile) veräußern können, ohne dadurch die 20%-Grenze zu berühren[829].

508 § 15 Abs. 2 Satz 3, 4 UmwStG sanktioniert nur Veräußerungen an **außenstehende Personen**[830]. Die Finanzverwaltung sieht dies wohl ebenso[831]. Der Wortlaut der Norm ist jedoch nicht gänzlich zweifelsfrei, da die Begriffe „außenstehende Personen" nur in § 15 Abs. 3 Satz 2 UmwStG genannt sind.

509 Außenstehende Personen sind nicht die bisherigen Anteilsinhaber der übertragenden Körperschaft im Zeitpunkt des Wirksamwerdens der Spaltung. Auch Unternehmen eines Konzerns, zu dem ein Anteilsinhaber der übertragenden Körperschaft gehört, zählen nicht dazu[832].

510 *ee) Trennung von Gesellschafterstämmen (§ 15 Abs. 2 Satz 5 UmwStG).* Das Gesetz erlaubt die steuerneutrale Trennung von Gesellschafterstämmen, wenn die Beteiligungen an der übertragenden Körperschaft mindestens fünf Jahre vor dem steuerlichen Übertragungsstichtag bestanden haben. Änderungen in der Beteiligungshöhe innerhalb der Fünfjahresfrist bei Fortdauer der Beteiligung dem Grunde nach sind unschädlich[833].

511 Begrifflich setzt die Trennung von Gesellschafterstämmen voraus, dass im Fall der Aufspaltung an den übernehmenden Körperschaften und im Fall der Abspaltung an der übernehmenden und der übertragenden Körperschaft nicht mehr alle Anteilsinhaber der übertragenden Körperschaft beteiligt sind[834]. Es handelt sich dabei um eine sog. nichtverhältniswahrende Spaltung.

512 Doch nicht jede nichtverhältniswahrende Spaltung ist eine Trennung von Gesellschafterstämmen. Es muss sich um eine „völlige Neugruppierung der gesellschaftsrecatlichen Beteiligungen" handeln[835]. Der Begriff des **Gesellschafterstamms** ist im Gesetz nicht definiert; auch die Finanzverwaltung gibt keine Begriffsbeschreibung. In der Literatur wird darunter

---

[827] D. h. steuerlicher Übertragungsstichtag: *Hörtnagl* in Schmitt/Hörtnagl/Stratz § 15 UmwStG Rn 178 mN zu abweichenden Stimmen; *Herzig/Momen* DB 1994, 2157, 2160.
[828] U. a. *Haritz* in Haritz/Benkert § 15 UmwStG Rn 128.
[829] Bejahend u. a. *Hörtnagl* in Schmitt/Hörtnagl/Stratz § 15 UmwStG Rn 166.
[830] *Hörtnagl* in Schmitt/Hörtnagl/Stratz § 15 UmwStG Rn 197 mwN; *Sagasser/Fahrenberg* in Sagasser/Bula/Brünger P Rn 35; *Schaumburg* in Lutter Anh. § 151 Rn 20; *Haritz* in Haritz/Benkert § 15 UmwStG Rn 113.
[831] Tz. 15.26 UmwStE lässt diesen Schluss zu; vgl. auch *OFD Nürnberg* Vfg. vom 9. 2. 2000, GmbHR 2000, 519.
[832] Zum Ganzen: *Hörtnagl* in Schmitt/Hörtnagl/Stratz § 15 UmwStG Rn 197 ff., 201 ff.
[833] Tz 15.35 UmwStE; zum Ganzen *Haritz* in Haritz/Benkert § 15 UmwStG Rn 135 ff.; *Hörtnagl* in Schmitt/Hörtnagl/Stratz § 15 UmwStG Rn 215 ff.
[834] Tz. 15.36 UmwStE; *Hörtnagl* in Schmitt/Hörtnagl/Stratz § 15 UmwStG Rn 232.
[835] *Haritz* in Haritz/Benkert § 15 UmwStG Rn 139 unter Hinweis auf *Widmann* in Widmann/Mayer UmwStG Anm. S. 457; aA *Herzig/Förster* DB 1995, 338, 346.

eine Gruppe von Gesellschaftern verstanden, die sich entweder selbst als einander zugehörig begreifen oder von anderen als einander zugehörig angesehen werden[836]. Der Begriff des Stamms ist nicht identisch mit dem des Familienstamms. Er umfasst sowohl natürliche Personen, als auch juristische Personen, die eine Personenmehrheit bilden[837].

Entscheidendes Kriterium ist, dass die **Beteiligung seit fünf Jahren** bereits besteht. In Fällen, in denen eine übertragende Körperschaft noch keine fünf Jahre bestanden hat, ist grundsätzlich keine steuerneutrale Trennung von Gesellschafterstämmen im Wege der Spaltung möglich, so die Finanzverwaltung[838]. Diese Auffassung überzeugt nicht. Es muss genügen, dass die Gesellschafterstämme seit Gründung der Körperschaft beteiligt sind[839].

d) Verweis auf die Verschmelzungsvorschriften (§ 15 Abs. 1 iVm. § 11 UmwStG). Die Steuerneutralität einer Auf-/Abspaltung ist nicht nur daran geknüpft, dass die originären Spaltungsvorschriften des § 15 UmwStG erfüllt sind, sondern zusätzlich daran, dass auch die entsprechend geltenden Voraussetzungen des § 11 UmwStG erfüllt sind. Wegen der damit zusammenhängenden Fragen wird verwiesen auf die obigen Ausführungen und die dort zitierte Literatur[840]. An dieser Stelle sollen nur einige wesentliche Besonderheiten erwähnt werden.

Der Verweis auf die entsprechend anwendbaren Voraussetzungen für die Verschmelzung nach § 11 UmwStG kann leicht den Blick dafür verstellen, dass die Spaltung keine universelle Rechtsnachfolge darstellt, sondern lediglich eine partielle. Daraus resultieren eine Reihe von Zweifelsfragen. Denn die Verschmelzung und die darauf zugeschnittenen §§ 11 bis 13 UmwStG setzen voraus, dass das gesamte Vermögen auf einen Rechtsträger übergeht, während bei der Aufspaltung mindestens zwei Rechtsträger involviert sind und bei der Abspaltung Vermögen zurückbleibt.

Aufgrund der partiellen Gesamtrechtsnachfolge knüpft das in § 11 Abs. 1, 2 UmwStG geregelte Bewertungsprinzip an das übergehende Vermögen an. Bei einer Abspaltung ist das zurückbleibende Vermögen zwingend mit dem Buchwert anzusetzen und zu bewerten[841]. Das durch § 11 Abs. 2 UmwStG eingeräumte Ansatz- und Bewertungsrecht kann u. E. für jeden übertragenen Vermögensteil, d. h. Teilbetrieb iSv. § 15 Abs. 1 UmwStG, unterschiedlich ausgeübt werden[842]. In der Praxis lief das Bewertungswahlrecht bisher jedoch prinzipiell leer, da die Finanzverwaltung aufgrund des Grundsatzes der Maßgeblichkeit der umwandlungsrechtlichen Schlussbilanz für die Steuerbilanz zu einer Buchwertfortführung kommt[843]. Im neuen UmwStG gilt der Maßgeblichkeitsgrundsatz nicht.

Sonderprobleme bereitet die sog. **nicht verhältniswahrende Spaltung**[844]. Dabei handelt es sich um eine Abspaltung, bei der nicht alle an dem spaltenden Rechtsträger beteiligten Anteilseigner an dem übernehmenden Rechtsträger beteiligt sind oder zumindest nicht in dem gleichen prozentualen Verhältnis wie am übertragenden Rechtsträger. Um Nachteile für die nicht bzw. ungleich am übernehmenden Rechtsträger beteiligten Anteilseigner zu vermeiden, müssen die Beteiligungsverhältnisse am übertragenden Rechtsträger zu ihren Gunsten

---

[836] *Haritz* in Haritz/Benkert § 15 UmwStG Rn 135; aA *Hörtnagl* in Schmitt/Hörtnagl/Stratz § 15 UmwStG Rn 221 („Verfolgung gleichgerichteter Interessen").
[837] AA wohl *Herzig/Förster* DB 1995, 338, 349.
[838] Tz. 15.37 UmwStE.
[839] So auch *Haritz* in Haritz/Benkert § 15 UmwStG Rn 146 unter Hinweis auf *Widmann* in Widmann/Mayer UmwStG Anm. S. 456.
[840] Siehe Rn 47 ff. und (u. a.) *Bänwaldt* in Haritz/Benkert § 11 UmwStG Rn 1 ff.
[841] *Hörtnagl* in Schmitt/Hörtnagl/Stratz § 15 UmwStG Rn 245 nwN.
[842] *Haritz* in Haritz/Benkert § 15 UmwStG Rn 166 mwN; aA *Thiel* DStR 1995, 237, 239; *Knopf/Hill* in Goutier/Knopf/Tulloch § 15 UmwStG Rn 67.
[843] Dazu Rn 436; die Auffassung der Finanzverwaltung überzeugt nicht.
[844] Dazu detailliert *Wochinger*, FS Widmann, S. 639 ff.; *Haritz* in Haritz/Benkert § 15 UmwStG Rn 158; *Hörtnagl* in Schmitt/Hörtnagl/Stratz § 15 UmwStG Rn 251 ff.

neu geordnet werden. Dazu kommen zB bei einer GmbH Gestaltungen in Betracht[845] wie die Einziehung eines Geschäftsanteils unter Zustimmung des Berechtigten ohne Entgelt, die rechtsgeschäftliche Übertragung eines Geschäftsanteils ohne Entgelt oder eine vereinfachte Kapitalherabsetzung gem. § 139 UmwG iVm. §§ 58 a ff. GmbHG.

518 In all diesen Fällen ist die Steuerneutralität der Abspaltung fraglich, da die Neuordnung der Beteiligungsverhältnisse bei den übertragenden Rechtsträgern gegen die Voraussetzung verstößt, dass eine Gegenleistung entweder nicht gewährt wird oder nur in Gesellschaftsrechten besteht[846]. Eine vorsichtige Steuerplanung ist zu empfehlen[847].

519 Wenn die Voraussetzungen für den Buchwertansatz nicht vorliegen, sind die gemeinen Werte anzusetzen, und zwar für das übergehende Vermögen[848].

520 Das zurückbehaltene Vermögen muss weiterhin mit dem Buchwert bilanziert werden. Es droht also – im Abspaltungsfall – keine Realisierung aller stiller Reserven, wenn die Voraussetzungen für eine steuerneutrale Spaltung nicht vorliegen. Lediglich die stillen Reserven im übertragenen Vermögen sind aufzudecken.

521 Bei **Teilübertragungen** iSd. § 174 Abs. 2 UmwG kommt eine steuerneutrale Spaltung nur in Betracht, wenn keine Gegenleistung gewährt wird, also in den Fällen, in denen die Vermögensübertragung auf den Anteilseigner der übertragenden Körperschaft erfolgt. Denn nach dem UmwG besteht die Gegenleistung bei Teilübertragungen nicht in Gesellschaftsrechten, so dass eine Steuerneutralität wegen Verstoßes gegen § 11 Abs. 2 Satz 1 Nr. 3 UmwStG bei Gewährung anderer Gegenleistungen als Gesellschaftsrechte ausscheidet[849]. Daher ist in diesen Fällen regelmäßig keine steuerneutrale Teilübertragung möglich.

4. Die Ebene der übernehmenden Körperschaft (§§ 15, 12 UmwStG)

522 **a) Rechtsnachfolge.** Die steuerlichen Folgen einer Spaltung auf der Ebene der übernehmenden Körperschaft regeln sich nach der entsprechenden Anwendung von § 12 UmwStG, wenn die Voraussetzungen von § 15 Abs. 1 Satz 1 UmwStG erfüllt sind. Dies gilt auch, soweit ein Missbrauchsfall nach § 15 Abs. 2 UmwStG vorliegt[850].

523 Die entsprechende Anwendung von § 12 UmwStG gilt nicht nur in Fällen der Spaltung, sondern grundsätzlich auch in Fällen der Vermögensübertragung in Form der Teilübertragung[851].

524 Da die steuerlichen Auswirkungen auf der Ebene der übernehmenden Körperschaft bereits iRd. Verschmelzung zwischen Körperschaften behandelt worden sind[852], wird auf eine detaillierte Darstellung an dieser Stelle verzichtet. Die spaltungsrechtlichen Besonderheiten liegen darin begründet, dass anders als bei einer Verschmelzung nicht das gesamte Vermögen auf einen neuen oder bereits bestehenden Rechtsträger übertragen wird, sondern eine Aufteilung auf verschiedene übernehmende Körperschaften bzw. auf die übernehmende Körperschaft und auf die übertragende Körperschaft vorzunehmen ist[853].

525 Auf Ebene der übernehmenden Körperschaft hat die Spaltung folgende Auswirkungen:

---

[845] Zu Einzelheiten siehe *Haritz/Wagner* DStR 1997, 181, 182; *Herzig/Förster* in DB 1995, 338, 349; *Wochinger*, FS Widmann, S. 639 ff.
[846] Vgl. § 15 Abs. 1 iVm. § 11 Abs. 1 Nr. 2 UmwStG; so *Haritz* in Haritz/Benkert § 15 UmwStG Rn 158; aA *Hörtnagl* in Schmitt/Hörtnagl/Stratz § 15 UmwStG Rn 253.
[847] Zu weiteren Fragen siehe *Haritz/Wagner* DStR 1997, 181, 182, zusammenfassend *Haritz* in Haritz/Benkert § 15 UmwStG Rn 158.
[848] Dazu *Haritz* in Haritz/Benkert § 15 UmwStG Rn 156.
[849] Siehe Rn 445; *Hörtnagl* in Schmitt/Hörtnagl/Stratz § 15 UmwStG Rn 26, 256.
[850] *Hörtnagl* in Schmitt/Hörtnagl/Stratz § 15 UmwStG Rn 257.
[851] *Hörtnagl* in Schmitt/Hörtnagl/Stratz § 15 UmwStG Rn 257.
[852] Siehe Rn 80 ff.
[853] Einzelheiten zur entsprechenden Anwendung von § 12 bei *Haritz* in Haritz/Benkert § 15 UmwStG Rn 177 ff.; *Hörtnagl* in Schmitt/Hörtnagl/Stratz § 15 UmwStG Rn 257 ff.

– Sie übernimmt das Vermögen zwingend mit den in der steuerlichen Bilanz der spaltenden Körperschaft enthaltenen Werten[854].
– Ein anlässlich der Spaltung entstehender Spaltungsgewinn oder -verlust bleibt steuerlich außer Ansatz[855].
– Sie tritt in die steuerliche Rechtsstellung der spaltenden Körperschaft ein, insbesondere bezüglich der Bewertung der übernommenen Wirtschaftsgüter, der Absetzungen für Abnutzung und der den steuerlichen Gewinn mindernden Rücklagen[856].
– Sie tritt mit der Neufassung des UmwStG durch das SEStEG nicht mehr in die Rechtsstellung bezüglich eines verbleibenden Verlustabzugs iSd. § 10 d EStG der spaltenden Körperschaft ein[857].
– Entsteht ein Übernahmefolgegewinn durch Wegfall von inkongruent bilanzierten Forderungen und Verbindlichkeiten der beteiligten Körperschaften, kann die übernehmende Körperschaft die steuerliche Belastung durch eine Rücklage mildern[858].

b) Verlustvorträge und Aufteilung. Verbleibende Verlustabzüge nach § 10 d EStG („Verlustvorträge"), verrechenbare Verluste und nicht ausgeglichene negative Einkünfte gehen nach dem neuen UmwStG nicht auf die übernehmende Körperschaft über. Durch das SEStEG wurde die bisherige Regelung, nach der Verlustvorträge anteilig übergingen[859], abgeschafft[860]. Bei einer Aufspaltung gehen die Verlustvorträge ganz unter, da die übertragende Körperschaft erlischt. Bei einer Abspaltung mindert sich ein verbleibender Verlustvortrag der übertragenden Körperschaft in dem Verhältnis, in dem bei Zugrundelegung des gemeinen Werts das Vermögen auf eine andere Körperschaft übergeht[861].

(Z.Zt. unbelegt.)

Die vorgenannten Grundsätze gelten entsprechend für die Gewerbesteuer[862].

c) Spaltung und steuerlicher Eigenkapitalausweis. Wie in Verschmelzungsfällen sind die entsprechenden Regelungen hinsichtlich der Behandlung des steuerlichen Eigenkapitals der übertragenden Körperschaft nicht im UmwStG, sondern im Körperschaftsteuergesetz geregelt. Es sind die § 40 Abs. 2, § 29 iVm. § 28 KStG zu beachten.

Unbelastete Teilbeträge gem. § 38 KStG werden gem. § 40 Abs. 2 KStG in Fällen der Auf-/Abspaltung entsprechend der bisherigen Regelung § 15 Abs. 4 UmwStG aF zugeordnet. Nach § 40 Abs. 2 Satz 1 KStG erfolgt die Zuordnung bei der übernehmenden Körperschaft im Verhältnis der übergehenden Vermögensteile zu dem bei der übertragenden Körperschaft vor dem Übergang bestehenden Vermögen, wie es idR in den Angaben zum Umtauschverhältnis der Anteile im Spaltungs- und Übernahmevertrag oder im Spaltungsplan zum Ausdruck kommt. Entspricht das Umtauschverhältnis der Anteile nicht dem Verhältnis der übergehenden Vermögensteile zu dem bei der übertragenden Körperschaft vor der Spaltung bestehenden Vermögen, ist das Verhältnis der gemeinen Werte der übergehenden Vermögensteile zu dem vor der Spaltung vorhandenen Vermögen maßgebend[863]. Keine Zuordnung der unbelasteten Teilbeträge nach § 38 KStG erfolgt, sondern eine anteilige Erhöhung der Körperschaftsteuer, wenn das Vermögen auf eine nicht unbeschränkt

---
[854] § 15 Abs. 1 iVm. § 12 Abs. 1, 4 Abs. 1 Satz 2, 3 UmwStG.
[855] § 15 Abs. 1 iVm. § 12 Abs. 2 Satz 1 UmwStG.
[856] § 15 Abs. 1 iVm. § 12 Abs. 3 und § 4 Abs. 2, 3 UmwStG.
[857] § 15 Abs. 1 iVm. § 12 Abs. 3, § 4 Nr. 2 Satz 2 UmwStG.
[858] § 15 Abs. 1 iVm. § 12 Abs. 4 und § 6 UmwStG.
[859] § 12 Abs. 3 Satz 2 UmwStG aF, dazu Voraufl. Anh. § 325 Rn 526 ff.
[860] § 4 Abs. 2 Satz 2 UmwStG, nach dem darüber hinaus auch verrechenbare Verluste und nicht ausgeglichene negative Einkünfte nicht übergehen.
[861] § 15 Abs. 3 UmwStG; zum bisherigen Aufteilungsschlüssel („Angabe zum Umtauschverhältnis im Spaltungsplan oder Spaltungs- und Übernahmevertrag") siehe Voraufl. Anh. § 325 Rn 527 ff.
[862] § 19 Abs. 2 UmwStG.
[863] § 40 Abs. 2 Satz 2 KStG.

steuerpflichtige Körperschaft übergeht[864]. Dies ist regelmäßig der Fall, wenn Vermögen auf eine ausländische Gesellschaft übergeht (grenzüberschreitende Auf-/Abspaltung). Die aus der Körperschaftsteuer-Erhöhung folgende Steuerschuld wird gestundet, wenn die übernehmende Körperschaft in einem Mitgliedstaat der EU unbeschränkt steuerpflichtig ist[865] und besondere Nachweispflichten beachtet werden.

Körperschaftsteuerguthaben nach § 37 KStG werden nicht mehr nach § 40 KStG dem übergehenden Vermögen zugeordnet; § 40 Abs. 1, 2 KStG beziehen sich nur auf die unbelasteten Teilbeträge nach § 38 KStG. Das Körperschaftsteuer-Guthaben wird letztmalig zum 31.12.2006 ermittelt und festgestellt[866]. Bei Umwandlungen iSv. § 1 Abs. 1 UmwStG findet die letzte Ermittlung und Festsetzung ggf. auf den vor dem 31.12.2006 liegenden steuerlichen Übertragungsstichtag statt[867]. Das Körperschaftsteuerguthaben, das anteilig übergehen soll, sollte ausdrücklich im Spaltungsplan oder Spaltungs- und Übernahmevertrag zugeordnet werden.

533 Der Bestand des sog. steuerlichen Einlagekontos[868] der übertragenden Körperschaft wird entsprechend der vorgenannten Aufteilungsmaßstäbe dem steuerlichen Einlagekonto der übernehmenden Körperschaft zugerechnet[869]. Für die Entwicklung des steuerlichen Einlagekontos der übernehmenden Körperschaft gilt § 29 Abs. 2 Satz 2, 3 KStG entsprechend.

534 In Umwandlungsfällen iSd. § 1 UmwG bestimmt § 29 Abs. 1 KStG, dass das Nennkapital an der übertragenden Kapitalgesellschaft als in vollem Umfang nach § 28 Abs. 2 Satz 1 KStG herabgesetzt gilt. Das Gesetz selbst differenziert dabei nicht zwischen Fällen der universellen Gesamtrechtsnachfolge, zB in Fällen der Verschmelzung, und der partiellen Gesamtrechtsnachfolge in Fällen der (Ab-)Spaltung.

5. Die Auswirkungen der Auf-/Abspaltung auf der Ebene der Anteilseigner (§§ 15, 13 UmwStG)

535 a) **Überblick.** Die Anteilseigner der spaltenden Körperschaft erhalten idR[870] im Tausch für ihre untergehenden Anteile an der aufspaltenden Körperschaft oder für die Minderung des Werts an der abspaltenden Körperschaft (neue) Gesellschaftsrechte an der übernehmenden Körperschaft. Dies führt auf Antrag – soweit ausschließlich Gesellschaftsrechte und keine anderen Gegenleistungen, zB bare Zuzahlungen[871], gewährt werden und das inländische Besteuerungsrecht gesichert bleibt – nicht zu einer Gewinnrealisierung[872]. Fehlt es daran, gelten die Anteile an der aufspaltenden/abspaltenden Körperschaft als zum gemeinen Wert veräußert und die an ihre Stelle tretenden Anteile an der übernehmenden Körperschaft als mit diesem Wert angeschafft[873].

536 Für **Vermögensübertragungen in Form von Teilübertragungen** ist der Verweis auf § 13 UmwStG bedeutungslos, da § 13 die Gewährung von Gesellschaftsrechten voraussetzt, während bei Teilübertragungen die Gegenleistung nicht in Gesellschaftsrechten besteht[874].

---

[864] § 40 Abs. 5 KStG nF.
[865] § 40 Abs. 6 KStG nF.
[866] § 37 Abs. 4 Satz 1 KStG nF.
[867] § 37 Abs. 4 Satz 2 KStG nF.
[868] Vgl. § 27 Abs. 1 KStG.
[869] Vgl. § 29 Abs. 3 Satz 1, 2 KStG.
[870] Ausnahme: Nichtverhältniswahrende Spaltung, dazu nur *Haritz* in Haritz/Benkert § 15 UmwStG Rn 158; *Wochinger*, FS Widmann, S. 639 ff.
[871] Dazu *Haritz* in Haritz/Benkert § 15 UmwStG Rn 205 ff.
[872] § 15 Abs. 1 iVm. § 13 Abs. 2 UmwStG; zum bisherigen Recht *Hörtnagl* in Schmitt/Hörtnagl/Stratz § 15 UmwStG Rn 292 und Rn 305 ff. zur nichtverhältniswahrenden Spaltung.
[873] § 15 Abs. 1 iVm. § 13 Abs. 1 UmwStG.
[874] Vgl. § 174 Abs. 2 UmwG.

Um die genauen Auswirkungen auf der Ebene des Anteilseigners festzustellen, ist nach 538
der Steuerverstrickung der „Altanteile" an der übertragenden Körperschaft zu differenzieren, und zwar danach, ob es sich handelt um Anteile im Betriebsvermögen, um Anteile im Privatvermögen nach § 17 EStG oder für die die Frist für private Veräußerungsgeschäfte iSv. § 23 EStG läuft oder um einbringungsgeborene Anteile iSv. § 21 UmwStG. Da die Einzelheiten bereits iRd. Darstellung der Verschmelzung von Körperschaften behandelt wurden, sei darauf verwiesen[875].

b) Aufteilungsmaßstab. Anders als in Verschmelzungsfällen erhalten die Anteilseigner 539
der spaltenden Körperschaft aber nicht nur Anteile an einer übernehmenden Körperschaft, sondern im Regelfall[876] im Fall der Aufspaltung Anteile an mindestens zwei neuen Körperschaften und im Fall der Abspaltung Anteile an mindestens einer neuen Körperschaft bei gleichzeitiger Minderung der Anteile an der übertragenden Körperschaft.

Daher ist eine Aufteilung der bisherigen Buchwerte erforderlich[877]. Das Gesetz schweigt 540
dazu, welcher Maßstab anzuwenden ist.

Die Finanzverwaltung[878] regelte dies bisher wie folgt: Grundsätzlich könne das Umtausch- 541
verhältnis der Anteile im Spaltungs- und Übernahmevertrag oder Spaltungsplan zugrunde gelegt werden. Sei dies nicht möglich[879], sei die Aufteilung nach dem gemeinen Wert der übergehenden Vermögensteile zu dem vor der Spaltung vorhandenen Vermögen vorzunehmen. Speziell für die Abspaltung eines Teilbetriebs auf die Muttergesellschaft sei der bisherige Buchwert der Beteiligung an der Tochtergesellschaft im Verhältnis des gemeinen Werts des übergegangenen Vermögens zum gesamten Vermögen der Tochtergesellschaft aufzuteilen.

Die Auffassung der Finanzverwaltung orientiert sich erkennbar an dem gesetzlichen Auf- 542
teilungsmaßstab für Verlustvorträge[880]. Sie ist aber nicht gesetzlich verankert. Der Steuerpflichtige kann daher prinzipiell auch andere sachgerechte Bewertungen vornehmen, die für ihn günstiger sind[881]. Es bleibt abzuwarten, ob die Verwaltung an ihrer Auffassung festhält oder sich zB. generell für eine Aufteilung anhand der gemeinen Werte der beteiligten Vermögen orientiert[882].

c) Spaltungsgeborene Anteile und Anteile iSv. § 50 c EStG. Denkbar ist es, dass im 543
Zuge der Spaltung ein bisher wesentlich beteiligter Anteilseigner iSv. § 17 EStG nach einer Spaltung „nicht wesentlich" am übernehmenden Rechtsträger beteiligt ist. Nach Absenkung der „Wesentlichkeitsgrenze" von 10% auf 1% in § 17 Abs. 1 Satz 4 EStG werden die Fälle zwar zurückgehen, doch gänzlich auszuschließen ist dies nicht. Nach §§ 15 Abs. 1, 13 Abs. 2 Satz 2 UmwStG aF galten diese nicht wesentlichen Anteile als wesentlich; es handelt sich um sog. **spaltungsgeborene Anteile**. Da im Fall der Buchwert-Fortführung die neuen Anteile an die Stelle der alten Anteile treten[883], gehen auch die steuerlichen Verstrickungen auf die neuen Anteile über, sonach auch die Identifizierung als wesentlich iSv. § 17 EStG. Es wird kontrovers diskutiert, ob diese Anteilseigner dann „auf immer und ewig" als wesentlich be-

---

[875] Siehe Rn 150 ff.
[876] Ausnahmen sind denkbar, zB im Fall eines *upstream splits* (keine neuen Anteile) oder bei Trennung von Gesellschafterstämmen, dazu mit Einzelheiten *Haritz* in Haritz/Benkert § 15 UmwStG Rn 192, 194 mwN.
[877] Dazu *Haritz* in Haritz/Benkert § 15 UmwStG Rn 192; *Hörtnagl* in Schmitt/Hörtnagl/Stratz § 15 UmwStG Rn 297 ff.
[878] Siehe Tz. 15.51 UmwStE.
[879] In der Praxis häufig der Fall.
[880] Siehe § 15 Abs. 4 UmwStG aF.
[881] So auch *Haritz* in Haritz/Benkert § 15 UmwStG Rn 192, der zB auf eine Aufteilung nach den Kriterien der betriebswirtschaftlichen Unternehmensbewertung hinweist.
[882] Siehe dazu 15 Abs. 3 UmwStG nF.
[883] § 13 Abs. 2 Satz 2 UmwStG.

teilt gelten[884] oder nur so lange, wie auch das Einkommensteuerrecht[885] eine steuerliche Verstrickung vorsieht[886]. Das Gesetz ist nicht eindeutig; geboten ist eine teleologische Reduktion. Die nach Spaltung bestehenden Anteile an der übernehmenden Körperschaft und bei Abspaltung auch an der übertragenden Körperschaft sind nur so lange als wesentliche Beteiligung zu behandeln, wie die ursprüngliche Beteiligung an der übertragenden Körperschaft eine wesentliche Beteiligung dargestellt hätte[887].

544 Für Anteile im Privatvermögen, die erst durch die Spaltung zu (wesentlichen) Anteilen iSv. § 17 EStG werden, regelte bisher §§ 15 Abs. 2, 13 Abs. 2 Satz 3 UmwStG aF, dass die bisherigen Anschaffungskosten – abweichend zu den vorgenannten Aufteilungsmaßstäben – nicht fortgesetzt oder aufgeteilt werden, sondern sich nach dem gemeinen Wert am steuerlichen Übertragungsstichtag richten. Dies ist durchaus vorteilhaft, da Wertsteigerungen der Anteile bis zur Spaltung durch die Aufstockung steuerneutral bleiben. Der neue § 13 UmwStG regelt diesen Fall nicht explizit. Wenn aber kein Antrag gestellt wird, die Buchwerte oder Anschaffungskosten fortzuführen, gelten die Anteile als zum gemeinen Wert veräußert[888]. In diesen Fällen stellt sich der Steuerpflichtige besser, wenn er keinen Antrag stellt. Vorsicht ist aber hinsichtlich des von der Finanzverwaltung praktizierten Bewertungsverfahrens geboten. So kann die Finanzverwaltung zB das sog. „Stuttgarter Verfahren" bemühen[889], wenn keine zeitnahen Verkäufe vorhanden sind. Dies kann zu unangemessenen Werten führen. In diesen Fällen ist uU der vorherige Verkauf eines kleinen Teils der Beteiligung ratsam, um einen Vergleichsmaßstab (Veräußerungspreis) zu haben[890].

545 Die steuerliche Verhaftung von Anteilen, die nach § 50 c EStG[891] aF steuerverstrickt sind, setzt sich bei Buchwertansatz an den neuen Anteilen fort und ist entsprechend der Anschaffungskosten der Anteile zueinander aufzuteilen[892].

III. Spaltung auf eine Personengesellschaft als übernehmender Rechtsträger

1. Spaltung aus einer Kapitalgesellschaft auf eine Personengesellschaft

546 Von den drei Spaltungsarten Aufspaltung, Abspaltung und Ausgliederung wird unter steuerlichen Kriterien exemplarisch die **Abspaltung** behandelt. Eine gesonderte Erläuterung der **Aufspaltung** ist deshalb nicht notwendig, weil für sie nahezu dieselben Regeln wie für die Abspaltung gelten. Auf eine **Ausgliederung** auf eine Personengesellschaft finden hingegen die Regelungen des § 24 UmwStG über die Einbringung Anwendung, die bereits für den Fall der Verschmelzung[893] erläutert wurden. Durch eine Ausgliederung wird die übertragende Gesellschaft an der übernehmenden Gesellschaft beteiligt.

547 Über § 16 UmwStG gilt für die Abspaltung eine **komplizierte Verweisungskette:**

---

[884] So zB *Thiel* DStR 1995, 276, 279; *Schwedhelm/Streck/Mack* GmbHR 1995, 14.
[885] Vgl. § 17 EStG nach dessen § 17 Abs. 1 Satz 5 EStG eine Steuerverstrickung nach fünf Jahren bei Absenken einer wesentlichen zu einer unwesentlichen Beteiligung endet.
[886] So zu Recht *Haritz* in Haritz/Benkert § 15 UmwStG Rn 195 mwN.
[887] *Haritz* in Haritz/Benkert § 15 UmwStG Rn 195.
[888] § 13 Abs. 1 UmwStG.
[889] Vgl. zB das in Abschnitt R 96 ff. ErbStR vorgestellte Bewertungsverfahren für nicht notierte Anteile an Kapitalgesellschaften.
[890] Siehe dazu auch *Haritz* in Haritz/Benkert § 15 UmwStG Rn 201.
[891] Mit Hinweisen zur alten Rechtslage *Haritz* in Haritz/Benkert § 15 UmwStG Rn 202.
[892] § 15 Abs. 1 Satz 1 iVm. § 13 Abs. 2 Satz 2 UmwStG.
[893] Siehe Rn 354. Zur Spaltung mit Beteiligung von Personengesellschaften auch *Schulze zur Wiesche* DStZ 2004, 366.

Steuerliche Grundlagen des Umwandlungsrechts 548–551a **Anh. UmwStG**

– Zum einen gelten die Vorschriften über die Verschmelzung einer Kapitalgesellschaft auf eine Personengesellschaft[894] entsprechend[895].
– Zum anderen sind bestimmte Regeln für die Spaltung von Kapitalgesellschaften auf andere Kapitalgesellschaften[896] auch bei der Spaltung auf eine Personengesellschaft zu beachten. Die Weiterverweisung des § 15 UmwStG auf die §§ 11 bis 13 UmwStG (Regeln für die Verschmelzung von Kapitalgesellschaften miteinander) ist hingegen bedeutungslos[897].

Daneben findet § 18 UmwStG (Gewerbesteuer) unmittelbar Anwendung. **548**

Soweit bei der Anwendung der §§ 3 bis 8, 10 UmwStG keine Besonderheiten zu beachten **549** sind, wird auf die Ausführungen an anderer Stelle[898] verwiesen. Im Vordergrund der nachfolgenden Ausführungen stehen daher die Besonderheiten der Anwendung des § 15 UmwStG iRd. (Ab-)Spaltung aus einer Kapitalgesellschaft auf eine Personengesellschaft.

Das SEStEG hat § 16 UmwStG weitgehend unangetastet gelassen. Entfallen sind der Verweis auf § 37 KStG aF[899] und § 16 Satz 3 UmwStG aF bezüglich der Minderung eines Verlustvortrags bei der übernehmenden Körperschaft[900]. **549a**

a) Übergehendes Vermögen als Teilbetrieb. Tatbestandsvoraussetzung für **jede** steu- **550** erlich nach den Regeln des UmwStG abzuwickelnde **Spaltung** ist, dass das **übergehende Vermögen** einen **Teilbetrieb** darstellt. Für den Teilbetriebsbegriff gelten in der Praxis vor allem die iRd. §§ 16 EStG, 20 und 24 UmwStG entwickelten Abgrenzungskriterien[901]. Aber auch ein Mitunternehmeranteil, den die sich spaltende Kapitalgesellschaft an einer Tochterpersonengesellschaft hält, gilt im Wege der Fiktion als Teilbetrieb (sog. **fiktiver Teilbetrieb**). Ebenfalls als fiktive Teilbetriebe sind Beteiligungen an Tochterkapitalgesellschaften zu qualifizieren, die deren gesamtes gezeichnetes Kapital umfassen.

Liegt bei einer (Ab-)Spaltung die Voraussetzung eines (fiktiven) Teilbetriebs nicht vor, war **551** bisher die Übertragung des abgespaltenen Vermögens als Sachausschüttung an die Anteilseigner der übertragenden Kapitalgesellschaft mit anschließender Einlage der Wirtschaftsgüter in die übernehmende Personengesellschaft zu werten. Die Bewertung der Wirtschaftsgüter erfolgt dann zu gemeinen Werten; es werden jedoch nur die stillen Reserven der übertragenen Wirtschaftsgüter, nicht aber der Firmenwert aufgedeckt[902]. Die Besteuerung erfolgt nur für die übertragenen, nicht jedoch für die in der Kapitalgesellschaft verbleibenden Wirtschaftsgüter.

Durch die Neufassung des § 15 Abs. 1 Sätze 1, 2 UmwStG ist nun für Spaltungen zwischen **551a** Körperschaften geregelt, dass in diesen Fällen die §§ 11 Abs. 2, 13 Abs. 2 UmwStG nicht anzuwenden sind. Dadurch kommt es auf der Ebene der übertragenden Körperschaften zum Ansatz der gemeinen Werte und damit ggf. zur Realisierung stiller Reserven; die Anteile des Anteilseigners gelten als zum gemeinen Wert veräußert. Eine Sachausschüttung liegt nicht vor. Wendet man diese Grundsätze auch auf die Spaltung auf Personengesellschaften an, so würde künftig statt einer Sachausschüttung mit Einlagefiktion eine Anteilsveräußerung zum gemeinen Wert gegeben sein. Für die Anteilseigner passt dagegen der Verweis auf § 13 Abs. 2 UmwStG nicht. Geht das Vermögen auf eine Personengesellschaft über, sind die §§ 4, 5

---

[894] §§ 3 bis 8, 10 UmwStG.
[895] Siehe Rn 165 ff.
[896] § 15 UmwStG.
[897] *Haritz* in Haritz/Benkert § 16 UmwStG Rn 3.
[898] Siehe Rn 660 ff. und 165.
[899] Das Körperschaftsteuerguthaben wird letztmalig auf den 31.12.2006 festgestellt, in Umwandlungsfällen auf den davor liegenden Stichtag, § 37 Abs. 4 KStG nF.
[900] Jetzt in § 15 Abs. 3 UmwStG geregelt.
[901] Ausf. siehe Rn 452 ff. Der Teilbetriebsbegriff des EG-Rechts nach Art. 2 i) Fusionsrichtlinie ist weniger einengend als der rein nationale; bei rein nationalen Vorgängen ist er aber nicht direkt anwendbar, siehe Rn 459 f.; *Herzig* IStR 1994, 1.
[902] Tz. 15.10 UmwStE zum bisherigen Recht.

UmwStG *lex specialis*. Infolge dessen kommt es immer dann zu einem Übernahmegewinn, wenn die übertragende Körperschaft höhere Werte ansetzt. Kommt es also daher auf der Ebene der übertragenden Körperschaft zum Ansatz der gemeinen Werte mangels Vorliegen der Teilbetriebsvoraussetzungen, so kommt es infolge dessen zu einem entsprechend höheren Übernahmegewinn auf Ebene der Personengesellschaft, der dem jeweiligen Gesellschafter zuzurechnen ist. Im Ergebnis zeigt sich, dass bei dieser Sichtweise kein Bedarf besteht, § 13 Abs. 2 UmwStG auf den Fall der Spaltung einer Kapitalgesellschaft auf eine Personengesellschaft entsprechend anzuwenden.

552 Bei einer **Abspaltung** muss nicht nur das übergehende, sondern **auch** das in der sich spaltenden Kapitalgesellschaft **verbleibende Vermögen** einen **Teilbetrieb** darstellen. Wird hiergegen verstoßen, ist die Übertragung der übergehenden Wirtschaftsgüter selbst dann steuerpflichtig, wenn diese einen Teilbetrieb darstellen. Das in der Kapitalgesellschaft verbleibende Vermögen unterliegt dagegen auch insoweit nicht der Besteuerung.

553 Bei einer **Aufspaltung** bezieht sich das Erfordernis des (fiktiven) Teilbetriebs auf jeden der übertragenen Vermögensteile. Ist dieses Erfordernis nicht erfüllt, war sie bisher als Liquidation der übertragenden Kapitalgesellschaft nach § 11 KStG steuerpflichtig[903]. Wie im Fall der Abspaltung ist künftig auch im Fall der Aufspaltung daran zu denken, den Vorgang so zu behandeln, dass auf der Ebene der übertragenden Körperschaft die übergehenden Wirtschaftsgüter mit dem gemeinen Wert anzusetzen sind. Es kann zu einer steuerpflichtigen Realisierung stiller Reserven auf der Ebene der Gesellschaft kommen. Infolge dessen entsteht dann nach den anwendbaren §§ 4, 5 UmwStG ein entsprechend höherer Übernahmegewinn für den Anteilseigner, der der Besteuerung nach den allgemeinen Vorschriften unterliegt.[904]

554 Diskutiert wird, **wann** die **Teilbetriebseigenschaft** gegeben sein muss. Nach Auffassung der Finanzverwaltung muss die Teilbetriebseigenschaft spätestens zum Zeitpunkt des zustimmenden Gesellschafterbeschlusses der übertragenden Gesellschaft zum Spaltungs- und Übernahmevertrag bzw. zum Spaltungsplan vorliegen[905]. Angesichts des Umstands, dass die genaue Zuordnung des übergehenden Vermögens in dem Spaltungs- und Übernahmevertrag bzw. dem Spaltungsplan nach § 126 Abs. 1 Nr. 9 UmwG zu erfolgen hat, wird zutreffenderweise auf diesen Zeitpunkt abzustellen sein. Hierzu passt auch, dass die Finanzverwaltung es selbst zulässt, neutrales Vermögen, d. h. solches Vermögen, das keinem Teilbetrieb direkt zuzurechnen ist, noch bis zum Spaltungsbeschluss der Gesellschaft nach §§ 125, 13 Abs. 1 UmwG (also regelmäßig deutlich über den steuerlichen Übertragungsstichtag hinaus) den verschiedenen Vermögensteilen (Teilbetrieben) des sich spaltenden Rechtsträgers zuzuordnen[906].

555 Als **Spaltungshindernis** erweisen sich – jedenfalls nach Auffassung der Finanzverwaltung – **wesentliche Betriebsgrundlagen, die von mehreren Teilbetrieben genutzt werden**[907]. Der Forderung, ein von mehreren Unternehmensbereichen als wesentliche Betriebsgrundlage genutztes Grundstück zivilrechtlich für die Bildung von Teilbetrieben zu teilen, dürfte vielfach aus rechtlichen oder tatsächlichen Gründen nicht entsprochen werden können. Hier bietet es sich stattdessen an, dessen Nutzung durch alle Teilbetriebe über Mietverträge zu sichern, wenn sichergestellt ist, dass das unternehmerische Engagement über einen längeren Zeitraum fortgeführt wird. Die Finanzverwaltung fordert hingegen, dass zumindest Miteigentum im Verhältnis der tatsächlichen Nutzung nach der Spaltung eingeräumt wird.

---

[903] Tz. 15.10 UmwStE zum bisherigen Recht.
[904] § 4 Abs. 7 UmwStG.
[905] Tz. 15.10 UmwStE.
[906] Tz. 15.08 und 15.10 UmwStE.
[907] Tz. 15.07 UmwStE; krit. hierzu *Haritz* in Haritz/Benkert § 15 UmwStG Rn 37.

b) Steuerliche Bewertung. Bei der (Ab-)Spaltung auf Personengesellschaften verweist **556**
§ 16 auf § 3 UmwStG; § 15 Abs. 1 Satz 1 iVm. § 11 UmwStG findet dagegen keine Anwendung. Ist die Teilbetriebseigenschaft des übergehenden Vermögens bzw. die Fiktion eines Teilbetriebs gegeben, ist somit der Weg zu dem **Bewertungsrecht** nach § 3 UmwStG eröffnet. Das übergehende Vermögen ist zum gemeinen Wert zu bewerten; auf **Antrag** kommt der Buchwert (oder höhere) (Zwischen-)Wert in Betracht, wenn (u.a.) das inländische Besteuerungsrecht gesichert ist. Dieses Bewertungswahlrecht gilt nur für das übergehende Vermögen, nicht jedoch für den Vermögensteil, der – bei einer Abspaltung – bei der übertragenden Kapitalgesellschaft verbleibt; insoweit ist zwingend Buchwertfortführung vorgeschrieben.

Unklar ist, ob und wie die Missbrauchsvorschriften des § 15 Abs. 2 UmwStG iRd. § 16 **557**
UmwStG anzuwenden sind[908]. Bisher sprachen gute Gründe dafür, dass § 15 Abs. 3 aF (jetzt § 15 Abs. 2 UmwStG) leer lief[909]: Zum einen unterschieden sich § 11 UmwStG und § 3 UmwStG so stark, dass sich eine einheitliche Auslegung nicht aufdrängte, zum anderen fehlte es an einer angeordneten Rechtsfolge bei Verstoß gegen die Missbrauchstatbestände. Zudem schied eine analoge Anwendung von § 11 UmwStG aus, da die §§ 3 bis 8, 10 als *lex specialis* den §§ 11 bis 13 UmwStG vorgingen.

Zumindest das erste Argument ist nach der Neufassung von § 3 und § 11 UmwStG hinfällig: Beide Tatbestände haben eine einheitliche Struktur und einen vergleichbaren Regelungszweck und -bereich. Daher drängt sich auf den ersten Blick die Lesart auf, dass bei Vorliegen der Missbrauchstatbestände § 3 Abs. 2 UmwStG nicht anzuwenden ist. Folge davon wäre der Ansatz des gemeinen Werts des übergehenden Vermögens. Freilich wäre dies eine im Bereich der steuerlichen Eingriffsverwaltung unzulässige Rechtsauslegung zu Lasten des Steuerpflichtigen. Er muss klar und bestimmt aus dem Gesetz ablesen können, welche Belastungen auf ihn zukommen und welche Rechtsfolge eingreift. Das ist nicht der Fall. Das Gesetz darf nicht offen lassen, ob und wie eine Norm einschlägig ist. Hätte der Gesetzgeber gewollt, dass bei Vorliegen der Missbrauchstatbestände ein Ansatz des gemeinen Werts zu erfolgen hat, so hätte er dies ausdrücklich anordnen müssen. Dies hat er nicht getan, sodass daher auf den zweiten Blick weiterhin die besseren Gründe dafür sprechen, dass § 15 Abs. 2 UmwStG mangels einer klar und bestimmt angeordneten Rechtsfolge im Bereich der Spaltung nach § 16 UmwStG nicht einschlägig ist.

(Z.Zt. unbelegt.) **558**

Die Vorbehalte der Verfasser des UmwStG hinsichtlich der steuerfreien Veräußerung von **559**
Vermögensteilen im Spaltungswege dürften bei der Spaltung auf Personengesellschaften auch unbegründet sein. Nach vollzogener Spaltung ist die Veräußerung eines Anteils an einer Personengesellschaft mit Betriebsvermögen stets steuerpflichtig, selbst wenn ein entsprechender Anteil an der übertragenden Körperschaft zuvor nicht steuerpflichtig war, weil es sich um nicht wesentliche Anteile handelte oder ein DBA die Veräußerung steuerfrei stellte. Damit ist das entscheidende gesetzliche Motiv – jedenfalls für § 15 Abs. 2 Satz 2 bis 4 UmwStG – bei Spaltungen auf Personengesellschaften entfallen.

Gleiches gilt auch für § 15 Abs. 2 Satz 5 UmwStG – Trennung von Gesellschafterstämmen –, denn Hintergrund der erschwerten Voraussetzungen einer Trennung von Gesellschafterstämmen ist wiederum die Furcht vor der Vorbereitung späterer steuerfreier Veräußerungen. Nur § 15 Abs. 2 Satz 1 UmwStG scheint *prima vista* den Zweck zu verfolgen, Umgehungen des Teilbetriebserfordernisses entgegenzuwirken und sich nicht gegen (spätere) Veräußerungen zu richten. Dieser erste Eindruck täuscht jedoch, denn auch das Verbot, fiktive Teilbetriebe iSd. § 15 Abs. 1 Satz 3 UmwStG zu schaffen oder aufzustocken, zielt im Ergebnis darauf ab, eine Veräußerungssperre für Einzelwirtschaftsgüter zu errichten, die sich in nach der Spaltung bestehenden Körperschaften befinden, deren Anteile steuerfrei veräußert werden können. Damit besteht bei der Spaltung auf Personengesellschaften kein

---

[908] Dazu *Hörtnagl* in Schmitt/Hörtnagl/Stratz § 16 UmwStG Rn 18 ff. mwN.
[909] Ausf. Voraufl. Anh. § 325 Rn 558 ff.

Anlass, eine Lücke in der Rechtsfolge der §§ 16 Satz 1, 15 Abs. 2 UmwStG zu schließen. Die während des Gesetzgebungsverfahrens in der Gegenäußerung der Bundesregierung[910] zu den Einwendungen des Bundesrats geäußerte Meinung, dass iRd. § 16 UmwStG auch die in § 15 Abs. 2 UmwStG genannten Missbrauchsfälle zu beachten seien, ist irrig.

561 Bei Spaltungen von Kapitalgesellschaften auf Kapitalgesellschaften vertritt die Finanzverwaltung die Auffassung, eine schädliche Veräußerung iSd. § 15 Abs. 2 Satz 3 UmwStG liege beim Übergang (Tausch) von Anteilen im Rahmen einer Verschmelzung, Spaltung oder Einbringung in eine Kapitalgesellschaft vor[911], während Kapitalerhöhungen (durch Dritte) mit angemessenem Aufgeld erlaubt seien, vorausgesetzt, dass die einem an der Spaltung beteiligten Rechtsträger zugeführten Mittel nicht innerhalb einer Fünfjahresfrist an die ehemaligen Anteilseigner ausgekehrt werden[912]. Diese Differenzierung ist bereits bei Spaltungen zwischen Kapitalgesellschaften unklar, da schon dort wirtschaftlich kein Unterschied zwischen einer Verschmelzung/Einbringung mit angemessenen Beteiligungsverhältnissen und einer Kapitalerhöhung gegen Aufgeld besteht. Bei Spaltungen auf Personenhandelsgesellschaften ist die Auffassung der Finanzverwaltung steuerrechtlich erst recht verfehlt. Nach allgM stellt die Aufnahme neuer Gesellschafter in eine Personenhandelsgesellschaft durch Bareinlage (mit Aufgeld) einen Einbringungsvorgang nach § 24 UmwStG dar, so dass die – künstliche – Differenzierung zwischen Kapitalerhöhung und Einbringung in diesem Fall einer rechtlichen Grundlage entbehrt.

562 **c) Ermittlung des Übernahmeergebnisses.** Die Ermittlung des Übernahmeergebnisses gem. §§ 16, 4 UmwStG setzt voraus, dass für steuerliche Zwecke eine **Beteiligung** der übernehmenden Personengesellschaft an der sich spaltenden Kapitalgesellschaft **fingiert** wird. Da, abgesehen von Ausnahmefällen, eine solche gesellschaftsrechtliche Beteiligung nicht besteht, kommt es zu einer entsprechenden Anwendung des § 5 UmwStG mit seinen Einlagefiktionen. Sind die jeweiligen Tatbestandsvoraussetzungen des § 5 Abs. 1 bis 3 UmwStG erfüllt, ist für die entsprechenden Anteile ein Übernahmeergebnis nach § 4 UmwStG zu ermitteln[913]. Nach dem mit dem SEStEG einhergegangenen Konzeptwechsel ist dem vorgeschaltet eine Besteuerung der offenen Rücklagen nach § 7 UmwStG. Das neue UmwStG sieht daher eine zweistufige Besteuerung bzw. Gewinnermittlung vor:
– Stufe 1: Besteuerung der offenen Rücklagen (§ 7 UmwStG)
– Stufe 2: Ermittlung des Übernahmegewinns (§ 4 Abs. 4 UmwStG)[914].

Ein Übernahmegewinn ist nach den allgemeinen Vorschriften zu besteuern[915], ein Übernahmeverlust bleibt bei Kapitalgesellschaften grundsätzlich außer Ansatz, in bestimmten Fällen wie der Besteuerung offener Rücklagen durch natürliche Personen oder Anteilen iSv. § 8 b Abs. 7, 8 Satz 1 KStG ist er aber auch beschränkt nutzbar[916].

563 Die Ermittlung des Übernahmeergebnisses erfordert gem. § 4 Abs. 4 UmwStG die Ermittlung des Buchwerts der Anteile bzw. der Anschaffungskosten desjenigen Teils der Anteile an der übertragenden Kapitalgesellschaft, der in die übernehmende Personengesellschaft als eingelegt gilt. Hierfür gibt es in § 16 UmwStG keine gesetzliche Regelung. Orientiert man sich an § 15 Abs. 3[917], ist auf den gemeinen Wert des Vermögens abzustellen, geht man von § 40 Abs. 2 KStG aus[918], so ist das Verhältnis der auf die Personengesellschaft übergehenden

---
[910] BT-Drucks. 12/7265.
[911] Tz. 15.24 UmwStE.
[912] Tz. 15.25 UmwStE.
[913] *Haritz* in Haritz/Benkert § 15 UmwStG Rn 146.
[914] Schema zur Übermittlung des Übernahmeergebnisses unten bei Formwechsel in Personengesellschaft Rn 686.
[915] § 4 Abs. 7 UmwStG.
[916] § 4 Abs. 6 UmwStG.
[917] § 16 Abs. 2 UmwStG iVm. § 15 Abs. 3 UmwStG.
[918] § 16 Satz 2 iVm. § 40 Abs. 2 KStG.

Vermögensteile zu dem bei der übertragenden Kapitalgesellschaft vor der Spaltung bestehenden Vermögen, wie es in der Regel in den Angaben zum Umtauschverhältnis der Anteile im Spaltungs- und Übernahmevertrag bzw. im Spaltungsplan zum Ausdruck kommt, maßgebend für die **Aufteilung der Buchwerte bzw. Anschaffungskosten** der Anteile an der übertragenden Kapitalgesellschaft ist.

Zum Übernahmeergebnis, zur Besteuerung des Übernahmegewinns und der Behandlung eines Übernahmeverlusts siehe die Ausführungen an anderer Stelle[919]. 564

d) Verlustabzug. Körperschaftsteuerliche Verlustvorträge gehen nicht auf die übernehmende Personengesellschaft über[920]. Auch die vortragsfähigen Fehlbeträge der übertragenden Kapitalgesellschaft iSv. § 10 a GewStG können von der übernehmenden Personengesellschaft nicht geltend gemacht werden[921]. Die Verlustvorträge verbleiben im Fall der Abspaltung bei der übertragenden Kapitalgesellschaft, sind dort jedoch in dem Verhältnis, in dem das Vermögen auf die Personengesellschaft übergeht, zu mindern[922]. Der Aufteilungsmaßstab ergibt sich aus § 15 Abs. 3 UmwStG (gemeiner Wert). 565

Im Fall der **Aufspaltung** auf zwei oder mehrere Personengesellschaften gehen die Verlustvorträge unter. 566

e) Körperschaftsteuerliche Sonderpositionen. § 10 UmwStG ist für den in § 40 Abs. 2 Satz 3 KStG bezeichneten Teil der Beträge iSv. § 38 KStG anzuwenden[923]. Aus § 38 KStG ergeben sich für Körperschaftsteuererhöhungen der übertragenden Körperschaft für das nach früherem Recht gebildete EK 02. Der Aufteilungsmaßstab bestimmt sich nach § 40 Abs. 2 KStG. 567

2. Spaltung einer Personengesellschaft auf eine Personengesellschaft

a) Grundlagen. Bei der Spaltung (Auf- oder Abspaltung) einer Personengesellschaft mit Betriebsvermögen auf eine oder mehrere andere Personengesellschaften konkurrieren **unterschiedliche steuerliche Lösungsansätze** miteinander. Als Rechtsgrundlagen kommen neben der steuerlichen Einbringungsvorschrift des § 24 UmwStG vor allem die Vorschrift über die Realteilung[924] in Betracht. 568

Um § 24 UmwStG auf eine (steuerneutrale) Abspaltung überhaupt anzuwenden, wäre nach dessen Wortlaut Voraussetzung, dass in andere Personengesellschaften je ein Teilbetrieb eingebracht oder ein Betrieb oder Teilbetrieb auf eine andere Personengesellschaft abgespalten wird. Alle Mitunternehmer der übertragenden Personengesellschaft würden dann Mitunternehmer der aufnehmenden Personengesellschaft(en). Mittelbar Einbringende sind die Mitunternehmer der übertragenden Personengesellschaft. 569

In dem in der Praxis häufigen Fall der Abspaltung von Betriebsvermögen auf eine neue (oder bestehende) weitere Personengesellschaft, an der nicht alle Gesellschafter der übertragenden Personengesellschaft beteiligt sind (Stichwort: **nicht verhältniswahrende Abspaltung**), fehlt es jedoch an einer wesentlichen Voraussetzung des § 24 UmwStG. Die erforderliche **synallagmatische Verknüpfung** einer Leistung (eingebrachtes Betriebsvermögen) mit einer Gegenleistung (Einräumung einer Mitunternehmerposition) erfolgt nicht für alle Einbringenden[925]. Dies gilt insbesondere bei der Trennung von Gesellschafterstämmen. 570

---

[919] Siehe Rn 680 ff.
[920] § 16 iVm. § 4 Abs. 2 Satz 2 UmwStG.
[921] § 18 Abs. 1 Satz 2 UmwStG.
[922] § 16 Satz 3 UmwStG aF, nun § 15 Abs. 3 UmwStG, der über den Verweis in § 16 S. 1 UmwStG entsprechend gilt.
[923] § 16 Satz 2 UmwStG.
[924] § 16 Abs. 3 EStG.
[925] *Haritz/Wagner* DStR 1997, 181, 184.

571 Liegt darüber hinaus die Voraussetzung des § 24 UmwStG, dass das übergehende Betriebsvermögen einen Betrieb oder Teilbetrieb darstellt, nicht vor, könnte Vorstehendes als zweistufiger Veräußerungsvorgang gewertet werden: Die ausscheidenden Gesellschafter veräußern ihre Beteiligung gegen Übernahme der erhaltenen Wirtschaftsgüter, die zum gemeinen Wert zu bewerten sind (1. Stufe). Die in der Personengesellschaft bei einer Abspaltung verbleibenden Gesellschafter erwerben die gesellschaftsrechtliche Beteiligung der ausscheidenden Gesellschafter gegen Hingabe der übertragenen Wirtschaftsgüter, die ebenfalls zum gemeinen Wert bewertet werden (2. Stufe); insoweit würde ein nichtbegünstigter laufender Gewinn entstehen[926].

572 b) Auf- und Abspaltung als Anwendungsfall steuerlicher Realteilungsgrundsätze? Die Alternative zu den vorstehend unter a) skizzierten Lösungsmöglichkeiten[927] ist die Behandlung der Spaltung nach den Grundsätzen der Realteilung[928].

573 Zivilrechtlich geht die übertragende Personengesellschaft bei einer Aufspaltung durch die Übertragung ihres Vermögens auf zwei oder mehrere das Vermögen übernehmende Personengesellschaften unter. Bei einer Abspaltung besteht die übertragende Personengesellschaft fort, da sie nur einen Teil ihres Vermögens auf eine oder mehrere diesen Teil des Vermögens übernehmende andere Personengesellschaft(en) überträgt. Die Finanzverwaltung geht offensichtlich davon aus, dass sei nur der Fall der Aufspaltung von Realteilungsgrundsätzen umfasst, da diese auf der Vorstellung beruhen sollen, dass die übertragende Personengesellschaft beendet werde, weil ihr gesamtes Vermögen einschließlich der Verbindlichkeiten unter den Beteiligten – und zwar in Erfüllung von deren Aufteilungsansprüchen – verteilt wird. In diesem Zusammenhang sei auch die Übernahme von Verbindlichkeiten kein Entgelt, weil für die Auseinandersetzung die Anteile am Nettovermögen – also unter Berücksichtigung der Verbindlichkeiten – maßgeblich seien[929]. Nach Auffassung der Finanzverwaltung ist die Realteilung iSd. § 16 Abs. 3 Satz 2, 3 EStG durch den auf der Ebene der Mitunternehmerschaft verwirklichten Tatbestand der Betriebsaufgabe gekennzeichnet. Besteht die übertragende Personengesellschaft fort, sei von einer Sachwertabfindung auszugehen. Da eine Sachwertabfindung – vorausgesetzt die Sachwerte gehen in ein Betriebsvermögen des Abgefundenen ein – wirtschaftlich einer Realteilung gleichsteht[930], waren hierauf nach hM die Realteilungsgrundsätze sinngemäß anzuwenden[931].

574 Die Unterscheidung in Realteilung und Sachwertabfindung ist uE weitgehend historisch bedingt und angesichts der modernen durch das UmwG vorgegebenen Spaltungsformen kaum haltbar[932]. Zudem hatte der BFH bereits 1972 die Grenzen zwischen Sachwertabfindung und Realteilung aufgehoben[933]. Dort wurde eine Konstellation, die nach den vorgenannten Kriterien der Finanzverwaltung als Sachwertabfindung zu behandeln gewesen wäre,

---

[926] *Haritz/Wagner* DStR 1997, 181, 184.
[927] Siehe Rn 572 ff.
[928] § 16 Abs. 3 S. 2-4 EStG; vgl. dazu *BMF* vom 28.2.2006 BStBl. I 2006, S. 228; *OFD Berlin* vom 5. 12. 1996, DB 1997, 450; zur Realteilung *Winkemann* BB 2004, 130.
[929] *BMF* vom 12. 10. 1994, BB 1994, 2318; so auch *Reiß* StuW 1995, 210; *Schmitt* in Schmitt/Hörtnagl/Stratz § 24 UmwStG Rn 272 ff. mwN.
[930] *Wacker* in Schmidt § 16 EStG Rn 523 (bei Abfindung mit Teilbetrieben), Rn 532 ff., 536.
[931] *BMF* vom 11. 1. 1993, BStBl. I 1993, S. 62 Tz. 55; *Märkle* BB 1984, Beil. 10, 9. Zu der sprunghaften Rechtslage bis 1998, dann 1999/2000 und 2001 vgl. *Wacker* in Schmidt § 16 EStG Rn 522 ff., 536; *FG Saarland* vom 24.9.2003, EFG 2003, 1776 zur Abgrenzung Realteilung/Sachwertabfindung und BFH vom 4.5.2004 – XI R 7/03 –, DStR 2004, 1517 zum Verhältnis zu § 24 UmwStG.
[932] *OFD Berlin* vom 5. 12. 1996, DB 1997, 450 Tz. 2; zudem war die Steuerrechtsprechung bisher nicht gezwungen, sich mit den vom UmwG vorgegebenen Spaltungsformen auseinanderzusetzen. Zur Entscheidung standen meist zivilrechtlich einfach konstruierte Fälle; so gab es in dem Grundsatzfall des *BFH* vom 1. 12. 1992 – VIII R 57/90 – BStBl. II 1994, S. 607, nur zwei natürliche Personen als Gesellschafter.
[933] *BFH* vom 28. 1. 1972 – III R 4/71 – BStBl. II 1972, S. 416.

als Realteilung bezeichnet: Aus einer KG mit fünf Gesellschaftern schied ein Gesellschafter aus, der einen Teil des Betriebsvermögens in ein dadurch von ihm gegründetes Einzelunternehmen überleitete. Im Ergebnis ist deshalb bei Auf- und Abspaltungen grundsätzlich nach Realteilungsgrundsätzen zu verfahren.

c) Voraussetzungen der Steuerneutralität bei Realteilung. Eine steuerneutrale Realteilung setzt voraus, dass die Betriebsvermögenseigenschaft der Wirtschaftsgüter im Zuge der Spaltung nicht verloren geht. Sowohl die übertragende Personengesellschaft wie auch die übernehmende(n) Personengesellschaft(en) müssen **Betriebsvermögen** haben. Die gewerbliche Prägung der übernehmenden Personengesellschaft[934] reicht hierfür aus. Übt die übernehmende Personengesellschaft jedoch nur eine vermögensverwaltende Tätigkeit aus und liegt auch keine gewerbliche Prägung vor, kommt es zu einer steuerpflichtigen Entnahme.

Rechtsgrundlage für eine (steuerneutrale) Realteilung war bis Ende 1998 eine sinngemäße reziproke Anwendung des § 24 UmwStG;[935] in den Jahren 1999 und 2000 galt eine restriktive Fassung des § 16 Abs. 3 Satz 2 iVm. § 6 Abs. 3 EStG. Danach war eine Realteilung nur dann steuerneutral, wenn das jeweils auf einen Realteiler – sei er nun zukünftiger Einzelunternehmer oder Personengesellschaft – übergehende Vermögen einen Betrieb oder Teilbetrieb bereits bei der aufzuteilenden Personengesellschaft konstituiert. Nach einer wechselhaften Gesetzgebungsdiskussion wurde rückwirkend für Vorgänge nach dem 31. 12. 2000 in § 16 Abs. 3 Satz 2 bis 4 EStG eine neue Rechtsgrundlage für Realteilungen geschaffen.

Gegenstand der Übertragung im Zuge **einer Realteilung** einer Mitunternehmerschaft können Teilbetriebe, Mitunternehmeranteile oder einzelne Wirtschaftsgüter sein; der bisherige Ausschluss von Einzelwirtschaftsgütern als Gegenstand einer steuerneutralen Realteilung ist entfallen. Sofern die Besteuerung der stillen Reserven, die in den auf die Realteiler übergehenden Wirtschaftsgütern enthalten sind, sichergestellt ist, so ist in der steuerlichen Schlussbilanz der sich teilenden Mitunternehmerschaft ein Ansatz dieser Wirtschaftsgüter mit den Werten, die sich nach den Vorschriften über die steuerliche Gewinnermittlung ergeben, zwingend. Ein Wahlrecht zur Neubewertung bei der sich realteilenden Mitunternehmerschaft existiert nicht, vielmehr sind die Buchwerte anzusetzen. Die einzelnen Realteiler haben die auf sie übergehenden Wirtschaftsgüter mit diesen Buchwerten zu übernehmen und sind insoweit jeweils als übernehmender Mitunternehmer an diese Werte gebunden.

Der **Grundsatz** der Buchwertverknüpfung wird jedoch durch § 16 Abs. 3 Satz 3 und 4 EStG eingeschränkt. In den Fällen, in denen keine Teilbetriebe oder Mitunternehmeranteile übertragen werden, sondern Einzelwirtschaftsgüter, werden zwei unterschiedliche Hürden errichtet.

Eine **Veräußerung** (oder Entnahme) von Grund und Boden, Gebäuden oder anderen wesentlichen Betriebsgrundlagen, die iRd. Realteilung zum Buchwert auf einen Realteiler übertragen wurden, löst innerhalb einer Sperrfrist eine rückwirkende Besteuerung durch den Ansatz dieser veräußerten Wirtschaftsgüter mit den gemeinen Werten in der steuerlichen Schlussbilanz der sich teilenden Mitunternehmerschaft aus. Die Aufzählung in § 16 Abs. 3 Satz 3 EStG – übertragener Grund und Boden, übertragene Gebäude und andere übertragene wesentliche Betriebsgrundlagen – stellt vom Wortlaut her – anders noch der Gesetzentwurf – nicht auf Anlagevermögen ab[936].

Dennoch dürfte das Kriterium „wesentliche Betriebsgrundlage" prägend für die Aufzählung insgesamt sein und somit einzelne Wirtschaftsgüter des **Umlaufvermögens,** selbst wenn es sich um bebaute oder unbebaute Grundstücke handelt, von der Nachbesteuerung ausschließen.

---

[934] ISd. § 15 Abs. 3 Nr. 2 EStG.
[935] Tz. 24.18 und 19 UmwStE.
[936] Vgl. *Engl* DStR 2001, 1725, 1728.

581 Die **Sperrfrist** des § 16 Abs. 3 Satz 3 EStG beginnt mit dem obligatorischen Vertrag über die Realteilung, in Spaltungsfällen also mit Abschluss des Spaltungs- und Übernahmevertrags bzw. dem Abschluss des Spaltungsplans. Sie endet drei Jahre nach Abgabe der Steuererklärung der Mitunternehmerschaft für den Veranlagungszeitraum der Realteilung. Steuererklärung in dem Sinn der Vorschrift ist die einheitliche und gesonderte Gewinnfeststellungserklärung der sich realteilenden Mitunternehmerschaft. Faktisch handelt es sich um eine Sperrfrist von vier bis fünf Jahren, denn regelmäßig wird die Steuererklärung nicht direkt im Anschluss an den Zeitpunkt des Beginns der Sperrfrist abgegeben werden (können).

582 Eine **Übertragung auf** einen Körperschaftsteuerpflichtigen als Mitunternehmer, also regelmäßig eine **Kapitalgesellschaft,** steht nach § 16 Abs. 3 Satz 4 EStG ebenfalls einer Buchwertfortführung entgegen. Damit ist eine Realteilung von Mitunternehmerschaften, an denen direkt oder indirekt Kapitalgesellschaften vermögensmäßig beteiligt sind, steuerneutral nicht möglich, soweit auf diese Kapitalgesellschaften Wirtschaftsgüter übergehen sollen. Mangels einer Sperrfrist ist die spätere Umwandlung einer Personengesellschaft, auf die im Zuge einer Realteilung steuerneutral Vermögen übertragen wurde und deren Gesellschafter natürliche Personen waren, in eine Kapitalgesellschaft, zB durch Formwechsel, dagegen kein Nachbesteuerungstatbestand.

583 Völlig ungeklärt ist, ob im Rahmen einer steuerlichen Realteilung eine steuerliche **Rückwirkung** möglich ist. § 24 Abs. 4 2. Halbs. UmwStG sollte u. E. entsprechende Anwendung finden. Voraussetzung hierfür wäre, dass die Realteilung als Auf- oder Abspaltung nach § 123 UmwG und somit im Wege einer Gesamtrechtsnachfolge erfolgt. Die entsprechende Anwendung des § 24 Abs. 4 2. Halbs. UmwStG würde es erleichtern, den Umfang des Vermögens der sich spaltenden Mitunternehmerschaft (einschließlich der Buchwerte) durch eine Steuerbilanz zu ermitteln, um anschließend Dispositionen über das jeweils übergehende Vermögen durch die Aufstellung des Spaltungs- und Übernahmevertrags bzw. des Spaltungsplans treffen zu können.

584 **Sonderbetriebsvermögen** einzelner Mitunternehmer der sich spaltenden Mitunternehmerschaft verliert seine Qualifikation nicht, wenn die Wirtschaftsgüter nach Realteilung weiterhin dem Betrieb dienen, an dem der Gesellschafter beteiligt ist.

585 Die zivilrechtlichen Unterschiede zwischen Auf- und Abspaltung werden uE iRd. Realteilung steuerlich negiert. Auch eine Abspaltung, bei der der übertragende Rechtsträger (Personengesellschaft als Mitunternehmerschaft) fortexistiert und Vermögen auf eine andere bestehende oder neu gegründete Personenhandelsgesellschaft übertragen wird, ist als Realteilung zu behandeln. Dies hat zur Folge, dass auch der übertragende Rechtsträger den Restriktionen des § 16 Abs. 3 Satz 3 EStG (Sperrfrist für die Veräußerung bestimmter wesentlicher Wirtschaftsgüter) unterworfen wird. Dies entspricht der iRd. § 24 UmwStG allgemeinen Auffassung, dass bei der Verschmelzung einer Personengesellschaft auf eine bestehende übernehmende Personenhandelsgesellschaft entgegen der Zivilrechtslage beide Mitunternehmerschaften steuerlich als Einbringende gewertet werden.

586 Zur Steuerneutralität ist die Übertragung unter **Buchwertfortführung** zwingend und auch gesetzliche Rechtsfolge, wenn die Tatbestandsvoraussetzungen der Realteilung erfüllt sind[937]. Um- und Neubewertungen müssen sowohl auf der Ebene des übertragenden Rechtsträgers wie auch auf der Ebene des oder der übernehmenden Rechtsträger unterbleiben. Regelmäßig wird es jedoch nicht möglich sein, die jeweilige Vermögensmasse bei einer Bewertung zu Buchwerten dergestalt zuzuschneidern, dass das jeweilige Nettobuchvermögen (Aktiva abzüglich zugeteilter Verbindlichkeiten und Rückstellungen) den Kapitalkonten entspricht. Dies hat zur Folge, dass die steuerlichen Kapitalkonten (und nur diese, nicht die Bilanzansätze der Wirtschaftsgüter) nach der Spaltung den Buchwerten

---

[937] Früher war die Buchwertfortführung notwendig, um eine Steuerneutralität zu erreichen: *BFH* vom 28. 1. 1993 – IV R 131/91 – BStBl. II 1993, S. 509.

derjenigen Vermögensteile, die den an der Spaltung beteiligten Rechtsträgern zugefallen sind, angepasst werden müssen[938].

587 Der BFH hat unter der früheren Rechtslage andere Buchungsmethoden als die **Kapitalkontenanpassungsmethode** verworfen, weil sie nicht zu einer zutreffenden Erfassung von steuerlichen Gewinnen führen. Er nimmt es dabei hin, dass die Kapitalkontenanpassung zu einer Verlagerung stiller Reserven führt. Die Kapitalkontenanpassungsmethode wirft ein besonderes Problem auf, wenn für einen der Gesellschafter der sich spaltenden Personengesellschaft eine Ergänzungsbilanz besteht, die darauf beruht, dass der Gesellschafter seinen Gesellschaftsanteil zuvor entgeltlich zu Anschaffungskosten erworben hat, die höher als das zum Erwerbszeitpunkt übernommene Kapitalkonto waren. Hier ist auch die Ergänzungsbilanz in die Kapitalkontenanpassung miteinzubeziehen.[939]

588 Soweit in der Ergänzungsbilanz eines Gesellschafters Mehrwerte für Wirtschaftsgüter ausgewiesen sind, die nicht im Wege der Spaltung auf die Personengesellschaft übergehen, an der dieser Gesellschafter nach der Spaltung beteiligt sein wird, führt das entsprechende **Ergänzungsbilanzkapital** zu einer Umbewertung der Aktiva in der fortzuführenden Ergänzungsbilanz des Gesellschafters. Das Ergänzungsbilanzkapital kann dann nur noch den Mehrpreis ausweisen, den der Gesellschafter für die Wirtschaftsgüter gezahlt hat, die in der Personengesellschaft vorhanden sind, an der er nach der Spaltung beteiligt ist. Der andere theoretisch denkbare Ansatz – das Ergänzungsbilanzkapital, soweit es auf Wirtschaftsgüter entfällt, die nach der Spaltung nicht mehr indirekt dem ausscheidenden Gesellschafter zuzuordnen sind, springt auf diejenigen Gesellschafter über, denen die Wirtschaftsgüter zuzurechnen sind – verstößt gegen das Anschaffungskostenprinzip. Außerdem kollidierte ein solcher Ansatz mit der Aufteilungsentscheidung der Gesellschafter der übertragenden Personengesellschaft, die auf einer Bewertung auf der Ebene der Personengesellschaft beruht und nicht die individuellen Anschaffungskosten eines einzelnen Gesellschafters berücksichtigt.

589 Einer Gewinnneutralität unter Buchwertfortführung stehen nicht entgegen[940]:
– die Begründung eines Anspruchs auf Spitzenausgleich;
– die Begründung eines Wertausgleichsanspruchs, auch soweit dieser zu einer Gewinnrealisierung führt.

590 Die Begriffe **Spitzenausgleich und Wertausgleich** werden in der Literatur teilweise synonym benutzt und sind auch ansonsten nicht klar voneinander abgegrenzt. Soweit mit dem Begriff Spitzenausgleich nur zum Ausdruck gebracht werden soll, dass die Aufteilung des Gesellschaftsvermögens, bewertet zu Buchwerten, nicht proportional dem Stand der Kapitalkonten folgt, sondern einzelne Wirtschaftsgüter, insbesondere flüssige Mittel, einem Gesellschafter über sein Kapitalkonto hinaus zugeteilt werden, ist dies nur die materielle Grundlage für die Kapitalkontenanpassungsmethode. Steuerlich von größerer Bedeutung ist jedoch ein Spitzenausgleich oder ein Wertausgleichsanspruch, der einen Zahlungsanspruch der bisherigen Gesellschafter der übertragenden Personengesellschaft untereinander begründet. Auch in diesen Fällen ist die Steuerneutralität der Spaltung im Grundsatz möglich; nur der Wertausgleichsanspruch als solcher kann Steuerfolgen auslösen.

591 **d) Wertausgleichsanspruch.** Unter einem **Wertausgleichsanspruch** ist die Vereinbarung der Gesellschafter der übertragenden Personengesellschaft untereinander zu verstehen, dass ein oder mehrere Gesellschafter einem oder mehreren anderen Gesellschafter(n) einen Geldbetrag zum Ausgleich dafür zahlen, dass durch die Spaltung materielle Vermögensverschiebungen auftreten, die Spaltung also nicht den bisherigen Vermögens- und Beteiligungsverhältnissen der Gesellschafter an der übertragenden Personengesellschaft entspricht. Solche Vermögensverschiebungen können zwei unterschiedliche Ursachen haben:

---

[938] *BFH* vom 10. 12. 1991 – VIII R 69/86 – BStBl. II 1992, S. 385; *BFH* vom 18. 5. 1995 – IV 20/94 – BStBl. II 1996 S. 70.

[939] Anders jedoch, wenn Ergänzungsbilanzen zuvor durch Einbringungsvorgänge entstanden sind; vgl. *BFH* vom 18. 5. 1995 – IV 20/94 – BStBl. II 1996, S. 70.

[940] *BFH* vom 1. 12. 1992 – VIII R 57/90 – BStBl. II 1994, S. 607.

– Die Verkehrswerte einzelner Wirtschaftsgüter weichen ganz erheblich von den Buchwerten ab, für einzelne Wirtschaftsgüter bestehen erhebliche stille Reserven. Werden diejenigen Wirtschaftsgüter, die hohe stille Reserven haben, bei einer nichtverhältniswahrenden Spaltung nicht entsprechend den Kapitalkonten aufgeteilt, entspricht die Verkehrswertrelation nicht der Buchwertrelation.
– Um aus einer Spaltung jeweils lebensfähige betriebliche Einheiten hervorgehen zu lassen, ist es uU notwendig, das Vermögen abweichend von den Kapitalkonten aufzuteilen.

592 Der Wertausgleich stellt die Steuerneutralität unter der Voraussetzung der einheitlichen Buchwertfortführung nicht in Frage, nur der **Wertausgleichsanspruch** selbst ist nach hM ein **steuerbarer Vorgang**[941]. Streitig ist jedoch, in welcher Höhe bei einem Wertausgleich Gewinn entsteht. Nach der Auffassung des BFH ist der gesamte Wertausgleichsbetrag beim Zahlungsempfänger steuerpflichtig; der Zahlungsverpflichtete hat entsprechende Anschaffungskosten[942]. Nach Ansicht der Finanzverwaltung, die in der Literatur weitgehend geteilt wird, ist zur Ermittlung des Veräußerungsgewinns der Wertausgleichsanspruch dem Kapitalkonto gegenüberzustellen, der dem Verhältnis des Wertausgleichs zum Wert des übernommenen Betriebsvermögens entspricht. Die Finanzverwaltung spricht von einer anteiligen Gegenrechnung der Buchwerte[943].

593 Streitig ist weiterhin, ob § 34 EStG auf den Wertausgleichsanspruch Anwendung findet. Der BFH verneint die **Tarifbegünstigung** unter Berufung auf eine Analogie zu § 24 Abs. 3 Satz 2 UmwStG, weil nicht alle stillen Reserven aufgelöst werden[944]. Die Finanzverwaltung hingegen gewährte die Tarifbegünstigung, wenn Spaltungsgegenstand jeweils Teilbetriebe sind[945]. Wenn man der Grundannahme des BFH folgte, die Realteilungsgrundsätze seien nur eine reziproke Analogie zu § 24 UmwStG, wären die von ihm hieraus gezogenen Konsequenzen folgerichtig: Ein Wertausgleich bei gleichzeitiger Buchwertfortführung wäre immer im vollen Umfang steuerpflichtig und der Gewinn nicht tarifbegünstigt. Dem steht jedoch entgegen, dass die Realteilungsgrundsätze nicht allein auf § 24 UmwStG fußen, sondern eher gewohnheitsrechtlichen Charakter haben und durch langjährige Verwaltungsauffassung, Literatur und Rechtsprechung entwickelt worden sind und nunmehr in § 16 Abs. 3 EStG rudimentär kodifiziert wurden.

594 Keine Bedeutung für die Besteuerung hat § 24 Abs. 3 Satz 3 UmwStG mit seinem Verweis auf § 16 Abs. 2 Satz 3 EStG. Ein Verkauf an sich selbst durch den Gesellschafter bzw. die Personengesellschaft, die die Ausgleichszahlung empfängt, liegt bei einer Buchwertfortführung nicht vor.

IV. Spaltung aus einer Personengesellschaft auf eine Körperschaft einschließlich Ausgliederung aus einem Einzelunternehmen und einer Körperschaft

1. Überblick

595 Der Sechste Teil des UmwStG ist einschlägig, wenn es um die folgenden Spaltungsfälle des UmwG geht:[946]

---

[941] *BFH* vom 10. 12. 1991 – VII R 69/86 – BStBl. II 1992, S. 385; *BFH* vom 1. 12. 1992 – VIII R 57/90 – BStBl. II 1994, S. 607; *Wacker* in Schmidt § 16 EStG Rn 548 mwN; *BMF* vom 11. 1. 1993, BStBl. I 1993, S. 62 Tz. 14 bis 18; aA *Knobbe-Keuk* StbJb 1993/94, S. 165; *Fellmeth* BB 1993, 2192; *Engl* in Widmann/Mayer Anh. 10 Rn 84.
[942] *BFH* vom 1. 12. 1992 – VIII R 57/90 – BStBl. II 1994, S. 607.
[943] *BMF* vom 11. 8. 1994, BStBl. I 1994, S. 601 unter Berufung auf *BFH* vom 5. 7. 1990 – GrS 2/89 – BStBl. II 1990, S. 837; *Wacker* in Schmidt § 16 EStG Rn 549 mwN und Beispielsrechnung.
[944] *BFH* vom 11. 12. 1992 – VIII R 57/90 – BStBl. II 1994, S. 607.
[945] *BMF* vom 11. 8. 1994, BStBl. I 1994, S. 601.
[946] Vgl. Tz. 20.02 UmwStE; *Patt* in Dötsch u. a. vor § 20 UmwStG Rn 24 mit einer (nicht abschließenden) Aufzählung einzelner Sachverhalte zum alten UmwStG.

– Die Aufspaltung, Abspaltung und Ausgliederung von Vermögensteilen einer Personengesellschaft auf eine bereits bestehende oder neu gegründete Kapitalgesellschaft oder eG[947];
– die Ausgliederung eines von einem Einzelkaufmann[948] betriebenen Unternehmens oder von Teilen des Unternehmens zur Aufnahme durch eine Kapitalgesellschaft oder eG[949];
– die Ausgliederung von Vermögensteilen einer Körperschaft, insbesondere Kapitalgesellschaft, auf eine bereits bestehende oder neu gegründete Kapitalgesellschaft oder eG[950].

596 Diesen Umwandlungsfällen ist gemeinsam, dass sie trotz ihrer unterschiedlichen umwandlungsrechtlichen Regelungen und Strukturen einem einheitlichen steuerlichen Regime, und zwar den §§ 20 bis 23 UmwStG unterworfen werden. Das steuerliche Einbringungsrecht in den §§ 20 ff. UmwStG hat damit einen umfassenden Anwendungsbereich.

596a Entsprechende Spaltungsvorgänge im Ausland sind ebenfalls vom Sechsten Teil des UmwStG erfasst, wenn sie den vorgenannten Spaltungen nach dem UmwG vergleichbar sind[951] und sich die beteiligten Rechtsträger als Gesellschaften bzw. natürliche Personen qualifizieren, die innerhalb der EU/des EWR ansässig sind[952]. Dadurch kommt eine ertragsteuerneutrale Spaltung unter der Geltung des neuen UmwStG in Betracht, wenn die Voraussetzungen der §§ 20 ff. UmwStG erfüllt sind, insbesondere bei grenzüberschreitenden Verschmelzungen das inländische Besteuerungsrecht nicht ausgeschlossen oder beschränkt wird[953].

597 Das steuerliche Einbringungsrecht der §§ 20 ff. UmwStG ist iRd. Verschmelzung einer Personengesellschaft auf eine Körperschaft bzw. Kapitalgesellschaft[954] und dem Formwechsel einer Personengesellschaft in eine Kapitalgesellschaft[955] vorgestellt worden. Von daher wird auf die dortigen Ausführungen verwiesen, die für die eingangs genannten Spaltungsfälle entsprechend gelten.

598 Dabei darf aber nicht außer Acht gelassen werden, dass es sich bei der Verschmelzung um eine universelle Gesamtrechtsnachfolge handelt[956], während die Spaltung eine partielle Gesamtrechtsnachfolge darstellt, die eigene Fragen und Implikationen aufwirft. Dies wird besonders deutlich bei dem Spaltungsgegenstand bzw. dem Einbringungsgegenstand. Die Spaltung kennzeichnet in der Praxis, dass nicht das gesamte Vermögen des spaltenden Rechtsträgers übertragen wird, sondern nur ein Teil des Vermögens. Von daher spitzt sich die Frage regelmäßig darauf zu, ob der (ab-)gespaltene oder ausgegliederte Vermögensteil in steuerlicher Hinsicht so qualifiziert ist, dass die Voraussetzungen für eine steuerneutrale Einbringung vorliegen. Dazu ist erforderlich, dass ein Betrieb, ein Teilbetrieb, ein Mitunternehmeranteil[957] oder eine sog. mehrheitsvermittelnde Kapitalgesellschaftsbeteiligung oder eG[958] auf eine Kapitalgesellschaft oder eG gegen Gewährung neuer Anteilsrechte übertragen wird[959].

---

[947] § 123 Abs. 1, 2, 3 UmwG.
[948] Dessen Firma im Handelsregister eingetragen ist.
[949] § 152 UmwG.
[950] § 123 Abs. 3 UmwG.
[951] § 1 Abs. 3 Nr. 1, 2 UmwStG.
[952] ISv. § 1 Abs. 4 Satz 1 Nr. 1, 2 iVm. § 1 Abs. 2 UmwStG. Für Ansässige in einem Drittstaat gilt § 1 Abs. 4 Satz 1 Nr. 2 b) UmwStG, vgl. Rn 233, 606a.
[953] Übersicht über die möglichen Beteiligten und Einzelheiten zur grenzüberschreitenden Verschmelzung bei *Benz/Rosenberg* in *Blumenberg/Schäfer* SEStEG S. 152 ff.
[954] Siehe Rn 231 ff., 272 ff., 322 ff., insbes. im vorliegenden Zusammenhang Rn 193 ff. zu Fragen wie Regelungszweck, Anwendungsbereich, Steuerbilanzen, steuerlicher Übertragungsstichtag, Maßgeblichkeit der Handelsbilanz, Gewerbesteuer, Vergleich zum früheren Recht und Alternativen.
[955] Siehe Rn 708 ff.
[956] Der Formwechsel einer Personengesellschaft in eine Kapitalgesellschaft wird als universelle Gesamtrechtsnachfolge fingiert, vgl. § 25 Satz 1 UmwStG.
[957] § 20 Abs. 1 UmwStG (bisher § 20 Abs. 1 Satz 1 UmwStG aF).
[958] ISv. § 21 Abs. 1 Satz 2 UmwStG (bisher § 20 Abs. 1 Satz 2 UmwStG, die Erweiterung auf die eG kam durch das SEStEG).
[959] § 20 Abs. 1 UmwStG, § 21 Abs. 1 Satz 2 UmwStG.

599 Folgende Übersicht hebt die systematischen Zusammenhänge zwischen dem im Umwandlungssteuerrecht geregelten Verschmelzungs- und Spaltungssteuerrecht hervor:
- Die **Verschmelzung zwischen Körperschaften** ist in den §§ 11 bis 13, 19 UmwStG geregelt, der umgekehrte Fall der Auf- und Abspaltung von Vermögen aus einer Körperschaft auf eine andere Körperschaft durch einen Verweis in § 15 UmwStG auf die §§ 11 bis 13, 19 UmwStG. § 15 UmwStG enthält nicht nur einen Verweis auf die §§ 11 bis 13 UmwStG, sondern auch spaltungsspezifische Voraussetzungen. Die Ausgliederung ist dagegen als Einbringung strukturiert, die den §§ 20 ff. UmwStG untersteht.
- Die **Verschmelzung einer Personengesellschaft mit einer Kapitalgesellschaft** ist geregelt im steuerlichen Einbringungsrecht der §§ 20 ff. UmwStG, der umgekehrte Fall der Aufspaltung, Abspaltung und Ausgliederung von Vermögen einer Personengesellschaft auf eine Kapitalgesellschaft ebenfalls in den §§ 20 ff. UmwStG. Es gilt der gleiche Normkomplex. Spaltungsspezifische Elemente sieht § 20 UmwStG anders als § 15 UmwStG nicht vor. Ergänzend ist auch die Ausgliederung von Vermögen einer Körperschaft und eines Einzelkaufmanns auf eine Kapitalgesellschaft den §§ 20 ff. UmwStG unterstellt.

600 Das steuerliche Einbringungsrecht in den §§ 20 ff. UmwStG unterscheidet sich strukturell deutlich von dem steuerlichen Verschmelzungs-/Spaltungsrecht in den §§ 15, 11 bis 13, 19 UmwStG[960].

601 Darüber hinaus unterscheidet sich aber auch das steuerliche Spaltungsrecht des § 15 UmwStG von dem steuerlichen Einbringungsrecht, insbesondere wie folgt:
- § 15 UmwStG erfasst lediglich die Auf- und Abspaltung, während § 20 UmwStG für spaltende Personengesellschaften auch die Ausgliederung umfasst.
- Während § 15 Abs. 1 UmwStG und § 20 Abs. 1 UmwStG hinsichtlich der Definition der Spaltobjekte/Einbringungsgegenstände (echter) Teilbetrieb und Mitunternehmeranteil übereinstimmen, unterscheiden sich die Tatbestände hinsichtlich der Beteiligung an Kapitalgesellschaften. § 15 Abs. 1 Satz 3 UmwStG verlangt für einen (fiktiven) Teilbetrieb eine 100%-ige Beteiligung an einer Kapitalgesellschaft; nach § 21 Abs. 1 Satz 2 UmwStG genügt es, wenn die übernehmende Kapitalgesellschaft aufgrund ihrer Beteiligung einschließlich der übernommenen Anteile nachweisbar unmittelbar die Mehrheit der Stimmrechte an der Kapitalgesellschaft hat, deren Anteile eingebracht werden.
- Der Gesetzgeber hat in § 15 Abs. 2 UmwStG gesetzliche Missbrauchsfälle vorgesehen, die eine steuerneutrale Auf- oder Abspaltung ausschließen. Die §§ 20 ff. UmwStG enthalten dagegen keine Ausschluss- oder Missbrauchstatbestände.
- Nach § 15 Abs. 1 Satz 2 UmwStG ist Voraussetzung einer Abspaltung[961], dass nicht nur ein Teilbetrieb abgespalten wird, sondern auch ein Teilbetrieb zurückbleibt. Diese Voraussetzung kennt das steuerliche Einbringungsrecht in den §§ 20 ff. UmwStG nicht. Dort kommt es lediglich darauf an, dass ein Teilbetrieb übertragen wird, wie das zurückbleibende Vermögen strukturiert ist, ist unerheblich.

602 (Z.Zt. unbelegt.)

603 Die Ausgliederung nach dem UmwG konkurriert mit der Ausgliederung im Wege der Einzelrechtsnachfolge. Welcher Weg in der Praxis effizienter, kostengünstiger und insbesondere hinsichtlich der Haftungsfolgen günstiger ist, bedarf der Entscheidung im Einzelfall[962]. Aus steuerlicher Sicht werden beide Ausgliederungswege gleich behandelt und dem steuerlichen Einbringungsrecht des Achten Teils des UmwStG unterstellt.

---

[960] Siehe dazu die markanten Unterschiede, die beispielhaft unter Rn 201 aufgelistet sind.
[961] Oder Teilübertragung.
[962] Dazu zB *Kallmeyer* in Kallmeyer § 123 Rn 16 mit Vergleich der Alternativen.

2. Kreis der erfassten Rechtsträger

Das UmwG erlaubt die Spaltung von Personenhandelsgesellschaften (OHG, KG) und **604** Partnerschaftsgesellschaften auf Kapitalgesellschaften (GmbH, AG, KGaA) und eingetragene Genossenschaften[963]. Siehe dazu die nachfolgende Übersicht:

von \ auf	GmbH	AG[964]	KGaA	eG
OHG, KG	+	+	+	+
PartG	+	+	+	+

Die Ausgliederung von Vermögen aus einer Körperschaft und eines Einzelkaufmanns auf **605** eine Körperschaft ist nach dem UmwG wie folgt möglich:[965]

von \ auf	GmbH	AG[966]	KGaA	eG	e. V.	gen. Prüfungsverband	VVaG	Stiftung	Gebietskörperschaft
GmbH	+	+	+	+	–	–	–	–	–
AG	+	+	+	+	–	–	–	–	–
KGaA	+	+	+	+	–	–	–	–	–
eG	+	+	+	+	–	–	–	–	–
e. V., wirtschaftl. Verein	+	+	+	+	+	–	–	–	–
gen. Prüfungsverband	+	+	+	–	–	+	–	–	–
VVaG	+	–	–	–	–	–	–	–	–
Stiftung	+	+	+	–	–	–	–	–	–
Gebietskörperschaft	+	+	+	+	–	–	–	–	–
Einzelkaufmann	+	+	+	+	–	–	–	–	–

Das steuerliche Einbringungsrecht stellt in § 20 UmwStG keine besonderen Anforderun- **606** gen an die Person des Einbringenden. Einbringende können prinzipiell natürliche Personen und alle in § 1 Abs. 1 KStG aufgeführten Körperschaften, Personenvereinigungen und Ver-

---

[963] Nicht aber auf andere Rechtsträger in Form von Körperschaften. Spaltung umfasst die Auf- und Abspaltung sowie Aufgliederung.
[964] Zur Europäischen Gesellschaft (SE) siehe Einl. C Rn 49 ff.
[965] Zulässig = +, nicht zulässig = –. Es ist sorgsam zu prüfen, welche Spaltung nach dem UmwG jeweils möglich sind. Bspw. ist bei einem VVaG nur die Aufgliederung auf eine GmbH möglich, sofern damit keine Übertragung von Versicherungsverträgen verbunden ist, § 151.
[966] Zur Europäischen Gesellschaft (SE) siehe Einl. C Rn 49 ff.

mögensmassen sein. Bei der Einbringung eines Betriebs gewerblicher Art ist die juristische Person des öffentlichen Rechts Einbringende[967].

606a Einbringende können zunächst alle in Deutschland ansässigen Kapitalgesellschaften, Personengesellschaften und natürliche Personen sein. Daneben qualifizieren sich als Einbringende auch die in der EU / dem EWR ansässigen Kapitalgesellschaften, Personengesellschaften und natürlichen Personen[968]. Einbringende, die im sog. Drittland ansässig sind, können inländisches Betriebsvermögen nur dann steuerneutral in eine Kapitalgesellschaft oder eG einbringen, wenn das deutsche Besteuerungsrecht bezüglich der im Rahmen der Einbringung gehaltenen Anteile nicht ausgeschlossen oder beschränkt wird[969]. Die vorgenannten Grundsätze gelten aber dann nicht, wenn ein Anteil an einer Kapitalgesellschaft oder eG gespalten wird. In diesen Fällen kann unabhängig von der Ansässigkeit in der EU / dem EWR jede natürliche oder juristische Person oder auch Personengesellschaft Einbringender sein. Dies folgt daraus, dass in den Fällen des Anteilstauschs[970] § 1 Abs. 4 Satz 1 Nr. 2 UmwStG nicht anwendbar ist[971] und demnach die besonderen Ansässigkeitsvoraussetzungen des § 1 Abs. 2 UmwStG nicht vorliegen müssen.

607 Nach Auffassung der Finanzverwaltung sind bei Einbringung von Betriebsvermögen einer Personengesellschaft als Einbringende stets die Gesellschafter (Mitunternehmer) der Personengesellschaft anzusehen und nicht die Personengesellschaft selbst[972]. Das soll selbst dann gelten, wenn lediglich ein Teilbetrieb und nicht das gesamte Betriebsvermögen der Personengesellschaft eingebracht wird. Die Finanzverwaltung folgert daraus weiter, dass die Voraussetzungen stets gesellschafterbezogen zu prüfen seien. Dessen ungeachtet soll aber bei der Ausgliederung von Vermögensteilen einer Personenhandelsgesellschaft in eine Kapitalgesellschaft der als Gegenleistung gewährte Gesellschaftsanteil dem Gesamthandsvermögen der Personengesellschaft zuzurechnen sein[973].

608 Die wohl hM in der Literatur folgt der Finanzverwaltung darin, dass zumindest in den Fällen, in denen die Personengesellschaft im Zuge der Einbringung erlischt (zB bei Verschmelzung oder Formwechsel) Einbringende die Gesellschafter/Mitunternehmer sind und insoweit der jeweilige Mitunternehmeranteil in die Gesellschaft eingebracht wird[974].

609 Bleibt die Personengesellschaft dagegen durch die Einbringung rechtlich existent (zB bei Abspaltung eines Teilbetriebs, Mitunternehmeranteils oder einer Kapitalgesellschaftsbeteiligung), entspricht es eher dem mittlerweile erreichten Stand hinsichtlich der steuerlichen Behandlung der Personengesellschaft als selbstständiges Subjekt der Gewinnermittlung, die Personengesellschaft selbst als Einbringende anzusehen[975].

---

[967] Tz. 20.05 UmwStE; weitere Einzelheiten bei *Hörtnagl* in Schmitt/Hörtnagl/Stratz § 15 UmwStG Rn 28 ff.
[968] Dabei ist bei Personengesellschaften sowohl die Ansässigkeit der Gesellschaft als solcher als auch die ihrer Gesellschafter innerhalb der EU/EWR erforderlich.
[969] Da im Anwendungsbereich eines Doppelbesteuerungsabkommens jedoch häufig der Ansässigkeitsstaat das Besteuerungsrecht hinsichtlich der erhaltenen Anteile hat, wird in der Praxis eine Einbringung durch im Drittland ansässige Personen regelmäßig nicht steuerneutral möglich sein; vgl. auch *Benz / Rosenberg* in *Blumenberg / Schäfer* SEStEG S. 150, 151.
[970] § 1 Abs. 3 Nr. 5 UmwStG.
[971] Kein Verweis auf § 1 Abs. 3 Nr. 5, sondern lediglich § 1 Abs. 3 Nr. 1 bis 4 UmwStG.
[972] Tz. 20.05 UmwStE unter Hinweis auf *BFH* vom 16. 2. 1996, BStBl. II 1996 S. 342 (für den Fall der Einbringung mehrerer Mitunternehmeranteile).
[973] Zum Ganzen Tz. 20.05 UmwStE; zust. *Merkert* in Bordewin/Brandt § 20 UmwStG Rn 31.
[974] Vgl. nur *Patt* in Dötsch u. a. § 20 UmwStG Rn 21 mwN, auch mit Nachweisen zur Gegenauffassung; Rn 232 ff.
[975] So auch *Schmitt* in Schmitt/Hörtnagl/Stratz § 20 UmwStG Rn 192, dort auch zu den Konsequenzen dieser Auffassung; vgl. auch *Widmann* in Widmann/Mayer § 20 UmwStG Rn 427. *Benz/Rosenberg* in *Blumenberg / Schäfer* SEStEG S. 177, 178 mit Hinweis auf die Gesetzesbegründung (BT-Drucks. 16/2710 S. 48: „Ist der Einbringende eine Personengesellschaft ... ").

Auf der Ebene des übernehmenden Rechtsträgers setzt § 20 Abs. 1 UmwStG aF bisher **610** voraus, dass es sich dabei um eine unbeschränkt steuerpflichtige Kapitalgesellschaft[976] handelt. Diese enge Sicht hat das SEStEG aufgegeben. Der Kreis der übernehmenden Körperschaften wurde einerseits auf Genossenschaften erweitert, andererseits auf Kapitalgesellschaften erstreckt, die innerhalb der EU / des EWR gegründet wurden und dort ihren Sitz und Ort der Geschäftsleitung haben[977]. Damit erfasst das UmwStG auch grenzüberschreitende Fallkonstellationen innerhalb der EU / des EWR.

3. Die Ebene des spaltenden Rechtsträgers (§§ 20, 21 UmwStG)

Nach den §§ 20 Abs. 2, 21 Abs. 1 UmwStG ist das auf die übernehmende Kapital- **611** gesellschaft übergehende Betriebsvermögen mit dem gemeinen Wert anzusetzen. Auf Antrag kommt ein Ansatz mit dem Buchwert oder einem höheren Wert (maximal dem gemeinen Wert) in Betracht, wenn ein Betrieb, Teilbetrieb, Mitunternehmeranteil oder eine mehrheitsvermittelnde Kapitalgesellschaftsbeteiligung oder eG in eine Kapitalgesellschaft oder Genossenschaft[978] eingebracht wird und dem Einbringenden dafür **neue** Anteile an der übernehmenden Gesellschaft gewährt werden und das Besteuerungsrecht des Fiskus gesichert bleibt[979].

Durch den Ansatz des Buchwerts für das eingebrachte Vermögen durch die übernehmende **612** Kapitalgesellschaft wird eine steuerneutrale Spaltung ermöglicht. Die im vorstehenden Zusammenhang relevanten Fragen sind bereits iRd. Verschmelzung einer Personengesellschaft auf eine Kapitalgesellschaft behandelt worden. Auf diese Ausführungen wird verwiesen[980].

Entscheidend ist, dass im Zuge der Spaltung alle wesentlichen Wirtschaftsgüter, die einem **613** Spaltobjekt zuzuordnen sind, auf die übernehmende Kapitalgesellschaft übertragen werden; es genügt nicht, der Kapitalgesellschaft diese Wirtschaftsgüter nur zur Nutzung zu überlassen[981].

Zu übertragen sind insbesondere auch die einem Gesellschafter gehörenden Wirtschafts- **614** güter, die dem Betrieb oder Teilbetrieb einer Personengesellschaft dienen, sog. Sonderbetriebsvermögen. Soweit es wesentliche Wirtschaftsgüter enthält, müssen diese im Wege der Einzelrechtsübertragung zusammen mit dem iRd. Spaltung übergehenden Vermögen auf die übernehmende Kapitalgesellschaft übertragen werden[982].

Werden Mitunternehmeranteile eingebracht, ist ebenfalls etwaiges Sonderbetriebsvermö- **615** gen eines Gesellschafters mit zu übertragen. Soweit ein Teil eines Mitunternehmeranteils eingebracht wird[983], ist prinzipiell anteilig wesentliches Sonderbetriebsvermögen mit zu übertragen[984].

Mehrheitsvermittelnde Anteile an Kapitalgesellschaften[985] liegen vor, wenn die überneh- **616** mende Kapitalgesellschaft nach der Einbringung unmittelbar die Mehrheit der Stimmrechte an der Gesellschaft hat, deren Anteile eingebracht werden. Die Finanzverwaltung akzeptiert

---

[976] ISv. § 1 Abs. 1 Nr. 1 KStG.
[977] § 1 Abs. 4 Satz 1 Nr. 1 UmwStG iVm. § 1 Abs. 2 Satz 1 Nr. 1 UmwStG.
[978] ISv. § 1 Abs. 2 Satz 1 Nr. 1 UmwStG.
[979] Vgl. § 20 Abs. 2 Satz 2 Nr. 1-3, § 21 Abs. 1 Satz 2 UmwStG.
[980] Rn 231 ff.; hinsichtlich der Einbringungsgegenstände (echter) „Teilbetrieb" iSd. § 20 Abs. 1 Satz 1 UmwStG und Mitunternehmeranteil siehe auch die Ausführungen unter Rn 452 ff. iRd. Spaltung zwischen Körperschaften, die entsprechend gelten.
[981] Siehe Tz. 20.08 UmwStE; diese Auffassung überzeugt aber nicht.
[982] *Patt* in Dötsch u. a. § 20 UmwStG Rn 133. Weitere Einzelheiten zur Übertragung von Betriebsvermögen, insbes. auch zu den steuerlichen Konsequenzen bei Zurückbehaltung von wesentlichen und unwesentlichen Betriebsgrundlagen in Tz. 20.09 bis Tz. 20.11 UmwStE.
[983] Siehe dazu Tz. 20.13 UmwStE.
[984] So zumindest die Rspr. und ihr folgend die Finanzverwaltung.
[985] ISv. § 21 Abs. 1 Satz 2 UmwStG (oder eG).

sowohl den Fall, dass eine Mehrheitsbeteiligung erst durch den Einbringungsvorgang entsteht, als auch den Fall, dass eine zum Umwandlungsstichtag bereits bestehende Mehrheitsbeteiligung weiter aufgestockt wird[986].

617 Bringen mehrere Personen ihre Anteile ein, ist es ausreichend, wenn sie zwar nicht einzeln, aber insgesamt die Erfordernisse der mehrheitsvermittelnden Beteiligung erfüllen, vorausgesetzt die Einbringungen basieren auf einem einheitlichen Gründungs- oder Kapitalerhöhungsvorgang[987].

618 Nach § 21 Abs. 1 Satz 2 UmwStG können auch Anteile an einer nicht unbeschränkt körperschaftsteuerpflichtigen Kapitalgesellschaft eingebracht werden[988].

618a Die Spaltung kann mit steuerlicher Wirkung bis zu acht Monate auf Antrag rückbezogen werden, wenn es sich um eine Sacheinlage nach § 20 UmwStG handelt[989]. Wenn es sich dagegen um einen Anteilstausch nach § 21 UmwStG handelt, kommt dagegen keine Rückbeziehung des Einbringungsvorgangs in Betracht[990]. Nach altem UmwStG konnten auch Anteile rückwirkend abgespalten werden. Wenn Anteile an Kapitalgesellschaften oder eingetragenen Genossenschaften wesentliche Grundlage eines Betriebs oder Teilbetriebs sind, unterliegen sie jedoch den Vorschriften über die Sacheinlage, sodass in diesem Fall auch eine rückwirkende Einbringung in Betracht kommen kann.

4. Die Ebene der übernehmenden Kapitalgesellschaft (§ 20 Abs. 2, § 21 Abs. 1, § 23 UmwStG)

619 Aus Sicht der übernehmenden Kapitalgesellschaft oder eG ist vor allem relevant, mit welchem Ansatz und zu welchen Werten die übergehenden Wirtschaftsgüter zu übernehmen sind und inwieweit sie in die steuerliche Rechtsstellung des einbringenden Rechtsträgers im Hinblick auf das eingebrachte Vermögen eintreten. Diese Fragen sind zum einen in § 20 Abs. 2, § 21 Abs. 1 UmwStG und zum anderen in § 23 UmwStG geregelt. Die Fragen sind bereits ausführlich iRd. Verschmelzung einer Personengesellschaft auf eine Kapitalgesellschaft dargestellt worden, so dass darauf verwiesen werden kann[991].

620 Da die Spaltung eine partielle Gesamtrechtsnachfolge darstellt, tritt die übernehmende Kapitalgesellschaft oder eG sowohl bei Ansatz von Buchwerten[992] als auch Zwischenwerten oder gemeinen Werten[993] in die Rechtsstellung der einbringenden Rechtsträger ein[994].

621 Verlustvorträge des einbringenden Rechtsträgers[995] gehen prinzipiell nicht auf die übernehmende Kapitalgesellschaft über und daher unter[996]. Bei Einbringung zu gemeinen Werten oder Zwischenwerten mindert aber ein (verrechenbarer) Verlust den Einbringungsgewinn.

---

[986] Siehe Tz. 20.15 UmwStE; weitere Einzelheiten zum Mehrheitsanteil an einer Kapitalgesellschaft bei *Friederichs* in Haritz/Benkert § 20 UmwStG Rn 126 ff.; *Patt* in Dötsch u. a. § 20 UmwStG Rn 102 ff.

[987] Tz. 20.15 UmwStE mit Beispielen.

[988] Siehe Tz. 20.17 UmwStE; *Patt* in Dötsch u. a. § 20 UmwStG Rn 103. Es kann sich dabei auch nach dem UmwStG idF des SEStEG um Beteiligungen in Drittländern außerhalb der EU/EWR handeln.

[989] §§ 20 Abs. 5, 6 UmwStG; dies gilt dann nicht, wenn dadurch Einkünfte aufgrund abweichender Regelungen zur Rückbeziehung in einem anderen Staat der Besteuerung entzogen würden, § 20 Abs. 6 Satz 4 iVm. § 2 Abs. 3 UmwStG.

[990] § 21 UmwStG sieht anders als § 20 Abs. 5, 6 UmwStG keine Rückwirkungsmöglichkeit vor; § 2 UmwStG ist für den ersten bis fünften Teil des UmwStG einschlägig.

[991] Siehe Rn 272 ff.

[992] § 23 Abs. 1 iVm. § 4 Abs. 2 Satz 3, § 12 Abs. 3 erster HS UmwStG.

[993] § 23 Abs. 3, 4 iVm. § 12 Abs. 3 erster HS UmwStG.

[994] § 23 Abs. 1, 3, 4 UmwStG.

[995] ZB verbleibende Verlustabzüge nach § 10 d EStG oder verrechenbare Verluste der Gesellschafter nach § 15 a EStG oder gewerbesteuerliche Fehlbeträge nach § 10 a GewStG.

[996] Zu § 15 a EStG siehe *Wacker* in Schmidt § 15 a EStG Rn 236 und § 23 Abs. 5 UmwStG zu § 10 a GewStG.

5. Auswirkungen auf der Ebene der Anteilseigner (§ 20 Abs. 3, 4, § 21 Abs. 2, 3, § 22 UmwStG)

Die Gesellschafter des einbringenden Rechtsträgers interessiert vor allem, ob und inwieweit ein Einbringungsgewinn bzw. Veräußerungsgewinn entsteht und, wenn ja, wie dieser besteuert wird. Diese Fragen sind in § 20 Abs. 3, 4, § 21 Abs. 2, 3 sowie § 22 UmwStG in Verbindung mit den allgemeinen Vorschriften geregelt. Dort ist auch geregelt, wie hoch die Anschaffungskosten für die neuen Gesellschaftsanteile an der übernehmenden Kapitalgesellschaft sind. Demnach gilt der Wert, mit dem die Kapitalgesellschaft das eingebrachte Betriebsvermögen ansetzt, für die Einbringenden als Veräußerungspreis und als Anschaffungskosten der Gesellschaftsanteile. Sofern neben den Gesellschaftsanteilen auch andere Wirtschaftsgüter gewährt werden, ist deren gemeiner Wert bei der Bemessung der Anschaffungskosten der Gesellschaftsanteile von dem sich nach Satz 1 ergebenden Wert abzuziehen[997].

Im Rahmen der sog. nachgelagerten Besteuerung des Einbringungsvorgangs nach § 22 UmwStG ist danach zu differenzieren, ob es sich bei der Spaltung um die Einbringung eines Betriebs/Teilbetriebs/Mitunternehmeranteils nach § 20 UmwStG oder um den Fall eines Anteilstauschs nach § 21 UmwStG handelt. Je nachdem, ist ein sog. Einbringungsgewinn I oder ein Einbringungsgewinn II festzustellen, wenn im ersten Fall die erhaltenen Anteile und im zweiten Fall die übertragenen Anteile innerhalb von sieben Jahren nach dem Einbringungszeitpunkt veräußert werden[998].

Die Anteile, die die Einbringenden an der übernehmenden Kapitalgesellschaft erhalten, waren bisher als sog. **einbringungsgeborene Anteile** iSv. § 21 UmwStG aF steuerverstrickt, wenn die übernehmende Kapitalgesellschaft das übergehende Vermögen mit einem Wert unter dem Teilwert ansetzt. Das neue Konzept im steuerlichen Einbringungsrecht der §§ 20 ff. UmwStG kennt prinzipiell keine einbringungsgeborenen Anteile, wenn die Einbringung unter dem gemeinen Wert erfolgt. Statt dessen kommt es zu einer nachgelagerten Besteuerung des Einbringungsvorgangs, wenn innerhalb von sieben Zeitjahren nach der Einbringung entweder die erhaltenen Anteile[999] oder die übertragenen Anteile[1000] mit Gewinn veräußert werden[1001], jeweils vermindert um ein Siebtel bezogen auf den gemeinen Wert zum Einbringungszeitpunkt[1002]. In bestimmten Fällen kann es dagegen auch künftig zu „neuen einbringungsgeborenen Anteilen" kommen, wenn zB Anteile eingebracht werden, die als einbringungsgeboren verstrickt sind[1003]. Für alte einbringungsgeborene Anteile gilt § 21 UmwStG aF fort[1004].

---

[997] § 20 Abs. 3 Satz 3 UmwStG. Wegen der mit § 20 Abs. 3, 4, § 21 Abs. 2, 3 und § 22 UmwStG zusammenhängenden Fragen wird verwiesen auf die entsprechenden Ausführungen der Verschmelzung einer Personengesellschaft auf eine Kapitalgesellschaft, Rn 322 ff.

[998] Siehe § 22 Abs. 1 bzw. § 22 Abs. 2 UmwStG; beachte auch die besonderen Nachweispflichten in § 22 Abs. 3 UmwStG. Vgl. zum Ganzen Rn 334 ff.

[999] § 22 Abs. 1 UmwStG.

[1000] § 22 Abs. 2 UmwStG.

[1001] § 22 Abs. 1 Satz 6, § 22 Abs. 2 Satz 6 UmwStG enthalten Tatbestände, die auch zur Besteuerung führen können.

[1002] Siehe *Dötsch/Pung* DB 2006, 2763 ff.

[1003] §§ 20 Abs. 3 Satz 4, 21 Abs. 2 Satz 6 UmwStG; zur Langlebigkeit dieser Anteile *Haritz* GmbHR 2007, 169 ff.; zur Frage, ob dies auch dann gilt, wenn die Einbringung zu gemeinen Werten erfolgt, siehe *Benz/Rosenberg* in *Blumenberg/Schäfer* SEStEG S. 172 f.

[1004] § 27 Abs. 3 Nr. 3 UmwStG.

C. Formwechsel

I. Überblick

1. Das zivilrechtliche Konzept

624 Der Formwechsel von Rechtsträgern unterscheidet sich von den Fällen der Verschmelzung, Vermögensübertragung und Spaltung dadurch, dass nur ein Rechtsträger involviert ist. Dieser Rechtsträger wechselt seine rechtliche Form und Verfassung. Die Anteilseigner der alten Rechtsform bleiben grundsätzlich auch Anteilseigner der neuen Rechtsform.

625 Der Formwechsel von Rechtsträgern ist zivilrechtlich umfassend und eigenständig geregelt; ein Verweis auf die Verschmelzungs- oder Spaltungsvorschriften findet im Grundsatz nicht statt[1005].

626 Kennzeichen des zivilrechtlichen Formwechsels ist, dass sowohl die rechtliche, als auch die wirtschaftliche **Identität** des formwechselnden Rechtsträgers vor und nach der Umwandlung identisch ist. Es ändert sich lediglich das Rechtskleid. Eine Vermögensübertragung findet nicht statt. Der Formwechsel wird durch das Prinzip der rechtlichen Identität, der Kontinuität seines Vermögens und der Diskontinuität seiner gesellschaftsrechtlichen Verfassung charakterisiert[1006].

627 Dies gilt nicht nur bei dem Formwechsel zwischen Kapitalgesellschaften (zB AG in GmbH oder umgekehrt)[1007] und zwischen Personengesellschaften (zwischen GbR und OHG/KG und umgekehrt)[1008]. Dieses dogmatische Konzept gilt ebenso bei einem sog. **„kreuzenden"** Formwechsel zwischen einer Kapitalgesellschaft und einer Personengesellschaft[1009] (zB AG in GmbH & Co. KG) und umgekehrt[1010]. Eine wichtige Neuerung des UmwG 1995 liegt darin, dass der Formwechsel in eine „Kapitalgesellschaft & Co" (GmbH/AG & Co.) möglich ist; dies war unter den bis dahin geltenden Vorschriften nicht möglich[1011].

628 Der Gesetzgeber hat mit diesem für alle Formwechselfälle einheitlichen Konzept dogmatisches Neuland betreten. Dies ist eine beachtenswerte und von der Praxis positiv angenommene Neuerung.

629 Bis zum UmwG 1995 wurden gerade „kreuzende" Umwandlungsvorgänge nicht als identitätswahrend verstanden, sondern als Übertragungsvorgänge. Konsequent sprach man damals auch von übertragenden Umwandlungen in Abgrenzungen zu den sog. formwechselnden Umwandlungen[1012].

630 Das neue dogmatische Verständnis und Konzept wirkt sich auf viele einzelne Bereiche aus. Mit Blick auf das Steuerrecht sind zB folgende Aspekte hervorzuheben:

[1005] Vgl. §§ 190 ff. UmwG, siehe dazu die Kommentierung zu §§ 190 ff. mwN; Verweise auf andere Vorschriften des UmwG finden sich zB in §§ 198 Abs. 3, 204, 207 Abs. 2 UmwG.

[1006] *BFH* vom 4. 12. 1996 BStBl. II 1997, S. 662; *Thiel* GmbHR 1997, 145; zum Identitätskonzept *Breuninger*, FS Widmann, S. 203, 205 ff.

[1007] Formwechsel von Kapitalgesellschaften sind nach dem UmwG möglich, vgl. §§ 190, 191 Nr. 2, 226, 238 UmwG.

[1008] Der Formwechsel vollzieht sich nicht nach dem UmwG, sondern aufgrund allgemeiner Vorschriften, wenn die Personengesellschaft zB von einer vermögensverwaltenden Gesellschaft zu einem vollkaufmännischen Gewerbe erstarkt.

[1009] „Personengesellschaft" umfasst die Personenhandelsgesellschaften (OHG, KG) und die Partnerschaftsgesellschaft (PartG), nicht aber die Gesellschaft bürgerlichen Rechts (GbR) die ihre Rechtsform nicht nach dem UmwG ändern kann, vgl. § 191 Abs. 1 UmwG.

[1010] Ferner ist der Formwechsel von einer Personengesellschaft in eine eG möglich, § 214 Abs. 1 UmwG, nicht aber der umgekehrte Fall vgl. § 258 Abs. 1 UmwG.

[1011] Zu den damit einhergehenden umwandlungsrechtlichen Fragen vgl. nur *Stratz* in Schmitt/Hörtnagel/Stratz § 226 UmwG Rn 2 ff.

[1012] Zu den Vorgängern des UmwG 1995 siehe Einl. A Rn 6 ff.

– Der Formwechsel führt nicht zu einer Übertragung von Vermögen und Schulden; die Auflösung eines Rechtsträgers mit anschließender Neugründung und einem Vermögenstransfer findet zivilrechtlich nicht statt.
– Umwandlungsrechtlich sind keine Bilanzen aufzustellen[1013]. Das UmwG schreibt zur Information der Anteilseigner lediglich eine Vermögensaufstellung vor, in der die Vermögensgegenstände und Verbindlichkeiten des formwechselnden Rechtsträgers mit den wirklichen Werten anzusetzen sind[1014]. Die Rechnungslegung des formwechselnden Rechtsträgers ist an die veränderten rechtlichen Rahmenbedingungen der neuen Rechtsform anzupassen.
– Mangels eines Vermögensübergangs ist umwandlungsrechtlich nicht die Definition eines Stichtags für den Formwechsel erforderlich[1015]. Der Formwechsel wird mit Eintragung im Handelsregister wirksam[1016]. Von diesem Zeitpunkt an existiert der Rechtsträger in verändertem Rechtskleid weiter.

Die nachfolgende Übersicht[1017] zeigt die möglichen Formwechselfälle im Inland nach dem UmwG[1018]:

von \ in	GbR	OHG KG	PartG	GmbH	AG[1019]	KGaA	eG
GbR	–	–	–	–	–	–	–
OHG/KG	–	–	–	+	+	+	+
PartG	–	–	–	+	+	+	+
GmbH	+	+	+	–	+	+	+
AG[1020]	+	+	+	+	–	+	+
KGaA	+	+	+	+	+	–	+
eG	–	–	–	+	+	+	–
e. V.	–	–	–	+	+	+	+
VVaG	–	–	–	–	+	–	–
Körp./Anstalt öff. Rechts	–	–	–	+	+	+	–

[1013] *IDW* HFA Stellungnahme 1/1996; *IDW* WPg 1996, 507; *Breuninger*, FS Widmann, S. 203, 209; *Lempenau*, FS Haas, 1996, S. 226; *Wochinger/Dötsch* DB-Beil. 14/1994, S. 21; *Rödder* DStR 1997, 1353, 1356; aA wohl *Biener* StbJb 1995/96, S. 51 f., siehe auch § 24 Rn 7.
[1014] Vgl. § 192 Abs. 2 UmwG. Die Vermögensaufstellung war bis zum 2. UmwGÄndG notwendiger Bestandteil des Umwandlungsberichts nach § 190 UmwG, Details dazu siehe § 192 Rn 4.
[1015] Näheres dazu bei *Meister/Klöcker* in Kallmeyer § 194 Rn 8, 10.
[1016] Vgl. § 202 Abs. 1 UmwG.
[1017] Vgl. *Dötsch* in Dötsch u. a. § 14 UmwStG nF (2001) Rn 5, 6 mit zutreffendem Hinweis in Rn 5 Fn 1, dass die Finanzverwaltung die Tabelle in Tz 00.07 UmwStE für Formwechselfälle von Personenhandelsgesellschaften § 214 UmwG nicht beachtet.
[1018] §§ 191 ff. UmwG. Außerhalb des UmwG kommt zB der Formwechsel einer OHG in eine KG durch Änderung des Gesellschaftsvertrags oder der Formwechsel einer GbR in eine OHG, KG durch Änderung des Unternehmensgegenstands in Betracht. Eine AG kann gem. Artt. 2 Abs. 4, 37 SE-VO in eine europäische Gesellschaft formwechselnd umgewandelt werden, wenn sie ihren Sitz und ihre Hauptverwaltung in der europäischen Gemeinschaft hat und seit mindestens zwei Jahren eine dem Recht eines anderen Mitgliedstaates unterliegende Tochtergesellschaft hat, dazu *Hörtnagl* in Schmitt/Hörtnagl/Stratz Art. 2 SE-VO Rn 41 ff., Art. 37 Rn 1 ff. mwN. Siehe ausf. Einl. C Rn 49 ff.
[1019] Zur Europäischen Gesellschaft (SE) siehe Einl. C Rn 49 ff.
[1020] Zur Europäischen Gesellschaft (SE) siehe Einl. C Rn 49 ff.

2. Das steuerliche Formwechselrecht

632 Das Steuerrecht folgt im Ansatz der zivilrechtlichen Vorgabe, dass ein Formwechsel identitätswahrend ist und keinen Vermögensübergang bewirkt[1021].

633 Der steuerliche Gesetzgeber hat daraus aber nicht gefolgert, dass alle Formwechselfälle, insbesondere die **„kreuzenden Formwechsel"** zwischen Körperschaften und Personengesellschaften steuerneutral sind. Das Steuerrecht hält vielmehr daran fest, dass bei einem Wechsel der rechtlichen Struktur einer Kapitalgesellschaft in eine Personengesellschaft und umgekehrt ein Wechsel des Steuersubjekts und des Besteuerungskonzepts und damit verbunden ein Vermögensübergang zwischen verschiedenen Personen vorliegt[1022]. Infolgedessen wären prinzipiell die stillen Reserven steuerwirksam aufzulösen. Dies verhindern die nachfolgend näher beschriebenen Voraussetzungen des UmwStG für Formwechselfälle.

634 Da das Steuerrecht sich an den dogmatischen Vorgaben des Zivilrechts orientiert[1023], nach denen kein Vermögenstransfer und kein Wechsel des Rechtssubjekts vorliegt, behandelt der Gesetzgeber die Fälle des „kreuzenden Formwechsels" als **Fiktion** einer Vermögensübertragung und des Wechsels des Steuersubjekts[1024]. Die Rechtsprechung hat bereits die Grenzen dieser Sichtweise aufgezeigt[1025].

635 Der Grund für die abweichende steuerliche Behandlung durch den steuerlichen Gesetzgeber liegt darin, dass Körperschaften und Personengesellschaften im Ertragsteuerrecht[1026] unterschiedlichen Besteuerungskonzepten unterliegen.

636 **Körperschaften sind** steuerlich selbstständige Rechtssubjekte, die ihren Gewinn ermitteln und ihn versteuern. Von der Ebene der Körperschaften ist die Ebene der Anteilseigner zu unterscheiden. Die Anteilseigner sind nur bei Gewinnausschüttungen aus der Körperschaft betroffen: natürliche Personen haben unter der Geltung des mit dem Steuersenkungsgesetzes eingeführten Halbeinkünfteverfahrens nur die Hälfte der Gewinnausschüttungen zu versteuern[1027], Körperschaften sind insoweit weitgehend steuerbefreit[1028].

637 **Personengesellschaften** sind dagegen keine selbstständigen Steuerrechtssubjekte[1029]. Ihr Gewinn wird zwar auf ihrer Ebene ermittelt[1030], doch dann direkt ihren Gesellschaftern zugerechnet. Nicht die Gesellschaft, sondern ihre Gesellschafter sind die steuerpflichtigen Subjekte, die den ihnen zugerechneten Gewinn zu versteuern haben. Das charakteristische Zwei-Ebenen-Denken bei Körperschaften und ihren Anteilseignern[1031] ist bei der Personengesellschaft nicht gegeben.

[1021] So ausdrücklich *Dötsch* in Dötsch u. a. § 14 UmwStG nF (2001) Rn 13; *Benkert/Menner* in Haritz/Benkert § 14 UmwStG Rn 39; aA *Priester* DB 1995, 913; *Courage* DB 1995, 1102.

[1022] Dazu *Breuninger,* FS Widmann, S. 203, 211 ff.

[1023] Zum Verhältnis des Zivilrechts zum Steuerrecht vgl. nur *Tipke,* Steuerrechtsordnung, 2. Aufl. 2000, S. 43 ff.

[1024] RegE Begr. BT-Drucks. 12/6885 zu § 25 UmwStG: „... wie eine übertragende Umwandlung"; *FG München* EFG 2001, 32; *Söffing* in Goutier/Knopf/Tulloch § 14 UmwStG Rn 2; *Benkert/Menner* in Haritz/Benkert § 14 UmwStG Rn 39.

[1025] Siehe dazu die grunderwerbsteuerliche Entscheidung des *BFH* vom 4. 12. 1996, BStBl. II 1997, S. 662.

[1026] Anderes gilt bspw. im Umsatzsteuerrecht, Grunderwerbsteuerrecht, Gewerbesteuerrecht, wo Körperschaften und Personengesellschaften als solche Steuersubjekte sein können.

[1027] § 3 Nr. 40 EStG.

[1028] § 8 b Abs. 1 KStG; nach § 8 b Abs. 5 Satz 1 KStG gelten 5% der Bezüge nach § 8 b Abs. 1 KStG als nichtabzugsfähige Betriebsausgabe, sodass wirtschaftlich 95% steuerfrei sind.

[1029] Mit Ausnahme bestimmter Steuerarten wie Umsatzsteuer, Grunderwerbsteuer, Gewerbesteuer.

[1030] Sie sind insoweit Subjekt der Gewinnerzielung und Gewinnermittlung, vgl. *BFH* GrS vom 3. 7. 1995, BFHE 178, 86 = BStBl. II 1995, S. 617; *BFH* vom 26. 11. 1996, BFHE 182, 101 = BStBl. II 1998, S. 328; zu Einzelheiten *Wacker* in Schmidt § 15 EStG Rn 163 ff.

[1031] Durch die mit dem Steuersenkungsgesetz eingeführte neue Definitivbesteuerung auf der Ebene der Körperschaft besonders sinnbildlich, vgl. dazu *Roche/Strunk* in Arthur Andersen Steuerreform 2001, S. 13 ff.

In Folge der abweichenden steuerlichen Behandlung sind folgende **Formwechselvarianten** zu unterscheiden: **638**
– Formwechsel von Kapitalgesellschaften in Kapitalgesellschaften anderer Rechtsformen;
– Formwechsel von Personengesellschaften in Personengesellschaften anderer Rechtsformen;
– Formwechsel von Personengesellschaften in Kapitalgesellschaften oder eG[1032];
– Formwechsel von Kapitalgesellschaften in Personengesellschaften[1033].

Formwechsel zwischen Kapitalgesellschaften. Dieser Fall ist zwar im UmwG, nicht aber im UmwStG geregelt. Es besteht, soweit ersichtlich, Einigkeit, dass der Vorgang auf der Ebene der Gesellschaft steuerneutral ist bzw. steuerlich ohne Bedeutung[1034]. Dahinter steht der Gedanke, dass sich durch den Formwechsel das Besteuerungskonzept nicht ändert. **639**

Vorsicht ist bei dem Formwechsel einer GmbH oder AG in eine Kommanditgesellschaft auf Aktien (KGaA) und umgekehrt angebracht. Es handelt sich zwar zivilrechtlich um einen Formwechsel zwischen Kapitalgesellschaften[1035]. Da die KGaA aber Elemente der Personen- und Kapitalgesellschaft in sich vereinigt, handelt es sich steuerlich um eine Mischumwandlung[1036], auf die – je nach Formwechselrichtung – auch die Vorschriften über den Formwechsel in eine Personengesellschaft oder in eine Kapitalgesellschaft Platz greifen können[1037]. **640**

Formwechsel zwischen Personengesellschaften. Dieser Fall ist weder im UmwG noch im UmwStG geregelt. Unmittelbare steuerliche Folgen sind mit dem Formwechsel prinzipiell nicht verbunden[1038], da das UmwStG keinen Vermögensübergang entsprechend §§ 9, 25 UmwStG fingiert. Es ist aber zu differenzieren: **641**

Wenn die Personengesellschaft vor und nach dem Formwechsel weiterhin als Mitunternehmerschaft anzusehen ist (zB Formwechsel einer gewerblichen OHG in eine KG), ist der Vorgang steuerneutral. Eine steuerliche Entstrickung von betrieblich gebundenem Vermögen findet in diesen Fällen nicht statt. **642**

Wenn dagegen eine gewerblich tätige Gesellschaft (zB OHG oder KG mit natürlichen Personen als Vollhafter) durch die Änderung ihres Unternehmenszwecks zu einer vermögensverwaltenden Gesellschaft (GbR) herabsinkt, kann darin steuerlich eine Betriebsaufgabe liegen. Denn die ehemalige Mitunternehmerschaft (Personengesellschaft) ist fortan vermögensverwaltend tätig. Das Betriebsvermögen wird damit zu Privatvermögen mit Realisierung stiller Reserven[1039]. Diese Rechtsfolge kann zB dadurch vermieden werden, dass rechtzeitig vor der Änderung des Unternehmenszwecks eine gewerbliche Prägung der Gesellschaft herbeigeführt wird, zB durch Aufnahme einer GmbH als alleinige vertretungsberechtigte Person anstelle einer natürlichen Person als Vollhafter einer KG (GmbH & Co. KG)[1040]. Sofern ein Aufgabegewinn entsteht, ist er unter bestimmten Voraussetzungen steuerlich ermäßigt[1041]. **643**

[1032] § 25 iVm. §§ 20 bis 23 UmwStG. Durch das SEStEG auf eG erweitert.

[1033] § 9 iVm. §§ 3 ff. UmwStG. Durch das SEStEG auf Kapitalgesellschaften beschränkt durch Streichung von § 14 S. 3 UmwStG aF.

[1034] Vgl. nur *Schmitt* in Schmitt/Hörtnagel/Stratz § 14 UmwStG Rn 2; *Plewka* in Sagasser/Bula/Brünger T Rn 5; RegE Begr. BT-Drucks. 12/6885 zu § 14 UmwStG; *Schaumburg* in Lutter Anh. § 304 Rn 2; *Wassermeyer*, FS Widmann, 2000, S. 264 f.

[1035] Vgl. § 1 Abs. 1 Nr. 1 KStG.

[1036] *Haritz* DStR 1996, 1192 ff.; *Schaumburg* DStZ 1998, 525, 542 f.; *Uelner*, FS Haas, 1996, S. 365 ff.

[1037] Vgl. §§ 9, 25 UmwStG. Zu dem Formwechsel unter Beteiligung einer KGaA insbes. *Bogenschütz*, FS Widmann, S. 163 ff. mwN; *Breuninger*, FS Widmann, S. 203, 211 mwN.

[1038] Dazu *Schaumburg* in Lutter Anh. § 304 Rn 45, 47 mit Hinweis auf mögliche mittelbare Folgen durch § 15 a EStG.

[1039] Siehe § 16 EStG und *Wacker* in Schmidt § 16 EStG Rn 170 ff. mit Abgrenzungen zur „allmählichen" Abwicklung, einer Betriebsunterbrechung, einer Strukturveränderung oder Betriebsverlegung.

[1040] Vgl. § 15 Abs. 3 Nr. 2 EStG, dazu *Wacker* in Schmidt § 15 EStG Rn 21 ff.; zur Betriebsverpachtung vgl. *Wacker* in Schmidt § 16 EStG Rn 181 ff.

[1041] Siehe dazu § 34 EStG; *Seeger* in Schmidt § 34 EStG Rn 58 ff.

644 Umgekehrt kann auch eine vermögensverwaltende Personengesellschaft eine gewerbliche Tätigkeit aufnehmen oder bekommen. In diesem Fall wird ihr Privatvermögen steuerlich zu Betriebsvermögen, das Steuerrecht sieht diesen Vorgang als Einlage an[1042].

645 Formwechsel zwischen Personengesellschaft und Kapitalgesellschaft. Das UmwStG regelt den Fall des Formwechsels einer Personengesellschaft in eine **Kapitalgesellschaft** in **§ 25 UmwStG**. Das Gesetz verweist dazu auf den „entsprechend" anzuwendenden Sechsten Teil des UmwStG[1043]. Mit anderen Worten: Dieser „kreuzende" Formwechsel wird als **Einbringungsvorgang** fingiert (d. h. Übergang von Vermögen auf einen neuen Rechtsträger)[1044].

646 Der nach dem UmwG ebenfalls mögliche Formwechsel einer Personengesellschaft in eine **eG** war bisher weder in § 25 UmwStG noch in anderen Vorschriften des UmwStG angesprochen. Soweit ersichtlich, hat sich damit auch weder die Rechtsprechung noch die Finanzverwaltung[1045] beschäftigt. In der Literatur fanden sich nur wenige Bemerkungen zu den steuerlichen Folgen[1046]. So ließe sich argumentieren, dass angesichts des Wechsels in dem Besteuerungskonzept zwischen Körperschaft und Personengesellschaft darin die Auflösung/Liquidation der Personengesellschaft und die gleichzeitige Einbringung in die Genossenschaft liegt, so dass etwaige stille Reserven zu realisieren wären. Es ist aber auch mit guten Gründen vertretbar, dem zivilrechtlichen Gesetzgeber zu folgen und einen Vermögenstransfer zu verneinen. Die Genossenschaft müsste die Buchwerte fortführen, eine steuerpflichtige Realisierung stiller Reserven würde nicht eintreten[1047]. Dafür spricht, dass der steuerliche Gesetzgeber lediglich für den vorgenannten Fall des Formwechsels einer Personengesellschaft in eine Kapitalgesellschaft einen Vermögenstransfer fingiert. Dies ist eine Ausnahme zur Allgemeinen zivilrechtlichen Vorgabe, dass der Formwechsel keinen Vermögensübergang bewirkt. Überdies sind die vorgenannten Vorschriften des UmwStG[1048] als *lex specialis* eng auszulegen und dürfen nicht erweiternd auf alle sonstigen Fälle des Formwechsels angewendet werden. Folgte man dem, so wären alle nicht im UmwStG ausdrücklich als Vermögensübergang fingierten Formwechselfälle steuerlich ohne Bedeutung.

646a Mit dem SEStEG hat der Gesetzgeber diese Regelungslücke geschlossen und für künftige Formwechselfälle einer Personengesellschaft in eine eG die §§ 20 bis 23 UmwStG als einschlägig angesehen[1049].

647 Formwechsel zwischen Kapitalgesellschaft und Personengesellschaften. Das UmwStG regelt dezidiert die Fälle des Formwechsels einer Kapitalgesellschaft in eine Personengesellschaft in **§ 9 UmwStG**. Für diese Fälle verweist das Gesetz auf die „entsprechend" anwendbaren Vorschriften des Zweiten Teils des UmwStG[1050]. Anders als der vorgenannte Fall wird diese Formwechselrichtung nicht als Einbringung fingiert, sondern den Regeln über den Vermögensübergang auf eine Personengesellschaft unterstellt. Bemerkenswert ist, dass der Gesetzgeber einen Vermögensübergang für steuerliche Zwecke fingiert. Im Ergebnis wird dieser Formwechsel wie eine Verschmelzung behandelt[1051].

[1042] Vgl. § 6 Abs. 1 Nr. 5 EStG, dazu *Glanegger* in Schmidt § 6 EStG Rn 430 ff.
[1043] D. h. §§ 20 bis 23 UmwStG.
[1044] Unter Hinweis auf Begr. UmwStG zu § 25; *Friederichs* in Haritz/Benkert § 25 UmwStG Rn 2.
[1045] Der UmwStE schweigt dazu.
[1046] Siehe dazu *Schmidt-Diemitz/Moszka* in MünchVertrHdb., Bd. 1, GesR, Form. XIII Anm. 21, Anm. 23 mwN.
[1047] So zB *Schaumburg* in Lutter Anh. § 34 Rn 36.
[1048] § 25 iVm. §§ 20 ff. UmwStG.
[1049] § 25 Satz 1 UmwStG iVm. §§ 20 Abs. 1 Satz 1, 21 Abs. 1 Satz 1 UmwStG: „ ….. in Genossenschaft … ".
[1050] D. h. §§ 3 bis 8, 10 UmwStG. Vor dem **SEStEGE** war § 14 UmwStG aF die maßgebliche Rechtsvorschrift, nun § 9 UmwStG.
[1051] So *Dötsch* in Dötsch u. a. § 14 UmwStG Rn 13.

Der Formwechsel einer Kapitalgesellschaft in eine Personengesellschaft (insbesondere GmbH & Co. KG) wurde unter der Geltung des UmwG 1995 und den umwandlungssteuerrechtlichen Regelungen[1052] früh als Möglichkeit genutzt, erworbene, nicht abschreibbare Beteiligungen an Kapitalgesellschaften in steuerlich abschreibungsfähige Masse zu transformieren (sog. Umwandlungsmodelle)[1053]. Nachdem der Gesetzgeber die steuerlichen Folgen aus einer Aufstockung der Wirtschaftsgüter und den damit regelmäßig einhergehenden höheren Abschreibungen in diesen Umwandlungsfällen zunächst für die Gewerbesteuer negierte[1054], hat er dies allgemein dahin entschieden, dass ein Übernahmeverlust außer Ansatz bleibt[1055]. Dadurch scheidet eine Aufstockung der Wirtschaftsgüter der formwechselnden Kapitalgesellschaft aus. Umwandlungsmodelle sind demnach zumindest nicht mehr in der Form eines bloßen Formwechsels einer Kapitalgesellschaft in eine Personengesellschaft möglich[1056].

3. Steuerliche Bilanzen anlässlich des Formwechsels

Das UmwG sieht weder eine Umwandlungsbilanz noch einen Umwandlungsstichtag vor[1057]. Der Formwechsel wird mit Eintragung in das **(Handels-)Register** wirksam.

Anders als im Umwandlungsrecht schreibt das UmwStG zwingend vor, dass anlässlich des Formwechsels einer Kapitalgesellschaft in eine Personengesellschaft zum einen eine Übertragungsbilanz durch die Kapitalgesellschaft aufzustellen ist, zum anderen eine steuerliche Eröffnungsbilanz durch die Personengesellschaft; für den umgekehrten Fall des Formwechsels einer Personengesellschaft in eine Kapitalgesellschaft gilt entsprechendes[1058].

Für steuerliche Zwecke ist es daher unerlässlich, einen Bilanzstichtag zu definieren[1059]. Der Stichtag darf bis zu acht Monate vor der Anmeldung des Formwechsels zur Eintragung in das Handelsregister gewählt werden. Steuerlich – nicht nach dem UmwG – kommt daher eine Rückwirkung des Formwechsels in Betracht. Dies gilt aber nur für die geregelten Formwechselfälle von Personengesellschaften in Kapitalgesellschaften und umgekehrt[1060].

[1052] Vgl. §§ 14 aF (jetzt § 9 UmwStG) iVm., 3, 4 Abs. 4 ff. UmwStG.
[1053] Dazu nur *Rödder/Hötzel* FR 1994, 286; *Söffing/Thomas* StB 2000, Beil. zu Heft 4, S. 20; *Roos/Annuß* DStR 2000, 954, 956; *Breuninger*, FS Widmann, S. 203, 214 mwN; umfassend zur Gewinnermittlung *Benkert* in Haritz/Benkert § 4 UmwStG Rn 80 ff., speziell zur Aufstockung Rn 190 ff.
[1054] Durch Änderung von § 18 Abs. 2 UmwStG durch das StEntlG 1999/2000/2002 vom 22. 12. 1999, BGBl. I, S. 2601.
[1055] § 4 Abs. 6 UmwStG aF, eingeführt mit Steuersenkungsgesetz vom 23. 10. 2000, BGBl. I, S. 1433. Durch das SEStEG wurde § 4 Abs. 6 UmwStG differenzierter ausgestaltet. Für Kapitalgesellschaften bleiben Übernahmeverluste prinzipiell außer Ansatz. Bei der Besteuerung offener Rücklagen bei natürlichen Personen können Übernahmeverluste steuerlich beschränkt genutzt werden; ebenso bei Gesellschaften bzw. Anteilen iSv. § 8 b Abs. 7, 8 Satz 1 KStG.
[1056] Dazu *Moszka* in Arthur Andersen Steuerreform 2001, S. 199, 212 mit Gestaltungshinweisen; zu diskutierten Alternativmodellen wie zB *downstream merger*, siehe *Dieterlen/Schaden* BB 2000, 2552 oder „Organschaftsmodell" siehe *Blumers/Beinert/Witt* DStR 2001, 1742; Überblicke bei *Pluskat* DB 2001, 2216; *Bruski* FR 2002, 181 ff. (dort auch zum sog. „KGaA-Modell").
[1057] *Meister/Klöcker* in Kallmeyer § 202 Rn 12; zur Bilanzierung beim Formwechsel allgemein siehe *Förschle/Hoffmann* in Budde/Förschle J Rn 30 ff., Rn 170 ff.; *Bula/Schlösser* in Sagasser/Bula/Brünger S Rn 1 ff.; *Dötsch* in Dötsch u. a. § 14 UmwStG Rn 14.
[1058] Vgl. §§ 9 Satz 2, 25 Satz 2 UmwStG; speziell zu Steuerbilanzen anlässlich des Formwechsels *Förschle/Hoffmann* in Budde/Förschle J Rn 190 ff. § 25 Satz 2 UmwStG aF sah lediglich eine Steuerbilanz durch die übertragende Gesellschaft vor.
[1059] Wegen Einzelheiten *Widmann* in Widmann/Mayer § 14 UmwStG Rn 56.
[1060] §§ 9, 25 UmwStG. Vgl. § 9 Satz 3 UmwStG, § 25 Satz 3 UmwStG und Finanzverwaltung Tz. 02.06 UmwStE zu zahlreichen Fragen im Zusammenhang mit der Rückwirkung; dazu auch *Benkert/Menner* in Haritz/Benkert § 14 UmwStG Rn 48; *Slabon* in Haritz/Benkert § 2 UmwStG Rn 1 ff.; *Friederichs* in Haritz/Benkert § 25 UmwStG Rn 17.

Anh. UmwStG 652–654a   Siebentes Buch. Übergangs- und Schlußvorschriften

652 Die Parteien können bereits im Beschluss über den Formwechsel definieren, dass der Formwechsel „im Innenverhältnis und für steuerliche Zwecke auf den … erfolgt". Zivilrechtlich ist dies nicht nötig, doch vermeidet dies spätere Fragen und Streitigkeiten über den Umwandlungsstichtag.

653 Da anlässlich eines Formwechsels keine Umwandlungs- oder Handelsbilanzen aufzustellen sind, kann auch das Maßgeblichkeitsprinzip einer Handelsbilanz für eine Steuerbilanz[1061] bereits für das bisherige Recht nicht eingreifen. Vielmehr konnte die formwechselnde Gesellschaft in ihrer jeweiligen Übertragungsbilanz ihr gesetzlich eingeräumtes Bewertungswahlrecht ausüben[1062]. Die Finanzverwaltung akzeptiert dies aber nicht. Sie fordert prinzipiell die Fortführung der Buchwerte; lediglich in dem Fall, dass zum steuerlichen Übertragungsstichtag eine formelle Handelsbilanz vorliegt, sei ein über dem Buchwert liegender Wertansatz eingeschränkt möglich, wenn in der handelsrechtlichen Jahresbilanz aufgrund einer späteren Wertaufholung Zuschreibungen bis zur Höhe der Anschaffungs- oder Herstellungskosten vorgenommen werden[1063]. Mit dem SEStEG hat der Gesetzgeber im neuen UmwStG generell das Maßgeblichkeitsprinzip aufgegeben und sich für eine eigenständige steuerliche Bewertung und Bilanzierung entschieden[1064].

4. Grenzen der Fiktion des Vermögensübergangs

654 Der steuerliche Gesetzgeber fingiert den kreuzenden Formwechsel zwischen Personengesellschaften und Kapitalgesellschaften als Vermögensübertragung. Diese Fiktion gilt aber nicht uneingeschränkt für alle Steuerarten. Die Frage hat sich im **Grunderwerbsteuerrecht** zugespitzt. Die Finanzverwaltung hatte entsprechend der ertragsteuerlichen Vorgabe vertreten, dass ein „kreuzender" Formwechsel zwischen Personen- und Kapitalgesellschaft angesichts der Fiktion eines Vermögensübergangs Grunderwerbsteuer auslöse, wenn dem formwechselnden Rechtsträger Grundvermögen gehöre. Der *BFH* hat dies aber nicht gebilligt[1065]. In Folge dessen hat die Finanzverwaltung ihre restriktive Auffassung insoweit aufgegeben und den Formwechsel als grunderwerbsteuerneutral eingestuft[1066].

5. Änderung durch das SEStEG.

654a Die wesentliche Änderung der formwechselspezifischen Vorschriften des UmwStG betrifft den erweiterten Anwendungsbereich. Bisher galten die Vorschriften über den Formwechsel grundsätzlich nur für inländische Rechtsträger und Formwechsel nach dem UmwG. Durch das SEStEG wurde das steuerliche Formwechselrecht des UmwStG europäisiert. Ausländische Formwechsel sind erfasst, wenn sie einem Formwechsel nach § 190 Abs. 1 UmwG

[1061] Vgl. § 5 Abs. 1 EStG; dazu *Weber-Grellet* in Schmidt § 5 EStG Rn 26 ff.

[1062] So für § 14 UmwStG aF *Dötsch* in Dötsch u. a. § 14 UmwStG nF (2001) Rn 17; *Benkert/Menner* in Haritz/Benkert § 14 UmwStG Rn 43 mwN; für § 25 UmwStG zust. *Friederichs* in Haritz/Benkert § 25 UmwStG Rn 15 mwN.

[1063] Vgl. Tz. 14.03, 14.02 UmwStE unter Hinweis auf §§ 253 Abs. 4, 280 HGB; zur Auffassung der Finanzverwaltung siehe auch *Dötsch* in Dötsch u. a. § 14 UmwStG nF (2001) Rn 16. Gegen die Maßgeblichkeit im Falle einer formwechselnden Umwandlung einer Personengesellschaft in eine Kapitalgesellschaft u. a. BFH vom 19.10.2005 – I R 38/04, DB 2006, 364.

[1064] *Dötsch / Pung* DB 2006, 2704, 2705. Zwar nicht ausdrücklich im UwStG so formuliert, aber bisher allgemeines Verständnis.

[1065] *BFH* vom 4. 12. 1996, BStBl. II 1997, S. 662.

[1066] Vgl. nur FM BW Erlass vom 18. 8. 1997, GmbHR 1997, 1016; Vorsicht ist aber geboten, wenn nach einer grunderwerbsteuerneutralen Einbringung in eine GmbH & Co. KG innerhalb der folgenden fünf Jahre ein grunderwerbsteuerneutraler Formwechsel der KG in eine AG erfolgt. In diesen Fällen akzeptiert die Finanzverwaltung die grunderwerbsteuerneutrale Einbringung in die KG nicht, vgl. *Pahlke/Franz* § 5 GrErwStG Rn 28, § 6 GrErwStG Rn 10; vgl. auch *Eggers/Fleischer/Wischott* DStR 1998, 1903.

„vergleichbar" sind[1067]. All die Rechtsträger sind erfasst, die nach Vorschriften der EU / des EWR gegründet worden sind und dort Sitz und Ort der Geschäftsleitung haben oder als natürliche Person dort ansässig sind[1068].

Beispiel:
Eine polnische Kapitalgesellschaft, an der inländische Anteilseigner beteiligt sind, wird in eine polnische Personengesellschaft identitätswahrend formgewechselt. In diesem Fall ist der Vorgang mit einem Formwechsel nach dem UmwG vergleichbar, die Kapitalgesellschaft qualifiziert sich als Gesellschaft im Sinne von § 1 Abs. 2 Satz 1 Nr. 1 UmwStG, sodass auf den Formwechsel bzw. die Besteuerungsfolgen für die inländischen Anteilseigner die §§ 3 ff. UmwStG Anwendung finden können.

Weitere wesentliche Änderungen ergeben sich aus den jeweiligen neuen Regelungen der in Bezug genommenen Vorschriften über das steuerliche Übernahmerecht der §§ 3 bis 8, 10 UmwStG einerseits und des steuerlichen Einbringungsrechts in den §§ 20 bis 23 UmwStG andererseits[1069].

Der bisher in § 14 UmwStG aF geregelte Formwechsel einer Kapitalgesellschaft und einer Genossenschaft in einer Personengesellschaft ist jetzt in § 9 UmwStG geregelt. Dabei hat das SEStEG den Anwendungsbereich dahingehend eingeschränkt, dass künftig nur Kapitalgesellschaften in Personengesellschaften formgewechselt werden können, nicht aber wie bisher eingetragene Genossenschaften in eine Personengesellschaft iSd. § 38 a LAnpG[1070].

6. Gang der Darstellung

Im Folgenden werden die nach dem UmwG möglichen „kreuzenden" Formwechselvarianten steuerlich analysiert. Dies geschieht in Form eines Überblicks über wesentliche steuerliche Aspekte[1071].

Zunächst wird der Formwechsel einer Kapitalgesellschaft in eine Personengesellschaft dargestellt. Anschließend werden die steuerlichen Folgen des Wechsels einer Personengesellschaft in eine Kapitalgesellschaft aufgezeigt.

Auf die Änderungen durch das SEStEG wird nachfolgend kurz eingegangen. Für weiterführende Fragen dazu wird ergänzend auf die erschienene Literatur verwiesen[1072].

II. Formwechsel einer Kapitalgesellschaft in eine Personengesellschaft

Der Formwechsel einer Kapitalgesellschaft in eine Personengesellschaft wird für die Zwecke des Umwandlungssteuerrechts der Verschmelzung einer Kapitalgesellschaft auf eine Personengesellschaft gleichgestellt[1073]. Die formwechselnde Kapitalgesellschaft wird als übertragende Kapitalgesellschaft gesehen, der Rechtsträger neuer Rechtsform (die

---

[1067] §§ 1 Abs. 1, 2, Abs. 3 Nr. 3, 25 Satz 1 UmwStG.
[1068] § 1 Abs. 3 Nr. 3, Abs. 4 Nr. 2 a aa iVm. § 1 Abs. 2 Satz 1 Nr. 1 UmwStG.
[1069] Darauf wird im Zusammenhang mit den jeweiligen Vorschriften eingegangen, sodass darauf verwiesen werden kann.
[1070] § 14 Satz 4 UmwStG aF wurde gestrichen.
[1071] Für weiterführende Details zum bisherigen Recht siehe zB *Benkert/Menner* in Haritz/Benkert § 14 UmwStG Rn 1 ff.; *Friederichs* in Haritz/Benkert § 25 UmwStG Rn 1 ff.; *Schmitt* in Schmitt/Hörtnagel/Stratz § 14 UmwStG Rn 1 f., § 25 UmwStG Rn 1 ff.; *Plewka* in Sagasser/Bula Brünger T Rn 1 ff.; *Söffing* in Goutier/Knopf/Tulloch § 14 UmwStG Rn 1 ff.; *Widmann* in Widmann/Mayer § 14 UmwStG Rn 1 ff., § 25 UmwStG Rn 1 ff.; *Dötsch* in Dötsch u. a. § 14 UmwStG nF (2001) Rn 1 ff.
[1072] Überblick bei *Dötsch / Pung* DB 2006, 2704 ff., 2763 ff.; *Schaflitzel / Widmayer* und *Benz / Rosenberg* in Blumenberg / Schäfer SEStEG S. 102 ff., S. 143 ff.; *Patt* in Dötsch u.a. § 25 UmwStG (SEStEG) Rn 1 ff.; weitere Nachweise im Literaturverzeichnis vor Anh. UmwStG.
[1073] Vgl. § 9 Satz 1 (bisher: § 14 Satz 1 UmwStG aF) iVm. §§ 3 bis 8, 10 UmwStG und § 18 UmwStG.

Personengesellschaft) wird für Zwecke des UmwStG so behandelt, als sei er die übernehmende Personengesellschaft. Eine zivilrechtliche Vermögensübertragung findet jedoch nicht statt. Nur für die speziellen Zwecke des UmwStG und hier vor allem die Ermittlung des Übernahmeergebnisses nach § 4 Abs. 4 bis 6 UmwStG und die Ermittlung der Einkünfte nach § 7 UmwStG wird der Rechtsträger neuer Rechtsform so behandelt, als sei er im Rahmen einer Verschmelzung an dem formwechselnden Rechtsträger beteiligt. Die zum 31. 12. 2000 steuerlich oft recht vorteilhafte Rechtslage hat sich grundlegend durch das Halbeinkünfteverfahren geändert; dementsprechend wurden bedeutsame Vorschriften des UmwStG einer mehrfachen Überarbeitung unterworfen[1074]. Praktische Bedeutung hat insbesondere die Nicht-Berücksichtigung von Übernahmeverlusten. Folge ist, dass der Formwechsel einer Kapitalgesellschaft in eine Personengesellschaft erheblich an Bedeutung verloren hat.

1. Steuerliche Rückwirkung

658 Beim Formwechsel ist im Grundsatz keine Handelsbilanz des formwechselnden Rechtsträgers bei der Anmeldung des Formwechsels beim Handelsregister einzureichen. Handelsrechtlich besteht beim Formwechsel – anders als bei der Verschmelzung[1075] oder der Spaltung[1076] – **kein Stichtag,** auf den zu bilanzieren wäre[1077]. Es ist auch **kein Abschluss** auf den zukünftigen Zeitpunkt zu erstellen, zu dem der Formwechsel nach § 202 UmwG wirksam wird. Die handelsrechtlichen Buchwerte müssen grundsätzlich fortgeführt werden, wobei der Rechtsträger neuer Rechtsform bilanziell an die planmäßig fortgeführten Anschaffungskosten gebunden ist[1078]. § 24 UmwG, der eine Neubewertung des übergehenden Vermögens beim übernehmenden Rechtsträger im Fall der Verschmelzung und Spaltung erlaubt, findet keine Anwendung und ist auch mangels einer Regelungslücke nicht analog anwendbar[1079].

659 Eine **Übertragungsbilanz** auf den sog. Umwandlungsstichtag hat die Kapitalgesellschaft für steuerliche Zwecke aufzustellen. Der steuerliche Umwandlungsstichtag ist entweder der Tag, an dem der Formwechsel wirksam wird[1080] oder ein anderer (beliebiger) Tag, der bis zu acht Monate vor der Anmeldung des Formwechsels zur Eintragung in das Handelsregister liegt[1081]. Der Begriff „Übertragungsbilanz" in § 9 UmwStG meint die steuerliche Schlussbilanz iSd. § 3 UmwStG. Oft wird die steuerliche Schlussbilanz auf einen zurückliegenden Zeitpunkt aufgestellt werden, der mit einem handelsrechtlichen Bilanzstichtag der formwechselnden Kapitalgesellschaft identisch ist, notwendig ist dies jedoch nicht.

660 Eine steuerliche Rückwirkung des Formwechsels ergibt sich aus der Wahl eines zurückliegenden Stichtags. Die formwechselnde Kapitalgesellschaft wird dann steuerlich so behandelt, als bestände sie bereits ab dem Umwandlungsstichtag als Personengesellschaft, obwohl die handelsrechtlichen Wirkungen erst mit Eintragung des Formwechsels eintreten[1082].

[1074] Vor dem SEStEG vor allem durch das Gesetz zur Senkung der Steuersätze und zur Reform der Unternehmensbesteuerung vom 23. 10. 2000, BGBl. I 2000, S. 1433, und das Gesetz zur Fortentwicklung des Unternehmenssteuerrechts vom 20. 12. 2001, BGBl. I 2001, S. 3858.
[1075] Vgl. § 5 Abs. 1 Nr. 6 UmwG.
[1076] Vgl. § 126 Abs. 1 Nr. 6 UmwG.
[1077] *IDW* HFA 1/1996 WPg 1996, 508.
[1078] *Decher* in Lutter § 192 Rn 64.
[1079] *IDW* HFA 1/1996 WPg 1996, 508.
[1080] Vgl. § 9 Satz 2 UmwStG.
[1081] Vgl. § 9 Satz 3 UmwStG.
[1082] Zu Übergangsproblemen bei Anwendung des § 27 Abs. 1 a UmwStG aF siehe *Haritz/Wisniewski* GmbHR 2000, 789, 791 und GmbHR 2000, 1274; *Pung* DB 2000, 1835, 1838; BMF-Schreiben zum UmwStG vom 17. 11. 2000, GmbHR 2000, 1274 und BMF-Schreiben vom 16.12.2003, BStBl. I S. 786 Rn 43 ff.

Die steuerliche Rückwirkung ist beschränkt auf Ertragsteuern (ESt, KSt und GewSt). Sie **661** gilt also nicht für die **Umsatzsteuer, Grunderwerbsteuer und Erbschaftsteuer.** Umsatzsteuerlich bleibt der Unternehmer identisch, USt-Erklärungen werden bis zur Eintragung des Formwechsels durch die Kapitalgesellschaft abgegeben. Der Formwechsel selber ist kein umsatzsteuerbarer Vorgang, weil kein zivilrechtlicher Vermögensübergang stattfindet. Auch löst der Formwechsel deshalb keine **Grunderwerbsteuer** aus[1083]. Die für Personengesellschaften günstigen Erbschaftsteuersätze gelten im Fall des Formwechsels nicht rückwirkend[1084].

2. Bilanzierung bei dem formwechselnden Rechtsträger

Handelsrechtlich erfolgt beim formwechselnden Rechtsträger keine Schlussbilanzierung. **662** Steuerlich ist jedoch auf den steuerlichen Übertragungsstichtag eine Übertragungsbilanz aufzustellen. Die Wertansätze in der steuerlichen Schlussbilanz des formwechselnden Rechtsträgers hängen davon ab, ob sein Vermögen Betriebsvermögen[1085] des Rechtsträgers neuer Rechtsform wird:

Hat der Rechtsträger neuer Rechtsform **kein Betriebsvermögen,** sind die Wirtschafts- **663** güter mit dem gemeinen Wert zu bilanzieren. Nach der Neufassung von § 3 UmwStG durch das SEStEG gilt dies grundsätzlich auch dann[1086], wenn das Vermögen des formwechselnden Rechtsträgers Betriebsvermögen des Rechtsträgers neuer Rechtsform wird. In diesem Fall dürfen jedoch die übergehenden Wirtschaftsgüter auch mit dem steuerlichen Buchwert fortgeführt oder mit einem höheren (Zwischen-)Wert angesetzt werden, soweit das inländische Besteuerungsrecht hinsichtlich der Besteuerung des Gewinns aus der Veräußerung der übertragenen Wirtschaftsgüter nicht ausgeschlossen oder beschränkt wird und eine Gegenleistung nicht gewährt wird oder in Gesellschaftsrechten besteht[1087]. Dieses Bewertungsrecht ist antragsgebunden. Der Antrag ist spätestens bis zur erstmaligen Abgabe der steuerlichen Schlussbilanz bei dem für die Besteuerung der übertragenden Körperschaft zuständigen Finanzamt zu stellen. Die Vorschrift hat dadurch erhebliche Bedeutung gewonnen, dass Übernahmeverluste auf der Ebene der aus dem Formwechsel hervorgehenden Personengesellschaft steuerlich wirkungslos bleiben. Insbesondere in den Fällen, in denen Verlustvorträge bei der Kapitalgesellschaft, die formwechselnd umgewandelt wird, bestehen, bietet es sich an, von dem Bewertungswahlrecht Gebrauch zu machen[1088]. Denn durch den Ansatz höherer Werte auf der Ebene der übertragenden Kapitalgesellschaft können etwaige Verlustvorträge, nicht verrechenbare Verluste oder negative Einkünfte des laufenden Veranlagungsjahres genutzt werden. Dabei ist jedoch auf die sog. Mindestbesteuerung zu achten[1089], nach der eine unbeschränkte Verlustvortragsnutzung bis zu € 1 Mio. möglich ist, darüber nur zu 60 %[1090].

Sollen die Buchwerte fortgeführt werden, sind sie nach den steuerlichen Vorschriften über **664** die Gewinnermittlung zu ermitteln. Dabei besteht uE **keine Maßgeblichkeit** zwischen der

---

[1083] BFH vom 4. 12. 1996 – II B 116/96 – DB 1997, 79; so inzwischen auch die Auffassung der Finanzverwaltung: koordinierter Ländererlass vom 19. 12. 1997, DStR 1998, 82; siehe Rn 660.
[1084] BFH vom 4. 7. 1984 – II R 73/81 – BStBl. II 1984, S. 772; aA *Lüdicke* ZEV 1995, 132; *Knopf/Söffing* BB 1995, 850; *Widmann* in Widmann/Mayer (Voraufl.) Rn 4641.
[1085] Betriebsvermögen iSd. § 3 Satz 1 UmwStG aF (jetzt § 3 Abs. 2 Nr. 1 UmwStG) ist gewerbliches, freiberufliches oder land- und forstwirtschaftliches Vermögen, §§ 15, 18, 13 EStG.
[1086] § 3 Abs. 1 UmwStG.
[1087] § 3 Abs. 2 Satz 1 UmwStG.
[1088] Die Finanzverwaltung war bisher der Auffassung, ein Bewertungswahlrecht nach § 3 UmwStG aF bestehe bei Formwechsel nicht, Tz. 14.01 bis 03 UmwStE; dürfte davon aber künftig abrücken, *Dötsch/Pung* DB 2006, 2704, 2705.
[1089] § 10 d Abs. 2 EStG.
[1090] Negative Ergebnisse im laufenden Veranlagungsjahr des Übertragungsstichtags können dagegen unbeschränkt genutzt werden.

handelsrechtlichen Bilanzierung bei dem formwechselnden Rechtsträger oder dem Rechtsträger neuer Rechtsform einerseits und der steuerlichen Bilanzierung bei der formwechselnden Kapitalgesellschaft andererseits. Der Ansatz des Buchwerts bedeutet, dass die bisherigen steuerlichen Buchwerte der übertragenden Kapitalgesellschaft in der Übertragungsbilanz angesetzt werden.

665 Bei Ansatz des gemeinen Werts sind die sog. Teilwertvermutungen – anders als beim bisherigen Teilwertansatz – nicht zu berücksichtigen[1091]. Die Aufstockung stiller Reserven auf der Ebene des formwechselnden Rechtsträgers ist dann von Bedeutung, wenn dieser einen steuerlichen Verlustvortrag hat.

666 **Zwischenwerte** können nach der (hier nicht geteilten) hM nur gewählt werden, wenn die Buchwerte aller Wirtschaftsgüter gleichmäßig entsprechend der jeweiligen stillen Reserven aufgestockt werden, wobei eine Beschränkung auf das Anlagevermögen von der Finanzverwaltung nach bisheriger Auffassung zugelassen wurde[1092]. Teilfertige Leistungen sind unter anteiliger Gewinnrealisierung anzusetzen[1093].

667 In der steuerlichen Schlussbilanz des formwechselnden Rechtsträgers sind die Auswirkungen des § 10 UmwStG zu berücksichtigen. Eine Körperschaftsteuerschuld[1094] erhöht die Körperschaftsteuer des formwechselnden Rechtsträgers für den Veranlagungszeitraum der Umwandlung. Der Veranlagungszeitraum der Umwandlung ist derjenige, in den der steuerliche Umwandlungsstichtag fällt.

668 Ein Körperschaftsteuerguthaben[1095] wurde bisher nach dem Gesetzeswortlaut des § 37 Abs. 1 KStG aF auf den Schluss des Wirtschaftsjahres ermittelt, für das das neue Körperschaftsteuerrecht erstmals anzuwenden ist – also bei kalendergleichem Wirtschaftsjahr zum 31. 12. 2001. Es verminderte sich in den Folgejahren durch Ausschüttungen, die auf gesellschaftsrechtlichen Vorschriften entsprechenden Gewinnverteilungsbeschlüssen beruhen. Bei Umwandlungsstichtagen, die im ersten Wirtschaftsjahr des formwechselnden Rechtsträgers liegen, für das das neue Körperschaftsteuerrecht erstmals anzuwenden war, galt der Umwandlungsstichtag als Ende dieses Wirtschaftsjahres.

668a Mit dem SEStEG wurde das bisherige System hinsichtlich eines Körperschaftsteuerguthabens und seiner Nutzung dahingehend geändert, dass Körperschaftsteuerguthaben letztmals zum 31.12.2006 festgestellt werden bzw. in Umwandlungsfällen nach § 1 Abs. 1 UmwStG zum letzten davor liegenden Stichtag; das Körperschaftsteuerguthaben wird nach letztmaliger Feststellung ratierlich und unabhängig von einer Ausschüttung über einen Zeitraum von 10 Jahren ausgezahlt[1096]. Durch einen Formwechsel kann daher künftig keine sofortige volle Realisierung eines gespeicherten Körperschaftsteuerguthabens erreicht werden. Dies war nach dem UmwStG aF möglich und in der Praxis durchaus ein Motiv für die Umwandlung einer Kapitalgesellschaft in eine Personengesellschaft.

669 Die Körperschaftsteuererhöhung ermittelt sich nach § 38 Abs. 2 KStG. Ein nach den Verrechnungen gem. § 36 KStG festgestellter Endbetrag des EK 02 – mit möglichen Änderungen in Folgejahren – ist die Bemessungsgrundlage. Die Körperschaftsteuererhöhung beträgt 3/7 dieser Bemessungsgrundlage.

670 (Z. Zt. unbelegt)

671 Besonderer Beachtung bedürfen folgende Bilanzierungsfragen:
– Anteile an Mitunternehmerschaften[1097];

[1091] Überblick über die Rspr. zu Teilwertvermutungen bei *Glanegger* in Schmidt § 6 EStG Rn 229 ff.
[1092] BMF vom 16. 6. 1978, BStBl. I 1978, S. 235; *Schwedhelm* Rn 1349; aA *Haritz/Slabon* FR 1997, 168 (selektive Aufstockung möglich), zugleich mit Hinweisen auf Ausweichstrategien.
[1093] FG Rhld.-Pf. vom 10. 7. 2001, 2 K 2363/00, DStRE 2002, 25.
[1094] ISd. § 38 KStG.
[1095] ISd. § 37 KStG.
[1096] Siehe § 37 Abs. 4 bis 6 KStG nF.
[1097] Zu Sonderproblemen bei verrechenbaren Verlusten der Mitunternehmerschaft *Geerling* DStR 1996, 1715, und Tz. 4.38 UmwStE.

Steuerliche Grundlagen des Umwandlungsrechts 672–677 Anh. UmwStG

– Abfindungsansprüche ausscheidender Gesellschafter;
– eigene Anteile und ausstehende Einlagen;
– Organschaftsverhältnisse;
– Pensionsrückstellungen.

Pensionsrückstellungen zu Gunsten eines Gesellschafters, der in dem formwechselnden 672
Rechtsträger tätig ist oder war, sind nicht gewinnerhöhend aufzulösen. Zuführungen zur Pensionsrückstellung nach dem Umwandlungsstichtag mindern den Gewinn der Personengesellschaft jedoch nicht.

Gewinnausschüttungen, die am steuerlichen Übertragungsstichtag bereits beschlossen waren, 673
aber noch nicht vorgenommen wurden, sind in der steuerlichen Schlussbilanz als Schuldposten zu bilanzieren. Hingegen sind Gewinnausschüttungen, die nach dem steuerlichen Übertragungsstichtag beschlossen wurden, als Entnahmen aus der Personengesellschaft zu behandeln. Gehälter, Mieten und Zinsen, die der formwechselnde Rechtsträger an einen Gesellschafter zahlt, unterliegen, wenn sie den Zeitraum zwischen Umwandlungsstichtag und Eintragung des Formwechsels betreffen, bereits den Regeln des § 15 Abs. 1 Satz 1 Nr. 2 EStG.

3. Bilanzierung bei dem Rechtsträger neuer Rechtsform

Handelsrechtlich hat der Rechtsträger neuer Rechtsform die Buchwerte fortzuführen. 674
Steuerrechtlich muss er in seiner Eröffnungsbilanz die Wirtschaftsgüter mit dem Wert aus der Übertragungsbilanz (entspricht der Schlussbilanz des formwechselnden Rechtsträgers[1098]) übernehmen[1099]. Diese korrespondierende Bilanzierung hat unabhängig davon zu erfolgen, ob ein Übernahmegewinn oder -verlust iSd. § 4 Abs. 4, 5 UmwStG entsteht oder ob die Einlagefiktion des § 5 UmwStG hinsichtlich der Anteile an dem formwechselnden Rechtsträger eingreift. Eine Maßgeblichkeit der Handelsbilanz des Rechtsträgers neuer Rechtsform besteht nicht[1100].

Der Rechtsträger neuer Rechtsform tritt steuerlich in die Rechtsposition des formwech- 675
selnden Rechtsträgers ein. Dies gilt insbesondere in den Fällen, die in § 4 Abs. 2 UmwStG aufgezählt sind. Die Aufzählung ist nicht abschließend. Auf der Ebene der formwechselnden Kapitalgesellschaft bestehende verrechenbare Verluste, Verlustvorträge oder negative Einkünfte gehen nicht über. Dies gilt auch für vortragsfähige gewerbesteuerliche Verlustvorträge[1101].

Erfolgte in der steuerlichen Schlussbilanz des formwechselnden Rechtsträgers eine Auf- 676
stockung auf den gemeinen Wert oder Zwischenwerte, ist die AfA für Gebäude in den Fällen des § 7 Abs. 4 Satz 1, Abs. 5 EStG nach der bisherigen Bemessungsgrundlage vorzunehmen[1102], was zu einer Verlängerung der Abschreibungsdauer führt. In allen anderen Fällen erhöht sich die AfA-Bemessungsgrundlage durch die Neubewertung iRd. Schlussbilanz des formwechselnden Rechtsträgers. Die jeweiligen Abschreibungsmethoden sind fortzuführen.

4. Ermittlung des Übernahmeergebnisses

Das Übernahmeergebnis ist in einer **gesonderten außerbilanziellen Berechnung** aus 677
dem Unterschiedsbetrag zwischen dem Wert, mit dem die Wirtschaftsgüter zu übernehmen sind[1103], und dem Buchwert der Anteile an dem formwechselnden Rechtsträger zu ermitteln[1104]. Der Buchwert ist zu erhöhen um Abschreibungen, die in früheren Jahren steu-

---

[1098] Gem. § 3 Abs. 1 UmwStG.
[1099] § 4 Abs. 1 UmwStG.
[1100] So schon zum bisherigen Recht *Benkert* in Haritz/Benkert § 4 UmwStG Rn 27 ff.; zum neuen UmwStG dezidiert *Dötsch/Pung* DB 2006, 2704, 2705.
[1101] § 18 Abs. 1 Satz 2 UmwStG und einen sog. Zinsvortrag iSv. § 4 h Abs 1 Satz 2 EStG.
[1102] Vgl. § 4 Abs. 3 UmwStG.
[1103] § 4 Abs. 1 UmwStG.
[1104] Vgl. § 4 Abs. 4, 5 UmwStG, dazu BMF-Schreiben vom 16.12.2003, BStBl. I S. 786 Rn 1 ff.; dazu *Haritz/Wisniewski* GmbHR 2004, 150.

erwirksam vorgenommen worden sind, sowie um Abzüge nach § 6 b EStG und ähnliche Abzüge, höchstens ist der gemeine Wert anzusetzen[1105]. Die bloße Übernahme der Werte aus der steuerlichen Schlussbilanz des formwechselnden Rechtsträgers durch den Rechtsträger neuer Rechtsform[1106] hat dagegen keine Gewinnauswirkungen. Bei der Ermittlung des Übernahmeergebnisses bleibt der Wert des (fiktiv) übergehenden Betriebsvermögens außer Ansatz, soweit er auf Anteile an dem formwechselnden Rechtsträger entfällt, die am steuerlichen Übertragungsstichtag nicht fiktiv dem Betriebsvermögen des Rechtsträgers neuer Rechtsform zugerechnet werden[1107].

678 Für die Ermittlung des Übernahmeergebnisses kommt es somit entscheidend darauf an, **welche Anteile** an dem formwechselnden Rechtsträger **als** in das Betriebsvermögen des Rechtsträgers neuer Rechtsform **eingelegt gelten.**

679 Anteile, die ein Gesellschafter des Rechtsträgers neuer Rechtsform zwischen dem Umwandlungsstichtag und der Eintragung des Formwechsels als Betriebsvermögen erwirbt[1108], gelten als eingelegt, sofern der Erwerb der Anteile im Betriebsvermögen erfolgte. Gleiches gilt für Anteile iSd. § 17 EStG.

680 Anteile, die der Rechtsträger neuer Rechtsform von gegen Barabfindung ausscheidenden Gesellschaftern[1109] erwirbt[1110], gelten als eingelegt. Diese Anteile werden bei der Ermittlung des Übernahmeergebnisses allen anderen am Formwechsel Beteiligten entsprechend ihrer Anteilsquote zugerechnet.

681 Beteiligungen iSd. § 17 Abs. 1 Satz 4 EStG, die am Umwandlungsstichtag nicht zu dem Betriebsvermögen eines Gesellschafters des Rechtsträgers neuer Rechtsform gehören[1111], gelten als eingelegt[1112].

682 (Z. Zt. unbelegt)

683 Anteile, die am Umwandlungsstichtag zum Betriebsvermögen eines späteren Gesellschafters des Rechtsträgers neuer Rechtsform gehören, gelten als eingelegt[1113].

684 Einbringungsgeborene Anteile iSd. §§ 5 Abs. 4, 21 UmwStG aF gelten als eingelegt. Dies gilt auch für sog. verschmelzungsgeborene Anteile[1114]. Für alte einbringungsgeborene Anteile und ggf. neu entstandene (§ 20 Abs. 3 Satz 4 UmwStG) gilt § 5 Abs. 4 UmwStG aF weiter[1115].

685 Umstritten war bisher im Hinblick auf § 5 Abs. 2 und 4 UmwStG aF, ob auch die Anteile beschränkt steuerpflichtiger, insbesondere **ausländischer Gesellschafter** als eingelegt gelten. UE war dies zu bejahen, wobei die Einlage zu Anschaffungskosten zu erfolgen hätte[1116].

[1105] § 4 Abs. 1 Satz 2 UmwStG.
[1106] § 4 Abs. 1 UmwStG.
[1107] Vgl. § 4 Abs. 4 Satz 3 UmwStG.
[1108] § 5 Abs. 1 1. Fall UmwStG; vgl. *Benkert/Menner* in Haritz/Benkert § 14 UmwStG Rn 64.
[1109] Vgl. §§ 207 bis 209 UmwG.
[1110] § 5 Abs. 1 2. Fall UmwStG; *Haritz/Slabon* GmbHR 1997, 401; jedoch greift hier uU bis zum Ablauf des in 2001 beginnenden Wirtschaftsjahres § 50 c Abs. 11 EStG bei der Ermittlung des Übernahmegewinns ein.
[1111] Vgl. § 5 Abs. 2 UmwStG.
[1112] § 5 Abs. 2 Satz 2 UmwStG aF für Anteile iSv. § 17 Abs. 2 Satz 4 EStG aF wurde aufgehoben. Stattdessen wurde § 4 Abs. 6 Satz 5 UmwStG neu konzipiert.
[1113] § 5 Abs. 3 UmwStG.
[1114] § 13 Abs. 3 UmwStG aF.
[1115] § 27 Abs. 3 Nr. 1 UmwStG. § 22 UmwStG hat § 21 UmwStG aF und damit das Institut der einbringungsgeborenen Anteile abgelöst. *Dötsch / Pung* DB 2006, 2763; vgl. auch *Haritz* GmbHR 2007, 169 ff.
[1116] Sehr streitig, wie hier: *Benkert/Menner* in Haritz/Benkert § 14 UmwStG Rn 78 f.; *Haritz* in Haritz/Benkert § 5 UmwStG Rn 150 ff. Dem folgend *Fischer*, FS Flick, S. 697, 699. AA *Widmann* DStZ 1996, 450; *Schaumburg* GmbHR 1996, 414, 417; *Thiel* GmbHR 1995, 708, 709; Tz. 05.12 UmwStE.

Bestätigt wird diese von uns bereits seit längerem vertretene Auffassung durch § 4 Abs. 7 UmwStG aF. Die Vorschrift setzt nicht voraus, dass die Körperschaft, die zur Mitunternehmerin des Rechtsträgers wird, der aus dem Formwechsel hervorgeht, unbeschränkt steuerpflichtig ist oder war. Das SEStEG hat die bisher in § 5 Abs. 2 UmwStG aF vorgesehene Beschränkung auf „unbeschränkt steuerpflichtige Gesellschafter" aufgegeben und erfasst nun auch beschränkt steuerpflichtige Gesellschafter[1117].

Das SEStEG brachte eine wesentliche konzeptionelle Änderung bei der Ermittlung des steuerlichen Übernahmeergebnisses. Während bisher offene Rücklagen nur dann besteuert wurden, wenn ein Anteilseigner der übertragenden Kapitalgesellschaft nicht an der Ermittlung des Übernahmeergebnisses teilnahm[1118], sind künftig die offenen Rücklagen generell steuerlich zu erfassen. Dadurch kommt es in Formwechselfällen regelmäßig zu einer liquiditätsmäßigen Belastung, die davon abhängig ist, wie hoch die relevanten Rücklagen sind. Zukünftig ist das Übernahmeergebnis zu splitten in zwei Komponenten:
– Gewinnermittlung erste Stufe: Besteuerung der offenen Rücklagen nach § 7 UmwStG;
– Gewinnermittlung zweite Stufe: Ermittlung eines Übernahmeergebnisses iSv. §§ 4, 5 UmwStG.

Nach § 7 UmwStG haben die Gesellschafter in Höhe des auf sie entfallenden Anteils an den offenen Rücklagen der übertragenden Körperschaft einen Kapitalertrag iSv. § 20 Abs. 1 Satz 1 Nr. 1 EStG zu versteuern, der auch dem Kapitalertragsteuerabzug unterliegt[1119]. Besteuert werden die offenen Rücklagen, d.h. das Eigenkapital der übertragenden Gesellschaft abzüglich des Bestands des steuerlichen Einlagekontos[1120]. Entsprechend der neuen Konzeption der §§ 3 bis 8 UmwStG ergibt sich folgendes Schema für die Ermittlung des Übernahmeergebnisses nach neuem Recht:

    Wert, mit dem die übergegangenen WG zu übernehmen sind (**BW / ZW / GW** § 4 Abs. 4 UmwStG nF)
./. Übernahmekosten
./. **BW der Anteile** an der übertragenden KapGes (einschließlich evtl. Zurechnung aus gewinnmindernden TW-Abschreibungen und aus Abzügen nach § 6 b EStG)
+ **Stille Reserven** im BW bei der Übertragerin, die **nicht der deutschen Besteuerung unterliegen** (zB stille Reserven im BV einer ausländischen Betriebsstätte, die durch DBA freigestellt sind, § 4 Abs. 4 Satz 2 UmwStG nF)
= Übernahmegewinn / -verlust iSd. § 4 Abs. 4 UmwStG nF
+ Sperrbetrag nach § 50 c EStG (§ 4 Abs. 5 Satz 1 UmwStG nF)
./. **Bezüge iSd. § 20 Abs. 1 Nr. 1 EStG = offene Rücklagen (§ 4 Abs. 5 Satz 2 UmwStG nF)**
= **Übernahmegewinn / -verlust iSd. § 4 Abs. 4 und 5 UmwStG nF**

Erläuterung:
WG = Wirtschaftsgut / -güter   GW = Gemeiner Wert
ZW = Zwischenwert   BW = Buchwert
TW = Teilwert   BV = Betriebsvermögen

Durch einen **Sperrbetrag** iSd. § 50 c EStG aF wird das Übernahmeergebnis beeinflusst, soweit die Anteile an dem formwechselnden Rechtsträger am Umwandlungsstichtag fiktiv zum Betriebsvermögen des Rechtsträgers neuer Rechtsform gehören[1121].

[1117] Dabei ist zu beachten, dass § 1 Abs. 2 Satz 1 Nr. 2 UmwStG bei natürlichen Personen darauf abstellt, dass deren Wohnsitz oder gewöhnlicher Aufenthaltsort sich innerhalb der EU / EWR befindet und die Ansässigkeit nicht aufgrund eines Doppelbesteuerungsabkommens mit einem dritten Staat als außerhalb dieses Gebiets angesehen wird.
[1118] Vor allem nicht wesentlich beteiligte Gesellschafter mit Anteilen im Privatvermögen.
[1119] § 43 Abs. 1 Nr. 1 EStG.
[1120] Dötsch / Pung DB 2006, 2704, 2709.
[1121] § 4 Abs. 5 UmwStG Satz 1. Zu Einzelheiten zu § 50c EStG aF zgl. Voraufl. Anh. § 325 Rn. 687 ff.

688, 689 (Z. Zt. unbelegt.)

690 Sperrbeträge nach § 50 c EStG konnten – bei kalenderjahrgleichen Wirtschaftsjahren – noch bis zum 31. 12. 2001 entstehen. Bis zu diesem Zeitpunkt entstandene Sperrbeträge entfalten bis zum Ablauf von zehn Jahren nach ihrer Entstehung Wirkung, so dass die Problematik des § 50 c EStG noch einige Jahre nachwirken wird.

691 Das **Übernahmeergebnis** ist für jeden Gesellschafter **getrennt zu ermitteln.** Die getrennte Ermittlung des Übernahmeergebnisses ist notwendig, weil der jeweilige (fiktive) Wert der Beteiligung iSd. § 4 Abs. 4 Satz 1 UmwStG, der Sperrbetrag nach § 50 c EStG und die Bezüge nach § 7 UmwStG für jeden Gesellschafter unterschiedlich hoch sein können. Hat ein Gesellschafter des formwechselnden Rechtsträgers Anteile zu unterschiedlichen Zeiten mit unterschiedlichen Anschaffungskosten angeschafft, ist ein Gesamtwert zu bilden.

692 Das Übernahmeergebnis entsteht mit Ablauf des steuerlichen Übertragungsstichtags. Die Steuer entsteht mit Ablauf des Jahres, in das der Umwandlungsstichtag[1122] fällt. Das Übernahmeergebnis fällt nicht in das für Zwecke des § 15 a EStG unberücksichtigt bleibende Sonderbetriebsvermögen[1123]. Es ist einheitlich und gesondert festzustellen.

693 Liegt ein **Übernahmegewinn** vor, wird dieser im Wesentlichen wie eine Ausschüttung der in der umgewandelten Kapitalgesellschaft gespeicherten Gewinnrücklagen behandelt. Um das Halbeinkünfteverfahren auch für den Bereich des UmwStG anzuwenden, verweist § 4 Abs. 7 UmwStG auf § 8 b KStG und § 3 Nr. 40 Satz 1, 2, § 3 c EStG. Demnach bleibt ein Übernahmegewinn außer Ansatz, soweit er auf eine Kapitalgesellschaft als Mitunternehmerin der übernehmenden Personengesellschaft entfällt[1124]. Nach bisherigem Recht fiel jedoch gem. § 37 Abs. 3 Satz 2 KStG aF bei Körperschaften als Gesellschafter der übernehmenden Personengesellschaft eine „Nachsteuer" an, soweit die übertragende Körperschaft eine Minderung der KSt nach § 10 UmwStG aF in Anspruch genommen hat[1125]. Diese Nachversteuerung griff nur in den Fällen ein, in denen ein Übernahmegewinn vorliegt, und auch dann nur bis zur Höhe eines Übernahmegewinns. Der jeweils nachversteuerte Betrag erhöht das Körperschaftsteuerguthaben[1126]. Soweit der Gewinn auf eine natürliche Person als Übernehmerin bzw. als Mitunternehmer der übernehmenden Personengesellschaft entfällt, wird er nur zur Hälfte besteuert[1127].

694 Nach bisherigem Recht blieb ein **Übernahmeverlust** gem. § 4 Abs. 6 UmwStG aF außer Ansatz. Die nach der alten Rechtslage vor dem StSenkG bestehende Kompensation des Übernahmeverlusts, die durch Aufstockung der Buchwerte der übergegangenen Wirtschaftsgüter sowie Aktivierung immaterieller Wirtschaftsgüter und eines Firmenwerts zur Bildung uU erheblichen Abschreibungspotenzials führte, bestand danach nicht mehr. Insbesondere für den Formwechsel von Kapitalgesellschaften in Personengesellschaften nach einem Erwerb der Kapitalgesellschaftsanteile war der sog. *step-up* iSd. § 4 Abs. 6 UmwStG idF. vor StSenkG wirtschaftlich interessant, weil dadurch der Erwerber trotz Erwerb von Kapitalgesellschaftsanteilen weitgehend so gestellt wurde, als habe er die einzelnen Wirtschaftsgüter des Unternehmens gekauft. Der geleistete Kaufpreis könnte in Abschreibungspotenzial transformiert werden (sog. Umwandlungsmodell)[1128]. Wirtschaftlich bedeutete die Abschaffung des *step-up* für

---

[1122] ISd. § 9 Satz 3 UmwStG.
[1123] Tz. 4.39 und 4.40 UmwStE.
[1124] § 4 Abs. 7 Satz 1 UmwStG. iVm. § 8 b KStG; nach neuem UmwStG ist § 8 b KStG unmittelbar einschlägig, sodass 95 % eines Übernahmegewinns steuerfrei sind, da 5 % des Übernahmegewinns als nicht abzugsfähige Betriebsausgabe gelten und steuerpflichtig sind (§ 8 b Abs. 3 Satz 1 KStG).
[1125] Zu Einzelheiten der Minderung der KSt nach § 10 UmwStG aF und der Erhöhung des Übernahmegewinns nach § 37 Abs. 3 KStG aF vgl. *Dötsch/Pung* DB 2000 Beilage 20, S. 7, 16 ff.
[1126] ISd. § 37 KStG iVm § 3 Nr. 40 S. 1, 2, § 3 c EStG.
[1127] § 4 Abs. 7 Satz 2 UmwStG iVm § 3 Nr. 40 S. 1, 2, § 3 c EStG, die nach neuem UmwStG direkt anzuwenden sind.
[1128] Zum Umwandlungsmodell *Roos/Annuß* DStR 2000, 954, 956; siehe auch Rn 660.

Fälle, in denen sich ein Übernahmeverlust ergibt, letztlich ein Umwandlungsverbot. Zur Vermeidung eines Übernahmeverlusts kann es im Einzelfall geboten sein, von dem Wahlrecht nach § 3 Abs. 2 UmwStG Gebrauch zu machen und die übergehenden Wirtschaftsgüter mit einem höheren Wert als dem Buchwert anzusetzen.

Das neue UmwStG differenziert stärker bei der Frage, wie sich ein Übernahmeverlust **694a** auswirkt[1129]. Ein Übernahmeverlust bleibt außer Ansatz, soweit er auf eine Kapitalgesellschaft als Mitunternehmerin der Personengesellschaft entfällt. Dieser Regelfall wird für bestimmte Gesellschaften bzw. Anteile aufgehoben, bei denen Veräußerungsgewinne voll steuerpflichtig sind[1130]. In diesen Fällen ist ein Übernahmeverlust bis zur Höhe der steuerpflichtigen Bezüge aus offenen Rücklagen zu berücksichtigen. In allen übrigen Fällen, insbesondere also bei natürlichen Personen, ist ein Übernahmeverlust zur Hälfte, höchstens jedoch in Höhe der Hälfte der steuerpflichtigen Bezüge aus offenen Rücklagen zu berücksichtigen; verbleibt demnach ein nicht genutzter Übernahmeverlust, bleibt dieser außer Ansatz[1131]. Ein Übernahmeverlust bleibt generell dann in den beiden zuvor genannten Ausnahmefällen außer Ansatz, soweit ein Veräußerungsverlust nach § 17 Abs. 2 Satz 5 EStG nicht zu berücksichtigen wäre oder die Anteile an der übertragenden Körperschaft innerhalb der letzten fünf Jahre vor dem steuerlichen Übertragungsstichtag entgeltlich erworben wurden[1132].

Zu Übernahmefolgegewinnen iSd. § 6 UmwStG siehe die Ausführungen iRd. Ver- **695** schmelzung[1133].

5. Auswirkungen auf Gesellschafter, deren Anteile bei der Ermittlung des Übernahmeergebnisses nicht einbezogen werden

Bisher hat der Umwandlungsvorgang eine Steuerbelastung solcher Gesellschafter aus- **696** gelöst, deren Anteile bei der Ermittlung des Übernahmeergebnisses gem. § 4 Abs. 4 bis 6 UmwStG aF nicht als eingelegt galten. Dies waren vor allem die nicht wesentlich beteiligten Anteilsigner, die ihre Beteiligung an der übertragenden Kapitalgesellschaft im Privatvermögen hielten und zu weniger als 1 % daran beteiligt waren. Diese Gesellschafter hatten stattdessen gem. § 7 Satz 1 UmwStG aF Einkünfte aus Kapitalvermögen in Höhe der offenen Reserven der übertragenden Gesellschaft mit Ausnahme der Einlagen auf dem steuerlichen Einlagekonto. Der auf den einzelnen Gesellschafter entfallende Betrag wird bei diesem nach dem Halbeinkünfteverfahren[1134] besteuert. Für die Ermittlung der offenen Reserven ist auf das Eigenkapital der Gesellschaft abzustellen, wie es sich aus der Steuerbilanz ergibt.

Nach § 7 UmwStG idF des SEStEG haben die nicht wesentlich beteiligten Anteilsigner **696a** weiterhin ihren Anteil an den offenen Rücklagen zu versteuern. Künftig gilt dies aber auch für alle übrigen Anteilsigner der formwechselnden Kapitalgesellschaft[1135]. Zu versteuernde Einnahmen aus Kapitalvermögen (§ 20 Abs. 1 Nr. 1 EStG) unterliegen dem Kapitalertragsteuerabzug (§ 43 Abs. 1 Nr. 1 EStG).

[1129] § 4 Abs. 6 UmwStG.
[1130] Gesellschaften iSv. § 8 b Abs. 7, 8 Satz 1 KStG wie zB Versicherungen, Finanzunternehmen.
[1131] § 4 Abs. 6 Satz 4 UmwStG.
[1132] § 4 Abs. 6 Satz 5 UmwStG.
[1133] Siehe Rn 102.
[1134] Gem. § 3 Nr. 40 Buchst. d EStG.
[1135] Damit kommt es zu einer Gleichstellung aller Gesellschafter der Kapitalgesellschaft und zu einer liquiditätsmäßigen Belastung der Umwandlung ganz unabhängig davon, dass der Formwechsel als solcher bei den Gesellschaftern weder iRd. Besteuerung der offenen Rücklagen noch im Rahmen der Besteuerung eines etwaigen Übernahmegewinns zu einem liquiditätsmäßigen Zufluss führt. Zu versteuernde Einnahmen aus Kapitalvermögen (§ 20 Abs. 1 Nr. 1 EStG) unterliegen dem Kapitalertragsteuerabzug (§ 43 Abs. 1 Nr. 1 EStG).

697 Diese Gesellschafter erzielen nach Wirksamwerden des Formwechsels nicht mehr Einkünfte aus Kapitalvermögen, sondern – mit Wirkung ab dem Umwandlungsstichtag – Einkünfte aus Gewerbebetrieb (bzw. aus selbstständiger Tätigkeit oder aus Land- und Forstwirtschaft). Während Veräußerungsgewinne aus einem Verkauf der Beteiligung an einer Kapitalgesellschaft für einen nicht nach § 17 EStG beteiligten Gesellschafter regelmäßig steuerfrei sind, unterliegt die Veräußerung eines Mitunternehmeranteils nach dem Formwechsel der Steuerpflicht, wenn auch uU die Steuerermäßigung nach § 34 EStG eingreift. Die Steuerpflicht von Veräußerungsgewinnen wird zur besonderen Belastung, wenn das bei dem Rechtsträger neuer Rechtsform unter Fortführung der Buchwerte nach §§ 3 Abs. 2, 4 Abs. 1 UmwStG gebildete Kapitalkonto des nicht nach § 17 EStG beteiligten Gesellschafters die Berechnungsbasis für Veräußerungsgewinne bildet.

698 Insbesondere in den beiden nachfolgenden Fällen erleidet der nicht nach § 17 EStG beteiligte Gesellschafter Nachteile, die allein in der umwandlungssteuerlichen Systematik begründet sind. Der Verkehrswert oder die Anschaffungskosten einer im Privatvermögen gehaltenen Beteiligung liegen erheblich über dem anteiligen Buchwert des Eigenkapitals, das auf die Beteiligung entfällt.

699 **Veräußert** ein nicht nach § 17 EStG beteiligter Gesellschafter seine Beteiligung an dem formwechselnden Rechtsträger **zwischen Umwandlungsstichtag und Eintragung des Formwechsels,** handelt es sich noch um die Veräußerung der Beteiligung an einer Kapitalgesellschaft und nicht um die Veräußerung eines Mitunternehmeranteils.

700 Die einem nicht nach § 17 EStG beteiligten Gesellschafter nach §§ 207 bis 209 UmwG gewährte **Barabfindung** ist zivilrechtlich ein Entgelt für die Übertragung seiner Anteile an dem Rechtsträger neuer Rechtsform. Dagegen führt die Fiktion des § 5 Abs. 1 2. Fall UmwStG dazu, dass die Barabfindung als Entgelt für die Übertragung der Anteile an dem formwechselnden Rechtsträger behandelt wird[1136]. Für die verbleibenden Gesellschafter stellt die Abfindungszahlung weitere Anschaffungskosten ihrer Anteile dar. Die Erhöhung der Anschaffungskosten ist deshalb in die Ermittlung des Übernahmegewinns nach § 4 Abs. 4 und 5 UmwStG einzubeziehen.

6. Gewerbesteuer

701 Für die Ermittlung der Gewerbesteuer gelten nach § 18 Abs. 1 UmwStG die Vorschriften der §§ 3 bis 9 und 16 UmwStG. Ein Übernahmegewinn oder -verlust iSd. § 4 Abs. 4, 5 UmwStG ist nach § 18 Abs. 2 UmwStG gewerbesteuerlich nicht zu erfassen. Gleiches gilt bei einem Gewinn nach § 7 UmwStG im Fall von § 5 Abs. 2 UmwStG.

702 Ein gewerbesteuerlicher Verlustvortrag der formwechselnden Kapitalgesellschaft geht nicht auf die Personengesellschaft über[1137].

703 Wird der Betrieb der Personengesellschaft innerhalb von fünf Jahren nach der Umwandlung aufgegeben oder veräußert, unterliegt ein Auflösungs- oder Veräußerungsgewinn der Gewerbesteuer[1138]. Entsprechendes gilt bei Aufgabe oder Veräußerung eines Teilbetriebs oder Mitunternehmeranteils. Nach Auffassung der Finanzverwaltung steht die Einbringung des Betriebs der Personengesellschaft in eine Kapitalgesellschaft bzw. ein entsprechender Formwechsel einer Veräußerung gleich (Rückumwandlung)[1139]. Die Auffassung der Finanzverwaltung hat aber nur begrenzte Auswirkung, denn bei einer Buchwertverknüpfung iRd. § 20 UmwStG kann kein gewerbesteuerpflichtiger Gewinn entstehen.

704 Der gewerbesteuerlichen Nachversteuerung unterliegen nach Auffassung der Finanzverwaltung auch auf der Ebene der Personengesellschaft neu gebildete stille Reserven, und da-

---

[1136] *Haritz/Slabon* GmbHR 1997, 401; Tz. 02.10 UmwStE.
[1137] § 18 Abs. 1 Satz 2 UmwStG.
[1138] § 18 Abs. 4 UmwStG; dazu *Schmitt* in Schmitt/Hörtnagl/Stratz § 18 UmwStG Rn 30 ff.
[1139] Tz. 18.05 UmwStE.

mit nicht nur diejenigen, die zum Zeitpunkt der Verschmelzung vorhanden sind[1140]. Dies entspricht nicht dem Sinn und Zweck der Vorschrift, die lediglich verhindern will, dass die Gewerbesteuer, die bei Aufgabe oder Veräußerung eines Betriebs durch eine Kapitalgesellschaft anfiele, durch vorherige Umwandlung der Kapitalgesellschaft in eine Personengesellschaft vermieden wird. Die Vorschrift intendiert nicht, die Aufgabe oder Veräußerung eines Gewerbebetriebs einer Personengesellschaft insgesamt der Gewerbebesteuerung zu unterwerfen.

III. Formwechsel einer Personengesellschaft in eine Kapitalgesellschaft oder eG

1. Allgemeines

Das UmwStG regelt den Formwechsel einer Personengesellschaft in eine Kapitalgesellschaft oder eG nach dem UmwG[1141] in seinem Achten Teil. § 25 Satz 1 UmwStG verweist[1142] in diesen Fällen auf die entsprechend anwendbaren §§ 20 bis 23 UmwStG. **705**

Einschlägig ist daher das steuerliche Einbringungsrecht und seine Vorschriften über die Übertragung qualifizierten Vermögens auf eine Kapitalgesellschaft gegen Gewährung neuer Anteilsrechte. **706**

Durch das SEStEG wurde der Anwendungsbereich der §§ 25, 20 bis 23 UmwStG, der bisher ausschließlich den inländischen Formwechsel nach dem UmwG erfasste, erweitert auf ausländische Formwechsel, die vergleichbar sind mit einem Formwechsel nach den §§ 190 ff. UmwG[1143]. Damit sind Formwechsel von Rechtsträgern erfasst, die innerhalb der EU/EWR gegründet und dort ihren Sitz und Ort der Geschäftsleitung haben[1144] oder das inländische Besteuerungsrecht hinsichtlich des Gewinns aus der Veräußerung der erhaltenen Anteile nicht ausgeschlossen oder beschränkt ist[1145]. **706a**

Das UmwStG folgt zwar im Ansatz der zivilrechtlichen Vorgabe, dass ein Formwechsel identitätswahrend ist und keinen Vermögensübergang bewirkt[1146], aber angesichts des bei einem Formwechsel einer Personengesellschaft in eine Kapitalgesellschaft damit einhergehenden Wechsels des Steuersubjekts und des Besteuerungskonzepts wird eine Vermögensübertragung fingiert[1147]. **707**

Die Fragen, die das steuerliche Einbringungsrecht aufwirft, werden ausführlich iRd. Erläuterungen über die steuerlichen Folgen einer Verschmelzung einer Personengesellschaft auf eine Kapitalgesellschaft dargestellt. Die dortigen Ausführungen geltend entsprechend für den Fall eines Formwechsels einer Personengesellschaft in eine Kapitalgesellschaft[1148]. Nachfolgend sollen daher nur einige wenige Aspekte hervorgehoben werden. **708**

[1140] Tz. 18.07 UmwStE. So auch *FG Münster* vom 29.3.2004, EFG 2004, 1259; *OFD Frankfurt* FR 2000, 156; offen BFH/NV 2002, 600.

[1141] Vgl. §§ 190 Abs. 1, 214 Abs. 1 UmwG.

[1142] Zur Frage, ob durch Rechtsfolgeverweisung oder Tatbestandsverweisung siehe *Friederichs* in Haritz/Benkert § 25 UmwStG Rn 9; *Schmitt* in Schmitt/Hörtnagl/Stratz § 25 UmwStG Rn 5.

[1143] § 25 Satz 1 UmwStG iVm. § 1 Abs. 3 Nr. 3 UmwStG.

[1144] § 1 Abs. 2 Satz 1 Nr. 1, § 1 Abs. 4 Satz 1 Nr. 2 a UmwStG.

[1145] § 1 Abs. 4 Satz 1 Nr. 2 b) UmwStG.

[1146] Vgl. *Dötsch* in Dötsch u. a. § 14 UmwStG nF (2001) Rn 13; siehe auch Rn 635 f. mwN.

[1147] *FG München* EFG 2001, 32; *Schmitt* in Schmitt/Hörtnagl/Stratz § 25 UmwStG Rn 4; *Breuninger*, FS Widmann, S. 103, 211 ff.; siehe auch Rn 637.

[1148] Siehe detailliert zum steuerlichen Einbringungsrecht Rn 199 ff.; zum bisherigen steuerlichen Formwechselrecht vgl. auch *Schmitt* in Schmitt/Hörtnagl/Stratz § 25 UmwStG Rn 1 ff.; *Friederichs* in Haritz/Benkert § 25 UmwStG Rn 1 ff., alle mwN. Zu beachten ist, dass sich die nach dem **SEStEG** ergebenden Änderungen im steuerlichen Einbringungsrecht auch auf den Fall des Formwechsels auswirken.

709 Durch den entsprechenden Verweis auf das steuerliche Einbringungsrecht ist es möglich, auch den sog. „kreuzenden" Formwechsel einer Personengesellschaft in eine Kapitalgesellschaft oder eG steuerneutral zu gestalten, sofern die gesetzlichen Voraussetzungen vorliegen. Dadurch erleichtert das UmwStG auch in steuerlicher Hinsicht den Formwechsel von Personengesellschaften in Kapitalgesellschaften oder eG.

710 Ein Vorteil des Formwechsels – zB im Unterschied zu einer Verschmelzung – liegt darin, dass keine **Grunderwerbsteuer** entsteht, auch wenn zum Vermögen der Personengesellschaft Grundstücke oder Gesellschaftsbeteiligungen gehören, denen Grundstücke gehören[1149].

711 Da anlässlich des Formwechsels das gesamte Vermögen übergeht bzw. alle Mitunternehmeranteile[1150], ist der Formwechsel auch hinsichtlich der **Umsatzsteuer** entweder nicht steuerbar[1151] oder zumindest steuerbefreit[1152]. Richtigerweise ist der Vorgang bereits deswegen nicht steuerbar, weil die Unternehmeridentität gewahrt bleibt[1153]. Die Fiktion eines Vermögensübergangs in § 25 Satz 1 UmwStG gilt nur für die Ertragsteuer, nicht aber für andere Steuern wie die Umsatzsteuer.

712 Zivilrechtlich lässt der Formwechsel die rechtliche und wirtschaftliche Identität des formwechselnden Rechtsträgers unberührt, so dass keine **(Handels-)Bilanzen** zu erstellen sind. Von daher schreibt § 25 Satz 2 iVm § 9 S. 2 UmwStG ausdrücklich vor, dass die übertragende Personengesellschaft eine **Steuerbilanz** auf den steuerlichen Übertragungsstichtag aufzustellen hat. Die übernehmende Kapitalgesellschaft hat auf diesen Stichtag eine steuerliche Aufnahmebilanz zu erstellen, da es sich steuerlich um die Neugründung einer Kapitalgesellschaft handelt[1154]. Da der Formwechsel handelsrechtlich nur unter Beibehaltung der Buchwerte möglich ist, verlangte die Finanzverwaltung bisher, dass auch steuerlich in der Steuerbilanz der Buchwert auf Grund der Maßgeblichkeit angesetzt wird[1155]. Diese Auffassung überzeugt aber nicht[1156] und ist vom Gesetzgeber im neuen UmwStG aufgegeben worden[1157].

713 Handelsrechtlich kennt der Formwechsel keinen **Formwechselstichtag**. Für steuerliche Zwecke ist dagegen erforderlich, einen entsprechenden Übertragungsstichtag festzulegen. Dieser kann bis zu 8 Monate rückbezogen werden[1158].

714 Da es umwandlungsrechtlich nicht möglich ist, anlässlich des Formwechsels auf der Ebene der übernehmenden Kapitalgesellschaft höhere als die Buchwerte anzusetzen, kann es sich in Einzelfällen empfehlen, anstelle des Formwechsels **alternative Gestaltungen,** wie zB eine sog. erweiterte Anwachsung[1159] oder eine Verschmelzung, zu wählen. Denn in diesen Fällen

---

[1149] Siehe Rn 660, 664.
[1150] Zu der Frage, wer Einbringender ist und worin der Einbringungsgegenstand besteht, siehe auch Rn 232.
[1151] § 1 Abs. 1 a UStG.
[1152] § 4 Nr. 8 f UStG; *Völkel/Karg*, Umsatzsteuer, 16. Aufl. 2001, S. 446.
[1153] So auch *Husmann* in Rau/Dürrwächter § 1 UStG Rn 267 mwN.
[1154] Dazu mit Einzelheiten *Schmitt* in Schmitt/Hörtnagl/Stratz § 25 UmwStG Rn 38; siehe Rn 652 ff.
[1155] Vgl. Tz. 20.30 UmwStE.
[1156] So auch *FG München* vom 5.10.2000, EFG 2001, 32; *FG München* vom 23.3.2004 EFG 2004, 1334; Vom BFH mit Urteil vom 19.10.2005 – I R 38/04 –, DB 2006, 364 für den Fall einer formwechselnden Umwandlung einer Personengesellschaft in eine Kapitalgesellschaft bestätigt. *Friederichs* in Haritz/Benkert § 25 UmwStG Rn 15; *Plewka* in Sagasser/Bula/Brünger P Rn 9; *Schmitt* in Schmitt/Hörtnagl/Stratz § 25 UmwStG Rn 5, 35 ff. Siehe auch § 24 Rn 10.
[1157] *Dötsch/Pung* DB 2006, 2704, 2705.
[1158] § 25 Satz 2 iVm. § 9 S. 3 UmwStG (oder § 25 S. 1 iVm. § 20 Abs. 5, 6 UmwStG); Dies gilt aber nicht in Fällen des § 2 Abs. 3 UmwStG.
[1159] Siehe Rn 225 ff. mwN; dazu mit Formularbeispielen *Schmidt-Diemitz/Moszka* in MünchVertrHdb., Bd. 1, GesR, Form. XIII 33–37.

der echten Vermögensübertragung steht der übernehmenden Kapitalgesellschaft das Recht zu, auch höhere Werte als die Buchwerte anzusetzen[1160].

Im **Vergleich zum früheren Recht** vor 1995 ist § 25 UmwStG neu eingefügt worden, denn der sog. kreuzende Formwechsel einer Personengesellschaft in eine Kapitalgesellschaft wurde erstmals mit dem UmwG 1995 eingeführt. Bis dahin wurden Fälle des „Formwechsels" einer Personengesellschaft auf eine Kapitalgesellschaft im Wege der Verschmelzung oder im Wege der Einzelrechtsnachfolge gestaltet. In all diesen Fällen griffen aber bereits früher die steuerlichen Einbringungsregeln der §§ 20 ff. UmwStG ein. § 25 UmwStG idF des SEStEG hat den Anwendungsbereich auf eingetragene Genossenschaften erweitert und erfasst auch vergleichbare ausländische Formwechsel[1161].

2. Kreis der erfassten Rechtsträger

Das UmwG erlaubt den Formwechsel von Personenhandelsgesellschaft (OHG, KG) und Partnerschaftsgesellschaften (PartG) auf Kapitalgesellschaften (GmbH, AG, KGaA) und eingetragene Genossenschaften (eG)[1162]. Siehe dazu die nachfolgende Übersicht für inländische Formwechsel:

auf von	GmbH	AG[1163]	KGaA	eG
OHG, KG	+	+	+	+
PartG	+	+	+	+

Durch das SEStEG ist nun durch § 25 UmwStG auch der Formwechsel innerhalb der EU / des EWR erfasst. Voraussetzung dafür ist, dass (i) der ausländische Formwechsel einem inländischen Formwechsel vergleichbar ist[1164] und (ii) die sich umwandelnde Personengesellschaft und ihre Gesellschafter in der EU/EWR ansässig sind[1165] oder (iii) das Recht der Bundesrepublik Deutschland hinsichtlich der Besteuerung des Gewinns aus der Veräußerung der erhaltenen Anteile nicht ausgeschlossen oder beschränkt ist, wenn der Einbringende in einem Drittstaat ansässig ist[1166].

Steuerlich ist in den §§ 25, 20 Abs. 1 UmwStG nun der Formwechsel in eine Kapitalgesellschaft und in eine **eG** geregelt. Dies war bisher nicht der Fall. Soweit ersichtlich, hatte sich bisher weder die Rechtsprechung noch die Finanzverwaltung mit dieser Frage und den steuerlichen Auswirkungen eines Formwechsels in eine eG näher beschäftigt. In der Literatur fanden sich nur wenige Bemerkungen zu den steuerlichen Folgen[1167]. Vorzuziehen ist für das bisherige Recht die Auffassung, dass mangels einer ausdrücklichen gesetzlichen Fiktion eines Vermögensübergangs in diesen Formwechselfällen von einer rechtlichen und wirtschaftlichen Identität der beteiligten Rechtsträger auszugehen ist[1168], so dass keine Realisierung etwaiger stiller Reserven erfolgt. Diese Auffassung wird auch dem steuerlichen Ansatz gerecht, prinzipiell der zivilrechtlichen Vorgabe zu folgen, dass ein Formwechsel identitätswahrend ist

---

[1160] Vgl. zB § 24 UmwG in Verschmelzungsfällen.
[1161] Wenn im Folgenden von übernehmender Kapitalgesellschaft die Rede ist, ist damit der in der Praxis am häufigsten vorkommende Formwechsel angesprochen; soweit nicht anders vermerkt, gelten die entsprechenden Grundsätze für eine eG als übernehmender Rechtsträger.
[1162] Vgl. §§ 190 Abs. 1, 191 Abs. 1 Nr. 1, 2, 3 iVm. §§ 214 Abs. 1, 225 a UmwG.
[1163] Zur Europäischen Gesellschaft (SE) siehe Einl. C Rn 49 ff.
[1164] § 25 Satz 1 UmwStG.
[1165] § 1 Abs. 2 Satz 1 Nr. 1 bzw. Nr. 2 UmwStG iVm. § 1 Abs. 4 Satz 1 Nr. 2 a).
[1166] § 1 Abs. 4 Satz 1 Nr. 2 b) UmwStG. Vgl. Rn 233, 606a.
[1167] Siehe dazu Schmidt-Diemitz/Moszka in MünchVertrHdb. Bd. 1, GesR, Form. XII. Anm. 23 mwN.
[1168] So auch Schaumburg in Lutter Anh. § 34 Nr. 36.

und keinen Vermögensübergang bewirkt[1169]. Der Gesetzgeber hat sich im neuen UmwStG hingegen dafür entschieden, die Steuerneutralität in diesen Fällen daran zu knüpfen, dass die steuerlichen Voraussetzungen der §§ 20 bis 23 UmwStG erfüllt sind; er sieht darin einen fingierten Vermögensübergang.

719 Hinsichtlich einer formwechselnden OHG oder KG ist zu beachten, dass diese auch dann im Handelsregister eingetragen sein können, wenn sie vermögensverwaltend tätig sind[1170]. In diesem Fall liegt aber steuerlich keine Mitunternehmerschaft vor, da die gewerbliche Tätigkeit oder gewerbliche Prägung fehlt[1171]. Diese Personengesellschaften, die ausschließlich steuerliches Privatvermögen verwalten, können grundsätzlich nicht nach § 25 UmwStG steuerneutral formwechselnd umgewandelt werden, da sich das steuerliche Einbringungsrecht grundsätzlich nur auf solche Personengesellschaften bezieht, die betriebliches Vermögen oder aber steuerverhaftetes Privatvermögen haben[1172].

3. Die Ebene der formwechselnden Personengesellschaft (§§ 25, 20 UmwStG)

720 Durch den Verweis in § 25 Satz 1 UmwStG auf die §§ 20–23 Abs. 1 UmwStG, und damit § 20 Abs. 1, 2 UmwStG kommt ein Ansatz des auf die übernehmende Kapitalgesellschaft übergehenden Betriebsvermögens mit dem Buchwert oder einem höheren Wert (maximal dem gemeinen Wert) in Betracht, wenn ein Betrieb, Teilbetrieb, Mitunternehmeranteil oder eine (mehrheitsvermittelnde) Kapitalgesellschaftsbeteiligung[1173] in eine Kapitalgesellschaft[1174] eingebracht wird und dem Einbringenden dafür neue Anteile an der übernehmenden Gesellschaft (Sacheinlage) gewährt werden. Prinzipiell sind die übergehenden Wirtschaftsgüter mit dem gemeinen Wert anzusetzen[1175]. Auf **Antrag** kann das eingebrachte Betriebsvermögen einheitlich mit dem Buchwert[1176] oder einem höheren (Zwischen-)Wert, höchstens dem gemeinen Wert, angesetzt werden, soweit (i) sichergestellt ist, dass es später bei der übernehmenden Körperschaft der Besteuerung mit Körperschaftsteuer unterliegt, (ii) die Passivposten des eingebrachten Betriebsvemögens die Aktivposten nicht übersteigen[1177] und (iii) das Recht der Bundesrepublik Deutschland hinsichtlich der Besteuerung des Gewinns aus der Veräußerung des eingebrachten Betriebsvermögens bei der übernehmenden Gesellschaft nicht ausgeschlossen oder beschränkt wird[1178].

721 Durch den Ansatz des Buchwerts für das eingebrachte Vermögen durch die übernehmende Kapitalgesellschaft wird ein steuerneutraler Formwechsel ermöglicht. Die im vorstehenden Zusammenhang relevanten Fragen sind bereits iRd. Verschmelzung einer Personengesellschaft auf eine Kapitalgesellschaft behandelt worden. Auf diese Ausführungen wird verwiesen[1179].

[1169] So ausdrücklich *Dötsch* in Dötsch u. a. § 14 UmwStG Rn 13; *Benkert/Menner* in Haritz/Benkert § 14 UmwStG Rn 39; *Schmitt* in Schmitt/Hörtnagl/Stratz § 25 UmwStG Rn 19.
[1170] Vgl. § 105 Abs. 2, 161 Abs. 2 HGB.
[1171] ISv. § 15 Abs. 1 Nr. 2 bzw. § 15 Abs. 3 Nr. 2 EStG.
[1172] Vgl. *OFD Berlin* vom 7. 5. 1999, GmbHR 1999, 833; *Herzig* DB 2000, 2236; *Schmitt* in Schmitt/Hörtnagl/Stratz § 25 UmwStG Rn 18, dort (Rn 9, 21) auch zu sog. Zebra-Gesellschaften.
[1173] ISv. § 21 Abs. 1 Satz 2 UmwStG oder eG.
[1174] ISv. § 1 Abs. 4 Nr. 1, § 1 Abs. 2 Satz 1 Nr. 1 UmwStG. Erfaßt sind jetzt auch eG als aufnehmende Rechtsträger.
[1175] §§ 25 Satz 1, 20 Abs. 1, 2 UmwStG; Pensionsrückstellungen sind dagegen mit dem Wert nach § 6 a EStG zu erfassen.
[1176] § 1 Abs. 5 Nr. 4 UmwStG.
[1177] Dabei ist das Eigenkapital nicht zu berücksichtigen.
[1178] § 20 Abs. 2 Satz 2 Nr. 1 bis 3 UmwStG. *Patt* in Dötsch u.a. § 20 UmwStG (SEStEG) Rn 21 ff. Nähere Einzelheiten dazu bei *Benz/Rosenberg* in Blumenberg/Schäfer SEStEG S. 152 ff.
[1179] Siehe Rn 231 ff.

Die Finanzverwaltung sieht in den Fällen, in denen Betriebsvermögen einer Personengesellschaft eingebracht wird, als Einbringende stets die Gesellschafter an und nicht die Personengesellschaft selbst. Es liegt in der Konsequenz dieser Auffassung, dass der Formwechsel einer Personengesellschaft auf eine Kapitalgesellschaft steuerlich so zu behandeln ist, als ob die Gesellschafter der Personengesellschaft ihre Mitunternehmeranteile an der Personengesellschaft in die Kapitalgesellschaft einbringen und nicht die Personengesellschaft ihren Betrieb[1180]. Da im Rahmen des Formwechsels der gesamte Betrieb als eingebracht gilt bzw. der Mitunternehmeranteil des Gesellschafters, verweist § 25 Satz 1 UmwStG auf die Vorschriften über die Sacheinlage nach § 20 UmwStG und nicht auf die Vorschriften über den (qualifizierten) Anteilstausch von Kapitalgesellschaftsbeteiligungen nach § 21 UmwStG. Dies gilt auch dann, wenn zum Betriebsvermögen der formwechselnden Personengesellschaft zB Kapitalgesellschaftsbeteiligungen gehören[1181]. **722**

Entscheidend ist letztlich, dass der Betrieb als Ganzes übergeht, d. h. alle Wesentlichen betrieblichen Grundlagen auf die Kapitalgesellschaft in zeitlichem Zusammenhang mit der formwechselnden Umwandlung. **723**

Dies betrifft insbesondere auch etwaiges Sonderbetriebsvermögen (SBV) eines Gesellschafters[1182]. Das Sonderbetriebsvermögen ist, zumindest soweit es wesentliche betriebliche Grundlagen enthält, zusammen mit dem Gesamthandsvermögen auf die Kapitalgesellschaft zu übertragen, und zwar zeitgleich durch eine parallel zum Formwechsel stattfindende Einzelrechtsübertragung[1183]. **724**

4. Die Ebene der übernehmenden Kapitalgesellschaft (§§ 25, 20 Abs. 2, § 23 UmwStG)

Aus Sicht der übernehmenden Kapitalgesellschaft (oder eG) ist vor allem relevant, mit welchem Ansatz und zu welchen Werten die übergehenden Wirtschaftsgüter zu übernehmen sind und inwieweit sie in die steuerliche Rechtsstellung der Personengesellschaft bzw. ihrer Gesellschafter eintritt. Diese Fragen sind über den Verweis in § 25 Satz 1 UmwStG zum einen in § 20 Abs. 3 UmwStG und zum anderen in § 23 UmwStG geregelt. Diese Fragen sind bereits ausführlich iRd. Verschmelzung einer Personengesellschaft auf eine Kapitalgesellschaft dargestellt worden, so dass darauf verwiesen werden kann[1184]. **725**

Da der Formwechsel wie eine Gesamtrechtsnachfolge zu behandeln ist, tritt die übernehmende Kapitalgesellschaft sowohl bei Ansatz von Buchwerten[1185], Zwischenwerten oder auch gemeinen Werten[1186] in die Rechtsstellung der formwechselnden Personengesellschaft ein[1187]. **726**

Verlustvorträge der Personengesellschaft bzw. ihrer Gesellschafter[1188] gehen prinzipiell nicht auf die übernehmende Kapitalgesellschaft über und daher unter[1189]. Bei Einbringung **727**

[1180] Siehe umfassend Rn 199 ff., 231 f.
[1181] *Rosenberg/Benz* in *Blumenberg/Schäfer* SEStEG S. 166.
[1182] *Schmitt* in Schmitt/Hörtnagl/Stratz § 25 UmwStG Rn 23 f.
[1183] *Schmitt* in Schmitt/Hörtnagl/Stratz § 25 UmwStG Rn 23, dort insbes. zum Verhältnis zu § 6 Abs. 5 Satz 3 EStG und zur (notariellen) Form der Übertragung des SBV.
[1184] Siehe Rn 273 ff.
[1185] § 23 Abs. 1 iVm. § 4 Abs. 2 Satz 3, § 12 Abs. 3 erster HS UmwStG.
[1186] § 23 Abs. 3, 4 iVm. § 12 Abs. 3 erster HS UmwStG.
[1187] § 23 Abs. 1, 2, 3, UmwStG.
[1188] ZB verrechenbare Verluste der Gesellschafter nach § 15 a EStG oder der gewerbesteuerlichen Fehlbeträge nach § 10 a GewStG.
[1189] Zu § 15 a EStG siehe *Wacker* in Schmidt § 15 a EStG Rn 236 und § 22 Abs. 4 UmwStG zu § 10 a GewStG. Wechselt bei einer doppelstöckigen Personengesellschaft die Obergesellschaft ihre Rechtsform in eine Kapitalgesellschaft, darf die Untergesellschaft einen bei ihr aufgelaufenen Fehlbetrag iSd § 10 a GewStG weiter fortführen, da der Formwechsel nicht zu einem Wechsel der Unternehmeridentität führt, vgl. *OFD Düsseldorf* vom 12. 10. 2000, DB 2000, 2247.

zu Zwischenwerten oder zum gemeinen Wert mindert aber ein (verrechenbarer) Verlust den Einbringungsgewinn. Kommt es nach einer Sacheinlage zu einem steuerpflichtigen Vorgang nach § 22 Abs. 1 UmwStG, kann die übernehmende Gesellschaft beantragen, den versteuerten Einbringungsgewinn als Erhöhungsbetrag anzusetzen[1190].

5. Auswirkungen auf der Ebene der Anteilseigner (§§ 25, 20 Abs. 3, 4, § 22 UmwStG)

728 Die Gesellschafter der formwechselnden Personengesellschaft interessiert vor allem, ob und inwieweit ein Einbringungsgewinn bzw. Veräußerungsgewinn entsteht und, wenn ja, wie dieser besteuert wird. Diese Fragen sind in § 20 Abs. 3, 4 UmwStG in Verbindung mit den allgemeinen Vorschriften geregelt. Dort ist auch geregelt, wie hoch die Anschaffungskosten für die neuen Gesellschaftsanteile an der übernehmenden Kapitalgesellschaft sind. Demnach gilt der Wert, mit dem die Kapitalgesellschaft das eingebrachte Betriebsvermögen ansetzt, für die Einbringenden als Veräußerungspreis und als Anschaffungskosten der Gesellschaftsanteile. Sofern neben den Gesellschaftsanteilen auch andere Wirtschaftsgüter gewährt werden, ist deren gemeiner Wert bei der Bemessung der Anschaffungskosten der Gesellschaftsanteile von dem sich nach Satz 1 ergebenden Wert abzuziehen[1191]. Der gemeine Wert bildet dann die Anschaffungskosten, wenn das inländische Besteuerungsrecht hinsichtlich des Gewinns aus der Veräußerung des eingebrachten Betriebsvermögens im Zeitpunkt der Einbringung ausgeschlossen ist und auch nicht durch die Einbringung begründet wird.

729 Die Anteile, die die Gesellschafter der Personengesellschaft an der übernehmenden Kapitalgesellschaft erhalten, waren bisher als sog. **einbringungsgeborene Anteile** iSv. § 21 UmwStG steuerverstrickt, wenn die übernehmende Kapitalgesellschaft das übergehende Vermögen mit einem Wert unter dem Teilwert ansetzte. In diesen Fällen führte die spätere Veräußerung der einbringungsgeborenen Anteile regelmäßig zu einer Steuerpflicht eines etwaigen Veräußerungsgewinns[1192]. Durch das neue UmwStG wurde das bisherige Rechtsinstitut der einbringungsgeborenen Anteile[1193] ersetzt durch die nachgelagerte Besteuerung des Einbringungsvorgangs[1194]. Alte einbringungsgeborene Anteile behalten jedoch ihre steuerliche Verstrickung[1195] und können auch neue Anteile infizieren, vgl. § 20 Abs. 3 Satz 4 UmwStG. IRd. nachgelagerten Besteuerung nach § 22 UmwStG ist im Falle eines Formwechsels einer Personengesellschaft in eine Kapitalgesellschaft prinzipiell ein Einbringungsgewinn I festzustellen, da ein Betrieb bzw. Mitunternehmeranteile eingebracht wurden. Sofern dazu Kapitalgesellschaftsbeteiligungen zählen, ist aber insoweit § 22 Abs. 2 UmwStG einschlägig und ein Einbringungsgewinn II zu erfassen[1196].

[1190] Zu den weiteren Voraussetzungen vgl. § 23 Abs. 2 UmwStG.
[1191] § 20 Abs. 3 Satz 1, 3 UmwStG. Wegen der mit den §§ 20 Abs. 3, 4, 5 UmwStG zusammenhängenden Fragen wird verwiesen auf die entsprechenden Ausführungen der Verschmelzung einer Personengesellschaft auf eine Kapitalgesellschaft, siehe Rn 323 ff.
[1192] § 21 Abs. 1 UmwStG aF.
[1193] ISv. § 21 UmwStG aF.
[1194] § 22 UmwStG, dazu *Dötsch / Pung* DB 2006, 2763.
[1195] § 21 UmwStG aF gilt insoweit fort, § 27 Abs. 3 Nr. 3 UmwStG.
[1196] § 22 Abs. 1 Satz 5 UmwStG.

Anhang SpruchG

Gesetz über das gesellschaftsrechtliche Spruchverfahren (Spruchverfahrensgesetz – SpruchG)

Vom 12. Juni 2003 (BGBl. I S. 838)
Zuletzt geändert durch Zweites Gesetz zur Änderung des
Umwandlungsgesetzes vom 19.4.2007 (BGBl. I S. 542)[1])

Literatur: *van Aerssen*, Die Antragsbefugnis im Spruchstellenverfahren des Aktiengesetzes und im Spruchverfahren des Umwandlungsgesetzes, AG 1999, 249; *Bilda*, Zur Dauer der Spruchstellenverfahren, NZG 2000, 296; *Büchel*, Neuordnung des Spruchverfahrens, NZG 2003, 793; *Bungert/Mennicke*, BB-Gesetzgebungsreport: Das Spruchverfahrensneuordnungsgesetz, BB 2003, 2021; *Fuhrmann/Linnerz*, Zweifelsfragen des neuen Spruchverfahrens, Der Konzern 2004, 265; *Gude*, Zweifelsfragen bei der Beschwerde nach dem Spruchverfahrensgesetz, AG 2005, 233; *Handelsrechtsausschuss des Deutschen Anwaltvereins e.V.*, Stellungnahme zum Regierungsentwurf eines Spruchverfahrensneuordnungsgesetzes, NZG 2003, 316; *ders.*, Stellungnahme zum Referentenentwurf eines Spruchverfahrensneuordnungsgesetzes, NZG 2002, 119; *van Kann/Hirschmann*, Das neue Spruchverfahrensrecht – Konzentration und Beschleunigung einer bewährten Institution, DStR 2003, 1488; *Krolop*, Die Umsetzung von „Macrotron" im Spruchverfahren durch das BayObLG, NZG 2005, 546; *Lamb/Schluck-Amend*, Die Neuregelung des Spruchverfahrens durch das Spruchverfahrensneuordnungsgesetz, DB 2003, 1259; *Land/Hennings*, Aktuelle Probleme von Spruchverfahren nach gesellschaftsrechtlichen Strukturmaßnahmen, AG 2005, 380; *Lutter/Bezzenberger*, Für eine Reform des Spruchverfahrens im Aktien- und Umwandlungsrecht, AG 2000, 433; *Meilicke*, Erste Probleme mit § 16 SpruchG, NZG 2004, 547; *ders.*, Zum Verhältnis von Ausgleichs- und Abfindungsansprüchen nach §§ 304, 305 AktG, AG 1999, 103; *Musielak*, ZPO, Kommentar, 5. Aufl. 2007; *Neye*, Das neue Spruchverfahrensrecht, 2003; *ders.*, Auf dem Weg zu einem neuen Spruchverfahren, FS Wiedemann, 2002, 1127; *Nießen*, Die internationale Zuständigkeit im Spruchverfahren, NZG 2006, 441; *Puszkajler*, Verfahrensgegenstand und Rechte des gemeinsamen Vertreters im neuen Spruchverfahren, Der Konzern 2006, 256; *ders.*, Diagnose und Therapie von aktienrechtlichen Spruchverfahren, ZIP 2003, 518; *Schulenberg*, Die Antragsberechtigung gemäß §§ 15, 305 ff. UmwG und die „Informationslast" des Antragstellers im Spruchverfahren, AG 1998, 74; *Thomas/Putzo*, ZPO, Kommentar, 27. Aufl. 2005; *Tomson/Hammerschmitt*, Aus alt mach neu? Betrachtungen zum Spruchverfahrensneuordnungsgesetz, NJW 2003, 2572; *Vetter*, Ausweitung des Spruchverfahrens, ZHR 168 (2004), 8; *Wasmann*, Anforderungen an die Zulässigkeit eines Antrags nach dem Spruchverfahrensgesetz und Auswirkungen der (Un-)Zulässigkeit, WM 2004, 819; *ders.*, Erlöschen und Beseitigung von Mehrstimmrechten nach § 5 EGAktG: Gerichtliche Prüfung des Ausgleichs im Spruchverfahren, BB 2003, 57; *Wasmann/Roßkopf*, Die Herausgabe von Unterlagen und der Geheimnisschutz im Spruchverfahren, ZIP 2003, 1776; *Winter/Nießen*, Amtsermittlung und Beibringung im Spruchverfahren, NZG 2007, 13; *Wittgens*, Der gerichtliche Sachverständige im Spruchverfahren, AG 2007, 106; *ders.*, Das Spruchverfahrensgesetz, 2005; *Zöller*, ZPO, Kommentar, 26. Aufl. 2007.
Nicht mehr berücksichtigt werden konnte *Simon*, Spruchverfahrensgesetz, Kommentar, 2007.

Vorbemerkung

Spruch(stellen)verfahren kennt das deutsche Aktienrecht[1] seit mehr als siebzig Jahren[2]. Erstmals sahen die §§ 9 ff. der 3. DVO zum UmwG 1934[3] ein Spruchverfahren zur Bestim-

1

---

[1] Die Darstellung ist eine Aktualisierung und Fortführung der Kommentierung des SpruchG, die im Münchener Kommentar zum AktG, Band 9/1, 2004, erschienen ist. Paragraphen ohne nähere Bezeichnung sind im Folgenden solche des SpruchG.
[1] Für Bewertungsstreitigkeiten bei Genussscheinen sah bereits die Vierte Verordnung zur Durchführung der Verordnung über Goldbilanzen vom 28.8.1924, RGBl. I S. 697 ff. das Verfahren vor einer Spruchstelle vor. Siehe hierzu *Riegger* in Kölner Komm. SpruchG Einl. Rn 5 f.
[2] Zur geschichtlichen Entwicklung des Spruchverfahrens *Neye*, Das neue Spruchverfahrensrecht, 13 ff.; *Wittgens* S. 5 ff.
[3] Dritte Durchführungsverordnung zum Gesetz über die Umwandlung von Kapitalgesellschaften vom 2.12.1936, RGBl. I S. 1003 ff.

Vorbemerkung 2

mung der angemessenen Abfindung von Aktionären vor, die infolge Umwandlung einer AG in eine Personengesellschaft ausgeschieden waren.[4] Am Verfahren nahmen die ausgeschiedenen Aktionäre allerdings grundsätzlich nur mittelbar über den für sie bestellten gemeinsamen Vertreter teil[5]. Zur Einleitung des Spruchverfahrens waren nur die Personengesellschaft oder der Hauptgesellschafter berechtigt, auf die das Vermögen der Kapitalgesellschaft übertragen wurde[6]. Die Personengesellschaft sollte so vor einer Vielzahl von Prozessen geschützt werden, in denen auf die Leistungsklagen der Aktionäre jeweils die angemessene Abfindung hätte ermittelt werden müssen[7]. Statt dessen sollte die Abfindung im Spruchverfahren mit Wirkung für und gegen alle ausscheidenden Aktionäre festgesetzt werden[8]. In den §§ 30 ff. UmwG 1956[9] wurde der Regelungsgehalt der 3. DVO im Wesentlichen übernommen[10]. Mit den §§ 306, 99 AktG 1965[11] kam das Spruchstellenverfahren mit erweiterten Aktionärsrechten[12] in das AktG, dem das Spruchverfahren der §§ 305 ff. UmwG 1994[13] im Wesentlichen entsprach[14].

2   Mit dem Aufkommen „räuberischer Aktionäre" wurde auch das Spruch(stellen)verfahren zu einem immer stärker frequentierten Institut und offenbarte dabei seine Schwächen. Vor allem die überlange Verfahrensdauer (nicht selten mehr als zehn Jahre[15]) zog sich als Dauer-Kritik durch die Lit.[16] und beschäftigte sowohl das BVerfG als auch den Europäischen Gerichtshof für Menschenrechte[17]. Wiederholt wurden konkrete Vorschläge unterbreitet, die auf eine Abkürzung des Verfahrens zielten[18]. Diese Kritik führte zum Beschluss Nr. I 11 c der wirtschaftsrechtlichen Abteilung des 63. Deutschen Juristentags, der den Gesetzgeber aufforderte, die Regeln des Spruchverfahrens zu überprüfen, um dessen übermäßig lange Dauer abzukürzen[19]. Auch die Regierungskommission Corporate Governance (2001) befasste sich mit Schwächen und Reformbedarf des Spruchverfahrens und unterbreitete Vorschläge zur Verfahrensbeschleunigung[20]. Als misslich wurde auch empfunden, dass sich die Verfahrensregeln auf AktG, UmwG und FGG verteilten; Zersplitterung, Unterschiede und Verweisungen

---

[4] Siehe zur 3. DVO: *Riegger* in Kölner Komm. SpruchG Einl. Rn 7 ff.; *Vollrath* in Widmann/Mayer Anh. 13 Vor §§ 1 ff. SpruchG Rn 2; *Wasmann* BB 2003, 57, 59.

[5] § 13 Abs. 1 Satz 1 3. DVO.

[6] § 12 Abs. 3 3. DVO.

[7] *Riegger* in Kölner Komm. SpruchG Einl. Rn 10.

[8] § 15 Abs. 1 Satz 1 3. DVO.

[9] Gesetz über die Umwandlung von Kapitalgesellschaften und bergrechtlichen Gewerkschaften vom 12.11.1956, BGBl. I S. 844 ff.

[10] Zum UmwG 1956: *Riegger* in Kölner Komm. SpruchG Einl. Rn 23 ff.; *Vollrath* in Widmann/Mayer Anh. 13 Vor §§ 1 ff. SpruchG Rn 3; *Wasmann* BB 2003, 57, 59 f.

[11] Aktiengesetz vom 6.9.1965, BGBl. I S. 1089 ff.

[12] Zum AktG 1965: *Riegger* in Kölner Komm. SpruchG Einl. Rn 27 ff.; *Vollrath* in Widmann/Mayer Anh. 13 Vor §§ 1 ff. SpruchG Rn 4; *Wasmann* BB 2003, 57, 60.

[13] Gesetz zur Bereinigung des Umwandlungsrechts (UmwBerG) vom 28.10.1994, BGBl. I S. 3210 ff. mit dessen Artikel 1 Umwandlungsgesetz (UmwG).

[14] Allerdings war terminologisch zwischen dem aktienrechtlichen „Spruchstellenverfahren" und dem umwandlungsrechtlichen „Spruchverfahren" zu unterscheiden. Siehe hierzu *van Aerssen* AG 1999, 249.

[15] Vergleiche: *Riegger* in Kölner Komm. SpruchG Einl. Rn 41 Fn 49 und Rn 56.

[16] *Beyerle* ZGR 1977, 650 ff.; *Götz* DB 1996, 259 Fn 2; *Hoffmann-Becking* ZGR 1990, 482, 498; *Lutter/Bezzenberger* AG 2000, 433, 436; *Neye* NZG 2002, 23.

[17] Das *BVerfG* NZG 1999, 711 „SNI/Siemens" hielt eine Verfahrensdauer von sieben Jahren unter den gegebenen Umständen für „noch hinnehmbar"; der *Europäische Gerichtshof für Menschenrechte* hat mit Urteil vom 20.2.2003 die Bundesrepublik Deutschland zu Schadensersatz wegen übermäßig langer Dauer eines Spruchverfahrens (16 Jahre) verurteilt, EuGRZ 2003, 228 ff. („Kind/Bundesrepublik Deutschland").

[18] *Bilda* NZG 2000, 296 ff.; *Lutter/Bezzenberger* AG 2000, 433 ff.

[19] Beschlüsse des 63. Deutschen Juristentags Leipzig 2000: Wirtschaftsrecht, DB 2000, 2108, 2109.

[20] *Baums*, Bericht der Regierungskommission Corporate Governance, S. 189 f.

sollten durch ein Spruchverfahrensgesetz aus einem Guss beendet werden[21]. Dies war umso nötiger, als Rspr.[22] und Gesetzgebung[23] dem Verfahren neue Anwendungsfälle zuwiesen.

Der Referentenentwurf des Bundesjustizministeriums[24], der im November 2001 der Öffentlichkeit vorgestellt wurde, stand im Zeichen dieser Kritik. Er enthielt bereits die wesentlichen Säulen des jetzigen Gesetzes: Einschränkung des Amtsermittlungsgrundsatzes, mündliche Verhandlung, Verfahrensförderungspflichten, Zurückweisung verspäteten Vorbringens. Die Justizministerien der Länder, Aktionärsvereinigungen, Spitzenverbände der Wirtschaft und der Handelsrechtsausschuss des DAV[25] nahmen zum Referentenentwurf Stellung[26]; Anregungen und Änderungswünsche flossen in den Regierungsentwurf[27] ein, den das Bundeskabinett am 6.11.2002 dem Bundestag zur Beschlussfassung zuleitete. Der Bundestag berücksichtigte die Kritik des Handelsrechtsausschusses des DAV[28] und die Stellungnahme des Bundesrats zum Regierungsentwurf[29] und verabschiedete das Spruchverfahrensgesetz mit den erforderlichen Änderungen schließlich am 12.6.2003[30]. Es trat mit Ausnahme der §§ 2 Abs. 4 und 12 Abs. 3, die bereits im Juni 2003 in Kraft getreten sind, am 1.9.2003 in Kraft[31]. **3**

Das SpruchG wurde seitdem vier Mal geändert. Mit Einführung von Europäischer Gesellschaft (SE)[32] und Europäischer Genossenschaft (SCE)[33] wurde der Anwendungsbereich des SpruchG auf diese neuen Gesellschaftsformen erweitert; nunmehr ist das SpruchG auch bei der Zuzahlung an Anteilsinhaber oder der Barabfindung von Anteilsinhabern bei der Gründung oder Sitzverlegung einer SE und bei der Zuzahlung an Mitglieder bei der Gründung einer SCE anwendbar[34] Die Einführung der elektronischen Registerführung machte ebenfalls eine Änderung des SpruchG erforderlich[35] Das Zweite Gesetz zur Änderung des Umwandlungsgesetzes, welches die Verschmelzungsrichtlinie in nationales Recht umsetzte, erweiterte den Anwendungsbereich des SpruchG schließlich auf die grenzüberschreitende Verschmelzung von Kapitalgesellschaften[36]. **4**

---

[21] BegrRegE SpruchG, BT-Drucks. 15/371 S. 11 f.
[22] Nach der Rspr. des BGH eröffnen auf den Abfindungswert bezogene Informationsmängel nicht die Anfechtungsklage, sondern sind allein im Spruchverfahren zu klären, *BGH* NZG 2001, 574. Zudem hat der BGH das Spruchverfahren auch für die Bestimmung des Pflichtangebots beim Delisting für zulässig erklärt, *BGH* NZG 2003, 280 („Macrotron"). Siehe § 1 Rn 3 f.
[23] § 327 f AktG (Ausschluss von Minderheitsaktionären).
[24] RefE SpruchG, NZG 2002, 25.
[25] *HRA* NZG 2002, 119 ff.
[26] *Neye* ZIP 2002, 2097.
[27] BegrRegE SpruchG, BT-Drucks. 15/371 S. 1 ff.
[28] *HRA* NZG 2003, 316.
[29] Stellungnahme des Bundesrats vom 20.12.2002, BT-Drucks. 15/371, Anlage 2, S. 21 ff.
[30] Gesetz zur Neuordnung des gesellschaftsrechtlichen Spruchverfahrens (Spruchverfahrensneuordnungsgesetz) vom 12.06.2003, BGBl. I S. 838 ff.
[31] Art. 7 Sätze 1 und 2 des Spruchverfahrensneuordnungsgesetzes vom 12.6.2003, BGBl. I S. 838, 843. Eine Synopse von SpruchG und den bisherigen Regelungen findet sich bei *Fritzsche/Dreier/Verfürth* Einl. Rn 93.
[32] Gesetz zur Einführung der Europäischen Gesellschaft (SEEG) vom 22. 12. 2004, BGBl. I S. 3675 ff. Siehe zur SE Einl. C Rn 49 ff.
[33] Gesetz zur Einführung der Europäischen Genossenschaft und zur Änderung des Genossenschaftsrechts vom 14. 8. 2006, BGBl. I S. 1911. Siehe zur SCE Einl. C Rn 64 ff.
[34] § 1 Nr. 5 und 6.
[35] Gesetz über elektronische Handelsregister und Genossenschaftsregister sowie das Unternehmensregister vom 10. 11. 2006, BGBl. I S. 2553. Siehe hierzu: *Liebscher/Scharff* NJW 2006, 3745; *Nedden-Boeger* FGPrax 2007, 1; *Noack* NZG 2006, 801.
[36] Zweites Gesetz zur Änderung des Umwandlungsgesetzes vom 19. 4. 2007, BGBl. I S. 542. Siehe hierzu: *Bayer/Schmidt* NZG 2006, 841; *Drinhausen* BB 2006, 2313; *HRA* NZG 2006, 737.

§ 1 Anwendungsbereich

Dieses Gesetz ist anzuwenden auf das gerichtliche Verfahren für die Bestimmung
1. des Ausgleichs für außenstehende Aktionäre und der Abfindung solcher Aktionäre bei Beherrschungs- und Gewinnabführungsverträgen (§§ 304 und 305 des Aktiengesetzes);
2. der Abfindung von ausgeschiedenen Aktionären bei der Eingliederung von Aktiengesellschaften (§ 320 b des Aktiengesetzes);
3. der Barabfindung von Minderheitsaktionären, deren Aktien durch Beschluss der Hauptversammlung auf den Hauptaktionär übertragen worden sind (§§ 327 a bis 327 f des Aktiengesetzes);
4. der Zuzahlung an Anteilsinhaber oder der Barabfindung von Anteilsinhabern anlässlich der Umwandlung von Rechtsträgern (§§ 15, 34, 122 h, 122 i, 176 bis 181, 184, 186, 196 oder § 212 des Umwandlungsgesetzes);
5. der Zuzahlung an Anteilsinhaber oder der Barabfindung von Anteilsinhabern bei der Gründung oder Sitzverlegung einer SE (§§ 6, 7, 9, 11 und 12 des SE-Ausführungsgesetzes);
6. der Zuzahlung an Mitglieder bei der Gründung einer Europäischen Genossenschaft (§ 7 des SCE-Ausführungsgesetzes).

1 Die Vorschrift hat Übersichtsfunktion und stellt die im AktG, im UmwG und in den SE und SCE-Ausführungsgesetzen[1] geregelten Anwendungsfälle des Spruchverfahrens zusammen.

2 Die hier aufgezählten Ansprüche können ausschließlich im Spruchverfahren geltend gemacht werden, in keinem anderen (ordentlichen oder schiedsgerichtlichen) Verfahren; sie können dort auch nicht inzidenter zur Prüfung gestellt werden[2]. Bei allen diesen Ansprüchen ist eine gegen den zugrunde liegenden Beschluss gerichtete Unwirksamkeitsklage gesetzlich ausgeschlossen[3]. Das gilt für den Anspruch auf
- wiederkehrende Geldleistung (**Ausgleichszahlung**)[4] und angemessene **Abfindung**[5] bei Beherrschungs- und Gewinnabführungsverträgen[6];
- **Abfindung** der ausgeschiedenen Aktionäre der eingegliederten Gesellschaft[7];
- **Abfindung** der durch Übertragungsbeschluss (Ausschluss von Minderheitsaktionären, „Squeeze out") ausgeschiedenen Aktionäre[8];
- **bare Zuzahlung** der von der Klage ausgeschlossenen Mitgliedern übertragender Rechtsträger bei zu niedrigem Umtauschverhältnis oder nicht ausreichendem Gegenwert der für den Anteil oder die Mitgliedschaft am übertragenden Rechtsträger gewährten Betei-

---

[1] Siehe zur Europäischen Gesellschaft (SE) Einl. C Rn 49 ff. und zur Europäischen Genossenschaft (SCE) Einl. C Rn 100 ff.
[2] *Fritzsche/Dreier/Verfürth* Einl. Rn 5; *Hörtnagl* in Schmitt/Hörtnagl/Stratz B § 1 SpruchG Rn 8; *Krieger* in Lutter Anh. I § 1 SpruchG Rn 10.
[3] Durch §§ 304 Abs. 3 Satz 2, 305 Abs. 5 Satz 1 AktG für den Gewinnabführungs- und Beherrschungsvertrag (dies gilt auch bei der Festsetzung eines sog. „Null-Ausgleichs", BGH NZG 2006, 347), § 320 b Abs. 2 Satz 1 AktG für die Eingliederung, § 327 f Satz 1 AktG für den Squeeze out, §§ 14 Abs. 2, 32 UmwG für die Verschmelzung, § 125 Satz 1 UmwG für die Spaltung, §§ 195 Abs. 2, 210 UmwG für den Formwechsel, §§ 6 Abs. 1, 11 Abs. 1 SEAG für Gründung durch Verschmelzung bzw. Gründung einer Holding-SE und § 5 Abs. 4 Satz 1 EGAktG für Mehrstimmrechte.
[4] § 304 AktG.
[5] § 305 AktG.
[6] Nr. 1.
[7] Nr. 2; § 320 b AktG.
[8] Nr. 3; §§ 327 a bis 327 f AktG.

Anwendungsbereich 3, 4 § 1

ligung am übernehmenden Rechtsträger bei der Verschmelzung[9], der Auf- und der Abspaltung[10] und entsprechend beim Formwechsel[11];
– **Barabfindung** bei der Verschmelzung[12], der Auf- und der Abspaltung[13] sowie beim Formwechsel[14]. Infolge Verweisung gilt dies auch in den Fällen der Vermögensübertragung[15].
– **Zuzahlung** und **Barabfindung** bei der Gründung einer SE durch Verschmelzung oder als Holding und bei Sitzverlegung einer SE[16].
– **Zuzahlung** bei der Gründung einer SCE[17] durch Verschmelzung.

Die Aufzählung klingt, als wäre sie abschließend gemeint[18]. Infolge analoger Anwendung[19] gilt das Gesetz aber auch für den 3
– Anspruch der Minderheitsaktionäre auf Abfindung beim Rückzug der Gesellschaft von der Börse – sowohl beim **Delisting**[20] als auch beim sog. „kalten Delisting"[21], insbesondere durch Aufspaltung einer börsennotierten Gesellschaft in zwei nichtbörsennotierte Gesellschaften;
– Anspruch auf **Ausgleich** des Werts von Mehrstimmrechten bei deren Erlöschen oder Beseitigung[22];
– im Beherrschungs- oder Gewinnabführungsvertrag mit einer **abhängigen GmbH** ausnahmsweise vorgesehenen Anspruch auf Ausgleich oder Abfindung[23], sofern ein Unternehmensvertrag nicht die Zustimmung aller Gesellschafter erfordert[24].

Die **Verletzung wertbezogener Auskunfts- und Informationsrechte** von Aktionären kann in einem anderweitig eröffneten Spruchverfahren[25] überprüft werden; ein weiterer Anwendungsfall des Spruchverfahrens ist dies nicht[26]. 4

---

[9] Nr. 4; § 15 UmwG bzw. § 122 h UmwG bei der grenzüberschreitenden Verschmelzung.
[10] Nr. 4; §§ 125 Satz 1, 15 UmwG.
[11] Nr. 4; §§ 196, 15 UmwG.
[12] Nr. 4; §§ 29, 34 UmwG bzw. § 122 i UmwG bei der grenzüberschreitenden Verschmelzung.
[13] Nr. 4; §§ 125 Satz 1, 29, 34 UmwG.
[14] Nr. 4; § 212 UmwG.
[15] Nr. 4; §§ 176 bis 181, 184, 186, 188 und 189 UmwG.
[16] Nr. 5; §§ 6, 7, 9, 11 und 12 SEAG. Siehe zur Europäischen Gesellschaft (SE) Einl. C Rn 49 ff.
[17] Nr. 6; § 7 SCEAG. Siehe zur Europäischen Genossenschaft (SCE) Einl. C Rn 64 ff.
[18] *Bungert/Mennicke* BB 2003, 2021, 2022; *HRA* NZG 2003, 316.
[19] Für eine analoge Anwendung in bestimmen Fällen sprechen sich u.a. aus: *OLG Zweibrücken* NZG 2005, 935, 936; *Fritsche/Dreier/Verfürth* § 1 Rn 1 und 70 ff.
[20] *BayObLG* NZG 2005, 312; *OLG Düsseldorf* NZG 2005, 317; *OLG Zweibrücken* NZG 2004, 872, 873; *BayObLG* NZG 2004, 1111; allgM in der Lit. Grundsatzentscheidung zum Delisting: *BGH* NZG 2003, 280 ff. „Macrotron".
[21] *OLG Düsseldorf* NZG 2005, 317; *OLG Düsseldorf* AG 2005, 480; *LG Köln* ZIP 2004, 220; *Vollrath* in Widmann/Mayer Anh. 13 § 1 SpruchG Rn 59. Vgl. auch Simon in Simon § 1 SpruchG Rn 42 ff.
[22] § 5 Abs. 5, Abs. 3 Satz 1 bzw. Abs. 4 Satz 2 EGAktG. Die Stellungnahme des *HRA* zum RefE, NZG 2002, 119 moniert nicht zu Unrecht, dass diese Zuständigkeit nicht im Gesetzestext erwähnt ist, was die BegrRegE BT-Drucks. 15/371 S. 12 mit der zeitlich begrenzten Bedeutung dieses Sonderfalls begründet. Zum Spruchverfahren bei Beseitigung oder Erlöschen von Mehrstimmrechten: *Fritzsche/Dreier/Verfürth* § 1 Rn 64 ff.; *Krieger* in Lutter Anh. I § 1 SpruchG Rn 7; *Wasmann* in Kölner Komm. § 1 SpruchG Rn 11 ff.
[23] *Emmerich* in Emmerich/Habersack AktKonzernR Anh. § 328 AktG § 1 SpruchG Rn 4; Simon in Simon § 1 SpruchG Rn 41. AA *Wasmann* in Kölner Komm. § 1 SpruchG Rn 46.
[24] *Vollrath* in Widmann/Mayer Anh. 13 § 1 SpruchG Rn 3.
[25] Siehe § 243 Abs. 4 AktG, neu eingeführt durch das Gesetz zur Unternehmensintegrität und Modernisierung des Anfechtungsrechts (UMAG), BT-Drucks. 454/05 S. 7, das nach Art. 3 UMAG zum 1.11.2005 in Kraft trat und in Übereinstimmung mit der neueren Rspr. und Lit. steht: *BGH* NZG 2001, 574; *Fritzsche/Dreier/Verfürth* § 1 Rn 112 ff.
[26] *Emmerich* in Emmerich/Habersack AktKonzernR Anh. § 328 AktG § 1 SpruchG Rn 6.

Volhard

5 Nicht analog anwendbar ist das SpruchG hingegen auf
- die **übertragende Auflösung**[27], da insoweit keine planwidrige Regelungslücke besteht;
- eine **Kapitalerhöhung mit Bezugsrechtsausschluss**, da dem Aktionär die Anfechtungsklage zusteht[28];
- **Übernahmeangebote und Pflichtangebote nach dem WpÜG**, da auch insoweit keine planwidrige Regelungslücke besteht[29].

§ 2 Zuständigkeit

(1) ¹Zuständig ist das Landgericht, in dessen Bezirk der Rechtsträger, dessen Anteilsinhaber antragsberechtigt sind, seinen Sitz hat. ²Sind nach Satz 1 mehrere Landgerichte zuständig oder sind bei verschiedenen Landgerichten Spruchverfahren nach Satz 1 anhängig, die in einem sachlichen Zusammenhang stehen, so ist § 4 des Gesetzes über die Angelegenheiten der freiwilligen Gerichtsbarkeit entsprechend anzuwenden. ³Besteht Streit oder Ungewissheit über das zuständige Gericht nach Satz 2, so ist § 5 des Gesetzes über die Angelegenheiten der freiwilligen Gerichtsbarkeit entsprechend anzuwenden.

(2) Ist bei dem Landgericht eine Kammer für Handelssachen gebildet, so entscheidet diese an Stelle der Zivilkammer.

(3) ¹Der Vorsitzende einer Kammer für Handelssachen entscheidet
1. über die Abgabe von Verfahren;
2. im Zusammenhang mit öffentlichen Bekanntmachungen;
3. über Fragen, welche die Zulässigkeit des Antrags betreffen;
4. über alle vorbereitenden Maßnahmen für die Beweisaufnahme und in den Fällen des § 7;
5. in den Fällen des § 6;
6. über Geschäftswert, Kosten, Gebühren und Auslagen;
7. über die einstweilige Einstellung der Zwangsvollstreckung;
8. über die Verbindung von Verfahren.

²Im Einverständnis der Beteiligten kann der Vorsitzende auch im Übrigen an Stelle der Kammer entscheiden.

(4) ¹Die Landesregierung kann die Entscheidung durch Rechtsverordnung für die Bezirke mehrerer Landgerichte einem der Landgerichte übertragen, wenn dies der Sicherung einer einheitlichen Rechtsprechung dient. ²Die Landesregierung kann die Ermächtigung auf die Landesjustizverwaltung übertragen.

---

[27] *OLG Zweibrücken* NZG 2005, 935, 936 f.; *Emmerich* in Emmerich/Habersack AktKonzernR Anh. § 328 AktG § 1 SpruchG Rn 5; *Henze*, FS Peltzer, 2001, S. 181, 193 f.; *Krieger* BB 2002, 53, 54; *Roth* NZG 2003, 998, 1002 f.; *Rühland* WM 2002, 1957, 1966; *Vetter* ZHR 168 (2004) 8, 37 f.; *Wasmann* in Kölner Komm. § 1 SpruchG Rn 40. AA, wonach das SpruchG auch bei einer übertragenden Auflösung anwendbar sei: *Adolff/Tieves* BB 2003, 797, 805; *Fritzsche/Dreier/Verfürth* § 1 Rn 71 ff.; *Henze*, FS Wiedemann, 2002, S. 935, 952; *Klöcker/Frowein* § 1 Rn 17; *Land/Hennings* AG 2005, 380, 381; *Vollrath* in Widmann/Mayer Anh. 13 § 1 SpruchG Rn 62.

[28] § 255 Abs. 2 AktG. De lege ferenda halten ein Spruchverfahren in diesen Fällen für wünschenswert: *63. Deutscher Juristentag*, Beschluss Nr. 12 b, abgedruckt in DB 2000, 2108, 2109; *Fritzsche/Dreier/Verfürth* § 1 Rn 159 ff.; *Vetter* ZHR 168 (2004) 8, 29 ff. Gegen die Anwendbarkeit des SpruchG de lege ferenda sprechen sich aus: *Baums*, Verhandlungen des 63. Deutschen Juristentags, F 122 ff.; wohl auch *Wasmann* in Kölner Komm. § 1 SpruchG Rn 48.

[29] *Fritzsche/Dreier/Verfürth* § 1 Rn 127 ff.; *Lappe/Stafflage* BB 2002, 2185, 2192; *Seibt* ZIP 2003, 1865, 1874; *Verse* ZIP 2004, 199, 207.

Zuständigkeit 1–3 § 2

Übersicht

	Rn		Rn
I. Zuständigkeit (Abs. 1)	1–3	III. Entscheidung durch den Vorsitzenden (Abs. 3)	5–7
II. Kammer für Handelssachen (Abs. 2)	4	IV. Zuständigkeitskonzentration (Abs. 4)	8–9

I. Zuständigkeit (Abs. 1)

Abs. 1[1] regelt die **ausschließliche**[2] sachliche und örtliche Zuständigkeit[3] für das Spruchverfahren. Abweichende Gerichtsstandsvereinbarungen sind unwirksam[4]. **Sachlich zuständig** ist das Landgericht[5]. Die **örtliche Zuständigkeit** richtet sich nach dem Sitz des Rechtsträgers, dessen Anteilsinhaber antragsberechtigt sind[6]. Dies ist beim Gewinnabführungs- und Beherrschungsvertrag die sich der Leitung eines anderen Unternehmens unterstellende bzw. zur Gewinnabführung verpflichtende Gesellschaft[7], bei der Eingliederung[8] die eingegliederte Gesellschaft, beim Squeeze out[9] die Gesellschaft, bei der Verschmelzung und der Spaltung ist es der übertragende, beim Formwechsel der formwechselnde Rechtsträger[10]. Beim Delisting und beim Entzug von Mehrstimmrechten ist der Sitz des Unternehmens maßgeblich. Der Sitz des Antragsgegners (des anderen Vertragsteils bzw. des übernehmenden oder – beim Formwechsel – des neuen Rechtsträgers oder des Rechtsträgers neuer Rechtsform) ist irrelevant, da dessen Anteilsinhaber nicht antragsberechtigt sind[11]. 1

Sitz der Rechtsträger iSd. des Abs. 1 ist der in der Satzung[12] oder im Gesellschaftsvertrag[13] festgelegte Sitz[14]; ein von diesem statuarischen Sitz abweichender tatsächlicher Verwaltungssitz ist unerheblich[15]. 2

Bei Vorhandensein eines **Doppelsitzes eines beteiligten Rechtsträgers**[16], aber auch, wenn sich mehrere Gesellschaften unterschiedlichen Sitzes fremder Leitung unterstellen und sich zur Gewinnabführung verpflichten, oder bei Verschmelzungen mit **mehreren** übertragenden Rechtsträgern unterschiedlichen Sitzes können verschiedene **Gerichte nebeneinander zuständig** sein – mit der Gefahr einander widersprechender Entscheidungen. Vor 3

---

[1] Früher § 306 Abs. 1 Satz 1 AktG aF, § 306 Abs. 1 UmwG aF.
[2] Statt vieler: *Wasmann* in Kölner Komm. § 2 SpruchG Rn 7.
[3] Zur internationalen Zuständigkeit *Wasmann* in Kölner Komm. § 2 SpruchG Rn 21; *Nießen* NZG 2006, 441.
[4] Statt vieler: *Krieger* in Lutter Anh. I § 2 SpruchG Rn 3.
[5] Demgegenüber plädierte der HRA während des Gesetzgebungsverfahrens dafür, die Eingangszuständigkeit auf die Oberlandesgerichte zu übertragen, *HRA* NZG 2002, 119, 120 zum RefE und *HRA* NZG 2003, 316 zum RegE. Dies wurde indessen mit Blick auf das Zuständigkeitssystem des GVG, das in Zivilsachen keine erstinstanzliche Zuständigkeit des OLG kennt, und zur Vermeidung einer zusätzlichen Belastung der Oberlandesgerichte, verworfen. Dazu *Neye*, Das neue Spruchverfahrensrecht, S. 19.
[6] Abs. 1 Satz 1.
[7] § 1 Nr. 1.
[8] § 1 Nr. 2.
[9] § 1 Nr. 3.
[10] § 1 Nr. 4.
[11] Abs. 1 Satz 1 iVm. § 3 Nr. 3. *Hörtnagl* in Schmitt/Hörtnagl/Stratz B § 2 SpruchG Rn 4; *Krieger* in Lutter Anh. I § 2 SpruchG Rn 3.
[12] §§ 5 Abs. 1 AktG; § 57 Abs. 1 BGB; § 18 VAG; Art. 7 SE-VO, § 2 SEAG; § 6 Nr. 1 GenG.
[13] §§ 3 Abs. 1 Nr. 1, 4 a GmbHG.
[14] Statt vieler: *Krieger* in Lutter Anh. I § 2 SpruchG Rn 3.
[15] Statt vieler: *Fritzsche/Dreier/Verfürth* § 2 Rn 5.
[16] Zur umstrittenen Zulässigkeit eines Doppelsitzes *Heider* in MünchKomm. § 5 AktG Rn 41 ff.; *Hück/Fastrich* in Baumbach/Hueck § 4 a GmbHG Rn 7.

§ 2   4, 5   Siebentes Buch. Übergangs- und Schlußvorschriften

Inkrafttreten des SpruchG war umstritten, ob § 4 FGG oder § 5 FGG anzuwenden ist[17]. Nunmehr ist durch Abs. 1 Satz 2 § 4 FGG gesetzlich für anwendbar erklärt[18]; zuständig ist danach das Gericht, das in der Sache zuerst tätig wurde (Grundsatz der Maßgeblichkeit der Priorität[19]). Dies ist der Fall, wenn das Gericht die Sache irgendwie gefördert, bspw. die Zustellung der Anträge veranlasst hat; die bloße Befassung mit der Sache genügt nicht[20]. Nur, wenn über die Zuständigkeit Streit oder Ungewissheit besteht, etwa darüber, welches der Landgerichte in der Sache zuerst tätig geworden ist, hat infolge der entsprechenden Anwendung des § 5 FGG das gemeinschaftliche obere Gericht das zuständige Landgericht zu bestimmen[21].

II. Kammer für Handelssachen (Abs. 2)

4   Abs. 2[22] ordnet die **ausschließliche**[23] funktionale Zuständigkeit der Kammer für Handelssachen an, wenn eine solche besteht[24]. Wird der Antrag bei der Zivilkammer eingereicht, hat diese ihn von Amts wegen an die Kammer für Handelssachen abzugeben; § 98 Abs. 3 GVG findet keine Anwendung, da das Spruchverfahren zu den echten Parteistreitigkeiten der freiwilligen Gerichtsbarkeit gehört[25].

III. Entscheidung durch den Vorsitzenden (Abs. 3)

5   In den in Abs. 3 Satz 1 Nr. 1 bis 8 aufgeführten Fällen[26] entscheidet der **Vorsitzende der Kammer** für Handelssachen zwingend allein; er kann die Entscheidung nicht der Kammer überlassen[27]. Eine Entscheidung durch die Kammer ist jedoch wirksam[28]. Der Katalog[29] ent-

---

[17] Zum alten Streitstand *Hüffer* Anh. § 305 AktG § 2 SpruchG Rn 4; *Volhard* in MünchKomm. § 2 SpruchG Rn 3; *Wasmann* in Kölner Komm. § 2 SpruchG Rn 10.
[18] Die gewählte Formulierung geht auf die Kritik des *HRA* NZG 2003, 316 f. und die fast gleich lautende Stellungnahme des Bundesrats, BT-Drucks. 15/371 S. 21 zurück. Noch im RegE fehlte der Passus in Abs. 1 Satz 2 „oder sind bei verschiedenen Landgerichten Spruchverfahren nach Satz 1 anhängig, die in sachlichem Zusammenhang stehen"; dies war ungenau; denn bei mehreren übertragenden Rechtsträgern sind nicht „mehrere Landgerichte" zuständig, sondern für jeden der beteiligten Rechtsträger nur eines.
[19] *Wasmann* in Kölner Komm. § 2 SpruchG Rn 14.
[20] Statt vieler: *Hörtnagl* in Schmitt/Hörtnagl/Stratz B § 2 SpruchG Rn 6.
[21] Abs. 1 Satz 3. Siehe zu den Einzelheiten: *Fritzsche/Dreier/Verfürth* § 2 Rn 15 ff.; *Wasmann* in Kölner Komm. § 2 SpruchG Rn 15 f. Nicht Gesetz geworden ist der Vorschlag des Bundesrats, bei Anhängigkeit mehrerer Spruchverfahren, die sich auf die Bewertung desselben Rechtsträgers beziehen, unmittelbar auf Antrag eines der befassten Landgerichte das OLG, in dessen Bezirk das zuerst tätig gewordene Landgericht seinen Sitz hat, das allein zuständige Gericht für alle Verfahren bestimmen zu lassen, BegrRegE SpruchG, BT-Drucks. 15/371 S. 21. Die Bundesregierung befürchtete bei dieser Regelung Verfahrensverzögerungen, BegrRegE SpruchG, BT-Drucks. 15/371 S. 27.
[22] Wie bisher §§ 306 Abs. 1 Satz 2 iVm. 132 Abs. 1 Satz 2 AktG aF, § 306 Abs. 2 UmwG aF.
[23] Statt vieler: *Vollrath* in Widmann/Mayer Anh. 13 § 2 SpruchG Rn 22.
[24] Der wohlbegründeten Anregung des *HRA* zum RefE, NZG 2002, 119, 120, und zum RegE, NZG 2003, 316, 317, die Eingangszuständigkeit der Oberlandesgerichte, andernfalls aber die mit drei Berufsrichtern besetzte Zivilkammer statt der Kammer für Handelssachen vorzusehen, ist der Gesetzgeber nicht gefolgt.
[25] Statt vieler: *Emmerich* in Emmerich/Habersack AktKonzernR Anh. § 328 AktG § 2 SpruchG Rn 9.
[26] Bisher § 306 Abs. 1 Satz 2 AktG aF, § 306 Abs. 2 Satz 2 und 3 UmwG aF.
[27] Statt vieler: *Fritzsche/Dreier/Verfürth* § 2 Rn 20.
[28] *OLG Stuttgart* NZG 2004, 1162, 1164; *Wasmann* in Kölner Komm. § 2 SpruchG Rn 18.
[29] Näher zu den einzelnen Nummern *Fritzsche/Dreier/Verfürth* § 2 Rn 22 ff.; *Wasmann* in Kölner Komm. § 2 SpruchG Rn 18 f.

hält im Wesentlichen Entscheidungsgegenstände, die das **Verfahren betreffen** und vor oder nach der (materiellen) Entscheidung in der Hauptsache anfallen[30]. Auch die Anordnung einer Beweisaufnahme[31], etwa die Entscheidung über die Einholung eines schriftlichen Sachverständigengutachtens, fällt unter Nr. 4[32]. Die Durchführung der Beweisaufnahme bleibt allerdings der Kammer vorbehalten[33]. Dem Vorsitzenden obliegt folgerichtig auch die Vorbereitung der vorgeschriebenen mündlichen Verhandlung[34].

Nach Abs. 3 Satz 2 **kann der Vorsitzende** auch „im Übrigen", d.h. auch in der Hauptsache, an Stelle der Kammer **entscheiden**, falls dem alle Beteiligten zustimmen, also Antragsteller, Antragsgegner und die gemeinsamen Vertreter[35]. Ob der Vorsitzende beim Vorliegen des Einverständnisses aller Beteiligter allein entscheiden will, entscheidet er selbst nach freiem Ermessen[36]. 6

Abs. 3 gilt nicht, ist auch **nicht entsprechend anwendbar**, im Verfahren vor einer Zivilkammer, wo keine Kammer für Handelssachen besteht[37]. Dann gewinnen die allgemeinen **Regeln des FGG-Verfahrens** Bedeutung, wonach die Kammer einem Mitglied durch Beschluss bestimmte Aufgaben (zB die Durchführung der mündlichen Verhandlung und der Beweisaufnahme) als beauftragtem Richter **übertragen kann**[38]. Ist die Zuständigkeit der Zivilkammer begründet, kann gem. § 30 Abs. 1 Satz 3 FGG iVm. § 526 ZPO die Entscheidung einem Kammermitglied als Einzelrichter übertragen werden[39]. Bei Verfahren nach dem SpruchG wird eine Übertragung insbesondere in Betracht kommen, wenn die Sache keine grundsätzliche Bedeutung hat[40]. Eine Übertragung auf den Einzelrichter wegen Fehlens besonderer Schwierigkeiten rechtlicher oder tatsächlicher Art[41] wird dagegen wegen der regelmäßig komplexen Materie eines Spruchverfahrens ausscheiden. 7

IV. Zuständigkeitskonzentration (Abs. 4)

Die Landesregierungen können durch Rechtsverordnung die Zuständigkeit mehrerer Landgerichte auf ein Landgericht übertragen[42]. Folgende Länder haben davon Gebrauch gemacht:
– Baden-Württemberg[43]: LG Mannheim für den Bezirk des OLG Karlsruhe; LG Stuttgart für den Bezirk des OLG Stuttgart.
– Bayern[44]: LG München I für den Bezirk des OLG München; LG Nürnberg-Fürth für die Bezirke der OLGe Nürnberg und Bamberg. 8

---

[30] *Fritzsche/Dreier/Verfürth* § 2 Rn 21; *Krieger* in Lutter Anh. I § 2 SpruchG Rn 10.
[31] *Fritzsche/Dreier/Verfürth* § 2 Rn 25; *Klöcker/Frowein* § 2 Rn 15; *Vollrath* in Widmann/Mayer Anh. 13 § 2 SpruchG Rn 26; *Wasmann* in Kölner Komm. § 2 SpruchG Rn 18. AA *Krieger* in Lutter Anh. I § 2 SpruchG Rn 11.
[32] Statt vieler: *Vollrath* in Widmann/Mayer Anh. 13 § 2 SpruchG Rn 26.
[33] Statt vieler: *Krieger* in Lutter Anh. I § 2 SpruchG Rn 11.
[34] Abs. 3 Nr. 4 iVm. § 7.
[35] *Fritzsche/Dreier/Verfürth* § 2 Rn 30; *Klöcker/Frowein* § 2 Rn 16.
[36] Statt vieler: *Hörtnagl* in Schmitt/Hörtnagl/Stratz B § 2 SpruchG Rn 11.
[37] Statt vieler: *Fritzsche/Dreier/Verfürth* § 2 Rn 31.
[38] *Meyer-Holz* in Keidel/Kuntze/Winkler § 30 FGG Rn 7.
[39] § 30 Abs. 1 Satz 3 FGG wurde durch Art. 13 Nr. 2 ZPO-ReformG vom 27.7.2001 neu eingefügt und durchbricht den früher für das Verfahren der freiwilligen Gerichtsbarkeit allgemein gültigen Grundsatz, wonach eine Übertragung der Sache auf den Einzelrichter unzulässig ist. Siehe *Meyer-Holz* in Keidel/Kuntze/Winkler § 30 FGG Rn 1.
[40] § 526 Abs. 1 Nr. 3 ZPO.
[41] § 526 Abs. 1 Nr. 2 ZPO.
[42] Abs. 4.
[43] VO vom 20.11.1998, GBl. S. 680.
[44] VO vom 16.11.2004, GVBl. S. 471.

§ 3 1, 2   Siebentes Buch. Übergangs- und Schlußvorschriften

- Hessen[45]: LG Frankfurt am Main.
- Mecklenburg-Vorpommern[46]: LG Rostock.
- Niedersachsen[47]: LG Hannover.
- Nordrhein-Westfalen[48]: LG Dortmund für den Bezirk des OLG Hamm; LG Düsseldorf für den Bezirk des OLG Düsseldorf; LG Köln für den Bezirk des OLG Köln.
- Rheinland-Pfalz[49]: LG Koblenz für den Bezirk des OLG Koblenz; LG Frankenthal (Pfalz) für den Bezirk des Pfälzischen OLG Zweibrücken.
- Sachsen[50]: LG Leipzig.

9   Die Verordnungen, die noch auf den alten Ermächtigungen des AktG und des UmwG[51] beruhen, gelten nach dem Inkrafttreten des SpruchG weiter[52].

§ 3 Antragsberechtigung

¹Antragsberechtigt für Verfahren nach § 1 ist in den Fällen
1. der Nummer 1 jeder außenstehende Aktionär;
2. der Nummern 2 und 3 jeder ausgeschiedene Aktionär;
3. der Nummer 4 jeder in den dort angeführten Vorschriften des Umwandlungsgesetzes bezeichnete Anteilsinhaber;
4. der Nummer 5 jeder in den dort angeführten Vorschriften des SE-Ausführungsgesetzes bezeichnete Anteilsinhaber;
5. der Nummer 6 jedes in der dort angeführten Vorschrift des SCE-Ausführungsgesetzes bezeichnete Mitglied.

²In den Fällen der Nummern 1, 3, 4 und 5 ist die Antragsberechtigung nur gegeben, wenn der Antragsteller zum Zeitpunkt der Antragstellung Anteilsinhaber ist. ³Die Stellung als Aktionär ist dem Gericht ausschließlich durch Urkunden nachzuweisen.

1   Antragsberechtigt sind alle in § 1 Nr. 1 bis 3 genannten Aktionäre, alle von § 1 Nr. 4 und 5 erfassten Anteilsinhaber und alle in § 1 Nr. 6 bezeichneten Mitglieder, ferner die – im Gesetz nicht genannten – Aktionäre der börsennotierten AG beim Delisting und die Inhaber von Mehrstimmrechtsaktien, die einen im Spruchverfahren zu verfolgenden Anspruch geltend machen[1].

2   Gegen den zugrunde liegenden Hauptversammlungsbeschluss[2] müssen die Antragsteller in den **aktienrechtlichen Verfahren** nach den Nummern 1 und 2[3] nicht gestimmt haben, auch **Widerspruch zu Protokoll ist nicht erforderlich**; denn der Ausgleichsanspruch steht den Aktionären ohne weiteres kraft Gesetzes zu. Ein Gewinnabführungs- oder Beherrschungsvertrag ohne Ausgleichsbestimmung ist nichtig[4]; auch das Abfindungsangebot ist

---

[45] VO vom 19.2.2004, GVBl. I S. 98.
[46] VO vom 28.3.1994, GVOBl. S. 514.
[47] VO vom 22.1.1998, GVBl. S. 66.
[48] VO vom 31.5.2005, GV NRW S. 625.
[49] VO vom 22.11.1985, GVBl. S. 267.
[50] VO vom 6.5.1999, GVBl. S. 281.
[51] § 306 Abs. 1 Satz 2 AktG aF iVm. § 132 Abs. 1 Satz 3 AktG aF, § 306 Abs. 3 UmwG aF.
[52] Statt vieler *Hörtnagl* in Schmitt/Hörtnagl/Stratz B § 2 SpruchG Rn 13; Simon in Simon § 2 SpruchG Rn 5. Zweifelnd und eine Anpassung an die neue Ermächtigungsgrundlage empfehlend: *Hüffer* Anh. § 305 AktG § 2 SpruchG Rn 7.

[1] Siehe § 1 Rn 3.
[2] Zustimmungsbeschluss gem. § 293 Abs. 1 AktG; Eingliederungsbeschluss gem. § 320 Abs. 1 AktG; Ausschließungsbeschluss gem. § 327 a AktG.
[3] § 1 Nr. 1 bis 3.
[4] § 304 Abs. 3 Satz 1 AktG.

Antragsberechtigung　　　　　　　　　　　　　　　　　　　　　　　3–5 § 3

kraft Gesetzes in jeden Beherrschungs- und Gewinnabführungsvertrag aufzunehmen[5]. Der Anspruch entsteht mit der Annahmeerklärung des Aktionärs gegenüber der herrschenden Gesellschaft[6]. Das Recht auf Abfindung erlischt auch nicht dadurch, dass die außenstehenden Aktionäre Ausgleichszahlungen[7] des herrschenden Unternehmens entgegengenommen haben; denn darin liegt keine Verzichtserklärung auf die angemessene Abfindung[8].

Besonderheiten ergeben sich bei Spruchverfahren, die sich auf einen **Umwandlungsbeschluss** beziehen; sie sind in Nr. 3[9] zusammengefasst. Hier ist zu unterscheiden, ob sich das Spruchverfahren auf die Höhe einer anzubietenden Abfindung[10] oder auf die Angemessenheit des Umtauschverhältnisses[11] bezieht. Zwar geht es in beiden Fällen um die Angemessenheit der Gegenleistung, doch unterscheiden sich die beiden Verfahren dadurch, dass der Antragsteller im ersten Fall ausscheidet, im zweiten aber Anteilsinhaber bleibt. 　3

Wird das Spruchverfahren (nur) zur **Verbesserung des Umtauschverhältnisses** eingeleitet[12], muss der Antragsteller nicht gegen den zugrunde liegenden Hauptversammlungsbeschluss gestimmt und auch **nicht Widerspruch zu Protokoll** erklärt, er kann dem Beschluss auch zugestimmt haben[13]. Diese Regelung ist sachgerecht; durch sie wird vermieden, dass Anteilseigner den Umwandlungsbeschluss nur deshalb durch Neinstimme und Widerspruch zu Protokoll behindern (müssen), weil sie ein besseres Umtauschverhältnis für angemessen halten[14]. 　4

Anderes gilt, wenn im Spruchverfahren die Höhe des **Abfindungsanspruchs**[15] überprüft werden soll. Hier ist, von gesetzlichen Ausnahmen abgesehen[16], nur antragsberechtigt, wer **Widerspruch zu Protokoll** erklärt hat[17]. Nach überwiegender Auffassung kann Widerspruch nur erklären, wer gegen den Umwandlungsbeschluss gestimmt hat[18]. Der abweichenden Ansicht, die sogar eine ausdrückliche Zustimmung für unschädlich hält[19], ist nicht zu folgen. Sonst wäre es möglich, dass die Anteilsinhaber zunächst eine Umwandlungsmaßnahme 　5

---

[5] § 305 Abs. 1 AktG.
[6] *Hüffer* § 305 AktG Rn 7.
[7] § 304 AktG.
[8] BGH NZG 1998, 379, 380; *Fritzsche/Dreier/Verfürth* § 3 Rn 15.
[9] § 1 Nr. 4.
[10] Bei der Verschmelzung gem. § 29 Abs. 1 Satz 1 UmwG bzw. § 122 i UmwG bei grenzüberschreitenden Verschmelzungen; außerdem durch Verweisung gem. § 125 Satz 1 UmwG bei der Auf- und Abspaltung, gem. §§ 176 f. UmwG bei der Vermögensübertragung und gem. § 207 UmwG beim Formwechsel.
[11] Bei der Verschmelzung gem. § 15 Abs. 1 UmwG bzw. § 122 h UmwG bei grenzüberschreitenden Verschmelzungen; außerdem durch Verweisung gem. § 125 Satz 1 UmwG bei der Auf- und Abspaltung, nach §§ 176 f. UmwG bei der Vermögensübertragung und gem. § 196 UmwG beim Formwechsel.
[12] §§ 15, 196 UmwG.
[13] Statt vieler: *Fritzsche/Dreier/Verfürth* § 3 Rn 34.
[14] Das war auch die Intention des Gesetzgebers, siehe BegrRegE UmwG, BT-Drucks. 12/6699 S. 88.
[15] §§ 29, 207 UmwG.
[16] Bei Nichtzulassung zur Versammlung der Anteilseigner, nicht ordnungsgemäßer Einberufung derselben oder nicht ordnungsgemäßer Bekanntmachung des Gegenstands der Beschlussfassung sind die Anteilsinhaber auch ohne Widerspruch zu Protokoll antragsberechtigt, §§ 29 Abs. 2, 207 Abs. 2 UmwG.
[17] Statt vieler: OLG Stuttgart NZG 2004, 1162 f.; *Fritzsche/Dreier/Verfürth* § 3 Rn 36 (zu § 29 UmwG) und Rn 40 (zu § 207 UmwG).
[18] *Grunewald* in Lutter § 29 Rn 10; *Hörtnagl* in Schmitt/Hörtnagl/Stratz B § 3 SpruchG Rn 4.
[19] *Fritzsche/Dreier/Verfürth* § 3 Rn 36; *Wasmann* in Kölner Komm. § 3 SpruchG Rn 14. Der BegrRegE lässt sich durchaus entnehmen, dass mit „nein" abzustimmen ist; in der Begründung heißt es wörtlich: „Voraussetzung für die Pflicht, ein Abfindungsangebot zu machen, ist, dass der Anteilsinhaber sich durch Widerspruch gegen die Verschmelzung gewehrt hat oder sich nicht wehren konnte (§ 29 Abs. 2)", BT-Drucks. 12/6699 S. 94. Der Gesetzgeber erwartete demnach, dass sich der Anteilsinhaber mit den ihm zur Verfügung stehenden Mitteln (das ist auch die Nein-Stimme) gegen den Beschluss zur Wehr setzt.

mit der erforderlichen Dreiviertelmehrheit beschließen, sodann in großer Zahl Widerspruch zu Protokoll erklären und anschließend praktisch ihre Einlagen zurückerlangen. Auf diese Weise ließen sich die Kapitalerhaltungsvorschriften umgehen, die bei Umwandlungen für die GmbH in § 33 Abs. 3 GmbHG und für die AG in § 29 Abs. 1 Satz 1 2. Halbs. UmwG gelockert werden[20]. Dies würde einem wirtschaftlichen Aderlass des übertragenden Rechtsträgers Tür und Tor öffnen.

6 Die Antragsberechtigung setzt in den Fällen der Nr. 1, 3, 4 und 5 voraus, dass der Antragsteller **im Zeitpunkt der Antragstellung** Anteilsinhaber ist und, falls er Aktionär ist, dies durch Urkunden (Depotauszug, Vorlage effektiver Stücke)[21] nachweist[22]. Entsprechendes gilt für das Delisting[23]. Durch diese Regelung hat sich die jahrelange Diskussion über den relevanten **Zeitpunkt des Anteilserwerbs** erledigt[24]. Nunmehr kann der Antragsteller die Beteiligung auch erst während der Antragsfrist erworben haben. Diese Regelung ist sachgerecht; wer einen Abfindungsanspruch erwirbt, muss im Rahmen der rechtsstaatlichen Garantie effektiven Rechtsschutzes auch die Möglichkeit haben, diese Abfindung auf ihre Angemessenheit überprüfen zu lassen.

7 Dem steht es nicht entgegen, wenn der Abfindungsanspruch die Erklärung des Widerspruchs zu Protokoll voraussetzt[25]. Denn soweit ein Anteilseigner des übertragenden oder formwechselnden Rechtsträgers Widerspruch zu Protokoll erklärt hat, entsteht der Abfindungsanspruch nicht in seiner Person, sondern für den von ihm gehaltenen Anteil[26]. Mit Übertragung dieses Anteils – gleichviel ob im Wege der Einzel- oder Gesamtrechtsnachfolge – geht auch der Anspruch auf Barabfindung mit über[27].

8 Nach der in § 3 Satz 1 Nr. 3 beginnenden Verweisungskette[28] sind nur die Anteilsinhaber antragsberechtigt, die zuvor am **übertragenden oder formwechselnden Rechtsträger** beteiligt waren[29]. Die Beteiligung am übertragenden oder formwechselnden Rechtsträger ist kraft Gesetzes in eine Beteiligung am übernehmenden Rechtsträger bzw. Rechtsträger neuer Rechtsform umgewandelt[30]. Nicht zu Unrecht wurde gerügt, dass es wenig Sinn hat, von den Antragstellern den Nachweis ihrer Beteiligung am übernehmenden Rechtsträger im Zeitpunkt der Antragstellung zu verlangen, wenn es der Sache nach auf die frühere Beteiligung am übertragenden oder formwechselnden Rechtsträger ankommt[31]. Der Kritik ist insoweit zuzustimmen, als über den Wortlaut des Gesetzes hinaus vom Antragsteller der Nachweis zu

---

[20] Zur Kapitalerhaltung bei Umwandlungen: *Grunewald* in Lutter § 29 Rn 24 ff.
[21] *Krieger* in Lutter Anh. I § 3 SpruchG Rn 9 f.
[22] Sätze 2 und 3. Die Nachweispflicht ist in allen Fällen anwendbar, in denen Anteilsinhaber Kompensationsansprüche geltend machen. Siehe hierzu *Büchel* NZG 2003, 793, 794; *Fritzsche/Dreier/Verfürth* § 3 Rn 46; *Klöcker/Frowein* § 3 Rn 31. § 67 AktG gilt auch im Spruchverfahren, *LG Frankfurt a.M.* AG 2005, 666 und AG 2006, 290. Zweck der Regelung ist es, eine langwierige Beweisaufnahme zu vermeiden, BegrRegE SpruchG, BT-Drucks. 15/371 S. 13.
[23] *BayObLG* NZG 2005, 312; *OLG Düsseldorf* AG 2005, 480.
[24] Zum alten Streitstand *Wasmann* in Kölner Komm. § 3 SpruchG Rn 5.
[25] §§ 29 Abs. 1, 207 Abs. 1 UmwG. Siehe dazu: *van Aerssen* AG 1999, 249, 255 f.
[26] Mit ähnlicher Argumentation lässt das *OLG Stuttgart* NZG 2001, 854, 856 auch die gewillkürte Verfahrensstandschaft des Legitimationsaktionärs zu: „Für die Antragsgegnerin ist vielmehr allein erheblich, welche Beteiligungsrechte (Aktien) dem Antrag zugrunde liegen."
[27] *Krieger* in Lutter Umwandlungsrechtstage S. 275, 280; *Volhard* in MünchKomm. § 3 SpruchG Rn 7; *Vollrath* in Widmann/Mayer Anh. 13 § 3 SpruchG Rn 28 und 36. AA, wonach der Antragsteller im Zeitpunkt des Hauptversammlungsbeschlusses Anteilsinhaber des übertragenden Rechtsträgers gewesen sein müsse, *LG Dortmund* AG 2004, 623; *Wasmann* in Kölner Komm. § 3 SpruchG Rn 10.
[28] Diese setzt sich wie folgt fort: § 1 Nr. 4 SpruchG iVm. §§ 15, 34, 122 h, 122 i, 176 bis 181, 184, 186, 196, 212 UmwG.
[29] *OLG Stuttgart* NZG 2004, 1162; *Wasmann* in Kölner Komm. § 3 SpruchG Rn 15.
[30] §§ 20 Abs. 1 Nr. 3, 202 Abs. 1 Nr. 2 Satz 1 UmwG; im Fall der Verschmelzung erlischt der übertragende Rechtsträger, § 20 Abs. 1 Nr. 2 UmwG.
[31] *HRA* NZG 2003, 316, 317.

verlangen ist, dass er zuvor am übertragenden oder formwechselnden Rechtsträger beteiligt war. Indessen ist der Nachweis der Beteiligung am übernehmenden oder neuen Rechtsträger nicht entbehrlich. Denn Zuzahlung und Abfindung kann nur verlangen, wer auch noch am übernehmenden oder neuen Rechtsträger beteiligt ist; Abfindungs- und Zuzahlungsanspruch sind untrennbar mit der Beteiligung verbunden[32]. Durch umfassende Annahme des Barabfindungsangebots verliert der Aktionär seine Antragsbefugnis[33]. Die Anteilsinhaber des übernehmenden Rechtsträgers sind nicht antragsberechtigt[34].

In den Fällen des § 3 Satz 1 Nr. 2 sind nur die **ausgeschiedenen Aktionäre** antragsberechtigt. Das bedeutet für den Squeeze out, dass diejenigen Aktionäre, deren Anteile dem Hauptaktionär nach §§ 327 a Abs. 2 iVm. 16 Abs. 2 und 4 AktG zugerechnet wurden, nicht antragsberechtigt sind; denn sie sind in der Gesellschaft verblieben[35] und haben keinen Abfindungsanspruch. Danach ist zu prüfen, ob die Antragsteller bei Wirksamwerden des Eingliederungs-[36] oder Ausschließungsbeschlusses[37] Aktionäre waren. Das bedeutet allerdings nicht, dass der Antragsteller selbst bei Wirksamwerden der Maßnahme Anteilsinhaber gewesen sein muss; vielmehr ist auch jeder Einzel- und Gesamtrechtsnachfolger antragsberechtigt[38]. Denn der Abfindungsanspruch tritt als gesetzliches Surrogat an die Stelle der Aktie, kraft Gesetzes wandelt sich insoweit auch der Inhalt ausgegebener Aktienurkunden[39]. Da dieser Abfindungsanspruch wie jedes andere Recht übertragbar ist[40], steht er auch dem Einzel- oder Gesamtrechtsnachfolger des ausgeschiedenen Aktionärs zu. Notwendiger Annex des Abfindungsanspruchs ist das Recht auf seine gerichtliche Überprüfung[41]; freilich begrenzt durch die dreimonatige Antragsfrist. Antragsberechtigt ist auch der Legitimationsaktionär.

Ist ein Spruchverfahren bereits anhängig, bleibt die Antragsberechtigung bestehen, falls der Antragsgegner nunmehr einen Squeeze out-Beschluss fasst und dieser ins Handelsregister eingetragen wird. Unabhängig davon, dass die Antragsteller dann keine Aktionäre mehr

---

[32] *Krieger* in Lutter Umwandlungsrechtstage S. 275, 280; *Schulenberg* AG 1998, 74, 78 f.; *Volhard* in MünchKomm. § 3 SpruchG Rn 8. AA, wonach Anspruch und Beteiligung trennbar seien, *Bork* in Lutter § 15 Rn 2.

[33] *Grunewald* in Lutter § 34 Rn 3; *Hörtnagl* in Schmitt/Hörtnagl/Stratz B § 3 SpruchG Rn 4. Anders bei Entgegennahme von Ausgleichszahlungen, siehe hierzu Rn 2.

[34] *Hörtnagl* in Schmitt/Hörtnagl/Stratz B § 3 SpruchG Rn 2. AA, wonach auch die Anteilsinhaber des übernehmenden Rechtsträgers antragsberechtigt seien, *Fritzsche/Dreier/Verfürth* § 3 Rn 35. Diese unterschiedliche Regelung für übertragende und aufnehmende Rechtsträger stößt seit Jahren auf massive Kritik: *Fritzsche/Dreier* BB 2002, 737, 739 f.

[35] Die Legalzession des § 327 e Abs. 3 Satz 1 AktG erfasst nur die Aktien der Minderheitsaktionäre, die in § 327 a Abs. 1 Satz 1 AktG als die „übrigen" Aktionäre definiert sind. Aktionäre, deren Aktien dem Hauptaktionär zugerechnet werden, gehören nicht dazu; siehe auch BegrRegE WpÜG, BT-Drucks. 14/7034 S. 72.

[36] § 1 Nr. 2.

[37] § 1 Nr. 3.

[38] LG Dortmund AG 2005, 310; *Fritzsche/Dreier/Verfürth* § 3 Rn 23 und 31; *Hörtnagl* in Schmitt/Hörtnagl/Stratz B § 3 SpruchG Rn 5; *Volhard* in MünchKomm. § 3 SpruchG Rn 9. AA, wonach Einzelrechtsnachfolger nicht antragsberechtigt seien, OLG Frankfurt a.M. NZG 2006, 152, 153; *LG Frankfurt* NZG 2005, 323, 324; *Klöcker/Frowein* § 3 Rn 13; *Wasmann* in Kölner Komm. § 3 SpruchG Rn 10; *ders.* WM 2004, 819, 822.

[39] § 320 a Satz 2 AktG.

[40] Es gelten die allgemeinen Vorschriften, d.h. §§ 413, 318 BGB für den unverbrieften Abfindungsanspruch, § 929 BGB für den verbrieften. Befindet sich die vormalige Aktie in Sammelverwahrung, gelten die Grundsätze des Geheißerwerbs, also Einigung und Anweisung. Ausf. zum Ganzen: *Modlich* DB 2002, 671, 673 ff.; *Mentz/Fröhling* NZG 2002, 201, 207. Bei Abtretung erst während des Spruchverfahrens ist § 265 ZPO anwendbar, *Schulenberg* AG 1998, 74, 80 f. Die Abtretung auch dieses Anspruchs wird anzunehmen sein, wenn sich der Veräußerer ihn nicht ausdrücklich vorbehalten hat.

[41] *Krieger* in Lutter Umwandlungsrechtstage S. 275, 280.

iSd. Satz 1 Nr. 1 und 3 sind, besteht ihr Anspruch auf angemessenen Ausgleich für die Vergangenheit bzw. angemessene Abfindung fort[42].

11 Fehlt die Antragsberechtigung, ist der Antrag nicht unbegründet, sondern **unzulässig**[43].

12 Der Nachweis der Antragsberechtigung[44] kann bis zum Schluss der mündlichen Verhandlung erfolgen; innerhalb der Antragsfrist ist die Darlegung der Antragsberechtigung nach dem Wortlaut des § 4 Abs. 2 Satz 2 Nr. 2 ausreichend[45].

§ 4 Antragsfrist und Antragsbegründung

(1) ¹Der Antrag auf gerichtliche Entscheidung in einem Verfahren nach § 1 kann nur binnen drei Monaten seit dem Tag gestellt werden, an dem in den Fällen

1. der Nummer 1 die Eintragung des Bestehens oder einer unter § 295 Abs. 2 des Aktiengesetzes fallenden Änderung des Unternehmensvertrags im Handelsregister nach § 10 des Handelsgesetzbuchs;
2. der Nummer 2 die Eintragung der Eingliederung im Handelsregister nach § 10 des Handelsgesetzbuchs;
3. der Nummer 3 die Eintragung des Übertragungsbeschlusses im Handelsregister nach § 10 des Handelsgesetzbuchs;
4. der in Nummer 4 genannten §§ 15, 34, 176 bis 181, 184, 186, 196 und 212 des Umwandlungsgesetzes die Eintragung der Umwandlung im Handelsregister nach den Vorschriften des Umwandlungsgesetzes;
5. der in Nummer 4 genannten §§ 122 h und 122 i des Umwandlungsgesetzes die Eintragung der grenzüberschreitenden Verschmelzung nach den Vorschriften des Staats, dessen Recht die übertragende oder neue Gesellschaft unterliegt;
6. der Nummer 5 die Eintragung der SE nach den Vorschriften des Sitzstaates;
7. der Nummer 6 die Eintragung der Europäischen Genossenschaft nach den Vorschriften des Sitzstaates

bekannt gemacht worden ist. ²Die Frist wird in den Fällen des § 2 Abs. 1 Satz 2 und 3 durch Einreichung bei jedem zunächst zuständigen Gericht gewahrt.

(2) ¹Der Antragsteller muss den Antrag innerhalb der Frist nach Absatz 1 begründen. ²Die Antragsbegründung hat zu enthalten:

1. die Bezeichnung des Antragsgegners;
2. die Darlegung der Antragsberechtigung nach § 3;
3. Angaben zur Art der Strukturmaßnahme und der vom Gericht zu bestimmenden Kompensation nach § 1;
4. konkrete Einwendungen gegen den die Angemessenheit der Kompensation nach § 1 oder gegebenenfalls gegen den als Grundlage für die Kompensation ermittelten Unternehmenswert, soweit hierzu Angaben in den in § 7 Abs. 3 genannten Unterlagen

---

[42] Hierzu *Schiffer/Roßmeier* DB 2002, 1359 ff.

[43] *OLG Stuttgart* NZG 2004, 1162, 1163; *LG Frankfurt a.M.* NZG 2005, 190; *LG Dortmund* DB 2004, 2685; statt vieler: *Wasmann* in Kölner Komm. § 3 SpruchG Rn 1. AA, wonach der Antrag bei fehlender Antragsberechtigung unbegründet sei, *OLG Hamburg* NZG 2004, 45.

[44] Satz 2.

[45] *OLG Frankfurt a.M.* NZG 2006, 151 und 153; *dass.* NZG 2006, 667; *OLG Düsseldorf* NZG 2005, 895, 896; *OLG Stuttgart* NZG 2004, 1162; *Emmerich* in Emmerich/Habersack AktKonzernR Anh. § 328 AktG § 3 SpruchG Rn 14. AA., wonach die Antragsberechtigung innerhalb der Antragsfrist nachzuweisen sei, *LG Frankfurt a.M.* NZG 2005, 323, NZG 2005, 190 und AG 2005, 544; *Bungert/Mennicke* BB 2003, 2021, 2025; *Fritzsche/Dreier/Verfürth* § 4 Rn 16; *Hörtnagl* in Schmitt/Hörtnagl/Stratz B § 3 SpruchG Rn 7; *Hüffer* Anh. § 305 AktG § 3 SpruchG Rn 7; *Klöcker/Frowein* § 3 Rn 32 und § 4 Rn 21; *Krieger* in Lutter Anh. I § 3 SpruchG Rn 8; noch *Volhard* in MünchKomm. § 3 Rn 12; *Wasmann* WM 2004, 819, 822.

enthalten sind. ³Macht der Antragsteller glaubhaft, dass er im Zeitpunkt der Antragstellung aus Gründen, die er nicht zu vertreten hat, über diese Unterlagen nicht verfügt, so kann auf Antrag die Frist zur Begründung angemessen verlängert werden, wenn er gleichzeitig Abschrifterteilung gemäß § 7 Abs. 3 verlangt.
⁴Aus der Antragsbegründung soll sich außerdem die Zahl der von dem Antragsteller gehaltenen Anteile ergeben.

Übersicht

	Rn		Rn
I. Antragsfrist (Abs. 1)	1–7	II. Antragsbegründung (Abs. 2)	8–14

I. Antragsfrist (Abs. 1)

Die Antragsfrist beträgt statt bisher zwei nunmehr drei Monate. Im Übrigen entspricht die Fristenregelung den früheren Regelungen[1]. Die Dreimonatsfrist ist eine **materiellrechtliche Ausschlussfrist**[2]; Wiedereinsetzung in den vorigen Stand ist daher bei Fristversäumung nicht möglich[3]. Auch eine Hemmung oder Unterbrechung der Frist ist ausgeschlossen[4]. Wird die Frist nicht eingehalten, ist der **Antrag unzulässig**[5]. 1

Die Frist beginnt an dem Tag zu laufen, an dem die Eintragung der Maßnahme bekannt gemacht worden ist, die den im Spruchverfahren zu überprüfenden Anspruch gem. § 1 auslöst. In den grenzüberschreitenden Fällen des Abs. 1 Nr. 5 bis 7 kann es zur Anwendung ausländischen Rechts kommen. Richtet sich die Eintragung und Bekanntmachung nach deutschem Recht, ist seit dem 1. 1. 2007[6] die Bekanntmachung im elektronischen Handelsregister maßgeblich, das im Internet unter www.handelsregister-bekanntmachungen.de abrufbar ist[7]. 2

Bei der **Verschmelzung** (und der Spaltung) kommen verschiedene Tage für die beteiligten Rechtsträger in Betracht; namentlich könnte die Frist bei demjenigen übertragenden Rechtsträger zu laufen beginnen, bei dem die Verschmelzung (deklaratorisch) zuerst eingetragen wird[8], ehe sie wirksam geworden ist. Maßgebend kann hier nur die Bekanntmachung der (konstitutiven) Eintragung sein, mit der die Maßnahme wirksam geworden ist. 3

---

[1] §§ 304 Abs. 4 Satz 2, 320 b Abs. 3 Satz 2, 327 f Abs. 2 AktG aF, § 305 UmwG aF.

[2] *OLG Düsseldorf* NZG 2005, 719; *BayObLG* NZG 2005, 312, 314; *LG Dortmund* NZG 2005, 139, 140; *Emmerich* in Emmerich/Habersack AktKonzernR Anh. § 328 AktG § 4 SpruchG Rn 3; *Hörtnagl* in Schmitt/Hörtnagl/Stratz B § 4 SpruchG Rn 5; *Hüffer* Anh. § 305 AktG § 4 SpruchG Rn 2; *Volhard* in MünchKomm. § 4 SpruchG Rn 1; *Vollrath* in Widmann/Mayer Anh. 13 § 4 SpruchG Rn 2. AA, wonach die Frist ausschließlich eine Zulässigkeitsvoraussetzung sei, *Riegger* in Kölner Komm. Vorb. §§ 1 ff. SpruchG Rn 4; *Wasmann* in Kölner Komm. § 4 SpruchG Rn 3.

[3] *OLG Düsseldorf* NZG 2005, 719 f.; statt vieler: *Wasmann* in Kölner Komm. § 4 SpruchG Rn 4. AA, wonach eine Wiedereinsetzung in den vorigen Stand möglich sei, wenn weitere zulässige Anträge vorliegen; *LG Dortmund* NZG 2005, 139, 140.

[4] *Emmerich* in Emmerich/Habersack AktKonzernR Anh. § 328 AktG § 4 SpruchG Rn 3.

[5] Statt vieler: *Krieger* in Lutter Anh. I § 4 SpruchG Rn 9. Eine Nebenintervention nach Versäumung der Antragsfrist scheidet aus, *OLG Frankfurt a.M.* FG Prax 2006, 90.

[6] Gesetz über elektronische Handelsregister und Genossenschaftsregister sowie das Unternehmensregister vom 10. 11. 2006, BGBl. I S. 2553. Siehe hierzu: *Liebscher/Scharff* NJW 2006, 3745; *Nedden-Boeger* FGPRax 2007, 1; *Noack* NZG 2006, 801.

[7] § 10 HGB. Nach der Übergangsvorschrift des Art. 61 Abs. 4 Satz 1 EGHGB hat das Gericht Handelsregistereintragungen bis zum 31. 12. 2008 zusätzlich in einer Tageszeitung oder einem sonstigen Blatt bekannt zu machen; für den Eintritt der Wirkung der Bekanntmachung ist gemäß Art. 61 Abs. 4 Satz 4 EGHGB ausschließlich die elektronische Bekanntmachung nach § 10 Satz 1 HGB maßgebend.

[8] § 19 Abs. 1 Satz 1 UmwG.

Für den Fristbeginn ist daher die **Bekanntmachung der letzten Eintragung maßgebend**[9]. Bei der **SE** und der **SCE** richtet sich der Fristbeginn nach der Bekanntmachung im Sitzstaat, bei der grenzüberschreitenden Verschmelzung nach der Bekanntmachung des Staates, dessen Recht die neue oder übertragende Gesellschaft unterliegt[10]. Beim **Delisting** ist für die Berechnung der Antragsfrist auf die Veröffentlichung des Widerrufs der Zulassung der Wertpapiere zur amtlichen Notierung[11] abzustellen[12]. Der Antragsteller muss auch beim Delisting zum Zeitpunkt der Antragstellung Aktionär der Gesellschaft sein[13]. Beim Erlöschen oder bei der Beseitigung von **Mehrstimmrechten** wird für den Fristbeginn ebenfalls auf die Bekanntmachung gem. § 10 Abs. 2 HGB abgestellt, doch beträgt die Frist lediglich zwei Monate[14].

4 Wegen der Möglichkeit, die Frist zu verlängern[15], hat der Gesetzgeber auf die bisher bestehende Möglichkeit, Anschlussanträge einzureichen und auf die dadurch nötige Bekanntmachung des Antrags verzichtet[16]. Es gibt also **keine Anschluss- oder Folgeanträge mehr**[17].

5 Für die **Berechnung der Frist** gelten die Vorschriften des BGB[18]. Der Tag der Bekanntmachung wird also nicht mitgerechnet[19], so dass bei Bekanntmachung am (während des) 1.1. die Antragsfrist am 1.4., 24 Uhr, abläuft[20]. Ist dieser ein Samstag oder Sonntag oder allgemeiner Feiertag, läuft sie am nächsten Werktag, 24 Uhr ab[21]. Die Kenntnis des Antragsberechtigten von der Bekanntmachung ist für die Fristberechnung unerheblich[22]. Ohne Bedeutung für den Fristverlauf ist auch die Rechtshängigkeit der Anfechtungs- oder Nichtigkeitsklage[23].

6 **Vor Fristbeginn** gestellte Anträge sind aufgrund des eindeutigen Wortlauts zunächst unzulässig[24]. Sie werden jedoch mit Fristbeginn zulässig, wenn sie das Gericht bis dahin noch nicht zurückgewiesen hat[25].

7 Die Frist ist gewahrt, wenn der Antrag vor Fristablauf bei dem zuständigen Landgericht, ggf. einem der zuständigen Landgerichte[26] eingegangen ist[27]. Der Antrag kann auch zu Pro-

---

[9] *Emmerich* in Emmerich/Habersack AktKonzernR Anh. § 328 AktG § 4 SpruchG Rn 3.
[10] Abs. 1 Nr. 5 bis 7.
[11] § 38 Abs. 4 BörsenG.
[12] *BGH* NZG 2003, 280 („Macrotron"); *BayObLG* NZG 2005, 312, 313; *OLG Zweibrücken* NZG 2004, 872, 873; *LG München I* AG 2004, 393; statt vieler *Krolop* NZG 2005, 546 f.
[13] *BayObLG* NZG 2005, 312.
[14] § 5 Abs. 4 Satz 3 EGAktG.
[15] § 4 Abs. 2 Satz 2 Nr. 4 Satz 3. Zur Fristverlängerung *Fritzsche/Dreier/Verfürth* § 4 Rn 21 ff.; *Krieger* in Lutter Anh. I § 4 SpruchG Rn 20 f.
[16] § 6 RefE; dazu BegrRegE SpruchG, BT-Drucks. 15/371 S. 13.
[17] Hierzu *Hörtnagl* in Schmitt/Hörtnagl/Stratz B § 4 SpruchG Rn 1.
[18] § 17 Abs. 1 iVm. § 17 FGG.
[19] § 187 Abs. 1 BGB.
[20] § 188 Abs. 2 BGB.
[21] § 17 Abs. 2 FGG.
[22] *Fritzsche/Dreier/Verfürth* § 4 Rn 8; *Krieger* in Lutter Anh. I § 4 SpruchG Rn 5.
[23] *Hörtnagl* in Schmitt/Hörtnagl/Stratz B § 4 SpruchG Rn 4.
[24] *LG Dortmund* NZG 2005, 320, 321; *Fritzsche/Dreier/Verfürth* § 4 Rn 5; *Krieger* in Lutter Anh. I § 4 SpruchG Rn 6; *Wasmann* in Kölner Komm. § 4 SpruchG Rn 7; *ders.* DB 2003, 1559. AA, wonach der Antrag ab der konstitutiven Eintragung im Handelsregister zulässig sei, *LG Frankfurt a.M.* NZG 2004, 425, 426; *Emmerich* in Emmerich/Habersack AktKonzernR Anh. § 328 AktG § 4 SpruchG Rn 4; *Hörtnagl* in Schmitt/Hörtnagl/Stratz B § 4 SpruchG Rn 7. AA, wonach die Einreichung vor Fristbeginn „fristwahrend" sei, *Hüffer* Anh. § 305 AktG § 4 SpruchG Rn 5; noch *Volhard* in MünchKomm. § 4 SpruchG Rn 4.
[25] *OLG Frankfurt a.M.* NZG 2006, 153; *BayObLG* NZG 2005, 312, 315; *Fritzsche/Dreier/Verfürth* § 4 Rn 5; *Krieger* in Lutter Anh. I § 4 SpruchG Rn 6; *Vollrath* in Widmann/Mayer Anh. 13 § 4 SpruchG Rn 8; *Wasmann* in Kölner Komm. § 4 SpruchG Rn 7.
[26] § 2 Abs. 1 Sätze 2 und 3, 4 Abs. 2 Satz 2.
[27] Statt vieler: *Hörtnagl* in Schmitt/Hörtnagl/Stratz B § 4 SpruchG Rn 6.

Antragsfrist und Antragsbegründung

tokoll der Geschäftsstelle erklärt werden[28]. Der Eingang bei einem **unzuständigen Gericht wahrt die Frist nicht**, es sei denn, das unzuständige Gericht gibt den Antrag so rechtzeitig an das zuständige ab, dass er dort noch vor Fristablauf eingeht[29].

II. Antragsbegründung (Abs. 2)

Der Antrag[30] muss auf die Festsetzung der baren Zuzahlung bzw. der angemessenen Barabfindung gerichtet sein und **innerhalb der Antragsfrist begründet** werden[31]. Die Minimalbegründung gibt das Gesetz vor:
1. Der Antragsgegner[32] ist zu bezeichnen[33];
2. die Antragsberechtigung[34] ist darzulegen[35];
3. Angaben zur Art der Strukturmaßnahme und der vom Gericht zu bestimmenden Kompensation (Ausgleich, Abfindung, Zuzahlung) sind zu machen[36];
4. gegen die Angemessenheit der Kompensation oder ggf. gegen den als Grundlage für die Kompensation ermittelten Unternehmenswert[37], soweit dieser sich aus den gem. § 7 Abs. 3 vorgelegten Unterlagen ergibt, müssen konkrete Einwendungen vorgebracht werden[38].
Und schließlich soll die Zahl der vom Antragsteller gehaltenen Anteile angegeben werden[39].

Abs. 2 Nr. 4 geht davon aus, dass den Antragstellern rechtzeitig vor Fristablauf die in § 7 Abs. 3 genannten Unterlagen (Bericht über den Unternehmensvertrag, Eingliederungsbericht, Bericht über die Übertragung der Aktien auf den Hauptaktionär, Umwandlungsbericht und ggf. auch Prüfberichte) zur Begründung ihres Antrags zur Verfügung stehen. Trägt

---

[28] § 11 FGG. Hierzu *Krieger* in Lutter, Anh. I § 4 SpruchG Rn 2.
[29] OLG *Düsseldorf* NZG 2005, 719; LG *Dortmund* NZG 2005, 139; statt vieler: *Krieger* in Lutter Anh. I § 4 SpruchG Rn 7. AA, wonach der Eingang des Antrags beim örtlich unzuständigen Gericht fristwahrend sei, OLG *Karlsruhe* NZG 2005, 84 (Vorlagebeschluss vom 28.10.2004 an BGH).
[30] Der Anregung der Stellungnahme des *HRA* zum RefE, NZG 2002, 119, 122, auch den gemeinsamen Vertreter zur Begründung zu verpflichten, hat der Gesetzgeber nicht entsprochen.
[31] Das geht auf die eingehende Stellungnahme des *HRA* zum RefE, NZG 2002, 119, 122, zurück. Anträge „ins Blaue hinein" sollen dadurch verhindert werden; siehe *Neye*, FS Wiedemann, S. 1127, 1134. Anders nach § 12 FGG, siehe *Schmidt* in Keidel/Kuntze/Winkler § 12 FGG Rn 21. Kritisch zur Begründungspflicht *Puszkajler* ZIP 2003, 518, 520: „An Stelle des bisherigen Faxantrags mit einer Seite wird nun ein längerer Schriftsatz mit formelhaften, aus jedem Gutachten und Unternehmensbericht abzuleitenden Standardbewertungsrügen treten."
[32] § 5.
[33] Abs. 2 Satz 2 Nr. 1. Der Antrag ist auch dann zulässig, wenn die Vorstandsmitglieder, welche die Gesellschaft vertreten, nicht genannt werden, OLG *Hamburg* AG 2005, 927.
[34] § 3.
[35] Abs. 2 Satz 2 Nr. 2. Siehe zum Streitstand, ob die Antragsberechtigung innerhalb der Antragsfrist darzulegen oder nachzuweisen ist, § 3 Rn 12.
[36] Abs. 2 Satz 2 Nr. 3. Die fehlerhafte Bezeichnung der Art der Strukturmaßnahme ist unschädlich, wenn der Gegenstand des beantragten Spruchverfahrens nicht ungewiss ist, OLG *Stuttgart* NZG 2004, 1162.
[37] Zur Unternehmensbewertung *Fritzsche/Dreier/Verfürth* § 1 Rn 189 ff.; *Klöcker/Frowein* Anh. § 1; *Riegger* in Kölner Komm. Anh. § 11 SpruchG. Entgegen der Rechtsprechung des BGH und anderer Oberlandesgerichte stellt das OLG *Stuttgart* NZG 2007, 302 für den Börsenwert als Untergrenze einer Abfindung auf den nach Umsätzen gewichteten durchschnittlichen Börsenkurs in einem Referenzzeitraum von drei Monaten vor Bekanntgabe der Maßnahme ab.
[38] Abs. 2 Satz 2 Nr. 4. Hierzu OLG *Frankfurt a.M.* NZG 2006, 674; *Wasmann* in Kölner Komm. § 4 SpruchG Rn 15 ff.
[39] Abs. 2 Satz 3. Hierzu *Fritzsche/Dreier/Verfürth* § 4 Rn 24 f.

Volhard

ein Antragsteller vor, dass er diese Dokumente nicht hat, ist ihm Gelegenheit einzuräumen, seine Antragsbegründung nachträglich zu vervollständigen[40].

10 Die **Bezifferung** des Anspruchs in der Antragsbegründung ist **unnötig**[41]. Der Anspruch auf gesetzliche Verzinsung[42] muss nicht ausdrücklich geltend gemacht werden[43]. Das Gericht setzt die Zinsen von Amts wegen fest[44]. Die Geltendmachung eines über den gesetzlichen Zinsanspruch hinausgehenden Verzugsschadens ist allerdings im Rahmen des Spruchverfahrens nicht möglich; er kann nur durch Klage im ordentlichen Verfahren geltend gemacht werden[45]. Das Gleiche gilt für sonstige Schadensersatzansprüche.

11 Eine **Form ist nicht vorgeschrieben**. Der Antrag kann durch Einreichung eines Schriftsatzes beim Landgericht gestellt werden, aber auch zu Protokoll der Geschäftsstelle des zuständigen Land- und jedes Amtsgerichts[46].

12 Die Beteiligten können sich durch **Bevollmächtigte** vertreten lassen, die auf Anordnung des Gerichts oder auf Verlangen eines Beteiligten ihre Vollmacht in öffentlich beglaubigter Form nachzuweisen haben[47]. In der ersten Instanz besteht kein Anwaltszwang[48].

13 Der Antragsteller kann sowohl die Festsetzung einer angemessenen Barabfindung als auch die Festsetzung eines Ausgleichs durch bare Zuzahlung durch das Gericht beantragen; erst nach Abschluss des Spruchverfahrens muss der Anteilsinhaber sein Wahlrecht ausüben[49].

14 Werden die Mindestanforderungen des Abs. 2 nicht eingehalten, ist der Antrag **unzulässig**[50].

§ 5 Antragsgegner

Der Antrag auf gerichtliche Entscheidung in einem Verfahren nach § 1 ist in den Fällen

1. der Nummer 1 gegen den anderen Vertragsteil des Unternehmensvertrags;
2. der Nummer 2 gegen die Hauptgesellschaft;
3. der Nummer 3 gegen den Hauptaktionär;
4. der Nummer 4 gegen die übernehmenden oder neuen Rechtsträger oder gegen den Rechtsträger neuer Rechtsform;
5. der Nummer 5 gegen die SE, aber im Fall des § 9 des SE-Ausführungsgesetzes gegen die die Gründung anstrebende Gesellschaft;
6. der Nummer 6 gegen die Europäische Genossenschaft.

zu richten.

---

[40] Abs. 2 Satz 2 Nr. 4 Satz 3.
[41] Statt vieler: *Fritzsche/Dreier/Verfürth* § 4 Rn 15.
[42] §§ 305 Abs. 3 Satz 3, 320 b Abs. 1 Satz 6, 327 b Abs. 2 AktG; §§ 15 Abs. 2 Satz 1, 30 Abs. 1 Satz 2, 196, 208 UmwG.
[43] *Klöcker/Frowein* § 4 Rn 17.
[44] Siehe dazu § 11 Rn 3.
[45] *Klöcker/Frowein* § 4 Rn 17.
[46] § 11 FGG. Hierzu *Wasmann* in Kölner Komm. § 4 SpruchG Rn 5.
[47] § 13 FGG.
[48] *Krieger* in Lutter Anh. I § 4 SpruchG Rn 2.
[49] OLG Schleswig ZIP 2004, 2433, 2434.
[50] OLG Stuttgart NZG 2004, 1162, 1163; LG Dortmund DB 2004, 2685; statt vieler in der Lit.: *Fritzsche/Dreier/Verfürth* § 4 Rn 13.

Die Vorschrift enthält erstmals eine ausdrückliche Angabe, gegen wen der Antrag zu richten ist. Inhaltlich entspricht sie der bisherigen Rechtslage[1]. Die Antragsgegnerschaft ist eine Frage der **Zulässigkeit**[2]. 1

Bei den **Unternehmensverträgen**[3] ist der andere Vertragsteil des Beherrschungs- und/oder Gewinnabführungsvertrags Antragsgegner[4]. Bei der **Mehrheitseingliederung**[5] ist die Hauptgesellschaft, also die eingliedernde Gesellschaft, Antragsgegnerin[6]. Antragsgegner beim **Squeeze out**[7] ist allein der Hauptaktionär[8]. Der Antrag ist bei **Umwandlungen**, also bei Verschmelzung[9], Spaltung[10], Vermögensübertragung[11] und Formwechsel[12], gegen „die" übernehmenden oder neuen Rechtsträger zu richten, bei der Spaltung also, bei der es mehrere übernehmende oder neue Rechtsträger geben kann, gegen jeden von ihnen[13]. Ist der Rechtsträger eine BGB-Gesellschaft, ist der Antrag nicht mehr gegen jeden ihrer Gesellschafter zu richten, sondern gegen die Gesellschaft[14]. Antragsgegnerin bei der Gründung oder Sitzverlegung einer **SE** ist die SE selbst, bei der Gründung einer Holding-SE jedoch die Gesellschaft, welche die SE-Gründung anstrebt[15]. Bei der Gründung einer **SCE** ist die Europäische Genossenschaft Antragsgegnerin. 2

Bei den nicht gesetzlich geregelten Fällen, auf die das SpruchG Anwendung findet[16], gilt Folgendes: Beim **Delisting** ist Antragsgegner, wer den anderen Gesellschaftern ein Kaufangebot unterbreitet, also die Gesellschaft oder der Großaktionär[17]. Bei der Aufhebung der **Mehrstimmrechte**[18] ist die Gesellschaft Antragsgegnerin[19]. 3

§ 6 Gemeinsamer Vertreter

(1) ¹Das Gericht hat den Antragsberechtigten, die nicht selbst Antragsteller sind, zur Wahrung ihrer Rechte frühzeitig einen gemeinsamen Vertreter zu bestellen; dieser hat die Stellung eines gesetzlichen Vertreters. ²Werden die Festsetzung des angemessenen Ausgleichs und die Festsetzung der angemessenen Abfindung beantragt, so hat es für jeden Antrag einen gemeinsamen Vertreter zu bestellen, wenn aufgrund der konkreten

---

[1] Zu Nr. 4: § 307 Abs. 2 UmwG aF. Siehe zudem, jedoch ohne ausdrückliche Regelung: Nr. 1: § 304 Abs. 4 Satz 1 AktG aF, Nr. 2: § 320 b Abs. 3 AktG aF, Nr. 3: § 327 f Abs. 2 Satz 1 AktG aF.
[2] Statt vieler: *Krieger* in Lutter Anh. I § 5 SpruchG Rn 1.
[3] §§ 304, 305 AktG.
[4] Nr. 1.
[5] § 320 b AktG.
[6] Nr. 2.
[7] § 327 f AktG.
[8] Nr. 3. Der frühere Streit, ob die Gesellschaft oder der Hauptaktionär Antragsgegner ist, hat sich damit erledigt.
[9] §§ 2 bis 122 l UmwG.
[10] §§ 123 bis 173 UmwG.
[11] §§ 174 bis 189 UmwG.
[12] §§ 190 bis 304 UmwG.
[13] Statt vieler: *Hörtnagl* in Schmitt/Hörtnagl/Stratz B § 5 SpruchG Rn 2.
[14] BegrRegE SpruchG, BT-Drucks. 15/371 S. 13 mit Hinweis auf BGHZ 146, 341, wonach die Rechtsfähigkeit der GbR anzuerkennen ist.
[15] Nr. 5.
[16] Hierzu § 1 Rn 3.
[17] *BayObLG* NZG 2005, 312; *Emmerich* in Emmerich/Habersack AktKonzernR Anh. § 328 AktG § 5 SpruchG Rn 3; *Klöcker/Frowein* § 5 Rn 8; *Krieger* in Lutter Anh. I § 5 SpruchG Rn 5; *Krolop* NZG 2005, 546 f.; *Wasmann* WM 2004, 819, 824. AA, wonach der Antrag zumindest gegen die Gesellschaft oder gegen den Mehrheitsaktionär, zweckmäßigerweise aber gegen beide zu richten sei, *Fritzsche/Dreier/Verfürth* § 5 Rn 9.
[18] § 5 Abs. 1 und 2 EGAktG.
[19] Statt vieler: *Wasmann* in Kölner Komm. § 5 SpruchG Rn 5.

Umstände davon auszugehen ist, dass die Wahrung der Rechte aller betroffenen Antragsberechtigten durch einen einzigen gemeinsamen Vertreter nicht sichergestellt ist. ³Die Bestellung eines gemeinsamen Vertreters kann vollständig unterbleiben, wenn die Wahrung der Rechte der Antragsberechtigten auf andere Weise sichergestellt ist. ⁴Das Gericht hat die Bestellung des gemeinsamen Vertreters im elektronischen Bundesanzeiger bekannt zu machen. ⁵Wenn in den Fällen des § 1 Nr. 1 bis 3 die Satzung der Gesellschaft, deren außenstehende oder ausgeschiedene Aktionäre antragsberechtigt sind, oder in den Fällen des § 1 Nr. 4 der Gesellschaftsvertrag, der Partnerschaftsvertrag, die Satzung oder das Statut des übertragenden oder formwechselnden Rechtsträgers noch andere Blätter oder elektronische Informationsmedien für die öffentlichen Bekanntmachungen bestimmt hatte, so hat es die Bestellung auch dort bekannt zu machen.

(2) ¹Der gemeinsame Vertreter kann von dem Antragsgegner in entsprechender Anwendung des Rechtsanwaltsvergütungsgesetzes den Ersatz seiner Auslagen und eine Vergütung für seine Tätigkeit verlangen; mehrere Antragsgegner haften als Gesamtschuldner. ²Die Auslagen und die Vergütung setzt das Gericht fest. ³Gegenstandswert ist der für die Gerichtsgebühren maßgebliche Geschäftswert. ⁴Das Gericht kann den Zahlungsverpflichteten auf Verlangen des Vertreters die Leistung von Vorschüssen aufgeben. ⁵Aus der Festsetzung findet die Zwangsvollstreckung nach der Zivilprozessordnung statt.

(3) ¹Der gemeinsame Vertreter kann das Verfahren auch nach Rücknahme eines Antrags fortführen. ²Er steht in diesem Falle einem Antragsteller gleich.

Übersicht

	Rn		Rn
I. Überblick	1–6	4. Abberufung	17
II. Gemeinsamer Vertreter (Abs. 1)	7–17	III. Vergütung und Auslagenersatz	
1. Bestellung	7–13	(Abs. 2)	18–22
2. Aufgaben und Rechtsstellung	14–15	1. Vergütung	18–20
3. Rechtsstellung nach Rücknahme des		2. Auslagenersatz	21
Antrags (Abs. 3)	16	3. Festsetzung	22

I. Überblick

1 Die Vorschrift entspricht im Wesentlichen dem bisherigen Recht[1]. Allerdings ist die **frühere Regel**[2], dass für Anträge auf Ausgleich und auf Abfindung ein einziger gemeinsamer Vertreter nicht genügt, **zur Ausnahme geworden**[3]. Neu hinzugekommen sind die §§ 6 a, 6 b und 6 c, welche den gemeinsamen Vertreter bei Gründung von SE und SCE und bei grenzüberschreitender Verschmelzung regeln.

2 Das Gericht hat zur Wahrung der Rechte der antragsberechtigten Anteilsinhaber, die selbst keinen Antrag gestellt haben, frühzeitig von Amts wegen (grundsätzlich nur[4]) **einen gemeinsamen Vertreter**[5] zu bestellen, der sie im Spruchverfahren gesetzlich vertritt[6]. Dadurch soll die Gleichbehandlung aller antragsberechtigten Anteilsinhaber erreicht werden[7]. Bei Verfahren nach § 1 Nr. 1 ist je ein Vertreter für den Ausgleich und für die Abfindung nur

---

[1] § 306 Abs. 4 Sätze 2 bis 10 AktG aF, § 308 UmwG aF.
[2] Siehe § 308 Abs. 1 Satz 4 UmwG aF.
[3] Siehe Rn 10 ff.
[4] BegrRegE SpruchG, BT-Drucks. 15/371 S. 14.
[5] Zum Funktionswandel des gemeinsamen Vertreters seit 1936 *Wasmann* in Kölner Komm. § 6 SpruchG Rn 3 ff.
[6] Abs. 1 Satz 1.
[7] BegrRegE UmwG, BT-Drucks. 12/6699 S. 170.

mehr dann zu bestellen, wenn auf Grund konkreter Umstände die Wahrung der Rechte aller außenstehenden Aktionäre durch einen einzigen gemeinsamen Vertreter nicht sichergestellt erscheint[8]. Von der Bestellung **kann gänzlich abgesehen werden**, wenn die Wahrung der Rechte der außenstehenden Anteilsinhaber auf andere Weise sichergestellt ist[9]. Dies wird indessen nur ausnahmsweise in Betracht kommen[10].

Die Bestellung[11] ist vom Gericht bekannt zu machen, und zwar grundsätzlich im elektronischen Bundesanzeiger (www.ebundesanzeiger.de)[12], außerdem, wenn die Satzung, das Statut, der Gesellschafts- bzw. der Partnerschaftsvertrag es vorschreiben, zusätzlich in weiteren Blättern und elektronischen Informationsmedien[13]. Die Bekanntmachungspflicht gilt auch für die Abberufung und Anfechtung der Bestellung[14]. — 3

Der gemeinsame Vertreter hat Anspruch auf Auslagenersatz und Vergütung für seine Tätigkeit[15]. — 4

Er steht, wenn alle Anträge zurückgenommen worden sind, einem Antragsteller gleich und kann das Verfahren weiterführen[16]. — 5

Die Bestellung eines gemeinsamen Vertreters dient ausschließlich der Wahrung der Interessen der nicht antragstellenden Anteilsinhaber. Sonstige Dritte sollen durch seine Bestellung nicht vom Spruchverfahren ferngehalten werden. Deshalb ist auch eine **Nebenintervention** (Streithilfe) sonstiger Dritter zulässig, die ein erhebliches Interesse am Ausgang des Verfahrens nachweisen können; insoweit gilt § 66 ZPO analog[17]. — 6

II. Gemeinsamer Vertreter (Abs. 1)

1. Bestellung

Das Landgericht bestellt den gemeinsamen Vertreter **von Amts wegen**[18], wenn Antragsberechtigte[19] vorhanden sind, die nicht selbst Antragsteller sind. Eine vorherige Anhörung der Beteiligten ist nicht erforderlich, aber in der Regel zweckmäßig[20]. Im Interesse der Verfahrensbeschleunigung und zeitigen Wahrung der Interessen der nicht beteiligten Anteilsinhaber soll die Bestellung so früh wie möglich geschehen[21]. Ein Antrag ist unnötig. Es muss — 7

---

[8] Abs. 1 Satz 2.
[9] Abs. 1 Satz 3.
[10] Siehe dazu Rn 12.
[11] Das Wort „Antrag" wurde durch das SE-Einführungsgesetz durch dem Wort „Bestellung" ersetzt.
[12] Abs. 1 Satz 4. Diese Regelung war im Gesetzgebungsverfahren umstritten.
[13] Abs. 1 Satz 5. Nach der BegrRegE SpruchG, BT-Drucks. 15/371 S. 14 steht es der Gesellschaft frei, als weiteres Gesellschaftsblatt iSd. § 25 Satz 2 AktG die Printversion des Bundesanzeigers zu wählen.
[14] *Fritzsche/Dreier/Verfürth* § 6 Rn 23.
[15] Abs. 2.
[16] Abs. 3.
[17] Siehe hierzu: OLG Stuttgart NZG 2004, 625; LG Frankfurt a.M. AG 2005, 544, 545; *Fritzsche/Dreier/Verfürth* § 6 Rn 21; *Klöcker/Frowein* § 3 Rn 29.
[18] Statt vieler: *Hörtnagl* in Schmitt/Hörtnagl/Stratz B § 6 SpruchG Rn 2 und 6. Nicht erforderlich ist insbesondere, dass außenstehende Anteilsinhaber dem Gericht mitgeteilt haben, sie wünschten die Überprüfung von Ausgleich oder Abfindung. So auch *Hüffer* Anh. § 305 AktG § 6 SpruchG Rn 2. AA *Rowedder*, FS Rittner, 1991, S. 509, 513 f.
[19] Siehe § 3.
[20] *Hörtnagl* in Schmitt/Hörtnagl/Stratz B § 6 SpruchG Rn 6; *Klöcker/Frowein* § 6 Rn 2; *Krieger* in Lutter Anh. I § 6 SpruchG Rn 4; *Wasmann* in Kölner Komm. § 6 SpruchG Rn 28. AA, wonach eine vorherige Anhörung erforderlich sei, *Emmerich* in Emmerich/Habersack AktKonzernR Anh. § 328 AktG § 6 SpruchG Rn 7; *Fritzsche/Dreier/Verfürth* § 6 Rn 5.
[21] Das ist der ausdrückliche Wunsch des Gesetzgebers, BegrRegE SpruchG, BT-Drucks. 15/371 S. 13 f., der zuletzt auch im Wortlaut seinen Niederschlag gefunden hat.

nur ein Spruchverfahren schweben, also zumindest ein Antragsteller einen zulässigen Antrag gestellt haben[22]. Außerdem muss zumindest ein weiterer Anteilsinhaber vorhanden sein, der keinen Antrag im Spruchverfahren gestellt hat; dies hat das Gericht von Amts wegen zu prüfen. Fehlen weitere Antragsberechtigte, ist für die Bestellung eines gemeinsamen Vertreters kein Raum. Werden vor Bestellung des gemeinsamen Vertreters die bisherigen Anträge wieder zurückgenommen, ist das Verfahren beendet; ein gemeinsamer Vertreter wird dann nicht bestellt[23].

8 Bestellt werden kann nur eine **natürliche Person**[24], welche die erforderliche Sachkunde besitzt[25].

9 Der vom Landgericht bestellte gemeinsame Vertreter bleibt **auch für das Verfahren der sofortigen Beschwerde**[26] vor dem OLG zuständig[27]. Die Bestellung eines neuen gemeinsamen Vertreters ist in zweiter Instanz ebenso wenig erforderlich wie ein Bestätigungsbeschluss durch das zuständige OLG. Allerdings hat das Beschwerdegericht zu prüfen, ob die weitere Mitwirkung des gemeinsamen Vertreters vonnöten ist und auch, ob der bisherige gemeinsame Vertreter für das Beschwerdeverfahren hinreichend qualifiziert ist; erforderlichenfalls hat das Beschwerdegericht ihn abzuberufen[28].

10 Ist nur die Festsetzung eines Ausgleichs oder nur die Festsetzung der angemessenen Barabfindung (oder baren Zuzahlung) beantragt, genügt stets die Bestellung **eines einzigen gemeinsamen Vertreters**. Das gilt selbst dann, wenn beide Gegenstände erst infolge Verbindung im selben Spruchverfahren behandelt werden[29] oder wenn die Anteile mit unterschiedlichen Rechten ausgestattet sind[30].

11 Ist beides beantragt, werden zwei gemeinsame Vertreter nur bestellt, wenn die Wahrung der Rechte der Antragsberechtigten durch nur einen Vertreter aus konkreten Gründen nicht gewährleistet erscheint[31]. Da „letztlich alle Antragsteller ein gleichgerichtetes Ziel haben, das darin besteht, Leistungen von der betreffenden Gesellschaft zu erhalten"[32], hat der Gesetzgeber zu Recht die **Bestellung gesonderter Vertreter für Ausgleich und Abfindung nicht zwingend vorgeschrieben**. Sie verteuert das Verfahren, kann es auch verzögern[33].

---

[22] Ist ein gestellter Antrag nicht zulässig, darf ein gemeinsamer Vertreter nicht bestellt werden, weil dadurch nur nutzlose Kosten entstünden. Das gilt, obwohl der Gesetzgeber der Anregung der Stellungnahme des *HRA* zum RefE, NZG 2002, 119, 121 nicht gefolgt ist, dies klar auszusprechen: „Die Bestellung des gemeinsamen Vertreters setzt die Glaubhaftmachung der Antragsberechtigung und die Rechtzeitigkeit des Antrags voraus." Siehe BegrRegE SpruchG, BT-Drucks. 15/371 S. 14. Ebenso *OLG Stuttgart* NZG 2004, 97; statt vieler: *Vollrath* in Widmann/Mayer Anh. 13 § 6 SpruchG Rn 5.

[23] *Emmerich* in Emmerich/Habersack AktKonzernR Anh. § 328 AktG § 6 SpruchG Rn 5; *Krieger* in Lutter Anh. I § 6 SpruchG Rn 3 (in 2. Auflage noch aA); *Vollrath* in Widmann/Mayer Anh. 13 § 6 SpruchG Rn 5. AA, wonach ein gemeinsamer Vertreter auch dann zu bestellen sei, *Fritzsche/Dreier/Verfürth* § 6 Rn 8; *Klöcker/Frowein* § 6 Rn 8; *Wasmann* in Kölner Komm. § 6 SpruchG Rn 26. Offen gelassen von *OLG Stuttgart* NZG 2004, 97.

[24] *Fritzsche/Dreier/Verfürth* § 6 Rn 6; *Hörtnagl* in Schmitt/Hörtnagl/Stratz B § 6 SpruchG Rn 6; *Klöcker/Frowein* § 6 Rn 4; *Krieger* in Lutter Anh. I § 6 SpruchG Rn 4; *Volhard* in MünchKomm. § 6 Rn 8. AA, wonach auch eine juristische Person gemeinsamer Vertreter sein könne, *Wasmann* in Kölner Komm. § 6 SpruchG Rn 28.

[25] *Fritzsche/Dreier/Verfürth* § 6 Rn 6; *Krieger* in Lutter Anh. I § 6 SpruchG Rn 4.

[26] § 12.

[27] Statt vieler: *Krieger* in Lutter Anh. I § 6 SpruchG Rn 9.

[28] BayObLG AG 1992, 59, 60; *Emmerich* in Emmerich/Habersack AktKonzernR Anh. § 328 AktG § 6 SpruchG Rn 4.

[29] Siehe § 7 Rn 23.

[30] Etwa bei einer AG mit Aktien unterschiedlicher Gattung. Ebenso *Fritzsche/Dreier/Verfürth* § 6 Rn 14; *Hörtnagl* in Schmitt/Hörtnagl/Stratz B § 6 SpruchG Rn 4.

[31] Abs. 1 Satz 2.

[32] BegrRegE SpruchG, BT-Drucks. 15/371 S. 14.

[33] Verfahrensvereinfachung und Kostenersparnis waren die tragenden Erwägungen für diese Bestimmung, BegrRegE SpruchG, BT-Drucks. 15/371 S. 14.

Die Bestellung eines gemeinsamen Vertreters kann unterbleiben, wenn die Wahrung der Rechte des Antragsberechtigten auf andere Weise sichergestellt ist[34]. Dies wird indessen nur ausnahmsweise in Betracht kommen[35], zB wenn die nicht antragstellenden Aktionäre auf die Bestellung eines gemeinsamen Vertreters verzichtet haben[36], alle nicht antragstellenden Anspruchsberechtigten den Antragsteller selbst mit der Wahrung ihrer Rechte beauftragt und bevollmächtigt haben[37] oder alle Anteilsinhaber sich mit dem Antragsgegner außergerichtlich geeinigt haben[38]. Die Beteiligung einer Aktionärsschutzvereinigung reicht dazu jedenfalls nicht aus[39].

Über die Bestellung, Ablehnung der Bestellung und die Abberufung des gemeinsamen Vertreters entscheidet das Gericht durch Beschluss, der bekannt zu machen ist und mit der **einfachen**[40] **Beschwerde** angefochten werden kann. Es gelten die §§ 19 ff. FGG. Beschwerdebefugt sind die Aktionäre, die nicht als Antragsteller am Verfahren beteiligt sind, sowie der Antragsgegner[41]. Auch der gemeinsame Vertreter hat ein eigenes Beschwerderecht[42]. Wenn das Gericht von einer Bestellung zu Unrecht abgesehen oder wenn es bei dessen Auswahl oder Abberufung sein Ermessen verletzt hat, ist die Beschwerde begründet[43].

2. Aufgaben und Rechtsstellung

Aufgabe des gemeinsamen Vertreters ist es, die Rechte derjenigen Anteilsinhaber zu wahren, die sich an dem Verfahren nicht selbst als Antragsteller beteiligen. Er hat die Stellung als ihr **gesetzlicher Vertreter**[44], kann infolgedessen alles, was ein Antragsteller kann: Er kann im Interesse der außenstehenden Anteilsinhaber Anträge stellen[45] und gegen die Entscheidung des Gerichts sofortige Beschwerde[46] einlegen. Er ist dazu berechtigt, Einwendungen gegen die Unternehmensbewertung vorzubringen, welche die Antragsteller in ihrer Begründung nicht gebracht haben[47]. Er kann für die außenstehenden Anteilsinhaber sowohl einen gerichtlichen[48] als auch einen außergerichtlichen[49] Vergleich abschließen, und zwar auch, wenn andere Anteilsinhaber das Verfahren als Antragsteller fortsetzen. Freilich darf er das – im Innenverhältnis – nur, wenn der Vergleich gewährleistet, dass die außenstehenden An-

---

[34] Abs. 1 Satz 3.
[35] Statt vieler: *Fritzsche/Dreier/Verfürth* § 6 Rn 10.
[36] Statt vieler: *Wasmann* in Kölner Komm. § 6 SpruchG Rn 24.
[37] Statt vieler: *Krieger* in Lutter Anh. I § 6 SpruchG Rn 6.
[38] *Fritzsche/Dreier/Verfürth* § 6 Rn 11; *Hörtnagl* in Schmitt/Hörtnagl/Stratz B § 6 SpruchG Rn 5; *Krieger* in Lutter Anh. I § 6 SpruchG Rn 6.
[39] *Fritzsche/Dreier/Verfürth* § 6 Rn 10; *Krieger* in Lutter Anh. I § 6 SpruchG Rn 6.
[40] Statt vieler: *Vollrath* in Widmann/Mayer Anh. 13 § 6 SpruchG Rn 26.
[41] *Emmerich* in Emmerich/Habersack AktKonzernR Anh. § 328 AktG § 6 SpruchG Rn 9; *Fritzsche/Dreier/Verfürth* § 6 Rn 16; *Hörtnagl* in Schmitt/Hörtnagl/Stratz B § 6 SpruchG Rn 11; *Klöcker/Frowein* § 6 Rn 9; *Vollrath* in Widmann/Mayer Anh. 13 § 6 SpruchG Rn 29 f. AA, wonach nur die Aktionäre, die nicht als Antragsteller am Verfahren beteiligt sind, antragsberechtigt seien, noch *Volhard* in MünchKomm. § 6 SpruchG Rn 13. AA, wonach es gegen die Nichtbestellung eines gemeinsamen Vertreters keinen Rechtsbehelf gebe, *Wasmann* in Kölner Komm. § 6 SpruchG Rn 37.
[42] Siehe zum Streit, ob der gemeinsame Vertreter beschwerdeberechtigt ist, § 12 Rn 6.
[43] *Emmerich* in Emmerich/Habersack AktKonzernR Anh. § 328 AktG § 6 SpruchG Rn 9.
[44] Abs. 1 Satz 1.
[45] Statt vieler: *Hörtnagl* in Schmitt/Hörtnagl/Stratz B § 6 SpruchG Rn 16.
[46] Siehe zum Streit, ob der gemeinsame Vertreter beschwerdeberechtigt ist, § 12 Rn 6.
[47] *Büchel* NZG 2003, 793, 797; *Emmerich* in Emmerich/Habersack AktKonzernR Anh. § 328 AktG § 7 SpruchG Rn 4; *Fritzsche/Dreier/Verfürth* § 7 Rn 43; *Hüffer* Anh. § 305 AktG § 7 SpruchG Rn 6; *Puszkajler* in Kölner Komm. § 7 SpruchG Rn 29; *Wittgens* S. 117. AA, wonach solche Einwendungen unzulässig seien, *Krieger* in Lutter Anh. I § 4 SpruchG Rn 15; *Weingärtner*, Der Konzern 2005, 694.
[48] Siehe § 11.
[49] *Klöcker/Frowein* § 6 Rn 25.

teilsinhaber nicht schlechter abschneiden als die das Verfahren fortführenden Antragsteller; andernfalls macht er sich schadensersatzpflichtig. Die Wirksamkeit seines Handelns – nach außen – ist davon jedoch nicht abhängig. Nur vermögensrechtlich verpflichten kann der gemeinsame Vertreter die außenstehenden Anteilsinhaber nicht[50].

15 Wie der gemeinsame Vertreter die Interessen der außenstehenden Anteilsinhaber wahrt, entscheidet er nach seinem **pflichtgemäßen Ermessen**, ohne an Weisungen gebunden oder auskunfts- und rechenschaftspflichtig zu sein[51]. Er hat sich von der **sorgfältigen Einschätzung der Aussichten** leiten zu lassen, im Spruchverfahren eine Verbesserung der von den Antragsgegnern angebotenen Leistungen zu erreichen. Solange die Frist für die Stellung von Anträgen[52] noch läuft, wird er alles zu unterlassen haben, was Anteilsinhaber, die sich am Verfahren noch beteiligen, präjudiziert. Durch bloße Untätigkeit kommt der gemeinsame Vertreter seinen Pflichten allerdings nicht nach. Zur Stellung von Anträgen, die lediglich die Anträge der antragstellenden Anteilsinhaber unterstützen, besteht in der Regel kein Anlass; sie erhöhen lediglich den Vergütungsanspruch des gemeinsamen Vertreters[53] und sind sachlich nicht veranlasst. Die schuldhafte Verletzung der aus seiner Stellung sich ergebenden Pflichten kann Schadensersatzansprüche der von ihm vertretenen Anteilsinhaber begründen[54].

3. Rechtsstellung nach Rücknahme des Antrags (Abs. 3)

16 Wenn alle Antragsteller ihre Anträge zurückgenommen (oder sich mit den Antragsgegnern verglichen) haben, kann der gemeinsame Vertreter nach pflichtgemäßem Ermessen[55] das Verfahren weiterführen und Anträge stellen. Dazu wird er sogar verpflichtet sein, wenn die Bedingungen der Einigung nicht allen am Verfahren nicht selbst beteiligten Anteilsinhabern ebenfalls zugute kommen[56]. Andernfalls kann er seinerseits den Antrag zurücknehmen und das Verfahren dadurch zu Ende bringen.[57] Diese Bestimmung soll im Blick auf Versuche von Antragstellern, sich „auskaufen" zu lassen, die Gleichbehandlung aller am Verfahren nicht beteiligten Anteilsinhaber sichern[58].

4. Abberufung

17 Die Abberufung ist im Gesetz nicht erwähnt. Sie obliegt ebenfalls dem Gericht **von Amts wegen**[59], wenn ein wichtiger Grund vorliegt[60]. Dies ist der Fall, wenn die Voraussetzungen für die Bestellung wegfallen[61], zB weil inzwischen keine Antragsberechtigten mehr vorhan-

---

[50] Statt vieler: *Wasmann* in Kölner Komm. § 6 SpruchG Rn 16.
[51] *Emmerich* in Emmerich/Habersack AktKonzernR Anh. § 328 AktG § 6 SpruchG Rn 12 f.; *Hörtnagl* in Schmitt/Hörtnagl/Stratz B § 6 SpruchG Rn 18; *Hüffer* Anh. § 305 AktG § 6 SpruchG Rn 6; *Krieger* in Lutter Anh. I § 6 SpruchG Rn 11; *Volhard* in MünchKomm. § 6 SpruchG Rn 15; *Wasmann* in Kölner Komm. § 6 SpruchG Rn 21. AA, wonach der gemeinsame Vertreter nach § 666 BGB rechenschaftspflichtig sei, *Fritzsche/Dreier/Verfürth* § 6 Rn 20; *Vollrath* in Widmann/Mayer Anh. 13 § 6 SpruchG Rn 33.
[52] § 4.
[53] Siehe Rn 18 ff.
[54] Statt vieler: *Krieger* in Lutter Anh. I § 6 SpruchG Rn 11.
[55] Statt vieler: *Fritzsche/Dreier/Verfürth* § 6 Rn 32.
[56] Anderenfalls könnte er sich schadensersatzpflichtig machen. Siehe Rn 15; *Hörtnagl* in Schmitt/Hörtnagl/Stratz B § 6 SpruchG Rn 21.
[57] *Fritzsche/Dreier/Verfürth* § 6 Rn 32; *Wasmann* in Kölner Komm. § 6 SpruchG Rn 19.
[58] BegrRegE UmwG, BT-Drucks. 12/6699 S. 170.
[59] *Fritzsche/Dreier/Verfürth* § 6 Rn 17 f.; *Wasmann* in Kölner Komm. § 6 SpruchG Rn 32.
[60] Statt vieler: *Wasmann* in Kölner Komm. § 6 SpruchG Rn 32.
[61] *Emmerich* in Emmerich/Habersack AktKonzernR Anh. § 328 AktG § 6 SpruchG Rn 7; *Wasmann* in Kölner Komm. § 6 SpruchG Rn 32.

den sind, die sich nicht am Verfahren selbst beteiligen, oder wenn ein rechtliches Interesse der nicht beteiligten Antragsberechtigten an der Ablösung des Vertreters besteht[62]. Ein solches Interesse ist etwa bei der Verletzung von Pflichten des gemeinsamen Vertreters gegenüber den von ihm vertretenen Anteilsinhabern zu bejahen, ferner wenn sich nachträglich eine Interessenkollision herausstellt.

III. Vergütung und Auslagenersatz (Abs. 2)

1. Vergütung

Jeder gemeinsame Vertreter hat Anspruch auf Auslagenersatz und Vergütung seiner Tätigkeit. Dieser Anspruch richtet sich gegen jeden Antragsgegner[63], wobei mehrere Antragsgegner als Gesamtschuldner haften[64]. Das Gericht kann jedem Antragsgegner auf Verlangen des gemeinsamen Vertreters die Zahlung von Vorschüssen aufgeben[65]. Ein Anspruch gegen die Staatskasse besteht in keinem Fall[66]. 18

Die Höhe des Anspruchs richtet sich nach dem RVG, unabhängig davon, ob der gemeinsame Vertreter selbst Rechtsanwalt ist oder nicht[67]. 19

Das Gesetz hat die bislang höchst streitige Frage geklärt, nach welchem Wert die Vergütung des gemeinsamen Vertreters zu berechnen ist. Das ist der gem. § 15 Abs. 1 Satz 2 für die **Gerichtsgebühren maßgebliche Geschäftswert**. 20

2. Auslagenersatz

Neben dem Ersatz der üblichen Auslagen (Post, Telekommunikation, Reisen) kommen, wenn der gemeinsame Vertreter nicht selbst Anwalt ist, auch die Gebühren eines von ihm beauftragten Anwalts und die Kosten für ein erforderliches Privatgutachten in Betracht[68]. 21

3. Festsetzung

Das Landgericht setzt die im Spruchverfahren erster Instanz entstandenen Kosten (Auslagen und Vergütung) fest[69]. Dieser Beschluss ist Vollstreckungstitel[70]. Er kann vom gemeinsamen Vertreter und jedem Antragsgegner mit der **sofortigen Beschwerde** angefochten werden[71]. Die Kosten des Spruchverfahrens zweiter Instanz setzt das OLG fest[72]. Dagegen gibt es kein Rechtsmittel[73]. 22

---

[62] *Fritzsche/Dreier/Verfürth* § 6 Rn 17; *Klöcker/Frowein* § 6 Rn 18.
[63] Abs. 2 Satz 1 1. Halbs.
[64] Abs. 2 Satz 1 2. Halbs.
[65] Abs. 2 Satz 4.
[66] Statt vieler: *Fritzsche/Dreier/Verfürth* § 6 Rn 28.
[67] Das SE-Einführungsgesetz hat § 6 an die Ersetzung der BRAGO durch das RVG angepasst. Siehe: OLG Stuttgart ZIP 2006, 1748; OLG München ZIP 2006, 1722.
[68] *Emmerich* in Emmerich/Habersack AktKonzernR Anh. § 328 AktG § 6 SpruchG Rn 22. AA *Krieger* in Lutter Anh. I § 6 SpruchG Rn 14.
[69] Abs. 2 Satz 2; bei der Kammer für Handelssachen der Vorsitzende, § 2 Abs. 3 Nr. 5.
[70] Abs. 2 Satz 5.
[71] § 13 a Abs. 3 FGG, § 104 Abs. 3 ZPO. *Emmerich* in Emmerich/Habersack AktKonzernR Anh. § 328 AktG § 6 SpruchG Rn 19; *Klöcker/Frowein* § 6 Rn 35; *Krieger* in Lutter Anh. I § 6 SpruchG Rn 15; *Volhard* in MünchKomm. § 6 SpruchG Rn 22. AA, wonach die sofortige Beschwerde nach § 12 richtiger Rechtsbehelf sei, *Volrath* in Widmann/Mayer Anh. 13 § 6 SpruchG Rn 59 und 61; *Wasmann* in Kölner Komm. § 6 SpruchG Rn 52.
[72] *Hörtnagl* in Schmitt/Hörtnagl/Stratz B § 6 SpruchG Rn 25.
[73] Statt vieler: *Wasmann* in Kölner Komm. § 6 SpruchG Rn 53.

§ 6 a Gemeinsamer Vertreter bei Gründung einer SE

¹Wird bei der Gründung einer SE durch Verschmelzung oder bei der Gründung einer Holding-SE nach dem Verfahren der Verordnung (EG) Nr. 2157/2001 des Rates vom 8. Oktober 2001 über das Statut der Europäischen Gesellschaft (SE) (ABl. EG Nr. L 294 S. 1) gemäß den Vorschriften des SE-Ausführungsgesetzes ein Antrag auf Bestimmung einer Zuzahlung oder Barabfindung gestellt, bestellt das Gericht auf Antrag eines oder mehrerer Anteilsinhaber einer sich verschmelzenden oder die Gründung einer SE anstrebenden Gesellschaft, die selbst nicht antragsberechtigt sind, zur Wahrung ihrer Interessen einen gemeinsamen Vertreter, der am Spruchverfahren beteiligt ist. ²§ 6 Abs. 1 Satz 4 und Abs. 2 gilt entsprechend.

1 § 6 a wurde durch Art. 5 SEEG[1] neu in das Gesetz eingefügt. Regelungsinhalt ist die Bestellung eines gemeinsamen Vertreters bei der **Gründung SE durch Verschmelzung**[2] oder bei der **Gründung einer Holding-SE**[3].

2 Nach Art. 25 Abs. 3 der SE-VO[4] kommt ein Spruchverfahren nur in Betracht, wenn die anderen sich verschmelzenden Gesellschaften in Mitgliedstaaten, in denen ein derartiges Verfahren nicht besteht, bei der Zustimmung zu dem Verschmelzungsplan gem. Art. 23 Abs. 1 der SE-VO das Spruchverfahren ausdrücklich akzeptieren. Der Gesetzgeber geht davon aus, dass diese Zustimmung nur erteilt wird, wenn die Anteilsinhaber aus den anderen Mitgliedstaaten annehmen können, dass auch ihre Interessen angemessen geschützt sind[5]. Spiegelbildlich zur Aufgabe des gemeinsamen Vertreters nach § 6 besteht die **Aufgabe** des gemeinsamen Vertreters nach § 6 a darin, sich für die Aufrechterhaltung der bisherigen Kompensation einzusetzen[6].

3 Das Gericht bestellt den gemeinsamen Vertreter nach § 6 a nur in Verfahren, bei denen ein oder mehrere **nicht antragsberechtigte Anteilsinhaber** einer sich verschmelzenden oder die Gründung einer SE anstrebenden Gesellschaft mit Sitz in einem anderen Mitgliedstaat einen **Antrag** auf Bestimmung einer Zuzahlung oder Barabfindung gestellt haben[7]. Rechtsbehelf gegen die gerichtliche Entscheidung ist die **einfache Beschwerde**[8]; beschwerdeberechtigt sind nur die Anteilsinhaber, die einen Antrag nach § 6 a stellen können[9]. Das Gericht hat die Bestellung des gemeinsamen Vertreters im elektronischen Bundesanzeiger (www.ebundesanzeiger.de) bekannt zu machen[10]. Der gemeinsame Vertreter nach § 6 a kann aus wichtigem Grund abberufen werden[11].

4 Die **Stellung** des gemeinsamen Vertreters nach § 6 a entspricht grundsätzlich der des gemeinsamen Vertreters nach § 6. Der gemeinsame Vertreter kann grundsätzlich alle Verfahrenshandlungen vornehmen, die auch der gemeinsame Vertreter nach § 6 vornehmen kann[12]. Er ist jedoch nicht berechtigt, das Verfahren nach Rücknahme aller Anträge gem. § 6 Abs. 3 fortzuführen, da insoweit kein Schutzbedürfnis mehr für die von ihm vertretenen

---

[1] Gesetz zur Einführung der Europäischen Gesellschaft vom 22.12.2004, BGBl. I S. 3675 ff.
[2] §§ 6 f. SEAG. Siehe zur Europäischen Gesellschaft (SE) Einl. C Rn 49 ff.
[3] §§ 9, 11 SEAG.
[4] Verordnung (EG) Nr. 2157/2001 des Rates vom 8.10.2001 über das Statut der Europäischen Gesellschaft (SE), ABl. EG Nr. L 294, 1.
[5] BegrRegE, BT-Drucks. 15/3405 S. 58.
[6] *Hörtnagl* in Schmitt/Hörtnagl/Stratz B § 6 a SpruchG Rn 2.
[7] *Wasmann* in Kölner Komm. § 6 a SpruchG Rn 5.
[8] *Hörtnagl* in Schmitt/Hörtnagl/Stratz B § 6 a SpruchG Rn 5.
[9] *Hörtnagl* in Schmitt/Hörtnagl/Stratz B § 6 a SpruchG Rn 5.
[10] §§ 6 a Satz 2 iVm. 6 Abs. 1 Satz 4. Ebenso *Hörtnagl* in Schmitt/Hörtnagl/Stratz B § 6 a SpruchG Rn 4; *Wasmann* in Kölner Komm. § 6 a SpruchG Rn 5.
[11] *Wasmann* in Kölner Komm. § 6 a SpruchG Rn 6.
[12] *Hörtnagl* in Schmitt/Hörtnagl/Stratz B § 6 a SpruchG Rn 6.

Anteilsinhaber besteht[13]. Zudem haftet er wie der gemeinsame Vertreter nach § 6[14] und erhält den gleichen Auslagenersatz und die gleiche Vergütung[15].

§ 6 b Gemeinsamer Vertreter bei Gründung einer Europäischen Genossenschaft

[1]Wird bei der Gründung einer Europäischen Genossenschaft durch Verschmelzung nach dem Verfahren der Verordnung (EG) Nr. 1435/2003 des Rates vom 22. Juli 2003 über das Statut der Europäischen Genossenschaft (SCE) (ABl. EU Nr. L 207 S. 1) nach den Vorschriften des SCE-Ausführungsgesetzes ein Antrag auf Bestimmung einer baren Zuzahlung gestellt, bestellt das Gericht auf Antrag eines oder mehrerer Mitglieder einer sich verschmelzenden Genossenschaft, die selbst nicht antragsberechtigt sind, zur Wahrung ihrer Interessen einen gemeinsamen Vertreter, der am Spruchverfahren beteiligt ist. [2]§ 6 Abs. 1 Satz 4 und Abs. 2 gilt entsprechend.

§ 6 b wurde durch Art. 7 Nr. 5 des Gesetzes zur Einführung der Europäischen Genossenschaft und zur Änderung des Genossenschaftsrechts neu in das SpruchG eingefügt und ist § 6 a nachgebildet. Regelungsinhalt ist die Bestellung eines gemeinsamen Vertreters bei der **Gründung einer SCE**[1] durch Verschmelzung. 1

Bestellung, Abberufung, Aufgabe[2] und **Stellung** des gemeinsamen Vertreters nach § 6 b entsprechen denen des gemeinamen Vertreters nach § 6 a[3]. 2

§ 6 c Gemeinsamer Vertreter bei grenzüberschreitender Verschmelzung

[1]Wird bei einer grenzüberschreitenden Verschmelzung (§ 122 a des Umwandlungsgesetzes) gemäß § 122 h oder § 122 i des Umwandlungsgesetzes ein Antrag auf Bestimmung einer Zuzahlung oder Barabfindung gestellt, bestellt das Gericht auf Antrag eines oder mehrerer Anteilsinhaber einer beteiligten Gesellschaft, die selbst nicht antragsberechtigt sind, zur Wahrung ihrer Interessen einen gemeinsamen Vertreter, der am Spruchverfahren beteiligt ist. [2]§ 6 Abs. 1 Satz 4 und Abs. 2 gilt entsprechend.

§ 6 c wurde durch das Zweite Gesetz zur Änderung des UmwG vom 19. 4. 2007[1] neu in das UmwG eingefügt und regelt die Bestellung des gemeinsamen Vertreters bei der **grenzüberschreitenden Verschmelzung von Kapitalgesellschaften**, die nach dem Recht eines Mitgliedstaats der Europäischen Union oder eines EWR-Vertragsstaats gegründet worden sind und ihren satzungsmäßigen Sitz, ihre Hauptverwaltung oder ihre Hauptniederlassung in einem Mitgliedstaat der Europäischen Union oder einem EWR-Vertragsstaat haben[2]. 1

---

[13] *Wasmann* in Kölner Komm. § 6 a SpruchG Rn 3. AA, wonach der gemeinsame Vertreter nach § 6 a alle Verfahrenshandlungen vornehmen kann, die auch dem gemeinsame Vertreter nach § 6 zustehen, *Hörtnagl* in Schmitt/Hörtnagl/Stratz B § 6 a SpruchG Rn 6.
[14] *Wasmann* in Kölner Komm. § 6 a SpruchG Rn 4.
[15] Satz 2 iVm. § 6 Abs. 2. Ebenso *Wasmann* in Kölner Komm. § 6 a SpruchG Rn 7.
[1] Siehe zur Europäischen Genossenschaft (SCE) Einl. C Rn 64 ff.
[2] Zum Gesetzeszweck des § 6 b siehe § 6 a Rn 2, jedoch vor dem Hintergrund des Art. 29 Abs. 3 der Verordnung (EG) Nr. 1453/2003 des Rates vom 22.7.2003 über das Statut der Europäischen Genossenschaft (SCE) ABl. EG Nr. L 207, 1; Begr. RegE, BT-Drucks. 16/1025 S. 98.
[3] § 6 a Rn 3 f.
[1] BGBl. I S. 542.
[2] § 122 b UmwG. Siehe zum Anwendungsbereich der §§ 122 a – 122 l UmwG § 122 a Rn 5 ff. und § 122 b Rn 3 ff. Allgemein zur grenzüberschreitenden Verschmelzung von Kapitalgesellschaften siehe die Kommentierungen zu §§ 122 a – 122 l UmwG. Zu sonstigen grenzüberschreitenden Umwandlungen siehe Einl. C Rn 18 ff.

2   Ein Spruchverfahren findet bei grenzüberschreitenden Verschmelzungen nur statt, wenn das Recht, dem die ausländische Gesellschaft unterliegt, ebenfalls ein Verfahren zur Überprüfung des Umtauschverhältnisses oder einer Barabfindung vorsieht[3] oder die Gesellschafter der ausländischen Gesellschaft einem Spruchverfahren im Verschmelzungsbeschluss ausdrücklich zustimmen[4]. Der Gesetzgeber geht davon aus, dass diese Zustimmung nur erteilt wird, wenn die ausländischen Anteilsinhaber annehmen können, dass auch ihre Interessen angemessen berücksichtigt werden[5]. Die **Aufgabe** des gemeinsamen Vertreters nach § 6 c besteht darin, diese Interessen zu wahren und sich für die Aufrechterhaltung der bisherigen Kompensation einzusetzen.

3   **Bestellung**, **Abberufung** und **Stellung** des gemeinsamen Vertreters nach § 6 c entsprechen denen des gemeinsamen Vertreters nach § 6 a[6].

§ 7 Vorbereitung der mündlichen Verhandlung

(1) Das Gericht stellt dem Antragsgegner und dem gemeinsamen Vertreter die Anträge der Antragsteller unverzüglich zu.

(2) ¹Das Gericht fordert den Antragsgegner zugleich zu einer schriftlichen Erwiderung auf. ²Darin hat der Antragsgegner insbesondere zur Höhe des Ausgleichs, der Zuzahlung oder der Barabfindung oder sonstigen Abfindung Stellung zu nehmen. ³Für die Stellungnahme setzt das Gericht eine Frist, die mindestens einen Monat beträgt und drei Monate nicht überschreiten soll.

(3) ¹Außerdem hat der Antragsgegner den Bericht über den Unternehmensvertrag, den Eingliederungsbericht, den Bericht über die Übertragung der Aktien auf den Hauptaktionär oder den Umwandlungsbericht nach Zustellung der Anträge bei Gericht einzureichen. ²In den Fällen, in denen der Beherrschungs- oder Gewinnabführungsvertrag, die Eingliederung, die Übertragung der Aktien auf den Hauptaktionär oder die Umwandlung durch sachverständige Prüfer geprüft worden ist, ist auch der jeweilige Prüfungsbericht einzureichen. ³Auf Verlangen des Antragstellers oder des gemeinsamen Vertreters gibt das Gericht dem Antragsgegner, dem Antragsteller oder dem gemeinsamen Vertreter unverzüglich und kostenlos eine Abschrift der genannten Unterlagen zu erteilen.

(4) ¹Die Stellungnahme nach Absatz 2 wird dem Antragsteller und dem gemeinsamen Vertreter zugeleitet. ²Sie haben Einwendungen gegen die Erwiderung und die in Absatz 3 genannten Unterlagen binnen einer vom Gericht gesetzten Frist, die mindestens einen Monat beträgt und drei Monate nicht überschreiten soll, schriftlich vorzubringen.

(5) ¹Das Gericht kann weitere vorbereitende Maßnahmen erlassen. ²Es kann den Beteiligten die Ergänzung oder Erläuterung ihres schriftlichen Vorbringens sowie die Vorlage von Aufzeichnungen aufgeben, insbesondere eine Frist zur Erklärung über bestimmte klärungsbedürftige Punkte setzen. ³In jeder Lage des Verfahrens ist darauf hinzuwirken, dass sich die Beteiligten rechtzeitig und vollständig erklären. ⁴Die Beteiligten sind von jeder Anordnung zu benachrichtigen.

(6) Das Gericht kann bereits vor dem ersten Termin eine Beweisaufnahme durch Sachverständige zur Klärung von Vorfragen, insbesondere zu Art und Umfang einer folgenden Beweisaufnahme, für die Vorbereitung der mündlichen Verhandlung anordnen oder dazu eine schriftliche Stellungnahme des sachverständigen Prüfers einholen.

---

[3] Dies ist gegenwärtig beispielsweise in Österreich der Fall, RegBegr. zu § 2 Nr. 17, § 122 h UmwG, BT-Drucks. 16/2919 S. 16.
[4] §§ 122 h Abs. 1, 122 i Abs. 1 UmwG.
[5] RegBegr. zu Art. 2 Nr. 4, BT-Drucks. 16/2919 S. 20.
[6] § 6 a Rn 3 f.

(7) ¹Sonstige Unterlagen, die für die Entscheidung des Gerichts erheblich sind, hat der Antragsgegner auf Verlangen des Antragstellers oder des Vorsitzenden dem Gericht und gegebenenfalls einem vom Gericht bestellten Sachverständigen unverzüglich vorzulegen. ²Der Vorsitzende kann auf Antrag des Antragsgegners anordnen, dass solche Unterlagen den Antragstellern nicht zugänglich gemacht werden dürfen, wenn die Geheimhaltung aus wichtigen Gründen, insbesondere zur Wahrung von Fabrikations-, Betriebs- oder Geschäftsgeheimnissen, nach Abwägung mit den Interessen der Antragsteller, sich zu den Unterlagen äußern zu können, geboten ist. ³Gegen die Entscheidung des Vorsitzenden kann das Gericht angerufen werden; dessen Entscheidung ist nicht anfechtbar.

(8) Für die Durchsetzung der Verpflichtung des Antragsgegners nach Absatz 3 und 7 ist § 33 Abs. 1 Satz 1 und 3 sowie Abs. 3 Satz 1 und 2 des Gesetzes über die Angelegenheiten der freiwilligen Gerichtsbarkeit entsprechend anzuwenden.

Übersicht

	Rn		Rn
I. Neuregelung	1	3. Amtsermittlung	14–22
II. Verfahrensgrundsätze	2–22	III. Verfahrensverbindung	23
1. Rechtliches Gehör	2–12	IV. Aussetzung, Unterbrechung und	
2. Dispositionsmaxime	13	Ruhen des Verfahrens	24–27

I. Neuregelung

Die Bestimmung ist neu[1]. Zuvor war grundsätzlich im schriftlichen Verfahren zu entscheiden und eine mündliche Verhandlung nur ausnahmsweise geboten[2], wenn das Gericht sie nach seinem Ermessen für angebracht hielt, etwa um mit den Beteiligten die Sach- und Rechtslage zu erörtern oder ihnen Gelegenheit zu geben, einem Sachverständigen Vorhaltungen zu machen. Nunmehr „soll" eine mündliche Verhandlung stattfinden[3]. Die den §§ 275 bzw. 277 ZPO nachgebildeten Regelungen sollen „den Ablauf des Spruchverfahrens künftig deutlicher strukturieren und im Ergebnis nachhaltig beschleunigen"[4]. Diese Beschleunigung verspricht sich der Gesetzgeber insbesondere von der gründlichen Vorbereitung des Termins infolge der Verpflichtung des Antragsgegners zur Vorlage von Urkunden (Berichte, Prüfungsberichte[5]), von denen Antragsteller und gemeinsamer Vertreter die kostenlose Erteilung von Abschriften verlangen können[6]. Außerdem wird eine Beschleunigung auch von der gerichtlichen Bestellung der Prüfer[7] erwartet, weil der Bericht eines gerichtlich bestellten Prüfers von höherer Überzeugungskraft sei („Beweiswert")[8]. 1

---

[1] „Ein Kernpunkt der Neuregelung", BegrRegE SpruchG, BT-Drucks. 15/371 S. 14.
[2] Siehe § 8 Rn 1.
[3] § 8 Abs. 1; § 9 Abs. 1 RefE sah noch eine obligatorische mündliche Verhandlung vor.
[4] BegrRegE SpruchG, BT-Drucks. 15/371 S. 14.
[5] Abs. 3.
[6] Dass auch der gemeinsame Vertreter eine Abschrift verlangen kann, geht zurück auf die Anregung des HRA NZG 2003, 316, 318.
[7] BegrRegE SpruchG, BT-Drucks. 15/371 S. 14 f.
[8] „Da insbesondere die Prüfungsberichte künftig durch gerichtlich bestellte unabhängige Prüfer erstellt werden [...], erlangen diese Unterlagen einen höheren Beweiswert für das Spruchverfahren und sollen verstärkt als Grundlage zur Entscheidungsfindung des Gerichts dienen [...]. Es besteht begründete Aussicht, dass zusätzliche Begutachtungsaufträge an Sachverständige im Verfahren sich im Regelfall auf die Klärung verbliebener Streitpunkte beschränken können. Davon ist ein erheblicher Beschleunigungseffekt zu erwarten." BegrRefE SpruchG S. 23. Ähnlich BegrRegE SpruchG, BT-Drucks. 15/371 S. 14.

II. Verfahrensgrundsätze

1. Rechtliches Gehör

2 Dass das Gericht rechtliches Gehör zu gewähren hat, ist eine Selbstverständlichkeit, deren bisherige ausdrückliche Erwähnung im Gesetz[9] Wunder nahm. Nach Art. 103 Abs. 1 GG hat das Gericht jedem Verfahrensbeteiligten, nicht nur den Antragsgegnern und den verpflichteten Rechtsträgern, sondern jedem Antragsteller, einem gemeinsamen Vertreter, aber auch etwaigen Sachverständigen, über deren Gutachten gestritten wird, rechtliches Gehör zu gewähren. Das bedeutet, dass sie nicht nur von wesentlichem Vorbringen im Verfahren, eingereichten Unterlagen und Beweisergebnissen Kenntnis erlangen und Gelegenheit erhalten, sich dazu zu äußern, sondern dass sie auch von Gerichtsterminen (wie auch jeder Art von Beweisaufnahmen) verständigt werden und daran teilnehmen können.

3 All dies regelt das Gesetz nunmehr unter dem Titel „Vorbereitung der mündlichen Verhandlung". Im Einzelnen:

4 – Die **Anträge** sind dem Antragsgegner und dem gemeinsamen Vertreter **zuzustellen**[10]. Es gilt grundsätzlich das förmliche Zustellungsverfahren nach den §§ 166 ff. ZPO über die Verweisungen in § 17 Abs. 1 und § 16 Abs. 2 FGG[11]. Die Zustellung soll unverzüglich, d.h. ohne verfahrenswidrige Verzögerung, erfolgen[12]. Das Gericht kann jedoch für eine angemessene Zeit Eingänge sammeln[13].

5 – Der Antragsgegner ist zu einer **schriftlichen Erwiderung** (Stellungnahme insbesondere zur Höhe des Ausgleichs, der Zuzahlung, der Barabfindung oder sonstigen Abfindung) aufzufordern unter Setzung einer Frist, die mindestens einen Monat beträgt und drei Monate nicht überschreiten „soll", es aber kann[14]. Bei der Bemessung der Frist sind die Umstände des Einzelfalls zu berücksichtigen; für den Regelfall soll eine Frist von sechs bis acht Wochen angemessen sein[15]. Die Erwiderungsfrist muss nicht mit der Zustellung gesetzt werden; damit kann das Gericht warten, bis alle Anträge vorliegen[16]. Diese Regelung ist neu und tritt an die Stelle der bisherigen Anhörung des Antragsgegners.

Siehe auch schon nach der bisherigen Rechtslage *LG Mannheim* AG 2002, 466, wonach die gerichtliche Bestellung eines Prüfers es ermöglichen solle, „von der Bestellung eines weiteren Gutachters im nachfolgenden Spruchstellenverfahren abzusehen, sofern der gerichtlich bestellte Verschmelzungsprüfer [...] die ihm gem. § 12 UmwG obliegenden Pflichten ordnungsgemäß erfüllt hat (*OLG Düsseldorf* BB 2000, 1108)."

[9] § 306 Abs. 4 Satz 1 AktG aF, § 307 Abs. 4 UmwG aF.
[10] Abs. 1. Im Einzelnen *Puszkajler* in Kölner Komm. § 7 SpruchG Rn 3 ff.
[11] *Hörtnagl* in Schmitt/Hörtnagl/Stratz B § 7 SpruchG Rn 4.
[12] Statt vieler: *Krieger* in Lutter Anh. I § 7 SpruchG Rn 4.
[13] *Emmerich* in Emmerich/Habersack AktKonzernR Anh. § 328 AktG § 7 SpruchG Rn 1; *Hörtnagl* in Schmitt/Hörtnagl/Stratz B § 7 SpruchG Rn 4; *Hüffer* Anh. § 305 AktG § 7 SpruchG Rn 3; *Krieger* in Lutter Anh. I § 7 SpruchG Rn 4; *Vollrath* in Widmann/Mayer Anh. 13 § 7 SpruchG Rn 6. AA, wonach das Gericht die Anträge gleich nach Eingang zustellen müsse, *Fritzsche/Dreier/Verfürth* § 7 Rn 17; *Puszkajler* in Kölner Komm. § 7 SpruchG Rn 10.
[14] Abs. 2. In der BegrRegE zu § 7 heißt es: „In besonderen Ausnahmefällen ist aber eine Fristverlängerung zulässig. Im Hinblick auf das vorrangige Ziel der Verfahrensbeschleunigung müssen hier allerdings strenge Maßstäbe angelegt werden", BegrRegE SpruchG, BT-Drucks. 15/371 S. 14. Der Anregung der Stellungnahme des *HRA* zum RefE, NZG 2002, 119, 122, vorzusehen, dass die Mindestfrist sechs Wochen beträgt (dazu erneut die Stellungnahme zu § 7 RegE, NZG 2003, 316, 318) und die Frist vom Vorsitzenden verlängert werden kann, ist der Gesetzgeber nicht gefolgt; letzteres drückt aber die Verwendung des Wortes „soll" aus. Im Einzelnen *Puszkajler* in Kölner Komm. § 7 SpruchG Rn 13 ff.
[15] *Fritzsche/Dreier/Verfürth* § 7 Rn 22; *HRA* NZG 2002, 119, 122.
[16] *Büchel* NZG 2003, 793, 797; *Hörtnagl* in Schmitt/Hörtnagl/Stratz B § 7 SpruchG Rn 6; *Klöcker/Frowein* § 7 Rn 6; *Krieger* in Lutter Anh. I § 7 SpruchG Rn 5; *Lamb/Schluck-Amend* DB 2003, 1259,

- Der Antragsgegner hat nach Zustellung der Anträge den jeweiligen Bericht (Bericht über **6** den Unternehmensvertrag[17], Eingliederungsbericht[18], Bericht des Hauptaktionärs beim Squeeze out[19], Umwandlungsbericht[20]) **bei Gericht einzureichen**[21], ebenso externe Prüfungsberichte[22]. Beim Delisting ist ein Bericht ebenso wenig vorgeschrieben wie im Fall des Erlöschens von Mehrstimmrechten[23]. Antragsteller und gemeinsamer Vertreter können beantragen, dass das Gericht dem Antragsgegner aufgibt, ihnen unverzüglich und kostenlos eine **Abschrift** der bei Gericht eingereichten Unterlagen zu erteilen[24].
- Die Erwiderung des Antragsgegners[25] und die Unterlagen[26] sind dem Antragsteller und **7** dem gemeinsamen Vertreter unter Setzung einer **Frist für „Einwendungen gegen die Erwiderung"** zuzuleiten; die Frist beträgt mindestens einen Monat und soll drei Monate nicht überschreiten[27].
- Das Gericht kann **weitere vorbereitende Anordnungen** treffen, den Beteiligten insbe- **8** sondere die Vorlage von Aufzeichnungen[28] aufgeben und eine Frist zur Erklärung über bestimmte Punkte setzen[29].
- Schon vor der ersten mündlichen Verhandlung kann das Gericht eine **Beweisaufnahme** **9** zur Klärung von Vorfragen anordnen und durchführen[30]. Gedacht ist dabei an die Beauftragung von Sachverständigen, die Vorfragen klären sollen. Damit soll erreicht werden, dass die Gerichte nicht mehr umfassende, „pauschale" Gutachtenaufträge erteilen, sondern sich mit sachverständiger Hilfe darum bemühen, die uU wenigen wesentlichen Streitpunkte herauszuschälen, „um die Zeit für die evtl. Abfassung eines Beweisbeschlusses nach der mündlichen Verhandlung und für die Erstattung eines nachfolgenden Gutachtens

---

1260; *Puszkajler* in Kölner Komm. § 7 SpruchG Rn 13. AA, wonach zugleich eine Frist gesetzt werden müsse, *Fritzsche/Dreier/Verfürth* § 7 Rn 17.

[17] § 293 a AktG.
[18] § 319 Abs. 3 Satz 1 Nr. 3 AktG.
[19] § 327 c Abs. 2 AktG.
[20] §§ 8, 127, 176, 192 UmwG.
[21] Abs. 3. Im Einzelnen *Fritzsche/Dreier/Verfürth* § 7 Rn 26 ff.; *Hörtnagl* in Schmitt/Hörtnagl/Stratz B § 7 SpruchG Rn 11 f.; *Krieger* in Lutter Anh. I § 7 SpruchG Rn 8 f.; *Puszkajler* in Kölner Komm. § 7 SpruchG Rn 20 ff.
[22] Bericht beim Beherrschungs- oder Gewinnabführungsvertrag, § 293 e AktG, bei der Eingliederung, § 320 Abs. 3 AktG, beim Squeeze out, § 327 c AktG, und bei der Umwandlung, §§ 12, 30 Abs. 2, 125, 135, 176, 208 UmwG.
[23] BGH NZG 2003, 280 („Macrotron"); *Puszkajler* in Kölner Komm. § 7 SpruchG Rn 21.
[24] Im RegE war das Antragsrecht nur für die Antragsteller vorgesehen. Die Berechtigung des gemeinsamen Vertreters geht auf die übereinstimmende Anregung des Bundesrats, BT-Drucks. 15/371 S. 23, und des *HRA* NZG 2003, 316, 318 zurück.
[25] Abs. 2.
[26] Abs. 3.
[27] Abs. 4. Im RefE war eine Frist von bis zu sechs Monaten vorgesehen; dies wurde mit „dem unterschiedlichen Informationsstand, der in der Regel auf beiden Seiten bestehen wird" begründet, BegrRefE SpruchG S. 23. Diese Regelung ist wohl wegen der gewünschten Verfahrensbeschleunigung nicht Gesetz geworden. Die Mindestfrist setzte der RegE daraufhin mit zwei Wochen an; was nun wieder als unangemessen kurz kritisiert wurde, siehe *Puszkajler* ZIP 2003, 518, 520. Im Einzelnen *Fritzsche/Dreier/Verfürth* § 7 Rn 40 ff.
[28] Der *HRA* hat in seiner Stellungnahme zu § 7 Abs. 5, NZG 2003, 316, 318, vorgeschlagen, die „Vorlage von Aufzeichnungen" zu streichen, um das Missverständnis zu vermeiden, für sie gälten die Vertraulichkeitsgebote des Abs. 7 nicht. Nach hM ist § 7 Abs. 5 Satz 2 überflüssig, soweit er die Vorlagepflicht von Aufzeichnungen begründet. Hierzu *Bungert/Mennicke* BB 2003, 2021, 2027; *Wasmann/Rosskopf* ZIP 2003, 1776, 1779.
[29] Abs. 5. Im Einzelnen *Fritzsche/Dreier/Verfürth* § 7 Rn 45 ff.
[30] Abs. 6. Im Einzelnen *Hörtnagl* in Schmitt/Hörtnagl/Stratz B § 7 SpruchG Rn 15.

möglichst kurz zu halten"[31]. Eine Beweisaufnahme zur Hauptsache ist vor der mündlichen Verhandlung unzulässig[32].

10 – Auf Verlangen des Antragstellers, des gemeinsamen Vertreters[33] oder des Vorsitzenden hat der Antragsgegner schließlich dem Gericht und ggf. einem gerichtlichen Sachverständigen unverzüglich **sonstige Unterlagen** (bspw. Bewertungsgutachten, Jahresabschlüsse oder Planungsrechnungen[34]) vorzulegen, die für die Entscheidung erheblich sein können[35]. Voraussetzung der Herausgabepflicht ist, dass sich die Unterlagen in den Händen des Antragsgegners befinden und dieser berechtigt ist, darüber zu verfügen[36]. Soweit solche Unterlagen **geheimhaltungsbedürftige Tatsachen** enthalten, kann der Vorsitzende auf Antrag des Gegners bestimmen, dass diese Unterlagen den Antragstellern und dem gemeinsamen Vertreter **nicht zugänglich gemacht** werden dürfen[37]. Zuvor hat das Gericht zu prüfen, ob das behauptete Geheimhaltungsbedürfnis besteht und dieses gegen das Recht der Antragsteller, sich zu den fraglichen Unterlagen zu äußern (rechtliches Gehör), abzuwägen[38]. Bei einem Verstoß können Schadensersatzansprüche gegen den Antragsgegner, das Gericht oder den Sachverständigen bestehen[39]. Das Gericht darf diese geheimhaltungsbedürftigen Tatsachen in seiner Entscheidung nicht offen legen[40] und darin nur verwerten, wenn es einen zur Verschwiegenheit verpflichteten Wissensmittler einschaltet[41].

---

[31] BegrRegE SpruchG, BT-Drucks. 15/371 S. 15. Die Regelung ist § 358 a ZPO nachgebildet.

[32] *Krieger* in Lutter Anh. I § 7 SpruchG Rn 12. AA, wonach eine Beweisaufnahme zur Hauptfrage bereits vor der mündlichen Verhandlung zulässig sein soll, *Hüffer* Anh. § 305 AktG § 7 SpruchG Rn 8; *Puszkajler* in Kölner Komm. § 7 SpruchG Rn 47.

[33] *Fritzsche/Dreier/Verfürth* § 7 Rn 86; *Krieger* in Lutter Anh. I § 7 SpruchG Rn 15.

[34] *Hörtnagl* in Schmitt/Hörtnagl/Stratz B § 7 SpruchG Rn 16.

[35] Abs. 7. LG Dortmund AG 2005, 310. Im Einzelnen *Puszkajler* in Kölner Komm. § 7 SpruchG Rn 51 ff.

[36] *Hörtnagl* in Schmitt/Hörtnagl/Stratz B § 7 SpruchG Rn 16; *Krieger* in Lutter Anh. I § 7 SpruchG Rn 14. Zur Vorlage vorbereitender Arbeitspapiere der beauftragten Wirtschaftsprüfer besteht deshalb – entgegen BegrRegE SpruchG, BT-Drucks. 15/371 S. 15 – keine Verpflichtung; statt vieler: *Hörtnagl* in Schmitt/Hörtnagl/Stratz B § 7 SpruchG Rn 16.

[37] Abs. 7 Satz 2. Allerdings bestehen gegen die Verwertung von Angaben, die dem Antragsteller nicht zugänglich waren, verfassungsrechtliche Bedenken. Deswegen hat der HRA zu § 7 Abs. 2 RegE, NZG 316, 319, vorgeschlagen, die übrigen Beteiligten entsprechend § 174 Abs. 3 GVG zur Geheimhaltung zu verpflichten, wenn der Antragsgegner dies beantragt und ein schutzwürdiges Interesse daran darlegt; dieser Vorschlag blieb unberücksichtigt. Hierzu: *Fritzsche/Dreier/Verfürth* § 7 Rn 93; *Klöcker/Frowein* § 7 Rn 15; *Krieger* in Lutter Anh. I § 7 SpruchG Rn 22, der die Regelung für verfassungsgemäß hält; *Lamb/Schluck-Amend* DB 2003, 1259, 1263; *Hüffer* Anh. § 305 AktG § 7 SpruchG Rn 9, der an der Verfassungsmäßigkeit wegen Art. 103 Abs. 1 GG zweifelt.

[38] OLG Karlsruhe NZG 2006, 670; *Bungert/Mennicke* BB 2003, 2021, 2029; *van Kann/Hirschmann* DStR 2003, 1488, 1492; *Klöcker/Frowein* § 7 Rn 14; *Wasmann/Rosskopf* ZIP 2003, 1776, 1780.

[39] *Krieger* in Lutter Anh. I § 7 SpruchG Rn 22.

[40] *Hüffer* Anh. § 305 AktG § 7 SpruchG Rn 9; *Krieger* in Lutter Anh. I § 7 SpruchG Rn 20; *Puszkajler* in Kölner Komm. § 7 SpruchG Rn 75. AA, wonach das Gericht geheimhaltungsbedürftige Unterlagen, die es in seiner Entscheidung verwertet hat, offen legen dürfe, *Fritzsche/Dreier/Verfürth* § 7 Rn 96.

[41] *Emmerich* in Emmerich/Habersack AktKonzernR Anh. § 328 AktG § 7 SpruchG Rn 13. Das Gericht dürfe nur solche Tatsachen verwerten, zu denen die Beteiligten Stellung nehmen konnten, *Klöcker/Frowein* § 7 Rn 15. Das Gericht dürfe geheimhaltungsbedürftige Unterlagen, die es in seiner Entscheidung verwertet hat, offen legen, *Fritzsche/Dreier/Verfürth* § 7 Rn 96. Geheimhaltungsbedürftige Unterlagen dürften zwar nicht offengelegt, aber in der Entscheidung verwertet werden: *Krieger* in Lutter Anh. I § 7 SpruchG Rn 20.

– Das Gericht ist berechtigt, auf die Vorlage der erforderlichen Unterlagen durch den Antragsgegner mittels Zwangsgeld hinzuwirken[42]. Das Zwangsgeld beträgt höchstens 25.000 € im Einzelfall[43]. Es ist vorher anzudrohen[44]. **11**

In diesen Befugnissen des Gerichts liegt eine Einschränkung der Verpflichtung zur Amtsermittlung[45]. Soweit das Gericht die Beteiligten zur Sachverhaltsaufklärung einsetzt, entsteht eine **Darlegungs- und Beweisführungslast**, die das Gericht berechtigt, auf eigene Prüfungen und Erhebungen zu verzichten[46]. **12**

2. Dispositionsmaxime

Das Spruchverfahren ist ein echtes Streitverfahren[47] und unterliegt – allerdings nicht ganz uneingeschränkt – der Dispositionsmaxime. Daher kann der **Antrag** bis zur Rechtskraft der Entscheidung im Spruchverfahren **jederzeit zurückgenommen** werden; auf die Zustimmung anderer Verfahrensbeteiligter kommt es nicht an. Mit der Rücknahme seines Antrags scheidet der Antragsteller aus dem Verfahren aus. Sind weitere Antragsteller oder gemeinsame Vertreter vorhanden, wird das Verfahren mit ihnen fortgesetzt; die spätere Entscheidung wirkt dann auch den Ausgeschiedenen gegenüber[48]. Verbleibt nach Antragsrücknahme kein Antragsteller und setzt auch kein gemeinsamer Vertreter das Verfahren fort[49], ist das **Verfahren beendet**; eine etwa bereits ergangene Entscheidung wird damit wirkungslos. **13**

3. Amtsermittlung

Im Rahmen der gestellten Anträge (Dispositionsmaxime) hat das Gericht **von Amts** wegen die erforderlichen Ermittlungen anzustellen und Beweise zu erheben. Dass der Sachverhalt unstreitig ist, wird kaum vorkommen; dann könnte das Gericht auf Ermittlungen verzichten. Es gibt **keine Pflicht des Antragstellers**, zur Aufklärung beizutragen und/oder Beweisanträge zu stellen[50]. Gleichwohl trägt er die **Feststellungslast**: Bleibt – ggf. nach Ausschöpfung der dem Gericht zu Gebote stehenden Möglichkeiten der Aufklärung – ungewiss, ob ihm der geltend gemachte Anspruch zusteht, ist der Antrag zurückzuweisen[51]. Deshalb muss er substantiiert darlegen, weshalb die angebotene Kompensation nicht angemessen sein soll. **14**

Auf der anderen Seite gibt es auch von Gesetzes wegen **keine solche Pflicht des Antragsgegners**. Verlangt das Gericht allerdings von Beteiligten, zur Sachverhaltsaufklärung beizutragen, entsteht eine Darlegungs- und Beweisführungslast, die das Gericht auf eigene Prüfungen und Erhebungen zu verzichten berechtigt[52]. **15**

Insbesondere die Vorlagepflicht in Ansehung von Urkunden (Berichte, Prüfungsberichte) soll zu einer Beschleunigung des Verfahrens führen, zumal der Gesetzgeber sich von **16**

---

[42] Abs. 8. Damit ist der Gesetzgeber einer Anregung des Bundesrats BT-Drucks. 15/371 S. 23 gefolgt, der zu bedenken gab, dass das Spruchverfahren dem Zivilprozess so angenähert ist, dass § 142 Abs. 1 und 2 ZPO der Anwendung von Zwangsmitteln über die allgemeine Verweisung in § 17 Abs. 1 entgegenstehe. Im Einzelnen *Fritzsche/Dreier/Verfürth* § 7 Rn 98 ff.
[43] Abs. 8 iVm. § 33 Abs. 3 Satz 2 FGG.
[44] Abs. 8 iVm. § 33 Abs. 3 Satz 1 FGG.
[45] BegrRegE SpruchG, BT-Drucks. 15/371 S. 14.
[46] *Hörtnagl* in Schmitt/Hörtnagl/Stratz B § 7 SpruchG Rn 3.
[47] *Puszkajler* in Kölner Komm. Vorb. §§ 7 bis 11 SpruchG Rn 14.
[48] § 13.
[49] § 6 Abs. 3.
[50] Bei Verletzung der Verfahrensförderungspflicht gilt allerdings die Einschränkung des Amtsermittlungsgrundsatzes gem. § 10 Abs. 3.
[51] *Schmidt* in Keidel/Kuntze/Winkler § 12 FGG Rn 212.
[52] Rn 12.

der gerichtlichen Bestellung der Prüfer eine höhere Überzeugungskraft („Beweiswert") verspricht[53].

17 Als **Beweismittel** kommen im Spruchverfahren (neben Zeugen) vor allem Urkunden und Sachverständigengutachten in Betracht.

18 Für die Beurteilung des Anspruchs auf **Ausgleich** kommt es auf die **bisherige Ertragslage** der Gesellschaft an, da mindestens der Betrag zuzusichern ist, der danach und nach den künftigen **Ertragsaussichten** unter Berücksichtigung angemessener Abschreibungen und Wertberichtigungen, jedoch ohne Bildung anderer Gewinnrücklagen, voraussichtlich als **durchschnittlicher Gewinnanteil** verteilt werden könnte[54]. Stattdessen kann auch nach dem Verhältnis, das sich bei einer **Verschmelzung** ergeben würde, auf die Dividende des herrschenden Unternehmens abgestellt werden, wenn es eine AG ist[55].

19 Für den Anspruch auf **bare Zuzahlung** ist die **Bewertung der beteiligten Rechtsträger** zu überprüfen. Auszugehen ist dabei von dem (ggf. den) gesetzlich vorgeschriebenen Bericht(en), namentlich dem Bericht über den Beherrschungs- und Gewinnabführungsvertrag[56], dem Eingliederungsbericht[57], dem Bericht über den Ausschluss von Minderheitsaktionären[58], dem Verschmelzungs-[59], Spaltungs-[60] und Umwandlungsbericht[61]. In den Berichten ist jeweils die Höhe der angebotenen Abfindung bzw. das Umtauschverhältnis zu erläutern. Auch muss angegeben werden, welche Methode für die Bewertung des Unternehmens und die Ermittlung des Umtauschverhältnisses angewandt wurde; bei unterschiedlichen Methoden ist zur Vergleichbarkeit der Ergebnisse Stellung zu nehmen[62]. Angriffe im Spruchverfahren basieren in der Regel auf Einwendungen gegen die Bewertungsmethoden und ihre Ergebnisse.

20 Für die Beurteilung der angemessenen **Abfindung** ist ebenfalls die **Bewertung der Gesellschaft bzw. des übertragenden Rechtsträgers** zu überprüfen. Auszugehen ist auch hierbei vom Bericht, der die Höhe der Barabfindung zu erläutern hat. Auch hier spielen Einwendungen gegen vom jeweiligen Rechtsträger eingeholte Bewertungsgutachten im Spruchverfahren regelmäßig die maßgebliche Rolle.

21 **Urkunden** und Unterlagen[63] sind alle in dem jeweiligen Verfahren vorgeschriebenen Schriftstücke (Verträge, Beschlüsse, Berichte, Prüfungsberichte). Sie sind vom Antragsgegner vorzulegen und erbringen, soweit es sich um öffentliche Urkunden (notarielle Protokolle) handelt, Beweis für die beurkundeten Vorgänge[64], andernfalls nur für ihr Vorliegen, nicht aber für ihre inhaltliche Vollständigkeit und/oder Richtigkeit.

22 Zur Überprüfung der Begründetheit geltend gemachter Einwendungen pflegten die Gerichte routinemäßig **Gutachten Sachverständiger** einzuholen, die dann meist neue Unternehmensbewertungen vornahmen. Das ist teuer und zeitaufwändig, aber keineswegs immer sachlich geboten. Insbesondere ist das nicht der Fall, wenn keine konkreten Einwendungen gegen die Richtigkeit bestimmter Aussagen eines vorliegenden Bewertungsgutachtens vorgebracht werden. Zunächst sollte das Gericht jedenfalls den (die) externen Prüfer[65], evtl. auch die Verfasser der angegriffenen Gutachten, zur Stellungnahme auffordern. Außerdem

---

[53] Rn 1.
[54] § 304 Abs. 2 Satz 1 AktG.
[55] § 304 Abs. 2 Sätze 2 und 3 AktG.
[56] § 293 a AktG.
[57] §§ 320 Abs. 1 Satz 3, 319 Abs. 3 Satz 1 Nr. 3 AktG.
[58] § 327 c Abs. 2 AktG.
[59] § 8 Abs. 1 UmwG.
[60] § 127 UmwG.
[61] § 192 UmwG.
[62] *Altmeppen* in MünchKomm. § 293 a AktG Rn 43; *Hüffer* § 293 a AktG Rn 14 f.
[63] Abs. 7.
[64] § 415 ZPO.
[65] § 9 UmwG bei der Verschmelzung, § 125 Satz 1 UmwG bei der Auf- und Abspaltung.

ist dem Gericht durch die Entscheidung des BVerfG zur Maßgeblichkeit des **Börsenkurses** als Untergrenze[66] jedenfalls bei börsennotierten Gesellschaften die Arbeit abgekürzt[67].

III. Verfahrensverbindung

Verfahren mehrerer Antragsteller mit demselben Gegenstand werden im selben Verfahren behandelt. Verschiedene Verfahren (wegen Ausgleich einerseits und Festsetzung der angemessenen Barabfindung bzw. barer Zuzahlung andererseits) können verbunden werden[68]. Das Gleiche gilt für Verfahren gegen mehrere Antragsgegner, falls gleiche örtliche und sachliche Zuständigkeit gegeben ist[69]. 23

IV. Aussetzung, Unterbrechung und Ruhen des Verfahrens

In Spruchverfahren ist eine **Aussetzung des Verfahrens** möglich[70]. Mangels entsprechender gesonderter Vorschriften ist § 148 ZPO entsprechend anzuwenden[71]. Statthaftes Rechtsmittel gegen die Entscheidung des Gerichts ist die sofortige Beschwerde entsprechend § 252 ZPO[72]. 24

Das Gericht kann bei Zustimmung aller Verfahrensbeteiligten auch ein **Ruhen des Verfahrens** entsprechend § 251 ZPO anordnen[73]. 25

Beim **Tod eines Antragstellers** stellt das Gericht den Rechtsnachfolger fest und setzt das Verfahren fort[74]. 26

Bei der **Insolvenz des Antragsgegners** unterbricht das Gericht das Verfahren in entsprechender Anwendung des § 240 ZPO[75]. 27

§ 8 Mündliche Verhandlung

(1) ¹**Das Gericht soll aufgrund mündlicher Verhandlung entscheiden.** ²Sie soll so früh wie möglich stattfinden.

---

[66] *BVerfG* NZG 1999, 931.
[67] Von Fällen abgesehen, in denen Anhaltspunkte dafür vorliegen, dass der Börsenkurs durch Sondereinflüsse verfälscht sein könnte.
[68] Der Vorsitzende entscheidet allein, § 2 Abs. 1 Nr. 8.
[69] *Sternal* in Keidel/Kuntze/Winkler Vorb §§ 3–5 und 7 FGG Rn 14.
[70] *OLG München* ZIP 2007, 699; *OLG Düsseldorf* NJW-RR 1995, 832; *Klöcker/Frowein* § 11 Rn 31; *Puszkajler* in Kölner Komm. § 11 SpruchG Rn 58. Zur Aussetzung des Verfahrens im FGG-Verfahren *Schmidt* in Keidel/Kuntze/Winkler § 12 FGG Rn 98 ff. und im ZPO-Verfahren *Stadler* in Musielak § 148 ZPO Rn 1 ff.
[71] *OLG München* ZIP 2007, 699; *Schmidt* in Keidel/Kuntze/Winkler § 12 FGG Rn 101.
[72] *OLG München* ZIP 2007, 699, wonach sich die Statthaftigkeit der sofortigen Beschwerde nicht bereits aus § 12 Abs. 1 Satz 1 ergebe, da das dort bezeichnete Rechtsmittel nur Endentscheidungen im Sinne des § 11 behandle.
[73] *Klöcker/Frowein* § 11 Rn 31; *Puszkajler* in Kölner Komm. § 11 SpruchG Rn 59. Zum Ruhen des Verfahrens im FGG-Verfahren *Schmidt* in Keidel/Kuntze/Winkler § 12 FGG Rn 117 und im ZPO-Verfahren *Stadler* in Musielak § 251 ZPO Rn 1 ff.
[74] *Klöcker/Frowein* § 11 Rn 31; *Puszkajler* in Kölner Komm. § 11 SpruchG Rn 58. Allgemein zum Tod eines Verfahrensbeteiligten im FGG-Verfahren *Schmidt* in Keidel/Kuntze/Winkler § 12 FGG Rn 115 f mwN.
[75] *Puszkajler* in Kölner Komm. § 11 SpruchG Rn 57 mwN; *Wittgens* S. 234 ff. mwN. AA, wonach § 240 ZPO im Spruchverfahren nicht anwendbar sei: *BayObLG* KTS 2002, 723; *Klöcker/Frowein* § 11 Rn 31. Zur Unterbrechung im ZPO-Verfahren *Stadler* in Musielak § 240 ZPO Rn 1 ff.

(2) ¹In den Fällen des § 7 Abs. 3 Satz 2 soll das Gericht das persönliche Erscheinen der sachverständigen Prüfer anordnen, wenn nicht nach seiner freien Überzeugung deren Anhörung als sachverständige Zeugen zur Aufklärung des Sachverhalts entbehrlich erscheint. ²Den sachverständigen Prüfern sind mit der Ladung die Anträge der Antragsteller, die Erwiderung des Antragsgegners sowie das weitere schriftliche Vorbringen der Beteiligten mitzuteilen. ³In geeigneten Fällen kann das Gericht die mündliche oder schriftliche Beantwortung von einzelnen Fragen durch den sachverständigen Prüfer anordnen.

(3) **Die §§ 138 und 139 sowie für die Durchführung der mündlichen Verhandlung § 279 Abs. 2 und 3 und § 283 der Zivilprozessordnung gelten entsprechend.**

Übersicht

	Rn		Rn
I. Mündliche Verhandlung (Abs. 1)	1–3	III. Anwendung zivilprozessualer Regeln (Abs. 3)	8–13
II. Persönliches Erscheinen (Abs. 2)	4–7		

I. Mündliche Verhandlung (Abs. 1)

1 Die mündliche Verhandlung über den Antrag ist nunmehr **die Regel**[1]. Nur wenn es keine Fragen gibt, deren Erörterung mit den Parteien oder dem sachverständigen Prüfer sinnvoll ist, kann ausnahmsweise davon abgewichen werden; möglich erscheint dies nur bei offensichtlich unzulässigen Anträgen[2].

2 Der Gesetzgeber hat sich dazu aus der Überzeugung entschlossen, dass „ein gut vorbereiteter mündlicher Termin sehr viel effektiver dazu dienen kann, wesentliche Fragen aufzuklären, als dies lediglich durch den Austausch von Schriftsätzen möglich ist"[3]. Mögen Richter auch dazu neigen, sich auf Grund bloß schriftsätzlichen Vortrags eine Meinung zu bilden, die dann in mündlicher Verhandlung umzustoßen nur selten gelingt, sollte die in einem gewissen zeitlichen Zusammenhang mit den – fristgerecht eingegangenen – Schriftsätzen nunmehr regelmäßig anzuberaumende mündliche Verhandlung wenigstens zu einer Beschleunigung beitragen, deren die Spruchverfahren dringend bedürfen. Bisher sind sie mangels eines gesetzlichen Drucks auf die Verfahrensbeteiligten (einschließlich des Gerichts) zu einer „langfristigen Sparkasse" degeneriert.

3 Die mündliche Verhandlung soll so früh wie möglich stattfinden[4]. Wann dies der Fall ist, hängt von den Umständen des Einzelfalls ab, sicher nicht vor Verstreichen der Antragsfrist[5] und der Gelegenheit zur Erwiderung[6] und zur Replik[7].

II. Persönliches Erscheinen (Abs. 2)

4 Im Fall der Prüfung durch externe Prüfer[8] soll das Gericht deren persönliches Erscheinen anordnen, damit sie mündlich befragt werden können[9]. Auch wenn Sachverständige

---

[1] Abs. 1.
[2] *Puszkajler* in Kölner Komm. § 8 SpruchG Rn 4.
[3] BegrRegE SpruchG, BT-Drucks. 15/371 S. 15. Kritisch *Büchel* NZG 2003, 793, 798; *Hüffer* Anh. § 305 AktG § 8 SpruchG Rn 2.
[4] Abs. 1 Satz 2.
[5] § 4.
[6] § 7 Abs. 2.
[7] § 7 Abs. 4.
[8] § 7 Abs. 3 Satz 2.
[9] Abs. 2.

in aller Regel von ihren gutachterlichen Aussagen selbst durch noch so fundierte Vorhalte nicht abzubringen sind[10], kann die Neuregelung beschleunigend wirken, weil die Befragung zur Klärung derjenigen Streitpunkte beitragen wird, über die ggf. ein weiteres Sachverständigengutachten einzuholen ist. Bisher wurde in der Praxis häufig so verfahren, dass ohne mündliche Verhandlung ein Sachverständigengutachten mit dem Gegenstand einer erneuten Unternehmensbewertung in Auftrag gegeben wurde. Die Mitwirkung der Beteiligten erschöpfte sich in ihrer Anhörung zur Auswahl dieses Sachverständigen und zu dessen höheren als den gesetzlich vorgesehenen Honorarforderungen. Ob die Neuregelung das bessert, bleibt abzuwarten.

Nach dem Wortlaut des Gesetzes werden die sachverständigen Prüfer als sachverständige Zeugen vernommen. Zweck des Gesetzes ist es jedoch, dass der Prüfer bei seiner Anhörung in der mündlichen Verhandlung zugleich wie ein Sachverständiger Sachwissen vermittelt[11].

Das Verfahren läuft in der Regel in zwei Stufen: Zuerst wird der sachverständige Prüfer gehört; soweit danach noch Fragen offen sind, wird ein gerichtlicher Sachverständiger eingeschaltet[12].

Das Gericht kann auf die Anhörung des sachverständigen Prüfers verzichten. Das ist aber nur in Ausnahmefällen denkbar[13], bspw. wenn sich das Gericht in der Lage sieht, die erhobenen Bewertungsrügen aufgrund eigenen Sachwissens zu entscheiden[14].

III. Anwendung zivilprozessualer Regeln (Abs. 3)

Schon bisher wurde angenommen, dass unstreitiges Vorbringen der Verfahrensbeteiligten Ermittlungen von Amts wegen entbehrlich macht. Das soll der Hinweis auf **§ 138 Abs. 3 ZPO** gesetzlich festschreiben[15]. Die Verweisung auf **§ 139 ZPO** (die erst im letzten Moment in das Gesetz aufgenommen wurde) nähert das Spruchverfahren noch weiter dem Zivilprozess an, indem der Amtsermittlungsgrundsatz zugunsten des Beibringungsgrundsatzes eingeschränkt wurde[16]. Dadurch wird die Verpflichtung des Gerichts zur Verfahrensleitung in der Weise konkretisiert, dass der Vorsitzende Hinweise zu erteilen, auf bestehende Bedenken aufmerksam zu machen und auf Stellung sachdienlicher Anträge hinzuwirken hat[17].

Der Hinweis auf die **§§ 279 Abs. 2, 3 und 283 ZPO** erschien dem Gesetzgeber angebracht, weil das FGG zum Ablauf der mündlichen Verhandlung keine Bestimmungen enthält[18]. Insbesondere die Geltung des § 279 Abs. 2 ZPO trägt zur Verfahrensbeschleunigung bei[19].

---

[10] Die BegrRegE SpruchG, BT-Drucks. 15/371 S. 15 drückt für die Bestellung des Prüfers zum gerichtlichen Sachverständigen im Spruchverfahren so aus: „Dabei dürfte in den meisten Fällen eine gewisse „Hemmschwelle" bestehen, sich selbst zu korrigieren. Diese Gesichtspunkte wird das Gericht bei seiner Entscheidung über die Bestellung sorgsam abzuwägen haben."

[11] Statt vieler: *Fritzsche/Dreier/Verfürth* § 8 Rn 13. Zweifelnd *Büchel* NZG 2003, 793, 802.

[12] *Krieger* in Lutter Anh. I § 8 SpruchG Rn 6.

[13] *Krieger* in Lutter Anh. I § 8 SpruchG Rn 7.

[14] *Hörtnagl* in Schmitt/Hörtnagl/Stratz B § 8 SpruchG Rn 5.

[15] BegrRegE SpruchG, BT-Drucks. 15/371 S. 15.

[16] *Fritzsche/Dreier/Verfürth* § 8 Rn 30; *Hörtnagl* in Schmitt/Hörtnagl/Stratz B § 8 SpruchG Rn 10; *Hüffer* Anh. § 305 AktG § 8 SpruchG Rn 7; *Krieger* in Lutter Anh. I § 8 SpruchG Rn 11. AA, wonach der Amtsermittlungsgrundsatz durch den Beibringungsgrundsart ersetzt werde, *Büchel* NZG 2003, 793, 798 f.

[17] Die Bemerkung von *Puszkajler* ZIP 2003, 518, 520, es sei „bedauerlich, aber nicht wesentlich", dass man das Spruchverfahren nicht vollständig den Regeln der ZPO unterstellt hat, trifft damit den Nagel auf den Kopf.

[18] BegrRegE SpruchG, BT-Drucks. 15/371 S. 16.

[19] BegrRegE SpruchG, BT-Drucks. 15/371 S. 16.

10 Der so früh als möglich[20] anzuberaumende Termin für die mündliche Verhandlung soll so vorbereitet sein, dass der Einführung in den Sach- und Streitstoff und der streitigen Verhandlung der Beteiligten zur Sache die **Beweisaufnahme** unmittelbar folgen kann. Zeugen und Sachverständige sind also vorsorglich zu laden und sonstige Beweismittel verfügbar zu halten[21]. Präsente Beweismittel sind aufzunehmen[22]. In aller Regel wird die Beweisaufnahme indessen im Spruchverfahren so umfangreich sein, dass ein eigener Termin notwendig wird.

11 Nach dem **Schluss der Beweisaufnahme** erörtert das Gericht erneut den Sach- und Streitstand mit den Beteiligten; dabei hat das Gericht vor allem zum Beweisergebnis Stellung zu beziehen[23]. In dieser Lage des Verfahrens ist auch die Pflicht des Gerichts anzunehmen, nochmals die Möglichkeiten eines Vergleichsschlusses auf der Basis des Beweisergebnisses zu erfragen[24].

12 Der Verweis auf § 283 ZPO ordnet das im Zivilprozess bewährte Verfahren bei kurz vor dem Termin eingereichten Schriftsätzen für das Spruchverfahren an. Danach wird dem Beteiligten, der sich auf ein kurzfristig vorgebrachtes Angriffs- oder Verteidigungsmittel des Gegners nicht erklären kann, eine (Nach-)Frist gesetzt, binnen derer er Stellung nehmen kann. Durch diese Regel wird eine das Verfahren hinauszögernde Vertagung vermieden[25]. Zu den Angriffs- und Verteidigungsmitteln zählen (Beweis-)Anträge, Erklärungen, Behauptungen, Bestreiten und Rechtsausführungen[26]. Nicht rechtzeitig ist das Vorbringen jedenfalls, wenn die Wochenfrist des § 132 Abs. 1 ZPO unterschritten ist. Legt ein Verfahrensbeteiligter dar, dass er trotz Einhaltung der Wochenfrist mehr Zeit benötigt, um zum letzten Vorbringen des Gegners Stellung zu nehmen, ist die relative Verspätung aus § 9 Abs. 2 zu entnehmen[27].

13 Dieser Schriftsatznachlass wird nicht von Amts wegen, sondern nur auf **Antrag** gewährt. Allerdings ist das Gericht nicht gebunden, dem Antrag zu entsprechen. Vielmehr kann es auch einen neuen Termin zur mündlichen Verhandlung bestimmen[28].

§ 9 Verfahrensförderungspflicht

(1) Jeder Beteiligte hat in der mündlichen Verhandlung und bei deren schriftlicher Vorbereitung seine Anträge sowie sein weiteres Vorbringen so zeitig vorzubringen, wie es nach der Verfahrenslage einer sorgfältigen und auf Förderung des Verfahrens bedachten Verfahrensführung entspricht.

(2) Vorbringen, auf das andere Beteiligte oder in den Fällen des § 8 Abs. 2 die in der mündlichen Verhandlung anwesenden sachverständigen Prüfer voraussichtlich ohne vorhergehende Erkundigung keine Erklärungen abgeben können, ist vor der mündlichen Verhandlung durch vorbereitenden Schriftsatz so zeitig mitzuteilen, dass die Genannten die erforderliche Erkundigung noch einziehen können.

(3) **Rügen, welche die Zulässigkeit der Anträge betreffen, hat der Antragsgegner innerhalb der ihm nach § 7 Abs. 2 gesetzten Frist geltend zu machen.**

---

[20] Abs. 1 Satz 2.
[21] *Greger* in Zöller § 279 ZPO Rn 3.
[22] *Foerste* in Musielak § 279 ZPO Rn 6; *Greger* in Zöller § 279 ZPO Rn 4.
[23] Das Gericht muss also explizieren, ob es den Beweis für geführt hält oder nicht; *Greger* in Zöller § 279 ZPO Rn 5.
[24] § 11 Abs. 2.
[25] *Foerste* in Musielak § 283 ZPO Rn 1; *Greger* in Zöller § 283 ZPO Rn 1.
[26] *Reichold* in Thomas/Putzo § 283 ZPO Rn 2.
[27] Für den Zivilprozess aus § 282 Abs. 2 ZPO: *Foerste* in Musielak § 283 ZPO Rn 4; *Greger* in Zöller § 283 ZPO Rn 2 b. Dagegen *Reichold* in Thomas/Putzo § 283 ZPO Rn 2.
[28] *Greger* in Zöller § 283 ZPO Rn 3 a; *Reichold* in Thomas/Putzo § 283 ZPO Rn 3.

Übersicht

	Rn		Rn
I. Normzweck	1	III. Vorbereitender Schriftsatz (Abs. 2)	6
II. Allgemeine Verfahrensförderungspflicht (Abs. 1)	2–5	IV. Zulässigkeitsrügen (Abs. 3)	7–8

I. Normzweck

Die Vorschrift ist neu; sie entspricht dem wesentlichen Regelungsanliegen des Gesetzgebers, das (in der Vergangenheit viel zu lang dauernde) Spruchverfahren spürbar zu verkürzen[1]. Zu diesem Zweck legt § 9 allen Beteiligten in inhaltlicher Anlehnung an § 282 ZPO eine allgemeine Verfahrensförderungspflicht auf. Sie trägt der Tatsache Rechnung, dass eine zügige Abwicklung des Verfahrens nicht allein durch das Gericht zu gewährleisten ist, sondern von der Unterstützung durch **alle Verfahrensbeteiligten** abhängig ist[2]. Die Norm ist im Zusammenhang mit § 10 zu lesen, wonach verspätetem Vorbringen die Zurückweisung droht[3]. Abs. 1 bezieht sich auf das gesamte Verfahren (schriftliche Vorbereitung und mündliche Verhandlung)[4], Abs. 2 stellt eine effektive Vorbereitung der mündlichen Verhandlung sicher (Konzentration), Abs. 3 dient der Verfahrenseffizienz. 1

II. Allgemeine Verfahrensförderungspflicht (Abs. 1)

Abs. 1 begründet die allgemeine Verfahrensförderungspflicht jedes Beteiligten[5] in der mündlichen Verhandlung und bei deren schriftlicher Vorbereitung. Grundsätzlich gibt die Verfahrensförderungspflicht den Beteiligten auf, nach Kräften dazu beizutragen, dass der gesamte Verfahrensstoff unverzüglich und vollständig zusammengebracht werden kann[6]. Demnach sind die Beteiligten verpflichtet, ihre Anträge und sonstiges Vorbringen in der Verhandlung und im schriftlichen Verfahren **so früh wie möglich** und vernünftig vorzubringen[7]. 2

„**Anträge**" iSd. Abs. 1 sind nicht die in § 1 aufgezählten Anträge auf Ausgleich, Abfindung, Barabfindung bzw. Zuzahlung; denn diese Anträge setzen das Spruchverfahren in Gang und können daher nicht „in" der mündlichen Verhandlung oder „bei" deren Vorbereitung rechtzeitig gestellt werden[8]. Der Antragsbegriff des Abs. 1 deckt sich mit dem des § 11 FGG[9]. Er umfasst alle Erklärungen der Beteiligten, die eine bestimmte Tätigkeit des 3

---

[1] In der BegrRegE SpruchG, BT-Drucks. 15/371 S. 11 heißt es wörtlich: „Oberstes Ziel ist, die als zu lang empfundene Verfahrensdauer im Durchschnitt spürbar zu verkürzen und damit den Rechtsschutz der betroffenen Anteilsinhaber erheblich zu verbessern." Die Masse der Spruchverfahren ist aus richterlicher Sicht bereits als *mission impossible* bezeichnet worden, *Puszkajler* ZIP 2003, 518, 519.
[2] BegrRegE SpruchG, BT-Drucks. 15/371 S. 16. Das gilt – trotz Kritik – auch für die antragstellenden Aktionäre, dazu *Neye,* FS Wiedemann, S. 1127, 1135.
[3] *Puszkajler* in Kölner Komm. § 9 SpruchG Rn 1.
[4] *Fritzsche/Dreier/Verfürth* § 9 Rn 4.
[5] Also Antragsteller, Antragsgegner und gemeinsamer Vertreter.
[6] *Hartmann* in Baumbach/Lauterbach/Albers/Hartmann Grdz § 128 ZPO Rn 12.
[7] *Puszkajler* in Kölner Komm. § 9 SpruchG Rn 7.
[8] *Hörtnagl* in Schmitt/Hörtnagl/Stratz B § 9 SpruchG Rn 2. Dies entspricht der Regelung in § 282 ZPO, wonach nur zur Begründung des gestellten Sachantrags vorgebrachte rechtliche und tatsächliche Behauptungen, Einwendungen, Einreden usw. verspätet sein können; neue Sachanträge oder Änderungen und Erweiterungen des gestellten Antrags können dagegen nicht wegen Verspätung zurückgewiesen werden, *Greger* in Zöller § 282 ZPO Rn 2 a.
[9] *Puszkajler* in Kölner Komm. § 9 SpruchG Rn 5.

Gerichts in dem Verfahren erstreben[10]. Dabei kann es sich sowohl um **Sachanträge** handeln, d.h. Anträge, die den Inhalt der Entscheidung betreffen, als auch um **Verfahrensanträge**, zB Antrag auf Abgabe des Verfahrens, Ablehnungsgesuch, Beweisantrag[11] oder Beschwerde[12]. Kein Vorbringen in diesem Sinne sind Rechtsausführungen[13].

4 **Weiteres Vorbringen** ist jedes zur Begründung und Verteidigung des Spruchverfahrensantrags vorgebrachte rechtliche oder tatsächliche Behaupten oder Bestreiten[14].

5 **Rechtzeitig** sind Antrag und weiteres Vorbringen nach dem Gesetz, wenn sie „so zeitig" in das Verfahren eingeführt werden, „wie es nach der Verfahrenslage einer sorgfältigen und auf Förderung des Verfahrens bedachten Verfahrensführung entspricht"[15]. Jedes durch die jeweilige Lage des Verfahrens bedingte Vorbringen muss also unverzüglich eingebracht werden, um eine Zurückweisung nach § 10 Abs. 2 zu vermeiden[16]. Andere Gesichtspunkte können dagegen so lange zurückgehalten werden, wie der Gang des Verfahrens oder eine Auflage des Gerichts deren Einführung nicht erfordern[17].

III. Vorbereitender Schriftsatz (Abs. 2)

6 Vorbringen, zu dem ohne vorhergehende Erkundigung oder Prüfung im Termin voraussichtlich nicht Stellung genommen werden kann, muss vor der mündlichen Verhandlung in einem vorbereitenden Schriftsatz mitgeteilt werden. Darin liegt eine besondere Ausprägung der Verfahrensförderungspflicht, die eine effektive mündliche Verhandlung sicherstellen soll. Verstöße gegen diese Verpflichtung sind dadurch sanktioniert, dass **verspätetes Vorbringen** nach pflichtgemäßem Ermessen des Gerichts zurückgewiesen werden kann[18]. Ihrem Wortlaut nach erfasst die Norm allein „Vorbringen"; verspätete Antragstellung bleibt für den Beteiligten ohne spürbare Nachteile. Der Schriftsatz ist rechtzeitig, wenn er dem Gegner angemessen Zeit zu Erkundigungen lässt, um sich darauf im Termin zu erklären. **Eine feste Frist besteht nicht**; die Zeitspanne ist von Verfahren zu Verfahren und je nach der Bedeutung und dem Umfang des Vorbringens unterschiedlich[19].

IV. Zulässigkeitsrügen (Abs. 3)

7 Die in Abs. 3 genannten Anträge umfassen auch die in § 1 aufgezählten verfahrenseinleitenden Anträge. Rügen, die auf deren Zulässigkeit zielen[20], sind binnen der vom Gericht nach § 7 Abs. 2 Satz 3 gesetzten Frist (zwischen einem und drei Monaten ab Zustellung der Anträge) geltend zu machen[21]. Erfasst sind alle Rügen, welche die Befugnis des Gerichts

---

[10] *Hörtnagl* in Schmitt/Hörtnagl/Stratz B § 9 SpruchG Rn 2.
[11] *Emmerich* in Emmerich/Habersack AktKonzernR Anh. § 328 AktG § 9 SpruchG Rn 3.
[12] *Zimmermann* in Keidel/Kuntze/Winkler § 11 FGG Rn 14.
[13] *Fritzsche/Dreier/Verfürth* § 9 Rn 6; *Puszkajler* in Kölner Komm. § 9 SpruchG Rn 6.
[14] *Volhard* in MünchKomm. § 9 SpruchG Rn 4. AA, wonach damit nur Sachvortrag gemeint sei, Rechtsausführungen aber jederzeit möglich seien, *Hörtnagl* in Schmitt/Hörtnagl/Stratz B § 9 SpruchG Rn 2.
[15] *Hörtnagl* in Schmitt/Hörtnagl/Stratz B § 9 SpruchG Rn 3. Siehe zum Zivilprozess: *Greger* in Zöller § 282 ZPO Rn 3; *Hartmann* in Baumbach/Lauterbach/Albers/Hartmann § 282 ZPO Rn 7 ff.; allein auf die Prozesslage stellt *Foerste* in Musielak § 282 ZPO Rn 3 ab.
[16] *Greger* in Zöller § 282 ZPO Rn 3.
[17] *Hartmann* in Baumbach/Lauterbach/Albers/Hartmann § 282 ZPO Rn 8.
[18] § 10 Abs. 2.
[19] *Hörtnagl* in Schmitt/Hörtnagl/Stratz B § 9 SpruchG Rn 4.
[20] OLG Karlsruhe AG 2005, 300. Siehe die Aufzählung bei *Fritsche/Dreier/Verfürth* § 9 Rn 29.
[21] *Hörtnagl* in Schmitt/Hörtnagl/Stratz B § 9 SpruchG Rn 5.

bezweifeln, in der Sache zu entscheiden, also das Fehlen von Verfahrensvoraussetzungen oder das Vorliegen von Verfahrenshindernissen zum Inhalt haben[22]. Zu den grundlegenden Verfahrensvoraussetzungen zählen die örtliche und funktionale Zuständigkeit des Gerichts[23], die korrekte Bezeichnung des Antragsgegners[24] und das Vorliegen eines Antrags[25]. Auch die nach § 4 Abs. 2 erforderliche Begründung zählt zu den Verfahrensvoraussetzungen[26]; ein Antrag ohne die erforderliche Begründung führt nicht zur Unbegründetheit, sondern bereits zur Unzulässigkeit. Ebenso kann fehlendes Rechtsschutzbedürfnis Gegenstand einer Zulässigkeitsrüge sein[27]. Die Eventualmaxime, wonach Bedenken gegen die Zulässigkeit des Antrags in einer Rüge zusammenzufassen und gleichzeitig geltend zu machen sind, gilt nicht[28]. Der Antragsgegner kann die Erwiderungsfrist jeweils voll ausnutzen und muss die Rügen nicht sofort in einem Schriftsatz erheben[29]. Im Rahmen der von Amts wegen zu überprüfenden Zulässigkeitsvoraussetzungen und -hindernisse hat eine Rüge ohnehin nur vorschlagenden Charakter, und eine Verspätung im technischen Sinne ist insoweit nicht denkbar.

Den Ablauf der Ausschlussfrist[30] betreffende Rügen erfasst Abs. 3 nicht. Die Präklusionswirkung lässt den Anspruch untergehen mit der Folge, dass der Antrag unbegründet ist[31]; er ist dann zurückzuweisen.

8

§ 10 Verletzung der Verfahrensförderungspflicht

(1) Stellungnahmen oder Einwendungen, die erst nach Ablauf einer hierfür gesetzten Frist (§ 7 Abs. 2 Satz 3, Abs. 4) vorgebracht werden, sind nur zuzulassen, wenn nach der freien Überzeugung des Gerichts ihre Zulassung die Erledigung des Rechtsstreits nicht verzögern würde oder wenn der Beteiligte die Verspätung entschuldigt.

(2) Vorbringen, das entgegen § 9 Abs. 1 oder 2 nicht rechtzeitig erfolgt, kann zurückgewiesen werden, wenn die Zulassung nach der freien Überzeugung des Gerichts die Erledigung des Verfahrens verzögern würde und die Verspätung nicht entschuldigt wird.

(3) § 12 des Gesetzes über die Angelegenheiten der freiwilligen Gerichtsbarkeit ist insoweit nicht anzuwenden.

(4) Verspätete Rügen, die die Zulässigkeit der Anträge betreffen und nicht von Amts wegen zu berücksichtigen sind, sind nur zuzulassen, wenn der Beteiligte die Verspätung genügend entschuldigt.

Übersicht

	Rn		Rn
I. Normzweck	1	5. Kausalität	9
II. Gebundene Zurückweisung (Abs. 1)	2–9	III. Zurückweisung nach Ermessen (Abs. 2)	10
1. Stellungnahmen und Einwendungen	3	IV. Einschränkung des Amtsermittlungsgrundsatzes (Abs. 3)	11
2. Fristablauf	4–5		
3. Verzögerung	6	V. Zulässigkeitsrügen (Abs. 4)	12
4. Verschulden	7–8		

---

[22] *Puszkajler* in Kölner Komm. § 9 SpruchG Rn 16 ff.
[23] § 2. OLG Karlsruhe AG 2005, 300, 301.
[24] *Bungert/Mennicke* BB 2003, 2021, 2026.
[25] *Lamb/Schluck-Amend* DB 2003, 1259, 1261.
[26] *Fritzsche/Dreier/Verfürth* § 9 Rn 29; *Lamb/Schluck-Amend* DB 2003, 1259, 1261.
[27] *Fritzsche/Dreier/Verfürth* § 9 Rn 31.
[28] So aber noch *Volhard* in MünchKomm. § 10 SpruchG Rn 7. Siehe zum Zivilprozess *Greger* in Zöller § 282 ZPO Rn 6.
[29] Statt vieler: *Puszkajler* in Kölner Komm. § 9 SpruchG Rn 17.
[30] § 4.
[31] Siehe BGH Z 92, 114, 117, zur Präklusionswirkung im Zivilprozess.

I. Normzweck

1 Die Vorschrift ist an § 296 ZPO angelehnt und schränkt den Amtsermittlungsgrundsatz[1] ein[2]. Die teils Verpflichtung[3], teils Möglichkeit[4], verspätetes Vorbringen zurückzuweisen, dient der Durchsetzung der den Beteiligten auferlegten Verfahrensförderungspflicht[5].

II. Gebundene Zurückweisung (Abs. 1)

2 Nach Abs. 1 ist das **Gericht verpflichtet**, Stellungnahmen und Einwendungen zurückzuweisen, die verfristet vorgebracht werden. Selbst wenn alle Beteiligten einverstanden sind, darf das Gericht das verspätete Vorbringen nicht berücksichtigen[6]. Allerdings darf es sie (nur) zulassen, wenn dies die Erledigung des Verfahrens[7] **nicht verzögert** oder der Beteiligte die Verspätung **entschuldigt**. Fehlende Verzögerung und Exkulpation sind alternative Tatbestände. Die Zurückweisung erfolgt nicht durch gesonderten Beschluss, sondern im Beschluss zur Hauptsache[8]. Die Zurückweisung kann daher nur im Rahmen einer sofortigen Beschwerde[9] gegen den Hauptsachebeschluss angegriffen werden[10].

1. Stellungnahmen und Einwendungen

3 **Stellungnahm**e ist jede Erwiderung des Antragsgegners auf die im Antrag gemachten Angaben des Antragstellers[11], insbesondere zur Höhe der begehrten Zahlung[12]. Zur Stellungnahme gehören auch die Zulässigkeit der Anträge betreffende Rügen[13]. **Einwendungen** sind die vom Antragsteller gegen die Stellungnahme des Antragsgegners vorgebrachten Einlassungen[14]. Darunter fallen Behauptungen, Bestreiten, Beweismittel und Beweiseinreden. Abs. 1 gilt nur für erhebliche und streitige[15] Stellungnahmen und Einwendungen, nicht jedoch für rechtliches Vorbringen[16].

2. Fristablauf

4 Der Fristablauf setzt mehrere Umstände voraus. Die Frist muss durch das Gericht **wirksam angeordnet** worden sein[17]. Dazu ist eine vom zuständigen Richter[18] mit vollem Na-

---

[1] § 12 FGG.
[2] BegrRegE SpruchG, BT-Drucks. 15/371 S. 16.
[3] Abs. 1 und 4.
[4] Abs. 2.
[5] § 9.
[6] *Klöcker/Frowein* § 10 Rn 2; *Krieger* in Lutter Anh. I § 10 SpruchG Rn 2.
[7] Der Begriff „Rechtsstreit" liegt neben der Sache; richtigerweise wäre hier wie auch sonst von „Verfahren" zu sprechen gewesen, was der *HRA* in seiner Stellungnahme, NZG 2003, 316, 319, zu Recht moniert hat.
[8] Statt vieler: *Krieger* in Lutter Anh. I § 10 SpruchG Rn 11.
[9] § 12.
[10] *Fritzsche/Dreier/Verfürth* § 10 Rn 35; *Krieger* in Lutter Anh. I § 10 SpruchG Rn 11.
[11] *Emmerich* in Emmerich/Habersack AktKonzernR Anh. § 328 AktG § 10 SpruchG Rn 4.
[12] § 7 Abs. 2.
[13] Abs. 4.
[14] § 7 Abs. 4 Satz 2. *Fritzsche/Dreier/Verfürth* § 10 Rn 11.
[15] *Fritzsche/Dreier/Verfürth* § 10 Rn 15. Siehe zu § 296 ZPO: *BVerfG* NJW 1981, 271; *BGH* NJW 1980, 945; *OLG Naumburg* NJW-RR 1994, 704.
[16] *Fritzsche/Dreier/Verfürth* § 10 Rn 14 f.
[17] Statt vieler: *Fritzsche/Dreier/Verfürth* § 10 Rn 8.
[18] Im Regelfall der Entscheidung durch eine KfH (§ 2 Abs. 2) entscheidet der Vorsitzende (§ 2 Abs. 3 Nr. 4), jedoch ist auch die Fristsetzung durch die Kammer wirksam. *Fritzsche/Dreier/Verfürth* § 10 Rn 8; *Hüffer* Anh. § 305 AktG § 10 SpruchG Rn 2.

men[19] unterzeichnete Verfügung erforderlich, die das Fristende und die zu erfüllenden Anforderungen eindeutig erkennen lässt[20], das gesetzliche Mindestmaß einhält[21], mit einer Belehrung über die Konsequenzen der Fristversäumnis versehen[22] und dem Beteiligten, an den sie gerichtet ist, förmlich **zugestellt**[23] worden ist.

Die Frist ist **versäumt**, wenn die Beteiligten ihre Stellungnahmen oder Einwendungen nach Ablauf der durch das Gericht gem. § 7 Abs. 2 Satz 3 und Abs. 4 Satz 2 bestimmten Frist vorbringen. Abs. 1 gilt über den Wortlaut hinaus auch für die nach § 7 Abs. 5 Satz 2 gesetzte Frist; auf andere Fristen ist Abs. 1 dagegen nicht anwendbar[24]. Für die Einhaltung der Frist reicht es aus, dass der Schriftsatz beim zuständigen Gericht eingeht; der Zugang bei der richtigen Geschäftsstelle ist nicht zu verlangen[25]. Die Frist kann außer durch **verspäteten Eingang** auch durch vollständiges **Untätigbleiben** des Beteiligten versäumt sein oder durch die Einreichung eines Schriftsatzes, der auf die im gegnerischen Schriftsatz aufgeworfenen Rechts- und Tatsachenfragen **nicht oder nur unzureichend eingeht**.

3. Verzögerung

Das verspätete Vorbringen ist zuzulassen, wenn dies zu keiner Verzögerung der Erledigung des Verfahrens führt. Das Fristversäumnis muss **kausal für eine Verzögerung** des Verfahrensablaufs sein[26]. Das ist der Fall, wenn das Verfahren bei Zulassung des verfristeten Vorbringens länger dauern würde als bei dessen Zurückweisung (**absoluter Verzögerungsbegriff**)[27]. Keine Verzögerung tritt ein, wenn über das verfristete Vorbringen sofort verhandelt werden kann, so etwa bei unstreitigen oder offenkundigen Tatsachen[28]. Die Zurückweisung des Vorbringens verbietet sich allerdings, wenn die Verzögerung „**ganz unerheblich**" ist[29].

4. Verschulden

Das verspätete Vorbringen ist zuzulassen, wenn der Beteiligte die Verspätung **entschuldigt**; andernfalls wird Verschulden vermutet. Hierfür reicht einfache Fahrlässigkeit iSd. § 276 Abs. 1 BGB aus[30].

Am Verschulden fehlt es, wenn dem Beteiligten der Gegenstand des verspäteten Vorbringens vor Fristablauf nicht bekannt war und auch nicht durch Erkundigung unschwer ermittelt werden konnte, außerdem aber auch, wenn ein unklar formulierter Hinweis des Gerichts

---

[19] Paraphe reicht nicht. *Fritzsche/Dreier/Verfürth* § 10 Rn 9; *Krieger* in Lutter Anh. I § 10 SpruchG Rn 3. Zum Zivilprozess *BGH* NJW 1980, 1167.
[20] *Fritzsche/Dreier/Verfürth* § 10 Rn 9. Zum Zivilprozess *BVerfG* NJW 1982, 1453; *BGH* NJW 1990, 2389, 2390.
[21] *Fritzsche/Dreier/Verfürth* § 10 Rn 9. Zum Zivilprozess: *BGH* NJW 1994, 736; *OLG Karlsruhe* NJW-RR 1997, 828; *OLG Dresden* NJW-RR 1999, 214, 216.
[22] Zum Zivilprozess: BGHZ 86, 218, 225. AA, wonach eine fehlende Belehrung mangels gesetzlicher Vorschrift nicht erforderlich sei, *Fritzsche/Dreier/Verfürth* § 10 Rn 8.
[23] *Fritzsche/Dreier/Verfürth* § 10 Rn 9. Zum Zivilprozess: BGHZ 76, 236, 239; *BGH* NJW 1980, 1960; *BGH* NJW 1990, 2389, 2390. Der tatsächliche Zugang heilt den Formmangel der Zustellung nicht, BGHZ 76, 236, 238.
[24] *Fritzsche/Dreier/Verfürth* § 10 Rn 5 ff. AA, wonach die Frist nach § 7 Abs. 5 unter Abs. 2 falle: *Hörtnagl* in Schmitt/Hörtnagl/Stratz B § 10 SpruchG Rn 2; *Krieger* in Lutter Anh. I § 10 SpruchG Rn 2.
[25] BVerfGE 60, 120, 123.
[26] *Puszkajler* in Kölner Komm. § 10 SpruchG Rn 15.
[27] Statt vieler: *Puszkajler* in Kölner Komm. § 9 SpruchG Rn 15. Zu § 296 ZPO: St. Rspr. BGHZ 75, 138, 141 f.; 76, 133, 135 f.; 76, 236, 239; 83, 310, 313; 86, 31, 34; 86, 198, 202, und bestrittene, aber hL, *Hartmann* in Baumbach/Lauterbach/Albers/Hartmann § 296 ZPO Rn 40 ff.
[28] *Fritzsche/Dreier/Verfürth* § 10 Rn 20. Zum Zivilprozess *BGH* NJW 1980, 945, 947.
[29] *Puszkajler* in Kölner Komm. § 9 SpruchG Rn 15. Zum Zivilprozess *Hartmann* in Baumbach/Lauterbach/Albers/Hartmann § 296 ZPO Rn 43.
[30] BegrRegE SpruchG, BT-Drucks. 15/371 S. 16 („einfaches Verschulden").

zu Missverständnissen geführt hat[31]. Eine Verspätung kann ausnahmsweise auch entschuldigt sein, wenn die unter Beachtung des gesetzlichen Mindestmaßes gesetzte Frist von einem Monat[32] nach den konkreten Umständen des Einzelfalls unangemessen kurz war[33]. Das ist jedenfalls anzunehmen, wenn das Gericht einem (hypothetischen) Antrag auf Fristverlängerung hätte stattgeben müssen und das relevante Vorbringen noch innerhalb dieser verlängerten Frist vorgetragen wird.

8 Die Entschuldigung sollte **gleichzeitig mit dem verspäteten Vorbringen** vorgetragen werden. Sie muss es aber nicht; der Beteiligte kann abwarten, ob das Gericht eine Zurückweisung überhaupt in Erwägung zieht[34]. Eine Glaubhaftmachung der Entschuldigungsgründe ist nicht vorgesehen; ggf. müssen die sonst im Zivilprozess zugelassenen Beweismittel herangezogen werden[35].

5. Kausalität

9 Das Verschulden des Verfahrensbeteiligten muss kausal für die drohende Verfahrensverzögerung sein. Liegen neben dem verspäteten Vorbringen des Beteiligten andere Umstände vor, die den Abschluss des Verfahrens unabhängig vom pflichtwidrigen Verhalten des Beteiligten verzögern, verbietet sich eine Zurückweisung. Dem säumigen Beteiligten dürfen Umstände außerhalb eines adäquat-kausalen Zusammenhangs mit seiner Pflichtwidrigkeit (Verspätung) nicht zum Nachteil gereichen; mit Verzögerungen ist auch zu rechnen, wenn die Beteiligten das Verfahren ordnungsgemäß betreiben[36].

III. Zurückweisung nach Ermessen (Abs. 2)

10 Abs. 2 erfasst sämtliches Vorbringen; sein Anwendungsbereich ist also weiter als der des Abs. 1. Abweichend von Abs. 1 ist für die Verspätung kein absoluter Bezugspunkt (die gesetzte Frist), sondern ein normativer (die Verfahrensförderungspflicht der Beteiligten) maßgeblich. Vorbringen kann sowohl wegen Verletzung der allgemeinen Verfahrensförderungspflicht[37] als auch wegen Nichteinreichung eines vorbereitenden Schriftsatzes[38] nach **pflichtgemäßem Ermessen** als verspätet zurückgewiesen werden. Für Verzögerungswirkung und Kausalität gilt das zu Abs. 1 Gesagte. Auch hier genügt in Abweichung zu § 296 Abs. 2 ZPO einfache Fahrlässigkeit[39]. Ob diese Regelung gegen Art. 103 Abs. 1 GG verstößt, ist zweifelhaft[40]; jedenfalls sollten keine zu hohen Anforderungen an die Entschuldigung gestellt werden[41]. Die Verspätung ist entschuldigt, wenn der Beteiligte nach

---

[31] Zum Zivilprozess: *BGH* WM 1990, 1421, 1423.
[32] § 7 Abs. 2 Satz 3, Abs. 4 Satz 2.
[33] Statt vieler: *Krieger* in Lutter Anh. I § 10 SpruchG Rn 5.
[34] *Volhard* in MünchKomm. § 10 SpruchG Rn 8; *Greger* in Zöller § 296 ZPO Rn 24. AA *Puszkajler* in Kölner Komm. § 9 SpruchG Rn 13; *Huber* in Musielak § 296 ZPO Rn 24.
[35] *Fritzsche/Dreier/Verfürth* § 10 Rn 32. AA, wonach eine Glaubhaftmachung idR ausreiche, *Puszkajler* in Kölner Komm. § 10 SpruchG Rn 14.
[36] BVerfGE 75, 302, 316; *BVerfG* NJW 1995, 1417 f.; *BGH* NJW 1989, 719, 720.
[37] § 9 Abs. 1.
[38] § 9 Abs. 2.
[39] Grund für die Abweichung ist die Ansicht des Gesetzgebers, wonach im Spruchverfahren an das Verhalten der Beteiligten höhere Anforderungen zu stellen seien als im Zivilprozess.
[40] *Hörtnagl* in Schmitt/Hörtnagl/Stratz B § 10 SpruchG Rn 5.
[41] *Krieger* in Lutter Anh. I § 10 SpruchG Rn 7. An die Fahrlässigkeit seien hohe Anforderungen zu stellen: *Bungert/Mennicke* BB 2003, 2021, 2028; *Emmerich* in Emmerich/Habersack AktKonzernR Anh. § 328 AktG § 10 SpruchG Rn 1 und 9; *Hüffer* Anh. § 305 AktG § 10 SpruchG Rn 6; *Klöcker/Frowein* § 10 Rn 5. Diese Regelung sei verfassungsgemäß, wenn das Gericht die Vorgaben des BVerfG einhält, *Fritzsche/Dreier/Verfürth* § 10 Rn 41. Diese Regelung sei verfassungswidrig, *Tomson/Hammerschmitt* NJW 2003, 2572, 2575.

IV. Einschränkung des Amtsermittlungsgrundsatzes (Abs. 3)

Abs. 3 enthält die Klarstellung, dass § 12 FGG (Amtsermittlungsgrundsatz) über § 17 Abs. 1 keine Anwendung findet, soweit § 10 das Gericht berechtigt oder verpflichtet, verspätetes Vorbringen zurückzuweisen[43]. Dadurch wird das Gericht frei, die verspätet vorgebrachten Umstände unberücksichtigt zu lassen, selbst wenn sie für seine Entscheidung relevant sein könnten[44]. Bisher war das Gericht wegen § 12 FGG verpflichtet, auch dem Vortrag nachzugehen, der in einer das Verfahren verschleppenden Weise bei Gericht vorgebracht wurde, sofern die behaupteten Tatsachen nicht bereits ermittelt oder irrelevant waren[45]. 11

V. Zulässigkeitsrügen (Abs. 4)

Abs. 4 ist § 296 Abs. 3 ZPO nachgebildet[46]. Alle formellen Bedenken sollen abgehandelt sein, bevor mit erheblichem und uU vergeblichem Aufwand zur Sache verhandelt wird[47]. Die Zulässigkeit der Anträge betreffende Rügen, die entgegen §§ 9 Abs. 3, 7 Abs. 2 nicht binnen der richterlich bestimmten Frist vorgebracht worden sind, sind daher nicht zuzulassen, falls sie nicht **von Amts wegen** zu berücksichtigen sind[48] oder der Beteiligte die Verspätung genügend entschuldigt. Diese Regelung wird im Spruchverfahren kaum eigenständige Bedeutung erlangen. Die Verspätung der Rüge bleibt danach folgenlos, wenn sie eine von Amts wegen zu prüfende Verfahrensvoraussetzung betrifft; weder Fristversäumung noch unzulänglicher Parteivortrag können das Gericht von seinen Amtspflichten entbinden. Eine solche Rüge bleibt als Anregung stets zulässig, selbst wenn sie „verspätet" ist. Die danach verbleibenden Anwendungsfälle des § 296 Abs. 3 ZPO sind schon im Zivilprozess rar[49]; im Spruchverfahren werden sie kaum Bedeutung gewinnen[50]. Auf eine genügende Entschuldigung wird es deswegen nicht mehr ankommen. 12

§ 11 Gerichtliche Entscheidung; gütliche Einigung

(1) Das Gericht entscheidet durch einen mit Gründen versehenen Beschluss.

(2) ¹Das Gericht soll in jeder Lage des Verfahrens auf eine gütliche Einigung bedacht sein. ²Kommt eine solche Einigung aller Beteiligten zustande, so ist hierüber eine Niederschrift aufzunehmen; die Vorschriften, die für die Niederschrift über einen Vergleich

---

[42] *Greger* in Zöller § 282 ZPO Rn 3.
[43] Zum Spannungsverhältnis zwischen § 12 FGG und § 10: *Büchel* NZG 2003, 793, 799; *Fritzsche/Dreier/Verfürth* § 10 Rn 46 ff.
[44] BegrRegE SpruchG, BT-Drucks. 15/371 S. 16.
[45] BegrRegE SpruchG, BT-Drucks. 15/371 S. 16.
[46] BegrRegE SpruchG, BT-Drucks. 15/371 S. 16.
[47] *Puszkajler* in Kölner Komm. § 9 SpruchG Rn 22. Zum Zivilprozess *Foerste* in Musielak § 282 ZPO Rn 10.
[48] Hierzu gehört etwa der Mangel der sachlichen oder der funktionellen Zuständigkeit, der Prozess- oder Parteifähigkeit, siehe *Hartmann* in Baumbach/Lauterbach/Albers/Hartmann § 296 ZPO Rn 71.
[49] Als verzichtbare Zulässigkeitsrügen kommen in Betracht die Einreden mangelnder Ausländersicherheit (§ 110 ZPO), mangelnder Kostenerstattung (§ 269 Abs. 6 ZPO) und des Schiedsvertrags (§ 1032 ZPO).
[50] Statt vieler: *Krieger* in Lutter Anh. I § 10 SpruchG Rn 9.

§ 11 1, 2 Siebentes Buch. Übergangs- und Schlußvorschriften

in bürgerlichen Rechtsstreitigkeiten gelten, sind entsprechend anzuwenden. ³Die Vollstreckung richtet sich nach den Vorschriften der Zivilprozessordnung.

(3) Das Gericht hat seine Entscheidung oder die Niederschrift über einen Vergleich den Beteiligten zuzustellen.

(4) ¹Ein gerichtlicher Vergleich kann auch dadurch geschlossen werden, dass die Beteiligten einen schriftlichen Vergleichsvorschlag des Gerichts durch Schriftsatz gegenüber dem Gericht annehmen. ²Das Gericht stellt das Zustandekommen und den Inhalt eines nach Satz 1 geschlossenen Vergleichs durch Beschluss fest. ³§ 164 der Zivilprozessordnung gilt entsprechend. ⁴Der Beschluss ist den Beteiligten zuzustellen.

Übersicht

	Rn		Rn
I. Entscheidung (Abs. 1)	1–5	V. Sonstige Beendigungsgründe	12–17
II. Gütliche Einigung (Abs. 2)	6–9	1. Antragsrücknahme	12–14
III. Zustellung der Entscheidung/Niederschrift (Abs. 3)	10	2. Anerkenntnis	15
		3. Erledigung der Hauptsache	16–17
IV. Vergleich durch Schriftsatz (Abs. 4)	11		

I. Entscheidung (Abs. 1)

1 Das Gericht entscheidet durch einen mit Gründen versehenen **Beschluss**[1]. Unzulässige Anträge werden verworfen, unbegründete zurückgewiesen[2]. Letzteres gilt auch, wenn das Gericht einen niedrigeren als den angebotenen Ausgleich, eine niedrigere als die angebotene Abfindung oder Zuzahlung für angemessen oder das als zu niedrig beanstandete Umtauschverhältnis für zu hoch hält; das Spruchverfahren kann also nicht zu einer Verschlechterung führen (Verbot der *reformatio in peius*)[3].

2 Bei begründeten Anträgen **setzt das Gericht** von Amts wegen ohne Bindung an die Anträge[4] im Beschluss die Zahlung **fest**, zu welcher der Antragsgegner verpflichtet ist. Das ist
– bei Beherrschungs- und Gewinnabführungsverträgen die **Ausgleichszahlung**[5] oder die **Abfindung**[6];
– bei der Eingliederung die **Abfindung** der ausgeschiedenen Aktionäre der eingegliederten Gesellschaft[7];
– beim Squeeze out die **Abfindung** der ausgeschiedenen Aktionäre[8];
– bei der Verschmelzung, der Auf- und der Abspaltung und entsprechend beim Formwechsel die **bare Zuzahlung** der von der Klage ausgeschlossenen Mitgliedern übertragender Rechtsträger bei zu niedrigem Umtauschverhältnis oder nicht ausreichendem Gegenwert der für den Anteil oder die Mitgliedschaft am übertragenden Rechtsträger gewährten Beteiligung am übernehmenden Rechtsträger[9];

---

[1] Abs. 1. Wie bisher nach § 99 Abs. 3 Satz 1 AktG aF, § 307 Abs. 5 Satz 1 UmwG aF.
[2] Statt vieler: *Hörtnagl* in Schmitt/Hörtnagl/Stratz B § 11 SpruchG Rn 3 ff.
[3] Statt vieler: *Vollrath* in Widmann/Mayer Anh. 13 § 11 SpruchG Rn 8.
[4] Statt vieler: *Fritzsche/Dreier/Verfürth* § 11 Rn 4; *Klöcker/Frowein* § 11 Rn 3.
[5] § 304 Abs. 1, 2 AktG; § 1 Nr. 1.
[6] § 305 Abs. 1, 2 AktG; § 1 Nr. 1.
[7] § 320 b Abs. 1 AktG; § 1 Nr. 2.
[8] §§ 327 a AktG ff.; § 1 Nr. 3.
[9] §§ 15, 196 UmwG; § 122 h UmwG; § 1 Nr. 4.

Gerichtliche Entscheidung; gütliche Einigung　　　　　　　　　　　3　§ 11

– bei der Verschmelzung[10], der Auf- und der Abspaltung[11], beim Formwechsel[12] und der Vermögensübertragung[13] die **Barabfindung** ausscheidender Anteilsinhaber;
– bei der Gründung einer SE die **Zuzahlung oder Barabfindung**[14];
– bei der Gründung einer SCE die **Zuzahlung**[15]
– beim Rückzug der Gesellschaft von der Börse (Delisting) die **Abfindung** der Minderheitsaktionäre[16];
– beim Erlöschen oder der Beseitigung von Mehrstimmrechten der **Wertausgleich**[17].

Wo das Gesetz eine **Verzinsung** anordnet[18], **setzt das Gericht** die Zinsen im Beschluss　3 von Amts wegen **fest**[19]. Dabei ist zu berücksichtigen, dass der Aktionär für den Zeitraum, in dem er in Form von **Ausgleichszahlungen** am Gewinn der Gesellschaft beteiligt bleibt, **nicht zusätzlich Zinsen** auf die Barabfindung beanspruchen kann. Die Verzinsung der Abfindungssumme stellt ihn annähernd so, als hätte er seine Aktien von Anfang an gegen den vom Gericht festgesetzten Abfindungsbetrag eingetauscht[20]; dann hätte er keinen Anspruch auf Dividendenzahlungen mehr gehabt. Lange Zeit bestand Uneinigkeit darüber, wie Ausgleichszahlungen mit der verzinslichen Abfindung zu verrechnen sind. Überzeugend erschiene es wohl, sie auf die aufgelaufenen Zinsen und eine die Zinsen etwa übersteigende Ausgleichsleistung auf die Abfindung anzurechnen[21]. Rechnete man den Ausgleich zuerst auf die Abfindung an[22], würde nach der ersten Zahlung nur noch der verbleibende Rest der Abfindung verzinst; das Gesetz sieht aber die Verzinsung der gesamten Abfindung ab Wirksamwerden der Umwandlung vor[23]. Gegen eine Gesamtsaldierung (Abfindungsbetrag plus Zinsen abzüglich Summe der gesamten empfangenen Ausgleichszahlungen) spricht, dass dabei dem Aktionär der Zinsvorteil aus den empfangenen Ausgleichszahlungen verbliebe.

---

[10] §§ 29, 34 UmwG; § 122 i UmwG; § 1 Nr. 4.
[11] § 125 Satz 1 UmwG; § 1 Nr. 4.
[12] § 212 UmwG; § 1 Nr. 4.
[13] §§ 176 bis 181, 184 und 186 UmwG; § 1 Nr. 4.
[14] §§ 6, 7, 9, 11 und 12 SE-AG; § 1 Nr. 5. Ausf. zur SE siehe Einl. C Rn 49 ff.
[15] § 7 SCE-AG; § 1 Nr. 6. Ausf. zur SCE siehe Einl. C Rn 64 ff.
[16] Siehe hierzu § 1 Rn 3.
[17] § 5 Abs. 5 iVm. Abs. 3 Satz 2 bzw. Abs. 4 Satz 2 EGAktG. Siehe hierzu § 1 Rn 4.
[18] Beim Beherrschungs- und Gewinnabführungsvertrag für die Barabfindung (und bare Zuzahlungen) in § 305 Abs. 3 Satz 3 AktG; bei der Eingliederung für die Barabfindung und bare Zuzahlungen in § 320 b Abs. 1 Satz 6 AktG; beim Squeeze out für die Barabfindung in § 327 b Abs. 2 AktG; bei Umwandlungsmaßnahmen, §§ 15 Abs. 2 Satz 1, 30 Abs. 1 Satz 2, 196 Satz 3 und 208 UmwG; bei der Beseitigung von Mehrstimmrechten, § 5 Abs. 6 Satz 2 EGAktG. Für die Abfindung beim Delisting muss das Gleiche gelten.
[19] OLG Karlsruhe AG 2005, 45, 48; *Emmerich* in Emmerich/Habersack AktKonzernR Anh. § 328 AktG § 11 SpruchG Rn 2; *Hüffer* Anh. § 305 AktG § 11 SpruchG Rn 2; *Klöcker/Frowein* § 11 Rn 4; *Krieger* in Lutter Anh. I § 11 SpruchG Rn 2; *Volhard* in MünchKomm. § 11 SpruchG Rn 3. AA, wonach die gesetzliche Verzinsungspflicht in die Entscheidung nicht aufzunehmen sei, *Fritzsche/Dreier/Verfürth* § 11 Rn 6; *Hörtnagl* in Schmitt/Hörtnagl/Stratz B § 11 SpruchG Rn 7; *Puszkajler* in Kölner Komm. § 11 SpruchG Rn 15; *Vollrath* in Widmann/Mayer Anh. 13 § 11 SpruchG Rn 4.
[20] *Stimpel* AG 1998, 259, 260. Allerdings nur annähernd, weil die Verzinsung keine Zinseszinsen enthält, die der Aktionär bei sofortiger Zahlung erzielt hätte; so zutreffend *Meilicke* AG 1999, 103, 105.
[21] *Meilicke* AG 1999, 103, 106 und 108.
[22] OLG Hamburg WM 2002, 655, das die Ausgleichszahlungen jedoch auf die verzinste Abfindung anrechnet; *Hüffer* § 305 AktG Rn 26 b.
[23] Die Barabfindung muss als „feste Größe und gleichbleibende Berechnungsgrundlage für die Zinsen" von den Ausgleichszahlungen unberührt bleiben, BGHZ 152, 29, 34. Deshalb verbietet es sich auch, mit *Liebscher* AG 1996, 455, 460, die Verzinsung erst nach Ausübung des Wahlrechts beginnen zu lassen. Die Auffassung, wonach der Zinsanspruch während der Zeit, für die der Aktionär Dividende erhält, ruhen soll, OLG Celle DB 1998, 2006, 2008, überzeugt deswegen gleichfalls nicht, weil die Aktionäre dann schlechter gestellt würden, wenn die Dividenden niedriger sind als die Zinsen, OLG Düsseldorf AG 1999, 89, 92.

Rechnet man die Ausgleichszahlungen nur auf die Zinsen an[24], erhalten die Aktionäre mehr als bei sofortiger Zahlung der Abfindung, wenn der Ausgleich die Zinsen übersteigt. Der BGH hat sich gleichwohl der letztgenannten Ansicht angeschlossen: Ausgleichsleistungen sind nur auf die Zinsen anzurechnen. Die Zinsen übersteigende Ausgleichsleistungen verbleiben dem Aktionär und sind auf den Abfindungsbetrag nicht anzurechnen[25].

4 Der Beschluss ist **kein Vollstreckungstitel**; er stellt die den Anteilsinhabern zustehenden Ansprüche nur fest[26]. Erfüllt der Antragsgegner diese Ansprüche nicht, müssten die Berechtigten beim ordentlichen Gericht auf Leistung klagen[27].

5 Das Gericht, bei einer Kammer für Handelssachen der Vorsitzende[28], entscheidet auch über die **Kosten**[29].

II. Gütliche Einigung (Abs. 2)

6 Die Vorschrift entspricht der Regelung in § 278 Abs. 1 ZPO; ihre konkrete Ausgestaltung ist an § 53 a FGG angelehnt[30]. Abweichend von § 53 a FGG muss das Gericht aber nicht auf eine gütliche Einigung „hinwirken", es genügt, wenn es wie nach § 278 Abs. 1 ZPO darauf „bedacht" ist. Das ist aber nur ein gradueller Unterschied[31]. Das Gericht hat danach jedenfalls die Möglichkeit einer gütlichen Beendigung des Verfahrens zu eruieren und dabei zu helfen, ohne dazu zu drängen[32].

7 Nach dem Referentenentwurf sollte das Gericht die Einigung der Beteiligten „zum Inhalt seiner Entscheidung machen"[33], eine Besonderheit, die offensichtlich den Erfahrungen mit „räuberischen Aktionären" zu verdanken ist: Das Gericht hätte danach in jedem Fall eine Entscheidung treffen müssen, selbst wenn die Beteiligten sich außergerichtlich geeinigt hatten[34]. Das Gesetz sieht dagegen als **Neuerung**[35] jetzt die **Protokollierung eines Vergleichs** vor[36].

---

[24] BGHZ 152, 29, 33 ff.; OLG Düsseldorf WM 1998, 2058; OLG Stuttgart AG 2000, 428, 432; OLG Hamm ZIP 2001, 2003 (für den Ausgleich nach § 305 AktG, weil die Einführung der Verzinsung in § 305 Abs. 3 Satz 3 AktG die Rechtsstellung der außenstehenden Aktionäre habe verbessern sollen). Ebenso Bilda NZG 2000, 296, 301, und in MünchKomm. § 305 AktG Rn 99, der die Zinsen überschießende Beträge den Aktionären mit der Begründung schenken will, sie stünden damit genauso wie vor der Gesetzesänderung.

[25] BGHZ 152, 29. IE zustimmend Riegger/Rosskopf BB 2003, 1026. Nicht anzurechnen sind nicht auf dem Beherrschungsvertrag beruhende Sonderdividenden und den Aktionären auf Ausgleichszahlungen erteilte Körperschaftsteuergutschriften, BGH NZG 2003, 1113.

[26] Statt vieler: Hörtnagl in Schmitt/Hörtnagl/Stratz B § 11 SpruchG Rn 9.

[27] Statt vieler: Puszkajler in Kölner Komm. § 11 SpruchG Rn 16.

[28] § 2 Abs. 3 Nr. 6.

[29] Siehe dazu §§ 15 und 16. Puszkajler in Kölner Komm. § 11 SpruchG Rn 20.

[30] BegrRegE SpruchG, BT-Drucks. 15/371 S. 16.

[31] Hörtnagl in Schmitt/Hörtnagl/Stratz B § 11 SpruchG Rn 11.

[32] Fritzsche/Dreier/Verfürth § 11 Rn 12.

[33] § 12 Abs. 2 Satz 2 RefE SpruchG.

[34] Der Vergleich hätte nicht zur Beendigung des Verfahrens geführt, das Gericht wäre sogar berechtigt gewesen, in der Hauptsache zu entscheiden, wenn die Einigung der Parteien seiner Beurteilung des Falls nicht entsprach. Das hätten die Beteiligten nur durch Rücknahme aller Anträge (und Verzicht des gemeinsamen Vertreters auf die Fortführung) vermeiden können. Die unmittelbar verfahrensbeendende Wirkung eines Vergleichs hatte die Stellungnahme des HRA NZG 2002, 119, 123, angeregt.

[35] Neye, Das neue Spruchverfahrensrecht, S. 28.

[36] Abs. 2 Satz 2 iVm. §§ 159 ff. ZPO.

Diesem Vergleich müssen **alle Verfahrensbeteiligten zustimmen**; das sind Antragsteller, Antragsgegner und der gemeinsame Vertreter[37]. Der Vergleich kann als Widerrufsvergleich abgeschlossen werden[38]. 8

Ein solcher Vergleich hat die Wirkungen eines zivilprozessualen Vergleichs. Das bedeutet, er beendet das Spruchverfahren[39] und ist zugleich ein schuldrechtlicher Vertrag gem. § 779 BGB[40]. Allerdings kann wegen der vereinbarten Abfindung oder Zuzahlung aus dem Vergleich **nicht vollstreckt** werden[41]. Sollte der Antragsgegner die vereinbarten Zahlungen nicht leisten, sind die Berechtigten auf die Leistungsklage verwiesen[42]. Nur wegen der Verfahrenskosten kann die Zwangsvollstreckung aus dem **Kostenfestsetzungsbeschluss** betrieben werden[43]. Enthält der Vergleich keine Regelung über die Kostenverteilung, gelten § 15 Abs. 2 und 4 entsprechend[44]. 9

III. Zustellung der Entscheidung/Niederschrift (Abs. 3)

Die Vorschrift entspricht der bisherigen Regelung[45]. Zustellung bedeutet die **förmliche Zustellung** nach den Vorschriften der §§ 166 ff. ZPO[46]. Empfänger ist (sind) neben Antragsteller(n) und Antragsgegner(n) auch der (die) gemeinsame(n) Vertreter. Die förmliche Zustellung setzt den Lauf der zweiwöchigen Beschwerdefrist aus § 22 Abs. 1 FGG in Gang[47]. 10

IV. Vergleich durch Schriftsatz (Abs. 4)

Abs. 4 ist § 278 Abs. 6 ZPO wörtlich nachgebildet und eröffnet die Möglichkeit, einen Vergleich im schriftlichen Verfahren zustande zu bringen[48]. Danach kann das Gericht den Beteiligten einen **schriftlichen Vergleichsvorschlag** unterbreiten, der durch schriftliche Anzeige bei Gericht **angenommen** werden kann; zustimmen müssen auch hier Antragsteller, Antragsgegner und gemeinsame(r) Vertreter[49]. Zustandekommen und Inhalt des Vergleichs sind – anders als der in der mündlichen Verhandlung geschlossene Vergleich – als 11

---

[37] BegrRegE SpruchG, BT-Drucks. 15/371 S. 16. Nicht Gesetz geworden ist der Vorschlag, einen Vergleich auch durch qualifizierte Mehrheit nach Köpfen und Kapital der Antragsteller zuzulassen, siehe *Puszkajler* in Kölner Komm. § 11 SpruchG Rn 25. Dies hätte sich zwar einerseits heilsam gegen professionelle Antragsteller auswirken können, andererseits aber auch die Gefahr mit sich gebracht, dass berechtigte Interessen im Spruchverfahren majorisiert werden, von verfassungsrechtlichen Bedenken ganz abgesehen.
[38] Statt vieler: *Krieger* in Lutter Anh. I § 11 SpruchG Rn 12.
[39] *Hörtnagl* in Schmitt/Hörtnagl/Stratz B § 11 SpruchG Rn 15.
[40] *Puszkajler* in Kölner Komm. § 11 SpruchG Rn 28.
[41] *Hörtnagl* in Schmitt/Hörtnagl/Stratz B § 11 SpruchG Rn 14.
[42] § 16. Die Lage ist also genauso, wie wenn der Antragsgegner der – gestaltenden – Entscheidung nicht nachkommt, siehe § 13 Rn 7.
[43] *Hörtnagl* in Schmitt/Hörtnagl/Stratz B § 11 SpruchG Rn 14.
[44] Für eine Anwendung des § 98 ZPO bleibt wegen der klaren gesetzgeberischen Grundentscheidung in § 15 kein Raum. § 98 ZPO würde auch den Abschluss eines Vergleichs für die Antragsteller gänzlich unattraktiv machen.
[45] § 99 Abs. 3 Satz 1 AktG aF, § 307 Abs. 5 Satz 2 UmwG aF.
[46] Es gelten die Verweisungen in § 17 Abs. 1 und § 16 Abs. 2 FGG. Ebenso *Puszkajler* in Kölner Komm. § 11 SpruchG Rn 40.
[47] *Hörtnagl* in Schmitt/Hörtnagl/Stratz B § 11 SpruchG Rn 10.
[48] Der Gesetzgeber ist damit einer Anregung des Bundesrats gefolgt, BT-Drucks. 15/371 S. 24.
[49] *Puszkajler* in Kölner Komm. § 11 SpruchG Rn 35.

Beschluss abzusetzen[50]. Auch unter Widerrufsvorbehalt ist eine Annahme möglich[51]. Die Wirkungen des im schriftlichen Verfahren zustande gekommenen Vergleichs unterscheiden sich nicht von denen eines in der mündlichen Verhandlung protokollierten Vergleichs[52].

V. Sonstige Beendigungsgründe

1. Antragsrücknahme

12   Das Spruchverfahren kann auch dadurch beendet werden, dass sämtliche Antragsteller ihre **Anträge zurücknehmen** und der gemeinsame Vertreter das Verfahren nicht gem. § 6 Abs. 3 fortführt[53]. Die Rücknahme der Anträge ist auch nach Einlassung des Antragsgegners ohne dessen Zustimmung möglich[54]. Diese Form der Verfahrensbeendigung wird neben dem Vergleich nach § 11 Abs. 2 nur Bedeutung erlangen, wenn sich während des Verfahrens herausstellt, dass die Anträge aussichtslos sind[55].

13   Durch die bloße Zurücknahme des einzelnen Antrags oder auch aller Anträge wird das Verfahren nicht beendet; vielmehr bleibt es bei der bisherigen Regelung[56], dass der gemeinsame Vertreter das Verfahren auch ohne die das Verfahren initiierenden Antragsteller fortführen kann[57]. Verpflichtet ist er dazu freilich nicht. Hat der letzte antragstellende Anteilsinhaber seinen Antrag zurückgezogen, rückt der gemeinsame Vertreter gem. § 6 Abs. 3 in eine den Antragstellern gleichgestellte Rechtsstellung ein; er kann also das Verfahren mit allen Rechten und Pflichten wie ein Antragsteller weiter- und zu Ende führen. Diese Regelung soll es Antragsgegnern unmöglich machen (vielleicht besser: ersparen), Antragstellern ihren Lästigkeitswert abzukaufen, sie also durch finanzielle Anreize zu veranlassen, ihre Anträge zurückzuziehen und dadurch dem gemeinsamen Vertreter seine Stellung als Verfahrensbeteiligtem zu entziehen und das Verfahren zu beenden[58]. Zugleich wurde damit Raum für Vergleichsverhandlungen unter Einbeziehung des gemeinsamen Vertreters und damit der Interessen der nicht antragstellenden Aktionäre geschaffen[59].

14   Das Gericht trifft in diesem Fall nur noch eine Kostenentscheidung[60].

2. Anerkenntnis

15   Gegen ein Anerkenntnis des geltend gemachten Anspruchs durch den/die Antragsgegner bestehen keine rechtlichen Bedenken, da das Verfahren der Dispositionsmaxime unterliegt; aus der Praxis ist derartiges allerdings nicht bekannt. Da eine das Verfahren beendende Anerkenntnisentscheidung[61] im FGG-Verfahren nicht vorgesehen ist, ist das Anerkenntnis als

---

[50] Abs. 4 Satz 2.
[51] *Foerste* in Musielak § 278 ZPO Rn 17; *Krieger* in Lutter Anh. I § 11 SpruchG Rn 12. AA wegen Bedingungsfeindlichkeit von Verfahrenshandlungen: *Klöcker/Frowein* § 11 Rn 21.
[52] *Hüffer* Anh. § 305 AktG § 11 SpruchG Rn 8.
[53] OLG *Stuttgart* NZG 2004, 97; statt vieler *Emmerich* in Emmerich/Habersack AktKonzernR Anh. § 328 AktG § 11 SpruchG Rn 9.
[54] OLG *Stuttgart* NGZ 2004, 97; statt vieler *Puszkajler* in Kölner Komm. § 11 SpruchG Rn 35.
[55] Ähnlich *Puszkajler* in Kölner Komm. § 11 SpruchG Rn 41.
[56] § 306 Abs. 4 Satz 10 AktG aF, § 308 Abs. 3 UmwG aF.
[57] § 6 Abs. 3. Der in der Vergangenheit geäußerten Kritik an dieser Regelung ist der Gesetzgeber nicht gefolgt. Nach der BegrRegE SpruchG, BT-Drucks. 15/371 S. 14 hat sich die Regelung zur Vermeidung von „Auskaufsfällen" (Missbrauch des Spruchstellenverfahrens durch „räuberische Aktionäre") bewährt.
[58] Dieselbe Kritik fand sich bereits bei *Beyerle* BB 1978, 784, 787 (Fn 43).
[59] Siehe BegrRegE UmwG, BT-Drucks. 12/6699 S. 170.
[60] *Emmerich* in Emmerich/Habersack AktKonzernR Anh. § 328 AktG § 11 SpruchG Rn 9.
[61] Wie nach § 307 ZPO.

Zugeständnis der anspruchsbegründenden Tatsachen zu werten[62] und das Spruchverfahren auf dieser Grundlage durch Entscheidung zu beenden.

3. Erledigung der Hauptsache

Durch **übereinstimmende Erledigungserklärung** sämtlicher Verfahrensbeteiligter, einschließlich des gemeinsamen Vertreters, kann das Verfahren ebenfalls beendet werden[63]. Das Gericht ist daran gebunden[64] und hat nur noch über die Kosten[65] zu entscheiden[66]. Schließt sich der gemeinsame Vertreter der Erledigungserklärung nicht an, wird das Verfahren in entsprechender Anwendung von § 6 Abs. 3 fortgeführt[67].

Das Gericht kann das Verfahren **von Amts wegen für erledigt erklären**, auch wenn kein diesbezüglicher Antrag gestellt wird, so dass nur noch über die Kosten[68] zu entscheiden ist[69]. Der Beschluss über die Erledigung der Hauptsache kann mit sofortiger Beschwerde angefochten werden[70]. Die Erledigung der Hauptsache wurde zB[71] bejaht bei erfolgreicher Anfechtung des Zustimmungsbeschlusses der Hauptversammlung zu einem Beherrschungsvertrag[72] und bei erneuter Zulassung der fraglichen Aktien in einem organisierten Markt nach einem Delisting[73].

16

17

§ 12 Sofortige Beschwerde

(1) ¹Gegen die Entscheidung nach § 11 findet die sofortige Beschwerde statt. ²Die Beschwerde kann nur durch Einreichung einer von einem Rechtsanwalt unterzeichneten Beschwerdeschrift eingelegt werden.

(2) ¹Über die Beschwerde entscheidet das Oberlandesgericht. ²§ 28 Abs. 2 und 3 des Gesetzes über die Angelegenheiten der freiwilligen Gerichtsbarkeit gilt entsprechend. ³Die weitere Beschwerde ist ausgeschlossen.

(3) ¹Die Landesregierung kann die Entscheidung über die Beschwerde durch Rechtsverordnung für die Bezirke mehrerer Oberlandesgerichte einem der Oberlandesgerichte oder dem Obersten Landesgericht übertragen, wenn dies zur Sicherung einer einheitlichen Rechtsprechung dient. ²Die Landesregierung kann die Ermächtigung auf die Landesjustizverwaltung übertragen.

---

[62] *Schmidt* in Keidel/Kuntze/Winkler § 12 FGG Rn 229.
[63] Statt vieler: *Fritzsche/Dreier/Verfürth* Einl. Rn 42.
[64] *Puszkajler* in Kölner Komm. § 11 SpruchG Rn 42.
[65] § 15.
[66] *Klöcker/Frowein* § 11 Rn 29; *Puszkajler* in Kölner Komm. § 11 SpruchG Rn 42.
[67] *Klöcker/Frowein* § 11 Rn 29; *Krieger* in Lutter Anh. I § 11 SpruchG Rn 16.
[68] § 15.
[69] OLG Hamburg NZG 2005, 604, 605; BayObLG NZG 2004, 1111, 1112; OLG Zweibrücken NZG 2004, 382, 383; *Puszkajler* in Kölner Komm. § 11 SpruchG Rn 43.
[70] OLG Hamburg NZG 2005, 604; *Emmerich* in Emmerich/Habersack AktKonzernR Anh. § 328 AktG § 11 SpruchG Rn 10.
[71] Weitere Fälle bei *Bredow/Tribulowsky* NZG 2002, 841. AA, wonach die tatsächlich Erledigung tatsächlich nicht eintreten könne, *Krieger* in Lutter Anh. I § 11 SpruchG Rn 16. Ein laufendes Spruchverfahren erledige sich nicht durch einen nachfolgenden Squeeze out, LG München I AG 2004, 393, 394.
[72] OLG Hamburg NZG 2005, 604 f.; OLG Zweibrücken NZG 2004, 382, 383; *Emmerich* in Emmerich/Habersack AktKonzernR Anh. § 328 AktG § 11 SpruchG Rn 11; *Klöcker/Frowein* § 11 Rn 30. AA, wonach keine Erledigung eingetreten sei, *Bilda* NZG 2005, 375, 377.
[73] BayObLG NZG 2004, 1111 f.; *Emmerich* in Emmerich/Habersack AktKonzernR Anh. § 328 AktG § 11 SpruchG Rn 11.

Übersicht

	Rn		Rn
I. Sofortige Beschwerde (Abs. 1)	1–10	6. Rücknahme	10
1. Zulässigkeit	2–4	II. Entscheidung (Abs. 2)	11–14
2. Beschwerdeberechtigung	5–6	III. Zuständigkeitskonzentration (Abs. 3)	15
3. Anwaltszwang	7		
4. Form und Inhalt	8	IV. Einfache Beschwerde	16–17
5. Frist	9		

I. Sofortige Beschwerde (Abs. 1)

1   Gegen die Entscheidung des Landgerichts nach § 11 findet die **sofortige** Beschwerde statt[1]. Darüber entscheidet das OLG[2]. Die Vorschrift entspricht wörtlich den bisherigen Regelungen[3].

1. Zulässigkeit

2   Gegenstand der sofortigen Beschwerde sind alle Beschlüsse des Landgerichts nach § 11 Abs. 1, die den (ersten) Rechtszug im Spruchverfahren abschließen[4]. Statthaft ist die sofortige Beschwerde demgemäß gegen die Entscheidung, die den Antrag als unzulässig verwirft, als unbegründet zurückweist oder die Erledigung der Hauptsache feststellt[5], wie auch gegen jede Entscheidung in der Sache[6]. Die Kostenentscheidung kann isoliert nur angefochten werden, wenn keine Entscheidung in der Hauptsache ergangen ist[7].

3   Die Beschwerde eröffnet eine zweite Tatsacheninstanz. Sie ist **keine Rechtsbeschwerde**. In der Beschwerdeinstanz wird deshalb nicht nur noch geprüft, ob die Entscheidung des Landgerichts auf einer Gesetzesverletzung beruht[8].

4   Bei Inkrafttreten des Gesetzes bereits anhängige Verfahren werden nach altem Recht abgewickelt[9]. Ist der Antrag vor Inkrafttreten des Gesetzes gestellt, ist die sofortige Beschwerde gegen die nach Inkrafttreten des Gesetzes ergangene Entscheidung des Landgerichts also auf Rechtsfragen beschränkt, wenn das alte Recht dies vorsah[10].

---

[1] Abs. 1.

[2] Abs. 2 Satz 1.

[3] § 99 Abs. 3 Sätze 1, 2, 4 bis 8 AktG aF; § 309 UmwG aF. Allerdings war die Beschwerde nach § 99 Abs. 3 Satz 3 AktG aF – anders als nach § 309 UmwG aF – reine Rechtsbeschwerde.

[4] OLG Frankfurt a.M. NZG 2006, 153; OLG Stuttgart NZG 2004, 1162; *Fritzsche/Dreier/Verfürth* § 12 Rn 4; *Hörtnagl* in Schmitt/Hörtnagl/Stratz B § 12 SpruchG Rn 2; *Hüffer* Anh. § 305 AktG § 12 SpruchG Rn 1; *Klöcker/Frowein* § 12 Rn 2; *Volhard* in MünchKomm. § 12 SpruchG Rn 2; *Wilske* in Kölner Komm. § 12 SpruchG Rn 3. AA, wonach die sofortige Beschwerde auch gegen eine Zwischenentscheidung über die Zulässigkeit eines Antrags statthaft sei, *BayObLG* NZG 2006, 33; OLG Düsseldorf NZG 2005, 317.

[5] OLG Hamburg NZG 2005, 604; *Wilske* in Kölner Komm. § 12 SpruchG Rn 3.

[6] Statt vieler: *Wilske* in Kölner Komm. § 12 SpruchG Rn 3.

[7] § 20 a Abs. 1 Satz 1 FGG; und auch dann nur, wenn der Wert des Beschwerdegegenstands 100 € übersteigt, § 20 a Abs. 2 FGG. Siehe dazu *Fritzsche/Dreier/Verfürth* § 12 Rn 5; *Klöcker/Frowein* § 12 Rn 4.

[8] Der Anregung der Regierungskommission Corporate Governance, das Rechtsmittel als reine Rechtsbeschwerde auszugestalten, ist der Gesetzgeber bewusst nicht gefolgt, BegrRegE SpruchG, BT-Drucks. 15/371 S. 16. Der RefE sah – wie § 99 Abs. 3 Satz 3 AktG – die Beschränkung auf eine reine Rechtsbeschwerde vor; siehe dazu die BegrRefE SpruchG S. 8. Dem trat die Stellungnahme des HRA NZG 2002, 119, 123, mit Erfolg entgegen.

[9] § 17 Abs. 2.

[10] Das war im Anwendungsbereich des UmwG nicht der Fall, wohl aber nach § 99 Abs. 3 Satz 3 AktG aF.

2. Beschwerdeberechtigung

Beschwerdeberechtigt[11] sind alle Beteiligten des Spruchverfahrens, deren Recht durch die Entscheidung beeinträchtigt ist[12]. Das sind die **Antragsteller**[13] und, falls das Landgericht den Antrag nicht zurückgewiesen hat, die **Antragsgegner**[14]. Der Antragsteller muss bei Einlegung der Beschwerde noch die Antragsberechtigung gem. § 3 haben[15]. Auch die beiden Vertragspartner in den Fällen der §§ 304, 305 AktG können Beschwerde einlegen[16]. Die Beschwerdeberechtigung des Antragstellers hängt nicht davon ab, dass das Gericht seinem Antrag nicht (voll) entsprochen hat; eine **formelle Beschwer ist nicht Voraussetzung**[17], da im Spruchverfahren keine förmlichen Sachanträge gestellt werden müssen und das Gericht an etwa gestellte Anträge nicht gebunden ist[18]. 5

Der **gemeinsame Vertreter** hat ein **selbstständiges Beschwerderecht**[19]. Die frühere hM[20], wonach er kein Beschwerderecht habe, da er nicht Antragsteller sei, übersieht die mittlerweile eingeführte Befugnis nach § 6 Abs. 3[21], das Verfahren auch nach Rücknahme des Antrags fortzuführen[22]. Daher wird teilweise vertreten, dass er nur in den Fällen des § 6 Abs. 3 beschwerdeberechtigt sei, weil die Antragsteller durch ihre Anträge das Verfahren bestimmten[23]. Ebenso wird vertreten, dass eine Beschwerdeberechtigung des gemeinsamen Vertreters nur bestehe, wenn eine Sachentscheidung ergangen ist, nicht jedoch wenn die Anträge als unzulässig zurückgewiesen wurden[24]. Beide Ansichten greifen jedoch zu kurz: Mit Einführung der Befugnis des gemeinsamen Vertreters verfolgte der Gesetzgeber das Ziel, eine Ungleichbehandlung der Aktionäre zu verhindern, die für den Fall eines „Auskaufens" von Antragstellern durch die Gesellschaft zu befürchten wäre; dieses Ziel kann jedoch nur durch ein selbstständiges Beschwerderecht des gemeinsamen Vertreters erreicht werden[25]. Zudem darf eine fehlerhafte erstinstanzliche Entscheidung, die einen zulässigen und ggf. begründeten Antrag als unzulässig abweist, nicht zu einem Verlust der Beschwerdebefugnis des gemeinsamen Vertreters führen[26]. 6

---

[11] § 20 Abs. 1 FGG.
[12] Statt vieler: *Hüffer* Anh. § 305 AktG § 12 SpruchG Rn 2; *Klöcker/Frowein* § 12 Rn 6.
[13] Statt vieler: *Fritzsche/Dreier/Verfürth* § 12 Rn 6.
[14] Statt vieler: *Hörtnagl* in Schmitt/Hörtnagl/Stratz B § 12 SpruchG Rn 5.
[15] *Büchel* NZG 2003, 793, 800; wohl *Emmerich* in Emmerich/Habersack AktKonzernR Anh. § 328 AktG § 12 SpruchG Rn 6; *Klöcker/Frowein* § 12 Rn 6. AA, wonach die Antragsberechtigung nicht mehr erforderlich sei, *Fritzsche/Dreier/Verfürth* § 12 Rn 8; *Gude* AG 2005, 233, 234; wohl *Krieger* in Lutter Anh. I § 12 SpruchG Rn 5.
[16] *Hüffer* Anh. § 305 AktG § 12 SpruchG Rn 2.
[17] Statt vieler: *Wilske* in Kölner Komm. § 12 SpruchG Rn 15.
[18] Statt vieler: *Wilske* in Kölner Komm. § 12 SpruchG Rn 15.
[19] *BayObLG* NZG 2003, 483, 484; *Emmerich* in Emmerich/Habersack AktKonzernR Anh. § 328 AktG § 12 SpruchG Rn 6 und § 6 SpruchG Rn 17; differenzierend *Fritzsche/Dreier/Verfürth* § 12 Rn 7; *Klöcker/Frowein* § 12 Rn 6; *Krieger* in Lutter Anh. I § 12 SpruchG Rn 5; *Volhard* in MünchKomm. § 12 SpruchG Rn 6; *Wilske* in Kölner Komm. § 12 SpruchG Rn 17. AA, wonach der gemeinsame Vertreter nur beschwerdebefugt sei, wenn er das Verfahren nach Antragsrücknahme weitergeführt hat: *Hüffer* Anh. § 305 AktG § 12 SpruchG Rn 3.
[20] BayObLGZ 1991, 235 (Rechtsansicht wurde durch *BayObLG* BB 2003, 276 ausdrücklich aufgegeben); *OLG Hamburg* AG 1980, 163; *OLG Celle* AG 1979, 230, 231.
[21] Ursprünglich: § 308 Abs. 3 Satz 1 UmwG aF.
[22] *BayObLG* NZG 2003, 483.
[23] *Hüffer* Anh. § 305 AktG § 12 SpruchG Rn 3.
[24] Statt vieler: *Hörtnagl* in Schmitt/Hörtnagl/Stratz B § 12 SpruchG Rn 7.
[25] *BayObLG* NZG 2003, 483.
[26] *Gude* AG 2005, 233, 234.

3. Anwaltszwang

7 Anwaltszwang besteht nur für die **Einlegung** der sofortigen Beschwerde. Die Beschwerdeschrift ist von einem Rechtsanwalt[27] nicht notwendig abzufassen, aber eigenhändig zu unterzeichnen[28]. Die Ausnahmeregelung des § 29 Abs. 1 Satz 3 FGG (Befreiung vom Anwaltszwang) gilt im Spruchverfahren nicht[29]. Für den weiteren Fortgang des Beschwerdeverfahrens ist keine anwaltliche Mitwirkung erforderlich; § 78 Abs. 1 Satz 2 ZPO ist nicht anwendbar[30].

4. Form und Inhalt

8 Die sofortige Beschwerde ist **schriftlich** beim Landgericht, das die erstinstanzliche Entscheidung erlassen hat, oder bei dem für die Entscheidung über die Beschwerde zuständigen OLG einzulegen[31]. Die Einlegung zu Protokoll der Geschäftsstelle[32] ist ausgeschlossen[33]. Die Beschwerde muss erkennen lassen, dass eine Überprüfung der erstinstanzlichen Entscheidung begehrt wird; sie **bedarf keines bestimmten Antrags**; eine **Begründung** ist gesetzlich **nicht vorgeschrieben**[34]. Beides ist aber zweckmäßig, um dem Gericht zu sagen, worauf es dem Antragsteller ankommt[35]. Das Gericht ist an den Antrag jedoch nicht gebunden[36].

5. Frist

9 Die Beschwerde ist binnen einer **Frist von zwei Wochen** einzulegen[37]. Diese beginnt für jeden Beschwerdeberechtigten mit der Zustellung[38] der erstinstanzlichen Entscheidung an ihn[39] und endet mit Ablauf des Tages der übernächsten Woche, der durch seine Benennung dem Zustellungstag entspricht[40]. Bei unverschuldeter Fristversäumung kommt Wiedereinsetzung in den vorigen Stand[41] in Betracht[42]. Nach Fristablauf bleibt außerdem die unselbstständige Anschlussbeschwerde möglich, sofern der Verfahrensgegner die Beschwerde eingelegt hat[43].

---

[27] § 4 BRAO.
[28] Abs. 1 Satz 2.
[29] § 17 Abs. 1.
[30] Statt vieler: *Fritzsche/Dreier/Verfürth* § 12 Rn 9; *Klöcker/Frowein* § 12 Rn 9.
[31] § 17 Abs. 1 iVm. § 21 Abs. 2 FGG.
[32] § 21 Abs. 2 Satz 1 FGG.
[33] Statt vieler: *Wilske* in Kölner Komm. § 12 SpruchG Rn 28.
[34] OLG Zweibrücken NZG 2004, 872, 873; *Emmerich* in Emmerich/Habersack AktKonzernR Anh. § 328 AktG § 12 SpruchG Rn 7; *Gude* AG 2005, 233, 236; *Hörtnagl* in Schmitt/Hörtnagl/Stratz B § 12 SpruchG Rn 4; *Hüffer* Anh. § 305 AktG § 12 SpruchG Rn 5; *Klöcker/Frowein* § 12 Rn 8; *Krieger* in Lutter Anh. I § 12 SpruchG Rn 7; *Volhard* in MünchKomm. § 12 SpruchG Rn 8; *Vollrath* in Widmann/Mayer Anh. 13 § 12 SpruchG Rn 13. AA, wonach eine Begründung zwar nicht vorgeschrieben, dennoch eine Zulässigkeitsvoraussetzung sei, *Wilske* in Kölner Komm. § 12 SpruchG Rn 30 f.
[35] *Hüffer* Anh. § 305 AktG § 12 SpruchG Rn 5; *Klöcker/Frowein* § 12 Rn 8; *Volhard* in MünchKomm. § 12 SpruchG Rn 8; *Vollrath* in Widmann/Mayer Anh. 13 § 12 SpruchG Rn 12. AA, wonach eine Begründung Zulässigkeitsvoraussetzung sei, *Wilske* in Kölner Komm. § 12 SpruchG Rn 31.
[36] *Klöcker/Frowein* § 12 Rn 6.
[37] § 22 Abs. 1 Satz 1 FGG.
[38] § 11 Abs. 3.
[39] *Wilske* in Kölner Komm. § 12 SpruchG Rn 20.
[40] § 17 FGG iVm. §§ 187 Abs. 1, 188 Abs. 2 BGB.
[41] § 22 Abs. 2 FGG.
[42] Statt vieler: *Vollrath* in Widmann/Mayer Anh. 13 § 12 SpruchG Rn 6.
[43] OLG Stuttgart NZG 2007, 237; *Vollrath* in Widmann/Mayer Anh. 13 § 12 SpruchG Rn 14. Im Einzelnen zur Anschlussbeschwerde *Sternal* in Keidel/Kuntze/Winkler § 22 FGG Rn 8 ff.

Sofortige Beschwerde 10–14 § 12

6. Rücknahme

Die Beschwerde kann bis zur Entscheidung der Beschwerdeinstanz jederzeit zurückge- 10
nommen werden[44]. Dies gilt auch bei einer unselbstständigen Anschlussbeschwerde und trotz
Eintritts ihrer Wirkungslosigkeit[45]. Durch die Rücknahme aller Beschwerden erwächst die
Entscheidung der ersten Instanz in Rechtskraft[46]. Das Beschwerdegericht trifft dann nur
noch eine Kostenentscheidung[47].

II. Entscheidung (Abs. 2)

Das OLG entscheidet über die Beschwerde durch Beschluss[48], der mit Gründen zu verse- 11
hen ist[49]. Im Beschwerdeverfahren sind neue Tatsachen und Beweise zugelassen[50]. Das Beschwerdegericht entscheidet als **zweite Tatsacheninstanz**[51] in der Sache selbst und kann demgemäß die Höhe des Ausgleichs, der Barabfindung oder der baren Zuzahlung usw. neu festsetzen[52]. Eine Zurückverweisung an das Landgericht kommt nur bei so schwerwiegenden Verfahrensmängeln oder so unzureichender Sachaufklärung in Betracht, dass die Sachentscheidung des Beschwerdegerichts dem Verlust einer Instanz gleichkäme[53].

Die Entscheidung darf nicht zum Nachteil des Beschwerdeführers abgeändert werden 12
(**keine *reformatio in peius***)[54], es sei denn, auch die Gegenseite hätte (ggf. Anschluss-) Beschwerde eingelegt[55], was im Spruchverfahren als echtem Streitverfahren grundsätzlich statthaft ist[56]. Verweist ausnahmsweise das OLG die Beschwerde an das Landgericht zurück, gilt das Verbot der *reformatio in peius* nicht; das Landgericht kann dann eine für den Beschwerdeführer ungünstigere Entscheidung treffen als zuvor[57].

Will das Beschwerdegericht von der Entscheidung eines anderen OLG oder des BGH 13
abweichen (**Divergenzvorlage**[58]), muss es die Beschwerde dem BGH vorlegen[59]. Dieser entscheidet dann nicht nur über die vorgelegte Rechtsfrage, sondern in der Sache selbst[60]. Er kann aber auch zur weiteren Tatsachenermittlung an das OLG zurückverweisen[61].

Die Beschwerdeentscheidung wird mit ihrem Erlass rechtskräftig, da die **weitere Be-** 14
schwerde ausgeschlossen ist[62]. Vor der Zivilprozessrechtsreform[63] hielt der BGH eine wei-

---

[44] Statt vieler: *Fritzsche/Dreier/Verfürth* § 12 Rn 17.
[45] Statt vieler: *Wilske* in Kölner Komm. § 12 SpruchG Rn 36.
[46] *Klöcker/Frowein* § 12 Rn 13; *Wilske* in Kölner Komm. § 12 SpruchG Rn 36.
[47] *Fritzsche/Dreier/Verfürth* § 12 Rn 17; *Klöcker/Frowein* § 12 Rn 13. Im Einzelnen *Zimmermann* in Keidel/Kuntze/Winkler § 13 a FGG Rn 42 ff.
[48] *Vollrath* in Widmann/Mayer Anh. 13 § 12 SpruchG Rn 21.
[49] § 25 FGG iVm. § 17 Abs. 1.
[50] § 23 FGG iVm. § 17 Abs. 1.
[51] Statt vieler: *Krieger* in Lutter Anh. I § 12 SpruchG Rn 9.
[52] *Emmerich* in Emmerich/Habersack AktKonzernR Anh. § 328 AktG § 12 SpruchG Rn 4 f.
[53] OLG Schleswig ZIP 2004, 2433, 2435; statt vieler: *Fritzsche/Dreier/Verfürth* § 12 Rn 19; *Sternal* in Keidel/Kuntze/Winkler § 25 FGG Rn 21 f.
[54] *Hörtnagl* in Schmitt/Hörtnagl/Stratz B § 12 SpruchG Rn 8. Im Einzelnen zum Verbot der *reformatio in peius* im FGG-Verfahren *Kahl* in Keidel/Kuntze/Winkler § 19 FGG Rn 115 ff.
[55] Statt vieler: *Hörtnagl* in Schmitt/Hörtnagl/Stratz B § 12 SpruchG Rn 8.
[56] Im Einzelnen zur Anschlussbeschwerde im FGG-Verfahren *Sternal* in Keidel/Kuntze/Winkler § 22 FGG Rn 8 f.
[57] *Klöcker/Frowein* § 12 Rn 16; *Volhard* in MünchKomm. § 12 SpruchG Rn 11. AA, wonach das Verbot der *reformatio in peius* auch dann gelte, *Wilske* in Kölner Komm. § 12 SpruchG Rn 46 f.
[58] Abs. 2 Satz 2 iVm. § 28 Abs. 2, 3 FGG.
[59] *Wilske* in Kölner Komm. § 12 SpruchG Rn 53.
[60] *Hörtnagl* in Schmitt/Hörtnagl/Stratz B § 12 SpruchG Rn 11.
[61] *Meyer-Holz* in Keidel/Kuntze/Winkler § 28 FGG Rn 30; *Klöcker/Frowein* § 12 Rn 17.
[62] Abs. 2 Satz 3.
[63] Zivilprozessreformgesetz vom 27.7.2001, BGBl. I S. 1887.

tere Beschwerde in Fällen „greifbarer Gesetzeswidrigkeit" der Entscheidung des OLG für zulässig[64]. Diese Auffassung hat er mittlerweile aufgegeben[65].

III. Zuständigkeitskonzentration (Abs. 3)

15 Die Bundesländer können die Zuständigkeit für die Bezirke mehrerer Oberlandesgerichte bei einem Oberlandesgericht oder dem obersten Landesgericht konzentrieren. Von dieser Möglichkeit haben Gebrauch gemacht:
– Bayern[66]: OLG München[67];
– Nordrhein-Westfalen[68]: OLG Düsseldorf;
– Rheinland-Pfalz[69]: OLG Zweibrücken.

IV. Einfache Beschwerde

16 **Andere Entscheidungen** als die verfahrensabschließenden nach § 11 Abs. 1, die bereits unmittelbar in nicht unerheblicher Weise in die Rechte der Beteiligten eingreifen, können mit der einfachen, unbefristeten Beschwerde nach § 19 FGG angefochten werden[70]. Dies gilt insbesondere für die Bestellung des gemeinsamen Vertreters[71] und die Androhung von Zwangsgeld[72].

17 Mit der einfachen Beschwerde angreifbar sind sämtliche Verfügungen des Gerichts. Verfügungen sind alle sachlichen **Entscheidungen** (Anordnungen, Beschlüsse, Maßregeln) **mit Außenwirkung**[73]. Letzteres Merkmal ist entscheidend, denn gerichtliche Verfügungen sind der Anfechtung insoweit entzogen, als sie nicht an die Verfahrensbeteiligten gerichtet sind und deshalb deren Rechte nicht verletzen können. Zu solchen nur verfahrensleitenden Entscheidungen gehören etwa Beweisanordnungen und die Ablehnung von Beweisanträgen, die Auswahl des Sachverständigen oder auch Terminbestimmungen[74].

§ 13 Wirkung der Entscheidung

¹Die Entscheidung wird erst mit der Rechtskraft wirksam. ²Sie wirkt für und gegen alle, einschließlich derjenigen Anteilsinhaber, die bereits gegen die ursprünglich angebotene Barabfindung oder sonstige Abfindung aus dem betroffenen Rechtsträger ausgeschieden sind.

---

[64] Siehe hierzu *Fritzsche/Dreier/Verfürth* § 12 Rn 22; *Klöcker/Frowein* § 12 Rn 18.
[65] BGH AG 2004, 610; BGH NJW 2003, 3137, 3138; *Klöcker/Frowein* § 12 Rn 18.
[66] VO vom 16.11.2004, GVBl. S. 471.
[67] Das BayObLG, bei dem die Beschwerden früher konzentriert wurden, wurde 2005 aufgelöst.
[68] VO vom 31.5.2005, GVBl. S. 625.
[69] VO vom 22.11.1985, GVBl. S. 267, zuletzt geändert durch VO vom 28.7.2005, GVBl. S. 360.
[70] Ähnlich: OLG Stuttgart NZG 2004, 1162; *Fritzsche/Dreier/Verfürth* § 12 Rn 5; *Gude* AG 2005, 233; *Hörtnagl* in Schmitt/Hörtnagl/Stratz B § 12 SpruchG Rn 2; *Klöcker/Frowein* § 12 Rn 3; *Wilske* in Kölner Komm. § 12 SpruchG Rn 5 ff. Zu den Einzelheiten *Kahl* in Keidel/Kuntze/Winkler § 19 FGG Rn 9 ff. AA, wonach auch bei beschwerdefähigen Zwischenentscheidungen § 12 Abs. 1 anwendbar sei, *Krieger* in Lutter Anh. I § 12 SpruchG Rn 3.
[71] Statt vieler: *Krieger* in Lutter Anh. I § 12 SpruchG Rn 3.
[72] Statt vieler: *Hörtnagl* in Schmitt/Hörtnagl/Stratz B § 12 SpruchG Rn 2.
[73] *Kahl* in Keidel/Kuntze/Winkler § 19 FGG Rn 2.
[74] *Hörtnagl* in Schmitt/Hörtnagl/Stratz B § 12 SpruchG Rn 2. Vgl. auch OLG Stuttgart AG 2005, 304 zur Ablehnung des Sachverständigen.

Übersicht

	Rn		Rn
I. Zeitpunkt des Wirksamwerdens	1–2	III. Durchsetzung des Anspruchs	7
II. Wirkung der Entscheidung	3–6	IV. Verjährung	8–10

I. Zeitpunkt des Wirksamwerdens

Die Vorschrift entspricht den bisher geltenden Regeln[1] mit dem klarstellenden Zusatz, dass die Entscheidung auch für diejenigen Anteilsinhaber gilt, die bereits gegen die ursprünglich angebotene[2] Abfindung aus dem betroffenen Rechtsträger ausgeschieden sind, also das anfängliche – nunmehr im Spruchverfahren korrigierte – Abfindungsangebot angenommen haben. Sie können eine Anpassung bis zur Höhe der gerichtlich heraufgesetzten Abfindung verlangen[3]. Die Vorschrift ist **nicht** auf einen **gerichtlichen Vergleich**[4] anwendbar[5]. **1**

Die Entscheidung des Landgerichts wird erst **mit Eintritt der Rechtskraft wirksam**[6]. **2**
Die **formelle Rechtskraft**[7] tritt ein mit dem Ablauf der zweiwöchigen Beschwerdefrist[8] oder wenn alle Beschwerdeberechtigten[9] auf die Beschwerde verzichtet oder ihre Beschwerde zurückgenommen haben oder wenn alle Beschwerden als unzulässig oder unbegründet zurückgewiesen worden sind[10]. Die Entscheidung des Beschwerdegerichts wird mit ihrem Erlass rechtskräftig[11], da eine weitere Beschwerde ausgeschlossen ist[12]. Auf Verlangen ist den Beteiligten ein Rechtskraftzeugnis[13] zu erteilen[14].

II. Wirkung der Entscheidung

Die Entscheidung wirkt rückwirkend[15] **für und gegen alle**[16]. Diese **materielle Rechtskraft**[17] der Entscheidung bedeutet, dass sie nicht nur für und gegen Antragsteller und -gegner wirkt, sondern auch für und gegen die nicht beteiligten Anteilsinhaber und alle Organe der beteiligten Unternehmen; sie bindet darüber hinaus alle Gerichte und Behörden[18]. Ein erneutes Spruchverfahren über die Kompensationshöhe scheidet damit aus[19]. Folglich kann **3**

---

[1] §§ 99 Abs. 5 Sätze 1 und 2, 306 Abs. 2 AktG aF; § 311 UmwG aF.
[2] BegrRegE SpruchG, BT-Drucks. 15/371 S. 17.
[3] BegrRefE SpruchG S. 28; BegrRegE SpruchG, BT-Drucks. 15/371 S. 17.
[4] § 11 Abs. 2 oder 4.
[5] Statt vieler: *Fritzsche/Dreier/Verfürth* § 13 Rn 8 f.
[6] § 13 Satz 1. Also nicht mit der Bekanntmachung wie nach § 16 Abs. 1 FGG.
[7] Siehe *Zimmermann* in Keidel/Kuntze/Winkler § 31 FGG Rn 1 ff.
[8] § 22 Abs. 1 Satz 1 FGG. Siehe hierzu § 12 Rn 9.
[9] Antragsteller, Antragsgegner und gemeinsame Vertreter.
[10] Statt vieler: *Wilske* in Kölner Komm. § 13 SpruchG Rn 5.
[11] *Hörtnagl* in Schmitt/Hörtnagl/Stratz B § 13 SpruchG Rn 2; *Wilske* in Kölner Komm. § 13 SpruchG Rn 6.
[12] § 12 Abs. 2 Satz 3.
[13] § 31 FGG.
[14] *Wilske* in Kölner Komm. § 13 SpruchG Rn 7. Im Einzelnen *Zimmermann* in Keidel/Kuntze/Winkler § 31 FGG Rn 4 ff.
[15] Statt vieler: *Wilske* in Kölner Komm. § 13 SpruchG Rn 13.
[16] § 13 Satz 2.
[17] Zum Begriff *Zimmermann* in Keidel/Kuntze/Winkler § 31 FGG Rn 18 f.
[18] Statt vieler: *Fritzsche/Dreier/Verfürth* § 13 Rn 6.
[19] *BayObLG* NZG 2003, 36; *Emmerich* in Emmerich/Habersack AktKonzernR Anh. § 328 AktG § 13 SpruchG Rn 3.

4 Der nun gesetzlich vorgeschriebene **Abfindungsergänzungsanspruch**[20] wurde bereits zuvor in Rspr. und Lit. überwiegend bejaht[21]. Anteilsinhaber, die das Angebot zur Barabfindung **vorbehaltlos annehmen, verlieren** dadurch zwar das Recht, gerichtliche Nachprüfung des Angebots zu verlangen[22], dagegen **nicht ihren Anspruch auf Abfindungsergänzung**[23]; sonst zöge der zur Barabfindung verpflichtete Rechtsträger aus der Unangemessenheit seines Angebots Vorteile.

5 Anders verhält es sich, wenn der Anteilsinhaber ausdrücklich darauf verzichtet hat, etwa durch Erlassvertrag[24] oder Vergleich[25]. Das ist ggf. durch Auslegung zu ermitteln, kann aber der lediglich vorbehaltlosen Annahme des Barabfindungsangebots regelmäßig nicht entnommen werden. In der Praxis stellte sich die Frage zunehmend seltener, da regelmäßig im Umwandlungsbeschluss festgelegt wird, dass im Spruchverfahren festgesetzte höhere Leistungen auch zugunsten bereits abgefundener Anteilsinhaber gelten sollen.

6 Ein Anteilsinhaber, dem ein **höherer Ausgleich gewährt** wurde als vom Gericht im Spruchverfahren festgesetzt, ist zur Erstattung nicht verpflichtet[26].

III. Durchsetzung des Anspruchs

7 Das Gericht **stellt** in seiner Entscheidung **lediglich fest**, welcher Ausgleich oder welche bare Zuzahlung oder Abfindung usw. angemessen ist, und gestaltet uU den Inhalt von Verträgen um; ein **Vollstreckungstitel** ist sie nicht[27]. Leistet der verpflichtete Rechtsträger nicht freiwillig, muss der Anteilsinhaber beim ordentlichen Gericht Leistungsklage erheben[28]. Allerdings ist das angerufene Gericht an die materiell rechtskräftige Entscheidung im Spruchverfahren zur Höhe des Anspruchs gebunden[29]; sonstige Einwendungen gegen den Anspruch bleiben davon unberührt.

IV. Verjährung

8 Die im Spruchverfahren geltend zu machenden Ansprüche unterliegen der Verjährung. Für sie gilt die regelmäßige Verjährungsfrist des § 195 BGB[30]; sie verjähren also in drei Jahren. Der Lauf der Verjährungsfrist beginnt gem. § 199 Abs. 1 Nr. 1 BGB mit dem Schluss des Jahres, in dem der jeweilige Beschluss ins Handelsregister eingetragen wird. Die Eintragung des Beschlusses ins Handelsregister müssen Dritte gem. § 15 Abs. 2 Satz 1 HGB gegen sich gelten lassen, womit die erforderliche Kenntnis von den anspruchsbegründenden Umständen gegeben ist.

9 Der Lauf der Verjährung ist während schwebender Verhandlungen zwischen den Abfindungsberechtigten[31] und dem Schuldner[32] über die Höhe des Anspruchs gem. § 203 Satz 1

---

[20] § 13 Satz 2 2.Halbs.
[21] *Hüffer* Anh. § 305 AktG § 13 SpruchG Rn 4.
[22] *Wilske* in Kölner Komm. § 13 SpruchG Rn 9.
[23] *Krieger* in Lutter Anh. I § 13 SpruchG Rn 4.
[24] § 397 BGB.
[25] *Klöcker/Frowein* § 13 Rn 4; *Wilske* in Kölner Komm. § 13 SpruchG Rn 10.
[26] Statt vieler: *Hörtnagl* in Schmitt/Hörtnagl/Stratz § 13 SpruchG Rn 5.
[27] Statt vieler: *Wilske* in Kölner Komm. § 13 SpruchG Rn 16.
[28] § 16. Ebenso *Hörtnagl* in Schmitt/Hörtnagl/Stratz § 13 SpruchG Rn 6.
[29] § 13 Satz 2. Ebenso statt vieler: *Wilske* in Kölner Komm. § 13 SpruchG Rn 17.
[30] *Hörtnagl* in Schmitt/Hörtnagl/Stratz § 13 SpruchG Rn 7.
[31] § 3 Nr. 1–4.
[32] § 5 Nr. 1–5.

BGB gehemmt, ebenso – in entsprechender Anwendung des § 204 Abs. 1 Nr. 1 BGB – während der Dauer des Spruchverfahrens[33]. Die **Hemmung** beginnt mit Zustellung des das Spruchverfahren einleitenden Antrags an den Antragsgegner[34]; die Zustellung wirkt allerdings auf den Zeitpunkt der Einreichung des Antrags bei Gericht zurück, wenn sie „demnächst" erfolgt[35].

Nach Rechtskraft der gerichtlichen Entscheidung gilt für die Ansprüche grundsätzlich die dreißigjährige Verjährung[36], für den Anspruch auf Ausgleich (wiederkehrende Leistungen) die dreijährige[37]. **10**

§ 14 Bekanntmachung der Entscheidung

Die rechtskräftige Entscheidung in einem Verfahren nach § 1 ist ohne Gründe nach Maßgabe des § 6 Abs. 1 Satz 4 und 5 in den Fällen
1. der Nummer 1 durch den Vorstand der Gesellschaft, deren außenstehende Aktionäre antragsberechtigt waren;
2. der Nummer 2 durch den Vorstand der Hauptgesellschaft;
3. der Nummer 3 durch den Hauptaktionär der Gesellschaft;
4. der Nummer 4 durch die gesetzlichen Vertreter jedes übernehmenden oder neuen Rechtsträgers oder des Rechtsträgers neuer Rechtsform;
5. der Nummer 5 durch die gesetzlichen Vertreter der SE, aber im Fall des § 9 des SE-Ausführungsgesetzes durch die gesetzlichen Vertreter der die Gründung anstrebenden Gesellschaft, und
6. der Nummer 6 durch die gesetzlichen Vertreter der Europäischen Genossenschaft bekannt zu machen.

Übersicht

	Rn		Rn
I. Gegenstand der Bekanntmachung	1–2	III. Inhalt und Form	6–7
II. Verpflichtete	3–5	IV. Absehen von der Bekanntmachung	8

I. Gegenstand der Bekanntmachung

Die Vorschrift entspricht inhaltlich der bisherigen Regelung[1]. Neu ist nur[2], dass beim Ausschluss von Minderheitsaktionären (Squeeze out) nicht der Vorstand, sondern der Hauptaktionär die Entscheidung bekannt zu machen hat und dass sie zumindest im elektronischen Bundesanzeiger (www.@bundesanzeiger.de) bekannt zu machen ist[3]. **1**

---

[33] *Hörtnagl* in Schmitt/Hörtnagl/Stratz § 13 SpruchG Rn 7.
[34] § 5.
[35] § 17 Abs. iVm. § 16 Abs. 2 Satz 1 FGG iVm. § 167 ZPO. „Demnächst" ist zugestellt, wenn in „angemessener" Zeit gerichtlich zugestellt wird. Was angemessen ist, kann differieren; drei Wochen werden für unschädlich gehalten, *Hüßtege* in Thomas/Putzo § 167 ZPO Rn 12.
[36] § 197 Abs. 1 Nr. 3 BGB.
[37] §§ 197 Abs. 2, 195 BGB.
[1] § 306 Abs. 6 AktG aF, § 310 UmwG aF.
[2] *Fritzsche/Dreier/Verfürth* § 14 Rn 1; *Krieger* in Lutter Anh. I § 14 SpruchG Rn 1.
[3] *Fritzsche/Dreier/Verfürth* § 14 Rn 1; *Krieger* in Lutter Anh. I § 14 SpruchG Rn 1.

2 Bekannt zu machen ist die (formell) **rechtskräftige Entscheidung**[4]. Hat das OLG der Beschwerde (ganz oder teilweise) stattgegeben, ist dessen Entscheidung bekannt zu machen[5]. Ein Vergleich ist ebenso wenig wie anderweitige Verfahrensbeendigungen[6] bekannt zu machen, da es insoweit an einer „rechtskräftigen Entscheidung" fehlt[7].

II. Verpflichtete

3 Zur Bekanntmachung verpflichtet sind in den Fällen des § 1 Nr. 1, 2, 4, 5 und 6 die **gesetzlichen Vertreter** jedes Antragsgegners, also der abhängigen Gesellschaft[8], der Hauptgesellschaft[9], des übernehmenden oder neuen Rechtsträgers bzw. des Rechtsträgers neuer Rechtsform[10] oder der die Gründung anstrebenden Gesellschaft[11]. Beim Squeeze out ist der Hauptaktionär bzw. dessen gesetzliche Vertretung zur Bekanntmachung verpflichtet[12]. Eine Bekanntmachung ist nach dem Sinn des Gesetzes auch in den Fällen zu verlangen, die zum Anwendungsbereich des Gesetzes gehören, ohne in § 1 genannt zu sein[13]. Die Entscheidung über die Abfindung der Minderheitsaktionäre beim Rückzug der Gesellschaft von der Börse (Delisting) ist von demjenigen bzw. vom gesetzlichen Vertreter desjenigen bekannt zu machen, der das Verkaufsangebot unterbreitet hat[14]. Die Entscheidung wegen des Erlöschens oder der Beseitigung von Mehrstimmrechten ist vom Vorstand der Gesellschaft bekannt zu machen, bei der Mehrstimmrechte erloschen oder beseitigt wurden[15].

4 Sind mehrere Antragsgegner zur Bekanntmachung verpflichtet, ist eine **gemeinsame Bekanntmachung** zulässig[16].

5 Auf die Bekanntmachung kann **nicht durch Zwangsgeld** hingewirkt werden, sondern es muss ggf. auf Vornahme (einer vertretbaren Handlung) geklagt werden[17].

III. Inhalt und Form

6 Die Entscheidung ist „ohne Gründe" bekannt zu machen[18]. Als **Inhalt** der Bekanntmachung lässt das Gesetz also Rubrum und Entscheidungsformel genügen[19].

---

[4] Zum Eintritt der Rechtskraft siehe § 13 Rn 2.
[5] Statt vieler: *Hörtnagl* in Schmitt/Hörtnagl/Stratz B § 14 SpruchG Rn 1.
[6] Siehe zu Antragsrücknahme und Erledigung § 11 Rn 12 ff.
[7] Statt vieler: *Wilske* in Kölner Komm. § 14 Rn 2. Manches hätte dafür gesprochen, auch einen nach § 11 Abs. 2 aufgenommenen Vergleich zu veröffentlichen; siehe die Anregung des *HRA NZG* 2003, 316, 319. Einerseits kann von dem Vergleich Vorbild- und Signalwirkung ausgehen, andererseits würde dadurch vermieden, dass Verfahren, die durch Vergleich beendet werden, weniger transparent sind also solche, die durch Beschluss entschieden werden. Der Vergleich kann aber die Bekanntmachung regeln.
[8] Nr. 1 iVm. § 1 Nr. 1.
[9] Nr. 2 iVm. § 1 Nr. 2.
[10] Nr. 4 iVm. § 1 Nr. 4.
[11] Nr. 5 iVm. § 1 Nr. 5; Nr. 6 iVm. § 1 Nr. 6.
[12] Nr. 3 iVm. § 1 Nr. 3. Dies wird damit begründet, dass der Ausschluss der Minderheitsaktionäre auf Betreiben und zu Gunsten des Hauptaktionärs stattgefunden hat, BegrRegE SpruchG, BT-Drucks. 15/371 S. 17.
[13] § 1 Rn 3 f.
[14] *Krieger* in Lutter Anh. I § 14 SpruchG Rn 4.
[15] *Wilske* in Kölner Komm. § 14 SpruchG Rn 14.
[16] Statt vieler: *Klöcker/Frowein* § 14 Rn 4.
[17] Statt vieler: *Hörtnagl* in Schmitt/Hörtnagl/Stratz B § 14 SpruchG Rn 2.
[18] § 14.
[19] Statt vieler: *Wilske* in Kölner Komm. § 14 SpruchG Rn 6.

Für die **Form** der Bekanntmachung gelten infolge der Verweisung § 6 Abs. 1 Sätze 4 und 5. Demgemäß ist die Entscheidung jedenfalls im elektronischen Bundesanzeiger (www.ebundesanzeiger.de) bekannt zu machen, außerdem in weiteren Blättern oder elektronischen Informationsmedien, falls Satzung, Gesellschaftsvertrag, Partnerschaftsvertrag oder Statut das für öffentliche Bekanntmachungen bestimmen. Weitergehende Publizitätspflichten, etwa nach § 15 WpHG, werden vom SpruchG nicht berührt[20]. 7

IV. Absehen von der Bekanntmachung

Von der Bekanntmachung kann abgesehen werden, **wenn alle anspruchsberechtigten Anteilsinhaber** am Spruchverfahren **beteiligt** waren[21]. Angesichts des Zwecks der Bekanntmachung, Anteilsinhaber, die selbst nicht am Verfahren beteiligt waren, vom Inhalt der auch für und gegen sie wirkenden Entscheidung zu informieren, und der Tatsache, dass allen am Spruchverfahren formell Beteiligten die Entscheidung von Amts wegen zugestellt wird[22], besteht für eine Bekanntmachung kein Bedürfnis, wenn alle Interessierten am Verfahren beteiligt waren. 8

§ 15 Kosten

(1) ¹Für die Gerichtskosten sind die Vorschriften der Kostenordnung anzuwenden, soweit nachfolgend nichts anderes bestimmt ist. ²Als Geschäftswert ist der Betrag anzunehmen, der von allen in § 3 genannten Antragsberechtigten nach der Entscheidung des Gerichts zusätzlich zu dem ursprünglich angebotenen Betrag insgesamt gefordert werden kann; er beträgt mindestens 200 000 und höchstens 7,5 Millionen Euro. ³Maßgeblicher Zeitpunkt für die Bestimmung des Werts ist der Tag nach Ablauf der Antragsfrist (§ 4 Abs. 1). ⁴Der Geschäftswert ist von Amts wegen festzusetzen. ⁵Für das Verfahren des ersten Rechtszugs wird die volle Gebühr erhoben. ⁶Kommt es in der Hauptsache zu einer gerichtlichen Entscheidung, erhöht sich die Gebühr auf das Vierfache der vollen Gebühr; dies gilt nicht, wenn lediglich ein Beschluss nach § 11 Abs. 4 Satz 2 ergeht. ⁷Für den zweiten Rechtszug wird die gleiche Gebühr erhoben; dies gilt auch dann, wenn die Beschwerde Erfolg hat.

(2) ¹Schuldner der Gerichtskosten ist nur der Antragsgegner. ²Diese Kosten können ganz oder zum Teil den Antragstellern auferlegt werden, wenn dies der Billigkeit entspricht; die Haftung des Antragsgegners für die Gerichtskosten bleibt hiervon unberührt.

(3) ¹Der Antragsgegner hat einen zur Deckung der Auslagen hinreichenden Vorschuss zu zahlen. ²§ 8 der Kostenordnung ist nicht anzuwenden.

(4) Das Gericht ordnet an, dass die Kosten der Antragsteller, die zur zweckentsprechenden Erledigung der Angelegenheit notwendig waren, ganz oder zum Teil vom Antragsgegner zu erstatten sind, wenn dies unter Berücksichtigung des Ausgangs des Verfahrens der Billigkeit entspricht.

---

[20] *Fritzsche/Dreier/Verfürth* § 14 Rn 13.
[21] Statt vieler: *Vollrath* in Widmann/Mayer Anh. 13 § 14 SpruchG Rn 5. Diese schon in § 37 Satz 2 UmwG 1969 ausdrücklich vorgesehene Ausnahme war vom UmwG 1994 nicht übernommen worden, obwohl die Bekanntmachung „entsprechend der bisherigen Regelung" vorgesehen werden sollte, siehe BegrRegE UmwG, BT-Drucks. 12/6699 S. 170. AA, wonach die vom Gesetzgeber „uneingeschränkt statuierte Pflicht" zweckmäßig sei, *Fritzsche/Dreier/Verfürth* § 14 Rn 7.
[22] § 11 Abs. 3.

§ 15 1–4　　Siebentes Buch. Übergangs- und Schlußvorschriften

Übersicht

	Rn		Rn
I. Überblick	1	4. Kostenschuldner (Abs. 2 Satz 1)	9
II. Gerichtskosten	2–11	5. Vorschuss (Abs. 3)	10–11
1. Geltung der KostO (Abs. 1 Satz 1)	2–3	III. Außergerichtliche Kosten (Abs. 4)	12–18
2. Gebührensatz (Abs. 1 Satz 6)	4	IV. Kostenentscheidung	19–22
3. Geschäftswert (Abs. 1 Satz 2)	5–8	V. Vollstreckung	23–24

I. Überblick

1　Die Vorschrift modifiziert die bisherige Regelung in verschiedenen Punkten[1]. Schon § 306 Abs. 7 AktG aF und § 312 UmwG aF regelten die Gerichtskosten und die Kostentragungspflicht, dagegen nicht die außergerichtlichen Kosten der Beteiligten. Die für die außergerichtlichen Kosten fehlende Regelung[2] bringt nunmehr Abs. 4. Außerdem wird der Gebührensatz geregelt und für den Geschäftswert ein Mindest- und ein Höchstbetrag festgelegt.

II. Gerichtskosten

1. Geltung der KostO (Abs. 1 Satz 1)

2　Die Kosten für das gerichtliche Verfahren bestimmen sich nach den Vorschriften der KostO[3], soweit sich aus den Abs. 1 Sätze 2 bis 6, Abs. 2 und 3 nichts Abweichendes ergibt[4]. Einschlägig sind insbesondere[5] die allgemeinen Vorschriften[6], die ergänzenden Gebührenregelungen[7] sowie die Vorschriften über Auslagen[8].

3　Für die Vergütung von Sachverständigen gilt seit 1.7.2004 das Justizvergütungs- und entschädigungsgesetz[9].

2. Gebührensatz (Abs. 1 Satz 6)

4　Für das Verfahren erster Instanz werden **vier Gebühren**[10] erhoben, falls das Gericht in der Hauptsache nach § 11 Abs. 1 entscheidet, anderenfalls eine **volle Gebühr**[11]. Das Gleiche gilt für das Beschwerdeverfahren, auch bei Erfolg der Beschwerde[12]. Die Gebühren ermäßigen

---

[1] BegrRegE SpruchG, Drucks. 15/371 S. 17.
[2] Für diese galt früher (über § 99 Abs. 1 AktG aF, § 307 Abs. 1 UmwG aF) der § 13 a FGG.
[3] Gesetz über die Kosten in Angelegenheiten der freiwilligen Gerichtsbarkeit idF der Bekanntmachung vom 26.7.1957, BGBl. I S. 960, zuletzt geändert durch Gesetz vom 19.4.2006, BGBl I S. 866.
[4] Abs. 1 Satz 1.
[5] *Klöcker/Frowein* § 15 Rn 2; *Rosskopf* in Kölner Komm. § 15 SpruchG Rn 6 Fn 17.
[6] §§ 1 bis 35 KostO.
[7] §§ 129 bis 135 KostO.
[8] §§ 136 bis 139 KostO.
[9] Gesetz über die Vergütung von Sachverständigen, Dolmetscherinnen, Dolmetschern, Übersetzerinnen und Übersetzern sowie die Entschädigung von ehrenamtlichen Richterinnen, ehrenamtlichen Richtern, Zeuginnen, Zeugen und Dritten (Justizvergütungs- und -entschädigungsgesetz – JVEG) vom 5.5.2004, BGBl. I S. 718, 776 ff., zuletzt geändert durch Art. 19 2. JustizmodernisierungsG vom 22.12.2006, BGBl. S. 3416. Dieses Gesetz ersetzt das bis dahin geltende ZSEG.
[10] Durch die Verdoppelung der bisherigen Gebührensätze soll die Deckelung des Geschäftswerts auf 7,5 Mio. € kompensiert werden, BegrRegE SpruchG, BT-Drucks. 15/371 S. 17.
[11] Abs. 1 Sätze 5 und 6.
[12] Abs. 1 Satz 7.

sich also auf eine volle Gebühr, wenn der Antrag (oder die Beschwerde) vor Ergehen der (das Spruchverfahren zumindest in der Instanz beendenden) Entscheidung des Gerichts in der Hauptsache zurückgenommen wird oder das Verfahren durch einen Vergleich beendet wird[13]. Vorbereitende oder verfahrensleitende Entscheidungen des Gerichts hindern die Gebührenermäßigung nicht[14]. Abs. 1 Satz 6 2. Halbs. stellt klar, dass der Beschluss, durch den ein im schriftlichen Verfahren zustande gekommener Vergleich[15] festgestellt wird, nicht die vierfache Gebühr auslöst. Diese Reduzierung der Gerichtsgebühren soll einen Anreiz zur gütlichen Einigung schaffen[16]. Es reicht aus, wenn die Rücknahme bei Gericht eingeht, bevor die Entscheidung zugestellt ist[17]. Die Ermäßigung setzt aber die Erledigung des Verfahrens voraus; dazu muss ein **Vergleich** zustande gekommen sein oder es müssen **sämtliche Anträge** zurückgenommen sein, und auch der gemeinsame Vertreter darf das Verfahren nicht weiterführen[18].

3. Geschäftswert (Abs. 1 Satz 2)

Der für die Gebühren maßgebliche Geschäftswert ist von Amts wegen festzusetzen[19]. Als Geschäftswert ist der Betrag anzunehmen, der von allen in § 3 genannten Antragsberechtigten nach der Entscheidung des Gerichts zusätzlich zu dem ursprünglich angebotenen Betrag insgesamt gefordert werden kann; er beträgt mindestens 200.000[20] und maximal 7,5 Mio. €[21]. Entscheidend ist die Differenz zwischen der angebotenen und der angemessenen Abfindung multipliziert mit der Gesamtzahl der „außenstehenden" Anteile[22]. Diese Geschäftswertermittlung wurde bereits zuvor von den Gerichten praktiziert. Nicht in die Berechnung des Geschäftswerts miteinzubeziehen sind indessen Anteilsinhaber, welche die ursprünglich angebotene Abfindung bereits angenommen haben[23]. Denn sie sind nicht mehr antragsberechtigt, keine außenstehenden Aktionäre mehr und deshalb auch nicht mehr am Verfahren beteiligt[24], weshalb es auch nicht gerechtfertigt ist, sie bei der Berechnung des Geschäftswerts zu berücksichtigen. Bei der Zahl der zu berücksichtigenden Anteile stellt das Gesetz auf den Tag nach Ablauf der Antragsfrist ab[25]; Veränderungen im Anteilsbestand nach diesem Stichtag bleiben unberücksichtigt[26].

Ob bei der Berechnung der Differenz zwischen gewährter und angemessener Abfindung auch die Zinsen zu berücksichtigen sind, ist umstritten[27]. Es zu verneinen, liegt aber nahe.

---

[13] Abs. 1 Satz 6.
[14] Statt vieler: *Rosskopf* in Kölner Komm. § 15 SpruchG Rn 25.
[15] § 11 Abs. 4 Satz 2.
[16] BegrRegE SpruchG, BT-Drucks. 15/371 S. 17.
[17] *Klöcker/Frowein* § 15 Rn 6.
[18] *Rosskopf* in Kölner Komm § 15 SpruchG Rn 25 Fn 81.
[19] Abs. 1 Satz 4.
[20] Dieser relativ hohe Mindestwert wird mit dem hohen Aufwand begründet, mit dem ein Spruchverfahren verbunden ist, BegrRegE SpruchG, BT-Drucks. 15/371 S. 17.
[21] Abs. 1 Satz 2. Die Gebühren wurden im Gesetzgebungsverfahren immer weiter erhöht; im RefE war in § 16 Abs. 1 1 Mio. € vorgesehen, im RegE waren es 5 Mio. €. Beide Obergrenzen hat der Bundesrat als zu niedrig kritisiert, BT-Drucks. 15/371 S. 24 f.
[22] BegrRegE SpruchG, BT-Drucks. 15/371 S. 17.
[23] *Hörtnagl* in Schmitt/Hörtnagl/Stratz B § 15 SpruchG Rn 6.
[24] Auch nicht über den gemeinsamen Vertreter, der nur die Interessen der noch am Unternehmen beteiligten Aktionäre vertritt.
[25] Abs. 1 Satz 3.
[26] BegrRegE SpruchG, BT-Drucks. 15/371 S. 17.
[27] Für die Berücksichtigung der Zinsen spricht sich aus *BayObLG* NJW-RR 2002, 106, 107. Gegen deren Berücksichtigung sprechen sich aus: *OLG Düsseldorf* AG 2000, 323, 326; *Emmerich* in Emmerich/Habersack AktKonzernR Anh. § 328 AktG § 15 SpruchG Rn 8; *Hörtnagl* in Schmitt/Hörtnagl/Stratz B § 15 SpruchG Rn 6; *Hüffer* Anh. § 305 AktG § 15 SpruchG Rn 3; *Klöcker/Frowein* § 15 Rn 3; *Rosskopf* in Kölner Komm. § 15 SpruchG Rn 9.

7 Werden die Anträge als unzulässig oder unbegründet zurückgewiesen oder unterbleibt eine gerichtliche Entscheidung in der Hauptsache, ist der Mindestwert anzusetzen[28]. Die früher vertretene Ansicht[29], den Geschäftswert anhand anderer Kriterien festzusetzen, ist mit Abs. 1 Satz 2 nicht vereinbar[30].

8 Der Geschäftswert wird durch **Beschluss** festgesetzt[31]. Im Interesse der Nachvollziehbarkeit der Festsetzung ist er in der Regel[32] zu **begründen**[33], zumindest dann, wenn über die Höhe keine Einigkeit besteht. Gegen die Festsetzung ist die **Beschwerde** gem. § 17 Abs. 1 iVm. § 19 FGG statthaft[34]. Beschwerdebefugt sind der durch Gerichts- und Anwaltsgebühren belastete Kostenschuldner[35], der Verfahrensbevollmächtigte[36] und der gemeinsame Vertreter[37], da deren Gebühren vom Geschäftswert der gerichtlichen Tätigkeit abhängen[38]. Eine Herabsetzung des Geschäftswerts im Beschwerdeverfahren ist möglich; das Verbot der *reformatio in peius* greift nicht[39].

4. Kostenschuldner (Abs. 2 Satz 1)

9 Kostenschuldner ist grundsätzlich nur der **Antragsgegner**[40], also die Parteien des Unternehmensvertrags, die Hauptgesellschaft bei Eingliederungen und in Fällen des § 5 Abs. 1 und 2 EGAktG, der Hauptaktionär beim Squeeze out und Delisting und die übernehmenden oder neuen Rechtsträger bzw. Rechtsträger neuer Rechtsform; mehrere Kostenschuldner haften als Gesamtschuldner[41]. Eine Kostenentscheidung ist insoweit nicht erforderlich[42]. Eine Verteilung der Kosten wie etwa im Zivilprozess[43] wurde bewusst nicht vorgesehen, um den Antragsberechtigten das Spruchverfahren nicht wegen eines zu hohen Kostenrisikos faktisch zu verbauen[44]. Allerdings können die Kosten weiterhin[45], wenn dies der Billigkeit entspricht, ganz oder zum Teil einem **anderen Beteiligten auferlegt** werden[46]; dann ist eine Kosten-

---

[28] BegrRegE SpruchG, BT-Drucks. 15/371 S. 33; *OLG Frankfurt a.M.* AG 2005, 890; *OLG Düsseldorf* NZG 2004, 1171, 1172; *OLG Stuttgart* NZG 2004, 625; *OLG Stuttgart* NZG 2004, 97; *Emmerich* in Emmerich/Habersack AktKonzernR Anh. § 328 AktG § 15 SpruchG Rn 8; *Fritzsche/Dreier/Verfürth* § 15 Rn 11; *Hörtnagl* in Schmitt/Hörtnagl/Stratz B § 15 SpruchG Rn 7 f.; *Klöcker/Frowein* § 15 Rn 4; *Krieger* in Lutter Anh. I § 15 SpruchG Rn 4; *Vollrath* in Widmann/Mayer Anh. 13 § 15 SpruchG Rn 15; *Hüffer* Anh. § 305 AktG § 15 SpruchG Rn 3. AA noch *Volhard* in MünchKomm. § 15 SpruchG Rn 7.
[29] Noch *Volhard* in MünchKomm. § 15 SpruchG Rn 7.
[30] *Emmerich* in Emmerich/Habersack AktKonzernR Anh. § 328 AktG § 15 SpruchG Rn 8; *Krieger* in Lutter Anh. I § 15 SpruchG Rn 4.
[31] § 31 Abs. 1 Satz 1 KostO.
[32] AA, wonach der Beschluss immer zu begründen sei, *Fritzsche/Dreier/Verfürth* § 15 Rn 13; *Hörtnagl* in Schmitt/Hörtnagl/Stratz B § 15 SpruchG Rn 10; *Krieger* in Lutter Anh. I § 15 SpruchG Rn 5.
[33] *Klöcker/Frowein* § 15 Rn 5; *Rosskopf* in Kölner Komm. § 15 SpruchG Rn 21.
[34] §§ 31 Abs. 3, 14 Abs. 3 Satz 1 KostO. *OLG Düsseldorf* NZG 2004, 1171; *OLG Stuttgart* NZG 2004, 97; *Rosskopf* in Kölner Komm. § 15 SpruchG Rn 22.
[35] Im Einzelnen siehe Rn 9.
[36] Statt vieler: *Hörtnagl* in Schmitt/Hörtnagl/Stratz B § 15 SpruchG Rn 10.
[37] *Hörtnagl* in Schmitt/Hörtnagl/Stratz B § 15 SpruchG Rn 10; *Klöcker/Frowein* § 15 Rn 5; *Krieger* in Lutter Anh. I § 15 SpruchG Rn 5; *Rosskopf* in Kölner Komm. § 15 SpruchG Rn 22. AA, wonach der gemeinsame Vertreter nicht beschwerdebefugt sei, *Vollrath* in Widmann/Mayer Anh. 13 § 15 SpruchG Rn 19.
[38] Beim Verfahrensbevollmächtigten: §§ 31 Abs. 1, 32 Abs. 2 Satz 1 RVG; beim gemeinsamen Vertreter: §§ 6 Abs. 2 Sätze 1 und 3 iVm. § 32 Abs. 2 Satz 1 RVG.
[39] *Vollrath* in Widmann/Mayer Anh. 13 § 15 SpruchG Rn 20.
[40] Abs. 2 Satz 1.
[41] § 5 Abs. 1 Satz 1 KostO.
[42] *Klöcker/Frowein* § 15 Rn 4; *Krieger* in Lutter Anh. I § 15 SpruchG Rn 8.
[43] §§ 91 ff. ZPO.
[44] BegrRegE SpruchG, BT-Drucks. 15/371 S. 17.
[45] Wie nach § 99 Abs. 6 Satz 8 AktG aF, § 312 Abs. 4 Satz 2 UmwG aF.
[46] Abs. 2 Satz 2.

entscheidung erforderlich[47]. Als „andere Beteiligte" im Sinne der Vorschrift kommen allein Antragsteller in Betracht, nicht jedoch der gemeinsame Vertreter und die von diesem vertretenen Anteilsinhaber[48]. Für eine solche andere Verteilung besteht nur in Ausnahmefällen Anlass, etwa wenn ein offensichtlich unzulässiger oder unbegründeter, insbesondere rechtsmissbräuchlicher Antrag gestellt wurde[49].

5. Vorschuss (Abs. 3)

Die Vorschussregelung ist neu. Sie soll sicherstellen, dass ein Spruchverfahren durchgeführt werden kann, selbst wenn der Antragsgegner untätig bleibt. Praktisch stellt sich nämlich das Problem, dass der Antragsgegner für ein Verfahren zahlen soll, bei dem für ihn günstigstenfalls herauskommt, dass alles bleibt wie es ist[50]. Infolge Ausschließung der Anwendbarkeit des § 8 KostO[51] ist die Durchführung des Verfahrens nicht von der Zahlung eines Vorschusses abhängig; so wird vermieden, dass die Untätigkeit des Antragsgegners die Durchführung des Spruchverfahrens behindert, was bisher möglich war[52]. 10

Der Antragsgegner hat einen zur Deckung der Auslagen des Gerichts hinreichenden Vorschuss zu zahlen[53], insbesondere hat er – und darin liegt vor allem die Bedeutung der Vorschrift – auch einen Vorschuss für das in aller Regel erforderliche **Sachverständigengutachten** zu leisten[54]. 11

III. Außergerichtliche Kosten (Abs. 4)

Abs. 4 enthält nunmehr eine Vorschrift über die Erstattung außergerichtlicher Kosten der Beteiligten. Bisher richtete sich die Verteilung der außergerichtlichen Kosten nach dem weitgehend übereinstimmenden § 13 a Abs. 1 Satz 1 FGG[55]. Die Antragsteller haben ihre **Kosten grundsätzlich selbst zu tragen**; das Gericht kann jedoch anordnen, dass die Kosten der Antragsteller, die zur zweckentsprechenden Erledigung der Angelegenheit notwendig waren, ganz oder teilweise vom Antragsgegner zu erstatten sind, wenn dies unter Berücksichtigung des Ausgangs des Verfahrens der Billigkeit entspricht[56]. 12

Werden die Anträge als unzulässig oder unbegründet abgewiesen, entspricht es nicht der **Billigkeit**, dass der Antragsgegner die Kosten der Antragsgegner zu erstatten hat; dasselbe gilt, wenn die Kompensation nur geringfügig[57] erhöht wird[58]. Bei einer erheblichen Erhöhung[59] der Kompensation sind die Kosten der Antragsteller dem Antragsgegner aufzuerlegen; 13

---

[47] *Fritzsche/Dreier/Verfürth* § 15 Rn 23; *Klöcker/Frowein* § 15 Rn 10.
[48] Statt vieler: *Vollrath* in Widmann/Mayer Anh. 13 § 15 SpruchG Rn 6.
[49] OLG Stuttgart NZG 2004, 97 (Antragsrücknahme nach verfrühter Antragstellung vor Eintragung der Strukturmaßnahme im Handelsregister); *BayObLG* AG 2004, 99; *LG Dortmund*, Beschluss vom 10.3.2006, 18 O 164/05; statt vieler: *Rosskopf* in Kölner Komm. § 15 SpruchG Rn 38.
[50] BegrRegE SpruchG, BT-Drucks. 15/371 S. 17.
[51] Abs. 3 Satz 2.
[52] BegrRegE SpruchG, BT-Drucks. 15/371 S. 17.
[53] Abs. 3 Satz 1.
[54] Nach § 8 Abs. 1 Nr. 1-4 JVEG erhält der Sachverständige für eine Unternehmensbewertung neben dem Ersatz seiner Kosten ein Honorar, dessen Höhe sich nach den §§ 9 bis 13 JVEG bemisst. Näher hierzu *Emmerich* in Emmerich/Habersack AktKonzernR Anh. § 328 AktG § 15 SpruchG Rn 15 ff. Zur Erhöhung der Regelsätze auch ohne Zustimmung des Antragsgegners siehe LG Dortmund AG 2005, 644.
[55] *Hüffer* Anh. § 305 AktG § 15 SpruchG Rn 6.
[56] Abs. 4.
[57] Die BegrRefE sieht eine Erhöhung von 0 bis 15 Prozent als geringfügig an, NZG 2002, 23, 31.
[58] *Hüffer* Anh. § 305 AktG § 15 SpruchG Rn 6; *Klöcker/Frowein* § 15 Rn 16; *Krieger* in Lutter Anh. I § 15 SpruchG Rn 14. Einschränkend *Fritzsche/Dreier/Verfürth* § 15 Rn 37.
[59] Die BegrRefE sieht eine Erhöhung ab 15 bis 20 Prozent als erheblich an, NZG 2002, 23, 31.

bei einer Erhöhung im mittleren Bereich kann eine teilweise Kostenerstattung je nach den Umständen des Einzelfalls angemessen sein[60].

14 Allerdings kann es in besonderen Ausnahmefällen, etwa bei rechtsmissbräuchlicher Antragsstellung, auch in Betracht kommen, Antragstellern die Erstattung der **außergerichtlichen Kosten des Antragsgegners** aufzugeben[61].

15 **Erstattungsfähig** sind grundsätzlich – ggf. anteilig – die Anwaltskosten[62], auch wenn nur für die Einlegung der Beschwerde Anwaltszwang besteht, sowie die sonstigen zur Rechtsverfolgung notwendigen Kosten einschließlich Reisekosten sowie Auslagen für Porto und Telefon[63]. Dazu gehören – **ausnahmsweise** – auch Auslagen für **Privatgutachten**, die ein Beteiligter einholt, der nicht über hinreichende Sachkunde verfügt, falls die Gegenseite ihrerseits ein Gutachten vorgelegt hat oder die Einholung eines Gutachtens zur Entkräftung oder Widerlegung eines gerichtlichen Gutachtens erforderlich erscheint[64]. Das Gleiche gilt für die außergerichtlichen Kosten des gemeinsamen Vertreters.

16 **Gegenstandswert** der **anwaltlichen Tätigkeit** ist der anteilige Betrag des gerichtlichen Geschäftswerts, wie er sich aus dem Verhältnis der Anteile des Mandanten zur Gesamtzahl aller Anteile der Antragsteller ergibt[65]. Danach gilt für die Ermittlung des Gegenstandswerts folgende **Formel**: Gerichtlicher Geschäftswert geteilt durch die Zahl der Anteile aller Antragsteller multipliziert mit der Anzahl der Anteile des Mandanten[66]. Der Mindestwert beträgt 5.000 €[67]. Der für die Gerichtskosten maßgebliche Geschäftswert ist auch für die Anwaltsgebühren maßgeblich, falls am Verfahren nur ein Antragsteller beteiligt ist.

17 Mit dieser Regelung ist der Gesetzgeber bedauerlicherweise einer zu Recht als überholt[68] bezeichneten Rspr. des BGH[69] gefolgt. Das OLG Düsseldorf hat wiederholt überzeugend ausgeführt, dass die vom BGH angewandte Berechnungsmethode zu **ungerechten Ergebnissen** führt[70]. Denn BGH und Gesetzgeber gehen von der unzutreffenden Prämisse

---

[60] Statt vieler: *Fritzsche/Dreier/Verfürth* § 15 Rn 37; *Klöcker/Frowein* § 15 Rn 16.

[61] *OLG Düsseldorf* AG 2005, 771 (offensichtlich unzulässiger Antrag); *Klöcker/Frowein* § 15 Rn 18; *Krieger* in Lutter Anh. I § 15 SpruchG Rn 15.

[62] Statt vieler: *Hörtnagl* in Schmitt/Hörtnagl/Stratz B § 15 SpruchG Rn 16.

[63] Statt vieler: *Fritzsche/Dreier/Verfürth* § 15 Rn 42; *Klöcker/Frowein* § 15 Rn 26. Im Einzelnen dazu *Zimmermann* in Keidel/Kuntze/Winkler § 13 a FGG Rn 52 ff.

[64] Statt vieler: *Rosskopf* in Kölner Komm. § 15 SpruchG Rn 51. Nicht erstattet werden die Gebühren in eigener Sache entsprechend § 91 Abs. 2 Satz 3 ZPO, wenn der Rechtsanwalt selbst Antragsteller ist, *BayObLG* Rpfleger 2006, 571.

[65] § 31 Abs. 1 des Rechtsanwaltsvergütungsgesetzes vom 5.5.2004, BGBl. I S. 718, zuletzt geändert durch Art. 3 Gesetz zur Änderung des WohnungseigentumsG und anderer Gesetze vom 26.3.2007, BGBl. I S. 370, lautet: „Vertritt der Rechtsanwalt im Verfahren nach dem Spruchverfahrensgesetz einen von mehreren Antragstellern, bestimmt sich der Gegenstandswert nach dem Bruchteil des für die Gerichtsgebühren geltenden Geschäftswerts, der sich aus dem Verhältnis der Anzahl der Anteile des Auftraggebers zu der Gesamtzahl der Anteile aller Antragsteller ergibt. Maßgeblicher Zeitpunkt für die Bestimmung der auf die einzelnen Antragsteller entfallenden Anzahl der Anteile ist der jeweilige Zeitpunkt der Antragstellung. Ist die Anzahl der auf einen Antragsteller entfallenden Anteile nicht gerichtsbekannt, wird vermutet, dass dieser lediglich einen Anteil hält. Der Wert beträgt mindestens 5.000 €." § 31 Abs. 2 RVG lautet: „Wird der Rechtsanwalt von mehreren Antragstellern beauftragt, sind die auf die einzelnen Antragsteller entfallenden Werte zusammenzurechnen; Nr. 1008 des Vergütungsverzeichnisses ist insoweit anzuwenden." Im Einzelnen *Rosskopf* in Kölner Komm. Anh. § 15 SpruchG.

[66] BegrRegE BT-Drucks. 15/371 S. 19 f. So auch: *Krieger* in Lutter Anh. I § 15 SpruchG Rn 17.

[67] § 31 Abs. 1 Satz 4 RVG.

[68] Stellungnahme des *HRA* NZG 2003, 316, 320.

[69] *BGH* AG 1999, 181.

[70] *OLG Düsseldorf* AG 2003, 640. Dem hatte sich das *BayObLG* angeschlossen, NZG 2002, 880: „Für den Gegenstand der anwaltlichen Tätigkeit ist vielmehr im Grundsatz der Bruchteil des Geschäftswertes anzusetzen, der dem Verhältnis des Aktienbesitzes des Antragstellers zum Gesamtbestand der Aktien außenstehender Aktionäre entspricht."

aus, die Summe der Gegenstandswerte aller Antragsteller entspreche dem gerichtlichen Geschäftswert[71]. Der gerichtliche Geschäftswert ist aber fast immer höher, weil er nach dem wirtschaftlichen Interesse **aller berechtigten Anteilsinhaber** berechnet wird, also auch derer, die keinen Antrag nach § 1 gestellt haben[72]. Oder, anders ausgedrückt, der Gegenstandswert aller Antragsteller entspricht dem gerichtlichen Geschäftswert nur, wenn alle Berechtigten einen Antrag gestellt haben. In Wahrheit bleibt also das wirtschaftliche Interesse der Antragsteller fast immer hinter dem vom Gericht angesetzten Geschäftswert zurück[73]. Gleichwohl sollen die Antragsteller ihre Verfahrensbevollmächtigten so bezahlen als verträten sie (zusammengenommen) sämtliche abzufindenden Aktionäre[74]. Das ist aber nicht Gegenstand der anwaltlichen Tätigkeit; der Verfahrensbevollmächtigte verfolgt allein das individuelle Interesse seines Mandanten[75]. Dieses Interesse ist gerichtet auf die Verbesserung der Gegenleistung bezogen auf seinen Anteilsbesitz[76]. Da der Gegenstand der anwaltlichen Tätigkeit sich also auch bei der gebotenen Gesamtbetrachtung nicht mit dem der gerichtlichen[77] deckt, ist es geboten, zwischen dem materiellen Interesse des einzelnen Aktionärs und den Wirkungen, die das Spruchverfahren für alle anderen Anteilseigner hat, zu differenzieren[78].

Nach alledem ist es entgegen dem Wortlaut der Vorschrift sachgemäß[79], zur Berechnung des Gegenstandswerts der anwaltlichen Vertretung wie folgt zu verfahren: Der Geschäftswert des gerichtlichen Verfahrens ist zunächst durch die Zahl aller berechtigten Anteile zu dividieren; daraus ergibt sich das Interesse am Spruchverfahren bezogen auf einen Anteil. Dieser Wert ist mit dem Anteilseigentum des Mandanten zu multiplizieren; daraus ergibt sich der **Gegenstandswert** der anwaltlichen Tätigkeit[80]. **18**

IV. Kostenentscheidung

Darüber, wer welche Kosten zu tragen und ggf. zu erstatten hat, entscheidet das Gericht von Amts wegen **zusammen mit der Entscheidung in der Hauptsache**[81]. Hat sich die Hauptsache erledigt oder sind alle Anträge zurückgenommen und haben auch gemeinsame Vertreter auf die Fortführung des Verfahrens verzichtet, entscheidet das Gericht isoliert über die Kosten[82]. **19**

Über die **Gerichtskosten** bedarf es einer Entscheidung allerdings nur, wenn das Gericht von der Ausnahmevorschrift des § 15 Abs. 2 Satz 2 Gebrauch macht und die Kosten ganz **20**

---

[71] OLG Düsseldorf AG 2000, 77, 78.
[72] „Die Summe der für die Antragsteller maßgebenden Geschäftswerte muss deshalb nicht mit dem Geschäftswert des Gerichtsverfahrens übereinstimmen", Pentz NZG 1999, 346.
[73] „Dies ist bei mehreren Antragstellern grundsätzlich der Fall", OLG Düsseldorf NZG 1999, 941.
[74] Dem einzelnen Aktionär wird also regelmäßig ein Teil des Interesses anderer Aktionäre, zumindest jedoch der nicht antragstellenden zugerechnet, OLG Düsseldorf AG 2000, 77.
[75] Pentz DB 1993, 621 (zu § 306 AktG).
[76] OLG Düsseldorf AG 2000, 77.
[77] Deshalb führt das BayObLG NZG 2002, 880 zu Recht aus, dass der gerichtliche Geschäftswert zwar im Grundsatz auf die Antragsteller nach der Anzahl der von ihnen gehaltenen Anteile aufzuteilen ist, zuvor aber der auf die nicht antragstellenden Aktionäre entfallende Anteil vom Geschäftswert abzuziehen ist.
[78] OLG Düsseldorf AG 2000, 77.
[79] Hüffer Anh. § 305 AktG § 15 SpruchG Rn 8.
[80] OLG Düsseldorf AG 2000, 77, 78.
[81] § 15 Abs. 1 Satz 4.
[82] Zimmermann in Keidel/Kuntze/Winkler § 13 a Rn 42 ff.

oder teilweise dem (den) Antragsteller(n) auferlegt; andernfalls bleibt es bei der gesetzlichen Kostentragungsregel, ohne dass eine Entscheidung nötig wäre[83].

21 Über die **außergerichtlichen Kosten** muss das Gericht dagegen entscheiden; andernfalls trägt jeder Beteiligte die ihm entstandenen außergerichtlichen Kosten selbst. Grundsätzlich sollen nach dem Willen des Gesetzgebers die Antragsteller ihre Kosten selbst tragen; dieses – begrenzte – Kostenrisiko soll von missbräuchlichen und übereilten Anträgen abhalten[84]. Anderes soll nur gelten, wenn dies der Billigkeit entspricht, etwa wenn das Gericht eine erhebliche Erhöhung der vom Antragsgegner zu erbringenden Leistung beschließt[85]. Im Rahmen dieser Billigkeitserwägungen ist den Gerichten ein weiter Ermessensspielraum eingeräumt.

22 Die **Kostenentscheidung** kann mit der einfachen[86] **Beschwerde** nur zusammen mit der Hauptsacheentscheidung angefochten werden[87]. Beschwerdebefugt sind der durch Gerichts- und Anwaltsgebühren belastete Kostenschuldner iSd. Abs. 4[88], der Verfahrensbevollmächtigte[89] und der gemeinsame Vertreter[90], da deren Gebühren vom Geschäftswert der gerichtlichen Tätigkeit abhängen[91]. Werden die Anträge in der Hauptsache zurückgewiesen, haben infolgedessen die Antragsgegner, denen die Kosten auferlegt wurden, mangels Beschwerdeberechtigung kein Rechtsmittel gegen die Kostenentscheidung[92]. Sie können sich allerdings einer statthaften Kostenbeschwerde der Antragsteller anschließen. Gegen die isolierte Kostenentscheidung ist die **sofortige Beschwerde** gegeben[93].

V. Vollstreckung

23 Die **Gerichtskosten** werden mit Verwaltungszwang beigetrieben[94].

24 Zur **Vollstreckung wegen zu erstattender außergerichtlicher Kosten** bedarf es eines Kostenfestsetzungsbeschlusses; auch die Kostenentscheidung ist kein Vollstreckungstitel[95]. Für die Kostenfestsetzung gelten die §§ 103 bis 107 ZPO entsprechend[96].

§ 16 Zuständigkeit bei Leistungsklage

Für Klagen auf Leistung des Ausgleichs, der Zuzahlung oder der Abfindung, die im Spruchverfahren bestimmt worden sind, ist das Gericht des ersten Rechtszuges und

---

[83] *Hörtnagl* in Schmitt/Hörtnagl/Stratz B § 15 SpruchG Rn 12 und 17; *Klöcker/Frowein* § 15 Rn 9 f. und 28; *Rosskopf* in Kölner Komm. § 15 SpruchG Rn 56; *Volhard* in MünchKomm. § 15 SpruchG Rn 20. AA, wonach eine Kostenentscheidung immer erforderlich sei, *Vollrath* in Widmann/Mayer Anh. 13 § 15 SpruchG Rn 9.
[84] BegrRegE SpruchG, BT-Drucks. 15/371 S. 17.
[85] BegrRegE SpruchG, BT-Drucks. 15/371 S. 18.
[86] § 12 ist nicht anwendbar. Ebenso *OLG Stuttgart* NZG 2004, 97; *Emmerich* in Emmerich/Habersack AktKonzernR Anh. § 328 AktG § 15 SpruchG Rn 10.
[87] § 20 a Abs. 1 Satz 1 FGG. Statt vieler: *Fritzsche/Dreier/Verfürth* § 15 Rn 25.
[88] Im Einzelnen siehe Rn 9.
[89] *Klöcker/Frowein* § 15 Rn 5; *Krieger* in Lutter Anh. I § 15 SpruchG Rn 5.
[90] *Klöcker/Frowein* § 15 Rn 5; *Krieger* in Lutter Anh. I § 15 SpruchG Rn 5. AA, wonach der gemeinsame Vertreter nicht beschwerdebefugt sei, *Vollrath* in Widmann/Mayer Anh. 13 § 15 SpruchG Rn 19.
[91] Beim Verfahrensbevollmächtigten: §§ 31 Abs. 1, 32 Abs. 2 Satz 1 RVG; beim gemeinsamen Vertreter: §§ 6 Abs. 2 Satz 1 und 3 iVm. § 32 Abs. 2 Satz 1 RVG.
[92] *Klöcker/Frowein* § 15 Rn 29; *Rosskopf* in Kölner Komm. § 15 SpruchG Rn 57.
[93] § 12 Rn 2. Ebenso: *Rosskopf* in Kölner Komm. § 15 SpruchG Rn 58.
[94] § 1 Abs. 1, Abs. 2 JBeitrO.
[95] *Klöcker/Frowein* § 15 Rn 30; *Rosskopf* in Kölner Komm. § 15 SpruchG Rn 59.
[96] *Rosskopf* in Kölner Komm. § 15 SpruchG Rn 59; *Zimmermann* in Keidel/Kuntze/Winkler § 13 a FGG Rn 60 ff.

der gleiche Spruchkörper ausschließlich zuständig, der gemäß § 2 mit dem Verfahren zuletzt inhaltlich befasst war.

Das Spruchverfahren ist ein rechtsgestaltendes Erkenntnisverfahren; die Entscheidung ist daher **kein vollstreckbarer Leistungstitel**[1]. Zahlt der Antragsgegner auf die Entscheidung nicht[2], müssen die Antragsteller Leistungsklage erheben[3]. 1

Um zu vermeiden, dass sich nunmehr ein neues Gericht in den Streitstoff einarbeiten muss, ist bei solchen Leistungsklagen dasselbe Gericht und bei diesem derselbe Spruchkörper **ausschließlich örtlich und funktionell zuständig**[4], bei dem das Spruchverfahren im ersten Rechtszug verhandelt wurde[5]. Wurden Anträge bei mehreren Gerichten gestellt, ist entscheidend, welches Gericht gem. § 2 mit dem Verfahren zuletzt inhaltlich befasst war[6]. 2

§ 16 regelt nur die Zuständigkeit, das Verfahren richtet sich im Übrigen nach den Vorschriften der ZPO[7]. Für den zweiten Rechtszug hat § 16 keine Bedeutung[8]. 3

§ 17 Allgemeine Bestimmungen; Übergangsvorschrift

(1) **Sofern in diesem Gesetz nichts anderes bestimmt ist, finden auf das Verfahren die Vorschriften des Gesetzes über die Angelegenheiten der freiwilligen Gerichtsbarkeit Anwendung.**

(2) ¹Für Verfahren, in denen ein Antrag auf gerichtliche Entscheidung vor dem 1. September 2003 gestellt worden ist, sind weiter die entsprechenden bis zu diesem Tag geltenden Vorschriften des Aktiengesetzes und des Umwandlungsgesetzes anzuwenden. ²Auf Beschwerdeverfahren, in denen die Beschwerde nach dem 1. September 2003 eingelegt wird, sind die Vorschriften dieses Gesetzes anzuwenden.

Übersicht

	Rn		Rn
I. FGG-Verfahren	1–3	II. Übergangsregelung	4–6

I. FGG-Verfahren

Wie bisher[1] ist das Spruchverfahren trotz der Einführung von Elementen des Parteiprozesses[2] ein FGG-Verfahren, soweit das Gesetz nichts anderes bestimmt[3]. Es ist allerdings ein 1

---

[1] BegrRegE SpruchG, BT-Drucks. 15/371 S. 18.
[2] Dass der Wortlaut der Vorschrift zu eng geraten ist meinen: *Meilicke* NZG 2004, 547 f.; *Rosskopf* in Kölner Komm. § 16 SpruchG Rn 5 ff.
[3] Statt vieler: *Grunewald* in Lutter Anh. I § 16 SpruchG Rn 1. § 16 ist nicht anwendbar auf Klagen auf Leistung des im Unternehmensvertrag zugesagten Ausgleichs während eines anhängigen Spruchverfahrens, *LG München I* AG 2006, 551.
[4] Zur internationalen Zuständigkeit *Rosskopf* in Kölner Komm. § 16 SpruchG Rn 18 ff.
[5] BegrRegE SpruchG, BT-Drucks. 15/371 S. 18.
[6] *Rosskopf* in Kölner Komm. § 16 SpruchG Rn 14.
[7] *Meilicke* NZG 2004, 547, 548; *Rosskopf* in Kölner Komm. § 16 SpruchG Rn 1
[8] Statt vieler: *Hörtnagl* in Schmitt/Hörtnagl/Stratz B § 16 SpruchG Rn 3.
[1] §§ 306 Abs. 2 iVm. 99 Abs. 1 AktG aF, § 307 Abs. 1 UmwG aF.
[2] BegrRegE SpruchG, BT-Drucks. 15/371 S. 18.
[3] Abs. 1. Dass das Spruchverfahren nicht vollständig den Regeln der ZPO unterstellt wurde, hält *Puszkajler* ZIP 2003, 518, 520, für „bedauerlich, aber nicht wesentlich". *Fritzsche/Dreier/Verfürth* § 17 Rn 1 halten die gesetzliche Regelung hingegen für sachgerecht.

echtes streitiges Verfahren der freiwilligen Gerichtsbarkeit[4], in dem die **Dispositionsmaxime** gilt[5].

2 Durch Spezialverweisungen sind §§ 4[6], 5[7], 28 Abs. 2 und 3[8], und 33 Abs. 1 Sätze 1 und 3, Abs. 3 Sätze 1 und 2[9] **anwendbar**.

Über die Globalverweisung des § 17 sind des Weiteren vor allem noch folgende FGG-Vorschriften anwendbar[10]:
– § 6 FGG für die Ausschließung und Ablehnung (Befangenheit) von Richtern;
– §§ 8, 9 FGG für die Gerichtssprache, Sitzungsleitung und die Zuziehung eines Dolmetschers;
– § 11 FGG für die Antragstellung zu Protokoll der Geschäftsstelle des zuständigen Landgerichts oder eines Amtsgerichts;
– § 13 FGG für die Mitwirkung von Beiständen und Bevollmächtigten im Verfahren;
– § 15 FGG für die Beweisaufnahme und Glaubhaftmachung.

3 § 12 FGG, der den **Amtsermittlungsgrundsatz** bestimmt, ist nicht uneingeschränkt anwendbar[11].

II. Übergangsregelung

4 Aus Gründen der Rechtssicherheit soll für Verfahren, die bereits bei Inkrafttreten des Gesetzes anhängig waren, das bisherige Recht gelten[12]. Die Zweckmäßigkeit dieser Regelung kann man bezweifeln; auf die angestrebte Beschleunigung wird damit für eine Vielzahl von Verfahren (namentlich die alsbald nach Einführung der Squeeze out-Regelung beschlossenen Übertragungen) ohne Not verzichtet[13]. Immerhin ist der Gesetzgeber der Anregung des Bundesrats[14] gefolgt und hat die Geltung des SpruchG für Beschwerden angeordnet, die nach seinem Inkrafttreten eingelegt werden.

5 Das neue Recht ist **in erster Instanz** dann anwendbar, wenn am 1.9.2003 oder später ein **zulässiger**[15] **Antrag** gestellt wurde oder ein vor dem 1.9.2003 gestellter unzulässiger (vom Gericht ausnahmsweise nicht zurückgewiesener[16]) Antrag nach diesem Datum zulässig wird[17]. Zulässig ist nur der Antrag, der ab Fristbeginn[18], also ab Bekanntmachung der Eintragung der Strukturmaßnahme, gestellt wird[19].

---

[4] Statt vieler: *Puszkajler* in Kölner Komm. Vorb. §§ 7 bis 11 SpruchG Rn 1.
[5] Siehe § 7 Rn 13; *Klöcker/Frowein* § 17 Rn 1.
[6] § 2 Abs. 1 Satz 2.
[7] § 2 Abs. 1 Satz 3.
[8] § 12 Abs. 2.
[9] § 7 Abs. 8.
[10] Siehe die Übersichten bei *Hörtnagl* in Schmitt/Hörtnagl/Stratz B § 17 SpruchG Rn 3 ff.; *Vollrath* in Widmann/Mayer Anh. 13 § 17 SpruchG Rn 1 ff.
[11] Siehe § 7 Rn 13 und § 10 Rn 11.
[12] BegrRegE SpruchG, BT-Drucks. 15/371 S. 18.
[13] *HRA* NZG 2003, 316, 320.
[14] Stellungnahme des Bundesrats, BT-Drucks. 15/371 S. 26.
[15] LG Dortmund NZG 2005, 320, 321; *Bungert/Mennicke* BB 2003, 2021; *Emmerich* in Emmerich/Habersack AktKonzernR Anh. § 328 AktG § 17 SpruchG Rn 2; *Grunewald* in Lutter Anh. I § 17 SpruchG Rn 4; *Hüffer* § 305 AktG § 17 SpruchG Rn 4; *Rosskopf* in Kölner Komm. § 17 SpruchG Rn 12; *Volhard* in MünchKomm. § 17 SpruchG Rn 5. AA, wonach es auf die Zulässigkeit des Antrags nicht ankomme, BayObLG NZG 2006, 33, 34; OLG Düsseldorf AG 2007, 205, 206; OLG Frankfurt a.M. NZG 2005, 1016; LG München I NZG 2005, 91, 92; *Fritzsche/Dreier/Verfürth* § 17 Rn 10; *Klöcker/Frowein* § 17 Rn 23; *Winter* in Simon § 17 SpruchG Rn 22.
[16] Hierzu *BayObLG* NZG 2002, 877.
[17] § 4 Rn 4. Hierzu *Grunewald* in Lutter Anh. I § 17 SpruchG Rn 4.
[18] § 4 Abs. 1 Satz 1.
[19] Siehe § 4 Rn 4.

Für das **Beschwerdeverfahren** gilt das neue Recht, wenn die Beschwerde „nach dem" 6 (also nicht vor dem oder am) 1.9.2003 eingelegt worden ist; Stichtag ist damit der 2.9.2003[20]. Voraussetzung ist aber auch hier die Zulässigkeit der Beschwerde; es muss also bei Einlegung der Beschwerde bereits eine beschwerdefähige Entscheidung vorliegen[21].

---

[20] *Rosskopf* in Kölner Komm. § 17 SpruchG Rn 13.
[21] *Grunewald* in Lutter Anh. I § 17 SpruchG Rn 4; *Hörtnagl* in Schmitt/Hörtnagl/Stratz B § 17 SpruchG Rn 14; *Hüffer* Anh. § 305 AktG § 17 SpruchG Rn 4; *Volhard* in MünchKomm. § 17 SpruchG Rn 6; *Wasmann* DB 2003, 1559, 1560. AA *Fritzsche/Dreier/Verfürth* § 17 Rn 11.

Sachverzeichnis

Fette Zahlen bezeichnen die Paragraphen, magere Zahlen die Randnummern, manche Silben und Endungen erscheinen im Interesse der Übersichtlichkeit abgekürzt.

Abandon- oder Preisgaberecht 250
Abfindung
– belastungsfreie **31** 7
– gerichtl Nachprüfung **34**
– rfähiger Verein **282**
Abfindungsangebot 29; 231; 270; 300
– Annahme des Barabfindungsangebots **300** 15
– Barabfindung bei Mischverschmelzung **300** 4
– Barabfindungsangebot **300** 7
– Bekanntmachung **231** 8
– Einstimmiger Beschluss **225** 5
– Einzelerläuterungen **231** 4
– Erforderlichkeit **225** 4
– Ermittlung der Barabfindung **300** 14
– Erweiterung des Abfindungsangebotes **270** 7
– Fortdauer der Nachschusspflicht **271**
– Frist **231** 10
– Gutachtl Äußerung des Prüfungsverbandes **270** 8
– Insolvenzverfahren **271** 7
– Kein Anspruch auf Barabfindung gem. §§ 300, 207 Abs. 1 Satz 1 für ausgeschlossene Mitglieder **300** 7
– Klageausschluss/Spruchverfahren **300** 16
– Mängelfolgen **231** 11
– Mehrheitsbeschluss **225** 6
– Nachschusspflicht bei Formwechsel **271** 3
– Notwendigkeit der Ablehnung des Formwechsels bei Beschlussfassung der obersten Vertretung **300** 8
– Notwendigkeit **231** 4
– Personenkreis **271** 10
– Prüfung **225**
– Prüfungsverlangen, Berechtigter **225** 7
– Prüfungsverlangen, Form **225** 8
– Prüfungsverlangen, Frist **225** 9
– Teilrechte als Gegenstand des – **300** 12
– Übersendung **216** 20
– Verpflichtung des Vertretungsorgans **231** 7
– Verzicht **231** 5
– Verzicht auf Barabfindungsangebot **300** 13
– Widerspruch **300** 5
– Widerspruch als Voraussetzung des Abfindungsanspruches **270** 3

– Zuleitung **231** 8
– Zweck **231** 1
Abfindungsangebot im Verschmelzungsvertrag 29
– Abfindungsangebot **29** 21
– allg Austrittsrecht **29** 19
– and Beeinträchtigungen **29** 15
– Angemessenheit der Barabfindung **29** 23
– Ausscheiden des Anteilsinhabers **29** 36
– Ausübung des Austrittsrechts **29** 26
– Barabfindung **29** 22
– Berücksichtigung des Börsenkurses **29** 24
– bes vertragl Gestaltungen **29** 9
– Durchführung des Austritts **29** 25
– Eigene Aktien – Kapitalerhaltung **29** 31
– Erwerb der Anteile **29** 30
– Erwerb eigener GmbH-Anteile **29** 33
– europäische Rangleichung **29** 2
– Fälligkeit des Anspruchs **29** 29
– gesetzl Beschränkung **29** 10
– Kosten **29** 34
– mangelnde Rformkongruenz **29** 6
– Mischverschmelzung **29** 6
– Notierungsbeendigung **29** 16
– Relevanz bish Verfügungsbeschränkung **29** 11
– Teilweiser Austritt **29** 27
– Übernahmerecht – Austrittsrecht **29** 17
– Verfügungsbeschränkungen **29** 7
– Verfügungsbeschränkungen beim übern Rträger **29** 7
– Verhältnis zu and Austrittsrechten **29** 16
– Verzicht auf Abfindung **29** 25
– Verzinsung **29** 28
– Voraussetzungen des Austrittsrechts **29** 20
– Widerspruch **29** 20
Ablaufhemmung 224 32
Abspaltung 123 14; **125** 7; **126** 29, 35
– allg Bestimmungen **125** 7
– Begriff **1** 62
– bes rformspezifische Bestimmungen **125** 8
– auf Muttergesellschaft **126** 29
– auf Schwestergesellschaft **126** 29
Abweichende Festsetzung der Nennbeträge 242 6

2487

Sachverzeichnis

Fette Zahlen = Paragraphen

Achtmonatsfrist 2 55
AG 73, 230
- Abfindungen **74** 4
- Anmeldung der Abspaltung oder Ausgliederung **146**
- Anwendung der Nachgründungsvorschriften **67**
- Aufforderung zur Meldung an unbekannte Aktionäre **230** 32
- Auslegung bzw. Übersendung des Umwandlungsberichts bei AG bzw. KGaA **230** 27
- bare Zuzahlungen **74** 4
- Bekanntmachung der Tagesordnung **76** 14
- Bekanntmachung des Verschmelzungsvertrags **61; 73** 4
- Bes Unterrichtung über Vermögensveränderungen **143**
- Beschluss der Hauptversammlung **65**
- Bestellung der Mitglieder des Aufsichtsrats der neuen Gesellschaft **76** 10
- Bestellung der Verschmelzungsprüfer **60**
- Bestellung eines Treuhänders **73** 9
- Bestellung eines Treuhänders bei Verschmelzung **71**
- Deckung des Grundkapitals **74** 4
- Durchführung der Hauptversammlung **64**
- Einberufungsmängel **230** 33
- Einreichung des Verschmelzungsvertrags zum Register **61** 9
- Eintragung **230** 37
- Fehlende od fehlerhafte Auslegung des Umwandlungsberichts **230** 36
- Fortbestand der Festsetzungen **74** 6
- Geltendmachung eines Schadenersatzanspruchs **70**
- Geltendmachung eines Schadensersatzanspruchs bei – **73** 9
- Gründer der neuen – **74** 5
- Gründungsbericht **75**, 3; **144**
- Gründungsprüfung **75; 144**
- Herabsetzung des Grundkapitals **145**
- Inhalt der Satzung **74**
- keine Anwendung der Kapitalerhöhungsvorschriften **73** 7
- möglicher Formwechsel **226**
- Nichterforderlichkeit eines Gründungsberichts **75** 4
- Nichterforderlichkeit einer Gründungsprüfung **75** 4
- Prüfung der Verschmelzung **60**
- Registersperre **230** 37
- Spaltung mit Kapitalerhöhung **142**
- Umtausch von Aktien **73** 10
- Verschmelzung durch Neugründung **73**
- Verschmelzung mit Kapitalerhöhung **69**
- Verschmelzung ohne Kapital **68**
- Verschmelzungsbeschlüsse **76**
- Verschmelzungsprüfung **73** 3
- Verschmelzungsvertrag bei AG als neu zu gründendem Rträger **73** 8
- Vorbereitung der Hauptversammlung **63**
- Wirksamwerden der Satzung der neuen Gesellschaft **76** 8
- zu übernehmende Festsetzungen **74** 3
- Zustimmungsbeschluss der Hauptversammlung **73** 5
- Zustimmungsbeschluss bei Aktiengesellschaften als sich verschmelzende Rträger **73** 6
- Zweijahresfrist **76** 6

AG Verschmelzung
- Anwendung der Nachgründungsvorschriften **67**

Aktien
- Umtausch **72**

Aktienübernahmeerklärung 245 34
Aktionär 63 19
- Auskunftsrecht **64** 15
- Nachweis der Aktionärsstellung **63** 20
- Recht auf Erteilung einer Abschrift **63** 19
- Recht des Vorstands auf Auskunftsverweigerung **64** 20
- Rfolge bei Verstoß gegen Auskunftspflicht **64** 23
- Umfang des Auskunftsrechts **64** 15

Aktiventausch 173 12
Akzessorietätslehre 133 34
Allfinanzkonzept 119 108
Allgemeines Informationsrecht 49 2, 13
- Grenzen **49** 10

Allgemeines Mitgliedschaftsrecht
- Antragsrecht **48** 9

Allspartenversicherer 119 107
„Altana/Milupa"-Urteil 173 72
- Pflicht zur Auslage der Vorlagen **173** 72

Alte juristische Personen, Umwandlung 317
Altschulden, Haftung 133 10, 26, 32, 40
- Ablauf der Enthaftungsfrist **133** 46
- Akzessorietätslehre **133** 40
- akzessorische Haftung **133** 30, 51
- anh Passivprozesse **133** 60
- Anhangangabe **133** 69
- Anspruch auf Schadensersatz **133** 13
- Anspruch auf Vertragsstrafe **133** 13
- Ansprüche **133** 23
- Ansprüche aus Sozialplänen **133** 23

Magere Zahlen = Randnummern

- Ansprüche aus Verletzung von Nebenpflichten **133** 13
- Ansprüche nach Rücktritt wegen Schlechtleistung **133** 13
- Ansprüche wegen Schlechtleistung **133** 13
- Anspruchsverpflichteter **133** 44
- Arbeitsverhältnisse **133** 22
- auf Nachteilsausgleich **133** 23
- aufgrund dingl Ansprüche **133** 19
- aufgrund öffentl-rechtl Beseitigungs-/Unterlassungsansprüche **133** 20
- aufgrund unerl Handlung **133** 18
- aufgrund vertragl Ansprüche **133** 13
- aufgrund von bed Verbindlichkeiten **133** 15
- aufgrund von Kontokorrentschulden **133** 16
- aufgrund von Vertragsangeboten **133** 14
- Aufrechnung **133** 51
- Auslegung u Anpassung **133** 43
- Befreiungsanspruch des Mithafters **133** 51
- begr Spaltungspublizität **133** 34
- Begründung der Verbindlichkeiten **133** 12
- bilanzielle Behandlung **133** 69
- Bilanzvermerk **133** 69
- Dauerschuldverhältnisse **133** 21
- Drittsicherungsgeber **133** 17
- Einreden **133** 48
- Einwendungen **133** 48
- Erfüllung **133** 40
- Erfüllungsanspruch **133** 13
- Erlass **133** 57
- Folgeansprüche **133** 19
- Forthaftung des abspaltenden od ausgliedernden Rträgers **133** 32
- Gesamtschuld **133** 29
- Gesamtschuldner **133** 26
- gesetzl Schuldbeitritt **133** 28
- Gestaltungsrechte **133** 53
- gestreckte priv Schuldübernahme **133** 28
- Grenze **133** 16
- Grundsatz **133** 40
- Grundsatz der Spaltungsfreiheit **133** 22
- haftende Rechtsträger **133** 26
- Haftung **133** 44
- Haftungsanteile von Mithaftern **133** 68
- Hauptschuldner/Mithafter **133** 27
- Innenausgleich **133** 66
- Innenausgleich mehrerer Hauptschuldner **133** 68
- Innenausgleich zwischen Mithaftern **133** 67
- Klageerweiterung **133** 61
- Kostenersatz **133** 19
- maßg Zeitpunkt **133** 11
- Minderung **133** 13
- Mithaftung als Gesamtschuld **133** 34

Sachverzeichnis

- Nebenintervenient **133** 63
- neue Rechtsstreitigkeiten **133** 59
- Produkthaftung **133** 18
- Prozessuales **133** 58
- Rechtskräftiges Urteil **133** 65
- Rechtsnachfolge **133** 62
- Rückgriffsanspruch **133** 63, 69
- Schadensersatz **133** 40
- Schadensersatz wegen Beschädigung übermäßiger Fruchtziehung **133** 19
- Schutzzweck **133** 14
- „Schuldbeitritt" **133** 48
- spaltungsbed Leistungshindernisse **133** 41
- unternehmensbez Unterlpflichten **133** 42
- unternehmensbez Verpflichtungen **133** 42
- untersch Zuweisung des Wettbewerbsverbots **133** 46
- Unvermögen eines Beteiligten **133** 54
- Verjährung **133** 56
- Verpflichtung zu bes Rücksichtnahme **133** 13
- Versorgungsansprüche **133** 24
- Vervielfältigung der Unterlpflicht **133** 44
- Verzicht auf Einwendungen **133** 57
- vollstreckbare Ausfertigung gegen alle übern Rträger **133** 65
- Wegfall der Bereicherung **133** 55
- Wettbewerbsverbote **133** 42
- Wirkung von Gegenrechten **133** 48
- zwischen Hauptschuldner u Mithaftern **133** 66

Altschulden, Zuweisung der Schuld 133 36
- andere Haftungsgründe **133** 39
- „Nichtzuweisung" **133** 38
- im Spaltungsvertrag **133** 36
- vergessene Verbindlichkeiten **133** 37

Amtsdauer von Aufsichtsratsmitglieder 203
- Beendigung des Amts der Aufsichtsratsmitglieder der Anteilsinhaber des formwechselnden Rträgern im Umwandlungsbeschluss **203** 8
- Bildung u Zusammensetzung des Aufsichtsrats beim Rträger neuer Rform **203** 3
- Durchführung des Statusverfahrens nach den §§ 97 ff. AktG **203** 9
- Fortdauer des Amts der Aufsichtsratsmitglieder des formwechselnden Rträgers **203** 7
- Kontinuität des Amts **203** 3
- Rfolgen bei Änderung der Bildung und/oder Zusammensetzung des Aufsichtsrats beim Rträger neuer Rform **203** 10
- Rfolgen bei Nichtdurchführung eines notwendigen Statusverfahrens **203** 12
- Wahl eines neuen Aufsichtsrats **203** 11

Sachverzeichnis

Fette Zahlen = Paragraphen

Amtskontinuität
- Ersatzmitglieder **203** 7

Analoge Anwendung des UmwG 173 4

Analogieverbot 1 73; **173** 2

Änderung der Rechtsform außerhalb des UmwG 190 23
- Analogieverbot **190** 24
- Fälle des Rechtsformwechsels **190** 26
- Kein Entgegenstehen des UmwG **190** 25
- numerus clausus **190** 24

Anderweitige Veräußerung des Anteils 33
- Ausübung des Rechts **33** 9
- Durchführung der sonst Übertragung **33** 9
- Frist für Geltendmachung **33** 11
- Preisabgaberecht **33** 4
- Übertragung **33** 8
- veräußerbare Beteiligung **33** 5
- Verfügungsbeschränkung **33** 6
- Verfügungsbeschränkung im übern Rtträger **33** 10
- Voraussetzungen der Veräußerung **33** 5
- Widerspruch **33** 12

Anderweitige Veräußerung des Anteils durch Anteilsinhaber 211
- Ausübung des Rechts **211** 7
- Durchführung der Übertragung **211** 7
- Frist für Geltendmachung **211** 8
- Preisgaberecht **211** 11
- Übertragung **211** 5
- Übertragungsbeschränkung **211** 4
- veräußerbare Beteiligung **211** 3
- Verfügungsbeschränkung **211** 7
- Voraussetzung **211** 3
- Widerspruch **211** 9

Anfechtung d. Spaltungsbeschlusses 126 24

Anfechtungsklage 173 75

Anfindung
- gerichtl Nachprüfung **212**

Anforderungen an den Umwandlungsbeschluss 217 1
- einstimmig **217** 1
- Gestaltungsflexibilität **217** 1
- Mehrheitsentscheidung **217** 1
- satzungsdispositiv **217** 1
- Schutz der überstimmten Gesellschafter **217** 1

Angaben im Verschmelzungsvertrag 40 1
- Gestaltungsfreiheit **40** 1

Angebot der Barabfindung bei formwechselnder Umwandlung 207
- Ausscheiden des Anteilsinhabers **207** 13
- Durchführung des Austrittsrechts **207** 9
- Erwerb eigener Anteile **207** 10
- Erwerb nicht eigener Aktien **207** 11
- Form des Angebots **207** 8
- Freiwilliges Angebot **207** 14
- Inhalt des Angebots **207** 9
- Kapitalerhaltung **207** 11
- Kosten **207** 16
- Preisgaberecht **207** 4
- Übernahmerecht **207** 15
- Verzicht **207** 17
- Voraussetzungen des Austrittsrechts **207** 6
- Voraussetzungen des Barabfindungsanspruchs: Widerspruch **207** 6
- zu hohes Angebot **207** 10
- Zweck **207** 1

Angemessenheit des Umtauschverhältnisses 9 30
- Berichtspflichten der Verschmelzungsprüfer **9** 30
- Berücksichtigung von Synergieeffekten (Verbundvorteilen) **9** 46
- Bewertungsmethode **9** 34
- Discounted Cash-flow-Verfahren (DCF-Verfahren) **9** 35
- Echte Synergieeffekte **9** 48
- Ertragswertmethode **9** 34, 35
- Festlegung des Bewertungsstichtags **9** 40
- Gleichbehandlung der Anteilsinhaber **9** 43
- Prognose- u Wertungsentscheidung **9** 30
- unechte Synergieeffekte **9** 47
- Verschmelzungsprüfung **9** 30

Ankündigung des Formwechsels 216 11
- Betriebsrat **215** 16
- Form **215** 12
- Inhalt **215** 11
- per E-Mail **215** 12
- per Telefax **215** 12
- Zeitpunkt **215** 13

Anmeldung, Anlagen 17; **199**; **223**
- Beitritt **223** 7
- Formwechsel in AG **223** 5
- Formwechsel in eG **223** 5
- Formwechsel in GmbH **223** 5
- Formwechsel in GmbH, AG u eG **223** 5
- Formwechsel in KGaA **223** 6
- Formwechsel von PHG in KGaA **223** 3
- Genehmigung der Satzung **223** 8
- sonst erforderliche Unterlagen **223** 9

Anmeldung 38
- Anlagen **223**
- Anmeldung einer AG oder KGaA **17** 6
- Anmeldung einer GmbH **17** 7
- Anmeldung einer PHG **17** 8
- Anmeldung eines VvaG **17** 9
- bei Anmeldung einer AG, KGaA **199** 7
- bei Anmeldung einer eG **199** 9
- bei Anmeldung einer GmbH **199** 8

Magere Zahlen = Randnummern

– bei Anmeldung einer Personengesellschaft **199** 10
– bei den übertragenden Rträgern **38** 2
– Bekanntmachung **38** 15
– Bilanzierungsgrundsätze **17** 22
– der Abspaltung **140**
– der Ausgliederung **140**
– der neuen Rträger **38** 3; **137** 2
– der Spaltung **129**; **137** 14
– der Verschmelzung **38**
– des Formwechsels **198**
– Inhalt der Eintragung **38** 13
– Kosten **38** 17
– Prüfung der Neugründung **38** 10
– Prüfung der Verschmelzung **38** 9
– rechtsformabhängige Anlagen **199** 6
– rechtsformunabhängige Anlagen **199** 2
– Rechtsmittel **38** 16
– Registerverfahren **38** 9
– Reihenfolge der Eintragungen **38** 14
– Schlussbilanz der übertr Rechtsträger **17** 13
– Stichtag **17** 16
– Verschmelzung durch Aufnahme **17** 1
– Verschmelzung durch Neugründung **17** 5

Anmeldung der Abspaltung 140
– Erklärungspflichtige **140** 4
– Folgen der Unrichtigkeit der Erklärung **140** 10
– höchstpersönliche Handlung **140** 4
– Inhalt der Erklärung **140** 2
– Registeranmeldung **140** 6

Anmeldung der Abspaltung oder der Ausgliederung bei AG 146
– Abgabe der Soliditätserklärung **146** 5
– Anwendungsbereich **146** 3
– beizufügende Unterlagen **146** 10
– Erklärungsinhalt **146** 8
– Erklärungspflichtige Organe **146** 5
– Formelle Voraussetzungen **146** 9
– Rechtsfolgen von Verstößen **146** 11
– Zweck **146** 1

Anmeldung der Ausgliederung 140
– Erklärungspflichtige **140** 4
– Folgen der Unrichtigkeit **140** 10
– Inhalt der Erklärung **140** 2
– Registeranmeldung **140** 6

Anmeldung der Kapitalerhöhung 55 21
– Bekanntmachung **55** 26
– erforderl Dokumente **55** 21
– Prüfung durch unabhängige Prüfer **55** 25
– Unterlagen **55** 21
– Werthaltigkeitsprüfung **55** 24

Anmeldung der neuen Rechtsträger 137 3
– AG **137** 4, 10

– Anlagen **137** 9
– Einzelkaufmann **137** 6
– GmbH **137** 5, 11
– Inhalt **137** 3
– KGaA **137** 4, 10
– Kombinierte Spaltung **137** 13
– Negativerklärung **137** 8
– PHG **137** 7, 12

Anmeldung der Spaltung 137 14
– Abspaltung **129** 1
– Anlagen **129** 10
– Anmelderecht **129** 2
– Aufspaltung **129** 1
– Ausgliederung zur Aufnahme **129** 1
– beim übernehmenden Rträger **129** 4
– beim übertragenden Rträger **129** 2
– Inhalt **129** 7
– Zeitpunkt **129** 16

Anmeldung der Verschmelzung 16; 52
– Anmeldepflicht **16** 2
– Anmelderecht **16** 9
– Bindung des Registerrichters **16** 44
– Entbehrlichkeit **52** 7
– Entbehrlichkeit der Negativerklärung **16** 19
– Gesellschafterzustimmung **52** 3
– Fehlanzeigemeldung **52** 12
– Folgen fehlender Erklärung **52** 8
– Form **16** 7
– Gericht **16** 8
– Höchstpersönlichkeit **52** 6
– Inhalt **16** 3
– Kosten der Anmeldung **16** 11
– Liste der Gesellschafter **52** 9
– Negativerklärung **16** 13
– obligatorische Angaben **52** 11
– Rechtsmittel **16** 43
– Registergericht **52** 12
– Registersperre **16** 19
– Schadensersatzpflicht **16** 50
– Stellvertretung **52** 6
– Strafbewehrtheit falscher Erklärungen **52** 6
– Unbedenklichkeitsverfahren **16** 21
– Verhältnis zum früheren Recht **52** 1
– Verpflichtung zur Abgabe der Erklärung **52** 6
– der beteiligten Rträger **52** 3
– Vertretung **16** 7
– Vertretungsorgan **52** 3
– Vorlage der Zustimmungsbeschlüsse **52** 7
– Zeitpunkt **16** 4
– Zweck der Gesellschafterliste **52** 2
– Zwischenverfügung **52** 8

Anmeldung des Formwechsels 198; 222; 246
– AG **198** 7

Sachverzeichnis

Fette Zahlen = Paragraphen

- durch alle Mitglieder des künftigen Vertretungsorgans **222** 2
- Anmeldepflichtige **198** 12
- Anmeldung zum Handelsregister **222** 7
- Bekanntmachung **222** 29
- Besonderheiten beim Formwechsel in AG **246** 12
- Besonderheiten beim Formwechsel in GmbH **246** 11
- Besonderheiten beim Formwechsel in KGaA **246** 13
- Eintragung **222** 29
- bei Eintragung des neuen Rträgers in Register anderer Art **198** 4
- einzureichende Unterlagen **246** 10
- Entscheidung des Registergerichts **198** 19
- erforderl Anzahl von Organmitgliedern **246** 2
- Form **198** 6, 11
- Formwechsel in AG **222** 16
- Formwechsel in eG **222** 24
- Formwechsel in GmbH **222** 7
- Formwechsel in KGaA **222** 21
- Gerichtskosten **198** 26
- gesetzliche Vertreter der Gesellschaft neuer Rechtsform **246** 7
- GmbH **198** 8
- Inhalt **198** 6; **246** 6
- Inhalt der Eintragung **198** 22
- Keine Erklärung zur Einzahlung der Einlagen **246** 15
- KGaA **198** 7
- Kosten **198** 26
- durch Mitglieder eines obligatorisch zu bildenden Aufsichtsrats **222** 2
- Negativerklärung **198** 17
- Negativerklärung zu Betriebsräten **246** 9
- Negativerklärung zu Klagen gegen Umwandlungsbeschluss **246** 8
- Notargebühren **198** 32
- Pflicht zur Anmeldung **246** 5
- PHG **198** 9
- Prüfung der Neugründung **198** 15
- Prüfung des Formwechsels **198** 13
- rechtsformunabh allg Inhalt **246** 6
- Rechtsmittel **198** 25
- beim Register des formwechselnden Rträgers **198** 2
- beim Register des neuen Rträgers **198** 3
- Registerverfahren **198** 13
- Registerwechsel **222** 27
- Reihenfolge der Eintragungen **198** 23
- bei Sitzverlegung **198** 5
- sonst Gesellschaftsform **198** 10
- Stellvertretung **246** 4
- unechte Gesamtvertretung **246** 3
- Unterbilanz beim Formwechsel in AG od KGaA **246** 14
- Vertretungsorgan **246** 1
- Zuständigkeit **246** 1

Anmeldung zum Genossenschaftsregister 86 2
- Anlagen **86** 8
- Form **86** 3
- Fristüberschreitungen **86** 2
- Genehmigungsurkunden **86** 9
- Inhalt **86** 5
- Prüfungsgutachten **86** 10
- Zeitpunkt **86** 2

Annahme des Angebots 31
- Abfindung **31** 7
- Ausübung des Austritts **31** 4
- belastungsfreie Abfindung **31** 7
- Durchführung des Austritts **31** 6
- Fälligkeit **31** 9
- Form u Vertretung des Austritts **31** 5
- gerichtl Entscheidung **31** 3
- gewöhnl Verlauf **31** 2
- Mitgliedschaft im übern Rträger **31** 8
- teilw Austritt **31** 4

Annahme des Angebots bei formwechselnder Umwandlung 209
- Abfindung **209** 7
- Ausübung des Austritts **209** 4
- belastungsfreie Abfindung **209** 7
- Durchführung des Austritts **209** 6
- Fälligkeit **209** 9
- Form des Austritts u Vertretung **209** 5
- Gerichtl Entscheidung **209** 3
- Gewöhnl Verlauf **209** 2
- Mitgliedschaft im Rträger neuer Rform **209** 8
- teilw Austritt **209** 4

Anschaffungskosten 24 30

Anspruch auf Barabfindung 30 3
- Angemessenheit der Barabfindung **30** 4
- Verhältnis des übertr Rträgers im Zeitpunkt der Beschlussfassung über Verschmelzung **30** 18
- Verzinslichkeit der Barabfindung u weiterer Schaden **30** 20

Anspruch auf Sicherheit 22 45, 48
- Adressat **22** 45
- anderweitige Sicherheit **22** 60
- Art **22** 52
- Ausschluss **22** 56
- Ausschlussgründe **22** 64
- Ausschüttungssperre **22** 56
- Begrenzung durch konkretes Schutzbedürfnis **22** 50

Magere Zahlen = Randnummern

- Deckungsmasse **22** 56
- Durchsetzung **22** 53
- Grund- od Rentenschulden **22** 52
- Hinterlegung v mündelsicheren börsennotierten Inhpapieren oder blanko-indossierten Orderpapieren **22** 52
- Hinterlegung v Geld **22** 52
- Höhe **22** 48
- Inhalt **22** 45
- Insolvenz **22** 56
- Klage auf Sicherheitsleistung **22** 53
- Kündigung **22** 55
- mündelsichere Hypotheken **22** 52
- Rechtsbehelfe **22** 66
- Reichweite **22** 46
- Schadensersatz **22** 54
- Schuldbuchforderungen gegen Bund oder Bundesland **22** 52
- taugl Bürgen **22** 52
- Verpfändung bewegl Sachen **22** 52
- Voraussetzungen **22** 36
- Voraussetzungen, Anmeldung der Forderung **22** 41
- Voraussetzungen, Ausschlussfrist **22** 38
- Voraussetzungen, Betagung **22** 36
- Voraussetzungen, Fälligkeit/Erfüllung **22** 42
- Voraussetzungen, Hinweispflicht des Registergerichts **22** 44

Ansprüche des PSV 22 75
- wegen Beitragsforderungen **22** 76
- wegen Versorgungsleistungen **22** 75

Anstalt des öffentlichen Rechts
- Begriff **301** 19

Anteilsinhaber
- Durchführung der Versammlung **232**
- Legaldefinition **2** 4

Anteilsinhaberversammlung 238 2
Anteilskontinuität 1 15
Anteilstausch
- Genossenschaft **87** 4

Anteilsvinkulierung 241 29
Antragsbegründung 4 SpruchG 8
Antragsberechtigung 3 SpruchG 1
Antragsfrist 4 SpruchG 1
Antragsgegner 5 SpruchG 1
Anwachsung 120 8; **214** 33
Anwachsungsmodell 219 18
Anwendbarkeit der neuen Umwandlungsvorschriften 318 4
- Ausschluss der Rechtswahlmöglichkeit **318** 8
- maßgebl Vorbereitungshandlungen **318** 4
- Verhältnis z Umwandlungssteuerrecht **318** 9

Anwendungsbereich des UmwG 1 9

Sachverzeichnis

Aqua Butzke-Werke AG-Entscheidung 8 78
Arbeitnehmerbeteiligung EinlC 52
- bei grenzüberschreitenden Umwandlungen **EinlC** 52

Arten der Spaltung 123
- Abspaltung **123** 14
- Aufspaltung **123** 12
- Ausgliederung **123** 15
- Ausgliederung auf 100%-ige Tochter- od Muttergesellschaft **123** 21
- Ausgliederung auf 100%-ige Tochtergesellschaft **123** 22
- Ausgliederung von 100%-iger Tochter- auf Muttergesellschaft **123** 24
- Entbehrlichkeit der Einzelrechtsübertragung **123** 3
- Nichtverhältniswahrende Auf- u Abspaltung **123** 20
- Spaltung zur Aufnahme u zur Neugründung **123** 18
- Übertragung von Vermögensanteilen „als Gesamtheit" **123** 6
- Wahl versch Spaltungsvorgänge **123** 5

Arten der Umwandlung 1
Aufgelöste Gesellschaften 214 20
- andere Art der Auseinandersetzung **214** 26
- Auseinandersetzung im Gesellschaftsvertrag **214** 27
- Fortsetzungsbeschluss **214** 23
- Insolvenz **214** 25
- Liquidation **214** 24

Aufgelöste PartG 225 c 2
Aufgelöste Rechtsträger 124 11
- Verschmelzung **3** 35

Aufsichtsrat 243 32
- Amtskontinuität **243** 32
- bei Formwechsel **243** 32
- (Neu-)Wahl **243** 32
- Rfolgen bei Nichtdurchführung **203** 12
- Statusverfahren **203** 11

Aufsichtsratsmitglieder
- Amtsdauer **203**

Aufsichtsrechtliche Verfahren 109 39
- Aufsichtsrechtl Genehmigung als Eintragungsvoraussetzung **109** 42
- Genehmigung **109** 39
- Genehmigung ausländ Versicherungsaufsichtsbehörden **109** 41
- kartellrechtliche Aufsicht **109** 43
- Versagung **109** 40
- Versicherungsaufsicht **109** 39

Aufspaltung 125 5; **126** 29, 35
- allg Bestimmungen **125** 5
- zur Aufnahme **123** 12

Sachverzeichnis

Fette Zahlen = Paragraphen

- Begriff **1** 60
- bes, rformspezifische Bestimmungen **125** 6
- auf Muttergesellschaft **126** 29
- zur Neugründung **123** 14
- auf Schwestergesellschaft **126** 29

Aufstockungspflicht
- Genossenschaft **87** 26

Auseinandersetzung
- Gestaltungsmöglichkeiten **39** 16
- Insolvenzverfahren **39** 16
- Liquidation **39** 16
- Realteilung **39** 16

Auseinandersetzungsguthaben 94
- Auszahlung **94**
- Befriedigung od Sicherstellung der Gläubiger **94** 4
- Fälligkeit **94** 2
- Rechtsfolgen **94** 10
- Sechsmonatsfrist **94** 8
- Sperrfristen **94** 4

Ausgabe eigener (Alt-)Anteile 24 39
Ausgegebene Anteile 120 28
Ausgliederung EinlC 76; **125** 9; **126** 34, 36, 44; **168; 169; 171; 173** 1, 73, 77; **177** 4
- auf 100%-ige Tochtergesellschaft **123** 22
- von 100%-iger Tochter- auf Muttergesellschaft **123** 24
- allg Bestimmung **125** 8
- Alternativen **152** 3
- Analogieverbot **168** 9
- Anlagen der Anmeldung **168** 69
- arbeitsrechtl Aspekte **168** 92; **173** 82
- zur Aufnahme **168** 49
- Ausgliederungs- u Übernahmevertrag **168** 50
- Ausgliederungsbeschluss des aufn Rträgers **169** 11
- Ausgliederungsbeschluss des übertr Rträgers **169** 8
- Ausgliederungsplan **168** 77
- Ausgründung **123** 15
- Begriff **1** 63
- Beihilfeverbot **168** 90
- Bericht **169**
- bes, rformspezifische Bestimmungen **125** 10
- Beschlussphase **168** 62, 83
- Einbindung des Betriebsrats **173** 82
- durch Einbringung von Vermögensgegenständen **173** 12
- Einladungsbekanntmachung **173** 58
- Eintragung bei Einzelkaufmann **154**
- Eintragungsverfahren **171** 3
- Einzelrechtsnachfolge **173** 77
- durch Einzelübertragung **173** 1
- Entbehrlichk des Ausgliederungsberichts beim übertr Rträger nach UmwG **169** 3
- Erfordernis einer Schlussbilanz **168** 70
- Erfordernis eines Ausgliederungsberichts beim übertr Rträger nach öffentl-rechtl Vorschriften **169** 4
- Fristen **173** 73
- des ganzen Unternehmens **168** 31
- Gebietskörperschaft **168** 17
- Gegenstand der **173** 14
- durch Gesamtrechtsnachfolge **173** 7
- gesamtschuldnerische Haftung **173** 79
- grenzüberschreitende **173** 3
- Haftung der Organe **173** 80
- Haftung der Rträger **173** 79
- Informationspflichten **168** 60
- Inhalt der Anmeldung **171** 4
- Kapitalerhöhungsbeschluss **168** 63
- kein entgegenstehendes Bundes- od Landesrecht **168** 86
- keine Vermögensreduktion **123** 16
- klassische **173** 1
- auf mehrere Rträger **168** 44
- mehrere übertr Rträger **168** 21
- mehrere Unternehmen **168** 34
- Möglichkeit der Heilung v Mängeln der Ausgliederung **171** 14
- Möglichkeit der Totalausgliederung **123** 17
- auf Muttergesellschaft **126** 32
- Negativerklärung **171** 6
- neu gegründeter Rträger **168** 40
- zur Neugründung **168** 75
- Notw des Ausgliederungsberichts beim übern Rträger **169** 5
- partielle Gesamtrechtsnachfolge **173** 77
- Rechtsfolge **173** 77
- Registeranmeldung **168** 65
- Schlussbilanz **171** 9
- Sicherheitsleistung **173** 81
- Spaltungs- u Verschmelzungsrichtlinien **168** 14
- Stiftung **161**
- auf Tochter- od Beteiligungsgesellschaft **173** 12
- auf Tochtergesellschaft **126** 31
- Übernehmender od neuer Rträger **168** 35
- Übernehmender Rträger **168** 35
- Übertr Rträger **168** 17
- von unten nach oben **173** 13
- Unternehmen als Gegenstand der Ausgliederung **168** 26
- eines Unternehmens durch einen Einzelkaufmann **EinlC** 76

Magere Zahlen = Randnummern

Sachverzeichnis

- von unternehmerischen Zentralfunktionen **173** 15
- Verfahren **168** 45
- Verhältnis zu allg Spaltungsvorschriften **168** 7
- Verhältnis zu Privatisierungsform des Formwechsels **168** 8
- Vermögensübergang **173** 77
- Vollzugsphase **168** 65, 84
- Vorbereitungsphase **168** 50, 77
- im Wege der Einzelrechtsnachfolge **173** 1
- im Wege der partiellen Gesamtrechtsnachfolge **173** 1
- Wirksamwerden **171**
- Wirkung bei Einzelkaufmann **155**
- Wirkungen **171**
- Wirkungen bei Einzelkaufmann als Übertragender **152** 82
- Wirkungen der Registereintragung **171** 11
- wirtschaftliche **173** 1
- Zusammenschlüsse von Gebietskörperschaften **168** 19
- Zustimmungsbeschluss **168** 62; **171** 8

Ausgliederung durch Einzelkaufmann 152, 4; 160
- Ablehnung der Eintragung **160** 8
- Alternativen **152** 3
- Anlagen zur Anmeldung **160** 5
- Anmeldebefugnis **160** 2
- Anteilserwerb **152** 91
- Arbeitsverhältnisse **152** 89
- Auf- u Abspaltung **152** 7
- Aufnahme eines Gesellschafters **152** 4
- Ausgliederung auf mehrere übern Rträger **152** 58
- ausl Staatsangehörigkeit **152** 16
- ausl übern Rträger **152** 57
- ausländ Einzelkaufmann **152** 28
- Bedeutung **152** 4
- Bekanntmachung **160** 14
- beschr Geschäftsfähiger **152** 30
- Bestandsveränderungen seit Stichtag **152** 72
- Börsengang **152** 4
- Ehegatten **152** 43
- eingetr Kaufmann **152** 20
- eingetr Genossenschaften **152** 54
- Eintragung der Firma **152** 31
- Eintragung mit Spaltungsvermerk **160** 12
- Entstehung der neuen Gesellschaft **160** 13
- Erbengemeinschaft **152** 26
- Erschwernisse im Verfahren **152** 6
- Europarechtl Vorgaben **152** 11
- Folge **152** 10
- Fremdgeschäftsführung **152** 4
- Gegenstand **152** 59
- Gegenstand der Anmeldung **160** 4
- gemischte Sacheinlage **152** 71
- Gesamthandsgemeinschaften als Einzelkaufmann **152** 24
- Gesamtvermögen **152** 59
- Gütergemeinschaft **152** 27
- Haftungsbegrenzung **152** 4
- Haftungsfolgen **152** 8
- Haftungsverschärfung **152** 8
- höchstpers Rechte **152** 86
- Inhalt der Anmeldung **160** 4
- intern Geltungsbereich **152** 15
- Kapitalgesellschaft **152** 49
- Kaufmann **152** 20
- maßgebender Zeitpunkt **160** 10
- mat Erleichterungen **152** 6
- mehrere übertr Rträger **152** 46
- mehrere zu übertr Unternehmen **152** 47
- Mischeinlage **152** 70
- natürl Person als Einzelkaufmann **152** 23
- nicht übertragbare Rpositionen **152** 84
- Nießbrauch **152** 87
- Personenhandelsgesellschaften **152** 50
- Privatvermögen **152** 67
- Prüfung der Anmeldung **160** 6
- Rechtverhältnisse, Verträge **152** 69
- Regelungssystematik **152** 12
- Registersperre infolge Anfechtungsklage **152** 6
- Spaltung **152** 12
- Steuerrecht **152** 9
- stille Gesellschaft **152** 40
- systemat Stellung **152** 14
- Testamentsvollstreckung **152** 41
- übern Rträger **152** 48
- Übernehmer in Gründung **152** 55
- Überschuldung **152** 75; **160** 7
- Überschuldung als Ausgliederungssperre **152** 73
- Überschuldung in Sonderfällen **152** 80
- übertr Rechtsträger **152** 19
- Übertragung durch (partielle) Gesamtrechtsnachfolge **152** 5
- Unternehmensnießbrauch **152** 39
- Unternehmenspacht **152** 37
- Unternehmensträger; Drittbeteiligte **152** 33
- Unternehmensvermögen **152** 60
- Verbindlichkeiten **152** 88
- Vermögensübergang **152** 83
- Vorbereitung des Verkaufs **152** 4
- Vorerbe **152** 42
- Vorteile **152** 5
- Wirkungen **152** 82
- Wohnsitz im Ausland **152** 16

Sachverzeichnis

Fette Zahlen = Paragraphen

- Zusammenführung mit and Unternehmen **152** 4
- Zweck **152** 4
- Zweigniederlassung ausländ Unternehmen **152** 29
- Zweigniederlassung einer im Ausland eingetr Hauptniederlassung **152** 17
- zwingende Unterrichtung der Betriebsräte **152** 6

Ausgliederung eines Einzelkaufmannunternehmens 152

Ausgliederung nach UmwG
- Unterschiede zur Einzelrechtsübertragung **173** 11

Ausgliederung zur Neugründung
- durch den Einzelkaufmann **158** 1

Ausgliederung zur Neugründung durch Einzelkaufmann
- Ausgliederungsbericht **157** 7
- Ausgliederungsplan **158** 5
- Ausgliederungsprüfung **157** 6
- bes Gründungserfordernisse **157** 12
- Handelsregistereintragung **157** 13
- Unterrichtung des Betriebsrats **157** 8
- Zustimmungsbeschluss **158** 10

Ausgliederungs- und Übernahmevertrag
- Mindestvoraussetzungen **126** 2
- zeitl Haftungsgrenze für aufgef Verbindlichkeiten **173**

Ausgliederungsbericht 173 60
- Einzelkaufmann **153; 158** 7
- Entbehrlichkeit **173** 48
- Form **173** 57
- Inhalt **173** 52

Ausgliederungsbericht, Einzelkaufmann 153
- Bericht **153** 6
- Berichtspflichten **153** 3
- Betriebsrat **153** 4
- Information der Anteilsinhaber **153** 8
- Informationspflichten **153** 3
- Prüfung **153** 7
- Prüfungspflichten **153** 3
- Übertr Rträger **153** 3
- Unterrichtung des Betriebsrats **153** 9

Ausgliederungsbericht, Stiftung
- Erforderlichkeit **162** 6
- Funktion **162** 2
- Inhalt **162** 4
- staatl Genehmigung nach § 164 Abs. 1 **162** 7
- Übermittlungspflicht **162** 9
- Zuständigkeit **162** 5
- Zustimmung des Stifters **162** 8

Ausgliederungsbeschluss 163 1; **173** 35
- Aufhebungsmöglichkeiten **162** 6
- Ausgliederungsvorgänge bei Tochter- u Enkelgesellschaften **173** 36
- Begründung von Abhängigkeits- od Konzernverhältnissen **173** 36
- Formerfordernis **162** 5
- Funktion **162** 1
- Inhaltskontrolle **173** 35
- Konzernklausel **173** 37
- sachl Rechtfertigung **173** 35
- Verfahren **162** 3

Ausgliederungsplan
- Einzelkaufmann **158** 5

Ausgliederungsprüfung
- Einzelkaufmann **158** 6

Ausgliederungssperre
- Überschuldung **152** 73

Ausgliederungsverfahren 168 45
- Abweichungen im Verfahrensverlauf bei Ausgliederung zur Neugründung **168** 76
- Angaben zu Folgen für Arbeitnehmer **168** 54
- Anlagen der Anmeldung **168** 69
- Ausgliederung zur Aufnahme **168** 49
- Ausgliederung zur Neugründung **168** 75
- Ausgliederungs- u Übernahmevertrag **168** 50
- Ausgliederungsplan **168** 77
- Beschlussphase **168** 62, 83
- Bezeichnung des Gegenstands der Ausgliederung **168** 56
- Erfordernis einer Schlussbilanz **168** 70
- Form **168** 57
- Form der Vollmacht **168** 82
- Informationspflichten **168** 60
- Kapitalerhöhungsbeschluss **168** 63
- notarielle Beurkundung im Ausland **168** 59
- Registeranmeldung **168** 65
- Vertretung **168** 57, 82
- Vollzugsphase **168** 65, 84
- Vorbereitungsphase **168** 50, 77
- Zustimmungsbeschluss **168** 62

Ausgliederungsvertrag
- Auslegung **173** 63

Ausgründung 123 15

Auskunfts- und Informationsrechte 232 12
- AG **232** 13
- allgemeine **232** 12
- genereller Ausschluss **232** 16
- GmbH **232** 14
- Grenzen **232** 15
- KGaA **232** 13
- mangelh Auslegung **232** 17
- mangelh Erläuterung **232** 19
- mündl Informationserteilung **232** 20

Magere Zahlen = Randnummern

- Registersperre **232** 21
- sonst Informationsmängel **232** 20
- Verzicht **232** 16

Auslegung des Umwandlungsberichts 232 5

Ausscheidens eines Gesellschafters
- Formwechselbeschluss **217** 35

Ausschlagung
- Wirksamwerden **92** 10

Ausschlagungserklärung 91 2
- Adressat **91** 6
- Anfechtung **91** 8
- Bedingungs- u Befristungsfeindlichkeit **91** 13
- Frist **91** 10
- Inhalt **91** 3
- Rücknahme **91** 8
- Schriftform **91** 5
- Widerruf **91** 7

Ausschluss der Barabfindung 104 a
- analoge Anw auf steuerbeg Körperschaften **104 a** 8
- Anw auf and Umwandlungsarten **104 a** 7
- Austritt nach § 39 BGB u Verzicht auf Mitgliedschaft/Anteile im übern Rtträger **104 a** 10
- Gebot der zeitnahen Mittelverwendung **104 a** 13
- Unanwendbarkeit der §§ 29–34 **104 a** 9
- Verschmelzung eines eingetr Vereins **104 a**
- Verschmelzung steuerbeg Vereine iSv. § 5 Abs. 1 Nr. 9 KStG **104 a** 2

Ausschluss der Spaltung bei AG 141
- Anmeldung der Spaltung zum Handelsregister **141** 17
- Anwendungsbereich **141** 5
- Ausgliederung zur Neugründung **141** 6
- Berechnung der Zweijahresfrist **141** 10
- Besonderheiten bei Spaltung zur Neugründung **141** 9
- Eintragung **141** 17
- Hauptversammlungsbeschluss **141** 16
- neu gegründete Gesellschaften als Adressaten **141** 7
- Rfolge von Verfahrensverstößen **141** 15
- Spaltung zur Aufnahme **141** 5
- Spaltung zur Aufnahme u zur Neugründung **141** 5
- Spaltung zur Neugründung **141** 5
- Spaltungs- u Übernahmevertrag, Spaltungsplan **141** 15
- Spaltungsverbot **141** 7
- zur Spaltung von Aktiengesellschaften oder KGaA **141** 1
- Zweck **141** 1

Sachverzeichnis

Ausschluss der Verschmelzung 39
- andere Art der Auseinandersetzung **39** 16
- Anwendungsbereich **39** 3
- aufgelöste PHG **39** 10
- aufgelöste PHG als übernehmender Rtträger **39** 19
- aufgelöste PHG als übertr Rechtsträger **39** 8
- Aufhebung der Vereinbarung **39** 18
- Ausschluss der Verschmelzungsmöglichkeit **39** 8
- Einzelerläuterungen **39** 8
- Entstehungsgeschichte **39** 7
- Parallelvorschriften **39** 23
- Prüfung durch Registergericht **39** 22
- Rfolgen bei Verstoß gegen § 39 **39** 21
- Verfahren u Parallelvorschriften **39** 22
- Verhältnis zu § 3 Abs. 3 **39** 5
- Zweck **39** 1

Ausschluss der Verschmelzungsmöglichkeit 39 8

Ausschluss von Klagen gegen den Umwandlungsbeschluss 210
- Beschränkung der Klagegründe **197** 4

Ausschüttungssperre 22 56

Ausstrahlungswirkung 1 80

Austritt 29 26; **31** 4
- Ausscheiden des Anteilsinhabers **29** 35
- Ausübung des Austrittsrechts **29** 27
- Durchführung **29** 26
- eigene Aktien – Kapitalerhaltung **29** 32
- Erwerb der Anteile **29** 31
- Erwerb eigener GmbH-Anteile **29** 33
- Fälligkeit des Anspruchs **29** 30
- Kosten **29** 34
- teilweiser **29** 28
- Verzicht auf Abfindung **29** 26
- Verzinsung **29** 29

Austritt von Mitgliedern des übertragenden Verbandes 108
- Austrittsrecht **108** 3
- Austrittsrecht der Mitglieder des übertr Verbands **108** 2
- Sonderkündigungsrecht **108** 1
- Wirkung des Austritts **108** 5
- Zweck **108** 1

Badenwerk-AG-Entscheidung 135 3
- Kapitalaufbringungsgrundsätze **135** 16

Barabfindung 2 41; **47** 9; **48** 10; **51** 30
- Angebot bei formwechselnder Umwandlung **207**
- Angemessenheit **30** 4
- Anspruch **30** 3
- Ausschluss bei eingetr Verein **104 a**

2497

Sachverzeichnis

Fette Zahlen = Paragraphen

- gerichtl Nachprüfung **212**
- Prüfung durch Verschmelzungsprüfer **30** 26
- Verzicht auf Prüfung **30** 28
- Verzinslichkeit **30** 20

Barabfindungsangebot
- Ausgliederung **173** 53

Bare Zuzahlung 2 41
- Festsetzung im Spruchverfahren **15** 24
- Höhe **15** 18
- keine Beschränkung **15** 21
- Recht auf **15** 6
- Schuldner **15** 17
- Verzinsung **15** 28

Baukastenprinzip Einl. A 51
Bedingte Übertragung 120 41
Bedingter Beteiligungserwerb 120 38
- auflösend bedingter Erwerb **120** 39
- aufschiebende Bedingung **120** 38

Bedingtes Kapital 69 20; **243** 27
Befreiungsanspruch des Mithafters 133 51
Begrenzte Spaltungspublizität 133 34
Beherrschungs- und Gewinnabführungsvertrag 2 46

Beitritt persönlich haftender Gesellschafter 221
- Beitritt **221** 4
- Beitrittserklärung bedingt **221** 6
- Beitrittserklärung befristet **221** 6
- Form **221** 6, 11
- Genehmigung **221** 10
- Genehmigung der Satzung **221** 10
- Kommanditaktionäre **221** 5
- Mängel der Beitrittserklärung **221** 14
- notarielle Beurkundung **221** 7
- pers haftender Gesellschafter **221** 5
- Rstellung des Beitretenden **221** 9
- Zeitpunkt **221** 8, 12

Bekanntmachung des Formwechsels 201
- von Amts wegen **201** 2
- Inhalt der Bekanntmachung **201** 1
- Wirkung der Bekanntmachung **201** 5

Bekanntmachung des Verschmelzungsvertrags bei AG 61
- Anwendungsbereich **61** 8
- Einreichung zum Register **61** 9
- Form der Einreichung **61** 16
- Gegenstand der Einreichung **61** 10
- durch das Gericht **61** 18
- keine oder unzureichende Einreichung **61** 19
- keine, verspätete oder unzureichende Bekanntmachung **61** 22
- Rfolgen bei fehlender oder unzureichender Einreichung oder Bekanntmachung **61** 19
- verspätete Einreichung **61** 21
- Verzicht auf Einreichung **61** 17
- Zeitpunkt der Einreichung **61** 12
- zust Gericht **61** 9
- Zweck **61** 3

Bekanntmachung des Verschmelzungsvertrags bei Versicherungsvereinen 111
- Anfechtung **111** 23
- Art u Weise der Bekanntmachung **111** 17
- Bekanntmachung der Einreichung **111** 3
- Einberufung der Versammlung der obersten Vertretung **111** 8
- Einreichung als Obliegenheit des Vorstands **111** 19
- Einreichung zum Register **111** 1
- Festsetzung von Zwangsgeld **111** 28
- Folgen der Nichtbeachtung **111** 23
- Form der Einreichung **111** 16
- Information des Betriebsrats **111** 22
- Missstandsaufsicht bei Kleineren Vereinen **111** 29
- Mitteilung gem. § 125 Abs. 1 AktG **111** 20
- Mitteilungspflichten gegenüber den Garanten **111** 21
- Nichtigkeit des Verschmelzungsbeschlusses bei Kleineren Vereinen **111** 26
- Oberste Vertretung **111** 6
- Verweigerung der Genehmigung nach § 14 a VAG **111** 27
- Zeitpunkt der Einreichung **111** 15
- Zus Register **111** 14
- Zweck **111** 1

Belastete Anteile 120 34
- Verschmelzung **120** 34

Benachrichtigung der Aktionäre durch Gesellschaft 299
- Dispens durch Aufsichtsbehörde **299** 11
- entsprechende Anwendung der §§ 267, 268 **299** 1
- keine Ausnutzung genehmigten Kapitals **299** 6
- Sperre für Hauptversammlungsbeschlüsse **299** 4

Berechtigte Gläubiger 22 6
Berichtspflicht
- Verletzung der **314**

Berichtspflicht bei Verschmelzung
- Ausnahmen **8** 68
- Grenzen **8** 65
- notarielle Beurkundung einzelner Verzichtserklärungen **8** 71
- bei pers haftenden Gesellschaftern einer PHG **8** 75

Magere Zahlen = Randnummern

- Verschmelzung bei im alleinigen Anteilsbesitz stehenden Konzerngesellschaften 8 73
- Verzicht 8 68

Beschluss der Gesellschafterversammlung 43; 50; 217
- allgemeines 43 43
- anfechtbare Zustimmungsbeschlüsse 50 54
- Anwendung des § 181 BGB 50 17
- Anwendungsbereich 43 35
- Auslage des Umwandlungsberichts 217 31
- Behandlung vinkulierter Geschäftsanteile 50 34
- Berechnung der Mehrheit 50 13
- Berichtspflichten in der Gesellschafterversammlung 217 32
- Beschlussfähigkeit 43 30
- Beschlussfassung der Gesellschafterversammlung 43 10; 50 6
- Beschlussgegenstand 43 9
- Beschlussmängel 50 52
- bes Rechte nach dem Gesellschaftsvertrag 50 41
- Bestellungs- u Vorschlagsrechte betr and Organe 50 45
- Bestellungsrechte 50 43
- Bestimmth der gesellschaftsvertragl Regelung 43 31
- Beurkundung 50 22
- Dreiviertelmehrheit 217 19
- Durchführung der Gesellschafterversammlung 217 31
- Einberufung u Vorbereitung der Gesellschafterversammlung 50 5
- Einstimmigkeit 217 7
- Einstimmigkeitsgrundsatz 43 15
- Einzelerläuterung 43 9
- Entstehungsgeschichte 43 5
- Erfordernis der Zustimmung bei Beeinträchtigung statutarischer Sonderrechte 50 24
- Erteilung der Zustimmung 50 47
- Folgen der Zustimmungsverweigerung 217 25
- Gesellschaftsvertrag 43 44
- gesetzl Regelfall 43 15
- Gleichheitsgrundsatz 50 21
- Heilung von Mängeln infolge unterlassener Nichtigkeits-/Anfechtungsklage 50 56
- Individualrechte 50 28
- Inhalt 50 2
- Inhaltskontrolle 50 20
- kein Erfordernis sachl Rechtfertigung 50 20
- keine Heilung von Mängeln durch Eintragung 50 57

Sachverzeichnis

- Kosten 50 50
- Kostenträger 50 50
- Minderheitsrechte 50 30
- Minderheitsrechte einzelner Gesellschafter 50 26
- Neufassung 43 5
- nicht erschienene Gesellschafter 217 10
- nicht voll eingezahlte GmbH-Anteile 43 45
- nichtige Zustimmungsbeschlüsse 50 53
- Niederschrift 217 37
- notarielle Beurkundung 43 14; 50 50
- Notwendigkeit der Gesellschafterversammlung 50 4
- Parallelvorschriften 43 48
- Publikumsgesellschaften 43 34
- qualifiziertes Mehrheitserfordernis 43 29
- Rechte aus Gesellschaftsvertrag 50 27
- Rfolge bei Widerspruch 43 40
- Rlage bis zur Eintragung des Umwandlungsbeschlusses 217 33
- Rfolge bei ausstehender Zustimmung 43 23
- Sonderrechte auf Geschäftsführung 50 42
- sonst Zustimmungserfordernisse 43 43
- statutarischer Ausschluss der Anteilsabtretung 50 39
- Stimmbindungsverträge 217 15
- Stimmenthaltung 43 16
- Stimmrechtsausschluss 43 16; 217 12
- Stimmrechtsvollmachten 50 16
- Stimmverbote 50 15
- Treuepflicht 50 21; 217 13
- Übernahme der pers Haftung 43 46
- Übertr der Befugnis zur Beschlussfassung 50 4
- Umwandlung aufgr Mehrheitsbeschluss 217 16
- Umwandlung in KGaA 217 40
- Umwandlungsbeschluss 217 6
- ungültige Stimmabgabe 43 16
- unwirksame Zustimmungsbeschlüsse 50 55
- Verfahrensfehler 50 54
- Verhältnis zum früheren Recht 50 1
- Verschmelzungsbeschluss 43 9
- Vertretungsbeschränkung bei gesetzl Vertretung 50 18
- Vinkulierung der Beteiligung 43 47
- Vorabinformation 50 5
- Voraussetzungen des Zustimmungsrechts 50 26
- Vorkaufs- u Vorerwerbsrechte 50 32
- Vorschlags- u Benennungsrechte 50 44
- Wegfall des Zustimmungserfordernisses 50 40, 46
- weitergehendes Zustimmungserfordernis 50 37

2499

Sachverzeichnis

Fette Zahlen = Paragraphen

- widersprechender Vollhaftender **43** 35
- Widerspruch **43** 37
- Widerspruch zur Niederschrift **50** 23
- Zeitpunkt von Beschluss und Zustimmungen **43** 22
- Zulässigkeit u Gestaltungsgrenzen **43** 27
- Zulassung der Mehrheitsentscheidung im Gesellschaftsvertrag **43** 27
- Zulassung im Gesellschaftsvertrag **217** 16
- Zustimmung aller anwesenden Gesellschafter **217** 8
- Zustimmung Dritter **217** 26
- Zustimmung einzelner Gesellschafter **217** 23
- Zustimmung nicht erschienener Gesellschafter **217** 22
- Zustimmung zum Beschluss **43** 20
- Zustimmungserfordernis **50** 35
- Zustimmungserfordernisse aufgrund Satzungsauslegung **50** 38
- Zustimmungspflicht **217** 13
- Zustimmungsvorbehalt **50** 34
- Zweck **43** 1; **50** 2

Beschluss der Hauptversammlung bei AG Verschmelzung 65
- abw Nennbeträge **65** 29
- abw Satzungsregelung **65** 13
- Änderungen des Vertrages nach Einberufung der Hauptversammlung **65** 7
- Anfechtung des Zustimmungsbeschlusses **65** 32
- Ausübung des Stimmrechts **65** 18
- Bedingungen zum Wirksamwerden des Vertrags **65** 10
- Berechnungsgrundlage **65** 12
- Gegenstand der Beschlussfassung **65** 5
- gesetzl Mehrheitserfordernis **65** 11
- Grenzen **65** 16
- Grundsatzvereinbarung **65** 6
- Mehrheitserfordernisse bzgl des Verschmelzungsbeschlusses **65** 11
- Rechtfertigung des Beschlusses **65** 20
- Rfolge bei Fehlen des Sonderbeschlusses **65** 27
- Sonderbeschluss **65** 25
- sonst Zustimmungserfordernisse betroffener Aktionäre **65** 28
- statutarische Nebenpflichten **65** 30
- Stimmverbote **65** 21
- Vertrag **65** 5
- vinkulierte Namensaktie **65** 28
- Wirksamkeitserfordernis bei versch Aktiengattungen **65** 22
- Zustimmung bei KGaA **65** 31
- Zustimmung der Aktionäre jeder Gattung **65** 22
- Zweck **65** 1

Beschluss der aufnehmenden Gesellschaft 173 47

Beschlussanforderungen beim Formwechsel in die KG
- Dreiviertelmehrheit **233** 20
- Formwechsel einer AG od KGaA **233** 23
- Formwechsel einer GmbH **233** 21
- Sonderbeschlüsse nach § 65 Abs. 2 **233** 26
- strengere Regelungen in Satzung bzw. Gesellschaftsvertrag **233** 24
- Treupflicht **233** 28
- Zustimmung aller künftigen Komplementäre **233** 25
- Zustimmungserfordernisse wegen der Beeinträchtigung von Minderheitsrechten nach § 50 Abs. 2 **233** 27

Beschlussanforderungen beim Formwechsel in eine GbR, OHG oder PartG
- vor der Beschlussfassung **233** 15
- Bevollmächtigung **233** 11
- Einstimmigkeit **233** 11
- Gesellschafterversammlung **233** 12
- notariell beurkundete Zustimmung **233** 13
- Rfolge bei fehlender Zustimmung **233** 19
- Stimmenthaltung **233** 11
- Umlaufverfahren **233** 12
- Verpflichtung zur Zustimmung **233** 18
- Zustimmung **233** 15
- Zustimmung aller Gesellschafter **233** 13

Beschlüsse der Hauptversammlung der AG 299
- Ausnahme von § 269 Satz 2 **299** 30
- Dispens durch Aufsichtsbehörde **299** 30
- Ermessensentscheidung der Aufsichtsbehörde **299** 32
- Gründe für Dispens der Aufsichtsbehörde **299** 31

Beschlüsse der obersten Vertretungen 116
- Beschlussfassung über die Zustimmung gem. § 116 Abs. 1 Satz 1 durch Verschmelzungsbeschluss **116** 13
- Einberufung der Versammlung der obersten Vertretung **116** 8
- Erteilung von Abschriften nach § 13 Abs. 3 Satz 3 **116** 17
- Form der Beschlussfassung **116** 16
- Gegenstand der Beschlussfassung **116** 14
- Mehrheitserfordernis **116** 15

Magere Zahlen = Randnummern

Sachverzeichnis

- Übermittlung der Satzung des neuen Rträgers an die Betriebsräte der übertr Versicherungsvereine **116** 18
- Zuständigkeit **116** 13

Beschlüsse über den Verschmelzungsvertrag 13

Beschlussfassung der Gesellschafterversammlung
- Anforderung durch Satzung **50** 9
- Bedeutung statutarischer Bestimmungen über die Mehrheit für Satzungsänderungen **50** 10
- Erfordernis der Dreiviertelmehrheit **50** 8
- Gegenstand **50** 6
- Mehrheitserfordernis **50** 8
- Mitwirkung anderer Organe **50** 9
- Reihenfolge **50** 7
- Zeitpunkt **50** 7
- Zustimmung Dritter **50** 9

Beschlussmängel über Formwechsel einer Kapitalgesellschaft
- Anfechtbarkeit **233** 43
- Nichtigkeitsgründe **233** 41

Besondere Festsetzungen 243 14
- Abänderung **243** 18
- Beseitigung **243** 18
- im Gesellschaftsvertrag **243** 14
- in Gesellschaftsvertrag od Satzung **243** 14
- Gründungsaufwand **243** 14
- Möglichkeit der Abänderung **243** 16
- Sacheinlagen **243** 14
- über Sacheinlagen u Sachübernahmen **243** 18
- Sachübernahmen **243** 14
- Sondervorteile **243** 14
- Verzicht auf Übernahme **243** 17
- zeitl Grenzen der Abänderbarkeit **243** 15

Besondere Unterrichtung über Vermögensveränderung 143
- Anfechtbarkeit **143** 17
- Art der Nachinformationspflicht **143** 9
- entspr Anwendung auf Spaltung zur Neugründung **143** 16
- Haftung **143** 19
- Rfolge bei Verfahrensverstößen **143** 17
- sachl Zusammenhang **143** 1
- strafrechtl Aspekte **143** 20
- wesentl Veränderungen des Vermögens der Gesellschaft **143** 5
- Zweck **143** 3

Besonderer Vertreter 26 3
- Amtsgericht **26** 4
- andere Person **26** 8
- Anmeldung **26** 13; **206** 12
- Anspruch auf Vergütung **26** 10

- Ansprüche der Anteilsinhaber u Gläubiger **26** 15
- Ansprüche des übertr Rträgers **26** 16
- Anteilsinhaber **26** 5; **206** 5
- Antragsberechtigung **26** 5; **206** 5
- Aufforderung **26** 12; **206** 11
- Aufwendungsersatz **206** 9
- Auslagen **26** 10
- Bestellung **26** 4; **206** 4
- Einziehung **26** 14; **206** 13
- Ersatz seiner Aufwendungen **26** 10
- Formwechselnder Rträger **206** 7
- Funktion **26** 3; **206** 3
- Gläubiger **26** 6; **206** 6
- Haftung **26** 11; **206** 10
- Partei kraft Amtes **26** 9; **206** 8
- passive Vertretung **26** 3
- Rechtsstellung **26** 9
- Rstellung **206** 8
- Schadensersatz **26** 11; **206** 10
- übern Rträger **26** 7
- Verfahren **206** 11
- Vergütung **26** 10; **206** 9
- Verteilung des Erlöses **26** 15; **206** 14

Bestandsübertragung 109 33; 119; Anh 119; 178 4
- Abfindungsanspruch des ausscheidenden Mitglieds **119** 71
- Abgrenzung zu and Rinstituten **119** 25
- and wirtschaftl Zwecke **119** 2
- Anfechtbarkeit des Zustimmungsbeschlusses **119** 55
- Antrag aller beteiligten Unternehmen **119** 59
- Auflagen zur Genehmigung **119** 66
- Ausschluss des Kündigungsrechts des Versicherungsnehmers **119** 78
- Auswirkungen der **119** 76
- Besonderheiten für die Kfz-Haftpflichtversicherung **119** 80
- Bestandsübertragungen durch Rückversicherungsunternehmen in Rechtsform des VVaG **119** 26
- Eingriff in die zivilrechtl Privatautonomie durch § 14 Abs. 1 Satz 4 VAG **119** 22
- einheitl Rechtsgeschäft **119** 37
- Entschädigung für den Verlust der **119** 42
- Fusionskontrolle **119** 81
- Genehmigung der Aufsichtsbehörden **119** 58
- Genehmigung durch Aufsichtsrat **119** 56
- Gründungsstock **119** 77
- Höhe des Abfindungsanspruchs **119** 73
- Inhalt des Bestandsübertragungsvertrags **119** 47
- als Instrument der Sanierung **119** 1

2501

Sachverzeichnis

Fette Zahlen = Paragraphen

- Numerus clausus des Umwandlungsrechts **119** 7
- Öffentlich-rechtl Versicherungsunternehmen des öffentl Dienstes **119** 79
- Prüfung durch die Aufsichtsbehörden **119** 63
- Rmittel gegen die Entscheidung der Aufsichtsbehörde **119** 67
- Rpolitische Überlegung **119** 6
- Schriftform des Vertrags **119** 49
- Solvabilitätsspanne **119** 38
- Sonderbeauftragte **119** 57
- Spartentrennungsgrundsatz **119** 46
- Übertragung des Versicherungsbestands bei Konzernbildung von Versicherungsvereinen **119** 18
- Übertragung eines durch Niederlassung od im Dienstleistungsverkehr innerh der EU od EWR erworb Versicherungsbestands durch inländ Versicherungsunternehmen **119** 32
- Übertragung inländ Versicherungsbestände von ausländ Versicherungsunternehmen mit Sitz innerh der EU oder des EWR **119** 29
- Übertragung von Rückversicherungsbeständen eines Erstversicherers **119** 28
- Umwandlungsrechtl Ausstrahlungswirkungen bei Bestandsübertragungen durch Versicherungsvereine **119** 9
- Verlust der Mitgliedschaft in einem VVaG infolge einer Bestandsübertragung **119** 70
- Versicherungs-AG **119** 54
- Versicherungsbestand **119** 35
- Versicherungsunternehmen **119** 33
- Versicherungsverträge **119** 76
- VVaG **119** 50
- Wahrung der Belange der Arbeitnehmer **119** 6
- Wahrung der Belange der Versicherten **119** 39
- Wahrung der Belange des ausscheidenden Mitglieds **119** 70
- Zuständigkeit der Zivilgerichte **119** 75
- Zustimmung der obersten Vertretung/Hauptversammlung **119** 50

Bestandsübertragung nach BAG, Vorteile 178 4

Bestellung der Vereinsorgane 115
- Abschluss der Anstellungsverträge **115** 25
- Annahme der Wahl durch Aufsichtsratsmitglieder **115** 10
- Arbeitnehmervertreter im Aufsichtsrat **115** 11
- Bestellung des Abschlussprüfers **115** 16
- Bestellung des ersten Aufsichtsrats **115** 7
- Bestellung des ersten Vorstands **115** 20
- Bestellung durch Beschlussfassung **115** 8
- einfache Niederschrift **115** 23
- Eintragungshindernis bei Nichtbestellung **115** 26
- Erteilung des Prüfungsauftrags **115** 19
- keine Zustimmung zur Bestellung des Abschlussprüfers im Verschmelzungsbeschluss **115** 18
- Nichtannahme oder nachträgl Ausscheiden von Aufsichtsratsmitgliedern **115** 28
- Nichtannahme oder nachträgl Ausscheiden von Mitgliedern des Vorstands **115** 29
- Nichtbestellung des Abschlussprüfers **115** 27
- notarielle Beurkundung **115** 9
- pers Voraussetzungen der Aufsichtsratsmitglieder **115** 14
- pers Voraussetzungen der Mitglieder des Vorstands **115** 24
- pers Voraussetzungen des Abschlussprüfers **115** 17
- pflichtwidrige Nichtbestellung des Vorstands durch den Aufsichtsrat **115** 30
- Rfolgen bei Verstoß **115** 26
- Verfahren der Bestellung des Abschlussprüfers **115** 16
- Verschmelzung durch Neugründung einer Versicherungs-AG **115** 5
- Verschmelzung durch Neugründung eines VVaG **115** 4
- Zeitdauer der Bestellung **115** 13
- Zuständigkeit **115** 7
- Zustimmung zur Bestellung der Aufsichtsratsmitglieder durch Verschmelzungsbeschluss **115** 15

Bestellung der Verschmelzungsprüfer 10
- Auswahl der Verschmelzungsprüfer **10** 4
- gerichtl Zuständigkeit **10** 11
- Prüfungsvertrag **10** 9
- Rechtsmittel **10** 13
- Vergütung **10** 15
- durch die Vertretungsorgane **10** 4

Bestellung des Abschlussprüfers 115 16
- Erteilung des Prüfungsauftrags **115** 19
- keine Zustimmung zur Bestellung des Abschlussprüfers durch Verschmelzungsbeschluss **115** 18
- pers Voraussetzungen des Abschlussprüfers **115** 17
- Verfahren der Bestellung des Abschlussprüfers **115** 16

Bestellung des ersten Aufsichtsrats 115 7
- Annahme der Wahl durch Aufsichtsratsmitglieder **115** 10
- Arbeitnehmervertreter im Aufsichtsrat **115** 11
- Bestellung durch Beschlussfassung **115** 8
- notarielle Beurkundung **115** 9

Magere Zahlen = Randnummern

Sachverzeichnis

- pers Voraussetzungen der Aufsichtsratsmitglieder **115** 14
- Zeitdauer der Bestellung **115** 13
- Zuständigkeit **115** 7
- Zustimmung zur Bestellung der Aufsichtsräte durch Verschmelzungsbeschluss **115** 15

Bestellung des ersten Vorstands 115 20
- Abschluss der Anstellungsverträge **115** 25
- Bestellung durch Beschlussfassung **115** 22
- einfache Niederschrift **115** 23
- pers Voraussetzungen der Mitglieder des Vorstands **115** 24
- Zuständigkeit **115** 20

Bestellung eines Treuhänders 183
- von Amts wegen **183** 4
- Aufgaben **183** 5
- Benennung im Übertragungsvertrag **183** 3
- für den Empfang der Gegenleistung **183** 2
- Empfang der Gegenleistung **183** 5
- natürl oder jurist Person **183** 3
- kein Sonderfall **183** 1
- Vereinbarung einer Abfindung **183** 6
- Vergütung **183** 7
- Verteilung der Gegenleistung **183** 5
- vertragl Beziehungen **183** 3

Bestellung eines Treuhänders bei AG-Verschmelzung 71
- Anzeige des Empfangs an Gericht **71** 16
- Aufgaben des Treuhänders **71** 10
- Aushändigung der Aktien u der baren Zuzahlung **71** 18
- Auslagenersatz u Vergütung des Treuhänders **71** 22
- Besonderheiten bei Namensaktien **71** 26
- Bestellung eines Treuhänders **71** 5
- Empfang der zu gewährenden Aktien u der baren Zuzahlungen **71** 11
- Ersatztreuhänder **71** 5
- kein Übergang vor Eintragung der Verschmelzung **71** 23
- Person des Treuhänder **71** 5
- Rfolge bei Eintragung der Verschmelzung ohne Anzeige des Treuhänders **71** 21
- Rfolge bei Verletzung der Pflichten durch den Treuhänder **71** 20
- Rstellung des Treuhänders **71** 6
- Rückgabe der Aktien u der Zuzahlung beim Scheitern der Verschmelzung **71** 19
- Übergabe der Aktien u der baren Zuzahlung an den Treuhänder **71** 21
- Übergabe der baren Zuzahlung **71** 15
- Übergabe eigener Aktien der übern AG sowie Aktien des übertr Rträgers am übern Rträger **71** 12
- Übergabe neuer Aktien **71** 11
- Übergabe „nicht verbriefter Aktien" **71** 14
- Übergang der Mitgliedschaftsrechte **71** 23
- Übergang mit Eintragung der Verschmelzung **71** 25
- Verfahren der Bestellung **71** 6
- Zweck **71** 1

Bestimmtheitsgrundsatz, sachenrechtliche 126 55; **173** 17
Beteiligungsansatz 173 12
Beteiligungserwerb 2 51
Beteiligungsidentität 134 25
Beteiligungsquoten 134 26
Beteiligungsverhältnis bei Formwechsel, Ausgleich 196
- Anspruch auf bare Zuzahlung **196** 1
- Anspruchsberechtigter **196** 8
- Anspruchsinhalt **196** 14
- Anspruchsschuldner **196** 10
- Anspruchsvoraussetzungen **196** 7
- Frist von zwei Monaten **196** 18
- Gegenstand des Anspruchs **196** 14
- Geltendmachung der Zuzahlung **196** 18
- kein ausr Gegenwert der Mitgliedschaft **196** 13
- nicht-verhältniswahrender Formwechsel **196** 12
- prakt Anwendungsbereich **196** 2
- Spruchverfahren **196** 1
- Vermögenswert der Beteiligung **196** 1
- Verzicht auf Zuzahlung **196** 20
- Widerspruch **196** 8
- Zinsen **196** 17
- Zu niedrige Bemessung des Beteiligungsverhältnisses **196** 11

Betrag der Aktien 242 6
Betrieb 134 11
- im arbeitsrechtl Sinne **134** 11
Betriebsänderung 152 60
Betriebsaufspaltung 126 86; **134** 1, 7, 10, 23
- Ansprüche auf Nachteilsausgleich **134** 7
- Begrenzung des Haftungsrisikos **134** 1
- Begriff **134** 10
- eigenkapitalersetzende Nutzungsüberlassung **134** 1
- Gläubigerschutz **134** 2
- Haftungskonzept **134** 8
- Sozialplansprüche **134** 7
- im steuerrechtl Sinne **134** 10
- Steuervorteile **134** 1
- typ Gestaltung **134** 2
- Übertragung der betriebsnotwendigen Vermögensteile **134** 11
- Übertragung des Anlagevermögens **134** 23

Sachverzeichnis

Fette Zahlen = Paragraphen

- Übertragung des Betriebs **134** 23
- Verlängerung der Haftungsfrist **134** 7

Betriebsrat 5, 125
- Anfechtung **173** 87
- Beseitigungsanspruch **173** 88
- Handelsregistereintragung **173** 85
- Mitbestimmungsrecht **173** 82
- Mitbestimmungserhaltung **173** 84
- Mitwirkungsrecht **173** 82
- Registersperre **173** 87
- Übergang der Arbeitsverhältnisse **173** 83
- Umwandlungsbeschluss **215** 19
- Unterlassung, Rückabwicklung **173** 88
- Unterlassungsanspruch **173** 88
- Unterrichtung über Spaltung **137** 21
- Verfahrensfragen **173** 85

Betriebsteil
- Bestimmtheit **126** 61

Betriebsteilung 152 60

Betriebsübergang
- Arbeitnehmer **324** 15
- Ausschluss der Transformation der Tarifverträge **324** 22
- Ausschluss des Widerspruchs **324** 59
- Betrieb **324** 6
- Betriebsteil **324** 6
- Betriebsvereinbarungen **324** 29
- einjährige Veränderungssperre der Tarifverträge **324** 23
- Eintritt in Rechte u Pflichten aus dem Arbeitsverhältnis **324** 17
- Einzelvertragl Bezugnahme **324** 26
- Fortgeltung v Kollektivvereinbarungen **324** 20
- Haftung für Arbeitnehmeransprüche **324** 37
- Individualrechtl Weitergeltung der Tarifverträge **324** 21
- Kündigungsverbot **324** 30
- Pflichten **324**
- Rechte **324**
- Rfolgen fehlender, unvollständiger od unrichtiger Unterrichtung **324** 45
- Rechtsgeschäft **324** 11
- Rechtsgrundlagen **324** 49
- Schadensersatzansprüche **324** 48
- Schuldner u Form der Unterrichtung **324** 42
- Tarifverträge **324** 21
- Übergang **324** 9
- Übergang der Arbeitsverhältnisse **324** 14
- Übergang eines Betriebs od Betriebsteils **324** 6
- unbefristetes Widerspruchsrecht **324** 45
- Unterrichtung der Arbeitnehmer **324** 39
- Vorrang der kollektivrechtl Weitergeltung **324** 20
- Wechsel des Betriebsinhabers – Zeitpunkt des Übergangs **324** 112
- Widerspruchserklärung, Form u Frist **324** 55
- Widerspruchsrecht bei Umwandlungen u Erlöschen des übertr Rträgers **324** 51
- Widerspruchsrecht des Arbeitnehmers **324** 49
- Wiedereinstellungsanspruch **324** 33
- Zeitpunkt der Unterrichtung **324** 44

Betriebsübergang vor Verschmelzung 5
Betriebsvereinbarungen 20 49, 50
Bewertung
- Abgrenzung von Berichts- u Bewertungsrügen **8** 28
- Ableitung aus den Vergangenheitszahlen **8** 32
- bottom-up **8** 31
- Capital Asset Pricing Models **8** 38
- Ergebnis **8** 27, 41
- Erläuterung des Planungsverfahrens u der Planungsprämissen **8** 31
- Erläuterungen der Plandaten **8** 37
- Ertragswertmethode **8** 32
- Kapitalisierungszinssatz **8** 38
- Methode **8** 27
- nicht-betriebsnotwendige Vermögen **8** 40
- Orientierung an Unternehmensplanungen **8** 28
- Planzahlen **8** 33
- Sonderfragen bei Bewertung von Unternehmensgruppen **8** 42
- top-down **8** 31
- Zahlenangaben zu den Ertragsplanungen **8** 33
- zweite Planungsphase/Normjahr **8** 34

Bezugsrecht 55 20
Bezugsurkunde 173 17
Bilanz 24 8
- Ansatz **24** 20
- Beendigung der Bilanzierungspflichten **24** 15
- Methode der Buchwertverknüpfung **24** 26
- Methode der Neubewertung **24** 22
- Schlussbilanz **24** 8
- Stichtag der Schlussbilanz **24** 11
- übern Rträger **24** 18
- übertr Rträger **24** 8
- Verschmelzung zur Aufnahme **24** 19
- Verschmelzung zur Neugründung **24** 18

Bilanzvermerk Anhangangabe 133 69
Buchwertfortführung 24 55
Buchwertverknüpfung Einl. B 7
Business Combination Agreement Anh 122 I 11

Combined Group Structure Anh 122 I 44
Corporate Governance Anh 122 I 64

Magere Zahlen = Randnummern

Sachverzeichnis

DAT/Altana II-Entscheidung 8 82, 83
Deckung des Nennkapitals 245 35
- Berechnung des Reinvermögens 245 41
- Formwechsel einer AG in KGaA u umgekehrt 245 42
- Formwechsel einer AG od KGaA in GmbH 245 44
- Formwechsel einer GmbH in AG od KGaA 245 35
- Gebot der Reinvermögensdeckung 245 36

Differenzhaftung 55 11; 69 32
Disincorporation 120 5
Downstream merger 5 134; 24 48; 54 16; 68 15
- Entbehrlichkeit der Verschmelzungsprüfung 60 4

Due diligence 8 64
Durchführung der Gesellschafterversammlung 217 31
- Auslage des Umwandlungsberichts 217 31
- Berichtspflichten in Gesellschafterversammlung 217 32

Durchführung der Hauptversammlung bei AG Verschmelzung 64
- Aktualisierung des Berichts 64 10
- Anfechtbarkeit des Hauptversammlungsabschlusses 64 13
- Anfechtbarkeit des Hauptversammlungsbeschlusses 64 23
- Auskunft über and Vertragspartei 64 18
- Auskunft über während der due diligence gewonnene bzw. erteilte Informationen 64 17
- Auskunftsrecht des Aktionärs 64 15
- Auslage von Unterlagen 64 4
- Einzelerläuterungen 64 4
- Erläuterungspflicht des Vorstands 64 9
- Recht des Vorstands auf Auskunftsverweigerung 64 20
- Rfolge bei Verstoß gegen Auskunftspflicht 64 23
- Rfolgen bei Verstoß gegen Erlaubnispflicht 64 13
- Strafbarkeit der Mitglieder des Vorstands 64 14, 24
- Umfang der Erläuterungspflicht 64 9
- Umfang des Auskunftsrechts 64 15
- Zweck 64 1

Duty of care 25 13
Duty of loyalty 25 13

Economies of scale 119 110
Economies of scope 119 110
Eigenkapitalersetzende Nutzungsüberlassung 134 1
Eigentumswechsel außerhalb des Grundbuchs 126 65
Einbringung 173 12
- Sachgründung 173 12
- Sachkapitalerhöhung 173 12

Einbringung durch Einzelrechtsnachfolge Anh 173
- Alternativen 152 3;

Einbringungsvertrag 173 12, 16, 18
- Form 173 18
- Inhalt 173 16

Einfache Beschwerde 13 SpruchG 16
Eingliederung 2 44
Einheitlicher Leitungsapparat 322 4
Einheitslösung 45 30
Einladungsbekanntmachung
- Ausgliederungsbericht 173 60
- Ermächtigungsbeschluss 173 59
- wesentl Inhalt d Ausgliederungsvertrags 173 58

Einpersonen-Gründung 135 29
Einreichung des Verschmelzungsvertrags zum Register bei AG 61 9
- Form der Einreichung 61 16
- Gegenstand der Einreichung 61 10
- Keine od unzureichende Einreichung 61 19
- Rfolgen bei fehlender od unzureichender Einreichung 61 19
- verspätete Einreichung 61 21
- Verzicht auf Einreichung 61 17
- Vollversammlung 61 15
- vor Bekanntmachung in den Gesellschaftsblättern 61 13
- Zeitpunkt der Einreichung 61 12
- zust Gericht 61 9

Einschränkung der Parteiautonomie 1 93
Einstimmigkeitserfordernis 216 22
Einstimmigkeitsgrundsatz 43 15
- bei der Beschlussfassung 43 15
- obligat Gruppenvertretung 43 18
- Stimmenthaltung 43 16
- Stimmrechtsausschluss 43 16
- ungültige Stimmabgabe 43 16
- Zeitpunkt von Beschluss u Zustimmungen 43 22
- Zustimmung zum Beschluss 43 20

Eintragung
- bei Erhöhung des Stammkapitals 53
- des Formwechsels 222 29
- der neuen Rträger 137

Sachverzeichnis

Fette Zahlen = Paragraphen

- der Spaltung **130**; **137**
- **Eintragung bei Erhöhung des Grundkapitals 66**
- Anmeldung des Kapitalerhöhungsbeschlusses **66** 5
- Besonderheiten bei bed Kapitalerhöhung **66** 13
- Eintragungsreihenfolge **66** 4
- Prüfung durch Registergericht **66** 5
- Rfolge bei Nichtbeachtung der vorgeschriebenen Reihenfolge **66** 14
- Verschmelzung durch Aufnahme **66** 4
- Wirksamwerden der Kapitalerhöhung **66** 11
- Zweck **66** 1
- **Eintragung bei Erhöhung des Stammkapitals 53**
- Anmeldung **53** 4
- beizufügende Unterlagen **53** 6
- Bekanntmachung **53** 17
- berichtigender Vermerk **53** 14
- Beschränkung auf Kapitalerhöhung **53** 3
- Bevollmächtigung **53** 4
- deklaratorische Wirkung d Eintragung **53** 15
- zur Durchführung der Verschmelzung **53** 3
- Eintragung **53** 11
- erforderl Kapitalerhöhung **53** 2
- konditionale Verknüpfung der Eintragung der Verschmelzung **53** 12
- Kosten **53** 18
- Löschung der Eintragung **53** 13
- Pauschalgebühr **53** 19
- beim Registergericht **53** 6
- registergerichtl Prüfung **53** 8
- Reihenfolge der Eintragung **53** 11
- Sacherhöhungsbericht **53** 7
- Satzungsänderung **53** 5
- Scheitern der Eintragung **53** 13
- unechte Gesamtvertretung **53** 4
- einer vorrangigen Eintragungspflicht **53** 2
- Werthaltigkeitsprüfung **53** 9
- Wertveränderungen **53** 10
- Wirksamkeit der Eintragung **53** 12
- zuständ Handelsregister **53** 4
- Zweck **53** 2
- **Eintragung der Ausgliederung, Einzelkaufmann 154**
- Anlagen zur Anmeldung **154** 8
- Anmeldebefugnis **154** 2
- Anmeldung **154** 2
- bei beiden Registern **154** 9
- bei Kapitalerhöhung **154** 12
- Bekanntmachung **154** 20
- eG **154** 17
- Frist **154** 14
- Fristen **154** 6
- Inhalt **154** 3
- keine Ausgliederungserklärung **154** 11
- Negativerklärung **154** 5
- Prüfung **154** 14
- Register des Einzelkaufmanns **154** 10
- Registerverfahren **154** 2
- Reihenfolge der Eintragungen **154** 18
- Überschuldung **154** 15
- Vollständigkeit **154** 14
- Voreintragung des übern Rträgers **154** 17
- Werthaltigkeit **154** 16
- Wirkung der Eintragung **154** 19
- Zweck **154** 1
- **Eintragung der Spaltung 130**
- Bekanntmachung **130** 21
- Eintragung bei den übern Rträgern **130** 9
- Eintragung beim übertr Rträger **130** 11
- Eintragungsfehler **130** 12
- Kosten **130** 15
- Prüfung des Registergerichts **130** 2
- Rechtsmittel **130** 13
- Reihenfolge der Eintragungen **130** 8
- Wirkungen **131**
- Zusammenarbeit der Registergerichte **130** 17
- **Eintragung der Verschmelzung 20**
- Anh Zivilprozesse **20** 66
- Anteile des übern am übertr Rträger **20** 76
- arbeitsrechtl Auswirkungen der Gesamtrechtsnachfolge **20** 34
- Arbeitsverträge **20** 35
- Auftrag u Vollmacht **20** 16
- Auslandsvermögen **20** 10
- Auslegung **20** 85
- Ausschluss im Verschmelzungsvertrag **20** 79
- automatischer Rechtsübergang **20** 8
- Behandlung einzelner Mängel nach Eintragung der Verschmelzung **20** 90
- Beteiligungen **20** 21
- Betriebsvereinbarungen **20** 49, 50
- Dienstverträge **20** 56
- eigene Anteile des übertr Rträgers **20** 78
- Eintragung **20** 87
- Firmentarifvertrag **20** 40
- Forderungen **20** 13
- Genossenschaft **20** 28
- Gesamtbetriebsvereinbarungen **20** 51
- Gesamtrechtsnachfolge **20** 8
- Grenzen **20** 89
- Handlungsvollmacht **20** 17
- Immaterialgüterrechte **20** 11
- Kapitalerhöhungsbeschlüsse **20** 95
- Kapitalgesellschaften **20** 22
- kein gutgl Erwerb **20** 9

Magere Zahlen = Randnummern

Sachverzeichnis

– Kollision von Betriebsvereinbarungen **20** 55
– Konzernbetriebsvereinbarungen **20** 54
– Mängel der Beurkundung **20** 82
– Öffentl-rechtl R verhältnisse **20** 67
– Organstellungen **20** 20
– Personengesellschaften **20** 23
– Prokura **20** 17
– Rechte u Ansprüche Dritter **20** 80
– R folgen der kollektivrechtl Fortgeltung **20** 43
– R formgebundene Erlaubnisse **20** 70
– R verhältnisse mit Dritten **20** 11
– Reihenfolge der Eintragungen **20** 7
– R verhältnis zwischen dem übern R träger u seinen Anteilsinhabern **20** 61
– R verhältnisse zwischen dem übertr R träger u seinen Anteilsinhabern **20** 63
– R verhältnisse zwischen den beteiligten R trägern u ihren Anteilseignern **20** 60
– R verhältnisse zwischen übertr u übern R träger **20** 60
– sachbez Verwaltung **20** 69
– Schutz von Drittinteressen **20** 12
– Sicherheit des Rechtsverkehrs **20** 5
– Sonderbeschlüsse u Zustimmungserklärungen **20** 94
– Sonderregelung für best dingl Rechte **20** 32
– sonst Mängel der Verschmelzung **20** 84
– Steuern **20** 68
– Tarifverträge **20** 38
– Überleitungstarifverträge **20** 48
– Unternehmverträge **20** 29
– Verbandstarifverträge **20** 41
– Verbindlichkeiten **20** 15
– Vereine **20** 27
– Vermögensübergang **20** 8
– Verschmelzungsbedingungen bei fehlerh Verschmelzung **20** 99
– Verschmelzungsbeschlüsse **20** 92
– Verschmelzungsvertrag **20** 90
– Wirkung **20**
– Zeitpunkt **20** 6
– Zweck **20** 84
– Zweck u Reichweite des § 20 Abs. 2 **20** 84

Eintragung in Handelsregister, Alleingesellschafter 122
– Anmeldebefugnis **122** 12
– Anmeldung **122** 12
– Anwendungsbereich **122** 2
– ausländ Handelsregister **122** 11
– eingetr Alleingesellschafter **122** 4, 17
– erforderl Angaben **122** 14
– erforderl Eintragungen **122** 3
– Firmenbildung **122** 17
– Mängel **122** 22

– maßgebendes Dokument **122** 20
– nicht eingetr Alleingesellschafter **122** 7
– nicht eingetragener Alleingesellschafter **122** 18
– Personenname **122** 19
– Registerverfahren **122** 15
– Reihenfolge **122** 15
– Verschmelzungswirkung **122** 21
– Wirkung **122** 16, 21
– Zweck **122** 1

Eintragung u Bekanntmachung der Verschmelzung 19
– Bekanntmachung **19** 18
– Inhalt der Bekanntmachung **19** 18
– Kosten der Eintragung **19** 13
– Prüfung des Registergerichts **19** 3
– Rechtsmittel **19** 11
– Reihenfolge der Eintragungen **19** 8
– Wirkung der Bekanntmachung **19** 19
– Zusammenarbeit der Registergerichte **19** 17

Einzelkaufmann 158 12
– allg Gründungsvorschriften **157** 12
– Ausgliederung des Unternehmens **152**
– Gegenstand der Ausgliederung **152** 59
– Gründungsbericht **157** 12
– Gründungsprüfung **157** 12
– Haftung **156**
– Sachgründungsbericht **157** 12
– – als übertr R träger **152** 19
– zeitl Haftungsbegrenzung für übertr Verbindlichkeiten **157**

Einzelrechtsnachfolge Anh 173
Einzelverschmelzung 55 9
Einzelvertretungsmacht 216 6
Enkelverschmelzung 5 139
Entbehrlichkeit der Verschmelzungsprüfung 9 49
– Aufnahme einer 100%-igen Tochtergesellschaft **9** 49
– notariell beurkundeter Verzicht aller Anteilsinhaber **9** 51

Enthaftung 133 112
– anerkannte Ansprüche **133** 108
– Ansprüche aus unerl Handlung **133** 109
– Bodenschutzgesetz **133** 110
– Eintritt **45** 21
– Einzelkaufmann **152** 8
– Fünfjahresfrist **133** 112
– Grenzen **133** 107
– Hauptschuldner and Beteiligter **133** 114
– Hauptschuldner führt Firma fort **133** 113
– Hauptschuldner nicht bestimmt **133** 115
– rechtsvernichtende Einwendung **45** 20
– titulierte Ansprüche **133** 108

Sachverzeichnis

Fette Zahlen = Paragraphen

- Verfkonformität **133** 107
- Wirkung **45** 20

Enthaftung bei Altverbindlichkeiten 319
- bis zum 26. 3. 1994 entstandene Verbindlichkeiten **319** 9
- bisher nicht bestehende Umwandlungsmöglichkeit **319** 12
- Dauerschuldverhältnisse **319** 14
- Fälligkeit innerhalb von vier Jahren nach Bekanntmachungsfiktion **319** 9
- früher bestehende Umwandlungsmöglichkeit **319** 11
- geschäftsleitende Tätigkeit des Haftenden **319** 16
- nach dem 26. 3. 1994 entstandene Verbindlichkeiten **319** 8
- nach dem 31. 12. 1994 entstandene Verbindlichkeiten **319** 4
- spätere Fälligkeit **319** 10
- Umwandlung nach altem Recht **319** 5
- Umwandlung nach neuem Recht **319** 4

Enthaftung der Gesellschafter 224 1

Enthaftung des Einzelkaufmanns
- nach §§ 25, 28 HGB **157** 21, 5
- abw Vereinbarungen **157** 19
- Enthaftung bei and Haftungsgründen **157** 21
- „Enthaftung" des Übernehmers für nicht übernommene Verbindlichkeiten **157** 22
- Fünf Jahre nach dem Stichtag **157** 7
- Gegenstand der Enthaftung **157** 5
- Geschäftsführende Tätigkeit **157** 8
- Grundsatz **157** 7
- Haftungsgrenzen **157** 18
- Haftungsgründe **157** 9
- Innenausgleich **157** 23
- kein Gesamtschuldverhältnis **157** 23
- keine Feststellung **157** 13
- Reichweite **157** 20
- spätere Fälligkeit **157** 10
- vertragl Anspruch **157** 24

Enthaftung des Mithafters 133 77
- Ablaufhemmung **133** 81
- Altansprüche **133** 103
- alte Ansprüche **133** 102
- Arbeitsverhältnisse **133** 100
- Aufrechung **133** 98
- Betriebsaufspaltung **133** 79
- Dauerschuldverhältnis **133** 79
- Enthaftung ausschließende Gründe **133** 84
- Enthaftungskonzept des Nachhaftungsbegrenzungsgesetzes **133** 77
- Erfüllung **133** 97
- Erlass eines Verwaltungsakts **133** 86
- Feststellung im Insolvenzverfahren **133** 85

- Frist **133** 88
- Grenzen der Enthaftung **133** 107
- Grundsatz **133** 77
- Haftungsgrenzen **133** 101
- Hemmung **133** 88
- Insolvenzverfahren **133** 83
- Klage vor Fälligkeit **133** 82
- rechtskr Feststellung **133** 84
- Schadensersatzansprüche **133** 80
- Sonderfall **133** 79
- Spaltungen vor 1. 1. 2002 **133** 104
- spätere Fälligkeit **133** 79
- Stichtag **133** 78
- Übergangsregelung **133** 102
- Verfkonformität der Enthaftung **133** 107
- Vergleich **133** 83
- Verlängerung nach Verjährungsgrundsätzen **133** 81
- Vermeidung der Enthaftung **133** 88
- vollstreckb Urkunde **133** 85
- vollstreckb Vergleich **133** 85
- Wirkung der Maßnahmen **133** 99
- Zwangsvollstreckung **133** 83

Enthaftung
- bei Altverbindlichkeiten **319**

Enthaftungsbestimmungen 224 38
- Aufwendungsanspruch **224** 38
- Außenverhältnis **224** 38
- Innenverhältnis **224** 38

Entschmelzung 36 18
- Beitritt weiterer Personen als Gründer **36** 70
- Differenzhaftung **36** 42
- Gründerhaftung **36** 56
- Haftung für falsche Angaben **36** 42

Entziehbare Rechte 241 26

Erhellungszeitraum 22 10

Erlöschen des aufgespaltenen Rechtsträgers
- Eintragung der Aufspaltung **131** 58

Erlöschen des übertragenden Rechtsträgers 2 37

Ermächtigungsbeschluss 183 59

Erstattung des Verschmelzungsberichts 8 5
- durch Vertretungsorgan **8** 5

Ertragsteuerliche Neutralität von Umwandlungsvorgängen Einl. B 7

Euro-Umstellung 241 17

Europäische Gegenseitigkeitsgesellschaft 109 23

Europäische Gerichtsstands- und Vollstreckungsverordnung EinlC 62

Euroumstellung 318 10

Fakultativer Aufsichtsrat 203 3

„Feldmühle"-Urteil 30 6; **174** 3

Magere Zahlen = Randnummern

Sachverzeichnis

Festsetzung der Sonderrechte bzw. Sonderpflichten im Verschmelzungsvertrag
- Warnfunktion 46 18

FGG-Verfahren 17 SpruchG

Firma oder Name des Rechtsträgers neuer Rechtsform
- § 19 HGB 200 7
- § 22 HGB 200 8
- Einwilligung nat Personen 200 9
- Formwechsel in BGB-Gesellschaft 200 4
- Fortführung 200 3
- Partnerschaftsgesellschaften 200 12
- Rechtsformzusatz 200 5
- zul Firmierung 200 3

Firma übernehmende Rechtsträger
- § 19 HGB 18 7
- § 22 HGB 18 6
- Einwilligung nat Personen 18 8
- Fortführung 18 2
- Partnerschaftsgesellschaften 18 9
- zul Firmierung 18 2

Firmenbildung 122 17

Firmentarifvertrag 20 40

Flucht aus den Publizitätsvorschriften des HGB 190 8

Flucht aus der Mitbestimmung 190 8

Form u Vertretung 31 5

Formwechsel 120 7; 190; 214; 225 a; 228; 250; Anh UmwStG 624
- Ablauf 190 12
- in AG 222 16; 223 5
- einer AG in eine KGaA 250
- einer AG oder KGaA in GmbH 248 23
- Ankündigung 216 11
- Anmeldung 222
- bei aufgelösten Rträgern 191 16
- Ausschluss der GbR als Zielrechtsform 228 28
- Begriff 1 67; 190 3
- Bekanntmachung 190 21; 201
- Beschluss der Anteilsinhaber 190 20
- Bilanzierung bei formwechselnden Rträger Anh UmwStG 662
- Bilanzierung bei dem Rträger neuer Rform Anh UmwStG 674
- Bilanzstichtag Anh UmwStG 651
- Einberufung u Ladung der Anteilsinhaber 190 19
- Einbringungsvorgang Anh UmwStG 645
- in eG 222 24; 223 5
- Eintragung 190 21
- Entwurf des Umwandlungsbeschlusses 190 15
- fehlende Anteilsinhaberidentität 1 68
- Formwechsel in die PHG 228 7
- Formwechsel in GbR 228 28
- Formwechsel in Kapitalgesellschaft & Co. 228 22
- Formwechselstichtag Anh UmwStG 713
- GbR als zwingende Zielrechtsform 228 30
- Gesellschaftereigenschaft 228 16
- Gesellschafterfähigkeit 228 32
- Gewerbesteuer Anh UmwStG 701
- gewerbesteuerl Nachversteuerung Anh UmwStG 704
- in GmbH 222 7; 223 5
- einer GmbH in AG oder KGaA 248 1
- Grenzen der Fiktion des Vermögensübergangs Anh UmwStG 654
- Gründe 190 5
- Grunderwerbsteuer Anh UmwStG 710
- Haftungsfragen 228 39
- Halbeinkünfteverfahren Anh UmwStG 636, 657, 693, 696
- Hilfsformwechsel 228 33
- Identität des Personenkreises 1 68
- in die OHG 228 41
- in die PartG 228 47
- in die Personengesellschaft 228 39
- in GbR 228 44
- in KG 228 42
- in PartG 228 43
- internationaler 190 11
- jurist Person des öffentl Rechts 301
- Kapitalgesellschaft in eine Personengesellschaft, steuerrechtliche Anh UmwStG 657
- zwischen Kapitalgesellschaften, Steuerneutralität Anh UmwStG 639
- kein Formwechsel der Einpersonen-Kapitalgesellschaft 228 12, 31
- keine Vermögensübertragung 1 67
- in KGaA 222 21; 223 6
- einer KGaA in eine AG 250
- kreuzender Formwechsel Anh UmwStG 654
- Maßgeblichkeit des Unternehmensgegenstands 228 7
- Maßgeblichkeitsprinzip einer Handelsbilanz für Steuerbilanz Anh UmwStG 653
- Personengesellschaft in Kapitalgesellschaft Anh UmwStG 705
- steuerliche Folgen bei Personengesellschaften Anh UmwStG 641
- Prüfungs- u Informationspflichten 190 17
- Registeranmeldung 190 21
- rfähiger Verein 272
- Sperrbetrag iSd. § 50 c EStG aF Anh UmwStG 686
- Steuerbilanz Anh UmwStG 712

2509

Sachverzeichnis

Fette Zahlen = Paragraphen

- steuerl Formwechselrecht **Anh UmwStG** 632
- steuerl Rückwirkung **Anh UmwStG** 658
- steuerl Bilanzen **Anh UmwStG** 649
- Übernahmeergebnis **Anh UmwStG** 677, 691
- Übernahmegewinn **Anh UmwStG** 693
- Übernahmeverlust **Anh UmwStG** 694
- Übertragungsbilanz **Anh UmwStG** 650, 659
- Umsatzsteuer **Anh UmwStG** 711
- Umwandlungsbericht **190** 14
- Vermögensaufstellung **190** 16
- Vorbereitung **190** 13
- Wahlfreiheit zwischen PHG und GbR **228** 29
- Wahrung der Identität des Rträgers **190** 4

Formwechsel der KG 226
- Anwendungsbereich **226** 3
- Gesetzessystematik **226** 1
- kaltes Delisting **226** 11
- Kapitalgesellschaft als formwechselnder Rträger **226** 9
- Praxisrelevanz **226** 7
- Zielrechtsformen **226** 10
- Zweck **226** 1

Formwechsel der KGaA
- abw Satzungsbestimmungen **233** 38
- Ausscheiden von Komplementären **233** 39
- Vetorecht **233** 34
- Zustimmung der Komplementäre **233** 34

Formwechsel der Kapitalgesellschaft 238 1, 4
- Abfindungsangebot **238** 4
- Beschluss der Anteilsinhaber der formwechselnden Kapitalgesellschaft **238** 4
- schriftl Ankündigung **238** 4
- Übersendung des Umwandlungsberichts **238** 4
- Versammlung der Anteilsinhaber **238** 4

Formwechsel der Kapitalgesellschaft in GbR 235
- Anmeldepflichtige **235** 6
- formwechselnden Gesellschaft **235** 6
- Gegenstand der Anmeldung **235** 9
- hilfsweise Umwandlung in GbR **235** 10
- ohne Anmeldung keine Eintragung **235** 5
- Vertretungsorgan **235** 6
- zuständiges Register **235** 11

Formwechsel der KGaA 227
- Abfindung **227** 7
- Anspruchsgrundlage **227** 10
- Ausscheiden eines Komplementärs **226** 5
- Nachhaftung des ausscheidenden pers haftenden Gesellschafter **227** 11
- nicht anzuwendende Vorschriften **226**
- Vermögensaufstellung **227** 9

Formwechsel der Kommanditgesellschaft auf Akten 236
- Abfindungsanspruch **236** 6
- Ausscheiden bei Ausscheidenserklärung **236** 4
- Folgen des Ausscheidens **236** 6
- Forthaftung des Ausscheidens **236** 7
- Nachhaftungsfrist **236** 7
- Prinzip der Kontinuität der Mitgliedschaft **236** 4
- Verbleiben des pers haftenden Gesellschafters in der Gesellschaft **236** 10

Formwechsel in AG 222 16
- Anmeldungsinhalt **222** 19
- Anmeldungsverpflichtete **222** 16
- Vertretung **222** 18

Formwechsel in eG 222 24
- Anmeldungsinhalt **222** 26
- Anmeldungsverpflichtete **222** 25

Formwechsel in GmbH 222 7
- Anmeldungsinhalt **222** 13
- Anmeldungsverpflichtete **222** 8
- Klage gegen den Formwechselbeschluss **222** 14

Formwechsel in KGaA 222 21
- andere Art der Auseinandersetzung **214** 26
- andere Formen der Rformänderung **214** 32
- andere Formen des Rformwechsels **225 a** 7
- Anmeldungsinhalt **222** 22
- Anmeldungsverpflichtete **222** 21
- aufgelöste Gesellschaften **214** 20
- EWIV **214** 12
- Formwechsel einer PartG **225 a** 4
- Formwechselnde Rträger **214** 9
- GbR **214** 14
- Insolvenz **214** 25
- Kapitalgesellschaften, eingetr Genossenschaft **214** 17
- KG **214** 11
- Liquidation **214** 24
- Möglichkeit **214**; **225 a**
- OHG **214** 10
- PartG **214** 13
- Personenhandelsgesellschaften **214** 9
- Rechtsfolgen bei Verstößen **214** 30
- Rträger neuer Rechtsform **214** 17; **225 a** 5
- Verstöße **214** 30
- Verstöße, Rechtsfolgen **225 a** 6
- Zweck **225 a** 1

formwechselbedingter Sonderabzugsposten 220 23

Formwechselnde Rechtsträger 191 2; **214** 9
- eG **191** 5
- EWIV **214** 12
- GbR **214** 14

Magere Zahlen = Randnummern

Sachverzeichnis

- Kapitalgesellschaften **191** 4
- KG **214** 11
- Körperschaften u Anstalten des öffentlichen Rechts **191** 8
- OHG **214** 10
- PartG **214** 13
- Partnerschaftsgesellschaften **191** 2
- Personenhandelsgesellschaften **214** 9
- PHG **190** 2
- Rfähige Vereine **191** 6
- Versicherungsvereine auf Gegenseitigkeit **191** 7
- weitere Rechtsformen **214** 16
- weitere Rträger **191** 11

Formwechselnde Umwandlung Einl. A 58

Fortbestandsprognose
- negativ **159** 15

Fortdauer der Gesellschafterhaftung 6; **224**
- bes Haftungsgründe **224** 12
- erfasste Verbindlichkeiten **224** 10
- Kommanditisten **224** 8
- pers haftende Gesellschafter **224** 7
- Schuldner **224** 7

Fortführungsprognose 152 76

Fortgeltung von Rechten oder Beteiligungsrechten des Betriebsrats 325 27
- aus der Spaltung hervorgegangene Betriebe **325** 30
- beibehaltungsfähige Rechte u Beteiligungsrechte des Betriebsrats **325** 37
- Betriebsvereinbarung **325** 36
- Dauer der Vereinbarung **325** 42
- Entfallen von Rechten oder Beteiligungsrechten des Betriebsrats **325** 31
- Firmentarifvertrag **325** 34
- gemeinsamer Firmentarifvertrag **325** 35
- Spaltung eines Betriebs **325** 28
- Spaltung od Teilübertragung eines Rträgers **325** 27
- Streitigkeiten **325** 44
- Tarifvertrag **325** 34
- Teilübertragung von privaten auf öffentl-rechtl Rträger u umgekehrt **325** 43
- Vereinbarung der Fortgeltung der Rechte od Beteiligungsrechte des Betriebsrats **325** 33
- Voraussetzungen **325** 27
- zeitlicher Zusammenhang der Vereinbarung zur Betriebsspaltung **325** 41

Fortsetzungsbeschluss 39 20; **120** 11
Freie Spitzen 241 10
Fremdorganschaft 216 8
Freshstart-Methode 24 2
Freudenberg-Urteil 43 5

Fünfjahresfrist 45 35; **224** 34
- Ablaufhemmung **45** 40
- von Amts wegen **224** 34
- Ausschlussfrist **224** 34
- Einreden **224** 35
- Einwand unzul Rechtsausübung **45** 42
- Einwendungen **224** 35
- Fristbeginn **45** 35
- Fristende **45** 36
- Fristhemmung **45** 37
- Hemmung der Verjährung bei höherer Gewalt **45** 39
- Hemmung durch Rechtsverfolgung **45** 38
- Höchstfrist **224** 35
- Verjährung zu früherem Zeitpunkt **224** 35
- keine Verjährungsfrist **224** 34
- wirkungslose Vollstreckungshandlung **45** 37

Fünfjahresfrist der Enthaftung
- Beginn **133** 112

Fusionskontrolle 119 81
Fusionskontrollverordnung 2 75
Fusionsrichtlinie EinlC 81

Gebot der richtlinienkonformen Auslegung 20 4
Gebot der zeitnahen Mittelverwendung 104 a 13
Gebot realer Kapitalaufbringung 68 5
Gefährdung der Gläubiger 22 20
- Abbau der Kapitalbindung **22** 23
- Arten **22** 20
- Barzuzahlungen/Abfindungen **22** 30
- Gefährdungslagen **22** 23
- Glaubhaftmachung **22** 35
- Gründe **22** 20
- insolventer Rechtsträger **22** 21
- konkrete Gefährdung **22** 32
- Sicherheitsleistung **22** 31
- solventer Rechtsträger **22** 21
- Substanzminderung durch Verschmelzung **22** 29
- Verschmelzung auf Kapitalgesellschaften **22** 24
- Verschmelzung auf Personengesellschaft **22** 26
- Wegfall pers Haftung **22** 27
- Zeithorizont **22** 22

Gegenleistung 174 20; **181,** 5
- Abfindung **181** 2
- allg Grundsätze der Unternehmensbewertung **181** 7
- Anfechtungsklage **180** 22
- Angemessenheit **174** 22; **181** 4, 5
- Anspruchsberechtigte **181** 11
- Arten **181** 5
- Barabfindung **174** 21

Sachverzeichnis

Fette Zahlen = Paragraphen

- Barzahlung **181** 5
- Berücksichtigung außerordentl Entwicklung **181** 10
- Beschränkungen für Höhe der Gegenleistung **180** 23
- Bestandsübertragung **181** 6, 22
- Dauer der Mitgliedschaft **181** 18
- Ertragswertmethode **181** 8
- Form **174** 20
- Gerichtl Überprüfung **181** 20
- Gewährung **181**
- Höhe **181** 6
- Höhe der Beiträge **181** 14
- Höhe der Deckungsrückstellung **181** 15
- Höhe der Versicherungssumme **181** 13
- jeder vermögenswerte Gegenstand **181** 5
- Kombination mehrerer Kriterien **181** 19
- Lebensversicherung **181** 15
- Maßstab der Aufteilung **181** 12
- Rechtsform **174** 21
- Satzungsmaßstab für Überschussverwendung **181** 16
- Satzungsmaßstab für Vermögensverteilung **181** 17
- Spruchverfahren **181** 20
- Substanzwert **181** 9
- Verkaufswert **181** 9
- Verkehrswert der Beteiligung **181** 7
- versicherungsspezifische Abfindungen **181** 5
- Verteilung **181** 4
- Zeitpunkt für Bewertung **181** 10

Gegenleistung durch Anteils- oder Mitgliedschaftsgewährung 2 40

Geheimhaltungspflicht
- Verletzung **315**

Gemeinsame Verschmelzungsprüfer 44 19

Gemeinsamer Betrieb 322
- anderw Beschäftigungsmöglichkeiten **322** 14
- Arbeitnehmerzahl **322** 13
- Auflösung des gemeinsamen Betriebs **322** 11
- Ausgl zw den bet Rträgern **322** 18
- einheitl Leitungsapparat **322** 4
- keine analoge Anwendung der Vermutungsregel des § 1 Abs. 2 BetrVG **322** 7
- Kündigungsschutzrecht **322** 1
- Massenentlassungen **322** 16
- Sozialauswahl **322** 15
- Stilllegung von Betriebsabteilungen **322** 17
- Zweck **322** 1

Gemeinsamer Vertreter 6 SpruchG 7
- Abberufung **6 SpruchG** 17
- Antragsrücknahme **6 SpruchG** 16
- Aufgaben **6 SpruchG** 14
- Auslagenersatz **6 SpruchG** 21
- bei Gründung einer SE **6a SpruchG** 1
- Kostenfestsetzung **6 SpruchG** 22
- Rechtsstellung **6 SpruchG** 14
- Vergütung **6 SpruchG** 18

Genehmigtes Kapital 69 19; **243** 26

Genehmigung, aufsichtsbehördl
- bei § 14a VAG **Anh 119** 81
- bei Spaltung **179** 10; **184** 12
- bei Teilübertragung **189** 8
- bei Verschmelzung **178** 18; **180** 11

Genehmigung, aufsichtsbehördlicher bei Vollübertragung 188 7

Genehmigung der Satzung 221 10
- Änderung der Satzung **221** 13
- Form **221** 11
- Genehmigung **221** 10
- konkludent aus Beitrittserklärung **221** 10
- Mängel der Beitrittserklärung **221** 14
- nachträgl Zustimmung **221** 12
- notarielle Beurkundung **221** 11
- Zeitpunkt **221** 12

Genehmigungsbedürftigkeit der Umwandlung 119 82
- Amtspflicht **119** 106
- Auflagen **119** 101
- Eingeschr Prüfung beim Formwechsel **119** 91
- Eintragung trotz fehlender Genehmigung **119** 104
- Eintragungshindernis **119** 103
- Genehmigungspflicht bei Umwandlungen von Rückversicherungsvereinen **119** 85
- Negativerklärung **119** 105
- Prüfung durch Aufsichtsbehörde **119** 91
- Prüfung umwandlungsrechtl Vorschriften **119** 95
- Prüfungsumfang bei sonst Umwandlungen **119** 93
- Rmittel gegen Entscheidung der Aufsichtsbehörde **119** 102
- Umwandlung iSd. UmwG **119** 84
- Widerspruch u Anfechtungsklage **119** 102
- zust Behörde **119** 88
- Zweck **119** 82

General- oder Vertreterversammlung 82 3
- auszulegende Unterlagen **82** 23

Genossen
- Ausschlagungsrecht **90** 9
- einer übern eG **90** 8
- einer übertr eG **90** 5

Genossenschaft 79; **83**; **84**; **85**; **86**; **87**; **88**; **89**; **90**; **91**; **92**; **93**; **97**; **98**; **147**; **148**; **251**; **252**; **253**; **254**; **255**; **256**; **258**; **259**; **260**; **261**; **262**; **263**; **264**; **265**; **266**; **267**; **268**; **269**; **284**; **285**; **286**; **288**; **289**; **290**

Magere Zahlen = Randnummern **Sachverzeichnis**

- 6/10-Grenze **269** 2
- – Amtsdauer **97** 13
- Abfindung ausscheidender Gesellschafter **255** 20
- Abfindungsangebot **259** 26
- Ablauf der Versammlung **83** 11
- Abstimmung **83** 31
- allg Auskunftsrecht **83** 26
- Amtsdauer **97** 13
- Androhung der Veräußerung **268** 7–8
- Anfechtungsbefugnis **84** 26
- Anfechtungsgründe **83** 41; **84** 32
- Ankündigung des Formwechsels **260** 7
- Anlage von Unterlagen **261** 6
- anmeldepflichtige Personen **254** 2; **265** 4
- Anmeldeunterlagen **86** 8; **148** 15; **254** 26; **265** 6
- Anmeldeverfahren **147** 23
- Anmeldeverpflichteter **286** 2
- Anmeldung der Änderung des Statuts **147** 36
- Anmeldung des Formwechsels **254**; **265**; **286**
- Anmeldung zum Genossenschaftsregister **86** 2
- Annahme, Wirksamkeit, Bestellungsurkunde **97** 17
- Anspruch auf bare Zuzahlung **85** 9
- Anteilstausch **87**
- Anteilstausch, Geschäftsguthaben **88** 5
- Arbeitsdirektor **97** 22
- Aufbewahrung der Ausschlagungserklärung **92** 8
- Aufforderung zur Anholung der Aktien **268** 4–6
- aufgelöste Genossenschaft **79** 9
- Auflösung **288** 8
- Aufsichtsrat **80** 54
- Aufstockungspflicht **87** 26
- Auseinandersetzung **93**
- Auseinandersetzungspflicht **93** 4
- Ausgleichsanspruch **93** 19
- Auskunftsansprüche **261** 27
- Auskunftsmängel **83** 43
- Auskunftsrecht der Genossen/Vertreter **83** 26
- Auskunftsverweigerungsrecht des Vorstands **83** 30
- Auslagepflichtige Unterlagen, Frist u Ort **260** 21
- Auslegung der Verschmelzungsunterlagen **83** 4
- Auslegungsmängel **83** 41
- Ausscheiden pers haftender Gesellschafter einer KGaA **255** 15
- Ausschlagung durch einzelne Anteilsinhaber **90**
- Ausschlagungserklärung **91** 2
- Ausschlagungsfrist **91** 9
- Ausschlagungsrecht **90** 11
- Ausschluss der Amtslöschung **255** 13
- Ausschluss der Barabfindung **289** 2
- Aussprache **83** 25
- Ausübung einer Kapitalerhöhungsermächtigung **269** 7
- Auszahlung übersteigendes Geschäftsguthaben **87** 42; **88** 11
- Auszahlungsanspruch **93** 7
- Beiräte **80** 56
- Bekanntgabe des Abfindungsangebots **260** 20
- Bekanntmachung in Gesellschaftsblättern **267** 7
- Bekanntmachung statt Eintragung **286** 4
- Bekanntmachungs- u Ankündigungsmängel **90** 22
- Belange der Mitglieder u Gläubiger **259** 16
- Benachrichtigung **89** 7; **289** 7
- Benachrichtigung der Anteilsinhaber **267**
- Benachrichtigung der Genossen **289**
- Benachrichtigung des Ausschlagenden **92** 7
- beratende Teilnahme des Prüfungsverbands **83** 38
- Beratung **83** 40
- Beratungsmängel **83** 45
- bes Zustimmungserfordernisse **252** 8
- Beschluss der Generalversammlung **84**; **262**
- Beschluss der Mitgliederversammlung **284**
- Beschlussfassung **84** 7
- Beschlussfassung über Formwechsel **262** 6
- Beschlussfeststellung **84** 13
- Beschlussgegenstand **84** 5
- Beschlussmängel **84** 24; **262** 24
- Beschlussmehrheiten **260** 11
- Beschränkung der Umwandlungsmöglichkeit **258** 6
- Beschränkung von Gesellschafterrechten **266** 13
- Bestellbarkeit **97** 13
- Bestellung des ersten Aufsichtsrats **97** 11
- Bestellung des ersten Vorstands **97** 18
- Bestellung durch Vertretungsorgane der übertr Rträger **97** 11
- Bestellungsbeschluss, Mehrheitserfordernis **97** 12
- Beteiligung **288** 2
- Beteiligung a d eG **253** 7
- Beteiligung in der neuen- **285** 3
- Beteiligungen **87** 16
- Beteiligungshöhe u -verhältnisse **263** 8
- Beteiligungsquote **263** 19
- Bezugsrecht der Aktionäre **263** 28
- Delegiertenversammlung **284** 2

Sachverzeichnis

Fette Zahlen = Paragraphen

- Dividende **87** 20
- Dreiviertelmehrheit **84** 8
- Durchführung der Anteilsinhaberversammlung **251** 14
- Durchführung der Generalversammlung **83**; **261**
- eG **79** 8
- Einberufungsmängel **90** 21
- Eintragung **89** 4
- Eintragung der Ausschlagung in die Mitgliederliste **92** 4
- Eintrittsgelder **87** 21
- erforderl Änderung des Statuts als Teil des Spaltungsbeschlusses **147** 30
- Erfordernis des Prüfungsgutachtens **259** 3
- Erklärung des Vorstands **148** 4
- Erläuterung des Umwandlungsbeschlusses **261** 13
- Erläuterung des Verschmelzungsvertrags od seines Entwurfs **83** 12
- Erläuterungs- u Verlesungsmängel **83** 42
- Erscheinen in der Versammlung **90** 11
- Erweiterung des Abfindungsangebots **289** 1
- Erweiterung des Inhalts **286** 3
- Erwerb der Mitgliedschaft **87** 5
- Feststellung des Verschmelzungsbeschlusses **83** 48
- Form der Abstimmung **262** 18
- formwechselnde AG **251** 10
- formwechselnde GmbH **251** 9
- formwechselnde KGaA **251** 11; **257**
- Fortbestand von Rechten Dritter **87** 32
- Gegenstände der Anmeldung **254** 7
- genehmigtes Kapital **269**
- General-/Vertreterversammlung **80** 50
- Genossenschaft mit Nachschusspflicht **252** 4
- Genossenschaft ohne Nachschusspflicht **252** 7
- Genossenschaftsbanken **79** 2
- Geschäftsguthaben **256** 4; **289**, 2
- gleiche Anzahl von Geschäftsanteilen u abweichende Maßstäbe **285** 4
- größere Mehrheiten u sonst Erfordernisse nach § 275 Abs. 2 Satz 3 **284** 7
- Grundlagenbeschlüsse **269** 3
- Gründungsprüfung **264** 12
- Gutachten des Prüfungsverbandes **81**
- Gutschrift aus bish Beteiligung **256** 5
- Hauptversammlungsbeschlüsse **269**
- Hinweis auf Beschlussmehrheiten u Widerspruchsmöglichkeiten **260** 10
- in Genossenschaft **251** 1
- Inhalt des Prüfungsgutachtens **259** 12
- Inhalt des Umwandlungsbeschlusses **263**; **285**
- Kapitaldeckung **264** 4
- Kapitalgesellschaft, Anteilsinhaber **88** 4
- Kapitalschutz **264**
- Klagbarkeit des Verschmelzungsvertrags **79** 6
- Klagefrist **84** 25
- Leistungen u Einrichtungen **87** 19
- Limitierung vertragl festgesetzter barer Zuzahlungen **87** 50
- Maßgeblichkeit der Schlussbilanz **87** 52; **93** 5
- mehrere übertr Rträger **79** 16
- Mehrheiten **262** 25
- Mehrheitserfordernisse bei Änderung des Vereinszwecks **284** 3
- Mehrheitserfordernisse nach § 275 Abs. 2 **284** 6
- Mehrstimmrechte **87** 12; **262** 7
- Mindestbeteiligung der Genossen an AG/KGaA **258** 17
- Mindestbeteiligung der Genossen an GmbH **258** 13
- mindestens ein Geschäftsanteil **285** 3
- Mischverschmelzung auf eG **79** 6
- Mitgliederliste **89** 1
- Mitteilung über die Mitgliedschaftsdaten **89** 9
- Mitteilungspflichten über Beteiligungsverhältnisse **256** 18
- Nachgründung **264** 15
- Nebenleistungspflichten **87** 11
- Nichterscheinen in der Versammlung **90** 19
- ordentliche/außerordentliche Versammlung **83** 11
- Organbestellung **97** 11
- Organe **80** 50
- Organstellungen **87** 15
- persönl Mitteilung **267** 2
- Pflicht zur Übernahme weiterer Geschäftsanteile **288** 4
- Prinzip der Reinvermögensdeckung **263** 27
- Prüfung durch das Registergericht **86** 15
- Recht zur Ausschlagung **90**
- Rechte Dritter **288** 3
- Rechte Dritter a d bish Kapitalanteilen **255** 9
- Rechte Dritter am Geschäftsguthaben **266** 17
- Rechte u Pflichten bei übern eG **87** 18
- Rechte und Pflichten bei einer übertr eG **87** 10
- Rechtsfolgen **83** 41
- Rechtsfolgen der Ausschlagung **90** 30
- Rechtsfolgen der Spaltung **147** 24
- Rechtsnatur u Struktur der eG **79** 3
- Regelzuständigkeit der Vertretungsorgane **97** 19
- Sachgründungsbericht **264** 11
- Satzungsbestimmungen **84** 21

Magere Zahlen = Randnummern

- Sonderrechte gem. § 23 **87** 13
- sonst statutarische Pflichten **87** 23
- Spaltung **147**
- Spaltungs- u Übernahmevertrag, Spaltungsplan **147** 9
- Spaltungsbericht, Prüfungsgutachten **147** 14
- Spaltungsbeschluss **147** 22
- Spaltungsfähigkeit **147** 3
- spez Auskunftsrecht **83** 27
- spez Genossenschaften **79** 2
- Spruchverfahren **85** 21
- statuarische Zahl **97** 13
- Statut **97** 3; **285** 2
- statutarische Zahl **97** 13
- Statut der eG als notw Inhalt des Beschlusses **253** 2
- Statut der übern eG **79** 19
- Statutsänderung **79** 19
- Stimmrechtsausübung **90** 13
- Teilnahme des Prüfungsverbands **261** 25
- Teilnahmerecht **83** 38
- Teilrechte **266** 8; **268** 12
- Überdeckung von Geschäftsanteilen: Bare Zuzahlung **256** 11
- übertr Kapitalgesellschaft **88** 4
- übertr PHG oder PartG **88** 17
- übertragender rfähiger Verein **88** 13
- Umtauschverhältnis **87** 25
- Umwandlung der Geschäftsanteile **266** 3
- Umwandlungsbericht **259** 20
- Umwandlungsbeschluss **259** 22
- unberechtigte Nichtzulassung **90** 20
- Unterdeckung von Geschäftsanteilen **256** 13
- Unwirksamkeitsklagen **84** 24
- Veräußerung **268** 9–11
- Verbesserung des Umtauschverhältnisses **85**
- Verbreitung der Generalversammlung **82**
- Verhältnis zum Anfechtungs- u Spruchverfahren **90** 26
- Verkehrsfähigkeit von Teilrechten **266** 12
- Verlesung des Prüfungsgutachtens **83** 21; **261** 21
- Verschmelzung im Wege der Aufnahme **79** 17
- Verschmelzung mit Sparkassen **79** 5
- Verschmelzungsbeschluss **84** 3
- Verschmelzungsvertrag **80**
- Vertreterversammlung **90** 23; **262** 10
- Verzicht **90** 28
- Vorb der Anteilsinhaberversammlung **251** 4
- Vorstand **80** 51
- Wechsel einer Kapitalgesellschaft **251** 1
- Werbende Genossenschaft **79** 35
- Widersprüche **83** 49
- Widerspruchserklärung **90** 21

Sachverzeichnis

- Widerspruchsmöglichkeiten **260** 15
- Wirksamkeit der Organbestellungen **98** 6
- Wirksamkeit der Verschmelzung u Entstehung der neuen eG **98** 9
- Wirksamkeit des Statuts **98** 4
- Wirksamkeit, Bestellungsurkunde, Amtsdauer **97** 23
- Wirksamwerden der Ausschlagung **92** 9
- Wirkungen des Formwechsels **255**
- Wirkungen des Formwechsels **266**; **288**
- zukünftige Beteiligung **259** 25
- Zuschreibung auf das Geschäftsguthaben **85** 16
- zust Register für Anmeldung **265** 2
- Zustimmung von Komplementären **252** 11

Genossenschaftl Prüfungsverbände 105 2
- Spaltung **150**
- Spezialform des hingetragenen Vereins **3** 26
- Einschränkung der Verschmelzungsmöglichkeiten **105** 5
- Rechtsform **105** 3
- Zweck von Prüfungsverbänden **105** 2

Genossenschaftsregister
- Anmeldung zum **86** 2

Gerichtliche Nachprüfung der Abfindung 34; 212
- ablehnende Stimmabgabe **212** 10
- Antrag **34** 12
- Berechtigte **34** 11; **212** 8
- einzelne Fälle **34** 4; **212** 4
- Erwerb nach Beschlussfassung **34** 13; **212** 11
- Fallvarianten **34** 4; **212** 4
- fehlendes Angebot **34** 7
- fehlendes oder nicht ordnungsgemäßes Angebot **34** 6; **212** 6
- Informationsmängel im Allgemeinen **34** 10
- nicht ordnungsgemäßes Angebot **34** 8
- Rfolge **212** 7
- Schutzkreis **34** 14; **212** 12
- Teilnahme an Erhöhung **34** 15; **212** 13
- teilw Annahme **34** 14; **212** 12
- vollzogener Austritt **212** 9
- Voraussetzungen der Nachbesserung **34** 11; **212** 8
- zu niedriges Abfindungsangebot **34** 5; **212** 5

Gerichtsentscheidung bei SpruchG 11 SpruchG
Gesamtbetriebsvereinbarung 20 51
Gesamtnennbetrag 242 6
Gesamtorgan 8 5
- Form **8** 7
- gemeinsame Berichterstattung **8** 6
- Mitwirkung des Aufsichtsorgans **8** 8
- Unterrichtung der Anteilsinhaber **8** 10

2515

Sachverzeichnis

Fette Zahlen = Paragraphen

Gesamtvertretungsmacht 216 6
Geschäftsführungsbefugnis aller Gesellschafter 215 5
Geschäftsguthaben 218 60
Gesellschafter
– Unterrichtung 216
Gesellschafterstamm Anh UmwStG 512
Gesellschafterversammlung 43 43
– Berichtspflichten 217 32
– Beschluss 50
– Beschluss der 43; 217
– Beschlussfassung 50 6
– Durchführung 217 31
– Einberufung 50 5
– Einladung 216 14
– fehlerh Einberufung 50 53
– nicht voll eingezahlte GmbH-Anteile 43 45
– Notwendigkeit 50 4
– sonst Zustimmungserfordernisse 43 43
– Übernahme der pers Haftung 43 46
– Vinkulierung der Beteiligung 43 47
– Vorbereitung 49; 50 5; 216 1
Gesellschaftsrechtliche Ausgestaltung des Informationsrechts 5 101
Gesellschaftsstatut
– Umwandlungsbeschluss 6; 243
Gesellschaftsvertrag 244 13
– Gestaltung 243 8
– Inhalt 57
– Inhalt des neuen 243 8
– keine Notwendigkeit zur Unterzeichnung beim Formwechsel einer AG oder KGaA in GmbH 244 13
– Mehrheitsklausel 39 17
– bei Umwandlung einer GmbH in AG oder KGaA 244 14
– Zustimmung 241 30
Gesellschaftsvertrag als Bestandteil des Umwandlungsbeschlusses 218 5
– Anlage 218 6
– fakultative Regelungen 218 5
Gesetz zur Bereinigung des Umwandlungsrechts Einl. A
Gestaffelte Beteiligung 218 59
Gestreckte privative Schuldübernahme 133 28
Gewinnberechtigung, Zeitpunkt 5 42
– Beginn des Geschäftsjahrs 5 42
– Bewertungsstichtag 5 53
– dingl Vollzugsstichtag 5 53
– Ende des Geschäftsjahrs des übertr Rträgers 5 54
– Eröffnungsbilanzstichtag 5 53
– rückwirkender Beginn 5 42
– Schlussbilanzstichtag 5 53
– steuerl Übertragungsstichtag 5 53
– Stichtag der letzten Jahresbilanz 5 53
– Stichtag der Zwischenbilanz 5 53
– unterjähriger Beginn 5 42
– variabler Schlussbilanzstichtag 5 56
– variable Stichtagsregelung 5 55
– variabler Beginn 5 43, 49
– Verschmelzungsstichtag 5 51
– Verzögerungen 5 49
– Wirkung zu späterem Zeitpunkt 5 42
– Zeitpunkt des Beginns der Gewinnberechtigung 5 53
Gewinnberichtigung
– Beginn des Geschäftsjahrs 126 45
– rückwirkender Beginn 126 45
– unterjähriger Beginn 126 45
– variabler Beginn 126 45
– Zeitpunkt 126 45
Gläubiger des Übernehmers 133 117
– Ausgliederung 133 118
– Gefährdung 133 117
– kein Haftungsschutz 133 118
Gläubigerrechte 22 12
– Ansprüche aus Gefährdungshaftung u Handlung 22 17
– Arten 22 6
– befristete Ansprüche 22 16
– Dauerschuldverhältnisse 22 19
– Drittsicherungsgeber 22 18
– Einzelheiten 22 14
– maßgebender Zeitpunkt 22 12
– nur Altgläubiger 22 9
– vertragl Ansprüche 22 15
– zeitl Abgrenzung 22 8
Gläubigerschutz EinlC 59; 22; 133; 137 30; 249
– Abbau der Kapitalbindung 22 23
– abw Vereinbarungen 133 124
– Adressat u Inhalt des Anspruchs auf Sicherheit 22 45
– Alt- u Neuschulden 133 10
– Amtshaftungsansprüche 22 66
– anhängige Passivprozesse 133 60
– Anspruch auf Sicherheit 22 36
– Ansprüche aus unerl Handlung, Gefährdungshaftung 22 17
– Ansprüche des PSV 22 75
– Arbeitsverhältnisse 133 22, 100
– Arbeitsverhältnisse u Versorgungsansprüche 22 70
– Art der Gläubigerrechte 22 6
– Aufrechnungsmöglichkeit 133 51
– Ausgestaltung der Haftung 133 40

Magere Zahlen = Randnummern

Sachverzeichnis

- Ausschlussfrist **22** 38
- Barzuzahlungen/Abfindungen **22** 30
- bedingte, befristete Ansprüche **22** 16
- bedingte Verbindlichkeiten **133** 15
- Begründung der Verbindlichkeiten **133** 12
- bei Hinausumwandlung **EinlC** 61
- bei Hereinumwandlung **EinlC** 60
- berechtigter Gläubiger **22** 6
- Berechtigung **133** 119
- in besonderen Fällen **134**
- Betagung **22** 36
- betroffene Rechte **133** 71
- Beweisrisiko für ordnungsgemäße Bekanntmachung **249** 6
- bilanzielle Behandlung **133** 69
- Dauerschuldverhältnisse **22** 19; **133** 21
- dingl Ansprüche **133** 19
- Drittsicherungsgeber **22** 18; **133** 17
- Einlagenrückgewähr **137** 31
- Einreden/Einwendungen **133** 48
- Einzelh der Ansprüche **22** 14
- Enthaftung **133** 112
- Enthaftung ausschließende Gründe **133** 84
- Enthaftung des Mithafters **133** 77
- Erfüllung **133** 40
- Erlass **133** 57
- fehlende Regelung im Spaltungsvertrag **133** 74
- Feststellung **133** 83
- bei formwechselnder Umwandlung **204** 3
- Gefährdung **133** 117
- Gefährdung der Gläubiger **22** 20
- Gefährdungsgrund **133** 120
- Gefährdungslagen **22** 23
- gemeinschaftl Vorgaben **133** 6
- gesamtschuld **133** 29
- gesetzl Schuldbeitritt **133** 28
- Gestaltungsrechte **133** 43
- Glaubhaftmachung d Gefährdung **22** 35
- Gläubiger des Übernehmers **133** 4, 117
- gleichwertige Rechte **133** 72
- Grenzen der Enthaftung **133** 107
- Grundsatz der Einzelwirkung **133** 50
- Grundsatz der Enthaftung **133** 78
- haftende Rechtsträger **133** 26
- Haftungsgrenzen **133** 101
- Haftungsgründe **133** 111
- Haftungssystem **133** 26
- Haftungsverschärfung durch § 249 **249** 5
- Hauptschuldner/Mithafter **133** 27
- Innenausgleich **133** 66
- Innenausgleich mehrere Hauptschuldner **133** 68
- Innenausgleich zwischen Mithaftern **133** 67
- kein Haftungsschutz **133** 118
- Klage vor Fälligkeit **133** 82
- Kommanditistenhaftung **133** 116
- konkrete Gefährdung **22** 32
- Kontokorrentschulden **133** 16
- Kündigung aus wichtigem Grund **22** 69
- maßgebender Zeitpunkt **133** 11
- Maßgeblichkeit des Spaltungsvertrags **133** 73
- nachgeschobene Bekanntmachung **249** 9
- neue Rechtsstreitigkeiten **133** 59
- nur Altgläubiger **22** 9
- öffentl-rechtl Beseitigungsansprüche **133** 20
- persönl Haftung **133** 5
- prozessuales **133** 58
- im Recht der Spaltung **137** 30
- Rechtsbehelfe **22** 66
- rechtskräftiges Urteil **133** 65
- Regelung nicht gleichwertiger Rechte **133** 75
- Schadensersatz **133** 41
- Schutzgesetz **22** 67
- Sicherheitsleistung **22** 31; **133** 119
- solventer/insolventer Rechtsträger **22** 21
- Sonderrechte **133** 70
- spätere Fälligkeit **133** 79
- Substanzminderung durch Verschmelzung **22** 29
- Tatsachen mit Gesamtwirkung **133** 49
- Übergangsregelung **133** 102
- unerl Handlung **133** 18
- unternehmensbezogene Verpflichtungen/Unterlassungspflichten **133** 42
- Unvermögen **133** 54
- „Verbleibende" Komplementäre **249** 2
- Vergütungsansprüche **22** 70
- Verhältnis zur allg Nachhaftung beim Ausscheiden **249** 3
- Verjährung **133** 56, 76
- Verschmelzung auf Kapitalgesellschaft **22** 24
- Verschmelzung auf Personengesellschaft **22** 26
- Versorgungsansprüche **22** 71; **133** 24
- vertragl Ansprüche **22** 15; **133** 13
- Vertragsangebote **133** 14
- Verweisung auf Nachhaftungsregeln **249** 1
- Verzicht auf Einwendungen **133** 57
- Vollstreckung **133** 83
- Wegfall der Bereicherung **133** 55
- Wegfall pers Haftung **22** 27
- zeitliche Abgrenzung der Gläubigerrechte **22** 8
- Zuweisung der Schuld **133** 36
- zwischen Hauptschuldnern und Mithaftern **133** 66

Gleichbehandlungsgrundsatz 46 22

Sachverzeichnis

Fette Zahlen = Paragraphen

Gleichordnungskonzern 119 126; **Anh 119** 104
- einheitl Leitung **119** 128
- Eintragung des Gleichordnungskonzerns ins Handelsregister **119** 150
- fakt Gleichordnung **119** 126
- Formen **119** 126
- gemeinsames Leitungsorgan **119** 133
- Genehmigung durch Aufsichtsbehörde **119** 151
- Gleichordnungsvertrag als Unternehmensvertrag **119** 143
- horizontaler Verlustausgleich **119** 148
- kartellrechtliche Relevanz **119** 152
- Konzernrechnungslegung **119** 156
- Koordinierung der Geschäftspolitik u Unternehmensführung **119** 136
- Mitbestimmungs- u betriebsverfassungsrechtl Bedeutung **119** 154
- Personenidentität der Vereinsorgane **119** 129
- sonst wirtschaftl Verflechtungen von Versicherungsvereinen **119** 158
- steuerl Nachteile der Versicherungsvereine **119** 159
- vertragl Gleichordnung **119** 127
- Weisungsrecht u Mehrheitsentscheidungen **119** 137
- Zustimmung der obersten Vertretung zum Unternehmensvertrag **119** 145

GmbH, formwechselnd 230
- Einberufung der Anteilseignerversammlung **230** 6
- Einberufungsmängel **230** 33
- Eintragung **230** 37
- fehlende od fehlerh Auslegung des Umwandlungsberichts **230** 36
- Geschäftsvertrag des Zielrechtsträgers **230** 15
- Maßgeblichkeit der allg u rechtsformspezif Einberufungsregeln **230** 2
- Registersperre **230** 37
- Übersendung des Umwandlungsberichts **230** 20
- Umwandlungsbeschluss **230** 13
- Vorbereitung der Anteilseignerversammlung **230** 4
- Vorbereitung der Versammlung der Anteilsinhaber **230**

Goodwill 134 12
Grenzen der Offenlegungspflicht 192 17
Grenzüberschreitende Umwandlungen EinlC
- Arbeitnehmerbeteiligung **EinlC** 52
- Barabfindung **EinlC** 65
- Deutsche Gesellschaft als aufnehmender Rechtsträger/Hereinumwandlung **EinlC** 31
- Deutsche Gesellschaft als übertragender Rechtsträger/Hinausumwandlung **EinlC** 32
- Einführung **EinlC** 1
- Europarechtliche Regelungen **EinlC** 80
- Formwechsel **EinlC** 36
- Gesellschaftsstatuts nach deutschem IPR **EinlC** 7
- Gläubigerschutz **EinlC** 59
- mehrere Gesellschaftsstatute **EinlC** 15
- Minderheitenschutz **EinlC** 65
- Mitbestimmung **EinlC** 53
- nach deutschem Umwandlungsrecht **EinlC** 38
- SE als Umwandlungsbeteiligte **EinlC** 85
- Sonderfälle der Umwandlung **EinlC** 72
- Steuerliche Fusionsrichtlinie **EinlC** 81
- Umwandlungsfähigkeit **EinlC** 44
- Verbot **EinlC** 21
- Vereinbarkeit mit deutschem Sachrecht **EinlC** 18
- Verfahren **EinlC** 45
- Verschmelzungs- und Spaltungsrichtlinie **EinlC** 80

Gründer 219 4
- Entstehen der Gründerverantwortung **219** 5
- Gesamtrechtsnachfolger **219** 5
- Zeitpunkt **219** 5

Gründerpflichten 219 10
- Anmeldung des Formwechsels **219** 12
- Anwachsungsmodell **219** 18
- Differenzhaftung **219** 12, 17
- Formwechsel in AG u KGaA **219** 17
- Formwechsel in GmbH **219** 11
- Gründerbericht **219** 17
- Handelndenhaftung **219** 16, 17
- Sachgründungsbericht **219** 11
- Vorbelastungshaftung **219** 15, 17
- Zustimmung **219** 13

Gründerstellung beim Formwechsel 245 3
- Auskunftsanspruch des künftigen Komplementärs **245** 24
- Ausscheiden vor Wirksamwerden des Formwechsels **245** 15
- ausscheidende Komplementäre **245** 28
- beitretende Komplementäre **245** 18
- bish Gesellschaft als Komplementär **245** 19
- Einziehung **245** 16
- Formwechsel einer AG in KGaA **245** 23
- Formwechsel einer GmbH in eine AG **245** 3
- Formwechsel einer GmbH in KGaA **245** 17
- Formwechsel einer KGaA in AG **245** 27
- Formwechsel in GmbH **245** 33

Magere Zahlen = Randnummern

Sachverzeichnis

– für den Formwechsel stimmende Gesellschafter **245** 4
– für Formwechsel stimmende Aktionäre **245** 25
– gesellschaftsrechtl Treuepflicht **245** 13
– Gründerstellung durch Unterlassen **245** 11
– Gründerstellung für Komplementäre **245** 23
– Minimierung der Haftungsrisiken **245** 12
– Treuhänder/Strohmann **245** 10
– überstimmende Komplementäre **245** 31
– zustimmende Aktionäre **245** 26
– zustimmende Gesellschafter **245** 5
Grundkapital
– Änderung **243** 21
Grundsatz der Satzungsautonomie 240 10
Grundsatz der Spaltungsfreiheit 133 1
– persönl Haftung **133** 5
– bei Sonderrechten **133** 70
– wesentl Inhalt **133** 3
Grundsatz der Spartentrennung 175 9
Grundsatz des automatischen Anteilserwerbs 20 74; **131** 59
– Anteile des übernehmenden am übertr Rträger **20** 76
– Ausnahmen **20** 76; **131** 60
– Ausschluss im Verschmelzungsvertrag **20** 79
– eigene Anteile des übertragenden Rträgers **20** 78
– Eintragung der Aufspaltung u Abspaltung **131** 59
– Rechte u Ansprüche Dritter **20** 80
Grundsatz des Primats des öffentlichen Rechts 301 34
Gründungsaufwand
– Umwandlung in GmbH **218** 31
Gründungsbericht 159; 170; 220 24; **245** 47
– Adressat der Aufstellung auf GmbH **159** 12
– Adressaten der Prüfungspflicht **159** 8
– bei einer AG bzw. KGaA als Zielrechtsträger **170** 5
– Anschaffungs- und Herstellungskosten **220** 27
– Bericht über Geschäftsverlauf des übertr Rträgers **170** 8
– Berichtspflichtige **245** 51
– Betriebserträge **220** 27
– Bewertung der Vermögensaufstellung **159** 15
– entspr Anwendung auf GmbH **159** 22
– Formwechsel einer AG in KGaA oder umgekehrt **245** 54
– Formwechsel einer AG oder KGaA in GmbH **245** 55
– Formwechsel einer GmbH in AG oder KGaA **245** 47
– Gegenstand der Prüfung **159** 9
– Geschäftsverlauf **220** 27

– Gliederung der Vermögensaufstellung **159** 16
– bei einer GmbH als Zielrechtsträger **170** 4
– Gründungsbericht beim Formwechsel in AG oder KGaA **220** 27
– Hergang des Formwechsels **220** 27
– Inhalt **159** 2
– Inhalt der Vermögensaufstellung **159** 13
– Mittel der Prüfung **159** 10
– Nachforschung **159** 17
– Sachgründungsbericht beim Formwechsel in GmbH **220** 24
– Sonderregelung bei AG und KGaA **159** 7
– Umfang des Lageberichts **159** 4
– Verfahrensfragen **144** 6
– Verhältnis zum Umwandlungsbericht **245** 48
– Vermögensaufstellung **159** 11
– Voraussetzungen der Gründungsprüfung **143** 7
– weitere Feststellungen **159** 20
– Werthaltigkeitsnachweise **220** 24
Gründungsprüfung 144 6; **159**; **245** 56
– Prüfung durch Registergericht **245** 58
– nur bei Sachgründungen **144** 7
– schriftl Gründungsbericht **144** 6
– Spaltungsprüfer **144** 6
– Verfahrensfragen **144** 6
– Voraussetzungen der Gründungsprüfung **144** 7
Gründungsprüfung beim Formwechsel in AG oder KGaA 220 29
– Gründungsprüfung durch Prüfer **220** 30
– Gründungsprüfung durch Vorstand u Aufsichtsrat **220** 29
Gründungsprüfungsbericht 218 9
Gründungsstocks 109 48
Gründungstheorie EinlC 7
Gründungsverantwortung 217 2
Gründungsvorschriften bei Formwechsel 197
– AG **197** 36
– Anlagen **197** 51
– Anlagen der Anmeldung **197** 32
– Anmeldung **197** 29, 50
– Bestellung der Organe **197** 27
– Bestellung der Organe u des Abschlussprüfers **197** 44
– Beteiligungsfähigkeit **197** 8
– Bildung u Zusammensetzung des ersten Aufsichtsrats **197** 14
– Differenzhaftung der Gesellschafter **197** 33
– eG **197** 62
– Einpersonen-Kapitalgesellschaft **197** 9
– Eintragung **197** 29
– EWIV **197** 16
– GbR **197** 10
– Gesellschaftsvertrag **197** 20

2519

Sachverzeichnis

Fette Zahlen = Paragraphen

- GmbH **197** 18
- Gründer **197** 37
- Gründungsbericht **197** 28
- Gründungsprüfung **197** 47
- Gründungsprüfungsbericht **197** 49
- Haftung **197** 33, 53
- KG **197** 12
- KGaA **197** 56
- Mindestzahl von Gründern **197** 68
- Nachgründungsvorschriften **197** 55
- nicht anwendbare Gründungsvorschriften **197** 67
- notarielle Beurkundung des Umwandlungsbeschlusses **197** 38
- OHG **197** 11
- PartG **197** 17
- Personengesamtheiten **197** 8
- Personengesellschaften **197** 7
- Prüfung der Eintragungsfähigkeit durch das Gericht **197** 30
- Reichweite des Verweises **197** 6
- Satzung **197** 38
- Verweis auf Gründungsvorschriften **197** 6

Günstigkeitsprinzip 80 36

Gutachten des Prüfungsverbandes 81
- Anfechtbarkeit des Verschmelzungsbeschlusses **81** 37
- beschreibender Teil **81** 22
- Eintragungshindernis **81** 38
- fehlendes, unvollständiges od unrichtiges Gutachten **81** 37
- feststellender Teil **81** 23
- Form, Begründung **81** 18
- gemeins Erstattung **81** 32
- gemeins Gutachten **81** 30
- gemeins Prüfung **81** 31
- Gläubigerschutz **81** 4
- Inhalt **81** 21
- Jahresabschluss des übern Rträgers **81** 14
- Lageberichte **81** 16
- Mitgliederschutz **81** 3
- neg Prüfungsfeststellungen **81** 39
- Prüfer **81** 7
- Prüfungsgrundlage **81** 9
- Prüfungsverband als Gutachtenersteller **81** 6
- Prüfungsverfahren **81** 6
- Rechtsfolgen **81** 36
- regionale Zuständigkeit **81** 14
- Rubrum **81** 21
- Schlussbilanz des übertr Rträgers **81** 13
- Straftatbestände **81** 44
- Umfang **81** 18
- Verantwortlichkeit des Prüfungsverbands **81** 41
- Verschmelzungsbericht **81** 11
- Verschmelzungsprüfung für übertr Rträger and Rechtsform **81** 33
- Verschmelzungsvertrag **81** 10
- Verweigerung durch den Prüfungsverband **81** 36
- Votum **81** 29
- Zwischenbilanzen **81** 15

Gütliche Einigung 11 SpruchG 6

Haftung 173; 245 59
- Abschluss des Verschmelzungsvertrags **25** 10
- Altschulden **133** 10
- Ansprüche des übertr Rträgers **25**
- Antelsinhaber **25** 14
- Ausgestaltung bei Altschulden **133** 40
- bei Ausgliederung **173** 79
- Ausschluss **25** 18
- Differenzhaftung **55** 11
- Einzelkaufmann **156**
- Ersatzberechtigt **25** 12
- Formwechsel einer AG in KGaA od umgekehrt **245** 63
- Formwechsel einer AG od KGaA in GmbH **245** 64
- Formwechsel einer GmbH in AG od KGaA **245** 59
- Fortdauer u zeitl Begrenzung des pers **237**
- Fünfjahresfrist der Haftung **173** 6
- gerichtl Geltendmachung der Haftung oder Erlass eines VAs **172** 7
- als Gesamtschuldner **25** 7
- Gläubiger **25** 15
- Haftungsgrund **25** 8
- Haftungssystem bei Altschulden **133** 26
- der Körperschaft des Zusammenschlusses **172**
- maßgebl Zeitpunkt für die Sorgfalt **245** 60
- Prüfung der Vermögenslage **25** 9
- Schaden **25** 17
- Sorgfaltsmaßstab **245** 61
- Stiftung **166**
- Verjährung **25** 32
- Verletzung der Sorgfaltspflicht **25** 8
- Verschärfung bei Ausgliederung **152** 8
- Verschulden **25** 11
- zeitl Begrenzung bei pers haftenden Gesellschaftern **45**
- zeitl Begrenzung f übertragene Verbindlichkeiten bei Einzelkaufleuten **157**
- zeitl Begrenzung für im Ausgliederungs- u Übernahmevertrag aufgeführte Verbindlichkeiten **173**
- zeitl Begrenzung für übertragene Verbindlichkeiten bei Stiftung **167**

Magere Zahlen = Randnummern

Sachverzeichnis

Haftung der Körperschaft oder des Zusammenschlusses 172
- Anspruch der Gläubiger auf Sicherheitsleistung 172 9
- Ausgleich im Innenverhältnis 172 8, 17
- gesamtschuldnerische Haftung 172 7
- Haftung des übertr Rträgers 172 4
- Haftung des Zielrechtsträgers 172 15
- Haftung für Neuverbindlichkeiten 172 18
- Haftung für nicht übergeg Verbindlichkeiten 172 16
- Haftung für übergeg Altverbindlichkeiten 172 15
- Nichtanwendbarkeit von § 418 BGB 172 14

Haftung der Stiftung 166 1
- Ausschluss von § 418 BGB 166 4
- Haftung des übern Rträgers 166 5
- Übergang der Verbindlichkeiten 166 3

Haftung des Einzelkaufmanns
- § 419 BGB 156 20
- Altverbindlichkeiten 156 21
- anh Rstreitigkeiten 156 8
- aufgrund Ausgliederungsvertrag 156 7
- betriebl Steuern 156 19
- Betriebsaufspaltung 156 28
- Drittsicherheiten 156 11
- Entstehungsstadium 156 22
- Gang der Erläuterung 156 3
- Gesamtschuldner 156 24
- Haftung and Übernehmer 156 13
- Haftung des Einzelkaufmanns 156 12
- Haftung des Übernehmens aus anderem Rechtsgrund 156 16
- Haftung des Übernehmers 156 7, 15
- Haftung nach § 25 HGB 156 17
- Haftung nach § 28 HGB 156 18
- Haftungsverhältnisse 156 24
- Innenausgleich 156 25
- maßgebender Zeitpunkt 156 23
- Maßgeblichkeit des Ausgliederungs- u Übernahmevertrags 156 4
- nicht übertragene Verbindlichkeiten 156 14–20
- Rkräftiges Urteil 156 9
- Sicherheitsleistung 156 27
- übertragene Verbindlichkeiten 156 4
- weitere Haftungsgründe 156 10
- zeitl Abgrenzung 156 21

Haftung, Formwechsel einer PartG 225 c 4
- berufliche Fehler 225 c 4

Haftungsbegrenzung 224 13
- Dauerschuldverhältnis 224 17
- enthaftungsverhindernde Maßnahmen 224 18
- erfasste Verbindlichkeiten 224 14

- Fälligkeit 224 17
- Formwechsel in KGaA 224 15
- Fünfjahresfrist 224 19
- gerichtl Geltendmachung 224 21
- Kommanditisten 224 16
- Komplementäre 224 14
- Voraussetzungen 224 13
- zeitl bei pers haftenden Gesellschaftern 45

Haftungsgrenze des Übernehmers 157 2
Handelsregister 241 4
- Eintragung des Formwechsels 241 4
- Spaltung 177 13; 184 13
- bei Verschmelzung 180 13

Hauptversammlung 62
- Anforderungen an Entbehrlichkeit des Verschmelzungsbeschlusses im Fall der Entbehrlichkeit einer – 62 21
- in besonderen Fällen 62
- Entbehrlichkeit des Verschmelzungsbeschlusses 62 8
- Verlangen auf Einberufung einer 62 26
- Verschmelzung mit 100%-igen Tochtergesellschaften 62 7
- Verschmelzung mit einer oder mehreren Kapitalgesellschaften 62 4

Hauptversammlungszuständigkeit 173 32
- Bemessungsgrundlagen 173 32
- BGH 173 32
- Kriterien 173 32
- Schwellenwerte 173 32

Hemmung durch Rechtsverfolgung 224 32
Herabsetzung des Grundkapitals 145
- Abspaltungen 145 4
- Ausgliederungen 145 14
- Besonderheiten bei Abspaltung od Ausgliederung 145 10
- Eintragung der Abspaltung od Ausgliederung 145 15
- Erforderlichkeit der Kapitalherabsetzung 145 4
- Rfolge 145 12
- Rfolgen eines Verstoßes 145 16
- vereinfachte Form der Kapitalherabsetzung 145 9
- Vermögensminderung des übertr Rträgers 145 1
- Zweck 145 1

Herabsetzung des Stammkapitals 139
- Ablauf der einfachen Kapitalherabsetzung 139 12
- Beschränkung der Gewinnausschüttung 139 16
- Erforderlichkeit 139 7
- Erfordernis der Voreintragung 139 18

Sachverzeichnis

Fette Zahlen = Paragraphen

- Kapitalherabsetzungsbeschluss **139** 12
- Rechtsfolgenverweisung **139** 6
- Verstoß **139** 11
- Voraussetzungen der vereinfachten Kapitalherabsetzung **139** 6
- Vorteile der vereinfachten Kapitalherabsetzung **139** 14
- weitere Begrenzung **139** 10

Hereinumwandlung EinlC 31

Hereinverschmelzung ausländischer Gesellschaften auf deutsche Gesellschaften EinlC 2

Hinausumwandlung EinlC 32
- Rechtslage **EinlC** 32

Hinausverschmelzung einer deutschen GmbH EinlC 2

Hinterlegung 248 25

„Holzmüller"-Entscheidung 173 19, 29, 41
- AG **173** 29
- Aktiventausch **173** 30
- Entscheidung der Gesellschafterversammlung **173** 42
- Mediatisierung **173** 30
- Mehrheitsanforderung **173** 44
- Personengesellschaften **173** 43
- Schutz der Minderheitsaktionäre **173** 29
- Stimmverbot **173** 45
- strukturändernde Maßnahme **173** 29
- Zustimmung der Hauptversammlung **173** 29
- Zustimmungserfordernis **173** 45

Horizontaler Verlustausgleich 119 148

Identität des Nominalkapitals 247 1
Identitätsprinzip 5; 214; 218 8
Identitätswahrender Formwechsel Einl. A 60
Identitätswahrung 173 2
- Formwechsel **173** 2

Individueller Gläubigerschutz 22 1

Informationspflichten 173 48, 62, 68
- Ausgliederung nach UmwG **173** 48
- Ausgliederungsbericht **173** 48
- Auslegung u Übersendung von Unterlagen **173** 62
- Berichterstattungspflicht der Geschäftsführung in Gesellschafterversammlung **173** 68
- der Geschäftsführung **216** 2
- unterhalb der „Holzmüller"-Schwelle **173** 72
- Verzicht auf Berichterstattungspflicht **173** 70

Inhalt des Gesellschaftsvertrags 57
- AG als übertr Rechtsträger **57** 5
- aktienrechtl Schutzvorschriften **57** 7
- Beanstandung durch Registergericht **57** 12
- Fortschreibungspflicht **57** 4
- GmbH als übertr Rechtsträger **57** 8
- Heilung der Mängel **57** 13
- historische Festsetzungen **57** 2, 12
- Mängel der ursprüngl Bestimmungen **57** 13
- Neuregelungen anlässlich der Verschmelzung **57** 2
- obligatorische Festsetzungen **57** 2
- Rechtsfolgen eines Verstoßes **57** 12
- Sachgründung **57** 3
- bei Übertragung durch sonst Rträger **57** 11
- ursprüngliche Festsetzungen **57** 2
- Verhältnis zum früheren Recht **54** 1; **57** 1
- weitergeltende Satzungsbestimmungen der sich vereinigenden Rechtsträger **57** 4
- zu übernehmende Festsetzungen **57** 5

Inhalt des Anspruchs auf Barabfindung 30

Inhalt des Spaltungs- und Übernahmevertrags 126
- Mindestinhalt **126** 1
- rechtzeitige Information der Betriebsräte der beteiligten Rechtsträger **126** 1
- Sonderbestimmung für Übertragung des Vermögens **126** 1
- Spaltung zur Aufnahme **126** 2

Inhalt des Umwandlungsbeschlusses 218
- Anwendung der Sachgründungsvorschriften **218** 8
- Gesellschaftsvertrag als Bestandteil des Umwandlungsbeschlusses **218** 5
- Grundsatz **218** 5
- Mehrheiten **218** 7
- Umwandlung in AG **218** 32
- Umwandlung in eG **218** 55
- Umwandlung in GmbH **218** 10
- Umwandlung in KGaA **218** 45

Inhalt des Umwandlungsbeschlusses bei Formwechsel 194
- Abfindungsangebot **194** 27
- Art der Beteiligung **194** 20
- fakultativer Inhalt **194** 34
- Folgen für Arbeitnehmer **194** 30
- künftige Beteiligung der bish Anteilsinhaber **194** 7
- Mindestinhalt **194** 5
- Name u Firma des Rträgers neuer Rform **194** 6
- Rform des Rträgers nach Formwechsel **194** 5
- Sonderrechte an dem Rträger neuer Rechtsform **194** 21
- Zahl, Art u Umfang der neuen Anteile od Mitgliedschaften **194** 12
- Zahl u Umfang **194** 13
- Zuleitung des Umwandlungsbeschlusses an Betriebsrat **194** 38

Magere Zahlen = Randnummern

Sachverzeichnis

Inhalt des Umwandlungsbeschlusses bei Formwechsel einer Kapitalgesellschaft 234
- Besonderheiten beim Formwechsel einer Kapitalgesellschaft in eine Personengesellschaft 234 4
- Bezeichnung der Kommanditisten 234 7
- Festlegung im Gesellschaftsvertrag 234 17
- Gesellschaftsvertrag der Personengesellschaft 234 13
- Girosammelverwahrung 234 12
- Haftung der Kommanditisten 234 9
- Höhe der Beteiligungen 234 1
- keine Ermittlungspflicht 234 11
- künftige Kommanditisten 234 1
- künftiger Sitz 234 1
- Mängelfolgen 234 16
- Mindestangaben 234 4
- Sitz der Personengesellschaft 234 5
- unbekannt gebliebene Gesellschafter 234 12
- unbekannte Gesellschafter 234 12
- vollständiger Partnerschaftsgesellschaftsvertrag 234 1
- Zeichnungsbetrag 234 8

Inhalt des Verschmelzungsberichts 8 11, 45
- Angaben über die Mitgliedschaft bei dem übernehmenden Rträger 8 46
- Angaben über verbundene Unternehmen 8 58
- beteiligten Unternehmen 8 16
- Darstellung der Grundlagen für Festsetzung des Umtauschverhältnisses 8 23
- Darstellungsermessen 8 18
- Darstellungsspielraum 8 11
- due diligence 8 64
- Erläuterung der Ermittlung des Unternehmenswerts 8 27
- Erläuterung der Höhe einer anzubietenden Abfindung 8 49
- Erläuterung der Verschmelzung 8 15
- Erläuterung des Umtauschverhältnisses 8 22
- Erläuterung des Verschmelzungsvertrags 8 21
- erweiterte Auslegungspflichten der beteiligten Rträger untereinander 8 64
- Folgen für Beteiligung der Anteilsinhaber 8 52
- Grundlagen der Berichterstattung 8 11
- Hinweis auf bes Schwierigkeiten der Verschmelzung 8 50
- keine Unterrichtung über Rmittel und Stellungnahmen Dritter 8 45
- methodische Grundlagen der Unternehmensbewertung 8 24
- Plausibilitätskontrolle 8 22
- relevante Entscheidungsgrundlage 8 12
- steuerliche Auswirkungen 8 20

- wesentl Auswirkungen der Verschmelzung 8 20
- wirtschaftliche Begründung der Verschmelzung 8 17

Inhalt des Verschmelzungsvertrages bei PartG 45 b
- Anwendungsbereich 45 b 3
- Ausschluss von § 35 45 b 10
- Einzelerläuterungen 45 b 7
- Entstehungsgeschichte 45 b 6
- notwendiger Inhalt des Verschmelzungsvertrags 45 b 7
- Zweck 45 b 1

Inhalt des Verschmelzungsvertrags 37; 40; 46
- abw Festsetzung 46 6
- abweichende Ausstattung der neuen Geschäftsanteile einer übern GmbH 46 17
- Änderungen im Gesellschafterbestand 46 4
- Angabe des Umtauschverhältnisses der Anteile 46 2
- Anmeldung zum Handelsregister 40 27
- Anspruch auf Gewährung mehrerer Geschäftsanteile 46 9
- Anteilsstückelung bei Mischverschmelzungen 46 10
- Anwendungsbereich 40 3
- Auswirkungen auf erforderliche Beschlussmehrheit 46 21
- Beispiele 46 17
- Bestimmung der Gesellschafterstellung 40 7
- eindeutige Identifizierung der künftigen Anteilsinhaber der aufnehmenden GmbH 46 3
- Einzelerläuterungen 40 6
- Entfallen der Angaben 40 11
- Entstehungsgeschichte 40 5
- Erfordernis der Festsetzung barer Zuzahlungen 46 15
- Erfordernis der Regelung der Kapitalerhöhung zur Durchführung 46 16
- Erfordernis der Zustimmung 40 21
- Fehlen der Zustimmung 40 25
- Festsetzung des Betrags der Einlage 40 9
- Festsetzung des Nennbetrags 46 6
- Festsetzungen im Verschmelzungsvertrag 46 18
- Form der Zustimmung 40 23
- Formwechsel u Erhöhung des Kommanditkapitals als Folge der Verschmelzung 40 16
- geschützte Anteilsinhaber 40 12
- Gewährung der Stellung eines Kommanditisten 40 12
- Gewährung vorhandener Anteile 46 25

2523

Sachverzeichnis

Fette Zahlen = Paragraphen

- Grundlagen **40** 6
- Höhe der baren Zuzahlung **46** 2
- Höhe der Haftsumme **40** 13
- keine Übernahme pers Haftung ohne Zustimmung **40** 21
- Mehrfachverschmelzung **46** 3
- Mindestnennbetrag und Teilbarkeit **46** 7
- Namentl Zuordnung **46** 2
- notw Beitritt eines Dritten **40** 18
- notw Inhalt des Verschmelzungsvertrags **40** 6
- Parallelvorschriften **40** 30
- Sonderpflichten **46** 23
- Sonderrechte **46** 21
- Umsetzung durch Satzungsänderung **46** 20
- Verfahrens- u Parallelvorschriften **40** 27
- Verschmelzung zur Neugründung **137** 1
- zu gewährenden Geschäftsanteile **46** 2
- Zulässigkeit **46** 10
- Zustimmungserfordernis **46** 13
- Zweck des Prinzips der namentlichen Zuordnung **46** 3

Inhalt des Verschmelzungsvertrags bei Versicherungsvereinen 110
- Abfindungsangebot **110** 9
- Entbehrlichkeit der Festsetzung eines Umtauschverhältnisses **110** 1
- Fakultativer Inhalt des Verschmelzungsvertrags **110** 17
- Form des Verschmelzungsvertrags **110** 21
- kein Ausschluss freiwilliger Angaben **110** 5
- notw Inhalt des Verschmelzungsvertrags nach §§ 5 Abs. 1, 29 Abs. 1 **110** 8
- notw Inhalt nach §§ 110, 5 Abs. 1 Nr. 1, 2, 6, 8 und 9 **110** 8
- Satzung des neuen Rträgers als Bestandteil des Verschmelzungsvertrags **110** 14
- Sondervorteile **110** 15
- Übernahme der Regelung in § 44 a Abs. 3 VAG aF **110** 6

Inhaltlichen Anforderungen an den Umwandlungsbeschluss 218 1
Initial Public Offering 214 6
Innenausgleich 134 51
„Inspire Art" EinlC 11
Institutioneller Gläubigerschutz 22 1
Interessenausgleich 152 60
Internationale Unternehmenszusammenführung 77; Anh 122 1
- Anfechtungsrisiken **Anh 122 I** 19
- Anpassung der Unternehmensgröße **Anh 122** 33
- Business Combination Agreement **Anh 122 I** 11
- Corporate Governance **Anh 122 I** 23
- Hauptversammlungsbeschluss **Anh 122 I** 16
- Konzernabschlüsse **Anh 122 I** 32
- Merger of Equals **Anh 122 I** 7

Juristische Person des öffentlichen Rechts, Formwechsel 301; 302; 303 4; **304**
- Abschluss des Gesellschaftsvertrags bzw. Feststellung der Satzung **302** 19
- Anspruch der Gläubiger auf Sicherheitsleistung **304** 6
- arbeitsrechtl Aspekte **302** 38
- aufsichtsrechtl Genehmigung **301** 38
- aufsichtsrechtl Genehmigung **302** 31
- Ausgangsrechtsträger **301** 16
- Ausgliederung **301** 8
- Begriff der Anstalt des öffentlichen Rechts **301** 19
- Begriff der Körperschaft **301** 16
- Beschlussphase **302** 12
- Beschränkungen **301** 34
- Bet Rträger **301** 15
- Erfordernis der Rfähigkeit **301** 21
- Erlaubnis durch Bundes- od Landesrecht **301** 31
- Feststellung durch öffentl-rechtl Normen **302** 19
- Folgen des Formwechsels für Mitarbeiter und Vertretungen **302** 18
- Gründereigenschaft **302** 28
- Grundsatz der Beschränkung auf Zielrechtsträger **301** 23
- Grundsatz des Primats des öffentl Rechts **301** 31
- Gründungsbericht **302** 6
- Gründungspflichten **302** 6
- Gründungsprüfung **302** 10
- Heilung **304** 5
- in die KGaA **302** 13
- Inhalt des Umwandlungsbeschlusses **302** 13
- Kapitalschutz **302** 4
- Möglichkeit der Beschlussanfechtung **302** 14
- Nachgründungsvorschriften **302** 11
- Nachhaftung des Anstaltsträgers **304** 7
- prakt Bedeutung **301** 11
- Primat des öffentlichen Rechts **302** 2
- Regelungsinhalt der Ermächtigungsgrundlage **301** 33
- Registeranmeldung **302** 32
- Registereintragung **304** 2
- Sachgründungsbericht **302** 6
- Unanwendbarkeit von §§ 28, 29 AktG **302** 30
- unzulässige Rträger **301** 22
- Verantwortlichkeit der Gründer **302** 12

Magere Zahlen = Randnummern

Sachverzeichnis

- Verhältnis zu anderen Umwandlungsarten **301** 8
- Vermögensübertragung **301** 10
- Vollzugsphase **302** 32
- Vorbereitungsphase **302** 8
- Wirksamwerden **304**
- Wirksamwerden des Formwechsels **302** 37
- Wirkungen des Formwechsels **304** 3
- Zielrechtsträger **301** 23
- Zulässigkeit and Rformen **301** 26
- Zustandekommen des Umwandlungsbeschlusses **302** 12

Kaltes Delisting 226 11
Kapitaländerung
- maßgebliches Recht **243** 23

Kapitalaufbringungsgrundsätze 36 18
Kapitaldeckung 220 7
- Anmeldung **220** 18
- Anmeldung des Formwechsels **220** 15
- ausstehende Einlagen **220** 16
- Bewertung von Sacheinlagen **220** 14
- Bilanzierung **220** 23
- Buchwertbetrachtung **220** 12
- Deckung des Stamm- u Grundkapitals **220** 8
- Differenzhaftung **220** 22
- Eintragung **220** 18
- Ermittlung des Vermögens **220** 12
- formelle Unterbilanz **220** 13
- formwechselbedingter Sonderabzugsposten **220** 23
- Grundsatz der Reinvermögensdeckung **220** 7
- Haftung **220** 22
- Steuerbilanz als Nachweis **220** 19
- Überschuldung **220** 10
- Unterbilanz **220** 10
- Verkehrswert **220** 13
- Vermögensauffüllung **220** 17
- Vermögensaufstellung **220** 19
- Vorbelastungshaftung **220** 22
- Werthaltigkeitsbescheinigung **220** 20
- Wertmaßstab **220** 12
- Zeitpunkt **220** 15

Kapitalerhöhung
- Höhe **54** 24

Kapitalerhöhungsbeschluss 20 95
- Nichtigkeit **54** 46

Kapitalerhöhungsverbot 54 5; **681**
- Reichweite **54** 9
- Verstoß gegen **54** 46

Kapitalerhöhungswahlrecht 54 12
- bei eigenen Anteilen der übern GmbH **54** 13
- Gewährung von Geschäftsanteilen durch Dritte **54** 17

- Verzicht durch Anteilsinhaber der übertr Gesellschaft **54** 19
- bei voll eingezahlten Anteilen a d übernehmenden GmbH **54** 14

Kapitalgesellschaft
- Begriff **152** 49

Kapitalherabsetzung
- Ausgliederung **145** 14
- Besonderh bei Abspaltung od Ausgliederung **145** 15
- Eintragung der Abspaltung od Ausgliederung **145** 12
- erforderlich **145** 4
- Rechtsfolge **145** 11
- Rechtsfolgen eines Verstoßes **145** 16
- vereinfachte **139** 2; **145** 4, 8

Kapitalkontenanpassungsmethode Anh UmwStG 587
Kapitalrücklagen 173 12
Kapitalschutz 220; 245; 295
- Anmeldung **220** 18
- Anordnung der Gründungsprüfung **295** 2
- Anwendungsbereich **220** 4
- Art. 10 der Zweiten Gesellschaftsrechtlichen Richtlinie **295** 5
- Art. 13 der Zweiten Gesellschaftsrechtlichen Richtlinie **295** 6
- ausstehende Einlagen **220** 16
- Befreiung der Mitglieder von den Gründungsvorschriften der §§ 32, 35 Abs. 1 und 2, 46 AktG **295** 3
- Bilanzierung **220** 23
- Deckung des Stamm- u Grundkapitals **220** 8
- Durchführung der Gründungsprüfung **295** 10
- Eintragung **220** 18
- Ermittlung des Vermögens **220** 12
- Europäische Rechtsangleichung **220** 6
- Formwechsel von Personenhandelsgesellschaft u EWIV in Kapitalgesellschaften **220** 4
- Gründerstellung beim Formwechsel **245** 2
- Gründungsbericht **220** 24
- Gründungsbericht beim Formwechsel in AG oder KGaA **220** 27
- Gründungsprüfung bei Formwechsel in AG oder KGaA **220** 29
- Gründungsprüfung durch Prüfer **220** 30
- Gründungsprüfung durch Vorstand u Aufsichtsrat **220** 29
- Haftung **220** 22
- Kapitaldeckung **220** 7
- Nachgründung **220** 32
- Nachgründungsfrist **295** 4
- Rechtsfolgen bei Verstoß gegen § 295 **295** 11
- Reinvermögen **295** 8

2525

Sachverzeichnis

Fette Zahlen = Paragraphen

- Reinvermögensdeckung **295** 1
- Sachgründungsbericht bei Formwechsel in GmbH **220** 24
- Schutz der neuen Gläubiger **220** 1
- Vereinbarkeit der Regelung mit EG-Recht **295** 5
- Vermögensauffüllung **220** 17
- Wertmaßstab **220** 12
- Zeitpunkt **220** 15
- Zweck **220** 1; **245** 1; **295** 1

Kapitalschutz bei Genossenschaften 264 4
- Bewertungsfragen **264** 6
- Gründungsprüfung **264** 12
- Kapitaldeckung **264** 4
- Nachgründung **264** 15
- Sachgründungsbericht **264** 11
- Wertdifferenzen **264** 9

Kartellrechtl Verschmelzungskontrolle 2 69
- Bundeskartellamt **2** 69
- Hauptprüfverfahren **2** 72
- internationale **2** 75
- marktbeherrschende Stellung **2** 71
- nationale **2** 69
- Pflicht zur Anmeldung **2** 70

Kartellrechtliche Aufsicht 109 43
Kartellvorbehalt 5; 126 103
- allg Feststellungsklage **126** 106
- Nichtigkeit **126** 107
- offensichtlich unvollständige Angaben **126** 106
- unrichtige Angaben **126** 106

Kaufmann
- Begriff **152** 20
- Eintragung nach Ermessen **162** 22
- kein Gewerbebetrieb **152** 21

Keine Abwicklung der übertragenden Rechtsträger 2 38
Kettenverschmelzung 5; 120 42
KGaA
- Aktionäre **78** 9
- Anteilseigner **78** 9
- Ausschluss der Barabfindung **78** 34
- Grundkapital **78** 9
- Nachhaftung der pers haftenden Gesellschafter **78** 30
- Rechtsstellung der Kommanditaktionäre **78** 33
- Rechtsstellung der Komplementäre als geschäftsführendes Organ **78** 12
- Rechtsstellung der pers haftenden Gesellschafter nach Verschmelzung **78** 21
- Struktur der **78** 8
- als übernehmender bzw. neuer Rträger **78** 5
- als übertragender Rträger **78** 4
- Umwandlungsvarianten **78** 3

- Verschmelzung **78**
- Verschmelzung durch Aufnahme **78** 6
- Verschmelzung durch Neugründung **78** 7
- Zustimmung der pers haftenden Gesellschafter **78** 13

KGaA, formwechselnd 230
- Aufforderung zur Meldung an unbekannte Aktionäre **230** 32
- Auslegung bzw. Übersendung des Umwandlungsberichts bei AG bzw. KGaA **230** 27
- Einberufungsmängel **230** 33
- Eintragung **230** 37
- fehlende od fehlerh Auslegung des Umwandlungsberichts **230** 36
- Registersperre **230** 37

Klage gegen die Wirksamkeit des Umwandlungsbeschlusses 195 3
- Beklagter **195** 12
- Beschränkung der Klagegründe **195** 22
- eG **195** 7
- einheitl Klagefrist **195** 1
- Kapitalgesellschaften **195** 7
- Klagearten **195** 5
- Klagefrist **195** 13
- Kläger **195** 12
- nachgereichte Tatsachen **195** 16
- Negativerklärung **195** 21
- Personengesellschaften **195** 6
- Prozesskostenhilfeantrags **195** 17
- Vereine **195** 6
- VVaG **195** 7
- Wirkungen der Klageerhebung **195** 21

Klage gegen Verschmelzungsbeschluss 14 5
- analoge Anwendung der Bestimmungen über Spruchverfahren **14** 21
- Ausschluss von Rügen betreffend das Umtauschverhältnis **14** 30
- Berechnung der Klagefrist **14** 23
- Beschlussmängel **14** 5
- Beurteilungsmaßstab **14** 18
- form Beschlussmängel **14** 7
- Klagefrist **14** 22
- Konzentrationswirkung der Klagefrist **14** 29
- mat Beschlussmängel **14** 11
- Rechtsfolgen der Fristversäumnis **14** 26
- Rechtsfolgen einer unzul Rüge **14** 34
- Rüge der Anteilseigner des übern Rträgers gegen Angemessenheit des Umtauschverhältnisses **14** 17
- Rügen gegen Umtauschverhältnis **14** 31
- Wahrung der Klagefrist **14** 24
- Zul von Rügen gegen Umtauschverhältnis **14** 17

2526

Magere Zahlen = Randnummern

Sachverzeichnis

Kleinerer Verein 109 16, **185** 1
Kleinstverein 109 21
Kleinwort Benson-Entscheidung 133 6
Kochs/Adler-Entscheidung 8 83; **192** 10
Kollision von Betriebsvereinbarungen 20 55
Kombination verschiedener Spaltungen 1 88
Kombination verschiedener Umwandlungsarten 1 83
Kommandit-Aktionär Rechtsstellung 250 2
Konkurrierende Tarifbindungen 20 44
Kontinuität
– des Amts der Aufsichtsratsmitglieder **203** 3
Kontinuität der Mitgliedschaft 2 40; **202**
Kontinuitätsprinzip 218 21
Konzern 119 107
Konzern u Konzernunternehmen 119 107
– Allfinanzkonzept **119** 108
– Begriff der einheitl Leitung **119** 128
– Beherrschung durch Garanten **119** 118
– Eintragung des Gleichordnungskonzerns ins Handelsregister **119** 150
– Entwicklung zum Allspartenversicherer **119** 107
– fakt Gleichordnung **119** 126
– Formen des Gleichordnungskonzerns **119** 126
– gemeinsames Leitungsorgan **119** 133
– Genehmigung durch Aufsichtsbehörde **119** 151
– Gleichordnungsvertrag als Unternehmensvertrag **119** 143
– Gründe für Konzernbildung bei Versicherungsvereinen **119** 107
– horizontaler Verlustausgleich **119** 148
– Kartellrechtliche Relevanz des Gleichordnungskonzerns **119** 152
– Konzernrechnungslegung im Gleichordnungskonzern **119** 156
– Koordinierung der Geschäftspolitik u Unternehmensführung **119** 136
– Mitbestimmungs- u betriebsverfassungsrechtl Bedeutung des Gleichordnungskonzerns **119** 154
– Personenidentität der Vereinsorgane **119** 129
– Rechtsformnachteile des VVaG **119** 111
– sonst wirtschaftl Verflechtungen von Versicherungsvereinen im Gleichordnungskonzern **119** 158
– steuerl Nachteile der Versicherungsvereine im Gleichordnungskonzern **119** 159
– Verbesserung der Unternehmensstrukturen **119** 109
– vertragl Beherrschung **119** 121
– vertragl Gleichordnung **119** 127
– VVaG als beherrschtes Unternehmen **119** 118
– VVaG als herrschendes Unternehmen **119** 115
– VVaG im Gleichordnungskonzern **119** 126
– VVaG im Unterordnungskonzern **119** 115
– Weisungsrecht u Mehrheitsentscheidung im Gleichordnungskonzern **119** 137
– Zustimmung der obersten Vertretung zum Unternehmensvertrag **119** 145
Konzernbetriebsvereinbarung 20 54
Konzernbildung bei Versicherungsvereinen 119 107
Konzernklausel 173 24
Konzernunternehmen 119 107
Konzernverschmelzung 5, 110; **62** 1
– Änderung des Vertrags nach Zuleitung an Betriebsrat **5** 147
– Anforderungen bei Entbehrlichkeit einer Hauptversammlung **62** 21
– Ausnahme vom Grundsatz des Zustimmungserfordernisses **62** 1
– Beschlussfassung der Hauptversammlung über die Verschmelzung **62** 1
– Betriebe ohne Betriebsrat **5** 148
– Betriebsrat **5** 140, 142
– Entbehrlichkeit des Verschmelzungsbeschlusses **62** 8
– Erfordernis der unmittelb Beteiligung bei entbehrl Verschmelzungsbeschluss **62** 11
– Falschberechnung der Anteilsquote **62** 33
– gleichzeitige Verschmelzung von mehreren Rechtsträgern **62** 13
– „Holzmüller"-Urteil **62** 5
– Informationspflichten **62** 1
– Minderheitenschutz **62** 1
– notw Betquote bei entbehrl Verschmelzungsbeschluss **62** 8
– Quotenberechnung bei entbehrl Verschmelzungsbeschluss **62** 8
– Rechtsfolgen von Verfahrenverstößen **62** 33
– vereinfachte **62** 4
– Verlangen auf Einberufung einer Hauptversammlung trotz Entbehrlichkeit **62** 26
– Verschmelzung mit 100%-igen Tochtergesellschaften **62** 7
– Verschmelzung mit einer od mehreren Kapitalgesellschaften **62** 4
– Verstoß gegen Einberufungspflicht bei Minderheitsverlangen **62** 35
– Vertragszuleitung an Betriebsrat **5** 141
– Verzicht auf Zuleitung **5** 145
– Zuleitungsfrist **5** 144
– zweistufig **62** 14

2527

Sachverzeichnis

Fette Zahlen = Paragraphen

Körperschaft
- Begriff **301** 16

Kosten 2 77
- der Eintragung in Handelsregister **2** 81
- einer erforderl Grundbuchberichtigung **2** 83
- SpruchG **15 SpruchG**
- für Verschmelzungsbeschlüsse **2** 79
- des Verschmelzungsvertrags **2** 77
- für Verzichtserklärungen **2** 78

Kraftfahrzeug-Haftpflichtversicherung 119 80

Kündigungsrecht, gesetzliches 7 7
- auflösende Bedingung **7** 14
- Ausübung **7** 10
- Befristung **7** 13
- einseitiger Anteilseignerbeschluss **7** 12
- einseitiges Vollzugsverlangen **7** 11
- Fünfjahresfrist **7** 7
- halbjährige Kündigungsfrist **7** 9
- Verlängerung **7** 8

Kündigungsrechtliche Stellung vor Spaltung oder Teilübertragung 323
- Abdingbarkeit des Abs. 1 **323** 18
- Arbeitsverhältnis mit übertragendem Rechtsträger vor Spaltung oder Teilübertragung **323** 4
- Darlegungs- u Beweislast **323** 30
- Einzelfälle **323** 9
- Frist **323** 31
- grobe Fehlerhaftigkeit **323** 27
- Kausalität zwischen Spaltung od Teilübertragung u Verschlechterung der kündigungsrechtl Stellung **323** 8
- kündigungsrechtl Stellung **323** 5
- rechtl Wirkung der Zuordnung **323** 32
- Rfolgen der Zuordnung **323** 32
- Spaltung od Teilübertragung **323** 3
- Überprüfbark der Zuordnung auf grobe Fehlerhaftigkeit **323** 24
- Verhältnis zu § 99 BetrVG **323** 37
- Verschlechterung aufgrund der Spaltung od Teilübertragung **323** 5
- Widerspruchsrecht der Arbeitnehmer **323** 36
- Zuordnung von Arbeitnehmern zu Betrieben od Betriebsteilen in einem Interessenausgleich **323** 19
- Zuordnung zu Betrieben od Betriebsteilen durch namentl Bezeichnung der Arbeitnehmer im Interessenausgleich **323** 22
- Zuordnungskompetenz **323** 25
- Zustandekommen eines Interessenausgleichs bei Verschmelzung, Spaltung od Vermögensübertragung **323** 19
- zweijähriges Verschlechterungsverbot **323** 17

Kündigungstheorie 22 47; **45** 18; **133** 21

Leistungsmehrung
- Zustimmung **240** 36

Leur-Blom-Entscheidung 133 6

Liquidation 120 7

Mehrfachverschmelzung 3 58; **55** 9

Mehrheitliche Beschlussfassung 216 22

Mehrheits- u Zustimmungserfordernisse 240 6
- Abweichende Satzungsbestimmungen **240** 7
- Beschluss **233** 1
- Satzungsändernde Mehrheit als Grundsatz **240** 6
- über Formwechsel einer Kapitalgesellschaft in Personengesellschaft **233** 1
- für Umwandlungsbeschluss **240** 1
- Umwandlungsbeschluss **240** 6

Mehrheitsentscheidung
- Zulassung **1** 95

Mehrheitsklausel 39 17

Mehrheitsverschmelzung 120 2

Merger of Equals 109 31; **Anh 122 I** 7

Methode der Buchwertverknüpfung 24 26

Methode der Neubewertung 24 22

Methodische Grundlagen der Unternehmensbewertung 8 24

MEZ-Entscheidung 8 78

MHM Mode Holding-Entscheidung 8 82, 83; **127** 23

Minderheitsschutz EinlC 65
- Barabfindung **EinlC** 65
- Besonderheit des Spruchverfahrens **EinlC** 69
- Verbesserung der Barabfindung **EinlC** 67
- Verbesserung des Umtauschverhältnisses **EinlC** 67

Minderheitsquorum 173 6

Misch-Spaltung 124 12

Mischumwandlungen 1 81

Mischverschmelzung 3 12, 54; **23** 15; **51** 22; **109** 6
- Anteilsstückelung **46** 10
- durch Neugründung einer Versicherungs-AG **114** 1, 9
- im Wege der Aufnahme od Neugründung einer AG **109** 31

Mitbestimmung EinlC 53
- Hereinumwandlung **EinlC** 53
- Hinausumwandlung **EinlC** 54
- Hinausverschmelzung **EinlC** 57

Mitbestimmungsbeibehaltung 325
- Abspaltung od Ausgliederung des übertr Rträgers iSd. § 123 Abs. 2 und 3 **325** 2

Magere Zahlen = Randnummern

- aus Spaltung hervorgegangene Betriebe **325** 30
- Befristung der Beibehaltung der Mitbestimmung **325** 20
- beibehaltungsfähige Rechte u Beteiligungsrechte des Betriebsrats **325** 37
- Betriebsvereinbarung **325** 36
- Dauer der Vereinbarung **325** 42
- Entfallen von Rechten od Beteiligungsrechten des Betriebsrats **325** 31
- Fortgeltung von Rechten od Beteiligungsrechten des Betriebsrats **325** 27
- Kausalität der Abspaltung od Ausgliederung für den Verlust der Mitbestimmung **325** 11
- kein Tendenzschutz beim übertragenden Rechtsträger **325** 13
- Mindestzahl von Arbeitnehmern **325** 8
- Rechtsfolgen **325** 17
- Spaltung eines Betriebs **325** 28
- Spaltung od Teilübertragung eines Rträgers **325** 27
- Streitigkeiten **325** 26, 44
- Tarifvertrag **325** 34
- Teilübertragung von privaten auf öffentl-rechtl Rträger u umgekehrt **325** 43
- Tendenzschutz **325** 13
- beim übertr Rträger **325** 18
- Unterschreiten der Mindestzahl des Abs. 1 Satz 2 während des Beibehaltungszeitraums **325** 24
- Veränderungen innerh eines Mitbestimmungsgesetzes **325** 7
- Vereinbarung der Fortgeltung der Rechte od Beteiligungsrechte des Betriebsrats **325** 33
- Verhältnis zu and Beibehaltungsvorschriften **325** 14
- Voraussetzungen **325** 2
- Wegfall der gesetzl Anwendungsvoraussetzungen für Unternehmensmitbestimmung beim übertr Rträger **325** 4
- zeitlicher Zusammenhang der Vereinbarung zur Betriebsspaltung **325** 41
- zul abw Vereinbarungen über die Mitbestimmungsbeibehaltung **325** 25
- Zusammensetzung des Aufsichtsrats **325** 23

Mitgliederversammlung 102; 103; 106
- Abschriften **102** 12
- Ankündigung der Beschlussfassung **14** 9
- Auskunftspflicht **102** 15
- Auslage der Unterlagen **102** 13
- Auslegung des Umwandlungsberichts **14** 12
- auszulegende Unterlagen **102** 4
- Beschluss **103**

Sachverzeichnis

- Durchführung **14** 13; **102**
- Einberufung der Mitgliedersammlung **14** 9
- Erläuterungspflicht **102** 14
- Informationspflichten in der Mitgliederversammlung **102** 13
- Informationspflichten vor der Mitgliederversammlung **102** 3
- Ort **102** 11
- Rechtsfolgen bei Verstößen **102** 16
- Rechtslage zwischen Beschlussfassung u Eintragung **103** 26
- Umwandlungsbericht **14**
- des Vereins **274** 1
- Vorbereitung der **102**
- Vorbereitung, Durchführung u Beschluss bei genossenschaftl Prüfungsverbänden **106**
- Zeitpunkt **102** 10
- Zustimmungsbeschluss **103** 3

Mithafter 133 27
- Abgrenzung zu Hauptschuldner **133** 27
- Enthaftung **133** 77
- Spaltung **133** 27

Mittelbare Beteiligungen 134 32
Möglichkeit des Formwechsels 214
Mündliche Verhandlung nach SpruchG 7, 8 SpruchG
- Verfahrensgrundsätze **7 SpruchG** 2
- Verfahrensverbindung **7 SpruchG** 23

Nachbesserung
- Antrag **34** 12
- Berechtigte **34** 11
- Erwerb nach Beschlussfassung **34** 13
- Voraussetzung **34** 11

Nachgründung 220 32; **245** 65
- aktuelle rechtspolit Diskussion **245** 67
- Formwechsel einer AG in KGaA od umgekehrt **245** 69
- Formwechsel einer AG od KGaA in GmbH **245** 70
- Formwechsel einer GmbH in AG od KGaA **245** 65
- Formwechsel in eine GmbH **220** 32
- teleologische Reduktion **245** 68
- Zweijahresfrist **220** 32; **245** 66

Nachgründung auf AG, Anwendung der Vorschriften über
- § 52 Abs. 6 bis 9 AktG **67** 24
- AG übernehmender Rträger **67** 4
- AG übertragender Rträger **67** 4
- Anwendungsbereich **67** 4
- Eintragung des Verschmelzungsvertrags im Handelsregister (§ 52 Abs. 6 AktG) **67** 23

2529

Sachverzeichnis

Fette Zahlen = Paragraphen

- entspr anzuwendende Regeln des § 52 AktG **67** 15
- Inhalt u Reihenfolge der Eintragungen (§ 52 Abs. 8 AktG) **67** 26
- keine Kapitalerhöhung **67** 4
- keine Anwendung der Nachgründungsvorschriften (§ 52 Abs. 9 AktG) **67** 27
- Nachgründungsbericht des Aufsichtsrats gem. § 52 Abs. 3 AktG **67** 15
- Nachgründungsprüfung des Nachgründungsprüfers gem. § 52 Abs. 4 AktG **67** 18
- Rechtsfolgen bei Verstoß gegen § 67 **67** 28
- Sicherung der Kapitalaufbringung und -erhaltung der übernehmenden AG **67** 1
- Umfang der Prüfung durch Registergericht (§ 52 Abs. 7 AktG) **67** 24
- Zweck **67** 1

Nachhaftung der Anlagegesellschaft 134 35
- Ansprüche aufgrund des Betriebsrentengesetzes **134** 45
- begr Versorgungsansprüche **134** 46
- Bemessungsdurchgriff **134** 41
- betriebsverfassungsrechtl Ansprüche **134** 36
- Enthaftung **134** 48
- geschützte Arbeitnehmer **134** 37
- Haftung **134** 40
- Umfang der Haftung **134** 47
- Versorgungsansprüche **134** 42
- zeitl Grenze **134** 48

Nachhaftung, zeitliche Begrenzung
- bei Kreditinstituten **173** 8

Nachhaftungsbegrenzung 137 26

Nachhaftungsbegrenzungsgesetz 224 1

Nachinformation
- Strafbarkeit **143** 20
- unterlassene **143** 20
- unzureichende **143** 20

Nachschusspflicht 95 2; **271** 3
- Anspruchsgegner **95** 3
- Anspruchshöhe **95** 14
- Anspruchsinhaber **95** 2
- Anspruchsvoraussetzungen **95** 5
- Einziehungs- u Verteilungsverfahren **95** 16
- Fortdauer **95**
- Haftungsunterschreitung **95** 5
- Insolvenz des übern Rträgers **95** 10
- keine Befriedigung oder Sicherstellung **95** 9
- Mischverschmelzung **95** 8
- reine eG-Verschmelzung **95** 6
- Subsidiarität **95** 11

Nachtragsbericht 173 55
- Einladungsbekanntmachung **173** 58

Namensaktie 71 26

Negativerklärung
- Entbehrlichkeit **16** 19
- Inhalt **16** 13
- Registersperre **16** 19
- unvollständig **16** 16
- Zeitpunkt **16** 16

Nennbetrag 242 6

Nennbetragsaktien 241 14

Nicht verhältniswahrender Formwechsel zu Null 218 21

Nichtverhältniswahrende Auf- und Abspaltung 123 20

Niederlassungs- und Dienstleistungsfreiheit 109 12

Niederschrift über den Umwandlungsbeschluss 244
- Bedeutung der Nennung **244** 7
- Einzelfragen zur Nennung **244** 8
- Formwechsel einer AG in KGaA **244** 5
- Formwechsel einer AG od KGaA in GmbH **244** 4
- Formwechsel einer GmbH in AG od KGaA **244** 3
- Formwechsel einer KGaA in AG **244** 6
- namentl Nennung der Gründern gleichstehenden Personen **244** 7
- Verstoß gegen Benennungspflicht **244** 11

Notarielle Bestimmung
- Beitrittserklärung **221** 7

Notarielle Beurkundung 13 51
- Abänderbarkeit **126** 13
- Anlage **37** 3
- Aufhebbarkeit **126** 13
- Ausgliederungsvertrag **173** 18
- Auslandsbeurkundung **13** 58
- Eintragung der mangelhaften **126** 20
- bei gesonderter Zustimmung **51** 22
- Heilung **13** 59
- Heilung v formellen Mängeln **126** 20
- Kosten **13** 67
- Prüfung durch Vertragsprüfer **173** 19
- Rechtssicherheit **13** 51
- Schadensersatzanspruch wegen materieller Mängel **126** 21
- Schutzzweck **13** 51
- schwebende Unwirksamkeit **126** 13
- Spaltung **126** 20
- Spaltungs- u Übernahmevertrag **126** 10
- Spaltungsplan **136** 5
- Übertragungsvertrag **176** 16
- Verschmelzungsbeschluss **13** 51; **50** 22
- Verschmelzungsvertrag **6**
- Wirksamkeit der Spaltung **126** 15

Magere Zahlen = Randnummern

- Wirksamkeit des Vertrags **126** 14
- Wirksamkeit von Änderungen **126** 14
- Zustimmungsbeschluss **59** 5
- Zustimmungserfordernis d Hauptversammlung **173** 46
- Zustimmungserklärungen einzelner Anteilsinhaber **13** 51
- Zustimmungserklärungen nicht erschienener Anteilsinhaber **13** 51

Notarielle Form
- Formwechsel aus KGaA **240** 25
- Mehrheitsbeschluss **240** 26
- bei Umstrukturierungen der GmbH außerh des UmwG **47** 19
- Zustimmung des Komplementärs bei Formwechsel in KGaA **240** 21

Numerus clausus der umwandlungsfähigen Rechtsträger 1 18

Numerus clausus der Umwandlungsfälle A 103; **1** 70; **173** 2

„Numerus clausus" der Rechtsformen 109 1

Oberste Vertretung 111 6
- Einberufung der Versammlung **111** 8
- Wahl der Mitglieder der Vertreterversammlung **111** 7

Oberste Vertretung, Versammlung
- Beschluss **112**
- Durchführung **112**
- Vorbereitung **112**

Parallelverschmelzungen 79 16

Partizipations- u Informationsrechte d Anteilsinhaber
- Umgehung **47** 20

Pensionsgesellschaft 134 24

Pensions-Sicherungs-Verein 109 19

Personenhandelsgesellschaft
- Begriff **152** 50

Persönliche Haftung 237
- Ausgleichsanspruch **237** 6
- Fortdauer u zeitl Begrenzung **236**
- Forthaftung als pers haftender Gesellschafter **237** 4
- Haftung in anderen Fällen des Formwechsels **237** 7

Persönliche Haftung, Fortdauer und zeitliche Begrenzung 224
- Fortdauer der Gesellschafterhaftung **224** 6
- Haftung der Gesellschaft **224** 37
- Haftungsbegrenzung **224** 13
- Innenverhältnis **224** 38
- Verhältnis zu übrigen Gesellschaftern **224** 39

Sachverzeichnis

- Verhältnis zur Gesellschaft **224** 38
- Zweck **224** 1

Pflicht zur Ankündigung der anstehenden Beschlussfassung über die Verschmelzung 49 4

Pflichten der Verbände bei genossenschaftlichem Prüfungsverband 107
- Anmeldung der Verschmelzung **107** 2
- Benachrichtigung der Verbandsmitglieder **107** 5
- Mitteilung der Eintragung **107** 4
- Nichtbenachrichtigung **107** 6
- Schadensersatzpflichten des Vorstands **107** 6
- Sonderaustrittsrecht **107** 6
- Zweck **107** 1

Piper Generalvertretung Deutschland-Entscheidung 8 82

Plausibilitätskontrolle, Verschmelzungsbericht 8 22

Plausibilitätsprüfung 173 53

Poolvertrag 29 8

Preisgaberecht 211 11

Prinzip der Buchwertverknüpfung 24 4

Prinzip der Kontinuität des Gesellschafterkreises 226 6

Prüfung der Barabfindung 30, 26; 44 24
- Prüfung durch Verschmelzungsprüfer **30** 26
- Verzicht auf Prüfung **30** 28

Prüfung der Verschmelzung 9; 44; 48
- Angemessenheit des Umtauschverhältnisses **9** 30
- Anmeldung zum Handelsregister **44** 25
- antragsberechtigte Gesellschafter **44** 10
- Antragsrecht **48** 8
- Anwendungsbereich **44** 3
- Aufnahme einer 100%-igen Tochtergesellschaft **9** 49
- Aufspaltungen u Abspaltungen **44** 5
- Ausschluss im Gesellschaftsvertrag, Verzicht **44** 21
- Ausschlussfrist **48** 16
- Berücksichtigung von Synergieeffekten (Verbundvorteilen) **9** 46
- Bestellung des Verschmelzungsprüfers **48** 17
- Beteiligung einer GmbH **48** 6
- Bewertungsmethode **9** 34
- Durchführung der Verschmelzungsprüfung **44** 18
- Einzelerläuterungen **44** 7
- Entbehrlichkeit der Verschmelzungsprüfung **9** 49
- Entbehrlichkeit des Antrags **48** 10
- Entstehungsgeschichte **9** 13; **44** 6

Sachverzeichnis

Fette Zahlen = Paragraphen

- Erklärung des Prüfungsverlangens **44** 11
- fehlende Prüfungspflicht als Regelfall **44** 7
- Festlegung des Bewertungsstichtags **9** 40
- Folgen für den Verschmelzungsbeschluss **44** 17
- Form **44** 12
- Frist **44** 13; **48** 12
- gemeinsamer Verschmelzungsprüfer **48** 15
- gesellschaftsvertragl Mehrheitsklausel **44** 9
- Gleichbehandlung der Anteilsinhaber **9** 43
- Inhalt **48** 3
- Kosten **44** 2; **48** 21
- Kosten der Prüfung **44** 20
- Minderheitenschutz **44** 1
- notariell beurkundeter Verzicht aller Anteilsinhaber **9** 51
- obligatorisch **44** 8
- Parallelvorschriften **44** 26
- Prüfung der Barabfindung nach § 30 **44** 24
- Prüfungsbefehl **48** 6
- Prüfungsgegenstand **9** 14
- Prüfungsumfang **9** 25
- Rechtsfolgen bei Verstoß **44** 22
- Richtigkeit des Verschmelzungsvertrags **9** 27
- Schutzmechanismus **48** 8
- Übersendung des Verschmelzungsvertrags und d. Verschmelzungsberichts **48** 13
- Verfahrens- u Parallelvorschriften **44** 25
- Verhältnis zum früheren Recht **48** 1
- Verlangen eines Gesellschafters **48** 7
- Verpflichtung zur Verschmelzungsprüfung **44** 9
- Verschmelzungsbericht **48** 3
- Verschmelzungsprüfer **48** 8, 17
- Verzicht **48** 5, 11
- Verzögerungen **48** 15
- Vollständigkeit des Verschmelzungsvertrags **9** 26
- Voraussetzungen **48** 6
- Vorbemerkung **9** 25
- weiteres Prüfungsverlangen, Prüfungsverlangen neben freiwilliger Prüfung **44** 16
- Zweck **9** 2; **44** 1; **48** 3, 12

Prüfung der Verschmelzung bei AG 60
- Allgemeines **60** 1
- Ausnahmen von der Erforderlichkeit **60** 3
- Einzelerläuterungen **60** 7
- Prüfung des Verschmelzungsvertrags od des Vertragsentwurfs **60** 7
- Verschmelzung einer 100%igen Tochtergesellschaft auf Muttergesellschaft **60** 3
- Verzicht durch alle Anteilsinhaber **60** 5
- Zweck **60** 1

Prüfung der Verschmelzung bei Verein 100
- Ausnahme: Verlangen **100** 8
- Durchführung der Prüfung **100** 20
- Forum **100** 9
- keine Anwendung nach § 30 Abs. 2 **100** 4
- Kostentragung **100** 18
- Prüfung im Registerverfahren **100** 19
- Prüfungsfreiheit **100** 7
- Quorum **100** 10
- Verschmelzungsprüfung beim Idealverein **100** 7
- Verschmelzungsprüfung beim wirtschaftl Verein **100** 5
- Verzicht **100** 17
- zeitl Grenze **100** 11
- Zweck **100** 1

Prüfung des Abfindungsangebots 225
- Barabfindung **225** 1
- Einstimmiger Beschluss **225** 5
- Erforderlichkeit eines Abfindungsangebots **225** 4
- gerichtl Überprüfung **225** 13
- Kosten **225** 12
- Mehrheitsbeschluss **225** 6
- Prüfung **225** 11
- Prüfungsverlangen **225** 7
- Verzicht **225** 10
- Zweck **225** 1

Prüfungsbefehl 48 6

Prüfungsbericht 12; 225 11
- Angabe der Methoden **12** 8
- Angaben zu bes Schwierigkeiten **12** 11
- Aufbau **12** 18
- Begrenzung der Berichtspflicht **12** 12
- DCF-Verfahren **12** 9
- Entbehrlichkeit **12** 19
- Entstehungsgeschichte **12** 4
- Ergebnisbericht **12** 6, 7
- Erklärung zum Umtauschverhältnis **12** 13
- Ertragswertmethode **12** 8
- Form **12** 5
- Inhalt **12** 6
- Liquidationswertmethode **12** 8
- Schriftform **12** 5
- Substanzwertmethode **12** 10
- Unangemessenheit des Umtauschverhältnisses **12** 15
- weitere Angaben **12** 14
- Wertung des Informationsstands **12** 7
- Zweck **12** 1

Prüfungsfreiheit 100 7
Prüfungsgutachter 81
Prüfungsverband, Gutachten 81
Prüfungsvertrag 10 9

Magere Zahlen = Randnummern

Quotenbemessungsregel 263 19

Rahmenbeschluss 47 19
Rechtsfähiger Verein 275; 276; 277; 278; 280; 281; 282
– Abfindungsangebot **282**
– abweichende Nennbeträge **276** 7
– Anmeldeverpflichtete/Anmeldungsinhalt **278** 4
– Anmeldung des Formwechsels **278**
– Aufforderung an Aktionäre u Veräußerung von Aktien nach § 268 **281** 3
– Ausschluss der Barabfindung **282** 3
– Ausschluss Liquidationsüberschussbeteiligung wegen Zweckbindung des Vereinsvermögens **281** 11
– Austrittsrecht u Verzicht auf Mitgliedschaft bzw. Anteile am neuen Rträger **282** 8
– Bekanntmachung des Formwechsels **278** 6
– Beschluss der Mitgliederversammlung **275**
– Beschlussmängel **275** 12
– Beschlussmehrheiten **275** 11
– Beteiligung der Vereinsmitglieder a d neuen Kapitalgesellschaft **276** 12
– Entbehrlichkeit eines Sachgründungsberichts **277** 5
– Erweiterung der Abfindungsregelung **282** 2
– Festlegung der Höhe des Haftkapitals u der Nennbeträge der Geschäftsanteile u Aktien **276** 6
– Feststellung der Satzung **276** 4
– Formwechsel in GmbH **273** 3
– Formwechsel in KGaA **275** 13
– größere Mehrheiten und weitere Erfordernisse aufgrund Satzungsregelung **275** 10
– Gründerhaftung **277** 6
– Grundsatz der Identität der Anteilsinhaber **276** 18
– Grundsatz der reinen Vermögensdeckung **277** 2
– Grundsatz der zeitnahen Mittelverwendung **281** 12
– Gründungsbericht **277** 5
– Gründungsprüfung **277** 8
– Inhalt des Umwandlungsbeschlusses **276**
– Kapitalschutz **277**
– Mehrheitserfordernis bei Änderung des Vereinszwecks **275** 4
– Mehrheitserfordernis beim Formwechsel ohne Zweckänderung **275** 8
– Mitgliederversammlung **274** 1
– Mitteilung u Veröffentlichung nach § 267 **281** 2
– Möglichkeit des Formwechsels **272**

Sachverzeichnis

– Nachgründung **277** 9
– nichtverhältniswahrender „Anteilstausch" **276** 17
– Schenkungsteuer **281** 13
– sonst steuerbeg Körperschaften **281** 9
– Spaltung **149**
– Sperre für Beschlüsse mit Kapitalmehrheit u die Ausübung eines gen Kapitals **281** 4
– steuerbeg Verein **282** 4
– steuerrechtl Probleme des Formwechsels steuerbeg Vereine **282** 10
– Stückelung **276** 8
– Surrogation **280** 2
– Umwandlungsbeschluss **275** 2
– Unanwendbark der §§ 207 bis 212 **282** 7
– Veräußerbarkeit u Ausübung von Teilrechten **280** 3
– Verbot der Ermächtigung des Vorstands zum Bezugsrechtsausschluss beim gen Kapital **276** 11
– Vermeidung von Teilrechten **276** 9
– Vorbereitung u Durchführung der Mitgliederversammlung **283**
– Wirkungen des Formwechsels **280**
Rechtsfolgen der Verschmelzung 109 45
– allg **109** 45
– Anspruch auf Sicherheitsleistung der Versicherungsnehmer **109** 46
– Behandlung des Gründungsstocks **109** 48
– Überschussbeteiligung als Sonderrecht iSd. § 23 **109** 47
Rechtsstellung als Gründer 219; 245
– Alternativgestaltungen **219** 18
– Einstimmigkeit **219** 4
– Formwechsel in AG u KGaA **219** 17
– Formwechsel in GmbH **219** 11
– Formwechsel in KGaA **219** 8
– Gründer **219** 4
– Gründerpflichten **219** 10
– Mehrheitsentscheidung **219** 6
Rechtsträger
– Analogieverbot des § 1 Abs. 2 **3** 10
– Arten **1** 25
– aufgelöste **1** 28
– Begriff **1** 17; **3** 3
– Beteiligung aufgelöster Rträger **3** 11
– eingeschränkte Verschmelzungsfähigkeit **3** 9
– mit eingeschränkter Umwandlungsfähigkeit **1** 27
– eG **3** 22
– eV **3** 24
– Erbengemeinschaft **1** 31
– Erleichterung von Sanierungsfusionen **3** 11
– EWIV **3** 14

2533

Sachverzeichnis

Fette Zahlen = Paragraphen

- fehlerh Gesellschaft **3** 17
- GbR iSd. §§ 705 ff. BGB **3** 5
- Genossenschaftl Prüfungsverbände **3** 26
- mit gesetzl festgelegter Umwandlungsfähigkeit **1** 29
- Gründungstheorie **1** 44
- Idealverein **3** 25
- Kapitalgesellschaft **3** 6
- Kapitalgesellschaften **3** 20
- KG **3** 14
- Mischverschmelzungen **3** 12
- natürl Personen **3** 9, 32
- numerus clausus **1** 17
- OHG **3** 14
- ohne Umwandlungsfähigkeit **1** 30
- Partenreederei **1** 37
- PartG **3** 6
- Partnerschaftsgesellschaften **3** 18
- Personenhandelsgesellschaften **3** 4, 14
- „Schein-KG" **3** 16
- „Schein-OHG" **3** 16
- Sitzabhängigkeit **1** 41
- Sitztheorie **1** 43
- stille Gesellschaft nach §§ 230 ff. HGB **3** 10
- umwandlungsfähige **1** 26
- verschmelzungsfähige **3**
- Versicherungsvereine auf Gegenseitigkeit **3** 28
- volle Verschmelzungsfähigkeit **3** 4
- wirtschaftl Vereine **3** 9, 30

Rechtsträger neuer Rechtsform 191 12; **214** 17
- andere Rformen **214** 18
- Anstalt öffentlichen Rechts **214** 19
- eG **214** 17
- GbR **191** 12; **214** 18
- Kapitalgesellschaften **214** 17
- Verein **214** 19
- VVaG **214** 19
- weitere Rechtsträger **191** 14

Referentenentwurf zum UmwG 173 6
Registerverfahren 38 9; **122** 15; **137** 16
- Bekanntmachung **38** 15
- Entscheidung **198** 19
- Gerichtskosten **198** 26
- Inhalt der Eintragung **38** 13; **198** 22
- Kosten **38** 17; **198** 26
- Negativerklärung **198** 17
- Notargebühren **198** 30
- Prüfung der Neugründung **38** 10; **137** 17; **198** 16
- Prüfung der Spaltung **137** 16
- Prüfung der Verschmelzung **38** 9
- Prüfung des Formwechsels **198** 13
- Rechtsmittel **38** 16; **137** 23; **198** 25
- Reihenfolge der Eintragungen **38** 14; **137** 18; **198** 23
- Verbot der Unterpari-Emission **38** 10

Registerwechsel 222 27
Reinvermögen 295 8
Reinvermögensdeckung 295 1
Restmitgliedschaft 184 3
Richtlinie über die grenzüberschreitende Verschmelzung von Kapitalgesellschaften aus verschiedenen Mitgliedstaaten EinlC 3
Richtlinie zur grenzüberschreitenden Verschmelzung von Kapitalgesellschaften EinlC 82
Rückversicherungsverein 109 20

Sacheinlagenprüfung 9 4
Sachgründung 57 3; **158** 4
Sachgründungsbericht 58; **138**; **159**; **170**; **218** 9
- Adressat der Aufstellung auf GmbH **159** 12
- Adressaten der Prüfungspflicht **159** 8
- Anmeldung zum Handelsregister **138** 5
- Anwendung des Sachgründungsrechts **138** 3
- Bericht über Geschäftsverlauf des übertr Rträgers **170** 8
- Berichtsinhalt **58** 6
- berichtspflichtige Personen **58** 4
- Bewertung der Vermögensaufstellung **159** 15
- Darstellung des Geschäftsverlaufs **58** 8
- Differenzhaftung **138** 9
- Entbehrlichkeit **58** 3, 11
- entspr Anwendung auf GmbH **159** 22
- Erfordernis **58** 4
- Festsetzung im Gesellschaftsvertrag **138** 4
- Gegenstand der Prüfung **159** 9
- Gliederung der Vermögensaufstellung **159** 16
- bei einer GmbH als Zielrechtsträger **170** 4
- Handelsregister **58** 5
- Inhalt **58** 2, 6; **159** 2
- Inhalt der Vermögensaufstellung **159** 13
- Jahresergebnisse der übertr Rträger **58** 7
- Lage des Unternehmens **58** 9
- Mittel der Prüfung **159** 10
- Nachforschung **159** 17
- Nominalwert **138** 10
- obligatorische Angaben **58** 2
- Prüfung durch Registerrichter **138** 6
- schriftlich **58** 5
- Sonderregelung bei AG und KGaA **159** 7
- Spaltung zur Aufnahme **138** 2
- Testierung der Bilanz **58** 12
- Umfang des Lageberichts **159** 4
- Unvollständigkeit **58** 10

Magere Zahlen = Randnummern **Sachverzeichnis**

- Verhältnis zum früheren Recht 58 1
- Vermögensaufstellung 159 11
- bei Verschmelzung durch Neugründung e GmbH 58 2
- Versicherungen 138 5
- Verzicht 58 12
- weitere Feststellungen 159 20
- Werthaltigkeitsbescheinigung 138 6
- Zeitwert 138 10
- Zeitwert des Sacheinlagegegenstands 58 7
- Zweck 58 2

Satzungsänderung
- Kapitalerhöhung 50 11
- Mehrheit für 50 10

Satzungsautonomie 65 16

Schadenersatzpflicht 205
- Abfassung des Umwandlungsbeschlusses 205 11
- Anteilsinhaber 205 15
- Ersatzberechtigte 205 13
- Ersatzpflichtige 205 3
- Gläubiger 205 16
- Haftung als Gesamtschuldner 205 7
- Haftungsausschluss 205 19
- Haftungsgrund 205 8
- Mitglieder des Aufsichtsorgans 205 5
- Mitglieder des Vertretungsorgans 205 4
- Prüfung der Vermögenslage 205 9
- Rträger 205 14
- Schaden 205 18
- Sicherheitsleistung 205 22
- Spruchverfahren 205 21
- Verhältnis zu and Bestimmungen 205 20
- Verjährung 205 23
- Verschulden 205 12
- der Verwaltungsträger des formwechselnden Rträgers 205
- der Verwaltungsträger des übern Rträgers 27
- Zeitpunkt der Organzugehörigkeit 205 6

Schadenersatzpflicht der Verwaltungsträger der übertragenden Rechtsträger 25
- Abschluss des Verschmelzungsvertrags 25 10
- Ansprüche des übertr Rträgers 25 13
- Ansprüche gegen den übertr Rträger 25 27
- Anteilsinhaber 25 14
- Ausschluss der Haftung 25 18
- Ersatzberechtigte 25 12
- Ersatzpflichtige 25 3
- Fiktion des Fortbestehens des übertr Rträgers 25 26
- Gläubiger 25 15
- Haftung als Gesamtschuldner 25 7
- Haftungsgrund 25 8
- Legalfiktion 25 26

- Mitglieder des Aufsichtsorgans 25 5
- Mitglieder des Vertretungsorgans 25 4
- Prüfung der Vermögenslage 25 9
- Rechtsfolge 25 31
- Schaden 25 17
- Verbindlichkeiten des übertr Rträgers 25 29
- Verhältnis zu § 15 25 24
- Verhältnis zu § 22 25 25
- Verhältnis zu and Bestimmungen 25 23
- Verjährung 25 32
- Verschulden 25 11
- Zeitpunkt der Organzugehörigkeit 25 6

Schadensersatzanspruch 26; 206; 241 36
- Antragsberechtigung 26 5
- bei verweigerter Zustimmung 241 36
- besonderer Vertreter 26 3; 206 3
- Geltendmachung 26; 206
- Rechtsstellung des besonderen Vertreters 26 9

Schaerf-Entscheidung 8 82

Schlussbilanz der übertragenden Rechtsträger 17 13
- Besonderheiten bei der Spaltung 17 23
- Bilanzierungsgrundsätze 17 22
- Fristberechnung 17 17
- Stichtag 17 16
- variable Stichtagsregelung 17 21
- Werthaltigkeitsprüfung 17 13
- Zweck 17 13

Schutz der Gläubiger 133
- in besonderen Fällen 134
- bei formwechselnder Umwandlung 204 1

Schutz der Gläubiger, in besonderen Fällen 134
- Beteiligungsidentität 134 25
- betriebsverfassungsrechtl Ansprüche 134 36
- Enthaftung 134 48
- entstandene Betriebsaufspaltung 134 23
- europarechtl Vorgaben 134 6
- Haftungskonzept 134 8
- Spaltung 134 34
- Übertr der betriebsnotw Vermögensteile 134 11
- Übertr des Betriebs 134 20
- Versorgungsansprüche 134 42
- zeitl Grenze 134 48

Schutz der Inhaber von Sonderrechten 23; 133
- allg zivilrechtl Einordnung 23 16
- Anteile ohne Stimmrecht 23 9
- Durchsetzung 23 17
- europ Rangleichung 23 2
- bei formwechselnden Umwandlung 204 1
- Genussrechte 23 6
- Gewährung gleichwertiger Rechte 23 12

2535

Sachverzeichnis

Fette Zahlen = Paragraphen

- Gewinnschuldverschreibungen **23** 13
- Herstellung der Gleichwertigkeit **23** 13
- Inhaber von Sonderrechten **23** 4
- Mischverschmelzung, Verfügungsbeschränkung **23** 15
- Reduktion des Geltungsbereichs **23** 11
- Schuldrechtl Beteiligte **23** 7
- Schuldverschreibungen u Optionen **23** 5
- Spruchverfahren **23** 18
- Stimmrechtslose Verzugsaktionäre **23** 10
- Umtausch- u Bezugsrechte **23** 14
- Vermögensrechte **23** 8

Schutz der Minderheitsaktionäre im Übernahmerecht Einl. A 77

Schutz des einzelnen Gesellschafters 43 3

Schutz des Gläubigers
- Öffentl-rechtl Unterlassungsansprüche **133** 20

Schutzprinzipien des UmwG
- Anlegerschutz **Einl. A** 25
- Arbeitnehmerschutz **Einl. A** 27
- Gläubigerschutz **Einl. A** 24

Selbstbeschränkung der Anteilsinhaberversammlungen 240 11

SEN-Entscheidung 8 82

Separate Entities Structure Anh 122 I 50

Sicherheitsleistung, Anspruch des Gläubigers auf 133 119
- Berechtigung **133** 119
- disproportionale Verteilung von Vermögen und Schulden **133** 121
- Gefährdungsgrund **133** 120
- Haftung **133** 122
- Sicherungspflichtiger **133** 123
- bei Spaltung **133** 120
- bei Verschmelzung **133** 120

Side step merger 5 137

Sidestream Anh UmwStG 24

„Siemens/Nold"-Entscheidung 173 38

Singularsukzession 20 2

Sitztheorie EinlC 7

Sitzverlegung 222 30
- Bekanntmachung des Formwechsels **222** 31

Societas Europea – SE EinlC 85
- Aufnahme **EinlC** 89
- Fähigkeit zum Formwechsel **EinlC** 98
- Formwechsel **EinlC** 87, 90
- Gleichbehandlungsgebot **EinlC** 94
- grenzüberschreitende Sitzverlegung **EinlC** 96
- Gründung **EinlC** 86
- Hinausumwandlung **EinlC** 96
- Holding-SE **EinlC** 87
- Neugründung **EinlC** 89
- Rechtmäßigkeitskontrolle **EinlC** 89
- Tochtergesellschaft **EinlC** 87

- Umwandlung **EinlC** 88
- Umwandlungsbericht **EinlC** 90
- Umwandlungsfähigkeit der bestehenden **EinlC** 91
- Umwandlungsplan **EinlC** 90
- Verschmelzung **EinlC** 89
- Verschmelzung von Aktiengesellschften **EinlC** 87
- Verschmelzungs- und Spaltungsfähigkeit **EinlC** 92

Sofortige Beschwerde 12 SpruchG
- Entscheidung **12 SpruchG** 11

Soliditätserklärung
- Erklärungsinhalt **146** 8
- erklärungspflichtige Organe **146** 5
- formelle Voraussetzungen **146** 9
- Rfolgen von Verstößen **146** 11
- Sonst der Anmeldung beizufügende Unterlagen **146** 10
- strafbewehrt **146** 6
- unechte Gesamtvertretung **146** 6

Solvabilitätsspanne 119 38

Sonderbeschluss 65 25
- gesonderte Abstimmung od Versammlung **65** 26
- Mehrheitserfordernisse **65** 25

Sonderbeschlüsse 240 12

Sondereinlage eines Komplementärs 247 3

Sonderrecht 126 49
- Angabepflicht **126** 51
- Negativaussage **126** 52

Sonderrechte
- Anspruch der Inhaber gegen Übernehmer **133** 70
- Schutz der Inhaber **23**
- Zustimmung zum Umwandlungsbeschluss **241** 20

Sonderrechte bei Übernahme 133 70
- Anpassung der Rechte **133** 72
- betroffene Rechte **133** 71
- Einzelheiten **133** 71
- Fehlen einer Regelung im Spaltungsvertrag **133** 74
- gleichwertige Rechte **133** 72
- Grundsatz der Spaltungsfreiheit **133** 70
- Maßgeblichkeit des Spaltungsvertrags **133** 73
- Modifikation der Rechtsfolgen des § 23 **133** 70
- Regelung nicht gleichwertiger Rechte **133** 75
- Schuldner **133** 73
- Verjährung **133** 76

Sonderrechte der Gesellschafter 50 24
- Bestellungsrechte **50** 43
- auf Geschäftsführung **50** 42

Magere Zahlen = Randnummern

– Vorschlags- u Benennungsrechte **50** 44
Sonderrechte für Anteilseigner 5 65
Sondervorschriften über Stückelung 55 16
Sondervorteile für Amtsträger und Prüfer 5 70; **126** 53
Sozialplan 152 60
Sozialplanpflicht 134 36
Spaltung 128; 133 1; **134** 34; **137** 32; **151** 35; **Anh UmwStG** 386
– Abweichung vom Gleichbehandlungsgrundsatz **128** 8
– Änderung der Beteiligungsquoten am übertr Rträger **128** 7
– Arten **Einl. A** 57; **123**
– Auf- u Abspaltung als Anwendungsfall steuerl Realteilungsgrundsätze **Anh UmwStG** 572
– zur Aufnahme **123** 18; **128** 5
– Aufteilungsmaßstab **Anh UmwStG** 539, 565
– Ausgleichsleistungen **128** 10
– unter ausschließl Beteiligung von Versicherungsvereinen **151** 27
– Auswirkungen der Auf-/Abspaltung auf der Ebene der Anteilseigner **Anh UmwStG** 535
– Bagatellgrenze **Anh UmwStG** 504
– Bedeutung **1** 59
– Beteiligung an Kapitalgesellschaften als fiktiver Teilbetrieb **Anh UmwStG** 474
– unter Beteiligung von Partnerschaftsgesellschaften **137** 34
– unter Beteiligung von Vereinen **149** 5
– Betriebsaufspaltung **134** 34
– Betriebsspaltung **126** 86
– Drittsicherungsgeber **133** 17
– Einschränkungen für steuerneutrale Spaltung **Anh UmwStG** 478
– Eintragung **130**
– Ergänzungsbilanzkapital **Anh UmwStG** 588
– Ermittlung des Übernahmeergebnisses **Anh UmwStG** 562
– Erwerb od Aufstockung von Mitunternehmeranteilen od Beteiligungen **Anh UmwStG** 481
– Fehlen eines Zustimmungsbeschlusses **128** 17
– fiktiver Teilbetrieb **Anh UmwStG** 550
– Fusionsrichtlinie **Anh UmwStG** 405
– Gegenstand einer Realteilung **Anh UmwStG** 577
– Genossenschaft **147**
– genossenschaftl Prüfungsverbände **150**
– Gesamthandsvermögen **Anh UmwStG** 470
– Gewerbesteuer **Anh UmwStG** 421
– Gründe für **123** 7

Sachverzeichnis

– Grundsatz der Maßgeblichkeit der umwandlungsrechtl Schlussbilanz für die steuerl Schlussbilanz **Anh UmwStG** 434
– Interessen der Gläubiger **133** 1
– Kapitalkontenanpassungsmethode **Anh UmwStG** 587
– Klage auf Zustimmung **128** 14
– Kleinere Vereine **151** 35
– von Kleinstvereinen **151** 38
– Kombination von verhältniswahrender u nicht-verhältniswahrender Spaltung **126** 84
– körperschaftsteuerl Sonderpositionen **Anh UmwStG** 567
– Mitunternehmeranteil als fiktiver Teilbetrieb **Anh UmwStG** 468
– zur Neugründung **123** 18; **126** 74; **128** 5; **135**
– zur Neuregelung u zur Aufnahme **128** 2
– neutrales Vermögen **Anh UmwStG** 466
– nichtverhältniswahrende **128** 1
– nichtverhältniswahrende Spaltung **128** 5
– zu Null **128** 6
– zu Null mit vollständigem Verzicht auf Beteiligung **128** 6
– als partieller „upstream merger" **24** 79
– quantitative Sichtweise **Anh UmwStG** 455
– Quotenverschiebung **128** 6
– Rechtsfolgen **137** 25
– Schlussbilanz **Anh UmwStG** 430
– schwebende Unwirksamkeit **128** 1
– Sonderbetriebsvermögen **Anh UmwStG** 470, 584
– Spaltungsbericht **127**
– Spaltungserlass **325** 419
– spaltungsfähige Rträger **124**
– spaltungsgeborene Anteile **Anh UmwStG** 543
– spaltungshindernde Wirtschaftsgüter **Anh UmwStG** 464
– Spitzenausgleich **Anh UmwStG** 590
– Steuerbilanz **Anh UmwStG** 432
– Steuerbilanz, steuerl Übertragungsstichtag **Anh UmwStG** 430
– steuerl Bewertung der (Ab-)Spaltung auf Personengesellschaften **Anh UmwStG** 556
– steuerl Eigenkapitalausweis **Anh UmwStG** 531
– steuerl Rückwirkung **Anh UmwStG** 638
– steuerl Spaltungsrecht **Anh UmwStG** 395
– steuerneutrale Trennung von Gesellschafterstämmen **Anh UmwStG** 510
– Steuerneutralität **Anh UmwStG** 397
– Steuerneutralität bei Realteilung **Anh UmwStG** 575
– Teilungs- u Stückelungserleichterungen **128** 9

Sachverzeichnis

Fette Zahlen = Paragraphen

- als Teilverschmelzung **133** 26
- übergehendes Vermögen als Teilbetrieb **Anh UmwStG** 550
- Übertragung i. Teilbetrieb **126** 57
- Umsatzsteuer **Anh UmwStG** 423
- Umstrukturierungsmöglichkeiten außerh des UmwStG **Anh UmwStG** 402
- nach dem UmwStG **Anh UmwStG** 395
- Unterarten **1** 59
- Verfahrensvorschriften **137** 32
- nicht verhältniswahrende **126** 82
- verhältniswahrende **126** 81; **128** 15
- Verlustabzug **Anh UmwStG** 565
- Verlustvorträge **Anh UmwStG** 526
- Vermeidung eines Übertragungsgewinns durch Buchwertansatz **Anh UmwStG** 444
- Vermögensübertragung in Form der Teilübertragung **Anh UmwStG** 410
- Vermögensübertragung in Form von Teilübertragungen **Anh UmwStG** 536
- auf Versicherungs-AGs **151** 29
- Versicherungsvereine auf Gegenseitigkeit **151**
- Verzicht auf Zustimmungserfordernis **128** 9
- Wertausgleich **Anh UmwStG** 590
- Wertausgleichsanspruch **Anh UmwStG** 591
- Zustimmung einzelner Anteilseigner **128** 4
- Zustimmung in Sonderfällen **128**
- Zustimmungsbeschlüsse übern Rträger **128** 16
- Zustimmungsbeschlüsse übertr Rträger **128** 11
- Zweck der Zustimmung zur **128** 3

Spaltung mit Kapitalerhöhung 142
- Einlagenprüfung **142** 1
- Prüfung der Sachenlage **142** 4
- Rechtsfolge von Verfahrensverstößen **142** 10
- Verpflichtung zum Hinweis auf Bericht über Prüfung **142** 7
- Zweck **142** 1

Spaltung unter Beteiligung einer EWIV 137 54
- Spaltungsfähigkeit **137** 54
- unbeschr haftende Mitglieder **137** 55

Spaltung unter Beteiligung von Partnerschaftsgesellschaften 137 34
- Gläubigerschutz **137** 51
- Möglichkeiten der Spaltung **137** 34
- Nachhaftungsbegrenzung **137** 50
- Rfolgen der Spaltung **137** 49
- Spaltungs- u Übernahmevertrag **137** 40
- Spaltungsbericht **137** 43
- Spaltungsbeschluss **137** 47
- Spaltungsprüfung **137** 46
- Unterrichtung der Partner **137** 44
- Unterrichtung des Betriebs **137** 45
- Verfahrensvorschriften **137** 52

Spaltung unter Beteiligung von Personenhandelsgesellschaften 137 6
- Einräumung der Kommanditistenstellung **137** 16
- Gläubigerschutz **137** 30
- Möglichkeiten der Spaltung **137** 6
- Nachhaftungsbegrenzung **137** 26
- Rfolgen der Spaltung **137** 25
- Spaltungs- u Übernahmevertrag **137** 11
- Spaltungsbericht **137** 19
- Spaltungsbeschluss **137** 23
- Spaltungsprüfung **137** 22
- Unterrichtung der Gesellschafter **137** 20
- Unterrichtung des Betriebsrats **137** 21
- Verfahrensvorschriften **137** 32

Spaltung unter Beteiligung von Versicherungsvereinen auf Gegenseitigkeit 151
- Auf- od Abspaltung auf bestehende Rträger **151** 9
- Auf- od Abspaltung auf Versicherungsvereine **151** 15
- Auf- u Abspaltung auf Versicherungs-Aktiengesellschaften **151** 17
- Auf- u Abspaltung zur Neugründung **151** 11
- Aufteilung der Anteile oder Mitgliedschaften auf die Mitglieder des übertr VVaG **151** 15
- Ausgleich durch bare Zuzahlung **151** 30
- Ausgliederung **151** 12
- Ausgliederung best Vermögenswerte **151** 6
- Bekanntmachung des Spaltungs-Übernahmevertrags **151** 21
- bes Regelungen für Kleinere Vereine **151** 39
- Beschränkung auf Auf- u Abspaltung **151** 1
- Beschränkung hins der Rform der beteiligten Rträger **151** 5
- Besonderh für Rückversicherungsvereine **151** 13
- entspr Anwendung der §§ 185, 291 Abs. 1 **151** 36
- Geltung der allg Vorschriften über die Verschmelzung **151** 8
- Geltung der Regelungen in §§ 118 und 119 **151** 35
- Genehmigung durch Aufsichtsbehörde **151** 39
- Inhalt des Spaltungs- u Übernahmevertrags **151** 18
- keine Spaltung von Kleinstvereinen **151** 38
- Schutz der Gläubiger u Inhaber von Sonderrechten/Behandlung des Gründungsstocks **151** 38
- Spaltung auf Versicherungs-AG **151** 29

Magere Zahlen = Randnummern

Sachverzeichnis

- Spaltung unter ausschließl Beteiligung von Versicherungsvereinen **151** 27
- Spaltung zur Neugründung **151** 26
- Spaltungsbericht **151** 22
- Spaltungsbeschluss **151** 25
- Spaltungsprüfung **151** 24
- Wirkung der Eintragung der Spaltung **151** 31
- Zuordnung von Vermögenswerten/gesamtschuldnerische Haftung gem. § 133 Abs. 1 Satz 3 **151** 32
- Zustimmung zur Spaltung gem. § 128 **151** 27

Spaltung zu Null 126 29

Spaltung zur Aufnahme 1 84; **126** 2
- als partielle Verschmelzung zur Aufnahme **24** 79

Spaltung zur Neugründung 135
- Ablauf **135** 9
- AG **135** 23
- Anmeldung u Eintragung **135** 14, 22
- eG **135** 25
- eV **135** 26
- Firma **135** 21
- Genossenschaftlicher Prüfungsverband **135** 27
- GmbH **135** 20
- Gründer **135** 29
- KGaA **135** 24
- PartG **135** 19
- als partielle Verschmelzung zur Neugründung **24** 79
- PHG **135** 17
- Spaltungsbericht **135** 11
- Spaltungsbeschluss **135** 13
- Spaltungsplan **135** 10
- Spaltungsprüfung **135** 12
- Verweis auf Gründungsvorschriften **135** 16
- Verweis auf Spaltung zur Aufnahme **135** 3
- VVaG **135** 28

Spaltungs- und Übernahmevertrag 126 4; **137** 11
- Abfindungsangebot **126** 92
- Abgrenzung zu Spaltung zur Neugründung **126** 4
- Abspaltung **126** 29, 35
- Änderungen od Ergänzungen **126** 10
- Anfechtung **126** 24
- Anfechtung des Spaltungsbeschlusses **126** 24
- Anfechtung wegen Abschlussmängeln **126** 23
- Anforderungen an Bestimmtheit **126** 61
- Angaben über and unternehmensbez Verträge **126** 76
- Angaben über Beteiligungen **126** 66
- Angaben über bewegliche Sachen **126** 62
- Angaben über Forderungen **126** 67
- Angaben über Grundstücke **126** 64
- Angaben über Haftungsfolgen **126** 89
- Angaben über Mitgliedschaft **126** 43
- Angaben über öffentl-rechtl Rechtspositionen **126** 77
- Angaben über Prozessrechtsverhältnisse **126** 78
- Angaben über Unternehmensverträge **126** 74
- Angaben über Verbindlichkeiten **126** 68
- Angaben über Vertragsverhältnisse **126** 72
- Angaben zum Übergang von Arbeitsverhältnissen **126** 73
- Anspruchsberechtigte **126** 17
- Anspruchsverpflichtete **126** 17
- Anteilsgewährung **126** 29
- Auf- od Abspaltung auf Muttergesellschaft **126** 29
- Auf- u Abspaltung auf Schwestergesellschaften **126** 29
- Auffangregeln **126** 104
- Aufgabe **126** 4
- Aufspaltung **126** 29, 35
- Aufteilung der Anteile an der übern Gesellschaft **126** 82
- Aufteilung der Vermögenswerte **126** 28
- Aufteilung von Finanzverbindlichkeiten **126** 70
- Aufteilung von Verbindlichkeiten **126** 69
- Ausgliederung **126** 30, 34, 36, 44
- Ausgliederung auf eine PHG **137** 14
- Ausgliederung auf Muttergesellschaft **126** 32
- Ausgliederung auf Tochtergesellschaft **126** 31
- Auslegung **126** 25
- Barabfindungsangebot **126** 92
- Benennung des Betriebs(teils) **126** 58
- Bestimmbarkeit der zu übertragenden Vermögensgegenstände **126** 58
- Betriebsräte **126** 90
- Betriebsspaltung **126** 86
- Bezeichnung der Beteiligten **126** 26
- Bezeichnung der zu übertragenden Vermögensteile **126** 55
- Bindung an Vertrag **126** 13
- einheitlicher Vertrag **126** 9
- Eintragung der Spaltung ins Handelsregister **126** 16
- Einzeln für Übertragung der Anteile **126** 44
- Entwurf **126** 10
- Erfüllung **126** 16
- essentialia negotii **126** 21
- fakultativer Inhalt **126** 94
- Folgen für Arbeitnehmer u ihre Vertretungen **126** 85
- Form **126** 10
- Funktionen **126** 4

2539

Sachverzeichnis

Fette Zahlen = Paragraphen

- Gegenstände des Aktiv- u Passivvermögens **126** 55
- Genehmigungen **126** 102
- Generalklausel **126** 58
- Gesamtrechtsnachfolge **126** 27
- gesetzlicher Mindestinhalt **126** 26
- Gewährleistung **126** 94
- Grenze für Übertragung von Verbindlichkeiten **126** 71
- Haftungsfreistellung **126** 96
- Höhe der baren Zuzahlung **126** 41
- Informationsmittel für Anteilseigner **126** 5
- Inhalt **37**; **126** 25; **137** 11
- Inventare u Bilanzen **126** 11
- Kapitalerhöhung gegen Sacheinlage **126** 27
- Kapitalherabsetzung **137** 12
- Kapitalmaßnahmen **126** 98
- Kartellvorbehalt **126** 103
- Kombination aus verhältniswahrender u nicht– **126** 84
- Kosten **126** 12, 105
- Kündigungsrechte u Bedingungen **126** 101
- Mängel **126** 19
- Mindestangaben **126** 106
- Mitbestimmung der Arbeitnehmer im Aufsichtsrat **126** 91
- Negativattest **126** 16
- nicht-verhältniswahrende Spaltung **126** 82
- Nichtigkeit aufgrund von Formmängeln **126** 22
- Nichtigkeit aufgrund von Inhaltsmängeln **126** 19
- notarielle Form **137** 11
- öffentl-rechtl Rechtspositionen **126** 59
- Organbestellung **126** 99
- PHG übernehmender Rträger **137** 13
- privatrechtliche Rechtspositionen **126** 59
- rechtliche Grundlage für Spaltung **126** 5
- Rechtsnatur **126** 6
- Satzungsänderung **126** 97
- Schadensersatzansprüche gegen Vertretungsorgan **126** 107
- Sonderrechte **126** 49
- Sondervorteile **126** 53
- Spaltung einer Kapitalgesellschaft **126** 33
- Spaltung zu Null **126** 29
- Spaltungsplan **126** 4
- Spaltungsstichtag **126** 47
- Totalausgliederung **126** 28
- Übergangsmandat **126** 90
- Umtauschverhältnis **126** 35, 37
- Unvollständigkeit **126** 106
- Unwirksamkeit **128** 17
- Veräußerungsbeschränkungen **126** 100
- Verbot gegen gute Sitten **126** 19
- Vereinbarung des Vermögensübergangs gegen Anteilsgewährung **126** 27
- „Vergessene" Gegenstände **126** 79
- verhältniswahrende Spaltung **126** 83
- Vermögensübertragung **126** 28
- verschärfte Rechtsfolgen **126** 107
- Verstoß gegen Verbotsgesetze **126** 19
- Vertragsabschluss **126** 7
- Vertragsentwurf **126** 8
- Verzicht auf Anteilsgewährung **126** 29
- Vorvertrag **126** 10
- Wirkungen **126** 13
- Zeitpunkt der Gewinnberechtigung **126** 45
- Zuleitung an Betriebsrat **126** 108
- Zustandekommen **126** 7

Spaltungs- und Verschmelzungsrichtlinien 168

Spaltungsbericht 127
- Abspaltung **127** 33
- Angaben über Mitgliedschaften beim übern Rträger **127** 37
- Angaben über verbundene Unternehmen **127** 43
- Aufspaltung **127** 31
- Ausgliederung **127** 35
- Ausnahmen von der Berichtspflicht **127** 48
- Berichterstattung durch Vertretungsorgan **127** 5
- Darstellungsspielraum **127** 11
- entbehrlich **137** 19
- nicht erforderlich **137** 19
- Erläuterung der Höhe einer anzubietenden Abfindung **127** 38
- Erläuterung der Spaltung **127** 14
- Erläuterung des Spaltungsvertrages **127** 23
- Erläuterung des Umtauschverhältnisses u des Maßstabs für Aufteilung der Anteile u Mitgliedschaften **127** 25
- Europäische Rechtsangleichung **127** 4
- fehlerh Heilung **127** 53
- Folgen für Beteiligung der Anteilsinhaber **127** 41
- Form **127** 7
- gemeinsame Berichterstattung **127** 6
- Grenzen der Berichtspflicht **127** 46
- Grundlagen der Berichterstattung **127** 10
- Hinweis auf Bericht über Prüfung von Sacheinlagen **127** 45
- Hinweis auf bes Schwierigkeiten der Bewertung **127** 39
- keine Berichtspflicht bei pers haftenden Gesellschaftern einer PHG **127** 52
- Mitwirkung des Aufsichtsorgans **127** 8

Magere Zahlen = Randnummern

– aus Sicht der Gesamtheit der Anteilsinhaber relevante Entscheidungsgrundlagen **127** 12
– Spaltung bei im alleinigen Anteilsbesitz bestehenden Konzerngesellschaften **127** 51
– Unterrichtung der Anteilsinhaber **127** 9
– Verzicht **127** 48
– wirtschaftl Begründung der Spaltung **127** 16
– Zweck **127** 1

Spaltungsbeschluss 137 23
– Anfechtung **126** 24; **128** 17

Spaltungsfähige Rechtsträger 124
– aufgelöste Rechtsträger **124** 11
– Einzelkaufmann **124** 6
– Gebietskörperschaft **124** 8
– Misch-Spaltung **124** 12
– Partnerschaftsgesellschaft **124** 7
– Stiftung **124** 6
– Übersicht über mögliche Spaltungsfälle **124** 10
– Wirtschaftlicher Verein **124** 5

Spaltungsfreiheit 133 1

Spaltungsmöglichkeit
– Eröffnung **137** 1

Spaltungsplan 126 4; **136**
– Abänderung **136** 8
– Aufstellender **136** 4
– Betriebsrat **136** 7
– Bindungswirkung **136** 8
– einheitlich **136** 15
– einseitige, nicht empfangsbedürftige Willenserklärung **136** 3
– Entwurf **136** 5
– Festsetzung der Beteiligungshöhe **136** 11
– Form **136** 5
– Höhe des Nominalkapitals **136** 12
– inhaltliche Erfordernisse **136** 10
– Kosten **136** 9
– mehrere übernehmende/neue Rträger **136** 15
– Organbestellung **136** 14
– Rechtsnatur **136** 3
– Spaltung zur Neugründung **136** 1
– Statut des neuen Rträgers **136** 6, 13
– Vollmacht **136** 5
– Widerruf **136** 8

Spaltungsprüfung 137 22
Spaltungspublizität, begrenzt 133 34
Spaltungsrichtlinie 133 6
Spaltungsstichtag 126 47
– freie Bestimmung **126** 48

Spaltungsverbot
– Besonderh bei Spaltung zur Neugründung **141** 9
– neu gegründete Gesellschaften als Adressaten **141** 7

Spaltungsvermerk 160 12

Sachverzeichnis

Spaltungsvorschriften 177; 179; 184; 189
– Ablauf der Teilübertragung **177** 7
– Ablauf der Übertragung **179** 6; **184** 8; **189** 4
– abspaltende Teilübertragung **184** 3
– Anwendung **177; 179; 184; 189**
– aufsichtsbehördl Genehmigung **179** 10; **184** 12; **189** 8
– aufspaltende Teilübertragung **184** 5
– ausgliedernde Teilübertragung **184** 5
– Ausgliederung **177** 4
– Bekanntmachung **189** 9
– echte Spaltung **179** 3
– Eintragung in Handelsregister **177** 13; **184** 13
– Eintragung in Handelsregister u Bekanntmachung **179** 11
– Fehlen einer Entschädigungsregelung **184** 3
– Gegenleistung **184** 1, 2
– Geltung **177** 2; **179** 2; **184** 7; **189** 2
– Kennzeichnung der Vermögensteile **177** 8
– partielle Gesamtrechtsnachfolge **177** 13
– Restmitgliedschaft **184** 3
– Teilübertragung **184** 1
– Typ der Spaltung **177** 2
– Überleitung von Arbeitsverhältnissen **177** 8
– Übern öffentliche Hand **177** 6
– übern Rträger **179** 3
– übertragende Kapitalgesellschaft **177** 2
– Übertragungsbericht **177** 10; **179** 7; **184** 9; **189** 5
– Übertragungsbeschluss **177** 12; **179** 9; **184** 11; **189** 7
– Übertragungsprüfung **177** 11; **179** 8; **184** 10; **189** 6
– Übertragungsvertrag **177** 7; **179** 6; **184** 8; **189** 4
– Verlust der Mitgliedschaft **184** 3
– Verschmelzungsvorschriften **177** 4
– Vollmitgliedschaft **184** 4

Spartentrennungsgrundsatz 119 46
Spruchstellenverfahren 173 76
Spruchverfahren – SpruchG
Spruchverfahrensgesetz 1 SpruchG 1
– Abfindung **1 SpruchG** 2; **11 SpruchG** 2
– Amtsermittlung **7 SpruchG** 14
– Amtsermittlungsgrundsatz **10 SpruchG** 11
– Anerkenntnis **11 SpruchG** 15
– Anspruch auf Ausgleich **1 SpruchG** 3
– Antragsbegründung **4 SpruchG** 8
– Antragsberechtigung **3 SpruchG**
– Antragsfrist **4 SpruchG** 1
– Antragsgegner **5 SpruchG**
– Antragsrücknahme **11 SpruchG** 12
– Anwendung zivilprozessualer Regeln **8 SpruchG** 8

Sachverzeichnis

Fette Zahlen = Paragraphen

- Anwendungsbereich **1 SpruchG**
- Ausgleichszahlung **1 SpruchG** 2
- Auslagenersatz **6 SpruchG** 21
- Außergerichtliche Kosten **15 SpruchG** 12
- Barabfindung **1 SpruchG** 2; **11 SpruchG** 2
- bare Zuzahlung **1 SpruchG** 2; **11 SpruchG** 2
- Beendigungsgründe **11 SpruchG** 12
- Bekanntmachung der Entscheidung **14 SpruchG**
- Bezifferung des Anspruchs **4 SpruchG** 10
- Delisting **1 SpruchG** 3
- Dispositionsmaxime **7 SpruchG** 13
- Durchsetzung des Anspruchs **13 SpruchG** 7
- Einfache Beschwerde **12 SpruchG** 16
- Einwendungen **10 SpruchG** 3
- Entscheidung **11 SpruchG** 1
- Entscheidung durch den Vorsitzenden **2 SpruchG** 5
- Erledigung der Hauptsache **11 SpruchG** 16
- FGG-Verfahren **17 SpruchG** 1
- Fristablauf **10 SpruchG** 4
- Gebundene Zurückweisung **10 SpruchG** 2
- Gebührensatz **15 SpruchG** 4
- Geltung der KostO **15 SpruchG** 2
- Gemeinsamer Vertreter **6 SpruchG** 7
- Gemeinsamer Vertreter bei Gründung einer SE **6a SpruchG**
- **Gerichtskosten 15 SpruchG** 2
- Geschäftswert **15 SpruchG** 5
- Gütliche Einigung **11 SpruchG** 6
- Kammer für Handelssachen **2 SpruchG** 4
- Kapitalerhöhung mit Bezugsrechtsausschluss **1 SpruchG** 5
- Kausalität **10 SpruchG** 9
- Kosten **15 SpruchG**
- Kostenentscheidung **15 SpruchG** 19
- Kostenfestsetzung **6 SpruchG** 22
- Kostenschuldner **15 SpruchG** 9
- KostO **15 SpruchG** 2
- Mündliche Verhandlung **8 SpruchG** 1
- örtliche Zuständigkeit **2 SpruchG** 1
- Persönliches Erscheinen **8 SpruchG** 4
- Rechtliches Gehör **7 SpruchG** 2
- Sofortige Beschwerde **12 SpruchG** 1
- Stellungnahme **10 SpruchG** 3
- Übergangsregelung **17 SpruchG** 4
- Übernahmeangebote und Pflichtangebote nach dem WpÜG **1 SpruchG** 5
- übertragende Auflösung **1 SpruchG** 5
- Verfahrensförderungspflicht **9 SpruchG** 2
- Verfahrensgrundsätze **7 SpruchG** 2
- Verfahrensverbindung **7 SpruchG** 23
- Vergleich **11 SpruchG** 11
- Vergütung **6 SpruchG** 18
- Verjährung **13 SpruchG** 8
- Verletzung der Verfahrensförderungspflicht **10 SpruchG**
- Verletzung wertbezogener Auskunfts- und Informationsrechte **1 SpruchG** 4
- Verschulden **10 SpruchG** 7
- Verzinsung **11 SpruchG** 3
- Verzögerung **10 SpruchG** 6
- Vollstreckung **15 SpruchG** 23
- Vollstreckungstitel **13 SpruchG** 7
- Vorbereitender Schriftsatz **9 SpruchG** 6
- Vorbereitung der mündlichen Verhandlung **7 SpruchG**
- Vorschuss **15 SpruchG** 10
- Wertausgleich **11 SpruchG** 2
- Wirkung der Entscheidung **13 SpruchG** 3
- Zulässigkeitsrügen **9 SpruchG** 7; **10 SpruchG** 12
- Zurückweisung nach Ermessen **10 SpruchG** 10
- Zuständigkeit **2 SpruchG**
- Zuständigkeit bei Leistungsklage **16 SpruchG** 1
- Zuständigkeitskonzentration **2 SpruchG** 8; **12 SpruchG** 15
- Zustellung der Entscheidung/Niederschrift **11 SpruchG** 10

Squeeze out 218 21
Stammkapital
- Änderung **243** 21
- Eintragung bei Erhöhung **53**
- Herabsetzung **139**

Stand-alone-Prinzip 30 16
Statusverfahren 203 12
Step up 190 8
Steuerliche Fusionsrichtlinie EinlC 81
Steuerliche Grundlagen des Umwandlungsrechts Anh UmwStG
- Formwechsel **Anh UmwStG** 624
- Formwechsel einer Kapitalgesellschaft in Personengesellschaft **Anh UmwStG** 657
- Formwechsel einer Personengesellschaft in Kapitalgesellschaft oder eG **Anh UmwStG** 705
- Spaltung **Anh UmwStG** 386
- Spaltung auf Personengesellschaft als übern Rechtsträger **Anh UmwStG** 546
- Spaltung aus Körperschaft auf Körperschaft **Anh UmwStG** 409
- Spaltung aus Personengesellschaft auf Körperschaft einschl Ausgliederung aus einem Einzelunternehmen u einer Körperschaft **Anh UmwStG** 595

Magere Zahlen = Randnummern

- steuerl Bilanzen anlässl des Formwechsels **Anh UmwStG** 649
- steuerl Formwechselrecht **Anh UmwStG** 632
- steuerl Spaltungsrecht **Anh UmwStG** 395
- Verschmelzung **Anh UmwStG** 1
- Verschmelzung einer Körperschaft auf Personengesellschaft **Anh UmwStG** 165
- Verschmelzung einer Personengesellschaft auf eine andere **Anh UmwStG** 352
- Verschmelzung Personengesellschaft auf Körperschaft **Anh UmwStG** 193
- Verschmelzung unter Beteiligung von Personengesellschaften **Anh UmwStG** 165
- Verschmelzung von Körperschaften **Anh UmwStG** 1

Steuerliche Rückwirkungsfiktion 173 16
Steuerliche Umwandlungsmotive Einl. B 4
Steuerliches Reorganisationsrecht Einl. B 1
- Betriebsaufspaltung **Einl. B** 1
- Mitunternehmererlass **Einl. B** 1
- Realteilungsgrundsätze **Einl. B** 1
- Rücklagenbildung **Einl. B** 1
- Tauschgutachten **Einl. B** 1

Steuerneutralität Einl. B 8
Stiftung 161; 163; 164; 165; 167; 208
- Anspruch auf Barabfindung 208 3
- Ausgliederung 161
- Ausgliederung zur Aufnahme 161 32
- Ausgliederung zur Neugründung 161 35
- Ausgliederungsbericht 162
- Ausgliederungsfolgen 161 37
- Ausgliederungsmöglichkeiten 161 30
- Ausgliederungsobjekt 161 23
- Ausgliederungssubjekt 161 17
- genehmigung der Ausgliederung 164
- genehmigungserfordernis nach Landesstiftungsgesetzen 164 2
- genehmigungsfreie Ausgliederung 164 5
- genehmigungspflichtige Ausgliederung 164 1
- genehmigungspflichtige Rgeschäfte 164 4
- Gründungsbericht bei Ausgliederung auf AG oder KGaA 165 3
- Haftung 166
- Möglichkeit der Ausgliederung 161 5
- Parallele der Stiftung zum wirtschaftl Verein 161 15
- Prüfung der Barabfindung 208 8
- Sacheinlage 161 40
- Sachgründung 161 40
- Sachgründungsbericht bei Ausgliederung auf GmbH 165 1–2
- Stiftungsrechtl Regelungen 161 41
- unternehmensverbundene Stiftung als übertr Rträger 161 6

Sachverzeichnis

- zeitl Begrenzung der Haftung für übertr Verbindlichkeiten 167
- Zulegung 161 42
- Zusammenlegung 161 43

Stimmrechtsvollmachten 50 16
Stimmverbot 173 44
Strafbewehrtheit falscher Versicherungen bei Anmeldung 51 23
Straftatbestände des UmwG
- allg Regeln des StGB 313 2
- Überblick 313 1

Strafverfahren
- Überblick 313 3

Strafverfolgung
- Überblick 313 3

Stückaktie 241 4, 13
Sukzessivbeurkundung 6 14
Sunk cost effect 119 110
„Supermarkt-Entscheidung" 6 1
Synthetische Zusammenschlüsse Anh 122 I 41 ff

Tarifkonkurrenz 20 47
Tarifpluralität 20 45
Teilbetrieb 126 57
Teilfusion 2 53
Teilübertragung 177 7
- Ablauf 177 7
- abspaltende 174 17
- aufspaltende 174 16
- ausgliedernde 174 18
- Begriff 174 14
- Übertragungsvertrag 177 7

Teilung von Geschäftsanteilen 241 16
Teilweiser Austritt 31 4
Testierung der Bilanz 58 13
Tod eines Gesellschafters
- Wirksamkeit des Formwechselbeschlusses 217 34

Totalausgliederung 126 28
Totalrückversicherung 109 34
„Tracking Stocks" 240 13
Treuhandabsprachen 134 31
Treuhänder
- Vermögensübertragung 183

Treupflicht 13; 217
Twinned Share Structure Anh 122 I 55
Typenzwang des Gesellschaftsrechts Einl. A 51
Typenzwang im Gesellschaftsrecht 1 70

Überleitungstarifvertrag 20 48
Übernahmerecht
- Konflikt mit Umwandlungsrecht **Einl. A** 66

Sachverzeichnis

Fette Zahlen = Paragraphen

- Kontrollerlangung **Einl. A** 67
- Schutz der Minderheitsaktionäre **Einl. A** 77
- Schutzbedürftigkeit der Aktionäre **Einl. A** 74
- Verschmelzungen zur Aufnahme als Kontrollwechsel **Einl. A** 68

Überschuldung
- als Ausgliederungssperre bei Einzelkaufmann als Überträger **152** 73

Überschuldung des übertragenden Rechtsträgers 120 13

„Überseering"-Entscheidung EinlC 10

Übersendung des Abfindungsangebots 216 20
- Entbehrlichkeit **215** 22
- Erforderlichkeit **216** 20

Übersendung des Umwandlungsberichts 216 17

Übertragende Auflösung 2 49

Übertragende Umwandlung Einl. A 59

Übertragender Rechtsträger, Einzelkaufmann 152 19
- Anteilserwerb **152** 91
- Arbeitsverhältnisse **152** 89
- auflösend bed Rpositionen **152** 83
- Ausgliederung auf mehrere übernehmende Rechtsträger **152** 58
- Ausgliederungsplan **152** 70, 71, 72
- Ausgliederungssperren **152** 81
- Ausgliederungsvertrag **152** 70, 71, 72
- ausl Staatsangehörigkeit **152** 28
- ausl übernehmender Rträger **152** 57
- beschränkt Geschäftsfähige **152** 30
- Bestandsveränderungen seit Stichtag **152** 72
- Drittbeteiligte **152** 33
- Ehegatten **152** 43
- eG als Übernehmer **152** 54
- eingetragener Einzelkaufmann **152** 20
- Eintragung der Firma **152** 31
- Erbengemeinschaft **152** 26, 80
- Fortführungsprognose **152** 76
- Fortführungswerten **152** 76
- Gegenstand der Ausgliederung **152** 59
- gemischte Sacheinlage **152** 71
- Gesamthandsgemeinschaften als Einzelkaufmann **152** 24
- Gesamtvermögen **152** 59
- Gütergemeinschaft **152** 27
- höchstpersönl Rechte **152** 86
- Kapitalgesellschaft als Übernahme **152** 49
- Kaufmann als Pächter **152** 37
- Liquidationswerten **152** 76
- Mängel der not Beurkundung **152** 82
- mehrere übertr Rträger **152** 46
- mehrere zu übertr Unternehmen **152** 47
- Mischeinlage **152** 70
- nat Personen als Einzelkaufmann **152** 23
- nicht übertragbare Rpositionen **152** 84
- Nießbrauch **152** 87
- partielle Gesamtrechtsnachfolge **152** 72
- Personenhandelsgesellschaften als Übernehmer **152** 50
- priv Schulden des Einzelkaufmanns **152** 75
- Privatvermögen **152** 67
- Rechtsverhältnisse, Verträge **152** 69
- sonst Rechtsverhältnisse **152** 90
- stille Gesellschaft **152** 40
- Testamentsvollstreckung **152** 41
- übernehmender Rträger **152** 48
- Übernehmer in Gründung **152** 55
- Überschuldung als Ausgliederungssperre **152** 73
- Überschuldung des Nachlasses **152** 80
- Überschuldung in Sonderfällen **152** 80
- Unternehmensnießbrauch **152** 39
- Unternehmensträger **152** 33
- Unternehmensvermögen **152** 60
- unübertragbare Rpositionen **152** 69
- Verbindlichkeiten **152** 88
- Vermögensübergang **152** 83
- Vorerbe **152** 42
- Wirkungen der Ausgliederung **152** 82
- Zugewinngemeinschaft **152** 43
- Zweigniederlassung ausl Unternehmen **152** 29

Übertragung
- Angemessenheit der Gegenleistung **176** 18
- Übertragungsbericht, bei Verschmelzung **176** 18
- Übertragungsvertrag **176** 7

Übertragung des Betriebs 134 20
- Übertragungsgegenstand **134** 20
- verbleibende Vermögensteile **134** 22

Übertragung von Anteilen zwischen Wirksamkeit des Formwechsels und Kraftloserklärung 248 32
- beschr Bedeutung der Kraftloserklärung **248** 39
- Formwechsel einer AG od KGaA in GmbH **248** 33
- Formwechsel einer GmbH in AG od KGaA **248** 32
- kein guter Glaube an Rform u Übertragungsform **248** 37
- Rsunsicherheit **248** 35
- spekulativer Handel mit Geschäftsanteilen **248** 34
- Zusammentreffen mehrerer Übertragungsformen **248** 36

Magere Zahlen = Randnummern

Sachverzeichnis

Übertragungsbericht
– bei Spaltung 184 9
– bei Teilübertragung 189 5
– bei Verschmelzung 180 7
– bei Vollübertragung 188
Übertragungsbericht, bei Spaltung 179 7
– Gläubigerschutz 177 10
– Zweck 177 10
Übertragungsbericht, bei Verschmelzung 178 14
Übertragungsbeschluss
– bei Spaltung 177 12; 179 9; 184 11
– bei Teilübertragung 189 7
– bei Vollübertragung 188 6
Übertragungsbeschluss bei Verschmelzung
– bei AG, KGaA 176 25
– Form 176 15
– bei GmbH 176 28
– Mängel 176 29
– Versammlung der Anteilsinhaber 176 25
– Vorbereitung 176 21; 178 14
Übertragungsprüfung
– bei Spaltung 179 8; 184 10
– bei Teilübertragung 189 6
– bei Verschmelzung 176 19; 178 15; 180 8, 9
– bei Vollübertragung 188 5
Übertragungsprüfung bei Spaltung 179 8; 184 10
– Abspaltung 177 11
– Aufspaltung 177 11
– Ausgliederung 177 11
Übertragungsvertrag
– bei Spaltung 177 7; 179 6; 184 8
– bei Teilübertragung 189 4
– bei Verschmelzung 176 7; 178 9; 180 5
– bei Vollübertragung 188
Übertragungsvertrag bei Verschmelzung
– Abschluss 178 9
– Gegenleistung 178 9
– Inhalt 178 12
– Mindestinhalt 178 9
Übertragungsvertrag bei Spaltung
– einh Vertrag 177 7
– Inhalt des Übertragungsvertrags 177 8
– Zuständigkeit 177 7
ultra-vires-Lehre 62 6
Umstellung auf den Euro 318 10
– Anwendbarkeit der bis zum 31. 12. 1998 geltenden Regelungen 318 12
– Anwendbarkeit der Übergangsvorschriften des GmbH- u Aktienrechts 318 15
– Bed des Euro-Einführungsgesetzes 318 10
– Formwechsel von Kapitalgesellschaften 318 20

Umtausch
– Begriff 248 1, 23
Umtausch der Anteile 248
– Anzeige an Registergericht 248 14
– Aufforderung zur Abholung 248 5
– Aufforderung zur Einreichung 248 20
– Begriff 248 1, 23
– beschränkte Bedeutung der Kraftloserklärung 248 39
– einfaches Verfahren 248 4
– eingereichte Aktien 248 27
– Erfordernis der Kraftloserklärung 248 11
– Formwechsel einer AG od KGaA in GmbH 248 23, 33
– Formwechsel einer GmbH in AG od KGaA 248 1, 32
– Gegenstand der Kraftloserklärung 248 17
– Hinterlegung 248 9, 25
– Hinterlegungspflicht 248 12
– kein guter Glaube an Rechtsform und Übertragungsform 248 37
– Kraftloserklärung 248 7
– mehrere Geschäftsanteile eines Gesellschafters 248 15
– nicht beteiligungsfähige Spitzen mehrerer Gesellschafter 248 16
– nicht eingereichte Aktien 248 29
– Runsicherheit 248 35
– Rücknahmerecht 248 13
– spekulativer Handel mit Geschäftsanteilen 248 34
– Übertragung von Anteilen zw Wirksamkeit des Formwechsels u Kraftloserklärung 248 32
– Umtauschverfahren 248 3, 24
– Veräußerung od Erwerb von Spitzen 248 22
– Versteigerung 248 21
– Voraussetzungen der Hinterlegung 248 10
– Zusammenlegung 248 15, 26
– Zusammentreffen mehrerer Übertragungsformen 248 36
Umtausch von Aktien 72
– dreimalige Aufforderung in den Gesellschaftsblättern 72 4
– Folgen eines Verstoßes gegen die Norm 72 18
– Rträger anderer Rformen als übern Gesellschaft 72 17
– Sonderregeln bei Verschmelzung einer AG auf andere AG 72 6
– der übertragenden Gesellschaft 72 3
– Übertragung von Mitgliedschaften vor Umtausch der Aktien 72 16
– Zusammenlegung von Aktien der übertragenden Gesellschaft 72 10

2545

Sachverzeichnis

Fette Zahlen = Paragraphen

Umtauschverfahren 248 24
- Anzeige an Registergericht **248** 14
- Aufforderung zur Abholung **248** 5
- einfaches **248** 3
- Erfordernis der Kraftloserklärung **248** 11
- Hinterlegung **248** 9
- Hinterlegungspflicht **248** 12
- Kraftloserklärung der Anteilsscheine **248** 7
- Rücknahmerecht **248** 13

Umtauschverhältnis 126 35, 37
- Verbesserung 15

Umwandlung
- in eine AG **218** 32
- andere rechtl Umstrukturierungsmaßnahme **Einl. A** 3
- Arten 1
- Begriff **Einl. A** 2; **1** 9
- bilanzielle Gründe **Einl. A** 4
- in eG **218** 55
- Formwechsel **Einl. A** 2
- Gesamtrechtsnachfolge **Einl. A** 5
- in eine GmbH **218** 10
- Gründe **Einl. A** 4
- Holding-Struktur **Einl. A** 4
- Identitätswahrung numerus clausus **173** 2
- Kapitalmarkt **Einl. A** 4
- in eine KG **218** 45
- in KGaA **217** 40
- Klageausschluss 210
- Liquidation **Einl. A** 4
- aufgrund Mehrheitsbeschlusses **217** 16
- Organisationsänderung **Einl. A** 4
- Sanierung **Einl. A** 4
- Spaltung **Einl. A** 2
- steuerl Gründe **Einl. A** 4
- die vom UmwG erfassten Umstrukturierungen **Einl. A** 2
- Universalsukzession **173** 2
- als unternehmerische Entscheidung **Einl. A** 1
- Veräußerung von Teilunternehmen **Einl. A** 4
- Vermögensübertragung **Einl. A** 2
- Verschmelzung **Einl. A** 2
- Zerlegung von Unternehmen **Einl. A** 4
- Zusammenschluss von Unternehmen **Einl. A** 4

Umwandlung alter juristischer Personen 317
- Körperschaftl strukturierte Rträger alten Rechts **317** 6
- mitgliederlose Rträger alten Rechts **317** 7
- umwandlungsfähige Rträger **317** 3
- Umwandlungsmöglichkeiten **317** 5

Umwandlung, Arten 1
- abschl Erfassung der Umwandlungsfälle **1** 70
- Abspaltung **1** 62
- Abweichungen **1** 94
- Analogieverbot **1** 73
- Anwendungsbereich des UmwG **1** 9
- Aufspaltung **1** 60
- Ausgliederung **1** 63
- Ausstrahlungswirkung des UmwG **1** 75
- Entstehungsgeschichte **1** 2
- Erbengemeinschaften **1** 31
- Ergänzungen **1** 96
- Formwechsel **1** 67
- geregelte Umwandlungsarten **1** 55
- Mischumwandlungen **1** 81
- mit Vermögensübertragung **Einl. A** 48
- ohne Vermögensübertragung **Einl. A** 49
- numerus clausus **1** 70
- Partenreedereien **1** 37
- Rtatsachen **1** 3
- Rträger **1** 17
- Reformvorhaben **1** 8
- Rträger mit eingeschr Umwandlungsfähigkeit **1** 27
- Rträger mit gesetzl festgelegter Umwandlungsfähigkeit **1** 29
- Rträger ohne Umwandlungsfähigkeit **1** 30
- Sitz des Rechtsträgers außerh der Bundesrepublik u der EU **1** 54
- Sitzabhängigkeit des Rträgers **1** 41
- Sitzbegriff des UmwG **1** 49
- Spaltung **1** 59
- Statutarischer Sitz im Inland, Verwaltungssitz im Ausland **1** 48
- Strukturänderungen, die nicht im UmwG geregelt sind **1** 69
- umwandlungsfähige Rträger **1** 26
- Vermögensübertragung **1** 64
- Verschmelzung **1** 56
- Verwaltungssitz im Inland, statutarischer Sitz im Ausland **1** 45
- zwingender Charakter der Umwandlungsvorschriften **1** 92

Umwandlung aufgrund Mehrheitsbeschlusses 217 16
- Bestimmtheitsgrundsatz **217** 16
- Dreiviertelmehrheit **217** 19
- Folgen der Zustimmungsverweigerung **217** 25
- Kapitalanteilen **217** 20
- Mehrheitsklausel **217** 17
- sachliche Rechtfertigung **217** 21
- Stimmenthaltungen **217** 20
- Stimmrechtsausschluss **217** 20
- Zulassung im Gesellschaftsvertrag **217** 16
- Zustimmung einzelner Gesellschafter **217** 23

Magere Zahlen = Randnummern

- Zustimmung nicht erschienener Gesellschafter 217 22
Umwandlung in AG 218 32
- Aktien **218** 37, 38
- Aktiengattungen **218** 39
- Aufsichtsrat **218** 42
- Einlagen **218** 40
- Firma **218** 33
- Gesellschaft **218** 36
- Grundkapital **218** 37
- Gründungsaufwand **218** 43
- Nennbetrags- od Stückaktien **218** 38
- Sitz **218** 33, 34
- Sondervorteile **218** 43
- Unternehmensgegenstand **218** 35
- vinkulierte Namensaktien **218** 39
- Vorstand **218** 41
Umwandlung in eingetragene Genossenschaft 218 55
- Aufsichtsrat **218** 64
- Firma **218** 56
- Generalversammlung **218** 65
- Geschäftsanteil **218** 59
- Geschäftsguthaben **218** 60
- gestaffelte Beteiligung **218** 59
- Nachschüsse **218** 61
- Rücklage **218** 62
- Satzungsinhalt **218** 56
- Sitz **218** 57
- Unternehmensgegenstand **218** 58
- Unterzeichnung des Statuts **218** 67
- Vorstand **218** 63
Umwandlung in GmbH
- Aufsichtsrat **218** 26
- Auszahlung **218** 16
- Bestellung der Anteilseignervertreter **218** 27
- Darlehen **218** 16
- fakultativer Aufsichtsrat **218** 30
- Firma **218** 11
- Geschäftsführung **218** 24
- Gesellschafter **218** 14
- Höhe der Stammeinlage **218** 19
- Kapitalerhöhung **218** 15
- Konten mit Eigenkapitalcharakter **218** 19
- Obergrenze für Stammkapitalziffer **218** 15
- Rücklagen **218** 16
- Sitz **218** 11, 12
- Stammeinlagen **218** 17
- Stammkapital **218** 15
- Statusverfahren **218** 27
- Unternehmensgegenstand **218** 13
Umwandlung in KGaA 218 45
- beitretende Gesellschafter **218** 49

Sachverzeichnis

- Bezeichnung der pers haftenden Gesellschafter **218** 53
- Firma **218** 52
- pers haftende Gesellschafter **218** 46
- Satzungsinhalt **218** 52
- Vermögenseinlage **218** 54
- vorhandene Gesellschafter **218** 48
Umwandlung von Personenhandelsgesellschaften in Kapitalgesellschaften 214 6
- Aufnahme von Investoren **214** 6
- Fungibilität der Beteiligung **214** 6
- Haftungsbegrenzung **214** 6
- steuerl Gründe **214** 7
- Trennung von Management u Kapital **214** 6
- Unternehmensnachfolge **214** 6
- Vermeidung von Sonderbetriebsvermögen **214** 7
- Vorbereitung des Gangs an die Börse (Initial Public Offering) **214** 6
Umwandlung zwischen Rechtsträgern verschiedener Rechtsformen 1 82
Umwandlungen vor dem 1. Januar 1995 318
Umwandlungsbericht 215; 239 4
- Abfindungsangebot **215** 16
- Auslegung **239** 4
- Ausnahme **215** 1
- Barabfindung **215** 4
- Bestandteil **215** 4
- Betriebsrat **215** 19
- Entbehrlichkeit **215** 4, 17; **238** 12
- Entwurf des Umwandlungsbeschlusses **215** 14
- Erforderlichkeit **225 b** 2
- EWIV **215** 11
- Geschäftsführungsberechtigung aller Gesellschafter **215** 5
- GmbH & Co. KG **215** 9
- KG **215** 9
- künftige Satzung **215** 4
- künftiger Gesellschaftsvertrag **215** 4
- künftiges Statut **215** 4
- OHG **215** 6
- stille Gesellschaft **215** 12
- Übersendung **216** 17
- Umwandlungsbeschluss **215** 4
- Unterrichtung der Partner **225 b**
- Unterrichtungspflicht **225 b** 5
- Vermögensaufstellung **215** 4
- keine Vermögensaufstellung **215** 13
- Verzicht **215** 17, 18; **225 b** 4; **238** 12
- Verzicht auf Erstattung **215** 17
Umwandlungsbericht bei formwechselnden Rechtsträger 192
- berichtspflichtiger **192** 21

2547

Sachverzeichnis

Fette Zahlen = Paragraphen

- bes Schwierigkeiten bei Bewertung **192** 15
- Einpersonengesellschaften **192** 31
- Entbehrlichkeit des Umwandlungsberichts **192** 23
- Entwurf des Umwandlungsbeschlusses **192** 20
- Erläuterung der Barabfindung **192** 12
- Form des Umwandlungsberichts **192** 22
- Grenzen der Offenlegungspflicht **192** 17
- Inhalt **192** 6
- Mängel des Umwandlungsberichts u der Vermögensaufstellung **192** 33
- PHG **192** 29
- Rechtl u wirtschaftl Auswirkungen des Formwechsels **192** 10
- Rechtl u wirtschaftl Gründe für Formwechsel **192** 6
- verbundene Unternehmen **192** 16
- Verzicht **192** 24

Umwandlungsbericht u Unterrichtung der Partner 225 b
- Erforderlichkeit **225 b** 2
- Unterrichtungspflicht **225 b** 5
- Verzicht **225 b** 4

Umwandlungsbeschluss 35; 217 6; 241, 33; 243
- Abänderung od Beseitigung besonderer Festsetzungen über Sacheinlagen und Sachübernahmen **243** 18
- abw Festsetzung **243** 29
- abwesende Gesellschafter **217** 6
- allgemeine Angaben **243** 4
- Änderung **217** 33
- Änderungen Stammkapital od Grundkapital **243** 21
- Anfechtung **242** 19
- Aufhebung **217** 33
- Aufsichtsrat **243** 32
- bes Anforderungen **243** 31
- Beschlussfähigkeit **217** 6
- bes Festsetzungen **243** 14
- Besonderheiten bei KGaA **243** 20
- Bestandskraft **241** 35
- Einstimmigkeit **217** 7; **218** 7
- Eintragung **241** 35
- Eintragungshindernis **241** 35
- Erläuterungen **239** 5
- Erläuterungspflicht **238** 5
- Festsetzung des Nennbetrags der Anteile **243** 28
- Folgen bei Verstoß gegen § 243 Abs. 1 Satz 2 **243** 19
- Form **217** 6
- beim Formwechsel einer KGaA **243** 4
- Formwechsel in KGaA **243** 7
- Gesellschafterversammlung **217** 6
- Gesellschaftsstatut **243** 6
- Gesellschaftsvertrag **218** 5
- Heilung **241** 35
- Inhalt **218; 243**
- Inhalt bei Formwechsel **194**
- Inhalt der neuen Satzung **243** 8
- Inhalt des neuen Gesellschaftsvertrags **243** 8
- maßgebliches Recht für Kapitaländerung **243** 23
- Mehrheitsbeschluss **218** 7
- Möglichkeit der Abänderung besonderer Festsetzungen nach § 26 Abs. 4 AktG **243** 16
- nachträgl Zustimmung **217** 8
- Nicht durch Formwechsel veranlasste Satzungsänderungen **243** 11
- Nicht erschienene Gesellschafter **217** 10
- Niederschrift **217** 37; **244**
- notarielle Beurkundung **217** 37
- Personenidentität **217** 9
- schwebend unwirksam **241** 33
- Stimmbindungsverträge **217** 15
- Stimmenthaltung **217** 8
- Stimmrechtsausschluss **217** 12
- Stimmrechtsausschuss, Ausnahme **217** 12
- Treupflicht **217** 13
- Umlaufverfahren **217** 6
- Unwirksamkeit **241** 33
- Vertretung **217** 8
- Verzicht auf Übernahme besonderer Festsetzungen nach § 26 Abs. 5 AktG **243** 17
- Zugang letzter Zustimmungserklärung **217** 10
- Zustimmung der anwesenden Gesellschafter **217** 8
- Zustimmungspflicht **217** 13, 14
- zwingende Satzungsänderungen **243** 9

Umwandlungsbeschluss bei Formwechsel 193
- Abschriftserteilung **193** 29
- Abstimmung **193** 9
- Anwendungsbereich **193** 19
- Beschlussmängel **193** 30
- Form des Umwandlungsbeschlusses u der Zustimmung einzelner Anteilsinhaber **193** 28
- Geltendmachung **193** 32
- Inhalt **193** 17
- Kosten **193** 33
- Mängel **193** 30
- minderj Anteilsinhaber **193** 13
- Rechtsfolgen **193** 31
- Stellvertretung bei der Abstimmung **193** 12
- Stimmabgabe per Boten **193** 14
- Versammlung der Anteilsinhaber **193** 8
- vollmachtloser Vertreter **193** 16

Magere Zahlen = Randnummern

Sachverzeichnis

- Vorbereitung und Durchführung der Versammlung der Anteilsinhaber **193** 3
- Zustimmung einzelner Anteilsinhaber **193** 18
- Zustimmungserteilung **193** 27

Umwandlungsbeschluss bei Genossenschaft 262 1
- abgegebene Stimmen **262** 16
- beschlussfähig **262** 3
- Beschlussfassung über Formwechsel **262** 6
- Beschlussmängel **262** 39
- Besonderheiten für KGaA **262** 42
- Dreiviertelmehrheit **262** 26
- erforderl Mindestmehrheiten **262** 25
- Form der Abstimmung **262** 18
- Generalversammlung **262** 1
- generelles Widerspruchsrecht **262** 30
- Kompetenzzuweisung auf and Organe **262** 2
- Mehrstimmrechte **262** 7
- Vertreterversammlung **262** 1, 10
- Zentralgenossenschaften **262** 8

Umwandlungsbeschluss der obersten Vertretung 293
- Beginn der Mitgliedschaft **293** 10
- Beschlussmehrheit **293** 5
- Darlegungs- u Beweislast hinsichtl der erforderl Mehrheit für Beschlussfassung **293** 16
- Form u Frist des Widerspruchs **293** 11
- Inhalt des Widerspruchs **293** 13
- keine satzungsmäßige Erschwerung des Widerspruchs **293** 14
- Mischverschmelzung Auf- u Abspaltung auf Versicherungs-AGs **293** 4
- Rechtsfolgen bei Verstoß **293** 18
- Rechtsfolgen des Widerspruchs **293** 15
- Widerspruch **293** 7
- Widerspruch bei Beschlussfassung durch Vertreterversammlung **293** 9
- Widerspruchsberechtigte **293** 7

Umwandlungsbeschluss, Inhalt bei Genossenschaft 263 1
- Beteiligungshöhe **263** 8
- Beteiligungsquote **263** 19
- Bezugsrecht der Aktionäre **263** 28
- genossenschaftl Rückvergütungen **263** 15
- Geschäftsguthaben **263** 11
- Gesellschaftsvertrag **263** 4
- Mindestinhalt **263** 1
- Nennbetrag des Stamm- bzw. Grundkapitals **263** 23
- notwendiger Inhalt **263** 2
- pers haftender Gesellschafter bei KGaA **263** 6
- Prinzip der Reinvermögensdeckung **263** 27

- Prinzip des verhältniswahrenden Anteilstauschs **263** 10
- Quotenbemessungsregel **263** 19
- Satzung **263** 4
- Teilrechte **263** 9
- Umqualifizierung der bish Beteiligung **263** 8
- unterschiedl Höhe der Anteile **263** 7

Umwandlungsbeschlüsse 240 1

Umwandlungsrecht
- bis 1995 **Einl. A** 6
- Abstraktion **Einl. A** 44
- ADHGB von 1861 **Einl. A** 7
- AktG 1937 **Einl. A** 9
- Eröffnung von Umwandlungsmöglichkeiten **Einl. A** 21
- Genossenschaftsgesetz von 1922 **Einl. A** 8
- Gesetzesaufbau **Einl. A** 43
- Gesetzessystematik **Einl. A** 43
- Gesetzgebungsverfahren **Einl. A** 19
- GmbH-Novelle von 1980 **Einl. A** 12
- GmbHG von 1892 **Einl. A** 7
- hist Entwicklung **Einl. A** 6
- Konflikte zwischen Umwandlungsrecht u Übernahmerecht **Einl. A** 66
- neue Umwandlungsmöglichkeiten **Einl. A** 55
- Neuerungen **Einl. A** 55
- Normierung der Spaltung **Einl. A** 56
- Rbereinigung **Einl. A** 20
- Reformgründe **Einl. A** 19
- Reformziele **Einl. A** 19
- Schließung von Gesetzeslücken **Einl. A** 21
- Übernahmerecht **Einl. A** 61
- Übernahmerecht in Deutschland **Einl. A** 63
- UmwG 1956 **Einl. A** 10
- UmwG 1969 **Einl. A** 10, 12

Umwandlungsverbot 39 7

UmwG
- abschließende Erfassung der Umwandlungsfälle **1** 70
- Abspaltung **1** 62
- Änderungen **Einl. A** 42
- Altana/Milupa-Entscheidung **1** 76
- Analogieverbot **1** 1, 73, 75
- Anteilskontinuität **1** 15
- Anwendbarkeit **1** 50
- Anwendungsbereich **1** 1, 9
- aufgelöste Rtträger **1** 28
- Aufspaltung **1** 60
- Ausgliederung **1** 63
- für außergewöhnl Umstrukturierungen **1** 4
- Ausstrahlungswirkung **1** 75
- Badenwerk-Entscheidung **1** 76
- Begriff der Umwandlung **1** 9
- Begriff und Bedeutung **1** 18

2549

Sachverzeichnis

Fette Zahlen = Paragraphen

- Beibehaltung der Identität **1** 10
- Beschränkung der Privatautonomie **1** 1
- Einschränkung der Parteiautonomie **1** 93
- Entstehungsgeschichte **1** 2
- Erbengemeinschaften **1** 31
- Erhöhung der Rsicherheit **1** 1
- Erweiterung der Möglichkeiten zur Umstrukturierung **1** 3
- Formwechsel **1** 67
- Gemeinsamkeiten der geregelten Umwandlungsarten **1** 9
- geregelte Umwandlungsarten **1** 55
- Gesamt- od Sonderrechtsnachfolge **1** 10
- Gründungstheorie **1** 44
- Holzmüller-Entscheidung **1** 76
- Identität der Anteilsinhaber **1** 16
- Mischumwandlung **1** 81
- numerus clausus der Umwandlungsarten **1** 1
- Numerus clausus umwandlungsfähiger Rträger **1** 18
- Partenreederei **1** 37
- rechtsgeschäftl veranlassten Gesamtrechtsnachfolge **1** 73
- Reformvorhaben **1** 8
- Rträger **1** 17
- Rträger mit eingeschr Umwandlungsfähigkeit **1** 27
- Rträger mit gesetzl festgelegter Umwandlungsfähigkeit **1** 29
- Rträger ohne Umwandlungsfähigkeit **1** 30
- des Rträgers **1** 18
- Schutz von Gläubigern u Minderheitsgesellschafter **1** 1
- Schutzvorschriften **1** 75
- Sitz des Rträgers außerh der BRD u der EU **1** 54
- Sitzabhängigkeit des Rträgers **1** 41
- Sitzbegriff **1** 49
- Sitztheorie **1** 43
- Spaltung **1** 59
- umwandlungsfähige Rträger **1** 26
- UmwStG, Strukt Unterschiede **Einl. B** 9
- ungeregelte Strukturänderungen **1** 69
- Unternehmensspaltung **1** 7
- Verbesserung des Anlegerschutzes **1** 3
- Vermögensübertragung **1** 64
- Verschmelzung **1** 56
- Verzicht auf Liquidation **1** 14
- Wertungstransfer **1** 75
- Wünsche-Entscheidung **1** 77
- Ziele **1** 3
- Zulassung von Mehrheitsentscheidung **1** 94
- Zusammenfassung und Systematisierung **1** 3
- Zwingender Charakter der Umwandlungsvorschriften **1** 92
- zwingendes Recht **1** 1

UmwStG
- Ertragsteuerrecht **Einl. B** 13
- prakt Anwendung **Einl. B** 14
- Unterschiede zu UmwG **Einl. B** 9

Unbedenklichkeitsverfahren
- Abweichung vom einstw Verfügungsverfahren **16** 24
- Antrag **16** 23
- Bedeutung **16** 21
- Bindung des Registerrichters **16** 44
- Entscheidung **16** 27
- Interessenabwägung **16** 37
- Landgericht **16** 24
- mündl Verhandlung **16** 26
- Rechtsmittel **16** 43
- Schadensersatzpflicht **16** 50
- Unzulässigkeit od offensichtl Unbegründetheit der Klage **16** 27
- Verfahren **16** 23
- Vorrangigkeit der Eintragung **16** 32
- ZPO **16** 24

Unbekannte Aktionäre
- Festsetzungen **242** 11

Unbekannte Aktionäre, Bezeichnung 35; 213
- Anwendungsbereich **35** 2; **213** 2
- Bezeichnung der unbekannten Aktionäre **213** 7
- Formwechsel einer AG od KGaA in eine eG **213** 5
- Formwechsel einer AG od KGaA in eine GmbH **213** 4
- Formwechsel einer AG od KGaA in eine PHG **213** 6
- spätere Berichtigung **35** 10; **213** 10
- übernehmender Rträger **35** 3
- übertragender Rträger **35** 2
- unbekannte Aktionäre **35** 7
- Zweck **35** 1; **213** 1

Universalsukzession 20 2; **173** 2
- Ausgliederung **173** 2
- Verschmelzung **173** 2

Universalversammlung 50 22

Unrichtige Darstellung 313
- Aufklärungen u Nachweise für Pflichtprüfungen nach dem UmwG **313** 53
- Beteiligter Rechtsträger **313** 13, 64
- faktische Ausübung ohne Organschaft **313** 18, 62
- falsche Versicherung **313** 61
- geschäftsführender Kommanditist **313** 17

Magere Zahlen = Randnummern

- Handlungszusammenhang **313** 46
- In Berichten **313** 35
- In Darstellungen od Übersichten über den Vermögensstand **313** 38
- In Vorträgen od Auskünften in der Versammlung der Anteilsinhaber **313** 42
- Irrtümer **313** 74
- mehrfach verwirklichte Straftaten nach § 313 **313** 82
- Organmitglieder **313** 14, 105
- Rechtfertigung **313** 106
- Rechtsfolge **313** 84
- Tatbestandsirrtum **313** 74
- Täterkreis **313** 52, 105
- Täterschaft **313** 22
- Täterschaft u Teilnahme **313** 63
- Tathandlung **313** 57, 66
- Tatobjekt **313** 65
- Tatobjekt: Ausführungen über Verhältnisse des Rechtsträgers in tatsächl u rechtl Hinsicht **313** 71
- Tatobjekte **313** 53
- Teilnahme **313** 30
- Überblick über Straftatbestände des UmwG **313** 1
- Überblick über Strafverfolgung u Strafverfahren **313** 3
- unrichtige Angaben **313** 66
- unrichtige Wiedergabe **313** 43
- unrichtige Wiedergabe oder Verschleierung **313** 12
- unrichtige Wiedergabe oder Verschleierung gegenüber Prüfern **313** 52
- Unterlassen **313** 91
- Verbotsirrtum **313** 76
- Verh der Tathandlungen untereinander u zu Tathandlungen and Vorschriften (Konkurrenzen) **313** 78
- Verh von § 313 Abs. 1 Nr. 2 zu § 314 **313** 81
- Verjährung **313** 84
- Verschleierung **313** 45
- Vollendung **313** 48, 60, 68
- Vorbereitungshandlungen **313** 79
- Vorrang des § 331 Nr. 1 HGB gegenüber § 313 Abs. 1 Nr. 1 **313** 78
- Vorsatz **313** 69
- Zugrundelegung unrichtiger Angaben **313** 67

Unterbeteiligungen 120 31
- Verschmelzung **120** 31

Unternehmen
- Ausgliederung des ganzen **168** 31
- Ausgliederung mehrerer **168** 34
- Begriff **168** 26
- als Gegenstand der Ausgliederung **168** 26

Sachverzeichnis

Unternehmens- und Funktionsausgliederungsverträge 109 36

Unternehmensbewertung
- methodische Grundlagen **8** 24

Unternehmenssteuerrecht
- Fortentwicklung **Einl. B** 18

Unterrichtung 216 29
- Heilungswirkung **216** 30
- Mangel **216** 29

Unterrichtung der Betriebsräte 121 6

Unterrichtung der Gesellschaft
- Adressate **47** 9
- Adressaten **47** 9
- Form **47** 9, 12
- Frist **47** 14
- Fristberechnung **47** 16
- Gegenstand der Übersendung **47** 6
- Mindestfrist **47** 15
- bei Umstrukturierung der GmbH außerh des UmwG **47** 18
- Verschmelzungsbericht **47** 7
- Verschmelzungsprüfungsbericht **47** 8
- Verschmelzungsvertrag **47** 6

Unterrichtung der Gesellschafter 47; 216
- Adressaten **47** 9; **215** 9
- Anfechtbarkeit einer Beschlussfassung **47** 4
- Ankündigung des Formwechsels **215** 11
- EWIV **215** 8
- Form **47** 9, 12
- Formwechsel einer PartG **225 c** 3
- Frist **47** 14
- Fristberechnung **47** 16
- Gegenstand der Übersendung **47** 6
- GmbH & Co. KG **215** 7
- Inhalt **47** 2
- KG **215** 7
- Mängel **215** 29
- Mindestfrist **47** 15
- OHG **215** 6
- Pflicht zur unaufgeforderten Informationsgewährung **47** 2
- rechtzeitige Vorabinformation **47** 4
- Übersendung des Abfindungsangebots **215** 20
- Übersendung des Umwandlungsberichts **215** 17
- bei Umstrukturierung der GmbH außerhalb des UmwG **47** 18
- Verhältnis zum früheren Recht **47** 1
- Verschmelzungsbericht **47** 5, 7
- Verschmelzungsprüfungsbericht **47** 8
- Verschmelzungsvertrag **47** 5, 6
- Vertretungen der formwechselnden Gesellschaft **216** 5

2551

Sachverzeichnis

Fette Zahlen = Paragraphen

- Verzicht auf die Unterrichtung **215** 24
- Zweck **47** 2
- zwingender Mindestinhalt **47** 5
- **Unterrichtung der Gesellschafter, Verschmelzungsvertrag 42**
- Anmeldung zum Handelsregister **42** 18
- Anwendungsbereich **42** 2
- Einzelerläuterung **42** 5
- Empfänger **42** 8
- Entstehungsgeschichte **42** 4
- erfasste Unterlagen **42** 5
- Form **42** 11
- Frist **42** 12
- Heilung des Übersendungsmangel **42** 16
- kein Zugang **42** 13
- Klageverzicht **42** 18
- Negativerklärung **42** 18
- Nichtigkeit des Verschmelzungsbeschlusses **42** 15
- obligat Gruppenvertretung **42** 9
- Parallelvorschriften **42** 19
- Rechtsfolgen bei Verstoß **42** 15
- Schadensersatzanspruch **42** 16
- selbständiges Auskunftsrecht über Verschmelzung **42** 1
- selbständiges Informations- u Kontrollrecht **42** 1
- Übersendung **42** 10
- Verfahrens- u Parallelvorschriften **42** 18
- Verpflichteter **42** 10
- Verzicht **42** 14
- weitergehende Informations- Auskunftsrechte **42** 17
- Zweck **42** 1
- **Unterrichtung der Mitglieder 182**
- Frist **182** 5
- gerichtl Bestimmung der angemessenen Gegenleistung **182** 2
- Mitteilung **182** 1
- Mitteilungsempfänger **182** 4
- Rechtsbelehrung **182** 3
- Übertragungsvertrag **182** 1
- Vertretungsorgan **182** 1
- **Unterrichtung des Betriebsrats**
- Einzelkaufmann **158** 8
- **Unterrichtungspflicht 216** 24
- Form bei Verzicht **215** 27
- Verzicht **215** 25
- wesentl Veränderung nach Verzicht **215** 26
- **Unterrichtungspflicht bei Formwechsel 216** 9
- Adressaten **215** 9

Unwirksamkeit des Verschmelzungsbeschlusses eines übertragenden Rechtsträgers 28
- and Klagen gegen übertr Rträgers **28** 6
- Klagen gegen übern Rträger **28** 9
- Klagen gegen Wirksamkeit des Verschmelzungsbeschlusses des übertr Rträgers **28** 4

Upstream merger 5 128; **54** 6; **68** 5

Verantwortlichkeit der Verschmelzungsprüfer 11 13
- Ersatzpflicht **11** 18
- Gehilfen **11** 13
- gesetzl Vertreter **11** 13
- Gewissenhaftigkeit **11** 14
- Haftung aus § 323 HGB **11** 17
- Pflicht zur unparteiischen Prüfung **11** 14
- Pflicht zur Verschwiegenheit **11** 15
- Verschulden **11** 17

Veräußerung nicht abgeholter Aktien 299
- Aufforderung an Aktionäre, Veräußerung von Aktien **299** 20
- bei Ausschluss der Verbriefung **299** 23
- bei Widerspruch **299** 20

Veräußerungsbeschränkung 126 100

Verbandstarifverträge 20 41

Verbesserung des Umtauschverhältnisses 15
- Antragsberechtigung **15** 6
- Festsetzung der baren Zuzahlung im Spruchverfahren **15** 24
- Höhe der baren Zuzahlung **15** 18
- keine Beschränkung der Höhe der Zuzahlung **15** 21
- Recht auf bare Zuzahlung **15** 6
- Schadensersatz **15** 30
- Schuldner der baren Zuzahlung **15** 17
- Spruchverfahren **15** 1, 24
- Verzinsung **15** 28

Verbot der Unterpari-Emission 55 8; **68** 24

Verbot grenzüberschreitender Umwandlungen EinlC 21

Verbundene Unternehmen 192 16

Verein 117
- abw Zeitpunkt der Erlangung der Rfähigkeit **117** 1
- Anmeldung **117** 5
- Bekanntmachung der Eintragung **117** 11
- Entstehung u Bekanntmachung des neuen **117**
- Erlöschen der Handelndenhaftung **117** 9
- Erweiterung der Bekanntmachungsvorschriften **117** 3
- Handelndenhaftung vor Eintragung **117** 2, 7

- Rechtsfolgen bei Verstoß gegen Bekanntmachungsvorschriften **117** 13
- Unzulässigkeit von Versicherungsgeschäften **117** 7
- Wirkung der Eintragung **117** 6

Verein, formwechselnd 294; 298
- Aktien mit höherem Betrag als dem Mindestbetrag nach § 8 Abs. 2 und 3 AktG **294** 17
- Ausgabe von Teilrechten **298** 7
- Ausschluss von Mitgliedern **294** 5
- Ausschluss von Mitgliedern bei Verschmelzung u Spaltung **294** 13
- Ausschluss von Mitgliedern gem. § 294 Abs. 1 Satz 2 **294** 19
- Ausübung von Mitgliedschaftsrechten aus Teilrechten **298** 12
- Beginn der Mitgliedschaft **294** 19
- Berechnung der Dreijahresfrist **294** 20
- Beteiligungsmaßstab **294** 34
- Entstehungsgeschichte **298** 6
- Erweiterung des Inhalts des Umwandlungsbeschlusses **294** 1
- Festsetzung der Grundkapitals **294** 7
- Festsetzung des Grundkapitals der Versicherungs-AG **294** 28
- Gegenstand der dingl Rechte **298** 9
- Gewährung von Teilrechten **294** 33
- Gläubiger von nach § 294 Abs. 1 Satz 2 ausgeschl Mitgliedern **298** 10
- Gleichbehandlungsgrundsatz gem. § 21 Abs. 1 VAG **294** 22
- Inhalt des Umwandlungsbeschlusses **294**
- kein Abfindungsanspruch ausgeschl Mitglieder **294** 25
- keine Ermächtigung zum Ausschluss des Bezugsrechts gem. § 294 Abs. 1 Satz 1, 263 Abs. 3 Satz 3 **294** 18
- Maßstab der Beteiligung der Mitglieder **294** 12
- Neubestellung von Aufsichtsratsmitgliedern **294** 14
- Rechte Dritter **298** 8
- rechtl Selbständigkeit von Teilrechten **298** 3
- Regelungen bzgl. des Nennbetrags der auszugebenen Aktien **294** 2
- Schutz der Rechte Dritter **298** 2
- Schutz nur dingl Rechte **298** 8
- Umwandlung der Mitgliedschaftsrechte **298** 1
- Verfügung über Teilrechte **298** 11
- Vermittlung der Zusammenführung von Teilrechten **298** 14
- Verwässerungsschutz **294** 3
- Widerspruchsrecht der auszuschließenden Mitglieder **294** 24
- Wirkung des Formwechsels **298**
- Zusammenführung von Teilrechten **298** 4

Vereinfachte Kapitalherabsetzung
- Ablauf **139** 12
- Beschränkung der Gewinnausschüttung **139** 16
- bilanzielle Wertansätze **139** 7
- Erforderlichkeit **139** 7
- Erfordernis der Voreintragung **139** 18
- Gewinnvorträge **139** 8
- Kapitalherabsetzungsbeschluss **139** 12
- Rechtsfolgenverweisung **139** 6
- Rücklagen **139** 8
- Teilwertabschreibung **139** 9
- Unterbilanz **139** 7
- Verstoß **139** 11
- Voraussetzungen **139** 6
- Vorteile **139** 14
- weitere Begrenzung **139** 10

Vereinsorgan
- Bestellung **115**

Verfahrensförderungspflicht nach SpruchG 9 SpruchG
- Verletzung **10 SpruchG** 1
- Zulässigkeitsrügen **10 SpruchG** 12

Vergütungsansprüche 22 70

Verhältniswahrende Spaltung 123 20

Verletzung der Berichtspflicht 314
- falsche Berichterstattung **314** 12
- Irrtümer **314** 26
- jurist Person als Prüfer **314** 6
- Prüfer u deren Gehilfen **314** 4
- Qualifikation **314** 22
- Rechtfertigung **314** 25
- Rechtsfolgen **314** 30
- Tatbestandsirrtum **314** 26
- Täterkreis **314** 4
- Täterschaft u Teilnahme **314** 7
- Tathandlung **314** 11
- Tatobjekt **314** 9
- Unterlassen **314** 26
- Verbotsirrtum **314** 27
- Verhältnis der Tathandlungen untereinander u zu Tathandlungen und Vorschriften **314** 28
- Verjährung **314** 30
- Verschweigen erh Umstände **314** 16
- Vollendung **314** 18
- Vornahme der Handlung gegen Entgelt **314** 22
- Vornahme der Handlung mit Bereicherungsabsicht **314** 23

Sachverzeichnis

Fette Zahlen = Paragraphen

- Vornahme der Handlung mit Schädigungsabsicht **314** 24
- Vorsatz **314** 21

Verletzung der Geheimhaltungspflicht 315
- Antragsberechtigung **315** 42
- Antragsfrist **315** 45
- Antragsstellung **315** 44
- Funktionsträger **315** 4
- Gefahr eines Schadens **315** 31
- gesetzl Aussagepflichten **315** 35
- höherrangige Interessen **315** 37
- Kenntniserlangung in der Eigenschaft als Funktionsträger **315** 6
- mutmaßliche Einwilligung **315** 36
- Offenbarung **315** 17
- Qualifikation **315** 26
- Rechtfertigung **315** 35
- Rechtsfolgen **315** 50
- Strafantrag **315** 42
- Tatbestandsirrtum **315** 38
- Täterkreis **315** 4
- Täterschaft u Teilnahme **315** 7
- Tathandlung **315** 17
- Tatobjekt **315** 8
- unbefugt **315** 19, 28
- unbefugte Geheimnisverwertung **315** 27
- Unterlassen **315** 24
- Verbotsirrtum **315** 40
- Verhältnis der Tathandlungen zueinander u zu d Tathandlungen and Vorschriften **315** 46
- Verhältnis zur unbefugten Offenbarung **315** 27
- Verjährung **315** 50
- Verwerten **315** 28
- Vollendung **315** 23, 32
- Vorsatz **315** 25, 34

Vermeidung der Enthaftung 224 23
- Anmeldung im Insolvenzverfahren **224** 26
- Antrag auf Bewilligung von Prozesskostenhilfe **224** 24
- Arrest **224** 24
- Aufrechnung im Prozess **224** 23
- einstweilige Verfügung **224** 24
- Klageerhebung **224** 23
- Mahnbescheid **224** 23
- Schiedsabrede **224** 23
- Streitverkündung **224** 23
- vollstreckbare Urkunden **224** 25
- vollstreckbare Vergleiche **224** 25

Vermeidung einer Endloshaftung der Gesellschafter 224 2

Vermögensaufstellung 238 9
- Formwechsel unter Beteiligung einer KGaA **238** 10

- stille Reserven **238** 10
- teleologische Reduktion **238** 10
- Umwandlungsbericht **238** 9

Vermögensübergang im Wege der Gesamtrechtsnachfolge 2 35

Vermögensüberleitung 1 66

Vermögensübertragung 2 47; **5** 7; **109** 32; **175**; **185**; **186**; **187**
- Abfindung **186** 2
- Ablauf **175** 4; **186** 2
- abspaltende Teilübertragung **174** 117
- Anmeldung zur Eintragung in Handelsregister **186** 5
- Arten der **174**
- Aufsichtsbehörde **187** 1, 2
- aufsichtsbehördl Genehmigung **186** 5
- aufspaltende Teilübertragung **174** 116
- ausgliedernde Teilübertragung **174** 1
- Begriff **1** 64
- Bekanntmachung **187** 1
- Bestellung eines Treuhänders **183**
- beteiligte Rechtsträger **175**
- Einzelrechtsnachfolge **174** 7
- Empfänger **174** 28
- Erlaubnis der Aufsichtsbehörde **175** 8
- „Ersatz-Rechtsinstitut" **174** 2
- Festlegung durch Dritte **174** 27
- keine Gegenleistung **1** 64
- Gegenleistung **174** 20
- Gewährung von Gegenleistung nicht i Anteilen od Mitgliedschaften **174** 1
- Klage **186** 4
- Kreis der beteiligten Rechtsträger **174** 5
- „Mischverschmelzung" **175** 3
- missbräuchliche Gestaltung **174** 3
- Möglichkeit **185**
- öffentl-rechtl Versicherungsunternehmen **175** 3; **187** 1
- öffentl-rechtl Versicherungsunternehmen als übertr Rträger **175** 15
- öffentliche Hand **175** 2
- auf die öffentliche Hand **175** 5
- partielle Gesamtrechtsnachfolge **174** 14
- Rückweg zum Eigen- oder Regiebetrieb **175** 5
- Schiedsgutachten **174** 27
- Sonderrechtsnachfolge **174** 14
- Spaltung **174** 1
- Spruchverfahren **186** 4
- steuerl Konsequenzen **174** 26
- Teilübertragung **174** 4, 14
- Treupflichtbindung **174** 3
- Übertragungsvertrag **186** 2
- Umwandlungsart **174** 1

Magere Zahlen = Randnummern

- unmittelb Anspruch der Anteilsinhaber **174** 28
- Unterrichtung der Mitglieder **182**
- zwischen unterschiedl Rträgern **174** 5
- Verkehrswert der Beteiligung **174** 22
- Verschmelzung **174** 11
- Versicherungs-AG **187** 2
- Versicherungs-AG als übertr Rträger **175** 8
- Versicherungs-Aktiengesellschaften **175** 3
- Versicherungsunternehmen **175** 2
- Versicherungsverein auf Gegenseitigkeit als übertr Rträger **175** 13
- Verteilung der Gegenleistung **186** 2
- Vollübertragung **174** 4, 11
- vorhandener Anteilsbesitz **174** 23
- Wirkung der Eintragung **187** 3
- Zeitpunkt **174** 28
- zugelassene Rechtsträger **175** 1
- Zustimmungsbeschluss **186** 3

Vermögensübertragung bei kleineren Vereinen 185 2
- übern Rträger **185** 3
- Vollübertragung **185** 3
- zul Übertragungsarten **185** 2
- zwei Einschränkungen **185** 2

Vermögensveräußerung 173 27

Verordnung über das Statut der Europäischen Aktiengesellschaft EinlC 85

Verpflichtung zur Verschmelzungsprüfung 44 9
- antragsberechtigte Gesellschafter **44** 10
- Durchführung der Verschmelzungsprüfung **44** 18
- Erklärung des Prüfungsverlangens **44** 11
- Folgen für den Verschmelzungsbeschluss **44** 17
- Form **44** 12
- Frist **44** 13
- gesellschaftsvertragl Mehrheitsklausel **44** 9
- Prüfungsverlangen nach Einberufung der Gesversammlung **44** 17
- Prüfungsverlangen vor Einberufung der Gesversammlung **44** 17
- weiteres Prüfungsverlangen, Prüfungsverlangen neben freiwilliger Prüfung **44** 16

Versammlung der Aktionäre/Gesellschafter 121 7
- Einberufungsfristen **121** 7
- Einreichung beim Handelsregister **121** 8
- Förmlichkeiten **121** 7

Versammlung der Anteilsinhaber 239
- abw Satzungsbestimmungen **233** 38; **240** 7
- allg Beschlussgrundsätze **233** 6
- allg Auskunfts- u Informationsrechte **232** 12
- Auskunfts- u Informationsrechte **232** 12

Sachverzeichnis

- Auslegung des Umwandlungsberichts **232** 6
- Ausscheiden von Komplementären **233** 39
- bes Zustimmungserfordernisse **233** 9
- Beschluss **233**; **240**
- Beschlussanforderungen beim Formwechsel in die KG **233** 20
- Beschlussanforderungen beim Formwechsel in GbR, OHG oder PartG **233** 10
- Beschlussmängel **233** 41; **240** 37
- Beschlussverfahren **233** 6
- Dreiviertelmehrheit **233** 20
- Dritte **240** 31
- Durchführung **239**
- Durchführung der **232**
- Einstimmigkeit **233** 11
- Erläuterung in der Hauptversammlung **232** 7
- Formwechsel aus KGaA **240** 25
- Formwechsel der KGaA **233** 34
- Formwechsel in KGaA **240** 20
- formwechselnde AG oder KGaA **240** 13
- formwechselnde GmbH **240** 15
- gesonderte Abstimmung oder Versammlung **240** 19
- Leistungsmehrung **240** 36
- mangelh Auslegung **232** 17
- mangelh Erläuterung **232** 19
- Mehrheiten für Sonderbeschluss **240** 17
- Mehrheitserfordernisse **240** 6
- Rechtsfolgen bei fehlender Zustimmung **233** 19
- Rechtsfolgen bei Verstoß **232** 17
- Registersperre **232** 21
- satzungsändernde Mehrheit als Grundsatz **240** 6
- Sonderbeschlüsse **240** 12
- Sonderbeschlüsse nach § 65 Abs. 2 **233** 26
- Sonderfälle **240** 35
- Sonderrechte **240** 29
- sonst Informationsmängel **232** 20
- Stellvertretung **233** 6
- Treupflicht **233** 28
- Umwandlungsbeschluss **233**
- Verpflichtung zur Zustimmung **233** 18
- Vinkulierungen **240** 35
- vollständiger Ausschluss des Formwechsels **240** 11
- Vorbereitung **238**
- Zustimmung aller Gesellschafter **233** 13
- Zustimmung aller künftigen Komplementäre **233** 25
- Zustimmung der Komplementäre **233** 34
- Zustimmungserfordernisse **240** 20

2555

Sachverzeichnis

Fette Zahlen = Paragraphen

- Zustimmungserfordernisse wegen der Beeinträchtigung von Minderheitsrechten nach § 50 Abs. 2 **233** 27

Versammlung der obersten Vertretung 112; 292
- Anfechtung **112** 39
- Anmeldung, Eintragung u Wirkungen der Eintragung der Verschmelzung **112** 44
- Anwendung der aktienrechtl Gründungsvorschriften gem. § 197 **292** 27
- Auskunftsrecht **112** 30
- Auslegung des Berichts über Prüfung der Barabfindung **292** 20
- Auslegung des Umwandlungsberichts **292** 8
- Auslegung in Versammlung der obersten Vertretung **112** 25
- Auslegung von Abschriften **112** 22
- Ausschluss des Anspruchs auf Abschriften **112** 3
- Ausschluss von Mitgliedern analog § 294 Abs. 1 Satz 2 bei der Mischverschmelzung **112** 37
- Berücksichtigung von Nachfolgeverschmelzungen **112** 46
- Beschluss **112**
- Beschlussfassung **112** 33
- Beschlussfassung durch Vertreter **112** 38
- Durchführung **112; 292**
- Durchführung der Versammlung der obersten Vertretung **292** 19
- Erläuterung des Verschmelzungsvertrags u der Verschmelzung in der Versammlung **112** 27
- Erteilung von Abschriften **292** 10
- Gegenstand der Auslegung **112** 11
- Gründungsprüfung **292** 27
- Jahresabschlüsse und Lageberichte **112** 11
- Mehrheitserfordernisse **112** 33
- nachträgliches Insolvenzverfahren **112** 47
- Nichtigkeit bei Kleinerem Verein **112** 42
- Ort der Auslegung **112** 23
- Rechtsfolgen bei Verstoß **112** 39; **292** 30
- Rechtshängige Anfechtungsklage als Eintragungshindernis **112** 41
- schriftl Ankündigung des Formwechsels **292** 15
- strafrechtl Sanktionen **112** 43
- Übermittlung der Satzung des neuen Rechtsträgers an Betriebsräte der übertragenden Versicherungsvereine **112** 26
- Übersendung des Abfindungsangebots **292** 11
- Veränderung zwischen Beschlussfassung und Eintragung der Verschmelzung **112** 45
- Veränderungen im Mitgliederbestand **112** 45
- Vermögensaufstellung **292** 7
- Verschmelzung u Spaltung **292** 6
- Verschmelzungsbericht **112** 13
- Verschmelzungsprüfung bei Mischverschmelzung **112** 20
- Verschmelzungsprüfung bei Verschmelzung unter ausschließl Bet von Versicherungsvereinen **112** 17
- Vorbereitung **112; 292**
- Wahrung der Belange der Mitglieder **112** 1
- Zeitraum der Auslegung **112** 24
- Zulässigkeit der Beschlussfassung **112** 36
- Zusammensetzung d. Aufsichtsrats **292** 28

Verschiedene Umwandlungsmöglichkeiten Einl. A 45

Verschmelzende Spaltung 1 85

Verschmelzung EinlC 73; **21**; **22** 1; **32**; **54** 21; **104**; **105**; **120** 1, 6; **121** 1; **Anh UmwStG**
- auf Alleingesellschafter **120**
- alternative Konstruktionen bei unzulässiger **109** 32
- Alternativen **120** 7
- Alternativen zur Verschmelzung nach dem UmwG **Anh UmwStG325** 219
- Anmeldung **16; 52**
- Ansatz gemeiner Wert bei Einzelrechtsnachfolge **Anh UmwStG** 316
- Ansatz u Bewertung der übernommenen Wirtschaftsgüter **Anh UmwStG** 84
- Anwachsungsmodellen **Anh UmwStG** 221
- Arten **2**
- atypisch **120** 1
- durch Aufnahme u Neugründung **109** 5
- unter ausschließl Beteiligung von Versicherungsvereinen **109** 24
- Ausschluss **39**
- Ausschluss von Klagen gegen **32**
- Ausschluss von Unwirksamkeitsklagen beim übertr Rtträger **32** 3
- Begriff **2** 2; **105** 2
- Bekanntmachung **19; 104**
- Bekanntmachung statt Eintragung **104** 4
- Besteuerung des Einbringungsgewinns **Anh UmwStG** 373
- Besteuerungsfolgen für die neuen Anteile **Anh UmwStG** 331
- unter Beteiligung einer Versicherungs-AG **109** 29
- unter Beteiligung von AGs **10** 4
- unter Beteiligung von GmbH **10** 5
- unter Beteiligung von Personengesellschaften u Partnerschaftsgesellschaften **10** 6
- Beteiligungsfähigk von Vereinen **99** 14
- Bilanzierung bei übern Personengesellschaft **Anh UmwStG** 361

Magere Zahlen = Randnummern

Sachverzeichnis

- Bilanzstichtag **Anh UmwStG** 31
- Buchwert **Anh UmwStG** 280
- Buchwertansatz **Anh UmwStG** 305
- diagonale Maßgeblichkeit für steuerl Bilanzierung **Anh UmwStG** 176
- doppelte Prüfung **Anh UmwStG** 100
- Doppelverstrickung der stillen Reserven **Anh UmwStG** 333
- Differenzhaftung **69** 32
- Einbringung eines qualifizierten Vermögens (Einbringungsgegenstand) **Anh UmwStG** 241
- Einbringungsgeborene Anteile **Anh UmwStG** 161
- Einbringungsgegenstand **Anh UmwStG** 357
- Einbringungsgewinn/Veräußerungsgewinn u steuerl Folgen für Gesellschafter **Anh UmwStG** 324
- Einschränkungen des Bewertungsrechts **Anh UmwStG** 290
- Eintragung **19**; **20**
- Eintritt in steuerl Rechtsstellung der übertr Körperschaft **Anh UmwStG** 104
- Ermittlung u Besteuerung des Übernahmeergebnisses **Anh UmwStG** 186
- erweiterte Anwachsung **Anh UmwStG** 224
- Fiktion der Beteiligung an der übertragenden Kapitalgesellschaft **Anh UmwStG** 177
- Geltendmachung eines Schadensersatzanspruchs **70**
- Gemeinsamer Wert **Anh UmwStG** 284
- Genossenschaft **79**
- Genossenschaftl Prüfungsverbände **105**, **106** 1
- gesetzl Voraussetzungen der Korrektur **21** 3
- Gewährung and Wirtschaftsgüter **Anh UmwStG** 293
- Gewährung von Gesellschaftsrechten **Anh UmwStG** 71
- Gewährung weiterer Gegenleistungen **Anh UmwStG** 74
- Gewerbesteuer **Anh UmwStG** 214, 378
- Gläubigerschutz **22** 1; **54** 21
- bei GmbH **55**
- grenzüberschreitende **109** 12
- Grunderwerbsteuer **Anh UmwStG** 202
- Grundnorm für steuerneutrale Verschmelzung **Anh UmwStG** 199
- Hinzurechnungsbesteuerung, Beteiligungskorrekturgewinn **Anh UmwStG** 97
- mit Kapitalerhöhung **55, 69**
- ohne Kapitalerhöhung **68**
- ohne Kapitalerhöhung unter Schwestergesellschaften **54** 21
- kein Ausschluss von Unwirksamkeitsklagen beim übern Rträger **32** 8
- kein Eintritt in Verlustvorträge **Anh UmwStG** 110
- keine Gegenleistung **Anh UmwStG** 69
- keine Gegenleistung od Gesellschaftsrechte **Anh UmwStG** 67
- KGaA **78**
- klassische Anwachsung **Anh UmwStG** 222
- kleinerer Vereine **118**
- mit Körperschaften od Anstalten des öffentlichen Rechts **109** 7
- Körperschaftsteuer **Anh UmwStG** 377
- Maßgeblichkeit der Handelsbilanz für Steuerbilanz **Anh UmwStG** 297
- Maßgeblichkeit der Handelsbilanz/Schlussbilanz **Anh UmwStG** 55
- Mitunternehmerstellung **Anh UmwStG** 359
- auf eine natürliche Person **120** 2
- neg Kapital der Personengesellschaft **Anh UmwStG** 291
- auf neu gegründete eG **96** 5
- auf neu gegründeten Rträger anderer Rform **96** 8
- durch Neugründung **36**; **96**
- Neugründung statt Aufnahme **96** 1
- bei PartG **45 a**
- Prüfung **9**; **44**; **48**
- Prüfung bei Verein **100**
- quantitative Betrachtungsweise **Anh UmwStG** 247
- Rechtsfolge **109** 45
- von Rträgern unterschiedl Rform **3** 57
- Rückwirkung u Bilanzierung beim Einbringenden **Anh UmwStG** 353
- Sicherstellung der Besteuerung **Anh UmwStG** 61
- Sonderbetriebsvermögen **Anh UmwStG** 245
- sperrbetragsverhaftete Anteile **Anh UmwStG** 161
- steuerbeg Vereine iSv. § 5 Abs. 1 Nr. 9 KStG **104 a** 2
- Steuerbilanzen, steuerl Übertragungsstichtag **Anh UmwStG** 25
- steuerl Auswirkungen **Anh UmwStG** 380
- Steuerl Auswirkungen auf Gewinn der übernehmenden Personengesellschaft **Anh UmwStG** 188
- steuerl Eigenkapitalausweis **Anh UmwStG** 136
- steuerl Rückwirkung **Anh UmwStG** 167, 354

2557

Sachverzeichnis

Fette Zahlen = Paragraphen

- steuerl Übertragungsstichtag **Anh UmwStG** 167, 206, 269
- Steuerl Vergünstigungen für Übernahmefolgegewinne **Anh UmwStG** 321
- Steuerneutralität auf Antrag **Anh UmwStG** 53
- Übernahmefolgegewinne **Anh UmwStG** 102
- Übernahmegewinn od -verlust **Anh UmwStG** 88
- Übertragungsgewinn **Anh UmwStG** 78
- Umsatzsteuer **Anh UmwStG** 203
- Umwandlungssteuerrecht **Anh UmwStG** 28
- Veräußerung von eingebrachten Anteilen **Anh UmwStG** 334
- Verfahren bei Beteiligung rfähiger Vereine **99** 59
- Verlagerung stiller Reserven auf and Gesellschaftsanteile **Anh UmwStG** 351
- Verlustvorträge der Personengesellschaft **Anh UmwStG** 309
- Vermeidung eines Übertragungs- bzw. Einbringungsgewinns, Wertansatz **Anh UmwStG** 234
- Vermeidung eines Übertragungsgewinns durch Buchwertansatz **Anh UmwStG** 47
- mit dem Vermögen des Alleingesellschafters **EinlC** 73; **120** 1
- verschmelzungsfähige Rechtsträger **3**
- Verschmelzungsfähigk der einzelnen Vereinstypen **99** 28
- verschmelzungsgeborene Anteile **Anh UmwStG** 156
- Versicherungsvereine **113**
- von Versicherungsvereinen durch Neugründung einer Versicherungs-AG **109** 30
- verstärktes Haftungsrisiko **43** 3
- Vertragsanpassung in and Fällen **21** 8
- Verzicht auf Anteilsgewährung **54** 22
- Vor- u Nachteile der Neugründung **96** 2
- Voraussetzung **1** 56
- eines VVaG im Wege der Aufnahme durch Versicherungs-AG **109** 29
- Wahlrecht der übern Gesellschaft **Anh UmwStG** 277
- Wertabspaltungstheorie **Anh UmwStG** 351
- Wertansatz **Anh UmwStG** 174
- Wertansatz bei der übern Gesellschaft **Anh UmwStG** 277
- Wirkung auf gegenseitige Verträge **21**
- wirtschaftl Verein **104** 3
- Zustimmungsbeschluss **120** 35
- Zwischenwertansatz **Anh UmwStG** 288
- Zwischenwertansatz u Ansatz gemeiner Wert bei Gesamtrechtsnachfolge **Anh UmwStG** 311

Verschmelzung, Arten 2
- Ablauf **2** 55
- Angrenzung zu sonst Rechtsinstituten **2** 43
- Anteilsinhaber **2** 4
- Begriff **2** 2
- Beherrschungs- u Gewinnabführungsvertrag nach § 291 AktG **2** 46
- Beschlussfassung durch die Anteilsinhaber der bet Rträger **2** 59
- Beteiligungserwerb **2** 51
- durch Aufnahme **2** 23
- durch Neugründung **2** 28
- Eingliederung nach §§ 319 ff. AktG **2** 44
- Erlöschen des übertr Rträgers **2** 37
- Formen **2** 22
- Gegenleistung durch Anteils- od Mitgliedschaftsgewährung **2** 40
- Gründe **2** 19
- historische Entwicklung **2** 5
- internationale Kontrolle **2** 75
- kartellrechtl Verschmelzungskontrolle **2** 69
- keine Abwicklung der übertragenden Rträger **2** 38
- Kosten **2** 77
- Kosten der Eintragung in das Handelsregister **2** 81
- Kosten des Verschmelzungsvertrags **2** 77
- Kosten einer erforderl Grundbuchberichtigung **2** 83
- Kosten für Verschmelzungsbeschlüsse **2** 79
- Kosten für Verzichtserklärungen **2** 78
- Merkmale **2** 34
- nationale Kontrolle **2** 69
- Teilfusion **2** 53
- übertragende Auflösung **2** 49
- – unabhängiger Rechtsträger **2** 21
- Vereinfachung der Struktur der Unternehmensgruppe **2** 20
- Vermögensübergang im Wege der Gesamtrechtsnachfolge **2** 35
- Vermögensübertragung **2** 47
- Vollzug **2** 66
- Vorbereitung der Verschmelzungsbeschlüsse **2** 56

Verschmelzung auf eine Partnerschaftsgesellschaft 45 a
- Amtsermittlungsgrundsatz **45 a** 28
- Anmeldung zum Partnerschaftsregister **45 a** 24
- Anwendungsbereich **45 a** 2
- Ausübung **45 a** 7
- Ausübung eines Freien Berufs **45 a** 5

Magere Zahlen = Randnummern

- einbezogene Berufsgruppen **45 a** 5
- Eintragungshindernis **45 a** 19
- Einzelerläuterung **45 a** 5
- Entstehungsgeschichte **45 a** 4
- Mängel de Verschmelzung **45 a** 23
- maßgeblicher Zeitpunkt **45 a** 10
- notwendiges Ausscheiden eines Anteilsinhabers **45 a** 14
- Parallelvorschriften **45 a** 29
- Prüfung durch Registergericht **45 a** 27
- Rechtsfolgen bei Verstoß **45 a** 17
- übertr Rträger kein Freiberufler **45 a** 18
- Verfahrens- u Parallelvorschriften **45 a** 24
- Verfahrensvorschriften **45 a** 24
- Verschmelzung durch Aufnahme **45 a** 2
- Verschmelzung durch Neugründung **45 a** 2
- Verschmelzungsfähigkeit **45 a** 1
- Verstoß gegen berufsrechtliche Regelungen **45 a** 22
- Vorrang berufsrechtl Regelungen **45 a** 11
- Zweck **45 a** 1

Verschmelzung aufgelöster Rechtsträger 3 35
- aufgelöste Rträger als übern Rträger **3** 45
- aufgelöste Rträger als übertr Rträger **3** 36
- Vorgesellschaft **3** 48
- Verschmelzung noch nicht entstandener Rechtsträger **3** 48

Verschmelzung bei AG
- Aktualisierung des Berichts **64** 10
- Anfechtbarkeit des Hauptversammlungsbeschlusses **64** 13
- Erläuterungspflicht des Vorstands **64** 9
- Strafbarkeit der Mitglieder des Vorstands **64** 14
- Umfang der Erläuterungspflicht **64** 9

Verschmelzung bei KGaA 78
- Aktionäre **78** 9
- Anteilseigner **78** 9
- Ausschluss der Barabfindung **78** 34
- Grundkapital **78** 9
- KGaA als übernehmender bzw. neuer Rechtsträger **78** 5
- KGaA als übertragender Rechtsträger **78** 4
- Komplementäre mit Vermögenseinlage **78** 25
- Komplementäre ohne Vermögenseinlage **78** 24
- Nachhaftung der pers haftenden Gesellschafter **78** 30
- Rechtsstellung der Kommanditaktionäre **78** 33
- Rechtsstellung der pers haftenden Gesellschafter nach Verschmelzung **78** 21

Sachverzeichnis

- Rstellung der Komplementäre als geschäftsführendes Organ **78** 12
- Struktur der KGaA **78** 8
- Umwandlungsvarianten unter Beteiligung einer KGaA **78** 3
- Verschmelzung durch Aufnahme **78** 6
- Verschmelzung durch Neugründung **78** 7
- Verschmelzung einer KGaA auf and Rträger **78** 24
- Verschmelzung einer KGaA auf eine KGaA, OHG oder KG **78** 21
- Wesen der KGaA und Besonderheiten bei Anwendung der Vorschriften für AGs **78** 8
- Zustimmung der pers haftenden Gesellschafter **78** 13

Verschmelzung durch Aufnahme 2 23
Verschmelzung durch Neugründung 36
- Ablauf **36** 10
- AG **36** 44
- Anlagen der Anmeldung **36** 41, 55
- Anmeldung **36** 17
- Anmeldung u Eintragung **36** 40, 53
- Anwendung des § 50 **50** 51
- Bestellung der Geschäftsführer **36** 36
- Bestellung der Organe u des Abschlussprüfers **36** 50
- eG **36** 59
- eV **36** 62
- Eintragung **36** 17
- EWIV **36** 27
- Genossenschaftl Prüfungsverband **36** 64
- Gesellschaftsvertrag **36** 30
- GmbH **36** 29
- Gründer **36** 68
- Gründungsbericht **36** 38
- Gründungsbericht u Gründungsprüfung **36** 51
- Gründungsmängel **36** 18
- Haftung **36** 42, 56
- Kapitalaufbringungsgrundsätze **36** 18
- KG **36** 25
- KGaA **36** 57
- Mischverschmelzung **36** 7
- Nachteil **2** 31
- OHG **36** 21
- PartG **36** 28
- PHG **36** 19
- Satzung der neuen AG **36** 45
- Verschmelzungsbericht **36** 13
- Verschmelzungsbeschluss **36** 16
- Verschmelzungsprüfung **36** 15
- Verschmelzungsvertrag **36** 11
- Verweis auf die Gründungsvorschriften **36** 18
- Verweis auf die Verschmelzung **36** 5
- Vorteil **2** 30

2559

Sachverzeichnis

Fette Zahlen = Paragraphen

- VVaG **36** 65
- **Verschmelzung durch Neugründung eines kleineren Vereins 119**
- Bekanntmachung **119**
- Bekanntmachung als Amtspflicht **119** 9
- Bekanntmachungsblätter **119** 6
- Ersetzung der Eintragung **119** 7
- Fristbeginn für Gläubigerschutz **119** 8
- Inhalt der Bekanntmachung **119** 2, 5
- Wirkung der Bekanntmachung **119** 7
- Zuständigkeit für Bekanntmachung **119** 4
- Zuständigkeitsregelung **119** 1
- **Verschmelzung durch Neugründung, GmbH 56**
- Anmeldungsvoraussetzungen **56** 16
- anwendb Vorschriften des UmwG **56** 5
- Anwendung von Vorschriften auf neue GmbH **56** 6
- Anwendung von Vorschriften auf übertragende GmbH **56** 5
- bare Zuzahlungen **56** 10
- Gesellschafterliste **56** 9
- entspr Anwendung des GmbH-Gründungsrechts **56** 13
- Geschäftsführerbestellung **56** 16
- Gründungsvorschriften **56** 4
- Haftung vor Eintragung **56** 17
- Inhalt **56** 2
- Inhalt des Verschmelzungsvertrags **56** 7
- nicht anwendbare Vorschriften des UmwG **56** 11
- Stammeinlage **56** 14
- Stammkapital **56** 14
- unbeschränkte Innenhaftung **56** 17
- Unterbilanzhaftung **56** 17
- Verhältnis zum früheren Recht **56** 1
- Zweck **56** 2
- **Verschmelzung einer 100%-igen Tochtergesellschaft auf Muttergesellschaft 60** 4
- **Verschmelzung eines wirtschaftlichen Vereins, Bekanntmachung 104** 1
- Anmeldung zum übern Rträger **104** 8
- Bekanntmachung **104** 5
- Bekanntmachung statt Eintragung **104** 4
- Bekanntmachungsblätter **104** 6
- Einreichung der Schlussbilanz nach § **104** Abs. 2 **104** 9
- Inhalt **104** 5
- wirtschaftl Verein **104** 3
- Zeitpunkt **104** 7
- **Verschmelzung kleinerer Vereine 118**
- Antrag auf Genehmigung an Aufsichtsbehörde **118** 11
- Antrag auf Genehmigung u Bekanntmachung im Bundesanzeiger **118** 2
- Bekanntmachung des Verschmelzungsvertrags **118** 5
- Einreichung des Verschmelzungsvertrags **118** 9
- keine schriftl Beschlussfassung **118** 10
- Kleinerer Verein **118** 8
- Prüfungsumfang der Aufsichtsbehörde iRd. Prüfung gem. § 118, § 14 a VAG **118** 12
- zuständige Aufsichtsbehörde **118** 7
- **Verschmelzung mit Kapitalerhöhung 69**
- Anforderungen an Beschluss **69** 4
- Anforderungen an Sachkapitalerhöhung **69** 7
- Anmeldung des Beschlusses zum Handelsregister **69** 13
- Anmeldung u Eintragung der Durchführung der Kapitalerhöhung zum Handelsregister **69** 17
- Anwendung von § 16 Abs. 3 bei Anfechtung des Kapitalerhöhungsbeschlusses **69** 28
- anzuwendende Regeln bei Kapitalerhöhung u ihrer Durchführung **69** 4
- bedingtes Kapital **69** 20
- der Kapitalerhöhungsanmeldung beizufügende Unterlagen **69** 24
- Eintragung der Kapitalerhöhung durch Registergericht **69** 26
- genehmigtes Kapital **69** 19
- Kapitalerhöhungsbeschlüsse zur Durchführung einer Verschmelzung **69** 4
- keine Registersperre bei Anfechtung des Verschmelzungsbeschlusses **69** 27
- Keine Zeichnung der neuen Aktien und kein Bezugsrecht **69** 14
- Keine Zusicherung von Aktien vor dem Kapitalerhöhungsbeschluss **69** 16
- Prüfung der Sacheinlagen **69** 7
- Prüfung durch Registergericht **69** 26
- Rfolge bei Scheitern von Verschmelzung und Kapitalerhöhung **69** 31
- Wirksamwerden der Kapitalerhöhung **69** 18
- Zeitpunkt des Beschlusses der Kapitalerhöhung **69** 23
- Zweck **69** 1
- **Verschmelzung mit Kapitalerhöhung, GmbH 55**
- Allgemeines **55** 7
- Anfechtung **55** 27
- Anmeldung der Kapitalerhöhung **55** 21
- anzuwendende Vorschriften des GmbHG **55** 3
- Bekanntmachung **55** 26
- Beschlussmängel **55** 27
- Differenzhaftung **55** 11; **69** 32

Magere Zahlen = Randnummern

- Entfallen der Einlagen u entsprechender Versicherung **55** 15
- Entfallen der Übernahmeerklärung **55** 14
- Entfallen eines Bezugsrechts **55** 20
- Heilung **55** 28
- Kapitalerhöhungsbeschluss **55** 3
- Mindestnennbetrag **55** 1
- nicht anwendbare Vorschriften des GmbHG **55** 14
- Sachkapitalerhöhung **55** 7
- Sondervorschriften über Stückelung **55** 16
- Unterlagen **55** 21
- Verbot der Unterpari-Emission **55** 8
- Voraussetzungen der Kapitaldeckung **55** 7
- Werthaltigkeitsprüfung **55** 24
- Zweck **55** 2

Verschmelzung, Möglichkeit 120
- Alternative **120** 7
- Anwachsung **120** 8
- Anwendungsbereich **120** 4
- ausländische natürl Personen **120** 21
- ausländische Unternehmen **120** 19
- bed Beteiligungserwerb **120** 38
- bed Übertragung **120** 41
- belastete Anteile **120** 34
- Erbe unter Testamentsvollstreckung **120** 24
- Formwechsel **120** 8
- Gesamthandsgemeinschaften **120** 20
- Inh sämtlicher Anteile **120** 27
- Kapitalgesellschaft **120** 9
- Kapitalgesellschaft ausl Rechts **120** 12
- Kapitalgesellschaft deutschen Rechts **120** 9
- kein Erfordernis der Kaufmannseigenschaft **120** 25
- Kettenverschmelzung **120** 42
- Liquidation **120** 7
- mehrere übertragende Rträger **120** 14
- Minderjährige, Betreuer **120** 23
- nat Person **120** 15
- prakt Bedeutung **120** 6
- übernehmender Rechtsträger **120** 15
- Überschuldung **120** 13
- Überschuldung als Verschmelzungshindernis **120** 26
- übertr Rechtsträger **120** 9
- Vollinhaberschaft **120** 27
- Zustimmungsbeschluss **120** 35
- Zustimmungserfordernis **120** 36
- Zweck **120** 1

Verschmelzung ohne Kapitalerhöhung 54, 25; 68
- Abbau vorhandener eigener Anteile **54** 3
- abhängige Unternehmen **54** 34
- Aktienbesitz eines Dritten **68** 16

Sachverzeichnis

- Anfechtbarkeit bei Verstoß gegen Abs. 3 **54** 49
- Anfechtbarkeit bei Verstoß gegen Abs. 4 **54** 50
- kein Anteilserwerb **54** 5
- keine Anteilsgewährung **54** 5
- Anwendungsbereich **68** 2
- bare Zuzahlungen **54** 40
- Beschaffung der Aktien durch Dritte **68** 18
- Beschlussmängel **54** 46
- Bildung kleinerer Anteile **54** 38
- Darlehen **54** 42
- downstream merger **54** 16
- Entbehrlichkeit der Kapitalerhöhung **68** 18
- entspr Anwendung auf von Dritten gehaltene Anteile **54** 33
- Entstehung eigener Anteile **54** 5
- Erfordernis der Gewährung einer Mindestanzahl von Aktien **68** 22
- Erleichterung der Anteilsgewährung **54** 37
- Erleichterung der Teilung **54** 3
- gemeinschaftl Anteile **54** 34
- Gleichstellung der verdeckten Anteilsinhaberschaft mit der offenen **54** 3
- GmbH als aufnehmender Rechtsträger **54** 2
- Grenze der baren Zuzahlung **68** 20
- Heilung des Kapitalerhöhungsvorgangs **54** 47
- Heilung des Verschmelzungsvorgangs **54** 47
- Herkunft der Mittel **68** 33
- Kapitalerhöhung **54** 41
- Kapitalerhöhungsverbot **54** 2, 5, 7
- Kapitalerhöhungswahlrecht **54** 2, 12, 13; **68** 12
- Konfusion **54** 7
- mittelbarer Stellvertreter **54** 33
- Nichtigkeit des Verschmelzungsvertrags **54** 50
- Rechtsfolge bei Verstoß **68** 26
- Sachleistungen **54** 42
- Sonderregelungen über Stückelung u Teilung vorhandener Geschäftsanteile **54** 37
- Splitterbeteiligungen **54** 44
- Stückelungserleichterungen **54** 39
- Treuhandverhältnisse **54** 33
- Übern Rträger besitzt Anteile des übertr Rträgers **68** 5
- Übern Rträger besitzt eigene Anteile **68** 14
- Übertr Rträger hält eigene Anteile **68** 8
- Übertr Rträger hält nicht voll eingezahlte Anteile an dem übern Rträger **68** 10
- Übertr Rträger hält voll eingezahlte Anteile des übern Rträgers **68** 14
- Unzulässigkeit einer Kapitalerhöhung **54** 5
- upstream merger **54** 6
- Verbot der Erhöhung des Grundkapitals **68** 5
- Verbot der Unterpari-Emission **68** 24
- verdeckte Anteilsinhaberschaft **54** 2

Sachverzeichnis

Fette Zahlen = Paragraphen

- Verhältnis zum früheren Recht **54** 1
- Verschmelzung innerhalb eines Konzerns **54** 6
- Verschmelzung von Schwestergesellschaften unter Verzicht auf Aktienausgabe **68** 19
- Verstoß gegen Kapitalerhöhungsverbote **54** 46
- vorhandene eigene Anteile **54** 3
- Zeitpunkt der Beschlussfassung über Kapitalerhöhung **54** 48
- Zweck **54** 2; **68** 1

Verschmelzung, PartG 45 c; 45 d, e 1
- Anmeldung zum Handelsregister **45 c** 11
- Anwendungsbereich **45 c** 2
- aufgelöste PartG **45 e** 1
- Ausschluss der Verschmelzung **45 e** 7
- Beschluss der Gesellschafterversammlung **45 d**
- Einstimmigkeitsgrundsatz **45 d** 10
- Einzelerläuterungen **45 c** 5
- Entstehungsgeschichte **45 c** 4
- Grundsatz der Einstimmigkeit bei Beschlussfassung **45 d** 10
- Mehrheitserfordernisse **45 d** 1
- Minderheitenschutz **45 d** 1
- Nachhaftungsbegrenzung **45 e** 10
- Parallelvorschriften **45 c** 12; **45 d** 17
- PartG als übertragender oder übernehmender Rechtsträger **45 e** 4
- Recht der Partnerschaftsgesellschaften **45 e** 1
- Rechtsfolgen bei Verstoß **45 c** 9
- Schutz widersprechender Minderheitsgesellschafter **45 d** 3
- Sonst Zustimmungserfordernisse **45 d** 13
- Unterrichtung der Partner **45 c**
- Unterrichtung nach § 42 **45 c** 8
- Verfahrens- u Parallelvorschriften **45 c** 11
- Verhältnis zu § 8 Abs. 3 **45 c** 7
- Verlust der Berufszulassung **45 e** 8
- Verschmelzungsbericht **45 c,** 5
- Verschmelzungsbeschluss **45 d** 7
- Verschmelzungsprüfung **45 e** 9
- Von Geschäftsführung ausgeschlossene Partner **45 c** 5
- Weitergehende Informations- und Auskunftsrechte **45 c** 10
- zeitl Begrenzung der Haftung der Gesellschafter **45 e** 3
- Zulassung der Mehrheitsentscheidung im Partnerschaftsgesellschaftsvertrag **45 d** 12
- Zweck **45 c** 1

Verschmelzung, rechtskräftiger Verein 99
- Abfindung **99** 86
- Abschlusskompetenz **99** 61
- Allg Einschränkungen **99** 17
- altrechtl Verein **99** 55
- Angaben zu Vertragsparteien **99** 65
- Aufgelöste rechtsfähige Vereine **99** 43
- ausländ Verein **99** 57
- Ausländerverein **99** 57
- Besonderh des Verschmelzungsverfahrens bei Beteiligung rfähiger Vereine **99** 59
- Besonderh bei Verschmelzung zur Neugründung **99** 125
- Beteiligungsfähigkeit von Vereinen an Verschmelzungen **99** 14
- Beurkundungserfordernis **99** 63
- eV **99** 28
- Eintragung der Verschmelzung **99** 120
- Einzelheiten über Übertragung der Anteile u Erwerb der Mitgliedschaft **99** 80
- Folgen der Verschmelzung für Arbeitnehmer u ihre Vertreter **99** 85
- nicht rechtsfähiger Verein **99** 39
- Registeranmeldung **99** 105
- Sonderrechte **99** 83
- Überblick über das Verfahren **99** 59
- Umgehung **99** 35
- Umtauschverhältnis **99** 67
- Verein nach Entzug der Rechtsfähigkeit **99** 50
- vereinsspezi Besonderh im Einzelnen **99** 61
- Vermögensübertragung **99** 66
- Verschmelzung von eV untereinander **99** 68
- Verschmelzung von rfähigen Vereinen auf Genossenschaften **99** 78
- Verschmelzung von rfähigen Vereinen auf Kapitalgesellschaften u PHG **99** 74
- Verschmelzungsbericht **99** 97
- Verschmelzungsfähigkeit der einzelnen Vereinstypen **99** 28
- Verschmelzungskombination **99** 29
- Verschmelzungsprüfung **99** 101
- Verschmelzungsstichtag **99** 82
- Verschmelzungsvertrag **99** 61
- Vertragsinhalt **99** 64
- Vorbehalt der Satzung **99** 20
- Vorbehalt des Landesrechts **99** 18
- Vorteile für sonst Beteiligte **99** 84
- Vorverein **99** 53
- Wirkungen der Verschmelzungen **99** 121
- Wirtschaftl Verein **99** 37
- Wortlautkorrektur **99** 32
- Zeitpunkt der Gewinnbeteiligung **99** 81
- Zustimmung einzelner Mitglieder **99** 104
- Zustimmungsbeschlüsse **99** 104

Verschmelzung von Aktiengesellschaften 22 4
- gemeinschaftsrechtl Vorgaben **22** 4

Verschmelzung zur Neugründung
- Anmeldung **96** 20

Magere Zahlen = Randnummern

Sachverzeichnis

- Anwendbarkeit der Gründungsvorschriften **96** 12
- Besonderheiten **114** 5
- rechtl Besonderh gegenüber Verschmelzung durch Aufnahme **96** 11
- Verschmelzung auf neu gegründete eG **96** 8
- Verschmelzung auf neu gegründeten Rträger and Rform **96** 9
- Verschmelzungsvertrag **96** 15
- Vor- u Nachteile **96** 2

Verschmelzungs- und Spaltungsrichtlinie EinlC 80

Verschmelzungsbegriff 2 1

Verschmelzungsbericht 7; 8; 41; 47, 5; 48, 11
- Abgrenzung von Berichts- u Bewertungsrügen **8** 28
- Ableitung aus Vergangenheitszahlen **8** 32
- Anfechtbarkeit **41** 12
- Angaben über die Mitgliedschaft bei dem übernehmenden Rechtsträger **8** 46
- Angaben über verbundene Unternehmen **8** 58
- Anwendungsbereich **41** 2
- Ausnahmen von Berichtspflicht **8** 65
- Berichterstattung durch Vertretungsorgan **8** 5
- Berichtsfehler **8** 76
- Bewertung des nicht-betriebsnotwendigen Vermögens **8** 40
- Bewertungsergebnis **8** 41
- Darstellung der Grundlagen für die Festsetzung des Umtauschverhältnisses **8** 23
- beteiligte Unternehmen **8** 16
- wirtschaftl Begründung der Verschmelzung **8** 17
- Einzelerläuterung **41** 8
- Entstehungsgeschichte **41** 7
- ergänzende Erläuterungen in der Versammlung **8** 82
- Erläuterung der Ermittlung des Unternehmenswerts **8** 27
- Erläuterung der Höhe der anzubietenden Abfindung **8** 49
- Erläuterung der Verschmelzung **8** 15
- Erläuterung des Planverfahrens u der Planungsprämissen **8** 31
- Erläuterung des Umtauschverhältnisses **8** 22
- Erläuterung des Verschmelzungsvertrags **8** 21
- Erläuterungen der Plandaten **8** 37
- Erstattung **8** 5
- erweiterte Auslegungspflichten der bet Rträger untereinander **8** 64
- europ Rangleichung **8** 3
- EWIV **41** 11
- fehlerh Berichte **8** 76
- fehlerh Heilung **8** 76
- Folgen für Beteiligung der Anteilsinhaber **8** 52
- Form **8** 7
- gemeinsame Berichterstattung **8** 6
- Geschäftsführungsberechtigung aller Gesellschafter **41** 8
- GmbH & Co. KG **41** 10
- Grenzen der Berichtspflicht **8** 65
- Grundlagen der Berichterstattung **8** 11
- Heilung von Mängeln **41** 12
- Hinweis auf bes Schwierigkeiten der Verschmelzung **8** 50
- Inhalt **8** 11
- Kapitalisierungszinssatz **8** 38
- Kausalität **8** 77
- kein **121** 5
- keine Berichtspflicht bei pers haftenden Gesellschaftern einer PHG **8** 75
- keine Unterrichtung über Rmittel und Stellungnahmen Dritter **8** 45
- methodische Grundlagen der Unternehmensbewertung **8** 24
- Mitwirkung des Aufsichtsorgans **8** 8
- nachträgl Korrektur **8** 83
- Orientierung a d Unternehmensplanungen **8** 28
- Parallelvorschriften **41** 13
- Relevanz von Berichtsfehlern über das Umtauschverhältnis **8** 78
- Rfolgen bei Verstoß **41** 12
- Sonderfragen bei der Bewertung von Unternehmensgruppen **8** 42
- tatsächl Geschäftsführungsbefugnis **41** 8
- Unternehmen der nachgeordneten Konzernebenen **8** 59
- Unternehmen der übergeordneten Konzernebenen **8** 61
- Unterrichtung der Anteilsinhaber **8** 10
- Verhältnis zu § 8 Abs. 3 **41** 5
- Verschmelzung bei im alleinigen Anteilsbesitz stehenden Konzerngesellschaften **8** 73
- Verschmelzungsbeschluss fehlerhaft **41** 12
- Verzicht **8** 68
- Zahlenangaben zu Ertragsplanungen **8** 33
- Zweck **8** 1; **41** 1

Verschmelzungsbeschluss 13; 14; 43 9; **59; 240** 1
- AG **76**
- Anfechtbarkeit **47** 5
- Anwendung des Klageausschlusses auf Informations-, Berichts- und Auskunftsrügen **14** 22
- Auslandsbeurkundung **13** 58

2563

Sachverzeichnis

Fette Zahlen = Paragraphen

- Ausschluss von Rügen betreffend das Umtauschverhältnis **14** 20
- Beendigung der Bindungswirkung **13** 68
- Befristung u Ausschluss von Klagen gegen **14**
- Begründung der Bindungswirkung **13** 61
- Beschlussfassung der Anteilsinhaber **13** 8
- Beschlussfassung in Gesellschafterversammlung **43** 10
- Beschlussfassung in Versammlung **13** 17
- Beschlussfassung in Versammlung der Anteilsinhaber **13** 14
- Beschlussgegenstand **43** 9
- Beschlussmängel **14** 5
- Bestellung der Aufsichtsratsmitglieder **59** 7
- Bestellung der ersten Geschäftsführer **59** 9
- Bestellungskompetenz **59** 8, 11
- Beurkundung durch Niederschrift; Beifügung des Verschmelzungsvertrags **13** 52
- Bindungswirkung **13** 61
- einfache Mehrheit durch Beschluss **59** 7
- vor Eintragung der GmbH **59** 7
- entspr Anwendung des § 59 Satz 2 auf Geschäftsführerbestellung **59** 10
- erforderl Mehrheit bereits in Versammlung **43** 11
- Erfordernis der Beschlussfassung **13** 8
- fakultativer Aufsichtsrats **59** 8
- Form Beschlussmängel **14** 7
- Gegenstand **13** 28
- Heilung **13** 59
- Inhalt **13** 32
- keine sachl Rechtfertigung **13** 23
- Klagefrist **14** 14
- Kosten der notariellen Beurkundung **13** 56
- mat Beschlussmängel **14** 11
- mitbestimmter Aufsichtsrat **59** 8
- nachträgl Zustimmung **43** 11
- Nebenabreden **43** 9
- notarielle Beurkundung **13** 51
- notarielle Form **43** 14
- notw Voraussetzung für die Anmeldung der GmbH **59** 9
- Rechtsfolgen einer unzulässigen Rüge **14** 34
- Rügen gegen Umtauschverhältnis **14** 31
- schriftl Stimmabgabe **43** 12
- sonst Zustimmungspflichten der Anteilsinhaber **13** 41
- Statut des neu gegründeten Rträgers **43** 9
- Stellvertretung **43** 13
- Stimmrecht **13** 25
- Übersendung des Verschmelzungsvertrags an Anteilsinhaber **13** 61
- Verhältnis zum früheren Recht **59** 1
- Versammlungszwang **13** 14
- Wirksamwerden der Zustimmungen **13** 69
- Zul von Rügen gegen Umtauschverhältnis **14** 17
- zusätzliche Wirksamkeitserfordernisse für Gesellschaftsvertrag **59** 2
- Zustimmung bei Begr von neuen Leistungspflichten u Beeinträchtigung von Sonderrechten **13** 42
- Zustimmung bei Verschmelzung im Konzern **13** 50
- Zustimmung bei Vinkulierung **13** 35
- Zustimmungsbeschluss **59** 4
- Zustimmungserfordernisse u Beteiligung Dritter **13** 35
- Zweck **59** 2

Verschmelzungsbeschlüsse
- Vorbereitung **2** 56

Verschmelzungsfähige Rechtsträger 3; 109
- alternative Konstruktionen bei unzulässiger Verschmelzung **109** 32
- aufgelöste Rträger als übern Rträger **3** 45
- aufgelöste Rträger als übertr Rträger **3** 36
- Begriff des Rträgers **3** 3
- Begriff des VVaG **109** 14
- Bestandsübertragung **109** 2
- Beteiligung aufgelöster Rträger **3** 11
- Eingeschr Verschmelzungsfähigkeit **3** 9
- eG **3** 22
- eV **3** 24
- im Einzelnen **3** 13
- erweiterte Mischverschmelzung bei Rückversicherungsvereinen **109** 11
- europäische Gegenseitigkeitsgesellschaft **109** 23
- genossenschaftl Prüfungsverbände **3** 26
- grenzüberschreitende Verschmelzungen **109** 12
- Kapitalgesellschaften **3** 20
- Kleinerer Verein **109** 16
- Kleinstverein **109** 21
- Mehrfachverschmelzung **3** 58
- Mehrfachverschmelzung durch Aufnahme **109** 25
- Mehrfachverschmelzung von Versicherungsvereinen durch Neugründung einer Versicherungs-AG **109** 29
- Mischverschmelzung **3** 12, 54; **109** 2, 6
- Mischverschmelzung im Wege der Aufnahme durch einen VVaG **109** 9
- Mischverschmelzung im Wege der Aufnahme oder Neugründung einer AG **109** 31
- natürl Personen **3** 30

Magere Zahlen = Randnummern

Sachverzeichnis

– Niederlassungs- u Dienstleistungsfreiheit **109** 12
– Numerus clausus der Rechtsform **109** 1
– Partnerschaftsgesellschaften **3** 18
– Pensions-Sicherungs-Verein **109** 19
– Personenhandelsgesellschaften **3** 14
– rechtspolitische Überlegungen **109** 3
– Rechtstatsachen **109** 14
– Rückversicherungsverein **109** 20
– Totalrückversicherung **109** 34
– Übersicht über mögl Verschmelzungsfälle **3** 63
– Unternehmens- u Funktionsausgliederungsverträge **109** 36
– Vermögensübertragung **109** 32
– Verschmelzung aufgelöster Rträger **3** 35
– Verschmelzung durch Aufnahme u Neugründung **109** 5
– Verschmelzung durch Aufnahme unter Versicherungsvereinen **109** 24
– Verschmelzung durch Neugründung **109** 26
– Verschmelzung eines VVaG im Wege der Aufnahme durch eine Versicherungs-AG **109** 29
– Verschmelzung mit Körperschaften od Anstalten des öffentl Rechts **109** 7
– Verschmelzung noch nicht entstandener Rträger **3** 48
– Verschmelzung unter ausschließl Beteiligung von Versicherungsvereinen **109** 24
– Verschmelzung unter Beteiligung einer Versicherungs-AG **109** 29
– Verschmelzung unter Beteiligung von aufgelösten Versicherungsvereinen **109** 28
– Versicherungs-AG **109** 22
– versicherungsaufsichtsrechtl Schranken **109** 37
– Versicherungsvereine u Gegenseitigkeit **3** 28
– Verwaltungs- u Abwicklungsverträge **109** 35
– Veschmelzung von Rträgern unterschiedl Rform **3** 57
– volle Verschmelzungsfähigkeit **3** 4
– wirtschaftl Vereine **3** 29
– Zulässigkeit **109** 13
Verschmelzungsfähigkeit 39 18; **120** 16
– ausländ natürl Person **120** 21
– ausländ Unternehmen **120** 19
– Erbe unter Testamentsvollstreckung **120** 24
– Gesamthandsgemeinschaften **120** 20
– Minderj Betreute **120** 23
– natürl Person **120** 16
Verschmelzungsfälle
– Übersicht **3** 63
Verschmelzungshindernis 120 26
– Überschuldung **120** 26

Verschmelzungskontrolle 2 69
Verschmelzungsprüfer 9 1; **11**
– accountants independence **11** 7
– Auskunftsrecht **11** 1, 9
– Ausschlussgründe **11** 6
– Auswahl **11** 1, 2
– Bestellung **10**
– Einsichtsrecht **11** 8
– Recht auf Auskunft **11** 8
– Stellung **11**
– unrichtige Angaben gegenüber Verschmelzungsprüfern **11** 10
– Verantwortlichkeit **11, 1, 13**
– Vollständigkeitserklärung **11** 10
– zul Personenkreis **11** 2
Verschmelzungsprüfung 9 1
– a-posteriori-Schutz der Anteilsinhaber des übertragenden Rträgers **9** 3
– a-priori-Schutz der Anteilsinhaber **9** 2
– Anwendungsbereich **9** 6
– Ausgliederung **9** 11
– bei Mischverschmelzungen **9** 10
– Formwechsel **9** 11
– keine **121** 5
– Pflichtprüfungen m Verzichtsmöglichkeit **9** 9
– Prüfungspflicht o Verzichtsmöglichkeit **9** 8
– Sacheinlagenprüfung **9** 4
– Spaltung **9** 11
– Vermögensübertragungen **9** 11
– Zweck **9** 2
Verschmelzungsprüfung beim Idealverein 100 7
Verschmelzungsprüfung beim wirtschaftlichen Verein 100 5
Verschmelzungsprüfungsbericht 47 8
Verschmelzungsrichtlinie 133 6
Verschmelzungs- und Spaltungsrichtlinie EinlC 80
Verschmelzungsübertragung
– Anteilsgewährung **5** 9
– Anteilsübertragung **5** 35
– Ausnahme einzelner Vermögensgegenstände von Vermögensübertragung **5** 7
– Ausscheiden gegen Abfindung **5** 19
– bare Zuzahlung **5** 25
– bare Zuzahlung zugunsten Aktionäre der übertragenen AG **5** 31
– Barzahlung an Aktionäre der übernehmenden AG **5** 32
– Gattungsidentität **5** 10
– Grundsatz der Mitgliederidentität **5** 11
– Grundsatz der Quotenidentität **5** 17
– Grundsatz der Gattungsidentität **5** 19
– Höhe der baren Zuzahlung **5** 31

Sachverzeichnis

Fette Zahlen = Paragraphen

- Kapitalerhöhung gegen Sacheinlage **5** 8
- materielle Rechtmäßigkeit **5** 19
- Mitgliederidentität **5** 10
- Mitgliedschaftserwerb **5** 35
- Quotenidentität **5** 10
- stimmrechtlose Vorzugsaktien **5** 24
- Umtauschverhältnis **5** 25, 26
- upsteam merger **5** 12
- Verzicht auf Anteilsgewährung **5** 12
- nicht vinkulierte Namensaktien **5** 20
- Zeitpunkt der Gewinnberechtigung **5** 42
- Zustimmung jedes Anteilseigners **5** 19
- Zwerganteil **5** 12

Verschmelzungsverbot 120 8

Verschmelzungsverfahren
- Besonderh bei Beteiligung rfähiger Vereine **99** 59
- Besonderh bei Verschmelzung zur Neugründung **99** 125
- Eintragung der Verschmelzung **99** 120
- Registeranmeldung **99** 105
- vereinsspezif Besonderh im Einzelnen **99** 61
- Verschmelzungsbericht **99** 97
- Verschmelzungsprüfung **99** 101
- Verschmelzungsvertrag **99** 61
- Wirkungen der Verschmelzung **99** 121
- Zustimmung einzelner Mitglieder **99** 104
- Zustimmungsbeschlüsse **99** 104

Verschmelzungsverlust/-gewinn
- Behandlung eines **24** 58

Verschmelzungsvertrag
- nach den §§ 8 ff. BeurkG **6** 1; **4**; **5** 3; **6**; **7**; **9** 14; **11**; **47** 5, 6; **48**; **121** 3
- Abänderung **4** 27, 30
- Abfindungsangebot **5** 102; 29
- Abschlusskompetenz **4** 8
- Abstimmung über Vertragsentwurf **4** 24
- Änderung **6** 9
- Änderung des Gesellschaftsvertrags **40** 25
- Änderung des Vertrags nach Zuleitung an Betriebsrat **5** 147
- Änderungen, Ergänzungen **6** 9
- Anfechtbarkeit **5** 97
- Anfechtung des Verschmelzungsbeschlusses **4** 44
- Anfechtung wegen Abschlussmängel **4** 42
- Anspruch auf Unterlassung der Eintragung **5** 100
- Anspruchsberechtigte **4** 46
- Anspruchsberechtigung Dritter **4** 47
- Anteilsgewährung **5** 9
- Anteilsübertragung **5** 35
- arbeitsgerichtl Beschlussverfahren **5** 101
- Aufhebung **4** 27, 31; **6** 10

- Auflösende Bedingung **5** 113
- auflösende Bedingung u Befristung **5** 113
- aufschiebende Bedingung **5** 112; **7** 3
- aufschiebende Befristung **5** 112
- im Ausland **6** 15
- Auslegung **5** 4
- Ausschluss des § 310 BGB **4** 7
- Bedingung **5** 112
- Befreiung von den Beschränkungen des § 181 BGB **4** 10
- Befristung **5** 112
- Benennung der neuen Anteilsinhaber **5** 105
- Beschluss in abgeänderter Form **4** 19
- Beschlussverfahren **5** 100
- Beschlussvorbereitung **4** 33
- besondere Verpflichtungen gegenüber Dritten **5** 108
- Bestellung eines Treuhänders **4** 28
- Bestimmung der Gesellschafterstellung **40** 7
- Beurkundung von Willenserklärungen **40** 23
- culpa in contrahendo **4** 60
- down stream merger **5** 134
- kein einheitlicher Inhalt **5** 82
- nach Eintragung **4** 36
- Eintragung ins Handelsregister **4** 45
- Empfangsbekenntnis des Betriebsratsvorsitzenden **5** 141
- endgültige Wirkung **4** 36
- Enkelverschmelzung **5** 139
- Entfallen der Angaben **40** 11
- Entfallen der Angabepflicht **5** 93
- Entwurf **4** 35
- Erfordernis der Zustimmung **40** 21
- Erfüllungsansprüche **4** 45
- Ergänzung **6** 9
- fakultative Regelungen **5** 107
- Fehlen **6** 19
- Fehlen der essentialia negotii **4** 40
- Fehlen der Zustimmung **40** 25
- fehlende Angaben **5** 97
- fehlende, unvollständige, unrichtige Angaben **5** 97
- Festsetzung der Sonderrechte **46** 18
- Festsetzung des Betrags der Einlage **40** 9
- Folgen der Umwandlung **5** 83
- Folgen für Arbeitnehmer u ihre Vertretungen **5** 32, 76
- Folgen für Arbeitnehmervertretungen **5** 87
- Folgen für Arbeitsverhältnisse **5** 86
- Folgen für Mitbestimmung in Unternehmensorganen **5** 91
- Form **6**
- Form der Zustimmung **40** 23
- Formelles Prüfungsrecht **5** 95

Magere Zahlen = Randnummern

Sachverzeichnis

- Formmängel **4** 41
- freiwillige Bestandteile **9** 15
- Gegenstand **6** 5
- Genehmigung **6** 12
- Genossenschaft **80**
- gesetzliches Kündigungsrecht **7** 7
- Gewährleistungen **5** 109
- Gewährung von Sonderrechten für Anteilseigner u Inhabern von bes Rechten **5** 65
- Gleichstellungsklausel **5** 124
- große Lösung **5** 82
- Grundsatz der Gattungsidentität **5** 19
- Grundsatz der Mitgliederidentität **5** 11
- Grundsatz der Quotenidentität **5** 17
- Hafteinlage **40** 9
- Haftung **4** 60
- Höhe der baren Zuzahlung **5** 31
- Inhalt **5** 3; **37**; **40**; **46**; **121** 4
- Inhalt bei PartG **45** b
- Interessenausgleichsverfahren **5** 100
- Kapitalanteil **40** 9
- Kapitalerhöhung **4** 55
- Kartellvorbehalt **5** 118
- keine Übernahme pers Haftung ohne Zustimmung **40** 21
- Kettenverschmelzung **5** 117
- kleine Lösung **5** 82
- Konzernverschmelzung **5** 128
- Kosten **5** 125; **6** 20
- Kündigung **4** 58; **7**
- Kündigung aus wichtigem Grund **4** 43
- Mängel **4** 21; **6** 19
- mehrere übertragende Rträger **5** 123
- Mindestinhalt **5** 5
- Mitgliedschaftserwerb **5** 35
- mittelbare personelle u organisatorische Folgewirkungen **5** 84
- Nachgründung **4** 17
- Name/Firma u Sitz der bet Rträger **5** 5
- Negativattest **4** 45
- Negativerklärungen **5** 92
- Nichtigkeit **4** 38, 41; **5** 97; **54** 50
- notarielle Beurkundung **4** 1, 24
- notw Inhalt **40** 6
- notwendiger Beitritt eines Dritten **40** 18
- offensichtlich unrichtige Angaben **5** 96
- offensichtliche Schreibfehler **6** 5
- offensichtliche Unrichtigkeiten **6** 5
- Parteien **121** 3
- bei PartG **45** b
- personelle Veränderungen **5** 83
- Pflichtbestandteile **9** 14
- Pflichteinlage **40** 9

- Rechtsfolgen **4** 45; **5** 116
- Rechtsfolgen von Bedingungen u Befristungen **5** 116
- rechtsformspezifische Sonderregelungen **5** 104
- rechtsgeschäftliche Vertretung **4** 9
- Rechtsnatur **4** 3
- redaktionelle Anpassungen **6** 9
- Richtigkeit **9** 27
- Rücktritt **4** 56
- Rücktrittsrecht, vertraglich **5** 119
- Satzungsänderung **5** 110
- Schadensersatz **5** 120
- Schadensersatzanspruch **5** 99
- Schlussbilanz **4** 45
- Sidestep Merger **5** 137
- Sonderrechte für Anteilseigner u Inhaber von bes Rechten **5** 65
- Sondervorteile für Amtsträger u Prüfer **5** 70
- Sukzessivbeurkundung **4** 24; **6** 14
- „Supermarkt"-Entscheidung **6** 1
- teileingezahlte Geschäftsanteile **5** 122
- Treupflicht **4** 45
- Umtauschverhältnis **5** 26; **40** 10
- Umtauschverhältnis u bare Zuzahlung **5** 25
- unechte Bedingungen **7** 6
- unechte Gesamtvertretung **4** 8
- unrichtige Angaben **5** 61
- Unterlassung der Eintragung **5** 64
- Unterrichtung der Gesellschafter **42**
- unvollständige Angaben **5** 61
- Unvollständigkeit **5** 126
- Upstream Merger **5** 128
- Vereinbarung der Vermögensübertragung gegen Anteile/Mitgliedschaften **5** 6
- Vermögensübertragung **5** 7
- Verpflichtung zur Satzungsänderung **5** 110
- Verschmelzung zur Aufnahme **4** 9, 13; **6** 20
- Verschmelzung zur Neugründung **4** 9, 13; **5** 103; **6** 21
- Verschmelzungsstichtag **5** 51
- Verstoß gegen die guten Sitten **4** 38
- Verstoß gegen Pflicht zur Nennung der Sonderrechte **5** 68
- Verstoß gegen Verbotsgrenze **4** 38
- Vertrag als Ganzes **6** 5
- vertragliches Rücktrittsrecht **5** 119
- Vertragsentwurf **4** 18; **6** 5
- Vertragsschluss **4** 8
- Vertragsstrafe **6** 5
- Vertragszuleitung an Betriebsrat **5** 141
- Vertretung durch Prokuristen od Handlungsbevollmächtigte **4** 8
- Verzicht auf Zuleitung **5** 145
- Verzichtserklärungen **6** 12

2567

Sachverzeichnis

Fette Zahlen = Paragraphen

- Verzögerung aufgrund von Klagen **4** 45
- Vollmacht **6** 11
- vollmachtloser Dritter **4** 13
- Vollständigkeit **9** 26
- Vorgesellschaft **4** 26
- Vorvertrag **6** 5
- Wegfall der Geschäftsgrundlage **4** 58
- Weitergeltung von Betriebsvereinbarungen **5** 90
- Weitergeltung von Tarifverträgen **5** 89
- Willensmangel **4** 42
- Wirksamwerden **4** 24
- Wirkungen der Eintragung **40** 25
- Zeitpunkt **6** 13
- Zeitpunkt der Gewinnberechtigung **5** 42
- Zuleitungsfrist **5** 144
- zuständiger Betriebsrat **5** 142
- Zustimmung der Anteilseignerversammlungen der bet. Rechtsträger **4** 1
- Zustimmungserfordernisse **4** 20
- Zweck **6** 2

Verschmelzungsvertrag bei Aufnahme durch Genossenschaft 80
- Abschluss **80** 4
- allg obligatorischer Inhalt **80** 12
- Änderung **80** 61
- Aufhebung **80** 61
- Bet der Anteilsinhaber des übertr Rechtsträgers an übernehmender eG **80** 2
- Beurkundung **80** 5
- Entwurf **80** 4
- Ergänzung u Modifikation des vorgeschr Inhalts nach § 5 **80** 1
- fakultative Regelungen **80** 49
- Mischverschmelzung **80** 38
- obligatorische Angabe des Stichtags der Schlussbilanz **80** 45
- obligatorische Regelung des Umtauschverhältnisses der Anteile **80** 13
- Prokura **80** 10
- Regelungszusammenhang mit Anteilstausch nach § 87 **80** 3
- reine Genossenschaftsverschmelzung **80** 14
- Stichtag der Schlussbilanz **80** 3
- Vertretung **80** 7
- Wirksamkeit mit Verschmelzungsbeschluss **80** 59
- Wirkung **80** 73

Verschmelzungsvorschriften 176; 178, 6; 180; 188
- Abfindung **180** 5
- Ablauf der Übertragung **178** 9; **180** 5; **188** 3
- Anwendung **176; 178; 180; 188**
- aufschiebende Bedingung **176** 17
- aufsichtsbehördl Genehmigung **180** 11
- aufsichtsbehördl Genehmigung **178** 18; **188** 7
- Bekanntmachung **178** 21; **188** 9
- Eintragung in Handelsregister **178** 21; **180** 13
- Eintragung in Handelsregister u Bekanntmachung **176** 32
- entspr Anwendung **180** 4
- Form **176** 16
- Gegenleistung **176** 4
- Geltung **176** 2; **178** 6; **180** 3; **188** 2
- Gesamtrechtsnachfolge **180** 2
- Global-Verweisung **176** 1
- Inhalt **176** 10
- Kündigung **176** 17
- Mängel der Beschlussfassung **176** 29
- Maßstab für Aufteilung **180** 5
- Mindestinhalt **176** 10; **180** 5
- „Mischverschmelzung" **178** 1
- öffentliche Hand **176** 5 ff
- Register **176** 4
- Sonderrechte **176** 12
- Treuhänder **176** 11; **178** 20; **180** 12; **188** 8
- übernehmender VVaG **178** 7
- übernehmendes öffentl-rechtl Versicherungsunternehmen **178** 8
- übertragende Kapitalgesellschaft **176** 2
- übertragende Versicherungs-AG **178** 6
- Übertragung unter Versicherungsunternehmen **178** 1
- Übertragungsbericht **176** 18; **178** 14; **180** 7; **188** 4
- Übertragungsbeschluss **176** 21; **178** 16; **180** 9; **188** 6
- Übertragungsprüfung **176** 19; **178** 15; **180** 8; **188** 5
- Übertragungsvertrag **178** 9; **180** 5; **188** 3
- Unterrichtung der Mitglieder **180** 14
- Verwässerungsschutz **176** 4
- Verweisung **176** 1
- Vollübertragung **176** 2

Verschmelzungswirkung 122 21
Verschwiegenheitsvereinbarung 8 63
Versicherungs-AG 109 22
Versicherungsaufsicht 109 39
Versicherungsaufsichtsrechtliche Schranken 109 37
Versicherungsbestand 119 35
Versicherungsunternehmen 119 33
Versicherungsverein auf Gegenseitigkeit, Formwechsel 291
- Alternativen zum Formwechsel Kleinerer Vereine **291** 8
- Ausschluss von Mitgliedern **291** 15
- Behandlung des Gründungsstocks **291** 16

Magere Zahlen = Randnummern

- Beschränkung der Umwandlung auf (große) Versicherungsvereine **291** 3
- Einschränkung der Rform **291** 2
- Genehmigung durch Aufsichtsbehörde **291** 17
- Grundkapital der Versicherungs-AG **291** 10
- Höchstbetrag **291** 12
- kein Formwechsel in einen VVaG **291** 7
- keine Umwandlung bei unzureichendem Grundkapital **291** 13
- Mindestbetrag **291** 10
- Untergrenze der Beteiligung **291** 6
- Zuteilung mehrerer Aktien **291** 14

Versicherungsvereine
- Bekanntmachung des Verschmelzungsvertrags **111**
- Inhalt des Verschmelzungsvertrags **110**

Versicherungsvereine, Verschmelzung 113
- keine gerichtl Nachprüfung **113**
- nachträgl Änderung der satzungsmäßigen Verteilungsmaßstabs durch Aufsichtsbehörde **113** 11
- Rechtsfolgen bei Nichtberücksichtigung unterschiedl Vermögenswerte **113** 9
- Umtausch der Mitgliedschaftsrechte bei unterschiedl Unternehmenswerten der a d Verschmelzung beteiligten Versicherungsvereine **113** 4

Versorgungsansprüche 22 71
- Einzelheiten **22** 72
- Grundsatz **22** 71

Vertretungsorgan 216 5, 7
- EWIV **215** 8
- GmbH & Co. KG **215** 7
- KG **215** 7
- der OHG **215** 6

Vertretungsorgan der formwechselnden Gesellschaft 216 5

Verwaltungs- und Abwicklungsverträge 109 35

Verwaltungsträger der übertragenden Rechtsträger
- Schadensersatzpflicht **25**

Verwässerungsschutz 176 4

Verzicht auf den Prüfungsbericht 44 21

Verzugsrechte
- Entzug **50** 24

Vinkulierte Namensaktien 241 24

Vinkulierung
- Zustimmung **240** 35; **241** 29

Vollinhaberschaft 120 27

Vollrechtsübertragung 2 36

Vollübertragung
- Begriff **174** 11
- Gegenstand **174** 12

Sachverzeichnis

- Gesamtrechtsnachfolge **174** 12

Vorabunterrichtung der Aktionäre 63 1

Vorbereitung der Anteilseignerversammlung
- Adressaten **230** 17
- Auslegung bzw. Übersendung des Umwandlungsberichts bei AG bzw. KGaA **230** 27
- Einberufung der Anteilseignerversammlung **230** 6
- Form **230** 7
- Frist **230** 18
- Inhalt **230** 7
- Überblick **230** 4
- Übersendung des Umwandlungsberichts bei der GmbH **230** 20
- Zuständigkeit der Geschäftsführung **230** 6

Vorbereitung der Generalversammlung, Genossenschaft 82
- Abschriftenerteilung **82** 39
- aktienrechtl Vorbild **82** 2
- Anfechtbarkeit des Verschmelzungsbeschlusses **82** 48
- Auslegung **82** 33
- Auslegung der Verschmelzungsunterlagen u Abschriftenerteilung **82** 1
- auszulegende Unterlagen **82** 7
- Einberufungs- u Ankündigungsmängel **82** 47
- Einsichtnahme **82** 37
- Eintragungshindernis **82** 50
- General- o Vertreterversammlung **82** 3
- Genossenschaftsbanken: Anzeige beim BAFin **82** 43
- Information der Mitglieder über Beschlussgegenstand **82** 1
- Rechtsfolgen **82** 47
- sonstige Informationspflichten **82** 42
- unterlassene Anzeigen an das BA-Fin **82** 54
- unterlassene oder unzureichende Abschriftenerteilung **82** 52
- unterlassene oder unzureichende Auslegung **82** 48
- unterlassene Unterrichtung des Betriebsrats **82** 53
- Unterrichtung des Betriebsrats **82** 42

Vorbereitung der Gesellschafterversammlung 49; 238 5
- Abfindungsangebot **238** 7
- ad hoc-Verzicht **49** 3
- einer AG/KGaA **238** 6
- Anfechtbarkeit des Verschmelzungsbeschlusses **49** 18
- Anfechtungsrisiken **49** 18

Sachverzeichnis

Fette Zahlen = Paragraphen

- Ankündigung der Verschmelzung **49** 1
- Ankündigung zur Beschlussfassung **49** 4
- kein Anspruch auf Übersendung einer Abschrift **49** 8
- Auskunftsrechte **49** 9
- Auskunftsverlangen **49** 12
- Auskunftsverweigerungsrecht **49** 10
- Auslegung der Jahresabschlüsse **49** 6
- Auslegung der Jahresabschlüsse u Lageberichte **49** 6
- Entbehrlichkeit der Vorlage des Jahresabschlusses u Geschäftsberichts **49** 7
- Ermittlung der drei vorausgegangenen Geschäftsjahre **49** 7
- Fehlen einer ordnungsgemäßen Ankündigung **49** 5
- einer GmbH **238** 5
- Inhalt **49** 2
- Lagebericht **49** 6
- Pflicht zur Ankündigung der anstehenden Beschlussfassung über Verschmelzung **49** 4
- keine Pflicht zur Auskunftserteilung **49** 15
- Recht auf Auskunft **49** 9
- Recht auf Auskunftsverweigerung **49** 15
- Verhältnis zum früheren Recht **49** 1
- Verzicht auf Maßnahmen nach §§ 230, 231 **238** 8
- Vollversammlung **238** 8
- Zweck **49** 2
- zwingende Mindesterfordernisse **49** 3
- Zwischenbilanz **49** 8

Vorbereitung der Hauptversammlung bei Verschmelzung der AG 63
- Anfertigung weiterer Dokumente aus Kapitalmarktsicht **63** 30
- Anspruch auf weitere Unterlagen **63** 23
- Art u Form oder Abschrift **63** 21
- Aufstellung Zwischenbilanz **63** 13
- auszulegende Unterlagen **63** 10
- Einzelerläuterungen **63** 6
- Erleichterung bei Aufstellung der Zwischenbilanz **63** 17
- fehlende bzw. fehlerh Abschlüsse **63** 27
- Fehler bei Erteilung von Abschriften **63** 28
- Fehler in der Auslage der Unterlagen **63** 26
- Form des Verlangens u Nachweis der Aktionärsstellung **63** 20
- inhaltl Anforderungen an Zwischenbilanz **63** 16
- Kosten **63** 24
- maßgebl Zeitpunkt **63** 6
- Ort der Auslegung **63** 9
- Recht des Aktionärs auf Erteilung einer Abschrift **63** 19

- Rechtsfolge von Verfahrensverstößen **63** 25
- Testierung der Zwischenbilanz **63** 18
- Voraussetzung Zwischenbilanz **63** 13
- Zwangsgeld **63** 25
- Zweck **63** 1

Vorbereitung der Versammlung der Anteilsinhaber 238, 2
- Abfindungsangebot **238** 7
- Entbehrlichkeit des Umwandlungsberichts u Verzicht auf seine Erstattung **238** 12
- Formwechsel unter Beteiligung einer KGaA **238** 16
- Vermögensaufstellung **238** 9
- Verzicht auf Maßnahmen nach §§ 230, 231 **238** 8
- Vollversammlung **238** 8
- Vorbereitung der Gesellschafterversammlung der GmbH **238** 5
- Vorbereitung der Hauptversammlung einer AG/KGaA **238** 6

Vorgesellschaft
- Zeitpunkt für Geschäftsführerbestellung **59** 10

Vorsichtsprinzip 24 47
Vorzugsgeschäftsanteil 240 15
VVaG
- Begriff **109** 14

VVaG, formwechselnd 296
- Angaben über Vertretungsbefugnis gem. § 37 Abs. 3 AktG **296** 9
- Anmeldung der Vorstandsmitglieder der Versicherungs-AG **296** 2
- Anmeldung durch Vorstand des formwechselnden VVaG **296** 1
- Erklärung gem. §§ 37 Abs. 1, 36 Abs. 2, 36 a Abs. 2 AktG **296** 7
- Erklärung gem. § 37 Abs. 2 AktG **296** 8
- Erklärung gem. §§ 198 Abs. 3, 16 Abs. 2 und 3 **296** 5
- Erklärung über Anfechtung der aufsichtsrechtl Genehmigung **296** 6
- Inhalt der Anmeldung **296** 5
- Rechtsfolgen bei Verstoß gegen Vorschrift des § 296 **296** 10
- Zuständiges Registergericht **296** 3

Wahlrecht für die Kapitalerhöhung 68 1
Wahlrecht zwischen Ausgliederung und Einzelrechtsnachfolge 173 2
Wandlungs- u sonstige Bezugsrechte 120 32
- Verschmelzung **120** 32

Wertabspaltungstheorie Anh UmwStG 351
Wertansätze des übernehmenden Rechtsträgers 24
- Abfindungen **24** 43

Magere Zahlen = Randnummern

- AG **24** 8
- Allgemeines **24** 29, 55
- Ansatz **24** 20
- Anschaffungskosten **24** 30
- Ausgabe eigener (Alt-)Anteile **24** 39
- Ausschüttungsinteressen **24** 80
- Ausübung des Wahlrechts **24** 64
- Beendigung der Bilanzierungspflichten **24** 15
- Behandlung eines Verschmelzungsverlusts/-gewinns **24** 58
- Besonderheiten der Anwendung **24** 5
- Bewertung **24** 29
- Bilanzen **24** 8
- Buchwertfortführung **24** 55
- Downstream merger **24** 48
- Einheitlichkeit der Ausübung **24** 74
- entspr Anw auf andere Umwandlungsarten **24** 82
- Formwechsel **24** 87
- Fortfall beim übernehmenden Rträger bestehender Beteiligung am übertr Rträger **24** 44
- Gewährung neuer Anteile **24** 34
- GmbH **24** 66
- Grundzüge der steuerl Bilanzierung **24** 89
- Immanante Begrenzungen **24** 78
- Kapitalaufbringung **24** 81
- Kapitalgesellschaft als übern Rträger **24** 95, 102
- Methode der Buchwertverknüpfung **24** 26
- Methode der Neubewertung **24** 22
- Mischfälle **24** 52
- Neubewertung nach Anschaffungskosten **24** 30
- Personengesellschaft als übern Rträger **24** 91, 100
- Personengesellschaften **24** 73
- Schlussbilanz **24** 8
- Spaltung **24** 83
- Überblick **24** 89
- Vermögensübertragung **24** 85
- Verschmelzung von Kapitalgesellschaften **24** 90
- Verschmelzung von Personengesellschaften **24** 93
- Verschmelzung zur Aufnahme **24** 19
- Verschmelzung zur Neugründung **24** 18
- Verschmelzungsgewinne u -verluste **24** 54
- Verteilung der Anschaffungskosten **24** 75
- Zuständigkeit **24** 64
- zutreffender Ergebnisausweis **24** 79
- Zuzahlungen **24** 42

Werthaltigkeitsbescheinigung 138 6; **220** 20

Sachverzeichnis

Wertkontrolle 173 74
Wertungstransfer 1 75
Widersprechender Vollhaftender 43 35
- Anwendungsbereich **43** 35
- Form **43** 38
- individuelles Schutzrecht **43** 37
- Protokoll **43** 38
- Rechtsfolge **43** 40
- Widerspruch **43** 37
- Zeitpunkt **43** 39

Wirkungen der Ausgliederung, Einzelkaufmann 155
- Erlöschen der Firma **155** 3
- Firma des Übernehmers **155** 8
- Fortführung der übernommenen Firma **155** 9
- originäre Firmenbildung **155** 8
- Rechtsfolge **155** 5
- Regelungsumfang **155** 2
- Registergericht **155** 6
- Teilübertragungen **155** 7
- Übertragung des gesamten Unternehmens **155** 3
- Zweck **155** 1

Wirkungen der Eintragung 131
- Aktivvermögen bei Abspaltung u Ausgliederung **131** 71
- Aktivvermögen bei Aufspaltung **131** 70
- Ansprüche aus betriebl Altersversorgung **131** 47
- Anteilserwerb der bish Anteilseigner **131** 59
- Arbeitsrechtl Auswirkungen der Gesamtrechtsnachfolge **131** 12
- Arbeitsverträge **131** 13
- Ausnahmen vom Grundsatz des Anteilserwerbs **131** 60
- Betriebsvereinbarung **131** 55
- Dienstverträge **131** 55
- Eintragung der Spaltung **131** 5
- Erlöschen des aufgespaltenen Rträgers **131** 58
- europäische Rechtsangleichung **131** 4
- Grund u Reichweite der Regelung **131** 69
- Grundsatz des automat Anteilserwerbs **131** 59
- Mängel der Beurkundung **131** 64
- Rechte u Ansprüche Dritter **131** 62
- Sonst Mängel der Spaltung **131** 65
- Spaltungsbedingungen bei fehlerh Spaltung **131** 68
- Tarifverträge **131** 50
- Umfang der Wirkung der Eintragung gem. Abs. 2 **131** 66
- Verbindlichkeiten **131** 72
- Vermögensübergang **131** 7
- Zuordnung „vergessener" Gegenstände **131** 69

Sachverzeichnis

Fette Zahlen = Paragraphen

- Zweck u Reichweite des Abs. 2 **131** 65
Wirkungen der Eintragung der neuen Rechtsform 202
- Auswirkungen auf Firma **202** 15
- Auswirkungen auf gesetzl Vertreter **202** 14
- Auswirkungen auf Gläubiger **202** 13
- Auswirkungen auf öffentl-rechtl Beziehungen **202** 17
- Auswirkungen auf Unternehmensverträge **202** 16
- Eigentum **202** 8
- fehlender Umwandlungsbeschluss **202** 36
- Formwechsel von GmbH & Co. KG in Kapitalgesellschaft **202** 21
- Fortbestand der Rechte Dritter **202** 27
- Fortbestand des Formwechsels **202** 5
- Fortbestand des Rechtsträgers in veränderter Rform **202** 7
- Gesetzl ausgeschl Umwandlung **202** 37
- Identität der Anteilsinhaber **202** 19
- Identität der Beteiligung **202** 23
- Identität des Rträgers **202** 7
- Kontinuität der Mitgliedschaft **202** 18
- Mängel der Beurkundung **202** 32
- öffentl-rechtl Beziehungen **202** 11
- schuldrechtl Beziehung **202** 9
- sonst Mängel der Umwandlung **202** 34
- Umfang der Wirkung der Eintragung **202** 35
- Umwandlung einer Kapitalgesellschaft in GmbH & Co. KG **202** 22
- Veränderung der Rform **202** 12
- Verbot des Zwangsausschlusses **202** 38
- Vollmachten **202** 10
- Wandel der Mitgliedschaftsrechte **202** 24
- Zweck **202** 1
- Zweck u Reichweite des Abs. 3 **202** 34
Wirkungen des Formwechsels 247
- Abfindung **247** 11
- Anspruch des Komplementärs auf Beteiligung **247** 17
- Ausscheiden eines Komplementärs **247** 9
- Ausscheiden kraft Gesetzes **247** 9
- Beteiligung an den stillen Reserven **247** 14
- Einhaltung des Mindestnennkapitals **247** 4
- Formwechsel einer AG in KGaA od umgekehrt **247** 2
- Haftung **247** 15
- Identität des Nominalkapitals **247** 1
- Keine Identität des Nennbetrags **247** 5
- Komplementär als Kommanditaktionär **247** 10
- Komplementär mit Sondereinlage **247** 12
- Rückwirkung bei Kapitalerhöhung **247** 8
- Rückwirkung der Kapitalherabsetzung **247** 7
- Sondereinlage eines Komplementärs **247** 3

- sonst Wirkungen des Formwechsels **247** 19
- Umstellung auf Euro **247** 6
- Verhältnis von Stamm- u Grundkapital **247** 1

Zeitl Begrenzung der Haftung f übertragene Verbindlichkeiten beim Einzelkaufmann 157
- abw Vereinbarung **157** 19
- Anerkenntnis **157** 15
- Enthaftung bei and Haftungsgründen **157** 21
- Enthaftung des Einzelkaufmannes **157** 5
- Enthaftung des Einzelkaufmannes nach §§ 25, 28 HGB **157** 21
- „Enthaftung" des Übernehmers für nicht übernommene Verbindlichkeiten **157** 22
- Erfüllung **157** 17
- Feststellung od Vollstreckungsmaßnahmen **157** 13
- Gegenstand der Enthaftung **157** 5
- geschäftsführende Tätigkeit **157** 8
- Grundsatz der Enthaftung **157** 7
- Haftungsgrenze des Übernehmers **157** 2
- Haftungsgrenzen **157** 18
- Haftungsgründe **157** 9
- Innenausgleich nach Enthaftung **157** 23
- kein Gesamtschuldverhältnis **157** 23
- keine Feststellung **157** 13
- Klage vor Fälligkeit **157** 12
- Reichweite der Enthaftung **157** 20
- spätere Fälligkeit **157** 10
- Stichtag **157** 7
- übertragene Verbindlichkeiten **157** 5
- Verfassungskonformität **157** 4
- Verhältnis zu §§ 133, 134 **157** 3
- Verwaltungsakt **157** 14
- zeitl Abgrenzung **157** 6
- Zeitpunkt **157** 16
- Zweck **157** 1

Zeitl Begrenzung der Haftung pers haftender Gesellschafter 45
- abw Vereinbarungen **45** 60
- Anwendung aufgrund Verweisung **45** 11
- Anwendungsbereich **45** 2
- behördl Geltendmachung **45** 51
- bet Rechtsträger **45** 3
- einbezogene Verbindlichkeiten **45** 26
- Eintritt der Enthaftung **45** 21
- Einwand unzul Rechtsausübung **45** 42
- Einzelerläuterung **45** 20
- Enthaftung **45** 20
- Entstehungsgeschichte **45** 12
- erfasste Haftungstatbestände **45** 24
- Fälligkeit der Verbindlichkeiten **45** 30
- Feststellung **45** 43

Magere Zahlen = Randnummern

- Feststellung der behördl Geltendmachung **45** 43
- Feststellung der Verbindlichkeit **45** 43
- Feststellung der Vollstreckungshandlung **45** 43
- Fristbeginn **45** 35
- Fristende **45** 36
- Fristhemmung u wirkungslose Vollstreckungshandlung **45** 37
- Fünfjahresfrist **45** 35
- geschäftsführender Gesellschafter **45** 55
- Kündigungstheorie **45** 18
- Parallelvorschriften **45** 61
- pers Anwendungsbereich **45** 6
- Regelungstechnik **45** 19
- Rfolgen bei Fristwahrung **45** 56
- schriftl Anerkenntnis **45** 52
- übernehmende Rträger **45** 3
- übertragende Rträger **45** 3
- Verhältnis zu Haftungs- u Verjährungsregelungen **45** 16
- Verschmelzungsarten **45** 2
- Vollstreckungshandlung **45** 48
- Wirkung der Enthaftung **45** 20
- zeitl Anwbereich **45** 10
- Zweck **45** 1

Zivilrechtlicher Schadensersatzanspruch 313 8

Zulässige Kombinationsmöglichkeiten 191 15

Zulassung der Mehrheitsentscheidung im Gesellschaftsvertrag 43 27
- Beschlussfähigkeit **43** 30
- Bestimmtheit der gesellschaftsvertraglichen Regelung **43** 31
- Bestimmtheitsgrundsatz **43** 31
- Gestaltungsgrenzen **43** 27
- Mindestanforderungen an Beschlussfähigkeit **43** 30
- Publikumsgesellschaften **43** 34
- qualifiziertes Mehrheitserfordernis **43** 29

Zuleitung des Vertrags an den Betriebsrat 5 140

Zusammenlegung 248 26
- eingereichte Aktien **248** 27
- nicht eingereichte Aktien **248** 29

Zuständigkeitskonzentration 2 SpruchG 8; **12 SpruchG** 15

Zustimmung
- bei Begründung von neuen Leistungspflichten **13** 42
- Dritter **217** 26; **240** 31
- Ehegatten **217** 28; **240** 34
- Eintragungshindernis **242** 18
- Eltern **240** 33

Sachverzeichnis

- Ergänzungspfleger **217** 27
- Ersatz **217** 14
- nicht erschienener Gesellschafter **217** 22
- Fehlen **241** 33; **242** 16
- Folgen bei Verweigerung **217** 25
- Formwechsel einer GmbH **241**
- Gericht **240** 31
- Minderjährige **217** 27
- Nießbrauch **217** 26
- Pfandgläubiger **217** 26
- Pfleger **240** 31
- stiller Gesellschafter **217** 26
- Testamentsvollstrecker **217** 29
- Treuhandverhältnis **217** 26
- bei Verschmelzung im Konzern **13** 61
- bei Vinkulierung **13** 35
- Vormundschaftsgericht **217** 27; **240** 31
- Wirksamwerden **13** 69
- Zustimmungspflichten der Anteilsinhaber **13** 41

Zustimmung bei rechtsfähigem Verein 103 3
- Beschlussfassung im schriftl Verfahren **103** 3
- Beschlussmängel **103** 25
- Beschlussmehrheit **103** 7
- Form **103** 6
- Grundsatz Dreiviertelmehrheit **103** 7
- höhere Mehrheitserfordernisse **103** 11
- Rechtslage zwischen Beschlussfassung u Eintragung **103** 26
- Zuständigkeit **103** 3
- Zustimmung einzelner Mitglieder **103** 22

Zustimmung nach § 50 Abs. 2
- Abgabe außerh der Gesellschafterversammlung **50** 47
- Beteiligung Dritter **50** 47
- Erteilung **50** 47
- Folgen bei Fehlen **50** 49
- Form **50** 47
- Frist **50** 47
- Fristsetzung **50** 47
- letztmöglicher Zeitpunkt **50** 47
- Wegfall **50** 46

Zustimmungsbeschluss 121 9
- Einzelkaufmann **158** 10
- notarielle Beurkundung **59** 5

Zustimmungsbeschluss der Obergesellschaft 173 21, 46
- Änderung des Unternehmensgegenstands **173** 22
- Entscheidungskompetenz der Gesellschafterversammlung **173** 21
- Erfordernis **173** 21
- Form **173** 46

2573

Sachverzeichnis

Fette Zahlen = Paragraphen

Zustimmungserfordernis 240 1, 20; **241** 4, 18, 22
- aufgrund des Wegfalls von Nebenleistungspflichten **241** 22
- aufgrund von Minderheits- u Sonderrechten **241** 18
- beim Formwechsel e. KGaA **242**
- Dritte **240** 31
- einzelner (Kommandit-)Aktionäre **242** 1
- Formwechsel in KGaA **240** 20
- Leistungsmehrung **240** 36
- Minderheitsrechte **240** 29
- Sonderfälle **240** 35
- Sonderrechte **240** 29
- Vinkulierung **240** 35

Zustimmungserfordernis beim Formwechsel einer AG oder einer KGaA 242
- abw Festsetzung der Nennbeträge **242** 6
- Anfechtung des Umwandlungsbeschlusses **242** 19
- Fehlen erforderl Zustimmung **242** 16
- fehlende Möglichkeit der verhältniswahrenden Beteiligung **242** 10
- nicht verhältniswahrende Beteiligung in geringem Umfang **242** 12
- aufgrund nicht verhältniswahrenden Formwechsels **242** 5
- unbekannte Aktionäre **242** 11
- Zustimmungserklärung **242** 14

Zustimmungserfordernis in Sonderfällen 51
- abw Festsetzung des Nennbetrags **51** 9, 25
- bei AG als übertragendem Rechtsträger **51** 14
- einstimmige Beschlussfassung **51** 4
- Entbehrlichkeit **51** 28
- im Fall offener Einlagen bei der übernehmenden GmbH **51** 10
- Mischverschmelzung **51** 22
- notarielle Beurkundung **51** 13
- offene Einlagen bei der übertragenden GmbH **51** 20
- bei offenen Einlagen bei der übertragenden Gesellschaft **51** 20
- für reine GmbH-Verschmelzung **51** 20
- reine GmbH-Verschmelzungen **51** 7
- Verhältnis zum früheren Recht **51** 1
- Verschmelzung einer AG/KGaA auf eine GmbH **51** 24
- Zustimmung aller nicht bei der Beschlussfassung anwesenden Anteilsinhaber **51** 6
- Zustimmung der Inhaber stimmrechtsloser Aktien **51** 26
- Zustimmung der stimmberechtigten Aktionäre **51** 26
- Zustimmung zum Verschmelzungsbeschluss **51** 27
- kein Zustimmungserfordernis trotz eines Beteiligungsausfalls **51** 28
- Zweck **51** 4

Zustimmungserfordernisse bei Verschmelzungsvertrag
- Anteilseigner **4** 20
- Anteilseignerversammlungen **4** 20
- sonstige Gremien **4** 23

Zustimmungserfordernisse beim Formwechsel einer GmbH 241
- Bestandskraft **241** 35
- Eintragung **241** 35
- Fehlen der erforderlichen Zustimmung **241** 33
- fehlende Möglichkeit der verhältniswahrenden Beteiligung **241** 10
- Festsetzung der auf Aktien entf Beträge abw vom Nennbetrag der Geschäftsanteile **241** 9
- Festsetzung eines höheren Betrags als des Mindest– **241** 8
- Gesellschaftsvertrag **241** 30
- aufgrund von Minderheits- u Sonderrechten **241** 18
- Nennbetragsaktien **241** 14
- aufgrund nichtverhältniswahrenden Formwechsels **241** 4
- Schadensersatzansprüche **241** 36
- Stückaktien **241** 13
- Teilung von Geschäftsanteilen **241** 16
- Überblick **241** 3
- Übergangsrecht **241** 17
- Unwirksamkeit der Festsetzung nach § **241** Abs. 1 **241** 34
- Unwirksamkeit des Umwandlungsbeschlusses **241** 33
- Vinkulierung **241** 29
- Voraussetzungen **241** 7
- aufgrund des Wegfalls von Nebenleistungspflichten **241** 22
- Zustimmungserklärung **241** 31

Zustimmungserklärung
- Gesellschafterversammlung **241** 31
- nach § 241 **241** 31; **242** 14
- notarielle Beurkundung **241** 32
- Protokoll **241** 32
- Zeitpunkt **241** 31
- zu von Aktienbeträgen abw Festsetzung **242** 14

Zustimmungspflicht 217 14
Zustimmungsvorbehalt 242 5

Magere Zahlen = Randnummern

Sachverzeichnis

Zustimmungsvorbehalt bei Vinkulierungsklauseln
- Wegfall **50** 40
- Zustimmungserfordernis nach § 13 Abs. 2 **50** 35
- Zustimmungserfordernis nach § 50 Abs. 2 **50** 37
- Zustimmungserfordernis nach Satzungsauslegung **50** 38

Zuzahlung, bare 126 41

Zwangsgeld 316
- Höhe **316** 11
- nicht zwangsgeldbewehrte Pflichten **316** 12
- Rechtswidrigkeit **316** 5
- Tatbestände **316** 2
- Verfahren **316** 6
- verpflichtete Personen **316** 3
- Verschulden **316** 5
- zwangsgeldbewehrte Pflichten **316** 2

Zweistufige Konzernverschmelzung 5 131

Zwingende Satzungsänderungen 243 9

Zwischenbilanz
- Erleichterung bei Aufstellung **63** 17
- inhaltl Anforderungen **63** 16
- Testierung **63** 18
- Voraussetzung für Aufstellung **63** 13